dtv

Mit rund 60 000 Stichwörtern und erklärten Begriffen bildet dieses Standard-Nachschlagewerk den Fremdwortschatz der deutschen Gegenwartssprache aktuell und umfassend ab. Es informiert über die Bedeutung, Schreibweise, Verwendung, Aussprache und Herkunft der Fremdwörter. Das ›WAHRIG Fremdwörterlexikon‹ verzeichnet alle zulässigen Schreibvarianten und Trennungen und ist auf dem neuesten Stand der amtlichen Rechtschreibung.

Dr. Renate Wahrig-Burfeind, geboren 1959, studierte Germanistik und arbeitete an der Universität Bremen als wissenschaftliche Mitarbeiterin. Sie besitzt langjährige Erfahrung in der Betreuung von Wörterbüchern und hat u.a. das ›Wörterbuch der deutschen Sprache‹ neu herausgegeben.

BROCK
HAUS

WAHRIG
Fremdwörter-lexikon

von Renate Wahrig-Burfeind

Deutscher Taschenbuch Verlag

An der ersten Ausgabe des **WAHRIG-Fremdwörterlexikons** von 1974 haben unter Leitung von Prof. Dr. Gerhard Wahrig † mitgearbeitet:
Etymologie: Hans-Peter Wahrig
Redaktion: Cornelia Drucklieb, Gudrun Guckler,
Marta Kučerová, Heide Rebel, Charlotte Warnecke u. a.

Leitung der Neuausgabe 2011
Dr. Renate Wahrig-Burfeind

Chefredaktion: Dr. Sabine Krome
Redaktion: omnibooks, Andrea Rocha-Lieder, Bernhard Roll

Das **WAHRIG Textkorpus**[digital] wurde aufgebaut und sprachtechnologisch ausgewertet durch die CLT Sprachtechnologie GmbH Saarbrücken.
Sprachtechnologischer Berater:
Prof. Dr. Manfred Pinkal, Universität des Saarlandes

Die Auswertung erfolgte u. a. auf der Basis aktueller Jahrgänge folgender Zeitungen und Zeitschriften: *Berliner Zeitung, BRAVO, FÜR SIE, Neue Zürcher Zeitung, Spektrum der Wissenschaft, Der Spiegel, Der Standard, Süddeutsche Zeitung* (lizenziert durch die DIZ München GmbH).

FSC
www.fsc.org
MIX
Papier aus verantwortungsvollen Quellen
FSC® C019821

Ausführliche Informationen über unsere Autoren und Bücher finden Sie auf unserer Website www.dtv.de

Neu bearbeitete und aktualisierte Ausgabe
Deutscher Taschenbuch Verlag GmbH & Co. KG München 2012

Layout: Dirk Bischoff
Datentechnik und Satz: omnibooks, Andreas Ziegelmayer
Umschlagkonzept: Balk & Brumshagen
Druck und Bindung: Druckerei C. H. Beck, Nördlingen

Printed in Germany • ISBN 978-3-423-34741-9

Vorwort

Wörter, die eine vom Deutschen abweichende Aussprache, eine auffällige Schreibweise oder eine uns nicht geläufige Bedeutung besitzen, empfinden wir häufig als fremdartig, weswegen wir sie als „Fremdwörter" bezeichnen. Im Verlauf der sprachgeschichtlichen Entwicklung des Deutschen haben sehr viele Lehnwörter, besonders aus dem Griechischen und Lateinischen, Eingang in unsere Sprache gefunden. Da viele dieser Entlehnungen bereits seit mehreren Jahrhunderten in unserer Sprache gebräuchlich und vollständig eingedeutscht sind, erscheinen sie uns nicht mehr als fremd. So würden wir zum Beispiel Wörter wie *Büste* [<frz. *buste*, ital. *busto*], *Fenster* [<lat. *fenestra*], *Kamin* [<lat. *caminus*, grch. *kaminus*] oder *Kette* [<lat. *catena*] nicht in einem Fremdwörterlexikon suchen.

Im Hinblick auf Fremdwörter ist immer wieder die Rede von Sprachverfall und einer Überfrachtung des Deutschen mit Fremdwörtern, insbesondere mit englischen Wörtern, den Anglizismen. Tatsächlich entstammt der überwiegende Teil der im Deutschen gebräuchlichen Fremdwörter dem Lateinischen und Griechischen, und nur ein geringer Teil unseres Wortschatzes ist englischer Herkunft. Aufgrund des beständigen Sprachwandels kommen neue Fremdwörter in unsere Sprache, während andere ungebräuchlich werden, so dass der Anteil der Fremdwörter in der deutschen Sprache insgesamt relativ gleichbleibend ist.

Von besonderem Interesse, auch im öffentlichen Diskurs, sind Neologismen – neu geprägte oder entlehnte Wörter, die Eingang in die deutsche Sprache gefunden haben. Das Entlehnen fremder Wörter in die eigene Sprache ist eng verbunden mit interkulturellen und wirtschaftlichen Beziehungen und dem internationalen Austausch von Wissen, wie zum Beispiel im Bereich des technischen oder medizinischen Fortschritts. Mit der Erfindung neuer Gegenstände, Techniken oder Verfahren werden neue Wörter gebildet, die dann als Begriff für eine neu bezeichnete Sache in die eigene Sprache übernommen werden. Viele Fachbegriffe, die als Fremdwörter ins Deutsche kommen, würden in einer Übersetzung eine umständliche Umschreibung erfordern. Die Verwendung von Fremdwörtern, die international gebräuchlich sind, erleichtert auch die zwischenstaatliche Kommunikation.

In die 8. Auflage des *WAHRIG Fremdwörterlexikon,* das nun erstmals unter der Dachmarke *BROCKHAUS* erscheint, wurden mit Hilfe des *WAHRIG Textkorpus*^{digital} zahlreiche Neuaufnahmen integriert. Sehr produktiv für die Prägung von Neologismen sind nach wie vor die Bereiche EDV, hier insbesondere der Bereich IT. Aber auch in anderen Bereichen wie Fitness, Lifestyle, Medien, Politik und Wirtschaft wird neues Vokabular gebildet. So sind in der vorliegenden Neuausgabe u.a. die Wörter *App, Bad Bank, Blogosphäre, crossmedial, Exzellenzcluster, Fakelaki, Geothermie, Hotfix, Lohas, Scaffolding, Slowfood* und *Whiteboard* verzeichnet.

Das *WAHRIG Fremdwörterlexikon* ist in erster Linie ein Bedeutungswörterbuch. Viele Fremdwörter besitzen mehrere Bedeutungen, die im Stichwortverzeichnis allgemeinverständlich erklärt werden. Daneben ist die Verwendung der Wörter im sprachlichen Kontext mit Hilfe von Satzmustern oder pragmatischen Wendungen zum richtigen Fremdwortgebrauch verdeutlicht. Jeder Wörterbucheintrag enthält außerdem ausführliche Informationen zu Schreibung, Aussprache und Herkunft der Fremd- und Lehnwörter, die in der deutschen Sprache gebräuchlich sind. Darüber hinaus sind die Betonung und die Worttrennung der Stichwörter – einschließlich aller zulässigen Trennvarianten –, Synonyme, Gegensätze, verwandte oder weiterführende Begriffe sowie die Stilebenen und Fachgebiete angegeben.

Die Rechtschreibung im *WAHRIG Fremdwörterlexikon* basiert auf den aktuellen amtlichen Regeln. Da die WAHRIG-Redaktion Mitglied im „Rat für deutsche Rechtschreibung" ist, entspricht die Darstellung der Stichwörter dem neuesten Stand der orthografischen Regelungen. Alle für Fremdwörter gültigen Schreib- und Trennvarianten sind im Wörterbuch verzeichnet.

Wichtige Aspekte der Fremdwortschreibung sind darüber hinaus in zahlreichen, farbig hervorgehobenen Informationskästen, die ins Stichwortverzeichnis integriert sind, erläutert. Hilfreich für das Auffinden von Fremdwörtern mit schwieriger Orthografie sind farbig unterlegte Suchhilfen. Sie ermöglichen das Auffinden von Fremdwörtern, die häufig an einer falschen Stelle im Stichwortverzeichnis gesucht werden.

Grundlegende Informationen über Herkunft, Funktion und Gebrauch von Fremdwörtern gibt der Beitrag „Fremdwörter im Deutschen" im Vorspann des *WAHRIG Fremdwörterlexikon.*

Renate Wahrig-Burfeind

Hinweise zur Benutzung

Die **Stichwörter** sind streng nach dem Alphabet geordnet, Umlaute werden wie nicht umgelautete Buchstaben behandelt, *ä, ö, ü* entsprechen also *a, o, u*. Das gesamte Stichwortverzeichnis ist nach den aktuellen amtlichen Rechtschreibregeln gestaltet.

Die **Worttrennung** wird durch das Zeichen | angegeben, z. B.

qua|li|fi|zie|ren

Orthografische oder **Worttrennungsvarianten** sind durch den Hinweis *auch:*, der dem zweiten Stichworteintrag vorangeht, gekennzeichnet oder es wird im Stichworttext auf sie verwiesen, z. B.

Cool-down *auch:* **Cool|down**
Cọ|gnac® *auch:* **Cọg|nac®**

Folgt eine größere Anzahl von Stichwörtern mit gleichartigen Worttrennungsvarianten aufeinander, so ist die entsprechende **Buchstabenfolge** in einem blau unterlegten Kasten markiert, z. B.

◆ Die Buchstabenfolge **ar|thr ...** kann auch **arth|r ...** getrennt werden.

◆ **Ar|thral|gie** ⟨f.; -, -n; Med.⟩ Gelenkschmerz [<grch. *arthron* »Gelenk, Glied« + ... *algie*]
◆ **Ar|thri|ti|ker** ⟨m.; -s, -; Med.⟩ jmd., der an Arthritis leidet
◆ **Ar|thri|ti|ke|rin** ⟨f.; -, -rin|nen; Med.⟩ weibl. Person, die an Arthritis leidet
◆ **ar|thri|tisch** ⟨Adj.; Med.⟩ in der Art einer Arthritis, mit Arthritis einhergehend

Die **Betonungszeichen** stehen im Stichwort oder in der Lautschrift unter dem betonten Vokal.

Wird der Vokal kurz gesprochen, so ist er mit einem Punkt gekennzeichnet, z. B.

Kạn|tor

Lange Vokale sind dagegen unterstrichen, z. B.

Ich|thy|ol

Aus dem Englischen stammende Wortverbindungen aus Adjektiv und Substantiv werden zusammengeschrieben, wenn der Hauptakzent auf dem ersten Wortbestandteil liegt. Man kann sie jedoch getrennt schreiben, wenn der Hauptakzent auf dem zweiten Wortbestandteil liegt oder beide Wörter gleichermaßen stark betont werden. Hieraus ergeben sich eine Reihe von orthografischen Varianten, die wie folgt dargestellt sind, z. B.

Big|band ⟨[bıgbænd]⟩ *auch:* **Bịg Bạnd**
Blue|box ⟨[blu:bɔks]⟩ *auch:* **Blue Bọx**
Hard|drink ⟨[ha:d-]⟩ *auch:* **Hard Drịnk**
Hot|pants ⟨[hɔ̣tpænts]⟩ *auch:* **Họt Pạnts**

Die **Aussprache** wird, wenn sie von den Regeln der deutschen Aussprache abweicht, in der internationalen Transkription (s. Tabelle S. 10) angegeben.

Die **Wortart** (Abkürzungen s. S. 16f.) ist am Anfang der spitzen Klammer nach der Aussprache angegeben, z. B.

ante ⟨Präp.⟩
ergo ⟨Konj.⟩
inkognito ⟨Adv.⟩
intonieren ⟨V.⟩
parallel ⟨Adj.⟩

Bei **Substantiven** ist anstelle der Wortart das **Genus** (grammatisches Geschlecht) angegeben (m. = maskulinum, f. = femininum, n. = neutrum). Das Stichwort selbst steht im Nominativ Singular; im Anschluss an das Genus sind der Genitiv Singular und der Nominativ Plural angeführt.
Daraus lassen sich alle übrigen Kasus (Fälle) ableiten, z. B. bedeutet:

Formation ⟨f.; -, -en⟩

die/eine Formation	(Nominativ Singular)
der/einer Formation	(Genitiv Singular)
die/- Formationen	(Nominativ Plural)

Auf die adjektivische Deklination wird durch eine Ziffer hingewiesen, z. B.

Leptosome(r) ⟨m. 1⟩,
Illustrierte ⟨f. 2⟩,
Dimere(s) ⟨n. 3⟩

m. 1

Maskulinum			
	Singular		**Plural**
Nom.	ein	Leptosomer	Leptosome
Gen.	eines	Leptosomen	Leptosomer
Dat.	einem	Leptosomen	Leptosomen
Akk.	einen	Leptosomen	Leptosome
Nom.	der	Leptosome	die Leptosomen
Gen.	des	Leptosomen	der Leptosomen
Dat.	dem	Leptosomen	den Leptosomen
Akk.	den	Leptosomen	die Leptosomen

f. 2

Femininum			
	Singular		**Plural**
Nom.	eine	Illustrierte	Illustrierte
Gen.	einer	Illustrierten	Illustrierter
Dat.	einer	Illustrierten	Illustrierten
Akk.	eine	Illustrierte	Illustrierte
Nom.	die	Illustrierte	die Illustrierten
Gen.	der	Illustrierten	der Illustrierten
Dat.	der	Illustrierten	den Illustrierten
Akk.	die	Illustrierte	die Illustrierten

n. 3

Neutrum			
	Singular		**Plural**
Nom.	ein	Dimeres	Dimere
Gen.	eines	Dimeren	Dimerer
Dat.	einem	Dimeren	Dimeren
Akk.	ein	Dimeres	Dimere
Nom.	das	Dimere	die Dimeren
Gen.	des	Dimeren	der Dimeren
Dat.	dem	Dimeren	den Dimeren
Akk.	das	Dimere	die Dimeren

Substantive, die nur im Singular üblich sind, werden durch den Hinweis »unz.« (= unzählbar) gekennzeichnet. Manchmal gilt diese Einschränkung nur für bestimmte Bedeutungen. Im Zweifelsfall wird der Hinweis »zählb.« (= zählbar) gegeben, d. h., dass sowohl Singular als auch Plural üblich sind, z. B.

> **Medizin …** **1** ⟨unz.⟩ … Wissenschaft … **2** ⟨zählb.⟩ Heilmittel …

Synonyme (Wörter gleicher Bedeutung) und **Antonyme** (Wörter mit in wesentlichen Merkmalen entgegensetzten oder komplementären Bedeutungen) sind durch die Abkürzungen »Sy« und »Ggs« gekennzeichnet, z. B.

> **Induktion …** **1** …; *Sy* Epagoge;
> *Ggs* Deduktion

Auf Synonyme und orthografische Varianten (s. u.) wird durch das Zeichen »=« hingewiesen, z. B.

> **Attikawohnung …** = Penthouse
> **Moreske …** = Maureske

Orthografische Varianten (rechtschreibliche Doppelformen) sind durch die Abkürzung »oV« gekennzeichnet, z. B.

> **Delfin …**; *oV* Delphin

Am Ende der Worterklärung sind in manchen Fällen noch verwandte oder weiterführende Begriffe angefügt, z. B.

> **Infertilität …**; → *a.* Sterilität

Angaben zum **Stil** weisen darauf hin, dass manche Wörter oder Wendungen nicht in jeder beliebigen Situation verwendet werden, z. B. »umg.« (umgangssprachlich) oder »geh.« (gehoben).

Fachsprachen und **Sondersprachen** werden ebenfalls angegeben, z. B.

> **Medium …** **2** ⟨Physik⟩ … **5** ⟨Gramm.⟩ …
> **medio** ⟨Wirtsch.⟩ …

Der **Aufbau eines Wörterbuchartikels** richtet sich nach den Bedeutungen eines Wortes, die mit den halbfetten Ziffern **1, 2, 3** usw., eventuell auch mit einer Untergliederung **1.1, 1.2, 1.3** usw. nummeriert werden. Diese Ziffern werden auch bei Verweisen und Rückverweisen mit angegeben, z. B.

> **Circulus vitiosus …** **1** …; *Sy* Hysteron-Proteron (2)
> **Hysteron-Proteron …** **2** ⟨Logik⟩
> = Circulus vitiosus (1)

Wörter, die buchstabengetreu gleich geschrieben werden, sich aber durch ihre Herkunft (Etymologie) oder bezüglich ihrer Wortart oder ihres Genus unterscheiden, werden dagegen mit hochgestellten Ziffern nummeriert, z. B.

> **Messe**^{1}
> **Messe**^{2}

Die **Tilde** (~) ersetzt das Stichwort innerhalb eines Artikels.

Die Schriften bedeuten:

a) **halbfett** für das Stichwort
b) *kursiv* für Beispiele, die den Gebrauch des Stichwortes verdeutlichen sollen
c) gerade für die Bedeutungserklärungen
d) Hinweise zu Grammatik, Stil, Situation, Fachgebiet u.a. Erklärungen zur Verwendung der Wörter stehen in gerader Schrift in spitzen Klammern ⟨⟩.

Die Angaben zur **Etymologie** (Herkunft der Wörter) sind am Ende eines Wortartikels in eckigen Klammern [] angegeben. Im Wesentlichen werden für die Wörter – und zwar nur für die Grundwörter, nicht für die Ableitungen und Zusammensetzungen – die Formen angegeben, die sie in ihrer historischen Entwicklung einmal gehabt haben.

Die Sprachen, aus denen ein Wort stammt, sind gerade gedruckt, die historischen Formen und die verwandten Wörter *kursiv*, während die Angaben zur Bedeutung eines Wortes gerade und in Anführungszeichen (»...«) gesetzt sind. Das Zeichen ‹ bedeutet: » ... stammt aus der ... Sprache, hat sich aus dem folgenden Wort entwickelt, ist aus den folgenden Wörtern gebildet worden«. Das Zeichen * bedeutet, dass es sich um eine durch Sprachvergleich erschlossene Form handelt. Im Allgemeinen wird zu den Herkunftwörtern die Bedeutung angegeben. Fehlt diese Angabe, so bedeutet es, dass das Wort dieselbe Bedeutung hat wie das fett gedruckte Stichwort.

In das Stichwortverzeichnis integriert sind zahlreiche **Infokästen**, in denen Besonderheiten der Fremdwortschreibung erläutert werden, z. B.

> **Hand-out / Handout** (*Schreibung mit Bindestrich*) Aus dem Englischen stammende Substantivierungen aus Verb und Adverb schreibt man mit Bindestrich. In diesen Fällen kann jedoch auch zusammengeschrieben werden, sofern die Lesbarkeit dadurch nicht beeinträchtigt wird (→ *a.* Fall-out / Fallout).

Die **Suchhilfen** dienen zum leichteren Auffinden von Stichwörtern, die häufig an falscher Stelle im Wörterverzeichnis gesucht werden, z. B.

ex|su|da|tiv ⟨Adj.⟩ die Exsudation betreffend, auf ihr beruhend [‹lat. *exsudare* »ausschwitzen«]

> **→ Ekstase** Anders als in lateinischen Fremdwörtern wie *ex -tern, extra* oder *extrem* wird die Lautfolge [ks] bei dem aus dem Griechischen strammenden Fremdwort *Ekstase* durch die Buchstabenkombination *ks* wiedergegeben.

ex tem|po|re ⟨[-re:]⟩ aus dem Stegreif [‹lat., »aus dem Augenblick«]

Abkürzungen und **Zeichen** sind auf S. 16f. aufgeführt.

Tabelle der Aussprachezeichen

Vokale

[ː] der Doppelpunkt bezeichnet die Länge eines Vokals; Vokale ohne Doppelpunkt sind kurz bis halblang zu sprechen
[a] kurzes a (wie in k**a**nn)
[aː] langes a (wie in H**ah**n)
[æ] sehr offenes, meist kurzes, dem [a] zuneigendes ä (wie in G**a**ngway [gæ̣ŋwɛɪ])
[æː] langes ä (wie in engl. H**a**nds [hæːndz])
[ʌ] dumpfes, kurzes a (wie in C**u**p [kʌ̣p])
[ã] kurzes, nasaliertes a (wie in frz. Ch**am**ps-Élysées [ʃãzelizeː])
[ãː] langes, nasaliertes a (wie in Ren**an** [rənãː])
[aɪ] Zwielaut (wie in Br**ei**, L**ai**b)
[aʊ] Zwielaut (wie in k**au**m)
[e] kurzes, geschlossenes e (wie in D**e**but)
[eː] langes, geschlossenes e (wie in R**eh**)
[ə] kurzes, dumpfes e (wie in Pin**ie** [-iə], Gebirg**e**)
[ɛ] kurzes, offenes e (wie in F**e**st, G**ä**nse)
[ɛː] langes, offenes e (wie in B**ä**r)
[ɛ̃] kurzes, nasaliertes e (wie in t**im**brieren [tɛ̃briːrən])
[ɛ̃ː] langes, nasaliertes e (wie in frz. jard**in** [ʒardɛ̃ː])
[ɛɪ] Zwielaut (wie in Homep**a**ge [hoʊmpɛɪdʒ])
[ɪ] kurzes i (wie in b**i**n)
[iː] langes i (wie in W**ie**n)
[ɔ] kurzes, offenes o (wie in R**o**ss)
[ɔː] langes, offenes o, ein dem a angenähertes o (wie in engl. W**a**llstreet [wɔːlstriːt])
[ɔ̃] offenes, nasaliertes o (wie in M**on**t Blanc [mɔ̃blãː])
[ɔ̃ː] langes, nasales o (wie in F**on**ds [fɔ̃ː])
[ɔɪ] Zwielaut (wie in L**eu**te)
[o] kurzes, geschlossenes o (wie in V**o**kal)
[oː] langes, geschlossenes o (wie in L**oh**n, L**o**s)
[oʊ] Zwielaut (wie in Sh**ow** [ʃoʊ])
[œ] kurzes ö (wie in K**ö**ln)
[œː] offenes, langes ö (wie in G**ir**l [gœːl])
[ø] kurzes, geschlossenes ö (wie in Ph**ö**nizier)
[øː] langes, geschlossenes ö (wie in K**öh**ler)
[œ̃] kurzes, nasales ö (wie in frz. **un** [œ̃])
[œ̃ː] langes, nasales ö (wie in Verd**un** [vɛrdœ̃ː])
[u] kurzes u (wie in r**u**nd)
[uː] langes u (wie in Gr**u**ß)
[y] kurzes ü (wie in J**ü**nger)
[yː] langes ü (wie in f**üh**ren)

Konsonanten

[b] stimmhafter Verschlusslaut (wie in **B**ad)
[d] stimmhafter Verschlusslaut (wie in **d**ort)
[f] stimmloser Reibelaut (wie in **F**eld)
[g] stimmhafter Verschlusslaut (wie in **g**ut)
[h] Hauchlaut (wie in **h**eute)
[j] stimmhafter Reibelaut (wie in **j**a)
[k] stimmhafter Verschlusslaut (wie in **K**ind)
[l] Liquida (Fließlaut) (wie in **l**eben)
[m] Nasal (wie in **M**ann)
[n] Nasal (wie in **N**ase)
[p] stimmloser Verschlusslaut (wie in **P**ilz)
[r] Liquida (Fließlaut) (wie in **R**eich)
[t] stimmloser Verschlusslaut (wie in **T**ag)
[ç] ch (wie in i**ch**)
[ŋ] ng (wie in Lä**ng**e, Ba**nk** [baŋk])
[s] stimmloses s (wie in mü**ss**en)
[ʃ] stimmloses sch (wie in **Sch**af)
[ʒ] stimmhafter sch-Laut (wie in Eta**g**e [etaːʒə])
[θ] stimmloser Lispellaut (wie in engl. **th**ing [θɪŋ])
[ð] stimmhafter Lispellaut (wie in engl. mo**th**er [mʌ̣ðə(r)])
[v] w (wie in **W**asser)
[w] mit stark gewölbten Lippen gesprochenes englisches w (wie in **W**ells [wɛ̣lz])
[x] ch (wie in ma**ch**en)
[z] stimmhaftes s (wie in Wei**s**e)

Buchstaben, die zwei Laute wiedergeben, werden in der Lautschrift durch zwei Zeichen dargestellt, z. B.

[ts] z wie in rei**z**en [raɪtsən]
[ks] x wie in He**x**e [hɛ̣ksə]

Fremdwörter im Deutschen

Was ist ein Fremdwort?

Ein Fremdwort ist ein Wort, das einer fremden Sprache entstammt und in der eigenen Sprache als »fremd« empfunden wird. Die deutsche Sprache enthält – wie andere Sprachen auch – eine beträchtliche Anzahl von Wörtern, die aus anderen Sprachen übernommen wurden und in Bezug auf ihre Aussprache, Schreibung, Wortbestandteile oder ihren Wortakzent vom Deutschen abweichen oder deren Bedeutung uns nicht geläufig ist.

Im Wortschatz des Deutschen ist grundsätzlich zu unterscheiden zwischen den sogenannten Erbwörtern und den Lehnwörtern. **Erbwörter** sind genuin deutsche Wörter, die aus älteren Sprachstufen, dem Althochdeutschen und dem Mittelhochdeutschen, stammen und Bestandteile des neuhochdeutschen Grundwortschatzes geworden sind. Ein Teil der von uns heute als »deutsch« empfundenen Wörter sind jedoch **Lehnwörter**, die ursprünglich aus einer anderen Sprache (häufig dem Lateinischen oder Griechischen) stammen und vollständig in den deutschen Wortschatz übergegangen sind. Diese Wörter, wie z. B. *Fenster* [<lat. *fenestra*], *Keks* [<engl. *cakes*], *Kette* [<lat. *catena*], *Kirche* [<grch. *kyrios* »Herr«], *Natur* [<lat. *natura*] oder *Wein* [< lat. *vinum*], werden von uns nicht mehr als Fremdwörter empfunden, da sie der deutschen Sprache vollständig angepasst worden sind. Als Fremdwörter werden auch die sogenannten **Lehnwortbildungen** aufgefasst, also Wörter, die mit Hilfe von entlehnten Wörtern oder Wortstämmen und Affixen gebildet worden sind, die keine Entsprechung in der Herkunftssprache besitzen. Man spricht hierbei von **Scheinentlehnungen**. Sehr produktiv ist im Deutschen z. B. das Suffix *-ismus* (z. B. *Sadismus, Idealismus, Kommunismus, Faschismus, Realismus*). Scheinentlehnungen im Deutschen sind teilweise auch auf das Englische zurückzuführen, wie die Wörter *Handy* oder *Twen* belegen, die im Englischen gar nicht gebräuchlich sind.

Warum empfinden wir ein Fremdwort als »fremd«?

Als »fremd« werden Wörter empfunden, die in einer oder mehrfacher Hinsicht (noch) nicht vollständig der deutschen Sprache angepasst sind. Sie können charakterisiert sein durch

- eine vom Deutschen **abweichende Aussprache** (z. B. *Browser, Roulett, cool, Lasagne, Trainer, Skateboard*)
- eine schwierige bzw. **auffällige Schreibweise** (z. B. *Mythos, Reggae, recyclen, pizzicato, Vabanque*)
- als **fremd empfundene Wortbestandteile** bzw. Vor- oder Nachsilben (z. B. *extensiv, Kommunismus, prädisponieren, Repression, inkonsequent, konzipieren, heterogen, bibliophil*)
- **abweichenden Wortakzent**, der nicht – wie üblicherweise bei deutschen Wörtern – auf der ersten oder der Stammsilbe liegt (z. B. *Elán, Mikrofón, Prosodíe, proportionál*)
- eine **Bedeutung**, die uns nicht geläufig ist bzw. deren Verständnis ein gewisses Fachwissen voraussetzt (z. B. *Katalysator, Storno, utopisch, vehement, Ritornell*)
- Unsicherheit bei der **Genuszuweisung** oder der **Pluralbildung** (z. B. *Single, Apostroph, Kritizismus*)

Bei vielen dieser fremden Wörter sind gleich mehrere der genannten Kriterien erfüllt.

Der Anpassungsprozess von Fremdwörtern

Je stärker ein Fremdwort der deutschen Sprache angeglichen wurde, desto weniger wird es als »fremd« empfunden. Die Angleichung der grammatischen und lautlichen Eigenschaften an die deutsche Sprache kann ein langer Prozess sein. In erster Linie hängt dies davon ab, welchen Stellenwert ein Fremdwort im deutschen Wortschatz besitzt und wie häufig es gebraucht wird und ob es (z. B. aufgrund seiner Lautung) überhaupt anpassungsfähig ist. Wörter wie *adagio, Gentleman, recyclen* oder *Update* sind nur bedingt anpassungsfähig, sie werden bezüglich ihrer Schreibung und Aussprache immer Fremdwortcharakter behalten, im Gegensatz zu Wörtern wie *Büro, Tarif, Strophe* oder *Telefon*, die nicht unbedingt als Fremdwörter empfunden werden.

Bei Fremdwörtern sind wir häufig unsicher, welches Genus sie besitzen, wie der Plural zu bilden ist oder wie ein Verb zu konjugieren ist. Im Englischen gibt es für Substantive nur ein Genus (*the* oder *a*), was bei den in die deutsche Sprache übernommenen Anglizismen die Genuszuweisung erschweren kann. In den meisten Fällen wird das Genus nach bereits im Deutschen vorhandenen ähnlichen Begriffen gebildet, z. B. *der Clog* (vgl. *der Schuh*), *der Backpack (der Rucksack), das Buzzword (das Schlagwort)*. Auch die Wortendung bestimmt in vielen Fällen die Genuszuweisung, z. B. *das*

Attachment (vgl. die im Deutschen bereits vorhandenen Wörter *Element, Segment, Regiment, Aliment, Instrument, Ferment* usw., die ebenfalls Neutra sind), ebenso bezeichnet die Wortendung *-er* in der Regel Maskulina, insbesondere auch Wörter, die eine männliche Person bezeichnen (z. B. *Müller, Redner, Kämpfer* usw.). Wörter wie *Cleanser* oder *Cluster* werden dann aufgrund dieser Gegebenheiten als Maskulinum ins Deutsche aufgenommen.

Das Wort *Trainer* ist aufgrund des häufigen Gebrauchs bereits weitgehend ins Deutsche integriert worden, neben dem Genus wurde auch die Aussprache [tre:nər] dem Deutschen angeglichen und auch die Deklination erfolgt nach deutschem Muster: *der Trainer, des Trainers, die Trainer, den Trainern* usw. (Im Englischen wird dagegen der Plural mit *-s* gebildet: *the trainers.*) Andere Wörter können dagegen häufig nicht eindeutig einem bestimmten Genus zugeordnet und im Deutschen mit unterschiedlichem grammatischem Geschlecht verwendet werden, z. B. sind die Formen *die E-Mail* oder *das E-Mail* in Gebrauch. Auch fremdsprachige Verben werden dem deutschen Sprachsystem angepasst, so werden die englischen Verben *downloaden* und *updaten* nach deutschem Muster konjugiert: *er hat downgeloadet; sie updatet das Programm.*

Sprachen in Kontakt: Der Weg der Fremdwörter ins Deutsche

Aus anderen Sprachen übernommene Wörter waren und sind die Folge von **Sprachkontakten** und interkulturellem Austausch. Wirtschaftliche, kulturelle, politische, militärische oder menschliche Beziehungen zwischen zwei oder mehreren Völkern bzw. Sprachgemeinschaften befördern die gegenseitige Entlehnung fremdsprachiger Begriffe. Fremdwörter füllen häufig eine **Bezeichnungslücke** im Wortschatz aus, die Platz für einen neuen Begriff bzw. ein neues Wort bietet, im Deutschen sind das z. B. die Fremdwörter *Automat, Konfirmation, privat, Sekunde.* Die Übernahme von neuen oder neu entwickelten Gegenständen oder Sachverhalten beinhaltet die Eingliederung des entsprechenden Wortes. Viele Fremdwörter werden also mit dem Begriff oder der Sache, die sie bezeichnen, in eine Sprache eingeführt. Dies gilt auch für die Aneignung neuer Lebensformen, Verhaltens- und Denkweisen sowie für technische Bereiche (z. B. *Browser, CD-ROM, Computertomograph, Camcorder*), aber auch für Begriffe aus dem kulinarischen Wortschatz. Wörter wie *Pizza, Hamburger, Raclette* oder *Fastfood* werden mit den Dingen selbst, die in einer Gesellschaft modern geworden sind, übernommen.

Es gibt auch Fremdwörter, die aus einer anderen Sprache nur unvollständig übernommen wurden, dabei wurde nur eine von ursprünglich mehreren Bedeutungen eines Wortes in eine andere Sprache übertragen. Beispielsweise bedeutet das Wort *Spleen* in der englischen Herkunftssprache auch »Milz«, dieses Wort war jedoch im Deutschen bereits vorhanden und es bestand keine Notwendigkeit, das Wort *Spleen* in dieser Bedeutung in den deutschen Wortschatz zu integrieren. Viele der fremden Sprachanleihen verschwinden nach einiger Zeit wieder, andere werden jedoch dauerhaft ins Deutsche übernommen. Man unterscheidet deshalb zwischen langlebigen und kurzlebigen Fremdwörtern, d. h. solchen, die bereits seit langer Zeit in der deutschen Sprache gebräuchlich sind und anderen (Mode-)Wörtern, die häufig aus den Bereichen Presse, Politik, Fachsprache oder Jugendsprache stammen und mit dem Abflauen bestimmter Erscheinungen oder Moden wieder ungebräuchlich werden, z.B. *Letkiss* (Tanz der 60er Jahre), *Antiskating* (Vorrichtung an Schallplattenspielern), *Flowerpower* usw.

Die Herkunft der Fremdwörter im Deutschen

Fremde Wörter gelangen einerseits aufgrund des Kontaktes zwischen mehreren Sprachgemeinschaften in eine andere Sprache oder aufgrund kultureller, wirtschaftlicher oder politischer Beziehungen. Das Deutsche besitzt eine Reihe unmittelbarer Nachbarsprachen (Niederländisch, Französisch, Dänisch, Polnisch, Tschechisch usw.). In den jeweiligen Grenzregionen sprechen viele Menschen mehrere Sprachen oder Dialekte, wodurch viele Begriffe in andere Sprachen gelangen und dort der eigenen Sprache bezüglich Form, Aussprache, Deklination, Konjugation usw. mehr oder weniger angepasst werden. Häufig sind kulturelle oder wirtschaftliche Gründe, z. B. Handelsbeziehungen zwischen verschiedenen Staaten, ausschlaggebend für sprachliche Einflussnahme. Der wirtschaftliche Aspekt spielt eine maßgebliche Rolle beim Sprachkontakt. So war beispielsweise während der Blütezeit der Hanse das Niederdeutsche im Nord- und Ostseeraum die wichtigste Handelssprache. Heute ist die internationale Wirtschaftssprache das Englische, das den größten Anteil an **Neologismen** in der deutschen Sprache hat.

Im Laufe der sprachlichen Entwicklung haben zahlreiche fremde Sprachen das Deutsche beeinflusst. Vom 1. bis 5. Jahrhundert n. Chr. bestand ein enger kultureller Kontakt zwischen Römern und Germanen; in dieser Zeit sind viele fremde Wörter aus dem **Lateinischen** in die deutsche Sprache gelangt. Sie entstammen den unterschiedlichsten Lebensbereichen und werden von uns heute nicht mehr als Fremdwörter empfunden (z. B. *Pferd, Kaiser, Pferd, Kerze, Tisch*).

Während der Zeit des Althochdeutschen von ca. 800 bis 1100 n. Chr. sind viele Entlehnungen aus dem **Kirchenlateinischen** bzw. dem **Mittellateinischen** ins Deutsche gekommen, die den kirchlichen und religiösen Bereich betreffen (z. B. *Almosen, Mönch, Dechant, Pfründe*). Außerdem gelangten viele Wörter aus dem Griechischen, teilweise vermittelt über das Lateinische, in die deutsche Sprache (z. B. *Ketzer, Kirche, Pfarrer, Pfingsten, Teufel*). Bis ins hohe Mittelalter wurden mit der aufblühenden Klosterkultur in Deutschland weitere Wörter aus dem Lateinischen und Griechischen übernommen (z. B. *Abt, Satan, Kruzifix, Orgel, Legende, Melodie, Harmonie, Takt*).

Durch das Aufblühen der Wissenschaften während des Spätmittelalters vom 14. bis 16. Jahrhundert fanden viele Begriffe aus dem Mittellateinischen bzw. dem Gelehrtenlatein Eingang in unsere Sprache. Teilweise stammen sie auch aus dem Griechischen oder wurden über das **Altfranzösische** vermittelt. Diese Begriffe betreffen insbesondere die Bereiche Theologie, Philosophie, Rechtswesen, Politik, Verwaltung, Bildung, Dichtung, Alchemie, Medizin, Mathematik, Geografie, Astronomie usw. (z. B. *Definition, Logik, Advokat, Justiz, Regent, Kommilitone, Dialog, Autor, Orthografie, Anatomie*). Im 15. und 16. Jahrhundert dominiert Italien in den Bereichen Handel und Musik, was im Deutschen anhand zahlreicher Entlehnungen aus dem **Italienischen** zu erkennen ist (z. B. *Avis, Bank, allegro, Oper, Cello*).

Fremdwörter als Spiegel der Zeit

Im 17. Jahrhundert führte der sprachliche Einfluss des **Italienischen** und **Französischen** während des Dreißigjährigen Krieges (1618–1648) zur Entlehnung zahlreicher militärischer Begriffe (z. B. *Alarm, desertieren, Dragoner, Proviant, Batterie*). Während der Alamode-Zeit im 17. und 18. Jahrhundert war es in höheren Gesellschaftskreisen üblich – und galt als besonders vornehm –, **Französisch** zu sprechen oder wenigstens hier und da französische Begriffe zu verwenden. Die Entlehnungen aus dieser Zeit entstammen den verschiedensten Lebensbereichen (z. B. *Galan, Cousine, Terrasse, Frikassee, Marmelade, Brokat*).

Wörter aus dem **Englischen** finden erst vergleichsweise spät Eingang in die deutsche Sprache, nämlich erst seit dem 18. Jahrhundert. Dies betrifft Begriffe wie *Robinsonade, Agitator, Streik, Lokomotive*. Im 19. Jahrhundert nimmt der Einfluss des Englischen auf das Deutsche dann stark zu: Wörter wie *Baby, Gentleman, Pudding, Whiskey* oder *Sherry* etablieren sich im Deutschen. Im 20. Jahrhundert ist ein beständiges Anwachsen der **Anglizismen** im Deutschen zu verzeichnen, es sind Begriffe wir *Jazz, Song, Teenager, Thriller, Output* usw. Diese Tendenz ist bis heute ungebrochen und resultiert aus der dominierenden Rolle, die das Englische als internationale Wirtschafts- und Wissenschaftssprache besitzt.

Neben dem Einfluss der sogenannten »klassischen« Sprachen Latein und Griechisch hat also der Einfluss des Italienischen, Französischen und Englischen den Fremdwortschatz des Deutschen maßgeblich geprägt. Es werden jedoch nicht nur Wörter aus fremden Sprachen ins Deutsche übernommen, sondern es gibt umgekehrt auch zahlreiche deutsche Begriffe, die in andere Sprachen (z. B. in das Englische) Eingang gefunden haben, z. B. die Wörter *Bratwurst, Kindergarten, Kitsch, Gemütlichkeit* und *Weltschmerz*.

Überfremden Fremdwörter die deutsche Sprache?

Der Anteil der aus anderen Sprachen in den deutschen Wortschatz übernommenen fremden Wörter beträgt etwa 25 %, wenn man als Wortschatz des Deutschen 400 000 Wörter ansetzt, von denen ca. 100 000 nicht indigen sind. Die von uns wirklich als »fremd« empfundenen Wörter machen ca. 10 % des Deutschen aus. Den größten Anteil der Fremdwörter bilden die Substantive, gefolgt von den Adjektiven und Verben. Bei den etwa 2 800 Wörtern des deutschen Grundwortschatzes entspricht der Fremdwortanteil 6 %; in Zeitungstexten beträgt der Anteil der Fremdwörter ca. 8 %.

Es kann also durchaus nicht von einer »Überflutung« unserer Sprache mit fremden Wörtern die Rede sein. Allerdings entstammen viele neue Fremdwörter, insbesondere die Anglizismen, den entwicklungsträchtigsten und sich rasch erneuernden Bereichen unserer Gesellschaft und stehen häufig für modische, gesellschaftliche oder technische Trends (*Internet, Jobsharing, surfen, Last-Minute-Reise* usw.). Diese Trend- oder Modewörter werden nicht selten als **Schlagwörter** gebraucht und besitzen eine Signalfunktion, die oft sehr vehement den Zeitgeist repräsentiert. Fremdwörter unterliegen – wie die deutschen Wörter auch – dem **Sprachwandel**. Die Fluktuation von Fremdwörtern ist allerdings stärker als die von deutschen Wörtern, da sie in vielen Fällen bereits nach kürzerer Zeit unmodern werden und außer Gebrauch kommen. So ist der Anteil an Fremdwörtern, zum Beispiel in Zeitungstexten, in den letzten Jahrzehnten konstant geblieben.

Das Englische steht unangefochten an der Spitze der international gebrauchten Sprachen, deshalb stammen viele der heute neu im Deutschen verwendeten Neologismen aus dem Englischen bzw. Amerikanischen. Man nennt diese englischen Fremdwörter **Anglizismen**, international verbreitete Wörter werden als **Internationalismen** bezeichnet, dies sind Wörter wie *Aids, Computer, Pizza* usw.

Welche Funktionen besitzen Fremdwörter im Deutschen?

Fremdwörter werden häufig aus einer anderen Sprache übernommen, um eine Lücke im Wortschatz zu schließen, d. h. einen Sachverhalt oder ein Ding zu benennen, für den bzw. das es noch keinen treffenden Ausdruck gibt. Darüber hinaus erfüllen Fremdwörter wichtige Funktionen im Rahmen der alltäglichen und der fachspezifischen Kommunikation. Dies betrifft insbesondere die Differenzierung von **Stilebenen**:

- Fremdwörter besitzen häufig eine **Signalfunktion** und werden sowohl in mündlicher als auch in schriftlicher Kommunikation gezielt eingesetzt. Dies betrifft insbesondere die Bereiche Presse, Werbung, Marketing, Wirtschaft, TV usw. (z. B. *Teleshopping, Fundraising, New Economy, Factoryoutlet*)
- Fremdwörter können einen **gehobenen Sprachstil** kennzeichnen und damit Bildung und Kompetenz implizieren (z. B. *Impetus, instrumentalisieren, larmoyant, Canossagang, Damoklesschwert*)
- Fremdwörter können **Themen versachlichen, verharmlosen** oder **aufbauschen** (z. B. *Suizid* statt *Selbstmord, Demission* statt *Kündigung, Riverboatshuffle* statt *Bootsfahrt*)
- Fremdwörter können **komplexe Sachverhalte ausdrücken, präzisieren** und **verkürzen** (z. B. *Automat, Algebra, coachen, intelligent*)
- Fremdwörter können (bes. in Fachsprachen) die **internationale Verständigung** befördern (z. B. *Internet, Browser, BSE, äquivalent, Logarithmus, Joule*)
- Fremdwörter können als **Synonyme**, zur Differenzierung des Ausdrucks bedeutungsgleicher Wörter, eingesetzt werden, um die Wiederholung eines Wortes zu vermeiden (z. B. *implizieren* anstelle von *mit einbeziehen, mit meinen, einbegreifen; abrupt* anstelle von *plötzlich, unversehens, ohne Übergang*)
- Fremdwörter können **Inhalte nuancieren** und bestimmte **Assoziationen** (konnotative Wortbedeutungen) hervorrufen: *expressiv* beinhaltet z. B. die zusätzliche Bedeutung *in künstlerischem Sinne ausdrucksstark* gegenüber dem deutschen Adjektiv *ausdrucksvoll*; mit dem Verb *kontaktieren* wird nicht nur die Bedeutung *eine Beziehung knüpfen*, sondern auch *eine vorteilhafte Verbindung zu jmdm. beginnen* assoziiert. Für eine Nuancierung von kommunizierten Inhalten ist die Verwendung von Fremdwörtern unumgänglich.
- Fremdwörter können (umgangssprachliche, gehobene, poetische, fachsprachliche u. a.) **Stilebenen differenzieren** (*integrieren* statt *einbeziehen; Konstrukt* statt *Entwurf; Gourmet* statt *Feinschmecker; kredenzen* statt *einschenken*)

Gibt es Regeln zum richtigen Gebrauch von Fremdwörtern?

Regeln zum richtigen Gebrauch von Fremdwörtern gibt es jedoch nicht, es ist häufig eine Frage des **Stils** oder des Sprachempfindens, ob man in einem Gespräch oder in einem schriftlichen Text Fremdwörter verwenden sollte. Wenn man Fremdwörter verwendet, sollte man jedoch ihre Bedeutung kennen und sie dem Sinn nach korrekt verwenden. Teilweise lassen sich Fremdwörter mit deutschen Entsprechungen austauschen, jedoch nicht immer. Häufig sind es nur Bedeutungsnuancen, die die Verwendung des einen oder des anderen Begriffes erforderlich machen. Manche Zusammenhänge lassen sich mit einem Fremdwort besser als mit einem deutschen Wort ausdrücken, so können wir beispielsweise von der *Integration von Ausländern* sprechen, nicht jedoch von einer *Integration (= Einbeziehung) aller Anwesenden*. Im Alltag in der gesprochenen Sprache verwenden wir deutlich weniger Fremdwörter als in der Schriftsprache oder in Fachtexten. Wörter wie *Kathete* oder *Computer* aber lassen sich nicht verdeutschen, ohne dabei lächerlich zu wirken. Niemand spricht heute von einer *Rechenmaschine*, wenn er seinen Computer anstellt – dies würde auch den bezeichneten Gegenstand unzureichend benennen.

Andererseits zeugt es auch nicht von gutem Sprachstil, wenn man zu viele oder für den Gesprächspartner unverständliche Fremdwörter verwendet. Der Gebrauch von Fremdwörtern sollte nicht dazu dienen, andere von der Kommunikation auszugrenzen, indem man eine Vielzahl von Fremdwörtern verwendet. Es ist auch nicht positiv zu bewerten, wenn in der Werbesprache mit Hilfe von fremden oder sogar fehlerhaft gebildeten Wörtern die Aufmerksamkeit auf bestimmte Produkte gelenkt werden soll. Auch die Fremdwortschreibung unterliegt den Regeln der deutschen Orthografie, und ungrammatische Schreibungen, wie Großbuchstaben innerhalb eines Wortes (z. B. in *CityCall*), die sogenannte Binnengroßschreibung, sollten unbedingt vermieden werden.

Aspekte der Fremdwortschreibung

Die Neuregelung der deutschen Rechtschreibung, die am 1.8.1998 und am 1.8.2006 in einer überarbeiteten Fassung in Kraft getreten ist, beinhaltet auch einige neue Richtlinien zur Fremdwortschreibung. Die Neuregelung trägt der **Integration von Fremdwörtern** hinsichtlich ihrer Schreibweise Rechnung. Die Eingliederung von fremden Wörtern in die deutsche Sprache ist meistens ein längerfristiger Prozess, in dessen Verlauf häufig mehrere Schreibvarianten nebeneinander gebraucht werden (z. B.

Foto/Photo, Mayonnaise/Majonäse, Geografie/Geographie usw.). Mit der Neuregelung der deutschen Rechtschreibung wurden einige Begriffe um eingedeutschte Varianten erweitert, d. h., es können sowohl die aus der fremden Sprache stammenden Schreibweisen als auch die der deutschen Lautung angepassten Schreibungen verwendet werden.

Generell können alle Wörter mit den Morphemen *phon, phot, graph* statt mit *ph* auch mit *f* geschrieben werden, also, *fon, fot, graf* (z. B. *Phonetik/Fonetik; Photometrie/Fotometrie; Choreographie/Choreografie*). Daneben gibt es eine Reihe von einzelnen Wörtern wie *Delphin/Delfin, Ketchup/Ketschup, Necessaire/Nessessär, Panther/Panter, Portemonnaie/Portmonee* oder *Thunfisch/Tunfisch*, bei denen nun auch eingedeutschte Schreibvarianten verwendet werden können. Auch Akzente können teilweise entfallen *(Defilé/Defilee)*. Im Zuge der Rechtschreibreform wurde auch das sogenannte **Stammprinzip** stärker berücksichtigt. Schrieb man z. B. das von dem Substantiv *Potenz* abgeleitete Adjektiv früher nur *potentiell*, so kann es heute – seinem Wortstamm entsprechend – auch *potenziell* geschrieben werden.

Ebenfalls betroffen von der Neuregelung der deutschen Rechtschreibung ist der Bereich der **Getrennt- und Zusammenschreibung**; die dort fixierten Regeln gelten teilweise auch für Fremdwörter. Grundsätzlich gilt für fremdsprachige Komposita die im Deutschen übliche Zusammenschreibung. Von dieser Regel sind einige fachsprachliche Begriffe ausgenommen, so z. B. Berufsbezeichnungen wie *Lord Mayor*. Aus dem Englischen stammende Verbindungen aus Adjektiv + Substantiv können sowohl getrennt als auch zusammengeschrieben werden, wenn der Hauptakzent auf dem ersten Wortbestandteil liegen kann, z. B. *Hotdog* auch: *Hot Dog, Smalltalk* auch: *Small Talk*. Liegt der Hauptakzent auf dem zweiten Wortbestandteil oder werden beide Wörter gleichermaßen stark betont, gilt ausschließlich Getrenntschreibung, z. B. *High Society, Electronic Banking*. Fremdsprachige Zitatwörter werden häufig kleingeschrieben, besonders, wenn sie mehrteilig sind, z. B. *cherchez la femme*.

Bindestrichvarianten sind grundsätzlich bei allen Anglizismen angegeben, die aus Verb und Adverb bestehen, z. B. *Come-back* auch: *Comeback*. Darüber hinaus ist das Setzen eines Bindestrichs bei allen unübersichtlichen Wortzusammensetzungen möglich, aus Umfangsgründen wurden jedoch Bindestrichvarianten nur bei der Zusammensetzung mit Eigennamen aufgeführt, z. B. *Bessemerbirne* auch: *Bessemer-Birne*.

Bei der **Worttrennung** kann vielfach eine Trennung nach Wortbestandteilen oder nach Sprechsilben erfolgen. Manchmal kann zusätzlich die konsonantische Trennung, bei der der letzte Konsonant einer Konsonantenfolge auf die nächste Zeile gesetzt wird, angewendet werden. Bei einer beträchtlichen Anzahl von Stichwörtern gibt es mehrere Trennvarianten. Das aus dem Lateinischen entlehnte Wort *Interesse* [<lat. *inter* »zwischen« + *esse* »sein«] kann zum Beispiel sowohl nach der Wortherkunft In|ter|es|se als auch nach Sprechsilben In|te|res|se getrennt werden.

Einige wichtige neuere Entwicklungen bezüglich der Fremdwortschreibung sind im Stichwortverzeichnis durch Informationskästen hervorgehoben.

Welche Informationen bietet das WAHRIG Fremdwörterlexikon?

Das Anliegen eines Fremdwörterlexikons ist es, bei Verständigungs-, Verstehens- oder Schreibschwierigkeiten eine Hilfestellung zu bieten. Zu jedem aufgeführten Stichwort werden deshalb möglichst vollständige Informationen gegeben. Dies sind im Einzelnen die Angabe

- der korrekten **Schreibweise** (ggf. mit Schreibvarianten)
- der **Worttrennung** am Stichwort (ggf. auch Angabe von Trennvarianten)
- der **Aussprache** bei schwieriger Lautung des betreffenden Wortes
- der **Wortart** und bei Substantiven Angabe des Genus und der Deklination (Genitiv- und Pluralendungen)
- der **Fachgebiete**
- der **Stilebene**
- der **Bedeutung(en)**, die häufig durch Anwendungsbeispiele ergänzt werden
- der **Etymologie** (Wortherkunft)

Was die Stichwortauswahl betrifft, so sind im **WAHRIG Fremdwörterlexikon** diejenigen Fremdwörter verzeichnet, die in der deutschen Alltagssprache gebräuchlich sind, fachsprachlicher Wortschatz ist besonders für die Gebiete aufgenommen worden, die auch außerhalb ihrer Fachgebiete im Deutschen Verwendung finden, z. B. die Bereiche EDV, Medizin, Technik usw.
Das Stichwortverzeichnis wurde mit Hilfe des **WAHRIG Textkorpus**[digital] um zahlreiche häufig verwendete Fremdwörter der Alltagssprache und neu in die Sprache aufgenommene Neologismen ergänzt.

Abkürzungen und Zeichen

a.	auch
Abk.	Abkürzung
Adj.	Adjektiv
Adv.	Adverb
aengl.	altenglisch
afrik.	afrikanisch
afrz.	altfranzösisch
ägypt.	ägyptisch
ahd.	althochdeutsch
aind.	altindisch
Akk.	Akkusativ
allg.	allgemein
amerikan.	amerikanisch
Anat.	Anatomie
anord.	altnordisch
Anthrop.	Anthropologie
apers.	altpersisch
aram.	aramäisch
Arch.	Architektur
Archäol.	Archäologie
Art.	Artikel
Astrol.	Astrologie
Astron.	Astronomie
AT	Altes Testament
Bankw.	Bankwesen
Bauw.	Bauwesen
bes.	besonders
Bez.	Bezeichnung
Bgb.	Bergbau
Bibliotheksw.	Bibliothekswesen
Biol.	Biologie
Bot.	Botanik
Buchw.	Buchwesen
bulg.	bulgarisch
bzw.	beziehungsweise
ca.	circa
chin.	chinesisch
Chir.	Chirurgie
Dat.	Dativ
d. h.	das heißt
dt.	deutsch
Dtschld.	Deutschland
EDV	Elektronische Datenverarbeitung
ehem.	ehemalig
eigtl.	eigentlich
Eisenb.	Eisenbahn
El.	Elektrizität
engl.	englisch
eskim.	eskimoisch
europ.	europäisch
evang.	evangelisch
f.	femininum
fachspr.	fachsprachlich
Fem.	Femininum
fig.	figürlich, im übertragenen Sinne
Finanzw.	Finanzwesen
finn.	finnisch
finn.-ugr.	finnisch-ugrisch
Flugw.	Flugwesen
Forstw.	Forstwirtschaft
Fot.	Fotografie
frz.	französisch
Funkw.	Funkwesen
Fußb.	Fußball(spiel)
galloroman.	galloromanisch
geh.	gehoben
Gen.	Genitiv
Geogr.	Geografie
Geol.	Geologie
Geom.	Geometrie
germ.	germanisch
Gesch.	Geschichte
Ggs	Gegensatz
Gramm.	Grammatik
grch.	griechisch
hebr.	hebräisch
Her.	Heraldik
hl.	heilig
i. Allg.	im Allgemeinen
idg.	indogermanisch
i. e. S.	im engeren Sinne
Ind.	Industrie
Inf.	Infinitiv
insbes.	insbesondere
Int.	Interjektion
intr.	intransitiv
ir.	irisch
isl.	isländisch
ital.	italienisch
i. w. S.	im weiteren Sinne
Jagdw.	Jagdwesen
jap.	japanisch
jav.	javanisch
Jh.	Jahrhundert
jmd.	jemand
jmdm.	jemandem
jmdn.	jemanden
jmds.	jemandes
Kart.	Kartenspiel
Kartogr.	Kartographie
kath.	katholisch
Kfz	Kraftfahrzeug(technik)
Kochk.	Kochkunst
Konj.	Konjunktion
Kosmol.	Kosmologie
Kunstw.	Kunstwort
Kurzw.	Kurzwort
Kyb.	Kybernetik
Landw.	Landwirtschaft
lat.	lateinisch
lit.	litauisch
Lit.	Literatur(wissenschaft)
Luftf.	Luftfahrt
m.	maskulinum
MA	Mittelalter
malai.	malaiisch
Mal.	Malerei
Mar.	Marine
Mask.	Maskulinum
Math.	Mathematik
mdt.	mitteldeutsch
Med.	Medizin
mengl.	mittelenglisch
Met.	Metallurgie
Meteor.	Meteorologie
mfrz.	mittelfranzösisch
mgrch.	mittelgriechisch
mhd.	mittelhochdeutsch
Mil.	Militärwesen
Min.	Mineralogie
mlat.	mittellateinisch
mnddt.	mittelniederdeutsch

mndrl. mitteIniederländisch
Myth. Mythologie

n. neutrum
nddt. niederdeutsch
ndrl. niederländisch
Neutr. Neutrum
nhd. neuhochdeutsch
Nom. Nominativ
norddt. norddeutsch
norweg. norwegisch
NT Neues Testament
Num. Numerale

o. Ä. oder Ähnliche(s)
oberdt. oberdeutsch
Obj. Objekt
od. oder
Okk. Okkultismus
Ökol. Ökologie
ostdt. ostdeutsch
österr. österreichisch
oV orthografische Variante

Päd. Pädagogik
Part. Partizip
Path. Pathologie
Perf. Perfekt
pers. persisch
Pharm. Pharmazie
Philol. Philologie
Philos. Philosophie
phön. phönizisch
Phon. Phonetik
Phonol. Phonologie
Physiol. Physiologie
Pl. Plural
poet. poetisch
Pol. Politik
portug. portugiesisch
präd. prädikativ
Präf. Präfix
Präp. Präposition
Präs. Präsens
Pron. Pronomen
prov. provenzalisch
Psych. Psychologie

rätorom. rätoromanisch
Raumf. Raumfahrt
Rechtsw. Rechtswesen
refl. reflexiv, rückbezüglich
Rel. Religion
relig. religiös
Rhet. Rhetorik
roman. romanisch
rotw. rotwelsch

Sammelbez. Sammelbezeichnung
scherzh. scherzhaft
Schulw. Schulwesen
schweiz. schweizerisch
Seew. Seewesen
serbokr. serbokroatisch
Sing. Singular
skand. skandinavisch
slaw. slawisch
Soziol. Soziologie
Sprachw. Sprachwissenschaft
Sprichw. Sprichwort
Stat. Statistik
Subst. Substantiv
süddt. süddeutsch
Sy Synonym
syr. syrisch

Tel. Telekommunikation
Textilw. Textilwesen
Theat. Theater
Theol. Theologie
tibet. tibet(an)isch
turktat. turktatarisch
TV Fernsehen
Typ. Typographie

u. und
u. a. unter anderem, und anderes
u. Ä. und Ähnliche(s)
ukr. ukrainisch
umg. umgangssprachlich
undekl. undeklinierbar
ungar. ungarisch
unz. unzählbar (ohne Plural)
urspr. ursprünglich
usw. und so weiter

V. Verb
Vet. Veterinärmedizin
viell. vielleicht
Völkerk. Völkerkunde
volksetym. volksetymologisch
Vors. Vorsilbe
vulgärlat. vulgärlateinisch

Waffenk. Waffenkunde
Web. Weberei
westdt. westdeutsch
Wirtsch. Wirtschaft
wiss. wissenschaftlich
Wissth. Wissenschaftstheorie

zählb. zählbar (mit Plural)
z. B. zum Beispiel
Zeitungsw. Zeitungswesen
Zig. Zigeunersprachen
Zool. Zoologie
Zus. Zusammensetzung

þ Runenzeichen (»Thorn«) für den Laut [θ]
→ siehe
→ *a.* siehe auch
= Hinweis auf ein Wort mit gleicher Bedeutung
* durch Sprachvergleich erschlossene Form eines Wortes; bei Personen: geboren
< kommt aus der Sprache …, hat sich aus dem folgenden Wort entwickelt, ist aus den folgenden Wörtern gebildet worden
† gestorben
® Markenzeichen

Die Endungen *-isch* und *-lich* sind oft abgekürzt.
Weitere Abkürzungen befinden sich im Wörterverzeichnis als Stichwörter.

Wörterverzeichnis

a 1 ⟨Abk. für⟩ Ar 2 ⟨Physik; Astron.; Abk. für⟩ annus (Jahr) 3 ⟨bei Maßeinheiten Abk. für⟩ Atto…

A 1 ⟨Abk. für⟩ Anno 2 ⟨Physik; Zeichen für⟩ Ampere 3 ⟨auf der Stellscheibe von Uhren Abk. für⟩ Avance (5) (zeigt an, dass man eine Schraube od. einen Hebel in der bezeichneten Richtung verstellen muss, um ein Schnellergehen der Uhr zu bewirken); *Sy* F (1); *Ggs* R (5)

à ⟨Adv.⟩ (für) je; *20 Stück ~ 8 €* [frz.]

Å ⟨Spektrographie; Zeichen für⟩ Ångström-Einheit, nicht mehr zulässige Lichtwellen-Längeneinheit

a…¹, A…¹ ⟨vor Vokalen⟩ an…¹, An…¹ ⟨Vorsilbe⟩ nicht (verneinende Vorsilbe) [grch.]

a…², A…² ⟨Vorsilbe⟩ = ab…, Ab… [lat.]

āā ⟨auf Arztrezepten Zeichen für⟩ ana partes aequales [grch. + lat., »zu gleichen Teilen, in gleicher Menge«]

a. a. ⟨Abk. für lat.⟩ ad acta

AAD ⟨Abk. für⟩ analog aufgenommen, analog abgemischt u. digital abgespielt (bei CDs); →*a.* ADD (1), DDD

ab…, Ab… ⟨vor einigen Konsonanten⟩ a…², A…² ⟨vor t u. c (= z)⟩ abs…, Abs… ⟨Vorsilbe⟩ ab…, ent…, weg… [lat.]

Aba ⟨f.; -, -s⟩ ärmelloser Mantelumhang der Araber [arab.]

Abad|don ⟨m.; - od. -s; unz.⟩ 1 ⟨AT⟩ Totenwelt, Ort der Verdammnis 2 ⟨NT⟩ Engel des Verderbens [hebr.]

abais|sie|ren ⟨[-bɛs-] V.⟩ senken [<frz. *abaisser* »senken«]

abais|siert ⟨[-bɛs-] Adj.; Her.⟩ *~e Adlerflügel* mit den Spitzen nach unten gerichtete Adlerflügel

Aba|ka ⟨m.; -s; unz.⟩ zu Tauen, Matten u. Hüten verwendete Faserbanane: Musa textilis; *Sy* Manilahanf [indones.]

Aba|kus ⟨m.; -, -⟩ 1 Rechenbrett 2 Säulendeckplatte über dem Kapitell [<lat. *abacus* <grch. *abax* »Brett«]

Ab|ali|e|na|ti|on ⟨f.; -, -en⟩ Entfremdung, Veräußerung

ab|ali|e|nie|ren ⟨V.⟩ entfremden, veräußern [<lat. *abalienare*]

Aban|don ⟨[-bãdɔ̃ː] m.; -s, -s⟩ Preisgabe von Rechten od. Vermögenswerten, bes. in der Seeversicherung; *Sy* Abandonnement [<frz. *abandon* <ahd. *bann* »Verbot«]

Aban|don|ne|ment ⟨[-bãdɔnəmãː] n.; -s, -s⟩ = Abandon [frz.]

aban|don|nie|ren ⟨[-bãdɔ-] V.⟩ preisgeben

Aba|sie ⟨f.; -; unz.⟩ Unfähigkeit zu gehen (bei erhaltener Körperkraft) [<grch. *a…* »nicht« + *bainein* »gehen«]

Aba|te ⟨m.; -n, -n od. -ti; Titel für⟩ italienischer Weltgeistlicher; *oV* Abbate [ital.]

Aba|ton ⟨m.; -s, Aba|ta; grch.-orthodoxe Kirche⟩ das Allerheiligste [grch.]

Ab|ba ⟨m.; im NT Anrede für⟩ Gott [aram., »Vater«]

Ab|ba|te ⟨m.; -n, -n od. -ba|ti⟩ = Abate

Ab|bé ⟨m.; -s, -s; Rel.⟩ niederer katholischer französischer Weltgeistlicher [frz., »Abt, Priester«]

Ab|be|vil|li|en ⟨[abəvɪljɛ̃ː] n.; -s; unz.⟩ Kulturstufe der frühen Altsteinzeit Westeuropas; →*a.* Chelléen [nach dem frz. Fundort *Abbeville*]

Ab|bre|vi|a|ti|on ⟨[-vi-] f.; -, -en⟩ = Abbreviatur

Ab|bre|vi|a|tur ⟨[-vi-] f.; -, -en⟩ Abkürzung; *Sy* Abbreviation

ab|bre|vi|ie|ren ⟨[-vi-] V.⟩ abkürzen [<lat. *abbreviare;* zu *brevis* »kurz«]

Abc-Code ⟨[-koːd] m.; -s; unz.⟩ auf dem Abc beruhender, internationaler Telegrammschlüssel

ab|che|cken ⟨[-tʃɛkən] V.; verstärkend⟩ checken, prüfen, kontrollieren

ABC-Staa|ten ⟨Pl.⟩ Argentinien, Brasilien u. Chile (seit Abschluss des Schiedsgerichtsvertrages zw. ihnen am 25. 5. 1915)

ABC-Waf|fen ⟨Pl.⟩ atomare, biologische u. chemische Kampfmittel; *Ggs* konventionelle Waffen

Ab|de|rit ⟨m.; -en, -en⟩ einfältiger Mensch [nach den Einwohnern der altgrch. Stadt *Abdera* in Kleinasien, den Schildbürgern des Altertums]

ab|de|ri|tisch ⟨Adj.⟩ einfältig (wie ein Abderit)

Ab|di|ka|ti|on ⟨f.; -, -en⟩ Abdankung [<lat. *abdicatio;* zu *abdicere* »lossagen«]

ab|di|zie|ren ⟨V.⟩ abdanken [<lat. *abdicere*]

Ab|do|men ⟨n.; -s, - od. -mi|na⟩ 1 ⟨Anat.⟩ Bauch, Unterleib 2 ⟨Zool.⟩ Hinterleib; *~ der Insekten* [lat.]

ab|do|mi|nal ⟨Adj.⟩ zum Abdomen gehörend, das Abdomen betreffend [→ *Abdomen*]

Ab|do|mi|nal|gra|vi|di|tät ⟨[-vi-] f.; -, -en; Med.⟩ Bauchhöhlenschwangerschaft

ab|drif|ten ⟨V.; a. fig.⟩ vom Kurs abweichen, (in eine andere Richtung) getrieben werden

Ab|duk|ti|on ⟨f.; -, -en⟩ 1 Abspreizen; *~ beweglicher Körperteile* 2 ⟨Philos.⟩ Wahrscheinlichkeitsschluss in der Art des Syllogismus [zu lat. *abducere* »wegführen«]

Ab|duk|tor ⟨m.; -s, -to|ren⟩ Abspreizmuskel

Ab|du|zens ⟨m.; -; unz.; Anat.⟩ 6. Gehirnnerv, der die äußeren geraden Augenmuskeln versorgt

ab|du|zie|ren ⟨V.⟩ 1 abspreizen 2 eine Abduktion (2) durchführen [→ *Abduktion*]

…a|bel ⟨Nachsilbe; zur Bildung von Adj.⟩ …fähig, die Möglichkeit einer Handlung od. eines Verhaltens bezeichnend; *akzeptabel; deklinabel; respektabel* [<frz. *-able* <lat. *habilis* »fähig, geeignet«]

Abel|mo|schus ⟨m.; -; unz.; Bot.⟩ trop. Strauch, Gattung der Malvazeen [neulat., <arab. *abu al-misk* »Vater des Moschus«]

Ab|er|ra|ti|on ⟨f.; -, -en⟩ 1 Abweichung, Abirrung 2 ⟨Astron.⟩ scheinbare Ortsveränderung der Gestirne infolge Erdbewegung 3 ⟨Optik⟩ 3.1 Abbildungsfehler, der durch Linsen usw.

A

hervorgerufen wird u. ein Bild verzerrt wiedergibt **3.2** Abbildungsfehler, bei dem die Bilder farbige Säume zeigen **3.3** *chromatische ~* = Farbabweichung [<lat. *aberratio;* zu *aberrare* »abirren«]

Ab|er|ra|ti|ons|zeit ⟨f.; -, -en; Astron.⟩ Lichtzeit

ab|er|rie|ren ⟨V.⟩ abweichen [→ *Aberration*]

Ab|es|siv ⟨a. ['---] m.; -s, -e [-və]; Gramm.⟩ Kasus in den finnisch-ugrischen Sprachen, der das Fehlen von etwas bezeichnet [zu lat. *abesse* »fehlen«]

ab|ge|fuckt ⟨[-fʌkt] Adj.; umg.; derb⟩ heruntergekommen, verwahrlost; *eine ~e Kneipe* [zu engl. *fuck* »ficken, koitieren«]

ab|ge|spact ⟨[-speɪst] Adj.; umg.; Jugendspr.⟩ beeindruckend, außergewöhnlich, leicht verrückt; *die Musik dieser Band ist völlig ~; sie sieht total ~ aus* [zu engl. *space* »Raum; Weltall« <frz. *espace,* <lat. *spatium* »Raum, Zwischenraum«]

ab|hor|res|zie|ren ⟨V.; veraltet⟩ verabscheuen; *Sy* abhorrieren [<lat. *abhorrescere*]

ab|hor|rie|ren ⟨V.; veraltet⟩ = abhorreszieren

Abi|li|ty ⟨[əbɪlɪtɪ] f.; -, -s; Psych.⟩ Eignung, Begabung, Können, (aufgrund der Veranlagung bedingte) Leistungsfähigkeit [engl.]

Abio|ge|ne|se ⟨f.; -; unz.⟩ Urzeugung; *oV* Abiogenesis; *Sy* Archigonie [<*A...*[1] + *bio...* + *Genese*]

Abio|ge|ne|sis ⟨f.; -; unz.⟩ = Abiogenese

Abio|se ⟨f.; -; unz.⟩ Lebensunfähigkeit, Leblosigkeit [<*A...*[1] + grch. *bios* »Leben«]

abio|tisch ⟨Adj.⟩ ohne Leben, leblos [<*a...*[1] + grch. *bios* »Leben«]

Abio|tro|phie ⟨f.; -, -n⟩ vorzeitiges Absterben einzelner Gewebe u. Organe aus Mangel an Widerstandskraft [<*A...*[1] + grch. *bios* »Leben« + *...trophie*]

Ab|i|tur ⟨n.; -s, -e; Pl. selten⟩ Abschlussprüfung an Oberschule u. Gymnasium, Reifeprüfung [<lat. *abire* »abgehen«]

Ab|i|tu|ri|ent ⟨m.; -en, -en⟩ männl. Person, die die Reifeprüfung ablegen will od. abgelegt hat

Ab|i|tu|ri|en|tin ⟨f.; -, -tin|nen⟩ weibl. Person, die die Reifeprüfung ablegen will od. abgelegt hat

Ab|ju|di|ka|ti|on ⟨f.; -, -en; Rechtsw.⟩ Aberkennung [→ *abjudizieren*]

ab|ju|di|zie|ren ⟨V.; Rechtsw.⟩ aberkennen [<lat. *abiudicare* »richterlich aberkennen«]

Ab|ju|ra|ti|on ⟨f.; -, -en⟩ Abschwörung

ab|ju|rie|ren ⟨V.⟩ abschwören [<lat. *abiurare* »abschwören«]

ab|ka|pi|teln ⟨V.; veraltet⟩ *jmdn. ~* jmdn. sehr heftig schelten, schimpfen [→ *Kapitel*]

ab|kom|man|die|ren ⟨V.⟩ *jmdn. ~* (durch Befehl) zu einer besonderen Tätigkeit bestimmen, irgendwohin beordern, abordnen

Ab|lak|ta|ti|on ⟨f.; -, -en; Med.⟩ Vorgang, Tätigkeit des Ablaktierens, Abstillen

ab|lak|tie|ren ⟨V.⟩ **1** ⟨allg.⟩ abstillen **2** ⟨Bot.⟩ *Kulturpflanzen ~* dadurch veredeln, dass man sie zusammenwachsen lässt [<lat. *ablactare* »entwöhnen«]

Ab|la|ti|on ⟨f.; -, -en⟩ **1** Abtragung der Erdoberfläche durch Wasser u. Wind **2** Abschmelzung von Gletschern durch Sonneneinstrahlung **3** Abtragung von Material durch große Hitzeeinwirkung, die z. B. bei der Ablationskühlung von Weltraumfahrzeugen beim Wiedereintritt in die Erdatmosphäre genutzt wird **4** ⟨Med.⟩ Ablösung; *~ der Netzhaut* [<lat. *ablatio;* → *Ablativ*]

Ab|la|tiv ⟨m.; -s, -e [-və]; Gramm.⟩ Kasus der indogerman. Sprachen, der die Richtung »von ... weg« bezeichnet, im Latein auch als Instrumentalis gebraucht; *~ des Mittels* [verkürzt <lat. *casus ablativus* »Fall, der die Entfernung, die Trennung bezeichnet«; zu *ablatus* »fortgetragen, entfernt, getrennt«]

Ab|la|ti|vus ab|so|lu|tus ⟨[-vus] m.; - -, -vi [-vi] -ti; Gramm.⟩ eine syntaktische Konstruktion im Lateinischen, die aus einem Ablativ u. einem Partizip im gleichen Kasus besteht, im Deutschen meist mit einem Nebensatz wiedergegeben

Ab|le|gat ⟨m.; -en, -en⟩ päpstlicher Gesandter zweiten Ranges [zu lat. *ablegare* »wegschicken«]

ab|lu|ie|ren ⟨V.⟩ abwaschen, abspülen, reinigen [<lat. *abluere* »abspülen, abwaschen«]

Ab|lu|ti|on ⟨f.; -, -en⟩ **1** Abtragung von noch nicht verfestigten Meeresablagerungen durch Meeresströmung **2** liturgische Handwaschung des kath. Priesters u. Reinigung des Messkelches [<lat. *ablutio* »das Abwaschen, Abspülen«]

ABM **1** ⟨[ɛɪbiɛm] Abk. für engl.⟩ Anti-Ballistic-Missile (Abwehrrakete) **2** ⟨Abk. für⟩ Arbeitsbeschaffungsmaßnahme

Ab|mo|de|ra|ti|on ⟨f.; -, -en; TV⟩ Schlussworte des Moderators; *Ggs* Anmoderation

ab|mo|de|rie|ren ⟨V.; TV⟩ als Moderator die Schlussworte sprechen; *Ggs* anmoderieren; *eine Sendung ~*

ab|norm ⟨Adj.⟩ **1** nicht normal, gegen die Regel **2** krankhaft, ungewöhnlich [<lat. *abnormis;* zu *norma* »Richtschnur«]

ab|nor|mal ⟨Adj.; österr. u. schweiz.; umg.⟩ nicht normal

Ab|nor|mi|tät ⟨f.; -, -en⟩ **1** Regelwidrigkeit **2** ungewöhnliche krankhafte Erscheinung

Abo ⟨n.; -s, -s; kurz für⟩ Abonnement

ab|o|lie|ren ⟨V.⟩ **1** *etwas ~* abschaffen, aufheben **2** *jmdn. ~* begnadigen [<lat. *abolere* »vernichten, aufheben«]

Ab|o|li|ti|on ⟨f.; -, -en⟩ **1** Abschaffung, Aufhebung der Sklaverei in den USA **2** ⟨Rechtsw.⟩ *~ eines Verfahrens* Einstellung, Verzicht auf Weiterführung, Niederschlagung

Ab|o|li|ti|o|nist ⟨m.; -en, -en⟩ Anhänger der Abolition (1)

Ab|o|li|ti|o|nis|tin ⟨f.; -, -tin|nen⟩ Anhängerin der Abolition (1)

ab|o|mi|na|bel ⟨Adj.⟩ abscheulich, widerwärtig; *ein abominables Verbrechen* [<frz. *abominable* <lat. *abominari* »wegwünschen«]

Abon|ne|ment ⟨[-n(ə)mãː] od. schweiz. a. [-nəmɛnt] n.; -s, -s⟩

1 Bezug von Waren (meist Zeitungen, Zeitschriften, Bücher) auf bestimmte Zeit 2 Bezug von Theater-, Kino-, Konzertkarten für die Dauer einer Spielzeit, Anrecht 3 Dauerfahrkarte, Zeitkarte [frz.]

Abon|ne|ment|preis ⟨[-n(ə)mã:-] m.; -es, -e⟩ Vorzugspreis für Abonnenten

Abon|ne|ment|vor|stel|lung ⟨[-n(ə)mã:-] f.; -, -en⟩ Theateraufführung für Abonnenten

Abon|nent ⟨m.; -en, -en⟩ Inhaber eines Abonnements [→ *abonnieren*]

Abon|nen|tin ⟨f.; -, -tin|nen⟩ Inhaberin eines Abonnements

abon|nie|ren ⟨V.⟩ ein Abonnement abschließen, eingehen über; *eine Zeitschrift* ~ eine Z. im Abonnement beziehen [<frz. *abonner*]

Ab|o|ri|gi|ne ⟨[æbərɪdʒɪnɪ] m.; -s, -s; meist Pl.⟩ Ureinwohner Australiens [engl. <lat. *Aborigines* »Stammvolk der Latiner«, viell. zu *ab origine* »(Einwohner) von Beginn an«]

Ab|ort ⟨m.; -s, -e; Med.⟩ Fehlgeburt [<lat. *abortus,* Part. Perf. zu *aboriri* »abgehen«]

ab|or|tie|ren ⟨V.; Med.⟩ eine Fehlgeburt haben

ab|or|tiv ⟨Adj.; Med.⟩ von einem Abort(us) herrührend, abtreibend

Ab|or|ti|vum ⟨[-vum] n.; -s, -va [-va]; Med.⟩ 1 Mittel zur Herbeiführung einer Fehlgeburt 2 Mittel, das die Dauer einer Krankheit verkürzt [→ *Abort*]

ab ovo ⟨[- o:vo]⟩ von Anfang an, von vornherein, weit ausholend [lat., nach Horaz, Satire 3,6: *ab ovo usque ad mala* »vom Ei (= Vorspeise) bis zu den Äpfeln (= Nachspeise)«]

ab|qua|li|fi|zie|ren ⟨V.⟩ *jmdn.* ~ abwertend beurteilen

Ab|ra|ka|da|bra *auch:* **Ab|ra|ka|dab|ra** ⟨n.; -s; unz.⟩ 1 Zauberwort, Beschwörungsformel 2 sinnloses Gerede; →*a.* Simsalabim [<lat. *abracadabra;* weitere Herkunft unsicher]

Ab|ra|si|on ⟨f.; -, -en⟩ 1 ⟨Geol.⟩ durch die Meeresbrandung bewirkte Abschleifung, Abtragung der Küste 2 ⟨Med.⟩ ~ *der Gebärmutter* Ausschabung, Auskratzung [<lat. *abrasio;* zu *abradere* »abkratzen«]

Ab|ra|xas ⟨m.; -; unz.⟩ mystisches Wort der Gnostiker, Zauberformel auf Amuletten [lat. <grch.]

ab|re|a|gie|ren ⟨V.⟩ 1 *eine Spannung od. Erregung* ~ durch eine Reaktion zum Abklingen bringen 2 *sich* ~ durch eine Reaktion eine Spannung, Erregung loswerden

Ab|re|ak|ti|on ⟨f.; -, -en⟩ das Abreagieren, das Sichabreagieren

Ab|ri ⟨m.; -s, -s⟩ steinzeitliche Wohnstelle unter Felsvorsprüngen [frz., »Unterschlupf« <lat. *apricare* »warm halten«]

Ab|ro|ga|ti|on ⟨f.; -, -en⟩ 1 ~ *eines Gesetzes* Abschaffung, Aufhebung 2 ~ *eines Auftrages* Zurücknahme, Zurückziehung [→ *abrogieren*]

ab|ro|gie|ren ⟨V.; veraltet⟩ abschaffen, aufheben, zurücknehmen [<lat. *abrogare* »abschaffen«]

ab|rupt ⟨Adj.⟩ 1 abgebrochen, zusammenhanglos 2 plötzlich [<lat. *abruptus,* Part. Perf. zu *abrumpere* »abreißen«]

abs…, Abs… ⟨Vorsilbe⟩ ab…, Ab…

ab|sa|ven ⟨[-sɛɪvən] V.; umg.⟩ 1 ⟨allg.⟩ *etwas* ~ prüfen, sichern 2 ⟨EDV⟩ Computerdaten sichern, (ab-)speichern [<engl. *save* »retten, aufbewahren«]

Abs|ci|sin|säu|re ⟨f.; -, -n; Bot.⟩ Pflanzenhormon, das Entblätterung, Fruchtabfall u. winterschlafähnliche Zustände herbeiführt [zu lat. *abscidere* »abhauen, abschneiden«]

Ab|sence ⟨[absã:s] f.; -, -n; bes. Med.⟩ geistige Abwesenheit, kurze Bewusstseinstrübung [frz., »Abwesenheit« <lat. *absentia*]

ab|sent ⟨Adj.⟩ abwesend; *Ggs* präsent [<lat. *absens* »abwesend«]

Ab|sen|ter ⟨m.; -s, -; veraltet⟩ ständig von seinen Gütern abwesender Grundbesitzer [→ *absent*]

ab|sen|tie|ren ⟨V.; umg.; veraltet⟩ *sich* ~ sich entfernen [<frz. *s'absenter* »sich entfernen«; zu frz. *absent* »abwesend« <lat. *absens*]

Ab|sen|tis|mus ⟨m.; -, -tis|men; veraltet⟩ Abwesenheit [→ *absent*]

Ab|senz ⟨f.; -, -en; veraltet⟩ 1 Abwesenheit 2 ⟨schweiz.⟩ = Absence [→ *absent*]

Ab|sinth ⟨m.; -(e)s, -e⟩ Trinkbranntwein aus Wermut [<grch. *absinthion* »Wermut« <pers. *sipand*]

Ab|sin|thin ⟨n.; -s; unz.⟩ Alkaloid der Wermutpflanze

ab|so|lut ⟨Adj.⟩ 1 unabhängig, losgelöst, für sich, einzeln betrachtet; *Ggs* relativ **1.1** ~*e Atmosphäre* ⟨Zeichen: ata⟩ veraltete, nicht mehr zulässige Druckeinheit, ersetzt durch die Einheit Bar (1) **1.2** ~*e Bewegung* (physikalisch nicht denkbare) Bewegung ohne Bezugssystem **1.3** ~*e Feuchtigkeit* Feuchtigkeitsgehalt der Luft **1.4** ~*es Gehör* Fähigkeit, ohne vergleichbare Töne die Höhe eines Tones zu erkennen **1.5** ~*e Helligkeit* Helligkeit eines Sternes, ungeachtet der durch seine Entfernung bedingten Sichtbarkeit am Himmel **1.6** ~*e Mehrheit* Mehrheit von mehr als 50 % 2 unbeschränkt, völlig **2.1** ~*er Superlativ* = Elativ **2.2** ~*e Monarchie* = Absolutismus **2.3** ~*es Vertrauen* unbedingtes Vertrauen ohne jede Einschränkung **2.4** ~*es Maßsystem* auf den Grundgrößen Zentimeter, Gramm u. Sekunde beruhendes physikal. Maßsystem, heute abgelöst durch das MKSA-System; *Sy* CGS-System **2.5** ~*er Nullpunkt* die tiefste erreichbare Temperatur (-273,15 °C) **2.6** ~*e Temperatur* auf den absoluten Nullpunkt bezogene Temperatur **2.7** ~*e Zahl* eine ohne Vorzeichen betrachtete Zahl 3 unbedingt **3.1** ~*e Kunst* ungegenständl., abstrakte K. **3.2** ~*e Musik* Musik, der keine außermusikalischen Vorstellungen zugrunde liegen **3.3** ~*e Rechte* Rechte, die gegenüber jedem wirksam sind 4 rein; ~*er Alkohol* wasserfreier Ethylalkohol 5 ⟨adv.⟩ durchaus, gänzlich, überhaupt, völlig [<lat. *absolutus,* Part. Perf. zu *absolvere* »loslösen«]

Ab|so|lu|te(s) ⟨n. 3; unz.; Philos.⟩ das in sich ruhende Sein

A

Ab|so|lut|heit ⟨f.; -; unz.⟩ absolute Beschaffenheit; *etwas mit ~ wissen*

Ab|so|lut|heits|an|spruch ⟨m.; -(e)s, -sprü|che; bes. wiss.⟩ Beanspruchung absoluter Gültigkeit der eigenen Meinung; *seine neue philosophische Lehre erhebt einen ~*

Ab|so|lu|ti|on ⟨f.; -, -en; bes. Rel.⟩ Freisprechung, Lossprechung von Sünden; *jmdm. ~ erteilen* [<lat. *absolutio*]

Ab|so|lu|tis|mus ⟨m.; -; unz.⟩ Alleinherrschaft durch einen Monarchen, der oberster Gesetzgeber, Gerichtsherr, Regierungsoberhaupt u. Militärbefehlshaber war; *Sy* absolute Monarchie [→ *absolut*]

Ab|so|lu|tist ⟨m.; -en, -en⟩ Anhänger des Absolutismus

Ab|so|lu|tis|tin ⟨f.; -, -tin|nen⟩ Anhängerin des Absolutismus

ab|so|lu|tis|tisch ⟨Adj.⟩ den Absolutismus betreffend [→ *absolut*]

Ab|so|lu|to|ri|um ⟨n.; -s, -ri|en; veraltet⟩ **1** Urteil od. Bescheinigung über Freispruch od. Lossprechung **2** ⟨österr.⟩ Bescheinigung über die Reifeprüfung [→ *absolut*]

Ab|sol|vent ⟨[-vẹnt] m.; -en, -en⟩ jmd., der eine Ausbildung, Schule, einen Lehrgang, ein Studium erfolgreich beendet hat [zu lat. *absolvere* »loslösen«]

Ab|sol|ven|tin ⟨[-vẹn-] f.; -, -tinnen⟩ weibl. Person, die eine Ausbildung, Schule, einen Lehrgang, ein Studium erfolgreich beendet hat

ab|sol|vie|ren ⟨[-viː-] V.⟩ **1** befreien, los-, freisprechen **2** *eine Ausbildung, einen Lehrgang, ein Pensum ~* durchlaufen, erfolgreich beenden, abschließen **3** *ein Gastspiel ~* geben, beenden [<lat. *absolvere* »loslösen«]

Ab|sor|bens ⟨n.; -, -ben|ti|en od. -ben|tia; Chemie⟩ Stoff, der bei der Absorption einen anderen aufnimmt [lat., Part. Perf. zu *absorbere* »verschlucken«]

ab|sor|bent ⟨Adj.⟩ aufsaugend

Ab|sor|ber ⟨m.; -s, -⟩ **1** Einrichtung, Anlage zum Absorbieren (1); *Ggs* Kompressor (1) **2** Kühlschrank mit Absorptionsverfahren; *Ggs* Kompressor (2) **3** ⟨Höchstfrequenztechnik⟩ Widerstand zur Dämpfung von Zentimeterwellen in Leitern, die als Rohre ausgebildet sind [engl.; zu lat. *absorbere* »verschlucken«]

ab|sor|bie|ren ⟨V.⟩ **1** *etwas ~* einsaugen, aufsaugen, aufzehren **2** *jmdn. ~* völlig in Anspruch nehmen [<lat. *absorbere* »verschlucken«]

Ab|sorp|ti|on ⟨f.; -, -en⟩ **1** Einsaugung, Aufsaugung, Aufzehrung **2** ⟨Chemie⟩ Aufnahme eines Gases od. Dampfes durch feste Körper od. Flüssigkeit unter vollständiger Durchdringung **3** ⟨Physik⟩ Energieabgabe einer Wellen- od. Teilchenstrahlung an einen Stoff, durch den die Strahlen gehen [zu lat. *absorbere* »verschlucken«]

Ab|sorp|ti|ons|spek|trum *auch:* **Ab|sorp|ti|ons|spekt|rum** ⟨n.; -s, -spek|tren od. -spek|tra; Physik⟩ eine Substanz kennzeichnende Anzahl von Absorptionslinien

ab|sorp|tiv ⟨Adj.⟩ auf Absorption beruhend, zu ihr fähig, sie bewirkend [→ *absorbieren*]

Ab|sorp|tiv ⟨n.; -s, -e [-və]; bes. Chemie⟩ Stoff, der von einem anderen bei der Absorption aufgenommen wird

ab|sti|nent *auch:* **abs|ti|nent** ⟨Adj.⟩ **1** ⟨i. e. S.⟩ enthaltsam **2** ⟨i. w. S.⟩ Rauschmittel meidend, auf Geschlechtsverkehr verzichtend [<lat. *abstinens;* Part. Perf. zu *abstinere* »abhalten, zurückhalten«]

Ab|sti|nenz *auch:* **Abs|ti|nenz** ⟨f.; -; unz.⟩ Enthaltsamkeit, das Fasten [→ *abstinent*]

Ab|sti|nenz|ler *auch:* **Abs|ti|nenz|ler** ⟨m.; -s, -⟩ jmd., der abstinent lebt

Ab|sti|nenz|le|rin *auch:* **Abs|ti|nenz|le|rin** ⟨f.; -, -rin|nen⟩ weibl. Abstinenzler

◆ Die Buchstabenfolge **ab|str...** kann auch **abs|tr...** getrennt werden.

◆ **Ab|stract** ⟨[æbstrækt] m.; -s, -s⟩ kurze (meist schriftlich abgefasste) Inhaltsangabe eines Vortrages, Artikels o. Ä. [engl., »Abriss, Auszug«]

◆ **ab|stra|hie|ren** ⟨V.⟩ **1** ⟨veraltet⟩ abziehen **2** von etwas absetzen **3** das Wesentliche aus dem Zufälligen herausheben **4** zum Begriff erheben, verallgemeinern [<lat. *abstrahere* »wegziehen«]

◆ **ab|strakt** ⟨Adj.⟩ von der Wirklichkeit abgetrennt, begrifflich verallgemeinert, nur gedacht, unanschaulich; *Ggs* konkret; *~e Kunst* Kunstrichtung, die durch frei erfundene Formen Eigenes schaffen will, das seine Vorlage unabhängig von der uns umgebenden Wirklichkeit findet; *~es Rechtsgeschäft* ein selbstständiges, vom Rechtsgrund unabhängiges Rechtsgeschäft [<lat. *abstractus;* Part. Perf. zu *abstrahere* »wegziehen«]

◆ **Ab|strak|ti|on** ⟨f.; -, -en⟩ **1** Verallgemeinerung zum Begriff, Begriffsbildung **2** allgemeiner Begriff [→ *abstrakt*]

◆ **Ab|strak|tum** ⟨n.; -s, -strak|ta⟩ **1** durch Abstraktion gewonnener, allgemeiner, ungegenständl. Begriff **2** ⟨Gramm.⟩ begriffl. Substantiv; *Ggs* Konkretum [→ *abstrakt*]

◆ **ab|strus** *auch:* **abst|rus** ⟨Adj.⟩ verworren, schwer verständlich; *ein ~es Gerede* [<lat. *abstrusus* »verborgen, heimlich«]

ab|surd ⟨Adj.⟩ **1** abwegig, widersinnig **2** unsinnig, unvernünftig [<lat. *absurdus* »misstönend«]

Ab|sur|di|tät ⟨f.; -, -en⟩ Widersinn, Unvernunft [→ *absurd*]

◆ Die Buchstabenfolge **ab|sze...** kann auch **abs|ze...** getrennt werden.

◆ **ab|sze|die|ren** ⟨V.⟩ **1** sich absondern, entfernen **2** eitern, einen Abszess bilden [<lat. *abscedere* »weggehen«]

◆ **Ab|szess** ⟨m.; -es, -e⟩ durch Einschmelzung entstandene Eiteransammlung im Gewebe [<lat. *abscessus* »Weggang, Entfernung«]

◆ **ab|szin|die|ren** ⟨V.⟩ (ab)trennen [<lat. *abscindere* »abreißen«]

◆ **Ab|szis|se** ⟨f.; -, -n⟩ parallel zur Abszissenachse abgemessener Linienabschnitt; *Ggs* Ordinate [<lat. *abscissus,* Part. Perf. zu *abscindere* »abreißen«]

◆ **Ab|szis|sen|ach|se** ⟨f.; -, -n; Math.⟩ waagerechte Achse im Koordinatensystem; *Sy* x-Achse; *Ggs* Ordinatenachse
ạb|tör|nen ⟨V.⟩ = abturnen
ạb|trai|nie|ren ⟨[-trɛ-] V.; bes. Sport⟩ *Gewicht* ~ hartes Training betreiben, um Gewicht zu verlieren
ạb|tur|nen ⟨[-tœ:-] V.; umg.⟩ die Begeisterung nehmen, lustlos machen; *oV* abtörnen; *Ggs* anturnen (2) [zu engl. *turn* »drehen, wenden«]
Abu ⟨in arab. Eigennamen⟩ Vater des …; ~ *Hassan*
Abu|lie ⟨f.; -, -n; Med.⟩ Willenlosigkeit, Willensschwäche, Unentschlossenheit [<*A*…[1] + grch. *bulesthai* »wollen«]
abu|lisch ⟨Adj.; Med.⟩ auf Abulie beruhend, willenlos
ab|un|dạnt ⟨Adj.⟩ reichlich (vorhanden), häufig, überflüssig [<lat. *abundare* »reichlich vorhanden sein«]
Ab|un|dạnz ⟨f.; -; unz.⟩ **1** ⟨Biol.⟩ durchschnittl. Zahl tierischer od. pflanzlicher Individuen, bezogen auf eine bestimmte Flächeneinheit bzw. Raumeinheit **2** ⟨EDV; Math.⟩ Überschuss von Zeichen über die zur einwandfreien Übertragung od. Darstellung der Information notwendige Zeichenmenge hinaus **3** ⟨Sprachw.⟩ Überfülle des Ausdrucks; *Sy* Pleonasmus [<lat. *abundantia* »Überfluss«]
ab ụr|be cọn|di|ta ⟨Abk.: a. u. c.⟩ »seit Gründung der Stadt (Rom)«, altröm. Zeitrechnung ab 753 v. Chr. [lat.]
Ab|usus ⟨m.; -, -⟩ Missbrauch, übermäßige Dosierung von Arznei- od. Genussmitteln [lat., urspr. »Verbrauch«, dann »Missbrauch«]
abys|sal ⟨Adj.⟩ zum Tiefseebereich gehörend, in großer Tiefe [<grch. *abyssos* »Abgrund«]
Abys|sus ⟨m.; -; unz.⟩ Abgrund, Tiefe der Erde, Unergründliches [lat., »grundlose Tiefe, Meeresgrund, Hölle« <grch. *abyssos* »Abgrund«]
Ac ⟨chem. Zeichen für⟩ Actinium
a c. ⟨Abk. für⟩ a conto
a. c. ⟨Abk. für⟩ anni currentis
à c. ⟨Abk. für⟩ à condition
Aca|de|my Award ⟨[əkædəmı əwɔ:d] m.; - - od. - -s, - -s⟩ = Oscar [engl., »Preis der Akademie«]
Aca|jou|nuss ⟨[-ʒu:-] f.; -, -nüs|se⟩ = Cashewnuss [portug.]
a cap|pẹl|la ⟨Musik⟩ **1** nach Art der Sängerkapellen, auch mit Instrumentalbegleitung **2** für Singstimmen allein, ohne Instrumentalbegleitung [ital., »wie in der Kapelle, Kirche«]
A-cap|pẹl|la-Chor ⟨[-ko:r] m.; -(e)s, -Chö|re; Musik⟩ Chor, der ohne Begleitung von Instrumenten singt
a ca|pric|cio *auch:* **a cap|ric|cio** ⟨[-kaprıtʃo:] Musik⟩ nach Belieben, im freien Zeitmaß (zu spielen) [ital.]
accel. ⟨[atʃẹl] Abk. für⟩ accelerando
ac|ce|le|rạn|do ⟨[atʃɛ-] Abk.: accel.; Musik⟩ schneller werdend, beschleunigend (zu spielen) [ital.]
Ac|cent ai|gu ⟨[aksãtɛgy:] m.; - -, -s -s [aksãtɛgy:]; Zeichen: ´⟩ = Akut [frz. »scharfes Ton-, Aussprachezeichen«]
Ac|cent cir|con|flexe ⟨[aksãsırkɔ̃flɛks] m.; - -, -s -s; Zeichen: ˆ⟩ = Zirkumflex [frz. »gebogenes Ton-, Aussprachezeichen«]
Ac|cent grave ⟨[aksãgra:v] m.; - -, -s -s; Zeichen: `⟩ = Gravis [frz. »schweres Ton-, Aussprachezeichen«]
Ac|cen|tus ⟨[aktsẹntus] m.; -, -; Musik⟩ rezitierend vorgetragene Form des gregorianischen Chorals; *Ggs* Concentus [lat., »Betonung«]
Ac|ces|soire ⟨[aksɛsoa:(r)] n.; -s, -s; meist Pl.⟩ modisches Zubehör [<frz. *accessoir* »Nebensache, Zubehör«]
Ac|com|pa|gna|to *auch:* **Ac|com|pag|na|to** ⟨[-nja:-] n.; -s, -s od. -gna|ti⟩ vom Orchester begleitetes Rezitativ; *Ggs* Seccorezitativ [zu ital. *accompagnare* »begleiten«]
Ac|cor|da|tu|ra ⟨f.; -; unz.; Musik⟩ übliche Einstimmungsweise von Saiteninstrumenten [ital.]
Ac|count ⟨[əkaunt] m. od. n.; -s, -s; EDV⟩ (aus Benutzernamen u. Kennwort bestehende) Zugangsberechtigung zu einem Netzwerk- od. Onlinesystem [engl., »Konto; Rechnung«]
Ac|coun|tant ⟨[əkauntənt] m.; - od. -s, -s; in Großbritannien u. Irland⟩ Wirtschaftsprüfer [engl.]
Ac|count|ma|na|ger ⟨[əkauntmænıdʒə(r)] m.; -s, -⟩ Kundenberater (in einer Handelskette) [engl.]
Ac|count|ser|vice ⟨[əkauntsœ:vıs] m.; - od. -s; unz.⟩ Kundenberatung (in einer Handelskette) [engl.]
accresc. ⟨Musik; Abk. für⟩ accrescendo
ac|cre|scen|do ⟨[-krɛʃẹndo:] Abk.: accresc.; Musik⟩ = crescendo [ital., »anwachsend«]
Ac|cro|cha|ge ⟨[akroʃa:ʒ(ə)] f.; -, -n; Mal.⟩ Ausstellung eigener Bestände (in einer Privatgalerie) [frz., »Befestigen, Aufhängen«]
Ace ⟨[ɛıs] n.; -s [-sız], -s [-sız]; Sport⟩ **1** = Ass (4) **2** ⟨Golf⟩ das Erreichen des Loches mit einem Schlag [engl., »Ass«]
ACE-Hem|mer ⟨Pl.; Pharm.; Abk. für⟩ Angiotensin Converting Enzyme, Gruppe von blutdrucksenkenden Stoffen, die die Bildung von ACE im Körper hemmen
Ace|ro|la ⟨[-tse-] f.; -, -s; Bot.⟩ aus Mittelamerika stammende Kirschenart (Westindische Kirsche), die den höchsten Vitamin-C-Gehalt aller Früchte besitzt [span. <arab. *az-zu'rur*]
Acet|al|de|hyd ⟨m.; -s; unz.⟩ stechend riechende, nicht beständige Flüssigkeit, aus Acetylen gewonnen, Zwischenprodukt für Essigsäuresynthese, Bunagewinnung u. a.; *oV* Azetaldehyd; *Sy* Ethanal [<lat. *acetum* »Essig« + *Aldehyd*]
Ace|tat ⟨n.; -s, -e; Chemie⟩ Salz, Ester der Essigsäure; *oV* Azetat [<lat. *acetum* »Essig«]
Ace|tat|sei|de ⟨f.; -, -n; Textilw.⟩ aus Zellulose mit Hilfe von Essigsäure gewonnene Chemiefaser mit seidenähnl. Eigenschaften; *oV* Azetatseide
Ace|to Bal|sa|mi|co ⟨[atʃe:to -] m.; - -; unz.⟩ (aus Traubenmost u. Weinessig gewonnener) milder Essig, Balsamessig [<ital. *aceto*

A

»Essig« + *balsamico* »würzig, balsamisch«]

Aceton ⟨n.; -s; unz.⟩ einfachster Vertreter der Verbindungsklasse der Ketone, farblose Flüssigkeit, gutes Lösungsmittel für zahlreiche organ. Verbindungen; *oV* Azeton [<lat. *acetum* »Essig«]

Acetonämie *auch:* **Acetonämie** ⟨f.; -, -n; Med.⟩ Auftreten von Aceton im Blut; *oV* Azetonämie; *Sy* Ketonämie [<*Aceton* + ...*ämie*]

Acetonurie *auch:* **Acetonurie** ⟨f.; -, -n⟩ Auftreten von Aceton im Harn; *oV* Azetonurie [<*Aceton* + ...*urie*]

Acetyl... ⟨Chemie; fachsprachl.; in Namen von organ. Verbindungen Bez. für⟩ Atomgruppierung-CO-CH; *oV* Azetyl... [<lat. *acetum* »Essig« + grch. *hyle* »Holz, Stoff«]

Acetylcholin ⟨[-ko-] n.; -(e)s, -e; Biochemie; fachsprachl.⟩ biogenes Amin, Gegenspieler des Adrenalins, wird bes. bei der Erregung der Nervenzellen des parasympathischen u. motorischen Nervensystems gebildet; *oV* Azetylcholin [<*Acetyl...* + grch. *chole* »Galle«]

Acetylen ⟨n.; -s; unz.⟩ farbloses, eigentümlich riechendes, brennbares Gas, das aus Calciumcarbid u. Wasser entsteht; *oV* Azetylen; *Sy* Ethin [<lat. *acetum* »Essig«]

Acetylsalicylsäure ⟨f.; -, -n; Chemie; fachsprachl.⟩ fiebersenkender u. schmerzstillender Wirkstoff in zahlreichen Arzneimitteln, z. B. in Aspirin®; *oV* Azetylsalicylsäure

Achäne ⟨[-xɛːː-] f.; -, -n; Bot.⟩ Schließfrucht von Korbblütlern, die nur einen Samen trägt [<*A...*[1] + grch. *chainein* »gähnen, klaffen«]

Achat ⟨[-xaːt] m.; -(e)s, -e⟩ Mineral, Edelstein, aus Kieselsäurelösungen entstanden, häufig in Lagen verschiedener Färbung aufgebaut [nach dem Fluss *Achates* im südl. Sizilien, in dem der Achatstein zuerst gefunden worden sein soll]

acherontisch ⟨[-xe-] Adj.⟩ unterweltlich [<grch. *achos* »Leid« + *rhein* »fließen« (nach dem Fluss *Acheron* in der Unterwelt der grch. Sage)]

Acheuléen ⟨[-ʃøleɛ̃ː] n.; -s; unz.⟩ Kulturstufe der älteren Altsteinzeit [nach dem Fundort *St.-Acheul* bei Amiens in Frankreich]

Achillesferse ⟨[axɪl-] f.; -, -n⟩ 1 ⟨grch. Myth.⟩ einzige Stelle, an der Achilles verwundbar war 2 ⟨fig.⟩ empfindliche, verwundbare Stelle, schwacher Punkt [nach *Achill*, dem Helden der grch. Sage]

achlamydeisch ⟨[axla-] Adj.; Bot.⟩ ohne Blütenhülle [<*a...*[1] + grch. *chlamys* »Mantel, Kleid«]

Achlorhydrie *auch:* **Achlorhydrie** ⟨[-kloːr-] f.; -; unz.; Med.⟩ Mangel an Magensaft [<*A...*[1] + grch. *chloros* »hellgrün, gelb« + *hydor* »Wasser«]

Acholie ⟨[-xo-] f.; -; unz.; Med.⟩ fehlende Ausscheidung von Gallenflüssigkeit [<*A...*[1] + grch. *chole* »Galle«]

a. Chr. (n.) ⟨Abk. für⟩ ante Christum (natum)

Achromasie ⟨[-kro-] f.; -, -n⟩ Ausgleich der Farbverzerrung in optischen Instrumenten durch Kombination von Prismen od. (u.) Linsen; *Sy* Achromatismus [<*A...*[1] + grch. *chroma* »Farbe«]

Achromat ⟨[-kro-] m.; -(e)s, -e od. n.; -(e)s, -e⟩ gegen Farbverzerrung korrigierte Linse

Achromatin ⟨[-kro-] n.; -s; unz.⟩ nicht färbbarer Teil der Zellkernsubstanz

achromatisch ⟨[-kro-] Adj.⟩ die Eigenschaft eines Achromats habend, auf ihm beruhend

Achromatismus ⟨[-kro-] m.; -, -tismen⟩ = Achromasie

Achromatopsie *auch:* **Achromatopsie** ⟨[-kro-] f.; -; unz.; Med.⟩ Farbenblindheit [<*A...*[1] + grch. *chroma* »Farbe« + *opsis* »das Sehen«]

Achromie ⟨[-kro-] f.; -, -n⟩ das Fehlen von Pigmenten in der Haut [<*A...*[1] + grch. *chroma* »Farbe«]

achronistisch ⟨[-kro-] Adj.; Sprachw.⟩ ohne Berücksichtigung eines zeitlichen Zusammenhangs verwendet; *~e Zeitform* [<*a...*[1] + grch. *chronos* »Zeit«]

Achylie ⟨[-xy-] od. [-çy-] f.; -; unz.; Med.⟩ mangelhafte od. fehlende Magensaftbildung [<*A...*[1] + grch. *chylos* »Saft«]

Acid ⟨[æsɪd] n.; - od. -s; unz.⟩ 1 ⟨Drogenszene⟩ LSD (ein Halluzinogen) 2 ⟨kurz für⟩ Acid House [engl., »Säure; ätzend«]

Acid House ⟨[æsɪd haʊs] n.; - -; unz.; Musik⟩ (in den 1980er Jahren in Amerika entstandene) Musikrichtung mit tiefen u. schnellen Bassrhythmen u. einem begleitenden Sprechgesang, Vorläufer des Techno; *Sy* Acid (2) [<*Acid* + engl. *house* »Haus«]

Acidimetrie *auch:* **Acidimetrie** ⟨f.; -; unz.⟩ = Azidimetrie

Acidität ⟨f.; -; unz.⟩ = Azidität

Acidum ⟨n.; -s, -cida⟩ Säure; ~ *citricum* Zitronensäure [zu lat. *acidus* »sauer«]

Ackja ⟨m.; - od. -s, -s⟩ bootförmiger (Rettungs-)Schlitten der Lappen [schwed.]

à cond. ⟨Abk. für⟩ à condition

à condition ⟨[-kɔ̃disjɔ̃ː] Abk.: à c., à cond.; bes. im Buchhandel⟩ auf Bedingung, nicht fest (zu liefern od. geliefert) [frz.]

Aconitin ⟨n.; -s, -e⟩ sehr giftiger Wirkstoff aus den Knollen des blauen Sturmhutes (Aconitum napellus); *oV* Akonitin [zu grch. *akone* »Feldstück«]

Aconitum ⟨n.; -s, -nita; Bot.⟩ Angehöriges der Pflanzengattung Eisenhut [lat.]

a conto ⟨Abk.: a c.⟩ 1 auf Rechnung von..., des... 2 *einen Betrag ~ schreiben lassen* nicht bar zahlen, sondern vom Konto abschreiben lassen; →*a.* Akonto [ital.]

Acquit ⟨[-kiː] n.; -s, -s; veraltet⟩ Empfangsbescheinigung; *Sy* Quittung (1) [frz., »Freimachung, Quittung«]

Acre ⟨[ɛɪkə(r)] m.; -s, -s⟩ englisches u. nordamerikanisches Flächenmaß, 4046,8 m² [engl.; verwandt mit *Acker*]

Acridin ⟨n.; -s; unz.⟩ aus Anthracenöl gewonnene Verbindung, Ausgangsstoff für Arzneimittel

Acrolein ⟨n.; -s; unz.⟩ ungesättigter, aliphatischer Aldehyd, CH_2=CH-CHO, stechend riechende, augenreizende Flüssigkeit, zur Herstellung von Parfümen, Lacken u. zur Synthese von Glyzerin sowie als Tränengas verwendet; *oV* Akrolein [<lat. *acer* »scharf« + *olere* »riechen«]

ac|ross the board ⟨[əkrɔs ðə bɔ:d]⟩ **1** jeden betreffend, allgemein **2** ⟨TV⟩ an mehreren aufeinanderfolgenden Tagen zur gleichen Zeit gesendet; *ein ~ gesendeter Werbespot* [engl., »allgemein, generell«]

Ac|ryl ⟨n.; -s; unz.; Kurzwort für⟩ Polyacrylnitril

Ac|ryl|a|mid ⟨n.; -(e)s, -e; Chemie⟩ vermutlich krebserregende, genetische Schäden hervorrufende u. in höheren Dosen nervenschädigende Substanz, die beim Erhitzen (Frittieren, Rösten, Braten, Grillen od. Backen) von stärkehaltigen Nahrungsmitteln entsteht, bes. in Pommes frites, Kartoffelchips, Knäckebrot u. Frühstückscerealien

Ac|ryl|glas ⟨n.; -es; unz.⟩ = Plexiglas

Ac|ryl|harze ⟨Pl.⟩ Gruppe von Kunstharzen, die durch Polymerisation von Acrylsäure od. Methacrylsäure gewonnen werden u. klare, durchsichtige, thermoplastische, wetterfeste Massen ergeben, die leicht spanabhebend zu bearbeiten sind [zu lat. *acer* »scharf«]

Ac|ryl|säu|re ⟨f.; -, -n⟩ einfachste, ungesättigte Carbonsäure

Act ⟨[ækt] m.; -s, -s; Jugendspr.⟩ **1** (besonders) bekannte od. erfolgreiche Popmusikgruppe; *Main~; Top~* **2** Liveauftritt einer Band; *Live~* [engl., »Akt, (Programm-)Nummer«]

Ac|ta ⟨Pl.; Sing.: Actum; im antiken Rom⟩ **1** schriftl. fixierte Amtshandlungen, Verordnungen, Protokolle, Tagesberichte, Akten **2** ⟨Theol.⟩ **2.1** *~ Apostolorum* die Apostelgeschichte des NT **2.2** *~ Sanctorum* Sammlung von Berichten u. Legenden über christl. Heilige [<lat. *acta,* Pl. zu *actus* »Handlung, Tat«; *apostolorum,* Gen. Pl. zu *apostolus* »Apostel«; *sanctorum,* Gen. Pl. zu *sanctus* »Heiliger«]

Ac|tin ⟨n.; -s, -e; Biochemie⟩ am Aufbau der Muskelstruktur beteiligtes Eiweiß; *oV* Aktin

Ac|ting|ma|na|ger ⟨[æktıŋmænıdʒə(r)] m.; -s, -; im US-amerikan. Theat.⟩ Organisator, Leiter einer Tournee [<engl. *acting* »Darstellung, Schauspielerei« + *Manager*]

Ac|ting-out *auch:* **Ac|ting|out** ⟨[æktıŋaʊt] n.; - od. -s, -s⟩ Abreagieren (von Aggressionen o. Ä.) [engl.]

Ac|ti|ni|den ⟨Pl.; veraltet⟩ = Actinoide; *oV* Aktiniden

Ac|ti|ni|um ⟨n.; -s; unz.; chem. Zeichen: Ac⟩ radioaktives chemisches Element, Ordnungszahl 89; *oV* Aktinium [neulat. <grch. *aktinos* »Strahl«]

Ac|ti|no|i|de ⟨Pl.; Sammelbez. für⟩ die im Periodensystem der chem. Elemente auf das Actinium folgenden Elemente mit den Ordnungszahlen 90-103, alle radioaktiv, zum Teil nur künstlich herstellbar; *oV* Aktinoide; *Sy* Actiniden, Aktiniden

Ac|ti|no|my|cin ⟨n.; -(e)s, -e; Pharm.⟩ Antibiotikum, das aus Streptomycesbakterien produziert wird [grch.]

Ac|tion ⟨[ækʃn] f.; -; unz.; Film⟩ (Film-)Handlung, in der Ereignisse rasch aufeinander abfolgen [engl.]

Ac|tion di|recte ⟨[aksjɔ̃: dirɛkt] f.; - -; unz.⟩ (bis in die 1960er Jahre aktive) linksgerichtete terroristische Vereinigung in Frankreich [frz., eigtl. »unmittelbare Handlung«]

Ac|tion|film ⟨[ækʃn-] m.; -s, -e⟩ Spielfilm, meist Kriminalfilm, mit spannungs- u. abwechslungsreicher Handlung u. wenig Dialog [<engl. *action* »Handlung«]

Ac|tion|pain|ting ⟨[ækʃnpeıntıŋ] n.; - od. -s; unz.⟩ moderne Richtung innerhalb der amerikanischen abstrakten Malerei, in der der physische Schaffensprozess sichtbar wird [engl., »Aktionsmalerei«]

Ac|tion|thril|ler ⟨[ækʃnθrılə(r)] m.; -s, -⟩ Thriller (Buch od. bes. Film) mit abwechslungsreicher, turbulenter Handlung [engl.]

Ac|tor ⟨[æktə(r)] m.; -s, -s⟩ Darsteller, Schauspieler [engl.]

Ac|tress *auch:* **Act|ress** ⟨[æktrəs] f.; -, -es [-sız]⟩ Darstellerin, Schauspielerin [engl.]

a|cy|clisch *auch:* **a|cyc|lisch** ⟨Adj.⟩ *oV* azyklisch **1** nicht cyclisch, nicht kreisförmig **2** zeitlich unregelmäßig **3** ⟨Med.⟩ unregelmäßig verlaufend (ohne die übl. Zwischenräume) **4** ⟨Bot.⟩ spiralig **5** *~e Verbindungen* = aliphatische Verbindungen

ad ⟨Präp.⟩ zu; →*a.* ad acta [lat.]

Ad ⟨[æd] n.; -s, -s; umg.; salopp; kurz für⟩ Advertisement [engl.]

AD ⟨m.; -s, -s; Abk. für engl.⟩ Artdirector

a d. ⟨Abk. für lat.⟩ a dato

ad..., Ad... ⟨vor f⟩ af..., Af..., ⟨vor g⟩ ag..., Ag..., ⟨vor k (eingedeutscht)⟩ ak..., Ak..., ⟨vor l⟩ al..., Al..., ⟨vor n⟩ an..., An..., ⟨vor p⟩ ap..., Ap..., ⟨vor r⟩ ar..., Ar..., ⟨vor s⟩ as..., As..., ⟨vor t⟩ at..., At... ⟨Vorsilbe⟩ an, zu, heran [lat.]

a. D. ⟨Abk. für⟩ außer Dienst (hinter den Namen von Beamten od. Offizieren)

A. D. ⟨Abk. für⟩ Anno Domini (im Jahre des Herrn)

ADA, Ada ⟨f.; -; unz.; EDV⟩ eine von Pascal abgeleitete Programmiersprache [nach Augusta *Ada* Byron, 1815-1852]

ad ab|sur|dum *eine Behauptung ~ führen* jmdm. die Unsinnigkeit einer Behauptung beweisen, indem man ihm ihre (unmöglichen) Folgen vor Augen führt u. sie dadurch lächerlich macht [lat., »zur Untauglichkeit (führen)«]

ad ac|ta ⟨Abk.: a. a.⟩ zu den Akten; *etwas ~ legen* ⟨fig.⟩ als erledigt betrachten, weglegen [lat.; → *Acta*]

ada|gio ⟨[-dʒo:] Adj.; Musik⟩ langsam, ruhig (zu spielen) [ital.]

Ada|gio ⟨[-dʒo] n.; - od. -s, -s; Musik⟩ Musikstück, das in langsamem Tempo zu spielen ist

ada|gis|si|mo ⟨[-dʒıs-] Musik⟩ sehr langsam (zu spielen)

Adak|ty|lie ⟨f.; -; unz.; Med.⟩ angeborenes Fehlen von Fingern od. Zehen [<*A...*[1] + grch. *daktylos* »Finger«]

Ada|man|ti|nom ⟨n.; -s, -e; Med.⟩

von den schmelzbildenden Zellen ausgehende Kiefergeschwulst [zu grch. *adamantinos* »stählern, fest, hart«]

Ada|mit ⟨m.; -en, -en; Rel.⟩ Angehöriger einer religiösen Sekte im 2. Jh., die den paradiesischen Zustand des Menschen wiederherstellen wollte u. angeblich nackt zu den Gottesdiensten erschien [nach *Adam,* dem ersten Menschen nach biblischer Überlieferung]

ad|ap|ta|bel ⟨Adj.⟩ passend, Anpassungsvermögen besitzend; *adaptables Verhalten*

Ad|ap|ta|bi|li|tät ⟨f.; -, -en⟩ Anpassungsvermögen [→ *adaptieren*]

Ad|ap|ta|ti|on ⟨f.; -, -en⟩ **1** Anpassung(svermögen) an Umweltverhältnisse **2** Anpassung von Sinnesorganen an äußere Reize; *Sy* Adaption; ~ *des Auges an Licht* [→ *adaptieren*]

Ad|ap|ta|ti|ons|syn|drom ⟨n.; -s, -e⟩ Gesamtheit aller unspezifischen Reaktionen des Organismus auf Stress, Anpassungssyndrom

Ad|ap|ter ⟨m.; -s, -⟩ Vorrichtung, um elektrische Geräte an eine von der Betriebsspannung abweichende Netzspannung anschließen zu können sowie zum Koppeln mehrerer Geräte mit unterschiedl. Betriebsspannung [engl., »Verbindungsstück«]

ad|ap|tie|ren ⟨V.⟩ **1** anpassen; *an die Umwelt* ~ **2** ⟨österr.⟩ herrichten; *eine Wohnung* ~ [<lat. *adaptare* »anpassen«]

Ad|ap|ti|on ⟨f.; -, -en⟩ = Adaptation

Ad|ap|ti|ons|po|ten|ti|al ⟨n.; -s, -e⟩ = Adaptionspotenzial

Ad|ap|ti|ons|po|ten|zi|al ⟨n.; -s, -e⟩ Maß für das Vermögen eines Naturraumes, für den Menschen Lebensbedingungen zu bieten, denen er sich problemlos anpassen kann; *oV* Adaptionspotential; *Sy* Naturraumpotenzial

ad|ap|tiv ⟨Adj.⟩ auf Adaptation beruhend

Ad|äquanz ⟨f.; -; unz.⟩ Angemessenheit, Üblichkeit (einer Verhaltensweise) [→ *adäquat*]

Ad|äquanz|the|o|rie ⟨f.; -; unz.; Rechtsw.⟩ Theorie zur Bestimmung der Schadensersatzpflicht, wenn die Entstehung eines Schadens unter generellen (u. nicht unter besonderen) Umständen verursacht wird; →*a.* Äquivalenztheorie (1)

ad|äquat ⟨Adj.⟩ angemessen, entsprechend; *Ggs* inadäquat [<lat. *adaequatus* »gleich gemacht«; zu *adaequare*]

Ad|äquat|heit ⟨f.; -; unz.⟩ adäquate Beschaffenheit

Ad|äqua|ti|on ⟨f.; -, -en⟩ **1** ⟨veraltet⟩ Angleichung, Anpassung **2** Übertragung sozialwissenschaftlicher Begriffe in statistische Größen

a da|to ⟨Abk.: a d.; auf Wechseln⟩ vom Tag (der Ausstellung) an [lat. »vom gegebenen (Tag) an« <*a* »von, von her« + *dare* »geben«]

Ad|bus|ting ⟨[ædbʌstıŋ] n.; - od. -s, -s⟩ das Verfremden von Markenzeichen u. Werbung, z. B. indem ein Logo mit einem anderen Namen versehen wird [verkürzt <*Ad*vertising + engl. *bust* »kaputt machen«]

ad ca|len|das grae|cas bis zu den griechischen Kalenden, bis zu einem niemals eintretenden Zeitpunkt; *etwas ~ verschieben* etwas verschieben, um es niemals zu tun [<lat. *calendae,* die römische Benennung der ersten Monatstage; die Griechen hatten keine Kalenden]

Ad-Click ⟨[ædklık] m.; -s, -s; EDV⟩ Anklicken eines Werbebanners bzw. -links auf einer Webseite [verkürzt <*Ad*vertising + engl. *click* »klicken, ticken«]

Ad|cock|an|ten|ne *auch:* **Ad|cock-An|ten|ne** ⟨[ædkɔk-] f.; -, -n⟩ Antenne zur Funkpeilung [nach dem engl. Erfinder F. *Adcock*]

ADD **1** ⟨Abk. für⟩ analog aufgenommen, digital abgemischt u. digital abgespielt (bei CDs); →*a.* AAD, DDD **2** ⟨Psych.; Abk. für engl.⟩ Attention Deficit Disorder (Aufmerksamkeitsdefizitstörung)

Ad|ded Va|lues ⟨[ædıd vælju:z] Pl.; Wirtsch.⟩ zusätzliche Dienstleistungen, zusätzliche Produktnutzung (um höhere Umsätze zu erzielen) [engl.; <*add* »hinzufügen« + *value* »Wert, Nutzen«]

ad|den ⟨[ædən] V.; umg.; salopp⟩ hinzufügen; *Termine im Kalender* ~ [<engl. *add*]

Ad|dend ⟨m.; -en, -en⟩ = Summand [<lat. *addendus* »was hinzugefügt werden muss«; zu *addere* »hinzufügen«]

Ad|den|dum ⟨n.; -s, -da⟩ Nachtrag, Zusatz, Ergänzung [<lat. *addendus;* → *Addend*]

Ad|di|bi|li|tät ⟨f.; -; unz.⟩ Vermehrbarkeit [→ *Addition*]

ad|die|ren ⟨V.⟩ **1** hinzufügen, dazugeben **2** zusammenzählen; *Zahlen, Summen, Belege* ~ [<lat. *addere* »hinzufügen«]

Ad|dik|ti|on ⟨f.; -; unz.; geh.⟩ Sucht, Drogenabhängigkeit [<engl. *addiction* <lat. *addictio* »Zuerkennung, Preisgabe«]

ad|dik|tiv ⟨Adj.; geh.⟩ süchtig machend, Sucht erzeugend; *~e Medikamente* [zu engl. *addictive;* zu lat. *addicere* »zusprechen; preisgeben«]

Ad|ding-up-The|o|rem ⟨[ædıŋʌp-] n.; -s; unz.; Wirtsch.⟩ gewinnloses Produktionsverfahren, bei dem die Produktionskosten dem Gesamterlös entsprechen, Euler'sches Theorem [zu engl. *add-up* »zusammenzählen«]

ad|dio ⟨Grußwort⟩ adieu, auf Wiedersehen [ital.]

Ad|di|ta|men|tum ⟨n.; -s, -men|ta; Buchw.⟩ Anhang, Ergänzung [lat., »Zugabe, Zusatz«]

Ad|di|ti|on ⟨f.; -, -en⟩ **1** das Addieren, Zusammenzählen **2** Ergebnis des Addierens [<lat. *additio* »Hinzufügen, Zusammenzählung«]

ad|di|ti|o|nal ⟨Adj.⟩ zusätzlich, nachträglich [→ *Addition*]

Ad|di|ti|ons|al|go|rith|mus ⟨m.; -, -rith|men; Math.⟩ Vorschrift zur Addition von Zahlen (im Dualsystem)

ad|di|tiv ⟨Adj.⟩ auf Addition beruhend; *~e Gesamtschule* Typ der Gesamtschule, bei dem verschiedene, nebeneinander bestehende Schularten in gemeinsamen Gebäuden untergebracht sind; *Sy* kooperative Gesamtschule; *Ggs* integrative Gesamtschule

Ad|di|tiv ⟨n.; -s, -e [-və]⟩ Zusatz, der die gewünschte Eigenschaft eines chem. Stoffes wesentlich verbessert, z. B. zur Steigerung der Oktanzahl bei Treibstoffen

ad|di|zie|ren ⟨V.⟩ zuerkennen, zusprechen, zuschreiben; *ein Gemälde, das keine Signatur trägt, einem bestimmten Maler ~* [<lat. *addicere*]

Add-on ⟨[ædɔn] n.; - od. -s, -s; EDV⟩ Erweiterung eines Systems od. Hilfsprogramms, z. B. Bildschirmkarten [engl., »Zusatz«]

Ad|duk|ti|on ⟨f.; -; unz.⟩ das Anziehen, Anlegen von Gliedmaßen, bewegl. Körperteilen an den Körper [zu lat. *adducere* »heranführen«]

Ad|duk|tor ⟨m.; -s, -to|ren; Anat.⟩ an den Körper heranziehender Muskel, Schließmuskel [zu lat. *adducere* »heranführen«]

ad|du|zie|ren ⟨V.⟩ anziehen, heranziehen [<lat. *adducere*]

ade ⟨volkstüml. Form von⟩ adieu, leb wohl; *jmdm. ~/Ade sagen* [<mhd. *ade* <frz. *adé* <lat. *ad Deum* »ich empfehle (dich) Gott«]

Ade ⟨n.; -s, -s⟩ Abschieds-, Lebewohlgruß; *jmdm. ein ~ zurufen, zuwinken*

Adel|phie ⟨f.; -, -n; Bot.⟩ Verwachsung von Staubblättern bei Blütenpflanzen zu Bündeln [<grch. *adelphos* »Bruder«]

Adel|pho|ga|mie ⟨f.; -, -n⟩ **1** ⟨Bot.⟩ Bestäubung zwischen zwei aus einer gemeinsamen Mutterpflanze hervorgegangenen Geschwisterpflanzen **2** Geschwisterehe, eine Form der Inzucht bei manchen Ameisen- u. Termitenarten [<grch. *adelphos* »Bruder« + *...gamie*]

Adel|pho|kar|pie ⟨f.; -, -n; Bot.⟩ Fruchtbildung durch Adelphogamie [<grch. *adelphos* »Bruder« + *karpos* »Frucht«]

Ade|nin ⟨n.; -s, -e; Biochemie⟩ Purinbase, wichtiger Baustein von Nukleinsäuren; →*a.* Thymin [<grch. *aden* »Drüse«]

Ade|ni|tis ⟨f.; -, -ti|den; Med.⟩ Lymphknotenentzündung [<grch. *aden* »Drüse«]

ade|no..., Ade|no... ⟨in Zus.⟩ drüsen..., Drüsen... [→ *Adenom*]

Ade|no|hy|po|phy|se ⟨f.; -, -n; Anat.⟩ Vorderlappen der Hypophyse

ade|no|id ⟨Adj.⟩ drüsenähnlich, lymphknotenähnlich [→ *Adenom*]

Ade|no|kar|zi|nom ⟨n.; -s, -e; Med.⟩ mit drüsenartiger Struktur wachsendes Karzinom (Krebs) [<*Adeno...* + *Karzinom*]

Ade|nom ⟨n.; -s, -e; Med.⟩ gutartige Geschwulst, die ihren Ursprung im Drüsengewebe hat; *oV* Adenoma [<grch. *aden* »Drüse«]

Ade|no|ma ⟨n.; -s, -ma|ta; Med.⟩ = Adenom

ade|no|ma|tös ⟨Adj.; Med.⟩ adenomartig

Ade|no|sin ⟨n.; -s; unz.; Biochemie⟩ Baustein der Ribonucleinsäure, wirkt als Pharmazeutikum gefäßerweiternd [→ *Adenom*]

Ade|no|sin|tri|phos|phat ⟨n.; -s; unz.; Abk.: ATP; Biochemie⟩ Nukleosid, aufgebaut aus Adenin, Ribose u. 3 Molekülen Phosphorsäure, eine Speicherform von Energie in der Zelle [<*Adeno...* + grch. *tria* »drei« + *Phosphat*]

Ade|no|to|mie ⟨f.; -; unz.; Med.⟩ operative Entfernung der vergrößerten Rachenmandel [<*Adeno...* + *...tomie*]

Ade|no|vi|rus ⟨[-vi:-] n. od. umg. a. m.; -, -vi|ren [-vi:-]⟩ Erreger von Halsentzündungen [<*Adeno...* + *Virus*]

Ad|ept ⟨m.; -en, -en⟩ **1** Meister seines Fachs, Eingeweihter **2** dessen Jünger, Schüler, Gehilfe [<lat. *adeptus* »wer etwas erreicht hat«, Part. Perf. zu *adipisci* »erreichen«]

Ader|min ⟨n.; -s; unz.; Biochemie⟩ Vitamin B_6, hauptsächlich in der Hefe vorkommend, notwendig für den Stoffwechsel von Aminosäuren

Ades|po|ta ⟨Pl.⟩ Schriften unbekannter Verfasser [<*A...*[1] + grch. *despotes* »Herr«]

Ad|es|siv ⟨m.; -s, -e [-və]; Sprachw.⟩ Kasus (in den finnisch-ugrischen Sprachen), der ausdrückt, woran od. wobei sich jmd. od. etwas befindet [<lat. *adesse* »da, vorhanden sein«]

à deux mains ⟨[a dø mɛ̃:] Musik⟩ zweihändig (zu spielen) [frz., »mit beiden Händen«]

Ad|hä|rens ⟨n.; -, -ren|ti|en⟩ Anhaftendes, Zubehör [<lat. *adhaerens,* Part. Präs. zu *adhaerere* »anhangen, anhaften«]

ad|hä|rent ⟨Adj.⟩ anhaftend, aneinanderhängend

Ad|hä|renz ⟨f.; -, -en⟩ das Anhangen, Anhänglichkeit [→ *adhärieren*]

ad|hä|rie|ren ⟨V.⟩ **1** anhängen, anhaften **2** zustimmen [<lat. *adhaerere* »anhängen, anhaften«]

Ad|hä|si|on ⟨f.; -, -en⟩ **1** Beitritt, Mitgliedschaft **2** ⟨Med.⟩ Verwachsung zweier Organe miteinander **3** ⟨Physik⟩ das Haften verschiedener flüssiger u. fester Stoffe aneinander, z. B. Kreide an der Tafel, Wasser an der Tasse [<lat. *adhaesio* »das Anhängen, Anhaften«]

Ad|hä|si|ons|klau|sel ⟨f.; -, -n⟩ Zusatzklausel in einem Völkervertrag, nach der weitere Staaten dem Vertrag beitreten können

ad|hä|siv ⟨Adj.⟩ haftend, anklebend, auf Adhäsion beruhend [→ *adhärieren*]

ad hoc eigens zu diesem Zweck, hierfür [lat., »für dieses«]

Ad-hoc-Pu|bli|zi|tät *auch:* **Ad-hoc-Pub|li|zi|tät** ⟨f.; -; unz.; Börse⟩ Verpflichtung von Aktiengesellschaften, Informationen, die eine Änderung des Börsenkurses verursachen könnten (z. B. Übernahmeangebote, Abweichungen vom wirtschaftlichen Gesamtergebnis einer Aktiengesellschaft), unverzüglich bekannt zu machen

Ad|ho|cra|cy ⟨[ædhɔkrəsı] f.; -, -s; Wirtsch.⟩ anpassungsfähige Organisationsform, die nur ein Minimum an hierarchischen Strukturen beinhaltet [engl.; → *ad hoc*]

ad|hor|ta|tiv ⟨Adj.⟩ ermahnend, auffordernd [zu lat. *adhortari* »ermahnen«]

Ad|hor|ta|tiv ⟨m.; -s, -e [-və]; Gramm.⟩ Imperativ der 1. Person Plural, z. B. »fangen wir an!«

ADI ⟨Abk. für engl.⟩ Acceptable Daily Intake (duldbare tägliche Aufnahme), Menge eines Fremdstoffes, die bei täglicher

A

Aufnahme während des ganzen Lebens kein erkennbares Risiko darstellt

Adi|a|ba|te ⟨f.; -, -n⟩ Kurve, die das Verhalten einer abgeschlossenen Gasmenge hinsichtlich Druck u. Volumen beschreibt, wenn kein Wärmeaustausch mit der Umgebung stattfindet [<*A…*[1] + grch. *diabasis* »Übergang, Durchgang«]

adi|a|ba|tisch ⟨Adj.⟩ ohne Wärmeaustausch mit der Umgebung verlaufend [<*a…*[1] + grch. *diabainein* »hindurch-, hinübergehen«]

Adi|a|fon ⟨n.; -s, -e; Musik⟩ = Adiaphon

Adi|a|phon ⟨n.; -s, -e; Musik; früher⟩ Tasteninstrument, bei dem Stimmgabeln anstelle von Saiten angeschlagen werden; *oV* Adiafon

Adi|a|pho|ron ⟨n.; -s, -pho|ra⟩ (vom sittl. Standpunkt aus) Gleichgültiges, Erlaubtes, Belangloses, weder Gutes noch Böses [<*A…*[1] + grch. *diaphoros* »verschieden«]

adi|eu ⟨[adjø:] Grußwort⟩ lebe wohl!, auf Wiedersehen!; *jmdm. ~/Adieu sagen* [<frz. *à Dieu* »Gott befohlen«; → *ade*]

Adi|eu ⟨[adjø:] n.; -s, -s⟩ Lebewohl-, Abschiedsgruß; *jmdm. ein ~ zurufen, zuwinken*

Ädi|ku|la ⟨f.; -, -ku|lä⟩ **1** kleine Kapelle **2** ⟨in Kirchen⟩ Nische für Standbilder, Sarkophage [<lat. *aedes* »Haus, Tempel«]

Ädil ⟨m.; -en od. -s, -en⟩ altrömischer hoher Polizeibeamter, dem Polizeiaufsicht, Lebensmittelversorgung u. Ausrichtung der öffentl. Spiele oblagen [<lat. *aedilis*]

ad in|fi|ni|tum bis ins Unendliche, unaufhörlich; *und so weiter ~; Sy* in infinitum [lat., »bis ins Grenzenlose, Unendliche«]

ad in|te|rim vorläufig, zwischenzeitlich, unterdessen [lat.]

adi|pös ⟨Adj.⟩ (tierisches) Fett enthaltend, fettreich

Adi|po|si|tas ⟨f.; -; unz.⟩ Fettleibigkeit, Fettsucht [<lat. *adepas*, Gen. *adipis* »Fett«]

Adip|sie ⟨f.; -, -n; Med.⟩ Abneigung zu trinken [<*A…*[1] + grch. *dipsa* »Durst«]

Adi|tiv ⟨m.; -s, -e [-və]; Sprachw.⟩ Kasus, der die Bewegungsrichtung anzeigt [<lat. *aditus* »Annäherung«]

Ad|jek|tiv ⟨n.; -s, -e [-və]; Gramm.⟩ Wortart, die ein Substantiv od. Verb näher bestimmt u. meist dekliniert werden kann, Eigenschaftswort [<lat. *adiectio* »Hinzufügung«]

ad|jek|ti|vie|ren ⟨[-vi:-] V.; Gramm.⟩ *ein Substantiv od. Verb ~* zu einem Adjektiv machen, z. B. Wind - windig

Ad|jek|ti|vie|rung ⟨[-vi:-] f.; -, -en; Gramm.⟩ das Adjektivieren

ad|jek|ti|visch ⟨Adj.⟩ das Adjektiv betreffend, als Adjektiv verwendet; *~e Form; ~er Gebrauch; ein Wort ~ gebrauchen*

Ad|ju|di|ka|ti|on ⟨f.; -, -en⟩ das Adjudizieren, Zuerkennen

ad|ju|di|ka|tiv ⟨Adj.⟩ zuerkennend

ad|ju|di|zie|ren ⟨V.⟩ zuerkennen [<lat. *adiudicare* »richterlich zuerkennen«]

Ad|junkt ⟨m.; -en, -en⟩ Helfer, Amtsgehilfe [<lat. *adiunctus*, Part. Perf. zu *adiungere* »an-, hinzufügen«]

Ad|junk|ti|on ⟨f.; -, -en⟩ **1** = Disjunktion (3) **2** Hinzufügung

Ad|jus|ta|ble Peg *auch:* **Ad|jus|tab|le Peg** ⟨[ədʒʌstəbl -] m.; - -s, - -s⟩ stufenweise Regulierung der Währungsparität [<engl. *adjustable* »verstellbar, variabel« + *peg* »Pflock, Haken«]

Ad|jus|ta|ge ⟨[-ʒ(ə)] f.; -, -n; Technik⟩ **1** Einrichtung, Einstellung einer Maschine od. eines Werkzeuges **2** Abteilung in einem Walzwerk, in der Bleche bearbeitet werden [→ *adjustieren*]

ad|jus|tie|ren ⟨V.⟩ **1** anpassen, zurichten **2** ⟨Technik⟩ eichen, berichtigen **3** ⟨österr.⟩ ausrüsten, mit Dienstkleidung versehen [<*ad…* + *justieren*]

Ad|jus|tie|rung ⟨f.; -, -en⟩ **1** das Adjustieren, Anpassung, Zurichtung **2** Eichung, Berichtigung **3** ⟨österr.⟩ Dienstkleidung, Uniform

Ad|just|ment ⟨[ədʒʌstmənt] n.; -s; unz.; Psych.⟩ Anpassung [engl.]

Ad|ju|tant ⟨m.; -en, -en⟩ **1** einem höheren Offizier beigeordneter Offizier, Helfer des Kommandeurs; *er ist mein persönlicher ~* **2** ⟨schweiz.⟩ Kompaniefeldwebel [<lat. *adiutans*, Part. Präs. zu *adiutare* »helfen, unterstützen«]

Ad|ju|tan|tur ⟨f.; -, -en⟩ Amt des Adjutanten

Ad|ju|tor ⟨m.; -s, -to|ren⟩ Helfer, Gehilfe [lat.]

Ad|ju|tum ⟨n.; -s, -ju|ten⟩ Zuschuss, Beihilfe [<lat. *adiuvare* »helfen«]

Ad|ju|vans ⟨[-vans] n.; -, -van|tia od. -van|zi|en⟩ die Wirkung verstärkender bzw. unterstützender Zusatz zu einer Arznei [<lat. *adiuvare* »helfen, unterstützen«]

ad l. ⟨Abk. für⟩ ad libitum

Ad|la|tus ⟨m.; -, - od. -ten⟩ **1** Beistand, Helfer **2** Amtsgehilfe [<lat. *ad latus* »zur Seite, zur Hilfe« (stehend)]

ad lib. ⟨Abk. für lat.⟩ ad libitum

ad li|bi|tum ⟨Abk.: ad l., ad. lib.⟩ **1** ⟨allg.⟩ nach Belieben **2** ⟨Musik⟩ nach Belieben zu benutzen od. wegzulassen (bzgl. eines Instruments); *Ggs* obligat (2)

Ad-li|bi|tum-Be|set|zung ⟨f.; -, -en; Musik⟩ Besetzung, bei der ein Instrument nach Belieben benutzt od. weggelassen werden kann [lat.]

ad ma|io|rem dei glo|ri|am ⟨[-de:i-] Abk.: A. M. D. G.⟩ zur höheren Ehre Gottes (Wahlspruch der Jesuiten) [lat.]

Ad|mi|nis|tra|ti|on *auch:* **Ad|mi|nist|ra|ti|on** ⟨f.; -, -en⟩ Verwaltung, Verwaltungsbehörde [<lat. *administratio* »Leitung, Verwaltung«]

ad|mi|nis|tra|tiv *auch:* **ad|mi|nist|ra|tiv** ⟨Adj.⟩ zur Verwaltung gehörend, auf dem Verwaltungswege [→ *administrieren*]

Ad|mi|nis|tra|tor *auch:* **Ad|mi|nist|ra|tor** ⟨m.; -s, -to|ren⟩ Verwalter, Vertreter, Bevollmächtigter [lat., »Leiter, Verwalter«]

ad|mi|nis|trie|ren *auch:* **ad|mi|nist|rie|ren** ⟨V.⟩ **1** verwalten, anordnen **2** *das Sakrament ~* austeilen, spenden [<lat. *administrare* »leiten, verwalten«]

ad|mi|ra|bel ⟨Adj.; veraltet⟩ bewundernswert; *ein admirables Verhalten* [<lat. *admirabilis*]

Ad|mi|ral ⟨m.; -s, -e od. (österr.) -rä|le⟩ **1** Offizier der Seestreitkräfte im Generalsrang **2** Tagesschmetterling mit rotem Band u. weißen Flecken auf schwarzen Flügeln **3** ⟨Kochk.⟩ Rotwein mit Vanille (od. anderen Gewürzen) erhitzt u. mit Eigelb verquirlt [<arab. *amir al bahr* »Fürst, Befehlshaber auf dem Meere«]

Ad|mi|ra|li|tät ⟨f.; -, -en⟩ Gesamtheit der Admirale, Marineleitung

Ad|mi|ral|stab ⟨m.; -s, -stä|be⟩ oberste Leitung der Seestreitkräfte

Ad|mis|si|on ⟨f.; -, -en⟩ Zulassung, Zutritt [<lat. *admissio*]

Ad|mit|tanz ⟨f.; -, -en; Physik⟩ Kehrwert des komplexen Wechselstromwiderstandes [zu lat. *admittere* »zulassen«]

ad|mo|nie|ren ⟨V.; veraltet⟩ ermahnen, verwarnen [<lat. *admonere* »ermahnen«]

Ad|mo|ni|ti|on ⟨f.; -, -en; veraltet⟩ Ermahnung, Verwarnung [<lat. *admonitio*]

ad mul|tos an|nos auf viele Jahre (als Ausdruck des Glückwunsches) [lat.]

Ad|nek|to|mie ⟨f.; -, -n; Med.⟩ = Adnexektomie

Ad|nex ⟨m.; -es, -e⟩ **1** Anhang **2** ⟨Anat.⟩ Eierstock u. Eileiter der Frau, als Anhängsel der Gebärmutter [<lat. *adnexus* »Verbindung«]

Ad|nex|ek|to|mie ⟨f.; -, -n; Med.⟩ operative Entfernung der Eileiter u. Eierstöcke; *Sy* Adnektomie [<*Adnex* + *Ektomie*]

Ad|ne|xi|tis ⟨f.; -, -ti|den; Med.⟩ Entzündung des Adnexes (2)

ad|no|mi|nal ⟨Adj.; Gramm.⟩ *~es Wort, ~es Attribut, ~er Kasus* zu einem Nomen gehörig; *~er Ausdruck* einem Nomen entsprechend [<*ad…* + *nominal*]

ad no|tam *etwas ~ nehmen* zur Kenntnis nehmen, vormerken, beachten [lat., »zum Kennzeichen«]

ad ocu|los *etwas ~ demonstrieren* vor Augen führen, durch Augenschein beweisen [lat., »vor Augen«]

ado|les|zent ⟨Adj.⟩ in der Adoleszenz stehend, im Heranwachsen begriffen, im jugendl. Alter stehend [→ *Adoleszenz*]

Ado|les|zent ⟨m.; -en, -en⟩ Jugendlicher, Heranwachsender

Ado|les|zenz ⟨f.; -; unz.⟩ Jugendalter [<lat. *adolescentia* »Jünglingsalter, Jugend«]

ado|les|zie|ren ⟨V.⟩ heranwachsen [<lat. *adolescere*]

Ado|nai ⟨m.; -; unz.; Bibel⟩ mein Herr (Anrede Gottes im AT) [hebr., eigtl. »meine Herren«]

Ado|nis ⟨m.; -, -se⟩ schöner Jüngling, schöner Mann; *er ist ein ~* [nach *Adonis,* dem schönen Jüngling der grch. Sage]

ado|nisch ⟨Adj.⟩ **1** schön (wie Adonis) **2** *~er Vers* altes griechisches Versmaß aus Daktylus u. Trochäus; *Sy* Adonius

Ado|nis|rös|chen ⟨n.; -s, -; Bot.⟩ Angehöriger einer Gattung der Hahnenfußgewächse

Ado|ni|us ⟨m.; -; unz.⟩ = adonischer Vers

ad|op|tie|ren ⟨V.⟩ **1** sich aneignen **2** *ein Kind ~* an Kindes statt annehmen [<lat. *adoptare* »als etwas annehmen«]

Ad|op|ti|on ⟨f.; -, -en⟩ **1** ⟨allg.⟩ Aneignung **2** *~ eines Kindes* Annahme an Kindes statt [<lat. *adoptio*]

ad|op|tiv ⟨Adj.⟩ auf Adoption beruhend

Ad|op|tiv|el|tern ⟨Pl.⟩ Eltern durch Adoption, Pflegeeltern

Ad|op|tiv|kind ⟨n.; -(e)s, -er⟩ als Eigen angenommenes Kind

ad|o|ra|bel ⟨Adj.; veraltet⟩ anbetungswürdig; *ein adorabler Roman* [<lat. *adorabilis*]

ad|oral ⟨Adj.; Med.⟩ zum Mund hin gelegen [<lat. *ad* »zu« + *os,* Gen. *oris* »Mund«]

Ad|o|rant ⟨m.; -en, -en⟩ **1** Anbetender **2** anbetende, kniende Gestalt (in Kunstwerken) [<lat. *adorans,* Part. Präs. zu *adorare* »anbeten«]

Ad|o|ra|ti|on ⟨f.; -, -en⟩ Anbetung [<lat. *adoratio*]

ad|o|rie|ren ⟨V.⟩ anbeten [<lat. *adorare*]

ad re|fe|ren|dum ⟨geh.⟩ zur Berichterstattung [lat., »zum Berichten«]

ad rem ⟨geh.⟩ zur Sache [lat.]

Ad-rem-Ver|fah|ren ⟨n.; -s; unz.⟩ Methode zur Analyse von Werbung u. Werbemitteln mit Hilfe von Testpersonen

ad|re|nal ⟨Adj.; Med.⟩ zur Nebenniere gehörig [<lat. *ad* »zu« + *renes* »Nieren«]

Ad|re|na|lin ⟨n.; -s; unz.⟩ im Nebennierenmark gebildetes Hormon [<*Ad…* + lat. *renes* »Nieren«]

Ad|re|na|lin|spie|gel ⟨m.; -s, -; Med.⟩ Menge des im Blut vorhandenen Adrenalins; *Aufregung hebt den ~*

Ad|re|no|ste|ron *auch:* **Ad|re|nos|te|ron** ⟨n.; -s; unz.⟩ Hormon der Nebennierenrinde [<*Ad…* + lat. *renes* »Nieren« + grch. *stereos* »starr, hart, fest«]

Ad|res|sant ⟨m.; -en, -en⟩ *~ einer Postsendung* jmd., der eine Sendung adressiert, Absender [→ *Adresse*]

Ad|res|san|tin ⟨f.; -, -tin|nen⟩ weibl. Adressant

Ad|res|sat ⟨m.; -en, -en⟩ jmd., an den eine (Post-)Sendung adressiert ist, Empfänger [→ *Adresse*]

Ad|res|sa|tin ⟨f.; -, -tin|nen⟩ weibl. Adressat

Ad|res|se ⟨f.; -, -n⟩ **1** Anschrift, Namens- u. Wohnungsangabe; *per ~* ⟨auf Briefen; Abk.: p. A., p. adr.⟩ an die Anschrift (einer dritten Person), zu erreichen über; *Herrn Heinrich Schulze, p. A. Familie Müller* **2** schriftl. Kundgebung, Eingabe **3** Glückwunschschreiben; *eine ~ an jmdn. richten* **4** ⟨Gentechnik⟩ *chromosomale ~* durch eine DNA-Sequenz markierte Stelle mit einmaligem Vorkommen im Genom **5** ⟨EDV⟩ Nummer eines bestimmten Speicherortes od. -systems [<frz. *adresse* <lat. *ad* »zu« + mlat. *directiare* »richten, lenken«]

ad|res|sie|ren ⟨V.⟩ mit der Adresse, Anschrift versehen

ad|rett ⟨Adj.⟩ hübsch u. zugleich nett, sauber; *ein ~es Mädchen; ~ angezogen sein* [<frz. *adroit* »geschickt« <lat. *ad* »zu« + *directus,* Part. Perf. zu *dirigere* »geraderichten«]

Ad|ria ⟨n.; - od. -s; unz.; Textilw.⟩ **1** hochwertiger Kammgarnstoff in Schrägbindung **2** Gewebe mit Ripsfigurierung in Diagonalrichtung [Kunstwort]

ADSL ⟨EDV; Abk. für engl.⟩ Asymmetrical Digital Subscriber Line (asymmetrische digitale Übertragungsleitung), Ver-

A

fahren zur schnellen Übertragung von digitalen Signalen über das Telefonnetz

Ad|sor|bens ⟨n.; -, -ben|tia od. -ben|zi|en⟩ Stoff, der einen anderen Stoff adsorbiert; *oV* Adsorber

Ad|sor|ber ⟨m.; -s, -⟩ = Adsorbens

ad|sor|bier|bar ⟨Adj.⟩ zur Adsorption fähig

ad|sor|bie|ren ⟨V.⟩ *Gase oder gelöste Stoffe* ~ auf der Oberfläche fester Stoffe verdichten, anlagern [<*ad...* + lat. *sorbere* »hinunterschlucken, in sich ziehen«]

Ad|sorp|ti|on ⟨f.; -, -en⟩ das Adsorbieren, das Adsorbiertwerden [→ *adsorbieren*]

Ad|sorp|ti|ons|ana|ly|se ⟨f.; -, -n; Chemie⟩ Analyse, die auf der unterschiedlichen Adsorbierbarkeit chemischer Verbindungen beruht

ad|sorp|tiv ⟨Adj.⟩ zur Adsorption fähig

Ad|sorp|tiv ⟨n.; -s, -e [-və]⟩ Stoff, der von einem anderen Stoff adsorbiert wird; →*a.* Absorbens

Ad|strin|gens ⟨n.; -, -gen|zi|en od. -gen|tia⟩ zusammenziehendes, blutstillendes Heilmittel [lat., Part. Präs. zu *adstringere* »festbinden, zusammenziehen«]

ad|strin|gie|ren ⟨V.⟩ zusammenziehen [<lat. *adstringere* »festbinden, zusammenziehen«]

a due ⟨[-du:e] Musik⟩ in doppelter Besetzung (zu spielen); *Sy* due [ital., »zu zweit«]

Adu|lar ⟨m.; -s, -e; Min.⟩ reiner, weißer Feldspat, Halbedelstein [fälschl. nach dem Bergrücken *Adula* am St. Gotthard, wo er nicht vorkommt]

adult ⟨Adj.⟩ erwachsen, geschlechtsreif [<lat. *adultus*, Part. Perf. von *adolescere* »heranwachsen«]

Adult ⟨[ædʌlt] m.; -s, -s⟩ Erwachsene(r) [engl.]

Adult Ed|u|ca|tion ⟨[ædʌlt ɛdjukɛɪʃn] f.; -; unz.⟩ Erwachsenenbildung [engl.]

ad us. prop. ⟨Abk. für lat.⟩ ad usum proprium

ad usum ⟨geh.⟩ zum Gebrauch von...; ~ *Delphini, in usum Delphini* zum Gebrauch für den Schüler, (urspr.) zum Gebrauch des Dauphins, des französ. Kronprinzen; ~ *medici* zum ärztlichen Gebrauch (auf ärztlichen Rezepten); ~ *proprium* zum eigenen Gebrauch (auf ärztlichen Rezepten) [lat. *ad usum* »zum Gebrauch«; mlat. *Delphini*, Gen. zu *Delphinus* »Dauphin«; lat. *medici*, Gen. zu *medicus* »Arzt«; lat. *proprium*, Neutrum von *proprius* »eigen«]

ad va|lo|rem ⟨[-va-]⟩ dem Werte nach [lat.]

Ad|van|tage ⟨[ədva:ntɪdʒ] m.; -s, -s; Sport; Tennis⟩ Pluspunkt, Vorteil nach dem Einstand; →*a.* Deuce [engl., »Vorteil«]

Ad|vek|ti|on ⟨[-vɛk-] f.; -, -en⟩ die überwiegend horizontale Heranführung von Luftmassen; *Ggs* Konvektion (1) [<lat. *advectio* »das Heranbringen«]

ad|vek|tiv ⟨[-vɛk-] Adj.⟩ auf Advektion beruhend

Ad|vent ⟨[-vɛnt] m.; -(e)s, -e⟩ Zeit vor Weihnachten; *erster* ~ der erste der vier Sonntage vor Weihnachten, Beginn des Kirchenjahres [<lat. *adventus* »Ankunft«]

Ad|ven|tis|mus ⟨[-vɛn-] m.; -; unz.; Rel.⟩ Glaubenslehre der Adventisten

Ad|ven|tist ⟨[-vɛn-] m.; -en, -en; Rel.⟩ Angehöriger der evang. Freikirche der Adventisten, die die Wiederkunft Christi erwarten

Ad|ven|tis|tin ⟨[-vɛn-] f.; -, -tinnen; Rel.⟩ weibl. Adventist

Ad|ven|tiv|knos|pe ⟨[-vɛn-] f.; -, -n; Bot.⟩ Nebenknospe an ungewöhnl. Stelle, z. B. am Stamm, am Blatt [zu lat. *advenire* »hinzukommen«]

Ad|ven|tiv|kra|ter ⟨[-vɛn-] m.; -s, -⟩ Nebenkrater

Ad|ven|tiv|wur|zel ⟨[-vɛn-] f.; -, -n; Bot.⟩ Nebenwurzel an ungewöhnl. Stelle, z. B. am Spross

Ad|verb ⟨[-vɛrb] n.; -s, -en od. -bi|en; Gramm.⟩ Wortart, die ein Adjektiv, Verb od. anderes Adverb genauer bestimmt, Umstandswort; *Sy* Adverbium [<lat. *adverbium* »Umstandswort«]

ad|ver|bi|al ⟨[-vɛr-] Adj.; Gramm.⟩ das Adverb betreffend, in der Art eines Adverbs, umstandswörtlich; *oV* adverbiell; *ein Wort* ~ *gebrauchen*

Ad|ver|bi|al|be|stim|mung ⟨[-vɛr-] f.; -, -en; Gramm.⟩ = Adverbiale

Ad|ver|bi|a|le ⟨[-vɛr-] n.; -s, -li|en; Gramm.⟩ Satzglied, das angibt, unter welchen Umständen (Ort, Zeit, Art u. Weise) ein im Satz ausgedrücktes Geschehen sich abspielt, Umstandsbestimmung; *Sy* Adverbialbestimmung, adverbielle Bestimmung

Ad|ver|bi|al|satz ⟨[-vɛr-] m.; -es, -sät|ze; Gramm.⟩ Nebensatz, der anstelle einer Adverbialbestimmung steht, Umstandssatz

ad|ver|bi|ell ⟨[-vɛr-] Adj.; Gramm.⟩ **1** = adverbial **2** ~*e Bestimmung* = Adverbiale

Ad|ver|bi|um ⟨[-vɛr-] n.; -s, -bi|en; veraltet⟩ = Adverb

Ad|ver|sa|ri|um ⟨[-vɛr-] n.; -s, -rien od. -ria⟩ unverarbeitete Aufzeichnung, Kladde [<lat. *adversaria* »Rechnungsbuch«]

ad|ver|sa|tiv ⟨[-vɛr-] Adj.⟩ gegensätzlich, entgegensetzend, entgegenstellend [<lat. *adversus* »gegenüberstehend«]

Ad|ver|tain|ment ⟨[ədvətɛɪnmənt] n.; -s; unz.; TV⟩ auf Werbung ausgerichtete Art der Unterhaltung [engl.; verkürzt <*adver*tisement »Werbung« + enter*tainment* »Unterhaltung«]

Ad|ver|tise|ment ⟨[ədvœ:tɪsmənt] od. [ædvətaɪs-] n.; -s, -s; Abk.: Ad⟩ Werbung, Anzeige [engl.]

Ad|ver|ti|sing ⟨[ædvətaɪzɪŋ] n.; -s, -s⟩ **1** Werbung durch Anzeigen **2** Werbeindustrie [engl.]

> **Advertising Agency** (*Getrennt- und Zusammenschreibung*) Aus dem Englischen stammende Verbindungen aus Adjektiv und Substantiv werden getrennt geschrieben, wenn der Hauptakzent auf dem zweiten Bestandteil liegt oder beide Wörter betont werden (→*a.* High Society).

Ad|ver|ti|sing Agen|cy ⟨[ædvətaɪsɪŋ ɛɪdʒənsɪ] f.; - -, - -s⟩ Werbeagentur [engl.]

Ad|ver|to|ri|al ⟨[ædvətɔrɪəl] n.; -s, -s⟩ Anzeige mit einem ausführlichen Werbetext, der in der Art eines informativen Zeitungsartikels verfasst ist [verkürzt <engl. *adver*tisement »Anzeige« + edi*torial* »Leitartikel, Redaktionen...«]

Ad|vi|ser ⟨[ædvaɪzə(r)] m.; -s, -⟩ Berater (bes. im Bereich Wirtschaft) [engl.]

Ad|vo|ca|tus Dei ⟨[-vo- de:i] m.; - -, -ca|ti -⟩ der die Anerkennung Betreibende im Heilig- od. Seligsprechungsprozess der kath. Kirche [lat., »Anwalt Gottes«]

Ad|vo|ca|tus Di|a|bo|li ⟨[-vo-] m.; - -, -ca|ti -⟩ **1** der die Bedenken geltend Machende im Heilig- od. Seligsprechungsprozess **2** ⟨fig.⟩ jmd., der (ohne Bedenken od. innere Teilnahme) eine schlechte Sache vertritt [lat., »Anwalt des Teufels«]

Ad|vo|kat ⟨[-vo-] m.; -en, -en; veraltet⟩ Anwalt, Rechtsanwalt [<lat. *advocatus* »der Herbeigerufene; Rechtsbeistand«]

Ad|vo|ka|tur ⟨[-vo-] f.; -, -en; veraltet⟩ **1** Stand, Amt eines Advokaten, Anwaltschaft **2** Kanzlei eines Advokaten

Ady|na|man|drie *auch:* **Ady|na-mand|rie** ⟨f.; -; unz.; Bot.⟩ Unfruchtbarkeit von Pollen auf der Narbe der eigenen Blüte [<*A...*[1] + grch. *dynamis* »Kraft« + *aner*, Gen. *andros* »Mann«]

Ady|na|mie ⟨f.; -, -n; Med.⟩ Kraftlosigkeit [<*A...*[1] + grch. *dynamis* »Kraft«]

ady|na|misch ⟨Adj.; Med.⟩ auf Adynamie beruhend, kraftlos, schwach

Ady|na|mo|gy|nie ⟨f.; -; unz.; Bot.⟩ Funktionsunfähigkeit der weibl. Fortpflanzungsorgane von Blüten [<*A...*[1] + grch. *dynamis* »Kraft« + *gyne* »Weib«]

Ady|na|ton ⟨n.; -s, -na|ta; Rhet.⟩ Form der Begriffsumschreibung durch den Vergleich mit einer offensichtlichen Unmöglichkeit [grch., »das Unmögliche«]

Ady|ton ⟨n.; -s, Ady|ta; in grch. u. röm. Tempeln⟩ das Allerheiligste [<*A...*[1] + grch. *dyein* »betreten«]

AE ⟨Abk. für⟩ astronomische Einheit

Aer|ä|mie *auch:* **Ae|rä|mie** ⟨[aer-] f.; -, -n; Med.⟩ Bildung von Stickstoff im Blut [<grch. *aer* »Luft« + *...ämie*]

Aer|en|chym *auch:* **Ae|ren|chym** ⟨[aer-] n.; -s, -e; Bot.⟩ Durchlüftungsgewebe der Wasserpflanzen [<*Aero...* + grch. *egchein* »eingießen, einfüllen«]

Ae|ri|al ⟨[ae-] n.; -s; unz.⟩ der freie Luftraum als Lebensraum der Landtiere

ae|ro..., Ae|ro... ⟨[ae:ro] od. [ɛ:ro] vor Vokalen⟩ aer..., Aer... ⟨in Zus.⟩ Luft, Gas [<lat. *aer* »Luft« <grch. *aer*]

ae|rob ⟨[ae-] Adj.; Biol.⟩ mit Sauerstoff lebend; *Ggs* anaerob [<*aero...* + grch. *bios* »Leben«]

Ae|ro|bic ⟨[ɛ-] n.; -; unz.⟩ tänzerische Gymnastik [engl., eigtl. »nur mit Sauerstoff lebensfähig«]

Ae|ro|bi|er ⟨[ae-] m.; -s, -⟩ von freiem Sauerstoff der Luft lebendes Lebewesen; *Sy* Aerobiont; *Ggs* Anaerobier, Anaerobiont [<*Aero...* + grch. *bios* »Leben«]

Ae|ro|bio|lo|gie ⟨[ae-] f.; -; unz.⟩ Teilgebiet der Biologie, das sich mit der Erforschung der Mikroorganismen in der Atmosphäre befasst [<*Aero...* + *Biologie*]

Ae|ro|bi|ont ⟨[ae-] m.; -en, -en⟩ = Aerobier

Ae|ro|bi|os ⟨[ae-] m.; -; unz.⟩ Gesamtheit der Lebewesen des freien Luftraums [<*Aero...* + grch. *bios* »Leben«]

Ae|ro|bi|o|se ⟨[ae-] f.; -; unz.⟩ auf Luftsauerstoff angewiesene Lebensvorgänge; *Ggs* Anaerobiose [<*Aero...* + *...biose*]

Ae|ro|bus ⟨m.; -bus|ses, -bus|se⟩ Hubschrauber im Zubringerdienst [verkürzt <*Aero...* + Omni*bus*]

Ae|ro|club ⟨[ae-] m.; -s, -s; Sport⟩ Luftsportverein; *oV* Aeroklub

Ae|ro|drom ⟨[ae-] n.; -s, -e; veraltet⟩ Flugplatz [<*Aero...* + grch. *dromos* »Lauf«]

Ae|ro|dy|na|mik ⟨[ae-] f.; -; unz.⟩ Lehre von den strömenden Gasen u. den ihnen zugrundeliegenden Gesetzmäßigkeiten [<*Aero...* + grch. *dynamis* »Kraft«]

ae|ro|dy|na|misch ⟨[ae-] Adj.⟩ die Aerodynamik betreffend, auf ihr beruhend; *~er Widerstand* Widerstand, den ein bewegter Körper durch die ihn umströmende Luft erfährt, Luftwiderstand

Ae|ro|elas|tik ⟨[ae-] f.; -; unz.⟩ = Aeroelastizität

Ae|ro|elas|ti|zi|tät ⟨[ae-] f.; -; unz.⟩ Zweig der Mechanik, der sich mit dem Verhalten elastischer Bauteile gegenüber aerodynamischen Kräften (Flattern, Schwingen) bei Flugzeugen befasst; *Sy* Aeroelastik [<*Aero...* + *Elastizität*]

Ae|ro|fon ⟨[ae-] n.; -s, -e⟩ = Aerophon

Ae|ro|fo|to|gra|fie ⟨[ae-] f.; -; unz.⟩ *oV* Aerophotographie **1** Luftbild **2** Luftbildwesen

Ae|ro|fo|to|gram|me|trie *auch:* **Ae|ro|fo|to|gram|met|rie** ⟨[ae-] f.; -; unz.⟩ Herstellung von Landkarten mit Hilfe von aus der Luft aufgenommenen Fotografien, Luftbildmessung; *oV* Aerophotogrammetrie

ae|ro|gen ⟨[ae-] Adj.⟩ **1** ⟨Biol.⟩ Gas bildend (bei Mikroorganismen) **2** ⟨Med.⟩ durch die Luft übertragen, z. B. bei Infektionen [<*aero...* + grch. *gennan* »erzeugen«]

Ae|ro|kar|to|graf ⟨[ae-] m.; -en, -en⟩ = Aerokartograph

Ae|ro|kar|to|graph ⟨[ae-] m.; -en, -en⟩ Gerät, das Luftbildaufnahmen entzerrt u. so ihre kartographische Auswertung ermöglicht; *oV* Aerokartograf

Ae|ro|kli|ma|to|lo|gie ⟨[ae-] f.; -; unz.⟩ Klimatologie der freien Atmosphäre

Ae|ro|klub ⟨[ae-] m.; -s, -s; Sport⟩ = Aeroclub

Ae|ro|lith ⟨[ae-] m.; -en, -en⟩ = Meteorit [<*Aero...* + *...lith*]

Ae|ro|lo|gie ⟨[ae-] f.; -; unz.⟩ meteorolog. Erforschung der höheren, von den Bodenschichten unbeeinflussten Atmosphäre [<*Aero...* + *...logie*]

ae|ro|lo|gisch ⟨[ae-] Adj.⟩ die Aerologie betreffend, auf ihr beruhend

Ae|ro|me|cha|nik ⟨[ae-] f.; -; unz.⟩ Lehre von der Mechanik der Gase [<*Aero...* + *Mechanik*]

Ae|ro|me|di|zin ⟨[ae-] f.; -; unz.⟩ Teilgebiet der Medizin, das sich mit den physischen Einwirkungen der Luftfahrt auf den Organismus befasst

Ae|ro|me|ter ⟨[ae-] n.; -s, -⟩ Gerät

A

zum Messen von Dichte u. Gewicht der Luft [<*Aero...* + *...meter*]

Ae|ro|naut 〈[ae-] m.; -en, -en; veraltet〉 Luftschiffer, Flieger [<*Aero...* + *...naut*]

Ae|ro|nau|tik 〈[ae-] f.; -; unz.; veraltet〉 Luftfahrt [<*Aero...* + *Nautik*]

ae|ro|nau|tisch 〈[ae-] Adj.; veraltet〉 die Aeronautik betreffend, auf ihr beruhend

Ae|ro|no|mie 〈[ae-] f.; -; unz.〉 Lehre von den elektr. Erscheinungen in der Ionosphäre u. der Exosphäre [<*Aero...* + *...nomie*]

Ae|ro|pha|gie 〈[ae-] f.; -; unz.; Med.〉 krankhaftes Schlucken von Luft [<*Aero...* + *...phagie*]

Ae|ro|phon 〈[ae-] n.; -s, -e; Musik〉 Musikinstrument, das durch Luft zum Tönen gebracht wird, z. B. Blasinstrument; *oV* Aerofon [<*Aero...* + grch. *phone* »Stimme«]

Ae|ro|phor 〈[ae-] m.; -s, -e; Musik〉 Gerät, mit dem Blasinstrumente unabhängig vom Atem gespielt werden können [<*Aero...* + *...phor*[1]]

Ae|ro|pho|to|gram|me|trie *auch:* **Ae|ro|pho|to|gram|met|rie** 〈[ae-] f.; -; unz.〉 = Aerofotogrammetrie

Ae|ro|pho|to|gra|phie 〈[ae-] f.; -; unz.〉 = Aerofotografie

Ae|ro|phyt 〈[ae-] m.; -en, -en; Bot.〉 Pflanze, die auf einer anderen Pflanze (z. B. auf einem Baum) lebt [<*Aero...* + *...phyt*]

Ae|ro|sol® 〈[ae-] n.; -s, -e〉 kolloidal verteilte, unsichtbare, feste od. flüssige Schwebstoffe in Luft u. a. Gasen

Ae|ro|son|de 〈[aeː-] f.; -, -n〉 von einem Ballon in die oberen Schichten der Atmosphäre getragenes meteorolog. Messinstrument

Ae|ro|sphä|re 〈[ae-] f.; -; unz.〉 Atmosphäre [<*Aero...* + *Sphäre*]

Ae|ro|stat 〈[ae-] m.; -en, -en; veraltet〉 Luftschiff, Luftballon [<*Aero...* + *...stat*]

Ae|ro|sta|tik 〈[ae-] f.; -; unz.〉 Lehre von den Gleichgewichtszuständen der Gase

ae|ro|sta|tisch 〈[ae-] Adj.〉 auf Aerostatik beruhend

Ae|ro|ta|xis 〈[ae-] f.; -; unz.; Biol.〉 durch Sauerstoff ausgelöste Taxie [<*Aero...* + *Taxie*]

ae|ro|therm 〈[ae-] Adj.〉 mit Hilfe von heißer Luft hergestellt, behandelt

af..., Af... 〈Vorsilbe〉 = ad..., Ad...

a. f. 〈Abk. für lat.〉 anni futuri

afe|bril *auch:* **afeb|ril** 〈Adj.; Med.〉 fieberfrei [<*a...*[1] + lat. *febris* »Fieber«]

Af|fä|re 〈f.; -, -n〉 **1** Angelegenheit, (unangenehmer) Vorfall, Streitsache **2** Liebesverhältnis, -abenteuer; *Liebes~* [<frz. *affaire* »Angelegenheit«]

Af|fekt 〈m.; -(e)s, -e〉 heftige Gemütsbewegung; *im ~ handeln; etwas (unüberlegt) im ~ tun* [<lat. *affectus* »Gemütsstimmung, Erregung«]

Af|fek|ta|ti|on 〈f.; -, -en〉 Ziererei, Getue [<lat. *affectatio* »eifriges Streben, Künstelei«]

af|fek|tie|ren 〈V.; veraltet〉 *sich ~* sich zieren, sich gekünstelt benehmen [<lat. *affectare* »nach etwas greifen, eifrig nach etwas trachten«]

af|fek|tiert 〈Adj.〉 geziert, gekünstelt; *~es Benehmen, Reden; ~e Person; ~er Stil*

Af|fek|ti|on 〈f.; -, -en〉 **1** Erregung, Reizung **2** Zuneigung, Gunst **3** Liebhaberei [<lat. *affectio* »Einwirkung, Beschaffenheit, Stimmung, Neigung«]

af|fek|ti|o|niert 〈Adj.〉 aus Affektion handelnd, geschehend [→ *Affektion*]

Af|fek|ti|ons|in|ter|es|se *auch:* **Af|fek|ti|ons|in|te|res|se** 〈n.; -s, -n〉 = Affektionswert

Af|fek|ti|ons|wert 〈m.; -(e)s, -e〉 Liebhaberwert; *Sy* Affektionsinteresse

af|fek|tiv 〈Adj.〉 = emotional [→ *Affekt*]

Af|fek|ti|vi|tät 〈[-vi-] f.; -; unz.〉 Ansprechbarkeit des Gefühls, Gesamtheit der Gefühlsregungen

Af|fekt|pro|jek|ti|on 〈f.; -, -en; Psych.〉 Übertragung eigener Affekte auf andere Personen, Tiere od. Dinge

Af|fekt|psy|cho|se 〈f.; -, -n; Psych.〉 manisch-depressive Erkrankung

af|fe|rent 〈Adj.〉 zuführend, zuleitend (bes. von Nervenbahnen, die von einem Sinnesorgan zum Zentralnervensystem führen); *Ggs* efferent [<lat. *afferre* »herbeitragen«]

Af|fe|renz 〈f.; -, -en〉 Leitung von Sinneswahrnehmungen durch die Sinnesorgane über die Nervenfasern zum Zentralnervensystem; *Ggs* Efferenz

af|fet|tu|o|so 〈Adv.; Musik〉 gemütvoll, empfindungsstark, mit viel Ausdruck (zu spielen) [ital.]

Af|fi|che 〈[afiʃ(ə)] f.; -, -n; veraltet〉 Aushang, Anschlagzettel, Plakat [frz.]

af|fi|chie|ren 〈[-ʃiː-] V.; veraltet〉 durch Affiche bekannt geben, anschlagen, plakatieren

Af|fi|da|vit 〈[-vit] n.; -s, -s; Rechtsw.〉 **1** eidesstattl. Erklärung **2** Bürgerschaftserklärung für einen Einwanderer [mlat., »er hat versichert«]

af|fi|gie|ren 〈V.; Sprachw.〉 *Wortstämme ~* mit einem Affix versehen

Af|fi|gie|rung 〈f.; -, -en〉 das Affigieren

Af|fi|li|a|ti|on 〈f.; -, -en〉 Aufnahme, Annahme, Angliederung [<*Ad...* + lat. *filius* »Sohn«]

af|fi|li|ie|ren 〈V.〉 aufnehmen, annehmen, angliedern [→ *Affiliation*]

af|fin 〈Adj.〉 auf Affinität beruhend, Affinität betreffend [<lat. *affinis* »angrenzend«]

Af|fi|na|ti|on 〈f.; -; unz.; Chemie〉 Scheidung von legierten Metallen

af|fi|nie|ren 〈V.; Chemie〉 scheiden; *Metall aus Legierungen ~* [<frz. *affiner* »reinigen«, zu *fin* »fein«]

Af|fi|ni|tät 〈f.; -, -en〉 **1** Verwandtschaft durch Heiratsschwägerschaft **2** Neigung zur Verbindung, Annäherung **3** 〈Chemie〉 chemische Verwandtschaft, Kraft, sich mit Atomen od. Gruppen von Atomen zu verbinden **4** 〈Geom.〉 Verwandtschaft zwischen einem ebenen Bild u. dessen Abbildung auf eine andere Ebene durch Parallelprojektion [→ *affin*]

Af|fi|ni|ty|group 〈[əfɪnɪtɪgruːp] f.; -, -s〉 soziale Bezugsgruppe

[<engl. *affinity* »Verbundenheit, Affinität« + *group* »Gruppe«]

Af|fi|ni|ty|mar|ke|ting ⟨[əfınıtı-] n.; -s; unz.⟩ Form des Marketings, die Beziehungen zu bestimmten Affinitygroups auszunutzen sucht [<engl. *affinity* »Verbundenheit, Affinität« + *Marketing*]

Af|fir|ma|ti|on ⟨f.; -, -en⟩ Bejahung; *Ggs* Negation [<lat. *affirmatio* »Beteuerung«]

af|fir|ma|tiv ⟨Adj.⟩ bejahend; *Ggs* negativ [<lat. *affirmare* »bekräftigen«]

Af|fir|ma|ti|ve ⟨f.; -, -n⟩ bejahende Meinung, Aussage

af|fir|mie|ren ⟨V.⟩ bejahen; *Ggs* negieren [<lat. *affirmare* »bekräftigen«]

Af|fix ⟨a. ['--] n.; -es, -e; Gramm.⟩ vorangesetzter od. angefügter Wortteil (Morphem), Präfix u. (od.) Suffix [<lat. *affixus,* Part. Perf. zu *affigere* »anheften«]

af|fi|zie|ren ⟨V.⟩ **1** (auf die Sinne) einwirken, erregen **2** ⟨Med.⟩ krankhaft verändern, reizen [<lat. *afficere* »einwirken«]

Af|fo|dill ⟨m.; -s, -e; Bot.⟩ ein Liliengewächs, Gattung der Liliazeen; *Sy* Asphodele, Asphodill

Af|fri|ka|ta ⟨f.; -, -katä; Phon.⟩ = Affrikate

Af|fri|ka|te ⟨f.; -, -n; Phon.⟩ Explosivlaut mit nachfolgendem, der Artikulationsstelle entsprechendem Spiranten, angeriebener Laut, z. B. [pf], [ts]; *oV* Affrikata [zu lat. *affricare* »anreiben«]

af|fri|zie|ren ⟨V.; Phon.⟩ *einen Verschlusslaut* ~ in eine Affrikate verwandeln

Af|front ⟨[afrɔ̃:] m.; -s, -s⟩ Beleidigung, Kränkung, Verhöhnung [frz., »Beschimpfung«]

af|frös ⟨Adj.; veraltet⟩ abscheulich, hässlich [frz. *affreux* »abscheulich«]

Af|ghan ⟨m.; - od. -s, -s⟩ meist aus Afghanistan stammender, handgeknüpfter Wollteppich mit streng geometr. Musterung

Af|gha|ne ⟨m.; -n, -n⟩ Windhunderasse [nach *Afghanistan,* wo er zuerst gezüchtet wurde]

Af|gha|ni ⟨m.; - od. -s, - od. -s⟩ afghan. Währungseinheit

Af|la|to|xi|ne ⟨Pl.⟩ Stoffwechselprodukte verschiedener Schimmelpilze [verkürzt <lat. *Aspergillus flavus* + *Toxin*]

AFN ⟨Abk. für engl.⟩ American Forces Network (Netzwerk US-amerikan. Streitkräfte), die Rundfunkanstalt der außerhalb der USA stationierten US-amerikan. Streitkräfte

afo|kal ⟨Adj.; Opt.⟩ ohne Brennpunkt [<*a...*[1] + lat. *focus* »Feuerstätte, Herd«]

à fonds per|du ⟨[a fɔ̃: pɛrdy:] geh.⟩ auf das Verlustkonto, ohne Aussicht auf Wiedererlangen [frz.; »bei verlorenem Kapital«]

à for|fait ⟨[a fɔrfɛ:]⟩ ohne Rückgriff (Klausel zur Aufgabe von Rechten beim Ankauf von Forderungen, die bes. einen Rückgriff auf den vorherigen Eigentümer ausschließen) [frz., »Pauschal..., in Bausch u. Bogen«]

AFP ⟨Abk. für frz.⟩ Agence France Presse (französische Nachrichtenagentur)

Af|ri|kaans ⟨n.; -; unz.⟩ Sprache der Buren in Südafrika

Af|ri|ka|na ⟨Pl.⟩ Bücher, Bilder usw. über Afrika [<lat. *Africanus* »afrikanisch«]

Af|ri|ka|nist ⟨m.; -en, -en⟩ Kenner, Erforscher, Lehrer, Student der Afrikanistik

Af|ri|ka|nis|tik ⟨f.; -; unz.⟩ die Wissenschaft von der Kultur, der Geografie u. den Sprachen Afrikas

Af|rik|an|thro|pus *auch:* **Af|ri-kanth|ro|pus** ⟨m.; -; unz.⟩ in Afrika gefundene, aus der Altsteinzeit stammende Frühform des Menschen [<*Afrikana* + grch. *anthropos* »Mensch«]

af|ro..., Af|ro... ⟨in Zus.⟩ Afrika betreffend, von dort stammend; *afroasiatisch; Afrolook*

Af|ro|ame|ri|ka|ner ⟨m.; -s, -⟩ aus Afrika stammender Amerikaner, amerikanischer Schwarzer

af|ro|ame|ri|ka|nisch ⟨Adj.⟩ **1** die Afroamerikaner betreffend, von ihnen stammend **2** Afrika u. Amerika betreffend

af|ro|asi|a|tisch ⟨Adj.⟩ zu Afrika u. Asien gehörig, beide betreffend

Af|ro|look ⟨[-luk] m.; -s, -s⟩ Frisur mit sehr dichtem gekräuseltem Haar, das vom Kopf absteht [<*Afro...* + engl. *look* »Aussehen«]

Af|ter-Sales-Ser|vice ⟨[-sɛılz-sœ:vıs] m.; -; unz.⟩ Kundenbetreuung nach dem Einkauf; *~ für Mobiltelefone* [<engl. *after* »nach« + *sale* »verkaufen« + *Service*[2]]

Af|ter|shave ⟨[-ʃɛıv] n.; -s, -s; kurz für⟩ Aftershavelotion

Af|ter|shave|lo|tion *auch:* **Af|ter|shave-Lo|tion** ⟨[-ʃɛıv-louʃn] f.; -, -s⟩ Rasierwasser [<engl. *after* »nach« + *shave* »rasieren« + *lotion* »Lotion, Gesichtswasser«]

Af|ter-Work-Par|ty ⟨[-wœ:k-] f.; -, -s⟩ Party, geselliges Zusammensein von Berufstätigen gleich nach der Arbeit, um frühzeitig schlafen gehen zu können [<engl. *after* »nach« + *work* »arbeiten« + *Party*]

Ag ⟨chem. Zeichen für⟩ Silber (Argentum)

AG, AG., A. G., A.-G. ⟨Abk. für⟩ Aktiengesellschaft

ag..., Ag... ⟨Vorsilbe⟩ = ad..., Ad...

Aga ⟨m.; -s, -s; in der früh. Türkei⟩ *oV* Agha **1** unterer feudaler u. Offiziersrang **2** türk. Gutsbesitzer od. Kaufmann [türk., »Herr«]

Aga|lak|tie ⟨f.; -, -n; Med.⟩ Fehlen der Milchbildung [<*A...*[1] + grch. *gala,* Gen. *galaktos* »Milch«]

agam ⟨Adj.; Biol.⟩ ohne vorausgehende Befruchtung zeugend [<grch. *agamos* »ungeschlechtlich«]

Aga|me ⟨f.; -, -n; Zool.⟩ Vertreterin einer Familie der Echsen [<*A...*[1] + *...game*]

Aga|met ⟨m.; -en, -en; Biol.⟩ Zelle niederer Lebewesen, die durch Agamogonie entstanden ist u. der Fortpflanzung dient [<*A...*[1] + *Gamet*]

Aga|mie ⟨f.; -; unz.⟩ Ehelosigkeit [<*A...*[1] + *...gamie*]

aga|misch ⟨Adj.⟩ **1** ehelos **2** ungeschlechtlich [<grch. *agamos* »unverheiratet«]

Aga|mo|ge|ne|se ⟨f.; -; unz.; Biol.⟩ ungeschlechtliche Vermehrung durch Zellteilung [<grch. *agamos* »unverheiratet« + *Genese*]

A

Ga|mo|go|nie ⟨f.; -; unz.; Biol.⟩ Fortpflanzung ohne Befruchtung [<grch. *agamos* »unverheiratet« + ...*gonie*]

Aga|pe ⟨f.; -, -n⟩ **1** ⟨unz.⟩ die Liebe Gottes **2** ⟨zählb.; in altchristl. Gemeinden⟩ Liebesmahl mit Armenspeisung [grch., »Liebe«]

Agar-Agar ⟨m. od. n.; -s; unz.⟩ sülzartiger Stoff aus Rotalgenarten für Nährböden von Bakterienkulturen, z. B. als Gelatine [malai.]

Aga|ve ⟨[-və] f.; -, -n; Bot.⟩ Angehörige einer Gattung der Amaryllisgewächse in Amerika [<grch. *agauos* »edel«]

Agen|cy|the|o|rie ⟨[ɛıdʒənsi-] f.; -; unz.; Wirtsch.⟩ Bereich der Wirtschaftstheorie, der sich mit der Beziehung zwischen Agent u. Auftraggeber (z. B. Anteilseigner u. Vorstand) beschäftigt u. von der Annahme ausgeht, dass jeder Agent auch ein Eigeninteresse verfolgt u. damit nicht immer im Sinne des Auftraggebers agiert [<engl. *agency* »Agentur« + *Theorie*]

Agen|da ⟨f.; -, -gen|den⟩ **1** Merkbuch, Notizkalender **2** Schreibtafel **3** Tagesordnung [lat., »das zu Betreibende«; → *agieren*]

Agen|de ⟨f.; -, -n⟩ Handbuch für die Gottesdienstordnung

Age|ne|sie ⟨f.; -; unz.; Med.⟩ Fehlen od. Verkümmerung einer Organanlage [<*A...*[1] + grch. *genesis* »Entstehung«]

Agens ⟨n.; -, Agen|zi|en⟩ **1** handelnde Kraft **2** ⟨Philos.⟩ tätiges, wirksames, handelndes Prinzip **3** ⟨Med.⟩ Mittel, das eine Wirkung, einen Einfluss ausübt **4** ⟨Sprachw.⟩ Träger eines Geschehens innerhalb eines Satzes; *Ggs* Patiens [lat., Part. Präs. zu *agere;* → *agieren*]

Agent ⟨m.; -en, -en⟩ **1** Vertreter, Vermittler, Beauftragter, der z. B. Künstlern Engagements vermittelt **2** Spion [<lat. *agens,* Part Präs. zu *agere;* → *agieren*]

Agen|tie ⟨f.; -, -n; österr.⟩ Geschäftsstelle [→ *Agent*]

agen|tie|ren ⟨V.; österr.⟩ als Handlungsagent arbeiten

Agen|tin ⟨f.; -, -tin|nen⟩ weibl. Agent

Agen|tiv ⟨m.; -s, -e [-və]; in der Kasusgrammatik⟩ Träger der Verbalhandlung [→ *agieren*]

> **Agent Provocateur / Agent provocateur** (*Groß- und Kleinschreibung*) In mehrteiligen, getrennt geschriebenen fremdsprachigen Substantiven richtet sich die Groß- und Kleinschreibung nach der Wortart des zweiten Bestandteils. Kann der zweite Teil einer solchen Fügung als Substantiv oder als Adjektiv angesehen werden, sind beide Schreibvarianten zulässig.

Agent Pro|vo|ca|teur *auch:* **Agent pro|vo|ca|teur** ⟨[aʒã: prɔvokatø:r] m.; - -, -s -s [aʒã: prɔvokatø:r]⟩ Lockspitzel [frz., »Unruhestifter«]

Agen|tur ⟨f.; -, -en⟩ **1** Vertretung, Geschäftsnebenstelle **2** Geschäftsstelle eines Agenten, Vermittlungsstelle [→ *Agent*]

Agen|zi|en ⟨Pl. von⟩ Agens

Age|ra|tum ⟨n.; -s; unz.; Bot.⟩ Leberbalsam, ein Korbblütler [lat.; zu grch. *ageratos* »nicht alt werdend«]

Ageu|sie ⟨f.; -, -n; Med.⟩ Verlust des Geschmacksvermögens; →*a.* Hypergeusie, Hypogeusie [<*A...*[1] + grch. *geusis* »Geschmack«]

Agfa® ⟨f.; -; unz.; Abk. für⟩ Aktiengesellschaft für Anilinfabrikation (Markenzeichen für fotografische Artikel)

Ag|glo|me|rat ⟨n.; -(e)s, -e⟩ **1** aus eckigen u. scharfkantigen Lavabrocken bestehende Gesteinsmasse **2** ⟨Met.⟩ Vorprodukt der Hüttenfabrikation aus oberflächlich zusammengeschmolzenen, feinkörnigen Erzen [→ *agglomerieren*]

Ag|glo|me|ra|ti|on ⟨f.; -, -en⟩ Anhäufung, Zusammenballung [→ *agglomerieren*]

ag|glo|me|rie|ren ⟨V.⟩ (sich) anhäufen, (sich) zusammenballen [<lat. *agglomerare* »fest anschließen«]

Ag|glu|ti|na|ti|on ⟨f.; -, -en⟩ **1** Verklebung, Verklumpung, Zusammenballung **2** ⟨Gramm.⟩ Anhängen von Wortteilen (Morphemen) an den unveränderten Stamm [→ *agglutinieren*]

ag|glu|ti|nie|ren ⟨V.⟩ **1** zusammballen, verklumpen, verkleben **2** *~de Sprachen* Sprachen, bei denen die grammat. Beziehungen durch Agglutination ausgedrückt werden, z. B. die altaischen Sprachen u. das Ungarische [<lat. *agglutinare* »ankleben«]

Ag|glu|ti|nin ⟨n.; -s, -e; Med.⟩ im Blutserum gebildeter Stoff, der die Agglutination der Blutkörperchen bewirkt

Ag|gra|va|ti|on ⟨[-va-] f.; -, -en⟩ Erschwerung, Verschlimmerung [zu lat. *aggravare* »schwerer machen, vergrößern«]

ag|gra|vie|ren ⟨[-vi:-] V.⟩ verschlechtern, erschweren [<lat. *aggravare* »schwerer machen, vergrößern«]

Ag|gre|gat ⟨n.; -(e)s, -e⟩ **1** Anhäufung, mehrgliedriges Ganzes **2** ⟨Math.⟩ durch »+« od. »-« verbundene mehrgliedrige Größe **3** ⟨Techn.⟩ Koppelung mehrerer Maschinen, bes. von Kraft- u. Arbeitsmaschinen **4** ⟨Min.⟩ Gestein, das aus mehreren mineralischen Bestandteilen zusammengesetzt ist [<lat. *aggregare* »beigesellen«]

Ag|gre|ga|ti|on ⟨f.; -, -en⟩ Vereinigung mehrerer Moleküle zu einem größeren Molekül [zu lat. *aggregare* »beigesellen«]

Ag|gre|gat|zu|stand ⟨m.; -(e)s, -stän|de⟩ eine der drei Erscheinungsformen der Materie; *gasförmiger, flüssiger, fester ~* [→ *Aggregation*]

ag|gre|gie|ren ⟨V.⟩ zu einer Masse vereinigen, anhäufen [<lat. *aggregare* »beigesellen«]

Ag|gres|si|on ⟨f.; -, -en⟩ Angriff, Überfall [<lat. *aggredi* »hinzugehen, angreifen«]

ag|gres|siv ⟨Adj.⟩ **1** angreifend **2** angriffslustig, streitsüchtig [→ *Aggression*]

ag|gres|si|vie|ren ⟨[-vi:-] V.⟩ aggressiv machen

Ag|gres|si|vi|tät ⟨[-vi-] f.; -; unz.⟩ aggressive Art, Angriffslust, streitsüchtiges Verhalten; *sein Verhalten ist oft von starker ~ gekennzeichnet*

Ag|gres|sor ⟨m.; -s, -so|ren⟩ Angreifer [→ *Aggression*]

Agha ⟨m.; -s, -s⟩ = Aga

Aghora ⟨verhüllende Bez. für⟩ Shiva

Ägide ⟨f.; -; unz.⟩ Obhut, Leitung, Schutz; *unter der ~ von* [<lat. *aegis,* Gen. *aegidis* <grch. *aigis* »der Schild des Zeus«]

agieren ⟨V.⟩ handeln; *~ als* wirken als, eine Rolle darstellen [<lat. *agere* »handeln, treiben, wirken«]

agil ⟨Adj.⟩ flink, gewandt, beweglich [<lat. *agilis* »beweglich«]

Agilität ⟨f.; -; unz.⟩ agiles Wesen, Flinkheit, Gewandtheit, Beweglichkeit

Aging ⟨[ɛɪdʒɪŋ] n.; - od. -s; unz.⟩ das Reifen (bestimmter Tabaksorten) [amerikan.-engl. (engl. Schreibweise *ageing*), »Altern, Älterwerden«]

Agio ⟨[-dʒio] od. [-dʒo] n.; -s, -s⟩ **1** ⟨allg.⟩ Aufgeld, Aufschlag **2** ⟨Börse⟩ Betrag, um den der Kurs einer Währung od. eines Wertpapiers über dem Nennwert steht; *Ggs* Disagio [<ital. *aggio;* zu *aggiungere* »hinzufügen« <lat. *adiungere* »hinzufügen« od. <ital. *aggio* »Bequemlichkeit«]

Agiotage ⟨[-dʒiota:ʒə] f.; -, -n⟩ Börsenspekulation unter Ausnutzung des Agios

Agioteur ⟨[-dʒiotø:r] m.; -s, -e⟩ Börsenspekulant, der das Agio ausnutzt

agiotieren ⟨[-dʒio-] V.⟩ unter Ausnutzung des Agios an der Börse spekulieren

Agitation ⟨f.; -, -en⟩ aggressive politische Werbung, politische Propaganda [<lat. *agitatio* »Betreiben, Tätigkeit«]

agitato ⟨[-dʒi-] Musik⟩ sehr bewegt, erregt (zu spielen) [ital.]

Agitator ⟨m.; -s, -toren⟩ jmd., der (für etwas) agitiert

agitatorisch ⟨Adj.⟩ die Agitation betreffend, auf ihr beruhend, mit ihrer Hilfe

agitieren ⟨V.⟩ werben, polit. Propaganda treiben; *für eine Idee, eine Sache ~* [<lat. *agitare* »in Bewegung setzen«]

Agitprop ⟨f. od. m.; - od. -s; unz.⟩ klassenkämpferische Agitation [verkürzt <*Agita*tion + *Prop*aganda]

Aglykon ⟨n.; -s, -e⟩ zuckerfreier Glykosidbestandteil [<grch. *a* »nicht« + *glykys* »süß«]

Agnat ⟨m.; -en, -en; im alten Rom⟩ **1** jede Person, die durch Geburt od. Adoption der väterlichen Gewalt unterstand; *Ggs* Kognat (2) **2** männlicher Verwandter im Mannesstamm [<lat. *agnatus* »Verwandter väterlicherseits«]

Agnition ⟨f.; -, -en⟩ Anerkennung [<lat. *agnito*]

Agnomen ⟨n.; -s, -gnomina⟩ Beiname; *~ eines berühmten Mannes, z. B. der Große, Asiaticus* [lat.]

Agnosie ⟨f.; -, -n⟩ **1** ⟨Med.⟩ Unfähigkeit, sich das sinnlich Wahrgenommene bewusstzumachen, Seelenblindheit, Seelentaubheit **2** ⟨Philos.⟩ das Nichtwissen [<*A...*[1] + *...gnosie*]

Agnostiker ⟨m.; -s, -; Philos.⟩ Anhänger des Agnostizismus

agnostisch ⟨Adj.; Philos.⟩ zum Agnostizismus gehörend, auf ihm beruhend; *oV* agnostizistisch

Agnostizismus ⟨m.; -; unz.; Philos.⟩ Lehre von der Unerkennbarkeit des wahren Seins, d. h. der übersinnlichen Welt od. (nach Kant) des Dinges an sich [<*A...*[1] + *Gnostizismus*]

agnostizistisch ⟨Adj.⟩ = agnostisch

agnoszieren ⟨V.⟩ **1** anerkennen **2** ⟨österr.⟩ *Tote ~* identifizieren [<lat. *agnoscere* »anerkennen«]

Agnus Dei ⟨[-de:i] n.; - -; unz.⟩ Lamm Gottes (Bez. Christi nach Joh. 1,29) [lat.]

Agogik ⟨f.; -; unz.; Musik⟩ lebendige Gestaltung eines Musikstückes, im Unterschied zur mechanisch-exakten Wiedergabe (wie bei der Spieldose) [<grch. *agoge* »Führung«]

agogisch ⟨Adj.; Musik⟩ die Agogik betreffend, auf ihr beruhend

à gogo ⟨umg.⟩ in Hülle u. Fülle; *Hits ~* [frz.]

Agon ⟨m.; -s, -e; im antiken Griechenland⟩ **1** sportl. od. geistiger Wettkampf **2** Hauptteil der attischen Komödie [grch., »Wettkampf«]

Agone ⟨f.; -, -n⟩ Verbindungslinie zwischen Orten, an denen die Kompassnadel keine Missweisung zeigt [<*A...*[1] + grch. *gonia* »Winkel, Ecke«]

Agonie ⟨f.; -, -n⟩ Todeskampf [<grch. *agonia* »Kampf; Angst«]

Agonist ⟨m.; -en, -en⟩ *Ggs* Antagonist **1** ⟨allg.⟩ Wettkämpfer **2** ⟨Anat.⟩ einer von zwei paarweise wirkenden Muskeln (Strecker u. Beuger) od. Nerven (Sympathikus u. Parasympathikus) [<grch. *agonistes* »Kämpfer«]

Agonistik ⟨f.; -; unz.⟩ Wettkampfkunde [→ *Agon*]

Agora ⟨f.; -; unz.; in altgrch. Städten⟩ Markt- u. politischer Versammlungsplatz [grch.]

Agoraphobie ⟨f.; -; unz.; Med.⟩ krankhafte Furcht, einen freien Platz zu überqueren, Platzangst [<grch. *agora* »öffentlicher Platz« + *Phobie*]

Agraffe ⟨f.; -, -n⟩ **1** ⟨urspr.⟩ Spange zum Zusammenhalten von mehreren Kleidungsstücken **2** ⟨danach⟩ Schmuckspange, Brosche [<frz. *agrafe* »Haken, Spange«]

Agrafie ⟨f.; -, -n⟩ = Agraphie

Agrammatismus ⟨m.; -, -tismen; Sprachw.⟩ **1** ⟨unz.⟩ entwicklungs- od. krankheitsbedingte Sprachstörung, bei der grammatische Zusammenhänge fehlerhaft ausgedrückt werden **2** ⟨zählb.⟩ grammatikalisch falsche Wortbildung (als Erscheinung des Unvermögens, Wörter richtig zu verbinden) [<*A...*[1] + *Grammatik*]

Agranulozytose ⟨f.; -, -n; Med.⟩ Mangel an, Schwund der weißen Blutkörperchen [<*A...*[1] + lat. *granulum* »Körnchen« + grch. *kytos* »Höhlung, Zelle«]

Agrapha ⟨Rel.; nur Pl.⟩ Aussprüche Christi, die nicht in den Evangelien überliefert sind [<*A...*[1] + grch. *graphein* »schreiben«]

Agraphie ⟨f.; -, -n; Med.⟩ durch Ausfall bestimmter Zentren der Hirnrinde verursachte Unfähigkeit zu schreiben, Schriftblindheit; *oV* Agrafie [<*A...*[1] + *...graphie*]

agrar..., Agrar... ⟨in Zus.⟩ landwirtschaftlich, landwirtschafts..., Landwirtschafts... [<lat. *agrarius* »zu den Feldern

A

gehörig«; zu *ager* »Acker, Feld«]

Ag|rar|bio|lo|gie ⟨f.; -; unz.⟩ = Agrobiologie

Ag|rar|che|mie ⟨[-çe-] f.; -; unz.⟩ = Agrikulturchemie

Ag|rar|ex|port ⟨m.; -(e)s, -e⟩ Export von landwirtschaftlichen Erzeugnissen

Ag|rar|geo|gra|fie ⟨f.; -; unz.⟩ ein Teilgebiet der Geografie, das sich mit den landwirtschaftlich erschlossenen Gebieten der Erdoberfläche befasst; *oV* Agrargeographie

Ag|rar|geo|gra|phie ⟨f.; -; unz.⟩ = Agrargeografie

Ag|ra|ri|er ⟨m.; -s, -⟩ **1** Landwirt, Gutsbesitzer **2** ⟨im kaiserl. Dtschld.⟩ Vertreter landwirtschaftl. Interessen, bes. des Großgrundbesitzes [<lat. *agrarius;* → *Agrar...*]

Ag|rar|im|port ⟨m.; -(e)s, -e⟩ Import von landwirtschaftlichen Erzeugnissen

ag|ra|risch ⟨Adj.⟩ landwirtschaftlich

Ag|rar|land ⟨n.; -es, -län|der⟩ **1** ⟨unz.⟩ landwirtschaftlich genutzter Boden **2** ⟨zählb.⟩ = Agrarstaat

Ag|rar|mi|nis|ter ⟨m.; -s, -; Politik⟩ **1** ⟨BRD⟩ Minister, der für die Bereiche Ernährung, Landwirtschaft u. Forsten zuständig ist **2** ⟨Österreich⟩ Minister für Land- u. Forstwirtschaft

Ag|rar|po|li|tik ⟨f.; -; unz.⟩ Maßnahmen zur Förderung der Landwirtschaft

ag|rar|po|li|tisch ⟨Adj.⟩ die Agrarpolitik betreffend, zu ihr gehörig, auf ihr beruhend; *eine ~e Maßnahme durchführen*

Ag|rar|pro|dukt ⟨n.; -(e)s, -e⟩ in der Landwirtschaft hergestelltes Erzeugnis

Ag|rar|re|form ⟨f.; -, -en⟩ eine landwirtschaftl. Reform, z. B. Bodenreform

Ag|rar|sek|tor ⟨m.; -s; unz.⟩ Landwirtschaftssektor

Ag|rar|staat ⟨m.; -(e)s, -en⟩ Staat mit überwiegend landwirtschaftl. Erzeugung; *Sy* Agrarland (2); *Ggs* Industriestaat

Ag|rar|tech|nik ⟨f.; -, -en⟩ in der Landwirtschaft angewendete Technik (zur Bodenbearbeitung); *oV* Agrotechnik

Ag|rar|wis|sen|schaft ⟨f.; -, -en⟩ Landwirtschaftswissenschaft

Ag|ree|ment ⟨[əgriːmənt] n.; -s, -s⟩ Vereinbarung, formlose, aber bindende Übereinkunft; →*a.* Gentleman's Agreement [engl., »Übereinstimmung« <frz. *agrément* »Zustimmung« <*gré* »Gefallen« <lat. *gratum* »das Angenehme«]

ag|re|ie|ren ⟨V.⟩ genehmigen [<frz. *agréer* »genehmigen«; zu *gré* »Gefallen« <lat. *gratum* »das Angenehme«]

Ag|ré|ment ⟨[agremãː] n.; -s, -s; Politik⟩ Zustimmung einer Regierung zum Empfang eines ausländischen Diplomaten [frz.; → *Agreement*]

ag|ri..., Ag|ri... ⟨in Zus.⟩ landwirtschaftlich, Landwirtschafts... [<lat. *ager* »Feld, Acker«]

äg|rie|ren ⟨V.; veraltet⟩ erbittern [<frz. *aigre* »sauer« <lat. *acrum;* zu *acer* »scharf«]

Ag|ri|kul|tur ⟨f.; -; unz.⟩ Ackerbau, Landwirtschaft

Ag|ri|kul|tur|che|mie ⟨[-çe-] f.; -; unz.⟩ Chemie des Ackerbaus; *Sy* Agrarchemie, Agrochemie

ag|ro..., Ag|ro... ⟨in Zus.⟩ landwirtschaftlich, Landwirtschafts... [<grch. *agros* (lat. *ager*) »Feld, Acker«]

Ag|ro|bio|lo|gie ⟨f.; -; unz.⟩ Lehre von den biologischen Aspekten u. Phänomenen der Landwirtschaft; *oV* Agrarbiologie

Ag|ro|che|mie ⟨[-çe-] f.; -; unz.⟩ = Agrikulturchemie

Ag|ro|nom ⟨m.; -en, -en⟩ landwirtschaftl. Sachverständiger, Wissenschaftler auf dem Gebiet der Landwirtschaft

Ag|ro|no|mie ⟨f.; -; unz.⟩ Ackerbaulehre [→ *Agronom*]

Ag|ros|to|lo|gie ⟨f.; -; unz.; Bot.⟩ Gräserkunde [<grch. *agros* »Feld, Acker« + *...logie*]

Ag|ro|tech|nik ⟨f.; -, -en⟩ = Agrartechnik

Ag|ro|ty|pus ⟨m.; -, -ty|pen⟩ Kulturpflanzensorte (als Produkt einer Pflanzenzüchtung)

Ag|ru|men ⟨Pl.⟩ die Zitrusgewächse; *Sy* Agrumi [<mlat. *agrumen* »säuerlich, scharf schmeckende Früchte«; zu lat. *acer* »scharf«]

Ag|ru|mi ⟨Pl.⟩ = Agrumen

Ag|ryp|nie ⟨f.; -; unz.; Med.⟩ Schlaflosigkeit [<grch. *agrypnia*]

Agu|ti ⟨m. od. n.; -s, -s; Zool.⟩ Goldhase, Angehöriger einer Gattung südamerikan. Nagetiere von Kaninchengröße mit nur je drei Zehen an den Hinterfüßen; *Sy* Paka

Ägyp|to|lo|ge ⟨m.; -n, -n⟩ Lehrer, Student der Ägyptologie [<lat. *Aegyptus,* grch. *Aigyptos* »Ägypten« + *...loge*]

Ägyp|to|lo|gie ⟨f.; -; unz.⟩ Wissenschaft von Sprache u. Kultur des ägyptischen Altertums

Ägyp|to|lo|gin ⟨f.; -, -tin|nen⟩ Lehrerin, Studentin der Ägyptologie [<lat. *Aegyptus,* grch. *Aigyptos* »Ägypten« + *...loge*]

ägyp|to|lo|gisch ⟨Adj.⟩ die Ägyptologie betreffend, zu ihr gehörig

Ah ⟨Zeichen für⟩ Amperestunde

Ahas|ver ⟨[-veːr] od. [-'--] m.; -, -s od. -e⟩ *oV* Ahasverus **1** ⟨veraltet⟩ ruhelos umherirrender Mensch **2** ⟨unz.⟩ der Ewige Jude [Sagengestalt des Mannes, der Jesus auf dem Weg nach Golgatha abgewiesen haben soll, worauf er verflucht wurde, so lange ruhelos zu wandern, bis Jesus wiederkehrt; nicht identisch mit *Achaschverosch,* hebr. Form des Namens des pers. Königs *Xerxes* (486-465 v. Chr.), der nach dem Buch Esther die Juden vor ihren Feinden rettete]

ahas|ve|risch ⟨[-veː-] Adj.⟩ ruhelos umherirrend [→ *Ahasver;* zu hebr. *ahaschverosch*]

Ahas|ve|rus ⟨[-veː-] m.; -, -se⟩ = Ahasver

ahe|re|di|tär ⟨Adj.; Med.⟩ nicht erblich (bes. von Krankheiten); *Ggs* hereditär

ahis|to|risch ⟨Adj.⟩ nicht historisch, ohne geschichtliche Gesichtspunkte; *dies ist eine ~e Betrachtungsweise* [<*a...*[1] + *historisch*]

ai ⟨Abk. für engl.⟩ amnesty international

Ai ⟨n.; -s, -s; Zool.⟩ in Südamerika beheimatetes Dreizehenfaultier [lautmalend]

Aide-mé|moire ⟨[ɛːdmemoaːr] n.; -, - od. -s⟩ nachträgl. Niederschrift mündl. diplomatischer

Erklärungen [frz., »Hilfe (für das) Gedächtnis«]

AIDS / Aids (*Abkürzungen*) Für die Schreibung von Abkürzungen, die aus Fremdsprachen übernommen sind, im Deutschen aber häufig wie ein eigenes Wort behandelt werden, gibt es keine eindeutige Regelung.
Daher ist in solchen Fällen die Schreibung in Großbuchstaben ebenso zulässig wie die Schreibung nach den für deutsche Wörter verbindlichen Regeln. Bei mehrsilbigen Abkürzungen ist eine Worttrennung der Schreibung mit Großbuchstaben nicht üblich (→*a.* NATO / Nato).

AIDS, Aids ⟨[ɛɪdz] ohne Artikel; Abk. für⟩ Acquired Immune Deficiency Syndrome (erworbenes Immunschwächesyndrom), durch ein Virus hervorgerufenes Syndrom von Immunschwäche, das im Verlauf der Krankheit zum Zusammenbruch des körpereigenen Abwehrsystems führen kann [engl.]

Aids|test ⟨[ɛɪdz-] m.; -(e)s, -e od. -s; Med.⟩ Test zum Nachweis der Infektion mit dem HIV-Virus, das AIDS hervorruft

Aids|vi|rus ⟨[ɛɪdzvi-] n., umg. auch m.; -, -vi|ren [-vi-]; Med.⟩ = HIV

Ai|gret|te *auch:* **Aig|ret|te** ⟨[ɛgrɛ̣tə] f.; -, -n⟩ Federbusch (bes. als Hut- od. Kopfschmuck) [<prov. *aigreta;* zu *aigron* = nordfrz. *heron* »Reiher« <fränk. **haigiro* <ahd. *heigir*]

Ai|gui|è|re ⟨[ɛgjɛ̣ːrə] f.; -, -n⟩ zierliche Wasserkanne aus Edelmetall mit Schnabel, Henkel u. Fuß, bes. in der französ. Renaissance beliebt [frz., »Wasserkanne«]

Ai|ken|code *auch:* **Ai|ken-Code** ⟨[ɛɪkənkoud] m.; -s; unz.; EDV⟩ Code, bei dem jeder Dezimalziffer eine aus vier Binärziffern aufgebaute Zahl zugeordnet wird [nach dem US-amerikan. Mathematiker Howard H. *Aiken,* 1900-1973]

Ai|ki|do ⟨n.; -s; unz.; Sport⟩ (als Sport betriebene) Form der Selbstverteidigung; →*a.* Jiu-Jitsu [jap.]

Air[1] ⟨[ɛ̣ːr] n.; -s, -s⟩ **1** Aussehen **2** Haltung **3** Benehmen; *sich ein ~ geben* vornehm tun, sich wichtigmachen, angeben; *sich ein ~ von Künstlertum geben* [frz., »Aussehen, Auftreten« <afrz. *aire* »Wesen, Natur, Herkunft« <lat. *ager* «Grundstück; Heimat«]

Air[2] ⟨[ɛ̣ːr] n.; -s, -s od. f.; -, -s; Musik⟩ **1** Lied, Arie **2** liedartiges Instrumentalstück [frz., »Melodie« <ital. *aria* »Weise, Melodie«]

air..., Air... ⟨[ɛ̣ːr] in Zus.⟩ luft..., Luft...; *Airbag; Airline* [engl.]

Air|bag ⟨[ɛ̣ːrbæg] m.; -s, -s⟩ **1** mit Luft gefülltes Kissen **2** ⟨Kfz⟩ in der Lenksäule (u. oft auf der Beifahrerseite) von Kraftfahrzeugen untergebrachte Kunststoffhülle, die sich im Falle eines Aufpralles innerhalb von Sekundenbruchteilen aufbläst u. den Aufprall des Fahrers auf das Lenkrad dämpft [<engl. *air* »Luft« + *bag* »Tasche, Sack«]

Air|brush ⟨[ɛ̣ːrbrʌʃ] n.; -s; unz.⟩ Stilrichtung in Malerei u. Grafik, in der eine Spritzpistolentechnik angewendet wird [<engl. *air* »Luft« + *brush* »bürsten; Bürste, Pinsel«]

Air|bus® ⟨[ɛ̣ːr-] m.; -ses, -se; Serienname für⟩ von einem europäischen Gemeinschaftsunternehmen entwickeltes Flugzeug für Nah- u. Mittelstrecken [<engl. *air* »Luft« + *Bus*]

Air|con|di|tion ⟨[ɛ̣ːrkɔndɪʃn] f.; -; unz.⟩ Regelungsbetrieb von Raumtemperatur u. Luftfeuchtigkeit durch eine Klimaanlage; *Sy* Airconditioning [<engl. *air* »Luft« + *condition* »Bedingung, Beschaffenheit«]

Air|con|di|tio|ning ⟨[ɛ̣ːrkɔndɪʃənɪŋ] n.; - od. -s, -s⟩ = Aircondition

Aire|dale|ter|ri|er ⟨[ɛ̣ːrdɛɪl-] m.; -s, -; Zool.⟩ mittelgroße Hunderasse mit kurzem, gelocktem Fell, hellbraun, Rücken u. Oberseite von Hals u. Kopf schwarz [<engl. *Airedale,* Tal des Flusses *Aire* im nordengl. Yorkshire]

Air Force ⟨[ɛ̣ːr fɔ̣ː(r)s] f.; - -; unz.; Mil.; in England u. Amerika⟩ Luftstreitkräfte; →*a.* Royal Air Force [engl.]

Air|fresh ⟨[ɛ̣ːrfrɛʃ] n.; -s, -s⟩ Mittel zur Verbesserung der Luft im Raum [<engl. *air* »Luft« + *fresh* »frisch«]

Air|glow ⟨[ɛ̣ːrglou] n.; -s, -s⟩ Leuchterscheinung von Gasen in der Atmosphäre zwischen 70 u. 300 km, Luftleuchten [engl.]

Air|lift ⟨[ɛ̣ːr-] m.; -(e)s, -e od. -s⟩ **1** Beförderung auf dem Luftweg **2** Verfahren zur Förderung von Erdöl durch den Druck von eingepresster Luft od. Edelgas [engl.]

Air|line ⟨[ɛ̣ːrlaɪn] f.; -, -s⟩ Fluggesellschaft, Fluglinie [engl.]

Air|li|ner ⟨[ɛ̣ːrlaɪnə(r)] m.; -s, -; umg.⟩ **1** großes Passagierflugzeug **2** Angestellter einer Fluggesellschaft [engl.]

Air|mail ⟨[ɛ̣ːrmɛɪl] f.; -; unz.⟩ Luftpost [engl.]

Air|play ⟨[ɛ̣ːrplɛɪ] n.; -s; unz.⟩ (häufiges) Spielen eines Musiktitels im Rundfunk [engl.]

Air|port ⟨[ɛ̣ːr-] m.; -s, -s⟩ Flughafen; *Sy* Airterminal [engl.]

Air|show ⟨[ɛ̣ːrʃou] f.; -, -s⟩ Flugschau, Darbietung von Kunstflügen [engl.]

Air|shut|tle *auch:* **Air|shutt|le** ⟨[ɛ̣ːrʃʌtl] m. od. n.; -s, -s⟩ zwischen zwei Orten hin- u. herfahrendes Transportmittel im Luftverkehr [engl.]

Air|ter|mi|nal ⟨[ɛ̣ːrtəmɪnəl] m. od. n.; -s, -s⟩ = Airport [engl.]

Aja|tol|lah ⟨m.; -, -s⟩ = Ayatollah

à jour ⟨[-ʒu̱ːr]⟩ **1** auf dem Laufenden; *mit einer wissenschaftlichen Arbeit ~ sein* **2** durchsichtig, durchbrochen (bei Gewebe) **3** (ein)gefasst (bei Edelsteinen) [frz., »zeitgemäß; durchbrochen«; zu *jour* »Tag«]

Ajour|ar|beit ⟨[-ʒu̱ːr-] f.; -, -en⟩ durchbrochene Arbeit (bei Stickerei)

ak..., Ak... ⟨Vorsilbe⟩ = ad..., Ad...

Aka|de|mie ⟨f.; -, -n⟩ **1** Vereinigung, Gesellschaft von Gelehrten, Dichtern u. Ä.; *~ der schönen Künste; ~ der Wissenschaften; Dichter~; Sprach~* **2** Fachschule **3** Anstalt zur Förderung der Wissenschaften, Lehr- u.

A

Forschungsanstalt; *Berg~; Kunst~; Musik~* **4** ⟨österr.⟩ literar. od. musikal. Veranstaltung [<grch. *akademia,* angebl. nach dem Heros *Akademos* benannter Lusthain bei Athen, wo Plato lehrte]

Aka|de|mi|ker ⟨m.; -s, -⟩ **1** ⟨allg.⟩ jmd., der auf einer Akademie, bes. auf der Universität, studiert hat **2** ⟨selten⟩ Mitglied einer Akademie

Aka|de|mi|ke|rin ⟨f.; -, -rin|nen⟩ weibl. Akademiker

aka|de|misch ⟨Adj.⟩ **1** eine Akademie betreffend, zu ihr gehörig, auf ihr beruhend **2** einer Hochschule zukommend, von ihr stammend, zu ihr gehörend; *der ~e Nachwuchs* die Studierenden; *~e Bildung; ~ ausgebildet* **2.1** *~e Freiheit* Freiheit des Studierenden, sich seinen Studienplan selbst zusammenzustellen u. sich die Hochschule auszuwählen; die Lehrfreiheit des Dozenten **2.2** *~er Grad* Stufe in der Laufbahn des Hochschullehrers nach bestimmten Prüfungen, z. B. Doktor **2.3** *~es Viertel* Viertelstunde nach der (für den Beginn der Vorlesungen) angegebenen Zeit **3** ⟨fig.⟩ weltfremd, trocken, überlieferungstreu, irrelevant [→ *Akademie*]

aka|de|mi|sie|ren ⟨V.; meist abwertend⟩ betont wissenschaftlich betreiben, verwissenschaftlichen; *eine Fragestellung, ein Thema ~* [→ *Akademie*]

Aka|de|mi|sie|rung ⟨f.; -, -en⟩ das Akademisieren

Aka|de|mis|mus ⟨m.; -; unz.⟩ weltfremde, in Regeln erstarrte Ausübung bzw. Auffassung einer Kunst od. Wissenschaft

Akal|ku|lie ⟨f.; -; unz.; Med.⟩ = Dyskalkulie

aka|lo|risch ⟨Adj.⟩ keine Kalorien enthaltend

Akan|tha|ri|er ⟨Pl.; Zool.⟩ im Meer lebende Einzeller [<grch. *akantha* »Dorn«]

Akan|thit ⟨m.; -s; unz.; Min.⟩ dunkelgraues Mineral, chem. Silbersulfid, Glaserz, Silberglanz [<grch. *akantha* »Dorn«]

Akan|thus ⟨m.; -, -; Bot.⟩ Gattung der Akanthusgewächse, deren mediterrane Arten als Zierpflanzen gezogen werden, Bärenklau [<grch. *akantha* »Dorn«]

Aka|ri|a|sis ⟨f.; -; unz.; Med.⟩ durch Milben hervorgerufene Hautkrankheit [<spätgrch. *akari* »Milbe«]

Aka|ri|ne ⟨f.; -, -n; Zool.⟩ Milbe [<spätgrch. *akari* »Milbe«]

Aka|ri|zid ⟨n.; -s, -e⟩ Mittel zur Bekämpfung von Milben [<spätgrch. *akari* »Milbe« + *...zid*[2]]

Aka|ro|id|harz ⟨n.; -es, -e⟩ gelbes u. rotes Naturharz, das aus den Stämmen von Bäumen der australischen Gattung Xanthorrhoea gewonnen wird, Rohstoff für die Herstellung von Firnissen [<spätgrch. *akari* »Milbe«]

Aka|ro|lo|gie ⟨f.; -; unz.; Zool.⟩ Gebiet der Zoologie, das sich mit der Untersuchung von Milben u. Zecken befasst [<spätgrch. *akari* »Milbe« + *logos* »Rede, Kunde«]

Aka|ry|o|bi|ont ⟨m.; -en, -en; Biol.⟩ Mikroorganismus, dem ein abgegrenzter Zellkern fehlt; *Sy* Anukleobiont [<*A...*[1] + *karyo...* + grch. *bios* »Leben«]

Aka|ry|ont ⟨m.; -en, -en; Biol.⟩ kernlose Zelle [→ *akaryot*]

aka|ry|ot ⟨Adj.; Biol.⟩ kernlos (von Zellen) [<grch. *a* »nicht« + *karyon* »Kern«]

aka|ta|lek|tisch ⟨Adj.; Metrik⟩ unverkürzt, vollständig; *Ggs* katalektisch; *~er Vers* (antiker) Vers mit vollständigem letztem Fuß [<*a...*[1] + *katalektisch*]

Aka|tho|lik ⟨m.; -en, -en; Rel.⟩ Nichtkatholik

aka|tho|lisch ⟨Adj.⟩ nicht katholisch

akau|sal ⟨Adj.⟩ nicht kausal, ohne Grund, ohne Ursache [<*a...*[1]+ *kausal*]

Aka|zie ⟨[-tsjə] f.; -, -n; Bot.⟩ **1** Gattung der Mimosengewächse (Mimosaceae) mit zahlreichen Bäumen u. Sträuchern der warmen Klimazonen: Acacia **2** *falsche ~* = Robinie [<grch. *akakia* <*ake* »Spitze«]

Ake|lei ⟨f.; -, -en; Bot.⟩ Gattung der Hahnenfußgewächse; *Gemeine ~* 30-70 cm hohe Pflanze mit violettblauen, rosa od. weißen Blüten [<ahd. *agaleia, ag(e)leia* <mlat. *aquileia;* vermutlich <lat. *aquila* »Adler«]

Aki ⟨f.; -, -s; Bot.⟩ westafrikanische Frucht mit einer glatten, orangefarbenen Schale, die bei voller Reife in drei Fächer mit je einem braunen Samen aufspringt, genießbar ist nur der Samenmantel [<engl. *akee,* frz. *akée d'Afrique*]

Aki|do|pei|ras|tik ⟨f.; -, -en; veraltet; Med.⟩ = Akupunktur [<grch. *akidos* »Spitze, Splitter« + *peiran* »versuchen, auf die Probe stellen«]

Aki|na|kes ⟨m.; -, -⟩ altpers.- u. skyth. Kurzschwert [grch. <pers.]

Aki|ne|sie ⟨f.; -, -n; Med.⟩ **1** Bewegungslosigkeit, Bewegungshemmung **2** *~ von Tieren* Totstellen [<*A...*[1] + grch. *kinesis* »Bewegung«]

aki|ne|tisch ⟨Adj.; Med.⟩ die Akinesie betreffend, auf ihr beruhend

Ak|kla|ma|ti|on ⟨f.; -, -en⟩ **1** bestimmender Zuruf; *jmdn. durch ~ wählen* durch Zuruf wählen **2** Beifall [<lat. *acclamatio* »Zuruf«]

ak|kla|mie|ren ⟨V.⟩ *jmdn. ~* jmdm. beistimmen, jmdn. (durch Zuruf) annehmen, ihm Beifall spenden [<lat. *acclamare* »zurufen«]

Ak|kli|ma|ti|sa|ti|on ⟨f.; -; unz.⟩ das Akklimatisieren, das Sichakklimatisieren, Gewöhnung, Anpassung an veränderte Klima- od. Umweltbedingungen; *Sy* Akklimatisierung

ak|kli|ma|ti|sie|ren ⟨V.⟩ *sich ~* an veränderte Klima- od. Umweltbedingungen gewöhnen, sich diesen anpassen

Ak|kli|ma|ti|sie|rung ⟨f.; -; unz.⟩ = Akklimatisation

Ak|ko|la|de ⟨f.; -, -n⟩ **1** zeremonielle Umarmung beim Ritterschlag u. bei der Aufnahme eines Ritters in einen Orden **2** ⟨Zeichen: { }⟩ geschweifte Klammer [<frz. *accolade* »Umarmung« <lat. *ad* »zu« + *collum* »Hals«]

ak|kom|mo|da|bel ⟨Adj.; veraltet⟩ **1** anpassungsfähig **2** zweckmäßig; *ein akkommodabler Vorschlag* [<frz. *accommodable;* → *akkommodieren*]

Ak|kom|mo|da|ti|on ⟨f.; -; unz.⟩ Anpassung, Scharfeinstellung des Auges durch Anpassung der Augenlinse an die Entfernung des Gegenstandes [<frz. *accommodation* »Anpassung«; → *akkommodieren*]

ak|kom|mo|die|ren ⟨V.⟩ **1** anpassen, angleichen **2** durch Anpassung an die erforderliche Entfernung die Sehschärfe der Augenlinse (unwillkürlich) einstellen [<frz. *accommoder* »in Ordnung bringen«]

Ak|kom|mo|do|me|ter ⟨n.; -s, -⟩ Instrument zur Prüfung der Augeinstellungsfähigkeit [<frz. *accommodation* »Anpassung« + grch. *metron* »Maß«]

Ak|kom|pa|gne|ment *auch:* **Ak|kom|pag|ne|ment** ⟨[-panjəmã:] n.; -s, -s; Musik; veraltet⟩ Begleitung [<frz. *accompagnement*]

ak|kom|pa|gnie|ren *auch:* **ak|kom|pag|nie|ren** ⟨[-panji:-] V.; Musik; veraltet⟩ begleiten [frz. *accompagner*]

Ak|kord ⟨m.; -(e)s, -e⟩ **1** Übereinstimmung **2** ⟨Rechtsw.⟩ Vergleich, Vereinbarung (mit Gläubigern); *einen ~ abschließen* **3** ⟨Musik⟩ Zusammenklang von drei od. mehr Tönen verschiedener Höhe; *einen ~ anschlagen, greifen* **4** ⟨unz.; kurz für⟩ Akkordlohn; *im ~ arbeiten* [<frz. *accord* »Übereinstimmung« <lat. *ac* »zu« + *cor*, Gen. *cordis* »Herz«]

ak|kor|dant ⟨Adj.; Geol.⟩ die Akkordanz betreffend, auf ihr beruhend

Ak|kor|dant ⟨m.; -en, -en; schweiz.⟩ Kleinunternehmer (bes. im Bauwesen)

Ak|kor|danz ⟨f.; -; unz.; Geol.⟩ Anpassung jüngerer Gesteine an vorhandene Strukturelemente der Erdkruste [<vulgärlat. **accordare* »in Übereinstimmung bringen«]

Ak|kor|de|on ⟨n.; -s, -s; Musik⟩ Handharmonika mit gleichem Ton bei Zug u. Druck [→ *Akkord;* Kunstwort des Erfinders]

ak|kor|die|ren ⟨V.⟩ **1** vereinbaren **2** einen Lohnvertrag übernehmen **3** einen Akkord (2) abschließen über [<frz. *accorder* »in Einklang bringen«]

ak|kor|disch ⟨Adj.; Musik⟩ in Akkorden, mit Akkorden

Ak|kord|lohn ⟨m.; -(e)s, -löh|ne⟩ nach der Menge der geleisteten Arbeit bemessener Lohn, Stücklohn, Leistungslohn; *Sy* Akkord (4)

ak|kre|di|tie|ren ⟨V.⟩ **1** *jmdn. ~* jmdm. Kredit einräumen od. verschaffen **2** *Diplomaten ~* bevollmächtigen, beglaubigen **3** *eine Bank ~* zur Zahlung an jmdn. anweisen [<frz. *accréditer* »in Ansehen bringen«; <lat. *credere* »glauben«]

Ak|kre|di|tie|rung ⟨f.; -, -en⟩ das Akkreditieren

Ak|kre|di|tiv ⟨n.; -s, -e [-və]⟩ **1** Kreditbrief **2** Zahlungsauftrag, Anweisung; *~ an eine Bank* **3** Beglaubigungsschreiben; *~ für Diplomaten* [→ *akkreditieren*]

Ak|kres|zenz ⟨f.; -, -en⟩ Anwachsen, Zuwachs; *~ eines Erbteils* [zu lat. *accrescere* »hinzuwachsen«]

ak|kres|zie|ren ⟨V.⟩ anwachsen, sich vergrößern, z. B. ein Erbteil [lat. *accrescere* »hinzuwachsen«]

Ak|kre|ti|on ⟨f.; -, -en; Astron.⟩ durch die Gravitation bedingte Zunahme an Masse durch Aufsammeln von Materie (von Sternen) [<lat. *accretio* »Zuwachs«]

ak|kre|tiv ⟨Adj.⟩ zunehmend, anwachsend [→ *Akkretion*]

Ak|ku ⟨m.; -s, -s; kurz für⟩ Akkumulator

Ak|kul|tu|ra|ti|on ⟨f.; -, -en; Völkerk.⟩ die gegenseitige od. auch einseitige Angleichung von Kulturen verschiedener Herkunft aneinander aufgrund enger Berühung, Kulturkontakt [<*Ad...* + *Kultur*]

ak|kul|tu|rie|ren ⟨V.; Völkerk.⟩ anpassen, angleichen

Ak|ku|mu|la|ti|on ⟨f.; -, -en⟩ **1** Anhäufung **2** ⟨Geol.⟩ **2.1** Aufschüttung von vulkan. Lockermassen zu Vulkankegeln od. von Gesteinsmaterial durch Flüsse (Schotter) od. Gletscher (Moränen) **2.2** Anreicherung von Erdöl in Strukturen (Antiklinalen u. a.) der Erdkruste **3** ⟨Wirtsch.⟩ Anhäufung von Gewinn zur Bildung von Kapital [<lat. *accumulare* »anhäufen«]

Ak|ku|mu|la|tor ⟨m.; -s, -to|ren⟩ *Sy* Akku **1** Gerät zum Speichern elektr. Energie mittels elektrochem. Vorgänge **2** ein Druckwasserbehälter mit konstantem Wasserdruck für hydraulische Pressen [<lat. *accumulator* »Anhäufer«]

ak|ku|mu|lie|ren ⟨V.⟩ anhäufen, sammeln, speichern [<lat. *accumulare* »aufhäufen«]

ak|ku|rat ⟨Adj.⟩ genau, sorgfältig, sehr ordentlich; *Ggs* inakkurat; *~ arbeiten* [<lat. *accuratus* »sorgfältig«]

Ak|ku|ra|tes|se ⟨f.; -; unz.⟩ Genauigkeit, Sorgfalt [<ital. *accuratezza* <lat. *accuratus* »sorgfältig«]

Ak|ku|sa|ti|ons|prin|zip ⟨n.; -s, -pi|en od. (selten) -e; Rechtsw.⟩ im Strafprozessrecht gültiges Prinzip, nach dem das Gericht ein Strafverfahren erst übernimmt, nachdem die Staatsanwaltschaft Anklage erhoben hat [<lat. *accusatio* »Anklage, Anschuldigung«]

Ak|ku|sa|tiv ⟨m.; -s, -e [-və]; Gramm.⟩ 4. Fall (Kasus) der Deklination, Wenfall [<lat. *casus accusativus* »der die Anklage betreffende Fall«; nicht korrekt übersetzt <grch. *ptosis aitiatike* »der die Ursache u. die Wirkung betreffende Fall«]

Ak|ku|sa|tiv|ob|jekt ⟨n.; -(e)s, -e; Gramm.⟩ Satzergänzung im Akkusativ bes. nach transitiven Verben, die ggf. bestimmte Präpositionen erfordert; *er trägt »einen Hut«; sie gewinnt »den Preis«*

Ak|me ⟨f.; -; unz.⟩ Höhepunkt (bes. einer Krankheit) [grch., »Spitze; höchste Blüte«]

Ak|ne ⟨f.; -, -n; Med.⟩ eine von den Talgdrüsen ausgehende, bes. in den Entwicklungsjahren vorkommende eitrige Hauterkrankung: Acne vulgaris [grch., vermutl. Entstellung von *Akme* »Blüte«]

Ako|luth ⟨m.; -s od. -en, -en⟩ kath. Geistlicher im 4. (obersten) Grad der niederen Weihen [zu grch. *akoluthos* »folgend«]

Ako|nit ⟨n.; -s, -e; Bot.⟩ Angehöriges einer Gattung der Hahnenfußgewächse, Eisenhut, Sturmhut [→ *Akonitin*]

Ako|ni|tin ⟨n.; -s; unz.⟩ = Aconitin [<grch. *akoniton* <*akone* »Felsstück«]

Akon|to ⟨n.; -s, -s od. -kon|ten; bes. österr.⟩ An-, Teilzahlung [→ *a conto*]

Akon|to|zah|lung ⟨f.; -, -en⟩ Zahlung zum Löschen eines Teils einer Schuld [→ *a conto*]

ako|ty|le|don ⟨Adj.; Bot.⟩ keimblattlos [<*a…*[1] + grch. *kotyledon* »Keimblatt«]

Ako|ty|le|do|ne ⟨f.; -, -n; Bot.⟩ keimblattlose Pflanze

ak|qui|rie|ren ⟨V.⟩ **1** *etwas ~* anschaffen, erwerben **2** *Kunden ~* gewinnen [<lat. *acquirere* »dazuerwerben«]

Ak|qui|si|teur ⟨[-tø:r] m.; -s, -e⟩ Werber von Kunden für Anzeigen in einer Zeitung [<frz. *acquisiteur;* <lat. *acquirere* »dazuerwerben«]

Ak|qui|si|ti|on ⟨f.; -, -en⟩ **1** Anschaffung, Erwerbung **2** Werbung [<lat. *acquisitio* »Erwerb«; zu *acquirere* »dazuerwerben«]

ak|qui|si|tiv ⟨Adj.⟩ angenommen, erworben

ak|qui|si|to|risch ⟨Adj.⟩ in der Art von, mit Hilfe von Kundenwerbung [→ *Akquisiteur*]

Ak|ra|ni|er ⟨m.; -s, -; Zool.⟩ Gruppe von Wirbeltieren ohne Schädel, Schädellose; *Ggs* Kranioten [<*A…*[1] + mlat. *cranium* »Schädel« <grch. *kranion*]

Ak|ren ⟨Pl.⟩ hervorstehende Körperteile wie Nase, Kinn, Finger [zu grch. *akros* »äußerst«]

Ak|ren|ze|pha|lon ⟨n.; -s, -pha|la⟩ = Telenzephalon [<grch. *akros* »zuoberst« + *egkephalos* »Gehirn«]

Ak|ri|bie ⟨f.; -; unz.⟩ peinliche Genauigkeit, höchste Sorgfalt [<grch. *akribeia*]

ak|ri|bisch ⟨Adj.⟩ sehr sorgfältig u. gründlich [→ *Akribie*]

akri|tisch ⟨Adj.⟩ unkritisch, kritiklos

Ak|ro|bat ⟨m.; en, -en⟩ Turner, der besondere körperl. Kraft, Gewandtheit u. Beweglichkeit erfordernde Übungen vollbringt, Turnkünstler, Schlangenmensch, Seil-, Trapezkünstler [<grch. *akros* »zuoberst« + *bainein* »gehen«]

Ak|ro|ba|tik ⟨f.; -; unz.⟩ besondere körperl. Kraft, Gewandtheit u. Beweglichkeit erfordernde Turnkunst, Kunstturnen, Trapezkunst [→ *Akrobat*]

Ak|ro|ba|tin ⟨f.; -, -tin|nen⟩ weibl. Akrobat

ak|ro|ba|tisch ⟨Adj.⟩ die Akrobatik betreffend, zu ihr gehörig, wie ein(e) Akrobat(in)

Ak|ro|dy|nie ⟨f.; -, -n; Med.⟩ Schmerz in den Gliederenden [<grch. *akros* »spitz« + *odyne* »Schmerz«]

Ak|ro|le|in ⟨n.; -s; unz.⟩ = Acrolein

Ak|ro|lith ⟨m.; -s od. -en, -e od. -en⟩ grch. Statue, bei der die bekleideten Körperteile aus bemaltem od. vergoldetem Holz u. die unbekleideten aus Marmor bestehen [<grch. *akros* »zuoberst« + *lithos* »Stein«]

Ak|ro|me|ga|lie ⟨f.; -, -n; Med.⟩ hormonal bedingte Form des Riesenwuchses, die etwa vom 3. Lebensjahr an auftritt u. auf einer Überproduktion des Wachstumshormons der Hypophyse beruht; *Sy* Pachyakrie [<grch. *akros* »zuoberst« + *megas,* Gen. *megalon* »groß«]

Ak|ro|nym ⟨n.; -s, -e⟩ aus den Anfangsbuchstaben mehrerer Wörter gebildetes Kurzwort, z. B. UNO [<grch. *akros* »zuoberst« + *onyma* »Name«]

ak|ro|pe|tal ⟨Adj.⟩ *Ggs* basipetal **1** ⟨Bot.⟩ aufsteigend (der jüngste Spross einer Pflanze ist oben, der älteste unten) **2** ⟨allg.⟩ aufwärtsstrebend [<grch. *akros* »zuoberst« + lat. *petere* »erstreben«]

Ak|ro|po|lis ⟨f.; -, -po|len⟩ altgrch., auf einem Hügel gelegene Stadtburg (bes. die von Athen) [<grch. *akros* »oberst« + *polis* »Stadt«]

Ak|ros|ti|chon ⟨[-çɔn] n.; -s, -ti|chen od. -ti|cha; Metrik⟩ Gedicht od. Lied, bei dem die Anfangsbuchstaben bzw. -wörter der Strophen od. Verszeilen ein Wort bzw. einen Satz ergeben [<grch. *akros* »der Höchste, Äußerste« + *stichos* »Zeile, Vers«]

Ak|ro|te|rie ⟨[-riə] f.; -, -n⟩ = Akroterion

Ak|ro|te|ri|on ⟨n.; -s, -ri|en⟩ Verzierung von Tempelgiebeln od. kleinen Denkmälern durch Reliefs in Form von Ranken, Blättern u. a.; *oV* Akroterie, Akroterium [<grch. *akroteria;* zu *akros* »spitz«]

Ak|ro|te|ri|um ⟨n.; -s, -ri|en⟩ = Akroterion

Ak|ro|ty|leu|ton ⟨n.; -s, -leu|ten od. -leu|ta; Metrik⟩ Gedicht aus einer Verbindung von Akrostichon u. Telestichon, bei dem die Anfangs- u. Endbuchstaben das gleiche Wort ergeben [<grch. *akroteleution* »Refrain« <*akros* »der Äußerste« + *teleute* »Schluss«]

ak|ro|ze|phal ⟨Adj.; Anat.⟩ mit nach oben spitz zulaufendem Schädel versehen, spitzköpfig [<grch. *akros* »spitz« + *…zephal*]

Ak|ro|ze|pha|lie ⟨f.; -, -n; Anat.⟩ spitz nach oben verlaufende Schädelform, Spitzköpfigkeit [→ *akrozephal*]

Akt **1** ⟨m.; -(e)s, -en⟩ = Akte **2** ⟨m.; -(e)s, -e⟩ **2.1** Handlung, Vorgang, Tätigkeit, Tat; *ein ~ der Menschlichkeit, Höflichkeit, Verzweiflung; ein symbolischer, feierlicher ~* **2.2** Vorführung; *Zirkus~* **2.3** Teil eines Bühnenwerkes, Aufzug; *ein Drama mit fünf ~en* **2.4** Darstellung des nackten menschlichen Körpers; *einen ~ zeichnen; ein männlicher, weiblicher ~* **2.5** ⟨kurz für⟩ Geschlechtsakt, Begattung, Koitus [<lat. *actus* »Geschehen, Handlung«; zu *agere* »handeln, betreiben«]

Ak|tant ⟨m.; -en, -en; Sprachw.⟩ **1** Handelnder, Sprecher **2** vom Verb gefordertes Satzglied [<frz. *actant* »Handelnder«]

Ak|te ⟨f.; -, -n⟩ schriftl. Unterlagen eines geschäftl. od. gerichtl. Vorgangs; *Sy* Akt (1); *Gerichts~, Polizei~, Prozess~; jmdn. in den ~n führen* Unterlagen über ihn besitzen; *etwas zu den ~n legen* zu den schon vorhandenen, gesammelten Schriftstücken über den gleichen Vorgang od. (fig.) als erledigt betrachten [<lat. *acta* »Handlungen, Taten«; → *Acta*]

Ak|tei ⟨f.; -, -en⟩ Sammlung von Akten [→ *Akte*]

Ak|teur ⟨[-tø:r] m.; -s, -e⟩ **1** Han-

A

delnder 2 Schauspieler [<frz. *acteur* »Schauspieler«; zu lat. *agere* »handeln, betreiben«]

Ak|tie ⟨[-tsjə] f.; -, -n⟩ Urkunde über den Anteil am Grundkapital einer Aktiengesellschaft; *die ~n stehen (nicht) gut; die ~n steigen, fallen* ⟨a. fig.⟩ die Aussichten sind gut (schlecht); *sein gespartes Geld in ~n anlegen* [<lat. *actio* »Handlung, Tätigkeit«]

Ak|ti|en|fonds ⟨[-fɔ̃:] m.; - [-fɔ̃:s], - [-fɔ̃:s]; Börse⟩ Investmentfonds, der zu mehr als 50 Prozent aus unterschiedlichen Aktien besteht

Ak|ti|en|ge|sell|schaft ⟨f.; -, -en; Abk.: AG, AG., A. G., A.-G.⟩ Handelsgesellschaft, deren Grundkapital aus den Einlagen der Gesellschafter besteht, mit denen diese (beschränkt od. voll) haften u. aus denen sie in Form von Dividenden Erträge beziehen

Ak|ti|en|in|dex ⟨m.; - od. -es, -e od. -di|ces od. -di|zes⟩ Messzahl des durchschnittlichen Börsenkurses der Aktien der bedeutendsten Aktiengesellschaften, deren Aktien regelmäßig an der Börse notiert werden

Ak|tin ⟨n.; -s, -e; Biochemie⟩ = Actin

Ak|ti|ni|den ⟨Pl.⟩ = Actiniden

Ak|ti|nie ⟨[-njə] f.; -, -n; Bot.⟩ Ordnung der Hexacorallia, festsitzende, meist lebhaft gefärbte, einzeln lebende Polypen des Meeres, Seerose [<grch. *aktis,* Gen. *aktinos* »Strahl«]

ak|ti|nisch ⟨Adj.⟩ durch Strahlung hervorgerufen [<grch. *aktis,* Gen. *aktinos* »Strahl«]

Ak|ti|ni|um ⟨n.; -s; unz.⟩ = Actinium

ak|ti|no..., Ak|ti|no... ⟨in Zus.⟩ Strahl [<grch. *aktis,* Gen. *aktinos* »Strahl«]

Ak|ti|no|graf ⟨m.; -en, -en⟩ = Aktinograph

Ak|ti|no|graph ⟨m.; -en, -en⟩ mit einem Aktinometer verbundenes Schreibgerät; *oV* Aktinograf [<*Aktino...* + *...graph*]

Ak|ti|no|i|de ⟨Pl.⟩ = Actinoide

Ak|ti|no|lith ⟨m.; -s od. -en, -e od. -en; Min.⟩ dunkelgrünes Mineral aus der Gruppe der Hornblendeasbeste, Strahlstein [<grch. *aktis,* Gen. *aktinos* »Strahl« + *lithos* »Stein«]

Ak|ti|no|me|ter ⟨n.; -s, -⟩ Apparat zum Messen der Strahlung von Lichtquellen, hauptsächl. der Sonne [<*Aktino...* + *...meter*]

Ak|ti|no|me|trie *auch:* **Ak|ti|no|met|rie** ⟨f.; -, -n⟩ 1 ⟨Physik⟩ Strahlungsmessung 2 ⟨Astron.⟩ Sternenkatalog mit genauer Angabe der Helligkeit; *Yerkes-~; Göttinger ~* [<*Aktino...* + *...metrie*]

ak|ti|no|morph ⟨Adj.⟩ strahlungssymmetrisch [<*aktino...* + *...morph*]

Ak|ti|no|my|ko|se ⟨f.; -, -n; Med.⟩ Strahlenpilzkrankheit: Actinomycosis [<*Aktino...* + *Mykose*]

Ak|ti|no|my|zet ⟨m.; -en, -en; Med.⟩ Strahlenpilz [<*Aktino...* + *...myzet*]

Ak|ti|no|my|zin ⟨n.; -s, -e; Pharm.⟩ ein aus Streptomycesarten gewonnenes Antibiotikum [<*Aktino...* + grch. *mykes* »Pilz«]

Ak|ti|on ⟨f.; -, -en⟩ 1 Handlung, Vorgehen, Unternehmung; *eine gemeinsame ~ starten; in ~ treten* zu handeln, zu wirken beginnen 2 Maßnahme 3 Ereignis, Geschehnis [<lat. *actio* »Handlung«; zu *agere* »handeln, betreiben«]

Ak|ti|o|när ⟨m.; -s, -e; Börse⟩ Aktienbesitzer, Teilhaber, Mitglied einer Aktiengesellschaft [→ *Aktie*]

Ak|ti|o|nis|mus ⟨m.; -; unz.⟩ 1 Versuch, durch (künstlerische, revolutionäre) Aktionen das Bewusstsein der Menschen od. gesellschaftliche Zustände zu verändern 2 übermäßiger Tätigkeitsdrang [→ *Aktion*]

ak|ti|o|nis|tisch ⟨Adj.⟩ auf Aktionismus beruhend, übermäßig aktiv

Ak|ti|ons|art ⟨f.; -, -en; Gramm.⟩ die durch das Verb ausgedrückte Handlung in Bezug auf ihren zeitlichen Verlauf, Handlungsart, z. B. Beginn (Inchoativum), Dauer (Durativum), Vollendung (Perfektivum), Wiederholung (Iterativum); *→a.* Kausativum

Ak|ti|ons|ra|di|us ⟨m.; -, -di|en⟩ 1 Strecke, die ein Fahr- od. Flugzeug zurücklegen kann, ohne neuen Treibstoff aufzunehmen; *einen großen, kleinen ~ haben* 2 ⟨fig.⟩ Reichweite, Wirkungsbereich

Ak|ti|ons|strom ⟨m.; -(e)s, -ströme⟩ Fluss elektr. Stromes in biolog. Geweben

Ak|ti|ons|tur|bi|ne ⟨f.; -, -n⟩ Turbine, bei der vor dem Laufrad die gesamte Nutzfallhöhe (Gesamtenergie) in Bewegungsenergie umgesetzt wird

Ak|ti|ons|zen|trum *auch:* **Ak|ti|ons|zent|rum** ⟨n.; -s, -zen|tren; Meteor.⟩ Gebiet überwiegend hohen od. tiefen Luftdrucks, das nach Intensität, Ausdehnung u. beschränkt veränderlicher Lage für die Witterung größerer Teile der Erdoberfläche maßgebend ist

ak|tiv ⟨a. ['--] Adj.⟩ 1 tätig, wirksam, unternehmend; *Ggs* passiv; *~e Handlungsbilanz* H. eines Landes, bei der die Ausfuhr die Einfuhr übersteigt; *~e Immunisierung* ⟨Med.⟩ Immunisierung durch Übertragung lebender od. abgetöteter Krankheitserreger, wobei der Körper selbst Antikörper bildet; *~es Wahlrecht* das Recht zu wählen; *~er Wortschatz* W., den jmd. in einer Sprache beherrscht u. auch verwendet 2 ⟨Gramm.⟩ zum Aktiv (1) gehörig, im Aktiv stehend 3 ⟨Mil.⟩ ständig im Dienst stehend; *Ggs* inaktiv; *~er Offizier; die ~e Truppe* [<lat. *activus* »tätig«; zu *agere* »handeln, betreiben«]

Ak|tiv[1] ⟨n.; -s; unz.; Gramm.⟩ Ausdrucksform des Verbs, bei der das Subjekt syntaktisch Träger eines Geschehens ist, Tatform, Tätigkeitsform; *Sy* Aktivum; *Ggs* Passiv

Ak|tiv[2] ⟨n.; -s, -s od. -e; DDR⟩ Gruppe von Personen, die gemeinsam eine gesellschaftl. Aufgabe erfüllen

Ak|ti|va ⟨[-va] Pl.; Sing.: Aktivum⟩ Vermögenswerte, Guthaben, Sollseite; *Sy* Aktivposten; *Ggs* Passiva; *~ und Passiva* Vermögenswerte u. Schulden

Ak|ti|va|tor ⟨[-va:-] m.; -s, -to|ren; Chemie⟩ 1 Stoff, der das Reaktionsvermögen eines anderen Stoffes steigert 2 Beimengung zu einem Katalysator, der dessen Wirksamkeit erhöht 3 Substanz, die einem für sich allein nicht fluoreszenz- od. phosphoreszenzfähigen Stoff nach Bestrahlung mit Licht zum Leuchtstoff macht [→ *aktiv*]

Ak|tiv|bür|ger ⟨m.; -s, -⟩ Staatsbürger, der das Wahlrecht besitzt u. gewählt werden kann; *Ggs* Passivbürger

Ak|tiv|ge|schäft ⟨n.; -(e)s, -e; Wirtsch.⟩ aktives Wertpapier- u. Kreditgeschäft der Banken; *Ggs* Passivgeschäft [→ *aktiv*]

ak|ti|vie|ren ⟨[-viː-] V.⟩ in Tätigkeit setzen, in Schwung bringen, zu größerer Wirkung bringen; *Ggs* inaktivieren [→ *aktiv*]

Ak|ti|vie|rung ⟨[-viː-] f.; -, -en⟩ das Aktivieren

Ak|ti|vie|rungs|ana|ly|se ⟨[-viː-] f.; -, -n⟩ = Neutronenaktivierungsanlayse

ak|ti|visch ⟨[-vɪʃ] Adj.; Gramm.⟩ = aktiv

Ak|ti|vis|mus ⟨[-vɪs-] m.; -; unz.⟩ **1** Tätigkeitsdrang **2** betont zielbewusstes Handeln [→ *aktiv*]

Ak|ti|vist ⟨[-vɪst] m.; -en, -en⟩ **1** politisch tatkräftiger Mensch **2** zielbewusst Handelnder **3** ⟨DDR⟩ Arbeiter, Angestellter, der für überdurchschnittliche Leistungen ausgezeichnet worden ist [→ *aktiv*]

Ak|ti|vis|tin ⟨[-vɪs-] f.; -, -tin|nen⟩ weibl.Aktivist

Ak|ti|vi|tät ⟨[-vi-] f.; -, -en⟩ *Ggs* Inaktivität **1** aktives Verhalten, (Geschäfts-)Tätigkeit **2** Wirksamkeit, Wirkungsfähigkeit

Ak|tiv|koh|le ⟨f.; -, -n⟩ durch Verkohlen von Holz (Holzkohle), Knochen (Knochenkohle) od. Tierblut (Blutkohle) gewonnene Kohle mit großer Oberfläche, verwendet als Adsorptionsmittel

Ak|tiv|pos|ten ⟨Pl.⟩ = Aktiva

Ak|tiv|ru|der ⟨n.; -s, -⟩ Steuerruderblatt, an dessen hinterem Ende zusätzlich ein über einen Elektromotor angetriebener kleiner Propeller eingebaut ist, bewirkt durch ständige Umströmung des Ruderblattes mit Wasser eine verbesserte Manövrierfähigkeit, vor allem für große Schiffe

Ak|ti|vum ⟨[-vum] n.; -s; unz.; Gramm.⟩ **1** = Aktiv¹ **2** ⟨Sing. von⟩ Aktiva

Ak|tiv|zin|sen ⟨Pl.⟩ aus dem Aktivgeschäft erwirtschaftete Zinsen, Sollzinsen

Ak|tri|ce *auch:* **Akt|ri|ce** ⟨[-triːs(ə)] f.; -, -n⟩ Schauspielerin [<frz. *actrice*]

ak|tu|al ⟨Adj.⟩ **1** wirklich vorhanden, tatsächlich gegeben, sich vollziehend; *Ggs* potenzial (1) **2** eine Tatsache ausdrückend, eindeutig; *Ggs* potenzial (2)

ak|tu|a|li|sie|ren ⟨V.⟩ aktuell, zeitnah machen

Ak|tu|a|lis|mus ⟨m.; -; unz.⟩ Auffassung, dass die Kräfte u. Gesetze der Natur- u. Kulturentwicklung in früheren Zeitaltern auf die gleiche Weise wirksam waren, wie sie es heute sind [<mlat. *actualis* »tatsächlich«; zu lat. *actus* »Handlung«]

Ak|tu|a|li|tät ⟨f.; -; unz.⟩ Bedeutung für die Gegenwart, Zeitnähe [<lat. *actualitas* <lat. *actus* »Handlung«]

ak|tu|ell ⟨Adj.⟩ für die Gegenwart bedeutsam, zeitgemäß; *eine ~e Frage, ein ~es Theaterstück* [<frz. *actuel* »wirklich« <mlat. *actualis* <lat. *actus* »Handlung«]

Aku|em ⟨n.; -s, -e⟩ **1** ⟨Psych.⟩ einen psychischen Zustand durch Laute kennzeichnendes Merkmal **2** ⟨Phon.⟩ dem Phonem entsprechender Affektausdruck [<grch. *akouein* »hören«]

Aku|me|trie *auch:* **Aku|met|rie** ⟨f.; -; unz.⟩ = Audiometrie [<grch. *akouein* »hören« + ...*metrie*]

Aku|pres|sur ⟨f.; -, -en⟩ der Akupunktur entsprechende Heilbehandlung, wobei anstelle der Nadeln der Druck der Finger benutzt wird [zu lat. *acus* »Nadel« + *pressare* »drücken, pressen«]

Aku|punk|teur ⟨[-tøːr] m.; -s, -e⟩ jmd., der eine Akupunktur durchführt

aku|punk|tie|ren ⟨V.⟩ mittels Akupunktur behandeln

Aku|punk|tur ⟨f.; -, -en⟩ jahrtausendealtes chines., heute auch in Europa wiederaufgenommenes Heilverfahren, bei dem durch Einstich goldener u. silbener Nadeln an lehrmäßig festgelegten Hauptpunkten erkrankte innere Organe beeinflusst werden, heute u. a. zur Anästhesie verwendet; *Sy* ⟨veraltet⟩ Akidopeirastik [<lat. *acus* »Nadel« + *punktura* »das Stechen«]

Akus|tik ⟨f.; -; unz.⟩ **1** Lehre vom Schall **1.1** ⟨Musik⟩ Lehre von den Tönen **2** Klangwirkung, Beschaffenheit eines Raumes bezügl. des Widerhalls von Klang; *der Saal hat eine gute ~* [<grch. *akouein* »hören«]

Akus|ti|ker ⟨m.; -s, -⟩ Wissenschaftler, Techniker auf dem Gebiet der Akustik

Akus|ti|ke|rin ⟨f.; -, -rin|nen⟩ Wissenschaftlerin, Technikerin auf dem Gebiet der Akustik

Akus|tik|gi|tar|re ⟨f.; -, -n; Musik⟩ Gitarre ohne elektronische Verstärkung (bei akustischen Instrumenten wird mechanische Energie in Schallenergie umgewandelt)

Akus|tik|kopp|ler ⟨m.; -s, -⟩ Gerät zur Übertragung von Daten über das Fernsprechnetz

akus|tisch ⟨Adj.⟩ **1** die Akustik betreffend, auf ihr beruhend **2** das Gehör, den Schall betreffend **3** mit dem Gehör wahrnehmbar; *~e Sinneseindrücke* **4** *~er Typ* Menschentyp, der sich Gehörtes besser merken kann als Gesehenes; *Ggs* visueller Typ

akut ⟨Adj.⟩ **1** plötzlich auftretend, scharf, heftig **2** vordringlich **3** ⟨Med.⟩ rasch u. heftig verlaufend; *Ggs* chronisch (1) [<lat. *acutus* »scharf, spitz«]

Akut ⟨m.; -(e)s, -e; Gramm.; Zeichen: ´⟩ Zeichen für Länge, Betonung od. geschlossene Aussprache eines Vokals, z. B. im Ungarischen u. Französischen; *Sy* Accent aigu [→ *akut*]

ak|ze|die|ren ⟨V.; geh.⟩ *jmdm.* ~ beipflichten, zustimmen [<lat. *accedere* »hinzutreten, beipflichten«]

Ak|ze|le|ra|ti|on ⟨f.; -, -en⟩ Beschleunigung [→ *akzelerieren*]

ak|ze|le|rie|ren ⟨V.⟩ beschleunigen [<lat. *accelerare*]

Ak|zent ⟨m.; -s, -e; Gramm.⟩ **1** Zeichen für Betonung, Qualität od. Quantität eines Lautes; →*a.* Akut, Gravis, Zirkumflex; *einen Buchstaben mit einem ~ versehen* **2** Betonung, Nachdruck; *auf ein Wort, eine Aussage besonderen ~ legen; ~e setzen; der ~ liegt auf der ersten Silbe, dem ersten Wort* **3** Aussprache, Tonfall, Sprachmelodie; *mit ausländischem, englischem, süddeutschem ~ sprechen* [<lat. *accentus* »Betonung«]

Ak|zen|tu|a|ti|on ⟨f.; -, -en⟩ das Akzentuieren, Betonen

ak|zen|tu|ie|ren ⟨V.⟩ **1** mit Nachdruck betonen **2** abgemessen, genau aussprechen; *sie kann sehr akzentuiert sprechen* [→ *Akzent*]

Ak|ze|pis|se ⟨f.; -, -n; veraltet⟩ Empfangsschein [zu lat. *accepisse* »erhalten zu haben« <*accipere* »annehmen«]

Ak|zept ⟨n.; -(e)s, -e⟩ **1** durch Unterschrift angenommener Wechsel **2** schriftl. Annahmeerklärung auf dem Wechsel; *einen Wechsel mit ~ versehen* [<lat. *acceptus,* Part. Perf. zu *accipere* »annehmen«]

ak|zep|ta|bel ⟨Adj.⟩ so beschaffen, dass man es akzeptieren kann, annehmbar; *Ggs* inakzeptabel; *dieser Vorschlag ist (nicht) ~; akzeptable Bedingungen* [<frz. *acceptable* »annehmbar« <lat. *acceptare* »annehmen«]

Ak|zep|tant ⟨m.; -en, -en⟩ jmd., der einen Wechsel akzeptiert, Bezogener [<frz. *acceptant,* Part. Präs. zu *accepter* »annehmen« <lat. *acceptare*]

Ak|zep|tanz ⟨f.; -; unz.⟩ das Akzeptieren, das Bereitsein, etwas anzunehmen; *in der Bevölkerung besteht keine ~ für den weiteren Ausbau der Atomenergie* [→ *Akzeptant*]

Ak|zep|ta|ti|on ⟨f.; -, -en⟩ das Akzeptieren, Annahme [<frz. *acceptation* <lat. *acceptare* »annehmen«]

ak|zep|tie|ren ⟨V.⟩ annehmen; *einen Vorschlag, Wechsel ~* [<frz. *accepter* »annehmen« <lat. *acceptare*]

Ak|zept|kre|dit ⟨m.; -(e)s, -e⟩ Recht, auf Dritte Wechsel zu ziehen

Ak|zep|tor ⟨m.; -s, -to|ren⟩ **1** ⟨Physik⟩ Störstelle im Kristallgitter eines Isolators od. Halbleiters, die ein Elektron einfangen kann; *Ggs* Donator **2** ⟨Chemie⟩ Stoff, der bei einer chem. Reaktion freiwerdende Atome bindet **3** ⟨Kyb.⟩ System, das Elemente od. Informationen von einem anderen System aufnimmt; *Ggs* Donator [<lat. *acceptus,* Part. Perf. zu *accipere* »annehmen«]

Ak|zess ⟨m.; -es, -e⟩ **1** Zutritt **2** ⟨österr.⟩ Zulassung (zum Gerichts- u. Verwaltungsdienst) [<lat. *accessus* »Zutritt«; zu *accedere* »hinzukommen, hinzutreten«]

Ak|zes|si|on ⟨f.; -, -en⟩ **1** Zugang, Erwerb **2** ⟨Völkerrecht⟩ der Beitritt eines Staates zu einem bereits von anderen Staaten abgeschlossenen Vertrag [<lat. *accessio* »Zutritt«]

Ak|zes|sist ⟨m.; -en, -en⟩ **1** ⟨Barockzeit⟩ Anwärter auf eine Musikantenstelle, Hilfsmusiker **2** ⟨österr.⟩ Anwärter für den Gerichts- u. Verwaltungsdienst [<lat. *accessus* »Zutritt«; zu *accedere* »hinzukommen, hinzutreten«]

Ak|zes|sit ⟨n.; -s, -s; veraltet; bei Preisangaben⟩ zweiter Preis od. Nebenpreis [<lat. *accessit* »er ist hinzugetreten«; → *Akzess*]

Ak|zes|so|ri|e|tät ⟨[-ri:e-] f.; -; unz.⟩ **1** Zugänglichkeit **2** Zulassbarkeit **3** ⟨Rechtsw.⟩ die Abhängigkeit des Nebenrechts von einem Hauptrecht [→ *akzessorisch*]

ak|zes|so|risch ⟨Adj.⟩ **1** hinzutretend **2** nebensächlich **3** *~e Mineralien* in einem Gestein geringfügig vorkommende, für die Gesteinsart unbedeutende Mineralien [<lat. *accedere* »hinzukommen, hinzutreten«]

Ak|zes|so|ri|um ⟨n.; -s, -ri|en⟩ **1** Nebensache, Beiwerk **2** Nebenanspruch [zu lat. *accedere* »hinzukommen, hinzutreten«]

Ak|zi|dens ⟨n.; -, -den|zi|en⟩ Hinzukommendes, unwesentl. Eigenschaft [<lat. *accidens;* → *akzidentiell*]

Ak|zi|den|ta|li|en ⟨Pl.⟩ Nebenpunkte (bei Rechtsgeschäften); *Ggs* Essenzialien [→ *Akzidens*]

ak|zi|den|tell ⟨Adj.⟩ = akzidenziell

ak|zi|den|ti|ell ⟨[-tsjɛl] Adj.⟩ = akzidenziell

Ak|zi|denz ⟨f.; -, -en⟩ **1** bes. wirkungsvoll gestalteter, meist im Handsatz hergestellter Druck, z. B. Zeitungskopf, Werbeanzeige **2** Nebeneinnahme, Gelegenheitsauftrag **3** ⟨Musik⟩ Versetzungszeichen

ak|zi|den|zi|ell ⟨Adj.⟩ zufällig (eintretend, hinzutretend), unwesentlich; *oV* akzidentell, akzidentiell [<frz. *accidentel* »unwesentlich« <lat. *accidere* »sich ereignen«]

Ak|zi|se ⟨f.; -, -n⟩ **1** ⟨bis zum 19. Jh.⟩ indirekte Steuer **2** ⟨DDR⟩ Preisaufschlag auf die in den Läden der Handelsorganisation (HO) verkauften Waren [<frz. *accise* »Verbrauchsteuer« <lat. *accidere* »anschneiden, beschneiden«]

Al ⟨Zeichen für⟩ Aluminium

Al. ⟨Abk. für⟩ Alinea

al..., Al... ⟨Vorsilbe⟩ = ad..., Ad...

a. l. ⟨Abk. für lat.⟩ ad libitum

...al ⟨Nachsilbe; zur Bildung von Adj.⟩ **1** wie etwas, in der Art von etwas; *phänomenal; rational* **2** in Bezug auf etwas; *hormonal; kantonal* [lat.]

à la nach Art von; *er versucht einen Stil ~ Thomas Bernhard zu schreiben;* → *a.* alla [frz.]

à la baisse ⟨[- bɛ:s] Börse⟩ *~ spekulieren* spekulieren, indem man mit dem Fallen der Kurse rechnet [frz.; → *Baisse*]

Ala|bas|ter ⟨m.; -s, -⟩ **1** marmorähnliche, feinkörnige, reinweiße, durchscheinende Abart des Gipses, monoklin **2** weißer od. gelber, durchscheinender Kalksinter, härter als Gips, Werkstoff für Schalen, Vasen u. a. Kunstgegenstände [<grch. *alabastron,* nach der oberägypt. Stadt *Alabastron*]

à la bonne heure ⟨[- bɔnø:r]⟩ recht so, bravo [frz., eigtl. »(das kommt) zur rechten Stunde«]

à la carte ⟨[- ka:(r)t]⟩ *~ essen* nach der Speisekarte, nicht das Menü essen [frz.]

à la hausse ⟨[- o:s]⟩ *~ spekulieren* spekulieren, indem man mit dem Steigen der Kurse rechnet [frz.; → *Hausse*]

à la jar|di|ni|è|re ⟨[- ʒardinjɛ:rə]⟩ bunt angerichtet, mit Gemüse u. a. [frz., »nach Art der Gärtnerin«]

A

Ala|lie ⟨f.; -; unz.; Med.⟩ Unfähigkeit, artikuliert zu sprechen [<*A…*[1] + grch. *lalein* »reden«]

à la longue ⟨[- lɔ̃:g]⟩ auf die Dauer [frz.]

à la mode ⟨[- mɔd]⟩ *sich ~ kleiden* sich nach der Mode kleiden [frz.]

Ala|mode|li|te|ra|tur ⟨[-mɔd-] f.; -; unz.; Lit.⟩ die Unterhaltungsliteratur des 17. Jh. in Dtschld., von ausländ. Vorbildern, bes. vom gekünstelten Stil der vorherrschenden frz. Literatur beeinflusst [→ *à la mode*]

Ala|nin ⟨n.; -s, -e; Biochemie⟩ in Eiweißkörpern vorkommende Aminosäure, die aus α-Chlorpropionsäure u. Ammoniak hergestellt werden kann, chemisch α-Aminopropionsäure [Kunstwort]

Alarm ⟨m.; -s, -e⟩ **1** Ruf zur Bereitschaft, Warnung, Gefahrmeldung, Gefahrensignal; *Feind~; Feuer~; Flieger~; ~ blasen, geben, läuten, schlagen; blinder, falscher ~* **2** ⟨im 2.Weltkrieg⟩ die Zeit der Gefahr, vom Signal bis zur Entwarnung [<frz. *à l'arme!* »zur Waffe!«]

alar|mie|ren ⟨V.⟩ **1** *jmdn. ~* jmdm. Alarm geben, jmdn. warnen, zum Einsatz aufrufen; *die Feuerwehr, Funkstreife, Polizei ~* **2** ⟨fig.⟩ beunruhigen, Sorgen bereiten [→ *Alarm*]

Alau|ne ⟨Pl.; Chemie⟩ als Doppelsalze auskristallisierende Sulfate ein- u. dreiwertiger Metalle, die bes. schön geformte (meist oktaedrische) Kristalle bilden, am bekanntesten das Kaliumaluminiumsulfat $KAl(SO_4)_2$, das meist als Alaun bezeichnet wird [<mhd. *alun*, engl. *alum* <lat. *alumen*]

Al|ba[1] ⟨f.; -, Al|ben⟩ langes, weißes liturgisches Hemd; *oV* Albe [<ahd. *alba* »weißes Chorhemd«, engl. *alb* <lat. *albus* »weiß«]

Al|ba[2] ⟨f.; -, -s⟩ Tagelied der Troubadoure [<afrz. »Morgenröte«; <lat. *albus* »hell«]

Al|ba|tros *auch:* **Al|bat|ros** ⟨m.; - od. -ses, -se⟩ **1** ⟨Zool.⟩ Angehöriger einer Familie der Sturmvögel, vorzügliche, ausdauernde Segelflieger der Südozeane **2** ⟨Sport; Golf⟩ das Spielen des Loches mit drei Schlägen weniger als vorgegeben [<engl. *albatross* <portug. *alcadroz* <span. *alcaduz* »Brunnenrohr« <arab. *al kadus* »der Krug« (wegen der hornigen Röhre, in der sich die Nasenhöhle des Vogels auf dem Oberschnabel fortsetzt)]

Al|be ⟨f.; -, -n⟩ = Alba[1]

Al|be|do ⟨f.; -, -s; Physik⟩ Verhältnis des auf eine nicht spiegelnde Fläche auffallenden Lichtes zum zurückgestrahlten Licht, Rückstrahlung [<lat. *albere* »weiß sein«]

Al|ben ⟨Pl. von⟩ Album

Al|ber|go ⟨n.; -s, -s od. -ber|ghi⟩ Gasthaus, Hotel, Herberge [<ital. *albèrgo;* zu *albergare* »beherbergen, Unterkunft gewähren«]

Al|bi|gen|ser ⟨m.; -s, -⟩ = Katharer

Al|bi|nis|mus ⟨m.; -; unz.; Physiol.⟩ Unfähigkeit od. mangelhafte Fähigkeit, in Augen, Haut u. Haaren Farbstoff zu bilden; *Sy* Leukodermie [→ *Albino*]

Al|bi|no ⟨m.; -s, -s⟩ Mensch od. Tier mit mangelhafter od. fehlender Farbstoffbildung, Weißling [<portug. <span. *albo* »weiß« <lat. *albus*]

al|bi|no|tisch ⟨Adj.⟩ den Albinismus betreffend, auf ihm beruhend, in der Art eines Albinos

Al|bit ⟨m.; -s; unz.; Min.⟩ zur Gruppe der Feldspate gehörendes weißes od. schwach gefärbtes Mineral [zu lat. *albus* »weiß«]

Al|bum ⟨n.; -s, Al|ben⟩ **1** Gedenkbuch, Sammelbuch; *Foto~; Poesie~* **2** ⟨Musik⟩ (früher auf Langspielplatten veröffentlichte) Sammlung von Musikstücken einer Popgruppe od. eines Musikers auf einer (Doppel-) CD [lat., »das Weiße« (bei den Römern eine weiße Tafel zum Eintragen öffentl. Verordnungen, Namenlisten usw.)]

Al|bu|men ⟨n.; -s; unz.⟩ Eiweiß der Eier von Vögeln u. Reptilien [<lat. *albus* »weiß«]

Al|bu|min ⟨n.; -s, -e⟩ **1** ⟨i. e. S.⟩ bekanntester Eiweißstoff, Hühnereiweiß **2** ⟨i. w. S.⟩ in Wasser lösliches, schwefelreiches Eiweiß, in Eiern, Milch, Blutserum u. verschiedenen Pflanzen enthalten [<lat. *albus* »weiß«]

al|bu|mi|no|id ⟨Adj.⟩ eiweißähnlich, wie Eiweiß [<*Albumin* + *…id*]

al|bu|mi|nös ⟨Adj.⟩ eiweißhaltig [→ *Albumin*]

Al|bu|min|u|rie *auch:* **Al|bu|mi|nu|rie** ⟨f.; -, -n; Med.⟩ Ausscheidung von Eiweiß im Harn [<*Albumin* + *…urie*]

Al|bu|mo|se ⟨f.; -, -n⟩ Produkt der Eiweißspaltung [zu lat. *albus* »weiß«]

Al|bus ⟨m.; -; unz.⟩ Weißpfennig, vom 14. bis 19. Jh. in West- u. Südwestdtschld. gebräuchliche Scheidemünze, 3-5 Cent [<lat. *albus* »weiß«]

al|cä|isch ⟨Adj.⟩ = alkäisch

Al|can|ta|ra ⟨n.; - od. -s; unz.; Textilw.⟩ ein textiler Kunststoff mit samtiger, velourslederartiger Oberfläche (für Kostüme, Mäntel u. Ä.)

Al|che|mie ⟨[-çe-] f.; -; unz.⟩ = Alchimie

Al|che|mist ⟨[-çe-] m.; -en, -en⟩ = Alchimist

al|che|mis|tisch ⟨[-çe-] Adj.⟩ = alchimistisch

Al|chi|mie ⟨[-çi-] f.; -; unz.⟩ mittelalterl. Chemie, bes. Goldmacherkunst; *oV* Alchemie [<arab. *al-kimia* <grch. *chemeia;* → *Chemie*]

Al|chi|mist ⟨[-çi-] m.; -en, -en⟩ jmd., der sich mit Alchimie beschäftigt, Goldmacher; *oV* Alchemist

al|chi|mis|tisch ⟨[-çi-] Adj.⟩ zur Alchimie gehörend, auf ihr beruhend; *oV* alchemistisch

Al|co|pops ⟨Pl.⟩ alkoholhaltige Mischgetränke, meist mit Alkohol versetzte Limonaden, die vor allem unter Jugendlichen beliebt sind; *oV* Alkopops; *die Abgabe von ~ an Jugendliche unter 18 Jahren ist verboten* [<engl. *alco*holic »alkoholisch« + *pop* »Knall«]

al|cy|o|nisch ⟨Adj.⟩ *oV* alkyonisch, halkyonisch **1** friedlich, ruhig **2** windstill [<grch. *halkyon* »Eisvogel«, da dieser in einer meist windstillen Zeit brütet]

Al|de|hyd ⟨m.; -s, -e; Chemie⟩ aliphat. od. aromat. chem. Verbindung, die die Aldehydgruppe (-CHO) enthält [verkürzt

<neulat. *al*cohol *dehyd*rogenatus »eines Teils seines Wasserstoffs beraubter Alkohol«]

al dente ⟨Kochk.⟩ bissfest, nicht ganz weich gekocht (von Nudeln); *Spaghetti* ~ [ital., »halb gar, körnig«]

Alderman ⟨[ɔ:ldə(r)mæn] m.; -s, -men [-mən]⟩ Gemeindeältester, (ältester) Ratsherr [engl.]

Aldine ⟨f.; -, -n; Buchw.⟩ durch hervorragende Qualität ausgezeichneter Druck (bes. antiker Klassiker) des venezianischen Druckers Aldus Manutius (1450-1515)

Aldohexose ⟨f.; -, -n; Chemie⟩ organ.-chem. Verbindung mit sechs Kohlenstoffatomen, die zur Gruppe der Monosaccharide zählt u. eine endständige Aldehydgruppe (-CHO) trägt [<*Aldol* + *Hexose*]

Aldol ⟨n.; -s, -e; Chemie⟩ aliphat. Aldehyd, der sich wie Alkohol u. Aldehyd zugleich verhält, Zwischenprodukt zur Herstellung von Butanol, Buna, Aldehydharzen u. Buttersäure [verkürzt <*Ald*ehyd + Alkoh*ol*]

Aldosen ⟨n.; -s, -e; Chemie⟩ Gruppe einfacher Zucker mit einer Aldehydgruppe im Molekül

Ale ⟨[ɛɪl] n.; -s; unz.⟩ helles englisches Bier [engl.]

alea iacta est ⟨geh.⟩ der Würfel ist gefallen (angeblicher Ausspruch Cäsars, als er 49 v. Chr. den Rubikon überschritt u. damit den Bürgerkrieg veranlasste) [lat.]

Aleatorik ⟨f.; -; unz.⟩ Kompositionstechnik, die den musikal. Verlauf in groben Zügen festlegt, dem Zufall aber einen gewissen Raum lässt [<lat. *alea* »Würfel«]

aleatorisch ⟨Adj.⟩ vom Zufall abhängend

Aleppobeule ⟨f.; -, -n⟩ = Orientbeule [nach der syrischen Stadt *Aleppo*]

alert ⟨Adj.⟩ munter, flink, aufgeweckt [<frz. *alerte* <ital. *all'erta* »auf der Hut«]

Aleuron ⟨n.; -s; unz.; Chemie⟩ die Backfähigkeit von Mehl bewirkender Eiweißstoff, Kleber; *Sy* Gluten [grch., »Weizenmehl«]

Alevit ⟨[-vi:t] m.; -en, -en⟩ Anhänger einer mystischen islamischen Glaubengemeinschaft [nach dem Religionsführer *Ali*, dem Schwiegersohn Mohammeds]

alevitisch ⟨[-vi:-] Adj.⟩ die Aleviten betreffend, zu ihnen gehörend

Alexandriner[1] *auch:* **Alexandriner** ⟨m.; -s, -⟩ **1** Einwohner von Alexandria **2** unter den röm. Kaisern in Alexandria (Ägypten) geprägtes Provinzialgeld aus legiertem Silber

Alexandriner[2] *auch:* **Alexandriner** ⟨m.; -s, -; Metrik⟩ alexandrin. Vers, sechsfüßiger, jambischer, gereimter Vers mit 12 od. 13 Silben [nach den frz. Epen des 12. Jh. um *Alexander* den Großen, in denen er bes. verwendet wurde]

alexandrinisch *auch:* **alexandrinisch** ⟨Adj.⟩ **1** Alexandria betreffend, aus ihm stammend, zu ihm gehörig **2** in der Art eines Alexandriners[2]

Alexandrit *auch:* **Alexandrit** ⟨m.; -s, -e; Min.⟩ grüne, bei Lampenlicht rote, fettig wie Glas glänzende Abart des Chrysoberylls [nach dem russ. Zaren *Alexander* II]

Alexie ⟨f.; -, -n; Neurol.⟩ Unfähigkeit, trotz vorhandenen Sehvermögens Buchstaben u. Wörter zu erkennen (bei bestimmten Gehirnkrankheiten), Wortblindheit, Buchstabenblindheit, Leseblindheit [<*A...*[1] + grch. *lexis* »Rede, Wort«]

Alexin ⟨n.; -s, -e; meist Pl.⟩ eiweißartiger Schutzstoff im Blutserum gegen Bakteriengifte [zu grch. *alexein* »fernhalten«]

alezithal ⟨Adj.; Biol.⟩ ohne Dotter, dotterarm (von Eiern) [<*a...*[1] + *Lezithin*]

Alfagras ⟨n.; -es, -gräser; Bot.⟩ = Espartogras; *oV* Halfagras [<grch. *halfa*]

Alfalfa ⟨f.; -; unz.; Bot.⟩ = Luzerne [span. <arab. *al-fafaah*]

Al Fatah ⟨[-tax] f.; - -; unz.⟩ = El Fatah

Alfenid ⟨n.; -s; unz.; Chemie⟩ versilberte Neusilberlegierung (60 % Kupfer, 30 % Zink, 10 % Nickel), Chinasilber [nach dem Erfinder *Alphen*]

al fine ⟨Musik⟩ (nochmals) bis zum Schluss (eines Musikstückes zu spielen); *da capo* ~ [ital.]

al fresco ⟨bes. Mal.⟩ auf frischen Kalk, auf die feuchte Kalkwand (malen); *Ggs* al secco [<ital. *a, al* »an, auf« + *fresco* »frisch«]

Alge ⟨f.; -, -n; Bot.⟩ chlorophyllhaltige niedere Pflanze aus der sehr arten- u. formenreichen gleichnamigen Gruppe Phycophyta [<lat. *alga* »Seegras, Tang«]

Algebra *auch:* **Algebra** ⟨österr. [-'--] f.; -; unz.; Math.⟩ Lehre von den Gleichungen [<arab. *aldschebr* »Verbindung getrennter Teile«]

algebraisch *auch:* **algebraisch** ⟨Adj.; Math.⟩ die Algebra betreffend, zu ihr gehörig, auf ihr beruhend, mit ihrer Hilfe

Algenpilz ⟨m.; -es, -e; Bot.⟩ Klasse der echten Pilze, niedere Pilze, Fadenpilze

Algesie ⟨f.; -, -n; Med.⟩ (Empfindlichkeit gegen) Schmerz [<grch. *algos* »Schmerz«]

Algesiologie ⟨f.; -; unz.; Med.⟩ Lehre vom Schmerzempfinden [<*Algesie* + *...logie*]

...algie ⟨Nachsilbe; zur Bildung weibl. Subst.⟩ Schmerz; *Aortalgie* [<grch. *algos*]

Alginate ⟨Pl.; Biol.⟩ Salze u. Ester der Alginsäure; *oV* Alginate

Algine ⟨Pl.; Biol.⟩ = Alginate

Alginsäure ⟨f.; -, -n; Biol.⟩ gallertartiges Polysaccharid der Algenzelle

ALGOL ⟨n.; -; unz.; EDV⟩ Programmiersprache für mathematische, naturwissenschaftliche u. technische Probleme [verkürzt <engl. *algo*rithmic *l*anguage]

Algolagnie *auch:* **Algolagnie** ⟨f.; -; unz.⟩ sexuelles Lustempfinden beim Zufügen od. Erleiden von Schmerzen, übergeordneter Begriff für Sadismus u. Masochismus [<grch. *algos* »Schmerz« + *lagneia* »Wollust«]

Algologe ⟨m.; -n, -n⟩ Algenforscher

Algologie ⟨f.; -; unz.⟩ Lehre von den Algen [<*Alge* + *...logie*]

A

Al|gon|kin[1] ⟨m.; - od. -s, - od. -s⟩ Angehöriger einer Gruppe nordamerikanischer Indianerstämme

Al|gon|kin[2] ⟨n.; -s; unz.⟩ nordamerikanische Sprachfamilie

al|gon|kisch ⟨Adj.⟩ **1** das Algonkium betreffend **2** die Algonkin[1] od. ihre Sprache betreffend, von ihnen stammend, zu ihnen gehörig

Al|gon|ki|um ⟨n.; -s; unz.; Geol.⟩ zweitälteste Formation der Erdgeschichte, jüngerer Abschnitt des Proterozoikums mit ersten Lebensspuren, vor 1,2 Mrd. bis 580 Mill. Jahren; *Sy* Eozoikum [nach dem nordamerikan. Indianerstamm der *Algonkin*]

al|go|rith|misch ⟨Adj.; Math.⟩ den Algorithmus betreffend, zu ihm gehörend; *~e Sprache* ⟨EDV⟩

Al|go|rith|mus ⟨m.; -, -rith|men; Math.⟩ Anleitung für Rechenverfahren [nach Abu-Ja'far Mohammed Ibn-Musa *Al-Chwarizmi*, pers. Mathematiker des 9. Jh.]

Al|gra|fie ⟨f.; -, -n⟩ = Algraphie

Al|gra|phie ⟨f.; -, -n⟩ Flachdruckverfahren mit geätzten Aluminiumplatten anstelle von Zinkplatten, Aluminiumdruck; *oV* Algrafie [verkürzt <*Al*uminium + …*graphie*]

Al|hi|da|de ⟨f.; -, -n⟩ bewegl. Ablesevorrichtung (Zeiger, Nonius u. dgl.) an Winkelmessern, Sextanten, Oktanten usw. [zu mlat. *alhidadah* <arab. *al-hidadah*]

ali|as ⟨Adv.⟩ anders, eigentlich; *Hans Weber ~ Schulze* [zu lat. *alius* »ein anderer«]

Ali|as ⟨[ɛɪlɪəs] n.; -, -⟩ falscher Name, Pseudonym [engl.]

Ali|a|sing ⟨[ɛɪlɪəsɪŋ] n.; - od. -s, -s⟩ **1** ⟨allg.⟩ verfälschtes Signal **2** ⟨EDV⟩ gezacktes Erscheinungsbild bestimmter Grafikelemente aufgrund der begrenzten Auflösungsfähigkeit des Bildschirms [engl.]

Ali|bi ⟨n.; -s, -s⟩ Nachweis der Abwesenheit vom Tatort zur Tatzeit; *ein (kein) ~ haben; sein ~ nachweisen können* [lat., »anderswo«]

Ali|bi|funk|ti|on ⟨f.; -, -en⟩ einer Sache od. einer Person zugeteilte Funktion, die einen Tatbestand od. Missstand verschleiern soll

alicyclisch / alizyklisch (*orthografische Varianten*) Viele ursprünglich ausschließlich fachsprachlich verwendete Begriffe sind durch häufigen Gebrauch zumindest teilweise in die Standardsprache eingegangen. Dies hat in einigen Fällen zu unterschiedlichen Schreibungen geführt.
Während das Adjektiv »*alicyclisch*« in der Schreibung mit »*c*« eher im fachsprachlichen Kontext verwendet wird, ist die lautlich an die deutsche Aussprache angepasste Schreibung mit »*z*« bzw. »*k*« ebenso zulässig.

ali|cy|clisch *auch:* **ali|cyc|lisch** ⟨Adj.; Chemie⟩ *~e Verbindungen* gesättigte, organische Verbindungen mit bis zu 30 ringförmig angeordneten Kohlenstoffatomen; *oV* alizyklische Verbindungen; *Sy* Naphthene; *Ggs* aliphatische Verbindungen [verkürzt <*ali*phatisch + *cyclisch*]

Ali|en ⟨[ɛɪlɪən] m. od. n.; -s, -s⟩ außerirdisches Lebewesen [engl.]

Ali|e|na|ti|on ⟨[-li:e-] f.; -, -en⟩ **1** Entfremdung **2** Veräußerung, Verkauf **3** ⟨Med.⟩ Geistesabwesenheit [<lat. *alienatio* »Entfremdung«]

ali|e|nie|ren ⟨[-li:e-] V.⟩ **1** entfremden **2** veräußern, verkaufen [<lat. *alienare* »entfremden«]

Ali|gne|ment *auch:* **Alig|ne|ment** ⟨[-lɪnjəmã:] n.; -s, -s⟩ Absteckung einer Richtlinie (beim Eisenbahn- od. Straßenbau) [frz. »Ausrichtung«]

ali|gnie|ren *auch:* **alig|nie|ren** ⟨[-lɪnji:-] V.⟩ abmessen, abstecken [<frz. *aligner* »ausrichten«; zu *ligne* »Linie«]

Ali|ment ⟨n.; -(e)s, -e; meist Pl.⟩ Unterhaltsbeitrag, bes. Unterhaltspflicht gegenüber unehelichen Kindern [<lat. *alimentum* »Nahrung«]

ali|men|tär ⟨Adj.⟩ ernährungsbedingt [zu lat. *alimentum* »Nahrung«]

Ali|men|ta|ti|on ⟨f.; -, -en⟩ Gewährung von Lebensunterhalt, von Alimenten [zu lat. *alimentum* »Nahrung«]

ali|men|tie|ren ⟨V.⟩ *jmdn. ~* jmdm. Lebensunterhalt gewähren, für jmdn. Alimente zahlen

Ali|nea ⟨n.; -s, -s; Abk.: Al.⟩ Absatz, neue Zeile [<lat. *a linea* »von der Zeile«]

Ali|pha|ten ⟨Pl.; Chem.⟩ = aliphatische Verbindungen

ali|pha|tisch ⟨Adj.; Chem.⟩ *~e Verbindungen* Gruppe organischer Verbindungen, deren das Grundgerüst bildende Kohlenstoffatome zu geraden oder verzweigten (aber nicht in sich geschlossenen) Ketten angeordnet sind, Hauptbestandteile der Fette u. Wachse; *Sy* Aliphaten, acyclische Verbindungen; *Ggs* aromatische Verbindungen, alicyclische Verbindungen [<grch. *aleiphar*, Gen. *aleiphatos* »Fett«]

ali|quant ⟨Adj.⟩ nicht ohne Rest teilend; *~er Teil einer Zahl* Teil einer Zahl, durch den sie nur mit Rest teilbar ist [<lat. *aliquantum* »irgendwieviel«]

ali|quot ⟨Adj.⟩ ohne Rest teilend; *~er Teil einer Zahl* Teil einer Zahl, durch den sie ohne Rest teilbar ist [<lat. *aliquot* »einige, mehrere«, *aliquotus* »einige Mal«]

Ali|quo|te ⟨f.; -, -n; Math.⟩ gleichteilende Zahl, die im Ganzen ohne Rest aufgeht [→ *aliquot*]

Ali|quot|flü|gel ⟨m.; -s, -; Musik⟩ Hammerflügel (Klavier) mit über den Anschlagsaiten angebrachten, höher mitschwingenden Aliquotsaiten

Ali|quot|sai|te ⟨f.; -, -n; Musik⟩ Resonanzsaite, mit der angeschlagenen Saite mitschwingende Saite

Ali|quot|ton ⟨m.; -(e)s, -tö|ne; Musik⟩ mitschwingender Oberton

Ali|ud|lie|fe|rung ⟨f.; -, -en; Wirtsch.⟩ Falschlieferung [<lat. *aliud* »etwas anderes«]

Ali|yah ⟨f.; -; unz.⟩ jüd. Organisation, die die Übersiedlung von

Juden nach Israel organisiert [hebr., eigtl. »Aufstieg«]

Ali|za|rin ⟨n.; -s; unz.⟩ Naturfarbstoff in der Krappwurzel, synthetisch durch Schmelzen von anthrachinonsulfosaurem Natrium mit Natriumhydroxid u. Kaliumchlorat gewonnen [<span. *Alzari* »Krappwurzel« <*alizari* »levant. Krapp«]

ali|zy|klisch *auch:* **ali|zyk|lisch** ⟨Adj.⟩ = alicyclisch

Alk ⟨m.; -(e)s, -en; Zool.⟩ Angehöriger einer Familie der regenpfeiferartigen Vögel, Schwimmvogel der Nordozeane: Alcidae [<isländ., schwed. *alka*]

Al|ka|hest ⟨m. od. n.; -(e)s, -e⟩ alchimistisches Mittel, angeblich zur Lösung aller Stoffe [neulat.]

al|kä|isch ⟨Adj.⟩ *oV* alcäisch **1** den grch. Dichter Alkaios (um 600 v. Chr.) betreffend, von ihm stammend **2** *~e Strophe* Strophe der grch. Ode aus vier alkäischen Versen **3** *~er Vers* altgrch. Versmaß aus 8-11 Silben

Al|kal|de ⟨m.; -n, -n⟩ span. Gemeindevorsteher, Bürgermeister [<span. *alcalde* »Schultheiß, Richter eines Dorfes in Spanien« <arab. *al-qa'di* »der Richter«]

Al|ka|li ⟨n.; -s, -li|en; Chemie⟩ = Base [<arab. *al-qalaj* »die salzhaltige Asche, die man aus der Pflanze Salicornia gewinnt«; zu arab. *qalaj* »rösten«]

Al|ka|li|me|tal|le ⟨Pl.; Chemie⟩ die Elemente Lithium, Natrium, Kalium, Rubidium, Caesium u. Francium

Al|ka|li|me|trie *auch:* **Al|ka|li|met|rie** ⟨f.; -, -n; Chemie⟩ Verfahren der Maßanalyse zur Bestimmung von Basen od. basischen Salzen durch Neutralisation mit Säuren bekannter Konzentrationen [<*Alkali* + *...metrie*]

al|ka|lisch ⟨Adj.; Chemie⟩ = basisch

al|ka|li|sie|ren ⟨V.; Chemie⟩ Alkalien zusetzen

Al|ka|lo|id ⟨n.; -(e)s, -e; Chemie⟩ alkalisch reagierende giftige (heterocyclische) Verbindungen, z. B. in Pflanzen, Genuss-, Rausch- u. Heilmitteln (Koffein, Chinin, Morphin, Kokain, Nikotin) [<*Alkali* + *...id*]

Al|ka|ne ⟨Pl.⟩ = Paraffin (3)

Al|kan|na ⟨f.; -; unz.; Bot.⟩ **1** Gattung der Raublattgewächse **2** die Wurzel der Alcanna tinctoria, die den harzigen roten Farbstoff Henna enthält [<span. *alcana* <arab. *alhinna* »eine rotfärbende Wurzel«]

Al|ka|zar ⟨[-sar] od. [-θar] od. [--'-] m.; -s, -e⟩ Burg, Schloss, Palast in Spanien [<span. *alcazar* »Burg, Schloss« <arab. *al-qasr* »die Burg« <lat. *castrum* »Kastell, befestigter Platz«]

Al|ke|ne ⟨Pl.⟩ = Olefine

Al|ki|ne ⟨Pl.; Chemie⟩ Gruppe aliphat., organ. Verbindungen, die durch eine Dreifachbindung im Molekül gekennzeichnet sind, einfachster Vertreter: Acetylen, $CH \equiv CH$

Al|ko|hol ⟨m.; -s, -e⟩ **1** ⟨i. w. S.⟩ organ. chem. aliphat. od. aromat. Verbindung, in der ein od. mehrere Wasserstoffatome durch eine od. mehrere Hydroxyl-(OH-)Gruppen ersetzt sind, allg. Formel für einwertige, aliphat., gesättigte Alkohole, Ausgangsprodukte für org. Synthesen, gute Lackzusätze, Lösungsmittel **2** ⟨m.; -; unz.; i. e. S.⟩ = Ethylalkohol [<arab. *alkohol* »Bleiglanz zum Färben der Brauen«]

Al|ko|ho|lat ⟨n.; -(e)s, -e⟩ salzartige Verbindung, die durch Einwirkung von Alkalimetall (z. B. Natrium) auf einen Alkohol unter Wasserstoffabspaltung entsteht u. nur unter Feuchtigkeitsausschluss beständig ist, z. B. Natriumethylat

Al|ko|ho|li|ka ⟨nur Pl.⟩ alkoholische Getränke

Al|ko|ho|li|ker ⟨m.; -s, -⟩ jmd., der dem Alkohol verfallen ist, gewohnheitsmäßiger Trinker

Al|ko|ho|li|ke|rin ⟨f.; -, -rin|nen⟩ weibl. Person, die dem Alkohol verfallen ist, gewohnheitsmäßige Trinkerin

al|ko|ho|lisch ⟨Adj.⟩ **1** *~es Getränk* Alkohol enthaltendes Getränk **2** *~e Gärung* Gärung, bei der Alkohol entsteht

al|ko|ho|li|sie|ren ⟨V.⟩ **1** *Most ~* mit Alkohol versetzen, vermischen, um die Gärung zu unterbrechen **2** *jmdn. ~* ⟨umg.⟩ Alkohol einschenken, betrunken machen

Al|ko|ho|lis|mus ⟨m.; -; unz.⟩ **1** Erkrankung durch übermäßigen Alkoholgenuss **2** Trunksucht

Al|ko|ho|lo|me|ter ⟨n.; -s, -⟩ Messgerät zur Ermittlung des Alkoholgehalts einer Flüssigkeit [<*Alkohol* + *...meter*]

Al|ko|hol|spie|gel ⟨m.; -s, -⟩ Menge des im Blut enthaltenden Alkohols; *ein ~ von 1,5 ‰*

Al|ko|pops ⟨Pl.⟩ = Alcopops

Al|ko|ven ⟨[-vən] m.; -s, -⟩ **1** kleine Bettnische **2** sehr kleiner Nebenraum an einem Zimmer [<span. *alcoba* »Schlafgemach« <arab. *al-qobbah* »Gemach, Gewölbe«]

Al|kyl ⟨n.; -s, -e; Chemie⟩ = Alkylradikal

Al|kyl|grup|pe ⟨f.; -, -n; Chemie⟩ = Alkylradikal

al|ky|lie|ren ⟨V.; Chemie⟩ *chem. Verbindung ~* mit Alkylradikal versetzen

Al|kyl|ra|di|kal ⟨n.; -s, -e; Chemie⟩ einwertiger aliphatischer Kohlenwasserstoffrest der allgemeinen Form C_nH_{2n+1}-, der nur äußerst kurz beständig ist; *Sy* Alkyl, Alkylgruppe [verkürzt <*Alk*ali + *...yl*]

al|ky|o|nisch ⟨Adj.⟩ = alcyonisch

al|la ⟨Adv.⟩ nach Art, in der Art von; →*a.* à la [ital.]

al|la bre|ve ⟨[-və] Musik⟩ auf kurze Weise, mit verkürztem Tempo im Alla-breve-Takt [ital.]

Al|la-bre|ve-Takt ⟨m.; -(e)s; unz.; Musik⟩ Takt, bei dem statt $^4/_4$ nur $^2/_2$ gezählt werden, um ein bewegteres Tempo zu erreichen

Al|lah ⟨a. [-'-] m.; -s; unz.; im Islam⟩ Gott [arab.]

al|la mar|cia ⟨[maː(r)tʃa] Musik⟩ in der Art eines Marsches, im Marschtempo [ital.]

al|la mi|su|ra ⟨Musik⟩ wieder im Takt [ital.]

Al|lan|to|in ⟨n.; -s, -e⟩ (bei manchen Wirbeltieren) Endprodukt des Harnstoffwechsels [<grch. *allas*, Gen. *allantos* »Wurst«]

al|la po|lac|ca ⟨Musik⟩ in der Art einer Polonaise, im Polonaisenrhythmus [ital.]

A

al|la pri|ma ⟨Mal.⟩ auf erste Art; ~ *malen* in nur einer Farbschicht ohne Unter- od. Übermalen od. Lasieren [ital.]
al|lar|gan|do ⟨Musik⟩ breiter u. langsamer werdend (zu spielen); *Sy* largando [zu ital. *allargare* »erweitern, ausdehnen«]
al|la rin|fu|sa ⟨Wirtsch.⟩ in unverpacktem Zustand, lose zu verladen [ital., »durcheinander«]
al|la te|des|ca ⟨Musik⟩ nach Art eines deutschen Tanzes [ital.]
Al|la|tiv ⟨m.; -s, -e [-və]; Sprachw.⟩ Kasus, der das Ziel angibt [zu lat. *allatum* »herbeigebracht«]
al|la tur|ca ⟨Musik⟩ nach türk. Art, in der Art der Janitscharenmusik [ital.]
al|la zin|ga|re|se ⟨Musik⟩ nach Art der Zigeunermusik [ital.]
Al|lee ⟨f.; -, -n⟩ von Bäumen gesäumte Straße, von Bäumen eingefasster Weg [frz.; zu *aller* »gehen«]
Al|le|gat ⟨n.; -(e)s, -e⟩ **1** Berufung (auf ein Schriftwort) **2** zitierte Stelle [zu lat. *allegare* »vorbringen, geltend machen«]
Al|le|ga|ti|on ⟨f.; -, -en⟩ Zitat, Anführung, Berufung auf
al|le|gie|ren ⟨V.⟩ *eine Schriftstelle* ~ anführen, zitieren [<lat. *allegare* »vorbringen, geltend machen«]
Al|le|go|re|se ⟨f.; -, -n; Lit.⟩ allegorische Deutung eines Textes [→ *Allegorie*]
Al|le|go|rie ⟨f.; -, -n; Kunst; Lit.⟩ bildhafte Darstellung eines Begriffs od. Vorgangs mit enger, erkennbarer Verbindung zu diesem, Sinnbild, Gleichnis, z. B. Frau mit Waage u. verbundenen Augen für »Gerechtigkeit«; *Ggs* Symbol (4) [<grch. *allegoria;* zu *allegorein* »etwas anderes sagen«]
Al|le|go|rik ⟨f.; -; unz.⟩ **1** Gesamtheit der allegor. Elemente (einer künstler. Darstellung) **2** allegor. Darstellungsweise
al|le|go|risch ⟨Adj.⟩ in der Art einer Allegorie, mit ihrer Hilfe, sinnbildlich, gleichnishaft
al|le|go|ri|sie|ren ⟨V.⟩ durch eine Allegorie darstellen, verdeutlichen, gleichnishaft darstellen, versinnbildlichen
Al|le|go|ris|mus ⟨m.; -, -ris|men⟩ Anwendung einer allegorischen Darstellungsweise
al|le|gret|to *auch:* **al|leg|ret|to** ⟨Musik⟩ ein wenig allegro, mäßig bewegt (zu spielen) [Verkleinerungsform zu *allegro*]
Al|le|gret|to *auch:* **Al|leg|ret|to** ⟨n.; -s, -s od. -gret|ti; Musik⟩ mäßig bewegtes Musikstück od. Teil eines solchen
al|le|gro *auch:* **al|leg|ro** ⟨Adj.; Musik⟩ schnell, lebhaft (zu spielen) [ital., »munter«]
Al|le|gro *auch:* **Al|leg|ro** ⟨n.; -s, -s od. -le|gri; Musik⟩ schnelles, lebhaftes Musikstück od. Teil davon
al|lel ⟨Adj.; Genetik⟩ sich entsprechend; ~*er Chromosomensatz*
Al|lel ⟨n.; -s, -e; Genetik⟩ eines der einander entsprechenden Gene eines diploiden Chromosomensatzes, z. B. die Erbanlage für die Augenfarbe des männl. u. weibl. Elternteils [<grch. *allelon* »einander, gegenseitig«]
al|le|lu|ja = halleluja
Al|le|lu|ja ⟨n.; -s, -s⟩ = Halleluja
Alle|man|de ⟨[almã:d(ə)] f.; -, -; Musik⟩ **1** ⟨16. Jh.⟩ ruhiger alemann. Volkstanz im $^4/_4$-Takt **2** ⟨danach⟩ Gesellschaftstanz im $^3/_4$-Takt **3** ruhiger Tanzsatz, bes. als Teil der Suite [<frz. *(danse) allemande* »deutsch(er Tanz)«]

◆ Die Buchstabenfolge **al|lerg...** kann auch **al|lerg...** getrennt werden.

◆ **al|lerg** ⟨Adj.⟩ **1** = allergisch **2** ~*e Wirtschaft* W., in der die Einkommen nicht mittels der eigenen Arbeitsleistung erwirtschaftet werden, sondern aufgrund des Besitzes knapper Produktionsmittel; *Ggs* auterg [→ *Allergie*]
◆ **All|er|gen** ⟨n.; -s, -e⟩ eine allerg. Krankheit bewirkender Stoff [<*Allo...* + *...gen*]
◆ **All|er|gie** ⟨f.; -, -n⟩ Überempfindlichkeit gegen bestimmte Stoffe [<*Allo...* + grch. *ergon* »Werk«]
◆ **All|er|gi|ker** ⟨m.; -s, -⟩ jmd., der allergisch auf bestimmte Stoffe reagiert
◆ **All|er|gi|ke|rin** ⟨f.; -, -rin|nen⟩ weibl. Person, die allergisch auf bestimmte Stoffe reagiert
◆ **all|er|gisch** ⟨Adj.⟩ **1** auf Allergie beruhend; ~*e Reaktion* **2** überempfindlich gegen bestimmte Stoffe; ~ *gegen Erdbeeren sein*
◆ **All|er|go|lo|gie** ⟨f.; -; unz.; Med.⟩ Lehre von den Allergien [<*Allergie* + *...logie*]
◆ **All|er|go|se** ⟨f.; -, -n; Med.⟩ allergische Krankheit [→ *Allergie*]
al|lez! ⟨[ale:] Int.⟩ vorwärts! [frz.]
Al|li|ance ⟨[aliã:s] f.; -, -n⟩ = Allianz [frz.]
Al|li|anz ⟨f.; -, -en⟩ Bündnis, Vereinigung, Interessengemeinschaft; *oV* Alliance; *die Heilige* ~ Bündnis zwischen Preußen, Russland u. Österreich 1815 [<frz. *alliance* »Bündnis«]
Al|li|cin ⟨n.; -s; unz.⟩ Wirkstoff des Knoblauchs, der beruhigend auf den Bakterienhaushalt des Magen-Darm-Kanals einwirkt; *oV* Allizin [<lat. *allium* »Knoblauch«]
Al|li|ga|tor ⟨m.; -s, -to|ren; Zool.⟩ Angehöriger einer Familie der Krokodile mit verhältnismäßig kurzer Schnauze: Alligatoridae [<span. *el lagarto* »die Eidechse« <lat. *lacerta* »Eidechse«]
al|li|ie|ren ⟨V.⟩ *sich* ~ eine Allianz schließen, sich verbünden, sich vereinigen [<frz. *s'allier* »sich verbünden«]
Al|li|ier|te(r) ⟨f. 2 (m. 1)⟩ Angehörige(r) einer Allianz, Verbündete(r); *die* ~*n* gegen Dtschld. verbündete Länder im Ersten u. Zweiten Weltkrieg
Al|li|in ⟨n.; -s; unz.⟩ im Knoblauch vorkommende geruchlose Verbindung, die keine antibakterielle Wirkung besitzt, Vorstufe des Allicins [zu lat. *allium* »Knoblauch«]
all in|clu|sive ⟨[ɔ:l ınklu:sıv]⟩ alle Kosten inbegriffen; *eine 14-tägige Reise* ~ *buchen* [engl.]
Al|li|te|ra|ti|on ⟨f.; -, -en; Metrik⟩ Gleichklang, Gleichheit der Anfangsbuchstaben mehrerer (mittelbar od. unmittelbar) aufeinanderfolgender Wörter, z. B. Stabreim [<*Ad...* + lat. *littera* »Buchstabe«]
al|li|te|rie|ren ⟨V.⟩ den gleichen Anlaut haben [→ *Alliteration*]

A

Al\|li\|zin ⟨n.; -s; unz.⟩ = Allicin
al\|lo..., Al\|lo... ⟨vor Vokalen⟩ all..., All... ⟨in Zus.⟩ anders [<grch. *allos*]
Al\|lo\|bar ⟨n.; -s, -e; Physik⟩ Element mit einer nicht natürlich vorkommenden Isotopenzusammensetzung
Al\|lo\|cho\|rie ⟨[-ko-] f.; -; unz.; Bot.⟩ Verbreitung von Samen u. Früchten bei Pflanzen durch Außenkräfte, z. B. durch Wind, Wasser u. Tiere [<*Allo...* + grch. *chorizein* »verbreiten«]
al\|lo\|chro\|ma\|tisch ⟨[-kro-] Adj.⟩ *~e Mineralien* durch geringe Beimengung anderer Stoffe von ihrer eigentlichen Farbe abweichende Mineralien [<*allo...* + *chromatisch*]
al\|lo\|chthon *auch:* **al\|loch\|thon** ⟨[alɔxtoːn] Adj.⟩ *Ggs* autochthon **1** von fremdem Boden od. aus fremdem Land stammend **2** ⟨Geol.⟩ aus ortsfremdem Material gebildet [<*allo...* + grch. *chthon* »Erde«]
Al\|lo\|fon ⟨n.; -s, -e; Phon.⟩ = Allophon
al\|lo\|gam ⟨Adj.; Bot.⟩ fremdbestäubend, von anderen Pflanzen bestäubt werdend; *oV* allogamisch [<*allo...* + *...gam*]
Al\|lo\|ga\|mie ⟨f.; -; unz.; Bot.⟩ Fremdbestäubung [→ *allogam*]
al\|lo\|ga\|misch ⟨Adj.⟩ = allogam
Al\|lo\|graf ⟨n.; -s, -e; Sprachw.⟩ = Allograph
Al\|lo\|graph ⟨n.; -s, -e; Sprachw.⟩ Variante eines Graphems, z. B. das ou od. u in »Bravour« u. »Bravur« od. die Großschreibung eines sonst kleingeschriebenen Wortes am Satzanfang; *oV* Allograf [<grch. *allos* »anders« + *graphein* »schreiben«]
Al\|lo\|iso\|me\|rie ⟨f.; -; unz.; Chemie⟩ = Cis-trans-Isomerie
Al\|lo\|kar\|pie ⟨f.; -, -n; Bot.⟩ Fruchtbildung nach Fremdbestäubung [<*Allo...* + grch. *karpos* »Frucht«]
Al\|lo\|ka\|ti\|on ⟨f.; -, -en; Wirtsch.⟩ (kostengünstige) Verteilung finanzieller Mittel [<*Al...* + lat. *locus* »Ort, Platz, Stelle«]
Al\|lo\|ku\|ti\|on ⟨f.; -, -en⟩ Ansprache des Papstes an die Kardinäle über eine kirchliche od. politische Angelegenheit [<frz. *allocution* »Ansprache«]
al\|lo\|morph ⟨Adj.⟩ = allotrop
Al\|lo\|morph ⟨n.; -s, -e; Sprachw.⟩ Variante eines Morphems, z. B. die Formen »gab« und »gib« des Verbums »geben« [<grch. *allos* »anders« + *...morph*]
Al\|lo\|mor\|phie ⟨f.; -; unz.⟩ = Allotropie [<*allo...* + *...morphie*]
all'on\|ga\|re\|se ⟨Musik⟩ = all'ungherese
Al\|lon\|ge ⟨[alɔ̃ːʒ(ə)] f.; -, -n⟩ Verlängerungsstreifen (an Wechseln für zusätzl. Erklärungen) [frz., »Verlängerungsstück«]
Al\|lon\|ge\|pe\|rü\|cke ⟨[alɔ̃ːʒ(ə)-] f.; -, -n; 17. u. 18. Jh.⟩ Männerperücke mit langen Locken
al\|lons! ⟨[alɔ̃ː]⟩ vorwärts!, auf! [frz., »gehen wir!, lasst uns gehen!«]
al\|lo\|nym *auch:* **al\|lo\|nym** ⟨Adj.⟩ den Namen eines anderen (als Decknamen) tragend
All\|o\|nym *auch:* **Al\|lo\|nym** ⟨n.; -s, -e⟩ Name einer anderen Person als Deckname für sich selbst; →*a.* Pseudonym [<*Allo...* + grch. *onyma* »Name«]
Al\|lo\|path ⟨m.; -en, -en; Med.⟩ Vertreter, Anhänger der Allopathie, nach der Allopathie arbeitender Arzt; *Ggs* Homöopath [<*Allo...* + *...path*]
Al\|lo\|pa\|thie ⟨f.; -; unz.; Med.⟩ das (übliche) Heilverfahren, gegen eine Krankheit Mittel anzuwenden, die eine der Krankheitsursache entgegengesetzte Wirkung haben; *Ggs* Homöopathie [<*Allo...* + *...pathie*]
Al\|lo\|pa\|thin ⟨f.; -, -tin\|nen; Med.⟩ weibl. Allopath; *Ggs* Homöopathin [<*Allo...* + *...path*]
al\|lo\|pa\|thisch ⟨Adj.⟩ die Allopathie betreffend, zu ihr gehörig, auf ihr beruhend, mit ihrer Hilfe; *Ggs* homöopathisch; *~er Arzt; ~es Mittel*
Al\|lo\|phon ⟨n.; -s, -e; Phon.⟩ Variante eines Phonems, z. B. ch [ç] u. [x] in »ich« u. »ach«; *oV* Allofon [<*Allo...* + *...phon*[1]]
Al\|lo\|plas\|tik ⟨f.; -, -en; Med.⟩ **1** Verfahren, Gewebe durch körperfremde leblose Stoffe zu ersetzen; *Sy* Heteroplastik **2** das Ersatzstück für das Gewebe; →*a.* Homöoplastik [<*Allo...* + *Plastik*]
al\|lo\|plas\|tisch ⟨Adj.; Med.⟩ mit Hilfe einer Alloplastik
Al\|lor\|rhi\|zie ⟨f.; -, -n; Bot.⟩ von einer Hauptwurzel ausgehendes Wurzelsystem der Dikotylen [<*Allo...* + grch. *rhiza* »Wurzel«]
Al\|lo\|sem ⟨n.; -s, -e; Sprachw.⟩ Variante eines Semems [<*Allo...* + *Sem*]
al\|lo\|ste\|risch *auch:* **al\|los\|te\|risch** ⟨Adj.⟩ *~er Effekt* Veränderung der räumlichen Struktur eines Enzyms derart, dass das Substrat nicht mehr an das Enzym angelagert werden kann [<grch. *allos* »anderer« + *stereos* »starr, fest«]
al\|lo\|thi\|gen ⟨Adj.⟩ durch tekton. Vorgänge (Wind- u. Wassereinwirkung) von ihrem Entstehungsort entfernt (bei Gesteinen u. Mineralien); *Ggs* authigen [<grch. *allothi* »anderswo« + *...gen*[1]]
Al\|lo\|tria *auch:* **Al\|lot\|ria** ⟨n.; -s, -; früher Pl.⟩ **1** ⟨urspr.⟩ nicht zur Sache gehörige Dinge **2** ⟨allg.⟩ Unfug, Unsinn, Dummheiten; *~ treiben* [zu grch. *allotrios* »fremd, fremdartig«]
al\|lo\|trop ⟨Adj.⟩ in der Art der Allotropie (auftretend); *Sy* allomorph [<*allo...* + *...trop*[1]]
Al\|lo\|tro\|pie ⟨f.; -; unz.; Chemie⟩ das Vorkommen eines chem. Elements in zwei verschiedenen festen Zustandsformen (Modifikationen), beim Kohlenstoff z. B. Graphit u. Diamant; *Sy* Allomorphie [<*Allo...* + *...tropie*]
all'ot\|ta\|va ⟨Abk.: all'ott. od. 8va; Musik⟩ **1** eine Oktave höher (zu spielen) **2** *~ bassa* eine Oktave tiefer (zu spielen) [ital., »in der Oktave«]
All-over-... ⟨[ɔːloʊvə(r)] in Zus.⟩ gänzlich, ganzflächig; *All-over-Musterung* [engl.]
all right! ⟨[ɔːlraɪt]⟩ = alright
All-Risks-Ver\|si\|che\|rung ⟨[ɔːl-] f.; -, -en⟩ Versicherung, die grundsätzlich alle Gefahren umfasst [<engl. *all* »alle« + *risk* »Risiko, Gefahr«]
All\|round... ⟨[ɔːlraʊnd] in Zus.⟩ sehr vielseitig, auf vielen Gebieten Bescheid wissend od. Fertigkeiten habend [<engl. *all* »alles« + *round* »rund(um)«]
All\|roun\|der ⟨[ɔːlraʊndə(r)] m.; -s, -⟩ **1** jmd., der umfassende

A

Fähigkeiten besitzt u. vielseitig einsetzbar ist, z. B. Sportler, Unterhaltungskünstler; *er ist ein erfahrener* ~ **2** etwas, das vielseitig verwendbar ist; *die Fahrzeuge der neuen Serie sind kompakte* ~ [→ *Allround…*]

All|round|man ⟨[ɔ:lraundmæn] m.; - od. -s, -men [-mən]⟩ jmd., der auf vielen Fachgebieten Bescheid weiß u. die verschiedensten Aufgaben erfüllen kann [<*Allround…* + engl. *man* »Mann, Mensch«]

All|round|sport|ler ⟨[ɔ:lraund-] m.; -s, -⟩ Sportler, der in verschiedenen Sportarten gleichermaßen erfolgreich ist

All|round|sport|le|rin ⟨[ɔ:lraund-] f.; -, -rin|nen⟩ Sportlerin, die in verschiedenen Sportarten gleichermaßen erfolgreich ist

All-Star-… ⟨[ɔ:lsta:(r)] in Zus. mit Subst.⟩ aus berühmten Künstlern (oft Musikern) bestehend; *~Band; ~Trio* [engl.]

all'un|ghe|re|se ⟨Musik⟩ nach Art der ungarischen Musik; *oV* all'ongarese [ital.]

all'uni|so|no ⟨Musik⟩ = unison

Al|lü|ren ⟨Pl.⟩ (ungewöhnliches) Benehmen, (auffallende) Umgangsformen, Gewohnheiten; ~ *haben* [<frz. *allure* »Gangart«]

al|lu|vi|al ⟨[-vi-] Adj.; Geol.⟩ das Alluvium betreffend, aus ihm stammend, zu ihm gehörig, angeschwemmt; *Sy* holozän

Al|lu|vi|on ⟨[-vi-] f.; -, -en; Geol.⟩ **1** Anschwemmung **2** angeschwemmtes Land (an Ufern u. Küsten) [→ *Alluvium*]

Al|lu|vi|um ⟨[-vi-] n.; -s; unz.; Geol.⟩ = Holozän [<lat. *alluere* »anspülen«]

Al|lyl ⟨n.; -s, -e⟩ = Allylradikal

Al|lyl|grup|pe ⟨f.; -, -n⟩ = Allylradikal

Al|lyl|ra|di|kal ⟨n.; -s, -e; Chemie⟩ ungesättigte aliphatische Verbindung, einwertiger Rest $CH_2{=}CH{-}CH_2{-}$, wie er im Allylalkohol zu finden ist; *Sy* Allyl, Allylgruppe [<lat. *allium* »Knoblauch« + *…yl*]

Al|ma Ma|ter ⟨f.; - -; unz.; poet.⟩ Hochschule, Universität [lat., »nährende Mutter«]

Al|ma|nach ⟨m.; -s, -e⟩ **1** Kalender **2** Jahrbuch mit Bildern **3** Verlagsverzeichnis mit Textproben aus neuen Büchern [<mlat. *almanachus* <grch. *alemenichiaka* »Kalender«]

Al|man|din ⟨m.; -s, -e; Min.⟩ blutrotes bis schwarzes, glas- od. harzglänzendes Mineral, in Gneis u. Glimmerschiefer [nach dem Fundort *Alabanda* in Kleinasien]

Alo|dine-Ver|fah|ren® ⟨[-daın-] n.; -s; unz.⟩ Verfahren zum Schutz von Aluminium vor Korrosion durch künstl. Erzeugung dünner Oxidschichten (die auch färbbar sind) auf der Oberfläche, vor allem bei der Verwendung von Aluminium als Außenhaut von Gebäudefassaden

Aloe ⟨[-loe:] f.; -, -n; Bot.⟩ Gattung der Liliengewächse mit stammartigen Achsen, die rosettig angeordnete, meist dickfleischige Blätter tragen [lat. <grch. *aloe* <hebr. *ahalim*]

alo|gisch ⟨Adj.⟩ unlogisch, nicht logisch, der Logik widersprechend [<*a…*[1] + *logisch*]

Alo|pe|zie ⟨f.; -; unz.; Med.⟩ Haarschwund, Kahlheit [<grch. *alopekia* »Fuchsräude«]

Al|pa|ka ⟨n.; -s, -s⟩ **1** ⟨zählb.⟩ südamerikan. Kamelschaf, das zur Fleisch- u. Wollgewinnung in den Anden halbwild gehalten wird: Lama pacos **2** ⟨unz.⟩ dessen Wolle [<span. *alpaca* <Aymara *allpaca*]

Al|pa|ka® ⟨n.; -s; unz.⟩ oberflächlich versilberte Neusilberlegierung mit etwa 55 bis 60 % Kupfer, 16 bis 26 % Nickel, 19 bis 31 % Zink

al pa|ri ⟨Wirtsch.⟩ ~ *kaufen,* ~ *stehen* zum Nennwert (von Wertpapieren) [ital. »zum gleichen (Wert)«]

Al|pha ⟨n.; -s, -s; Zeichen: α, A⟩ erster Buchstabe des grch. Alphabets; *das ~ und das Omega* der Anfang u. das Ende

Al|pha|bet ⟨n.; -(e)s, -e⟩ **1** die geordnete Folge der Buchstaben einer Sprache, das Abc; *Wörter, Nachnamen nach dem ~ ordnen* **2** *musikalisches* ~ die Buchstabenfolge zur Bezeichnung der 7 Stammtöne c, d, e, f, g, a, h (od. ut (do), re, mi, fa, sol, la, si) [<lat. *alphabetum* <grch. *alphabetos* <*alpha* + *beta* <hebr. *aleph* + *beth* (den beiden ersten Buchstaben des Alphabets)]

al|pha|be|tisch ⟨Adj.⟩ nach dem Alphabet, in der Ordnung des Alphabets; *Namen, Wörter in ~er Reihenfolge aufschreiben*

al|pha|be|ti|sie|ren ⟨V.⟩ **1** *Begriffe, Nachnamen, Wörter* ~ nach dem Alphabet ordnen **2** im Lesen u. Schreiben unterrichten; *Analphabeten* ~

Al|pha|feh|ler ⟨m.; -s, -; Wirtsch.⟩ Entscheidungsfehler (erster Art) bei statistischen Testverfahren, bei denen eine Voraussetzung od. Annahme trotz ihrer Richtigkeit verworfen od. ausgeschlossen wird; → a. Betafehler

al|pha|nu|me|risch ⟨Adj.⟩ *~e Zeichen* ⟨EDV⟩ Zeichen aus Dezimalziffern u. Buchstaben [<*Alpha* + *Numerus*]

Al|pha|strahl *auch:* **α-Strahl** ⟨m.; -(e)s, -en⟩ = Alphateilchen

Al|pha|teil|chen *auch:* **α-Teil|chen** ⟨n.; -s, -; Chemie; Physik⟩ aus zwei Neutronen u. zwei Protonen bestehender Kern des Heliumatoms, der bei vielen Kernreaktionen wegen seiner großen Stabilität als selbstständiges Teilchen aus größeren Atomkernen abgespalten wird; *Sy* Alphastrahl [nach *Alpha,* dem ersten Buchstaben des grch. Alphabets]

Al|pha|wel|len ⟨Pl.; Physiol.⟩ elektromagnetische Strömungen des Gehirns, die im Elektroenzephalogramm (EEG) sichtbar werden u. meist bei völliger Entspannung u. bei veränderten Bewusstseinszuständen gemessen werden

Al|pha|zei|chen ⟨n.; -s, -; EDV⟩ (Groß-)Buchstaben in Codes u. Passwörtern [nach *Alpha,* dem ersten Buchstaben des grch. Alphabets]

al|pi|disch ⟨Adj.⟩ zu den Alpen gehörig, die Alpenbildung betreffend

al|pin ⟨Adj.⟩ **1** die Alpen, das Hochgebirge betreffend, Alpen-, Hochgebirgscharakter zeigend, in der Art der Alpen **2** *~e Stufe* ⟨Geogr.⟩ eine landschaftsökolog. Höhenstufe der Vegetation im Gebirge, die die

Region des Hochgebirges bezeichnet

Al|pi|na|ri|um ⟨n.; -s, -ri|en⟩ Naturwildpark in einem Hochgebirge

Al|pi|ni ⟨Pl.; Sing.: Alpino⟩ die italienischen Alpen-, Gebirgsjäger

Al|pi|nis|mus ⟨m.; -; unz.⟩ = Alpinistik

Al|pi|nist ⟨m.; -en, -en⟩ jmd., der Alpinistik betreibt, Bergsteiger in den Alpen, im Hochgebirge

Al|pi|nis|tik ⟨f.; -; unz.⟩ sportlich betriebenes Bergsteigen (in den Alpen, im Hochgebirge); *Sy* Alpinismus

Al|pi|nis|tin ⟨f.; -, -tin|nen⟩ weibl. Alpinist

Al|pi|num ⟨n.; -s, -s; Bot.⟩ Steingarten mit Alpenpflanzen

Al Qa|i|da ⟨ohne Artikel⟩ = El Kaida

al|right! ⟨[ɔ:lraɪt]⟩ *oV* all right! **1** in Ordnung!, es ist recht! **2** wird gemacht! **3** einverstanden! [engl., »(es ist) alles recht; in Ordnung«]

Al|se ⟨f.; -, -n; Zool.⟩ Maifisch, Heringsfisch, der bes. im Mai in Schwärmen auftritt [<frz. *alose* <lat. *alausa*]

al sec|co ⟨Mal.⟩ auf trockenen Putz, auf die trockene Kalkwand (malen); *Sy* Seccomalerei; *Ggs* al fresco [ital., »auf das Trockene«]

al se|gno *auch:* **al seg|no** ⟨[- zɛnjo] Musik⟩ vom Zeichen an (noch einmal zu spielen) [ital., »bis zum Zeichen«]

Alt ⟨m.; -s, -e; Musik⟩ **1** ⟨unz.⟩ tiefe Stimmlage bei Frauen u. Knaben; *Sy* Altstimme; *sie hat einen sehr schönen ~* **2** ⟨unz.⟩ Gesamtheit der Altstimmen im Chor **3** ⟨zählb.⟩ Sänger od. Sängerin, der od. die Partien für Altstimme singt **4** ⟨unz.⟩ tiefe Tonlage bei Musikinstrumenten; *~flöte; ~klarinette* [<ital. *alto* »hoch« <lat. *altus* (urspr. Bezeichnung einer sehr hohen Männerstimme)]

Al|ta Mo|da ⟨f.; - -; unz.⟩ italien. Modeschöpfung [ital., »hohe Mode«]

Al|tan ⟨m.; -(e)s, -e⟩ = Altane

Al|ta|ne ⟨f.; -, -n; Arch.⟩ unterstützter balkonartiger Vorbau am oberen Geschoss eines Hauses, Söller; *oV* Altan [<ital. *altana*]

Al|tar ⟨m.; -s, -tä|re⟩ Opferstein, Opferstätte, block- od. tischartiger Platz zur Darbietung von Opfern [<ahd. *altari, altar(e), altre, alter,* engl. *altar* <lat. *altare* »Opfertisch«]

Al|tar|sa|kra|ment *auch:* **Al|tar|sak|ra|ment** ⟨n.; -(e)s, -e⟩ das Sakrament des Abendmahles

Al|te|ra|ti|on ⟨f.; -, -en⟩ **1** Gemütsbewegung, Aufregung, Erregung **2** Verwirrung **3** Abänderung **4** ⟨Med.⟩ = alterative Entzündung **5** ⟨Musik⟩ chromat. Veränderung [<frz. *altération* »Veränderung, Verschlimmerung, Schreck«; zu lat. *alter* »der andere«]

al|te|ra|tiv ⟨Adj.; Med.⟩ *~e Entzündung* E. mit Gewebeschädigung; *Sy* Alteration (4)

Al|ter Ego ⟨n.; - -; unz.⟩ **1** das andere Ich, zweites Ich **2** ⟨fig.⟩ treuer Freund [lat., »das andere Ich«]

al|te|rie|ren ⟨V.⟩ **1** ⟨veraltet⟩ erregen; *sich ~* sich aufregen, sich erregen, sich ärgern **2** verändern; *einen Akkord ~* ihn chromatisch verändern; *alterierte Akkorde* [<lat. *alterare* »verändern«]

Al|ter|nan|te ⟨f.; -, -n; Sprachw.⟩ Variante, alternierendes Element eines Graphems, Morphems od. Phonems [<lat. *alternare* »abwechseln«]

Al|ter|nanz ⟨f.; -, -en⟩ **1** = Alternation **2** ⟨Bot.⟩ Wechsel zwischen ertragbringenden u. ertraglosen Jahren (bei Obstbäumen)

Al|ter|nat ⟨n.; -(e)s; unz.; Politik⟩ bei Staatsverträgen üblicher Wechsel der Unterschrift, wobei jeder Beteiligte die für ihn bestimmte Vertragsurkunde zuerst unterschreibt

Al|ter|na|ti|on ⟨f.; -, -en⟩ *Sy* Alternanz (1) **1** Wechsel zwischen zwei Möglichkeiten, Dingen usw. **2** ⟨Metrik⟩ Wechsel zwischen einsilbiger Hebung u. Senkung [frz., »Abwechslung«; zu lat. *alter* »der andere«]

al|ter|na|tiv ⟨Adj.⟩ **1** zwischen zwei Möglichkeiten, Dingen usw. abwechselnd, wahlweise, wechselweise **2** ⟨umg.⟩ anders als die Übrigen, anders als üblich; *~e Lebens-, Ernährungsweise; ~ leben* [<frz. *alternatif* »abwechselnd«; zu lat. *alter* »der andere«]

Al|ter|na|ti|ve ⟨[-və] f.; -, -n⟩ Wahl, Entscheidung zwischen zwei Möglichkeiten, Dingen, Personen usw.; *vor einer sehr schwierigen ~ stehen; jmdn. vor die ~ stellen, das eine oder das andere zu tun* [frz., »Wahl zwischen zwei Dingen«; zu lat. *alter* »der andere«]

Al|ter|na|ti|ve(r) ⟨f. 2 (m. 1)⟩ jmd., der eine alternative (2) Auffassung vertritt

Al|ter|na|tiv|ener|gie ⟨f.; -, -n⟩ sich erneuernde, regenerative Energie, z. B. Wind- od. Sonnenenergie

Al|ter|na|tor ⟨m.; -s, -to|ren; El.; EDV⟩ alternierendes Schaltelement

al|ter|nie|ren ⟨V.⟩ **1** ⟨allg.⟩ wechseln, abwechseln zwischen zweien; *~d singen* **2** ⟨Metrik⟩ regelmäßig zwischen einsilbiger Hebung u. Senkung wechseln **3** ⟨Math.⟩ das Vorzeichen wechseln; *~de Reihe* Reihe mit wechselnden Vorzeichen der einzelnen Glieder **4** ⟨El.⟩ *~der Strom* Wechselstrom [frz. *alterner* »regelmäßig abwechseln«; zu lat. *alter* »der andere«]

Al|ters|dis|po|si|ti|on ⟨f.; -; unz.⟩ Anfälligkeit bzw. Überempfindlichkeit für bestimmte Krankheiten aufgrund des Lebensalters

Al|thee ⟨[-te:(ə)] f.; -, -n [-te:ən]⟩ **1** ⟨zählb.; Bot.⟩ Eibisch, malvenähnl. Heilpflanze: Althaea officinalis **2** ⟨unz.⟩ aus deren Wurzel gewonnenes Hustenmittel [<frz. *althée* <grch. *althai;* zu *althein* »heilen«]

Al|ti|graf ⟨m.; -en, -en; Meteor.⟩ = Altigraph

Al|ti|graph ⟨m.; -en, -en; Meteor.⟩ Höhenschreiber, registrierender Höhenmesser; *oV* Altigraf [<lat. *altus* »hoch« + *...graph*]

Al|ti|me|ter ⟨n.; -s, -; Meteor.⟩ Höhenmesser [<lat. *altus* »hoch« + *...meter*]

Al|tist ⟨m.; -en, -en; Musik⟩ Knabe mit Altstimme, Altsänger [→ *Alt*]

Al|tis|tin ⟨f.; -, -tin|nen; Musik⟩

A

Sängerin mit Altstimme, Altsängerin

Al|to|ku|mu|lus ⟨m.; -, -mu|li; Meteor.⟩ mittelhohe Haufenwolke [<lat. *altus* »hoch« + *Kumulus*]

Al|to|stra|tus ⟨m.; -, -stra|ti; Meteor.⟩ mittelhohe Schichtwolke [<lat. *altus* »hoch« + *Stratus*]

Al|tru|is|mus *auch:* **Alt|ru|is|mus** ⟨m.; -; unz.⟩ durch Rücksicht auf andere gekennzeichnete Denk- u. Handlungsweise, Selbstlosigkeit, Uneigennützigkeit; *Ggs* Egoismus [<frz. *altruisme* »Nächstenliebe«; zu lat. *alter* »der andere«]

Al|tru|ist *auch:* **Alt|ru|ist** ⟨m.; -en, -en⟩ selbstloser, stets uneigennütziger Mensch [<frz. *altruiste* »Menschenfreund«; zu lat. *alter* »der andere«]

al|tru|is|tisch *auch:* **alt|ru|is|tisch** ⟨Adj.⟩ auf Altruismus beruhend, selbstlos, uneigennützig, bereit, für andere Opfer zu bringen; *Ggs* egoistisch

Alt|stim|me ⟨f.; -, -n; Musik⟩ = Alt (1)

Al|tus ⟨m.; -, Al|ti; Musik; früher für⟩ Alt

Alu[1] ⟨n.; - od. -s; unz.; kurz für⟩ Aluminium

Alu[2] ⟨f.; -, -s; Biochemie⟩ Gruppe genetischer Sequenzen im menschlichen Genom

Alu|mi|nat ⟨n.; -(e)s, -e⟩ bei der Reaktion des wasserunlöslichen, amphoteren Aluminiumhydroxids mit Alkalihydroxiden entstehende wasserlösliche Verbindung [<lat. *alumen* »Alaun«]

Alu|mi|nit ⟨m.; -s; unz.; Chemie⟩ Aluminiummineral, kristallisiertes Aluminiumsulfat [<lat. *alumen* »Alaun«]

Alu|mi|ni|um ⟨n.; -s; unz.; chem. Zeichen: Al⟩ chem. Element, silberweißes Leichtmetall, Ordnungszahl 13 [<lat. *alumen* »Alaun«]

Alu|mi|no|ther|mie ⟨f.; -; unz.⟩ chem. Verfahren, bei dem (sonst schwer reduzierbaren) Metalloxiden der Sauerstoff durch eine Zumischung von Aluminiumpulver u. anschließendes Entzünden des Gemisches entzogen wird, auch zum Verschweißen der Stoßlücken von Eisenbahnschienen, Thermitverfahren [<*Aluminium* + *...therm*]

Alum|nat ⟨n.; -(e)s, -e⟩ **1** = Internat **2** ⟨österr.⟩ Ausbildungsstätte mit Internat für Geistliche [→ *Alumnus*]

Alum|ne ⟨m.; -n, -n⟩ = Alumnus

Alum|nus ⟨m.; -, -lum|nen⟩ Zögling, Schüler eines Alumnats; *oV* Alumne [<lat. *alumnus* »Zögling«; verwandt mit *Alimente, Alma Mater*]

Alun|dum ⟨n.; -s; unz.⟩ blättrig-kristallines, als Schleifmittel verwendetes Aluminiumoxid [verkürzt <*Al*uminiumoxid + Kor*undum*]

al|ve|o|lar ⟨[-ve-] Adj.; Phon.⟩ einen Alveolar betreffend [→ *Alveole*]

Al|ve|o|lar ⟨[-ve-] m.; -s, -e; Phon.⟩ mit der Zungenspitze am Zahndamm der Schneidezähne gebildeter Konsonant, z. B. d, t, n, sch

al|ve|o|lär ⟨[-ve-] Adj.; Med.⟩ in Form einer Alveole (gebildet)

Al|ve|o|le ⟨[-ve-] f.; -, -n⟩ **1** Zahnfach **2** Lungenbläschen [<lat. *alveolus,* Verkleinerungsform zu *alveus* »Höhlung«]

Am ⟨chem. Zeichen für⟩ Americium

AM ⟨Abk. für⟩ Amplitudenmodulation

a. m. ⟨Abk. für⟩ **1** ante meridiem (vormittags) **2** anno mundi, im Jahre (nach der Erschaffung) der Welt

ama|bi|le ⟨[-le:] Musik⟩ liebenswürdig, lieblich (zu spielen) [ital.]

amag|ne|tisch *auch:* **amag|ne|tisch** ⟨Adj.⟩ nicht magnetisch; *~er Stahl* S., der besonders im Kriegsschiffbau verwendet wird, um eine Ortung durch den Gegner auszuschließen

a ma|io|ri ad mi|nus ⟨Sprichwort⟩ vom Größeren aufs Kleinere [lat.]

Amal|gam ⟨n.; -s, -e; Chemie⟩ Lösung bzw. Legierung von Metall in Quecksilber, z. B. für Zahnfüllungen [<arab. *al-malgham* <grch. *malagma* »Erweichung«]

Amal|ga|ma|ti|on ⟨f.; -, -en⟩ Gewinnung von Gold u. Silber aus Erz durch Quecksilber

amal|ga|mie|ren ⟨V.⟩ *Gold ~, Silber ~* mit Quecksilber legieren, mit Quecksilber aus Erzen gewinnen

Ama|nu|en|sis ⟨m.; -, -en|ses⟩ **1** ⟨im alten Rom⟩ Sklave für Schreibarbeiten **2** ⟨danach⟩ Gehilfe, Sekretär eines Gelehrten [lat., »Schreiber« <lat. *a, ab* »von« + *manus* »Hand«]

ama|rant ⟨Adj.⟩ dunkelrot; *oV* amaranten [→ *Amarant*]

Ama|rant ⟨m.; -s, -e; Bot.⟩ den Gänsefußgewächsen nahe stehende Pflanzengattung Amarantus; *oV* Amaranth [zu grch. *amrantos* »unverwelklich« <*a...*[1] + grch. *marainein* »welken«]

ama|ran|ten ⟨Adj.⟩ = amarant

Ama|ranth ⟨m.; -s, -e; Bot.⟩ = Amarant

Ama|rel|le ⟨f.; -, -n; Bot.⟩ eine Art Sauerkirsche [<ital. *amarello;* zu lat. *amarus* »bitter«; verwandt mit *Ammer* »Sauerkirsche«, *Marille*]

Ama|ret|to ⟨m.; -, -⟩ ital. Mandellikör [zu ital. *amaretto* »etwas bitter«]

Ama|rum ⟨n.; -s, -ma|ra; meist Pl.⟩ Bittermittel, das die Bildung von Speichel u. Magensaft fördert [zu lat. *amarus* »bitter«]

Ama|ryl ⟨m.; -s, -e⟩ künstl. hergestellter hellgrüner Saphir [<grch. *Amaryllis;* zu *amaryssein* »glänzen«]

Ama|ryl|lis ⟨f.; -, -ryl|len; Bot.⟩ Angehörige einer Gattung der Amaryllisgewächse, den Liliengewächsen ähnl. einkeimblättrige Stauden [<grch. *amaryssein* »glänzen«]

Ama|teur ⟨[-tø:r] m.; -s, -e⟩ männl. Person, die eine Beschäftigung aus Liebhaberei, nicht als Beruf betreibt; *~sportler* [frz., »Liebhaber, Verehrer, Freund«]

Ama|teu|rin ⟨[-tø:-] f.; -, -rinnen⟩ weibl. Person, die eine Beschäftigung aus Liebhaberei, nicht als Beruf betreibt; *Amateurfotografin*

Ama|teur|re|gi|o|nal|li|ga ⟨[-tø:r-] f.; -, -li|gen; Sport⟩ höchste Spielklasse der Amateure im Fußball

Ama|ti ⟨f.; -, -s; Musik⟩ Geige aus der Werkstatt der ital. Geigenbauerfamilie Amati (bes. 16. u. 17. Jh.)

Amau|ro|se ⟨f.; -, -n; Path.⟩ völlige Blindheit ohne jede Lichtempfindlichkeit, schwarzer Star [<grch. *amauros* »dunkel«]

Amau|se ⟨f.; -, -n; mittelalterl. Name für⟩ Email u. künstl. Schmucksteine aus Glas [<frz. *émaux*, Pl. zu *émail* »Email«]

Ama|zo|ne ⟨f.; -, -n⟩ **1** ⟨grch. Myth.⟩ Angehörige eines krieger. Frauenvolkes in Kleinasien **2** ⟨fig.⟩ Reiterin, Kriegerin [<grch. *amazon* <*A...*[1] »nicht« + *mazos* »weibl. Brust«]

Ama|zo|nit ⟨m.; -s, -e; Min.⟩ grüner Edelstein aus der Gruppe der Feldspate [→ *Amazone*, da der Stein in Südamerika gefunden wurde, wo es der indian. Sage nach *Amazonen* gegeben hat]

Am|bas|sa|de ⟨frz. [ãbasa:d(ə)] f.; -, -n; veraltet⟩ Botschaft, Gesandtschaft [frz.; verwandt mit *Amt*]

Am|bas|sa|deur ⟨[-dø:r] m.; -s, -e; veraltet⟩ Botschafter, Gesandter [frz.; → *Ambassade*]

Am|be ⟨f.; -, -n⟩ **1** ⟨Lotto⟩ Doppeltreffer; *oV* ⟨österr.⟩ Ambo[1] **2** ⟨Math.⟩ Verbindung zweier Größen in der Kombinationsrechnung [<ital., lat. *ambo* »beide«]

Am|ber ⟨m.; -s, -n od. Am|bra⟩ = Ambra [<frz. *ambre*]

am|bi..., Am|bi... ⟨in Zus.⟩ doppel..., Doppel..., nach beiden Seiten [zu lat. *ambo* »beide«]

Am|bi|an|ce ⟨[ãbiã:s(ə)] f.; -; unz.; schweiz.⟩ Atmosphäre, Stimmung, besonderes Ambiente; *eine entspannte ~ schaffen* [<frz. *ambiance* »Umwelt«; zu lat. *ambi* »um herum«]

am|bi|dex|ter ⟨Adj.⟩ mit beiden Händen gleich geschickt [<lat. *ambo* »beide« + *dexter* »rechts«]

Am|bi|ent ⟨[æ:mbɪənt] n.; - od. -s; unz.; meist ohne Artikel; Musik⟩ Stilrichtung der Popmusik, die aus flächenhaften, sphärischen Klängen u. dezenten Beats eine Hintergrundmusik erzeugt [<engl. *ambience* »Ambiente, Umgebung«]

Am|bi|en|te ⟨n.; -; unz.⟩ **1** ⟨Mal.⟩ das eine Gestalt Umgebende (Licht, Gegenstände usw.) **2** ⟨allg.⟩ die Umgebung, in der jmd. lebt, Umwelt [<ital., lat. *ambi* »um herum«]

am|big ⟨Adj.⟩ zweideutig, doppelsinnig; *oV* ambigue [<lat. *ambiguus* »zwei-, doppeldeutig«]

am|bi|gue ⟨[-guə] Adj.⟩ = ambig

Am|bi|gu|i|tät ⟨f.; -, -en⟩ Doppelsinn, Zwei-, Mehrdeutigkeit [<lat. *ambiguitas*]

am|bi|gu|os ⟨Adj.⟩ zweideutig [→ *ambig*]

Am|bi|ti|on ⟨f.; -, -en⟩ Ehrgeiz, Bestrebung; *in dieser Richtung habe ich keine ~en* [<lat. *ambitio* »regelmäßige Bewerbung um ein Amt, Ehrgeiz«]

am|bi|ti|o|niert ⟨Adj.⟩ ehrgeizig, sehr strebsam; *Sy* ambitiös

am|bi|ti|ös ⟨[-tsjø:s] Adj.⟩ = ambitioniert

Am|bi|tus ⟨m.; -, -⟩ Umfang einer Melodie vom tiefsten bis zum höchsten Ton [lat., »Umlauf, Kreisbahn«]

am|bi|va|lent ⟨[-va-] Adj.⟩ *~e Gefühle* doppelwertige, zwiespältige Gefühle [<lat. *ambo* »beide« + *valent*]

Am|bi|va|lenz ⟨[-va-] f.; -, -en⟩ Doppelwertigkeit, Möglichkeit bei Gefühlen, ihr Gegenteil mit einzuschließen, z. B. Hassliebe [→ *ambivalent*]

Am|bly|o|pie *auch:* **Amb|ly|o|pie** ⟨f.; -; unz.; Med.⟩ Schwachsichtigkeit [<grch. *amblys* »stumpf« + *...opie*]

Am|bo[1] ⟨m.; -s, -s od. Am|ben; österr.⟩ = Ambe (1)

Am|bo[2] ⟨m.; -s, -bo|nen⟩ erhöhtes Lesepult frühchristl. Kirchen, Vorläufer der Kanzel; *oV* Ambon [<grch. *ambon*; zu *ambainein, anabainein* »hinaufsteigen«]

Am|bon ⟨m.; -s, -bo|nen⟩ = Ambo[2]

Am|bra *auch:* **Amb|ra** ⟨f.; -, -s od. m.; -s, -s⟩ Ausscheidung des Pottwals, die in der Parfümerie verwendet wird; *Sy* Amber [<arab. *anbar*]

Am|bro|sia *auch:* **Amb|ro|sia** ⟨f.; -; unz.⟩ **1** ⟨grch. Myth.⟩ Speise der Götter, der sie ihre Unsterblichkeit verdanken **2** ⟨fig.⟩ köstliche, wohlschmeckende Speise [<grch. *ambrosios* »unsterblich«]

am|bro|si|a|nisch *auch:* **amb|ro|si|a|nisch** ⟨Adj.⟩ auf den Kirchenlehrer Aurelius Ambrosius (um 340-397) zurückgehend, von ihm geschaffen; *~e Liturgie* vom hl. Ambrosius geschaffene L.; *~er Lobgesang* das Tedeum (angebl. auf Ambrosius zurückgehend)

am|bro|sisch *auch:* **amb|ro|sisch** ⟨Adj.⟩ **1** himmlisch, göttlich **2** Unsterblichkeit verleihend; *~e Götter* **3** köstlich; *~e Düfte* [<grch. *ambrosios* »unsterblich«]

am|bu|lant ⟨Adj.⟩ **1** herumziehend, wandernd; *Ggs* stationär (3) **2** *~es Gewerbe* das im Umherziehen von Ort zu Ort betriebene G. **3** ⟨Med.⟩ zur Behandlung jeweils den Arzt aufsuchend, die Behandlung während der ärztl. Sprechstunde erhaltend; *Sy* ambulatorisch; *Ggs* stationär (4) [zu lat. *ambulare* »einher-, umhergehen«]

Am|bu|lanz ⟨f.; -, -en⟩ **1** ⟨urspr.⟩ leicht bewegl. Feldlazarett; *Sy* Ambulatorium **2** ⟨heute⟩ Einrichtung für ambulante Behandlung in einem Krankenhaus **3** = Ambulanzwagen [→ *ambulant*]

Am|bu|lanz|wa|gen ⟨m.; -s, -; veraltet⟩ Krankenwagen; *Sy* Ambulanz (3)

am|bu|la|to|risch ⟨Adj.⟩ = ambulant (3) [<lat. *ambulatorius* »beweglich«; zu *ambulare* »einhergehen«]

Am|bu|la|to|ri|um ⟨n.; -s, -ri|en; veraltet⟩ = Ambulanz (1) [<lat. *ambulatorius* »beweglich«; zu *ambulare* »einhergehen«]

A. M. D. G. ⟨Abk. für⟩ Ad Maiorem Dei Gloriam

Ame|li|o|ra|ti|on ⟨f.; -, -en⟩ Verbesserung; *~ des Bodens* [<frz. *amélioration* »Verbesserung«; zu lat. *melior* »besser«]

ame|li|o|rie|ren ⟨V.⟩ verbessern; *den Boden ~* [<frz. *améliorer* »(sich) verbessern«; zu lat. *melior* »besser«]

Amen ⟨n.; -s, -⟩ Zustimmung der Gemeinde zu Rede, Segen, Gebet usw., Gebets-, Segensschluss; *sein ~ zu etwas geben* ⟨fig.⟩ sein Einverständnis erklären; *zu allem Ja und ~ sagen* ⟨fig.⟩ mit allem einverstanden sein, sich allem fügen [hebr., »wahrhaftig, gewisslich, so sei es, so geschehe es«]

Amende|ment ⟨[amãdmã:] n.; -s, -s⟩ Zusatz-, Abänderungs-, Berichtigungsvorschlag zu einem Gesetz; *oV* Amendment [frz., »Verbesserung«; zu lat. *mendum* »Fehler«]

amen|die|ren ⟨V.⟩ ein Amendement einreichen zu, verbessern, berichtigen [<frz. *amender* »verbessern«; zu lat. *mendum* »Fehler«]

Amen|die|rung ⟨f.; -, -en⟩ das Amendieren

Amend|ment ⟨[əmɛndmənt] n.; -s, -s⟩ = Amendement [engl.]

Ame|nor|rhö ⟨f.; -, -en; Med.⟩ Ausbleiben der Menstruation [<*A...*[1] + *Menorrhö*]

ame|nor|rho|isch ⟨Adj.; Med.⟩ auf Amenorrhö beruhend

Amen|tia ⟨f.; -, -ti|en; Med.⟩ vorübergehende geistige Verwirrtheit; *Sy* Amenz

Amenz ⟨f.; -, -zi|en; Med.⟩ = Amentia [<lat. *amentia*]

Ame|ri|ca|na ⟨Pl.⟩ Amerika betreffende Sammlung, Bücher über Amerika

Ame|ri|can Foot|ball ⟨[əmɛrıkən futbɔ:l] m.; - -s; unz.⟩ US-amerikan. Mannschaftsspiel (Variante des Rugby); *Sy* Football [engl.]

Ame|ri|can Way of Life ⟨[əmɛrıkən wɛı ɔf laıf] m.; - - - -; unz.⟩ US-amerikan. Art zu leben, US-amerikan. Lebensstil [engl.]

Ame|ri|ci|um ⟨n.; -s; unz.; chem. Zeichen: Am⟩ künstl. hergestelltes radioaktives Element, Ordnungszahl 95; *oV* Amerizium [nach *Amerika*]

ame|ri|ka|ni|sie|ren ⟨V.⟩ Sitten u. Gebräuche der USA einführen

Ame|ri|ka|nis|mus ⟨m.; -, -nismen⟩ **1** Eigentümlichkeit des US-amerikan. Englisch **2** dem US-amerikan. Englisch nachgebildete Spracheigentümlichkeit in einer anderen Sprache **3** die Eigenart der Bevölkerung der USA in Geisteshaltung, Lebensstil, Wirtschafts- u. Kulturform; *ein ausgeprägter* ~

Ame|ri|ka|nist ⟨m.; -en, -en⟩ Wissenschaftler der Amerikanistik

Ame|ri|ka|nis|tik ⟨f.; -; unz.⟩ **1** Lehre von den Sprachen u. der Kultur der indian. Urbevölkerung Amerikas **2** Lehre von den Sprachen u. der Kultur der USA

Ame|ri|ka|nis|tin ⟨f.; -, -tin|nen⟩ Wissenschaftlerin der Amerikanistik

ame|ri|ka|nis|tisch ⟨Adj.⟩ die Amerikanistik betreffend, auf ihr beruhend

Ame|ri|zi|um ⟨n.; -s; unz.; Chemie⟩ = Americium

a me|tà zur Hälfte, Gewinn u. Verlust geteilt; *conto* ~, *conto metà* auf halbe Rechnung [ital., »zur Hälfte«]

ame|tho|disch ⟨Adj.⟩ planlos

Ame|thyst ⟨m.; -(e)s, -e; Min.⟩ Mineral, Halbedelstein von violetter Farbe, Abart des Quarzes [<grch. *amethystos* <*A...*[1] »nicht« + *methyein* »trunken sein« (galt als Talisman gegen Trunkenheit)]

Ame|trie *auch:* **Amet|rie** ⟨f.; -, -n⟩ Ungleichmäßigkeit, Missverhältnis [<*A...*[1] + *metrie*]

ame|trisch *auch:* **amet|risch** ⟨Adj.⟩ ungleichmäßig

Ame|tro|pie ⟨f.; -; unz.; Med.⟩ Abweichung von der normalen Brechkraft des Auges [<grch. *ametros* »ungleichmäßig« + *...opie*]

Ameu|ble|ment *auch:* **Ameub|le|ment** ⟨[amøbləmã:] n.; -s, -s⟩ Zimmer-, Wohnungseinrichtung [frz., »Mobiliar«]

Ami[1] ⟨m.; -, -s; meist im Nom.⟩ Freund, Geliebter [frz.]

Ami[2] ⟨m.; -s, -s; umg.; kurz für⟩ Nordamerikaner, bes. als Besatzungssoldat

Ami|ant ⟨m.; -s, -e; Min.⟩ langfaseriges, grasgrünes, seidenglänzendes Mineral [<*A...*[1] + grch. *miainein* »beflecken«]

Amid ⟨n.; -s, -e; Chemie⟩ Derivat organ. Säuren, bei dem die Hydroxylgruppe der Carboxylgruppe durch eine Aminogruppe ersetzt ist, z. B. Acet~ [verkürzt <*Am*moniak + *...id*]

Ami|da|se ⟨f.; -, -n; Biochemie⟩ Amide spaltendes Enzym [<*Amid* + *...stase*]

Ami|do... ⟨in Zus.; Chemie⟩ = Amino...

Ami|do|phe|nol ⟨n.; -s; unz.; Chemie⟩ = Aminophenol

...ä|mie ⟨Nachsilbe; zur Bildung weibl. Subst.⟩ Blutkrankheit; *oV* ...hä|mie [<grch. *haima* »Blut«]

Ami|go ⟨m.; -s, -s; umg.⟩ Freund, Vertrauter (bes. in geschäftl. Hinsicht) [span.]

ami|kal ⟨Adj.; geh.⟩ wohlwollend, freundschaftlich [<frz. *amical* <lat. *amicus* »Freund«]

ami|kro|sko|pisch *auch:* **amik|ro|sko|pisch** ⟨a. ['-----] Adj.⟩ mit dem Mikroskop nicht mehr erkennbar [<*a...*[1] + *Mikroskop*]

Amin ⟨n.; -s, -e; Chemie⟩ basisch reagierendes Derivat des Ammoniaks, bei dem ein od. mehrere Wasserstoffatome durch Alkyle od. Aryle ersetzt sind, z. B. Methyl~ [→ *Ammoniak*]

ami|nie|ren ⟨V.; Chemie⟩ eine Aminogruppe zufügen

Ami|nie|rung ⟨f.; -, -en; Chemie⟩ Zufügen einer Aminogruppe in eine organische Verbindung [→ *Ammoniak*]

Ami|no... ⟨in Zus.; Chemie⟩ organisches Radikal mit der Aminogruppe -NH_2 (organische Verbindungen); *oV* Amido... [→ *Amin*]

Ami|no|ben|zol ⟨n.; -s; unz.; Chemie⟩ = Anilin

Ami|no|grup|pe ⟨f.; -, -n; Chemie⟩ die Atomgruppierung -NH_2, die bes. in vielen organ. Verbindungen als die die Eigenschaften des Moleküls bestimmende Gruppe auftritt

Ami|no|phe|nol ⟨n.; -s; unz.; Chemie⟩ Derivat des Phenols, bei dem Wasserstoff durch die Aminogruppe ersetzt wird; *Sy* Amidophenol

Ami|no|plast ⟨n.; -(e)s, -e; Chemie⟩ durch Polykondensation von Formaldehyd u. Harnstoff hergestelltes Harnstoffharz [<*Amin* + grch. *plastos* »gebildet, geformt«]

Ami|no|säu|re ⟨f.; -, -n; Chemie⟩ organ. Säure, bei der der Wasserstoff der Kohlenstoffkette durch die Aminogruppe ersetzt ist, z. B. Aminoessigsäure

Amish Peo|ple *auch:* **Amish Peop|le** ⟨[a:mıʃ pi:pl] Pl.; kurz: Amish⟩ US-amerikan. christl. Religionsgemeinschaft, die Ackerbau u. Viehzucht ohne techn. Hilfsmittel betreibt u.

abgeschieden von der modernen Zivilisation lebt [verkürzt <*Old Order Amish* (benannt nach dem Schweizer Jakob *Amman*, der sie im 17. Jh. von der evang. Glaubensgemeinschaft der Mennoniten abtrennte) + engl. *people* »Menschen, Volk«]

Ami|to|se ⟨f.; -, -n; Biol.⟩ Zellteilung ohne vorhergehende Auflösung der Kernmembran u. ohne gesetzmäßige Verteilung der Chromosomen; *Ggs* Mitose [<*A...*[1] + grch. *mitos* »Faden, Kette«]

ami|to|tisch ⟨Adj.⟩ die Amitose betreffend, auf ihr beruhend; *Ggs* mitotisch

Am|min|salz ⟨n.; -es, -e⟩ = Ammoniakat

Am|mon ⟨n.; -s, -e; kurz für⟩ Ammonium

Am|mo|ni|ak ⟨a. ['----] n.; -s; unz.; Chemie⟩ farbloses, stechend riechendes Gas, NH_3 [<grch. *ammoniakon,* eine Pflanze, die in der Nähe des dem Jupiter *Ammon* geweihten Tempels in der Oase *siwa* (im Altertum *Ammonion*) in Libyen wuchs]

am|mo|ni|a|ka|lisch ⟨Adj.⟩ Ammoniak enthaltend, basisch reagierend

Am|mo|ni|a|kat ⟨n.; -(e)s, -e; Chemie⟩ chem. Verbindung aus Ammoniak u. Metallsalzen; *Sy* Amminsalz

Am|mo|ni|ak|sal|ze ⟨a. ['------] Pl.⟩ = Ammoniumsalze

Am|mo|nit ⟨m.; -en, -en⟩ ausgestorbener Kopffüßer mit sehr großen Kalkschalen, als Versteinerungen erhalten; *Sy* Ammonshorn (1) [nach den Widderhörnern des ägypt. Gottes *Ammon*]

Am|mo|ni|um ⟨n.; -s; unz.; kurz für⟩ Ammoniumgruppe

Am|mo|ni|um|car|bo|nat ⟨n.; -(e)s; unz.; Chemie⟩ Hirschhornsalz, Salz der Kohlensäure mit der Ammoniumgruppe; *oV* Ammoniumkarbonat

Am|mo|ni|um|grup|pe ⟨f.; -, -n; Chemie⟩ die in ihrem chemischen Verhalten den Alkalimetallen entsprechende Molekülgruppe NH_4^+, bildet sich beim Einleiten von Ammoniak in Wasser; *Sy* Ammonium [→ *Ammoniak*]

Am|mo|ni|um|kar|bo|nat ⟨n.; -(e)s; unz.⟩ = Ammoniumcarbonat

Am|mo|ni|um|sal|ze ⟨Pl.; Chemie; Sammelbez. für⟩ die aus Säuren u. der Ammoniumgruppe aufgebauten Salze, z. B. Ammoniumcarbonat, Ammoniumchlorid (Salmiak)

Am|mons|horn ⟨n.; -s, -hör|ner⟩ **1** = Ammonit **2** ⟨Anat.⟩ hornartig gekrümmter Teil im Großhirn der Säugetiere

Am|ne|sie ⟨f.; -, -n; Med.⟩ Gedächtnisstörung, (vorübergehender) Gedächtnisverlust [<*A...*[1] + grch. *mnesis* »Erinnerung«; verwandt mit *Amnestie*]

Am|nes|tie ⟨f.; -, -n⟩ Straferlass, Begnadigung für eine ganze Gruppe von Gefangenen [<grch. *amnestia* »Vergessen«; verwandt mit *Amnesie*]

am|nes|tie|ren ⟨V.⟩ *jmdn.* ~ durch Gesetz begnadigen, jmdm. die Strafe erlassen [zu grch. *amnestia* »Vergessen«]

am|nes|ty in|ter|na|tio|nal ⟨[æmnɪstɪ ɪntərnæʃənəl] f.; - -; unz.; Abk.: ai⟩ internationale Menschenrechtsorganisation, die sich um die Freilassung politischer Gefangener bemüht [engl.]

Am|ni|on ⟨m.; -s; unz.; Anat.⟩ innerste, gefäßlose Embryonalhülle der höheren Wirbeltiere [<grch. *amnos* »Lamm«]

Am|ni|o|skop *auch:* **Am|ni|os|kop** ⟨n.; -s, -e; Med.⟩ Endoskop zur Fruchtwasserbetrachtung [<grch. *amnos* »Lamm« + *skopein* »sehen«]

Am|ni|o|sko|pie *auch:* **Am|ni|os|ko|pie** ⟨f.; -, -n; Med.⟩ Fruchtwasserbetrachtung mit Hilfe des Amnioskops zur Überwachung erhöht gefährdeter Feten [→ *Amnioskop*]

Am|ni|o|te ⟨m.; -n, -n; Zool.⟩ Angehöriger einer der drei obersten Wirbeltierklassen (Reptilien, Vögel u. Säugetiere), die sich mit Amnion entwickeln; *Ggs* Anamnier

am|ni|o|tisch ⟨Adj.⟩ das Amnion betreffend, auf ihm beruhend, sich mit ihm entwickelnd

Am|nio|zen|te|se ⟨f.; -, -n; Med.⟩ Punktion der Fruchtblase für eine Fruchtwasseruntersuchung während der Schwangerschaft [<*Amnion* + grch. *kentesis* »das Stechen«]

Amö|bä|um ⟨n.; -s, -bäa⟩ = Amoibaion

Amö|be ⟨f.; -, -n; Zool.⟩ Gattung der einfach gebauten, einzelligen Wurzelfüßer: Amoeboidae, Amoebozoae [<grch. *amoibe* »Wechsel«]

amö|bo|id ⟨Adj.⟩ amöbenartig, von wechselnder Gestalt [<*Amöbe* + *...id*]

Amoi|bai|on ⟨n.; -s, -baia⟩ Wechselgesang in der grch. Tragödie; *oV* Amöbäum [grch.]

Amok... ⟨in Zus.⟩ in einem Anfall von affektbetonter Geistesverwirrung blindwütig zerstörend u. tötend, z. B. Amokläufer, -fahrer, -schütze [<malai. *amuk* »Wut«]

Amok|lauf ⟨m.; -(e)s, -läu|fe⟩ = Amoklaufen

Amok|lau|fen ⟨n.; -s; unz.⟩ Geistesstörung, bei der ein Bewaffneter blindwütig Menschen erschießt od. niedersticht, die ihm in den Weg kommen; *Sy* Amoklauf

Amom ⟨n.; -s, -e; Bot.⟩ = Amomum

Amo|mum ⟨n.; -s, -mo|ma; Bot.⟩ südostasiatische Gewürzpflanze; *oV* Amom [<grch. *amomon*]

Amo|ral ⟨f.; -; unz.⟩ Unmoral, Fehlen von Moral

amo|ra|lisch ⟨a. [--'--] Adj.⟩ **1** sich über die Moral hinwegsetzend, unmoralisch **2** jenseits der Moralbegriffe [<*a...*[1] + *moralisch*]

Amo|ra|lis|mus ⟨m.; -; unz.⟩ **1** Gleichgültigkeit gegenüber der (herrschenden) Moral **2** Ablehnung aller Moralgesetze; *Ggs* Moralismus; →*a.* Antimoralismus

amo|ra|lis|tisch ⟨Adj.⟩ in der Art des Amoralismus

Amo|ra|li|tät ⟨f.; -; unz.⟩ Lebenshaltung, die keine Moralgesetze für sich gelten lässt; *Ggs* Moralität (1)

Amorces ⟨[amɔrs] Pl.⟩ **1** Zündblättchen **2** Abfälle von belichteten Filmen [frz., »Zündpulver, Lunte«]

Amo|ret|te ⟨f.; -, -n; bildende Kunst⟩ der Liebesgott als geflügeltes Kind; *Sy* Eros (3) [<ital. *amoretto,* Verkleinerungsform zu *amore* »Liebe«]

Amor Fa|ti ⟨m.; - -; unz.; Philos.; bei Nietzsche⟩ Bejahung des Notwendigen, Unausweichlichen [lat., »Liebe zum Schicksal«]

Amor Fati / Amour fou (*Groß- u. Kleinschreibung*) Auch aus anderen Sprachen entlehnte Substantive werden großgeschrieben, sofern sie nicht als Zitatwörter gemeint sind. Bestehen diese Substantive aus mehreren Teilen, so ist der erste Teil in jedem Fall großzuschreiben und die anderen Bestandteile nur dann, wenn es sich auch um Substantive handelt.
Während z. B. der lateinische Begriff *Amor Fati* (»Liebe zum Schicksal«) aus zwei Substantiven besteht, liegt beim französischen Begriff *Amour fou* (»verrückte Liebe«) eine Verbindung aus Substantiv und Adjektiv vor.
Als Zitatwörter gemeinte Substantive aus anderen Sprachen können auch kleingeschrieben werden, z. B. *cherchez la femme*.

amo|ro|so ⟨Adj.; Musik⟩ zärtlich, zart, innig (zu spielen) [ital., »verliebt, zärtlich«]

amorph ⟨Adj.⟩ *oV* amorphisch **1** formlos, gestaltlos, ohne Kristallform; *Ggs* kristallin, kristallisch **2** *~e Sprachen* = isolierende Sprachen [<*a...*[1] + grch. *...morph*]

Amor|phie ⟨f.; -, -n⟩ **1** Gestaltlosigkeit, Formlosigkeit; *Sy* Amorphismus **2** ⟨Physik⟩ Zwischenstufe zwischen festem u. flüssigem Aggregatzustand [<*A...*[1] + *...morphie*]

amor|phisch ⟨Adj.⟩ = amorph

Amor|phis|mus ⟨m.; -; unz.⟩ = Amorphie (1)

amor|ti|sa|bel ⟨Adj.⟩ durch Amortisation tilgbar; *amortisable Anleihen* [→ *amortisieren*]

Amor|ti|sa|ti|on ⟨f.; -, -en⟩ *Sy* Amortisierung **1** *~ einer Schuld* allmähl. Abtragung, Tilgung **2** Abwerfen von Gewinn [→ *amortisieren*]

amor|ti|sie|ren ⟨V.⟩ **1** tilgen, abschreiben **2** *sich ~* Gewinn abwerfen [<mlat. *amortisare* <*ad* + lat. *mors* »Tod«]

Amor|ti|sie|rung ⟨f.; -, -en⟩ = Amortisation

Amour ⟨[amu:r] f.; -, -en⟩ **1** Liebe **2** ⟨nur Pl.⟩ *~en* Liebschaften, Liebeleien [frz., »Liebe«]

Amour bleu ⟨[amu:r blø:] f.; - -; unz.⟩ Liebe zwischen Männern [frz., eigtl. »blaue Liebe«]

Amour fou ⟨[amu:r fu] f.; - -; unz.; geh.⟩ leidenschaftliche (u. verhängnisvolle) Liebe [frz., »verrückte Liebe«]

amou|rös ⟨[-mu-] Adj.⟩ eine Liebschaft betreffend, auf ihr beruhend; *~es Abenteuer* [<frz. *amoureux* »verliebt«]

Am|pe|lo|gra|fie ⟨f.; -; unz.⟩ = Ampelographie

Am|pe|lo|gra|phie ⟨f.; -; unz.⟩ Rebsortenkunde; *oV* Ampelografie [<lat. *ampelos* »Weinstock« + *...graphie*]

Am|pere ⟨[ampɛ:r] n.; - od. -s, -; Physik; Zeichen: A⟩ Maßeinheit der elektr. Stromstärke [nach dem frz. Mathematiker u. Physiker André Marie *Ampère*, 1775-1836]

Am|pere|me|ter ⟨[ampɛ:r-] n.; -s, -⟩ Gerät zum Messen der elektr. Stromstärke

Am|pere|se|kun|de ⟨[ampɛ:r-] f.; -, -n; Zeichen: As⟩ die elektr. Ladung, die transportiert wird, wenn Strom von einem Ampere eine Sekunde lang fließt

Am|pere|stun|de ⟨[ampɛ:r-] f.; -, -n; Zeichen: Ah⟩ die elektr. Ladung, die transportiert wird, wenn ein Strom von einem Ampere eine Stunde lang fließt, entspricht 3 600 Amperesekunden

Am|pex|ver|fah|ren ⟨n.; -s; unz.⟩ Verfahren zur Aufzeichnung von Bildfolgen auf Magnetband (bes. beim Fernsehen) [verkürzt <engl. *a*uto*m*atic *p*rogramming system *ex*tended »erweitertes automatisches Programmiersystem«]

Am|phet|a|min *auch:* **Am|phe|ta|min** ⟨n.; -s; unz.; Pharm.⟩ Weckamin mit zentral erregender Wirkung

am|phi..., Am|phi... ⟨in Zus.⟩ zweifach, doppel... [<grch. *amphi* »zweifach; von beiden, allen Seiten, um... herum«]

am|phib ⟨Adj.⟩ = amphibisch

Am|phi|bie ⟨[-bjə] f.; -, -n; Zool.⟩ Tier, das im Wasser u. auf dem Land leben kann, Lurch; *oV* Amphibium [<grch. *amphibion* <*Amphi...* »zweifach« + *bios* »Leben«]

Am|phi|bi|en|fahr|zeug ⟨n.; -(e)s, -e⟩ Kraftfahrzeug, das auf dem Wasser u. auf dem Land fahren kann

Am|phi|bi|en|flug|zeug ⟨n.; -(e)s, -e⟩ Flugzeug mit speziellem Fahrgestell, das sowohl auf dem Wasser als auch auf dem Land starten u. landen kann

am|phi|bisch ⟨Adj.⟩ *oV* amphib **1** die Amphibien betreffend, ihnen eigentümlich **2** im Wasser u. auf dem Land lebend, sich bewegend

Am|phi|bi|um ⟨n.; -s, -bi|en; Zool.⟩ = Amphibie

am|phi|bol ⟨Adj.⟩ = amphibolisch

Am|phi|bol ⟨m.; -s, -e⟩ = Amphibolit

Am|phi|bo|lie ⟨f.; -, -n⟩ Mehrdeutigkeit, Doppelsinn

am|phi|bo|lisch ⟨Adj.⟩ mehrdeutig, doppelsinnig; *oV* amphibol [<grch. *amphibolos* »zweideutig« <*amphie* »zweifach« + *ballein* »werfen«]

Am|phi|bo|lit ⟨m.; -s, -e⟩ Hornblende; *oV* Amphibol [→ *amphibolisch*]

Am|phi|brach ⟨m.; -(e)s od. -en, -e od. -en⟩ = Amphibrachys

Am|phi|bra|chys ⟨m.; -, - od. -brachen; Metrik⟩ dreisilbiger, antiker Versfuß nach dem Silbenschema kurz - lang - kurz; *oV* Amphibrach [grch., »auf beiden Seiten kurz«]

Am|phi|go|nie ⟨f.; -; unz.; Biol.⟩ zweigeschlechtige Fortpflanzung durch Ei u. Samenzelle; *Ggs* Monogenese, Monogonie [<*Amphi...* + *...gonie*]

Am|phi|kar|pie ⟨f.; -; unz.; Biol.⟩ **1** Vorhandensein von zweierlei Fruchtformen an einer Pflanze **2** Fruchtreife über u. unter der Erde [<*Amphi...* + grch. *karpos* »Frucht«]

Am|phi|kty|o|ne *auch:* **Am|phik|ty|o|ne** ⟨m.; -n, -n⟩ Mitglied einer Amphiktyonie [<grch. *amphiktyones* »Umwohner« (des delphischen Apollotempels)]

Am|phi|kty|o|nie *auch:* **Am|phik|ty|o|nie** ⟨f.; -, -n⟩ altgrch. kultisch-politischer Verband von

Stämmen od. (Stadt-)Staaten zum Schutz eines Heiligtums u. zu gemeinsamen religiösen Feiern [→ *Amphiktyone*]

am|phi|mik|tisch ⟨Adj.⟩ durch Amphimixis entstanden

Am|phi|mi|xis ⟨f.; -; unz.⟩ Vermischung väterl. u. mütterl. Erbanlagen durch Amphigonie [<*Amphi...* + grch. *mixis* »Vermischung«]

Am|phi|o|le ⟨f.; -, -n; Med.⟩ Ampulle mit spritzfertigem Arzneimittel [vermutl. verkürzt <*Am*pulle + *Phiole* (<grch. *phiale* »Kessel, Urne, Schale«)]

Am|phi|o|xus ⟨m.; -; unz.⟩ niedrigste Form der Wirbeltiere, auf dem Meeresgrund lebend, Lanzettfisch [<*Amphi...* + grch. *oxys* »scharf«]

Am|phi|po|de ⟨m.; -n, -n; Zool.⟩ Angehöriger einer Ordnung der Krebstiere, Flohkrebs [<*Amphi...* + *...pode*]

Am|phi|pro|sty|los *auch:* **Am|phi|pros|ty|los** ⟨m.; -, -sty|len⟩ altgrch. Tempel mit je einer Säulenvorhalle an der Vorder- u. Rückseite [<*Amphi...* + *Prostylos*]

Am|phi|the|a|ter ⟨n.; -s, -⟩ **1** ⟨in der Antike⟩ Theater unter freiem Himmel mit kreisrundem od. ellipt. Grundriss u. ansteigenden Sitzreihen **2** ⟨allg.⟩ Theater mit im Halbkreis ansteigenden Sitzreihen [<grch. *amphitheatron* <*amphi* »auf allen Seiten, um ... herum« + *theatron* »Schauspielhaus«]

am|phi|the|a|tra|lisch *auch:* **am|phi|the|at|ra|lisch** ⟨Adj.⟩ im Kreis od. Halbkreis ansteigend

Am|pho|ra ⟨f.; -, -pho|ren⟩ grch. Vase in Form eines Krugs mit zwei Henkeln; *oV* Amphore [<lat. *amphora* <grch. *amphoreus* »Gefäß, das auf beiden Seiten einen Henkel hat« <*amphie* »auf beiden Seiten« + *pherein* »tragen«; verwandt mit *Ampel, Ampulle*]

Am|pho|re ⟨f.; -, -n⟩ = Amphora

am|pho|ter ⟨Adj.; Chemie⟩ in einer sauren Lösung basisch, in einer basischen Lösung sauer reagierend [<grch. *amphoteros* »beide, beidseitig«]

Am|pli|fi|ka|ti|on *auch:* **Amp|li|fi|ka|ti|on** ⟨f.; -, -en⟩ **1** Erweiterung, Ausdehnung **2** weitere Ausführung (einer Rede usw.) [<lat. *amplificatio* »Erweiterung, Vergrößerung«]

Am|pli|fi|ka|tiv|suf|fix *auch:* **Amp|li|fi|ka|tiv|suf|fix** ⟨n.; -es, -e; Gramm.⟩ = Augmentativsuffix

am|pli|fi|zie|ren *auch:* **amp|li|fi|zie|ren** ⟨V.⟩ *eine Rede, Erzählung* ~ erweitern, vergrößern, weiter ausdehnen [<lat. *amplificare* »erweitern, vergrößern«]

Am|pli|tu|de *auch:* **Amp|li|tu|de** ⟨f.; -, -n⟩ größter Ausschlag eines Schwingungsvorgangs, z. B. beim Pendel [frz., »Umfang in Länge u. Breite«]

Am|pli|tu|den|mo|du|la|ti|on *auch:* **Amp|li|tu|den|mo|du|la|ti|on** ⟨f.; -, -en; Abk.: AM⟩ Modulation niederfrequenter Wellen auf die Amplitude hochfrequenter Wellen, die als Trägerwellen dienen

Am|pul|le ⟨f.; -, -n⟩ **1** bauchiges Gefäß, bauchige Flasche **2** zugeschmolzenes Glasröhrchen mit sterilen Lösungen zum Einspritzen **3** ⟨Anat.⟩ kolbenartig erweiterter Teil röhrenförmiger Organe (Mastdarm, Eileiter) [<lat. *ampulla* »kleine Flasche« <**amporla,* Verkleinerungsform zu *amp(h)ora;* verwandt mit *Ampel, Amphora*]

Am|pu|ta|ti|on ⟨f.; -, -en; Med.⟩ operative Entfernung; ~ *eines Körpergliedes* [<lat. *amputatio* »das Abschneiden«]

am|pu|tie|ren ⟨V.⟩ *ein Körperglied* ~ durch Operation abtrennen [<lat. *amputare* »ringsum beschneiden, abschneiden«]

Amu|lett ⟨n.; -(e)s, -e⟩ kleiner Gegenstand, der als vermeintl. Zauberschutzmittel gegen böse Mächte am Körper getragen wird (meist um den Hals) [vermischt <lat. *amdimentum* »Abwehrmittel« + lat. *amylum* »Speise, Brei aus Kraftmehl«]

amü|sant ⟨Adj.⟩ unterhaltsam, belustigend [<frz. *amusant*]

Amuse|gueule *auch:* **Amuse-Gueule** ⟨[amyzgœ:l] n.; -, - od. -s [-gœ:l]; Kochk.⟩ leckere Kleinigkeit, Appetithäppchen (besonders als Zwischengericht bei Menüs); *ein ~ servieren* [<frz. *amuser* »unterhalten« + *gueule* »Mund«]

Amuse|ment ⟨[əmju:zmənt] n.; -s, -s⟩ = Amüsement [engl.]

Amü|se|ment ⟨[-mã:] n.; -s, -s⟩ Belustigung, unterhaltsamer Zeitvertreib; *oV* Amusement [<frz. *amusement* »Unterhaltung, Belustigung«]

amü|sie|ren ⟨V.⟩ unterhalten, belustigen, vergnügen; *die Geschichte hat mich amüsiert; wir haben uns prächtig, königlich amüsiert* [<frz. *amuser* »unterhalten, belustigen«]

amu|sisch ⟨Adj.⟩ unempfänglich für Kunst, ohne Kunstverständnis; *Ggs* musisch [<*a...*[1] + *musisch*]

Amyg|da|lin ⟨n.; -s; unz.; Biol.⟩ in den Kernen von bitteren Mandeln u. Kernobst enthaltenes blausäurehaltiges Glukosid [<grch. *amygdale* »Mandel«]

Amyl ⟨n.; -s; unz.; Chemie⟩ einwertiger aliphatischer Kohlenwasserstoffrest [<grch. *amylon* »Stärke« + *...yl*]

Amyl|ace|tat ⟨n.; -s; unz.; Chemie⟩ aus Essigsäure u. Amylalkohol hergestellter Ester von birnenartigem Geschmack, Birnenäther, Birnenöl, Fruchtäther; *oV* Amylazetat

Amyl|al|ko|hol ⟨m.; -s; unz.; Chemie⟩ im Fuselöl vorkommender, giftiger Alkohol

Amy|la|se ⟨f.; -, -n⟩ = Diastase (1)

Amyl|aze|tat ⟨n.; -s; unz.; Chemie⟩ = Amylacetat

Amy|len ⟨n.; -s, -e; Chemie⟩ Kohlenwasserstoff mit 5 Kohlenstoffatomen sowie einer Doppelbindung

amy|lo..., Amy|lo... ⟨in Zus.⟩ stärke..., Stärke... [<grch. *amylon* »Stärke«]

amy|lo|id ⟨Adj.⟩ stärkeähnlich

Amy|lo|id ⟨n.; -s, -e⟩ eiweißartiger Stoff, der sich als Zeichen der Gewebsentartung bei verschiedenen Krankheiten bildet [<*Amylo...* + *...id*]

Amy|lo|ni|trit *auch:* **Amy|lo|nit|rit** ⟨n.; -s, -e; Pharm.⟩ eine gelbliche, fruchtartig riechende Flüssigkeit, Mittel zur Blutdrucksenkung

Amy|lo|se ⟨f.; -; unz.⟩ wasserlöslicher Bestandteil der Stärke [<grch. *amylon* »Stärke«]

an...[1], **An...**[1] ⟨Vorsilbe⟩ = a...[1], A...[1]

A

an...[2], An...[2] ⟨Vorsilbe⟩ = ana..., Ana...

ana..., Ana... ⟨vor Vokalen⟩ an...[2], An...[2] ⟨Vorsilbe⟩ auf, hinauf, zurück, wieder, nach Art von [grch.]

...a|na ⟨Pluralendung⟩ an einen Eigennamen angefügt als Titel für Sammlungen, die sich mit der betreffenden Person od. Sache befassen, z. B. Amerikana, Goetheana, Mozartiana; *oV* ...i|a|na

Ana|bap|tis|mus ⟨m.; -; unz.⟩ Lehre der Wiedertäufer

Ana|bap|tist ⟨m.; -en, -en⟩ Wiedertäufer [<*Ana...* + *Baptist*]

Ana|bap|tis|tin ⟨f.; -, -tin|nen⟩ Wiedertäuferin

Ana|ba|sis ⟨f.; -; unz.⟩ **1** ⟨urspr.⟩ Hinaufmarsch, bes. Kriegszug vom Meer in die asiatische Hochebene **2** ⟨danach⟩ Titel eines Geschichtswerks von Xenophon [grch., »das Aufsteigen«]

ana|ba|tisch ⟨Adj.⟩ *~e Winde* ⟨Meteor.⟩ vom Boden aufsteigende Winde [<grch. *anabasis* »das Hinaufsteigen«]

Ana|bio|se ⟨f.; -; unz.; Biol.⟩ Wiederaufleben von Pflanzen u. niederen Tieren nach Eintreten günstiger Lebensbedingungen, nachdem zuvor durch langandauernde Hitze, Kälte od. Trockenheit die Lebenstätigkeit auf ein Minimum herabgesetzt war [<*Ana...* + *...biose*]

ana|bol ⟨Adj.; Biol.⟩ auf Anabolie beruhend

Ana|bo|lie ⟨f.; -, -n; Biol.⟩ **1** Aufbaustoffwechsel **2** Abänderung während der späten ontogenet. Entwicklung [<grch. *anabole* »Erdaufwurf«]

Ana|bo|li|kum ⟨n.; -s, -li|ka; Pharm.⟩ den Aufbaustoffwechsel fördernder Wirkstoff [<grch. *anabole* »Erdaufwurf«]

Ana|bo|lis|mus ⟨m.; -; unz.; Biol.⟩ Gesamtheit der aufbauenden Stoffwechselprozesse; *Ggs* Katabolismus

Ana|cho|ret ⟨[-xo-] m.; -en, -en; im Frühchristentum⟩ Einsiedler [<grch. *anachorein* »zurückweichen«]

ana|cho|re|tisch ⟨[-xo-] Adj.⟩ einsiedlerisch

Ana|chro|nis|mus ⟨[-kro-] m.; -, -nis|men⟩ **1** einem bestimmten Zeitabschnitt nicht Entsprechendes **2** das Verlegen von Erscheinungen u. Sachen, die für die Gegenwart kennzeichnend sind, in die Vergangenheit u. umgekehrt [zu grch. *anachronizein* »in eine andere Zeit versetzen«; zu *chronos* »Zeit«]

ana|chro|nis|tisch ⟨[-kro-] Adj.⟩ zeitlich falsch eingeordnet, in den betreffenden Zeitabschnitt nicht hineingehörend

An|aci|di|tät ⟨f.; -; unz.⟩ = Anazidität

Ana|dy|o|me|ne ⟨f.; -; unz.⟩ »die aus dem Meer Auftauchende«, Beiname der grch. Göttin Aphrodite, da sie nach der Sage aus dem Meeresschaum geboren wurde [<lat., grch. *anadyomene* »die Auftauchende«]

an|ae|rob ⟨[-ae-] Adj.⟩ *~e Bakterien* ohne Sauerstoff lebende Bakterien; *Ggs* aerob [<*a...*[1] + *aerob*]

An|ae|ro|bi|er ⟨[-ae-] m.; -s, -⟩ *Sy* Anaerobiont; *Ggs* Aerobier **1** *fakultativer ~* Bakterium, das sowohl in Gegenwart als auch in Abwesenheit von Sauerstoff wachsen kann **2** *obligater ~* Bakterium, das nur in Abwesenheit von Sauerstoff wächst [→ *anaerob*]

An|ae|ro|bi|ont ⟨[-ae-] m.; -en, -en⟩ = Anaerobier; *Ggs* Aerobiont

An|ae|ro|bio|se ⟨[-ae-] f.; -; unz.⟩ Lebensvorgänge, die ohne Luftsauerstoff ablaufen; *Ggs* Aerobiose [<*A...*[1] + *aero...* + *...biose*]

Ana|ge|ne|se ⟨f.; -; unz.; Biol.⟩ Höherentwicklung der Lebewesen im Lauf der Stammesentwicklung [<*Ana...* + *Genese*]

Ana|gly|phen|druck ⟨m.; -(e)s, -e⟩ Druckverfahren, bei dem ein Bild in zwei Komplementärfarben übereinandergedruckt wird u. beim Betrachten mit einer zweifarbigen Brille einen räumlichen Eindruck vermittelt [<grch. *ana* »auf ihn, über ihn« + *glyphe* »Skulpturwerk«]

Ana|go|ge ⟨f.; -; unz.⟩ **1** ⟨Philos.⟩ Aufstieg des Geistes vom Besonderen zum Allgemeinen (Induktion) **2** Auslegung von Texten, die zu einer höheren Deutung führt [<*Ana...* + grch. *agein* »führen, leiten«]

ana|go|gisch ⟨Adj.⟩ in der Art der Anagoge, sie betreffend

Ana|gramm ⟨n.; -s, -e⟩ **1** Buchstabenversetzrätsel **2** Wortumbildung durch Buchstaben od. Silbenversetzung, z. B. Lampe - Palme [<grch. *anagramma*; zu *anagraphein* »umschreiben«]

ana|gram|ma|tisch ⟨Adj.⟩ in der Form, nach der Art eines Anagramms

Ana|kar|de ⟨f.; -, -n; Bot.⟩ Nierenbaum, Angehöriger einer Gattung von Bäumen u. Sträuchern mit nierenförmigen Steinfrüchten: Anacardia [<grch. *ana* »nach Art von« + *kardia* »Herz«]

Ana|ki|ter ⟨Pl.; Rel.⟩ = Enakiter

Ana|kla|se ⟨f.; -; unz.; Rhet.⟩ = Anaklasis

Ana|kla|sis ⟨f.; -; unz.; Rhet.⟩ *oV* Anaklase **1** (emphatische) Wiederholung des gleichen Wortes im Dialog **2** ⟨Metrik⟩ Wechsel des Versfußes innerhalb eines Metrums [grch., »Umbiegung, Brechung«]

ana|klas|tisch ⟨Adj.⟩ die Anaklasis betreffend, sie enthaltend

ana|kli|tisch ⟨Adj.; Med.⟩ *~e Depression* depressives Syndrom, das bei Säuglingen aufgrund der Trennung von Bezugspersonen auftritt, Vorform des Hospitalismus [zu grch. *anaklinein* »anlehnen«]

An|a|ko|luth ⟨m.; -s, -e; Rhet.⟩ folgewidrige Fortsetzung einer angefangenen Satzkonstruktion, als Stilmittel gebraucht [<*a...*[1] + grch. *akoluthein* »folgen«]

Ana|kon|da ⟨f.; -, -s; Zool.⟩ südamerikan. ungiftige Riesenschlange

Ana|kre|on|tik ⟨f.; -; unz.; Lit.⟩ lit. Richtung des 18. Jh., die den heiteren Stil des grch. Dichters Anakreon (um 500 v. Chr.), mit dem er die Liebe u. den Wein besang, nachahmte

Ana|kre|on|ti|ker ⟨Pl.; Lit.⟩ Dichtergruppe der Anakreontik

ana|kre|on|tisch ⟨Adj.; Lit.⟩ die Anakreontik betreffend, in der Art der Anakreontik

Ana|kru|sis ⟨f.; -, -kru|sen; Metrik⟩ unbetonte Silbe am Anfang eines Verses, Auftakt [zu grch. *anakrouein* »aufschlagen«]

Anaks|söh|ne ⟨Pl.; Rel.⟩ = Enakssöhne

An|a|ku|sis ⟨f.; -; unz.; Med.⟩ Taubheit [<*An...*[1] + grch. *akouein* »hören«]

anal ⟨Adj.⟩ den After betreffend, in seiner Nähe liegend [<lat. *anus* »After«]

An|al|cim ⟨m.; -s, -e; Min.⟩ wasserhaltiges Silikat, farbloses Mineral [zu grch. *analkis* »kraftlos«]

Ana|lek|ta ⟨Pl.⟩ Sammlung od. Auslese von Aufsätzen, Gedichten, Sinnsprüchen usw.; *oV* Analekten [<grch. *analekta;* zu *analegein* »sammeln, auflesen«]

Ana|lek|ten ⟨Pl.⟩ = Analekta

ana|lek|tisch ⟨Adj.⟩ auswählend

Ana|lep|ti|kum ⟨n.; -s, -ti|ka⟩ Anregungsmittel für den Kreislauf, z. B. Koffein, Kampfer [zu grch. *analeptikos* »wiederherstellend«]

ana|lep|tisch ⟨Adj.⟩ anregend, belebend

Anal|ero|tik ⟨f.; -; unz.⟩ **1** Interesse am eigenen analen Körperbereich im frühkindl. Entwicklungsstadium **2** Fixierung der sexuellen Wünsche auf den After u. dessen Bereich

Anal|ero|ti|ker ⟨m.; -s, -⟩ jmd., dessen sexuelle Wünsche auf den Afterbereich ausgerichtet sind

Anal|fis|tel ⟨f.; -, -n; Med.⟩ After- od. Mastdarmfistel [<*anal* + *Fistel*]

An|al|gen ⟨n.; -s, -e⟩ = Analgetikum

An|al|ge|sie ⟨f.; -, -n; Med.⟩ Aufhebung der Schmerzempfindung, Schmerzlosigkeit; *Sy* Analgie [<grch. *analgesia* <*a...*[1] + *algos* »Schmerz«]

An|al|ge|ti|kum ⟨n.; -s, -ti|ka; Pharm.⟩ schmerzstillendes Mittel; *Sy* Analgen

an|al|ge|tisch ⟨Adj.⟩ schmerzstillend

An|al|gie ⟨f.; -, -n⟩ = Analgesie [<*A...*[1] + *...algie*]

an|al|lak|tisch ⟨Adj.⟩ unveränderlich [<*a...*[1] + grch. *allattein* »verändern« (<*allos* »anders«)]

ana|log ⟨Adj.⟩ entsprechend, ähnlich, sinngemäß (anwendbar); *oV* analogisch; *etwas ~ einer Vorlage gestalten* [<*ana...* + *...log*[3]]

Ana|lo|gat ⟨n.; -(e)s, -e; Philos.⟩ analoges Begriffsverhältnis

Ana|log-Di|gi|tal-Wand|ler ⟨m.; -s, -; EDV⟩ Gerät, das analoge Eingangssignale in digitale Ausgangssignale umwandelt; →*a.* Digital-Analog-Wandler

Ana|lo|gie ⟨f.; -, -n⟩ **1** Beziehung zwischen Dingen, Vorstellungen, Relationen u. komplexen Systemen, die in gewisser Hinsicht übereinstimmen, Ähnlichkeit, Entsprechung **2** sinngemäße Anwendung, Übertragung [→ *analog*]

Ana|lo|gie|bil|dung ⟨f.; -, -en; Sprachw.⟩ Wortform, die nicht nach grammat. Regeln, sondern nach dem Muster ähnl. Wörter gebildet ist, z. B. »morgendlich« mit eingeschobenem »d« analog zu »abendlich«

Ana|lo|gie|rech|ner ⟨m.; -s, -⟩ = Analogrechner

Ana|lo|gie|schluss ⟨m.; -es, -schlüs|se; Logik⟩ nicht zwingender, aber häufig angewendeter Schluss von der Ähnlichkeit zweier Dinge auf die Ähnlichkeit zweier anderer od. aller; *Sy* Analogismus

Ana|lo|gie|zau|ber ⟨m.; -s, -⟩ magische Handlung, durch die eine ähnl. Wirkung hervorgerufen werden soll, z. B. Bildung von Wolken u. damit Regen durch Entwicklung von Rauch

ana|lo|gisch ⟨Adj.; selten⟩ = analog

Ana|lo|gis|mus ⟨m.; -, -gis|men⟩ = Analogieschluss

Ana|lo|gon ⟨n.; -s, -lo|ga; geh.⟩ ähnl. Fall, ähnl. Gegenstand [→ *analog*]

Ana|log|rech|ner ⟨m.; -s, -; EDV⟩ Rechenanlage auf der Grundlage des Analogieprinzips, die mit kontinuierlichen Größen arbeitet; *Sy* Analogierechner, Differenzialanalysator; *Ggs* Digitalrechner

An|al|pha|bet ⟨a. ['----] m.; -en, -en⟩ jmd., der nicht lesen u. schreiben kann [<*A...*[1] + *Alphabet*]

An|al|pha|be|tin ⟨a. ['----] f.; -, -tin|nen⟩ weibl. Person, die nicht lesen u. schreiben kann [<*A...*[1] + *Alphabet*]

an|al|pha|be|tisch ⟨a. ['-----] Adj.⟩ Schreiben u. Lesen nicht beherrschend

An|al|pha|be|tis|mus ⟨m.; -; unz.⟩ Zustand derer, die nicht schreiben u. lesen können

Anal|ver|kehr ⟨m.; -s; unz.⟩ Geschlechtsverkehr, bei dem der Penis in den After eingeführt wird

Ana|ly|sand ⟨m.; -en, -en; Psych.⟩ jmd., der in einer psychotherapeut. Behandlung analysiert wird [→ *Analyse*]

Ana|ly|san|din ⟨f.; -, -din|nen; Psych.⟩ weibl. Person, die in einer psychotherapeut. Behandlung analysiert wird [→ *Analyse*]

Ana|ly|sa|tor ⟨m.; -s, -to|ren⟩ **1** ⟨Psych.⟩ jmd., der in einer psychotherapeut. Behandlung jmdn. analysiert **2** ⟨Physik⟩ **2.1** Vorrichtung zum Zerlegen einer unregelmäßigen Schwingung in ihre regelmäßigen, d. h. sinusförmigen Grundschwingungen **2.2** Einrichtung zum Nachweis von polarisiertem Licht

Ana|ly|se ⟨f.; -, -n⟩ Zergliederung eines Ganzen in seine Teile, genaue Untersuchung der Einzelheiten, Auflösung; *Ggs* Synthese; *qualitative ~* ⟨Chemie⟩ Bestimmung eines Stoffes nach der Art seiner Bestandteile; *quantitative ~* ⟨Chemie⟩ Bestimmung eines Stoffes nach der mengenmäßigen Zusammensetzung [<grch. *analysis* »Auflösung«; zu *analyein* »auflösen«]

ana|ly|sie|ren ⟨V.⟩ eine Analyse machen von, zergliedern, in Einzelteile zerlegen, untersuchen

Ana|ly|sis ⟨f.; -; unz.; Math.⟩ **1** Zweig der Mathematik, der hauptsächlich Untersuchungen über Grenzwerte anstellt **2** Gebiet, das die Infinitesimalrechnung benutzt [grch.; → *Analyse*]

Ana|lyst ⟨m.; -en, -en od. engl.: [ænəlıst] m.; -s, -s; Börse⟩ berufsmäßiger Börsenfachmann

Ana|ly|tik ⟨f.; -; unz.⟩ **1** Lehre, Kunst od. Verfahren der Ana-

A

lyse; *Ggs* Synthetik **2** ⟨Math.⟩ zergliederndes, bes. rechnerisches Verfahren bei math. Problemen [<grch. *analysis* »Auflösung«; zu *analyein* »auflösen«]

Ana|ly|ti|ker ⟨m.; -s, -⟩ **1** die Analytik beherrschender Wissenschaftler **2** ⟨kurz für⟩ Psychoanalytiker

Ana|ly|ti|ke|rin ⟨f.; -, -rin|nen⟩ weibl. Analytiker

ana|ly|tisch ⟨Adj.⟩ die Analyse betreffend, auf ihr beruhend, mit ihrer Hilfe zergliedernd, in Einzelteile zerlegen; *Ggs* synthetisch; *~e Chemie* der Teil der C., der die Analyse zum Gegenstand hat; *~e Geometrie* rechnerische G., die geometr. Gebilde, wie Kurven u. Flächen, untersucht u. mit Hilfe von Funktionsgleichungen darstellt; *~e Sprachen* S., in denen die Flexion durch mehrere Wörter ausgedrückt wird, z.B »ich habe gelesen« im Unterschied zu lat. »legi«, od. »des Vaters« im Unterschied zu lat. »patris«; *Ggs* synthetische Sprachen; *~es Urteil* U., das durch Zergliederung der in einem Begriff enthaltenen Merkmale gewonnen wird

An|ä|mie ⟨f.; -, -n; Med.⟩ Mangel an roten Blutkörperchen, Blutarmut [<*A...*[1] + *...ämie*]

an|ä|misch ⟨Adj.; Med.⟩ auf Anämie beruhend, an Anämie leidend, blutarm

Ana|mne|se *auch:* **Anam|ne|se** ⟨f.; -, -n⟩ **1** ⟨Med.⟩ Vorgeschichte einer Krankheit **2** ⟨Philos.; bes. Plato⟩ Wiedererkennung der (vorgeburtlichen) Ideen [<*Ana...* + grch. *mnesis* »Erinnerung«]

ana|mnes|tisch *auch:* **anam|nes|tisch** ⟨Adj.; Med.⟩ = anamnetisch

ana|mne|tisch *auch:* **anam|ne|tisch** ⟨Adj.; Med.⟩ die Anamnese betreffend, auf ihr beruhend, mit ihrer Hilfe; *oV* anamnestisch

An|am|ni|er *auch:* **Ana|m|ni|er** ⟨m.; -s, -; Zool.⟩ Wirbeltier, das sich ohne Amnion entwickelt; *Ggs* Amniote [<*A...*[1] + grch. *amnos* »Lamm«]

Ana|mor|pho|se ⟨f.; -, -n; Mal.⟩ verzerrt erscheinende Darstellung eines Gegenstandes [zu spätgrch. *anamorphoun* »umwandeln«]

Ana|mor|phot ⟨m.; -en, -en; Kinotechnik⟩ optische Vorrichtung Erzeugung eines Breitwandbildes [zu grch. *anamorphotes* »umwandelnd, verzerrend«]

ana|mor|pho|tisch ⟨Adj.⟩ verzerrt, verkehrt, umgestaltet; *~e Optik* Linsensystem, das die Bilder verzerrt u. (bei Breitwandfilmen) bei der Vorführung wieder entzerrt

Ana|nas ⟨f.; -, - od. -se; Bot.⟩ **1** ausdauernde Tropenpflanze mit kurzem, dickem Stamm: Ananas comosus **2** essbare Frucht dieser Pflanze mit gelbem, saftigem Fruchtfleisch u. kurzen, derben Blütenblättern [<portug. *ananas* <indian. <Tupi (Brasilien)]

An|an|kas|mus ⟨m.; -, -kas|men; Psych.⟩ Zwangsvorstellung, Zwangsneurose [→ *Ananke*]

An|an|ke ⟨f.; -; unz.; Philos.⟩ Notwendigkeit, Schicksal, Zwang [grch.]

Ana|nym ⟨n.; -s, -e⟩ Form des Pseudonyms, die aus den rückwärtsgelesenen Buchstaben des wirklichen Namens besteht, z. B. Keisgreb für Bergsiek [<*Ana...* + grch. *onyma* »Name«]

Ana|päst ⟨m.; -(e)s, -e; Metrik⟩ Versfuß mit zwei kurzen u. einer langen Silbe [zu grch. *anapaistos* »zurückgeschlagen« <*anapaiein* »zurückschlagen«]

Ana|pha|se ⟨f.; -, -n; Biol.⟩ bestimmtes Stadium der Kernteilung einer Zelle [<*Ana...* + *Phase*]

Ana|pher ⟨f.; -, -n⟩ *oV* Anaphora **1** ⟨Rhet.⟩ Wiederholung des Anfangswortes in aufeinanderfolgenden Sätzen od. Satzteilen, z. B. »das Wasser rauscht, das Wasser schwoll«; *Ggs* Epiphora **2** ⟨Sprachw.⟩ sprachliche Einheit, die auf etwas Vorausgegangenes verweist, z. B. »es« in dem Satz »Das Essen war gut, es war jedoch sehr reichhaltig.« [<grch. *anaphora* »Beziehung«; zu *anapherein* »herauftragen, zurückbeziehen«]

Ana|pho|ra ⟨f.; -, -rae [-rɛː]⟩ = Anapher

Ana|pho|re|se ⟨f.; -, -n; Chemie⟩ Wanderung negativ geladener Teilchen zur Anode [zu grch. *anapherein* »herauftragen, zurückbringen«]

ana|pho|risch ⟨Adj.⟩ **1** ⟨Rhet.⟩ **1.1** auf einer Anapher beruhend **1.2** eine Anapher ausdrückend **2** ⟨Sprachw.⟩ zurückverweisend; →*a.* kataphorisch

An|aph|ro|di|si|a|kum ⟨n.; -s, -si|a-ka; Med.⟩ den Geschlechtstrieb herabsetzendes Mittel; *Ggs* Aphrodisiakum [<grch *an* »nicht« + *Aphrodite,* der grch. Liebesgöttin]

ana|phy|lak|tisch ⟨Adj.⟩ die Anaphylaxie betreffend; *~er Schock* Schockreaktion gegen wiederholt zugeführte Allergene

Ana|phy|la|xie ⟨f.; -, -n; Med.⟩ immunologisch begründete allergische Reaktion [<*Ana...* + grch. *phylassein* »(be)wachen«]

Ana|plas|mo|se ⟨f.; -, -n; Vet.⟩ durch Anämie u. Gelbsucht gekennzeichnete Tierseuche [<*Ana...* + *Plasma*]

an|arch ⟨Adj.; selten für⟩ anarchisch

An|ar|chie ⟨f.; -, -n⟩ **1** die vom Anarchismus geforderte Gesellschaftsordnung **2** Zustand der Gesetzlosigkeit, (polit.) Unordnung [<*A...*[1] + *...archie*]

an|ar|chisch ⟨Adj.⟩ auf Anarchie beruhend; *oV* anarch

An|ar|chis|mus ⟨m.; -; unz.⟩ polit. Lehre, die jede staatl. Ordnung ablehnt u. das menschl. Zusammenleben nur vom Willen u. von der Einsicht des Einzelnen bestimmt wissen will

An|ar|chist ⟨m.; -en, -en⟩ Anhänger, Vertreter des Anarchismus

An|ar|chis|tin ⟨f.; -, -tin|nen⟩ Anhängerin, Vertreterin des Anarchismus

an|ar|chis|tisch ⟨Adj.⟩ den Anarchismus betreffend, auf ihm beruhend

An|ar|cho ⟨m.; -s, -s; umg.⟩ jmd., der die bestehende bürgerliche Gesellschaftsordnung ablehnt (u. dem Anarchismus nahesteht)

An|ä|re|sis ⟨f.; -, -re|sen; Rhet.⟩ Widerlegung der gegnerischen

Behauptung [grch., »Aufhebung«]
Ana|sar|ka ⟨f.; -; unz.; Med.⟩ Hautwassersucht, Hautödem, krankhafte Speicherung von großen Flüssigkeitsmengen im Unterhautzellgewebe, erkennbar an einer teigartigen Schwellung [<*ana...* + grch. *sarx,* Gen. *sarkos* »Fleisch«]
Ana|sta|sis *auch:* **Anas|ta|sis** ⟨f.; -; unz.; Kunst⟩ Darstellung der Auferstehung Christi [<grch. *ana* »wieder« + *stasis* »das Stehen«]
ana|sta|tisch *auch:* **anas|ta|tisch** ⟨Adj.⟩ wieder auffrischend, neubildend; *~er Druck* veraltetes Verfahren zur Herstellung einer neuen Druckform von alten Drucken durch Umdruck auf Stein od. Metall [<grch. *ana* »wieder« + *statisch*]
An|äs|the|sie ⟨f.; -, -n; Med.⟩ **1** ⟨unz.⟩ Unempfindlichkeit gegen Schmerzen **2** ⟨zählb.⟩ Betäubung von Schmerzen [<*A...*[1] + *...ästhesie*]
an|äs|the|sie|ren ⟨V.; Med.⟩ schmerzunempfindlich machen, betäuben; *oV* anästhetisieren
An|äs|the|sio|lo|gie ⟨f.; -; unz.; Med.⟩ Lehre von der Schmerzbetäubung u. den Narkoseverfahren [<*A...*[1] + *...ästhesie* + *...logie*]
An|äs|the|sist ⟨m.; -en, -en; Med.⟩ Narkosefacharzt
An|äs|the|sis|tin ⟨f.; -, -tin|nen; Med.⟩ Narkosefachärztin
An|äs|the|ti|kum ⟨n.; -s, -ti|ka; Pharm.⟩ Arzneimittel, das schmerzunempfindlich macht [→ *Anästhesie*]
an|äs|the|tisch ⟨Adj.⟩ auf Anästhesie beruhend, mit ihrer Hilfe
an|äs|the|ti|sie|ren ⟨V.⟩ = anästhesieren
An|a|stig|mat *auch:* **An|as|tig|mat** ⟨m.; -s, -e; Fot.⟩ Objektiv, das fehlerfreie (unverzerrte) Abbildungen gibt [<*Ana...* + grch. *stigma* »Stich, Punkt«]
an|a|stig|ma|tisch *auch:* **an|as|tig|ma|tisch** ⟨Adj.⟩ keine auf Astigmatismus beruhenden Fehler aufweisend
Ana|sto|mo|se *auch:* **Anas|to|mo|se** ⟨f.; -, -n⟩ **1** ⟨Anat.⟩ Verbindung von Blutgefäßen, Lymphgefäßen od. Nerven untereinander **2** ⟨Med.⟩ operative Verbindung von Hohlorganen **3** ⟨Bot.⟩ Querverbindung zwischen Blattnerven [<grch. *anastomoun* »eine Mündung bilden«; zu *stoma* »Mund«]
Ana|stro|phe *auch:* **Anas|tro|phe** *auch:* **Anast|ro|phe** ⟨f.; -, -stro|phen; Sprachw.⟩ Umstellung der normalen Wortfolge, z. B. Röslein rot [zu grch. *anastrephein* »umwandeln«]
Ana|them ⟨n.; -s, -e; Rel.⟩ = Anathema
Ana|the|ma ⟨n.; -, -the|ma|ta; Rel.⟩ Verfluchung, Kirchenbann; *oV* Anathem [zu grch. *anatithenai* »(öffentlich) aufstellen, ausstellen«]
ana|the|ma|ti|sie|ren ⟨V.; Rel.⟩ mit Anathema belegen, verfluchen
ana|ti|o|nal ⟨a. ['-----] Adj.⟩ gleichgültig gegenüber Volk u. Nationalität, nicht national gesinnt [<*a...*[1]+ *national*]
Ana|tom ⟨m.; -en, -en⟩ Kenner, Lehrer der Anatomie [zu grch. *anatemnein* »zerschneiden«]
Ana|to|mie ⟨f.; -, -n⟩ **1** ⟨unz.⟩ Wissenschaft, Lehre vom Körperbau der Lebewesen (der Pflanzen, Tiere u. des Menschen) **2** ⟨zählb.⟩ wissenschaftl. Institut für anatom. Studien **3** ⟨i. w. S.⟩ Strukturbestimmung [→ *Anatom*]
ana|to|mie|ren ⟨V.⟩ zergliedern
ana|to|misch ⟨Adj.⟩ die Anatomie betreffend, auf ihr beruhend, mit ihrer Hilfe
Ana|to|zis|mus ⟨m.; -, -men⟩ Verzinsung rückständiger Zinsen [zu grch. *anatokizein* »wieder verzinsen«]
an|axi|al ⟨a. ['----] Adj.⟩ nicht in Achsenrichtung, ungleichachsig angeordnet; *Ggs* axial [<*a...*[1] + *axial*]
An|azi|di|tät ⟨f.; -; unz.; Med.⟩ Mangelerscheinung von Salzsäure im Magen, kann zu Appetitlosigkeit führen; *oV* Anacidität [<*Ana...* + *Azidität*]
ana|zy|klisch *auch:* **ana|zyk|lisch** ⟨Adj.⟩ vorwärts u. rückwärts gleichlautend (von Wörtern u. Sätzen), z. B. »Reittier«; →*a.* Palindrom
ANC ⟨m.; -; unz.; Abk. für engl.⟩ African National Congress (afrikan. Nationalkongress), 1912 gegründete Organisation des schwarzen Freiheitskampfes in Südafrika, die von 1960-1990 verboten war u. seit den Parlamentswahlen 1994 die stärkste Partei bildet [engl.]
An|chor ⟨[æŋkə(r)] m.; -s, -; umg.; kurz für⟩ Anchorman
An|chor|man ⟨[æŋkə(r)mæn] m.; - od. -s, -men [-mən]⟩ **1** ⟨bes. TV⟩ Koordinator, Ansager, Moderator **2** wichtige Person, Schlüsselfigur [engl., »Koordinator; Eckpfeiler«]
An|chor|wo|man ⟨[æŋkə(r)wumən] f.; -, -wo|men [-wımın]⟩ weibl. Anchorman [engl., »Koordinatorin; Eckpfeiler«]
An|cho|ve ⟨[-ço:və] f.; -, -n⟩ = Anchovis
An|cho|vis ⟨[-ço:vıs] f.; -, -⟩ pikant zubereitete Sardelle od. Sardine; *oV* Anchove, Anschove, Anschovis [<ndrl. *ansjovis* <bask. *anchu*]
An|ci|en|ni|tät ⟨[ãsiɛni-] f.; -, -en⟩ **1** Dienstalter **2** Dienst-, Altersfolge [<frz. *ancienneté* »Alter, Dienst-, Amtsalter«]
An|ci|en Ré|gime ⟨[ãsjɛ̃: reʒi:m] n.; - -; unz.⟩ **1** ⟨urspr.⟩ das absolutist. Frankreich vor der Revolution 1789 **2** ⟨danach⟩ alte, überalterte Regierungsform od. Gesellschaftsordnung; *das sind Vorstellungen eines ~* [frz., »alte Regierungsform«]
an|co|ra ⟨[-ko:-] Musik⟩ noch (einmal); *~ piano* noch leise (zu spielen) [ital.]
...and ⟨Nachsilbe; zur Bildung männl. Subst.⟩ (zur Bezeichnung von Personen, mit denen etwas geschehen soll od. die in sich in einem bestimmten Prozess befinden); *Proband; Doktorand;* →*a.* ...ant [lat.]
An|da|lu|sit ⟨m.; -s, -e; Min.⟩ olivgrünes bis gelbliches, mattglänzendes Mineral [nach dem ersten Fundort in *Andalusien*]
an|dan|te ⟨Adj.; Musik⟩ gehend, ruhig (zu spielen); *~ con moto* gehend, (doch) mit Bewegung (zu spielen) [ital., »gehend«]
An|dan|te ⟨n.; - od. -s, - od. -s; Musik⟩ Musikstück, Satz im Andante-Tempo

A

an|dan|ti|no ⟨Musik⟩ etwas rascher als andante (zu spielen) [ital., Verkleinerungsform zu *andante*]

An|dan|ti|no ⟨n.; -s, -s od. -ti|ni; Musik⟩ kurzes Andante, Musikstück od. Satz im Andantinotempo

An|de|sin ⟨m.; -s, -e; Min.⟩ Mineral, Kalknatronfeldspat [nach den *Anden,* dem Hauptgebirge in Südamerika]

An|de|sit ⟨m.; -s, -e; Min.⟩ jüngeres Ergussgestein von dichter Grundmasse (mit Einsprenglingen von Plagioklas) [→ *Andensin*]

an|do|cken ⟨V.⟩ ankoppeln; *ein Raumschiff dockt an*

◆Die Buchstabenfolge **an|dr…** kann auch **and|r…** getrennt werden.

◆**An|dra|go|gik** ⟨f.; -; unz.⟩ Erwachsenenbildung [<grch. *aner,* Gen. *andros* »Mensch, Mann« + *agein* »führen«]

◆**an|dra|go|gisch** ⟨Adj.⟩ die Andragogik betreffend, zu ihr gehörig, mit ihrer Hilfe

◆**an|dro…, An|dro…** ⟨in Zus.⟩ männlich [<grch. *aner,* Gen. *andros* »Mann«]

◆**An|dro|di|ö|zie** ⟨f.; -; unz.; Bot.⟩ Auftreten von Pflanzen mit nur männl. Blüten neben solchen mit zwittrigen Blüten bei der gleichen Art [<*Andro…* + *Diözie*]

◆**An|dro|ga|met** ⟨m.; -en, -en; Biol.⟩ männliche Keimzelle; *Ggs* Gynogamet [<*Andro…* + *Gamet*]

◆**an|dro|gen** ⟨Adj.⟩ in der Art des Androgens, von der Wirkung des Androgens

◆**An|dro|gen** ⟨n.; -s; unz.⟩ männliches Geschlechtshormon [<*Andro…* + *…gen*[2]]

◆**An|dro|ge|ne|se** ⟨f.; -; unz.; Biol.⟩ Entwicklung eines Lebewesens aus einer befruchteten Eizelle, die nach dem Zugrundegehen des weiblichen Kerns nur durch den väterlichen Chromosomensatz bestimmt wird [<grch. *aner,* Gen. *andros* »Mann« + *Genese*]

◆**an|dro|gyn** ⟨Adj.; Biol.⟩ die Merkmale der Androgynie zeigend; *oV* androgynisch [<*andro…* + grch. *gyne* »Weib«]

◆**An|dro|gy|nie** ⟨f.; -; unz.; Biol.⟩ **1** Zweigeschlechtigkeit, mit weibl. Erscheinungsbild u. männl. Keimdrüsen: Pseudohermaphroditismus masculine **2** Zwitterbildung bei Pflanzen [→ *androgyn*]

◆**an|dro|gy|nisch** ⟨Adj.; Biol.⟩ = androgyn

◆**An|dro|gy|no|phor** ⟨n.; -s, -en; Bot.⟩ stielartige Verlängerung der Blütenachse, die den Stempel u. die Staubblätter trägt [<*Andro…* + *Gynophor*]

◆**An|dro|i|de** ⟨m.; -n, -n⟩ künstlicher Mensch [<grch. *aner,* Gen. *andros* »Mann« + *…id*]

◆**An|dro|lo|ge** ⟨m.; -en, -en; Med.⟩ Facharzt für Andrologie

◆**An|dro|lo|gie** ⟨f.; -; unz.; Med.⟩ Lehre von den Männerkrankheiten; →*a.* Gynäkologie [<*Andro…* + *…logie*]

◆**an|dro|lo|gisch** ⟨Adj.; Med.⟩ die Andrologie betreffend, zu ihr gehörig

◆**An|dro|mon|ö|zie** *auch:* **An|dro|mo|nö|zie** ⟨f.; -; unz.; Bot.⟩ Vorkommen männlicher u. zwittriger Blüten auf derselben Pflanze [<*Andro…* + *Monözie*]

◆**An|dro|sper|mi|um** ⟨n.; -s, -mi|en⟩ ein Y-Chromosom enthaltendes, männl. Spermium [<*Andro…* + *Spermium*]

◆**An|dro|spo|re** ⟨f.; -, -n; Bot.⟩ Spore, aus der eine männliche Pflanze hervorgeht [<*Andro…* + *Spore*]

◆**An|dro|ste|ron** *auch:* **An|dros|te|ron** ⟨n.; -s; unz.⟩ Abbauprodukt des Testosterons mit schwach androgener Wirkung [verkürzt <*Andro…* + Testo*steron*]

◆**An|drö|ze|um** ⟨n.; -s; unz.; Bot.⟩ männl. Blütenteile, Gesamtheit der Staubblätter [<grch. *aner,* Gen. *andros* »Mann«]

An|ek|do|te ⟨f.; -, -n⟩ kurze, witzige, unbeglaubigte, aber charakterist. Erzählung od. Begebenheit, meist eine bekannte Persönlichkeit od. ein histor. Ereignis betreffend [<*A…*[1] + grch. *ektodon* »herausgegeben«]

an|ek|do|tisch ⟨Adj.⟩ in der Art einer Anekdote

ane|mo…, Ane|mo… ⟨Vorsilbe⟩ wind…, Wind… [<grch *anemos* »Wind«]

Ane|mo|cho|rie ⟨[-ko-] f.; -; unz.; Bot.⟩ Verbreitung von Samen u. Früchten durch den Wind [<*Anemo…* + grch. *chora* »Gegend, Land«]

ane|mo|gam ⟨Adj.; Bot.⟩ durch den Wind bestäubt; *Sy* anemophil [<*anemo…* + *…gam*]

Ane|mo|ga|mie ⟨f.; -, -n; Bot.⟩ Bestäubung durch Wind [<*Anemo…* + *…gamie*]

Ane|mo|graf ⟨m.; -en, -en⟩ = Anemograph

Ane|mo|graph ⟨m.; -en, -en⟩ selbst schreibendes Anemometer; *oV* Anemograf [<grch. *anemos* »Wind« + *…graph*]

Ane|mo|me|ter ⟨n.; -s, -⟩ Gerät zum Messen der Windstärke, Windmesser [<grch. *anemos* »Wind« + *…meter*]

Ane|mo|ne ⟨f.; -, -n; Bot.⟩ Gattung der Hahnenfußgewächse, Windröschen [<grch. *anemone*]

ane|mo|phil ⟨Adj.⟩ = anemogam [<*anemo…* + *…phil*]

An|ener|gie ⟨f.; -, -⟩ = Anergie

an|ener|gisch ⟨Adj.⟩ = anergisch

An|epi|gra|fa ⟨Pl.⟩ = Anepigrapha

An|epi|gra|pha ⟨Pl.⟩ unbetitelte Schriften; *oV* Anepigrafa [<grch. *an* »nicht« + *epigraphe* »Überschrift«]

Aner|gie ⟨f.; -; unz.⟩ bei Energieumwandlungen derjenige Teil der eingesetzten Energie, der durch Reibungs- sowie Wärmeverluste für eine nachfolgende weitere Nutzung verlorengeht; *oV* Anenergie [<*A…*[1] + *Energie*]

aner|gisch ⟨Adj.⟩ die Anergie betreffend, auf ihr beruhend; *oV* anenergisch

An|e|ro|id ⟨n.; -(e)s, -e⟩ = Aneroidbarometer

An|e|ro|id|ba|ro|me|ter ⟨n.; -s, -⟩ Barometer ohne Flüssigkeit, bei dem eine luftleere Blechdose durch den Luftdruck verformt wird; *Sy* Aneroid [<*A…*[1] + grch. *neros* »nass« + *…id*]

An|e|ry|throp|sie *auch:* **An|e|ryth|rop|sie** ⟨f.; -; unz.; Med.⟩ Rotblindheit [<*A…*[1] + grch. *erythros* »rot« + *opsis* »das Sehen«]

Ane|thol ⟨n.; -s; unz.; Chemie⟩ Methyläther des p-Propenylphenols, u. a. in der Likörfabrikation verwendet [<lat. *anethum* »Dill« + …*ol*]

an|eu|plo|id *auch:* **an|eup|lo|id** ⟨Adj.; Genetik⟩ eine ungleiche Anzahl der Chromosomen od. ein nicht ganzzahliges Vielfaches davon aufweisend; *Ggs* euploid [<*an…*[1] + grch. *eu* »reichlich« + di*ploid*]

An|eu|plo|i|die *auch:* **An|eup|lo|i|die** ⟨f.; -; unz.; Genetik⟩ Auftreten von unnormalen Chromosomenzahlen [→ *aneuploid*]

An|eu|rin ⟨n.; -s; unz.⟩ das Vitamin B_1 [<*A…*[1] + grch. *neuron* »Nerv«]

An|eu|rys|ma ⟨n.; -s, -ma|ta od. -rys|men; Med.⟩ örtl. begrenzte, sackartige Erweiterung eines Blutgefäßes (bes. Arterien, auch Herz) [zu grch. *aneurynein* »erweitern«]

an|fi|xen ⟨V.⟩ **1** ⟨Wirtsch.⟩ Baissespekulation betreiben **2** ⟨Drogenszene⟩ *jmdn.~* jmdm. zum ersten Mal ein Rauschmittel injizieren **3** ⟨fig.; umg.⟩ *jmdn.~* jmdm. etwas (durch enthusiastische Schilderung) schmackhaft machen; *er war ganz angefixt, nachdem ich ihm davon erzählt hatte*

an|ge|groovt ⟨[-gru:vt] Adj.; umg.; Drogenszene⟩ unter Drogeneinfluss stehend [zu engl. *to be in the groove* »in Stimmung sein«; zu *groovy* »irr, stark«]

An|ge|li|ka ⟨f.; -, -li|ken; Bot.⟩ Engelwurz, Heiliggeistwurz, Angehörige einer Gattung der Doldengewächse, deren Wurzeln arzneilich u. als aromatisches Bittermittel verwendet werden: Angelica [<lat. *angelica* »Engelwurz«]

An|ge|lo|lo|gie ⟨f.; -; unz.⟩ Lehre von den Engeln [→ *Angelus*]

An|ge|lus ⟨m.; -; unz.⟩ Engel, Bote, Gesandter; *~ Domini* Erzengel Gabriel (Verkündigungsengel) [<lat., grch. *angelos* »Bote«; nach dem Gebetsanfang *Angelus Domini* nuntiavit Mariae … (des Herrn Engel brachte Maria die Botschaft …)]

An|ge|lus|läu|ten ⟨n.; -s; unz.⟩ Glockenläuten zum abendlichen Dankgebet (für Christi Menschwerdung)

An|gi|i|tis ⟨f.; -, -ti|den od. -ti|des; Med.⟩ Entzündung eines Gefäßes [<grch. *angeion* »Gefäß« + …*itis*]

An|gi|na ⟨f.; -, -gi|nen; Med.⟩ entzündl., fieberhafte Erkrankung des Halses mit Schwellung des Rachens u. der Mandeln [lat., »Beklemmung; Halsentzündung«]

An|gi|na Pec|to|ris ⟨f.; - -; unz.; Med.⟩ Anfälle von heftigen Herzschmerzen, Beklemmung der Brust u. Todesangst, auf einer chronischen Minderdurchblutung des Herzmuskels beruhend; *Sy* Stenokardie [lat., »Brustbeklemmung«]

an|gi|nös ⟨Adj.⟩ in der Art einer Angina, auf Angina beruhend

an|gio…, An|gio… ⟨Vorsilbe⟩ gefäß…, Gefäß… [<grch. *aggeion* »Gefäß«]

An|gio|ge|ne|se ⟨f.; -, -n; Med.⟩ Wachstum neuer Blutgefäße [<grch. *aggeion* »Gefäß« + *genesis* »Erzeugung, Ursprung«]

An|gio|gra|fie ⟨f.; -, -n; Med.⟩ = Angiographie

An|gio|gra|phie ⟨f.; -, -n; Med.⟩ röntgenolog. Darstellung von Gefäßen nach Injektion eines Kontrastmittels; *oV* Angiografie [<*Angio…* + …*graphie*]

An|gio|lo|ge ⟨m.; -n, -n; Med.⟩ Wissenschaftler auf dem Gebiet der Angiologie

An|gio|lo|gie ⟨f.; -; unz.; Med.⟩ Lehre von den Blut- u. Lymphgefäßen [<*Angio…* + …*logie*]

An|gio|lo|gin ⟨f.; -, -gin|nen; Med.⟩ Wissenschaftlerin auf dem Gebiet der Angiologie

an|gio|lo|gisch ⟨Adj.; Med.⟩ die Angiologie betreffend

An|gi|om ⟨n.; -s, -e; Med.⟩ vom Gefäßgewebe (der Blut- od. Lymphgefäße) ausgehende Geschwulst [<grch. *aggeion* »Gefäß«]

An|gi|o|se ⟨f.; -, -n; Med.⟩ Erkrankung der Gefäßwand [grch.]

An|gio|sper|men ⟨Pl.; Bot.⟩ bedecktsamige Blütenpflanzen; *Ggs* Gymnospermen [<*Angio…* + *Sperma*]

An|gio|sta|tin ⟨n.; -s, -e; Med.⟩ Stoff, der die Neubildung von Blutgefäßen hemmt, wird in der Krebstherapie angewendet [<grch. *aggeion* »Gefäß« + *statos* »stehend«]

An|gio|ten|sin ⟨n.; -s, -e; Pharm.⟩ Gewebshormon, das aus acht Aminosäuren besteht u. blutdrucksteigernd wirkt [<grch. *aggeion* »Gefäß« + lat. *tendere* »spannen«]

> ◆ Die Buchstabenfolge **an|gl…** kann auch **ang|l…** getrennt werden.

◆ **An|glaise** ⟨[ãglɛ:z] f.; -, -n⟩ aus dem engl. Volkstanz entwickelter, mäßig schneller Gesellschaftstanz im 18./19. Jh., meist im $^2/_2$-Takt [frz., »englisch(er Tanz)«]

◆ **an|gli|ka|nisch** ⟨Adj.⟩ die engl. Staatskirche betreffend, ihr angehörend; *~e Kirche* die engl. Staatskirche [<mlat. *Anglicanus;* zu lat. *Angli* »die Angeln, Engländer«]

◆ **An|gli|ka|nis|mus** ⟨m.; -; unz.⟩ Lehre u. Ordnung der anglikan. Kirche

◆ **an|gli|sie|ren** ⟨V.⟩ dem engl. Wesen, der engl. Sprache, den engl. Sitten angleichen [zu lat. *Angli* »die Angeln, Engländer«]

◆ **An|glist** ⟨m.; -en, -en⟩ Wissenschaftler, Student der englischen Sprache u. Literatur [<lat. *Angli* »Angeln (= Engländer)«]

◆ **An|glis|tik** ⟨f.; -; unz.⟩ Lehre von der engl. Sprache u. Literatur

◆ **An|glis|tin** ⟨f.; -, -tin|nen⟩ Wissenschaftlerin, Studentin der englischen Sprache u. Literatur [→ *Anglist*]

◆ **an|glis|tisch** ⟨Adj.⟩ die Anglistik betreffend, zu ihr gehörig

◆ **An|gli|zis|mus** ⟨m.; -, -zis|men⟩ engl. Spracheigentümlichkeit, bes. deren Übertragung in eine andere Sprache, z. B. »einmal mehr« aus »once more« (= noch einmal)

◆ **An|glo|ame|ri|ka|ner** **1** ⟨m.; -s, -⟩ Amerikaner englischer Abstammung **2** ⟨nur Pl.⟩ Sammelbezeichnung für Engländer u. Amerikaner (hinsichtlich ihrer gemeinsamen Politik, bes. im 2. Weltkrieg)

◆ **an|glo|ame|ri|ka|nisch** ⟨Adj.⟩ die Angloamerikaner betreffend, zu ihnen gehörig, von ihnen stammend

A

◆ **an|glo|fon** ⟨Adj.⟩ = anglophon
◆ **An|glo|fo|nie** ⟨f.; -; unz.⟩ = Anglophonie
◆ **An|glo|ma|nie** ⟨f.; -; unz.⟩ übertriebene Vorliebe für alles Englische [<lat. *Angli* »Angeln« (= Engländer) + grch. *mania* »Begeisterung«]
◆ **an|glo|phil** ⟨Adj.⟩ englandfreundlich
◆ **An|glo|phi|lie** ⟨f.; -; unz.⟩ Vorliebe für alles Englische [<lat. *Angli* »Angeln« (= Engländer) + *...philie*]
◆ **an|glo|phob** ⟨Adj.⟩ allem Englischen abgeneigt
◆ **An|glo|pho|bie** ⟨f.; -, -n⟩ Abneigung gegen alles Englische [<lat. *Angli* »Angeln« (= Engländer) + *Phobie*]
◆ **an|glo|phon** ⟨Adj.⟩ englischsprachig; *oV* anglofon
◆ **An|glo|pho|nie** ⟨f.; -; unz.⟩ Englischsprachigkeit; *oV* Anglofonie [<lat. *Angli* »Angeln (= Engländer)« + *...phonie*]
An|go|ra|kat|ze ⟨f.; -, -n; Zool.⟩ Angehörige einer Katzenrasse mit langem, seidigem Haar von weißer, gelblicher od. grauer Färbung [nach der türk. Hauptstadt Ankara, früher: *Angora*]
An|go|ra|wol|le ⟨f.; -; unz.⟩ aus den Haaren der Angoraziege od. Angorakatze gewonnene Wolle mit bes. langem u. feinem Flor [→ *Angorakatze*]
An|gos|tu|ra® ⟨m.; -s, -s⟩ aus der Rinde des Angosturabaumes (Cusparia trifoliata) gewonnenes, bitter-würziges Aroma zur Bereitung von Likör [nach dem venezolan. Flusshafen *Angostura* (jetzt Ciudad Bolívar)]
An|gos|tu|ra|baum ⟨m.; -(e)s, -bäu|me; Bot.⟩ südamerikan. Art der Rautengewächse, aus der der Rohstoff für Angosturabitter gewonnen wird
Ång|ström *auch:* **Ångs|tröm** *auch:* **Ångst|röm** ⟨[ɔŋstrø:m] n.; - od. -s, -; Zeichen: Å⟩ nicht mehr zulässige Maßeinheit für die Wellenlänge der Lichtstrahlen; 1 Å = 10^{-10} m = 0,1 nm [nach dem schwed. Astronomen u. Physiker Anders Jonas *Ångström*, 1814-1874]
an|gu|lar ⟨Adj.⟩ **1** den Winkel betreffend **2** eckig [<lat. *angularis* »winklig«; zu *angulus* »Winkel«]
An|gus|rind ⟨[æŋgəs-] n.; -(e)s, -er; Zool.⟩ aus Schottland stammendes Fleischrind der Angusrasse [nach der schott. Stadt *Angus*]
An|hi|dro|se *auch:* **An|hid|ro|se** ⟨f.; -, -n; Med.⟩ Verminderung od. Fehlen der Schweißabsonderung [<*A...*[1] + grch. *hidros* »Schweiß«]
An|hy|drid *auch:* **An|hyd|rid** ⟨n.; -s, -e; Chemie⟩ Oxid, das mit Wasser reagiert u. dann eine Säure od. Base bildet [<*A...*[1] + grch. *hydor* »Wasser«]
An|hy|drit *auch:* **An|hyd|rit** ⟨m.; -s, -e⟩ ein Mineral, chem. Calciumsulfat [<*A...*[1] + grch. *hydor* »Wasser«]
An|hy|dro|bio|se *auch:* **An|hyd|ro|bio|se** ⟨f.; -, -n⟩ bei manchen Tieren nach Wasserentzug künstlich herbeiführbarer od. im Wechsel der Jahreszeiten natürlich einsetzender Zustand verminderter Lebensaktivität, bei dem die Körperflüssigkeit auf das eben noch tragbare Mindestmaß herabgesetzt u. alle Lebensprozesse verlangsamt werden, Trockenstarre [<*A...*[1] + *hydro...* + *...biose*]
Änig|ma ⟨n.; -s, -ma|ta od. -nig|men⟩ = Enigma
änig|ma|tisch ⟨Adj.⟩ = enigmatisch
Ani|lin ⟨n.; -s; unz.; Chemie⟩ Ausgangsstoff für viele Farb-, Kunststoffe u. Arzneimittel; *Sy* Phenylamin, Aminobenzol [<*Anil* (Indigopflanze in Indien) <arab. *an-il* »das Blaue« <Sanskrit *nila* »blau«]
Ani|lin|druck ⟨m.; -(e)s, -e⟩ Lichtpausverfahren, bei dem Anilindämpfe als Entwickler dienen
Ani|ma ⟨f.; -; unz.; Philos.; Psych.⟩ die Seele, das Innere (der menschl. Persönlichkeit) [lat., »Wind, Atem, Seele«]
ani|mal ⟨Adj.⟩ **1** lebend, lebendig **2** = animalisch [→ *animalisch*]
ani|ma|lisch ⟨Adj.⟩ *Sy* animal **1** tierisch, den Tieren eigentümlich **2** triebhaft, triebgesteuert **3** leiblich, (grob-)sinnlich [<lat. *animal* »Lebewesen, Geschöpf«]
ani|ma|li|sie|ren ⟨V.⟩ **1** in tierische Substanz verwandeln **2** *Zellulosefasern* ~ so behandeln, dass sie den tierischen Fasern (Wolle) ähnlich werden u. mit diesen zusammen weiterverarbeitet werden können [<lat. *animal* »Lebewesen, Geschöpf«]
Ani|ma|lis|mus ⟨m.; -; unz.⟩ Verehrung als heilig angesehener Tiere
Ani|ma|li|tät ⟨f.; -; unz.⟩ das Tiersein, tier. Wesensart [→ *animalisch*]
Ani|ma|teur ⟨[-tø:r] m.; -s, -e⟩ Angestellter eines Reiseunternehmens, der für die Unterhaltung u. Freizeitgestaltung einer Reisegesellschaft zuständig ist; *oV* Animator (2) [frz., »Unterhalter«]
Ani|ma|teu|rin ⟨[-tø:-] f.; -, -rin|nen⟩ weiblicher Animateur; *oV* Animatorin (2)
Ani|ma|ti|on ⟨f.; -, -en⟩ **1** (von einem Animateur organisierte) Unterhaltung u. Freizeitgestaltung für Urlauber **2** ⟨EDV; Film⟩ Verfahren zur Belebung u. Bewegung von Bildern u. Figuren im Trickfilm [frz., »Unterhaltung«]
Ani|ma|tis|mus ⟨m.; -; unz.⟩ = Animismus
ani|ma|tiv ⟨Adj.⟩ unterhaltend, anregend
ani|ma|to ⟨Musik⟩ belebt (zu spielen) [ital.]
Ani|ma|tor ⟨m.; -s, -to|ren⟩ **1** Trickfilmzeichner **2** = Animateur [→ *animieren*]
Ani|ma|to|rin ⟨f.; -, -rin|nen⟩ **1** Trickfilmzeichnerin **2** = Animateurin
Ani|mier|da|me ⟨f.; -, -n⟩ Frau in aufreizender Aufmachung, die (in Nachtlokalen) die Gäste zum Trinken animiert
ani|mie|ren ⟨V.⟩ beleben, ermuntern, in Stimmung bringen; *jmdn. zu einem Streich* ~ [<lat. *animare* »beleben«]
Ani|mier|lo|kal ⟨n.; -s, -e⟩ Gaststätte, Bar mit Animierdamen
Ani|mis|mus ⟨m.; -; unz.⟩ Glaube an die Beseeltheit der Natur u. an die Existenz von Geistern; *oV* Animatismus [<lat. *animus* »Geist, Seele«]
ani|mis|tisch ⟨Adj.⟩ den Animismus betreffend, zu ihm gehörig

Ani|mo ⟨n.; -s; unz.; österr.; umg.⟩ Stimmung, Schwung, Lust [ital., »Geist, Seele« <lat. *animus*]
ani|mos ⟨Adj.⟩ feindselig, gereizt [<lat. *animus* »Geist, Seele«]
Ani|mo|si|tät ⟨f.; -, -en⟩ Gereiztheit, Feindseligkeit, Abneigung [→ *animos*]
ani|mo|so ⟨Musik⟩ bewegt, beherzt (zu spielen) [ital.]
Ani|mus ⟨m.; -, Ani|mi⟩ **1** Geist, Seele **2** Neigung **3** Wille **4** ⟨umg.; scherzh.⟩ Ahnung [lat., »Geist, Seele«]
An|ion ⟨n.; -s, -en; El.⟩ negativ geladenes Teilchen, das im elektr. Feld zur (positiv geladenen) Anode wandert; *Ggs* Kation [zu grch. *anienai* »hinaufgehen«]
Anis ⟨a. [-'-] m.; -es, -e; Bot.⟩ Gewürz- u. Arzneipflanze: Pimpinella anisum [<mlat. *anis, enis* <frz. *anis* <lat. *anisum* <grch. *anison*]
Ani|sett ⟨m.; -s, -s⟩ mit Anis gewürzter Likör
An|iso|ga|mie ⟨f.; -, -n⟩ Fortpflanzung niederer Pflanzen durch verschieden große Geschlechtszellen [<*An…*[1] + *Isogamie*]
an|iso|trop ⟨Adj.⟩ nicht nach allen Richtungen hin gleiche (chem.-physikal.) Eigenschaften aufweisend; *Ggs* isotrop [<*an…*[1] + *isotrop*]
An|iso|tro|pie ⟨f.; -; unz.⟩ Abhängigkeit der physikal. Eigenschaften eines Körpers (z. B. eines Kristalls) von der Richtung; *Ggs* Isotropie
An|ka|the|te ⟨f.; -, -n; Geom.; im rechtwinkligen Dreieck⟩ eine der beiden dem rechten Winkel anliegenden Seiten
an|kli|cken ⟨V.; EDV⟩ auf dem Computerbildschirm mit dem Cursor durch Betätigen der Maustaste markieren, auswählen od. einen Link öffnen
An|ky|lo|se ⟨f.; -, -n; Med.⟩ durch Verwachsung von Knochengewebe hervorgerufene Gelenkversteifung [zu grch. *ankylos* »gekrümmt«]
an|ky|lo|tisch ⟨Adj.⟩ auf Ankylose beruhend, sie betreffend, versteift
an|mai|len ⟨[-mɛɪ-] V.; umg.⟩ per E-Mail einen Kontakt herstellen; *eine falsche Adresse ~; sie hat ihn dreimal angemailt*
An|mo|de|ra|ti|on ⟨f.; -, -en; TV⟩ Begrüßungsworte des Moderators; *Ggs* Abmoderation
an|mo|de|rie|ren ⟨V.; TV⟩ die Begrüßungsworte als Moderator sprechen; *Ggs* abmoderieren; *eine Sendung ~*
An|na|len ⟨Pl.⟩ **1** ⟨im MA⟩ geschichtl. Jahrbücher **2** ⟨allg.⟩ (zeitgenöss.) Geschichtsbericht [<lat. *annales* »Jahrbücher«; zu *annus* »Jahr«]
An|na|lin ⟨n.; -s; unz.⟩ fein pulverisierter Gips
An|na|list ⟨m.; -en, -en; im MA⟩ Verfasser von Annalen
An|na|ten ⟨Pl.; früher⟩ jährliche Abgaben eines neuen kirchlichen Amtsinhabers an den Papst [zu lat. *annus* »Jahr«]
an|nek|tie|ren ⟨V.⟩ *einen Staat, Teil eines Staates ~* sich einverleiben, sich (gewaltsam) aneignen, in Besitz nehmen [<lat. *annectere* »an-, hinzufügen«]
An|nek|tie|rung ⟨f.; -, -en⟩ = Annexion
An|ne|li|de ⟨f.; -, -n; Zool.⟩ Angehörige eines Stammes geringelter, wurmförmiger Tiere: Annelida; *Sy* Gliederwurm, Ringelwurm [<lat. *anellus*, Verkleinerungsform von *anulus* »Ring« + *…id*]
An|nex ⟨m.; -es, -e⟩ **1** Zubehör, Anhängsel, Beilage, Anhang **2** Anbau, Nebengebäude [<lat. *annexum*, Part. Perf. zu *annectere* »an-, hinzufügen«]
An|ne|xi|on ⟨f.; -, -en; Politik⟩ *~ von Staatsgebiet* Einverleibung, (gewaltsame) Aneignung, Besitzergreifung; *Sy* Annektierung [lat. *annexio* »Verbindung«]
An|ne|xi|o|nis|mus ⟨m.; -; unz.; Politik⟩ Aneignung fremder Gebiete als politisches Ziel
An|ne|xi|o|nist ⟨m.; -en, -en⟩ Anhänger, Vertreter des Annexionismus
An|ne|xi|o|nis|tin ⟨f.; -, -tin|nen⟩ Anhängerin, Vertreterin des Annexionismus
an|ni cur|ren|tis ⟨Abk.: a. c.⟩ des laufenden Jahres [lat.]
an|ni fu|tu|ri ⟨Abk.: a. f.⟩ des kommenden Jahres [lat.]
An|ni|hi|la|ti|on ⟨f.; -, -en⟩ **1** Nichtigkeitserklärung **2** ⟨Atomphysik⟩ Umwandlung von Masse in Energie durch Zusammentreffen eines Teilchens mit dem entsprechenden Antiteilchen [→ *annihilieren*]
an|ni|hi|lie|ren ⟨V.⟩ **1** für nichtig erklären **2** ⟨Physik⟩ *Masse ~* in Energie umwandeln [<*ad…* + lat. *nihil* »nichts«]
an|ni prae|te|ri|ti ⟨Abk.: a. p.⟩ des vergangenen Jahres [lat.]
An|ni|ver|sar ⟨[-vɛr-] n.; -s, -e⟩ = Anniversarium
An|ni|ver|sa|ri|um ⟨[-vɛr-] n.; -s, -ri|en; kath. Kirche⟩ jährlich wiederkehrende Gedächtnisfeier, z. B. Seelenmesse; *Sy* Anniversar [<lat. *anniversarius* »jedes Jahr wiederkehrend«]
an|no, An|no ⟨Abk.: a., A.⟩ im Jahre; *Anno dazumal* ⟨umg.⟩ in alter Zeit, einstmals; *anno od. Anno Domini 1492* ⟨Abk.: a. D. od. A. D.⟩ im Jahre des Herrn 1492, 1492 nach Christi Geburt; *anno od. Anno Tobak* ⟨umg.; scherzh.⟩ in alter Zeit [lat.]
An|non|ce ⟨[-nɔ̃:sə] f.; -, -n⟩ Zeitungs-, Zeitschriftenanzeige; *Sy* Inserat; *eine ~ in einer Zeitung, Zeitschrift aufgeben* [frz., »Ankündigung, Anzeige«]
an|non|cie|ren ⟨[-nɔ̃si:-] V.⟩ **1** durch Annonce veröffentlichen, ausschreiben, z. B. eine Stelle usw. **2** eine Zeitungsanzeige veröffentlichen lassen, aufgeben; *Sy* inserieren [<frz. *annoncer* »ankündigen, anzeigen«]
An|no|ta|ti|on ⟨f.; -, -en⟩ **1** ⟨allg.⟩ (schriftliche) Anmerkung, Vermerk, Aufzeichnung, Einzeichnung **2** ⟨EDV⟩ elektronische Kennzeichnung von Daten, Indexierung [<lat. *annotatio* »schriftliche Bemerkung, Anmerkung«]
an|no|tie|ren ⟨V.⟩ **1** aufzeichnen, vermerken **2** ⟨EDV⟩ eine Annotation vornehmen; *ein annotiertes Korpus*
an|nu|ell ⟨Adj.⟩ **1** *~e Pflanzen* einjährige P. **2** jährlich [<frz. *annuel* »jährlich« <lat. *annualis*]
An|nu|el|le ⟨f.; -, -n; Bot.⟩ einjährige Pflanze [<frz. *annuel* <lat. *annualis* »jährlich«]

A

An|nu|i|tät ⟨f.; -, -en⟩ **1** jährl. Zahlung zur Tilgung u. Verzinsung einer Schuld **2** jährl. Einkommen [<engl. *annuity* »Jahresrente«; zu lat. *annus* »Jahr«]

an|nul|lie|ren ⟨V.⟩ für ungültig, für nichtig erklären, außer Kraft setzen [<frz. *annuler* »für ungültig erklären« <lat. *ad* »zu« + *nullus* »keiner«]

An|nul|lie|rung ⟨f.; -, -en⟩ das Annullieren

Ano|de ⟨f.; -, -n; El.⟩ positive Elektrode; *Ggs* Kathode [<grch. *anodos* »Aufgang«]

Ano|den|span|nung ⟨f.; -, -en; El.⟩ Spannung zwischen Kathode u. Anode in Elektronenröhren

Ano|den|strahl ⟨m.; -(e)s, -en⟩ Ionenstrahl, der von einer glühenden Anode ausgeht

Ano|den|strom ⟨m.; -(e)s; unz.⟩ der zur Anode einer Elektronenröhre führende Strom

ano|disch ⟨Adj.⟩ die Anode betreffend; *~e Oxidation* ⟨Chemie⟩ Abgabe von Elektronen aus Ionen od. Atomen an der Anode bei der Elektrolyse [→ *Anode*]

ano|gen ⟨Adj.; Geol.⟩ aus der Tiefe an die Erdoberfläche gehoben, z. B. bei Eruptivgestein [<grch. *ana* »hinauf« + *...gen*[1]]

an|o|mal ⟨Adj.⟩ = anormal [<grch. *anomalos* »uneben«]

An|o|ma|lie ⟨f.; -, -n⟩ **1** Regelwidrigkeit, Abweichung von der Regel; *~ des Wassers* Erscheinung, dass das Wasser im Unterschied zu allen anderen Stoffen seine größte Dichte bei 4 °C hat **2** ⟨Biol.⟩ Missbildung, Abweichung von der Norm (Körperteil, Organ) **3** ⟨Physik⟩ Abweichung der Schwerkraft vom Normalwert **4** ⟨Astron.⟩ Winkelabstand eines Planeten od. Kometen vom Perihelium seiner Bahn

an|o|ma|lis|tisch ⟨Adj.⟩ auf gleicher Anomalie (4) beruhend

An|o|mie ⟨f.; -, -n⟩ **1** Fehlen von Gesetzen u. Normen **2** Fehlen der Fähigkeit, sich in die gesellschaftl. Ordnung einzufügen [<grch. *a* »nicht« + *nomos* »Gesetz«]

an|o|nym ⟨Adj.⟩ ungenannt, namenlos, ohne Namensangabe; *~er Brief* B. ohne Namensunterschrift; *das Buch ist ~ erschienen* ohne Angabe des Verfassers [<grch. *anonymos* »namenlos« <*an...* »nicht« + *onyma* »Name«]

an|o|ny|mi|sie|ren ⟨V.⟩ anonym machen, werden; *Personaldaten ~* unkenntlich machen

an|o|ny|mi|siert ⟨Adj.⟩ anonym, unkenntlich gemacht; *~e Berichte; Daten in ~er Form; ein ~er Fragebogen*

An|o|ny|mi|tät ⟨f.; -; unz.⟩ Verschweigung, Nichtangabe des Namens, Namenlosigkeit [→ *anonym*]

An|o|ny|mus ⟨m.; -, -ny|mi⟩ Anonymer, Ungenannter [→ *anonym*]

An|o|phe|les ⟨f.; -, -; Zool.⟩ Gattung der Stechmücken, die die Malaria übertragen, Fiebermücke [grch., »die Schädliche«]

An|o|pie ⟨f.; -; unz.; Med.⟩ = Anopsie

An|op|sie ⟨f.; -; unz.; Med.⟩ das Nichtsehen, Untätigkeit der gesunden Netzhaut; *oV* Anopie [<*A...*[1] + grch. *ops,* Gen. *opis* »Auge«]

Ano|rak ⟨m.; -s, -s⟩ Windbluse, Windjacke, meist mit Kapuze [<eskim. *anoraq*]

an|o|rek|tisch ⟨Adj.; Med.⟩ in der Art der Anorexie, appetitlos

An|o|re|xie ⟨f.; -; unz.; Med.⟩ extreme Appetitlosigkeit u. Unlust zur Nahrungsaufnahme, beispielsweise bei Magen-Darm- od. Infektionskrankheiten [<*An*[1]*...* + grch. *orexis* »Appetit«]

An|or|ga|nik ⟨f.; -; unz.⟩ anorganische Chemie

an|or|ga|nisch ⟨Adj.⟩ unbelebt, nicht von Lebewesen stammend, nicht durch Lebewesen entstanden, nicht Kohlenstoff enthaltend; *Ggs* organisch (2.1); *~e Chemie* Lehre von den Verbindungen, die keinen Kohlenstoff enthalten, von den Oxiden u. Metallverbindungen [<*a...*[1] + *organisch*]

An|or|gas|mie ⟨f.; -, -n; Med.⟩ das Fehlen, Ausbleiben des Orgasmus [<grch. *an* »nicht« + *Orgasmus;* zu *organ* »reifen, schwellen«]

an|or|mal ⟨Adj.; umg.⟩ nicht der Regel entsprechend, nicht normal; *oV* anomal

An|or|thit ⟨m.; -s; unz.; Min.⟩ ein Mineral, Kalkfeldspat [<*A...*[1] + *orthos* »gerade«]

An|os|mie ⟨f.; -, -n; Med.⟩ Fehlen des Geruchsvermögens [<*An...*[1] + grch. *osme* »Luft, Geruch«]

Ano|ther|mie ⟨f.; -; unz.; Geophysik⟩ Abnahme der Wassertemperatur in Gewässern mit zunehmender Wassertiefe; *Ggs* Katothermie [<*Ana...* + grch. *therme* »Wärme«]

An|ox|ä|mie *auch:* **An|o|xä|mie** ⟨f.; -; unz.; Med.⟩ Sauerstoffmangel im Blut [<*A...*[1] + grch. *oxys* »scharf, sauer« + *...ämie*]

An|o|xie ⟨f.; -; unz.; Med.⟩ Sauerstoffmangel in den Geweben [<*A...*[1] + grch. *oxys* »scharf, sauer«]

An|scho|ve ⟨[-və] f.; -, -n⟩ = Anchovis

An|scho|vis ⟨[-vɪs] f.; -, -⟩ = Anchovis

An|se ⟨f.; -, -n⟩ **1** Gabeldeichsel **2** kleine, seichte Bucht [<lat. *ansa* »Griff, Handhabe«]

ANSI ⟨Abk. für engl.⟩ American National Standards Institute (nationales amerikanisches Standardisierungsinstitut)

ant...[1], **Ant...**[1] ⟨Vorsilbe⟩ = ante..., Ante...

ant...[2], **Ant...**[2] ⟨Vorsilbe⟩ = anti..., Anti...

...ant ⟨Nachsilbe; zur Bildung männl. Subst.⟩ (zur Bezeichnung von Personen, die aktiv eine bestimmte Tätigkeit ausüben); *Demonstrant; Praktikant;* →*a.* ...and [lat.]

Ant|aci|dum ⟨n.; -s, -da⟩ = Antazidum

Ant|a|go|nis|mus *auch:* **An|ta|go|nis|mus** ⟨m.; -, -nis|men⟩ **1** Widerstreit, (unversöhnl.) Gegensätzlichkeit **2** Prinzip von Wirkung u. Gegenwirkung [→ *Antagonist*]

Ant|a|go|nist *auch:* **An|ta|go|nist** ⟨m.; -en, -en⟩ *Ggs* Agonist **1** ⟨allg.⟩ Gegner, Gegenspieler, Widersacher **2** ⟨Anat.⟩ einer von zwei paarweise wirkenden Muskeln (Strecker u. Beuger) od. Nerven (Sympathikus u. Parasympathikus) [<*Anti...* + grch. *agonistes* »Kämpfer«]

A

Ant|a|go|nis|tin *auch:* **An|ta|go|nis|tin** ⟨f.; -, -tin|nen⟩ Gegnerin, Gegenspielerin, Widersacherin

ant|a|go|nis|tisch *auch:* **an|ta|go|nis|tisch** ⟨Adj.⟩ **1** auf Antagonismus beruhend **2** widerstreitend, gegensätzlich

Ant|ark|ti|ka ⟨f.; -; unz.⟩ Südpolarkontinent

Ant|ark|tis ⟨f.; -; unz.⟩ Gebiet um den Südpol [<*Anti...* + *Arktis*]

ant|ark|tisch ⟨Adj.⟩ die Antarktis betreffend, in der Antarktis gelegen

Ant|azi|dum ⟨n.; -s, -azi|da⟩ Medikament, das überschüssige Magensäure neutralisiert; *oV* Antacidum [<*Ant...*[2] + lat. *acidus* »sauer«]

an|te ⟨Präp.⟩ vor [lat.]

an|te..., An|te... ⟨vor Vokalen⟩ ant..., Ant... ⟨Vorsilbe⟩ vor... [lat.]

An|te|bra|chi|um ⟨[-xi-] n.; -s, -chia; Anat.⟩ Unterarm [lat.]

an|te Chris|tum (na|tum) ⟨Abk.: a. Chr. (n.)⟩ vor Christi (Geburt) [lat.]

an|te|da|tie|ren ⟨V.⟩ *ein Schriftstück* ~ vordatieren, mit einem späteren Datum versehen [<*ante...* + *datieren*]

an|te di|em vor der festgesetzten Zeit [lat., eigtl. »vor dem (festgesetzten) Tage«]

an|te me|ri|di|em ⟨Abk.: a. m.⟩ vormittags [lat., »vor Mittag«]

an|te mor|tem vor dem Tode (geschehend) [lat.]

An|ten ⟨Pl.; Arch.⟩ die verlängerten Längswände des altgrch. Tempels [<lat. *ante* »vor«]

An|ten|ne ⟨f.; -, -n⟩ **1** ein od. mehrere elektr. Leiter zum Empfang od. Senden elektromagnet. Wellen **2** ⟨Zool.⟩ Fühler **3** ⟨umg.⟩ Sinn, Feinfühligkeit; *dafür habe ich (k)eine* ~ [<lat. *antenna* «Segelstange, Rahe«]

An|ten|tem|pel ⟨m.; -s, -⟩ altgrch. Tempel mit Vorhalle, die von Anten gebildet wird

An|te|pän|ul|ti|ma ⟨f.; -, -ti|mä od. -ti|men⟩ drittletzte Silbe [<*Ante...* + lat. *paene* »fast« + *ultima* »die Letzte«]

An|te|pen|di|um ⟨n.; -s, -di|en⟩ Altarbekleidung [<*Ante...* + lat. *pendere* »hängen«]

an|te|po|nie|rend ⟨Adj.; Med.⟩ vorzeitig, verfrüht auftretend [zu lat. *anteponere* »voranstellen«]

an|te por|tas ⟨geh.⟩ im Kommen, im Anmarsch [lat., »vor den Toren«]

An|te|po|si|ti|on ⟨f.; -, -en; Med.⟩ **1** Verlagerung eines Organs nach vorne **2** das vorzeitige Auftreten einer erblich bedingten Krankheit [<*Ante...* + *Position*]

An|te|ze|dens ⟨n.; -, -den|zi|en⟩ **1** Grund, Ursache, Vorausgegangenes **2** Prämisse **3** ⟨nur Pl.; veraltet⟩ *Antezedenzien* Vorleben [<lat. *antecedens*, Part. Präs. zu *antecedere* »vorausgehen«]

An|te|zes|sor ⟨m.; -s, -so|ren⟩ Vorgänger (im Amt) [<lat. *antecessor* »Vorläufer«]

Ant|hel|min|thi|kum ⟨n.; -s, -thika; Pharm.⟩ Medikament gegen Wurmbefall der Eingeweide [<*Ant...*[2] + *Helminthe*]

An|them ⟨[ænθəm] n.; -s, -s; Musik⟩ englisches, der Motette od. Kantate ähnliches Werk der Kirchenmusik [engl. <altengl. *antefn* <lat. *antiphona* »Wechselgesang«; → *Antiphonie*]

An|the|mi|on ⟨n.; -s, -mi|en; grch. Arch.⟩ Schmuckfries aus Palmblättern u. Lotosblüten [<grch. *anthos* »Blume«]

An|the|mis ⟨f.; -, -; Bot.⟩ Gattung gelbblühender Korbblütler, Hundskamille [<grch. *anthos* »Blume«]

An|the|re ⟨f.; -, -n; Bot.⟩ Staubbeutel [zu grch. *antheros* »blühend«]

An|the|ri|di|um ⟨n.; -s, -di|en; Bot.⟩ männl. Geschlechtsorgan niederer Pflanzen [zu grch. *antheros* »blühend«]

an|tho..., An|tho... ⟨Vorsilbe⟩ Blume(n)..., Blüte(n)... [<grch. *anthos* »Blume«]

An|tho|cy|an ⟨n.; -s; unz.⟩ roter, violetter od. blauer Farbstoff in Pflanzenzellen, bes. zum Färben der Blüten u. Blätter; *oV* Anthozyan [<*Antho...* + lat. *cyanus* »dunkelblau« (<grch. *kyanos*)]

An|tho|lo|gie ⟨f.; -, -n⟩ Sammlung von Gedichten, Sprüchen od. Prosastücken; *Sy* Florilegium [<*Antho...* + *...logie*]

an|tho|lo|gisch ⟨Adj.⟩ in der Art einer Anthologie, ausgewählt

An|tho|ly|se ⟨f.; -, -n; Bot.⟩ Auflösung der Blüte einer Pflanze durch Umwandlung ihrer Blütenteile in grüne Blätter [<*Antho...* + *...lyse*]

An|tho|xan|thin ⟨n.; -s; unz.⟩ gelber Blütenfarbstoff [<*Antho...* + *Xanthin*]

An|tho|zo|on ⟨n.; -s, -zo|en⟩ Korallentier [<*Antho...* + *Zoon*]

An|tho|zy|an ⟨n.; -s; unz.⟩ = Anthocyan

◆ Die Buchstabenfolge **an|thr...** kann auch **anth|r...** getrennt werden.

◆ **An|thra|cen** ⟨n.; -s, -e⟩ aus den höchst siedenden Fraktionen des Steinkohlenteers gewonnener aromat. Kohlenwasserstoff, Ausgangsstoff für viele Farbstoffe; *oV* Anthrazen [<grch. *anthrax* »Kohle«]

◆ **An|thra|chi|non** ⟨[-çi-] n.; -s; unz.; Chemie⟩ Zwischenprodukt für die Herstellung von Anthracen aus Steinkohlenteer [verkürzt <*Anthracen* + *Chinon*]

◆ **An|thrax** ⟨m.; -; unz.; Med.⟩ Milzbrand [grch., »Kohle«]

◆ **An|thra|zen** ⟨n.; -s, -e⟩ = Anthracen

◆ **an|thra|zit** ⟨Adj.; undekl.⟩ = anthrazitfarben, anthrazitfarbig

◆ **An|thra|zit** ⟨m.; -s, -e⟩ sehr harte, glänzende Steinkohle mit hohem Heizwert [<grch. *anthrax* »Kohle«]

◆ **an|thra|zit|far|ben** ⟨Adj.⟩ schwarzgrau; *oV* anthrazitfarbig; *Sy* anthrazit

◆ **an|thra|zit|far|big** ⟨Adj.⟩ = anthrazitfarben

◆ **an|thro|po..., An|thro|po...** ⟨Vorsilbe⟩ Mensch..., menschlich... [<grch. *anthropos* »Mensch«]

◆ **An|thro|po|bio|lo|gie** ⟨f.; -; unz.⟩ Lehre von der biolog. Beschaffenheit des Menschen

◆ **An|thro|po|cho|rie** ⟨[-ko-] f.; -; unz.⟩ Verbreitung von Samen u. Früchten durch den Menschen [<*Anthropo...* + grch. *chora* »Gegend, Land«]

◆ **an|thro|po|gen** ⟨Adj.⟩ vom Menschen geschaffen, von ihm

A

beeinflusst [<*anthropo…* + *…gen*]

◆ **An|thro|po|ge|ne|se** ⟨f.; -, -n⟩ = Anthropogenie

◆ **An|thro|po|ge|ne|tik** ⟨f.; -; unz.⟩ Humangenetik

◆ **An|thro|po|ge|nie** ⟨f.; -, -n⟩ Lehre von der stammesgeschichtl. Entwicklung des Menschen; *Sy* Anthropogenese [→ *anthropogen*]

◆ **an|thro|po|id** ⟨Adj.⟩ menschenähnlich [<*anthropo…* + *…id*]

◆ **An|thro|po|id** ⟨m.; -en, -en⟩ Menschenaffe; *oV* Anthropoide [<*Anthropo…* + *…id*]

◆ **An|thro|po|i|de** ⟨m.; -n, -n⟩ = Anthropoid

◆ **An|thro|po|la|trie** *auch:* **An|thro|po|lat|rie** ⟨f.; -; unz.⟩ kultische Verehrung eines Menschen [<*Anthropo…* + *…latrie*]

◆ **An|thro|po|lo|ge** ⟨m.; -n, -n⟩ Wissenschaftler auf dem Gebiet der Anthropologie

◆ **An|thro|po|lo|gie** ⟨f.; -; unz.⟩ Wissenschaft vom Menschen, von den Menschenrassen [<*Anthropo…* + *…logie*]

◆ **An|thro|po|lo|gin** ⟨f.; -, -gin|nen⟩ Wissenschaftlerin auf dem Gebiet der Anthropologie

◆ **an|thro|po|lo|gisch** ⟨Adj.⟩ die Anthropologie betreffend, zu ihr gehörig

◆ **An|thro|po|me|trie** *auch:* **An|thro|po|met|rie** ⟨f.; -; unz.⟩ Lehre von den Maßverhältnissen des menschl. Körpers [<*Anthropo…* + *…metrie*]

◆ **an|thro|po|me|trisch** *auch:* **an|thro|po|met|risch** ⟨Adj.⟩ die Anthropometrie betreffend, zu ihr gehörig

◆ **an|thro|po|morph** ⟨Adj.⟩ von menschl. Gestalt, menschenähnlich, vermenschlicht [<*anthropo…* + *…morph*]

◆ **An|thro|po|mor|phis|mus** ⟨m.; -, -phis|men⟩ Vermenschlichung

◆ **An|thro|po|nym** ⟨n.; -s, -e⟩ Personenname [<grch. *anthropos* »Mensch« + *onyma* »Name«]

◆ **An|thro|po|pha|ge** ⟨m.; -n, -n⟩ = Kannibale [<grch. *anthropos* »Mensch« + *phagein* »essen«]

◆ **An|thro|po|pha|gie** ⟨f.; -; unz.; bei Naturvölkern⟩ = Kannibalismus [<*Anthropo…* + *…phagie*]

◆ **An|thro|po|pho|bie** ⟨f.; -; unz.⟩ Menschenscheu [<*Anthropo…* + *Phobie*]

◆ **An|thro|po|soph** ⟨m.; -en, -en⟩ Anhänger der Anthroposophie

◆ **An|thro|po|so|phie** ⟨f.; -; unz.⟩ von R. Steiner (1861-1925) begründete Lehre vom Menschen in seiner Beziehung zur übersinnl. Welt [<*Anthropo…* + *…sophie*]

◆ **An|thro|po|so|phin** ⟨f.; -, -phin|nen⟩ Anhängerin der Anthroposophie

◆ **an|thro|po|so|phisch** ⟨Adj.⟩ die Anthroposophie betreffend, auf ihr beruhend

◆ **an|thro|po|zen|trisch** *auch:* **an|thro|po|zent|risch** ⟨Adj.⟩ den Menschen in den Mittelpunkt setzend [<*anthropo…* + *zentrisch*]

◆ **An|thro|pus** ⟨m.; -; unz.⟩ fossiler Frühmensch, z. B. Pithekanthropus [latinisiert <grch. *anthropos* »Mensch«]

An|thu|rie ⟨[-riə] f.; -, -n; Bot.⟩ Flamingoblume (Aronstabgewächs) [<grch. *anthos* »Blume« + *oura* »Schwanz, Schweif«]

an|ti…, An|ti… ⟨vor Vokalen⟩ ant…[2], Ant…[2] ⟨Vorsilbe⟩ gegen…, Gegen… [grch.]

An|ti|aging *auch:* **An|ti-Aging** ⟨[-ɛɪdʒɪŋ] n.; -s; unz.⟩ Maßnahmen, die den Prozess des Alterns verzögern [<*Anti…* + engl. *aging* »das Altern«; zu *age* »Alter«]

An|ti|al|ko|ho|li|ker ⟨a. ['-------] m.; -s, -⟩ Alkoholgegner [<*Anti…* + *Alkohol*]

An|ti|al|ko|ho|li|ke|rin ⟨a. ['-------] f.; -, -rin|nen⟩ Alkoholgegnerin [<*Anti…* + *Alkohol*]

an|ti|al|ko|ho|lisch ⟨a. ['------] Adj.⟩ keinen Alkohol, keine alkoholischen Zutaten enthaltend; *~es Getränk; ~er Cocktail*

An|ti|ame|ri|ka|nis|mus ⟨a. ['--------] m.; -; unz.⟩ ablehnende Haltung gegenüber der Politik u. Kultur der USA

an|ti|au|to|ri|tär ⟨Adj.⟩ nicht autoritär, gegen Autorität eingestellt, Autorität ablehnend; *~e Erziehung*

An|ti|ba|by|pil|le ⟨[-be:bi-] f.; -, -n⟩ empfängnisverhütendes Arzneimittel auf hormoneller Grundlage

an|ti|bak|te|ri|ell ⟨Adj.⟩ gegen Bakterien wirkend [<*anti…* + *bakteriell*]

An|ti|bap|tist ⟨m.; -en, -en⟩ Gegner der Taufe

An|ti|bap|tis|tin ⟨f.; -, -tin|nen⟩ Gegnerin der Taufe

An|ti|bar|ba|rus ⟨m.; -, -bari; früher⟩ Titel von Büchern, die gegen Sprachverstöße kämpfen [<*Anti…* + lat. *barbarus* »ausländisch, fremd«]

An|ti|bio|gramm ⟨n.; -(e)s, -e; Med.⟩ Methode zur Prüfung der Resistenz von Krankheitserregern gegen Antibiotika

An|ti|bi|ont ⟨m.; -en, -en; Biol.⟩ Mikroorganismus, von dem die Antibiose ausgeht [<*Anti…* + grch. *bios* »Leben«]

An|ti|bio|se ⟨f.; -; unz.⟩ hemmende od. abtötende Wirkung eines Mikroorganismus auf einen anderen [<*Anti…* + *…biose*]

An|ti|bio|ti|kum ⟨n.; -s, -tika; Pharm.⟩ Stoff, der Antibiose bewirkt, als Arzneimittel verwendet, z. B. Penizillin

an|ti|bio|tisch ⟨Adj.⟩ auf Antibiose beruhend, sie bewirkend

An|ti|blo|ckier|sys|tem ⟨n.; -s, -e; Abk.: ABS; bei Kfz⟩ Vorrichtung, die das Blockieren der Räder beim Bremsvorgang verhindert u. dadurch eine optimale Bremsleistung ermöglicht

an|ti|cham|brie|ren *auch:* **an|ti|chamb|rie|ren** ⟨[-ʃam-] V.⟩ **1** ⟨veraltet⟩ im Vorzimmer warten **2** ⟨fig.⟩ um Gunst betteln, sich einschmeicheln [<frz. *antichambre* »Vorzimmer« <lat. *ante* »vor« + *camera* »(gewölbter) Raum«]

An|ti|chlor ⟨[-klo:r] n.; -s; unz.⟩ chem. Stoff, der Chlor unwirksam macht u. Chlor (aus Geweben nach dem Bleichen) entfernt

An|ti|christ ⟨[-krist]⟩ **1** ⟨m.; -en, -en⟩ Gegner des Christentums **2** ⟨m.; -s, -e⟩ Widerchrist, der Teufel [<*Anti…* + *Christus*]

An|ti|de|pres|si|vum ⟨[-vum] n.; -s, -si|va [-va]; Pharm.⟩ Medikament zur Behandlung von Depressionen

An|ti|dot ⟨n.; -(e)s, -e; Med.⟩ Gegengift; *oV* Antidoton [<grch. *antidoton* »dagegen gegeben« <*anti* »gegen« + *didonai* »geben«]

An|ti|do|ton ⟨n.; -s, -do|ta⟩ = Antidot

An|ti|en|zym ⟨n.; -s, -e⟩ gegen Enzyme gerichteter Antikörper; *Sy* Antiferment

An|ti|fak|tor ⟨m.; -s, -en; Med.⟩ natürlicher Hemmstoff der Blutgerinnung [<*Anti…* + *Faktor*]

An|ti|fa|schis|mus ⟨m.; -; unz.⟩ polit. Gegnerschaft sowie Bewegung gegen Nationalsozialismus u. Faschismus

an|ti|fa|schis|tisch ⟨Adj.⟩ den Antifaschismus betreffend, zu ihm gehörig

An|ti|fe|brin *auch:* **An|ti|feb|rin** ⟨n.; -s, -e; Pharm.⟩ Arzneimittel gegen Fieber [<*Anti…* + lat. *febris* »Fieber«]

An|ti|fer|ment ⟨n.; -(e)s, -e⟩ = Antienzym

An|ti|fer|ro|ma|gne|tis|mus *auch:* **An|ti|fer|ro|mag|ne|tis|mus** ⟨m.; -; unz.; Physik⟩ verborgener Magnetismus einiger Stoffe, z. B. der Eisenoxide; *Ggs* Ferromagnetismus

An|ti|fon ⟨f.; -, -en⟩ = Antiphon

An|ti|fo|nar ⟨n.; -s, -ri|en⟩ = Antiphonar

An|ti|fo|ne ⟨f.; -, -n⟩ = Antiphone

An|ti|fo|nie ⟨f.; -, -n⟩ = Antiphonie

an|ti|fo|nisch ⟨Adj.⟩ = antiphonisch

An|ti|fou|ling ⟨[-faʊ-] n.; -s; unz.⟩ Anstrich für den unter Wasser liegenden Teil von Schiffsrümpfen, um das Ansiedeln von tierischen u. pflanzlichen Organismen zu verhindern [<engl. *fouling* »Verunreinigung«]

An|ti|fou|ling|far|be ⟨[-faʊ-] f.; -, -n⟩ Anstrichstoff für den unter Wasser liegenden Teil von Schiffsrümpfen, der eine Besiedlung mit Algen od. Muscheln verhindern soll

An|ti|gen ⟨n.; -s, -e⟩ artfremder Eiweißstoff, der im Blut von Mensch u. Tier die Bildung von Antikörpern anregt [<*Anti…* + *…gen*]

an|ti|gliss ⟨Adj.; undekl.⟩ rutschsicher (bes. von Skianzügen) [<*anti…* + frz. *glisser* »rutschen«]

An|ti|held ⟨m.; -en, -en; bes. mod. Drama; Roman⟩ negativ wirkende, sich passiv verhaltende Hauptfigur, im Unterschied zum traditionell aktiv handelnden Helden

An|ti|his|ta|mi|ni|kum *auch:* **An|ti|hist|a|mi|ni|kum** ⟨n.; -s, -ni|ka⟩ Medikament gegen eine bestimmte Allergie [<*Anti…* + *Histamin*]

An|ti|im|pe|ri|a|lis|mus ⟨m.; -; unz.; Politik⟩ gegen den Imperialismus gerichtete Ideologie

an|ti|im|pe|ri|a|lis|tisch ⟨Adj.; Politik⟩ den Antiimperialismus betreffend, auf ihm beruhend, nicht imperialistisch

an|tik ⟨Adj.⟩ **1** die Antike betreffend, zu ihr gehörend, aus ihr stammend **2** alt, altertümlich [<frz. *antique* »altertümlich« <lat. *antiquus* »alt«]

> **Antikaglien** (*Worttrennung am Zeilenende*) In Fremdwörtern finden sich z. T. konsonantische Lautverbindungen, die sich nicht mit Hilfe der deutschen Laut-Buchstaben-Zuordnung darstellen lassen. Dies gilt z. B. für die italienische Konsonatenverbindung »*gl*«, die [lj] gesprochen wird. Es bleibt dem Schreibenden überlassen, ob er diese Verbindungen den Sprechsilben entsprechend ungetrennt beibehält oder die Trennfuge zwischen den beiden Konsonanten setzt.

An|ti|ka|gli|en *auch:* **An|ti|kag|li|en** ⟨[-kaljən] Pl.⟩ kleine, antike Kunstwerke [<ital. *anticaglia*, Verkleinerungsform zu *antica* »Antike«]

An|ti|ka|pi|ta|lis|mus ⟨m.; -; unz.⟩ gegen den Kapitalismus gerichtete Ideologie

an|ti|ka|pi|ta|lis|tisch ⟨Adj.⟩ den Antikapitalismus betreffend, auf ihm beruhend, nicht kapitalistisch

An|ti|ka|tho|de ⟨f.; -, -n; El.⟩ die der Kathode gegenüberstehende Anode der Röntgenröhre, von der aus die Röntgenstrahlen ausgehen; *Sy* Gegenkathode

An|ti|ke ⟨f.; -, -n⟩ **1** ⟨unz.⟩ das grch.-röm. Altertum u. seine Kultur **2** ⟨nur Pl.⟩ *~n* Denkmäler des Altertums, antike Kunstwerke [→ *antik*]

an|ti|kisch ⟨Adj.⟩ der Antike nachstrebend, die Antike nachahmend

an|ti|ki|sie|ren ⟨V.⟩ nach antikem Vorbild gestalten, altertümlich machen

an|ti|kle|ri|kal ⟨Adj.⟩ gegen den Klerus gerichtet, kirchenfeindlich

An|ti|kli|max ⟨f.; -, -e; Stilistik⟩ Übergang vom stärkeren zum schwächeren Ausdruck; *Ggs* Klimax (1)

an|ti|kli|nal ⟨Adj.; Geol.⟩ sattelförmig [<*anti…* + grch. *klinein* »beugen, neigen«]

An|ti|kli|na|le ⟨f.; -, -n; Geol.⟩ Sattel einer geolog. Falte; *oV* Antikline (1)

An|ti|kli|ne ⟨f.; -, -n⟩ **1** ⟨Geol.⟩ = Antiklinale **2** senkrechte Zellwand einer Pflanze

An|ti|kom|mu|nis|mus ⟨a. ['------] m.; -; unz.⟩ gegen den Kommunismus gerichtete Ideologie

An|ti|kon|zep|ti|on ⟨f.; -; unz.; Med.⟩ Empfängnisverhütung [<*Anti…* + *Konzeption*]

an|ti|kon|zep|ti|o|nell ⟨Adj.; Med.⟩ empfängnisverhütend

An|ti|kör|per ⟨m.; -s, -; Med.⟩ durch ein Antigen im Körper gebildeter Schutzstoff gegen Krankheitserreger; *Sy* Immunkörper

An|ti|kri|tik ⟨f.; -, -en⟩ Antwort auf eine Kritik, Gegenkritik

An|ti|le|go|me|non ⟨n.; -s, -me|na⟩ **1** ⟨unz.⟩ Schrift aus dem NT, deren Zugehörigkeit in den Kanon früher umstritten war **2** ⟨nur Pl.⟩ *Antilegomena* Werke antiker Schriftsteller, deren Echtheit sehr umstritten ist [<*Anti…* + grch. *legein* »sagen«]

an|ti|li|be|ral ⟨Adj.; Politik⟩ den Antiliberalismus betreffend, auf ihm beruhend, nicht liberal

An|ti|li|be|ra|lis|mus ⟨m.; -; unz.; Politik⟩ gegen den Liberalismus gerichtete Ideologie

An|ti|lo|gie ⟨f.; -, -n; Philos.⟩ Auseinandersetzung über das Für u. Wider eines Lehrsatzes [<grch. *antilogia* »Gegenrede«]

An|ti|lo|pe ⟨f.; -, -n; Zool.⟩ Unterfamilie der Rinder in Asien u. Afrika, zierlich gebaut, rasch

A

laufend: Antilopinae [<frz. *antilope* <engl. *antelope* <mlat. *antalopus* <spätgrch. *antholops* »Blumenauge«]

An|ti|ma|te|rie ⟨[-riə] f.; -; unz.⟩ theoretisch mögliche u. als einzelne Atome auch bereits gewonnene Form der Materie, die sich nur aus Antiteilchen aufbaut, d. h. negativ geladene Atomkerne u. positiv geladene Elektronenhüllen aufweist (Existenz größerer Mengen im Weltraum bisher nicht bewiesen)

an|ti|me|ta|phy|sisch ⟨Adj.⟩ der Metaphysik entgegengesetzt, ihr abgeneigt

an|ti|mi|kro|bi|ell *auch:* **an|ti|mik|ro|bi|ell** ⟨Adj.⟩ nicht mikrobiell, keine Mikroorganismen betreffend

An|ti|mi|li|ta|ris|mus ⟨m.; -; unz.⟩ Haltung, Bewegung gegen den Militarismus

An|ti|mon ⟨a. ['---] n.; -s; unz.; chem. Zeichen: Sb⟩ chem. Element, ein Metall, silberweiß glänzend, in Legierungen für Letternmetall u. für lichtelektr. Zellen verwendet, Ordnungszahl 51; *Sy* Stibium [<mlat. *antimonium* <arab. *al-ithmidun* »Spießglanz«]

an|ti|mon|ar|chisch *auch:* **an|ti|mo|nar|chisch** ⟨Adj.⟩ gegen die Monarchie gerichtet, ihr feindlich gesinnt

an|ti|mon|ar|chis|tisch *auch:* **an|ti|mo|nar|chis|tisch** ⟨Adj.⟩ gegen den Monarchismus gerichtet, ihm feindlich gesinnt

An|ti|mon|blü|te ⟨f.; -, -n; Min.⟩ kristallisches Mineral, chem. Antimonoxid

An|ti|mon|glanz ⟨m.; -es; unz.; Min.⟩ wichtiges Antimonerz, chem. Antimonsulfid, das in Form grauglänzender Kristalle auftritt

An|ti|mo|nit ⟨n.; -s, -e; Min.⟩ wichtiges Antimonerz, bildet stahlgraue, glänzende Kristalle, chem. Antimontrisulfid

An|ti|mo|ra|lis|mus ⟨m.; -; unz.⟩ gegen die herrschende Moral gerichtete Einstellung, Meinung; →*a.* Amoralismus

An|ti|neur|al|gi|kum *auch:* **An|ti|neu|ral|gi|kum** ⟨n.; -s, -gi|ka; Pharm.⟩ schmerzlinderndes Arzneimittel, das auf das Zentralnervensystem einwirkt [<*Anti…* + *Neuralgie*]

An|ti|neu|tron *auch:* **An|ti|neut|ron** ⟨n.; -s, -tro|nen; Physik⟩ das Antiteilchen des Neutrons, das sich von diesem durch das entgegengesetzte Vorzeichen seines magnet. Moments unterscheidet

An|ti|no|mie ⟨f.; -, -n⟩ **1** Widerspruch innerhalb eines Satzes **2** Unvereinbarkeit zweier gültiger Sätze [<*Anti…* + *…nomie*]

an|ti|no|misch ⟨Adj.⟩ in der Art einer Antinomie, widersprüchlich

An|ti|oxi|dans ⟨n.; -, -dan|ti|en od. -dan|zi|en; Chemie⟩ Stoff, der die in anderen Substanzen ablaufenden oxidativen u. damit schädl. Reaktionen unterbricht, wird z. B. Parfümen, Ölen, Kunststoffen zugesetzt [<*Anti…* + *oxidieren*]

an|ti|oxi|dan|tie|ren ⟨V.⟩ *Lebensmittel* ~ Antioxidantien zuführen

an|ti|oxi|da|tiv ⟨Adj.⟩ nicht oxidativ, gegen Oxidation wirkend

an|ti|par|al|lel *auch:* **an|ti|pa|ral|lel** ⟨Adj.; Geom.⟩ parallel, aber mit entgegengesetzter Richtung der Normalen

An|ti|par|ti|kel ⟨f.; -, -n⟩ = Antiteilchen

An|ti|pas|sat ⟨m.; -(e)s, -e; Meteor.⟩ die jeweils obere Strömung der beiden Passatwinde, Gegenpassat

An|ti|pas|to ⟨n. od. m.; -s, -pas|ti; ital. Kochk.⟩ Vorspeise

An|ti|pa|thie ⟨f.; -, -n⟩ Abneigung, Widerwille; *Ggs* Sympathie [<*Anti…* + *…pathie*]

an|ti|pa|thisch ⟨Adj.⟩ = unsympathisch

An|ti|phlo|gis|ti|kum ⟨n.; -s, -ti|ka; Pharm.⟩ Arzneimittel zur lokalen Behandlung von Entzündungen

An|ti|phon ⟨f.; -, -en⟩ = Antiphonie; *oV* Antifon

An|ti|pho|nar ⟨n.; -s, -ri|en⟩ Sammlung von Antiphonien; *oV* Antifonar

An|ti|pho|ne ⟨f.; -, -n⟩ = Antiphonie; *oV* Antifone

An|ti|pho|nie ⟨f.; -, -n⟩ liturg. Wechselgesang; *oV* Antifonie; *Sy* Antiphon, Antiphone [<*Anti…* + *…phonie*]

an|ti|pho|nisch ⟨Adj.⟩ in der Art der Antiphonie, sie betreffend; *oV* antifonisch

An|ti|phra|se ⟨f.; -, -n; Rhet.⟩ Stilmittel, bei dem der Gegensatz von dem gemeint ist, was gesagt wird, z. B. »das ist ja heiter« für etwas Unangenehmes

An|ti|po|de ⟨m.; -n, -n⟩ **1** auf dem entgegengesetzten Punkt der Erdkugel lebender Mensch, Gegenfüßler **2** ⟨fig.⟩ Mensch, der den entgegengesetzten Standpunkt vertritt, Mensch von gegensätzlicher Natur, Eigenart [<*Anti…* + *…pode*]

An|ti|pol ⟨m.; -(e)s, -e⟩ Gegenpol

An|ti|pro|ton ⟨n.; -s, -to|nen; Physik⟩ Antiteilchen des Protons mit der Elementarladung -1

An|ti|py|re|ti|kum ⟨m.; -s, -ti|ka; Pharm.⟩ Arzneinittel gegen Fieber [<*Anti…* + grch. *pyretos* »Fieber« (<*pyr* »Feuer«)]

an|ti|py|re|tisch ⟨Adj.⟩ fiebersenkend [→ *Antipyretikum*]

An|ti|py|rin ⟨n.; -s; unz.; Pharm.⟩ schmerzlinderndes u. fiebersenkendes Arzneimittel [<grch. *anti* »gegen« + *pyr* »Feuer«]

An|ti|qua ⟨f.; -, -s⟩ rundbogige Lateinschrift; *Sy* Italienne [lat., fem. Form von *antiquus* »alt«]

An|ti|quar ⟨m.; -s, -e⟩ **1** jmd., der mit gebrauchten (oft wertvollen) Büchern handelt **2** ⟨selten⟩ Antiquitätenhändler [<lat. *antiquarius* »Altertümler, Liebhaber der alten Literatur«]

An|ti|qua|ri|at ⟨n.; -(e)s, -e⟩ **1** Handel mit gebrauchten (oft wertvollen) Büchern **2** Ladengeschäft dafür **3** Handel mit Antiquitäten; *modernes* ~

an|ti|qua|risch ⟨Adj.⟩ alt, gebraucht, aus zweiter Hand

An|ti|qua|ri|um ⟨n.; -s, -ri|en⟩ Sammlung von Altertümern [→ *Antiquar*]

an|ti|quie|ren ⟨V.⟩ veralten, nicht mehr zeitgemäß sein

an|ti|quiert ⟨Adj.⟩ veraltet; ~*e Denkweise* [<lat. *antiquus* »alt«]

An|ti|quiert|heit ⟨f.; -; unz.⟩ antiquierte Beschaffenheit, das Antiquiertsein, altmodischer Brauch

An|ti|qui|tät ⟨f.; -, -en⟩ altertüml.

Kunstwerk, altertüml. (kostbarer) Gegenstand [<lat. *antiquus* »alt«]

An|ti|ras|sis|mus ⟨m.; -; unz.⟩ gegen den Rassismus gerichtete Ideologie

an|ti|ras|sis|tisch ⟨Adj.⟩ den Antirassismus betreffend, auf ihm beruhend, nicht rassistisch

An|tir|rhi|num ⟨n.; -s; unz.; Bot.⟩ Löwenmaul

An|ti|se|mit ⟨m.; -en, -en⟩ Judengegner, Judenfeind; *Ggs* Philosemit [<grch. *anti* »gegen« + *Semit*]

an|ti|se|mi|tisch ⟨Adj.⟩ judenfeindlich

An|ti|se|mi|tis|mus ⟨m.; -; unz.⟩ Judenfeindschaft [→ *Antisemit*]

An|ti|sep|sis ⟨f.; -; unz.; Med.⟩ Abtötung von Krankheitserregern; *oV* Antiseptik [<*Anti…* + *Sepsis*]

An|ti|sep|tik ⟨f.; -; unz.; Med.⟩ = Antisepsis

An|ti|sep|ti|kum ⟨n.; -s, -ti|ka; Pharm.⟩ Arzneimittel zur Antisepsis

an|ti|sep|tisch ⟨Adj.⟩ die Antisepsis betreffend, auf ihr beruhend

An|ti|se|rum ⟨n.; -s, -se|ren od. -se|ra⟩ Heilserum, das Antikörper gegen spezielle Krankheitserreger od. Gifte enthält

An|ti|ska|ting ⟨[-skɛɪ-] n.; -s; unz.⟩ Vorrichtung am Plattenspieler, mit der die seitlich auf den Tonarm wirkenden Kräfte reguliert werden können [<*Anti…* + engl. *skate* »gleiten«]

An|ti|spas|mo|di|kum ⟨n.; -s, -di|ka⟩ Arzneimittel gegen Krampf; *Sy* Spasmolytikum [<*Anti…* + neulat. *spasmodicus* »krampfig, örtlichen Krämpfen ausgesetzt«; → *spasmodisch*]

an|ti|spas|tisch ⟨Adj.⟩ krampflösend

An|ti|sta|tik|mit|tel ⟨n.; -s, -⟩ Verbindung, die auf die Oberfläche von Kunststoffen, Schallplatten od. Folien aufgetragen wird u. deren elektrostat. Aufladung u. dadurch staubanziehende Wirkung verhindern soll

an|ti|sta|tisch ⟨Adj.⟩ sich elektrisch nicht aufladend

An|tis|tes ⟨m.; -, -tis|tes [-te:s]⟩ **1** ⟨Antike⟩ Priestertitel **2** ⟨in der Schweiz früher⟩ Titel des reformierten Oberpfarrers **3** Titel des kath. Bischofs u. Abtes [lat., »Vorsteher«]

An|ti|stro|phe ⟨f.; -, -n; Lit.⟩ **1** die von der zweiten Hälfte des antiken Chores gesungene Gegenstrophe **2** der zweite Teil der pindarischen Ode

An|ti|teil|chen ⟨n.; -s, -; Physik⟩ Elementarteilchen mit sehr kurzer Lebensdauer, das gegenüber den »normalen« Elementarteilchen eine Vertauschung von Ladung, Drehmoment u. a. Zustandsgrößen aufweist; *Sy* Antipartikel

An|ti|the|se ⟨a. ['----] f.; -, -n⟩ der These gegenübergestellte Behauptung, Gegenbehauptung, Entgegenstellung

an|ti|the|tisch ⟨a. ['----] Adj.⟩ gegensätzlich, entgegenstellend

An|ti|to|xin ⟨n.; -s, -e; Med.⟩ im Blutserum enthaltener Antikörper [<*Anti…* + *Toxin*]

An|ti|tus|si|vum ⟨[-vum] n.; -s, -si|va [-va]; Pharm.⟩ Arzneimittel gegen Husten [<*Anti…* + lat. *tussis* »Husten«]

an|ti|vi|ral ⟨[-vi-] Adj.⟩ gegen Viren wirkend, nicht durch Viren bedingt, nicht viral

an|ti|zi|pan|do ⟨Adj.⟩ vorwegnehmend, im Voraus [<lat. *anticipando* »durch Vorwegnahme«; zu *anticipare* »vorwegnehmen«]

An|ti|zi|pa|ti|on ⟨f.; -, -en⟩ Vorwegnahme [<lat. *anticipatio* »ursprüngliche Vorstellung, Vorbegriff«]

an|ti|zi|pa|tiv ⟨Adj.⟩ etwas (bewusst) vorwegnehmend, vorgreifend [→ *antizipieren*]

an|ti|zi|pa|to|risch ⟨Adj.⟩ etwas (bewusst) vorwegnehmend, (absichtlich) vorgreifend

an|ti|zi|pie|ren ⟨V.⟩ vorwegnehmen [<lat. *anticipare* »vorwegnehmen«]

an|ti|zy|klisch *auch:* **an|ti|zyk|lisch** ⟨Adj.⟩ unregelmäßig wiederkehrend

an|ti|zy|klo|nal *auch:* **an|ti|zyk|lo|nal** ⟨Adj.; Meteor.⟩ durch eine Antizyklone verursacht, hohen Luftdruck verursachend, nicht zyklonal

An|ti|zy|klo|ne *auch:* **An|ti|zyk|lo|ne** ⟨f.; -, -n; Meteor.⟩ Gebiet hohen Luftdrucks, Hochdruckgebiet; *Ggs* Zyklone

An|ti|zy|mo|ti|kum ⟨n.; -s, -ti|ka⟩ gärungshemmendes Mittel [<*Anti…* + grch. *zyme* »Gärstoff«]

Ant|o|no|ma|sie *auch:* **An|to|no|ma|sie** ⟨f.; -, -n⟩ Umschreibung eines Eigennamens durch eine Eigenschaft od. Umschreibung eines Gattungsbegriffs durch einen Eigennamen, z. B. »der deutsche Dichterfürst« für Goethe od. »ein Adonis« für »ein schöner junger Mann« [<*Anti…* + grch. *onomazein* »nennen«]

ant|o|nym *auch:* **an|to|nym** ⟨Adj.; Sprachw.⟩ eine gegensätzliche Bedeutung habend; *~e Wörter*

Ant|o|nym *auch:* **An|to|nym** ⟨n.; -s, -e; Sprachw.⟩ Wort von entgegengesetzter Bedeutung, z. B. »hell« im Gegensatz zu »dunkel« [<*Anti…* + grch. *onyma* »Name«]

Ant|o|ny|mie *auch:* **An|to|ny|mie** ⟨f.; -; unz.; Sprachw.⟩ Lehre von den Antonymen

an|tör|nen ⟨V.⟩ = anturnen

an|trai|nie|ren ⟨[-trɛ-] V.⟩ einüben, durch Training erzielen; *sich Muskeln ~*

an|tur|nen ⟨[-tœ:-] V.; umg.⟩ *oV* antörnen **1** Drogen nehmen **2** in einen Rauschzustand versetzen, begeistern; *Ggs* abturnen; *diese Musik turnt mich an* [zu engl. *turn* »wenden«]

Anu|kle|o|bi|ont *auch:* **Anuk|le|o|bi|ont** ⟨m.; -en, -en⟩ = Akaryobiont [<*A…*[1] + *Nukleus* + grch. *bios* »Leben«]

An|u|ren ⟨Pl.⟩ Froschlurche [<*A…*[1] + grch. *oura* »Schwanz«]

An|u|rie ⟨f.; -, -n; Med.⟩ Unfähigkeit, Harn zu lassen [<*A…*[1] + *…urie*]

Anus ⟨m.; -, -⟩ After; *~ praeter* künstlicher Darmausgang [lat.]

an|vi|sie|ren ⟨[-vi-] V.⟩ **1** ins Visier nehmen **2** sich als Ziel setzen, anstreben

A. O. C. ⟨Abk. für⟩ Appellation d'origine controlée (kontrollierte Herkunftsbezeichnung für die Kennzeichnung von Weinen) [frz.]

äo|lisch ⟨Adj.⟩ **1** ⟨Geol.⟩ durch Windeinwirkung entstanden

A

2 ⟨Musik⟩ *~er Kirchenton* Kirchentonart, die als Grundton das a hat 3 ⟨antike Metrik⟩ *~er Vers* Vers mit fester Silbenzahl, der aus verschiedenen Metren (Daktylus, Jambus, Trochäus) gemischt erscheint [nach *Aeolus,* latinisiert <grch. *Aiolos,* dem grch. Gott der Winde]

Äols|har|fe ⟨f.; -, -n⟩ Harfe, deren Saiten durch Luftzug zum Schwingen gebracht werden, Windharfe [→ *äolisch*]

Äon ⟨m.; -s, -en⟩ 1 unendl. Zeitraum, Ewigkeit 2 Abschnitt der Weltgeschichte, Zeitalter, Weltalter [<grch. *aion* »unermesslich lange Zeit, Ewigkeit«]

Ao|rist ⟨m.; -(e)s, -e; Gramm.⟩ Verbalform der indoeurop. Sprachen, die eine einmalige, abgeschlossene Handlung bezeichnet [<grch. *a…* »nicht« + *horizein* »begrenzen«]

Aor|ta ⟨f.; -, -or|ten; Anat.⟩ Hauptschlagader [<grch. *aorte;* zu *aeirein* »emporheben«]

Aor|ten|bo|gen ⟨m.; -s, -bö|gen; Anat.⟩ Verbindungsstück zwischen aufsteigender u. absteigender Aorta

AP ⟨Abk. für engl.⟩ Associated Press, ein US-amerikan. Nachrichtenbüro

ap…, Ap… ⟨Vorsilbe⟩ = ad…, Ad…

a. p. ⟨Abk. für⟩ anni praeteriti

Apa|che ⟨[apatʃə] m.; -n, -n⟩ Angehöriger eines Indianerstammes im Westen der USA; *oV* Apatsche

ap|a|go|gisch ⟨Adj.⟩ indirekt beweisend; *~er Beweis* indirekter Beweis (durch Aufzeigen der Unrichtigkeit des Gegenteils) [<grch. *apagein* »wegführen«]

Apa|na|ge ⟨[-ʒə] f.; -, -n⟩ Unterhalt für Angehörige regierender Fürsten [frz., »Leibgedinge, Erbteil« <mlat. *appanagium;* zu *appanare* »ausstatten« <lat. *ad* »zu« + *panis* »Brot«]

apart ⟨Adj.⟩ 1 eigenartig, reizvoll; *ein ~es Kleid* 2 ungewöhnlich, besonders; *ein ~es Geschenk, eine ~e Idee* 3 abgesondert, beiseite [frz. *à part* »beiseite«]

à part ⟨[-pa:r] Theat.⟩ beiseite (sprechend) [frz.]

Apart|heid ⟨f.; -; unz.; bis 1991⟩ Rassentrennung (in der Republik Südafrika) [<Afrikaans <frz. *à part* »getrennt« + ndrl. Endung *-heid* (= nhd. *-heit*)]

Apart|ho|tel ⟨engl. [əpa:(r)t-] n.; -s, -s; Kurzwort⟩ Hotel mit Appartements (anstelle von Einzelzimmern) [<*Apart*ment + *Hotel*]

Apart|ment ⟨engl. [əpa:(r)tmənt] n.; -s, -s⟩ = Appartement (2) [engl., »Zimmer, Wohnung« <frz. *appartement* »Wohnung«]

Apart|ment|haus ⟨engl. [əpa:(r)tmənt-] n.; -es, -häu|ser⟩ Mietshaus mit einzelnen Kleinstwohnungen

Apa|thie ⟨f.; -; unz.⟩ 1 Gleichgültigkeit, Teilnahmslosigkeit 2 Abstumpfung, Abgestumpftsein [<*A…*[1] + *…pathie*]

apa|thisch ⟨Adj.⟩ 1 teilnahmslos, gleichgültig 2 abgestumpft [→ *Apathie*]

Apa|tit ⟨m.; -s, -e; Min.⟩ kristall. Mineral, chem. ein Calcium-Fluor- od. Calcium-Chlor-Phosphat [<grch. *apatan* »trügen«]

Apa|to|sau|ri|er ⟨m.; -s, -⟩ = Apatosaurus

Apa|to|sau|rus ⟨m.; -, -ri|er⟩ pflanzenfressender Riesensaurus aus der unteren Kreidezeit Nordamerikas; *oV* Apatosaurier; *Sy* ⟨früher⟩ Brontosaurus [zu grch. *apate* »Täuschung«]

Apat|sche ⟨m.; -n, -n⟩ = Apache

Aper|çu ⟨[-sy:] n.; -s, -s⟩ geistreiche Bemerkung [frz., »Überblick, (geistreiche) Bemerkung«; zu *apercevoir* »bemerken«]

ape|ri|o|disch ⟨Adj.⟩ nicht periodisch, zeitlich unregelmäßig

Ape|ri|tif ⟨m.; -s, -s⟩ alkohol. Getränk vor dem Essen [frz., »appetitanregend«; → *Aperitivum*]

Ape|ri|ti|vum ⟨[-vum] n.; -s, -ti|va [-va]; Pharm.⟩ 1 leichtes Abführmittel 2 appetitanregendes Mittel [<lat. *aperire* »öffnen«]

Apé|ro *auch:* **Ape|ro** ⟨m.; -s, -s; bes. schweiz.; kurz für⟩ Aperitif

Aper|tur ⟨f.; -, -en; Fot.⟩ Öffnungsverhältnis der Blende eines Objektivs, dient zur Angabe der Leistungsfähigkeit (Lichtstärke) der Objektive [<lat. *apertus,* Part. Perf. zu *aperire* »öffnen«]

ape|tal ⟨Adj.; Bot.⟩ keine Blumenkrone besitzend [<*a…*[1] + grch. *petalon* »Blatt«]

Ape|ta|le ⟨f.; -, -n; Bot.⟩ Pflanze, deren Blüte keine Kronblätter aufweist [→ *apetal*]

Apex ⟨m.; -, Api|zes⟩ 1 Spitze, Gipfel 2 ⟨Gramm.⟩ Zeichen für die Länge eines Vokals, z. B. Doppelpunkt dahinter: [a:] od. Strich darüber: [ā] 3 ⟨Astron.⟩ Zielpunkt einer Gestirnbewegung [lat., »Spitze, Gipfel«]

Aph|ä|re|se ⟨f.; -, -n; Gramm.⟩ Schwund des Anlautes, z. B. »'s geht« anstatt »es geht«; *oV* Aphäresis; *Sy* Deglutination; *Ggs* Apokope [zu grch. *aphairein* »abnehmen«]

Aph|ä|re|sis ⟨f.; -, -re|sen; Gramm.⟩ = Aphärese

Apha|sie ⟨f.; -, -n⟩ 1 ⟨Med.⟩ Verlust des Sprechvermögens infolge einer Störung im Gehirn 2 ⟨Philos.⟩ Enthaltung des Urteils [<*A…*[1] + grch. *phanai* »sprechen«]

Ap|hel *auch:* **Aph|el** ⟨[aphe:l] od. [afe:l] n.; -s, -e⟩ Punkt der größten Entfernung eines Himmelskörpers von der Sonne, Sonnenferne; *Sy* Aphelium; *Ggs* Perihel(ium) [<*Apo…* + grch. *helios* »Sonne«]

Ap|he|li|um *auch:* **Aph|e|li|um** ⟨[aphe:-] od. [afe:-] n.; -s, -li|en⟩ = Aphel

Aphi|den ⟨Pl.; Zool.⟩ Blattläuse; *oV* Aphidinen

Aphi|di|nen ⟨Pl.⟩ = Aphiden

Apho|ris|mus ⟨m.; -s, -ris|men⟩ in sich geschlossener, kurz u. treffend formulierter Gedanke, geistreicher Sinnspruch [<grch. *aphorizein* »abgrenzen«; → *Horizont*]

Apho|ris|tik ⟨f.; -; unz.⟩ Kunst, Aphorismen zu verfassen

Apho|ris|ti|ker ⟨m.; -s, -⟩ Verfasser von Aphorismen

Apho|ris|ti|ke|rin ⟨f.; -, -rin|nen⟩ Verfasserin von Aphorismen

apho|ris|tisch ⟨Adj.⟩ in der Art eines Aphorismus, kurz u. geistreich, treffend

Aph|ro|di|si|a|kum ⟨n.; -s, -si|a|ka⟩ den Geschlechtstrieb anregendes Mittel [nach *Aphrodite,* der grch. Göttin der Liebe]

aph|ro|di|sisch ⟨Adj.⟩ = aphroditisch

aph|ro|di|tisch ⟨Adj.⟩ *oV* aphrodisisch **1** die Liebesgöttin Aphrodite betreffend **2** auf die Liebe bezüglich

Aph|the ⟨f.; -, -n; meist Pl.; Med.⟩ Mundfäule, Bläschenausschlag im Mund [<grch. *aphthai* »böser Ausschlag (bes. im Mund), Schwämmchen«]

Aphyl|lie ⟨f.; -; unz.; Bot.⟩ Blattlosigkeit [<*A...*[1] + grch. *phyllon* »Blatt«]

aphyl|lisch ⟨Adj.; Bot.⟩ blattlos [→ *Aphyllie*]

a pi|a|ce|re ⟨[-tʃe:-] Musik⟩ nach Belieben (zu spielen) [ital.]

Api|a|ri|um ⟨n.; -s, -ri|en⟩ Bienenhaus, -stand [<lat. *apis* »Biene«]

api|kal ⟨Adj.⟩ den Apex betreffend, an der Spitze gelegen [→ *Apex*]

Api|zes ⟨Pl. von⟩ Apex

Apla|nat ⟨m.; -s, -e; Optik⟩ Linsensystem, durch das die Aberration verhindert wird [<*A...*[1] + grch. *planasthei* »irren«]

apla|na|tisch ⟨Adj.⟩ die Aberration von Lichtstrahlen in Linsensystemen verhindernd [→ *Aplanat*]

Ap|lit ⟨m.; -s, -e; Geol.⟩ aus Feldspat u. Quarz bestehendes feinkörniges Ganggestein [zu grch. *haplos* »einfach«]

Ap|lomb ⟨[-plɔ̃:] m.; - od. -s; unz.⟩ **1** Dreistigkeit, sicheres Auftreten; *mit (großem) ~ erscheinen* **2** Nachdruck **3** ⟨Ballett⟩ Abfangen einer Bewegung [frz., »senkrechte Stellung« <*à plomb* »wie ein Bleilot«]

Ap|noe ⟨[-pno:ə] f.; -, -n; Med.⟩ Atemstillstand [<*A...*[1] + grch. *pnoia;* zu *pnein* »atmen«]

APO, Apo[1] ⟨f.; -; unz.; Politik⟩ außerparlamentarische Opposition

Apo[2] ⟨m.; -s, -s; Politik⟩ Angehöriger einer dieser Gruppen

apo..., Apo... ⟨vor Vokalen⟩ ap..., Ap..., ⟨vor h⟩ aph..., Aph... ⟨Vorsilbe⟩ von, weg, ab [grch.]

Apo|chro|mat ⟨[-kro-] m.; -s, -e; Optik⟩ für Farbauszüge in der Reproduktionstechnik entwickeltes Objektiv, das die Aberration der Farben korrigiert [<*Apo...* + grch. *chroma* »Farbe«]

apo|chro|ma|tisch ⟨[-kro-] Adj.⟩ durch den Apochromat bewirkt, auf ihm beruhend

apod ⟨Adj.; Zool.⟩ fußlos [grch.]

Apo|den ⟨Pl.; Zool.; Sammelbez. für⟩ Aale u. Muränen

Apo|dik|tik ⟨f.; -; unz.; Philos.⟩ Lehre vom Beweis [zu grch. *apodeiknynai* »aufzeigen«]

apo|dik|tisch ⟨Adj.⟩ **1** die Apodiktik betreffend, auf ihr beruhend **2** unwiderleglich, unumstößlich **3** keinen Widerspruch duldend

Apo|do|sis ⟨f.; -, -do|sen; Gramm.⟩ Nachsatz, bes. der nachgestellte Hauptsatz eines Konditionalsatzes; *Ggs* Protasis [zu grch. *apodidonai* »zurückgeben«]

Apo|en|zym ⟨n.; -s, -e; Biochemie⟩ hochmolekularer Eiweißbestandteil eines Enzyms; *Sy* Apoferment [<*Apo...* + *Enzym*]

Apo|fer|ment ⟨n.; -s, -e⟩ = Apoenzym

Apo|ga|lak|ti|kum ⟨n.; -s, -ti|ken⟩ Punkt der größten Entfernung vom Zentrum des Milchstraßensystems während des Umlaufs eines Sternes um das Zentrum [<*Apo...* + *Galaxie*]

apo|gam ⟨Adj.; Bot.⟩ sich ungeschlechtlich fortpflanzend [→ *Apogamie*]

Apo|ga|mie ⟨f.; -, -n; Bot.⟩ ungeschlechtl. Fortpflanzung [<*Apo...* + *...gamie*]

Apo|gä|um ⟨n.; -s, -gä|en; Astron.⟩ Punkt der größten Entfernung eines Himmelskörpers von der Erde, Erdferne; *Ggs* Perigäum [<*Apo...* + grch. *gaia, ge* »Erde«]

Apo|ka|lyp|se ⟨f.; -, -n⟩ **1** ⟨unz.; Rel.⟩ **1.1** prophetische Schrift über das Weltende **1.2** prophetische Offenbarung im NT **2** ⟨zählb.⟩ bildliche Darstellung des Weltuntergangs [zu grch. *apokalyptein* »enthüllen« <*apo* »von, weg« + *kalyptein* »verhüllen«]

Apo|ka|lyp|tik ⟨f.; -, -en⟩ **1** ⟨Rel.⟩ Gesamtheit der Schriften über die Apokalypse **2** Lehre vom Weltende

Apo|ka|lyp|ti|ker ⟨m.; -s, -; Rel.⟩ Verfasser od. Ausleger einer Apokalypse

apo|ka|lyp|tisch ⟨Adj.⟩ **1** ⟨Rel.⟩ die Apokalypse betreffend, auf ihr beruhend, in der Apokalyptik vorkommend; *die Apokalyptischen Reiter* die vier in der Offenbarung des Johannes geschilderten, Pest, Krieg, Hungersnot u. Tod symbolisierenden Reiter **2** geheimnisvoll, dunkel

apo|karp ⟨Adj.; Bot.⟩ aus mehreren, jeweils aus einem Fruchtblatt gebildeten Stempeln bestehend (von Blüten) [<*apo...* + *...karp*]

Apo|kar|pi|um ⟨n.; -s, -pi|en; Bot.⟩ aus mehreren einzelnen Früchten zusammengesetzter Fruchtstand [<*Apo...* + grch. *karpos* »Frucht« (mit lat. Endung)]

Apo|koi|nu ⟨n.; - od. -s, -s; Rhet.⟩ Stilfigur, bei der sich ein Satzteil od. Wort sowohl auf den vorangegangenen als auch auf den folgenden Satzteil bezieht, z. B. »die Tücher knattern im heißen Wind treibst du« (Enzensberger) [grch., »vom Gemeinsamen«]

Apo|ko|pe ⟨[-pe] f.; -, -n; Gramm.⟩ Auslautschwund, z. B. »im Haus« statt »im Hause«; *Ggs* Aphärese [zu grch. *apokoptein* »abschneiden«]

apo|ko|pie|ren ⟨V.; Gramm.⟩ *ein Wort ~* durch Apokope verkürzen

apo|krin ⟨Adj.⟩ *~e Schweißdrüsen* neben Schweiß auch Teile ihrer Zellen absondernde Schweißdrüsen [<grch. *apokrinein* »absondern«]

apo|kryph ⟨Adj.⟩ **1** zu den Apokryphen gehörend **2** unecht, später hinzugefügt; *~e Bücher* (bes. der Bibel); *Ggs* kanonische Bücher

Apo|kryph ⟨n.; -es, -en⟩ = Apokryphe

Apo|kry|phe ⟨f.; -, -n⟩ unechte, später hinzugefügte Schrift, bes. der Bibel; *oV* Apokryph; *Ggs* Kanon (3.3) [<grch. *apokryphos* »verborgen, untergeschoben« <*apo* »von, weg« + *kryptein* »verbergen«]

apo|li|tisch ⟨Adj.⟩ unpolitisch (in der Einstellung, Haltung)

A

Apoll ⟨m.; -s; unz.⟩ schöner junger Mann; *oV* Apollo (2) [nach dem schönen grch.-röm. Gott der Dichtkunst *Apoll(on)*]
apol|li|nisch ⟨Adj.⟩ **1** ⟨grch. Myth.⟩ den grch. Gott Apoll betreffend **2** harmonisch, maßvoll; *Ggs* dionysisch
Apol|lo ⟨m.; -s, -s⟩ **1** ⟨Zool.⟩ = Apollofalter **2** = Apoll
Apol|lo|fal|ter ⟨m.; -s, -; Zool.⟩ Angehöriger einer Gattung der Tagfalter; *Sy* Apollo
Apo|log ⟨m.; -(e)s, -e⟩ (lehrhafte) Fabel od. Erzählung [<*Apo...* + *...log*[1]]
Apo|lo|get ⟨m.; -en, -en⟩ Verteidiger eines Bekenntnisses, einer Anschauung od. Lehre (bes. des christl. Glaubens) [<grch. *apologeisthai* »sich mit Worten verteidigen«]
Apo|lo|ge|tik ⟨f.; -, -en⟩ **1** Verteidigung eines Bekenntnisses usw. **2** Rechtfertigungslehre, Fundamentaltheologie
apo|lo|ge|tisch ⟨Adj.⟩ verteidigend, rechtfertigend
Apo|lo|gie ⟨f.; -, -n⟩ (bes. in religiösen Auseinandersetzungen) Verteidigungs-, Rechtfertigungsrede, -schrift, Verteidigung, Rechtfertigung
apo|lo|gisch ⟨Adj.⟩ (kurz u. treffend) erzählend [→ *Apologet*]
apo|lo|gi|sie|ren ⟨V.⟩ verteidigen, rechtfertigen [→ *Apologet*]
apo|mik|tisch ⟨Adj.⟩ sich ohne Befruchtung fortpflanzend [<*apo...* + grch. *miktos* »vermischt«]
Apo|mi|xis ⟨f.; -; unz.; Biol.; Oberbegriff für⟩ verschiedene Formen der ungeschlechtlichen Fortpflanzung [<*Apo...* + grch. *mixis* »Vermischung, Begattung«]
Apo|mor|phin ⟨n.; -s; unz.; Pharm.⟩ aus Morphin gewonnenes Brechmittel
apo|phan|tisch ⟨Adj.⟩ **1** darlegend, behauptend **2** nachdrücklich [<grch. *apophantikos*]
Apo|phtheg|ma *auch:* **Apoph|theg|ma** ⟨n.; -s, -phtheg|men od. -ma|ta⟩ witziger, treffender Ausspruch, Sinnspruch, Zitat, Sentenz [<grch. *apophtheggesthai* »seine Meinung aussprechen«]
Apo|phy|se ⟨f.; -, -n⟩ **1** ⟨Anat.⟩ Knochenfortsatz im Übergang zu den Muskeln **2** ⟨Geol.⟩ seitl. Fortsetzung eines (erzhaltigen) Ganges **3** ⟨Bot.⟩ Verdickung auf den Zapfenschuppen der Kiefer, Anschwellung unterhalb der Mooskapsel [<*Apo...* + *...physe*]
apo|plek|tisch ⟨Adj.⟩ zur Apoplexie neigend
Apo|ple|xie ⟨f.; -, -n; Med.⟩ Schlaganfall [<grch. *apoplexia;* zu *apoplessein* »niederschlagen«]
Apo|pto|se *auch:* **Apop|to|se** ⟨f.; -, -n; Biol.; Med.⟩ genetisch begründetes Absterben von Zellen, programmierter Zelltod; *bestimmte Autoimmunerkrankungen sind auf zu geringe ~ zurückzuführen; die Rolle der ~ bei der Entstehung von Krebs* [<*Apo...* + grch. *ptosis* »Fall, Sturz«]
Apo|rem ⟨n.; -s, -e od. -re|ma|ta; Philos.⟩ logische Schwierigkeit, unlösbares Problem [<grch. *aporos* »ratlos, schwierig«]
apo|re|ma|tisch ⟨Adj.; Philos.⟩ zweifelhaft, schwierig
Apo|re|tik ⟨f.; -; unz.⟩ Auseinandersetzung mit philosoph. Problemen [→ *Aporem*]
Apo|re|ti|ker ⟨m.; -s, -⟩ **1** jmd., der Aporetik betreibt **2** Zweifler, Skeptiker
apo|re|tisch ⟨Adj.⟩ **1** die Aporetik betreffend, zu ihr gehörig **2** zweifelnd
Apo|rie ⟨f.; -, -n⟩ **1** Ausweglosigkeit **2** Unmöglichkeit, eine philosophische Frage zu lösen [<grch. *aporia;* zu *aporos* »weglos, ratlos«]
Apo|ro|ga|mie ⟨f.; -, -n; Bot.⟩ Befruchtungsvorgang bei Blütenpflanzen, bei dem der vom Pollen vorgetriebene Schlauch die Samenanlage auf einem Umweg erreicht [<grch. *aporos* »unwegsam« + *...gamie*]
Apo|si|o|pe|se ⟨f.; -, -n; Rhet.⟩ Stilmittel, bei dem der Satz nicht beendet u. dem Hörer die Vollendung überlassen wird, z. B. dir werde ich gleich ... [<grch. *aposiopesis;* zu *aposiopan* »verstummen«]
Apo|spo|rie ⟨f.; -; unz.; Biol.⟩ Überspringen der Sporenbildung bei Blütenpflanzen u. Farnen im Generationswechsel [<*Apo...* + grch. *spora* »Same«]

◆Die Buchstabenfolge **apo|st...** kann auch **apos|t...** getrennt werden. Davon ausgenommen sind Zusammensetzungen, in denen die fremdsprachigen bzw. sprachhistorischen Bestandteile deutlich als solche erkennbar sind, z. B. *Aposteriori.*

◆**Apo|sta|sie** ⟨f.; -, -n⟩ Abfall (vom Glauben) [<grch. *apostasia* <*apo* »ab, weg« + *histanai* »stehen«]
◆**Apo|stat** ⟨m.; -en, -en⟩ Abtrünniger, vom Glauben Abgefallener [→ *Apostasie*]
◆**Apo|stel** ⟨m.; -s, -⟩ **1** Sendbote, Verkünder einer neuen Lehre, Vorkämpfer **2** Jünger Jesu [<grch. *apostolos* <*apo* »von, weg« + *stellein* »senden«]
a pos|te|ri|o|ri ⟨Philos.⟩ **1** aus der Erfahrung stammend **2** nachträglich, später; *Ggs* a priori [lat., »vom Späteren her«]
Apos|te|ri|o|ri ⟨n.; -, -⟩ a posteriori aufgestellte Aussage, Erkenntnis, Erfahrungssatz; *Ggs* Apriori [→ *a posteriori*]
apos|te|ri|o|risch ⟨Adj.⟩ a posteriori gegeben; *Ggs* apriorisch
◆**Apo|stilb** ⟨n.; -s, -; Zeichen: asb⟩ nicht mehr zulässige Maßeinheit der Leuchtdichte; 1 asb = $10^{-4}/\pi$ Stilb (sb)
◆**Apo|stil|le** ⟨f.; -, -n⟩ **1** ⟨Lit.⟩ Randbemerkung **2** ⟨Rechtsw.⟩ vereinfachte Form der Legalisierung einer Urkunde, beglaubigte Nachschrift [<grch. *apostellein;* → *Apostel*]
◆**Apo|sto|lat** ⟨n.; -(e)s, -e⟩ **1** Amt eines Apostels **2** geistl. Auftrag
◆**Apo|sto|li|ker** ⟨m.; -s, -⟩ **1** ⟨MA⟩ Angehöriger einer sektiererischen Bewegung der christlichen Kirche, die ihr christliches Verständnis an der apostolischen Zeit orientierte, Apostelbruder **2** Angehöriger der neuapostol. Gemeinde
◆**Apo|sto|li|kum** ⟨n.; -s; unz.; Rel.⟩ das Apostolische Glaubensbekenntnis [<lat. *symbolum apostolicum* <grch. *apostoles;* → *Apostel*]

◆**apo|sto|lisch** ⟨Adj.; Rel.⟩ die Apostel od. ihre Lehre betreffend; *~er Delegat* päpstlicher Gesandter; *das Apostolische Glaubensbekenntnis* ältestes Bekenntnis des Christentums; *Apostolischer Stuhl* Päpstlicher Stuhl, Heiliger Stuhl, der Bischofssitz in Rom; *~e Väter* die Verfasser einiger Schriften des nachapostolischen Zeitalters, die den Schriften des NT im Rang meist gleichgestellt bzw. ihnen zugezählt werden

◆**Apo|stroph** *auch:* **Apost|roph** ⟨m.; -s, -e; Gramm.; Zeichen: '⟩ Zeichen für einen ausgefallenen Vokal (bes. e), z. B. »er ist's« statt »er ist es«, Auslassungszeichen [<*Apo...* + *strephein* »wenden«]

◆**Apo|stro|phe** *auch:* **Apost|ro|phe** ⟨a. [--'--] f.; -, -stro|phen⟩ feierl. Anrede an abwesende Personen od. Dinge [→ *Apostroph*]

◆**apo|stro|phie|ren** *auch:* **apost|ro|phie|ren** ⟨V.⟩ 1 mit einem Apostroph versehen 2 mit einer Apostrophe feierl. anreden; *jmdn. ~ als* bezeichnen als

Apo|the|ci|um ⟨n.; -s, -ci|en; Bot.⟩ Fruchtkörper bei Flechten u. Schlauchpilzen [<*Apo...* + grch. *theke* »Behälter«]

Apo|the|ke ⟨f.; -, -n⟩ 1 Verkaufs- u. Herstellungsstelle für Arzneimittel 2 ⟨umg.; scherzh.⟩ Geschäft mit hohen Preisen [<*Apo...* + grch. *tithenai* »legen«]

Apo|the|ker ⟨m.; -s, -⟩ jmd., der (nach Hochschulstudium u. Praktikumszeit) berechtigt ist, eine Apotheke zu leiten

Apo|the|ker|ge|wicht ⟨n.; -(e)s, -e⟩ im Handel sonst ungebräuchl. Gewichtsgröße für Arzneimittel, z. B. Lot, Unze

Apo|the|ke|rin ⟨f.; -, -rin|nen⟩ weibl. Apotheker

Apo|the|o|se ⟨f.; -, -n⟩ 1 Vergöttlichung 2 Verherrlichung 3 ⟨Theat.⟩ verherrlichendes Schlussbild [<grch. *apotheoun* »vergöttern« <*Apo...* »ver...« + *theos* »Gott«]

Apo|thyl|lit ⟨m.; -s, -e; Min.⟩ ein Mineral aus der Gruppe der Hornblenden [<*Apo...* + grch. *phyllon* »Blatt«]

a po|ti|o|ri größtenteils, der Hauptsache nach [lat., »vom Stärkeren her«]

App ⟨[æp] f.; -, -s od. n.; -s, -s; EDV⟩ digitales Zusatzprogramm für mobile Telefone, Abspielgeräte u. Kleincomputer, bes. für iPhone u. iPad [verkürzt <engl. *application* »Anwendung«]

Ap|pa|rat ⟨m.; -(e)s, -e⟩ 1 aus mehreren Teilen zusammengesetztes Gerät 2 ⟨kurz für⟩ Telefon~, Foto~ usw. 3 *kritischer ~* Anmerkungsteil der wiss. Ausgabe eines Werkes mit den verschiedenen Lesearten, Auslegungen, Kommentaren usw. 4 ⟨fig.⟩ Gesamtheit aller für eine Tätigkeit od. Arbeit nötigen Hilfsmittel u. Personen; *Verwaltungs~* [<lat. *apparatus* »Zubereitung, Werkzeug« <*ad* »zu« + *parare* »bereiten«]

ap|pa|ra|tiv ⟨Adj.⟩ mit Hilfe eines Apparates; *~e Diagnostik* Diagnostik mit Hilfe von technischen Geräten

Ap|pa|rat|schik ⟨m.; -s, -s; abwertend⟩ Staats- bzw. Parteifunktionär in kommunistisch regierten Staaten

Ap|pa|ra|tur ⟨f.; -, -en⟩ 1 Gesamtheit von Apparaten 2 aus mehreren Apparaten zusammengesetztes Werk

Ap|pa|ri|ti|on ⟨f.; -, -en⟩ *~ von Gestirnen* Erscheinung, Sichtbarwerden [frz., »Erscheinung«]

Ap|par|te|ment ⟨[apart(ə)mãː] od. [-mɛnt] n.; -s, -s⟩ 1 *~ im Hotel* Zimmerflucht aus Wohn- u. Schlafzimmer, meist mit Bad 2 Kleinstwohnung aus 1 Zimmer, Bad u. Küche bzw. Kochnische; *oV* Apartment [frz., »Wohnung«]

ap|pas|si|o|na|to ⟨Adj.; Musik⟩ leidenschaftlich (zu spielen); *oV* passionato [ital., »leidenschaftlich«]

Ap|peal ⟨[əpiːl] m.; -s; unz.⟩ Anziehungskraft, Anreiz [engl.]

Ap|pease|ment ⟨[əpiːz-] n.; -s; unz.⟩ Beschwichtigungspolitik [engl., »Beschwichtigung«]

Ap|pell ⟨m.; -s, -e⟩ 1 Aufruf, Mahnruf; *einen ~ an jmdn. richten* 2 ⟨Mil.⟩ das Versammeln, Antreten; *zum ~ antreten* 3 ⟨Jägerspr.⟩ Gehorsam des Hundes [<frz. *appel* »Anruf«]

ap|pel|la|bel ⟨Adj.⟩ durch Berufung anfechtbar; *Ggs* inappellabel [→ *appellieren*]

Ap|pel|lant ⟨m.; -en, -en⟩ 1 jmd., der an etwas appelliert, an jmdn. einen Appell richtet 2 ⟨geh.; Rechtsw.⟩ Berufungskläger [→ *appellieren*]

Ap|pel|lat ⟨m.; -en, -en; Rechtsw.⟩ Berufungsbeklagter [→ *appellieren*]

Ap|pel|la|ti|on ⟨f.; -, -en⟩ Berufung

Ap|pel|la|ti|ons|ge|richt ⟨n.; -(e)s, -e⟩ Berufungsgericht; *Sy* Appellationshof

Ap|pel|la|ti|ons|hof ⟨m.; -es, -höfe⟩ = Appellationsgericht

Ap|pel|la|tiv ⟨n.; -s, -e [-və]; Gramm.⟩ Nomen, das ein zu Benennendes als Vertreter einer Klasse von Dingen, Personen, Vorgängen begreift, Gattungsname; *oV* Appellativum; *Ggs* Eigenname; →*a.* Kollektivum [→ *appellieren*]

Ap|pel|la|ti|vum ⟨[-vum] n.; -s, -ti|va [-va]⟩ = Appellativ

ap|pel|lie|ren ⟨V.⟩ *~ an* sich wenden an, jmdn. od. etwas anrufen [<lat. *appellare* »anreden, anrufen«]

Ap|pend|ek|to|mie *auch:* **Ap|pen|dek|to|mie** ⟨f.; -, -n; Med.⟩ operative Entfernung des Wurmfortsatzes des Blinddarms, (fälschlich für) Blinddarmoperation [<*Appendix* + *Ektomie*]

Ap|pen|dix ⟨m.; -, -di|zes⟩ 1 Anhang, Zusatz 2 ⟨Anat.⟩ Wurmfortsatz des Blinddarms [lat., »Anhang«; zu *appendere, adpendere* »zuwägen«]

Ap|pen|di|zi|tis ⟨f.; -, -ti|den; Med.⟩ Entzündung des Appendix (2), (fälschlich für) Blinddarmentzündung; →*a.* Typhlitis [→ *Appendix*]

Ap|per|ti|nen|zi|en ⟨Pl.; Sing.: Appertinens; veraltet⟩ Zubehör [zu lat. *appertinere* »gehören zu« <*tenere* »halten«]

Ap|per|zep|ti|on ⟨f.; -, -en⟩ bewusste Wahrnehmung eines Sinneseindrucks; *Ggs* Perzeption; *~ eines Gegenstandes* [<*Ad...* + lat. *perceptio* »Wahrnehmung«]

ap|per|zi|pie|ren ⟨V.⟩ bewusst wahrnehmen [<*ad...* + lat. *percipere* »wahrnehmen«]

A

Ap|pe|tenz|ver|hal|ten ⟨n.; -s, -; bei Tieren⟩ Suchen nach der Auslösesituation für die triebbefriedigende Behandlung [zu lat. *appetere* »anstreben«]

Ap|pe|tit ⟨m.; -(e)s; unz.⟩ Verlangen nach einer Speise [<frz. *appétit* <lat. *appetitus* »Begehren«; zu *appetere* »anstreben«]

ap|pe|tit|lich ⟨Adj.⟩ **1** appetitanregend, lecker **2** ansprechend

Ap|pe|ti|zer ⟨[æpətaɪzə(r)] m.; -s, -⟩ Aperitif [engl., »appetitanregendes Getränk«]

ap|pla|nie|ren ⟨V.⟩ (ein)ebnen, ausgleichen [<frz. *aplanir* »(ein)ebnen« <lat. *ad* »zu« + *planus* »flach, eben«]

ap|plau|die|ren ⟨V.⟩ *jmdm.* ~ Beifall spenden, klatschen [<lat. *applaudere* »schlagen, Beifall schlagen« <*ad* »zu« + *plaudere* »klatschend schlagen«]

Ap|plaus ⟨m.; -es, -e; Pl. selten⟩ Beifall, Händeklatschen; *begeisterter, donnernder, starker* ~; ~ *(auf offener Szene) erhalten* [<lat. *applausus,* Part. Perf. zu *applaudere;* → *applaudieren*]

Ap|ple® ⟨[æpəl] ohne Artikel; EDV⟩ US-amerikan. Unternehmen, das Computer, mobile Abspielgeräte (wie iPhone, iPod od. iPad), Betriebssysteme u. andere Software herstellt [<engl. *apple* »Apfel«, der das Firmenlogo des Unternehmens *Apple Inc.* darstellt]

Ap|plet ⟨[æplət] m.; - od. -s, -s; EDV⟩ zusätzliches Computerprogramm, das die Ausführung bestimmter Arbeiten unterstützt, z. B. verschlüsselten Datentransfer od. das Animieren von Figuren auf Internetseiten [verkürzt <engl. *application program* »Anwendungsprogramm«]

Ap|ple|ton|schicht *auch:* **Ap|ple|ton-Schicht** ⟨[æpəltən-] f.; -; unz.⟩ Schicht der Ionosphäre mit hoher Elektronendichte u. Temperaturen von 10 bis 100 °C in 200 bis 400 km Höhe, die Kurzwellen reflektiert, F-Schicht [nach dem Entdecker, dem engl. Physiker Sir Edward *Appleton,* 1892-1965]

Ap|pli|ca|tion|en|gi|neer ⟨[æplɪkɛɪʃnendʒini:r] m.; -s, -s; EDV; Berufsbez.⟩ jmd., der Firma praktische Hilfestellung für das erfolgreiche Funktionieren von Computerprogrammen leistet [<engl. *application* »Anwendung« + *engineer* »Ingenieur«]

ap|pli|ka|bel ⟨Adj.⟩ anwendbar [→ *applizieren*]

Ap|pli|ka|bi|li|tät ⟨f.; -; unz.⟩ Anwendbarkeit

Ap|pli|kant ⟨m.; -en, -en⟩ Bewerber, Bittsteller [<lat. *applicans,* Part. Präs. zu *applicare;* → *applizieren*]

Ap|pli|ka|ti|on ⟨f.; -, -en⟩ **1** ⟨veraltet⟩ Gesuch, Bittschrift **2** ~ *von Heilmitteln* Anwendung, Verabreichung **3** aufgenähtes Muster **4** ⟨EDV⟩ Anwendung, Programm zur Ausführung best. Funktionen [→ *applizieren*]

Ap|pli|ka|tiv ⟨m.; -s, -e [-və]; Gramm.⟩ Form des Verbs in afrikanischen od. kaukasischen Sprachen, die eine für das Objekt günstige Handlung bezeichnet

Ap|pli|ka|tur ⟨f.; -, -en⟩ **1** zweckmäßiger Gebrauch **2** ⟨Musik⟩ Fingersatz (beim Instrumentalspiel) [→ *applizieren*]

ap|pli|zie|ren ⟨V.⟩ **1** *Stoff, Gewebe* ~ aufnähen **2** *Heilmittel* ~ anwenden, verabreichen **3** *Farben* ~ auftragen [<lat. *applicare* »zusammenfügen« <*ad* »zu« + *plicare* »zusammenfalten«]

Ap|pog|gia|tur ⟨[-dʒa-] f.; -, -en; Musik⟩ langer Vorschlag [<ital. *appoggiare* »stützen« <lat. **adpodiare;* zu *podium* »Erhöhung«]

Ap|point ⟨[apoɛ̃:] m.; -s, -s⟩ **1** Ausgleich, Rest einer Schuld **2** Wechsel, der eine restliche Schuld deckt **3** Scheidemünze [<frz. *à point* »auf den Punkt (genau)«]

Ap|point|ment ⟨[əpɔɪntmənt] n.; -s, -s⟩ Verabredung, Termin [engl.]

Ap|port ⟨m.; -s, -e⟩ **1** Sach- statt Bargeldeinlage (bei Kapitalgesellschaften) **2** ⟨Jagdw.⟩ das Herbeibringen des erlegten Wildes durch den Hund **3** ⟨Okkultismus⟩ angebliches Herbeibringen von Gegenständen durch Geisterhand [→ *apport!*]

ap|port! such!, bring (es) her! (Befehl an den Hund) [<frz. *apporter* »herbeibringen«]

ap|por|tie|ren ⟨V.⟩ *das erlegte Wild* ~ herbeibringen (vom Hund) [→ *apport!*]

Ap|po|si|ti|on ⟨f.; -, -en; Gramm.⟩ ein substantiv. Attribut, das im gleichen Kasus steht wie das Substantiv od. Personalpronomen, zu dem es gehört, Beisatz [<lat. *apponere* »hinzufügen« <*ad* »zu« + *ponere* »setzen«]

ap|po|si|ti|o|nell ⟨Adj.⟩ als Apposition verwendet

Ap|po|si|ti|ons|au|ge ⟨n.; -s, -n; Zool.⟩ Einzelauge des Facettenauges, das durch einen vielzelligen Pigmentmantel isoliert ist [<lat. *apponere* »hinzufügen«]

ap|po|si|tiv ⟨Adj.⟩ als Apposition verwendet

Ap|prai|sal ⟨[əprɛɪsəl] n.; -s, -s⟩ Beurteilungsgespräch meist mit Zielvereinbarungen zwischen Vorgesetztem u. Mitarbeiter; *Leistungs~; Gehalts~* [engl., »Abschätzung, Beurteilung«]

Ap|pre|hen|si|on ⟨f.; -, -en⟩ **1** Erfassung eines Gegenstandes durch die Sinne, Auffassung **2** Besorgnis, Furcht [<lat. *apprehendere* »ergreifen« <*ad* »zu« + *prehendere* »greifen«]

ap|pre|hen|siv ⟨Adj.⟩ **1** reizbar, leicht gekränkt **2** furchtsam [→ *Apprehension*]

Ap|pret ⟨n. od. m.; -s, -s⟩ **1** Mittel zur Appretur **2** appretierte Stoffeinlage [<frz. *apprêt* »Zurichtung, Ausrüstung«]

Ap|pre|teur ⟨[-tøːr] m.; -s, -e⟩ Facharbeiter, der Gewebe appretiert [<frz. *apprêteur* »Zurichter, Ausrüster«]

ap|pre|tie|ren ⟨V.⟩ *Textilien* ~ bearbeiten, um ihnen besseres Aussehen, Glanz, höhere Festigkeit zu verleihen [<frz. *apprêter* »zubereiten«; zu *prêt* »bereit«]

Ap|pre|tur ⟨f.; -, -en⟩ **1** das Appretieren **2** Ort, an dem Textilien appretiert werden [→ *appretieren*]

Ap|proach ⟨[əproutʃ] m.; -s, -s; geh.⟩ **1** Vorgehensweise, Ansatz, Annäherung (an wissenschaftliche Probleme) **2** wirkungsvoller Werbespruch **3** ⟨Sport; Golf⟩ Annäherungsschlag **4** ⟨Flugw.⟩ Landeanflug

[engl., »Annäherung, Herangehen«]

Ap|pro|ba|ti|on ⟨f.; -, -en⟩ **1** Genehmigung, Bewilligung, Zuerkennung **2** staatl. Genehmigung zur Berufsausübung für Ärzte u. Apotheker **3** ⟨kath. Kirche⟩ **3.1** Bestätigung eines Priesters, Ordens usw. **3.2** amtliche kirchliche Erlaubnis zum Druck von Schriften [<lat. *approbatio* »Billigung, Zustimmung«]

ap|pro|bie|ren ⟨V.⟩ genehmigen, bewilligen; *einen Arzt, Apotheker ~* zur Berufsausübung zulassen; *approbierter Arzt* [<lat. *approbare* »billigen«]

Ap|pro|pri|a|ti|on *auch:* **Ap|propri|a|ti|on** ⟨f.; -, -en⟩ Zuneigung, Abneigung, Besitzergreifung [<lat. *appropriare* »sich zuneigen« <*ad* »zu« + *proprius* »eigen«]

ap|pro|vi|si|o|nie|ren ⟨[-vi-] V.; österr.; Mil.⟩ mit Lebensmitteln versorgen [<frz. *approvisionner* »versorgen«; zu *provision* »Vorrat«]

Ap|pro|xi|ma|ti|on ⟨f.; -, -en⟩ **1** Annäherung **2** ⟨Math.⟩ Näherungswert [<lat. *approximare* »sich annähern«, <lat. *ad* »zu« + *proximus* »der nächste«]

ap|pro|xi|ma|tiv ⟨Adj.⟩ annähernd

ap|pro|xi|mie|ren ⟨V.; geh.⟩ sich annähern, schätzen, einschätzen

Apra|xie ⟨f.; -, -n; Med.⟩ Störung der Koordination von Handlungs- u. Bewegungsabläufen infolge einer Schädigung des Gehirns, z. B. nach einem Schlaganfall [<grch. *apraxia* »Untätigkeit«]

Ap|rès-Ski ⟨[-prɛʃi:] n.; -; unz.⟩ **1** bequeme, modische Kleidung nach dem Skilaufen **2** geselliges Beisammensein mit Tanz am Abend nach dem Skilaufen [<frz. *après* »nach« + *Ski*]

ap|ri|cot ⟨[-ko:] Adj.⟩ aprikosefarben [frz.]

Ap|ri|ko|se ⟨f.; -, -n; Bot⟩ Frucht des Aprikosenbaumes [<ndrl. *abrikoos,* engl. *apricot,* frz. *abricot* <arab. *albarkok* <lat. *praecocium* »das Frühreife«]

Ap|ri|ko|sen|baum ⟨m.; -(e)s, -bäu|me; Bot.⟩ Steinobstgewächs aus der Familie der Rosengewächse mit eiförmigen, organgefarbenen Früchten

Ap|ril ⟨m.; - od. -s, -e⟩ vierter Monat des Jahres [<lat. *Aprilis*]

a pri|ma vis|ta ⟨[-vɪs-] Musik⟩ *etwas ~ spielen* vom Blatt, ohne vorheriges Üben [ital., »auf den ersten Anblick«]

a pri|o|ri ⟨Philos.⟩ ohne Erfahrungsgrundlage (gegeben), allein aus der Vernunft, dem Denken stammend, rein begrifflich, von vornherein; *Ggs* a posteriori [<lat., »vom Früheren her«]

Apri|o|ri ⟨n.; -, -⟩ a priori aufgestellte Aussage, Vernunftsatz; *Ggs* Aposteriori [→ *a priori*]

apri|o|risch ⟨Adj.⟩ a priori gegeben; *Ggs* aposteriorisch

Apri|o|ris|mus ⟨m.; -, -ris|men⟩ Lehre, die eine von der Erfahrung unabhängige Erkenntnis annimmt [→ *a priori*]

ap|ro|pos ⟨[-po:] Adv.⟩ nebenbei (bemerkt), übrigens, was ich noch sagen wollte [<frz. *à propos* »bei passender Gelegenheit«; zu *propos* »Gesprächsthema«]

Ap|si|de ⟨f.; -, -n⟩ **1** ⟨Astron.⟩ kleinste od. größte Entfernung eines Planeten von dem Zentralgestirn, um das er sich bewegt **2** ⟨Arch.⟩ = Apsis

ap|si|di|al ⟨Adj.⟩ in der Art einer Apsis

Ap|sis ⟨f.; -, -si|den; Arch.⟩ Altarnische, äußerstes Ende des Chors; *Sy* Apside (2), Koncha (2) [<grch. *hapsis* »Verbindung, Führung, Rundung, Wölbung«]

Ap|te|rie ⟨f.; -; unz.; bei Insekten⟩ Flügellosigkeit [<*A...*[1] + grch. *pteron* »Flügel«]

ap|te|ry|got ⟨Adj.⟩ flügellos [<*a...*[1] + grch. *pteryx,* Gen. *pterygos* »Flügel«]

Ap|te|ry|go|ten ⟨Pl.; Zool.⟩ flügellose Insekten [→ *apterygot*]

ap|tie|ren ⟨V.⟩ anpassen, herrichten [<lat. *aptare* »genau anfügen, anpassen«]

Ap|ti|tude ⟨[æptɪtju:d] f.; -; unz.; Psych.⟩ (anlagebedingte) Lern- u. Leistungsfähigkeit [engl.]

aq. dest. ⟨Abk. für⟩ Aqua destillata

aqua..., Aqua... ⟨Vorsilbe⟩ wasser..., Wasser... [<lat. *aqua*]

Aqua de|stil|la|ta *auch:* **Aqua des|til|la|ta** ⟨n.; - -; unz.; Abk.: aq. dest.⟩ destilliertes Wasser [lat.]

Aquä|dukt ⟨n.; -(e)s, -e⟩ altröm. Wasserleitung in Gestalt einer Brücke, die eine Rinne trägt [<lat. *aquaeductus* <*aqua* »Wasser« + *ducere* »führen«]

Aqua|far|ming ⟨n.; - od. -s; unz.⟩ Art der Fischzucht in Gehegen im Meerwasser, bei der den Fischen häufig Medikamente, bes. Antibiotika verabreicht werden [<lat. *aqua* »Wasser« + engl. *farming* »Landwirtschaft, Viehzucht«]

Aqua|jog|ging ⟨[-dʒɔgɪŋ] n.; -s; unz.; Sp.⟩ sportlich betriebenes Laufen im Wasser, eine Form der Wassergymnastik [<*Aqua...* + *Jogging*]

Aqua|kul|tur ⟨f.; -, -en⟩ **1** systemat. Bewirtschaftung des Meeres **2** Anlage zur Fischzüchtung u. -produktion [<*Aqua...* + *Kultur*]

äqual ⟨Adj.⟩ gleich, entsprechend, ebenso [<lat. *aequalis* »gleich, gleichartig«]

Aqua|ma|ni|le ⟨n.; -s, -n; im MA⟩ Gefäß, aus dem während der gottesdienstl. Handlungen dem Priester Wasser über die Hände gegossen wurde [<*Aqua...* + *manus* »Hand«]

aqua|ma|rin ⟨Adj.⟩ von der Farbe des Aquamarins; *~grün, ~blau* [→ *Aquamarin*]

Aqua|ma|rin ⟨m.; -s, -e; Min.⟩ Edelstein, meergrün od. blau gefärbter Beryll [<lat. *aqua marina* »Meereswasser«]

Aqua|naut ⟨m.; -en, -en⟩ Tiefseeforscher

Aqua|nau|tik ⟨f.; -; unz.⟩ **1** Tiefseeforschung **2** Erforschung der Möglichkeiten für längere Aufenthalte von Menschen unter Wasser [<*Aqua...* + *Nautik*]

Aqua|nau|tin ⟨f.; -, -tin|nen⟩ Tiefseeforscherin

Aqua|pla|ning ⟨n.; - od. -s; unz.⟩ Gleiten, Rutschen der Reifen eines Kraftfahrzeuges auf einer nassen Fahrbahn [<*Aqua...* + engl. *planing* »Gleiten« (zu *plane* »gleiten«)]

Aqua|rell ⟨n.; -s, -e; Mal.⟩ mit Wasserfarben gemaltes Bild [<ital. *acquerello* »Wasserfarbe« <lat. *aqua* »Wasser«]

aqua|rel|li|e|ren ⟨V.⟩ *ein Bild ~* mit Wasserfarben malen

Aqua|rel|list ⟨m.; -en, -en⟩ Künstler, der Aquarelle malt

Aqua|rel|lis|tin ⟨f.; -, -tin|nen⟩ Künstlerin, die Aquarelle malt

Aqua|rell|ma|le|rei ⟨f.; -; unz.⟩ Malerei mit Wasserfarben

Aqua|ri|a|ner ⟨m.; -s, -⟩ Aquarienliebhaber

Aqua|ris|tik ⟨f.; -; unz.⟩ Aquarienkunde

Aqua|ri|um ⟨n.; -s, -ri|en⟩ **1** Glasbehälter, in dem Fische u. a. Wassertiere gehalten od. gezüchtet werden **2** Gebäude (Museum) für kleine Wassertiere [<lat. *aquarius* »das Wasser betreffend«]

Aqua|strip|ping ⟨n.; - od. -s, -s⟩ (bei Flugzeugen angewendetes) Verfahren zur Entfernung von Farbschichten mittels Wassers [<*Aqua…* + engl. *strip* »abstreifen«]

Aqua|tin|ta ⟨f.; -, -tin|ten⟩ Kupferstichart, bei der die Zeichnung aus einer mit Kolophoniumstaub präparierten Platte herausgeätzt wird [<*Aqua…* + ital. *tinta* »gefärbt«]

aqua|tisch ⟨Adj.⟩ dem Wasser zugehörig, im Wasser lebend; *~e Lebewesen* [→ *aqua…*]

Äqua|tiv ⟨m.; -s, -e [-və]; Gramm.⟩ Vergleichsstufe des Adjektivs (im Keltischen) od. des Kasus (in den kaukasischen Sprachen) [<mlat. *aequatio* »Entsprechung, Vergleich«]

Aqua|tone|ver|fah|ren ⟨[-to:n-] n.; -s; unz.⟩ ein Offsetdruckverfahren [<*Aqua…* + engl. *tone* »einfärben, tonen«]

Äqua|tor ⟨m.; -s, -to|ren; Pl. selten⟩ größter Breitenkreis auf der Erd- od. Himmelskugel; *Sy* Linie (5) [zu lat. *aequare* »gleichmachen«]

äqua|to|ri|al ⟨Adj.⟩ zum Äquator gehörig, in Äquatornähe befindlich

Äqua|tor|tau|fe ⟨f.; -, -n⟩ Brauch auf Schiffsfahrten, dass jeder, der zum ersten Mal über den Äquator fährt, »getauft«, d. h. unter Wasser getaucht wird

Aqua|vit ⟨[-vi:t] m.; -s, -e⟩ mit Kümmel gewürzter, farbloser Branntwein [<lat. *aqua vitae* »Lebenswasser«]

äqui…, Äqui… ⟨Vorsilbe⟩ gleich [<lat. *aequus*]

Aqui|clud ⟨m.; -s; unz.; fachsprachl.⟩ Grundwasser stauende Schicht [<*Aqua…* + lat. *cludere* »schließen«]

Äqui|den|si|ten ⟨Pl.⟩ Linien gleicher Schwärzung od. Helligkeit auf fotograf. Aufnahmen, die aus normal aufgenommenen Fotos durch besondere Verfahren ausgesondert werden, sie ermöglichen bei Aerogrammen eine bessere Deutung u. Auswertung der Fotos [<*Äqui…* + lat. *densitas* »Dichtheit«]

äqui|dis|tant ⟨Adj.⟩ gleich weit voneinander entfernt

Äqui|dis|tanz ⟨f.; -, -en⟩ identisch großer Abstand [<*Äqui…* + *Distanz*]

äqui|fa|zi|al ⟨Adj.⟩ *~e Blätter* auf Ober- u. Unterseite gleichartig gebaut [<*äqui…* + *fazial*]

Aqui|fer ⟨m.; -s; unz.; Geol.; fachsprachl.⟩ Grundwasserleiter [<*Aqua…* + lat. *ferre* »verbreiten«]

Äqui|li|bris|mus *auch:* **Äqui|lib|ris|mus** ⟨m.; -; unz.⟩ philosoph. Lehre, dass menschl. Handlungsfreiheit nur beim völligen Gleichgewicht aller Willensmotive herrschen soll [→ *Äquilibrium*]

Äqui|li|brist *auch:* **Äqui|lib|rist** ⟨m.; -en, -en⟩ Artist, der seinen eigenen Körper (z. B. beim Seiltanz) so wie auch von ihm balancierte Gegenstände im Gleichgewicht hält, Gleichgewichtskünstler; *oV* Equilibrist [→ *Äquilibrium*]

Äqui|li|bris|tik *auch:* **Äqui|lib|ris|tik** ⟨f.; -; unz.⟩ Kunst des Äquilibristen

äqui|li|bris|tisch *auch:* **äqui|lib|ris|tisch** ⟨Adj.⟩ die Äquilibristik betreffend, zu ihr gehörend [→ *Äquilibrium*]

Äqui|li|bri|um *auch:* **Äqui|li|bri|um** ⟨n.; -s; unz.⟩ Gleichgewicht [<*Äqui…* + lat. *libra* »Waage, Gewicht«]

äqui|mo|lar ⟨Adj.⟩ die gleiche Anzahl von Molen in einer bestimmten Volumeneinheit enthaltend [<*äqui…* + *Mol*]

äqui|nok|ti|al ⟨Adj.⟩ das Äquinoktium betreffend, zu ihm gehörig

Äqui|nok|ti|al|ge|gen|den ⟨Pl.⟩ Tropenländer

Äqui|nok|ti|um ⟨n.; -s, -ti|en⟩ Tag-und-Nacht-Gleiche (21. März u. 23. Sept.) [<lat. *aequinoctium* <*äqui…* + *nox* »Nacht«]

äqui|pol|lent ⟨Adj.; Philos.⟩ von gleicher Bedeutung, aber verschieden ausgedrückt [<*Äqui…* + lat. *pollere* »vermögen«]

Äqui|pol|lenz ⟨f.; -, -en; Philos.⟩ gleiche Bedeutung bei verschiedener Formulierung

> **→ akquirieren** Der gesprochene Anlaut [akw-] ließe eine Schreibung des aus dem Lateinischen stammenden Wortes mit *aqu-* erwarten, wie z. B. bei *Aquarell*. Stattdessen ist der Buchstabenfolge *qu* noch ein *k* vorangestellt (*akqu-*). Ebenso: *Akquisiteur, Akquisition, akquisitiv* und *akquisitorisch*.

Äqui|tät ⟨f.; -; unz.⟩ Billigkeit, Rechtlichkeit [<lat. *aequitas* »Gleichheit«]

äqui|va|lent ⟨[-va-] Adj.⟩ gleichwertig [<*äqui…* + *valent*]

Äqui|va|lent ⟨[-va-] n.; -(e)s, -e⟩ Gegenwert, Entschädigung, vollwertiger Ersatz

Äqui|va|lent|do|sis ⟨[-va-] f.; -, -do|sen⟩ Größe zur Beschreibung biol. Wirkungen verschiedener Strahlenarten, Quotient aus Energiedosis u. Bewertungsfaktor (im Strahlenschutz)

Äqui|va|lent|ge|wicht ⟨[-va-] n.; -(e)s, -e⟩ Zahl, die sich als Quotient aus dem Atomgewicht eines Elementes u. der Wertigkeit, mit der es in einer bestimmten Verbindung auftritt, ergibt

Äqui|va|lenz ⟨[-va-] f.; -, -en⟩ Gleichwertigkeit [→ *äquivalent*]

Äqui|va|lenz|prin|zip ⟨[-va-] n.; -s; unz.⟩ **1** ⟨Wirtsch.⟩ Grundsatz der Ausgeglichenheit von öffentlich erhobenen Gebühren, Beiträgen u. Steuern **2** ⟨Physik⟩ Prinzip der Relativitätstheorie, wonach schwere u. träge Masse einander äquivalent sind

Äqui|va|lenz|the|o|rie ⟨[-va-] f.; -; unz.⟩ **1** ⟨Rechtsw.⟩ Theorie zur

Bestimmung des Erfolges einer Handlung, wobei alle Bedingungen des Erfolges als äquivalent (gleichwertig) betrachtet werden; →*a.* Adäquanztheorie **2** Steuerrechtfertigungslehre

äqui|vok ⟨[-vo:k] Adj.⟩ zwei-, mehrdeutig, doppelsinnig [<*äqui…* + lat. *vox* »Stimme«]

Äqui|vo|ka|ti|on ⟨[-vo-] f.; -, -en⟩ Mehrdeutigkeit, Doppelsinnigkeit [<*Äqui…* + *Vokation*]

Ar[1] ⟨chem. Zeichen für⟩ Argon

Ar[2] ⟨n. od. m.; -s, -e; Zeichen: a⟩ Flächenmaß, 100 Quadratmeter; *oV* ⟨schweiz.⟩ Are [<frz. *are* »Flächenraum« <lat. *area*]

ar…, Ar… ⟨Vorsilbe⟩ = ad…, Ad…

Ara ⟨m.; -s, -s; Zool.⟩ südamerikanische Papageiengattung mit langem, keilförmigem Schwanz; *oV* Arara [neulat.; vermutl. <Tupi *arara*]

Ära ⟨f.; -, Ären⟩ Zeitalter, Zeitabschnitt, Amtszeit; *die ~ Adenauer; eine neue ~ zieht herauf* [<lat. *aera* »Zeitalter«]

Ara|ber ⟨a. [ara-] od. österr., schweiz. [ara:-] m.; -s, -⟩ **1** Bewohner Arabiens **2** arabisches Vollblutpferd

Ara|be|rin ⟨a. [ara-] od. österr., schweiz. [ara:-] f.; -, -rin|nen⟩ Bewohnerin Arabiens

Ara|bes|ke ⟨f.; -, -n⟩ **1** Blatt- u. Rankenornament, Schnörkel **2** ⟨Musik⟩ heiteres Musikstück **3** ⟨Ballett⟩ Körperhaltung, bei der ein Bein waagerecht nach hinten gestreckt wird; *oV* Arabesque [<frz. *arabesque* »(arabische) Verzierung«, <ital. *arabesco* »arabisch«]

Ara|besque ⟨[-bɛsk] f.; -, -s; Ballett⟩ = Arabeske (3)

Ara|bist ⟨m.; -en, -en⟩ Wissenschaftler der arab. Sprache u. Literatur

Ara|bis|tik ⟨f.; -; unz.⟩ Wissenschaft von der arab. Sprache u. Literatur

Ara|bis|tin ⟨f.; -, -tin|nen⟩ Wissenschaftlerin der arab. Sprache u. Literatur

Arach|ni|den ⟨Pl.; Zool.⟩ Spinnentiere; *oV* Arachnoiden [→ *arachnoid*]

arach|no|id ⟨Adj.⟩ spinnenähnlich [<grch. *arachne* »Spinne« + *eidos* »Aussehen«]

Arach|no|i|dea ⟨f.; -; unz.; Anat.⟩ mittlerer Teil der Hirnhaut, Spinnwebenhaut [→ *arachnoid*]

Arach|no|i|den ⟨Pl.⟩ = Arachniden

Arach|no|lo|gie ⟨f.; -; unz.; Zool.⟩ Spinnenkunde [<grch. *arachne* »Spinne« + *…logie*]

Ara|go|nit ⟨m.; -s; unz.; Min.⟩ kristall., rhombisches Mineral, chem. Calciumcarbonat [nach *Aragon*, Landschaft im nordöstl. Spanien]

Ara|lie ⟨[-ljə] f.; -, -n; Bot.⟩ stachelige Zierpflanze aus der Familie der Efeugewächse: Aralia [<neulat. *Aralia*]

Aran|zi|ni ⟨Pl.⟩ überzuckerte Orangenschalen [<ital. *arancia* »Orange«]

Aräo|me|ter ⟨n.; -s, -⟩ Gerät zum Messen der Dichte od. des spezifischen Gewichts von Flüssigkeiten, Senkwaage [<grch. *araios* »dünn« + *…meter*]

Ärar ⟨n.; -s, -e⟩ **1** Staatsschatz, Staatsvermögen, Staatskasse **2** Staatsarchiv [<lat. *aerarium;* zu *aes,* Gen. *aeris* »Erz, Gold«]

Ara|ra ⟨m.; -s, -s⟩ = Ara

ära|risch ⟨Adj.⟩ das Ärar betreffend, zu ihm gehörig, aus ihm stammend

Arau|ka|rie ⟨[-riə] f.; -, -n; Bot.⟩ Nadelbaumgattung Südamerikas u. Australiens [nach dem südamerikan. Indianervolk der *Araukaner*]

Araz|zo ⟨m.; -s, -raz|zi⟩ flandr. Wandteppich [ital., nach der Stadt *Arras*]

Ar|bi|tra|ge *auch:* **Ar|bit|ra|ge** ⟨[-ʒə] f.; -, -n⟩ **1** Schiedsspruch, -gericht; *Sy* Arbitration **2** ⟨Börse⟩ Ausnutzung von Kursunterschieden im Börsengeschäft [frz., »Schiedsspruch« <lat. *arbiter* »Schiedsrichter«]

ar|bi|trär *auch:* **ar|bit|rär** ⟨Adj.⟩ willkürlich, nach Ermessen [<lat. *arbitrarius* »willkürlich angenommen«]

Ar|bi|tra|ti|on *auch:* **Ar|bit|ra|ti|on** ⟨f.; -, -en⟩ = Arbitrage (1)

ar|bi|trie|ren *auch:* **ar|bit|rie|ren** ⟨V.; Börse⟩ Kursunterschiede nutzen

Ar|bi|tri|um *auch:* **Ar|bit|ri|um** ⟨n.; -s, -tria⟩ Schiedsgutachten, Schiedsspruch [lat., »Spruch des Schiedsrichters«]

Ar|bo|re|tum ⟨n.; -s, -re|ten; Bot.⟩ Baumschule [zu lat. *arbor* »Baum«]

Ar|bu|se ⟨f.; -, -n; Bot.⟩ Wassermelone [<lat. *arbutum* »Erdbeere«]

arc ⟨Zeichen für⟩ arkus

Ar|ca|de ⟨f.; -, -n⟩ = Arkade (3)

Ar|ca|de|spiel ⟨n.; -(e)s, -e; EDV⟩ ein interaktives Computerspiel für einen od. mehrere Mitspieler

…arch ⟨Nachsilbe; zur Bildung männl. Subst.⟩ Herrscher, Anführer; *Monarch; Patriarch* [<grch. *archon*]

Ar|cha|i|kum ⟨[-ça:-] n.; -s; unz.⟩ älteste Formation der Erdgeschichte, Teil des Proterozoikums, Erdurzeit; *oV* Archäikum [<grch. *archaios* »alt«]

Ar|chä|i|kum ⟨[-çɛ:-] n.; -s; unz.⟩ = Archaikum

ar|cha|isch ⟨[-ça:-] Adj.⟩ aus der Frühzeit einer Kunst stammend, frühzeitlich, altertümlich; *eine ~e Denkweise* ⟨fig.⟩ eine altertümliche, altmodische Denkweise [<grch. *archaios* »alt, uranfänglich«; zu *arche* »Anfang«]

ar|chä|isch ⟨[-çɛ:-] Adj.⟩ das Archaikum betreffend, aus ihm stammend [<grch. *archaios;* → *archaisch*]

ar|cha|i|sie|ren ⟨[-ça:i-] V.⟩ altertüml. Sprach- u. Kunstformen verwenden, das Altertümliche nachahmen, altertümeln [zu grch. *archaios* »alt«]

Ar|cha|is|mus ⟨[-ça-] m.; -, -is|men⟩ **1** Wiederbelebung altertümliche Formen, Altertümelei **2** altertümliche Form [<grch. *archaios* »alt«]

Ar|cha|ist ⟨[-ça-] m.; -en, -en⟩ Anhänger, Vertreter des Archaismus

Ar|cha|is|tin ⟨[-ça-] f.; -, -tin|nen⟩ Anhänger, Vertreter des Archaismus

ar|cha|is|tisch ⟨[-ça-] Adj.⟩ den Archaismus betreffend, auf ihm beruhend

Ar|chäo|lo|gie ⟨[-çɛ-] f.; -; unz.⟩ Wissenschaft von den nicht schriftlich überlieferten Kulturzeugnissen, bes. den durch Ausgrabungen gewonnenen Bodenfunden aus dem Altertum u. der Frühgeschichte [<grch. *archaios* »alt« + *…logie*]

A

ar|chäo|lo|gisch ⟨[-çɛ-] Adj.⟩ die Archäologie betreffend, zu ihr gehörig, auf ihr beruhend

Ar|chä|o|pte|ris *auch:* **Ar|chä|op|te|ris** ⟨[-çɛ-] f.; -, -ri|den⟩ ausgestorbener Farn des Devons [<grch. *archaios* »alt« + *pteris* »Farnkraut«; zu *pteron* »Feder, Flügel«]

Ar|chä|o|pte|ryx *auch:* **Ar|chä|op|te|ryx** ⟨[-çɛ-] f. od. m.; -, -e od. -pte|ry|ges⟩ Urvogel mit Reptilienmerkmalen [<grch. *archaios* »alt« + *pteryx* »Flügel«]

Ar|chäo|zo|i|kum ⟨[-çɛ-] n.; -s; unz.⟩ = Paläozoikum [<grch. *archaios* »alt« + *…zoikum*]

Ar|che|go|ni|a|ten ⟨[-çə-] Pl.; Bot.; zusammenfassende Bez. für⟩ Moose u. Farne, die ein Archegonium ausbilden [→ *Archegonium*]

Ar|che|go|ni|um ⟨[-çə-] n.; -s, -ni|en; Bot.⟩ weibl. Fortpflanzungsorgan bei Moosen u. Farnen [<grch. *archegonos* »zuerst entstanden, uranfänglich«]

Ar|che|spor ⟨[-çə-] n.; -s; unz.; Bot.⟩ Zellschicht, aus der die Sporen der Moose u. Farne sowie die Pollen der Blütenpflanzen hervorgehen [<grch. *archegonos* »uranfänglich, zuerst entstanden« + *spora* »Same«]

Ar|che|typ ⟨[-çə-] m.; -s, -en⟩ = Archetypus

ar|che|ty|pisch ⟨[-çə-] Adj.⟩ dem Archetyp entsprechend, ur-, vorbildlich, mustergültig

Ar|che|ty|pus ⟨[-çə-] m.; -, -ty|pen⟩ **1** Urform, Urbild **2** älteste erreichbare Vorlage eines Druckes od. einer Handschrift **3** Muster, Vorbild [<grch. *arche* »Anfang« + *Typ*]

Ar|chi|di|a|kon ⟨[-çi-] m.; -s, -e⟩ **1** ⟨kath. Kirche; 5.-16. Jh.⟩ Vorsteher des ministrierenden Klerus u. Stellvertreter des Bischofs, Erzdiakon **2** ⟨evang. Kirche⟩ zweiter Geistlicher [<grch. *archein* »anfangen, herrschen« + *Diakon*]

Ar|chi|di|a|ko|nat ⟨[-çi-] n.; -(e)s, -e⟩ **1** Amt des Archidiakons **2** Amtsbereich des Archidiakons

…ar|chie ⟨Nachsilbe; zur Bildung weibl. Subst.; f.; -, -n⟩ Herrschaft; *Monarchie* [<grch. *arche*]

Ar|chi|go|nie ⟨[-çi-] f.; -; unz.⟩ = Abiogenese [<grch. *archein* »der erste sein« + *…gonie*]

Ar|chi|le|xem ⟨[-çi-] n.; -s, -e; Sprachw.⟩ Wort, das die allgemeine Bedeutung eines Wortfeldes bezeichnet, z. B. »Baum« zu »Eiche, Linde, Buche« usw. [<grch. *archein* »vorangehen« + *Lexem*]

Ar|chi|man|drit *auch:* **Ar|chi|mand|rit** ⟨[-çi-] m.; -en, -en; in der Ostkirche⟩ **1** Vorsteher eines Klosters, Abt **2** Titel höherer Geistlicher [<grch. *archein* »der Erste sein, vorangehen« + *mandra* »Kloster«]

ar|chi|me|disch ⟨[-çi-] Adj.⟩ von Archimedes entdeckt, erfunden; *~es Prinzip* die Tatsache, dass der Auftrieb gleich dem Gewicht der von einem Körper verdrängten Flüssigkeitsmenge ist; *~e Schraube* ein Schneckenrad für die Landbewässerung [nach dem grch. Physiker u. Mathematiker *Archimedes* (um 287-212 v. Chr.)]

Ar|chi|pel ⟨[-çi-] m.; -s, -e⟩ **1** ⟨urspr.⟩ Archipelagos, die Inseln zwischen Griechenland u. Kleinasien **2** Name auch anderer Inselgruppen; *Malaiischer ~* [<grch. *archein* »der Erste sein, herrschen« + *pelagos* »Meer«]

Ar|chi|tekt ⟨[-çi-] m.; -en, -en⟩ Baufachmann, -künstler, der Bauwerke entwirft u. ihre Fertigstellung überwacht [<lat. *architectus* <grch. *architekton*, eigtl. »oberster Zimmermann« <*archein* »herrschen, anfangen« + *tekton* »Zimmermann«]

Ar|chi|tek|tin ⟨[-çi-] f.; -, -tin|nen⟩ weibl. Architekt

Ar|chi|tek|to|nik ⟨[-çi-] f.; -, -en⟩ **1** Wissenschaft von der Baukunst **2** Aufbau eines Bau- od. Kunstwerkes [→ *Architekt*]

ar|chi|tek|to|nisch ⟨[-çi-] Adj.⟩ die Architektonik od. Architektur betreffend, zu ihr gehörig, auf ihr beruhend, baulich, baukünstlerisch

Ar|chi|tek|tur ⟨[-çi-] f.; -, -en⟩ **1** Baukunst **2** Baustil

Ar|chi|trav *auch:* **Ar|chit|rav** ⟨[-çi-] m.; -s, -e; antike Arch.⟩ auf Säulen ruhender, den Oberbau tragender Querbalken; *Sy* Epistyl [<frz., ital. *architrave*, eigtl. »Hauptbalken« <grch. *archein* »anfangen, herrschen« + lat. *trabs* »Balken«]

Ar|chiv ⟨[-çiːf] n.; -s, -e [-və]⟩ **1** Sammlung von Schriften, Dokumenten, Urkunden **2** Raum zum Aufbewahren einer solchen Sammlung [<lat. *archivum* <grch. *archeion* »Obrigkeits-, Rathaus«]

Ar|chi|va|li|en ⟨[-çivaː-] Pl.; Sing.: Archivalium⟩ Urkunden, Schriftstücke, Archivakten

ar|chi|va|lisch ⟨[-çivaː-] Adj.⟩ zu einem Archiv gehörend, urkundlich; *oV* archivarisch

Ar|chi|var ⟨[-çivaːr] m.; -s, -e⟩ Angestellter, Leiter eines Archivs

Ar|chi|va|rin ⟨[-çivaː-] f.; -, -rinnen⟩ weibl. Archivar

ar|chi|va|risch ⟨[-çivaː-] Adj.⟩ = archivalisch

ar|chi|vie|ren ⟨[-çiviː-] V.⟩ **1** *eine Urkunde, ein Dokument ~* in ein Archiv aufnehmen **2** ⟨EDV⟩ speichern, kopieren (bes. Dateien); *mehrere Dateien auf der Festplatte ~*

ar|chi|visch ⟨[-çiːvɪʃ] Adj.⟩ das Archiv betreffend, zu ihm gehörig

Ar|chi|vis|tik ⟨[-çivɪs-] f.; -; unz.⟩ Wissenschaft von der Einrichtung u. Führung von Archiven

Ar|chi|vol|te ⟨[-çivɔl-] f.; -, -n⟩ **1** meist bandartig profilierte Stirnseite eines Rundbogens **2** Bogen eines roman. od. got. Portals, oft mit Figuren besetzt [<ital. *archivolto* <*architrave* (→ *Architrav*) + *volto* »gebogen« (<lat. *volutus*, Part. Perf. zu *volvere* »wälzen, drehen«)]

Ar|chon ⟨[-çoːn] m.; -s, -chon|ten; im antiken Athen⟩ einer der neun höchsten Beamten; *oV* Archont [<grch. *archein* »herrschen«]

Ar|chont ⟨[-çɔnt] m.; -en, -en⟩ = Archon

ar|den|te ⟨Musik⟩ feurig, lebhaft (zu spielen) [ital.]

Are ⟨f.; -, -n; schweiz.⟩ = Ar²

Area ⟨f.; -, Are|en [-reːən]⟩ lateinamerikan. Flächenmaß, in Kolumbien 10 m², in Argentinien 100 m² [span.]

are|al ⟨Adj.⟩ Verbreitungsgebiete betreffend [→ *Areal*]

Are|al ⟨n.; -s, -e⟩ **1** Fläche, Bezirk

2 Siedlungsgebiet 3 Verbreitungsgebiet; *von Tieren besiedeltes ~* [<lat. *area* »freier, ebener Platz«]

Are|al|kun|de ⟨f.; -; unz.⟩ Lehre von der Verbreitung der Lebewesen in einem bestimmten Gebiet

Are|al|lin|gu|is|tik ⟨f.; -; unz.⟩ = Sprachgeografie

are|al|lin|gu|is|tisch ⟨Adj.⟩ die Areallinguistik betreffend, zu ihr gehörig

Are|ka|nuss ⟨f.; -, -nüs|se; Bot.⟩ = Betelnuss [neulat. *areca* <portug. <drawid.]

Are|ka|pal|me ⟨f.; -, -n; Bot.⟩ = Betelpalme

are|li|gi|ös ⟨Adj.⟩ nicht religiös

Are|na ⟨f.; -, Are|nen⟩ 1 mit Sand bestreuter Kampfplatz im Amphitheater 2 Sportplatz mit Zuschauersitzen 3 ⟨Zirkus⟩ = Manege (2) 4 ⟨österr.⟩ Sommerbühne [lat., »Sand«]

Aren|ga|pal|me ⟨f.; -, -n; Bot.⟩ Zuckerpalme, Angehörige einer Gattung der Palmen in Indien u. Malaysia, die einen zuckerhaltigen Saft sowie Sago u. Fasern liefern: Arenga [<javan. *arén*]

Are|o|pag ⟨m.; -s, -e; im antiken Athen⟩ höchster Gerichtshof [<grch. *Areiopagos* <*Areios* »dem Ares (=Mars) geweiht« + *pagos* »Hügel«, auf dem die Sitzungen abgehalten wurden]

Ar|ga|li ⟨m. od. n.; - od. -s, -s; Zool.⟩ ein Riesenwildschaf, das in den Hochgebirgen Zentralasiens lebt [<mongol. *argol* »trockener Dung«]

Ar|gen|tan ⟨n.; -s; unz.; Chemie⟩ Neusilber [<lat. *argentum* »Silber«]

Ar|gen|tit ⟨m.; -s; unz.; Chemie⟩ Silberglanz, dunkelgraues Mineral, chemisch Silbersulfid [→ *Argentum*]

Ar|gen|to|me|trie *auch:* **Ar|gen|to|met|rie** ⟨f.; -; unz.⟩ Verfahren der chem. Maßanalyse, das die Schwerlöslichkeit vieler Silbersalze zum Nachweis von Metallen ausnützt [<lat. *argentum* »Silber« + *...metrie*]

Ar|gen|tum ⟨n.; -s; unz.; chem. Zeichen: Ag⟩ Silber [lat.]

Ar|gon ⟨n.; -s; unz.; chem. Zeichen: Ar⟩ chem. Grundstoff, ein Edelgas, Ordnungszahl 18, in Leuchtröhren u. Glühlampen verwendet [zu grch. *argos* »untätig«]

Ar|go|naut ⟨m.; -en, -en; grch. Sage⟩ Angehöriger der Besatzung des Schiffes »Argo«, mit dem Jason nach dem Goldenen Vlies suchte

Ar|got ⟨[-go:] n.; -s, -s⟩ 1 ⟨urspr.⟩ die französ. Gaunersprache 2 Jargon, Sondersprache einer bestimmten sozialen Gruppe od. Schicht, z. B. Schülersprache [frz., »Rotwelsch«]

Ar|go|tis|mus ⟨m.; -, -tis|men⟩ Wort od. Redewendung der Umgangssprache [→ *Argot*]

Ar|gu|ment ⟨n.; -(e)s, -e⟩ 1 stichhaltige Entgegnung, Beweis, Beweisgrund 2 ⟨Math.⟩ unabhängige Veränderliche einer Funktion [<lat. *argumentum* »Gehalt, Beweis«]

Ar|gu|men|ta|ti|on ⟨f.; -, -en⟩ Beweisführung, Begründung

ar|gu|men|ta|tiv ⟨Adj.⟩ Argumente betreffend, auf Argumenten beruhend

ar|gu|men|ta|to|risch ⟨Adj.⟩ in der Art eines Arguments, begründend, beweisend

ar|gu|men|tie|ren ⟨V.⟩ Argumente vorbringen, durch Schlüsse beweisen; *mit jmdm. über etwas ~* [→ *Argument*]

Ar|gus|au|ge ⟨n.; -s, -n⟩ *etwas mit ~n beobachten* mit scharfem, wachsamem Blick darüber wachen [nach dem vieläugigen Riesen *Argus* der grch. Sage]

Arhyth|mie ⟨f.; -, -n⟩ = Arrhythmie

arhyth|misch ⟨Adj.⟩ = arrhythmisch

Ari|ad|ne|fa|den ⟨m.; -s; unz.⟩ rettendes Mittel, Hilfe aus der Wirrnis, Leitfaden [nach der grch. Sage von *Ariadne*]

arid ⟨Adj.; Geogr.⟩ *~er Boden, ~es Klima* trocken, dürr [<lat. *aridus* »trocken«]

Ari|di|tät ⟨f.; -; unz.; Geogr.⟩ Trockenheit, Dürre

Arie ⟨[-riə] f.; -, -n; Musik⟩ kunstvolles Sologesangsstück mit Instrumentalbegleitung [<ital. *aria* »Wind, Melodie«, <lat. *aer* »Luft«]

Ari|er ⟨m.; -s, -⟩ 1 Inder u. Iraner 2 ⟨nationalsozialist. Sprachgebrauch⟩ nicht semitische Angehörige der weißen Rasse [<grch. *Arioi;* zu idg. **ario-* »Herr, Gebieter«; zu indoiran. *arya-* »rechtmäßig, edel«; wurde zum Namen der idg. Einwohner auf pers. u. ind. Boden, im Unterschied zur farbigen Bevölkerung, danach der Ländername Iran, verwandt wohl auch mit grch. *aristos* »der Beste«]

Ari|et|ta ⟨f.; -, -et|ten; Musik⟩ kleine Arie; *oV* Ariette [ital.]

Ari|et|te ⟨f.; -, -n; Musik⟩ = Arietta

ari|os ⟨Adj.; Musik⟩ sanglich, melodiös, arienartig; *oV* arioso [→ *Arie*]

ari|o|so ⟨Adj.; Musik⟩ = arios

Ari|o|so ⟨n.; -s, -s od. -o|si; Musik⟩ 1 melodiöser, selbstständig gewordener Teil des Rezitativs 2 kleines arien-, liedartiges Sologesangs- od. auch Instrumentalstück [→ *Arie*]

arisch ⟨Adj.⟩ die Arier betreffend, zu ihnen gehörig, von ihnen stammend; *~e Sprachen* der indoiran. Zweig der indogermanischen Sprachfamilie

ari|sie|ren ⟨V.; nationalsozialist. Sprachgebrauch⟩ *jüdisches Eigentum ~* durch Enteignung deutschen Eigentümern zuführen

Aris|tie ⟨f.; -, -n⟩ literar. Preisung einer Heldentat (bes. in der Ilias) [<grch. *aristeia;* zu *aristos* »der Beste«]

Aris|to|krat ⟨m.; -en, -en⟩ 1 Adliger 2 ⟨fig.⟩ Mann von vornehmer Gesinnung

Aris|to|kra|tie ⟨f.; -, -n⟩ 1 Adel 2 Adelsherrschaft 3 Oberschicht; *Geld~* [<grch. *aristos* »der Beste« + *...kratie*]

Aris|to|kra|tin ⟨f.; -, -tin|nen⟩ 1 Adlige 2 ⟨fig.⟩ Frau von vornehmer Gesinnung

aris|to|kra|tisch ⟨Adj.⟩ 1 die Aristokratie betreffend, zu ihr gehörig, von ihr stammend, ihr gemäß, adelig 2 vornehm

Aris|to|lo|chia ⟨[-xia] f.; -, -chi|en; Bot.⟩ Gattung der Osterluzeigewächse, angeblich die Geburt fördernd [<grch. *aristos* »der Beste« + *locheia* »Geburt«]

aris|to|pha|nisch ⟨Adj.⟩ 1 Aristophanes u. seine Komödien be-

A

treffend **2** ironisch, zeitkritisch [nach dem grch. Komödiendichter *Aristophanes* (ca. 445-385 v. Chr.)]

Aris|to|te|li|ker ⟨m.; -s, -; Philos.⟩ Anhänger der aristotelischen Lehre

aris|to|te|lisch ⟨Adj.; Philos.⟩ Aristoteles u. seine Lehre betreffend [nach dem grch. Philosophen *Aristoteles*]

Arith|me|tik ⟨f.; -; unz.⟩ Lehre vom Rechnen mit Zahlen u. Buchstaben [<grch. *arithmos* »Zahl«]

Arith|me|ti|ker ⟨m.; -s, -⟩ Wissenschaftler der Arithmetik

Arith|me|ti|ke|rin ⟨f.; -, -rin|nen⟩ Wissenschaftlerin der Arithmetik

arith|me|tisch ⟨Adj.⟩ die Arithmetik betreffend, zu ihr gehörig; *~es Mittel* die Summe mehrerer Zahlen geteilt durch ihre Anzahl

Arith|mo|griph ⟨m.; -en, -en⟩ Zahlenrätsel [<grch. *arithmos* »Zahl« + *griphos* »Netz, Rätsel«]

Ar|ka|de ⟨f.; -, -n⟩ **1** auf Säulen od. Pfeilern ruhender Bogen **2** Bogenreihe, Bogengang **3** überdachte Einkaufspassage; *oV* Arcade [frz., »Schwibbogen« <lat. *arcus* »Bogen«]

Ar|ka|di|en ⟨n.; -s; unz.⟩ **1** Landschaft in Griechenland **2** ⟨sinnbildl. für⟩ Ort eines glücklichen, beschaulichen Lebens (auf dem Lande)

ar|ka|disch ⟨Adj.⟩ **1** Arkadien betreffend, zu ihm gehörig **2** ländlich, idyllisch, nach Art der Hirten; *~e Dichtung* D. der Arkadier, Hirten-, Schäferdichtung

Ar|kan|sit ⟨m.; - od. -s; unz.; Min.⟩ Mineral mit metallartigem Glanz, chem. Titandioxid [nach dem Staat *Arkansas* in den USA]

Ar|ka|num ⟨n.; -s, -ka|na⟩ **1** Geheimlehre in religiösen Gemeinschaften **2** ⟨Pharm.⟩ Geheimmittel [zu lat. *arcanus* »geheim«]

Ar|ke|bu|se ⟨f.; -, -n⟩ **1** ⟨urspr.⟩ eine Armbrust **2** ⟨15. Jh.⟩ Handfeuerwaffe, beim Schießen in einen Haken zu hängen, Hakenbüchse [<frz. *arquebuse* »Büchse« <ital. *archibuso* <ndrl. *haakbus* »Hakenbüchse«; beeinflusst von lat. *arcus* »Bogen«]

Ar|ke|bu|sier ⟨m.; -s, -e⟩ Soldat mit Arkebuse

Ar|ko|se ⟨f.; -; unz.; Min.⟩ Feldspat u. Glimmer enthaltendes Sedimentgestein

Ark|ti|ker ⟨m.; -s, -⟩ Bewohner der Arktis

Ark|ti|ke|rin ⟨f.; -, -rin|nen⟩ Bewohnerin der Arktis

Ark|tis ⟨f.; -; unz.⟩ Nordpolargebiet [zu grch. *arktos* »Bär«]

ark|tisch ⟨Adj.⟩ die Arktis betreffend, zu ihr gehörig, aus ihr stammend

Ar|kus ⟨m.; -, -; Zeichen: arc; Math.⟩ *~ eines Winkels* Bogen, Bogenmaß [<lat. *arcus* »Bogen«]

Ar|lec|chi|no ⟨[arlɛkiːno] m.; -s, -s od. -ni⟩ Harlekin der italien. Commedia dell'Arte, Geliebter der Kolombine [ital.]

Ar|ma|da ⟨f.; -, -s od. -ma|den⟩ **1** Kriegsflotte, vor allem die Flotte Philipps II. von Spanien **2** ⟨umg.⟩ Pulk, Anhäufung [span. <mlat. *armata* »Flotte, Heer«]

Ar|ma|ged|don ⟨n.; -s; unz.⟩ *oV* Harmageddon **1** nach der Offenbarung des Johannes der Ort des endzeitlichen Krieges **2** ⟨fig.; geh.⟩ Untergang, Katastrophe [<grch. *Harmagedón* <hebr. *Har-Magiddô* »Berg von Megiddo«]

Ar|ma|gnac *auch:* **Ar|mag|nac** ⟨[-njak] m.; -s, -s⟩ ein französ. Weinbrand [nach der gleichnamigen frz. Landschaft]

Ar|ma|tur ⟨f.; -, -en⟩ **1** Zubehör von Maschinen u. technischen Anlagen **2** Bedienungsteil von Maschinen u. Apparaten [<lat. *armatura* »Bewaffnung«; zu *armare* »bewaffnen, ausrüsten«]

Ar|ma|tu|ren|brett ⟨n.; -(e)s, -er⟩ Schaltbrett, Tafel mit Schalt- u. Messgeräten

Arm|co-Ei|sen® ⟨n.; -s; unz.⟩ korrosionsbeständige Eisensorte mit einem Gehalt von über 99,85 % Eisen [nach der *Armco Steel,* Middeltown, USA, von der es in den Handel gebracht wurde]

Ar|mee ⟨f.; -, -n⟩ **1** ⟨Mil.⟩ **1.1** Gesamtheit der (Land-, Luft-, u. See-)Streitkräfte **1.2** Truppenverband aus mehreren Divisionen **1.3** Heer **2** ⟨fig.⟩ große Menge von Menschen [<frz. *armée* »Heer«; zu frz. *armer* »bewaffnen«]

Ar|mee|korps ⟨[-koːr] n.; - [-koːrs], - [-koːrs]⟩ größter taktischer Truppenverband

ar|mie|ren ⟨V.; Mil.⟩ **1** *Mannschaften, Befestigungen ~* ausrüsten, bewaffnen **2** *Beton, Kabel ~* mit Stahleinlagen ausrüsten [<lat. *armare* »bewaffnen«]

Ar|mie|rung ⟨f.; -, -en⟩ **1** ⟨Mil.⟩ das Armieren **2** Stahleinlage

Ar|mil|lar|sphä|re ⟨f.; -, -n; Astron.⟩ altes, aus mehreren Ringen bestehendes, astron. Instrument zum Messen der Sternkoordinaten [<lat. *armille* »Armreif« + *Sphäre*]

Ar|mi|ni|a|ner ⟨m.; -s, -⟩ Angehöriger einer niederländischen Glaubensgemeinschaft liberal-evangelischer Gesinnung [nach dem ndrl. Theologen Jakob *Arminius,* 1560-1609]

ar|mi|ni|a|nisch ⟨Adj.⟩ dem Arminianismus entsprechend, zu ihm gehörig

Ar|mo|ri|al ⟨n.; -s, -e⟩ Wappenbuch [frz., »heraldisch«; zu *armoiries* »Wappen«; zu *arme* »Waffe«]

Ar|my ⟨f.; -, -s; umg.; kurz für⟩ Streitkräfte der USA; *er arbeitet bei der ~* [engl., »Armee«]

Ar|ni|ka ⟨f.; -, -s; Bot.⟩ Gattung gelbblühender Korbblütler (Wohlverleih), Heilpflanze mit anregender Wirkung: Arnica (montana) [<neulat. *arnica,* eigtl. »Schafkraut« <grch. *arnos* »Lamm«]

Aro|ma ⟨n.; -s, -s od. Aro|men⟩ **1** würziger Wohlgeruch od. Wohlgeschmack **2** künstl. hergestellter Geschmacksstoff für Speisen [grch., »Würze«]

Aro|ma|ten ⟨Pl.; Chemie⟩ = aromatische Kohlenwasserstoffe [→ *Aroma*]

Aro|ma|the|ra|pie ⟨f.; -; unz.; Naturheilkunde⟩ die therapeutische Anwendung von unverfälschten ätherischen Ölen, Duftherapie

aro|ma|tisch ⟨Adj.⟩ **1** voller Aroma, wohlriechend, wohlschmeckend, würzig; *~e Wässer* Auszüge von Blüten u. Kräutern mit Duftstoffen **2** ⟨Chemie⟩ *~e Kohlenwasserstoffe, ~e Verbindungen* ringförmige Kohlenwasserstoffe mit bestimmter Anordnung der Bindungen innerhalb des Ringes; *Sy* Aromaten; *Ggs* aliphatische Verbindungen

aro|ma|ti|sie|ren ⟨V.⟩ mit Aroma versehen

Aron|ge|wächs ⟨n.; -es, -e; Bot.⟩ Angehöriger einer Familie der Kolbenblütler [zu lat. *arum* <grch. *aron,* nach einer ägypt. Bezeichnung; nicht nach dem bibl. *Aaron,* dessen Stab grünt u. blüht (4. Mose 17,23)]

Aron|stab ⟨m.; -(e)s; unz.⟩ = Aronwurzel

Aron|wur|zel ⟨f.; -; unz.; Bot.⟩ Arongewächs mit tütenförmigem, grünem Hochblatt, violettem Blütenkolben u. Beerenfrüchten: Arum maculatum; *Sy* Aronstab

Ar|pa|net ⟨n.; -s; unz.; EDV⟩ in den 1960er Jahren in den USA eingerichtetes Computernetzwerk; →*a.* Internet [verkürzt <engl. *A*dvanced *R*esearch *P*rojects *A*gency + *net*work »Netzwerk«]

Ar|peg|gia|tur ⟨[-pɛdʒa-] f.; -, -en; Musik⟩ Reihe von Arpeggien [→ *arpeggio*]

ar|peg|gie|ren ⟨[-dʒiː-] V.; Musik⟩ *einen Akkord ~* arpeggio spielen

ar|peg|gio ⟨[-pɛdʒoː] Musik⟩ *die Töne eines Akkords ~ spielen* einzeln nacheinander, harfenartig [<ital. *arpeggiare* »auf der Harfe spielen«; zu *arpa* »Harfe«]

Ar|peg|gio ⟨[-pɛdʒoː] n.; -s, -s od. -peg|gi|en; Musik⟩ Akkord, dessen Töne arpeggio gespielt werden

Ar|peg|gio|ne ⟨[-dʒoːnə] f.; -, -n; Musik⟩ altes sechssaitiges Streichinstrument [→ *arpeggio*]

Ar|rak ⟨m.; -s, -s od. -e⟩ Branntwein aus Reis, Zuckerrohr u. Palmwein [<arab. *araq* »Saft«]

Ar|ran|ge|ment ⟨[arãʒ(ə)mãː] n.; -s, -s⟩ **1** Anordnung, Vorbereitung **2** Vergleich, Übereinkommen, Abmachnung **3** Bearbeitung eines Musikstücks für andere Instrumente [frz., »Anordnung, Einrichtung«]

Ar|ran|geur ⟨[arãʒøːr] m.; -s, -e⟩ jmd., der ein Musikstück arrangiert

ar|ran|gie|ren ⟨[arãʒiː-] od. [araŋʒiː-] V.⟩ **1** *etwas ~* anordnen, vorbereiten **2** *sich ~* sich vergleichen, übereinkommen, abmachen **3** *Musikstücke ~* für andere Instrumente bearbeiten [<frz. *arranger* »(an)ordnen, einrichten«]

Ar|ray ⟨[ərɛɪ] m. od. n.; -s, -s⟩ **1** Anordnung, Anreihung gleichartiger Dinge **2** ⟨EDV⟩ Liste von Datenwerten gleichen Typs **3** ⟨El.⟩ reihenartige Anordnung gleichartiger elektronischer Bauelemente [engl., »Aufstellung, Ansammlung; (Daten-)Feld«]

Ar|ray|pro|zes|sor ⟨[ərɛɪ-] m.; -s, -en⟩ = Arrayrechner

Ar|ray|rech|ner ⟨[ərɛɪ-] m.; -s, -; EDV⟩ Rechner mit mehreren Rechenwerken, die miteinander verbunden sind u. parallel arbeiten; *Sy* Arrayprozessor

Ar|rest ⟨m.; -(e)s, -e; Rechtsw.⟩ **1** *~ für Personen* Haft, Freiheitsentzug, leichte Freiheitsstrafe; *jmd. bekommt drei Tage leichten, schweren, verschärften ~* **2** *persönlicher ~* Verhaftung eines Schuldners **3** *~ von Sachen* vorläufige Beschlagnahme; *ein Schiff, Waren mit ~ belegen* **4** *dinglicher ~* vorläufige Pfändung, Eintragung einer Zwangshypothek zur Sicherung von Forderungen eines Gläubigers [<mlat. *arrestum* »Verhaftung« <lat. *ad* »zu« + *restare* »bleiben«]

Ar|res|ta|ti|on ⟨f.; -, -en; veraltet⟩ Festnahme [→ *Arrest*]

ar|res|tie|ren ⟨V.⟩ = arretieren

ar|re|tie|ren ⟨V.⟩ *oV* arrestieren **1** ⟨veraltet⟩ mit Arrest belegen, in Arrest nehmen, verhaften, einsperren **2** ⟨Techn.⟩ *bewegliche Teile eines Gerätes ~* sperren, blockieren [<frz. *arrêter* »an-, aufhalten, verhaften«]

Ar|re|tie|rung ⟨f.; -, -en⟩ **1** das Arretieren **2** Hemmung in der Uhr

Ar|rhe|no|blas|tom ⟨n.; -s, -e; Med.⟩ Eierstockgeschwulst, die Hormonstörungen verursacht u. zur Vermännlichung führt [<grch. *arrhen* »Mann, Männchen« + *Blastom*]

Ar|rhe|no|ge|nie ⟨f.; -, -n⟩ Erzeugung ausschließlich männlicher Nachkommen; *Ggs* Thelygenie [<grch. *arrhen* »männlich« + *…genie*]

ar|rhe|no|id ⟨Adj.⟩ männl. Merkmale aufweisend [<grch. *arrhen* »männlich« + *…oid*]

Ar|rhe|no|i|die ⟨f.; -, -n⟩ Vermännlichung weiblicher Individuen [→ *arrhenoid*]

Ar|rhe|no|to|kie ⟨f.; -, -n⟩ Entstehung männlicher Tiere aus unbefruchteten Eiern; *Ggs* Thelytokie [<grch. *arrhen* »männlich« + *tokos* »Geburt«]

Ar|rhyth|mie ⟨f.; -, -n⟩ *oV* Arhythmie **1** Störung im Rhythmus, Mangel an Ebenmaß **2** ⟨Med.⟩ Unregelmäßigkeit des Herzschlages [<*A…*[1] + grch. *rythmos;* → *Rhythmus*]

ar|rhyth|misch ⟨Adj.⟩ ohne Rhythmus, unrhythmisch; *oV* arhythmisch

Ar|ri|ère|gar|de ⟨[ariɛːrgard(ə)] f.; -, -n⟩ **1** Gruppe von Personen, die (verspätet) jeden modischen Trend imitiert **2** Nachhut [<frz. *arrièregarde* »Nachhut«]

Ar|ri|val ⟨[əraɪvəl] n.; -s, -s; auf Flughäfen⟩ Ankunftshalle [engl., »Ankunft«]

ar|ri|ve|der|ci ⟨[-vedɛːrtʃi]⟩ auf Wiedersehen [ital.]

ar|ri|vie|ren ⟨[-viː-] V.⟩ Erfolg haben, beruflich vorwärtskommen, anerkannt werden; *arrivierter Komponist, Schriftsteller* [<frz. *arriver* »ankommen«]

Ar|ri|vier|te(r) ⟨[-viːr-] f. 2 (m. 1)⟩ jmd., der beruflich u. gesellschaftlich anerkannt u. erfolgreich ist

Ar|ri|vist ⟨[-vɪst] m.; -en, -en; abwertend⟩ jmd., der beruflich erfolgreich ist [→ *arrivieren*]

ar|ro|gant ⟨Adj.⟩ anmaßend, eingebildet, hochnäsig [frz., »anmaßend« <lat. *ad* »zu« + *rogare* »verlangen, fragen«]

Ar|ro|ganz ⟨f.; -; unz.⟩ Anmaßung, Dünkel [→ *arrogant*]

ar|ron|die|ren ⟨[-rɔ̃-] V.⟩ *Grundbesitz ~* abrunden, zusammenlegen [<frz. *arrondir* »abrunden«; zu *rond* »rund«]

A

Ar|ron|die|rung ⟨[-rɔ̃-] f.; -, -en⟩ Abrundung, Zusammenlegung (mehrerer nicht aneinandergrenzender Grundstücke)

Ar|ron|dis|se|ment ⟨[-rɔ̃dɪs(ə)mã:] n.; -s, -s⟩ Unterabteilung eines frz. Departements, kleinerer Verwaltungsbezirk [frz., »Abrundung, Zusammenlegung«; zu frz. *arrondir* »abrunden«]

Ar|ro|se|ment ⟨[-mã:] n.; -s, -s; Bankw.⟩ = Arrosierung [frz.]

Ar|ro|sie|rung ⟨f.; -, -en; Bankw.⟩ Erhöhung der Verzinsung u. Aufschub der Rückzahlung (von Staatsanleihen); *Sy* Arrosement [zu frz. *arroser* »begießen; bestechen« <lat. *arrosare*]

Ar|ro|si|on ⟨f.; -, -en; Med.⟩ allmähl. fortschreitende Zerstörung (von Hohlorgan- u. Blutgefäßwänden) [zu lat. *arrodere* »benagen«]

Ar|row|root ⟨[ærouru:t] n.; -; unz.⟩ aus Knollen u. Wurzeln der Pfeilwurzel gewonnenes, als Nahrungsmittel verwendetes Stärkemehl [<engl. *arrowroot* »Pfeilwurzel«]

Ars Aman|di ⟨f.; - -; unz.⟩ Liebeskunst [lat.]

Ars an|ti|qua ⟨f.; - -; unz.⟩ mehrstimmige Musik des 13. Jh. in Nordfrankreich; *Ggs* Ars nova [lat., »alte Kunst«]

Ar|schin ⟨m.; -s, - od. -en⟩ früheres russ. Längenmaß (71 cm) [<russ. *aršin* <turktatar.]

Ar|sen ⟨n.; -s; unz.; chem. Zeichen: As⟩ ein chem. Grundstoff, Ordnungszahl 33, gefährliches Gift [<grch. *arsenikos* »männlich«]

Ar|se|nal ⟨n.; -s, -e⟩ **1** Geräte-, Waffenlager **2** Ansammlung, Anhäufung [frz. <ital. *arsenale* <arab. *dar(es)-sina's* »Haus der Handwerksarbeit, Schiffswerft«]

ar|se|nig ⟨Adj.⟩ arsenikhaltig; *~e Säure* = Arsensauerstoffsäure

Ar|se|nik ⟨n.; -s; unz.; Chemie⟩ (sehr giftige) Verbindung des Arsens mit Sauerstoff

Ar|se|nit ⟨n.; -s; unz.; Chemie⟩ Salz der Arsensauerstoffsäure, Verwitterungsprodukt des Arsenkieses, als »Giftmehl« zur Schädlingsbekämpfung verwendet [→ *Arsen*]

Ar|sen|kies ⟨m.; -es; unz.; Chemie⟩ Mineral, chem. Eisen-Arsen-Sulfid

Ar|sen|oxid ⟨n.; -(e)s, -e; Chemie⟩ Verbindung des Arsens mit Sauerstoff

Ar|sen|sau|er|stoff|säu|re ⟨f.; -, -n; Chemie⟩ chemische Verbindung von Arsenoxid mit Wasser; *Sy* Arsensäure, arsenige Säure

Ar|sen|säu|re ⟨f.; -, -n; Chemie⟩ = Arsensauerstoffsäure

Ar|sis ⟨f.; -, Ar|sen⟩ **1** ⟨urspr.⟩ das Aufheben des Fußes beim Taktschlagen **2** ⟨antike Metrik⟩ unbetonter Teil des Versfußes; *Ggs* Thesis (1) **3** ⟨Musik⟩ unbetonter, von einer Aufwärtsbewegung der Arme begleiteter Taktteil [zu grch. *airein* »heben«]

Ars no|va ⟨[-va] f.; - -; unz.; Musik⟩ die von Florenz u. Frankreich ausgehende kontrapunktisch-mehrstimmige Musik des 14./15. Jh.; *Ggs* Ars antiqua [lat., »neue Kunst«]

Art brut ⟨[a:r bry] f.; - -; unz.⟩ Stilrichtung der bildenden Kunst, die das Unbewusste, Spontane zum Qualitätsmerkmal stilisiert [verkürzt <frz. *art brutale* »brutale, rohe Kunst«]

Art|buy|er *auch:* **Art|bu|yer** ⟨[-baɪə(r)] m.; -s, -; Berufsbez.⟩ jmd., der Fotografien u. anderes Bildmaterial (bes. für Werbeagenturen) beschafft [engl., »Kunstkäufer«]

Art dé|co ⟨[a:r de:ko] f.; - -; unz.⟩ dem Jugendstil u. dem Futurismus folgende Stilrichtung in der Kunst u. bes. im Kunstgewerbe von etwa 1920 bis 1940 [verkürzt <frz. *art décorative* »dekorative Kunst«]

Art|di|rec|tor ⟨[a:(r)tdɪrɛktə(r)] m.; -s, -s; Abk.: AD⟩ künstlerischer Leiter einer Werbeabteilung [<engl. *art* »Kunst« + *director* »Direktor«]

Ar|te|fakt ⟨n.; -(e)s, -e⟩ **1** Erzeugnis menschlichen Könnens, Kunsterzeugnis **2** vorgeschichtliches Werkzeug **3** ⟨Med.⟩ künstl. hervorgerufener Körperschaden [<lat. *arte factum* »mit Kunst gemacht«]

ar|te|fi|zi|ell ⟨Adj.⟩ = artifiziell

Ar|tel ⟨a. [-tjɛl] n.; -s, -e; UdSSR⟩ einfache Form der Kollektivwirtschaft, Produktionsgenossenschaft [russ.]

Ar|te|rie ⟨[-riə] f.; -, -n; Anat.⟩ vom Herzen wegführendes Blutgefäß, Schlagader; *Ggs* Vene [<grch. *arteria*]

ar|te|ri|ell ⟨Adj.; Anat.⟩ die Arterie betreffend, aus ihr stammend; *~es Blut* Sauerstoff enthaltendes Blut

Ar|te|ri|en|ver|kal|kung ⟨f.; -, -en; Med.⟩ Verhärten u. Verengen der Arterien durch Kalkablagerung; *Sy* Arteriosklerose

Ar|te|ri|i|tis ⟨f.; -, -ti|den; Med.⟩ Entzündung von Arterien

Ar|te|rio|gra|fie ⟨f.; -, -n; Med.⟩ = Arteriographie

Ar|te|rio|gra|phie ⟨f.; -, -n; Med.⟩ röntgenolog. Darstellung von Arterien mit Hilfe eines Kontrastmittels; *oV* Arteriografie [<*Arterie* + ...*graphie*]

Ar|te|ri|o|le ⟨f.; -, -n; Med.⟩ kleinste Arterie

Ar|te|rio|skle|ro|se ⟨f.; -, -n; Med.⟩ = Arterienverkalkung [<*Arterie* + *Sklerose*]

ar|te|rio|skle|ro|tisch ⟨Adj.; Med.⟩ auf Arteriosklerose beruhend

ar|te|sisch ⟨Adj.⟩ *~er Brunnen* durch Druck zutage tretendes Grundwasser, natürl. Springbrunnen od. Bohrbrunnen, dessen Wasser durch Überdruck steigt [nach der Grafschaft *Artois* in Frankreich]

Ar|tes li|be|ra|les ⟨Pl.⟩ die sieben freien Künste, d. h. die im MA eines freien Mannes würdigen Künste: Grammatik, Dialektik, Rhetorik, Arithmetik, Geometrie, Astronomie, Musik [lat., »freie Künste«]

◆ Die Buchstabenfolge **arthr...** kann auch **arth|r...** getrennt werden.

◆ **Ar|thral|gie** ⟨f.; -, -n; Med.⟩ Gelenkschmerz [<grch. *arthron* »Gelenk, Glied« + ...*algie*]

◆ **Ar|thri|ti|ker** ⟨m.; -s, -; Med.⟩ jmd., der an Arthritis leidet

◆ **Ar|thri|ti|ke|rin** ⟨f.; -, -rin|nen; Med.⟩ weibl. Person, die an Arthritis leidet

◆ **Ar|thri|tis** ⟨f.; -, -ti|den; Med.⟩ Gelenkentzündung [<grch. *arthron* »Glied, Gelenk«]

◆ **ar|thri|tisch** ⟨Adj.; Med.⟩ in der

Art einer Arthritis, mit Arthritis einhergehend

◆ **Ar|thro|po|de** ⟨m.; -n, -n; Zool.⟩ Gliederfüßer, Angehöriger eines Tierstammes mit einem Körper aus einer größeren Zahl gleichartiger, z. T. mit Füßen versehener Elemente: Arthropoda [<grch. *arthron* »Glied, Gelenk« + *...pode*]

◆ **Ar|thro|se** ⟨f.; -, -n; Med.⟩ degenerative Gelenkerkrankung [<grch. *arthron* »Glied, Gelenk«]

◆ **Ar|thro|skop** *auch:* **Ar|thros|kop** ⟨n.; -s, -e; Med.⟩ Endoskop für die Arthroskopie

◆ **Ar|thro|sko|pie** *auch:* **Ar|thros|ko|pie** ⟨f.; -, -n; Med.⟩ Untersuchung einer Gelenkhöhle mit Hilfe eines Arthroskops [<grch. *arthron* »Glied, Gelenk« + *...skopie*]

◆ **ar|thro|tisch** ⟨Adj.; Med.⟩ auf Arthrose beruhend

ar|ti|fi|zi|ell ⟨Adj.⟩ künstlich, gekünstelt; *oV* artefiziell [<frz. *artificiel* »künstlich« <lat. *artificium* »Kunstwerk«]

Ar|ti|kel ⟨a. [-tı-] m.; -s, -⟩ **1** ⟨Gramm.⟩ das grammat. Geschlecht bezeichnende Wortart, Geschlechtswort **2** kleiner Aufsatz; *einen ~ schreiben; Zeitungs~* **3** Abschnitt, z. B. eines Gesetzes, Vertrages **4** Glaubenssatz; *Glaubens~* **5** Warengattung [<lat. *articulus* »Gelenk«, Verkleinerungsform zu *artus* »Gelenk, Glied«]

ar|ti|ku|lar ⟨Adj.; Anat.⟩ zum Gelenk gehörig [<lat. *artus* »Gelenk, Glied«]

Ar|ti|ku|la|te ⟨m.; -n, -n; Bot.⟩ Gliedertier

Ar|ti|ku|la|ti|on ⟨f.; -, -en⟩ **1** ⟨Anat.⟩ Gliederung, Gelenkverbindung **2** ⟨Zahnmed.⟩ Art der Bewegung der unteren Zahnreihe gegen die obere **3** ⟨Phon.⟩ **3.1** Lautbildung **3.2** (deutl. u. gegliederte) Aussprache **4** ⟨Musik⟩ beim Gesang Wiedergabe der Vokale u. Konsonanten, beim Instrumentalspiel Gliederung, Verbindung, Betonung der Töne (legato usw.) [→ *artikulieren*]

ar|ti|ku|la|to|risch ⟨Adj.⟩ die Artikulation betreffend, auf ihr beruhend

ar|ti|ku|lie|ren ⟨V.⟩ **1** *Laute ~* (deutlich) aussprechen **2** *beim Singen Töne ~* (sinnvoll) gliedern, verbinden, betonen **3** *Gedanken ~* mit Worten wiedergeben **4** *sich ~* sich ausdrücken [<lat. *articulare* »gliedern, deutlich aussprechen« <lat. *articulus;* → *Artikel*]

ar|ti|ku|liert ⟨Adj.⟩ gegliedert, deutlich; *Ggs* inartikuliert

Ar|ti|ku|lie|rung ⟨f.; -, -en⟩ das Artikulieren

Ar|til|le|rie ⟨f.; -, -n; Mil.⟩ **1** Geschützausrüstung **2** mit Geschützen ausgerüstete Truppe; *leichte, schwere, reitende ~* [frz., eigtl. »Bestückung eines Festungswerks«; zu prov. *artilla* »Festungswerk« <mlat. *articula;* zu lat. *ars* »Kunst«]

Ar|til|le|rist ⟨m.; -en, -en; Mil.⟩ der Artillerie angehörender Soldat

ar|til|le|ris|tisch ⟨Adj.; Mil.⟩ die Artillerie betreffend

Ar|ti|scho|cke ⟨f.; -, -n; Bot.⟩ in wärmeren Ländern angebaute, zu den Korbblütlern gehörende Gemüsepflanze [<ital. *articiocco* <frz. *artichaut* <span. *alcarchofa* <arab. *alcharsof*]

Ar|tist ⟨m.; -en, -en⟩ Varieté- od. Zirkuskünstler [<frz. *artiste* »Künstler« <lat. *ars* »Kunst«]

Ar|tis|ten|fa|kul|tät ⟨f.; -, -en⟩ mittelalterl. Fakultät der Universität (Vorläuferin der philosoph. Fakultät)

Ar|tis|tik ⟨f.; -; unz.⟩ **1** Kunst der Artisten **2** ⟨fig.⟩ große Geschicklichkeit

Ar|tis|tin ⟨f.; -, -tin|nen⟩ Varieté- od. Zirkuskünstlerin

ar|tis|tisch ⟨Adj.⟩ **1** die Artistik betreffend, zu ihr gehörend **2** künstlerisch

Art nou|veau ⟨[a:r nuvo:] f.; - -; unz.; in England u. Frankreich Bez. für⟩ Jugendstil [frz., »neue Kunst«]

Ar|to|thek ⟨f.; -, -en⟩ Sammlung von Werken der bildenden Kunst, die ausgeliehen werden [<lat. *ars,* Gen. *artis* »Kunst« + *...thek*]

Aryl ⟨n.; -s, -e; Chemie⟩ Rest eines Moleküls aromatischer Kohlenwasserstoffe, z. B. von Phenyl [verkürzt <*Aroma* + grch. *hyle* »Stoff«]

Aryl|grup|pe ⟨f.; -, -n; Chemie⟩ einwertiger Rest eines aromat. Kohlenwasserstoffs

As[1] ⟨Zeichen für⟩ **1** ⟨Physik⟩ Amperesekunde **2** ⟨chem. Zeichen für⟩ Arsen

As[2] ⟨m.; -ses, -se⟩ altrömische Gewichts- u. Münzeinheit (12 Unzen) [→ *Ass*]

a/s ⟨Abk. für⟩ account of sales (Verkaufsrechnung) [engl.]

as..., As... ⟨Vorsilbe⟩ = ad..., Ad...

ASA ⟨Abk. für engl.⟩ American Standards Association, Maß für die Lichtempfindlichkeit von Filmen

Asa foe|ti|da *auch:* **Asa fö|ti|da** ⟨f.; - -; unz.; Bot.⟩ = Asant (2) [<mlat. *asa* »stark riechendes Harz« + lat. *foetida* »stinkend«]

Asant ⟨m.; -(e)s, -e⟩ **1** ⟨zählb.; Biol.⟩ ein Doldengewächs aus dessen rübenförmiger Wurzel ein Gummiharz gewonnen wird, das an der Luft erstarrt u. in asiatischen Ländern als Gewürz dient **2** ⟨unz.; Bot.⟩ bei Koliken u. Krämpfen in der Tierheilkunde angewandter, widerlich riechender Pflanzenmilchsaft; *Sy* Asa foetida [<lat. *asa* »stark riechendes Harz«]

a. s. a. p., asap ⟨[æsəp] Abk. für engl.⟩ as soon as possible (so schnell wie möglich); *einen Auftrag ~ ausführen*

asb ⟨Abk. für⟩ Apostilb

As|best ⟨m.; -(e)s, -e; Min.⟩ faseriges, grausilbernes Mineral, Verwitterungsprodukt von Hornblende od. Serpentinstein, wärmedämmend, allerdings gesundheitsgefährdend [<grch. *asbestos* »unauslöschlich« <grch. *a...* »nicht« + *sbennyein* »löschen«]

As|bes|to|se ⟨f.; -, -n; Med.⟩ durch Asbeststaub verursachte Krankheit der Lunge

Aschan|ti|nuss ⟨f.; -, -nüs|se; österr.⟩ Erdnuss [nach dem westafrikan. Volk der *As(c)hanti*]

Asch|ke|na|sim ⟨Pl.⟩ die mittel- u. osteuropäischen Juden; →*a.* Sephardim [zu hebr. *Aschkenas* »Deutscher«; urspr. Bez. für ein Volk in Kleinasien, nach *Aschkenas,* dem Urenkel Noahs]

Asch|ram ⟨m. od. n.; -s, -s⟩ = Ashram

A

ASCII ⟨[askı] m.; - od. -s; unz.; kurz für⟩ ASCII-Code
ASCII-Code ⟨[askıko:d] m.; - od. -s; unz.; Abk. für engl.⟩ American Standard Code for Information Interchange (US-amerikan. Code für Datenaustausch), ein Code für Fernschreiber, den Dialog zwischen Computern u. für Bildschirmtexte; *Sy* ASCII
As|cor|bin|säu|re ⟨f.; -, -n⟩ in Hagebutten, Zitronen u. a. enthaltenes Vitamin (C); *oV* Askorbinsäure [<*A...*[1] + *Skorbut*]
ASEAN ⟨Abk. für engl.⟩ Association of South-East Asian Nations (Vereinigung südostasiatischer Staaten)
Ase|bie ⟨f.; -, -n⟩ Frevel gegen die Götter, Gottlosigkeit; *Ggs* Eusebie [<grch. *asebeia* »Gottlosigkeit, Frevel«]
Asep|sis ⟨f.; -; unz.; Med.⟩ Keimfreiheit [<*A...*[1] + *Sepsis*]
asep|tisch ⟨Adj.; Med.⟩ keimfrei
ase|xu|al ⟨a. [---'-] Adj.⟩ = asexuell
Ase|xu|a|li|tät ⟨a. [-----'-] f.; -; unz.⟩ **1** Fehlen des sexuellen Verlangens **2** Fehlen der Geschlechtsdrüsen [<*A...*[1] + *Sexualität*]
ase|xu|ell ⟨a. [---'-] Adj.⟩ sexuell nichts empfindend, sexuell zurückgeblieben; *oV* asexual
Ash|ram ⟨[aʃ-] m. od. n.; -s, -s; im Hinduismus⟩ religiöses Zentrum zur Meditation; *oV* Aschram [Sanskrit]
Asi|a|nis|mus ⟨m.; -; unz.⟩ um 250 v. Chr. bis 1. Jh. n. Chr. in Kleinasien gebräuchlicher, schwülstiger, jedoch witziger Redestil; →*a.* Attizismus
Asi|a|ti|ka ⟨Pl.⟩ Bücher, Bilder usw. über Asien [<mlat. *asiaticus* »Asien betreffend, asiatisch«]
As|ka|ris ⟨f.; -, -ri|den⟩ im Verdauungskanal von Menschen u. Tieren schmarotzende Gattung der Fadenwürmer, Spulwurm [<grch. *askaris* »Spulwurm«]
As|ke|se ⟨f.; -; unz.⟩ streng enthaltsame Lebensweise, Selbstüberwindung, Entsagung, Bußübung, um Begierden abzutöten u. Laster zu überwinden; *oV* Aszese [zu grch. *askein* »üben«]
As|ket ⟨m.; -en, -en⟩ jmd., der Askese übt; *oV* Aszet [<grch. *asketes* »Büßer«; zu *askein* »üben«]
As|ke|tik ⟨f.; -; unz.⟩ Lehre von der Askese
As|ke|ti|ker ⟨m.; -s, -⟩ Vertreter, Anhänger, Lehrer der Asketik
As|ke|tin ⟨f.; -, -tin|nen⟩ weibl. Asket; *oV* Aszetin
as|ke|tisch ⟨Adj.⟩ zur Askese gehörend, darauf beruhend, enthaltsam
as|kle|pi|a|de|isch *auch:* **ask|le|pi|a|de|isch** ⟨Adj.⟩ **1** *~er Vers* auf Abwandlungen des Choriambus beruhende antike Vers- u. Strophenform; *Sy* Asklepiadeus **2** den Dichter Asklepiades betreffend [nach dem grch. Dichter *Asklepiades*, 3. Jh. v.Chr.]
As|kle|pi|a|de|us *auch:* **Ask|le|pi|a|de|us** ⟨m.; -, -dei od. -de|en; Metrik⟩ = asklepiadeischer Vers
As|ko|gon ⟨n.; -s, -e; Bot.⟩ weibl. Geschlechtsorgan der höheren Schlauchpilze [zu lat. *ascus* »Blase« + *gonium* <grch. *gonos* »Keim«]
As|ko|my|zet ⟨m.; -en, -en; Bot.⟩ Schlauchpilz [<grch. *askos* »Schlauch« + *Myzet*]
As|kor|bin|säu|re ⟨f.; -, -n⟩ = Ascorbinsäure
Äs|ku|lap|stab ⟨m.; -(e)s, -stä|be⟩ der mit der Schlange, dem heiligen Tier des grch. Gottes der Heilkunde, Asklepios (lat. *Aesculapius*), umwundene Stab, Sinnbild der Heilkunde, heute noch Abzeichen der Ärzte
As|kus ⟨m.; -, As|zi⟩ schlauchförmiger Sporenbehälter der Schlauchpilze [<grch. *askos* »Schlauch«]
aso|ma|tisch ⟨Adj.⟩ nicht somatisch, unkörperlich [<*a...*[1] + *somatisch*]
äso|pisch ⟨Adj.⟩ von dem altgriechischen Fabeldichter Äsop stammend, in der Art des Äsop
aso|zi|al ⟨Adj.⟩ nicht sozial, unfähig zum Leben in der menschl. Gemeinschaft, die menschl. Gemeinschaft schädigend; *Ggs* sozial (2)
Aso|zi|a|le(r) ⟨f. 2 (m. 1)⟩ jmd., der asozial ist
Aso|zi|a|li|tät ⟨f.; -; unz.⟩ asoziales Verhalten
As|pa|ra|gin ⟨n.; -s; unz.⟩ im Spargel enthaltene Aminosäure [→ *Asparagus*]
As|pa|ra|gus ⟨a. [--'--] m.; -, -⟩ Spargel [<grch. *asparagos* »Spargel«]
As|pekt ⟨m.; -(e)s, -e⟩ **1** Blickrichtung, Ansicht, Gesichtspunkt **2** ⟨Gramm.⟩ Aktionsart des Verbums, die einen Vorgang danach bezeichnet, ob er vollendet ist od. nicht **3** ⟨Astron.⟩ bestimmte Stellung von Sonne, Mond u. Planeten zur Erde [<lat. *aspectus* »Anblick«]
as|pek|tisch ⟨Adj.⟩ den Aspekt (2) betreffend
As|per|gill ⟨n.; -s, -e⟩ Weihwasserwedel [<lat. *aspergillum*; zu *aspergere* »benetzen«]
As|per|gil|lus ⟨m.; -; unz.; Bot.⟩ Gattung der Schlauchpilze, Gießkannenschimmel [<lat. *aspergere* »benetzen«]
asper|ma|tisch ⟨Adj.⟩ ohne Samenzellen (beim Ejakulat)
Asper|mie ⟨f.; -, -n; Med.⟩ völliges Fehlen von Samenzellen im Ejakulat [<*A...*[1] + *Sperma*]
As|per|si|on ⟨f.; -, -en⟩ Besprengung mit Weihwasser [<lat. *aspersio* »das Besprengen«]
As|phalt ⟨a. ['--] m.; -(e)s, -e⟩ **1** Rückstand der Erdöl- u. Teerdestillation, als Isoliermittel gegen Feuchtigkeit bes. im Straßenbau u. a. verwendet **2** ⟨Geol.⟩ aus Erdöl entstandenes, natürl., braunschwarzes Pech, Bergpech [<lat. *asphaltus* »Erdpech« <grch. *asphaltos*]
as|phal|tie|ren ⟨V.⟩ mit einer Asphaltdecke versehen
As|pho|de|le ⟨f.; -, -n⟩ = Affodill
As|pho|dill ⟨m.; -s, -e⟩ = Affodill [<*A...*[1] + grch. *sphodros*, *sphedandos* »heftig, stürmisch«]
as|phyk|tisch ⟨Adj.; Med.⟩ die Asphyxie betreffend, auf ihr beruhend
As|phy|xie ⟨f.; -, -n; Med.⟩ drohende Erstickung infolge Lähmung des Atemzentrums [<grch. *asphyktos* »pulslos« <*a...* »nicht« + *sphyzein* »heftig schlagen«]
As|pik ⟨m. od. (bes. österr.) n.; -s, -e⟩ Sülze mit Fisch- od. Fleischeinlage; *Ente in ~* [<lat. *aspis* »Natter« <grch. *aspis*]
As|pi|rant ⟨m.; -en, -en⟩ **1** Anwär-

ter, Bewerber **2** ⟨DDR⟩ Nachwuchswissenschaftler an der Hochschule, Anwärter auf ein Hochschullehramt [<lat. *aspirare* »zu einer Person oder Sache zu gelangen suchen«]

As|pi|ran|tin ⟨f.; -, -tin|nen⟩ weibl. Aspirant

As|pi|ran|tur ⟨f.; -, -en; DDR⟩ **1** Einrichtung zur Ausbildung des wissenschaftl. Nachwuchses **2** Stelle eines Aspiranten [→ *Aspirant*]

As|pi|ra|ta ⟨f.; -, -ra|ten od. -ra|tä; Phon.⟩ mit einem deutlich hörbaren h ausgesprochener (behauchter) Laut, z. B. grch. rho, norddt. t [<lat. *aspirare* »zu-, einhauchen«]

As|pi|ra|ti|on ⟨f.; -, -en⟩ **1** Streben, Bestrebung **2** Ehrgeiz, Hoffnung, ehrgeiziger Plan, Vorsatz **3** Ansaugung von Luft, Flüssigkeiten usw. **4** ⟨Sprachw.⟩ behauchte Aussprache (eines Lautes) [<lat. *aspiratio* »das Hauchen«]

As|pi|ra|tor ⟨m.; -s, -en; Technik⟩ Vorrichtung zum Ansaugen od. Wegblasen von Luft, Gasen usw. [zu lat. *aspirare* »einhauchen«]

as|pi|rie|ren ⟨V.⟩ **1** erstreben, anstreben, erhoffen **2** ansaugen **3** *einen Konsonanten ~* behaucht aussprechen **4** ⟨österr.⟩ *auf etwas ~* sich um etwas bewerben, etwas anstreben [<lat. *aspirare* »einhauchen«]

As|pi|rin® ⟨n.; -s; unz.; Pharm.⟩ ein Schmerz- u. Fiebermittel, chem. Acetylsalicylsäure [verkürzt <*A*cetyl + *Spir*säure]

As|pi|ro|me|ter ⟨n.; -s, -⟩ Gerät zum Bestimmen der Luftfeuchtigkeit [<lat. *aspirare* »zu-, einhauchen« + *…meter*]

Ass ⟨n.; -es, -e⟩ **1** ⟨urspr.⟩ die Eins auf dem Würfel **2** Spielkarte mit dem höchsten Wert; *Sy* Daus **3** ⟨fig.⟩ Spitzenkönner auf einem Gebiet, bes. im Sport; *ein od. das ~ im Boxen, auf der Geige* **4** ⟨Sport; Tennis⟩ ein für den Gegner unerreichbarer Aufschlag; *Sy* Ace [<frz. <lat. *as* »Einheit bei Münzen u. Gewichten«]

Ass. ⟨Abk. für⟩ **1** Assessor **2** Assistent(in)

as|sai ⟨Musik⟩ **1** sehr, viel **2** genug, ziemlich; *vivace ~* sehr, ziemlich lebhaft (zu spielen) [ital.]

As|sam ⟨m.; -s, -s⟩ eine würzige Teesorte [nach dem ind. Bundesstaat *Assam*]

as|sa|nie|ren ⟨V.⟩ **1** gesunde Bodenverhältnisse schaffen für, z. B. durch Entwässerung **2** *eine Stadt ~* für hygien. Verhältnisse sorgen [<lat. *ad* »zu« + *sanus* »gesund«]

As|sa|nie|rung ⟨f.; -, -en⟩ das Assanieren

As|sas|si|ne ⟨m.; -n, -n⟩ **1** Angehöriger einer mittelalterliche Sekte der Mohammedaner **2** Haschischesser **3** ⟨fig.; veraltet⟩ Meuchelmörder [<arab. *Haschischin;* → *Haschisch*]

As|saut ⟨[aso:] m.; -s, -s; Sport; Fechten⟩ Kampf, Gefecht [frz., »Angriff, Ansturm« <lat. *ad* »zu« + *saltus* »Sprung«]

As|se|ku|rant ⟨m.; -en, -en⟩ Versicherer, Träger einer Versicherung [→ *assekurieren*]

As|se|ku|ranz ⟨f.; -, -en; häufig als Firmenname⟩ Versicherung, Versicherungsgesellschaft [→ *assekurieren*]

As|se|ku|rat ⟨m.; -en, -en⟩ Versicherter

as|se|ku|rie|ren ⟨V.⟩ versichern [<ital. *assicurare* »versichern« <lat. *ad* »zu« + *securus* »sicher«]

As|sem|bla|ge *auch:* **As|semb|la|ge** ⟨[asãbla:ʒ(ə)] f.; -, -n [-ʒən]; Kunst⟩ aus verschiedenen Materialien zusammengefügtes reliefartiges Kunstobjekt [frz., »Zusammenfügen«]

As|sem|blee *auch:* **As|semb|lee** ⟨[asã-] f.; -, -n⟩ Versammlung [frz. *assamblée*]

As|sem|bler *auch:* **As|semb|ler** ⟨[əsɛmblə(r)] m.; -s, -⟩ eine maschinenorientierte, d. h. in ihrer Struktur einfache, Programmiersprache für Computer [<engl. *assemble* »zusammenstellen«]

As|sem|bling *auch:* **As|semb|ling** ⟨[əsɛmblıŋ] n.; - od. -s, -s⟩ Vereinigung, Zusammenschluss von Industriebetrieben zwecks Rationalisierung [zu engl. *assemble* »versammeln, zusammenziehen«]

as|sen|tie|ren ⟨V.⟩ **1** bei-, zustimmen **2** ⟨österr.⟩ für tauglich zum Militärdienst erklären [<lat. *assentiri* »bestimmen«]

as|se|rie|ren ⟨V.; Philos.⟩ feststellen, behaupten [<lat. *asserare* »bestimmen, erklären, aussprechen«]

As|ser|ti|on ⟨f.; -, -en⟩ Feststellung, einfache, bestimmte Behauptung [<lat. *assertio* »gerichtl. Behauptung, dass jmd. frei sei«]

as|ser|to|risch ⟨Adj.⟩ feststellend, bestimmt behauptend; *~e Aussage* ⟨Philos.⟩ eine A., deren Prädikat ihrem Subjekt wirklich zukommt [→ *Assertion*]

As|ser|vat ⟨[-va:t] n.; -s, -e⟩ amtlich aufbewahrter Gegenstand (z. B. für eine Gerichtsverhandlung) [zu lat. *asservare* »aufbewahren, bewachen«]

As|ser|va|ten|kam|mer ⟨[-va:-] f.; -, -n⟩ Aufbewahrungsraum für Asservaten; *beschlagnahmte Güter in der ~ lagern*

As|ser|va|ten|kon|to ⟨[-va:-] n.; -s, -kon|ten od. -s⟩ **1** Konto für interne Buchungen **2** (zweckbestimmtes) Sonderkonto [<*Asservat* + *Konto*]

as|ser|vie|ren ⟨[-vi:-] V.⟩ (amtlich) aufbewahren [<lat. *asservare* »aufbewahren«]

> **→ Accessoire** Die korrekte Aussprache des aus dem Französischen entlehnten Wortes lautet [aksɛsoa:r], die Aussprache [asɛsoa:r] ist falsch.

As|sess|ment ⟨[əsɛsmənt] n.; -s, -s; Wirtsch.⟩ **1** Einschätzung, Beurteilung (eines Bewerbers od. eines Projektes) **2** Schätzung, (Steuer-)Veranlagung **3** ⟨kurz für⟩ Assessmentcenter [engl., »Schätzung, Bewertung; Besteuerung«]

As|sess|ment|cen|ter ⟨[əsɛsmənt-sɛntə(r)] n.; -s, -⟩ psycholog. Testverfahren (bes. zur Prognose der Eignung von Führungskräften); *Sy* Assessment [<engl. *assessment* »Einschätzung« + *center, centre* »Zentrum, Mittelpunkt«]

As|ses|sor ⟨m.; -s, -so|ren⟩ Anwärter auf die Beamtenlaufbahn im höheren Staatsdienst [lat., »Beisitzer, Gehilfe im Amt«; zu *assidere* »beisitzen«]

As|ses|so|rin ⟨f.; -, -rin|nen⟩ weibl. Assessor

as|ses|so|risch ⟨Adj.⟩ zu einem Assessor od. einer Assessorin gehörig

As|set ⟨[æsət] m.; -s, -s⟩ Vermögenswert eines Unternehmens (um Schulden begleichen zu können); → *a.* Aktiva [engl.]

As|set|ma|nage|ment ⟨[æsətmænıdʒmənt] n.; -s, -s⟩ Betreuung von Vermögenswerten, insbes. Wertpapieren [<*Asset* + *Management*]

As|si ⟨m.; -s, -s; umg.; kurz für⟩ Assistent

As|si|bi|la|ti|on ⟨f.; -, -en; Phon.⟩ **1** Verwandlung eines Verschlusslautes in einen Reibelaut, z. B. got. »ik« zu nhd. »ich« **2** Bildung eines Reibelautes zwischen Verschlusslaut u. nachfolgendem Vokal (i, e), z. B. das [s] in Nation [-tsion]; *Sy* Zetazismus [→ *assibilieren*]

as|si|bi|lie|ren ⟨V.; Phon.⟩ in einen Reibelaut verwandeln, als Reibelaut aussprechen [<*ad…* + lat. *sibilare* »zischen«]

As|si|bi|lie|rung ⟨f.; -, -en; Phon.⟩ das Assibilieren, Assibilation [→ *assibilieren*]

As|si|gnant *auch:* **As|sig|nant** ⟨[asınjant] m.; -en, -en⟩ jmd., der eine Geldanweisung ausstellt [→ *assignieren*]

As|si|gnat *auch:* **As|sig|nat** ⟨[asınja:t] m.; -en, -en⟩ jmd., der auf eine Geldanweisung hin zahlen muss, der Angewiesene [→ *assignieren*]

As|si|gna|tar *auch:* **As|sig|na|tar** ⟨[asınja-] m.; -s, -e; Bankw.⟩ Empfänger einer Geldanweisung

As|si|gna|ti|on *auch:* **As|sig|na|ti|on** ⟨[asınja-] f.; -, -en⟩ Geld-, Zahlungsanweisung [→ *assignieren*]

as|si|gnie|ren *auch:* **as|sig|nie|ren** ⟨[asınji:-] V.⟩ *Geld ~* anweisen [<frz. *assigner* »an-, zuweisen«]

As|si|mi|lat ⟨n.; -(e)s, -e⟩ durch biolog. Assimilation (2) entstandenes Produkt, z. B. Stärke

As|si|mi|la|ti|on ⟨f.; -, -en⟩ *Sy* Assimilierung **1** Anpassung, Angleichung **2** ⟨Biol.⟩ die Bildung körpereigener organischer aus von außen aufgenommener anorgan. Substanz; *Ggs* Dissimilation **3** ⟨Politik⟩ das Aufgehen einer nationalen Minderheit in einem anderen Volk **4** ⟨Psych.⟩ Verschmelzung einer Vorstellung mit einer anderen, bereits vorhandenen **5** ⟨Gramm.⟩ Angleichung eines Lautes an den benachbarten, z. B. mhd. »zimber« an »Zimmer« [<lat. *assimilatio* »Angleichung« <*assimilare* »angleichen« <*ad* »an« + *similis* »ähnlich«]

as|si|mi|la|to|risch ⟨Adj.⟩ durch Assimilation, auf ihr beruhend

as|si|mi|lie|ren ⟨V.⟩ **1** angleichen **2** einverleiben, verschmelzen [<lat. *assimilare* »angleichen« <*ad* »an, zu« + *similis* »ähnlich«]

As|si|mi|lie|rung ⟨f.; -, -en⟩ = Assimilation

As|si|se ⟨f.; -, -n; Frankreich u. Schweiz⟩ **1** Schwurgericht **2** dessen Sitzungen [<frz. *cour d'assises* »Schwurgericht« <*assise* »Setzung, Festsetzung«; zu *asseoir* »(fest)setzen«]

As|sist ⟨m.; -s, -s; Sport⟩ Pass beim Eishockey, Fuß- od. Basketball, der zu einem Punktgewinn od. Torerfolg führt [zu engl. *assist* »assistieren, helfen«]

As|sis|tent ⟨m.; -en, -en⟩ **1** (bes. wissenschaftlicher) Helfer, Mitarbeiter, Gehilfe **2** einem Lehrstuhl zugeordneter Nachwuchswissenschaftler, der den Lehrstuhlinhaber in Forschung u. Lehre unterstützt; *Hochschul~; Labor~* [<lat. *assistens,* Part. Präs. zu *assistere;* → *assistieren*]

As|sis|ten|tin ⟨f.; -, -tin|nen⟩ weibl. Assistent

As|sis|tenz ⟨f.; -, -en⟩ Mitarbeit, Mitwirkung, Mithilfe; *~ leisten; die ~ übernehmen (bei)* [→ *Assistent*]

As|sis|tenz|arzt ⟨m.; -es, -ärz|te⟩ Hilfsarzt in einer Klinik od. Praxis

As|sis|tenz|ärz|tin ⟨f.; -, -tin|nen⟩ Hilfsärztin in einer Klinik od. Praxis

As|sis|tenz|pro|fes|sor ⟨m.; -s, -soren⟩ junger Wissenschaftler, Assistent, der zeitlich befristet mit den Aufgaben eines Hochschullehrers betraut wird

As|sis|tenz|pro|fes|so|rin ⟨f.; -, -sorin|nen⟩ weibl. Assistenzprofessor

as|sis|tie|ren ⟨V.⟩ beistehen, helfen, mitarbeiten; *bei einer Operation ~* [<lat. *assistere* »sich dazustellen, dabeistehen«]

As|so|ci|a|ted Press ⟨[əsoʊʃıeıtıd -] f.; - -; unz.⟩ ein US-amerikanisches Nachrichtenbüro [engl., »vereinigte Presse«]

As|so|cié ⟨[asɔsje:] m.; -s, -s⟩ Teilhaber, Gesellschafter [frz., »Gesellschafter, Teilhaber«, <lat. *socius* »Gefährte«]

As|so|lu|ta ⟨f.; -, -s⟩ weiblicher Ballett- od. Opernstar [ital., Fem. zu *assoluto* »absolut, unbeschränkt«]

As|so|nanz ⟨f.; -, -en⟩ **1** Gleichklang **2** unvollständiger Reim, bei dem sich nur die Vokale reimen [<*ad…* + lat. *sonus* »Schall, Klang«]

as|sor|tie|ren ⟨V.⟩ **1** mit Waren versehen, vervollständigen; *ein gut assortiertes Lager* **2** nach Warengattungen ordnen; *assortiert in* geordnet in, eingeteilt in [<frz. *assortir* »passend zusammenstellen«; zu *sorte* «Art, Gattung«]

As|so|zi|a|ti|on ⟨f.; -, -en⟩ **1** Vereinigung, Zusammenschluss; *Ggs* Dissoziation **2** ⟨Psych.⟩ (unwillkürl.) Aneinanderreihung, Verknüpfung von Vorstellungen **3** ⟨Chemie⟩ Vereinigung mehrerer Moleküle in Flüssigkeiten zu größeren Gebilden, die durch zwischen den Molekülen wirkende Kräfte zusammengehalten werden **4** ⟨Bot.⟩ Pflanzengesellschaft **5** ⟨Astron.⟩ Gruppe von dicht beieinanderstehenden Sternen mit ähnl. Eigenschaften [<frz. *association* »Verbindung, Vereinigung« <lat. *ad* »zu« + *socius* »Gefährte«]

as|so|zi|a|tiv ⟨Adj.⟩ verbindend, verknüpfend

As|so|zi|a|tiv|ge|setz ⟨n.; -es, -e; Math.⟩ Verknüpfungsgesetz, Gesetz der Mathematik, das besagt, dass es bei mehrmals nacheinander ausgeführten mathemat. Operationen nicht auf die Reihenfolge der Einzeloperationen ankommt, dem Assoziativgesetz gehorchen z. B. die Addition u. die Multiplikation, daher gilt: a + b + c = a + c + b bzw. a · b · c = a · c · b

as|so|zi|ie|ren ⟨V.⟩ **1** verbinden, verknüpfen **2** *sich* ~ zu einer Handelsgesellschaft vereinigen [<frz. *associer* »zugesellen, verbinden« <lat. *ad* »zu« + *socius* »Gefährte«]

As|so|zi|ie|rung ⟨f.; -, -en⟩ **1** das Assoziieren, Assoziation **2** vertraglicher Zusammenschluss **3** (auf Teilbereiche beschränktes) Bündnis

as|su|mie|ren ⟨V.⟩ annehmen, gelten lassen, zugestehen [<lat. *assumere* »annehmen«]

As|sump|ti|o|nist ⟨m.; -en, -en⟩ Angehöriger der 1840 gegründeten französ. Kongregation der Augustiner von der Himmelfahrt Mariä [<lat. *assumptio;* → *Assumtion*]

As|sum|ti|on ⟨f.; -, -en⟩ Himmelfahrt Mariä [<lat. *assumptio* »Annahme, Aufnahme (Marias in den Himmel)«]

As|sun|ta ⟨f.; -, -sun|ten⟩ = Assunzione

As|sun|zi|o|ne ⟨f.; -, -n⟩ Darstellung der Himmelfahrt Mariä in der Kunst; *Sy* Assunta [ital., »die in den Himmel aufgenommene (Maria)«; → *Assumtion*]

As|sy|rio|lo|ge ⟨m.; -n, -n⟩ Wissenschaftler der Assyriologie

As|sy|rio|lo|gie ⟨f.; -; unz.⟩ Wissenschaft von der assyr.-babylon. Kultur u. Sprache

As|sy|rio|lo|gin ⟨f.; -, -gin|nen⟩ Wissenschaftlerin der Assyriologie

as|sy|rio|lo|gisch ⟨Adj.⟩ die Assyriologie betreffend, zu ihr gehörig

as|sy|risch ⟨Adj.⟩ die Assyrer betreffend, zu ihnen gehörend, von ihnen stammend; *~e Sprache* zum ostsemit. Zweig der hamitisch-semit. Sprachfamilie gehörende Sprache

As|ta|sie ⟨f.; -, -n; Med.⟩ Unfähigkeit zu stehen; →*a.* Abasie [<*A...*[1] + grch. *stasis* »das Stehen«]

as|ta|sie|ren ⟨V.; Physik⟩ *ein (elektronisches) Messgerät* ~ vor störender Beeinflussung durch äußere Kräfte (z. B. des Erdmagnetfeldes) schützen [→ *Astasie*]

As|ta|sie|rung ⟨f.; -, -en; Physik⟩ das Astasieren

As|ta|tin ⟨n.; -s; unz.; chem. Zeichen: At⟩ radioaktiver, künstl. hergestellter chem. Grundstoff, Ordnungszahl 85 [<grch. *astatos* »unstet« <*a...* »nicht« + *statos* »gestellt«]

as|ta|tisch ⟨Adj.⟩ **1** ⟨Med.⟩ unruhig, unstet **2** ⟨Physik⟩ in jeder Lage im Gleichgewicht befindlich [<grch. *astatos* »unstet« <*a...* »nicht« + *statos* »gestellt«]

As|ter ⟨f.; -, -n; Bot.⟩ Gattung der Korbblütler mit sternförmig angeordneten Blütenblättern, Sternblume [grch., »Stern«]

as|te|risch ⟨Adj.⟩ sternähnlich [<grch. *aster* »Stern«]

As|te|risk ⟨m.; -, -en; Zeichen: *⟩ *oV* Asteriskus **1** ⟨Sprachw.⟩ Markierung einer erschlossenen, nicht belegten Wortform **2** ⟨Typ.⟩ Sternchen (als Hinweis auf eine Anmerkung) [<grch. *asteriskos* »kleiner Stern«]

As|te|ris|kus ⟨m.; -, -ris|ken; Zeichen: *; Sprachw.; Typ.⟩ = Asterisk

As|te|ro|id ⟨m.; -s od. -en, -en⟩ = Planetoid [<grch. *aster* »Stern« + *...id*]

As|the|nie ⟨f.; -, -n; Med.⟩ allgemeine Körperschwäche, Kraftlosigkeit [<*A...*[1] + *sthenos* »Kraft«]

as|the|nisch ⟨Adj.⟩ die Asthenie betreffend, auf ihr beruhend, an ihr leidend

Äs|the|sie ⟨f.; -; unz.⟩ Empfindungsvermögen [zu grch. *aistanesthai* »empfinden«]

Äs|the|sio|lo|gie ⟨f.; -; unz.⟩ Lehre von den Sinnesorganen u. ihren Funktionen [<grch. *aistanesthai* »empfinden« + *...logie*]

äs|the|sio|lo|gisch ⟨Adj.⟩ die Ästhesiologie betreffend, zu ihr gehörig

Äs|thet ⟨m.; -en, -en⟩ (zuweilen schwärmerischer) Kenner u. Liebhaber des Künstlerischen sowie des ästhetisch Vollkommenen [→ *Ästhetik*]

Äs|the|tik ⟨f.; -; unz.⟩ Lehre von den Gesetzen u. Grundlagen des Schönen, bes. in Natur u. Kunst [<grch. *aisthetike;* zu *aistanesthai* »empfinden«]

Äs|the|ti|ker ⟨m.; -s, -⟩ Erforscher, Kenner, Lehrer der Ästhetik

Äs|the|tin ⟨f.; -, -tin|nen⟩ weibl. Ästhet

äs|the|tisch ⟨Adj.⟩ **1** die Ästhetik betreffend, ihren Forderungen entsprechend, zu ihr gehörig, auf ihr beruhend **2** ausgewogen schön, geschmackvoll **3** appetitlich, ansehnlich, ansprechend

äs|the|ti|sie|ren ⟨V.⟩ einseitig nach den Gesetzen der Ästhetik urteilen od. gestalten

Äs|the|ti|zis|mus ⟨m.; -; unz.⟩ Lebenshaltung, die sich hauptsächlich am Schönen u. am Kunstgenuss orientiert u. sich sozialen Bindungen verweigert

Äs|the|ti|zist ⟨m.; -en, -en⟩ Anhänger des Ästhetizismus

Äs|the|ti|zis|tin ⟨f.; -, -tin|nen⟩ Anhängerin des Ästhetizismus

äs|the|ti|zis|tisch ⟨Adj.⟩ auf dem Ästhetizismus beruhend

Asth|ma ⟨n.; -s; unz.; Med.⟩ krampfhaft u. anfallsweise auftretende Atemnot, Kurzatmigkeit infolge einer Erkrankung entweder der Bronchien od. des Herzens; *Bronchial~; Herz~* [grch., »Engbrüstigkeit«]

Asth|ma|ti|ker ⟨m.; -s, -; Med.⟩ an Asthma Leidender

Asth|ma|ti|ke|rin ⟨f.; -, -rin|nen; Med.⟩ an Asthma Leidende

asth|ma|tisch ⟨Adj.; Med.⟩ Asthma betreffend, darauf beruhend, daran leidend

as|tig|ma|tisch ⟨Adj.⟩ Astigmatismus betreffend, darauf beruhend

As|tig|ma|tis|mus ⟨m.; -; unz.; Optik⟩ **1** Abbildungsfehler opt. Systeme, die an Stelle eines Punktes zwei verschiedene Linien zeigen **2** Brechungsfehler des Auges, so dass es in keiner Entfernung deutlich sieht [<*A...*[1] + grch. *stigma* »Stich, Punkt«]

As|til|be ⟨f.; -, -n; Bot.⟩ Zierpflanze aus der Familie der Steinbrechgewächse, Prachtspiere [<*A...*[1] + grch. *stilbein* »glänzen«]

Äs|ti|ma|ti|on ⟨f.; -, -en⟩ Schätzung, Hochachtung, Achtung, Würdigung

äs|ti|mie|ren ⟨V.⟩ hoch achten, schätzen, würdigen [<lat. *aestimare* »schätzen, würdigen«]

As|ti spu|man|te ⟨m.; - -; unz.⟩ ital. Schaumwein [nach der ital. Provinz *Asti* + ital. *spumante* »schäumend«]

> ◆ Die Buchstabenfolge **as|tr…** kann auch **ast|r…** getrennt werden. Davon ausgenommen sind Zusammensetzungen, in denen die fremdsprachigen bzw. sprachhistorischen Bestandteile deutlich als solche erkennbar sind, z. B. *-strophisch*.

◆ **As|tra|chan** ⟨[-xa:n] m.; -s, -s⟩ **1** südruss. Lammfell **2** Plüschgewebe mit eisblumenartiger Musterung [nach der Stadt *Astrachan* in Südrussland]

◆ **as|tral** ⟨Adj.⟩ die Sterne betreffend, zu ihnen gehörig, von ihnen stammend [zu lat. *astrum* »Gestirn, Sternbild«]

◆ **As|tral|leib** ⟨m.; -(e)s, -er; Okkultismus⟩ zweiter, ätherischer Leib des Menschen, Umhüllung der Seele

◆ **As|tral|licht** ⟨n.; -(e)s; unz.⟩ Lichtschimmer zwischen den Sternen der Milchstraße

◆ **As|tra|lon** ⟨n.; -s, -e⟩ durchsichtiger Kunststoff, der in der Landkartenbearbeitung verwendet wird

◆ **as|tro…, As|tro…** ⟨Vorsilbe⟩ stern…, Stern… [<grch. *astron* »Gestirn«]

◆ **As|tro|bio|lo|gie** ⟨f.; -; unz.⟩ Wissenschaft, die sich mit dem Leben außerhalb der Erde (im Weltall u. auf anderen Planeten) befasst

◆ **As|tro|bo|ta|nik** ⟨f.; -; unz.⟩ Zweiggebiet der Astronomie, das sich mit dem Vorhandensein von Pflanzen auf anderen Sternen beschäftigt [<*Astro…* + *Botanik*]

◆ **As|tro|fo|to|gra|fie** ⟨f.; -; unz.⟩ Fotografie der Himmelskörper; *oV* Astrophotographie [<grch. *astron* »Gestirn« + *Fotografie*]

◆ **As|tro|gno|sie** *auch:* **As|trog|no|sie** ⟨f.; -, -n⟩ Beschreibung der Sternbilder u. des Sternhimmels [<*Astro…* + *…gnosie*]

◆ **As|tro|graf** ⟨m.; -en, -en⟩ = Astrograph

◆ **As|tro|gra|fie** ⟨f.; -; unz.⟩ = Astrographie

◆ **as|tro|gra|fisch** ⟨Adj.⟩ = astrographisch

◆ **As|tro|graph** ⟨m.; -en, -en⟩ fotograf. System für die Beobachtung des Sternenhimmels mit mehreren Linsen u. großem Öffnungswinkel; *oV* Astrograf [<*Astro…* + *…graph*]

◆ **As|tro|gra|phie** ⟨f.; -; unz.⟩ Beschreibung der Sterne; *oV* Astrografie

◆ **as|tro|gra|phisch** ⟨Adj.⟩ die Astrographie betreffend, zu ihr gehörig; *oV* astrografisch

◆ **As|tro|la|bi|um** ⟨n.; -s, -bi|en⟩ von den Arabern erfundenes Gerät zur Sternmessung [<*Astro…* + grch. *labis* »Zange«]

◆ **As|tro|lo|ge** ⟨m.; -n, -n⟩ jmd., der sich auf die Astrologie versteht, Sterndeuter [<*Astro…* + *…loge*]

◆ **As|tro|lo|gie** ⟨f.; -; unz.⟩ Lehre vom (angebl.) Einfluss der Gestirne auf das menschl. Schicksal, Sterndeutung [<*Astro…* + *…logie*]

◆ **As|tro|lo|gin** ⟨f.; -, -gin|nen⟩ weibl. Person, die sich auf die Astrologie versteht, Sterndeuterin

◆ **as|tro|lo|gisch** ⟨Adj.⟩ die Astrologie betreffend, zu ihr gehörig

◆ **As|tro|man|tie** ⟨f.; -; unz.⟩ Kunst des Wahrsagens aus Planeten u. Tierkreiszeichen [<*Astro…* + *…mantie*]

◆ **As|tro|me|trie** *auch:* **As|tro|met|rie** ⟨f.; -; unz.⟩ Zweig der Astronomie, der sich mit der Bestimmung der Stellung der Gestirne beschäftigt [<*Astro…* + *…metrie*]

◆ **As|tro|naut** ⟨m.; -en, -en⟩ Raumfahrer [<*Astro…* + *…naut*]

◆ **As|tro|nau|tik** ⟨f.; -; unz.⟩ Wissenschaft von der Raumfahrt sowie diese selbst [<*Astro…* + *Nautik*]

◆ **As|tro|nau|tin** ⟨f.; -, -tin|nen⟩ Raumfahrerin

◆ **as|tro|nau|tisch** ⟨Adj.⟩ die Astronautik betreffend, zu ihr gehörig

◆ **As|tro|na|vi|ga|ti|on** ⟨[-vi-] f.; -; unz.⟩ Verfahren zur Ortsbestimmung durch Vermessen der Standorte bekannter Gestirne

◆ **As|tro|nom** ⟨m.; -en, -en⟩ Kenner, Erforscher, Lehrer, Student der Astronomie, Sternkundiger, Himmelskundiger [<*Astro…* + *…nom*]

◆ **As|tro|no|mie** ⟨f.; -; unz.⟩ Wissenschaft von den Himmelskörpern, Sternkunde, Himmelskunde; *Sy* ⟨veraltet⟩ Uranologie [→ *Astronom*]

◆ **As|tro|no|min** ⟨f.; -, -min|nen⟩ weibl. Astronom

◆ **as|tro|no|misch** ⟨Adj.⟩ **1** die Astronomie betreffend, zu ihr gehörig, auf ihr beruhend **1.1** ~ *Einheit* ⟨Abk.: AE⟩ mittlere Entfernung der Erde von der Sonne, 1 AE = 149,6 Mill. km **1.2** ~*e Zeichen* Z. für Tage, Himmelskörper, Sternbilder, Konstellationen u. Mondphasen **1.3** ~*e Navigation* Standort- u. Richtungsbestimmung von Schiffen u. Flugzeugen durch Beobachtung der Gestirne **1.4** ~*er Ort* Richtung nach einem Gestirn vom Erdmittelpunkt aus; *Sy* Position (3.2) **1.5** ~*e Uhr* Präzisionsuhr für Sternwarten usw. **2** ⟨fig.⟩ riesenhaft, ungeheuer, sehr hoch; *er nannte für die Verluste ~e Zahlen;* ⟨scherzh.⟩ *eine ~e Miete zahlen*

astro|phisch ⟨Adj.⟩ nicht strophisch gegliedert [<*a…*[1] + *strophisch*]

◆ **As|tro|pho|to|gra|phie** ⟨f.; -; unz.⟩ = Astrofotografie

◆ **As|tro|phyl|lit** ⟨m.; -s, -e; Min.⟩ Mineral aus der Gruppe der Borosilikatmineralien [<*Astro…* + grch. *phyllon* »Blatt«]

◆ **As|tro|phy|sik** ⟨f.; -; unz.⟩ Wissenschaft von der physikal. Beschaffenheit der Himmelskörper, Zweig der Astronomie

◆ **as|tro|phy|si|ka|lisch** ⟨Adj.⟩ die Astrophysik betreffend, zu ihr gehörig

◆ **As|tro|phy|si|ker** ⟨m.; -s, -⟩ Wissenschaftler der Astrophysik

◆ **As|tro|phy|si|ke|rin** ⟨f.; -, -rin|nen⟩ Wissenschaftlerin der Astrophysik

◆ **As|tro|spek|tro|sko|pie** *auch:* **As|tro|spekt|ros|ko|pie** ⟨f.; -; unz.⟩ Untersuchung der Spektren von Sternen

Äs|tu|ar ⟨n.; -s, -ri|en; Geogr.⟩ trichterartig erweiterte Flussmündung, z. B. der Elbe;

Sy Ästuarium [<lat. *aestuarium* »buchtartige Flussmündung«]

Äs|tu|a|ri|um ⟨n.; -s, -ri|en; Geogr.⟩ = Ästuar

Asyl ⟨[azy:l] n.; -s, -e⟩ **1** Freistätte, Zufluchtsort (für Verfolgte); *politisches* ~ Obdach für polit. Flüchtlinge; *um* ~ *bitten* **2** (Obdachlosen-)Heim; *jmdm.* ~ *gewähren* [<grch. *asylon* »unberaubt, unverletzt« <*a…* »nicht« + *sylan* »berauben«]

Asy|lant ⟨[azy-] m.; -en, -en⟩ jmd., der sich aus polit. Gründen um Asyl bewirbt bzw. dem aus polit. Gründen Asyl gewährt wird

Asy|lan|tin ⟨[azy-] f.; -, -tin|nen⟩ Frau, die sich aus polit. Gründen um Asyl bewirbt bzw. der aus polit. Gründen Asyl gewährt wird

Asy|lie|rung ⟨[azy-] f.; -, -en⟩ Aufnahme u. Unterkunft in einem Asyl

Asyl|recht ⟨[azy:l-] n.; -(e)s; unz.⟩ Recht eines Verfolgten auf Gewährung von Asyl an einem verfolgungssicheren Ort

Asyl|ver|fah|ren ⟨[azy:l-] n.; -s, -⟩ Verfahren, bei dem das Recht auf Asyl geprüft wird

Asym|me|trie *auch:* **Asym|met|rie** ⟨a. ['----] f.; -, -n⟩ Fehlen der Symmetrie, Uneben-, Ungleichmäßigkeit

asym|me|trisch *auch:* **asym|met|risch** ⟨a. ['----] Adj.⟩ nicht symmetrisch, uneben-, ungleichmäßig

Asymp|to|te *auch:* **Asym|pto|te** ⟨f.; -, -n; Math.⟩ Gerade, der sich eine Kurve nähert, ohne sie (im Endlichen) zu erreichen [<grch. *asymptotos* »nicht zusammenfallend« <*A…*[1] »nicht« + *syn…* »zusammen« + *piptein* »fallen«]

asym|pto|tisch *auch:* **asymp|to|tisch** ⟨Adj.⟩ die Asymptote betreffend, sich wie eine Asymptote verhaltend

asyn|chron ⟨[-kro:n] Adj.⟩ nicht gleichzeitig; *Ggs* synchron

Asyn|chron|mo|tor ⟨[-kro:n-] m.; -s, -to|ren⟩ Elektromotor, der sich nicht im gleichen Takt mit dem Drehfeld dreht; *Ggs* Synchronmotor

asyn|de|tisch ⟨Adj.⟩ auf einem Asyndeton beruhend, unverbunden; *Ggs* polysyndetisch

Asyn|de|ton ⟨n.; -s, -de|ta; Rhet.⟩ Stilfigur, das Aneinanderreihen von Wörtern od. Sätzen ohne Konjunktionen, z. B. Alles rennet, rettet, flüchtet; *Ggs* Polysyndeton [<*A…*[1] + *syn…* + grch. *deein* »binden«]

as|zen|dent ⟨Adj.; Geol.⟩ aufsteigend; *Ggs* deszendent

As|zen|dent ⟨m.; -en, -en⟩ *Ggs* Deszendent **1** Vorfahr **2** ⟨Astron.⟩ **2.1** aufgehendes Gestirn **2.2** Aufgangspunkt eines Gestirns [<lat. *ascendens,* Part. Präs. zu *ascendere* »hinaufsteigen«]

As|zen|denz ⟨f.; -, -en⟩ *Ggs* Deszendenz **1** Verwandtschaft in aufsteigender gerader Linie **2** ⟨Astron.⟩ Aufgang eines Gestirns [→ *Aszendent*]

as|zen|die|ren ⟨V.⟩ **1** aufsteigen; ~*des Gestirn* **2** ⟨veraltet⟩ befördert werden [<lat. *ascendere* »hinaufsteigen«]

As|zen|si|on ⟨f.; -, -en⟩ Himmelfahrt Christi [<lat. *ascensio* »das Hinaufsteigen«]

As|ze|se ⟨f.; -; unz.⟩ = Askese

As|zet ⟨m.; -en, -en⟩ = Asket

As|ze|tin ⟨f.; -, -tin|nen⟩ = Asketin

As|zi|tes ⟨f.; -; unz.; Med.⟩ Bauchwassersucht, Ansammlung serumartiger Flüssigkeit im Bauchhöhlenbereich durch Stauungen im Kreislaufsystem [<grch. *askites,* zu *askos* »Schlauch«]

at[1] ⟨[æt] Zeichen: @; EDV⟩ Zeichen, das bei E-Mail-Adressen hinter den Empfänger- bzw. Sendernamen gesetzt wird, um auszudrücken, dass die genannte Person »bei« der danach genannten Institution (Betrieb, Universität, Server usw.) zu erreichen ist [<engl. *at* »bei«]

at[2] ⟨Abk. für⟩ die nicht mehr zulässige Druckeinheit »technische Atmosphäre«, heute ersetzt durch die Einheit Bar

At ⟨chem. Zeichen für⟩ Astatin

at…, At… ⟨Vorsilbe⟩ = ad…, Ad…

ata ⟨Abk. für⟩ die nicht mehr zulässige Druckeinheit »absolute Atmosphäre«, heute ersetzt durch die Einheit Bar

atak|tisch ⟨Adj.; Med.⟩ auf Ataxie beruhend, ungleichmäßig, unregelmäßig [→ *Ataxie*]

Ata|man ⟨m.; -s, -e⟩ Stammes- u. militär. Führer der Kosaken [russ.]

Ata|rak|ti|kum ⟨n.; -s, -ti|ka; Pharm.⟩ Beruhigungsmittel [<grch. *a* »nicht« + *tarassein* »aufrühren, erregen«]

Ata|ra|xie ⟨f.; -; unz.; grch. Philos.⟩ Seelenruhe, Gleichmut, Unerschütterlichkeit [<*A…*[1] + grch. *tarassein* »aufrühren, erregen«]

Ata|vis|mus ⟨[-vɪs-] m.; -, -men; Biol.⟩ **1** plötzliches Wiederauftreten stammesgeschichtlich früherer Merkmale **2** ⟨fig.⟩ Rückfall in primitives Verhalten [<lat. *atavus* »Vater des Großvaters, Vorfahr«]

ata|vis|tisch ⟨[-vɪs-] Adj.⟩ den Atavismus betreffend, auf ihm beruhend

Ata|xie ⟨f.; -, -n; Med.⟩ Störung der geordneten Bewegung in Form von ausfahrenden, schleudernden Bewegungen (bei Erkrankungen des Zentralnervensystems) [<*A…*[1] + grch. *tassein* »stellen, ordnen«]

atek|to|nisch ⟨Adj.⟩ nicht den Gesetzen der Tektonik entsprechend, auf ihnen beruhend; *Ggs* tektonisch [<*a…*[1] + *Tektonik*]

Ate|li|er ⟨[-lje:] n.; -s, -s⟩ **1** Werkstatt (eines Künstlers od. Fotografen) **2** Raum für Filmaufnahmen **3** Modegeschäft, in dem Damenkleidung nach Maß angefertigt wird; *Mode*~ [<frz. »Werkstatt«; zu mlat. *astella* »Holzsplitter, Span«]

Atel|la|ne ⟨f.; -, -n⟩ altröm. volkstüml. Stegreiflustspiel [nach der Stadt *Atella*]

a tem|po ⟨Musik⟩ **1** wieder im gleichen Tempo (zu spielen) **2** ⟨umg.⟩ schnell, sofort, lauf!; *aber* ~*!* [ital., »zur Zeit, im Zeitmaß«]

Äthan ⟨n.; -s; unz.; Chemie⟩ = Ethan

Ätha|nal ⟨n.; -s; unz.; Chemie⟩ = Ethanal

Atha|na|sie ⟨f.; -; unz.⟩ Unsterblichkeit [<grch. *athanasia*]

Ätha|nol ⟨n.; -s; unz.; Chemie⟩ = Ethanol

A

Äthan|säu|re ⟨f.; -, -n; Chemie⟩ = Ethansäure
Athe|is|mus ⟨m.; -; unz.⟩ Weltanschauung ohne Gott, Ablehnung, Verneinung der Existenz Gottes [<*A...*[1] + *Theismus*]
Athe|ist ⟨m.; -en, -en⟩ Vertreter, Anhänger des Atheismus
Athe|is|tin ⟨f.; -, -tin|nen⟩ Vertreterin, Anhängerin des Atheismus
athe|is|tisch ⟨Adj.⟩ den Atheismus betreffend, auf ihm beruhend
athe|ma|tisch ⟨Adj.⟩ *Ggs* thematisch **1** ⟨Musik⟩ ohne Thema, das Thema nicht verarbeitend **2** ⟨Sprachw.⟩ *~es Verb* Verb ohne Themavokal, z. B. er geht
Äthen ⟨n.; -s; unz.; Chemie⟩ = Ethen
Athe|nä|um ⟨n.; -s, -nä|en⟩ **1** Tempel der Göttin Athene **2** ⟨unz.⟩ Titel der von Fr. u. A. W. Schlegel herausgegebenen Literaturzeitschrift (1798-1800) [nach der grch. Göttin Pallas *Athene*]
Äther ⟨m.; -s; unz.⟩ **1** Himmel, Himmelsluft **2** ⟨Chemie⟩ organische Verbindung, bei der zwei gleiche od. verschiedene Alkyle über ein Sauerstoffatom miteinander verbunden sind **3** ⟨Med.⟩ ein Narkosemittel; *oV* Ether; *Ethyl~* [<grch. *aither* »die obere Luft« (nach grch. Vorstellung Feuerluft, in der die Sterne schweben u. die Götter wohnen)]
äthe|risch ⟨Adj.⟩ **1** ätherhaltig, flüchtig; *~e Öle* meist stark aromat. riechende, vollständig verdunstende, aus Pflanzen zu gewinnende Öle **2** himmlisch **3** ⟨fig.⟩ hauchzart, durchgeistigt
äthe|ri|sie|ren ⟨V.⟩ mit Äther behandeln; *oV* etherisieren
ather|man ⟨Adj.⟩ nicht durchlässig für Wärmestrahlen; *Ggs* diatherman [verkürzt <*adiatherman* <*a...*[1] + *dia...* + grch. *thermainein* »wärmen«]
Athe|rom ⟨n.; -s, -e; Med.⟩ Talgdrüsen-, Haarbalggeschwulst [<grch. *athere* »Brei aus Weizengraupen«]
Athe|sie ⟨f.; -, -n; geh.⟩ **1** ⟨unz.⟩ Zustand des Zweifelns **2** Unbeständigkeit, Treulosigkeit [<*A...*[1] + grch. *thesis* »Behauptung, Lehrsatz«]
Äthin ⟨n.; -s; unz.; Chemie⟩ = Ethin
Ath|let ⟨m.; -en, -en⟩ **1** Kraftmensch **2** sportlich trainierter Mensch, Sportler, Wettkämpfer; *Leicht~, Schwer~* [<grch. *athletes* »Wettkämpfer«; zu *athlos* »Wettkampf«]
Ath|le|tik ⟨f.; -; unz.⟩ **1** Wettkampflehre **2** sportl. Wettkampf **3** Leibesübungen
Ath|le|ti|ker ⟨m.; -s, -⟩ starkknochiger, muskulöser Konstitutionstyp [→ *Athlet*]
Ath|le|tin ⟨f.; -, -tin|nen⟩ trainierte Sportlerin, Wettkämpferin; *Leicht~; Schwer~*
ath|le|tisch ⟨Adj.⟩ stark, starkknochig, kraftvoll, muskulös
Äthyl ⟨n.; -s; unz.; Chemie⟩ = Ethyl
Äthyl|al|ko|hol ⟨m.; -s, -e; Chemie⟩ = Ethylalkohol
Äthyl|chlo|rid ⟨[-klo:-] n.; -(e)s, -e; Chemie⟩ = Ethylchlorid
Äthy|len ⟨n.; -s; unz.; Chemie⟩ = Ethylen
Äthyl|grup|pe ⟨f.; -, -n; Chemie⟩ = Ethylgruppe
Ätio|lo|gie ⟨f.; -; unz.; Med.⟩ Lehre von den Ursachen, bes. der Krankheiten [<grch. *aitia* »Ursache« + *...logie*]
ätio|lo|gisch ⟨Adj.; Med.⟩ die Ätiologie betreffend, auf ihr beruhend, zu ihr gehörig
At|lant ⟨m.; -en, -en; Arch.⟩ Männergestalt, die auf Haupt od. emporgehobenen Armen Gebäudeteile trägt; *Ggs* Karyatide [nach dem Riesen *Atlas* der grch. Sage, der die Welt auf seinen Schultern trägt]
At|lan|ten ⟨Pl. von⟩ **1** Atlant **2** Atlas[1]
At|lan|tik ⟨m.; -s; unz.⟩ der Atlantische Ozean [<grch. *Atlantis* »Atlantischer Ozean«; nach dem Riesen *Atlas*; → *Atlant*]
at|lan|tisch ⟨Adj.⟩ den Atlantik betreffend, zu ihm gehörig
At|las[1] ⟨m.; - od. -ses, -se od. -lan|ten⟩ **1** Sammlung von Landkarten in Buchform **2** umfangreiches Buch mit Abbildungen aus einem Wissensgebiet; *Anatomie~* [nach Mercators kartographischem Werk *Atlas*, Duisburg 1595, das nach dem Riesen *Atlas* von Mauretanien benannt war; → *Atlant*]
At|las[2] ⟨m.; -; unz.; Anat.⟩ der oberste, den Kopf tragende Halswirbel der höheren Wirbeltiere [→ *Atlant*]
At|las[3] ⟨m.; - od. -ses, -se⟩ **1** ⟨unz.; Web.⟩ Bindung mit glänzender Oberseite, auf der nur Kette od. Schuss sichtbar sind, u. matter, glatter Rückseite **2** ⟨zählb.⟩ Gewebe, meist Seide, in dieser Bindung [arab., »glatt«]
at|las|sen ⟨Adj.⟩ aus Atlas[3]
atm ⟨Abk. für⟩ die nicht mehr zulässige Druckeinheit »physikalische Atmosphäre«, ersetzt durch die Einheit Bar
At|man ⟨m. od. n.; - od. -s; unz.; indische Philos.⟩ Lebensprinzip, Seele des Individuums [Sanskrit, »Hauch; höchster Geist, Seele«]
At|mo|me|ter ⟨n.; -s, -⟩ Gerät zum Messen der Wasserverdunstung [<grch. *atmis* »Dampf« + *...meter*]

> **Atmosphäre** (*Worttrennung am Zeilenende*) Wird einer der beiden Bestandteile eines zusammengesetzten Fremdwortes auch als eigenes Wort im Deutschen verwendet (z. B. »*Sphäre*«), so ist die Trennfuge zwischen den einzelnen Bestandteilen zu setzen.

At|mo|sphä|re ⟨f.; -, -n⟩ **1** Gashülle eines Planeten, bes. die Lufthülle der Erde **2** nicht mehr zulässige Maßeinheit für den Luftdruck **2.1** *physikalische ~* ⟨Abk.: atm⟩ nicht mehr zulässige Druckeinheit, definiert als der Druck einer Quecksilbersäule von 760 mm Länge, zu ersetzen durch die Einheit Bar; 1 atm = 1,013 bar **2.2** *technische ~* ⟨Abk.: at⟩ nicht mehr zulässige Druckeinheit, definiert als der Druck von 1 kg/cm², zu ersetzen durch die Einheit Bar, 1 at = 0,980 bar **3** ⟨fig.⟩ Umwelt, Einfluss, Stimmung; *eine ~ des Friedens; es herrscht hier eine gespannte ~* [<grch. *atmis* »Dampf« + *Sphäre*]
At|mo|sphä|ren|über|druck ⟨m.; -s; unz.; Abk.: atü⟩ nicht mehr

zulässige Druckeinheit, bezeichnete die Druckdifferenz zwischen dem Druck von einer Atmosphäre u. dem in einem Gefäß herrschenden höheren Druck, z. B. entsprach ein Druck von 3 atü einem Gesamtdruck von 4 at

At|mo|sphä|ri|li|um ⟨n.; -s, -li|en⟩ in der uns umgebenden Luft enthaltender Stoff

at|mo|sphä|risch ⟨Adj.⟩ die Atmosphäre (1) betreffend, zu ihr gehörig, auf ihr beruhend; *~e Dampfmaschine* auf dem Luftdruck beruhende alte Form der D.; *~e Elektrizität* die in der Luft enthaltene E., z. B. bei Gewitter; *~e Störungen* elektromagnet. Wellen u. Entladungen, die den Rundfunkempfang stören; *~e Zirkulation* Kreislauf der Luft innerhalb der Lufthülle der Erde

Atoll ⟨n.; -s, -e⟩ ringförmige Koralleninsel in den trop. Gebieten des Stillen Ozeans [<malai. *atolu*]

Atom ⟨n.; -s, -e⟩ **1** kleinstes Teilchen eines chem. Elements **2** ⟨fig.⟩ winziges Teilchen, Winzigkeit [<grch. *atomos* »unteilbar« <*a...* »nicht« + *tome* »Schnitt«]

Atom|an|trieb ⟨m.; -(e)s, -e⟩ Antrieb eines Fahrzeugs (vor allem eines Schiffes) durch die mit einem Kernreaktor erzeugte Energie; *Sy* Kernenergieantrieb

ato|mar ⟨Adj.⟩ *oV* ⟨schweiz.⟩ atomisch **1** das Atom betreffend, auf ihm beruhend **2** die Atomwaffen betreffend, auf ihnen beruhend, mit ihrer Hilfe [→ *Atom*]

Atom|bat|te|rie ⟨f.; -, -n⟩ **1** ⟨veraltet⟩ = Kernreaktor **2** durch den radioaktiven Zerfall bestimmter Atome mit Energie belieferte Batterie, heute meist als Radionuklidbatterie bezeichnet

Atom|bom|be ⟨f.; -, -n⟩ **1** ⟨i. w. S.⟩ Bombe mit Kernsprengstoff als Ladung **2** ⟨i. e. S.⟩ Kernspaltungsbombe, im Gegensatz zur Kernverschmelzungsbombe, Wasserstoffbombe

Atom|ener|gie ⟨f.; -; unz.⟩ durch Kernspaltung od. -verschmelzung gewonnene Energie; *Sy* Kernenergie

Atom|ge|ne|ra|tor ⟨m.; -s, -en⟩ = Radionuklidbatterie

Atom|ge|wicht ⟨n.; -(e)s, -e⟩ Masse eines Atoms

Atom|git|ter ⟨n.; -s, -⟩ Kristallgitter, dessen Gitterplätze nicht mit Ionen, sondern mit ungeladenen Atomen besetzt sind, tritt auf beim Diamanten u. vielen organischen Verbindungen

ato|misch ⟨Adj.; schweiz.⟩ = atomar

Ato|mi|seur ⟨[-zøːr] m.; -s, -e⟩ Zerstäuber; *oV* Atomizer [frz., »Spraydose«]

ato|mi|sie|ren ⟨V.⟩ in Atome zerkleinern, völlig zerstören

Ato|mis|mus ⟨m.; -; unz.⟩ = Atomistik

Ato|mist ⟨m.; -en, -en⟩ Vertreter, Anhänger der Atomistik

Ato|mis|tik ⟨f.; -; unz.⟩ von Demokrit begründete Lehre, dass alle Materie aus kleinsten unteilbaren Teilchen (Atomen) aufgebaut sei, Vorläuferin der materialistischen Philosophie; *Sy* Atomismus [→ *Atom*]

ato|mis|tisch ⟨Adj.⟩ die Atomistik betreffend, zu ihr gehörig, auf ihr beruhend

Ato|mi|zer ⟨[ætəmaɪzə(r)] m.; -s, -⟩ = Atomiseur [engl., »Zerstäuber«]

Atom|kern ⟨m.; -s, -e⟩ zentraler Kern eines Atoms, um den die Elektronen kreisen

Atom|kern|re|ak|ti|on ⟨f.; -, -en⟩ Umwandlung, die in einem Atomkern vor sich geht

Atom|kraft|werk ⟨n.; -(e)s, -e⟩ Kraftwerk, das seine Energie durch die Spaltung von Uranatomen gewinnt; *Sy* Kernkraftwerk, Kernreaktor

Atom|mei|ler ⟨m.; -s, -; umg.⟩ = Kernreaktor

Atom|phy|sik ⟨f.; -; unz.⟩ Lehre von den Atomen u. ihrer Umwandlung

Atom|re|ak|tor ⟨m.; -s, -en⟩ = Kernreaktor

Atom|stopp ⟨m.; -s; unz.; umg.⟩ Einstellung der Produktion von Atomenergie u. -waffen

Atom|strom ⟨m.; -s; unz.⟩ elektr. Strom, der in Kernkraftwerken erzeugt wird

Atom|test ⟨m.; -(e)s, -e od. -s⟩ Test mit atomaren Sprengköpfen (zu Versuchszwecken)

Atom|the|o|rie ⟨f.; -; unz.⟩ Lehre, dass alle irdischen Stoffe aus kleinsten Teilen, den Atomen, bestehen

Atom|trans|port ⟨m.; -(e)s, -e⟩ Transport von radioaktivem Material

Atom|uhr ⟨f.; -, -en⟩ auf der Eigenschwingungszahl bestimmter Atome beruhende Uhr höchster Genauigkeit

Atom|vo|lu|men ⟨[-vo-] n.; -s, - od. -mi|na⟩ der Raum, den ein Grammatom eines Stoffes einnimmt [<*Atom* + *Volumen*]

Atom|waf|fe ⟨f.; -, -n⟩ auf Atomkernumwandlung beruhende Waffe, z. B. die Atombombe

Atom|wär|me ⟨f.; -; unz.⟩ Produkt aus spezif. Wärme u. Atomgewicht

ato|nal ⟨Adj.; Musik⟩ nicht tonal, zwölftonig, nicht auf einen Grundton bezogen, gleichberechtigt (von den Tönen der Tonleiter); *~e Musik* Musik, die die 12 Töne der Tonleiter gleichberechtigt nebeneinander u. ohne Bezug auf einen Grundton verwendet, Zwölftonmusik; *Sy* Dodekaphonie [<*a...*[1] + *Ton*]

Ato|na|list ⟨m.; -en, -en; selten; Musik⟩ Vertreter der atonalen Musik

Ato|na|li|tät ⟨f.; -; unz.; Musik⟩ atonale Kompositionsweise; *Ggs* Tonalität

Ato|nie ⟨f.; -, -n; Med.⟩ Erschlaffung (des Zellgewebes der Muskeln usw.) [<*A...*[1] + grch. *tonos* »Spannung«]

ato|nisch ⟨Adj.⟩ die Atonie betreffend, auf ihr beruhend

Ato|non ⟨n.; -s, -to|na⟩ unbetontes Wort, das sich verkürzt an ein vorgehendes od. folgendes betontes Wort anlehnt, z. B. »können S'« statt »können Sie« [<*A...*[1] + grch. *tonos* »Spannung, Spannkraft«]

Ato|pie ⟨f.; -, -n; Med.⟩ allergische Symptome aufgrund genetischer Überempfindlichkeit [<*A...*[1] + grch. *topos* »Ort«]

Atout ⟨[atuː] m.; -s, -s od. n.; -s, -s; Kart.⟩ Trumpf [zu frz. *à tout* »auf alles, für alles«]

A

atou|tie|ren 〈[-tu-] V.; Kart.〉 Trumpf ausspielen [→ *Atout*]

à tout prix 〈[a tupriː]〉 um jeden Preis [frz.]

ato|xisch 〈Adj.〉 ungiftig [<*a...*[1] + *toxisch*]

ATP 〈Abk. für〉 Adenosintriphosphat

At|ri|um 〈n.; -s, -ri|en〉 **1** Hauptraum u. Mittelpunkt des altrömischen Hauses **2** offener, auf 3-4 Seiten umbauter Hof od. Garten eines Gebäudes **3** Säulenvorbau altchristl. Kirchen **4** 〈Anat.〉 Vorhof des Herzens [lat., »Vorsaal, Vorhalle«]

At|ri|um|haus 〈n.; -es, -häu|ser〉 um einen Innenhof od. Garten herumgebaute Wohnanlage [→ *Atrium*]

At|ro|pa 〈f.; -; unz.; Bot.〉 Tollkirsche [→ *Atropin*]

Atro|phie 〈f.; -, -n; Med.〉 Schwund, Schrumpfung von Muskeln, Zellgewebe od. Organen [<*A...*[1] + *...trophie*]

atro|phie|ren 〈V.〉 schwinden, schrumpfen

atro|phisch 〈Adj.〉 die Atrophie betreffend, auf ihr beruhend

At|ro|pin 〈n.; -s; unz.; Pharm.〉 Arzneimittel, in der Tollkirsche enthaltenes starkes Gift, chem. das in der Atropa (Tollkirsche) entdeckte Alkaloid [<grch. *atropos* »unabwendbar« (wegen der tödl. Wirkung); <grch. *a...* »nicht« + *trepein* »wenden«]

at|tac|ca 〈Musik〉 unmittelbar (an das vorhergehende Stück) anschließend [ital., »häng an, befestige«; zu *attacare*]

At|ta|ché 〈[-ʃeː] m.; -s, -s〉 **1** Begleiter eines Gesandten, meist Nachwuchsdiplomat **2** Berater einer Auslandsvertretung; *Kultur~; Militär~* [<frz. *attacher* »befestigen«]

At|tache|ment 〈[ataʃmɑ̃ː] n.; -s, -s〉 **1** Zuneigung **2** militär. Abteilung, die zur bes. Verwendung abkommandiert ist [frz., »Anhänglichkeit«; zu *attacher* »befestigen«]

at|ta|chie|ren 〈[-ʃiː-] V.; veraltet〉 zuteilen, zu-, beigesellen [frz., *attacher* »befestigen«]

At|tach|ment 〈[ətætʃmənt] n.; - od. -s, -s; EDV〉 an eine E-Mail angehängte Datei; *ein ~ an eine E-Mail anhängen; ein ~ öffnen; eine E-Mail mit ~ versenden* [engl., »Anhängsel, Beiwerk«]

At|tack 〈[ətæk] f.; -, -s; Musik〉 **1** 〈Jazz〉 lautes u. nachhaltiges Anspielen eines Tones **2** Anschwellen des Tones bis zur maximalen Tonstärke (beim Synthesizer) [engl., »Angriff, Attacke«]

At|ta|cke 〈f.; -, -n〉 **1** 〈urspr.〉 Angriff mit der blanken Waffe, Reiterangriff; *~ reiten (gegen)* **2** Angriff, Anfall, bes. Krankheitsanfall; *Herz~* [<frz. *attaque* »Angriff«]

at|ta|ckie|ren 〈V.〉 **1** *jmdn. ~* angreifen **2** 〈fig.〉 jmdm., zusetzen, jmdn. stark bedrängen [<frz. *attaquer* »angreifen«]

At|ten|tat 〈a. ['---] n.; -(e)s, -e〉 (polit.) Mordanschlag, Gewalttat; *ein ~ auf jmdn. verüben; ein ~ auf jmdn. vorhaben* 〈umg.; scherzh.〉 jmdn. um eine (große) Hilfeleistung bitten wollen [frz., »Anschlag« <lat. *attentatum;* zu *attentare* »abtasten, beizukommen suchen«]

At|ten|tä|ter 〈a. ['----] m.; -s, -〉 jmd., der ein Attentat verübt (hat) [volksetymolog. umgebildet nach *Missetäter, Übeltäter*]

At|ten|tä|te|rin 〈a. ['-----] f.; -, -rin|nen〉 weibl. Person, die ein Attentat verübt (hat)

At|ten|ti|on 〈[atɑ̃sjɔ̃ː] f.; -; unz.〉 Aufmerksamkeit, Achtung, Obacht (meist als Ausruf, Mahnung zur Vorsicht) [frz., »Aufmerksamkeit«]

At|ten|tis|mus 〈m.; -; unz.〉 Haltung eines Menschen, der mit seiner Entscheidung bis zum Ende eines Streites zwischen zwei Parteien wartet, um sich dann der erfolgreichen Partei anzuschließen [<lat. *attentio* »Anspannung des Geistes zu einem bestimmten Zweck, Aufmerksamkeit«]

at|ten|tis|tisch 〈Adj.〉 in der Art des Attentismus, abwartend

At|test 〈n.; -(e)s, -e〉 schriftl. (bes. ärztl.) Bescheinigung, Zeugnis [<lat. *attestari* »bezeugen«, <*ad* »zu« + *testis* »Zeuge«]

At|tes|ta|ti|on 〈f.; -, -en; DDR〉 **1** Bescheinigung unter Erlass eines Prüfungsnachweises **2** Titelverleihung als Anerkennung für langjährige Berufspraxis

at|tes|tie|ren 〈V.〉 ein Attest ausstellen über, bescheinigen

At|tes|tie|rung 〈f.; -, -en〉 das Attestieren, Bescheinigung

At|ti|ka 〈f.; -, -ti|ken; Arch.〉 wandartiger, meist bildhauerisch verzierter Aufbau über dem Hauptgesims eines Gebäudes [<lat. *atticus* »attisch, athenisch«]

At|ti|ka|woh|nung 〈f.; -, -en; schweiz.〉 = Penthouse

At|ti|la 〈m.; -s, -s od. f.; -, -s〉 schnürenbesetzte kurze Jacke, bes. Husarenjacke [ungar., nach dem Hunnenkönig *Attila*]

at|tisch 〈Adj.〉 **1** die grch. Halbinsel Attika betreffend **2** *~es Salz* geistreiche, witzige Bemerkung, feiner Witz, Geist

At|ti|tude 〈[-tyːd] f.; -, -n; Ballett〉 Körperhaltung, wobei ein Bein waagerecht nach hinten erhoben u. der Unterschenkel zu 90° abgewinkelt ist [frz.; → *Attitüde*]

At|ti|tü|de 〈f.; -, -n〉 **1** ausdrucksvolle Körperhaltung, Stellung, Gebärde **2** (innere) Einstellung, Art u. Weise, wie jmd. öffentl. auftritt [<frz. *attitude* »Haltung, Stellung(nahme)«]

At|ti|zis|mus 〈m.; -; unz.〉 Gegenbewegung gegen des Asianismus vom 1. Jh. v. Chr. bis 2. Jh. n. Chr., Pflege u. Nachahmung der attischen Dichter [nach der grch. Landschaft *Attika*]

At|to... 〈Abk.: a; vor Maßeinheiten〉 ein Trillionstel, 10^{-18}, der betreffenden Grundeinheit, z. B. 1 am = 10^{-18} Meter [norweg., dän. *atten* »achtzehn«]

At|trac|tants 〈[ətræktənts] Pl.〉 = Attraktanzien [engl.]

At|trak|tan|zi|en 〈Pl.〉 Lockstoffe für Insekten; *Sy* Attractants [zu engl. *attract* »anziehen«]

At|trak|ti|on 〈f.; -, -en〉 **1** Anziehung, Anziehungskraft **2** 〈Zirkus〉 Glanznummer **3** 〈Theat.〉 Zugstück **4** bes. gutgehende Ware [<frz. *attraction* »Anziehung(skraft)«]

at|trak|tiv 〈Adj.〉 anziehend, anziehungskräftig [→ *Attraktion*]

At|trak|ti|vi|tät 〈[-vi-] f.; -; unz.〉 attraktive Beschaffenheit, Anziehungskraft

A

At|trap|pe ⟨f.; -, -n⟩ **1** Falle, Schlinge **2** (täuschend ähnl.) Nachbildung, Schaupackung; *Sy* Dummy **3** trügerischer Schein **4** ⟨scherzh.⟩ Mensch, hinter dem nichts steckt, Blender [<frz. *attrape* »Falle«]

at|trap|pie|ren ⟨V.; veraltet⟩ **1** überlisten **2** ertappen [<frz. *attraper* »fangen«]

at|tri|bu|ie|ren ⟨V.; Gramm.⟩ **1** zum Attribut machen, als Attribut gebrauchen; *attribuiertes Adjektiv* **2** mit einem Attribut versehen

At|tri|but ⟨n.; -(e)s, -e⟩ **1** wesentl. Merkmal, bleibende Eigenschaft **2** Kennzeichen, Beigabe, sinnbildl. zugehöriges Zeichen; *der Dreizack als ~ Neptuns* **3** ⟨Gramm.⟩ zu einem Nomen od. Verbum tretendes Wort, Satz(teil), Beifügung [<lat. *attributum,* Part. Perf. zu *attribuere* »zuschreiben, beilegen«]

at|tri|bu|tiv ⟨Adj.; Gramm.⟩ als Attribut gebraucht, beigefügt

At|tri|but|satz ⟨m.; -(e)s, -sät|ze; Gramm.⟩ Attribut in Form eines Gliedsatzes, Beifügungssatz

At|tri|ti|on ⟨f.; -; unz.; kath. Kirche⟩ die noch nicht vollkommene, nur aus Furcht vor Strafe empfundene Reue; *Ggs* Kontrition [<lat. *attritio;* zu *atterere* »anfassen, berühren«]

atü ⟨Zeichen für⟩ die nicht mehr zulässige Druckeinheit Atmosphärenüberdruck

aty|pisch ⟨Adj.⟩ nicht typisch, von der Regel abweichend

at-Zei|chen ⟨[æt-] n.; -s, -; Zeichen: @; EDV⟩ = at[1]

Au ⟨chem. Zeichen für⟩ Gold (Aurum)

au|ber|gine ⟨[obɛrʒiːn] Adj.; undekl.⟩ dunkellila

Au|ber|gi|ne ⟨[obɛrʒiːnə] f.; -, -n; Bot.⟩ gurkenförmige, kürbisähnliche Frucht der Eierpflanze (Solanum melongena), Eierfrucht [frz. <katalan. *alberginia* <arab.]

a. u. c. ⟨Abk. für lat.⟩ ab urbe condita

au|di|a|tur et al|te|ra pars ⟨Rechtsw.⟩ auch der andere Teil muss gehört werden (bei Rechtsstreitigkeiten) [lat.]

Au|di|ence|flow ⟨[ɔːdiənsflou] m.; -s; unz.; TV⟩ Versuch der Fernsehsender, eine hohe Einschaltquote während der Werbung zu erzielen, indem sie die Werbeblöcke z. B. an den spannungsreichsten Stellen eines Films einbauen [engl., »Publikums-, Zuschauerfluss«]

Au|di|enz ⟨f.; -, -en⟩ **1** offizieller Empfang **2** Unterredung (mit Würdenträgern) [<lat. *audientia* »Aufmerksamkeit, Gehör«]

Au|di|fon ⟨n.; -s, -e⟩ = Audiphon

Au|di|max ⟨n.; -; unz.; kurz für⟩ Auditorium maximum

Au|di|me|ter ⟨m.; -s, -⟩ Apparat, der die Einschaltzeit u. -dauer an Rundfunk- u. Fernsehgeräten (für statistische Zwecke) aufzeichnet [<lat. *audire* »hören« + *...meter*]

au|dio..., Au|dio... ⟨in Zus.⟩ hör..., Hör..., gehör..., Gehör...; *Audiologie; audiovisuell* [<lat. *audire* »hören«]

Au|dio|book ⟨[-buk] n.; -s, -s⟩ Hörbuch [engl.]

Au|dio|file ⟨[-faɪl] m.; -s, -s; EDV⟩ Datei unterschiedlichen Formates, die digitalisierte Töne enthält, z. B. als Geräuschkulisse für Computerspiele [<lat. *audire* »hören« + engl. *file* »Akte, Ordner«]

au|dio|lin|gu|al ⟨Adj.⟩ das gehörte Wort als Grundlage nehmend (im Fremdsprachenunterricht) [<lat. *audire* »hören« + *lingua* »Zunge«]

Au|dio|lo|gie ⟨f.; -; unz.⟩ Lehre vom Hören, vom menschl. Gehör [<lat. *audire* »hören« + *...logie*]

Au|dio|me|trie *auch:* **Au|dio|met|rie** ⟨f.; -; unz.; Med.⟩ Prüfung des Gehörs mit Hörmessgeräten; *Sy* Akumetrie [<lat. *audire* »hören« + *...metrie*]

Au|di|on ⟨n.; -s, -s od. -o|nen⟩ Schaltung in Rundfunkempfängern mit Elektronenröhren zum Trennen der niederfrequenten (hörbaren) Schwingungen von der Trägerfrequenz [<lat. *audire* »hören«]

Au|dio-Vi|deo-Tech|nik ⟨[-viː-] f.; -; unz.⟩ Technik des Übertragens u. Empfangens von Ton u. Bild; →*a.* AVI-Format [<lat. *audire* »hören« + *videre* »sehen«]

Au|dio|vi|si|on ⟨[-vi-] f.; -; unz.⟩ Technik des Speicherns u. Wiedergebens von Ton u. Bild [<lat. *audire* »hören« + *visio* »das Sehen«]

au|dio|vi|su|ell ⟨[-vi-] Adj.⟩ das Hören u. Sehen betreffend [<lat. *audire* »hören« + *visuell*]

Au|di|phon ⟨n.; -s, -e⟩ Hörapparat für Schwerhörige; *oV* Audifon [<lat. *audire* »hören« + grch. *phonos* »Stimme«]

Au|dit ⟨[ɔːdɪt] n. od. m.; -s, -s; häufig in Zus.⟩ **1** ⟨Wirtsch.⟩ Wirtschaftsprüfung, Überprüfung, Revision; *oV* Auditing (1) **2** (an Unternehmen, Kommunen u. Ä. verliehenes) Zertifikat, Auszeichnung für besondere Verdienste in einem bestimmten Wirkungsbereich; *Umwelt~; Öko~* [engl., <lat. *auditio* »Anhören, Zuhören«]

Au|di|teur ⟨[-tøːr] m.; -s, -e; früher⟩ Rechtsgelehrter beim Militärgericht [frz., »Zuhörer«]

Au|di|tie|rung ⟨f.; -, -en⟩ Verleihung eines Audits (2), Auszeichnung mit einem Audit (2)

Au|di|ting ⟨[ɔːdɪtɪŋ] n.; -s, -s⟩ **1** ⟨bes. Wirtsch.⟩ = Audit (1) **2** Prüfung zur Aufnahme in eine Sekte [engl.]

Au|di|ti|on[1] ⟨f.; -; unz.; bes. Theol.⟩ Hören von Lauten, Worten od. Botschaften mit dem inneren Ohr [zu lat. *audire* »hören«]

Au|di|tion[2] ⟨[ɔdɪʃən] f.; -, -s⟩ Probesprechen, Vorsingen od. Vortanzen für ein Engagement; *an einer ~ teilnehmen* [engl.]

au|di|tiv ⟨Adj.⟩ **1** das Hören betreffend, auf ihm beruhend, mit seiner Hilfe, zum Hören dienend **2** vorwiegend mit Gehörsinn begabt; *ein ~er Typ* [<lat. *audire* »hören«]

Au|di|tor ⟨m.; -s, -to|ren⟩ **1** Beamter, Richter der Kurie **2** ⟨schweiz.⟩ Vorsitzender eines Militärgerichts [lat., »Zuhörer«]

Au|di|to|ri|um ⟨n.; -s, -ri|en⟩ **1** Hörsaal; *~ maximum* größter Hörsaal eines Universitätsgebäudes; *Sy* Audimax **2** Zuhörerschaft [lat., »Hörsaal«]

auf|ok|troy|ie|ren *auch:* **auf|okt|ro|yie|ren** ⟨[-troa-] V.⟩ = oktroyieren

A

au four ⟨[o fuːr]⟩ im Ofen gebraten, gebacken [frz., »im Backofen«]
auf|pim|pen ⟨V.; umg.⟩ = pimpen
auf|pop|pen ⟨V.⟩ **1** ⟨umg.⟩ poppig, auffällig gestalten **2** ⟨EDV⟩ (beim Anklicken) aufspringen; *ein Bildschirmfenster poppt auf;* →*a.* Pop-up-Fenster
auf|sty|len ⟨[-staɪ-] V.; umg.; salopp⟩ herausputzen, auffallend u. überladen zurechtmachen; *Sy* auftunen (2); *sich ~; du bist heute ganz schön aufgestylt!* [→ *stylen*]
auf|tu|nen ⟨[-tjuː-] V.; umg.; salopp⟩ **1** wirkungsvoll, auffallend gestalten (bes. von Autos od. Motorrädern); *aufgetunte Mittelklassewagen* **2** = aufstylen [<engl. *tune* »(ab)stimmen; hinaufschrauben« (fig.)]
Au|gen|mi|grä|ne *auch:* **Au|gen|mig|rä|ne** ⟨f.; -, -n⟩ = Flimmerskotom
Au|gi|as|stall ⟨m.; -(e)s, -stäl|le⟩ **1** verschmutzter Raum **2** unordentl., vernachlässigte Arbeit [nach dem sagenhaften König *Augias* von Elis, der eine Herde von 3000 Rindern besaß, deren in 30 Jahren nicht gereinigten Stall Herkules in einem Tag ausmistete, indem er einen Fluss hindurchleitete]
Au|git ⟨m.; -s, -e; Min.⟩ Mineral aus einem Silikat, dessen Kristallgitter in bestimmter Weise angeordnet ist; *Sy* Pyroxen [<grch. *auge* »Licht, Glanz«]
Aug|ment ⟨n.; -(e)s, -e⟩ **1** Zuwachs, Zusatz **2** ⟨Gramm.⟩ dem Verbstamm vorangesetzter Wortbildungsteil, bes. im Griechischen [<lat. *augmentum* »Vermehrung, Zuwachs«; zu *augere* »vermehren«]
Aug|men|ta|ti|on ⟨f.; -, -en⟩ **1** Vermehrung, Vergrößerung, Zusatz **2** ⟨Musik⟩ Vergrößerung der Notenwerte des Themas [→ *Augment*]
Aug|men|ta|tiv|suf|fix ⟨n.; -es, -e; Gramm.⟩ Vergrößerungssuffix, Nachsilbe, die eine Vergrößerung bezeichnet, z. B. ital. -one in casone »großes Haus« (zu casa »Haus«); *Sy* Amplifikativsuffix; *Ggs* Diminutivsuffix
aug|men|tie|ren ⟨V.⟩ vermehren, vergrößern
Au|gur ⟨m.; -en, -en⟩ altröm. Priester u. Wahrsager [lat., »Vogelschauer, Wahrsager aus dem Flug u. Geschrei der Vögel« <lat. *avis* »Vogel« + kelt. *gur* »Mann«]
Au|gu|ren|lä|cheln ⟨n.; -s; unz.⟩ verständnisinniges Lächeln unter Eingeweihten [nach den oft selbst ungläubigen *Auguren*]
Au|gust ⟨m.; -(e)s, -e⟩ der achte Monat im Jahr [<lat. *Augustus;* zu *Augustus* »der Erhabene, Ehrwürdige«, Ehrenname des Kaisers Oktavian; zu *augere* »vermehren«]
au|gus|te|isch ⟨Adj.⟩ den röm. Kaiser Augustus u. sein Zeitalter betreffend; *~es Zeitalter* kunstfreundl. Zeitalter [nach der Blütezeit der röm. Kunst und Literatur unter *Augustus;* → *August*]
Au|gus|ti|ner ⟨m.; -s, -⟩ Mönch des Augustinerordens [nach dem hl. *Augustinus,* 354-430 n. Chr.]
Auk|ti|on ⟨f.; -, -en⟩ Versteigerung [<lat. *auctio* »Vermehrung, Versteigerung«]
Auk|ti|o|na|tor ⟨m.; -s, -to|ren⟩ Versteigerer
auk|ti|o|nie|ren ⟨V.⟩ versteigern [<lat. *auctionari* »Versteigerung halten«; zu *augere* »vermehren«]
auk|to|ri|al ⟨Adj.; Lit.⟩ *~er Erzähler* aus einer übergeordneten, allwissenden Perspektive eingreifender Erzähler [<lat. *auctor* »Vermehrer, Urheber«]
Au|la ⟨f.; -, Au|len⟩ **1** Vorhof des griechischen Hauses **2** Festsaal in Schule od. Universität [<lat. *aula* <grch. *aule* »Vorhof an grch. Gebäuden; Königspalast«]
Au|le|tik ⟨f.; -; unz.⟩ solistisches Spielen des Aulos
Au|los ⟨m.; -, Au|loi od. Au|len⟩ antikes grch., der Schalmei ähnliches Blasinstrument mit doppeltem Rohrblatt [grch.]
au na|tu|rel ⟨[o natyrɛl]⟩ ohne künstl. Zusatz, natürlich (bei Speisen u. Getränken) [frz., »im natürlichen (Zustand)«]
au pair ⟨[o pɛːr]⟩ Leistung gegen Leistung, auf Gegenleistung, ohne Bezahlung [frz., »zum gleichen (Wert)«]
Au|pair *auch:* **Au-pair** ⟨[opɛːr] f. od. n.; -, -s; kurz für⟩ Aupair-Mädchen

Aupair-Mädchen / Au-pair-Mädchen (*Getrennt- und Zusammenschreibung*) Mehrteilige Zusammensetzungen, in denen eine Wortgruppe wie *»au pair«* auftritt, werden mit Bindestrichen verbunden: *»Au-pair-Mädchen«*.
In Anlehnung an die Kurzform, die entweder mit Bindestrich *»Au-pair«* oder aber in einem Wort *»Aupair«* geschrieben werden kann, ist auch die Schreibung *»Aupair-Mädchen«* zulässig.

Au|pair-Mäd|chen *auch:* **Au-pair-Mäd|chen** ⟨[opɛːr-] n.; -s, -⟩ Mädchen, das gegen Unterkunft, Verpflegung u. Taschengeld in einer Familie arbeitet u. dabei ihre Sprachkenntnisse verbessert [→ *au pair*]
au por|teur ⟨[o pɔrtøːr]⟩ auf den Inhaber lautend (bei Wertpapieren) [frz., »auf den Träger (des Namens)«]
Au|ra ⟨f.; -, Au|ren⟩ **1** ⟨fig.⟩ Gesamtheit der besonderen, geheimnisvollen Wirkungen, die von einem Menschen ausgehen; *er besitzt eine sehr starke ~* **2** ⟨Med.⟩ Gesamtheit besonderer Wahrnehmungen unmittelbar vor einem epileptischen Anfall [lat., »Lufthauch, Luft«]
au|ral ⟨Adj.⟩ = aurikular [<lat. *auris* »Ohr«]
Au|ra|min ⟨n.; -s; unz.⟩ gelber Teerfarbstoff [<lat. *aurum* »Gold«]
Au|rar ⟨Pl. von⟩ Eyrir
au|ra|tisch ⟨Adj.⟩ die Aura betreffend, zu ihr gehörend; *eine ~e Stimmung erzeugen*
Au|re|o|le ⟨f.; -, -n⟩ **1** Heiligenschein (um die ganze Gestalt) **2** ⟨Astron.; Meteor.⟩ = Halo **3** ⟨Bgb.⟩ bläul. Lichterkranz an Grubenlampen bei Auftreten von Grubengas [<lat. *aureolus* »golden, schön, herrlich«; zu *aurum* »Gold«]
Au|re|us ⟨m.; -, Au|rei⟩ altröm. Goldmünze [lat.]
Au|ri|gna|ci|en *auch:* **Au|rig|na|ci|en** ⟨[ɔrinjasjɛ̃ː] n.; -s; unz.; Geol.⟩

Stufe der jüngeren Altsteinzeit [nach der südfrz. Stadt *Aurignac*]

Au|ri|gnac|ras|se *auch:* **Au|rig|nac|ras|se** ⟨[ɔrınjak-] f.; -; unz.⟩ Menschenrasse des Aurignacien

Au|ri|kel ⟨f.; -, -n; Bot.⟩ Art der Primel: Primula auricula [<lat. *auricula* »Öhrchen«;]

au|ri|ku|lar ⟨Adj.⟩ das Ohr betreffend, zu ihm gehörig; *oV* aurikulär; *Sy* aural [<lat. *auricularius* »zum Ohr gehörig«; zu *auris* »Ohr«]

au|ri|ku|lär ⟨Adj.⟩ = aurikular

Au|ri|pig|ment ⟨n.; -(e)s; unz.; Chemie⟩ goldgelbes Arsenmineral, chem. Arsentrisulfid, Rauschgelb [<lat. *aurum* »Gold« + *Pigment*]

Au|ro|ra ⟨f.; -; unz.⟩ Morgenröte [nach der röm. Göttin der Morgenröte]

Au|ro|ra|fal|ter ⟨m.; -s, -; Zool.⟩ zu den Weißlingen gehörige Schmetterlingsart: Anthocaris cardamines

Au|rum ⟨n.; - od. -s; unz.; chem. Zeichen: Au⟩ Gold [lat.]

aus|agie|ren ⟨V.; Psych.⟩ *eine Emotion* ~ in Handlung umsetzen

aus|bal|do|wern ⟨V.; umg.⟩ erkunden, auskundschaften [→ *Baldower*]

aus|che|cken ⟨[-tʃɛkən] V.; Flugw.⟩ nach dem Verlassen des Flugzeugs die Kontrollen passieren [→ *checken*]

aus|chil|len ⟨[-tʃıl-] V.; umg.⟩ = chillen

aus|flip|pen ⟨V.; umg.⟩ **1** sich (durch auffälliges Verhalten) den von der Gesellschaft gegebenen Normen u. Zwängen entziehen; *plötzlich brach er die Ausbildung ab u. flippte völlig aus* **2** die Nerven verlieren, sich über etwas sehr aufregen (und übermäßig darauf reagieren); *als er von ihrer Kündigung hörte, flippte er total aus* **3** sich für etwas stark begeistern, sich sehr über etwas freuen; *die Gewinnerin flippte vor Freude völlig aus* [zu engl. *flip* »wegschnipsen«]

aus|ge|pow|ert *auch:* **aus|ge|po|wert** ⟨[-pau-] Adj.; umg.⟩ ausgepumpt, kraftlos, völlig erschöpft [zu engl. *power* »Kraft, Macht«]

aus|kno|cken ⟨[-nɔ-] V.⟩ **1** ⟨Sport; Boxen⟩ durch Knockout besiegen **2** ⟨fig.⟩ übertrumpfen, ausstechen

Aus|kul|tant ⟨m.; -en, -en; Rechtsw.⟩ **1** ⟨veraltet; urspr.⟩ Zuhörer **2** Beisitzer ohne Stimmrecht [<lat. *auscultans,* Part. Präs zu *auscultare* »horchen«]

Aus|kul|ta|ti|on ⟨f.; -, -en; Med.⟩ Abhorchen der Körpergeräusche mit Ohr od. Hörrohr; ~ *von Herz und Lunge* [<lat. *auscultatio* »das Horchen«]

aus|kul|tie|ren ⟨V.⟩ abhorchen (von Körpergeräuschen) [<lat. *auscultare* »zuhören, horchen«]

aus|log|gen ⟨V.; EDV⟩ beenden, abschalten, abmelden (Programm, Computer); *Ggs* einloggen [zu engl. *log* »eintragen«]

aus|ma|nö|vrie|ren *auch:* **aus|ma|növ|rie|ren** ⟨V.⟩ *jmdn.* ~ **1** geschickt täuschen, ausstechen, austricksen; *ihr Gegner konnte sie leicht* ~ **2** hinausdrängen, (vom Wettbewerb) verdrängen

Aus|pi|zi|um ⟨n.; -s, -zi|en; meist Pl.; bei den alten Römern⟩ **1** Voraussage nach der Deutung des Vogelfluges **2** Aussicht, Hoffnung **3** Obhut, Leitung; *unter günstigen Auspizien* [lat., »Beobachtung der Wahrzeichen«]

aus|po|wern[1] ⟨V.⟩ **1** *jmdn., ein Land* ~ ausplündern **2** arm machen, ausbeuten [<frz. *pauvre* »arm«]

aus|pow|ern[2] *auch:* **aus|po|wern**[2] ⟨[-pauərn] V.; salopp⟩ **1** *jmdn.* ~ ausschalten, ausbeuten **2** *ausgepowert sein* erschöpft, kraftlos sein [zu engl. *power* »Kraft, Macht«]

aus|quar|tie|ren ⟨V.⟩ *jmdn.* ~ aus einer Unterkunft entfernen

Aus|quar|tie|rung ⟨f.; -, -en⟩ das Ausquartieren

aus|ran|gie|ren ⟨[-raŋʒiː-] od. [-rãːʒiː-] V.⟩ **1** ⟨Eisenbahn⟩ durch Rangieren entfernen, wegschieben **2** ⟨fig.⟩ aussondern, aussortieren, wegwerfen

aus|staf|fie|ren ⟨V.⟩ ausstatten, ausrüsten, einkleiden; *jmdn. festlich* ~; *jmdn. neu* ~

aus|ta|rie|ren ⟨V.⟩ ins Gleichgewicht bringen; *eine Waage* ~

Aus|te|nit ⟨m.; -s, -e; Min.⟩ Eisenmischkristall, chem. Eisencarbid [nach dem Namen des engl. Forschers Roberts-*Austen,* 1843-1902]

Aus|ter ⟨f.; -, -n; Zool.⟩ essbare Muschel in warmen u. gemäßigten Meeren: Ostreidae [<nddt. *uster* <ndrl. *oester,* engl. *oyster* <lat. *osterum* <grch. *osteron* <idg. **ost(h)* »Knochen«]

Aus|te|ri|ty ⟨[ɔstɛrıtı] f.; -; unz.; Politik⟩ wirtschaftl. Sparsamkeit [engl., »Strenge, Härte«]

◆ Die Buchstabenfolge **aus|tr...** kann auch **aust|r...** getrennt werden. Davon ausgenommen sind Zusammensetzungen, in denen die fremdsprachigen bzw. sprachhistorischen Bestandteile deutlich als solche erkennbar sind, z. B. *-trainiert.*

aus|trai|niert ⟨[-trɛ-] Adj.; Sport⟩ (für einen Wettkampf) gut trainiert, bezüglich des Trainings optimal vorbereitet; *er wirkte nicht ganz* ~

◆ **aus|tral** ⟨Adj.⟩ südlich, auf der südl. Halbkugel [<lat. *australis* »zum Südwind gehörig«; zu *auster* »Südwind, Süden«]

◆ **aus|tra|lid** ⟨Adj.⟩ die Australiden betreffend, zu ihnen gehörig, Rassenmerkmale der Australiden zeigend [→ *austral*]

◆ **Aus|tra|li|de** ⟨m. 1⟩ Angehörige(r) einer in Australien lebenden Menschenrasse, Ureinwohner Australiens [→ *austral*]

◆ **aus|tra|lo|id** ⟨Adj.⟩ den Australiden ähnlich [→ *austral*]

◆ **Aus|tra|lo|i|de** ⟨m. 1⟩ Mensch mit den Australiden ähnl. Rassenmerkmalen

◆ **Aus|tra|lo|pi|the|kus** ⟨m.; -; unz.⟩ Angehöriger der ältesten u. ursprünglichsten Hominiden vom menschl. Typus [<*austral* + grch. *pithekos* »Affe«]

◆ **Aus|tria|zis|mus** ⟨m.; -, -zis|men⟩ nur im österr. Sprachraum übliche Spracheigentümlichkeit [nach *Austria,* dem neulat. Namen für Österreich]

aus|trick|sen ⟨V.; umg.⟩ *jmdn.* ~

A

durch einen Trick überlisten, ausschalten [→ *Trick*]

aut..., Aut... ⟨Vorsilbe⟩ = auto..., Auto...

aut|ark *auch:* **au|tark** ⟨Adj.⟩ unabhängig, selbstständig; *oV* autarkisch; *~e Wirtschaft* [→ *Autarkie*]

Aut|ar|kie *auch:* **Au|tar|kie** ⟨f.; -; unz.⟩ wirtschaftl. Selbstständigkeit, Unabhängigkeit (vom Ausland) [<grch. *autarkeia* <*autos* »selbst« + *arkein* »genügen«]

aut|ar|kisch *auch:* **au|tar|kisch** ⟨Adj.⟩ = autark

aut|erg *auch:* **au|terg** ⟨Adj.⟩ *~e Wirtschaft* W., in der die Einkommen mittels eigener Arbeitsleistung erwirtschaftet werden; *Ggs* allerg [<grch. *autos* »selbst« + *ergon* »Werk, Arbeit«]

Au|then|tie ⟨f.; -, -n⟩ = Authentizität

au|then|ti|fi|zie|ren ⟨V.⟩ die Echtheit bezeugen, beglaubigen; *ein Dokument ~* [<*authentisch* + *...fizieren*]

au|then|tisch ⟨Adj.⟩ verbürgt, echt, zuverlässig; *~e Nachricht* [<grch. *authentikos* »gültig, echt, glaubwürdig«]

au|then|ti|sie|ren ⟨V.⟩ glaubwürdig machen

Au|then|ti|zi|tät ⟨f.; -, -en⟩ Echtheit, Glaubwürdigkeit, Zuverlässigkeit; *Sy* Authentie [→ *authentisch*]

au|thi|gen ⟨Adj.⟩ am heutigen Fundort entstanden (bei Mineralien u. Gesteinen); *Ggs* allothigen [<grch. *authigenes* »an Ort u. Stelle entstanden«]

Au|tis|mus ⟨m.; -; unz.; Psych.⟩ **1** kindl. Entwicklungsstörung, die sich in einer gestörten Beziehung des Kindes zu seiner dinglichen u. personellen Umwelt, in einer nicht normalen Reaktion auf Außenreize u. in Schmerzunempfindlichkeit äußert; *frühkindlicher ~* **2** krankhafte Ichbezogenheit, das Sichabschließen von der Umwelt u. dauernde Beschäftigung mit der eigenen Fantasie, bes. bei Schizophrenie [<grch. *autos* »selbst«]

Au|tist ⟨m.; -en, -en⟩ jmd., der an Autismus leidet

au|tis|tisch ⟨Adj.⟩ auf Autismus beruhend

Au|to[1] ⟨n.; -s, -s; kurz für⟩ **1** Automobil **2** Autotypie

Au|to[2] ⟨n.; -s, -s⟩ einaktiges religiöses Schauspiel in Spanien u. Portugal, bes. im 12./13. Jh. bis zum 18. Jh. [span. <lat. *actus* »Akt, Handlung«]

au|to..., Au|to... ⟨vor Vokalen⟩ aut..., Aut... ⟨Vorsilbe⟩ selbst..., Selbst... [<grch. *autos* »selbst«]

Au|to|an|ti|kör|per ⟨m.; -s, -⟩ Antikörper, der gegen körpereigene Substanzen wirkt [<*Auto...* + *Antikörper*]

Au|to|bio|graf ⟨m.; -en, -en⟩ jmd., der eine Autobiografie verfasst; *oV* Autobiograph

Au|to|bio|gra|fie ⟨f.; -, -n⟩ Selbstbeschreibung, Beschreibung des eigenen Lebens; *oV* Autobiographie

Au|to|bio|gra|fin ⟨f.; -, -fin|nen⟩ Frau, die eine Autobiografie schreibt; *oV* Autobiographin

au|to|bio|gra|fisch ⟨Adj.⟩ eine Autobiografie betreffend, auf ihr beruhend, in der Art einer Autobiografie; *oV* autobiographisch

Au|to|bio|graph ⟨m.; -en, -en⟩ = Autobiograf

Au|to|bio|gra|phie ⟨f.; -, -n⟩ = Autobiografie

Au|to|bio|gra|phin ⟨f.; -, -phin|nen⟩ = Autobiografin

au|to|bio|gra|phisch = autobiografisch

Au|to|bus ⟨m.; -ses, -se⟩ = Omnibus [verkürzt <*Auto*mobil + Omni*bus*]

Au|to|car ⟨m.; -s, -s; schweiz.; Kurzwort⟩ Reisebus, Autobus, bes. für Gesellschaftsreisen [<*Auto*mobil + engl. *car* »Wagen«]

Au|to|cho|rie ⟨[-ko-] f.; -; unz.; Bot.⟩ Verbreitung von Samen u. Früchten durch die Pflanze selbst [<*Auto...* + grch. *chora* »Gegend, Land«]

Au|to|chrom ⟨[-kro:m] n.; -s, -e⟩ veraltetes Verfahren der Farbenfotografie durch mehrfarbiges Überdrucken [<*Auto...* + *...chrom*]

au|to|chthon *auch:* **au|toch|thon** ⟨[-tɔxto:n] Adj.⟩ alteingesessen, bodenständig, eingeboren; *Ggs* allochthon [<*auto...* + grch. *chthon* »Erde«]

Au|to|chtho|ne(r) *auch:* **Au|toch|tho|ne(r)** ⟨[-tɔxto:-] f. 2 (m. 1)⟩ Ureinwohner(in), Eingeborene(r)

Au|to|cross *auch:* **Au|to-Cross** ⟨n.; -; unz.⟩ Geschicklichkeits- u. Vielseitigkeitswettbewerb für Autofahrer im Gelände [<*Auto*[1] + engl. *cross* »quer« (im Sinne von »querfeldein«)]

Au|to|cue ⟨[ɔ:təkju:] m.; -s, -s; TV⟩ = Teleprompter [engl.]

Au|to|da|fé ⟨[-fe:] n.; -s, -s⟩ **1** ⟨in Spanien; 12./13. Jh.-18. Jh.⟩ öffentl. Bekanntgabe u. Vollstreckung von Ketzergerichtsurteilen **2** ⟨fig.⟩ öffentliche Verbrennung verbotener Bücher [<span.-portug. *auto da fé* <lat. *actus fidei* »Akt des Glaubens«]

Au|to|di|dakt ⟨m.; -en, -en⟩ jmd., der sich durch Selbstunterricht bildet od. gebildet hat [<*Auto...* + grch. *didaskein* »lehren«]

Au|to|di|dak|tin ⟨f.; -, -tin|nen⟩ weibl. Autodidakt

au|to|di|dak|tisch ⟨Adj.⟩ in der Art eines Autodidakten, sich im Selbstunterricht bildend

Au|to|di|ges|ti|on ⟨f.; -, -en⟩ = Autolyse [<*Auto...* + *Digestion*]

Au|to|drom ⟨n.; -s, -e⟩ **1** ringförmige Straße für Renn- u. Testfahrten **2** ⟨österr.⟩ Fahrbahn für Autoskooter [<*Auto...* + grch. *dromos* »Lauf«]

au|to|dy|na|misch ⟨Adj.⟩ selbstwirkend

Au|to|ero|tik ⟨a. [---'--] f.; -; unz.⟩ auf die eigene Person gerichtete Erotik, z. B. Selbstbefriedigung; →*a.* Autosex, Masturbation [<grch. *autos* »selbst« + *Erotik*]

Au|to|fo|kus ⟨m.; -, -; bei Fotokameras⟩ automatische Schärfeneinstellung [<*Auto...* + *Fokus*]

au|to|gam ⟨Adj.; Bot.⟩ sich selbst befruchtend [→ *Autogamie*]

Au|to|ga|mie ⟨f.; -, -n; Bot.⟩ Selbstbefruchtung [<*Auto...* + *...gamie*]

au|to|gen ⟨Adj.⟩ ursprünglich, selbsttätig; *~es Schweißen und Schleifen* Bearbeitung von Metall durch die Stichflamme eines Gemisches von Brenngas u. Sauerstoff; *~es Training* auf die

A

eigene Person konzentrierte Entspannungsübungen [< *auto...* + *...gen*[1]]

Au|to|gi|ro ⟨[-ʒiː-] n.; -s, -s⟩ Tragschrauber, Vorläufer des Hubschraubers [< *Auto...* + grch. *gyros* »Kreis«]

Au|to|gno|sie *auch:* **Au|tog|no|sie** ⟨f.; -; unz.; Philos.⟩ Selbsterkenntnis [< *Auto...* + *...gnosie*]

Au|to|graf ⟨n.; -s, -e od. -en⟩ = Autograph

Au|to|gra|fie ⟨f.; -, -n⟩ = Autographie

au|to|gra|fie|ren ⟨V.⟩ = autographieren

au|to|gra|fisch ⟨Adj.⟩ = autographisch

Au|to|gramm ⟨n.; -s, -e⟩ handschriftl. Namenszug [< *Auto...* + *...gramm*]

Au|to|graph ⟨n.; -s, -e od. -en⟩ eigenhändig geschriebenes Schriftstück (einer bedeutenden Person), Urschrift; *oV* Autograf [< *Auto...* + *...graph*]

Au|to|gra|phie ⟨f.; -, -n⟩ veraltetes Vervielfältigungsverfahren durch Umdruck; *oV* Autografie; *Sy* Autolithographie

au|to|gra|phie|ren ⟨V.⟩ *oV* autografieren **1** eigenhändig schreiben **2** durch Autographie anfertigen

au|to|gra|phisch ⟨Adj.⟩ *oV* autografisch **1** eigenhändig geschrieben **2** die Autographie betreffend, auf ihr beruhend, mit ihrer Hilfe

Au|to|gra|vü|re ⟨[-vyː-] f.; -, -n; Typ.⟩ Tiefdruck mit Raster [< *Auto...* + *Gravüre*]

Au|to|hyp|no|se ⟨f.; -, -n⟩ Selbsthypnose, Hypnose ohne fremde Hilfe

Au|to|in|fek|ti|on ⟨f.; -, -en⟩ Infektion des eigenen Körpers durch einen Erreger, der bereits im Körper vorhanden ist

Au|to|in|to|xi|ka|ti|on ⟨f.; -, -en⟩ Selbstvergiftung (durch Fäulnisprodukte im eigenen Körper, z. B. im Darm)

Au|to|kar|pie ⟨f.; -; unz.; Bot.⟩ Fruchtbildung nach Selbstbestäubung [< *Auto...* + grch. *karpos* »Frucht«]

Au|to|ka|ta|ly|se ⟨f.; -, -n⟩ **1** selbsttätig ablaufende katalyt. Reaktion **2** Beschleunigung einer chem. Reaktion durch einen Stoff, der durch die Reaktion selbst gebildet wird

Au|to|ke|pha|lie ⟨f.; -, -n⟩ = Autozephalie

Au|to|ki|ne|se ⟨f.; -; unz.; Psych.⟩ scheinbare Bewegung eines (im Dunkeln fixierten) Gegenstandes aufgrund der Eigenbewegung der Augen [< *Auto...* + grch. *kinesis* »Bewegung«]

Au|to|ki|no ⟨n.; -s, -s⟩ = Drive-in-Kino

Au|to|klav ⟨m.; -s, -en [-vən]⟩ Stahlgefäß für Arbeiten bei hohem Überdruck u. hoher Temperatur [< *Auto...* + lat. *clavis* »Schlüssel«]

Au|to|kol|li|ma|ti|on ⟨f.; -, -en⟩ optisches Verfahren zur Justage, bei dem eine Messmarke auf sich selbst abgebildet wird [< *Auto...* + lat. *collimare,* richtiger *collineare, colliniare* »richtig zielen«; zu *linea* »Linie«]

Aut|öko|lo|gie ⟨f.; -; unz.⟩ Teilgebiet der Ökologie, das sich mit den Wirkungen der Umweltfaktoren auf ein einziges Individuum beschäftigt [< *Auto...* + *Ökologie*]

Au|to|kor|rek|tur ⟨f.; -, -en; EDV⟩ (bei Textverarbeitungsprogrammen) automatische Funktion, die vom Programm nicht (als richtig) erkennbare Wörter markiert u. ggf. Verbesserungsvorschläge liefert [< *Auto...* + *Korrektur*]

Au|to|kor|re|la|ti|on ⟨f.; -, -en⟩ wechselseitige Beziehung zwischen den einzelnen Mitgliedern einer Reihe, die verhindert, dass sich die Variablen einer Reihe vertauschen lassen

Au|to|kor|so ⟨m.; -s, -s⟩ aus Autos bestehende Auffahrt als festliche Begleitung, z. B. bei einem Staatsempfang

Au|to|krat ⟨m.; -en, -en⟩ Selbstherrscher, Alleinherrscher

Au|to|kra|tie ⟨f.; -, -n⟩ Selbst-, Alleinherrschaft [< *Auto...* + *...kratie*]

au|to|kra|tisch ⟨Adj.⟩ die Autokratie betreffend, auf ihr beruhend, unumschränkt

Au|to|li|tho|gra|fie ⟨f.; -, -n⟩ = Autolithographie

Au|to|li|tho|gra|phie ⟨f.; -, -n⟩ = Autographie; *oV* Autolithografie

Au|to|ly|se ⟨f.; -, -n⟩ Selbstauflösung abgestorbener Lebewesen ohne Beteiligung von Bakterien od. anderen Lebewesen; *Sy* Autodigestion [< *Auto...* + *...lyse*]

au|to|ly|tisch ⟨Adj.⟩ sich selbst auflösend

Au|to|mat ⟨m.; -en, -en⟩ **1** ⟨Kyb.⟩ ein System (z. B. Maschine), das Informationen aus der Umgebung aufnimmt, speichert, verarbeitet u. Informationen an die Umgebung abgibt **2** ein selbsttätiger Arbeits- od. Verkaufsapparat; *Musik~; Pfand~; Waren~* **3** selbsttätige Maschine [< grch. *automatos* »aus eigener Bewegung handelnd, freiwillig«]

Au|to|ma|tie ⟨f.; -, -n⟩ unwillkürliche Tätigkeit von Organen (z. B. Darmtätigkeit), unbewusst ablaufender Vorgang (z. B. Atmung)

Au|to|ma|tik ⟨f.; -, -en⟩ **1** ⟨unz.⟩ Lehre von der Selbsttätigkeit **2** ⟨zählb.⟩ automat. arbeitende Steuer- od. Kontrollvorrichtung **3** ⟨Kurzwort für⟩ Automatikgetriebe

Au|to|ma|ti|on ⟨f.; -; unz.⟩ = Automatisierung (2)

au|to|ma|tisch ⟨Adj.⟩ **1** mit Hilfe eines Automaten, selbsttätig **2** ⟨fig.⟩ wie ein Automat, unwillkürlich, zwangsläufig

au|to|ma|ti|sie|ren ⟨V.⟩ automatisch machen, mit Automaten ausstatten

Au|to|ma|ti|sie|rung ⟨f.; -, -en⟩ **1** das Automatisieren **2** Einführung automatischer Arbeitsgänge; *Sy* Automation

Au|to|ma|tis|mus ⟨m.; -, -tis|men⟩ dem Bewusstsein entzogener Ablauf von Bewegungen u. Sinneseindrücken, z. B. in der Hypnose

Au|to|mi|xis ⟨f.; -; unz.; Biol.⟩ Vereinigung zweier Keimzellen gleicher Herkunft [< *Auto...* + grch. *mixis* »Vermischung, Begattung«]

Au|to|mo|bil ⟨n.; -s, -e⟩ Personenkraftwagen; *Sy* Auto [< *Auto...* + lat. *mobilis* »beweglich«]

Au|to|mo|bil|in|dus|trie *auch:* **Au|to|mo|bil|in|dust|rie** ⟨f.; -; unz.⟩ Gesamtheit der Fabriken, die Kraftfahrzeuge herstellen

A

Au|to|mo|bi|list ⟨m.; -en, -en; österr.; schweiz.⟩ Kraftfahrer, Autofahrer
Au|to|mo|bi|lis|tin ⟨f.; -, -tin|nen; österr.; schweiz.⟩ Kraftfahrerin, Autofahrerin
au|to|mo|bi|lis|tisch ⟨Adj.⟩ das Automobil betreffend, zu ihm gehörig
Au|to|mo|bil|sa|lon ⟨[-lɔ̃:] od. [-lɔŋ], österr. a. [-lo:n] m.; -s, -s⟩ = Autosalon
au|to|morph ⟨Adj.⟩ = idiomorph [<*auto…* + *…morph*]
au|to|nom ⟨Adj.⟩ selbstständig, unabhängig, nach eigenen Gesetzen lebend; *Ggs* heteronom; *Autonome Gemeinschaften* den dt. Bundesländern ähnliche span. Verwaltungseinheiten; *~es Nervensystem* = vegetatives Nervensystem [<*auto…* + *…nom*[1]]
Au|to|no|me(r) ⟨f. 2 (m. 1)⟩ Mitglied einer Gruppe von Anarchisten, die nach eigenen (staatsfeindlichen) Gesetzen leben u. teilweise an gewalttätigen Auseinandersetzungen teilnehmen
Au|to|no|mie ⟨f.; -, -n⟩ **1** *~ von Gemeinden od. Ländern* Recht, sich eigene Gesetze zu geben, Selbstverwaltung **2** Unabhängigkeit, Eigengesetzlichkeit; *Ggs* Heteronomie
Au|to|no|mist ⟨m.; -en, -en⟩ Anhänger der Autonomie, Kämpfer für die Autonomie
aut|o|nym *auch:* **au|to|nym** ⟨Adj.⟩ = orthonym
Au|to|phi|lie ⟨f.; -; unz.⟩ Selbst-, Eigenliebe [<*Auto…* + *philie*]
Au|to|pi|lot ⟨m.; -en, -en; Flugw.⟩ Einrichtung an Flugzeugen, die einen vorgegebenen Kurs nach Richtung u. Flughöhe selbsttätig einhält [<*Auto…* + *Pilot*]
au|to|poi|e|tisch ⟨Adj.⟩ das eigene Schaffen, Wirken betreffend [<*auto…* + grch. *poiesis* »Dichtung, Dichtkunst«]
Au|to|pol|ling ⟨n.; - od. -s, -s; EDV⟩ = Polling
Au|to|po|ly|ploi|die ⟨f.; -; unz.; Genetik⟩ Vervielfachung des arteigenen Chromosomensatzes [<*Auto…* + *Polyploidie*]
Aut|op|sie *auch:* **Au|top|sie** ⟨f.; -, -n⟩ **1** ⟨Med.⟩ Leichenschau, Leichenöffnung **2** Selbstbeobachtung, Selbstwahrnehmung, (eigener) Augenschein [<*Auto…* + *…opsie*]
Au|tor ⟨m.; -s, -to|ren⟩ Verfasser, Urheber; *~ eines Kunst- od. Schriftwerkes* [<frz. *auteur* »Verfasser«, <lat. *auctor* »Vermehrer, Urheber«]
Au|to|ra|dio ⟨n.; -s, -s⟩ in ein Auto eingebautes Radio
Au|to|ra|dio|gra|fie ⟨f.; -, -n⟩ = Autoradiographie
Au|to|ra|dio|gra|phie ⟨f.; -, -n; Biochemie⟩ Technik zur radiologischen Markierung u. Darstellung von DNA-Fragmenten; *oV* Autoradiografie
Au|to|re|peat ⟨[-ripi:t] n.; -s; unz.⟩ Wiederholautomatik (bei CD-Playern u. Kassettenrekordern) [<*Auto…* + engl. *repeat* »wiederholen«]
Au|to|re|verse ⟨[-rivœ:s] n.; -; unz.⟩ automatische Umstellung der Bandlaufrichtung (bei Tonbandgeräten u. Kassettenrekordern) [<grch. *autos* »selbst« + engl. *reverse* »Rückseite«]
Au|to|rin ⟨f.; -, -rin|nen⟩ Verfasserin, Urheberin; *Roman~*
Au|to|ri|sa|ti|on ⟨f.; -, -en⟩ Bevollmächtigung, Ermächtigung [→ *Autor*]
au|to|ri|sie|ren ⟨V.⟩ (als einzigen zu etwas) ermächtigen, eine Vollmacht erteilen; *jmdn. zu etwas ~; eine autorisierte Übersetzung* [<frz. *auteur* »Verfasser«, <lat. *auctor* »Vermehrer, Urheber«]
Au|to|ri|sie|rung ⟨f.; -, -en⟩ das Autorisieren, Bevollmächtigung
au|to|ri|tär ⟨Adj.⟩ **1** auf Autorität beruhend **2** mit (unumschränkter) Autorität herrschend; *~er Herrscher; ~es Regime; ein ~er Staat* [<frz. *autoritaire* »diktatorisch, herrisch«]
Au|to|ri|tät ⟨f.; -, -en⟩ **1** ⟨unz.⟩ Geltung, Ansehen, maßgebender Einfluss; *jmds. ~ untergraben; sich ~ verschaffen; seine ~ wahren* **2** ⟨zählb.⟩ Person mit maßgebendem Einfluss, Person, deren Wissen u. Urteil allgemein anerkannt wird, anerkannter Fachmann; *eine ~ auf einem Gebiet sein* [<frz. *autorité* »Machtbefugnis«, <lat. *autoritas* »Bürgschaft, Sicherheit, Ermächtigung«]
au|to|ri|ta|tiv ⟨Adj.⟩ **1** auf Autorität beruhend, mit Hilfe einer Autorität **2** entscheidend, maßgebend
Au|tor|kor|rek|tur ⟨f.; -, -en; Typ.⟩ Korrektur durch den Autor selbst
Au|to Sa|cra|men|tal *auch:* **Au|to Sac|ra|men|tal** ⟨n.; -s, -s⟩ = Auto[2] [span.]
Au|to|sa|lon ⟨[-lɔ̃:] od. [-lɔŋ], österr. a. [-lo:n] m.; -s, -s⟩ Ausstellung bzw. Ausstellungsort neuer Automodelle; *Sy* Automobilsalon
Au|to|save ⟨[-sɛɪv] n.; -; unz.; EDV⟩ automatische Speicherung [<*Auto…* + engl. *save* »retten, sichern«]
Au|to|se|man|ti|kum ⟨n.; -s, -ti|ka; Sprachw.⟩ Wort, das eine eigene lexikalische Bedeutung besitzt, z. B. »Stuhl«, »laufen«; →*a.* Synsemantikum [<*Auto…* + grch. *semantikos* »bezeichnend, bedeutend«]
Au|to|sen|si|bi|li|sie|rung ⟨f.; -, -en⟩ Bildung von Antikörpern im Organismus aufgrund körpereigener Substanzen
Au|to|sex ⟨m.; - od. -es; unz.⟩ **1** auf die eigene Person ausgerichtete Sexualität, z. B. Masturbation **2** ⟨umg.⟩ im Auto vollzogene geschlechtl. Handlung [<*Auto…* + lat. *sexus* »Geschlecht«]
Au|to|skoo|ter ⟨[-sku:-] m.; -s, -⟩ = Skooter
Au|to|som ⟨n.; -s, -e; Genetik⟩ nicht geschlechtsgebundenes Chromosom [<*Auto…* + grch. *soma* »Körper«]
Au|to|stra|da ⟨f.; -, -s⟩ Autobahn [ital.]
Au|to|sug|ges|ti|on ⟨f.; -; unz.; Psych.⟩ Selbstbeeinflussung, Erweckung von Vorstellungen ohne äußere Einflüsse [<*Auto…* + lat. *suggerere* »von unten herantragen«]
au|to|sug|ges|tiv ⟨Adj.; Psych.⟩ sich selbst beeinflussend [→ *Autosuggestion*]
Au|to|to|mie ⟨f.; -, -n⟩ Selbstverstümmelung (bei Tieren) [<*Auto…* + grch. *tome* »Schnitt«]
Au|to|to|xi|ka|ti|on ⟨f.; -, -en; Med.⟩ Vergiftung durch einen

im Körper selbst entstandenen Giftstoff [<*Auto...* + lat. *toxicum* »Pfeilgift«]

Au|to|trans|fu|si|on ⟨f.; -, -en; Med.⟩ Eigenblutübertragung [<*Auto...* + *Transfusion*]

au|to|troph ⟨Adj.; Bot.⟩ sich von anorganischen Stoffen ernährend; *Ggs* heterotroph [<*auto...* + *...troph*]

Au|to|tro|phie ⟨f.; -; unz.; Bot.⟩ Fähigkeit der grünen Pflanzen, sich von anorganischen Stoffen zu ernähren; *Ggs* Heterotrophie

Au|to|tro|pis|mus ⟨m.; -; unz.; Bot.⟩ Bestreben der Pflanze, eine einmal erfolgte Krümmung durch Reize wieder auszugleichen u. in die Normallage zurückzukehren

Au|to|ty|pie ⟨f.; -, -n; Buchdruck⟩ *Sy* Auto[1] **1** Druckstock **2** das davon hergestellte Druckbild, mit durch Raster entstandenen Halbtönen im Gegensatz zur Strichätzung; *Sy* Rasterätzung [<*Auto...* + *...typie*]

Aut|oxi|da|ti|on ⟨f.; -, -en⟩ durch Einwirkung von Luftsauerstoff bei nur leicht erhöhten Temperaturen ablaufende Oxidationsvorgänge in manchen Stoffen, z. B. das Rosten von Eisen od. das Vermodern organischer Stoffe [<*Auto...* + *Oxidation*]

Au|to|ze|pha|lie ⟨f.; -, -n⟩ kirchl. Unabhängigkeit, Eigenständigkeit (bes. der Ostkirche); *oV* Autokephalie [<*Auto...* + *...zephalie*]

Au|to|zid|me|tho|de ⟨f.; -; unz.⟩ Methode der biolog. Schädlingsbekämpfung, bei der die Anzahl der unbefruchteten Eier durch den Zusatz sterilisierter Männchen erhöht wird [<*Auto...* + *...zid*[1]]

Au|to|zoom ⟨[-zu:m] n.; -s, -s; Fot.⟩ Zoomobjektiv mit automatischer Schärfeneinstellung [<grch. *autos* »selbst« + *Zoom*]

au|tum|nal ⟨Adj.⟩ Herbst..., herbstlich [<lat. *autumnus* »Herbst, herbstlich«]

Au|tu|nit ⟨n.; -s; unz.; Min.⟩ ein Uranmineral [nach dem Fundort in der Nähe der frz. Stadt *Autun*]

Au|xa|no|me|ter ⟨n.; -s, -; Bot.⟩ Messgerät für das Pflanzenwachstum [<grch. *auxanein* »vermehren« + *...meter*]

aux fines herbes ⟨[o:finzɛrb] Kochk.⟩ mit fein gehackten Kräutern (u. Pilzen) [frz., »mit feinen Kräutern«]

au|xi|li|ar ⟨Adj.⟩ zur Hilfe dienend, helfend, Hilfs... [<lat. *auxiliaris* »helfend«]

Au|xi|li|ar|verb ⟨n.; -s, -en; Gramm.⟩ Hilfsverb, z. B. haben, sein, werden

Au|xin ⟨n.; -s, -e; Bot.⟩ Pflanzenwuchsstoff [<grch. *auxin* »wachsen«]

a v. ⟨Abk. für⟩ a vista

Aval ⟨[-va:l] m.; -s, -e od. (selten) n.; -s, -e⟩ Wechselbürgschaft [frz.]

ava|lie|ren ⟨[-va-] V.⟩ als Wechselbürge unterschreiben [→ *Aval*]

Avan|ce ⟨[avã:s(ə)] f.; -, -n⟩ **1** Vorsprung **2** Vorteil, Gewinn **3** (Geld-)Vorschuss **4** Entgegenkommen, Ermutigung; *jmdm. ~n machen* sich jmdm. annähern, jmdm. schmeicheln, jmdm. Komplimente machen **5** ⟨Abk.: A; Zeichen: +; auf der Stellscheibe von Uhren⟩ Zeichen, dass man eine Schraube in der bezeichneten Richtung stellen muss, um ein Schnellergehen der Uhr zu bewirken [frz., »Vorsprung«]

Avan|ce|ment ⟨[avãs(ə)mã:] n.; -s, -s; bes. Mil.⟩ Beförderung [frz., »Vorrücken«]

avan|cie|ren ⟨[avãsi:rən] V.; bes. Mil.⟩ vorrücken, in eine höhere Stellung, einen höheren Rang aufrücken [<frz. *avancer* »vorrücken«]

Avan|ta|ge ⟨[avãta:ʒ(ə)] f.; -, -n⟩ **1** Vorteil, Nutzen **2** Vorgabe [frz.]

Avan|ta|geur ⟨[avãtaʒø:r] m.; -s, -e⟩ Fahnenjunker, Offiziersanwärter [→ *Avantage*]

Avant|gar|de ⟨[avã-] f.; -; unz.⟩ **1** ⟨bes. Mil.⟩ Vorhut **2** Gruppe von Vorkämpfern (für eine Idee od. Bewegung) **3** ⟨Lit.⟩ literarische Richtung gegen Ende des 19. Jhs., die für neue Ideen u. Formen eintrat [frz., »Vorhut (einer Streitmacht)«]

Avant|gar|dist ⟨[avã-] m.; -en, -en⟩ Angehöriger der Avantgarde, Vorkämpfer

Avant|gar|dis|tin ⟨[avã-] f.; -, -tinnen⟩ Angehörige der Avantgarde, Vorkämpferin

avant|gar|dis|tisch ⟨[avã-] Adj.⟩ zur Avantgarde gehörig, vorkämpferisch

avan|ti! ⟨[-van-]⟩ vorwärts! [ital.]

Ava|tar ⟨[-va-] m.; -s, -e od. -s⟩ **1** ⟨Buddhismus⟩ Gott der indischen Mythologie, der in menschlicher Gestalt zu den Menschen herabsteigt **2** ⟨engl. [ævəta(r)] EDV⟩ **2.1** meist an Comicfiguren angelehnte Kunstfigur in der virtuellen Welt des Internets, z. B. »Lara Croft« **2.2** meist bildhafte Darstellung od. Figur als grafisches Pseudonym eines Internetnutzers; *ein ~ in Gestalt einer Kugel* [<Sanskrit]

Ava|ta|rin ⟨[-va-] f.; -, -rin|nen; EDV⟩ weibl. Avatar (2)

Ave ⟨[-və]⟩ **1** sei gegrüßt!, lebe wohl! **2** ⟨verkürzt für⟩ Avemaria

Ave|ma|ria ⟨[-və-] n.; - od. -s, - od. -s⟩ nach seinen Anfangsworten »Ave Maria« (Gegrüßt seist du, Maria) benanntes kath. Gebet, Englischer Gruß; *ein ~ beten*

Aven|tu|rin ⟨[-vɛn-] m.; -s, -e; Min.⟩ von zahlreichen kleinen Rissen durchzogener, gelber, roter od. brauner Quarz [<frz. *aventure* »unerwartetes Ereignis« (nach seiner zufälligen Entstehung)]

Ave|nue ⟨[avəny:] f.; -, -n⟩ Prachtstraße, Allee [frz., »breite Zufahrtsstraße«]

Ave|rage ⟨[ævərɪdʒ] m.; -, -s⟩ **1** ⟨zählb.⟩ Durchschnittswert **2** ⟨unz.; Seew.⟩ Havarie [engl., »Durchschnitt, Mittelwert« <frz. *avarie* <ital. *avaria*, entlehnt <arab. *'awar* »Schaden«]

Aver|bo ⟨[-vɛ:r-] n.; -s, -s od. Aver|bi [-vɛ:r-]; Gramm.⟩ Gesamtheit der Stammformen des Verbums, aus denen sich die übrigen Formen ableiten lassen, z. B. laufen, lief, gelaufen [<lat. *a verbo* »vom Tätigkeitswort«]

Avers ⟨[-vɛ:rs] m.; -es, -e⟩ *Ggs* Revers[2] **1** *~ einer Münze* Vorderseite **2** *~ einer Medaille* Bildseite [frz.]

A

Aver|sal|sum|me ⟨[-vɛr-] f.; -, -n⟩ = Aversum
Aver|si|on ⟨[-vɛr-] f.; -, -en⟩ Abneigung, Widerwille [<lat. *aversio* »das Abwenden«; zu *avertere* »abwenden«]
Aver|si|o|nal|sum|me ⟨[-vɛr-] f.; -, -n⟩ = Aversum
aver|si|o|nie|ren ⟨[-vɛr-] V.; veraltet⟩ abfinden [<lat. *emptio per aversionem* »Kauf mit Abwendung, ohne genaue Besichtigung«]
aver|tie|ren ⟨[-vɛr-] V.⟩ **1** benachrichtigen **2** einen Wink geben [<frz. *avertir* »benachrichtigen«]
Aver|tis|se|ment ⟨[avɛrtɪs(ə)mã:] n.; -s, -s⟩ Benachrichtigung, Wink [frz., »Benachrichtigung, Warnung«]
Avi|a|ri|um ⟨[-vi-] n.; -s, -ri|en; Zool.⟩ großes Vogelhaus [<lat. *avis* »Vogel«]
Avi|a|tik ⟨[-vi-] f.; -; unz.; veraltet⟩ Flugtechnik, Flugwesen [<lat. *avis* »Vogel«]
Avi|a|ti|ker ⟨[-vi-] m.; -s, -; veraltet⟩ Flieger, Kenner des Flugwesens
avi|a|tisch ⟨[-vi-] Adj.⟩ die Flugtechnik betreffend
AVI-For|mat ⟨n.; -(e)s, -e; EDV; Abk. für engl.⟩ Audio Video Interleaved, Format zur Speicherung von Bild u. Ton, welches das Abspielen von entsprechend bearbeiteten Videosequenzen auf dem Bildschirm ermöglicht; →*a.* Audio-Video-Technik [zu engl. *interleave* »durchschießen, durchsetzen«]
avi|ru|lent ⟨[-vi-] Adj.⟩ nicht virulent, nicht ansteckend, nicht ansteckungsfähig; *Ggs* virulent
Avis ⟨[avi:] n.; -, - [avi:(s)] od. m.; -es [-zəs], -e [-zə]⟩ *oV* ⟨österr.⟩ Aviso[1] **1** Nachricht, Anzeige, schriftl. Ankündigung (einer Sendung) **2** briefl. Mitteilung über die Ausstellung eines Wechsels an denjenigen, der die Zahlung leisten soll [frz., »Benachrichtigung«]
avi|sie|ren ⟨[-vi-] V.⟩ *jmdm. etwas* ~ **1** jmdn. benachrichtigen, in Kenntnis setzen von etwas **2** ⟨veraltet⟩ schriftlich ankündigen [→ *Avis*]
Avi|so[1] ⟨[-vi:-] n.; -s, -s; österr.⟩ = Avis
Avi|so[2] ⟨[-vi:-] n.; -s, -s; kurz für⟩ Avisoboot
Avi|so|boot ⟨[-vi:-] n.; -(e)s, -e⟩ schnelles, kleines Kriegsschiff; *Sy* Aviso[2] [span. od. ital., »Eilschiff zur schnellen Nachrichtenübermittlung«]
a vis|ta ⟨[-vɪs-] Finanzw.⟩ **1** auf od. bei Sicht, bei Vorlage fällig (z. B. Wechsel) **2** ⟨Musik⟩ vom Blatt (zu spielen); *ein Stück ~ spielen* [ital., »bei Sicht«]
Avis|ta|wech|sel ⟨[-vɪs-] m.; -s, -⟩ Sichtwechsel [→ *a vista*]
Avit|a|mi|no|se *auch:* **Avi|ta|mi|no|se** ⟨[-vit-] f.; -, -n⟩ Vitaminmangelkrankheit [<*A...*[1] + *Vitamin*]
Avi|va|ge ⟨[aviva:ʒə] f.; -, -n⟩ Nachbehandlung von Geweben, um ihnen Glanz zu geben
avi|vie|ren ⟨[-vivi:-] V.⟩ *gefärbtes Gewebe* ~ ihm Glanz geben [<frz. *aviver* »beleben«]
Avo|ca|do ⟨[-vo-] f.; -, -s; Bot.⟩ *oV* Avokado **1** kleiner Baum aus der Familie der Lorbeergewächse mit birnenförmigen, dunkelgrünen bis braunroten Früchten: Persea gratissima **2** dessen Frucht [<span. *aguacate* <Nahuatl *ahuacatl* verkürzt <*ahuacatl* »Hoden« + *cuahuitl* »Baum« (als Aphrodisiakum angesehen)]
Avoir|du|pois ⟨frz. [-voa:rdypoa:] od. engl. [ævədəpɔɪs] n.; -; unz.; veraltet⟩ nordamerikan. u. engl. Handelsgewichtseinheit, 453,593 g [frz., eigtl. *avoir du poids* »Gewicht haben«]
Avo|ka|do ⟨[-vo-] f.; -, -s; Bot.⟩ = Avocado
Avus ⟨[-vus] f.; -; unz.⟩ Autorennstrecke bei Berlin [verkürzt <*A*utomobil-*V*erkehrs- und *Ü*bungs*s*traße]
AWACS ⟨Abk. für engl.⟩ Airborne Warning and Control System, von den USA entwickeltes Radarfrüherkennungssystem, das in Flugzeuge vom Typ Boeing 707 eingebaut wurde [engl., eigtl. »(in der Luft befindliches) Bordwarn- und Kontrollsystem«]
Award ⟨[əwɔ:d] m.; -s, -s⟩ von einem Expertenausschuss verliehener Preis; *der ~ für den besten Song wurde einer Boygroup verliehen; Academy ~; Design ~; National Book ~* [engl., »Preis, Auszeichnung«]
Awes|ta ⟨n.; -; unz.⟩ Sammlung heiliger Schriften der Parsen [<pers. *Apastak* »Grundtext«]
awes|tisch ⟨Adj.⟩ das Awesta betreffend, zu ihm gehörig
axi|al ⟨Adj.⟩ **1** auf eine Achse bezogen **2** symmetrisch angeordnet; *~er Schriftsatz; Ggs* anaxial [<lat. *axis* »Achse«]
Axi|a|li|tät ⟨f.; -; unz.⟩ Bezogenheit auf eine Achse, axiale Anordnung, axiale Beschaffenheit
axil|lar ⟨Adj.⟩ **1** ⟨Anat.⟩ die Achselhöhle betreffend, zu ihr gehörig, in ihr gelegen **2** ⟨Bot.⟩ in der Blattachsel stehend [<lat. *axilla* »Achselhöhle«]
Axil|lar|knos|pe ⟨f.; -, -n; Bot.⟩ in der Blattachsel stehende Knospe
Axi|nit ⟨m.; -s, -e; Min.⟩ ein Silikatmineral von unterschiedl. Färbung, oft als Schmuckstein verwendet
Axio|lo|gie ⟨f.; -; unz.; Philos.⟩ Wertlehre [<grch. *axios* »wert(voll)« + *...logie*]
axio|lo|gisch ⟨Adj.⟩ die Axiologie betreffend, auf ihr beruhend
Axi|om ⟨n.; -s, -e⟩ **1** grundlegender Lehrsatz, der ohne Beweis einleuchtet **2** Annahme als Grundlage eines wissenschaftl. Systems [<grch. *axioma*; zu *axioun* »für recht halten«]
Axio|ma|tik ⟨f.; -; unz.⟩ Lehre von den Axiomen
axio|ma|tisch ⟨Adj.⟩ **1** auf Axiomen beruhend **2** gewiss, unmittelbar einleuchtend
axio|ma|ti|sie|ren ⟨V.⟩ zum Axiom erklären; *eine mathematische Tatsache ~*
Axo|lotl ⟨m.; -s, -; Zool.⟩ mexikan. Wassermolch, der schon im Larvenstadium fortpflanzungsfähig ist: Amblystoma mexicanum [aztek., »Diener des Wassers«]
Axon ⟨n.; -s, Axo|ne; Anat.⟩ Neurit der Nervenzelle [<grch. *axon* »Achse«]
Axo|no|me|trie *auch:* **Axo|no|met|rie** ⟨f.; -, -n; Math.⟩ eine geometr. Parallelprojektion, deren Bilder den Eindruck perspektiv. Abbildungen machen, nur dass parallele Linien wieder parallel erscheinen; *Sy* Parallel-

perspektive [<grch. *axon* »Achse« + *metron* »Maß«]

Ayatollah ⟨m.; -, -s; Islam⟩ hoher Geistlicher der Schiiten; *oV* Ajatollah [pers. *ayatullah* »Zeichen Gottes«]

Aye-Aye ⟨[ajaɪ] n.; -, -s; Zool.⟩ 50 cm langer, geschweifter, nachtaktiver Halbaffe Madagaskars mit langen, schlanken Fingern (Fingertier): Daubertonia madagaskariensis [<frz. <madegass. *ajai*]

Ayurveda ⟨[-veː-] m.; - od. -s; unz.⟩ Sammlung der bedeutendsten Lehrbücher der altindischen Medizin (bei der ärztlichen Behandlung werden überwiegend pflanzl. Arzneien angewendet); *oV* Ayurweda [Sanskrit, »Heilkunst« <*ayur* »Leben« + *veda* »Wissen«]

Ayurweda ⟨m.; - od. -s; unz.⟩ = Ayurveda

Azalee ⟨[-leːə] f.; -, -n [-leːən]; Bot.⟩ Gattung der Erikagewächse, meist immergrüne Sträucher, mit dem Rhododendron verwandt; *oV* Azalie [<grch. *azaleos* »dürr«]

Azalie ⟨[-ljə] f.; -, -n; Bot.⟩ = Azalee

Azarole ⟨f.; -, -n; Bot.⟩ kleine, mispelartige Frucht der mittelmeerischen ital. Mispel: Crataegus azarolus [<span. *acerola* <arab. *azzurur* »Mispel«]

azentrisch *auch:* **azentrisch** ⟨Adj.⟩ nicht auf ein Zentrum bezogen

azeotrop ⟨Adj.⟩ *~es Gemisch* ⟨Chemie⟩ aus zwei oder mehr Flüssigkeiten bestehendes Gemisch, das einen konstanten Siedepunkt aufweist, der von den Siedepunkten der Einzelbestandteile abweicht [<*a...*[1] + grch. *zein* »sieden« + *...trop*[1]]

Azetaldehyd ⟨m.; -s; unz.; Chemie⟩ = Acetaldehyd

Azetat ⟨n.; -(e)s, -e; Chemie⟩ = Acetat

Azetatseide ⟨f.; -, -n; Textilw.⟩ = Acetatseide

Azeton ⟨n.; -s; unz.⟩ = Aceton

Azetonämie *auch:* **Azetonämie** ⟨f.; -, -n; Med.⟩ = Acetonämie

Azetonurie *auch:* **Azetonurie** ⟨f.; -, -n; Med.⟩ = Acetonurie

Azetyl... ⟨Chemie; in Namen von organ. Verbindungen⟩ = Acetyl...

Azetylcholin ⟨[-ko-] n.; -s, -e; Biochemie⟩ = Acetylcholin

Azetylen ⟨n.; -s; unz.; Chemie⟩ = Acetylen

Azetylsalicylsäure ⟨f.; -, -n; Chemie⟩ = Acetylsalicylsäure

Azid ⟨n.; -(e)s, -e; Chemie⟩ Salz der Stickstoffwasserstoffsäure [→ *Azot*]

Azidimetrie *auch:* **Azidimetrie** ⟨f.; -; unz.⟩ Verfahren zur Bestimmung der Konzentration von Säuren in einer Lösung durch Neutralisationsreaktionen; *oV* Acidimetrie [<lat. *acidus* »sauer« + *...metrie*]

Azidität ⟨f.; -; unz.⟩ Säuregrad einer Lösung; *oV* Acidität [<lat. *acidus* »sauer«]

Azidose ⟨f.; -, -n; Med.⟩ krankhafte Steigerung des Säuregehaltes im Blut [→ *Azidität*]

Azimut ⟨n.; -s, -e od. n.; -s, -e⟩ Winkel, den ein Vertikal- od. Höhenkreis mit dem Meridian bildet [<arab. *as-sumut* »die Wege«]

azimutal ⟨Adj.⟩ auf den Azimut bezogen, ihn betreffend

Azimutalprojektion ⟨f.; -, -en; Kartogr.⟩ Kartenprojektion, bei der eine die Erde in einem Punkt berührende Ebene die Projektionsfläche bildet

Azine ⟨Pl.; Chemie⟩ Stickstoffverbindungen (Grundstoff für Azinfarbstoffe) [→ *Azot*]

azo..., Azo... ⟨in Zus.⟩ stickstoff..., Stickstoff... [<frz. *azote* <grch. *a...* »nicht« + *zoe* »Leben«]

Azofarbstoff ⟨m.; -(e)s, -e⟩ Stoff aus einer Gruppe von Teerfarbstoffen, die eine bes. Stickstoffgruppe enthalten u. zum Färben von Wolle, Baumwolle, Seide u. Leinen verwendet werden, in zahlreichen Farbtönen herstellbar [→ *Azot*]

Azogruppe ⟨f.; -, -n; Chemie⟩ chem. Verbindungen, die die Stickstoffverbindung -N=N- enthalten [→ *Azot*]

Azoikum ⟨n.; -s; unz.; Geol.⟩ ältestes Erdzeitalter ohne Lebewesen [<*A...*[1] + *...zoikum*]

azoisch ⟨Adj.⟩ das Azoikum betreffend, zu ihm gehörig

Azoospermie ⟨[-tsoːo-] f.; -; unz.; Med.⟩ Fehlen der Samenzellen in der Samenflüssigkeit [<*A...*[1] + *Zoon* + *Sperma*]

Azot ⟨n.; -s; unz.; Chemie⟩ Stickstoff [<frz. *azote* <grch. *a...* »nicht« + *zoe* »Leben«]

azotieren ⟨V.; Chemie⟩ *organische Verbindungen ~* Stickstoff in organ. Verbindungen einführen [→ *Azot*]

Azulejos ⟨[atsulɛxɔs] Pl.⟩ bunte (bes. blaue) span. Wandfliesen, von den Mauren eingeführt [span.; zu *azul* »blau«]

Azulen ⟨n.; -s, -e; Chemie⟩ aromatischer Kohlenwasserstoff mit blauer bis violetter Farbe u. keimtötender Wirkung, kommt im Kamillenöl vor [<span. *azul* »blau«]

Azur ⟨m.; -s; unz.⟩ Himmelsblau, Himmelsbläue [<frz. *azur* <ital. *azzurro* <pers. *ladschuward* »Lazurstein, Blaustein«]

Azureelinien ⟨Pl.⟩ waagerechtes Linienfeld in Vordrucken für Wertangaben

azuriert ⟨Adj.⟩ mit Azureelinien versehen

Azurit ⟨m.; -s, -e; Min.⟩ Mineral, chem. basisches Kupfercarbonat, Kupferlasur [→ *Azur*]

azurn ⟨Adj.⟩ azurblau, azurfarben, himmelblau

Azyanoblepsie ⟨f.; -, -n; Med.⟩ = Azyanopsie

Azyanopsie ⟨f.; -, -n; Med.⟩ Farbenblindheit für blaue Farben; *Sy* Azyanoblepsie [<*A...*[1] + grch. *kyaneos* »dunkelblau« + *...opsie*]

azyklisch *auch:* **azyklisch** ⟨Adj.⟩ = acyclisch

Azymon ⟨n.; - od. -s, -ma; jüd. Rel.⟩ ungesäuertes Brot, Matzen [<*A...*[1] + grch. *zyme* »Sauerteig, Gärungsstoff«]

Azzurri ⟨Pl.; Sport⟩ italienische Fußballnationalmannschaft, die traditionell mit blauen Trikots u. blauen Stutzen spielt [zu ital. *azzurro* »blau«]

B b

B 1 ⟨chem. Zeichen für⟩ Bor 2 ⟨EDV; Abk. für⟩ Byte 3 ⟨Abk. für⟩ Baht

Ba ⟨chem. Zeichen für⟩ Barium

Baal ⟨m.; -s, -e od. -im; im Vorchristentum⟩ heidnische Gottheit [hebr.]

Baas ⟨m.; -es, -e; nddt.⟩ Herr, Meister, Aufseher, Vorgesetzter [ndrl.]

Ba|ba[1] ⟨m.; -, -⟩ türkischer religiöser Ehrentitel, angesehener Geistlicher [türk., »alter Vater«]

Ba|ba[2] ⟨f.; -, -s; slawische Kurzform u. Kosename für⟩ Großmutter [zu russ. *babuschka* »Großmutter, Mütterchen«]

Ba|ba[3] ⟨f.; -, -s⟩ russisch-polnisch hoher Napfkuchen, der mit Rum getränkt wird [poln.]

Bab|bitt|me|tall ⟨[bæbɪt-] n.; -s, -e; Sammelbez. für⟩ eine Gruppe von Blei- u. Zinnbronzen

Ba|be|sia ⟨f.; -, -si|en; Med.⟩ durch Zeckenbiss auf Mensch u. Tier übertragbarer Einzeller, Erreger der Babesiose, z. B. dem weltweit verbreiteten Texasfieber der Rinder [nach dem rumän. Mediziner V. *Babes,* 1854-1926]

Ba|bis|mus ⟨m.; -; unz.; Rel.⟩ ursprünglich islamische Sekte, gegründet von Mirza Ali Mohammed (1819-1850), der mit seiner Offenbarung hervortrat u. sich »bab« (Tor) nannte, durch das man in die Erlösung eingehen werde; →*a.* Bahaismus [<arab. *bab* »Tor«]

Ba|bist ⟨m.; -en, -en; Rel.⟩ Anhänger des Babismus

Ba|bu ⟨m.; -s, -s⟩ 1 ⟨unz.⟩ (gebildeter) Mann, Herr (als Titel in Indien) 2 ⟨zählb.⟩ Träger dieses Titels [Hindi, »Fürst«]

Ba|bu|sche ⟨f.; -, -n⟩ Stoffpantoffel, Hausschuh; *oV* Pampusche [<frz. *babouche* »Schlappschuh« <arab. *bâbûs* <pers. *pâpûs*]

Ba|by ⟨[be:bi] n.; -s, -s⟩ Säugling, kleines Kind [engl.]

> **Baby** (*Deklination von Fremdwörtern*) Fremdwörter, die in die deutsche Standardsprache eingegangen sind, werden nach den für deutsche Wörter geltenden Regeln dekliniert. Dementsprechend lautet der Plural des Wortes »*Baby*« im Deutschen »*Babys*« und nicht wie im Englischen »*Babies*« (→*a.* Hobby).

Ba|by... ⟨[be:bi] in Zus.⟩ Säuglings...; ~*sprache* vereinfachte Sprache, die mit Kleinkindern gesprochen wird [engl.]

Ba|by|boom ⟨[be:bibu:m] m.; -s; unz.; umg.⟩ plötzliches Ansteigen der Geburtenrate [<*Baby* + engl. *boom* »Aufschwung«]

Ba|by|fon® ⟨[be:bi-] n.; -s, -e⟩ Funkgerät, das Geräusche aus dem Schlafzimmer von Babys od. Kindern überträgt; *oV* Babyphon

Ba|by|jahr ⟨[be:bi-] n.; -s, -e⟩ auf die Rente von Frauen angerechnetes Jahr für die Erziehung eigener Kinder

ba|by|lo|nisch ⟨Adj.⟩ Babylonien betreffend, aus ihm stammend; ~*e Sprache* zu den ostsemitischen Sprachen gehörende Sprache der Babylonier; ~*e Sprachverwirrung* Sprachendurcheinander (nach Gen. 11,9)

Ba|by|phon ⟨[be:bi-] n.; -s, -e⟩ = Babyfon

ba|by|sit|ten ⟨[be:bi-] V.⟩ als Babysitter tätig sein

Ba|by|sit|ter ⟨[be:bi-] m.; -s, -⟩ männl. Person, die während der Abwesenheit der Eltern auf das Baby achtgibt [<*Baby* + engl. *sit* »sitzen«]

Ba|by|sit|te|rin ⟨[be:bi-] f.; -, -rinnen⟩ weibl. Person, die während der Abwesenheit der Eltern auf das Baby achtgibt

Ba|by|strich ⟨[be:bi-] m.; -(e)s; unz.; umg.⟩ Prostitution Minderjähriger; *auf den ~ gehen*

Bac|ca|rat ⟨[-ra] n.; -s; unz.⟩ = Bakkarat

Bac|cha|nal ⟨[-xa-] n.; -s, -e⟩ 1 Fest zu Ehren des röm. Weingottes Bacchus 2 ⟨fig.⟩ wüstes Trinkgelage

Bac|chant ⟨[-xant] m.; -en, -en⟩ 1 Diener des Bacchus 2 trunkener Schwärmer

bac|chan|tisch ⟨[-xan-] Adj.⟩ ausgelassen, ausschweifend, trunken

bac|chisch ⟨[-xɪʃ] Adj.⟩ Bacchus betreffend, zu ihm gehörig

Bac|chi|us ⟨[-xi-] m.; -, -chi|en; Sprachw.⟩ antiker, bes. röm. Versfuß aus einer Hebung u. zwei Senkungen

Ba|che|lor ⟨[bætʃələ(r)] m.; - od. -s, -s⟩ 1 = Bakkalaureat 2 = Bakkalaureus [engl., »Bakkalaureus; Junggeselle«]

Ba|cil|lus ⟨m.; -, -cil|len⟩ = Bazillus

back ⟨Adv.; Seemannsspr.⟩ zurück, hinten [engl., »zurück«]

Back ⟨[bæk] m.; -s, -s; schweiz.; Sport; Fußb.⟩ Verteidiger [engl.]

Back|bone ⟨[bækboun] n. od. m.; -s, -s; EDV⟩ leistungsfähiges Basisnetz, an das andere Netzwerke angeschlossen werden können [engl., eigtl. »Rückgrat«]

back|bord(s) ⟨Adv.; Seew.⟩ links; *Ggs* steuerbord(s)

Back|bord ⟨n.; -s; unz.⟩ linke Schiffsseite; *Ggs* Steuerbord [<engl. *backboard* <*back* »Rücken« (in alter Zeit war das Steuer auf der rechten Seite des Schiffes, so dass die linke dem Steuermann im Rücken lag) + *board* »Brett, Schiffsbord«]

Back|fire|an|ten|ne ⟨[bækfaɪə(r)-] f.; -, -n⟩ Antenne, die die von ihr empfangene Sendeenergie rückwärtsgerichtet auf eine Reflexionswand wieder abstrahlt [<engl. *backfire* »Gegenfeuer; Fehlzündung«]

Back|gam|mon ⟨[bækgæmən] n.; - od. -s; unz.⟩ Brettspiel [<engl. *back* »zurück« + mengl. *gamen, gammon* »Spiel«]

Back|ground ⟨[bækgraund] m.; - od. -s; unz.⟩ 1 Hintergrund 2 ⟨fig.⟩ ursächlicher Zusammenhang 3 Lebenserfahrung 4 ⟨Jazz⟩ Klanghintergrund beim Solo 5 ⟨Theat.⟩ Projektion als Hintergrund der Bühne 6 Hintergrund bei Film- u. Fernsehaufnahmen [engl.]

Back|ground|mu|sic ⟨[bækgraundmju:zɪk] f.; -; unz.⟩ leise

(Hintergrund-)Musik als Untermalung von Gesprächen

Back|ground|sän|ger ⟨[bækgraʊnd-] m.; -s, -⟩ Sänger einer Pop- od. Rockgruppe, dessen Gesang die Musik untermalt; *Ggs* Leadsänger

Back|hand ⟨[bækhænd] f.; -, -s; Sport⟩ Rückhand, Rückhandschlag; *Ggs* Forehand [engl.]

Back|lash ⟨[bæklæʃ] m.; -s; unz.⟩ heftige Reaktion einer best. Gruppe innerhalb der Gesellschaft gegen eine gesellschaftliche Entwicklung, einen polit. Trend o. Ä., von der meistens eine andere Gruppe profitiert, Rückwärtsbewegung; *der ~ gegen Frauen bedroht die Erfolge der Emanzipation* [engl., »heftiger Rückprall«]

Back|line ⟨[bæklaɪn] f.; -; unz.; Musik⟩ Ausrüstung, insbes. Instrumente einschließlich Verstärkern u. Effektgeräten, die für den Hintergrundsound einer Band benötigt werden [<engl. *back* »zurück, hinten« + *line* »Linie«]

Back|list ⟨[bæk-] f.; -, -s⟩ Verzeichnis der (neben den Neuerscheinungen) lieferbaren Bücher eines Verlages [<engl. *back* »zurück« + *list* »Liste«]

Back|pack ⟨[bækpæk] m.; -s, -s⟩ modischer Rucksack, häufig auch als Schulranzen gebraucht [engl., »Rucksack«]

Back|slash ⟨[bækslæʃ] m.; -s, -s; Zeichen: \⟩ Schrägstrich von links oben nach rechts unten; *Ggs* Slash [<engl. *back* »zurück« + *slash* »Strich, Schnitt«]

Back|spin ⟨[bæk-] m.; -s, -s; Sport; Golf; Tennis⟩ mit Rückwärtsdrall geschlagener Ball [<engl. *back* »zurück« + *spin* »wirbeln, drehen«]

Back|spring ⟨[bæksprɪŋ] m.; -s, -s; Sport; Boxen⟩ sprungähnliche Rückwärtsbewegung, um einem gegnerischen Schlag auszuweichen od. sich aus der Reichweite seines Gegners zu entfernen [<engl. *back* »rückwärts« + *spring* »springen«]

Back|stage ⟨[bæksteɪdʒ] f. od. n.; -, -s; meist in Zus.; Musik⟩ Bereich hinter der Bühne; *der Sänger ist noch in der ~; ~pass* [engl., »Hinterbühne«]

Back|stop|tech|no|lo|gie ⟨[bækstɔp-] f.; -; unz.; Wirtsch.⟩ Technologie, die auf den Einsatz nicht recycelbarer Energien verzichtet, Auffangtechnologie [engl.]

Back|tra|cking ⟨[bæktrækɪŋ] n.; - od. -s; unz.; EDV⟩ Programmier- bzw. Suchstrategie, die von bestimmten Problempunkten ausgehend Lösungswege entwickelt, wobei der bis dahin aktuelle (Daten-)Bestand gesichert (u. gegebenenfalls rückverfolgt) wird, falls sich der Weg als falsch erweist [engl., »Rückverfolgung«]

Back-up *auch:* **Back|up** ⟨[bækʌp] n. od. m.; - od. -s, -s⟩ **1** ⟨EDV⟩ Sicherungskopie von Computerdateien auf einem zweiten Speichermedium (neben der Festplatte) od. in komprimierter Form **2** ⟨umg.; bes. Sport⟩ Ersatzmann, -spieler [<engl. *backup* »Rückendeckung, Unterstützung; Sicherheitskopie«]

Back-up-Line *auch:* **Back|up-Line** ⟨[bækʌplaɪn] f.; -, -s; Wirtsch.⟩ Gesamtheit der Kreditmöglichkeiten, die ein Kreditnehmer im Bedarfsfall (bes. bei einer kurzfristigen Anleihe von Aktien) beanspruchen kann [<engl. *backup* »Unterstützung, Hilfe« + *line* »Linie, Strategie«]

Back|war|da|tion ⟨[bækwɔ(r)deɪʃn] f.; -; unz.; Börse⟩ Aufpreis für sofort lieferbare Ware (insbes. Rohstoffe) gegenüber dem Preis für Dreimonatsware [engl., »Kursabschlag«]

Ba|con ⟨[beɪkən] m.; -s; unz.⟩ durchwachsener Speck [engl.]

Ba|con and Eggs ⟨[beɪkən ənd ɛ:gz] ohne Artikel⟩ = Ham and Eggs

Bad Bank ⟨[bæ:d bæŋk] f.; - -, - -s⟩ Kreditinstitut, das die Abwicklung riskanter od. gescheiterter Finanzgeschäfte (Kredite, Wertpapiere usw.) von Banken übernimmt, die in Zahlungsschwierigkeiten geraten sind u. mit staatl. Hilfe finanziert werden sollen [engl., »schlechte Bank«]

Badge[1] ⟨[bædʒ] n.; -s, -s [-dʒɪz]⟩ ansteckbares Namensschildchen [engl.]

Badge[2] ⟨[bædʒ] f.; -, -s [-dʒɪz] od. m.; -s, -s [-dʒɪz]; Her.⟩ Abzeichen, Symbol im Wappen [engl.]

Ba|dia ⟨f.; -, -di|en⟩ Abtei, Abteikirche [ital.]

Ba|di|an ⟨m.; -s; unz.; Biol.⟩ ein Magnoliengewächs mit sternförmigen Früchten, die als Gewürz verwendet werden, Sternanis [<arab. *badia* »Wüstenschloss«]

Ba|di|na|ge ⟨[-ʒə] f.; -, -n; Musik⟩ = Badinerie

Ba|di|ne|rie ⟨f.; -, -n; Musik⟩ schneller, heiterer Satz der Suite, bes. im 18. Jh.; *Sy* Badinage [frz., »Spaß, Schäkerei«]

Bad|lands ⟨[bæ:dlændz] Pl.; Geol.⟩ **1** ⟨urspr.⟩ Name eines karg bewachsenen Gebietes im heutigen US-Bundesstaat South Dakota **2** ⟨danach⟩ vegetationsarme, häufig durch Felsgestein u. Felsformationen gekennzeichnete Landschaftsform [engl., »Ödland«]

Bad|min|ton ⟨[bædmɪntən] n.; -s; unz.; Sport⟩ Federballtennis [nach *Badminton,* dem Besitztum des Herzogs von Beaufort in England]

Bad Trip ⟨[bæ:d -] m.; - -s, - -s⟩ = Horrortrip [engl., »schlechte Reise«]

Ba|fel ⟨m.; -s; unz.⟩ **1** Ausschussware **2** Gerede, Geschwätz [<talmud. *babel, Bafel* »minderwertige Ware«]

Ba|ga|ge ⟨[-ʒ(ə)] f.; -, -n⟩ **1** (Reise-)Gepäck **2** ⟨Mil.⟩ Tross **3** ⟨fig.; umg.⟩ Gesindel, Pack [frz., »Reisegepäck«]

Ba|gas|se ⟨f.; -, -n⟩ Rückstand bei der Rohzuckergewinnung; *oV* Begasse [frz., »ausgepresster Stängel des Zuckerrohrs«]

Ba|ga|tell|de|likt ⟨n.; -(e)s, -e⟩ kleineres Vergehen mit geringer Schuld des Täters

Ba|ga|tel|le ⟨f.; -, -n⟩ **1** ⟨Musik⟩ kurzes, leicht spielbares Musikstück **2** Kleinigkeit, Geringfügigkeit [frz., »Kleinigkeit«; zu lat. *baca* »Beere«]

ba|ga|tel|li|sie|ren ⟨V.⟩ als Bagatelle, geringfügig behandeln

Ba|ga|tell|sa|che ⟨f.; -, -n; österr.; schweiz.⟩ geringfügige Rechtssache [→ *Bagatelle*]

Ba|gel ⟨[beɪgəl] m.; -s, -⟩ ringförmiges Gebäck, dessen Teig erst

B

in kochendes Wasser gegeben und dann gebacken wird (bes. in Amerika als Frühstücksgebäck mit süßem od. herzhaftem Aufstrich verbreitet) [engl.-amerikan. <jidd. *beygl*, <ahd. *boug* »Ring«]

Bag|ger ⟨m.; -s, -⟩ Maschine zum Bewegen (Lösen, Heben u. Ausschütten) von Erdreich [zu mndrl. *baggher* »Schlamm«]

bag|gern ⟨V.⟩ **1** mit dem Bagger arbeiten **2** mit dem Bagger ausheben, ab-, wegtragen

Ba|gno *auch:* **Bag|no** ⟨[banjo] n.; -s, -s od. Ba|gni [banji]; in Italien u. Frankreich⟩ Kerker [ital., »Badehaus«]

Bag|pipe ⟨[bægpaɪp] f.; -, -s⟩ Dudelsack [engl., »Sackpfeife«]

Ba|guette ⟨[-gɛt] n.; -s, -s⟩ langes, dünnes frz. Weißbrot [frz., »dünner Stab« <ital. *bacchetta;* zu *bacchio* <lat. *baculum* »Stock, Stab«]

Ba|hai ⟨m. od. f.; -, - od. -s; Rel.⟩ Anhänger(in) des Bahaismus

Ba|ha|is|mus ⟨m.; -; unz.; Rel.⟩ Religionsgemeinschaft, die sich aus dem Babismus entwickelt hat, begründet von Mirza Hussein Ali Nuri (1817-1892), der den Ehrentitel Baha'u'llah trug [zu arab. *Baha'u'llah* »Glanz Gottes«]

Ba|har ⟨m. od. n.; - od. -s, - od. -s⟩ ostindisches Handelsgewicht [arab.]

Ba|hir ⟨m.; -s; unz.⟩ Buch der Kabbala [hebr.]

Bahn|card ⟨f.; -, -s⟩ kostenpflichtiger Ausweis der Dt. Bahn für die Ermäßigung des Fahrtarifes [<engl. *card* »Karte«]

Baht ⟨m.; -, -; Abk.: B⟩ Währungseinheit in Thailand, 100 Satang

Bai ⟨f.; -, -en⟩ Meeresbucht [<frz. *baie* »Bucht«]

Bai|ram ⟨m.; - od. -s, -s⟩ türk. Fest am Ende des Fastenmonats Ramadan; *oV* Beiram [<türk. *bairam* »Fest«]

Bai|ser ⟨[bɛze:] n.; -s, -s⟩ Schaumgebäck aus Eischnee u. Zucker; *Sy* Meringe, Meringel [frz., »Kuss«]

Baisse ⟨[bɛ:s] f.; -, -n; Börse⟩ Kurssturz, niedriger Stand (von Aktien), Preisfall; *Ggs* Hausse; *auf (die) ~ spekulieren* fallende Kurse ausnützen, Wertpapiere bei niedrigem Stand einkaufen, um sie dann bei höherem Stand wieder zu verkaufen [frz., »Senkung, Abstieg«]

Baisse|klau|sel ⟨[bɛ:s-] f.; -, -n; Wirtsch.⟩ **1** Handelsklausel, nach der der Käufer zurücktreten darf, wenn er die Ware von anderer Seite billiger beziehen kann **2** Handelsklausel, nach der Preisnachlässe, die in der Zeit zwischen Vertragsabschluss u. Lieferungstermin eintreten, zugunsten des Käufers bei der Preisgestaltung berücksichtigt werden [<frz. *baisse* »Senkung, Abstieg«]

Baisse|spe|ku|lant ⟨[bɛ:s-] m.; -en, -en; Börse⟩ jmd., der auf Baisse spekuliert

Bais|si|er ⟨[bɛsje:] m.; -s, -s; Börse⟩ Baissespekulant; *Sy* Bear; *Ggs* Haussier

Ba|ja|de|re ⟨f.; -, -n⟩ ind. Tempeltänzerin [<portug. *bailadeira* »Tänzerin«]

Ba|ja|do ⟨[-xa:-] m.; -s, -s; Geogr.⟩ Trockenfluss im Mittelmeergebiet, der aufgrund seiner tendenziell flachen Schottersohle im Sommer meist komplett ausdörrt; →*a.* Torrente [<span. *bajada* »Gefälle, Talfahrt« od. *bajamar* »Ebbe«]

Ba|jaz|zo ⟨m.; -s, -s⟩ Spaßmacher, Hanswurst [<ital. *pagliaccio* »Strohsack« (wegen seiner sackähnl. Bekleidung)]

Ba|jo|nett ⟨n.; -(e)s, -e⟩ an der Seite getragene, auf den Gewehrlauf aufsteckbare Stoß- u. Stichwaffe für den Nahkampf, Seitengewehr; *das ~ auf den Gewehrlauf stecken* [<frz. *baïonnette,* nach dem Herstellungsort, der Stadt *Bayonne* im südwestl. Frankreich]

Ba|jo|nett|fas|sung ⟨f.; -, -en⟩ Fassung für elektr. Glühlampen mit Bajonettverschluss

ba|jo|net|tie|ren ⟨V.⟩ **1** mit dem Bajonett kämpfen **2** *jmdn. ~* mit dem B. aufspießen

Ba|jo|nett|ver|schluss ⟨m.; -es, -schlüs|se⟩ dem Aufstecken des Bajonetts ähnl., leicht lösbares Verbindungsstück von Rohren, Hülsen, elektr. Lampen usw.

Ba|ke|lit® ⟨n.; -s, -e⟩ Kunststoff verschiedener Zusammensetzung [nach dem Erfinder, dem belg. Chemiker L. H. *Baekeland*]

Bak|ka|lau|re|at ⟨n.; -s, -e; in England, Frankreich u. den USA⟩ unterster akademischer Grad; *Sy* Bachelor (1) [→ *Bakkalaureus*]

Bak|ka|lau|re|us ⟨m.; -, -rei [-re:i]⟩ Inhaber des Bakkalaureats; *Sy* Bachelor (2) [<mlat. *baccalarius*, eigtl. »Ritter, der einem anderen untergeordnet ist, Knappe«; beeinflusst von lat. *laurea* »Lorbeer«]

Bak|ka|rat ⟨[-ra] n.; -s; unz.⟩ Glücksspiel mit zwei Whistkartenspielen, bei dem ein Bankhalter gegen zwei Partner spielt; *oV* Baccarat [<frz. *baccara*]

Bak|ken ⟨m.; - od. -s, -; Sport⟩ (Skisprung-)Schanze [norweg.]

Ba|kla|va *auch:* **Bak|la|va** ⟨[-va] f.; -, -s⟩ süße Blätterteigpastete mit Nüssen od. Pistazien u. Zuckersirup [grch. <türk.]

Bak|schisch ⟨n.; -s, -e⟩ **1** kleines Geschenk, Almosen, Trinkgeld **2** Bestechungsgeld [<pers. *bakschisch* »Geschenk«]

Bak|te|ri|ä|mie ⟨f.; -, -n; Med.⟩ Vorhandensein von Bakterien im Blut [<*Bakterium* + ...*ämie*]

Bak|te|rie ⟨[-riə] f.; -, -n; umg. für⟩ Bakterium

bak|te|ri|ell ⟨Adj.⟩ die Bakterien betreffend, durch Bakterien hervorgerufen; *~e Infektionskrankheit*

Bak|te|ri|en|kul|tur ⟨f.; -, -en⟩ auf einem Nährboden gezüchtete Bakterien

Bak|te|rio|lo|ge ⟨m.; -n, -n; Med.⟩ Wissenschaftler auf dem Gebiet der Bakteriologie

Bak|te|rio|lo|gie ⟨f.; -; unz.⟩ Wissenschaft von den Bakterien, Erforschung der Bakterien [<*Bakterium* + ...*logie*]

Bak|te|rio|lo|gin ⟨f.; -, -gin|nen; Med.⟩ Wissenschaftlerin auf dem Gebiet der Bakteriologie

bak|te|rio|lo|gisch ⟨Adj.⟩ die Bakteriologie betreffend, auf ihr beruhend, mit ihrer Hilfe

Bak|te|rio|ly|se ⟨f.; -, -n⟩ Auflösung von Bakterien durch Antikörper [<*Bakterium* + ...*lyse*]

Bak|te|rio|ly|sin ⟨n.; -s, -e; meist Pl.; Med.⟩ Antikörper, der sich im Blut entwickelt u. mit Hilfe von Proteinen bestimmte Bakterien vernichtet [< *Bakterium* + *Lysin*]

bak|te|rio|ly|tisch ⟨Adj.⟩ Bakterien auflösend, vernichtend [→ *Bakteriolyse*]

bak|te|rio|phag ⟨Adj.; Med.⟩ Bakterien zerstörend [< *Bakterium* + *...phag*]

Bak|te|rio|pha|ge ⟨m.; -n, -n; Med.⟩ bakterienzerstörendes Virus [< *Bakterium* + *...phage*]

Bak|te|ri|o|se ⟨f.; -, -n; Bot.⟩ durch Bakterien verursachte Pflanzenkrankheit

Bak|te|rio|sta|se *auch:* **Bak|te|ri|os|ta|se** ⟨f.; -, -n⟩ Hemmung des Wachstums u. der Vermehrung von Bakterien [< *Bakterium* + *...stase*]

bak|te|ri|o|sta|tisch *auch:* **bak|te|ri|os|ta|tisch** ⟨Adj.⟩ das Wachstum u. die Vermehrung von Bakterien hemmend, ohne sie dabei zu vernichten

Bak|te|ri|um ⟨n.; -s, -ri|en⟩ einzelliges, stäbchenförmiges, pflanzl. Lebewesen, Gärungs-, Fäulnis-, Krankheitserreger, Spaltpilz [<lat. *bacterium* <grch. *bakterion* »Stäbchen«]

bak|te|ri|zid ⟨Adj.; Med.⟩ Bakterien tötend [< *Bakterium* + *...zid*[1]]

Bak|te|ri|zid ⟨n.; -s, -e; Med.⟩ bakterientötender Stoff

Ba|la|din ⟨[-dɛ̃ː] m.; -s, -s [-dɛ̃ːs]⟩ Schmierenkomödiant, Witzbold, Grotesk(ballett)tänzer des alten französischen Theaters [frz.]

Ba|la|dine ⟨[-diːn] f.; -, -n⟩ Possenreißerin, Schmierenkomödiantin, Balletttänzerin [frz.]

Ba|la|lai|ka ⟨f.; -, -s od. -lai|ken; Musik⟩ russ. Zupfinstrument mit drei Saiten, dreieckigem Klangkörper u. langem Hals [russ. <tatar.]

Ba|lan|ce ⟨[balɑ̃ːs(ə)] f.; -, -n⟩ Gleichgewicht; *die ~ halten; die ~ verlieren* [frz., »Waage«]

Ba|lan|ce|akt ⟨[balɑ̃ːs(ə)-] m.; -(e)s, -e⟩ **1** Vorführung einer schwierigen Gleichgewichtsübung auf dem Seil **2** ⟨fig.⟩ schwierige, einfühlsame Handlungsweise, bei der man nach mehreren Seiten hin Rücksicht nehmen u. vorsichtig sein muss

Ba|lan|ce|ment ⟨[balɑ̃s(ə)mɑ̃ː] n.; -s; unz.; beim Klavichordspiel⟩ Bebung, Schwingung durch rasch wechselnden Druck auf die Taste [frz., »Wiegen, Hin- u. Herschwanken, Schwingung«]

Ba|lance of Pow|er *auch:* **Ba|lance of Po|wer** ⟨[bæləns ɔv pauə(r)] f.; - - -; unz.; Politik⟩ **1** kontinental- od. globalmilitärischer Zustand, bei dem keine Großmacht eine entscheidende Vormachtstellung gegenüber anderen Nationen od. Großmächten hat **2** ein daraus resultierender kontinental- od. globalpolitischer Zustand, bei dem keine einzelne Nation eine diplomatische Schlüsselfunktion ausüben kann [engl., »Gleichgewicht der Kräfte«]

Ba|lan|ci|er ⟨[balɑ̃sjeː] m.; -s, -s⟩ **1** waagerechter Balken einer Waage **2** Unruhegangregler an Uhren **3** zwischen Kolben u. Pleuelstange befindl. Schwinghebel an älteren Dampfmaschinen [frz., »Pendel«]

ba|lan|cie|ren ⟨[-lɑ̃siː-] V.⟩ **1** (sich) im Gleichgewicht halten; *auf einem dünnen Baumstamm ~* **2** ⟨fig.⟩ ausgeglichen sein; *der Etat balanciert* **3** *etwas ~* im Gleichgewicht halten; *einen Ball (auf einem Finger) ~* [<frz. *balancer* »schaukeln«]

Ba|la|ni|tis ⟨f.; -, -ti|den; Med.⟩ Entzündung der Eichel des männl. Gliedes [<grch. *balanos* »Eichel«]

Ba|la|ta ⟨a. [-'--] f.; -; unz.⟩ dem Naturkautschuk ähnlicher Stoff (wird u. a. für die Herstellung von Golfbällen verwendet) [span. <karib.]

Ba|la|tum® ⟨a. [-'--] n.; -s; unz.⟩ mit Kautschuklösung getränkte Wollfilzpappe als Fußbodenbelag [→ *Balata*]

bal|bie|ren ⟨V.⟩ = barbieren; *jmdn. über den Löffel ~* ⟨fig.⟩ jmdn. (rücksichtslos) betrügen [vielleicht nach der unzarten, unhöflichen Angewohnheit mancher Barbiere, alten Kunden beim Rasieren einen Löffel in die Wangen zu stecken, um sich die Arbeit zu erleichtern, urspr. also »rücksichtslos behandeln«]

Bal|boa ⟨m.; - od. -s, -s od. (bei Zahlenangaben) -⟩ Währungseinheit in Panama [nach dem span. Entdecker Vasco Nuñez de *Balboa,* 1475-1517]

Bal|da|chin ⟨[-xin] m.; -s, -e⟩ **1** Dach aus Stoff über einem Thron, einem Bett **2** Traghimmel (bei Prozessionen) **3** steinernes Schutzdach über got. Standbildern **4** ⟨Arch.⟩ Altarüberdachung [<ital. *baldacchino,* eigtl. »golddurchwirkter Seidenstoff aus Bagdad« <*Baldacco,* ital. Bezeichnung für *Bagdad*]

Bal|do|wer ⟨m.; -s, -⟩ Gauner, Betrüger [<hebr. *baal* »Mann« + *dowor* »Wort«; eigtl. »Herr des Wortes, Betrüger, Mensch, der zu überreden sucht«]

Ba|les|ter ⟨m.; -s, -⟩ Armbrust, bei der mit Kugeln (statt mit Pfeilen) geschossen wird [<ital. *balestra* »Armbrust« <lat. *ballistarium* »Wurfmaschine«; → *Balliste*]

Ba|les|tra *auch:* **Ba|lest|ra** ⟨f.; -, -tren; Sport⟩ Angriff beim Fechten, bei dem der Arm mit der Waffe u. das entsprechende Bein nach vorne bewegt werden [ital., »Armbrust«]

bal|ka|ni|sie|ren ⟨V.⟩ *ein Land ~* in Kleinstaaten aufteilen, zersplittern [nach der *Balkanhalbinsel* in Südosteuropa, die nach der Auflösung des Osmanischen Reichs u. der Donaumonarchie in Kleinstaaten aufgeteilt wurde]

Bal|ka|ni|sie|rung ⟨f.; -, -en⟩ die Aufteilung, Zersplitterung eines Landes in Kleinstaaten, das Balkanisieren

Bal|ka|nis|tik ⟨f.; -; unz.⟩ = Balkanologie

Bal|ka|no|lo|gie ⟨f.; -; unz.⟩ Wissenschaft von den Sprachen u. Kulturen des Balkans; *Sy* Balkanistik

Bal|kon ⟨[-kɔ̃ː] od. [-kɔŋ] m.; -s, -s od. [-koːn] m.; -s, -e⟩ **1** durch ein Gitter od. eine Brüstung abgeschlossener Vorbau eines Hauses **2** erster Rang (im Theater); *Mittel~* [<frz. *balcon* <ital. *balcone* <langobard. **balko-;* verwandt mit *Balken*]

B

Bal|ko|ni|en ⟨ohne Artikel; umg.; scherzh. für⟩ Balkon; *wir machen Urlaub auf ~*

Ball ⟨m.; -(e)s, Bäl|le⟩ (größeres) Tanzvergnügen; *einen ~ eröffnen; einen ~ geben; auf den ~ gehen* [<frz. *bal* »Tanz«; zu lat. *ballare* »tanzen«; verwandt mit *Ballade, Ballett, Ballerina, Bajadere*]

Bal|la|de ⟨f.; -, -n⟩ **1** ⟨Musik; urspr.⟩ Tanzlied **2** ⟨Lit.⟩ episches, dramatisch bewegtes Gedicht [<engl. *ballad* »erzählendes Gedicht sagenhaften Inhalts« <afrz. *balade* »Tanzlied« <prov. *balada* »Tanz«; zu *balar* »tanzen«; → *Ball*]

bal|la|desk ⟨Adj.⟩ balladenhaft

Bal|lad|ope|ra ⟨[bæl̩ədɔpərə] f.; -, -s; Theat.⟩ im 18. Jh. in England entstandene Form der Oper, in der volkstümliche Stoffe u. Melodien (vielfach aus zeitgenössischen Balladen entnommen) verwendet werden [<engl. *ballad* »Ballade« + *opera* »Oper«]

Bal|last ⟨m.; -(e)s, -e⟩ **1** wertlose Fracht zum Ausgleich des Gewichts od. (bei Schiffen) des Tiefgangs **2** ⟨fig.⟩ unnützes Beiwerk, Bürde, Last, Belastung [erster Wortteil unklar: <*bar* »bloß« od. <aengl. *bearm scipes* »Schoß des Schiffes« od. <anord. *barmr* »Rand« od. <ahd. *balu* »schlecht«]

Bal|last|io|nen ⟨Pl.; Geol.⟩ (für die Nährstoffabdeckung der Pflanzen sekundäre) auswechselbare Ionen im Erdboden, die über die Wurzelenden aufgesogen werden [<*Ballast* + *Ion*]

Bal|la|watsch ⟨m.; -(e)s; unz.; österr.⟩ = Pallawatsch

Bal|lei ⟨f.; -, -en⟩ Verwaltungsbezirk eines Ritterordens, mehrere Komtureien [<mlat. *ballia* <*ballivus* »Rechtspfleger u. Verwalter eines Bezirks, einer Stadt usw.« <lat. *baiulus* »Lastträger«]

Bal|le|ri|na ⟨f.; -, -ri|nen⟩ Ballettsolistin, Tänzerin; *oV* Ballerine [ital., »Kunsttänzerin«; zu *ballo* »Tanz, Tanzfest«; → *Ball*]

Bal|le|ri|ne ⟨f.; -, -n⟩ = Ballerina

Bal|le|ri|no ⟨m.; -s, -s⟩ (Solo-)Tänzer im Ballett [ital., »Kunsttänzer«]

Bal|let de Cour ⟨[-lɛ̨ də kuːr] n.; - - -, -s [-lɛ̨] - -⟩ glanzvoll ausgestattetes Ballett der französischen Barockepoche [frz., eigtl. »(Fürsten-)Hofballett«]

Bal|lett ⟨n.; -(e)s, -e⟩ **1** Bühnentanz **2** Bühnentanzgruppe [<ital. *balletto* »kleines Tanzfest«]

Bal|lett|en|sem|ble *auch:* **Bal|lett|en|sem|ble** ⟨[-ãsãːbl] n.; -s, -s⟩ alle Tänzer(innen) eines Balletts [→ *Ensemble*]

Bal|let|teu|se ⟨[-tøːzə] f.; -, -n⟩ Balletttänzerin [<*Ballett* + frz. Endung]

Bal|lett|korps ⟨[-koːr] m.; - [-koːrs], - [-koːrs]⟩ Tänzergruppe, die die Solisten umrahmt [→ *Korps*]

Bal|lett|meis|ter ⟨m.; -s, -⟩ Leiter, Ausbilder eines Balletts

Bal|lett|tanz ⟨m.; -es, -tän|ze⟩ (klassischer) Tanz auf einer Bühne

Bal|lis|te ⟨f.; -, -n⟩ antike Wurfmaschine [<lat. *ballista* »Wurfmaschine«; zu grch. *ballein* »werfen«]

Bal|lis|tik ⟨f.; -; unz.⟩ Lehre von den Flugbahnen geworfener od. geschossener Körper [→ *Balliste*]

Bal|lis|ti|ker ⟨m.; -s, -⟩ Wissenschaftler, der sich mit der Ballistik beschäftigt

bal|lis|tisch ⟨Adj.⟩ die Ballistik betreffend, zu ihr gehörig, auf ihr beruhend; *~e Kurve* Bahn, die ein geworfener od. geschossener Körper unter dem Einfluss der Luftreibung beschreibt

Bal|lo|elek|tri|zi|tät *auch:* **Bal|lo|elekt|ri|zi|tät** ⟨f.; -; unz.⟩ durch Aufladung feiner Wassertröpfchen beim freien Fall bewirkte Luftelektrizität

Bal|lon ⟨[balɔ̃ː] od. [balɔŋ] m.; -s, -s od. süddt., österr., schweiz. [baloːn] m.; -s, -e⟩ **1** mit Gas gefüllter Ball aus dünner Gummihaut, Kinderspielzeug; *Luft~* **2** mit Gas (od. Heißluft) gefülltes, ballförmiges Luftfahrzeug, leichter als Luft; *Fessel~; Frei~; Heißluft~* **3** große, bauchige Flasche (zum Aufbewahren von Säuren, Herstellen von Most usw.) [frz., »großer Ball« <ital. *pallone;* zu *palla* »Kugel«; beeinflusst von frz. *balle* »Ball« <fränk. **balla*]

Bal|lon|as|tro|no|mie *auch:* **Bal|lon|ast|ro|no|mie** ⟨[balɔ̃ː-] od. [balɔŋ-] od. [baloːn-] f.; -; unz.; Astron.⟩ Wissenschaftsbereich der Astronomie, in dem kosmische Objekte aus Stratosphärenballons heraus fotografiert u. untersucht werden

Bal|lo|nett ⟨n.; -(e)s, -e⟩ Luftsack im Inneren von Luftschiffen u. Fesselballonen

Bal|lon|rei|fen ⟨[-lɔ̃ː-] od. [-lɔŋ-] od. [-loːn-] m.; -s, -⟩ Reifen mit relativ weicher Laufsohle u. niedrigem Luftdruck für Fahrräder u. andere Fahrzeuge geringerer Geschwindigkeit

Bal|lon|te|le|skop ⟨[balɔ̃ː-] od. [balɔŋ-] od. [baloːn-] n.; -s, -e⟩ Teleskop, das durch Stratosphärenballons bis in 40 Kilometer Höhe getragen wird u. bei der Fotografie von Sonne, Planeten u. neuerdings im Bereich der Infrarotastronomie Anwendung findet [<*Ballon* + *Teleskop*]

Bal|loo|ning ⟨[bælu̲ːnɪŋ] n.; - od. -s; unz.; Sport; Golf⟩ das Verschlagen des Balles in die Höhe [zu engl. *balloon* »hoch in die Luft schlagen«; zu *balloon* »(Luft-)Ballon«]

Bal|lot[1] ⟨[baloː] n.; -s, -s⟩ kleiner Warenballen [frz., »kleiner Ballen«; zu *balle* »Kugel, Warenballen« <fränk. **balla* »Kugel, Ball«]

Bal|lot[2] ⟨[bæ̨lət] n.; -s, -s; in England u. den USA⟩ Geheimabstimmung [<engl. *ballot* »Wahlkugel, Stimmzettel«; → *Ballot*[1]]

Bal|lo|ta|de ⟨f.; -, -n; Hohe Schule⟩ Sprungübung des Pferdes in der Hohen Schule, bei der die Vorderbeine angezogen u. alle vier Hufe nach hinten gerichtet werden [zu frz. *ballotter* »hin u. her werfen, schaukeln«; zu *ballotte* »kleine Kugel«; → *Ballot*[2]]

Bal|lo|ta|ge ⟨[-ʒ(ə)] f.; -, -n⟩ geheime Abstimmung durch verdeckte Abgabe von weißen od. schwarzen Kugeln [frz., »Stichwahl« <*ballotte* »kleine Kugel, Stimmkugel«; → *Ballot*[2]]

bal|lo|tie|ren ⟨V.⟩ durch Ballotage abstimmen [→ *Ballot*[2]]

Bal|ly|hoo ⟨[bælıhuː] n.; - od. -s; unz.⟩ lautstarke Propaganda, aufdringliche Reklame [engl.]

bal|neo..., Bal|neo... ⟨in Zus.⟩ bad..., Bad... [<lat. *balneum* »Badezimmer, -wanne, Bad«]

Bal|neo|gra|fie ⟨f.; -; unz.⟩ = Balneographie

Bal|neo|gra|phie ⟨f.; -; unz.⟩ Beschreibung der Wirkung von Heilbädern; *oV* Balneografie [<lat. *balneum* »Bad« + ...*graphie*]

Bal|neo|lo|gie ⟨f.; -; unz.⟩ Bäderkunde [<lat. *balneum* »Bad« + ...*logie*]

Bal|neo|the|ra|pie ⟨f.; -, -n⟩ Behandlung mit Heilbädern [<lat. *balneum* »Bad« + *Therapie*]

Bal pa|ré ⟨[-pareː] m.; - -, -s -s [-pareː]⟩ bes. festl. Ball [frz., »geschmückter Ball«]

Bal|sa[1] ⟨n.; -s; unz.⟩ Holz des Balsabaumes; *Sy* Balsaholz [span.]

Bal|sa[2] ⟨f.; -, -s⟩ Floß der südamerikan. Indianer aus Balsaholz od. Binsenbündeln [span.]

Bal|sa|baum ⟨m.; -(e)s, -bäu|me; Bot.⟩ Baum aus dem trop. Amerika, der außerordentl. leichtes, festes Holz liefert: Ochroma lagopus

Bal|sa|holz ⟨n.; -es; unz.⟩ = Balsa[1]

Bal|sam ⟨m.; -s; unz.⟩ **1** natürl. Gemisch von Harzen u. ätherischen Ölen **2** ⟨fig.; poet.⟩ Linderung, Wohltat [<ahd. *balsamo*, engl. *balm* <lat. *balsamum* <grch. *balsamon* <hebr. *basam* »Balsamstrauch u. sein Harz«]

bal|sa|mie|ren ⟨V.⟩ mit Balsam behandeln, einsalben

Bal|sa|mi|nen|ge|wächs ⟨n.; -es, -e; Bot.⟩ einjähriges Kraut mit aufspringenden Kapselfrüchten (z. B. Springkraut): Balsaminaceae [<lat. *balsamina* <grch. *balsamine*; → *Balsam*]

bal|sa|misch ⟨Adj.⟩ **1** von Balsam herrührend, wie Balsam **2** lindernd, wohlriechend; *~e Düfte*

Bal|tis|tik ⟨f.; -; unz.⟩ Wissenschaft der baltischen Sprachen u. Literaturen; *Sy* Baltologie [nach dem lat. Namen *Baltia*, der ein Bernsteingebiet im Ostseeraum bezeichnet]

Bal|to|lo|ge ⟨m.; -n, -n⟩ Wissenschaftler der Baltologie

Bal|to|lo|gie ⟨f.; -; unz.⟩ = Baltistik

Bal|to|lo|gin ⟨f.; -, -gin|nen⟩ Wissenschaftlerin der Baltologie

bal|to|lo|gisch ⟨Adj.⟩ die Baltologie betreffend, zu ihr gehörig

Ba|lus|ter ⟨m.; -s, -⟩ kleine Säule als Geländerstütze [<frz. *balustre* »Geländersäule, Gitterstab« <ital. *balaustro* <mlat. *balaustium* <grch. *balaustion* »Blüte des wilden Granatbaumes« (nach der ähnl. Form auf die Verzierung des Geländers übertragen)]

Ba|lus|tra|de *auch:* **Ba|lust|ra|de** ⟨f.; -, -n⟩ **1** Geländer, Brüstung mit Balustern **2** Balkon mit Balustergeländer [frz., »Geländer«, <ital. *balaustrata*; → *Baluster*]

Ba|lyk ⟨m.; -; unz.⟩ getrockneter Rücken des Störs [russ.]

Bam|bi|no ⟨m.; -s, -bi|ni; umg.⟩ kleines Kind [ital.]

Bam|bu|le ⟨f.; -, -n⟩ Aufruhr in Heimen od. Strafanstalten; *~ machen* [<frz. *bamboula* »Tanz der Schwarzen zur Trommel, Trommel der Schwarzen«]

Bam|bus ⟨m.; -ses, -se; Bot.⟩ tropische Riesengraspflanze, deren Stängel verholzen [<malai. *bambu, manbu*]

Ba|mi|go|reng ⟨n.; - od. -s, -s; Kochk.⟩ indones. Nudelgericht mit Fleisch u. Gemüse [<malai. *bambi goreng* »gebratene Nudeln«]

Ban[1] ⟨m.; -s, -e⟩ *oV* Banus **1** ungar. Statthalter der südlichen Grenzmarken **2** ⟨bis 1918⟩ kroatischer Würdenträger neben dem Fürsten [serbokr., »Herr«]

Ban[2] ⟨m.; -s, -i⟩ rumän. Münze, $^1/_{100}$ Leu

ba|nal ⟨Adj.⟩ alltäglich, geistlos, abgedroschen, nichtssagend, fade [frz., »gemeinnützig, gewöhnlich«; zu afrz. *ban* »Gerichtsbezirk« <fränk. **ban* »Gerichtsbarkeit u. deren Gebiet«]

ba|na|li|sie|ren ⟨V.⟩ (einen Sachverhalt) ins Banale herabziehen

Ba|na|li|tät ⟨f.; -, -en⟩ **1** ⟨unz.⟩ Alltäglichkeit, Geistlosigkeit, Fadheit **2** ⟨zählb.⟩ banale Bemerkung, banaler Witz

Ba|na|ne ⟨f.; -, -n; Bot.⟩ **1** ⟨i. w. S.⟩ Gattung trop. Pflanzen, die Früchte od. Fasern liefern: Musa **2** ⟨i. e. S.⟩ krautartige Pflanze, die länglich gelbe Früchte liefert: Musa paradisiaca; *Sy* Pisang **3** deren Frucht [<frz. *banane* <portug. *banana* <Kongospr. *banam*]

Ba|na|nen|re|pu|blik *auch:* **Ba|na|nen|re|pub|lik** ⟨f.; -, -en; fig.; abwertend⟩ Land, in dem die wirtschaftlichen, politisch-moralischen od. rechtlichen Verhältnisse unsicher od. korrupt sind

Ba|na|nen|split ⟨n.; -s, -s⟩ Eisbecher mit einer halbierten Banane, Sahne u. Schokoladensoße [<engl. *banana split* »geteilte Banane«]

Ba|na|nen|ste|cker ⟨m.; -s, -; El.⟩ kleiner, schmaler Stecker für elektrische Leitungen

Ba|nat ⟨n.; -(e)s, -e; urspr.⟩ einem Ban unterstehende ungar. Grenzmark

Ba|nau|se ⟨m.; -n, -n; abwertend⟩ Mensch ohne Kunstverständnis, ohne Kunstsinn, Spießbürger [<grch. *banausos* »Handwerker«]

ba|nau|sisch ⟨Adj.⟩ wie ein Banause, ohne Sinn für Kunst; *ein ~er Vorschlag*

Band ⟨[bænd] f.; -, -s; Musik⟩ Kapelle für Pop-, Rock-, Schlagermusik od. Jazz [engl., »Kapelle; Schar« <frz. *bande* »Schar«; verwandt mit (Verbrecher-)*Bande*]

Ban|da ⟨f.; -, Ban|de; Musik⟩ **1** Gruppe der Blechblasinstrumente eines Orchesters **2** Bühnen(blas)orchester (in der Oper) [ital.]

Ban|da|ge ⟨[-ʒə] f.; -, -n⟩ **1** elastische Binde zum Wickeln (als Stütz- od. Schutzverband) **2** Stahlreifen für Räder von Eisenbahnwagen u. Lokomotiven [frz., »Verband«; zu got. *bindan* od. fränk. **bindan*; verwandt mit *binden*]

ban|da|gie|ren ⟨[-ʒiː-] V.⟩ eine Bandage anlegen; *den Fuß ~; einem Pferd die Vorderbeine ~*

Ban|da|gist ⟨[-ʒıst] m.; -en, -en⟩ ausgebildeter Hersteller od. Verkäufer von Bandagen u. künstl. Gliedmaßen

Ban|de ⟨f.; -, -n⟩ **1** innere Umrandung des Billardtisches **2** Einfassung der Reitbahn u. der Zirkusmanege **3** seitl. Begren-

B

zung einer Kegel- od. Eisbahn [<frz. *bande* »Binde« <got. *binda* »Binde«; → *Bandage*]

Ban|deau ⟨[bãdo:] n.; -s, -s; veraltet⟩ Stirnband [<frz. *bande* »Binde«; → *Bandage*]

Ban|ded Pack ⟨[bændəd pæk] n.; - -s, - -s; Wirtsch.⟩ verkaufsfördernde Strategie, bei der zwei od. mehr sich ergänzende Produkte in einer Verpackung offeriert werden, z. B. Unterhemd mit Boxershorts, Hemd mit Krawatte [<engl. *banded pack* »zusammengeschnürtes Paket«]

Ban|de|lier ⟨n.; -s, -e; veraltet⟩ **1** Schulterriemen **2** Wehrgehänge [<frz. *bandoulière* »Schultergehänge«]

Ban|den|spek|trum *auch:* **Ban|den|spekt|rum** ⟨n.; -s, -tren⟩ aus vielen einzelnen Linien od. zu Bändern verschmolzenen Linien bestehendes Spektrum

Ban|de|ril|la ⟨[-rılja] f.; -, -s⟩ geschmückter Spieß mit Widerhaken, den der Stierkämpfer dem Stier in den Nacken stößt [span., Verkleinerungsform zu *banda* »Fahne«]

Ban|de|ril|le|ro ⟨[-rılje:ro] m.; -s, -s⟩ Stierkämpfer, der den Stier mit Banderillas reizt

Ban|de|ro|le ⟨f.; -, -n⟩ **1** Steuerband, bes. an Tabakwaren **2** Spruchband [frz., »Wimpel, Streifband« <ital. *banderuola;* zu *bandiera* »Fahne«]

ban|de|ro|lie|ren ⟨V.⟩ mit Banderole(n) versehen, versteuern

Band|ge|ne|ra|tor ⟨m.; -s, -en⟩ elektrostatisches Gerät zur Erzeugung einer sehr hohen Gleichspannung, wird meist zur Beschleunigung elektrisch geladener Teilchen verwandt

Ban|dit ⟨m.; -en, -en⟩ **1** gewerbsmäßiger Verbrecher, Räuber **2** ⟨fig.⟩ zügelloser Herumtreiber [<ital. *bandito* »des Landes Verwiesener«; zu *bandire* »verbannen«]

Band|lea|der ⟨[bændli:də(r)] m.; -s, -; Musik⟩ **1** ⟨i. e. S.⟩ im traditionellen Jazz Mitglied einer Band, das die Führungsstimme (Lead), meist Trompete od. Kornett, übernimmt **2** ⟨i. w. S.⟩ Leiter einer Jazz-, Rock- od. Popband [engl.]

Ban|do|la ⟨f.; -, -dolen; Musik⟩ = Bandurria [span., »Laute«]

Ban|do|la Rio ⟨f.; - -, -dolen -s; Musik⟩ südamerikanisches Zupfinstrument [<span. *bandola* »Laute« + *rio* »Fluss«]

Ban|do|ne|on ⟨n.; -s, -s⟩ im Querschnitt quadrat. Handharmonika mit Knopfreihen an beiden Seiten; *oV* Bandonion [nach dem Erfinder Heinrich *Band,* 1821-1860]

Ban|do|ni|on ⟨n.; -s, -s⟩ = Bandoneon

Ban|du|ra ⟨f.; -, -s; Musik⟩ aus der Ukraine stammendes, lautenartiges Saiteninstrument, das meist 12 od. 36 Saiten aufweist [russ., <ital. *pandura* <lat., grch. *pandura* »dreisaitiges Musikinstrument«]

Ban|dur|ria ⟨f.; -, -s; Musik⟩ spanisches Zupfinstrument mit einem birnenähnlichen Korpus, einem kurzen, breiten Hals u. zwölf Saiten, das mit einem Muschelplektron gespielt wird; *Sy* Bandola [span.]

Ba|ni ⟨Pl. von⟩ Ban[2]

Ban|jan ⟨Pl.⟩ Angehörige der Kaste der indischen Geschäftsleute, bes. in den früheren Provinzen Bombay u. Bengalen [Sanskrit]

Ban|jo ⟨a. engl. [bændʒo] n.; -s, -s; Musik⟩ fünf- bis neunsaitiges Zupfinstrument der nordamerikan. Schwarzen mit kreisrundem Klangkörper u. langem Hals [→ *Bandura*]

Bank ⟨f.; -, -en⟩ **1** Anstalt, Unternehmen für Geldverkehr; *Deutsche ~; Dresdner ~ (Namen); Geld auf die ~ einzahlen; ein Konto bei einer ~ eröffnen; bei der ~ sein* Bankangestellter sein **2** ⟨Glücksspiel⟩ die vom Bankhalter verwaltete Kasse; →*a.* Spielbank; *die ~ halten* das Amt des Bankhalters ausüben, gegen alle Mitspieler spielen; *die ~ sprengen* das gesamte Geld des Bankhalters gewinnen [<ital. *banca,* mhd. *banc* »Tisch des Wechslers, Wechselbank«]

Bank|ak|zept ⟨n.; -s, -e; Bankw.⟩ Annahme eines Wechsels durch eine Bank [zu frz. *accepter* »annehmen«]

Ban|ker ⟨a. engl. [bæŋ-] m.; -s, -e⟩ Bankkaufmann, Bankfachmann [engl.; → *Bank*]

Ban|ke|rott ⟨m.; -s, -e⟩ = Bankrott

Ban|kett[1] ⟨n.; -(e)s, -e⟩ Festmahl, Festessen [<frz. *banquet* »Festmahl« <ital. *banchetto;* → *Bank*]

Ban|kett[2] ⟨n.; -(e)s, -e⟩ **1** unterster Absatz einer Grundmauer **2** Auftritt für Schützen (in der Festung) **3** waagerechter Absatz einer Böschung; *Sy* Berme **4** = Bankette [<frz. *banquette* »Schützenauftritt, Gehweg«]

Ban|ket|te ⟨f.; -, -n⟩ schmaler Seitenweg neben einem Fahrweg; *oV* Bankett[2] (4) [<frz. *banquette* »Schützenauftritt, Gehweg«]

ban|ket|tie|ren ⟨V.⟩ ein Bankett[1] abhalten, festlich tafeln

Ban|ki|er ⟨[baŋkje:] m.; -s, -s⟩ Inhaber einer Bank [<frz. *banquier* »Bankier«]

Ban|king ⟨[bæŋkıŋ] n.; - od. -s; unz.⟩ Bankwesen, Geldhandel [engl.]

Bank|kon|to ⟨n.; -s, -kon|ten od. -s; Bankw.⟩ Geschäftsverbindung in der Form eines Kontokorrents zwischen einem Kreditinstitut u. einem Unternehmen od. einer Privatperson, über die der bargeldlose Zahlungsverkehr abgewickelt wird [→ *Konto*]

Ban|ko|mat ⟨m.; -en, -en⟩ Geldautomat eines Kreditinstituts, an dem auch außerhalb der Geschäftszeiten Geld abgehoben werden kann [verkürzt <*Bank* + Auto*mat*]

◆ Die Buchstabenfolge **bank|r...** kann auch **ban|kr...** getrennt werden.

◆ **bank|rott** ⟨Adj.⟩ zahlungsunfähig (von Geschäftsleuten), pleite; *~ sein, werden*

◆ **Bank|rott** ⟨m.; -(e)s, -e⟩ finanzieller Zusammenbruch, Zahlungsunfähigkeit, Pleite; *oV* Bankerott; *seinen ~ erklären; ~ machen* zahlungsunfähig werden; *betrügerischer ~* strafbare Bankrotterklärung mit der Absicht, seine Gläubiger zu benachteiligen, indem man noch vorhandenes Vermögen verheimlicht [<ital. *bancarotta* »zerbrochene Bank«; → *Bank*]

◆**Bank|rot|teur** ⟨[-tøːr] m.; -s, -e⟩ jmd., der Bankrott gemacht hat

◆**bank|rott|ge|hen** ⟨V.⟩ zahlungsunfähig werden

◆**bank|rot|tie|ren** ⟨V.⟩ Bankrott machen

Ban|li|eue ⟨[bãliøː] f.; -, -s⟩ Vorstadt einer (frz.) Großstadt, die durch sozialen Wohnungsbau in Form von Hochhäusern geprägt ist, häufig auch Ausgangspunkt sozialer Unruhen [frz., eigtl. »Bannmeile«]

Ban|ner|head|line ⟨[bænə(r)hedlaın] f.; -, -s⟩ in großen Buchstaben gedruckte Überschrift des Leitartikels in Zeitungen, Zeitschriften usw. [<engl. *banner* »Spruchband« + *headline* »Schlagzeile«]

Ban|schaft ⟨f.; -, -en⟩ ehemals Verwaltungsbezirk im Königreich Jugoslawien [→ *Ban*[1]]

Ban|tam|ge|wicht ⟨n.; -(e)s, -e; Sport⟩ Gewichtsklasse in der Schwerathletik [nach dem zum Hahnenkampf benutzten *Bantam*huhn]

Ban|tam|huhn ⟨n.; -s, -hüh|ner; Zool.⟩ engl. Zwerghuhnrasse [nach der Hafenstadt *Bantam* an der Nordwestküste Javas]

Ban|tu ⟨m.; -, - od. -s⟩ Angehöriger der Gruppe von etwa 200 Eingeborenenstämmen in Mittel- u. Südafrika

Ban|tu|is|tik ⟨f.; -; unz.⟩ Wissenschaft der Sprachen u. Kulturen der Bantu

Ban|tu|spra|che ⟨f.; -, -n⟩ ~*n* Familie von Sprachen in Mittel- u. Südafrika mit Agglutination u. grammatischen Klassen, z. B. Suaheli, Sulu [→ *Bantu*]

Ba|nus ⟨m.; -, -⟩ = Ban[1]

Ba|o|bab ⟨m.; -s, -s; Bot.⟩ Affenbrotbaum [vermutl. afrikan.]

Bap|tis|mus ⟨m.; -; unz.⟩ Lehre christl. Gemeinschaften, die nur Erwachsene taufen [<grch. *baptizein* »untertauchen, taufen«]

Bap|tist ⟨m.; -en, -en⟩ Anhänger des Baptismus

Bap|tis|te|ri|um ⟨n.; -s, -ri|en⟩ **1** Taufkirche, Taufkapelle **2** antikes Schwimmbad [lat. <grch. *baptisterion* »Badeplatz«]

Bap|tis|tin ⟨f.; -, -tin|nen⟩ Anhängerin des Baptismus

bap|tis|tisch ⟨Adj.⟩ zum Baptismus gehörend, die Baptisten betreffend

Bar[1] ⟨n.; -, -; Meteor.; Zeichen: bar⟩ neben der Einheit Pascal allein zulässige Maßeinheit des Druckes, 1 bar = 10^5 Newton/Quadratmeter (N/m^2) = 0,986 atm [<grch. *baros* »Schwere«]

Bar[2] ⟨f.; -, -s⟩ **1** Gaststätte od. Raum mit erhöhter Theke zur Einnahme von Getränken **2** Nachtlokal **3** der Schanktisch selbst **4** engl. Anwaltskammer [engl., »Stange, Schranke, Schanktisch«; → *Barre, Barren*]

Ba|ra|cke ⟨f.; -, -n⟩ einfacher, flacher, nicht unterkellerter Bau [<frz. *baraque*]

Ba|ratt ⟨m.; -s; unz.⟩ Warentausch [<ital. *baratto* <mlat. *baratum* »Handel, Tausch«]

Ba|rat|te|rie ⟨f.; -, -n; Seew.⟩ **1** Unredlichkeit des Kapitäns u. der Schiffsmannschaft gegenüber Reeder u. Eigentümer der Fracht **2** durch die Besatzung verschuldeter Schaden [<ital. *baratteria* »Tauschhandel, Betrug« <mlat. *barataria*]

Ba|ratt|han|del ⟨m.; -s; unz.⟩ Tauschhandel

ba|rat|tie|ren ⟨V.⟩ *Waren* ~ austauschen [→ *Baratt*]

Bar|ba|ka|ne ⟨f.; -, -n⟩ bei Befestigungsanlagen des Mittelalters ein Außenwerk vor dem Festungstor [roman.]

Bar|bar ⟨m.; -en, -en; abwertend⟩ Ungebildeter, Rohling [<lat. *barbarus* <grch. *barbaros* »Nichtgrieche, Ausländer«]

Bar|ba|rei ⟨f.; -, -en⟩ **1** Rohheit, Unmenschlichkeit, Grausamkeit **2** völlige Unbildung, Kulturlosigkeit

Bar|ba|res|ken|staat ⟨m.; -(e)s, -en; 16./19. Jh.⟩ einer der mohammedan. Seeräuberstaaten der Berber [<ital. *barbaresco* »berbisch«]

bar|ba|risch ⟨Adj.⟩ **1** unmenschlich, grausam **2** völlig ungebildet, unkultiviert [→ *Barbar*]

Bar|ba|ris|mus ⟨m.; -, -ris|men⟩ **1** Verstoß gegen die Sprachregeln od. die Sprachreinheit **2** sprachwidriger Ausdruck

Bar|be ⟨f.; -, -n⟩ **1** ⟨Zool.⟩ Karpfenfisch (sub)tropischer Gewässer **2** ⟨früher⟩ ein Band aus Spitze an Frauenhauben [<ahd. *barbo* <lat. *barba* »Bart«]

Bar|be|cue ⟨[-bıkjuː] n.; -s, -s⟩ **1** Gartenfest mit gegrilltem Fleisch **2** Gerät zum Grillen ganzer Tiere [amerikan.]

Bar|bie® ⟨f.; -, -s; seit 1959⟩ blondhaarige Spielzeugpuppe aus Hartplastik mit langen Beinen, schmaler Taille, u. vollem Busen; *wie eine ~puppe aussehen* [amerikan. Kunstwort]

Bar|bier ⟨m.; -s, -e⟩ Bart- u. Haarschneider [frz.; zu *barbe* »Bart«]

bar|bie|ren ⟨V.; veraltet⟩ rasieren; *oV* balbieren [→ *Barbier*]

Bar|bi|ton ⟨n.; -s, -s⟩ = Barbitos

Bar|bi|tos ⟨m. od. f.; -, -toi; Musik⟩ altgrch. harfenartiges Saiteninstrument; *oV* Barbiton [grch.]

Bar|bi|tu|rat ⟨n.; -s, -e; Pharm.⟩ Medikament, das als Schlaf- u. Beruhigungsmittel verabreicht wird [nach der *Barbitursäure,* die von dem dt. Chemiker Adolf von Baeyer (1835-1917) zum ersten Mal hergestellt u. von ihm nach dem Vornamen *Barbara* benannt wurde]

Bar|bi|tur|säu|re ⟨f.; -, -n; Pharm.⟩ aus Malonsäureester u. Harnstoff hergestelltes Schlaf- u. Beruhigungsmittel [nach dem wiss. Namen der Bartflechte: Usnea *barbata*]

Bar|boy ⟨[-bɔı] m.; -s, -s⟩ knie- od. hüfthoher, beweglicher Schanktisch [<*Bar*[2] + *Boy*[1]]

Bar|ca|ne ⟨f.; -, -n⟩ = Barkane

Bar|chan ⟨[-çaːn] m.; -s, -e; Geogr.⟩ Binnendüne in der Form eines Bogens [russ.]

Bar|chent ⟨m.; -s, -e; Textilw.⟩ einseitig angerautes Flanell-, Baumwollgewebe [<mhd. *barchan(t)* <mlat. *barraccanus* <arab. *barrakan* »grober Stoff«]

Bar|ches ⟨m.; -, -⟩ Sabbatbrot, süßes Weißbrot im jüdischen Kult- u. Hausgebrauch [hebr.]

Bar|code ⟨[-koːd] m.; -s, -s⟩ Strichcode, eine Form der Verschlüsselung binärer Daten über die Darstellung von Balken mit verschiedenen Breiten u. Zwischenräumen, z. B. der EAN-Code [engl., »Balkencode«]

Bar|co|ne ⟨f.; -, -n⟩ = Barkane

B

Bar|de[1] ⟨m.; -n, -n⟩ **1** kelt. Dichter u. Sänger **2** ⟨fig.⟩ Heldensänger [frz., <mlat. *bardus* <kelt. *bard* »Sänger«]

Bar|de[2] ⟨f.; -, -n; Kochk.⟩ Speckscheibe um gebratenes Geflügel [frz., »Speckschnitte« (zum Braten von Vögeln) <span. *albarda* »Saumsattel, Speckschnitte« <arab. *albarda; zu barda ah* »Sattelunterlage«]

bar|die|ren ⟨V.⟩ mit einer Barde[2] umwickeln

Bar|diet ⟨n.; -(e)s, -e⟩ *oV* Bardit **1** vaterländ. Lied im Ton der Barden[1] **2** Drama mit Gesängen der Barden[1] [von Klopstock geprägte Bez. <lat. *barditus* »Schlachtgesang der alten Germanen, mit dem zur Verstärkung des Schalles an den Mund gehaltenen Schilde«]

Bar|di|glio *auch:* **Bar|dig|lio** ⟨[-dɪljo] m.; -s; unz.⟩ ungewöhnlich fester, weißer Marmor, der in der Umgebung von Florenz gewonnen wird [ital.]

bar|disch ⟨Adj.⟩ in der Art der Barden[1], sie betreffend, von ihnen stammend

Bar|dit ⟨n.; -(e)s, -e⟩ = Bardiet

Ba|rett ⟨n.; -(e)s, -e⟩ schirmlose, flache Kopfbedeckung (bes. zur Amtstracht von Geistlichen, Richtern, Professoren usw.) [<frz. *barrette* »zusammenlegbare Mütze« <ital. *baretta* <mlat. *barretum, birretum;* zu lat. *birrus* »Oberkleid, Mantel mit Kapuze«]

Bar|gai|ning ⟨[-gɛɪnɪŋ] n.; - od. -s; unz.; Wirtsch.⟩ **1** ⟨i. w. S.⟩ **1.1** jede Form von Verhandlung zwischen zwei Parteien in der freien Wirtschaft **1.2** erfolgreicher Abschluss dieser Verhandlungen **2** ⟨i. e. S.⟩ Verhandlungen zwischen Gewerkschaftsfunktionären u. Arbeitgebervertretern über Flächentarife; *Collective* ~ [<engl. *bargain* »Geschäft, Handel«]

Ba|ri|bal ⟨m.; -s, -s; Zool.⟩ braun bis schwarz gefärbter Bär Nordamerikas, der bis zu zwei Meter groß wird [lat. <grch.]

Ba|ri|o|la|ge ⟨[-ʒ(ə)] f.; -, -n; Musik⟩ beim Violinspiel mit besonderer Klangwirkung gespielte schnelle Tonfolge, wobei die höheren Töne auf der tiefer gestimmten Saite u. umgekehrt gespielt werden [frz., <lat. *variolagium* »Abwechslung«]

ba|risch ⟨Adj.⟩ den Luftdruck betreffend, auf ihm beruhend; *~es Windgesetz* ⟨Meteor.⟩ Regel, nach der sich die Luft von einem Gebiet hohen zu einem Gebiet niederen Luftdrucks bewegt u. dabei auf der Nordhalbkugel nach rechts, auf der Südhalbkugel nach links erfährt [<grch. *baros* »Schwere«]

Ba|ri|ton ⟨m.; -s, -e; Musik⟩ **1** Männerstimme in der Mittellage **2** Sänger mit dieser Stimme **3** = Baryton [<ital. *baritono* <grch. *barys* »schwer, tief« + *tonos* »Ton«]

ba|ri|to|nal ⟨Adj.; Musik⟩ in der Stimmlage Bariton

Ba|ri|um ⟨n.; -s; unz.; chem. Zeichen: Ba⟩ chem. Element, Erdalkalimetall, Ordnungszahl 56 [zu grch. *barys* »schwer«]

Ba|ri|um|sul|fat ⟨n.; -(e)s, -e⟩ Bariumsalz der Schwefelsäure, in mineral. Form als »Schwerspat« bezeichnet (verwendet als weiße Malerfarbe u. Zusatz für Schwerbeton); *Sy* Baryt

Bark ⟨f.; -, -en; Seew.⟩ Segelschiff mit mindestens drei Masten [<engl. *bark* »Barke, Nachen«, frz. *barque* »Kahn, Boot«]

Bar|ka|ne ⟨f.; -, -n; Seew.⟩ zwei- od. dreimastiges Fischereifahrzeug im Mittelmeer; *oV* Barcane, Barcone, Barkone [<ital. *barcone;* Vergrößerungsform zu *barca* »Barke«]

Bar|ka|ro|le ⟨f.; -, -n; in Mittelmeerländern⟩ *oV* Barkerole **1** ⟨Seew.⟩ Ruderboot **2** ⟨Musik⟩ Lied des Barkenführers, Schiffer-, Gondellied [<ital. *barcarola* »Liedchen der venezian. Gondolieri«]

Bar|kas|se ⟨f.; -, -n; Seew.⟩ **1** größtes Beiboot von Kriegsschiffen **2** kleines Boot, Hafenverkehrsboot [<ndrl. *barkas,* span. *barcaza,* ital. *barcaccia,* Vergrößerungsform zu *barca* »Barke«]

Bar|ke ⟨f.; -, -n; bes. in Mittelmeerländern; a. poet.⟩ kleines Boot, Kahn [<frz. *barque*]

Bar|kee|per ⟨[-ki:pə(r)] m.; -s, -⟩ **1** Besitzer einer Bar **2** Kellner an, hinter der Bar [<*Bar*[2] + engl. *keeper* »Besitzer«]

Bar|ke|ro|le ⟨f.; -, -n⟩ = Barkarole

Bar|ko|ne ⟨f.; -, -n⟩ = Barkane

Bar|mi|xer ⟨m.; -s, -⟩ jmd., der Getränke an der Bar mixt

Bar-Miz|wa[1] ⟨m.; -s, -s; Rel.⟩ jüdischer Junge nach seinem 13. Geburtstag, der verpflichtet ist, die religiösen Vorschriften zu beachten [hebr., »Gebotspflichtiger«]

Bar-Miz|wa[2] ⟨f.; -, -s; Rel.⟩ Tag der Aufnahme eines 13-jährigen jüdischen Jungen in die Glaubensgemeinschaft

Barn ⟨n.; -s, -s; Zeichen: b⟩ Maßeinheit für Wirkungsquerschnitte, die nicht gesetzlich ist (bes. in der Kernphysik), $1\,b = 10^{-28}\,m^2$ [engl.]

Bar|na|bit ⟨m.; -en, -en⟩ Angehöriger der 1530 in Mailand gegründeten Kongregation der Barnabiten [ital.; nach ihrem Sitz, dem *Barnabaskloster* in Mailand]

ba|ro..., Ba|ro... ⟨in Zus.⟩ den Luftdruck od. die Schwere betreffend; *barotrop; Barometer* [<grch. *baros* »Schwere«]

ba|rock ⟨Adj.⟩ **1** zum Barock gehörend, aus ihm stammend **2** ⟨fig.⟩ verschnörkelt, überladen

Ba|rock ⟨n. od. m.; -s; unz.⟩ **1** schmuckreicher, schwungvoller Kunststil vom Anfang des 17. bis zur Mitte des 18. Jh. **2** das Zeitalter selbst [zu port. *barroco* »schiefrund«]

ba|ro|ckal ⟨Adj.⟩ barockgemäß, dem Barock entsprechend

Ba|rock|per|le ⟨f.; -, -n⟩ eine Perle mit Ungleichmäßigkeiten

Ba|ro|graf ⟨m.; -en, -en; Meteor.⟩ = Barograph

Ba|ro|gramm ⟨n.; -s, -e; Meteor.⟩ die Luftdruckaufzeichnung des Barographen

Ba|ro|graph ⟨m.; -en, -en; Meteor.⟩ selbst aufzeichnendes Barometer; *oV* Barograf [<grch. *baros* »Schwere« + *...graph*]

ba|ro|klin ⟨Adj.; Meteor.⟩ atmosphärisch geschichtet, wenn sich die Flächen gleichen Luftdrucks u. gleicher Höhe schneiden, besonders beim

Aufeinandertreffen warmer u. kalter Luftmassen [<*baro…* + grch. *klinein* »neigen«]

Ba|ro|me|ter ⟨n.; -s, -; Meteor.⟩ Gerät zum Messen des Luftdrucks, Luftdruckmesser [<*Baro…* + *…meter*]

Ba|ro|me|trie *auch:* **Ba|ro|met|rie** ⟨f.; -, -n; Meteor.⟩ Luftdruckmessung [<*Baro…* + *…metrie*]

ba|ro|me|trisch *auch:* **ba|ro|met|risch** ⟨Adj.; Meteor.⟩ das Barometer betreffend, mit seiner Hilfe; *~e Höhenstufe* Höhenunterschied zweier Punkte mit einem Unterschied des Barometerstandes von 1 mm Quecksilbersäule (Durchschnitt 11 m) od. 1 Millibar (Durchschnitt 8 m)

Ba|ron ⟨m.; -s, -e⟩ **1** unterster dt. Adelstitel, Freiherr **2** ⟨urspr.⟩ Adliger, der sein Lehen unmittelbar vom König erhalten hat **3** ⟨fig.⟩ jmd., der als Besitzender in einem Wirtschaftszweig führend ist; *Kohlen~* [<frz. *baron* <mlat. *baro* »streitbarer Mann«]

Ba|ro|nat ⟨n.; -(e)s, -e⟩ Würde sowie Stammsitz eines Barons

Ba|ro|nesse ⟨[-nẹs] f.; -, -n [-nẹsən]⟩ unverheiratete Tochter eines Barons, Freiin [französisierend zu *Baron* statt frz. *baronne*]

Ba|ro|net ⟨[bæ̣rənət] m.; -s, -s; Abk.: Bart.⟩ vererbbarer Titel des engl. unteren Adels in der männl. Folge [<engl. *baronet* <frz. *baron;* → *Baron*]

Ba|ro|nie ⟨f.; -, -n⟩ = Baronat [<frz. *baronnie* »Freiherrschaft«]

Ba|ro|nin ⟨f.; -, -nin|nen⟩ Frau eines Barons, Freifrau

ba|ro|ni|sie|ren ⟨V.⟩ zum Baron machen

Ba|ro|ther|mo|graf ⟨m.; -en, -en; Meteor.⟩ = Barothermograph

Ba|ro|ther|mo|graph ⟨m.; -en, -en; Meteor.⟩ Verbindung von Barograph u. Thermograph; *oV* Barothermograf

Ba|ro|trau|ma ⟨n.; -s, -trau|men od. -ma|ta; Med.⟩ Taucherschaden, Luftdruckschaden, der aufgrund zu hoher Druckdifferenz zwischen lufthaltigen Körperhöhlen u. des sie umgebenden Wassers entsteht, z. B. ein Trommelfellriss [<*Baro…* + *Trauma*]

ba|ro|trop ⟨Adj.; Meteor.⟩ atmosphärisch geschichtet, wenn die Flächen gleichen Luftdrucks u. gleicher Temperatur parallel zueinander verlaufen [<*baro…* + *…trop*]

Bar|ra|ge ⟨[-ʒ(ə)] f.; -, -n; österr.⟩ **1** Abdämmung, Sperrung **2** Schlagbaum [frz., »Absperrung«]

Bar|ra|ku|da ⟨m.; -s, -s; Zool.⟩ räuberischer Knochenfisch, Pfeilhecht [span.]

Bar|ran|co ⟨Pl.; Geogr.⟩ **1** Kleinformen linienhafter Erosionen **2** ⟨auf den Kanarischen Inseln⟩ an vulkanischen Kegelbergen radial angeordnete Erosionsrinnen [span., »Schlucht, Klamm«]

Bar|ran|da ⟨f.; -, -s⟩ Absperrbarriere in Stierkampfarenen [<span. *barra* »(Metall-)Barren, Stange«]

Bar|ras ⟨m.; -; unz.; süddt.⟩ **1** Kommissbrot **2** ⟨fig.⟩ Militär(wesen) [<jidd. *baras* »Fladenbrot«, dann »Militärbrot«]

Bar|re ⟨f.; -, -n⟩ **1** Sandbank, Schlammbank an Flussmündungen **2** Querstange, Metallstange, Schlagbaum, Schranke [frz., »Schranke«]

Bar|ré ⟨[-reː] n.; -s, -s⟩ **1** ⟨Musik⟩ Grifftechnik beim Gitarre- u. Lautenspiel, bei der mehrere od. alle Saiten auf das Griffbrett niedergedrückt werden; *Sy* Barrégriff **2** ⟨Textilw.⟩ deutlich quer gestreifter Kleiderstoff [zu frz. *barrer* »verriegeln, verschließen«]

Bar|ré|griff ⟨[-reː-] m.; -(e)s, -e; Musik⟩ = Barré (1)

Bar|rel ⟨[bæ̣rəl] n.; -s, -s⟩ engl. u. nordamerikan. Hohlmaß (158,7 l), z. B. für Bier, Öl [engl., »Fass, Tonne«]

Bar|rel|house ⟨[bæ̣rəlhaus] m.; -; unz.; Musik⟩ ein (Klavier-)Stil des klass. Blues u. des frühen klass. Jazz, Vorläufer des Ragtime [engl., eigtl. »Fasshaus, Schankstube« (wo diese Musik urspr. in den Südstaaten der USA gespielt wurde)]

Bar|ren ⟨m.; -s, -⟩ **1** Gussform (Stangen, Ziegel) der Edelmetalle als Zahlungsmittel; *Gold~; Silber~* **2** Turngerät aus zwei fest stehenden, waagerechten Stangen [<frz. *barre* »Stab, Stange«]

Bar|ri|e|re ⟨f.; -, -n⟩ **1** Schranke, Schlagbaum, Sperre **2** ⟨fig.⟩ Hemmnis, Erschwernis [<frz. *barrière* »Schranke«; zu *barre* »Stange«]

bar|ri|e|re|frei ⟨Adj.⟩ frei von Hindernissen, leicht passierbar (bes. für Rollstuhlfahrer); *Wohnungen für Behinderte ~ umbauen*

Bar|ri|e|re|frei|heit ⟨f.; -; unz.⟩ barrierefreie Beschaffenheit

Bar|ri|ka|de ⟨f.; -, -n⟩ **1** Schanze, Hindernis, Straßensperre (bes. zur Verteidigung) **2** Sinnbild der Revolution; *auf die ~n gehen, steigen* ⟨fig.⟩ sich erheben, empören; *dafür würde ich auf die ~n gehen* dafür würde ich meine ganze Kraft u. mein Leben einsetzen [<frz. *barricade* (angelehnt an *barrique* »Stückfass«) <ital. *barricata* <galloroman. **barra* »absperrender Balken«]

Bar|rique ⟨[-rịk] n.; -s, -s⟩ **1** 225 Liter fassendes Weinfass aus Eichenholz **2** früheres französisches Weinmaß [frz.]

Bar|rique|wein ⟨[-rịk-] m.; -s, -e⟩ im Barrique gereifter Wein von meist gehobener Qualität

Bar|ris|ter ⟨[bæ̣r-] m.; -s, -; in Großbritannien⟩ Rechtsanwalt [engl., »Rechtsanwalt«; zu *bar* »Schranke«]

Bar|soi ⟨m.; -s, -s; Zool.⟩ russ. Windhund, Hetzhund [<russ. *borsoi* »schnell«]

Bar|sor|ti|ment ⟨n.; -s, -e; Buchw.⟩ Form des Zwischenbuchhandels, Verkaufslager von Büchern, um den Buchhändlern den Bezug von Büchern aus verschiedenen Verlagen zu erleichtern (urspr. nur gegen Barzahlung)

Bart. ⟨Abk. für⟩ Baronet

Ba|rut|sche ⟨f.; -, -n⟩ zweirädriger Wagen, zweirädrige Kutsche mit zwei Sitzen, die einander gegenüberliegen; *oV* Birutsche [<ital. *baroccio,* frz. *birouche;* zu lat. *birotus* »zweirädrig«]

ba|ry…, Ba|ry… ⟨in Zus.⟩ schwer…, Schwer…; *Barymetrik* [grch.]

B

Ba|ry|me|trik *auch:* **Ba|ry|met|rik** ⟨f.; -; unz.⟩ Berechnung des Lebendgewichtes von Schlachttieren aus dem Gewicht des Rumpfes [<grch. *barys* »schwer« + …*metrie*]

Ba|ry|on ⟨n.; -s, -o|nen; Physik⟩ schweres Elementarteilchen, z. B. Neutron, Protron, Hyperon; →*a.* Lepton (3), Meson [zu grch. *barys* »schwer«]

Ba|ry|sphä|re ⟨f.; -; unz.⟩ der Erdkern [<grch. *barys* »schwer« + *Sphäre*]

Ba|ryt ⟨m.; -(e)s, -e; Chemie⟩ = Bariumsulfat [zu grch. *barys* »schwer«]

Ba|ry|ton ⟨n.; -s, -e; Musik⟩ sechssaitiges Streichinstrument im 18. Jh., ähnl. dem Cello; *oV* Bariton (3) [→ *Bariton*]

Ba|ry|to|ne|se ⟨f.; -, -n; Metrik⟩ Vorverlegung des Akzents vom Wortende weg [<grch. *barys* »schwer« + *tonos* »Spannung«]

Ba|ry|to|non ⟨a. [--'--] n.; -s, -tona od. -to|ne; Sprachw.⟩ Wort, dessen letzte Silbe unbetont ist [grch.-lat.]

Ba|ryt|weiß ⟨n.; -; unz.⟩ Bariumsulfat od. Schwerspat (als Malerfarbe verwendet)

ba|ry|zen|trisch *auch:* **ba|ry|zent|risch** ⟨Adj.⟩ das Baryzentrum betreffend

Ba|ry|zen|trum *auch:* **Ba|ry|zent|rum** ⟨n.; -s, -tren⟩ Schwerpunkt [<grch. *barys* »schwer« + *Zentrum*]

ba|sal ⟨Adj.; Anat.; Geol.⟩ unten, an der Grundfläche (Basis) gelegen, sie betreffend, von ihr stammend [→ *Basis*]

Ba|sa|li|om ⟨n.; -s, -e; Med.⟩ (meist gutartiger) Hauttumor [→ *Basis*]

Ba|salt ⟨m.; -(e)s, -e; Min.⟩ schwärzl. Vulkangestein in charakterist. säulenförmigen Absonderungen [<lat. *basaltes* <*basanites* (nach der ostpalästin. Landschaft *Basan*)]

Ba|sal|tem|pe|ra|tur ⟨f.; -, -en; Med.⟩ Temperatur morgens nach dem Erwachen, vor dem Aufstehen, die zur Feststellung des Ovulationszyklus gemessen wird

ba|sal|ten ⟨Adj.⟩ aus Basalt; *Sy* basaltisch

ba|sal|tisch ⟨Adj.⟩ = basalten

Ba|sar ⟨m.; -s, -e⟩ **1** oriental. Markt **2** offene Kaufhalle, Kaufhaus **3** Verkauf zu Wohltätigkeitszwecken; *oV* Bazar; *Wohltätigkeits~* [<pers., türk. *bazar* »Markt«]

Basch|lik ⟨m.; -s, -s⟩ kaukas. Wollkapuze; *oV* Baschlyk [türk., »Kopfbedeckung«]

Basch|lyk ⟨m.; -s, -s⟩ = Baschlik

Ba|se ⟨f.; -, -n; Chemie⟩ Stoff, der in Wasser Hydroxidionen (OH^-) bildet u. dadurch basisch wirkt (pH-Wert unter 7), in erster Linie die Hydroxide der Elemente der 1. u. 2. Gruppe des Periodensystems wie Lithium, Natrium, Kalium, Rubidium, Caesium sowie Magnesium, Calcium, Strontium u. Barium; *Sy* Alkali [zu grch. *basis* »der betretene Boden; Schritt«]

Base|ball ⟨[bɛɪsbɔ:l] m.; -s, -s; Sport⟩ **1** ⟨unz.⟩ nordamerikan., dem Schlagball ähnliches Ballspiel **2** ⟨zählb.⟩ für Baseball (1) verwendeter Ball [<engl. *base* »Grundlage, Mal« + *ball* »Ball«]

Base|bal|ler ⟨[bɛɪsbɔ:lə(r)] m.; -s, -; Sport⟩ Sportler, der als Amateur od. als Profi das Baseballspiel betreibt [→ *Baseball*]

ba|se|dow|sche Krank|heit *auch:* **Ba|se|dow'sche Krank|heit** ⟨f.; -; unz.⟩ Schilddrüsenerkrankung [nach dem Arzt Karl v. *Basedow*, 1799-1854]

Base|line ⟨[bɛɪslaɪn] f.; -, -s⟩ **1** ⟨Sport⟩ beim Baseball die Verbindungslinie zwischen zwei Malen **2** ⟨allg.⟩ Grundlinie, Basis **3** die unterste Zeile, der Schlusssatz einer Anzeige; *Ggs* Headline [<engl. *base line* »Grundlinie«]

Base|man ⟨[bɛɪsmæn] m.; - od. -s, -men [-mən]; Sport⟩ Spieler der in der Defensive befindlichen Mannschaft beim Baseball, der an einem der Eckpunkte eines Baseballfeldes als Fänger fungiert [→ *Baseball*]

Base|ment ⟨[bɛɪs-] n.; -s, -s⟩ unter dem Straßenniveau liegendes Geschoss, Tiefgeschoss, bes. in Kaufhäusern [engl.]

Base|ment|store ⟨[bɛɪsmənt-stɔ:(r)] m.; -s, -s⟩ **1** Verkaufsraum od. Geschäft im Souterrain **2** in einem Untergeschoss befindliche Verkaufsfläche [<engl. *basement* »Kellergeschoss, Untergeschoss« + *store* »Geschäft, Kaufhaus«]

Ba|sen|paar ⟨n.; -(e)s, -e; Biochemie⟩ durch schwache Bindungen gekoppelte Basen (Adenin u. Thymin od. Guanin u. Cytosin), die zwei DNA-Stränge in Form einer Doppelhelix miteinander verbinden

BASIC ⟨[bɛɪsɪk] EDV; Abk. für engl.⟩ Beginner's All Purpose Symbolic Instruction Code (für Anfänger geeigneter Allzweck-Symbol-Instruktions-Code), eine weit verbreitete Programmiersprache zur Programmierung von Mikrocomputern

Ba|sic Eng|lish *auch:* **Ba|sic En|glish** ⟨[bɛɪsɪk ɪŋglɪʃ] n.; -; unz.⟩ von C. K. Ogden (1889-1957) entwickelte, vereinfachte Form des Englischen mit 850 Grundwörtern (Versuch, Englisch zur Welthilfssprache zu machen) [engl., »Grundenglisch«]

> **Basic Needs** (*Getrennt- und Zusammenschreibung*) Aus dem Englischen stammende Verbindungen aus Adjektiv und Substantiv werden getrennt geschrieben, wenn der Hauptakzent auf dem zweiten Bestandteil liegt oder beide Wörter betont werden (→*a.* Missing Link).

Ba|sic Needs ⟨[bɛɪsɪk ni:ds] Pl.; Wirtsch.⟩ Grundbedürfnisse (bes. in der Entwicklungspolitik von Bedeutung) [engl., »Grundbedürfnisse«]

Ba|sics ⟨[bɛɪsɪks] Pl.; umg.⟩ **1** Grundbegriffe, Grundausstattung; *ein Intensivkurs vermittelt die ~ des Inlineskatings* **2** gut kombinierbare Einzelteile als Grundausstattung an Kleidung; *warme ~ aus Wolle* **3** wichtige Bestandteile der menschlichen Grundversorgung, z. B. Nahrung, Wohnung usw. [engl., »das Wesentliche«]

Ba|si|die ⟨[-djə] f.; -, -n; Bot.⟩ Sporenträger der Ständerpilze [<grch. *basis* »Grundlage«]

Ba|si|dio|spo|re ⟨f.; -, -n; Bot.⟩ von der Basidie abgeschnürte Spore [<*Basidie* + *Spore*]

ba|sie|ren ⟨V.⟩ ~ *auf* beruhen, sich gründen, sich stützen auf [→ *Basis*]

ba|si|klin ⟨Adj.; Bot.⟩ häufiger auf alkalischem als auf saurem Boden wachsend (von Pflanzen) [< *Base* + grch. *klinein* »beugen, neigen«]

Ba|si|li|a|ner ⟨m.; -s, -⟩ Angehöriger eines griechisch-orthodoxen Mönchsordens [nach *Basilius* dem Großen, um 330-379]

Ba|si|lie ⟨[-ljə] f.; -, -n; Bot.⟩ = Basilikum

Ba|si|li|en|kraut ⟨n.; -(e)s; unz.; Bot.⟩ = Basilikum

Ba|si|li|ka ⟨f.; -, -li|ken; Arch.⟩ **1** altgrch. Amtsgebäude, altröm. Markt- u. Gerichtshalle **2** altchristl. Versammlungsraum der Gemeinde, Kirche mit Mittelschiff u. zwei niedrigeren Seitenschiffen, später vielfach abgewandelt [< grch. *stoa basilike* »Königshalle«; → *Basilikum*]

ba|si|li|kal ⟨Adj.⟩ eine Basilika betreffend, zu ihr gehörig, in der Art einer Basilika

Ba|si|li|kum ⟨n.; -s; unz.; Bot.⟩ Basilikumöl enthaltender Lippenblütler, Würzpflanze, Hirnkraut: Ocimum basilicum; *Sy* Basilie, Basilienkraut [< grch. *basilikos* »königlich«; zu *basileus* »König«]

Ba|si|lisk ⟨m.; -en, -en⟩ **1** ⟨Zool.⟩ auf Bäumen lebender Leguan in Mittel- u. Südamerika: Basiliscus **2** schlangenhaftes Fabeltier oriental. Sagen mit tödl. Blick [< mhd. *basiliske* < lat. *basiliskos* »asiat. Königseidechse« (nach einem weißen, einer Krone ähnelnden Fleck auf dem Kopf)]

ba|si|pe|tal ⟨Adj.⟩ *Ggs* akropetal **1** ⟨allg.⟩ abwärtsstrebend **2** ⟨Bot.⟩ absteigend (der jüngste Spross einer Pflanze ist unten, der älteste oben) [< *Base* + lat. *petere* »abwärtsstreben«]

Ba|sis ⟨f.; -, Ba|sen⟩ **1** Grundlage, Unterlage, Ausgangspunkt **2** ⟨Mil.⟩ Stützpunkt **3** ⟨Arch.⟩ Grundlage, Sockel, Unterbau **4** ⟨Math.⟩ **4.1** Grundzahl; ~ *einer Potenz od. eines Logarithmus* **4.2** ⟨Geom.⟩ Grundlinie, Grundfläche **5** ⟨Sprachw.⟩ Grundwort, Wortwurzel **6** ⟨Politik⟩ breite Mitgliederschicht im Gegensatz zu den Führungsgremien u. Vorständen, z. B. in einer Partei, den Kirchen od. Verbänden **7** ⟨histor. Materialismus⟩ die ökonom. Struktur einer Gesellschaftsordnung (im Unterschied zum Überbau) [grch., »Schritt; der betretene Boden, Fundament«]

ba|sisch ⟨Adj.⟩ **1** ⟨Chemie⟩ einen pH-Wert von unter 7 aufweisend durch Gehalt an Hydroxidionen; *Sy* alkalisch **2** ⟨Geol.⟩ ~*e Gesteine* Gesteine mit sehr niedrigem Kieselsäuregehalt

Ba|sis|de|mo|kra|tie ⟨f.; -, -n⟩ Art der Demokratie, in der die Bevölkerung aktiv mitarbeitet u. mitentscheidet

ba|sis|de|mo|kra|tisch ⟨Adj.⟩ in der Art der Basisdemokratie, im Sinne der Basisdemokratie

Ba|sis|frak|tur ⟨f.; -, -en; Med.⟩ Schädelbasisbruch

Ba|sis|grup|pe ⟨f.; -, -n; Politik⟩ (linksorientierte) Gruppe, die im Sinne der Basisdemokratie politische Aktivitäten entwickelt

Ba|si|zi|tät ⟨f.; -; unz.; Chemie⟩ Alkaligehalt einer Lösung als Maß für die Neutralisationskraft einer Säure [→ *basisch*]

Bas|ker|ville ⟨engl. [bæskə(r)vil] f.; -; unz.; Typ.⟩ die Druckschriften Antiqua u. Kursiv [nach dem engl. Drucker u. Schriftgießer John *Baskerville*, 1706-1775]

Bas|ket|ball ⟨m.; -(e)s, -bäl|le; Sport⟩ **1** ⟨unz.⟩ Korbball(spiel), das von zwei Mannschaften zu je fünf Spielern u. (regelgerecht) ohne körperl. Berührung gespielt wird **2** ⟨zählb.⟩ für Basketball (1) verwendeter Ball [< engl. *basket* »Korb« + *ball* »Ball«]

Bas|kü|le ⟨f.; -, -n⟩ **1** Fensterverschluss, bei dem ein drehbarer Griff je eine Stange nach oben u. unten in zwei Vertiefungen od. an der Füllung befestigte Ösen schiebt **2** gute Manier (angezogene Vorderbeine u. runder Rücken) des Pferdes beim Überwinden eines Hindernisses [< frz. *bascule* »Klappe, Wippe«]

Bas|ma|ti ⟨m.; -; unz.⟩ langkörnige, aromatische Reissorte aus Indien [Hindi]

ba|so|phil ⟨Adj.; Chemie⟩ mit basischen Farbstoffen färbbar; ~*e Zellkulturen;* ~*e Mikroorganismen* [< *Base* + *...phil*]

Bas|re|li|ef ⟨[baːrəljɛf] n.; -s, -s od. -e⟩ flaches od. halberhabenes Relief; *Ggs* Hautrelief [< frz. *bas* »niedrig« + *Relief*]

Bass ⟨m.; -es, Bäs|se; Musik⟩ **1** ⟨kurz für⟩ Kontrabass **2** tiefste Tonlage bei Musikinstrumenten; ~*flöte;* ~*klarinette;* ~*trompete* **3** = Basso continuo **4** *bezifferter* ~ Basso continuo, mit Ziffern über od. unter den einzelnen Noten zur Ausführung auf einem Tasteninstrument **5** tiefste Tonlage der männl. Stimme **6** Sänger der tiefsten Stimmlage, Bassist **7** Gesamtheit der tiefen Stimmen bzw. Instrumente im Chor bzw. Orchester [< ital. *basso* < mlat. *bassus* »niedrig«]

bas|sa ⟨Adj.; Musik⟩ tief, niedrig; *8* ~, 8va ~ eine Oktave tiefer zu spielen [ital., Fem. zu *basso;* → *Bass*]

Bass|ba|ri|ton ⟨m.; -s, -e; Musik⟩ **1** Stimmlage zwischen Bass u. Bariton **2** Sänger mit dieser Stimmlage

Bass|buf|fo ⟨m.; -s, -s od. -buf|fi; Musik⟩ Sänger komischer Bassrollen

Basse|lisse ⟨[baslɪs] od. [baslɪs] f.; -, -n; Web.⟩ Wand- od. Bildteppich, der mit waagerechter Kette gewebt ist; *Ggs* Hautelisse [< frz. *basse lice* »tiefer Schaft«]

Basse|lisse|we|be|rei ⟨[baslɪs-] od. [baslɪs-] f.; -, -en; Web.⟩ Weberei am niederschäftigen Webstuhl mit waagerechter Kette; *Ggs* Hautelisseweberei

Bas|se|na ⟨f.; -, -s; österr.⟩ von mehreren Mietparteien genutztes Wasserbecken im Flur eines alten Wohnhauses [österr.; → *Bassin*]

Bas|set ⟨frz. [basɛ], engl. [bæsɪt] m.; -s, -s⟩ kurzbeinige Jagdhundrasse [frz., eigtl. »kurzbeinig«; zu *bas* »niedrig«]

Bas|sett|horn ⟨n.; -s, -hör|ner; Musik⟩ Klarinette in Alttonlage, Altklarinette [→ *Bass*]

B

Bas|sin ⟨[basɛ̃ː] n.; -s, -s⟩ künstlich ausgemauertes Wasserbecken; *Schwimm~* [frz., »Becken«]
Bas|sist ⟨m.; -en, -en; Musik⟩ **1** Sänger mit Bassstimme **2** Spieler der Bassgeige
Bass|kla|ri|net|te ⟨f.; -, -n; Musik⟩ um eine Oktave tiefer gestimmte Klarinette
Bass|line ⟨[-laɪn] f.; -, -s; umg.; Musik⟩ = Basslinie [<engl. *line* »Linie«]
Bass|li|nie ⟨[-njə] f.; -, -n; Musik⟩ Melodieführung in der Bassstimme, basslastige Musik; *oV* Bassline
Bas|so ⟨m.; -, Bas|si; Musik⟩ **1** Bass **2** ⟨17. u. 18. Jh.⟩ ~ *continuo* Bassstimme zur Begleitung von Instrumentalstücken, meist auf Gambe od. (wenn beziffert) Tasteninstrument gespielt; *Sy* Bass (3), Generalbass **3** ~ *ostinato* ständig wiederkehrendes, variiertes Motiv im Bass; *Sy* ostinater Bass [ital.]
bas|ta! genug!, Schluss jetzt!; *und damit* ~ und nun genug davon [ital.]
Bas|tard ⟨m.; - od. -, -e⟩ **1** ⟨Biol.⟩ Nachkommen von Eltern unterschiedl. Rasse, Gattung od. Art, Mischling; →*a.* Hybride **2** jmd., dessen Eltern verschiedenen typol. Bevölkerungsgruppen angehören [<afrz. *bastard* »anerkannter Sohn eines Adligen, der nicht von der rechtmäßigen Frau stammt«]
bas|tar|die|ren ⟨V.⟩ **1** ⟨Biol.⟩ mischen, kreuzen **2** ⟨fig.⟩ die Art verderben
Bas|tar|die|rung ⟨f.; -, -en; Biol.⟩ Erzeugung, Züchtung von Bastarden, Kreuzung
Bas|te ⟨f.; -, -n; Kart.⟩ zweithöchste Trumpfkarte [frz. <span. *basto* »Treff«]
Bas|tei ⟨f.; -, -en⟩ = Bastion [<ital. *bastia* »Bollwerk«; → *Bastion*]
Bas|til|le ⟨[-tiːjə] f.; -, -n⟩ **1** befestigtes Schloss in Frankreich **2** die als Staatsgefängnis benutzte Burg in Paris; *die Stürmung der* ~ (bei der Frz. Revolution 1789) [frz., »Bastei«]
Bas|ti|on ⟨f.; -, -en⟩ vorspringender Teil eines Festungsbauwerkes; *Sy* Bastei [<ital. *bastione,* Vergrößerungsform von *bastia;* → *Bastei*]
bas|ti|o|nie|ren ⟨V.⟩ mit Bastionen versehen, befestigen
Bas|to|na|de ⟨f.; -, -n⟩ früher im Orient übl. Prügelstrafe, Hiebe mit dem Stock, bes. auf die Fußsohlen [<frz. *bastonnade* »Stockstreiche«]
Bat. ⟨veraltet; Abk. für⟩ Bataillon
Ba|tail|le ⟨[-taːjə] od. [-taljə] f.; -, -n; veraltet⟩ Kampf, Schlacht [frz., »Schlacht«; zu *battre* »schlagen«]
Ba|tail|lon ⟨[-taljoːn] n.; -s, -e; Mil.; Abk.: Bat.⟩ Truppenabteilung, Teil eines Regiments [frz.; zu *bataille* »Schlacht«]
Ba|ta|te ⟨f.; -, -n; Bot.⟩ Windengewächs aus Südamerika, dessen süße Wurzelknollen gegessen werden: Ipomaea batatas, Knollenwinde, Süßkartoffel [<span. *patata* <Taino *batata*]
Batch|pro|ces|sing ⟨[bætʃprousɛsɪŋ] n.; - od. -s; unz.; EDV⟩ Arbeitsweise eines Computers, bei der eine Aufgabe nach der anderen erledigt wird, Stapelverarbeitung; *Ggs* Parallelbetrieb [<engl. *batch* »Stapel« + *processing* »Verarbeitung«]
Ba|tho|me|ter ⟨n.; -s, -⟩ Gerät zum Messen der Meerestiefe; *oV* Bathymeter [<grch. *bathos* »Tiefe« + *...meter*]
Ba|tho|pho|bie ⟨f.; -; unz.; Med.⟩ Schwindelgefühl beim Anblick großer Tiefen od. Höhen [<grch. *bathos* »Tiefe« + *Phobie*]
ba|thy..., Ba|thy... ⟨in Zus.⟩ tief..., Tief... [<grch. *bathys* »tief«]
ba|thy|al ⟨Adj.; Geol.⟩ zum Bathyal gehörend, in ihm vorhanden
Ba|thy|al ⟨n.; -s; unz.; Geol.⟩ der Lebensbereich des Meeres in der wenig od. gar nicht mehr vom Licht beeinflussten Tiefe (unterhalb von etwa 200 Metern) [zu grch. *bathys* »tief«]
Ba|thy|bi|us ⟨m.; -; unz.⟩ schleimiger Niederschlag in der Tiefsee, früher für Lebewesen gehalten [<*Bathy...* + grch. *bios* »Leben«]
Ba|thy|gra|fie ⟨f.; -; unz.⟩ = Bathygraphie
ba|thy|gra|fisch ⟨Adj.⟩ = bathygraphisch
Ba|thy|gra|phie ⟨f.; -; unz.⟩ Tiefseeforschung; *oV* Bathygrafie [<*Bathy...* + *...graphie*]
ba|thy|gra|phisch ⟨Adj.⟩ die Bathygraphie betreffend, auf ihr beruhend, mit ihrer Hilfe, tiefseekundlich; *oV* bathygrafisch
Ba|thy|me|ter ⟨n.; -s, -⟩ = Bathometer [<grch. *bathys* »tief« + *...meter*]
Ba|thy|skaph ⟨m.; -en, -en⟩ von Piccard geschaffenes unterseebootartiges Tiefseetauchgerät [<*Bathy...* + grch. *skaphos* »Wanne, Schiff«]
Ba|thy|sphä|re ⟨f.; -, -n⟩ **1** Bereich der Tiefsee **2** magmahaltige Tiefenzone der Erde **3** von einem Begleitschiff aus bewegte Tiefseetauchkugel
Ba|tik ⟨f.; -, -en od. m.; -s, -en⟩ **1** ⟨unz.⟩ auf Java entwickeltes, kunstvolles Färbeverfahren für Gewebe, bei dem die Muster mit Wachs abgedeckt u. nacheinander gefärbt werden **2** ⟨zählb.⟩ gebatiktes Gewebe [javan., »gesprenkelt«]
ba|ti|ken ⟨V.⟩ mit Hilfe der Batik färben
Ba|tist ⟨m.; -(e)s, -e; Textilw.⟩ feines, leinwandartiges Gewebe [<frz. *batiste,* vermutl. nach einem Leinwandweber *Baptiste,* der im 13. Jh. in Cambrai gelebt haben soll]
ba|tis|ten ⟨Adj.⟩ aus Batist
Batt. ⟨Mil.; Abk. für⟩ Batterie (1)
Bat|ta|glia *auch:* **Bat|tag|lia** ⟨[-talja] od. [-taːja] f.; -, -glien [-taljən] od. [-taːjən]; Musik⟩ klangmalerische Darstellung eines Kampfes, Aufmarsches o. Ä. [ital., »Schlacht«]
Batte|ment ⟨[batmãː] n.; -s, -s; Musik⟩ trillerähnliches Vibrato [frz., »Schlagen, Klopfen«]
Bat|ter ⟨[bætə(r)] m.; -s, -; Sport; Baseball⟩ derjenige Spieler, der am Schlag ist [<engl. *bat* »Schläger, Schlagknüppel«]
Bat|te|rie ⟨f.; -, -n⟩ **1** ⟨Technik⟩ mehrere gleichartige Geräte, die hinter- od. nebeneinandergekuppelt od. zusammengeschlossen werden, um ihre Leistung zusammenzufassen; *Dampfkessel~* **2** ⟨Mil.; Abk.: Batt(r).⟩ aus mehreren Geschützen (mit Bedienungsmannschaft) bestehende

kleinste Artillerieeinheit **3** ⟨El.⟩ zu einer Stromquelle zusammengeschlossene elektr. Elemente; *Akkumulatoren~; Taschenlampen~* [frz., »Artillerie«; zu *battre* »schlagen«]

Battr. ⟨Mil.; Abk. für⟩ Batterie (2)

Bat|tu|ta ⟨f.; -, -tu|ten⟩ *oV* Battute **1** ⟨Musik⟩ Taktschlag; *a battuta* den vorherigen Taktschlag wiederaufnehmend **2** ⟨Sport; Fechten⟩ mit der Mitte der eigenen Klinge geführter Schlag gegen die gegnerische Klinge [ital.]

Bat|tu|te ⟨f.; -, -n⟩ = Battuta

Baud ⟨a. [bo:d] n.; -s, -; Abk.: Bd⟩ Maßeinheit für die Schrittgeschwindigkeit der Datenübertragung, 1 Bit/Sekunde [nach dem frz. Ingenieur E. *Baudot,* 1845-1903]

Bau|de ⟨f.; -, -n; schles.⟩ **1** Bude **2** Bauernhof im Riesengebirge **3** Burggasthof [<tschech. *bouda,* nhd. *Bude*]

Bau|mé|grad *auch:* **Bau|mé-Grad** ⟨[bome:-] m.; -(e)s, -e; Zeichen: °Bé⟩ (nicht mehr zulässige) Maßeinheit für die Dichte von Flüssigkeiten [nach dem frz. Chemiker Antoine *Baumé,* 1728-1804]

Bau|mé|spin|del *auch:* **Bau|mé-Spin|del** ⟨[bome:-] f.; -, -n⟩ nach Baumé-Graden geeichtes Aräometer zur Bestimmung der Dichte von Flüssigkeiten [→ *Baumégrad*]

Bausch|quan|tum ⟨n.; -s, -quanten; österr.⟩ = Pauschquantum

Bau|ta|stein ⟨m.; -(e)s, -e⟩ den Runensteinen verwandter, unbearbeiteter Gedenkstein in Skandinavien aus der Bronzezeit, ohne Inschrift [<anord. *bauta*]

Bau|xit ⟨m.; -s, -e; Min.⟩ wichtiges Aluminiummineral, Eisen- u. Titanoxid enthaltende Tonerdehydroxide [nach dem ersten Fundort *Les Baux* in Südfrankreich]

Ba|zar ⟨[-za:r] m.; -s, -e⟩ = Basar

ba|zil|lär ⟨Adj.⟩ Bazillen betreffend, durch Bazillen hervorgerufen

Ba|zil|le ⟨f.; -, -n; umg. für⟩ Bazillus

Ba|zil|lus ⟨m.; -, -zil|len⟩ stäbchenförmiger Spaltpilz, sporenbildendes Bakterium; *oV* Bacillus [<lat. *bacillus* »Stäbchen«]

Ba|zoo|ka ⟨[-zu:ka] f.; -, -s⟩ amerikanische Panzerfaust [engl.; urspr. ein Musikinstrument]

B2B ⟨Abk. für engl.⟩ Business-to-Business

BBC ⟨[bibisi:] Abk. für engl.⟩ British Broadcasting Corporation, brit. Rundfunkgesellschaft

B2C ⟨Abk. für engl.⟩ Business-to-Consumer

B. c. ⟨Abk. für⟩ Basso continuo

B. C. ⟨Abk. für⟩ before Christ (vor Christus) [engl.]

BCD-Code ⟨[-ko:d] m.; -s, -s; EDV; Abk. für engl.⟩ Binary Coded Decimals Code (binär codierter Dezimalzahlencode), ein in der EDV verwendeter 4-Bit-Code mit der Stellenfolge 8421

Bd ⟨Abk. für⟩ Baud

Be ⟨chem. Zeichen für⟩ Beryllium

Bé ⟨Zeichen für⟩ Baumé; →*a.* Baumégrad

bea|chen ⟨[bi:tʃən] V.; Sport⟩ Beachvolleyball spielen

Beach|vol|ley|ball ⟨[bi:tʃvɔle:-] m.; -(e)s, -bäl|le; Sport⟩ **1** ⟨unz.⟩ besondere Form des Volleyballs mit leicht modifizierten Regeln, die meist in Zweierteams auf Sand gespielt wird **2** ⟨zählb.⟩ für Beachvolleyball (1) verwendeter Ball [<engl. *beach* »Strand« + *Volleyball*]

Bea|gle *auch:* **Beag|le** ⟨[bi:g(ə)l] m.; -s, - od. -s; Zool.⟩ kurzbeinige, schwarz, braun u. weiß gescheckte Spürhundrasse [engl.]

Beam ⟨[bi:m] m.; -s, -s⟩ Zielstrahl eines Satelliten [engl.]

Beam|an|ten|ne ⟨[bi:m-] f.; -, -n⟩ Richtantenne mit besonders großer Empfangscharakteristik [<engl. *beam* »Strahl«]

bea|men ⟨[bi:mən] V.; EDV; umg.⟩ **1** ⟨i. e. S.⟩ auf digitalem Weg verschwinden u. an anderer Stelle wieder auftauchen lassen; *sich ans Mittelmeer ~ lassen* **2** ⟨i. w. S.⟩ auf digitalem Weg übertragen, übersenden; *die Nachrichten wurden rund um den Globus gebeamt* [<engl. *beam* »strahlen, senden«]

Bea|mer ⟨[bi:-] m.; -s, -; EDV⟩ Gerät, das die Abbildung eines Computerbildschirmes an die Wand od. auf eine Bildwand projiziert [→ *beamen*]

Bear ⟨[bɛ:r] m.; -s, -s; umg.; Börse⟩ = Baissespekulant; *Ggs* Bull [engl., »Bär« (nach der Vorstellung, dass der Bär die Aktienkurse mit seiner Tatze nach unten schlägt)]

Beat ⟨[bi:t] m.; -s, -s; Musik⟩ Art des Drive, Betonung eines Taktteiles od. rhythm. Verschiebung [engl., »Schlag«]

Beat|box ⟨[bi:tbɔks] f.; -, -en; Popmusik⟩ programmierbare Rhythmusmaschine, die mit der Stimme *(Human ~)* od. elektronisch Rhythmen u. Klangeffekte erzeugt

bea|ten ⟨[bi:-] V.; Musik⟩ **1** Musik im Beatstil spielen **2** zu dieser Musik tanzen [→ *Beat*]

Beat|fan ⟨[bi:tfæn] m.; -s, -s; Musik⟩ jmd., der gern u. oft Beatmusik hört [→ *Beat*]

Beat|ge|ne|ra|tion ⟨[bi:tdʒɛnərɛıʃn] f.; -; unz.⟩ Gruppe junger nordamerikan. Künstler nach dem 2. Weltkrieg, die in Ablehnung von Staat u. bürgerl. Gesellschaft, Neigung zum Zen-Buddhismus u. rauschhaftem Lebensstil nach metaphys. Erkenntnis strebte [engl., »geschlagene Generation«; zu *beat* »Schlag«]

Be|a|ti|fi|ka|ti|on ⟨f.; -, -en⟩ Seligsprechung [<lat. *beatus* »glückselig« + *...fikation*]

be|a|ti|fi|zie|ren ⟨V.⟩ seligsprechen [→ *Beatifikation*]

Bea|tle *auch:* **Beat|le** ⟨[bi:tl] m.; -s, -s⟩ **1** ⟨Musik⟩ Angehöriger der ehemaligen engl. Beatgruppe »The Beatles« **2** ⟨fig.; umg.⟩ junger Mann mit Pilzkopffrisur ähnlich der der Beatles

Beat|mu|sik ⟨[bi:t-] f.; -; unz.⟩ Stil der Rockmusik, der stark rhythmisch geprägt ist [<engl. *beat* »Schlag«]

Beat|nik ⟨[bi:t-] m.; -s, -s⟩ Angehöriger der Beatgeneration

Beat|pad ⟨[bi:tpæd] m.; -s, -s⟩ Stelle, wo man Drogen kaufen kann [<engl. *beat* »Revier, Bereich« + *pad* »Weg, Pfad«]

Beau ⟨[bo:] m.; -s, -s; scherzh.;

spött.⟩ schöner (u. eitler) Mann, Stutzer, Geck [frz., »schön«]

Beau|fort|ska|la *auch:* **Beau|fort-Ska|la** ⟨[bo:fɔt-] od. [bofɔ:r-] f.; -; unz.⟩ früher 12-, heute 18-teilige Skala zur Einteilung der Windstärke [nach dem engl. Admiral Sir Francis *Beaufort,* 1774-1857]

Beau|jo|lais ⟨[boʒɔlɛ] m.; -, -⟩ aus der französischen Landschaft Beaujolais stammender Rotwein

Beau|té ⟨[bote:] f.; -, -s⟩ eine Schönheit, schöne Frau [frz., »Schönheit«]

Beau|ty ⟨[bju:ti] f.; -, -s⟩ Schönheit, schöne Frau [engl.]

Beau|ty|case ⟨[bju:tikɛıs] n. od. m.; - od. -s [-sız], -s [-sız]⟩ kleiner Handkoffer für Damen, der die notwendigen Schmink- u. Pflegeutensilien enthält [<engl. *beauty* »Schönheit« + *case* »Koffer«]

Beau|ty|cen|ter ⟨[bju:tisɛn-] n.; -s, -⟩ Geschäft, in dem Körperpflege- u. Kosmetikartikel gekauft u. meist unter fachkundiger Anweisung auch angewendet werden können, Schönheitssalon [<engl. *beauty* »Schönheit« + *Center*]

Beau|ty|farm ⟨[bju:ti-] f.; -, -en⟩ Kuranstalt für kosmetische Behandlungen u. Schönheitspflege [<engl. *beauty* »Schönheit« + *farm* »Bauernhof«]

Beau|ty|flu|id ⟨[bju:ti-] n.; -s, -s⟩ Creme zur Gesichtspflege [<engl. *beauty* »Schönheit« + *Fluid*]

Bé|bé ⟨[bebe:] n.; -s, -s; bes. schweiz.⟩ kleines Kind, Säugling [frz.]

Be|bop ⟨[bi:bɔp] m.; -s, -s; Musik⟩ seit 1940 entwickelter, kunstvoller nordamerikan. Jazzstil [engl.; die bedeutungslosen Silben »bebop« sollen die verminderte Quinte, die bei dieser Jazzspielweise im Vordergrund steht, sprachl. nachahmen]

Bé|cha|mel|kar|tof|feln ⟨[-ʃamɛl-] Pl.; Kochk.⟩ Kartoffelscheiben in Béchamelsoße [nach dem französischen Haushofmeister Ludwig XIV., Marquis de *Béchamel*]

Bé|cha|mel|so|ße ⟨[-ʃamɛl-] f.; -, -n; Kochk.⟩ Soße aus Butter, Mehl, Milch u. Gewürzen [nach dem französ. Haushofmeister Ludwigs XIV., Marquis de *Béchamel*]

be|cir|cen ⟨V.⟩ = bezirzen

Bec|que|rel ⟨[bɛkərɛl] n.; - od. -s, -; Zeichen: Bq⟩ SI-Einheit für die Stärke der Radioaktivität: 1 Bq entspricht einem radioaktiven Zerfallsakt pro Sekunde [nach dem frz. Physiker H. A. *Becquerel,* 1852-1908]

Bed and Break|fast ⟨[bɛd ənd brɛkfəst] n.; - - -; unz.⟩ preisgünstige Form der Übernachtung in angelsächsischen Ländern (bes. in Großbritannien), bei der der Reisende in einem Privathaus Unterkunft u. Frühstück erhält [engl., »Bett und Frühstück«]

Be|du|i|ne ⟨m.; -n, -n⟩ nomadisch od. halbnomadisch lebender Araber [<arab. *bedawi* »in der Wüste umherstreifend«]

Beef|ea|ter ⟨[bi:fi:tə(r)] m.; -s, -⟩ Leibgardist des englischen Könighauses [engl., eigtl. »Rindfleischesser«]

Beef|steak ⟨[bi:fste:k] od. engl. [-steık] n.; -s, -s⟩ **1** *englisches ~* gebratene Lendenscheibe vom Rind **2** *deutsches ~* gebratenes Fleischklößchen **3** *~ à la Tatare* Tatarenbeefsteak [<engl. *beef* »Rindfleisch« + *steak* »Fleischschnitte«]

Beef|tea ⟨[bi:fti:] m.; -s, -s⟩ Rindfleischbrühe [<engl. *beef* »Rind« + *tea* »Tee«]

Be|el|ze|bub ⟨[beɛl-] od. [be:l-] m.; -; unz.; NT⟩ Teufel; *den Teufel mit dem ~ austreiben* ein Übel durch ein schlimmeres bekämpfen [<hebr. *baal* »Herr« + *z'bub* »Fliege; (eigtl.) Fliegenfürst, Oberteufel«]

Beep ⟨[bi:p] m.; -s, -s⟩ Piepston (eines Beepers), Piep [engl.]

Bee|per ⟨[bi:-] m.; -s, -⟩ **1** = Pager **2** Computerlautsprecher [engl.]

Bef|froi *auch:* **Beff|roi** ⟨[bɛfroa] m.; -s, -s⟩ Bergfried [frz., »Glockenstuhl, Wachtturm«]

Beg ⟨m.; -s, -s⟩ = Bei

Be|gard ⟨m.; -en, -en⟩ = Begarde

Be|gar|de ⟨m.; -n, -n; im MA⟩ Angehöriger einer mönchisch lebenden, aber nicht durch Gelübde gebundenen Vereinigung; *oV* Begard, Beghard, Begharde; → *a.* Begine [vermutlich nach dem Gründer Lambert le *Bègue* (»der Stotterer«, 12. Jh.) mit männlicher Endung ...*(h)ard*]

Be|gas|se ⟨f.; -, -n⟩ = Bagasse

Be|ghard ⟨m.; -en, -en⟩ = Begarde

Be|ghar|de ⟨m.; -en, -en⟩ = Begarde

Be|ghi|ne ⟨f.; -, -n⟩ = Begine

Be|gi|ne ⟨f.; -, -n⟩ Angehörige einer klösterlich lebenden, aber nicht durch Gelübde gebundenen Frauenvereinigung; *oV* Beghine [vermutl. nach Lambert le *Bègue,* mit weibl. Endung ...*ine;* → *Begarde*]

Be|go|nie ⟨[-njə] f.; -, -n; Bot.⟩ tropische Pflanzengattung, Zierpflanze mit unsymmetrischen Blättern, Schiefblatt: Begonia [nach Michel *Bégon,* † 1710, Gouverneur von Santo Domingo]

Be|gum ⟨f.; -, -en⟩ Titel indischer Fürstinnen [<Hindi *begam* »Mohammedanerin mit einem hohen gesellschaftl. Rang«]

Be|ha|is|mus ⟨m.; -; unz.⟩ = Bahaismus

Be|ha|vi|o|ris|mus ⟨[bihɛıvjə-] m.; -; unz.⟩ von J. B. Watson begründete Richtung der Psychologie, die sich nur auf das Verhalten von Mensch u. Tier in wechselnder Umwelt stützt [<engl. *behavio(u)r* »Verhalten«]

be|ha|vi|o|ris|tisch ⟨[bihɛıvjə-] Adj.⟩ den Behaviorismus betreffend, auf ihm beruhend

Be|hen|nuss ⟨f.; -, -nüs|se; Bot.⟩ = Bennuss [<span. <portug. *behén* <pers., arab. *behmen*]

Be|hind ⟨[bihaınd] n.; -s; unz.; schweiz.; Sport⟩ der hinter der Torlinie befindliche Auslauf an beiden Enden eines Fußballfeldes [engl., »(da-)hinter«]

Bei ⟨m.; -s, -s od. -e⟩ Herr, türk. Titel; *oV* Beg, Bey [<türk. *beg* »Herr«]

beige ⟨[be:ʒ] od. [bɛ:ʒ] Adj.⟩ von der natürlichen Farbe der Wolle, sandfarben, gelbbraun [frz., »ungefärbt«]

Beige ⟨[be:ʒ] od. [bɛ:ʒ] n.; -;

unz.⟩ beige Farbe; *einen Raum in ~ halten* [→ *beige*]

Bei|gnet *auch:* **Beig|net** ⟨[bɛnjeː] m.; -s, -s⟩ ein Fettgebäck (mit Früchten) [frz., »Krapfen«]

Bei|ram ⟨m.; -s, -s⟩ = Bairam

Be|kas|si|ne ⟨f.; -, -n; Zool.⟩ Schnepfenvogel der nördl. Halbkugel mit langem Schnabel, Sumpfschnepfe: Gallinago [<frz. *bécassine;* zu *bec* »Schnabel«]

Bel ⟨n.; - od. -s, -; Zeichen: B⟩ auf dem dekadischen Logarithmus beruhendes Maß für die Dämpfung von Schwingungen [nach dem Erfinder des Telefons, dem engl.-amerikan. Physiologen A. G. *Bell,* 1847-1922]

Bel|ami ⟨m.; - od. -s, -s; iron.; scherzh.⟩ Liebling der Frauen, Frauenheld [<frz. *bel ami* »schöner Freund«]

Bel|can|tist ⟨m.; -en, -en; Musik⟩ Belcantosänger; *oV* Belkantist [→ *Belcanto*]

Bel|can|to ⟨m.; -s; unz.; urspr.; Musik; bes. im 17. bis 19. Jh.⟩ italien. Kunstgesang, bei dem der Hauptwert auf Klangschönheit gelegt wird; *oV* Belkanto [<ital. *bel canto* »schöner Gesang«]

Be|lem|nit ⟨m.; -en, -en⟩ als Versteinerung erhaltene ausgestorbene Ordnung der Kopffüßer: Belemnoidea [<grch. *belemnon* »Geschoss« (nach dem Volksglauben durch Blitzschlag od. Donner entstanden; mit Unheil abwehrender Wirkung)]

Bel|es|prit *auch:* **Bel|esp|rit** ⟨[bɛlɛspriː] m.; -s, -s⟩ Schöngeist [<frz. *bel esprit*]

Bel|eta|ge ⟨[bɛletaːʒ(ə)] f.; -, -n; veraltet⟩ erstes Stockwerk [<frz. *bel étage* »schönes Stockwerk«]

Be|li|al ⟨m.; -s; unz.⟩ Teufel [<hebr. *b'li* »nicht« + *ja'al* »Nutzen«]

Bel|kan|tist ⟨m.; -en, -en; Musik⟩ = Belcantist

Bel|kan|to ⟨m.; -s; unz.; Musik⟩ = Belcanto

Bel|la|do|nin ⟨n.; -s; unz.; Pharm.⟩ Alkaloid, das aus der Tollkirsche gewonnen wird; →*a.* Belladonna

Bel|la|don|na ⟨f.; -, -don|nen⟩ **1** Tollkirsche **2** ⟨Pharm.⟩ das aus der Tollkirsche gewonnene Alkaloid Belladonin [<ital. *bella donna* »schöne Frau« (weil der in die Augen geträufelte Extrakt die Pupillen weitet u. dem Augapfel ein interessantes Aussehen gibt)]

Belle Époque ⟨[bɛlepɔk] f.; - -; unz.⟩ Epoche eines geistigen u. wirtschaftlichen Aufschwunges in Frankreich zu Beginn des 20. Jh. [frz., »schöne Epoche«]

Bel|le|trist *auch:* **Bel|let|rist** ⟨m.; -en, -en; Lit.⟩ Schriftsteller der Belletristik

Bel|le|tris|tik *auch:* **Bel|let|ris|tik** ⟨f.; -; unz.; Lit.⟩ schöngeistiges Schrifttum, Unterhaltungsliteratur [<frz. *belles lettres* »schöne Literatur«]

Bel|le|tris|tin *auch:* **Bel|let|ris|tin** ⟨f.; -, -tin|nen; Lit.⟩ Schriftstellerin der Belletristik

bel|le|tris|tisch *auch:* **bel|let|ris|tisch** ⟨Adj.; Lit.⟩ in der Art der Belletristik, zu ihr gehörig

Belle|vue ⟨[bɛlvyː] n.; - od. -s, -s⟩ Name von Schlössern, die eine weitreichende Aussicht auf die umliegende Landschaft bieten; →*a.* Belvedere [<frz. *belle vue* »schöner Blick, schöne Aussicht«]

Bel|li|zis|mus ⟨m.; -; unz.⟩ Befürwortung des Krieges; *Ggs* Pazifismus

Bel|li|zist ⟨m.; -en, -en⟩ Anhänger, Befürworter des Krieges; *Ggs* Pazifist [zu lat. *bellicus* »zum Krieg gehörend«]

Bel|li|zis|tin ⟨f.; -, -tin|nen⟩ Anhängerin, Befürworterin des Krieges; *Ggs* Pazifistin

bel|li|zis|tisch ⟨Adj.⟩ kriegstreiberisch, den Krieg befürwortend [<lat. *bellicus* »kriegerisch, zum Krieg gehörend«]

Bel|pa|e|se® *auch:* **Bel Pa|e|se** ⟨m.; (-) -; unz.⟩ ein ital. Weichkäse [<ital. *bello* »schön« + *paese* »Land, Dorf«]

Be|lu|ga ⟨f.; -, -s; Zool.⟩ bis 5 m langer Gründel(zahn)wal an den Nordküsten der nördl. Halbkugel, Weißwal: Delphinapterus leucas [<russ. *bjelyj* »weiß«]

Be|lutsch ⟨m.; -(e)s, -e⟩ handgeknüpfter Orientteppich (Gebetsteppich) mit geometrischer Musterung [nach dem Volk der *Belutschen*]

Bel|ve|de|re ⟨[-ve-] n.; - od. -s, -s⟩ →*a.* Bellevue **1** ⟨veraltet⟩ Aussichtspunkt **2** Name verschiedener Schlösser, die eine weitreichende Aussicht auf die umliegende Landschaft bieten [<ital. *bel vedere* »schöne Aussicht«]

Ben ⟨vor hebr. u. arab. Eigennamen⟩ Sohn, Engel; ~ *Gurion*

Bench|mark ⟨[bɛntʃ-] f.; -; unz.; EDV⟩ Maßeinheit zur Ermittlung der Leistungsfähigkeit von Computern [engl., »Nivellierungszeichen« (z. B. an Messlatten) <*bench* »Schicht« + *mark* »Zeichen«]

Bench|mar|king ⟨[bɛntʃ-] n.; -s; unz.; Wirtsch.⟩ Ausrichtung an den jeweils höchsten Werten von konkurrierenden Unternehmen (als Orientierungshilfe in der Wirtschaftsführung) [→ *Benchmark*]

be|ne ⟨Adj.⟩ gut, schön [ital.]

be|ne|dei|en ⟨V.; poet.⟩ segnen; *gebenedeit seist du, Maria* [<mhd. *benedien* <lat. *benedicere* »Gutes wünschen, segnen«]

Be|ne|dic|tus ⟨n.; -, -; in der kath. Messe u. luther. Abendmahlsordnung⟩ Lobgesang nach Lukas 1,68 [lat., Part. Perf. zu *benedicere* »Gutes wünschen, loben, preisen«]

Be|ne|dik|ti|ner ⟨m.; -s, -⟩ **1** ⟨Rel.⟩ Mönch des ältesten katholischen Ordens des Abendlandes, Ordo Sancti Benedicti, der im 6. Jh. gegründet wurde **2** französischer Kräuterlikör, nach einem Rezept der Benediktinerabtei Fécamp von 1510 [lat., nach *Benedikt* von Nursia, dem Ordensgründer]

Be|ne|dik|ti|on ⟨f.; -, -en⟩ Segnung [<lat. *benedictio* »Segnen«]

be|ne|di|zie|ren ⟨V.⟩ segnen [<lat. *benedicere*]

Be|ne|fiz ⟨n.; -es, -e⟩ **1** = Benefizvorstellung **2** Pfründe **3** = Benefizium [<frz. *bénéfice* »Vorteil, Nutzen« <lat. *beneficium* »Wohltat«]

Be|ne|fi|zi|ant ⟨m.; -en, -en⟩ **1** Wohltäter **2** Nutznießer einer Benefizvorstellung

Be|ne|fi|zi|ar ⟨m.; -s, -e⟩ = Benefiziat

Be|ne|fi|zi|at ⟨m.; -en, -en⟩ **1** Inhaber eines Benefiziums **2** Pfründner
Be|ne|fi|zi|um ⟨n.; -s, -zi|en; MA⟩ zur Nutzung überlassenes erbl. Land, Lehen; *oV* Benefiz (3)
Be|ne|fiz|vor|stel|lung ⟨f.; -, -en⟩ Theater- od. Musikaufführung zugunsten eines Künstlers od. eines wohltätigen Zweckes; *Sy* Benefiz (1)
Be|ne|lux|län|der ⟨Pl.⟩ die Länder Belgien, Niederlande und Luxemburg [verkürzt <*Be*lgique, *Ne*derland, *Lux*emburg]
Ben|gal ⟨f.; -; unz.; Textilw.⟩ kurzstapelige Baumwolle aus Indien [nach der indischen Landschaft *Bengalen*]
ben|ga|lisch ⟨Adj.⟩ Bengalen betreffend, zu ihm gehörend, aus ihm stammend
be|ni|gne *auch:* **be|nig|ne** ⟨Adj.; Med.⟩ gutartig; *Ggs* maligne; *eine ~ Geschwulst* [<lat. *benignus* »gutmütig«]
Be|ni|gni|tät *auch:* **Be|nig|ni|tät** ⟨f.; -; unz.⟩ **1** Güte, Leutseligkeit, Milde **2** ⟨Med.⟩ Gutartigkeit; *Ggs* Malignität; *~ einer Geschwulst* [→ *benigne*]
Ben|ja|min ⟨m.; -s, -e; scherzh.⟩ Jüngster; *der ~ der Familie* [hebr., in der Bibel jüngster Sohn Jakobs]
Ben|nuss ⟨f.; -, -nüs|se; Bot.⟩ *oV* Behennuss **1** Baum, der am Rande der arab. Wüste vorkommt u. dessen Früchte ein Speise- u. Schmieröl liefern: Moringa arabica **2** Frucht dieses Baumes [<arab. *ban*]
Ben|thal ⟨n.; -s; unz.; Biol.⟩ der Meeresboden als Lebensraum [<grch. *benthos* »Tiefe«]
ben|tho|nisch ⟨Adj.; Biol.⟩ zum Benthos gehörig
Ben|thos ⟨n.; -; unz.; Biol.⟩ Lebewesen (Tier- u. Pflanzenwelt) auf dem Boden von Gewässern [grch., »Tiefe«]
Ben|to|nit ⟨m.; -s, -e; Min.⟩ Tonmineral, das sich durch hohe Quell- u. Adsorptionsfähigkeit auszeichnet u. durch Verwitterung vulkanischer Tuffe entstanden ist, Quellton [nach der ersten Fundstätte bei Fort *Benton*, USA]
Benz|al|de|hyd ⟨m.; -s, -e; Chemie⟩ nach bitteren Mandeln riechender Aldehyd, Abkömmling des Benzols, kommt in Aprikosen- u. Bittermandelkernen vor, Bittermandelöl [<*Benzol* + *Aldehyd*]
Ben|zi|din ⟨n.; -s; unz.; Chemie⟩ Grundsubstanz für die Herstellung der Diazofarbstoffe zum Färben von Baumwolle
Ben|zin ⟨n.; -s, -e; Chemie⟩ die bis 200 °C siedenden Bestandteile des Erdöls, als Motorentreibstoff, Fleckentferner u. Lösungsmittel verwendet [→ *Benzoe*]
Ben|zo|at ⟨n.; -(e)s, -e; Chemie⟩ Salz der Benzoesäure
Ben|zoe ⟨[-tso:e:] f.; -; unz.⟩ wohlriechendes Harz des auf den Sundainseln vorkommenden Benzoebaumes; *Sy* Benzoeharz [<frz. *benjoin* <arab. *luban dschawi* »javanischer Weihrauch«]
Ben|zoe|baum ⟨[-tso:e:-] m.; -(e)s, -bäu|me; Bot.⟩ Baum aus der Familie der Styraxgewächse Indiens u. Malaysias: Styrax benzoin
Ben|zoe|harz ⟨[-tso:e:-] n.; -es, -e⟩ = Benzoe
Ben|zoe|säu|re ⟨[-tso:e:-] f.; -, -n; Chemie⟩ einfachste aromatische Carbonsäure
Ben|zol ⟨n.; -s; unz.; Chemie⟩ zur Darstellung vieler organ. Verbindungen verwendete, stark lichtbrechende, leicht entzündl. Flüssigkeit, einfachster Vertreter der Kohlenwasserstoffe der aromatischen Reihe [verkürzt <*Benzoe* + Alkoh*ol*]
Ben|zol|ring ⟨m.; -(e)s, -e; Chemie⟩ die ringförmige Verknüpfung der sechs, das Grundgerüst des Benzols bildenden Kohlenstoffatome
Ben|zo|yl ⟨n.; -s; unz.; Chemie⟩ die einwertige chem. Gruppierung -CO-C_6H_5 [verkürzt <*Benzoe* + grch. *hyle* »Materie«]
Benz|py|ren ⟨n.; -s; unz.; Chemie⟩ aus fünf Benzolringen aufgebauter Kohlenwasserstoff mit Krebs erzeugender Wirkung, kommt im Tabakrauch u. Holzkohlerauch vor [<*Benzol* + grch. *pyr* »Feuer«]
Ben|zyl ⟨n.; -s; unz.; Chemie⟩ die einwertige chem. Gruppierung $-CH_2-C_6H_5$ [verkürzt <*Benzol* + grch. *hyle* »Stoff«]
Ben|zyl|al|ko|hol ⟨m.; -s, -e; Chemie⟩ einfachster aromat. Alkohol, tritt in vielen Blütenölen auf u. wird in der Parfümindustrie verwendet [<*Benzoe* + …*yl*]
Ben|zyl|grup|pe ⟨f.; -, -n; Chemie⟩ Restgruppe eines Moleküls mit der Struktur C_6H_5-CH_2- [<*Benzoe* + …*yl*]
Beo ⟨m.; -s, -s; Zool.⟩ südostasiatischer schwarzer Singvogel mit orangefarbenem Schnabel, der menschliche Laute täuschend echt nachahmen kann [indones.]

> **→ Becquerel** Der Laut [k] im Namen für die physikalische Einheit *Becquerel* wird gemäß der Orthografie der Herkunftssprache des Französischen durch die Buchstabenfolge *cqu* wiedergegeben.

Ber|ber ⟨m.; -s, -⟩ **1** Angehöriger einer nordafrikanischen hamitischen, mohammedan. Völkergruppe **2** nordafrikan. Pferderasse **3** in Nordwestafrika hergestellter Teppich **4** ⟨umg.⟩ Nichtsesshafter, Obdachloser, Landstreicher [→ *Barbar*]
Ber|be|rin ⟨n.; -s; unz.⟩ gelber Farbstoff für Seide, Baumwolle u. Leder aus den Wurzeln zahlreicher Pflanzen, besonders aus der Berberitze
Ber|be|rit|ze ⟨f.; -, -n; Bot.⟩ **1** ⟨i. w. S.⟩ Gattung der Berberitzengewächse: Berberis **2** ⟨i. e. S.⟩ die in Deutschland heimische Art, Sauerdorn: Berberis vulgaris [<mlat. *berberis* <arab. *berbaris*]
Ber|ceu|se ⟨[-sø:zə] f.; -, -n; Musik⟩ Wiegenlied [frz.]
Bé|ret ⟨[berɛ] n.; -s, -s; bes. schweiz.⟩ Baskenmütze [frz.]
Ber|ga|mas|ka ⟨f.; -, -mas|ken; Musik⟩ Tanzlied im 17. u. 18. Jh. [nach der oberital. Stadt *Bergamo*]
Ber|ga|mot|te ⟨f.; -, -n; Bot.⟩ **1** Pomeranzensorte mit länglichen, blassgelben, glattschaligen Früchten: Citrus aurantium var. bergamia **2** eine Birnensorte [<frz. *bergamote* <ital. *berga-*

motta <türk. *beg armudy* »Herrenbirne«; beeinflusst vom Namen der ital. Stadt *Bergamo*]

Ber|ga|mott|öl ⟨n.; -s; unz.⟩ aus der Schale der Bergamotte (Pomeranze) gewonnenes Öl für Parfüme [→ *Bergamotte*]

Be|ri|be|ri ⟨f.; -; unz.; Med.⟩ eine Vitaminmangelkrankheit (bei Fehlen von Vitamin B_1) [<singhales. *beri* »Schwäche«]

BERI-In|dex ⟨m.; -es od. -, -e od. -di|ces od.-di|zes; Wirtsch.; Abk. für engl.⟩ Business Environment Risk Index, Index zur Beurteilung der ökonomischen u. politischen Situation eines Staates

Ber|ke|li|um ⟨n.; -s; unz.; chem. Zeichen: Bk⟩ künstlich hergestelltes, radioaktives chem. Element, Ordnungszahl 97 [nach der Universitätsstadt *Berkeley* in Kalifornien]

Ber|li|na|le ⟨f.; -, -n; Film⟩ alljährl. in Berlin veranstaltete Filmfestspiele [analog zu *Biennale* gebildet]

Ber|lo|cke ⟨f.; -, -n⟩ kleiner Schmuckanhänger (für Uhrenketten usw.) [<frz. *berloque, breloque* »zierl. Kleinigkeit«]

Ber|me ⟨f.; -, -n⟩ = Bankett² (3) [<ndrl. *berm*]

Ber|mu|das ⟨Pl.; kurz für⟩ Bermudashorts

Ber|mu|da|shorts *auch:* **Ber|mu|da-Shorts** ⟨[-ʃɔ:rts] Pl.⟩ knielange Shorts; *Sy* Bermudas [nach den *Bermuda*-Inseln im Atlantischen Ozean]

Ber|noul|li|prin|zip *auch:* **Ber|noul-li-Prin|zip** ⟨[-nu:l-] n.; -s, -pi|en; Wirtsch.⟩ Lösungsverfahren für Entscheidungsverhalten in Risikofällen, das besonders rationale Handlungsmuster bevorzugt [nach dem Schweizer Mathematiker Daniel *Bernoulli*, 1700-1782]

Ber|sa|gli|e|re *auch:* **Ber|sag|li|e|re** ⟨[-salje:rə] m.; - od. -s, -ri⟩ ital. Scharfschütze mit Filzhut u. Federbusch [<ital. *bersaglio* »Ziel«]

Ber|ser|ker ⟨m.; -s, -⟩ **1** ⟨altnord. Myth.⟩ Mann von außergewöhnl. Kraft, der in der Raserei ohne Waffe kämpft **2** ⟨fig.⟩ wütender Kämpfer [<anord. *berserkr;* eigtl. »in Bärenfell gehüllter Krieger« <**beri* »Bär« + *serkr* »Gewand«]

Be|ryll ⟨m.; -s, -e; Min.⟩ Edelstein, durchsichtiges od. durchscheinendes, glasglänzendes Mineral, chem. Beryllium-Aluminium-Silikat [<grch. *beryllos* <Sanskrit *waidûrya* »Meerwasserstein«]

Be|ryl|li|o|se ⟨f.; -, -n; Med.⟩ Staublungenerkrankung, die durch eingeatmeten Staub von Berylliumoxid-Rauch od. anderen flüchtigen Berylliumverbindungen eintreten kann

Be|ryl|li|um ⟨n.; -s; unz.; chem. Zeichen: Be⟩ chem. Element, zweiwertiges Erdalkalimetall, Leichtmetall, Ordnungszahl 4 [→ *Beryll*]

Be|san ⟨m.; -s, -e; Seew.⟩ Gaffelsegel am Besanmast [<ital. *mezzana* <arab. *mazzan* »Mast, dessen Segel das Schiff in gleichmäßiger Fahrt hält«]

Be|san|mast ⟨m.; -es, -e; Seew.⟩ der hinterste Mast

→ Baiser Trotz des [bɛ-] gesprochenen Anlauts wird das Fremdwort *Baiser* mit *Bai-* geschrieben, da es aus dem Französischen entlehnt ist. Das auslautende *r* wird zwar geschrieben, aber nicht gesprochen.

Bes|se|mer|bir|ne *auch:* **Bes|se-mer-Bir|ne** ⟨f.; -, -n; Met.⟩ ein feuerfest ausgekleideter Konverter, in dem geschmolzenes Roheisen mittels hindurchgeblasener Luft von Verunreinigungen befreit wird [nach dem engl. Ingenieur Sir Henry *Bessemer*, 1813-1898]

Bessemerbirne / Bessemer-Birne (*Schreibung mit Bindestrich*) Ein Eigenname, der erster Bestandteil einer Zusammensetzung ist, kann mit Bindestrich abgetrennt werden, wenn er besonders hervorgehoben werden soll (→*a.* Gallupmethode / Gallup-Methode).

bes|se|mern ⟨V.⟩ nach dem Verfahren mit der Bessemer-Birne herstellen

bes|ti|a|lisch ⟨Adj.⟩ viehisch, unvorstellbar roh, grausam; *ein ~er Mord* [<lat. *bestialis* »tierisch«; → *Bestie*]

Bes|ti|a|li|tät ⟨f.; -, -en⟩ viehische Rohheit, entsetzl. Grausamkeit

Bes|ti|a|ri|um ⟨n.; -s, -ri|en; im MA⟩ Sammlung von Tierbeschreibungen [zu lat. *bestiarius* »wilde Tiere betreffend«]

Bes|tie ⟨[-tjə] f.; -, -n⟩ **1** wildes Tier **2** ⟨fig.⟩ roher, grausamer Mensch [<lat. *bestia* »wildes Tier«]

Best-of-Al|bum ⟨n.; -s, -Al|ben; bes. Popmusik⟩ (Doppel-)CD mit den erfolgreichsten Stücken einer Popgruppe od. eines Musikers; *das ~ von Depeche Mode* [<engl. *best of* »das Beste von« + *Album*]

be|strei|ken ⟨V.⟩ mit Streik belegen, durch Streik arbeitsunfähig machen, dem Streik aussetzen; *einen Betrieb ~*

Best|sel|ler ⟨m.; -s, -⟩ Buch mit großem Verkaufserfolg (in einem bestimmten Zeitraum) [<engl. *best* »am besten« + *sell* »verkaufen«]

Be|ta ⟨n.; -s, -s; Zeichen: β, B⟩ der zweite Buchstabe des grch. Alphabets [grch.]

Be|ta|blo|cker ⟨m.; -s, -; Pharm.; kurz für⟩ Betarezeptorenblocker

Be|ta|feh|ler ⟨m.; -s, -; Wirtsch.⟩ Entscheidungsfehler (zweiter Art) bei statistischen Testverfahren, bei denen eine Voraussetzung od. Annahme trotz ihrer Fehlerhaftigkeit nicht verworfen bzw. ausgeschlossen wird; →*a.* Alphafehler

Be|ta|in ⟨n.; -s; unz.⟩ Oxidationsprodukt des Cholins, kommt in vielen Pflanzenteilen, im Krabbenextrakt u. a. tierischen Produkten vor (senkt den Blutcholesterinspiegel u. regelt den Fettstoffwechsel) [<lat. *beta* »Rübe«]

Be|ta|ko|ef|fi|zi|ent ⟨m.; -en, -en; Wirtsch.⟩ Betafaktor, der das Verhältnis des Gewinns des Kapitalmarkts u. einer Aktie in einem bestimmten Zeitraum beschreibt; →*a.* Portefeuille (4)

Be|ta|re|zep|to|ren ⟨Pl.Med.⟩ in der Membran von Zellen befindl. Rezeptor, der vom Transmitter Noradrenalin beeinflusst wird, die Erregbarkeit

B

dieser Membranen kann durch bestimmte Pharmaka spezifisch gehemmt werden [<*Beta* + *Rezeptor*]

Be|ta|re|zep|to|ren|blo|cker ⟨m.; -s, -; Pharm.⟩ Substanz bzw. Medikament, das eine Hemmwirkung auf bestimmte Rezeptoren (3) ausübt, z. B. bei Bluthochdruck; *Sy* Betablocker

Be|ta|strahl *auch:* **β-Strahl** ⟨m.; -(e)s, -en⟩ aus schnellen Elektronen bestehender Teilchenstrahl; *Sy* Betateilchen [→ *Beta*]

Be|ta|teil|chen *auch:* **β-Teil|chen** ⟨n.; -s, -⟩ = Betastrahl

Be|ta|tron *auch:* **Be|tat|ron** ⟨n.; -s, -e; Kernphysik⟩ einfacher kreisförmiger Beschleuniger für Elektronen [<*Beta*strahlen + *...tron*]

Be|tel ⟨m.; -s; unz.⟩ südostasiat. Genussmittel, in Scheiben geschnittene Nüsse der Arekapalme, vermischt mit Betelpfeffer u. a. Zusätzen, werden gekaut [portug. <malai. *butul* »echt, wahr; einfaches, bloßes Blatt«]

Be|tel|nuss ⟨f.; -, -nüs|se⟩ Frucht der Betelpalme; *Sy* Arekanuss

Be|tel|pal|me ⟨f.; -, -n; Bot.⟩ 10-15 m hohe Palme Südostasiens: Areka catechu; *Sy* Arekapalme

Be|ton ⟨[-tɔŋ] m.; -s, -s od. süddt., österr., schweiz. [beto:n] m.; -s, -e⟩ Mörtel aus Sand mit Zement, meist in Schalungen od. Formen eingebracht, ein Baustoff [frz., <lat. *bitumen* »Erdharz«]

Be|to|nie ⟨[-njə] f.; -, -n; Bot.⟩ zur Familie der Lippenblütler gehörende Wiesenblume [lat.]

be|to|nie|ren ⟨V.⟩ mit Beton befestigen, mit Beton ausfüllen

Be|to|nie|rung ⟨f.; -, -en⟩ das Betonieren, Befestigung mit Beton, das Betoniertsein

be|tucht ⟨Adj.; umg.⟩ wohlhabend, reich [<jidd. *betuche* »sicher«]

Be|va|tron *auch:* **Be|vat|ron** ⟨[-va-], a. [--'-] n.; -s, -s od. -tro|ne; Physik⟩ **1** Teilchenbeschleuniger **2** Bezeichnung für das in Berkeley (USA) stehende Protonen-Synchrotron, das Protonen mit Energien über 1000 Megaelektronenvolt liefert [verkürzt <engl. *b*illion + *e*lectron + *v*olts + synchro*tron*]

Bey ⟨m.; -s, -s od. -e⟩ = Bei

be|zir|zen ⟨V.; umg.; scherzh.⟩ bezaubern, verführen; *oV* becircen; *sie bezirzte ihn so charmant* [nach der sagenhaften grch. Zauberin *Circe* od. *Kirke,* die Odysseus u. seine Gefährten in Schweine verwandelte]

Be|zo|ar ⟨m.; -s, -e⟩ kleiner Ballen aus Haaren, Pflanzenfasern u. a. im Magen mancher Säugetiere (Ziege, Gämse, Lama), früher als Heilmittel benutzt; *Sy* Bezoarstein [<frz. *bezoard* <arab. <pers. *bâdzahr* »Gegengift«]

Be|zo|ar|stein ⟨m.; -s, -e⟩ = Bezoar

Be|zo|ar|wur|zel ⟨f.; -, -n; Bot.⟩ Wurzel eines südamerikan. Maulbeergewächses, als Mittel gegen Schlangenbiss verwendet

Be|zo|ar|zie|ge ⟨f.; -, -n; Zool.⟩ graue bis schwarzbraune Wildziegenart aus Asien: Capra aegagrus

Bha|ga|wad|gi|ta ⟨f.; -; unz.⟩ ind. Lehrgedicht im 6. Buch des Mahabharata, das im Kern aus dem 2. Jh. vor Christus stammt, gehört zu den meistgelesenen Schriften der Hindu [Sanskrit, »Gesang des Erhabenen«]

Bhag|van ⟨[-van] m.; -s, -s; im Hinduismus⟩ = Bhagwan

Bhag|wan ⟨[-van] m.; -s, -s; im Hinduismus⟩ (Träger des) Ehrentitel(s) für religiöse Lehrer; *oV* Bhagvan [Sanskrit, »der Erhabene«]

Bhik|ku ⟨m.; -s, -s⟩ buddhistischer Bettelmönch [Sanskrit, »Bettler«]

bi ⟨Adj.; umg.; kurz für⟩ bisexuell (1) [lat.]

Bi ⟨chem. Zeichen für⟩ Wismut (Bismutum)

bi..., Bi... ⟨vor Vokalen a.⟩ bin..., Bin... ⟨Vorsilbe⟩ doppel..., Doppel..., zwei..., Zwei... [<lat. *bis* »doppelt«]

Bi|ar|chie ⟨f.; -, -n⟩ Doppelherrschaft, gleichzeitiges Herrschen zweier Regenten [<*Bi...* + grch. *arche* »Herrschaft«]

Bi|as ⟨[baɪəs] n.; -, -⟩ (durch falsche Untersuchungsmethoden) verzerrte statistische Erhebung [engl., »schief«]

Bi|ath|let ⟨m.; -en, -en; Sport⟩ Sportler, der den Biathlon ausübt [<*Bi...* + grch. *athletes* »Wettkämpfer«]

Bi|ath|le|tin ⟨f.; -, -tin|nen; Sport⟩ Sportlerin, die den Biathlon ausübt [<*Bi...* + grch. *athletes* »Wettkämpfer«]

Bi|ath|lon ⟨n. od. m.; -s, -s; Sport⟩ olympische Disziplin aus Skilanglauf (20 km) u. vier eingeschobenen Schießübungen [<*Bi...* + grch. *athlon* »Kampf«]

Bi|bel ⟨f.; -, -n⟩ **1** ⟨Rel.⟩ Buch der Bücher, Heilige Schrift, heiliges Buch der Christen **2** ⟨Lit.; fig.⟩ wichtiges, bedeutsames Buch; *»Der Mann ohne Eigenschaften« ist seine ~* [<mhd. *biblie* <kirchenlat. *biblia* <grch. *biblia,* Pl. von *biblion* »Buch«; nach dem phöniz. Hafen *Byblos* (heute Dschebel), von dem der Papyrus kam]

Bi|bel|kon|kor|danz ⟨f.; -, -en; Lit.; Rel.⟩ Verzeichnis aller in der Bibel vorkommenden wichtigen Wörter (Verbalkonkordanz) od. Begriffe (Realkonkordanz) u. der dazugehörigen Stellen

Bi|be|ret|te ⟨f.; -, -n; Textilw.⟩ **1** Stoff mit aufgerauter plüschartiger Oberfläche **2** auf Biber gearbeitetes Kaninchenfell

Bi|ber|nel|le ⟨f.; -, -n; Bot.⟩ = Pimpernell

◆ Die Buchstabenfolge **bi|bl...** kann auch **bib|l...** getrennt werden.

◆ **Bi|blia Pau|pe|rum** ⟨f.; - -, -bli|ae -; im MA⟩ Bilderbibel [<lat. *biblia* <grch. *biblion* »Buch«, lat. *pauper* »der, die Arme«]

◆ **bi|blio..., Bi|blio...** ⟨in Zus.⟩ Buch..., Bücher... [<grch. *biblion* »Buch«]

◆ **Bi|blio|graf** ⟨m.; -en, -en⟩ Kenner, Verfasser von Bibliografien; *oV* Bibliograph

Bibliografie / Bibliographie
(*orthografische Varianten*) Für fremdsprachige Präfixe und Suffixe, die durch eine deutsche Laut-Buchstaben-Zuordnung dargestellt werden können, gibt es häufig neben der etymologischen Schreibung

auch eine integrierte Schreibweise. Dies betrifft insbesondere die Silben »*fon... / phon...; foto... / photo...* sowie *graf... / graph*« (→*a.* Orthografie / Orthographie).

◆ **Bi|blio|gra|fie** ⟨f.; -, -n⟩ *oV* Bibliographie **1** Bücherkunde, Lehre von den Bücher- u. Literaturverzeichnissen **2** das Bücherverzeichnis selbst [<*Biblio... + ...grafie*]

◆ **bi|blio|gra|fie|ren** ⟨V.⟩ Titel, Verfasser, Erscheinungsjahr u. -ort, Auflage, Seiten- u. Bändezahl von Büchern aufschreiben, erfassen; *oV* bibliographieren

◆ **Bi|blio|gra|fin** ⟨f.; -, -fin|nen⟩ Kennerin, Verfasserin von Bibliografien; *oV* Bibliographin

◆ **bi|blio|gra|fisch** ⟨Adj.⟩ *oV* bibliographisch **1** bücherkundlich **2** die Bibliografie (2) betreffend **3** dem Büchernachweis dienend

◆ **Bi|blio|graph** ⟨m.; -en, -en⟩ = Bibliograf

◆ **Bi|blio|gra|phie** ⟨f.; -, -n⟩ = Bibliografie

◆ **bi|blio|gra|phie|ren** ⟨V.⟩ = bibliografieren

◆ **Bi|blio|gra|phin** ⟨f.; -, -phin|nen⟩ = Bibliografin

◆ **bi|blio|gra|phisch** ⟨Adj.⟩ = bibliografisch

◆ **Bi|blio|ma|ne** ⟨m.; -n, -n⟩ krankhaft leidenschaftl. Büchersammler [→ *Bibliomanie*]

◆ **Bi|blio|ma|nie** ⟨f.; -; unz.⟩ Büchersammelwut [<*Biblio... + Manie*]

◆ **bi|blio|ma|nisch** ⟨Adj.⟩ der Bibliomanie verfallen

◆ **Bi|blio|man|tie** ⟨f.; -; unz.⟩ Wahrsagen durch wahllos aufgeschlagene Buchstellen

◆ **Bi|blio|pha|ge** ⟨m.; -n, -n⟩ leidenschaftl. Leser, »Bücherfresser« [<*Biblio... + ...phage*]

◆ **bi|blio|phil** ⟨Adj.⟩ **1** Bücher liebend **2** für Bücherliebhaber gemacht; *~e Ausgabe* kostbar u. sorgfältig ausgestattete, häufig bes. schön illustrierte Buchausgabe [<*biblio... + ...phil*]

◆ **Bi|blio|phi|le(r)** ⟨f. 2 (m. 1)⟩ jmd., der schöne u. seltene Bücher liebt u. sammelt, Bücherfreund, Bücherliebhaber; *Ggs* Bibliophobe

◆ **Bi|blio|phi|lie** ⟨f.; -; unz.⟩ Bücherliebhaberei; *Ggs* Bibliophobie [<*Biblio... + ...philie*]

◆ **Bi|blio|pho|be(r)** ⟨f. 2 (m. 1)⟩ Bücherfeind(in); *Ggs* Bibliophile [<*Biblio... + ...phob*]

◆ **Bi|blio|pho|bie** ⟨f.; -; unz.⟩ Abneigung gegen Bücher; *Ggs* Bibliophilie [<*Biblio... + ...phobie*]

◆ **Bi|blio|thek** ⟨f.; -, -en⟩ **1** Büchersammlung, Bücherei **2** Raum od. Gebäude, in dem diese aufbewahrt wird; *Fach~; Universitäts~* [<*Biblio... + ...thek*]

◆ **Bi|blio|the|kar** ⟨m.; -s, -e⟩ Angestellter in einer Bibliothek mit drei- oder mehrjähriger Spezialausbildung

◆ **Bi|blio|the|ka|rin** ⟨f.; -, -rin|nen⟩ weibl. Bibliothekar

◆ **bi|blio|the|ka|risch** ⟨Adj.⟩ den Bibliothekarsberuf betreffend, zu ihm gehörend

◆ **bi|blisch** ⟨Adj.⟩ die Bibel betreffend, zu ihr gehörend, aus ihr stammend; *~es Alter* ⟨fig.⟩ sehr hohes Alter

◆ **Bi|bli|zis|mus** ⟨m.; -; unz.⟩ ein ungeschichtl., wörtl. Bibelverständnis, dem die ganze Bibel gleichmäßig als wahres u. unverbindliches Wort Gottes gilt

◆ **Bi|bli|zist** ⟨m.; -en, -en⟩ Person, die die Bibel wörtlich auslegt, die den Biblizismus vertritt

BIC ⟨Abk. für engl.⟩ Bank Identifier Code, internationaler Bankencode, der von der SWIFT vergeben wird u. bei internat. Zahlungsverkehr die nationalen Bankleitzahlen ersetzt; *Sy* SWIFT-Code; →*a.* IBAN

Bi|car|bo|na|te ⟨Pl.; Chemie; veraltet⟩ Salze der Kohlensäure, bei denen nur ein Wasserstoffatom durch ein Metallatom ersetzt wurde, heute: Hydrogencarbonate; *oV* Bikarbonate

bi|chrom ⟨[-kro:m] Adj.⟩ zweifarbig [<*bi... + ...chrom*]

Bi|chro|ma|te ⟨[-kro-] Pl.⟩ = Dichromate [<*Bi... + Chrom*]

Bi|chro|mie ⟨[-kro-] f.; -; unz.⟩ Zweifarbigkeit

Bi|ci|ni|um ⟨n.; -s, -ni|en; Musik⟩ kurzes, zweistimmiges Vokal- od. Instrumentalstück; *oV* Bizinie [lat.]

bi|cy|clisch *auch:* **bi|cyc|lisch** ⟨Adj.; Chemie⟩ aus zwei verknüpften Benzolringen od. zwei anderen Kohlenstoffringen aufgebaut; *oV* bizyklisch

Bi|da ⟨f.; -; unz.; Rel.⟩ alle islam. Handlungsweisen u. Glaubensvorstellungen, die in der Sunna gebilligt werden [arab., »Neuerung«]

Bi|det ⟨[-de:] n.; -s, -s⟩ Sitzbadebecken [frz., »kleine Waschwanne«]

Bid|jar ⟨m.; -s, -s od. -e⟩ ein schwerer, im Iran geknüpfter Teppich, der ein Blüten- od. Rankenmuster zeigt; *oV* Bidschar [nach der gleichnamigen Stadt im Iran]

Bi|don ⟨[-dɔ̃:] n.; -s, -s; schweiz.⟩ **1** Blech- od. Kunststoffeimer mit gutem Verschluss **2** Benzinkanister [frz., »Kanister«]

Bi|don|ville ⟨[-dɔ̃vil] n.; -s, -s⟩ nordafrikan. Slum, Elendsviertel [<frz. *bidon* »Kanne, Kanister« + *ville* »Stadt«]

Bid|schar ⟨m.; -s, -s od. -e⟩ = Bidjar

bi|enn ⟨Adj.; Bot.⟩ zweijährig, von zweijähriger Lebensdauer; *oV* biennal (2) [→ *Biennium*]

bi|en|nal ⟨Adj.⟩ **1** zweijährlich, alle zwei Jahre stattfindend **2** = bienn [→ *Biennium*]

Bi|en|na|le ⟨f.; -, -n; Film⟩ internat. Ausstellung der bildenden Kunst u. Musik mit Filmschau in Venedig [→ *Biennium*]

Bi|en|ne ⟨f.; -, -n; Bot.⟩ zweijährige Pflanze

Bi|en|ni|um ⟨n.; -s, -ni|en⟩ Zeitraum von zwei Jahren [<lat. *bis* »zweimal« + *annus* »Jahr«]

bi|fi|lar ⟨Adj.; Technik⟩ zweifädig, zweifach; *~e Wicklung* [<*bi...* + lat. *filum* »Faden«]

Bi|fi|lar|wick|lung ⟨f.; -, -en; Technik⟩ eine induktionsfreie Doppelwicklung für Widerstände, ein in der Mitte zusammengelegter Wicklungsdraht wird von dieser Stelle aus doppeldrahtig aufgewickelt, so dass die durchfließenden elektr. Ströme zueinander entgegengesetzt verlaufen [→ *bifilar*]

Bi|fo|kal|glä|ser ⟨Pl.; Optik⟩ Brillengläser mit zwei verschiedenen Linsen für Nah- u. Fernsicht [<*bi... + fokal*]

bi|form ⟨a. ['--] Adj.⟩ doppelgestaltig

B

Bi|fur|ka|ti|on ⟨f.; -, -en⟩ **1** Gabelung **2** Aufteilung in zwei Äste; *~ der Luftröhre* **3** Spaltung eines Flusses in zwei Flusssysteme [<frz. *bifurcation* »Gabelung, Zweiteilung«; zu lat. *bifurcus* »zweizackig«; verwandt mit *Forke*]

Bi|ga ⟨f.; -, Bi|gen⟩ Zweigespann [lat.]

Bi|ga|mie ⟨f.; -, -n⟩ (strafbare) Doppelehe [<*Bi...* + *...gamie*]

bi|ga|misch ⟨Adj.⟩ in der Art der Bigamie; *oV* bigamistisch

Bi|ga|mist ⟨m.; -en, -en⟩ Mann, der in Bigamie lebt

Bi|ga|mis|tin ⟨f.; -, -tin|nen⟩ Frau, die in Bigamie lebt

bi|ga|mis|tisch ⟨Adj.⟩ = bigamisch

Bigband / Big Band, Big Bang
(*Getrennt- und Zusammenschreibung*) Kann der Hauptakzent einer aus dem Englischen stammenden Verbindung aus Adjektiv und Substantiv sowohl auf dem ersten als auch auf dem zweiten Bestandteil liegen, ist Zusammen- und Getrenntschreibung möglich: *»Bigband«* oder *»Big Band«*.
Liegt der Hauptakzent in einer solchen Verbindung jedoch grundsätzlich auf dem zweiten Bestandteil oder werden beide Wörter betont, so wird nur getrennt geschrieben: *»Big Bang«*.

Big|band ⟨[bɪgbænd]⟩ *auch:* **Big Band** ⟨ f.; (-) -, (-) -s; Musik⟩ großes Jazzorchester [<engl. *big* »groß« + *Band*]

Big Bang ⟨[bɪg bæŋ] m.; - -s, - -s⟩ Urknall [<engl. *big* »groß« + *bang* »Knall«]

Big Bro|ther ⟨[bɪg brʌðə(r)] m.; - -s; unz.⟩ Überwacher als personifizierte Aufsicht des totalitären Staates, der alles u. jeden beobachtet u. kontrolliert [engl., »großer Bruder« (nach dem Roman »1984« von George Orwell)]

Big Busi|ness ⟨[bɪg bɪznɪs] n.; - -; unz.⟩ **1** Gesamtheit der Großunternehmen (u. ihre Geschäftswelt); *das sind die Interessen des ~* **2** einträgliches, großes Geschäft [<engl. *big* »groß« + *Business*]

Big|foot|schi ⟨[-fut-] m.; -s, -er od. (süddt.) -⟩ = Bigfootski

Big|foot|ski ⟨[-futʃiː] m.; -s, -er od. (süddt.) -⟩ Ski mit kurzem, breitem Brett; *oV* Bigfootschi [<engl. *big* »groß« + *foot* »Fuß« + *Ski*]

Big Man ⟨[bɪg mæn] m.; - - od. - -s, - Men [- mən]; umg.; salopp⟩ bedeutender u. in der Öffentlichkeit populärer Mann [engl., eigtl. »großer Mann«]

Big|mouth ⟨[-maʊθ] n.; -, -s [-maʊðz]; Jugendspr.⟩ Großmaul, Angeber(in), Klatschbase, Schwätzer(in) [engl.]

Bi|gno|nie *auch:* **Big|no|nie** ⟨[-njə] f.; -, -n; Bot.⟩ tropische Liane, die bes. im Urwald wächst u. ihn undurchdringlich macht: Bignonia [nach dem frz. Abbé *Bignon*, † 1743]

Bi|gos ⟨[-gɔʃ] m. od. n.; -; unz.; Kochk.⟩ polnischer Eintopf mit Schweinefleisch, Speck, Zwiebeln, Weißkohl u. Pilzen; *Sy* Bigosch [poln.]

Bi|gosch ⟨m. od. n.; -s; unz.⟩ = Bigos

bi|gott ⟨Adj.⟩ blindgläubig, frömmelnd, scheinheilig [<frz. *bigot* »abergläubisch, fromm, buchstabengläubig« <aengl. *bi god* »bei Gott«]

Bi|got|te|rie ⟨f.; -; unz.⟩ bigottes Verhalten, Frömmelei, Scheinheiligkeit

Big Point ⟨[bɪg pɔɪnt] m.; - -s, - -s; Sport⟩ **1** ⟨bes. Tennis⟩ bes. wichtiger Punkt, der wegen seiner psychologischen Bedeutung wesentlich zum Ausgang eines Spiels beiträgt (z. B. Punkt zum Satzgewinn, Punkt nach langem Ballwechsel usw.); →*a.* Breakball **2** ⟨allg.⟩ ein wichtiger Kampf od. ein wichtiges Spiel, z. B. gegen den Abstieg aus einer Liga [<engl. *big* »groß« + *point* »Punkt«]

Big Push ⟨[bɪg pʊʃ] m.; - -, - -s; Wirtsch.⟩ hohe Kapitalunterstützung für ein Entwicklungsland zur Förderung eines langfristig ausgewogenes Wachstums [<engl. *big* »groß, kräftig« + *push* »Stoß«]

Bi|jou ⟨[-ʒuː] m.; -s, -s od. n.; -s, -s⟩ Kleinod, Juwel, Kostbarkeit [frz.]

Bi|kar|bo|na|te ⟨Pl.⟩ = Bicarbonate

Bike ⟨[baɪk] n.; -s, -s⟩ Sportfahrrad [engl., »Fahr-, Motorrad«]

bi|ken ⟨[baɪkən] V.; umg.⟩ **1** mit dem Fahrrad (vor allem Mountainbike) fahren **2** mit dem Motorrad fahren [→ *Bike*]

Bi|ker ⟨[baɪkə(r)] m.; -s, -; umg.⟩ **1** (Mountainbike-)Fahrradfahrer **2** Motorradfahrer

Bi|ke|rin ⟨[baɪ-] f.; -, -rin|nen⟩ weibl. Biker

Bi|ki|ni ⟨m.; -s, -s⟩ knapper zweiteiliger Badeanzug für Damen [nach dem Atoll *Bikini* der Ralikinseln in der Gruppe der Marshall-Inseln]

Bi|kom|po|si|tum ⟨n.; -s, -si|ta; Sprachw.⟩ Verb od. Verbalsubstantiv mit zwei Präfixen, z. B. »aus-er-wählen«, »Über-bewertung« [<*Bi...* + *Kompositum*]

bi|kon|kav ⟨Adj.; Optik⟩ *~e Linse* beiderseits hohlgeschliffene Linse

bi|kon|vex ⟨[-vɛks] Adj.; Optik⟩ *~e Linse* beiderseits erhaben geschliffene Linse

bi|la|bi|al ⟨Adj.; Phon.⟩ mit beiden Lippen gebildet; *~e Laute: b, m, p*

Bi|la|bi|al ⟨m.; -s, -e; Phon.⟩ mit beiden Lippen gebildeter Konsonant, Lippenlaut, z. B. b, m [<lat. *bis* »zweimal« + *Labium*]

Bi|lanz ⟨f.; -, -en⟩ **1** Übersicht über zwei verschiedene Zahlenreihen **2** das durch den Vergleich zweier verschiedener Zahlenreihen gewonnene Ergebnis **3** jährl. Kontenabschluss **4** ⟨fig.⟩ abschließender Überblick; *die ~ aufstellen, (die) ~ ziehen* ⟨a. fig.⟩ sich einen Überblick (über Vergangenes, Geschehenes) verschaffen [<ital. *bilancio* <*bilancia* »Waage, Gleichgewicht«; verwandt mit *Balance*]

bi|lan|zi|ell ⟨Adj.⟩ die Bilanzen betreffend, auf ihnen beruhend; *das Unternehmen war ~ überschuldet*

bi|lan|zie|ren ⟨V.⟩ eine Bilanz aufstellen

Bi|lan|zie|rung ⟨f.; -, -en⟩ das Aufstellen einer Bilanz, das Bilanzieren

bi|la|te|ral ⟨Adj.⟩ zweiseitig; *ein ~er Vertrag* [<lat. *bis* »doppelt« + *latus* »Seite«]

Bi|la|te|ra|lia ⟨Pl.⟩ zweiseitig-symmetrisch gebaute, vielzellige Tiere; *oV* Bilateria [→ *bilateral*]
Bi|la|te|ra|lis|mus ⟨m.; -; unz.⟩ (auf der Basis von Staatsverträgen vereinbarte) Außenhandelsbeziehung zwischen zwei Ländern; →*a.* Multilateralismus [<*Bi…* + lat. *lateral* »die Seite betreffend«]
Bi|la|te|ria ⟨Pl.⟩ = Bilateralia
Bild|fre|quenz ⟨f.; -, -en; Film⟩ **1** Zahl der in einer Sekunde aufgenommenen bzw. vorgeführten Bilder (Stummfilm 16, Tonfilm 24) **2** Zahl der in einer Sekunde gesendeten Bilder (Europa 25, USA 30)
Bil|ge ⟨f.; -, -n; Seew.⟩ Kielraum des Schiffes [engl., »Schiffsbauch«]
bi|li…, Bi|li… ⟨in Zus.⟩ galle(n)…, Galle(n)…; *biliös; Bilirubin* [<lat. *bilis*]
bi|li|är ⟨Adj.; Med.⟩ durch Galle hervorgerufen [<lat. *bilis* »Galle«]
bi|li|fer ⟨Adj.; Med.⟩ Gallenflüssigkeit leitend [<lat. *bilis* »Galle« + *ferre* »tragen, führen«]
bi|lin|gu|al ⟨Adj.; Sprachw.⟩ zweisprachig [<*bi…* + lat. *lingua* »Sprache«]
Bi|lin|gu|a|lis|mus ⟨a. ['------] m.; -; unz.; Sprachw.⟩ Zweisprachigkeit; *Sy* Bilinguität, Bilinguismus [→ *bilingual*]
Bi|lin|gue ⟨[-guə] f.; -, -n; Sprachw.⟩ in zwei Sprachen od. Schriften überliefertes Denkmal (Handschrift, Inschrift)
bi|lin|gu|isch ⟨a. ['----] Adj.; Sprachw.⟩ zweisprachig [<*bi…* + lat. *lingua* »Sprache«]
Bi|lin|gu|is|mus ⟨a. ['-----] m.; -; unz.; Sprachw.⟩ = Bilingualismus
Bi|lin|gu|i|tät ⟨a. ['-----] f.; -; unz.; Sprachw.⟩ = Bilingualismus
bi|li|ös ⟨Adj.⟩ gallig, gallehaltig [zu lat. *bilis* »Galle«]
Bi|li|ru|bin ⟨n.; -s; unz.; Med.⟩ roter Gallenfarbstoff, der durch Abbau des Hämoglobins entsteht [<lat. *bilis* »Galle« + *Rubin*]
Bi|lis ⟨f.; -; unz.⟩ Gallenflüssigkeit, Galle [lat.]
Bi|li|ver|din ⟨[-vɛr-] n.; -s; unz.; Med.⟩ grüner Gallenfarbstoff [<lat. *bilis* »Galle« + *viridis* »grün«]
Bill ⟨f.; -, -s; Politik⟩ Gesetz, Gesetzentwurf (im britischen Parlament) [engl., »Gesetzesvorlage«]
Bil|lard ⟨[bɪljart] od. österr. a. [bija:r] n.; -s, -e od. -s⟩ (auch als internat. Sport betriebenes) Spiel, bei dem Kugeln mit Hilfe eines Stabes (Queue) auf einem stoffbezogenen Tisch mit federndem Rand (Bande) gestoßen werden [frz., »krummer Stab« <*bille* »Kugel«]
bil|lar|die|ren ⟨[bɪljar-] V.⟩ Billard in unzulässiger Weise spielen
Bil|lard|queue ⟨[bɪljartkøː] od. österr. a. [bija:rkøː] n.; -s, -s⟩ = Queue (1) [frz.]
Bill|ber|gia ⟨f.; -, -gi|en; Bot.⟩ = Billbergie
Bill|ber|gie ⟨[-gjə] f.; -, -n; Bot.⟩ Gattung der Ananasgewächse, häufig Zierpflanze; *oV* Billbergia [nach dem schwed. Botaniker G. J. *Billberg,* 1772-1844]
Bill|board ⟨[bɪlbɔ:(r)d] n.; -s, -s⟩ großformatige Reklametafel [amerikan.-engl.]
Bil|le|teur ⟨[bɪljɛtøːr] m.; -s, -e od. -s⟩ **1** ⟨österr.⟩ Platzanweiser in Theater u. Kino **2** ⟨schweiz.⟩ Kartenausgeber, Schaffner [→ *Billett*]
Bil|lett ⟨[bɪljɛt] n.; -s, -s od. -e⟩ **1** Fahrkarte, Eintrittskarte **2** kurzes Schreiben, Zettel mit Nachricht, Briefchen **3** ⟨österr. a.⟩ Briefkarte [frz., »kleines (versiegeltes) Handschreiben«; verwandt mit *Bill, Bulle(tin)*]
Bil|li|ar|de ⟨f.; -, -n⟩ 1000 Billionen; *Sy* ⟨USA⟩ Quadrillon [<*Bi…* + *Milliarde*]
Bil|li|on ⟨f.; -, -en⟩ **1** ⟨Deutschland u. England⟩ 10^{12}, eine Million Millionen **2** ⟨Frankreich bis 1948; USA; Russland⟩ 10^9, 1000 Millionen = 1 Milliarde [<*Bi…* + *Million*]
Bil|lon ⟨[-ljɔ̃ː] m. od. n.; -s, -s⟩ **1** geringwertige Gold- od. Silberlegierung **2** Münze aus geringwertigem Metall [frz., »Metallbarren«]
Bi|lux|lam|pe ⟨f.; -, -n; Kfz⟩ Lampe mit zwei Glühwendeln, für Fern- u. Abblendlicht in Kfz-Scheinwerfern verwendet [<*Bi…* + lat. *lux* »Licht«]
bi|ma|nu|ell ⟨a. ['----] Adj.⟩ zweihändig [<*bi…* + *manuell*]
Bi|mes|ter ⟨n.; -s, -⟩ Zeitraum von zwei Monaten; →*a.* Semester, Trimester [<lat. *bimestris* »zweimonatlich«]
Bi|me|tall ⟨n.; -s, -e⟩ zwei aufeinandergeschweißte Metallstreifen mit verschiedenen Ausdehnungskoeffizienten
bi|me|tal|lisch ⟨Adj.⟩ **1** auf zwei Metalle bezogen, sie betreffend **2** aus zwei Metallen bestehend
Bi|me|tal|lis|mus ⟨m.; -; unz.⟩ Doppelwährung (Gold u. Silber); *Ggs* Monometallismus
bin…, Bin… ⟨Vorsilbe⟩ = bi…, Bi…
bi|när ⟨Adj.⟩ *oV* binarisch **1** ⟨allg.⟩ aus zwei Einheiten (Stoffen, Teilen, Ziffern usw.) bestehend **2** ⟨Biol.⟩ *~e Nomenklatur* die aus zwei Namen bestehende N. für die wissenschaftl. Systematik des Tier- u. Pflanzenreiches **3** ⟨Math.⟩ *~es System* Darstellung eines Dualsystems, wie es z. B. in elektronischen Rechensystemen verwendet wird [<frz. *binaire* »aus zwei Einheiten bestehend«; zu lat. *bini* »je zwei«]
Bi|när|code ⟨[-ko:d] m.; -s, -s; EDV⟩ aus zwei Zeichen bestehender Code; *oV* Binärkode
bi|na|risch ⟨Adj.⟩ = binär
Bi|na|ris|mus ⟨m.; -; unz.; Sprachw.⟩ Theorie, die Sprachsysteme auf eine geringe Menge binärer Oppositionen reduziert [→ *binär*]
Bi|när|kode ⟨[-ko:d] m.; -s, -s; EDV⟩ = Binärcode
Bi|när|sys|tem ⟨n.; -s; unz.; Math.⟩ Dualsystem, dyadisches System, Ziffernsystem mit der Grundzahl 2, bestehend aus den Ziffern 0 u. 1, mit denen alle natürl. Zahlen dargestellt werden können [→ *binär*]
Bi|när|zif|fer ⟨f.; -, -n; Math.; EDV⟩ aus nur zwei verschiedenen Zeichen aufgebaute Zahl, z. B. nur aus 0 u. 1
bi|na|ti|o|nal ⟨a. ['-----] Adj.⟩ zwei Nationen od. Staaten betreffend [<*bi…* + *national*]
Bin|di ⟨n.; -s, -s⟩ **1** ⟨Hinduismus⟩ Farbpunkt (»drittes Auge«) in der Stirnmitte von Inderinnen als Zeichen der Wahrheit, gött-

B

lichen Kraft od. spirituellen Erleuchtung **2** ⟨Mode⟩ spirituelles Symbol der Hippie- und Technobewegung [<Sanskrit *bindu* »Punkt, Tropfen«]

Bin|go ⟨n.; - od. -s; unz.⟩ Glücksspiel, bei dem jeder Mitspieler eine od. mehrere Karten mit unterschiedlichen Zahlenreihen erhält u. derjenige gewinnt, der als Erster eine zusammenhängende Reihe von fünf Zahlen vorzuweisen hat u. »Bingo« ruft [nach dem Ausruf des Gewinners; vielleicht zu engl. *bing* »kling« (lautmalend, den Klang einer angestoßenen Glocke nachahmend)]

bin|go! ⟨Int.; umg.⟩ getroffen, geschafft, es hat geklappt! [nach dem Ruf, mit dem ein Spieler beim *Bingo* die Übereinstimmung der genannten Zahlen mit den auf seiner Spielkarte vorhandenen anzeigt]

Bin|go|card ⟨[-ka:d] f.; -, -s⟩ eine Karte mit darauf aufgedrucktem Zahlenfeld, aus dem ein Spieler eine bestimmte Anzahl von Zahlen durch Ankreuzen auswählen kann

Bi|no|de ⟨f.; -, -n; Physik⟩ zwei Systeme von Elektronenröhren innerhalb eines Glaskolbens [<lat. *bini* »zwei auf einmal« + grch. *hodos* »Weg«]

Bin|o|kel *auch:* **Bi|no|kel** ⟨n.; -s, -⟩ Brille, Fernrohr, Mikroskop für beide Augen [<frz. *binocle* <lat. *bini* »zwei auf einmal« + *oculus* »Auge«]

bin|o|ku|lar *auch:* **bi|no|ku|lar** ⟨Adj.⟩ für das Sehen mit beiden Augen eingerichtet [→ *Binokel*]

Bin|o|ku|lar *auch:* **Bi|no|ku|lar** ⟨n.; -s, -e⟩ für das Sehen mit beiden Augen eingerichtetes Vergrößerungsgerät (Lupe, Fernglas, Mikroskop)

Bi|nom ⟨n.; -s, -e⟩ **1** ⟨Math.⟩ mathemat. Ausdruck mit zwei Gliedern, z. B. (a + b) **2** ⟨Biol.⟩ zweigliedriger Tier- od. Pflanzenname [<*Bi...* + *...nom²*]

Bi|no|mi|al|ko|ef|fi|zi|ent ⟨m.; -en, -en; Math.⟩ Koeffizient eines Gliedes im binomischen Lehrsatz

bi|no|misch ⟨Adj.; Math.⟩ in der Art eines Binoms, zweigliedrig; *~er Lehrsatz* L. zur Entwicklung der Potenz eines Binoms, z. B. $(a + b)^2 = a^2 + 2ab + b^2$

bio..., Bio... ⟨in Zus.⟩ leben(s)..., Leben(s)... [<grch. *bios* »Leben«]

bio|ak|tiv ⟨Adj.⟩ biologisch aktiv

Bi|o|al|ko|hol ⟨m.; -s, -e⟩ Ethylalkohol, der als Treib- u. Brennstoff verwendet u. aus biologischen Abfällen gewonnen wird

Bio|as|tro|nau|tik *auch:* **Bi|o|ast|ro|nau|tik** ⟨f.; -; unz.⟩ zusammenfassende Bezeichnung für biologische Fragestellungen u. dazugehörige Experimente, die in Raumstationen u. -fahrzeugen u. auch auf anderen Planeten durchgeführt werden

Bio|bi|blio|gra|fie *auch:* **Bi|o|bib|lio|gra|fie** ⟨f.; -, -n⟩ Verzeichnis aller Schriften über eine Persönlichkeit u. ihre Werke; *oV* Biobibliographie [<*Bio...* + *Bibliografie*]

Bio|bi|blio|gra|phie *auch:* **Bi|o|bib|lio|gra|phie** ⟨f.; -, -n⟩ = Biobibliografie

Bi|o|che|mie ⟨a. [-çemi:] f.; -; unz.⟩ **1** ⟨Chemie⟩ **1.1** ⟨i. w. S.⟩ Lehre von chem. Vorgängen im Organismus **1.2** ⟨i. e. S.⟩ Lehre vom Einfluss der Fermente auf die chem. Vorgänge in Organismen **2** ⟨Med.⟩ Heilverfahren aufgrund der Annahme, dass alle Krankheiten auf Störungen des Mineralsalzhaushalts beruhen

Bi|o|che|mi|ker ⟨a. [-çe:-] m.; -s, -⟩ jmd., der sich mit Biochemie beschäftigt, Kenner, Erforscher der Biochemie

Bi|o|che|mi|ke|rin ⟨a. [-çe:-] f.; -, -rin|nen⟩ weibl. Person, die sich mit Biochemie beschäftigt, Kennerin, Erforscherin der Biochemie

bi|o|che|misch ⟨a. [-çe:-] Adj.⟩ auf Biochemie beruhend, zu ihr gehörig

Bi|o|chip ⟨[-tʃip] m.; -s, -s; EDV⟩ Computerchip, der aus organischen Verbindungen mit Halbleitereigenschaften besteht, eine sehr hohe Schaltelementdichte aufweist u. in Zukunft den Siliziumchip ersetzen wird

Bio|chor ⟨[-ko:r] n.; -s, -en⟩ = Biochorion

Bio|cho|re ⟨[-ko:-] f.; -, -n⟩ = Biochorion

Bio|cho|ri|on ⟨[-ko:-] n.; -s, -ri|en⟩ engerer Lebensbereich innerhalb eines bestimmten Biotops; *oV* Biochor, Biochore [<*Bio...* + grch. *chora* »Raum, Ort, Land«]

Bi|o|di|ver|si|tät ⟨[-vɛr-] f.; -; unz.; Biol.⟩ **1** biologische Vielfalt der Arten innerhalb eines geografischen Raumes **2** genetische Variation innerhalb einer Art

Bio|dy|na|mik ⟨f.; -; unz.⟩ Wissenschaft von der Wirkung von Außeneinflüssen auf Lebewesen

bio|dy|na|misch ⟨Adj.⟩ **1** auf Biodynamik beruhend, zu ihr gehörig **2** ⟨i. e. S.⟩ ohne Zusatz von chemischen Stoffen

Bio|elek|tri|zi|tät *auch:* **Bio|elekt|ri|zi|tät** ⟨f.; -; unz.⟩ Gesamtheit der elektrischen Erscheinungen im lebenden Organismus [<*Bio...* + *Elektrizität*]

Bi|o|ele|ment ⟨n.; -(e)s, -e⟩ Mineralstoff, der von Lebewesen nur in sehr geringer Menge benötigt wird, Spurenelement

Bio|ener|ge|tik ⟨f.; -; unz.⟩ Teilgebiet der Biophysik, das sich mit der Gewinnung u. Umwandlung von Energie im Organismus befasst [<*Bio...* + *Energetik*]

> **Bioethik** (*Worttrennung am Zeilenende; Abtrennung von Einzelvokalen*) Werden die einzelnen Bestandteile eines zusammengesetzten Fremdwortes auch als eigene Wörter im Deutschen verwendet (z. B. »*Bio*« und »*Ethik*«), so ist die Trennfuge zwischen den einzelnen Bestandteilen zu setzen. Die Abtrennung von Einzelvokalen ist weder am Anfang noch am Ende eines Wortes zulässig. Das gilt auch innerhalb von Komposita. Trennungen wie »*Bi-oethik*« oder auch »*Bioe-thik*« sind dementsprechend nicht erlaubt.

Bi|o|ethik ⟨f.; -; unz.⟩ Lehre, die sich mit moralischen Fragen hinsichtlich bestimmter Entwicklungstendenzen der biologisch-medizinischen Forschung u. Therapie beschäftigt

Bio|feed|back ⟨[-fi:dbæk] n.; -s, -s⟩ Rückkoppelung innerhalb eines Regelkreises biologischer Systeme [<*Bio...* + engl. *feedback* »Rückmeldung, Rückkoppelung«]

Bio|feed|back|me|tho|de ⟨[-fi:dbæk-] f.; -; unz.⟩ Verfahren, um selbstständige, vom Menschen kaum wahrgenommene Körperfunktionen durch Apparate zu kontrollieren u. aufgrund der aufgezeichneten Ergebnisse zu beeinflussen

Bio|fo|ne|tik ⟨a. ['-----] f.; -; unz.⟩ = Biophonetik

Bio|gas ⟨n.; -es, -e⟩ bei der Vergärung organischer Abfälle entstehendes Gas

bio|gen ⟨Adj.⟩ von Lebewesen stammend [<*bio...* + *...gen*[1]]

Bio|ge|ne|se ⟨f.; -, -n⟩ *Sy* Biogenie **1** Entstehung des Lebens **2** Entstehungsgeschichte der Lebewesen [<*Bio...* + *Genese*]

bio|ge|ne|tisch ⟨Adj.⟩ die Biogenese betreffend, zu ihr gehörig, auf ihr beruhend; *~e Grundregel* Regel, nach der die Entwicklung eines Einzelwesens einer verkürzten Stammesentwicklung entspricht

Bio|ge|nie ⟨f.; -; unz.⟩ = Biogenese

Bio|geo|gra|fie ⟨f.; -; unz.⟩ Lehre von der Verbreitung der Lebewesen auf der Erde; *oV* Biogeographie

bio|geo|gra|fisch ⟨Adj.⟩ die Biogeografie betreffend, zu ihr gehörig, auf ihr beruhend; *oV* biogeographisch

Bio|geo|gra|phie ⟨f.; -; unz.⟩ = Biogeografie

bio|geo|gra|phisch ⟨Adj.⟩ = biogeografisch

Bio|geo|zö|no|se ⟨f.; -, -n; Biol.⟩ Wechselwirkung zwischen Lebewesen u. der sie umgebenden, unbelebten Umwelt [<grch. *bios* »Leben« + *ge* »Erde« + *koinos* »gemeinsam«]

Bio|graf ⟨m.; -en, -en; Lit.⟩ Verfasser einer Biografie; *oV* Biograph

Bio|gra|fie ⟨f.; -, -n; Lit.⟩ Lebensbeschreibung; *oV* Biographie [<*Bio...* + *...grafie*]

Bio|gra|fin ⟨f.; -, -fin|nen; Lit.⟩ Verfasserin einer Biografie; *oV* Biographin

bio|gra|fisch ⟨Adj.⟩ auf die Biografie, Lebensbeschreibung bezogen, auf ihr beruhend, sie betreffend; *oV* biographisch

Bio|gramm ⟨n.; -s, -e⟩ Aufzeichnung der Lebensläufe der Mitglieder einer zusammengehörigen Gruppe u. der sich darin abspielenden Vorgänge

Bio|graph ⟨m.; -en, -en; Lit.⟩ = Biograf

Bio|gra|phie ⟨f.; -, -n; Lit.⟩ = Biografie

Bio|gra|phin ⟨f.; -, -phin|nen; Lit.⟩ = Biografin

bio|gra|phisch ⟨Adj.⟩ = biografisch

Bio|ka|ta|ly|sa|tor ⟨m.; -s, -en⟩ Wirkstoff, der in kleinsten Mengen Stoffwechselvorgänge steuert

bio|kli|ma|tisch ⟨Adj.⟩ die Bioklimatologie betreffend, zu ihr gehörig

Bio|kli|ma|to|lo|gie ⟨f.; -; unz.⟩ Wissenschaft vom Einfluss des Klimas auf Lebewesen

Bio|ky|ber|ne|tik ⟨f.; -; unz.⟩ Wissenschaft von den Steuerungs- u. Regelungsvorgängen in biolog. Systemen

bio|ky|ber|ne|tisch ⟨Adj.⟩ auf Biokybernetik beruhend, zu ihr gehörig

Bio|lith ⟨m.; -s od. -en, -e od. -en⟩ von Lebewesen stammendes Sediment [<*Bio...* + *...lith*]

Bio|lo|ge ⟨m.; -n, -n⟩ Wissenschaftler auf dem Gebiet der Biologie

Bio|lo|gie ⟨f.; -; unz.⟩ Wissenschaft vom Leben u. von den Lebewesen [<*Bio...* + *...logie*]

Bio|lo|gin ⟨f.; -, -gin|nen⟩ Wissenschaftlerin auf dem Gebiet der Biologe

bio|lo|gisch ⟨Adj.⟩ **1** die Biologie betreffend, zu ihr gehörig, auf ihr beruhend **2** naturbedingt, natürlich; *~e Waffen* Bakterien, Viren u. a. Seuchen verbreitende Mittel einer (bisher nicht angewendeten) Kriegsführung

bio|lo|gisch-dy|na|misch ⟨Adj.⟩ Aussaat, Pflege u. Anbau von Kulturpflanzen ohne chemische Stoffe betreffend; *~er Gemüseanbau*

Bio|lo|gis|mus ⟨m.; -; unz.; meist abwertend⟩ Verwendung biologischer Begriffe u. Vorstellungen in anderen Wissenschaftsgebieten [<*Bio...* + *Logismus*]

bio|lo|gis|tisch ⟨Adj.⟩ den Biologismus betreffend, auf ihn bezogen, in seinem Sinn

Bio|lu|mi|nes|zenz ⟨f.; -, -en⟩ durch biochemische Vorgänge hervorgerufene Eigenleuchterscheinung bestimmter Lebewesen, z. B. bei Tiefseefischen u. Bakterien

Bio|ly|se ⟨f.; -, -n⟩ Zersetzung von organ. Substanz durch lebende Organismen [<grch. *bios* »Leben« + *lysis* »Lösung«]

bio|ly|tisch ⟨Adj.⟩ auf Biolyse beruhend

Bi|om ⟨n.; -s, -e⟩ Gesamtheit der in einem Lebensraum in Abhängigkeit voneinander existierenden Lebensgemeinschaften [<grch. *bios* »Leben«]

Bio|mant ⟨m.; -en, -en⟩ Person, die sich mit der Biomantie beschäftigt

Bio|man|tie ⟨f.; -; unz.⟩ = Biomantik

Bio|man|tik ⟨f.; -; unz.⟩ Voraussagen über die Lebensdauer aus körperl. Zeichen oder Vorgängen, z. B. Handlinien, Pulsschlag; *Sy* Biomantie [<*Bio...* + *...mantie*]

Bio|man|tin ⟨f.; -, -nen⟩ weibl. Person, die sich mit der Biomantie beschäftigt

Bio|mas|se ⟨f.; -, -n⟩ Gesamtheit der durch Lebewesen entstehenden organischen Substanz

Bio|me|cha|nik ⟨a. [-ça:-] f.; -; unz.;⟩ Lehre von den mechanischen Vorgängen in Organismen

bio|me|cha|nisch ⟨a. [-ça:-] Adj.⟩ die Biomechanik betreffend, auf ihr beruhend

Bio|me|di|zin ⟨f.; -; unz.⟩ Teilgebiet der Medizin, das sich mit experimenteller Medizin u. Methoden der Molekularbiologie u. der Zellbiologie befasst

bio|me|di|zi|nisch ⟨Adj.⟩ die Biomedizin betreffend, auf ihr beruhend

Bio|me|trie *auch:* **Bio|met|rie** ⟨f.; -; unz.⟩ Lehre von der Anwendung mathematisch-statistischer Methoden auf die Maß- u. Zahlenverhältnisse von Lebewesen u. ihrer Merkmale,

B

z. B. die Identifizierung von Personen aufgrund ihres Fingerabdruckes; *oV* Biometrik; *Sy* Biostatistik

Bio|me|trik *auch:* **Bio|met|rik** ⟨f.; -; unz.⟩ = Biometrie

bio|me|trisch *auch:* **bio|met|risch** ⟨Adj.⟩ die Biometrie betreffend, auf ihr beruhend

Bio|mo|ni|to|ring ⟨[-mɔnıtərıŋ] n.; - od. -s, -s⟩ Verfahren zur Beurteilung der Umweltbelastung eines bestimmten Gebietes mittels Erhebung von Daten zur Luft-, Wasser- u. Bodenverschmutzung, Beobachtung u. Untersuchung der Tier- u. Pflanzenwelt [<*Bio…* + engl. *monitor* »überwachen«]

bio|morph ⟨Adj.⟩ von den natürlichen Lebensvorgängen beeinflusst [<*bio…* + *…morph*]

Bio|mor|pho|se ⟨f.; -; unz.⟩ im Laufe eines Lebens auftretende Veränderung eines Organismus [<*Bio…* + *Morphose*]

bio|mor|pho|tisch ⟨Adj.⟩ die Biomorphose betreffend, auf ihr beruhend

Bio|mo|tor ⟨m.; -s, -en; Med.⟩ Apparat zur künstl. Lungenbeatmung [<*Bio…* + *Motor*]

Bio|na|de® ⟨f.; -, -n⟩ biologisch hergestelltes, alkoholfreies Erfrischungsgetränk [<*Bio…* + Limo*nade*]

Bio|nik ⟨f.; -; unz.⟩ neues Wissenschaftsgebiet, das technische Probleme nach dem Vorbild der Funktion von Körperorganen zu lösen versucht [verkürzt <*Bio*logie + Tech*nik*]

bio|nisch ⟨Adj.⟩ die Bionik betreffend, zu ihr gehörig

Bio|no|mie ⟨f.; -; unz.⟩ Lehre von den Gesetzen des organischen Lebens [<*Bio…* + *…nomie*]

…bi|ont ⟨Nachsilbe; zur Bildung von männl. Subst.⟩ Lebewesen; *Halobiont* [<grch. *bios* »Leben« + *on*, Gen. *ontos* »seiend«]

bio|phar|ma|zeu|tisch ⟨a. ['------] Adj.⟩ die Biopharmazie betreffend, zu ihr gehörend

Bio|phar|ma|zie ⟨a. ['-----] f.; -; unz.⟩ Fachgebiet der Pharmazie, in dem die physikalisch-chemischen Eigenschaften der Arzneien untersucht u. Schlüsse auf ihre Wirkung gezogen werden [<*Bio…* + *Pharmazie*]

Bio|pho|ne|tik ⟨a. ['-----] f.; -; unz.⟩ Lehre von Art u. Erzeugung der Laute im Hinblick auf die biologischen Voraussetzungen; *oV* Biofonetik [<*Bio…* + *Phonetik*]

Bio|phy|sik ⟨a. ['----] f.; -; unz.⟩ Wissenschaft von den physikal. Vorgängen in Lebewesen

bio|phy|si|ka|lisch ⟨a. ['------] Adj.⟩ die Biophysik betreffend, auf ihr beruhend

Bio|pic ⟨[baıɔpık] n.; -s, -s⟩ Biografie in Form eines Films, Filmbiografie [verkürzt <engl. *bio*graphical »biografisch« + *pic*ture »Bild«]

Bio|pro|tek|ti|on ⟨f.; -, -en⟩ Bemühung, sowohl den Lebensraum als auch die Lebewesen in ihm vor Schäden zu bewahren

Bi|op|sie ⟨f.; -, -n; Med.⟩ Untersuchung von Gewebe, das einem lebenden Organismus entnommen ist [<*Bio…* + *…opsie*]

bi|op|tisch ⟨Adj.⟩ auf Biopsie beruhend, zu ihr gehörig

Bio|rhyth|mik ⟨f.; -; unz.⟩ = Biorhythmus

Bio|rhyth|mus ⟨m.; -, -rhyth|men⟩ der rhythm. Lebensablauf von Organismen; *Sy* Biorhythmik

Bi|os ⟨m.; -; unz.⟩ das Leben [grch.]

Bio|sa|tel|lit ⟨m.; -en, -en⟩ mit Tieren besetzter Satellit zur Erforschung der Lebensbedingungen in der Schwerelosigkeit [<*Bio…* + *Satellit*]

Bio|se ⟨f.; -, -n; Chemie⟩ Kohlenhydrat mit zwei Sauerstoffatomen im Molekül, z. B. Glykolaldehyd

…bio|se ⟨Nachsilbe; zur Bildung weibl. Subst.⟩ Lebensweise; *Symbiose* [<grch. *biosis* »Lebensweise« <*bios* »Leben«]

Bio|sen|sor ⟨m.; -s, -so|ren⟩ elektronisches Messgerät für chemische u. physikalische Vorgänge im Körper

Bio|sie|gel ⟨n.; -s, -⟩ Gütesiegel für Lebensmittel aus ökologischem Anbau

Bio|so|zio|lo|gie ⟨a. [------'-] f.; -; unz.⟩ Lehre von den Gemeinschaften der Lebewesen

bio|so|zio|lo|gisch ⟨a. [-----'--] Adj.⟩ die Biosoziologie betreffend, zu ihr gehörend

Bio|sphä|re ⟨f.; -, -n⟩ der von Lebewesen bewohnte od. bewohnbare Raum

Bio|sphä|ren|re|ser|vat ⟨[-va:t] n.; -(e)s, -e⟩ Naturreservat der UNESCO, das in drei Schutzzonen eingeteilt wird, klassifiziert nach der Intensität des menschlichen Einflusses

Bio|sta|tis|tik ⟨f.; -; unz.⟩ = Biometrie

Bio|syn|the|se ⟨f.; -, -n⟩ Aufbau organischer Substanzen in der lebenden Zelle

Bio|tech|nik ⟨f.; -; unz.⟩ die physikal. Grundsätze in Bau u. Funktion organ. Körper, die für die Technik vorbildlich wurden

bio|tech|nisch ⟨Adj.⟩ die Biotechnik betreffend, zu ihr gehörig

Bio|tech|no|lo|gie ⟨f.; -; unz.⟩ Erforschung der wirtschaftl. Bedeutung von Mikroorganismen

bio|tech|no|lo|gisch ⟨Adj.⟩ die Biotechnik betreffend, zu ihr gehörig, auf ihr beruhend

Bio|tin ⟨n.; -s; unz.⟩ das Vitamin H [<grch. *bios* »Leben«

bio|tisch ⟨Adj.⟩ auf Lebewesen, auf das Leben bezüglich [zu grch. *bios* »Leben«]

Bio|tit ⟨m.; -s, -e; Min.⟩ dunkle Abart des Glimmers [nach dem frz. Physiker J. B. *Biot*]

Bio|to|nus ⟨m.; -; unz.; Psych.⟩ die Beschaffenheit der Spannung u. Energie des menschl. Körpers [<*Bio…* + *Tonus*]

Bio|top ⟨m. od. n.; -s, -e⟩ Lebensraum von Tier- u. Pflanzenarten, die ähnliche Umweltbedingungen verlangen [<*Bio…* + grch. *topos* »Ort«]

bio|trop ⟨Adj.⟩ aufgrund klimatischer od. physikalischer Veränderungen den Körper beeinflussend [<*bio…* + *…trop*[1]]

Bio|tro|pie ⟨f.; -, -n⟩ Empfindlichkeit des Organismus gegenüber Wetterschwankungen [<*Bio…* + *…tropie*]

Bio|typ ⟨m.; -s, -en; Biol.⟩ reinerbige Nachkommenschaft; *Sy* Biotypus [<grch. *bios* »Leben« + *typos* »Muster«]

Bio|ty|pus ⟨m.; -, -ty|pen; Biol.⟩ = Biotyp

Bio|waf|fe ⟨f.; -, -n⟩ biologische Waffe, die meist tödliche Krankheiten verursacht

Bio|wis|sen|schaf|ten ⟨Pl.⟩ Gesamtheit der mit biologischen Forschungen beschäftigten Wissenschaften, wie Biologie, Medizin, Pharmazie, Pharmakologie, Land- u. Forstwirtschaft

bio|zen|trisch *auch:* **bio|zent|risch** ⟨Adj.⟩ das Leben in den Mittelpunkt stellend; *Ggs* logozentrisch

Bio|zid ⟨n.; -s, -e⟩ = Pestizid [<grch. *bios* »Leben« + …*zid*²]

Bio|zö|no|lo|gie ⟨f.; -; unz.; Biol.⟩ Wissenschaft von den biologischen Lebensgemeinschaften [<*Bio…* + grch. *koinos* »gemeinsam« + …*logie*]

Bio|zö|no|se ⟨f.; -, -n; Biol.⟩ Lebensgemeinschaft verschiedener Arten von Lebewesen, die ähnl. Umweltbedingungen verlangen [<*Bio…* + grch. *koinos* »gemeinsam«]

bio|zö|no|tisch ⟨Adj.; Biol.⟩ die Biozönose betreffend, auf ihr beruhend

Bi|pe|de ⟨m.; -n, -n; Zool.⟩ Zweifüßer [zu lat. *bipes* »zweifüßig«]

Bi|pe|die ⟨f.; -; unz.; Zool.⟩ Zweifüßigkeit [→ *Bipede*]

bi|pe|disch ⟨Adj.⟩ zweifüßig, in der Art eines Bipeden

Bi|phe|nyl ⟨n.; -s, -e; Chemie⟩ kristallisierender Kohlenwasserstoff, der u. a. zur Konservierung von Zitrusfrüchten verwendet wird [<*Bi…* + *Phenyl*]

bi|po|lar ⟨Adj.⟩ zweipolig

Bi|po|la|ri|tät ⟨f.; -, -en⟩ Zweipoligkeit

Bi|qua|drat *auch:* **Bi|quad|rat** ⟨n.; -(e)s, -e; Math.⟩ Quadrat des Quadrats, 4. Potenz, z. B. $(5^2)^2 = 5^4$

bi|qua|dra|tisch *auch:* **bi|quad|ra|tisch** ⟨Adj.; Math.⟩ in die 4. Potenz erhoben

Bir|die ⟨[bœ:dɪ] n.; -s, -s; Sport; Golf⟩ Erreichen des Golfloches mit einem Schlag weniger als vorgeschrieben [engl., eigtl. »Vögelchen«]

Bi|re|me ⟨f.; -, -n⟩ antikes Kriegsschiff mit zwei Ruderreihen übereinander [<frz. *birème* »Zweiruderer« <lat. *bis* »doppelt« + *remus* »Ruder«]

Bi|rut|sche ⟨f.; -, -n⟩ = Barutsche

Bi|sam ⟨m.; -s, -e od. -s⟩ **1** Fell der Bisamratte **2** ⟨unz.⟩ = Moschus

Bi|sek|trix *auch:* **Bi|sekt|rix** ⟨f.; -, -tri|zes⟩ Winkelhalbierende zwischen den optischen Achsen eines Kristalls [<*Bi…* + lat. *sector* »Zerschneider«]

bi|se|riert ⟨Adj.⟩ *~e Magnesia* doppelt gebrannte Magnesia [<*bi…* + lat. *serum* »Flüssigkeit nach dem Absetzen fester Stoffe«; eigtl. »zweimal getrocknet«]

Bi|se|xu|a|li|tät ⟨f.; -; unz.⟩ **1** Zweigeschlechtigkeit **2** Zuneigung zum eigenen als auch zum anderen Geschlecht

bi|se|xu|ell ⟨Adj.⟩ **1** mit beiden Geschlechtern verkehrend, sowohl homo- als auch heterosexuell; *Sy* ⟨umg.⟩ bi **2** zweigeschlechtig

Bi|se|xu|el|le(r) ⟨f. 2 (m. 1)⟩ jmd., der bisexuell ist

Bis|kot|te ⟨f.; -, -n; österr.⟩ Biskuitkleingebäck [→ *Biskuit*]

Bis|kuit ⟨[-kvɪt] n. od. m.; -s, -s od. -e⟩ leichtes, feines Gebäck aus Eiern, Mehl u. Zucker ohne Fett [<frz. *biscuit* <lat. *bis* »doppelt« + *coctus* »gebacken«]

Bis|kuit|por|zel|lan ⟨[-kvɪt-] n.; -s, -e⟩ zweimal gebranntes, unglasiertes Porzellan

Bis|mu|tit ⟨m.; -s, -e; Min.⟩ gelblich grünes, graues od. strohgelbes Mineral, chem. ein basisches Wismutcarbonat

Bis|mu|tum ⟨n.; -s; unz.; chem. Zeichen: Bi⟩ das chemische Element Wismut [latinisiert <*Wismut*]

Bi|son ⟨m.; -s, -s; Zool.⟩ in Nordamerika heimisches, braunes Wildrind mit schwarzer Mähne: Bison bison [lat. <germ. **wisund;* verwandt mit *Wisent*]

bi|sta|bil ⟨a. ['---] Adj.⟩ doppelt stabil, durch zwei dauerhafte Zustände gekennzeichnet, insbes. von elektronischen Bauelementen; *eine ~e Schaltung* [<*bi…* + *stabil*]

Bis|ter ⟨m. od. n.; -s; unz.⟩ aus Ruß gewonnener brauner Aquarellfarbstoff [zu frz. *bistre* »schwarzbraun«]

Bis|tro *auch:* **Bist|ro** ⟨[-tro:] n.; -s, -s; in Frankreich⟩ kleines Gasthaus; *oV* Bistrot [frz., »Wein-, Gartenhändler«]

Bis|trot *auch:* **Bist|rot** ⟨[-tro:] n.; -s, -s; in Frankreich⟩ = Bistro

Bi|sul|fat ⟨n.; -(e)s, -e; veraltete Bez. für⟩ Hydrogensulfat

bi|syl|la|bisch ⟨Adj.⟩ zweisilbig

Bit ⟨n.; - od. -s, -s od. bei Mengenangaben: -; EDV; Zeichen: bt⟩ Maßeinheit für den Informationsgehalt, entsprechend einer Binärziffer 0 od. 1 [verkürzt <engl. *binary digit* »Binärziffer«]

Bit|map ⟨[-mæp] f.; -, -s; EDV⟩ (ein von Microsoft® entwickeltes) Datenformat, mit dessen Hilfe eine aus Pixeln bestehende Grafik direkt im Arbeitsspeicher des Computers od. der Grafikkarte abgebildet wird [<engl. *bit* »kleinste Dateneinheit im Computer« + *map* »Bild, Karte, Mappe«]

bi|to|nal ⟨Adj.⟩ **1** ⟨Musik⟩ auf zwei gleichzeitig verwendete Tonarten bezogen **2** ⟨Med.⟩ doppelt tönend; *~er Husten*

Bi|to|na|li|tät ⟨f.; -; unz.; Musik⟩ gleichzeitiges Verwenden zweier Tonarten, häufigste Form der Polytonalität

Bit|ter Le|mon ⟨[- lɛmən] n.; - - od. - -s, - -⟩ chininhaltige Limonen- u. Zitronenlimonade [engl., »bittere Zitrone«]

Bit|ter|oran|ge ⟨[-orã:ʒə] od. [-oraŋʒə] f.; -, -n; Bot.⟩ = Pomeranze

Bi|tu|men ⟨n.; -s, -⟩ natürlich vorkommendes Gemisch aus Fetten, Wachsen, Harzen, Lignin, Eiweißstoffen u. Kohlenhydraten, das aus niedrigen Organismen entstanden ist [lat.; → *Beton*]

bi|tu|mig ⟨Adj.⟩ bitumenhaltig, bitumenartig

bi|tu|mi|nie|ren ⟨V.⟩ mit Bitumen bestreichen, behandeln

bi|tu|mi|nös ⟨Adj.⟩ bitumenhaltig

bi|va|lent ⟨[-va-] Adj.⟩ zweiwertig [<*bi…* + …*valent*]

Bi|va|lenz ⟨[-va-] f.; -; unz.⟩ Zweiwertigkeit

Bi|val|via ⟨[-valvia] Pl.⟩ Muscheln [lat., »Zweitürige«]

Bi|wak ⟨n.; -s, -e od. -s⟩ **1** Lager im Freien **2** ⟨Mil.⟩ Feldlager [<frz. *bivouac* <nddt. *biwake* »Beiwache im Freien neben der in einem Bau untergebrachten Hauptwache«]

B

bi|wa|kie|ren ⟨V.; a. Mil.⟩ ein Biwak aufschlagen, im Freien lagern

bi|zarr ⟨Adj.⟩ **1** seltsam, ungewöhnlich **2** wunderlich, verschroben [<frz. *bizarre* »seltsam« <ital. *bizarro*]

Bi|zar|re|rie ⟨f.; -, -n⟩ **1** bizarres Wesen, ungewöhnl. wunderl. Verhalten **2** Grille, Schrulle

Bi|zeps ⟨m.; - od. -es, -e; Anat.⟩ zweiköpfiger Muskel, z. B. am Oberarm u. am Oberschenkel [<lat. *biceps* »zweiköpfig«; zu *bis* »doppelt« + *caput* »Kopf«]

Bi|zi|nie ⟨[-njə] f.; -, -n; Musik⟩ = Bicinium

bi|zy|klisch *auch:* **bi|zyk|lisch** ⟨Adj.⟩ = bicyclisch

Bk ⟨chem. Zeichen für⟩ Berkelium

Black|Ber|ry® *auch:* **Black|ber|ry** ⟨[blæk-] n. od. m.; - od. -s, - od. -s; EDV⟩ Mobiltelefon, das auch E-Mails empfangen u. senden kann [<engl. *blackberry* »Brombeere«]

> **Blackbox / Black Box** (*Getrennt- und Zusammenschreibung*) Aus dem Englischen stammende Verbindungen aus Adjektiv und Substantiv schreibt man zusammen, wenn der Hauptakzent auf dem ersten Bestandteil liegt. Liegt er auf dem zweiten Bestandteil oder werden beide Wörter betont, so wird getrennt geschrieben (→*a.* Bluebox / Blue Box).

Black|box ⟨[blækbɔks]⟩ *auch:* **Black Box** ⟨f.; (-) -, (-) -es [-sɪz]; Kyb.⟩ **1** System, das nicht od. nicht vollständig bekannt ist, auf dessen Verhalten man aber durch Beobachtung von Eingabe u. Ausgabe schließen kann **2** Gerät zur Aufzeichnung von Flugdaten, Flugschreiber [engl., »schwarzer Kasten«]

Black|box|sys|tem ⟨[blæk-] n.; -s; unz.; Kyb.⟩ Methode zur Erfassung unbekannter Systeme

Black|jack ⟨[blækdʒæk]⟩ *auch:* **Black Jack** ⟨n.; (-) -, (-) -⟩ ein amerikanisches Kartenglücksspiel (Siebzehn u. Vier) [<engl. *black* »schwarz« + *jack* »Bube (im Kartenspiel)«]

Black|list ⟨[blæk-] f.; -, -s; EDV⟩ Liste von unerwünschten E-Mails, deren Adressen od. Domains in einer Datei hinterlegt sind, so dass deren Annahme mit Hilfe eines Filters automatisch vermieden werden kann; *Ggs* Whitelist [<engl. *black* »schwarz« + *list* »Liste«]

Black|mail ⟨[blækmɛɪl] n.; -s; unz.⟩ Erpressung; *Sy* Blackmailing [engl.]

Black|mai|ling ⟨[blækmɛɪlɪŋ] n.; - od. -s; unz.⟩ = Blackmail

Black-out *auch:* **Black|out** ⟨[blækaʊt] m. od. n.; -s, -s⟩ **1** ⟨Theat.⟩ **1.1** eine kurze, meist witzige Szene, bei der direkt nach der Pointe das Licht ausgeschaltet wird **1.2** plötzl. Verdunkeln der Bühne beim Szenenschluss **2** ⟨umg.⟩ plötzlich vorübergehende Bewusstseinstrübung **3** ⟨Raumf.⟩ **3.1** vorübergehender Verlust der Sehfähigkeit infolge hoher Beschleunigung **3.2** vorübergehendes Aussetzen der Funkverbindung mit Raumfahrzeugen beim Eintritt in die Atmosphäre [<engl. *blackout* »Ohnmachtsanfall«]

Black Pan|ther ⟨[blæk pænθə(r)] m.; - -s, - -⟩ **1** eine kleine, militante Organisation der schwarzen Bürgerrechtsbewegung in den USA **2** Angehörige(r) der Black-Panther-Organisation [engl., »schwarzer Panther«]

Black Pow|er *auch:* **Black Po|wer** ⟨[blæk paʊə(r)] f.; - -; unz.⟩ Freiheitsbewegung der nordamerikan. Schwarzen [engl., »schwarze Macht, Kraft«]

Blade ⟨[blɛɪd] m.; -s, -s; meist Pl.; kurz für⟩ Rollerblade [<engl. *blade* »Klinge«]

bla|den ⟨[blɛɪ-] V.⟩ mit Rollerblades fahren [→ *Blade*]

bla|ma|bel ⟨Adj.⟩ eine Blamage verursachend, beschämend; *eine blamable Vorstellung* [<frz. *blâmable* »tadelnswert«]

Bla|ma|ge ⟨[-ʒə] f.; -, -n⟩ beschämende, peinl. Bloßstellung, Schande [frz.; → *blamieren*]

bla|mie|ren ⟨V.⟩ bloßstellen, zum Gespött machen; *da habe ich mich ja schön blamiert!* [<frz. *blâmer* »tadeln«]

Blanc de Blancs ⟨[blã de blã:] m.; - - -, -s - - [-blã:]⟩ ein französ. Weißwein, der nur aus weißen Trauben gekeltert wird [<frz. *blanc* »weiß; Weißwein«]

Blanc fixe ⟨[blã fɪks] n.; - -; unz.⟩ = Permanentweiß

blan|chie|ren ⟨[blãʃi:-] V.; Kochk.⟩ *Speisen* ~ abbrühen; *Geflügel* ~ [<frz. *blanchir* »weiß machen«]

blạnd ⟨Adj.⟩ **1** reizlos, mild; *~e Diät* **2** ruhig verlaufend; *~e Krankheit* [<lat. *blandus* »gewinnend, sanft«]

Blank ⟨[blæŋk] n.; -s, -s; EDV⟩ Leerstelle [engl., »leer; Lücke«]

Blan|ket ⟨[blæŋkɪt] n.; -s, -s; Physik⟩ (bei Kern- bzw. Brutreaktoren) Inkubationszone inner- od. außerhalb der Spaltzone [<engl. *blanket* »Decke«]

Blan|kett ⟨n.; -s, -e⟩ **1** ⟨Wirtsch.⟩ Wertpapiervordruck, der noch nicht vollständig ausgefüllt u. deshalb noch nicht rechtsgültig ist **2** nicht vollständig ausgefülltes, unterschriebenes Formular [→ *blanko*]

blan|kie|ren ⟨V.⟩ verkaufen, was man selbst noch nicht gekauft hat [→ *blanko*]

blan|ko ⟨Adj.⟩ leer, nicht vollständig ausgefüllt; *Formulare, Schecks ~ unterschreiben* [<ital. *bianco* »weiß, unbeschrieben«]

Blan|ko|ak|zept ⟨n.; -(e)s, -e⟩ Akzept auf einem nicht vollständig ausgefüllten Wechsel

Blan|ko|scheck ⟨m.; -s, -s⟩ Scheck, bei dem der Betrag nicht eingesetzt ist

Blan|ko|voll|macht ⟨f.; -, -en⟩ unbeschränkte Vollmacht

Blank|vers ⟨m.; -es, -e; Metrik⟩ reimloser fünffüßiger Jambus [<engl. *blank verse* »reiner, leerer, reimloser Vers«]

bla|siert ⟨Adj.⟩ eitel, hochnäsig (ohne wirklich etwas darzustellen) [<frz. *blasé* »übersättigt«]

Bla|son ⟨[-zõ:] m.; -s, -s⟩ Wappen(schild) [frz., »Wappen«]

bla|so|nie|ren ⟨V.⟩ *ein Wappenschild ~* kunstgerecht beschreiben od. ausmalen [<frz. *blasonner* »Wappen malen, erklären«]

Blas|phe|mie ⟨f.; -, -n⟩ Beschimpfung, Verhöhnung von Heiligen, Gotteslästerung [<grch. *blasphemia* »Lästerung«]

blas|phe|mie|ren ⟨V.⟩ Gott lästern, eine Blasphemie aussprechen

blas|phe|misch ⟨Adj.⟩ Gott lästernd, lästerlich, Heiliges verhöhnend; *oV* blasphemistisch

Blas|phe|mist ⟨m.; -en, -en⟩ Gotteslästerer [→ *Blasphemie*]

blas|phe|mis|tisch ⟨Adj.⟩ = blasphemisch

...blast ⟨Nachsilbe; zur Bildung männl. od. sächl. Subst.; m.; -en, -en od. n.; -(e)s, -e⟩ Keim, Zelle, Knospe; *Leukoblast* [<grch. *blastos* »Keim, Spross, Gewächs; Abkömmling«]

Blas|tem ⟨n.; -s, -e; Biochemie⟩ aus undifferenzierten Zellen bestehendes Bildungsgewebe [<grch. *blastos* »Spross, Keim«]

Blas|to|derm ⟨n.; -s; unz.⟩ epithelartig angeordnete Furchungszellen der Blastula [<grch. *blastos* »Spross, Keim« + *...derm*]

Blas|to|ge|ne|se ⟨f.; -, -n; Biol.⟩ **1** ungeschlechtl. Vermehrung durch Knospung des Muttertieres **2** bei der geschlechtl. Vermehrung das früheste Embryonalstadium vor der Organbildung [<grch. *blastos* »Spross, Keim« + *Genese*]

Blas|tom ⟨n.; -s, -e; Med.⟩ Neubildung von Gewebe, Geschwulst [→ *...blast*]

Blas|to|me|re ⟨f.; -, -n; Biol.⟩ Furchungszelle im ersten Entwicklungsstadium einer Blastula [<grch. *blastos* »Spross, Keim« + *...mer*]

Blas|to|my|zet ⟨m.; -en, -en⟩ Sprosspilz [<grch. *blastos* »Spross« + *Myzet*]

Blas|to|zöl ⟨n.; -s, -e; Biol.⟩ Furchungshöhle der Blastula [<grch. *blastos* »Spross, Keim« + *koilos* »hohl«]

Blas|to|zy|te ⟨f.; -, -n; Biol.⟩ undifferenzierte Zelle des Lebewesens im embryonalen Stadium [<grch. *blastos* »Spross, Keim« + mlat. *cytus* »Zelle«]

Blas|tu|la ⟨f.; -; unz.; Biol.⟩ frühe embryonale Entwicklungsstufe der mehrzelligen Tiere, Keimblase [<grch. *blastos* »Spross«]

Bla|zer ⟨[ble:zə(r)] od. engl. [blɛızə(r)] m.; -s, -⟩ hüftlange Jacke mit aufgesetzten Taschen [engl.]

Blea|ching ⟨[bli:tʃıŋ] n.; - od. -s; unz.; Zahnmed.⟩ Bleichen (der Zähne) [engl.]

Blei|oxid ⟨n.; -(e)s, -e; Chemie⟩ Sauerstoffverbindung des Bleis, chem. Bleioxid, Ausgangsstoff zur Herstellung von Mennige; *Sy* Massicot, Lithargyrum

Blend ⟨m. od. n.; -s, -s⟩ Verschnitt, Mischung aus versch. Sorten (von Tee, Tabak, Whiskey u. a.); *~ed Whiskey* [engl., »vermischen; Mischung«]

Blen|ded Lear|ning ⟨[-dıd lœ:nıŋ] n.; - - od. - -s; unz.⟩ Lehr- u. Lernmethode, die traditionelles Lernen mit elektron. Lernformen (E-Learning) verknüpft, integriertes Lernen [<engl. *blend* »vermischen« + *learn* »lernen«]

Blen|nor|rhö ⟨f.; -, -en; Med.⟩ eitrige Schleimhautabsonderung, bes. bei Tripper [<grch. *blenna* »Schleim« + *...rrhö*]

bles|sie|ren ⟨V.⟩ verletzen, verwunden [<frz. *blesser*]

Bles|sur ⟨f.; -, -en⟩ das Blessiertsein, Verletzung, Verwundung [<frz. *blessure* »Verwundung«]

bleu ⟨[blø:] Adj.⟩ grünlich blau [frz., »blau«]

Bleu ⟨[blø:] n.; -s; unz.⟩ (oft blasse) grünlich blaue Farbe; *ein Kleid in ~* [frz., »Blau«]

Blimp ⟨m.; -s, -s; Flugw.⟩ meist unbemanntes u. für Werbezwecke eingesetztes kleineres Luftschiff [engl., »Kleinluftschiff«]

Blind|date ⟨[blaınddɛıt]⟩ *auch:* **Blind Date** ⟨n.; (-) -s, (-) -s; umg.⟩ Treffen, Verabredung mit einer Person, die man nicht persönlich kennt (vor allem bei der Partnersuche) [<engl. *blind* »blind« + *date* »Verabredung«]

Blis|ter ⟨m.; -s, -⟩ **1** ⟨unz.⟩ ein salbenähnl. Mittel zur Versorgung u. Therapie von Verletzungen im Beinbereich von Pferden **2** ⟨zählb.⟩ Produktverpackung aus Kunststofffolie [engl., »Blase« <*blister pack* »Klarsichtpackung«]

blis|tern ⟨V.⟩ (bei Lahmheit) Pferdebeine mit einem scharfen Mittel einreiben, um eine die Durchblutung fördernde künstliche Entzündung hervorzurufen (wird auch verbotenerweise bei Springpferden angewendet, um eine größere Schmerzempfindlichkeit beim Berühren von Hindernissen zu bewirken) [<engl. *blister* »Zugmittel auflegen«]

Bliz|zard ⟨[blızəd] m.; -s, -s; Meteor.⟩ Schneesturm in Nordamerika [engl.]

Blo|cka|de ⟨f.; -, -n⟩ **1** Absperrung eines Staatsgebiets von jegl. Zufuhr; *Hunger~* **2** ⟨Med.⟩ Ausschaltung von Teilen des Nervensystems zu Heilzwecken **3** ⟨Typ.⟩ blockierte Stelle [<ital. *bloccata;* → *blockieren*]

Block|bus|ter ⟨[-bʌstə(r)] m.; -s, -⟩ Knüller, Kassenerfolg [engl., eigtl. »große Bombe«]

blo|ckie|ren ⟨V.⟩ **1** sperren, absperren **2** ⟨Eisenbahn⟩ durch Block sperren **3** ⟨Typ.⟩ *eine fehlende Stelle im Wort ~* durch auf den Kopf gestellte Typen kennzeichnen [<frz. *bloquer* »blockieren, sperren«; → *Block*]

Block|kon|den|sa|tor ⟨m.; -s, -en⟩ Kondensator, der aus einem blockförmig gewickelten Metallfolienband besteht

Block|sys|tem ⟨n.; -s, -e⟩ Sperr- u. Signalsystem zur Sicherung von Eisenbahnstrecken

Blog ⟨m. od. n.; -s, -s; kurz für⟩ Weblog (2)

blog|gen ⟨V.; EDV⟩ ein Weblog (2) führen, Beiträge dafür schreiben

Blog|ger ⟨m.; -s, -; EDV⟩ jmd., der ein Weblog (2) führt

Blog|go|sphä|re ⟨f.; -, -n; EDV⟩ = Blogosphäre

Blo|go|sphä|re ⟨f.; -, -n; EDV⟩ Bereich der Weblogs (2) u. ihrer Teilnehmer als öffentlich zugängliches Netzwerk; *oV* Bloggosphäre [<engl. *blogosphere*]

blond ⟨Adj.⟩ **1** hell, gelblich **2** hellhaarig; *~es Mädchen* **3** ⟨umg.; scherzh.⟩ **3.1** *ein ~es Gift* eine stark zurechtgemachte Frau mit blondiertem Haar **3.2** *ein (kühles) Blondes* ein Glas helles Bier [frz.]

blon|die|ren ⟨V.⟩ *Haar ~* künstlich aufhellen

Bloo|dy Ma|ry ⟨[blʌdi mæri] f.; - -, - -s⟩ alkoholisches Cocktailgetränk, zu dessen Bestandteilen neben Wodka u. Tomatensaft auch verschiedene Gewürze gehören [<engl. *bloody* »blutig« + *Mary* »Maria«]

Blou|son ⟨[bluzɔ̃:] od. [bluzɔŋ] m. od. n.; -s, -s⟩ weit geschnit-

B

tene Sportjacke mit auf den Hüften eng anliegendem Bund [frz.; zu *blouse* »Bluse«]

Blow-out *auch:* **Blow|out** ⟨[bloʊ-aʊt] m.; -s, -s⟩ unkontrolliertes Entweichen von Erdöl oder Erdgas aus einem Bohrloch [engl., »Ölausbruch«]

Blow-up *auch:* **Blow|up** ⟨[bloʊʌp] n.; - od. -s, -s⟩ **1** Aufbauschung, Vergrößerung **2** Vergrößerung eines Fotos od. Fernsehbildes [engl., »Vergrößerung«]

> **Blow-up / Blowup** (*Schreibung mit Bindestrich*) Aus dem Englischen stammende Substantivierungen aus Verb und Adverb werden mit Bindestrich geschrieben. Wenn die Lesbarkeit dadurch nicht beeinträchtigt wird, ist auch die Schreibung in einem Wort möglich (→*a.* Black-out / Blackout).

Blue Ba|by ⟨[blu: be:bi] n.; - -s, - -s; Med.⟩ Neugeborenes mit angeborenem schwerem Herzfehler, das deshalb zur Blausucht neigt [<engl. *blue* »blau« + *Baby*]

Blue|box ⟨[blu:bɔks]⟩ *auch:* **Blue Box** ⟨f.; (-) -, (-) -es [-sɪz]; TV⟩ Projektionsgerät für das Blueboxverfahren [<engl. *blue* »blau« + *Box*]

Blue|box|ver|fah|ren ⟨[blu:bɔks-] n.; -s, -; TV⟩ Projektionsverfahren für Aufnahmen in Fernsehstudios, bei dem ein zuvor gefilmter od. fotografierter Hintergrund auf eine blau gefärbte (heute auch andersfarbige) Spezialwand projiziert u. von dort als Hintergrund in die Aufnahmekamera weitergeleitet wird; *Sy* Bluescreenverfahren [→ *Bluebox*]

Blue|chip ⟨[blu:tʃɪp]⟩ *auch:* **Blue Chip** ⟨m.; (-) -s, (-) -s; meist Pl.; Börse; Wirtsch.⟩ sichere, gewinnbringende Investition (insbesondere in Form von Wertpapieren) [<engl. *blue chip* »blaue Wertmarke (im Casino); erstklassig, sicher«]

Blue|jeans ⟨[blu:dʒi:nz] Pl.⟩ blaue Drillichhosen, Jeans [<engl. *blue* »blau« + *Jeans*]

Blue|note ⟨[blu:noʊt]⟩ *auch:* **Blue Note** ⟨ f.; (-) -, (-) -s; Musik⟩ beim Blues der um einen Halbton erniedrigte 3. bzw. 7. Ton der Durtonleiter [<engl. *blue* »blau« + *note* »Note«]

Blues ⟨[blu:z] m.; -, -; Musik⟩ **1** schwermütiges Tanzlied der nordamerikan. Schwarzen **2** daraus hervorgegangener langsamer Gesellschaftstanz im $^4/_4$-Takt [verkürzt <engl. *blue devils* »Anfall von Schwermut«]

Blue|screen|ver|fah|ren ⟨[blu:-skri:n-] n.; -s; unz.; TV⟩ = Blueboxverfahren

Blue|tooth® ⟨[blu:tu:θ] m. od. n.; - od. -s; unz.⟩ drahtlose Funkverbindung von Geräten innerhalb einer geringen Reichweite, zur kabellosen Vernetzung von Mobiltelefonen, Computern, Druckern usw. [engl., »Blauzahn«, nach dem gleichnamigen dän. Wikingerkönig]

Bluff ⟨[blʌf] od. [blœf] m.; -s, -s⟩ **1** auf Prahlerei beruhende Irreführung **2** durch dreistes Auftreten erzielte Täuschung [engl., »Täuschung«]

bluf|fen ⟨[blʌfən] od. [blœfən] V.⟩ durch prahler. Behauptungen, dreistes Auftreten irreführen, täuschen [→ *Bluff*]

blü|me|rant ⟨Adj.; veraltet; umg.⟩ schwindlig, schwach; *mir ist, wird ganz ~(zumute)* [<frz. *bleumourant* »mattblau«, eigtl. »sterbendes Blau«]

Blu-ray Disc® ⟨[blu:rɛɪ-] f.; - -, - -s⟩ hochauflösendes Datenträgerformat für Videos, wobei blaues Laserlicht für das Lesen u. Schreiben der in mehreren Schichten gespeicherten Daten verwendet wird [<engl. *blue* »blau« + *ray* »Strahl« + *Disc*]

> **→ Blouson** Obwohl das aus dem Französischen stammende Fremdwort *Blouson* mit [blu-] anlautet, wird es wie in der Herkunftssprache mit *Blou-* geschrieben. Dagegen wird bei dem ebenfalls aus dem Französischen stammenden Wort *Bluse* die Aussprache grafisch bereits so wiedergegeben, wie es im Deutschen üblich ist.

b. m. ⟨Abk. für lat.⟩ brevi manu

BMI ⟨Abk. für⟩ Body-Mass-Index

B-Mo|vie ⟨[bi:mu:vi] m. od. n.; -s, -s⟩ Spielfilm, der nicht für das Massenpublikum u. mit einem geringeren finanziellen Aufwand produziert wurde [<*B-*, urspr. als Unterscheidung zum aufwendigen A-Movie für das breite Publikum + *Movie*]

BMX-Rad ⟨n.; -(e)s, -Rä|der⟩ kleines, geländegängiges Sportfahrrad mit Spezialrädern, die ein grobes Profil besitzen (bes. bei Radrennen im offenen Gelände verwendet) [verkürzt <engl. *bicycle motocross*]

Bö ⟨f.; -, -en⟩ heftiger Windstoß; *oV* Böe; *eine Wind~; Sturm~* [<ndrl. *bui, buy(de)e*]

Boa ⟨f.; -, -s; Zool.⟩ **1** Riesenschlange **2** ⟨umg.⟩ langer, schmaler Damenpelz zum Umlegen **3** Umhang aus Straußenfedern [lat., »Wasserschlange«]

Board ⟨[bɔ:(r)d] n.; -s, -s⟩ **1** ⟨umg.; kurz für⟩ Skateboard, Surf-, Snowboard **2** ⟨Sport; Squash⟩ Playboard, die Fehlerzone an der Frontwand; *Sy* Tin **3** ⟨Wirtsch.⟩ Führungsgremium, Aufsichtsrat einer Firma od. eines Konzerns, der über die globale Unternehmensführung entscheidet [<engl. *board* »Brett; Ausschuss, Komitee«]

boar|den ⟨[bɔ:(r)dən] V.⟩ **1** ⟨Touristik⟩ den Sitzplatz (im Schiff, Flugzeug) einnehmen **2** ⟨Sport⟩ mit einem Board (2) fahren, gleiten od. surfen [<engl. *board* »den Sitzplatz einnehmen«]

Boar|der ⟨[bɔ:(r)-] m.; -s, -; Sport⟩ jmd., der mit einem Board (2) fährt, gleitet od. surft

Boar|der|cross ⟨[bɔ:(r)-] n.; -; unz.; Sport⟩ Wettkampfdisziplin des Snowboardens, bei der sechs bis zehn Fahrer gleichzeitig nebeneinander auf einer mit Buckeln, Wellen, Sprüngen usw. präparierten Piste gegeneinander antreten [<*Board* + *cross* »kreuzen, überqueren«]

Boar|ding ⟨[bɔ:(r)dɪŋ] n.; - od. -s, -s; Touristik⟩ Vorgang des Boardens [engl.]

Boar|ding|house ⟨[bɔ:(r)dɪŋhaʊs] n.; -, -s [-haʊsɪz]⟩ Fremdenheim, Familienpension [engl.]

Boar|ding|school ⟨[bɔ:(r)dɪŋ-sku:l] f.; -, -s⟩ Schulform (insbes. in Großbritannien), bei der die Schüler ähnlich wie in einem Internat auf dem Schulgelände leben u. in Alters- u. Zimmergemeinschaften organisiert sind [engl., »Internat«]

Boat|peo|ple *auch:* **Boat|peop|le** ⟨[boutpi:pl] Pl.⟩ auf Booten beförderte Flüchtlinge [engl., eigtl. »Bootsmenschen«]

Bob ⟨m.; -s, -s; Sport; kurz für⟩ Bobsleigh

bob|ben ⟨V.⟩ beim Fahren mit dem Bobsleigh den Oberkörper regelmäßig u. ruckweise nach vorn bewegen, um die Geschwindigkeit zu vergrößern

Bob|by ⟨m.; -s, -s; volkstüml. engl. Bez. für⟩ Polizist [nach dem Reorganisator der engl. Polizei, Robert *(Bobby)* Peel]

Bo|bi|ne ⟨f.; -, -n⟩ **1** ⟨Web.⟩ Garnspule **2** ⟨Bgb.⟩ Trommel für Förderbänder [frz., »Spule«]

Bo|bi|net ⟨n.; -s, -s; Textilw.⟩ engl. Tüll [verkürzt <engl. *bobbin* »Spule« + *net* »Netz«]

Bob|sleigh ⟨[-sleɪ] m.; -s, -s; Sport⟩ lenkbarer Rennschlitten für 2-6 Personen; *Sy* Bob [<engl. *bob* »sich ruckweise bewegen« + *sleigh* »Schlitten«]

Bob|tail ⟨[-tɛɪl] m.; -s, -s; Zool.⟩ langhaariger, zottiger, grauer Hütehund [engl., eigtl. »gestutzter Schwanz« <*bob* »Quaste, Gehänge« + *tail* »Schwanz«]

Boc|cia ⟨[bɔtʃa] n.; -s; unz. od. f.; -; unz.⟩ ital. Rasenspiel, bei dem eine Kugel mit anderen Kugeln getroffen werden muss [ital., »Kugel«]

Boche ⟨[bɔʃ] m.; -, -s; frz. Schimpfwort für⟩ Deutsche(r) [frz.; zu *alboche* <*allemoche,* umg. für *allemand* »deutsch, Deutscher« + *caboche* »großer Kopf« *tête de boche* »Holzkopf«]

Bo|de|ga ⟨f.; -, -s⟩ **1** spanische Weinstube **2** Keller, Weinlager **3** Warenlager in Seehäfen [span., »Weinschenke« <grch. *apotheke* »Behälter«; verwandt mit *Apotheke, Budike, Bottich*]

Bo|dhi|satt|wa ⟨m.; -s, -s; Buddhismus⟩ Heiliger, (oft) Nothelfer, Vorstufe zum Buddha [Sanskrit, »für die Erleuchtung bestimmtes Wesen, zukünftiger Buddha«]

Bo|dy ⟨[bɔdɪ] m.; -s, -s⟩ **1** ⟨allg.; umg.⟩ Körper, Leib, Rumpf **2** ⟨Textilw.⟩ = Bodysuit [engl., »Körper«]

Bo|dy|buil|der ⟨[bɔdɪbɪl-] m.; -s, -⟩ jmd., der Bodybuilding betreibt [→ *Bodybuilding*]

Bo|dy|buil|ding ⟨[bɔdɪbɪl-] n.; - od. -s; unz.⟩ körperl. Training zur Ausbildung guter Körperformen [engl., »Körperaufbau«]

Bo|dy|care ⟨[bɔdɪkɛ:(r)] f.; -; unz.⟩ Körperpflege [engl.]

Bo|dy|check ⟨[bɔdɪtʃɛk] n.; -s; unz.; Sport; Eishockey⟩ zulässiges Anrempeln des Gegners mit dem am eig. Körper angelegten Arm [<engl. *body* »Körper« + *check* »anhalten, zum Stillstand bringen«]

Bo|dy|dou|ble *auch:* **Bo|dy|doub|le** ⟨[bɔdɪdu:bl] n.; -s, -s; Film⟩ Darsteller, der den Star eines Films in Szenen, in denen lediglich der Körper zu sehen ist (insbes. Sexszenen), vertritt [<*Body* + *Double*]

Bo|dy|guard ⟨[bɔdɪga:d] m.; -s, -s⟩ Beschützer, Leibwächter (einer möglichen Gewalttaten ausgesetzten Persönlichkeit) [<engl. *body* »Körper« + *guard* »beschützen«]

Bo|dy|lo|ti|on ⟨[bɔdɪ-] f.; -, -en od. engl. [bɔdiloʊʃn] f.; -, -s⟩ flüssiges, pflegendes Kosmetikum für den Körper [<engl. *body* »Körper« + *lotion* »Gesichtswasser«]

Bo|dy-Mass-In|dex ⟨[bɔdɪmæs-] m.; -es od. -, -e od. -di|zes od. -di|ces [-tse:s]; Abk.: BMI⟩ Körpermasseindex, der aus Körpergewicht in Kilogramm geteilt durch das Quadrat der Körpergröße in Metern ermittelt wird [engl.]

Bo|dy|pain|ting ⟨[bɔdɪpɛɪntɪŋ] n.; - od. -s; unz.⟩ (Aktions-)Kunstrichtung, in der der menschliche Körper bemalt wird [engl., »Körperbemalung«]

Bo|dy|scan|ner ⟨[bɔdɪskænə(r)] m.; -s, -⟩ Gerät, das mit Hilfe elektromagnet. Strahlung die Bekleidung bis auf die Haut durchdringt u. eng am Körper getragene Waffen od. Sprengstoffe bei der Sicherheitskontrolle sichtbar macht, Nacktscanner, Ganzkörperscanner [<*Body* + *Scanner*]

Bo|dy|sty|ling ⟨[bɔdɪstaɪlɪŋ] n.; -s; unz.⟩ gymnastisch-sportliches Training, das vor allem der Straffung der Muskulatur u. der Erhaltung des Äußeren dient [<*Body* + *Styling*]

Bo|dy|suit ⟨[bɔdɪsju:t] m.; - od. -s, -s; Textilw.⟩ eng am Körper anliegende, einteilige Unterbekleidung für Frauen u. Mädchen, die den Rumpf bedeckt, oft aus Baumwolle; *Sy* Body (2) [<engl. *body* »Körper« + *suit* »Anzug, Kostüm«]

Böe ⟨f.; -, -n⟩ = Bö

Bœuf Stro|ga|noff ⟨[bœf-] n.; - -, - -; Kochk.⟩ geschnetzeltes, gut gewürztes Rinderfilet in einer mit saurer Sahne angereicherten Soße [<frz. *bœuf* »Rind«; nach dem Grafen Sergej Grigorjewitsch *Stroganow,* der einem russischen Kaufmannsgeschlecht entstammte, das im 16. Jh. im Ural herrschte]

Bo|gey ⟨[bougɪ] m.; -s, -s; Sport; Golf⟩ Loch, das mit einem Schlag mehr als festgelegt gespielt wird [engl.]

Bog|head|koh|le ⟨[-hɛd-] f.; -; unz.⟩ dunkelbraune Abart der Braunkohle [nach dem Fundort *Boghead* in Schottland]

Bo|heme ⟨[boɛ:m] f.; -; unz.⟩ unbürgerl. Welt od. ungebundenes Leben der Studierenden u. Künstler [<frz. *bohème* »Künstlerwelt, Künstlerleben« <*Bohème* »Böhme; Zigeuner«]

Bo|he|mi|en ⟨[boemjɛ̃:] m.; -s, -s⟩ Angehöriger der Boheme, jmd., der in der Art der Boheme lebt [→ *Boheme*]

Boh|ri|um ⟨n.; -s; unz.; Chemie; kurz für⟩ Nielsbohrium

Boi ⟨m.; -s, -s; Textilw.⟩ Woll- od. Baumwollflanell; *oV* Boy[2] [<frz. *boi* »Wollstoffart«]

bö|ig ⟨Adj.⟩ **1** in Böen wehend; *~er Wind* **2** mit Böen einhergehend; *~es Wetter* [→ *Bö*]

Boi|ler ⟨m.; -s, -⟩ elektr. Warmwasserbereiter [engl., »Kessel«; zu *boil* »kochen« (Wasser)]

boi|sie|ren ⟨[boa-] V.⟩ mit Holz verkleiden, täfeln [<frz. *boiser*]

Bo|jar ⟨m.; -en, -en⟩ Angehöriger des hohen Adels im alten Russland, Ratgeber der Großfürsten u. Zaren [<russ. *bojarin* »vornehmer Herr«]

B

Bo|je ⟨f.; -, -n⟩ festverankerter Schwimmkörper, Seezeichen [<mndrl. *bo(e)ye* <afrz. *boye* <niederfränk. **bokan* »Zeichen« <germ. **baukna-;* verwandt mit *Bake*]

Bok|mål ⟨[-mɔ:l] n.; - od. -s; unz.⟩ = Riksmål [norweg., »Buchsprache«]

Bol ⟨m.; -(e)s, -e⟩ = Bolus (1)

Bo|la ⟨f.; -, -s⟩ südamerikan. Schleuderwaffe [span., »Kugel«]

Bo|le|ro ⟨m.; -s, -s⟩ **1** ⟨Musik⟩ **1.1** mäßig schneller span. Tanz im $^3/_4$-Takt **1.2** Orchesterstück von M. Ravel **2** ⟨['---] schweiz.⟩ kurzes Damenjäckchen [span., <*bola* »Kugel; Lüge; Fantasie« <frz. *boule* »Kugel« <lat. *bulla* »Blase«]

Bo|le|tus ⟨m.; -, -le|ti; Bot.⟩ Pilz der Gattung der Röhrlinge, z. B. Steinpilz [lat., »Pilz«]

Bo|lid ⟨m.; -s od. -en, -e od. -en⟩ **1** großer, heller Meteor, Feuerball, Feuerkugel **2** schwerer Rennwagen; *oV* Bolide [<grch. *bolis* »Geschoss«]

Bo|li|de ⟨m.; -n, -n⟩ = Bolid (2)

Bo|li|var ⟨[-var] m.; -s, -⟩ Währungseinheit in Venezuela, 100 Centimos [nach dem südamerikanischen Nationalhelden Simón *Bolívar,* 1783-1830]

Bo|li|vi|a|no ⟨[-vi-] m.; - od. -s, -s od. (bei Zahlenangaben) -⟩ Währungseinheit in Bolivien, 100 Centavos

Bol|let|te ⟨f.; -, -n; österr.⟩ amtl. Bescheinigung [<ital. *boletta;* zu *bollo* »Siegel«; verwandt mit *Bulle*]

Bol|ly|wood ⟨[-wud] ohne Artikel; Film⟩ indische Filmindustrie [nach der ind. Stadt *Bom*bay (heute Mumbai) + *Holly*wood]

Bo|lo|gne|se *auch:* **Bo|log|ne|se** ⟨[bɔlɔnje:zə]⟩ **1** ⟨m.; -n, -n⟩ Zwerghunderasse **2** ⟨Pl.⟩ *Spaghetti ~* Spaghetti mit einer Hackfleischsoße mit Tomaten [nach der ital. Stadt *Bologna*]

Bo|lo|me|ter ⟨n.; -s, -⟩ Gerät zum Messen von Strahlungsenergie [<grch. *bole* »Wurf, Strahl« + *...meter*]

bo|lo|me|trisch *auch:* **bo|lo|met|risch** ⟨Adj.⟩ mittels eines Bolometers

Bo|lo|skop *auch:* **Bo|los|kop** ⟨n.; -s, -e⟩ Gerät zum Aufspüren von Fremdkörpern im Körper [<grch. *bolis* »Geschoss« + *skopein* »schauen«]

Bol|sche|wik ⟨m.; -en, -en⟩ **1** ⟨1917-1952⟩ Angehöriger der Kommunist. Partei der Sowjetunion; *oV* Bolschewist **2** ⟨abwertend für⟩ Kommunist [<russ. *bolšinstwo* »Mehrheit«]

Bol|sche|wi|kin ⟨f.; -, -kin|nen⟩ **1** ⟨1917-1952⟩ Angehörige der Kommunist. Partei der Sowjetunion; *oV* Bolschewistin **2** ⟨abwertend für⟩ Kommunistin

bol|sche|wi|kisch ⟨Adj.⟩ = bolschewistisch

bol|sche|wi|sie|ren ⟨V.⟩ den Bolschewismus einführen

Bol|sche|wis|mus ⟨m.; -; unz.; Politik⟩ auf der leninschen Auslegung des Marxismus beruhende Doktrin der Kommunist. Partei der Sowjetunion; *Ggs* Menschewismus

Bol|sche|wist ⟨m.; -en, -en⟩ = Bolschewik (1)

Bol|sche|wis|tin ⟨f.; -, -tin|nen⟩ = Bolschewikin (1)

bol|sche|wis|tisch ⟨Adj.⟩ den Bolschewismus betreffend, zu ihm gehörig, auf ihm beruhend; *Sy* bolschewikisch

Bo|lus ⟨m.; -, Bo|li⟩ **1** ⟨unz.⟩ fette, rotbraun-gelbe Tonerde; *oV* Bol **2** ⟨zählb.; Med.⟩ Bissen, der durch meist längeres Kauen schluckgerecht geformt wird **3** ⟨zählb.; Pharm.⟩ Pille von überdurchschnittlicher Größe [<grch. *bolos* »Klumpen«]

Bo|lus|in|jek|ti|on ⟨f.; -, -en; Pharm.⟩ intravenöse Schnellinjektion

Bo|lus|tod ⟨m.; -es; unz.; Med.⟩ Schocktod durch Ersticken aufgrund eines verschluckten Fremdkörpers [→ *Bolus*]

Bom|ba|ge ⟨[-ʒə] f.; -, -n⟩ **1** Aufwölbung der Deckel von Konservendosen infolge Zersetzung des Inhalts **2** Umbördeln von Blech [→ *bombieren*]

Bom|bar|de ⟨f.; -, -n⟩ **1** ⟨urspr.⟩ altes Steinschleudergeschütz **2** ⟨Musik⟩ **2.1** tiefes Orgelregister **2.2** der Schalmei ähnliches Holzblasinstrument; *Sy* Pommer [frz. <ital. *bombarda* »Bassbrummer«]

Bom|bar|de|ment ⟨[-mã:] n.; -s, -s; Mil.⟩ Beschießung mit schweren Waffen od. Abwurf von Bomben [frz.]

bom|bar|die|ren ⟨V.⟩ **1** ⟨Mil.⟩ mit Bomben angreifen, belegen **2** ⟨umg.; scherzh.⟩ bewerfen **3** ⟨fig.⟩ bedrängen; *jmdn. mit Fragen, Vorwürfen ~* [<frz. *bombarder* »beschießen«; zu *bombarde* »Donnerbüchse«]

Bom|bar|don ⟨[-dɔ̃:] n.; -s, -s; Musik⟩ Blechblasinstrument, Vorläufer der Basstuba [<ital. *bombarda* »Bassbrummer«]

Bom|ba|sin ⟨m.; -s, -e; Textilw.⟩ Gewebe aus Halbseide [<frz. *bombasin* <lat. *bombacium* <grch. *bombyx* <pers. *panba* »Baumwolle«]

Bom|bast ⟨m.; -es; unz.⟩ **1** ⟨urspr.⟩ Baumwollstoff zum Aufbauschen der Kleider **2** ⟨umg.⟩ Prunk, Überladenheit **3** Schwulst (des Schreib- od. Redestils), Wortschwall [engl., »Schwulst«; → *Bombasin*]

bom|bas|tisch ⟨Adj.⟩ **1** mit viel Bombast, schwülstig, hochtrabend **2** prunkvoll, überladen; *eine ~e Feier*

Bom|be ⟨f.; -, -n⟩ **1** mit Sprengstoff gefüllter, geschlossener Metallbehälter mit Zünder; *Brand~; Spreng~; ~n abwerfen, zünden; eine ~ platzt, schlägt ein, detoniert; eine Stadt mit ~n belegen* bombardieren **2** ⟨fig.⟩ runder Gegenstand; *Eis~* **3** unerhörtes, unerwartetes Ereignis; *die Nachricht schlug wie eine ~ ein; die ~ ist geplatzt, ging hoch* ⟨a. fig.⟩ es hat einen Skandal gegeben; die Wahrheit ist ans Licht gekommen; *~n und Granaten!* ⟨veraltet; umg.⟩ das ist erstaunlich! [frz. <ital. *bomba* <lat. *bombus* »dumpfes Geräusch«]

bom|bie|ren ⟨V.⟩ **1** wölben, umbördeln; *Blech ~* **2** sich wölben, auftreiben; *Konservendosen ~* [<frz. *bomber* »wölben, ausbauchen«]

bon ⟨[bɔ̃:] Adj.⟩ gut, wohl [frz.]

Bon ⟨[bɔ̃:] od. [bɔŋ] m.; -s, -s⟩ **1** Gutschein **2** Kassenzettel [frz., »gut; Gutschein«]

bo|na fi|de ⟨Adv.⟩ guten Glaubens, auf Treu u. Glaube [lat., »in gutem Glauben«]

Bo|na|par|tis|mus ⟨m.; -; unz.; Politik⟩ polit. Richtung in Frankreich, die für die Wiedereinsetzung des Hauses Bonaparte eintrat

Bo|na|par|tist ⟨m.; -en, -en⟩ Anhänger des Bonapartismus

Bon|bon ⟨[bɔ̃bɔ̃:] od. [bɔŋbɔŋ] n. od. m.; -s, -s⟩ kleines Zuckerzeug, Zuckerware [frz.; → *bon*]

Bon|bo|ni|e|re ⟨[bɔ̃bɔnjɛ:rə] f.; -, -n⟩ = Bonbonniere

Bon|bon|ni|e|re ⟨[bɔ̃bɔnjɛ:rə] f.; -, -n⟩ Geschenkpackung mit Pralinen; *oV* Bonboniere [frz.]

Bond ⟨m.; -s, -s⟩ engl. u. US-amerikan. verzinsliche Schuldverschreibung [engl., »Schuldverschreibung«]

Bon|dage ⟨[bɔndɪdʒ] f.; -; unz.⟩ sadomasochistische Sexualpraktik, bei der ein Partner durch Stricke o. Ä. gefesselt u. in seiner Bewegungsfreiheit stark eingeschränkt wird [<engl. *bondage* »Fesselung; Leibeigenschaft«]

Bon|der ⟨m.; -, -⟩ Phosphorsäurelösung zur Behandlung von Rostflecken auf Metalloberflächen

bon|dern ⟨V.⟩ mit einem Bonder behandeln

Bond|markt ⟨m.; -(e)s, -märk|te; Wirtsch.⟩ Gesamtheit der börsennotierten Bonds; *Kursverluste am, im ~*

Bonds|ra|te ⟨f.; -, -n; Wirtsch.⟩ Kapitalmarktzins; *Ggs* Diskontrate, Diskontsatz

bon|gen ⟨V.; umg.⟩ **1** einen Bon an der Registrierkasse ausstellen (bes. in Gastwirtschaften); *Sy* bonieren **2** festmachen, verabreden; *das ist gebongt* das geht in Ordnung [→ *Bon*]

Bon|go ⟨[bɔŋgo] n.; -s, -s od. f.; -, -s; Musik⟩ kuban. Trommel im Jazzorchester, paarweise verwendet, mit den Fingern geschlagen [span. (kuban.)]

Bon|go|si ⟨n.; -s; unz.⟩ = Bongossi

Bon|gos|si ⟨n.; -s; unz.⟩ dunkelbraunes, sehr schweres Laubholz aus Afrika; *oV* Bongosi

Bon|heur ⟨[bɔnø:r] m.; -s; unz.⟩ Glück, Zufall; →*a.* à la bonne heure [frz., »Glück«]

Bon|ho|mie ⟨[bɔnɔmi:] f.; -; unz.⟩ Gutmütigkeit, Einfalt, Biederkeit [frz.]

Bon|homme ⟨[bɔnɔm] m.; -s, -s⟩ gutmütiger, (aber) einfältiger Mensch, Biedermann [frz.]

bo|nie|ren ⟨V.⟩ = bongen (1) [→ *Bon*]

Bo|ni|fi|ka|ti|on ⟨f.; -, -en⟩ **1** Entschädigung, Vergütung **2** ⟨bes. Kaufmannsspr.⟩ Entschädigung für unbrauchbare Ware **3** Rückvergütung von Einfuhrzöllen u. Steuerrückerstattung bei Ausfuhrgeschäften [<frz. *bonification* »Vergütung«]

bo|ni|fi|zie|ren ⟨V.⟩ vergüten, entschädigen [<frz. *bonifier* »vergüten«]

Bo|ni|tät ⟨f.; -, -en⟩ **1** ⟨allg.⟩ Güte, innerer Wert **2** ⟨Forstw.⟩ Bodengüte **3** ⟨Kaufmannsspr.⟩ Zahlungsfähigkeit, Sicherheit **4** kaufmänn. Ruf [<lat. *bonitas* »gute Beschaffenheit einer Sache, Güte«]

bo|ni|tie|ren ⟨V.⟩ veranschlagen, schätzen, einstufen; *Grundstücke, die Bodenqualität ~* [→ *Bonität*]

Bo|ni|tie|rung ⟨f.; -, -en⟩ **1** ⟨allg.⟩ das Bonitieren **2** ⟨Bot.⟩ Beobachtung u. Beurteilung der Pflanzen in einem Zuchtgarten als Grundlage für die Auslese von Einzelpflanzen, aus denen neue Sorten entstehen [→ *Bonität*]

Bo|ni|to ⟨m.; -s, -s; Zool.⟩ ungenießbare Thunfischart: Thynnus pelamys [<span. *bonito* <arab. *bainit*]

Bon|mot ⟨[bɔ̃mo:] n.; -s, -s⟩ treffende geistreiche Wendung, witzige Bemerkung [<frz. *bon mot* »Witz«]

Bon|ne ⟨f.; -, -n; früher Bez. für⟩ Amme, Kindermädchen, Erzieherin [frz.]

Bon|ne|te|rie ⟨f.; -, -n; schweiz.⟩ Kurzwarenhandlung [frz., »Trikotagen(industrie)«]

Bo|no|bo ⟨m.; -s, -s; Zool.⟩ kleine Gattung der Schimpansen, die vom Aussterben bedroht ist: pan paniscus, Zwergschimpanse [nach der Stadt *Bolobo* im Kongo, ihrem Verbreitungsgebiet]

Bon|sai ⟨m.; -, -s; Bot.⟩ durch Verschneiden der Wurzeln und Zweige künstlich kleingehaltener Baum, jap. Zwergbaum [jap., »Baum im Topf«]

Bo|nus ⟨m.; - od. -ses, - od. -se od. Bo|ni⟩ *Ggs* Malus **1** zusätzl. Gewinnanteil **2** Sondervergütung, z. B. an Groß- od. Dauerabnehmer als zusätzl. Rabatt **3** staatl. Prämien für förderungswürdige Geschäfte; *Export~* **4** aufwertender Zuschlag auf Zensuren [lat., »gut«]

Bo|nus|track ⟨[-træk] m.; -s, -s; Musik⟩ zusätzliche Tonaufnahme, zusätzlicher Titel auf einer CD

Bon|vi|vant ⟨[bɔ̃vivɑ̃:] m.; -s, -s⟩ **1** Lebemann **2** ⟨Theat.⟩ Rollenfach des eleganten Salonhelden [<frz. *bon* »gut, wohl« + *vivre* »leben«]

Bon|ze ⟨m.; -n, -n⟩ **1** lamaistischer Priester, Mönch **2** ⟨fig.; umg.; abwertend⟩ engstirniger, überheblicher, einflussreicher Funktionär; *Partei~; Gewerkschafts~* [<jap. *bonso* »buddhist. Priester«]

Bon|zo|kra|tie ⟨f.; -, -n; abwertend⟩ Bonzenherrschaft [<*Bonze* + *...kratie*]

Boo|fke ⟨m.; -s, -s⟩ Dummkopf, Tölpel [vermutl. Vermischung <talmud. *bafel* »minderwertige Ware« + nhd. *bofel* »minderwertig« (Nebenform zu *Pöbel*) + nddt. *...ke*]

Boo|gie-Woo|gie ⟨[bugiwugi] m.; - od. -s, -s; Musik⟩ nordamerikan. Swingtanz, dessen Melodie im Bass wiederholt wird [<engl. (US-amerikan. Slang) *boogie* »Schwarzendarsteller« + (dazu durch Reim gebildetes) *woogie*]

Book|buil|ding ⟨[bukbildɪŋ] n.; - od. -s; unz.; Börse⟩ Verfahren bei der Erstzulassung von Aktien, die an der Börse gehandelt werden, wobei der Aktienkurs aufgrund unverbindlicher Angebote von Kaufinteressenten festgelegt wird; *der Einführungspreis einer Aktie wird im ~verfahren ermittelt* [<engl. *book* »notieren; buchen« + *build* »bauen, gründen«]

Boo|king ⟨[bu-] n.; - od. -s; unz.⟩ das Buchen (von Musikern, DJs, Models, Hotels u. a.); *eine für das Management und ~ von Models verantwortliche Agentur* [engl., »Bestellung, Buchen«]

B

Book|let ⟨[bụklıt] n.; -s, -s⟩ Broschüre, Büchlein [engl.]
Book|mark ⟨[bụkma:(r)k] f.; -, -s od. n.; -s, -s; EDV⟩ Speicherung einer häufig benutzten Internetadresse in einem persönlichen Ordner, die es erlaubt, eine gewünschte Webseite schnell wieder aufzurufen [engl., »Lesezeichen«]
book|mar|ken ⟨[bụk-] V.; EDV⟩ *eine Internetadresse ~* mit Hilfe einer Bookmark speichern
boole|sche Ạl|ge|bra *auch:* **Boole'sche Ạl|geb|ra** ⟨[bu:l-] f.; -n -; unz.; Math.; Kyb.⟩ zum Zweck logischer Untersuchungen entwickelte abstrakte, formale Algebra [nach dem engl. Mathematiker George *Boole,* 1815-1864]
Boom ⟨[bu:m] m.; -s, -s; Kaufmannsspr.⟩ plötzlicher kurzer wirtschaftl. Aufschwung; *Multimedia~* [engl., »Hochkonjunktur«]
boo|men ⟨[bu:-] V.; umg.⟩ einen plötzlichen, wirtschaftl. Aufschwung erleben, florieren; *das Geschäft boomt; der Buchverkauf boomt* [→ *Boom*]
Boom|town ⟨[bu:mtaʊn] f.; -, -s; Wirtsch.⟩ Stadt, die (z. B. durch Ansiedelung neuer Industrien) innerhalb einer vergleichweise kurzen Zeitspanne einen starken wirtschaftlichen Aufschwung nimmt, z. B. viele Handelsmetropolen Asiens wie Singapur, Kuala Lumpur, Shanghai od. Bangkok [<engl. *boom* »Aufschwung, Hochkonjunktur« + *town* »Stadt« + *boom town* »Goldgräberstadt«]
Boos|ter ⟨[bu:s-] m.; -s, -; Technik⟩ *Sy* Boosterantrieb **1** ⟨allg.⟩ Zusatzteil, das leistungsverstärkend wirkt **2** Erststufe von mehrstufigen Raketen [<engl. *booster* »Zusatzgerät, Verstärker«]
Boos|ter|an|trieb ⟨[bu:s-] m.; -(e)s, -e⟩ = Booster
Boos|ter|di|o|de ⟨[bu:s-] f.; -, -n; Technik⟩ eine Diode im Hochspannungsteil eines Fernsehempfängers, mit der ein Teil der Energie bei der Erzeugung des horizontalen Ablenkstromes zurückgewonnen wird, Gleichrichterröhre
Boos|ter|ef|fekt ⟨[bu:s-] m.; -(e)s, -e; Med.⟩ gesteigerte Bildung von Antikörpern im Blut durch wiederholte Einwirkung des gleichen spezifischen Antigens auf den menschlichen Organismus, z. B. bei einer Zweitimpfung gegen Tetanus
boo|ten ⟨[bu:tən] V.; EDV⟩ einen Computer mittels der Resettaste erneut starten [<engl. *boot,* eigtl. »jmd. od. etw. einen Tritt versetzen«]
Boot|leg ⟨[bu:tlɛg] m.; - od. -s, -s; Musik⟩ ein verbotenerweise aufgezeichneter Mitschnitt eines Rock- od. Popkonzerts, der auf dem Schwarzmarkt vertrieben wird [zu engl. *bootleg* »schwarz gebrannt; schwarz mitgeschnitten«]
Boot|leg|ger ⟨[bu:tlɛg-] m.; -s, -; US-amerikan. Bez. für⟩ **1** Alkoholschmuggler **2** jmd., der illegal Schnaps brennt (insbes. zur Zeit der Prohibition) [engl., »Schwarzhändler«]
Boots ⟨[bu:ts] Pl.⟩ über die Knöchel reichende Schuhe zum Schnüren [engl., »Stiefel«]
Boot|strap|ping ⟨[bu:tstræpıŋ] n.; -s, -s; EDV⟩ Computerstartprogramm, bei dem der Betriebssystemkern mit Hilfe des Urladers in den Hauptspeicher des Rechners geladen wird [<engl. *boot* »(ur-)laden« + *strapp(ing),* eigtl. »festschnallen; stramm«]
Bọp ⟨m.; -s, -s; kurz für⟩ Bebop
Bor ⟨n.; -s; unz.; chem. Zeichen: B⟩ chem. Element mit der Ordnungszahl 5, schwärzlich graues, sehr hartes Nichtmetall, kommt in der Natur nur in Verbindungen vor [<frühnhd. *borros* <spätmhd. *buras* <mlat. *boray;* → *Borax*]
Bo|ra ⟨f.; -, -s; Meteor.⟩ ein kalter Fallwind, bes. an der Nordostküste der Adria [vermutl. <slaw. *burja* »Sturm«; verwandt mit grch.-lat. *boreas* »Nordostwind«]
Bo|ra|go ⟨m.; -s; unz.; Bot.⟩ = Borretsch
Bo|ra|ne ⟨Pl.; Chemie⟩ Wasserstoffverbindungen des Bors, die höhermolekularen Borane werden als Raketentreibstoff verwendet
Bo|rat ⟨n.; -(e)s, -e; Chemie⟩ Salz der Borsäure
Bo|rax ⟨n.; -es; unz.; Chemie⟩ Natriumsalz der Borsäure [mlat. <arab. *burak* <pers. *burah* »borsaures Natron«]
Bo|ra|zit ⟨m.; -s, -e; Min.⟩ farbloses od. bläulich, grünlich, gelblich glasglänzendes Mineral [→ *Bor, Borax*]
Bọrd[1] ⟨m.; -(e)s, -e⟩ **1** ⟨allg.⟩ Deck-, Seitenplatte **1.1** Rand, Einfassung **1.2** oberster Rand des Schiffes **2** ⟨Her.⟩ Schildrand [<ahd. *bort,* engl. *board;* vermutl. verwandt mit *Bord*[2]]
Bọrd[2] ⟨n.; -(e)s, -e⟩ Gestell, Regal, Brett; *Bücher~; Wand~* [<nddt. *b(o)ord,* engl. *board;* vielleicht verwandt mit *Bord*[1]]
Bọrd|case ⟨[-kɛıs] n.; -, - od. -s [-sız]⟩ kleiner, flacher Koffer (als Handgepäck im Flugzeug) [<*Bord*[1] + engl. *case* »Kasten, Behälter«]
Bọrd|com|pu|ter ⟨[-pju:-] m.; -s, -⟩ Computeranlage auf Schiffen, in Autos, Flugzeugen u. Raumfähren zur Datenauswertung u. -anzeige
bor|deaux ⟨[bɔrdo:] Adj.; undekl.⟩ = bordeauxrot
Bor|deaux ⟨[bɔrdo:] m.; -, -⟩ **1** Rotwein aus der Umgebung der frz. Stadt Bordeaux **2** ⟨n.; -; unz.⟩ = Bordeauxrot
bor|deaux|rot ⟨[bɔrdo:-] Adj.⟩ weinrot, dunkelrot; *Sy* bordeaux
Bor|deaux|rot ⟨[bɔrdo:-] n.; -s, - od. -s⟩ bordeauxrote Farbe; *Sy* Bordeaux (2)
Bor|de|le|se ⟨m.; -n, -n⟩ Einwohner der frz. Stadt Bordeaux
Bor|de|le|sin ⟨f.; -, -sin|nen⟩ Einwohnerin der frz. Stadt Bordeaux
Bor|dẹll ⟨n.; -s, -e⟩ Einrichtung zur Ausübung der Prostitution [<frz. *bordel,* urspr. »Hütte« <mlat. *bordellum;* zu mhd. *bort* »Brett«]
Bor|de|reau ⟨[bɔrdəro:] m. od. n.; -s, -s⟩ Verzeichnis, Liste eingereichter Wechsel od. Wertpapiere [frz., »Verzeichnis«]
Bor|der|line ⟨[bɔ:də(r)laın] f.; -, -s; Med.⟩ **1** ⟨kurz für⟩ Borderlinesyndrom **2** Gewebe an der Grenze zum Bösartigen [engl., »Grenze, Grenzlinie«]

B

Bor|der|line|syn|drom ⟨[bɔ:də(r)-laın-] n.; -s, -e; Med.⟩ eine psychische Erkrankung mit (alternierenden) neurotischen u. psychotischen Symptomen
Bor|der|preis ⟨m.; -es, -e; Wirtsch.⟩ Preis (für Erdgas) bis zur Grenze des Abnehmerstaates [<engl. *border* »Grenze«]
Bor|di|a|mant ⟨m.; -en, -en; Min.⟩ eine Bor-Aluminium-Kohlenstoff-Verbindung, die annähernd dieselbe Härte u. den gleichen Glanz aufweist wie ein echter Diamant
bor|die|ren ⟨V.⟩ mit Borte besetzen, einfassen [<frz. *border* »den Rand besetzen, einfassen« <altfränk. **bord* »Rand«]
Bor|dun ⟨m.; -s, -e; Musik⟩ **1** Orgelpunkt (lang ausgehaltener Basston, über dem sich die übrigen Stimmen bewegen) **2** tiefes Orgelregister [<lat. *bordunus*]
Bor|dü|re ⟨f.; -, -n⟩ **1** Einfassung, Besatz (für Kleider) **2** den Rand betonende Musterung (bei Geweben, Tapeten) **3** umrahmendes Ornament (eines Bildes) [<frz. *bordure* »Rand, Saum«; → *bordieren*]
Bo|re ⟨f.; -, -n; Geogr.⟩ eine Gezeitenwelle, die in trichterförmigen Flussmündungen zu einer Brandungswelle umgeformt wird, z. B. in den engl. Flüssen Severn u. Trent sowie in den frz. Flüssen Seine u. Gironde u. bes. im indischen Ganges [ind., »Sprungwelle«]
bo|re|al ⟨Adj.; Geogr.⟩ nördlich, kalt-gemäßigt [→ *Boreas*]
Bo|re|al ⟨n.; -s; unz.⟩ = Borealzeit
Bo|re|al|zeit ⟨f.; -; unz.⟩ erste Wärmeperiode nach der Eiszeit; *Sy* Boreal
Bo|re|as ⟨m.; -; unz.; Meteor.⟩ kalter Nordwind [grch.-lat., »Nordostwind, Nordwind«]
Bo|retsch ⟨m.; -es; unz.; Bot.⟩ = Borretsch
Bor|gis ⟨f.; -; unz.⟩ ein Schriftgrad (9 Punkt) [<frz. *bourgeois* »Bürger«]
Bo|rid ⟨n.; -s, -e; Chemie⟩ Verbindung aus Bor u. einem Metall, Einlagerungsverbindung [→ *Bor*]
Bor|ne|ol ⟨n.; -s; unz.⟩ Alkohol mit kampfer- u. pfefferminzähnlichem Duft, der in den Ölen spezieller Bäume auf Borneo enthalten ist [nach der Sundainsel *Borneo*]
bor|niert ⟨Adj.; abwertend⟩ geistig beschränkt, engstirnig [<frz. *borné* »beschränkt«]
Bor|re|li|en ⟨Pl.; Med.⟩ Gattung von gramnegativen Spiralmikroben, die aktiv-flexibel sind [nach dem frz. Bakteriologen Amédée *Borrel,* 1867-1936]
Bor|re|li|o|se ⟨f.; -, -n; Med.⟩ von Borrelien hervorgerufene Infektionskrankheit, die bes. durch Läuse od. Zecken übertragen wird, Rückfallfieber
Bor|retsch ⟨m.; -es; unz.; Bot.⟩ als Salatgewürz verwendete Gartenpflanze mit kurzröhriger, radförmiger od. breitglockenförmiger, von den Staubblättern überragter Blumenkrone; *Gemeiner ~:* Borrago officinalis; *oV* Boretsch; *Sy* Borago [<frz. *bourrache* <mlat. *borago* <arab. *abu'araq* »Vater des Schweißes«; → *Arrak*]
Bor|sa|li|no® ⟨m.; -s, -s⟩ breitkrempiger Herrenhut aus Filz [nach dem ital. Fabrikanten Teresio *Borsalino,* 1867-1939]
Bor|säu|re ⟨f.; -, -n; Chemie⟩ wässerige Lösung von Bortrioxid, eine schwache Säure, natürl. Vorkommen in vielen vulkan. Quellen, als mildes Antiseptikum in Form von Borsalbe od. Borwasser u. zur Lebensmittelkonservierung verwendet
Borschtsch ⟨m.; -; unz.; Kochk.⟩ russische Kohlsuppe mit Fleisch, Roten Rüben u. a. [russ., »Roterübensuppe«; Bez. für die Pflanze »Bärenklau«]
Bör|se ⟨f.; -, -n⟩ **1** Geldbeutel, Geldtäschchen; *Geld~* **2** ⟨Kaufmannsspr.⟩ regelmäßige Zusammenkunft von Händlern bestimmter Warengattungen od. Effekten zu Geschäftsabschlüssen; *Waren~; Wertpapier~* **3** das Gebäude hierfür [<mlat. *bursa* »Geldbeutel«; zu grch. *byrsa* »Leder«]
bör|sen|ko|tiert ⟨Adj.; schweiz. für⟩ börsennotiert
bör|sen|no|tiert ⟨Adj.⟩ *~es Unternehmen* U., dessen Aktien an der Börse gehandelt werden; *oV* ⟨schweiz.⟩ börsenkotiert
Bör|si|a|ner ⟨m.; -s, -⟩ jmd., der an der Börse spekuliert
Bo|rus|sia ⟨f.; -; unz.⟩ Frauengestalt als Versinnbildlichung Preußens (oft auch Namenspatronin für Vereine) [lat., »Preußen«]
Bo|sat|su ⟨m.; -; unz.⟩ japanischer Titel buddhistischer Heiliger, entspricht dem Titel Bodhisattwa [Sanskrit]
Bos|kett ⟨n.; -s, -e⟩ Parkwäldchen, Buschwäldchen [<ital. *boschetto,* Verkleinerungsform zu *bosco* »Wald«]
Bos|koop ⟨m.; -s, -⟩ = Boskop
Bos|kop ⟨m.; -s, -⟩ Apfelsorte; *oV* Boskoop [nach dem ndrl. Ort *Boskoop*]
Bo|so|nen ⟨Pl.; Physik⟩ Gruppe von Elementarteilchen mit ganzzahligem Spin [nach dem ind. Physiker S. N. *Bose*]
Boss ⟨m.; -es, -e⟩ **1** Arbeitgeber, Chef **2** Parteiführer **3** Anführer einer Bande [<engl. *boss* »Meister, Arbeitgeber, Vorgesetzter« <ndrl. *baas* »Herr, Meister«]
Bos|sa No|va ⟨[-va] m.; - -, - -s⟩ lateinamerikan. Modetanz [portug., eigtl. »neue Neigung, neue Tendenz«]
bos|se|lie|ren ⟨V.⟩ = bossieren
bos|sie|ren ⟨V.⟩ *oV* bosselieren **1** *Stein ~* grob behauen, meißeln **2** *weiches Material ~* formen [<frz. *bosseler* »Reliefarbeit machen«; zu *bosse* »Beule, Reliefarbeit«; <altfränk. **botan* »(aus)schlagen, sprießen«]
Bos|sie|rer ⟨m.; -s, -⟩ Former (von weichem Material)
Bos|sier|wachs ⟨[-ks] n.; -es, -e⟩ Wachs zum Modellieren
Bos|sing ⟨n.; - od. -s; unz.⟩ ständiges Schlechtmachen u. Verunglimpfen eines Mitarbeiters durch seinen Chef (mit dem Ziel, ihn zum Kündigen seines Arbeitsplatzes zu bewegen); *→a.* Mobbing [<engl. *boss* »Arbeitgeber, Vorgesetzter«]
Bos|ton[1] ⟨n.; -s; unz.⟩ ein Kartenspiel unter 4 Spielern (mit 104 Whistkarten) [nach der amerikan. Stadt *Boston,* Hauptstadt des Staates Massachusetts]
Bos|ton[2] ⟨m.; -s, -s; Musik⟩ langsamer amerikanischer Walzer [→ *Boston[1]*]
Bot ⟨n.; -s, -s; EDV⟩ Hilfs- bzw.

Suchprogramm im Internet, das automatisch eine bestimmte Funktion ausübt [engl.; verkürzt <*robot* »Roboter«]

Bo|ta|nik ⟨f.; -; unz.⟩ Pflanzenkunde [<grch. *botane* »Kraut, Gewächs«]

Bo|ta|ni|ker ⟨m.; -s, -⟩ Pflanzenkundler, -forscher

Bo|ta|ni|ke|rin ⟨f.; -, -rin|nen⟩ Pflanzenkundlerin, -forscherin

bo|ta|nisch ⟨Adj.⟩ die Botanik betreffend, zu ihr gehörig; *~es Institut* Pflanzenforschungsstelle

bo|ta|ni|sie|ren ⟨V.⟩ Pflanzen sammeln [zu grch. *botane* »Kraut, Gewächs«]

Bo|tel ⟨n.; -s, -s⟩ zum Hotel ausgebautes Schiff [verkürzt <*Bo*ot + Ho*tel*]

Bot|net ⟨n.; - od. -s, -s; EDV⟩ Netzwerk von Bots bzw. Computern, die meist ohne Wissen ihrer Besitzer im Internet für kriminelle Zwecke benutzt werden, z. B. zur Verbreitung von Viren, zur Versendung von Spam u. Ä. [<*Bot* + engl. *net* »Netz(werk), Internet«]

Bo|tox® ⟨n.; -; unz.; Pharm.; Med.⟩ aus Bakterien gewonnenes Gift, das die Nervenimpulse im Muskel lähmt, wird zur Behandlung von Bewegungsstörungen, Spasmen u. Krämpfen u. in der kosmetischen Medizin zur Beseitigung von Gesichtsfalten eingesetzt [verkürzt <*Botulinumtoxin* <lat. *botulus* »Wurst« + *toxicum* »Gift«]

Bo|tryo|my|ko|se *auch:* **Bot|ryo|my|ko|se** ⟨f.; -, -n; Med.⟩ Traubenpilzkrankheit [<grch. *botrys* »Traube« + *Mykose* <grch. *mykes* »Pilz«]

Bot|te|lier ⟨m.; -s, -s; Seew.⟩ Verwalter der Verpflegungsvorräte auf einem Schiff; *oV* Bottler [ndrl. <frz. *bouteillier* »Kellermeister«; → *Bouteille, Butler*]

Bot|tle|neck *auch:* **Bott|le|neck** ⟨[bɔtlnɛk] m.; -s, -s; Musik; bes. Reggae⟩ Form des Gitarrespiels, bei der ein Metall- od. Hartplastikhut über einen Finger der Griffhand gestülpt u. an den Saiten entlanggeführt wird, wodurch ein anhaltender, hoher Ton (ähnlich dem einer »singenden Säge«) erzeugt wird [<engl. *bottleneck* »Flaschenhals«, weil urspr. abgebrochene Flaschenhälse für diese Gitarrenspielart verwendet wurden]

Bot|tle|par|ty *auch:* **Bott|le|par|ty** ⟨[bɔtl-] f.; -, -s⟩ Party, zu der die Gäste ihre Getränke selbst mitbringen müssen [<engl. *bottle* »Flasche« + *Party*]

Bott|ler ⟨m.; -s, -⟩ = Bottelier

Bot|tom|ness ⟨[bɔtəmnɪz] f.; -; unz.; Physik⟩ = Beauty (2) [engl.; zu *bottom* »Boden«]

Bo|tu|lis|mus ⟨m.; -; unz.; Med.⟩ Lebensmittel-, bes. Fleisch-, Wurstvergiftung [<lat. *botulus* »Wurst«]

Bouclé / Buklee (*Laut-Buchstaben-Zuordnung*) In die Alltagssprache eingegangene Fremdwörter können in vielen Fällen neben der in der Herkunftssprache üblichen Schreibung auch eine integrierte Schreibung aufweisen, die sich an der deutschen Laut-Buchstaben-Zuordnung orientiert. Häufig sind integrierte Schreibweisen schon seit langem Bestandteil des Deutschen (→*a.* Bouquet / Bukett).
Zudem können diakritische Zeichen in Fremdwörtern auch durch unmarkierte Buchstaben ersetzt werden. Dies gilt auch für das aus dem Französischen entlehnte »*é*«, das im Deutschen durch die Doppelung des entsprechenden Vokals gekennzeichnet wird.

Bou|clé[1] *auch:* **Bouc|lé**[1] ⟨[bukle:] n.; -s, -s; Textilw.⟩ frotteeartiges Garn mit Knoten u. Schlingen; *oV* Buklee[1] [frz., »gelockt«]

Bou|clé[2] *auch:* **Bouc|lé**[2] ⟨[bukle:] m.; -s, -s⟩ aus Bouclé[1] hergestelltes Gewebe od. Teppiche; *oV* Buklee[2]; *Mantel~; ~teppich* [→ *Bouclé*[1]]

Bou|doir ⟨[budoa:r] n.; -s, -s⟩ kleines, elegantes privates Damenzimmer [frz.]

Bouf|fon|ne|rie ⟨[buf-] f.; -, -n; bes. Theat.⟩ Ulk, Scherz, Possenreißerei [frz.]

Bou|gain|vil|lea ⟨[bugɛ̃vɪlea] f.; -, -le|en; Bot.⟩ als Topfpflanze kultivierter, in den Tropen u. im südl. Mittelmeergebiet heim. Kletterstrauch mit rosavioletten Blütenständen [nach L. A. *Bougainville*, frz. Seefahrer, 1729-1811]

Bou|gie ⟨[buʒi:] f.; -, -s; Med.⟩ Stab für Erweiterung bzw. Dehnung krankhaft verengter Gänge, z. B. der Harnröhre [frz., »Kerze; Katheter«]

bou|gie|ren ⟨[buʒi:-] V.; Med.⟩ mit der Bougie dehnen

Bouil|la|baisse ⟨[bujabɛ:s] f.; -, -s [-bɛ:s]; Kochk.⟩ stark gewürzte provenzalische Fischsuppe [prov.]

Bouil|lon ⟨[buljɔŋ] od. [buljɔ̃:] od. österr. [bujɔ̃:] f.; -, -s⟩ Fleischbrühe [frz.]

Boul|der ⟨[bɔl-] od. [boʊl-] m.; -s, -⟩ Felsblock [engl.]

boul|dern ⟨[bɔl-] od. [boʊl-] V.; Funsport⟩ an einem Stück Felsen ohne Seil u. Haken in Absprunghöhe klettern [zu engl. *bouldering* »das Klettern«]

Boule ⟨[bu:l] n.; - od. -s; unz. od. f.; -; unz.⟩ französisches Kugelspiel (ähnlich dem Boccia) [frz., »Kugel«]

Bou|le|vard ⟨[bul(ə)va:(r)] m.; -s, -s⟩ Ring-, Prachtstraße, urspr. anstelle früherer Festungswerke (bes. in Paris) [frz. <mndrl. *bolwerc;* verwandt mit *Bollwerk*]

Bou|le|var|di|er ⟨[bul(ə)va(r)die:] m.; - od. -s, -s; veraltet⟩ Autor leichter, unterhaltsamer Theaterstücke [frz., eigtl. »Lebemann«]

bou|le|var|di|sie|ren ⟨[bul(ə)-va(r)-] V.; Zeitungsw.; TV; abwertend⟩ unterhaltend seicht od. sensationslüstern darstellen, auf die Unterhaltung der Masse ausrichten; *TV-Sendungen stärker ~* [→ *Boulevard*]

Bou|le|vard|pres|se ⟨[bul(ə)-va:(r)-] f.; -; unz.⟩ in hohen Auflagen gedruckte, billige Sensationszeitungen u. -zeitschriften [→ *Boulevard* (da diese Zeitungen früher überwiegend auf der Straße angeboten wurden)]

Bou|le|vard|zei|tung ⟨[bul(ə)-va:(r)-] f.; -, -en⟩ reißerisch aufgemachte Zeitung der Boulevardpresse [→ *Boulevard*]

Bounce ⟨[bauns] f. od. m.; -; unz.; Musik⟩ Art der Jazzmusik, bei der der Rhythmus besonders betont wird [zu engl. *bounce* »hopsen, springen«]

Bounce|light ⟨[baʊnslaɪt] n.; -s, -s; Fot.⟩ Aufnahmetechnik für Fotografien mit Blitzlicht, bei der das Licht nicht auf den zu fotografierenden Gegenstand, sondern auf eine Reflexionsfläche gerichtet wird, wodurch sich die Lichtwellen gleichmäßig im gesamten Raum verteilen [<engl. *bounce* »hopsen« + *light* »Licht«]

boun|cen ⟨[baʊnsən] V.⟩ **1** ⟨EDV⟩ zurücksenden, hin- und herschicken; *das Bouncen von fehlerhaft versendeten E-Mails* **2** ⟨Fot.⟩ eine Fotografie mit Hilfe des Bouncelights anfertigen **3** ⟨salopp⟩ hin- und herspringen, -hüpfen; *eine Comicfigur zum ~den Leben erwecken* [<engl. *bounce* »hopsen«]

Boun|cing ⟨[baʊntsɪŋ] n.; - od. -s, -s⟩ das Bouncen

Bou|quet ⟨[buke:] n.; -s, -s⟩ Duft, Blume des Weins; *oV* Bukett (3) [frz.]

Bou|qui|nist ⟨[buki-] m.; -en, -en⟩ Büchertrödler; *oV* Bukinist [<frz. *bouquiniste;* zu *bouqin* »Schmöker«]

Bour|bon ⟨[bœ:bən] m.; -s, -s⟩ US-amerikan. Whiskey, dessen Rohmasse zu mindestens 51 % aus Mais besteht [nach dem Bezirk *Bourbon* im US-Bundesstaat Kentucky]

bour|geois ⟨[burʒoa] Adj.⟩ die Bourgeoisie betreffend, zu ihr gehörend, bürgerlich

Bour|geois ⟨[burʒoa] m.; -, -⟩ (wohlhabender) Bürger [frz., »Bürger«]

Bour|geoi|sie ⟨[burʒoazi:] f.; -, -n⟩ das (besitzende) Bürgertum (als Klasse) [frz., »Bürgertum«]

Bour|rée ⟨[bure:] f.; -, -s; Musik⟩ altfrz., der Gavotte ähnl. Tanz mit synkopiertem Rhythmus [frz., »ländlicher Tanz in der Auvergne«]

Bour|ret|te ⟨[burɛt(ə)] f.; -, -n; Textilw.⟩ **1** Abfall bei der Seidengewinnung **2** Gewebe hieraus [frz., »rohe Seide (erste Lage am Kokon)«]

Bou|teil|le ⟨[butɛ:j(ə)] f.; -, -n⟩ Flasche [frz. <spätlat. *buticula;* Verkleinerungsform zu lat. *buttis* »Fass« <grch. *buttis* »Tonne«; verwandt mit *Buddel, Bütte, Butler, Bottelier*]

Bou|tique ⟨[buti:k] f.; -, -n [-kən]⟩ kleiner Laden (für Modeartikel) [frz.; → *Budike*]

Bou|zou|ki ⟨[buzu:-] f.; -, -s; Musik⟩ grch., der Laute ähnliches Zupfinstrument; *oV* Busuki [<grch. *mpouzouki;* viell. zu türk. *bozuk* »ruiniert, verdorben«]

Bow|den|zug *auch:* **Bow|den-Zug** ⟨[baʊdən-] m.; -s, -zü|ge; Technik⟩ in biegsamen Hohlkörpern (Rohren, Spiralen od. Schläuchen) geführter Draht (auch Drahtkabel) zum Übertragen von Zugkräften [nach dem engl. Erfinder Sir *Bowden,* 1880-1960]

Bo|wie|mes|ser *auch:* **Bo|wie-Messer** ⟨n.; -s, -⟩ langes Jagdmesser [nach dem US-amerikan. Oberst James *Bowie,* 1796-1836]

Bow|le ⟨[bo:lə] f.; -, -n⟩ **1** Getränk aus Wein, Früchten, Gewürzen u. Zucker mit Sekt **2** Gefäß, in dem das Getränk angesetzt wird [<engl. *bowl* »Napf, Schale«]

bow|len ⟨[bo:-] V.⟩ Bowling spielen [<engl. *bowl* »kegeln«]

Bow|ler[1] ⟨[bo:-] m.; -s, -⟩ steifer Herrenhut, Melone [engl., nach dem engl. Hutmacher *Bowler*]

Bow|ler[2] ⟨[boʊ-] m.; -s, -; Sport; Kricket⟩ Werfer der Partei, die auf das gegenerische Tor wirft [zu engl. *bowl* »rollen, kegeln, (beim Kricket) den Ball werfen«]

Bow|ling ⟨[bo:lɪŋ] n.; - od. -s, -s⟩ **1** US-amerikan. Art des Kegelspiels mit 10 Kegeln, die in einem gleichseitigen Dreieck angeordnet sind **2** engl. Kugelspiel auf Rasenplätzen [engl.; zu *bowl* »Kugel«]

Bow|ling|green ⟨[bo:lɪŋgri:n] n.; -s, -s; in England⟩ Rasenfläche, auf der Bowling gespielt wird [<*Bowling* + engl. *green* »Grün, Rasenfläche«]

Box ⟨f.; -, -en⟩ **1** Abteil im Pferdestall od. in der Garage; *Auto~; Stall~* **2** Unterstellraum, Montageplatz (z. B. für Rennwagen) **3** Behältnis, Schachtel; *Kühl~* **4** einfache fotograf. Kamera in Kastenform **5** meist kastenförmiger Lautsprecher **6** ⟨EDV⟩ **6.1** Dialogfeld, -fenster **6.2** ⟨kurz für⟩ Mailbox [engl., »Kasten«]

Box|calf ⟨n.; -s, -s; schweiz.⟩ chromgegerbtes, feinnarbiges Kalbsleder für Schuhe; *oV* Boxkalf [<engl. *box calf* »in Lattenverschlägen (= *box*) versandtes Kalbsleder«]

bo|xen ⟨V.; Sport⟩ **1** den sportl. Faustkampf nach bestimmten Regeln ausüben **2** schlagen, prügeln [<engl. *box* »mit der Hand schlagen, boxen«]

Bo|xen ⟨n.; -s; unz.; Sport⟩ sportlicher Faustkampf, der zwischen zwei Personen in einem quadratischen Boxring (Seitenlänge zw. 4,90 m u. 6,10 m) nach best. Regeln u. unter Aufsicht eines Schiedsrichters ausgetragen wird [→ *boxen*]

Bo|xer ⟨m.; -s, -⟩ **1** ⟨Sport⟩ Faustkämpfer **2** gedrungener, doggenartiger Hund mit gestutztem Schwanz

bo|xe|risch ⟨Adj.; Sport⟩ das Boxen betreffend, zu ihm gehörend

Bo|xer|mo|tor ⟨m.; -s, -en⟩ Kolbenmotor mit einander gegenüberliegenden Zylindern

Bo|xer|shorts ⟨[-ʃɔ:ts] Pl.⟩ **1** ⟨Sport⟩ beim Boxkampf getragene Shorts aus dünnem Stoff **2** ⟨Mode⟩ Herrenunterhosen in der Art der Boxershorts (1)

Box|kalf ⟨a. engl. [-ka:f] n.; -s, -s⟩ = Boxcalf

Boy[1] ⟨[bɔɪ] m.; -s, -s⟩ Laufjunge, Bote, jugendl. Angestellter in Hotels [engl., »Knabe, junger Mann, Diener, Soldat«]

Boy[2] ⟨[bɔɪ] m.; -s, -s⟩ = Boi

Boy|friend ⟨[bɔɪfrɛnd] m.; -s, -s; umg.⟩ Freund, Liebhaber eines Mädchens (vor allem bei Teenagern) [engl.]

Boy|group ⟨[bɔɪgru:p] f.; -, -s; Musik⟩ aus Teenagern od. jungen Männern bestehende Band, die Popmusik spielt u. sich dabei vor allem am weibl. Publikum orientiert; →*a.* Girlgroup [<engl. *boy* »Junge« + *group* »Gruppe«]

B

Boy|kott ⟨[bɔı-] m.; -(e)s, -e⟩ wirtschaftl., soziale od. polit. Verrufserklärung, Absperrung, Weigerung des Warenein- od. -verkaufs; *jmdm. den ~ erklären; den ~ über etwas verhängen; jmdn. mit ~ belegen* [nach dem irischen Gutsverwalter *Boycott,* über den die irische Landliga 1880 ihren Bann aussprach, so dass niemand für ihn arbeitete oder mit ihm verkehrte]

boy|kot|tie|ren ⟨[bɔı-] V.⟩ mit Boykott belegen [→ *Boykott*]

Boy|scout ⟨[bɔıskaut] m.; -s, -s⟩ Pfadfinder [<*Boy*[1] + *scout* »Weggefährte« <mengl. *scouten* <afrz. *escouter* <lat. *auscultare* »zuhören«]

bpi ⟨[bipiaı] Abk. für engl.⟩ bit per inch, Maß für die Speicherfähigkeit eines Magnetbandes, gemessen in Zahl der Bits pro Zoll (inch) des Bandes

bps ⟨[bipiɛs] Abk. für engl.⟩ bit per second, Maß für die Übertragungsleistung einer Nachrichtenstrecke, gemessen als Zahl der pro Sekunde (second) übermittelten Bits

Bq ⟨Zeichen für⟩ Becquerel

Br ⟨chem. Zeichen für⟩ Brom

bra|chi|al ⟨[-xi-] Adj.⟩ **1** ⟨Anat.⟩ den Oberarm betreffend, zu ihm gehörig **2** mit grober, brutaler Gewalt [<lat. *bracchialis* »zum Arm gehörig, Arm-«; zu *braccium* »Arm«; verwandt mit *Bratsche, Brasselett*]

Bra|chi|al|ge|walt ⟨[-xi-] f.; -; unz.⟩ rohe Körperkraft; *eine Tür mit ~ öffnen*

Bra|chi|o|sau|rus ⟨[-xi-] m.; -, -ri|er⟩ pflanzenfressender Dinosaurier mit langen Vorderbeinen [<grch. *brachion* »Arm« + *sauros* »Eidechse«]

bra|chy..., Bra|chy... ⟨[-xy] in Zus.⟩ kurz..., Kurz... [<grch. *brachys* »kurz«]

Bra|chy|dak|ty|lie ⟨[-xy-] f.; -, -n; Med.⟩ angeborene Kurzfingerigkeit [<*Brachy...* + grch. *daktylos* »Finger«]

bra|chy|ke|phal ⟨[-xy-] Adj.⟩ = brachyzephal

Bra|chy|ke|pha|lie ⟨[-xy-] f.; -, -n⟩ = Brachyzephalie

Bra|chy|lo|gie ⟨[-xy-] f.; -, -n⟩ gedrängte Kürze, Knappheit des Ausdrucks, Einsparung gleicher Wörter u. Wortteile; *Sy* Breviloquenz

bra|chy|ze|phal ⟨[-xy-] Adj.; Med.⟩ kurzköpfig, rundköpfig; *oV* brachykephal [<*brachy...* + *...zephal*]

Bra|chy|ze|pha|lie ⟨[-xy-] f.; -, -n; Med.⟩ Rund-, Kurzköpfigkeit; *oV* Brachykephalie

Brackets (*Worttrennung am Zeilenende*) Analog zur Worttrennung im Deutschen gilt auch für Fremdwörter, dass die Konsonantenverbindung »*ck*« ungetrennt bleibt.

Bra|ckets ⟨[brækıts] Pl.; Zahnmed.⟩ an den Zähnen befestigte Metallklammern (für kieferorthopäd. Korrekturen) [engl., »Klammern«]

bra|dy..., Bra|dy... ⟨in Zus.; Med.⟩ langsam..., Verlangsamungs...; *Bradykinesie* [<grch. *bradys*]

Bra|dy|kar|die ⟨f.; -; unz.; Med.⟩ Verlangsamung des Herzschlags [<grch. *bradys* »langsam« + *kardia* »Herz«]

Bra|dy|ki|ne|sie ⟨f.; -, -n; Med.⟩ allgemeine Verlangsamung der Bewegungen [<grch. *bradys* »langsam« + *kinesis* »Bewegung«]

Bra|dy|phre|nie ⟨f.; -, -n; Med.⟩ Verlangsamung der geistigen Funktionen [<grch. *bradys* »langsam« + *phren* »Verstand«]

Brah|ma[1] ⟨n.; -; unz.⟩ Grundbegriff der ind. Weltdeutung, urspr. vedischer Zauberspruch beim Opfer, dann beherrschendes Weltprinzip, Urgrund allen Seins [Sanskrit, »das höchste Wesen, der Weltschöpfer«]

Brah|ma[2] ⟨m.; -, -s⟩ Verkörperung in einer männl. Gottheit [→ *Brahma*[1]]

Brah|ma|ne ⟨m.; -n, -n⟩ Angehöriger der obersten Kaste der Hindus, Priester, Gelehrter; *oV* Brahmine [→ *Brahma*]

brah|ma|nisch ⟨Adj.; Rel.⟩ den Brahmanismus betreffend, zu ihm gehörig, von ihm stammend

Brah|ma|nis|mus ⟨m.; -; unz.; Rel.⟩ indische Religion, Kult des Brahma

Brah|mi|ne ⟨m.; -n, -n⟩ = Brahmane

Brail|le|schrift *auch:* **Brail|le-Schrift** ⟨[bra:j(ə)-] f.; -; unz.⟩ Blinden-(Punkt-)Schrift [nach ihrem Erfinder, dem frz. Blindenlehrer Louis *Braille*]

Brain|drain ⟨[brɛındrɛın] m.; -s; unz.⟩ Abwanderung von führenden Wissenschaftlern ins Ausland [<engl. *brain* »Verstand« + *drain* »trockenlegen, entwässern«]

Brai|nie ⟨[brɛını] m.; -s, -s; umg.; salopp⟩ kluger Mensch [<engl. *brain* »Gehirn«]

Brain|stor|ming ⟨[brɛınstɔ:mıŋ] n.; - od. -s; unz.⟩ Methode (bei Konferenzen, Versammlungen), durch das Sammeln u. Auswerten spontan vorgebrachter Einfälle zu einem Problem die beste Lösung zu finden [<engl. *brain* »Verstand« + *storming* »das Stürmen«]

Brain|trust ⟨[brɛıntrʌst] m.; -(e)s, -e od. -s⟩ Gruppe von Wissenschaftlern, die eine Regierung in wirtschaftl. Fragen beraten [<engl. *brain* »Gehirn« + *Trust*]

Brain|wa|shing ⟨[brɛınwɔʃıŋ] n.; - od. -s; unz.⟩ zwanghaft ausgeübte Umerziehung des menschlichen Denkens u. Willens in weltanschaulicher od. politischer Hinsicht, Gehirnwäsche [engl.]

Brak|te|at ⟨m.; -en, -en; im MA⟩ einseitig geprägte Münze [<lat. *bracteatus* »mit Goldblech überzogen«]

Bram ⟨f.; -, -en; Seew.⟩ zweitoberste Verlängerung des Mastes [vermutl. <ndrl. *brem* »Prunk«]

Bra|mar|bas ⟨m.; -, -se⟩ Prahler, Großsprecher [Name eines Großsprechers in der anonymen Satire »Cartell des *Bramarbas* an Don Quixote« (1710); <span. *bramar* »schreien«]

bra|mar|ba|sie|ren ⟨V.⟩ prahlen, großtun

Bran|che ⟨[brã:ʃə] od. [braŋʃə] f.; -, -n; Kaufmannsspr.⟩ **1** Geschäfts-, Wirtschaftszweig **2** Fachgebiet [frz., »Zweig«]

Bran|chi|at ⟨[-çi-] m.; -en, -en; Zool.⟩ durch Kiemen atmendes Glieder- od. Wirbeltier [<grch. *branchos* »Kehle«]

B

Bran|chie ⟨[-çiə] f.; -, -n; Zool.⟩ Kieme [<grch. *branchis* »Kiemen«]
Bran|chio|sau|rus ⟨[-çi-] m.; -, -rier⟩ Vertreter ausgestorbener geschwänzter Amphibien des Karbons [<*Branchie* + grch. *sauros* »Eidechse«]
Bran|chi|u|re ⟨[-çi-] m.; -n, -n; Zool.⟩ Angehöriger einer meist an Fischen schmarotzenden Ordnung der niederen Krebse, Kiemenschwanz, Fischlaus [→ *Branchie*]
Brand ⟨[brænd] n.; -s, -s⟩ = Branding
Bran|ding ⟨[brændıŋ] n.; -s; unz.⟩ *Sy* Brand **1** ⟨Wirtsch.⟩ Kennzeichnung von (neuen) Produkten mit Markennamen **2** das Einbrennen von Mustern in die Haut mittels Nadeln [<engl. *brand* »Marke, Brandzeichen, Brandmal«]
Bran|dy ⟨[brændi] m.; -s, -s⟩ Branntwein [<engl. *brandy* <*brand(y)wine* »Branntwein«]
Bra|sil[1] ⟨m.; -s, -e od. -s⟩ Tabak-, Kaffeesorte
Bra|sil[2] ⟨f.; -, -⟩ Zigarre aus dunklem Brasiltabak
Bra|si|let|to|holz ⟨n.; -es; unz.⟩ unechtes Brasilholz [span.]
Bra|sil|holz ⟨n.; -es, -höl|zer⟩ Farbholz verschiedener Arten der Caesalpinia, das seinen Farbstoff Brasilin leicht an kochendes Wasser abgibt
Bra|si|lin ⟨n.; -s; unz.⟩ aus Brasilholz gewonnener roter Beizenfarbstoff für Wolle u. Baumwolle
Brass|band ⟨[bra:sbænd] f.; -, -s; Musik⟩ **1** Jazzband **2** Marschkapelle mit Blechblasinstrumenten u. Schlagzeug [engl., »Blaskapelle, Blechmusik«]
Bras|se ⟨f.; -, -n; Seew.⟩ Haltetau zum Drehen (Brassen) der Rahen [<ndrl. *bras* <frz. *bras* »Arm«]
Bras|se|lett ⟨n.; -s, -s⟩ **1** Armband **2** ⟨Pl.; Gaunerspr.⟩ ~*s* Handschellen [<frz. *bracelet* »Armband«]
bras|sen ⟨V.; Seew.⟩ *Segel* ~ die Rahen mit der Brasse nach dem Wind drehen [→ *Brasse*]
Bras|se|rie ⟨f.; -, -n⟩ Gastwirtschaft [frz., »(Bier-)Brauerei; Speisehaus«]
Bras|si|è|re ⟨[brasjɛ:rə] f.; -, -n⟩ sehr kurzes Oberteil, das nur bis zur Taille reicht [frz., eigtl. »(Baby-)Jäckchen, Leibchen]
Brat|sche ⟨f.; -, -n; Musik⟩ das Alt-Instrument im Streichquartett; *Sy* Viola (2), Viola da Braccio [verkürzt <*Bratschgeige,* übersetzt <ital. *viola da braccio* »Armgeige«; verwandt mit *brachial, Brasse, Brasselett*]
Brat|scher ⟨m.; -s, -; Musik⟩ = Bratschist
Brat|sche|rin ⟨f.; -, -rin|nen; Musik⟩ = Bratschistin
Brat|schist ⟨m.; -en, -en; Musik⟩ Bratschenspieler; *Sy* Bratscher
Brat|schis|tin ⟨f.; -, -tin|nen; Musik⟩ Bratschenspielerin; *Sy* Bratscherin
Brau|nel|le[1] ⟨f.; -, -n; Zool.⟩ Angehörige einer Gattung den Finken ähnlicher Singvögel: Prunella [<lat. *prunella;* zu *prunum* »Pflaume«]
Brau|nel|le[2] ⟨f.; -, -n; Bot.⟩ Lippenblütler mit aufsteigendem Stängel u. in Scheinähren stehenden Blüten mit blauvioletter Krone, Braunheil: Prunella vulgaris; *oV* Brunelle [<spätmhd. *brunelle,* eigtl. »Heilmittel gegen Bräune« <frz. *brunelle«;* zu *brun* »braun«]
Bra|va|de ⟨[-va:də] f.; -, -n; veraltet⟩ Prahlerei, Trotz [frz., »beleidigende Prahlerei«; zu *braver* »trotzen«]
bra|vis|si|mo! ⟨[-vıs-]⟩ ausgezeichnet, vortrefflich (als Beifallskundgebung) [ital., Superlativ zu *bravo*]
Bra|vo[1] ⟨[-vo] n.; -s, -s⟩ Beifallsruf; *~/bravo rufen*
Bra|vo[2] ⟨[-vo] m.; -s, -s; veraltet⟩ Meuchelmörder, Räuber [ital., eigtl. »Meister in seinem Handwerk als Haudegen od. Mörder«]
bra|vo! ⟨[-vo]⟩ gut! (als Beifallskundgebung) [ital., »meisterhaft, tüchtig«]
Bra|vour ⟨[-vu:r] f.; -, -en⟩ *oV* Bravur **1** Geschicklichkeit, Meisterschaft; *etwas mit großer ~ meistern* **2** Kühnheit; *für diese Tat braucht er eine gewisse ~* [<frz. *bravoure* »Tapferkeit«; verwandt mit *brav*]
bra|vou|rös ⟨[-vu-] Adj.⟩ großes technisches Können erfordernd, technisch meisterhaft; *oV* bravurös; *~es Musikstück; sie hat es ~ gespielt* [→ *Bravour*]
Bra|vour|stück ⟨[-vu:r-] n.; -(e)s, -e⟩ *oV* Bravurstück **1** ⟨Musik⟩ technisch schwieriges Musikstück, dessen Wiedergabe Virtuosität erfordert **2** ⟨allg.⟩ Glanzstück
Bra|vur ⟨[-vu:r-] f.; -, -en⟩ = Bravour
Bra|vur|stück ⟨[-vu:r] n.; -(e)s, -e⟩ = Bravourstück
Break[1] ⟨[brɛık] n.; -s, -s⟩ **1** ⟨Jazz⟩ ein Gesangs- od. Instrumentalsolo, das im Jazz mit scharf entgegengesetztem Rhythmus das Spiel der anderen Musiker unterbricht **2** ⟨Sport⟩ **2.1** ⟨allg.⟩ = Fastbreak **2.2** ⟨Tennis⟩ Spielgewinn bei gegnerischem Aufschlagsrecht [engl., »Durchbruch, Wechsel, Umschwung«]
Break[2] ⟨[brɛık] m.; -s, -s; EDV⟩ Beendigung bzw. Unterbrechung eines laufenden Programms [→ *Break*[1]]
Break[3] ⟨[brɛık] m. od. n.; -s, -s⟩ offene, lange Kutsche für Jagd- u. Gesellschaftsfahrten [engl., »Wagen zum Einfahren junger Pferde, Kremser«]
Break|ball ⟨[brɛık-] m.; -(e)s, -bäl|le; Sport; bes. Tennis⟩ Ball bzw. Punkt, der dem Rückschläger fehlt, um das gegnerische Aufschlagspiel zu gewinnen; →*a.* Bigpoint [→ *Break*[1]]
Break|dance ⟨[brɛıkda:ns] od. amerikan. [-dæns] m.; -; unz.⟩ US-amerikan. Modetanz, bei dem roboterhafte, akrobatische Bewegungen nach gleichbleibenden Rhythmen ausgeführt werden [<engl.-amerikan. *break* »(zer)brechen; Bruch« + *dance* »Tanz«]
Break|dan|cer ⟨[brɛıkda:nsə(r)] od. amerik. [-dænsə(r)] m.; -s, -⟩ jmd., der Breakdance tanzt
brea|ken ⟨[brɛıkən] V.; Sport; Tennis⟩ ein Spiel bei gegnerischem Aufschlag gewinnen [→ *Break*[1]]
Break-even *auch:* **Break|even** ⟨[brɛıki:vən] m.; -s, -; Pl. selten; Wirtsch.⟩ = Break-even-Punkt
Break-even-Ana|ly|se *auch:* **Break|even|ana|ly|se** ⟨[brɛık-i:vən-] f.; -, -n; Wirtsch.⟩ Fest-

stellung des Gesamtumsatzbetrags, der die Gewinn- bzw. Verlustschwelle einer Firma markiert

Break-even-Punkt *auch:* **Break-even|punkt** ⟨[breıki:vən-] m.; -(e)s, -e; Pl. selten; Wirtsch.⟩ Zeitpunkt, zu dem der Gewinn aus dem Verkauf eines Produktes die während der Produktionszeit entstandenen Vorabinvestitionen deckt, Kostendeckungspunkt; *Sy* Break-even [engl., »Gewinnschwelle«]

Break|fast ⟨[brɛkfəst] n.; -s, -s⟩ Frühstück [engl.]

Brec|cie ⟨[brɛtʃə] f.; -, -n⟩ zertrümmertes Sedimentgestein [<ital. *breccia* <frz. *brèche;* → *Bresche*]

Bre|douil|le ⟨[-duljə] f.; -; unz.; umg.⟩ Verlegenheit, Bedrängnis; *in der ~ sein; in die ~ geraten* [frz., »Matsch beim Tricktrackspiel«]

Bree|ches ⟨[bri:tʃiz] Pl.⟩ oben weite, um die Waden eng anliegende Kniehose, Reithose [engl., »Knie-, Reithose«]

Bree|der ⟨[bri:-] m.; -s, -⟩ = Brutreaktor [engl.; zu *breed* »brüten«]

Breg|ma ⟨n.; -s, -ma|ta od. Bregmen; Med.⟩ **1** Bereich des Schädels, an dem beide Stirnbeinhälften u. beide Scheitelbeine zusammentreffen **2** (nach Aristoteles) Schädelschnittpunkt der Pfeil- u. Kreuznaht [grch., »Vorderkopf, Oberschädel«]

Brek|tie ⟨[-tsjə] f.; -, -n⟩ = Breccie

Brenz|ca|te|chin ⟨[-çi:n] n.; -s; unz.; Chemie⟩ organ. Verbindung aus der Klasse der Phenole, als Pelz- u. Haarfärbemittel u. fotograf. Entwickler verwendet [<oberdt. *Brenz* »Destillat« (zu *brenzlig, brennen*) + *Catechin* »im Katechu enthaltener Farbstoff«]

Bre|sche ⟨f.; -, -n⟩ **1** ⟨Mil.⟩ Lücke in einer Befestigung, an der man angreifen kann; *eine ~ schlagen* eine Lücke in eine Befestigung od. Front schlagen, den Weg zum Angriff freimachen **2** ⟨fig.⟩ Widerstand überwinden, Bahn brechen; *in die ~ springen* ⟨fig.⟩ einspringen, zu Hilfe kommen [<frz. *brèche* »Bruch, Riss, Scharte« <fränk. **breka* »Bruch«; verwandt mit *brechen*]

Bre|ve ⟨[-və] n.; -s, -s od. -n⟩ (kurzes) päpstliches Schreiben [lat., »kurz«]

Bre|vet ⟨[-ve:] n.; -s, -s⟩ **1** Gnadenbrief des französischen Königs **2** ⟨heute⟩ Verleihungsurkunde für Diplome, Patente u. Ä. [frz., »offener Gnadenbrief des Königs, Diplom«; zu *bref* »kurz«; verwandt mit *Brief, Brevier, Brimborium*]

bre|ve|tie|ren ⟨[-ve-] V.⟩ ein Brevet ausstellen über

Bre|vi|ar ⟨[-vi-] n.; -s, -ri|en⟩ kurze Übersicht, Auszug; *Sy* Breviarium [<lat. *breviarium* »kurzes Verzeichnis«; zu *brevis* »kurz«]

Bre|vi|a|ri|um ⟨[-vi-] n.; -s, -ri|en⟩ = Breviar

Bre|vier ⟨[-vi:r] n.; -s, -e⟩ **1** Gebetbuch der katholischen Geistlichen **2** kleine Auswahl aus den Werken eines Dichters; *Goethe-~* [<lat. *breviarium;* → *Breviar*]

Bre|vi|lo|quenz ⟨[-vi-] f.; -; unz.⟩ = Brachylogie [<lat. *breviloquentia* »Kürze im Ausdruck«, <*brevis* »kurz« + *loqui* »sprechen«]

bre|vi ma|nu ⟨[-vi -] Abk.: b. m., br. m.⟩ kurzerhand [lat., »mit kurzer Hand«]

bre|vi ma|nu tra|di|tio ⟨[-vi -] Wirtsch.⟩ Übereignung kurzerhand [lat.]

Bre|vis ⟨[-vıs] f.; -, Bre|ves [-ve:s]; Musik⟩ Note im Wert von zwei ganzen Noten, dargestellt als ein querliegendes Rechteck; → *a.* Alla-breve-Takt [ital.]

Bri|ard ⟨[-a:r] m.; - od. -s, -s; Zool.⟩ große frz. Schäferhundrasse

Bric-à-brac ⟨[brikabrak] n.; - od. -s; unz.⟩ **1** Trödel(kram), Gerümpel, Ramsch **2** Sammlung von kleinen Kunstgegenständen [frz.]

Bridge ⟨[brıdʒ] n.; -; unz.; Kart.⟩ aus dem Whist entstandenes Kartenspiel zu viert mit frz. Karten [engl., eigtl. »Brücke«]

bri|die|ren ⟨V.; Kochk.⟩ *Geflügel ~* abstehende Beine u. Flügel mit einem kräftigen Faden fest mit dem Rumpf verbinden (wenn Geflügel unzerlegt gebraten od. gekocht werden soll) [<frz. *brider* »fesseln«]

Brie ⟨m.; -s, -s⟩ frz. Weichkäsesorte [nach der frz. Landschaft *Brie,* östlich von Paris]

brie|fen ⟨V.⟩ **1** informieren **2** Anweisungen, Instruktionen erteilen [<engl. *brief* »kurz; beauftragen«]

Brie|fing ⟨n.; - od. -s, -s⟩ **1** Information, Anweisung, Informationsgespräch **2** Lagebesprechung [engl.; → *briefen*]

Bri|ga|de ⟨f.; -, -n⟩ **1** ⟨Mil.⟩ Einheit aus mehreren Truppenteilen verschiedener Waffengattungen **2** ⟨DDR⟩ Gruppe mehrerer Arbeiter od. Angestellter im Wettbewerb **3** ⟨Kochk.⟩ die Gesamtheit der in einem Betrieb beschäftigten Köche von mindestens fünf selbstständig arbeitenden Köchen unter der Leitung eines Küchenmeisters [frz., »Trupp« <ital. *brigata* »Streithaufen«]

Bri|ga|di|er[1] ⟨[-dje:] m.; -s, -s⟩ Brigadegeneral

Bri|ga|di|er[2] *auch:* **Bri|ga|dier** ⟨[-dje:] od. [-di:r] m.; -s, -s od. -e; DDR⟩ Leiter einer Brigade

Bri|gant ⟨m.; -en, -en⟩ Räuber, Bandit [<ital. *brigante* »Fußsoldat; Straßenräuber«]

Bri|gan|ti|ne ⟨f.; -, -n; im 15. u. 16. Jh.⟩ **1** Schuppenpanzerhemd **2** Segelschiff, Briggschoner [→ *Brigg*]

Brigg ⟨f.; -, -s; Seew.⟩ Segelschiff mit zwei Masten [<engl. *brig* <*brigantine* »Brigantine, kleiner Zweimaster« <ital. *brigantino* »Raubschiff«]

Bri|ghel|la ⟨[-gɛla] m.; -, -s od. -ghel|le⟩ Figur in der italienischen Commedia dell'Arte, die einen intriganten Diener verkörpert [ital.]

Bri|kett ⟨n.; -(e)s, -s od. -e⟩ in Form gepresste Braun- od. Steinkohle [<frz. *briquette,* Verkleinerungsform zu *brique* »Backstein, Ziegel«]

bri|ket|tie|ren ⟨V.⟩ in Briketts pressen

Bri|ko|le ⟨f.; -, -n; Sport; Billard⟩ Rückprall des Balles von der Bande [frz.]

bri|ko|lie|ren ⟨V.; Sport; Billard⟩ durch Brikole treffen

bril|lant ⟨[brıljant] Adj.⟩ glänzend, hervorragend [frz., »glänzend«; verwandt mit *Beryll;* → *brillieren*]

Bril|lant ⟨[brıljant] m.; -en, -en⟩ **1** geschliffener Edelstein, bes. Diamant **2** ⟨Typ.⟩ ein Schriftgrad (3 Punkt) [→ *brillant*]

bril|lan|te ⟨[brıljan-] Adj.; Musik⟩ bravourös, virtuos, perlend (zu spielen) [ital.]

Bril|lan|tin ⟨[brıljan-] n.; -s; unz.; österr.⟩ = Brillantine

Bril|lan|ti|ne ⟨[brıljan-] f.; -, -n⟩ Haarpomade, parfümiertes Haarfett; *oV* Brillantin

Bril|lanz ⟨[brıljants] f.; -; unz.⟩ **1** Glanz **2** gestochene Schärfe von Fotos **3** virtuose Fertigkeit (künstler. Darbietung) [→ *brillant*]

bril|lie|ren ⟨[brılji:rən] V.⟩ sich durch bes. Leistungen hervortun, glänzen [<frz. *briller* »glänzen, strahlen«]

Brim|bo|ri|um ⟨n.; -s; unz.; umg.⟩ unnützes Zeug, Umschweife, Geschwätz [<frz. *brimborion* »Kleinigkeit, Lappalie« <lat. *breviarium;* → *Breviar*]

Bri|nell|här|te *auch:* **Bri|nell-Här|te** ⟨f.; -; unz.; Abk.: HB⟩ Maß der Härte eines Werkstoffs [nach dem schwedischen Eiseningenieur Johann August *Brinell,* 1849-1925]

Brink|man|ship ⟨[brıŋkmænʃıp] f.; -; unz.⟩ politische Haltung, die sich durch eine bes. hohe Risikobereitschaft (bei diplomatischen Verhandlungen usw.) auszeichnet [engl., »Spiel mit dem Feuer«]

Bri|oche ⟨[-ɔʃ] f.; -, -s⟩ ein Hefegebäck [frz.]

bri|o|so ⟨Musik⟩ = con brio [ital., »lebhaft«]

bri|sant ⟨Adj.⟩ zermalmend, mit großer Sprengkraft [zu frz. *briser* »zerschlagen, zerbrechen«]

Bri|sanz ⟨f.; -, -en⟩ **1** Sprengkraft **2** ⟨unz.; fig.; umg.⟩ zündende Aktualität; *ein Thema von sehr großer* ~ ein heikles Thema [→ *brisant*]

Bri|se ⟨f.; -, -n⟩ gleichmäßiger Wind mittlerer Geschwindigkeit, guter Segel-, Fahrtwind; *eine frische, steife* ~ [<engl. *breeze* »leichter Wind«]

Brise|so|leil ⟨[bri:zsɔlɛj] m.; - od. -s, -s⟩ aus Lamellen bestehendes, leichtes Rollo außen am Fenster [frz., eigtl. »Sonnenbrecher« <*briser* »zerbrechen« + *soleil* »Sonne«]

Bri|so|lett ⟨n.; -s, -e⟩ = Brisolette

Bri|so|let|te ⟨f.; -, -n; Kochk.⟩ gebratenes Kalbfleischklößchen; *oV* Brisolett [frz.; → *Brisesoleil*]

Bri|tan|nia|me|tall ⟨n.; -s; unz.⟩ Legierung mit silberähnlichem Glanz aus Zinn, Antimon u. Kupfer

Brit|pop ⟨m.; -s; unz.; Musik⟩ aus Großbritannien stammende, gitarrenlastige Stilrichtung der Popmusik

Britsch|ka ⟨f.; -, -s⟩ leichter, offener Wagen [poln.]

br. m. ⟨Abk. für lat.⟩ brevi manu

Broad|cas|ting ⟨[brɔ:dka:stıŋ] n.; - od. -s; unz.; Rundfunk; TV⟩ das Senden, Ausstrahlen (von Rundfunk- u. Fernsehprogrammen) [zu engl. *broadcast* »senden«]

Broad|side|tech|nik ⟨[brɔ:dsaıd-] f.; -, -en; Motorsport⟩ Driften [<engl. *broadside,* eigtl. »Breitseite« + *Technik*]

Broad|way ⟨[brɔ:dweı] m.; -s; unz.⟩ Hauptverkehrsstraße von New York, Sitz zahlreicher Theater, bes. für Musicals [engl.; zu *broad way* »breiter Weg«]

Broc|co|li ⟨a. [brɔ:-] Pl.⟩ = Brokkoli

Bro|ché ⟨[-ʃe:] m.; -s, -s; Textilw.⟩ brochiertes Gewebe mit Mustern, die wie aufgestickt wirken [zu frz. *broché* »durchwirkt«]

bro|chie|ren ⟨[-ʃi:-] V.⟩ = broschieren

Bro|de|rie ⟨f.; -, -n⟩ Stickerei, gestickte Einfassung [frz., »Stickerei«]

bro|die|ren ⟨V.⟩ sticken, einfassen, verbrämen [<frz. *broder* »sticken«]

Broi|ler ⟨m.; -s, -; DDR⟩ gegrilltes Hähnchen [engl.; zu *broil* »schmoren«]

Bro|kat ⟨m.; -(e)s, -e; Textilw.⟩ schwerer, gemusterter Seidenstoff mit eingewebten Gold- od. Silberfäden; *Gold~; Silber~* [<ital. *broccato* »mit Kräuselungen versehen«; zu *brocco* »Kräuselung«]

Bro|ka|tell ⟨m.; -s, -e; Textilw.⟩ schwerer, halbseidener Stoff mit erhabenem Muster

bro|ka|ten ⟨Adj.; Textilw.⟩ aus Brokat bestehend, hergestellt

Bro|kat|glas ⟨n.; -es; unz.⟩ Glas, in das im noch flüssigen bis halbweichen Zustand Gold- u. Silberfäden eingedrückt wurden

Bro|ker ⟨[broʊ-] m.; -s, -; Börse⟩ **1** ⟨i. w. S.⟩ berufsmäßiger Wertpapierhändler u. -berater, bes. in den angelsächsischen Ländern u. Japan **2** ⟨i. e. S.⟩ an der Londoner Börse zugelassener Wertpapierhändler, der dort Aufträge durchführen darf; *Ggs* Jobber (1) [engl., »Vermittler, Makler«]

Brok|ko|li ⟨a. [brɔ:-] Pl.⟩ dem Blumenkohl ähnliches Gemüse mit grünen Blütensprossen; *oV* Broccoli [<ital. *broccolo* »Kohlsprossen, eine Art Blumenkohl«]

Brom ⟨n.; -s; unz.; chem. Zeichen: Br⟩ chem. Element, ein Halogen, Ordnungszahl 35, rotbraune, die Schleimhaut reizende Dämpfe entwickelnde Flüssigkeit [<grch. *bromos* »Gestank«]

Bro|mat ⟨n.; -(e)s, -e; Chemie⟩ Salz der Bromsäure

Brom|äthyl ⟨n.; -s, -e; Chemie⟩ = Bromethyl

Bro|ma|to|lo|gie ⟨f.; -; unz.⟩ Lehre von den Zubereitungsmethoden der Nahrungs- u. Genussmittel [<grch. *broma* »Speise« + *...logie*]

Bro|me|lie ⟨[-ljə] f.; -, -n; Bot.⟩ Ananasgewächs [nach dem schwedischen Botaniker Olaf *Bromel,* † 1705]

Brom|ethyl ⟨n.; -s, -e; Chemie⟩ Bromwasserstoffsäureester des Ethylalkohols, zur Inhalationsnarkose verwendet; *oV* Bromäthyl

Bro|mid ⟨n.; -(e)s, -e; Chemie⟩ Salz der Bromwasserstoffsäure

bro|mie|ren ⟨V.; Chemie⟩ Brom einführen; *eine organische Verbindung* ~ [→ *Brom*]

Bro|mis|mus ⟨m.; -, -mis|men; Med.⟩ Bromvergiftung

Bro|mit ⟨m.; -s, -e; Min.⟩ im Wesentl. aus Bromsilber bestehendes Mineral

B

Brom|ka|li|um ⟨n.; -s; unz.; Chemie⟩ = Kaliumbromid
Bro|mo|form ⟨n.; -(e)s; unz.; Chemie⟩ süßlich riechende Flüssigkeit, Beruhigungsmittel
Brom|sil|ber ⟨n.; -s; unz.; veraltete Bez. für⟩ Silberbromid
Bron|che ⟨[-çə] f.; -, -n; Anat.⟩ = Bronchie
bron|chi|al ⟨[-çi-] Adj.; Anat.⟩ die Bronchien betreffend, von den Bronchien ausgehend, Luftröhren…
Bron|chi|al|asth|ma ⟨[-çi-] n.; -s; unz.; Med.⟩ krampfhafte Anfälle von Atemnot, bes. Erschwerung der Ausatmung
Bron|chi|al|ka|tarrh ⟨[-çi-] m.; -s, -e; Med.⟩ = Bronchitis
Bron|chie ⟨[-çiə] f.; -, -n; Anat.⟩ Ast der Luftröhre; *oV* Bronche, Bronchus
Bron|chi|o|le ⟨[-çi-] f.; -, -n; Anat.⟩ feiner Zweig der Bronchien
Bron|chi|tis ⟨[-çiː-] f.; -, -ti|den; Med.⟩ entzündliche Erkrankung der Schleimhaut der Bronchien; *Sy* Bronchialkatarrh
Bron|cho|gra|fie ⟨[-ço-] f.; -, -n; Med.⟩ = Bronchographie
Bron|cho|gra|phie ⟨[-ço-] f.; -, -n; Med.⟩ Röntgenaufnahme der Bronchien; *oV* Bronchografie [<*Bronchie* + …*graphie*]
Bron|cho|skop *auch:* **Bron|chos|kop** ⟨[-ço-] n.; -s, -e; Med.⟩ Gerät mit Spiegel zur Untersuchung der Bronchien
Bron|cho|sko|pie *auch:* **Bron|chos|ko|pie** ⟨[-ço-] f.; -, -n; Med.⟩ Untersuchung der Bronchien mit dem Bronchoskop [<*Bronchie* + …*skopie*]
Bron|chus ⟨[-çus] m.; -, -chen; Anat.⟩ = Bronchie
Bron|to|sau|ri|er ⟨m.; -s, -⟩ = Brontosaurus
Bron|to|sau|rus ⟨m.; -, -ri|er⟩ riesiger, pflanzenfressender Dinosaurier aus der unteren Kreidezeit Nordamerikas; *oV* Brontosaurier [<grch. *bronte* »Donner» + *sauros* »Eidechse«]
Bron|ze ⟨[brɔ̃ːsə] od. [brɔŋsə] f.; -, -n⟩ **1** eine spezielle Kupferlegierung **2** daraus hergestellter Kunstgegenstand **3** ⟨unz.⟩ rotbrauner Farbton **4** Mischung von Metallstaub mit Anstrichmitteln zur Erzielung eines Metalleffektes [frz. <mlat. *bronzium;* viell. <pers. *biring* »Kupfer«]
bron|zen ⟨[brɔ̃ːsən] od. [brɔŋsən] Adj.⟩ aus Bronze, bronzefarben
bron|zie|ren ⟨[brɔ̃siː-] od. [brɔŋsiː-] V.⟩ mit Bronzefarbe überziehen
Bron|zit ⟨m.; -s, -e; Min.⟩ Mineral der Pyroxengruppe (Augit) [→ *Bronze*]
Bro|sche ⟨f.; -, -n⟩ Schmuckstück mit Nadel zum Anstecken [<frz. *broche* »Spieß«]
bro|schie|ren ⟨V.⟩ *oV* brochieren **1** *einen Druckbogen ~* heften; *broschierte Bücher* geheftete, nicht gebundene Bücher **2** *Gewebe ~* Stickereieffekt in Gewebe einweben [<frz. *brocher*]
Bro|schur ⟨f.; -, -en⟩ **1** ⟨unz.⟩ das Heften **2** ⟨zählb.⟩ das Geheftete [<frz. *brochure*]
Bro|schü|re ⟨f.; -, -n⟩ **1** geheftetes Buch **2** kleine, nicht eingebundene Druckschrift od. Flugschrift [<frz. *brochure* »Broschüre, kleine Schrift«]
Bros|sa|ge ⟨[-ʒə] f.; -; unz.; Textilw.⟩ das Aufbürsten des Flors bei der Tuchherstellung [frz., »Bürsten«; zu *brosser* »bürsten, ausbürsten«]
Brow|nie ⟨[braʊnɪ] m.; -s, -s⟩ ein amerikanisches Schokoladengebäck [engl., urspr. »Kobold«]
Brow|ning ⟨[braʊ-] m.; -s, -s od. f.; -, -s⟩ Selbstladepistole, Handfeuerwaffe mit mehrschüssigem Magazin [nach dem US-amerikan. Erfinder J. M. *Browning,* 1855-1925]
brow|sen ⟨[braʊ-] V.; EDV⟩ *im Internet ~* mit Hilfe eines Browsers nach Adressen im Internet suchen
Brow|ser ⟨[braʊ-] m.; -s, -; EDV⟩ Programm, das einen Zugriff auf das World Wide Web im Internet ermöglicht; *Sy* Webbrowser [zu engl. *browse* »schmökern«]
BRT ⟨Abk. für⟩ Bruttoregistertonne
Bru|cel|la ⟨[-tʃɛla] f.; -, -cel|len; meist Pl.; Med.⟩ gramnegative, unbewegliche Bakterien (als Gattungsbezeichnung) [nach dem engl. Mediziner D. *Bruce,* 1855-1931]
Bru|cel|lo|se ⟨f.; -, -n; Med.; Vet.; Sammelbez. für⟩ Erkrankungen bei Mensch u. Tier, die durch Bakterien der Gattung Brucella hervorgerufen werden [nach dem engl. Mediziner D. *Bruce,* 1855-1931]
Bru|cin ⟨n.; -s; unz.; Chemie⟩ zu den Alkaloiden gehörende, sehr giftige, in der Wirkung dem Strychnin ähnl. chem. Verbindung; *oV* Bruzin
Bru|i|tis|mus ⟨[bryi-] m.; -; unz.; Musik⟩ musikal. Stilrichtung, die alltägliche Geräusche in Kompositionen verwendet [zu frz. *bruit* »Geräusch, Lärm«]
Brunch ⟨[brʌntʃ] m. od. n.; -(e)s, -(e)s od. -e⟩ Frühstück u. Mittagessen zugleich am späten Vormittag; *einen ~ einnehmen* [verkürzt <engl. *breakfast* »Frühstück« + *lunch* »Mittagessen«]
brun|chen ⟨[brʌntʃən] V.⟩ an einem Brunch teilnehmen, einen Brunch veranstalten, abhalten [→ *Brunch*]
Bru|nel|le ⟨f.; -, -n; Bot.⟩ = Braunelle[2]
brü|nett ⟨Adj.⟩ bräunlich, braunhaarig [<frz. *brunette* »braunhaarig«; zu *brun* »braun«]
Brü|net|te(r) ⟨f. 2 (m. 1)⟩ braunhaarige Person mit bräunlicher Gesichtshaut [→ *brünett*]
brü|nie|ren ⟨V.; Chemie⟩ *Metallteile ~* auf chem. Wege zum Schutze der Oberfläche mit einer dünnen bräunl. (auch bläul. schwarzen) Oxidschicht überziehen [<frz. *brunir* »bräunen, braun färben«]
brüsk ⟨Adj.⟩ barsch, schroff [<frz. *brusque*]
brüs|kie|ren ⟨V.⟩ brüsk, kränkend behandeln [→ *brüsk*]
brut ⟨[bryt] Adj.⟩ trocken (von Champagner) [frz., »roh, unbearbeitet«]
bru|tal ⟨Adj.⟩ roh, gewaltsam, rücksichtslos [<lat. *brutalis* »unvernünftig«; zu *brutus* »schwerfällig, gefühllos«]
bru|ta|li|sie|ren ⟨V.⟩ brutal machen, zu Brutalität führen [<frz. *brutaliser* »grob behandeln, misshandeln«]
Bru|ta|li|tät ⟨f.; -, -en⟩ Rohheit, Gewaltsamkeit, Rücksichtslosigkeit

B

Brut|re|ak|tor ⟨m.; -s, -en; Atomphysik⟩ ein Kernreaktor, der während seiner Betriebszeit mehr spaltbares Material erzeugt als er selbst zur Aufrechterhaltung einer energieliefernden Kettenreaktion verbraucht; *Sy* Breeder
brut|to ⟨Adj.; Kaufmannsspr.⟩ *Ggs* netto **1** einschließlich Verpackung **2** ohne Abzug von Rabatt **3** ohne Steuerabzug (bei Gehältern) [ital., »roh« <lat. *brutus* »schwerfällig«]
Brut|to|er|trag ⟨m.; -(e)s, -er|träge⟩ Gesamtertrag ohne Abzüge; *Sy* Bruttogewinn; *Ggs* Nettoertrag [→ *brutto*]
Brut|to|ge|wicht ⟨n.; -(e)s, -e⟩ Gewicht einer Ware einschließlich der Verpackung
Brut|to|ge|winn ⟨m.; -(e)s, -e⟩ = Bruttoertrag; *Ggs* Nettogewinn
Brut|to|in|lands|pro|dukt ⟨n.; -(e)s, -e; Wirtsch.⟩ die Summe aller produktiven Leistungen, die von sämtl. im Inland aktiven (also auch ausländ.) Produktionsfaktoren erbracht werden; →*a.* Bruttosozialprodukt
Brut|to|pro|duk|ti|on ⟨f.; -, -en⟩ Produktion von Gütern u. Diensten einschließlich Eigenverbrauch zuzüglich der Bestandsveränderungen an Halb- u. Fertigwaren aus eigener Produktion u. der selbst erstellten Anlagen
Brut|to|re|gis|ter|ton|na|ge ⟨[-ʒə] f.; -, -n⟩ Aufnahmefähigkeit eines Schiffes, ausgedrückt in Bruttoregistertonnen
Brut|to|re|gis|ter|ton|ne ⟨f.; -, -n; Abk.: BRT⟩ Raummaß für Schiffe (2,8316 m^3); *Ggs* Nettoregistertonne
Brut|to|so|zi|al|pro|dukt ⟨n.; -(e)s, -e⟩ die Summe der von den ständigen Bewohnern des Wirtschaftsbereiches (Inländern) im In- u. Ausland erzielten Nettoproduktionswerte, bewertet zu Marktpreisen; →*a.* Bruttoinlandsprodukt
Bru|xis|mus ⟨m.; -; unz.; Med.⟩ Zähneknirschen während des Schlafes [grch.]
Bruy|ère|holz *auch:* **Bru|yère|holz** ⟨[bryjɛːr-] n.; -es; unz.⟩ rötlich gemasertes Wurzelholz der Baumheide [<frz. *bruyère* »Heidekraut«]
Bru|zin ⟨n.; -s; unz.⟩ = Brucin
Bryo|lo|gie ⟨f.; -; unz.⟩ Lehre von den Moosen [<grch. *bryon* »Moos« + ...*logie*]
Bryo|nie ⟨[-njə] f.; -, -n; Bot.⟩ Kletterpflanze, Gattung der Kürbisgewächse: Bryonia [<grch. *bryonia;* zu *bryein* »üppig wachsen«]
Bryo|phyt ⟨m.; -en, -en; Bot.⟩ Moospflanze [<grch. *bryon* »Moos« + ...*phyt*]
Bryo|zo|on ⟨n.; -s, -zo|en; Zool.⟩ Moostierchen [<grch. *bryon* »Moos« + *Zoon*]
BSE ⟨Abk. für engl.⟩ Bovine Spongiform Encephalopathy (bovine spongiforme Enzephalopathie), tödlich verlaufende Gehirnerkrankung, durch infiziertes Tiermehl verursachte Rinderseuche
BSE-krank ⟨Adj.⟩ an der Rinderseuche BSE erkrankt; *~e Kühe*
BSE-Test ⟨m.; -(e)s, -e od. -s⟩ medizinischer Test zum Nachweis der Rinderseuche BSE
bt ⟨Zeichen für⟩ Bit
btto. ⟨Abk. für⟩ brutto
Btx ⟨Abk. für⟩ Bildschirmtext
Bub|ble|gum *auch:* **Bubb|le|gum** ⟨[bʌblgʌm] m. od. n.; -s, -s⟩ Kaugummi [<engl. *bubble* »Blase« + *gum* Gummi«]
Bu|bo ⟨m.; -s, -bo|nen; Med.⟩ entzündl. Schwellung der Lymphknoten in der Leistengegend, bes. bei Geschlechtskrankheiten, bei der Beulenpest usw. [<grch. *boubon* »Unterleib«]
Bu|cin|to|ro ⟨[-tʃin-] m.; -s, -s⟩ = Buzentaur [ital. <grch.]
Buck|ram ⟨m.; -s; unz.⟩ Bucheinbandstoff aus gepresstem Leinen- oder Baumwollgewebe mit dichter u. glatter Oberfläche [engl.; nach der Stadt *Buchara* in Usbekistan]
Buck|skin ⟨m.; -s, -s; Textilw.⟩ **1** weiches Schaf- od. Hirschleder **2** Gewebe in Köperbindung von meliertem Aussehen [engl., »Bockshaut«]
Bud|dha ⟨m.; -s, -s⟩ Begründer (560-480 v. Chr.) der nach ihm benannten indischen Religion, des Buddhismus [zu Sanskrit *buddha* »erwacht, erleuchtet« <*bodhati, bodhate* »er erwacht, versteht«]
Bud|dhis|mus ⟨m.; -; unz.⟩ die von Buddha gestiftete Religion
Bud|dhist ⟨m.; -en, -en⟩ Anhänger des Buddhismus
Bud|dhis|tin ⟨f.; -, -tin|nen⟩ Anhängerin des Buddhismus
bud|dhis|tisch ⟨Adj.⟩ auf dem Buddhismus beruhend, zu ihm gehörend
Bud|dy ⟨[bʌdi] m.; -s, -s; umg.⟩ Freund, Kumpel, Gefährte [amerikan.-engl.]
Bud|get ⟨[bydʒeː] (österr. u. schweiz. nur so) od. engl. [bʌdʒət] n.; -s, -s⟩ Haushaltsplan od. Voranschlag öffentlicher Körperschaften [<engl. *budget* »Vorrat, verfügbare Mittel, Staatshaushaltsplan«]
bud|ge|tär ⟨[bydʒe-] Adj.⟩ das Budget betreffend, auf das Budget bezogen
bud|ge|tie|ren ⟨[bydʒe-] V.⟩ ein Budget aufstellen, einen Voranschlag machen
Bud|ge|tie|rung ⟨[bydʒe-] f.; -, -en⟩ Aufstellung eines Budgets, das Budgetieren [→ *Budget*]
Bu|di|ke ⟨f.; -, -n; veraltet⟩ **1** kleiner (Kram-)Laden; →*a.* Boutique **2** Kneipe [<frz. *boutique* »Kaufmannsladen« <grch. *apotheke* »Speicher«]
Bu|do ⟨n.; -; unz.; Sport; Sammelbez. für⟩ die jap. Sportarten Judo, Aikido, Karate, Jiu-Jitsu, Kendo, Kyudo u. Taekwondo [jap.]
Bu|do|ka ⟨m.; -s, -s; Sport⟩ jmd., der Budo betreibt
Bü|fett ⟨n.; -(e)s, -e od. österr.: n.; -s, -s⟩ *oV* Buffet, Büffet **1** Anrichte, Porzellan- u. Glasschrank **2** Schanktisch **3** *kaltes ~* **3.1** Tisch zum Selbstbedienen mit kalten Speisen **3.2** die auf dem kalten Büfett gereichten Speisen selbst [<frz. *buffet* »Speiseschrank, Anrichte, Schenktisch«]
Buf|fa ⟨f.; -, -s; Musik⟩ = Opera buffa
Buf|fa|oper ⟨f.; -, -n; Musik⟩ = Opera buffa
Buf|fer|stock ⟨[bʌfə(r)stɔk] m.; -s, -s; Wirtsch.⟩ Maßnahme, durch die bei Produktionsüberschüssen bzw. -engpässen (bes. von Agrarerzeugnissen) durch

An- bzw. Verkäufe versucht wird, den Rohstoffpreis stabil zu halten sowie die weltweite Versorgung zu sichern [engl., »Rohstofflager«]

Buf|fet ⟨[byfe:] od. schweiz. a. [byfe:] n.; -(e)s, -s⟩ = Büfett

Büf|fet ⟨[byfe:] od. schweiz. a. [byfe:] n.; -(e)s, -s⟩ = Büfett

Buf|fi ⟨Pl. von⟩ Buffo

Buf|fo ⟨m.; -s, -s od. Buf|fi⟩ Sänger einer komischen Rolle in der Oper; *Tenor~; Bariton~; Bass~* [ital.]

buf|fo|nesk ⟨Adj.⟩ die Buffooper betreffend, im Stil der Buffooper, komisch

Buf|fo|oper ⟨f.; -, -n⟩ = Opera buffa

Bug ⟨[bʌg] m.; -s, -s; EDV⟩ Fehler in einer Software, der dessen Funktionsfähigkeit einschränkt od. es unbenutzbar macht [<engl. *bug* »Käfer, Wanze, Bazillus«]

Bug|gy ⟨[bʌgi] m.; -s, -s⟩ leichter, zusammenklappbarer Kindersportwagen [engl.]

bug|sie|ren ⟨V.⟩ **1** ⟨Seew.⟩ ins Schlepptau nehmen, lotsen, lenken **2** ⟨fig.; umg.⟩ an einen bestimmten Ort, ans Ziel geleiten; *jmdn. nach Hause ~* [<ndrl. *boegseeren;* zu *boeg* »Bug«, <lat. *pulsare* »stoßen«]

Bug|sie|rer ⟨m.; -s, -⟩ Schleppdampfer

Bu|ka|ni|er ⟨m.; -s, -⟩ = Flibustier [<frz. *boucanier* »Büffeljäger, Seeräuber«]

Bu|kett ⟨n.; -(e)s, -e⟩ **1** Blumenstrauß **2** Duft von Parfümgemischen **3** = Bouquet [<frz. *bouquet* »Blumenstrauß«]

Bu|ki|nist ⟨m.; -en, -en⟩ = Bouquinist

buk|kal ⟨Adj.; Zahnmed.⟩ zur Backe gehörend, auf der Backenseite [<lat. *bucca* »Backe«]

Bu|klee[1] *auch:* **Buk|lee**[1] ⟨n.; -s, -s⟩ = Bouclé[1]

Bu|klee[2] *auch:* **Buk|lee**[2] ⟨m.; -s, -s⟩ = Bouclé[2]

Bu|ko|lik ⟨f.; -; unz.; Lit.⟩ Hirtendichtung [<grch. *bukolos* »Rinderhirt, Hirt«]

Bu|ko|li|ka ⟨Pl.; Lit.⟩ Hirtengedichte

Bu|ko|li|ker ⟨m.; -s, -; Lit.⟩ Hirtendichter

bu|ko|lisch ⟨Adj.; Lit.⟩ schäferlich, ländl. idyllisch; *~e Dichtung* Hirtendichtung

bul|bär ⟨Adj.; Anat.⟩ zum verlängerten Mark gehörend [→ *Bulbus*]

Bul|bär|pa|ra|ly|se ⟨f.; -, -n; Med.⟩ Lähmungserscheinungen infolge einer Schädigung der Hirnnerven im Bereich des verlängerten Rückenmarks

Bul|bär|spra|che ⟨f.; -, -n; Med.⟩ durch Sprachstörungen verwaschene Sprache

bul|bös ⟨Adj.⟩ knollig [<lat. *bulbus* »Zwiebel«]

Bul|bül ⟨m.; -s, -s; Zool.⟩ Angehöriger einer wegen ihres Gesangs beliebten Familie der Singvögel: Pychnonotidae [<pers. <arab.]

Bul|bus ⟨m.; -, Bul|bi od. Bul|ben⟩ **1** ⟨Med.⟩ Anschwellung, dickere Stelle **2** ⟨Anat.⟩ *~ Oculi* Augapfel **3** ⟨Bot.⟩ Zwiebel [lat., »Zwiebel«]

Bu|let|te ⟨f.; -, -n; Kochk.⟩ gebratenes Fleischklößchen [frz. *boulette,* eigtl. »Kügelchen«]

Bu|li|mie ⟨f.; -; unz.; Med.⟩ psychosomatische Erkrankung, bei der versucht wird, Heißhungerattacken mit unkontrollierter Nahrungsaufnahme durch künstlich herbeigeführtes Erbrechen zu korrigieren [<grch. *bulimia* »Heißhunger«]

Bu|lin ⟨f.; -, -en⟩ = Buline

Bu|li|ne ⟨f.; -, -n; Seew.⟩ Haltetau für Rahsegel; *oV* Bulin [<engl. *bouline,* eigtl. »Bugleine«]

> **→ Bouillon** Das aus dem Französischen stammende Wort *Bouillon* wird [buljɔ̃] oder österr. [bujɔ̃] ausgesprochen, aber entsprechend seiner Herkunftssprache – wie auch *Boudoir* – am Wortanfang *Bou-* geschrieben. Der Laut [j] wird durch die Buchstabenfolge *ill* wiedergegeben.

Bulk ⟨m.; -s, -e; schweiz.⟩ Fahrzeug mit besonderen Ladevorrichtungen; *Mehl~; Zement~* [engl., »lose Schiffsladung«]

Bulk|car|ri|er ⟨[bʌlkkærıə(r)] m.; -s, -; Seew.⟩ Frachter für Schüttgüter [<engl. *bulk* »lose Schiffsladung« + *carrier* »Beförderer«]

Bulk|la|dung ⟨f.; -, -en; Seew.⟩ Schüttgut

Bull ⟨m.; -s, -s; Börse⟩ = Haussier; *Ggs* Bear [engl., »Bulle« (nach der Vorstellung, dass der Bulle die Aktienkurse mit seinen Hörnern nach oben treibt)]

Bul|la ⟨f.; -, Bul|lae [-lɛ:]; Med.⟩ Blase (in den Hautschichten) [<lat. *bulla* »Blase, Buckel«]

Bull|au|ge ⟨n.; -s, -n; Seew.⟩ rundes Fenster an Schiffen [<engl. *bull's eye* »Ochsenauge«]

Bull|dog ⟨m.; -s, -s⟩ Zugmaschine mit einem Einzylindermotor [→ *Bulldogge*]

Bull|dog|ge ⟨f.; -, -n; Zool.⟩ stämmige engl. Hunderasse [<engl. *bulldog,* urspr. »Hund für Stierhetze«]

Bull|do|zer ⟨[-do:zə(r)] m.; -s, -⟩ Raupenfahrzeug, das mit einer horizontalen Stahlschneide das Gelände einebnet, Geländehobel [engl.]

Bul|le ⟨f.; -, -n⟩ **1** Kapsel für Urkundensiegel **2** das Urkundensiegel selbst **3** Urkunde mit Metallsiegel; *Goldene ~* kaiserl. bzw. königl. Urkunde **4** päpstl. Erlass [<lat. *bulla* »Blase, Buckel, Kapsel«]

Bul|le|tin ⟨[byl(ə)tɛ̃:] n.; -s, -s⟩ **1** Tagesbericht **2** Kriegsbericht **3** öffentliche Bekanntmachung **4** Zeitschriftentitel [<frz., »Bericht, Wahlzettel« <ital. *bolettino* »Zettel, Blatt«, Verkleinerungsform zu lat. *bulla*]

Bul|li|on ⟨a. engl. [buljən] n.; -s, -s⟩ Gold- od. Silberbarren [engl.]

bul|lös ⟨Adj.⟩ blasig [→ *Bulla*]

Bull|shit ⟨[bulʃit] m.; -s; unz.; derb⟩ Unsinn, Scheiße [engl.; eigtl. »Bullenscheiße«]

Bull|ter|ri|er ⟨m.; -s, -; Zool.⟩ eine Hunderasse, Kreuzung von Bulldogge u. Terrier

Bul|ly ⟨n.; -s, -s; Sport⟩ Freistoß beim Eishockey nach einer Spielunterbrechung [engl.]

Bul|ly|ing ⟨n.; - od. -s; unz.⟩ (von Kindern u. Jugendlichen ausgeübte) verbale od. körperl. Gewalt gegenüber einem Mitschüler; →*a.* Mobbing [engl.; zu *bully* »Tyrann«]

Bu|me|rang ⟨m.; -s, -e od. -s⟩ gekrümmtes Wurfholz, das zum

Werfer zurückkehrt, wenn es sein Ziel verfehlt [<austral. *wumera* »Wurfbrett«]
Bu|na® ⟨m. od. n.; -s; unz.; Chemie⟩ synthet., durch Polymerisation von Butadien hergestellter Kautschuk [verkürzt <*Bu*tadien + *Na*trium]
Bun|dle *auch:* **Bund|le** ⟨[bʌnd(ə)l] n.; -s, -s⟩ zu einer Einheit zusammengefasste Dienstleistungen u./od. Produkte [engl., »Bündel«]
Bund|ling ⟨[bʌndlɪŋ] n.; -s, -s⟩ Verkauf mehrerer Produkte zu einem günstigen Gesamtpreis, auf Bundles aufsetzende Verkaufsstrategie; *ein ~ von Hard- und Software; ~ mit dem Internet* [engl.; zu *bundle* »bündeln; Bündel«]
Bun|ga|low ⟨[bụŋgalo:] m.; -s, -s⟩ **1** ⟨urspr.⟩ leicht gebautes, einstöckiges Haus der Europäer in Indien **2** ⟨i. w. S.⟩ ein- od. anderthalbstöckiges Wohnhaus mit flachem Dach [engl. <ind. (bengali) *bangla*]
Bun|gee ⟨[bʌndʒi:] n.; - od. -s; unz.; kurz für⟩ Bungeejumping
Bun|gee|jum|ping ⟨[bʌndʒɪdʒʌmpɪŋ] n.; - od. -s; unz.⟩ (als Sport betriebenes) Springen aus großer Höhe an einem am Fuß befestigten elastischen Halteseil, das den Springenden kurz vor Erreichen des Bodens abfängt [<engl. *bungee* »elastische Schnur« + *jump* »springen«]
Bun|ker ⟨m.; -s, -⟩ **1** Schutzraum, betonierter Unterstand; *Luftschutz~* **2** Sammelbehälter für Kohle, Getreide usw. **3** Sandloch beim Golfspiel [engl., »Kohlenbunker«]
bun|kern ⟨V.⟩ **1** ⟨allg.⟩ horten, verstecken, sichern; *Vorräte, Süßigkeiten ~* **2** ⟨Seew.⟩ *Kohle, Massengüter ~* in den Bunker laden, dort speichern
Buph|thal|mus ⟨m.; -; unz.; Med.⟩ = Hydrophthalmus [<grch. *bouphthalmon* »Ochsenauge«]
Bur|ber|ry® ⟨[bœ:bəri] m.; -, -s⟩ **1** ⟨Textilw.⟩ sehr fester englischer Kammgarnstoff **2** Mantel aus diesem Stoff [nach dem engl. Tuchhändler Thomas *Burberry*]
Bu|re ⟨m.; -n, -n⟩ Südafrikaner niederländ. Herkunft [<ndrl. *boer* »Bauer«]
Bü|ret|te ⟨f.; -, -n⟩ Glasröhrchen zum Abmessen von Flüssigkeiten [<frz. *burette* »Krug, Kännchen, bes. Maßkännchen«]
...bur|ger ⟨[bœ:gə(r)] Nachsilbe; zur Bildung männl. Subst.⟩ in der Art eines Hamburgers, gefülltes Brötchen; *Cheese~; Fish~* [<engl. ham*burger*]
Bur|gun|der ⟨m.; -s, -⟩ sehr guter französischer Rot- od. Weißwein aus Burgund [<frz. *Bourgogne* »Burgund« (frz. Region mit der Hauptstadt Dijon)]
bu|risch ⟨Adj.⟩ die Burenstaaten u. die Buren betreffend, zu ihnen gehörig
Bur|lak ⟨m.; -en, -en; im alten Russland⟩ Treidler an der Wolga [russ.]
bur|lesk ⟨Adj.⟩ possenhaft, derb, komisch [<ital. *burlesco;* zu *burla* »Posse«]
Bur|les|ke ⟨f.; -, -n⟩ Schwank, Posse
Burn-in *auch:* **Burn|in** ⟨[bœ:n-] n.; -s; unz.⟩ Verfahren zur Steigerung der Zuverlässigkeit von technischen Produkten, das durch (längere) probeweise Inbetriebnahme das Risiko eines Frühschadens minimiert [zu engl. *burn in* »einbrennen«]
Burn-out *auch:* **Burn|out** ⟨[bœ:n-aut] n.; - od. -s; unz.⟩ **1** Brennschluss bei Raketen **2** durch unzureichende Kühlung bewirktes Durchschmelzen der Hüllrohre von Brennelementen in Kernreaktoren **3** ⟨kurz für⟩ Burn-out-Syndrom [<engl. *burn* »brennen« + *out* »aus«]
Burn-out-Syn|drom *auch:* **Burn|out-Syn|drom** ⟨[bœ:naut-] n.; -s, -e; Psych.⟩ andauernder Erschöpfungszustand aufgrund körperlicher, geistiger u. seelischer Überanstrengung (durch Beruf, Familie u. a.); *Sy* Burnout (3) [<engl. *burn* »brennen« + *out* »aus«]
Bur|nus ⟨m.; - od. -ses, -se⟩ Mantel (mit Kapuze) der Beduinen [<frz. *burnous* <arab. *burnus*]
Bü|ro ⟨n.; -s, -s⟩ **1** ein od. mehrere Räume, in denen schriftl. Arbeiten erledigt werden **2** kleine Firma; *Schreib~* **3** Geschäftsstelle **4** Gesamtheit der in einem Büro (1) Tätigen [<frz. *bureau* »Schreib-, Arbeitstisch«; zu *bure* »grober Wollstoff« (da ursprünglich mit diesem Stoff überzogen)]
Bü|ro|krat ⟨m.; -en, -en⟩ **1** Angehöriger der Bürokratie **2** Buchstabenmensch, Pedant [<*Büro* + *...krat*]
Bü|ro|kra|tie ⟨f.; -, -n⟩ **1** Beamtenherrschaft **2** der gesamte, aus den Beamten bestehende Verwaltungsstab **3** ⟨fig.⟩ engstirnige Beamtenwirtschaft
Bü|ro|kra|tin ⟨f.; -, -tin|nen⟩ weibl. Bürokrat
bü|ro|kra|tisch ⟨Adj.⟩ **1** in der Art einer Bürokratie **2** beamtenhaft **3** ⟨fig.⟩ kleinlich, schematisch, pedantisch
bü|ro|kra|ti|sie|ren ⟨V.⟩ bürokrat. Ordnung einführen, einen Vorgang od. Sachverhalt genauen Formen u. Schemata unterwerfen
Bü|ro|kra|tis|mus ⟨m.; -; unz.⟩ umständliche Wortklauberei bei Behörden, engstirnige Auslegung von Vorschriften
Bur|sa ⟨f.; -, Bur|sae [-zɛ:]⟩ **1** ⟨Rel.⟩ Tasche in Gottesdienstgewändern **2** ⟨Med.⟩ Hohlraum des Körpers in Form eines (Schleim-)Beutels od. einer Tasche [grch.-lat.]
bur|schi|kos ⟨Adj.⟩ **1** jungenhaft ungezwungen, formlos **2** studentisch flott [<*Bursche* »Student« + grch.-lat. Endung]
Bur|schi|ko|si|tät ⟨f.; -; unz.⟩ ungezwungenes Benehmen
Bur|se ⟨f.; -, -n⟩ **1** ⟨im MA⟩ Geldbeutel, Säckel **2** ⟨danach⟩ Studentenheim, in dem die Bewohner aus einer gemeinsamen Kasse lebten [<mlat. *bursa* »Geldbeutel« <grch. *byrsa* »Fell, Leder«]
Bur|si|tis ⟨f.; -, -ti|den; Med.⟩ Schleimbeutelentzündung [<lat. *bursa* »Beutel«]
Burst ⟨[bœ:st] m.; -s, -s⟩ plötzl. Strahlungsausbruch der Sonne im Radiowellenbereich durch eine Sonneneruption [<engl. *burst* »bersten, platzen, sprengen; Sprengung«]
Bus[1] ⟨m.; -ses, -se; kurz für⟩ Autobus, Omnibus
Bus[2] ⟨engl. [bʌs] m.; - od. -ses;

unz.; EDV⟩ Sammelleitung für den Datenaustausch zwischen den einzelnen Komponenten eines EDV-Systems; →*a.* Bussystem [<engl. *bus(bar)* »elektr. Sammelschiene«]

Bü|se ⟨f.; -, -n; Seew.⟩ Boot zum Heringsfang [<ndrl. *buis*]

Bu|shel ⟨[-ʃəl] m.; -s, -s od. -⟩ engl.-amerikan. Trockenhohlmaß, 36,37 bzw. 35,24 Liter [engl., »Scheffel«]

Busi|ness ⟨[bɪznɪs] n.; -; unz.⟩ **1** Geschäft, Handel **2** ⟨fig.⟩ Geschäftsleben [<engl. *business* »Geschäft, Arbeit«]

Busi|ness|class ⟨[bɪznɪsklaːs] f.; -; unz.; im Flugverkehr⟩ Beförderungsklasse für Geschäftsreisende [engl.]

Busi|ness|de|ve|lop|ment ⟨[bɪznɪsdɪvɛlɔpmənt] n.; - od. -s; unz.; Wirtsch.⟩ Geschäftsentwicklung, strategische Unternehmensplanung [<*Business* + engl. *development* »Entwicklung«]

Busi|ness|man ⟨[bɪznɪzmæn] m.; -, -men [-mən]⟩ (erfolgreicher) Geschäftsmann, Manager [engl.]

Busi|ness-to-Busi|ness ⟨[bɪznɪs tu bɪznɪs] n.; -; unz.; Abk.: B2B⟩ Geschäftstransaktionen zwischen zwei oder mehreren Unternehmen [engl.]

Busi|ness-to-Con|su|mer ⟨[bɪznɪs tu kɔnsjuːmə(r)] n.; -; unz.; Abk.: B2C⟩ Geschäftstransaktionen zwischen Anbietern u. Konsumenten [engl.]

Busi|ness|unit ⟨[bɪznɪsjuːnɪt] f.; -, -s; Wirtsch.⟩ = Profitcenter

Bus|sard ⟨m.; -s, -e; Zool.⟩ Unterfamilie der Raubvögel mit kräftiger Gestalt u. breiten Flügeln: Buteonina [<frz. *busard* »Feldweih«]

Bus|so|le ⟨f.; -, -n⟩ **1** ⟨Seew.⟩ Kompass **2** ⟨El.⟩ elektr. Messgerät, in dem der durch eine Spule hindurchgehende Strom eine Magnetnadel ablenkt [<frz. *boussole*]

Bus|sys|tem ⟨[bʌs-] n.; -s, -e; EDV⟩ Geräteeinheit zur Übertragung von Informationen in EDV-Systemen über spezielle Datensammelwege; →*a.* Bus² [engl.]

Bus|ti|er ⟨[bystjeː] n. od. m.; -s, -s⟩ sehr kurzes, ärmelloses, eng anliegendes Oberteil für Frauen; →*a.* Bodysuit [<frz. *buste* »Oberkörper«]

Bu|stro|phe|don *auch:* **Bus|tro|phe|don** *auch:* **Bust|ro|phe|don** ⟨n.; -s; unz.⟩ alte griechische Furchenschrift, abwechselnd links- u. rechtsläufig [<grch. *bustrophedon* <*bus* »Rind« + *strephein* »wenden«]

Bu|su|ki ⟨f.; -, -s; Musik⟩ = Bouzouki

Bu|ta|di|en ⟨n.; -s; unz.; Chemie⟩ ungesättigter Kohlenwasserstoff, Ausgangsstoff für Kunstkautschuk (Buna) [→ *Butan*]

Bu|tan ⟨n.; -s; unz.; Chemie⟩ gasförmiger, aus Erdöl u. Erdgas gewonnener, aliphatischer gesättigter Kohlenwasserstoff, verwendet für Heizzwecke, als Motorentreibstoff sowie zur Herstellung von Butadien [zu lat. *butyrum* »fette Bestandteile der Milch«]

Bu|ta|nol ⟨n.; -s; unz.; Chemie⟩ vom Butan abgeleiteter Alkohol; *Sy* Butylalkohol

butch ⟨[butʃ] Adj.; undekl.; umg.⟩ von markant maskulinem Äußeren od. mit bes. maskulinen Attributen ausgestattet [engl., »maskulin«]

Bu|ten ⟨n.; -s; unz.; Chemie⟩ ein Kohlenwasserstoff mit vier Kohlenstoffatomen und einer Doppelbindung; *Sy* Butylen

But|ler ⟨[bʌt-] m.; -s, -⟩ ranghöchster Diener, Haushofmeister in engl. Herrenhäusern [engl., »Kellermeister« zu frz. *bouteille* »Flasche«]

But|ter|fly ⟨[bʌtə(r)flaɪ] m.; - od. -s, -s; Sport⟩ **1** ⟨Kunstturnen⟩ ein seitwärtsgestreckt ausgeführter Salto **2** ⟨Eiskunstlauf⟩ ein ähnlich der oben genannten Turnfigur angelegter Spreizsprung **3** ⟨unz.; Schwimmen⟩ Schmetterlingsstil [engl., »Schmetterling, Schmetterlingsstil«]

But|ter|fly|mes|ser ⟨[bʌtə(r)flaɪ-] n.; -s, -⟩ Messer mit einem zweiteiligen Griff, der um die Klinge geklappt wird [zu engl. *butterfly* »Schmetterling«]

But|ter|fly|stil ⟨[bʌtə(r)flaɪ-] m.; -s; unz.; Sport⟩ Schwimmstil, bei dem die Arme von hinten im Kreis nach vorn geführt werden, Schmetterlingsstil; *Sy* Butterfly (3) [<engl. *butterfly* »Schmetterling«]

But|ton ⟨[bʌtn] m.; -s, -s⟩ **1** Plakette mit Aufschrift, durch die der Träger seine Meinung zu einer (meist polit.) Frage kundgibt **2** ⟨umg.; bes. EDV⟩ Betätigungsknopf, -schalter [engl., »Knopf«]

Bu|tyl ⟨n.; -s; unz.; Chemie⟩ vom Butan abgeleiteter, zweiwertiger Alkylrest [verkürzt <lat. *butyrum* »fette Bestandteile der Milch« + …*yl*]

Bu|tyl|al|ko|hol ⟨m.; -(e)s; unz.; Chemie⟩ = Butanol

Bu|ty|len ⟨n.; -s; unz.; Chemie⟩ = Buten

Bu|ty|ro|me|ter ⟨n.; -s, -⟩ Gerät zum Messen des Fettgehaltes der Milch [<lat. *butyrum* »fette Bestandteile der Milch« + …*meter*]

Buy-back *auch:* **Buy|back** ⟨[baɪbæk] m. od. n.; - od. -s, -s; Wirtsch.⟩ Rückkauf einer Beteiligung (bes. in Form von Aktien) durch den Veräußerer [engl., »Rückkauf«]

Buy-out *auch:* **Buy|out** ⟨[baɪaut] m. od. n.; -s, -s; Wirtsch.; kurz für⟩ Management-Buy-out [engl., »Aufkauf«]

Bu|zen|taur ⟨m.; -en, -en⟩ *oV* Bucintoro **1** Sagenungeheuer, Stiermensch der grch. Sage **2** venezianisches Prunkschiff [<grch. *bus* »Stier«+ *kentauros* »Zentaur«]

Buz|zer ⟨[bʌz-] m.; -s, -; EDV⟩ kleines elektronisches Gerät mit mehreren Tasten in der Art einer Fernbedienung (für Computerspiele od. Gameshows) [engl., »Summer«; zu *buzz* »summen, brummen, schwirren«]

Buzz|word ⟨[bʌzwœːd] n.; -s, -s⟩ einen bestimmten Trend od. eine neue Entwicklung bezeichnendes Modewort [engl., »Schlagwort«]

bye-bye! ⟨[baɪbaɪ] umg.⟩ auf Wiedersehen! [engl., Weiterbildung von *good bye*]

By|li|ne ⟨f.; -, -n; Lit.⟩ episches Heldenlied in der russischen Volksdichtung (bes. im 11.-16. Jahrhundert), das Kämpfe u. Abenteuer von russischen

Volkshelden in märchenhaft-fantastischer Weise erzählt [russ.]

By|pass ⟨[baɪ-] m.; -es, -es od. -päs|se; Med.⟩ Umgehungstransplantat (bei Herzoperationen) [engl., »Umgehung«]

By|pass|ope|ra|ti|on ⟨[baɪ-] f.; -, -en; Med.⟩ operatives Einsetzen eines Umgehungsimplantates am Herzen

By|ro|nis|mus ⟨[baɪrə-] m.; -; unz.⟩ die Nachahmung der weltschmerzlichen Dichtung des englischen Lords Byron (1788-1824)

Bys|sus ⟨m.; -; unz.⟩ **1** ⟨Antike⟩ feines Gewebe **1.1** baumwollener Netzhemdenstoff **2** von Muscheln (Bivalvia) erzeugte, zähe, hornartige Fäden, mit deren Hilfe sich die frei auf dem Untergrund liegenden Tiere anheften können, z. B. die Miesmuschel [<grch. *byssos* »feine Leinwand«]

Byte ⟨[baɪt] n.; - od. -s, -s od. (bei Zahlenangaben) -; Zeichen: B; EDV⟩ kleinste Recheneinheit einer EDV-Anlage, umfasst meist acht Bit als Datenträger u. ein od. zwei Prüfbits [engl.; erweiterte Form zu *Bit*]

By|zan|ti|ner ⟨m.; -s, -⟩ **1** Einwohner von Byzanz (Konstantinopel) **2** ⟨fig.; veraltet⟩ Schmeichler, Kriecher

by|zan|ti|nisch ⟨Adj.⟩ **1** Byzanz betreffend, zu Byzanz gehörig **2** ⟨fig.; veraltet⟩ schmeichlerisch, unterwürfig

By|zan|ti|nis|mus ⟨m.; -; unz.⟩ **1** byzantinischer Hof-, Staatsform **2** ⟨fig.; veraltet⟩ kriecher. Unterwürfigkeit

By|zan|ti|nis|tik ⟨f.; -; unz.⟩ Wissenschaft von der Geschichte u. Kultur des Byzantinischen Reiches [nach der Stadt *Byzanz*, heute Istanbul]

C

c ⟨Zeichen für⟩ Zenti…
C **1** ⟨röm. Zahlzeichen für⟩ hundert **2** ⟨in röm. Inschriften Abk. für⟩ Caesar, Gajus (Cajus), Censor u. a. **3** ⟨Physik; Zeichen für⟩ Coulomb, Celsius (°C) **4** ⟨chem. Zeichen für⟩ Kohlenstoff (Carboneum) **5** ⟨postal. Zeichen für⟩ Zentrum (3) **6** ⟨EDV⟩ vielseitig verwendbare, maschinennahe Programmiersprache, die zusammen mit dem Betriebssystem Unix entwickelt wurde [zu 1: <lat. *centum*]
Ca **1** ⟨chem. Zeichen für⟩ Calcium **2** ⟨Med.; Abk. für⟩ Karzinom
ca. ⟨Abk. für⟩ zirka
Cab ⟨[kæb] n.; -s, -s; engl. Bez. für⟩ **1** Taxi **2** ⟨früher; Abk. für⟩ Cabriolet
Ca|ba|let|ta ⟨f.; -, -s od. -let|ten; Musik⟩ **1** kurze Arie mit einem einfachen, gleichbleibenden Rhythmus **2** rhythmisch gesteigerter Schlussteil einer Arie; →*a.* Stretta **3** Wiederholungs- od. Zwischenteil einer Arie [ital.; zu frz. *couplet* »Strophe« <lat. *copula* »Band«]
Ca|bal|le|ro ⟨[kavaljɛ:ro] m.; -s, -s; span. Bez. für⟩ **1** Ritter **2** ⟨in der Anrede⟩ Herr [span., »Ritter; Herr«]
Ca|ba|nos|si ⟨f.; -, -⟩ sehr dünne, stark gewürzte u. geräucherte italienische Brühwurst; *oV* Kabanossi
Ca|ba|ret ⟨[kabare:] od. [kabare:] n.; -s, -s⟩ = Kabarett
Ca|ble|trans|fer *auch:* **Cab|le|trans|fer** ⟨[kɛıbltrænsfə:] m.; -s, -s⟩ telegrafische Geldübermittlung [<engl. *cable* »Kabel« + *transfer* »(Geld-)Übertragung«]
Ca|bo|chon ⟨[kabɔʃɔ̃:] m.; -s, -s⟩ rundgeschliffener Edelstein [frz.; zu *caboche* »Kuppe«]
Ca|bo|ta|ge ⟨[-ʒə] f.; -, -n⟩ = Kabotage
Ca|brio *auch:* **Cab|rio** ⟨n.; -s, -s; kurz für⟩ Cabriolet
Ca|bri|o|let *auch:* **Cab|ri|o|let** ⟨[-le:] n.; -s, -s⟩ **1** zweirädriger Einspänner **2** Personenkraftwagen mit einem zurückklappbaren Verdeck; *Ggs* Limousine [<frz. *cabriolet,* eigtl. »ein leichter Wagen (der Luftsprünge macht)« <*cabriole, capriole* »Kapriole« <ital. *capriola;* → *Kapriole*]
Cac|cia ⟨[katʃa] f.; -, -s; Musik⟩ **1** ⟨allg.⟩ Jagdstück **2** mit zwei Solostimmen besetzter Kanon (in der italienischen Musik des 14.-16. Jh.); →*a.* Ars nova [ital., »Jagd«]
Cache ⟨[kæʃ] od. [kaʃ] m.; -, -s; EDV⟩ zwischen Arbeitsspeicher u. Prozessor geschaltete Speichereinheit, Pufferspeicher [engl., »Versteck«]
Ca|che|lot ⟨[-ʃəlɔt] m.; -s, -s⟩ = Kaschelott
Ca|che|nez ⟨[kaʃ(ə)ne:] n.; -, -[-ne:s]⟩ Halstuch [frz. »Schal«]
Ca|chet ⟨[kaʃe:] n.; -s, -s⟩ **1** Siegel **2** Gepräge, Eigenart [frz., »Siegel, Handstempel«]
ca|chie|ren ⟨[-ʃi:-] V.⟩ = kaschieren
Ca|chou ⟨[kaʃu:] n.; -s, -s⟩ **1** Lakritzsaft, Hustenmittel **2** gerbstoffhaltiger Pflanzensud [frz. <malai. *kachu*]
Ca|chu|cha ⟨[-tʃu:tʃa] f.; -, -s⟩ dem Bolero ähnlicher, andalusischer Solotanz im Dreivierteltakt [span.]
Cac|ta|ce|ae ⟨[-tse:ɛ:] Pl.; Bot.⟩ = Kaktazeen [→ *Kaktus*]
CAD ⟨[kæd] EDV; Abk. für engl.⟩ Computer Aided Design, (computerunterstütztes Design) computerunterstütztes Konstruieren od. Entwerfen von Bauteilen, wobei die Bauteile mittels eines Computers aufgebaut u. den auftretenden Belastungszuständen unterworfen werden; →*a.* CAM
c. a. d. ⟨Wirtsch.; Abk. für engl.⟩ cash against documents
Ca|da|ve|rin ⟨[-ve-] n.; -s; unz.⟩ = Kadaverin
Cad|die ⟨[kædı] m.; -s, -s⟩ **1** Junge, der die Schläger von Golfspielern trägt **2** ⟨®⟩ Einkaufswagen (in Lebensmittelmärkten) [engl.]
cad|mie|ren ⟨V.; Chemie⟩ mit einer Schicht Cadmium überziehen; *oV* kadmieren; *Sy* verkadmen
Cad|mi|um ⟨n.; -s; unz.; chem. Zeichen: Cd⟩ silberweißes Metall, chem. Element, Ordnungszahl 48; *oV* Kadmium [<grch. *kadmia, kadmeia* »Zinkerz«]
Ca|dre|par|tie *auch:* **Cad|re|par|tie** ⟨[-drə-] f.; -, -n; Sport⟩ bestimmte Partie im Billard, bei der die Spielfläche in Felder aufgeteilt ist; *oV* Kaderpartie [<frz. *cadre* »Rahmen« + *Partie*]
CAE ⟨[si:ɛıi:] EDV; Abk. für engl.⟩ Computer Aided Engineering (computerunterstütztes Ingenieurwesen)
Cae|cum ⟨n.; -s, Cae|ca; Med.⟩ Blinddarm; *oV* Coecum, Zäkum, Zökum [<lat. *caecus* »blind«]
Cae|re|mo|ni|a|le ⟨n.; -, -li|en od. -lia; kath. Kirche⟩ amtliche Sammlung von Anweisungen für die Liturgie feierlicher Gottesdienste [zu lat. *caeremonia* »heilige Handlung«]
Cae|si|um ⟨n.; -s; unz.; chem. Zeichen: Cs⟩ chemisches Element, silberweißes, sehr weiches Alkalimetall, Ordnungszahl 55; *oV* Cäsium, Zäsium [<lat. *caesius* »blaugrau«]
Ca|fé ⟨[-fe:] n.; -s, -s⟩ Kaffeehaus, Konditorei [frz., »Kaffee, Café«]
Ca|fé com|plet *auch:* **Ca|fé comp|let** ⟨[-kɔ̃plɛ] m.; - -, -s [-fe:] - [kɔ̃plɛ]; schweiz.⟩ Kaffee mit Brötchen, Butter u. Marmelade [<frz. *café* »Kaffee« + *complet* »vollständig«]
Ca|fé crème ⟨[-krɛ:m] m.; - -, -s [-fe:] - [-krɛ:m]; schweiz.⟩ Kaffee mit Sahne [<frz. *café* »Kaffee, Café« + *crème (fraîche)* »(frische) Sahne«]
Ca|fe|te|ria ⟨f.; -, -ri|en⟩ kleines Lokal, Kaffeehaus (bes. innerhalb von Betrieben, Universitäten u. Ä.); *oV* Cafeterie [<span. *cafeteria* »Kaffeehaus«]
Ca|fe|te|rie ⟨f.; -, -n⟩ = Cafeteria
CAI ⟨[si:ɛıaı] EDV; Abk. für engl.⟩ **1** Computer Aided Instruction (computerunterstützter Unterricht); →*a.* CAL **2** Computer Aided Industry

(computerunterstützter Industriebetrieb)
Cai|pi|rin|ha ⟨[kaıpırınja] m.; -s, -s od. f.; -, -s⟩ Cocktail aus weißem Rum, braunem Zucker, Limettensaft u. zerstoßenen Eisstückchen [portug.]
Cairn|ter|ri|er ⟨[kɛ:(r)n-] m.; -s, -; Zool.⟩ Angehöriger einer kleinen Hunderasse mit kurzen Beinen u. langem Fell [<engl. *cairn* »Steinhügel« + *Terrier*]
Cais|son ⟨[kɛsɔ̃:] m.; -s, -s⟩ unten offener Kasten für Arbeiten unter Wasser, Senkkasten [frz., »Kastenwagen, Senkkasten«]
Cais|son|krank|heit ⟨[kɛsɔ̃:-] f.; -, -en⟩ Taucherkrankheit, Durchblutungsstörungen infolge Bildung von Gasbläschen bei plötzlichem Rückgang des Luftdrucks, z. B. beim Ausstieg aus einem Caisson, nach dem Tauchen usw.
Cake ⟨[kɛık] m.; -s, -s; schweiz.⟩ in einer länglichen Form gebackene Sandkuchenart [engl., »Kuchen«]
Cake|walk ⟨[kɛıkwɔ:k] m.; - od. -s, -s; Musik⟩ **1** ⟨urspr.⟩ traditioneller Rundtanz nordamerikanischer Sklaven um einen dabei zu gewinnenden Kuchen **2** ⟨danach⟩ (zu Anfang des 20. Jh. in Europa eingeführter) mit Jazzrhythmen unterlegter Gesellschafts- u. Bühnentanz ohne Partner [<engl. *cake* »Kuchen« + *walk* »Schritt, Spaziergang «]
cal ⟨Abk. für⟩ die nicht mehr zulässige Energieeinheit Kalorie
CAL ⟨[si:ɛıɛl] EDV; Abk. für engl.⟩ Computer Aided Learning (computerunterstütztes Lernen); →*a.* CAI
Ca|la|ma|res ⟨Pl.; Kochk.⟩ frittierte Tintenfischringe [<span. *calamar* »Kalamar«]
Ca|la|mus ⟨m.; -, -la|mi⟩ **1** ⟨im Altertum⟩ rohrförmiges Schreibgerät **2** unterer, hohler Teil der Vogelfeder, Spule [<lat. *calamus* »Rohr, Stängel«]
ca|lan|do ⟨Musik⟩ abnehmend in Tempo u. Lautstärke (zu spielen) [ital., »nachlassend«]
Ca|lanque ⟨[kalã:k] f.; -, -s; Geol.⟩ während des nacheiszeitlichen Meeresspiegelanstiegs entstandene Küstenform mit überfluteten Unterläufen von Trockentälern in Kalkgesteinen, bes. typisch ausgebildet an der französischen Mittelmeerküste südöstlich von Marseille [frz., »kleine Bucht, Schlupfhafen«]
Cal|ca|ne|us ⟨m.; -, -nei [-nei]; Anat.⟩ Fersenbein [<lat. *calcaneum* »Ferse«]
Cal|ce|o|la|ria ⟨f.; -, -ri|en⟩ = Kalzeolarie
Cal|ci|fe|rol ⟨n.; -s, -e⟩ Vitamin D; *oV* Kalziferol [<*Calcium* + lat. *ferre* »tragen«]
Cal|ci|na|ti|on ⟨f.; -, -en; Chemie⟩ *oV* Kalzination **1** ⟨unz.⟩ das Calcinieren **2** ⟨zählb.⟩ Produkt des Calcinierens [<lat. *calx,* Gen. *calcis* »Kalk«]
cal|ci|nie|ren ⟨V.; Chemie⟩ *feste Stoffe* ~ zum Entfernen von Kristallwasser od. zum Abspalten von Kohlendioxid erhitzen; *oV* kalzinieren
Cal|ci|spon|gi|ae ⟨[-giɛ:] Pl.⟩ Kalkschwämme [<lat. *calx,* Gen. *calcis* »Kalk« + *Spongia*]
Cal|cit ⟨m.; -s, -e; Min.⟩ Kalkspat; *oV* Kalzit [zu lat. *calx,* Gen. *calcis* »Kalk«]

Calcium / Kalzium (*orthografische Varianten*) Viele Fremdwörter haben über verschiedene Fachsprachen Eingang in die deutsche Standardsprache gefunden. Daher gibt es für eine Reihe ursprünglich fachsprachlich verwendeter Termini neben der an der Herkunftssprache orientierten fachsprachlichen Schreibung auch eine integrierte Schreibweise mit integrierter Laut-Buchstaben-Zuordnung (→*a.* Coupon / Kupon).

Cal|ci|um ⟨n.; -s; unz.; chem. Zeichen: Ca⟩ chem. Element, Erdalkalimetall, Ordnungszahl 20; *oV* Kalzium [<lat. *calx,* Gen. *calcis* »Kalk«]
Cal|ci|um|bro|mid ⟨n.; -s; unz.; Chemie⟩ Calciumsalz der Bromwasserstoffsäure; *oV* Kalziumbromid
Cal|ci|um|car|bid ⟨n.; -(e)s, -e; Chemie⟩ Ausgangsstoff für viele chem. Synthesen u. zur Darstellung von Acetylen; *oV* Kalziumkarbid; *Sy* ⟨i. e. S.⟩ Carbid
Cal|ci|um|car|bo|nat ⟨n.; -(e)s, -e; Chemie⟩ Calciumsalz der Kohlensäure, in mineral. Form als Kalk weit verbreitet; *oV* Kalziumkarbonat
Cal|ci|um|chlo|rid ⟨[-klo:-] n.; -(e)s, -e; Chemie⟩ hygroskop. Abfallprodukt beim Ammoniaksodaverfahren; *oV* Kalziumchlorid; *Sy* Chlorcalcium
Cal|ci|um|flu|o|rid ⟨n.; -(e)s, -e; Chemie⟩ Flussmittel in Hüttenwerken, Glasätzmittel, Antiseptikum, in mineral. Form als Fluorit bezeichnet; *oV* Kalziumfluorid
Cal|ci|um|hy|dro|xid *auch:* **Cal|ci|um|hyd|ro|xid** ⟨n.; -s; unz.; Chemie⟩ starke Base, entsteht durch Auflösen von gebranntem Kalk in Wasser; *oV* Kalziumhydroxid
Cal|ci|um|oxid ⟨n.; -(e)s, -e; Chemie⟩ gebrannter Kalk; *oV* Kalziumoxid
Cal|ci|um|phos|phat ⟨n.; -(e)s, -e; Chemie⟩ Düngemittel; *oV* Kalziumphosphat
Cal|ci|um|sul|fat ⟨n.; -(e)s, -e; Chemie⟩ Gips; *oV* Kalziumsulfat
Cal|de|ra ⟨f.; -, -de|ren; Geol.⟩ durch Einsturz od. explosionsartigen Auswurf von Material entstandener Vulkantrichter [span., »Kessel«]
Ca|len|dae ⟨Pl.⟩ = Kalenden
Ca|len|du|la ⟨f.; -, -lae [-lɛ:]; Bot.⟩ Ringelblume aus der Familie der Korbblütler [spätlat.]
Calf ⟨a. engl. [ka:f] n.; -s; unz.⟩ Kalbsleder
Ca|li|che ⟨[kali:tʃə] f.; -; unz.⟩ Ausgangsstoff für die Gewinnung von Chilesalpeter [span., »Kalkflocke«]
Ca|li|for|ni|um ⟨n.; -s; unz.; chem. Zeichen: Cf⟩ künstl. hergestelltes chem. Element mit der Ordnungszahl 99; *oV* Kalifornium [nach *California,* Bundesstaat der USA]
Ca|li|na ⟨f.; -, -s; Meteor.⟩ (während des Sommers auftretende) Lufttrübung durch heiße Staubmassen im Innenland Spaniens [span., »Dunst«]
Call ⟨[kɔ:l] m.; -s, -s⟩ **1** ⟨Börse⟩ Kaufoption **2** ⟨salopp⟩ Telefongespräch **3** ⟨wiss.⟩ *~ for Papers* Aufruf, Vorträge für eine Ta-

C

gung anzumelden [engl., »Ruf, Schrei; Anruf«]

Cal|la ⟨f.; -, -s; Bot.⟩ *oV* Kalla **1** ⟨i. w. S.⟩ Schlangenwurz, Gattung der Aronstabgewächse: Calla **2** ⟨i. e. S.⟩ einheimische Pflanze mit kriechendem Wurzelstock, herzförmigen Blättern, kolbenförmigem Blütenstand u. einem weißen Hochblatt, Sumpfschlangenwurz, Schweinsohr: Cally palustris **3** = Zantedeschia [<lat. *calla* »Drachenwurz«]

Cal|la|i|nit ⟨m.; -s, -e; Min.⟩ = Variszit

Cal|la|ne|tics® ⟨[kælənɛːtɪks] Pl.⟩ gymnast. Training bestimmter Muskelschichten [nach der Amerikanerin *Callan* Pickney]

Call|boy ⟨[kɔːlbɔɪ] m.; -s, -s⟩ Prostituierter, den man telefonisch bestellt [engl., eigtl. »Hotelpage« <*call* »anrufen« + *boy* »Junge«]

Call-by-Call *auch:* **Call by Call** ⟨[kɔːlbaɪkɔːl] n.; (- -) - od. (- -) -s; unz.; meist ohne Artikel⟩ Verfahren, bei dem der Anrufer bei jedem Telefonat mittels einer bestimmten Vorwahl darüber entscheiden kann, über welche Telefongesellschaft er ein Gespräch führen möchte [<engl. *call by call* »Anruf für Anruf«]

Call|cen|ter ⟨[kɔːlsɛntə(r)] n.; -s, -; Wirtsch.⟩ **1** Telemarketingbetrieb, in dem Anrufe der Kunden entgegengenommen u. bearbeitet werden **2** Abteilung eines Unternehmens, die Fragen u. Reklamationen entgegennimmt [<engl. *call* »anrufen« + *Center*]

cal|len ⟨[kɔːl-] V.; umg.; salopp⟩ **1** anrufen, telefonieren **2** nennen [<engl. *call*]

Call|girl ⟨[kɔːlgœːl] n.; -s, -s⟩ Prostituierte, die man telefonisch bestellt [<engl. *call* »anrufen« + *girl* »Mädchen«]

Call-in ⟨[kɔːlɪn] n.; - od. -s, -s; TV⟩ Sendung, während der die Zuschauer anrufen können [<engl. *call* »anrufen«]

Cal|ling|card ⟨[kɔːlɪŋkaːd] f.; -, -s⟩ **1** Visitenkarte **2** international gültige Telefonkarte [<engl. *call* »anrufen« + *card* »Karte«]

Cal|lus ⟨m.; -, -lus|se⟩ = Kallus

cal|ma|to ⟨Musik⟩ beruhigend, beruhigt (zu spielen) [ital.]

Cal|me ⟨f.; -, -n⟩ = Kalme

Ca|lor ⟨m.; -s; unz.; Med.⟩ Wärme, Hitze (als Folge einer Entzündung) [lat.]

ca|lo|ri|sie|ren ⟨V.⟩ = kalorisieren

Ca|lu|met ⟨n.; -s, -s⟩ = Kalumet

Ca|lu|tron *auch:* **Ca|lut|ron** ⟨n.; -s, -e od. -s; Kernphysik⟩ Gerät zur Trennung von Isotopen [verkürzt <engl. *Cal*ifornia University Cyclo*tron*]

Cal|va ⟨[-va] f.; -, Cal|ven; Anat.⟩ Schädeldecke ohne Basis; *oV* Kalva; *Sy* Kalotte (2) [lat.]

Cal|va|dos ⟨[kalva-] m.; -, -⟩ ein Apfelbranntwein [frz., nach dem gleichnamigen frz. Département in der Normandie]

Cal|va|ria ⟨[-vaː-] f.; -, -ri|ae [-riɛː]; Anat.⟩ knöchernes Schädeldach [<lat. *calvus* »kahl«]

Cal|vi|nis|mus ⟨[-vi-] m.; -; unz.⟩ Lehre des Schweizer Reformators Johann Calvin (1509-1564), gekennzeichnet durch den Glauben an die Prädestination u. die von Luther abweichende Abendmahlslehre; *oV* Kalvinismus

Cal|vi|nist ⟨[-vi-] m.; -en, -en⟩ Vertreter, Anhänger, Lehrer des Calvinismus; *oV* Kalvinist

cal|vi|nis|tisch ⟨[-vi-] Adj.⟩ zum Calvinismus gehörig, auf ihm beruhend; *oV* kalvinistisch

Cal|vi|ti|es ⟨[-viː-] f.; -; unz.; Med.⟩ Kahlheit [lat.]

Calx ⟨f.; -, Cal|ces⟩ **1** ⟨Anat.⟩ Ferse **2** Kalk [<lat. *calx* »Kalkstein; Ferse, Huf«]

Ca|ly|ces ⟨Pl. von⟩ Calyx

ca|ly|ci|nisch ⟨Adj.; Bot.⟩ kelchartig (von der Blütenhülle) [→ *Calyx*]

Ca|lyp|so ⟨m.; -s, -s⟩ **1** ⟨urspr.⟩ Tanz der Schwarzen in Mittelamerika **2** ⟨danach⟩ Modetanz im Samba- u. Rumbarhythmus **3** ⟨grch. Myth.⟩ Nymphe aus der homerischen Odyssee, die Odysseus einige Jahre gefangen hielt [Herkunft nicht bekannt]

Ca|lyp|tra *auch:* **Ca|lypt|ra** ⟨f.; -, -tren⟩ = Kalyptra

Ca|lyx ⟨m.; -, -ly|ces; Bot.⟩ **1** Blütenkelch **2** Körperteil der Haarsterne [<grch. *kalyx* »Kelch«]

CAM ⟨[kæm] EDV; Abk. für engl.⟩ Computer Aided Manufacturing (computerunterstützte Herstellung von Werkzeugen u. Maschinen); →*a.* CAD

Ca|mau|ro ⟨m.; -s, -s; kath. Kirche⟩ bes. im späten Mittelalter gebräuchliche Kopfbedeckung des Papstes aus roter Seide (für den Sommer) od. rotem Samt mit Pelzbesatz (für den Winter); *oV* Kamauro [ital.]

Cam|bi|a|ta ⟨f.; -, -a|ten; Musik⟩ Wechselnote, die den auf dem leichten Taktteil stehenden dissonanten Nebenton bezeichnet u. in einen konsonierenden Ton abspringt [zu ital. *cambiare* »wechseln«]

Cam|bio ⟨m.; -s, -s; ital. Bez. für⟩ Geldumtausch

Cam|bi|um ⟨n.; -s, -bi|en⟩ = Kambium

Cam|cor|der ⟨[kamkɔːdə(r)] od. [kæmkɔːdə(r)] m.; -s, -⟩ tragbare Kamera zur Aufzeichnung von Videoaufnahmen, die auch über eine Abspiel- u. Ansichtsfunktion verfügt; *Sy* Kamerarekorder [<engl. *camera* »Kamera« + *recorder* »Rekorder«]

Ca|mem|bert ⟨[kamãbɛːr] m.; -s, -s⟩ vollfetter Weichkäse mit leichtem Schimmelbelag u. champignonartigem Geschmack [nach dem frz. Ort *Camembert* in der Normandie]

Ca|meo ⟨[kæmɪoʊ] m.; -s, -s⟩ kurzer Auftritt eines bekannten Schauspielers, Schriftstellers o. Ä. in einem Film od. auf der Bühne [engl., eigtl. »Miniatur(rolle)«]

Ca|me|ra ob|scu|ra *auch:* **Ca|me|ra obs|cu|ra** ⟨f.; - -, -rae -rae⟩ einfachste Form einer Kamera mit kleinem Loch statt Linse, Lochkamera [lat., »dunkle Kammer«]

Ca|mi|on ⟨[kamjɔ̃ː] m.; -s, -s; schweiz.⟩ Lastkraftwagen [frz., »Lastwagen«]

Ca|mi|on|na|ge ⟨[kamjɔnaːʒə] f.; -; unz.; schweiz.⟩ Spedition [frz., »An- u. Abfuhr (von Kaufmannsgütern)«]

Ca|mi|on|neur ⟨[kamjɔnøːr] m.; -s, -e; schweiz.⟩ Spediteur [frz., »Lastwagenfahrer«]

Ca|mor|ra ⟨f.; -; unz.⟩ süditał. Mafia; *oV* Kamorra [<ital. *camorra*, eigtl. »Schiebung, Betrug«]

C

Ca|mou|fla|ge *auch:* **Ca|mouf|la|ge** ⟨[kamufla:ʒ(ə)] f.; -, -n⟩ **1** Irreführung, Täuschung, Betrug **2** ⟨Kosmetik⟩ Make-up zum Überdecken von Hautfehlern; *Pigmentflecken lassen sich mit ~ abdecken* **3** ⟨frz. Mil.⟩ Tarnung **4** ⟨Textilw.⟩ natur- u. khakifarbene Freizeitbekleidigung im Militärstil [frz., »Tarnung«]

ca|mou|flie|ren *auch:* **ca|mouf|lie|ren** ⟨[-mu-] V.⟩ täuschen, betrügen, überdecken; *die Unternehmen ~ ihre Defizite geschickt* [→ *Camouflage*]

Camp ⟨[kæmp] n.; -s, -s⟩ **1** Feld-, Zelt-, Gefangenenlager **2** US-amerikan. Militärstützpunkt [engl.]

Cam|pa|gne *auch:* **Cam|pag|ne** ⟨[-panjə] f.; -, -n⟩ = Kampagne

Cam|pai|gner *auch:* **Cam|paig|ner** ⟨[-pɛɪnə(r)] m.; -s, -⟩ jmd., der an einer Kampagne (3) teilnimmt; *Werbe~* [engl.]

Cam|pa|ni|le ⟨m.; -, -⟩ frei stehender Glockenturm; *oV* Kampanile [<ital. *campanile* »Glockenturm«; zu *campana* »Glocke«]

Cam|pa|nu|la ⟨f.; -, -lae; Bot.⟩ Glockenblume; *oV* Kampanula [ital., »Glockenblume«; zu *campana* »Glocke«]

Cam|pa|ri® ⟨m.; -s, -s⟩ roter, wermuthaltiger Bitterlikör [nach der ital. Firma D. *Campari*]

Cam|pe|che|holz ⟨[kampɛtʃə-] n.; -es; unz.⟩ Blauholz [nach dem mexikanischen Staat *Campeche*]

cam|pen ⟨[kæm-] V.; umg.⟩ zelten [→ *Camp*]

Cam|per ⟨[kæm-] m.; -s, -⟩ **1** jmd., der Camping betreibt **2** motorisierter Wohnwagen, Wohnmobil [→ *Camp*]

Cam|pe|si|no ⟨m.; -s, -s; span. Bez. für⟩ Bauer, Landarbeiter

Cam|phen ⟨n.; -s; unz.; Chemie⟩ aus Terpentinöl gewonnenes, in ätherischen Ölen vorkommendes Terpen; *oV* Kamphen [<engl. *camphene,* verkürzt <*camphor* »Kampfer« + *terpene* »Terpen«]

Cam|pher ⟨m.; -s; unz.⟩ = Kampfer

cam|pie|ren ⟨V.; schweiz.⟩ = campen

Cam|pi|gni|en *auch:* **Cam|pig|ni|en** ⟨[kãpɪnjɛ̃:] n.; - od. -s; unz.; Geol.⟩ Kulturstufe am Ende der Mittelsteinzeit [nach dem Hügel *Campigny* bei Blagny-sur-Bresle im Département Seine-Inférieure, Frankreich]

Cam|ping ⟨[kæm-] n.; - od. -s; unz.⟩ Freizeit- u. Feriengestaltung mit Zelt od. Wohnwagen; *zum ~ ans Mittelmeer fahren* [engl.]

Cam|ping|platz ⟨[kæm-] m.; -es, -plät|ze⟩ Platz zum Aufstellen von Zelten u. Wohnwagen (meist mit sanitären Anlagen)

Camp|mee|ting ⟨[kæmpmi:tɪŋ] n.; - od. -s, -s; bes. in den USA⟩ im Freien od. in einem Zelt abgehaltener Gottesdienst [<engl. *camp* »Lager« + *meeting* »Treffen, Zusammenkunft«]

Cam|po ⟨m.; -s, -s; meist Pl.; Geogr.⟩ baumloses Grasland im Inneren Südamerikas [span., portug., »Feld«]

Cam|po|san|to ⟨m.; -s, -s od. -ti⟩ Friedhof [ital.]

Cam|pus ⟨m.; -; unz.⟩ Universitäts-, Collegegelände [engl. <lat. *campus* »Lager«]

Ca|nail|le ⟨[kanaljə] f.; -, -n⟩ = Kanaille

Ca|na|le ⟨m.; -s, -na|li⟩ Kanal; *~ Grande* [ital.]

Ca|na|lis ⟨m.; -, -na|les; Med.⟩ Körperkanal [lat.]

Ca|na|pé ⟨[-pe:] n.; -s, -s⟩ = Kanapee

Ca|nas|ta ⟨n.; -s; unz.; Kart.⟩ in Südamerika erfundenes Kartenspiel mit 2 mal 52 Karten u. 6 Jokern für 2 bis 6 Personen [span., »Körbchen«]

Can|can ⟨[kãkã:] m.; -s, -s⟩ Bühnentanz in schnellem Tempo mit Hochwerfen der Beine [Herkunft unsicher]

can|celn ⟨[ka:nsəln] od. [kæ:nsəln] V.⟩ absagen; *eine Reise ~; einen Flug ~* [<engl. *cancel* »absagen, entwerten« <lat. *cancellare* »mit Gittern durchstreichen«; zu *cancelli* »Gitter, Schranken]

Can|cer ⟨m.; -s, -; Med.⟩ Krebs, Krebsgeschwür [<lat. *cancer*]

can|ce|ro|gen ⟨Adj.; Med.⟩ = kanzerogen

Can|ci|ón ⟨[-çiɔn] od. [-θiɔn] n.; -s, -s; Lit.⟩ **1** ⟨urspr.⟩ fünfzeiliges spanisches Lied des 15./16. Jh. **2** ⟨dann⟩ lyrisches Gedicht mit regelmäßigem Strophenaufbau [span., »Lied«]

cand. ⟨Abk. für⟩ candidatus (= Kandidat)

Can|de|la ⟨[-de:-] f.; -, -; Physik; Zeichen: cd⟩ Einheit der Lichtstärke, 1 cd wird von einem schwarzen Körper bei einer Temperatur von 2042,5 K (Erstarrungstemperatur von reinem Platin) mit einer Öffnung von $^1/_{60}$ cm² ausgesandt [lat., »Wachslicht«]

Can|di|da ⟨f.; -, -dae [-dɛ:]⟩ Gattung der Sprosspilze, auf Haut u. Schleimhaut von Mensch u. Tier schmarotzend [zu lat. *candidus* »weiß, glänzend«]

Can|dle|light|din|ner *auch:* **Can|dle|light-Din|ner** ⟨[kændəllaɪt-] n.; -s, -⟩ abendl. Festessen bei Kerzenlicht [<engl. *candle* »Kerze« + *light* »Licht« + *dinner* »Abendmahlzeit«]

Ca|ni|nus ⟨m.; -, -ni|ni; Anat.⟩ Eckzahn [<lat. *caninus* »bissig«]

Ca|ni|ti|es ⟨f.; -; unz.; Med.⟩ Veränderung der Haarfarbe, Ergrauen [lat.]

Can|na ⟨f.; -, -s; Bot.⟩ Blumenrohr, aus dem trop. Amerika stammende, zur Gattung der Schwanenblumengewächse gehörende Staude: Canna; *oV* Kanna [<lat. *canna* »Rohr« <grch. *kanna*]

Can|na|bis ⟨m.; -; unz.; Bot.⟩ **1** Hanf **2** Haschisch, Marihuana [<lat. *cannabis* »Hanf«]

Can|nae ⟨n.; -, -; geh.⟩ verheerende Niederlage; *oV* Kannä [nach der Schlacht bei *Cannae,* wo Hannibal 216 v. Chr. das röm. Heer vernichtend schlug]

Can|nel|lo|ni ⟨Pl.; Kochk.⟩ Röllchen aus Nudelteig, mit Hackfleisch gefüllt u. mit Käse überbacken [ital., Pl. zu *cannellone,* Vergrößerungsform zu *cannello* »Röhrchen«]

Can|ning ⟨[kænɪŋ] n.; - od. -s, -s; Physik⟩ Brennstoffumhüllung in Kernreaktoren [engl., eigtl. »Konservenherstellung«; zu *can* »Konserve, Blechkanne«]

Ca|ñon ⟨[kanjɔn] od. [kanjo:n], engl. [kænjən] m.; -s, -s⟩ Schlucht, enges, steiles Flusstal; *oV* Canyon [<span. *cañón* »Röhre«]

C

Ca|no|ni|cus ⟨m.; -, -ni|ci⟩ = Kanoniker [ital.]
Ca|nos|sa|gang ⟨m.; -s, -gän|ge; Pl. selten⟩ demütigender Bußgang; *oV* Kanossagang [nach der Reise Heinrichs IV. nach *Canossa* zu Papst Gregor VII. im Jahre 1077]
Cant ⟨[kænt] m.; -s; unz.⟩ **1** ⟨urspr.⟩ Gaunersprache **2** ⟨dann⟩ Heuchelei [engl.]
can|ta|bi|le ⟨[-le:] Musik⟩ gesangvoll, beseelt (zu spielen); *Andante* ~ [ital., »singbar; beseelt«]
can|tan|do ⟨Musik⟩ singend (zu spielen) [ital.]
Can|ta|te **1** ⟨f.; -, -n; Musik⟩ = Kantate[1] **2** ⟨Rel.; ohne Artikel⟩ = Kantate[2]
Can|tha|ri|din ⟨n.; -s; unz.⟩ = Kantharidin
Can|ti|le|na ⟨f.; -, -le|nen; Musik⟩ = Kantilene
Can|to ⟨m.; -s, -s od. Can|ti; Musik⟩ Gesang [ital.]
Can|tus fir|mus ⟨m.; - -, - -fir|mi; Musik⟩ Hauptmelodie im kontrapunktischen Satz [lat.]
Can|vas|sing ⟨[kænvæsɪŋ] n.; - od. -s; unz.⟩ **1** Stimmenwerbung, Wahlpropaganda **2** Kundenwerbung, Reklame [engl.]
Can|yon ⟨[kænjən] m.; -s, -s⟩ = Cañon; *der Grand ~ des Colorado River* [engl., »Schlucht«]
Can|yo|ning ⟨[kænjənɪŋ] n.; - od. -s; unz.⟩ Extremsportart, bei der stark wasserführende Schluchten durchklettert werden
Can|zo|ne ⟨f.; -, -n; Musik⟩ = Kanzone [ital.]
Ca|o|da|is|mus ⟨a. [kaʊ-] m.; -; unz.⟩ vietnamesische Religion mit buddhistischen, christl., taoistischen u. a. Elementen [nach der Gottheit *Cao-Dai*]
CAP ⟨[cæp] EDV; Abk. für engl.⟩ **1** Computer Aided Planning (computerunterstützte Planung) **2** Computer Aided Publishing (computerunterstütztes Erstellen von Publikationen); →*a.* Desktoppublishing
Ca|pa ⟨f.; -, -s⟩ farbiger Mantel des Stierkämpfers [span.]
Cape ⟨[ke:p] n.; -s, -s⟩ ärmelloser Umhang [engl., »Umhang«]
Ca|pe|a|dor ⟨m.; -s, -es⟩ Stierkämpfer, der den Stier mit der Capa herausfordert; *oV* Kapeador [span.]
ca|pi|to? ⟨umg.⟩ (hast du es) begriffen? [ital.; zu *capire* »verstehen«; → *kapieren*]
Ca|pi|tu|lum ⟨n.; -s, -tu|la; Anat.⟩ Gelenkköpfchen [lat. *capitulum* »Köpfchen«; zu *caput* »Kopf«]
Ca|po|ei|ra ⟨[kapoɛ:ra] f.; -; unz.⟩ **1** ⟨urspr.⟩ Freiheits-, Kampftanz afrikan. Sklaven in Brasilien **2** ⟨heute⟩ moderner disziplinierter Kampf- u. Lebensstil, der die Beherrschung von Geist u. Körper umfasst [portug., eigtl. »Hühnerstall«]
Cap|puc|ci|no ⟨[-tʃi:-] m.; - od. -s, - od. -s⟩ ital. Kaffee mit wenig Milch u. Schlagsahne obenauf [ital., »Kapuziner«, nach der braunen Farbe der Kutte]

◆ Die Buchstabenfolge **ca|pr...** kann auch **cap|r...** getrennt werden.

◆ **Ca|pric|cio** ⟨[-prɪtʃɔ] n.; -s, -s⟩ heiteres, eigenwilliges Musikstück; *oV* Caprice (2) [ital., »Laune«]
◆ **ca|pric|cio|so** ⟨[-tʃo:-] Musik⟩ launig, heiter (zu spielen) [ital.]
◆ **Ca|pri|ce** ⟨[-sə] f.; -, -n⟩ **1** Laune, Grille; *oV* Kaprice **2** = Capriccio [<frz. *caprixe* »Laune, Launenhaftigkeit« <lat. *caper* »Ziegenbock«; verwandt mit *Kapriole, Capriccio*]
◆ **Ca|pro|lac|tam** ⟨n.; -s; unz.⟩ aus Kapronsäure gewonnener Ausgangsstoff zur Gewinnung von Polyamiden, die für die Herstellung synthetischer Fasern wichtig sind; *oV* Kaprolaktam [<lat. *caper* »Ziege« + *Laktam*]
◆ **Ca|pron|säu|re** ⟨f.; -, -n; Chemie⟩ eine für die Herstellung von Caprolactam benötigte Fettsäure; *oV* Kapronsäure [zu lat. *caper* »Ziege«]
Cap|si|cum ⟨n.; -s; unz.; Bot.⟩ = Kapsikum
Cap|si|en ⟨[-siɛ̃:] n.; - od. -s; unz.; Geol.⟩ Kulturstufe der Alt- u. Mittelsteinzeit [nach dem Fundort *Capsa* (= Gafsa) in Tunesien]
Cap|tain ⟨[kæptən] m.; -s, -s; engl. Bez. für⟩ Kapitän
Cap|ta|tio Be|ne|vo|len|ti|ae ⟨[-vo-] f.; - -; unz.⟩ Werbung um die Gunst des Zuhörers od. Lesers [lat., »Trachten nach Wohlwollen«]
Ca|pu|chon ⟨[-pyʃɔ̃:] m.; -s, -s⟩ (Damen-)Mantel mit Kapuze [frz., »Kapuze, Kappe«]
Ca|put ⟨n.; -, Ca|pi|ta; Anat.⟩ **1** Kopf **2** Gelenk- od. Muskelkopf [<lat. *caput* »Kopf, Haupt«]
Ca|put mor|tu|um ⟨n.; - -; unz.; Chemie⟩ das beim Glühen von Eisen-III-Sulfat entstehende braunrote Eisen-III-Oxid, zum Polieren von Glas u. Metallen u. als Malerfarbe verwendet, Venezianischrot; *Sy* Kolkothar [lat., »toter Kopf«]
CAQ ⟨[si:ɛɪkju:] Abk. für engl.⟩ Computer Aided Quality (computerunterstützte Qualitätskontrolle)
Car ⟨m.; -s, -s; schweiz.⟩ Wagen, Auto [engl.]
Ca|ra|bi|ni|e|re ⟨[-nje:rə] m.; - od. -s, -ri⟩ ital. Polizist; *oV* Karabiniere
Ca|ra|cal|la ⟨f.; -, -s; in der Antike⟩ langer Kapuzenmantel [lat.]
Car al|pin ⟨[ka:r alpɛ̃:] m.; - -, -s -s [ka:rzalpɛ̃:]; schweiz.⟩ Bergfahrtwagen [frz., »Alpen-Reiseomnibus«]
Ca|ram|ba! Verdammt!, Donnerwetter! [span. Fluchwort]
Ca|ram|bo|la ⟨f.; -, -s⟩ = Karambole[2]
Ca|ra|van ⟨a. [-va:n] m.; -s, -s⟩ **1** Kombiwagen **2** Wohnwagenanhänger für Kraftwagen [engl., »Wohnwagen«]
Ca|ra|va|ning ⟨[-va-] n.; - od. -s; unz.⟩ das Reisen u. Leben im Caravan; *er ist ein Fan des ~s* [engl.]
Ca|ra|vel|le ⟨[-vɛl-] f.; -, -n⟩ = Karavelle
carb..., Carb... ⟨in Zus.; vor Vokalen⟩ = carbo..., Carbo...
Carb|a|mid *auch:* **Car|ba|mid** ⟨n.; -s; unz.; Chemie⟩ Diamid der Kohlensäure, Endprodukt des Eiweißabbaues im Säugetierorganismus, Harnstoff; *oV* Karbamid [<*Carb*id + *Amid*]
Carb|a|zol *auch:* **Car|ba|zol** ⟨n.; -s; unz.; Chemie⟩ chemische Verbindung, die als Ausgangsstoff

zur Herstellung von Kunst- u. Farbstoffen verwendet wird; *oV* Karbazol

Car|bid ⟨n.; -es, -e; Chemie⟩ **1** Verbindung von Kohlenstoff mit einem Metall od. Halbmetall; *oV* Karbid **2** ⟨i. e. S.⟩ = Calciumcarbid [<lat. *carbo* »Kohle« + ...*id*]

car|bo..., Car|bo... ⟨in Zus.⟩ Kohle..., Kohlen... [<lat. *carbo* »Kohle«]

car|bo|cy|clisch *auch:* **car|bo|cyc|lisch** ⟨Adj.⟩ = isocyclisch

Car|bo|li|ne|um ⟨n.; -s; unz.; Chemie⟩ aus Braunkohlenteer gewonnenes, braunes, schweres, karbolsäurehaltiges Öl, Anstrichmittel zur Erhaltung des Holzes od. zur Bekämpfung von Baumschädlingen sowie gegen Wildfraß; *oV* Karbolineum [→ *Karbol*]

Car|bo|nat ⟨n.; -(e)s, -e; Chemie⟩ Salz der Kohlensäure; *oV* Karbonat [<lat. *carbo* »Kohle«]

Car|bo|ne|um ⟨n.; -s; unz.; chem. Zeichen: C⟩ Kohlenstoff [lat.]

Car|bo|ni|sa|ti|on ⟨f.; -; unz.; Chemie⟩ Umwandlung in Carbonat

car|bo|ni|sie|ren ⟨V.; Chemie⟩ in Carbonat verwandeln, verkohlen lassen; *oV* karbonisieren

car|bo|ni|trie|ren *auch:* **car|bo|nit|rie|ren** ⟨V.; Chemie⟩ *Werkstücke* ~ gleichzeitig Kohlenstoff u. Stickstoff an der Oberfläche von W. aus Stahl durch Glühen in Kohlenstoff u. Stickstoff abgebenden Mitteln anreichern; *oV* karbonitrieren

Car|bon|säu|re ⟨f.; -, -n; Chemie⟩ organische Säure, die die Carboxylgruppe COOH enthält; *oV* Karbonsäure

Car|bo|ny|le ⟨Pl.; Chemie⟩ Gruppe metall-organischer Verbindungen, bei denen die CO-Gruppe direkt an Metallatome gebunden ist; *oV* Karbonyle

Car|bo|nyl|grup|pe ⟨f.; -, -n; Chemie⟩ die zweiwertige Atomgruppe CO in organischen Verbindungen; *oV* Karbonylgruppe; *Sy* Ketogruppe

Car|bo|rund ⟨n.; -(e)s; unz.⟩ = Carborundum®

Car|bo|run|dum® ⟨n.; -s; unz.⟩ künstlich hergestelltes Schleifmittel aus Siliziumcarbid; *oV* Carborund, Karborund [<*Carbo...* + *Korund*]

Carb|o|xyl|grup|pe *auch:* **Car|bo|xyl|grup|pe** ⟨f.; -, -n; Chemie⟩ in den Carbonsäuren enthaltene Gruppe COOH; *oV* Karboxylgruppe [<*Carbon* + *Oxid* + ...*yl*]

Car|di|gan ⟨[kaːdɪgən] m.; -s, -s⟩ sportliche, geknöpfte Strickweste [engl., nach J. T. Brudenell, 1797-1868, Graf von *Cardigan*]

CARE ⟨[kɛːr]⟩ **1** ⟨1946-1958; Abk. für engl.⟩ Cooperative for American Remittances to Europe, US-amerikanische Vereinigung zur Organisation von Hilfssendungen (Care-Pakete) in das Nachkriegsdeutschland **2** ⟨ab 1958; Abk. für engl.⟩ Cooperative for American Relief to Everywhere, US-amerikan. Vereinigung zur Organisation von Hilfssendungen in Notlagengebiete in aller Welt

care of ⟨[kɛːr ɔv] Abk.: c/o; in engl. u. US-amerikan. Anschriften⟩ wohnhaft bei [engl.]

Ca|rez|za ⟨f.; -; unz.⟩ = Karezza

ca|rez|zan|do ⟨Musik⟩ zärtlich, liebkosend (zu spielen) [ital.]

Car|go ⟨m.; -s, -s⟩ *oV* Kargo **1** ⟨urspr.; allg.⟩ Fracht, Ladung von Schiffen **2** ⟨heute a.⟩ größere Fracht von Lastkraftwagen [<span. *cargo* »Ladung«]

CARICOM ⟨Abk. für engl.⟩ Caribbean Community, Wirtschafts- u. Handelsgemeinschaft karibischer Staaten

Ca|ri|es ⟨f.; -; unz.; Zahnmed.⟩ = Karies

Ca|ril|lon ⟨[karijɔ̃ː] n.; -s, -s; Musik⟩ **1** Glockenspiel **2** Musikstück für Glockenspiel od. in Art eines Glockenspiels [frz., »Glockenspiel«]

Ca|ri|na ⟨f.; -, -nae [-nɛː]; Anat.⟩ Kamm auf dem Brustbein von Vögeln, der als Ansatzfläche für die Flugmuskulatur dient [<lat. *carina* »Schiffskiel«]

ca|rin|thisch ⟨Adj.⟩ kärntnerisch, Kärnten betreffend; *Carinthischer Sommer* kulturelle Festwochen in Kärnten [lat., nach der röm. Provinz *Cartana*]

Ca|ri|o|ca ⟨f.; -, -s⟩ ein lateinamerikan. Modetanz [portug., <Tupi]

Ca|ri|tas ⟨f.; -; unz.⟩ **1** ⟨kurz für⟩ Deutscher Caritasverband **2** = Karitas [lat., »Hochschätzung, aus Hochachtung entspringende Liebe«]

Ca|ri|tas|ver|band ⟨m.; -(e)s; unz.⟩ kath. Verband zur Wohlfahrtspflege

ca|ri|ta|tiv ⟨Adj.⟩ wohltätig

Car|ja|cking ⟨[kaːdʒækɪŋ] n.; - od. -s, -s⟩ das Rauben eines Autos unter Anwendung von Gewalt gegenüber dem Fahrer [<engl. *car* »Wagen, Auto« + hi*jacking* »Flugzeugentführung«]

Car|ma|gno|le *auch:* **Car|mag|no|le** ⟨[-manjoːlə] f.; -, -n⟩ **1** frz. Revolutions- u. Tanzlied **2** kurzes Wams **3** Jakobinerjacke [vermutl. <lat. *carminare* »Wolle krempeln«]

Car|men ⟨n.; -s, -mi|na⟩ Fest- od. Gelegenheitsgedicht; *oV* Karmen [<lat. *carmen* »Lied, Gedicht«]

Car|nal|lit ⟨m.; -s; unz.; Chemie⟩ in Kalisalzlagerstätten vorkommendes Mineral, chem. ein Doppelhalogenid; *oV* Karnallit [nach dem Berghauptmann Rudolf von *Carnall*, 1804-1874]

Car|net de Pas|sa|ge ⟨[karnɛː də pasaːʒ] n.; - - -, -s [karnɛː] - -⟩ Sammelheft für Zollpassierscheine für Kraftfahrzeuge [<frz. *carnet* »Notizheft« + *passage* »Durchgang, Durchfahrt«]

Ca|rol ⟨[kærəl] n.; -s, -s; Musik; seit dem 16. Jh.⟩ englisches Volkslied; *Christmas* ~ Weihnachtslied [engl.]

Ca|ro|tin ⟨n.; -s; unz.; Chemie⟩ gelbroter Pflanzenfarbstoff, dient im Organismus als Ausgangsstoff für den Aufbau von Vitamin A; *oV* Karotin [<lat. *carota* »Karotte«]

Ca|ro|ti|no|i|de ⟨Pl.; Sammelbez. für⟩ eine Gruppe gelbroter Pflanzenfarbstoffe; *oV* Karotinoide

Ca|ro|tis ⟨f.; -, -ti|den; Anat.⟩ = Karotis

Car|pac|cio ⟨[-patʃo] n.; -s, -s; ital. Kochk.⟩ Speise aus sehr fein geschnittenem rohem Fleisch

Car|pa|lia ⟨Pl.; Anat.⟩ die Handwurzelknochen [→ *Carpus*]

Car|park ⟨m.; -s, -s⟩ Areal für das Parken von Kraftfahrzeugen [engl., »Parkplatz«]

C

Car|pe di|em! ⟨geh.⟩ nutze, genieße den Tag! [lat.; Spruch aus einer Ode des Horaz]
Car|port ⟨m.; -s, -s⟩ überdachtes Areal für das Abstellen von Kraftfahrzeugen [engl.]
Car|pus ⟨m.; -, Car|pi; Anat.⟩ Handwurzel [latinisiert <grch. *karpos* »Handwurzel«]
Car|ri|er ⟨[kærıə(r)] m.; -s, -; internationale Bez. für⟩ **1** Transport-, Luftverkehrsgesellschaft **2** = Vancarrier [engl., »Spediteur, Beförderer«]
Car|sha|ring ⟨[ka:ʃɛrıŋ] n.; -s; unz.⟩ abwechselnde (leihweise) Nutzung eines Kraftfahrzeugs von mehreren Personen [<engl. *car* »Auto« + *share* »teilen«]
Carte blanche ⟨[kart blã:ʃ] f.; - -, -s -s [kart blã:ʃ]⟩ unbeschränkte Vollmacht [frz., »weiße Karte«]
car|te|si|a|nisch ⟨Adj.⟩ *oV* cartesisch, kartesianisch, kartesisch **1** ⟨Philos.⟩ im Sinne des Cartesianismus, von Descartes stammend, ihm zugeschrieben **2** *~er Taucher* fälschlich Descartes zugeschriebene, im Wasser schwimmende, hohle Figur mit einer feinen Öffnung, sinkt bei Vergrößerung des über dem Wasser liegenden Drucks infolge Eindringen des Wassers nach unten u. steigt bei nachlassendem Druck nach oben [→ *Cartesianismus*]
Car|te|si|a|nis|mus ⟨m.; -; unz.; Philos.⟩ der Rationalismus (2) des frz. Philosophen René Descartes (1596-1650); *oV* Kartesianismus
car|te|sisch ⟨Adj.⟩ = cartesianisch; *oV* kartesisch
Car|tha|min ⟨n.; -s; unz.⟩ = Karthamin
Car|toon ⟨[kartu:n] m. od. n.; -s, -s⟩ **1** gezeichnete od. gemalte, häufig satirische Geschichte in Bildern **2** = Comicstrip [engl.]
Car|too|nist ⟨[-tu-] m.; -en, -en⟩ jmd., der (professionell) Cartoons zeichnet
Car|too|nis|tin ⟨[-tu-] f.; -, -tinnen⟩ weibl. Person, die (professionell) Cartoons zeichnet
car|ven ⟨[-vən] V.; Sport⟩ (mit Carvingskiern) Bögen auf den Skikanten fahren, ohne zu rutschen [<engl. *carve* »schnitzen, einritzen; bahnen«]
Car|ver ⟨m.; -s, -⟩ **1** jmd., der carvt **2** ⟨kurz für⟩ Carvingski
Car|ving ⟨n.; - od. -s; unz.; Sport⟩ das Carven
Car|ving|schi ⟨[-vıŋ-] m.; -s, -er; Sport⟩ = Carvingski
Car|ving|ski ⟨[-vıŋʃi:] m.; -s, -er; Sport⟩ in der Mitte schmaler u. an den Enden breiter werdender Ski für das Carving; *oV* Carvingschi
Ca|sa|no|va ⟨[-va] m.; -s, -s⟩ Frauenheld; *er benimmt sich neuerdings wie ein ~* [nach dem ital. Abenteurer u. Schriftsteller Giacomo Girolamo *Casanova*, 1725-1798]
Cä|sa|r(e)o|pa|pis|mus ⟨m.; -; unz.⟩ Vereinigung der weltl. u. kirchl. Macht in der Hand eines weltl. Herrschers [<*cäsarisch* + *Papismus*]
cä|sa|risch ⟨Adj.⟩ **1** kaiserlich **2** diktatorisch [nach dem römischen Feldherrn u. Diktator Gajus Julius *Caesar*, 100-44 v. Chr.]
Cä|sa|ris|mus ⟨m.; -; unz.⟩ Diktatur, Alleinherrschaft [→ *cäsarisch*]
CASE ⟨[kεıs] EDV; Abk. für engl.⟩ Computer Aided Software Engineering (rechnerunterstützte Softwareentwicklung)
Ca|se|in ⟨n.; -s; unz.⟩ in Milch u. Milchprodukten enthaltener Eiweißbestandteil; *oV* Kasein
Case|work ⟨[kεıswœ:k] f.; -, -s; Soziol.⟩ individuelle Betreuung eines Einzelfalles (einschließlich des Studiums von Vorgeschichte u. Milieu einzelner Personen od. Familien) [engl., »Einzelfallarbeit«]
Cash ⟨[kæʃ] n.; -; unz.⟩ **1** Bargeld **2** kleine chines. Münze [engl., »Bargeld«]
cash against do|cu|ments ⟨[kæʃ əgεnst dɔkjumənts] Abk.: c. a. d.; Wirtsch.⟩ Bezahlung gegen Dokumente [engl.]
cash and car|ry ⟨[kæʃ ənd kæri] Abk.: C und C; Wirtsch.⟩ Vertriebsform des Handels, bei der der Käufer die Ware selbst transportiert u. bar bezahlt [engl., »zahle bar und transportiere (selbst)«]
Cash-and-car|ry-Klau|sel ⟨[kæʃ ənd kærı -] f.; -; unz.⟩ Vertragsklausel, nach der der Käufer die Ware beim Verkäufer abholen u. sofort bar bezahlen muss [engl., »zahle bar u. transportiere (selbst)«]

> **Cash-and-carry-Klausel** (*Schreibung mit Bindestrich*) In mehrteiligen Zusammensetzungen, die eine Wortgruppe enthalten, setzt man zwischen jeden einzelnen Bestandteil einen Bindestrich.

cash be|fore de|li|ve|ry ⟨[kæʃ bıfɔ:(r) dılıvərı] Abk.: c. b. d.; Wirtsch.⟩ Vertriebsform des Handels, bei der der Kaufpreis für eine Ware vor ihrer Übergabe zu bezahlen ist [engl., »Bezahlung vor Lieferung«]
Cash|cow ⟨[kæʃkaʊ] f.; -, -s; umg.; salopp⟩ erfolgreiches, gewinnbringendes Geschäft od. Produkt (das andere Unternehmungen finanziert) [engl., eigtl. »Geldkuh«]
ca|shen ⟨[kæʃən] V.; umg.; salopp⟩ Geld machen, verdienen, kassieren; *sie ~ in ganz Europa* [<engl. *cash* »kassieren«]
Ca|shew|nuss ⟨[kæʃu:-] od. [kæʃu:-] f.; -, -nüs|se⟩ Frucht des aus Brasilien stammenden Acajubaumes: Anacardium occidentale; *Sy* Acajounuss [<engl. *cashew* <portug. *acaju* <indian.]
Cash|flow ⟨[kæʃfloʊ] m.; - od. -s; unz.; Wirtsch.⟩ nach Abzug aller Unkosten verbleibender Gewinn, Überschuss [<engl. *cashflow* »Kassenzufluss, Bruttoertragsziffer« <*cash* »Geld, Bargeld« + *flow* »fließen; Fluss«]
Cash|ma|nage|ment ⟨[kæʃmænıdʒmənt] n.; -s, -s; Wirtsch.⟩ elektronisches Informationssystem, das einen aktuellen Überblick über die finanzielle Situation (einschließlich aller Konten) eines Unternehmens gibt
Cash|mere ⟨[kæʃmıə(r)] m. od. n.; - od. -s; unz.⟩ = Kaschmir [engl.]
cash on de|li|ve|ry ⟨[kæʃ ɔn dilıvərı] Abk.: c. o. d.; Wirtsch.⟩ Vertriebsform des Handels, bei

der der Kaufpreis für eine Ware bei ihrer Übergabe zu bezahlen ist [engl., »Bezahlung bei Lieferung, per Nachnahme«]

Ca|si|no ⟨n.; -s, -s⟩ *oV* Kasino **1** Gesellschaftshaus, Unterhaltungsstätte **2** Speiseraum für Offiziere **3** öffentlicher Betrieb für Glücksspiele; *Spiel~* [ital., »herrschaftliches Haus«]

Cä|si|um ⟨n.; -s; unz.; Chemie⟩ = Caesium

Cas|sa ⟨f.; -; unz.⟩ Kasse, Bargeld; *per ~* in bar [ital., »Kiste«]

Cas|sa|ta ⟨f. od. n.; -, -s⟩ italienisches Eis mit kandierten Fruchtstücken u. Krokant [ital., »Gefrorenes«]

Cas|set|te ⟨f.; -, -n⟩ = Kassette

Cas|sis ⟨m.; -; unz.⟩ frz. Johannisbeerlikör [frz.]

Cas|sou|let ⟨[kasulɛ:] n.; - od. -s, -s; Kochk.⟩ französischer Eintopf aus weißen Bohnen, Schweine- u. Geflügelfleisch [frz., <südfrz. *cassolo,* Verkleinerungsform zu *casso* »Kasserole, Topf«]

Cast ⟨n.; -s; unz.⟩ Gesamtheit der Mitwirkenden an einem Film [→ *casten*]

cas|ten ⟨V.⟩ die Mitwirkenden für einen Film od. eine Fotoproduktion o. Ä. auswählen; *Darsteller ~; sich für eine Show ~ lassen* [<engl. *cast* »(Rollen) besetzen; Rollenverteilung«]

Cas|ting ⟨n.; - od. -s; unz.⟩ **1** Auswahl der Mitwirkenden (bes. Schauspieler) für einen Film **2** Auswahl von Models (für eine Fotoproduktion) [engl., »Rollenbesetzung«]

Cas|ting|show ⟨[-ʃoʊ] f.; -, -s⟩ TV-Show, die wie ein Casting (z. B. für angehende Popstars) gestaltet ist

Ca|stle *auch:* **Cast|le** ⟨[ka:sl] n.; -, -s⟩ Schloss, Burg [engl.]

Cas|tor® ⟨m.; -s, -s od. -to|ren; Abk. für engl.⟩ cask for storage and transport of radioactive material (Fass, Behälter für die Lagerung u. den Transport radioaktiven Materials); *Sy* Castorbehälter

Cas|tor|be|häl|ter ⟨m.; -s, -⟩ = Castor

Ca|su|al|game ⟨[kæʒuəlgɛɪm]⟩ *auch:* **Ca|su|al Game** ⟨n.; (-) - od. (-) -s, (-) -s; meist Pl.; EDV⟩ einfach zu erlernendes, unterhaltsames Computerspiel [<engl. *casual* »lässig« + *game* »Spiel«]

Ca|su|al|wear ⟨[kæʒuəlwɛ:(r)]⟩ *auch:* **Ca|su|al Wear** ⟨f.; (-) -; unz.⟩ Freizeitkleidung, sportliche Kleidung für den Alltag [<engl. *casual* »lässig« + *wear* »Kleidung«]

Ca|su|a|ri|na ⟨f.; -, -ri|nen⟩ = Kasuarina

Ca|sus ⟨m.; -, -⟩ **1** ⟨Gramm.⟩ = Kasus **2** *~ Belli* Kriegsursache, zum Krieg führendes Ereignis **3** *~ Foederis* Ereignis, welches ein Bündnis in Kraft setzt **4** ⟨Gramm.⟩ **4.1** *~ obliquus* abhängiger Fall, jeder Beugungsfall außer dem Nominativ **4.2** *~ rectus* unabhängiger Fall, Nominativ u. Vokativ [lat., »Kriegsfall«]

Cat ⟨m.; -s, -s; Wassersport⟩ = Kat (2)

Ca|tal|pa ⟨f.; -, -tal|pen⟩ = Katalpe

Cat|boot ⟨[kæt-] n.; -(e)s, -e⟩ kleines, einmastiges Segelboot [zu engl. *catboat*]

Catch ⟨[kætʃ] m.; -; unz.; Abk. für⟩ Catch-as-catch-can (1) [engl. »Fang, Fangen«]

Catch-as-catch-can ⟨[kætʃ əz kætʃ kæn] n.; -; unz.⟩ **1** von Berufsringern ausgeübte Abart des Freistilringens **2** ⟨fig.⟩ Handlungsweise, bei der jeder für sich das meiste und Beste zu erringen sucht [engl., »greif, wie (du) greifen kannst«]

cat|chen ⟨[kætʃən] V.⟩ im Freistil ringen [<engl. *catch* »fangen«]

Cat|cher ⟨[kætʃə(r)] m.; -s, -; Sport⟩ Freistilringkämpfer [engl.]

Ca|te|chin ⟨[-çi:n] n.; -s, -e; meist Pl.; Chemie⟩ in Pflanzen enthaltene organ. Verbindung, die als Grundlage für natürl. Gerbstoffe verwendet wird [lat.]

Ca|te|rer ⟨[kɛɪ-] m.; -s, -⟩ Person od. Firma, die das Catering für eine Party, eine Veranstaltung, für Fluggäste o. Ä. übernimmt

Ca|te|ring ⟨[kɛɪtərɪŋ] n.; - od. -s; unz.⟩ Herstellung, Anlieferung u. Bereitstellung von Speisen u. Getränken für viele Personen, z. B. im Flugzeug, bei Kongressen od. Partys [zu engl. *cater* »für das leibl. Wohl sorgen«]

ca|tern ⟨[kɛɪ-] V.⟩ Catering betreiben; *eine Fluggesellschaft ~*

Ca|ter|pil|lar® ⟨[kætə(r)pɪlə(r)] m.; -s, - od. -s; Technik⟩ (beim Straßenbau eingesetzter) Raupenschlepper [engl., »Raupe«]

Cat|gut ⟨a. [kætgʌt] n.; -s, -s⟩ aus Schafsdarm gewonnener, für chirurg. Nähte verwendeter Faden, der vom Körper absorbiert wird [engl., »Darmsaite«]

Cat|li|nit ⟨m.; -s, -e; Min.⟩ rötlicher Tonstein (von den nordamerikanischen Indianern für die Fertigung von Pfeifenköpfen verwendet) [nach dem US-amerikan. Maler George *Catlin,* 1796-1872]

Cat|suit ⟨[kætsju:t] m.; -s, -s⟩ eng am ganzen Körper anliegendes, einteiliges Kleidungsstück, Hosenanzug [engl.]

Catt|le|ya ⟨[-laɪa], engl. [kætlɛɪa] f.; -, -le|yen; Bot.⟩ Angehörige einer im tropischen Amerika beheimateten Orchideengattung [nach dem engl. Orchideenzüchter William *Cattley,* † 1832]

Cat|walk ⟨[kætwɔ:k] m.; -s, -s⟩ Laufsteg, auf dem weibl. u. männl. Models neue Kleiderkollektionen vorführen [engl., »Steg, Laufsteg« <*cat* »Katze« + *walk* »Gang«, weil Katzen elegant u. sicher auf schmalen Stegen laufen können]

Cauche|mar ⟨[koʃma:r] m.; -s, -s; geh.⟩ **1** schrecklicher Gedanke, Alp-, Angsttraum **2** Schreckgespenst [frz. <afrz. *cauchier* »treten« + *mare* »Vampir« <mndrl. *mare* »Gespenst (das einen auf die Brust tritt)«]

Cau|da ⟨f.; -, Cau|dae [-dɛ:]⟩ **1** ⟨Med.⟩ Endstück eines Organs od. Körperteils **2** ⟨Musik⟩ **2.1** ⟨in der Mensuralnotation⟩ senkrechter Strich am Notenkopf, der die Veränderung des Notenwertes anzeigt **2.2** selbstständige Melodiezeile als Liedanhang; →*a.* Coda **3** Schleppe (an liturgischen Gewändern) [lat., »Schweif, Schwanz«]

Cau|dex ⟨m.; -, -di|ces⟩ **1** ⟨Anat.⟩ tiefer gelegener Teil des Gehirns beim Menschen u. bei Säugetieren **2** ⟨Bot.⟩ nicht verholzender Stamm der Palmen [lat., »Baumstamm«]

C

Cau|dil|lo ⟨[kaudıljo] m.; -s, -s⟩ politischer (u. militärischer) Machthaber, Diktator [span., urspr. »Häuptling«]

Cau|sa ⟨f.; -, -sae [-sɛ:]⟩ 1 Ursache, Grund 2 Rechtsgrund, Rechtsfall [lat., »Ursache, Angelegenheit, Rechtssache«]

Cause cé|lè|bre *auch:* **Cause cé|lèb|re** ⟨[ko:z selɛ:brə] f.; - -, -s -s [ko:z selɛ:brə]⟩ aufsehenerregender Rechtsfall [frz., »berühmter Rechtsstreit, berühmte Angelegenheit«]

Cau|se|rie ⟨[kozə-] f.; -, -n⟩ Plauderei, leichte Unterhaltung [frz., »Plauderei«]

Cau|seur ⟨[kozø:r] m.; -s, -e⟩ 1 Plauderer 2 Schwätzer [frz., »gesprächiger Mann«]

Cau|seu|se ⟨[kozø:zə] f.; -, -n⟩ 1 Plauderin 2 Schwätzerin 3 kleines Sofa [<frz., »gesprächige Frau; Sofa für zwei Personen«]

Caus|ti|cum ⟨n.; -s, -ti|ca; Med.⟩ = Kaustikum

Ca|va|let|to ⟨[-va-] n.; -s, -let|ti; Reitsport⟩ 20-30 cm hohes Hindernis aus einer Stange mit kreuzförmigen Seitenteilen, die für das gymnastizierende Treten über Stangen od. als niedriges Hindernis verwendet wird, Bodenrick; *oV* Kavalletti [<ital. *cavallo* »Pferd«]

ca|ve ca|nem ⟨[-və]⟩ Vorsicht, bissiger Hund (als Aufschrift an altröm. Häusern) [lat.]

Ca|vi|tät ⟨[-vi-] f.; -, -en⟩ = Kavität

Ca|vum ⟨n.; -s, Ca|va⟩ Höhlung, Hohlraum [lat. *cavum* »Höhlung«]

Ca|yenne|pfef|fer ⟨[kajɛn-] m.; -s; unz.⟩ scharfes Gewürz aus gemahlenen Chillies (Capsicum frutescens), einer paprikaähnl. Beerenfrucht eines in Afrika, Indien u. Japan angebauten Nachtschattengewächses [nach *Cayenne,* der Hauptstadt von Französisch-Guayana]

c. b. d. ⟨Wirtsch.; Abk. für engl.⟩ cash before delivery

CB-Funk ⟨m.; -s; unz.⟩ gebührenfreier Amateurfunk [<engl. *CB (Citizen's Band)* »Frequenzband des Bürgers« + *Funk*]

cbm ⟨früher Abk. für⟩ Kubikmeter

Cc ⟨bes. EDV; Abk. für⟩ Kopie (bei E-Mails), Durchschlag (bei Briefen, Dokumenten) [verkürzt <engl. *carbon copy* »(Kohle-)Durchschlag«]

CC ⟨Abk. für⟩ Corps consulaire

CCD ⟨Abk. für engl.⟩ Charge Coupled Device (ladungsgekoppeltes Bauelement), als Bildsensor u. Strahlungsempfänger eingesetztes Ladeverschiebeelement (bei Videokameras)

ccm ⟨früher Abk. für⟩ Kubikzentimeter

cd ⟨Zeichen für⟩ Candela

Cd ⟨Zeichen für⟩ Cadmium

CD[1] ⟨[tse:de:] f.; -, -s; Abk. für engl.⟩ Compact Disc

CD[2] ⟨Abk. für⟩ 1 Corps diplomatique (diplomatischer Korps) 2 ⟨Bankw.⟩ Certificate of Deposit (Depositenzertifikat), Einlage von Nichtbanken bei Banken

c. d. ⟨Abk. für⟩ colla destra

cdm ⟨früher Abk. für⟩ Kubikdezimeter

cDNA ⟨Gentechnik; Abk. für engl.⟩ complementary (od. copy) DNA, künstlich erzeugte Kopie der Sequenzen eines Gens [<engl. *complementary* »ergänzend« + *copy* »Kopie« + *DNA*]

CD-Play|er *auch:* **CD-Pla|yer** ⟨[tse:de:plɛıjə(r)] m.; -s, -⟩ Gerät zum Abspielen von Compact Discs; *Sy* CD-Spieler [<*CD* + engl. *player* »Abspielgerät«]

CD-ROM ⟨[tse:de:-] f.; -, -s; EDV; Abk. für engl.⟩ Compact Disc Read Only Memory, eine optische Speicherplatte mit großer Speicherkapazität, die nur gelesen, aber nicht beschrieben werden kann [engl., »kompakte Platte (mit) nur Lesespeicher«]

CD-Spie|ler ⟨[tse:de:-] m.; -s, -⟩ = CD-Player

Ce ⟨Zeichen für⟩ Cer

Ce|ci|die ⟨f.; -, -n; Bot.⟩ = Zezidie

Ce|dil|le ⟨[sedi:j(ə)] f.; -, -n [-jən]; Gramm.⟩ diakritisches Zeichen, Häkchen unter dem c (ç) in frz. u. portugies. Wörtern, in denen vor a, o, u das c wie s auszusprechen ist, od. im Türkischen, Rumänischen u. a. Sprachen, in denen das ç wie tsch ausgesprochen wird [span., »kleines c«]

Cein|tu|ron ⟨[sɛ̃tyrɔ̃:] n.; -s, -s; schweiz.⟩ Ledergurt der Soldatenuniform [frz., »Leibriemen«]

Ce|le|bret *auch:* **Ce|leb|ret** ⟨n.; -s, -s; kath. Kirche⟩ = Zelebret

Ce|les|ta ⟨[tʃɛ-] f.; -, -s od. -les|ten; Musik⟩ Glockenspiel mit hohlen Stahlstäben in klavierähnl. Gehäuse, mit Tasten gespielt [zu ital. *celeste* »himmlisch«]

Cel|la ⟨f.; -, Cel|lae⟩ *oV* Zella 1 Kultraum im antiken Tempel mit dem Götterbild 2 Mönchszelle, Klause 3 Vorratskammer [lat., »Kammer, Zelle«]

Cel|list ⟨[tʃɛl-] m.; -en, -en⟩ Musiker, der Cello spielt [verkürzt <*Violoncellist*]

Cel|lis|tin ⟨[tʃɛl-] f.; -, -tin|nen⟩ Musikerin, die Cello spielt

Cel|lo ⟨[tʃɛl-] n.; -s, -s od. Cel|li [tʃɛl-]; Musik⟩ Streichinstrument in der Form einer Violine, doch größer, beim Spielen zwischen den Knien gehalten u. auf einem Stachel ruhend [verkürzt <*Violoncello*]

Cel|lo|phan® ⟨n.; -s; unz.⟩ = Zellophan

Cel|lu|la ⟨f.; -, -lu|lae [-lɛ:]; Anat.⟩ kleine Körperzelle [lat., Verkleinerungsform zu *cella* »Zelle«]

Cel|lu|li|tis ⟨f.; -, -ti|den; Med.⟩ Verdickung, Entzündung des Unterhautgewebes (bes. bei Frauen); *oV* Zellulitis

Cel|lu|loid ⟨n.; -(e)s; unz.⟩ = Zelluloid

Cel|lu|lo|se ⟨f.; -; unz.⟩ = Zellulose

Cel|lu|lo|se|ni|trat *auch:* **Cel|lu|lo|se|nit|rat** ⟨n.; -(e)s, -e; Chemie⟩ = Zellulosenitrat

Cel|si|us ⟨Zeichen: °C⟩ internationale Maßeinheit der Temperatur, z. B. + 10 °C [nach dem schwed. Naturforscher Anders *Celsius,* 1701-1744]

Cel|si|us|ska|la *auch:* **Cel|si|us-Ska|la** ⟨f.; -; unz.⟩ Temperaturskala mit 100-Grad-Einteilung

Cem|ba|list ⟨[tʃɛm-] m.; -en, -en⟩ Musiker, der Cembalo spielt

Cem|ba|lis|tin ⟨[tʃɛm-] f.; -, -tinnen⟩ Musikerin, die Cembalo spielt

cem|ba|lis|tisch ⟨[tʃɛm-] Adj.⟩

C

1 das Cembalo betreffend, zu ihm gehörig 2 in der Art des Cembalos

Cem|ba|lo ⟨[tʃɛm-] n.; -s, -s od. -ba|li; Musik⟩ altes Tasteninstrument, bei dem die Saiten nicht angeschlagen, sondern angerissen werden; *Sy* Klavizimbel [ital. <lat. *cymbalum* »Zimbel«]

Ce|no|man ⟨n.; -s; unz.; Geol.⟩ unterste Stufe der oberen Kreideformation [nach der röm. Stadt *Cenomanum,* heute Le Mans]

Cent ⟨m.; - od. -s, -s od. (bei Zahlenangaben) -; Abk.: c. od. ct.⟩ hundertster Teil verschiedener Währungseinheiten (z. B. in Europa, in den USA, Kanada u. a.); *Euro~* [<lat. *centum* »hundert«]

Cen|ta|vo ⟨[sɛnta:vo] od. span. [θɛn-] m.; - od. -s, -s od. (bei Zahlenangaben) -⟩ kleine Münze in verschiedenen Ländern (Süd- u. Mittelamerika u. a.) [<lat. *centum* »hundert«]

Cen|te|nar ⟨m.; -s, -e⟩ = Zentenar

Cen|te|nar|fei|er ⟨f.; -, -n⟩ = Zentenarfeier

Cen|ter ⟨[sɛntə(r)] n.; -s, -⟩ Ort, Mittelpunkt bestimmter Tätigkeiten od. Dienstleistungen; *Vergnügungs~; Eros~; Einkaufs~; Garten~* [engl. (-amerikan.) »Mittelpunkt« <frz. *centre* <lat. *centrum;* → *Zentrum*]

Cen|te|si|mo ⟨[tʃɛn-] m.; - od. -s, -mi⟩ frühere italien. Münze [<lat. *centum* »hundert«]

Cen|té|si|mo ⟨[sɛnte:-] m.; - od. -s, -s od. (bei Zahlenangaben) -⟩ Münze in Panama u. Uruguay [<lat. *centum* »hundert«]

Cen|time ⟨[sãti:m] m.; - od. -s [-ti:ms], -s [-ti:m] od. (bei Zahlenangaben) -; Abk.: ct.; früher⟩ frz., belg., luxemburg. Münze [→ *Centesimo*]

Cén|ti|mo ⟨[sɛn-] od. span. [θɛn-] m.; - od. -s, -s od. (bei Zahlenangaben) -⟩ Münze in Venezuela, Paraguay u. Costa Rica [<lat. *centum* »hundert«]

Cen|ti|mor|gan ⟨[-mɔ:gən] Gentechnik⟩ Maßeinheit der Rekombinationsfähigkeit (1 C. entspricht beim Menschen ca. 1 Million Basenpaaren) [<lat. *centum* »hundert« + nach dem US-amerikan. Genetiker Thomas Hunt *Morgan,* 1866-1945]

Cen|to ⟨[tsɛn-] m.; -s, -s od. -to|nen⟩ zusammengeflicktes Gedicht aus Versen verschiedener Dichter [lat., »Flickwerk«]

◆ Die Buchstabenfolge **cen|tr...** kann auch **cent|r...** getrennt werden.

◆**Cen|tre|court** *auch:* **Cen|tre-Court** ⟨[sɛntə(r)kɔ:t] m.; - od. -s, -s; Sport; Tennis⟩ Hauptspielfeld bei Tennisturnieren [<engl. *centre* »Mittelpunkt« + *court* »Spielfeld«]

◆**Cen|tre|for|ward** ⟨[sɛntə(r)fɔ:(r)wəd] m.; -s, -s; schweiz.⟩ Mittelstürmer [engl.]

◆**Cen|tre|half** ⟨[sɛntə(r)ha:f] m.; -, -halves [-ha:vz]; schweiz.; Sport⟩ Mittelläufer [engl.]

◆**Cen|tro|som** ⟨n.; -s, -e; Biochemie⟩ = Zentrosom

Cen|tu|rie ⟨[-riə] f.; -, -n⟩ = Zenturie [lat.]

CEO ⟨[si:i:ou] Abk. für engl.⟩ Chief Executive Officer

ce|pha|lo..., Ce|pha|lo... ⟨in Zus.⟩ = zephalo..., Zephalo...

CEPT ⟨Abk. für frz.⟩ Conférence Européenne des Administrations des Postes et des Télécommunication, ständige Konferenz der Postverwaltungen der europäischen Länder

Cer ⟨n.; -s; unz.; chem. Zeichen: Ce⟩ chem. Element, silberweißes Metall aus der Gruppe der seltenen Erden, Ordnungszahl 58; *oV* Zer, Zerium [nach dem Asteroiden *Ceres,* nach der röm. Göttin *Ceres* benannt]

Ce|ra ⟨f.; -, Ce|ren⟩ Bienenwachs [<lat.]

Ce|ran® ⟨n.; -s, -e⟩ Werkstoff (für Kochflächen) aus Glaskeramik

Ce|ran|feld ⟨n.; -(e)s, -er⟩ ebenes Kochfeld aus Glaskeramik

Cer|be|rus ⟨m.; -s, -se⟩ = Zerberus

Cer|cla|ge *auch:* **Cerc|la|ge** ⟨[-ʒə] f.; -, -n⟩ 1 kreisförmige Naht 2 ⟨Med.⟩ Einsetzen eines Kunststoffbändchens um den Gebärmutterhals während der Schwangerschaft, wenn sich der Muttermund zu früh öffnet [frz.]

Cer|cle *auch:* **Cerc|le** ⟨[sɛrkl] m.; -s, -s⟩ 1 kleiner Kreis, geschlossene Gesellschaft 2 ⟨österr.⟩ die vorderen Reihen im Theater od. Konzertsaal [frz., »Kreis«]

Ce|re|a|li|en ⟨Pl.⟩ Feldfrüchte, (bes.) Getreide; *oV* Zerealien [nach *Ceres,* der röm. Göttin des Acker- u. Getreidebaues, der Gesittung, der Fruchtbarkeit u. der Ehe]

Ce|re|bel|lum ⟨n.; -s, -bel|la; Anat.⟩ = Zerebellum

ce|re|bral *auch:* **ce|reb|ral** ⟨Adj.⟩ = zerebral

Ce|re|brum *auch:* **Ce|reb|rum** ⟨n.; -s, -re|bra; Anat.⟩ = Zerebrum

Cer|ei|sen ⟨n.; -s; unz.; Chemie⟩ Legierung aus Cer u. Eisen für Gasglühstrümpfe, Feuersteine in Feuerzeugen u. a.

Ce|re|sin ⟨n.; -s; unz.; Chemie⟩ aus hochmolekularen Kohlenwasserstoffen bestehende, wachsähnl. Verbindung, genutzt als Schmiermittel; *oV* Zeresin; *Sy* Ozokerit

ce|rise ⟨[səri:z] Adj.; undekl.⟩ kirschrot [frz., »Kirsche«]

Ce|rit ⟨m.; -s, -e; Min.⟩ graubraunes bis graurotes Mineral; *oV* Zerit [→ *Cer*]

Cer|met ⟨n.; -s, -s⟩ durch Erhitzen verfestigter Werkstoff aus Metall u. Keramik [engl.; verkürzt <*ceramics* »Keramik« + *metal* »Metall«]

CERN ⟨Abk. für frz.⟩ Conseil Européen pour la Recherche Nucléaire (Europäische Organisation für Kernforschung)

Ce|ro|tin|säu|re ⟨f.; -, -n; Chemie⟩ = Zerotinsäure

Cer|to|sa ⟨[tʃɛr-] f.; -, -to|sen⟩ Kartäuserkloster [ital., »Kartause«]

Ce|ru|men ⟨n.; -s; unz.⟩ = Zerumen

Ce|rus|sit ⟨m.; -s, -e; Min.⟩ bes. in Blei-Zinkerz-Lagerstätten vorkommendes Mineral, Weißbleierz; *oV* Zerussit [zu lat. *cerussa* »Bleiweiß«]

Cer|ve|lat ⟨[sɛrvəla] m.; -s, -s od. (selten) f.; -, -s; schweiz.⟩ Brühwurst aus Rindfleisch mit Schwarten- u. Speckstückchen; *oV* Servela; →*a.* Zervelatwurst [<frz. *servelas*]

Cer|vix ⟨f.; -, Cer|vi|ces; Anat.⟩ Hals (der Gebärmutter) [<lat. *cervi* »Nacken, Hals«]

Cé|sar ⟨[seza:r] m.; -s, -s; Film⟩ französ., dem US-amerikan. Oscar entsprechender Filmpreis

Cess|na® ⟨[tʃɛs-] f.; -, -s⟩ kleines, zweisitziges Propellerflugzeug, das häufig in Flugschulen eingesetzt wird [nach dem US-amerikan. Erbauer Clyde V. *Cessna*, 1859-1954]

c'est la guerre! ⟨[sɛ la gɛ:r]⟩ so ist der Krieg!, im Krieg hört jede Rücksicht auf [frz., »das ist der Krieg!«]

c'est la vie! ⟨[sɛ la vi:]⟩ so ist das Leben (nun einmal)! [frz., eigtl. »das ist das Leben«]

c'est le ton qui fait la mu|sique ⟨[sɛ lə tɔ̃: ki fɛ la myzi:k]⟩ der Ton macht die Musik [frz.]

ce|te|ris pa|ri|bus unter sonst gleichen Bedingungen [lat.]

ce|te|rum cen|seo ⟨geh.⟩ im Übrigen bin ich der Meinung … (als Einleitung einer wiederholt vorgebrachten Überzeugung) [lat.; verkürzt <*ceterum censeo Carthaginum esse delendam* »im Übrigen bin ich der Meinung, dass Karthago zerstört werden muss« (Schlusssatz einer Rede des Cato)]

Ce|vap|ci|ci *auch:* **Će|vap|či|ći** ⟨[tʃevaptʃitʃi] Pl.⟩ scharf gewürzte, gegrillte Hackfleischröllchen [mit serb. Verkleinerungsform <türk. *kebab* »gegrilltes Fleisch«]

cf ⟨Seehandel; Abk. für engl.⟩ cost and freight (Verladekosten u. Fracht im Preis eingeschlossen) [engl.]

Cf ⟨chem. Zeichen für⟩ Californium

cf., cfr. ⟨Abk. für⟩ confer!

cg ⟨Zeichen für⟩ Zentigramm

CGI ⟨EDV; Abk. für engl.⟩ Common Gateway Interface (allgemeine Schnittstelle)

CGS-Sys|tem ⟨n.; -s; unz.; Physik⟩ auf den Einheiten Zentimeter, Gramm u. Sekunde beruhendes physikal. Maßsystem, heute durch das SI-System ersetzt; *Sy* MKSA-System

CH ⟨Abk. für lat.⟩ Confoederatio Helvetica

Cha|blis *auch:* **Chab|lis** ⟨[ʃabli:] m.; -, -⟩ frz. Weißwein aus Burgund [nach der frz. Stadt *Chablis*]

Cha-Cha-Cha ⟨[tʃa-] m.; - od. -s, -s⟩ lateinamerikan. Gesellschaftstanz mit drei langen und zwei kurzen Schritten pro Takt [span.]

Cha|co|na ⟨[tʃa-] f.; -, -s; Musik⟩ = Chaconne

Cha|conne ⟨[ʃakɔn] f.; -, -s od. -n [-nən]; Musik⟩ *oV* Chacona, Ciacona **1** alter span. Reigentanz **2** Variationssatz der Barocksuite [frz., <span. *chacona* »Reigentanz«]

cha|cun à son goût ⟨[ʃakœ̃:n a sɔ̃ gu:]⟩ jeder nach seinem Geschmack [frz.]

Cha|gas|krank|heit *auch:* **Cha|gas-Krank|heit** ⟨[ʃa:gas-] f.; -, -en⟩ tropische Infektionskrankheit [nach dem brasilian. Bakteriologen C. *Chagas*, 1879-1934]

Cha|grin *auch:* **Chag|rin** ⟨[ʃagrɛ̃:] n. od. m.; -s; unz.; Textilw.⟩ **1** ein Seidengewebe in Taftbindung **2** = Chagrinleder

cha|gri|nie|ren *auch:* **chag|ri|nie|ren** ⟨[ʃa-] V.; Textilw.⟩ *Leder* ~ künstl. mit einer Narbung versehen

Cha|grin|le|der *auch:* **Chag|rin|le|der** ⟨[ʃagrɛ̃:-] n.; -s, -; Textilw.⟩ Leder, dem die Narbung eines anderen Leders maschinell aufgeprägt ist [frz., »narbiges Leder aus der Haut von Pferden, Eseln, Seehunden u. a.« <türk. *sagri* »Pferderücken«]

Chair|man ⟨[tʃɛ:rmæn] m.; -s, -men [-mən]⟩ Vorsitzender [engl.]

Chai|se ⟨[ʃɛ:ʒə] f.; -, -n; veraltet⟩ **1** Stuhl, Sessel **2** Kutsche mit Halbverdeck **3** ⟨umg.; kurz für⟩ Chaiselongue [frz.]

Chai|se|longue ⟨[ʃɛ:z(ə)lɔ̃:g] f.; -, -n [-gən]⟩ Liegesofa ohne Rückenlehne; *Sy* Chaise (3) [<frz. *chaise longue* »langer Stuhl, Liegestuhl«]

Cha|kra *auch:* **Chak|ra** ⟨[tʃa-] n.; -s, Cha|kren; Esoterik⟩ eines der sieben Energiezentren des menschlichen Körpers, in dem vor allem der Austausch zwischen den Energieströmen des Menschen u. des Kosmos stattfindet [Sanskrit, »Rad, Kreis«]

Cha|la|zi|on ⟨[ça-] n.; -s, -zi|en; Med.⟩ Entzündung am Augenlid, Hagelkorn [<grch. *chalaza* »Hagel«]

Chal|ce|don ⟨[kal-] m.; -s, -e; Min.⟩ Quarzmineral; *oV* Chalzedon [nach der Landschaft *Chalzedonien* in Kleinasien, dem ergiebigsten Fundort]

Cha|let ⟨[ʃalɛ:] n.; -s, -s⟩ schweiz. Landhaus [frz., »Schweizerhaus, Sennhütte«]

Cha|li|ko|se ⟨[ça-] f.; -, -n; Med.⟩ Kalkablagerungen im Körpergewebe (durch Einatmen von Kalkstaub) [<grch. *chalix*, Gen. *chalikos* »Kalk«]

chal|ko..., Chal|ko... ⟨[çal-] in Zus.⟩ Erz..., Metall..., Kupfer... [<grch. *chalkos* »Erz, Kupfer«]

Chal|ko|che|mi|gra|fie ⟨[çal-] f.; -; unz.⟩ = Chalkochemigraphie

Chal|ko|che|mi|gra|phie ⟨[çal-] f.; -; unz.⟩ die Kunst, Metalle zu gravieren; *oV* Chalkochemigrafie [<*Chalko...* + *Chemie* + *...graphie*]

Chal|ko|gen ⟨[çal-] n.; -s, -e; meist Pl.; Chemie⟩ Element der 6. Hauptgruppe des Periodensystems [<*Chalko...* + *...gen*[2]]

Chal|ko|graf ⟨[çal-] m.; -en, -en⟩ = Chalkograph

Chal|ko|gra|fie ⟨[çal-] f.; -, -n⟩ = Chalkographie

Chal|ko|graph ⟨[çal-] m.; -en, -en⟩ Kupferstecher; *oV* Chalkograf [<*Chalko...* + *...graph*]

Chal|ko|gra|phie ⟨[çal-] f.; -, -n⟩ *oV* Chalkografie **1** ⟨unz.; veraltet⟩ Kupferstechkunst **2** ⟨zählb.⟩ Kupferstich [<*Chalko...* + *...graphie*>]

Chal|ko|lith ⟨[çal-] m.; -s od. -en, -e od. -en; Min.⟩ ein Uranmineral, Kupferuranglimmer [<*Chalko...* + *...lith*]

Chal|ko|li|thi|kum ⟨[çal-] n.; -s; unz.; Geol.⟩ Kupferzeit [<*Chalko...* + *...lithikum*]

Chal|ko|se ⟨[çal-] f.; -, -n; Med.⟩ Ablagerung von Kupfer im Körpergewebe [<grch. *chalkos* »Kupfer«]

Chal|wa ⟨[xal-] n.; - od. -s; unz.⟩ = Halwa

Chal|ze|don ⟨[kal-] m.; -s, -e; Min.⟩ = Chalcedon

chal|ze|do|nisch ⟨[kal-] Adj.⟩ **1** Chalzedonien betreffend, von ihm stammend **2** ⟨Bot.⟩ *Chalzedonische Lichtnelke* Feuernelke

Cha|mä|le|on ⟨[ka-] n.; -s, -s⟩ 1 ⟨Zool.⟩ Baumeidechse mit Klebzunge, die ihre Hautfarbe der Umgebung anpassen kann 2 ⟨umg.⟩ seine Überzeugung oft wechselnder Mensch [<grch. *chamai* »am Boden« + *leon* »Löwe«]

Cham|bre sé|pa|rée *auch:* **Chamb|re sé|pa|rée** ⟨[ʃã:brə separe:] n.; - -, -s -s [ʃã:brə separe:]⟩ kleiner Raum in Restaurants, in dem man ungestört ist [frz., »abgetrenntes Zimmer«]

cha|mois ⟨[ʃamoa] Adj.⟩ gämsfarben, gelbbraun

Cha|mois ⟨[ʃamoa] n.; -; unz.; Textilw.⟩ = Chamoisleder

Cha|mois|le|der ⟨[ʃamoa] n.; -s, -; Textilw.⟩ Gämsleder, Sämischleder; *Sy* Chamois [<frz. *chamois* »Gämse«]

Champ ⟨[tʃæmp] m.; -s, -s; kurz für⟩ Champion

cham|pa|gner *auch:* **cham|pag|ner** ⟨[ʃampanjər] Adj.⟩ zart gelblich

Cham|pa|gner *auch:* **Cham|pag|ner** ⟨[ʃampanjər] m.; -s, -⟩ frz. Sekt; *Sy* Schampus [nach der frz. Landschaft *Champagne*]

Cham|pi|gnon *auch:* **Cham|pig|non** ⟨[ʃampinjɔŋ] od. [ʃã:pinjɔ̃:] m.; -s, -s⟩ Speisepilz, Egerling: Psalliota [frz., »Pilz«, <lat. *campus* »Feld«]

Cham|pi|on ⟨[tʃæmpjən] od. frz. [ʃãpjɔ̃:] m.; -s, -s⟩ Meistersportler, z. B. erfolgreichster Sportler einer Sportart; *er ist dieses Jahr der ~ im internationalen Radsport* [engl., frz., »Meister (Sport), Vorkämpfer«, <lat. *campus* »Feld«]

Cham|pi|o|nat ⟨[ʃam-] n.; -(e)s, -e⟩ Meisterschaft im Sport [<frz. *championnat*]

Cham|pi|on|ship ⟨[tʃæmpjənʃɪp] f.; -, -s; Sport; bes. Tennis⟩ Meisterschaft [engl.]

Cham|pi|ons|league ⟨[tʃæmpjənsli:g]⟩ *auch:* **Cham|pi|ons League** ⟨f.; (-) -; unz.; Sport⟩ europ. Fußballpokalwettbewerb der Landes- bzw. Vizemeister, bei dem aus acht Vierergruppen die besten acht Mannschaften ermittelt werden, die anschließend im K.-o.-Modus gegeneinander spielen [< *Champion* + engl. *league* »Verband, Liga«]

Champ|le|vé ⟨[ʃãləve:] n.; -; unz.⟩ Emailarbeit, bei der die flüssige Emailmasse in ausgestochene Vertiefungen des Metalls eingeschmolzen wird, Grubenschmelz [frz.]

Chan ⟨m.; -s, -e⟩ = Khan

Cha|nat ⟨n.; -s, -e⟩ = Khanat

Chan|ce ⟨[ʃã:s(ə)] f.; -, -n⟩ 1 günstige Gelegenheit, Aussicht auf einen glücklichen Zufall; *eine ~ haben, das Spiel zu gewinnen; sie haben ihre ~ auf den Sieg verspielt* 2 *jmdm. eine ~ bieten* Möglichkeit zur Bewährung geben 3 *er hat bei ihr (keine) ~n* er ist ihr (nicht) sehr sympathisch [frz., »Zufall«]

Chan|cel|lor ⟨[tʃa:nsələ(r)] m.; -s, -; engl. Bez. für⟩ Kanzler

Chan|cen|gleich|heit ⟨[ʃã:sən-] f.; -; unz.; Bildungspol.⟩ Gleichheit aller (schulischen u. beruflichen) Chancen; *~ für alle*

Change ⟨[tʃɛɪndʒ] m.; -; unz.⟩ 1 Tausch, Wechsel 2 Geldwechsel [engl., »Wechsel, Wandel« <frz. *change*]

chan|geant ⟨[ʃãʒã:] Adj.; Textilw.⟩ schillernd (von Stoffen)

Chan|geant ⟨[ʃãʒã:] m.; -s, -s; Textilw.⟩ in verschiedenen Farben schillerndes Gewebe [frz., »veränderlich«]

chan|gie|ren ⟨[ʃãʒi:-] V.⟩ 1 schillern 2 ⟨Jägerspr.⟩ *Jagdhunde ~* wechseln von einer Fährte auf eine andere [<frz. *changer* »(sich) verändern«]

Chan|nel|sur|fing ⟨[tʃænəlsœ:fɪŋ] n.; - od. -s; unz.; umg.⟩ häufiges Hin- u. Herschalten zwischen verschiedenen Fernsehkanälen; →*a.* Zapping [<engl. *channel* »Kanal« + *Surfing*]

Chan|son ⟨[ʃãsɔ̃:] n.; -s, -s; Musik⟩ 1 ⟨urspr.⟩ singbares lyrisches od. episches Gedicht in der altfrz. Dichtung 2 Lied im Kabarett [frz., »Lied«]

Chan|son de geste ⟨[ʃãsɔ̃: də ʒɛst] n.; - - -, -s [ʃãsɔ̃:] - -⟩ afrz. episches Heldenlied, das die Taten Karls d. Gr. besingt [frz.]

Chan|so|net|te ⟨[ʃãsɔnɛt(ə)] f.; -, -n⟩ *oV* Chansonnette 1 ⟨urspr.⟩ kleines Lied, meist komischer od. frivoler Art 2 ⟨im Dt.⟩ Sängerin im Kabarett; *Sy* Chansonière [frz., »Liedchen, Couplet«]

Chan|so|ni|er ⟨[ʃãsɔnje:] m.; -s, -s⟩ Sänger im Kabarett; *oV* Chansonnier [frz., »Chansondichter, -sänger«]

Chansonier / Chansonnier (*Laut-Buchstaben-Zuordnung*) In die Alltagssprache eingegangene Fremdwörter können in vielen Fällen neben der in der Herkunftssprache üblichen Schreibung auch eine integrierte Schreibung aufweisen, die sich an der deutschen Laut-Buchstaben-Zuordnung orientiert (→*a.* Chansonette / Chansonnette).

Chan|so|ni|è|re ⟨[ʃãsɔnjɛ:rə] f.; -, -n⟩ = Chansonette (2); *oV* Chansonnière

Chan|son|net|te ⟨[ʃãsɔnɛt(ə)] f.; -, -n⟩ = Chansonette

Chan|son|ni|er ⟨[ʃãsɔnje:] m.; -s, -s⟩ = Chansonier

Chan|son|ni|è|re ⟨[ʃãsɔnjɛ:rə] f.; -, -n⟩ = Chansonière

Chan|til|ly|spit|ze ⟨[ʃãtiji:-] f.; -, -n; Textilw.⟩ feine Klöppelspitze aus weißer od. schwarzer Seide [nach der frz. Stadt *Chantilly,* dem früheren Herstellungsort]

chan|tisch ⟨[xan-] Adj.⟩ die Chanten betreffend, zu ihnen gehörig, von ihnen stammend; *~e Sprache* zur ugr. Gruppe der finn.-ugr. Sprachen gehörende Sprache der Chanten (früher: ostjakische Sprache)

Cha|nuk|ka ⟨[xa-] f.; -; unz.; jüd. Rel.⟩ achttägiges Lichterfest zur Erinnerung an die Tempelweihe im Dezember [hebr., »Einweihung, Weihe«]

Cha|os ⟨[ka:ɔs] n.; -; unz.⟩ 1 ⟨Myth.⟩ der ungeordnete Urstoff vor der Weltschöpfung 2 ⟨i. w. S.⟩ Durcheinander, Wirrwarr [grch., »wirre, gestaltlose Masse«]

Cha|os|the|o|rie ⟨[ka:ɔs-] f.; -; unz.⟩ mathematisch-physikalische Theorie, die die Eigenschaften u. Gesetzmäßigkeiten chaotischer Systeme in Natur u. Gesellschaft untersucht

Cha|ot ⟨[ka-] m.; -en, -en; umg.⟩ jmd., der Unruhe u. Durcheinander verbreitet, ungezielt handelt

C

Cha|o|tik ⟨[ka-] f.; -; unz.⟩ chaotische Beschaffenheit
cha|o|tisch ⟨[ka-] Adj.⟩ ungeordnet, wirr [→ *Chaos*]
cha|o|ti|sie|ren ⟨[ka-] V.⟩ *etwas* ~ durcheinanderbringen, ein Chaos in etwas veranstalten; *eine Versammlung* ~
Cha|peau ⟨[ʃapoː] m.; -s, -s; veraltet⟩ Hut [frz., »Hut«]
Cha|peau claque *auch:* **Cha|peau Claque** ⟨[ʃapoklak] m.; - -, -x -s [ʃapoklak]⟩ zusammenklappbarer Zylinder [<frz. *chapeau* »Hut« + *claque* »Schlag (mit der Hand)«]
Cha|pli|na|de *auch:* **Chap|li|na|de** ⟨[tʃa-] f.; -, -n⟩ komisches Auftreten, groteskes Vorkommnis [nach dem engl. Schauspieler Charlie *Chaplin,* 1889-1977]
cha|pli|nesk *auch:* **chap|li|nesk** ⟨[tʃa-] Adj.⟩ von ähnl. Komik wie die Darstellungen des engl. Schauspielers Charlie Chaplin
Chaps ⟨[tʃæps] Pl.⟩ lederne Überziehhosen zum Reiten [engl.]
chap|ta|li|sie|ren ⟨[ʃap-] V.⟩ *Wein* ~ durch Zuckerzusatz verbessern [nach dem frz. Arzt u. Chemiker Antoine *Chaptal,* 1756-1832]
Cha|rak|ter ⟨[ka-] m.; -s, -te|re⟩ **1** ⟨unz.⟩ Merkmal, Gepräge, Eigenart; *der ~ einer Landschaft, einer Schrift* **2** ⟨unz.⟩ sittl. Veranlagung, Wesensart; *einen guten, schwierigen ~ haben; ein Mann von ~* ein M., der zu seiner Meinung steht; *~ beweisen* eine feste Haltung einnehmen; *er hat keinen ~* ist wankelmütig **3** ⟨zählb.⟩ Mensch von ausgeprägter Eigenart **4** Schriftzeichen [grch., »Gepräge«]
cha|rak|te|ri|sie|ren ⟨[ka-] V.⟩ kennzeichnen, schildern
Cha|rak|te|ris|tik ⟨[ka-] f.; -, -en⟩ **1** Kennzeichnung, treffende Beschreibung **2** ⟨Math.⟩ Kennziffer
Cha|rak|te|ris|ti|kum ⟨[ka-] n.; -s, -ti|ka⟩ kennzeichnendes Merkmal
cha|rak|te|ris|tisch ⟨[ka-] Adj.⟩ kennzeichnend, unterscheidend
cha|rak|ter|lich ⟨[ka-] Adj.⟩ den Charakter (eines Menschen) betreffend; *~e Schwächen*
Cha|rak|te|ro|lo|ge ⟨[ka-] m.; -n, -n⟩ Forscher auf dem Gebiet der Charakterologie
Cha|rak|te|ro|lo|gie ⟨[ka-] f.; -; unz.⟩ Wissenschaft von Wesen u. Entwicklung des Charakters, Persönlichkeitsforschung, Charakterkunde
cha|rak|te|ro|lo|gisch ⟨[ka-] Adj.⟩ die Charakterologie betreffend, auf ihr beruhend
Cha|rak|ter|rol|le ⟨[ka-] f.; -, -n⟩ Bühnenrolle eines Menschen mit besonders ausgeprägtem Charakter
Cha|rak|ter|stück ⟨[ka-] n.; -(e)s, -e⟩ **1** ⟨Theat.⟩ Schauspiel, dessen Handlung sich im wesentl. aus dem Charakter des Helden entwickelt **2** ⟨Musik⟩ kurze Instrumentalkomposition, meist für Klavier, mit für das Thema charakterist. Ausdruck, z. B. Träumerei
Char|don|nay ⟨[ʃardɔnɛ] m.; -s; unz.⟩ französische Rebsorte gehobener Qualität (für Weißweine u. Champagner) [frz.]
Char|ge[1] ⟨[ʃarʒə] f.; -, -n⟩ **1** Würde, Rang, Amt; *~ in einer Studentenverbindung* **2** ⟨Mil.⟩ Dienstgrad **3** ⟨Technik⟩ Beschickung eines metallurg. Ofens, z. B. des Hochofens [frz., »Last, Bürde«]
Char|ge[2] ⟨[ʃarʒə] f.; -, -n; Theat.⟩ kleine, aber scharf ausgeprägte Charakterrolle, die übertreibend dargestellt wird [frz., »Übertreibung«]
Char|gen|spie|ler ⟨[ʃarʒən-] m.; -s, -; Theat.⟩ Schauspieler, der kleine, aber sehr ausgeprägte Rollen spielt [→ *Charge*[2]]
char|gie|ren[1] ⟨[ʃarʒiː-] V.⟩ **1** *einen Hochofen ~* füllen **2** jmdn. beauftragen **3** ⟨Studentenspr.⟩ in Amtstracht od. Farben erscheinen [<frz. *charger* »beladen, beauftragen«]
char|gie|ren[2] ⟨[ʃarʒiː-] V.; Theat.⟩ eine Rolle überdeutlich gestalten, in der Darstellung übertreiben [<frz. *charger* »übertreiben«]
Char|gier|te(r) ⟨[ʃarʒiːr-] m. 1⟩ Amtsträger in einer Studentenverbindung
Cha|ris|ma ⟨[çaː-] od. [-'--] n.; -, -ris|ma|ta od. -ris|men⟩ **1** ⟨Theol.⟩ göttl. Gnadengabe, Berufung **2** ⟨allg.⟩ besondere Ausstrahlung (von Personen) [grch., »Gnadengeschenk«]
cha|ris|ma|tisch ⟨[ça-] Adj.⟩ **1** einem Charisma entsprechend **2** Charisma besitzend
Cha|ri|té ⟨[ʃariteː] f.; -; unz.⟩ Krankenhaus (bes. in Berlin u. Paris) [frz., »Nächstenliebe«]
Cha|ri|va|ri ⟨[ʃarivaː-] n.; -s, -s⟩ **1** Wirrwarr **2** Katzenmusik **3** ⟨in Frankreich⟩ Polterabend [frz., »Wirrwarr, Lärm, Polterabend« (vermutl. lautmalend)]
Charles|ton ⟨[tʃaː(r)lstən] m.; -s, -s; Musik⟩ **1** Tanz nordamerikan. Schwarzer **2** 1926 eingeführter Modetanz im $^4/_4$-Takt [nach der US-amerikan. Stadt *Charleston*]
Char|lot|te ⟨[ʃar-] f.; -, -n; Kochk.⟩ kalte Süßspeise aus Früchten od. Fruchtmus in einer mit Biskuits ausgelegten Form [frz.]
char|mant ⟨[ʃar-] Adj.⟩ von gewinnendem Wesen, bezaubernd
Charme ⟨[ʃarm] m.; -s; unz.⟩ Zauber, Liebreiz, gewinnendes Wesen
Char|meur ⟨[ʃarmøːr] m.; -s, -s⟩ Schmeichler, betont liebenswürdiger Mensch [frz., »Zauberer, bezaubernder Mensch«]
Char|meuse ⟨[ʃarmøːz] f.; -, -n⟩ **1** Seidenstoff **2** kunstseidenes Trikotgewebe [frz.]
char|ming ⟨[tʃaːmɪŋ] Adj.; salopp⟩ liebenswürdig, charmant, entzückend [engl.]
Char|ming Boy ⟨[tʃaːmɪŋ bɔɪ] m.; - -s, - -s⟩ charmanter junger Mann [engl., »charmanter Junge«]
Chart ⟨[tʃaː(r)t] m. od. n.; -s, -s⟩ grafische Darstellung od. Diagramm von Zahlenreihen o. Ä.; →*a.* Charts [engl.]
Char|ta ⟨[kar-] f.; -, -s⟩ **1** ⟨Antike⟩ Papierblatt zum Schreiben **2** ⟨im MA⟩ Urkunde **2.1** ⟨heute⟩ Verfassungsurkunde; *~ der Vereinten Nationen* [<lat. *charta* »Papier« <grch. *chartes* »Blatt der Papyrusstaude«; vermutl. <ägypt.; verwandt mit *Karte*]
Chart|brea|ker ⟨[tʃaː(r)tbrɛɪkə(r)] m.; -s, -⟩ jmd. od. ein Lied, der od. das die Charts erobert, die Hitparade stürmt [< *Charts* + engl. *break* »brechen«]

C

Char|te ⟨[ʃartə] f.; -, -n⟩ Verfassungsurkunde [frz., »Urkunde« <lat. *charta;* → *Charta*]

Char|te|par|tie ⟨[ʃartə-] f.; -, -n; Seew.⟩ Frachtvertrag [<frz. *chartepartie,* eigtl. »geteiltes Blatt«, da urspr. der Vertrag zerrissen wurde u. jeder Vertragspartner ein Stück davon erhielt]

Char|ter ⟨[(t)ʃa(r)-] m.; -s, -s⟩ **1** Schutzbrief, Freibrief **2** Miete eines Schiffes od. Schiffsraums zum Befrachten **3** Frachtvertrag [engl., »Urkunde«, <lat. *charta;* → *Charta*]

Char|te|rer ⟨[(t)ʃa(r)-] m.; -s, -⟩ Mieter eines Schiffes od. Flugzeugs [engl., »Mieter eines Schiffes«; → *Charter*]

Char|ter|ma|schi|ne ⟨[(t)ʃa(r)-] f.; -, -n; Flugw.⟩ gechartertes Flugzeug

char|tern ⟨[(t)ʃa(r)-] V.⟩ **1** *ein Schiff od. Flugzeug ~* zur Beförderung von Fracht od. Personen mieten **2** *sich ein Fahrzeug ~* es sich zu Beförderungszwecken sichern [<engl. *charter* »(Schiff) mieten«; → *Charter*]

Char|treu|se® *auch:* **Chart|reu|se®** ⟨[ʃartrø:z] m.; -; unz.⟩ ein Kräuterlikör; *oV* Kartäuser (2) [nach dem Kloster Grande *Chartreuse* bei Grenoble (Frankreich), wo der Likör zuerst hergestellt wurde]

Charts ⟨[tʃa:(r)ts] Pl.⟩ Liste der beliebtesten Musiktitel [engl.]

Cha|ryb|dis ⟨[ça-] f.; -; unz.; grch. Myth.⟩ **1** Felsenschlund mit Meeresstrudel **2** *zwischen Skylla und ~* ⟨sprichwörtl.⟩ zwischen zwei bedrohlichen Übeln [lat.-grch., Name für einen Meeresstrudel gegenüber der → *Szylla* in der Straße von Messina]

Cha|san ⟨[xa-] m.; -s, -e; jüd. Rel.⟩ Vorbeter in der Synagoge [hebr.]

Chase ⟨[tʃɛɪz] n. od. f.; -; unz.; Jazz⟩ Improvisation zweier sich abwechselnder Solisten [engl., »Jagd, Verfolgung«]

chas|mo|gam ⟨[ças-] Adj.; Bot.⟩ auf Chasmogamie beruhend, durch sie gekennzeichnet; *~e Pflanzen; Ggs* kleistogam

Chas|mo|ga|mie ⟨[ças-] f.; -, -n; Bot.⟩ Fremdbestäubung bei sich öffnender Blüte; *Ggs* Kleistogamie [<grch. *chasma* »Spalt, Schlund« + *...gamie*]

Chasse ⟨[ʃas] f.; -; unz.⟩ **1** Billardspiel mit 15 Kugeln **2** ⟨Musik; im 14. Jh. in Frankreich⟩ dreistimmiger Kanon **3** Jagdstück [frz., »Jagd«]

chas|sen ⟨[ʃas-] V.; schweiz. für⟩ = schassen

Chas|si|dim ⟨[xas-] Pl.⟩ Anhänger einer jüd. osteurop. Glaubensrichtung im 16. u. 17. Jh. [hebr., »die Frommen«]

Chas|si|dis|mus ⟨[xas-] m.; -; unz.; Rel.⟩ → *a.* Kabbala **1** ⟨i. w. S.⟩ jüdische relig. Bewegung, im mittelalterl. Deutschland eine mystische Parallelströmung zur Kabbala **2** ⟨i. e. S.⟩ in der Mitte des 18. Jh. von Israel ben Elieser (1699-1760) begründeter osteurop. C., der aus Ressentiment gegen die offizielle, rabbinisch beherrschte Religion sich wieder an die volkstüml., lebendigere Form der Kabbala des 16./17. Jh. annäherte [→ *Chassidim*]

Chas|sis ⟨[ʃasi:] n.; - [ʃasi:s], - [ʃasi:s]⟩ **1** Fahrgestell; *Ggs* Karosserie; *~ eines Autos* **2** Gestell, das die Bauteile trägt; *~ eines Rundfunkempfängers* [<frz. *châssis* »Einfassung, Rahmen«]

Chat ⟨[tʃæt] m.; -s, -s; EDV; umg.⟩ Unterhaltung, Kommunikation (im Internet); *~räume für Internetbenutzer* [<engl. *chat* »Plauderei«]

Château / Chateau (*Schreibung mit diakritischen Zeichen*)
Es bleibt in der Regel dem Schreibenden überlassen, ob er die in der Herkunftssprache üblichen diakritischen Zeichen wie etwa den französischen Accent circonflexe berücksichtigt oder auf diesen verzichtet. Allerdings sollte durch einen Verzicht auf diakritische Zeichen nicht die Bedeutung eines Begriffes infrage gestellt werden, wie dies etwa bei frz. »*Collège*« und engl. »*College*« der Fall wäre (→*a.* Čevapčići / Cevapcici).

Châ|teau *auch:* **Cha|teau** ⟨[ʃato:] n.; -s, -s⟩ Schloss, Land-, Weingut [frz., »Schloss«]

Cha|teau|bri|and ⟨[ʃatobriã:] n.; - od. -s, -s; Kochk.⟩ gebratene Rindslende [nach dem frz. Schriftsteller François-René Vicomte de *Chateaubriand,* 1768-1848]

Chat|room ⟨[tʃætru:m] m.; -s, -s; EDV⟩ im Internet angebotenes Forum, in dem mit anderen Internetbenutzern kommuniziert werden kann [<engl. *chat* »Plauderei« + *room* »Raum«]

chat|ten ⟨[tʃætən] V.; EDV; umg.⟩ im Internet kommunizieren; *er verbringt viele Stunden ~d vor dem PC* [<engl. *chat* »plaudern«]

Chat|ter ⟨[tʃæt-] m.; -s, -; EDV⟩ jmd., der im Internet kommuniziert [→ *chatten*]

Chau|deau ⟨[ʃodo:] m.; -s, -s; Kochk.⟩ Soße aus Wein, Eischnee, Eidotter u. Zucker mit Zitronensaft, wird zu Mehlspeisen u. Puddings serviert, dient auch als Getränk [frz.]

Chauf|feur ⟨[ʃɔfø:r] m.; -s, -e⟩ Kraftwagenfahrer, der beruflich Prominente, Politiker(innen) u. Vorgesetzte (von meist größeren Unternehmen) fährt [frz., urspr. »Lokomotivheizer«]

Chauf|feu|se ⟨[ʃɔfø:zə] f.; -, -n⟩ Kraftwagenfahrerin, die beruflich Prominente, Politiker(innen) u. Vorgesetzte (von meist größeren Unternehmen) fährt

chauf|fie|ren ⟨[ʃɔf-] V.⟩ einen Kraftwagen lenken, den Beruf des Chauffeurs, der Chauffeuse ausüben [→ *Chauffeur*]

Chaul|moo|gra|öl *auch:* **Chaul|moog|ra|öl** ⟨[tʃɔ:lmu:gra-] n.; -s, -e⟩ Samenöl des ind. Baumes Hydnocarpus kurzii, als Mittel gegen Lepra verwendet u. in Form der darin wirksamen Chaulmoograsäure auch synthet. hergestellt [<Bengali *ca(u)lmugra*]

Chaus|see ⟨[ʃɔs-] f.; -, -n; veraltet⟩ Landstraße [<frz. *chaussée* »Fahrdamm, Straßendecke«; verwandt mit *Kalk*]

Chau|vi ⟨[ʃo:vi] m.; -s, -s; umg.⟩ Vertreter des männlichen Chauvinismus

Chau|vi|nis|mus ⟨[ʃovi-] m.; -; unz.⟩ übertriebene Liebe zum eigenen Vaterland, verbunden

C

mit Hass u. Verachtung gegen andere Völker; *männlicher ~* Zurschaustellen männl. Überlegenheit gegenüber der Frau [nach dem Rekruten *Chauvin,* einer Figur des 1831 aufgeführten Lustspiels »La cocarde tricolore« der Cogniard-Brüder]

Chau|vi|nist ⟨[ʃovi-] m.; -en, -en⟩ Anhänger des Chauvinismus

chau|vi|nis|tisch ⟨[ʃɔvi-] Adj.⟩ auf Chauvinismus beruhend, ihm anhängend

Cheat|code ⟨[tʃi:tkoʊd] m.; -s, -s; EDV⟩ Betrugsbefehl, um bei Computerspielen eine zusätzl. Waffe, ein weiteres Leben o. Ä. zu bekommen [<engl. *cheat code*]

chea|ten ⟨[tʃi:tən] V.; EDV; bes. bei Computerspielen⟩ betrügen, schummeln (mit Hilfe eines Cheatcodes) [<engl. *cheat* »betrügen, prellen«]

Check ⟨[tʃɛk] m.; -s, -s; Eishockey⟩ erlaubte Behinderung eines Gegenspielers [engl., »Hindernis, Hemmnis; Probe, Kontrolle«]

che|cken ⟨[tʃɛkən] V.; umg.⟩ vergleichen, vergleichend prüfen, abstimmen; *Texte, Termine ~* [<engl. *check*]

Che|cker ⟨[tʃɛkə(r)] m.; -s, -⟩ **1** jmd., der etwas checkt, eine Kontrollliste o. Ä. führt bzw. überprüft **2** ⟨Jugendspr.⟩ Jugendlicher, der sich auffällig laut u. betont lässig benimmt [engl., »Prüfer«]

Check-in ⟨[tʃɛkɪn] n. od. m.; -s, -s⟩ Abfertigung der Fluggäste vor dem Flug [<engl. *check* »Kontrolle« + *in* »hinein«]

Check|lis|te ⟨[tʃɛk-] f.; -, -n⟩ Kontrollliste (bes. zur Überprüfung techn. Apparate) [<engl. *check* »Kontrolle« + *list* »Liste«]

Check-out ⟨[tʃɛkaut] n.; -s, -s⟩ **1** Abfertigung der Fluggäste nach dem Flug **2** (abschließende) Kontrolle u. Funktionsprüfung von technischen Geräten [<engl. *check* »Kontrolle« + *out* »aus, heraus«]

Check|point ⟨[tʃɛk-] m.; -s, -s⟩ Kontrollpunkt an der Grenze [<engl. *check* »Kontrolle« + *point* »Punkt, Stelle«]

Check-up ⟨[tʃɛkʌp] m.; -s, -s⟩ **1** ⟨allg.⟩ Inspektion, Untersuchung, Wartung **2** ⟨Med.⟩ sorgfältige, umfassende Vorsorgeuntersuchung **3** ⟨Technik⟩ Abschlusskontrolle in der Luft- u. Raumfahrt zwecks optimaler Funktionstüchtigkeit u. Fehlerlosigkeit der Betriebssysteme (bes. bei bemannter Raumfahrt) [engl.]

Ched|dar ⟨[tʃɛdər] m.; -s; unz.⟩ fette Hartkäsesorte [nach dem engl. Ort *Cheddar*]

Che|der ⟨[xe:-] f.; -; unz.⟩ jüdische Kinder- od. Knabenschule, die seit der Aufklärung nur noch in streng orthodoxen Gemeinschaften vorkommt, Chederschule [<hebr. *cheder* »Stube, Zimmer«]

chee|ren ⟨[tʃi:-] V.⟩ als Cheerleader auftreten; *vor einer wogenden Menge ~* [<engl. *cheer* »zujubeln«]

chee|rio! ⟨[tʃiriou]⟩ **1** zum Wohl! **2** auf Wiedersehen! [engl.; zu *cheer* »Hurra, Beifallsruf«]

Cheer|lea|der ⟨[tʃi:rli:də(r)] m.; -s, -; Sport⟩ Mitglied einer Gruppe von jungen Mädchen od. Frauen, die bei sportlichen Großveranstaltungen während der Spielpausen einstudierte Choreographien u. Sprechgesänge vortragen [<engl. *cheer* »Anfeuerungsruf, Beifall« + *leader* »Anführer«]

Cheese|bur|ger ⟨[tʃi:zbœ:gə(r)] m.; -s, -⟩ Hamburger mit einer Scheibe Käse [<engl. *cheese* »Käse« + Ham*burger*]

Chef ⟨[ʃɛf] m.; -s, -s⟩ **1** Vorgesetzter **2** Vorsteher, Leiter einer Dienststelle **3** Arbeitgeber, Unternehmer **4** ⟨umg.; scherzh.⟩ Anführer [frz., »Führer, Oberhaupt«]

Chef|arzt ⟨[ʃɛf-] m.; -es, -ärz|te; Med.⟩ leitender Arzt (eines Krankenhauses)

Chef|ärz|tin ⟨[ʃɛf-] f.; -, -tin|nen; Med.⟩ leitende Ärztin (eines Krankenhauses)

Chef|coach ⟨[ʃɛfkoutʃ] m.; -s, -s; Sport⟩ = Cheftrainer [engl.]

Chef de Cu|i|sine ⟨[ʃɛf də kyizi:n] m.; - - -, -s [ʃɛf] - -; frz. Bez. für⟩ Küchenchef

Chef de Mis|si|on ⟨[ʃɛf də misjɔ̃:] m.; - - -, -s [ʃɛf] - -⟩ (bei Großveranstaltungen) verantwortlicher Leiter einer, meist nationalen, sportlichen Abteilung, z. B. bei Weltmeisterschaften od. der Olympiade [frz., »Leiter der Mission, Delegation«]

Chef|dol|met|scher ⟨[ʃɛf-] m.; -s, -⟩ führender, verantwortlicher Übersetzer; *er war bei der internationalen Handelsmesse der ~*

Chef|dol|met|sche|rin ⟨[ʃɛf-] f.; -, -rin|nen⟩ führende, verantwortliche Übersetzerin

Chef|eta|ge ⟨[ʃɛfeta:ʒə] f.; -, -n⟩ **1** ⟨allg.⟩ Stockwerk in einem Firmengebäude, in dem sich die Büros der Geschäftsführung befinden **2** ⟨fig.; umg.⟩ leitende Funktion, Führungsposition; *sie hat den Sprung in die ~ geschafft*

Chef|ideo|lo|ge ⟨[ʃɛf-] m.; -n, -n; umg.⟩ **1** ⟨allg.⟩ maßgeblicher Theoretiker u. Wortführer einer politischen Richtung od. Partei **2** ⟨westl. Bez. für⟩ wichtiger Ideologe einer kommunistischen Partei od. Regierung

Chef|ideo|lo|gie ⟨[ʃɛf-] f.; -, -n; umg.⟩ Leitlinie einer politischen Richtung od. Partei, die der Regierungs- bzw. Parteichef vorgibt

Chef|ideo|lo|gin ⟨[ʃɛf-] f.; -, -gin|nen; umg.⟩ weibl. Chefideologe

Che|fin ⟨[ʃɛ-] f.; -, -fin|nen⟩ **1** weiblicher Chef **2** Ehefrau des Chefs

Chef|in|ge|ni|eur ⟨[ʃɛfinʒenjø:r] m.; -s, -e⟩ leitender technischer Angestellter

Chef|lek|tor ⟨[ʃɛf-] m.; -s, -en⟩ Leiter eines Verlagslektorats

Chef|lek|to|rin ⟨[ʃɛf-] f.; -, -rin|nen⟩ Leiterin eines Verlagslektorats

Chef|öko|nom ⟨[ʃɛf-] m.; -en, -en⟩ Leiter der wirtschaftswissenschaftlichen Abteilung (eines Unternehmens o. Ä.)

Chef|pi|lot ⟨[ʃɛf-] m.; -s, -en⟩ erster, leitender Pilot im Flugzeug

Chef|pi|lo|tin ⟨[ʃɛf-] f.; -, -tin|nen⟩ erste, leitende Pilotin im Flugzeug

Chef|re|dak|teur ⟨[ʃɛf-] m.; -s, -e⟩ Hauptschriftleiter einer Zeitung, Abteilungsleiter einer Verlagsredaktion

Chef|re|dak|teu|rin ⟨[ʃɛf-] f.; -, -rin|nen⟩ Hauptschriftleiterin

einer Zeitung, Abteilungsleiterin einer Verlagsredaktion
Chef|re|dak|ti|on ⟨[ʃɛf-] f.; -, -en⟩ leitende Redaktion (2), Gesamtheit der leitenden Redakteure
Chef|re|dak|tor ⟨[ʃɛf-] m.; -s, -en; schweiz.⟩ = Chefredakteur
Chef|sa|che ⟨[ʃɛf-] f.; -, -n⟩ **1** ⟨i. e. S.⟩ wichtige Angelegenheit, um die sich der Chef persönlich kümmert **2** ⟨i. w. S.⟩ Angelegenheit von höchster Wichtigkeit, sehr dringl. Sache; *ein Thema zur ~ erklären*
Chef|se|kre|tär ⟨[ʃɛf-] m.; -s, -e⟩ **1** erster, verantwortlicher Sekretär eines leitenden Vorgesetzten **2** = Generalsekretär
Chef|se|kre|tä|rin ⟨[ʃɛf-] f.; -, -rinnen⟩ erste, verantwortliche Sekretärin eines leitenden Vorgesetzten
Chef|trai|ner ⟨[ʃɛftrɛ:-] m.; -s, -; Sport⟩ leitender Trainer einer Mannschaft bzw. eines Sportvereins; *Sy* Chefcoach
Chef|trai|ne|rin ⟨[ʃɛftrɛ:-] f.; -, -rin|nen; Sport⟩ weibl. Cheftrainer
Chei|li|tis ⟨[çɛɪ-] f.; -, -ti|den; Med.⟩ = Cheilose
Chei|lo|se ⟨[çaɪ-] f.; -, -n; Med.⟩ Entzündung an der Lippenschleimhaut; *Sy* Cheilitis [<grch. *cheilos* »Lippe«]
Chei|ro|no|mie ⟨[çaɪ-] f.; -; unz.⟩ *oV* Chironomie **1** ⟨Musik⟩ Leitung eines Chores durch festgelegte Handzeichen, die neben dem Tempo auch den Melodieverlauf angeben **2** ⟨Tanzkunst⟩ Ausdrucksweise für Gedanken, Gefühle u. Geschehen, die über die mimische u. gestikulierende Symbolsprache der Handbewegungen verläuft [<grch. *cheir*, Gen. *cheiros* »Hand« + *…nomie*]
chei|ro|no|misch ⟨[çaɪ-] Adj.⟩ zur Cheironomie gehörig, mit Hilfe ihrer Methoden arrangiert; *oV* chironomisch
Chei|ro|spas|mus ⟨[çɛɪ-] m.; -, -spas|men⟩ = Chirospasmus
Che|li|ze|re ⟨[çe-] f.; -, -n; Zool.⟩ Kieferfühler, gehört zu den Mundgliedmaßen der Spinnen [<grch. *chele* »Schere« + *keras* »Horn«]
Chel|lé|en ⟨[ʃɛleɛ̃:] n.; - od. -s; unz.⟩ = Abbevillien [nach der alten frz. Bezeichnung *Chelléen* für Westeuropa]
Chel|sea|por|zel|lan ⟨[tʃɛlsɪ-] n.; -s; unz.; Sammelbez. für⟩ Erzeugnisse der um 1745 gegründeten, ältesten engl. Porzellanfabrik in Chelsea, die bunt bemaltes Geschirr u. Mode- u. Schmuckwaren herstellt [nach dem Londoner Stadtteil *Chelsea* + *Porzellan*]
Che|mi|cal Mace ⟨[kɛmɪkəl mɛɪs] f.; - -, - -s [-mɛɪsɪz]; engl. Bez. für⟩ chemische Keule, von der Polizei verwendetes Gerät zum Versprühen von Reizstoffen
Che|mie ⟨[çe-] od. süddt., österr. [ke-] f.; -; unz.⟩ Wissenschaft von den chem. Grundstoffen u. den chem. Verbindungen sowie deren Veränderungen, soweit sie nicht auf Atomkernreaktionen beruhen [<grch. *chemeia, chymeia;* zu *chymos* »Flüssigkeit«]
Che|mie|fa|ser ⟨[çe-] f.; -, -n; Textilw.⟩ auf chem. Weg hergestellter Faserstoff, sowohl aus Naturstoffen (z. B. Kunstseide) wie auch aus vollsynthetischen Produkten (z. B. Nylon, Perlon)
Che|mie|la|bo|rant ⟨[çe-] m.; -en, -en⟩ chemisch-technischer Assistent, der in Forschungs- u. Entwicklungslaboratorien chemische bzw. chemisch-physikalische Analysen durchführt
Che|mie|la|bo|ran|tin ⟨[çe-] f.; -, -tin|nen⟩ weibl. Chemielaborant
Che|mi|graf ⟨[çe-] m.; -en, -en; Typ.⟩ = Chemigraph
Che|mi|gra|fie ⟨[çe-] f.; -; unz.⟩ = Chemigraphie
che|mi|gra|fisch ⟨[çe-] Adj.; Typ.⟩ = chemigraphisch
Che|mi|graph ⟨[çe-] m.; -en, -en; Typ.⟩ jmd., der mit chem. Mitteln Druckstöcke anfertigt; *oV* Chemigraf; →*a.* Klischee (1) [< *Chemie* + *…graph*]
Che|mi|gra|phie ⟨[çe-] f.; -; unz.⟩ Verfahren zur Herstellung von Druckstöcken für den Hochdruck auf fotografischem Weg; *oV* Chemigrafie
che|mi|gra|phisch ⟨[çe-] Adj.; Typ.⟩ mittels der Chemigraphie entwickelt, auf ihr beruhend; *oV* chemigrafisch
Che|mi|ka|lie ⟨[çemika:ljə] f.; -, -li|en⟩ auf chem. Weg hergestelltes Erzeugnis
Che|mi|kant ⟨[çe-] m.; -en, -en⟩ in der chemischen Industrie tätiger Facharbeiter
Che|mi|kan|tin ⟨[çe-] f.; -, -tinnen⟩ in der chemischen Industrie tätige Facharbeiterin
Che|mi|ker ⟨[çe:-] m.; -s, -⟩ auf dem Gebiet der Chemie arbeitender Wissenschaftler
Che|mi|ke|rin ⟨[çe:-] f.; -, -rinnen⟩ auf dem Gebiet der Chemie arbeitende Wissenschaftlerin
Che|mi|lu|mi|nes|zenz ⟨[çe-] f.; -, -en⟩ durch chemische Reaktionen bewirkte Lumineszenz; *oV* Chemolumineszenz
che|misch ⟨[çe:-] Adj.⟩ die Chemie betreffend, mit Stoffumwandlung verbunden; *~es Element, ~er Grundstoff* einer der mit Hilfe chem. Methoden nicht weiter in einfachere Stoffe zerlegbaren Grundbestandteile der Materie; *~e Formel* symbol. Darstellung der chem. Verbindungen; *~e Gleichung* in Form einer Gleichung aufgeschriebene symbol. Darstellung einer chem. Reaktion; *~e Reaktion* Vorgang, durch den verschiedene chem. Stoffe od. Verbindungen ineinander überführt werden; *~e Verbindung* V. der Atome mehrerer chem. Elemente zu einem Molekül; *~es Zeichen* für chem. Grundstoffe verwendete(r) Buchstabe(n)
Che|mi|sett ⟨[ʃemizɛt] n.; -(e)s, -s od. -e⟩ = Chemisette
Che|mi|sette ⟨[ʃemizɛt] f.; -, -n⟩ Vorhemdchen; *oV* Chemisett [frz.]
Che|mi|si|er|kleid ⟨[ʃemizje:-] n.; -(e)s, -er; schweiz.⟩ Hemdblusenkleid [<frz. *chemisier*]
Che|mis|mus ⟨[çe-] m.; -; unz.; österr.⟩ Ablauf chem. Stoffumsetzungen (bes. im Tier- u. Pflanzenkörper) [→ *Chemie*]
che|mo…, Che|mo… ⟨[çe:-] od. süddt., österr. [ke:-] in Zus.⟩ auf der Chemie beruhend, mit ihrer Hilfe
Che|mo|bio|nik ⟨[çe-] f.; -; unz.⟩ Teilbereich der Bionik, der das Verhalten von Stoffen in biolo-

gischen Systemen (z. B. Zellen) erforscht, um die prinzipielle Übertragbarkeit des Stoffverhaltens auf chemische Verfahren zu prüfen [< *Chemo...* + *Bionik*]

C

Che|mo|keu|le ⟨[çe:-] f.; -, -n; umg.⟩ Sprühgerät, dessen Inhaltsstoff Haut- u. Augenreizungen verursacht u. bei polizeilichen Großeinsätzen gegen Demonstrierende eingesetzt wird

Che|mo|lu|mi|nes|zenz ⟨[çe-] f.; -, -en⟩ = Chemilumineszenz

Che|mo|nas|tie ⟨[çe-] f.; -, -n⟩ durch chem. Mittel ausgelöste Nastie

Che|mo|plas|te ⟨[çe-] Pl.⟩ aushärtbare Kunstharze

Che|mo|re|sis|tenz ⟨[çe-] f.; -, -en⟩ Resistenz von Bakterienstämmen gegenüber Chemotherapeutika

Che|mo|re|zep|tor ⟨[çe-] m.; -s, -en⟩ Sinneszelle, die auf chem. Reize anspricht

Che|mo|syn|the|se ⟨[çe-] f.; -, -n; Biochemie⟩ Fähigkeit verschiedener Bakterien, hochmolekulare organ. Verbindungen aus anorgan. Stoffen ohne Sonnenlicht herzustellen

che|mo|tak|tisch ⟨[çe-] Adj.⟩ auf Chemotaxis beruhend, durch sie verursacht

Che|mo|ta|xis ⟨[çe-] f.; -, -xi|en⟩ durch chem. Mittel ausgelöste Taxie

Che|mo|tech|nik ⟨[çe-] f.; -; unz.⟩ Technik der Chemie

Che|mo|tech|ni|ker ⟨[çe-] m.; -s, -⟩ an einer Fachschule ausgebildeter Chemiker

Che|mo|tech|ni|ke|rin ⟨[çe-] f.; -, -rin|nen⟩ an einer Fachschule ausgebildete Chemikerin

Che|mo|the|ra|peu|ti|kum ⟨[çe-] n.; -s, -ti|ka; Pharm.⟩ Medikament gegen Krankheitserreger, das aus chemischen Stoffen hergestellt ist

che|mo|the|ra|peu|tisch ⟨[çe-] Adj.; Pharm.⟩ die Chemotherapie betreffend, ihr entsprechend, auf ihr beruhend

Che|mo|the|ra|pie ⟨[çe-] f.; -; unz.; Med.⟩ Heilverfahren mit chemischen Stoffen (Chemotherapeutika)

Che|mo|tro|pis|mus ⟨[çe-] m.; -, -pis|men⟩ durch chem. Mittel ausgelöster Tropismus

Chem|ur|gie *auch:* **Che|mur|gie** ⟨[çe-] f.; -; unz.⟩ Lehre von der Gewinnung chemischer Produkte aus organ. Substanzen, die der Land- u. Forstwirtschaft entstammen [< *Chemie* + grch. *ergon* »Werk«]

Che|nil|le ⟨[ʃənɪljə] od. [ʃəni:jə] f.; -, -n; Textilw.⟩ Garn mit abstehenden Fasern, ein Raupenzwirn [frz., »Raupe«]

cher|chez la femme! ⟨[ʃɛrʃe: la fam]⟩ hinter dieser Angelegenheit steckt bestimmt eine Frau! [frz., eigtl. »sucht die Frau!«]

Che|ri|mo|ya ⟨[tʃɛ-] f.; -, -s; Bot.⟩ Rahmapfel, südamerikanische Frucht mit weißem, säuerlichem Fruchtfleisch, das überwiegend püriert verzehrt wird: Annona cherimola; *oV* Chirimoya [engl., <span. *chirimoya*]

Cher|ry|bran|dy ⟨[tʃɛribrændi] m.; -s, -s⟩ Kirschlikör [<engl. *cherry* »Kirsche« + *Brandy*]

Che|rub ⟨[çe:-] m.; -s, -bim od. -bi|nen; AT⟩ Engel, Paradieswächter [hebr., urspr., »geflügeltes Wundertier mit menschlichem Antlitz«]

che|ru|bi|nisch ⟨[çe:-] Adj.⟩ engelhaft, engelgleich

Ches|ter ⟨[tʃɛstə(r)] m.; -s, -; kurz für⟩ Chesterkäse

Ches|ter|kä|se ⟨[tʃɛstə(r)-] m.; -s, -⟩ harter Fettkäse; *Sy* Chester [nach der engl. Stadt *Chester*]

che|va|le|resk ⟨[ʃəva-] Adj.⟩ ritterlich [<frz. *chevaleresque*]

Che|va|li|er ⟨[ʃəvalje:] m.; -s, -s⟩ Ritter, Edelmann (frz. Adelstitel) [frz., »Ritter«]

Che|vi|ot ⟨[ʃɛviɔt] m.; -s, -s; Textilw.⟩ Kleiderstoff aus Schafwolle [nach den *Cheviot*bergen zwischen England u. Schottland wegen der Wolle der dort gezüchteten Schafe]

Che|vreau *auch:* **Chev|reau** ⟨[ʃəvro:] n.; -s; unz.; Textilw.⟩ feines Ziegenleder (für Schuhe) [<frz. *chevreau* »Zicklein«]

Che|vron *auch:* **Chev|ron** ⟨[ʃəvrɔ̃:] m.; -s, -s⟩ **1** frz. Dienstgradabzeichen **2** Mantelstoff mit diagonalem, fischgrätenähnlichem Muster **3** pfeilspitzenähnliche Verbindung zweier Schrägbalken im Wappen, Sparren [frz., »Dachsparren«]

Chew|ing|gum *auch:* **Che|wing|gum** ⟨[tʃu:ɪŋgʌm] m.; - od. -s, -s; engl. Bez. für⟩ Kaugummi

Chi ⟨[çi:] n.; - od. -s, -s; Zeichen: χ, X⟩ der 22. Buchstabe im grch. Alphabet [grch.]

Chi|an|ti ⟨[kjan-] m.; -s, -s⟩ ein ital. Rotwein [nach der gleichnamigen Weingegend in der Toskana, Italien]

Chi|as|ma ⟨[çi-] n.; -s, -as|men; Biol.⟩ Überkreuzung der Chromatiden eines Chromosomenpaares während der Reduktionsteilung [→ *Chiasmus*]

Chi|as|mus ⟨[çi-] m.; -; unz.⟩ **1** Stilmittel, kreuzweise Gegenüberstellung von Gegensatzpaaren od. gleichen Begriffen **2** ⟨Sprachw.⟩ parallele Umkehrung in der Abfolge der Satzglieder, z. B. *für seine Tochter ein Buch, einen Ball für seinen Sohn* [nach dem ein Kreuz bildenden grch. Buchstaben *Chi*]

chi|as|tisch ⟨[çi-] Adj.⟩ über Kreuz gestellt [→ *Chiasmus*]

chic ⟨[ʃɪk] Adj.⟩ = schick [frz.]

Chic ⟨[ʃɪk] m.; -s; unz.⟩ = Schick [frz.]

Chi|ca|go|jazz ⟨[ʃika:godʒæz] m.; -; unz.; Musik⟩ Jazzstil der 1920er Jahre, mit dem weiße Musiker den Jazz der Schwarzen (bes. L. Armstrong u. King Oliver) zu imitieren versuchten u. der zur Entwicklung des Swing beitrug; *Sy* Chicagostil

Chi|ca|go|stil ⟨[ʃika:go-] m.; -s; unz.; Musik⟩ = Chicagojazz

Chi|cha ⟨[tʃɪtʃa] f.; -, -s⟩ bierähnliches Rauschgetränk aus Mais (selten auch Reis od. Obst) im südamerikan. Andengebiet u. in Mittelamerika [indian.]

Chi|chi ⟨[ʃiʃi:] n.; - od. -s, - od. -s; umg.⟩ **1** ⟨unz.⟩ umständliches Gebaren, Getue **2** ⟨zählb.; meist Pl.⟩ falsche Locken [frz.]

Chi|co ⟨[tʃi:ko] od. [tʃɪko] m.; - od. -s, -s⟩ kleiner Junge, kleiner Kerl [span.]

Chi|co|rée ⟨[ʃikɔre:] od. [ʃɪkɔre:] m. od. f.; - od. -s; unz.⟩ als Salat u. für Gemüse verwendeter bleicher Wintertrieb der Zichorie [frz.]

Chief ⟨[tʃiːf] m.; -s, -s⟩ Anführer, Chef [engl., »Chef, Häuptling; haupt…, Haupt…«]
Chief Exe|cu|tive Of|fi|cer ⟨[tʃiːf ɪgzekjuːtɪv ɔfɪsə(r)] Abk.: CEO; engl. Bez. für⟩ Vorstandsvorsitzende(r)
Chif|fon ⟨[ʃɪfɔ̃ː] m.; -s, -s; Textilw.⟩ sehr dünnes, schleierartiges Gewebe aus Seide od. Kunstseide [frz., »Lumpen, Lappen, Chiffon(stoff)«]
Chif|fre *auch:* **Chiff|re** ⟨[ʃɪfər] od. [ʃɪfrə] f.; -, -n⟩ **1** Ziffer, Zahl **2** Kennziffer in Anzeigen **3** Namenszeichen, Monogramm **4** Geheimzeichen **5** ⟨Lit.⟩ (bes. im Bereich der Lyrik angewandtes) Stilmittel, das Wörter in der Art bildhafter Symbole verschlüsselt [frz., »Ziffer, Zahl«]
chif|frie|ren *auch:* **chiff|rie|ren** ⟨[ʃɪf-] V.⟩ in Geheimschrift schreiben, verschlüsseln
Chif|frie|rung *auch:* **Chiff|rie|rung** ⟨[ʃɪf-] f.; -, -en⟩ Verschlüsselung; *Ggs* Dechiffrierung
Chi|gnon *auch:* **Chig|non** ⟨[ʃɪnjɔ̃ː] m.; -s, -s⟩ **1** Nackenknoten, Nackenzopf **2** Haarunterlage [frz., »Haarknoten«]
Chi|hua|hua ⟨[tʃɪwaːwa] m.; -s, -s; Zool.⟩ kleiner, dem Zwergpinscher ähnelnder Hund [nach dem gleichnamigen mexikan. Bundesstaat]
Child Gui|dance ⟨[tʃaɪld gaɪdəns] f.; - -; unz.⟩ aus den USA stammendes Konzept von Einrichtungen zur Erziehungsberatung für Familien mit verhaltensauffälligen Kindern, das stark therapeutisch ausgerichtet ist u. eine Zusammenarbeit von Kinderpsychiatern, Psychologen u. Sozialarbeitern umfasst [<engl. *child* »Kind« + *guidance* »Beratung«]
Chi|le|sal|pe|ter ⟨[tʃiː-] od. [çiː-] m.; -s; unz.; Chemie⟩ aus den Nordprovinzen von Chile u. Peru stammender Natronsalpeter
Chi|li ⟨[tʃiːli] m.; -s, -s; Bot.⟩ paprikaähnliche Beerenfrucht eines in Afrika, Indien u. Japan angebauten Nachtschattengewächses, aus der Cayennepfeffer gewonnen wird: Capsicum frutescens; ~ *con Carne* scharf gewürztes Rinderragout [zu span. *chile* <Nahuatl]
Chi|li|a|de ⟨[çi-] f.; -, -n⟩ **1** Zahl, Reihe, Sammlung von Tausend **2** Jahrtausend [zu grch. *chilioi* »tausend«]
Chi|li|as|mus ⟨[çi-] m.; -; unz.⟩ Glaube an ein Tausendjähriges Reich (nach Christi Wiederkunft) [zu grch. *chilioi* »tausend«]
Chi|li|ast ⟨[çi-] m.; -en, -en⟩ Anhänger des Chiliasmus
chi|li|as|tisch ⟨[çi-] Adj.⟩ dem Chiliasmus entsprechend
chil|len ⟨[tʃɪl-] V.; umg.⟩ sich erholen, sich entspannen, relaxen; *Sy* auschillen; *er muss erst mal* ~ [<engl. *chill* »kühlen«]
Chil|ler ⟨[tʃɪl-] m.; -s, -s⟩ **1** Gerät zur Klimatisierung von Räumen od. Flüssigkeiten **2** Film, Roman, Theaterstück mit gruseliger Handlung [→ *chillen*]
chil|lig ⟨[tʃɪl-] Adj.; umg.⟩ entspannt, ungezwungen, erholsam; ~*e Musik hören; die Arbeit ist* ~ *u. interessant* [→ *chillen*]
Chi|mä|ra *auch:* **Chi|mä|re** ⟨[çi-] f.; -, -mä|ren⟩ **1** grch. Sagenungeheuer (vorn Löwe, in der Mitte Ziege, hinten Drache) **2** Pflanze mit genotyp. verschiedenen Geweben, bedingt durch Plastidenspaltung, Mutationen, irreguläre Mitose oder künstl. Gewebeverschiebung durch Pfropfung, Pfropfbastard **3** Trugbild, Hirngespinst; *oV* Schimäre [<frz. *chimère* <lat. *chimaera* »Chimäre« <grch. *Chimaira*, in der grch. Sage feuerspeiendes Untier mit drei Köpfen, eigtl. »Ziege«]
chi|mä|risch ⟨[çi-] Adj.⟩ fantastisch, trügerisch; *oV* schimärisch [<frz. *chimérique;* → *Chimära*]
Chi|na|cra|cker ⟨[çiːnakrækə(r)] m.; -s, -⟩ ein Knall- bzw. Feuerwerkskörper, Chinakracher [nach *China* + *Cracker*]
Chi|na|gras ⟨[çiː-] od. süddt., österr. [kiː-] n.; -es, -grä|ser; Bot.⟩ = Ramie (2)
Chi|na|rin|de ⟨[çiː-] f.; -; unz.; Med.⟩ chininhaltige Rinde des Chinarindenbaumes (Cinchona), einer Gattung der Rötegewächse (Rubiaceae) mit fieberheilender Wirkung: Cortex Chinae; →*a.* Cinchona [<peruan. *quinaquina* »Rinde der Rinden«, d. h. »die Beste der Rinden«]
Chi|na|town ⟨[tʃaɪnataʊn] f.; -, -s⟩ Viertel einer Großstadt (bes. in Europa u. Nordamerika), das überwiegend von chines. Emigranten bewohnt wird; *die* ~ *in Newcastle upon Tyne gehört zu den Sehenswürdigkeiten der Stadt* [engl.; vermutlich in Anlehnung an die *Chinatown* von New York]
Chi|na|white ⟨[tʃaɪnawaɪt] n.; -s; unz.; umg.⟩ Heroin von großer Reinheit [<engl. *china* »China« + *white* »weiß, rein«]
Chin|chil|la ⟨[tʃɪntʃɪlja:] f.; -, -s, österr.: n.; -s, -s⟩ **1** ⟨Zool.⟩ südamerikan. Nagetier aus der Familie der Hasenmäuse von 30 cm Körperlänge mit 20 cm langem, buschigem Schwanz: Lagidium viscaccia **2** Pelz der Chinchilla [span., »maulwurfähnliches Tier«]
Chi|nin ⟨[çi-] n.; -s; unz.; Chemie⟩ Alkaloid der Chinarinde (gegen Malaria) [<peruan. *quinaquina* »Rinde der Rinden«, d. h. »die Beste der Rinden«]
chi|nin|hal|tig ⟨[çi-] Adj.⟩ Chinin enthaltend; ~*e Limonade*
Chi|noi|se|rie ⟨[ʃinoazə-] f.; -, -n⟩ **1** Kunstgewerbe in chines. Manier **2** ⟨fig.⟩ Abgeschmacktheit [frz.; <*chinois* »chinesisch«]
Chi|no|ne ⟨[çi-] Pl.; Chemie⟩ Gruppe aromatischer, gelb bis rot gefärbter Verbindungen, wegen ihrer Reaktionsfreudigkeit Ausgangsstoffe für zahlreiche chem. Synthesen
Chi|nook ⟨[tʃɪnuk] m.; -s, -s; Meteor.⟩ **1** warmer, trockener Wind auf der Ostseite der Rocky Mountains **2** warmer, feuchter Südwestwind an der Küste im Nordwesten der USA [nordamerikan. Indianerspr.]
Chintz ⟨[tʃɪnts] m.; -(e)s, -e; Textilw.⟩ durch Wachsüberzug glänzend gemachter Baumwollstoff, meist bunt gemustert [engl., eigtl. »bedruckter od. bemalter Kattun aus Indien« <Hindi *chint*]
chint|zen ⟨[tʃɪntsən] V.; Textilw.⟩ *Stoff* ~ mit dünnem Wachsüberzug versehen

C

Chi|o|lith ⟨[çi-] m.; -s od. -en, -e od. -en; Min.⟩ schneefarbenes, körniges Mineral [<grch. *chion* »Schnee« + *…lith*]

Chi|o|no|graf ⟨[çi-] m.; -en, -en; Meteor.⟩ = Chionograph

Chi|o|no|graph ⟨[çi-] m.; -en, -en; Meteor.⟩ Messapparat, der zur (Mengen-)Registrierung von Niederschlägen (bes. Schnee) dient; *oV* Chionograf [<grch. *chion* »Schnee« + *…graph*]

chi|o|no|phil ⟨[çi-] Adj.; Bot.⟩ *~e Pflanzen* Pflanzen, die während des Winters eine feste, schützende Schneedecke benötigen, schneeliebende Pflanzen [<grch. *chion* »Schnee« + *…phil*]

Chip ⟨[tʃɪp] m.; -s, -s⟩ **1** Splitter, Span **2** ⟨Roulett⟩ Spielmarke **3** ⟨nur Pl.⟩ *~s* in Fett gebackene Scheibchen roher Kartoffeln, pikant gewürzt **4** ⟨El.⟩ Grundplatte einer elektron. Halbleiterschaltung **5** ⟨Golf⟩ = Chip-and-run [engl.]

Chip-and-run ⟨[tʃɪp ənd rʌn] m.; -, -; Golf⟩ aus dem Handgelenk geschlagener niedriger Annäherungsschlag, bei dem der Ball auf dem Grün noch weiterrollt; *Sy* Chip (5) [engl., eigtl. »anschlagen und rollen«]

Chip|kar|te ⟨[tʃɪp-] f.; -, -n⟩ (nahezu fälschungssichere) Plastikkarte mit integriertem Mikroprozessor u. Schaltkreis, die u. a. als Bargeldersatz eingesetzt wird, z. B. als Kreditkarte, Telefonkarte usw.; *Sy* Smartcard; →*a.* Chip (4)

chip|pen ⟨[tʃɪp -] V.; Sport; Golf⟩ aus dem Handgelenk anschlagen [<engl. *chip*]

Chip|pen|dale ⟨[tʃɪpəndɛɪl] n.; - od. -s; unz.⟩ um 1750 in England entstandener Möbelstil [nach dem engl. Kunsttischler Thomas *Chippendale*, 1718-1779]

Chip|py ⟨[tʃɪpi] m.; -s, -s; umg.⟩ **1** ⟨Drogenszene⟩ jmd., der bei seinen ersten Drogenerfahrungen nur geringe Mengen konsumiert **2** ⟨umg.; bes. Großbritannien⟩ Imbissbude, Pommesbude [Verkleinerungsform zu engl. *chip* »Chip«]

chir…, Chir… ⟨[çir] in Zus.⟩ = chiro…, Chiro…

Chir|a|gra *auch:* **Chi|rag|ra** ⟨[çi:r-] n.; -s; unz.; Med.⟩ Gicht in den Handgelenken [<*Chiro…* + grch. *agra* »Fang«]

chi|ral ⟨[çi-] Adj.; Chemie⟩ wie Bild u. Spiegelbild geformt, spiegelbildlich [<grch. *cheir* »Hand«]

Chi|ri|mo|ya ⟨[tʃi-] f.; -, -s; Bot.⟩ = Cherimoya [span.]

chi|ro…, Chi|ro… ⟨[çiro] vor Vokalen⟩ chir…, Chir… ⟨in Zus.⟩ Hand… [<grch. *cheir*, Gen. *cheiros* »Hand«]

Chi|ro|graf ⟨[çi-] n.; -en, -en⟩ = Chirograph

chi|ro|gra|fisch ⟨[çi-] Adj.⟩ = chirographisch

Chi|ro|gra|fum ⟨[çi-] n.; -s, -grafen od. -ro|gra|fa⟩ = Chirographum

Chi|ro|graph ⟨[çi-] n.; -en, -en⟩ = Chirographum; *oV* Chirograf

chi|ro|gra|phisch ⟨[çi-] Adj.⟩ handschriftlich; *oV* chirografisch [<*chiro…* + *…graphisch*]

Chi|ro|gra|phum ⟨[çi-] n.; -s, -grapha od. -gra|phen⟩ *oV* Chirografum **1** ⟨Spätantike⟩ Handschreiben **2** päpstl. Erlass an eine Einzelperson

Chi|ro|lo|gie ⟨[çi-] f.; -; unz.⟩ = Chiromantie

Chi|ro|mant ⟨[çi-] m.; -en, -en⟩ Handliniendeuter [<*Chiro…* + *…mant*]

Chi|ro|man|tie ⟨[çi-] f.; -; unz.⟩ Kunst, aus den Linien der Handfläche u. der Form der Hand den Charakter zu deuten, Handlesekunst; *Sy* Chirologie [<*Chiro…* + *…mantie*]

Chi|ro|man|tin ⟨[çi-] f.; -, -tinnen⟩ Handliniendeuterin

chi|ro|man|tisch ⟨[çi-] Adj.⟩ auf Chiromantie beruhend

Chi|ro|no|mie ⟨[çi-] f.; -; unz.⟩ = Cheironomie

chi|ro|no|misch ⟨[çi-] Adj.⟩ = cheironomisch

Chi|ro|prak|tik ⟨[çi-] f.; -; unz.; Med.⟩ Handheilverfahren zur Behandlung von Wirbelverrenkungen; *Sy* Chirotherapie [<*Chiro…* + *Praktik*]

Chi|ro|prak|ti|ker ⟨[çi-] m.; -s, -; Med.⟩ Spezialist im Fachbereich der Chiropraktik

Chi|ro|prak|ti|ke|rin ⟨[çi-] f.; -, -rin|nen; Med.⟩ Spezialistin im Fachbereich der Chiropraktik

Chi|rop|te|ra *auch:* **Chi|rop|te|ra** ⟨[çi-] Pl.; Zool.⟩ Fledermäuse [<*Chiro…* + grch. *pteron* »Flügel«]

Chi|ro|spas|mus ⟨[çi-] m.; -, -spas|men⟩ Schreibkrampf; *oV* Cheirospasmus [<*Chiro…* + *Spasmus*]

Chi|ro|the|ra|pie ⟨[çi-] f.; -, unz.; Med.⟩ = Chiropraktik

Chi|ro|the|ri|um ⟨[çi-] n.; -s, -rien⟩ nach handförmigen Abdrücken im Buntsandstein Thüringens benannte Saurierfährten eines primitiven Archosauriers [<*Chiro…* + grch. *therion* »Tier«]

> **Chirurg** (*Worttrennung am Zeilenende*) Fremdsprachige Zusammensetzungen können zwischen den einzelnen Bestandteilen getrennt werden [z. B. <grch. *cheir* »Hand« und grch. *ergon* »Werk«]. Sind diese jedoch für den Muttersprachler nicht unbedingt ersichtlich, so ist auch die Trennung nach Sprechsilben möglich.

Chir|urg *auch:* **Chi|rurg** ⟨[çir-] od. süddt., österr. [kir-] m.; -en, -en; Med.⟩ **1** ⟨veraltet⟩ Wundarzt **2** Facharzt für Chirurgie; →*a.* Operateur [<grch. *cheirurgos*, eigtl. »Handarbeiter« <*cheir* »Hand« + *ergon* »Werk«]

Chir|ur|gie *auch:* **Chi|rur|gie** ⟨[çir-] od. süddt., österr. [kir-] f.; -; unz.; Med.⟩ **1** Heilkunst durch operative Eingriffe **2** chirurgische Klinik, chirurgische Station [→ *Chirurg*]

Chir|ur|gin *auch:* **Chi|rur|gin** ⟨[çir-] od. süddt., österr. [kir-] f.; -, -gin|nen; Med.⟩ Fachärztin für Chirurgie

chir|ur|gisch *auch:* **chi|rur|gisch** ⟨[çir-] od. süddt., österr. [kir-] Adj.; Med.⟩ zur Chirurgie gehörig, operativ

Chi|tar|ro|ne ⟨[ki-] m.; -s, -s od. -ro|ni od. f.; -, -n; Musik⟩ (aus Italien stammende) größte Form der Laute, die über zwei Wirbelkästen verfügt u. im 17. Jh. das Generalbassinstrument war [Vergrößerungsform zu ital. *chitarra* »(Schlag-)Gitarre« <grch. *kithara* »Zitter«]

Chi|tin ⟨[çi-] n.; -s; unz.⟩ stickstoffhaltiger Grundstoff des Panzers der Gliederfüßer [<grch. *chiton* »Panzer«]

chi|ti|nig ⟨[çi-] Adj.⟩ aus Chitin bestehend; *Sy* chitinös

chi|ti|nös ⟨[çi-] Adj.⟩ = chitinig

Chi|ton ⟨[çi-] m.; -s, -e⟩ altgrch. Gewand aus einem Stück, um die Hüften gegürtet od. lose fallend [<grch. *chiton* »Gewand, Panzer«]

chlad|ni|sche Klang|fi|gur *auch:* **Chlad|ni'sche Klang|fi|gur** ⟨[klad-] f.; -n -, -n -en⟩ Figur, die entsteht, wenn man eine Platte mit Sand bestreut, an einem Punkt befestigt und - z. B. durch Anstreichen mit einem Geigenbogen - in Schwingungen versetzt [nach dem dt. Physiker Ernst Florens Friedrich *Chladni,* 1756-1827]

Chla|my|dia ⟨[çla-] f.; -, -di|en; Med.⟩ Bakterium der Gattung der Chlamydiaceae, das verschiedene Krankheiten verursachen kann [<grch. *chlamys* »Mantel, Überwurf«]

Chla|mys ⟨[çla:] f.; -, -⟩ altgrch. kurzer Überwurfmantel für Männer [grch., »Oberkleid, Mantel«]

Chlo|an|thit ⟨[klo-] m.; -s, -e; Min.⟩ zinnweißes, oft apfelgrün beschlagenes, metallglänzendes Mineral, Weißnickelkies [<*Chlor* + grch. *antheros* »blühend«]

Chlor ⟨[klo:r] n.; -s; unz.; chem. Zeichen: Cl⟩ chem. Element, Ordnungszahl 17, gelbgrünes, stechend riechendes Gas, das in der Natur nicht frei vorkommt [<grch. *chloros* »hellgrün, gelb«]

Chlo|ral ⟨[klo-] n.; -s; unz.; Chemie⟩ durch Oxidation u. Chlorierung von Ethylalkohol mit Chlorkalk hergestellte, stechend riechende, farblose Flüssigkeit, chem. Trichloracetaldehyd [→ *Chlor*]

Chlo|ral|hy|drat *auch:* **Chlo|ral|hyd|rat** ⟨[klo-] n.; -(e)s; unz.; Chemie⟩ mit Wasser aus Chloral entstehende farblose Kristalle

Chlor|a|min *auch:* **Chlo|ra|min** ⟨[klo:r-] n.; -s; unz.; Chemie⟩ farbloses, keimtötend wirkendes Kristall, das u. a. zur Wasserentkeimung verwendet wird

Chlo|rat ⟨[klo-] n.; -(e)s, -e; Chemie⟩ farbloses Salz der Chlorsäure, in Wasser leicht löslich, spaltet beim Erhitzen leicht Sauerstoff ab [→ *Chlor*]

Chlor|äthyl ⟨[klo:r-] n.; -s; unz.; Chemie⟩ = Chlorethyl

Chlor|cal|ci|um ⟨[klo:r-] n.; -s; unz.; Chemie; veraltete Bez. für⟩ Calciumchlorid

Chlor|di|oxid ⟨[klo:r-] n.; -(e)s; unz.; Chemie⟩ Chlorverbindung, die als Bleichmittel u. zur Vernichtung von Krankheitserregern benutzt wird

Chlo|rel|la ⟨[klo-] f.; -, -rel|len; Bot.⟩ Gattung der Grünalgen [<grch. *chloros* »grün«]

chlo|ren ⟨[klo:-] V.; Chemie⟩ durch eine Behandlung mit Chlor keimfrei machen; *Sy* chlorieren (2)

Chlor|ethyl ⟨[klo:r-] n.; -s; unz.; Chemie⟩ = Ethylchlorid; *oV* Chloräthyl

Chlor|gas ⟨[klo:r-] n.; -es; unz.; Chemie⟩ = Chlor

Chlo|rid ⟨[klo-] n.; -(e)s, -e; Chemie⟩ Salz der Salzsäure

chlo|rie|ren ⟨[klo-] V.; Chemie⟩ **1** eine chem. Verbindung mit Chlor eingehen lassen **2** = chloren

chlo|rig ⟨[klo:-] Adj.; Chemie⟩ Chlor enthaltend, dem Chlor ähnlich; *~e Säure* leicht zersetzliche Chlorsauerstoffsäure

Chlo|rit ⟨[klo-] n.; -s, -e; Chemie⟩ **1** Salz der chlorigen Säure **2** Mineral, grünes, wasserhaltiges Magnesiumsilikat

Chlor|kalk ⟨[klo:r-] m.; -s; unz.; Chemie⟩ Sauerstoff-Chlor-Verbindung des Calciums, Verwendung als Bleich- und Desinfektionsmittel

Chlor|kau|tschuk *auch:* **Chlor|kaut|schuk** ⟨[klo:r-] m.; -s; unz.; Chemie⟩ chlorierter Naturkautschuk für chemikalienfeste Anstriche

Chlor|knall|gas ⟨[klo:r-] n.; -es, -e; Chemie⟩ Gemisch aus gleichen Volumina Chlor u. Wasserstoff, das unter dem Einfluss des Lichtes explosionsartig unter Bildung von Chlorwasserstoff reagiert

Chlor|na|tri|um *auch:* **Chlor|nat|ri|um** ⟨[klo:r-] n.; -s; unz.; Chemie⟩ = Natriumchlorid

Chlo|ro|form ⟨[klo-] n.; -s; unz.; Chemie⟩ farblose, alkohol- u. ätherlösliche, nicht brennbare Flüssigkeit, die früher bei Narkosen verwendet wurde, chem. Trichlormethan [<*Chlor* + ...*form*[2]]

chlo|ro|for|mie|ren ⟨[klo-] V.; Chemie⟩ mit Chloroform betäuben

Chlo|ro|me|la|nit ⟨[klo-] m.; -s, -e; Min.⟩ dunkelgrünes Mineral [<grch. *chloros* »gelbgrün« + *melas* »schwarz«]

Chlo|ro|phan ⟨[klo-] m.; -s, -e; Min.⟩ dunkelgrüner Edelstein bzw. Korund [<grch. *chloros* »gelbgrün« + *phanein* »zeigen«]

Chlo|ro|phyll ⟨[klo-] n.; -s; unz.; Biol.⟩ grüner Farbstoff der Pflanzen, Blattgrün [<grch. *chloros* »gelbgrün« + *phyllon* »Blatt«]

Chlo|ro|phy|tum ⟨[klo-] n.; -s, -phy|ten; Bot.⟩ Grünlilie, eine Zierpflanze [<grch. *chloros* »gelbgrün« + *phyton* »Pflanze«]

Chlo|ro|phy|zee ⟨[klorofytse:ə] f.; -, -n; Bot.⟩ Grünalge [<grch. *chloros* »gelbgrün« + ...*phyzee*]

Chlo|ro|plast ⟨[klo-] m.; -en, -en; Biol.⟩ Organell der Pflanzenzelle, das Chlorophyll für die Photosynthese enthält [<grch. *chloros* »gelbgrün« + *plastes* »Bildner«]

Chlor|oxid ⟨[klo:r-] n.; -(e)s, -e; Chemie⟩ Verbindung zwischen Chlor und Sauerstoff

chlor|sau|er ⟨[klo:r-] Adj.; Chemie⟩ den Chlorsäuren angehörend, sie betreffend, mit Chlorsäure angereichert

Chlor|sau|er|stoff|säu|re ⟨[klor-] f.; -, -n; Chemie⟩ eine der vier Sauerstoffsäuren des Chlors: unterchlorige Säure ($HClO$), chlorige Säure ($HClO_2$), Chlorsäure ($HClO_3$), Perchlorsäure ($HClO_4$)

Chlor|säu|re ⟨[klo:r-] f.; -, -n; Chemie⟩ die Chlorsauerstoffsäure mit der chem. Formel $HClO_3$

Chlo|rür ⟨[klo-] n.; -s, -e; Chemie⟩ Salz der Salzsäure [<frz. *chlorure;* → *Chlor*]

Cho|a|ne ⟨[ko-] f.; -, -n; Anat.⟩ hintere Nasenöffnung zum Rachenraum [<grch. *choane* »Trichter«]

C

Choke ⟨[tʃoʊk] m.; -s, -s; Kfz⟩ Luftklappe im Vergaser, die beim Start bei tiefen Temperaturen geschlossen wird, um ein fetteres u. damit zündfreudigeres Gemisch einzustellen; *oV* Choker [engl., »Starterklappe«; zu *choke* »drosseln«]

Choke|boh|rung ⟨[tʃoʊk-] f.; -, -en; Waffenk.⟩ spitz zulaufende Verengung der Schrotflintenmündung zur Minimierung der Schussstreuung [→ *Choke*]

Cho|ker ⟨[tʃoʊkə(r)] m.; -s, -; Kfz⟩ = Choke

chol..., Chol... ⟨[xol-] in Zus.; vor Vokalen; Med.⟩ = chole..., Chole...

Chol|an|gi|om *auch:* **Cho|lan|gi|om** ⟨[xol-] n.; -s, -e; Med.⟩ Geschwulst im Bereich der Gallenwege [<grch. *chole* »Galle« + *Angiom*]

Chol|an|gi|tis *auch:* **Cho|lan|gi|tis** ⟨[xol-] f.; -, -gi|ti|den; Med.⟩ Entzündung der Gallengänge [<grch. *chole* »Galle« + *aggeion* »Gefäß«]

Cho|lan|säu|re ⟨[xo-] f.; -; unz.; Biochemie⟩ (beim Menschen am häufigsten vorkommende) Basissäure der Gallensäuren, die in der Leber gebildet u. in der Galle gespeichert wird; *oV* Cholsäure [<grch. *chole* »Galle«]

cho|le..., Cho|le... ⟨vor Vokalen⟩ chol..., Chol... ⟨[xo-] in Zus.; Med.⟩ gallen..., Gallen... [grch., »Galle«]

Cho|le|gra|fie ⟨[xo-] f.; -; unz.; Med.⟩ = Cholegraphie

cho|le|gra|fisch ⟨[xo-] Adj.; Med.⟩ = cholegraphisch

Cho|le|gra|phie ⟨[xo-] f.; -; unz.; Med.⟩ Sammelbezeichnung für die röntgenographische Darstellung der Gallenblase od. -gänge; *oV* Cholegrafie; *intravenöse ~; endoskopische ~* [<*Chole...* + grch. *graphein* »schreiben«]

cho|le|gra|phisch ⟨[xo-] Adj.; Med.⟩ zur Cholegraphie gehörend, sie betreffend, auf sie bezogen; *oV* cholegrafisch

Cho|le|lith ⟨[xo-] m.; -(e)s, -e; Med.⟩ Gallenstein [<grch. *chole* »Galle« + *lithos* »Stein«]

Cho|le|ra ⟨[koː-] f.; -; unz.; Med.⟩ **1** *asiatische od. echte ~* schwere Infektionskrankheit mit heftigem Erbrechen, starkem Durchfall u. schnellem Kräfteverfall **2** *europäische od. unechte ~* Brechdurchfall, Sommercholera [grch., »Gallensucht«; zu *chole* »Galle, Zorn«]

Cho|le|ri|ker ⟨[ko-] m.; -s, -⟩ aufbrausende, jähzornige männl. Person [→ *Cholera*]

Cho|le|ri|ke|rin ⟨[ko-] f.; -, -rinnen⟩ aufbrausende, jähzornige weibl. Person [→ *Cholera*]

Cho|le|ri|ne ⟨[ko-] f.; -, -n; Med.⟩ leichte Art der Cholera

cho|le|risch ⟨[ko-] Adj.⟩ aufbrausend, jähzornig [→ *Choleriker*]

Cho|les|te|rin ⟨[ko-] od. [ço-] n.; -s; unz.; Med.⟩ ein zuerst in der Galle gefundenes Fett aus der Klasse der Lipide, Hauptbestandteil der Gallensteine [<grch. *chole* »Galle« + *stear* »Fett«]

Cho|les|te|rin|spie|gel ⟨[ko-] od. [ço-] m.; -s, -; Med.⟩ Cholesteringehalt des Blutes; *Sy* Cholesterinwert

Cho|les|te|rin|wert ⟨[ko-] od. [ço-] m.; -(e)s, -e⟩ = Cholesterinspiegel

Chol|iam|bus ⟨[xoljam-] m.; -, -iam|ben; Metrik⟩ in Spottgedichten angewandter jamb. Vers mit Trochäus im 6. Fuß; →*a.* Hinkjambus [<grch. *cholos* »lahm« + *Jambus*]

Cho|lin ⟨[xo-] n.; -s; unz.; Pharm.⟩ (für Medikamente genutzter) Gallenwirkstoff, der u. a. die Fettablagerung im Körper vermindert [<*Chol...* + *...in*]

cho|lin|erg *auch:* **cho|li|nerg** ⟨[xo-] Adj.; Pharm.⟩ auf Cholin reagierend, durch Cholin angeregt [<*Cholin* + grch. *ergon* »Tätigkeit«]

cho|lo..., Cho|lo... ⟨[xo-] in Zus.; Med.; selten⟩ gallen..., Gallen...

Chol|säu|re ⟨[xoːl-] f.; -; unz.; Biochemie⟩ = Cholansäure

◆ Die Buchstabenfolge **chon|dr...** kann auch **chond|r...** getrennt werden.

◆ **chon|dr..., Chon|dr...** ⟨[xɔn-] in Zus.; vor Vokalen; Med.⟩ = chondro..., Chondro...

◆ **chon|dral** ⟨[xɔn-] Adj.; Med.⟩ den Knorpel betreffend, zu ihm gehörend [<grch. *chondros* »Knorpel«]

◆ **Chon|dren** ⟨[xɔn-] Pl.; Geol.; Min.⟩ grauweiße, feinkörnige Gemenge od. Kügelchen (Olivin, Bronzit, Nickel-Eisen) in Steinmeteoriten [<grch. *chondros* »Korn«]

◆ **chon|dri(o)..., Chon|dri(o)...** ⟨[xɔn-] in Zus.; Med.⟩ = chondro..., Chondro...

◆ **Chon|drin** ⟨[xɔn-] n.; -s; unz.; Med.⟩ Knorpelleim, der aus der Substanz des Knorpelgewebes entnommen wird

◆ **Chon|dri|o|i|de** ⟨[xɔn-] Pl.; Biol.⟩ = Mesosomen

◆ **Chon|dri|o|som** ⟨[xɔn-] n.; -s, -en; meist Pl.; Biol.⟩ = Mitochondrium

◆ **Chon|drit** ⟨[xɔn-] m.; -s, -e; Geol.; Min.⟩ Steinmeteorit, dessen Grundmasse aus Olivin, Orthopyroxen, Nickel-Eisen od. (selten) Glas besteht

◆ **Chon|dri|tis** ⟨[xɔn-] f.; -, -ti|den; Med.⟩ Knorpelentzündung [<grch. *chondros* »Knorpel«]

◆ **chon|dri|tisch** ⟨[xɔn-] Adj.; Geol.; Min.⟩ wie ein Chondrit aufgebaut, in einer ähnlichen Weise strukturiert

◆ **chon|dro..., Chon|dro...** ⟨vor Vokalen⟩ chondr..., Chondr... ⟨[xɔn-] in Zus.; Med.⟩ **1** knorpel..., Knorpel...; *Chondroblastom* **2** körnchen..., Körnchen...; *Chondren* [<grch. *chondros* »Knorpel; Korn«]

◆ **Chon|dro|blast** ⟨[xɔn-] m.; -en, -en; meist Pl.; Med.⟩ Zelle, die die Knorpelbildung auslöst; *Ggs* Chondroklast [<*Chondro...* + *...blast*]

◆ **Chon|dro|blas|tom** ⟨[xɔn-] n.; -s, -e; Med.⟩ ein Knorpelgeschwulst; *Sy* Chondrom [<grch. *chondros* »Knorpel« + *Blastom*]

◆ **Chon|dro|klast** ⟨[xɔn-] m.; -en, -en; meist Pl.; Med.⟩ Zelle, die Knorpel vernichtet; *Ggs* Chondroblast [<*Chondro...* + grch. *klaein* »zerbrechen«]

◆ **Chon|drom** ⟨[xɔn-] n.; -s, -e; Med.⟩ = Chondroblastom

◆ **Chon|dru|len** ⟨[xɔn-] Pl.; Min.⟩ kleine, runde Gesteinskörper in Meteoriten [→ *Chondren*]

Chop ⟨[tʃɔp] m.; -s, -s; Tennis⟩ kurzgeschlagener Ball mit Rückwärtsdrall [engl., »(kurzer) Schlag«]

Chop|per ⟨[tʃɔp-] m.; -s, -⟩ = Easy Rider (1) [engl., eigtl. »Hackmesser, Hackbeil«]

chop|pern ⟨[tʃɔp-] V.⟩ (in einer Gruppe) mit einem Easy Rider (1) durch die Gegend fahren od. reisen

Chop|suey ⟨[tʃɔpsui] n.; - od. -s, -s; Kochk.⟩ chinesisches Reisgericht mit Fisch oder Fleisch und verschiedenen Gemüsen [<chines. *shap sui* »Überreste« <*shap* »gemischt« + *sui* »Stücke«]

Chor ⟨[koːr] m.; -(e)s, Chö|re⟩ **1** ⟨Antike⟩ Platz für den Kultgesang u. -tanz **2** Kulttanzgruppe **3** ⟨grch. Theat.⟩ derjenige Teil der Tragödie, der - von mehreren Sprechern zugleich gesprochen - die Meinung des Volkes ausdrücken soll **4** ⟨Musik⟩ **4.1** mehrstimmige Gesangsgemeinschaft, größere Sängergruppe; *Knaben~, gemischter ~* **4.2** eine Vereinigung gleicher od. verwandter Instrumente; *Bläser~* **4.3** gemeinsamer, meist mehrstimmiger Gesang **4.4** Musikstück für eine Sängergruppe **5** ⟨selten a.: n.; -s, -e⟩ den Geistlichen vorbehaltener, das Kirchenschiff abschließender Raum mit Hochaltar u. Chorgestühl; *Sy* Presbyterium (1) [<lat. *chorus* »Rundtanz, Reigen, Chor« <grch. *choros* »Reigentanz, Chor der Tänzer u. Sänger«]

Cho|ral ⟨[ko-] m.; -(e)s, -rä|le; Musik⟩ **1** *gregorianischer ~* einstimmiger, unbegleiteter Chorgesang der röm. Kirche **2** protestant. Kirchenlied [verkürzt <*Choral*gesang <lat. cantus *choralis; → Chor*]

Cho|ral|kan|ta|te ⟨[ko-] f.; -, -n; Musik⟩ Kirchenkantate, die auf einem od. mehreren Chorälen beruht [<*Choral* + *Kantate*]

Cho|ral|no|ta|ti|on ⟨[ko-] f.; -, -en; Musik⟩ Notenschrift des gregorianischen Chorals, in der nur die Tonhöhe u. nicht die Tondauer aufgezeichnet ist [<*Choral* + *Notation*]

...chord ⟨[-kɔrd] Nachsilbe; zur Bildung sächl. Subst.⟩ Saite; *Monochord* [<grch. *chorde*]

Chor|da ⟨[kɔr-] f.; -, Chor|den [kɔr-]; Anat.⟩ *oV* Chorde **1** Sehne, Darmsaite **2** *~ dorsalis* knorpelige Vorstufe der Wirbelsäule beim Embryo der Wirbeltiere, Rückensaite [<grch. *chorde* »Darm, Darmsaite«]

Chor|da|te ⟨[kɔr-] m.; -n, -n; Zool.⟩ Angehöriger eines Tierstammes aus der Gruppe der Rückenmarktiere, deren Kennzeichen die Chorda dorsalis ist: Chordata; *Sy* Chordatier

Chor|da|tier ⟨[kɔr-] n.; -(e)s, -e; Zool.⟩ = Chordate [→ *Chorda*]

Chor|da|to|nal|or|gan ⟨[kɔr-] n.; -(e)s, -e; Zool.⟩ Sinnesorgan der Insekten für Erschütterung od. Schall, Saitensinnesorgan [<*Chorda* + *tonal*]

Chor|de ⟨[kɔr-] f.; -, -n; Anat.⟩ = Chorda

Chor|di|tis ⟨[kɔr-] f.; -, -ti|den; Med.⟩ Stimmbänderentzündung [<*Chorda* + ...*itis*]

Chor|do|fon ⟨[kɔr-] n.; -s, -e; Musik⟩ = Chordophon

Chor|dom ⟨[kɔr-] n.; -s, -e; Med.⟩ etwa kirschgroßer Tumor an der Schädelbasis, der von den Resten der Chorda dorsalis ausgeht [<grch. *chorde* »Darm, Darmsaite«]

Chor|do|phon ⟨[kɔr-] n.; -s, -e; Musik⟩ Instrument, das durch Saitenschwingungen klingt, z. B. Gitarre, Klavier; *oV* Chordofon [<*Chorda* + ...*phon*]

Chor|do|to|nal|or|gan ⟨[kɔr-] n.; -(e)s, -e; Biol.⟩ Sinnesorgan der Insekten für Erschütterung od. Schall, Saitensinnesorgan [<grch. *chorde* »Darmsaite« + *tonos* »Saite, Ton« + *organon* »Werkzeug«]

Cho|rea ⟨[ko-] f.; -; unz.⟩ Veitstanz [<grch. *choreia* »Tanz, Reigen«]

Cho|reg ⟨[ko-] m.; -en, -en⟩ für die Ausbildung u. den Unterhalt des altgrch. Chors verantwortl. Bürger; *oV* Chorege [<grch. *choregos* »Chorführer«]

Cho|re|ge ⟨[ko-] m.; -n, -n⟩ = Choreg

Cho|reo|graf ⟨[ko-] m.; -en, -en; Theat.⟩ = Choreograph

Cho|reo|gra|fie ⟨[ko-] f.; -, -n; Theat.⟩ = Choreographie

cho|reo|gra|fie|ren ⟨[ko-] V.; Theat.⟩ = choreographieren

cho|reo|gra|fisch ⟨[ko-] Adj.; Theat.⟩ = choreographisch

Cho|reo|graph ⟨[ko-] m.; -en, -en; Theat.⟩ jmd., der Tänze für Balletteinstudierungen entwirft; *oV* Choreograf [<grch. *choreia* »Tanz« + ...*graph*]

Cho|reo|gra|phie ⟨[ko-] f.; -, -n; Theat.⟩ *oV* Choreografie **1** Schrift zum Beschreiben von Tänzen **2** Entwurf von Balletttänzen

cho|reo|gra|phie|ren ⟨[ko-] V.; Theat.⟩ Balletttänze entwerfen u. einstudieren; *oV* choreografieren

cho|reo|gra|phisch ⟨[ko-] Adj.; Theat.⟩ die Choreographie betreffend, zu ihr gehörig, auf ihr beruhend; *oV* choreografisch

Cho|re|us ⟨[ko-] m.; -, -re|en⟩ = Trochäus [<grch. *choreia* »Tanz, Reigen«]

Cho|reut ⟨[ko-] m.; -en, -en⟩ Tänzer, Chortänzer [<grch. *choreutes* »Chortänzer«]

Cho|reu|tik ⟨[ko-] f.; -; unz.⟩ Tanzkunst [<grch. *choreuein* »Reigen tanzen«]

cho|reu|tisch ⟨[ko-] Adj.⟩ die Choreutik betreffend, dazu gehörend, darauf beruhend

Chor|herr ⟨[koːr-] m.; -en, -en⟩ **1** Mitglied eines Domkapitels od. Stifts **2** = Kanoniker

Chor|iam|bus ⟨[koːrjam-] m.; -, -iam|ben; Metrik⟩ aus einem Choreus u. einem Jambus bestehender Versfuß, der besonders in der dramatischen Chorlyrik verwendet wird [<*Choreus* + *Jambus*]

Cho|ri|o|i|dea ⟨[ko-] f.; -; unz.; Anat.⟩ Aderhaut des Auges [<*chorion* + grch. *eidos* »Form«]

Cho|ri|on ⟨[koː-] n.; -s; unz.; Anat.⟩ **1** äußerste Hülle des Embryos von Mensch u. Säugetieren, Zottenhaut **2** Hülle der Insekteneier [grch., »Fell«]

Cho|ri|on|bi|op|sie ⟨[koː-] f.; -, -n; Med.⟩ Gewebeentnahme aus dem Chorion des Embryos während der Frühschwangerschaft zur Bestimmung von Erbschäden [<*Chorion* + *Biopsie*]

cho|risch ⟨[koː-] Adj.; Musik⟩ durch einen Chor ausgeführt

C

Cho|rist ⟨[ko-] m.; -en, -en; Musik⟩ Mitglied eines Chors, Chorsänger
Chör|lein ⟨[kø:r-] n.; -s, -⟩ kleiner Erker [→ *Chor* (diente urspr. als Kapelle)]
Cho|ro|gra|fie ⟨[ko-] f.; -, -n; Geogr.⟩ = Chorographie
Cho|ro|gra|phie ⟨[ko-] f.; -, -n⟩ *oV* Chorografie; *Sy* Chorologie **1** ⟨Geogr.⟩ Raum-, Länder-, Landschaftsbeschreibung **2** ⟨Biol.⟩ Lehre von Standort u. Verbreitung der Tiere u. Pflanzen [<grch. *chora* »Landstrich, Gegend, Boden« + *…graphie*]
Cho|ro|lo|gie ⟨[ço-] od. [ko-] f.; -; unz.⟩ = Chorographie [<grch. *chora* »Landstrich, Gegend, Boden« + *…logie*]
cho|ro|lo|gisch ⟨[ço-] od. [ko-] Adj.⟩ die Chorologie betreffend, auf ihr beruhend, mit ihrer Hilfe; *~e Pflanzengeografie*
Cho|rus ⟨[ko:-] m.; -, -se; Musik⟩ **1** Sängerchor **2** gemeinsames Lied **3** Refrain im Jazz [lat., »Rundtanz, Chor«; → *Chor*]
Cho|se ⟨[ʃo:zə] f.; -, -n⟩ **1** Sache, Angelegenheit **2** (peinliches) Vorkommnis, Ereignis [<frz. *chose* »Sache, Angelegenheit« <lat. *causa* »Grund, Verhandlungsobjekt«]
Chow-Chow ⟨[tʃautʃau] m.; -s, -s; Zool.⟩ chines. Spitz mit blauer Zunge [engl. <chines.]
Chres|to|ma|thie ⟨[krɛs-] f.; -, -n⟩ Auswahl von (vorbildlichen) Prosawerken verschiedener Schriftsteller, bes. für den Unterricht [<grch. *chrestos* »brauchbar« + *… mathie*]
Chri|sam ⟨[çri:zam] n. od. m.; -s; unz.⟩ geweihtes Öl, Salböl [<grch. *chriein* »salben«]
Chris|ma ⟨[çrɪs-] n.; -s; unz.⟩ geweihtes Öl, Salböl [zu grch. *chriein* »salben«; → *Christus*]
Christ[1] ⟨[krɪst] m.; -; unz.; Rel.; volkstüml. für⟩ Christus; *der heilige ~* Christkind [→ *Christus*]
Christ[2] ⟨[krɪst] m.; -en, -en; Rel.⟩ Anhänger des Christentums, Getaufter
Christ|de|mo|krat ⟨[krɪst-] m.; -en, -en⟩ Anhänger, Vertreter der Christdemokratie
Christ|de|mo|kra|tie ⟨[krɪst-] f.; -, -n; Politik⟩ Staatsform, die sich an christlich-demokratischen Grundsätzen orientiert
Christ|de|mo|kra|tin ⟨[krɪst-] f.; -, -tin|nen⟩ Anhängerin, Vertreterin der Christdemokratie
christ|de|mo|kra|tisch ⟨[krɪst-] Adj.⟩ auf der Christdemokratie beruhend, sie vertretend, zu ihr gehörig; *eine ~e Partei*
Chris|ten|tum ⟨[krɪs-] n.; -s; unz.; Rel.⟩ **1** religiöse, auf Jesus Christus zurückgeführte Lehre **2** christl. Glaube, die gelebte Lehre Christi [→ *Christus*]
chris|ti|a|ni|sie|ren ⟨[krɪs-] V.⟩ zum Christentum bekehren [<lat. *christianus* »christlich«]
Chris|ti|an Sci|ence ⟨[krɪstʃən saɪəns] f.; - -; unz.⟩ von Mary Baker Eddy 1866 gegründete relig. Weltanschauung u. metaphys. Heilmethode [engl., »Christliche Wissenschaft«]
Chris|tin ⟨[krɪs-] f.; -, -tin|nen; Rel.⟩ Anhängerin des Christentums, Getaufte
christ|lich ⟨[krɪst-] Adj.; Rel.⟩ zu Christus u. dem Christentum gehörend, dem Christentum entsprechend, von Christus stammend, auf ihn gerichtet
Christ|mas|ca|rol ⟨[krɪsməskærəl] n.; -s, -s⟩ traditionelles engl. Weihnachtslied [engl.]
Christ|met|te ⟨[krɪst-] f.; -, -n; Rel.⟩ Gottesdienst in der Christnacht
Chris|to|gramm ⟨[krɪs-] n.; -s; unz.⟩ = Christusmonogramm
Chris|to|la|trie *auch:* **Chris|to|lat|rie** ⟨[krɪs-] f.; -; unz.⟩ übertriebene Christusverehrung, Anbetung Christi [<*Christus* + *…latrie*]
Chris|to|lo|gie ⟨[krɪs-] f.; -, -n; Rel.⟩ die Lehre von der Person u. dem Werk Christi als dem Gottmenschen [<*Christus* + *…logie*]
chris|to|lo|gisch ⟨[krɪs-] Adj.⟩ die Christologie betreffend, zur Christologie gehörig, ihr entsprechend
Chris|tus ⟨[krɪs-] m.; -ti; unz.⟩ **1** der Messias, Ehrenname Jesu **2** *nach ~, nach Christo, nach Christi Geburt* nach der Zeitrechnung; *vor ~, vor Christo, vor Christi Geburt* vor der Zeitrechnung [<grch. *Christos* »der Gesalbte«; zu *chriein* »salben«]
Chris|tus|mo|no|gramm ⟨[krɪs-] n.; -s; unz.⟩ die ineinandergesetzten grch. Anfangsbuchstaben des Namens Jesus Christus, Chi u. Rho; *Sy* Christogramm
Chrom ⟨[kro:m] n.; -s; unz.; chem. Zeichen: Cr⟩ Schwermetall, chem. Element, Ordnungszahl 24 [<grch. *chroma* »Farbe«]
…chrom ⟨[kro:m] Nachsilbe; zur Bildung von Adj.⟩ …farbig; *monochrom* [<grch. *chroma* »Farbe«]
chro|ma…, Chro|ma… ⟨[kro:-] in Zus.⟩ farb…, Farb… [<grch. *chroma* »Farbe«]
chrom|af|fin ⟨[kro:m-] Adj.; Biochemie⟩ mit Chromsalzen anfärbbar; *~e Zellen* [<*Chrom* + *affin*]
Chro|mat ⟨[kro-] n.; -(e)s, -e; Chemie⟩ Salz der Chromsäure
Chro|ma|ti|de ⟨[kro-] f.; -, -n; Biol.⟩ Chromosomenspalthälfte [<grch. *chroma* »Farbe«]
chro|ma|tie|ren ⟨[kro-] V.; Chemie; Technik⟩ Metalle mit einer Schutzschicht aus Chromaten überziehen; *oV* chromatisieren [→ *Chromate*]
Chro|ma|tik ⟨[kro-] f.; -; unz.⟩ **1** ⟨Musik⟩ **1.1** die Erhöhung od. Erniedrigung der Stammtöne einer Tonleiter um einen halben Ton **1.2** durch Halbtonfolgen charakterisierte Musik; *Ggs* Diatonik **2** ⟨Optik⟩ Farbenlehre [<grch. *chroma* »Farbe«]
Chro|ma|tin ⟨[kro-] n.; -s, -e; Biol.⟩ bei basischen Färbungen sich bes. stark färbende Zellkernbestandteile [<grch. *chroma* »Farbe«]
chro|ma|tisch ⟨[kro-] Adj.⟩ **1** ⟨Musik⟩ in Halbtönen fortschreitend; *~e Tonleiter* aus den 12 Halbtönen gebildete Tonleiter; *Ggs* diatonisch **2** ⟨Optik⟩ auf Farbenzerlegung beruhend; *~e Aberration* [<grch. *chroma* »Farbe«]
chro|ma|ti|sie|ren ⟨[kro-] V.; Chemie; Technik⟩ = chromatieren
chro|ma|to…, Chro|ma|to… ⟨[kro-] in Zus.⟩ farb…, Farb… [<grch. *chroma*, Gen. *chromatos* »Farbe«]
Chro|ma|to|gra|fie ⟨[kro-] f.; -, -n; Chemie⟩ = Chromatographie
chro|ma|to|gra|fie|ren ⟨[kro-] V.;

Chemie⟩ = chromatographieren

chro|ma|to|gra|fisch ⟨[kro-] Adj.; Chemie⟩ = chromatographisch

Chro|ma|to|gramm ⟨[kro-] n.; -s, -e; Chemie⟩ farbliche Darstellung des Analyseergebnisses einer Chromatographie [< *Chromato…* + *…gramm*]

Chro|ma|to|gra|phie ⟨[kro-] f.; -, -n; Chemie⟩ auf unterschiedl. Wanderungsgeschwindigkeiten von Stoffen in einem Lösungsmittel beruhendes analyt. Nachweisverfahren, wobei die einzelnen Substanzen durch Farbreaktionen erkennbar gemacht werden; *oV* Chromatografie

chro|ma|to|gra|phie|ren ⟨[kro-] V.; Chemie⟩ durch Chromatographie trennen; *oV* chromatografieren; *ein Stoffgemenge ~*

chro|ma|to|gra|phisch ⟨[kro-] Adj.; Chemie⟩ die Chromatographie betreffend, auf ihr beruhend, mit ihrer Hilfe durchgeführt; *oV* chromatografisch; *~e Methoden*

Chro|ma|to|me|ter ⟨[kro-] n.; -s, -⟩ Messgerät für Farbstärke

Chro|ma|to|phor ⟨[kro-] n.; -s, -en⟩ bei Tieren mit Farbstoff gefüllte Zelle, die eine Farbveränderung der Haut hervorrufen kann (Chamäleon) [< *Chromato…* + *…phor²*]

Chro|mat|op|sie *auch:* **Chro|ma|top|sie** ⟨[kro-] f.; -, -n; Med..⟩ Sehstörung, die mit falschen Farbwahrnehmungen verbunden ist; *Sy* Chromopsie [< *Chromato…* + *…opsie*]

Chro|ma|to|se ⟨[kro-] f.; -, -n; Med..⟩ abnorme Pigmentierung der Haut; *Sy* Dyschromie [<grch. *chroma* »Farbe«]

Chro|ma|to|skop *auch:* **Chro|ma|tos|kop** ⟨[kro-] n.; -(e)s, -e⟩ = Chromoskop

Chro|ma|tron *auch:* **Chro|mat|ron** ⟨[kro:-] n.; -s, -e⟩ Braun'sche Röhre für die Wiedergabe von farbigen Fernsehbildern [< *Chroma…* + *…tron*]

Chro|ma|tro|pie ⟨[kro-] f.; -, -n⟩ Farbenspiel [<grch. *chroma* »Farbe« + *trope* »Wechsel«]

Chrom|gelb ⟨[kro:m-] n.; -s; unz.⟩ eine Chromfarbe, gelbe Maler- u. Druckfarbe

Chrom|grün ⟨[kro:m-] n.; -s; unz.⟩ eine Chromfarbe, grüne Maler- u. Druckfarbe

…chro|mie ⟨[kro-] Nachsilbe; zur Bildung weibl. Subst.⟩ **1** Färbung, Verfärbung **2** farbiger Druck [→ *chromieren*]

chro|mie|ren ⟨[kro-] V.⟩ **1** mit Chrom überziehen, verchromen **2** *Wolle ~* mit Chromsalzlösung behandeln [<grch. *chroma* »Farbe«]

Chro|mit ⟨[kro-] m.; -s, -e; Chemie⟩ einziges wichtiges Chromerz

Chrom|le|der ⟨[kro:m-] n.; -s; unz.; Textilw.⟩ mit Chromsalzen gegerbtes u. dadurch widerstandsfähig gemachtes Leder

chro|mo…, Chro|mo… ⟨[kro-] in Zus.⟩ farb…, Farb… [<grch. *chroma* »Farbe«]

Chro|mo|lith ⟨[kro-] m.; -s, -e od. -en⟩ unglasiertes, farbiges Steinzeug

Chro|mo|li|tho|graf ⟨[kro-] m.; -en, -en⟩ = Chromolithograph

Chro|mo|li|tho|gra|fie ⟨[kro-] f.; -, -n⟩ = Chromolithographie

Chro|mo|li|tho|graph ⟨[kro-] m.; -en, -en⟩ in der Chromolithographie Tätiger; *oV* Chromolithograf

Chro|mo|li|tho|gra|phie ⟨[kro-] f.; -, -n⟩ *oV* Chromolithografie **1** ⟨unz.⟩ Mehrfarben-Steindruck **2** ⟨zählb.⟩ nach diesem Verfahren hergestelltes Druckerzeugnis [< *Chromo…* + *Lithographie*]

Chro|mo|mer ⟨[kro-] n.; -s, -en; meist Pl.; Genetik⟩ bestimmte Erbinformationen tragender Abschnitt des Chromosoms, der stark färbbar ist [< *Chromo…* + *…mer*]

Chro|mo|ne|ma ⟨[kro-] n.; -s, -nemen; Genetik⟩ spiralig aufgebauter Faden im Chromosom, Träger der Erbanlagen [< *Chromo…* + grch. *nema* »Faden«]

Chro|mo|pa|pier ⟨[kro:-] n.; -s, -e; Typ.⟩ **1** ⟨urspr.⟩ glattes Papier für den farbigen Steindruck **2** ⟨heute⟩ einseitig weiß gestrichenes Papier, z. B. für Flaschenetiketten

Chro|mo|phor ⟨[kro-] m.; -s, -e; Chemie⟩ eine Atomgruppierung, die durch selektive Lichtabsorption der Verbindung Farbigkeit verleiht [< *Chromo…* + *phoros* »tragend«]

Chro|mo|plast ⟨[kro-] m.; -en, -en⟩ Farbstoffträger verschiedener Pflanzenzellen, der die Gelb- bis Rotfärbung zahlreicher Blüten u. Früchte bewirkt [< *Chromo…* + grch. *plastes* »Bildner«]

Chro|mo|pro|te|id ⟨[kro:-] n.; -(e)s, -e⟩ Eiweißkörper, der Farbstoff (z. B. Hämoglobin, Chlorophyll) enthält

Chrom|op|sie *auch:* **Chro|mop|sie** ⟨[kro-] f.; -, -n; Med.⟩ = Chromatopsie

Chro|mo|skop *auch:* **Chro|mos|kop** ⟨[kro-] n.; -s, -e⟩ Bildröhre für Farbfernsehen; *Sy* Chromatoskop [<grch. *chroma* »Farbe + *skopein* »schauen«]

Chro|mo|som ⟨[kro-] n.; -s, -en; Genetik⟩ hauptsächl. aus Chromatin bestehendes, bei der Kernteilung auftretendes Teilstück der Zellkernmasse, Träger der Erbanlagen, Kernschleife [< *Chromo…* + *Soma*]

chro|mo|so|mal ⟨[kro-] Adj.; Genetik⟩ das Chromosom betreffend, zu ihm gehörig

Chro|mo|so|men|ab|er|ra|ti|on ⟨[kro-] f.; -, -en; Genetik⟩ Abweichung von der normalen Chromosomenzahl od. -form, die Fehlgeburten od. Missbildungen verursacht

Chro|mo|so|men|an|o|ma|lie ⟨[kro-] f.; -, -n; Genetik⟩ auf Mutation beruhende Chromosomenveränderung

Chro|mo|so|men|mu|ta|ti|on ⟨[kro-] f.; -, -en; Genetik⟩ Strukturänderung im Erbgefüge der Chromosomen, Änderung des Erbguts

Chro|mo|so|men|re|duk|ti|on ⟨[kro-] f.; -, -en; Genetik⟩ Halbierung des Chromosomenbestandes durch indirekte Zellkernteilung

Chro|mo|so|men|re|kom|bi|na|ti|on ⟨[kro-] f.; -, -en; Genetik⟩ = Crossing-over

Chro|mo|so|men|satz ⟨[kro-] m.; -es, -sät|ze; Genetik⟩ Gesamtheit der Chromosomen eines Zellkerns

Chro|mo|sphä|re ⟨[kro-] f.; -;

C

unz.⟩ obere Schicht der Sonnenatmosphäre, besteht aus leichten Gasen, hauptsächl. aus Wasserstoff

Chro|mo|ty|pie ⟨[kro-] f.; -; unz.⟩ das Drucken mit mehr als einer Farbe (Mehrfarbendruck, oft Drei- u. Vierfarbendruck) [< *Chromo…* + grch. *typos* »Druck, Schlag«]

Chrom|rot ⟨[kroːm-] n.; -s; unz.⟩ eine Chromfarbe, rote Maler- u. Druckfarbe, chemisch basisches Bleichromat

Chrom|säu|re ⟨[kroːm-] f.; -, -n; Chemie⟩ **1** nichtbeständige Säure des sechswertigen Chroms **2** ⟨häufig auch Bez. für⟩ das Anhydrid dieser Säure, das Chrom(VI)-Oxid (CrO_3)

Chro|nik ⟨[kroː-] f.; -, -en⟩ Bericht über geschichtl. Vorgänge in der Reihenfolge ihres Geschehens [< grch. *chronika biblia* »Zeitbuch«; zu *chronos* »Zeit«]

Chro|ni|ka ⟨[kroː-] Pl.⟩ die beiden jüngsten Geschichtsbücher des AT; *die Bücher der ~*

chro|ni|ka|lisch ⟨[kro-] Adj.⟩ in zeitl. Reihenfolge

Chro|nique scan|da|leuse ⟨[krɔniːk skãdaløːz] f.; - -; unz.⟩ Skandalgeschichte (nach dem Titel einer Schrift von Jean de Roye, 1488) [frz., »Skandalchronik«]

chro|nisch ⟨[kroː-] Adj.⟩ **1** ⟨Med.⟩ langsam, schleichend verlaufend; *Ggs* akut **2** ⟨allg.⟩ dauernd, ständig [< grch. *chronos* »Zeit«]

Chro|nist ⟨[kro-] m.; -en, -en⟩ Verfasser einer Chronik

Chro|nis|tin ⟨[kro-] f.; -, -tin|nen⟩ Verfasserin einer Chronik

Chro|ni|zi|tät ⟨[kro-] f.; -; unz.; Med.⟩ chronischer Verlauf einer Krankheit; *Ggs* Akuität [→ *chronisch*]

chro|no…, Chro|no… ⟨[kro-] in Zus.⟩ zeit…, Zeit… [< grch. *chronos* »Zeit«]

Chro|no|bio|lo|gie ⟨[kroː-] f.; -; unz.⟩ Wissenschaft von den zeitlichen Abläufen im Körper von Lebewesen, z. B. des Herzschlags, des Stoffwechsel- u. des Schlaf-Wach-Rhythmus

Chro|no|di|sti|chon *auch:* **Chro|no|dis|ti|chon** ⟨[kro-] n.; -s, -stichen; Metrik⟩ Chronogramm in der Form eines aus einem Hexameter u. einem Pentameter zusammengesetzten Verses

Chro|no|graf ⟨[kro-] m.; -en, -en⟩ = Chronograph

Chro|no|gra|fie ⟨[kro-] f.; -, -n⟩ = Chronographie

chro|no|gra|fisch ⟨[kro-] Adj.⟩ = chronographisch

Chro|no|gramm ⟨[kro-] n.; -s, -e⟩ lat. Satz, häufig in Versform, in dem die lat. Buchstaben, die gleichzeitig die Funktion von Zahlen haben, nach Addition die Jahreszahl eines Ereignisses ergeben

Chro|no|graph ⟨[kro-] m.; -en, -en⟩ Messgerät zur Aufzeichnung der Zeitdauer eines Vorgangs; *oV* Chronograf

Chro|no|gra|phie ⟨[kro-] f.; -, -n⟩ Geschichtsschreibung nach der Zeitfolge; *oV* Chronografie

chro|no|gra|phisch ⟨[kro-] Adj.⟩ in der Art der Chronographie; *oV* chronografisch

Chro|no|lo|ge ⟨[kro-] m.; -n, -n⟩ Wissenschaftler, der sich mit der Chronologie befasst

Chro|no|lo|gie ⟨[kro-] f.; -, -n⟩ **1** Zeitkunde **2** Zeitfolge, zeitl. Ablauf; *eine ~ des vergangenen Jahrzehnts verfassen*

Chro|no|lo|gin ⟨[kro-] f.; -, -gin|nen⟩ Wissenschaftlerin, die sich mit der Chronologie befasst

chro|no|lo|gisch ⟨[kro-] Adj.⟩ nach dem zeitl. Ablauf

Chro|no|me|ter ⟨[kro-] n.; -s, -⟩ **1** Zeit-, Taktmesser **2** sehr genau gehende Uhr

Chro|no|me|trie *auch:* **Chro|no|met|rie** ⟨[kro-] f.; -, -n⟩ Zeitmessung

chro|no|me|trisch *auch:* **chro|no|met|risch** ⟨[kro-] Adj.⟩ auf genauer Zeitmessung beruhend

Chro|no|pa|tho|lo|gie ⟨[kro-] f.; -; unz.; Med.⟩ Lehre vom gestörten Zeitablauf der Lebensvorgänge [< *Chrono…* + *Pathologie*]

chro|no|pa|tho|lo|gisch ⟨[kro-] Adj.; Med.⟩ die Chronopathologie betreffend, auf ihr beruhend, zu ihr gehörig

Chro|no|phy|sio|lo|gie ⟨[kro-] f.; -; unz.⟩ Lehre vom Zeitablauf der Lebensvorgänge bei Mensch u. Tier [< *Chrono…* + *Physiologie*]

chro|no|phy|sio|lo|gisch ⟨[kro-] Adj.⟩ die Chronophysiologie betreffend, auf ihr beruhend, zu ihr gehörig

Chro|no|skop *auch:* **Chro|nos|kop** ⟨[kro-] n.; -s, -e⟩ Gerät zum Messen kleiner Zeitspannen [< *Chrono…* + *…skop*]

Chro|no|sti|chon *auch:* **Chro|nos|ti|chon** ⟨[kro-] n.; -s, -sti|chen; Metrik⟩ Chronogramm in Versform [< *Chrono…* + grch. *stichos* »Reihe, Vers«]

Chro|no|tron *auch:* **Chro|not|ron** ⟨[kroː-] n.; -s, -tro|nen; Physik⟩ sehr genaues Messgerät zur Ermittlung des Zeitunterschiedes zwischen zwei Impulsen im Nanosekundenbereich

chro|no|trop ⟨[kro-] Adj.; Med.⟩ die Schlagfrequenz des Herzens beeinflussend; *~ wirkende Medikamente*

Chrot|ta ⟨[krɔt-] f.; -, -s od. Chrot|ten [krɔt-]; Musik⟩ = Crwth [lat.]

Chry|sa|li|de ⟨[çry-] f.; -, -n; Zool.⟩ Puppe einiger Schmetterlingsarten mit goldglänzenden Flecken, z. B. Pfauenauge; *oV* Chrysalis [zu grch. *chrysos* »Gold«]

Chry|sa|lis ⟨[çryː-] f.; -, -li|den; Zool.⟩ = Chrysalide

Chrys|an|the|me *auch:* **Chry|san|the|me** ⟨[krys-] od. [çrys-] f.; -, -n; Bot.⟩ Gattung der Korbblütler, Wucherblume: Chrysanthemum [< *Chryso…* + grch. *anthemion* »Blume«]

chry|so…, Chry|so… ⟨[çry-] od. [kry-] vor Vokalen⟩ chrys…, Chrys… ⟨in Zus.⟩ gold…, Gold… [< grch. *chrysos* »Gold«]

Chry|so|be|ryll ⟨[çry-] od. [kry-] m.; -en, -en; Min.⟩ durchscheinendes bis durchsichtiges grünes Mineral, Schmuckstein [< *Chryso…* + *Beryll*]

Chry|so|i|din ⟨[çry-] od. [kry-] n.; -s; unz.⟩ orangegelber Azofarbstoff, der zum Färben von Leder, Jute u. Kokosfaser sowie in der Mikroskopie verwendet wird [< grch. *chrysos* »Gold«]

Chry|so|lith ⟨[çry-] od. [kry-] m.; -en od. -s, -e; Geol.⟩ = Olivin [< *Chryso…* + *…lith*]

C

Chry|so|pras *auch:* **Chry|sop|ras** ⟨[çry-] od. [kry-] m.; -es, -e; Min.⟩ apfelgrüne Abart des Chalcedons [< *Chryso...* + grch. *prason* »Lauch«]

chtho|nisch ⟨[çto:-] Adj.⟩ der Erde angehörend, irdisch; ~*e Götter* G. der Unterwelt [<grch. *chthon* »Erde«]

Chucks ⟨[tʃʌks] Pl.⟩ (die Knöchel bedeckende) Turnschuhe mit Schnürsenkeln, meistens aus Leinenstoff gefertigt, mit einer weißen Gummisohle u. einer weißen Gummikappe über den Zehen; *sie trägt karierte* ~ [erstmals 1917 von der US-amerikan. Firma Converse als Basketballschuhe hergestellt u. später nach dem Basketballspieler *Chuck* Taylor benannt]

Chut|ba ⟨[xut-] f.; -, Chut|ben⟩ Predigt in islamischen Gottesdiensten an Frei- u. Feiertagen [arab.]

Chut|ney ⟨[tʃʌtni] n.; - od. -s, -s⟩ dickflüssige, scharf gewürzte Soße aus Früchten; *Mango*~ [engl., <Hindi *catni;* zu *catt-* »kosten, lecken«]

Chuz|pe ⟨[xutspə] f.; -; unz.⟩ Dreistigkeit, Unverschämtheit [jidd.]

Chy|lus ⟨[çy:-] m.; -; unz.; Med.⟩ an emulgierten Fetten reiche Lymphe [<grch. *chylos* »Saft«]

Chy|mi|fi|ka|ti|on ⟨[çy-] f.; -, -en⟩ Umwandlung der aufgenommenen Nahrung in den verflüssigten Speisebrei [< *Chymus* + *...fikation*]

Chy|mo|sin ⟨[çy-] n.; -s; unz.⟩ Lab [→ *Chymus*]

Chy|mus ⟨[çy:-] m.; -; unz.⟩ der mit Magensalzsäure durchsetzte Speisebrei im Magen [<grch. *chymos* »Flüssigkeit«]

Ci ⟨Abk. für⟩ die Maßeinheit der radioaktiven Strahlung Curie

CIA ⟨[si:aɪɛɪ] Abk. für engl.⟩ Central Intelligence Agency, der US-amerikan. Geheimdienst

Cia|bat|ta ⟨[tʃa-] n.; -s, -s⟩ italienisches Weißbrot aus Hefeteig mit Olivenöl [ital., eigtl. »Hausschuh«]

Cia|co|na ⟨[tʃako:-] f.; -, -s; Musik⟩ = Chaconne [ital.]

ciao! ⟨[tʃau] Grußwort⟩ leb wohl!; *oV* tschau [<ital. *ciao!* <*schiavo* »Diener«]

Ci|bo|ri|um ⟨[tsi-] n.; -s, -ri|en⟩ = Ziborium

CIC[1] ⟨Abk. für lat.⟩ Codex Iuris Canonici

CIC[2] ⟨Abk. für engl.⟩ Counter Intelligence Corps, Dienststelle der Regierung der USA zur Spionageabwehr

Ci|ce|ro ⟨[tsi:tse-] f.; -; unz.⟩ ein Schriftgrad (12 Punkt) [nach dem röm. Staatsmann Marcus Tullius *Cicero*, 106-43 v. Chr.]

Ci|ce|ro|ne ⟨[tʃitʃe-] m.; - od. -s, -s od. -ro|ni⟩ Fremden-, Kunstführer [ital., »Fremdenführer«; wegen ihrer Redseligkeit nach dem röm. Redner *Cicero*]

Ci|ce|ro|ni|a|ner ⟨[tsitse-] m.; -s, -⟩ Anhänger des mustergültigen Stils des röm. Schriftstellers Cicero

ci|ce|ro|ni|a|nisch ⟨[tsitse-] Adj.⟩ in der Art des röm. Staatsmannes u. Schriftstellers Cicero, mustergültig; *oV* ciceronisch

ci|ce|ro|nisch ⟨[tsitse-] Adj.⟩ = ciceronianisch

Ci|cis|beo ⟨[tʃitʃis-] m.; - od. -s, -s⟩ Hausfreund, Liebhaber [ital., »Begleiter u. Gesellschafter verheirateter Frauen«]

Ci|dre *auch:* **Cid|re** ⟨[si:drə] m.; -; unz.⟩ frz. Apfelwein; →*a.* Zider [frz., <lat. *sicera* <grch. *sikera* <hebr. *schekar* »berauschendes Getränk«; zu *schachar* »sich berauschen«]

Cie. ⟨Abk. für⟩ Kompanie

cif ⟨Abk. für engl.⟩ cost, insurance, freight (Handelsklausel beim Überseekauf, nach der Fracht, Versicherungs- u. Ladekosten im Kaufpreis enthalten sind) [engl., »Kosten, Versicherung, Fracht«]

CIM ⟨[si:aɪɛm] EDV; Abk. für engl.⟩ Computer Integrated Manufacturing (computergesteuerte Fertigung)

Cin|cho|na ⟨[sɪntʃo:na] f.; -, -cho|nen; Bot.⟩ Gattung der Rötegewächse, dessen Rinde als Fiebermittel verwendet wird, Chinarindenbaum; →*a.* Chinarinde [nach der Gemahlin des Grafen *Cinchon*, Vizekönig von Peru im 17. Jh.]

Cin|cho|nin ⟨[-tʃo-] n.; -s; unz.⟩ bei der Herstellung von Chinin gewonnenes Alkaloid der Chinarinde [→ *Cinchona*]

Cinch|ste|cker ⟨[sɪntʃ-] m.; -s, -; El.⟩ hülsenförmiger Steckkontakt mit einem Stift, der an Koaxialkabeln angebracht ist u. der Übertragung von elektronischen Signalen dient, z. B. zur Verbindung von Geräten bei Stereoanlagen, Videogeräten u. Ä. [<engl. *cinch* »Spielerei, Kinderspiel«]

Cin|de|rel|la|kom|plex ⟨[sɪn-] m.; -es, -e; Psych.⟩ Angst (bei Frauen), unabhängig zu sein u. Verantwortung übernehmen zu müssen [<engl. *Cinderella* »Aschenputtel« + *Komplex*]

Ci|ne|ast ⟨[si-] m.; -en, -en; Film⟩ **1** Filmfachmann, Filmschaffender **2** Filmfan

Ci|ne|as|tik ⟨[si-] f.; -; unz.; Film⟩ Filmkunst [zu frz. *cinéma* »Kino«]

Ci|ne|as|tin ⟨[si-] f.; -, -tin|nen; Film⟩ **1** Filmfachfrau, Filmschaffende **2** weiblicher Filmfan

ci|ne|as|tisch ⟨[si-] Adj.; Film⟩ die Cineastik betreffend, auf ihr beruhend, zu ihr gehörig

Ci|ne|ma|gic ⟨[sɪnəmædʒɪk] n.; -; unz.; Film⟩ das Mixen von Trick- u. Realaufnahmen für Trickfilmproduktionen [<engl. *cinema* »Kino« + *magic* »Magie, Zauberei, Zauberkunst«]

Ci|ne|ma|scope® *auch:* **Ci|ne|mas|cope®** ⟨[sinemasko:p] n.; -; unz.; Film⟩ auf einer breiten Konkavleinwand wiedergegebener, räuml. wirkender Film mit stereophoner Tonwiedergabe [<engl. *cinema* »Kino« + *...scope* (→ *...skop*)]

Ci|ne|ma|thek ⟨[si-] f.; -, -en; Film⟩ Sammlung von Filmen [<frz. *cinéma* »Kino« + *...thek*]

Ci|ne|ra|ma® ⟨[si-] n.; -s; unz.; Film⟩ US-amerikan. System des dreidimensionalen Films, bei dem durch drei Vorführapparate drei verschiedene Kopien desselben Films gleichzeitig auf eine halbkreisförmige Leinwand geworfen werden [<engl. *cinema* »Kino« + *Panorama*]

Cin|gu|lum ⟨[tsɪŋ-] n.; -s, -s od. -gu|la⟩ = Zingulum

Cin|que|cen|tist ⟨[tʃɪŋkvetʃɛn-] m.; -en, -en⟩ Künstler des Cinquecentos

C

Cin|que|cen|to ⟨[tʃɪŋkvetʃe̜nto] n.; -s; unz.⟩ künstler. Stilepoche des 16. Jh. in Italien (Hochrenaissance) [ital., »500 (Jahre nach 1000 n. Chr.)«]

Cin|za|no® ⟨[tʃɪn-] m.; - od. -s, -s⟩ ein (roter od. weißer) ital. Wermut

c. i. p. ⟨Wirtsch.; Abk. für engl.⟩ carriage and insurance paid to (frachtfrei und versichert bis)

Ci|pol|la|ta ⟨[tʃi-] f.; -, -s od. -la-ten⟩ **1** italienisches Gericht mit Zwiebeln, Möhren, Maronen, Speck u. Bratwürstchen **2** kleines Würstchen, das aus ähnlichen Zutaten wie Weißwürste hergestellt wird [ital., »Zwiebelgericht«]

Ci|pol|lin ⟨[tʃi-] m.; -s; unz.⟩ mit Streifen durchsetzter Marmor [<ital. *cipollino,* Verkleinerungsform zu *cipolla* »Zwiebel«]

cir|ca ⟨Abk.: ca.⟩ = zirka

Cir|ce ⟨[tsɪrtsə] f.; -, -n⟩ Zauberin, Verführerin [nach der grch. Zauberin *Kirke* (Homer, Odyssee); → *becircen*]

cir|cen|sisch ⟨[tsɪrtse̜n-] Adj.⟩ = zirzensisch

Cir|cuit|trai|ning ⟨[sœ:kɪttre:-] n.; - od. -s, -s; Sport⟩ Trainingssystem zur Verbesserung der allg. Kondition (Kreislaufleistung, Atmungsfähigkeit, Muskelkraft u. -ausdauer) aus mehreren Standardübungen an verschiedenen, im Kreis aufgestellten Geräten; *Sy* Zirkeltraining [<engl. *circuit* »Umdrehung, Kreislauf« + *Training*]

Cir|cu|lus vi|ti|o|sus ⟨[vitsio:-] m.; - -, -li -si⟩ **1** Zirkelschluss, Aussage, in der etwas zu Beweisendes schon zur Beweisführung benutzt wird, z. B. Kaffee regt an, da er eine anregende Wirkung hat; *Sy* Hysteron-Proteron **2** Beseitigung eines Übels durch Einführung eines anderen Übels, Teufelskreis; *sich in einem ~ befinden* [lat., »Teufelskreis«]

Cir|cus ⟨m.; -, -se⟩ = Zirkus (2)

Cir|rus|wol|ke ⟨[tsɪr-] f.; -, -n; Meteor.⟩ = Zirruswolke

cis-..., Cis-... ⟨in Zus.; Chemie; Med.⟩ diesseits, auf derselben Seite einer Ebene liegend; *Cis-Form; Ggs* trans-..., Trans-... [lat.]

CISC ⟨EDV; Abk. für engl.⟩ Complex Instruction Set Computing, Prozessor, der über eine große Anzahl von Maschinenbefehlen verfügt; →*a.* RISC

Cis-trans-Iso|me|rie ⟨f.; -, -n; Chemie⟩ an doppelten Kohlenstoff-Kohlenstoff-Doppelbindungen vorhandene Stereoisomerie; *Sy* Alloisomerie [<*Cis-...* + lat. *trans* »jenseits« + *Isomerie*]

ci|ta|to lo|co ⟨[tsi-] Abk.: c. l.⟩ am angeführten Ort [lat.]

> **Citoyen** (*Worttrennung am Zeilenende*) Im Französischen wird das »*y*« verwendet, um einen vorausgehenden an einen folgenden Vokal zu binden.
> Im Deutschen bleibt es dem Schreibenden überlassen, ob er vor dem Konsonanten trennt oder die Buchstabengruppe »*oy*« als eigenen Laut [oaj] auffasst und dementsprechend hinter dem Konsonanten trennt (→*a.* Clairvoyance).

Ci|toy|en *auch:* **Ci|to|yen** ⟨[sitoajɛ̃:] m.; -s, -s⟩ Staatsbürger [frz.]

Ci|trat *auch:* **Cit|rat** ⟨[tsi-] n.; -(e)s, -e; Chemie⟩ = Zitrat

Ci|trin *auch:* **Cit|rin** ⟨[tsi-] n.; -s, -e⟩ = Zitrin

Ci|trus *auch:* **Cit|rus** ⟨m.; -; unz.; Bot.⟩ Pflanzengattung, die große Bedeutung für den Obstanbau besitzt [<lat. *citrus* »Zitronenbaum«]

Ci|trus|frucht *auch:* **Cit|rus|frucht** ⟨f.; -, -früch|te; Bot.⟩ = Zitrusfrucht

Ci|ty ⟨[sɪti] f.; -, -s⟩ Stadtkern, Zentrum einer Großstadt, Geschäftsviertel [engl., »Stadt; Altstadt«]

Ci|ty|bike ⟨[sɪtibaɪk] n.; -s, -s⟩ Motorrad od. Motorroller von geringer Leistung, das bzw. der sich in erster Linie für den Stadtverkehr eignet [<*City* + motor*bike* »Motorrad«]

Ci|ty|blues ⟨[sɪtɪblu:z] m.; -, -; Musik⟩ Stilrichtung des volkstümlichen Blues [<*City* + *Blues*]

Ci|ty|call ⟨[sɪtikɔ:l] m.; -s, -s; Tel.⟩ Sende- u. Empfangssystem, mit dessen Hilfe kurze Text- od. Zahlennachrichten gesendet werden können od. der Träger über Ereignisse informiert bzw. zum Rückruf aufgefordert werden kann; *Sy* Cityruf

Ci|ty|ruf ⟨[sɪti-] m.; -(e)s, -e⟩ = Citycall

Ci|vet ⟨[sive:] od. [sivɛ] n.; -s, -s⟩ ein Wildfleischragout [frz.]

cl ⟨Abk. für⟩ Zentiliter

Cl ⟨chem. Zeichen für⟩ Chlor

Claim ⟨[kle̜ɪm] n.; -s, -s⟩ **1** Anspruch, Anrecht **2** Anteil (bes. an einer Goldmine) [engl.]

Clai|ret ⟨[klɛre̜] n.; -s, -s⟩ durch Aufguss von Gewürzen bereiteter, mit Zucker gesüßter Wein zur Sektherstellung; *oV* Klarett [<engl. *claret* »Rotwein« <frz. *clairet* »Bleicher (heller) Rotwein)«; zu *clair* »hell«]

Clair|ob|scur *auch:* **Clair|obs|cur** ⟨[klɛ:rɔpsky:r] n.; -; unz.; Mal.⟩ Stilmittel, bei dem die Wirkung durch den Kontrast von Hell u. Dunkel erreicht wird, Helldunkel [frz.]

Clai|ron ⟨[klɛrɔ̃:] n.; -s, -s; Musik⟩ **1** Bügelhorn, Signalhorn **2** = Clarino [<frz. *clair* »hell, hell klingend«]

Clair|voy|ance *auch:* **Clair|vo|yance** ⟨[klɛ:rvoajã:s] f.; -; unz.⟩ **1** Klarsicht, Weitblick **2** Hellsehen [frz.]

Clam ⟨[klæ̜m] f.; -, -s; Zool.⟩ essbare Muschel, Venusmuschel [engl.]

Clan ⟨[klæ:n] m.; -s, -s⟩ *oV* Klan **1** alter schott. u. irischer Sippenverband **2** ⟨Völkerkunde⟩ Stammesgruppe **3** ⟨umg.⟩ Gruppen-, Familienverband mit festem Zusammenhalt; *er ist mit seinem gesamten ~ zur Feier erschienen* **4** ⟨Textilw.⟩ mehrfarbiger, großkarierter Wollstoff [engl., »schottischer Lehns- u. Stammverband«]

Cla|que ⟨[kla̜k] f.; -; unz.; Theat.⟩ Gruppe bezahlter Beifallklatscher [frz.; zu *claquer* »klatschen«]

Cla|queur ⟨[-kø:r] m.; -s, -e; Theat.⟩ bezahlter Beifallklatscher [→ *Claque*]

Cla|ri|no ⟨n.; -s, -s od. -ri|ni; Musik⟩ **1** hohe Trompete, Bachtrompete **2** die trompetenähnliche Zungenstimme der Orgel

3 hohes Register der Klarinette [ital., »helle Trompete«]

Classe po|li|tique ⟨[klas pɔlitik] f.; -; unz.; schweiz.; meist abwertend⟩ die Politiker [<frz. *classe* »Klasse« + *politique* »politisch«]

Clau|su|la ⟨f.; -, -lae [-lɛ:]⟩ Klausel, Abmachung [lat.]

Cla|ve|cin ⟨[-vəsɛ̃:] n.; -s, -s; Musik⟩ = Cembalo [frz.]

Cla|ves ⟨[-ves] Pl.; Musik⟩ kubanisches Rhythmusinstrument, das aus zwei harten Rundhölzchen besteht, die aneinandergeschlagen werden [span., »Rumbastäbchen«]

Cla|vi|cem|ba|lo ⟨[-vitʃɛmbalo] n.; -s, -s od. -ba|li; Musik⟩ = Cembalo [<lat. *clavis* »Schlüssel, Taste« + *Cembalo*]

Cla|vi|chord ⟨[-vikɔrd] n.; -(e)s, -e; Musik⟩ kleines Tasteninstrument, bei dem die waagerecht u. rechtwinklig zur Tastatur liegenden Saiten durch Metallplättchen angeschlagen werden, Vorläufer des Klaviers; *oV* Klavichord [<mlat. *clavis* »Taste« + grch. *chorde* »Saite«]

Cla|vi|cu|la ⟨[-vi:-] f.; -, -lae [-lɛ:]; Anat.⟩ Schlüsselbein; *oV* Klavikel, Klavikula [<lat. *clavicula* »Schlüsselchen«; zu *clavis* »Schlüssel«]

Cla|vis ⟨[-vɪs] f.; -, - od. Cla|ves [-ve:s]; Musik⟩ **1** Orgel-, Klaviertaste **2** Notenschlüssel [lat., »Schlüssel«]

Cla|vus ⟨[-vus] m.; -, Cla|vi [-vi]⟩ **1** Besatzstreifen aus Gold od. Purpur an der römischen Tunica, der gleichzeitig den Rang angab **2** ⟨Med.⟩ Hühnerauge, Hornverdickung der Fußhaut; *oV* Klavus [lat., »Nagel«]

clean ⟨[kli:n] Adj.; umg.⟩ nicht mehr rauschgiftsüchtig [engl., »sauber«]

Clea|ner ⟨[kli:nə(r)] m.; -s, -⟩ **1** Firma od. einzelne Person, die für die Reinigung u. Pflege von öffentl. Gebäuden u. Büros zuständig ist **2** Reinigung, Reinigungsmittel **3** ⟨umg.; bes. USA⟩ professioneller Auftragsmörder; →*a.* Killer [engl., »Reinigung(-sfirma), Reiniger; (Auftrags-)Killer«]

Clean Pro|duc|tion ⟨[kli:n prɔdʌkʃn] f.; - -; unz.; Wirtsch.⟩ umweltverträgliche Produktionsweise [<engl. *clean* »sauber« + *production* »Produktion«]

Clean|ser ⟨[kli:n-] m.; -s, -⟩ Lotion zur Gesichtsreinigung [engl., »Reinigungscreme«]

Clear-Air-Tur|bu|lenz ⟨[kli:rɛ:r-] f.; -, -en; Meteor.⟩ Turbulenz im wolkenfreien Raum [<engl. *clear air* »klare Luft« + *Turbulenz*]

Clea|rance ⟨[kli:rəns] f.; -, -s [-sɪz]⟩ **1** Unbedenklichkeitserklärung (nach Überprüfung einer Person, einer Maschine), z. B. im Militärwesen **2** ⟨Med.⟩ Maß für die Ausscheidung einer Substanz aus dem Blut [engl., »Reinigung, Beseitigung«]

clea|ren ⟨[kli:-] V.; Wirtsch.⟩ verrechnen (von gegenseitigen Forderungen) [→ *Clearing*]

Clea|ring ⟨[kli:rɪŋ] n.; - od. -s, -s⟩ Verrechnungsverfahren [engl.; zu *clear* »klar machen, klären«]

Clea|ring|ab|kom|men ⟨[kli:rɪŋ-] n.; -s, -; Wirtsch.⟩ Verrechnungsverfahren, das meist zwischen Staaten abgeschlossen wird; *bilaterales* ~ [→ *Clearing*]

Clea|ring|house ⟨[kli:rɪŋhaus] n.; -, -s [-hausɪz]; Wirtsch.⟩ Einrichtung, die Verrechnungen od. Transaktionen zwischen Unternehmen od. Börsenmitgliedern abwickelt [< *Clearing* + engl. *house* »Haus«]

Cle|ma|tis ⟨f.; -, -; Bot.⟩ Waldrebe, Gattung der Hahnenfußgewächse, Kletterpflanze mit duftenden Blüten; *oV* Klematis [grch., »biegsame Ranke«]

Cle|men|ti|ne ⟨f.; -, -n; Bot.⟩ kernlose Mandarinensorte; *oV* Klementine [nach dem frz. Züchter *Clément*]

Clen|bu|te|rol ⟨n.; -s; unz.; Pharm.⟩ entkrampfend wirkender Stoff, der in einigen Asthma- u. Hustenmitteln medizinisch eingesetzt wird (gelegentlich gesetzeswidrig als Anabolikum zur Leistungssteigerung im Spitzensport u. bei der Kälbermast verwendet)

Clerk ⟨[kla:(r)k] m.; -s, -s⟩ **1** Gerichtsschreiber **2** Buchhalter, Handlungsgehilfe, kaufm. Angestellter **3** (niederer) Geistlicher der anglikan. Kirche [engl., »Sekretär, Buchhalter, Kontorist«]

cle|ver ⟨[klɛvə(r)] Adj.⟩ schlau, durchtrieben, gewandt [engl., »klug«]

Cle|ver|ness ⟨[klɛvə(r)nɛs] f.; -; unz.⟩ Schlauheit, Gewandtheit, Durchtriebenheit [engl.]

Cli|ché ⟨[-ʃe:] n.; -s, -s; fig.⟩ = Klischee (3)

Click ⟨m.; -s, -s; kurz für⟩ Mouseclick [→ *clicken*]

cli|cken ⟨V.; umg.; EDV⟩ die Maus(taste) drücken; *sich im Internet zu einer Datenbank* ~ [<engl. *click* »klicken, ticken«]

Cli|ent ⟨[klaɪənt] m.; -s, -s; EDV⟩ Personal Computer, der als Teil der Client/Server-Struktur dem Benutzer alle (individuellen) Anwendungen ermöglicht (in dem als Server genutzten Computer ist dagegen die Datenverwaltung, die allen als Client genutzten Computern zur Verfügung steht, zentralisiert) [engl., »Kunde, Klient«]

Cliff|dwel|ler ⟨[klɪf-] m.; -s, -s⟩ vorgeschichtl. Höhlenbewohner im Colorado-Cañon (USA) [engl., »Felsenbewohner«]

Cliff|han|ger ⟨[klɪfhæŋə(r)] m.; -s, -⟩ spannungsgeladenes Ende einer Fernseh- od. Radiofolge, das neugierig macht auf die Fortsetzung [engl., eigtl. »Superthriller«]

Clinch ⟨[klɪntʃ] od. [klɪnʃ] m.; -es; unz.⟩ **1** ⟨Boxen⟩ Umklammerung des Gegners **2** ⟨allg.⟩ allzu feste, unangenehme Verbindung, Streit; *im ~ liegen* sich streiten [engl.]

clin|chen ⟨[klɪn(t)ʃən] V.; Sport; Boxen⟩ den Gegner so umklammern, dass er keine od. nur sehr kurze Schläge austeilen kann [<engl. *clinch* »umklammern«]

Clip ⟨m.; -s, -s⟩ *oV* Klipp **1** federnde Klemme, z. B. zum Feststecken der Krawatte **2** Ohrschmuck, der mit einer federnden Klemme befestigt wird **3** Klammer; →*a.* Klips **4** ⟨kurz für⟩ Videoclip [<engl. *clip* »Klammer«]

Clip|board ⟨[-bɔ:d] n.; -s, -s⟩ **1** Klemmbrett für Notizblätter **2** Gestell mit plakatgroßen Blättern für Besprechungen u.

C

Konferenzen; *Pläne mit Filzstift auf ein ~ zeichnen* 3 ⟨EDV⟩ Zwischenablage [<engl. *clip* »Klammer« + *board* »Brett«]

Clip|per® ⟨m.; -s, -⟩ schnelles amerikanisches Verkehrsflugzeug, das Überseestrecken fliegt [engl., »Schnellsegler«]

Cli|que ⟨[klıkə] od. [kli:k] f.; -, -n⟩ durch gemeinsame Interessen verbundene (selbstsüchtige) Gruppe, Sippschaft, Bande, Klüngel [frz., »Sippschaft«]

Cli|via ⟨[-via] f.; -, -vi|en; Bot.⟩ Gattung der Amaryllisgewächse, beliebte Zierpflanze mit langen, schmalen Blättern u. roten od. orangefarbenen Blüten; *oV* Klivie [nach einer engl. Herzogin, Lady *Clive*]

Clo|chard ⟨[klɔʃa:r] m.; -s, -s⟩ Vagabund in Großstädten, bes. in Paris, Stadtstreicher [frz.]

Cloche ⟨[klɔʃ] f.; -, -s⟩ Metallhaube, unter der Gerichte warm gehalten werden u. die besonders in besseren Restaurants verwendet wird [frz., »Glasglocke«]

Clog ⟨m.; -s, -s; meist Pl.⟩ pantoffelähnlicher Schuh mit Holzsohle [engl.]

Cloi|son|né ⟨[kloazɔne:] n.; -s, -s⟩ Emailarbeit, bei der das flüssige Email in kleine Zellen aus Metallstegen gegossen wird, Zellenschmelz [frz.; <*cloisonner* »abschlagen, durch eine Scheidewand trennen«]

Clon ⟨m.; -s, -e⟩ = Klon

clo|nen ⟨V.⟩ = klonen

Clo|ning ⟨n.; -s, -s⟩ = Kloning

Clo|nus ⟨m.; -, -nus|se⟩ = Klon

Clo|qué ⟨[klɔke:] m.; -s, -s; Textilw.⟩ Gewebe mit blasenartig erhöhtem, eingewebtem Muster [frz.; <*cloquer* »blasig werden«; zu *cloque* »Wasserblase«]

Closed-Shop-Be|trieb ⟨[klouzdʃɔp-] m.; -(e)s, -e; Wirtsch.; in GB u. den USA⟩ von einer Gewerkschaft kontrolliertes od. unter dem Einfluss einer Gewerkschaft stehendes Unternehmen, das ausschließlich Gewerkschaftsmitglieder beschäftigt [<engl. *closed* »geschlossen« + *shop* »Produktionsstätte«]

Close-up ⟨[klouzʌp] n.; -s, -s; Film⟩ Nah- bzw. Großaufnahme einer Person, Lokalität od. eines Gegenstands [engl., »Nah-, Großaufnahme«]

Clos|tri|di|um *auch:* **Clost|ri|di|um** ⟨n.; -s, -di|en; Med.⟩ Gattung anaerober, sporenbildender Bakterien (Krankheitserreger) [latinisiert <grch. *kloster* »Spindel« + *eidos* »Form, Gestalt«]

Cloth ⟨[klɔθ] m.; -; unz.; Textilw.⟩ dichtes Atlasgewebe [<engl. *cloth* «Tuch«]

Clo|thing ⟨[klouθıŋ] n.; - od. -s; unz.; Textilw.⟩ Konfektionsware [engl., »Bekleidung«]

Clou ⟨[klu:] m.; -s, -s⟩ 1 Höhepunkt 2 Zugstück, Schlager; *das war der ~!; der ~ der Saison, der Vorstellung; der ~ vom Ganzen* [frz., »Nagel; Höhepunkt«]

Clown ⟨[klaun] m.; -s, -s⟩ 1 ⟨urspr.⟩ die lustige Person der engl. Bühne 2 ⟨heute⟩ Spaßmacher in Zirkus u. Varieté [engl.]

Clow|ne|rie ⟨[klau-] f.; -, -n⟩ Betragen eines Clowns, Spaßmacherei, Albernheit

clow|nesk ⟨[klau-] Adj.⟩ in der Art eines Clowns; *~es Verhalten*

Club ⟨engl. [klʌb] m.; -s, -s⟩ *oV* Klub 1 geschlossene Vereinigung von Personen zur Pflege bestimmter Interessen; *Tennis~* 2 deren Raum od. Gebäude [<engl. *club* »Club«, eigtl. »Keule« (nach dem alten Brauch, Einladungen zu Zusammenkünften durch das Herumsenden eines Kerbstockes, eines Brettes od. einer Keule zu übermitteln)]

club|ben ⟨[klʌb-] V.; umg.; salopp⟩ sich in einem Club aufhalten; *in einem gepflegten Ambiente ~* [<engl. *club*]

Club|gar|ni|tur ⟨f.; -, -en⟩ mehrere zusammengehörige Polstersessel mit Couch; *oV* Klubgarnitur

Club of Rome ⟨[klʌb ɔf roum] m.; - - -; unz.; 1968 in Rom gegründeter⟩ internat. Zusammenschluss von Politikern, Industriellen u. Wissenschaftlern, die sich mit den Problemen u. der Zukunft der Menschen beschäftigen [engl.]

Clus|ter ⟨[klʌs-] m.; -s, -⟩ 1 ⟨Musik⟩ flächenhafter Klang (durch übereinandergeschichtete Intervalle) 2 ⟨Physik⟩ System, Menge von Einzelteilchen 3 ⟨Sprachw.⟩ Häufung, ungeordnete Menge (semantischer Merkmale) 4 ⟨EDV⟩ aus mehreren Rechnern bestehendes Netzwerk [engl., »Büschel, Haufen, Menge«]

Clus|ter|ana|ly|se ⟨[klʌs-] f.; -, -n; Stat.⟩ Verfahren, durch das große Elementmengen durch Bildung homogener Klassen u. Gruppen sinnvoll strukturiert werden sollen; →*a.* Dendrogramm

cm ⟨Abk. für⟩ Zentimeter

cm² ⟨Abk. für⟩ Quadratzentimeter

cm³ ⟨Abk. für⟩ Kubikzentimeter

Cm ⟨chem. Zeichen für⟩ Curium

cm/s ⟨Abk. für⟩ Zentimeter in der Sekunde (Geschwindigkeitseinheit)

CNC ⟨EDV; Abk. für engl.⟩ Computerized Numerical Control, numerische Steuerung per Computer (von Werkzeugmaschinen)

Co 1 ⟨chem. Zeichen für⟩ Cobalt 2 ⟨Abk. für⟩ Kompanie

c/o ⟨Abk. für⟩ care of

Coach ⟨[koutʃ] m.; -s, -s⟩ Betreuer od. Trainer, bes. von Sportlern u. Mannschaften [verkürzt <engl. *coachman* »Kutscher, jmd., der die Pferde lenkt«]

coa|chen ⟨[koutʃən] V.⟩ *jmdn. ~* als Coach betreuen, trainieren [→ *Coach*]

Coa|ching ⟨[koutʃıŋ] n.; - od. -s; unz.⟩ das Betreuen u. Trainieren von Personen, bes. von Sportlern od. Mannschaften während eines Wettkampfes [→ *Coach*]

Co|a|gu|lum ⟨n.; -s, -gu|la; Med.⟩ = Koagulum

Coat ⟨[kout] m.; -s, -s⟩ 1 Mantel, lange Jacke 2 Kittel [engl.]

Coa|ted Par|ti|cles *auch:* **Coa|ted Par|tic|les** ⟨[koutıd pa:tıkls] Pl.; Kernphysik⟩ (in Hochtemperaturreaktoren verwendeter) Brennstoff, dessen Uranoxid-, Urancarbid- u. Thoriumoxidpartikel zum Schutz gegen Austritt von Spaltprodukten mit Graphit- od. Siliziumcarbidschichten umgeben sind [engl., »beschichtete Partikel«]

Co|a|ting ⟨[koutıŋ] m.; - od. -s, -s; Textilw.⟩ **1** ⟨unz.⟩ Kammgarnstoff in der Webart »Köperbindung« **2** ⟨zählb.⟩ Schutzbeschichtung für Kleidungsstücke **3** ⟨zählb.⟩ Wachs- bzw. Harzbelag, der u. a. Lebensmittel vor qualitätsbeeinträchtigender Aufnahme von Wasser u. tierischen Schädlingen sowie negativen Auswirkungen durch Transport u. Lagerung schützen soll [engl., »Überzug, Schicht; Anstrich«]

Co|au|tor ⟨m.; -s, -en⟩ Mitautor, Mitverfasser; *oV* Koautor, Konautor [<*Ko... + Autor*]

Co|au|to|rin ⟨f.; -, -rin|nen⟩ Mitautorin, Mitverfasserin; *oV* Koautorin, Konautorin

Cob ⟨m.; -s, -s; Zool.⟩ kleines, gedrungenes Pferd, das zum Reiten u. Fahren eingesetzt wird; *Welsh* ~ [engl., »kleines Pferd«]

Co|balt ⟨n.; -(e)s; unz.; chem. Zeichen: Co⟩ graues, glänzendes, magnetisches Metall, Ordnungszahl 27, in Legierungen u. als Katalysator verwendet; *oV* Kobalt [nach *Kobold* (Hausgeist), nach dem alten Bergmannsglauben, das für wertlos angesehene *Cobalt* sei von Bergsteigern untergeschoben worden, nachdem das wertvolle Silber geraubt wurde]

Co|bal|tit ⟨m.; -(e)s, -e; Chemie⟩ silberweißes Mineral, chem. Cobalt-Arsen-Sulfid (CoAsS); *Sy* Kobaltglanz

Cobb|ler *auch:* **Cob|bler** ⟨m.; -s, -⟩ alkoholhaltiges Erfrischungsgetränk mit Kristalleis u. Früchten [engl.]

COBOL ⟨n.; -; unz.; EDV⟩ Programmiersprache für kommerzielle u. betriebswirtschaftliche Aufgaben [verkürzt <engl. *co*mmon *b*usiness *o*riented *l*anguage]

Co|ca ⟨f.; -, -; Bot.⟩ = Koka

Co|ca-Co|la® ⟨n. od. f.; -, -s⟩ mit Kohlensäure versetztes, koffeinhaltiges Erfrischungsgetränk [<indian. *coca* (nach dem in der Andenkette Südamerikas heimischen Strauch Erythroxylon; → *Kokain*) + westafrikan. Eingeborenensprache *cola* (nach der im tropischen Afrika heimischen *Kolanuss*)]

Co|ca|in ⟨n.; -s; unz.⟩ = Kokain

Coc|ci|di|o|se ⟨f.; -, -n⟩ = Kokzidiose

Coc|co|lo|ba ⟨f.; -, -s; Bot.⟩ aus Südamerika stammender Strauch aus der Familie der Nachtschattengewächse mit pflaumengroßen Früchten: Moringa coccoloba [span.]

Coc|cus ⟨m.; -, Coc|cen⟩ = Kokkus

Co|che|nil|le ⟨[-ʃəniːjə] f.; -, -n⟩ = Koschenille

Coch|lea ⟨[kɔx-] f.; -, -le|ae [leɛː]⟩ Teil des Innenohrs, Hörschnecke [lat. »Schnecke«]

Co|cker|spa|ni|el ⟨m.; -s, -s; Zool.⟩ engl. Jagdhundrasse [<engl. *cocker* »Schnepfenjäger« + *Spaniel*]

Cock|ney[1] ⟨[kɔkni] n.; - od. -s; unz.⟩ Dialekt der unteren Schichten im Osten Londons [<engl., mengl. *coken*, Pl. von *cok* »Hahn« + *ey* »Ei«, urspr. »kleines, missratenes Ei (von einem Hahn)«, später (abwertend) »Stadtbewohner«]

Cock|ney[2] ⟨[kɔkni] m.; -s, -s⟩ jmd., der Cockney[1] spricht [→ *Cockney*[1]]

Cock|pit ⟨n.; -s, -s⟩ **1** ⟨Seew.⟩ tiefgelegener Sitz des Steuermanns **2** Vorratsraum des Schiffes **3** ⟨Luftf.⟩ Pilotensitz [engl., eigtl. »Kampfplatz (urspr. für Hahnenkämpfe)«]

Cock|tail ⟨[kɔktɛıl] m.; -s, -s⟩ alkohol. Mischgetränk [<engl. *cock* »Hahn« + *tail* »Schwanz«, urspr. »Hahnenschwanz«, später »Halbblut (mit gestutztem Schweif)«, dann »Mischung«]

Cock|tail|kleid ⟨[kɔktɛıl-] n.; -(e)s, -er⟩ festliches Kleid mit kurzem Rock [→ *Cocktail*]

Cock|tail|par|ty ⟨[kɔktɛıl-] f.; -, -s⟩ zwanglose Geselligkeit in den frühen Abendstunden

COCOM, Co|com ⟨Abk. für engl.⟩ Coordinating Committee for East-West-Trade-Policy (Koordinierungskomitee für den Ost-West-Handel), 1950 gegründetes Komitee der NATO, das die Ausfuhr von militär. u. strategisch nutzbaren Waren u. Technologien in die Ostblockstaaten regelt; →*a.* Cocomliste

Co|com|lis|te ⟨f.; -; unz.⟩ Verzeichnis von Waren u. Technologien (z. B. Computer), die aufgrund ihrer militär. u. strategischen Nutzbarkeit nicht in die Ostblockstaaten exportiert werden dürfen

Co|coo|ning ⟨[kəkuːnıŋ] n.; - od. -s; unz.; Psych.⟩ vollständiger Rückzug in die Privatsphäre als Angst- od. Abwehrreaktion [<engl. *cocoon* »Kokon«]

Co|cot|te ⟨[kɔkɔtə] f.; -, -n; veraltet⟩ = Kokotte (1) [frz.]

cod., Cod. ⟨Abk. für⟩ Kodex, Codex

c. o. d. ⟨Wirtsch.; Abk. für engl.⟩ cash on delivery

Co|da ⟨f.; -, -s; Musik⟩ Schlussteil (eines Musikstücks); *oV* Koda [<ital. *coda* »Schwanz«]

Code[1] ⟨[koːd] m.; -s, -s⟩ Gesetzbuch; ~ *civil* [koːd sıviːl] auf Veranlassung von Napoleon 1804 geschaffenes frz. Zivilgesetzbuch; ~ *Napoléon* [koːd napoleɔ̃ː] Code civil im ersten u. zweiten frz. Kaiserreich [frz. »(Bürgerliches) Gesetzbuch«, <lat. *codex*; → *Codex*]

Code[2] ⟨[koːd] m.; -s, -s⟩ *oV* Kode **1** Vorschrift für die Zuordnung von Zeichen eines Zeichensystems zu Zeichen eines anderen Systems, so dass der Gehalt an Information unverändert bleibt **2** Schlüssel zum Übertragen von chiffrierten Texten in Normalschrift, Klarschrift **3** Verzeichnis von Kurzwörtern u. Ziffern **4** verschlüsselte Nachricht **5** ⟨EDV⟩ Passwort, das den Zugang zu einem Programm schützt; *ein geheimer* ~; *einen* ~ *knacken* **6** *genetischer* ~ ⟨Med.⟩ = DNS [engl., <lat. *codex*; → *Codex*]

Co|de|in ⟨n.; -s; unz.; Pharm.⟩ ein Alkaloid der Morphingruppe, das als hustenstillendes Mittel, aber auch als Ersatzdroge verwendet wird; *oV* Kodein

Code|na|me ⟨[koːd-] m.; -ns, -n⟩ geheimer Name, Passwort, Schlüsselwort

Co|der ⟨[koːdə(r)] m.; -s, -⟩ **1** ⟨Fernsehtechnik⟩ Einrichtung zur Erzeugung eines Farbfernsehsignals **2** ⟨Rundfunktechnik⟩ Einrichtung zur Erzeugung eines Stereosignals aus dem Rechts- u. Linkssignal

C

einer Stereoaufnahmeeinrichtung; →*a.* Decoder [→ *Code*]

Code|swit|ching ⟨[ko:dswɪtʃɪŋ] n.; - od. -s, -s; Sprachw.⟩ Wechsel von einer Sprachform in eine andere (bes. Übergang von der Hochsprache zum Dialekt) [<engl. *code* <frz. *code* »Gesetzbuch, Vorschriftensammlung« + *switching* »Übergang, Wechsel«]

Code|wort ⟨[ko:d-] n.; -(e)s, -wör|ter⟩ Schlüsselwort, Passwort

Co|dex ⟨m.; -, -di|ces [-tse:s]⟩ = Kodex (1); ~ *argenteus* gotische Bibelhandschrift des Wulfila (6. Jh) in silberverziertem Einband; ~ *aureus* mittelalterl. Prachthandschrift mit goldverziertem Einband; ~ *Iuris Canonici* ⟨Abk.: CIC⟩ Gesetzbuch der katholischen Kirche von 1917; ~ *Rubricarum* ein von Papst Johannes XXIII. veröffentlichtes Reformwerk zur Rubrikenvereinfachung, ab 1.1.1961 [lat., »Rechnungsbuch, Verzeichnis«]

co|die|ren ⟨V.⟩ *Informationen, einen Text* ~ in einen Code übertragen, mittels eines Codes verschlüsseln; *oV* kodieren; *Sy* encodieren; *Ggs* decodieren

Co|die|rung ⟨f.; -, -en⟩ das Codieren; *oV* Kodierung

Co|don ⟨n.; -s, -do|ne(n); Biochemie⟩ Einheit aus drei aufeinanderfolgenden Basen der Nukleinsäure des genetischen Codes, die die verschlüsselte Information für eine Aminosäure trägt [< *Code* + Endung *...on*]

Coe|cum ⟨[tsø:-] n.; -s, -ca⟩ = Caecum; *oV* Zökum

Coe|no|bit ⟨[tsø-] m.; -en, -en⟩ = Zönobit

Coe|no|bi|um ⟨[tsø-] n.; -s, -bi|en⟩ = Zönobium

Co|en|zym ⟨n.; -s, -e; Biochemie⟩ nicht eiweißartiger Bestandteil des Enzyms; *oV* Koenzym [<*Ko...* + *Enzym*]

Coeur ⟨[kø:r] n.; - od. -s, - od. -s; Kart.⟩ Spielkartenfarbe, Herz, Rot [frz., »Herz«]

Cof|fee|shop ⟨[kɔfɪʃɔp] m.; -s, -s⟩ **1** Cafeteria, Imbissraum (bes. innerhalb von Betrieben od. Hotels) **2** ⟨verhüllend für⟩ Lokal, in dem Haschisch u. Marihuana verkauft werden darf (bes. in den Niederlanden) [<engl. *coffee* »Kaffee« + *shop* »Laden«]

Cof|fe|in ⟨n.; -s; unz.⟩ = Koffein

Cof|fi|nit ⟨n.; -s; unz.; Min.⟩ uran- u. radiumhaltiges, stark radioaktives Mineral [nach dem US-amerikan. Geologen R. *Coffin*]

co|gi|to, er|go sum ich denke, also bin ich (Hauptgrundsatz des frz. Philosophen Descartes) [lat.]

co|gnac *auch:* **cog|nac** ⟨[kɔnjak] Adj.; undekl.⟩ = cognacfarben

Co|gnac® *auch:* **Cog|nac®** ⟨[kɔnjak] m.; -s, -s od. -e⟩ in Cognac hergestellter Weinbrand; →*a.* Kognak [nach der frz. Stadt *Cognac* an der Charente]

co|gnac|far|ben *auch:* **cog|nac|far|ben** ⟨[kɔnjak-] Adj.⟩ in der Farbe des Cognacs, goldbraun; *Sy* cognac; *eine ~e Jacke*

Co|gno|men *auch:* **Cog|no|men** ⟨m.; -s, - od. -mi|na; röm. Antike⟩ Beiname; *oV* Kognomen [<lat. *cognomen* »Beiname«]

Coif|feur ⟨[koafø:r] m.; -s, -e⟩ Friseur, Haarkünstler [frz.]

Coif|feu|se ⟨[koafø:z(ə)] f.; -, -n⟩ Friseuse [frz.]

Coif|fure ⟨[koafy:r] f.; -, -n⟩ kunstvolle Frisur, Haarputz [frz.]

Coin ⟨[kɔɪn] m.; -s, -s⟩ Wertmarke, Münze aus Kunststoff od. Metall für Einkaufswagen u. Ä. [engl., »Münze«]

Coin|treau® *auch:* **Coint|reau®** ⟨[koɛ̃tro:] m.; -s; unz.⟩ frz. Orangenlikör

Co|ir ⟨f.; -; unz. od. n.; - od. -s; unz.⟩ Kokosfasergarn [<Tamil *kayiru* »Seil«]

Co|i|tus ⟨m.; -; unz.⟩ **1** = Koitus **2** ~ *interruptus* unterbrochener Geschlechtsverkehr, bei dem das männl. Glied vor dem Samenerguss aus der Scheide gezogen wird; *Sy* Interruptus [→ *Koitus*]

Coke ⟨[koʊk] n. od. f.; -, -s; umg. Abk. für⟩ Coca-Cola

col. ⟨Buchw.; Abk. für⟩ columna (Spalte) [lat.]

Co|la ⟨f.; -, -s od. n.; - od. -s, -s; kurz für⟩ Coca-Cola

Col|chi|cin ⟨[-çitsi:n] n.; -s; unz.⟩ giftiges Alkaloid des Herbstzeitlosensamens; *oV* Kolchizin [nach lat. *colchicum autumnale* »Herbstzeitlose«]

cold ⟨[koʊld] Adj.; Drogenszene⟩ nüchtern, nicht unter dem Einfluss von Drogen stehend [engl., eigtl. »kalt«]

Cold Cream ⟨[koʊld kri:m] f.; - -, - -s⟩ viel Feuchtigkeit enthaltende u. dadurch kühlende Fettcreme [engl., »Kühlsalbe«]

Cold Rub|ber ⟨[koʊld rʌbə(r)] m.; - - od. - -s; unz.⟩ Synthetikkautschuk, dessen Fabrikation eine sehr niedrige Temperierung erfordert [engl., »kalter Kautschuk, kaltes Gummi«]

Cold Tur|key ⟨[koʊld tœ:ki] m.; - - od. - -s, - -s [-kiz]; umg.⟩ **1** radikale Drogenentziehungskur, die mit einem sofortigen völligen Entzug beginnt **2** das Befinden desjenigen, der die Entziehungskur macht [engl., eigtl. »kalter Truthahn« od. (fig.) »ohne Umschweife«]

Co|le|o|pte|ra *auch:* **Co|le|op|te|ra** ⟨f.; -, -pte|re(n); Biol.⟩ = Koleoptere

Co|li|tis ⟨f.; -, -ti|den⟩ = Kolitis

col|la des|tra *auch:* **col|la des|tra** ⟨Musik; Abk.: c. d.⟩ mit der rechten Hand (zu spielen) [ital., »mit der Rechten«]

Col|la|ge ⟨[-ʒə] f.; -, -n; Mal.⟩ aus Papier od. anderem Material geklebtes Bild; *oV* Kollage [frz., »Klebearbeit«; zu *colle* »Klebstoff«]

col|la|gen ⟨Adj.⟩ = kollagen

Col|la|gen ⟨n.; -s, -e; Biol.; Med.⟩ Eiweiß, das den wichtigsten Bestandteil des Stütz- u. Bindegewebes vor allem der Haut, der Sehnen u. der Knochen bildet u. durch langes Kochen in Wasser in Leim übergeführt werden kann; *oV* Kollagen [<grch. *kolla* »Leim« + *...gen*]

col|la|gie|ren ⟨[-ʒi:-] V.; Mal.⟩ eine Collage anfertigen, zu einer Collage zusammenfügen; *Fotografien* ~

col|la par|te ⟨Musik⟩ mit der Hauptstimme im Einklang (zu spielen) [ital., »mit der Hauptstimme«]

coll'ar|co ⟨Abk.: arc.; Musik⟩ (für Streichinstrumente) mit den Bogenhaaren (zu streichen) [ital., »mit dem Bogen«]

Col|lar|gol® ⟨n.; -s; unz.; Pharm.⟩

Salbe zur Abtötung von Bakterien

col|la si|nis|tra *auch:* **col|la si|nist|ra** ⟨Abk.: c. s.; Musik⟩ mit der linken Hand (zu spielen) [ital., »mit der Linken«]

col|lé ⟨Adj.⟩ (beim Billardspiel) nahe an der Bande platziert [frz., »angeklebt, angeleimt«]

Col|lec|ta|nea ⟨a. [--'---] Pl.⟩ = Kollektaneen

Col|lec|ta|ne|en ⟨a. [--'---] Pl.⟩ = Kollektaneen

Col|lege ⟨[kɔlɪdʒ] n.; - od. -s [-dʒɪz], -s [-dʒɪz]⟩ **1** ⟨England⟩ Haus, in dem die Studenten u. Lehrer zusammen wohnen, vielfach den Universitäten angegliedert, mit Stipendien u. Freistellen **1.1** *University* ~ Unterrichts- u. Forschungsinstitut der Universitäten bzw. die Universität selbst **1.2** Akademie, die noch nicht Volluniversität ist **2** ⟨USA⟩ **2.1** höhere Lehranstalt, die, auf der Highschool aufbauend, nach 4-jährigem Kurs zur Bachelor-Prüfung führt **2.2** Universitätsinstitut od. Fachhochschule einzelner Fakultäten [engl., »Kollegium, Kolleg, Universität«]

Col|lège ⟨[kɔlɛ:ʒ] n.; - od. -s, -s; Frankreich, frz. Schweiz, Belgien⟩ höhere Schule [frz., »Kollegium, höhere Schule«]

Col|le|gi|um ⟨n.; -s, -gia⟩ **1** ~ *Germanicum* 1552 gegründetes deutsches Priesterseminar in Rom **2** ~ *musicum* **2.1** ⟨i. e. S.⟩ Musikvereinigung an Universitäten, bes. im 17. u. 18. Jh. **2.2** ⟨i. w. S.⟩ Vereinigung von Musikern, die sich der Pflege alter Musik widmen **3** ~ *publicum* öffentl. Universitätsvorlesung; →*a.* Kollegium [lat., »Deutsches Kollegium«]

col le|gno *auch:* **col leg|no** ⟨[kɔl lɛnjo] Musik⟩ musikalische Anweisung für Streicher, mit dem Holz des Bogens zu spielen [ital., »mit dem Holz«]

Col|li|co ⟨m.; -s, -s⟩ von der Dt. Bahn AG verwendete Transportkiste mit genormten Abmessungen

Col|lie ⟨m.; -s, -s; Zool.⟩ schott. Schäferhund [engl. <kelt.]

Col|li|er ⟨[kɔlje:] n.; -s, -s⟩ *oV* Kollier **1** wertvoller Halsschmuck; *Perlen~; Brillant~* **2** schmaler, um den Hals zu tragender Pelz; *Nerz~* [<frz. *collier* »Halsband, Halskette«]

Col|lo|qui|um ⟨n.; -s, -qui|en⟩ = Kolloquium

Col|lum ⟨n.; -s, Col|la; Anat.⟩ Hals [lat.]

Co|lón ⟨[kolɔn] m.; - od. -s, -s od. (bei Zahlenangaben) -⟩ Währungseinheit in Costa Rica u. El Salvador [nach der span. Form des Namens *Kolumbus*]

Co|lo|nel ⟨engl. [kœ:nəl] od. frz. [kɔlɔnɛl] m.; -s, -s⟩ Oberst [engl. u. frz., »Oberst«]

co|lor..., Co|lor... ⟨a. ['--] in Zus.⟩ farbig, in Farbe [lat., »Farbe, Färbung«]

Co|lo|ra|do|kä|fer ⟨m.; -s, -; Zool.⟩ Kartoffelkäfer; *oV* Koloradokäfer [nach dem US-amerikan. Staat *Colorado,* in dem der Käfer ursprünglich beheimatet war]

Co|lor|bild ⟨a. ['---] n.; -(e)s, -er; Fot.⟩ Farbbild

Co|lor|film ⟨a. ['---] m.; -s, -e; Fot.⟩ Farbfilm

co|lo|rie|ren ⟨V.⟩ = kolorieren

Co|lo|rie|rung ⟨f.; -, -en⟩ = Kolorierung

Co|lo|rit ⟨n.; -(e)s, -e⟩ = Kolorit

Co|los|to|mie ⟨f.; -, -n; Med.⟩ = Kolostomie

Colt® ⟨[kɔlt] m.; -s, -s⟩ ein Revolver [nach dem US-amerikan. Ingenieur Samuel *Colt,* 1814-1862]

Col|tan ⟨n.; -s; unz.; Min.⟩ ein Erz (auch Columbit-Tantalit od. Niobit-Tantalit genannt), das aus Columbrium u. Tantal besteht u. aus dem das selten vorkommende Metall Tantal gewonnen wird

Com|bi|ne *auch:* **Com|bine** ⟨engl. [kɔmbaɪn] f.; -, -n od. (engl.) -s⟩ = Kombine [engl., »Mähdrescher«]

Com|bine Pain|ting ⟨[kɔmbaɪn pɛɪntɪŋ] n.; - -s; unz.; Mal.⟩ (von R. Rauschenberg entwickelter) Montagestil, der Collagen u. Malerei mit dreidimensionalen Objekten verschiedenster Art kombinierte u. damit Einfluss auf die Pop-Art nahm [engl., »kombiniertes Malen«]

Com|bo ⟨f.; -, -s; Jazz⟩ Kapelle mit kleiner Besetzung [engl.; zu *combination* »Vereinigung, Verknüpfung«]

Come-back *auch:* **Come|back** ⟨[kʌmbæk] n.; - od. -s, -s⟩ Wiederauftreten eines bekannten Künstlers, Politikers od. Sportlers nach einer längeren Pause [engl., »Rückkehr, Zurückkommen«]

COMECON *auch:* **Co|me|con** ⟨[kɔmәkɔn] m. od. n.; -; unz.; Abk. für engl.⟩ Council for Mutual Economic Assistance (Aid), Rat für gegenseitige Wirtschaftshilfe (1991 aufgelöste Wirtschaftsorganisation der Ostblockstaaten)

Co|me|di|an ⟨[kɔmi:djən] m.; -s, -s⟩ **1** = Komiker (2) **2** ⟨TV⟩ jmd., der in einer Comedy(show) auftritt [engl., »Komödiant«]

Come-down *auch:* **Come|down** ⟨[kʌmdaʊn] n.; -s, -s⟩ Zeitraum, über den die Wirkung einer harten Droge nachlässt [<engl. *come down* »herunterkommen, sich beruhigen«]

Co|me|dy ⟨[kɔmɪdɪ] f.; -, -s; TV⟩ **1** als Einzelbeitrag od. (häufiger) als Serie produzierte Komödie **2** ⟨kurz für⟩ Comedyshow [engl., »Komödie«]

Co|me|dy|show ⟨[kɔmɪdɪʃoʊ] f.; -, -s; TV⟩ Unterhaltungssendung im Fernsehen, deren Programm vor allem aus einzelnen Sketch- und Gageinlagen besteht u. in der verschiedene Schauspieler(innen) kurze, witzige Szenen spielen

Co|mes ⟨m.; -, - od. Co|mi|tes; Musik⟩ Beantwortung (bzw. Wiederholung) des Fugenthemas; →*a.* Dux [lat., »Begleiter«]

co|me so|pra *auch:* **co|me sop|ra** ⟨Musik⟩ wie oben, wie zuletzt (zu spielen) [ital.]

Co|mes|ti|bles *auch:* **Co|mes|tib|les** ⟨[kɔmәsti:bl] Pl.; schweiz.⟩ Esswaren, Feinkost [frz., »Lebensmittel«]

Co|me|ta|bo|lis|mus ⟨m.; -; unz.; Biol.⟩ Teil des Stoffwechsels, der den Organismus von eingedrungenen Fremdstoffen entgiftet (wichtig für den Abbau von Umweltgiften) [<lat. *con...* »mit« + *Metabolismus*]

C

Co|mic ⟨[kɔmɪk] m.; -s, -s; kurz für⟩ Comicstrip

Co|mic|strip ⟨[kɔmɪkstrɪp] m.; -s, -s⟩ gezeichnete Bilderfolge in Streifen mit komischem od. abenteuerlichem Inhalt; *Sy* Cartoon (2) [engl., eigtl. »drolliger Streifen«]

Co|ming Man ⟨[kʌmɪŋ mæn] m.; - - od. - -s, - Men [- mən]⟩ jmd., der großes Talent od. bes. Anlagen u. Fähigkeiten besitzt u. von dem allg. erwartet wird, dass er eine glänzende Karriere vor sich hat [engl., »der kommende Mann«]

Co|ming-out *auch:* **Co|ming|out** ⟨[kʌmɪŋaut] n.; - od. -s, -s⟩ **1** öffentliches Bekanntmachen, Herausstellen, Herauskommen; *das ~ eines neuen Filmstars* **2** ⟨umg.⟩ öffentliches Bekenntnis zur eigenen Homosexualität [engl.]

> **comme çi, comme ça** (*Schreibung von Zitaten und zitatähnlichen Fügungen*) Die Schreibung von Zitaten und zitatähnlichen Fügungen, die unverändert aus einer Fremdsprache übernommen werden, richtet sich in der Regel nach den in der jeweiligen Herkunftssprache gültigen Regeln.

comme çi, comme ça ⟨[kɔm siː kɔm sa]⟩ mittelmäßig, nicht besonders [frz.]

Com|me|dia dell'Ar|te ⟨f.; - -; unz.⟩ um 1550 entstandenes ital. Stegreiflustspiel [ital., eigtl. »Kunstlustspiel«]

comme il faut ⟨[kɔm il foː]⟩ wie es sich gehört, musterhaft, vorbildlich [frz., »wie es (sein) muss«]

Com|mer|cial ⟨[kɔmœːʃəl] m. od. n.; -s, -s⟩ kurzer Werbefilm, der im Kino od. im Fernsehen gezeigt wird [engl., »Werbefilm, Werbespot«]

Com|mis ⟨[-miː] m.; -, -⟩ = Kommis

Com|mit|ment ⟨n.; -s, -s; Wirtsch.⟩ **1** Verpflichtung, Bekenntnis, bindende Vereinbarung **2** positive Identifikation eines Mitarbeiters mit dem Unternehmen, dem er angehört [engl.]

com|mit|ten ⟨V.; umg.⟩ sich zu etwas verpflichten [<engl. *commit*]

com|mo|do ⟨Musik⟩ = comodo

Com|mon Law ⟨[kɔmən lɔː] n.; - -; unz.; Rechtsw.⟩ das durch den Gebrauch vor ordentlichen Gerichten weiterentwickelte u. kodifizierte engl. Gewohnheitsrecht [engl., »allgemeines Recht«]

Com|mon|sense ⟨[kɔmənsɛns]⟩ *auch:* **Com|mon Sense** ⟨m.; (-) -; unz.⟩ gesunder Menschenverstand; →*a.* Sensus communis [engl.]

Com|mon|wealth ⟨[kɔmənwɛlθ] n.; -; unz.⟩ Gemeinwesen, Völkergemeinschaft, Staatenbund; *~ of Australia* [- ɔv ɔːstrɛɪljə] der Austral. Bund (Australien u. Tasmanien); *~ of Nations* [- ɔv nɛɪʃənz] die Staatengemeinschaft des Brit. Empires [engl., »Gemeinwesen, Freistaat«, insbes. »der Britische Staatenbund«]

Com|mu|ni|ty ⟨[kɔmjuːnɪti] f.; -, -s⟩ Gemeinschaft von Personen, die ein gemeinsames Interesse verbindet, das sie durch den gegenseitigen Austausch von Erfahrung u. Wissen (bes. im Internet) verfolgen; *Internet~; Online~* [engl., »Gemeinschaft«]

co|mo|do ⟨Musik⟩ ruhig, gemäßigt (zu spielen); *oV* commodo [ital.]

Com|pact Disc ⟨[kɔmpɛkt dɪsk] f.; - -, - -s; Abk.: CD⟩ kleine optische Speicherplatte, die zum Lesen der digitalen Daten mit einem Laserstrahl abgetastet wird, wodurch eine störungs- u. rauschfreie Wiedergabe gewährleistet ist; *oV* Compact Disk [engl., eigtl. »kompakte, dichte Platte«]

Com|pact Disk ⟨[kɔmpɛkt dɪsk] f.; - -, - -s; Abk.: CD⟩ = Compact Disc

Com|pa|gnie *auch:* **Com|pag|nie** ⟨[-paniː] f.; -, -n⟩ = Kompanie

Com|pa|gnon *auch:* **Com|pag|non** ⟨[-panjɔ̃ː] od. ['---] m.; -s, -s⟩ Kompagnon

Com|pi|la|tion ⟨[kɔmpɪlɛɪʃn] f.; -, -s; Musik⟩ thematisch od. konzeptionell begründete Zusammenstellung mehrerer Musikstücke auf einem Tonträger [engl., »Zusammenstellung; Sammelwerk«]

Com|pi|ler ⟨[-paɪ-] m.; -s, -; EDV⟩ Computerprogramm, das ein in einer anderen Maschinensprache geschriebenes Programm in eine für die betreffende EDV-Anlage verwertbare Programmiersprache übersetzt [<engl. *compile* »zusammenstellen«]

Com|plet ⟨[kɔ̃pleː] n.; -s, -s; Mode⟩ mehrere (meist zwei) Kleidungsstücke, die sich in Farbe, Muster u. Schnitt ergänzen [zu frz. *compléter* »(sich) ergänzen«]

Com|pli|ance ⟨[-plaɪəns] f.; -; unz.⟩ **1** ⟨Psych.⟩ Maß der Bereitschaft des Patienten, die diagnostischen u. therapeut. Vorgaben od. wohlwollenden Empfehlungen des Therapeuten zu befolgen **2** ⟨Med.⟩ *pulmonale ~* (bes. die Lunge betreffende) Maßangabe der Volumendehnbarkeit [engl., »Einverständnis«]

Com|po|ser ⟨m.; -s, -⟩ **1** ⟨veraltet⟩ Schreibmaschine mit Kugelkopf u. verstellbarem Zwischenraum zwischen den Wörtern, die ein satzähnliches Manuskript liefert **2** ⟨EDV⟩ Programm zur Erstellung u. Verwaltung von Webseiten [zu engl. *compose* »zusammensetzen«]

Com|pound|kern ⟨[-paund-] m.; -(e)s, -e; Kernphysik⟩ durch Beschuss eines Atomkernes mit einem Teilchen entstehender neuer, hochangeregter Kern, der nach kurzer Zeit durch Kernumwandlung weiterreagiert [<engl. *compound* »zusammengesetzt«]

Com|pound|ma|schi|ne ⟨[-paund-] f.; -, -n⟩ Verbunddampfmaschine [engl., »zusammengesetzt«]

Com|pound|trieb|werk ⟨[-paund-] n.; -(e)s, -e; Technik⟩ Flugzeugtriebwerk mit Verbundmotor(en) zur Verstärkung der Leistung [<engl. *compound* »zusammengesetzt«]

Comp|ton|ef|fekt *auch:* **Comp|ton-Ef|fekt** ⟨[kɔmptən-] m.; -(e)s; unz.; Physik⟩ die Erscheinung, dass Lichtwellen mit Elektronen in Wechselwirkung treten können, verbunden mit Impulsänderung der Elektronen u. Erniedrigung der Wellenlänge des Lichts [nach dem US-amerikan. Physiker A. H. *Compton* (1892-1962)]

Com|pur|ver|schluss ⟨m.; -es, -schlüs|se⟩ Zentralverschluss für Fotokameras, bei dem sich die Lamellen sternförmig von der Mitte aus öffnen

Com|pu|ta|ti|o|na|lis|mus ⟨[-pju-] m.; -; unz.⟩ Richtung der Philosophie u. der kognitiven Psychologie, die von der Annahme ausgeht, dass das menschliche Gehirn wie ein Computer funktioniert

Com|pu|ter ⟨[-pju:-] m.; -s, -; EDV⟩ elektron. Datenverarbeitungsmaschine [zu engl. *compute* »berechnen, schätzen« <lat. *computare* »berechnen, zusammenrechnen«]

Com|pu|ter|ani|ma|ti|on ⟨[-pju:-] f.; -, -en; EDV⟩ bewegte, mehrdimensionale computererzeugte Bildsequenz, die z. B. in Videoclips u. Kinofilmen verwendet wird

Com|pu|ter|bran|che ⟨[-pju:tə(r)-brã:ʃə] f.; -; unz.; EDV⟩ Geschäfts-, Wirtschaftszweig, der sich mit Computern u. deren Zubehör beschäftigt

Com|pu|ter|di|a|gnos|tik *auch:* **Com|pu|ter|di|ag|nos|tik** ⟨[-pju:-] f.; -; unz.; Med.⟩ Teilgebiet der Diagnostik, in dem die EDV zur Krankheitserkennung eingesetzt wird

Com|pu|ter|freak ⟨[-pju:tə(r)fri:k] m.; -s, -s; EDV; umg.⟩ jmd., der sich intensiv mit Computern beschäftigt

Com|pu|ter|ge|ne|ra|ti|on ⟨[-pju:-] f.; -, -en; EDV⟩ **1** ⟨i. e. S.⟩ Zeitabschnitt in der Computerentwicklung, der durch eine bestimmte Konstruktionsart gekennzeichnet ist **2** ⟨i. w. S.⟩ Generation (3), die durch den frühen u. häufigen Gebrauch von Computern gekennzeichnet ist

com|pu|ter|ge|ne|riert ⟨[-pju:-] Adj.; EDV⟩ mit Hilfe eines Computers erzeugt, bearbeitet; *seine Fotos sind ~*

Com|pu|ter|gra|fik ⟨[-pju:-] f.; -, -en; EDV⟩ mit Hilfe eines Computerprogrammes erzeugte od. animierte Grafik; *oV* Computergraphik

Com|pu|ter|gra|phik ⟨[-pju:-] f.; -, -en; EDV⟩ = Computergrafik

com|pu|te|ri|sie|ren ⟨[-pju:-] V.; EDV⟩ **1** für die Eingabe in einen Computer aufbereiten, lesbar machen **2** mit Hilfe eines Computers bearbeiten, speichern; *Daten, Informationen ~*

Com|pu|ter|kid ⟨[-pju:-] n.; -s, -s; EDV⟩ Kind od. Jugendlicher, das bzw. der schon frühzeitig mit der Handhabung eines Computers vertraut ist

Com|pu|ter|kri|mi|na|li|tät ⟨[-pju:-] f.; -; unz.; EDV⟩ Straftaten, die im Zusammenhang mit EDV-Anlagen stehen, z. B. Computersabotage, Datenmissbrauch

Com|pu|ter|kunst ⟨[-pju:-] f.; -; unz.; EDV; Sammelbez. für⟩ mittels Computers hergestellte musikalische, literarische od. grafische Kunstwerke

Com|pu|ter|lin|gu|is|tik ⟨[-pju:-] f.; -; unz.; EDV⟩ Teilgebiet der Linguistik, das die EDV zur Auswertung u. Beschreibung sprachlicher Phänomene nutzt

com|pu|tern ⟨[-pju:-] V.; EDV; umg.⟩ am Computer arbeiten, den Computer benutzen

Com|pu|ter|si|mu|la|ti|on ⟨[-pju:-] f.; -, -en; EDV⟩ Methode, bei der von einem Vorgang eine vom Computer zu bearbeitende Modellvorstellung entwickelt wird, um Informationen über den Verlauf des Vorgangs zu gewinnen

Com|pu|ter|sys|tem ⟨[-pju:-] n.; -s, -e; EDV⟩ Gesamtheit der externen u. internen Komponenten (Hard- u. Software) eines Computers

Com|pu|ter|to|mo|gra|fie ⟨[-pju:-] f.; -, -n; Med.⟩ = Computertomographie

Com|pu|ter|to|mo|gra|phie ⟨[-pju:-] f.; -, -n; Med.⟩ computerunterstütztes Röntgenschichtverfahren mit hoher Kontrastauflösung; *oV* Computertomografie

Com|pu|ter|vi|rus ⟨[-pju:tə(r)vi-] m. od. n.; -, -vi|ren [-vi-]⟩ (in zerstörerischer Absicht) in ein Computersystem unbemerkt eingeschaltetes Programm, welches das System verändern u. schädigen kann

Comte ⟨[kɔ̃:t] m.; -, -s⟩ französischer Graf [frz.]

con…, Con… ⟨in Zus.⟩ = kon…, Kon… [<lat. *con, cum* »mit«]

con amo|re ⟨Musik⟩ innig, zärtlich (zu spielen); *Sy* amoroso [ital.]

con|axi|al ⟨Adj.⟩ = koaxial

con brio ⟨Musik⟩ mit Feuer, lebhaft (zu spielen) [ital., »mit Lebhaftigkeit«]

Con|cen|tus ⟨[-tsɛn-] m.; -, -; Musik⟩ melodisch vorgetragene Variante des gregorianischen Chorals in der katholischen u. evangelischen Liturgie; *Ggs* Accentus [<lat. *concentus* »Einklang, Harmonie, Gesang«]

Con|cept|art *auch:* **Con|cept-Art** ⟨[-sɛpt-] f.; -; unz.; Kunst⟩ moderne Kunstrichtung, in der der Entwurf für ein Projekt das eigentliche Kunstwerk ersetzt [engl.]

con|cer|tan|te ⟨[-tʃɛrtantə] Adj.⟩ = konzertant [ital.]

Con|cer|to gros|so ⟨[-tʃɛr-] n.; - -, -ti gros|si; Musik⟩ Konzert für Orchester u. Soloinstrumente in der Barockmusik [ital., »großes Konzert«]

Con|ci|erge ⟨[kɔ̃sjɛrʒ] m. od. f.; -, -s [kɔ̃sjɛrʒ] od. -n [-sjɛrʒən]⟩ Hausmeister(in), Pförtner(in) [frz.]

con|ci|ta|to ⟨[kɔntʃi-] Musik⟩ erregt, aufgeregt (zu spielen) [ital.]

Con|clu|sio ⟨f.; -, -si|o|nes; fachsprachl.⟩ = Konklusion [lat.]

Con|cours hip|pique ⟨[kɔ̃ku:r ipik] m.; - -, - -s [ipik]⟩ pferdesportliches Turnier, bes. mit Springwettbewerben [frz.]

con|di|tio si|ne qua non ⟨f.; - - - -; unz.⟩ unerlässliche Bedingung [lat., »Bedingung, ohne die (etwas) nicht (eintreten kann)«]

Con|dot|ti|e|re ⟨[-tje:-] m.; -s, -ri⟩ = Kondottiere

Con|duc|tus ⟨m.; -, -; Musik; im MA⟩ ursprünglich einstimmiger, die Liturgie begleitender Gesang in lat. Sprache, später auch mehrstimmig mit weltl. Inhalt [lat., »Eingangslied«]

Con|du|ite ⟨[kɔ̃dyi:t(ə)] f.; -; unz.; veraltet⟩ = Konduite

con es|pres|si|o|ne ⟨Musik⟩ ausdrucksvoll (zu spielen); *Sy* espressivo [ital.]

conf. ⟨Abk. für⟩ confer!

con|fer! ⟨Abk.: cf., cfr., conf.⟩ vergleiche! (in wissenschaftl. Arbeiten zur Angabe von Belegstellen) [lat.]

Con|fé|rence ⟨[kɔ̃ferã:s] f.; -, -n⟩ witzig-unterhaltende Ansage in Rundfunk u. Kabarett [frz., »Konferenz; Vortrag«]

Con|fé|ren|ci|er ⟨[kɔ̃ferãsje:] m.; -s, -s⟩ unterhaltender Ansager [frz., »Vortragender«]

con|fe|rie|ren ⟨V.; österr.⟩ Darbietungen ansagen; →*a.* konferieren [<frz. *conférer;* in der Bedeutung beeinflusst von *Conférencier*]

Con|fes|sio ⟨f.; -, -si|o|nes; Theol.⟩ **1** Bekenntnis des Glaubens, Bekenntnisschrift **2** Sündenbekenntnis, Beichte [lat., »Eingeständnis, Bekenntnis«]

Con|fi|se|rie ⟨f.; -, -n⟩ = Konfiserie

Con|foe|de|ra|tio Hel|ve|ti|ca ⟨[-ve:-] f.; - -; unz.; Abk.: CH⟩ Schweizerische Eidgenossenschaft [lat.]

con for|za ⟨Musik⟩ mit Kraft (zu spielen) [ital.]

con fu|o|co ⟨Musik⟩ mit Feuer (zu spielen) [ital.]

Con|ga ⟨f.; -, -s; Musik⟩ **1** (bes. im modernen Jazz verwendete) kuban. Trommel **2** ein kuban. Tanz [amerikan.-span., nach dem afrikan. Staat *Kongo*]

Con|ge|li|frak|ti|on ⟨f.; -, -en; Geol.⟩ **1** Verwitterung durch Frosteinwirkung **2** Absprengung von Gesteinsblöcken durch Frostwechsel [<*Con...* + lat. *gelidus* »eisig, eiskalt« + *Fraktion*]

con im|pe|to ⟨Musik⟩ stürmisch, ungestüm, heftig (zu spielen); *Sy* impetuoso [ital.]

con mo|to ⟨Musik⟩ bewegt (zu spielen) [ital., »mit Bewegung«]

Con|nais|seur ⟨[-nɛsø:r] m.; -s, -s⟩ Kenner, qualifizierter Gutachter, Sachverständiger, Feinschmecker; *ein ~ guten Weines* [frz.; zu *connaître* »kennen«]

Con|nec|tions ⟨[kɔnɛkʃəns] Pl.; umg.; bes. Jugendspr.⟩ Beziehungen, Kontakte, Verbindungen; *er hat gute ~ zur Chefetage* [engl.]

Con|nec|ti|vi|ty ⟨[-vɪ-] f.; -, -s; EDV⟩ **1** ⟨unz.⟩ Vernetzbarkeit, Netzwerkfähigkeit von PCs, z. B. Vernetzung der PCs von Unternehmen, Kunden u. Lieferanten **2** ⟨zählb.⟩ Verbindung zu Netzwerken insbes. zum Internet, Internetzugang [engl.; zu *connect* »verbinden«]

con pi|e|tà ⟨Musik⟩ mitleidsvoll, andächtig (zu spielen); *Sy* pietoso [ital.]

Con|se|cu|tio Tem|po|rum ⟨f.; - -; unz.; Gramm.⟩ Zeitenfolge im zusammengesetzten Satz [lat., »Zeitfolge«]

Con|seil ⟨[kɔ̃sɛ:j] m.; -s, -s⟩ Rat, Ratsversammlung [frz., »Berat(schlag)ung, Rat, beratende Versammlung«]

Con|sen|sus ⟨m.; -, -⟩ = Konsens

con sen|ti|men|to ⟨Musik⟩ gefühlvoll, mit Gefühl (zu spielen) [ital.]

Con|si|li|um ⟨n.; -s, -li|en⟩ **1** = Konsilium **2** *~ Abeundi* ⟨[-beʊn-]⟩ Androhung der Verweisung von einer höheren Schule [lat., »Rat abzugehen«]

Con|sis|ten|cy ⟨[-sɪstənsɪ] f.; -, -s⟩ Grad der Gleichförmig- bzw. Einheitlichkeit der Angaben innerhalb einer Befragungsreihe [engl., »Folgerichtigkeit, Übereinstimmung«]

Con|som|mé ⟨[kɔ̃:sɔme:] f.; -, -s od. n.; -s, -s⟩ bes. kräftige, klare Fleischbrühe; *oV* Konsommee [zu frz. *consommer* »verbrauchen, aufzehren«, weil die Brühe während des Kochens den gesamten Fleischsaft aufzehrt]

con sord. ⟨Abk. für⟩ con sordino

con sor|di|no ⟨Abk.: con sord.; Musik⟩ mit Dämpfer, gedämpft (zu spielen) [ital.]

con spi|ri|to ⟨Musik⟩ spritzig, geistvoll (zu spielen) [ital., »mit Geist«]

Con|sti|tu|ante ⟨[kɔ̃stityã:t] f.; -, -s [-ã:t]⟩ = Konstituante

Con|sul|tant ⟨[kɔnsʌltənt] m.; -s, -s; Wirtsch.⟩ Unternehmensberater; *Sy* Consulter [engl., »Berater«]

Con|sul|ter ⟨[kɔnsʌltə(r)] m.; -s, -⟩ = Consultant

Con|sul|ting ⟨[kɔnsʌltɪŋ] n.; - od. -s; unz.; Wirtsch.⟩ (Unternehmens-)Beratung [<engl. *consult* »beraten, konsultieren, zurate ziehen« <lat. *consultare* »beraten«]

Con|tai|ner ⟨[-te:-] od. engl. [-tɛɪ-] m.; -s, -⟩ Großbehälter zur Güterbeförderung od. zum Sammeln von Abfall; *Altglas~* [engl., »Behälter«]

con|tai|ne|ri|sie|ren ⟨[-te-] V.⟩ in Containern transportieren (von Waren od. Fluggepäck)

Con|tai|ner|schiff ⟨[-te:-] n.; -(e)s, -e⟩ für die Beförderung von Containern bes. eingerichtetes Schiff

Con|tai|ner|ter|mi|nal ⟨[-tɛɪnə(r)tœ:mɪnəl] m.; -s, -s⟩ Hafen zum Umschlag von Containern [engl.]

Con|tain|ment ⟨[-tɛɪn-] n.; -s, -s⟩ **1** äußere Betonhülle um Kernreaktoren **2** Politik der Eindämmung, Beschwichtigung [engl., »Einschließung, Zügelung, Beherrschbarkeit«]

Con|te ⟨m.; -, Con|ti od. -s⟩ Graf [ital.]

Con|te|nance ⟨[kɔ̃:tənã:s] f.; -; unz.⟩ Selbstbeherrschung, Haltung, Fassung, Gelassenheit (in schwierigen Situationen); *oV* Kontenance [frz., <lat. *continentia* »Selbstbeherrschung, Mäßigung«]

con te|ne|rez|za ⟨Musik⟩ zärtlich, zart (zu spielen); *Sy* teneramente [ital.]

Con|tent ⟨a. [-ˈ-] m.; -s, -s; bes. EDV⟩ (bes. im Internet od. in Onlinediensten zu nutzender) Inhalt, z. B. Nachrichten, Informationen, Lexika u. Datenbanken [engl., »Inhalt«]

Con|tent|ma|nage|ment ⟨[-mænɪdʒmənt] n.; -s; unz.; EDV⟩ Verwaltung des Auftritts (einer Firma) im Internet, professionelle Produktion u. Pflege von redaktionellen Inhalten mittels einer Datenbank [engl., »Inhalteverwaltung«]

Con|tent|ma|nage|ment|sys|tem *auch:* **Con|tent-Ma|nage|ment-Sys|tem** ⟨[-mænɪdʒmənt-] n.; -s, -e; EDV⟩ computergestütztes Datenbanksystem (das zur datentechn. einheitl. u. layoutunabhängigen) Herstellung, Redigierung u. Archivierung von (redaktionellen) Inhalten dient [→ *Contentmanagement*]

Con|tent|pro|vi|der ⟨[-prɔvaɪdə(r)] m.; -s, -; bes. EDV⟩ Unternehmen, das Inhalte (z. B. Nachrichten, Informationen, Lexika u. Datenbanken) bes. im Internet od. in anderen Onlinediensten anbietet [engl., »Inhaltelieferant«]

Con|ter|gan® ⟨n.; -s; unz.; Pharm.⟩ das Schlaf- u. Beruhigungsmittel Thalidomid, das 1961 aus dem Handel gezogen wurde, da es bei schwangeren Frauen schwere Schädigungen des Kindes verursachte

Con|tes|sa ⟨f.; -, -tes|sen⟩ Gräfin [ital.]

Con|test ⟨m.; -s, -s⟩ (musikal. od. sportl.) Wettbewerb [engl.]

Con|ti|nuo ⟨Musik; kurz für⟩ Basso continuo; *oV* Kontinuo

◆ Die Buchstabenfolge **con|tr...** kann auch **cont|r...** getrennt werden.

◆ **con|tra** ⟨Präp. mit Akk.⟩ gegen; *oV* kontra; *Ggs* pro (1) [lat.]

◆ **Con|tra** ⟨n.; -s, -s⟩ *oV* Kontra **1** das Gegen, das Wider, Entgegengesetztes; *Ggs* Pro **2** energischer Widerspruch; *jmdm. ~ geben* ihm energisch widersprechen **3** ⟨Kart.⟩ Gegenansage

◆ **Con|tra|dic|tio in Ad|jec|to** ⟨f.; - - -; unz.⟩ Widerspruch in der Beifügung, z. B. kleinere Hälfte [lat., »Widerspruch in der (adjektivischen) Beifügung«]

◆ **Con|tras** ⟨Pl.⟩ Gegner der Sandinisten im nicaraguanischen Bürgerkrieg [→ *contra*]

◆ **Con|tra|te|nor** ⟨m.; -s, -te|nö|re; Musik⟩ = Kontratenor

◆ **Con|tre|coup** ⟨[kɔ̃trəkuː] m.; -s, -s; veraltet⟩ Gegenstoß, Rückstoß [frz., »Gegenschlag, Gegenstoß«]

◆ **Con|tre|tanz** ⟨[kɔ̃trə-] m.; -es, -tän|ze; Musik⟩ = Kontretanz

◆ **con|trol|len** ⟨[-troʊl-] V.; Wirtsch.⟩ Controlling betreiben, als Controller tätig sein; *ein Unternehmen, eine Abteilung erfolgreich ~*

◆ **Con|trol|ler** ⟨[-troʊlə(r)] m.; -s, -⟩ **1** Prüfer **2** Leiter des Rechnungswesens **3** = Kontroller [engl.]

◆ **Con|trol|ling** ⟨[kɔntroʊ-] n.; -s; unz.; Wirtsch.⟩ von der Unternehmensleitung ausgeübte Planungs- u. Kontrollfunktionen [engl., »Überwachung, Prüfung«]

Con|ur|ba|tion ⟨[kɔnœːbɛɪʃn] f.; -, -s; Soziol.⟩ spezielle Form der städt. Zusammenballung durch bauliche Konzentration u. hohe Bevölkerungsdichte, Ballungsgebiet; *oV* Konurbation [engl., »Ballungsgebiet, Ballungsraum«]

Con|ve|ni|ence ⟨[kɔnviːnjəns] f.; -; unz.⟩ (individueller) Komfort, Bequemlichkeit, Lebensqualität; *der Trend zu mehr ~* [engl.]

Con|ve|ni|ence|food ⟨[kɔnviː-njənsfuːd] n.; - od. -s; unz.⟩ (meist nährstoffarmes) Nahrungsmittel, das ohne großen Zeit- u. Arbeitsaufwand zuzubereiten ist, Fertiggericht [engl., »Fertiggericht«]

Con|ve|ni|ence|goods ⟨[kənviː-njənsgudz] Pl.; Wirtsch.⟩ Waren des alltäglichen Bedarfs, bei denen der Kunde keinen differenzierten Preisvergleich vornimmt, z. B. Brot, Obst, Zigaretten [<engl. *convenience* »Bequemlichkeit; Nutzen« + *goods* »Güter«]

Con|vent ⟨[-vɛnt] m.; -s, -e⟩ = Konvent

Con|ven|tion ⟨[kɔnvɛnʃn] f.; -, -s⟩ Kongress, Tagung, Versammlung, Treffen (auf internationaler Ebene); →*a.* Konvention; *eine ~ zum Thema »Ökologische Landwirtschaft«* [engl., »Zusammenkunft, Versammlung«]

Con|ver|gence ⟨[-vœːdʒəns] f.; -; unz.⟩ = Konvergenz (1) [engl.]

Con|ver|si|on ⟨[-vɛr-] f.; -, -en⟩ = Konversion

Con|ver|ter ⟨[-vɛr-] m.; -s, -⟩ = Konverter

Con|ver|ti|ble Bonds *auch:* **Con|ver|tib|le Bonds** ⟨[kənvœːtɪbl bɔndz] Pl.; Wirtsch.⟩ (in England u. den USA übl.) Schuldverschreibungen, die ab einem vorbestimmten Termin jederzeit vom Inhaber in Aktien umgetauscht werden können [<engl. *convertible* »wechselbar« + *Bond*]

Con|vey|er *auch:* **Con|ve|yer** ⟨[kɔnvɛɪjə(r)] m.; -s, -⟩ auf Schienen laufendes Becherwerk, das zum Transport verschiedener Materialien innerhalb großer Fabriken usw. dient, Pendelbecherwerk [engl., »Beförderungsmittel, laufendes Band«]

Coo|kie ⟨[kuki] m. od. n.; -s, -s⟩ **1** Keks, Plätzchen; *~s essen* **2** ⟨EDV⟩ Datei, die von Anbietern des World Wide Web auf der Festplatte hinterlassen wird [engl.]

cool ⟨[kuːl] Adj.; umg.; salopp⟩ **1** kühl, nicht erregt, distanziert, lässig; *ein ~es Verhalten; ein ~er Typ* ⟨umg.⟩ jmd., der sich (trotz einer schwierigen Situation) gelassen verhält; *Sy* funkig; *Ggs* uncool **2** ⟨Drogenszene⟩ glückselig im Drogenrausch [engl., »kühl«]

Cool-down *auch:* **Cool|down** ⟨[kuːldaʊn] n.; - od. -s; unz.; Sport⟩ Regenerationsphase bzw. -programm zur Abkühlung u. Lockerung der beanspruchten Muskelpartien nach langer, intensiver sportlicher Betätigung [engl., »Abkühlen«]

Coo|ler ⟨[kuː-] m.; -s, -⟩ **1** Longdrink, anregendes alkoholisches Mischgetränk **2** Kühlschrank, -automat [<engl. *cool* »kühl, frisch«]

Cool Jazz ⟨[kuːl dʒæz] m.; - -; unz.; Musik⟩ moderne, undynamische Form des Jazz

Cool|ness ⟨[kuːlnɛs] f.; -; unz.; umg.⟩ **1** Kaltblütigkeit, Kaltschnäuzigkeit **2** Kühle [engl.]

Cool|wool ⟨[kuːlwuːl]⟩ *auch:* **Cool Wool** ⟨f.; (-) -; unz.; Textilw.⟩ leichter Sommerwollstoff [engl.]

Coo|per|paar *auch:* **Coo|per-Paar** ⟨[kuː-] n.; -(e)s, -e; Phys.⟩ gebundenes Elektronenpaar, das aus zwei Elektronen in Wechselwirkung besteht [nach dem US-amerikan. Physiker Leon N. *Cooper*, *1930]

Co|or|di|nates ⟨[-nɛɪts] Pl.; Mode⟩ mehrere farblich u. stilgerecht aufeinander abgestimmte Kleidungsstücke, die verschiedenartig kombinierbar sind [engl.; zu *coordinate* »aufeinander abstimmen«]

Cop ⟨m.; -s, -s; umg.; US-amerikan. Bez. für⟩ Polizist

C

C

Co|pi|lot ⟨m.; -en, -en⟩ zweiter Pilot (eines Flugzeugs); *oV* Kopilot [<lat. *con...* »zusammen mit...« + *Pilot*]

Co|pi|lo|tin ⟨f.; -, -tin|nen⟩ zweite Pilotin (eines Flugzeugs); *oV* Kopilotin

Co|ping ⟨[koupıŋ] n.; - od. -s, -s⟩ versuchte Stressbewältigung, z. B. durch vorgetäuschte Krankheit od. Bagatellisierung von stressintensiven Arbeitsanforderungen [zu engl. *cope* »zurechtkommen, bewältigen«]

Co|pro|duk|ti|on ⟨f.; -, -en⟩ = Koproduktion

Co|pro|du|zent ⟨m.; -en, -en⟩ = Koproduzent

Co|pro|du|zen|tin ⟨f.; -, -tin|nen⟩ = Koproduzentin

co|pro|du|zie|ren ⟨V.⟩ = koproduzieren

Co|py|right ⟨[kɔpiraıt] n.; -s, -s⟩ Urheberrecht [engl.]

Co|py|shop ⟨[kɔpiʃɔp] m.; -s, -s⟩ Geschäft, in dem man Kopien anfertigen kann [<engl. *copy* »kopieren, verfielfältigen« + *shop* »Geschäft«]

Co|py|test ⟨[kɔpi-] m.; -s, -s od. -e⟩ verschiedene Testverfahren der Media- u. Werbewirkungsforschung zur Untersuchung des Mediennutzungsverhaltens durch Ermittlung von Kontaktwahrscheinlichkeiten [engl.]

Coq au Vin ⟨[kɔkovɛ̃:] m. od. n.; - - -; unz.; Kochk.⟩ Hähnchen in Rotweinsoße [frz.]

Co|quil|le ⟨[koki:jə] f.; -, -n⟩ **1** Muschelschale **2** ⟨Kochk.⟩ in einer Muschelschale serviertes Fisch- bzw. Muschelragout [frz., »Muschel«]

Cor ⟨n.; -; unz.; Anat.⟩ Herz [lat.]

co|ram pu|bli|co *auch:* **co|ram pub|li|co** in aller Öffentlichkeit; *etwas ~ aussprechen, sagen* [lat.]

Cord ⟨m.; -(e)s, -e od. -s; Textilw.⟩ *oV* Kord **1** strapazierfähiges Gewebe mit dichten, schnurartigen Rippen **2** Gewebe, das in Fahrzeugreifen als Zwischenlage dient [<engl. *cord* »Schnur, Seil, Bindfaden, gerippter Stoff« <frz. *corde* »Seil, Schnur« <lat. *chorda* »Darmsaite« <grch. *chorde* »Darm, Darmsaite«]

Cor|don bleu ⟨[-dɔ̃blø:] n.; - -, -s -s [-dɔ̃blø:]; Kochk.⟩ zwei dünne, zusammengeklappte Kalbsschnitzel, gefüllt mit Schinken u. Käse, paniert u. gebraten [frz., »blaues Band« (als Ausdruck für die besondere Wertschätzung dieses Gerichts)]

Core ⟨[kɔ:(r)] n.; -s, -s; Physik⟩ innerer Teil eines Kernreaktors, in dem die Kernreaktion abläuft [engl., »Kern, Kerngehäuse«]

Co|ri|o|lis|kraft *auch:* **Co|ri|o|lis-Kraft** ⟨f.; -, -kräf|te; Physik⟩ Trägheitskraft, die auf einen Körper wirkt, der sich in einem rotierenden Bezugssystem bewegt u. die über die Erde strömenden Luftmassen beeinflusst [nach dem frz. Physiker u. Ingenieur Gustave G. *Coriolis,* 1792-1843]

Co|ri|um ⟨n.; -s; unz.; Anat.⟩ Lederhaut [lat.]

Cor|nea ⟨f.; -; unz.; Anat.⟩ Hornhaut des Auges; *oV* Kornea [<lat. *cornea,* Fem. zu *corneus* »aus Horn, hornartig«; zu *cornu* »Horn«]

Cor|ned|beef ⟨[kɔ:(r)n(ə)dbi:f]⟩ *auch:* **Cor|ned Beef** ⟨n.; (-) -; unz.⟩ gepökeltes Rindfleisch (in Büchsen) [engl., »eingesalzenes Rindfleisch«]

Cor|ner ⟨[kɔ:(r)nə(r)] m.; -s, -⟩ **1** ⟨Sport⟩ **1.1** Ringecke beim Boxen **1.2** ⟨österr.; schweiz.; Fußb.⟩ Eckstoß, Ecke beim Fußball **2** ⟨Finanzw.⟩ **2.1** provozierter Kursanstieg an Effekten- u. Warenbörsen **2.2** Vereinigung von Großhändlern, die verfügbare Warenvorräte aufkauft u. sie vom Markt zurückhält, um den Preis in die Höhe zu treiben, bes. im Termingeschäft [engl., »Ecke, Winkel«]

Cor|net|to ⟨n.; -s, -s od. -net|ti; Musik⟩ = Kornett (1)

Corn|flakes ⟨[kɔ:(r)nfleıks] Pl.⟩ knusprig geröstete Maisflocken [<engl. *corn* »Mais« + *flake* »Flocke«]

Cor|ni|chon ⟨[kɔrniʃɔ̃:] n.; -s, -s⟩ kleine Pfeffergurke [frz.]

Cor|no ⟨n.; -s, Cor|ni; Musik⟩ Horn; *~ da Caccia* Jagdhorn [ital., <lat. *cornu* »Horn«]

Co|rol|la ⟨f.; -, -rol|len; Bot.⟩ *oV* Korolla **1** Gesamtheit der Kronblätter einer Blüte **2** Gesamtheit aller Blütenblätter einer Blüte [lat., »Kränzchen«; zu *corona* »Kranz«]

Co|rol|la|ri|um ⟨n.; -s, -ri|en; im antiken Rom⟩ versilberter od. vergoldeter Ehrenkranz [lat.]

Co|ro|ner ⟨[-rənə(r)] m.; -s, -s⟩ Beamter, der Todesfälle mit nicht eindeutig geklärter Todesursache untersucht [engl., eigtl. »Untersuchungsrichter, Leichenbeschauer«]

Cor|po|ra ⟨Pl. von⟩ Corpus

Cor|po|rate Go|ver|nance ⟨[kɔ:pərıt gʌvənəns] f.; - -; unz.⟩ Richtlinien für die Leitung u. Kontrolle von Unternehmen (unter Berücksichtigung der gesellschaftlichen u. wirtschaftlichen Rahmenbedingungen) [<engl. *corporate* »gemeinsam« + *governance* »Führung, Kontrolle«]

Cor|po|rate Iden|ti|ty ⟨[kɔ:pərıt aıdɛntıtı] f.; - -; unz.⟩ Selbstdarstellung, Präsentation eines Unternehmens in der Öffentlichkeit (durch Kenntlichmachung, Verpackung ihrer Produkte u. Ä.) [engl., »Unternehmensidentität« <*corporate* »gemeinsam, korporativ« + *identity* »Identität«]

Corps ⟨[ko:r] n.; - [ko:rs], - [ko:rs]⟩ = Korps [frz.]

Corps con|su|laire ⟨[ko:r kɔ̃sylɛ:r] n.; - -, - -s [-lɛ:r]; Abk.: CC⟩ die Angehörigen der Konsulate fremder Staaten in einem Land [frz.]

Corps de Bal|let ⟨[kɔ:r də balɛ:] n.; - - -, - - -⟩ die (nichtsolistische) Ballettgruppe [frz., »Balletttruppe«]

Corps di|plo|ma|tique *auch:* **Corps dip|lo|ma|tique** ⟨[kɔ:r -ti:k] n.; - -, - -s [-ti:k]; Abk.: CD⟩ diplomatisches Korps [frz.]

Cor|pus ⟨n.; -, -po|ra⟩ **1** = Korpus² (1) **2** *~ Delicti* **2.1** Beweisstück, Tatbestand **2.2** Gegenstand eines Verbrechens **3** *~ Iuris* Rechtsbuch, Gesetzsammlung [lat., »Gesamtwerk; Körper«]

Cor|ren|te ⟨f.; -, -n; Musik⟩ Courante [ital.]

Cor|ri|da de To|ros ⟨f.; - - -, -s - -⟩ Stierkampf [span.]

C

Cor|ri|gen|dum ⟨n.; -s, -da⟩ = Korrigendum

cor|ri|ger la for|tune ⟨[kɔriʒeː la fɔrtyːn]⟩ falschspielen [frz., »das Glück verbessern«]

Cor|sa|ge ⟨[-ʒə] f.; -, -n⟩ = Korsage

Cor|so ⟨m.; -s, -s⟩ = Korso

Cor|tes ⟨Pl.⟩ span. Parlament [span., Plural von *corte* »Hof, Gerichtshof« <mlat. *curtis*]

Cor|tex ⟨m.; -es, -e; Anat.⟩ *oV* Kortex **1** Rinde, Schale (eines Organs) **2** Faserschicht des Haares [lat., »Rinde«]

Cor|ti|co|ste|ron *auch:* **Cor|ti|cos|te|ron** ⟨n.; -s, -e; Med.⟩ in der Nebennierenrinde gebildetes Steroidhormon; *oV* Kortikosteron [→ *Cortex*]

> **cortisches / Corti'sches Organ**
> (*Groß- und Kleinschreibung von Eigennamen*) Adjektivisch gebrauchte Ableitungen von Eigennamen sind in der Regel wie normale Adjektive zu behandeln und werden kleingeschrieben.
> Wird jedoch die Grundform des Eigennamens durch die Verwendung eines Apostrophs besonders hervorgehoben, so schreibt man ihn groß (→*a.* d'hondtsches / D'Hondt'sches System).

cor|ti|sche(s) Or|gan *auch:* **Cor|ti'sche(s) Or|gan** ⟨n.; -n -(e)s, -n -e; Anat.⟩ Organ in der Schnecke des Innenohres, das die schallempfindl. Sinneszellen enthält [nach dem ital. Anatomen *Corti,* 1822-1876]

Cor|ti|son ⟨n.; -s; unz.; Pharm.⟩ ein Hormon der Nebennierenrinde; *oV* Kortison [<lat. *cortex* »Rinde«]

Co|ry|za ⟨f.; -; unz.; Med.⟩ = Koryza

cos ⟨Abk. für⟩ Kosinus

Co|sa Nos|tra *auch:* **Co|sa Nost|ra** ⟨f.; - -; unz.⟩ kriminelle Vereinigung in den USA, organisiert nach dem Vorbild der sizilianischen Mafia [ital., »unsere Sache«]

cosec ⟨Abk. für⟩ Kosekans

Cos|mea ⟨f.; -, -me|en; Bot.⟩ Korbblütler mit gespaltenen Blättern u. schmückenden Blüten [neulat. <grch. *kosmos* »Schmuck, Zierde«]

Cos|mid ⟨n.; -s, -e; Biochemie⟩ künstlich hergestellter Klonierungsträger, der das zu klonierende DNA-Segment enthält u. in Plasmide von Bakterienwirten eingebaut werden kann [<*cos*-Gen + Plas*mid*]

Cos|mid|kar|te ⟨f.; -, -n; Biochemie⟩ aus ca. 100 000 Bakterien u. der ihnen eingebauten Cosmide bestehende physikalische Karte

Cos|mo|tron *auch:* **Cos|mot|ron** ⟨n.; -s, -s od. -tro|ne; Physik⟩ = Kosmotron

Cos|play ⟨[-plɛɪ] n.; - od. -s, -s⟩ Veranstaltung, bei der man sich nach Vorbild von Computer- od. Comicfiguren kostümiert [<engl. *costume* »Kostüm« + *play* »Spiel«]

Cos|ta[1] ⟨f.; -, -tae [-tɛː]; Anat.⟩ Rippe [lat.]

Cos|ta[2] ⟨f.; -, -s; Geogr.⟩ Küste; ~ *Brava,* ~ *del Sol* [span.]

cost and freight ⟨[- ənd frɛɪt]⟩ = cf [engl.]

Co|star ⟨m.; -s, -s; Film; Theater⟩ Star, der gemeinsam mit anderen Akteuren in einer Produktion eine der Hauptrollen spielt [<engl. *co-* »mit« + *Star*]

Cos|ting ⟨[kɔs-] n.; - od. -s, -s; Wirtsch.⟩ Kalkulation [engl., »Kostenberechnung «]

cost, in|su|rance, freight ⟨[- ɪnʃuːrəns frɛɪt]⟩ = cif [engl.]

cot ⟨Abk. für⟩ Kotangens

cotg ⟨Abk. für⟩ Kotangens

Co|til|lon ⟨[kotɪljɔ̃ː] od. [kɔtijɔ̃ː] m.; -s, -s⟩ = Kotillon

Co|trai|ner ⟨[-treː-] m.; -s, -; Sport⟩ zweiter Trainer bzw. einer von mehreren Trainern (einer Mannschaft)

Cot|tage ⟨[kɔtɪdʒ] n.; -, -s [-dʒɪz]⟩ **1** (kleines) Landhaus **2** ⟨österr.⟩ Villenviertel [engl., »Hütte, Kate, Landhaus«]

Cot|tage Cheese ⟨[kɔtɪdʒ tʃiːz] m.; - -; unz.⟩ Hüttenkäse (körnig zubereiteter Quark) [engl.]

Cot|ton ⟨[kɔtən] m. od. n.; -s; unz.; Textilw.⟩ Baumwolle; →*a.* Kattun [engl.]

Cot|ton|ma|schi|ne *auch:* **Cot|ton-Ma|schi|ne** ⟨[kɔtən-] f.; -, -n; Textilw.⟩ Rundstrickmaschine zur Herstellung von Strümpfen [nach dem brit. Ingenieur William *Cotton,* 1786-1866]

Couch ⟨[kaʊtʃ] f. od. (schweiz.) m.; -, -(e)s od. -en⟩ breites Liegesofa mit niedriger Lehne [engl., »Liegesofa«]

Couch|po|ta|to ⟨[kaʊtʃpətɛɪtoʊ] f.; -, -es [-toʊs]; umg.; abwertend⟩ jmd., der gerne fernsehend auf der Couch sitzt od. liegt [engl., »Dauerglotzer«]

Cou|é|is|mus ⟨[kueːɪs-] m.; -; unz.⟩ autosuggestive Heilmethode [nach dem frz. Apotheker Emile *Coué,* 1857-1926]

Cou|leur ⟨[kuløːr] f.; -, -s od. -en⟩ **1** Farbe **2** ⟨Kart.⟩ Trumpf **3** Farbe einer student. Verbindung [frz., »Farbe«]

Cou|lis ⟨[kuliː] f.; -, -⟩ durchgeseihter Fleischsaft, Gemüsebrühe u. Ä. als Grundlage für Soßen u. Suppen [zu frz. *couler* »fließen«]

Cou|loir ⟨[kuloaːr] m.; -s, -s⟩ **1** Flur, Wandel, Verbindungsgang **2** Schlucht, Rinne, Eisbruch [frz., »Gang, Flur«]

Cou|lomb ⟨[kulɔ̃ː] n.; -s, -; chem. Zeichen: C⟩ Maßeinheit der elektr. Ladung, 1 C ist diejenige Ladungsmenge, die von einem elektr. Strom von 1 Ampere (A) Stärke in 1 Sekunde (s) transportiert wird, 1 C = 1 As [nach dem frz. Physiker Charles A. de *Coulomb,* 1736-1806]

Count ⟨[kaʊnt] m.; -s, -s; in England⟩ Titel der nicht engl. Grafen; →*a.* Earl [engl., »Graf«]

Count-down *auch:* **Count|down** ⟨[kaʊntdaʊn] m. od. n.; -s, -s⟩ **1** lautes Rückwärtszählen von einer beliebigen Ausgangsziffer bis null als Einleitung zum Startkommando, z. B. beim Start von Raketen **2** die dafür festgelegte Zeitspanne [engl., »herunterzählen«]

Coun|ter ⟨[kaʊntə(r)] m.; -s, -⟩ Abfertigungsschalter auf Flughäfen [engl., »Ladentisch, Theke, Schalter«]

Coun|ter|cul|ture ⟨[kaʊntə(r)-kʌltʃə(r)] f.; -, -s⟩ Gegen-, Subkultur [engl.]

Coun|ter|dis|play ⟨[kaʊntə(r)dɪsplɛɪ] n.; -s, -s⟩ werbende Abbildung einer Ware auf dem Ladentisch od. als Thekenaufsteller; *Sy* Thekendisplay [engl.]

Coun|ter|part ⟨[kaun-] m.; -s, -s⟩ Ergänzung(sstück), Gegenstück, Pendant [engl.]

Coun|ter|te|nor ⟨[kaun-] m.; -s, -te|nö|re⟩ männl. Altstimme, hoher Tenor; →*a.* Kontratenor [<engl. *counter* »entgegengesetzt« + *Tenor*]

Coun|tess ⟨[kauntıs] f.; -, -tes|sen od. -tes|ses [-sız]⟩ Gräfin (Frau eines Earls od. Counts) [engl.]

Coun|try *auch:* **Count|ry** ⟨[kʌntri] f.; -; unz.; Musik; kurz für⟩ Countrymusic

Coun|try|mu|sic *auch:* **Count|ry-mu|sic** ⟨[kʌntrimju:zık] f.; -; unz.⟩ US-amerikan. Volksmusik [engl.]

Coun|try|song *auch:* **Count|ry|song** ⟨[kʌntri-] m.; -s, -s; Musik⟩ Schlager der Countrymusic

Coun|ty ⟨[kaunti] f.; -, -s⟩ engl. Grafschaft (Verwaltungsbezirk) [engl.]

Coup ⟨[ku:] m.; -s, -s⟩ **1** Schlag **2** Trick, Kunstgriff **3** überraschendes Vorgehen; ~ *d'État* [- deta] Staatsstreich [frz., »Schlag, Stoß«]

Coupe ⟨[ku:p] f. od. m.; -, -s [ku:p]⟩ **1** ⟨Sport⟩ Cup (1, 2, 3), Pokal **2** ⟨bes. schweiz.⟩ Eisbecher [frz.]

Cou|pé ⟨[kupe:] n.; -s, -s⟩ **1** sportl. Personenkraftwagen mit abgeflachtem Dach **2** geschlossener Wagen (Auto od. Kutsche) **3** ⟨noch österr.⟩ Eisenbahnabteil [zu frz. *coupé* »durchschnitten«]

cou|pie|ren ⟨[ku-] V.; österr.; bes. schweiz.⟩ = kupieren (1)

Cou|plet *auch:* **Coup|let** ⟨[kuple:] n.; -s, -s⟩ witzig-satir. od. polit. Lied mit Kehrreim, bes. im Kabarett [frz., »Strophe, Lied«]

Cou|pon ⟨[kupɔŋ] od. [kupɔ̃:] m.; -s, -s⟩ *oV* Kupon **1** Abschnitt, Stoffabschnitt **2** Zinsschein an Wertpapieren [<frz. *coupon*]

Cour ⟨[ku:r] f.; -; unz.; veraltet⟩ **1** Hof, Hofhaltung **2** feierlicher Empfang bei Hofe [frz., »Hof«]

Cou|ra|ge ⟨[kura:ʒə] f.; -; unz.⟩ Mut, Entschlossenheit [frz.]

cou|ra|giert ⟨[kuraʒi:rt] Adj.⟩ mutig, tapfer

Cou|ran|te ⟨[kurã:t(ə)] f.; -, -n; Musik⟩ *oV* Corrente **1** altfrz. Tanz **2** schneller Satz der Suite [frz., »eilend, laufend«]

Cou|rant nor|mal ⟨[kurã: nɔrmal] m.; - -; unz.; schweiz.⟩ tägliche Arbeit, an einem Arbeitstag üblicherweise zu verrichtende Arbeit, Tagesgeschäft [<frz. *courant* »Gang, Verlauf« + *normal* »normal«]

Cour|bet|te ⟨[kurbɛt(ə)] f.; -, -n; Sport; Hohe Schule⟩ Folge mehrerer gleicher Sprünge, Galoppübung; *oV* Kurbette [<frz. *courbette* »Bogensprung«; zu *courbe* »gekrümmt, gebogen«]

Course ⟨[kɔ:s] m.; -, -s [-sız]; Sport; Golf⟩ Golfbahn [engl., »Strecke, Rennbahn«]

Court ⟨[kɔ:t] m.; -s, -s; Sport⟩ Spielfeld (bei Squash- u. Tennisturnieren); →*a.* Centrecourt [engl.]

Cour|ta|ge ⟨[kurta:ʒə] f.; -, -n; Wirtsch.⟩ Maklergebühr bei Börsen- u. Immobiliengeschäften; *oV* Kurtage [frz.]

Cour|toi|sie ⟨[kurtoazi:] f.; -, -n⟩ ritterliche Höflichkeit [frz., »Höflichkeit« <*cour* »Hof«; → *Cour*]

Cous|cous ⟨[kuskus] m.; -; unz.; Kochk.⟩ nordafrikan. Gericht aus kleingeschnittenem, gewürztem Hammelfleisch, Gemüse, Grieß u. Brühe; *oV* Kuskus [arab.]

Cou|sin ⟨[kuzɛ̃:] m.; -s, -s⟩ Vetter [frz.]

Cou|si|ne ⟨[ku-] f.; -, -n⟩ Tochter der Tante od. des Onkels, Base; *oV* Cousine [<frz. *cousine*]

Cou|tu|ri|er ⟨[kutyrje:] m.; -s, -s⟩ Schneider [frz.]

Cou|vert ⟨[kuvɛrt] od. [kuvɛ:r] n.; -s, -s; schweiz.⟩ = Kuvert

Cou|veu|se ⟨[kuvø:zə] f.; -, -n; Med.⟩ Brutschrank (Wärmebett) für Frühgeborene [frz., »Bruthenne, Brutkasten«]

Co|ver ⟨[kʌvə(r)] n.; -s, -⟩ **1** ⟨Musik⟩ Schallplattenhülle **2** Titelseite (von Illustrierten) [engl., eigtl. »Bedeckung«]

Co|ve|rage ⟨[kʌvərıdʒ] f.; -, -s; Wirtsch.⟩ **1** Marktabdeckung, Verbreitung, Reichweite; *die lückenlose ~ eines Produktes* **2** Besetzung (innerhalb eines Schichtarbeitsplanes) **3** Berichterstattung [engl.]

Co|ver|boy ⟨[kʌvə(r)bɔı] m.; -s, -s⟩ Bild eines (attraktiven) jungen Mannes auf der Titelseite von Illustrierten; →*a.* Covergirl [<*Cover* + *boy* »Junge«]

Co|ver|coat ⟨[kʌvə(r)kout] m.; - od. -s, -s⟩ **1** leichter Herrenmantel aus diesem Stoff **2** imprägnierter Wollstoff für Regenbekleidung [engl., »Übermantel«]

Co|ver|girl ⟨[kʌvə(r)gœ:l] n.; -s, -s⟩ Bild eines (attraktiven) Mädchens auf der Titelseite von Illustrierten; →*a.* Coverboy [<engl. *cover* »Deckel, Einband« + *girl* »Mädchen«]

Co|ve|ring ⟨[kʌvərıŋ] n.; - od. -s; unz.; Wirtsch.⟩ Risikoausschaltung bei Devisengeschäften durch den Abschluss eines Devisentermingeschäfts [engl., »Abdeckung«]

co|vern ⟨[kʌvə(r)n] V.⟩ nachspielen, imitieren; *einen Musiktitel ~* [engl., eigtl. »bedecken«]

Co|ver|sto|ry ⟨[kʌvə(r)stɔrı] f.; -, -s⟩ der Bericht einer Zeitung od. Zeitschrift, der auf dem Titelblatt angekündigt bzw. besonders herausgestellt wird [engl., »Titelgeschichte«]

Co|ver-up *auch:* **Co|ver|up** ⟨[kʌvə(r)ʌp] n.; -, -s⟩ **1** ⟨Sport; Boxen⟩ das Einnehmen einer vollständig gedeckten Position durch Anwinkeln beider Arme vor dem Körper u. Schützen des Gesichtsfeldes durch die geballten Fäuste **2** ⟨allg.⟩ Vertuschung, Verschleierung, z. B. eines Skandals **3** das Beseitigen bzw. Überstechen eines Tattoos, indem ein neues integriert wird [<engl. *cover-up* »Vertuschung«]

Co|ver|ver|sion ⟨[kʌvə(r)vœ:ʃn] f.; -, -s; Musik⟩ erneute, häufig »modernisierte« Aufnahme eines älteren Musiktitels durch einen anderen Interpreten; *die ~ eines Titels von David Bowie* [<engl. *cover* »Deckel« + *version* »Version«]

Cow|boy ⟨[kaubɔı] m.; -s, -s⟩ berittener nordamerikan. Rinderhirt; →*a.* Vaquero [engl.-amerikan., »Rinderhirt«]

Cow|girl ⟨[kaugœ:l] n.; -s, -s⟩ berittene nordamerikan. Rinderhirtin [engl.-amerikan.]

Cow|per|ap|pa|rat *auch:* **Cow|per-Ap|pa|rat** ⟨[kau-] m.; -(e)s, -e⟩

Winderhitzer für Hochofenanlagen [nach dem engl. Ingenieur Edward Alfred *Cowper,* 1819-1893]

Coxa ⟨f.; -, -xae [-ksɛ:]; Anat.⟩ Hüfte [lat., »Hüfte«]

Coxalgie *auch:* **Coxalgie** ⟨f.; -, -n; Med.⟩ = Koxalgie

Coxitis *auch:* **Coxitis** ⟨f.; -, -tiden; Med.⟩ = Koxitis

Cox Orange ⟨[-orã:ʒ(ə)] od. [-oraŋʒə] m.; - -, - -; Bot.⟩ Winterapfelsorte mit rötlich gelber Schale [nach dem engl. Züchter Richard *Cox,* 1776-1845]

Coyote ⟨m.; -n, -n⟩ = Kojote

C-Promi ⟨[tse:-] m.; -s, -s; umg.; abwertend⟩ Person, die aufgrund eines Skandals, eines spektakulären Ereignisses od. Auftritts eine negative od. nur kurz andauernde Prominenz besitzt [in Anlehnung an die Kategorisierung von B- und *C*-Movies + *Promi*]

CPU ⟨engl. [si:pi:ju:] EDV; Abk. für engl.⟩ Central Processing Unit (zentrale Verarbeitungseinheit) eines Computers, die die Ablaufsteuerung der Zentraleinheit übernimmt

Cr ⟨chem. Zeichen für⟩ Chrom

cr. ⟨Abk. für⟩ currentis

Crabmeat ⟨[kræbmi:t] n.; -s; unz.⟩ Krabbenfleisch [<engl. *crab* »Krabbe, Krebs« + *meat* »Fleisch«]

Crabnebel ⟨[kræb-] m.; -s; unz.; Astron.⟩ krabbenförmiger Nebel im Sternbild des Stiers, der Radio- u. Röntgenstrahlen aussendet [<engl. *crab* »Krabbe, Krebs«]

Crack[1] ⟨[kræk] m.; -s, -s; Sport⟩ **1** Spitzensportler, Könner, Ass **2** hervorragendes Rennpferd [engl., »Elite, erstklassiger Sportler«]

Crack[2] ⟨[kræk] n.; -s; unz.; Drogenszene⟩ (bes. in den USA verbreitetes) kokainhaltiges Rauschmittel [engl., eigtl. »zerspringen«]

cracken ⟨[kræ-] V.; Chemie⟩ *hochsiedende Bestandteile des Erdöls ~* durch Einsatz von Katalysatoren u. Hitze in niedrigsiedende Komponenten spalten, angewandt zur Erhöhung der Benzinausbeute aus Erdöl; *oV* kracken [<engl. *crack* »knacken, spalten«]

Cracker ⟨[kræ-] m.; -s, - od. -s⟩ **1** hartes, sprödes, gesalzenes Kleingebäck, Kräcker **2** Knallkörper, Feuerwerkskörper **3** ⟨EDV⟩ = Crasher **4** Anlage zum Cracken von Erdöl [engl.]

Cracovienne ⟨[krakoviɛn] f.; -, -s; Musik⟩ = Krakowiak

Crampus ⟨m.; -, Crampi⟩ = Krampus[1]

Cranberry ⟨[kræn-] f.; -, -s; Bot.⟩ ein nordamerikan. Beerenstrauch mit roten aromatischen Früchten, Moosbeere: Vaccinium macrocarpon [engl.]

Cranium ⟨n.; -s, -nia; Anat.⟩ der menschliche Schädel; *oV* Kranium [lat., »Schädel«]

Craquelé ⟨[krakəle:] m.; -s, -s⟩ *oV* Krakelee **1** ⟨zählb.; Textilw.⟩ Kreppgewebe mit rissiger, narbiger Oberfläche **2** ⟨unz.⟩ Haarrisse in der Glasur von Glas u. Keramik **3** ⟨zählb.⟩ Porzellan mit feinen Haarrissen [frz., »Töpferware mit rissiger Glasur; rissig«]

Crash ⟨[kræʃ] m.; -s, -s⟩ **1** ⟨umg.⟩ Zusammenstoß, (Auto-)Unfall; *einen ~ bauen* **2** ⟨EDV⟩ Zusammenbruch eines EDV-Systems, bes. durch einen Programmfehler **3** ⟨Wirtsch.⟩ plötzlicher Zusammenbruch eines Unternehmens od. des Effektenhandels; *Börsen~* **4** ⟨Textilw.⟩ knittriges, leicht gekräuseltes Gewebe [engl.]

crashen ⟨[kræʃən] V.⟩ **1** ⟨allg.⟩ zusammenstoßen, zusammenbrechen **2** ⟨Textilw.⟩ kräuseln, mit knittriger Oberfläche versehen [→ *Crash*]

Crasher ⟨[kræʃə(r)] m.; -s, -; umg.; EDV⟩ jmd., der in Rechnernetze eindringt u. dort willkürlich versucht, Datenbestände u. Programme zu zerstören; *Sy* Cracker (3); →*a.* Computervirus

Crashkid ⟨[kræʃ-] n.; -s, -s⟩ Jugendlicher, der Autos aufbricht, um sie anschließend beim Fahren zu zerstören

Crashkurs ⟨[kræʃ-] m.; -es, -e⟩ Intensivkurs zur Vermittlung von komprimiertem Unterrichtsstoff

Crash-over *auch:* **Crashover** ⟨[kræʃouvə(r)] m.; -s, -⟩ plötzliches, explosionsartiges Ausbreiten eines Feuers [<*Crash* + engl. *over* »über«]

Crashtest ⟨[kræʃ-] m.; -s, -s od. -e⟩ Test, um das Verhalten von Kraftfahrzeugen bei Unfällen zu erproben [→ *Crash*]

Crawl ⟨[krɔ:l] n.; -s od. -; unz.; Sport⟩ = Kraul [engl.]

crawlen ⟨[krɔ:lən] V.; Sport⟩ = kraulen

Crawlstil ⟨[krɔ:l-] m.; -s; unz.; Sport⟩ = Kraulstil [engl.]

Crayon *auch:* **Crayon** ⟨[krɛjɔ̃:] m.; -s, -s; veraltet⟩ = Krayon

crazy ⟨[krɛɪzi] Adj.; umg.⟩ verrückt, überspannt, absonderlich; *seine Ideen sind immer etwas ~* [engl.]

Cream ⟨[kri:m] f.; -; unz.⟩ Creme, Sahne, Rahm [engl.]

Création ⟨[kreasjɔ̃:] f.; -, -s⟩ = Kreation

Credit ⟨[krɛdɪt]⟩ **1** ⟨m.; -s, -s⟩ = Kredit **2** ⟨nur Pl.; Film⟩ *~s* Danksagungen am Ende eines Films [engl., »Kredit; Vor-, Nachspann«]

Creditcrunch ⟨[krɛdɪtkrʌntʃ] m.; - od. -s, -s; Wirtsch.⟩ Verknappung von Krediten (bes. bei einem Einbruch der Konjunktur) [<*Credit* + *crunch* »kritischer Punkt«]

Credo ⟨n.; -s, -s⟩ *oV* Kredo **1** das Apostol. Glaubensbekenntnis, Teil der kath. Messe **2** ⟨allg.⟩ Glaubensbekenntnis; *diese Auffassung ist sein ~* [<lat. *credo* »ich glaube«, nach der Einleitung des Apostol. Glaubensbekenntnisses *Credo in unum deum* »Ich glaube an den einen Gott«]

Creek ⟨[kri:k] m.; -s, -s; Geogr.⟩ nur zur Regenzeit Wasser führender Fluss [engl., »Bucht«; engl. (US-amerikan.) »kleiner Fluss«]

creme ⟨[krɛ:m] od. [kre:m] Adj.⟩ gelblich weiß

Creme *auch:* **Crème** ⟨[krɛ:m] od. [kre:m] f.; -, -s⟩ **1** ⟨zählb.⟩ **1.1** steife, die Form haltende, schlagsahne- od. salbenähnliche Flüssigkeit **1.2** feine, mit Sahne zubereitete Süßspeise als Füllung für Süßigkeiten u. Torten **2** Hautsalbe **3** ⟨fig.⟩ das

Erlesenste; *die ~ der Gesellschaft* gesellschaftliche Oberschicht [<frz. *crème* <lat. *chrisma* <grch. *chrisma;* zu grch. *chriein* »salben«]

Crème de la Crème ⟨[krɛːm də la krɛːm] f.; - - - -; unz.; umg.; meist abwertend od. scherzh.⟩ erlesener Kreis der gesellschaftlichen Oberschicht; *bei dem Empfang war die ganze ~ vertreten* [frz., eigtl. »Sahne der Sahne«]

Crème dou|ble *auch:* **Crème doub|le** ⟨[krɛːm duːbəl] f.; - -, -s -s [krɛːm duːbəl]⟩ Sahne mit mindestens 40 % Fettgehalt, Doppelrahm [< *Creme* + frz. *double* »doppelt«]

Crème fraîche ⟨[krɛːm frɛʃ] f.; - -, -s -s [krɛːm frɛʃ]; Kochk.⟩ (bes. zur Verfeinerung von Soßen verwendete) fetthaltige saure Sahne [frz., »frische Sahne«]

cre|men ⟨V.; kurz für⟩ eincremen, mit Creme einreiben; *sich die Hände ~*

Cre|o|le ⟨f.; -, -n⟩ ringförmiger Ohrring; *oV* Kreole[2]

Crêpe[1] ⟨[krɛp] m.; -s, -s; Textilw.⟩ gekräuseltes od. genarbtes Gewebe mit rauem Griff; *oV* Krepp[1]; ~ *de Chine* [- də ʃiːn] leichter Seiden- od. Kunstseidencrêpe in Taftbindung, Chinakrepp; ~ *Georgette* [- ʒɔrʒɛt] durchsichtiger Seiden- od. Kunstseidencrêpe; ~ *Satin* [- satɛ̃ː] doppelseitig verwendbarer Crêpe in Atlasbindung [<frz. *crêpe* »Flor, Crêpe«, <lat. *crispus* »kraus«]

Crêpe[2] ⟨[krɛp] m.; -s, -s od. f.; -, -s⟩ sehr dünner Eierkuchen, der mit verschiedenen Zutaten gefüllt und mit Alkohol flambiert werden kann; *oV* Krepp[2] [frz.]

Cre|pon ⟨[-pɔ̃ː] m.; -s, -s; Textilw.⟩ leinwandbindiges Gewebe mit krauser od. genarbter Oberfläche; *oV* Krepon [<frz. *crépon* »grober Krepp«]

cresc. ⟨Abk. für⟩ crescendo

cre|scen|do ⟨[krɛʃɛndo] Abk.: cresc.; Musik; Zeichen: <⟩ lauter werdend, anschwellend (zu spielen); *Sy* accrescendo; *Ggs* decrescendo [ital., »wachsend«]

Cre|scen|do ⟨[krɛʃɛndo] n.; -s, -s od. -scen|di; Musik⟩ Anschwellen im Ton, zunehmende Lautstärke; *Ggs* Decrescendo

Cre|tonne ⟨[-tɔn] f.; -, -s od. m.; -, -; Textilw.⟩ Baumwollgewebe in Leinwandbindung; *oV* Kreton [nach dem frz. Dorf *Creton*]

Cre|vette ⟨[-vɛt] f.; -, -n; Zool.⟩ Garnele der Nordsee: Crangon crangon; *oV* Krevette [<frz. *crevette* »Krabbe«]

Crew ⟨[kruː] f.; -, -s⟩ **1** Besatzung (eines Schiffes, Flugzeugs usw.) **2** Gruppe, Team, Mannschaft [engl., »Belegschaft, Schiffsmannschaft«]

Cri|cket ⟨n.; -s, -s; Sport⟩ Ballspiel zwischen zwei Mannschaften, von denen die Werfer den Ball ins gegner. Tor zu bringen suchen, während die Schläger den Ball abwehren u. mit dem Schlagholz möglichst weit wegschlagen; *oV* Kricket [<engl. *cricket*]

Crime ⟨[kraɪm] m. od. n.; -s, -s⟩ **1** Verbrechen, Gewalttat, Straftat **2** ⟨unz.; Sammelbez. für⟩ Kriminalität; →*a.* Sex and Crime [engl.]

Crin|kle *auch:* **Crink|le** ⟨[krɪŋkl] m.; -s, -s; Textilw.⟩ Stoff aus Seide, Baumwolle od. Kunstfasern mit charakteristischem, knittrigem Erscheinungsbild, das durch eine Wärmebehandlung hervorgerufen wird [<engl. *crinkle* »(Knitter-)Falte«]

Cris|to|ba|lit ⟨m.; -s, -e; Min.⟩ unter hohen Temperaturen milchig weiße Kristalle ausbildendes Mineral; *oV* Kristobalit [nach dem mexikanischen Fundort San *Christóbal*]

Croft ⟨m.; -s, -e od. -s⟩ landwirtschaftlicher Nebenerwerbsbetrieb in Schottland [engl., »kleines Pachtgut«]

Croi|sé ⟨[kroazeː] n.; - od. -s, -s⟩ **1** ⟨Textilw.⟩ ein Gewebe in Köperbindung; →*a.* Coating (1) **2** ein Tanzschritt mit kreuzweisem Übersetzen des einen Fußes neben den anderen [frz., »gekreuzt«]

croi|siert ⟨[kroa-] Adj.; Textilw.⟩ geköpert [→ *Croisé*]

Crois|sant ⟨[kroasãː] n.; -s, -s⟩ Hörnchen aus Blätterteig [frz., eigtl. »Halbmond«]

Cro|ma|gnon|ras|se *auch:* **Cro|mag|non|ras|se** ⟨[kroːmanjɔ̃ː-] f.; -; unz.⟩ Menschenrasse der jüngeren Altsteinzeit [nach dem Fundort der Skelette bei *Crô-Magnon* in Südwestfrankreich]

Crom|ar|gan® *auch:* **Cro|mar|gan®** ⟨n.; -s; unz.⟩ rostfreie Legierung aus Chrom u. Nickel mit silberartigem Glanz, für Besteck u. Geschirr verwendet [< *Chrom* + *Argentan*]

Crom|lech ⟨a. [-lɛk] m.; -s, -e od. -s⟩ = Kromlech

Croo|ner ⟨[kruː-] m.; -s, -; Musik; meist abwertend⟩ Schnulzensänger, Interpret sentimentaler Lieder [→ *Crooning*]

Croo|ning ⟨[kruː-] n.; - od. -s; unz.; Musik; meist abwertend⟩ Schnulze, überaus sentimentaler Schlagergesang [<engl. *croon* »leise, sanft singen«]

Cro|quet|te ⟨[krɔkɛtə] f.; -, -n⟩ = Krokette

Cro|quis ⟨[krɔkiː] n.; -, -⟩ = Kroki

cross ⟨[krɔs] Adj.; Sport⟩ diagonal [engl.]

Cross ⟨[krɔs] m.; -, -⟩ **1** ⟨Sport; Badminton; Tennis⟩ diagonal über den Platz geschlagener Ball; *Ggs* Longline **2** ⟨kurz für⟩ Crosscountry [engl.]

Cross|check ⟨[krɔstʃɛk] m.; -s, -s; Sport; (Eis-)Hockey⟩ das Behindern des Gegners durch einen regelwidrigen Einsatz des Schlägers [engl.]

Cross|coun|try *auch:* **Cross|count|ry** ⟨[krɔskʌntrɪ] n.; -s, -s; Sport⟩ *Sy* Cross (2) **1** ⟨bes. Radsport⟩ Geländelauf **2** Querfeldeinrennen der Pferde [<engl. *cross-country* »querfeldein«]

Cros|sing-over *auch:* **Cros|sing|over** ⟨[krɔsɪŋouvə(r)] n.; -s; unz.⟩ Mechanismus, der zum Austausch von Chromosomensegmenten führt; *oV* Cross-over[1]; *Sy* Chromosomenrekombination [engl., »Überkreuzen«]

Cross|lauf ⟨[krɔs-] m.; -(e)s, -läufe; Sport⟩ Geländelauf, Querfeldeinlauf; →*a.* Crosscountry [zu engl. *cross* »quer, schräg«]

cross|me|di|al ⟨[krɔs-] Adj.⟩ **1** ⟨i. e. S.⟩ gedruckte u. im Internet abrufbare Inhalte miteinander verbindend **2** ⟨i. w. S.⟩ Wort, Bild, Ton u. Schrift mit Hilfe unterschiedl. Medien verknüpfend; *der Journalismus der Zukunft ist* ~ [<engl. *cross* »kreuzen, sich überschneiden« + *medial*]

Cross-over[1] *auch:* **Cross|over**[1] ⟨[krɔsouvə(r)] n.; -s; unz.⟩ = Crossing-over

Cross-over[2] *auch:* **Cross|over**[2] ⟨[krɔsouvə(r)] m.; - od. -s, -; Musik⟩ Mischung aus unterschiedlichen Musikstilen, z. B. aus Rock u. Reggae, wobei die einzelnen Stilrichtungen erkennbar bleiben

Cross|pro|mo|tion ⟨[krɔsprɔmouʃn] f.; -, -s; Wirtsch.⟩ Marketingstrategie, bei der zwei Unternehmen in ihren Werbemaßnahmen jeweils auch für ein Produkt des anderen Unternehmens werben [<engl. *cross* »Kreuz« + *Promotion*]

Cross|rate ⟨[krɔsrɛıt] f.; -; unz.; Wirtsch.⟩ Vergleichsabrechnung zweier Währungen unter Bezugnahme auf die offizielle Parität (meist US-Dollar) zwecks Feststellung des echten Wertes einer Währung im Vergleich zur amtlich festgesetzten Parität; →*a.* Parität (2) [engl., eigtl. »Kreuzkurs«]

Cro|ton|öl ⟨n.; -s; unz.⟩ = Krotonöl

Crou|pa|de ⟨[kru-] f.; -, -n; Hohe Schule⟩ = Kruppade

Crou|pi|er ⟨[krupjeː] m.; -s, -s⟩ Bankhalter (einer Spielbank) [frz.]

Crou|pon ⟨[krupɔ̃ː] m.; -s, -s⟩ Rückenteil der (gegerbten) Rindshaut [frz., »Kernstück der Rinderhaut«]

Croû|ton ⟨[krutɔ̃ː] m.; -s, -s⟩ gerösteter Brotbrocken (als Suppeneinlage o. Ä.) [frz., »Brotkruste«; zu *croûte* »Kruste«]

Crowd ⟨[kraud] f.; -, -s; Popmusik⟩ Publikum bei Popkonzerten, in Diskotheken o. Ä. [engl., »Menschenmenge«]

Crowd|sour|cing ⟨[kraudsɔːsıŋ] n.; - od. -s; unz.; EDV⟩ Übertragen von Aufgabenbereichen einer Firma an eine große Personengruppe, die diese Arbeitsgänge in ihrer Freizeit aus Enthusiasmus unentgeltlich im Internet verrichtet; →*a.* Open Source, Outsourcing [<*Crowd* + engl. *source* »Quelle«]

Cru ⟨[kryː] n.; -s, -s⟩ (Qualitätsbezeichnung für) Lage u. Wachstum französischer Weine; *Grand* ~ [frz., »Gewächs«; zu *croître* »wachsen«]

Cru|ci|fe|rae ⟨Pl.; Bot.⟩ = Kruzifere

Cruise|mis|sile ⟨[kruːzmısaıl] n.; -s, -s; Mil.⟩ gelenkter Flugkörper der US-amerikan. Streitkräfte, der von Schiffen od. vom Boden aus eingesetzt werden kann [<engl. *cruise* »segeln« + *missile* »Geschoss«]

crui|sen ⟨[kruːzən] V.⟩ **1** ⟨umg.⟩ ruhig u. behaglich (ziellos) durch die Gegend fahren od. reisen **2** ⟨Seew.; Flugw.⟩ mit Reisegeschwindigkeit fliegen od. fahren [<engl. *cruise* »kreuzen, segeln«]

Crui|ser ⟨[kruːzə(r)] m.; -s, -⟩ sportl. Fahrzeug (Auto, Motorrad od. Motorboot) zum Cruisen [engl.]

Crui|sing ⟨[kruːzıŋ] n.; - od. -s, -s; umg.⟩ die Suche nach einem Sexualpartner [→ *cruisen*]

crun|chen ⟨[krʌntʃən] V.; EDV⟩ *Daten* ~ mit großer Geschwindigkeit komprimieren [<engl. *crunch* »knirschen, knacken«]

Crus ⟨n.; -, Cru|ra; Anat.⟩ **1** Schenkel **2** schenkelartiger Teil eines menschlichen Organs; ~ *Laterale* seitlicher Schenkel des Zwerchfells [lat.]

Crus|ta ⟨f.; -, Crus|tae [-tɛː]; Med.⟩ Kruste, Schorf [lat., »Erstarrtes«]

Crux ⟨f.; -; unz.⟩ **1** Kreuz **2** ⟨fig.⟩ Last, Bürde, Kummer, Leid; *das ist eine* ~ *!* das ist ein Kreuz, eine schwierige Sache!; *oV* Krux [lat., »Kreuz«]

Crwth ⟨[kruːθ] f.; -, -; Musik⟩ keltisches, lyraähnl. Saiteninstrument der Barden, das noch bis ins 19. Jh. gespielt wurde; *Sy* Chrotta [kelt., <mittelir. *crott* »Harfe«]

Cs ⟨chem. Zeichen für⟩ Caesium

c. s. ⟨Abk. für⟩ colla sinistra

Csar|das *auch:* **Csár|dás** ⟨[tʃaːrdaʃ] m.; -, -⟩ ungar. Nationaltanz im $^2/_4$-Takt; *oV* Tschardasch

ČSFR ⟨[tʃeː-] 1990-1992 Abk. für⟩ Československa Socialistiká Federativní Republika, Tschechoslowakische Sozialistische Föderative Republik

CSI ⟨n.; - od. -s, - od. -s; Abk. für frz.⟩ Concours de Saut d'Obstacle International, internationales Reit- u. Springturnier

Csi|kós ⟨[tʃiːkoːʃ] m.; -, -⟩ ungar. Pferdehirt; *oV* Tschikosch

CSIO ⟨n.; - od. -s, - od. -s; Abk. für frz.⟩ Concours de Saut d'Obstacle International Officiel, internationales offizielles Reit- u. Springturnier, das jedes europäische Land nur einmal veranstalten darf u. bei dem ein Preis der Nationen ausgeschrieben ist (in der Bundesrepublik Deutschland in Aachen ausgetragen)

ČSR ⟨[tʃeː-] 1918-1960 Abk. für⟩ Československá Republika, Tschechoslowakische Republik

ČSSR ⟨[tʃeː-] 1960-1990 Abk. für⟩ Československá Socialistická Republika, Tschechoslowakische Sozialistische Republik

Ct, ct. ⟨Abk. für⟩ Cent

c. t. ⟨Abk. für lat.⟩ cum tempore

CTG ⟨Abk. für⟩ Kardiotokograph

Cu ⟨chem. Zeichen für⟩ Kupfer; →*a.* Cuprum

cui bo|no? wem nützt es?, wer hat davon einen Vorteil? [lat., »wem (dient es) zum Guten?«]

cu|ius re|gio, ei|us re|li|gio wessen Land, dessen Religion (Formel für das Recht des Landesherren, die Konfession seiner Untertanen zu bestimmen) [lat.]

Cul de Pa|ris ⟨[kyː də pariː] m.; - - -, -s [kyː] - -; 18. u. 19. Jh.⟩ hinten unter dem Kleiderrock getragenes Gestell, Gesäßpolster [frz., »Pariser Gesäß«]

Cu|lot|te ⟨[kylɔt(ə)] f.; -, -n⟩ von der (frz.) Aristokratie im 18. Jh. getragene Kniehose; →*a.* Sansculotte [zu frz. *cul* »Gesäß«]

Cul|pa ⟨f.; -; unz.⟩ **1** ⟨Rechtsw.⟩ Schuld, Verschulden, Fahrlässigkeit **1.1** ~ *lata* grobe Fahrlässigkeit **1.2** ~ *levis* leichte Fahrlässigkeit **2** *mea* ~ ⟨umg.⟩ Eingeständnis der eigenen Schuld (eigtl. Bestandteil des kath. Glaubensbekenntnisses) [lat., »Schuld«]

Cu|ma|rin ⟨n.; -s; unz.; Chemie⟩ = Kumarin

C

C

Cu|ma|ron ⟨n.; -s; unz.; Chemie⟩ = Kumaron
Cum|ber|land|so|ße ⟨[kʌmbə(r)-lænd-] f.; -, -n; Kochk.⟩ dickflüssige süßliche Gewürzsoße aus Johannisbeergelee u. a. Zutaten (bes. zu kaltem Wild) [nach dem engl. Herzog von *Cumberland*]
cum gra|no sa|lis nicht ganz wörtlich zu nehmen, mit einer gewissen Einschränkung zu verstehen [lat., »mit einem Körnchen Salz«]
Cu|min ⟨m.; -s; unz.; Biol.⟩ ein Doldengewächs, dessen Früchte als Gewürz verwendet werden, Kreuzkümmel [<lat. *cuminum* »Kümmel«]
cum lau|de mit Auszeichnung (bestanden) (bei akadem. Prüfungen) [lat., »mit Lob«]
cum tem|po|re ⟨Abk.: c. t.⟩ mit dem akademischen Viertel, eine Viertelstunde nach der angegebenen Zeit; *Ggs* sine tempore [lat., »mit Zeit«]
Cu|mu|lus ⟨m.; -, -mu|li; kurz für⟩ Cumuluswolke
Cu|mu|lus|wol|ke ⟨f.; -, -n⟩ = Kumuluswolke
C und C ⟨kurz für engl.⟩ cash and carry
Cun|ni|lin|gus ⟨m.; -, -lin|gi⟩ sexuelle Stimulierung der Klitoris durch Lecken; *oV* Kunnilingus [<lat. *cunnus* »weibl. Scham« + *lingere* »lecken«]
Cup ⟨[kʌp] m.; -s, -s⟩ **1** Pokal **2** Ehrenpreis bei Sportwettkämpfen **3** der Wettkampf selbst; *Davis-~; sie haben erneut den ~ gewonnen, verteidigt* **4** Körbchengröße von Büstenhaltern [engl., »Pokal; Schale«]
Cu|pi|do ⟨f.; -; unz.; veraltet⟩ = Kupido
Cu|pra|ma *auch:* **Cup|ra|ma** ⟨f.; -; unz.⟩ eine Kupferzellwolle [<lat. *cuprum* »Kupfer« + *Ammoniak*]
Cu|pre|sa *auch:* **Cup|re|sa** ⟨f.; -; unz.; Kunstwort⟩ eine Kupferkunstseide [→ *Cuprum*]
Cu|prum *auch:* **Cup|rum** ⟨n.; -s; unz.; chem. Zeichen: Cu⟩ Kupfer [lat.]
Cu|pu|la ⟨f.; -, -pu|,lae [-lɛ:]⟩ **1** Fruchtbecher bei Buchengewächsen **2** gallertartige Substanz in den Gleichgewichtsorganen der Wirbeltiere u. des Menschen [lat., »Kuppel«]
Cu|ra|çao® ⟨[kyrasa:o] m.; - od. -s, -s⟩ aus den Schalen einer Pomeranzenart hergestellter Likör, Apfelsinenlikör [nach der Insel *Curaçao* im Karibischen Meer]
Cu|ra|re ⟨n.; -s od. -; unz.⟩ = Kurare
Cur|cu|ma ⟨a. ['---] f.; -, -cu|men⟩ = Kurkuma
Cu|ré ⟨[kyre:] m.; -s, -s [kyre:]⟩ katholischer Geistlicher in Frankreich [frz., »Pfarrer«]
Cu|ret|ta|ge ⟨[kyrəta:ʒə] f.; -, -n; Med.⟩ Ausschabung (der Gebärmutter) [frz.]
Cu|rie ⟨[kyri:] n.; -, -; chem. Zeichen: Ci⟩ früher gebrauchte Maßeinheit der radioaktiven Strahlung, 1 Ci entspricht $3{,}7 \cdot 10^{10}$ Zerfallsakten je Sekunde in einem radioaktiven Material [nach dem frz. Physiker-Ehepaar Pierre, 1859-1906 u. Marie *Curie*, 1867-1934]
Cu|ri|um ⟨n.; -s; unz.; chem. Zeichen: Cm⟩ künstlich hergestelltes chem. Element, Ordnungszahl 96 [nach dem frz. Physiker-Ehepaar Pierre u. Marie *Curie*]
cur|len ⟨[kœ:lən] V.; Sport⟩ Curling betreiben; *wir haben zwei Stunden gecurlt*
Cur|ling ⟨[kœ:lɪŋ] n.; - od. -s; unz.; Sport⟩ schott. Eisschießen [engl., nach *curling stone,* »eiförmiger Stein«]
cur|ren|tis ⟨Abk.: cr.⟩ des laufenden Jahres od. Monats [lat.]
cur|ri|cu|lar ⟨Adj.⟩ das Curriculum betreffend, zu ihm gehörig, auf ihm beruhend
Cur|ri|cu|lum ⟨n.; -s, -cu|la⟩ *oV* Kurrikulum **1** Lehrplan einschließlich der Inhalte u. Ziele, Methoden u. Ergebnisse **2** ~ *Vitae* Lebenslauf [<lat. *curriculum* »Lauf«; zu *currere* »laufen«]
Cur|ry ⟨[kʌrɪ] od. [kœrɪ] m. od. n.; -; unz.⟩ Mischung scharfer ind. Gewürze [engl., <Tamil *kari*]
Cur|sor ⟨[kœ:sə(r)] m.; -s, -; EDV⟩ bewegl. Markierung auf dem Bildschirm, die anzeigt, an welcher Stelle des Bildschirmes neue Zeichen od. Informationen eingegeben werden können; *mit dem ~ auf ein Bildschirmsymbol clicken* [engl., eigtl. »Läufer«]
Cus|tard ⟨[kʌstəd] m.; -, -s; Kochk.⟩ eine Süßspeise mit Milch u. Ei [engl.]
Cus|to|di|an ⟨[kʌstoudjən] m.; - od. -s, -s⟩ Verwalter eines unter fremdstaatlicher Verfügung stehenden Vermögens [engl., »Wächter«]
Cus|to|mi|za|tion ⟨[kʌstəmaɪzeɪʃn] f.; -; unz.; Wirtsch.⟩ = Customizing
Cus|to|mi|zing ⟨[kʌstəmaɪzɪŋ] n.; - od. -s; unz.; Wirtsch.⟩ Anpassen, Gestalten eines Produktes od. einer Dienstleistung (z. B. der Software) zur Erfüllung individueller Kundenwünsche; *Sy* Customization [zu engl. *customize* »anpassen«]
Cut[1] ⟨[kʌt] m.; -s, -s; umg.; Film⟩ **1** Schnitt in Ton- u. Filmaufnahmen **2** Bearbeitung von Ton- u. Filmaufnahmen durch den Cutter od. den Regisseur; →*a.* Director's Cut [engl., »Schnitt, Schnittwunde«]
Cut[2] ⟨[kʌt] m.; - od. -s, -s⟩ **1** ⟨kurz für⟩ Cutaway **2** ⟨Sport; Golf⟩ bestimmte Anzahl an Schlägen zur Finalqualifikation; *nach zwei Runden am ~ scheitern*
Cut|away ⟨[kʌtəweɪ] m.; - od. -s, -s⟩ Herrenschoßrock mit vorn stark abgerundeten Schößchen; *Sy* Cut[2] (1) [<engl. *cutaway coat;* <*cut away* »wegschneiden«]
Cu|ti|cu|la ⟨f.; -, -cu|lae [-lɛ:]; Biol.⟩ *oV* Kutikula **1** bei bestimmten Tieren u. Pflanzen ein von den Zellen der Körperoberfläche ausgeschiedenes, dünnes Häutchen **2** Schuppenschicht des Haares [lat., »Häutchen«; Verkleinerungsform von *cutis* »Haut«]
Cu|tis ⟨f.; -; unz.⟩ *oV* Kutis **1** ⟨Anat.⟩ die Haut, bestehend aus Ober- u. Lederhaut **2** nachträglich verkorktes Pflanzengewebe [lat., »Haut«]
cut|ten ⟨[kʌtən] V.⟩ *Tonband- oder Filmaufnahmen ~* aus dem Tonband od. Filmstreifen herausschneiden, nach künstleri-

schen Gesichtspunkten umstellen u. wieder zusammenkleben; *oV* cuttern [<engl. *cut* »schneiden«]

Cut|ter ⟨[kʌtə(r)] m.; -s, -⟩ **1** Mitarbeiter bei Film u. Rundfunk, der Film- od. Magnetbandstreifen durch Herausschneiden von Teilen nach künstler. Gesichtspunkten gestaltet, Schnittmeister **2** Gerät mit rotierenden Messern zum Zerkleinern von Fleisch [engl., »Schneidender«]

Cut|te|rin ⟨[kʌt-] f.; -, -rin|nen⟩ weibl. Cutter (1), Schnittmeisterin

cut|tern ⟨[kʌt-] V.⟩ = cutten [engl.]

Cu|vée ⟨[kyve:] f.; -, -s od. n.; -s, -s⟩ Mischung von Weinen zur Herstellung von Schaumwein einer bestimmten Qualität [frz.]

Cy|an ⟨n.; -s; unz.; Chemie; fachsprachl.⟩ = Zyan

Cy|a|nat ⟨n.; -(e)s, -e; Chemie⟩ Salz der Cyansäure; *oV* Zyanat; *Kalium~*

Cy|an|grup|pe ⟨f.; -, -n; Chemie⟩ die Molekülgruppe CN, die in vielen anorgan. u. organ. Verbindungen enthalten ist, mit Wasserstoff bildet sie Cyanwasserstoff (Blausäure), eine hochgiftige Verbindung; *oV* Zyangruppe

Cy|a|nid ⟨n.; -s, -e; Chemie⟩ Salz der Blausäure, hochgiftige Verbindung, z. B. Kaliumcyanid, KCN (Zyankali); *oV* Zyanid

Cy|a|nit ⟨m.; -s; unz.⟩ = Disthen [zu lat. *cyanus* <grch. *kyaneos* »dunkelblau«]

Cy|an|ka|li ⟨n.; -s; unz.; Chemie⟩ = Zyankali

Cy|a|no|se ⟨f.; -, -n; Med.⟩ = Zyanose

Cy|an|säu|re ⟨f.; -, -n; Chemie⟩ wässerige Lösung von Cyanwasserstoff, stark giftig, bildet mit Metallen die Cyanide, Blausäure; *oV* Zyansäure

Cy|an|was|ser|stoff ⟨m.; -(e)s; unz.; Chemie⟩ gasförmige Verbindung, stark giftig, bildet mit Wasser die Cyansäure; *oV* Zyanwasserstoff

cy|ber..., Cy|ber... ⟨[saıbə(r)-] in Zus.⟩ (mit Hilfe von Computern) virtuell erzeugte Scheinwelten betreffend; *Cybersex; Cyberspace* [<engl. *cyber* <grch. *kybernetike* »Steuermannskunst«]

Cy|ber|an|griff ⟨[saı-] m.; -(e)s, -e; EDV⟩ feindl. Angriff auf ein fremdes Computernetzwerk, der dieses ausspioniert, verändert od. außer Kraft setzt; *Sy* Cyberattacke [→ *cyber..., Cyber...*]

Cy|ber|at|ta|cke ⟨[saı-] f.; -, -n; EDV⟩ = Cyberangriff

Cy|ber|naut ⟨[saıbə(r)-] m.; -en, -en⟩ **1** (sehr häufiger) Internetnutzer; *mit ~en im Internet plaudern* **2** Bewohner einer virtuellen Welt, Figur im Cyberspace; *~en aus dem All* [engl.; <lat. *kybernetike* »Steuermannskunst« + grch. *nautes* »Seemann«]

Cy|ber|sex ⟨[saıbə(r)-] m.; -; unz.; EDV⟩ **1** ⟨i. e. S.⟩ mit Hilfe von speziellen Geräten im virtuellen Raum vollzogene sexuelle Handlungen **2** ⟨i. w. S.⟩ mit Hilfe digitaler Medien (Internet, CD-ROM usw.) verbreitete Darstellung sexueller Handlungen od. elektronisches Anbieten von sexuellen Handlungen u. Dienstleistungen [engl.; <grch. *kybernetike* »Steuermannskunst« + *Sex*]

Cy|ber|space ⟨[saıbə(r)spεıs] m.; -; unz.; EDV⟩ nur in einem EDV-System existenter Raum, in dem nahezu wirklichkeitsgetreue Wahrnehmung u. Fortbewegung mit Hilfe spezieller Geräte (wie Datenhandschuhe, Raumbrille usw.) möglich sind; *Sy* digitale Welt [engl.; <grch. *kybernetike* »Steuermannskunst« + engl. *space* »Raum«]

Cy|borg ⟨[saıbɔ:(r)g] m.; -s, -s⟩ menschliches Wesen, dessen organische Struktur durch Einsatz von künstlichen od. industriell gefertigten Körperbestandteilen besonders widerstandsfähig gemacht wird [<engl. *cyb*ernetic + *org*anism »Organismus«]

◆ Die Buchstabenfolge **cy|cl...** kann auch **cyc|l...** getrennt werden.

◆ **cy|clam** ⟨Adj.⟩ = zyklam

◆ **Cy|cla|mat** ⟨n.; -(e)s, -e⟩ Salz der Cyclohexylsulfansäure, als künstl. Süßstoff verwendet; *oV* Zyklamat

◆ **Cy|cla|men** ⟨n.; -s, -; Bot.⟩ = Zyklamen

◆ **cy|clisch** ⟨Adj.; Chemie⟩ ringförmig; *~e Verbindung* chem. Verbindung mit ringförmiger Anordnung der Atome; *oV* zyklische Verbindung

◆ **Cy|clo|al|ka|ne** ⟨Pl.; Chemie⟩ Gruppe gesättigter organischer Verbindungen mit ringförmiger Anordnung der Kohlenstoffatome; *oV* Zykloalkane

◆ **Cy|clops** ⟨m.; -, -pi|den; Zool.⟩ niederer Krebs [lat. <grch. *kyklops* »Rundauge«]

Cym|bal ⟨n.; -s, -e od. -s; Musik⟩ = Zimbal

cy|ril|lisch ⟨Adj.⟩ = kyrillisch

Cy|to|kin ⟨n.; -(e)s, -e; meist Pl.; Biochem.⟩ Protein, das Signale zwischen Immunzellen vermittelt [<lat. *cytus* »Zelle« <grch. *kytos* »Höhlung, Urne«]

Cy|to|plas|ma ⟨n.; -s, -plas|men; Biochem.⟩ Inhalt einer Zelle mit Ausnahme des Zellkerns [<lat. *cytus* »Zelle« <grch. *kytos* »Höhlung, Urne« + *Plasma*]

Cy|to|sin ⟨n.; -s; unz.; Biol.⟩ wichtiger Bestandteil der Nukleinsäure, bildet zusammen mit Guanin eines der beiden Basenpaare, die als Sprossenverbindung in der Doppelhelix vorhanden sind; →*a.* Adenin, Thymin [<grch. *kytos* »Höhlung, Urne«]

Cy|to|ske|lett ⟨n.; -(e)s, -e; Biol.⟩ Skelett, das Zellen u. Geweben ihre Form verleiht [<lat. *cytus* »Zelle« + *Skelett*]

D

d 1 ⟨Math.; Zeichen für⟩ Differenzial 2 ⟨Zeichen für⟩ Durchmesser 3 ⟨Abk. für⟩ Denar, Penny, Pence 4 ⟨vor Maßeinheiten Zeichen für⟩ dezi $^1/_{10}$ 5 ⟨Physik; Astron.; Abk. für⟩ Tag 6 ⟨Chemie; Zeichen für⟩ dextrogyr

D 1 ⟨röm. Zahlzeichen für⟩ fünfhundert 2 ⟨chem. Zeichen für⟩ Deuterium 3 ⟨Abk. für⟩ Dezimalpotenz (zur Bezeichnung der Verdünnung 1:10 von homöopath. Medikamenten)

d- 1 ⟨chem. Zeichen für⟩ rechtsdrehend 2 Zusatzbez. für optisch aktive Verbindungen, die die gleiche Konfiguration wie die rechtsdrehende d-Weinsäure haben [<lat. *dextrogyr*]

D. ⟨Abk. für⟩ Deutschverzeichnis

da ⟨Abk. für⟩ Deziar, Deka…

da ca|po ⟨Musik; Abk.: d. c.⟩ noch einmal von vorn [ital., »vom Kopf (= Anfang) an«]

> **da capo al fine** (*Groß- und Kleinschreibung von fachsprachlichen Begriffen*) Fachsprachliche Begriffe sind häufig länderübergreifend gebräuchlich oder auf internationaler Ebene festgelegt. Ihre Schreibung richtet sich daher meist nach den Regeln der jeweiligen Herkunftssprache. Dies gilt z. B. auch für musikalische Fachausdrücke, die mehrheitlich aus dem Italienischen übernommen sind.

da ca|po al fi|ne ⟨Musik⟩ vom Anfang bis hierher wiederholen [ital., »vom Kopf (= Anfang) bis zum Ende«)]

Da|ca|po|arie *auch:* **Da|ca|po-Arie** ⟨[-a:riə] f.; -, -n; Musik⟩ zu wiederholende Arie; *oV* Dakapoarie

d'ac|cord ⟨[dakɔ:r]⟩ einig, einer Meinung; *mit jmdm. ~ gehen* [frz.]

Dad ⟨[dæd] m.; -s, -s; kurz für⟩ Daddy

Da|da ⟨m.; - od. -s; unz.; kurz für⟩ 1 Dadaismus 2 Vertreter des Dadaismus

Da|da|is|mus ⟨m.; -; unz.⟩ literar.-künstler. Bewegung nach dem 1. Weltkrieg, die bewusste Sinnentfremdung pflegte [nach dem Stammellaut *dada*]

Da|da|ist ⟨m.; -en, -en⟩ Anhänger des Dadaismus

Da|da|is|tin ⟨f.; -, -tin|nen⟩ Anhängerin des Dadaismus

da|da|is|tisch ⟨Adj.⟩ den Dadaismus betreffend, in der Art des Dadaismus; *ein Kunstwerk mit ~en Zügen*

Dad|dy ⟨[dædı] m.; -s, -s; umg. für⟩ Vater, Papa [engl.]

dag ⟨Abk. für⟩ Dekagramm

Da|guer|reo|ty|pie ⟨[-gɛro-] f.; -, -n; Fot.⟩ 1 ⟨unz.⟩ eine jodierte Silberplatte benutzendes fotograf. Verfahren 2 ⟨zählb.⟩ danach hergestelltes Lichtbild [nach dem frz. Erfinder Louis *Daguerre*, 1787-1851]

Dah|lie ⟨[-ljə] f.; -, -n; Bot.⟩ Angehörige der Familie der Korbblütler [nach dem schwed. Botaniker A. *Dahl*]

Dai|ly ⟨[dɛılı] f.; -, -s; TV; kurz für⟩ Dailysoap

Dai|ly Soap ⟨[dɛılı soʊp] f.; - -, - -s; TV⟩ während der Woche täglich ausgestrahlte Fernsehserie mit einer eher einfach strukturierten Handlung u. festen Charakteren, z. B. »Marienhof«, »Gute Zeiten, Schlechte Zeiten«; →*a.* Soap, Soapopera [<engl. *daily* »täglich« + *soap* »Seife; Seifenoper«]

Dai|mio ⟨m.; -s, -s⟩ altjap. Adliger, Lehnsfürst [jap., »großer Name«]

Dai|mo|ni|on ⟨n.; -s, -nia; Philos.; bei Sokrates⟩ warnende, innere Stimme; *oV* Dämonium [<grch. *daimonion* »göttliches Wesen, Dämon, böser Geist, göttliche Fügung«]

Da|ka|po ⟨n.; -s, -s; Musik⟩ Wiederholung; →*a.* da capo

Da|ka|po|arie *auch:* **Da|ka|po-Arie** ⟨[-a:riə] f.; -, -n; Musik⟩ = Dacapoarie

Da|ko|ta[1] ⟨m.; - od. -s, - od. -s⟩ Angehöriger eines nordamerikanischen Indianervolkes

Da|ko|ta[2] ⟨n.; - od. -s; unz.⟩ Sprache der Dakotas

dak|ty|lie|ren ⟨V.⟩ sich durch Gebärden- u. Zeichensprache verständigen [zu grch. *daktylos* »Finger«]

dak|ty|lisch ⟨Adj.⟩ im Versmaß des Daktylus abgefasst, auf ihn bezogen [<grch. *daktylos* »Finger«]

Dak|ty|li|tis ⟨f.; -, -ti|den⟩ = Panaritium [<grch. *daktylos* »Finger«]

Dak|ty|lo ⟨f.; -, -s; schweiz.; kurz für⟩ Daktylographin

dak|ty|lo…, Dak|ty|lo… ⟨in Zus.⟩ finger…, Finger…, schreibmaschinen…, Schreibmaschinen… [<grch. *daktylos* »Finger«]

Dak|ty|lo|gra|fie ⟨f.; -; unz.; schweiz.⟩ = Daktylographie

Dak|ty|lo|gra|fin ⟨f.; -, -fin|nen; schweiz.⟩ = Daktylographin

Dak|ty|lo|gramm ⟨n.; -s, -e⟩ Fingerabdruck [<*Daktylo…* + *…gramm*]

Dak|ty|lo|gra|phie ⟨f.; -; unz.; schweiz.⟩ das Maschineschreiben; *oV* Daktylografie [<*Daktylo…* + *…graphie*]

Dak|ty|lo|gra|phin ⟨f.; -, -phin|nen; schweiz.⟩ Maschinenschreiberin; *oV* Daktylografin

Dak|ty|lo|lo|gie ⟨f.; -; unz.⟩ Finger- u. Gebärdensprache der Taubstummen [<*Daktylo…* + *…logie*]

Dak|ty|lo|sko|pie *auch:* **Dak|ty|los|ko|pie** ⟨f.; -, -n⟩ Fingerabdruckverfahren [<*Daktylo…* + *…skopie*]

dak|ty|lo|sko|pisch *auch:* **dak|ty|los|ko|pisch** ⟨Adj.⟩ die Daktyloskopie betreffend, auf ihr beruhend

Dak|ty|lus ⟨m.; -, -ty|len; Metrik⟩ Versfuß aus einer langen, betonten u. zwei kurzen, unbetonten Silben [<grch. *daktylos* »Finger«]

dal ⟨Abk. für⟩ Dekaliter

Da|lai-La|ma ⟨m.; - od. -s, -s⟩ kirchliches Oberhaupt der Tibeter [<mongol. *dalai* »Meer« + *Lama*]

Dalk ⟨m.; -(e)s, -e⟩ Umhang eines Mönchs od. Derwischs [<pers. *dalq*]

Dal|les ⟨m.; -; unz.; umg.⟩ Geldmangel, Geldverlegenheit, Armut; *den ~ haben; im ~ sein* [<hebr. *dalluth* »Armut«]

Dal|ma|ti|ka ⟨f.; -, -ti|ken; kath. Kirche⟩ festl., liturg. Gewand [nach der Landschaft *Dalmatien* (Kroatien), wo das Gewand zuerst getragen wurde]

Dal|ma|ti|ner ⟨m.; -s, -⟩ **1** Einwohner von Dalmatien **2** ⟨Zool.⟩ eine Hunderasse **3** Wein aus Dalmatien

dal se|gno *auch:* **dal seg|no** ⟨[- zɛnjo] Abk.: d. s.; Musik⟩ vom Zeichen an (zu wiederholen) [ital.]

Dal|to|nis|mus ⟨m.; -; unz.; Med.⟩ angeborene Farbenblindheit [nach dem engl. Physiker John *Dalton*, 1766-1844]

Da|ma|ga|zel|le ⟨f.; -, -n; Zool.⟩ Antilopenart von etwa 90 cm Schulterhöhe, die mit mehreren lokalen Formen im Sudan u. in Nordafrika verbreitet ist: Gazella dama

Da|mast ⟨m.; -(e)s, -e; Textilw.⟩ Gewebe mit eingewebtem gleichfarbigem Muster [nach der syrischen Hauptstadt *Damaskus*]

da|mas|ten ⟨Adj.; Textilw.⟩ aus Damast, wie Damast beschaffen

Da|mas|ze|ner|stahl ⟨m.; -es; unz.⟩ durch Zusammenschweißen dünner, harter u. weicher Stahlstäbe u. deren Bearbeiten (Damaszieren) hergestellter Stahl mit adrigem od. flammigem Ziermuster [nach der syrischen Hauptstadt *Damaskus*]

da|mas|zie|ren ⟨V.⟩ *Stahl ~* in der Art des Damaszenerstahls bearbeiten

Da|me[1] ⟨f.; -, -n⟩ **1** ⟨zählb.⟩ **1.1** ⟨urspr.⟩ adlige Frau **1.2** ⟨danach⟩ vornehme, kultivierte Frau od. Mädchen aus guter Familie; *meine ~n und Herren!* (Anrede); *nach dem Tanz führt der Herr seine ~ an ihren Platz zurück; die ~ des Hauses* Hausherrin, Gastgeberin; ⟨scherzh.⟩ *die ~ seines Herzens; eine alte, ältere, junge, jüngere, vornehme, würdige ~; eine junge ~ möchte Sie sprechen* **1.3** Tischnachbarin, Tanzpartnerin **1.4** ⟨Kart.⟩ dritthöchste Spielkarte; *die ~ ausspielen* **1.5** höchster Stein des Damespiels **1.6** ⟨Schach⟩ die Königin **2** ⟨unz.; kurz für⟩ Damespiel [frz., urspr. »Frau von Stande«]

Dame[2] ⟨[dɛɪm] f.; -; unz.⟩ Titel für Ordensträgerinnen im Ritterstand [engl., »Frau, Dame, Ordensträgerin«]

Dam|mar ⟨n.; -s; unz.⟩ = Dammarharz

Dam|mar|fich|te ⟨f.; -, -n; Bot.⟩ = Kaurifichte

Dam|mar|harz ⟨n.; -es; unz.⟩ schwach aromatisch riechendes Harz der hauptsächl. auf Sumatra wachsenden Öldrüsenpflanze Shorea wiesneri, als Bindemittel für Lacke u. a. verwendet; *Sy* Dammar [<malai. *damar* »Harz«]

dam|na|tur ⟨Buchw.⟩ Formel der früheren Zensur, durch die der Druck eines Buches untersagt wurde; *Ggs* imprimatur [lat., »es wird verworfen«]

Dam|no ⟨m. od. n.; -s; unz.⟩ = Damnum

Dam|num ⟨n.; -s; unz.; bes. Bankw.⟩ Schaden, Einbuße, Verlust; *oV* Damno [<ital. *damno* »Schaden, Verlust«]

Da|mo|kles|schwert *auch:* **Da|mok|les|schwert** ⟨n.; -(e)s; unz.; fig.⟩ die im Glück ständig drohende Gefahr; *ein ~ schwebt über seinem Haupt* [nach *Damokles*, Höfling des jüngeren Dionysos von Syrakus, 396-337 v. Chr.]

Dä|mon ⟨m.; -s, -mo|nen⟩ **1** Teufel, böser Geist **2** übermenschliches Wesen, guter oder böser Geist; *von seinem ~ getrieben* [<grch. *daimon* »Gott, Teufel, Schicksal«]

Dä|mo|nie ⟨f.; -, -n⟩ die unüberschaubare Gefährlichkeit (einer Person od. Sache)

dä|mo|nisch ⟨Adj.⟩ **1** teuflisch, satanisch **2** urgewaltig **3** unheimlich, im Besitz übernatürlicher Kräfte

dä|mo|ni|sie|ren ⟨V.⟩ jmdm. od. etwas übernatürliche Kräfte zusprechen, in einen Dämon verwandeln; *eine Person ~*

Dä|mo|nis|mus ⟨m.; -; unz.⟩ **1** Geisterglaube **2** = Satanismus (1)

Dä|mo|ni|um ⟨n.; -s, -ni|en; Philos.⟩ = Daimonion

Dä|mo|no|lo|gie ⟨f.; -, -n⟩ Lehre von den Dämonen

Da|na|er|ge|schenk ⟨n.; -(e)s, -e⟩ unglückbringendes Geschenk (wie das Trojanische Pferd), unwillkommenes Geschenk [nach den *Danaern*, Bezeichnung der Griechen bei Homer]

Da|na|i|den|ar|beit ⟨f.; -, -en⟩ mühsame, vergebliche Arbeit [nach den *Danaiden*, den 50 Töchtern des Danaos, die Wasser in ein durchlöchertes Fass schöpfen mussten]

Dance|floor ⟨[da:nsflɔ:(r)] od. [dæns-] m.; -s, -s; Jugendspr.⟩ **1** Tanzfläche (vor allem einer Diskothek) **2** Stilrichtung der elektronischen Tanzmusik [<engl. *dancefloor* »Tanzfläche«]

Dan|cing ⟨[da:nsɪŋ] od. [dæn-] n.; - od. -s, -s; umg.⟩ Tanz (in Diskotheken u. Ä.) [engl., »das Tanzen«]

Dan|dy ⟨[dændɪ] m.; -s, -s⟩ Angeber, Geck, Modenarr [engl.]

dan|dy|haft ⟨[dændɪ-] Adj.⟩ in der Art eines Dandys

Da|ne|brog ⟨m.; -s; unz.⟩ die dänische Flagge [dän., »Dänentuch«]

Danse ma|ca|bre *auch:* **Danse ma|cab|re** ⟨[dã:s maka:brə] m.; - -, -s -s [dã:s maka:brə]⟩ Totentanz [<frz. *danse* »Tanz« + *macabre* »makaber«]

dan|tesk ⟨Adj.⟩ von der Größe, Bedeutung des ital. Dichters Dante Alighieri (1265-1321)

Daph|ne ⟨f.; -, -n; Bot.⟩ Seidelbast [grch., »Lorbeerbaum«]

Daph|nia ⟨f.; -, -n; Zool.⟩ Wasserfloh; *oV* Daphnie [nach der grch. Sagengestalt *Daphne*, Tochter des Flussgottes Peneus]

Daph|nie ⟨f.; -, -n⟩ = Daphnia

Dar|jee|ling ⟨[-dʒi:-] m.; -s, -s⟩ indische Teesorte [nach der indischen Distriktshauptstadt *Darjiling*]

Dark|room ⟨[da:(r)kru:m]⟩ *auch:* **Dark Room** ⟨m.; (-) -s, (-) -s⟩ in von Homosexuellen frequentierten Gaststätten od. Diskotheken eingerichtetes Zimmer zur sexuellen Kontaktaufnahme [engl., eigtl. »Dunkelkammer«]

Dar|ling ⟨m.; -s, -s; umg.⟩ Liebling [engl.]

Darm|flo|ra ⟨f.; -, -flo|ren⟩ Ge-

D

samtheit der im Darm lebenden Bakterien

Darts ⟨Pl.⟩ engl. Wurfspiel, bei dem kleine Pfeile auf eine runde Scheibe geworfen werden [<engl. *dart* »Wurfspieß, Speer«]

D

Dar|wi|nis|mus ⟨m.; -; unz.; Biol.⟩ die Annahme, dass die zu große Zahl der Nachkommen von Lebewesen auf der Erde zu einem Kampf ums Dasein führt, bei dem nur die am besten angepassten überleben werden [nach dem engl. Naturforscher Charles *Darwin,* 1809 - 1882]

Dar|wi|nist ⟨m.; -en, -en; Biol.⟩ Anhänger des Darwinismus

dar|wi|nis|tisch ⟨Adj.; Biol.⟩ auf dem Darwinismus beruhend

Dash ⟨[dæʃ] m.; -s, -s⟩ kleine Menge Flüssigkeit, Spritzer (bei der Zubereitung von Getränken) [<engl. *dash* »Beimischung, Zuschuss«]

Da|sy|me|ter ⟨n.; -s, -; Physik⟩ Gaswaage [<grch. *dasys* »dicht« + …*meter*]

DAT ⟨Abk. für engl.⟩ Digital Audio Tape (Digitaltonband)

dat. ⟨Abk. für⟩ datum

Date ⟨[dɛɪt] n.; -s, -s; umg.⟩ Verabredung, Termin oder Person, mit der man sich trifft; *er hat heute Abend ein ~* [engl., »Datum«]

Da|tei ⟨f.; -, -en⟩ **1** Sammlung sachlich zusammengehöriger Daten **2** ⟨EDV⟩ ein digital gespeicherter Bestand an Daten [verkürzt <*Da*ten + Kar*tei*]

Da|tel ⟨n.; -s; unz.; internationale Bez. für⟩ öffentliches Fernsprechnetz zur Übermittlung von Daten [verkürzt <engl. *data tele*communications »Fernmeldewesen«]

Da|ten ⟨Pl. von⟩ Datum

Da|ten|bank ⟨f.; -, -en; EDV; kurz für⟩ Datenbanksystem

Da|ten|bank|sys|tem ⟨n.; -s, -e; EDV⟩ System aus einer EDV-Anlage, einer Menge von Daten einschließlich der Menge von Beziehungen zwischen diesen Daten u. speziellen Verwaltungsprogrammen, die mehreren Benutzern einen schnellen Zugriff auf die Daten ermöglichen; *Sy* Datenbank

Da|ten|high|way ⟨[-haɪwɛɪ] m.; -s, -s; EDV⟩ technisch hoch entwickeltes Kabelnetz (meist unter Nutzung der Glasfasertechnik) zur schnellen Übertragung von Datenmengen od. zur Telekommunikation allgemein, z. B. das DSL-Netz der Deutschen Telekom [<*Daten* + engl. *highway* »Autobahn, Schnellstraße«]

Da|ten|pool ⟨[-pu:l] m.; -s, -s; EDV⟩ zentraler Datenbestandteil einer Datenbank, Datenbasis [zu engl. *pool* »Kasse, Zentrale«]

Da|ten|trä|ger ⟨m.; -s, -; EDV⟩ Mittel (Lochkarte, -streifen, Magnetband, Diskette usw.) zum Speichern von Daten, die maschinell lesbar sind

Da|ten|trans|fer ⟨m.; -s, -s; EDV⟩ alle Bewegungen von Daten innerhalb einer od. mehrerer Datenverarbeitungseinheiten

Da|ten|ty|pis|tin ⟨f.; -, -tin|nen⟩ weibl. Person, die Daten (4) auf Datenträger überträgt

Da|ten|ver|ar|bei|tung ⟨f.; -; unz.; Abk.: DV; EDV⟩ Sammeln, Sichten, Speichern u. Auswerten von (digitalisierten) Informationen, die als Größen u. Werte miteinander in Beziehung gesetzt werden können; *elektronische ~*

da|tie|ren ⟨V.⟩ **1** mit Datum versehen (Brief) **2** die Entstehungszeit bestimmen **3** *~ von* stammen von, herrühren von [→ *Datum*]

Da|tie|rung ⟨f.; -, -en⟩ Angabe des Datums

Da|tiv ⟨m.; -s, -e [-və]; Abk.: Dat.; Gramm.⟩ 3. Fall der Beugung, Wemfall [verkürzt <lat. *casus dativus* »Gebefall«; zu lat. *dare* »geben«; → *Datum*]

Da|tiv|ob|jekt ⟨n.; -(e)s, -e; Gramm.⟩ Satzergänzung im Dativ, z. B. sie reicht »ihm« die Schüssel; →*a.* Objekt (3)

da|to ⟨Adv.; Kaufmannsspr.⟩ **1** heute **2** *drei Monate ~* binnen drei Monaten [→ *datum*]

Da|to|wech|sel ⟨[-ks-] m.; -s, -⟩ Wechsel, dessen Einlösetermin auf einen bestimmten Termin nach der Ausstellung festgelegt wurde, Fristwechsel

DAT-Re|cor|der ⟨m.; -s, -⟩ = DAT-Rekorder

DAT-Re|kor|der ⟨m.; -s, -⟩ Aufnahme- u. Wiedergabegerät für Digitaltonbänder; *oV* DAT-Recorder

Dat|scha *auch:* **Da|tscha** ⟨f.; -, -s od. -schen⟩ = Datsche

Dat|sche *auch:* **Da|tsche** ⟨f.; -, -n⟩ russ. Landhaus, kleines Sommerhaus; *oV* Datscha [<russ. *dača*]

da|tum ⟨Abk.: dat.⟩ geschrieben, verfügt [lat.; »gegeben« zu *litteras dare* »einen Brief schreiben«]

Da|tum ⟨n.; -s, Da|ten⟩ **1** bestimmter Zeitpunkt; *die Daten der Weltgeschichte; Daten aus dem Leben eines Künstlers* **2** Angabe eines Tages nach dem Kalender; *~ des Poststempels; unter dem heutigen ~; welches ~ haben wir heute?* **3** ⟨meist Pl.⟩ Tatsache, Angabe **4** ⟨Informatik; Pl.⟩ *Daten* Informationen über Größen u. Werte [lat., Part. Perf. zu *dare* »geben«]

Dau ⟨f.; -, -en⟩ arabisches Segelschiff mit Lateinsegel; *oV* Dhau [<arab. *dawa*]

Dau|las ⟨n.; -; unz.; Textilw.⟩ = Dowlas

Dau|phin ⟨[dofɛ̃:] m.; -s, -s⟩ Titel des französ. Thronfolgers 1349-1830 [frz.]

Daus ⟨m.; -es, -e od. Däu|ser⟩ **1** ⟨dt. Kartenspiel⟩ Ass **2** ⟨Würfelspiel⟩ zwei Augen [<spätahd. *dus* <südfrz. *daus* »zwei Augen im Würfelspiel« (= frz. *deux*) <lat. *duo* »zwei«]

Da|vis|cup *auch:* **Da|vis-Cup** ⟨[dɛɪvɪskʌp] m.; -s; unz.⟩ = Davispokal

Da|vis|po|kal *auch:* **Da|vis-Po|kal** ⟨[dɛɪvɪs-] m.; -s; unz.; Sport⟩ (seit 1900 ausgespielter) Wanderpreis im Tennis; *Sy* Daviscup [nach dem amerikan. Stifter Dwight F. *Davis*]

Da|vit ⟨[dɛɪvɪt] od. [da:vɪt] m.; -s, -s; Seew.⟩ schwenk- od. kippbarer eiserner Kranbalken zum Bewegen kleiner Lasten an Bord, z. B. für Rettungsflöße, Bei- u. Rettungsboote [engl.]

da|vy|sche Lam|pe *auch:* **Da|vy'sche Lam|pe** ⟨[dɛɪvɪʃə -] f.; -n -, -n -n; Bgb.⟩ Grubenlampe [nach dem engl. Chemiker Sir Humphry *Davy*, 1778-1829]

Day|tra|ding ⟨[dɛɪtrɛɪdɪŋ] n.; - od. -s; unz.; Börse⟩ Kauf und Verkauf von Wertpapieren u. Futures innerhalb eines Handelstages, um bei kurzfristigen Kursbewegungen Gewinne zu erzielen [engl., »Tageshandel«]

dB ⟨Abk. für⟩ Dezibel

d. c. ⟨Abk. für⟩ da capo

DD ⟨Abk. für⟩ Differenzialdiagnose

Dd. ⟨Abk. für⟩ Doktorand (doctorandus)

d. d. ⟨Abk. für lat.⟩ de dato

D-Day ⟨[di:dɛɪ] m.; -s, -s; Mil.⟩ **1** ⟨urspr.⟩ Tag der Landung alliierter Truppen in der Normandie, 6. Juni 1944 **2** ⟨danach⟩ Auftakt, erster Tag einer größeren militärischen Operation [Herkunft umstritten, wahrscheinl. kurz für engl. *decision day* »Tag der Entscheidung«]

DDD ⟨Abk. für⟩ digital aufgenommen, digital abgemischt u. digital abgespielt (bei CDs); →*a.* AAD, ADD (1)

DDT ⟨Abk. für⟩ Dichlordiphenyltrichlormethylmethan, ein Berührungsgift für Insekten

de..., De... ⟨vor Vokalen⟩ des..., Des... ⟨Vorsilbe⟩ von, weg, ent... [lat., frz. <lat. *de*]

Dead|heat ⟨[dɛdhi:t]⟩ *auch:* **Dead Heat** ⟨n.; (-) - od. (-) -s, (-) -s; Sport⟩ Rennen, das wegen des gleichzeitigen Einlaufs zweier od. mehrerer Teilnehmer nicht gewertet werden kann u. wiederholt werden muss [<engl. *dead* »tot« + *heat* »(Ausscheidungs-)Lauf«]

Dead|line ⟨[dɛdlaɪn] f.; -, -s⟩ letztmöglicher Termin, äußerste Frist [engl., eigtl. »Grenzlinie«]

Dead|lock ⟨[dɛd-] m.; -s; unz.⟩ Situation, in der eine Beschlussfassung od. Einigung nicht (mehr) möglich ist, weil beide verhandelnden Parteien nicht zu weiteren Kompromissen bereit sind, z. B. bei Tarifverhandlungen od. zwischenstaatlichen Verträgen [engl., »Stillstand, toter Punkt; Sackgasse«]

Dead|weight ⟨[dɛdwɛɪt] n.; -s, -s; meist Sg.; Seew.⟩ maximale Tragfähigkeit eines Schiffes [engl.]

de|ak|ti|vie|ren ⟨[-vi:-] V.⟩ *Ggs* aktivieren **1** aus- od. abschalten **2** = desaktivieren [<*de...* + lat. *agere* »treiben, handeln«]

Deal ⟨[di:l] m.; -s, -s; umg.⟩ Handel, Geschäft (mit Rauschgift) [engl.]

dea|len ⟨[di:-] V.; umg.⟩ mit Drogen handeln [<engl. *deal* »handeln«]

Dea|ler ⟨[di:-] m.; -s, -⟩ Drogenhändler [engl.]

Dea|le|rin ⟨[di:-] f.; -, -rin|nen⟩ Drogenhändlerin

De|ba|kel ⟨n.; -s, -⟩ Zusammenbruch, Niederlage; *ein finanzielles ~ abwenden* [<frz. *débâcle* »Zusammenbruch«]

De|bar|deur ⟨[-dø:r] m.; -s, -e⟩ Auslader (von Schiffen) [<frz. *débadeur* »Transport-, Dockarbeiter«]

de|bar|die|ren ⟨V.⟩ ausladen (Schiffe), die Ladung löschen [<frz. *débarder* »abladen«]

De|bat|te ⟨f.; -, -n⟩ **1** Erörterung; *zur ~ stehen* erörtert werden; *etwas zur ~ stellen* veranlassen, dass etwas erörtert, verhandelt wird **2** Wortgefecht; *sich in eine ~ einlassen* **3** Verhandlung vor einem Parlament; *Bundestags~* [<frz. *débat* »Debatte«]

de|bat|tie|ren ⟨V.⟩ *etwas od. über etwas ~* etwas mündlich verhandeln, erörtern

De|bet ⟨n.; -s, -s⟩ Soll, Schuldposten, die linke Seite, Sollseite des Kontos; *Ggs* Kredit (3); *einen Betrag in das ~ stellen* [lat., »er schuldet«]

de|bil ⟨Adj.⟩ an Debilität leidend [<frz. *débile* »schwächlich« <lat. *debilis* »schwach«]

De|bi|li|tät ⟨f.; -; unz.⟩ **1** körperl. od. geistige Schwäche **2** ⟨Med.⟩ leichteste Form des Schwachsinns [<lat. *debilitas* »Gebrechlichkeit, Entkräftung«]

De|bit ⟨[-bi:] m.; -s; unz.; veraltet⟩ **1** Warenabsatz **2** Ausschank [<frz. *débit*]

de|bi|tie|ren ⟨V.; Kaufmannsspr.⟩ **1** verkaufen **2** ein Konto belasten [<frz. *débiter*]

De|bi|tor ⟨m.; -s, -to|ren; Kaufmannsspr.⟩ Schuldner; *Ggs* Kreditor [lat.]

de|blo|ckie|ren ⟨V.⟩ **1** berichtigen, ergänzen **2** eine Blockade aufheben **3** ⟨Typ.⟩ *blockierte Buchstaben oder Ziffern ~* durch die endgültigen ersetzen

De|bre|czi|ner *auch:* **Deb|rec|zi|ner** ⟨[-tsi-] n.; -s, -; meist Pl.⟩ scharf gewürztes Würstchen; *oV* Debreziner [nach der ungar. Stadt *Debrecen*]

De|bre|zi|ner *auch:* **Deb|re|zi|ner** ⟨n.; -s, -; meist Pl.⟩ = Debrecziner

de|bug|gen ⟨[dibʌg-] V.; EDV⟩ (in einem Programm) nach Fehlern suchen u. sie beseitigen; *eine Software ~* [engl.]

De|bug|ging ⟨[dibʌgɪŋ] n.; - od. -s, -s; EDV⟩ Fehlersuche im Programm [engl., »Entstörung«]

De|büt ⟨[deby:] n.; -s, -s⟩ **1** erstes öffentl. Auftreten, bes. auf der Bühne **2** erste Vorstellung bei Hofe; *sein ~ geben, liefern* [<frz. *début* »Anspiel, erstes Auftreten«]

De|büt|al|bum ⟨[deby:-] n.; -s, -al|ben; Musik⟩ erstes Sammelalbum eines Musikers, Sängers od. einer Band

De|bü|tant ⟨m.; -en, -en⟩ jmd., der sein Debüt gibt [<frz. *débutant* »Anfänger, Neuling«]

De|bü|tan|tin ⟨f.; -, -tin|nen⟩ **1** ⟨i. w. S.⟩ Frau, die ihr Debüt gibt **2** ⟨i. e. S.⟩ junges Mädchen, das in die Gesellschaft eingeführt wird

de|bü|tie|ren ⟨V.⟩ sein Debüt geben; *sie debütierte am Stadttheater in Bielefeld* [<frz. *débuter* »(Spiel) anfangen, zum ersten Mal an die Öffentlichkeit treten«]

Dec|a|me|ro|ne *auch:* **De|ca|me|ro|ne** ⟨n.; -s; unz.⟩ = Dekameron

De|cha|nat ⟨[-ça-] n.; -(e)s, -e⟩ = Dekanat (4)

De|cha|nei ⟨[-ça-] f.; -, -en⟩ = Dekanei

De|chant ⟨[-çant] m.; -en, -en⟩ = Dekan

De|char|ge ⟨[deʃarʒ(ə)] f.; -, -n [-ʒən]⟩ Entlastung, Entladung, Abschluss [<frz. *décharge* »Entlastung, Erleichterung«]

de|char|gie|ren ⟨[-ʃarʒi:-] V.⟩ entlasten, entbinden, lossprechen [<frz. *décharger*]

de|chif|frie|ren *auch:* **de|chiff|rie|ren** ⟨[-ʃifri:-] V.⟩ **1** entziffern **2** entschlüsseln, decodieren [<frz. *déchiffrer*]

D

D

De|chif|frie|rung *auch:* **De|chiff|rie|rung** ⟨[-ʃɪfriː-] f.; -, -en⟩ das Dechiffrieren; *Ggs* Chiffrierung; →*a.* Decodierung; ~ *eines Geheimtextes*

De|co|der ⟨m.; -s, -⟩ Gerät zum Entschlüsseln codierter Nachrichten [→ *decodieren*]

de|co|die|ren ⟨V.; fachsprachl.⟩ *eine Nachricht* ~ die Zuordnung zu einem Code (1, 2) rückgängig machen; *oV* dekodieren; *Ggs* codieren

De|co|die|rung ⟨[-ko-] f.; -, -en⟩ Entschlüsselung; ~ *einer verschlüsselten Information; oV* Dekodierung; *Ggs* Codierung; →*a.* Dechiffrierung

De|co|ding ⟨[dikoʊ-] n.; - od. -s, -s⟩ das Entschlüsseln einer Nachricht; *Ggs* Encoding [<lat. *De…* + engl. *code* »Chiffre, Schlüssel«]

De|col|la|ge ⟨[-ʒə] f.; -, -n; Mal.⟩ Kunstwerk, das durch Zerstörung der Oberfläche entsteht [<*De…* + *Collage*]

Dé|colle|té ⟨[dekɔlteː] n.; -s, -s⟩ = Dekolleté

de|cou|ra|gie|ren ⟨[dekuraʒiː-] V.; geh.⟩ entmutigen, mutlos machen [<frz. *décourager*]

de|cou|vrie|ren *auch:* **de|couv|rie|ren** ⟨[-ku-] V.⟩ *oV* dekuvrieren **1** *etwas* ~ aufdecken, offenbaren, verraten **2** *jmdn.* ~ erkennen, entlarven, entdecken [<frz. *decouvrir* »auf-, entdecken«]

de|cre|scen|do ⟨[dekrɛʃɛndo] Abk.: decresc.; Zeichen: >; Musik⟩ leiser werdend (zu spielen); *Sy* diminuendo; *Ggs* crescendo [ital., »abnehmend«]

De|cre|scen|do ⟨[dekrɛʃɛndo] n.; -s, -s od. -di; Musik⟩ Abnahme der Lautstärke, allmähliches Verklingen; *Sy* Diminuendo; *Ggs* Crescendo [ital.]

de da|to ⟨Abk.: d. d.⟩ vom Ausstellungstag (eines Wechsels, einer Urkunde) an [lat., »vom Tag des Schreibens an«; → *datum*]

De|di|ka|ti|on ⟨f.; -, -en⟩ **1** Widmung, Zuneigung **2** Geschenk [<lat. *dedicatio* »Weihung, Widmung«]

de|di|tie|ren ⟨V.⟩ eine Schuld tilgen [<*de…* + lat. *ditare* »bereichern«]

de|di|zie|ren ⟨V.⟩ **1** widmen, zueignen **2** schenken [<lat. *dedicare* »weihen, widmen«]

De|duk|ti|on ⟨f.; -, -en; Philos.⟩ Ableitung des Besonderen aus dem Allgemeinen; *Ggs* Induktion [<lat. *deductio* »Hinführung«]

de|duk|tiv ⟨Adj.; Philos.⟩ das Besondere aus dem Allgemeinen erschließend, folgernd; *Ggs* induktiv [<lat. *deductus,* Part. Perf. zu *deducere;* → *deduzieren*]

de|du|zie|ren ⟨V.; Philos.⟩ deduktiv ableiten, folgern; *Ggs* induzieren (1) [<lat. *deducere* »fortführen, ableiten«]

De|em|pha|sis ⟨f.; -; unz.; Funkw.⟩ Beseitigung der Vorverzerrung; *Ggs* Preemphasis [<*De…* + *Emphase*]

Deep|free|zer ⟨[diːpfriːzə(r)] m.; -s, -⟩ Tiefkühltruhe [engl.]

De|es|ka|la|ti|on ⟨f.; -, -en; bes. Politik⟩ stufenweise Verringerung, Abschwächung (bes. bei militärischen Konflikten)

de|es|ka|lie|ren ⟨V.; bes. Politik⟩ sich stufenweise abschwächen, verringern; *Ggs* eskalieren; *einen Streit* ~

de fac|to ⟨Adv.; Rechtsw.⟩ tatsächlich, den Tatsachen entsprechend, nach Lage der Tatsachen; *Ggs* de jure [lat., »von der Tatsache aus«]

De|fai|tis|mus ⟨[defɛː-] m.; -; unz.⟩ = Defätismus

De|fä|ka|ti|on ⟨f.; -, -en; Med.⟩ Kotentleerung [<lat. *defaecatio* »Reinigung, Abklärung«]

de|fä|kie|ren ⟨V.; Med.⟩ Kot ausscheiden; *oV* defäzieren [<lat. *defaecare* »reinigen«]

De|fa|ti|ga|ti|on ⟨f.; -, -en; veraltet⟩ Überanstrengung, Ermüdung [<lat. *defatigatio* »Ermüdung«]

De|fä|tis|mus ⟨m.; -; unz.⟩ Unglaube an den Sieg, Schwarzseherei, Untergangsstimmung, Miesmacherei; *oV* Defaitismus [<frz. *défaitisme* »Überzeugung, militärisch geschlagen zu werden«]

De|fä|tist ⟨m.; -en, -en⟩ Schwarzseher, Miesmacher [<frz. *défaitiste* »einer, der von der militärischen Niederlage überzeugt ist«]

De|fä|tis|tin ⟨f.; -, -tin|nen⟩ Schwarzseherin, Miesmacherin

de|fä|tis|tisch ⟨Adj.⟩ in der Art des Defätismus, schwarzseherisch

de|fä|zie|ren ⟨V; Med.⟩ = defäkieren

de|fekt ⟨Adj.⟩ **1** fehlerhaft, mangelhaft **2** beschädigt, schadhaft [<lat. *defectus* »geschwächt, mangelhaft«]

De|fekt ⟨m.; -(e)s, -e⟩ **1** Mangel, Fehler, Gebrechen; *körperlicher, geistiger* ~ **2** Beschädigung, Schaden; *Motor*~ **3** Ausfall, Fehlbetrag [→ *defekt*]

De|fekt|elek|tron *auch:* **De|fekt|elekt|ron** ⟨n.; -s, -en; Physik⟩ Lücke, unbesetzter Platz in der Elektronenhülle eines Atoms od. im Kristallgitter eines Halbleiters

de|fek|tiv ⟨Adj.⟩ **1** fehlerhaft **2** lückenhaft **3** ⟨Gramm.⟩ ~*es Nomen, Verbum* = Defektivum

De|fek|ti|vi|tät ⟨[-vi-] f.; -; unz.⟩ Mangelhaftigkeit, Fehlerhaftigkeit [→ *defekt*]

De|fek|ti|vum ⟨[-vum] n.; -s, -va [-va]; Gramm.⟩ flektierbares Wort, bei dem Flexionsformen fehlen, z. B. Dank, Leute, rosa [→ *defekt*]

De|fe|mi|ni|sie|rung ⟨f.; -, -en; Med.⟩ Frigidität, Verlust der weibl. (Geschlechts-)Empfindungen [<*De…* + lat. *femina* »Frau«]

de|fen|siv ⟨Adj.⟩ abwehrend, verteidigend; *Ggs* offensiv (1) [<lat. *defendere* »verteidigen«]

De|fen|si|ve ⟨[-və] f.; -, -n⟩ Abwehr, Verteidigung, Abwehrstellung; *Ggs* Offensive [<frz. *défensive* »Verteidigungsstellung«]

De|fen|si|vi|tät ⟨[-vi-] f.; -; unz.⟩ zurückhaltendes, abwehrendes Verhalten; *Ggs* Offensivität

De|fen|sor ⟨m.; -s, -so|ren⟩ Verteidiger, Sachwalter [lat., »Verteidiger«]

De|fen|sor Fi|dei ⟨[-dei] m.; - - od. -s -; unz.⟩ Ehrentitel des engl. Königs, der erstmals 1521 an Heinrich VIII. wegen seines Eintretens für den kathol. Glauben verliehen wurde [lat., »Verteidiger des Glaubens«]

De|fe|ren|ti|tis ⟨f.; -, -ti|ti|den; Med.⟩ Entzündung des Samenleiters [<lat. *deferre* »herabführen«]

de|fe|rie|ren ⟨V.⟩ 1 *Eid* ~ zuschieben 2 *Gesuch* ~ bewilligen, zuerkennen [<frz. *déférer* »übertragen, zuerkennen«]

De|fer|ves|zenz ⟨[-vɛs-] f.; -; unz.⟩ Nachlassen des Fiebers, Entfieberung [<*De...* + lat. *fervescere* »heiß, glühend werden«]

De|fi|bra|tor *auch:* **De|fib|ra|tor** ⟨m.; -s, -to|ren⟩ Maschine zur Zerfaserung von Holz mit Hilfe von Heißdampf zur Herstellung von Holzfaserplatten u. Halbzellstoff [<*De...* +*Fiber*]

De|fi|bril|la|tor *auch:* **De|fib|ril|la|tor** ⟨m.; -s, -to|ren; Med.⟩ Gerät, das unregelmäßige Herzschläge erkennen u. gezielte Stromstöße aussenden kann [<*De...* + *fibrillieren*]

de|fi|bri|nie|ren *auch:* **de|fib|ri|nie|ren** ⟨V.⟩ von Fibrin befreien u. dadurch ungerinnbar machen; *defibriniertes Blut* [<*de...* + *Fibrin*]

De|fi|cit|spen|ding ⟨[dɛfısıtspɛndıŋ] n.; - od. -s; unz.; Wirtsch.⟩ 1 Finanzierung notwendiger öffentl. Investitionen durch Neuverschuldung 2 Haushaltsplan, der Verluste vorsieht [<engl. *deficit* »Defizit« + *spend* »ausgeben, verauslagen«]

De|fi|lee ⟨n.; -s, -s⟩ 1 ⟨Geogr.⟩ Engpass, Hohlweg 2 ⟨Mil.⟩ feierlicher Vorbeimarsch 3 ⟨Mode⟩ Modenschau, Modepräsentation in kleinem Rahmen [<frz. *défilé*]

de|fi|lie|ren ⟨V.⟩ 1 einen Engpass durchziehen 2 ⟨Mil.⟩ feierlich vorbeimarschieren [<frz. *défiler*]

De|fi|ni|en|dum ⟨n.; -s, -en|da; Sprachw.⟩ zu definierender Begriff, das, was definiert werden soll; *Ggs* Definiens

De|fi|ni|ens ⟨n.; -, -en|tia; Sprachw.⟩ Begriff, der etwas definiert, etwas, das zur Definition dient; *Ggs* Definiendum

de|fi|nier|bar ⟨Adj.⟩ so beschaffen, dass man es definieren kann; *Ggs* undefinierbar; *eine ~e Vorstellung*

de|fi|nie|ren ⟨V.⟩ (genau) erklären, begrifflich bestimmen, festlegen [<lat. *definire* »abgrenzen, bestimmen«]

de|fi|nit ⟨Adj.⟩ bestimmt, festgelegt, endgültig; *eine ~e Menge* [→ *definitiv*]

De|fi|ni|ti|on ⟨f.; -, -en⟩ 1 Begriffsbestimmung 2 ⟨kath. Kirche⟩ unfehlbare Entscheidung in dogmat. Fragen [<lat. *definitio* »Begriffsbestimmung«]

de|fi|ni|tiv ⟨Adj.⟩ endgültig, bestimmt; *ein ~er Beschluss; eine ~e Entscheidung* [<lat. *definitivus* »bestimmend, entscheidend«]

De|fi|ni|ti|vum ⟨n.; -s, -ti|va⟩ endgültiger Zustand [→ *definitiv*]

de|fi|ni|to|risch ⟨Adj.⟩ mit Hilfe einer Definition

de|fi|zi|ent ⟨Adj.; geh.⟩ unvollständig [<frz. *déficient* »ungenügend entwickelt«]

De|fi|zi|ent ⟨m.; -en, -en; veraltet⟩ Dienstuntauglicher [zu lat. *deficiens* »ermattend, schwach werdend«]

De|fi|zit ⟨a. [--'-] n.; -s, -e⟩ 1 Mangel 2 Fehlbetrag 3 Verlust [zu lat. *deficit* »es fehlt«]

de|fi|zi|tär ⟨Adj.⟩ ein Defizit ergebend, Mängel aufweisend [<frz. *déficitaire* »mit Verlust abschließend«]

De|fi|zit|ga|ran|tie ⟨f.; -, -n⟩ garantiertes Defizit, kalkulierter Fehlbetrag

De|fla|gra|ti|on *auch:* **Def|lag|ra|ti|on** ⟨f.; -, -en⟩ verhältnismäßig langsames Abbrennen eines Sprengstoffes ohne Explosion; →*a.* Detonation [zu lat. *deflagrare* »niederbrennen«]

De|fla|ti|on ⟨f.; -, -en⟩ 1 ⟨Wirtsch.⟩ starke Einschränkung des Geldumlaufs ohne entsprechende Verringerung der Produktion; *Ggs* Inflation; *eine Zeit der ~* 2 ⟨Geol.⟩ Abtragung von lockerem Gestein u. Sand [<*De...* + *Inflation*]

de|fla|ti|o|när ⟨Adj.; Wirtsch.⟩ = deflatorisch; *Ggs* inflationär

de|fla|ti|o|nie|ren ⟨V.; Wirtsch.⟩ durch die Senkung des Geldumlaufs eine Deflation bewirken; *Ggs* inflationieren

de|fla|ti|o|nis|tisch ⟨Adj.; Wirtsch.⟩ = deflatorisch; *Ggs* inflationistisch

de|fla|to|risch ⟨Adj.; Wirtsch.⟩ eine Deflation bewirkend; *oV* deflationär, deflationistisch; *Ggs* inflatorisch

De|flek|tor ⟨m.; -s, -to|ren⟩ Rauchkappe, Luftsaugkappe als Schornsteinaufsatz [<lat. *deflectere* »ablenken«]

De|flo|ra|ti|on ⟨f.; -, -en⟩ Entjungferung [→ *deflorieren*]

de|flo|rie|ren ⟨V.⟩ entjungfern [<lat. *deflorare,* eigtl. »der Blüte berauben«]

de|form ⟨Adj.⟩ missgestaltet, verunstaltet [<*de...* + lat. *forma* »Form, Gestalt«]

De|for|ma|ti|on ⟨f.; -, -en⟩ 1 Gestalt-, Formveränderung 2 Verunstaltung 3 Miss-, Fehlbildung [<lat. *deformatio* »Entstellung«]

de|for|mie|ren ⟨V.⟩ 1 verformen 2 verunstalten, entstellen [<lat. *deformare* »entstellen«]

De|for|mie|rung ⟨f.; -, -en⟩ 1 das Deformieren 2 das Deformiertsein

De|for|mi|tät ⟨f.; -, -en⟩ Missbildung [<lat. *deformitas* »Missgestalt«]

De|fros|ter ⟨m.; -s, -⟩ 1 am Kraftwagen Heizvorrichtung zum Freihalten der Schutzscheibe von Schnee u. Eis 2 am Kühlschrank Vorrichtung zum Abtauen des Gefrierfachs [engl.]

De|ga|ge|ment ⟨[-gaːʒ(ə)mãː] n.; -s, -s⟩ 1 Befreiung (von einer Verpflichtung) 2 Zwanglosigkeit [<frz. *dégagement* »Beseitigung, Loslösung«]

de|ga|gie|ren ⟨[-ʒiː-] V.⟩ *jmdn. ~* (von einer Verpflichtung) befreien [<frz. *dégager* »beseitigen, loslösen«]

de|ga|giert ⟨[-ʒiːrt] Adj.⟩ 1 frei, befreit, losgelöst 2 zwanglos

De|ge|ne|ra|ti|on ⟨f.; -, -en⟩ Rückbildung, Entartung; *Ggs* Regeneration (1) [<lat. *degeneratio*]

de|ge|ne|ra|tiv ⟨Adj.⟩ auf Degeneration beruhend

de|ge|ne|rie|ren ⟨V.⟩ sich zurückbilden, entarten; *Ggs* regenerieren (1) [<lat. *degenerare* »entarten«]

De|glu|ti|na|ti|on ⟨f.; -, -en⟩ = Aphärese [<*De...* + lat. *glutinare* »zusammenleimen«]

De|gor|ge|ment ⟨[-ʒ(ə)mãː] n.; -s, -s⟩ das Degorgieren

de|gor|gie|ren ⟨[-ʒiː-] V.⟩ 1 Heferückstände aus dem Flaschenhals entfernen (bei

D

Schaumwein) **2** wässern (von Fleisch) [<frz. *dégorger* »reinigen«]

De|gout ⟨[-guː] m.; -s; unz.; veraltet⟩ Ekel, Widerwille, Abneigung [<frz. *dégoût*]

de|gou|tant ⟨[-gu-] Adj.; veraltet⟩ ekelhaft, abstoßend, widerlich [<frz. *dégoûtant*]

De|gra|da|ti|on ⟨f.; -, -en⟩ **1** ⟨Mil.⟩ = Degradierung **2** ⟨Landw.⟩ ~ *des Bodens* Verschlechterung des Bodens durch Entzug wertvoller Nährstoffe **3** ⟨Physik⟩ ~ *der Energie* **3.1** Zerstreuung der Energie **3.2** Aufspaltung einer Energie in andere, weniger nutzbare Energiearten [<frz. *dégradation* »Degradierung, Herabwürdigung«]

de|gra|die|ren ⟨V.⟩ **1** ⟨Mil.⟩ *jmdn.* ~ im Rang herabsetzen; *einen Offizier zum Gefreiten* ~ **2** *den Boden* ~ durch Entzug wertvoller Nährstoffe verschlechtern **3** ⟨Physik⟩ *Energie* ~ zerstreuen [<frz. *dégrader* »degradieren, herabsetzen«]

De|gra|die|rung ⟨f.; -, -en⟩ das Degradieren, das Degradiertwerden; *Sy* Degradation (1)

de|grais|sie|ren *auch:* **deg|rais|sie|ren** ⟨[degrɛs-] V.; Kochk.⟩ Fett abschöpfen (von Soßen, Brühen u. Suppen) [<frz. *dégraisser* »entfetten«]

De|gres|si|on ⟨f.; -, -en; Wirtsch.⟩ **1** Verringerung des Steuersatzes bei abnehmendem Einkommen **2** Kostenverringerung bei steigender Produktion [<frz. *dégression* »Abnahme«]

de|gres|siv ⟨Adj.⟩ **1** nachlassend, abnehmend, sinkend **2** ~*e Werte* im Verhältnis zu einer Bezugsgröße weniger werdende Werte; →*a.* linear (2), progressiv (2) **3** ~*e Abschreibung* Abschreibung, bei der ein Prozentsatz auf den Restbuchwert bezogen wird [<frz. *dégressif* »abnehmend«]

De|gus|ta|ti|on ⟨f.; -, -en; bes. schweiz.⟩ Kostprobe [frz.]

de gus|ti|bus non est dis|pu|tan|dum über Geschmack(sfragen) lässt sich nicht streiten [lat.]

de|gus|tie|ren ⟨V.; schweiz.⟩ probieren, kosten, versuchen [<frz. *déguster* »probieren, kosten, genießen«]

De|hors ⟨[dəɔːr] nur Pl.⟩ äußerer Schein, gesellschaftlicher Anstand; *die* ~ *wahren* [frz., »draußen«]

◆Die Buchstabenfolge **de|hy|dr...** kann auch **de|hyd|r...** getrennt werden.

◆**De|hy|dra|se** ⟨f.; -, -n; Chemie⟩ Ferment, das aus einer zu oxidierenden Substanz Wasserstoff abspaltet u. ihn auf eine andere überträgt; *Sy* Dehydrogenase [<*De...* + grch. *hydor* »Wasser«]

◆**De|hy|dra|ta|ti|on** ⟨f.; -, -en; Chemie⟩ Entzug von Wasser [<*De...* + *Hydratation*]

◆**De|hy|dra|ti|on** ⟨f.; -, -en; Chemie⟩ Entzug von Wasserstoff; *oV* Dehydrierung [→ *dehydrieren*]

◆**de|hy|dra|ti|sie|ren** ⟨V.; Chemie⟩ *chem. Verbindungen* ~ Wasser aus chem. Verbindungen abspalten

◆**De|hy|dra|ti|sie|rung** ⟨f.; -, -en; Chemie⟩ **1** Abspalten von Wasser innerhalb eines Moleküls **2** Entwässerung kristallwasserhaltiger Verbindungen **3** = Dehydratation [<*De...* + grch. *hydor* »Wasser«]

◆**de|hy|drie|ren** ⟨V.; Chemie⟩ Wasserstoff entziehen [<*de...* + *hydrieren*]

◆**De|hy|drie|rung** ⟨f.; -, -en; Chemie⟩ = Dehydration

◆**De|hy|dro|ge|na|se** ⟨f.; -, -n; Chemie⟩ = Dehydrase

Dei|fi|ka|ti|on ⟨[deːi-] f.; -, -en⟩ **1** Vergötterung **2** Vergottung [<*Deus* + *...fikation*]

dei|fi|zie|ren ⟨[deːi-] V.⟩ **1** vergöttern **2** vergotten [→ *Deifikation*]

Dei gra|tia ⟨[deːi-] Abk.: D. G.⟩ von Gottes Gnaden (beim Titel von geistl. u. weltl. Würdenträgern) [lat.]

deik|tisch ⟨a. [deːi̯k-] Adj.; Sprachw.⟩ hinweisend, zeigend, durch Beispiele lehrend; ~ *begründet* [<grch. *deiktikos* »hinweisend«]

De|in|king ⟨engl. [di-] n.; - od. -s; unz.⟩ das Entfernen von Druckerschwärze während des Altpapierrecyclings [zu engl. *ink* »Tinte, Druckfarbe«]

De|is|mus ⟨m.; -; unz.; Philos.⟩ religionsphilos. Anschauung, die aus Vernunftsgründen einen Weltschöpfer anerkennt, aber den Glauben an sein weiteres Einwirken auf das Weltgeschehen ablehnt [<lat. *deus* »Gott«]

De|ist ⟨m.; -en, -en; Philos.⟩ Anhänger des Deismus

de|is|tisch ⟨Adj.; Philos.⟩ den Deismus betreffend, in seinem Sinne verfahrend

Dei|xis ⟨a. [deːi̯-] f.; -; unz.; Sprachw.⟩ Hinweisfunktion (von Wörtern) [zu grch. *deiknynai* »zeigen«]

Déjà-vu ⟨[deʒavyː] n.; - od. -s, -s⟩ Begebenheit, von der man glaubt, diese schon einmal erlebt zu haben, Erinnerungstäuschung [<frz. *déja* »schon« + *vu* »gesehen«]

De|jekt ⟨n.; -(e)s, -e; Med.⟩ Auswurf, Ausgeschiedenes, Kot [<lat. *deiectus*, Part. Perf. zu *deicere* »abwerfen«]

De|jek|ti|on ⟨f.; -, -en; Med.⟩ Entleerung (von Kot, Auswurf) [<lat. *deiectio* »Ausstoßung«]

de ju|re ⟨Adv.⟩ von Rechts wegen, auf rechtlicher Grundlage; *Ggs* de facto [<lat. *de iure* »vom Recht her«]

De|ka ⟨n.; - od. -s, -; österr.; kurz für⟩ Dekagramm

de|ka..., De|ka... ⟨vor Vokalen⟩ dek..., Dek... ⟨Abk.: da⟩ zehn..., Zehn...; bei Maßeinheiten das Zehnfache der genannten Einheit; *Dekameter* [<grch. *dek* »zehn«]

De|ka|brist *auch:* **De|kab|rist** ⟨m.; -en, -en⟩ **1** ⟨urspr.⟩ Dezembermann **2** Teilnehmer am Aufstand von 26.(14.)12.1825 in St. Petersburg gegen Zar Nikolaus I. [<russ. *dekabr* »Dezember«]

De|ka|de ⟨f.; -, -n⟩ **1** zehn Stück **2** Zeitraum von zehn Tagen [<frz. *décade* »Dekade«; zu grch. *deka* »zehn«]

de|ka|dent ⟨Adj.⟩ kulturell, sittlich heruntergekommen, entartet [<frz. *décadent*]

De|ka|denz ⟨f.; -; unz.⟩ **1** ⟨urspr.⟩ im 19. Jh. begründete Stilrichtung, die sich aufgrund eines vorausgeahnten Kulturverfalls in eine subjektiv-individualistische Grundhaltung flüchtet u. sich von bürgerlichen Werten

u. Normen distanziert **2** kultureller Niedergang, sittl. Verfall, Kraftlosigkeit, Entartung [<frz. *décadence*]

de|ka|disch ⟨Adj.⟩ auf der Zehn beruhend, zehnteilig; *~es System* = Dezimalsystem

De|ka|eder ⟨n.; -s, -; Geom.⟩ ein von zehn (kongruenten) Vielecken begrenzter Körper, Zehnflach, Zehnflächner

De|ka|gon ⟨n.; -s, -e; Geom.⟩ Zehneck [<*Deka...* + *...gon*]

De|ka|gramm ⟨n.; -(e)s, -; Abk.: dag, österr.: dkg⟩ zehn Gramm

De|ka|li|ter ⟨n.; -s, -; Abk.: dal⟩ zehn Liter

De|kal|kier|pa|pier ⟨n.; -s; unz.⟩ Papier für Abziehbilderdruck [zu frz. *décalquer* »(Bild) abziehen«]

De|ka|log ⟨m.; -(e)s; unz.; Rel.⟩ die Zehn Gebote [<*Deka...* + *...log*[1]]

Dek|a|me|ron *auch:* **De|ka|me|ron** ⟨n.; -s; unz.; Lit.⟩ Boccaccios Sammlung von Novellen, die an zehn Tagen erzählt wurden; *oV* Decamerone [<*Deka...* + grch. *hemera* »Tag«]

De|ka|me|ter ⟨n.; -s, -; Abk.: dam⟩ zehn Meter

De|kan ⟨m.; -s, -e⟩ **1** Leiter einer Hochschulfakultät **2** ⟨kath. Kirche⟩ Vorsteher eines geistlichen Kollegiums, Erzpriester; *oV* Dechant **3** ⟨evang. Kirche⟩ Superintendent [<lat. *decanus* »Führer von 10 Mann; Vorgesetzter von 10 Mönchen«; zu *decem* »zehn«]

De|ka|nat ⟨n.; -(e)s, -e⟩ **1** Verwaltung einer Fakultät **2** Amt eines Dekans (1) **3** ⟨kath. Kirche⟩ Amtsbezirk eines Dekans (3); *oV* Dechanat **4** ⟨evang. Kirche⟩ Amtsbezirk eines Superintendenten

De|ka|nei ⟨f.; -, -en⟩ Wohnung eines Dekans (3); *oV* Dechanei

De|kan|ter ⟨m.; -s, -⟩ Gefäß zum Dekantieren von Rotwein

de|kan|tie|ren ⟨V.⟩ **1** ⟨Chemie⟩ *Flüssigkeit ~* vom Bodensatz abgießen **2** *Rotwein ~* in eine Karaffe, einen Dekanter o. Ä. umfüllen, damit sich das Aroma besser entfalten kann [<frz. *décanter* »abklären, abgießen«]

de|ka|pie|ren ⟨V.; Chemie⟩ *geglühte Metalle ~* auf chem. Wege vom Zunder reinigen [<frz. *décaper* »abbeizen, entrosten«]

De|ka|po|de ⟨m.; -n, -n; Zool.⟩ Zehnfußkrebs [<*Deka...* + *...pode*]

Dek|ar *auch:* **De|kar** ⟨n.; -s, -e od. (bei Zahlenangaben) -⟩ zehn Ar; *oV* Dekare [<*Deka* + *Ar*]

Dek|a|re *auch:* **De|ka|re** ⟨f.; -, -n; schweiz.⟩ = Dekar

de|kar|tel|lie|ren, de|kar|tel|li|sie|ren ⟨V.⟩ *Kartelle ~* entflechten [<*de...* + *kartellieren*]

De|ka|ster ⟨m.; -s, -e od. -s od. (bei Zahlenangaben) -⟩ zehn Ster (zehn Kubikmeter, ein veraltetes Holzmaß) [<*Deka...* + *Ster*]

De|ka|teur ⟨[-tøːr] m.; -s, -e; Textilw.⟩ jmd., der Stoffe dekatiert; *Sy* Dekatierer

de|ka|tie|ren ⟨V.; Textilw.⟩ *Stoffe ~* mit Wasserdampf behandeln, damit sie nach der Verarbeitung nicht mehr einlaufen [<frz. *décatir* »dekatieren, krimpen«]

De|ka|tie|rer ⟨m.; -s, -; Textilw.⟩ = Dekateur

De|ka|tron *auch:* **De|kat|ron** ⟨n.; -s, -tro|ne; EDV⟩ in Rechen- u. Zählschaltungen vorhandene Gasentladungsröhre mit zehn Kathoden zur Verarbeitung u. Darstellung der Ziffern 0 bis 9 [<grch. *deka* »zehn« + *...tron*]

De|kla|ma|ti|on ⟨f.; -, -en⟩ **1** kunstgerechter Vortrag, z. B. einer Dichtung **2** ⟨Musik⟩ Einheit von sprachl. u. musikal. Gestaltung **3** ⟨umg.; scherzh.⟩ übertreibender, pathetischer sprachlicher Ausdruck [<lat. *declamatio* »Redeübung, Vortrag«]

De|kla|ma|tor ⟨m.; -s, -to|ren⟩ **1** Vortragskünstler **2** ⟨umg.; scherzh.⟩ jmd., der mit übertriebenem Pathos redet

de|kla|ma|to|risch ⟨Adj.⟩ **1** in der Art einer Deklamation (1, 2) **2** ⟨umg.; scherzh.⟩ übertrieben pathetisch [<lat. *declamatorius* »rednerisch«]

de|kla|mie|ren ⟨V.⟩ **1** ausdrucksvoll vortragen **2** deutlich sprechen, z. B. beim Gesang **3** ⟨umg.; scherz.⟩ übertrieben pathetisch sprechen [<lat. *declamare* »laut vortragen«]

De|kla|rant ⟨m.; -en, -en⟩ jmd., der eine Deklaration abgibt [<lat. *declarans*, Part. Präs. zu *declarare*; → *deklarieren*]

De|kla|ra|ti|on ⟨f.; -, -en⟩ **1** offizielle Erklärung **2** Zoll-, Steuererklärung **3** Inhalts-, Wertangabe [<lat. *declaratio* »Kundgebung, Erklärung«]

de|kla|ra|tiv ⟨Adj.⟩ in Art und Form einer Deklaration; *oV* deklaratorisch

de|kla|ra|to|risch ⟨Adj.⟩ = deklarativ

de|kla|rie|ren ⟨V.⟩ **1** eine Deklaration abgeben über, erklären **2** Inhalt, Wert angeben von [<lat. *declarare* »deutlich machen, ausdrücken, darlegen«]

de|klas|sie|ren ⟨V.⟩ *jmdn. ~* in eine (sozial) niedrigere Klasse verweisen, herabsetzen [<frz. *déclasser* »umordnen, aus der Bahn werfen, die Standesunterschiede verwischen«]

de|kli|na|bel ⟨Adj.; Gramm.⟩ durch Flexion veränderbar; *Ggs* indeklinabel; *deklinable Wortarten* [<lat. *declinabilis* »abänderbar, beugbar«]

De|kli|na|ti|on ⟨f.; -, -en⟩ **1** ⟨Gramm.⟩ *~ des Nomens, Pronomens* Beugung, Flexion; *starke ~; schwache ~* **2** ⟨Astron.⟩ Winkelabstand eines Gestirns vom Himmelsäquator **3** ⟨Geophysik⟩ Abweichung der Richtung einer Magnetnadel von der wahren Nordrichtung, Missweisung [<lat. *declinatio* »Abbiegung, Beugung«]

De|kli|na|tor ⟨m.; -s, -to|ren⟩ = Deklinatorium

De|kli|na|to|ri|um ⟨n.; -s, -ri|en⟩ Kompass zum Messen der Abweichung der Magnetnadel; *oV* Deklinator [zu lat. *declinare* »abweichen«]

de|kli|nie|ren ⟨V.; Gramm.⟩ *ein Nomen, Pronomen ~* seine vier Fälle bilden, beugen [<lat. *declinare* »abbiegen, abändern, beugen«]

De|ko ⟨f.; -, -s; umg.; salopp⟩ modische Dekoration, schmückende Dinge; *leuchtende Farben u. üppige ~; Weinblätter als farbige ~ auf dem Büfett; karierter ~stoff*

de|ko|die|ren ⟨V.⟩ = decodieren

De|ko|die|rung ⟨f.; -, -en⟩ = Decodierung

D

De|kọkt ⟨n.; -(e)s, -e; Pharm.⟩ Abkochung [<lat. *decoctus,* Part. Perf. zu *decoquere* »ab-, auskochen«]

De|kol|le|té ⟨[-kɔlteː] n.; -s, -s⟩ tiefer Kleidausschnitt; *oV* Décolleté, Dekolletee [<frz. *décolleté*]

De|kol|le|tee ⟨[-kɔl-] n.; -s, -s⟩ = Dekolleté

de|kol|le|tie|ren ⟨[-kɔl-] V.⟩ mit einem Dekolleté versehen

de|ko|lo|rie|ren ⟨V.⟩ entfärben, ausbleichen

De|kom|pen|sa|ti|on ⟨f.; -, -en⟩ deutlich erkennbares Nachlassen der Leistungsfähigkeit eines Organs, bes. des Herzens, das durch Kompensation überbeansprucht wurde; *Ggs* Kompensation (3)

de|kom|po|nie|ren ⟨V.⟩ in seine Bestandteile auflösen, zerlegen

De|kom|po|si|ti|on ⟨f.; -, -en⟩ Auflösung

De|kom|po|si|tum ⟨n.; -s, -sita od. -siten; Gramm.⟩ **1** Ableitung von einem zusammengesetzten Wort, z. B. »schriftstellern« **2** mehrfach zusammengesetztes Wort, z. B. »Mitternachtssonne«

De|kom|pres|si|on ⟨f.; -, -en; Technik⟩ Druckabfall, Druckentlastung

De|kom|pres|si|ons|kam|mer ⟨f.; -, -n; Technik⟩ abgeschlossener Raum, in dem für einen Organismus eine allmähl. Druckreduzierung erfolgt, nachdem dieser sich längere Zeit in Überdruckräumen aufgehalten hat

de|kom|pri|mie|ren ⟨V.; Technik⟩ von etwas den Druck reduzieren; *Ggs* komprimieren

◆ Die Buchstabenfolge **de|kon|str...** kann auch **de|kons|tr...** oder **de|konst|r...** getrennt werden.

◆ **de|kon|stru|ie|ren** ⟨V.⟩ zergliedern, abbauen; *Ggs* konstruieren

◆ **De|kon|struk|ti|on** ⟨f.; -, -en⟩ Zergliederung, Demontage; *Ggs* Konstruktion

◆ **de|kon|struk|tiv** ⟨Adj.⟩ zergliedernd, einer Entwicklung entgegenwirkend; *Ggs* konstruktiv

◆ **De|kon|struk|ti|vis|mus** ⟨[-vɪs-] m.; -; unz.⟩ eine, z. B. in der Literatur u. Architektur, seit den siebziger bzw. achtziger Jahren auftretende Strömung, die herkömmliche Texttechniken bzw. Baumaterialien aufgliedert u. in neue Bezüge zueinander stellt; →*a.* Konstruktivismus, Postmoderne

◆ **de|kon|struk|ti|vis|tisch** ⟨[-vɪs-] Adj.⟩ auf dem Dekonstruktivismus beruhend, ihn betreffend

De|kon|ta|mi|na|ti|on ⟨f.; -, -en; Kernphysik⟩ Reinigung von Lebewesen oder Gegenständen von radioaktiv strahlenden Stoffen; *Sy* Dekontaminierung; *Ggs* Kontamination (2)

de|kon|ta|mi|nie|ren ⟨V.; Kernphysik⟩ **1** *Spaltprodukte, die Neutronen absorbieren,* ~ aus einem Kernreaktor entfernen **2** von radioaktiven Stoffen reinigen

De|kon|ta|mi|nie|rung ⟨f.; -, -en; Kernphysik⟩ = Dekontamination

De|kon|zen|tra|ti|on *auch:* **De|kon|zent|ra|ti|on** ⟨f.; -, -en⟩ Zerstreuung, Zersplitterung, Auflösung, Verteilung; *Ggs* Konzentration

de|kon|zen|trie|ren *auch:* **de|kon|zent|rie|ren** ⟨V.⟩ zerstreuen, zersplittern, auflösen; *Ggs* konzentrieren

De|kor ⟨m. od. n.; -s, -s od. -e⟩ **1** Schmuck, Verzierung, Muster (auf Glas- u. Tonwaren) **2** Ausstattung (eines Theaterstücks) [<frz. *décor*]

De|ko|ra|teur ⟨[-tøːr] m.; -s, -e⟩ **1** Handwerker für die Ausstattung von Innenräumen **2** ⟨Film; Theat.⟩ Handwerker für die Ausstattung der Bühne u. Szenen [<frz. *décorateur*]

De|ko|ra|teu|rin ⟨[-tøː-] f.; -, -rinnen⟩ weibl. Dekorateur

De|ko|ra|ti|on ⟨f.; -, -en⟩ **1** Ausschmückung, Schmuck; *oV* Dekorierung **2** Ausstattung; *Bühnen*~ **3** Orden, Ehrenzeichen [<frz. *décoration* »Ausschmückung, Ausstattung«]

de|ko|ra|tiv ⟨Adj.⟩ wirkungsvoll schmückend [<frz. *décoratif*]

de|ko|rie|ren ⟨V.⟩ **1** schmücken, verzieren **2** ausstatten **3** auszeichnen; *er ist mit einem Orden dekoriert worden* [<frz. *décorer*]

De|ko|rie|rung ⟨f.; -, -en⟩ das Dekorieren; *oV* Dekoration (1)

De|kọrt ⟨a. [-koːr] m.; -s, -e; bei Zahlungen⟩ Abzug [<*De...* + ital. *corto* »kurz«]

de|kor|tie|ren ⟨V.⟩ *einen Betrag der Rechnung* ~ abziehen, kürzen [→ *Dekort*]

De|ko|stoff ⟨m.; -(e)s, -e; Textilw.⟩ Gewebe für Vorhänge, Möbelbezug, Schaufenster- u. Bühnenausschmückung [verkürzt <*Dekoration* + *Stoff*]

de|ko|tie|ren ⟨V.; Börse⟩ *ein Wertpapier von der Börse* ~ die Börsenzulassung aufgeben; *Ggs* kotieren

De|ko|tie|rung ⟨f.; -, -en; Börse⟩ Rückgabe der Börsenzulassung; *Ggs* Kotierung; ~ *von Wertpapieren*

de|kre|di|tie|ren ⟨V.⟩ den Kredit herabsetzen von [<frz. *décréditer* »in Verruf bringen«]

De|kre|mẹnt ⟨n.; -(e)s, -e⟩ **1** Abnahme, Verminderung, Verfall **2** ⟨Math.⟩ kleine Abnahme einer Größe; *Ggs* Inkrement [zu lat. *decrescere* »abnehmen, sich vermindern«]

de|kre|men|tie|ren ⟨V.⟩ um einen bestimmten Wert verringern [zu lat. *decrementum* »Abnahme, Verminderung«; zu *decrescere* »kleiner werden, im Wachstum abnehmen«]

De|kre|pi|ta|ti|on ⟨f.; -, -en⟩ Zerfall, Zerplatzen von Kristallen beim Erhitzen, was mit knisterndem Geräusch verbunden ist [<frz. *décrépitation* »das Knistern«]

de|kre|pi|tie|ren ⟨V.⟩ zerfallen, zerplatzen [<frz. *décrépiter* »knistern, prasseln«]

De|kres|zẹnz ⟨f.; -, -en⟩ Abnahme [<lat. *decrescere* »an Wachstum abnehmen, sich vermindern«]

De|kret ⟨n.; -(e)s, -e⟩ behördl. Verordnung, Verfügung; *ein* ~ *erlassen* [<lat. *decretum* »Beschluss, Verordnung«]

De|kre|ta|le ⟨n.; -, -n od. -lien⟩ päpstl. Entscheidung [<lat. *decretum* »Beschluss«]

de|kre|tie|ren ⟨V.⟩ ein Dekret erlassen über, verordnen, verfügen [<mlat. *decretare* »beschließen, verordnen«]

de|kryp|tie|ren ⟨V.⟩ ohne Kenntnis des Schlüssels einen Geheimtext zu entschlüsseln versuchen [<*de…* + grch. *kryptos* »versteckt, verborgen«]
de|ku|pie|ren ⟨V.⟩ mit der Dekupiersäge abschneiden, aussägen, ausschneiden [<frz. *découper* »zer-, ausschneiden«]
De|ku|pier|sä|ge ⟨f.; -, -n⟩ Tischlersäge mit senkrecht stehendem, sehr schmalem Blatt
De|ku|rie ⟨[-riə] f.; -, -n; im antiken Rom⟩ Abteilung von 10 Mann [<lat. *decuria* »Abteilung von zehn Leuten«; zu *decem* »zehn«]
De|ku|rio ⟨m.; -s od. -o|nen, -o|nen⟩ Führer einer Dekurie [lat.]
de|kus|siert ⟨Adj.; Bot.⟩ *~e Blattstellung* kreuzweise gegenständige B. [<lat. *decussare* »kreuzweise abteilen«]
De|ku|vert ⟨[-vɛːr] n.; -s, -s⟩ **1** Ausfall einer Einnahme **2** unbeglichene Schuld **3** Mangel an Wertpapieren [<frz. *découvert*, eigtl. »aufgedeckt, entblößt«]
de|ku|vrie|ren *auch:* **de|kuv|rie|ren** ⟨[-vriː-] V.⟩ = decouvrieren
del. ⟨Abk. für⟩ **1** deleatur, Deleatur **2** delineavit
De|lay ⟨[dılɛı] n.; -s, -s⟩ zeitliche Verzögerung (bei Liveübertragungen, im Internet, Flugverkehr o. Ä.) [engl., »Verzug, Verspätung«]
de|le|a|tur ⟨Abk.: del.; Zeichen: ₰; Typ.⟩ es werde getilgt, gestrichen (Anweisung zum Streichen beim Schriftsatz) [lat., »es möge zerstört werden«]
De|le|a|tur ⟨n.; -s, -; Abk.: del.; Zeichen: ₰⟩ Tilgungszeichen
De|le|gat ⟨m.; -en, -en⟩ **1** Abgeordneter **2** päpstl. Bevollmächtigter [<lat. *delegatus*, Part. Perf. zu *delegare* »überweisen, zuweisen«]
De|le|ga|ti|on ⟨f.; -, -en⟩ **1** Abordnung **2** Übertragung (einer Vollmacht, Befugnis, Schuld) [<lat. *delegatio* »Zuweisung, Überweisung«]
de|le|gie|ren ⟨V.⟩ **1** abordnen; *jmdn. zu einer Besprechung, Tagung ~* **2** ⟨Rechtsw.⟩ übertragen [<lat. *delegare* »zuweisen, überweisen«]
De|le|gier|te(r) ⟨f. 2 (m. 1)⟩ jmd., der zu etwas delegiert ist, Abgeordnete(r), Mitglied einer Delegation
De|le|gie|rung ⟨f.; -, -en⟩ das Delegieren, das Delegiertwerden
de|le|gi|ti|mie|ren ⟨V.⟩ für nicht rechtmäßig erklären, seiner Legitimation berauben; *Ggs* legitimieren (1)
De|le|ti|on ⟨f.; -, -en⟩ **1** ⟨Sprachw.⟩ Weglassprobe zur Bestimmung syntakt. Strukturen **2** ⟨Med.⟩ Verlust eines Chromosomenabschnittes [<lat. *deletio* »Vertilgung«]

Delfin / Delphin (*Laut-Buchstaben-Zuordnung*) Die aus dem Griechischen stammende ph-Schreibung kann bei den Silben *»-fon / -phon, -fot / -phot, -graf / -graph«* grundsätzlich durch die integrierte Schreibung mit »f« ersetzt werden. Ebenso kann in weiteren Einzelfällen wie dem hier vorliegenden neben der fremdsprachigen auch die integrierte Schreibweise verwendet werden (→*a.* Megafon / Megaphon).

Del|fin ⟨m.; -s, -e; Zool.⟩ Angehöriger einer Familie der Zahnwale mit schnabelartig verlängertem Schädel, beide Kiefer mit zahlreichen kegelförmigen Zähnen, hauptsächlich Fischfresser: Delphinida; *oV* Delphin [<lat. *delphinus* <grch. *delphis*]
Del|fi|na|ri|um ⟨n.; -s, -ri|en⟩ großes Aquarium für Delfine; *oV* Delphinarium [<*Delfin* + *Aquarium*]
De|li|be|ra|ti|on ⟨f.; -, -en⟩ Beratung, Überlegung [<lat. *deliberatio* »Erwägung, Überlegung«]
De|li|be|ra|tiv|stim|me ⟨f.; -, -n; in polit. Körperschaften⟩ nur beratende Stimme; *Ggs* Dezisivstimme
de|li|be|rie|ren ⟨V.⟩ beraten, überlegen [<lat. *deliberare* »erwägen, überlegen«]
de|li|kat ⟨Adj.⟩ **1** köstlich, lecker; *~e Speise* **2** empfindlich, zartfühlend; *Ggs* indelikat **3** heikel, behutsam zu behandeln; *eine ~e Angelegenheit* [<frz. *délicat*]
De|li|ka|tes|se ⟨f.; -, -n⟩ **1** ⟨zählb.⟩ köstliche Speise **2** ⟨unz.⟩ Behutsamkeit; *eine Sache mit ~ behandeln* [<frz. *délicatesse*]
De|likt ⟨n.; -(e)s, -e⟩ strafbare Handlung [<lat. *delictum* »Vergehen, Fehltritt«]
de|lik|tisch ⟨Adj.; schweiz.⟩ auf einem Delikt beruhend, ungesetzlich, strafbar; *~ erworbenes Geld*
de|li|ne|a|vit ⟨Abk.: del. od. delin.⟩ er hat (es) gezeichnet (bes. auf Kupferstichen nach dem Namen des Künstlers) [lat.]
de|lin|quent ⟨Adj.⟩ straffällig
De|lin|quent ⟨m.; -en, -en⟩ Missetäter, Übeltäter, Verbrecher [<lat. *delinquens*, Part. Präs. zu *delinquere* »sich vergehen, einen Fehltritt begehen«]
De|lin|quen|tin ⟨f.; -, -tin|nen⟩ Misse-, Übeltäterin, Verbrecherin
De|lin|quenz ⟨f.; -; unz.⟩ Straffälligkeit
de|lin|quie|ren ⟨V.; schweiz.⟩ straffällig werden, ein Delikt begehen
De|lir ⟨n.; -s, -ri|en⟩ = Delirium
de|li|rie|ren ⟨V.⟩ irre reden, irre sein [<lat. *delirare* »wahnwitzig sein«]
De|li|ri|um ⟨n.; -s, -ri|en⟩ Zustand der Verwirrung mit Wahnvorstellungen (im Fieber, Rausch); *Sy* Delir; *~ tremens* nach chron. Alkoholvergiftung akut auftretende, schwere Bewusstseinstrübung mit Sinnestäuschungen, Wahnerlebnissen u. Ä. [<lat. *delirium* »Wahnsinn« <lat. *delirium tremens* lat., »zitternder Wahnsinn«]
de|lisch ⟨Adj.⟩ Delos betreffend, zu Delos gehörig; *Delisches Problem* geometr. Aufgabe aus dem grch. Altertum, zu einem gegebenen Würfel den Würfel doppelten Inhalts zu konstruieren (mit Zirkel u. Lineal allein nicht lösbar) [nach dem Orakel zu *Delos*]
de|li|zi|ös ⟨Adj.⟩ fein, köstlich [frz. *délicieux*]
Del|kre|de|re ⟨n.; -, -⟩ Haftung für eine Forderung; *~ stehen für …* [<ital. *del credere* »(Bürgschaft) des Glaubens«]
de|lo|gie|ren ⟨[-ʒiː-] V.; bes. österr.⟩ zum Räumen, Ausziehen

D

aus der Wohnung zwingen, vertreiben [<frz. *déloger* »(aus einer Wohnung) ausziehen, ausquartieren«]

De|lo|gie|rung ⟨[-ʒiː-] f.; -, -en⟩ das Delogieren, das Delogiertwerden

D

Del|phin ⟨m.; -s, -e; Zool.⟩ = Delfin

Del|phi|na|ri|um ⟨n.; -s, -ri|en⟩ = Delfinarium

del|phisch ⟨Adj.⟩ Delphi betreffend, zu ihm gehörig, von ihm stammend, von, in Delphi; *ein ~es Orakel* ein doppelsinniges Orakel; ⟨aber⟩ *das Delphische Orakel* das in Delphi gesprochene Orakel [nach der antiken grch. Stadt *Delphi*, grch. *Delphoi*]

Del|ta **1** ⟨n.; -s od. -, -s; Zeichen: δ, Δ⟩ **1.1** griechischer Buchstabe **1.2** ⟨Math.⟩ Symbol für das Dreieck od. den Zuwachs einer Größe **2** ⟨n.; -s, -s od. Del|ten⟩ **2.1** dreieckförmige Flussmündung **2.2** das von den äußeren Mündungsarmen umschlossene Gebiet [nach der Form des grch. Buchstabens *Delta* (Δ)]

Del|ta|me|tall ⟨n.; -s, -e⟩ Kupfer-Zink-Legierung mit rd. 55 bis 60 % Kupfer, 36-42 % Zink u. bis 2 % Eisen sowie Mangan- u. Bleizusätzen

Del|ta|mus|kel ⟨m.; -s, -; Anat.⟩ etwa dreieckiger Oberarmmuskel

Del|ta|strah|len *auch:* **δ-Strah|len** ⟨Pl.⟩ Elektronenstrahlen, die nicht direkt von einer radioaktiven Substanz ausgesandt werden, sondern z. B. von den Gammastrahlen beim Stoß auf Atome (sekundär) ausgelöst werden

Del|to|id ⟨n.; -(e)s, -e; Geom.⟩ Viereck aus zwei gleichschenkligen Dreiecken, Drachenviereck [<*Delta* + ...*id*]

Del|to|id|do|de|ka|eder ⟨n.; -s, -; Geom.⟩ Kristallform, die von zwölf Deltoiden begrenzt wird

de Luxe ⟨[də lyks] Adv.⟩ aufs Beste ausgestattet, bes. fein (als Zusatz zur Markenbezeichnung von Waren) [<frz. *de* »mit« + *luxe* »Luxus«]

dem..., Dem... ⟨in Zus.⟩ = Demo..., demo...

Dem|a|go|ge *auch:* **De|ma|go|ge** ⟨m.; -n, -n⟩ **1** ⟨urspr.⟩ Volksführer **2** ⟨heute abwertend für⟩ Aufwiegler, Volksverführer [<*Demo...* + grch. *agein* »führen«]

Dem|a|go|gie *auch:* **De|ma|go|gie** ⟨f.; -; unz.⟩ Aufwiegelung, Volksverführung [→ *Demagoge*]

Dem|a|go|gin *auch:* **De|ma|go|gin** ⟨f.; -, -gin|nen⟩ Aufwieglerin, Volksverführerin

dem|a|go|gisch *auch:* **de|ma|go|gisch** ⟨Adj.⟩ hetzerisch, die Wahrheit verfälschend

De|mant ⟨m.; -(e)s, -e; poet. für⟩ = Diamant

de|man|ten ⟨Adj.; poet. für⟩ diamanten

De|man|to|id ⟨m.; -(e)s, -e; Min.⟩ grüner Kalkeisengranat

De|mar|che ⟨[-marʃ(ə)] f.; -, -n⟩ diplomat. Schritt, polit. Vorgehen; *eine ~ unternehmen (bei)* [<frz. *démarche* »Schritt, Maßnahme«]

De|mar|ka|ti|on ⟨f.; -, -en⟩ Abgrenzung, Ortsbestimmung [<frz. *démarcation* »Grenzziehung, Abgrenzung, Trennungsstrich«]

De|mar|ka|ti|ons|li|nie ⟨[-njə] f.; -, -n; Politik; Mil.⟩ vereinbarte Grenze, auch zwischen verschiedenen Interessengebieten

de|mar|kie|ren ⟨V.⟩ abgrenzen, begrenzen, eine Grenze festsetzen; →*a.* markieren [→ *Demarkation*]

de|mas|kie|ren ⟨V.⟩ **1** *jmdn.* ~ jmdm. die Maske abnehmen **2** ⟨fig.⟩ jmdn. entlarven **3** *Geschütze* ~ die Tarnung von G. entfernen [<frz. *démasquer*]

De|ma|te|ri|a|li|sa|ti|on ⟨f.; -, -en⟩ Auflösung von Materie bis zur Unsichtbarkeit; *Ggs* Materialisation (2), Rematerialisation

de|ma|te|ri|a|li|sie|ren ⟨V.⟩ **1** Materie bis zur Unsichtbarkeit auflösen, in einen nicht körperl. Zustand bringen; *Ggs* materialisieren, rematerialisieren **2** ⟨Wirtsch.⟩ das Materialaufkommen verringern

de|ment ⟨Adj.; Med.⟩ an Demenz leidend

De|men|ti ⟨n.; -s, -s⟩ **1** Ableugnung **2** Widerruf **3** Richtigstellung (einer Nachricht) [<frz. *démenti*]

De|men|tia ⟨f.; -, -ti|ae [-tsjɛː]; Med.⟩ erworbene Geistesschwäche, Schwachsinn, Blödsinn; *oV* Demenz [<lat. *dementia* »Wahnsinn«]

de|men|tie|ren ⟨V.⟩ **1** leugnen, bestreiten **2** widerrufen **3** berichtigen [<frz. *démentir* »Lügen strafen, dementieren, widerlegen, ableugnen«]

De|menz ⟨f.; -, -en; Med.⟩ = Dementia

De|me|rit ⟨m.; -en, -en; kath. Kirche⟩ straffälliger Geistlicher [zu frz. *demériter* »sündigen, der göttlichen Gnade verlustig gehen«]

De|mi|john ⟨[-dʒɔn] m.; -s, -s⟩ (bauchige) Korbflasche Ballon [<engl. *demi-john* <frz. *dame-jeanne* »große Flasche, Glasballon«, eigtl. »Dame Johanna«]

de|mi|li|ta|ri|sie|ren ⟨V.; Mil.⟩ = entmilitarisieren

De|mi|li|ta|ri|sie|rung ⟨f.; -, -en; Mil.⟩ = Entmilitarisierung

De|mi|monde ⟨[dəmimɔ̃ːd] f.; -; unz.⟩ Halbwelt [frz.]

De|mi|ne|ra|li|sa|ti|on ⟨f.; -; unz.⟩ Verarmung des Körpers an Salzen [<*De...* + *Mineral*]

de|mi|ne|ra|li|sie|ren ⟨V.⟩ *etwas ~* die Mineralsalze aus etwas entfernen; *Ggs* mineralisieren

de|mi|nu|tiv ⟨Adj.⟩ = diminutiv

de|mi-sec ⟨[dəmisɛk] Adj.⟩ halbtrocken (von Weinen) [<frz. *demi* »halb« + *sec* »trocken«]

De|mis|si|on ⟨f.; -, -en⟩ *oV* ⟨außer österr. u. schweiz.⟩ Dimission **1** Abdankung, Rücktritt; *die ~ eines Ministers* **2** Entlassung, Verabschiedung [<frz. *démission*]

De|mis|si|o|när ⟨m.; -s, -e⟩ jmd., der seine Demission nimmt

de|mis|si|o|nie|ren ⟨V.⟩ seine Demission nehmen, abdanken, zurücktreten [<frz. *démissionner* »seinen Rücktritt erklären, zurücktreten«]

De|mi|urg ⟨m.; -s od. -en; unz.⟩ Weltschöpfer [<grch. *dēmiurgos* <*demos* »Volk« + *ergon* »Werk, Tat«]

De|mo ⟨f.; -, -s; umg.; kurz für⟩ Demonstration (3)

de|mo..., De|mo... ⟨vor Vokalen⟩ dem..., Dem... ⟨in Zus.⟩ volk..., Volk... [<grch. *dēmos* »Volk«]

De|mo|bi|li|sa|ti|on ⟨f.; -, -en; Mil.⟩ = Demobilisierung [<frz. *démobilisation*]

de|mo|bi|li|sie|ren ⟨V.; Mil.⟩ vom Kriegszustand in den Friedenszustand zurückführen, abrüsten; *Ggs* mobilisieren (2) [<frz. *démobiliser*]

De|mo|bi|li|sie|rung ⟨f.; -, -en; Mil.⟩ das Demobilisieren, Abrüsten; *Sy* Demobilisation, Demobilmachung

De|mo|bil|ma|chung ⟨f.; -, -en; Mil.⟩ = Demobilisierung

De|mo|du|la|ti|on ⟨f.; -, -en; Physik⟩ Auftrennung modulierter Schwingungen in ihre Einzelbestandteile, d. h. Abtrennung eines einer niederfrequenten Schwingung aufmodulierten Hochfrequenzteiles

De|mo|du|la|tor ⟨m.; -s, -to|ren; Physik⟩ Gerät zur Demodulation von Schwingungen (in einem Empfänger)

de|mo|du|lie|ren ⟨V.; Physik⟩ *Schwingungen* ~ die Information enthaltende Modulationsfrequenz aus der modulierten Schwingung rückgewinnen [<*de...* + lat. *modulari* »einrichten, regeln«]

De|mo|graf ⟨m.; -en, -en⟩ = Demograph

De|mo|gra|fie ⟨f.; -, -n⟩ = Demographie

de|mo|gra|fisch ⟨Adj.⟩ = demographisch

De|mo|graph ⟨m.; -en, -en⟩ Kenner, Erforscher, Lehrer, Student der Demographie, Bevölkerungskundler; *oV* Demograf

De|mo|gra|phie ⟨f.; -, -n⟩ Beschreibung, Darstellung von Struktur u. Bewegung der Bevölkerung aufgrund der Bevölkerungsstatistik, Bevölkerungslehre; *oV* Demografie [<*Demo...* + *...graphie*]

de|mo|gra|phisch ⟨Adj.⟩ zur Demographie gehörend; *oV* demografisch

De|moi|selle ⟨[dəmoazɛl] f.; -, -n; veraltet⟩ Fräulein [frz.]

Dem|öko|lo|gie ⟨f.; -; unz.⟩ Teilgebiet der Ökologie, das sich mit den Wirkungen der Umweltfaktoren auf die Gesamtheit einer Population befasst [<grch. *demos* »Land, Gebiet, Volk« + *Ökologie*]

De|mo|krat ⟨m.; -en, -en⟩ Anhänger, Vertreter der Demokratie [→ *Demokratie*]

De|mo|kra|tie ⟨f.; -, -n⟩ Volksherrschaft, Staatsform, bei der ein Staat nach dem Willen des Volkes regiert wird [<*Demo...* + *...kratie*]

De|mo|kra|tin ⟨f.; -, -tin|nen⟩ Anhängerin, Vertreterin der Demokratie

de|mo|kra|tisch ⟨Adj.⟩ der Demokratie entsprechend, nach den Grundsätzen der Demokratie verfahrend; *Ggs* undemokratisch

de|mo|kra|ti|sie|ren ⟨V.⟩ **1** zur Demokratie machen; *einen Staat* ~ **2** nach demokrat. Gesichtspunkten umformen

De|mo|kra|ti|sie|rung ⟨f.; -, -en⟩ das Demokratisieren

de|mo|lie|ren ⟨V.⟩ niederreißen, zerstören [<frz. *démolir* »ab-, niederreißen«]

de|mo|ne|ti|sie|ren ⟨V.⟩ *Münzen* ~ einziehen, entwerten [<frz. *démonétiser* <lat. *de* »von, weg« + *moneta* »Münze«]

◆ Die Buchstabenfolge **de|mons|tr...** kann auch **de|monst|r...** getrennt werden.

◆ **De|mons|trant** ⟨m.; -en, -en⟩ Teilnehmer an einer Demonstration [<lat. *demonstrans*, Part. Präs. zu *demonstrare* »genau zeigen«]

◆ **De|mons|tran|tin** ⟨f.; -, -tin|nen⟩ Teilnehmerin an einer Demonstration

◆ **De|mons|tra|ti|on** ⟨f.; -, -en⟩ **1** Beweisführung, Darlegung **2** anschaul. Schilderung, Schau, Vorführung; *Flotten~* **3** Massenkundgebung, Protestkundgebung [<lat. *demonstratio* »das Zeigen, Darlegung«]

◆ **de|mons|tra|tiv** ⟨Adj.⟩ **1** beweisend **2** anschaulich darlegend, verdeutlichend **3** absichtlich, betont, drohend; *~er Beifall; ~ jmdm. zustimmen* **4** ⟨Gramm.⟩ hinweisend

◆ **De|mons|tra|tiv** ⟨n.; -s, -e [-və]; Gramm.⟩ Pronomen, das auf ein od. mehrere bestimmte Exemplare einer durch ein Wort benannten Klasse von Personen, Gegenständen od. Sachverhalten hinweist, hinweisendes Fürwort, z. B. diese(r); *oV* Demonstrativum

◆ **De|mons|tra|ti|vum** ⟨[-vum] n.; -s, -va [-va]; Gramm.⟩ = Demonstrativ

◆ **De|mons|tra|tor** ⟨m.; -s, -to|ren⟩ **1** jmd., der etwas demonstriert **2** Beweisführer **3** Vorführer

◆ **de|mons|trie|ren** ⟨V.⟩ **1** anschaulich vorführen, darlegen, beweisen; *etwas ad oculos* ~ etwas anschaulich vor Augen führen **2** eine Demonstration (3) veranstalten, an ihr teilnehmen [<lat. *demonstrare* »genau zeigen, aufmerksam machen«]

De|mon|ta|ge ⟨[-ʒə] f.; -, -n; Technik⟩ Abbau, Abbruch, bes. von Industrieanlagen [<frz. *démontage* »Abbau, Abbruch«]

de|mon|tie|ren ⟨V.; Technik⟩ **1** in seine Bestandteile zerlegen **2** abbauen, abtragen [<frz. *démonter* »abbauen«]

De|mo|ra|li|sa|ti|on ⟨f.; -; unz.⟩ Untergrabung, Zersetzung der Moral, Sittenverfall [<frz. *démoralisation* »Entsittlichung, Verderbnis«]

de|mo|ra|li|sie|ren ⟨V.⟩ **1** *jmdn.* ~ jmds. Moral u. Sitte untergraben **2** entmutigen [<frz. *démoraliser* »demoralisieren«]

de mor|tu|is nil ni|si be|ne über Tote (rede man) nur gut [lat.]

De|mos ⟨m.; -, De|men⟩ **1** altgrch. Stadtstaat **2** ⟨heute⟩ kleinste grch. Verwaltungseinheit [grch., »Volk«]

De|mo|skop *auch:* **De|mos|kop** ⟨m.; -en, -en⟩ Meinungsforscher

De|mo|sko|pie *auch:* **De|mos|ko|pie** ⟨f.; -, -n⟩ Meinungsforschung [<*Demo...* + *...skopie*]

De|mo|sko|pin *auch:* **De|mos|ko|pin** ⟨f.; -, -pin|nen⟩ Meinungsforscherin

de|mo|sko|pisch *auch:* **de|mos|ko|pisch** ⟨Adj.⟩ die Meinungsforschung betreffend, auf ihr beruhend; *~es Institut* Institut für Meinungsforschung

de|mo|tisch ⟨Adj.⟩ *~e Schrift* altägyptische kursive Gebrauchsschrift [<grch. *demotikos* »volkstümlich«]

De|mo|ti|va|ti|on ⟨[-va-] f.; -; unz.⟩ das Demotivieren, Abschwächung der Motivation,

D

des Interesses für eine Sache; *schlechte Noten sind häufig eine ~ für Schüler*

de|mo|ti|vie|ren ⟨[-viː-] V.⟩ die Motivation, das Interesse für eine Sache geringer machen; *solche Tadel ~ sie*

D

De|mul|ga|tor ⟨m.; -s, -to|ren; Chemie⟩ Substanz, die die Entmischung einer Emulsion bewirkt, Emulsionsspalter; *oV* Dismulgator; *Ggs* Emulgator

de|mul|gie|ren ⟨V.; Chemie⟩ eine Emulsion (1) entmischen; *Ggs* emulgieren [<*de...* + lat. *mulgere* »melken«]

De|nar ⟨m.; -s, -e; Abk.: d⟩ **1** kleine altröm. Silbermünze **2** ⟨MA⟩ Silbermünze, der spätere Pfennig [<lat. *denarius* (römische Hauptsilbermünze), eigtl. »je zehn enthaltend«]

de|na|tu|rie|ren ⟨V.⟩ **1** *Alkohol ~* vergällen, ungenießbar machen **2** *Eiweißstoffe ~* irreversibel verändern [<frz. *dénaturer* »vergällen, verfälschen«]

de|na|zi|fi|zie|ren ⟨V.⟩ entnazifizieren [<*de...* + *Nazi* + lat. *facere* »machen«]

◆ Die Buchstabenfolge **den|dr...** kann auch **dend|r...** getrennt werden.

◆ **Den|drit** ⟨m.; -en, -en⟩ **1** bäumchenartig verzweigter Plasmafortsatz an der Oberfläche von Nervenzellen **2** durch Mangan- od. Eisenlösungen in Gesteinen hervorgerufene pflanzenähnl. Zeichnung [<grch. *dendron* »Baum«]

◆ **den|dri|tisch** ⟨Adj.⟩ verzweigt, verästelt

◆ **den|dro..., Den|dro...** ⟨in Zus.⟩ Baum, Holz [<grch. *dendron* »Baum«]

◆ **Den|dro|bi|um** ⟨n.; -s; unz.; Bot.⟩ in Südasien u. Polynesien heimische, sehr artenreiche Orchideengattung, Baumwucherer [→ *dendron...*]

◆ **Den|dro|chro|no|lo|gie** ⟨[-kro-] f.; -; unz.; Bot.⟩ Wissenschaft der Altersbestimmung von Bäumen [<*Dendro...* + *Chronologie*]

◆ **Den|dro|gramm** ⟨n.; -(e)s, -e; Wirtsch.⟩ Baumdiagramm zur hierarchischen Darstellung von Elementenmengen (Clustern) [<*Dendro* + *...gramm*]

◆ **Den|dro|kli|ma|to|lo|gie** ⟨f.; -; unz.⟩ Beurteilung früherer Klimaverhältnisse u. ihrer Veränderungen nach den Jahresringen alter Bäume [<grch. *dendron* »Baum« + *Klimatologie*]

◆ **Den|dro|lo|gie** ⟨f.; -; unz.; Bot.⟩ Lehre von den Bäumen u. anderen Holzgewächsen

◆ **Den|dro|me|ter** ⟨n.; -s, -⟩ Gerät zum Messen von Höhe u. Stärke stehender Bäume

Den|gue|fie|ber ⟨[dɛŋge-] n.; -s, -; Med.⟩ in den Tropen u. Mittelmeerländern auftretende, durch Stechmücken übertragene Viruskrankheit, gekennzeichnet durch hohes Fieber zu Beginn u. seltsam gespreizten Gang [<span. *dengue* »Zimperlichkeit, Ziererei«]

De|ni|er ⟨[dənjeː] n.; - od. -s, -; Abk.: den; Textilw.⟩ Maß für die Feinheit einer Textilfaser, in Gramm angegebenes Gewicht eines 9000 m langen Fadens [frz., »Heller, Denier«; zu lat. *denarius* »je zehn enthaltend«]

De|nim® ⟨[dẹ-] m. od. n.; -s; unz.⟩ blauer Jeansstoff [<frz. *de Nîmes* »aus (der Stadt) Nîmes«]

de|ni|trie|ren *auch:* **de|nit|rie|ren** ⟨V.; Chemie⟩ *organische Verbindungen ~* die Nitrogruppe $-NO_2$ aus organischen Verbindungen entfernen [→ *Nitrat*]

De|ni|tri|fi|ka|ti|on *auch:* **De|nit|ri|fi|ka|ti|on** ⟨f.; -; unz.; Chemie⟩ durch Bakterien hervorgerufene, unerwünschte Umwandlung von Nitraten u. Nitriten (z. B. in Kunstdünger) in Stickoxide bzw. Stickstoff, die für die Düngung keine Bedeutung haben

de|no|bi|li|tie|ren ⟨V.⟩ *jmdn. ~* jmdm. den Adelstitel entziehen [<*de...* + *nobilitieren*]

De|no|mi|na|ti|on ⟨f.; -, -en⟩ **1** Benennung, Vorschlag **2** Anzeige **3** Ernennung zu einem Amt **4** ⟨US-amerikan. Bez. für⟩ religiöses Bekenntnis [<lat. *denominatio* »Benennung«]

De|no|mi|na|tiv ⟨n.; -s, -e [-və]; Sprachw.⟩ von einem Nomen abgeleitetes Wort, z. B. »bäuerlich«

de|no|mi|nie|ren ⟨V.⟩ ernennen, benennen [<lat. *denominare*]

De|no|tat ⟨n.; -s, -e; Sprachw.⟩ das Bezeichnete, das (vom Sprecher) Gemeinte [zu lat. *denotare* »bezeichnen«]

De|no|ta|ti|on ⟨f.; -, -en; Sprachw.⟩ Bedeutung (eines Wortes), Grundbedeutung; Begriffsumfang; *Ggs* Konnotation [zu lat. *denotare* »bezeichnen«]

de|no|ta|tiv ⟨a. ['----] Adj.; Sprachw.⟩ die Denotation betreffend

de|no|tie|ren ⟨V.; Sprachw.⟩ bezeichnen, den Begriffsumfang (eines sprachlichen Zeichens) bestimmen [<lat. *denotare* »bezeichnen«]

Den|si|me|ter ⟨n.; -s, -⟩ Gerät zur Bestimmung der Dichte von Flüssigkeiten [<lat. *densus* »dicht« + *...meter*]

Den|si|tät ⟨f.; -, -en⟩ Dichte, Dichtigkeit [<lat. *densitas* »Dichtheit«]

Den|si|to|me|ter ⟨n.; -s, -⟩ Instrument zum Messen der Schwärze (Dichte) fotograf. Schichten [<lat. *densitas* »Dichtheit« + *...meter*]

Den|si|to|me|trie *auch:* **Den|si|to|met|rie** ⟨f.; -; unz.; Physik⟩ Bestimmung der Dichte von Stoffen

den|tal ⟨Adj.; Phon.⟩ zu den Zähnen gehörig [<lat. *dens* »Zahn«]

Den|tal ⟨m.; -s, -e; Phon.⟩ mit der Zungenspitze an den Schneidezähnen gebildeter Konsonant, Zahnlaut, z. B. engl. »th« [ð] [→ *dental*]

Dent|al|gie *auch:* **Den|tal|gie** ⟨f.; -, -n; Med.⟩ Zahnschmerz [<lat. *dens*, Gen. *dentis* »Zahn« + *...algie*]

Den|tin ⟨n.; -s; unz.; Med.⟩ Zahnbein [<lat. *dens* »Zahn«]

Den|tist ⟨m.; -en, -en; bis 1952⟩ Zahntechniker mit Fachschulausbildung, der in begrenztem Umfang die Zahnheilkunde ausüben durfte [<lat. *dens*, Gen. *dentis* »Zahn«]

Den|ti|ti|on ⟨f.; -, -en; Med.⟩ Zahndurchbruch, das Zahnen [<lat. *dens*, Gen. *dentis* »Zahn«]

den|to|gen ⟨Adj.; Med.⟩ von den

Zähnen herrührend; *Sy* odontogen; *~e Schmerzen*

Den|to|lo|gie ⟨f.; -; unz.⟩ Zahnheilkunde [<lat. *dens,* Gen. *dentis* »Zahn« + *…logie*]

De|nu|da|ti|on ⟨f.; -, -en⟩ **1** Entblößung **2** ⟨Geol.⟩ **2.1** ⟨i. e. S.⟩ flächenhafte Abtragung von Gesteinen an Wasserscheiden; *Ggs* Erosion **2.2** ⟨i. w. S.⟩ Abtragung verwitterter Gesteinstrümmer durch Wasser, Gletschereis u. Wind [zu lat. *denudare* »entblößen«]

De|nun|zi|ant ⟨m.; -en, -en⟩ jmd., der andere denunziert [<lat. *denuntians,* Part. Präs. zu *denuntiare* »ankündigen, anzeigen«]

De|nun|zi|an|tin ⟨f.; -, -tin|nen⟩ weibl. Person, die andere denunziert

De|nun|zi|a|ti|on ⟨f.; -, -en⟩ Anzeige aus niedrigen, meist persönlichen Beweggründen [zu lat. *denuntiare* »anzeigen«]

de|nun|zie|ren ⟨V.⟩ **1** aus niedrigen Beweggründen anzeigen **2** bloßstellen, brandmarken, öffentlich verurteilen; *jmdn. aus polit. Gründen ~* [<lat. *denuntiare* »ankündigen, anzeigen«]

Deo ⟨n.; -s, -s; kurz für⟩ Deodorant

Deo|do|rant ⟨n.; -s, -e od. -ti|en; umg.⟩ kosmet. Mittel gegen Körpergeruch; *oV* Desodorans, Desodorant; *Sy* Deo [engl. <lat. *de* »von, weg« + *odor* »Geruch«]

Deo|do|rant|spray ⟨[-ʃpre:] od. [-sprɛɪ] n.; -s, -s⟩ Flüssigkeit (im Zerstäuber) gegen Körpergeruch

deo|do|rie|ren ⟨V.⟩ = desodorieren

Deo|do|rie|rung ⟨f.; -, -en⟩ = Desodorierung

deo|do|ri|sie|ren ⟨V.⟩ = desodorieren

Deo|do|ri|sie|rung ⟨f.; -, -en⟩ = Desodorierung

Deo gra|ti|as! Gott (sei) Dank! [lat.]

De|on|tik ⟨f.; -; unz.; Philos.⟩ (von J. Bentham beeinflusste) Form der Modallogik, die sich mit dem sprachlichen, logischen Aufbau von Sollensaussagen u. Imperativen in der Ethik u. Rechtswissenschaft auseinandersetzt [<grch. *deon,* Gen. *deontos* »das Nötige«]

de|on|tisch ⟨Adj.; Philos.⟩ die Deontik betreffend, zu ihr gehörig, auf ihr beruhend

De|on|to|lo|gie ⟨f.; -; unz.; Philos.⟩ Pflichtenlehre im Bereich menschlicher Ethik [<grch. *deon* »das Seinsollende« + *…logie*]

Deo op|ti|mo ma|xi|mo ⟨Abk.: D. O. M.⟩ einleitende Weihinschrift; →*a.* Iovi optimo maximo [lat., »Gott, dem Besten und Größten«]

Deo|rol|ler ⟨m.; -s, -⟩ Deodorant in Form eines rollbaren Deostiftes

Deo|spray ⟨[-ʃpre:] od. [-sprɛɪ] n.; -s, -s; kurz für⟩ Deodorantspray; *ein ~ benutzen*

Deo|stick ⟨m.; -s, -s⟩ Deodorant in Form eines Stabes, Deostift [engl.; verkürzt <*deo*dorant + *stick* »Stock, Stab«]

De|par|te|ment ⟨[depart(ə)mã:] od. schweiz. a. [-təmɛnt] n.; -s, -s⟩ **1** Verwaltungs-, Geschäftsbezirk **2** ⟨Schweiz⟩ Ministerium **3** ⟨Frankreich⟩ Regierungsbezirk [<frz. *département*]

De|par|ture ⟨[dipa:tʃə(r)] f.; -; unz.; auf Flughäfen⟩ Abflughalle [engl., »Weggehen, Abreise, Abflug«]

De|pen|dance ⟨[depãdã:s] f.; -, -n; schweiz. für⟩ = Dependenz

de|pen|den|ti|ell ⟨Adj.⟩ = dependenziell

De|pen|denz ⟨f.; -, -en⟩ *oV* ⟨schweiz.⟩ Dependance **1** Abhängigkeit, Unselbstständigkeit; *Ggs* Independenz **2** Nebengebäude (bes. eines Hotels) [<frz. *dépendance*]

De|pen|denz|gram|ma|tik ⟨f.; -; unz.; Sprachw.⟩ Grammatik, die das Verb bei der syntaktischen Analyse in den Mittelpunkt stellt [zu lat. *dependere* »abhängen«]

de|pen|den|zi|ell ⟨Adj.; Sprachw.⟩ sich auf die Dependenzgrammatik beziehend, ihr methodisch folgend; *oV* dependentiell

De|per|so|na|li|sa|ti|on ⟨f.; -, -en⟩ **1** Entpersönlichung **2** Entfremdungserlebnis, Herabsetzung des Persönlichkeitsgefühls u. Wirklichkeitsbewusstseins

De|pe|sche ⟨f.; -, -n⟩ Eilnachricht, Telegramm, Funkspruch [<frz. *dépêche*]

de|pe|schie|ren ⟨V.; veraltet⟩ Eilnachricht senden

De|phleg|ma|ti|on ⟨f.; -, -en⟩ Abkühlen eines Dampfgemischs auf eine bestimmte Temperatur, so dass der niedriger siedende Anteil der Dämpfe kondensiert

De|phleg|ma|tor ⟨m.; -s, -to|ren⟩ Gerät, das zur Dephlegmation dient [<*De…* + grch. *phlegein* »brennen, verbrennen«]

De|pig|men|tie|rung ⟨f.; -, -en⟩ Entfernung od. Verlust der Pigmentierung der Haut

De|pi|la|ti|on ⟨f.; -, -en⟩ **1** (künstl.) Enthaarung **2** (krankhafter) Haarausfall [<*De…* + lat. *pilus* »Haar«]

De|pi|la|to|ri|um ⟨n.; -s, -ri|en; selten⟩ Enthaarungsmittel [<*De…* + lat. *pilus* »Haar«]

de|pi|lie|ren ⟨V.⟩ enthaaren [<*de…* + lat. *pilus* »Haar«]

De|place|ment ⟨[deplasmã:] n.; -s, -s⟩ **1** Umstellung, Verschiebung **2** ⟨Seew.⟩ die vom Schiffskörper verdrängte Wassermenge [<frz. *déplacement* »Verschiebung, Ortsveränderung, Wasserverdrängung«]

De|plan|ta|ti|on ⟨f.; -, -en⟩ Umpflanzung, Verpflanzung [<frz. *déplantation*]

de|plan|tie|ren ⟨V.⟩ umpflanzen, verpflanzen [<frz. *déplanter*]

de|plat|zie|ren ⟨V.⟩ **1** versetzen, an eine andere Stelle setzen **2** verdrängen [<frz. *déplacer* »umstellen, versetzen«]

de|plat|ziert ⟨Adj.⟩ fehl am Platze, unangebracht, unpassend; *seine Bemerkung war ~*

de|plo|ra|bel ⟨Adj.; geh.⟩ bedauernswert, jämmerlich; *der Zustand der Fresken ist ~* [zu lat. *deplorare* »beklagen«]

De|po|la|ri|sa|ti|on ⟨f.; -, -en⟩ **1** Aufhebung der chem. Polarisation in galvanischen Elementen **2** Umwandlung polarisierten Lichts in unpolarisiertes, d. h. natürliches Licht

De|po|la|ri|sa|tor ⟨m.; -s, -to|ren⟩ **1** Stoff, der in einem galvan. Element eine Depolarisation bewirkt **2** Gerät zur Depolarisation von Licht

de|po|la|ri|sie|ren ⟨V.⟩ eine Polarisation aufheben bei [<*de…* + *polarisieren*]

De|po|nat ⟨n.; -s, -e⟩ etwas, das deponiert, hinterlegt wurde [<lat. *deponere* »hinterlegen«]

De|po|nens ⟨n.; -, -nen|ti|en od. -nen|tia; Gramm.⟩ Verbum in passiver Form mit aktiver Bedeutung, z. B. lat. hortari »ermahnen« [lat., Part. Präs. zu *deponere* »niederlegen«]

De|po|nent ⟨m.; -en, -en⟩ jmd., der etwas deponiert [<lat. *deponens,* Part. Präs. zu *deponere* »niederlegen«]

De|po|nie ⟨f.; -, -n⟩ Lager(platz); *Müll~* [→ *deponieren*]

de|po|nie|ren ⟨V.⟩ hinterlegen, in Verwahrung geben [<lat. *deponere* »niederlegen«]

De|po|nie|rung ⟨f.; -; unz.⟩ das Deponieren

De|po|pu|la|ti|on ⟨f.; -, -en; veraltet⟩ Entvölkerung [<lat. *depopulatio*]

De|port ⟨[depo:r] od. [depɔrt] m.; -, -s od. -e; Börse⟩ Unterschied zwischen dem Tages- u. dem niedrigeren Lieferungskurs, Kursabschlag [<frz. *déport*]

De|por|ta|ti|on ⟨f.; -, -en⟩ Zwangsverschickung, Verbannung; *Sy* Deportierung; *die ~ von Juden im 2. Weltkrieg* [<frz. *déportation* »Zwangsverschleppung«]

de|por|tie|ren ⟨V.⟩ zwangsverschicken, verbannen [<frz. *déporter* <lat. *deportare* »forttragen«]

De|por|tie|rung ⟨f.; -, -en⟩ = Deportation

De|po|si|tar ⟨m.; -s, -e⟩ jmd., der deponierte Werte verwahrt; *oV* Depositär [<frz. *dépositaire* »Depositar, Verwahrer, Treuhänder«]

De|po|si|tär ⟨m.; -s, -e⟩ = Depositar

De|po|si|ten ⟨nur Pl.⟩ als Einlagen verzinsl. angelegte Guthaben [zu lat. *depositus,* Part. Perf. zu *deponere* »niederlegen«]

De|po|si|ti|on ⟨f.; -, -en⟩ **1** Hinterlegung **2** Absetzung (bes. von Geistlichen) [→ *Depositen*]

De|po|si|to|ri|um ⟨n.; -s, -ri|en⟩ Hinterlegungsort, Tresor

De|po|si|tum ⟨n.; -s, -si|ta od. -si|ten⟩ **1** etwas, das deponiert wird, das Hinterlegte **2** Einlage [<lat. *depositus;* → *Depositen*]

De|pot ⟨[depo:] n.; -s, -s⟩ **1** Niederlage, Aufbewahrungsort; *Bank~* **2** die im Depot (1) einer Bank aufbewahrten Gegenstände **3** Straßenbahnhof; *Straßenbahn~* **4** Archiv, Magazin, Lager **5** ⟨Med.⟩ Speicher, Ansammlung, Ablagerung **6** Behandlung mit Depotpräparaten **7** Einsatz, Hinterlage für Geliehenes, Pfand [<frz. *dépôt* »Verwahrung, verwahrter Gegenstand, Verwahrungsort«]

De|pot|fett ⟨[depo:-] n.; -(e)s; unz.⟩ bes. im Unterhautzellgewebe gespeichertes Fett, das bei Hunger als Energielieferant dient

De|pot|fund ⟨[depo:-] m.; -(e)s, -e⟩ Fund von mehreren vorgeschichtl. Gegenständen

De|pot|ge|schäft ⟨[depo:-] n.; -(e)s, -e⟩ Verwahrung u. Verwaltung von Wertgegenständen u. -papieren, bes. durch eine Bank

De|pot|prä|pa|rat ⟨[depo:-] n.; -(e)s, -e; Pharm.⟩ Arzneimittel, dessen bes. chem. u. physikal. Eigenschaften nach einmaligem Einnehmen langanhaltende Wirkung ermöglicht

De|pra|va|ti|on *auch:* **Dep|ra|va|ti|on** ⟨[-va-] f.; -, -en⟩ **1** Verderbnis, Entartung **2** Verschlechterung eines Krankheitszustandes **3** Verringerung des Edelmetallgehalts von Münzen [<lat. *depravatio* »Verdrehung, Entstellung«]

de|pra|vie|ren *auch:* **dep|ra|vie|ren** ⟨[-vi:-] V.⟩ entarten, (sich) verschlechtern [<lat. *depravare* »verdrehen, verderben«]

De|pres|si|on ⟨f.; -, -en⟩ **1** ⟨Psych.⟩ Niedergeschlagenheit, gedrückte Stimmung; *~en haben, bekommen* **2** ⟨Astron.⟩ der unter dem Horizont liegende Teil des Höhenkreises eines Gestirns **3** ⟨Wirtsch.⟩ Konjunkturphase mit fallender Tendenz; *Ggs* Prosperität (2) **4** ⟨Meteor.⟩ = Zyklone **5** ⟨Geogr.⟩ unter dem Meeresspiegel liegendes Land **6** ⟨Physik⟩ Absinken unter einen Normalwert **7** ⟨Bgb.⟩ Unterdruck bei der Grubenbewetterung [zu lat. *depressus,* Part. Perf. zu *deprimere* »niederdrücken«]

de|pres|siv ⟨Adj.; Psych.⟩ an Depressionen leidend, niedergeschlagen, verstimmt [<lat. *depressus;* → *Depression*]

De|pres|si|vi|tät ⟨[-vi-] f.; -; unz.; Psych.⟩ Niedergeschlagenheit [→ *depressiv*]

de|pri|mie|ren ⟨V.⟩ niederdrücken, entmutigen [<lat. *deprimere* »niederdrücken«]

De|pri|va|ti|on ⟨[-va-] f.; -, -en⟩ **1** Absetzung (eines Geistlichen) **2** ⟨Psych.⟩ Entzug, bes. Liebesentzug [<*De…* + *Privation*]

De|pri|va|ti|ons|syn|drom ⟨[-va-] n.; -s, -e; Psych.⟩ seelische u. körperliche Entwicklungsstörung bei Kindern infolge fehlender mütterlicher Zuwendung; →*a.* Hospitalismus

de|pri|vie|ren ⟨[-vi:-] V.⟩ jmdn. etwas entbehren lassen, jmdm. etwas (z. B. eine Bezugsperson) entziehen [<*de…* + lat. *privare* »berauben«]

De pro|fun|dis ⟨n.; - -; unz.⟩ Klageruf [lat., »Aus der Tiefe rufe ich, Herr, zu dir«, Anfangsworte des 130. Psalms]

De|pu|rans ⟨n.; -, -ran|tia od. -ran|zi|en; Med.⟩ Abführmittel [zu lat. *depurare* »reinigen«]

De|pu|tant ⟨m.; -en, -en⟩ jmd., der auf ein Deputat Anspruch hat

De|pu|tat ⟨n.; -(e)s, -e⟩ **1** in Naturalien entrichteter Teil des Lohnes; *~kohle* **2** zukommender Anteil [<lat. *deputatum* »zugewiesener Anteil«, zu *deputare* »einem etwas zuweisen«]

De|pu|ta|ti|on ⟨f.; -, -en⟩ Abordnung, Ausschuss [<lat. *deputare* »einem etwas zuweisen«]

de|pu|tie|ren ⟨V.⟩ abordnen [<lat. *deputare* »einem etwas zuweisen«]

De|pu|tier|te(r) ⟨f. 2 (m. 1)⟩ jmd., der deputiert ist, Abgeordnete(r), Mitglied einer Deputation

De|qua|li|fi|zie|rung ⟨f.; -, -en⟩ als Folge von gesteigerter Rationalisierungs- u. Automatisierungsmaßnahmen abnehmende Nutzung und zunehmende Entwertung zur Verfügung stehender beruflicher Qualifikationen [<*De...* + *qualifizieren*]

De|ran|ge|ment ⟨[derãʒ(ə)mã:] n.; -s, -s; veraltet⟩ Störung, Verwirrung, Zerrüttung [<frz. *dérangement* »Unordnung«]

de|ran|gie|ren ⟨[-rãʒi:-] V.; veraltet⟩ stören, verwirren, zerrütten, verschieben, in Unordnung bringen [<frz. *déranger*]

Der|by ⟨engl. [dœ:bı] od. [da:bı] n.; -s, -s; Sport⟩ **1** Pferderennen **2** Wettkampf [nach engl. Lord *Derby,* der das Rennen 1780 gründete]

de|re|gu|lie|ren ⟨V.⟩ Normen u. Regeln aufheben; *Ggs* regulieren [<*de...* + lat. *regulare* »regeln, einrichten«]

De|re|gu|lie|rung ⟨f.; -, -en⟩ das Deregulieren; *Ggs* Regulierung

De|re|lik|ti|on ⟨f.; -, -en; Rechtsw.⟩ Besitzaufgabe [<*De...* + lat. *relictum,* Part. Perf. zu *relinquere* »zurücklassen«]

De|ri|vat ⟨[-va:t] n.; -(e)s, -e⟩ **1** chem. Verbindung, die aus einer anderen durch Ersatz (Substitution) von Atomen durch andere Atome oder Atomgruppen abgeleitet u. dargestellt wird **2** durch Derivation (1) gebildetes Wort **3** ⟨Börse⟩ Handelsobjekt, das von einem Basiswert (von Aktien, Anleihen, Devisen, Rohstoffe u. a.) abgeleitet ist; *~e von Aktien nennt man Aktienoptionen* [zu lat. *derivatus,* Part. Perf. zu *derivare* »ableiten«]

De|ri|va|ti|on ⟨[-va-] f.; -, -en⟩ **1** ⟨Sprachw.⟩ Ableitung neuer Wörter aus einem Ursprungswort u. einem Affix sowie (od.) Umlaut od. Ablaut, z. B. Bau - bauen **2** ⟨Mil.⟩ seitliche Abweichung eines Geschosses von der Visierlinie [<lat. *derivatio* »Ableitung«]

De|ri|va|ti|ons|win|kel ⟨[-va-] m.; -s, -⟩ Winkel, den die Längsachse eines drehenden Schiffes mit der Ausgangsfahrtrichtung bildet

de|ri|va|tiv ⟨[-va-] Adj.⟩ durch Derivation entstanden [<lat. *derivare* »ableiten«]

De|ri|va|tiv ⟨[-va-] n.; -s, -e [-və]; Sprachw.⟩ durch Derivation (1) gebildetes Wort [→ *derivativ*]

De|ri|va|tor ⟨[-va:-] m.; -s, -to|ren; Geom.⟩ Gerät zur Bestimmung der Tangente an einer gezeichnet vorliegenden Kurve [zu lat. *derivare* »ableiten«]

de|ri|vie|ren ⟨[-vi:-] V.; Sprachw.⟩ *Wörter ~* durch Derivation bilden [<lat. *derivare* »ableiten«]

...derm **1** ⟨Nachsilbe; zur Bildung sächl. Subst.; n.; -s, -e⟩ Haut, ...haut, ...häute **2** Keimblatt, z. B. *Ektoderm* [<grch. *derma* »Haut«]

Der|ma ⟨n.; -s, -ma|ta; Anat.⟩ Haut [grch.]

der|mal ⟨Adj.; Med.⟩ die Haut betreffend, zur Haut gehörig [→ *Derma*]

Derm|al|gie *auch:* **Der|mal|gie** ⟨f.; -, -n; Med.⟩ Hautnervenschmerz [<grch. *derma* »Haut« + *...algie*]

Der|ma|ti|kum ⟨n.; -s, -ti|ka; Pharm.⟩ Hautmittel [zu grch. *derma* »Haut«]

der|ma|tisch ⟨Adj.; Med.⟩ die Haut betreffend, zur Haut gehörig, haut... [<grch. *derma* »Haut«]

Der|ma|ti|tis ⟨f.; -, -ti|den; Med.⟩ Hautentzündung

der|ma|to..., Der|ma|to... ⟨Med.; in Zus.⟩ haut..., Haut... [<grch. *derma,* Gen. *dermatos* »Haut«]

Der|ma|to|lo|ge ⟨m.; -n, -n; Med.⟩ Facharzt für Hautkrankheiten

Der|ma|to|lo|gie ⟨f.; -; unz.; Med.⟩ Lehre von den Hautkrankheiten [<*Dermato...* + *...logie*]

Der|ma|to|lo|gin ⟨f.; -, -gin|nen; Med.⟩ Fachärztin für Hautkrankheiten

Der|ma|tom ⟨n.; -s, -e; Med.⟩ **1** Hautabschnitt, Hautsegment, Hautgeschwulst **2** Instrument zur Ablösung von Hautlappen für Transplantationszwecke [<grch. *derma* »Haut«]

Der|ma|to|my|ko|se ⟨f.; -, -n; Med.⟩ Pilzerkrankung der Haut

Der|ma|to|phyt ⟨m.; -en, -en; Med.⟩ Hautpilz

Der|ma|to|plas|tik ⟨f.; -, -en; Med.⟩ Übertragung eines Stückes Haut von einer gesunden auf eine verletzte Stelle, Hautverpflanzung, Deckplastik, Hautplastik

Der|ma|to|se ⟨f.; -, -n; Med.⟩ Hautkrankheit [<grch. *derma* »Haut«]

Der|ma|to|zo|on ⟨n.; -s, -zo|en; Zool.⟩ Tier, das auf der Haut schmarotzt, z. B. Milbe, Zecke [<*Dermato...* + *Zoon*]

Der|ma|to|zoo|no|se ⟨[-tso:o-] f.; -, -n; Med.⟩ Hautkrankheit, die durch Dermatozoen hervorgerufen wird

...der|mie ⟨Nachsilbe; zur Bildung weibl. Subst.; f.; -, -n; Med.⟩ Veränderung, Krankheit der Haut [<grch. *derma* »Haut«]

...der|mis ⟨Nachsilbe; zur Bildung weibl. Subst.; f.; -, -dermen; Biol.; Anat.⟩ Haut, Gewebe, Zellschicht, z. B. *Epidermis* [<grch. *derma* »Haut«]

der|mo..., Der|mo... ⟨in Zus.; Med.⟩ = dermato..., Dermato... [<grch. *derma* »Haut«]

Der|mo|graf ⟨m.; -en, -en⟩ = Dermograph

Der|mo|gra|fie ⟨f.; -, -n; Med.⟩ = Dermographie

Der|mo|gra|fis|mus ⟨m.; -; unz.; Med.⟩ = Dermographismus

Der|mo|graph ⟨m.; -en, -en⟩ Stift zum Prüfen der Hautbeschaffenheit; *oV* Dermograf [<grch. *derma* »Haut« + *graphein* »schreiben«]

Der|mo|gra|phie ⟨f.; -, -n; Med.⟩ = Dermographismus; *oV* Dermografie

Der|mo|gra|phis|mus ⟨m.; -; unz.; Med.⟩ Entstehung einer deutlich sichtbaren, vorübergehenden Hautreaktion auf einen leichten mechan. Reiz, auf einer Überregbarkeit der Gefäßnerven beruhend, Hautschrift; *oV* Dermografismus; *Sy* Dermografie

Der|mo|plas|tik ⟨f.; -, -en⟩ Verfahren zum möglichst lebensgetreuen Präparieren größerer Tiere

der|mo|trop ⟨Adj.⟩ auf die Haut wirkend, sie beeinflussend [<grch. *derma* »Haut« + *trepein* »wenden«]

Der|ni|er Cri ⟨[dɛrnje: kri:] m.; - -, -s -s [-nje: kri:]⟩ letzte Modeneuheit, das Allermodernste [frz., »letzter Schrei«]

De|ro|ga|ti|on ⟨f.; -, -en; Rechtsw.⟩ **1** Beeinträchtigung, Beschränkung **2** (teilweise)

D

Aufhebung eines Gesetzes durch ein neues [<lat. *derogatio* »teilweise Aufhebung, Abschaffung«]

de|ro|ga|tiv ⟨Adj.; Rechtsw.⟩ **1** beschränkend, beeinträchtigend **2** (teilweise) aufhebend; *Sy* derogatorisch [<lat. *derogare* »abschaffen, teilweise entziehen«]

de|ro|ga|to|risch ⟨Adj.; Rechtsw.⟩ = derogativ

de|ro|gie|ren ⟨V.; Rechtsw.⟩ **1** einschränken **2** aufheben [<lat. *derogare* »teilweise entziehen«]

De|rou|te ⟨[-ruːt(ə)] f.; -, -n⟩ **1** ⟨Mil.⟩ Auflösung, Zusammenbruch **2** ⟨Finanzw.⟩ Kurs-, Preissturz [<frz. *déroute* »wilde Flucht, Zusammenbruch«]

de|rou|tie|ren ⟨[-ru-] V.; veraltet⟩ **1** vom Wege abbringen, verwirren, zerstreuen **2** vereiteln [<frz. *dérouter* »auf eine falsche Fährte führen, irreführen«]

Der|rick|kran ⟨m.; -s, - krä|ne⟩ als Gittermastkonstruktion ausgeführter, sehr hoher Kran für den Hochbau [<engl. *derrick* »Henker, Galgen« (nach einem engl. Henker namens *Derrick*, der im 17. Jh. lebte)]

Der|wisch ⟨m.; -(e)s, -e⟩ mohammedanischer Bettelmönch [<frz. *derviche* <türk. *derviš* »mohammedan. Bettelmönch« <pers. *darwes* »Bettler«]

des. ⟨Abk. für⟩ designatus

des..., Des... ⟨Vorsilbe⟩ = de..., De...

des|ak|ti|vie|ren ⟨[-viː-] V.; Chemie⟩ in einen nichtaktiven Zustand versetzen; *oV* deaktivieren (2); *Ggs* aktivieren

des|a|mi|nie|ren ⟨V.; Chemie⟩ eine Aminogruppe aus einer organischen Verbindung abtrennen; *Ggs* aminieren [<*des...* + *Amin*]

Des|an|ne|xi|on ⟨f.; -, -en⟩ Aufhebung einer Annexion [<frz. *désannexion*]

des|ar|mie|ren ⟨V.; Mil.⟩ entwaffnen [<frz. *désarmer* »entwaffnen, abrüsten»]

De|sas|ter ⟨n.; -s, -⟩ Unglück, Unheil, Zusammenbruch [<frz. *désastre* »Katastrophe, Unheil, Zusammenbruch«]

de|sas|trös *auch:* **de|sast|rös** ⟨Adj.⟩ dem Ausmaß eines Desasters entsprechend, katastrophal, verheerend; *der Zustand der Partei ist* ~

des|a|vou|ie|ren *auch:* **de|sa|vou|ie|ren** ⟨[-vu-] V.; geh.⟩ **1** ableugnen, missbilligen **2** für unbefugt erklären **3** bloßstellen [<frz. *désavouer* »widerrufen, nicht anerkennen«]

De|sen|si|bi|li|sa|tor ⟨m.; -, -to|ren⟩ Farbstoff, der fotograf. Schichten gegen Licht unempfindlich macht

de|sen|si|bi|li|sie|ren ⟨V.⟩ **1** eine Überempfindlichkeit herabsetzen **2** ⟨Fot.⟩ lichtunempfindl. machen

De|sen|si|bi|li|sie|rung ⟨f.; -, -en⟩ das Desensibilisieren

De|ser|teur ⟨[-tøːr] m.; -s, -e; Mil.⟩ Fahnenflüchtiger [<frz. *déserteur*]

de|ser|tie|ren ⟨V.⟩ Fahnenflucht begehen; *zum Feind* ~ überlaufen [<frz. *déserter* »verlassen, im Stich lassen«]

De|ser|ti|fi|ka|ti|on ⟨f.; -, -en⟩ das Vordringen der Wüste durch übermäßige Nutzung u. Ausbeutung des Bodens [zu lat. *desertus* »verlassen, leer, öde«]

De|ser|ti|on ⟨f.; -, -en; Mil.⟩ Fahnenflucht [<frz. *désertion*]

Dés|ha|bil|lé ⟨[dezabijeː] n.; - od. -s, -s; veraltet⟩ **1** eleganter Morgenrock **2** ⟨Mode; bes. im 18. Jh.⟩ im Stil der Reifrockmode gehaltenes Haus- u. Morgenkleid [zu frz. *déhabiller* »(sich) entkleiden, ausziehen«]

de|si|de|ra|bel ⟨Adj.; geh.⟩ wünschenswert, erstrebenswert; *eine desiderable Publikation* [<lat. *desiderabilis*]

de|si|de|rat ⟨Adj.⟩ **1** eine Lücke schließend, einen Mangel behebend **2** dringend erforderlich; →*a.* Desiderat

De|si|de|rat ⟨n.; -(e)s, -e; bes. bei Büchern in Bibliotheken⟩ Gewünschtes, Fehlendes, Lücke; →*a.* desiderat [<lat. *desideratus* »das Gewünschte«]

De|si|de|ra|ti|vum ⟨[-vum] n.; -s, -va [-va]; Sprachw.⟩ einen Wunsch, ein Verlangen ausdrückendes Verb

De|sign ⟨[dizaɪn] n.; -s, -s⟩ **1** zeichner. Entwurf, Form, Entwurf, Modell; *Möbel~; Mode~* **2** formgerechte u. funktionelle Gestaltung, Stil; *modernes, ultramodernes, kühnes, dezentes* ~ [engl.]

◆ Die Buchstabenfolge **de|si|gn...** kann auch **de|sig|n...** getrennt werden.

◆ **De|si|gnat** ⟨n.; -(e)s, -e; Sprachw.⟩ das durch eine Bezeichnung Bezeichnete; →*a.* Signifikat

◆ **De|si|gna|ti|on** ⟨f.; -, -en⟩ **1** Bestimmung, Bezeichnung **2** vorläufige Ernennung [<lat. *designatio* »Bezeichnung«]

◆ **de|si|gna|tus** ⟨Adj.; Abk.: des.⟩ bestimmt, im Voraus ernannt, vorgesehen, z. B. für ein Amt [lat., Part. Perf. zu *designare* »bezeichnen«]

◆ **de|si|gnen** ⟨[dizaɪnən] V.⟩ entwerfen, gestalten, eine funktionelle Form geben; *ein neues Modell* ~ [engl.]

◆ **De|si|gner** ⟨[dizaɪnə(r)] m.; -s, -⟩ jmd., der für ein Produkt eine Form, ein Muster entwirft; →*a.* Dessinateur [engl.]

◆ **De|si|gner|dro|ge** ⟨[dizaɪnə(r)-] f.; -, -n⟩ auf chemischer Basis synthetisch hergestelltes Rauschmittel, z. B. Ecstasy

◆ **De|si|gner|food** ⟨[dizaɪnə(r)-fuːd] n.; - od.-s; unz.⟩ **1** ⟨Sport⟩ speziell auf den Nährstoffausgleich bei sportlichem Training abgestimmtes Nahrungsmittel **2** ⟨scherzh.⟩ Gesamtheit aller gentechnisch erzeugten od. behandelten Lebensmittel [<*Designer* + engl. *food* »Nahrung(-smittel)«]

◆ **De|si|gne|rin** ⟨[dizaɪ-] f.; -, -rin|nen⟩ weibl. Person, die für ein Produkt eine Form, ein Muster entwirft

◆ **De|si|gner|mo|de** ⟨[dizaɪnə(r)-] f.; -, -n⟩ Kleidung, die von Modedesignern entworfen u. ursprünglich nur in geringer Stückzahl produziert wurde

◆ **de|si|gnie|ren** ⟨V.⟩ für ein Amt vorsehen, bestimmen; *designierter Nachfolger* [<lat. *designare* »bezeichnen«]

Des|il|lu|si|on ⟨f.; -, -en⟩ Ernüchterung, Enttäuschung; *Ggs* Illusion (1) [<frz. *désillusion* »Enttäuschung«]

des|il|lu|si|o|nie|ren ⟨V.⟩ die Illusionen nehmen, ernüchtern, enttäuschen [<frz. *désillusionner*]

Des|il|lu|si|o|nis|mus 〈m.; -; unz.〉 nüchterne, illusionslose Betrachtung der Wirklichkeit [<*Des…* + *Illusionismus*]

Des|in|fek|ti|on 〈f.; -, -en〉 **1** Vernichtung von Krankheitserregern mit chem. od. physikal. Mitteln **2** Entseuchung [<*Des…* + *Infektion*]

Des|in|fek|tor 〈m.; -s, -to|ren〉 **1** jmd., der desinfiziert **2** das Gerät zum Desinfizieren

Des|in|fi|zi|ens 〈n.; -, -zi|en|ti|en od. -zi|en|tia〉 Mittel zum Desinfizieren [<*Des…* + lat. *inficiens,* Part. Präs. zu *inficere* »vergiften, anstecken«]

des|in|fi|zie|ren 〈V.〉 **1** durch Desinfektion keimfrei machen **2** entseuchen

Des|in|fla|ti|on 〈f.; -, -en; Wirtsch.〉 dauerhafter Rückgang von Inflationsraten

Des|in|for|ma|ti|on 〈f.; -, -en〉 (bewusst) falsche Information [<lat.-frz. *des-* »weg von« + *Information*]

des|in|for|mie|ren 〈V.〉 *jmdn. ~* (bewusst) falsch informieren

Des|in|sek|ti|on 〈f.; -, -en〉 Bekämpfung von Ungeziefer, bes. von Insekten [<*Des…* + *Insekt*]

Des|in|te|gra|ti|on *auch:* **Des|in|teg|ra|ti|on** 〈f.; -, -en〉 Auflösung, Aufteilung eines Ganzen, Zerstreuung, Zerspaltung; *Ggs* Integration (1) [<*Des…* + *Integration*]

Des|in|ter|es|se *auch:* **Des|in|te|res|se** 〈n.; -s; unz.〉 mangelndes Interesse, Gleichgültigkeit; *sein ~ offen bekunden* [<*Des…* + *Interesse*]

des|in|ter|es|siert *auch:* **des|in|te|res|siert** 〈Adj.〉 **1** nicht interessiert, gleichgültig; *bei dem Gespräch zeigte er sich ~* **2** unbeteiligt, unparteiisch

des|in|ves|tie|ren 〈[-vɛs-] V.; Wirtsch.〉 eine Desinvesition vornehmen, den Bestand an Gütern, Unternehmensbeteiligungen o. Ä. reduzieren; *Ggs* investieren (2)

Des|in|ves|ti|ti|on 〈[-vɛs-] f.; -, -en; Wirtsch.〉 **1** Verringerung des Bestandes an Gütern, Unternehmensbeteiligungen u. Ä. zwecks Rückgewinnung von Vermögenswerten; *Sy* Divestment; *Ggs* Investition (1) **2** Rückzahlung von Beteiligungen nach zwei bis acht Jahren; *Ggs* Investition (2) [<*Des…* + *Investition*]

de|sis|tie|ren 〈V.; veraltet〉 von etwas abstehen, ablassen [<lat. *desistere* »ab-, unterlassen«]

Des|ja|ti|ne 〈f.; -, -n〉 = Dessjatine

Desk|re|search 〈[-rɪzœ:tʃ] n.; - od. -s, - od. -es [-tʃɪz]; Markt- u. Meinungsforschung〉 Auswertung von (empirisch gewonnenen) Daten am Schreibtisch; *Ggs* Fieldresearch [engl., »Schreibtischarbeit«]

de|skri|bie|ren 〈V.〉 beschreiben; *ein Bild ~* [<lat. *describere* »beschreiben«]

De|skrip|ti|on 〈f.; -, -en〉 Beschreibung [<lat. *descriptio* »Abriss, Beschreibung«]

de|skrip|tiv 〈Adj.〉 beschreibend; *Ggs* präskriptiv; *~e Sprachwissenschaft* diejenige Einstellung zur Sprache, die die überlieferten Ausdrucksformen der wissenschaftlichen Untersuchung zugrunde legt u. logische Widersprüche im System in Kauf nimmt [→ *Deskription*]

De|skrip|tor 〈m.; -s, -to|ren〉 **1** 〈Bibliotheksw.〉 eines der Schlüsselworte, mit denen die Informationen in einem Dokument inhaltlich beschrieben werden **2** 〈EDV〉 Schlüsselwort, durch das der Inhalt einer Information im Speicher eines Computers charakterisiert wird

Desk|top 〈m.; -s, -s; EDV〉 **1** auf dem Schreibtisch installierter Personal Computer; →*a.* Laptop, Tower **2** Benutzeroberfläche von Softwareprodukten, über die durch das Anwählen von Symbolen auf dem Bildschirm bestimmte Funktionen aufgerufen werden können [engl., »Schreibtischplatte«]

Desk|top|pu|bli|shing *auch:* **Desk|top-Pub|li|shing** 〈[-pʌblɪʃɪŋ] n.; -s; unz.; Abk.: DTP〉 Textgestaltung bis zur Veröffentlichungsreife per Computer [<engl. *desktop* »Schreibtischplatte« + *publish* »veröffentlichen«]

Des|min 〈m.; -s, -e; Min.〉 farbloses, gelblich braunes, glasglänzendes Mineral, Strahlziolith; *Sy* Stilbit [<grch. *desme* »Büschel«]

Des|mo|dont 〈n.; -s; unz.; Med.〉 Wurzelhaut des Zahnes (als Bestandteil des Zahnhalteapparates) [<grch. *desmos* »Band« + *odon,* Gen. *odontos* »Zahn«]

> ◆ Die Buchstabenfolge **des|o|do…** kann auch **de|so|do…** getrennt werden.

◆ **Des|o|do|rans** 〈n.; -, -ran|ti|en〉 = Deodorant [<*Des…* + lat. *odorans,* Part. Präs. zu *odorare* »riechend machen«]

◆ **Des|o|do|rant** 〈n.; -s, -s〉 = Deodorant

◆ **des|o|do|rie|ren** 〈V.〉 *etwas ~* den schlechten Geruch von etwas beseitigen od. überdecken; *oV* deodorieren, deodorisieren, desodorisieren [<*des…* + lat. *odorare* »riechend machen«]

◆ **Des|o|do|rie|rung** 〈f.; -, -en〉 das Desodorieren; *oV* Deodorierung, Deodorisierung, Desodorisation, Desodorisierung

◆ **Des|o|do|ri|sa|ti|on** 〈f.; -, -en; selten〉 = Desodorierung

◆ **des|o|do|ri|sie|ren** 〈V.〉 = desodorieren

◆ **Des|o|do|ri|sie|rung** 〈f.; -, -en〉 = Desodorierung

de|so|lat 〈Adj.〉 **1** einsam, öde **2** hoffnungslos, traurig; *sie fand ihren Freund in einem ~en Zustand* [<lat. *desolatus* »vereinsamt, verödet«]

Des|or|dre *auch:* **De|sord|re** 〈[dezɔrdrə] n. od. m.; -s, -s; geh.〉 Unordnung, Durcheinander [<frz. *désordre*]

Des|or|ga|ni|sa|ti|on 〈f.; -, -en〉 **1** Auflösung, Zerrüttung (einer Ordnung) **2** mangelhafte Organisation

des|or|ga|ni|sie|ren 〈V.〉 die Ordnung auflösen von, in Unordnung bringen

Des|or|ga|ni|sie|rung 〈f.; -, -en〉 das Desorganisieren; *Ggs* Organisierung

des|ori|en|tie|ren 〈V.〉 (bewusst) falsch unterrichten, verwirren

Des|ori|en|tie|rung 〈f.; -, -en〉 **1** das Desorientieren, das Desorientiertsein **2** 〈Med.〉 Störung im Zeit- u. Raumempfinden, was zu realitätsentfremdeten Verhaltensweisen führen kann; *Ggs* Orientierung

De|sorp|ti|on ⟨f.; -, -en; Chemie⟩ das Freisetzen eines adsorbierten oder absorbierten Stoffes, z. B. das Entweichen absorbierter Gase aus Flüssigkeiten durch Erhitzen [zu lat. *desorbere* »verschlingen«]

Des|oxi|da|ti|on ⟨f.; -, -en; Chemie⟩ Entzug von Sauerstoff aus einer chemischen Verbindung [<*Des…* + *Oxidation*]

des|oxi|die|ren ⟨V.; Chemie⟩ Sauerstoff entziehen

Des|oxy|ri|bo|nu|cle|in|säu|re *auch:* **Des|oxy|ri|bo|nuc|le|in|säu|re** ⟨f.; -; unz.; Abk.: DNA, DNS; Biochemie; fachsprachl.⟩ Hauptbestandteil der Chromosomen, der als Träger der Erbinformation die stoffliche Substanz der Gene bildet; *oV* Desoxyribonukleinsäure [<lat.-frz. *des-* »von weg, ent-« + *Ribonucleinsäure*]

Des|oxy|ri|bo|nu|kle|in|säu|re *auch:* **Des|oxy|ri|bo|nuk|le|in|säu|re** ⟨f.; -; unz.; Abk.: DNA, DNS; Biochemie⟩ = Desoxyribonucleinsäure

Des|oxy|ri|bo|se ⟨f.; -; unz.⟩ Zuckerbestandteil der Desoxyribonucleinsäure [<*Des…* + *oxi…* + *Ribose*]

de|spek|tier|lich *auch:* **des|pek|tier|lich** ⟨Adj.; geh.⟩ unehrerbietig, respektlos, verächtlich [<lat. *despectare* »herabsehen, verachten«]

De|spe|ra|do *auch:* **Des|pe|ra|do** ⟨m.; -s, -s⟩ **1** jmd., der zu jeder Verzweiflungstat fähig ist **2** Bandit, Umstürzler [span., »verzweifelt«]

de|spe|rat *auch:* **des|pe|rat** ⟨Adj.⟩ verzweifelt, hoffnungslos; *in eine ~e Situation geraten* [<lat. *desperatus*]

Des|pot ⟨m.; -en, -en⟩ Gewaltherrscher, Willkürherrscher [<grch. *despotes* »Herr, Herrscher«]

Des|po|tie ⟨f.; -, -n; Politik⟩ Gewaltherrschaft, willkürl. Herrschaft eines Einzelnen [→ *Despot*]

des|po|tisch ⟨Adj.; Politik⟩ **1** herrisch, rücksichtslos **2** gewalttätig, willkürlich [<grch. *despotikos* »herrisch«]

des|po|ti|sie|ren ⟨V.; Politik⟩ despotisch behandeln, despotisch herrschen über

Des|po|tis|mus ⟨m.; -; unz.; Politik⟩ System der Gewaltherrschaft [→ *Despot*]

De|squa|ma|ti|on *auch:* **Des|qua|ma|ti|on** ⟨f.; -, -en; Geol.⟩ **1** Abschuppung, Ablösung schaliger Gesteinsplatten, z. B. durch große Temperaturunterschiede **2** Abstoßen von Oberhautzellen (Haut- u. Kopfschuppen) **3** Abstoßen der Oberschicht der Gebärmutterschleimhaut bei der Menstruation [<lat. *desquamatio* <*de* »von, weg« + *squama* »Schuppe«]

Des|sert ⟨[dɛsɛːr] n.; -s, -s [dɛsɛːrs]⟩ Nachtisch [frz.]

Des|sert|wein ⟨[dɛsɛːr-] m.; -s, -e⟩ Südwein, Süßwein

Des|sin ⟨[dɛsɛ̃ː] n.; -s, -s⟩ **1** Zeichnung **2** Muster, Vorlage **3** Entwurf [<frz.]

Des|si|na|teur ⟨[-tøːr] m.; -s, -e; Textilw.⟩ Musterzeichner; →*a.* Designer

des|si|nie|ren ⟨V.; Textilw.⟩ (ab)zeichnen, entwerfen, z. B. Muster [<frz. *dessiner*]

des|si|niert ⟨Adj.; Textilw.⟩ mit einem Muster versehen, gemustert [<frz. *dessiner* »(ab)zeichnen, entwerfen«]

Dess|ja|ti|ne ⟨f.; -, -n⟩ russ. Feldmaß (1,093 ha); *oV* Desjatine [<russ. *desjatina*]

Des|sous ⟨[dəsuː] n.; -, - [-suːs]⟩ Damenunterwäsche [frz., »unterhalb«]

de|sta|bi|li|sie|ren ⟨V.⟩ instabil, unbeständig machen; *Ggs* stabilisieren; *politische od. familiäre Beziehungen, Verhältnisse ~*

De|sta|bi|li|sie|rung ⟨f.; -, -en⟩ das Destabilisieren; *Ggs* Stabilisierung

◆ Die Buchstabenfolge **de|sti…** kann auch **des|ti…** getrennt werden.

◆ **De|stil|lat** ⟨n.; -(e)s, -e⟩ Produkt der Destillation [<lat. *destillatus* »herabgeträufelt«]

◆ **De|stil|la|teur** ⟨[-tøːr] m.; -s, -e⟩ **1** Schankwirt **2** Branntweinbrenner

◆ **De|stil|la|ti|on** ⟨f.; -, -en⟩ **1** Verdampfung u. anschließende Kondensation (Wiederverflüssigung durch Abkühlen) einer Flüssigkeit zur Abtrennung einer Flüssigkeit von darin gelösten Feststoffen u. zur Trennung verschiedener Flüssigkeiten **2** Schankwirtschaft [<lat. *destillare* »herabträufeln«]

◆ **De|stil|le** ⟨f.; -, -n; umg.⟩ kleine Schankwirtschaft [verkürzt <*Destillation(sanstalt)*]

◆ **de|stil|lie|ren** ⟨V.⟩ durch Destillation trennen

◆ **De|sti|na|tar** ⟨m.; -s, -e; auf Seefrachtbriefen⟩ Empfänger von Schiffsfrachten; *oV* Destinatär [<frz. *destinataire* »Empfänger«]

◆ **De|sti|na|tär** ⟨m.; -s, -e; auf Seefrachtbriefen⟩ = Destinatar

◆ **De|sti|na|ti|on** ⟨f.; -, -en⟩ Bestimmung, Bestimmungsort, Endzweck [frz., »Bestimmung, Bestimmungsort«]

Des|to|se ⟨f.; -; unz.⟩ Süßstoff, der aus rohem Stärkesirup gewonnen wird

◆ Die Buchstabenfolge **de|stru…** kann auch **des|tru…** oder **dest|ru…** getrennt werden.

◆ **De|stru|ent** ⟨m.; -en, -en; Ökol.⟩ letzes Glied einer Nahrungskette, das organische in anorganische Substanz umwandelt

◆ **de|stru|ie|ren** ⟨V.⟩ zerstören [<lat. *destruere* »vernichten«]

◆ **De|struk|ti|on** ⟨f.; -, -en⟩ Zerstörung [<lat. *destructio*]

◆ **de|struk|tiv** ⟨Adj.⟩ zerstörend, zersetzend, auf Umsturz bedacht; *~e Politik* [→ *Destruktion*]

◆ **De|struk|ti|vi|tät** ⟨[-vi-] f.; -; unz.⟩ destruktive, zerstörerische Art od. Handlungsweise

de|szen|dent *auch:* **des|zen|dent** ⟨Adj.; Geol.⟩ absteigend; *Ggs* aszendent

De|szen|dent *auch:* **Des|zen|dent** ⟨m.; -en, -en⟩ **1** Abkömmling, Nachkomme **2** ⟨Astron.⟩ **2.1** untergehendes Gestirn **2.2** Punkt, an dem ein Gestirn untergeht; *Ggs* Aszendent [<lat. *descendens*, Part. Präs. zu *descendere* »herabsteigen«]

De|szen|denz *auch:* **Des|zen|denz** ⟨f.; -, -en⟩ **1** ⟨unz.⟩ Abstammung, Nachkommenschaft **2** ⟨Astron.; zählb.⟩ Untergang eines Gestirns; *Ggs* Aszendenz [zu lat. *descendere* »herabsteigen«]

de|szen|die|ren *auch:* **des|zen|die|ren** ⟨V.⟩ absteigen, sinken [<lat. *descendere* »herabsteigen«]

dé|ta|ché ⟨[detaʃeː] Adj.; Musik⟩ kräftig, kurz, zwischen Auf- und Abstrich des Bogens gesetzt (zu spielen) [frz., »lose, getrennt«]

Dé|ta|ché ⟨[detaʃeː] n.; -s, -s; Musik⟩ Bogenstrich, der kurz u. kräftig zwischen Auf- u. Abstrich gesetzt wird

De|tache|ment ⟨[detaʃmãː] n.; -s, -s od. schweiz. [detaʃmɛnt] n.; -(e)s, -e; veraltet; Mil.⟩ Truppenabteilung mit besonderer Aufgabe [<frz. *détachement* »Abteilung«; → *detachieren*]

De|ta|cheur ⟨[-ʃøːr] m.; -s, -e⟩ **1** ⟨Müllerei⟩ Maschine zur Auflockerung des Mahlguts **2** ⟨chem. Reinigung⟩ Fachmann für Fleckenentfernung [frz.; → *detachieren*]

De|ta|cheu|se ⟨[-ʃøːzə] f.; -, -n⟩ Fachfrau für Fleckenentfernung

de|ta|chie|ren ⟨[-ʃiː-] V.⟩ **1** ⟨Mil.⟩ *Soldaten, Truppenteile* ~ für eine Sonderaufgabe abordnen, abzweigen; *Ggs* attachieren **2** ⟨Müllerei⟩ *Mahlgut* ~ zerbröckeln **3** ⟨Chemie⟩ *Textilien* ~ Flecken aus T. entfernen [<frz. *détacher* »lösen, abtrennen«]

de|ta|chiert ⟨[-ʃiːrt] Adj.; geh.⟩ distanziert, kühl, ohne innere Anteilnahme; *in einem ~en Ton berichten*; →*a.* detachieren

De|tail ⟨[-taːj] n.; -s, -s⟩ etwas Einzelnes, Einzelheit; →*a.* en détail; *ins ~ gehen* [<frz. *détail*]

De|tail|han|del ⟨[-taːj-] m.; -s; unz.; Kaufmannsspr.; veraltet⟩ Einzelhandel, Kleinhandel; *Ggs* Engroshandel

De|tail|händ|ler ⟨[-taːj-] m.; -s, -; veraltet⟩ Einzelhändler; *Sy* Detaillist, ⟨österr.⟩ Engrossist

de|tail|lie|ren ⟨[-tajiː-] V.⟩ **1** bis ins Detail erklären, darstellen **2** ⟨Kaufmannsspr.⟩ in kleinen Mengen, stückweise verkaufen

de|tail|liert ⟨[-tajiːrt] Adj.⟩ in allen Einzelheiten, bis ins Detail, ausführlich, genauestens; *eine ~e Analyse vorbereiten*

De|tail|list ⟨[-tajɪst] m.; -en, -en; veraltet⟩ = Detailhändler

de|tail|reich ⟨[detaːj-] Adj.⟩ reich an Details, sehr ausführlich; *sehr ~ schilderte ein Junge das Geschehen*

De|tek|tei ⟨f.; -, -en⟩ Büro eines Detektivs

de|tek|tie|ren ⟨V.⟩ durch zielgerichtetes Untersuchen und Recherchieren herausfinden od. aufspüren; →*a.* Detektiv

De|tek|tiv ⟨m.; -s, -e [-və]⟩ privater, berufsmäßiger Ermittler von Straftaten u. zivilrechtl. Angelegenheiten; *Privat~*; →*a.* detektieren [<engl. *detective;* → *Detektor*]

De|tek|ti|vin ⟨[-vɪn] f.; -, -vin|nen [-vɪn-]⟩ private, berufsmäßige Ermittlerin von Straftaten u. zivilrechtl. Angelegenheiten; *Privat~*

de|tek|ti|visch ⟨[-vɪʃ] Adj.⟩ der Art eines Detektivs ähnlich

De|tek|tor ⟨m.; -s, -to|ren⟩ **1** ⟨Technik⟩ Gerät od. Geräteteil zum Nachweis nicht direkt zugänglicher Stoffe od. Vorgänge **2** ⟨Funkw.⟩ Gleichrichter für Hochfrequenzströme; *Sy* Kristall (1.2) [<lat. *detector* »Enthüller, Aufdecker«; zu *detegere* »aufdecken, enthüllen«]

Dé|tente ⟨[detãːt] f.; -; unz.⟩ Entspannung (bes. politisch) [frz.]

De|ter|gens ⟨n.; -, -gen|zi|en od. -gen|tia [-tsja]⟩ **1** ⟨Chemie⟩ die Oberflächenspannung des Wassers herabsetzender Stoff, in Waschmitteln enthalten **2** wundreinigendes Mittel [zu lat. *detergere* »abwischen, reinigen«]

De|te|ri|o|ra|ti|on ⟨f.; -, -en⟩ Verschlechterung [zu lat. *deterior* »geringer, minder würdig, weniger gut«]

de|te|ri|o|rie|ren ⟨V.⟩ verschlechtern, verfallen lassen [<lat. *deterior* »geringer, minder würdig, weniger gut«]

De|ter|mi|nan|te ⟨f.; -, -n⟩ **1** Teilchen ungeklärter chemischer Natur, das die Entwicklung eines Eies oder Embryos bestimmt **2** ⟨Math.⟩ Rechenhilfsmittel der Algebra, wird als quadratisches Schema aus den Koeffizienten von linearen Gleichungen gebildet [<lat. *determinans*, Part. Präs. zu *determinare* »begrenzen«]

De|ter|mi|na|ti|on ⟨f.; -, -en⟩ **1** Begriffsbestimmung, Abgrenzung **2** der Vorgang, durch den eine bestimmte Entwicklungsrichtung eines Körperteils festgelegt wird [<lat. *determinatio* »Begrenzung«]

de|ter|mi|na|tiv ⟨Adj.; Sprachw.⟩ bestimmend, eingrenzend, festlegend [→ *determinieren*]

De|ter|mi|na|tiv|kom|po|si|tum ⟨n.; -s, -si|ta; Gramm.⟩ Kompositum, bei dem das erste Glied das zweite näher bestimmt, z. B. Arztpraxis = die Praxis eines Arztes

De|ter|mi|na|tiv|pro|no|men ⟨n.; -s, - od. -mi|na; Gramm.⟩ = Determinativum

De|ter|mi|na|ti|vum ⟨[-vum] n.; -s, -ti|va [-va]; Gramm.⟩ Demonstrativpronomen mit bes. hervorhebender, auswählender Funktion, z. B. derjenige, derselbe; *Sy* Determinativpronomen

de|ter|mi|nie|ren ⟨V.; Gramm.⟩ bestimmen, abgrenzen, entscheiden [<lat. *determinare* »begrenzen, bestimmen«]

De|ter|mi|niert|heit ⟨f.; -; unz.⟩ das Determiniertsein

De|ter|mi|nis|mus ⟨m.; -; unz.; Philos.⟩ Lehre, dass der menschl. Wille von äußeren Ursachen bestimmt u. daher nicht frei sei; *Ggs* Indeterminismus [<lat. *determinare* »begrenzen, bestimmen«]

De|ter|mi|nist ⟨m.; -en, -en⟩ Anhänger des Determinismus

de|ter|mi|nis|tisch ⟨Adj.⟩ den Determinismus betreffend, in seinem Sinne aufgefasst, Willensfreiheit ausschließend

de|tes|ta|bel ⟨Adj.; veraltet⟩ verabscheuenswert, abscheulich; *eine detestable Affäre* [<frz. *détestable* <lat. *detestabilis*]

De|to|na|ti|on ⟨f.; -, -en⟩ eine unter Knallerscheinung u. Gasentwicklung sehr rasch vor sich gehende, schneller als eine Deflagration, aber langsamer als eine Explosion verlaufende, chem. Reaktion [<frz. *détonation*]

D

D

De|to|na|tor ⟨m.; -s, -to|ren⟩ Zünder, der eine Sprengladung zündet [<frz. *détonateur* + lat. Endung]

de|to|nie|ren ⟨V.⟩ **1** in Form einer Detonation zersetzen, verbrennen; →*a.* explodieren **2** unrein singen, spielen [<frz. *détoner*]

De|tri|ment *auch:* **Det|ri|ment** ⟨n.; -(e)s, -e⟩ Schaden, Verlust (bes. durch Abnutzung), Einbuße [<frz. *détriment* »Schaden, Nachteil«]

De|tri|tus *auch:* **Det|ri|tus** ⟨m.; -; unz.; Biol.⟩ feinste Teilchen anorgan. Substanzen u. zerfallender Tier- u. Pflanzenreste als Schwebestoffe od. Bodensatz im Wasser [lat., Part. Perf. zu *deterere* »ab-, zerreiben«]

det|to ⟨österr.⟩ = dito [ital., »das Besagte, Vorgenannte«]

De|tu|mes|zenz ⟨f.; -, -en; Med.⟩ Abschwellung, z. B. einer entzündl. Schwellung, bes. der Geschlechtsteile nach dem Geschlechtsakt; *Ggs* Intumeszenz [<*De*... + *tumescere* »schwellen«]

Deuce ⟨[dju:s] m.; -; unz.; Sport; bes. Tennis⟩ Einstand; →*a.* Advantage [engl., eigtl. »Zwei (im Kartenspiel)« <afrz. *deus* <lat. *duos* »zwei«]

De|us ⟨m.; -, Dei [de:i]⟩ **1** Gott **2** ~ *ex Machina* **2.1** ⟨im antiken Theater⟩ Göttergestalt, die durch eine mechan. Vorrichtung erschien u. den Konflikt löste **2.2** ⟨fig.⟩ plötzl. erscheinender Helfer, überraschende Lösung aus Konflikten [lat., »der Gott (aus der Maschine)«]

Deu|ter|a|go|nist *auch:* **Deu|te|ra|go|nist** ⟨m.; -en, -en; Theat.⟩ der zweite Schauspieler im altgrch. Theater; →*a.* Protagonist (1), Tritagonist [<grch. *deuteros* »zweite(r, -s)« + *Agonist*]

Deu|ter|an|o|ma|lie ⟨f.; -, -n; Med.⟩ Grünschwäche, herabgesetzte Grünempfindlichkeit; *oV* Deuteroanomalie [<grch. *deuteros* »zweiter« + *Anomalie*]

Deu|ter|an|o|pie *auch:* **Deu|te|ra|no|pie** ⟨f.; -, -n; Med.⟩ Rotgrünblindheit; *oV* Deuteroanopie [<grch. *deuteros* »zweite(r, -s)« + *Anopie*]

Deu|te|ri|um ⟨n.; -s; unz.; chem. Zeichen: D od. ²H⟩ ein Isotop des Wasserstoffs mit dem Atomgewicht 2,015, natürliches Vorkommen im schweren Wasser, Verwendung als Fusionsmaterial für Wasserstoffbomben und zukünftige Fusionsreaktoren [<grch. *deuteros* »der zweite«]

Deu|te|ro|an|o|ma|lie ⟨f.; -, -n; Med.⟩ = Deuteranomalie

Deu|te|ro|an|o|pie ⟨f.; -, -n; Med.⟩ = Deuteranopie

Deu|te|ron ⟨n.; -s, -ro|nen; Kernphysik⟩ Atomkern des Deuteriums, bestehend aus einem Neutron u. einem Proton [grch., »das zweite«]

Deu|te|ro|no|mi|um ⟨n.; -s; unz.; AT⟩ das fünfte Buch Mose [lat., eigtl. »Wiederholung des Gesetzes« <grch. *deuteros* »der zweite« + *nomos* »Gesetz, Vorschrift«]

Deu|te|ro|plas|ma ⟨n.; -s, -men; Biol.⟩ = Deutoplasma

Deu|te|ro|sto|mi|er *auch:* **Deu|te|ros|to|mi|er** ⟨m.; -s, -; Zool.⟩ Tier, bei dem der Urmund zum After wird, während der Mund am anderen Ende des Urdarms neu entsteht [<grch. *deuteros* »der zweite« + *Stoma*]

Deu|to|plas|ma ⟨n.; -s, -men; Biol.⟩ im Plasma einer Zelle als Reservestoffe gespeicherte Eiweiße, Fette u. a.; *oV* Deuteroplasma [<grch. *deuteros* »der zweite« + *Plasma*]

Deux|pi|èces *auch:* **Deux-Pi|èces** ⟨[dø:pjɛ:s] n.; -, -⟩ zweiteiliges Damenkleid [frz., »zwei Teile«]

De|va|lu|a|ti|on ⟨[-va-] f.; -, -en; Wirtsch.⟩ = Devalvation

De|val|va|ti|on ⟨[-valva-] f.; -, -en; Wirtsch.⟩ Abwertung, Herabsetzen des Wertes einer Währung; *oV* Devaluation [<frz. *dévaluation*]

de|val|va|ti|o|nis|tisch ⟨[-valva-] Adj.⟩ Devalvation bewirkend, abwertend; *Sy* devalvatorisch

de|val|va|to|risch ⟨[-valva-] Adj.⟩ = devalvationistisch

de|val|vie|ren ⟨[-valvi:-] V.⟩ *eine Währung* ~ den Wert einer W. herabsetzen, eine W. abwerten [<frz. *dévaluer*]

De|va|na|ga|ri ⟨[-va-] f.; -; unz.⟩ wichtigste Schrift im heutigen Indien; *oV* Dewanagari [Sanskrit]

> **Devastation** (*Worttrennung am Zeilenende*) Analog zur Worttrennung im Deutschen gilt auch für Fremdwörter, dass die Konsonantenverbindung *»st«* zu trennen ist, da sie nicht für einen Einzellaut steht.

De|vas|ta|ti|on ⟨[-vas-] f.; -, -en⟩ Verwüstung, Verheerung [zu lat. *devastare* »gänzlich verwüsten«]

de|vas|tie|ren ⟨[-vas-] V.⟩ verwüsten, verheeren; *eine Stadt, ein Land* ~ [<lat. *devastare* »gänzlich verwüsten«]

De|ve|lo|per ⟨[divɛləpə(r)] m.; -s, -; Fot.⟩ chem. Flüssigkeit zur Entwicklung von Fotografien [engl., »Entwickler«]

De|ver|ba|tiv ⟨[-vɛr-] n.; -s, -va [-va]; Gramm.⟩ von einem Verb abgeleitetes Wort (Substantiv od. Adjektiv), z. B. »Schenkung« von »schenken« [<*De*... + lat. *verbum* »Wort«]

de|ves|tie|ren ⟨[-vɛs-] V.; im MA⟩ Lehen od. Priesterwürde entziehen [<lat. *devestire* »entkleiden«]

De|ves|ti|tur ⟨[-vɛs-] f.; -, -en; im MA⟩ Entziehung des Lehens od. der Priesterwürde [zu lat. *devestire* »entkleiden«]

de|vi|ant ⟨[-vi-] Adj.; Soziol.⟩ von der Norm abweichend [<lat. *devians*, Part. Präs. von *deviare* »abweichen«]

De|vi|anz ⟨[-vi-] f.; -; unz.; Soziol.⟩ Abweichung von der Norm

De|vi|a|ti|on ⟨[-vi-] f.; -, -en⟩ **1** Abweichung von der Richtung, vom vorgeschriebenen Weg **2** Ablenkung der Kompassnadel **3** ⟨Stat.⟩ Abweichung vom Mittelwert **4** ⟨Genetik⟩ Abweichung der Merkmale einer Art von denen ihrer Stammart [→ *deviieren*]

de|vi|ie|ren ⟨[-vi-] V.⟩ abweichen [<lat. *deviare* »vom rechten Wege abweichen«; zu *via* »Weg«]

De|vi|se ⟨[-vi:-] f.; -, -n⟩ **1** Wahlspruch **2** ⟨meist Pl.⟩ ~*n* Zahlungsmittel in ausländ. Währung [frz.]

De|vi|sen|swap ⟨[-vi:zənswɔp] m.; -s, -s; Wirtsch.⟩ zeitgleiche Durchführung eines Kassa- u. eines Termingeschäfts am Devisenmarkt; →*a.* Swapgeschäft [zu engl. *swap* »austauschen«]
de|vi|tal ⟨[-vi-] Adj.⟩ leblos, abgestorben [<*de...* + lat. *vita* »Leben«]
De|vo|lu|ti|on ⟨[-vo-] f.; -, -en; Rechtsw.⟩ Übergang eines Rechtes od. Besitzes an einen anderen [→ *devolvieren*]
de|vol|vie|ren ⟨[-vɔlvi:-] V.; Rechtsw.⟩ **1** abwälzen **2** an eine höhere Instanz gehen [<lat. *devolvere* »herabwälzen, herabrollen«]
De|von ⟨[-vo:n] n.; -s od. -; unz.; Geol.⟩ Formation des Paläozoikums vor 360-290 Mill. Jahren mit Meeresüberflutungen u. beginnender variszischer Gebirgsbildung [nach der engl. Grafschaft *Devon*shire]
de|vo|nisch ⟨[-vo:-] Adj.⟩ zum Devon gehörend, aus dem Devon stammend
de|vot ⟨[-vo:t] Adj.⟩ unterwürfig, übertrieben ehrerbietig, kriecherisch, diensteifrig, ergeben [<lat. *devotus* »treu ergeben«]
De|vo|ti|on ⟨[-vo-] f.; -; unz.⟩ Ergebenheit, Unterwürfigkeit, hingebende Verehrung [<lat. *devotio* »Weihung, das Gelobben«]
De|vo|ti|o|na|li|en ⟨[-vo-] nur Pl.⟩ Andachtsgegenstände, z. B. Rosenkranz [→ *Devotion*]
De|wa|na|ga|ri ⟨f.; -; unz.⟩ = Devanagari
De|xio|gra|fie ⟨f.; -; unz.⟩ = Dexiographie
de|xio|gra|fisch ⟨Adj.⟩ = dexiographisch
De|xio|gra|phie ⟨f.; -; unz.⟩ das Schreiben von links nach rechts; *oV* Dexiografie [<grch. *dexios* »rechts« + *...graphie*]
de|xio|gra|phisch ⟨Adj.⟩ zur Dexiographie gehörend, auf ihr beruhend; *oV* dexiografisch

◆Die Buchstabenfolge **dex|tr...** kann auch **dext|r...** getrennt werden.

◆ **Dex|trin** ⟨n.; -s, -e; Chemie⟩ Kohlenhydratgemisch wechselnder Zusammensetzung, das durch Einwirkung von Fermenten, Hitze od. Säuren auf Stärke entsteht, u. a. zur Herstellung von Klebstoffen für Appreturzwecke u. zum Verdicken von Druckfarben verwendet [<lat. *dexter* »recht(s)«]
◆ **dex|tro..., Dex|tro...** ⟨in Zus.⟩ rechts..., rechtsseitig, Rechts... [<lat. *dexter* »recht(s)«]
◆ **dex|tro|gyr** ⟨Adj.; Physik; Zeichen: d⟩ die Ebene des polarisierten Lichtes im Uhrzeigersinne drehend, rechtsdrehend [<lat. *dexter* »recht(s)« + grch. *gyros* »Ring, Kreis, Windung«]
◆ **Dex|tro|kar|die** ⟨f.; -, -n⟩ Verlagerung des Herzens auf die rechte Seite des Brustkorbs [<lat. *dexter* »recht(s)« + grch. *kardia* »Herz«]
◆ **Dex|tro|pur**® ⟨n.; -s; unz.⟩ ein Traubenzuckerpräparat [<lat. *dexter* »recht(s)« + *purus* »rein«]
◆ **Dex|tro|se** ⟨f.; -; unz.⟩ = Glukose
Dez. ⟨Abk. für⟩ Dezember
De|zem ⟨m.; -s, -s; Gesch.; vom MA bis ins 19. Jh.⟩ Zehnt, Abgabe des zehnten Teils vom Ertrag eines Grundstücks an die katholische Kirche [<lat. *decem* »zehn«]
De|zem|ber ⟨m.; -s od. -, -; Abk.: Dez.⟩ der 12. Monat des Jahres [<lat. *december* »der zehnte (Monat) des mit dem März beginnenden altröm. Jahres«; zu *decem* »zehn«]
De|zem|vir ⟨[-vir] m.; -s od. -n, -n⟩ Mitglied des Dezemvirats [<lat. *decemviri* »Zehn-Männer-Kollegium, Zehn-Männer-Rat«]
De|zem|vi|rat ⟨[-vi-] n.; -(e)s, -e; im alten Rom⟩ Zehn-Männer-Kollegium [<lat. *decemviratus* »Amt des Zehn-Männer-Rates«]
De|zen|ni|um ⟨n.; -s, -ni|en⟩ Jahrzehnt [<lat. *decennium* »Jahrzehnt« <*decem* »zehn« + *annus* »Jahr«]
de|zent ⟨Adj.⟩ *Ggs* indezent **1** anständig, geziemend, schicklich **2** unauffällig, unaufdringlich [<lat. *decens* »schicklich, geziemend«]
de|zen|tral *auch:* **de|zent|ral** ⟨Adj.⟩ vom Mittelpunkt weg verlegt; *Ggs* zentral (1)
De|zen|tra|li|sa|ti|on *auch:* **De|zent|ra|li|sa|ti|on** ⟨f.; -, -en⟩ Aufgliederung, Übertragung von Aufgaben u. Befugnissen auf untergeordnete Behörden, Abteilungen od. Institutionen zur Selbstverwaltung; *oV* Dezentralisierung; *Ggs* Zentralisation
de|zen|tra|li|sie|ren *auch:* **de|zent|ra|li|sie|ren** ⟨V.⟩ auseinanderlegen, aufgliedern; *Ggs* zentralisieren
De|zen|tra|li|sie|rung *auch:* **De|zent|ra|li|sie|rung** ⟨f.; -, -en⟩ = Dezentralisation
de|zen|trie|ren *auch:* **de|zent|rie|ren** ⟨V.⟩ die Mitte, den Mittelpunkt aufgeben u. in einzelne Bereiche aufgliedern; *Ggs* zentrieren
De|zenz ⟨f.; -; unz.⟩ *Ggs* Indezenz **1** Anstand, Schicklichkeit **2** Unauffälligkeit, Unaufdringlichkeit [<lat. *decentia* »Schicklichkeit, Anstand«]
De|zer|nat ⟨n.; -(e)s, -e⟩ Aufgaben-, Sachgebiet, Amts-, Geschäftsbereich [verkürzt u. irrtümlich aufgefasst aus dem lat. Aktenvermerk: *Decernat collega N.* »Kollege N. möge entscheiden«]
De|zer|nent ⟨m.; -en, -en⟩ Leiter eines Dezernats, Berichterstatter für eine übergeordnete Behörde [<lat. *decernens,* Part. Präs. zu *decernere* »entscheiden, bestimmen«]
De|zer|nen|tin ⟨f.; -, -tin|nen⟩ weibl. Dezernent
De|zett ⟨n.; -(e)s, -e; Musik⟩ Komposition für zehn Soloinstrumente [<lat. *decem* »zehn«]
de|zi..., De|zi... ⟨Abk.: d; vor Maßeinheiten⟩ zehntel..., Zehntel... [<lat. *decem* »zehn«]
De|zi|ar ⟨n.; -s, -e od. (bei Zahlenangaben) -; Abk.: da⟩ $^1/_{10}$ Ar
De|zi|bel ⟨a. ['---] n.; -s, -; Abk.: dB⟩ $^1/_{10}$ Bel
de|zi|die|ren ⟨V.⟩ entscheiden [<lat. *decidere* »entscheiden«]
de|zi|diert ⟨Adj.⟩ entschieden, bestimmt; *sehr ~ Stellung nehmen*
De|zi|gramm ⟨n.; -(e)s, -e od. (bei Zahlenangaben) -; Abk.: dg⟩ $^1/_{10}$ Gramm

De|zi|li|ter ⟨n. od. m.; -s, -; Abk.: dl⟩ ¹⁄₁₀ Liter

de|zi|mal ⟨Adj.; Math.⟩ auf der Zahl 10 beruhend [<lat. *decimus* »der Zehnte«]

De|zi|mal|bruch ⟨m.; -(e)s, -brüche; Math.⟩ durch Komma bezeichneter Bruch, dessen Nenner aus einer Zehnerpotenz (10, 100, 1000) gebildet ist, z. B. 0,52 = ⁵²⁄₁₀₀

De|zi|ma|le ⟨f.; -, -n; Math.⟩ rechts vom Komma eines Dezimalbruchs stehende Zahl, Dezimalzahl, Dezimalstelle [<lat. *decimus* »der zehnte (Teil)«; zu *decem* »zehn«]

de|zi|ma|li|sie|ren ⟨V.; Math.⟩ auf das Dezimalsystem umstellen; *ein Gewichtssystem ~*

De|zi|mal|klas|si|fi|ka|ti|on ⟨f.; -; unz.; Abk.: DK; Math.⟩ von dem US-amerikan. Bibliothekar M. Dewey erfundenes System zur Ordnung des gesamten Wissens in 10 Klassen mit je 10 Divisionen u. wieder je 10 Sektionen usw.

De|zi|mal|po|tenz ⟨f.; -, -en; Pharm.⟩ Verdünnungsgrad von homöopathischen Arzneimitteln, der auf der Zahl 10 beruht

De|zi|mal|rech|nung ⟨f.; -; unz.; Math.⟩ Rechnung mit Dezimalbrüchen

De|zi|mal|sys|tem ⟨n.; -s; unz.; Math.⟩ auf der Zahl 10 beruhendes Zahlen- u. Rechensystem; *Sy* dekadisches System

De|zi|mal|waa|ge ⟨f.; -, -n⟩ Waage, bei der das Verhältnis von Last u. aufgelegtem Gewicht 10:1 ist

De|zi|me ⟨f.; -, -n; Musik⟩ **1** der zehnte Ton der diaton. Tonleiter **2** zehnstufiges Intervall [<lat. *decima,* Fem. zu *decimus* »der Zehnte«; zu *decem* »zehn«]

De|zi|me|ter ⟨m. od. n.; -s, -; Abk.: dm⟩ ¹⁄₁₀ Meter

de|zi|mie|ren ⟨V.⟩ **1** ⟨urspr.⟩ jeden zehnten Mann töten **2** ⟨danach⟩ stark vermindern, große Verluste zufügen [<lat. *decimare* »den zehnten Mann bestrafen«]

De|zi|si|on ⟨f.; -, -en; geh.⟩ Entscheidung [<lat. *decisio* »Abkommen, Vergleich«]

de|zi|siv ⟨Adj.⟩ entscheidend, bestimmt [<frz. *décisif*]

De|zi|siv|stim|me ⟨f.; -, -n; in polit. Körperschaften⟩ zur Abstimmung berechtigte Stimme; *Ggs* Deliberativstimme

De|zi|ster ⟨m.; -s od. -, -e od. -s (bei Zahlenangaben Pl.: -)⟩ ¹⁄₁₀ Kubikmeter [<*Dezi… +Ster*]

De|zi|ton|ne ⟨f.; -, -n; Abk.: dt⟩ ¹⁄₁₀ Tonne [<*Dezi… + Tonne*]

dg ⟨Abk. für⟩ Dezigramm

Dg ⟨früher Abk. für⟩ Dekagramm

D. G. ⟨Abk. für⟩ Dei gratia

Dham|ma ⟨n. od. m.; -s, -s⟩ = Dharma

Dhar|ma ⟨n. od. m.; -s, -s⟩ *oV* Dhamma **1** Zentralbegriff ind. Philosophien u. Religionen **2** die einer Sache innewohnende Eigengesetzlichkeit **3** ⟨Hinduismus⟩ göttliches Recht u. Pflicht zur Einhaltung der Gesetze **4** ⟨Buddhismus⟩ die Lehre Buddhas u. die wesenlosen Daseinselemente, die im Weltprozess zusammenwirken [Sanskrit, »Stütze, Halt, Gesetz«]

Dhau ⟨f.; -, -en⟩ = Dau

d'hondt|sche(s) Sys|tem *auch:* **d'Hondt'sche(s) Sys|tem** ⟨n.; -n -s; unz.; Politik⟩ System der Sitzverteilung bei Verhältniswahlen [nach dem Rechtswissenschaftler Victor *d'Hondt,* 1841-1901]

di…[1], **Di…**[1] ⟨Vorsilbe⟩ = dis…, Dis…

di…[2], **Di…**[2] ⟨Vorsilbe⟩ doppelt, zwei [<grch. *dis* »zweimal«; zu *dyo* »zwei«]

di…[3], **Di…**[3] ⟨Vorsilbe⟩ = dia…, Dia…

Dia ⟨n.; -s, -s; kurz für⟩ Diapositiv

di|a…, Di|a… ⟨Vorsilbe⟩ **1** durch, hindurch **2** auseinander, getrennt [grch.]

Di|a|bas ⟨m.; -es, -e; Min.⟩ zähes, dunkelgrünes od. schwarzes, subvulkanisches Gestein aus Plagioklas, Augit, Hornblende, Olivin, als Pflasterstein u. Schottermaterial verwendet [<grch. *diabasis* »Übergang, Durchgang«]

Di|a|be|tes ⟨m.; -; unz.; Med.⟩ **1** mit starker Wasserausscheidung verbundene Krankheit **2** ~ *insipidus* Erkrankung durch Störung des Zwischenhirns u. der Hirnanhangdrüse, führt zu starker Wasserausscheidung u. großem Durst **3** ~ *mellitus* Störung des Kohlenhydratstoffwechsels durch mangelnde Insulinbildung im Körper, Zuckerharnruhr, Zuckerkrankheit **4** ~ *renalis* eine Nierenanomalie, bei der die Niere bei normalem Kohlenhydratstoffwechsel vermehrt Zucker durchlässt, Nierendiabetes [grch., »Zirkel«; zu *diabainein* »hindurch-, hinübergehen«; zu 2: <neulat. *insipidus* »geschmacklos«; zu 3: <lat. *mellitus* »honigsüß«; zu 4: <lat. *renalis* »die Nieren betreffend«; zu *ren,* Gen. *renis* »Niere«]

Di|a|be|ti|ker ⟨m.; -s, -; Med.⟩ an Diabetes Erkrankter

Di|a|be|ti|ke|rin ⟨f.; -, -rin|nen; Med.⟩ an Diabetes Erkrankte

di|a|be|tisch ⟨Adj.; Med.⟩ den Diabetes mellitus (Zuckerkrankheit) betreffend, zu ihm gehörig, von ihm stammend [→ *Diabetes*]

Di|a|be|to|lo|ge ⟨m.; -n, -n; Med.⟩ Wissenschaftler, der sich mit Diabetes befasst

Di|a|be|to|lo|gie ⟨f.; -; unz.; Med.⟩ Wissenschaft, die sich mit der Erforschung der Diabetes befasst

Di|a|be|to|lo|gin ⟨f.; -, -gin|nen; Med.⟩ Wissenschaftlerin, die sich mit Diabetes befasst

Di|a|bo|lie ⟨f.; -; unz.; geh.⟩ satanisches, teuflisches Naturell, gehässiger Charakter, diabolisches Verhalten; *Sy* Diabolik

Di|a|bo|lik ⟨f.; -; unz.⟩ = Diabolie

di|a|bo|lisch ⟨Adj.⟩ teuflisch, bösartig; *ein ~er Plan* [<grch. *diabolos* »Teufel«, eigtl. »Verleumder, Zwietrachtstifter«]

Di|a|bo|lo ⟨n.; -s, -s⟩ Spiel mit einem Doppelkegel, der mit Hilfe einer gespannten Schnur in Drehung versetzt, in die Höhe geworfen u. wieder aufgefangen wird [< ital. *diavolo* <grch. *diabolos* »Teufel«]

Di|a|bo|lus ⟨m.; -; unz.; geh.⟩ der Teufel [neulat.]

di|a|chron ⟨[-kro:n] Adj.⟩ = diachronisch

Di|a|chro|nie ⟨[-kro-] f.; -; unz.; Sprachw.⟩ historisch-vergleichende Sprachwissenschaft;

→*a.* Synchronie [<grch. *dia* »hindurch« + *chronos* »Zeit«]

di|a|chro|nisch ⟨[-kro:-] Adj.⟩ *oV* diachron **1** ⟨allg.⟩ die geschichtlichen Aspekte berücksichtigend **2** ⟨Sprachw.⟩ den Aspekt der sprachgeschichtlichen Entwicklung betreffend; →*a.* synchronisch

Di|a|dem ⟨n.; -s, -e⟩ Stirn- od. Kopfschmuck [<grch. *diadema* »Binde; das um den Turban des Perserkönigs geschlungene blau-weiße Band«]

Di|a|do|che ⟨[-xə] m.; -n, -n⟩ **1** ⟨urspr.⟩ einer der Feldherren u. Nachfolger Alexanders d. Gr. **2** Nachfolger eines Herrschers od. einer leitenden Persönlichkeit [<grch. *diadochos* »Nachfolger«]

Di|a|fo|nie ⟨f.; -, -n; Zus.⟩ = Diaphonie

Di|a|ge|ne|se ⟨f.; -, -n; Geol.⟩ langfristige Gesteinsverfestigung durch chemische u. physikal. Vorgänge; *Sy* Metamorphose (1) [<*Dia...* + *Genese*]

◆ Die Buchstabenfolge **di|a|gn...** kann auch **di|ag|n...** getrennt werden.

◆ **Di|a|gno|se** ⟨f.; -, -n⟩ **1** ⟨Med.⟩ Erkennung, Feststellung (einer Krankheit); *eine ~ stellen; die ~ auf Herzversagen stellen* **2** Bestimmung der systemat. Stellung einer Tier- od. Pflanzenart nach ihren Merkmalen [zu grch. *diagnoskein* »genau untersuchen, unterscheiden«]

◆ **Di|a|gno|se|zen|trum** *auch:* **Di|a|gno|se|zent|rum** ⟨n.; -s, -zentren; Med.⟩ Klinik mit überwiegend diagnost. Aufgaben

◆ **Di|a|gnos|tik** ⟨f.; -; unz.; Med.⟩ Lehre von der Diagnose (1)

◆ **Di|a|gnos|ti|ker** ⟨m.; -s, -; Med.⟩ jmd., der eine Diagnose stellt

◆ **Di|a|gnos|ti|ke|rin** ⟨f.; -, -rin|nen; Med.⟩ weibl. Person, die eine Diagnose stellt

◆ **di|a|gnos|tisch** ⟨Adj.; Med.⟩ eine Diagnose betreffend

◆ **di|a|gnos|ti|zie|ren** ⟨V.; Med.⟩ erkennen; *eine Krankheit als Scharlach ~*

di|a|go|nal ⟨Adj.⟩ **1** ⟨Geom.⟩ zwei nichtbenachbarte Ecken eines Vielecks od. Vielflachs geradlinig verbindend **2** weder waagerecht noch senkrecht, sondern schräg laufend; ⟨umg.⟩ *ein Buch ~ lesen* sehr flüchtig [<lat. *diagonalis* <grch. *dia* »hindurch« + *gonia* »Winkel«]

Di|a|go|nal ⟨m.; - od. -s, -s; Textilw.⟩ Kleiderstoff mit Schrägstreifenbindung

Di|a|go|na|le ⟨f.; -, -n; Geom.⟩ Verbindungslinie zweier nichtbenachbarter Ecken eines Vielecks od. Vielflächners

Dia|graf ⟨m.; -en, -en⟩ = Diagraph

Dia|gramm ⟨n.; -s, -e⟩ **1** ⟨Stat.⟩ grafische Darstellung von zahlenmäßigen Abhängigkeiten zwischen zwei od. mehreren Größen, Schaubild **2** schemat. Grundriss der Blüte; *Blüten~* [<grch. *diagramma* »Zeichnung, geometr. Figur«]

Dia|graph ⟨m.; -en, -en⟩ Gerät zum Zeichnen von Körperumrissen; *oV* Diagraf [<grch. *diagraphein* »mit Linien umziehen, abzeichnen«]

Dia|kaus|tik ⟨f.; -, -en; Optik⟩ durch opt. Linsen hervorgerufene Kaustik; *Ggs* Katakaustik

dia|kaus|tisch ⟨Adj.; Optik⟩ die Diakaustik betreffend, auf ihr beruhend, von ihr stammend

Di|a|kon ⟨m.; -s od. -en, -en od. -e⟩ **1** niederer kath. Geistlicher **2** ⟨evang. Kirche⟩ Gemeindehelfer [<grch. *diakonos* »Diener«]

Di|a|ko|nat ⟨n.; -(e)s, -e⟩ **1** Amt eines Diakons **2** Wohnung eines Diakons

Di|a|ko|nie ⟨f.; -; unz.; in der evang. Kirche⟩ sozialer Hilfs- u. Pflegedienst an Armen u. Bedürftigen [→ *Diakon*]

di|a|ko|nisch ⟨Adj.⟩ die Diakonie betreffend, zu ihr gehörig, auf ihr beruhend; *Diakonisches Werk* Hilfs- u. Missionsorganisation der Evang. Kirche in Deutschland (seit 1957)

Di|a|ko|nis|se ⟨f.; -, -n⟩ = Diakonissin

Di|a|ko|nis|sin ⟨f.; -, -sin|nen; evang. Kirche⟩ Gemeindeschwester, Armen- u. Krankenpflegerin; *oV* Diakonisse [→ *Diakon*]

Di|a|ko|nus ⟨m.; -, -ko|nen⟩ evang. Hilfsgeistlicher [→ *Diakon*]

Dia|kri|se ⟨f.; -, -kri|sen⟩ Trennung, Unterscheidung (bes. von Krankheiten); *oV* Diakrisis; *Ggs* Synkrise, Synkrisis [<grch. *diakrisis* »Trennung, Unterscheidung«]

Dia|kri|sis ⟨f.; -, -kri|sen⟩ = Diakrise

dia|kri|tisch ⟨Adj.⟩ unterscheidend, zur Unterscheidung dienend; *Ggs* synkritisch; *~es Zeichen* ⟨Sprachw.⟩ einem Buchstaben hinzuzufügendes Zeichen für Unterschiede der Aussprache, z. B. die Cedille u. die Akzente [zu grch. *diakrisis* »Unterscheidung«]

Dia|lekt ⟨m.; -(e)s, -e⟩ Mundart [<grch. *dialektos* »Unterredung, Redeweise«]

dia|lek|tal ⟨Adj.⟩ mundartlich

Dia|lekt|geo|gra|fie ⟨f.; -; unz.; Sprachw.⟩ Forschung, die die Ausbreitung u.Grenzen der Dialekte feststellt; *oV* Dialektgeographie

Dia|lekt|geo|gra|phie ⟨f.; -; unz.; Sprachw.⟩ = Dialektgeografie

Dia|lek|tik ⟨f.; -; unz.; Philos.⟩ **1** Kunst der wissenschaftlichen Gesprächsführung, Fähigkeit zu diskutieren **2** Methode, durch Denken in Gegensatzbegriffen zur Erkenntnis u. zur Überwindung der Gegensätze zu gelangen [verkürzt <grch. *dialektike techne* »Kunst des (bes. wissenschaftlichen) Streitgesprächs«]

Dia|lek|ti|ker ⟨m.; -s, -⟩ **1** jmd., der die Rede, Diskutierkunst beherrscht **2** Vertreter der Dialektik (2)

dia|lek|tisch ⟨Adj.⟩ **1** mundartlich **2** die Dialektik betreffend, in der Art der Dialektik; *~er Materialismus* ⟨umg. Kurzwort: Diamat⟩ philosoph. Anschauung, nach der jede Entwicklung als Ergebnis der sich ständig dialektisch verwandelnden u. in Wechselbeziehung zueinander stehenden Formen der Materie anzusehen ist

Dia|lek|tis|mus ⟨m.; -, -tis|men; Sprachw.⟩ dialektaler Ausdruck eines hochsprachlichen Wortes

Dia|lek|to|lo|ge ⟨m.; -n, -n; Sprachw.⟩ Wissenschaftler auf dem Gebiet der Dialektologie

Dia|lek|to|lo|gie ⟨f.; -; unz.; Sprachw.⟩ Mundartforschung [<*Dialekt* + *…logie*]

Dia|lek|to|lo|gin ⟨f.; -, -gin|nen; Sprachw.⟩ Wissenschaftlerin auf dem Gebiet der Dialektologie

dia|lek|to|lo|gisch ⟨Adj.; Sprachw.⟩ zur Dialektologie gehörend, auf ihr beruhend

Dia|ler ⟨[daɪlə(r)] m.; -s, -; Tel.⟩ automatisches Wählprogramm, das meistens unbemerkt vom Nutzer auf seinem Computer installiert wurde u. das neue kostenpflichtige Telefonverbindungen aufbaut; *ungewollt einen ~ installieren* [<engl. *dialler;* zu engl. *dial* »(an)wählen«]

Di|al|le|le ⟨f.; -, -n; Philos.⟩ logisch falscher Schluss [zu grch. *dia allelon* »durcheinander«]

Dia|log ⟨m.; -(e)s, -e⟩ **1** Gespräch zwischen zweien od. mehreren, Wechselrede; *Ggs* Monolog **2** philosophische Erörterung **3** ⟨EDV⟩ Wechsel zwischen Frage u. Antwort im Rechnersystem [<*Dia…* + *…log*[1]]

dia|lo|gisch ⟨Adj.⟩ in Dialogform

dia|lo|gi|sie|ren ⟨V.⟩ in Dialogform (um)setzen

Dia|lo|gis|mus ⟨m.; -, -gis|men; Lit.; Rhet.⟩ als Stilmittel eingesetztes Selbstgespräch, in dem der Redner Fragen an sich selbst richtet u. diese auch selbst beantwortet

Dia|ly|sat ⟨n.; -(e)s, -e; Chemie⟩ Produkt der Dialyse

Dia|ly|sa|tor ⟨m.; -s, -to|ren⟩ Gerät zum Durchführen einer Dialyse

Dia|ly|se ⟨f.; -, -n⟩ **1** ⟨Chemie⟩ Verfahren zur Trennung niedermolekularer von höhermolekularen Stoffen (Kolloiden) mittels einer halbdurchlässigen Hülle **2** ⟨Med.⟩ Reinigung des Blutes von Giftstoffen bei mangelhafter Nierenfunktion [<grch. *dialysis* »Auflösung«]

Dia|ly|se|ap|pa|rat ⟨m.; -(e)s, -e; Med.⟩ Gerät zur Reinigung des Blutes von Giftstoffen (z. B. Harnstoff)

Dia|ly|se|zen|trum *auch:* **Dia|ly|se|zent|rum** ⟨n.; -s, -tren; Med.⟩ Spezialklinik, in der Dialysen durchgeführt werden

dia|ly|sie|ren ⟨V.; Chemie⟩ durch Dialyse (1) trennen

dia|ly|tisch ⟨Adj.⟩ auf Dialyse beruhend

di|a|ma|gne|tisch *auch:* **di|a|mag|ne|tisch** ⟨Adj.⟩ den Diamagnetismus betreffend, auf ihm beruhend; *Ggs* paramagnetisch

Di|a|ma|gne|tis|mus *auch:* **Di|a|mag|ne|tis|mus** ⟨m.; -; unz.⟩ Eigenschaft von Stoffen, deren Atome kein magnet. Moment aufweisen; *Ggs* Paramagnetismus

Di|a|mant[1] ⟨m.; -en, -en; Min.⟩ aus reinem Kohlenstoff bestehendes, härtestes Mineral, ein wertvoller Edelstein wegen der hohen Lichtbrechung seiner Kristalle; *schwarze ~en* ⟨fig.⟩ Steinkohle [<frz. *diamant* <vulgärlat. **adiamante,* Kreuzung von grch. *adamas,* Gen. *adamantos* »der Unbezwingliche« + *diaphainein* »durchscheinen«]

Di|a|mant[2] ⟨f.; -; unz.; Typ.⟩ ein Schriftgrad (4 Punkt)

Di|a|mant|boh|rer ⟨m.; -s, -⟩ Bohrer mit Diamantspitze, z. B. in der Zahnmedizin verwendet

di|a|man|ten ⟨Adj.⟩ aus einem oder mehreren Diamanten bestehend, beschaffen, funkelnd wie ein Diamant; *von ~em Glanze* ⟨poet.⟩; *~e Hochzeit* 60. Hochzeitstag, (landsch. a.) 75. Hochzeitstag

Di|a|mat ⟨m.; -; unz.; umg.; Politik; Kurzwort für⟩ dialektischer Materialismus

Dia|me|ter ⟨m.; -s, -⟩ Durchmesser [<*Dia…* + *…meter*]

dia|me|tral *auch:* **dia|met|ral** ⟨Adj.⟩ **1** entgegengesetzt; *~e Punkte* beide Endpunkte eines Kreis- od. Kugeldurchmessers **2** ⟨fig.⟩ völlig anders [→ *Diameter*]

dia|me|trisch *auch:* **dia|met|risch** ⟨Adj.⟩ dem Durchmesser entsprechend, auf den Durchmesser bezüglich [→ *Diameter*]

Di|a|mid ⟨n.; -s; unz.; Chemie⟩ = Hydrazin [<*Di…*[2] + *Amid*]

Di|a|mi|ne ⟨Pl.; Chemie⟩ Stoffklasse organ. Verbindungen, die in ihrem Molekülgerüst zwei Aminogruppen (NH_2) enthalten [<*Di…*[2] + *Amin*]

Di|a|ne|tik ⟨f.; -; unz.⟩ (stark umstrittene) Theorie, nach der alle Krankheitsbilder durch den Einsatz bestimmter psychotherapeutischer Mittel geheilt werden können (vertreten von dem Scientologen L. R. Hubbard) [<grch. *dia* »durch« + *nous* »Seele, Denken«]

Di|a|pa|son ⟨m. od. n.; -s, -s od. -so|ne; Musik⟩ **1** altgrch. Oktave **1.1** Orgelregister **2** ⟨m.; -s, -s⟩ Normalstimmungshöhe (Kammerton) **2.1** Stimmgabel [<grch. *dia pason* »durch alle hindurch« (d. h. alle acht Saiten od. Töne)]

Dia|pau|se ⟨f.; -, -n; bei wirbellosen Tieren⟩ Phase ausgeprägter Entwicklungsruhe mit herabgesetztem Stoffwechsel [<grch. *diapausis* »das Dazwischenausruhen«]

Di|a|pe|de|se ⟨f.; -, -n; Med.⟩ Austritt von Blutkörperchen durch die unverletzte Gefäßwand [zu grch. *diapedaein* »hindurchdringen«]

di|a|phan ⟨Adj.⟩ durchscheinend, durchsichtig [<grch. *diaphainein* »durchscheinen lassen«]

Di|a|pha|nie ⟨f.; -, -n⟩ durchscheinendes, auf Glas gemaltes Bild

Di|a|pha|ni|tät ⟨f.; -; unz.; Meteor.⟩ auf Lichtstrahlen bezogene Durchlässigkeit

Di|a|pha|no|skop *auch:* **Di|a|pha|nos|kop** ⟨n.; -s, -e⟩ Gerät zur Ausleuchtung von Körperhöhlen [<*diaphan* + *…skop*]

Di|a|pha|no|sko|pie *auch:* **Di|a|pha|nos|ko|pie** ⟨f.; -, -n⟩ Ausleuchtung von Körperhöhlen [<*diaphan* + *…skopie*]

Di|a|pho|nie ⟨f.; -, -n; Musik⟩ Missklang; *oV* Diafonie [<grch. *diaphonia* »Widerspruch, Disharmonie«]

Di|a|pho|ra ⟨f.; -; unz.; Rhet.⟩ **1** Betonung des Unterschiedes (zweier Dinge), Unstimmigkeit **2** Wiederholung eines Wortes innerhalb eines Satzes, jedoch mit anderer od. verstärkender Bedeutung [zu grch. *diapherein* »auseinandertragen, einen Unterschied machen«]

Di|a|pho|re|se ⟨f.; -; unz.; Med.⟩ das Schwitzen [<grch. *diaphorein* »verbreiten, zerteilen«]

Di|a|phrag|ma ⟨n.; -s, -phrag|men⟩ **1** ⟨Anat.⟩ **1.1** Scheidewand zwischen Körperhöhlen 1.2 Zwerchfell 2 ⟨Technik⟩ poröse Scheidewand als Filter für Flüssigkeiten od. Gase 3 ⟨Optik⟩ Blende 4 mechanisches Empfängsnisverhütungsmittel [<grch. *diaphragma* »Scheidewand«]

Di|a|phy|se ⟨f.; -, -n; Anat.⟩ Mittelstück des Röhrenknochens [<*Dia…* + *…physe*]

Di|a|pir ⟨m.; -s, -e; Geol.⟩ zumeist aus Salz bestehender Gesteinskörper, der bei Faltungen durch höhere Gesteinsschichten gepresst wurde, Salzdom, Salzhorst, Salzstock [zu grch. *diapeirein* »durchbohren«]

Dia|po|si|tiv ⟨a. [----'-] n.; -s, -e [-və]; kurz: Dia⟩ durchsichtiges Lichtbild auf Glas od. Film (zur Projektion) [<*Dia*skop + *positiv*]

Dia|pro|jek|tor ⟨m.; -s, -en⟩ Projektor für Diapositive; *Sy* Diaskop

Di|ä|re|se ⟨f.; -, -n⟩ *oV* Diäresis 1 Trennung, Zerreißung 2 getrennte Aussprache zweier nebeneinanderstehender Vokale, von denen einer oft durch ein Trema bezeichnet wird, z. B. »Alë|uten« 3 ⟨Metrik⟩ Gliederung, Einschnitt durch Zusammentreffen von Versfuß u. Wortende [<grch. *diaresis* »Trennung«]

Di|ä|re|sis ⟨f.; -, -re|sen⟩ = Diärese

Di|a|ri|um ⟨n.; -s, -ri|en⟩ 1 Notizbuch 2 Schul-, Schreibheft 3 Tagebuch [lat., »Buch für tägl. Eintragungen«]

Di|ar|rhö ⟨f.; -, -en; Med.⟩ Durchfall

di|ar|rhö|isch ⟨Adj.; Med.⟩ mit Diarrhö verbunden

Di|ar|thro|se *auch:* **Di|arth|ro|se** ⟨f.; -, -n; Anat.⟩ Gelenk [zu grch. *diarthroein* »gliedern«]

di|a|schist ⟨[-sçi̩st] Adj.; Geol.⟩ nicht übereinstimmend mit der chem. Mischung artähnlicher Gesteine; *Ggs* aschist [<*dia…* + grch. *schisis* »Spaltung, Trennung«]

Dia|skop ⟨n.; -s, -e⟩ = Diaprojektor [<*Dia…* + *…skop*]

Di|a|spo|ra *auch:* **Di|as|po|ra** ⟨f.; -; unz.; Rel.⟩ 1 die Mitglieder einer Kirche u. ihre zerstreuten Gemeinden im Gebiet einer andersgläubigen Bevölkerung 2 kirchliche od. völkische Minderheit; *in der ~ leben* [<grch. *diaspora* »Zerstreuung«]

Di|a|sta|se *auch:* **Di|as|ta|se** ⟨f.; -, -n⟩ 1 Ferment des Kohlenhydratabbaus, das Stärke in Maltose umwandelt; *Sy* Amylase 2 das Auseinanderklaffen von Muskeln od. Knochen [<*Dia…* + *…stase*]

Di|a|ste|ma *auch:* **Di|as|te|ma** ⟨n.; -s, -ma|ta; Med.; Anat.⟩ bei Säugetieren vorkommender Zwischenraum in der Zahnreihe, Affenlücke [<grch. *diastema* »Zwischenraum, Abstand«]

Di|a|sto|le *auch:* **Di|as|to|le** ⟨f.; -, -sto|len; Med.⟩ 1 die auf die Kontraktion folgende Erweiterung der Herzkammern; *Ggs* Systole 2 Dehnung kurzer Vokale aus Verszwang [<grch. *diastole* »Trennung, Unterschied«]

di|a|sto|lisch *auch:* **di|as|to|lisch** ⟨Adj.; Med.⟩ die Diastole (1) betreffend, auf ihr beruhend; *Ggs* systolisch

Dia|sys|tem ⟨n.; -s, -e; Sprachw.⟩ einem od. mehreren Systemen übergeordnetes System

di|ät ⟨Adj.⟩ der Diät entsprechend, mäßig; *er lebt ~*

Di|ät ⟨f.; -, -en⟩ eine der Konstitution (des Kranken) gemäße Lebens- u. Ernährungsweise, Schonkost, Krankenkost; *(strenge) ~ (ein)halten; eine ~ verordnen; nach einer bestimmten ~ leben* [<lat. *diaeta* »vom Arzt verordnete Lebensweise« <grch. *diaita* »Leben, Lebensweise«]

Di|ät|as|sis|ten|tin ⟨f.; -, -tin|nen; in Krankenhäusern, Heimen⟩ Frau, die nach ärztlicher Anweisung Diätpläne für Patienten zusammenstellt (Berufsbezeichnung); *Sy* Diätistin

Di|ä|ten ⟨nur Pl.⟩ Tagegelder, Aufwandsentschädigung, Reisespesen, z. B. für Abgeordnete [<mlat. *dieta* »Tagelohn« <lat. *dies* »Tag«]

Di|ä|te|tik ⟨f.; -; unz.⟩ Lehre von der gesunden Ernährung u. Lebensweise [<grch. *diaitetike techne* »Kunst der gesunden Lebensweise«]

Di|ä|te|ti|kum ⟨n.; -s, -ti|ka⟩ die Gesundheit förderndes Nahrungsmittel

di|ä|te|tisch ⟨Adj.⟩ die Diät betreffend, auf sie bezüglich, ihr gemäß

Dia|thek ⟨f.; -, -en⟩ Sammlung von Diapositiven [<*Dia*positiv + *…thek*]

dia|ther|man ⟨Adj.⟩ durchlässig für Wärmestrahlen; *Ggs* atherman [→ *Diathermie*]

Dia|the|se ⟨f.; -, -n; Med.⟩ besondere Empfänglichkeit für eine Krankheit [<grch. *diathesis* »Einrichtung, Ordnung«]

di|ä|tisch ⟨Adj.⟩ die Ernährung betreffend, zu ihr gehörig

Di|ä|tis|tin ⟨f.; -, -tin|nen⟩ = Diätassistentin

Di|a|to|mee ⟨[-meːə] f.; -, -n; Bot.⟩ braune, einzellige Alge von mannigfaltigen Formen, Kieselalge: Diatomeae [<grch. *diatomos* »halb durchgeschnitten«]

Di|a|to|me|en|er|de ⟨f.; -; unz.; Min.⟩ sehr leichtes, hellgraues od. rötliches Pulver, das sich bei niederen Temperaturen im Süßwasser durch Ablagerung von Diatomeen bildet, Kieselgur

Di|a|to|mit ⟨m.; -s; unz.; Min.⟩ poröses, toniges Diatomeengestein, technisch zur Wärmeisolierung verwendet

Dia|to|nik ⟨f.; -; unz.; Musik⟩ 1 Tonfolge, die sich überwiegend durch Ganztonschritte bewegt 2 das abendländ. Dur-Moll-System; *Ggs* Chromatik [zu grch. *diatonos* »durchtönend, verschieden tönend«]

dia|to|nisch ⟨Adj.; Musik⟩ 1 sich überwiegend durch Ganztonschritte bewegend 2 in der Tonfolge einer Dur- od. Molltonleiter; *Ggs* chromatisch; *~es Tonsystem* = Diatonik

dia|to|pisch ⟨Adj.; Sprachw.⟩ regional, ortsspezifisch; *~e Sprachvariante* [<grch. *dia* »(hin)durch« + *topos* »Ort«]

Di|a|tri|be *auch:* **Di|at|ri|be** ⟨f.; -, -n; Lit.⟩ Streit-, Schmähschrift, gelehrte Abhandlung od. Unterhaltung [<grch. *diatribe* »Zeitverlust, Zeitvertreib, Beschäftigung, Gespräch«]

Di|a|vo|lo ⟨[-vo-] m.; -, -vo|li⟩ Teufel [ital.]

D

D

Di|a|zi|ne ⟨Pl.; Chemie⟩ Gruppe organischer Verbindungen mit sechsgliedrigen Ringsystemen, bei denen zwei Stickstoffatome in das Ringgerüst eingebaut sind [<*di...*[2] + *Azot*]
Di|a|zo|ver|bin|dung ⟨f.; -, -en; Chemie⟩ organisch-chemische Verbindung, die im Gegensatz zu den Azoverbindungen die Azogruppe (-N = N-) an ringförmige Kohlenwasserstoffreste gebunden enthält
dib|beln ⟨V.; Landw.⟩ die Aussaat (mit Hilfe einer Maschine) in Reihen mit großen Zwischenräumen einbringen [engl.]
Dib|buk ⟨m.; - od. -s, -s; in der Kabbalistik⟩ sündige Seele eines Toten, die als böser Geist von einem Menschen Besitz ergreift u. ihn quält; *oV* Dybbuk [hebr., »Anhaftung«]
Di|bra|chys ⟨[-xys] m.; -, -; Metrik⟩ antiker Versfuß, der aus zwei Kürzen besteht [<grch. *di* »zweimal« + *brachys* »kurz«]
Di|car|bon|säure ⟨f.; -, -n; Chemie; fachsprachl.⟩ organ. Säure, die zwei Carboxylgruppen (-COOH) im Molekül enthält; *oV* Dikarbonsäure
Di|cen|tra *auch:* **Di|cent|ra** ⟨f.; -, -trae [-trɛː]; Bot.⟩ zur Familie der Mohngewächse gehörige Gattung, zu der z. B. die Gartenzierpflanze »Tränendes Auge« gehört [<grch. *di* »zweimal« + *kentron* »Sporn«]
Di|cha|si|um ⟨[-çaː-] n.; -s, -si|en; Bot.⟩ Sprosssystem, bei dem zwei Seitenzweige eines Hauptsprosses die Verzweigung in gleicher Weise fortsetzen [<grch. *dicha* »zweifach«]
Di|cho|ga|mie ⟨[-ço-] f.; -; unz.; Bot.⟩ zeitlich getrennter Reifeprozess der weiblichen u. männlichen Geschlechtsorgane bei einer Zwitterblüte, wodurch eine Selbstbefruchtung verhindert wird; *Ggs* Homogamie; →*a.* Heterogamie [<grch. *dicha* »auseinander, zweifach, getrennt« + *...gamie*]
Di|cho|re|us ⟨[-ço-] m.; -, -re|en; Metrik⟩ antiker Versfuß, der aus zwei Choreen besteht [<grch. *di* »zweimal« + *choreia* »Tanz«]
di|cho|tom ⟨[-ço-] Adj.⟩ gabelartig, zweiteilig; *oV* dichotomisch [<grch. *dicha* »zweifach« + *tome* »Schnitt«]
Di|cho|to|mie ⟨[-ço-] f.; -, -n⟩ **1** ⟨Bot.⟩ gabelartige Verzweigung, einfache Aufspaltung in Richtung der Längsachsen **2** ⟨Philos.⟩ Zweiteilung, Gliederung nach zwei Gesichtspunkten
di|cho|to|misch ⟨[-ço-] Adj.⟩ = dichotom
Di|chro|is|mus ⟨[-kro-] m.; -; unz.⟩ die Eigenschaft doppelbrechender Kristalle, nach ihren beiden opt. Richtungen im polarisierten Licht verschiedene Farben zu zeigen [<grch. *dichroos* »zweifarbig«]
di|chro|i|tisch ⟨[-kro-] Adj.⟩ den Dichroismus betreffend, auf ihm beruhend
Di|chro|ma|sie ⟨[-kro-] f.; -, -n; Med.⟩ = Dichromatopsie
Di|chro|ma|te ⟨[-kro-] Pl.; Chemie⟩ Salze der Dichromsäure mit dem Säurerest Cr_2O_7; *Sy* ⟨veraltet⟩ Bichromate [<*Di...*[2] + *Chromat*]
di|chro|ma|tisch ⟨[-kro-] Adj.⟩ zweifarbig
Di|chro|mat|op|sie *auch:* **Di|chro|ma|top|sie** ⟨[-kro-] f.; -, -n; Med.⟩ angeborene Farbenblindheit, bei der nur zwei der drei Grundfarben wahrgenommen werden; *Sy* Dichromasie [<*Di...*[2] + grch. *chroma* »Farbe« + *...opsie*]
Di|chro|mie ⟨[-kro-] f.; -, -n⟩ unterschiedliche Färbung von Tieren der gleichen Art, die in den häufigsten Fällen vom Geschlecht abhängt [<*Di...*[2] + *...chromie*]
Di|chro|skop *auch:* **Di|chros|kop** ⟨[-kro-] n.; -s, -e⟩ bes. von Juwelieren benutztes Instrument zur Untersuchung von Kristallen auf Doppelbrechung [<grch. *dichroos* »zweifarbig« + *skopein* »schauen«]
dic|tan|do ⟨Adv.⟩ diktierend, beim Diktieren; *oV* diktando [lat., »durch Vorsprechen, in die Feder sagend«]
Dic|ti|on|naire ⟨[dɪksjonɛːr] n.; -s, -e od. m.; -s, -e⟩ = Diktionär [frz.]
Dic|tum ⟨n.; -s, Dic|ta⟩ = Diktum
Di|dak|tik ⟨f.; -; unz.; Päd.⟩ Theorie des Unterrichts, Unterrichtslehre [<grch. *didaktike techne* »zum Unterricht gehörende, belehrende Kunst«; zu *didaskein* »lehren«]
Di|dak|ti|ker ⟨m.; -s, -; Päd.⟩ **1** jmd., der in der Didaktik erfahren ist **2** jmd., der sich wissenschaftlich mit Didaktik beschäftigt
Di|dak|ti|ke|rin ⟨f.; -, -rin|nen; Päd.⟩ weibl. Didaktiker
di|dak|tisch ⟨Adj.; Päd.⟩ **1** die Didaktik betreffend, auf ihr beruhend **2** belehrend, lehrhaft
di|dak|ti|sie|ren ⟨V.; Päd.⟩ einen Lehrstoff im Hinblick auf seine didaktische Vermittelbarkeit vorbereiten
Diddl® ⟨f.; -, -s⟩ Spielzeug mit dem Aussehen einer lustigen Springmaus mit großen Füßen [zu engl. *diddle* »beschwindeln, betrügen; müßig gehen«]
Di|dge|ri|doo *auch:* **Did|ge|ri|doo** ⟨[dɪdʒərɪduː] n.; -s, -s; Musik⟩ ein dem Aussehen nach dem Alphorn ähnliches, aus Holz od. Bambus gefertigtes, rohrartiges Blasinstrument der austral. Ureinwohner [Ursprung unklar, vermutlich aus der Aboriginessprache]
Di|dot|sys|tem *auch:* **Di|dot-Sys|tem** ⟨[didoː-] n.; -s; unz.⟩ typograf. Punktsystem [nach dem frz. Buchdrucker François-Ambroise *Didot,* 1730-1804]
Di|dym ⟨n.; -s; unz.; Min.⟩ aus den beiden Metallen der seltenen Erden, Neodym u. Praseodym, bestehendes Mineralgemisch [zu grch. *didymos* »zweifach«]
Di|dy|mi|tis ⟨f.; -, -ti|den; Med.⟩ Hodenentzündung [<grch. *didymos* »zweifach, doppelt«]
Di|e|ge|se ⟨f.; -, -n⟩ Darstellung, Erzählung, Bericht [<grch. *diegesis* »Erörterung, Bericht«]
Di|e|lek|tri|kum *auch:* **Di|e|lekt|ri|kum** ⟨n.; -s, -tri|ka; El.⟩ = Isolator (2) [<*dielektrisch;* → *elektrisch*]
di|e|lek|trisch *auch:* **di|e|lekt|risch** ⟨Adj.; El.⟩ nichtleitend, isolierend [<*dia...* + *elektrisch*]
Di|elek|tri|zi|täts|kon|stan|te *auch:* **Di|elekt|ri|zi|täts|kons|tan|te** ⟨f.; -, -n; El.⟩ Zahl, die bezeichnet,

um wie viel höher ein Kondensator aufgeladen werden kann, bei dem zwischen den Kondensatorplatten anstelle von Luft ein Dielektrikum verwendet wird

Di|e|ne ⟨Pl.; Chemie⟩ Gruppe ungesättigter Kohlenwasserstoffe mit zwei Doppelbindungen im Molekül; *Sy* Diolefine

Di|es aca|de|mi|cus ⟨m.; - -; unz.⟩ Feiertag an der Universität [lat., »akademischer Tag«]

Di|e|se ⟨f.; -, -n⟩ = Diesis

Di|es Irae ⟨m.; - -; unz.⟩ Tag des Zorns [lat., Anfang eines lat. Hymnus auf das Weltgericht]

Di|e|sis ⟨f.; -, -e|sen; Zeichen: #; Musik⟩ Zeichen für die Erhöhung um einen halben Ton, Kreuz; *oV* Diese [zu grch. *diienai* »durchlassen«]

Dif|fa|ma|ti|on ⟨f.; -, -en⟩ Verleumdung, Herabsetzung

dif|fa|ma|to|risch ⟨Adj.⟩ herabsetzend, verleumderisch

Dif|fa|mie ⟨f.; -, -n⟩ verleumderische, herabsetzende Äußerung

dif|fa|mie|ren ⟨V.⟩ herabsetzen, Übles nachreden, verleumden; *jmdn. (bei anderen) ~* [<lat. *diffamare* »unter die Leute bringen, in üblen Ruf bringen«]

Dif|fa|mie|rung ⟨f.; -, -en⟩ das Diffamieren

dif|fe|rent ⟨Adj.⟩ unterschiedlich, verschieden, ungleich; *in diesem Punkt haben sie ~e Meinungen* [<lat. *differe* »verschieden sein«]

dif|fe|ren|ti|al ⟨Adj.⟩ = differenzial

Dif|fe|ren|ti|al ⟨n.; -s, -e⟩ = Differenzial

Dif|fe|ren|ti|al|ana|ly|sa|tor ⟨m.; -s, -en⟩ = Differenzialanalysator

Dif|fe|ren|ti|al|di|a|gno|se *auch:* **Dif|fe|ren|ti|al|di|ag|no|se** ⟨f.; -, -n; Abk.: DD; Med.⟩ = Differenzialdiagnose

Dif|fe|ren|ti|al|geo|me|trie *auch:* **Dif|fe|ren|ti|al|geo|met|rie** ⟨f.; -s; unz.⟩ = Differenzialgeometrie

Dif|fe|ren|ti|al|ge|trie|be ⟨n.; -s, -⟩ = Differenzialgetriebe

Dif|fe|ren|ti|al|glei|chung ⟨f.; -, -en; Math.⟩ = Differenzialgleichung

Dif|fe|ren|ti|al|quo|ti|ent ⟨m.; -, -en; Math.⟩ = Differenzialquotient

Dif|fe|ren|ti|al|rech|nung ⟨f.; -; unz.; Math.⟩ = Differenzialrechnung

Dif|fe|ren|ti|a|ti|on ⟨f.; -, -en⟩ = Differenziation

dif|fe|ren|ti|ell ⟨Adj.⟩ = differenziell

Dif|fe|renz ⟨f.; -, -en⟩ **1** ⟨allg.⟩ Unterschied **2** ⟨Math.⟩ Ergebnis einer Subtraktion; *die ~ zwischen 10 u. 15 ist 5* **3** Rest, Restposten, Fehlbetrag **4** Streit, Meinungsverschiedenheit; →*a.* Divergenz [<lat. *differentia* »Verschiedenheit, Unterschied«; zu *differe* »verschieden sein«]

Dif|fe|renz|be|rei|ni|gung ⟨f.; -, -en; Pl. selten; schweiz.⟩ Verfahren zur Bereinigung von abweichenden Beschlüssen von National- u. Ständerat; *eine ~ im Parlament*

Dif|fe|ren|zen|rech|nung ⟨f.; -; unz.; Math.⟩ Zweig der Analysis (1), der die Grundlagen der veränderlichen Funktionen im Hinblick auf die Variablen untersucht, von denen sie abhängen; →*a.* Integralrechnung

differenzial / differential (*Laut-Buchstaben-Zuordnung*) Lässt sich ein fremdsprachiges Adjektiv auf ein Substantiv zurückführen, das auf »z« endet, wie z. B. »*Differenz*«, so ist neben der herkunftssprachlichen Schreibung mit »*t*« auch eine integrierte Schreibweise mit »z« möglich (→*a.* dependenziell / dependentiell).

dif|fe|ren|zi|al ⟨Adj.⟩ einen Unterschied begründend, einen Unterschied darstellend; *oV* differential, differenziell [→ *different*]

Dif|fe|ren|zi|al ⟨n.; -s, -e⟩ *oV* Differential **1** sehr kleine Größe in der Differenzialrechnung **2** = Differenzialgetriebe [→ *different*]

Dif|fe|ren|zi|al|ana|ly|sa|tor ⟨m.; -s, -en⟩ = Analogrechner; *oV* Differentialanalysator

Dif|fe|ren|zi|al|di|a|gno|se *auch:* **Dif|fe|ren|zi|al|di|ag|no|se** ⟨f.; -, -n; Abk.: DD; Med.⟩ verfeinerte, gegen ähnliche Krankheiten abgrenzende Diagnose; *oV* Differentialdiagnose

Dif|fe|ren|zi|al|geo|me|trie *auch:* **Dif|fe|ren|zi|al|geo|met|rie** ⟨f.; -; unz.; Geom.⟩ Zweig der Geometrie, der geometrische Eigenschaften von Kurven u. Flächen mit Hilfe der Infinitesimalrechnung untersucht; *oV* Differentialgeometrie

Dif|fe|ren|zi|al|ge|trie|be ⟨n.; -s, -⟩ Planetengetriebe, das den Antrieb zweier Wellen von einer Antriebswelle aus mit gleichem od. verschiedenem Drehmoment gestattet, wobei die angetriebenen Wellen mit verschieden großer Umdrehung laufen können, Ausgleichsgetriebe; *oV* Differentialgetriebe; *Sy* Differential

Dif|fe|ren|zi|al|glei|chung ⟨f.; -, -en; Math.⟩ Gleichung zwischen den Variablen einer Funktion u. deren Ableitungen; *oV* Differentialgleichung

Dif|fe|ren|zi|al|quo|ti|ent ⟨m.; -, -en; Math.⟩ in Differenzialgleichungen auftretende Größe; *oV* Differentialquotient

Dif|fe|ren|zi|al|rech|nung ⟨f.; -; unz.; Math.⟩ Teilgebiet der Mathematik, das sich mit dem Übergang von endlichen zu unendlich kleinen Größen der mathematischen Analysis befasst; *oV* Differentialrechnung; *Sy* Differenziation (3)

Dif|fe|ren|zi|a|ti|on ⟨f.; -, -en⟩ *oV* Differentiation **1** Aussonderung, verschiedenartige Entwicklung **2** ⟨Geol.⟩ Zerfall eines Magmas in stofflich verschiedene Gesteine, z. B. Granitmagma in Diorit, Syenit, Gabbro, Serpentin **3** ⟨Math.⟩ = Differenzialrechnung [→ *differenzieren*]

dif|fe|ren|zi|ell ⟨Adj.⟩ = differenzial; *oV* differentiell

Dif|fe|ren|zier|bar|keit ⟨f.; -; unz.⟩ Eigenschaft mathematischer Funktionen, die sich differenzieren lassen

dif|fe|ren|zie|ren ⟨V.⟩ **1** unterscheiden, Unterschiede betonen zwischen, trennen **2** abstufen, verfeinern; *ein differenzierter Charakter; eine differenzierte Maschine* **3** *sich ~* Gestalt, Form gewinnen [→ *Differenz*]

D

dif|fe|ren|zi̲ert ⟨Adj.⟩ vielfach abgestuft, detailliert, aufgefächert, nuanciert; *eine ~e Stellungnahme*; →*a.* differenzieren

Dif|fe|ren|zie̲|rung ⟨f.; -, -en⟩ 1 Betonung der Unterschiede 2 Verfeinerung, Abstufung 3 Auseinanderentwicklung, Herausbildung von Unterschieden, von Abweichungen, Sonderung, Aufspaltung, Gliederung

dif|fe|rie̲|ren ⟨V.⟩ verschieden sein, abweichen, anderer Meinung sein [<frz. *différer* »aufschieben, verzögern, voneinander abweichen« <lat. *differe*]

dif|fi|zi̲l ⟨Adj.⟩ 1 schwierig 2 sehr genau 3 heikel [<lat. *difficilis*, frz. *difficile* »schwierig«]

Dif|flu|e̲nz ⟨f.; -, -en; Geol.⟩ Teilung eines Gletscherstromes; *Ggs* Konfluenz [zu lat. *diffluentia* »das Zerfließen«]

dif|fo̲rm ⟨Adj.⟩ missgestaltet [<frz. *difforme;* <lat. *forma* »Gestalt«]

Dif|for|mi|tä̲t ⟨f.; -, -en⟩ Missbildung, Missgestalt

dif|fra̲kt ⟨Adj.⟩ zerbrochen [<lat. *diffractus*]

Dif|frak|ti|o̲n ⟨f.; -, -en; Optik⟩ Abweichung vom geradlinigen Strahlengang, Beugung

dif|fun|die̲|ren ⟨V.⟩ eine Diffusion erfahren [<lat. *diffundere* »ausgießen, ausbreiten«]

dif|fu̲s ⟨Adj.⟩ 1 zerstreut 2 nicht klar abgegrenzt, verschwommen, wirr; *~es Gerede* [<lat. *diffusus* »ausgedehnt, weitläufig, zerstreut«]

Dif|fu|si|o̲n ⟨f.; -, -en⟩ 1 Zerstreuung 2 Verschmelzung 3 die auf der Wärmebewegung (Brown'schen Bewegung) der Moleküle beruhende, selbstständige Vermischung von Gasen, Lösungen od. mischbaren Flüssigkeiten 4 Prozess der räumlichen u. zeitlichen Ausbreitung einer fortschrittlichen Neuerung

Dif|fu|si|o|nis|mus ⟨m.; -; unz.⟩ 1 Arbeitsrichtung vor allem der nordamerikan. Völkerkunde, die die Weiterverbreitung u. eventuelle gleichzeitige Veränderung einzelner Kulturelemente u. -komplexe untersucht unter Außerachtlassung von Zeit, Ursache u. Art u. Weise 2 eine völkerkundl. Theorie, die jede frühe Kulturentwicklung auf einen einzigen Entstehungsherd (Ägypten) zurückführen will; *Sy* heliolithische Theorie

Dif|fu|si|o̲ns|pum|pe ⟨f.; -, -n⟩ Öl- od. Quecksilberdampfstrahlpumpe zur Erzeugung höchster Vakua, wobei das wegzupumpende Gas diffundiert

Dif|fu̲|sor ⟨m.; -s, -so̲|ren⟩ 1 Rohrteil mit sich erweiterndem Querschnitt 2 transparente Plastikscheibe zur gleichmäßigen Helligkeitsverteilung des einfallenden Lichts

di|ge̲n ⟨Adj.; Biol.⟩ entstanden durch die Verschmelzung zweier Zellen [<*di...*[2] + *...gen*]

di|ge|rie̲|ren ⟨V.⟩ 1 auslaugen 2 verdauen [<lat. *digerere* »auseinanderbringen, trennen, einteilen«]

Di|gest ⟨[da̲ıdʒəst] m. od. n.; -s, -s⟩ Auswahl, Überblick, Zusammenstellung von Auszügen aus Zeitschriften, Büchern u. a. [engl., »Abriss, Auszug, Sammlung« <lat. *digesta* »Geordnetes, Sammlung«; Neutr. Pl. des Part. Perf. zu *digerere;* → *digerieren*]

Di|ges|ti̲f ⟨a. [-ʒɛs-] m.; -s, -s⟩ alkoholisches Getränk nach dem Essen zur Verdauungsförderung [frz., »verdauungsfördernd«; zu lat. *digerere* »verdauen«; analog zu *Aperitif*]

Di|ges|ti|o̲n ⟨f.; -, -en⟩ 1 Auszug 2 Auslaugung 3 ⟨Med.⟩ Verdauung [→ *digerieren*]

di|ges|ti̲v ⟨Adj.⟩ die Verdauung betreffend, sie anregend [→ *digerieren*]

Di|ges|ti̲|vum ⟨[-vum] n.; -s, -ti̲va [-va]; Pharm.⟩ verdauungsförderndes Mittel [→ *digestiv*]

di̲g|gen ⟨V.⟩ 1 ⟨umg.⟩ *etwas* ~ begreifen, durchschauen 2 ⟨Drogenszene⟩ Drogen konsumieren [<engl. *dig* »begreifen«, eigtl. »graben«]

Di̲g|ger ⟨m.; -s, -; früher⟩ Eigenbezeichnung der Goldschürfer [<engl. *digger* »Gräber« <*dig* »graben«]

Di̲|gi|cam ⟨[-kæm] f.; -, -s; kurz für⟩ Digitalkamera

Di̲|git ⟨[-dʒıt] n.; -s, -s; EDV⟩ (Stelle einer) Ziffer auf elektronischen Anzeigegeräten [engl.; zu lat. *digitus* »Finger«]

di|gi|ta̲l ⟨Adj.⟩ 1 in Ziffern darstellbar, mittels Ziffern 2 ⟨EDV⟩ *~e Signale* S., bei denen ein Wert stufenweise durch Ziffern angezeigt wird; *Ggs* kontinuierliche Signale; *~e Welt* = Cyberspace [<lat. *digitus* »Finger«]

Di|gi|ta̲l-Ana|lo̲g-Kon|ver|ter ⟨[-vẹr-] m.; -s, -; EDV⟩ = Digital-Analog-Wandler; *Ggs* Analog-Digital-Konverter

Di|gi|ta̲l-Ana|lo̲g-Wa̲nd|ler ⟨m.; -s, -; EDV⟩ elektronisches Gerät zur Umsetzung digitaler in analoge Signale; *Sy* Digital-Analog-Konverter; *Ggs* Analog-Digital-Wandler

Di|gi|ta̲l|auf|nah|me ⟨f.; -, -n⟩ Aufnahmetechnik, bei der die Schallwellen in einem Zahlencode gespeichert u. dann durch einen Decoder in Schallwellen zurückverwandelt werden

Di|gi|ta̲l|fern|se|hen ⟨n.; -s; unz.; TV⟩ Übertragung von Fernsehprogrammen mit Hilfe der Digitaltechnik

Di|gi|ta̲|lis ⟨f.; -; unz.; Bot.⟩ Fingerhut, giftige, als Herz- u. Kreislaufmittel verwendete, Glykoside enthaltende Gattung der Rachenblütler: Digitalis [<lat. *digitus* »Finger«]

di|gi|ta|li|sie̲|ren ⟨V.⟩ 1 ⟨Med.⟩ eine Krankheit mit Digitalispräparaten behandeln 2 ⟨EDV⟩ Daten u. Ziffern von der analogen in die digitale Darstellung umsetzen

Di|gi|ta̲l|ka|me|ra ⟨f.; -, -s; Fot.⟩ (aus der Technik der Videokamera u. des Scanners entstandene) Kamera, die auf einer digitalen Speicherkarte (z. B. einer Diskette) Bilder erstellt, die auf den Computer heraufgeladen u. dort bearbeitet werden können

Di|gi|ta̲l|rech|ner ⟨m.; -s, -; EDV⟩ mit diskreten Einheiten (Ziffern, Buchstaben) arbeitende Rechenanlage, Ziffernrechner; *Ggs* Analogrechner

Di|gi|ta̲l|tech|nik ⟨f.; -; unz.⟩ 1 Umwandlung kontinuierl. in digitale Werte 2 ⟨Messtechnik⟩ die Umsetzung von Zeigerausschlägen in Ziffern 3 ⟨Regeltechnik⟩ Auflösung des Regelwerts in einzelne Schritte

Di|gi|tal|ton|band ⟨n.; -(e)s, -bänder⟩ schmales Magnetband, das Schallsignale in digitalisierter Form aufnimmt

Di|gi|tal|uhr ⟨f.; -, -en⟩ Uhr, die die Zeit nicht mit Zeigern auf einem Ziffernblatt, sondern in drei- od. vierstelligen Ziffern angibt, z. B. 13:04

Di|gi|ti|zer ⟨[dıdʒıtaızə(r)] m.; -s, -; EDV⟩ Eingabeeinheit, die Linienführungen (Handschrift, Skizzen) aufnimmt u. digitalisiert an ein EDV-System weitergibt, ermöglicht z. B. handschriftl. Dateneingabe [engl.; zu *digitize, digitise* »umwandeln (von Daten)«]

Di|gi|to|xin ⟨n.; -s; unz.; Pharm.⟩ Glykosid, das aus den Digitalisblättern gewonnen wird und insbesondere zur Behandlung von Herzkrankheiten eingesetzt wird [<*Digit*alis + *Toxin*]

Di|gi|tus ⟨m.; -, -gi|ti; Anat.⟩ **1** Finger **2** Zehe [lat.]

Di|glos|sie ⟨f.; -, -n; Sprachw.⟩ Existenz mehrerer Sprachen (die als Hoch- u. Umgangssprache verwendet werden) in einem Gebiet [<*Di…*² + *glossa* »Sprache, Zunge«]

Di|glyph ⟨m.; -s, -e; Arch.⟩ Block mit zwei senkrechten Rinnen auf einem Architrav [<*Di…*² + grch. *glyphis* »Kerbe«]

Di|gni|tar *auch:* **Dig|ni|tar** ⟨m.; -s, -e⟩ Würdenträger [<frz. *dignité* »Würde«]

Di|gni|tät *auch:* **Dig|ni|tät** ⟨f.; -, -en⟩ hohes Amt, hohe Würde [<frz. *dignité* »Würde«]

Di|graf ⟨m. od. n.; -s, -e od. -en; Sprachw.⟩ = Digraph

> **Digraph / Digraf** (*Laut-Buchstaben-Zuordnung*) Für die Silben »*-fon, -fot, -graf*« kann in jedem Fall die eingedeutschte (integrierte) Lautschreibung verwendet werden. Die Schreibung mit »*ph*« ist jedoch ebenso zulässig und vor allem in fachsprachlichen Texten anzutreffen (→*a.* Homophon / Homofon).

Di|graph ⟨m. od. n.; -s, -e od. -en; Sprachw.⟩ Verbindung von zwei Buchstaben zur Wiedergabe eines Lautes, z. B. [ch] im Deutschen; *oV* Digraf; *Sy* Diagramma

Di|gres|si|on ⟨f.; -, -en⟩ Abweichung, Abschweifung; *astronomische* ~ der Winkel zwischen dem Vertikalkreis eines polnahen Sterns u. der Nordrichtung [<lat. *digressio* »das Auseinandergehen, Abschweifung (in der Rede)«]

di|gyn ⟨Adj.; Bot.⟩ mit zwei Griffeln ausgestattet [<*di…*² + grch. *gyne* »Frau«]

di|hy|brid *auch:* **di|hyb|rid** ⟨Adj.; Biol.⟩ in zwei erblichen Merkmalen sich unterscheidend

Di|hy|bri|de *auch:* **Di|hyb|ri|de** ⟨m.; -n, -n; Biol.⟩ Bastard, dessen Eltern sich in zwei Merkmalen unterscheiden

Di|iam|bus ⟨m.; -, -iam|ben⟩ = Dijambus

Di|jam|bus ⟨m.; -, -jam|ben; Metrik⟩ doppelter Jambus, ein antiker Versfuß; *oV* Diiambus [<*Di…*² + *Jambus*]

Di|kar|bon|säu|re ⟨f.; -, -n; Chemie⟩ = Dicarbonsäure

Di|ka|ry|ont ⟨n.; -s; unz.; Bot.⟩ Zweikernstadium, in dem vor der Befruchtung bei höher entwickelten Pilzen die Zelle jeweils einen männl. u. einen weibl. haploiden Kern enthält [<*Di…*² + grch. *karyon* »Nuss, Fruchtkern«]

Di|ke|ri|on ⟨n.; -s, -ri|en⟩ zu den Insignien des Bischofs in den Ostkirchen gehörender zweiarmiger Leuchter [<*Di…*² + grch. *kerion* »Wachslicht«]

di|klin ⟨Adj.; Bot.⟩ *~e Blüten* eingeschlechtliche Blüten, die entweder nur Staubblätter od. nur Fruchtblätter enthalten [<*di…*² + grch. *kline* »Lager«]

di|ko|tyl ⟨Adj.; Bot.⟩ zweikeimblättrig; *Ggs* monokotyl [<*di…*² + grch. *kotyl* »Höhlung«]

Di|ko|ty|le ⟨f.; -, -n; Bot.⟩ zweikeimblättrige Pflanze; *oV* Dikotyledone [<*Di…*² + grch. *kotyledon* »hohles Knöpfchen, Keimblatt«]

Di|ko|ty|le|do|ne ⟨f.; -, -n; Bot.⟩ = Dikotyle

Dik|ta|fon ⟨n.; -s, -e⟩ Diktiergerät, Diktiermaschine; *oV* Diktaphon [verkürzt <*Dikta*t + Mi*krofon*]

Dik|tam ⟨m.; -s; unz.⟩ = Diptam

dik|tan|do ⟨Adv.⟩ = dictando

Dik|ta|phon ⟨n.; -s, -e⟩ = Diktafon

Dik|tat ⟨n.; -(e)s, -e⟩ **1** Ansage (zum Nachschreiben) **2** Nachschrift nach Ansage (als Rechtschreibeübung in der Schule) **3** ⟨fig.⟩ aufgezwungene Verpflichtung, aufgezwungener Friede [<lat. *dictare*]

Dik|ta|tor ⟨m.; -s, -to|ren⟩ **1** ⟨im antiken Rom⟩ in Notzeiten für sechs Monate eingesetztes Regierungsoberhaupt mit höchster Gewalt **2** ⟨allg.⟩ Herrscher mit unbeschränkter Gewalt [<lat. *dictator*]

Dik|ta|to|rin ⟨f.; -, -rin|nen⟩ weibl. Diktator

dik|ta|to|risch ⟨Adj.⟩ **1** in der Art eines Diktators **2** herrisch, keinen Widerspruch duldend

Dik|ta|tur ⟨f.; -, -en⟩ Herrschaft eines Diktators, unbeschränkte Gewalt; ~ *des Proletariats; unter einer ~ leben, stehen* [<lat. *dictatura* »Diktatur, Würde eines Diktators«]

dik|tie|ren ⟨V.⟩ **1** zum Nachschreiben vorsprechen; *jmdm. einen Brief ~* **2** aufzwingen, befehlen; *jmdm. einen Vertrag, Bedingungen ~* [<lat. *dictare* »vorsprechen, vorschreiben«; zu *dicere* »sagen«]

Dik|ti|on ⟨f.; -; unz.⟩ Stil, Schreibart, Ausdrucksweise, Sprechweise [<lat. *dictio* »das Sagen, Aussprechen, Vortrag, Redeweise«]

Dik|ti|o|när ⟨n. od. m.; -s, -e⟩ (bes. fremdsprachl.) Wörterbuch; *oV* Dictionnaire [<frz. *dictionnaire*]

Dik|tum ⟨n.; -s, Dik|ta⟩ (bedeutsamer) Ausspruch [<lat. *dictum,* Part. Perf. zu *dicere* »sagen«]

Dik|tyo|ge|ne|se ⟨f.; -, -n; Geol.⟩ großflächiger Faltungsprozess der Erdkruste, Gerüstbildung [<grch. *diktyon* »Netz« + *Genese*]

di|la|ta|bel ⟨Adj.⟩ dehnbar; *dilatable Buchstaben* [<lat. *dilatabilis,* frz. *dilatable* »dehnbar«]

Di|la|ta|bi|lis ⟨m.; -, -les⟩ (zum Ausfüllen der Zeile) in die

Breite gezogener, hebräischer Buchstabe [neulat., eigtl. *littera dilatabilis* »dehnbarer Buchstabe«]

Di|la|ta|ti|on ⟨f.; -, -en⟩ **1** Ausdehnung, Dehnung **2** Vergrößerung des Kambiumringes beim Dickenwachstum von Holzgewächsen **3** Erweiterung von Hohlorganen [frz., »Ausdehnung, Ausweitung«; <lat. *dilatare* »ausbreiten, ausdehnen«]

D

Di|la|ta|ti|ons|fu|ge ⟨f.; -, -n; Arch.⟩ Dehnungsfuge in langgestreckten Bauwerken zum Ausgleich von Spannungen im Bauwerk durch unterschiedliche Bodensetzung [<frz. *dilitation* »Ausdehnung«]

Di|la|ta|tor ⟨m.; -s, -to|ren; Med.⟩ **1** erweiternder Muskel **2** Instrument zum Erweitern von Körperhöhlen

di|la|tie|ren ⟨V.; Med.⟩ erweitern [<lat. *dilatare*]

Di|la|ti|on ⟨f.; -, -en⟩ Aufschub, Frist, Verzögerung [<lat. *dilatio*]

di|la|to|risch ⟨Adj.⟩ aufschiebend, verzögernd, hinhaltend; *Ggs* peremptorisch; *~e Einrede* (vor Gericht) [→ *Dilation*]

Dil|do ⟨m.; -s, -s⟩ künstl. Penis [engl.; weitere Herkunft unbekannt]

Di|lem|ma ⟨n.; -s, -s od. -ma|ta⟩ schwierige Wahl (zwischen zwei Übeln), Zwangslage; *sich in einem ~ befinden* [<*Di...*² + grch. *lemma* »Annahme«]

Di|let|tant ⟨m.; -en, -en⟩ **1** jmd., der eine Tätigkeit nicht berufsmäßig, sondern aus Liebhaberei betreibt, Laie, Liebhaber, Nichtfachmann **2** ⟨abwertend⟩ Pfuscher [<ital. *dilettante* »Liebhaber einer Kunst, die er nur zum Vergnügen betreibt«; zu *dilettare* »erfreuen, ergötzen«]

Di|let|tan|tin ⟨f.; -, -tin|nen⟩ weibl. Dilettant

di|let|tan|tisch ⟨Adj.⟩ **1** in der Art eines Dilettanten, laienhaft, als od. aus Liebhaberei **2** ⟨abwertend⟩ sachunkundig, oberflächlich, pfuscherhaft

Di|let|tan|tis|mus ⟨m.; -; unz.⟩ **1** nichtberufl. Betätigung, z. B. aus Liebhaberei **2** ⟨abwertend⟩ Pfuscherei

di|let|tie|ren ⟨V.⟩ sich als Dilettant, aus Liebhaberei mit od. in etwas betätigen; *in einer Kunst, einem Hobby o. Ä. ~*

di|lu|ie|ren ⟨V.; Med.; Pharm.⟩ verdünnen [<lat. *diluere* »auflösen«]

Di|lu|ti|on ⟨f.; -, -en; Pharm.; Med.⟩ Verdünnung

di|lu|vi|al ⟨[-vi-] Adj.⟩ das Diluvium betreffend, zu ihm gehörig, aus ihm stammend, eiszeitlich

Di|lu|vi|al|zeit ⟨[-vi-] f.; -, -en⟩ = Diluvium

Di|lu|vi|um ⟨n.; -s, -vi|en; Geol.⟩ Eiszeit; *Sy* Diluvialzeit, Pleistozän [lat., »Überschwemmung, Wasserflut«]

dim. ⟨Musik; Abk. für⟩ diminuendo

Dime ⟨[daɪm] m.; -s, -s od. (bei Zahlenangaben) -⟩ nordamerikan. Münze, 10 Cent [engl. <frz. *dîme* »Zehnt« (Steuer) <lat. *decima* »der zehnte (Teil)«]

Di|men|si|on ⟨f.; -, -en⟩ **1** Richtungserstreckung eines Körpers (Breite, Höhe, Tiefe), Ausdehnung **2** ⟨a. fig.⟩ Erstreckung, Abmessung; *ein Raum von ungeheuren ~en* [<lat. *dimensio* »Ausmessung«]

di|men|si|o|nal ⟨Adj.⟩ **1** auf eine Dimension bezüglich **2** Dimensionen besitzend; *drei~, zwei~*

di|men|si|o|nie|ren ⟨V.; selten⟩ abmessen, die Dimension(en) bestimmen

di|mer ⟨Adj.; Chemie⟩ zweiteilig, zweigliedrig; *~e Moleküle* [<*di...*² + *...mer*]

Di|mer ⟨n.; -s, -e; Chemie⟩ = Dimere(s)

Di|me|re(s) ⟨n. 3; Chemie⟩ Polymeres aus zwei Grundmolekülen; *oV* Dimer [→ *dimer*]

Di|me|rie ⟨f.; -, -n; Chemie⟩ Eigenschaft eines Dimeren

Di|me|ri|sa|ti|on ⟨f.; -, -en; Chemie⟩ Verbindung zweier gleicher Moleküle zu einem Molekül [→ *Dimer, Dimere(s)*]

Di|me|ter ⟨m.; -s, -; Metrik⟩ Versform aus zwei gleichen Versfüßen [<*Di...*² + *...meter*]

di|mi|nu|en|do ⟨Abk.: dim.; Musik⟩ = descrescendo [ital., »schwächer werdend«]

Di|mi|nu|en|do ⟨n.; -s, -s od. -di; Musik⟩ = Decrescendo

di|mi|nu|ie|ren ⟨V.⟩ verkleinern, verringern, vermindern [<lat. *deminuere, diminuere*]

Di|mi|nu|ti|on ⟨f.; -, -en⟩ **1** Verkleinerung, Verminderung **2** ⟨Musik⟩ Wiederholung eines Themas mit kürzeren Notenwerten [<lat. *deminutio* »Verringerung, Verminderung«]

di|mi|nu|tiv ⟨Adj.⟩ verkleinernd; *oV* deminutiv [<lat. *deminuere* »vermindern«]

Di|mi|nu|tiv ⟨n.; -s, -e [-və]; Gramm.⟩ Verkleinerungsform, z. B. Häuschen, Männlein [→ *diminutiv*]

Di|mi|nu|tiv|suf|fix ⟨n.; -es, -e; Gramm.⟩ Verkleinerungsnachsilbe, die eine Verkleinerung bezeichnet, z. B. »-chen«, »-lein«, frz. »-ette«; *Ggs* Augmentativsuffix

Di|mis|si|on ⟨f.; -, -en⟩ = Demission

di|mit|tie|ren ⟨V.; veraltet⟩ entlassen, verabschieden [<lat. *dimittere* »fortschicken«]

dim|men ⟨V.⟩ die Helligkeit elektrischen Lichtes mit einem Dimmer regeln; *Lampen stufenlos ~; eine Stehlampe zum Dimmen* [<engl. *dim* »verdunkeln, abblenden«]

Dim|mer ⟨m.; -s, -⟩ Lichtschalter zur stufenlosen Regelung der Helligkeit elektrischen Lichtes

di|morph ⟨Adj.; Biol.⟩ zweigestaltig [<*di...*² + *...morph*]

Di|mor|phie ⟨f.; -; unz.; Biol.⟩ = Dimorphismus

Di|mor|phis|mus ⟨m.; -; unz.; Biol.⟩ Neben- od. Nacheinanderbestehen zweier verschiedener Formen der gleichen Tier- od. Pflanzenart, Zweigestaltigkeit; *Sy* Dimorphie

DIN **1** ⟨urspr. Abk. für⟩ Deutsche Industrie-Norm **2** Zeichen für die in den Publikationen des Deutschen Normenausschusses veröffentlichten Arbeitsergebnisse u. Empfehlungen

Di|nar ⟨m.; -s, -e⟩ Währungseinheit in Serbien (100 Para), im Irak (1000 Fils) u. Iran (¹⁄₁₀₀ Rial) [<pers. *dinar* <lat. *denarius*; → *Denar*]

di|na|risch ⟨Adj.⟩ einem Menschentyp aus dem europiden Rassenkreis angehörend [nach den *Dinarischen* Alpen]

D

Di|ner ⟨[-neː] n.; -s, -s⟩ 1 Mittagessen 2 festl. Essen, Festmahl 3 ⟨in Frankreich⟩ die am Abend eingenommene Hauptmahlzeit des Tages [<frz. *dîner* »Abendessen«]

DIN-For|mat ⟨n.; -(e)s, -e⟩ nach DIN festgelegtes Papierformat

Din|ghi ⟨n.; -s, -s⟩ = Dingi

Din|gi ⟨n.; -s, -s⟩ kleines Beiboot für zwei od. drei Personen; *oV* Dinghi [<bengal. *dingi*]

Din|go ⟨m.; -s, -s; Zool.⟩ austral. Rasse wilder Hunde: Canis familiaris dingo [austral.]

DIN-Grad ⟨m.; -(e)s, -e⟩ nach DIN festgelegte Maßeinheit für die Lichtempfindlichkeit eines Films

di|nie|ren ⟨V.⟩ ein Diner einnehmen, (festlich) zu Mittag od. Abend speisen [<frz. *dîner* »zu Abend essen«]

Di|ning|room ⟨[daɪnɪŋruːm] m.; -s, -s⟩ Speise-, Esszimmer [engl.]

Dinks ⟨Pl.; Sing.: Dink⟩ Partner einer kinderlosen Ehe- od. Lebensgemeinschaft, in der beide berufstätig sind [engl.; Abk. für *d*ouble *i*ncome, *no k*ids »doppeltes Einkommen, keine Kinder«]

Din|ner ⟨n.; -s, -; in England⟩ die am Abend eingenommene Hauptmahlzeit des Tages [engl.]

Din|ner|ja|cket ⟨[-dʒækɪt] n.; -s, -s⟩ weißes Smokingjackett für gesellschaftl. Anlässe [<engl. *dinner* »Abendmahlzeit, Festessen« + *jacket* »Jacke«]

Di|no ⟨m.; -s, -s; umg.; kurz für⟩ Dinosaurier

Di|no|sau|ri|er ⟨m.; -s, -⟩ Angehöriger der ausgestorbenen Reptilordnungen Saurischia u. Ormithischia; *Sy* Dinosaurus, ⟨umg.⟩ Dino [<grch. *deinos* »furchtbar« + *sauros* »Eidechse«]

Di|no|sau|rus ⟨m.; -, -ri|er⟩ = Dinosaurier

Di|no|the|ri|um ⟨n.; -s, -ri|en; Zool.⟩ ausgestorbene Gattung 5 m hoher Elefanten [<grch. *deinos* »furchtbar« + *therion* »wildes Tier«]

Di|o|de ⟨f.; -, -n; El.⟩ früher eine Elektronenröhre, heute ein Halbleiterbauelement mit einer Grenzschicht zwischen zwei Halbleitermaterialien zum Gleichrichten von Strömen, da ein Stromdurchgang nur in einer Richtung möglich ist [<*Di...*² + *...ode*]

Di|o|le|fi|ne ⟨Pl.; Chemie⟩ = Diene

Di|o|len® ⟨n.; -s; unz.; Textilw.⟩ eine Polyesterfaser

Di|o|ny|si|en ⟨Pl.; im antiken Athen⟩ Dionysosfest, Fest zu Ehren des Gottes Dionysos (im März/April) mit dramat. Aufführungen

di|o|ny|sisch ⟨Adj.⟩ 1 Dionysos betreffend, zu ihm gehörig 2 ⟨fig.⟩ rauschhaft, wild; *Ggs* apollinisch [<*Dionysos*, dem grch. Gott der Ekstase]

di|o|phan|tisch ⟨Adj.; Math.⟩ *~e Gleichung* G. mit mehreren Unbekannten, die auf ganze Zahlen als Lösung abzielt [nach dem grch. Mathematiker *Diophantos*, um 250 n. Chr.]

Di|op|ter ⟨m.; -s, -; Optik⟩ Visiervorrichtung, bes. an optischen Geräten [<*Dia...* + grch. *optos* »sichtbar«]

Di|op|trie *auch:* **Di|opt|rie** ⟨f.; -, -n; Zeichen: dpt, dptr; Optik⟩ Maßeinheit der opt. Brechkraft [→ *Diopter*]

di|op|trisch *auch:* **di|opt|risch** ⟨Adj.; Optik⟩ 1 die Dioptrie betreffend, mit ihrer Hilfe 2 lichtbrechend, durchsichtig [→ *Dioptrie*]

Di|o|ra|ma ⟨n.; -s, -ra|men⟩ 1 ⟨urspr.⟩ plast. Darstellung mit gemaltem Hintergrund 2 Bild auf durchscheinendem Stoff, mit Lichteffekten zur Schaustellung benutzt [<*Dia* + grch. *horama* »Anblick«]

Di|o|ris|mus ⟨m.; -, -ris|men⟩ Begriffsbestimmung [<grch. *diorizein* »abgrenzen«]

Di|o|rit ⟨m.; -s, -e; Min.⟩ dunkles bis schwarzes Tiefengestein [<grch. *diorezein* »abgrenzen, unterscheiden«]

Di|os|ku|ren ⟨Pl.⟩ 1 Zwillingsgötter, bes. die beiden Söhne des Zeus, Kastor u. Pollux 2 ⟨fig.⟩ unzertrennl. Freunde [<grch. *Dios*, Gen. zu *Zeus* + *kouros* »Knabe, Sohn«]

Di|o|xan ⟨n.; -s; unz.; Chemie⟩ organisch-chem. Verbindung, ein Lösungsmittel

Di|oxid ⟨a. [--'-] n.; -(e)s, -e; Chemie⟩ Oxid mit zwei Sauerstoffatomen; *oV* Dioxyd [<*Di...*² + *Oxid*]

Di|oxin ⟨n.; -s, -e; Chemie⟩ 1 ⟨i. e. S.⟩ das hochgiftige 2,3,7,8-Tetrachlordibenzodioxin (TCDD), das als unerwünschtes Nebenprodukt bei einigen industriellen Verfahren u. bei Verbrennungsprozessen auftreten kann 2 ⟨i. w. S.⟩ *~e* Gruppe von 75 verschiedenen chem. Verbindungen, bei denen zwei Benzolringe durch zwei Sauerstoffatome miteinander verknüpft sind

Di|oxyd ⟨a. [--'-] n.; -(e)s, -e; Chemie⟩ = Dioxid

di|ö|ze|san ⟨Adj.⟩ zu einer Diözese gehörend, von ihr ausgehend

Di|ö|ze|san ⟨m.; -en, -en⟩ Angehöriger einer Diözese

Di|ö|ze|se ⟨f.; -, -n⟩ Amtsbereich eines Bischofs [<grch. *dioikesis* »Haushaltung, Verwaltung«]

Di|ö|zie ⟨f.; -; unz.; Bot.⟩ Vorkommen von männl. u. weibl. Blüten auf verschiedenen Individuen derselben Art, Zweihäusigkeit, Getrenntgeschlechtigkeit; *Sy* Diözismus; *Ggs* Monözie [<*Di...*² + grch. *oikos* »Haus«]

di|ö|zisch ⟨Adj.; Bot.⟩ Diözie aufweisend, getrenntgeschlechtig, zweihäusig; *Ggs* monözisch

Di|ö|zis|mus ⟨m.; -; unz.; Bot.⟩ = Diözie

Dip ⟨m.; -s, -s⟩ dicke, gewürzte Soße, in die man kleine Bissen (Brot, Fleisch u. a.) eintaucht [zu engl. *dip* »eintauchen«]

Di|pep|tid ⟨a. ['---] n.; -s, -e; Chemie⟩ Verbindung zweier Aminosäuren [<*Di...*² + *Peptid*]

Di|pep|ti|da|se ⟨f.; -, -n; Chemie⟩ Enzym, das Dipeptide spaltet [<*Di...*² + *Peptidase*]

Diph|the|rie ⟨f.; -, -n; Med.⟩ infektiöse Hals- u. Rachenerkrankung, Rachenbräune [<grch. *diphthera* »Fell, Leder«]

diph|the|risch ⟨Adj.; Med.⟩ zur Diphtherie gehörend, auf ihr beruhend

Di|phthong *auch:* **Diph|thong** ⟨m.; -s, -e; Phon.⟩ Zwielaut aus zwei Vokalen, die bei der Aussprache ineinander übergehen; *Ggs* Monophtong [<*Di…*[2] + grch. *phthongos* »Laut«]

di|phthon|gie|ren *auch:* **diph|thon|gie|ren** ⟨V.; Phon.⟩ vom einfachen Vokal zum Diphthong werden; *Ggs* monophthongieren

di|phthon|gisch *auch:* **diph|thon|gisch** ⟨Adj.; Phon.⟩ als Diphthong lautend; *Ggs* monophthongisch

di|phy|le|tisch ⟨Adj.; Biol.⟩ stammesgeschichtlich aus zwei Ursprüngen herleitbar; *Ggs* monophyletisch; →*a.* polyphyletisch [<*di…*[2] + grch. *phyle* »(Volks-)Stamm«]

Di|phy|o|don|tie ⟨f.; -; unz.; Med.; Biol.⟩ zweimalige Dentition; *Ggs* Monophyodontie; →*a.* Polyphyodontie [<grch. *diphyes* »zweifach, doppelt« + *odon,* Gen. *odontis* »Zahn«]

Dipl. ⟨Abk. für⟩ Diplom

> ◆ Die Buchstabenfolge **di|pl…** kann auch **dip|l…** getrennt werden.

Dipl.-Biol. ⟨Abk. für⟩ Diplombiologe

◆ **Di|ple|gie** ⟨f.; -, -n; Med.⟩ doppelseitige Lähmung [<*Di…*[2] + grch. *plege* »Schlag«]

Dipl.-Ing. ⟨Abk. für⟩ Diplomingenieur

◆ **Di|plo|do|kus** ⟨m.; -, -kok|ken⟩ Angehöriger einer Familie fünfzehiger Saurier: Diplodocidae [<grch. *diploos* »doppelt, paarweise« + *dokos* »Balken«]

◆ **di|plo|id** ⟨Adj.; Genetik⟩ mit normalem (doppeltem) Chromosomensatz; *Ggs* haploid [<grch. *diploos* »doppelt, paarweise« + *…id*]

◆ **Di|plo|i|die** ⟨f.; -; unz.; Biol.⟩ das Auftreten des normalen Chromosomensatzes in der Zelle; *Ggs* Haploidie [→ *diploid*]

◆ **Di|plom** ⟨n.; -(e)s, -e; Abk.: Dipl.⟩ **1** ⟨urspr.⟩ amtl. Schriftstück **2** ⟨heute⟩ Zeugnis, Urkunde über eine Auszeichnung od. abgelegte Prüfung, bes. von einer höheren Schule od. Universität [<grch. *diploma,* urspr. »gefaltetes (Schreiben)«; zu *diploun* »doppelt zusammenlegen«]

◆ **Di|plo|mand** ⟨m.; -en, -en⟩ Student, der im Begriff ist, sein Diplom zu machen

◆ **Di|plo|man|din** ⟨f.; -, -din|nen⟩ Studentin, die im Begriff ist, ihr Diplom zu machen

◆ **Di|plo|mat** ⟨m.; -en, -en⟩ **1** ⟨urspr.⟩ Hersteller von Diplomen **2** ⟨heute⟩ Staatsmann, höherer Beamter des auswärtigen Dienstes **3** ⟨fig.; umg.⟩ vorsichtig, aber geschickt verhandelnder Mensch [<frz. *diplomate;* → *Diplom*]

◆ **Di|plo|ma|tie** ⟨f.; -; unz.⟩ **1** Regelung zwischenstaatl. Beziehungen **2** Gesamtheit der Diplomaten **3** ⟨fig.⟩ geschickte Berechnung, vorsichtiges Verhandeln

◆ **Di|plo|ma|tik** ⟨f.; -; unz.⟩ Urkundenlehre [→ *Diplomat*]

◆ **Di|plo|ma|ti|ker** ⟨m.; -s, -⟩ Urkundenforscher, -kenner

◆ **Di|plo|ma|tin** ⟨f.; -, -tin|nen⟩ weibl. Diplomat [<frz. *diplomate;* → *Diplom*]

◆ **di|plo|ma|tisch** ⟨Adj.⟩ **1** die Diplomatie betreffend, zu ihr gehörig, auf ihr beruhend **2** zwischenstaatlich; *~es Korps* die bei einem Staat akkreditierten Vertreter anderer Staaten

◆ **Di|plom|bio|lo|ge** ⟨m.; -n, -n; Abk.: Dipl.-Biol.⟩ Biologe mit abgeschlossener Hochschulbildung

◆ **di|plo|mie|ren** ⟨V.⟩ ein Diplom erteilen

◆ **Di|plont** ⟨m.; -en, -en; Biol.⟩ Organismus, dessen Körperzellen den doppelten Chromosomensatz aufweisen [<grch. *diploos* »doppelt, paarweise« + *on,* Gen. *ontos* »seiend«]

◆ **Di|plo|pie** ⟨f.; -, -n; Med.⟩ Sehstörung, bei der die beiden von den Augen aufgenommenen Bilder infolge Augenmuskellähmung od. Gehirnerkrankung nicht miteinander verschmolzen werden, Doppeltsehen, Doppelsichtigkeit [<grch. *diploos* »doppelt« + *opsis* »das Sehen«]

◆ **di|plo|ste|mon** *auch:* **di|plos|te|mon** ⟨Adj.; Bot.⟩ mit zwei Staubblattkreisen ausgestattet, deren äußerer über den Kelchblättern u. deren innerer über den Kronblättern versetzt steht [<grch. *diplos* »doppelt« + *stemon* »Kettfäden, Kette (am Webstuhl)«]

Di|po|die ⟨f.; -, -n; Metrik⟩ Einheit aus zwei gleichen Versfüßen, bes. Jamben od. Trochäen; *Ggs* Monopodie; →*a.* Tripodie [<grch. *di…*[2] »doppelt« + *pous,* Gen. *podos* »Fuß«]

di|po|disch ⟨Adj.⟩ in der Art einer Dipodie, aus zwei gleichen Versfüßen bestehend

Di|pol ⟨m.; -s, -e; El.⟩ zwei gleich große, einander entgegengesetzte elektr. od. magnet. Ladungen [<*Di…*[2] + *Pol*]

Di|pol|an|ten|ne ⟨f.; -, -n⟩ für UKW-Rundfunk, Fernsehen u. Radar verwendete, aus einem Dipol bestehende Antenne

Di|pol|mo|ment ⟨n.; -(e)s, -e; El.⟩ beim elektr. Dipol das Produkt aus Ladung u. Abstand

dip|pen ⟨V.⟩ **1** eintauchen, eintunken; *Brot in eine Soße ~* **2** *die Flagge ~* zum Gruß niederholen u. wieder hissen [<engl. *dip* »eintauchen«]

Dip|so|ma|nie ⟨f.; -, -n; Med.⟩ periodische Trunksucht, Alkoholabhängigkeit [<grch. *dipsa* »Durst« + *Manie*]

Dip|tam ⟨m.; -s; unz.; Bot.⟩ auf Kalkboden wachsendes, bis 1 m hohes Rautengewächs: Dictamnus albus; *oV* Diktam [<mlat. *diptamus* <grch. *diktamnos*]

Di|pte|re *auch:* **Dip|te|re** ⟨m.; -n, -n; Zool.⟩ Zweiflügler (Insekt) [<*Di…*[2] + *…ptere*]

Di|pte|ros *auch:* **Dip|te|ros** ⟨m.; -, -te|roi⟩ grch. Tempel mit doppeltem Säulenumgang [<grch. *di…* »doppelt« + *pteron* »Flügel«]

Di|pty|chon *auch:* **Dip|ty|chon** ⟨n.; -s, -chen od. -cha⟩ **1** ⟨Antike⟩ Paar von rechteckigen, zusammenklappbaren Holz-, Elfenbein- od. Edelmetalltäfelchen mit Wachseinlage zum Schreiben **2** ⟨MA⟩ Altarbild aus zwei Flügeln [zu grch. *diptychos* »doppelt gefaltet«]

Di|py|lon ⟨n.; -s; unz.⟩ Eingangstor des antiken Athen [grch., »Doppeltor«]

Di|rae ⟨Pl.; Lit.⟩ altröm. Verwünschungsgedichte u. Schmähverse

Di|rect Ban|king ⟨[daɪrɛkt bæŋ-kɪŋ] n.; - - od. - -s; unz.⟩ Abwicklung von Bankgeschäften mithilfe der Telekommunikation; →*a.* Electronic Banking, Homebanking [<engl. *direct* »direkt + *banking* »Bankwesen«]

Di|rect Mai|ling ⟨[daɪrɛkt mɛɪ-] n.; - - od. - -s, - -s; Werbung⟩ Form der briefl. Direktwerbung; →*a.* Direct Marketing [engl., »direkter Postversand«]

Di|rect Mar|ke|ting ⟨[daɪrɛkt -] n.; - - od. - -s; unz.; Wirtsch.⟩ sich ohne Zwischenstufen direkt an bestimmte Zielgruppen richtende Werbe- u. Distributionsmethode; *oV* Direktmarketing; →*a.* Direct Mailing [engl., »direktes Marketing«]

Di|rec|toire ⟨[dirɛktoaːr] n.; -s; unz.⟩ = Direktorium (2) [frz.]

Di|rec|tor's Cut ⟨[dɪrɛktəs kʌt] od. amerikan. [daɪ-] m.; - - od. - -s, - -s; Film⟩ (meist längere) Version eines (Spiel-)Films, die abweichend von der offiziellen Filmstudiofassung vom Regisseur favorisiert u. zeitversetzt im Kino u./od. auf Video aufgeführt wird [<engl. *director* »Regisseur« + *Cut*]

di|rekt ⟨a. ['--] Adj.⟩ **1** geradlinig, ohne Umweg; *eine ~e Verbindung von Hamburg nach München; wenden Sie sich ~ an den Chef; der Ball flog mir ~ ins Gesicht; ich komme ~ von zu Hause* **2** ganz nahe bei; *~ am Flugplatz* **3** unmittelbar; *Ggs* indirekt **3.1** *~e Rede* wörtlich (in Anführungszeichen) angeführte R.; *Sy* Oratio recta; *Ggs* indirekte Rede **3.2** *~e Steuer* von einer Person od. Gruppe von Personen erhobene Steuer **3.3** *Direktwahl* W. eines Kandidaten ohne Mittelsperson **4** ⟨adv.⟩ geradezu; *du hast ja ~ einen Roman erlebt; das ist mir ~ peinlich* [<lat. *directus* »geradegerichtet, geleitet«, Part. Perf. zu *dirigere* »leiten, lenken«]

Di|rekt|ex|port ⟨m.; -(e)s, -e; Wirtsch.⟩ direkter Absatz von Produkten auf ausländischen Märkten ohne Einschaltung von Exporthandelsbetrieben

Di|rekt|in|ves|ti|ti|on ⟨[-vɛs-] f.; -, -en; Wirtsch.⟩ (langfristige) Investition im Ausland, die im Rahmen unternehmerischer Zielsetzungen vorgenommen wird

Di|rek|ti|on ⟨f.; -, -en⟩ Leitung, Verwaltung, Vorstand [<lat. *directio* »Richtung, Leitung«]

di|rek|tiv ⟨Adj.⟩ Regeln (des Verhaltens) festsetzend [<frz. *directif, directive* »leitend«]

Di|rek|ti|ve ⟨[-və] f.; -, -n⟩ Weisung, Anweisung, Richtlinie, Verhaltensmaßregel [<frz. *directive* »Richtlinie, Weisung«]

Di|rekt|man|dat ⟨n.; -(e)s, -e; Politik⟩ Wählerauftrag in direkter Wahl

Di|rekt|mar|ke|ting ⟨n.; -s; unz.; Wirtsch.⟩ = Direct Marketing

Di|rek|tor ⟨m.; -s, -to|ren; Abk.: Dir.⟩ Leiter, Vorsteher; *Bank~; Fabrik~; Schul~* [<lat. *director* »der Leitende«; zu *dirigere* »leiten, lenken«]

Di|rek|to|rat ⟨n.; -(e)s, -e⟩ **1** Amt des Direktors **2** Dienstraum des Direktors

di|rek|to|ri|al ⟨Adj.⟩ den Direktor betreffend, zu ihm gehörig, ihm zustehend, von ihm veranlasst

Di|rek|to|rin ⟨f.; -, -rin|nen⟩ Leiterin, Vorsteherin; *Schul~*

Di|rek|to|ri|um ⟨n.; -s, -ri|en⟩ **1** aus mehreren Personen bestehender Vorstand, leitende Behörde **2** oberste französische Staatsbehörde 1795-99; *Sy* Directoire [→ *Direktor*]

Di|rek|tri|ce *auch:* **Di|rekt|ri|ce** ⟨[-triːs(ə)] f.; -, -n⟩ leitende Angestellte, Abteilungsleiterin (bes. in Bekleidungsgeschäften) [<frz. *directrice* »Direktorin, Leiterin«]

Di|rek|trix *auch:* **Di|rekt|rix** ⟨f.; -; unz.; Geom.⟩ senkrecht auf der Hauptachse eines Kegelschnitts stehende Gerade, die zur Definition des Kegelschnitts dienen kann, Leitlinie [<lat. *directrix* »die Leitende«; → *Direktor*]

Di|rex ⟨m.; -, -e; Schülerspr.; veraltet⟩ Direktor

Di|ri|gat ⟨n.; -(e)s, -e; Musik⟩ (einmaliges) Dirigieren (eines Konzertes, einer Oper)

Di|ri|gent ⟨m.; -en, -en; Musik⟩ Leiter eines Orchesters od. Chores [zu lat. *dirigens,* Part. Präs. zu *dirigere* »leiten, lenken«]

Di|ri|gen|tin ⟨f.; -, -tin|nen; Musik⟩ Leiterin eines Orchesters od. Chores

di|ri|gen|tisch ⟨Adj.; Musik⟩ den Dirigenten betreffend, zu ihm gehörig; *eine große ~e Leistung*

di|ri|gie|ren ⟨V.⟩ **1** Takt schlagen **2** leiten; *ein Orchester, einen Chor ~* **3** verwalten **4** ⟨umg.⟩ *jmdn. ~* in eine Richtung, an einen Ort weisen [<lat. *dirigere* »leiten, lenken«]

Di|ri|gis|mus ⟨m.; -; unz.; Politik⟩ Lenkung der Wirtschaft durch den Staat

di|ri|gis|tisch ⟨Adj.; Politik⟩ auf Dirigismus beruhend, in der Art des Dirigismus

di|ri|mie|ren ⟨V.⟩ **1** entfremden, trennen **2** ⟨österr.⟩ im Fall einer Stimmgleichheit zu einer Entscheidung führen [<lat. *dirimare* »entfremden, trennen««]

Dirt|track|ren|nen *auch:* **Dirt|track-Ren|nen** ⟨[dœːttræk-] n.; -s, -⟩ Rennen für Fahr- od. Krafträder auf der Aschen- od. Schlackenbahn; *Sy* Speedwayrennen [<engl. *dirt track* »weiche Sandbahn, Aschenbahn«]

dir|ty ⟨[dœːtɪ] Adj.; Drogenszene⟩ **1** bei der Polizei registriert **2** süchtig von Rauschmitteln [engl., »dreckig«]

dis..., Dis... ⟨Vorsilbe⟩ **1** auseinander **2** hinweg **3** gegensätzlich [lat.]

Di|sac|cha|rid ⟨[-saxa-] n.; -(e)s, -e; Chemie⟩ aus zwei Monosacchariden entstandenes Kohlenhydrat; *oV* Disacharid [<*Di...*[2] + *Saccharid*]

Di|sa|cha|rid ⟨[-saxa-] n.; -(e)s, -e; Chemie⟩ = Disaccharid

Dis|agio ⟨[-aːdʒo] n.; -s; unz.⟩ Betrag, um den ein Kurs unter dem Nennwert liegt; *Ggs* Agio [ital., »Abschlag«]

dis|am|bi|gu|ie|ren ⟨V.; Sprachw.⟩ **1** ein sprachliches Zeichen einer Mehrdeutigkeit entheben, indem man es in bestimmte syntakt. u. semant. Kontexte einordnet **2** Uneindeutigkeiten auflösen; →*a.* Ambiguität [<*dis...* + lat. *ambigare* »etwas in Zweifel ziehen, streiten«]

Dis|can|tus ⟨m.; -, - [-tuːs]; Musik⟩ = Diskant

D

Dis|ci|ples of Christ *auch:* **Dis|cip|les of Christ** ⟨[dɪsaɪpəls ɔv kraɪst] Pl.⟩ eine Gruppe innerhalb der baptistischen Kirche (vor allem in Kanada u. den USA) [engl., »Anhänger, Jünger Christi«]

Disc|jo|ckey ⟨[-dʒɔki] od. [-dʒɔke] m.; -s, -s; Abk.: DJ⟩ Conférencier, der im Rundfunk, Fernsehen, in Diskotheken usw. CDs präsentiert; *oV* Diskjockey [<engl. *disc* »Schallplatte« + *Jockey*]

Disc|man® ⟨[dɪskmæn] m.; -s, -s⟩ ein nach dem Vorbild des Walkmans entwickelter tragbarer CD-Spieler mit Knopfkopfhörern [<engl. *disc* »Platte, Scheibe« + Walk*man*]

Dis|co ⟨[-ko] f.; -, -s; kurz für⟩ Diskothek (2); *oV* Disko

Dis|co|fox ⟨[-ko-] m.; - od. -es, -e⟩ ein an den Foxtrott angelehnter Tanz mit schnellerem Rhythmus, der zu Popmusik getanzt wird; *oV* Diskofox [<*Disko*thek + *Fox*trott]

Dis|co|look ⟨[-luk] m.; -s; unz.; umg.⟩ Kleidung (mit Zubehör), wie sie bes. in Diskotheken getragen wird (z. B. Jacken aus glänzenden Stoffen, kleine Täschchen); *oV* Diskolook [<*Disko*thek + engl. *look* »Aussehen«]

Dis|co|queen ⟨[-kokwi:n] f.; -, -s; umg.⟩ *oV* Diskoqueen **1** eine Interpretin, die durch Lieder im Funk- u. Discostil bekannt ist; *Amanda Lear war die ~ der 1970er Jahre* **2** attraktives Mädchen od. junge Frau, die durch ihr Aussehen, Tanzen u. Verhalten in Diskotheken auffällt u. häufig von Männern angesprochen wird; *an diesem Abend war sie die ~* [<*Disco* + engl. *queen* »Königin«]

Dis|co|rol|ler ⟨a. [-koroʊlə(r)] m.; -s, -⟩ Rollschuh mit knöchelhohem, meist in Neonfarben gehaltenem Schaft u. vier in zwei Reihen parallel angeordneten, besonders breiten u. oft bunten Rollen u. vorne gelegenem Stopper; *oV* Diskoroller [<*Disco* + engl. *roll* »rollen«]

Dis|co|sound ⟨[-kosaʊnd] m.; -s, -s; Musik⟩ *oV* Diskosound **1** ⟨unz.; allg.⟩ Musikstil, der den Rhythmus bes. betont, die Melodie durch den oft weibl. Gesang unterstützt u. bes. zum Tanzen geeignet ist **2** ⟨zählb.⟩ Titel im Discosound (1) [<*Disco* + engl. *sound* »Musik«, eigtl. »Geräusch«]

Dis|co|thek ⟨f.; -, -en⟩ = Diskothek

Dis|co|the|kar ⟨m.; -s, -e⟩ = Diskothekar

Dis|count ⟨[-kaʊnt] m.; -s, -s⟩ Verkauf von Waren zu einem niedrigen Preis [<engl. *discount* »Rabatt«]

Dis|coun|ter ⟨[-kaʊn-] m.; -s, -⟩ Inhaber, Geschäftsführer eines Discountladens

Dis|count|ge|schäft ⟨[-kaʊnt-] n.; -(e)s, -e⟩ Einzelhandelsgeschäft (meist Teil einer Kette), in dem Markenartikel z. T. unter Weitergabe des Großhandelsrabatts zu günstigen Preisen an Endverbraucher weiterverkauft werden [zu engl. *discount* »Preisnachlass, Rabatt, Skonto«]

Dis|count|la|den ⟨[-kaʊnt-] m.; -s, -lä|den⟩ einfach eingerichteter Laden, in dem Waren zu niedrigen Preisen verkauft werden [<engl. *discount* »Rabatt«]

Dis|en|gage|ment ⟨[-ɛngɛɪdʒmənt] n.; -s; unz.⟩ militärisches Auseinanderrücken von Staatsmächten [engl. <lat. *dis-* »ent-« + engl. *engagement* »Verpflichtung, Verbindlichkeit«]

Di|seur ⟨[-zø:r] m.; -s, -e⟩ Vortragskünstler im Kabarett [frz., »Vortragskünstler« <*dire* »sprechen«]

Di|seu|se ⟨[-zø:-] f.; -, -n⟩ Vortragskünstlerin im Kabarett

dis|gru|ent ⟨Adj.⟩ nicht übereinstimmend; *Ggs* kongruent [<*dis...* + lat. *congruens,* Part. Präs. von *congruere* »übereinstimmen«]

Dis|har|mo|nie ⟨f.; -, -n⟩ **1** unharmonischer Klang, Missklang **2** ⟨fig.⟩ Unstimmigkeit, Uneinigkeit; *Ggs* Harmonie

dis|har|mo|nie|ren ⟨V.⟩ *Ggs* harmonieren **1** eine Disharmonie bilden, nicht od. schlecht zusammenklingen **2** ⟨fig.⟩ uneinig sein

dis|har|mo|nisch ⟨Adj.⟩ **1** in der Art einer Disharmonie, misstönend **2** ⟨fig.⟩ uneinig, uneins; *Ggs* harmonisch

Dis|junk|ti|on ⟨f.; -, -en⟩ **1** Trennung, Sonderung, Scheidung **2** Gegenüberstellung sich ausschließender, aber zusammengehörender Begriffe, z. B. Frau - Mann, schwarz - weiß **3** ⟨Logik⟩ Verhältnis des Gegensatzes, Aussagenverbindung in Form einer Alternative, die die Gestalt »entweder p oder q« hat; *Sy* Adjunktion; *Ggs* Konjunktion (2) [<lat. *disiunctio* »Trennung, Abweichung«]

dis|junk|tiv ⟨Adj.⟩ einander ausschließend, trennend, gegensätzlich; *Ggs* konjunktiv; *~e Begriffe* einander ausschließende, aber in einer höheren Gattung zusammengehörige Begriffe; *~e Konjunktion* Konjunktion, die eine Alternative ausdrückt, z. B. entweder - oder [→ *Disjunktion*]

Dis|kant ⟨m.; -s, -e; Musik⟩ *oV* Discantus **1** = Sopran (1) **2** höchste Tonlage eines Instrumentes **3** rechte Hälfte der Tastatur des Klaviers u. ähnlicher Instrumente **4** Melodieseite der Handharmonika [<mlat. *discantus,* eigtl. »Gegengesang«]

Dis|kant|schlüs|sel ⟨m.; -s; unz.; Musik⟩ C-Schlüssel, Sopranschlüssel

Dis|ket|te ⟨f.; -, -n; EDV⟩ flexible Magnetplatte zur Datenaufzeichnung für Computer; *Dateien auf einer ~e speichern* [<engl. *disk* »Scheibe« (mit frz. Verkleinerungsform)]

Disk|jo|ckey ⟨[-dʒɔki] od. [-dʒɔke] m.; -s, -s⟩ = Discjockey

Dis|ko ⟨f.; -, -s⟩ = Disco

Dis|ko|fox ⟨m.; - od. -es, -e⟩ = Discofox

Dis|ko|gra|fie ⟨f.; -, -n⟩ = Diskographie

Dis|ko|gra|phie ⟨f.; -, -n⟩ *oV* Diskografie **1** der Bibliografie ähnl. Katalogisierung von CDs u. a. Tonträgern **2** Schallplattenkatalog [<engl. *disc* »Schallplatte« + *...graphie*]

Dis|ko|lo|gie ⟨f.; -; unz.⟩ Lehre von den Möglichkeiten der Interpretation u. Aufzeichnung von Musik im Bereich der Tonträger sowie von deren Vertrieb

[<engl. *disc* »Scheibe, Schallplatte« + ...*logie*]
Dis|ko|look ⟨[-luk] m.; -s; unz.; umg.⟩ = Discolook
Dis|ko|my|zet ⟨m.; -en, -en; Bot.⟩ Scheibenpilz [<grch. *diskos* »Scheibe« + *Myzet*]
Dis|kont ⟨m.; -s, -e; Bankw.⟩ Zinsabzug bei Zahlung einer noch nicht fälligen Forderung; *oV* Diskonto [<ital. *disconto* »Abrechnung«; → *Konto*]
Dis|kon|ten ⟨Pl.; Bankw.⟩ Wechsel des Inlands
Dis|kont|ge|schäft ⟨n.; -(e)s, -e; Bankw.⟩ Wechselgeschäft
dis|kon|tie|ren ⟨V.; Bankw.⟩ **1** den Diskont abziehen von **2** *Wechsel* ~ vor Fälligkeit mit Zinsabzug kaufen
dis|kon|ti|nu|ier|lich ⟨Adj.⟩ mit zeitlicher od. räumlicher Unterbrechungen aufeinanderfolgend; *Ggs* kontinuierlich
Dis|kon|ti|nu|i|tät ⟨f.; -, -en⟩ zeitl. od. räuml. unterbrochener Zusammenhang; *Ggs* Kontinuität
Dis|kon|to ⟨m. od. n.; -, -s od. -kon|ti; Bankw.⟩ = Diskont
Dis|kont|ra|te ⟨f.; -, -n; Bankw.⟩ = Diskontsatz
Dis|kont|satz ⟨m.; -(e)s, -sät|ze; Bankw.; Börse⟩ Zinssatz, der beim Kauf von Wechseln u. a. Diskontpapieren gültig ist, Bankrate; *Sy* Diskontrate; *Ggs* Bondsrate
Dis|ko|pa|thie ⟨f.; -, -n; Med.⟩ Bandscheibenschaden, Bandscheibenleiden [<grch. *diskos* »Scheibe« + *pathos* »Leiden«]
Dis|ko|queen ⟨[-kwi:n] f.; -, -s⟩ = Discoqueen
dis|kor|dant ⟨Adj.⟩ nicht übereinstimmend; *Ggs* konkordant; *~er Akkord* auf Dissonanzen (nicht Dur od. Moll) aufgebauter A.; *~e Gesteinsschichten* ungleichmäßig, ungleichförmig gelagerte G. [<lat. *discordans*, Part. Präs. zu *discordare* »uneinig sein, nicht übereinstimmen«]
Dis|kor|danz ⟨f.; -, -en⟩ **1** Ungleichmäßigkeit; *Ggs* Konkordanz (1) **2** diskordant aufgebauter Akkord **3** diskordant gelagerte Gesteinsschichten **4** nicht übereinstimmende Merkmale, z. B. bei Zwillingen **5** Uneinigkeit, Misshelligkeit [<lat. *discordare* »uneinig sein, nicht übereinstimmen«]
Dis|ko|rol|ler ⟨a. [-roulə(r)] m.; -s, -⟩ = Discoroller
Dis|ko|sound ⟨[-saund] m.; -s, -s; Musik⟩ = Discosound
Dis|ko|thek ⟨f.; -, -en⟩ *oV* Discothek **1** Schallplatten-, CD-Sammlung **2** Lokal, in dem zu Musik von CDs getanzt wird [<engl. *disc* »Schallplatte« + ...*thek*]
Dis|ko|the|kar ⟨m.; -s, -e⟩ Verwalter einer Diskothek (1); *oV* Discothekar
Dis|kre|dit ⟨m.; -s; unz.⟩ Misskredit, schlechter Ruf; *Ggs* Kredit (2); *jmdn. in ~ bringen*
dis|kre|di|tie|ren ⟨V.⟩ in Diskredit, in Misskredit bringen, in Verruf bringen, verleumden
dis|kre|pant ⟨Adj.⟩ abweichend, unstimmig, zwiespältig, widersprüchlich [<lat. *discrepans*, Part. Präs. zu *discrepare* »uneinig, verschieden sein, nicht übereinstimmen«]
Dis|kre|panz ⟨f.; -, -en⟩ Abweichung, Unstimmigkeit, Zwiespalt, Widerspruch, Missverhältnis [<lat. *discrepantia* »Uneinigkeit«]
dis|kret ⟨Adj.⟩ **1** verschwiegen, taktvoll, unauffällig; *Ggs* indiskret; *~es Benehmen; ~e Behandlung; ~en Gebrauch von einer Mitteilung machen; eine Angelegenheit ~ behandeln* **2** *Ggs* kontinuierlich **2.1** ⟨Math.⟩ nicht zusammenhängend, vereinzelt, gesondert **2.2** ⟨Physik⟩ unstetig, in endlichen Schritten [<frz. *discret* »zurückhaltend, taktvoll«]
Dis|kre|ti|on ⟨f.; -; unz.⟩ diskretes Wesen, diskrete Behandlung, Verschwiegenheit, Takt, Unauffälligkeit; *Ggs* Indiskretion; *~ Ehrensache!* unauffällige u. taktvolle Behandlung wird zugesichert [<frz. *discrétion*]
Dis|kri|mi|nan|te ⟨f.; -, -n; Math.⟩ Größe, die zur Unterscheidung od. Kennzeichnung der bei der Lösung einer algebraischen Aufgabe auftretenden Spezialfälle dient [<lat. *discriminans*, Part. Präs. zu *discriminare* »absondern, trennen«]
Dis|kri|mi|na|ti|on ⟨f.; -; unz.⟩ = Diskriminierung
dis|kri|mi|nie|ren ⟨V.⟩ **1** aussondern, unterschiedlich behandeln **2** herabsetzen [<lat. *discriminare* »trennen«]
Dis|kri|mi|nie|rung ⟨f.; -, -en⟩ das Diskriminieren
dis|kur|rie|ren ⟨V.; veraltet⟩ lebhaft verhandeln, eifrig etwas erörtern, sich unterhalten [<frz. *discourir* »lang u. breit reden, sich unterhalten«]
Dis|kurs ⟨m.; -es, -e⟩ lebhafte Erörterung [<frz. *discours* »Ansprache, Abhandlung«]
dis|kur|siv ⟨Adj.⟩ *Ggs* intuitiv **1** gesprächsweise **2** ⟨Philos.⟩ schlussfolgernd [<frz. *discursif*]
Dis|kus ⟨m.; - od. -ses, -se od. Dis|ken; Sport⟩ hölzerne Wurfscheibe mit Metallbeschlag; *~werfen* [<grch. *diskos* »Wurfscheibe«]
Dis|kus|si|on ⟨f.; -, -en⟩ lebhafte Erörterung, Meinungsaustausch [<frz. *discussion* »Erörterung«; → *diskutieren*]
Dis|kus|si|ons|fo|rum ⟨n.; -s, -foren od. -fo|ra⟩ **1** Gruppe von Personen, die vor Zuschauern u. Zuhörern diskutiert **2** Plattform (z. B. Leserbriefseiten, Internetforum), die eine Gelegenheit zur Diskussion bietet
dis|ku|ta|bel ⟨Adj.⟩ so beschaffen, dass man darüber diskutieren kann od. sollte, erwägenswert; *Ggs* indiskutabel; *ein diskutabler Vorschlag* [<frz. *discutable* »bestreitbar, anfechtbar«]
Dis|ku|tant ⟨m.; -en, -en; geh.⟩ jmd., der an einer Diskussion teilnimmt
Dis|ku|tan|tin ⟨f.; -, -tin|nen; geh.⟩ weibl. Person, die an einer Diskussion teilnimmt
dis|ku|tie|ren ⟨V.⟩ lebhaft erörtern, Meinungen austauschen (über), eine Diskussion führen; *die Frage wurde eingehend diskutiert* [<lat. *discutere* »auseinanderschlagen, auflösen«]
Dis|lo|ka|ti|on ⟨f.; -, -en⟩ **1** Verlegung, Verteilung (von Truppen) **2** Störung der Lagerung im Gestein **3** ⟨Med.⟩ Lageveränderung, Verschiebung, z. B. der Bruchenden bei Knochenbrüchen [<lat. *dislocation* »Verteilung«]
Dis|lo|ka|ti|ons|be|ben ⟨n.; -s, -; Geol.⟩ durch tektonische Be-

D

D

wegungen hervorgerufenes Erdbeben

Dis|lo|ka|ti|ons|me|ta|mor|pho|se ⟨f.; -, -n⟩ = Dynamometamorphose

dis|loy|al *auch:* **dis|lo|yal** ⟨[-loaja:l] od. [-lɔija:l] Adj.; bes. Politik⟩ gegen die (eigene) Regierung eingestellt, nicht loyal [<*dis...* + *loyal*]

dis|lo|zie|ren ⟨V.⟩ **1** verlagern, verteilen **2** auseinanderlegen **3** ⟨Med.⟩ sich verschieben, seine Lage verändern [<mlat. *dislocare*]

Dis|mem|bra|ti|on *auch:* **Dis|memb|ra|ti|on** ⟨f.; -, -en⟩ Zerstückelung, z. B. von Ländereien bei Erbschaften [<*Dis...* + lat. *membrum* »Glied«]

Dis|mem|bra|tor *auch:* **Dis|memb|ra|tor** ⟨m.; -s, -to|ren⟩ Mühle mit Schlagstiften zum Zerkleinern weniger harter Materialien, wie Ton u. Kalk [<*Dis...* + lat. *membrum* »Glied, Körperglied«]

Dis|mul|ga|tor ⟨m.; -s, -to|ren; Chemie⟩ = Demulgator

Dis|mu|ta|ti|on ⟨f.; -, -en; Chemie⟩ chem. Reaktion, bei der sich aus Aldehyden Alkohol abspaltet, z. B. bei der alkohol. Gärung [<*Dis...* + lat. *mutatio* »Veränderung«]

Dis|pa|che ⟨[-paʃ(ə)] f.; -, -n⟩ anteilige Berechnung von Seeschäden für die Beteiligten [frz., »Seeschadensregelung«]

Dis|pa|cheur ⟨[-ʃø:r] m.; -s, -e⟩ Sachverständiger, der eine Dispache aufstellt [frz., »Schiedsrichter für Seeschadensregelung«]

dis|pa|chie|ren ⟨[-ʃi:-] V.⟩ eine Dispache aufstellen über

dis|pa|rat ⟨Adj.⟩ ungleichartig, nicht zueinanderpassend, sich widersprechend [<lat. *disparatum,* Part. Perf. zu *disparare* »absondern, trennen«]

Dis|pa|ri|tät ⟨f.; -, -en⟩ Ungleichheit, Abweichung; *Ggs* Parität [<lat. *dispar* »ungleich, verschieden«]

Dis|pat|cher ⟨[-pætʃə(r)] m.; -s, -⟩ leitender Angestellter in Großbetrieben, der die Arbeiten der Produktionsabteilungen aufeinander abstimmt [<engl. *dispatch* »abschicken, erledigen«]

Dis|pens ⟨m.; -es, -e od. im kath. Kirchenrecht: f.; -, -en⟩ Befreiung (von einer Verpflichtung), Ausnahmebewilligung; ~ *einholen, erhalten* [<kirchenlat. *dispensa* »Erlass einer Pflicht«]

dis|pen|sa|bel ⟨Adj.; veraltet⟩ erlässlich; *Ggs* indispensabel

Dis|pen|sa|ri|um ⟨n.; -s, -ri|en⟩ Arzneibuch; *Sy* Dispensatorium [<lat. *dispensare* »gleichmäßig austeilen, einrichten, austeilend abwägen«]

Dis|pen|sa|ti|on ⟨f.; -, -en⟩ **1** Befreiung (von einer Verpflichtung), Ausnahmebewilligung **2** Herstellung u. Abgabe von Arznei [<lat. *dispensatio* »genaue, gleichmäßige Einteilung, Verwaltung, Bewirtschaftung«]

Dis|pen|sa|to|ri|um ⟨n.; -s, -ri|en⟩ = Dispensarium

Dis|pen|ser ⟨m.; -s, -⟩ **1** Vorratsbehälter, Behälter zur Verteilung von kleinen Mengen einer Ware **2** zur Verkaufsförderung eingesetztes Hilfsmittel bei Sonderaktionen, z. B. Stellregal, Verkaufsbox [<engl. *dispenser* »Automat; Austeiler, Verteiler«]

dis|pen|sie|ren ⟨V.⟩ **1** befreien, beurlauben; *jmdn. vom Amt, vom Dienst, von der Arbeit* ~ **2** *Arzneien* ~ zubereiten u. abgeben [<lat. *dispensare* »gleichmäßig austeilen, einrichten, austeilend abwägen«]

Dis|pen|sie|rung ⟨f.; -, -en⟩ **1** Befreiung, Beurlaubung **2** Zubereitung u. Abgabe einer Arznei [→ *dispensieren*]

Dis|per|gens *auch:* **Di|sper|gens** ⟨n.; -, -gen|zi|en od. -gen|tia; Chemie⟩ Stoff, in dem eine Dispersion vorgenommen wird [zu lat. *dispergere* »zerstreuen«]

dis|per|gie|ren *auch:* **di|sper|gie|ren** ⟨V.; Chemie⟩ zerstreuen, fein verteilen, verbreiten [<lat. *dispergere* »zerstreuen«]

Di|sper|mie ⟨f.; -, -n; Biol.⟩ Eindringen zweier Spermien in dieselbe Eizelle [<*Di...*[2] + *Sperma*]

dis|pers *auch:* **di|spers** ⟨Adj.⟩ auf Dispersion beruhend, zerstreut, fein verteilt [<lat. *dispersus* »zerstreut«]

Dis|per|si|on *auch:* **Di|sper|si|on** ⟨f.; -, -en⟩ **1** Zerstreuung, Verbreitung **2** Brechung von Licht in verschiedene Farben **3** feinste Verteilung eines Stoffes in einem anderen in der Art, dass seine Teilchen in dem anderen schweben **4** Verteilung verschiedener Individuen einer Art innerhalb eines Lebensraumes **5** Streuung der Werte in der Wahrscheinlichkeitsrechnung [<lat. *dispersio* »Zerstreuung«]

Dis|per|si|tät *auch:* **Di|sper|si|tät** ⟨f.; -, -en⟩ **1** Zerteilung **2** Zerteilungsmöglichkeit

Dis|placed Per|son ⟨[dɪspleɪst pœ:sn] f.; - -, - -s; Abk.: DP⟩ während des 2. Weltkrieg nach Deutschland (od. in die von deutschen Truppen besetzten Gebiete) verschleppte Person [engl.]

Dis|play ⟨[-pleɪ] n.; -s, -s⟩ **1** optisch wirksames Zurschaustellen (von Waren, Werbematerial u. a.) **2** Anzeigeeinheit an elektron. Geräten (z. B. Taschenrechnern u. Computern), heute entweder mit Leuchtdioden od. als Flüssigkristallanzeige [engl.]

Dis|play|er *auch:* **Dis|pla|yer** ⟨[-pleɪə(r)] m.; -s, -⟩ Grafiker(in) od. Schauwerbegestalter(in), der od. die hauptsächlich mit dem Entwurf von Warenverpackungen od. (Schaufenster-)Dekorationen (für den Einzelhandel) beschäftigt ist [<engl. *display* »Schaukasten, Schaufenster«]

Dis|po ⟨m.; -s, -s; kurz für⟩ Dispositionskredit

Dispondeus / Disponenden
(*Worttrennung am Zeilenende*)
Besteht ein Fremdwort aus einer Vorsilbe und einem eigenständigen zweiten Wort wie z. B. »*Spondeus*«, so ist die Trennfuge zwischen den einzelnen Bestandteilen zu setzen. Ist dagegen keine Zusammensetzung erkennbar, wird nach Sprechsilben bzw. zwischen zwei aufeinanderfolgenden Konsonanten getrennt.

Di|spon|de|us ⟨m.; -, -de|en; Metrik⟩ antiker Versfuß aus zwei Spondeen [<*Di...*[2] + *Spondeus*]

Dis|po|nen|den ⟨nur Pl.⟩ vom Sortimenter nicht verkaufte Bücher, die er mit Genehmigung des Verlegers weiter bei sich lagert [<lat. *disponenda* »das zu Verteilende, Einzuteilende«]

Dis|po|nent ⟨m.; -en, -en⟩ Angestellter, Abteilungsleiter mit begrenzter Vollmacht [<lat. *disponens,* Part. Präs. zu *disponere* »einteilen, verteilen«]

dis|po|ni|bel ⟨Adj.⟩ so beschaffen, dass man darüber disponieren kann, verfügbar; *Ggs* indisponibel; *disponible Werte* [<lat. *disponere* »einteilen, verteilen«]

Dis|po|ni|bi|li|tät ⟨f.; -; unz.⟩ disponible Beschaffenheit, Verfügbarkeit

dis|po|nie|ren ⟨V.⟩ **1** ordnen, gliedern, einteilen **2** verfügen (über) [<lat. *disponere* »verteilen, einteilen, anordnen«]

dis|po|niert ⟨Adj.⟩ **1** gestimmt, aufgelegt, bereit, imstande; *der Sänger ist (nicht)* ~ (nicht) gut bei Stimme; *Ggs* indisponiert **2** empfänglich (für eine Krankheit)

Dis|po|si|ti|on ⟨f.; -, -en⟩ **1** freie Verfügung; *zur* ~ *stehen* **2** Plan, Einteilung, Gliederung, Anordnung von gesammeltem Material **3** phys. u. psych. Verfassung, Anlage, Empfänglichkeit; ~ *für eine Krankheit* **4** *zur* ~ *stellen* ⟨Abk.: z. D.⟩ in den Wartestand od. einstweiligen Ruhestand versetzen [<lat. *dispositio* »Einteilung, Anordnung«]

dis|po|si|ti|ons|fä|hig ⟨Adj.⟩ geschäftsfähig, einsatzfähig

Dis|po|si|ti|ons|fonds ⟨[-fɔ̃:] m.; - [-fɔ̃:s], - [-fɔ̃:s]⟩ Fonds zur freien Verfügung (in Staatshaushalt u. Kommunalwirtschaft)

Dis|po|si|ti|ons|kre|dit ⟨m.; -(e)s, -e⟩ Kredit, über den ein Kontoinhaber jederzeit verfügen kann, Überziehungskredit

dis|po|si|tiv ⟨Adj.⟩ anordnend, bestimmend, planend; ~*es Recht* Recht, das vertraglich abgeändert werden kann [<lat. *dispositus* »wohlgeordnet«]

Dis|po|si|tiv ⟨n.; -s, -e [-və]⟩ **1** Willenserklärung **2** Gesamtheit aller für einen Einsatz zur Disposition stehenden Personen u. Mittel

Dis|pro|por|ti|on ⟨f.; -, -en⟩ Missverhältnis, schlechte Proportion; *Ggs* Proportion

Dis|pro|por|ti|o|na|li|tät ⟨f.; -; unz.⟩ Missverhältnis

dis|pro|por|ti|o|niert ⟨Adj.⟩ unverhältnismäßig proportioniert, ungleich; *Ggs* proportioniert

Dis|pro|por|ti|o|nie|rung ⟨f.; -, -en; Chemie⟩ chem. Reaktion, bei der ein Ausgangsstoff gleichzeitig in eine Verbindung höherer und niedrigerer Wertigkeit übergeht

Dis|put ⟨m.; -(e)s, -e⟩ Streitgespräch, Wortgefecht [<frz. *dispute* »Wortwechsel, Wortgefecht«; <lat. *disputare* »erörtern«]

dis|pu|ta|bel ⟨Adj.; geh.⟩ so beschaffen, dass man darüber disputieren muss, strittig; *Ggs* indisputabel; *ein disputables Thema* [<frz. *disputable* »bestreitbar«]

Dis|pu|tant ⟨m.; -en, -en; geh.⟩ Teilnehmer an einem Disput [<lat. *disputans,* Part. Präs. zu *disputare* »erörtern«]

Dis|pu|tan|tin ⟨f.; -, -tin|nen; geh.⟩ Teilnehmerin an einem Disput

Dis|pu|ta|ti|on ⟨f.; -, -en⟩ Meinungsaustausch, wissenschaftl. Streitgespräch [<lat. *disputatio* »Erörterung, Abhandlung«]

dis|pu|tie|ren ⟨V.⟩ **1** in Worten (gelehrt) streiten **2** seine Meinung gegeneinander verfechten [<lat. *disputare* »erörtern«]

Dis|qua|li|fi|ka|ti|on ⟨f.; -, -en⟩ *Sy* Disqualifizierung **1** Untauglichkeit **2** Untauglichkeitserklärung **3** ⟨Sport⟩ Ausschluss von sportl. Wettkämpfen als Strafe wegen Vergehens gegen die sportl. Regeln

dis|qua|li|fi|zie|ren ⟨V.⟩ **1** für untauglich erklären **2** vom Wettkampf (zur Strafe) ausschließen; *jmdn. wegen eines regelwidrigen Verhaltens* ~

Dis|qua|li|fi|zie|rung ⟨f.; -, -en⟩ = Disqualifikation

Diss. ⟨f.; -, -; umg. Abk. für⟩ Dissertation

Dis|se|mi|na|ti|on ⟨f.; -, -en; Med.⟩ Verbreitung; ~ *von Krankheitserregern im Körper* [<lat. *disseminare* »aussäen«]

dis|se|mi|nie|ren ⟨V.; Med.⟩ verbreiten; *Krankheitserreger, Seuchen* ~ [<lat. *disseminare* »aussäen, ausstreuen«]

dis|sen ⟨V.; umg.; salopp⟩ *jmdn. od. etwas* ~ herabsetzen, ablehnen, verachten; *eine Boygroup disst die andere; sie wurde wegen ihrer alten Turnschuhe gedisst* [<engl. *diss* »provozieren (von Konkurrenten)«]

Dis|sens ⟨m.; -es, -e⟩ Meinungsverschiedenheit, z. B. beim Abschluss eines Vertrages; *Ggs* Konsens [<lat. *dissensus* »Meinungsverschiedenheit«; zu *dissentire* »anders denken, anderer Meinung sein«]

Dis|sen|ter ⟨m.; -s, -s; Rel.; in England⟩ nicht der anglikan. Staatskirche angehörender Protestant; *Sy* Dissident (2), Nonkonformist (2); *Ggs* Konformist (2) [engl.]

dis|sen|tie|ren ⟨V.⟩ **1** anderer Meinung sein; *Ggs* konsentieren **2** sich von einer Kirche trennen [<lat. *dissentire* »anderer Meinung sein, nicht beistimmen«]

Dis|se|pi|ment ⟨n.; -(e)s, -e; Biol.⟩ **1** Scheidewand im Körper von Korallen **2** falsche Scheidewand in der Frucht [<*dis...* + lat. *saepimentum* »Zaun, Wall«]

Dis|ser|tant ⟨m.; -en, -en⟩ jmd., der an seiner Dissertation arbeitet; →*a.* Doktorand

Dis|ser|tan|tin ⟨f.; -, -tin|nen⟩ weibl. Person, die an ihrer Dissertation arbeitet; →*a.* Doktorandin

Dis|ser|ta|ti|on ⟨f.; -, -en; Abk.: Diss.⟩ wissenschaftl. Arbeit (bes. zum Erlangen der Doktorwürde) [<lat. *dissertatio* »Erörterung«]

dis|ser|tie|ren ⟨V.⟩ eine Dissertation schreiben; *über ein Thema* ~ [<lat. *dissertare* »auseinandersetzen«]

dis|si|dent ⟨Adj.⟩ andersdenkend, von der herrschenden Meinung abweichend [<lat. *dissidens,* Part. Präs. zu *dissidere* »beiseite sitzen, uneinig sein«]

Dis|si|dent ⟨m.; -en, -en⟩ **1** jmd., der zu keiner staatl. anerkannten Religionsgemeinschaft gehört **2** = Dissenter **3** ⟨allg.⟩ jmd., der von einer offiziellen Lehrmeinung od. Ideologie abweicht

D

D

Dis|si|denz ⟨f.; -, -en⟩ eine oppositionell bzw. widerständisch ausgerichtete Bewegung
dis|si|die|ren ⟨V.⟩ **1** anders denken **2** aus der Kirche austreten [<lat. *dissidere* »mit jmdm. uneinig sein«, eigtl. »beiseitesitzen«]
Dis|si|mi|la|ti|on ⟨f.; -, -en⟩ **1** Beseitigung od. Verlust der Ähnlichkeit; *Ggs* Assimilation (1) **2** ⟨Phon.⟩ *Ggs* Assimilation (6) **2.1** das Unähnlichwerden zweier benachbarter ähnl. Konsonanten, z. B. nhd. fünf <mhd. fimpf **2.2** das Ausstoßen eines von zwei gleichen od. ähnlichen Konsonanten, z. B. nhd. Welt <mhd. werlt **3** ⟨Biol.⟩ Stoffwechselvorgänge, bei denen unter Freisetzung von Energie höhere organ. Verbindungen in niedere zerlegt werden; *Ggs* Assimilation (2) [→ *dissimilieren*]
dis|si|mi|lie|ren ⟨V.⟩ einer Dissimilation unterwerfen [<lat. *dissimilis* »unähnlich«]
Dis|si|mu|la|ti|on ⟨f.; -, -en; Med.⟩ absichtliche Verheimlichung von Krankheitszeichen; *Ggs* Simulation (1) [<lat. *dissimulatio* »Verstellung«]
dis|si|mu|lie|ren ⟨V.; Med.⟩ Krankheitszeichen verheimlichen; *Ggs* simulieren (1) [<lat. *dissimulare* »verheimlichen, sich verstellen«]
Dis|si|pa|ti|on ⟨f.; -, -en; Physik; Kyb.⟩ Aufspaltung einer Energie in mehrere andere; ist dafür verantwortlich, dass Energieumwandlungen niemals vollständig in einer Richtung verlaufen, da immer ein Teil der eingesetzten Energie als Reibungsenergie oder dgl. verlorengeht und nicht mehr für die weitere Nutzung zur Verfügung steht [<lat. *dissipatio* »Zerstreuung«]
dis|si|pie|ren ⟨V.; Physik; Kyb.⟩ zerstreuen, streuen, umwandeln [<lat. *dissipare* »auseinanderwerfen, zerstreuen«]
dis|so|lu|bel ⟨Adj.; Chemie⟩ löslich, schmelzbar, zerlegbar [<lat. *dissolubilis* »auflösbar«]
dis|so|lut ⟨Adj.⟩ haltlos, zügellos [<lat. *dissolutus* »aufgelöst, ungebunden, liederlich«]
Dis|so|lu|ti|on ⟨f.; -, -en⟩ **1** Auflösung, Trennung **2** ⟨fig.⟩ Zügellosigkeit [<lat. *dissolutio* »Auflösung, Ungebundenheit, Leichtsinn«]
Dis|sol|ven|tia ⟨[-vẹn-] Pl.; Sing.: Dissolvens⟩ auflösende (Arznei-)Mittel [<lat. *dissolvere* »auflösen, zerlegen«]
dis|so|nant ⟨Adj.; Musik⟩ **1** misstönend, nicht zusammenklingend **2** nach Auflösung verlangend; *Ggs* konsonant [→ *dissonieren*]
Dis|so|nanz ⟨f.; -, -en; Musik⟩ **1** Missklang; *Ggs* Konsonanz (1) **2** ⟨fig.⟩ Unstimmigkeit, Meinungsverschiedenheit
dis|so|nie|ren ⟨V.; Musik⟩ **1** in einer Dissonanz zusammenklingen **2** ⟨fig.⟩ nicht übereinstimmen [<*dis…* + lat. *sonare* »tönen, ertönen, erschallen«]
Dis|sous|gas ⟨[dısu:-] n.; -es; unz.⟩ in Aceton gelöstes, in Stahlflaschen aufbewahrtes Acetylen als Brenngas für Schweißvorgänge [<frz. *dissous* »aufgelöst«]
Dis|so|zi|a|ti|on ⟨f.; -, -en⟩ **1** Trennung, Zerfall; *Ggs* Assoziation **2** ⟨Psych.⟩ Auflösung von im Bewusstsein zusammenhängenden Vorstellungen **3** ⟨Chemie⟩ **3.1** Spaltung von Molekülen in geladene Ionen unter dem Einfluss eines Lösungsmittels **3.2** Spaltung von Molekülen bei hohen Temperaturen [<frz. *dissociation* »Zerfall, Trennung« <lat. *dis…* »auseinander« + *socius* »Gefährte«]
Dis|so|zi|a|ti|ons|kon|stan|te *auch:* **Dis|so|zi|a|ti|ons|kons|tan|te** ⟨f.; -, -n; Chemie⟩ Konstante, die das Gleichgewicht zwischen den getrennten Teilchen (Ionen od. Atomen) ausdrückt
dis|so|zi|a|tiv ⟨Adj.⟩ die Dissoziation betreffend, auf ihr beruhend
dis|so|zi|ie|ren ⟨V.⟩ **1** trennen, auflösen **2** ⟨Chemie⟩ **2.1** in Ionen zerfallen **2.2** chemisch aufspalten; *ein Gemisch* ~ [<frz. *dissocier* »zersetzen, trennen«]
Dis|stress ⟨m.; -es, -e; Pl. selten⟩ lang andauernder, stark belastender Stress, der als unangenehm u. überfordernd empfunden wird; *oV* Dysstress; *Ggs* Eustress [<grch. *dys* »schlecht, widrig« + *Stress*]

◆ Die Buchstabenfolge **dis|t…** kann auch **di|st…** getrennt werden. Davon ausgenommen sind Zusammensetzungen, in denen die fremdsprachigen bzw. sprachhistorischen Bestandteile deutlich als solche erkennbar sind, z. B. *-trahieren, -tribuieren* (→*a.* kontrahieren, kontribuieren).

◆ **dis|tal** ⟨Adj.; Med.⟩ vom Mittelpunkt, von der Mittellinie des Körpers entfernt; *Ggs* proximal [<lat. *distare* »entfernt sein«]
◆ **Dis|tanz** ⟨f.; -, -en⟩ Abstand, Entfernung; *einen Gegenstand auf eine ~ von 10 km erkennen; das Rennen geht über eine ~ von 5000 m; ~ wahren (von od. zu jmdm.)* Vertraulichkeit vermeiden [<lat. *distantia* »Abstand, Verschiedenheit«; zu *distare* »entfernt sein«]
◆ **Dis|tanz|ge|schäft** ⟨n.; -(e)s, -e; Wirtsch.⟩ Geschäft zwischen Personen an verschiedenen Orten, Fernkauf bzw. -verkauf; *Ggs* Lokogeschäft
◆ **dis|tan|zie|ren** ⟨V.⟩ **1** (im Wettkampf) überbieten, hinter sich lassen **2** *sich von etwas od. jmdm. ~* von etwas od. jmdm. abrücken, nichts damit od. mit ihm zu tun haben wollen; *davon distanziere ich mich*
◆ **dis|tan|ziert** ⟨Adj.⟩ Abstand wahrend, Zurückgezogenheit bevorzugend
◆ **Dis|tan|zie|rung** ⟨f.; -, -en⟩ das Distanzieren
◆ **Dis|tanz|re|lais** ⟨[-rəlɛ:] n.; -[-lɛ:s], - [-lɛ:s]; El.⟩ Relais, das als Schutzrelais in Hochspannungssystemen fungiert; *Sy* Impedanzrelais
◆ **Dis|tanz|ritt** ⟨m.; -(e)s, -e⟩ Dauerritt, Ritt über eine sehr lange Strecke
◆ **Di|sthen** ⟨m.; -s, -e; Min.⟩ Mineral, chem. Aluminiumsilikat; *Sy* Kyanit, Zyanit [<*Di…*[2] + grch. *sthenos* »Kraft«]
◆ **dis|tich** ⟨Adj.; Bot.⟩ in zwei gegenüberstehenden Reihen angeordnet [<*di…*[2] + grch. *stichos* »Reihe«]

◆**dis|ti|chisch** ⟨[-çıʃ] Adj.⟩ das metrische Schema zweier verschiedener Verse im Wechsel gebrauchend; *oV* distichitisch; *Ggs* monostichisch

◆**dis|ti|chi|tisch** ⟨[-çi:-] Adj.⟩ = distichisch

◆**Dis|ti|chon** ⟨[-çɔn] n.; -s, -tichen; Metrik⟩ aus einem Hexameter u. einem Pentameter zusammengesetzte Verseinheit; →*a.* Elegeion [<*Di…*[2] + grch. *stichos* »Reihe, Vers«]

◆**dis|tin|gu|ie|ren** ⟨a. [-gi:-] V.⟩ unterscheiden, auszeichnen, hervorheben [<frz. *distinguer* »unterscheiden«]

◆**dis|tin|gu|iert** ⟨a. [-tıŋgi:rt] Adj.⟩ (aus der Allgemeinheit) hervorgehoben, ausgezeichnet, vornehm; *ein ~es Benehmen, Verhalten* [<frz. *distinguer* »unterscheiden«]

◆**dis|tinkt** ⟨Adj.⟩ unterschieden, deutlich (erkennbar), verständlich [<lat. *distinctus* »gesondert, bestimmt, deutlich«]

◆**Dis|tink|ti|on** ⟨f.; -, -en⟩ **1** Auszeichnung, (hoher) Rang, Würde **2** ⟨österr.⟩ Rangabzeichen [<lat. *distinctio* »Sonderung, Unterscheidung«]

◆**dis|tink|tiv** ⟨Adj.⟩ **1** unterscheidend **2** auszeichnend [→ *distinkt*]

dis|to|nie|ren ⟨V.; Musik⟩ vom Ton abweichen, den Ton herauf- od. herunterziehen [<*dis…* + grch. *tonos* »Ton«]

Dis|tor|si|on ⟨f.; -, -en⟩ **1** ⟨Med.⟩ Verstauchung **2** ⟨Optik⟩ Verzerrung, Verzeichnung [frz., »Verzerrung« <lat. *distortio* »Verzerrung«]

dis|tra|hie|ren ⟨V.⟩ auseinanderziehen, trennen, zerstreuen [<lat. *distrahere* »auseinanderziehen, trennen«]

Dis|trak|ti|on ⟨f.; -, -en⟩ **1** das Auseinanderziehen, Zerstreuung **2** seitl. Auseinanderweichen von Erdschollen **3** Behandlung von Knochenbrüchen mit Streckverbänden [<lat. *distractio* »Trennung«; zu *distrahere* »auseinanderziehen, trennen«]

Dis|trak|tor ⟨m.; -s, -to|ren⟩ eine der falschen Anworten, die bei einem Multiple-Choice-Verfahren angeboten werden [→ *Distraktion*]

Dis|tri|bu|ent ⟨m.; -en, -en; veraltet⟩ Verteiler [<lat. *distribuens* »zuteilen, verteilend«; zu *distribuere*]

dis|tri|bu|ie|ren ⟨V.⟩ verteilen, austeilen [<lat. *distribuere* »verteilen, zuteilen«]

Dis|tri|bu|ti|on ⟨f.; -, -en⟩ **1** Verteilung, Austeilung, Auflösung **2** ⟨Logik⟩ Gültigkeit für jedes Objekt, das unter einen bestimmten Begriff fällt [<lat. *distributio* »Verteilung, Einteilung«; zu *distribuere* »verteilen, austeilen«]

dis|tri|bu|tiv ⟨Adj.⟩ auf eine Distribution bezüglich, verteilend

Dis|tri|bu|tiv|ge|setz ⟨n.; -es; unz.; Math.⟩ Gesetz, das die Handhabung mathematischer Größen bei Addition u. Subtraktion koordiniert

Dis|tri|bu|ti|vum ⟨[-vum] n.; -s, -ti|va [-va]; Gramm.⟩ = Distributivzahl

Dis|tri|bu|tiv|zahl ⟨f.; -, -en; Gramm.⟩ Einteilungszahl zur Einteilung in jeweils gleiche Mengen, z. B. je 3; *Sy* Distributivum

◆**Dis|trikt** *auch:* **Dist|rikt** ⟨m.; -s, -e⟩ **1** Verwaltungsbezirk **2** abgeschlossener Bereich [<mlat. *districtus* »Gerichtszwang, Gerichtsgebiet«; zu lat. *distringere* »auseinanderziehen, straffspannen, zwingen«]

Dis|zes|si|on ⟨f.; -, -en⟩ **1** Weggang **2** Abzug **3** Übertritt zu einer anderen Partei [<lat. *discessio* »das Auseinandergehen, Trennung«]

◆Die Buchstabenfolge **dis|zi|pl…** kann auch **dis|zip|l…** getrennt werden.

◆**Dis|zi|plin** ⟨f.; -, -en⟩ **1** ⟨unz.⟩ Zucht, Ordnung, Einordnung, Unterordnung; *~ halten; die ~ wahren; eiserne* ⟨fig.⟩, *strenge ~*; *Ggs* Indisziplin **2** ⟨zählb.⟩ **2.1** wissenschaftliche Fachrichtung **2.2** Sportart [<lat. *disciplina* »Unterricht; Zucht, Ordnung«]

◆**dis|zi|pli|när** ⟨Adj.⟩ eine Disziplin (2) betreffend, zu ihr gehörend

◆**Dis|zi|pli|nar|ge|walt** ⟨f.; -; unz.⟩ die dem Staat seinen Beamten u. Soldaten gegenüber zustehende Gewalt u. das Recht, Disziplinarstrafen zu verhängen, Dienststrafgewalt

◆**dis|zi|pli|na|risch** ⟨Adj.⟩ **1** die Disziplin od. Disziplinargewalt betreffend, auf ihr beruhend, mit Hilfe einer Disziplinarstrafe; *~e Maßnahmen*; *oV* disziplinell **2** ⟨fig.⟩ streng

◆**Dis|zi|pli|nar|kom|mis|si|on** ⟨f.; -, -en; österr.⟩ Ausschuss zur Ahndung von disziplinarischen Vergehen bzw. Verstößen

◆**Dis|zi|pli|nar|stra|fe** ⟨f.; -, -n⟩ Strafe für ein Vergehen eines Beamten od. Soldaten gegen dienstl. Anordnungen od. Befehle, Dienststrafe

◆**dis|zi|pli|nell** ⟨Adj.⟩ = disziplinarisch

◆**dis|zi|pli|nie|ren** ⟨V.⟩ **1** in Disziplin halten, an Disziplin gewöhnen **2** maßregeln

◆**dis|zi|pli|niert** ⟨Adj.⟩ an Disziplin gewöhnt

◆**Dis|zip|li|nie|rung** ⟨f.; -, -en⟩ das Disziplinieren, das Diszipliniertwerden

◆**dis|zip|lin|los** ⟨Adj.⟩ ohne Disziplin, keine Disziplin haltend

Di|thy|ram|be ⟨f.; -, -n⟩ *oV* Dithyrambus **1** Chor- u. Reigenlied auf den Gott Dionysos **2** kunstvolles, stroph. gegliedertes Festlied (seit 600 v. Chr.) **3** unregelmäßig gebaute, odenartige Hymne **4** ⟨fig.⟩ Loblied, überschwängl. Lied [<grch. *dithyrambos;* urspr. Beiname des Dionysos]

di|thy|ram|bisch ⟨Adj.⟩ **1** wie eine Dithyrambe **2** ⟨fig.⟩ begeistert, überschwänglich

Di|thy|ram|bus ⟨m.; -, -ram|ben⟩ = Dithyrambe

di|to ⟨Adv.; Abk.: do., dto.⟩ gleichfalls, ebenso (wird gebraucht, um sich auf Rechnungen usw. mehrmals vorkommende Bezeichnungen od. Erklärungen zu ersparen); *oV* ⟨österr.⟩ detto, ditto [<ital. *ditto, detto* <lat. *dictum;* → *Diktum*]

Di|tro|chä|us ⟨[-xɛ:-] m.; -, -chä|en [-xɛ:-]; Metrik⟩ doppelter Trochäus [<*Di…*[2] + *Trochäus*]

dit|to ⟨Adv.; österr.⟩ = dito

Dit|to|gra|fie ⟨f.; -, -n⟩ = Dittographie

Dit|to|gra|phie ⟨f.; -, -n⟩ *oV* Ditto-

D

grafie **1** Doppellesart bei antiken Schriftstellern **2** fehlerhafte Doppelschreibung eines od. mehrerer Buchstaben im Text; *Ggs* Haplographie [<grch. *dittos* »doppelt« + *graphie* »schreiben«]

Di|ure|se ⟨f.; -, -n; Med.⟩ Harnausscheidung [zu grch. *diourein* »harnen«]

Di|ure|ti|kum ⟨n.; -s, -ti|ka; Pharm.⟩ harntreibende Arznei [→ *Diurese*]

di|ure|tisch ⟨Adj.; Med.⟩ die Harnausscheidung anregend, harntreibend [→ *Diurese*]

Di|ur|nal ⟨n.; -s, -e⟩ = Diurnale

Di|ur|na|le ⟨n.; -s, -lia⟩ Gebetbuch katholischer Geistlicher mit den Stundengebeten, Auszug aus dem Brevier; *oV* Diurnal [<lat. *diurnus* »täglich«; zu *dies* »Tag«; verwandt mit *Journal*]

div. ⟨Abk. für lat.⟩ divisi

Di|va ⟨[-va] f.; -s, -s od. Di|ven [-ven]⟩ gefeierte Künstlerin, bes. bei Bühne u. Film [ital., »die Göttliche«]

di|ven|haft ⟨[-vən-] Adj.⟩ wie eine Diva, einer Diva entsprechend; *ein ~es Benehmen; eine ~e Inszenierung*

Di|ver|bia ⟨[-vẹr-] Pl.; Lit.⟩ die in der altrömischen Komödie und dem altrömischen Drama gesprochenen Dialog- u. Wechselgespräch-Partien [<lat. *diverbium*]

di|ver|gent ⟨[-vɛr-] Adj.⟩ auseinanderstrebend, in entgegengesetzter Richtung verlaufend; *Ggs* konvergent [frz., »gegensätzlich, abweichend«]

Di|ver|genz ⟨[-vɛr-] f.; -, -en⟩ *Ggs* Konvergenz **1** Auseinanderstreben **2** Meinungsverschiedenheit [<frz. *divergence* »Verschiedenheit«]

di|ver|gie|ren ⟨[-vɛr-] V.⟩ *Ggs* konvergieren **1** auseinandergehen, abweichen **2** anderer Meinung sein [<frz. *diverger* »auseinandergehen«]

di|vers ⟨[-vẹrs] Adj.⟩ **1** verschieden **2** *~e* mehrere **3** *Diverses* verschiedene Gegenstände, die man (in Aufstellungen usw.) nicht in die gegebenen Rubriken einordnen kann [<lat. *diversus* »abgekehrt, entgegengesetzt«]

Di|ver|sa ⟨[-vẹr-] Pl.⟩ Vermischtes, Mixtur; *oV* Diverse; →*a.* divers

Di|ver|sant ⟨[-vɛr-] m.; -en, -en; DDR⟩ Saboteur, Störer [<lat. *diversus* »abgekehrt, entgegengesetzt«]

Di|ver|se ⟨[-vẹr-] Pl.⟩ = Diversa

Di|ver|si|fi|ka|ti|on ⟨[-vɛr-] f.; -, -en⟩ Vorgang, Ergebnis des Diversifizierens

di|ver|si|fi|zie|ren ⟨[-vɛr-] V.⟩ *ein Unternehmen, einen Konzern ~* auf verschiedene Wirtschaftszweige umstellen, um von Entwicklungsschwankungen einzelner Branchen unabhängig zu werden

Di|ver|si|fi|zie|rung ⟨[-vɛr-] f.; -, -en⟩ das Diversifizieren

Di|ver|si|on ⟨[-vɛr-] f.; -, -en⟩ **1** Ablenkung, Richtungsänderung **2** ⟨DDR⟩ polit. Störung, Sabotage, Versuch der Spaltung [zu lat. *diversus* »abgekehrt, entgegengesetzt«]

Di|ver|si|tät ⟨[-vɛr-] f.; -; unz.⟩ Vielfältigkeit, Vorhandensein eines breiten Spektrums, Mannigfaltigkeit

Di|ver|ti|kel ⟨[-vɛr-] n.; -s, -⟩ Ausstülpung, Ausbauchung von Hohlorganen od. Körperhöhlen [<lat. *diverticulum* »Abweichung, Seitenweg«]

Di|ver|ti|ku|li|tis ⟨[-vɛr-] f.; -, -ti|den; Med.⟩ Entzündung eines Divertikels

Di|ver|ti|men|to ⟨[-vɛr-] n.; -s, -s od. -men|ti; Musik⟩ mehrstimmiges, mehrsätziges, unterhaltsames Musikstück [ital., »Vergnügen«]

Di|ver|tis|se|ment ⟨[-vɛrtis(ə)mãː] n.; -s, -s; Musik; frz. Schreibung für⟩ Divertimento [frz., »Unterhaltung, Belustigung«]

Di|vest|ment ⟨[-vẹst-] n.; -s, -s; Wirtsch.⟩ = Desinvestition (1)

di|vi|de et im|pe|ra! ⟨[-vi-]⟩ teile und herrsche!, stifte Unfrieden unter deinen Feinden, um sie zu beherrschen! (Grundprinzip der Außenpolitik im antiken Rom) [lat.]

Di|vi|dend ⟨[-vi-] m.; -en, -en; Math.⟩ Zahl, durch die eine andere Zahl zu teilen ist; Zähler (eines Bruches); *Ggs* Divisor [<lat. *dividendus (numerus)* »die zu teilende (Zahl)«]

Di|vi|den|de ⟨[-vi-] f.; -, -n; Bankw.⟩ auf eine Aktie entfallender Gewinnanteil [<lat. *dividenda* »die zu teilende (Summe)« <*dividere*]

di|vi|die|ren ⟨[-vi-] V.; Math.⟩ der Division unterziehen, teilen [<lat. *dividere* »teilen«]

Di|vi|na|ti|on ⟨[-vi-] f.; -, -en⟩ Ahnung, Ahnungsvermögen [<lat. *divinatio* »Ahnungsvermögen, Sehergabe«]

di|vi|na|to|risch ⟨[-vi-] Adj.⟩ seherisch, vorahnend

Di|vi|ni|tät ⟨[-vi-] f.; -; unz.⟩ **1** Göttlichkeit **2** göttl. Wesen [<lat. *divinitas* »Göttlichkeit«]

Di|vis ⟨[-viːs] n.; -es, -e⟩ Bindestrich, Silbentrennungszeichen [frz., »geteilt« <lat. *divisus*, Part. Perf. zu *dividere* »teilen«]

di|vi|si ⟨[-viː-] Abk.: div.; Musik; bei Doppelgriffen auf Streichinstrumenten⟩ geteilt, d. h. von zwei Instrumenten zu spielen [ital., Pl. zu *diviso* »geteilt«]

di|vi|si|bel ⟨[-vi-] Adj.⟩ so beschaffen, dass man es dividieren kann, dividierbar, teilbar [<frz. *divisible* »teilbar«]

Di|vi|si|nist ⟨[-vi-] m.; -en, -en⟩ Anhänger, Vertreter des Divisionismus

Di|vi|si|on ⟨[-vi-] f.; -, -en⟩ **1** ⟨Math.⟩ Aufteilung einer Zahl (Dividend) in so viele gleiche Teile, wie eine andere Zahl (Divisor) angibt **2** ⟨Seew.⟩ Teil der Schiffsbesatzung in Stärke einer Kompanie **3** ⟨Mil.⟩ großer Kampfverband [<lat. *divisio* »Teilung«]

Di|vi|si|o|när ⟨[-vi-] m.; -s, -e; Mil.; bes. schweiz.⟩ Befehlshaber einer Division

Di|vi|si|o|nis|mus ⟨[-vi-] m.; -; unz.⟩ neoimpressionistische Richtung der modernen französ. Malerei (punktartiges Nebeneinandersetzen der Farbpartikel); →*a.* Pointillismus [<lat. *divisio* »Teilung«]

Di|vi|sor ⟨[-viː-] m.; -s, -so|ren; Math.⟩ Zahl, durch die eine andere Zahl geteilt wird, Nenner (eines Bruches); *Ggs* Dividend [<lat. *divisor (numerus)* »teilende Zahl«; zu *dividere* »teilen«]

Di|vot ⟨[-vət] m. od. n.; -s, -s; Sport; Golf⟩ mit dem Golf-

schläger herausgeschlagenes Rasenstück [engl.]
Di|wan ⟨m.; -s, -e⟩ **1** gepolsterte Liege ohne Rückenlehne **2** ehemaliger türk. Staatsrat **3** oriental. Gedichtsammlung; *West-östlicher ~* (Goethe) [<frz. *divan* <pers. *diwan* »Geheimer Staatsrat des Herrschers, Gerichtshof, Schriftensammlung«]
di|xi **1** ich habe (es) gesagt **2** basta! punktum! (als Schlusswort) [lat.]
Di|xie ⟨m.; - od. -s; unz.; Musik; kurz für⟩ Dixieland
Di|xie|land ⟨[dıksılænd] m.; - od. -s; unz.; Musik⟩ erster Jazzstil der Weißen; *Sy* Dixie [nach *Dixie*, dem Namen für die Südstaaten der USA in dem gleichnamigen Lied von Daniel D. Bennet (1859)]
di|zy|got ⟨Adj.; Biol.⟩ zweieiig; *~e Zwillinge* Z., die sich aus zwei befruchteten Eizellen entwickelt haben; *Ggs* monozygot [<grch. *di-* »doppelt« + *zygon* »Joch«]
DJ ⟨[di:dʒɛı] m.; -s, -s; kurz für⟩ Discjockey [engl.]
DJane ⟨[dıdʒɛın] f.; -, -s⟩ weibl. DJ
Djel|la|ba ⟨[dʒɛl-] f.; -, -s⟩ nordafrikan. Kapuzengewand für Männer aus grobem Wollstoff [arab.]
Dji|had ⟨m.; -s; unz.⟩ = Dschihad
Dji|ha|di ⟨m.; -, -⟩ = Dschihadi
Dji|ha|dist ⟨m.; -en, -en⟩ = Dschihadist
DK ⟨Abk. für⟩ Dezimalklassifikation
dkg ⟨österr. Abk. für⟩ Dekagramm
dkr ⟨Abk. für⟩ dänische Krone
dl ⟨Abk. für⟩ Deziliter
Dl ⟨früher Abk. für⟩ Dekaliter
dm ⟨Abk. für⟩ Dezimeter
dm^2 ⟨Abk. für⟩ Quadratdezimeter
dm^3 ⟨Abk. für⟩ Kubikdezimeter
Dm ⟨früher Abk. für⟩ Dekameter
d. m. ⟨Abk. für⟩ dextra mano (rechte Hand); →*a.* mano dextra
DNA ⟨Abk. für⟩ Desoxyribonucleinsäure
DNA-Fin|ger|ab|druck ⟨m.; -(e)s, -drü|cke⟩ molekularbiologische Analyse der DNA eines Individuums (meist im Rahmen der Aufklärung von Straftaten)
DNS ⟨Abk. für⟩ **1** Desoxyribonucleinsäure **2** ⟨EDV⟩ Domain Name System, System zur Verwaltung von Internetadressen
Do ⟨n.; -, -; Musik⟩ Ton C, in der Tonika-Do-Methode jeweils der Grundton einer Tonleiter; →*a.* Solmisation [ital., frz.]
do. ⟨Abk. für⟩ dito
doch|misch ⟨Adj.; Metrik⟩ in der Art eines Dochmius
Doch|mi|us ⟨m.; -, -mi|en; Metrik⟩ fünffüßiger, aus Jambus u. Kretikus zusammengesetzter Versfuß [<grch. *dochmios* »in die Quere gehend«]
Dock ⟨n.; -s, -s od. -e⟩ Anlage zum Trockensetzen von Schiffen, entweder als Schwimmkörper *(Schwimm~)* od. als Becken, das leergepumpt wird *(Trocken~)* [engl.]
do|cken ⟨V.⟩ **1** ins Dock legen **2** im Dock liegen
Do|cker ⟨m.; -s, -⟩ Dockarbeiter [engl.]
Do|cking|ma|nö|ver ⟨[-vər] n.; -s, -; Raumf.⟩ Flugmanöver, bei dem ein Raumfahrzeug an ein anderes angekoppelt wird [zu engl. *dock* »andocken«]
do|cu|men|ta ⟨f.; -, -s; in der Stadt Kassel⟩ in mehrjährigen Abständen veranstaltete Ausstellung zeitgenössischer Kunst
Do|de|ka|dik ⟨f.; -; unz.⟩ = Duodezimalsystem
do|de|ka|disch ⟨Adj.⟩ = duodezimal [<grch. *dodeka* »zwölf«]
Do|de|ka|eder ⟨n.; -s, -s; Geom.⟩ von zwölf Flächen begrenzter Körper, Zwölfflach, Zwölfflächner; →*a.* Pentagondodekaeder [<grch. *dodeka* »zwölf« + *...eder*]
Do|de|ka|fo|nie ⟨f.; -; unz.; Musik⟩ = Dodekaphonie
Do|de|ka|gon ⟨n.; -s, -e; Geom.⟩ Zwölfeck
Do|de|ka|pho|nie ⟨f.; -; unz.; Musik⟩ = atonale Musik; *oV* Dodekafonie [<grch. *dodeka* »zwölf« + *...phonie*]
Doe|skin® ⟨[doʊskın] m.; -s; unz.⟩ starkes, glattes Wollgewebe für Herrenmäntel [engl., eigtl. »Rehfell, -leder«]
Do|ga|res|sa ⟨f.; -, -res|sen⟩ Frau des Dogen [ital.]
Dog|cart ⟨m.; -s, -s⟩ offener, zweirädriger Einspänner [engl., eigtl. »Hundewagen«]
Do|ge ⟨[do:ʒə] od. ital. [dɔdʒə] m.; -n, -n⟩ Oberhaupt der ehem. Republiken Venedig u. Genua [ital. <lat. *dux* »Führer«]
Dog|ge ⟨f.; -, -n; Zool.⟩ Angehörige einer Gruppe von Hunderassen, große schlanke (*Deutsche ~*) bis kurzbeinige, schwere Arten [<engl. *dog* »Hund«]
Dog|ger[1] ⟨m.; -s; unz.⟩ mittlere Abteilung des Juras, brauner Jura [engl., Gesteinsbezeichnung engl. Steinbrucharbeiter in der Grafschaft Yorkshire]
Dog|ger[2] ⟨m.; -s, -⟩ = Doggerboot
Dog|ger|boot ⟨n.; -(e)s, -e⟩ niederländ. Fischerfahrzeug; *Sy* Dogger[2] [<ndrl. *dogger* »Kabeljau«]
Dog|ma ⟨n.; -s, Dog|men⟩ **1** festgelegte Meinung, die nicht angezweifelt wird **2** systematisch formulierte, aber nicht bewiesene Anleitung zum Handeln **3** von einer Glaubensgemeinschaft formulierte u. offiziell proklamierte Grundlage eines Bekenntnisses, Glaubenssatz [grch., »Meinung, Verordnung, Lehrsatz«]
Dog|ma|tik ⟨f.; -, -en⟩ **1** Lehre vom Dogma, Glaubenslehre **2** starre Verfechtung bestimmter Dogmen
Dog|ma|ti|ker ⟨m.; -s, -⟩ **1** Lehrer der Dogmatik **2** starrer Verfechter bestimmter Dogmen
dog|ma|tisch ⟨Adj.⟩ *Ggs* undogmatisch **1** ein Dogma betreffend, zu ihm gehörig, darauf beruhend, daran gebunden **2** ⟨fig.⟩ ohne Prüfung der Voraussetzungen, unkritisch, starr an einem Dogma festhaltend
dog|ma|ti|sie|ren ⟨V.⟩ zum Dogma machen
Dog|ma|tis|mus ⟨m.; -; unz.⟩ **1** starres Festlegen von od. Festhalten an Dogmen **2** unkritisches Denken, starre Buchstabengelehrsamkeit
Dog|skin ⟨n.; -s; unz.; Textilw.⟩ aus Schaffell gefertigtes, kräftiges Leder [engl., eigtl. »Hundefell« <engl. *dog* »Hund« + *skin* »Haut«]

D

Do-it-your|self-Be|we|gung ⟨[duː ɪt jɔː(r)sɛlf -] f.; -; unz.⟩ von den USA ausgehende Bewegung der handwerklichen Eigenarbeit [engl., »tu es selbst«]

D

Do-it-yourself-Bewegung (*Schreibung mit Bindestrich*) Zwischen allen Bestandteilen mehrteiliger Zusammensetzungen, in denen eine Wortgruppe oder eine Zusammensetzung mit Bindestrich auftritt, wird ein Bindestrich gesetzt.

Do|ki|ma|sie ⟨f.; -; unz.⟩ *oV* Dokimastik **1** ⟨im antiken Griechenland⟩ Prüfung der Männer für den Staatsdienst **2** Prüfung eines Stoffes auf seinen Gehalt an Edelmetallen [<grch. *dokimazein* »prüfen, untersuchen«]

Do|ki|mas|tik ⟨f.; -; unz.⟩ = Dokimasie

do|ki|mas|tisch ⟨Adj.⟩ die Dokimasie betreffend, auf ihr beruhend

Dok|tor ⟨m.; -s, -to|ren; Abk.: Dr.⟩ **1** akademischer Grad u. Titel nach besonderer Prüfung **1.1** *Dr. agr. (agronomiae), Dr. sc. agr. (scientiarum agrariarum) ~ der Landwirtschaft* **1.2** *Dr. disc. pol. (disciplinarum politicarum)* ~ der Sozialwissenschaften **1.3** *Dr. forest. (scientiae rerum forestalium)* ~ der Forstwirtschaft **1.4** *Dr. habil. (habilitatus)* habilitierter ~; ⟨in Verbindungen wie⟩ *Dr. phil. habil.* **1.5** *Dr. h. c. (honoris causa)* ~ ehrenhalber (nur verliehener Titel) **1.6** *Dr.-Ing.* ~ der Ingenieurwissenschaften **1.7** *Dr. i. u. (iuris utriusque)* ~ beider Rechte (des weltlichen u. kanonischen) **1.8** *Dr. jur. (juris)* ~ der Rechte **1.9** *Dr. jur. utr.* →*a.* Dr. i. u. **1.10** *Dr. med. (medicinae)* ~ der Medizin **1.11** *Dr. med. dent. (medicinae dentariae)* ~ der Zahnheilkunde **1.12** *Dr. med. univ. (medicinae universae)* ⟨österr.⟩ ~ der gesamten Medizin **1.13** *Dr. med. vet. (medicinae veterinariae)* ~ der Tierheilkunde **1.14** *Dr. nat. techn. (rerum naturalium technicarum)* ⟨österr.⟩ ~ der Bodenkultur **1.15** *Dr. oec. (oeconomiae)* ~ der Wirtschaftswissenschaften **1.16** *Dr. oec. publ. (oeconomiae publicae)* ~ der Volkswirtschaft **1.17** *Dr. öc. troph.* ~ der Ökotrophologie **1.18** *Dr. paed. (paedagogiae)* ~ der Pädagogik **1.19** *Dr. pharm. (pharmaciae)* ~ der Pharmazie **1.20** *Dr. phil. (philosophiae)* ~ der Philosophie **1.21** *Dr. phil. nat. (philosophiae naturalis), Dr. rer. nat. (rerum naturalium), Dr. sc. nat. (scientiarum naturalium)* ~ der Naturwissenschaften **1.22** *Dr. rer. camer. (rerum cameralium)* ⟨schweiz.⟩ ~ der Staatswissenschaften **1.23** *Dr. rer. comm. (rerum commercialium)* ⟨österr.⟩ ~ der Handelswissenschaften **1.24** *Dr. rer. hort. (rerum hortensium)* ~ der Gartenbauwissenschaft **1.25** *Dr. rer. mont. (rerum montanarum)* ~ der Bergbauwissenschaften **1.26** *Dr. rer. nat.* →*a.* Dr. phil. nat. **1.27** *Dr. rer. oec. (rerum oeconomicarum)* ~ der Wirtschaftswissenschaften **1.28** *Dr. rer. pol. (rerum politicarum), Dr. sc. pol. (scientiarum politicarum)* ~ der Staatswissenschaften **1.29** *Dr. rer. publ. (rerum publicarum)* ~ der Zeitungswissenschaft **1.30** *Dr. rer. soc. oec. (rerum socialium oeconomicarumque)* ⟨österr.⟩ ~ der Sozial- u. Wirtschaftswissenschaften **1.31** *Dr. rer. techn. (rerum technicarum), Dr. sc. math. (scientiarum mathematicarum)* ~ der mathemat. Wissenschaften **1.32** *Dr. sc. (scientiarum)* ⟨DDR⟩ ~ der Wissenschaften (entspricht dem Dr. habil.) **1.33** *Dr. sc. agr.* →*a.* Dr. agr. **1.34** *Dr. sc. math.* →*a.* Dr. rer. techn. **1.35** *Dr. sc. nat.* →*a.* Dr. rer. nat. **1.36** *Dr. sc. pol.* →*a.* Dr. rer. pol. **1.37** *Dr. sc. techn. (scientiarum technicarum)* ⟨österr.⟩ ~ der technischen Wissenschaften **1.38** *Dr. theol. (theologiae)* ~ der Theologie **2** ⟨umg.⟩ Arzt [<lat. *doctor* »Lehrer«; zu *docere* »lehren«; → *Dozent*]

Dok|to|rand ⟨m.; -en, -en⟩ jmd., der im Begriff ist, die Doktorprüfung abzulegen

Dok|to|ran|din ⟨f.; -, -din|nen⟩ weibl. Person, die im Begriff ist, die Doktorprüfung abzulegen

dok|to|rie|ren ⟨V.⟩ die Doktorprüfung ablegen

Dok|to|rin ⟨f.; -, -rin|nen⟩ weibl. Doktor

◆ Die Buchstabenfolge **dok|tr...** kann auch **dokt|r...** getrennt werden.

◆ **Dok|trin** ⟨f.; -, -en⟩ **1** Lehre, Lehrsatz **2** ⟨fig.⟩ starre Meinung [<lat. *doctrina* »Unterricht, Wissenschaft«]

◆ **dok|tri|när** ⟨Adj.⟩ **1** auf einer Doktrin (1) beruhend, in der Art einer Doktrin **2** sich auf starre Meinungen versteifend, einseitig theoretisch, engstirnig [<frz. *doctrinaire*]

◆ **Dok|tri|när** ⟨m.; -s, -e⟩ Verfechter einer Doktrin, jmd., der starr an einer Lehre festhält

◆ **Dok|tri|na|ris|mus** ⟨m.; -; unz.⟩ starres, wirklichkeitsfremdes Festhalten an einer Lehrmeinung

◆ **dok|tri|nell** ⟨Adj.⟩ eine Doktrin betreffend, in der Art einer Doktrin

Do|ku ⟨f.; -, -s; umg.; kurz für⟩ **1** Dokumentation **2** Dokusoap

Do|ku|ment ⟨n.; -(e)s, -e⟩ **1** Aufzeichnung, Schriftstück, das als Grundlage für weitere Arbeiten dienen kann **2** Urkunde, amtl. Bescheinigung, amtl. Schriftstück **3** als Beweis dienendes Schriftstück **4** ⟨EDV⟩ Einheit einer formatierten Menge von Daten, Datei [<lat. *documentum* »Lehre, Beweis, Zeugnis«]

Do|ku|men|ta|list ⟨m.; -en, -en; Berufsbez.⟩ wissenschaftlich ausgebildeter Mitarbeiter einer Einrichtung für Dokumentation

Do|ku|men|ta|lis|tik ⟨f.; -; unz.⟩ wissenschaftliche Disziplin, die sich mit der Sammlung, Speicherung u. Abrufung von Informationen befasst

Do|ku|men|tar ⟨m.; -s, -e⟩ in der Dokumentation (3) fachlich od. wissenschaftlich ausgebildeter Mitarbeiter

Do|ku|men|tar|film ⟨m.; -(e)s, -e⟩ Film, der tatsächl. Begebenheiten realistisch, überzeugend u. beweiskräftig darbietet

do|ku|men|ta|risch ⟨Adj.⟩ auf Grund von, mit Hilfe von Dokumenten, durch Dokumente belegbar, urkundlich

Do|ku|men|ta|ri|um ⟨n.; -s, -ri|en⟩ Dokumentensammlung

Do|ku|men|tar|spiel ⟨n.; -(e)s, -e; TV⟩ Fernsehsendung, die histor. od. aktuelle Geschehnisse dramaturgisch bearbeitet u. in Form eines Spielfilms od. Dokumentationsdramas ausgestrahlt wird

Do|ku|men|ta|ti|on ⟨f.; -, -en⟩ **1** Beweisführung durch Dokumente **2** Sammlung u. Nutzung von Dokumenten aller Art **3** Beurkundung

do|ku|men|tie|ren ⟨V.⟩ **1** durch Dokumente belegen, beweisen **2** beurkunden

Do|ku|soap ⟨[-soʊp] f.; -, -s; TV⟩ Fortsetzungsreihe od. -serie im Fernsehen, die Szenen aus dem wirklichen Leben zeigt u. diese mit unterhaltenden Sequenzen durchzieht

Do|lan® ⟨n.; -s; unz.⟩ Fasern auf der Basis von Polyacrylnitrilen

Dol|by|sys|tem® *auch:* **Dol|by-Sys|tem**® ⟨n.; -s; unz.; Musik⟩ System der elektromagnetischen Tonaufzeichnung u. Tonwiedergabe zur Unterdrückung von Störgeräuschen wie Rauschen od. Klirren [nach dem engl. Elektrotechniker R. M. *Dolby*]

dol|ce ⟨[-tʃə] Adj.⟩ **1** ⟨Musik⟩ sanft, süß, lieblich (zu spielen) **2** *Dolce far niente* süß (ist es), nichts zu tun **3** *Dolce stil nuovo* »süßer neuer Stil«, im 13. Jh. der den Minnesang ablösende Stil der ital. Liebeslyrik **4** *Dolce Vita* »süßes Leben«, müßiggänger. Leben oberer Gesellschaftskreise [ital.]

Dol|ce|far|ni|en|te ⟨[-tʃə-] n.; -; unz.⟩ süßes Nichtstun [ital.]

Dol|ci|an ⟨m.; -s, -e; Musik; seit dem 15. Jh.⟩ *oV* Dulzian **1** ein der Schalmei ähnl. Blasinstrument **2** ⟨nach 1600 auch Bez. für⟩ Fagott **3** ein Orgelregister [<ital. *dolce* »süß«]

Dol|drum *auch:* **Dold|rum** ⟨a. engl. [-drəm] n.; -s, -s; Meteor.⟩ windstille Zone am Äquator [<engl. *doldrums* (Pl.) »Stillliegen, Windstille«]

do|li|cho|ke|phal ⟨[-ço-] Adj.; Med.⟩ = dolichozephal

Do|li|cho|ke|pha|lie ⟨[-ço-] f.; -; unz.; Med.⟩ = Dolichozephalie

do|li|cho|ze|phal ⟨[-ço-] Adj.; Med.⟩ langköpfig; *oV* dolichokephal [<grch. *dolichos* »lang« + ...*zephal*]

Do|li|cho|ze|pha|lie ⟨[-ço-] f.; -; unz.; Med.⟩ Langköpfigkeit; *oV* Dolichokephalie

Do|li|ne ⟨f.; -, -n⟩ trichterförmige Einsenkung, die durch Auflösung von Kalkstein im Karstgebiet entstanden ist [<slaw. *dolina* »Tal«]

Dol|lar ⟨m.; -s, -s od. (bei Zahlenangaben) -; Zeichen: $⟩ Währungseinheit in den USA, 100 Cents [engl. <nddt. *daler* »Taler«]

Dol|lar|kurs ⟨m.; -es, -e; Wirtsch.⟩ Handelspreis des Dollars, der Währungseinheit der USA

dol|lie|ren ⟨V.⟩ *Felle* ~ innen abschleifen [<frz. *doler* »hobeln, dünn schaben«]

Dol|ly ⟨m.; - od. -s, -s⟩ fahrbares Gestell mit aufmontierter Kamera [engl., eigtl. »Püppchen«]

Dol|man ⟨m.; -s, -e⟩ **1** mit Schnüren besetzte Husarenjacke **2** Männerrock der alttürkischen Tracht [<ungar. *dolmány* <türk. *dolaman* »langes Gewand aus Tuch«]

Dol|men ⟨m.; -s, -⟩ vorgeschichtliche große Steingrabkammer [<breton. *dol* »Tafel« (od. neubreton. *toul* »Loch«) + *men* »Stein«]

Dol|metsch ⟨m.; -es, -e⟩ **1** Fürsprecher **2** ⟨österr. a.⟩ = Dolmetscher

dol|met|schen ⟨V.⟩ als Dolmetscher tätig sein, mündlich übersetzen

Dol|met|scher ⟨m.; -s, -⟩ jmd., der mündlich übersetzt, das Gespräch zwischen zwei Personen übermittelt, die nicht dieselbe Sprache sprechen [<mhd. *tolmetsche* <ungar. *tolmács* <türk. *tilmač, tilmadz* <Mitannispr. *talami* »Dolmetsch«]

Dol|met|sche|rin ⟨f.; -, -rin|nen⟩ weibl. Dolmetscher

Do|lo|mit ⟨m.; -s, -e; Min.⟩ **1** gelbes od. braunes Mineral, chem. Calcium-Magnesium-Carbonat **2** Gestein, das überwiegend aus dem Mineral Dolomit besteht [nach dem frz. Mineralogen *Dolomieu*, † 1810]

Do|lo|mit|spat ⟨m.; -(e)s, -e; Min.⟩ farbloses, graues od. gelbes gesteinsbildendes Mineral, chemisch ein Calcium-Magnesium-Carbonat (braun verwitternder Dolomit, Braunspat) [nach dem frz. Mineralogen *Dolomieu*]

do|lo|ros ⟨Adj.⟩ = dolorös

do|lo|rös ⟨Adj.⟩ schmerzhaft, schmerzlich; *oV* doloros [zu lat. *dolor* »Schmerz«]

do|lo|ro|so ⟨Musik⟩ schmerzlich, klagend (zu spielen) [ital.; zu *dolore* »Schmerz« <lat. *dolor*]

do|los ⟨Adj.⟩ **1** heimtückisch, arglistig, auf Täuschung bedacht **2** vorsätzlich [<lat. *dolosus* »arglistig, trügerisch«]

Do|lus ⟨m.; -; unz.; geh.⟩ **1** Arglist, auf Täuschung gerichteter Wille **2** Vorsatz; ~ *eventualis* bedingter Vorsatz [<lat. *dolus* »List, Täuschung«; lat. *eventualis* »etwaig, bedingt«]

Dom[1] ⟨m.; -(e)s, -e⟩ **1** Bischofskirche **2** Hauptkirche einer Stadt [verkürzt <*Domkirche*, Kirche, die zum *domus (ecclesiae)* gehört, zum »Gemeinde- u. Wohnhaus der Geistlichen«]

Dom[2] ⟨m.; -(e)s, -e⟩ **1** gewölbte Decke **2** gewölbter Aufsatz, Kappe, Haube (auf Dampfkesseln) [<frz. *dôme* <lat. *doma* »Dachform« <grch. *doma* »Söller«]

Dom[3] ⟨m.; -; unz.⟩ »Herr« (portugiesischer Titel) [<lat. *dominus* »Herr«]

D. O. M. ⟨Abk. für⟩ Deo Optimo Maximo, Gott, dem Besten u. Größten

Do|ma ⟨n.; -s, Do|men⟩ zwei dachartig geneigte, symmetrisch angeordnete Kristallflächen [lat., »Dachform«, grch. *doma* »Söller«]

Do|main ⟨[dɔmɛɪn] f. od. n.; - od. -s, -s; EDV⟩ **1** miteinander verbundene Gruppe von Computern in einem Netzwerk **2** logisch (z. B. nach Anbietern von Onlinediensten) abgegrenztes Teilsystem im Internet [engl., »Domäne«]

Do|mä|ne ⟨f.; -, -n⟩ **1** staatliches

od. landesherrliches Landgut **2** ⟨fig.⟩ Arbeitsgebiet, Wissensgebiet, auf dem man bes. gut Bescheid weiß [<frz. *domaine* »(staatl.) Landgut« <lat. *dominium* »Herrschaft«]

do|ma|ni|al ⟨Adj.⟩ eine Domäne betreffend, zu ihr gehörig

D

Do|mes|tik ⟨m.; -en, -en; heute meist abwertend⟩ Dienstbote, Diener; *oV* Domestike [<frz. *domestique* »Hausangestellte(r)« <lat. *domesticus* »häuslich«]

Do|mes|ti|ka|ti|on ⟨f.; -; unz.⟩ **1** Zähmung wildlebender Tiere zu Haustieren **2** Züchtung wildwachsender Pflanzen zu Kulturpflanzen [zu lat. *domesticus* »häuslich«]

Do|mes|ti|ke ⟨m.; -n, -n⟩ = Domestik

Do|mes|ti|kin ⟨f.; -, -kin|nen⟩ masochistisch veranlagte Frau, Masochistin

do|mes|ti|zie|ren ⟨V.⟩ **1** *wilde Tiere* ~ zu Haustieren machen, zähmen **2** *wilde Pflanzen* ~ zu Kulturpflanzen züchten [<lat. *domesticus* »häuslich«]

Do|mi|na ⟨f.; -, -nae [-nɛː]⟩ **1** ⟨veraltet⟩ Hausherrin **2** Kloster-, Stiftsvorsteherin **3** ⟨umg.⟩ Prostituierte, die ihre Kunden züchtigt [<lat., »Herrin«]

do|mi|nant ⟨Adj.⟩ **1** vorherrschend, beherrschend **2** ⟨Genetik⟩ andere Erbanlagen überdeckend; *Ggs* rezessiv [<lat. *dominans*, Part. Präs. zu *dominari* »herrschen«]

Do|mi|nant|ak|kord ⟨m.; -(e)s, -e; Musik⟩ Akkord auf der Dominante [→ *dominant*]

Do|mi|nan|te ⟨f.; -, -n⟩ **1** vorherrschendes Merkmal **2** ⟨Musik⟩ fünfter Ton einer Tonleiter **3** ⟨Musik⟩ Dreiklang über diesem Ton

Do|mi|nant|sept|ak|kord ⟨m.; -(e)s, -e; Musik⟩ Akkord aus Dur-Dreiklang u. zusätzlicher kleiner Septime auf der Dominante

Do|mi|nanz ⟨f.; -, -en; Vererbungslehre⟩ Vorherrschen bestimmter Merkmale; *Ggs* Rezessivität [zu lat. *dominari* »herrschen«]

Do|mi|ni|ca ⟨f.; -; unz.; kath. Kirche⟩ Sonntag [lat.; verkürzt <*dominica dies* »der Tag des Herrn«]

do|mi|nie|ren ⟨V.⟩ herrschen, vorherrschen [<lat. *dominari* »herrschen«]

Do|mi|ni|ka|ner ⟨m.; -s, -s; offiz. Abk.: O. P.⟩ Angehöriger des vom hl. Dominikus 1215 gegründeten Bettel- u. Predigerordens

do|mi|ni|ka|nisch ⟨Adj.⟩ die Dominikaner betreffend, zu ihnen gehörig, von ihnen stammend

Do|mi|ni|on ⟨[-njən] n.; -s, -s od. -ni|en⟩ überseeischer Teil des Brit. Reiches mit eigener Regierung [engl., »Herrschaft, Herrschaftsgebiet« <lat. *dominium* »Herrschaft«]

Do|mi|ni|um ⟨n.; -s, -s od. -ni|en⟩ Domäne, Rittergut [lat., »Herrschaft«]

Do|mi|no[1] ⟨m.; -s, -s⟩ **1** Maskenanzug mit langem, weitem Mantel u. Kapuze **2** Person in diesem Anzug [ital., »Herr, Geistlicher; langer Winterrock des Geistlichen« <lat. *dominus* »Herr«, mlat. »Dom-, Stiftsherr«]

Do|mi|no[2] ⟨n.; -s, -s⟩ Spiel mit 28 Steinen, von denen jeder zwei Felder (mit 0-6 Augen) hat, die jeweils mit der gleichen Augenzahl aneinandergelegt werden müssen, es gewinnt derjenige, der zuerst alle Steine gelegt hat

Do|mi|no|ef|fekt ⟨m.; -(e)s, -e⟩ durch ein Grundereignis ausgelöste Reihe ähnlicher Ereignisse (wie bei Dominosteinen, die in langer Reihe hintereinander aufgestellt sind u. beim Antippen nacheinander umfallen), Kettenreaktion

Do|mi|nus ⟨m.; -, -mi|ni⟩ Herr, Gebieter; ~ *vobiscum!* »der Herr sei mit euch« (in der kath. Liturgie Gruß des Priesters an die Gemeinde) [lat.]

Do|mi|zil ⟨n.; -s, -e⟩ **1** Wohnsitz **2** Zahlungsort (bei Wechseln) [<lat. *domicilium* »Wohnung, Wohnsitz«]

do|mi|zi|lie|ren ⟨V.⟩ **1** seinen Wohnsitz haben, ansässig sein **2** *Wechsel* ~ an einem anderen Ort als dem Wohnsitz des Bezogenen zur Zahlung anweisen [→ *Domizil*]

Dom|ka|pi|tel ⟨n.; -s, -; kath. Kirche⟩ Mitglieder des Domstiftes, Kollegium der Geistlichen eines Domes als bischöflicher Beirat

do|mo → *pro domo* [zu lat. *domus* »Haus«]

Domp|teur ⟨[-tøːr] m.; -s, -e⟩ jmd., der wilde Tiere dressiert u. Dressurakte vorführt, Tierbändiger [frz., »Tierbändiger«]

Domp|teu|se ⟨[-tøːzə] f.; -, -n⟩ weibl. Person, die wilde Tiere dressiert u. Dressurakte vorführt, Tierbändigerin [frz.]

Dom|ra ⟨f.; -, -s od. Dom|ren⟩ russisches Zupfinstrument [russ. <türk.]

Don ⟨m.; -s, -s⟩ Herr (span. Anrede; in Italien Ehrentitel für Geistliche u. Adelige) [span., »Herr« <lat. *dominus* »Herr«]

Do|ña ⟨[dɔnja] f.; -, -s⟩ Frau (span. Anrede) [span., »Herrin« <lat. *domina* »Herrin«]

Do|na|ti|on ⟨f.; -, -en; veraltet⟩ Schenkung [<lat. *donatio* »Schenkung«]

Do|na|tor ⟨m.; -s, -to|ren⟩ **1** ⟨veraltet⟩ Geber, Schenkender **2** Störstelle im Kristallgitter eines Isolators od. Halbleiters, die ein Elektron abgeben kann; *Ggs* Akzeptor **3** ⟨Kyb.⟩ System, das Elemente od. Informationen an ein anderes System abgibt; *Ggs* Akzeptor [lat., »Geber eines Geschenkes«]

Dö|ner ⟨m.; -s, -⟩ = Döner Kebab

Dö|ner Ke|bab ⟨m.; - - od. - -s, - - od. - -s⟩ türk. Gericht mit Fleischstückchen, die von einem am senkrechten Drehspieß gegrillten Stück Hammelfleisch abgeschnitten werden; *oV* Döner Kebap; *Sy* Döner [<türk. *döner kebap* »Hammel-, Spießbraten«; zu *döner* »sich drehend«]

Dö|ner Ke|bap ⟨m.; - - od. - -s, - - od. - -s⟩ = Döner Kebab

Don|ja ⟨f.; -, -s; eindeutschend für⟩ **1** Doña **2** ⟨scherzh.; leicht abwertend⟩ Geliebte, Freundin

Don|jon ⟨[dɔ̃ʒɔ̃ː] m.; -s, -s; in Frankreich⟩ Wohnturm, Hauptturm einer Burg [frz., »Bergfried«]

Don Ju|an ⟨[dɔn xuan] m.; - - od. - -s, - -s⟩ Frauenheld, Verführer; *er ist ein ~; sich wie ein ~*

benehmen, aufführen [nach einer Gestalt der span. Literatur]

Don|key ⟨[dɔŋki] m.; -s, -s; Seew.⟩ häufig auf Handelsschiffen eingebauter, kleiner Zusatzkessel, mit dessen Hilfe bei Bedarf die Lade- u. Entladeeinrichtungen (Kräne usw.) des Schiffes betrieben werden können [engl., eigtl. »Esel«]

Don|na ⟨f.; -, -s od. Don|nen; in der ital. Anrede⟩ Frau, Fräulein [<lat. *domina* »Herrin«]

Don|qui|chot|te|rie ⟨[-kiʃɔtəri:] f.; -, -n⟩ aussichtslose Torheit, ein durch weltfremden Idealismus zum Scheitern verurteiltes Unternehmen [nach *Don Quichotte,* span. *Don Quijote,* dem Helden des satir. Romans »Don Quijote de la Mancha« von Miguel de Cervantes Saavedra, 1547-1616]

Dont|ge|schäft ⟨[dɔ̃:-] n.; -(e)s, -e⟩ Börsengeschäft, von dem der Käufer gegen eine best. Zahlung (Dontprämie) zurücktreten kann [<frz. *dont* »davon (im Sinne von Prämie)«]

Do|nut ⟨[dounʌt] m.; -s, -s⟩ ringförm. Hefeteilchen, auch mit Füllung u. einer Zucker- od. Schokoladenglasur; *oV* Doughnut [engl.-amerikan.]

doo|deln ⟨[du:dəln] V.⟩ während des Verrichtens anderer Tätigkeiten (z. B. beim Telefonieren) nebenbei geometrische Figuren o. Ä. auf Papier od. andere Unterlagen zeichnen od. kritzeln [<engl. *doodle* »Männchen malen«]

Door|man ⟨[dɔ:(r)mæn] m.; -, -men [-mən]⟩ Aufsichtsperson, Wachmann (im Eingangsbereich von Geschäften, Luxuswohnungen, Hotels o. Ä.) [<engl. *door* »Tür« + *man* »Mann«]

Do|pa|min ⟨n.; -s, -e; Med.⟩ Neurotransmitter, ein Nervenbotenstoff, der im Gehirn die Kommunikation zw. Nervenzellen regelt, die Bewegungen steuern (wird auch als Medikament bei dem Parkinson-Syndrom eingesetzt) [Kurzwort <*Dopa* (<grch. *d*is »zweifach« + *o*xys »scharf« + *P*henyl + *A*lanin) + *Amin*]

Dope ⟨[do:p] n.; -s; unz.; umg.⟩ Rauschmittel [engl.]

do|pen ⟨V.; Sport⟩ *jmdn.* ~ durch verbotene Anregungsmittel zur Höchstleistung zu bringen versuchen [<engl. *dope* »Rauschgift, Narkotikum«]

Do|per ⟨m.; -s, -; umg.⟩ **1** Drogenhändler **2** jmd., der drogenabhängig ist [→ *Dope*]

Do|ping ⟨n.; -s, -s; Sport⟩ unerlaubte Anwendung von Anregungsmitteln vor Wettkämpfen [engl.]

Do|ping|kon|trol|le *auch:* **Do|ping|kont|rol|le** ⟨f.; -, -n; Sport⟩ Kontrolle zur Einhaltung der Dopingbestimmungen, Untersuchung von Harn- od. Speichelproben auf Einnahme von Dopingmitteln [engl.]

Dop|pel|he|lix ⟨f.; -; unz.; Biochemie⟩ doppelt wendelförmige Struktur der DNA (Desoxyribonucleinsäure) [→ *Helix*]

Dop|pik ⟨f.; -; unz.⟩ doppelte Buchführung

Do|ra|de ⟨f.; -, -n; Zool.⟩ räuberischer Makrelenfisch mit sehr schmackhaftem Fleisch, Goldmakrele: Coryphaena hippurus [frz., »Vergoldete«; zu *dorer* »vergolden«]

Do|ra|do ⟨n.; -s, -s; kurz für⟩ Eldorado (2)

do|risch ⟨Adj.⟩ zu den Dorern gehörig, von ihnen stammend; *~e Säule* altgrch. Säule mit kanneliertem Schaft und wulstförmigem Kapitell; *~e Tonart* altgrch. Tonart, erste Kirchentonart [nach dem nordwestgrch. Volksstamm der *Dorer*]

Dor|meu|se ⟨[-mø:zə] f.; -, -n; veraltet⟩ **1** Schlafhaube **2** bequemer Sessel **3** Reisewagen mit Liegeplatz [frz.; zu *dormir* »schlafen«]

Dor|mi|to|ri|um ⟨n.; -s, -ri|en; früher⟩ Schlafsaal der Mönche [mlat.]

Do|ro|ni|cum ⟨n.; -s, -; Bot.⟩ zur Gattung der Korbblütler gehörende Pflanze mit großen gelben Blüten, Gämswurz [<grch. *doron* »Geschenk« + *nike* »Sieg«]

dor|sal ⟨Adj.; Med.⟩ den Rücken betreffend, nach dem Rücken zu gelegen [zu lat. *dorsum* »Rücken«]

Dor|sal ⟨m.; -s, -e; Phon.⟩ mit dem Zungenrücken gebildeter Konsonant, z. B. g, k; *Sy* Dorsallaut [<lat. *dorsum* »Rücken«]

Dor|sa|le ⟨n.; -s, -⟩ Rückwand des Chorgestühls

Dor|sal|laut ⟨m.; -(e)s, -e; Phon.⟩ = Dorsal

dor|si|ven|tral *auch:* **dor|si|vent|ral** ⟨[-vɛn-] Adj.; bei Pflanzen u. Tieren⟩ mit spiegelbildl. Seitenteilen, aber verschiedener Bauch- u. Rückenseite [<lat. *dorsum* »Rücken« + *venter* »Bauch«]

dor|so|ven|tral *auch:* **dor|so|vent|ral** ⟨[-vɛn-] Adj.; Anat.⟩ in Richtung vom Rücken zum Bauch hin gelegen [→ *dorsiventral*]

DOS ⟨kurz für⟩ MS-DOS

dos à dos ⟨[dozado:] Adv.; Ballett⟩ Rücken an Rücken [frz.]

do|sie|ren ⟨V.⟩ zumessen, zuteilen [→ *Dosis*]

Do|sie|rung ⟨f.; -, -en⟩ **1** ⟨unz.⟩ das Dosieren **2** ⟨zählb.⟩ das Dosiertsein, Dosis; *auf die richtige ~ achten*

Do|si|me|ter ⟨n.; -s, -; Physik⟩ Gerät zur Messung von radioaktiven Strahlungen [<*Dosis* + *...meter*]

Do|si|me|trie *auch:* **Do|si|met|rie** ⟨f.; -; unz.; Physik⟩ Bemessung von Dauer u. Stärke der Röntgenstrahlen [<*Dosis* + *...metrie*]

Do|sis ⟨f.; -, Do|sen⟩ **1** bestimmte Menge eines die Gesundheit beeinflussenden Stoffes **2** ärztlich verordnete Menge für die jeweilige Einzelgabe einer Arznei; *eine kleine, hohe, geringe ~ Chinin* [grch., »Gabe«]

Dos|si|er ⟨[dɔsje:] m. od. schweiz. n.; -s, -s⟩ alle zu einem Vorgang gehörigen Akten, Aktenbündel [frz., »Rückenlehne, Aktenbündel«]

dos|sie|ren ⟨V.⟩ abschrägen [<frz. *dossier* »Rückenlehne«]

Dos|sie|rung ⟨f.; -, -en; fachsprachl.⟩ **1** das Dossieren **2** flache Böschung

Dot ⟨[dɔt] m.; -s, -s⟩ Punkt (z. B. bei E-Mail- u. Internetadressen) [engl.]

Do|ta|ti|on ⟨f.; -, -en⟩ Schenkung, Zuwendung, bes. für öffentl. Einrichtungen od. (an Per-

D

D

sonen) für besondere Verdienste um den Staat [<lat. *dotare* »aussteuern, ausstatten«]

Dọt|com ⟨f.; -, -s; meist ohne Artikel; EDV; kurz für⟩ Dotcomfirma [verkürzt <engl. *dot* »Punkt« (nach dem Punkt, der das Ende einer Internetadresse anzeigt) + *commerce* »Handel«]

Dọt|com|fir|ma *auch:* **Dọt|com-Fir|ma** ⟨f.; -, -fir|men⟩ kommerzieller Anbieter im Internet od. E-Commerce, dessen Internetadresse auf ».com« endet; *Sy* Dotcom [<engl. *dot* »Punkt« + *com,* kurz für *commerce* »Handel« + *Firma*]

do|tie|ren ⟨V.⟩ **1** schenken, zuwenden, mit Einkünften versehen **2** *einen Preis mit 5000 Euro* ~ ausschreiben, ausstatten **3** *Halbleiter* ~ Fremdatome zusetzen, um die elektrische Leitfähigkeit zu erhöhen [<lat. *dotare* »ausstatten« u. frz. *doter* »aussteuern, dotieren«]

Do|tie|rung ⟨f.; -, -en⟩ **1** das Dotieren **2** Ausstattung mit Geld od. Sachwerten

Dou|ane ⟨[dua:n] f.; -, -n⟩ Zoll, Zollamt [<frz. »Zoll(amt), -verwaltung«]

Dou|a|ni|er ⟨[duanje:] m.; -s, -s⟩ Zollaufseher, Zollbeamter [frz., »Zollbeamter«]

dou|beln ⟨[du:-] V.⟩ **1** eine Rolle als Double spielen; *einen Schauspieler* ~ **2** = synchronisieren [→ *Double*]

◆Die Buchstabenfolge **dou|bl...** kann auch **doub|l...** getrennt werden.

◆**Dou|ble** ⟨[du:bl] n.; -s, -s⟩ **1** Doppel **2** Doppelgänger **3** Schauspieler od. Artist, der dem Hauptdarsteller ähnelt u. ihn bei Proben u. Aufnahmen ersetzt, wenn dieser die vorgeschriebenen Aufgaben (artist. Übungen) nicht selbst darstellen kann **4** ⟨Musik⟩ Variation eines Satzes der Suite [frz., »doppelt«]

◆**Dou|blé** ⟨[duble:] n.; -s, -s⟩ **1** ⟨Musik⟩ Doppelschlag **2** ⟨schweiz.⟩ = Dublee (1) **3** ⟨Billard⟩ = Dublee (2) [zu frz. *doubler* »verdoppeln«]

◆**Dou|ble|face** ⟨[du:blfa:s] n.; -; unz.; Textilw.⟩ aus natürl. od. künstl. Fasern bestehendes Gewebe mit unterschiedlich farbigen Seiten [<frz. *double* »doppelt« + *face* »Gesicht«]

◆**Dou|blẹt|te** ⟨[du-] f.; -, -n⟩ = Dublette

◆**dou|blie|ren** ⟨[du-] V.⟩ = dublieren

Dough|nut ⟨[doʊnʌt] m.; -s, -s⟩ = Donut [engl.]

Dou|gla|sie ⟨[dugla:siə] f.; -, -n; Bot.⟩ nordamerikan. Kieferngewächs, Douglasfichte, Douglastanne [nach dem schott. Botaniker D. *Douglas*]

Dou|ri|ne ⟨[duri:nə] f.; -, -n; Vet.⟩ Beschälseuche der Pferde; *oV* Durine [frz. <arab. *darin* »schmutzig«]

do ut des ich gebe, damit du (auch) gibst [lat.]

Dow-Jones-In|dex ⟨[daʊdʒoʊnz-] m.; - od. -es; unz.; seit 1897⟩ tägl. ermittelter Durchschnittskurs der wichtigsten an der New Yorker Börse gehandelten Aktien; *der ~ steht hoch* [nach den Amerikanern Charles H. *Dow,* 1851-1902 + Edward D. *Jones,* 1856-1920]

Dow|las ⟨[daʊləs] n.; -; unz.; Textilw.⟩ dichtes Baumwollgewebe für Wäsche; *oV* Daulas [engl., »grobe Leinwand«; nach der Stadt *Daoulas* in der Bretagne]

down ⟨[daʊn] Adj.; nur präd.; umg.⟩ **1** erschöpft; *ich bin total* ~ **2** bedrückt, niedergeschlagen [engl.]

Down|cy|cling *auch:* **Down|cyc|ling** ⟨[daʊnsaɪklɪŋ] n.; - od. -s; unz.⟩ Form des Recyclings, bei der ein minderwertiges Produkt entsteht [<engl. *down* »unten, herunter« + *cycle* »Kreislauf, Zyklus«]

Dow|ner ⟨[daʊ-] m.; -s, - od. Downs [daʊnz]; Drogenszene⟩ beruhigendes Arzneimittel [engl.; zu *down* »unten, herunter«]

Dow|ning Street ⟨[daʊnɪŋ stri:t] f.; - -; unz.⟩ Amtssitz des englischen Premierministers [nach dem engl. Diplomaten Sir George *Downing,* 1624-1684]

Down|load ⟨[daʊnloʊd] n. od. m.; -s, -s; EDV⟩ *Ggs* Upload **1** Programm, das ein Herunterladen von Dateien (z. B. aus dem Internet) auf die Festplatte ermöglicht **2** die heruntergeladenen Dateien selbst [<engl. *down* »unter; herab, herunter« + *load* »laden«]

down|loa|den ⟨[daʊnloʊdən] V.; EDV⟩ Dateien von einem anderen Computer od. Netz (z. B. Internet) auf die eigene Festplatte herunterladen [→ *Download*]

Down|mar|ket ⟨[daʊn-] m.; -s; unz.; Wirtsch.⟩ Handelsbereich von Waren mit eher niedrigem Preis- u. Qualitätsniveau; *Ggs* Upmarket; *für den ~ produzieren* [engl.]

Down|si|zing ⟨[daʊnsaɪzɪŋ] n.; - od. -s; unz.⟩ **1** ⟨Wirtsch.⟩ **1.1** Reduktion von Arbeitskräften **1.2** Verringerung der Produktion **2** ⟨EDV⟩ Ersetzen eines zentralen Rechnersystems durch kleinere, miteinander vernetzte Systeme [<engl. *down* »hinunter, herunter« + engl. *size* »größenmäßig ordnen«]

Down|syn|drom *auch:* **Down-Syn|drom** ⟨[daʊn-] n.; -s; unz.⟩ angeborene, mit körperlichen Entwicklungsstörungen verbundene Form geistiger Behinderung; *Sy* Trisomie 21 [nach dem brit. Arzt J. L. H. *Down* (1828-1896) + *Syndrom*]

Do|xa|le ⟨n.; -s, -s⟩ in Barockkirchen kunstvoll gearbeitetes Gitter zwischen dem Chor u. dem Hauptschiff [<grch. *doxa* »Glaube, Ruhe, Ehre, Glanz«]

Do|xo|lo|gie ⟨f.; -, -n⟩ formelhafter Lobpreis der Dreifaltigkeit [<grch. *doxa* »Ruhm, Ehre, Glanz, Herrlichkeit« + *...logie*]

Doy|en *auch:* **Do|yen** ⟨[doajɛ̃:] m.; -s, -s⟩ dienstältester Leiter eines diplomatischen Korps [frz., »Dienstältester, Dekan«]

Do|zẹnt ⟨m.; -en, -en⟩ Lehrer an einer Hochschule od. Volkshochschule [<lat. *docens,* Part. Präs. zu *docere* »lehren«]

Do|zẹn|tin ⟨f.; -, -tin|nen⟩ Lehrerin an einer Hochschule od. Volkshochschule

Do|zen|tur ⟨f.; -, -en⟩ Lehrauftrag als Dozent

do|zie|ren ⟨V.⟩ **1** lehren, Vorlesungen halten **2** ⟨fig.⟩ lehrhaft vortragen [→ *Dozent*]

dpi ⟨Abk. für engl.⟩ dots per inch (Punkte pro Zoll), Messgröße für die Auflösung eines Bildschirms od. Ausdrucks
Dr. ⟨Abk. für⟩ Doktor
d. R. ⟨Abk. für⟩ der Reserve
Drach|me ⟨f.; -, -n; früher⟩ **1** alt- u. neugrch. Währungseinheit, 100 Lepta **2** altes Apothekergewicht, ⅛ Unze, 3,75 g [grch.]
draf|ten ⟨V.; umg.; bes. Sport⟩ auswählen, abkommandieren; *jmdn. ins Team ~* [<engl.-amerikan. *draft* »einziehen, einberufen«]
Drag and drop ⟨[dræg ənd drɔp] n.; - - -; unz.; EDV⟩ das Anklicken eines Objektes, das auf dem Computerbildschirm (in eine andere Datei bzw. an eine andere Stelle) verschoben u. dort wieder losgelassen wird [<engl. *drag* »ziehen« + *and* »und« + *drop* »fallen lassen«]
Dra|gee *auch:* **Dra|gée** ⟨[-ʒeː] n.; -s, -s od. f.; -, -n⟩ **1** überzuckerte Frucht **2** mit Zuckermasse überzogene Pille [frz., urspr. »Mandel mit Zuckerüberzug«]
dra|gie|ren ⟨[-ʒiː-] V.⟩ mit einer Zuckerglasur überziehen [→ *Dragee*]
Dra|go|man ⟨m.; -s, -e⟩ Einheimischer in den Gebieten des Nahen Ostens, der als Fremdenführer u. Dolmetscher tätig ist, Übersetzer [arab.]
Dra|go|na|de ⟨f.; -, -n⟩ **1** zwangsweise Einquartierung von Dragonern zur gewaltsamen Bekehrung von Protestanten unter Ludwig XIV. **2** ⟨fig.⟩ gewaltsame Regierungsmaßnahme [<frz. *dragonnade*]
Dra|go|ner ⟨m.; -s, -⟩ **1** ⟨Mil.⟩ leichter Reiter **1.1** ⟨urspr.⟩ berittener Infanterist **1.2** ⟨dann⟩ Kavallerist **2** ⟨österr.⟩ Rückenspange an Rock oder Mantel **3** ⟨fig.; umg.; scherzh.⟩ sehr energische, derbe (bes. weibl.) Person [<frz. *dragon* »(feuerspeiender) Drache«, Name einer Feuerwaffe, mit der im 16. Jh. leichte Reiter ausgerüstet wurden, dann diese selbst]
Drag|queen ⟨[dræːgkwiːn] f.; -, -s; umg.⟩ **1** ⟨allg.⟩ Mann, der sich gerne in Frauenkleidern zeigt, Transvestit **2** ⟨i. e. S.⟩ männl. Performancekünstler, der eine Frau darstellt [<engl. *drag* »Frauenkleidung« + *queen* »Königin«]
Dr. agr. → *Doktor*
Drags|ter ⟨[drægstə(r)] m.; -s, -; Kfz⟩ Rennwagen für Autorennen, die auf einer glatten Asphaltbahn mit stehendem Start für die Distanz einer Viertelmeile (402 m) ausgetragen werden [engl.-amerikan., (umg.) »frisiertes Auto«]
Drain ⟨[drɛɪn] od. [drɛ̃ː] m.; -s, -s⟩ *oV* Drän **1** Entwässerungsrohr od. -graben **2** ⟨Med.⟩ Gummiröhrchen mit seitl. Öffnungen zur Drainage [engl., »Abfluss, künstlicher Abflusskanal«]
Drai|na|ge ⟨[drɛnaːʒə] f.; -, -n⟩ *oV* Dränage, Dränung **1** Entwässerung **2** Entwässerungsanlage **3** ⟨Med.⟩ Ableitung von Wundflüssigkeit od. Eiter mittels Gummiröhrchen od. Gazestreifen [engl., »Entwässerung«]
drai|nie|ren ⟨[drɛ-] V.⟩ *oV* dränieren **1** durch Röhren entwässern **2** ⟨Med.⟩ durch Drains ableiten [<engl. *drain* »(Wasser) abfließen lassen«]
Drai|si|ne ⟨[drɛ-] f.; -, -n⟩ *oV* Dräsine **1** Laufmaschine, Vorläufer des Fahrrades **2** kleines Schienenfahrzeug zur Kontrolle von Eisenbahnstrecken [nach dem Erfinder Karl Friedrich *Drais* Frh. v. Sauerbronn, 1785-1851]
dra|ko|nisch ⟨Adj.⟩ sehr streng, rücksichtslos; *~e Maßnahmen ergreifen* [nach dem athen. Gesetzgeber *Drakon* (Gesetzgebung 621 v. Chr.)]
Dra|lon® ⟨n.; -s; unz.⟩ Fasern auf der Basis von Polyacrylnitrilen
Dra|ma ⟨n.; -s, Dra|men⟩ **1** Schauspiel; *~ in fünf Akten; ein ~ von Shakespeare* **2** Gesamtheit der dramatischen Dichtungen (eines Landes); *das deutsche ~; das ~ zur Zeit Shakespeares* **3** aufregendes, häufig trauriges Geschehen; *das Unglück ist das reinste ~!* [grch., »Handlung«]
Dra|ma|tik ⟨f.; -; unz.⟩ **1** Dichtkunst, die sich mit dem Schauspiel beschäftigt **2** ⟨fig.⟩ Spannung, Lebendigkeit, bewegter Ablauf; *die ~ eines Stückes, einer Darstellung*
Dra|ma|ti|ker ⟨m.; -s, -⟩ Dichter von (Theater-)Schauspielen
Dra|ma|ti|ke|rin ⟨f.; -, -rin|nen⟩ weibl. Dramatiker
dra|ma|tisch ⟨Adj.⟩ **1** das Schauspiel od. die Dramatik betreffend, dazu gehörig, darauf beruhend **2** ⟨fig.⟩ spannend, bewegt, lebendig, mitreißend
dra|ma|ti|sie|ren ⟨V.⟩ **1** zu einem Schauspiel umarbeiten; *einen Roman ~* **2** ⟨fig.⟩ *etwas ~* übertreiben

> **Dramatis Personae** (*Groß- und Kleinschreibung*) In fremdsprachigen Fügungen, die als Ganzes die Funktion eines Substantivs haben, werden alle substantivischen Bestandteile großgeschrieben (→*a.* Alter Ego).

Dra|ma|tis Per|so|nae ⟨Pl.⟩ **1** ⟨Theat.⟩ die in einem Schauspiel auftretenden Personen **2** ⟨fig.⟩ die an einem Unternehmen beteiligten Personen [lat.]
Dra|ma|turg ⟨m.; -en, -en; Theat.⟩ Mitarbeiter am Theater u. Fernsehen, der Schauspiele aussucht u. bearbeitet u. bei der Aufführung beratend mitwirkt [<*Drama* + grch. *ergon* »Werk«]
Dra|ma|tur|gie ⟨f.; -; unz.; Theat.⟩ **1** Wissenschaft vom Schauspiel u. seiner Gestaltung auf der Bühne **2** Tätigkeit des Dramaturgen **3** Sammlung von Theaterkritiken; *Lessings Hamburgische ~*
Dra|ma|tur|gin ⟨f.; -, -gin|nen; Theat.⟩ Mitarbeiterin am Theater u. Fernsehen, die Schauspiele aussucht u. bearbeitet u. bei der Aufführung beratend mitwirkt
dra|ma|tur|gisch ⟨Adj.; Theat.⟩ die Dramaturgie betreffend, zu ihr gehörig, mit Hilfe der Dramaturgie (2)
Dram|ma per Mu|si|ca ⟨f.; - - -, Dram|mae [-mɛː] - -; Theat.⟩ Drama mit (eigtl. für) Musik, die früheste, in Oberitalien entwickelte Form der Oper [ital.]
Drän ⟨m.; -s, -s od. -e⟩ = Drain [<frz. *drain* »Abzugsrohr, -kanal«]

D

Drä|na|ge ⟨[-ʒə] f.; -, -n⟩ = Drainage [<frz. *drainage* »Entwässerung« <engl. *drainage*]
drä|nie|ren ⟨V.⟩ = drainieren [<frz. *drainer* »entwässern« <engl. *drain*]
Drä|nung ⟨f.; -, -en⟩ = Drainage
Drap ⟨[dra] m.; -; unz.; Textilw.⟩ lederähnlich gemachtes Gewebe [frz., »Tuch, Gewebe«]
Dra|pé ⟨[-pe:] m.; -s, -s; Textilw.⟩ feines Wollgewebe in Atlasbindung; *oV* Drapee [<frz. *drap* »Tuch«]
Dra|peau ⟨[-po:] n.; -s, -s; veraltet⟩ Fahne, Banner [frz., »Fahne«]
Dra|pee ⟨m.; -s, -s; Textilw.⟩ = Drapé
Dra|pe|rie ⟨f.; -, -n⟩ Faltenwurf [frz., »Draperie, Vorhang, Gewandung, Faltenwurf«]
dra|pie|ren ⟨V.⟩ **1** wirkungsvoll in Falten legen **2** schmücken, ausschmücken, behängen [<frz. *draper* »mit Tuch überziehen, in Falten legen, verhüllen«]
Dra|pie|rung ⟨f.; -, -en⟩ **1** das Drapieren **2** = Draperie
drapp ⟨Adj.; österr.; kurz für⟩ drappfarben
drapp|far|ben ⟨Adj.; österr.⟩ sandfarben; *Sy* drapp [zu frz. *drap* »Tuch«]
Drä|si|ne ⟨f.; -, -n⟩ = Draisine
Dras|tik ⟨f.; -; unz.⟩ drastische Beschaffenheit; *die ~ dieser Szene*
dras|tisch ⟨Adj.⟩ **1** schnell u. stark wirkend, durchgreifend; *~es Mittel; ~e Maßnahme* **2** derb, deutlich, handgreiflich; *einen Sachverhalt ~ ausdrücken, erklären* [<grch. *drastikos* »wirksam«; zu *dran* »tun«; verwandt mit *Drama*]
Draw|back ⟨[drɔ:bæk] n.; - od. -s, -s⟩ Rückvergütung des Einfuhrzolls (bes. bei Waren, die wieder ausgeführt werden) [engl.]
dra|wi|disch ⟨Adj.⟩ die vorderind. Völkergruppe der Drawida betreffend, zu ihr gehörig, von ihr stammend; *~e Sprachen* Gruppe von hauptsächlich in Vorderindien gesprochenen ind. Sprachen, z. B. Tamil, Telugu
Draw|ing|room ⟨[drɔ:ɪŋru:m] m.; -s, -s⟩ **1** Empfangszimmer, Aufenthaltsraum (eines Landsitzes o. Ä.) **2** Malzimmer [<engl. with*draw* »sich zurückziehen« bzw. *draw* »malen, zeichnen« + *room* »Raum, Zimmer«]
Dra|zä|ne ⟨f.; -, -n; Bot.⟩ Angehörige einer tropischen Gattung baum- od. strauchartiger Liliengewächse, Drachenbaum [<neulat. *dracaena* <grch. *drakaina* »weibl. Drache, weibl. Schlange«]
Dr. disc. pol. → *Doktor*
Dread|locks ⟨[drɛd-] Pl.⟩ Haarfrisur (bes. für Männer), bei der das Haupthaar zu kleinen, oft mit farbigen Kugeln befestigten Zöpfchen verflochten wird, Bestandteil der Rastafari- bzw. Reggaekultur; *Sy* Dreads [<engl. *dread* »Angst, Furcht« + *lock* »(Haar-)Locke«]
Dread|nought ⟨[drɛdnɔ:t] m.; -s, -s⟩ **1** erster engl. Schlachtschifftyp von 1906 **2** ⟨allg.; veraltet⟩ Großkampfschiff [engl., eigtl. »fürchte nichts«]
Dreads ⟨[drɛds] Pl.; kurz für⟩ Dreadlocks
Dream|boy ⟨[dri:mbɔɪ] m.; -s, -s; umg.⟩ Junge, von dem Mädchen träumen, Traumjunge, Traummann; *er ist der Typ eines ~s; einen ~ finden* [<engl. *dream* »Traum« + *boy* »Junge«]
Dream|team ⟨[dri:mti:m] n.; -s, -s; Sport⟩ aus bes. guten Spielern zusammengesetzte Mannschaft, Traummannschaft [<engl. *dream* »Traum« + *team* »Mannschaft«]
Dredge ⟨[drɛdʒ] f.; -, -n⟩ Schleppnetz für Austern u. andere am Meeresboden lebende Tiere; *oV* Dredsche; *Sy* Dregge (2) [engl., »Grund-, Schleppnetz«]
Dred|sche ⟨f.; -, -n⟩ = Dredge
Dreg|ge ⟨f.; -, -n⟩ **1** kleiner Anker **2** = Dredge [<engl. *drag* »Hemmung, Bremse«]
dreg|gen ⟨V.⟩ mit der Dredge fischen
Dreh|kon|den|sa|tor ⟨m.; -s, -toren⟩ elektr. Kondensator mit stetig veränderbarer Kapazität
Dres. ⟨Abk. für lat.⟩ doctores (Doktoren, wenn mehrere Personen gemeint sind); *die ~ Ebel und Kluge*
Dress ⟨m.; - od. -es, -e; Sport⟩ **1** Anzug, bes. der des Jockeys beim Pferderennen **2** ⟨allg.⟩ Sportkleidung; *Sport~* [engl., »Kleidung«]
Dres|sat ⟨n.; -(e)s, -e⟩ **1** einstudierte Tierdressur **2** ⟨Psych.⟩ anerzogene Reaktions- u. Verhaltensweise, die automatisch vollzogen wird [zu frz. *dresser* »abrichten«]
Dres|seur ⟨[-sø:r] m.; -s, -e⟩ jmd., der Tiere dressiert, Tierlehrer [frz., »Dressierer«]
dres|sie|ren ⟨V.⟩ **1** *Tiere ~* lehren, abrichten **2** *Speisen ~* gefällig anrichten **3** *Filzhüte ~* in eine Form pressen [<frz. *dresser* »abrichten«]
Dres|sing ⟨n.; - od. -s, -s; Kochk.⟩ gewürzte Soße oder Gewürzmischung für Salate, Braten u. a. [engl., »Soße, Füllung, Zubereitung«]
Dres|sing|gown ⟨[-gaʊn] m.; -s, -s⟩ großzügig geschnittener, mit einem Hochkragen u. Gürtel versehener, Bade- bzw. Morgenmantel (meist für Herren) [<engl. *dressing* »Ankleiden« + *gown* »Kleid, Zwirn«]
Dress|man ⟨[-mæn] m.; -s, -men [-mən]⟩ männl. Mannequin [<engl. *dress* »Kleidung« + *man* »Mann«]
Dres|sur ⟨f.; -, -en⟩ **1** Abrichtung (von Tieren) **2** ⟨Reitsport; kurz für⟩ Dressurreiten
Dr. forest., Dr. habil., Dr. h. c. → *Doktor*
drib|beln ⟨V.; Sport; Fußb.⟩ den Ball in kurzen Stößen vor sich her u. an gegner. Spielern vorbeitreiben [<engl. *dribble* »tröpfeln«]
Dribb|ler ⟨m.; -s, -; Sport; bes. Fußb.⟩ technisch versierter Spieler, der gut mit dem Ball am Fuß laufen kann; → *a.* dribbeln
Dribb|ling ⟨n.; - od. -s, -s; Sport; bes. Fußb.⟩ das Dribbeln
Drift ⟨f.; -, -en⟩ **1** durch regelmäßigen Wind hervorgerufene Strömung auf der Meeresoberfläche **2** von Menschen od. Maschinen nicht beeinflusstes Treiben eines schwimmenden Körpers auf dem Wasser [engl., »das Treiben, Getriebenwerden«]

drif|ten ⟨V.⟩ treiben; →*a.* abdriften [<engl. *drift* »getrieben werden, treiben«]

Drill ⟨m.; -s, -s⟩ kleinerer, mit dem Mandrill verwandter Kindskopfaffe: Mandrillus lucophaeus [engl., »Pavian«]

Dr.-Ing. → *Doktor*

Drink ⟨m.; -s, -s; umg.⟩ Trunk, alkohol. Getränk, (bes.) Mixgetränk [engl.]

Dr. i. u. ⟨Abk. für lat.⟩ Doctor iuris utriusque; →*a.* Doktor

Drive ⟨[draɪv] m.; -s, -s⟩ **1** ⟨Jazz⟩ rhythmische Intensität u. Spannung mittels Beats od. Breaks **2** ⟨Sport; Golf; Tennis⟩ Treibschlag [<engl. *drive* »treiben«]

Drive-in ⟨[draɪv-] n.; -s, -s; kurz für⟩ Drive-in-Kino, Drive-in-Restaurant [engl., »hineinfahren«]

Drive-in-Ki|no ⟨[draɪv-] n.; -s, -s⟩ Kino, bei dem man im Auto hineinfahren u. sitzen bleiben kann, Autokino [<engl. *drive in* »hineinfahren«]

Drive-in-Re|stau|rant *auch:* **Drive-in-Res|tau|rant** ⟨[draɪvɪnrɛstorã:] n.; -s, -s⟩ Restaurant, Imbiss, bei dem man am Auto bedient wird [<engl. *drive in* »hineinfahren«]

dri|ven ⟨[draɪvən] V.; Sport; Golf⟩ einen Ball mittels eines zum Abschlagen u. Treiben geeigneten Golfschlägers über eine weite Distanz spielen

Dri|ver ⟨[draɪvə(r)] m.; -s, -; Sport⟩ Golfschläger, der für den Drive verwendet wird [engl., eigtl. »Fahrer«]

Dri|ving|range ⟨[draɪvɪŋrɛɪndʒ] f. od. n.; -, -s [-dʒɪz]; Sport; Golf⟩ Übungsplatz [<engl. *drive* »treiben, fahren« + *range* »Platz, Fahrbahn«]

Dr. j. u. ⟨Abk. für lat.⟩ Doctor juris utriusque; →*a.* Doktor

Dr. jur., Dr. jur. utr., Dr. med., Dr. med. dent., Dr. med. univ., Dr. med. vet., Dr. nat. techn., Dr. oec., Dr. oec. publ., Dr. öc. troph. → *Doktor*

DRM ⟨EDV; Abk. für engl.⟩ Digital Rights Management (Verwaltung digitaler Rechte), System zum Schutz von Rechteinhabern, das die Nutzung von digitalen Inhalten kontrolliert bzw. einschränkt, z. B. Kopierschutz für das Herunterladen von Musiktiteln od. Filmen aus dem Internet

Dro|ge ⟨f.; -, -n⟩ **1** pflanzliches od. tierisches Erzeugnis, das zu Arzneien verwertet wird, auch das daraus hergestellte Präparat **2** Rauschgift [<frz. *drogue* »chemisches Material« (14. Jh.); zu nddt. *droge* »trocken«]

Dro|gen|dea|ler ⟨[-di:-] m.; -s, -⟩ = Dealer

Dro|ge|rie ⟨f.; -, -n⟩ Ladengeschäft für Drogen (1), Wasch- u. Putzmittel, Kosmetika u. Ä.

Dro|gist ⟨m.; -en, -en⟩ Inhaber od. Angestellter einer Drogerie mit dreijähriger Ausbildung

Dro|gis|tin ⟨f.; -, -tin|nen⟩ Inhaberin od. Angestellterin einer Drogerie mit dreijähriger Ausbildung

Dro|me|dar ⟨a. [--'-] n.; -s, -e; Zool.⟩ Kamel mit einem Höcker: Camelus dromedarius [<mlat. *dromedarius* »Kamelreiter« + afrz. *dromedaire* »Dromedar« <grch. *dromas* »laufend«]

Dron|te ⟨f.; -, -n; Zool.⟩ Familie ausgerotteter großer flugunfähiger Tauben: Raphida [frz.; angebliche aus einer Eingeborenenmundart der Insel Mauritius]

Drop|kick ⟨[drɔp-] m.; -s, -s; Sport⟩ beim Fußball u. Rugby das Wegschlagen des Balls im Augenblick seines Aufprallens auf den Boden [<engl. *drop* »heruntertropfen« + *kick* »Schuss«]

Drop-out[1] *auch:* **Drop|out**[1] ⟨[drɔpaʊt] m.; - od. -s, -s⟩ jmd., der sich aus seiner sozialen Schicht gelöst hat od. ausgebrochen ist [<engl. *drop out* »herausfallen«]

Drop-out[2] *auch:* **Drop|out**[2] ⟨[drɔpaʊt] n.; -s, -s; EDV⟩ Ausfall eines Signals

drop|pen ⟨V.; Sport; Golf⟩ einen neuen Spielball einbringen (durch die Art des Fallenlassens kenntlich gemacht) [<engl. *drop* »fallen lassen«]

Drops ⟨m.; -, -; meist Pl.⟩ saures Fruchtbonbon [engl., »Tropfen« (Pl.)]

Drop|shot ⟨[-ʃɔt] m.; -s, -s; Sport⟩ **1** ⟨Tennis⟩ ein relativ hart geschlagener, unterschnittener Stoppball, der gleich nach Überquerung des Netzes mit extremem Rückwärtsdrall auftippt **2** ⟨Squash⟩ für den Gegner unerreichbarer Ball, der knapp oberhalb des Tins die Wand berührt [<engl. *drop* »Tropfen« + *shot* »Schuss«]

Drosch|ke ⟨f.; -, -n⟩ *Pferde~* leichtes Pferdefahrzeug, Mietpferdekutsche [<russ. drožki »leichter Wagen«]

Dro|se|ra ⟨f.; -, -rae [-rɛ:]; Bot.⟩ Sonnentau, eine fleischfressende Pflanze [<grch. *droseros* »tauig, betaut«]

Dro|so|phi|la ⟨f.; -, -lae [-lɛ:]; Zool.⟩ Taufliege, beliebtes Versuchstier für die Vererbungsforschung [<grch. *drosos* »Tau« + …*phil*]

Dr. paed., Dr. pharm., Dr. phil., Dr. phil. nat., Dr. rer. camer., Dr. rer. comm., Dr. rer. hort., Dr. rer. mont., Dr. rer. nat., Dr. rer. oec., Dr. rer. pol., Dr. rer. publ., Dr. rer. soc. oec., Dr. rer. techn., Dr. sc., Dr. sc. agr., Dr. sc. math., Dr. sc. nat., Dr. sc. pol., Dr. sc. techn., Dr. theol. → *Doktor*

Drug|store ⟨[drʌgstɔ:(r)] m.; -s, -s⟩ US-amerikan. Gemischtwarengeschäft [engl.]

Dru|i|de ⟨m.; -n, -n⟩ kelt. Priester [<lat. *druides* (Cäsar), *druidae* (Cicero u. Tacitus) <urkelt. **dru-uid-* »eichenkundig«; <**d(a)ru-* »Eiche« + idg. **ueid-* »sehen«]

Dru|i|den|or|den ⟨m.; -s; unz.; Gesch.⟩ im 18. Jh. in England gegründete Gesellschaft, die sich am altkeltischen Druiden- u. Bardentum orientierte u. humanitäre Ziele verfolgte

dru|i|disch ⟨Adj.⟩ zu den Druiden gehörend, von ihnen stammend

Drum ⟨[drʌm] f.; -, -s; Musik⟩ **1** Trommel **2** ⟨Pl.; Popmusik; Jazz⟩ *~s* Schlagzeug [engl.]

Drum|com|pu|ter ⟨[drʌmkɔmpju:tə(r)] m.; -s, -; Musik⟩ prozessorgesteuerte Recheneinheit zur Erzeugung synthetischer Töne, mit denen man Liedern einen vorprogrammierten Beatrhythmus unterlegen kann

D

[<engl. *drum* »Trommel, Schlagzeug« + *Computer*]

Drum|lin ⟨engl. [drʌm-] m.; -s, -s⟩ linsenförmige Aufschüttung von Grundmoränenmaterial aus der Eiszeit [irisch]

Drum|mer ⟨[drʌmə(r)] m.; -s, -; Popmusik; Jazz⟩ Schlagzeuger [→ *Drum*]

Dru|se ⟨m.; -n, -n⟩ Angehöriger einer syr.-islam. Sekte [<arab. *Durus,* nach dem Gründer *Ad-Darasi,* 1017 n. Chr.]

dry ⟨[draɪ] Adj.⟩ trocken, herb, ohne Zuckerzusatz (bei Wein u. Sekt) [engl.]

Dry|a|de ⟨f.; -, -n; Myth.⟩ grch. Baumnymphe [<grch. *drys* »Eiche, Baum«]

Dry|as ⟨f.; -; unz.⟩ zur Gattung der Rosengewächse gehörender Zwergstrauch, der bes. in Hochgebirgen, arktischen u. subarktischen Gebieten wächst, Silberwurz [lat., »Baumnymphe«]

Dry|far|ming ⟨[draɪfa:mɪŋ]⟩ *auch:* **Dry Far|ming** ⟨n.; (-) - od. (-) -s; unz.; Landw.⟩ Anbaumethode in Gebieten mit einer ungewöhnlich niedrigen Niederschlagsrate, bei der auf ein normales Anbaujahr ein Jahr ohne Nutzung der Fläche folgt, damit diese genug Feuchtigkeit für die nächste Wachstumsperiode sammeln kann [<engl. *dry* »trocken« + *farming* »Landwirtschaft«]

d. s. ⟨Musik; Abk. für⟩ dal segno

Dschai|na ⟨m.; -s, -s⟩ = Jaina

Dschai|nis|mus ⟨m.; -; unz.⟩ = Jainismus

Dschi|had ⟨m.; -s; unz.; im Islam⟩ »heiliger Krieg«, der gegen Ungläubige (Anhänger anderer Glaubensrichtungen) geführt wird; *oV* Djihad [arab., »zielgerichtetes Mühen«]

Dschi|ha|di ⟨m.; -, -⟩ Anhänger, Vertreter des Dschihad; *oV* Djihadi

Dschi|ha|dist ⟨m.; -en, -en⟩ = Dschihadi; *oV* Djihadist

Dschinn ⟨m.; -s, - od. -en⟩ Geist, Dämon [arab.]

Dschiu-Dschit|su ⟨n.; - od. -s; unz.⟩ = Jiu-Jitsu

Dschon|ke ⟨f.; -, -n⟩ = Dschunke

Dschun|gel ⟨m. od. n.; -s, -⟩ **1** subtropischer Urwald **2** ⟨fig.⟩ undurchdringliches Dickicht; *Daten~; Paragraphen~* [<engl. *jungle* <Hindi *dschangal* »öder, unbebauter Boden«]

Dschun|ke ⟨f.; -, -n⟩ chines. Segelschiff [<malai. *dschung* »großes Schiff«]

DSL ⟨EDV; Abk. für engl.⟩ Digital Subscriber Line (digitaler Teilnehmeranschluss), Technik zur digitalen Übertragung von Daten

D. theol. ⟨Abk. für⟩ Doctor theologiae, Doktor der Theologie (ehrenhalber), im Unterschied zum Dr. theol.

dto. ⟨Abk. für⟩ dito

DTP ⟨Abk. für⟩ Desktoppublishing

du|al ⟨Adj.⟩ eine Zweiheit, etwas Zweifaches bildend; *~es System* System der Müllverwertung, bei dem wiederverwertbarer Abfall getrennt von dem übrigen Abfall gesammelt wird

Du|al ⟨m.; -s, -e; Gramm.⟩ Numerus, der eine Zweiheit, ein Zweifaches ausdrückt, z. B. bair. »enk« = euch beiden; *Sy* Dualis; →*a.* Singular, Plural [zu lat. *duo* »zwei«]

Du|a|lis ⟨m.; -, -a|le; Gramm.⟩ = Dual

du|a|li|sie|ren ⟨V.⟩ verdoppeln, verzweifachen

Du|a|lis|mus ⟨m.; -; unz.⟩ **1** jede Lehre, die zwei Grundprinzipien des Seins annimmt, z. B. Licht u. Finsternis, männliches u. weibliches Prinzip, Yin u. Yang, Geist u. Materie usw. **2** der Widerstreit von zwei einander entgegengesetzten Kräften; *Ggs* Singularismus **3** ⟨Physik⟩ Auftreten elektromagnetischer Strahlung in Form von Wellen od. Teilchen in Abhängigkeit vom jeweiligen Experiment

Du|a|list ⟨m.; -en, -en⟩ Anhänger des Dualismus

du|a|lis|tisch ⟨Adj.⟩ **1** die Dualität betreffend, auf ihr beruhend **2** den Dualismus betreffend, auf ihm beruhend

Du|a|li|tät ⟨f.; -; unz.⟩ **1** zwei eng zusammengehörige Einheiten, Begriffe; Zweiheit **2** Vertauschbarkeit, Wechselseitigkeit [zu lat. *duo* »zwei«]

Du|al|sys|tem ⟨n.; -s; unz.⟩ auf der Basis 2 aufbauendes Zahlensystem, das nur die Ziffern 1 u. 0 zur Darstellung von Zahlen benutzt; *Sy* binäres Zahlensystem, Dyadik

Dub ⟨[dʌb] m.; - od. -s; unz.; Popmusik⟩ Stilrichtung der Popmusik mit verschmelzenden Hallräumen u. psychedelischen Klangflächen [engl.]

dub|ben ⟨[dʌb-] V.; Popmusik⟩ Dub spielen

Dub|bing ⟨[dʌb-] n.; - od. -s; unz.; Popmusik⟩ das Spielen von Popmusik in der Stilrichtung des Dub

du|bi|os ⟨Adj.⟩ zweifelhaft, unsicher, suspekt; *oV* dubiös [<lat. *dubiosus*]

du|bi|ös ⟨Adj.⟩ = dubios

Du|bi|o|sen ⟨Pl.; Sing.: Dubiosum⟩ **1** zweifelhafte Dinge, Geschehnisse **2** unsichere Außenstände

du|bi|ta|tiv ⟨Adj.⟩ Zweifel ausdrückend [<lat. *dubitare* »zweifeln«]

◆ Die Buchstabenfolge **du|bl...** kann auch **dub|l...** getrennt werden.

◆ **Du|blee** ⟨n.; -s, -s⟩ **1** Metall mit Edelmetallüberzug; *oV* Doublé (2) **2** ⟨Billard⟩ Stoß, bei dem der Ball die Bande einmal berührt; *oV* Doublé (3) [<frz. *doublé(e)* »plattierte Arbeit«; <*double* »doppelt«]

◆ **Du|blet|te** ⟨f.; -, -n⟩ *oV* Doublette **1** Doppelstück (besonders in Sammlungen) **2** zusammengesetzter Edelstein, Nachahmung **3** ⟨Billard⟩ Doppeltreffer **4** ⟨Typ.⟩ schlechter, unscharfer, durch doppelten Rand des Schriftbildes gekennzeichneter Druck [<frz. *doublet*]

◆ **du|blie|ren** ⟨V.⟩ *oV* doublieren **1** verdoppeln **2** Dublee herstellen von **3** *Garne ~* aus mehreren Fäden zusammendrehen **4** ⟨Billard⟩ *einen Ball ~* so spielen, dass er von der Bande abprallt [<frz. *doubler* »verdoppeln«]

◆ **Du|blo|ne** ⟨f.; -, -n⟩ alte span. Goldmünze, 1 Pistole [<frz. *doubon* <span. *doblon* »Doppelstück«]

◆ **Du|blü|re** ⟨f.; -, -n⟩ Unterfutter,

Aufschlag an Uniformen [<frz. *doublure* »Unterfutter«]

Duc ⟨[dyk] m.; - od. -s, -s; frz. Adelstitel für⟩ Herzog [<lat. *dux,* Gen. *ducis* »Führer«]

Du|ca ⟨m.; -, -s od. Du|chi; ital. Adelstitel für⟩ Herzog [<lat. *dux,* Gen. *ducis* »Führer«]

Du|ce ⟨[du:tʃe] m.; -s; unz.⟩ Titel des italienischen Diktators B. Mussolini (1883-1945) [ital., »Führer«]

Du|cen|to ⟨[-tʃɛnto] n.; - od. -s; unz.⟩ = Duecento

Du|chess ⟨[dʌtʃɪs] f.; -, -es [-tʃɪsɪz]; engl. Adelstitel für⟩ Herzogin [<lat. *dux,* Gen. *ducis* »Führer«]

Du|ches|sa ⟨[-kɛs-] f.; -, -se; ital. Adelstitel für⟩ Herzogin [→ *Duca*]

Du|chesse ⟨[dyʃɛs] f.; -, -n [-sən]; frz. Adelstitel für⟩ Herzogin [<lat. *dux,* Gen. *ducis* »Führer«]

Du|chesse|spit|ze ⟨[dyʃɛs-] f.; -, -n; Textilw.⟩ Spitze, die aus aneinandergenähten, einzeln geklöppelten Mustern besteht

Duck ⟨[dʌk] m.; -s; unz.; Textilw.⟩ sehr fester, starker Leinwandstoff, z. B. für Planen [engl., »Segeltuch«]

Duck|dal|be ⟨f.; -, -n; meist Pl.⟩ in Hafenbecken od. längs des Kais eingerammter Pfahl zum Festmachen von Schiffen; *oV* Dückdalbe [<ndrl. *dukdalf* <frz. *Duc d'Albe* »Herzog von Alba«; im Jahr, nachdem Herzog Alba 1567 niederländ. Boden betreten hat, erscheint in dem ihm anhängenden Amsterdam *duc Dalba* für »Pfahlgruppen, die zur Befestigung von Schiffen in den Hafen eingerammt sind«; viell. auch zu *dallen* »Pfähle« + *ducken* »sich neigen« (nach Kluge, Etymologisches Wörterbuch)]

Dück|dal|be ⟨f.; -, -n; meist Pl.⟩ = Duckdalbe

Duc|tus ⟨m.; -, -; Med.⟩ Gang, Kanal; →*a.* Duktus [<lat. *ductus* »Zug, Führung«; zu *ducere* »führen«]

due ⟨[du:ə] Musik⟩ = a due

Due|cen|tist ⟨[-tʃɛn-] m.; -en, -en⟩ Künstler des Duecentos

Due|cen|to ⟨[-tʃɛnto] n.; - od. -s; unz.⟩ künstlerische Stilepoche des 13. Jh. in Italien; *oV* Ducento [ital., »200 (Jahre nach 1000 n. Chr.)«]

Du|ell ⟨n.; -s, -e⟩ Zweikampf; *ein ~ auf Pistolen, Säbel* [<lat. *duellum* (ältere Form von *bellum* »Krieg«; volksetym. an *duo* »zwei« angelehnt]

Du|el|lant ⟨m.; -en, -en⟩ Kämpfer im Duell

du|el|lie|ren ⟨V.⟩ *sich ~* im Duell bekämpfen; *sich auf Pistolen ~*

Du|en|ja ⟨f.; -, -s; veraltet⟩ Anstandsdame [<span. *dueña* »Herrin« <lat. *domina* »Herrin«; → *Doña*]

Du|ett ⟨n.; -(e)s, -e; Musik⟩ Musikstück für zwei Singstimmen od. zwei gleiche Instrumentalstimmen; *Flöten~; im ~ spielen, singen*; →*a.* Duo [<ital. *duetto* »Gesang zu Zweien«]

du|et|tie|ren ⟨V.; Musik⟩ im Duett spielen; *die beiden Musiker ~ grandios*

Düf|fel ⟨m.; -s, -; Textilw.⟩ dickes, raues Halbwollgewebe [nach der belg. Stadt *Duffel*]

Duf|fing ⟨[dʌf-] n.; - od. -s, -s; Golf⟩ = Sclaffing [engl.; vielleicht zu (umg.) *duff* »fester Pudding mit Rosinen u. a.; (verrotteter) Waldboden« <engl. *dough* »Teig«]

Duf|fle|coat *auch:* **Duff|le|coat** ⟨[dʌflkoʊt] m.; -s, -s⟩ dreiviertellanger, meist mit Schlingen u. Knebeln zu schließender Mantel aus Popeline od. Gabardine [engl., »Mantel aus Düffel«; → *Düffel*]

Du|gong ⟨m.; -s, -s od. -e; Zool.⟩ Art der Seekühe tropischer Meere mit gegabeltem Schwanz: Halicore dugong [<malai. *dujong*]

du jour ⟨[dy ʒu:r] Adv.; veraltet⟩ **1** vom Tage **2** vom Dienst; *~ sein* an diesem Tage Dienst haben [frz., »des Tages«]

Du|ka|ten ⟨m.; -s, -⟩ alte, urspr. italien. Goldmünze von hohem Feingehalt [<mhd. *ducate* <ital. *ducato,* nach dem Beinamen Kaiser Konstantins X., *Dukas,* der während seiner Regierungszeit (1059-1067) den byzantin. Goldmünzen aufgeprägt wurde; dann umgedeutet <mlat. *ducatus* »Herzogtum«]

Duke ⟨[dju:k] m.; -s, -s⟩ Herzog (höchster engl. Adelsrang) [engl., <lat. *dux* »Führer«]

duk|til ⟨Adj.⟩ gut verformbar durch Walzen, Ziehen, Hämmern [<frz. *ductile* »dehnbar, streckbar«; zu lat. *ducere* »ziehen, führen«]

Duk|ti|li|tät ⟨f.; -; unz.⟩ Verformbarkeit (bes. metallische Werkstoffe)

Duk|tus ⟨m.; -, -⟩ **1** Schriftart **2** die Art, beim Schreiben die Feder zu führen; *magerer, teigiger, zügiger ~*; →*a.* Ductus [<lat. *ductus* »Zug, Führung«; zu *ducere* »führen«]

Dul|zi|an ⟨m.; -s, -e; Musik⟩ = Dolcian

Dul|zi|nea ⟨f.; -, -s od. -ne|en; fig.; scherzh.⟩ Freundin, Geliebte [nach der Geliebten Don Quijotes]

Du|ma ⟨f.; -, -s⟩ **1** ⟨im zaristischen Russland⟩ russ. Ratsversammlung der fürstl. Gefolgsleute **2** das russ. Parlament 1906-17 **3** Stadtverordnetenversammlung **4** ⟨seit 1994⟩ russ. Parlament [russ., »Gedanke, Rat«]

Dumb|show ⟨[dʌmʃoʊ]⟩ *auch:* **Dumb Show** ⟨f.; (-) -, (-) -s⟩ **1** ⟨allg.⟩ pantomimische Einlage **2** (früher im engl. Drama) häufig der eigentl. Vorstellung vorangestellte pantomimische Erläuterung der Handlung [<engl. *dumb* »stumm« + *show* »Veranstaltung, Vorführung«]

Dum|dum ⟨n.; - od. -s, - od. -s; kurz für⟩ Dumdumgeschoss

Dum|dum|ge|schoss ⟨n.; -es, -e⟩ wie ein Sprenggeschoss wirkendes Infanteriegeschoss mit abgekniffener Spitze u. dadurch freiliegendem Bleikern, verursacht schwere Wunden; *Sy* Dumdum [<ind. *damdam* »Hügel, Erdwall«, nach dem Standort der bengal. Artillerie bei Kalkutta, in dem die Geschosse zuerst hergestellt wurden]

Dum|ka ⟨f.; -, Dum|ki; Musik⟩ **1** balladenartiges slaw. Volkslied **2** Instrumentalstück in Moll [Verkleinerungsform zu ukrain. *duma* »Lied«]

Dum|my ⟨[dʌmɪ] m.; -s, -s⟩ **1** Schaupackung; *Sy* Attrappe **2** Exemplar eines in Vorbereitung befindl. Buches mit größtenteils leeren Seiten, einzelnen Textproben, Illustrationen usw. **3** Puppe in Lebensgröße zu Testzwecken; *Crashtest-~* **4** ⟨Kart.⟩ Strohmann [engl.]

dum|pen ⟨[dʌm-] V.⟩ Dumping betreiben, unter dem Marktwert verkaufen; *Preise ~*

D

Dum|ping ⟨[dʌm-] n.; - od. -s; unz.⟩ Verkauf von Waren unter dem Marktpreis [engl., »Unterbieten der Preise«]

Dum|ping|preis ⟨[dʌm-] m.; -es, -e⟩ Preis einer Ware, der erheblich unter dem Marktpreis liegt; *etwas zu ~en verkaufen* [→ *Dumping*]

Dun|ci|a|de ⟨[-tsi-] f.; -, -n⟩ literar. Spottgedicht [<engl. *dunce* »Dummkopf«; nach der Satire »The Dunciad« von Alexander Pope, 1688-1744]

Dunk ⟨[dʌŋk] m.; -s, -s; Sport; Basketball⟩ Form des Korblegens, bei dem der Spieler den Ball mit den Händen von oben in den Ring legt [zu engl. *dunk* »eintauchen«]

Dun|king ⟨[dʌŋkɪŋ] n.; - od. -s, -s; Sport; Basketball⟩ »Legen« des Balles von oben herab in den Korb (während des Sprungs) [→ *Dunk*]

Duo ⟨n.; -s, -s; Musik⟩ **1** Musikstück für zwei selbstständige, meist verschiedene Instrumentalstimmen **2** die beiden ein Duo (1) spielenden Musiker [lat., »(für) zwei«]

duo|de|nal ⟨Adj.; Med.⟩ das Duodenum betreffend, zu ihm gehörig, von ihm ausgehend

Duo|de|ni|tis ⟨f.; -, -ti|den; Med.⟩ Zwölffingerdarmentzündung

Duo|de|num ⟨n.; -s, -de|na; Anat.⟩ Zwölffingerdarm [<lat. *duodecim* »zwölf«]

Duo|dez ⟨n.; -es; unz.; Zeichen: 12°⟩ als Buchformat eingefalzter Papierbogen mit 12 Blättern (24 Seiten) [zu lat. *duodecim* »zwölf«]

Duo|dez|for|mat ⟨n.; -(e)s; unz.; Zeichen: 12°⟩ Buchformat, bei dem der Papierbogen zwölfmal gefaltet wird [zu lat. *duodecim* »zwölf«]

Duo|dez|fürst ⟨m.; -en, -en⟩ Herrscher eines Duodezstaates

duo|de|zi|mal ⟨Adj.⟩ zwölfteilig, in der Art des Duodezimalsystems, auf ihm beruhend; *Sy* dodekadisch

Duo|de|zi|mal|sys|tem ⟨n.; -s, -e⟩ Zahlensystem mit der Zahl zwölf als Recheneinheit; *Sy* Dodekadik [<lat. *duodecim* »zwölf«]

Duo|de|zi|me ⟨f.; -, -n; Musik⟩ **1** zwölfter Ton der diatonischen Tonleiter **2** Intervall im Abstand von zwölf diatonischen Tonstufen [<lat. *duodecima,* Fem. zu *duodecimus* »der Zwölfte«; <*duo* »zwei« + *decimus* »der zehnte«]

Duo|dez|staat ⟨m.; -(e)s, -en⟩ lächerlich kleiner Staat, Zwergstaat, Ländchen [<lat. *duodecim* »zwölf, Dutzend«, eigtl. »Dutzendstaat«]

Duo|di|o|de ⟨f.; -, -n; El.⟩ Doppelzweipolröhre, die aus der Vereinigung zweier Dioden entsteht [<*Duo...* + *Diode*]

Duo|kul|tur ⟨f.; -, -en; Landw.⟩ Anbau von zwei verschiedenen Kulturpflanzen auf demselben Feldstück

Duo|le ⟨f.; -, -n; Musik⟩ musikal. Figur mit zwei anstatt drei gleichwertigen Noten [<lat. *duo* »zwei« + *...ole*]

dü|pie|ren ⟨V.⟩ täuschen, übertölpeln, foppen [<frz. *duper* »hintergehen, betrügen«]

Du|plet ⟨[-ple:] n.; -s, -s⟩ aus zwei Linsen zusammengesetzte Lupe [zu lat. *duplex* »doppelt«]

Du|plex ⟨n.; -; unz.⟩ zwei aus Wirkstoffen zusammengeklebte Bahnen zur Herstellung von Stoffhandschuhen [lat., »doppelt«]

Du|plex... ⟨in Zus.⟩ Doppel... [→ *Duplex*]

Du|plex|be|trieb ⟨m.; -(e)s; unz.; EDV⟩ Verfahren, das eine Datenübertragung in beiden Richtungen gleichzeitig zulässt

du|plie|ren ⟨V.⟩ verdoppeln [<lat. *duplus* »zweifach«]

Du|plik ⟨f.; -, -en⟩ Antwort, Gegenantwort auf eine Replik [<lat. *duplicare* »verdoppeln«]

Du|pli|kat ⟨n.; -(e)s, -e⟩ **1** Doppel (einer Urkunde, eines Schriftstücks) **2** Abschrift, Kopie, Durchschlag [<lat. *duplicatus,* Part. Perf. zu *duplicare* »verdoppeln«]

Du|pli|ka|ti|on ⟨f.; -, -en⟩ das Duplizieren, Verdoppelung [<lat. *duplicatio* »Verdoppelung«]

Du|pli|ka|tur ⟨f.; -, -en⟩ Verdoppelung, Doppelbildung [<lat. *duplicare* »verdoppeln«]

du|pli|zie|ren ⟨V.⟩ verdoppeln [<lat. *duplicare* »verdoppeln«]

Du|pli|zi|tät ⟨f.; -, -en⟩ Zweiheit, Zweimaligkeit; *~ der Fälle* zufälliges Zusammentreffen zweier gleicher od. ähnlicher Ereignisse [<lat. *duplex* »doppelt« u. frz. *duplicité* »Doppelheit«]

Du|plum ⟨n.; -s, Du|pla⟩ Doppel, Duplikat [lat.]

Du|pren® *auch:* **Dup|ren®** ⟨n.; -s; unz.⟩ ein synthet. Kautschuk

Du|que ⟨[du:kə] m.; - od. -s, -s⟩ höchster spanischer Adelsrang [span. <lat. *dux* »Führer«]

Du|que|sa ⟨[duke:sa] f.; -, -s⟩ Titel der Frau des Duque

Dur ⟨n.; -s; unz.; Musik⟩ Tongeschlecht mit großer Terz im Dreiklang der Tonika; *Ggs* Moll [<mlat. *b durum* »der Ton h«, eigtl. »hartes b«]

Du|ra ⟨f.; -; unz.; Anat.⟩ die harte äußere Hirnhaut; *Sy* Dura Mater [zu lat. *durus* »hart«]

du|ra|bel ⟨Adj.⟩ dauerhaft, beständig (wetter)fest; *durable Konstruktion* [<lat. *durabilis*]

Du|ra|bi|li|tät ⟨f.; -; unz.⟩ durable Beschaffenheit, Beständigkeit

du|ral ⟨Adj.; Med.⟩ zur Dura gehörend, diese betreffend

Du|ral ⟨n.; -s; unz.⟩ = Duralumin

Dur|a|lu|min® *auch:* **Du|ra|lu|min®** ⟨n.; -s; unz.⟩ härtbare Aluminiumlegierung; *Sy* Dural [<lat. *durus* »hart« + *Aluminium*]

Du|ra Ma|ter ⟨f.; - -; unz.; Anat.⟩ = Dura [<lat. *dura mater,* eigtl. »harte Mutter«]

du|ra|tiv ⟨a. [--'-] Adj.; Gramm.⟩ verlaufend, dauernd

Du|ra|tiv ⟨n.; -s, -e [-və]; Gramm.⟩ **1** Aktionsart des Verbums, bezeichnet die Dauer eines Vorgangs od. Zustandes ohne zeitl. Begrenzung **2** Verbum in dieser Aktionsart, z. B. blühen, leben, schlafen, wohnen [zu lat. *durare* »dauern«]

durch|che|cken ⟨[-tʃɛkən] V.; umg.⟩ gründlich checken, genau überprüfen, genau untersuchen, durchdenken; *ich muss das nochmal ~*

durch|styl|len ⟨[-staɪ-] V.; umg.⟩ nach der neuesten Mode ausstatten, in einem einheitlichen Stil gestalten; *sie ist völlig durchgestylt; einen Wohnraum neu ~* [→ *stylen*]

Du|ri|an|baum ⟨m.; -(e)s, -bäu|me; Bot.⟩ in Malaysia wachsendes Wollbaumgewächs, dessen kastaniengroße Samen zwar wohlschmeckend, aber auch von einem übelriechenden Samenkern umzogen sind [<malai. *durian*]

Du|ri|ne ⟨f.; -, -n; Vet.⟩ = Dourine

Du|rit ⟨m.; -s, -e; Geol.⟩ aus stark zersetzten Pflanzen entstandene Streifenkohle mit hohem Ascherückstand [Kunstwort; zu lat. *durus* »hart«]

Du|ro|me|re ⟨Pl.⟩ = Duroplaste [<lat. *durus* »hart« + grch. *meros* »Teil«]

Du|ro|plas|te ⟨Pl.⟩ Gruppe von Kunststoffen, die zwar nach dem Zusammenmischen ihrer Komponenten einmal durch Hitze aushärtbar sind, sich aber nicht wieder erweichen lassen; *Sy* Duromere

Dur|ra ⟨f.; -; unz.; Bot.⟩ in Afrika u. Indien angebaute Hirse, Mohrenhirse: Sorghum durra [<arab. *dhura*]

Du|rum|wei|zen ⟨m.; -s; unz.; Bot.⟩ Hartweizen [zu lat. *durus* »hart«]

Dü|se ⟨f.; -, -n⟩ **1** Rohrleitung mit allmählich abnehmendem Querschnitt, wodurch sich die Geschwindigkeit eines hindurchströmenden Mediums erhöht, sein statischer Druck dagegen abnimmt **2** Vorrichtung zum Zerstäuben von Flüssigkeit [<tschech. *duše* »Seele, das Innere (von Geschützrohren)«]

Dust ⟨[dʌst] m.; - od. -s; unz.⟩ besonders fein gesiebte Teemischung [<engl. *dust,* eigtl. »Staub«]

Du|ty-free-Shop ⟨[djuːtɪ friː ʃɔp] m.; -s, -s; auf Flugplätzen u. Ä.⟩ Laden, in dem Waren zollfrei verkauft werden [engl.]

Du|um|vir ⟨[-vir] m.; -n, -n od. -vi|ri⟩ **1** altröm. Behörde aus zwei Beamten für die verschiedensten Ämter **2** altröm. Beamtentitel [lat., »Mitglied eines Zwei-Männer-Rates«]

Du|um|vi|rat ⟨[-vi-] n.; -(e)s, -e⟩ Amt, Würde der Duumvirn [<lat. *duumviratus* <*duo* »zwei« + *vir* »Mann«]

Du|vet ⟨[dyvɛ] n.; -s, -s; schweiz.⟩ Daunendecke, Federbett [frz., »Flaum«]

Duve|tine ⟨[dyvtiːn] m.; -s, -s; Textilw.⟩ samtiges Gewebe aus Baumwolle (Kette) u. Wolle (Schuss) [<frz. *duvet* »Flaum«]

Dux ⟨m.; -, Du|ces; Musik⟩ Grundgestalt eines Fugenthemas; →*a.* Comes [lat., »Führer«]

Dvan|dva ⟨n.; - od. -s, - od. -s; Sprachw.⟩ Wortzusammensetzung, bei der durch die Aneinanderreihung der einzelnen Glieder eine neue Bedeutung entsteht, z. B. Kopfnuss, siebzehn; *oV* Dwandwa [Sanskrit, »Paar«]

DVB ⟨TV; Abk. für engl.⟩ Digital Video Broadcasting, Standardtechnik für die Übertragung des Digitalfernsehens

DVD ⟨f.; -, -s; Abk. für engl.⟩ Digital Versatile Disc, eine beidseitig beschichtete CD mit sehr großer Speicherkapazität, auf der Filme (in hoher Bild- u. Tonqualität) gespeichert werden [engl., »digitale vielseitige Scheibe«]

DVD-Play|er *auch:* **DVD-Pla|yer** ⟨[-plɛɪjə(r)] m.; -s, -⟩ Gerät zum Abspielen von DVDs; *Sy* DVD-Spieler [<*DVD* + engl. *player* »Abspielgerät«]

DVD-Spie|ler ⟨m.; -s, -⟩ = DVD-Player

Dwan|dwa ⟨n.; - od. -s, - od. -s; Sprachw.⟩ = Dvandva

dwt ⟨Abk. für⟩ Pennyweight

Dy ⟨chem. Zeichen für⟩ Dysprosium

Dy|a|de ⟨f.; -, -n⟩ Zusammenfassung von zwei Einheiten [<grch. *dyas* »Zweiheit«]

Dy|a|dik ⟨f.; -; unz.⟩ Dualsystem

dy|a|disch ⟨Adj.⟩ **1** das Dualsystem betreffend, auf ihm beruhend, aus zwei Einheiten bestehend **2** ⟨Geol.⟩ zur Dyas gehörend, aus ihr stammend

Dy|as ⟨f.; -, -a|den⟩ zwei eng zusammengehörige Einheiten, Paar [grch., »Zweiheit«]

Dyb|buk ⟨m.; - od. -s, -s⟩ = Dibbuk

dyn ⟨Zeichen für⟩ Dyn

Dyn ⟨n.; -s, -; Zeichen: dyn⟩ nicht mehr zulässige Maßeinheit für Kräfte, 1 dyn = 1 g cm/s^2 = 10^{-5} Newton [verkürzt <grch. *dynamis* »Kraft«]

Dy|na|mik ⟨f.; -; unz.⟩ **1** Lehre von der Bewegung von Körpern unter dem Einfluss von Kräften; *Ggs* Statik **2** ⟨Musik⟩ Lehre von der Abstufung der Tonstärke **2.1** die Abstufung selbst **3** ⟨fig.⟩ Triebkraft, Kraftentfaltung, Schwung, Lebendigkeit, lebendige, lebhafte, rhythm. Bewegung [<grch. *dynamis* »Kraft«]

Dy|na|mis ⟨f.; -; unz.; Philos.⟩ Kraft, Vermögen [grch.]

dy|na|misch ⟨Adj.⟩ **1** die Dynamik betreffend, auf ihr beruhend; *Ggs* statisch **2** triebkräftig, voll innerer Kraft, lebendig wirksam, bewegt; *ein ~es Auftreten*

dy|na|mi|sie|ren ⟨V.⟩ vorantreiben, dynamisch gestalten, dem veränderten Lebensstandard anpassen; *Renten ~*

Dy|na|mis|mus ⟨m.; -; unz.⟩ **1** Lehre, dass alle Erscheinungen auf der Wirkung von Kräften beruhen **2** ⟨bei Naturvölkern⟩ der Glaube, dass manchen Menschen u. Dingen übernatürl. Kräfte innewohnen

dy|na|mis|tisch ⟨Adj.⟩ in der Art des Dynamismus, ihn betreffend, zu ihm gehörig

Dy|na|mit ⟨n.; -s; unz.⟩ Sprengstoff auf der Basis von Glyzerintrinitrat [<grch. *dynamis* »Kraft«]

Dy|na|mo ⟨a. ['---] m.; -s, -s⟩ = Generator (1)

Dy|na|mo|graf ⟨m.; -en, -en; Technik⟩ = Dynamograph

Dy|na|mo|graph ⟨m.; -en, -en; Technik⟩ registrierendes Dynamometer; *oV* Dynamograf

Dy|na|mo|me|ta|mor|pho|se ⟨f.; -, -n; Geol.⟩ durch tektonische Vorgänge verursachte Umformung von Mineralien u. Gesteinen; *Sy* Dislokationsmetamorphose

Dy|na|mo|me|ter ⟨n.; -s, -⟩ Vorrichtung zum Messen von Kräften u. mechan. Leistung, Kraftmesser [<grch. *dynamis* »Kraft« + ...*meter*]

Dy|nast ⟨m.; -en, -en⟩ (regierender) Angehöriger einer Dynas-

D

tie, Herrscher (über ein kleineres Gebiet), kleiner Fürst [<grch. *dynastes* »Machthaber, Fürst«]

Dy|nas|tie ⟨f.; -, -n⟩ Herrscherhaus, Herrscherfamilie [<grch. *dynasteia* »Macht, Herrschaft«]

dy|nas|tisch ⟨Adj.⟩ eine Dynastie betreffend, zu ihr gehörig, auf ihr beruhend

Dyn|o|de *auch:* **Dy|no|de** ⟨f.; -, -n; El.⟩ Elektronenröhre mit mehreren zusätzlichen Elektroden zur besseren Steuerung und Verstärkung des zugeführten Stromes [<grch. *dynamis* »Kraft, Stärke« + ...*ode*]

dys..., Dys... ⟨in Zus.⟩ schlecht, schwierig, widrig [<grch.]

Dys|a|ku|sis *auch:* **Dy|sa|ku|sis** ⟨f.; -; unz.; Med.⟩ **1** krankhafte Empfindlichkeit des Gehörs gegenüber bestimmten Tönen **2** Gehörabnahme bis zur Schwerhörigkeit [<*Dys...* + grch. *akouein* »hören«]

Dys|ar|thrie *auch:* **Dy|sar|thrie** ⟨f.; -, -n; Med.⟩ Störung der Sprachkoordination (Gliederung, Aussprache) aufgrund organischer Fehlfunktionen im Bereich der Sprechwerkzeuge; →*a.* Dysglossie [<*Dys...* + grch. *arthroun* »gliedern; artikulierte Laute hervorbringen«]

Dys|äs|the|sie *auch:* **Dy|säs|the|sie** ⟨f.; -; unz.; Psych.⟩ Unempfindlichkeit, Stumpfheit der Sinne [<grch. *dys-* »miss-, schlecht« + *aistanesthai* »empfinden«]

Dys|chro|mie ⟨[-kro-] f.; -, -n; Med.⟩ = Chromatose

Dys|en|te|rie *auch:* **Dy|sen|te|rie** ⟨f.; -, -n; Med.⟩ infektiöse Darmerkrankung, die durch mehrere Typen von Bakterien od. einzellige Lebewesen übertragen wird, Ruhr [<*Dys...* + grch. *enteron* »Darm, Eingeweide«]

dys|en|te|risch *auch:* **dy|sen|te|risch** ⟨Adj.; Med.⟩ ruhrartig

Dys|funk|ti|on ⟨f.; -, -en; Med.⟩ Funktionsstörung (eines Organs)

dys|funk|ti|o|nal ⟨Adj.; Med.⟩ eine Dysfunktion betreffend, auf einer Dysfunktion beruhend

Dys|glos|sie ⟨f.; -, -n; Med.⟩ Störung der Sprachartikulation durch Fehlbildungen der Sprechwerkzeuge; →*a.* Dysarthrie [<*Dys...* + grch. *glossa* »Sprache«]

Dys|gna|thie ⟨f.; -, -n; Med.⟩ Fehlentwicklung, die zu abnormer Zahnstellung, Kieferverformungen u. -funktionsstörungen führt [<*Dys...* + grch. *gnathos* »Kiefer«]

Dys|kal|ku|lie ⟨f.; -; unz.; Med.⟩ (zumeist bei Kindern auftretende) Rechenschwäche, die durch mangelndes Logik-, Mengen- u. Zahlenverständnis verursacht wird u. oft von Orientierungs- u. Rechts-Links-Unterscheidungsschwierigkeiten begleitet ist; *Sy* Akalkulie [<*Dys...* + lat. *calculatio* »Berechnung«]

Dys|ki|ne|sie ⟨f.; -, -n; Med.⟩ ohne ersichtliche organische Störung auftretende funktionelle Störung [<*Dys...* + grch. *kinesis* »Bewegung«]

Dys|la|lie ⟨f.; -, -n; Med.⟩ Stammeln [<*Dys...* + grch. *lalia* »Gerede, Geplauder«]

Dys|le|xie ⟨f.; -, -n; Med.⟩ = Legasthenie [<grch. *dys-* »miss-« + *lexis* »Redeweise, Ausdruck«]

Dys|me|nor|rhö ⟨f.; -, -en; Med.⟩ gesteigerte Schmerzhaftigkeit der Menstruation

Dys|pep|sie ⟨f.; -, -n; Med.⟩ Verdauungsstörung

Dys|pha|gie ⟨f.; -, -n; Med.⟩ Schluckstörung [<*Dys...* + grch. *phagein* »essen«]

Dys|pha|sie ⟨f.; -, -n; Med.⟩ gestörtes Sprechen [<*Dys...* + grch. *phasis* »Sprache«]

Dys|pho|nie ⟨f.; -, -n; Med.⟩ Stimmstörung mit heiserer, belegter Stimme [<*Dys...* + grch. *phone* »Stimme«]

Dys|phre|nie ⟨f.; -, -n⟩ seelische Störung [<grch. *dys...* »schwierig, schlecht, widrig« + *phren* »Seele«]

Dys|pla|sie ⟨f.; -, -n; Med.⟩ Fehlbildung, Unterentwicklung

Dys|pro|si|um ⟨n.; -s; unz.; chem. Zeichen: Dy⟩ chem. Element aus der Reihe der Metalle der Seltenen Erden, Ordnungszahl 66 [<grch. *dysprositos* »schwer zu erlangen«]

Dys|stress ⟨m.; -es, -e; Pl. selten⟩ = Disstress

Dys|te|leo|lo|gie ⟨f.; -; unz.⟩ Lehre von der Zweckwidrigkeit (in der Natur); *Ggs* Teleologie

Dys|to|kie ⟨f.; -, -n; Med.⟩ Störung beim Verlauf einer Geburt; *Ggs* Eutokie [<*Dys...* + grch. *tokos* »Geburt«]

Dys|to|nie ⟨f.; -, -n; Med.⟩ Störung des normalen Verhaltens; *Ggs* Eutonie; ~ *der Muskeln, Gefäße, Nerven*

Dys|to|pie ⟨f.; -, -n⟩ **1** ⟨Lit.⟩ einer Utopie (1) entgegengesetztes Zukunftsbild, Anti-Utopie **2** ⟨Med.⟩ Fehllagerung bzw. Verlagerung von Organen; *Ggs* Eutopie [<*Dys...* + grch. *topos* »Ort«]

dys|troph ⟨Adj.; Med.⟩ auf Dystrophie beruhend, sie bewirkend

Dys|tro|phie ⟨f.; -, -n; Med.⟩ **1** Ernährungsstörung **2** ungenügende Versorgung von Organen, Muskeln usw. mit Nährstoffen, Ernährungskrankheit

Dys|u|rie *auch:* **Dy|su|rie** ⟨f.; -, -n; Med.⟩ gestörte Harnentleerung [<*Dys...* + grch. *ouron* »Harn«]

e ⟨Abk. für⟩ Elektron bzw. elektrische Elementarladung

E ⟨Abk. für⟩ (engl.) East, (frz.) Est (Osten)

€ ⟨Zeichen für⟩ Euro

e…, E… ⟨Vorsilbe⟩ = ex…[2], Ex…[2]

Ea|gle *auch:* **Eag|le** ⟨[iːgl] m.; -s, -s⟩ **1** ⟨Sport; Golf⟩ Erreichen des Loches mit zwei Schlägen weniger als vorgegeben; *einen ~ schlagen* **2** alte US-amerikan. 10-Dollar-Goldmünze [engl., »Adler«]

EAN-Code ⟨[eːaːɛnkoːd] m.; -s; unz.; Kurzwort für⟩ Europäischer Artikelnummer-Code, innerhalb der EU standardisierter Strichcode für Lebensmittel u. andere Handelsgüter in computerlesbarer Ausführung; *oV* EAN-Kode; →*a.* Barcode

EAN-Kode ⟨[eːaːɛnkoːd] m.; -s; unz.⟩ = EAN-Code

Earl ⟨[œːl] m.; -s, -s⟩ Graf (engl. Adelsrang)

Earl Grey ⟨[œːl grɛɪ] m.; - -s; unz.⟩ Teesorte, die mit dem Öl der Bergamotte aromatisiert ist [nach dem engl. Politiker Sir Edward Viscount *Grey* of Fallodon, 1862-1933]

Ear|ly Eng|lish ⟨[œːlɪ ɪŋglɪʃ] n.; - -; unz.⟩ Stilepoche der engl. Frühgotik (ca. 1175-1250) [engl., »frühes Englisch«]

EARN ⟨Abk. für engl.⟩ European Academic Research Network, ein geschlossenes Computernetzwerk, an dem fast alle europäischen sowie einige nord- u. südamerikanische Universitäten beteiligt sind

East ⟨[iːst] m.; -; unz.; Abk.: E⟩ Osten [engl.]

ea|sy ⟨[iːzɪ] Adj.; undekl.; umg.⟩ angenehm u. leicht, einfach, locker; *die Übung ist doch ganz ~* ganz einfach (zu lösen) [engl.]

Ea|sy Li|ving ⟨[iːzɪ lɪvɪŋ] n.; - - od. - -s; unz.; salopp⟩ angenehme, unbeschwerte Lebensweise; *eine neue Art des ~* [<engl. *easy* »leicht« + *live* »leben«]

> **Easy Living** (*Getrennt- und Zusammenschreibung*) Aus dem Englischen stammende Verbindungen aus Adjektiv und Substantiv schreibt man getrennt, wenn der Hauptakzent auf dem zweiten Bestandteil liegt oder beide Wörter betont werden (→*a.* Running Gag).

Ea|sy Ri|der ⟨[iːzɪ raɪdə(r)] m.; - -s, - -⟩ **1** Motorrad mit hoher, mittig geteilter Lenkstange und Rückenlehne; *Sy* Chopper **2** Jugendlicher, der ein solches Motorrad fährt [<engl. *easy* »leicht« + *rider* »Fahrer«]

Eat-Art ⟨[iːtaː(r)t] f.; -; unz.⟩ Kunstrichtung, deren Kunstobjekte zum Genuss als Nahrungsmittel geeignet sind [<engl. *eat* »Essen« + *art* »Kunst«, <lat. *ars* »Kunst«]

Eau de Co|lo|gne *auch:* **Eau de Co|log|ne** ⟨[oː də kolɔnjə] n.; - - -, -x [oː] - -⟩ Lösung von natürl. ätherischen Ölen in 75-85 % Alkohol zum Erfrischen und Parfümieren, Kölnischwasser [frz., »Wasser aus Köln«]

Eau de Ja|vel ⟨[oː də ʒavɛl] n.; - - -, -x [oː] - -⟩ Bleich- u. Desinfektionsmittel, wässrige Lösung von Kaliumhypochlorit u. Kaliumchlorid [frz., »Wasser aus Javel«, nach der Ortschaft *Javel* (heute ein Stadtteil von Paris)]

Eau de La|bar|raque ⟨[oː də -rak] n.; - - -, -x [oː] - -⟩ unbeständige, wässrige Lösung von Natriumhypochlorit, Bleich- u. Oxidationsmittel [frz., nach dem Erfinder A. *Labarraque*]

Eau de Par|fum ⟨[oː də parfœː] n.; - - -, -x [oː] - -⟩ Duftwasser, das stärker ist als Eau de Toilette u. schwächer als Parfüm [<frz. *eau* »Wasser« + *de* »von« + *parfum* »Parfüm«]

Eau de Toi|lette ⟨[oː də toalɛt] n.; - - -, -x [oː] - -⟩ Duftwasser, das stärker ist als Eau de Cologne u. schwächer als Parfüm [<frz. *eau* »Wasser« + *de* »von« + *toilette* »Aufmachung, Kleidung; Toilette«; → *Toilette*]

Eau de Vie ⟨[oː də viː] n.; - - -, -x [oː] - -⟩ Schnaps, Branntwein [frz.]

E-Ban|king ⟨[iːbæŋkɪŋ] n.; -s; unz.; kurz für⟩ Electronic Banking

eBay® *auch:* **E-Bay** ⟨[iːbɛɪ] n.; - od. -s; unz., meist ohne Artikel; EDV⟩ weltweit größtes Forum im Internet für Versteigerungen beliebiger Waren; *Bücher, Kleidung, Geschirr, Musikinstrumente bei ~ ersteigern*

Ebi|o|nit ⟨m.; -en, -en⟩ Mitglied einer (von Paulus abgelehnten) Sekte der Judenchristen aus dem 1. u. 2. Jh. n. Chr., die sich an Moses' Weisungen orientierte [hebr., »der Arme«]

Ebo|la ⟨n.; -s; unz., meist ohne Artikel; kurz für⟩ Ebolafieber

Ebo|la|fie|ber ⟨n.; -s; unz.; Med.⟩ (durch das Ebolavirus verursachte) seuchenartige, akute Infektionskrankheit mit meist tödlichem Ausgang, deren Übertragung durch Körperflüssigkeiten erfolgt [nach dem Fluss *Ebola* in Zaire]

Ebo|la|vi|rus ⟨[-vi-] n., umg. auch m.; -, -vi|ren [-vi-]⟩ Virus, das Ebolafieber verursacht

Ebo|nit® ⟨n.; -s; unz.⟩ aus Kautschuk durch Vulkanisation mit hohem Schwefelanteil gewonnenes Hartgummi [<engl. *ebony* <lat. *ebenus* »Ebenholz«]

E-Book ⟨[iːbuk] n.; -s, -s; kurz für⟩ Electronic Book

Ebur|ne|a|ti|on ⟨f.; -, -en⟩ elfenbeinartige, übermäßige Verknöcherung; *Sy* Eburnifikation [<lat. *ebur* »Elfenbein«]

Ebur|ni|fi|ka|ti|on ⟨f.; -, -en⟩ = Eburneation

E-Busi|ness ⟨[iːbɪznɪs] n.; -, -s; kurz für⟩ Electronic Business

EC ⟨Abk. für⟩ Eurocity

e. c. ⟨Abk. für⟩ exempli causa

Ecart ⟨[ekaːr] m.; -s, -s⟩ Kursunterschied, Spielraum, Aufschlag; *oV* Ekart [<frz. *écart* »Abstand, Unterschied, Spielraum«]

Ecar|té ⟨[ekarteː] n.; -s, -s⟩ *oV* Ekarté **1** französ. Kartenspiel **2** ⟨Fechten⟩ Grätsche **3** ⟨Tanzkunst⟩ Abspreizen des gestreckten Beines [<frz. *écarté,*

eigtl. »beiseitegelegt«; verwandt mit *Skat*]

E-Cash 〈[i:kæʃ] n.; -, -s; kurz für〉 Electronic Cash

Ec|ce 〈[ɛktsə] n.; -, -〉 jährliche Totengedenkfeier [lat., »siehe da«]

Ec|ce-Ho|mo 〈[ɛktsə-] n.; - od. -s, - od. -s〉 Darstellung Christi mit der Dornenkrone (als Motiv in der Kunst, z. B. in Andachtsbildern) [lat., »Seht, (welch) ein Mensch!« (Ausspruch des Pilatus angesichts des dornengekrönten Jesus)]

Ec|cle|sia 〈[ɛkle:-] f.; -; unz.〉 Gemeinde, Kirche; ~ *militans* die streitbare Kirche; ~ *triumphans* die triumphierende Kirche, die Kirche im Zustand der Vollendung; *oV* Ekklesia; →*a.* Ekklesiastik [lat., »Kirche« <grch. *ekklesia* »Volksversammlung«]

Ec|dy|son 〈n.; -s; unz.; Bot.〉 Verpuppungshormon der Insekten; *oV* Ekdyson [<grch. *ekdysis* »das Herauskriechen«]

Echap|pé 〈[eʃape:] n.; -s, -s〉 Sprungfigur (im Ballett), die aus einer geschlossenen Fußposition heraus in einer geöffneten endet [<frz. *échappé* »Entsprungene(r), Entlaufene(r)«]

Echap|pe|ment 〈[eʃap(ə)mã:] n.; -s, -s〉 **1** Flucht **2** Auslösung (einer Mechanik) **3** Hemmung (in der Uhr) [frz., »das Ausströmen, Hemmung«]

echap|pie|ren 〈[-ʃa-] V.; veraltet〉 entfliehen, entwischen [<frz. *échapper*]

echauf|fie|ren 〈[eʃɔfi:-] V.〉 *sich* ~ sich erhitzen, aufregen [<frz. *échauffer* »erhitzen, erregen«]

Echec 〈[eʃɛk] m.; -s, -s〉 **1** Schach **2** 〈veraltet〉 Niederlage, Schlappe [<frz. *échec* »Misserfolg«]

Eche|ve|ria 〈[ɛtʃɛve:-] f.; -, -ri|en; Bot.〉 Angehörige einer Gattung der Dickblattgewächse: Crassulacea [nach dem mexikan. Pflanzenzeichner *Echeverria*, 19. Jh.]

Echi|nit 〈[ɛçi-] m.; -s od. -en, -e od. -en〉 versteinerter Seeigel [<grch. *echinos* »Igel«]

echi|no..., Echi|no... 〈[ɛçi-] in Zus.〉 Igel, Stachel [<grch. *echinos* »Igel«]

Echi|no|der|me 〈[ɛçi-] m.; -n, -n; Zool.〉 radial-symmetrisches meeresbewohnendes Tier, dessen Haut meist von starren Stacheln aus Kalk bedeckt ist, Stachelhäuter

Echi|no|kak|tus 〈[ɛçi-] m.; -, -te|en; Bot.〉 Kaktus mit meist kugelförmigem Stamm: Echinocactus, Igelkaktus [<*Echino...* + *Kaktus*]

Echi|no|kok|kus 〈[ɛçi-] m.; -, -kok|ken; Zool.〉 Art des Bandwurms, Blasenwurm [<*Echino...* + *...kokkus*]

Echi|nus 〈m.; -, -〉 **1** 〈Zool.〉 Seeigel **2** Wulst am Kapitell der dorischen Säule [lat., »Seeigel«]

Echo 〈[ɛço] n.; -s, -s〉 **1** reflektierte Schallwellen, die an ihrem Ausgangspunkt wieder wahrgenommen werden, Widerhall; *ein mehrfaches* ~ **2** Beachtung, Anteilnahme; *der Vortrag fand ein begeistertes, lebhaftes ~; der Zwischenfall fand sein ~ in der Presse* **3** 〈fig.〉 Anklang, Zustimmung; *das Stück fand kein ~ bei den Zuschauern* **4** 〈fig.; umg.〉 Nachbeter fremder Meinungen; *sie ist nur das ~ ihres Mannes* [grch., »Schall«]

echo|en 〈[-ço-] V.〉 **1** widerhallen **2** 〈fig.〉 etwas nachsagen, nachbeten, wiederholen

Echo|en|ze|pha|lo|gra|fie 〈[-ço-] f.; -, -n; Med.〉 = Echoenzephalographie

Echo|en|ze|pha|lo|gra|phie 〈[-ço-] f.; -, -n; Med.〉 Verwendung des Impuls-Echo-Verfahrens zur Diagnostik intrakranieller Prozesse, z. B. von Blutungen unterhalb der Hirnhaut; *oV* Echoenzephalografie [<*Echo* + grch. *egkephalos* »Gehirn« + *...graphie*]

Echo|gra|fie 〈[-ço-] f.; -, -n〉 = Echographie

Echo|gra|phie 〈[-ço-] f.; -, -n〉 in der Medizin u. Werkstoffprüfung angewandtes Verfahren, bei dem die Dichte eines Gewebes oder Stoffes mit Hilfe von (Ultra-)Schallwellen erfasst wird; *oV* Echografie

Echo|kar|dio|gra|fie 〈[-ço-] f.; -, -n; Med.〉 = Echokardiographie

Echo|kar|dio|gra|phie 〈[-ço-] f.; -, -n; Med.〉 Herzdiagnostik mittels Ultraschalls; *oV* Echokardiografie; *Sy* Ultraschallkardiographie [<*Echo* + *kardio...* + *...graphie*]

Echo|la|lie 〈[-ço-] f.; -, -n; Med.; Psych.〉 mechanisches, manchmal zwanghaftes Nachsprechen von Gehörtem ohne inhaltlichen u. situativen Bezug (bes. bei Schizophrenie); *Sy* Echophrasie [<*Echo* + grch. *lalein* »reden, schwätzen«]

Echo|lot 〈[-ço-] n.; -(e)s, -e〉 Gerät zur Entfernungs- u. Tiefenmessung mit Hilfe von Schallwellen; *Sy* Behmlot

Echo|phra|sie 〈[-ço-] f.; -, -n; Med.; Psych.〉 = Echolalie [<*Echo* + grch. *phrasis* »das Sprechen, der Ausdruck«]

EC-Kar|te 〈[e:tse:-] f.; -, -n; Abk. für〉 Euroscheckkarte

Ec|lair 〈[eklɛ:r] n.; -s, -s〉 längliches Gebäck mit Cremefüllung u. Glasur od. Schokoladenüberzug [<frz. *éclair* »Blitz, Liebesknochen (Gebäck)«]

E-Com|merce 〈[i:kɔmœ:s] m.; -; unz.; kurz für〉 Electronic Commerce

Eco|no|mi|ser 〈[ɪkɔnəmaɪzə(r)] m.; -s, -〉 Speisewasservorwärmer für Dampfkesselanlagen zur wirtschaftlichen Ausnutzung des Abdampfes; *oV* Ekonomiser [<engl. *economize* »sparsam wirtschaften«]

> **Economyclass / Economyklasse**
> (*integrierte Schreibweisen*) Für viele aus Fremdsprachen ins Deutsche übernommene Begriffe bilden sich im Laufe der Zeit integrierte Schreibweisen. Dies betrifft nicht nur die Laut-Buchstaben-Zuordnung, sondern kann auch dazu führen, dass ganze Wortbestandteile eingedeutscht werden. In der Regel bleibt es dem Schreibenden überlassen, welche Schreibvariante er wählt.

Eco|no|my|class 〈[ɪkɔnəmɪkla:s] f.; -; unz.; Flugw.〉 billigste Beförderungsklasse; *Sy* Economyklasse [<engl. *economy* »Wirtschaftlichkeit« + *class* »Klasse«]

Eco|no|my|klas|se 〈[ɪkɔnəmɪ-] f.; -; unz.〉 = Economyclass

Ecos|sai|se ⟨[ekɔsɛːzə] f.; -, -n; Musik⟩ *oV* Ekossaise **1** langsamer schott. Volkstanz **2** lebhafter Gesellschaftstanz [frz., eigtl. *danse* od. *valse ecossaise* »schott. Tanz od. Walzer«]

Ec|ra|sé|le|der ⟨n.; -s, -⟩ eingefärbtes, grobnarbiges Ziegenleder [<frz. *écraser* »zerquetschen«]

ec|ru ⟨[ekryː] Adj.⟩ = ekrü

Ec|sta|sy *auch:* **Ecs|ta|sy** ⟨[ɛkstəsı] n.; -s; unz. od. f.; -; unz.⟩ eine Designerdroge, künstlich synthetisiertes Rauschmittel, das auch in der Psychotherapie angewendet wird [engl., »Ekstase«]

ECU, Écu ⟨[ekyː] m.; - od. -s, -s od. (bei Zahlenangaben) -; Abk. für⟩ European Currency Unit (Europäische Währungseinheit), Bezugsgröße für den Wechselkurs

ed. ⟨auf Titelblättern von Büchern Abk. für⟩ **1** ediert (herausgegeben) **2** edidit (hat (es) herausgegeben) [lat.]

Ed. ⟨Abk. für⟩ Edition, Editor

eda|phisch ⟨Adj.⟩ die physikal. u. chem. Eigenschaften des Bodens betreffend, davon abhängig

Eda|phon ⟨n.; -s; unz.⟩ Bodenorganismen (pflanzl. u. tier. Lebewesen, die in den oberen Erdschichten leben) [<grch. *edaphos* »Erdboden«]

edd. ⟨auf Titelblättern von Büchern Abk. für⟩ ediderunt, haben (es) herausgegeben [lat.]

Eden ⟨n.; -s; unz.⟩ **1** ⟨AT⟩ Paradies; *Garten* ~ **2** ⟨fig.⟩ herrlicher Ort [hebr., »Wonne, Lust«]

Eden|ta|ten ⟨Pl.; Zool.⟩ Ordnung der zahnarmen Säugetiere, zu denen Ameisenbären, Faultiere u. Gürteltiere gehören [<*E...* + lat. *dens,* Gen. *dentis* »Zahn«]

...eder ⟨Nachsilbe zur Bildung von Subst.⟩ ...flächner [<grch. *hedra* »Sitz; Fläche«]

EDG ⟨Abk. für⟩ Elektrodermatogramm

edie|ren ⟨V.⟩ herausgeben, veröffentlichen (Bücher, Musikalien) [<lat. *edere* »herausgeben«]

ediert ⟨Adj.; Abk.: ed.⟩ herausgegeben (von)

Edikt ⟨n.; -(e)s, -e⟩ **1** Erlass **2** behördl. Verordnung od. Bekanntmachung; *Regierungs~* [<lat. *edictum* »amtliche Bekanntmachung«]

Edi|son|ef|fekt *auch:* **Edi|son-Effekt** ⟨a. [ɛdısən-] m.; -(e)s; unz.; El.⟩ glühelektrischer Effekt [nach dem Erfinder T. A. *Edison,* 1847-1931]

Edi|son|fas|sung *auch:* **Edi|son-Fas|sung** ⟨a. [ɛdısɔn-] f.; -, -en; El.⟩ Fassung mit einem Rundgewinde an den Sockeln der elektr. Glühlampen [nach dem Erfinder Thomas Alva *Edison,* 1847-1931]

edi|tie|ren ⟨V.; EDV⟩ *Daten* ~ Daten eintippen, bearbeiten, umwandeln [<engl. *edit,* eigtl. »herausgeben«]

Edi|ti|on ⟨f.; -, -en; Abk.: Ed.⟩ Ausgabe, Auflage (von Büchern, Musikalien) [<lat. *editio* »Herausgabe«]

Edi|tio prin|ceps ⟨f.; - -, -ti|o|nes -ci|pes⟩ Erstausgabe (eines Buches) [lat.]

Edi|tor[1] ⟨a. [-'--] m.; -s, -to|ren; Abk.: Ed.⟩ Herausgeber [zu lat. *edere* »herausgeben«]

Edi|tor[2] ⟨[ɛditə(r)] m.; -s, -s; EDV⟩ Programm, mit dessen Hilfe Texte u. Programme in den Computer eingegeben u. korrigiert werden können [engl., eigtl. »Herausgeber«]

Edi|to|ri|al ⟨a. engl. [-tɔriəl] n.; -s, -s⟩ **1** Vorbemerkung des Herausgebers **2** Leitartikel (einer Zeitung) [→ *Edition*]

edi|to|risch ⟨Adj.⟩ **1** eine Edition betreffend **2** die Arbeit des Herausgebers betreffend

Edu|ka|ti|on ⟨f.; -, -en; geh.⟩ Erziehung [<lat. *educatio* »Erziehung«]

Edukt ⟨m.; -(e)s, -e⟩ aus Rohstoffen ausgeschiedener Stoff, Auszug, z. B. Zucker aus Zuckerrüben [<lat. *eductus,* Part. Perf. zu *educere* »herausziehen«]

Ed|u|tain|ment ⟨[ɛdjutɛın-] n.; -s; unz.⟩ interaktive Form der Wissensvermittlung, bei der Lerninhalte u. kulturelle Informationen über eine Mischung aus Text, Bild, Ton u. Filmsequenzen auf CD-ROM spielerisch u. unterhaltsam vermittelt werden; →*a.* Infotainment [engl.; verkürzt <*edu*cation »Erziehung, (Aus-)Bildung« + enter*tainment* »Unterhaltung«]

EDV ⟨Abk. für⟩ elektronische Datenverarbeitung

EEG ⟨Abk. für⟩ Elektroenzephalogramm, Elektroenzephalographie

Ef|fekt ⟨m.; -(e)s, -e⟩ **1** Wirkung, Eindruck; *Licht~* **2** Ergebnis, Erfolg **3** ⟨Physik⟩ Arbeitsleistung [<lat. *effectus* »Wirkung, Erfolg«]

Ef|fek|ten ⟨nur Pl.⟩ **1** Wertpapiere, Urkunden über langfristige Kapitalanlagen **2** bewegl. Habe, Besitz (an Waren)

Ef|fek|ten|bör|se ⟨f.; -, -n⟩ Börsenabteilung, in der überwiegend der Effektenhandel stattfindet

ef|fek|tiv ⟨Adj.⟩ **1** tatsächlich, wirklich; *~e Leistung* ⟨bei Maschinen⟩ nutzbare Leistung; *Ggs* indizierte Leistung **2** wirksam; *Ggs* ineffektiv [→ *Effekt*]

Ef|fek|tiv ⟨n.; -s, -e [-və]; Gramm.⟩ Verb, das eine Veränderung des Substantivs, von dem es abgeleitet ist, ausdrückt, z. B. »standardisieren« (= einem Standard anpassen) [<lat. *effectivus* »bewirkend«]

Ef|fek|tiv|do|sis ⟨f.; -, -do|sen; Med.⟩ der tatsächlich wirksame Anteil einer zugeführten Strahlen- od. Medizindosis, liegt niedriger als die zugeführte Gesamtmenge

ef|fek|ti|vie|ren ⟨[-viː-] V.⟩ *etwas* ~ die Wirksamkeit, Wirkkraft von etwas erhöhen, steigern

Ef|fek|ti|vi|tät ⟨[-vi-] f.; -; unz.⟩ Wirksamkeit, Wirkkraft

Ef|fek|tiv|lohn ⟨m.; -(e)s, -löh|ne⟩ tatsächlich bezahlter Lohn, der mindestens mit dem Tariflohn übereinstimmt, im Allgemeinen aber Sonderleistungen enthält

Ef|fek|tiv|wert ⟨m.; -(e)s, -e⟩ quadratischer Mittelwert einer sich zeitlich ändernden Wechselstromgröße

Ef|fek|tor ⟨m.; -s, -to|ren⟩ Nerv, der Reize zu den Organen weiterleitet u. dort Reaktionen hervorruft [<lat. *effector* »Urheber, Schöpfer«]

ef|fek|tu|ie|ren ⟨V.; Kaufmannsspr.⟩ **1** ausführen, bewerkstelligen **2** leisten, zahlen **3** versenden

E

E

Ef|fe|mi|na|ti|on ⟨f.; -; unz.⟩ weibliche Sexualempfindung beim Mann [<lat. *effiminare* »weiblich machen, verweichlichen«]

ef|fe|mi|nie|ren ⟨V.⟩ verweiblichen [→ *Effemination*]

ef|fe|mi|niert ⟨Adj.⟩ (als Mann) verweiblicht, z. B. in (Sexual-) Empfindungen

ef|fe|rent ⟨Adj.; Med.⟩ herausführend (bei Organen); *Ggs* afferent [<lat. *effere* »hinausführen«]

Ef|fe|renz ⟨f.; -, -en; Med.⟩ Herausleitung von Sinneswahrnehmungen vom Zentralnervensystem zur Peripherie (insbesondere zu Muskeln); *Ggs* Afferenz

Ef|fet ⟨[ɛfeː] od. [ɛfeː] m. od. n.; -s, -s⟩ **1** Wirkung **2** ⟨Sport⟩ Drehung des Balles, durch die er beim An- od. Aufschlagen von der Richtung abweicht [frz., »Wirkung«; → *Effekt*]

ef|fet|tu|o|so ⟨Musik⟩ wirkungsvoll (zu spielen) [ital.]

Ef|fi|cien|cy ⟨[ɪfɪʃənsɪ] f.; -; unz.⟩ größtmögliche Wirkung, Wirtschaftlichkeit [engl.]

ef|fi|lie|ren ⟨V.⟩ *Haar* ~ gleichmäßig herausschneiden, ausdünnen [<frz. *effiler* »ausfransen, ausfasern«]

ef|fi|zi|ent ⟨Adj.⟩ wirksam, wirkungsvoll; *Ggs* ineffizient [<engl. *efficient*]

Ef|fi|zi|enz ⟨f.; -; unz.⟩ Wirkung, Wirksamkeit; *Ggs* Ineffizienz [<engl. *efficiency*]

ef|fi|zie|ren ⟨V.⟩ bewirken [<lat. *efficere* »schaffen, hervorbringen«]

Ef|fla|ti|on ⟨f.; -, -en; Med.⟩ = Eruktation [<lat. *efflare* »herausblasen«]

Ef|flo|res|zenz ⟨f.; -, -en⟩ **1** das Aufblühen, Blütezeit **2** krankhafte Hautveränderung, Hautblüte **3** Mineralüberzug auf Gesteinen [→ *effloreszieren*]

ef|flo|res|zie|ren ⟨V.⟩ auf-, ausblühen [<lat. *efflorescere* »erblühen«]

ef|flu|ie|ren ⟨V.⟩ ausfließen, -strömen [zu lat. *effluere* »ausfließen, ausströmen«]

Ef|fu|si|on ⟨f.; -, -en; Geol.⟩ Erguss, Ausströmung, z. B. von Lava [<lat. *effusio* »das Ausgießen«]

ef|fu|siv ⟨Adj.; Geol.⟩ durch Effusion entstanden, hervorgerufen

Ef|fu|siv|ge|stein ⟨n.; -s, -e; Min.⟩ = Vulkanit [→ *Effusion*]

EFTA ⟨Abk. für engl.⟩ European Free Trade Association, Europäische Freihandelszone

EG ⟨f.; -; unz.; Abk. für⟩ Europäische Gemeinschaft (→*a.* europäisch)

egal ⟨Adj.⟩ **1** gleichartig, gleichmäßig **2** gleichgültig [<frz. *égal* »gleichmäßig«]

ega|li|sie|ren ⟨V.⟩ gleich(mäßig) machen, ausgleichen

ega|li|tär ⟨Adj.⟩ auf politische, soziale usw. Gleichheit gerichtet

Ega|li|ta|ris|mus ⟨m.; -; unz.⟩ Streben nach größtmöglicher Gleichheit aller Menschen

Ega|li|tät ⟨f.; -; unz.⟩ Gleichheit

Ega|li|té ⟨[-teː] f.; -; unz.⟩ Gleichheit (Schlagwort der Französ. Revolution); →*a.* Liberté, Fraternité [frz.]

Eges|ti|on ⟨f.; -, -en; Med.⟩ Ausscheidung, Stuhlgang [zu lat. *egerere* »herausbringen«]

EGG ⟨Abk. für⟩ Elektrogastrogramm

Egg|head ⟨[ɛghɛd] m.; -s, -s; scherzh.⟩ Intellektueller [engl., »Eierkopf«]

ego ich [lat.]

Ego ⟨n.; -; unz.⟩ das Ich; →*a.* Alter Ego

Ego|is|mus ⟨m.; -; unz.⟩ Ichbezogenheit, Selbstsucht, Eigennutz, Eigenliebe; *Ggs* Altruismus [<frz. *égoïsme* »Selbstsucht« <lat. *ego* »ich«]

Ego|ist ⟨m.; -en, -en⟩ jmd., der egoistisch ist [<frz. *égoïste* »selbstsüchtig« <lat. *ego* »ich«]

Ego|is|tin ⟨f.; -, -tin|nen⟩ weibl. Person, die egoistisch ist

ego|is|tisch ⟨Adj.⟩ eigen-, selbstsüchtig

ego|man ⟨Adj.⟩ krankhaft u. übersteigert selbstbezogen

Ego|ma|ne ⟨m.; -n, -n⟩ jmd., der egoman ist

Ego|ma|nie ⟨f.; -; unz.⟩ krankhaft übersteigerte Selbstbezogenheit [<*Ego* + *Manie*]

Ego|tis|mus ⟨m.; -; unz.⟩ Neigung, sich selbst in den Vordergrund zu stellen [<frz. *égotisme* »Ichbezogenheit«]

Ego|tist ⟨m.; -en, -en⟩ **1** jmd., der sich selbst in den Vordergrund stellt **2** Verfasser von Romanen in Ichform

Ego|trip ⟨m.; -s, -s; umg.⟩ egozentrische Lebenseinstellung; *auf dem ~ sein* [<lat. *ego* »ich« + engl. *trip* »Ausflug«]

Egout|teur ⟨[egutøːr] m.; -s, -e⟩ zwischen den Saugern einer Langsiebpapiermaschine gelagerte, leichte, mit einem Sieb umkleidete Walze, auf der die Wasserzeichen aufgelötet sind, Vordruckwalze, Wasserzeichenwalze [frz.]

◆ Die Buchstabenfolge **egozen|tr...** kann auch **ego|zent|r...** getrennt werden.

◆**Ego|zen|trik** ⟨f.; -; unz.⟩ egozentrische Haltung; *Sy* Egozentrismus, Egozentrizität [<*Ego* + *Zentrum*]

◆**Ego|zen|tri|ker** ⟨m.; -s, -⟩ männl. Person, die egozentrisch ist

◆**Ego|zen|tri|ke|rin** ⟨f.; -, -rin|nen⟩ weibl. Person, die egozentrisch ist

◆**ego|zen|trisch** ⟨Adj.⟩ das eigene Ich in den Mittelpunkt stellend, nur vom eigenen Ich aus denkend u. handelnd, alles auf das eigene Ich beziehend; ~ *sein*

◆**Ego|zen|tris|mus** ⟨m.; -; unz.⟩ = Egozentrik

◆**Ego|zen|tri|zi|tät** ⟨f.; -; unz.⟩ = Egozentrik

eg|re|nie|ren ⟨V.⟩ entkörnen, aussamen; *Baumwolle* ~ [<frz. *égrener* »entkernen, entkörnen«]

eg|res|siv ⟨Adj.; Sprachw.⟩ Verlauf u. Abschluss eines Vorgangs ausdrückend (von Verben); *Ggs* ingressiv, inchoativ

Eg|res|siv ⟨n.; -s, -va [-va]; Sprachw.⟩ *Ggs* Ingressiv, Inchoativ **1** Aktionsart des Verbums, die gleichzeitig Verlauf u. Ende eines Vorgangs ausdrückt, z. B. »verbrennen«, »zerbrechen« **2** Verb in dieser Aktionsart [<lat. *egressus* »Ausgang«]

Egyp|ti|enne ⟨[eʒɪpsjɛn] f.; -; unz.; Typ.⟩ eine Druckschrift [frz., »ägyptisch«]

ei|a|po|peia ⟨Kinderspr.⟩ ⟨Ausdruck, um ein Kind in den

Schlaf zu wiegen); ~ *machen* ein Schlaflied singen, ein Kind in den Schlaf wiegen, schlafen gehen [<grch. *eia pop eia* »wohlan, ha, wohlan!«]

Ei|de|tik ⟨f.; -; unz.⟩ 1 Fähigkeit, früher Wahrgenommenes als anschauliches Bild wieder vor sich zu sehen 2 ⟨Philos.⟩ = Eidologie [<grch. *eidos* »Bild«]

Ei|de|ti|ker ⟨m.; -s, -⟩ jmd., der zu eidetischen Vorstellungen fähig ist

Ei|do|lo|gie ⟨f.; -; unz.; Philos.⟩ Theorie, nach der über die Gestalt eines Dinges dessen Wesen ergründet werden kann; *Sy* Eidetik (2)

Ei|do|phor ⟨n.; -s, -e⟩ Gerät, das Fernsehbilder vergrößert auf eine Leinwand wirft [<grch. *eidos* »Bild« + *...phor*]

Ei|dos ⟨n.; -; unz.; Philos.⟩ 1 Aussehen, Gestalt 2 Begriff, Idee [<grch. *eidos* »Bild«]

Ei|ko|nal ⟨n.; -s, -e⟩ der in der geometrischen Optik längs eines Strahls gemessene Weg des Lichts [<grch. *eikon* »Bild«]

ein|bal|sa|mie|ren ⟨V.⟩ nach dem Tode mit fäulnishindernden Stoffen zum Schutz vor Verwesung bearbeiten; *Leichen* ~

ein|che|cken ⟨[-tʃɛkən] V.; Flugw.⟩ vor dem Abflug abgefertigt werden, die Kontrollen passieren; *die Passagiere checken ein* [→ *checken*]

ein|log|gen ⟨V.; EDV⟩ ein-, anschalten (Programme, Computer); *Ggs* ausloggen [zu engl. *log* »eintragen«]

ein|quar|tie|ren ⟨V.⟩ in Quartieren, Privathäusern unterbringen; *Truppen* ~ [→ *Quartier*]

Ein|quar|tie|rung ⟨f.; -, -en⟩ das Einquartieren (von Truppen), Unterbringen (von Gästen)

ein|scan|nen ⟨[-skænən] V.; EDV⟩ ein Bild od. einen Text mittels eines Scanners als digitale Computerdatei einlesen; →*a.* Scanner [<engl. *scan* »absuchen, abtasten«]

Ein|stei|ni|um ⟨n.; -s; unz.; chem. Zeichen: Es⟩ radioaktives künstl. chem. Element, Ordnungszahl 99 [nach dem Physiker Albert *Einstein,* 1879-1955]

Ei|sen|chlo|rid ⟨[-klo:-] n.; -(e)s, -e; Chemie⟩ Verbindung von Chlor u. Eisen, schwarzbraune, glänzende Kristalle

Ei|sen|sul|fat ⟨n.; -(e)s, -e; Chemie⟩ als Beize in der Zeugfärberei u. zur Darstellung von Berliner Blau verwendete chemische Verbindung

Ei|sen|vi|tri|ol *auch:* **Ei|sen|vit|ri|ol** ⟨[-vi-] n.; -s, -e; Chemie⟩ lichtgrünes, gelb verwitterndes, glasglänzendes Mineral; *Sy* Melanterit

Eis|ho|ckey ⟨[-hɔke:], engl. [-hɔki] n.; -s; unz.; Sport⟩ Hockey mit Schlittschuhen auf einer Eisbahn

Eja|cu|la|tio prae|cox ⟨f.; - -; unz.; Med.⟩ vorzeitiger Samenerguss [lat.]

Eja|ku|lat ⟨n.; -(e)s, -e⟩ ausgespritzte Samenflüssigkeit

Eja|ku|la|ti|on ⟨f.; -, -en⟩ Samenerguss (bei der Begattung)

eja|ku|lie|ren ⟨V.⟩ Samen ausspritzen [<lat. *eiaculari* »herauswerfen, hervorschleudern«]

Ejek|ti|on ⟨f.; -, -en⟩ 1 Hinauswerfen, Vertreibung, Enteignung 2 Auswurf von vulkanischem Material [<lat. *eiectio* »Verbannung«]

Ejek|tiv ⟨m.; -s, -e [-və]; Phon.⟩ bes. in afrikanischen Dialekten verbreiteter stimmloser Verschlusslaut, bei dessen Artikulation die Stimmritzen verschlossen sind; *Ggs* Injektiv [→ *ejizieren*]

Ejek|tor ⟨m.; -s, -to|ren⟩ Dampfstrahlpumpe [<lat. *eicere* »heraustreiben, vertreiben, verstoßen«]

eji|zie|ren ⟨V.⟩ hinauswerfen, vertreiben [<lat. *eicere* »heraustreiben, verstoßen«]

eius|dem men|sis ⟨Abk.: e. m.⟩ desselben Monats [lat.]

ek..., Ek... ⟨vor Vokalen und h⟩ ex..., Ex... ⟨Vorsilbe⟩ aus, heraus [grch.]

Ekart ⟨[eka:r] m.; -s, -s⟩ = Ecart

Ekar|té ⟨[-te:] n.; -s, -s⟩ = Ecarté

Ek|chon|drom ⟨[-çɔn-] n.; -s, -e; Med.⟩ Wucherung von Knorpelgewebe [<*Ek...* + grch. *chondros* »Knorpel«]

Ek|chy|mo|se ⟨[-çy-] f.; -, -n; Med.⟩ flächenhafter Bluterguss, Hautblutung [<*Ek...* + grch. *chymos* »Saft«]

ek|de|misch ⟨Adj.⟩ auswärts befindlich, abwesend; *Ggs* endemisch [<grch. *ekdemos* »außer Landes, abwesend«]

Ek|dy|son ⟨n.; -s; unz.; Bot.⟩ = Ecdyson

EKG, Ekg ⟨Abk. für⟩ Elektrokardiogramm

Ek|kle|sia ⟨f.; -; unz.⟩ = Ecclesia

Ek|kle|si|as|tik ⟨f.; -; unz.⟩ Lehre von der christl. Kirche; *Sy* Ekklesiologie [→ *Ecclesia*]

Ek|kle|si|as|ti|kus ⟨m.; -; unz.; in der Vulgata⟩ das Buch Jesus Sirach [<lat. *ecclesiasticus* »Geistlicher, Kirchendiener«]

Ek|kle|sio|lo|gie ⟨f.; -; unz.⟩ = Ekklesiastik

ek|krin ⟨Adj.⟩ = exokrin [<*ek...* + grch. *grinein* »trennen, scheiden«]

Ek|lamp|sie ⟨f.; -, -n⟩ Krampfanfall beim eklamptischen Syndrom [<grch. *eklampein* »hervorleuchten«]

ek|lamp|tisch ⟨Adj.⟩ Eklampsie bewirkend, auf Eklampsie beruhend, sie betreffend; *~es Syndrom* gefährliche Schwangerschaftserkrankung, wahrscheinlich durch Stoffwechselüberlastung hervorgerufene Vergiftung (Schwangerschaftstoxikose)

Ek|lat ⟨[ekla:] m.; -s, -s⟩ 1 Auftritt, Krach, Skandal 2 Glanz, Aufsehen 3 Knall [<frz. *éclat* »Knall, Lichtblitz, Getöse, Krach«]

ek|la|tant ⟨Adj.⟩ 1 offenbar, offenkundig 2 Aufsehen erregend, glänzend [<frz. *éclatant* »glänzend, hell, laut schallend, Aufsehen erregend«]

Ek|lek|ti|ker ⟨m.; -s, -⟩ 1 Denker, der sich aus mehreren Lehren eine scheinbar neue Philosophie aufbaut 2 Künstler, der unschöpferisch andere Stile nachahmt [zu grch. *eklegein* »auswählen«]

ek|lek|tisch ⟨Adj.; veraltet⟩ 1 prüfend, auswählend 2 unschöpferisch, nicht eigenständig, nachahmend

Ek|lek|ti|zis|mus ⟨m.; -; unz.⟩ 1 Zusammenstellung von verschiedenen Gedanken od. Stilelementen zu etwas scheinbar Neuem 2 unschöpferisches Denken u. Schaffen

ek|lek|ti|zis|tisch ⟨Adj.⟩ = eklektisch (2)
Ek|lip|se ⟨f.; -, -n⟩ Sonnen- od. Mondfinsternis [<grch. *ekleipsis* »Ausbleiben«]
Ek|lip|tik ⟨f.; -, -en⟩ die scheinbare Sonnenbahn am Himmel [→ *Eklipse* (in der *Ekliptik* treten *Eklipsen,* d. h. Sonnen- u. Mondfinsternisse, auf)]
ek|lip|tisch ⟨Adj.⟩ die Ekliptik betreffend, auf sie bezogen
Ek|lo|ge ⟨f.; -, -n⟩ Hirten-, Schäfergedicht [grch., »Auswahl, ausgewähltes Stück«]
Ek|lo|git ⟨m.; -s, -e; Min.⟩ schweres metamorphes, im Wesentlichen aus Granat u. natronreichem, auffallend grünem Augit (Omphazit) bestehendes Gestein [→ *Ekloge*]
Ek|mne|sie ⟨f.; -, -n; Med.⟩ krankhafte Störung des Zeiterlebens, wobei meist die Vorstellung der Vergangenheit als Gegenwart vorherrscht [<*Ek...* + *Mneme*]
Eko|no|mi|ser ⟨[ıkɔnəmaızə(r)] m.; -s, -⟩ = Economiser
Ekos|sai|se ⟨[ekɔsɛ:zə] f.; -, -n⟩ = Ecossaise
Ek|pho|rie ⟨f.; -, -n⟩ Wiederholung eines Reizes, Erinnerungsvorgang [<grch. *ek* »aus, heraus« + neulat. *phoria* <grch. *pherein* »tragen«]
Ek|ra|sit ⟨n.; -s; unz.⟩ im Wesentlichen aus Pikrinsäure bestehender Sprengstoff [zu frz. *écraser* »zermalmen, zerschmettern«]
ek|rü ⟨Adj.; Textilw.⟩ roh, ungebleicht, naturfarben; *oV* ecru [<frz. *écru* »ungebleicht, ungefärbt« <*cru* <lat. *crudus* »roh, ungebrannt«]
Ek|rü|sei|de ⟨f.; -; unz.; Textilw.⟩ eine Rohseide
EKS ⟨n.; -; unz.; Abk. für⟩ energo-kybernetisches System, (von W. Mewes entwickelte) Managementlehre, die mit der Zielsetzung einer erfolgreichen Entwicklungsförderung eine enge Verbindung von Manager, Umwelt u. zu steuerndem Unternehmen zugrunde legt
Ek|sta|se *auch:* **Eks|ta|se** ⟨f.; -, -n⟩ **1** Außersichsein, Verzückung, Entrückung **2** exzessive, übermäßige Begeisterung; *beim Konzert in ~ geraten* [→ *Ekstatik*]
Ek|sta|tik *auch:* **Eks|ta|tik** ⟨f.; -; unz.⟩ Lehre von der Ekstase [<grch. *ekstasis* »das Außersichgeraten«]
Ek|sta|ti|ker *auch:* **Eks|ta|ti|ker** ⟨m.; -s, -⟩ leicht begeisterungsfähiger Mensch, Schwärmer
ek|sta|tisch *auch:* **eks|ta|tisch** ⟨Adj.⟩ **1** in Ekstase befindlich, entrückt **2** verzückt, schwärmerisch
Ek|ta|sie ⟨f.; -, -n; Med.⟩ Ausdehnung, Erweiterung (von Hohlorganen) [<grch. *ektasis* »Ausdehnung«]
Ek|thlip|sis *auch:* **Ekth|lip|sis** ⟨f.; -, -sen⟩ = Elision
ek|to..., Ek|to... ⟨in Zus.⟩ außerhalb, heraus [<grch. *ektos*]
Ek|to|blast ⟨n.; -(e)s, -e; Med.⟩ = Ektoderm
Ek|to|derm ⟨n.; -s, -e; Med.⟩ äußeres Keimblatt des tierischen Embryos; *Sy* Ektoblast; *Ggs* Entoderm [<*Ekto...* + *...derm*]
ek|to|der|mal ⟨Adj.; Med.⟩ aus dem äußeren Keimblatt entstehend; *Ggs* entodermal
Ek|to|en|zym ⟨n.; -s, -e⟩ Enzym, das von Zellen abgetrennt wird u. außerhalb der Zellen wirkt, z. B. im Darm; *Ggs* Endoenzym
Ek|to|mie ⟨f.; -, -n; Med.⟩ operative Entfernung eines Organs od. eines Organteiles [<*Ek...* + *...tomie*]
Ek|to|pa|ra|sit ⟨m.; -en, -en⟩ auf der Körperoberfläche (seines Wirtes) lebender pflanzl. od. tier. Schmarotzer; *Sy* Ektosit [<*Ekto...* + *Parasit*]
ek|to|phy|tisch ⟨Adj.; Biol.; Med.⟩ nach außen herauswachsend; *Ggs* endophytisch [<*ekto...* + grch. *phyein* »wachsen«]
ek|to|pisch ⟨Adj.; Med.⟩ an nach außen verlagerter, nicht normaler Stelle liegend (von Organen)
Ek|to|plas|ma ⟨n.; -s; unz.; Biol.⟩ äußere Schicht des Protoplasmas; *Ggs* Endoplasma
Ek|to|sit ⟨m.; -en, -en⟩ = Ektoparasit
Ek|to|ske|lett ⟨n.; -(e)s, -e; Biol.⟩ Außenskelett bei Wirbellosen u. Wirbeltieren; *Ggs* Endoskelett [<*Ekto...* + *Skelett*]
Ek|to|to|xin ⟨n.; -s, -e; meist Pl.⟩ wärmeempfindliches, eiweißartiges Gift, das von lebenden Bakterien in den menschlichen bzw. tierischen Organismus abgesondert wird, z. B. das Tetanustoxin; →*a.* Endotoxin [<*Ekto...* + *Toxin*]
ek|to|troph ⟨Adj.; Bot.⟩ sich außerhalb der Wirtspflanze ernährend; *Ggs* endotroph [<*ekto...* + *...troph*]
Ek|tro|pi|um *auch:* **Ekt|ro|pi|um** ⟨n.; -s, -pi|en; Med.⟩ Auswärtsdrehung, Umstülpung; *Ggs* Entropium; *~ des freien Augenlidrandes* [<grch. *ektrepein* »nach außen kehren«]
Ek|zem ⟨n.; -s, -e; Med.⟩ nicht ansteckender, meist auf Überempfindlichkeit beruhender Hautausschlag [<*Ek...* + grch. *zeein* »kochen, sieden«]
Ek|ze|ma|ti|ker ⟨m.; -s, -; Med.⟩ jmd., der an einem Ekzem leidet
ek|ze|ma|tös ⟨Adj.; Med.⟩ von Ekzemen befallen
Ela|bo|rat ⟨n.; -(e)s, -e; geh.⟩ **1** schriftliche Arbeit, Ausarbeitung **2** ⟨abwertend⟩ Geschreibsel, Pfuscharbeit, Machwerk [<lat. *elaboratus,* Part. Perf. zu *elaborare* »ausarbeiten«]
ela|bo|rie|ren ⟨V.; geh.⟩ bis in feine Einzelheiten ausarbeiten, ausbilden; *elaborierter Code* differenzierte Sprache (der Ober- u. Mittelschicht einer Gesellschaft); *Ggs* restringierter Code [<lat. *elaborare* »(sorgfältig) ausarbeiten«]
Ela|i|din|säu|re ⟨f.; -; unz.; Chemie⟩ durch Einwirkung von Stickstoffdioxid auf flüssige, normale Ölsäure entstehende feste Form der Ölsäure [<grch. *elaion* »Ölstoff«]
Ela|in ⟨n.; -s; unz.; Chemie⟩ in vielen tier. und pflanzl. Fetten u. fetten Ölen vorkommender ungesättigter Kohlenwasserstoff, u. a. Bestandteil der Ölsäure [<grch. *elaion* »Öl«]
Elan ⟨[ela:n] od. [elã:] m.; -s; unz.⟩ Schwung, Begeisterung, Stoßkraft [<frz. *élan*]
Elan vi|tal ⟨[elã: vi-] m.; - -; unz.; Philos.⟩ die (von H. Bergson) im Gegensatz zum Darwinismus angenommene schöpferische, die Entwicklung der Le-

bewesen von innen vorantreibende »Lebensschwungkraft« [frz., »Lebenskraft«]

Elas|te ⟨Pl.; kurz für⟩ Elastomere

Elas|tik ⟨n.; -s, -s od. f.; -, -en⟩ ein dehnbares Gewebe [→ *elastisch*]

Elas|tin ⟨n.; -s; unz.; Biochemie⟩ Gerüsteiweißstoff, Grundsubstanz des elastischen Gewebes

elas|tisch ⟨Adj.⟩ **1** dehnbar, biegsam, federnd **2** ⟨fig.⟩ spannkräftig, schwungvoll [<frz. *élastique* »elastisch, dehnbar«]

Elas|ti|zi|tät ⟨f.; -; unz.⟩ **1** Dehnbarkeit, Federkraft, Biegsamkeit **2** ⟨fig.⟩ Schwung, Spannkraft [<frz. *élasticité* »Elastizität, Federkraft, Dehnbarkeit«]

Elas|ti|zi|täts|ko|ef|fi|zi|ent ⟨m.; -en, -en⟩ = Elastizitätsmodul

Elas|ti|zi|täts|mo|dul ⟨m.; -s, -n⟩ Widerstandsfähigkeit eines Stoffes gegen Formänderungen, Messgröße der Elastizität; *Sy* Elastizitätskoeffizient

Elas|to|me|re ⟨Pl.; Chemie⟩ gummiähnliche Kunststoffe, z. B. Buna, Mipolam, Oppanol; *Sy* Elaste [<*elastisch* + ...*mer*]

Ela|tiv ⟨m.; -s, -e [-və]; Gramm.⟩ Steigerungsform der Adjektive, z. B. »sehr schön« gegenüber »am schönsten«; *Sy* absoluter Superlativ [<lat. *elatus* »erhaben, erhöht«]

El|der States|man ⟨[ɛldə(r) stɛɪtsmæn] m.; - -, - -men [-mən]⟩ einflussreicher, sehr erfahrener älterer Politiker [<engl. *elder* »ältere(r, s)« + *statesman* »Staatsmann«]

El|do|ra|do ⟨n.; -s, -s⟩ **1** (sagenhaftes) Goldland **2** ⟨fig.⟩ Wunsch, Traumland, Paradies; *oV* Dorado [<span. *el dorado* »der Vergoldete«, nach einem myth. Chibchakönig in Südamerika, der sich bei gewissen relig. Festen mit Goldstaub puderte]

E-Lear|ning ⟨[iːlœːnɪŋ] n.; - od. -s; unz.; EDV; kurz für⟩ Electronic Learning

Ele|a|ten ⟨Pl.; Philos.⟩ Mitglieder einer altgrch. Philosophenschule (5./6. Jh. v. Chr.), z. B. Xenophanes [nach der Stadt *Elea* in Unteritalien]

ele|a|tisch ⟨Adj.; Philos.⟩ zu den Eleaten gehörig, von ihnen stammend

Ele|a|tis|mus ⟨m.; -; unz.; Philos.⟩ Lehre der Eleaten, nach der das Seiende frei von Entstehen, Vergehen u. Bewegung, also identisch mit dem Denken ist

◆ Die Buchstabenfolge **elec|tr...** kann auch **elect|r...** getrennt werden.

◆ **Elec|tro|nic Ban|king** ⟨[ɪlɛktrɔnɪk bæːnkɪŋ] n.; - -s; unz.⟩ computerunterstützter Zahlungsverkehr der Banken; *Sy* E-Banking, Internetbanking, Telebanking [engl.]

◆ **Elec|tro|nic Book** ⟨[ɪlɛktrɔnɪk bʊk] n.; - - od. - -s, - -s; EDV⟩ ein elektronisches Lesegerät, auf dem man Texte speichern kann; *Sy* E-Book [engl., »elektronisches Buch«]

◆ **Elec|tro|nic Busi|ness** ⟨[ɪlɛktrɔnɪk bɪznɪs] n.; - -; unz.; EDV⟩ auf elektronischem Weg, bes. über das Internet abgewickeltes Geschäft; *Sy* E-Business [engl., »elektronisches Geschäft«]

◆ **Elec|tro|nic Cash** ⟨[ɪlɛktrɔnɪk kæʃ] n.; - -s; unz.⟩ bargeldlose Zahlweise (mit Scheck- od. Kreditkarte); *Sy* E-Cash [engl., »elektronisches Bargeld«]

◆ **Elec|tro|nic Com|merce** ⟨[ɪlɛktrɔnɪk kɔmœːs] m.; - -; unz.; EDV⟩ computerunterstützter Handel mit Waren u. Dienstleistungen, bes. über das Internet; *Sy* E-Commerce [engl., »elektronischer Handel«]

◆ **Elec|tro|nic Lear|ning** ⟨[ɪlɛktrɔnɪk lœːnɪŋ] n.; - - od. - -s; unz.; EDV⟩ computergestütztes Lernen, Weiterbildung mit Hilfe von elektron. Lernprogrammen; *Sy* E-Learning, Telelearning [engl., »elektronisches Lernen«]

◆ **Elec|tro|nic Mail** ⟨[ɪlɛktrɔnɪk mɛɪl] f. od. n.; - -, - -s⟩ = E-Mail [engl., »elektronische Post«]

◆ **Elec|tro|nic Mar|ke|ting** ⟨[ɪlɛktrɔnɪk -] n.; - - od. - -s; unz.; EDV⟩ Marketing per Internet; *Sy* E-Marketing [engl., »elektronisches Marketing«]

◆ **Elec|tro|nic Pa|per** ⟨[ɪlɛktrɔnɪk pɛɪpə(r)] n.; - - od. - -s, - -; EDV⟩ *Sy* E-Paper **1** Bildschirmoberfläche, die ähnl. Eigenschaften wie Papier u. Tintendruck aufweist **2** Onlineausgabe einer Tageszeitung od. Zeitschrift [engl., »elektronisches Papier«]

◆ **Elec|tro|nic Post** ⟨[ɪlɛktrɔnɪk -] f.; - -; unz.; EDV⟩ elektronischer Schriftverkehr innerhalb eines Computernetzwerkes (per E-Mail); *Sy* E-Post [engl., »elektronische Post«]

◆ **Elec|tro|nic Pub|li|shing** ⟨[ɪlɛktrɔnɪk pʌblɪʃɪŋ] n.; - -s; unz.; EDV⟩ *Sy* E-Publishing **1** elektron. Verlagswesen **2** elektron. Publizieren, z. B. Herausgabe von computerlesbaren Texten auf CD-ROM od. (Erst-)Veröffentlichung im Internet [<engl. *electronic* »elektronisch« + *publishing* »Herausgeben, Veröffentlichen«]

Ele|fan|ti|a|sis ⟨f.; -, -sen⟩ = Elephantiasis

ele|gant ⟨Adj.⟩ **1** modisch, geschmackvoll **2** ausgesucht, fein, gewandt [<frz. *élégant* »fein, elegant, geschmackvoll«]

Ele|ganz ⟨f.; -; unz.⟩ **1** erlesener, modischer Geschmack **2** Feinheit, Gewandtheit [<frz. *élégance* »Eleganz, Feinheit«]

Ele|gei|on ⟨n.; -s; unz.; Metrik⟩ aus Hexameter u. Pentameter zusammengesetzte, elegische Verseinheit; →*a.* Distichon [→ *Elegie*]

Ele|gie ⟨f.; -, -n; Lit.⟩ **1** ⟨in der Antike⟩ Gedicht in Distichen **2** wehmutsvolles, klagendes Gedicht [<grch. *elegeia* »lyrisch-episches, in Distichen verfasstes Gedicht«]

Ele|gi|ker ⟨m.; -s, -⟩ Dichter von Elegien

ele|gisch ⟨Adj.⟩ **1** in der Art einer Elegie, in Distichen gedichtet **2** ⟨fig.⟩ klagend, wehmütig

Eleg|jam|bus ⟨m.; -, -jam|ben; Metrik⟩ antikes, jambisches Versmaß [<*Elegie* + *Jambus*]

Elei|son *auch:* **Ele|i|son** ⟨n.; -s, -s⟩ gottesdienstlicher Gesang; →*a.* Kyrie eleison [grch., »erbarme dich«]

Elek|ti|on ⟨f.; -, -en⟩ Wahl, Auswahl [<lat. *electio* »sorgfältige Wahl«]

elek|tiv ⟨Adj.⟩ auswählend

Elek|tor ⟨m.; -s, -to|ren⟩ **1** Wähler

2 Wahlmann 3 Kurfürst [<lat. *eligere* »sorgfältig auswählen«]
Elek|to|rat ⟨n.; -(e)s, -e⟩ Kurfürstenwürde [→ *Elektor*]

♦ Die Buchstabenfolge **elek|tr...** kann auch **elekt|r...** getrennt werden.

E

♦ **Elek|tra|kom|plex** ⟨m.; -es; unz.; Psych.⟩ bei weibl. Personen auftretende, übersteigerte Bindung an den Vater; →*a.* Ödipuskomplex [nach der grch. Sagengestalt *Elektra*]
♦ **Elek|tret** ⟨m.; -en, -en; Physik⟩ Körper, in dem ein permanenter Zustand elektrischer Polarisation auch ohne beständige Ladungszufuhr besteht [<*elektrisch* + Magn*et*]
♦ **Elek|tri|fi|ka|ti|on** ⟨f.; -, -en⟩ das Elektrifizieren; *Sy* Elektrifizierung [<*elektrisch* + ...*fikation*]
♦ **elek|tri|fi|zie|ren** ⟨V.⟩ **1** auf elektrischen Betrieb ein-, umstellen; *Eisenbahn* ~ **2** mit elektrischen Geräten ausstatten [<*elektrisch* + ...*fizieren*]
♦ **Elek|tri|fi|zie|rung** ⟨f.; -; unz.⟩ = Elektrifikation
♦ **Elek|trik** ⟨f.; -; unz.; Kurzwort für⟩ Elektrotechnik
♦ **Elek|tri|ker** ⟨m.; -s, -; Kurzwort für⟩ Elektrotechniker
♦ **Elek|tri|ke|rin** ⟨f.; -, -rin|nen; Kurzwort für⟩ Elektrotechnikerin
♦ **elek|trisch** ⟨Adj.⟩ **1** mit Elektrizität verbunden, zusammenhängend **1.1** ~*es Feld* Magnetfeld um einen elektrischen Leiter **1.2** ~*e Festigkeit* Beständigkeit eines Dielektrikums gegen Durchschlag od. Überschlag bei einer Spannungsbeanspruchung **1.3** ~*e Leitfähigkeit* die Fähigkeit, elektrischen Strom zu leiten **1.4** ~*e Ladung* Überschuss an positiver od. negativer Ladung eines Körpers, gemessen in Vielfachen der elektrischen Elementarladung od. in Volt **1.5** ~*er Strom* Bewegung von Elektronen **1.6** ~*er Widerstand* der W., den ein Leiter dem Durchgang eines elektr. Stromes entgegensetzt **2** mit Elektrizität betrieben; *etwas* ~ *betreiben, beleuchten* **2.1** ~*e Anlage* Anordnung u. Zusammenschaltung von Einrichtungen u. Geräten zum Gewinnen u. Benutzen von elektr. Energie **2.2** ~*es Klavier* = mechanisches Klavier **2.3** ~*e Maschinen* umlaufende od. ruhende M., die elektr. Energie in mechan. Energie umwandeln od. umgekehrt **2.4** ~*e Musikinstrumente* elektroakust. M. **2.5** ~*e Steuerung* Auslösung u. Lenkung von Antrieben u. Maschinen durch elektr. Hilfsgeräte **3** von Elektrizität bewirkt; ~*e Arbeit* die von elektr. Strom bei gegebener Spannung u. Zeiteinheit geleistete A. **4** Elektrizität benutzend **4.1** ~*e Bäder* B., bei denen die Elektroden in das Wasser getaucht werden u. die elektr. Ströme auf diesem Umweg auf den menschlichen Körper einwirken **4.2** ~*e Linse* ein statisches elektr. Feld, das auf Elektronenstrahlen in gleicher Weise wirkt wie eine optische L. auf Lichtstrahlen **4.3** ~*e Messtechnik* Verfahren, Schaltungen, Geräte u. Instrumente für die Anzeige u. Aufzeichnung elektr. Messgrößen wie Strom, Spannung, Widerstand, Leistung, Frequenz od. solcher, die sich in elektr. Größen umwandeln lassen **5** Elektrizität erzeugend; ~*e Fische* F., die in elektr. Organen bis zu 600 Volt Spannung erzeugen **6** Elektrizität leitend **6.1** ~*e Leitung* L. für den Transport elektr. Energie **6.2** ~*er Zaun* elektr. geladener Draht als Umzäunung [<lat. *electrum* »Bernstein« <grch. *elektron;* zu *elektor* »strahlende Sonne«]
♦ **elek|tri|sie|ren** ⟨V.⟩ **1** elektr. Ladungen erzeugen u. übertragen auf **2** mit elektr. Strom behandeln **3** ⟨fig.⟩ aufschrecken, aufrütteln, begeistern [<frz. *électriser* »elektrisieren«]
♦ **Elek|tri|zi|tät** ⟨f.; -; unz.⟩ alle Erscheinungen, die von elektrischen Ladungen u. den sie umgebenden Feldern ausgehen [<frz. *électricité*]
♦ **elek|tro..., Elek|tro...** ⟨in Zus.⟩ die Elektrizität betreffend, auf ihr beruhend, zu ihr gehörig [→ *elektrisch*]
♦ **Elek|tro|akus|tik** ⟨f.; -; unz.; Physik⟩ Wissenschaft u. Technik der Umwandlung in Schall, in elektr. Wellen u. umgekehrt
♦ **elek|tro|akus|tisch** ⟨Adj.; Physik⟩ auf Elektroakustik beruhend
♦ **Elek|tro|ana|ly|se** ⟨f.; -, -n⟩ quantitative Bestimmung von Metallen durch Elektrolyse
♦ **Elek|tro|au|to** ⟨n.; -s, -s⟩ mit Elektromotor ausgerüstetes Kraftfahrzeug
♦ **Elek|tro|che|mie** ⟨[-çe-] f.; -; unz.⟩ Teil der physikal. Chemie, untersucht die Zusammenhänge zwischen chem. u. elektr. Erscheinungen
♦ **elek|tro|che|misch** ⟨[-çe-] Adj.⟩ auf Elektrochemie beruhend, mit ihrer Hilfe
♦ **Elek|tro|chir|ur|gie** *auch:* **Elek|tro|chi|rur|gie** ⟨[-çir-] f.; -; unz.; Med.⟩ operative Eingriffe u. Gewebszerstörungen mit Hilfe des elektr. Stromes
♦ **elek|tro|chir|ur|gisch** *auch:* **elek|tro|chi|rur|gisch** ⟨[-çir-] Adj.; Med.⟩ auf Elektrochirurgie beruhend, mit ihrer Hilfe
♦ **Elek|tro|de** ⟨f.; -, -n⟩ Ein- od. Austrittsstelle des elektr. Stromes in Flüssigkeiten, Gasen od. im Vakuum [<*Elektro*... + ...*ode*]
♦ **Elek|tro|der|ma|to|gramm** ⟨n.; -(e)s, -e; Abk.: EDG⟩ Messung u. Aufzeichnung der elektr. Leitfähigkeit bzw. des Widerstands der Haut [<*Elektro*... + *dermato*... + ...*gramm*]
♦ **Elek|tro|di|a|gnos|tik** *auch:* **Elek|tro|di|ag|nos|tik** ⟨f.; -; unz.⟩ **1** ⟨i. w. S.⟩ alle elektrophysikal. Verfahren zur Krankheitserkennung, z. B. Elektrokardiogramm **2** ⟨i. e. S.⟩ Prüfung der elektr. Nerven- u. Muskelerregbarkeit
♦ **Elek|tro|dy|na|mik** ⟨f.; -; unz.⟩ Lehre von der mechan. Wirkung strömender Elektrizität; *Ggs* Elektrostatik
♦ **elek|tro|dy|na|misch** ⟨Adj.⟩ auf Elektrodynamik beruhend
♦ **Elek|tro|dy|na|mo|me|ter** ⟨n.; -s, -⟩ elektrisches Messgerät, bei dem mittels einer festen u. einer drehbaren stromdurchflossenen Spule ein Zeigerausschlag bewirkt wird
♦ **Elek|tro|en|ze|pha|lo|gra|fie** ⟨f.; -;

unz.; Abk.: EEG⟩ = Elektroenzephalographie
◆ **Elek|tro|en|ze|pha|lo|gra|phie** ⟨f.; -; unz.; Abk.: EEG⟩ Ableitung u. Aufzeichnung (Elektroenzephalogramm) der durch die Tätigkeit der Hirnrinde entstehenden feinen Ströme u. Auswertung der Unterschiede gegenüber den normalen Kurven zur Krankheitserkennung; *oV* Elektroenzephalografie
◆ **elek|tro|ero|die|ren** ⟨V.⟩ durch Elektroerosion bearbeiten
◆ **Elek|tro|ero|si|on** ⟨f.; -; unz.⟩ Verfahren zum Bearbeiten sehr harter Legierungen zwischen zwei Elektroden, was an einer Elektrode zur Abtragung des Werkstückes führt
◆ **Elek|tro|fahr|zeug** ⟨n.; -s, -e⟩ = Elektromobil
◆ **Elek|tro|fon** ⟨n.; -s, -e⟩ = Elektrophon
◆ **Elek|tro|gas|tro|gramm** *auch:* **Elek|tro|gast|ro|gramm** ⟨n.; -(e)s, -e; Abk.: EGG⟩ Ableitung u. Aufzeichnung der Aktionsströme des Magens [<*Elektro... + gastro... + ...gramm*]
◆ **Elek|tro|in|ge|ni|eur** ⟨[-ʒənjø:r] m.; -s, -e; Berufsbez.⟩ auf einer techn. Hochschule ausgebildeter Elektrotechniker
◆ **Elek|tro|in|ge|ni|eu|rin** ⟨[-ʒə-njø:-] f.; -, -rin|nen; Berufsbez.⟩ auf einer technischen Hochschule ausgebildete Elektrotechnikerin
◆ **elek|tro|ka|lo|risch** ⟨Adj.⟩ auf der Wärmewirkung des elektrischen Stromes beruhend
◆ **Elek|tro|kar|dio|graf** ⟨m.; -en, -en⟩ = Elektrokardiograph
◆ **Elek|tro|kar|dio|gra|fie** ⟨f.; -; unz.⟩ = Elektrokardiographie
◆ **Elek|tro|kar|dio|gramm** ⟨n.; -(e)s, -e; Abk.: EKG od. Ekg⟩ **1** Aufzeichnung der Herzmuskelströmebewegungen **2** die dadurch entstandene Verlaufskurve
◆ **Elek|tro|kar|dio|graph** ⟨m.; -en, -en⟩ Gerät zur Herstellung eines Elektrokardiogramms; *oV* Elektrokardiograf
◆ **Elek|tro|kar|dio|gra|phie** ⟨f.; -; unz.⟩ Verfahren zur Herstellung von Elektrokardiogrammen; *oV* Elektrokardiografie
◆ **Elek|tro|kar|ren** ⟨m.; -s, -⟩ kleines, durch Akkumulatoren betriebenes Fahrzeug
◆ **Elek|tro|kaus|tik** ⟨f.; -; unz.; Med.⟩ Zerstörung von Gewebe durch elektr. Strom
◆ **Elek|tro|kau|ter** ⟨m.; -s, -; Med.⟩ Gerät zur Elektrokaustik
◆ **Elek|tro|lu|mi|nes|zenz** ⟨f.; -, -en⟩ durch elektr. Entladungen od. starke elektr. Felder bewirkte Leuchterscheinung, z. B. das Elmsfeuer
◆ **Elek|tro|ly|se** ⟨f.; -, -n⟩ Zersetzung chemischer Verbindungen (Basen, Salze, Säuren) durch elektr. Strom [<*Elektro... + ...lyse*]
◆ **Elek|tro|ly|seur** ⟨[-zø:r] m.; -s, -e⟩ Vorrichtung, mit der man Elektrolysen ausführen kann
◆ **elek|tro|ly|sie|ren** ⟨V.⟩ mit Gleichstrom zersetzen; *eine chemische Verbindung ~*
◆ **Elek|tro|lyt** ⟨m.; -s od. -en, -e od. -en⟩ Stoff, der in wässriger Lösung den elektr. Strom leitet [<*Elektro...* + grch. *lytos* »lösbar« (<*lyein* »lösen«)]
◆ **elek|tro|ly|tisch** ⟨Adj.⟩ die Elektrolyse betreffend, auf ihr beruhend
◆ **Elek|tro|lyt|kon|den|sa|tor** ⟨m.; -s, -to|ren⟩ Kondensator hoher Kapazität bei kleinen Abmessungen, zwischen dessen beiden Belägen sich elektrolytisch aufgebrachte, dünne Oxidschichten als Dielektrikum befinden
◆ **Elek|tro|ma|gnet** *auch:* **Elek|tro|mag|net** ⟨m.; -en, -en⟩ Gerät zur Erzeugung eines Magnetfeldes durch elektrischen Strom
◆ **elek|tro|ma|gne|tisch** *auch:* **elek|tro|mag|ne|tisch** ⟨Adj.⟩ auf Elektromagnetismus beruhend; *~e Wechselwirkung* eine der vier fundamentalen Wechselwirkungen mit unbegrenzter Reichweite, die zwischen allen elektrisch geladenen Teilchen u. dem Photon existiert; *~e Wellen* Schwingungen des elektrischen u. magnetischen Feldes, die sich im Raum wellenförmig mit Lichtgeschwindigkeit (300 000 km/sec) ausbreiten
◆ **Elek|tro|ma|gne|tis|mus** *auch:* **Elek|tro|mag|ne|tis|mus** ⟨m.; -; unz.⟩ Gesamtheit der Effekte, die durch die Wechselwirkung zwischen elektrischen u. magnetischen Feldern verursacht werden
◆ **Elek|tro|me|cha|nik** ⟨f.; -; unz.⟩ Gebiet der Elektrotechnik u. der Feinmechanik, das die Umwandlung elektrischer Vorgänge in mechanische behandelt
◆ **Elek|tro|me|cha|ni|ker** ⟨m.; -s, -⟩ Facharbeiter, der auf dem Gebiet der Elektrotechnik u. Feinmechanik Maschinen montiert u. instand hält
◆ **Elek|tro|me|cha|ni|ke|rin** ⟨f.; -, -rin|nen⟩ Facharbeiterin, die auf dem Gebiet der Elektrotechnik u. Feinmechanik Maschinen montiert u. instand hält
◆ **elek|tro|me|cha|nisch** ⟨Adj.⟩ auf mechan. Vorgängen fußend, die durch elektr. Strom ausgelöst wurden
◆ **Elek|tro|me|di|zin** ⟨f.; -; unz.⟩ Bereich der medizin. Technik, in dem elektr. Strom für Heilzwecke verwendet wird
◆ **Elek|tro|me|tall|ur|gie** *auch:* **Elek|tro|me|tal|lur|gie** ⟨f.; -; unz.⟩ die Gewinnung von Metallen (Elektrometallen) durch Nass- od. Schmelzelektrolyse
◆ **Elek|tro|me|ter** ⟨n.; -s, -⟩ Gerät zum Messen elektr. Ladungen u. Spannungen
◆ **Elek|tro|mo|bil** ⟨n.; -s, -e⟩ durch Akkumulatoren betriebenes Fahrzeug; *Sy* Elektrofahrzeug
◆ **Elek|tro|mo|tor** ⟨m.; -s, -en⟩ umlaufende Maschine, die elektrische Energie in mechanische Energie umwandelt
◆ **Elek|tro|myo|gramm** ⟨n.; -s, -e; Abk.: EMG⟩ Aufzeichnung der Aktionsströme der Muskeln
◆ **Elek|tron** ⟨a. ['---] n.; -s, -tro|nen⟩ negativ geladenes, leichtes Elementarteilchen [<grch. *elektron* »Bernstein«]
◆ **Elek|tro|nen|ak|zep|tor** ⟨m.; -s, -to|ren⟩ Atom, das in seine Elektronenschale Elektronen eines anderen Atoms einbauen kann
◆ **Elek|tro|nen|do|na|tor** ⟨m.; -s, -to|ren⟩ Atom, das aus seiner Elektronenschale leicht Elektronen an ein anderes Atom abgeben kann

◆ **Elek|tro|nen|mi|kro|skop** *auch:* **Elek|tro|nen|mik|ro|skop** ⟨n.; -s, -e⟩ Mikroskop, das zur Abbildung sehr kleiner Objekte keine Licht-, sondern Elektronenstrahlen benutzt; *Sy* Übermikroskop

◆ **elek|tro|nen|mi|kro|sko|pisch** *auch:* **elek|tro|nen|mik|ro|sko|pisch** ⟨Adj.⟩ mit Hilfe des Elektronenmikroskops

E

◆ **Elek|tro|nen|op|tik** ⟨f.; -; unz.⟩ Gebiet der Elektronik, das sich mit den der Optik ähnlichen Eigenschaften der Elektronenstrahlen befasst

◆ **elek|tro|nen|op|tisch** ⟨Adj.⟩ mit Hilfe der Elektronenoptik

◆ **Elek|tro|nen|ra|di|us** ⟨m.; -, -di|en⟩ aus der Annahme kugelförmiger Elektronen sich ergebender halber Durchmesser eines Elektrons, wichtig bei der Untersuchung chemischer Bindungsverhältnisse

◆ **Elek|tro|nen|röh|re** ⟨f.; -, -n⟩ elektrisches Steuerungs- u. Verstärkungsgerät aus einem luftleer gepumpten Glas- od. Metallgefäß, in dem mindestens zwei Elektroden, die Kathode u. die Anode, angeordnet sind

◆ **Elek|tro|nen|spin** ⟨m.; -s; unz.⟩ (Messgröße für den) Eigendrehimpuls eines Elektrons

◆ **Elek|tro|nen|strahl** ⟨m.; -s, -en⟩ aus rasch bewegten Elektronen bestehender Teilchenstrahl

◆ **Elek|tro|nen|ver|viel|fa|cher** ⟨m.; -s, -⟩ = Multiplier

◆ **Elek|tro|nen|volt** ⟨[-vɔlt] n.; - od. -s, -; Zeichen: eV⟩ Einheit der Kernphysik für die Arbeit bzw. Energie; *oV* Elektronvolt

◆ **Elek|tro|nik** ⟨f.; -; unz.⟩ Gebiet der Elektrotechnik, das sich mit dem Verhalten des elektr. Stromes in Vakuum, Gasen u. Halbleitern, seiner Verwendung zur Steuerung von Licht- u. Schallwellen sowie techn. Prozessen u. Rechenoperationen beschäftigt

◆ **Elek|tro|ni|ker** ⟨m.; -s, -⟩ jmd., der im Bereich der Elektronik beruflich tätig ist

◆ **Elek|tro|ni|ke|rin** ⟨f.; -, -rin|nen⟩ weibl. Person, die im Bereich der Elektronik beruflich tätig ist

◆ **elek|tro|nisch** ⟨Adj.⟩ auf Elektronik beruhend; *~e Musik* mit elektron. Klangmitteln erzeugte, auf Lautsprecher übertragene Musik; *~e Datenverarbeitung* ⟨Abk.: EDV⟩ D. mittels elektronischer Geräte, die ohne mechanisch bewegte Teile, d. h. mit Elektronenröhren u. Transistoren gesteuert werden; *~es Publizieren* = Electronic Publishing

◆ **Elek|tron|volt** ⟨[-vɔlt] n.; - od. -s, -⟩ = Elektronenvolt

◆ **elek|tro|op|tisch** ⟨Adj.⟩ auf Elektronen beruhend, die ähnlich wie Lichtstrahlen durch elektromagnet. Linsen u. Felder gebeugt u. abgelenkt werden

◆ **elek|tro|phil** ⟨Adj.⟩ zur Aufnahme elektrischer Ladungen neigend, Elektronen suchend; *Ggs* elektrophob [<*elektro…* + *…phil*]

◆ **elek|tro|phob** ⟨Adj.⟩ nicht zur Aufnahme elektrischer Ladungen neigend; *Ggs* elektrophil [<*elektro…* + *…phob*]

◆ **Elek|tro|phon** ⟨n.; -s, -e; Musik⟩ Musikinstrument, das elektronische Schwingungen erzeugt u. über Lautsprecher od. Kopfhörer Töne bzw. Klänge hervorbringt, ohne mechan. klingende Elemente zu verwenden; *oV* Elektrofon [<*Elektro…* + *Phon*]

◆ **Elek|tro|phor** ⟨m.; -s, -e⟩ Gerät zum Trennen elektrischer Ladungen durch Influenz [<*Elektro…* + *…phor*[2]]

◆ **Elek|tro|pho|re|se** ⟨f.; -; unz.⟩ Bewegungen kolloider od. suspendierter Teilchen in einem elektr. Feld nach einer der beiden Elektroden

◆ **elek|tro|pho|re|tisch** ⟨Adj.⟩ auf der Elektrophorese beruhend, sie betreffend

◆ **elek|tro|po|lie|ren** ⟨V.; Technik⟩ *eine Metallplatte ~* eine M. durch das elektrochemische Verfahren der Galvanisation reinigen, zum Glänzen bringen; →*a.* Galvanisation [<*elektro…* + *polieren*]

◆ **Elek|tro|re|zep|tor** ⟨m.; -s, -to|ren⟩ Sinnesorgan einiger Fische, das auf elektr. Strom anspricht [<*Elektro…* + *Rezeptor*]

◆ **Elek|tro|schock** ⟨m.; -s, -s⟩ durch elektr. Strom künstlich erzeugter Schock als (umstrittenes) Heilverfahren bei psychotischen Erkrankungen

◆ **Elek|tro|skop** ⟨n.; -s, -e⟩ Instrument, mit dem elektr. Ladungen nachgewiesen werden [<*Elektro…* + *…skop*]

◆ **Elek|tro|smog** ⟨m.; - od. -s; unz.⟩ Vorhandensein übermäßiger elektromagnetischer Strahlung, die schädigend wirkt [<*Elektro…* + *Smog*]

◆ **Elek|tro|sta|tik** ⟨f.; -; unz.⟩ Lehre von den ruhenden elektr. Ladungen u. ihren Feldern; *Ggs* Elektrodynamik

◆ **elek|tro|sta|tisch** ⟨Adj.⟩ auf Elektrostatik beruhend, mit ihrer Hilfe

◆ **Elek|tro|strik|ti|on** ⟨f.; -, -en⟩ Längen- u. Volumenänderung von Kristallen beim Anlegen eines elektr. Feldes

◆ **Elek|tro|tech|nik** ⟨a. [-'---] f.; -; unz.⟩ Lehre von der Erzeugung u. Anwendung von Elektrizität u. der Herstellung von elektr. Maschinen u. Geräten; *Sy* Elektrik

◆ **Elek|tro|tech|ni|ker** ⟨m.; -s, -⟩ Handwerker od. Ingenieur in der Elektrotechnik

◆ **Elek|tro|tech|ni|ke|rin** ⟨f.; -, -rin|nen⟩ Handwerkerin od. Ingenieurin in der Elektrotechnik

◆ **elek|tro|tech|nisch** ⟨Adj.⟩ auf Elektrotechnik beruhend, mit ihrer Hilfe

◆ **Elek|tro|the|ra|pie** ⟨f.; -, -n; Med.⟩ direkte Anwendung von elektrischem Strom auf den menschl. Körper zu Heilzwecken [<*Elektro…* + *Therapie*]

◆ **Elek|tro|to|mie** ⟨f.; -, -n; Med.⟩ operative Entfernung von Gewebswucherungen mit einer nadelartigen Elektrode [<*Elektro…* + *…tomie*]

Ele|ment ⟨n.; -(e)s, -e⟩ **1** ⟨in der Antike⟩ Urstoff; *die vier ~e* Feuer, Wasser, Luft u. Erde; *das nasse ~* ⟨umg.⟩ das Wasser **2** Grundlage, Grundbestandteil; *die ~e der Mathematik, einer Wissenschaft* **3** Grundsatz, Grundbegriff **4** das einem Menschen Angemessene; *er ist in seinem ~* ⟨fig.; umg.⟩ er hat das ihm Gemäße gefunden, das, was er beherrscht od. worin er sich wohl fühlt **5** ⟨Chemie⟩ = chemisches Element **6** ⟨El.⟩ = galvanisches Element **7** ⟨Mengenlehre⟩ abstrakte Einheit, die als Eigenschaft von Objekten nur ihre Zugehörigkeit zu einer Menge gelten lässt **8** ⟨fig.; umg.; abwertend; meist Pl.⟩ Person, Mensch; *gefährliche, schlechte, üble ~e* [<lat. *elementum* »Grundstoff«]

Ele|ment 105 ⟨n.; -(e)s; unz.; Chem.⟩ das radioaktive chemische Element mit der Ordnungszahl 105; *Sy* Hahnium, Nielsbohrium; →*a.* Unnil…

ele|men|tar ⟨Adj.⟩ *oV* elementarisch **1** grundlegend, wesentlich **2** anfängerhaft, Anfangs… **3** naturhaft, urwüchsig **4** heftig

Ele|men|tar|ana|ly|se ⟨f.; -, -n⟩ Bestimmung der Bestandteile, bes. des Kohlen- u. Wasserstoffgehaltes organischer Verbindungen durch Wiegen der bei der Verbrennung einer Substanz entstehenden Mengen an Kohlendioxid u. Wasser

ele|men|ta|risch ⟨Adj.⟩ = elementar

Ele|men|tar|la|dung ⟨f.; -, -en; El.⟩ kleinste bisher beobachtete elektr. Ladung, elektr. Ladungen können nur als ganzzahlige Vielfache der E. von einem Stoff auf einen anderen übertragen werden

Ele|men|tar|ma|gnet *auch:* **Ele|men|tar|mag|net** ⟨m.; -en, -en⟩ kleinstes Teilchen mit einem magnetischen Moment

Ele|men|tar|quan|tum ⟨n.; -s, -quan|ten⟩ **1** kleinste Einheit einer Wirkung **2** ⟨Atomphysik⟩ kleinster Betrag, der eine Wirkung auslösen kann, Planck'sches Wirkungsquantum

Ele|men|tar|teil|chen ⟨n.; -s, -; Physik⟩ **1** ⟨urspr.⟩ Bauteil des Atoms (Elektron, Proton, Neutron) **2** ⟨heute⟩ alle Teilchen, die nach dem heutigen Stand der Forschung als unteilbar (nicht mehr aus einfacheren Teilchen zusammengesetzt) angesehen werden

Ele|mi ⟨n.; -; unz.⟩ weißes, gelbes od. grünes, an äther. Ölen reiches Harz verschiedener trop. Bäume, das Firnissen, Druckfarben u. Lacken zugesetzt wird, um sie geschmeidiger zu machen [span. <arab.]

Elen ⟨m. od. (österr. nur) n.; -s, -⟩ Elch [<lat. *elnis* <idg. **eln-;* verwandt mit *Elch*]

Ele|phan|ti|a|sis ⟨f.; -, -ti|a|sen; Med.⟩ krankhafte Verdickung der Haut u. des Unterhautbindegewebes als Folge wiederholter Entzündungen u. Stauungen in den Lymphwegen, kann zu außerordentlicher Unförmigkeit von Gliedmaßen u. der Geschlechtsteile führen; *oV* Elefantiasis; *Sy* Pachydermie [<lat. *elephantus* »Elefant« <grch. *elephas*]

Eleu|si|ni|en ⟨Pl.⟩ Mysterienspiele der antiken grch. Stadt Eleusis

eleu|si|nisch ⟨Adj.⟩ die Stadt Eleusis betreffend, zu Eleusis gehörend; *die Eleusinischen Mysterien*

Ele|va|ti|on ⟨[-va-] f.; -, -en⟩ **1** Erhöhung, das Auf-, Emporheben **2** ⟨kath. Kirche⟩ das Emporheben der Hostie u. des Kelches in der Messe nach der Wandlung **3** Erhebung eines Gestirns über den Horizont [<lat. *elevare* »emporheben«]

Ele|va|ti|ons|win|kel ⟨[-va-] m.; -s, -; Math.; Ballistik⟩ Erhöhungswinkel

Ele|va|tor ⟨[-va:-] m.; -s, -to|ren⟩ Eimer-, Förderwerk zum Heben u. Befördern von körnigem Material (Getreide usw.) [<lat. *elevare* »emporheben«]

Ele|ve ⟨[-və] m.; -n, -n⟩ Schüler, Lehrling (bes. in der Land- u. Forstwirtschaft u. auf Schauspielschulen) [<frz. *élève* »Schüler«]

Ele|vin ⟨[-vin] f.; -, -vin|nen⟩ Schülerin, weibl. Lehrling

El Fa|tah ⟨[-tax] f.; - -; unz.⟩ palästinensische Befreiungsbewegung; *oV* Al Fatah [zu arab. *fath* »Sieg«]

eli|die|ren ⟨V.; Gramm.⟩ *einen Vokal ~* auslassen, abstoßen [<lat. *elidere* »heraustreiben«]

Eli|mi|na|ti|on ⟨f.; -, -en⟩ das Eliminieren [<frz. *élimination* »Beseitigung, Ausschaltung, Entfernung«]

eli|mi|nie|ren ⟨V.⟩ **1** ⟨allg.⟩ entfernen, ausscheiden **2** ⟨Math.⟩ *eine unbekannte Größe aus der Gleichung ~* durch eine Rechenoperation beseitigen [<frz. *éliminer* »entfernen, beseitigen«]

eli|sa|be|tha|nisch ⟨Adj.⟩ zum Zeitalter Elisabeths I. von England (1558-1603) gehörig, daraus stammend; *das Elisabethanische England* E. unter der Regierung Elisabeths I.

Eli|si|on ⟨f.; -, -en; Gramm.⟩ Ausstoßen, Weglassen eines Vokals, z. B. in Fried und Freud; *Sy* Ekthlipsis [<lat. *elisio* »das Heraustreiben«]

eli|tär ⟨Adj.⟩ zu einer Elite gehörend od. sich ihr zurechnend, wie in einer Elite üblich

Eli|te ⟨f.; -, -n⟩ Auslese, das Beste, die Besten [<frz. *élite* »erstklassige Auswahl«]

Eli|te|uni|ver|si|tät ⟨[-vɛr-] f.; -, -en⟩ Universität zur Ausbildung u. Förderung der Elite (mit bes. guter finanzieller Ausstattung)

Eli|ti|sie|rung ⟨f.; -, -en⟩ **1** Elitebildung, Zuweisung zu einer Elite **2** Entwicklung zum Vorrecht einer Elite

Eli|xier ⟨n.; -s, -e⟩ **1** Zaubertrank der Alchimisten; *Lebens~* **2** alkohol. Auszug aus pflanzl. Substanzen, dem Zucker, äther. Öle u. a. zugesetzt sind [<Alchimistenlat. *elixirium* »Heiltrank« <arab. *al-iksir* »Stein der Weisen« <grch. *xerion* »trockenes Heilmittel«]

El Ka|i|da ⟨ohne Artikel⟩ islamist. Terrororganisation mit einem weltweiten Netz von Mitgliedern; *oV* Al Qaida [arab., »die Basis«]

…ell ⟨Nachsilbe; zur Bildung von Adj.⟩ **1** in der Art von etwas, auf etwas ausgerichtet; *rationell* **2** in Bezug auf etwas; *instrumentell; visuell* [<frz., <lat.]

El|lip|se ⟨f.; -, -n⟩ **1** ⟨Geom.⟩ ein Kegelschnitt, zentrisch-symmetr., geschlossene Kurve, bei der für jeden Punkt die Summe der Entfernungen von zwei Festpunkten (den Brennpunkten) konstant ist **2** ⟨Sprachw.⟩ Satz, in dem nur die Hauptbegriffe ausgedrückt sind, Auslassungssatz, z. B. Ende gut, alles gut [<grch. *elleipein* »unterlassen, auslassen, ermangeln«]

el|lip|so|id ⟨Adj.⟩ ellipsenähnlich, ellipsenförmig

El|lip|so|id ⟨n.; -s, -e; Geom.⟩ zentrisch-symmetr. krumme Fläche mit einem Mittelpunkt, durch den drei aufeinander senkrechte Achsen gehen [< *Ellipse* + …*id*]

el|lip|tisch ⟨Adj.⟩ wie eine Ellipse

Elms|feu|er ⟨n.; -s, -⟩ auf Elektrolumineszenz beruhende, leuchtende elektrische Gasentladung der Atmosphäre an spitzen Gegenständen wie Masten oder Turmspitzen [vielleicht nach dem hl. *Elmo* (ital. für *Erasmus*)]

E

El|na ⟨f.; -, -nae [-nɛ:]; Anat.⟩ Elle, den Ellenbogen bildender Vorderarmknochen [lat.]

Elo|ge ⟨[elo:ʒə] f.; -, -n⟩ **1** Lob, Lobrede **2** Schmeichelei; *jmdm. ~n machen* [<frz. *éloge* »Lob, Lobrede«]

Elon|ga|ti|on ⟨f.; -, -en⟩ **1** größter Abstand eines schwingenden Pendels von seiner Ruhelage **2** Entfernung, Winkelabstand zwischen einem Planeten u. der Sonne für unser Auge [< *ex…*[2] + lat. *longus* »lang«]

elo|quent ⟨Adj.⟩ beredt, beredsam [<lat. *eloquens* »beredt, wohlredend«]

Elo|quenz ⟨f.; -; unz.⟩ Beredsamkeit [<lat. *eloquentia* »Beredsamkeit«]

Elo|xal ⟨n.; -s; unz.; Chemie⟩ Überzug durch anodische Oxidation auf Aluminium u. Aluminiumlegierungen zur Erhöhung der Korrosionsbeständigkeit [verkürzt < *el*ektrisch *oxi*diertes *Al*uminium]

elo|xie|ren ⟨V.; Chemie⟩ mit Eloxal überziehen

elu|ie|ren ⟨V.; Chemie⟩ absorbierte Stoffe herauslösen [<lat. *eluere* »auswaschen, reinigen«]

Elu|ti|on ⟨f.; -, -en⟩ das Austreiben adsorbierter Stoffe aus einem Adsorptionsmittel [<lat. *elutio* »das Ab-, Ausspülen«]

elu|vi|al ⟨[-vi-] Adj.; Geol.⟩ **1** Erzlagerstätten, bei denen das Material vom Ausgangsort nicht wesentl. transportiert wurde, betreffend **2** ⟨Bodenkunde⟩ durch Auslaugung u. Durchschlämmung verarmte Böden betreffend

Elu|vi|um ⟨[-vi-] n.; -s; unz.; Geol.⟩ grobkörniger, am Bildungsort verbliebener Rückstand der Abtragungsvorgänge [<lat. *eluere* »Auswaschen«]

ely|sä|isch ⟨Adj.⟩ *oV* ⟨österr.⟩ elysisch **1** zum Elysium gehörig **2** ⟨fig.⟩ wonnevoll; *Sy* paradiesisch [→ *Elysium*]

Ely|see ⟨n.; -s; unz.⟩ Amtssitz des frz. Präsidenten in Paris

ely|sie|ren ⟨V.⟩ *kleine Werkstoffteilchen* ~ elektrolytisch abtragen, wobei das Werkstück als Anode, das Werkzeug als Kathode geschaltet wird [< *Elektrolyse*]

ely|sisch ⟨Adj.; bes. österr.⟩ = elysäisch

Ely|si|um ⟨n.; -s; unz.⟩ Paradies [lat. »Wohnsitz der Seligen« <grch. *elysion pedion*]

Ely|tron *auch:* **Elyt|ron** ⟨n.; -s, Elytren; Zool.⟩ vorderes Flügelpaar, Deckflügel (bei Insekten) [grch., »Hülle, Behälter«]

El|ze|vir ⟨[ɛlzəvi:r] f.; -; unz.; Typ.⟩ eine Antiquaschriftart [nach der holländ. Buchdruckerfamilie *Elzevier,* die 1583-1712 bes. in Leiden, Amsterdam u. Brüssel bedeutende Druckereien besaß]

Em ⟨Zeichen für⟩ Emanation

em. ⟨Abk. für⟩ emeritus

em…, Em… ⟨Vorsilbe⟩ = en…, En…

e. m. ⟨Abk. für lat.⟩ ejusdem mensis

Email ⟨[ema:j] od. [emaɪl] n.; -s, -s⟩ = Emaille

> **E-Mail** (*Schreibung mit Bindestrich*) Zusammensetzungen, die einen Einzelbuchstaben, eine Abkürzung oder eine Ziffer enthalten, werden durch Bindestrich getrennt. Dies kann auch der Unterscheidung von orthografisch identischen Wörtern unterschiedlicher Bedeutung dienen (→*a.* Email).

E-Mail ⟨[i:meɪl] f. od. n.; -, -s; kurz für⟩ Electronic Mail, digitalisierte schriftliche Nachricht an einen anderen Teilnehmer via Computernetzwerk od. Internet, aber auch als Telefax [engl., »elektronische Post«]

E-Mail-Ad|res|se ⟨[i:meɪl-] f.; -, -n⟩ Adresse für E-Mails mit Angabe des Empfänger- bzw. Sendernamens sowie des Servers, der den E-Mail-Verkehr abwickelt

e-mai|len *auch:* **email|len** ⟨[i:meɪlən] V.; EDV⟩ eine E-Mail verschicken, per E-Mail kommunizieren

Email|le ⟨[emaljə] od. [ema:j] f.; -, -n [-jən]⟩ meist farbige, Metallgegenständen als Schutz od. Schmuck aufgeschmolzene Glasmasse, z. B. bei Kochtöpfen; *oV* Email; *Sy* Schmalt [<frz. *émail* <fränk. **smalt*]

email|lie|ren ⟨[emaji:-] od. [emalji:-] V.⟩ mit Email überziehen

Eman ⟨n.; -s, -; Physik⟩ Maßeinheit für Radioaktivität, bes. des Quellwassers [verkürzt < *Emanation*]

Ema|na|ti|on ⟨f.; -, -en⟩ **1** Ausströmen, Ausstrahlung **2** ⟨Philos.⟩ das Entstehen aller Dinge aus dem höchsten Einen (Gott) [<lat. *emanatio* »das Ausströmen«]

ema|nie|ren ⟨V.⟩ ausfließen, ausstrahlen [<lat. *emanare* »ausströmen«]

Eman|ze ⟨f.; -, -n; umg.; abwertend für⟩ emanzipierte Frau, Anhängerin der Frauenbewegung

Eman|zi|pa|ti|on ⟨f.; -, -en⟩ **1** Befreiung von Abhängigkeit u. Bevormundung **2** Gleichstellung [<lat. *emancipatio* »Entlassung eines Sohnes aus der väterlichen Gewalt«]

eman|zi|pa|tiv ⟨Adj.⟩ in der Art der Emanzipation, auf Emanzipation gerichtet; *Sy* emanzipatorisch

eman|zi|pa|to|risch ⟨Adj.⟩ = emanzipativ

eman|zi|pie|ren ⟨V.⟩ aus Abhängigkeit u. Bevormundung befreien, selbstständig machen, gleichstellen [<lat. *emancipare* »einen Sohn aus der väterlichen Gewalt entlassen«]

eman|zi|piert ⟨Adj.⟩ befreit, frei (von Beschränkungen, Vorurteilen), selbstständig; *eine ~e Frau*

E-Mar|ke|ting ⟨[i:-] n.; - od. -s; unz.; EDV; kurz für⟩ Electronic Marketing

EMAS ⟨Abk. für engl.⟩ Environmental Management and Audit Scheme (europäisches System für Umweltmanagement u. Umweltbetriebsprüfung); →*a.* Ökoaudit

Em|bal|la|ge ⟨[ãbala:ʒə] f.; -, -n⟩ Verpackung (einer Ware) [frz., »Verpackung, Verpackungsmaterial«]

em|bal|lie|ren ⟨[ãbal-] V.⟩ verpacken [<frz. *emballer* »verpacken, einpacken«]

Em|bar|go ⟨n.; -s, -s⟩ **1** Beschlagnahme eines (eigenen od. fremden) Schiffes u. seiner Ladung **2** Ausfahr-, Ausfuhrverbot [span., »Beschlagnahme, Sperre«]

Em|ba|te|ri|on ⟨n.; -s, -ri|en⟩ Marschgesang der spartanischen Soldaten [<grch. *embaterios* »zum Marsch gehörig«]

Em|blem *auch:* **Emb|lem** ⟨[ɛmble:m] od. [ãble:m] n.; -s, -e⟩ Kennzeichen, Sinnbild [<grch. *emblema* »eingelegte Arbeit, Zierrat«]

Em|ble|ma|tik *auch:* **Emb|le|ma|tik** ⟨f.; -; unz.⟩ Wissenschaft von den Emblemen

em|ble|ma|tisch *auch:* **emb|le|ma|tisch** ⟨Adj.⟩ sinnbildlich

Em|bo|lie ⟨f.; -, -n; Med.⟩ plötzl. Verschluss einer größeren od. kleineren Schlagader durch einen Embolus [<grch. *emballein* »hineinschleudern«]

Em|bo|lis|mus ⟨m.; -; unz.⟩ **1** ⟨Astron.⟩ die Einfügung eines Schaltmonats in den julian. Kalender **2** ⟨Liturgie⟩ Gebet im Anschluss an die letzte Bitte des Vaterunsers bei der kath. Messe, einmündend in die Doxologie der Gemeinde

Em|bo|lus ⟨m.; -, -bo|li; Med.⟩ im Blutstrom wanderndes Blutgerinnsel, Fetttröpfchen, Luftbläschen od. Fremdkörperchen [<grch. *embolos* »Keil«]

◆ Die Buchstabenfolge **em|bry...** kann auch **emb|ry...** getrennt werden.

◆ **Em|bryo** ⟨m. od. österr. n.; -s, -s od. -o|nen; Biol.; Med.⟩ **1** sich aus der befruchteten Eizelle entwickelndes Lebewesen **2** Lebewesen vor der Geburt, vor dem Schlüpfen [<grch. *embryon;* zu *bryein* »quellen, keimen«]

◆ **Em|bryo|ge|ne|se** ⟨f.; -; unz.; Biol.; Med.⟩ Keimesentwicklung [<*Embryo...* + *Genese*]

◆ **Em|bryo|lo|gie** ⟨f.; -; unz.; Med.⟩ Lehre von der Entwicklung des Embryos, des Lebewesens vor der Geburt

◆ **em|bryo|nal** ⟨Adj.; Med.⟩ *oV* embryonisch **1** zum Embryo gehörend, im Zustand des Embryos **2** unentwickelt, unreif

◆ **Em|bryo|nen|trans|fer** ⟨m.; -s, -s; Med.⟩ Übertragung eines Embryos, bei der reife Eizellen in vitro mit Samenzellen befruchtet u. nach zwei Tagen in die hormonell behandelte Gebärmutter eingesetzt werden; *oV* Embryotransfer [<*Embryo* + *Transfer*]

◆ **em|bryo|nisch** ⟨Adj.; Med.⟩ = embryonal

◆ **Em|bryo|pa|thie** ⟨f.; -, -n; Med.⟩ Krankheit od. Schädigung des Embryos während der ersten drei Schwangerschaftsmonate, die zu Missbildungen führt [<*Embryo* + *...pathie*]

◆ **em|bryo|pa|thisch** ⟨Adj.; Med.⟩ zur Embryopathie gehörend, sie betreffend

◆ **Em|bryo|trans|fer** ⟨m.; -s, -s; Med.⟩ = Embryonentransfer

Emen|da|ti|on ⟨f.; -, -en; geh.⟩ Verbesserung, Berichtigung (bes. von Textfehlern bei der Textkritik) [<lat. *emendatio* »Verbesserung«]

emen|die|ren ⟨V.; geh.⟩ verbessern, berichtigen [<lat. *emendare* »verbessern, von Fehlern freimachen, säubern«]

Emer|genz ⟨f.; -, -en⟩ **1** ⟨Bot.⟩ pflanzl. Anhangsorgan, an dem außer der Oberhaut auch tiefer liegende Gewebe beteiligt sind, wie z. B. Stacheln **2** ⟨Ökol.⟩ die Menge ausgewachsener, flugfähiger Wasserinsekten, die auf einer begrenzten Wasserstrecke im Jahr entsteht [<lat. *emergere* »auftauchen, zum Vorschein kommen«]

Emer|genz|phi|lo|so|phie ⟨f.; -; unz.⟩ Lehre (der neueren englischen Metaphysik), nach der die Dinge aus dem Grund der Welt »auftauchen« u. sich in einer »emergenten Evolution« immer höher entwickeln, wobei jede höhere Seinsstufe durch neu hinzutretende Qualitäten charakterisiert ist

Eme|rit ⟨m.; -en, -en⟩ jmd., der emeritiert ist; *oV* Emeritus

eme|ri|tie|ren ⟨V.⟩ in den Ruhestand versetzen; *Geistliche, Hochschullehrer* ~ [<lat. *emeritus* »ausgedienter Soldat«]

eme|ri|tiert ⟨Adj.; Abk.: em.⟩ in den Ruhestand versetzt

Eme|ri|tie|rung ⟨f.; -, -en⟩ das Emeritieren, das Emeritiertwerden

eme|ri|tus ⟨Adj.; Abk.: em.; einem Titel nachgestellt⟩ im Ruhestand [lat., »ausgedienter Soldat«]

Eme|ri|tus ⟨m.; -, -ti⟩ = Emerit

emers ⟨Adj.⟩ über der Wasseroberfläche lebend; *Ggs* submers [<lat. *emersus,* Perf. von *emergere* »auftauchen«]

Emer|si|on ⟨f.; -, -en⟩ **1** ⟨Geophysik⟩ Auftauchen einer Landmasse über den Meeresspiegel infolge tekton. Hebung od. eustatischer Meeresspiegelsenkung; *Ggs* Submersion **2** ⟨Astron.⟩ Hervortreten eines Mondes aus seinem Planetenschatten [→ *emers*]

Eme|sis ⟨f.; -; unz.; Med.⟩ Erbrechen [zu grch. *emein* »sich erbrechen«]

Eme|ti|kum ⟨n.; -s, -ti|ka; Med.⟩ Brechmittel [<grch. *emein* »ausbrechen, sich erbrechen«]

eme|tisch ⟨Adj.; Med.⟩ Brechreiz, Erbrechen bewirkend

EMG ⟨Abk. für⟩ Elektromyogramm

◆ Die Buchstabenfolge **emi|gr...** kann auch **emig|r...** getrennt werden.

◆ **Emi|grant** ⟨m.; -en, -en⟩ **1** Auswanderer; *Ggs* Immigrant **2** ein Flüchtling (aus polit. od. relig. Gründen) [<lat. *emigrans,* Part. Präs. zu *emigrare* »auswandern«]

◆ **Emi|gran|ten|li|te|ra|tur** ⟨f.; -, -en⟩ Gesamtheit der Werke, die emigrierte Schriftsteller außerhalb ihres ursprünglichen (heimatlichen) Sprachraums verfassen; →*a.* Exilliteratur

◆ **Emi|gran|tin** ⟨f.; -, -tin|nen⟩ **1** Auswandererin; *Ggs* Immigrantin **2** Flüchtling (aus polit. od. relig. Gründen)

◆ **Emi|gra|ti|on** ⟨f.; -, -en⟩ **1** Auswanderung **2** Flucht (besonders aus polit. u. relig. Gründen); *Ggs* Immigration [<lat. *emigratio* »Auswanderung«]

◆ **emi|grie|ren** ⟨V.⟩ auswandern; *Ggs* immigrieren [<lat. *emigrare* »auswandern«]

Emin ⟨m.; -s, -e⟩ arab. u. türk. Aufseher, Präfekt [<arab. *amin* »zuverlässig, treu«]

emi|nent ⟨Adj.⟩ hervorragend, außerordentlich [<lat. *eminens,* Part. Präs. zu *eminere* »hervorragend«]

Emi|nenz ⟨f.; -, -en⟩ Titel der Kardinäle, auch als Anrede; *die graue/Graue ~* jmd., der im Hintergrund Entscheidungen trifft (Beiname für Père Joseph, den Berater Richelieus, sowie für Baron Friedrich von Holstein) [<lat. *eminentia* »das Hervorragende«]

Emir ⟨a. [-'-] m.; -s, -e⟩ Titel arab. Stammeshäuptlinge u. Fürsten [<arab. *emir, amir* »Befehlshaber«; verwandt mit *Admiral*]

Emi|rat ⟨n.; -(e)s, -e⟩ arab. Fürstentum, Herrschaftsgebiet eines Emirs

emisch ⟨Adj.; Sprachw.⟩ bedeutungsdifferenzierend, disktinktiv (von sprachlichen Zeichen); *Ggs* etisch; *Morpheme u. Präfixe sind ~e Einheiten* [verkürzt <*(phon)emisch*]

Emis|sär ⟨m.; -s, -e⟩ **1** Kundschafter, Abgesandter **2** Agent [<frz. *émissaire* »(Geheim-)Bote, Kundschafter«]

Emis|si|on ⟨f.; -, -en⟩ **1** Ausgabe neuer Anleihen oder Wertpapiere **2** ⟨schweiz.⟩ Rundfunksendung **3** ⟨Physik⟩ Ausstrahlung, das Aussenden von Schadstoffen in die Umwelt; →*a.* Immission [<lat. *emissio* »das Entsenden, das Herauslassen«]

Emis|si|ons|schutz ⟨m.; -es; unz.⟩ Schutzmaßnahmen gegen das Aussenden von Schadstoffen in die Umwelt

Emis|si|ons|spek|trum *auch:* **Emis|si|ons|spekt|rum** ⟨n.; -s, -spektren⟩ von einem Atom od. Molekül ausgesandtes Spektrum nach vorhergehender Energiezufuhr

Emit|tent ⟨m.; -en, -en⟩ jmd., der Wertpapiere ausgibt [<lat. *emittens,* Part. Präs. zu *emittere* »aussenden«]

Emit|ter ⟨m.; -s, -; El.⟩ Teil eines Transistors, über den der in der Halbleiterschicht des Transistors verstärkte Strom abfließt

emit|tie|ren ⟨V.⟩ **1** *Wertpapiere ~* ausgeben, in Umlauf setzen **2** *Strahlen ~* ⟨Physik⟩ aussenden [<lat. *emittere* »aussenden, entlassen«]

Emo|ti|con ⟨n.; -s, -s; EDV⟩ aus Satzzeichen bestehendes Symbol, das ein Gesicht darstellen u. damit Gefühle ausdrücken soll, z. B. Smileys wie :-) für »fröhlich«, :-(für »traurig«, :-| für »gleichgültig« [verkürzt <*Emotion + Icon*]

Emo|ti|on ⟨f.; -, -en⟩ Gefühls-, Gemütsbewegung, Erregung [<frz. *émotion* »Erregung, Rührung«]

emo|ti|o|nal ⟨Adj.⟩ gefühlsmäßig; *oV* emotionell; *Sy* affektiv

emo|ti|o|na|li|sie|ren ⟨V.; geh.⟩ emotional machen, Emotionen hervorrufen, entfachen

Emo|ti|o|na|li|tät ⟨f.; -; unz.⟩ emotionales Empfinden, Verhalten; *mit großer ~ sprechen*

emo|ti|o|nell ⟨Adj.⟩ = emotional

emo|ti|ons|los ⟨Adj.⟩ ohne Emotionen (zu zeigen), gefühllos; *die Verkündung eines Gerichtsurteils ~ aufnehmen*

emo|tiv ⟨Adj.; geh.⟩ gefühlsmäßig erregt, auf Emotivität beruhend, sie betreffend [<engl. *emotive* »gefühlvoll«]

Emo|ti|vi|tät ⟨[-vi-] f.; -; unz.; geh.⟩ Neigung zur gefühlsmäßigen Erregung, starke Gemütsbewegung [<frz. *émotivité* »(leichte) Erregbarkeit«]

Em|pa|thie ⟨f.; -, -n; Psych.⟩ Neigung u. Befähigung, sich in andere Menschen einzufühlen sowie die damit verbundene Fähigkeit, neue soziale Rollen zu übernehmen u. fremde (Wert-)Vorstellungen in die eigenen zu integrieren [<engl. *empathy* »Einfühlung(svermögen)«]

em|pa|thisch ⟨Adj.; Psych.⟩ gewillt u. befähigt sein, sich in (Wert-)Vorstellungen anderer einzufühlen [<engl. *empathize* »sich einfühlen, sich hineinversetzen«]

Em|pha|se ⟨f.; -; unz.⟩ Nachdruck, Redeschwung, Leidenschaftlichkeit (im Ausdruck) [<grch. *emphasis* »Kraft des Ausdrucks«]

em|pha|tisch ⟨Adj.⟩ nachdrücklich, ausdrücklich, schwungvoll, leidenschaftlich [<grch. *emphatikos* »nachdrücklich«]

Em|phy|sem ⟨n.; -s, -e; Med.⟩ abnorme Ansammlung von Luft u. a. Gasen in Geweben od. Organen (Haut, Lunge) [<*En...* + grch. *physan* »blasen«]

em|phy|se|ma|tisch ⟨Adj.; Med.⟩ aufgebläht (durch eingedrungene Luft) [→ *Emphysem*]

Em|pire[1] ⟨[ãpiːr] n.; -s; unz.⟩ **1** ehemaliges frz. Kaiserreich unter Napoleon I. **2** der Kunststil dieser Zeit, Empirestil [frz.]

Em|pi|re[2] ⟨[ɛmpaɪə(r)] n.; - od. -s; unz.⟩ das britische Weltreich [engl., »Weltmacht«; → *Imperium*]

Em|pi|rem ⟨n.; -s, -e⟩ Erfahrungstatsache [→ *Empirie*]

Em|pi|rie ⟨f.; -; unz.⟩ **1** Sinneserfahrung, Erfahrung **2** auf Erfahrung beruhende Erkenntnis [<grch. *empeiria* »Erfahrung«]

Em|pi|rik ⟨f.; -; unz.⟩ das Empirische, Art u. Wesen des Erfahrbaren

Em|pi|ri|ker ⟨m.; -s, -⟩ Anhänger, Vertreter des Empirismus

Em|pi|ri|ke|rin ⟨f.; -, -rin|nen⟩ Anhängerin, Vertreterin des Empirismus

Em|pi|rio|kri|ti|zis|mus ⟨m.; -; unz.; Philos.⟩ von Richard Avenarius begründete Lehre, nach der die Dinge nur als Erscheinungen des Bewusstseins erfassbar sind, d. h. die den Erfahrungsbegriffen nur eine beschreibende Bestimmung zugesteht [<*empirisch + Kritizismus*]

Em|pi|rio|kri|ti|zist ⟨m.; -en, -en; Philos.⟩ Anhänger od. Vertreter des Empiriokritizismus

em|pi|risch ⟨Adj.⟩ auf der Erfahrung beruhend, aus eigener Erfahrung gewonnen [→ *Empirie*]

E

Em|pi|ris|mus ⟨m.; -; unz.⟩ Lehre, dass Erkenntnis nur auf Erfahrung beruhen kann; *Ggs* Rationalismus (2) [→ *Empirie*]

Em|pi|rist ⟨m.; -en, -en⟩ Anhänger, Vertreter des Empirismus

em|pi|ris|tisch ⟨Adj.⟩ mit Hilfe des Empirismus, ihm entsprechend, auf ihm beruhend

Em|po|ri|um ⟨n.; -s, -ri|en⟩ Haupthandels-, Stapelplatz [lat., »Handelsplatz« <grch. *emporion* »Handelsplatz«]

Em|pow|er|ment *auch:* **Em|po|wer|ment** ⟨[-pauə(r)-] n.; - od. -s; unz.⟩ Stärkung der Gestaltungs- u. Entscheidungsmacht für benachteiligte Gruppen innerhalb der Gesellschaft [engl., »Selbstbefähigung, Ermächtigung«]

Em|py|re|um ⟨n.; -s; unz.⟩ **1** ⟨in der Antike⟩ der höchste, der Feuerhimmel **2** ⟨im Christentum⟩ Ort des Lichts, der Seligkeit, Himmel (z. B. bei Dante) [zu grch. *empyros* »im Feuer stehend, brennend«; zu *pyr* »Feuer«]

Emu ⟨m.; -s, -s; Zool.⟩ straußenähnlicher, flugunfähiger Vogel Australiens, der zusammen mit einer verwandten Art u. den Kasuaren zu der Ordnung Casuarii gehört: Dromaeus novaehollandiae [engl.; verkürzt <portug. *ema di gei* »Erdkranich«]

Emu|la|ti|on ⟨f.; -; unz.⟩ **1** ⟨veraltet⟩ **1.1** Wetteifer **1.2** Neid, Eifersucht **2** ⟨EDV⟩ Nachahmung von Soft- u. Hardwareeigenschaften, um in einem Computersystem Programme zu benutzen, die für ein fremdes Computersystem geschrieben sind [<lat. *aemulatio* »das Streben, es einem anderen gleichzutun; Wetteifer; Eifersucht, Rivalität«]

Emu|la|tor ⟨m.; -s, -to|ren; EDV⟩ zusätzliche Hardware zur Zentraleinheit einer EDV-Anlage, die die Durchführung von Programmen eines bestimmten Anlagetyps auf einer anderen Anlage ermöglicht

Emul|ga|tor ⟨m.; -s, -to|ren; Chemie⟩ bei der Herstellung von Emulsionen verwendeter Hilfsstoff, der die Oberflächenspannung herabsetzt; *Ggs* Demulgator

emul|gie|ren ⟨V.; Chemie⟩ **1** aufschwemmen; *einen Stoff ~* in einem anderen fein verteilen **2** zu einer Emulsion verbinden [<lat. *emulgere* »ab-, ausmelken«]

emu|lie|ren ⟨V.; EDV⟩ in der Art einer Emulation (2) an ein anderes Computersystem anpassen bzw. dessen Funktionen nachahmen; *eine Software entwickeln, mit deren Hilfe sich eine alte Hardware ~ lässt*

Emul|sin ⟨n.; -s; unz.⟩ Enzymverbindung, die vor allem in bitteren Mandeln vorkommt [→ *emulgieren*]

Emul|si|on ⟨f.; -, -en⟩ **1** feinste Verteilung einer Flüssigkeit in einer anderen, nicht mit ihr mischbaren **2** die lichtempfindliche fotografische Schicht [→ *emulgieren*]

en..., En... ⟨vor b, m, p, ph⟩ em..., Em... ⟨Vorsilbe⟩ in, an, auf [grch.]

Ena|ki|ter ⟨Pl.⟩ *oV* Anakiter; *Sy* Enakssöhne **1** ⟨Rel.⟩ als riesenhaft geltende Sippen in Hebron u. Umgebung, die von Josua u. Kaleb vernichtend besiegt wurden **2** ⟨umg.⟩ riesenhafte Menschen [nach der Sippe des *Anak,* z. B. in 4. Moses 13,22.28.33, 5. Moses 1,28 u. Josua 11,21f.]

Enaks|söh|ne ⟨Pl.⟩ = Enakiter

En|al|la|ge ⟨[-ge:] f.; -; unz.⟩ = Hypallage [<grch. *enallassein* »verwechseln«]

en|an|tio|trop ⟨Adj.; Chemie⟩ zur Enantiotropie fähig [<grch. *enantios* »gegenüber, entgegen« + ...*trop*[1]]

En|an|tio|tro|pie ⟨f.; -; unz.; Chemie⟩ reversibel ineinander umwandelbare Modifikationen

Ena|ti|on ⟨f.; -, -en; Bot.⟩ Entwicklung von Auswüchsen auf vormals glatten Oberseiten pflanzlicher Organe [zu lat. *enatus,* Part. Perf. von *enascor* »herauswachsen«]

en avant! ⟨[ãnavã:]⟩ vorwärts!, voran! [frz.]

en bloc ⟨[ãblɔk] Adv.⟩ im Ganzen, in Bausch u. Bogen; *alle Stehplatzkarten ~ verkaufen* [frz., »im Ganzen«]

En|cein|te ⟨[ãsɛ̃:t(ə)] f.; -, -n⟩ Umwallung, Festungsgürtel [frz., »Einfriedung«]

En|ce|pha|li|tis ⟨f.; -, -ti|den; Med.⟩ = Enzephalitis

En|ce|pha|lon ⟨n.; -s, -la; Anat.⟩ = Enzephalon

en|chan|té ⟨[ãʃãte:] veraltet⟩ sehr erfreut, (ich bin) entzückt [frz.]

En|chan|te|ment ⟨[ãʃãtəmã:] n.; -s; unz.; veraltet⟩ Zauber, Bezauberung [frz., »Verzauberung, Zauber, Entzücken«]

en|chan|tiert ⟨[ãsã-] Adj.; veraltet⟩ entzückt, begeistert [<frz. *enchanté* »verzaubert, bezaubert, entzückt«]

En|chi|ri|di|on ⟨[-çi-] n.; -s, -di|en⟩ Handbuch, kleines Lehrbuch [<grch. *en* »in« + *cheir* »Hand«]

en|chon|dral ⟨[-çɔn-] Adj.; Med.⟩ im Knorpel liegend; *Sy* endochondral [<*en...* + grch. *chondros* »Knorpel«]

En|chon|drom ⟨[-çɔn-] n.; -s, -e; Med.⟩ gutartiger Tumor innerhalb des Knochens [<*En...* + grch. *chondros* »Knorpel«]

en|co|die|ren ⟨V.; verstärkend für⟩ codieren; *oV* enkodieren

En|co|die|rung ⟨f.; -, -en⟩ das Encodieren, Codieren; *oV* Enkodierung

En|co|ding ⟨engl. [ɪn-] n.; - od. -s, -s; Nachrichtentechnik⟩ das Verschlüsseln einer Nachricht (mit einem Chiffrierapparat); *Ggs* Decoding [engl.; zu *encode* »verschlüsseln, codieren«]

En|coun|ter ⟨[ɪnkauntə(r)] n. od. m.; -s, -s⟩ **1** ⟨allg.⟩ Aufeinandertreffen **2** ⟨Psych.⟩ Form der Gruppentherapie, die vor allem spontane u. gefühlsbetonte Reaktionen trainiert u. analysiert [<engl. *encounter* »Begegnung, Zusammenstoß«]

En|coun|ter|grup|pe ⟨[ɪnkaun-] f.; -, -n; Psych.⟩ (von einem Therapeuten geleitete) Gruppe zur Selbsterfahrung und Persönlichkeitsentwicklung, z. B. in der Drogentherapie [zu engl. *encounter* »begegnen«]

En|de|mie ⟨f.; -, -n; Med.⟩ in bestimmten Gebieten ständig vorkommende Krankheit (z. B. Malaria, Kropf in Gebirgsgegenden); *Ggs* Epidemie [zu grch. *endemos* »einheimisch«]

en|de|misch ⟨Adj.⟩ **1** einheimisch **2** ⟨Bot.; Zool.⟩ nur auf eng umgrenzten Gebieten (z. B. Inseln) vorkommend; *Ggs* ekdemisch **3** ⟨Med.⟩ in bestimmten Gebieten ständig auftretend; *Ggs* epidemisch; *~e Infektionskrankheiten*

En|de|mis|mus ⟨m.; -; unz.; Ökol.⟩ begrenztes Vorkommen von Tieren u. Pflanzen in einem bestimmten Gebiet

En|de|mit ⟨n.; -en, -en; meist Pl.; Biol.⟩ Lebewesen (Pflanze od. Tier), dessen Ausbreitung auf einen oft natürl. eingeschränkten Lebensraum festgelegt ist [→ *Endemie*]

end|er|go|nisch *auch:* **en|der|go|nisch** ⟨Adj.; Chemie; Physik⟩ von außen zugeführte Energie benötigend; *Ggs* exergonisch; *eine ~e Reaktion* [<*endo…* + grch. *ergon* »Werk«]

en|der|mal ⟨Adj.; Med.⟩ in der Haut befindlich, in die Haut eingeben; *eine ~e Injektion* [<*en…* + *dermal*]

en|des|mal ⟨Adj.; Med.⟩ im Bindegewebe befindlich [<*en…* + grch. *desmos* »Band«]

en dé|tail ⟨[ãdeta:j] Adv.⟩ **1** in Einzelheiten, im Kleinen **2** im Einzelhandel; *Ggs* en gros [frz., »im Einzelnen«]

En|di|vie ⟨[-vjə] f.; -, -n; Bot.⟩ Salatpflanze, Art der Zichorie (1): Cichorium endivia; *Sy* Eskariol [<mlat., ital. *endivia*, lat. *intibus, intybus, intubus;* zu grch. *entybion*, eigtl. »im Januar (wachsend)«; zu *tybi* »Januar«]

End|mo|rä|ne ⟨f.; -, -n; Geol.⟩ eine um die Gletscherstirn abgelagerte wallartige Moräne, die entweder bei einem Gletschervorstoß (Vorstoßmoräne) od. einem Eisrückzug (Rückzugsmoräne) entsteht; *Long Island hat sich aus zwei ~n gebildet* [→ *Moräne*]

en|do…, En|do… ⟨Vorsilbe⟩ innerhalb; *Endokarp, endokrin* [<grch. *endon*]

En|do|bi|ont ⟨m.; -en, -en; Biol.⟩ Lebewesen, das in Endobiose lebt; *Ggs* Epibiont [<*Endo…* + grch. *bios* »Leben«]

En|do|bi|o|se ⟨f.; -, -n; Biol.⟩ Gemeinschaft verschiedenartiger Lebewesen, von denen eines im anderen lebt [<*Endo…* + *…biose*]

En|do|car|di|tis ⟨f.; -, -ti|den; Med.⟩ = Endokarditis

en|do|chon|dral ⟨[-çɔn-] Adj.⟩ = enchondral

En|do|der|mis ⟨f.; -, -der|men; Bot.⟩ für wasserlösliche Stoffe schwer durchlässige, innerste Rindenschicht der Wurzel

En|do|en|zym ⟨n.; -s, -e; Biochemie.⟩ Enzym, das sich im Zelleninnern befindet u. den organischen Stoffwechsel leitet; *Ggs* Ektoenzym [<*Endo…* + *Enzym*]

En|do|ga|mie ⟨f.; -, -n⟩ Heirat innerhalb einer Gruppe od. eines Stammes, Verwandtenehe

en|do|gen ⟨Adj.⟩ **1** von innen kommend **2** im Innern entstehend, im Innern befindlich **3** im Erdinnern erzeugt [<*Endo…* + *…gen*[1]]

En|do|kard ⟨n.; -(e)s, -e; Anat.⟩ = Endokardium

En|do|kar|di|tis ⟨f.; -, -ti|den; Med.⟩ Herzinnenhautentzündung, bes. Herzklappenentzündung; *oV* Endocarditis [<*Endo…* + *Karditis*]

En|do|kar|di|um ⟨n.; -s, -di|en; Anat.⟩ Herzinnenhaut [<*Endo…* + grch. *kardia* »Herz«]

En|do|karp ⟨n.; -s, -e; Bot.⟩ innere Fruchtwandschicht; *Ggs* Exokarp [<*Endo…* + *…karp*[2]]

en|do|krin ⟨Adj.; Med.⟩ **1** mit innerer Sekretion, nach innen, ins Blut absondernd; *~e Drüse* **2** nach innen, ins Blut abgesondert; *~es Sekret* [<*Endo…* + grch. *krinein* »trennen«]

En|do|kri|no|lo|ge ⟨m.; -n, -n; Med.⟩ Wissenschaftler im Fachbereich der Endokrinologie

En|do|kri|no|lo|gie ⟨f.; -; unz.; Med.⟩ Lehre von der Funktion endokriner Drüsen [<*endokrin* + *…logie*]

En|do|kri|no|lo|gin ⟨f.; -, -gin|nen; Med.⟩ Wissenschaftlerin im Fachbereich der Endokrinologie

En|do|lym|phe ⟨f.; -, -n; Anat.⟩ Lymphe im Gleichgewichtssinnesorgan der Wirbeltiere, den Bogengängen des Ohrlabyrinths

En|do|ly|sin ⟨n.; -s, -e; meist Pl.⟩ im Zelleninnern auftretendes (Bakterio-)Lysin, das Bakterien zersetzt [<*Endo…* + *Lysin*]

En|do|me|tri|tis *auch:* **En|do|met|ri|tis** ⟨f.; -, -ti|den; Med.⟩ Entzündung der Gebärmutterschleimhaut [<*Endo…* + grch. *metra* »Gebärmutter«]

En|do|me|tri|um *auch:* **En|do|met|ri|um** ⟨n.; -s, -tri|en; Med.⟩ Schleimhaut des Gebärmutterkörpers [<*Endo…* + grch. *metra* »Gebärmutter«]

En|do|mi|to|se ⟨f.; -, -n; Biol.⟩ unvollständige, indirekte Kernteilung ohne Auflösung der Kernmembran u. ohne anschließende Zellteilung

en|do|morph ⟨Adj.⟩ **1** ⟨Geol.⟩ die Endomorphose betreffend, durch sie verursacht; *Ggs* exomorph **2** ⟨Med.⟩ die Endomorphie betreffend; →*a.* pyknisch [<*endo…* + *…morph*]

En|do|mor|phie ⟨f.; -; unz.; Med.; veraltet⟩ Körperverfassung eines Menschentyps von gedrungener Gestalt u. Veranlagung zur Fettleibigkeit; →*a.* Pykniker [<*Endo…* + *…morphie*]

En|do|mor|phin ⟨n.; -s, -e; meist Pl.; Med.⟩ = Endorphin

En|do|mor|phis|mus ⟨m.; -, -men; Math.⟩ Homomorphismus einer Menge in sich selbst

En|do|mor|pho|se ⟨f.; -, -n; Geol.⟩ innere Gestaltsveränderung des Eruptivgesteins, die durch den Einfluss des Nebengesteins verursacht wird; *Ggs* Exomorphose

En|do|my|ces ⟨Pl.⟩ krankheitserregende Hefepilze des Menschen; *oV* Endomyzes [<*Endo…* + grch. *mykes* »Pilz«]

En|do|my|zes ⟨Pl.⟩ = Endomyces

En|do|pa|ra|sit ⟨m.; -en, -en; Biol.⟩ im Körper seines Wirtes lebender Schmarotzer [<grch. *endon* »innen« + *Parasit*]

En|do|phle|bi|tis ⟨f.; -, -ti|den; Med.⟩ Innenhautentzündung einer Vene [<*Endo…* + *Phlebitis*]

En|do|phyt ⟨m.; -en, -en; Bot.⟩ in anderen Pflanzen od. Tieren schmarotzende Pflanze [<*Endo…* + *…phyt*]

en|do|phy|tisch ⟨Adj.; Biol.; Med.⟩ nach innen wachsend; *Ggs* ektophytisch; *ein ~er Tu-*

mor [<*endo...* + grch. *phyomai* »wachsen«]

En|do|plas|ma ⟨n.; -s; unz.; Biol.⟩ die oft innen gelegene, flüssige Komponente des Protoplasmas; *oV* Entoplasma; *Ggs* Ektoplasma

en|do|plas|ma|tisch ⟨Adj.⟩ im Zellplasma gelegen; *oV* entoplasmatisch; *~es Retikulum* mit Ribosomen besetztes Membransystem innerhalb des Zellplasmas

En|do|pro|the|se ⟨f.; -, -n; Med.⟩ künstl. Ersatzstück, das im Organismus den geschädigten Körperteil ersetzt [<grch. *endon* »drinnen, innerhalb« + *Prothese*]

En|dor|phin ⟨n.; -s, -e; meist Pl.; Med.⟩ körpereigener Wirkstoff, der im Zentralnervensystem gebildet wird u. eine opiat- bzw. morphinähnliche, schmerzstillende Wirkung besitzt; *oV* Endomorphin [<*Endo...* + *Morphin*]

En|do|ske|lett ⟨n.; -(e)s, -e; Biol.⟩ Innenskelett bei Wirbellosen u. Wirbeltieren; *Ggs* Ektoskelett [<*Endo...* + *Skelett*]

En|do|skop *auch:* **En|dos|kop** ⟨n.; -s, -e; Med.⟩ Instrument mit elektr. Lichtquelle u. Spiegel zur Untersuchung von Körperhöhlen [<*Endo...* + *...skop*]

En|do|sko|pie *auch:* **En|dos|ko|pie** ⟨f.; -, -n; Med.⟩ Untersuchung von Körperhöhlen mit dem Endoskop

en|do|sko|pisch *auch:* **en|dos|ko|pisch** ⟨Adj.; Med.⟩ **1** das Endoskop betreffend, mit Hilfe des Endoskops **2** die Endoskopie betreffend

en|do|so|ma|tisch ⟨Adj.; Med.⟩ innerhalb des Körpers [<*endo...* + *somatisch*]

En|do|sperm ⟨n.; -s, -e; Bot.⟩ Nährgewebe im Pflanzensamen [<*Endo...* + grch. *sperma* »Samen«]

En|do|spo|re ⟨f.; -, -n; Bot.⟩ Spore, die im Inneren eines Sporenbehälters ausgebildet wird [<*Endo...* + *Spore*]

En|do|sym|bio|se ⟨f.; -, -n; Biol.⟩ Symbiose zwischen Gliedertieren, die von Holz, Pflanzensäften, Wirbeltierblut leben, u. Mikroorganismen, die im Innern ihrer Wirtstiere bes. ausgebildete Wohnstätten besiedeln [<*Endo...* + *Symbiose*]

En|do|thel ⟨n.; -s, -e; Med.⟩ Zellschicht, die Blut-, Lymphgefäße u. Körperhöhlen auskleidet [<*Endo...* + grch. *thele* »Mutterbrust, Saugwarze«]

en|do|therm ⟨Adj.⟩ Wärme von außen aufnehmend; *Ggs* exotherm; *~e Prozesse* Prozesse, die nur bei Energiezufuhr von außen ablaufen, z. B. bei chem. Reaktionen, die nur durch Erhitzen in Gang gehalten werden können [<*Endo...* + *...therm*]

En|do|to|xin ⟨n.; -s, -e; meist Pl.⟩ wärmestabiles, von der Leibessubstanz abhängiges u. erst nach Zersetzung der Bakterien ausströmendes Bakteriengift, das nicht so viele Antikörper erzeugt wie ein Ektotoxin; →*a.* Ektotoxin

en|do|troph ⟨Adj.; Bot.⟩ sich innerhalb der Wirtspflanze ernährend; *Ggs* ektotroph

en|do|zen|trisch *auch:* **en|do|zent|risch** ⟨Adj.; Sprachw.⟩ *~e Konstruktion;* sprachl. K., die zu derselben Formklasse zählt wie mindestens eines ihrer konstituierenden Elemente, z. B. rote Rosen - Rosen; *Ggs* exozentrisch [<*endo...* + *zentrisch*]

Ener|geia ⟨f.; -; unz.; Philos.⟩ Tätigkeit, Wirksamkeit, tätige Kraft [grch.]

Ener|ge|tik ⟨f.; -; unz.⟩ **1** ⟨Philos.⟩ Auffassung, dass Energie die Grundlage u. das Wesen allen Seins sei **2** ⟨Physik⟩ Lehre von der Umwandlung der Energie [→ *Energie*]

Ener|ge|ti|ker ⟨m.; -s, -⟩ Anhänger, Vertreter der Energetik

ener|ge|tisch ⟨Adj.⟩ die Energetik betreffend, zu ihr gehörend, auf ihr beruhend

ener|gi|co ⟨[-dʒiko] Musik⟩ energisch, bestimmt (zu spielen) [ital., »energisch«]

Ener|gi|de ⟨f.; -, -n; Biol.⟩ physiolog. eigenständiger Zytoplasmabereich mit Zellkern, der ohne abgrenzende Membranen mehrfach nebeneinander in Schlauchalgen u. Pilzen vorkommt, sie gilt als Vorstufe einer vielzelligen Organisation [zu grch. *energos* »wirksam, tätig«]

Ener|gie ⟨f.; -, -n⟩ **1** ⟨Physik; Chemie; Biol.⟩ Fähigkeit eines Körpers, Arbeit zu leisten; *Erhaltung, Umwandlung von ~; chemische ~; Reibungs~; Wärme~* **2** ⟨allg.⟩ Kraft, Schwung, Tatkraft, Nachdruck [<grch. *energeia* »Tatkraft«]

ener|gie|in|ten|siv ⟨Adj.⟩ viel Energie verbrauchend; *~e Wirtschaftszweige*

Ener|gie|kon|zern ⟨m.; -s, -e⟩ Großunternehmen, das Energie (z. B. aus Stein- od. Braunkohle, Erdöl, Erdgas, Kernkraftwerken) gewinnt u./od. Import, Verteilung und Vertrieb von Energie betreibt

Ener|gie|kri|se ⟨f.; -, -n⟩ durch plötzliche Verteuerung bisher preiswerter Energiequellen od. deren Verknappung ausgelöste Wirtschaftskrise

Ener|gie|trä|ger ⟨m.; -s, -⟩ Stoff, aus dem Energie gewonnen wird, z. B. Kohle, Gas, Öl

Ener|gie|ver|sor|gung ⟨f.; -; unz.⟩ Erzeugung sowie Verteilung von vor allem elektrischer Energie durch spezielle Abläufe u. Anlagen

ener|gisch ⟨Adj.⟩ **1** voller Energie, tatkräftig, kräftig, tätig; *~ durchgreifen* **2** entschlossen, Energie verratend

ener|go|che|misch ⟨[-çeː-] Adj.; Chemie⟩ durch eine chemische Reaktion produziert

Ener|gy|drink ⟨[ɛnerdʒı-] m.; -s, -s⟩ insbesondere bei Partys beliebtes alkoholfreies Getränk, das Energie liefern soll [<engl. *energy* »Energie« + *drink* »Getränk«]

Ener|va|ti|on ⟨[-va-] f.; -, -en⟩ = Enervierung

ener|vie|ren ⟨[-viː-] V.⟩ **1** entnerven, entkräften, die Nerven erschöpfen **2** Nerven operativ entfernen aus [<frz. *énerver* »nervös machen, aufregen, entnerven, entkräften«]

Ener|vie|rung ⟨[-viː-] f.; -, -en⟩ *oV* Enervation **1** das Enervieren **2** = Denervierung

en face ⟨[ãfaːs] Adv.; veraltet⟩ **1** von vorn (gesehen); *Ggs* en profil **2** gegenüber [frz., »gegenüber«; in der Bedeutung beeinflusst von *de face* »von vorn«; zu *face* »Gesicht«]

en fa|mille ⟨[ãfamiːj] Adv.⟩ (nur) in der Familie, im engsten Verwandtenkreis, unter sich [frz., »in der Familie«]

En|fant ter|ri|ble *auch:* **En|fant ter|rib|le** ⟨[ãfã tɛriːbl] n.; - -, -s -s [ãfã tɛriːbl]⟩ jmd., der (durch zu große Offenheit) seine Mitmenschen ständig in Verlegenheit bringt od. schockiert [frz., »schreckliches Kind«]

E

En|fleu|ra|ge ⟨[ãfløraːʒ(ə)] f.; -; unz.⟩ Gewinnung von Duftstoffen u. Blütenölen aus Blüten u. a. Pflanzenteilen [<frz. *en* »in, an, aus« + *fleur* »Blume, Blüte«]

En|ga|ge|ment ⟨[ãgaʒ(ə)mãː] n.; -s, -s⟩ **1** Verpflichtung (bes. zur Zahlung od. Leistung) **2** Stellung, Anstellung (von Künstlern) **3** Aufforderung zum Tanz **4** ⟨unz.⟩ das Sicheinsetzen, persönliches Bemühen; *er zeigt großes ~ für die Sache* [frz., »Verpflichtung«]

en|ga|gie|ren ⟨[ãgaʒiːrən] V.⟩ **1** anstellen, einstellen; *Künstler, Darsteller ~* **2** zum Tanz auffordern **3** *sich ~* sich binden, sich festlegen **4** *sich für etwas ~* sich einsetzen

en|ga|giert ⟨[ãgaʒiːrt] Adj.⟩ **1** sehr beschäftigt **2** sich stark einsetzend (für etwas oder jmdn.) [<frz. *engager* »verpflichten«]

en garde ⟨[ãgard] Fechten⟩ Kommando zum Einnehmen der Kampfposition [frz., »aufgepasst«]

En|gi|nee|ring ⟨[-dʒiniː-] n.; - od. -s; unz.; kurz für⟩ Human Engineering, Industrial Engineering [engl.]

Eng|lish spo|ken ⟨[ɪŋglɪʃ spoukən] Hinweis auf Ladenschildern o. Ä.⟩ (hier wird) Englisch gesprochen

Eng|lish Waltz ⟨[ɪŋglɪʃ wɔːlts] m.; - -, - -⟩ langsamer Walzer [engl.]

En|go|be ⟨[ãgoːbə] f.; -, -n⟩ dünne, glänzende, zumeist farbige Überzugmasse für Tonwaren u. Ziegel [frz., »Überzugmasse für Keramik«]

en|go|bie|ren ⟨[ãgo-] V.⟩ mit Engobe überziehen

En|gramm ⟨n.; -s, -e⟩ bleibende Spur eines geistigen Eindruckes, eines Erinnerungsbildes in der Großhirnrinde, Erinnerungsbild [<*En...* + *...gramm*]

en gros ⟨[ãgroː] Adv.⟩ im Großen, in großen Mengen; *Ggs* en détail [frz., »im Großen«]

En|gros|han|del ⟨[ãgroː-] m.; -s; unz.⟩ Großhandel; *Ggs* Detailhandel

En|gros|sist ⟨[ã-] m.; -en, -en; österr.⟩ Engroshändler, Großhändler

En|har|mo|nik ⟨f.; -; unz.; Musik⟩ Gleichheit, Vertauschbarkeit zweier gleichklingender, aber verschieden geschriebener u. benannter Töne od. Akkorde, z. B. ais u. b [<*En...* + *Harmonik*]

en|har|mo|nisch ⟨Adj.; Musik⟩ mit einem gleichklingenden, aber verschieden geschriebenen od. benannten Ton od. Akkord austauschbar; *~e Verwechslung* Verwandlung eines Tones od. Akkordes in einen gleichklingenden, aber anders geschriebenen u. benannten Ton od. Akkord

Enig|ma ⟨n.; -s, -ma|ta od. -nig|men⟩ Rätsel; *oV* Änigma [<lat. *aenigma* <grch. *ainigma* »Rätsel«]

enig|ma|tisch ⟨Adj.⟩ rätselhaft; *oV* änigmatisch

En|jam|be|ment ⟨[ãʒãb(ə)mãː] n.; -s, -s; Metrik⟩ Übergreifen eines Satzes über das Ende einer Verszeile in die nächste [frz., »Hinübergreifen« (eines Verses); zu *enjamber* »überschreiten, überspringen«]

en|kaus|tie|ren ⟨V.; Mal.⟩ **1** enkaust. Farben auftragen auf, mit ihnen bemalen **2** *Gips- od. Marmorbildwerke ~* mit flüssigem Wachs überziehen

En|kaus|tik ⟨f.; -; unz.; Mal.⟩ **1** antike Maltechnik, bei der enkaust. Farben heiß mit Pinsel od. kalt mit heißem Spachtel aufgetragen werden **2** Verfahren, Gips- od. Marmorbildwerke mit flüssigem Wachs zu überziehen, um ihnen ein elfenbeinähnl. Aussehen zu geben [<*En...* + *Kaustik*]

en|kaus|tisch ⟨Adj.; Mal.⟩ die Enkaustik betreffend, auf ihr beruhend, mit ihrer Hilfe; *~e Farben* mit Wachs gebundene u. dadurch gegen Feuchtigkeit sehr unempfindl. Farben

En|kla|ve ⟨f.; -, -n⟩ fremdes Staatsgebiet, das vom eigenen eingeschlossen ist; *Ggs* Exklave [<frz. *enclave* »rings umschlossenes Grundstück« <lat. *clavis* »Schlüssel«]

En|kli|se ⟨f.; -, -n; Sprachw.⟩ Anlehnung eines unbetonten Wortes (Enklitikon) an ein vorausgehendes, stärker betontes, z. B. »haben S'« statt »haben Sie«; *oV* Enklisis; *Ggs* Proklise [zu grch. *enklinein* »anlehnen«]

En|kli|sis ⟨f.; -, -kli|sen; Sprachw.⟩ = Enklise

En|kli|ti|kon ⟨n.; -s, -ti|ka; Sprachw.⟩ unbetontes Wort, das sich an das vorhergehende, stärker betonte Wort anlehnt; →*a.* Enklise; *Ggs* Proklitikon

en|kli|tisch ⟨Adj.; Sprachw.⟩ wie eine einer Enklise, sich an ein vorangehendes, stärker betontes Wort anlehnend; *Ggs* proklitisch

en|ko|die|ren ⟨V.⟩ = encodieren

En|ko|die|rung ⟨f.; -, -en⟩ = Encodierung

En|ko|mi|on ⟨n.; -s, -mi|en⟩ Lobrede, Lobschrift; *oV* Enkomium [<*En...* + grch. *komos* »festl. Feier«]

En|ko|mi|um ⟨n.; -s, -mi|en⟩ = Enkomion

en|kra|ti|tisch ⟨Adj.⟩ enthaltsam, asketisch [nach den *Enkratiten,* grch., »die Enthaltsamen«, deren Kennzeichen eine asketische Geisteshaltung war]

En|kri|nit ⟨m.; -en, -en⟩ eine zur Familie der Crinoideae gehörige Versteinerung [zu grch. *krinon* »Lilie«]

En|kul|tu|ra|ti|on ⟨f.; -, -en⟩ das Hineinwachsen in die Gesellschaft (als soziokultureller Prozess) [<*en...* + *Kultur*]

en masse ⟨[ãmas] Adv.⟩ in Masse(n), massenhaft, in großer Zahl, in Hülle u. Fülle [frz.]

en mi|ni|a|ture ⟨[ãminjatyːr] Adv.⟩ in kleinem Maßstab, im Kleinen [frz.]

en|nu|yie|ren *auch:* **en|nuy|ie|ren** ⟨[ãnyjiː-] V.; veraltet⟩ langweilen, lästig sein [<frz. *ennuyer* »langweilen, verdrießen«]

en|oph|thal|misch ⟨Adj.; Med.⟩ den Enophthalmus betreffend

En|oph|thal|mus ⟨m.; -; unz.; Med.⟩ weites Zurücksinken des Augapfels in die Augenhöhle, oft durch Schwund des orbitalen Fettgewebes [<*En…* + grch. *ophthalmos* »Auge«]

enorm ⟨Adj.⟩ **1** sehr groß, riesig **2** erstaunlich **3** herrlich, wunderbar; *~e Summen; das ist (ja) ~!; ~ groß* [<frz. *énorme* »ungeheuer«]

Enor|mi|tät ⟨f.; -, -en⟩ **1** außergewöhnliche Größe od. Ausdehnung **2** Überfülle

en pas|sant ⟨[ãpasã:] Adv.⟩ im Vorübergehen, beiläufig; *eine Sache ~ erwähnen* [frz.]

en pro|fil ⟨[ã-] Adv.; veraltet⟩ im Profil; *Ggs* en face [<frz. *de profil* »von der Seite«; zu *profil* »Seitenansicht«]

En|quete ⟨[ãkɛ:t] od. [ãke:t] f.; -, -s⟩ **1** amtliche Untersuchung, Umfrage, Rundfrage **2** ⟨österr.⟩ Arbeitstagung [<frz. *enquête* »Ermittlung, Umfrage«]

En|quete|kom|mis|si|on ⟨[ãkɛ:t-] od. [ãke:t-] f.; -, -en⟩ vom Parlament gebildeter Ausschuss, der ein bestimmtes Vorkommnis od. Vorhaben (z. B. Gesetz) eingehend untersucht u. berät

en|ra|giert ⟨[ãraʒi:rt] Adj.⟩ **1** sehr von etwas eingenommen **2** wütend [<frz. *enrager* »wütend werden«]

en route ⟨[ãru:t] Adv.⟩ unterwegs [frz.]

Ens ⟨n.; -; unz.; Philos.⟩ **1** das Wesen, Seiende, Ding **2** ⟨in der Scholastik⟩ das Seiende im Unterschied zu seiner Wesenheit (Essentia) **3** *~ reale* das wirklich Seiende **4** *~ rationis* das nur in unserem Denken Existierende [<lat. *ens* »das Ding«]

En|sem|ble *auch:* **En|semb|le** ⟨[ãsã:bl] n.; -s, -s⟩ **1** Gesamtheit **2** alle Schauspieler eines Theaterstückes **3** Gemeinschaft von Künstlern, die zusammen spielen od. musizieren, ohne dass einer als Star hervortritt **4** kleines Orchester; *Musik~* **5** Gesangs-, Tanzgruppe; *Gesangs~, Tanz~* **6** Spiel des Orchesters, im Unterschied zum Spiel der Solisten [frz., »zusammen; Gesamtheit«]

En|si|la|ge ⟨[ãsila:ʒə] f.; -; unz.⟩ **1** im Silo aufbewahrtes, eingesäuertes Futter **2** Einbringen von Futter in das Silo [frz.]

en suite ⟨[ãsyi:t] Adv.⟩ **1** im Folgenden, demzufolge **2** hintereinander, unmittelbar folgend [<frz. *de suite* »hintereinander«]

ent|an|o|ny|mi|sie|ren ⟨V.; EDV⟩ den Schutz der Namenlosigkeit personenbezogener Daten außer Kraft setzen [→ *anonym*]

Ent|an|o|ny|mi|sie|rung ⟨f.; -, -en⟩ das Entanonymisieren

En|ta|se ⟨f.; -, -n⟩ Verdickung des Säulenschaftes; *oV* Entasis [zu grch. *enteinein* »anspannen«]

En|ta|sis ⟨f.; -, -sen⟩ = Entase

En|te|le|chie ⟨f.; -, -n⟩ **1** (nach Aristoteles) Fähigkeit, sich nach der ursprüngl. angelegten Form zu entwickeln **2** zielstrebige Kraft eines Organismus, die seine Entwicklung und Gestaltung lenkt [<grch. *entelecheia* <*en telei echein* »in Vollendung haben oder sein«]

en|te|le|chisch ⟨Adj.⟩ die Entelechie betreffend, auf ihr beruhend

En|tente ⟨[ãtã:t] f.; -, -n⟩ freundschaftl. Bündnis zwischen Staaten; *~ cordiale* herzl. Einvernehmen [frz., »Verständnis, Einvernehmen«]

En|ter ⟨n.; -s; unz.; EDV⟩ Taste zur Befehlsbestätigung auf der Computertastatur [<engl. *enter* »eintreten; einschreiben«]

en|te|ral ⟨Adj.; Med.⟩ den Darm betreffend, zum Darm gehörig, Darm… [<grch. *enteron* »Darm«]

En|ter|al|gie *auch:* **En|te|ral|gie** ⟨f.; -, -n; Med.⟩ Leibschmerz, Darmkolik

En|te|ri|tis ⟨f.; -, -ti|den; Med.⟩ Entzündung des Dünndarms [→ *entral*]

en|tern ⟨V.⟩ **1** in das Takelwerk eines Schiffes klettern; *auf~, hinauf~* **2** *ein Schiff ~* auf dem Meer stürmen, erobern [<ndrl. *enteren* »ein feindl. Schiff besteigen, um es zu überwältigen« <frz. *entrer* »eintreten, betreten« <lat. *intrare*]

en|te|ro…, En|te|ro… ⟨in Zus.; Med.⟩ darm…, Darm… [<grch. *enteron*]

En|te|ro|dy|nie ⟨f.; -, -n; Med.⟩ Leibschmerz, Darmschmerz [<*Entero…* + grch. *odyne* »Schmerz«]

en|te|ro|gen ⟨Adj.; Med.⟩ vom Darm ausgehend, im Darm entstanden [<grch. *enteron* »Darm« + *gennan* »erzeugen«]

En|te|ro|kok|ken ⟨Pl.; Med.⟩ zur natürlichen Darmflora des Menschen gehörende Bakterien [<*Entero…* + *Kokken*]

En|te|ron ⟨n.; -s, -te|ra; Med.⟩ **1** Darm, insbes. Dünndarm **2** Eingeweide [grch.]

En|te|ro|neu|ro|se ⟨f.; -, -n; Med.⟩ nervöse Darmreizung [<*Entero…* + *Neurose*]

En|te|ro|pto|se *auch:* **En|te|rop|to|se** ⟨f.; -, -n; Med.⟩ Darm- od. Eingeweidesenkung infolge verringerter Gewebespannung, die oft nach Abmagerung od. Entbindung entsteht

En|te|ro|skop *auch:* **En|te|ros|kop** ⟨n.; -s, -e; Med.⟩ Instrument zum Untersuchen des Dickdarms, Darmspiegel [<*Entero…* + *…skop*]

En|te|ro|sko|pie *auch:* **En|te|ros|ko|pie** ⟨f.; -, -n; Med.⟩ Untersuchung des Darms mit dem Enteroskop

En|te|ro|sto|mie *auch:* **En|te|ros|to|mie** ⟨f.; -, -n; Med.⟩ das Anlegen eines künstlichen Afters [<*Entero…* + grch. *stoma* »Mund«]

En|te|ro|to|mie ⟨f.; -, -n; Med.⟩ operative Darmöffnung, Darmschnitt [<grch. *enteron* »Darm« + *tome* »Schnitt«]

En|te|ro|ze|le ⟨f.; -, -n; Med.⟩ Darmbruch [<*Entero…* + grch. *kele* »Bruch«]

en|ter|tai|nen ⟨a. [-tɛı-] V.⟩ berufsmäßige Unterhaltung bieten; *es gelang ihm auf Anhieb, den ganzen Saal zu ~* [<engl. *entertain*]

En|ter|tai|ner ⟨a. [-tɛı-] m.; -s, -⟩ jmd., der andere berufsmäßig unterhält, z. B. Conférencier, Discjockey [engl.]

En|ter|tai|ne|rin ⟨a. [-tɛı-] f.; -, -rin|nen⟩ weibl. Entertainer

En|ter|tain|ment ⟨[-tɛın-] n.; -s; unz.⟩ Unterhaltung in der Art einer Show [engl.]

En|thal|pie ⟨f.; -, -n; Physik⟩ Größe der Thermodynamik, defi-

E

niert als die innere Energie eines Systems, die es unter den gerade herrschenden Zustandsbedingungen aufweist [<grch. *en* »darin« + *thalpein* »warmmachen«]

Ent|hel|min|the ⟨f.; -, -n; meist Pl.⟩ Eingeweidewurm [<*Ento...* + *Helminthe*]

E

en|thu|si|as|mie|ren ⟨V.; geh.⟩ in Enthusiasmus versetzen, begeistern, entzücken

En|thu|si|as|mus ⟨m.; -; unz.⟩ Begeisterung, Entzücken [<grch. *enthusiasmos,* eigtl. »Gottesbegeisterung«; zu *entheos* »voll von Gott«]

En|thu|si|ast ⟨m.; -en, -en⟩ leicht begeisterte Person, Schwärmer [<grch. *enthusiastes,* eigtl. »von Gott Begeisterter«; zu *entheos* »voll von Gott«]

en|thu|si|as|tisch ⟨Adj.⟩ begeistert, entzückt

En|thy|mem ⟨n.; -s, -e; Philos.⟩ unvollständiger Schluss, dessen Voraussetzung in Gedanken zu ergänzen ist [zu grch. *enthymeistai* »zu Herzen nehmen, zu Gemüte ziehen«, eigtl. »das zu Beherzigende«]

En|ti|tät ⟨f.; -, -en⟩ das Dasein eines Dinges im Unterschied zu seinem Wesen; *Ggs* Quiddität [<lat. *ens,* Präs. zu *esse* »sein«]

En|ti|ty-Re|la|tion|ship-Mo|dell ⟨[ɛntıtı rılɛıʃənʃıp -] n.; -s; unz.; EDV⟩ Datenverarbeitungsmethode, bei der Objekte u. Beziehungen zwischen einzelnen Objekten grafisch dargestellt u. in einem Diagramm veranschaulicht werden können [<engl. *entity* »Einheit, Element« + *relationship* »Verhältnis, Beziehung«]

ent|ma|te|ri|a|li|sie|ren ⟨V.⟩ den materiellen Zustand auflösen, sich verflüchtigen, unsichtbar werden; *der Klang scheint sich zu ~*

ent|mi|li|ta|ri|sie|ren ⟨V.⟩ *ein Land, Gebiet ~* Streitkräfte u. Waffen daraus entfernen; *Sy* demilitarisieren

Ent|mi|li|ta|ri|sie|rung ⟨f.; -; unz.⟩ *Sy* Demilitarisierung **1** das Entmilitarisieren **2** Beseitigung des Militärs u. der militär. Ausrüstung, das Entmilitarisiertwerden

Ent|my|tho|lo|gi|sie|rung ⟨f.; -; unz.⟩ Befreiung von einem Weltbild, das sich auf mytholog. Vorstellungen gründet

Ent|na|zi|fi|zie|rung ⟨f.; -, -en⟩ das Entnazifizieren, das Entnazifiziertwerden, nach 1945 von den Alliierten in Dtschl. vorgenommene Entfernung ehemaliger Nationalsozialisten aus staatl., polit. u. wirtschaftl. Stellungen u. Beseitigung aller nationalsozialist. Einflüsse

ent|ner|ven ⟨V.⟩ **1** der Nervenkraft, der Energie berauben, nervös machen **2** (durch zu starke Mittel) der nervl. Reaktionsfähigkeit berauben

ent|nervt ⟨Adj.⟩ **1** schwach, übernervös, gereizt; *er war völlig ~* **2** nur noch durch sehr starke Mittel beeinflussbar

en|to..., En|to... ⟨Vorsilbe⟩ innen..., Innen... [<grch. *entos* »drinnen«]

En|to|blast ⟨n.; -(e)s, -e; Med.⟩ = Entoderm

En|to|derm ⟨n.; -s, -e; Med.⟩ inneres Keimblatt (des menschl. u. tier. Embryos); *Sy* Entoblast, Hypoblast; *Ggs* Ektoderm [<*Ento...* + *...derm*]

en|to|der|mal ⟨Adj.; Med.⟩ aus dem inneren Keimblatt entstehend, das innere Keimblatt betreffend; *Ggs* ektodermal

en|to|mo|gam ⟨Adj.; Bot.⟩ insektenblütig; *~e Blume* B., deren Blüten auf die Bestäubung durch Insekten zweckeingerichtet sind

En|to|mo|ga|mie ⟨f.; -, -n; Bot.⟩ Bestäubung von Blüten durch Insekten, Insektenblütigkeit [zu grch. *entomos* »eingeschnitten« + *...gamie*]

En|to|mo|lo|ge ⟨m.; -n, -n⟩ Wissenschaftler, Student der Entomologie; *Sy* Insektologe

En|to|mo|lo|gie ⟨f.; -; unz.; Zool.⟩ Wissenschaft von den Gliedertieren, bes. den Insekten; *Sy* Insektologie [<grch. *entomos* »eingeschnitten« + *...logie*]

En|to|mo|lo|gin ⟨f.; -, -gin|nen⟩ Wissenschaftlerin, Studentin der Entomologie; *Sy* Insektologin

en|to|mo|lo|gisch ⟨Adj.⟩ zur Entomologie gehörend, auf ihr beruhend

En|to|pa|ra|sit ⟨m.; -en, -en; Biol.⟩ Parasit, der im Innern von Pflanzen od. Tieren lebt, Binnenschmarotzer

En|to|plas|ma ⟨n.; -s; unz.⟩ = Endoplasma

en|to|plas|ma|tisch ⟨Adj.⟩ = endoplasmatisch

ent|op|tisch *auch:* **en|top|tisch** ⟨Adj.; Med.⟩ im Innern des Auges gelegen [<*ento...* + Stamm *op-* »sehen; Auge«]

ent|o|tisch *auch:* **en|to|tisch** ⟨Adj.; Med.⟩ im Ohr enstehend [<*ento...* + *ous,* Gen. *otos* »Ohr«]

En|tou|ra|ge ⟨[ãtura:ʒ(ə)] f.; -; unz.⟩ **1** personelles Umfeld einer bekannten Person **2** Gefolgschaft, bes. eines polit. Machthabers [frz., »Umgebung, Gesellschaft«]

En|to|zo|on ⟨n.; -s, -zo|en od. -zoa; Biol.⟩ tierischer Schmarotzer im Innern anderer Organismen [<*Ento...* + *Zoon*]

◆ Die Buchstabenfolge **en|tr...** kann auch **ent|r...** getrennt werden. Davon ausgenommen sind Zusammensetzungen, in denen die fremdsprachigen bzw. sprachhistorischen Bestandteile deutlich als solche erkennbar sind, z. B. *-tropie* (→*a.* Biotropie).

◆ **En|tre|akt** ⟨[ãtrə-] od. [ãtr-] m.; -(e)s, -e⟩ Zwischenakt(spiel), Zwischenaktmusik [<frz. *entracte* »Zwischenakt, Pause«]

◆ **En|tre|chat** ⟨[ãtrəʃa] m.; -s [-ʃa], -s [-ʃa]; Ballett⟩ Kreuzsprung, Sprung in die Höhe, bei dem man die Füße mehrmals rasch übereinanderschlägt [frz., »Luft-, Kreuzsprung« <ital. *intrecciato (salto)* »verflochtener, d. h. mit verschlungenen Füßen gemachter Kreuzsprung beim Ballett«]

◆ **En|tre|cote** ⟨[ãtrəko:t] n.; -s, -s⟩ Rippenstück vom Rind [<frz. *entrecôte*]

◆ **En|tree** ⟨[ãtre:] n.; -s, -s⟩ **1** Eingang, Zugang **2** Vorzimmer, Diele, Korridor **3** Eintritt, Zutritt **4** Eintrittsgeld **5** erster Gang, Vorspeise **6** ⟨17. Jh.⟩ Instrumentalstück zur Einleitung eines Balletts, während dessen die Tänzer auf die Bühne kamen **7** selbstständiger Auftritt (z. B. eines Clowns) im Zirkus [<frz. *entrée* »Eingang, Einleitung, Eintrittspreis«]

◆ **En|tre|fi|let** ⟨[ãtrəfile:] n.; -s, -s⟩ **1** ⟨Publ.⟩ eingeschobener, meist prägnant formulierter Kurzkommentar in Zeitungen, heute durch die Glosse abgelöst; →*a.* Glosse (3) **2** ⟨Kochk.⟩ kurzgebratenes Fleischgericht vom Lendenstück von Schwein od. Rind [frz.]

◆ **En|tre|lacs** ⟨[ãtrəla] n.; -, -⟩ verschlungene Linien, Bänder usw. als Ornament in Kunstgewerbe u. Baukunst [frz., »Flechtwerk, Geflecht, Schnörkel«]

◆ **En|tre|més** ⟨[ɛntremɛs] n.; -, -⟩ **1** ⟨urspr.⟩ einaktiges komisches Festspiel, Possenspiel **2** ⟨danach⟩ komisches Zwischenspiel bei mehraktigen Dramen [span., »Zwischenspiel«]

◆ **En|tre|me|ti|er** ⟨[ãtrəmetje:] m.; -s, -s; Kochk.⟩ (Abteilungs-)Koch, der Suppen, Kartoffeln, Gemüse u. kleinere Zwischengerichte zubereitet; →*a.* Brigade (3) [<frz. *entre* »zwischen« + *métier* »Handwerk; Beruf«]

◆ **En|tre|mets** ⟨[ãtrəme:] n.; -, -; Kochk.⟩ **1** kleines Zwischengericht **2** Dessert [<frz. *entre* »zwischen« + *mettre* »stellen, legen«]

◆ **en|tre nous** ⟨[ãtrə nu:]⟩ unter uns, ungezwungen, vertraulich; *hier sind wir* ~ [frz., »unter uns«]

◆ **En|tre|pot** ⟨[ãtrəpo:] n.; -s, -s⟩ **1** Speicher, Lagerhaus, -raum **2** Niederlage beim Zoll (für Waren vor dem Verzollen) [<frz. *entrepôt* »Lagerhaus, Zollspeicher«]

◆ **En|tre|pre|neur** ⟨[ãntrəprənø:r] m.; -s, -e ; Wirtsch.⟩ Begründer einer neuen Marktidee, Gründer eines innovativen Unternehmens, Veranstalter (von Konzerten, Vorträgen usw.) [frz., »Unternehmer«]

◆ **En|tre|pre|neur|ship** ⟨[ãntrəprənø:rʃɪp] n.; - od. -s; unz.; Wirtsch.⟩ Versuch, neue Ideen am Markt durchzusetzen, innovatives Unternehmertum [<*Entrepreneur* + engl. *…ship* »…schaft, …tum«]

En|tro|pie ⟨f.; -, -n⟩ **1** Zustandsgröße der Thermodynamik **2** Maß für die »Unordnung« in einem abgeschlossenen System, die bei allen natürlich ablaufenden Prozessen zunimmt **3** ⟨Kommunikationstheorie⟩ Größe des Nachrichtengehaltes einer nach statist. Gesetzen gesteuerten Nachrichtenquelle **4** ⟨Wahrscheinlichkeitsrechnung⟩ Maß für den Grad der Ungewissheit für den Ausgang eines Versuches [<grch. *entrepein* »umkehren, umwenden«]

En|tro|pi|um ⟨n.; -s, -pi|en; Med.⟩ krankhafte Einwärtsdrehung des freien Lidrandes; *Ggs* Ektropium [zu grch. *entrepein* »umkehren«]

Enu|kle|a|ti|on *auch:* **Enuk|le|a|ti|on** ⟨f.; -, -en; Med.⟩ **1** (chirurgische) Ausschälung, z. B. des Augapfels **2** Entfernung eines Zellkerns [→ *enukleieren*]

enu|kle|ie|ren *auch:* **enuk|le|ie|ren** ⟨V.; selten⟩ **1** konstruieren, erschaffen, erklären **2** ⟨Med.⟩ durch einen ärztlichen Eingriff entfernen; *eine Geschwulst ~; einen Tumor ~* [<lat. *enucleare* »aus-, entkernen«]

Enumeration (*Schreibung nach Stammerhaltungsprinzip*) Im Deutschen richtet sich die Schreibung abgeleiteter Wortformen nach dem Stammerhaltungsprinzip. Dementsprechend wird das Verb *»nummerieren«* analog zum Substantiv *»Nummer«* mit einem Doppelkonsonanten geschrieben. Bei nicht in die Alltagssprache integrierten Fremdwörtern richtet sich hingegen die Schreibung nach der etymologischen Herkunft, z. B. der lateinischen Form *»enumerare«*.

Enu|me|ra|ti|on ⟨f.; -, -en; veraltet⟩ Aufzählung [lat.]

enu|me|ra|tiv ⟨Adj.; veraltet⟩ aufzählend

enu|me|rie|ren ⟨V.; veraltet⟩ aufzählen [<lat. *enumerare* »berechnen, aufzählen«]

En|u|re|se ⟨f.; -, -n; Med.⟩ Bettnässen, unwillkürl. Harnabgang [<*En…* + grch. *ourein* »harnen«]

En|ve|lop|pe ⟨[ãvəlɔp(ə)] f.; -, -n⟩ **1** Hülle, Briefumschlag, Futteral **2** ⟨Math.⟩ einhüllende Kurve [frz., »Hülle, Umhüllung«]

En|vers ⟨[ãvɛ:r] m.; -, -; veraltet⟩ Kehrseite [frz.]

En|vi|ron|ment ⟨[ɪnvaɪərən-] n.; -s, -s; moderne Kunst⟩ Arrangement aus Gegenständen und Bildern, oft mit Geräuschen verbunden, das den Betrachter in das Kunstwerk einbeziehen u. eine bestimmte Wirkung auf ihn ausüben soll [engl., »Umgebung«]

En|vi|ron|to|lo|gie ⟨[ɛnvi-] f.; -; unz.⟩ Umweltforschung [<frz. *environne* »umgeben« + *…logie*]

en vogue ⟨[ãvɔg] od. [ãvo:k] Adv.⟩ beliebt, in Mode, im Schwange [frz.]

En|ze|pha|li|tis ⟨f.; -, -ti|den; Med.⟩ Gehirnentzündung; *oV* Encephalitis [<grch. *egkephalos* »Gehirn«]

En|ze|pha|lo|gra|fie ⟨f.; -, -n; Med.⟩ = Enzephalographie

En|ze|pha|lo|gramm ⟨n.; -s, -e; Med.⟩ Aufzeichnung der elektrischen Ströme im Gehirn [<grch. *egkephalos* »Gehirn« + *…gramm*]

En|ze|pha|lo|gra|phie ⟨f.; -, -n; Med.⟩ Röntgenaufnahme des Gehirns mittels punktierter Luft- bzw. Gasfüllung einzelner Hirnkammern; *oV* Enzephalografie; →*a.* Elektroenzephalographie, Echoenzephalographie

En|ze|pha|lon ⟨n.; -s, -pha|la; Anat.⟩ Gehirn; *oV* Encephalon [<grch. *egkephalos* »Gehirn«]

En|zoo|tie ⟨[-tso:o-] f.; -, -n; Vet.⟩ Tierseuche mit beschränkter Ausbreitung; *Ggs* Epizootie [<*en…* + *Zoon*]

◆ Die Buchstabenfolge **en|zy|kl…** kann auch **en|zyk|l…** getrennt werden.

◆ **En|zy|kli|ka** ⟨f.; -, -kli|ken⟩ päpstl. Erlass, Rundschreiben [<grch. *enkyklios* »im Kreise laufend«; → *Zyklus*]

◆ **en|zy|klisch** ⟨Adj.⟩ **1** einen Kreis durchlaufend **2** *~e Bildung* ⟨MA⟩ die auf den sieben freien

E

Künsten beruhende B. [<grch. *enkyklios* »im Kreise laufend«]

◆ **En|zy|klo|pä|die** ⟨f.; -, -n⟩ **1** Gesamtheit des Wissens **2** Nachschlagewerk über alle Wissensgebiete in lexikal. Form [<grch. *enkyklios* »im Kreise laufend« + *…pädie*]

◆ **En|zy|klo|pä|di|ker** ⟨m.; -s, -⟩ Verfasser einer Enzyklopädie

◆ **en|zy|klo|pä|disch** ⟨Adj.⟩ eine Enzyklopädie betreffend, auf ihr beruhend, in der Art einer Enzyklopädie

◆ **En|zy|klo|pä|dist** ⟨m.; -en, -en⟩ Mitarbeiter an der französ. Enzyklopädie unter Diderot u. d'Alembert in der 2. Hälfte des 18. Jh.

En|zym ⟨n.; -s, -e⟩ = Ferment [<grch. *zyme* »Sauerteig«]

en|zy|ma|tisch ⟨Adj.⟩ durch Enzyme bewirkt

En|zy|mo|lo|gie ⟨f.; -; unz.; Biol.⟩ Wissenschaft von den Enzymen, Wirkstoffen [<*Enzym* + *…logie*]

en|zys|tie|ren ⟨V.; Biol.⟩ *Kleinlebewesen* ~ kapseln sich ein, um in den Zysten Perioden ungünstiger Lebensbedingungen zu überdauern [<grch. *kystis* »Blase«]

eo…, Eo… ⟨in Zus.⟩ früh…, Früh…, vorgeschichtlich [<grch. *eos* »Morgenröte«]

Eo|bi|ont ⟨m.; -en, -en; Biol.⟩ Urzelle als primitivste Form von Leben [<*Eo…* + grch. *bios* »Leben«]

eo ip|so **1** eben, gerade dadurch **2** von selbst, selbstverständlich [lat., »durch sich selbst«]

Eo|li|enne ⟨[-ljɛn] f.; -; unz.⟩ **1** ⟨Textilw.⟩ Seiden- od. Halbseidengewebe in Taftbindung **2** ⟨Metrik⟩ = Sizilienne [frz., Adj. (weibl. Form) zu *Eole* <grch. *Aiolos* (Name des Gottes der Winde)]

Eo|lith ⟨m.; -s od. -en, -e od. -en⟩ vermeintlich vorgeschichtliches Werkzeug aus Feuerstein [<*Eo…* + *…lith*]

Eo|li|thi|kum ⟨n.; -s; unz.; Geol.⟩ wegen der Eolithenfunde fälschlicherweise vermutete, früheste kulturgeschichtliche Periode [<*Eo…* + *…lithikum*]

Eo|sin ⟨n.; -s; unz.; Chemie⟩ wasserlöslicher roter Farbstoff, einer der ersten fotografischen Sensibilatoren, auch zur Herstellung von roter Tinte od. Lippenstiften verwendet, chemisches Natriumsalz des Tetrabromfluoreszeins [<grch. *eos* »Morgenröte«]

eo|si|nie|ren ⟨V.; Chemie⟩ mit Eosin rot färben

eo|si|no|phil ⟨Adj.⟩ **1** ⟨Chemie⟩ mit Eosin färbbar **2** ⟨Med.⟩ *~e Zellen* Z., die sich leicht mit (sauren) Eosinfarbstoffen verbinden [<*Eosin* + *…phil*]

Eo|si|no|phi|lie ⟨f.; -; unz.; Med.⟩ Vermehrung der eosinophilen Zellen (bes. Leukozyten) auf über 4 % der weißen Blutkörperchen, z. B. bei allergischen Prozessen [<*Eosin* +*…philie*]

eo|zän ⟨Adj.; Geol.⟩ das Eozän betreffend, aus ihm stammend

Eo|zän ⟨n.; -s; unz.; Geol.⟩ die mittlere Stufe des Paläozäns [<*Eo…* + *…zän*]

Eo|zo|i|kum ⟨n.; -s; unz.; Geol.⟩ = Algonkium [<*Eo…* + *…zoikum*]

eo|zo|isch ⟨Adj.; Geol.⟩ das Eozoikum betreffend, zu ihm gehörig, aus ihm stammend

Eo|zo|on ⟨n.; -s, -zo|en; Geol.⟩ erdurzeitl., in Nordamerika entdeckte, mineral. Objekte, die zuerst als organ. Fossilien galten [<*Eo…* + *Zoon*]

ep…, Ep… ⟨Vorsilbe⟩ = epi…, Epi…

Ep|a|go|ge ⟨f.; -, -n; Philos.⟩ = Induktion [<grch. *epagein* »hinauf-, herbeiführen«]

ep|a|go|gisch ⟨Adj.⟩ in der Art der Epagoge; *Sy* induktiv

Ep|ak|te ⟨f.; -, -n⟩ Zahl, die angibt, wie viele Tage zwischen dem Neumond des vergangenen Jahres u. dem 1. Januar verstrichen sind, wichtig für die Berechnung des Osterfestes [<grch. *epaktos* »hinzugesetzt«]

Ep|a|na|lep|se ⟨f.; -, -n; Rhet.⟩ Wiederholung eines Wortes od. einer Wortgruppe im Satz; *oV* Epanalepsis; *Sy* Epizeuxis [<grch. *epanalepsis* »Wiederholung«]

Ep|a|na|lep|sis ⟨f.; -, -lep|sen; Rhet.⟩ = Epanalepse

Ep|an|o|dos *auch:* **Ep|a|no|dos** ⟨f.; -, -o|doi; Rhet.⟩ Redefigur, Wiederholung eines Satzes in umgekehrter Reihenfolge, z. B. das Ende ist nah, nah ist das Ende [grch., »Rückkehr, Rückweg«]

E-Pa|per ⟨[iːpɛɪpə(r)] n.; - od. -s, -; EDV; kurz für⟩ Electronic Paper

Ep|arch ⟨m.; -en, -en⟩ **1** Bischof der grch.-orthodoxen Kirche **2** Statthalter einer oström. Provinz [<grch. *eparchos* »Statthalter«; zu *arche* »Herrschaft«]

Ep|ar|chie ⟨f.; -, -n⟩ **1** Amtsbezirk eines Eparchen **2** oström. Provinz

Epau|lett ⟨[epolɛt] n.; -s, -s⟩ = Epaulette

Epau|let|te ⟨[epolɛt(ə)] f.; -, -n⟩ Achselstück der Offiziersuniform; *oV* Epaulett [<frz. *épaulette* »Schulterstück«; zu *épaule* »Schulter«]

Epei|ro|ge|ne|se ⟨f.; -, -n; Geol.⟩ = Epirogenese

Epen ⟨Pl. von⟩ Epos

Ep|en|dym ⟨n.; -s; unz.; Med.⟩ ektodermale, dünnhäutige Zellauskleidung der Hirnhöhlen sowie des zentralen Rückenmarkkanals [zu grch. *endyma* »(Ober-)Kleidung«]

Ep|en|the|se ⟨f.; -, -n; Sprachw.⟩ Einfügung, Einschaltung eines Lautes zur Erleichterung der Aussprache, wie z. B. des t in »wissentlich«; *oV* Epenthesis [<grch. *epi* »hinzu« + *enthesis* »Hineinsetzung«]

Ep|en|the|sis ⟨f.; -, -the|sen; Sprachw.⟩ = Epenthese

ep|en|the|tisch ⟨Adj.; Sprachw.⟩ auf Epenthese beruhend, in der Art einer Epenthese

Ep|ex|e|ge|se ⟨f.; -, -n; Rhet.⟩ ergänzende Erklärung in der Art einer Apposition, z. B. oben auf dem Dach [<*epi…* + *Exegese*]

ep|ex|e|ge|tisch ⟨Adj.; Rhet.⟩ in der Art einer Epexegese formuliert

eph…, Eph… ⟨Vorsilbe; vor h⟩ epi…, Epi… [grch.]

Eph|e|be ⟨m.; -n, -n; im alten Griechenland⟩ Jüngling zwischen 18 u. 20 Jahren [<grch. *ephebos* »Jüngling«]

Eph|e|dra *auch:* **Eph|ed|ra** ⟨f.; -, -drae [-drɛː] od. -e|dren; Bot.⟩ Ephedrin enthaltende Gattung der Rutensträucher mit kleinen, schuppenförmigen Blättern [neulat., »Pferdeschwanz« <grch. *ephedros* »sitzend auf«]

Eph|e|drin® *auch:* **Eph|ed|rin®** ⟨n.; -s; unz.; Pharm.⟩ Alkaloid verschiedener Arten der Ephedra mit Kreislaufwirkung, bei Kreislaufschwäche, Schnupfen, Asthma u. a. verordnet

Eph|e|li|de ⟨f.; -, -n⟩ Sommersprosse [<grch. *ephelides*]

eph|e|mer ⟨Adj.⟩ *oV* ephemerisch **1** nur einen Tag dauernd **2** ⟨fig.⟩ vorübergehend, nur kurze Zeit dauernd [<grch. *ephemeros* »auf den Tag«]

Eph|e|me|ri|de ⟨f.; -, -n⟩ **1** ⟨Zool.⟩ Eintagsfliege **2** Erscheinung, Vorgang von kurzer Dauer **3** Buch, in dem die tägl. Stellungen der Gestirne für ein od. mehrere Jahre im Voraus verzeichnet sind **4** period. Veröffentlichung mit den in zeitl. Reihenfolge aufgezeichneten Tagesereignissen [→ *ephemer*]

eph|e|me|risch ⟨Adj.⟩ = ephemer

Ephor ⟨m.; -en, -en; im antiken Sparta⟩ einer der fünf vom Volk gewählten obersten Beamten [<grch. *ephoros* »Aufseher«]

Epho|rat ⟨n.; -(e)s, -e⟩ **1** Amt des Ephoren **2** Amt des Ephorus

Epho|rie ⟨f.; -, -n⟩ Amtsbezirk eines Ephorus

Epho|rus ⟨m.; -, -pho|ren⟩ = Superintendent [<grch. *ephoros* »Aufseher«]

epi…, Epi… ⟨vor Vokalen⟩ ep…, Ep… ⟨Vorsilbe⟩ auf, darüber, an der Oberfläche [grch.]

Epi|bi|ont ⟨m.; -en, -en; Biol.⟩ Lebewesen, das auf einem anderen lebt; *Ggs* Endobiont [<*epi…* + grch. *bios* »Leben«]

Epi|bio|se ⟨f.; -; unz.; Biol.⟩ Gemeinschaft verschiedenartiger Lebewesen, bei denen ein Partner auf dem anderen lebt [<*Epi…* + *…biose*]

Epi|cö|num ⟨[-tsø:-] n.; -s, -cö|na; Sprachw.⟩ Hauptwort, welches ein Geschöpf mit natürlichem Geschlecht (ein Tier) benennt, jedoch für das männl. sowie das weibl. Tier denselben Artikel besitzt, z. B. Wal, Fledermaus [<lat. *epicoenum* <grch. *epikoinon* »Wort, das für beide Geschlechter gilt«]

Epi|deik|tik ⟨f.; -; unz.; Rhet.⟩ **1** wortgewandt u. künstlerisch ausgefeilte Fest- u. Ehrenrede **2** allgemeiner Vortragsstil bei Feiern u. Preisverleihungen [<*Epi…* + grch. *deixis* »das Aufzeigen, Hinweisen«]

epi|deik|tisch ⟨Adj.⟩ **1** ⟨Rhet.⟩ die Epideiktik betreffend, mit ihrer Hilfe **2** prunkend, strahlend

Epi|de|mie ⟨f.; -, -n; Med.⟩ ansteckende, sich rasch u. weit verbreitende, plötzl. auftretende u. abflauende Massenerkrankung, Seuche; *Ggs* Endemie [<grch. *epidemios* »im Volke verbreitet«; zu *demos* »Volk«]

Epi|de|mio|lo|ge ⟨m.; -n, -n; Med.⟩ Wissenschaftler im Bereich der Epidemiologie

Epi|de|mio|lo|gie ⟨f.; -; unz.; Med.⟩ Lehre von den Epidemien [<*Epidemie* + *…logie*]

Epi|de|mio|lo|gin ⟨f.; -, -gin|nen; Med.⟩ Wissenschaftlerin im Bereich der Epidemiologie

epi|de|mio|lo|gisch ⟨Adj.; Med.⟩ die Epidemiologie betreffend, zu ihr gehörig

epi|de|misch ⟨Adj.⟩ in der Art einer Epidemie; *Ggs* endemisch

epi|der|mal ⟨Adj.; Biol.⟩ die Epidermis betreffend, zu ihr gehörig

Epi|der|mis ⟨f.; -, -der|men; Biol.⟩ **1** äußerste Schicht der Haut der Wirbeltiere **2** pflanzl., meist einschichtiges Abschlussgewebe [<*Epi…* + *…dermis*]

Epi|dia|skop ⟨n.; -s, -e⟩ Projektor zum Abbilden durchsichtiger u. undurchsichtiger Bilder auf einer Wand, Kombination von Diaskop u. Episkop

Epi|di|dy|mis ⟨f.; -, -mi|den; Anat.⟩ Nebenhoden [grch.]

Epi|gas|tri|um *auch:* **Epi|gast|ri|um** ⟨n.; -s, -tri|en; Anat.⟩ Magengrube [<*Epi…* + grch. *gaster* »Bauch, Unterleib, Magen«]

Epi|ge|ne|se ⟨f.; -, -n⟩ **1** ⟨Biol.⟩ nach K. F. Wolff (1759) die Entwicklung des Organismus durch dauernde Neubildungen, ohne Steuerung durch erbl. Faktoren, heute veraltet **2** ⟨Geol.⟩ Beeinflussung geolog. u. morpholog. Bildungen durch vergangene geolog. u. orographische Verhältnisse [<*Epi…* + *Genese*]

Epi|ge|ne|tik ⟨f.; -; unz.; Biol.⟩ Forschungsgebiet der Molekularbiologie, das den Einfluss der Umwelt auf die Funktion u. Wirkung der Gene ohne Veränderung der DNA untersucht [<*Epi…* + *Genetik*]

epi|ge|ne|tisch ⟨Adj.; Biol.⟩ **1** die Epigenetik betreffend, auf ihr beruhend **2** ⟨a. Geol.⟩ auf Epigenese beruhend, durch sie entstehend

Epi|glot|tis ⟨f.; -, -glot|tes; Anat.⟩ Kehldeckel [<*Epi…* + *Glottis*]

epi|go|nal ⟨Adj.⟩ in der Art eines Epigonen, unschöpferisch nachahmend; *Sy* epigonenhaft

Epi|go|ne ⟨m.; -n, -n⟩ der Nachkommende, jmd., der Vorhergehendes unschöpfer. nachahmt od. anwendet [<grch. *epigonos* »nachgeboren«]

epi|go|nen|haft ⟨Adj.⟩ = epigonal

Epi|graf ⟨m.; -s, -e⟩ = Epigraph

Epi|gra|fik ⟨f.; -; unz.⟩ = Epigraphik

Epi|gra|fi|ker ⟨m.; -s, -⟩ = Epigraphiker

Epi|gramm ⟨n.; -s, -e⟩ **1** altgrch. Auf- od. Inschrift **2** kurzes, meist zweizeiliges Sinn- od. Spottgedicht [<grch. *epigramma* »Auf-, Inschrift«]

Epi|gram|ma|tik ⟨f.; -; unz.⟩ Dichtung von Epigrammen

Epi|gram|ma|ti|ker ⟨m.; -s, -⟩ Verfasser von Epigrammen

epi|gram|ma|tisch ⟨Adj.⟩ in der Art eines Epigramms, treffend

Epi|graph ⟨n.; -s, -e⟩ (bes. antike) Inschrift, Aufschrift; *oV* Epigraf [<grch. *epigraphein* »daraufschreiben«]

Epi|gra|phik ⟨f.; -; unz.⟩ Teil der Altertumswissenschaft, der sich mit überlieferten Inschriften beschäftigt; *oV* Epigrafik; *Sy* Inschriftenkunde

Epi|gra|phi|ker ⟨m.; -s, -⟩ Kenner, Erforscher von Epigraphen, Inschriftenforscher; *oV* Epigrafiker

epi|gyn ⟨Adj.; Bot.⟩ mit unterständigem Fruchtknoten versehen [<*epi…* + grch. *gyne* »Weib«]

Epik ⟨f.; -; unz.; Lit.⟩ Gattung der erzählenden Vers- u. Prosadichtung [<lat. *epicus* »episch« <grch. *epos;* → *Epos*]

Epi|kan|thus ⟨m.; -; unz.; Anat.⟩ angeborene sichelförmige

Hautfalte am Innenrand des Oberlids, die sich zum Unterlid spannt u. die Vereinigungsstelle von Ober- u. Unterlid am inneren Augenwinkel verdeckt; *Sy* Mongolenfalte [<*Epi...* + grch. *kanthos* »Augenwinkel«]

Epi|kard ⟨n.; -(e)s, -e; Med.⟩ (bei Wirbeltieren u. Menschen) dem Herzen anliegendes Hautblatt des Herzbeutels [<*Epi...* + grch. *kardia* »Herz«]

Epi|karp ⟨n.; -s, -e; Biol.⟩ äußerste Schicht der Pflanzenfrucht [<*Epi...* + *...karp*[2]]

Epi|ker ⟨m.; -s, -⟩ Dichter epischer Werke

Epi|kle|se *auch:* **Epik|le|se** ⟨f.; -, -n; in der kath. u. grch.-orthodoxen Kirche⟩ das Anrufen des Heiligen Geistes beim Abendmahl [<grch. *epiklesis* »Benennung«]

Epi|ko|tyl ⟨n.; -s, -e; Biol.⟩ Abschnitt einer Keimpflanze zwischen den Keimblättern u. dem nächsten Blatt; →*a.* Hypokotyl [<*Epi...* + grch. *kotyle* «»Höhlung«]

Epi|kri|se ⟨f.; -, -n; Med.⟩ Abschluss der Krankengeschichte mit dem endgültigen Urteil über Diagnose, Verlauf u. Behandlungsergebnis [<grch. *epikrinein* »entscheiden«]

Epi|ku|re|er ⟨m.; -s, -⟩ **1** Anhänger der Lehre des grch. Philosophen Epikur (341-271 v. Chr.) **2** ⟨fig.⟩ Genussmensch

epi|ku|re|isch ⟨Adj.⟩ **1** die Lehre des Epikur betreffend **2** ⟨fig.⟩ genießerisch, wohllebend

Epi|ku|re|is|mus ⟨m.; -; unz.⟩ **1** Lehre des Epikur **2** ⟨fig.⟩ Lebensauffassung, die den Genuss an die erste Stelle setzt

Epi|la|ti|on ⟨f.; -, -en⟩ künstliche Entfernung von Haaren, Enthaarung [<frz. *épilation* »Haarentfernung«; zu lat. *pilus* »Haar«]

Epi|lep|sie ⟨f.; -, -n; Med.⟩ zeitweilig auftretende Krämpfe am ganzen Körper mit Bewusstlosigkeit [<grch. *epilepsia,* eigtl. »Angriff, Anfall«]

Epi|lep|ti|ker ⟨m.; -s, -⟩ jmd., der an Epilepsie leidet

Epi|lep|ti|ke|rin ⟨f.; -, -rin|nen⟩ weibl. Person, die an Epilepsie leidet

epi|lep|tisch ⟨Adj.⟩ die Epilepsie betreffend, auf ihr beruhend

epi|lie|ren ⟨V.⟩ enthaaren, ausdünnen; *die Augenbrauen ~* [<frz. *épiler* »enthaaren« <lat. *pilus* »Haar«]

Epi|lier|ge|rät ⟨n.; -(e)s, -e⟩ elektrisches Gerät, das die Körperbehaarung dauerhaft entfernt

Epi|lim|ni|on ⟨n.; -s, -ni|en; Biol.⟩ Oberflächenschicht eines Gewässers u. seine Organismenwelt; *oV* Epilimnium; *Ggs* Hypolimnion [<*Epi...* + grch. *limne* »(stehendes) Gewässer«]

Epi|lim|ni|um ⟨n.; -s, -ni|en; Biol.⟩ = Epilimnion

Epi|log ⟨m.; -(e)s, -e⟩ *Ggs* Prolog **1** Nachwort, Schlusswort (eines Buches) **2** Nachspiel (eines Theaterstückes) **3** Schlussworte eines Schauspielers an das Publikum [<*Epi...* + *...log*[1]]

Epi|me|let ⟨m.; -en, -en; im antiken Griechenland⟩ Staatsbeamter für kultische u. wirtschaftliche Aufgaben [<grch. *epimeletes* »Fürsorger, Verwalter«]

Epi|nas|tie ⟨f.; -, -n; Biol.⟩ einseitiges Wachstum eines dorsiventralen Pflanzenorgans unter dem Einfluss von Licht u. Wärme, bewirkt z. B. das Öffnen von Blütenblättern; *Ggs* Hyponastie [<*Epi...* + *Nastie*]

Epin|glé *auch:* **Eping|lé** ⟨[epɛ̃gle:] m.; -s, -s; Textilw.⟩ gerippter, kleingemusterter Stoff aus Baumwolle, Kammgarn, Seide od. Halbseide als Kleider- u. Dekorationsstoff [<frz. *velours epinglé* »Rippsamt«]

Epi|ni|ki|on ⟨n.; -s, -ki|en⟩ altgrch. Preisgesang für den Sieger bei Festspielen [<grch. *epinikion* »Siegeslied«]

Epi|pa|läo|li|thi|kum ⟨n.; -s; unz.; Geol.⟩ Mittelsteinzeit; *Sy* Mesolithikum [<*Epi...* + *Paläolithikum*]

Epi|pha|ni|as ⟨n.; -; unz.⟩ = Epiphanienfest

Epi|pha|nie ⟨f.; -, -n⟩ das Erscheinen einer Gottheit; *Sy* Theophanie [<grch. *epiphaneia* »Erscheinung«]

Epi|pha|ni|en|fest ⟨n.; -(e)s; unz.⟩ Fest der Erscheinung Christi, urspr. sein Geburts-, dann sein Tauffest, in der kath. Kirche zugleich Fest der Hl. Drei Könige [→ *Epiphanie*]

Epi|phä|no|men ⟨n.; -s, -e⟩ Begleiterscheinung, Auswirkung [<*Epi...* + *Phänomen*]

Epi|pher ⟨f.; -, -n; Rhet.⟩ = Epiphora (2)

Epi|pho|ra ⟨f.; -, -rä⟩ **1** ⟨Med.⟩ Tränenfluss **2** ⟨Rhet.⟩ Wiederholung eines Wortes am Ende mehrerer aufeinanderfolgender Sätze od. Satzteile; *Sy* Epipher; *Ggs* Anapher [<grch. *epipherein* »nachtragen«]

Epi|phyl|lum ⟨n.; -s, -phyl|len; Biol.⟩ Blattkaktus [<*Epi...* + grch. *phyllon* »Blatt«]

Epi|phy|se ⟨f.; -, -n; Biol.⟩ **1** Endstück der großen Röhrenknochen der Wirbeltiere **2** Falte der oberen (dorsalen) Zwischenhirnwand der Wirbeltiere, die sich zu besonderen Organen ausbildet, z. B. zur Zirbeldrüse bei Säugetieren u. Mensch [<*Epi...* + *...physe*]

Epi|phyt ⟨m.; -en, -en; Biol.⟩ Pflanze, die nicht im Boden wurzelt, sondern auf anderen Pflanzen, meist Bäumen, oft mit Hilfe bes. Haftwurzeln festgewachsen ist [<*Epi...* + *...phyt*]

Epi|plo|on ⟨[-ploɔn] n.; -s, -ploa; Med.⟩ = Omentum [grch., »Netz um die Eingeweide«]

epi|ro|gen ⟨Adj.; Geol.⟩ durch Epirogenese entstanden

Epi|ro|ge|ne|se ⟨f.; -, -n; Geol.⟩ langzeitige kontinentweite Auf- od. Abwärtsbewegung der Erdkruste; *oV* Epeirogenese; *Ggs* Orogenese [<grch. *epeiros* »Festland« + *Genese*]

epi|ro|ge|ne|tisch ⟨Adj.; Geol.⟩ die Epirogenese betreffend

episch ⟨Adj.; Lit.⟩ die Epik, das Epos betreffend, in der Art eines Epos, erzählend; *~e Breite* breit ausmalende Erzählform; *~e Dichtung* erzählende D.; *~es Theater* moderne dramatische Form, bei welcher es weniger um individuelle Schicksale als um gesellschaftliche Beziehungen geht, die z. T. verfremdend dargestellt werden [<grch. *poiesis epikos* »epische Dichtung«; → *Epos*]

Epi|sem ⟨n.; -s, -e; Sprachw.⟩ die semantische, inhaltliche Ebene eines Grammems; →*a.* Tagmem [<*Epi…* + *Sem*]

Epi|se|mem ⟨n.; -s, -e; Sprachw.⟩ die Bedeutungsebene eines Tagmems [<*Epi…* + *Sem*]

Epi|sio|to|mie ⟨f.; -, -n; Med.⟩ Einschneiden des Damms bei einem drohenden Dammriss, Dammschnitt [<grch. *episeion* »Schamgegend« + *…tomie*]

Epi|sit ⟨m.; -en, -en; Zool.⟩ Raubtier [<*Epi…* + grch. *sitos* »Speise«]

Epi|skle|ri|tis *auch:* **Epis|kle|ri|tis** ⟨f.; -, -ti|den; Med.⟩ Entzündung des Bindegewebes an der Lederhaut des Auges [<*Epi…* + *Skleritis*]

◆ Die Buchstabenfolge **epi|sko…** kann auch **epis|ko…** getrennt werden.

◆ **Epi|skop** ⟨n.; -s, -e⟩ Projektor für undurchsichtige Bilder [<grch. *episkopein* »nach oder auf etwas sehen«]

◆ **epi|sko|pal** ⟨Adj.⟩ den Bischof betreffend, zu ihm gehörig, bischöflich

◆ **Epi|sko|pa|le(r)** ⟨f. 2 (m. 1)⟩ Anhänger(in), Vertreter(in) der anglikan. Kirche

◆ **Epi|sko|pa|lis|mus** ⟨m.; -; unz.⟩ **1** ⟨kath. Kirche⟩ kirchenrechtliche Ordnung, nach der die Gesamtheit der Bischöfe (das Konzil) die höchste Kirchengewalt besitzt, also bei Streitfragen über dem Papst steht **2** ⟨evang. Kirche⟩ Auffassung von der Kirchenhoheit des Landesherrn, der aufgrund der Reformation als Rechtsnachfolger der kath. Bischöfe betrachtet wird; *Ggs* Kurialismus, Papalismus [→ *Episkopus*]

◆ **Epi|sko|pa|list** ⟨m.; -en, -en⟩ Anhänger, Vertreter des Episkopalismus

◆ **Epi|sko|pal|kir|che** ⟨f.; -; unz.⟩ Kirche mit bischöfl. Leitung, bes. die anglikan. Kirche

◆ **Epi|sko|pat** ⟨n. od. m.; -(e)s, -e⟩ **1** Bischofsamt, Bischofswürde **2** Gesamtheit der Bischöfe [→ *Episkopus*]

◆ **epi|sko|pisch** ⟨Adj.⟩ mit dem Episkop

◆ **Epi|sko|pus** ⟨m.; -, -pi⟩ Bischof [<grch. *episkopos* »Aufseher«]

Epi|so|de ⟨f.; -, -n⟩ **1** ⟨im altgrch. Drama⟩ zwischen die Chorgesänge eingeschobene Handlung **2** ⟨im Drama u. Roman⟩ eingeschobene Nebenhandlung **3** ⟨Musik⟩ Zwischenspiel in der Fuge **4** ⟨allg.⟩ nebensächl. Ereignis od. Erlebnis, Zwischenspiel; *eine unbedeutende ~* [<frz. *épisode* »Nebenhandlung« <grch. *epeisodion* »Handlung zwischen zwei Chorgesängen«]

epi|so|disch ⟨Adj.⟩ wie eine Episode, kurz, nebensächlich

◆ Die Buchstabenfolge **epi|st…** kann auch **epis|t…** getrennt werden.

◆ **Epi|sta|se** ⟨f.; -, -n; Genetik⟩ Überdecken der äußeren Erscheinung eines Gens durch ein zweites, das einem anderen Chromosomenpaar zugeordnet ist [<*Epi…* + *…stase*]

◆ **Epi|sta|sie** ⟨f.; -, -n; Genetik⟩ Form der gegenseitigen Beeinflussung von Genen, bei der ein Gen die Ausprägung der äußeren Erscheinung eines anderen Gens beeinflusst, das einem fremden Chromosomenpaar angehört; *oV* Epistasis [<*Epi…* + grch. *stasis* »Stehen, Feststehen«]

◆ **Epi|sta|sis** ⟨f.; -, -sta|sen; Genetik⟩ = Epistasie

◆ **epi|sta|tisch** ⟨Adj.⟩ auf Epistase basierend, beeinflussend, überlagernd

◆ **Epi|sta|xis** ⟨f.; -; unz.; Med.⟩ Nasenbluten [<*Epi…* + grch. *stazein* »tröpfeln«]

◆ **Epi|stel** ⟨f.; -, -n⟩ **1** längerer (kunstvoller) Brief **2** Apostelbrief im NT **3** für den Gottesdienst vorgeschriebene Lesung aus der Apostelgeschichte od. den Apostelbriefen; *jmdm. die ~ lesen* ⟨fig.⟩ jmdn. ermahnen, jmdm. eine Strafpredigt halten [<lat. *epistula* »Brief« <grch. *epistole* »Sendung«]

◆ **epi|ste|misch** ⟨Adj.⟩ = epistemologisch

◆ **Epi|ste|mo|lo|gie** ⟨f.; -; unz.⟩ Erkenntnislehre, Lehre vom Wissen [<grch. *episteme* »Wissenschaft« + *…logie*]

◆ **epi|ste|mo|lo|gisch** ⟨Adj.⟩ auf Epistemologie beruhend, erkenntnistheoretisch; *oV* epistemisch

◆ **Epi|sto|lar** ⟨n.; -s, -e⟩ = Epistolarium

◆ **Epi|sto|la|ri|um** ⟨n.; -s, -ri|en⟩ Handbuch mit den Episteln für die Lesung im Gottesdienst; *Sy* Epistolar

◆ **Epi|sto|lo|gra|fie** ⟨f.; -; unz.⟩ = Epistolographie

◆ **Epi|sto|lo|gra|phie** ⟨f.; -; unz.⟩ die Kunst des Briefschreibens; *oV* Epistolografie

◆ **Epi|stro|pheus** ⟨m.; -; unz.; Med.⟩ zweiter Halswirbel, der bei den höheren Wirbeltieren mit dem ersten Halswirbel zusammen das Drehgelenk des Kopfes bildet [<grch. *epistrephein* »umwenden«]

◆ **Epi|styl** ⟨n.; -s, -e⟩ = Epistylion

◆ **Epi|sty|li|on** ⟨n.; -s, -li|en⟩ = Architrav; *oV* Epistyl [<*Epi…* + grch. *stylos* »Säule«]

Epi|taph ⟨n.; -s, -e⟩ *oV* Epitaphium **1** Grabinschrift **2** Gedenktafel in der Kirchenwand od. an einem Pfeiler mit Inschrift, oft bildhauerisch verziert, nicht identisch mit dem Grabstein [<grch. *epitaphion* »Grabschrift«; zu *taphos* »Grab«]

Epi|ta|phi|um ⟨n.; -s, -phi|en⟩ = Epitaph

Epi|ta|sis ⟨f.; -, -ta|sen; Lit.⟩ Höhepunkt, Verwicklung, sich steigernde Spannung im (dreiaktigen) Drama [grch., eigtl. »Anspannung«]

Epi|ta|xie ⟨f.; -, -n⟩ Bildung von Kristallen eines Stoffes auf Kristallen eines anderen Stoffes mit weitgehend ähnlichem Kristallgitter [<*Epi…* + *Taxie*]

Epi|tha|la|mi|um ⟨n.; -s, -mi|en⟩ Hochzeitslied der alten Griechen u. Römer [<grch. *epi* »bei, an« + *thalamos* »Brautgemach«]

Epi|thel ⟨n.; -s, -e; Biol.; kurz für⟩ = Epithelgewebe

Epi|thel|ge|we|be ⟨n.; -s, -; Biol.⟩ ein- od. mehrschichtige Zelllagen des tierischen Gewebes, die äußere Oberflächen u. innere Hohlräume begrenzen; *Sy* Epithel [<*Epi…* + grch. *thele* »Mutterbrust, Saugwarze«]

epi|the|li|al ⟨Adj.; Biol.⟩ zum Epithel gehörig

E

Epi|the|li|om ⟨n.; -s, -e; Med.⟩ Geschwulst des Epithelgewebes
Epi|the|li|sa|ti|on ⟨f.; -, -en⟩ Bildung von Epithelgewebe
Epi|thel|kör|per|chen ⟨Pl.; Biol.⟩ Drüsen innerer Sekretion bei Wirbeltieren, die entwicklungsgeschichtlich dem Epithel des Kiemendarmes entstammen, Nebenschilddrüsen: Glandulae parathareoideae
Epi|thel|zel|le ⟨f.; -, -n; Biol.; Med.⟩ Zelle des Epithels
Epi|them ⟨n.; -s, -e; Bot.⟩ der Wasserausscheidung dienendes Gewebe [<grch. *epithema* »das Daraufgesetzte«]
epi|ther|mal ⟨Adj.⟩ Lagerstätten betreffend od. von ihnen stammend, die Mineralien enthalten, welche sich zwischen 100 u. 200 °C abscheiden
Epi|the|se ⟨f.; -, -n; Sprachw.⟩ Anfügen von etymologisch unbegründeten Lauten zur besseren Aussprache, z. B. dt. »Sekt« aus frz. »(vin) sec« [zu grch. *epithetos* »hinzugefügt, künstlich«]
Epi|the|ta or|nan|tia ⟨Pl. von⟩ Epitheton ornans
Epi|the|ton ⟨n.; -s, -the|ta; Sprachw.⟩ Beiwort, als Attribut verwendetes Adjektiv od. Partizip; ~ *ornans* schmückendes Beiwort [<grch. *epithetos* »hinzugefügt« + lat. *ornans,* Part. Präs. zu *ornare* »schmücken«]
Epi|to|me ⟨f.; -, -to|men⟩ Auszug aus einem größeren Schriftwerk [<grch. *epitome* »das Abschneiden, das Beschneiden«]
Epi|tra|che|li|on ⟨[-xeː-] n.; -s, -lien; Ostkirche⟩ der Stola ähnliches, um den Hals getragenes Band der Priester [<*Epi...* + grch. *trachelos* »Nacken«]
Epi|trit *auch:* **Epit|rit** ⟨m.; -en, -en; Metrik⟩ antikes, vierteiliges Versmaß aus drei langen u. einer kurzen Silbe, in unterschiedl. Reihenfolge [<grch. *epi* »darüber« + *tritos* »der Dritte«, eigtl. »(ein Ganzes u.) ein Drittel darüber«]
Epi|tro|pe ⟨f.; -, -n; Rhet.⟩ Formulierung od. Redensart, die ein vorläufiges Zugeständnis bzw. Einlenken vortäuscht [grch., »das Anheimstellen«]
epi|tro|pisch ⟨Adj.; Rhet.⟩ auf einer Epitrope beruhend, in Form einer Epitrope
Epi|zen|trum *auch:* **Epi|zent|rum** ⟨n.; -s, -zen|tren⟩ senkrecht über einem Erdbebenherd liegender Punkt der Erdoberfläche [<*Epi...* + *Zentrum*]
Epi|zeu|xis ⟨f.; -, -zeu|xes; Rhet.⟩ = Epanalepse [zu grch. *epizeugnyai* »hinzufügen«]
epi|zo|isch ⟨Adj.; Biol.⟩ durch Tiere verbreitet; *~e Bakterien, Samen* [→ *Epizoon*]
Epi|zo|ne ⟨f.; -; unz.; Geol.⟩ obere Tiefenzone der Erdrinde mit Temperaturen zwischen 100 u. 300 °C, in der sich durch leichte Metamorphose Phyllit u. Chloritschiefer u. a. bilden [<*Epi...* + *Zone*]
Epi|zo|on ⟨n.; -s, -zo|en od. -zoa; Biol.⟩ Tier, das als Schmarotzer auf anderen Lebewesen siedelt [<*Epi...* + *Zoon*]
Epi|zoo|no|se ⟨[-tsoːo-] f.; -, -n; Med.⟩ durch tierische Hautparasiten hervorgerufene Hautkrankheit [<*Epizoon* + grch. *nosos* »Krankheit«]
Epi|zoo|tie ⟨[-tsoːo-] f.; -, -n; Med.⟩ Tierseuche mit größerer Ausbreitung; *Ggs* Enzootie [<*Epi...* + *Zoon*]
Epi|zy|klo|i|de *auch:* **Epi|zyk|lo|i|de** ⟨f.; -, -n; Math.⟩ Kurve, die von einem auf einem Kreis befindlichen Punkt beschrieben wird, wenn dieser Kreis abrollt [<*Epi...* + *Zyklus* + *...id*]
epo|chal ⟨Adj.⟩ **1** für eine Epoche geltend **2** Epoche machend, Aufsehen erregend
Epo|che ⟨f.; -, -n⟩ **1** (bedeutsamer) Zeitabschnitt **2** histor. Wendepunkt; ~ *machen* durch ein bedeutsames Ereignis einen neuen Zeitabschnitt einleiten **3** ⟨Astron.⟩ bestimmter Zeitpunkt, auf den irgendwelche Angaben bezogen werden, z. B. die Bahnelemente der Planeten, das Minimum im Lichtwechsel veränderlicher Sterne **4** ⟨unz.; Philos.⟩ Zurückhalten des Beifalls od. Urteils, Beifalls-, Urteilsenthaltung [grch., »Innehalten, Haltepunkt in der Zeitrechnung, bedeutsamer Zeitpunkt«]
Ep|o|de ⟨f.; -, -n⟩ **1** ⟨in der altgrch. Dichtung⟩ die auf Strophe u. Gegenstrophe folgende, anders aufgebaute 3. Strophe, ähnl. dem Abgesang im Meistergesang **2** ⟨altgrch. u. röm. Dichtung⟩ lyrischer, auf eine längere Zeile folgender Kurzvers **3** ⟨danach⟩ lyr. Strophe mit regelmäßig wechselndem langem u. kurzem Vers **4** Gedicht nach diesem Schema [<grch. *epodos* »Nach-, Schlussgesang«]
Ep|o|nym ⟨n.; -s, -e; Sprachw.⟩ auf einen Eigennamen zurückgehende Bezeichnung einer Gattung, z. B. »Zeppelin« für »Luftschiff«, »Guillotine« für »Fallbeil« [<grch. *eponymos* »danach benannt«]
Epo|pöe ⟨f.; -, -n⟩ Epos, bes. Götter-, Heldenepos [<grch. *epopoiia,* eigtl. »Verfertigung des Epos«]
Epos ⟨n.; -, Epen⟩ **1** langes, erzählendes Gedicht in gleichmäßiger Versform; *Vers~* **2** großangelegte, breit ausgemalte Prosadichtung; *Helden~* [grch., »Wort, Ausspruch, Erzählung, Gedicht«]
E-Post ⟨[iː-] f.; -; unz.; EDV; kurz für⟩ Electronic Post
Ep|oxid ⟨n.; -s, -e; Chemie⟩ chem. Verbindung, die durch Anlagerung von Sauerstoff an Olefine gewonnen wird, deren wichtigste das Ethylenoxid ist [<*Epi...* + *Oxid*]
Ep|oxid|harz ⟨n.; -es; unz.; Chemie⟩ durch Kondensation von Epichlorhydrin mit Diphenylolpropan u. anschließende Versetzung mit Härtern hergestellter Kunststoff; *Sy* Ethoxylinharz
Ep|rou|vet|te ⟨[epruvɛt] f.; -, -n; österr.⟩ Probierröhrchen (für chem. Versuche usw.), Reagenzglas [<frz. *éprouvette* »Probestab«]
Ep|si|lon ⟨n.; -s, -s; Zeichen: ε, E⟩ 5. Buchstabe des grch. Alphabets, kurzes e [grch.]
Ep|so|mit ⟨m.; -(e)s, -e⟩ = Magnesiumsulfat [nach der engl. Stadt *Epsom*]
EPU ⟨Abk. für engl.⟩ European Payments Union (Europäische Zahlungsunion)
E-Pu|bli|shing *auch:* **E-Pub|li|shing** ⟨[iːpʌblɪʃɪŋ] n.; - od. -s; unz.;

EDV; kurz für⟩ Electronic Publishing

Ep|u|lis ⟨f.; -, -li|den; Med.⟩ Zahnfleischgeschwulst [<*Ep...* + grch. *oulon* »Zahnfleisch«]

Equa|li|zer ⟨[i:kwəlaɪzə(r)] m.; -s, -⟩ Gerät zur Entzerrung od. Veränderung des Klangbildes an Verstärkern o. Ä. [engl.; zu *equalize* »ausgleichen«]

Equi|den ⟨Pl.⟩ pferdeartige Tiere (Pferd, Esel, Zebra u. a.) [<lat. *equus* »Pferd« + *...id*]

Equi|li|brist *auch:* **Equi|lib|rist** ⟨m.; -en, -en⟩ = Äquilibrist

Equi|pa|ge ⟨[ek(v)ipa:ʒə] f.; -, -n⟩ **1** elegante Kutsche **2** Schiffsbesatzung **3** Ausrüstung (eines Offiziers) [<frz. *équipage*]

Equi|pe ⟨[eki:p(ə)] f.; -, -n⟩ **1** Reitermannschaft **2** ⟨schweiz.⟩ Sportsmannschaft, Künstlergruppe **3** ⟨österr.⟩ ausgewählte Mannschaft für einen Wettkampf; *die siegreiche österreichische ~* [<frz. *équipe* »Trupp, Mannschaft«]

Equip|ment ⟨[ɪkwɪpmənt] n.; -s; unz.⟩ Ausrüstung, Ausstattung [engl.; zu frz. *équiper* »ausstatten«]

Equi|ty|me|tho|de ⟨[ɛkwiti-] f.; -; unz.; Wirtsch.⟩ Form der Bilanzierung von längerfristigen Unternehmensbeteiligungen beim Jahresabschluss, bei der dem Anschaffungswert der Beteiligung der aktuelle Kurswert gegenübergestellt wird [<engl. *equity* »Gerechtigkeit, Billigkeit«]

Er ⟨chem. Zeichen für⟩ Erbium

Er|bi|um ⟨n.; -s; unz.; chem. Zeichen: Er⟩ chem. Element aus der Reihe der Metalle der seltenen Erden, Ordnungszahl 68 [nach der Stadt *Ytterby* in Schweden]

Erd|al|ka|li|en ⟨Pl.⟩ = Erdalkalimetalle

Erd|al|ka|li|me|tal|le ⟨Pl.; Sammelbez. für⟩ die Elemente Beryllium, Magnesium, Calcium, Strontium, Barium und Radium: wegen ihres überwiegend gesteinsbildenden Auftretens und der Eigenschaft ihrer Oxide, mit Wasser starke Basen zu bilden; *Sy* Erdalkalien

Erd|ma|gne|tis|mus *auch:* **Erd|mag|ne|tis|mus** ⟨m.; -; unz.⟩ der durch das erdmagnet. Feld bewirkte Magnetismus

Ere|bos ⟨m.; -; unz.; grch. Myth.⟩ Unterwelt, Totenreich; *oV* Erebus [<grch. *erebos*]

Ere|bus ⟨m.; -; unz.; grch. Myth.⟩ = Erebos

erek|til ⟨Adj.⟩ = erigibel [<lat. *erigere* »emporrichten« u. *erectio* »das Emporrichten«]

Erek|ti|on ⟨f.; -, -en⟩ das Aufrichten, Anschwellen, Straffen der äußeren Geschlechtsorgane bei geschlechtl. Erregung [<lat. *erectio* »das Emporrichten«]

Ere|mit ⟨m.; -en, -en⟩ **1** Einsiedler; *Ggs* Zönobit **2** Einsiedlerkrebs [<grch. *eremites;* zu *eremos* »einsam, verlassen«; verwandt mit *arm, Arbeit, Erbe*]

Ere|mi|ta|ge ⟨[-ʒə] f.; -, -n⟩ *oV* Ermitage **1** Wohnung eines Eremiten, Einsiedelei **2** Gartenhaus in Parkanlagen **3** ⟨unz.⟩ Bildergalerie in Leningrad [→ *Eremit*]

Ere|mu|rus ⟨m.; -; unz.; Bot.⟩ Gattung der Liliengewächse in den Steppen West- u. Zentralasiens, z. B. Steppenkerze, Steppenlilie u. Lilienschweif [<mlat. *eremus* »Wüste, Einsamkeit«]

Erep|sin ⟨n.; -s; unz.; veraltet; Med.⟩ Enzymgemisch, das die Eiweißspaltung u. -verdauung im Magen vollendet, Peptidase [aus grch. *erepthestai* »rupfen; verzehren« + *Pepsin*]

ere|thisch ⟨Adj.⟩ bes. leicht erregbar [→ *Erethismus*]

Ere|this|mus ⟨m.; -; unz.⟩ krankhaft erhöhte Erregbarkeit [<grch. *erethizein* »reizen«]

Erg ⟨n.; -s; unz.; Zeichen: erg⟩ nicht mehr zulässige Maßeinheit der Energie, ersetzt durch die Einheit Joule (Zeichen: J), 1 erg = 10^{-7} J [<grch. *ergon* »Arbeit«]

Er|ga|tiv ⟨m.; -s; unz.; Sprachw.; in einigen Sprachen⟩ Kasus, der den Handlungsträger des transitiven Verbs bezeichnet [zu grch. *ergates* »Handelnder«]

er|go ⟨Konj.⟩ also, folglich, infolgedessen; *~ bibamus!* also lasst uns trinken (mittelalterlicher Trinkspruch, bes. in Trinkliedern) [lat.]

er|go..., Er|go... ⟨in Zus.⟩ Arbeit [<grch. *ergon* »Werk, Arbeit«]

Er|go|graf ⟨m.; -en, -en⟩ = Ergograph

Er|go|gra|fie ⟨f.; -, -n⟩ = Ergographie

Er|go|graph ⟨m.; -en, -en⟩ Messgerät zum Aufzeichnen der Arbeitsleistung von Muskeln; *oV* Ergograf; *Sy* Ergostat [<*Ergo...* + *...graph*]

Er|go|gra|phie ⟨f.; -, -n⟩ *oV* Ergografie **1** Aufzeichnung der Muskelarbeit mit Hilfe des Ergographen **2** Werdegang eines Gelehrten, dargestellt im Hinblick auf sein Lebenswerk

Er|go|lo|gie ⟨f.; -; unz.⟩ Erforschung der volkstüml. Arbeitsgeräte u. -bräuche [<*Ergo...* + *...logie*]

er|go|lo|gisch ⟨Adj.⟩ die Ergologie betreffend, auf ihr beruhend

Er|go|me|ter ⟨n.; -s, -; Med.⟩ Gerät, mit dem in der Leistungsphysiologie sowie in der Sportmedizin Arbeit bzw. Leistung von Muskeln gemessen wird; *Laufband~; Fahrrad~*

Er|go|me|trie *auch:* **Er|go|met|rie** ⟨f.; -; unz.; Med.⟩ Berechnung der physischen Arbeits- bzw. Leistungsfähigkeit eines Menschen anhand eines Ergometers [<*Ergo...+...metrie*]

er|go|me|trisch *auch:* **er|go|met|risch** ⟨Adj.; Med.⟩ **1** zum Ergometer gehörend **2** auf die Ergometrie bezogen, sie betreffend

Er|gon ⟨n.; -; unz.; Philos.⟩ Werk, abgeschlossene Tätigkeit [grch.]

Er|go|nom ⟨m.; -en, -en⟩ Wissenschaftler od. Student im Fachbereich der Ergonomie

Er|go|no|mie ⟨f.; -; unz.⟩ Zweig der Arbeitswissenschaft, der sich mit den Leistungsmöglichkeiten des arbeitenden Menschen befasst u. die Technik seiner Arbeit anzupassen versucht; *oV* Ergonomik [<grch. *ergon* »Arbeit, Werk« + *nomos* »Gesetz«]

Er|go|no|mik ⟨f.; -; unz.⟩ = Ergonomie

Er|go|no|min ⟨f.; -, -min|nen⟩ Wissenschaftlerin od. Studentin im Fachbereich der Ergonomie

E

er|go|no|misch ⟨Adj.⟩ die Ergonomie betreffend, auf ihr beruhend, zu ihr gehörig; *Arbeitsplätze ~ gestalten*

Er|go|stat *auch:* **Er|gos|tat** ⟨m.; -en, -en⟩ = Ergograph [<*Ergo...* + *...stat*]

Er|go|ste|rin *auch:* **Er|gos|te|rin** ⟨n.; -s; unz.; Chemie⟩ organ.-chem. Verbindung aus der Gruppe der Sterine [<frz. *ergot* »Mutterkorn« + Chole*sterin*]

Er|go|ta|min ⟨n.; -s; unz.⟩ Hauptalkaloid des Mutterkorns, bewirkt Blutdruckanstieg [<frz. *ergot* »Mutterkorn« + *Amin*]

Er|go|the|ra|peut ⟨m.; -en, -en⟩ jmd., der eine Ergotherapie leitet bzw. die Patienten bei einer Ergotherapie betreut

Er|go|the|ra|peu|tin ⟨f.; -, -tin|nen⟩ weibl. Person, die eine Ergotherapie leitet bzw. die Patienten bei einer Ergotherapie betreut

Er|go|the|ra|pie ⟨f.; -; unz.⟩ Beschäftigungs- und Arbeitstherapie [<grch. *ergon* »Arbeit, Werk« + *Therapie*]

Er|go|tis|mus ⟨m.; -; unz.; Med.⟩ Vergiftung durch Mutterkorn, schwere Nerven- u. Gehirnstörungen, Mutterkornvergiftung [<frz. *ergot* »Mutterkorn«]

er|go|trop ⟨Adj.; Pharm.⟩ die eigene Energie verstärkend, leistungssteigernd [zu grch. *ergon* »Arbeit, Werk« + *tropos* »Wendung«]

eri|gi|bel ⟨Adj.⟩ aufrichtbar, schwellfähig (Organ, bes. die äußeren Geschlechtsorgane); *Sy* erektil [<lat. *erigere* »emporrichten«]

eri|gie|ren ⟨V.⟩ sich aufrichten, anschwellen (von Organen, bes. vom männl. Glied) [<lat. *erigere* »emporrichten«]

Eri|ka ⟨f.; -, Eri|ken; Bot.⟩ Angehörige einer Gattung der Heidekrautgewächse (Glockenheide): Erica tetralix [<ital. *erica* <lat. *erica* <grch. *ereike*]

Erin|nye ⟨[-rɪnjə] f.; -, -ny|en; grch. Myth.⟩ = Erinnys

Erin|nys ⟨f.; -, -ny|en; grch. Myth.⟩ in der Unterwelt wohnende Rächerin, bes. des Mordes; *oV* Erinnye [<grch. *Erinys*]

Eris|ap|fel ⟨m.; -s; unz.⟩ Zankapfel [nach dem *Apfel* mit der Aufschrift »der Schönsten«, den *Eris*, die grch. Göttin der Zwietracht, in eine Götterversammlung warf; <grch. *eris* »Streit, Hader«]

Eris|tik ⟨f.; -; unz.; Philos.⟩ Kunst des wissenschaftlichen Streitgesprächs [<grch. *eris* »Streit, Hader«]

Eris|ti|ker ⟨m.; -s, -; meist Pl.; Philos.⟩ Philosoph, der ausgeprägtes Interesse an wissenschaftlicher Diskussion besitzt bzw. in der Eristik sehr erfahren ist

eris|tisch ⟨Adj.; Philos.⟩ auf der Eristik beruhend, sie betreffend

Er|mi|ta|ge ⟨[-taːʒə] f.; -, -n⟩ = Eremitage [<frz.; zu *ermit* »Eremit«]

ero|die|ren ⟨V.⟩ **1** *Land ~* auswaschen, wegschwemmen **2** ausgewaschen, abgetragen werden **3** ⟨fig.⟩ schwinden, abgebaut werden [<lat. *erodere* »abnagen, wegbeizen«]

ero|gen ⟨Adj.⟩ geschlechtliche Erregung bewirkend, dafür empfänglich; *~e Zonen* Körperstellen, deren Berührung (Reizung) sexuell erregt; *oV* erotogen [<*Eros* + *...gen*[1]]

Ero|ge|ni|tät ⟨f.; -; unz.⟩ geschlechtliche Erregbarkeit

ero|i|co ⟨Adj.; Musik⟩ heldisch, heldenhaft (zu spielen) [ital.]

Eros ⟨a. [ɛrɔs] m.; -, Ero|ten⟩ **1** ⟨unz.⟩ (sinnl.) Liebe **2** ⟨Philos.⟩ Trieb nach Erkenntnis u. schöpferischer geistiger Tätigkeit **3** ⟨zählb.⟩ = Amorette [<grch. *eros* »Liebe, Liebesgott«]

Eros|cen|ter ⟨a. [ɛrɔssɛn-] n.; -s, -⟩ mehrere Appartements für Prostituierte mit einem gemeinsamen Raum für den ersten Kontakt mit den Kunden

Ero|si|on ⟨f.; -, -en⟩ **1** Abtragen, Auswaschung (von Land durch Wind od. Wasser) **2** Haut- od. Schleimhautabschürfung [<lat. *erosio* »Zernagung, Durchfressung«]

ero|siv ⟨Adj.⟩ durch Erosion (1) entstanden

Ero|te|ma ⟨n.; -s, -te|ma|ta; Rhet.⟩ **1** Frage **2** Fragesatz [zu grch. *erotan* »fragen«]

Ero|ten ⟨Pl. von⟩ Eros (3)

Ero|tik ⟨f.; -; unz.⟩ **1** Liebeskunst, das (vergeistigte) Liebes- u. Geschlechtsleben **2** Sinnlichkeit **3** Liebeslehre [→ *Eros*]

Ero|ti|ka ⟨Pl.; Sing.: Erotikon⟩ Werke, Dichtungen über die Liebe u. das Liebesleben

Ero|ti|ker ⟨m.; -s, -s⟩ **1** sinnlicher Mensch **2** Verfasser von Liebesliedern u. erot. Schriften **3** Liebeskünstler

Ero|ti|kon ⟨n.; -s, -ti|ka; meist Pl.⟩ Werk, Dichtung über die Liebe u. das Liebesleben

ero|tisch ⟨Adj.⟩ *Ggs* unerotisch **1** die Liebeskunst betreffend, auf sie bezüglich, auf ihr beruhend **2** sinnlich **3** das Liebes- u. Geschlechtsleben betonend od. anreizend [<grch. *erotikos* »die Liebe betreffend«]

ero|ti|sie|ren ⟨V.⟩ *jmdn. ~* in jmdm. erotisches Verlangen wecken; *die ~de Wirkung eines Films*

Ero|tis|mus ⟨m.; -; unz.⟩ Betonung des Erotischen; *oV* Erotizismus

Ero|ti|zis|mus ⟨m.; -; unz.⟩ = Erotismus

ero|to|gen ⟨Adj.⟩ = erogen

Ero|to|lo|gie ⟨f.; -; unz.; selten⟩ wissenschaftliche Forschung über die Phänomene der Erotik sowie ihrer sinnlichen u. geistig-seelischen Basis beim Menschen; →*a.* Erotik (3) [<*Eros* + *...logie*]

Ero|to|ma|nie ⟨f.; -; unz.⟩ Liebeswahnsinn, krankhafte Übersteigerung des Geschlechtstriebes [<grch. *eros* »Liebe« + *...manie*]

ERP ⟨Abk. für engl.⟩ European Recovery Program (Marshallplan)

Er|pas|sat ⟨m.; -(e)s; unz.; Meteor.⟩ konstante Ostwindzone, die an beiden Seiten des Äquators maximal bis zum 30. Breitengrad reicht [→ *Passat*]

er|ra|re hu|ma|num est Irren ist menschlich [lat.]

Er|ra|ta ⟨Pl. von⟩ Erratum

er|ra|tisch ⟨Adj.⟩ verstreut, verirrt; *~er Block* aus der Eiszeit stammender Gesteinsbrocken, Findling [<frz. *bloc erratique* »wandernder Stein« <lat. *errare* »irren«]

Er|ra|tum ⟨n.; -s, -ra|ta⟩ **1** Irrtum,

Versehen **2** Druckfehler [lat., »Irrtum, Versehen«]
eru|ie|ren ⟨V.⟩ ermitteln, herausbringen, ergründen, erforschen [<lat. *eruere* »herausgraben, ausfindig machen«]
Eru|ie|rung ⟨f.; -, -en; geh.⟩ das Eruieren, Ermitteln, Erforschen
Eruk|ta|ti|on ⟨f.; -, -en; Med.⟩ Aufstoßen, Rülpsen, Bäuerchen (bei Säuglingen); *Sy* Efflation, Ruktation [<lat. *eructare* »ausrülpsen, ausspeien, auswerfen«]
eruk|tie|ren ⟨V.; Med.⟩ aufstoßen, rülpsen, Bäuerchen machen (bei Säuglingen)
erup|tie|ren ⟨V.; Geol.⟩ auswerfen, ausbrechen, z. B. von Vulkanmagma, Asche od. Gas
Erup|ti|on ⟨f.; -, -en; Geol.⟩ **1** Ausbruch (von Magma aus Vulkanen, von Gas auf der Sonne) **2** ⟨Med.⟩ Auftreten eines Hautausschlags sowie dieser selbst **3** ⟨Med.⟩ Erbrechen [<lat. *eruptio* »Ausbruch«]
erup|tiv ⟨Adj.⟩ durch Eruption entstanden, hervorbrechend [<lat. *eruptio* »Ausbruch«; zu *erumpere* »hervorbrechen«]
Erup|tiv|ge|stein ⟨n.; -s, -e⟩ aus Magma entstandenes, erstarrtes Gestein
Er|ve ⟨[-və] f.; -, -n; Bot.⟩ als Futterpflanze angebaute Art der Wicken (Linsenwicke): Vicia ervilia [<lat. *ervum* »eine Art Wicke«]
Ery|si|pel ⟨n.; -s; unz.; Med.⟩ schwere infektiöse Entzündung der Haut u. des Unterhautzellgewebes, Rose, Wundrose
Ery|them ⟨n.; -s, -e; Med.⟩ Rötung der Haut infolge von Hyperämie [<grch. *erythainein* »rot werden«]

◆ Die Buchstabenfolge **ery|thr...** kann auch **eryth|r...** getrennt werden.

◆ **ery|thr..., Ery|thr...** ⟨Vorsilbe⟩ rot, rot gefärbt, rötlich [grch.]
◆ **Ery|thrin**[1] ⟨m.; -s; unz.⟩ perlmuttartiges Mineral, Kobaltblüte [zu grch. *erythros* »rot«]
◆ **Ery|thrin**[2] ⟨n.; -s; unz.⟩ **1** ⟨unz.⟩ in manchen Flechten vorkommender Ester des Erythrits **2** ⟨zählb.⟩ scharlachroter Azofarbstoff [zu grch. *erythros* »rot«]
◆ **Ery|thrit** ⟨n.; -s; unz.; Chemie⟩ vierwertiger, aliphat. Alkohol, mit zwei asymmetrischen Kohlenstoffatomen
◆ **ery|thro..., Ery|thro...** ⟨Vorsilbe; vor Vokalen⟩ = erythr..., Erythr...
◆ **Ery|thro|blast** ⟨m.; -en, -en; Med.⟩ kernhaltige, unreife Zelle, aus der durch Teilung rote Blutkörperchen entstehen [<*Erythr...* + *blastos* »Spross, Keim«]
◆ **Ery|thro|der|mie** ⟨f.; -, -n; Med.⟩ ausgedehnte, entzündliche Rötung u. Schuppung der Haut [<grch. *erythros* »rot« + *...dermie*]
◆ **Ery|thro|ly|se** ⟨f.; -, -n⟩ Auflösung der roten Blutkörperchen [<grch. *erythros* »rot« + *...lyse*]
◆ **Ery|thro|my|cin** ⟨n.; -s; unz.; Pharm.⟩ ein Antibiotikum mit großer Wirkungsbreite [<grch. *erythros* »rot« + *mykes* »Pilz«]
◆ **Ery|throp|sie** ⟨f.; -, -n; Med.⟩ meist durch starke Blendung verursachtes Rotsehen [<*Erythr...* + *opsis* »Sehen«]
◆ **Ery|thro|sin** ⟨n.; -s; unz.; Med.⟩ chemisch hergestellter, rotbrauner Farbstoff, der als Einfärb-Plaque-Indikator u. Sensibilisator genutzt wird [<*Erythr...* + *Eosin*]
◆ **Ery|thro|zyt** ⟨m.; -en, -en; Med.⟩ rotes Blutkörperchen [<grch. *erythros* »rot« + *...zyt*]
◆ **Ery|thro|zy|to|se** ⟨f.; -; unz.; Med.⟩ krankhafte Vermehrung der roten Blutkörperchen
erz..., Erz... ⟨in Zus. mit Subst. u. Adj.⟩ (zur Steigerung od. Verstärkung des Begriffes); *erzdumm; Erzgauner* [<grch. *archi...* »der Erste, Oberste«]
Erz|bi|schof ⟨m.; -s, -schö|fe; kath. Kirche⟩ **1** der erste Bischof einer Kirchenprovinz, dem die anderen Bischöfe unterstehen **2** Ehrentitel eines verdienten regierenden Bischofs [<grch. *archiepiskopos*]
Es **1** ⟨Abk. für⟩ Escudo; *oV* Esc **2** ⟨chem. Zeichen für⟩ Einsteinium
ESA ⟨Abk. für engl.⟩ European Space Agency, europäische Weltraumbehörde, die die Aktivitäten der einzelnen Mitgliedsländer im Weltraum zu koordinieren versucht u. europäische Weltraumprogramme entwickelt
Esc ⟨Abk. für⟩ Escudo; *oV* Es (1)
Es|ca|la|de ⟨f.; -, -n⟩ = Eskalade
Es|ca|lope ⟨[-lɔp] n.; -, -s [-lɔps]; meist Pl.; Kochk.⟩ feine, gebratene Fisch-, Fleisch- od. Geflügelscheibe [frz., »Schnitzel«]
Es|cape ⟨[ɪskɛɪp] n.; -s; unz.; EDV⟩ Taste auf einer Computertastatur, die das schnelle Verlassen von Programmen od. den Abbruch eines begonnenen Rechenprozesses ermöglicht [<engl. *escape* »fliehen, entkommen«]
Es|cha|to|lo|gie ⟨[ɛsça-] f.; -; unz.⟩ Lehre vom Weltende u. vom Anbruch einer neuen Welt, von den letzten Dingen, dem Tode u. der Auferstehung [<grch. *eschaton* »das äußerste, das letzte« + *...logie*]
es|cha|to|lo|gisch ⟨[ɛsça-] Adj.⟩ die Eschatologie betreffend, auf ihr beruhend
Es|cu|do ⟨m.; - od. -s, -s od. (bei Zahlenangaben) -; Abk.: Es, Esc; Zeichen: $⟩ *oV* Eskudo **1** frühere span., portug. u. südamerikan. Goldmünze **2** frühere portugies. Währungseinheit (100 Centavos) [span., »Schild, Wappenschild«]
...esk ⟨Nachsilbe; zur Bildung von Adj.⟩ in der Art von jmdm. od. etwas, wie jmd. od. etwas; *clownesk; kafkaesk* [<frz. *...esque*, <ital. *...esco, ...esca* »in der Art von«]
Es|ka|der ⟨f.; -, -s; veraltet⟩ Schiffsgeschwader, -verband [<frz. *escadre* »Geschwader«, urspr. »quadratische Schlachtordnung«]
Es|ka|dron *auch:* **Es|kad|ron** ⟨f.; -, -en⟩ = Schwadron [<frz. *escadron*, Vergrößerungsform zu *escadre* »Geschwader«]
Es|ka|la|de ⟨f.; -, -n⟩ Ersteigung einer Festungsmauer mit Leitern; *oV* Escalade [<frz. *escalade* »das Ersteigen« <lat. *scala* »Leiter«]

E

es|ka|la|die|ren ⟨V.⟩ 1 mit Sturmleitern erstürmen (Festung) 2 an der Eskaladierwand turnen [<frz. *escalader* »er-, übersteigen, er-, überklettern«]

Es|ka|la|dier|wand ⟨f.; -, -wän|de; Sport⟩ Holzwand für Kletterübungen

Es|ka|la|ti|on ⟨f.; -, -en⟩ durch Wechselwirkung hervorgerufene Steigerung eines (militär.) Konfliktes

es|ka|lie|ren ⟨V.⟩ durch Wechselwirkung einen Konflikt steigern; *Ggs* deeskalieren [<engl. *escalation;* zu *escalator* »Rolltreppe« <lat. *scala* »Leiter«]

Es|ka|lie|rung ⟨f.; -, -en⟩ das Eskalieren, die Eskalation

Es|ka|mo|ta|ge ⟨[-ʒə] f.; -, -n⟩ Taschenspielerei, Taschenspielerkunststück, Verschwindenlassen eines Gegenstandes [<frz. *escamotage* »Taschenspielerei, Gaukelei«]

Es|ka|mo|teur ⟨[-tøːr] m.; -s, -e⟩ Taschenspieler, Zauberkünstler [<frz. *escamoteur* »Taschenspieler«]

es|ka|mo|tie|ren ⟨V.⟩ wegzaubern, verschwinden lassen [<frz. *escamoter* »wegzaubern«]

Es|ka|pa|de ⟨f.; -, -n⟩ 1 falscher Sprung eines Reitpferdes 2 ⟨fig.⟩ Seitensprung, mutwilliger Streich [<frz. *escapade* »Seitensprung, unüberlegter Streich«]

Es|ka|pis|mus ⟨m.; -; unz.⟩ realitätsferne (Abwehr-)Haltung; *politischer ~* [zu engl. *escape* »fliehen«]

es|ka|pis|tisch ⟨Adj.⟩ auf Eskapismus beruhend, ihn betreffend, realitätsfern, vor der Realität flüchtend; *ein ~es Vorgehen*

Es|ka|ri|ol ⟨m.; -s; unz.⟩ = Endivie [<frz. *escarole*]

Es|kar|pins ⟨[-pɛ̃ːs] Pl.⟩ 1 Schnallenschuhe, Tanzschuhe, im Rokoko mit Kniehosen getragen 2 ⟨fälschl. a.⟩ die Kniehosen selbst [<frz. *escarpins* »leichte Tanzschuhe«]

Es|ki|mo ⟨m.; - od. -s, - od. -s; abwertend für⟩ Inuit [<indian., »Rohfleischesser«]

es|ki|mo|isch ⟨Adj.⟩ die Eskimos betreffend, zu ihnen gehörig

Es|ki|mo|rol|le ⟨f.; -, -n; Sport⟩ Drehung eines Kajaks um die Längsachse, wobei das Boot nach dem Kentern, ohne dass der Fahrer aussteigt, mit Hilfe des Paddels wieder aufgerichtet wird

es|ki|mo|tie|ren ⟨V.⟩ mit einem Kajak die Eskimorolle ausführen

Es|komp|te ⟨[ɛskɔ̃ːt(ə)] m.; -s, -s; Wirtsch.⟩ 1 ⟨Börse⟩ Beeinflussung der Wirkung eines vermuteten bevorstehenden Ereignisses auf einen Börsenkurs durch eine entsprechende Kursgestaltung 2 Preisnachlass [<frz. *escompte* »Abzug, Diskont, Skonto«]

es|komp|tie|ren ⟨[ɛskɔ̃-] V.; Wirtsch.⟩ 1 ⟨Börse⟩ die Wirkung eines vermuteten bevorstehenden Ereignisses auf einen Börsenkurs durch eine entsprechende Kursgestaltung beeinflussen 2 einen Preisnachlass gewähren [<frz. *escompter* »(Wechsel) diskontieren«]

Es|kor|te ⟨f.; -, -n⟩ Begleitmannschaft, Geleit, Bedeckung; *der Bundespräsident wurde von einer ~ begleitet* [<frz. *escorte* »Begleitung, Geleit«]

es|kor|tie|ren ⟨V.⟩ das Geleit geben, sichern, bewachen; *jmdn. feierlich ~* [<frz. *escorter* »geleiten«]

Es|ku|do ⟨m.; - od. -s, -s⟩ = Escudo

Es|me|ral|da ⟨f.; -, -s; Musik⟩ ein spanischer Tanz [span., »Smaragd, Edelstein«]

Eso|te|rik ⟨f.; -; unz.⟩ 1 nur Eingeweihten zugängliche Lehre, Geheimlehre 2 esoterische Beschaffenheit [→ *esoterisch*]

Eso|te|ri|ker ⟨m.; -s, -⟩ in eine Geheimlehre Eingeweihter; *Ggs* Exoteriker [→ *esoterisch*]

Eso|te|ri|ke|rin ⟨f.; -, -rin|nen⟩ in eine Geheimlehre Eingeweihte; *Ggs* Exoterikerin

eso|te|risch ⟨Adj.⟩ nur für Eingeweihte zugänglich od. begreiflich, geheim; *Ggs* exoterisch [zu grch. *esoteros* »der innere«]

Eso|trip ⟨m.; -s, -s; umg.⟩ *auf dem ~ sein* sich intensiv mit Esoterik beschäftigen, einer esoterischen Lehre anhängen [verkürzt <*Eso*terik + *Trip*]

ESP® ⟨n.; -; unz.; Kfz; Abk. für engl.⟩ Electronic Stability Program (elektronisches Stabilitätssystem)

Es|pa|da ⟨m.; -s, -s⟩ der den Degen führende Stierkämpfer [span., »Degen«]

Es|pa|dril|le *auch:* **Es|pad|ril|le** ⟨[-driːjə] f.; -, -s [-driːjə]; meist Pl.⟩ ein flacher Stoffschuh mit einer Sohle aus Espartogras [span.; frz.]

Es|pa|gno|le *auch:* **Es|pag|no|le** ⟨[-njoː-] f.; -, -n⟩ ein span. Tanz [<frz. *danse espagnole* »span. Tanz«]

Es|pa|gno|let|te *auch:* **Es|pag|no|let|te** ⟨[ɛspanjɔ-] f.; -, -n⟩ 1 drehbarer Fensterverschluss 2 Drehriegel [zu frz. *espagnol* »spanisch«]

Es|pa|gno|let|te|ver|schluss *auch:* **Es|pag|no|let|te|ver|schluss** ⟨[-njo-] m.; -es, -schlüs|se⟩ = Espagnolette

Es|par|set|te ⟨f.; -, -n; Bot.⟩ Schmetterlingsblütlergattung, Kräuter od. Halbsträucher, zuweilen auch Dornsträucher: Onobrychis; *Gemeine ~* 30-60 cm hohe, rosa blühende Art, sehr gute Futterpflanze: Onobrychis sativa [<frz. *esparcet(te)* »Süßklee«]

Es|par|to ⟨m.; -s; unz.; Bot.⟩ *Sy* Alfagras, Espartogras, Halfagras, Spart, Spartgras 1 zu Flechtarbeiten u. als Rohstoff zur Papierherstellung verwendetes Süßgras trockener, steiniger Hochflächen des westlichen Mittelmeergebietes: Lygeum spartum u. (od.) Stipa Tenacissima 2 die Blätter dieser Gräser [zu span. *esparto* »trockenes Gras, Heu«]

Es|par|to|gras ⟨n.; -es, -grä|ser; Bot.⟩ = Esparto

Es|pe|ran|tist ⟨m.; -en, -en⟩ Kenner, Anhänger des Esperanto

Es|pe|ran|to ⟨n.; - od. -s; unz.⟩ künstliche Welthilfssprache [<*esperanto* »der Hoffende«; unter diesem Decknamen veröffentlichte der Warschauer Arzt Dr. L. Zamenhof 1887 seine selbst erfundene Sprache]

Es|pe|ran|to|lo|ge ⟨m.; -n, -n⟩ Wissenschaftler auf dem Gebiet des Esperanto

Es|pe|ran|to|lo|gie ⟨f.; -; unz.⟩ Lehre der Sprache u. Literatur des Esperanto

Es|pe|ran|to|lo|gin ⟨f.; -, -gin|nen⟩ Wissenschaftlerin auf dem Gebiet des Esperanto

es|pi|ran|do ⟨Adj.; Musik⟩ erlöschend, ersterbend, verhauchend (zu spielen) [ital.]

Es|pla|na|de ⟨f.; -, -n⟩ **1** ⟨bei Festungen⟩ freier Raum zwischen der Zitadelle u. der inneren Umwallung **2** ⟨allg.⟩ großer freier Platz [frz., »freier Platz, Vorplatz«]

es|pres|si|vo ⟨[-vo] Musik⟩ ausdrucksvoll (zu spielen) [ital., »ausdrucksvoll«]

Es|pres|si|vo ⟨[-vo] n.; -s, -s od. -si|,-vi [-vi]; Musik⟩ ausdrucksstarke Vortragsweise in der Musik [ital.]

Es|pres|so[1] ⟨m.; - od. -s, -s od. -pres|si⟩ mit der Kaffeemaschine zubereiteter, starker Kaffee nach ital. Art [ital., »absichtlich, extra; eigens für den Gast zubereitet(eter Kaffee)«]

Es|pres|so[2] ⟨n.; - od. -s, - od. -s⟩ kleines Lokal, in dem man Espresso[1] trinken kann

Es|prit *auch:* **Esp|rit** ⟨[-priː] m.; - od. -s; unz.⟩ geistreicher Witz, beschwingte, scharfsinnige Geistigkeit [frz., »Geist«]

Esq. ⟨Abk. für⟩ Esquire

Es|qui|re ⟨[ɛskwaɪə(r)] m.; -s, -s; Abk.: Esq.⟩ **1** ⟨urspr.⟩ engl. Adelstitel **2** ⟨danach; veraltet⟩ Höflichkeitstitel in engl. Anschriften, Wohlgeboren [engl.]

Es|sä|er ⟨Pl.⟩ = Essener

Es|sai ⟨[ɛseː] m. od. n.; -s, -s⟩ = Essay [frz., »Versuch«]

Es|say ⟨[ɛseɪ] m. od. n.; -s, -s⟩ literar. Kunstform, Abhandlung in knapper, geistvoller, allgemein verständl. Form, auch als Gattungsbegriff [engl., »Versuch«]

Es|say|ist *auch:* **Es|sa|yist** ⟨[ɛseɪ-] m.; -en, -en⟩ Verfasser von Essays

Es|say|is|tik *auch:* **Es|sa|yis|tik** ⟨[ɛseɪ-] f.; -; unz.; Lit.⟩ Form u. Kunst des Essays

es|say|is|tisch *auch:* **es|sa|yis|tisch** ⟨[ɛseɪ-] Adj.⟩ in der Art eines Essays (abgefasst)

Es|se|ner ⟨Pl.; Rel.⟩ frühjüdische Glaubensgemeinschaft zwischen 150 v. Chr.-70 n. Chr., die bei einigen antiken Autoren als äußerst asketisch u. vereinsähnlich organisiert beschrieben wird; *oV* Essäer

es|sen|ti|al ⟨Adj.⟩ = essenzial

Es|sen|tial ⟨[-tʃəl] n.; -s, -s; meist Pl.⟩ Kernpunkt, Hauptaussage, das Wesentlichste [engl.]

Es|sen|ti|a|li|en ⟨Pl.⟩ = Essenzialien

es|sen|ti|ell ⟨Adj.⟩ = essenziell

Es|senz ⟨f.; -, -en⟩ **1** ⟨unz.⟩ Wesen, Wesenheit, Hauptbegriff **2** ⟨zählb.⟩ konzentrierte Lösung von Geschmacks- od. Duftstoffen zur Aromatisierung von Nahrungs- u. Genussmitteln [<lat. *essentia* »Wesen«; zu *esse* »sein«]

es|sen|zi|al ⟨Adj.⟩ = essenziell; *oV* essential

Es|sen|zi|a|li|en ⟨Pl.⟩ Hauptpunkte (bei Rechtsgeschäften); *oV* Essentialien; *Ggs* Akzidentalien [→ *essential*]

essenziell / essentiell (*Laut-Buchstaben-Zuordnung*) Lässt sich ein fremdsprachiges Adjektiv auf ein Substantiv zurückführen, das auf »z« endet, wie z. B. »*Essenz*«, so ist neben der herkunftssprachlichen Schreibung mit »*t*« auch eine integrierte Schreibweise mit »z« möglich (→*a.* existenziell / existentiell).

es|sen|zi|ell ⟨Adj.⟩ wesenhaft, wesentlich; *oV* essentiell; *Ggs* inessenziell [<frz. *essentiel* »wesentlich«; → *Essenz*]

Es|siv ⟨m.; -s; unz.; Sprachw.⟩ Kasus in den finnougrischen Sprachen, der ausdrückt, dass sich etwas in einem Zustand befindet [zu lat. *esse* »sein«]

Es|ta|blish|ment *auch:* **Es|tab|lish|ment** ⟨[ɪstæblɪʃ-] n.; -s; unz.⟩ Gesamtheit der Personen, die in einer modernen Gesellschaftsordnung einflussreiche Stellen innehaben [engl.]

Es|ta|fet|te ⟨f.; -, -n; früher⟩ reitender Eilbote [frz., »Meldegänger, -fahrer« <ital. *staffa* »Steigbügel«; → *Stafette*]

Es|tam|pe ⟨[ɛstãːp(ə)] f.; -, -n⟩ Abdruck eines Kupfer-, Stahl- od. Holzstichs [frz., »Kupferstich, Prägestempel«]

Es|tan|zia ⟨f.; -s, -s⟩ südamerikanische Farm (mit Viehwirtschaft) [<span. *estancia* »Gehöft, Landgut«]

Es|ter ⟨m.; -s, -; Chemie⟩ chem. Verbindung, die aus einem Alkohol u. einer organischen (od. anorganischen) Säure unter Wasserabspaltung entsteht [verkürzt <*Essig* + *Äther*]

Es|te|ra|se ⟨f.; -, -n; Chemie⟩ Enzym, das Esterbindungen durch chemische Reaktionen mit Wasser in Alkohol u. Säure spaltet

Es|ter|harz ⟨n.; -es, -e; Chemie⟩ = Polyester

es|tin|gu|en|do ⟨Musik⟩ verlöschend, ersterbend (zu spielen) [ital.]

Es|to|mi|hi der 7. Sonntag vor Ostern [lat., nach dem 31. Psalm, »Sei mir (ein starker Fels)«]

Es|tra|de *auch:* **Est|ra|de** ⟨f.; -, -n⟩ **1** erhöhter Teil des Fußbodens, erhöhter Platz (an Fenstern usw.) **2** ⟨DDR⟩ volkstümliche künstler. Veranstaltung mit verschiedenartigen Nummern (aus Musik, Artistik usw.) [frz.]

Es|tra|gon *auch:* **Est|ra|gon** ⟨m.; -s; unz.; Bot.⟩ Korbblütler, der als Zusatz zu Essig u. als Gewürz benutzt wird: Artemisia dracunculus [<frz. *targon, estragon* <lat. *drancunculus,* eigtl. »kleiner Drache«; zu *draco* »Drache«]

Es|tre|ma|du|ra *auch:* **Est|re|ma|du|ra** ⟨f.; -; unz.; Textilw.⟩ ein Baumwollgarn [nach der span. Landschaft *Estremadura*]

et ⟨lat. Bez. für⟩ und

Eta ⟨n.; - od. -s, -s; Zeichen: η, H⟩ grch. Buchstabe, langes, offenes e, später i [grch.]

ETA ⟨f.; -; unz.; Abk. für bask.⟩ Euzkadi Ta Azkatasuna, Terrororganisation mit dem Ziel der Eigenständigkeit des Baskenlandes

eta|blie|ren *auch:* **etab|lie|ren** ⟨V.⟩ **1** gründen, errichten **2** ⟨refl.⟩ *sich* ~ **2.1** sich niederlassen (als Geschäftsmann), ein Geschäft eröffnen **2.2** ⟨fig.⟩ innerhalb der Gesellschaft eine angesehene (u. einflussreiche) Stellung einnehmen [<frz. *établir* »festsetzen, gründen«]

eta|bliert *auch:* **etab|liert** ⟨Adj.⟩

E

fest gegründet, einen sicheren Platz einnehmend; *~e Gesellschaft(sschicht)*

Eta|blis|se|ment *auch:* **Etab|lis|se|ment** ⟨[-blıs(ə)mã:] n.; -s, -s⟩ **1** Geschäft, Unternehmen, Niederlassung **2** Vergnügungsstätte [<frz. *établissement* »Einrichtung, Gründung«]

Eta|ge ⟨[-ʒə] f.; -, -n⟩ **1** Stockwerk, Obergeschoss **2** Etagenwohnung [<frz. *étage* »Stockwerk«]

E

Eta|ge|re ⟨[-ʒe:rə] f.; -, -n⟩ Bücherbrett, Wandgestell, Tischaufsatz [<frz. *étagère*]

et al. ⟨Abk. für lat.⟩ et alia (und andere)

Eta|la|ge ⟨[-ʒə] f.; -, -n⟩ Schaufensterauslage, Ausstellung [<frz. *étalage* »Warenauslage, Darbietung«]

Eta|lon ⟨[-lɔ̃:] m.; -s, -s⟩ Bezugsgröße, Prototyp für eine Maßeinheit, z. B. Eichmaß [<frz. *étalon*]

Eta|min ⟨n.; -s; unz.; Textilw.⟩ = Etamine

Eta|mi|ne ⟨f.; -; unz.; Textilw.⟩ steifes, gazeartiges Seiden-, Kunstseiden- od. Baumwollgewebe; *oV* Etamin [<frz. *étamine* »Seihtuch«]

Etap|pe ⟨f.; -, -n⟩ **1** Teilstrecke, Abschnitt, Stufe **2** ⟨Mil.⟩ Hinterland, Nachschubgebiet; *Ggs* Front (2) [<frz. *étape* »Rastplatz, Tagesmarsch, Wegstrecke«, eigtl. »Verpflegungsplatz für das Heer« <mndrl. *stapel* »Stapelplatz«]

etap|pie|ren ⟨V.; schweiz.⟩ in Abschnitte, Stufen aufteilen, in Etappen realisieren

Etat ⟨[eta:] m.; -s, -s⟩ **1** Voranschlag, Haushaltsplan, Staatshaushalt **2** ⟨umg.⟩ Summe, mit der man eine bestimmte Zeitspanne auskommen muss **3** Vermögensstand, Bestand **4** ⟨schweiz.⟩ Funktionär-, Mitgliederverzeichnis (eines Verbandes) [<frz. *état* »Stand, Zustand, Verzeichnis, Staat«]

eta|ti|sie|ren ⟨V.⟩ in den Etat aufnehmen

Eta|zis|mus ⟨m.; -; unz.; Phon.⟩ Aussprache des altgrch. Buchstabens Eta als langes e und nicht als i; *Ggs* Itazismus

etc. ⟨Abk. für⟩ et cetera

et ce|te|ra ⟨Abk.: etc.⟩ und so weiter [lat., »und die übrigen«]

et ce|te|ra pp. und so weiter [pp.: Abk. für lat. *perge, perge* »fahre fort«]

ete|pe|te|te ⟨Adj.; undekl.; umg.; abwertend⟩ zimperlich, geziert, übertrieben wählerisch [<*öte, ete (-öde)* in der nddt. Bedeutung »spröde, geziert« + *petete* (Berliner Umformung von frz. *peut-être* »vielleicht«, wobei Rhythmus u. Reim suggestiv gewirkt haben mögen; andere Deutung: <frz. *être, peut-être* »(kann) sein, vielleicht«]

Eter|nit® ⟨m. od. n.; -s; unz.⟩ feuerfester Faserzementschiefer in Plattenform [zu lat. *aeternus* »ewig«]

Ete|si|en ⟨[-siən] Pl.; Meteor.⟩ jahreszeitl. Winde im östl. Mittelmeergebiet [zu grch. *etos* »Jahr«]

Ete|si|en|kli|ma ⟨[-siən-] n.; -s; unz.; Meteor.⟩ Klima mit trockenen Sommern und niederschlagsreichen Wintern

Ethan ⟨n.; -s; unz.; Chemie⟩ als Heizgas verwendetes, geruch- u. geschmackloses Gas, chemisch ein Kohlenwasserstoff; *oV* Äthan [<grch. *aither* »die obere Luft«; → *Äther*]

Etha|nal ⟨n.; -s; unz.; Chemie⟩ = Acetaldehyd; *oV* Äthanal

Etha|nol ⟨n.; -s; unz.; Chemie⟩ = Ethylalkohol; *oV* Äthanol [<*Ethan* + *…ol*]

Ethan|säu|re ⟨f.; -, -n; Chemie⟩ Essigsäure; *oV* Äthansäure

Ethen ⟨n.; -s; unz.; Chemie⟩ = Ethylen; *oV* Äthen

Ether ⟨m.; -s; unz.; Chemie⟩ = Äther (2)

ethe|ri|sie|ren ⟨V.⟩ = ätherisieren

Ether|net ⟨[i:θə(r)nɛt] n.; -s; unz.; EDV⟩ (Anfang der 1970er Jahre entwickeltes) lokales, dezentrales Computernetzwerk ohne übergreifende Kontrollinstanz, in dem etwa 1000 Rechenstationen miteinander verbunden werden können [<engl. *ether* »Äther« + *net* »Netz«]

Ethik ⟨f.; -, -en⟩ Lehre vom sittl. od. moral. Verhalten des Menschen [<grch. *ethikos* »sittlich«]

Ethi|ker ⟨m.; -s, -⟩ Vertreter der Ethik

Ethi|ke|rin ⟨f.; -, -rin|nen⟩ Vertreterin der Ethik

Ethik|kom|mis|si|on ⟨f.; -, -en⟩ Kommission, die den Einsatz von Medikamenten od. medizinische (insbes. gentechnische) Verfahren im Hinblick auf ihre ethische Vertretbarkeit beurteilt; *die ~ der Bundesärztekammer*

Ethin ⟨n.; -s; unz.; Chemie⟩ = Acetylen; *oV* Äthin

ethisch ⟨Adj.⟩ **1** die Ethik betreffend, in ihr Gebiet gehörig, sittlich, moralisch **2** sittl. gut [<grch. *ethikos* »sittlich«]

Eth|nie ⟨f.; -, -n⟩ Volksstamm, der in kultureller, sozialer, historischer u. genetischer Hinsicht eine Einheit bildet; *einer anderen ~ angehören* [→ *ethno…, Ethno…*]

eth|nisch ⟨Adj.⟩ **1** die Ethnologie betreffend, in ihr Gebiet gehörig, auf ihr beruhend **2** volkseigentümlich; *~e Minderheiten* [zu grch. *ethnos* »Volk«]

eth|no…, Eth|no… ⟨in Zus.⟩ volks…, Volks…, völker…, Völker… [<grch. *ethnos*]

Eth|no|ge|ne|se ⟨f.; -, -n⟩ Vorgang der Herausbildung eines Volkes od. einer anderen sprachlich u. kulturell homogenen Gruppe [<*Ethno…* + *Genese*]

Eth|no|graf ⟨m.; -en, -en⟩ = Ethnograph

Eth|no|gra|fie ⟨f.; -; unz.⟩ = Ethnographie

Eth|no|gra|fin ⟨f.; -, -fin|nen⟩ = Ethnographin

eth|no|gra|fisch ⟨Adj.⟩ = ethnographisch

Eth|no|graph ⟨m.; -en, -en⟩ Wissenschaftler der Ethnographie; *oV* Ethnograf

Eth|no|gra|phie ⟨f.; -; unz.⟩ beschreibende Völkerkunde; *oV* Ethnografie [<*Ethno…* + *…graphie*]

Eth|no|gra|phin ⟨f.; -, -phin|nen⟩ Wissenschaftlerin der Ethnographie; *oV* Ethnografin

eth|no|gra|phisch ⟨Adj.⟩ zur Ethnographie gehörend, sie betreffend, auf ihr beruhend; *oV* ethnografisch

Eth|no|lin|gu|is|tik ⟨f.; -; unz.; Sprachw.⟩ sprachwissenschaftlicher Fachbereich, der die Sprache u. die Sprachträger gemeinsam unter kulturhistorischen Aspekten betrachtet

Eth|no|lo|ge ⟨m.; -n, -n⟩ Wissenschaftler, Student der Ethnologie, Völkerkundler

Eth|no|lo|gie ⟨f.; -, -n⟩ vergleichende Völkerkunde

Eth|no|lo|gin ⟨f.; -, -gin|nen⟩ Wissenschaftlerin, Studentin der Ethnologie, Völkerkundlerin

eth|no|lo|gisch ⟨Adj.⟩ die Ethnologie betreffend, auf ihr beruhend, völkerkundlich

Eth|no|look ⟨[-luk] m.; -s; unz.; Mode⟩ Aussehen, das auf volkstümliche (bes. afrikanische od. südamerikanische) Elemente zurückgreift; *Stoffe im ~* [<*Ethnologie* + *Look*]

Eth|no|pop ⟨m.; -s; unz.; Musik⟩ Form der Popmusik, die auf volksmusikalische Elemente, Melodien und Motive (bes. afrikan. od. südamerikan. Völker) zurückgreift [<grch. *ethnos* »Volk« + *Pop...*]

Eth|no|zen|tris|mus *auch:* **Eth|no-zent|ris|mus** ⟨m.; -; unz.⟩ Form des Nationalbewusstseins, die die Überlegenheit des eigenen Volkes vor allen anderen Völkern in den Mittelpunkt stellt [<*Ethno...* + *Zentrismus*]

Eth|no|zid ⟨m.; -(e)s, -e⟩ Ausrottung archaischer Gesellschaften infolge eines gewaltsamen Assimilierungsprozesses, der zur Auflösung der traditionellen Wertvorstellungen u. Lebensgrundlagen der technisch unterlegenen Gesellschaft führt [<*Ethno...* + *...zid*]

Etho|lo|ge ⟨m.; -n, -n⟩ Wissenschaftler auf dem Gebiet der Ethologie, Verhaltensforscher

Etho|lo|gie ⟨f.; -; unz.⟩ **1** Lehre von den Sitten u. Gebräuchen eines Volkes, Charakterforschung **2** Lehre von der Lebensweise der Tiere [<*Ethos* + *...logie*]

Etho|lo|gin ⟨f.; -, -gin|nen⟩ Wissenschaftlerin im Fachbereich der Ethologie, Verhaltensforscherin

etho|lo|gisch ⟨Adj.⟩ die Ethologie betreffend, zu ihr gehörend

Ethos ⟨n.; -; unz.⟩ auf den Normen der Ethik beruhendes Verhalten der Menschen [grch., »Gewohnheit, Sitte«]

Etho|xy|lin|harz ⟨n.; -es; unz.; Chemie⟩ = Epoxidharz

Ethyl ⟨n.; -s; unz.; Chemie; kurz für⟩ Ethylgruppe; *oV* Äthyl

Ethyl|al|ko|hol ⟨m.; -s, -e; Chemie⟩ brennbare Flüssigkeit, die mit Wasser verdünnt trinkbar ist, wirkt berauschend; *oV* Äthylalkohol; *Sy* Spiritus, Alkohol (2), Ethanol

Ethyl|chlo|rid ⟨[-klo:-] n.; -(e)s, -e; Chemie⟩ sehr flüchtige Flüssigkeit, die, auf die Haut gesprüht, zur Vereisung u. somit zur örtl. Betäubung führt; *oV* Äthylchlorid; *Sy* Chlorethyl

Ethy|len ⟨n.; -s; unz.; Chemie⟩ ungesättigter Kohlenwasserstoff, als Ausgangsprodukt für Kunstharze verwendet; *oV* Äthylen; *Sy* Ethen

Ethyl|grup|pe ⟨f.; -, -n; Chemie⟩ einwertiger Kohlenwasserstoffrest vieler organ. Verbindungen; *oV* Äthylgruppe; *Sy* Ethyl [<grch. *aither* »die obere Luft« + *...yl*]

Eti|enne ⟨[etjɛn] f.; -; unz.⟩ eine Antiquaschrift [nach der frz. Buchdruckerfamilie *Estienne*, die 1502-1610 in Paris u. Genf bedeutende Druckereien besaß]

Eti|kett ⟨n.; -(e)s, -e od. -s⟩ Warenkennzeichen, Aufschrift, Preiszettel, -schild; *oV* Etikette (2) [<frz. *étiquette* »Stift zum Anheften eines Zettels; Bezeichnungszettel; Zettel mit der Hofrangordnung; Inbegriff der (bei Hof geübten) Förmlichkeiten« <nddt. *stikke* »Stiftchen«]

Eti|ket|te ⟨f.; -, -n⟩ **1** feine Sitte, gesellschaftl. Umgangsformen **2** = Etikett **3** ⟨unz.; Golf⟩ in neun Punkten festgelegte Verhaltensmaßregeln auf dem Golfplatz, die u. a. Rücksichtnahme auf andere Spieler u. die Beseitigung von Beschädigungen der Rasenfläche vorschreiben [→ *Etikett*]

eti|ket|tie|ren ⟨V.⟩ mit einem Etikett versehen, bekleben

Eti|ket|tie|rung ⟨f.; -, -en⟩ **1** das Etikettieren **2** das Etikett

Eti|o|le|ment ⟨[etiɔl(ə)mã:] n.; -s; unz.; Biol.⟩ krankhaftes Wachstum von Pflanzen bei Lichtmangel, Bleichwerden der Blätter im Dunkeln [<frz. *étiolement* »das Verkümmern, Dahinsiechen«]

eti|o|lie|ren ⟨V.⟩ bleichen (als Veredelung) [<frz. *étioler* »verkümmern, vergeilen«]

etisch ⟨Adj.; Sprachw.⟩ formal unterscheidend, aber nicht bedeutungsdifferenzierend, nicht disktinktiv (von sprachl. Zeichen); *Ggs* emisch; *Allophone sind ~e Einheiten* [verkürzt <(phon)*etisch*]

Etü|de ⟨f.; -, -n; Musik⟩ Musikstück zum Üben der Fingerfertigkeit [<frz. *étude* »Studium, Entwurf«]

Etui ⟨[etvi:] od. [etyi:] n.; -s, -s⟩ Futteral, Behälter; *Brillen~, Füllhalter~, Zigaretten~* [<frz. *étui* »Futteral, Gehäuse, Behälter«]

Etui|kleid ⟨[etvi:-] od. [etyi:-] n.; -(e)s, -er⟩ enges, schlicht geschnittenes, kurzes Kleid

ety|misch ⟨Adj.; Sprachw.⟩ das Stammwort bzw. die ursprüngliche Bedeutung betreffend

Ety|mo|lo|ge ⟨m.; -n, -n; Sprachw.⟩ Kenner u. Forscher auf dem Gebiet der Etymologie

Ety|mo|lo|gie ⟨f.; -, -n⟩ **1** ⟨unz.⟩ Wissenschaft von der Herkunft der Wörter, Wortforschung **2** ⟨zählb.⟩ Herkunft, Geschichte u. Bedeutung eines Wortes [<grch. *etymos* »wahrhaft« + *...logie*]

Ety|mo|lo|gin ⟨f.; -, -gin|nen; Sprachw.⟩ Kennerin u. Forscherin auf dem Gebiet der Etymologie

ety|mo|lo|gisch ⟨Adj.; Sprachw.⟩ mittels der Etymologie, sie betreffend, auf ihr beruhend

ety|mo|lo|gi|sie|ren ⟨V.; Sprachw.⟩ *ein Wort ~* seine Etymologie untersuchen

Ety|mon ⟨n.; -s, -ma; Sprachw.⟩ Stamm-, Wurzelwort [<grch. *etymos* »wahrhaft«]

Et-Zei|chen ⟨[ɛt-] n.; -s, -⟩ Und-Zeichen (&)

Eu ⟨chem. Zeichen für⟩ Europium

EU ⟨f.; -; unz.; Abk. für⟩ Europäische Union; →*a.* europäisch

eu..., Eu... ⟨Vorsilbe⟩ gut, wohl, schön [grch.]

Eu|bio|tik ⟨f.; -; unz.⟩ Lehre von

E

der gesunden Lebensweise [<*Eu…* + grch. *bios* »Leben«]

eu|bio|tisch ⟨Adj.⟩ in der Art der Eubiotik, einer gesunden Lebensweise entsprechend

Eu|bu|lie ⟨f.; -; unz.; geh.⟩ Wohlberatenheit, Klugheit, Einsicht [grch.]

Eu|cha|ris|tie ⟨[-ça-] f.; -, -n⟩ **1** Dankgebet vor dem Abendmahl **2** ⟨kath. Kirche⟩ Gegenwart von Jesus Christus in den Gestalten von Brot u. Wein bei der Kommunion **3** ⟨evang. Kirche⟩ Abendmahl [<*Eu…* + grch. *charis* »Huld, Dank«]

eu|cha|ris|tisch ⟨[-ça-] Adj.⟩ das Abendmahl, die Eucharistie betreffend; *Eucharistischer Kongress* Treffen von Katholiken aus aller Welt zur Verehrung des Altarsakraments [→ *Eucharistie*]

Eu|dä|mo|nie ⟨f.; -; unz.⟩ Glückseligkeit [<grch. *eudaimon* »glückselig«, eigtl. »einen guten Dämon habend«]

Eu|dä|mo|nis|mus ⟨m.; -; unz.⟩ philosophische Auffassung, dass die Glückseligkeit Ziel allen Handelns u. allein durch sittliches Verhalten zu erreichen sei

Eu|dä|mo|nist ⟨m.; -en, -en⟩ Vertreter, Anhänger des Eudämonismus

eu|dä|mo|nis|tisch ⟨Adj.⟩ auf dem Eudämonismus beruhend

Eu|do|xie ⟨f.; -, -n⟩ sicheres Urteil, guter Ruf [<*Eu…* + *doxa* »Meinung, Ruf«]

Eu|fo|nie ⟨f.; -, -n; Musik⟩ = Euphonie

eu|fo|nisch ⟨Adj.; Musik⟩ = euphonisch

Eu|fo|ni|um ⟨n.; -s, -ni|en; Musik⟩ = Euphonium

Eu|ge|ne|tik ⟨f.; -; unz.⟩ = Eugenik

eu|ge|ne|tisch ⟨Adj.⟩ = eugenisch

Eu|ge|nik ⟨f.; -; unz.; veraltet; Med.⟩ prakt. Anwendung der Erkenntnisse der Humangenetik, z. B. bei der Erhaltung erwünschter Erbanlagen; *Sy* Eugenetik [<grch. *eugenes* »wohlgeboren« <*eu* »gut« + *gennan* »erzeugen«]

eu|ge|nisch ⟨Adj.⟩ die Eugenik betreffend, auf ihr beruhend; *Sy* eugenetisch

Eu|gna|thie *auch:* **Eug|na|thie** ⟨f.; -; unz.; Med.⟩ die der Norm entsprechende Entwicklung u. Leistungsfähigkeit des Gebisses u. der Zähne [<*Eu…* + grch. *gnathos* »Kinnbacken«]

Eu|ka|lyp|tus ⟨m.; -, -lyp|ten od. -; Bot.⟩ Gattung der Myrtengewächse, bis 150 m hoher Baum, der seine Blätter zur Vermeidung von Wasserverlust parallel zur Sonneneinstrahlung stellen kann: Eucalyptus [<*Eu…* + grch. *kalyptos* »bedeckt« (wegen der Kelchform)]

Eu|ka|ry|ont ⟨m.; -en, -en; Biol.⟩ Organismus, dessen Zellen einen echten Zellkern besitzen; *oV* Eukaryot; *Ggs* Prokaryont [<*Eu…* + *karyon* »Kern«]

Eu|ka|ry|ot ⟨m.; -en, -en; Biol.⟩ = Eukaryont

Eu|ki|ne|tik ⟨f.; -; unz.⟩ Lehre von der schönen u. harmonischen Bewegung [<*Eu…* + *Kinetik*]

eu|kli|disch *auch:* **euk|li|disch** ⟨Adj.⟩ *~e Geometrie* die auf den von Euklid aufgestellten Axiomen beruhende Geometrie [nach dem altgrch. Mathematiker *Euklid*, 300 v. Chr.]

Eu|ko|lie ⟨f.; -; unz.; veraltet⟩ heitere Zufriedenheit, heiterer Sinn [zu grch. *eukolos* »heiter, vergnügt«]

Eu|me|ni|de ⟨f.; -, -n; beschönigender Name für⟩ Erinnye [<grch. *Eumenides* »die Wohlgesinnten, Wohlwollenden«]

Eu|nuch ⟨m.; -en, -en⟩ Kastrat als Haremswächter [<grch. *eunuchos* »Betthüter«]

Eu|pe|la|gi|al ⟨n.; -s; unz.⟩ Meeresregion im Tiefseebereich (ab mehr als 2400 Meter) [<*Eu…* + *Pelagial*]

eu|pe|la|gisch ⟨Adj.⟩ den Tiefseebereich von mehr als 2400 m Tiefe betreffend; *~e Lebensweise* L. der Organismen, die sich stets im Tiefseebereich aufhalten

Eu|phe|mis|mus ⟨m.; -, -mis|men⟩ beschönigende Bezeichnung, sprachl. Verhüllung, z. B. »einschlafen« für »sterben« [<*Eu…* + grch. *pheme* »Rede«]

eu|phe|mis|tisch ⟨Adj.⟩ beschönigend, verhüllend, umschreibend; *~er Ausdruck*

Eu|pho|nie ⟨f.; -, -n; Musik⟩ Wohlklang, Wohllaut; *oV* Eufonie; *Ggs* Kakophonie [<*Eu…* + grch. *phone* »Stimme«]

eu|pho|nisch ⟨Adj.; Musik⟩ *oV* eufonisch; *Ggs* kakophonisch **1** wohllautend, wohlklingend **2** des Wohlklangs wegen (eingeschoben), z. B. das »t« in »allenthalben« [→ *Euphonie*]

Eu|pho|ni|um ⟨n.; -s, -ni|en; Musik⟩ Kornett in Baritonlage; *oV* Eufonium [→ *Euphonie*]

Eu|phor|bia ⟨f.; -, -bi|en⟩ Wolfsmilch; *oV* Euphorbie [<*Eu…* + grch. *phorbe* »Weide, Futter«]

Eu|phor|bie ⟨[-biə] f.; -, -n⟩ = Euphorbia

Eu|phor|bi|um ⟨n.; -s; unz.; Vet.⟩ aus einer Wolfsmilchart (Euphorbia resinifera) gewonnenes Gummiharz, in der Veterinärmedizin als Hautreizmittel verwendet

Eu|pho|rie ⟨f.; -; unz.⟩ Gefühl gesteigerten Wohlbefindens, z. B. nach dem Genuss von Rauschmitteln od. (bei Kranken) unmittelbar vor dem Tode [<grch. *euphoria* »das leichte Ertragen, das Wohlbefinden«]

Eu|pho|ri|kum ⟨n.; -s, -ri|ka⟩ Anregungs-, Rauschmittel

eu|pho|risch ⟨Adj.⟩ auf Euphorie beruhend

eu|pho|ri|sie|ren ⟨V.⟩ in Euphorie versetzen

Eu|phu|is|mus ⟨m.; -; unz.; Lit.⟩ überladener Stil der engl. Barockdichtung [nach *Euphues*, dem Namen des Helden zweier Werke von John Lyly, 1554-1606; zu grch. *euphyes* »schön gewachsen«]

eu|plo|id *auch:* **eup|lo|id** ⟨Adj.; Genetik⟩ ausschließlich vollständige Chromosomensätze in den Zellen aufweisend; *Ggs* aneuploid [<grch. *eu* »reichlich« + di*ploid*]

Eu|plo|i|die *auch:* **Eup|lo|i|die** ⟨f.; -; unz.; Genetik⟩ Auftreten ausschließlich vollständiger Chromosomensätze; *Ggs* Aneuploidie [→ *euploid*]

Eu|pnoe ⟨[-pno:e:] f.; -; unz.; Med.⟩ das normale, mühelose Atmen [<*Eu…* + *pnoe* »Atem«]

EUR ⟨Zeichen für⟩ Euro

Eu|ra|si|en ⟨n.; -s; unz.⟩ Europa und Asien (als größte verbundene Landfläche der Erde)

Eu|ra|si|er ⟨m.; -s, -⟩ **1** Bewohner Eurasiens **2** Mischling aus einem europäischen u. einem indischen Elternteil

eu|ra|sisch ⟨Adj.⟩ Europa u. Asien, die Eurasier betreffend, zu ihnen gehörig, von ihnen stammend

> **EURATOM / Euratom** (*Abkürzungen*) Für die Schreibung von Abkürzungen, die aus Fremdsprachen übernommen sind, im Deutschen aber häufig wie ein eigenes Wort behandelt werden, gibt es keine eindeutige Regelung.
> Daher ist in solchen Fällen die Schreibung in Großbuchstaben ebenso zulässig wie die Schreibung nach den für deutsche Wörter verbindlichen Regeln. Bei mehrsilbigen Abkürzungen ist eine Worttrennung der Schreibung mit Großbuchstaben nicht üblich (→*a.* COMECON / Comecon).

EURATOM, Eu|ra|tom ⟨f.; -; unz.; Abk. für⟩ Europäische Atomgemeinschaft, Organisation der EU zur friedlichen Nutzung der Kernenergie

Eu|re|ca ⟨Abk. für engl.⟩ European Research Coordination Agency (Europäische Forschungsgemeinschaft)

Eu|rhyth|mie ⟨f.; -; unz.⟩ *oV* Eurythmie **1** Ebenmaß, schöne Ausgeglichenheit von Bewegung u. Ausdruck; *oV* Eurhythmik **2** ⟨Med.⟩ die Regelmäßigkeit von Herz- u. Pulsschlag **3** ⟨Tanz⟩ Harmonie zwischen den Bewegungen der Gliedmaßen u. denen des ganzen Körpers **4** ⟨Anthroposophie⟩ die von R. Steiner gegründete Ausdruckskunst auf Grund der Vereinigung von Bewegung mit Sprache od. Gesang, wobei den Bewegungen bestimmte Bedeutungen zugeordnet werden

Eu|rhyth|mik ⟨f.; -; unz.⟩ Eurhythmie (1); *oV* Eurythmik

Eu|ro ⟨m.; - od. -s, -s od. (bei Zahlenangaben) -⟩ europäische Währungseinheit

eu|ro..., Eu|ro... ⟨vor Vokalen⟩ eur..., Eur... ⟨in Zus.⟩ Europa betreffend, zu ihm gehörig; *eurozentrisch; Eurowährung; Eurovision* [der Kontinent *Europa* ist benannt nach der gleichnamigen phönizischen Königstochter, die von Zeus nach Kreta entführt wurde]

Eu|ro|card® ⟨f.; -, -s⟩ Kreditkarte (für bargeldlosen Zahlungsverkehr)

Eu|ro|cent ⟨m.; - od. -s, -s od. (bei Zahlenangaben) -⟩ europäische Währungseinheit, 100 ~ = 1 Euro

Eu|ro|ci|ty ⟨[-sıtı] m.; -, -s; Abk.: EC⟩ Schnellzug des europäischen Eisenbahnnetzes [< *Eu*ropa + engl. *city* »Stadt«]

Eu|ro|con|trol *auch:* **Eu|ro|cont|rol** ⟨f.; -; unz.; Flugw.⟩ Organisation zur Sicherung des Flugverkehrs in Europa [< *Euro*pa + engl. *control* »überwachen«]

Eu|ro|figh|ter ⟨[-faı-] m.; -s, -; Mil.⟩ ein europäisches Kampfflugzeug [< *Euro...* + engl. *fighter* »Kämpfer«]

Eu|ro|kom|mu|nis|mus ⟨m.; -; unz.⟩ westeuropäische Richtung des Kommunismus, die den sowjet. Führungsanspruch nicht akzeptierte

Eu|ro|kom|mu|nist ⟨m.; -en, -en⟩ Anhänger, Vertreter des Eurokommunismus

Eu|ro|kom|mu|nis|tin ⟨f.; -, -tinnen⟩ Anhängerin, Vertreterin des Eurokommunismus

Eu|ro|land ⟨n.; -(e)s; unz.; umg.⟩ Gesamtheit der europäischen Länder, in denen die europäischen Währungseinheiten gelten

Eu|ro|norm ⟨f.; -, -en⟩ in der EU gültige Norm für Maße, Erzeugnisse u. a.

Eu|ro|pa|cup ⟨[-kʌp] m.; -s, -s; Sport⟩ zwischen den besten od. den nach einem festgelegten Modus qualifizierten Mannschaften ausgetragener Vereinswettbewerb auf europäischer Ebene, z. B. der UEFA-Pokal [< *Europa* + engl. *cup* »Pokal«]

Eu|ro|pä|er ⟨m.; -s, -⟩ Bewohner des europäischen Kontinents

Eu|ro|pä|e|rin ⟨f.; -, -rin|nen⟩ Bewohnerin des europäischen Kontinents

eu|ro|pä|id ⟨Adj.⟩ europäisch anmutend, in der Art der Europäer

eu|ro|pä|isch ⟨Adj.⟩ Europa betreffend, zu ihm gehörig, von ihm stammend; *Europäische Union* ⟨Abk.: EU⟩ seit 1.11.1993 Nachfolgeorganisation der Europäischen Gemeinschaft (am 7.2.1992 im Vertrag von Maastricht gegründet); *Europäische Kommission; Europäisches Parlament* Parlament der EU; *Europäische Währungsunion* ⟨Abk.: EWU⟩; *Europäische Wirtschaftsgemeinschafts- u. Währungseinheit* ⟨Abk.: EWWU⟩; *Europäische Wirtschaftsgemeinschaft* ⟨Abk.: EWG⟩; *Europäische Zentralbank* ⟨Abk.: EZB⟩; →*a.* ECU, Euro

eu|ro|pä|i|sie|ren ⟨V.⟩ **1** der europäischen Lebensart angleichen **2** nach europäischem Vorbild umgestalten

Eu|ro|pa|par|la|ment ⟨n.; -(e)s; unz.; kurz für⟩ Europäisches Parlament

Eu|ro|pa|po|kal ⟨m.; -(e)s, -e; Sport⟩ **1** für europäische Mannschaften ausgeschriebener Wettbewerb **2** Siegestrophäe eines Europapokals (1)

Eu|ro|pa|po|li|tik ⟨f.; -; unz.; Politik⟩ Europa betreffende Politik, bes. bezüglich des Zusammenschlusses u. der gemeinsamen Organisation der europäischen Staaten

eu|ro|pid ⟨Adj.⟩ zum Kreis der europäischen (und der ihnen verwandten) Rassen gehörend [< *Europa* + *...id*]

Eu|ro|pi|de(r) ⟨f. 2 (m. 1)⟩ Angehörige(r) des Kreises der europiden Rassen

Eu|ro|pi|um ⟨n.; -s; unz.; chem. Zeichen: Eu⟩ chemisches Element aus der Reihe der Metalle der seltenen Erden, Ordnungszahl 63

eu|ro|po|id ⟨Adj.⟩ dem europiden Rassenkreis nahe stehend

Eu|ro|pol ⟨f.; -; unz.⟩ europäisches Kriminalamt [verkürzt < *Euro*päisches *Po*lizeiamt]

Eu|ro|scheck|kar|te ⟨f.; -, -n; Abk.: EC-Karte⟩ Scheckkarte für bargeldlosen Zahlungsverkehr

eu|ro|skep|tisch ⟨Adj.; umg.⟩ der Europäischen Union gegenüber kritisch eingestellt; *Groß-*

britannien gilt weithin als besonders ~

Eu|ro|vi|si|on ⟨[-vi-] f.; -; unz.⟩ Zusammenschluss von mehreren westeuropäischen Rundfunk- u. Fernsehanstalten zur gleichzeitigen Ausstrahlung von Sendungen; →*a.* Intervision [<*Europa* + *Television*]

eu|ro|zen|trisch *auch:* **eu|ro|zent|risch** ⟨Adj.; abwertend⟩ zu stark auf Europa u. seine Interessen ausgerichtet, Europa als Zentrum u. Mittelpunkt betrachtend; *sich ~ verhalten; ~es Denken; ein ~es Weltbild entwickeln*

eu|ry|ök ⟨Adj.⟩ die Euryökie betreffend, auf ihr beruhend; *Ggs* stenök [<grch. *eurys* »breit, weit«+ *oik, oikos* »Haus«]

Eu|ry|ö|kie ⟨f.; -; unz.⟩ Eigenschaft eines Lebewesens, das hinsichtlich bestimmter Lebensbedingungen seiner Umwelt in weiten Grenzen angepasst ist; *Ggs* Stenökie

eu|ry|therm ⟨Adj.⟩ unabhängig von Temperaturschwankungen lebensfähig; *Ggs* stenotherm [<grch. *eurys* »breit, weit« + *...therm*]

Eu|ryth|mie ⟨f.; -; unz.⟩ = Eurhythmie

Eu|ryth|mik ⟨f.; -; unz.⟩ = Eurhythmik

eu|ry|top ⟨Adj.⟩ weit, mannigfach verbreitet; *Ggs* stenotop [<grch. *eurys* »breit, weit« + *...top*]

Eu|se|bie ⟨f.; -; unz.⟩ Gottergebenheit, Gottesfurcht, Frömmigkeit; *Ggs* Asebie [lat. <grch. *eusebes* »gottesfürchtig«]

eus|ta|chisch ⟨[-çɪʃ] Adj.; Anat.⟩ *~e Röhre* Verbindungsgang zwischen Mittelohr u. Rachenraum, Ohrtrompete [nach dem italienischen Arzt B. *Eustachio,* 1524-1574]

Eu|sta|sie *auch:* **Eus|ta|sie** ⟨f.; -, -n; Geol.⟩ ein geolog. Vorgang, der Schwankungen des Meeresspiegels bewirkt [<*Eu...* + grch. *stasis* »Stellung, Stand«]

eu|sta|tisch *auch:* **eus|ta|tisch** ⟨Adj.; Geol.; in der Wendung⟩ *~e Bewegung* = Eustasie

Eu|stress ⟨m.; -es, -e; Pl. selten⟩ positiv empfundener Stress, der als eine bewältigbare Herausforderung erlebt wird u. dazu beiträgt, die Leistungsfähigkeit zu erhalten bzw. zu steigern; *Ggs* Disstress [<*Eu...* + *Stress*]

Eu|tek|ti|kum ⟨n.; -s, -ti|ka⟩ sehr feines Gemenge von zwei oder mehreren ineinander im festen Zustande nicht löslichen Kristallarten, bei dem das Gemisch den tiefstmöglichen Schmelzpunkt hat [<grch. *eutektos* »leicht schmelzend«]

eu|tek|tisch ⟨Adj.⟩ das Eutektium betreffend, ihm entsprechend

Eu|tek|to|id ⟨n.; -s, -e⟩ aus einem Eutektikum ausgeschiedenes Gemisch aus zwei oder mehr Substanzen [<grch. *eutektos* »leicht schmelzend« + *...id*]

Eu|tha|na|sie ⟨f.; -; unz.⟩ Erleichterung des Todeskampfes durch Medikamente (strafbar, wenn damit eine Verkürzung des Lebens verbunden ist) [<*Eu...* + grch. *thanatos* »Tod«]

Eu|to|kie ⟨f.; -, -n; Med.⟩ leichte Entbindung; *Ggs* Dystokie [<*Eu...* + grch. *tokos* »Geburt«]

Eu|to|nie ⟨f.; -; unz.; Med.⟩ normaler Spannungszustand der Muskeln u. Gefäße; *Ggs* Dystonie [<*Eu...* + *...tonie*]

Eu|to|pie ⟨f.; -; unz.; Med.⟩ die normale Lage von Organen; *Ggs* Dystopie (2) [<*eu...* + grch. *topos* »Platz«]

eu|troph ⟨Adj.⟩ *Ggs* oligotroph **1** ⟨Ökol.⟩ nährstoffreich (von Binnengewässern); *~e Seen, Gewässer* **2** ⟨Bot.⟩ nährstoffreich u. hochproduktiv (von Böden) [<*eu...* + grch. *trophe* »Ernährung«]

Eu|tro|phie ⟨f.; -; unz.; Ökol.⟩ Reichtum an Nährstoffen

eu|tro|phie|ren ⟨V.; Ökol.⟩ *ein See eutrophiert* der Nährstoffgehalt eines Sees wird überhöht, der See wird überdüngt, z. B. durch verstärkte Abwassereinleitung

Eu|tro|phie|rung ⟨f.; -; unz.; Ökol.⟩ Nährstoffanreicherung in einem Gewässer u. damit verbundenes übermäßiges, schädliches Pflanzenwachstum

eu|xi|nisch ⟨Adj.⟩ *~es Meer* sauerstoffarmes, schwefelwasserstoffreiches Meer; *~e Sedimente* S., die unter solchen Bedingungen entstehen [<lat. *Pontus Euxinus* »Schwarzes Meer«, in dem diese Erscheinung heute auftritt]

eV ⟨Zeichen für⟩ Elektronenvolt

ev. ⟨Abk. für⟩ evangelisch

Eva|ku|a|ti|on ⟨[-va-] f.; -, -en⟩ **1** das Evakuieren, Entleerung **2** Luftleermachen eines Raumes [<frz. *evacuation* »Entleerung, Räumung«; zu lat. *vacuus* »leer«]

eva|ku|ie|ren ⟨[-va-] V.⟩ **1** leer, luftleer machen, leerpumpen (Raum) **2** *ein Gebiet ~* von Bewohnern räumen; *Bewohner ~* aussiedeln [<frz. *évacuer* »entleeren, abtransportieren, räumen« <lat. *vacuus* »leer«]

Eva|ku|ie|rung ⟨[-va-] f.; -, -en⟩ das Evakuieren

Eva|lu|a|ti|on ⟨[-va-] f.; -, -en⟩ = Evaluierung

eva|lu|a|tiv ⟨[-va-] Adj.⟩ abschätzend, wertend

eva|lu|ie|ren ⟨[-va-] V.⟩ *ein Programm, eine Maßnahme ~* ihren Wert, Nutzen bestimmen [<engl. *evaluate* <frz. *évaluer* »abschätzen, veranschlagen«]

Eva|lu|ie|rung ⟨[-va-] f.; -, -en⟩ **1** ⟨zählb.⟩ Ergebnis des Evaluierens **2** ⟨unz.⟩ das Evaluieren

Eval|va|ti|on ⟨[-valva-] f.; -, -en⟩ die Nutzbestimmung, Werteinschätzung [→ *evaluieren*]

eval|vie|ren ⟨[-valviː-] V.⟩ bewerten, abschätzen

Evan|ge|li|ar ⟨[-vaŋ-] n.; -s, -e od. -ri|en⟩ = Evangelienbuch

Evan|ge|li|a|ri|um ⟨[-vaŋ-] n.; -s, -ri|en⟩ = Evangelienbuch

Evan|ge|li|en|buch ⟨[-vaŋ-] n.; -(e)s, -bü|cher⟩ Buch mit dem vollständigen Text der vier Evangelien, häufig mit Miniaturen u. kostbarem Einband; *Sy* Evangeliar, Evangeliarium [→ *Evangelium*]

Evan|ge|li|en|har|mo|nie ⟨[-vaŋ-] f.; -, -n⟩ Zusammenfassende Darstellung des Lebens Jesu aus allen vier Evangelien

evan|ge|li|kal ⟨[-vaŋ-] Adj.⟩ Anhänger der Evangelikalen, in der Art der Evangelikalen, sie betreffend

Evan|ge|li|ka|le(r) ⟨[-vaŋ-] f. 2 (m. 1)⟩ Bezeichnung für ein Mitglied von Erweckungsbewegungen, die fundamentalistisch an die Autorität der Evangelien od. des gesamten Neuen Testaments glauben, wie die engl. »Low Church« od. die deutsche Freikirche

Evan|ge|li|sa|ti|on ⟨[-vaŋ-] f.; -, -en⟩ das Evangelisieren

evan|ge|lisch ⟨[-vaŋ-] Adj.⟩ **1** das Evangelium betreffend, auf ihm beruhend **2** die durch die Reformation entstandenen Kirchen betreffend, auf ihnen beruhend; →*a.* protestantisch; *~-lutherisch* ⟨Abk.: ev.-ref.⟩ die Reformationskirche Zwinglis u. Calvins betreffend, zu ihr gehörend, auf ihr beruhend [<lat. *evangelicus* (11. Jh.) »zum Neuen Testament gehörig« <grch. *euaggelion* »gute Botschaft«]

evan|ge|li|sie|ren ⟨[-vaŋ-] V.⟩ *jmdn.* ~ jmdm. das Evangelium nahebringen, jmdn. zum Evangelium bekehren

Evan|ge|list ⟨[-vaŋ-] m.; -en, -en⟩ **1** Verfasser eines der vier Evangelien **2** Wanderprediger [<lat. *evangelista* <grch. *euaggelistes*]

Evan|ge|lis|tar ⟨[-vaŋ-] n.; -s, -e⟩ Buch mit Abschnitten aus den vier Evangelien für Lesungen im Gottesdienst, oft mit Miniaturen u. kostbarem Einband; *Sy* Perikopenbuch

Evan|ge|li|um ⟨[-vaŋ-] n.; -s, -lien⟩ **1** die Botschaft Jesu **2** die vier Schriften des NT über das Leben Jesu von Matthäus, Markus, Lukas u. Johannes **2.1** jede der vier Schriften **3** ⟨fig.⟩ Wort, Schriftwerk o. Ä., das einem heilig ist [<grch. *euaggelion* »gute Botschaft«]

Eva|po|ra|ti|on ⟨[-va-] f.; -, -en⟩ Verdampfung, Ausdünstung

Eva|po|ra|tor ⟨[-va-] m.; -s, -toren⟩ Gerät zum Evaporieren

eva|po|rie|ren ⟨[-va-] V.⟩ verdampfen, Wasser entziehen; *evaporierte Milch* eingedampfte Milch, Milch, der man Wasser entzogen hat [<lat. *evaporare* »verdampfen, verdunsten«]

Eva|po|ri|me|ter ⟨[-va-] n.; -s, -⟩ Messgerät für Flüssigkeitsverdunstung; *oV* Evaporometer [<*Evaporation* + *...meter*]

Eva|po|rit ⟨[-va-] n.; -s; unz.⟩ durch chem. Ausscheidung entstandenes Salzgestein

Eva|po|ro|me|ter ⟨[-va-] n.; -s, -⟩ = Evaporimeter

Eva|si|on ⟨[-va-] f.; -, -en⟩ **1** das Entweichen, Flucht; →*a.* Invasion **2** Ausflucht [<frz. *évasion* »Flucht, Entweichen« <lat. *ex* »hinaus« + *vadere* »gehen«]

eva|siv ⟨[-va-] Adj.⟩ **1** auf Evasion beruhend, ausweichend **2** Ausflüchte suchend; *oV* evasorisch [<frz. *evasif* »ausweichend«]

eva|so|risch ⟨[-va-] Adj.⟩ = evasiv

Event ⟨[ivẹnt] m. od. n.; -s, -s⟩ (bes.) Ereignis, Veranstaltung, Wettkampf [engl.]

Event|kul|tur ⟨[ivẹnt-] f.; -; unz.; meist abwertend⟩ Kultur einer Gesellschaft, die von spektakulären Ereignissen geprägt ist

Event|ma|nage|ment ⟨[ivẹntmænıdʒmənt] n.; - od. -s, -s⟩ Entwicklung, Planung u. Durchführen von Veranstaltungen, z. B. für Unternehmen od. Sportverbände; *an einer Fachhochschule ~ studieren*

Event|mar|ke|ting ⟨[ivẹnt-] n.; - od. -s; unz.⟩ zielgerichtete Planung u. Organisation von Veranstaltungen u. Aktionen eines Unternehmens im Marketingbereich; *~ in den Bereichen Sport u. Kultur betreiben*

even|tu|al ⟨[-vɛn-] Adj.; selten⟩ = eventuell [<mlat. *eventualis* »zufällig, möglich« <lat. *eventus* »Ereignis, Begebenheit«]

Even|tu|a|li|tät ⟨[-vɛn-] f.; -, -en⟩ Möglichkeit, möglicher, unvorhergesehener Fall

even|tu|a|li|ter ⟨[-vɛn-] Adv.⟩ möglicherweise [lat.]

even|tu|ell ⟨[-vɛn-] Adj.; Abk.: evtl.⟩ möglicherweise (eintretend), gegebenenfalls, vielleicht [<frz. *éventuel* »etwaig, möglich« <lat. *eventus* »Ereignis«]

Ever|green ⟨[ẹvərgri:n] m. od. n.; -s, -s⟩ Schlager, der Jahre hindurch immer wieder gespielt wird [engl., »Immergrün«]

Ever|te|brat *auch:* **Ever|teb|rat** ⟨[-vɛr-] m.; -en, -en; Zool.⟩ wirbelloses Tier; *Sy* Invertebrat; *Ggs* Vertebrat [<*Ex...* + lat. *vertebra* »Wirbel (der Wirbelsäule)«]

Eve|ry|bo|dy's Dar|ling ⟨[ẹvrıbɔdız da:lıŋ] ohne Artikel; meist abwertend⟩ jmd., der darum bemüht ist, allseits beliebt zu sein [<engl. *everybody* »jedermann« + *Darling*]

evi|dent ⟨[-vi-] Adj.⟩ **1** augenscheinlich, offenkundig, offenbar **2** einleuchtend [<lat. *evidens* »augenscheinlich, offenbar«]

Evi|denz ⟨[-vi-] f.; -; unz.⟩ **1** Augenschein, Offenkundigkeit, völlige Klarheit **2** ⟨österr.⟩ handliche Übersicht; *er wird in ~ geführt* er steht auf der Liste [<lat. *evidentia* »Augenscheinlichkeit, Offensichtlichkeit«]

Evik|ti|on ⟨[-vik-] f.; -, -en⟩ Besitzentziehung (auf jurist. Wege) [<lat. *evictio* »Sicherstellung«]

evin|zie|ren ⟨[-vin-] V.⟩ *jmdn.* ~ jmdm. (auf jurist. Wege) Besitz entziehen [<lat. *evincere* »ganz überwinden, durchsetzen«]

ev.-luth. ⟨Abk. für⟩ evangelisch-lutherisch

Evo|ka|ti|on ⟨[-vo-] f.; -, -en⟩ **1** ⟨veraltet⟩ Vorladung (eines Beklagten) **2** Erweckung von Vorstellungen (bei der Kunstbetrachtung) [<lat. *evocatio*]

evo|ka|tiv ⟨[-vo-] Adj.⟩ bestimmte Vorstellungen hervorrufend, bewirkend; *Sy* evokatorisch [<lat. *evocare* »hervorrufen«]

evo|ka|to|risch ⟨[-vo-] Adj.⟩ = evokativ

Evo|lu|te ⟨[-vo-] f.; -, -n; Math.⟩ der geometr. Ort der Krümmungsmittelpunkte einer Kurve [<lat. *(linea) evoluta* »abgewickelte (Linie)«; zu *evolvere* »abwickeln«]

Evo|lu|ti|on ⟨[-vo-] f.; -, -en⟩ allmähl. Entwicklung, bes. die der Lebewesen von niederen zu höheren Formen [<lat. *evolutio* »Entwicklung, Entfaltung«]

evo|lu|ti|o|när ⟨[-vo-] Adj.⟩ in der Art der Evolution, auf ihr beruhend, die (polit.) Evolution befürwortend

Evo|lu|ti|o|nis|mus ⟨[-vo-] m.; -; unz.⟩ auf der Naturphilosophie des 18./19. Jh. beruhende Auffassung in den historisch orientierten Geistes- u. Sozialwissenschaften, wonach alles Geschehen als Evolution abläuft

Evo|lu|ti|o|nist ⟨[-vo-] m.; -en, -en⟩ Vertreter, Anhänger des Evolutionismus

E

E

evo|lu|ti|o|nis|tisch ⟨[-vo-] Adj.⟩ auf dem Evolutionismus beruhend, ihn betreffend

Evo|lu|ti|ons|the|o|rie ⟨[-vo-] f.; -, -n⟩ **1** ⟨Biol.⟩ Abstammungslehre **2** ⟨Astron.⟩ Theorie, nach der das Weltall in ständiger Expansion begriffen ist

evo|lu|tiv ⟨[-vo-] Adj.⟩ die Evolution betreffend, auf ihr beruhend

Evol|ven|te ⟨[evɔlvɛntə] f.; -, -n; Math.⟩ Kurve, die entsteht, wenn man einen gespannten Faden mit einem Ende im Berührungspunkt befestigt, auf eine Evolute aufwickelt u. mit dem 2. Endpunkt des Fadens eine Kurve zeichnet [<lat. *(linea) evolvens* »abwickelnde (Linie)«]

Evol|ven|ten|ver|zah|nung ⟨[-vɔlvɛn-] f.; -, -en⟩ für rasch kämmende Zahnräder eingesetzte Art der Verzahnung, bei der die Zahnprofile als Evolventen ausgebildet sind

evol|vie|ren ⟨[-vɔlviː-] V.⟩ entwickeln, entfalten [<lat. *evolvere* »abwickeln«]

Evo|ny|mus ⟨[-voː-] m.; -; unz.; Bot.⟩ Pfaffenhütchen, Zierstrauch mit roten Früchten, die dem Barett der Priester ähneln: Evonymus europaea [zu grch. *euonymos* »von gutem Namen«]

evo|zie|ren ⟨[-vo-] V.⟩ **1** ⟨veraltet⟩ vorladen; *einen Beklagten ~* **2** hervorrufen; *Vorstellungen ~* [<lat. *evocare* »herausrufen, aufrufen, vorladen«]

ev.-ref. ⟨Abk. für⟩ evangelisch-reformiert

evtl. ⟨Abk. für⟩ eventuell

ev|vi|va ⟨[eviːva]⟩ er, sie lebe hoch! [ital.; zu lat. *vivere* »leben«]

EWG ⟨f.; -; unz.; Abk. für⟩ Europäische Wirtschaftsgemeinschaft (ersetzt durch die EU); →*a.* europäisch

Ew. M. ⟨Abk. für⟩ Eure Majestät

EWU ⟨Abk. für⟩ Europäische Währungsunion

EWWU ⟨Abk. für⟩ Europäische Wirtschafts- u. Währungsunion

ex **1** aus, heraus **2** ⟨umg.⟩ aus, vorbei, zu Ende, Schluss; *die Freundschaft zwischen den beiden ist längst ~; (auf) ~ trinken* das Glas (mit einem Zug) leertrinken [lat., »aus«]

Ex ⟨m. od. f.; -, -; umg.; salopp; kurz für⟩ Exmann, Exfrau, Exfreund, Exfreundin; *sie hat zu ihrem ~ keinen Kontakt mehr*

Ex...[1] ⟨Vorsilbe⟩ ehemalig [lat.]

ex...[2], **Ex...**[2] ⟨vor Konsonanten⟩ e..., E... ⟨Vorsilbe⟩ aus, heraus, von ...her [lat.]

ex...[3], **Ex...**[3] ⟨Vorsilbe⟩ = ek..., Ek... [grch.]

ex ab|rup|to überraschend, plötzlich, unversehens [lat., »jählings«, eigtl. »aus der Versunkenheit«]

ex ae|quo in gleicher Weise, ebenso [lat.]

Ex|ag|ge|ra|ti|on ⟨f.; -, -en⟩ unangemessen übersteigerte Darlegung von Krankheitserscheinungen, teilweise auch Simulation [zu lat. *exaggerare* »vergrößern, steigern«]

ex|akt ⟨Adj.⟩ **1** genau, sorgfältig, pünktlich; *Ggs* inexakt **2** streng wissenschaftlich; *die ~en Wissenschaften* Mathematik u. Naturwissenschaften [<lat. *exactus* »genau, pünktlich, vollkommen«]

Ex|akt|heit ⟨f.; -; unz.⟩ Sorgfältigkeit, Genauigkeit, Pünktlichkeit

Ex|al|ta|ti|on ⟨f.; -, -en⟩ **1** hyster. Aufregung **2** übertriebene Begeisterung **3** krankhaft gehobene Stimmung, Überspanntheit [frz., »Begeisterung, Überschwänglichkeit«]

ex|al|tie|ren ⟨V.⟩ **1** *sich ~* sich überschwänglich begeistern, sich verzückt gebärden **2** sich hysterisch erregen

ex|al|tiert ⟨Adj.⟩ **1** aufgeregt **2** überschwänglich begeistert, überspannt [<frz. *exalté* »begeistert, überspannt«]

Ex|a|men ⟨n.; -s, - od. -mi|na⟩ **1** ⟨veraltet⟩ Verhör **2** Prüfung (bes. als Abschlussprüfung eines Hochschulstudiums) [lat., »Prüfung«; zu *exagere, exigere* »untersuchen, prüfen«]

Ex|a|mi|nand ⟨m.; -en, -en⟩ Prüfling [<lat. *examinandus* »der zu Prüfende«]

Ex|a|mi|nan|din ⟨f.; -, -din|nen⟩ weibl. Prüfling

Ex|a|mi|na|tor ⟨m.; -s, -to|ren⟩ Prüfer, Prüfender [lat.]

ex|a|mi|nie|ren ⟨V.⟩ **1** ⟨veraltet⟩ verhören **2** prüfen [<lat. *examinare* »prüfen, untersuchen«]

Ex|an|them ⟨n.; -s, -e; Med.⟩ Hautausschlag [<grch. *exanthema* »das Aufgeblühte«; zu *anthos* »Blume, Blüte«]

ex|an|the|ma|tisch ⟨Adj.; Med.⟩ mit einem Hautausschlag behaftet

Ex|a|ra|ti|on ⟨f.; -, -en; Geol.⟩ die von Gletschern auf den Untergrund ausgeübte, absplitternde Wirkung [<lat. *exaratio* »das Ausackern«]

Ex|arch ⟨m.; -en, -en⟩ **1** byzantin. Statthalter einer Provinz in Italien **2** ⟨Ostkirche⟩ Oberbischof, Obermetropolit [<grch. *exarchos* »Vorsteher«; zu *arche* »Herrschaft«]

Ex|ar|chat ⟨[-çaːt] n.; -s, -e⟩ Gebiet eines Exarchen

Ex|au|di der 6. Sonntag nach Ostern [lat., nach dem 27. Psalm, Vers 7: »(Herr,) höre (meine Stimme)« <*ex...* + lat. *audire* »hören«]

exc. ⟨Abk. für⟩ excudit

ex ca|the|dra *auch:* **ex ca|thed|ra** von maßgebender Seite, (bes.) aus päpstl. Vollmacht; *etwas ~ erklären* [lat., »vom Lehrstuhl aus«]

Ex|cep|tio ⟨f.; -, -o|nes; Rechtsw.⟩ Bestreiten der in der Klage vorgebrachten Behauptung durch Anführen gegenteiliger beweiskräftiger Tatsachen, Einrede [lat., »Ausnahme«]

Ex|change ⟨[ɪkstʃɛɪndʒ] f.; -, -n [-dʒən]⟩ **1** Wechselstube **2** Geldwechsel [engl., »Austausch, Wechsel, Börse«]

ex|cu|dit ⟨Abk.: exc.⟩ »er hat (es) gedruckt« (auf Kupferstichen od. in älteren Büchern hinter dem Namen des Druckers) [lat.]

Ex|e|at ⟨n.; -; unz.⟩ Erlaubnisschein des Bischofs für einen Geistlichen, in einem anderen Sprengel Amtshandlungen vorzunehmen [lat., »Er gehe hinaus!«; zu *exire* »hinausgehen«]

Ex|e|dra *auch:* **Ex|ed|ra** ⟨f.; -, -e|dren; antike Arch.⟩ halbrunde od. rechteckige Nische am Ende eines Säulengangs mit Bank [<grch. *exedra* »Außensitz«; zu *hedra* »Sitz«]

Ex|e|ge|se ⟨f.; -, -n⟩ Feststellung, Erklärung des Inhalts, Auslegung; *Bibel~* [<grch. *exegesis* »Ausführung, Erklärung«]

Ex|e|get ⟨m.; -en, -en⟩ jmd., der eine Exegese vorlegt [<grch. *exegetes* »Erklärer«]

Ex|e|ge|tik ⟨f.; -; unz.⟩ Wissenschaft der Exegese

ex|e|ge|tisch ⟨Adj.⟩ die Exegese betreffend, mit ihrer Hilfe, erklärend, deutend

ex|e|ku|tie|ren ⟨V.⟩ **1** *ein Urteil ~* vollziehen, vollstrecken **2** *jmdn. ~* hinrichten **3** ⟨österr. a.⟩ pfänden [<*Exekution* + frz. *exécuter* »ausführen, vollziehen, hinrichten«]

Ex|e|ku|ti|on ⟨f.; -, -en⟩ **1** Vollstreckung, Vollzug; *~ eines Urteils* **2** Hinrichtung; *~ einer Person* [<lat. *ex(s)ecutio* »Vollzug, Vollstreckung«; zu *exsequi* »vollziehen«]

ex|e|ku|tiv ⟨Adj.⟩ ausführend, vollziehend, vollstreckend; *~e Gewalt* = Exekutive

Ex|e|ku|ti|ve ⟨[-və] f.; -; unz.⟩ Teil der Staatsgewalt, der den Vollzug der von Judikative u. Legislative aufgestellten Rechtsnormen u. Entscheidungen zu gewährleisten hat; *Sy* exekutive Gewalt [<frz. *exécutif* »ausübend, vollziehend«]

Ex|e|ku|tor ⟨m.; -s, -to|ren⟩ **1** Vollstrecker **2** ⟨österr. a.⟩ Gerichtsvollzieher [→ *Exekution, exekutieren*]

ex|e|ku|to|risch ⟨Adj.⟩ mit Hilfe der Exekution, durch Zwang (erfolgend)

Ex|em|pel ⟨n.; -s, -⟩ **1** Aufgabe, Rechenaufgabe; *die Probe aufs ~ machen* die Richtigkeit einer Annahme, Behauptung durch Probieren nachweisen **2** Beispiel; *etwas zum ~ nehmen* als Beispiel anführen; *ein ~ statuieren* ein abschreckendes Beispiel geben [<lat. *exemplum* »Beispiel«]

◆ Die Buchstabenfolge **ex|em|pl...** kann auch **ex|empl...** getrennt werden.

◆ **Ex|em|plar** ⟨n.; -s, -e; Abk.: Expl.⟩ Einzelstück, Muster; *Beleg~, Frei~* [lat., »Abschrift, Abbild, Muster«]

◆ **ex|em|pla|risch** ⟨Adj.⟩ **1** mit Hilfe eines Exempels **2** nachdrücklich **3** beispielhaft, musterhaft

◆ **ex|em|pli cau|sa** ⟨Abk.: e. c.⟩ beispielsweise, zum Beispiel [lat., »wegen eines Beispiels«]

◆ **Ex|em|pli|fi|ka|ti|on** ⟨f.; -, -en⟩ das Exemplifizieren, Erläuterung durch Beispiel

◆ **ex|em|pli|fi|ka|to|risch** ⟨Adj.⟩ zum Zweck der Erläuterung von Beispielen

◆ **ex|em|pli|fi|zie|ren** ⟨V.⟩ durch Beispiele erläutern; *den Sinngehalt einer These ~*

ex|emt ⟨Adj.⟩ von bestimmten Lasten od. Pflichten befreit; *Sy* eximiert [<lat. *exemptum*, Part. Perf. zu *eximere* »wegnehmen, freimachen«]

Ex|em|ti|on ⟨f.; -, -en⟩ **1** Befreiung von bestimmten Lasten od. Pflichten **2** Befreiung von der bischöfl. Gerichtsbarkeit u. Unterstellung unter einen höheren Vorgesetzten od. unter den Papst selbst [<lat. *exemptio* »Befreiung«]

Ex|e|qua|tur ⟨n.; -s, -tu|ren⟩ Bestätigung eines Konsuls in seinem Amt; *das ~ erteilen* [<lat. *exsequatur* »man möge vollziehen«]

Ex|e|qui|en ⟨nur Pl.; kath. Kirche⟩ Totenfeier [<lat. *exsequiae* »feierl. Leichenbegängnis«]

ex|e|quie|ren ⟨V.⟩ **1** vollstrecken, vollziehen **2** eintreiben [<lat. *exsequi* »vollziehen, vollstrecken«]

Ex|er|gie ⟨f.; -, -n⟩ bei Energieumwandlungen der Teil der Energie, der tatsächlich in die gewünschte Energieform umgewandelt wird

ex|er|go|nisch ⟨Adj.; Chemie; Physik⟩ Energie erzeugend; *Ggs* endergonisch [<*ex...* + grch. *ergon* »Werk«]

ex|er|zie|ren ⟨V.⟩ üben; *Truppen ~* ausbilden [<lat. *exercere* »ausbilden, üben«]

Ex|er|zi|ti|um ⟨n.; -s, -ti|en⟩ **1** ⟨kath. Kirche⟩ geistl. Übung **2** ⟨veraltet⟩ schriftl. Hausarbeit für die Schule [<lat. *exercitium* »Übung«]

ex|e|unt ⟨[-e:unt] Theat.⟩ sie gehen, treten ab (als Regieanweisung) [lat., »sie gehen hinaus«; zu *exire* »hinausgehen«]

Ex|fo|li|a|tiv|zy|to|lo|gie ⟨f.; -; unz.; Med.⟩ bes. zur Krebsfrüherkennung eingesetzte Diagnosemethode, bei der einzelne abgestoßene od. abgelöste Zellen untersucht werden [<lat. *exfoliativus* »entblätternd« + *Zytologie*]

Ex|ha|la|ti|on ⟨f.; -, -en⟩ **1** Ausatmung, Ausdünstung **2** Ausströmen, z. B. von Gasen aus vulkan. Gestein [<lat. *exhalatio* »Ausdünstung«]

ex|ha|lie|ren ⟨V.⟩ **1** ausdünsten, ausströmen **2** ausatmen [→ *Exhalation*]

Ex|hä|re|se ⟨f.; -, -n; Med.⟩ das Herausschneiden von Organteilen (bes. bei Nerven) [<grch. *exairesis* »Herausnahme«]

Ex|haus|ti|on ⟨f.; -, -en; Med.⟩ Erschöpfung [lat.]

ex|haus|tiv ⟨Adj.⟩ vollständig, umfassend [<lat. *exhaustus*, Part. Perf. *exhaurire* »ausschöpfen«]

Ex|haus|tor ⟨m.; -s, -to|ren⟩ Vorrichtung zum Absaugen von Gasen, Dämpfen, Staub usw., Entlüfter [lat., »der Ausschöpfer, Ausleerer«; zu *exhaurire* »ausschöpfen«]

ex|hi|bie|ren ⟨V.⟩ *oV* exhibitionieren **1** aushändigen, ausstellen; *Papiere ~* **2** darlegen, vorzeigen [<lat. *exhibere* »vorführen, darbieten«]

Ex|hi|bit ⟨n.; -s, -e⟩ Eingabe; *oV* Exhibitum [<lat. *exhibitus*, Part. Perf. zu *exhibere* »vorführen, darbieten«]

Ex|hi|bi|ti|on ⟨f.; -, -en⟩ Zurschaustellung [<lat. *exhibitio* »Darbietung, das Zeigen«]

ex|hi|bi|ti|o|nie|ren ⟨V.⟩ = exhibieren

Ex|hi|bi|ti|o|nis|mus ⟨m.; -; unz.⟩ **1** krankhafte Neigung zum öffentlichen Entblößen der Geschlechtsteile **2** ⟨allg.⟩ auffälliges Verhalten mit dem Ziel, Aufmerksamkeit zu erregen

Ex|hi|bi|ti|o|nist ⟨m.; -en, -en⟩ jmd., der an Exhibitionismus (1) leidet

ex|hi|bi|ti|o|nis|tisch ⟨Adj.⟩ **1** zu Exhibitionismus neigend **2** auf Exhibitionismus beruhend, ihn betreffend

Ex|hi|bi|tum ⟨n.; -s, -bi|ten od. -bi|ta⟩ = Exhibit

E

Ex|hu|ma|ti|on ⟨f.; -, -en⟩ = Exhumierung

ex|hu|mie|ren ⟨V.⟩ *eine Leiche* ~ (zu gerichtl. Untersuchungen) wieder ausgraben [<*Ex…*[2] + lat. *humare* »bestatten«]

Ex|hu|mie|rung ⟨f.; -, -en⟩ das Exhumieren; *Sy* Exhumation

Exil ⟨n.; -s, -e⟩ **1** Verbannung **2** Verbannungsort **3** Zufluchtsstätte [<lat. *exsilium* »Verbannung«]

Exi|lant ⟨m.; -en, -en⟩ männl. Person, die im Exil lebt

Exi|lan|tin ⟨f.; -, -tin|nen⟩ weibl. Person, die im Exil lebt

exi|lie|ren ⟨V.⟩ *jmdn.* ~ ins Exil schicken, verbannen

exi|lisch ⟨Adj.⟩ aus der Exilzeit stammend, von ihr geprägt

Exil|li|te|ra|tur ⟨f.; -, -en⟩ die von den im Exil lebenden Schriftstellern geschriebenen Werke, vor allem zur Zeit des Nationalsozialismus in Deutschland; →*a.* Emigrantenliteratur

Exil|re|gie|rung ⟨f.; -, -en⟩ eine durch meist militär. Ereignisse nicht mehr im Heimatstaat, sondern auf fremdem Staatsgebiet amtierende Regierung

ex|i|mie|ren ⟨V.⟩ (von einer Pflicht) befreien [<lat. *eximere* »wegnehmen, freimachen«]

ex|i|miert ⟨Adj.⟩ = exemt

exis|tent ⟨Adj.⟩ existierend, vorhanden, wirklich; *Ggs* inexistent [<lat. *exsistens,* Part. Präs. zu *exsistere* »ins Leben treten«]

exis|ten|ti|al ⟨Adj.⟩ = existenzial

Exis|ten|ti|a|lis|mus ⟨m.; -; unz.⟩ = Existenzialismus

Exis|ten|ti|a|list ⟨m.; -en, -en⟩ = Existenzialist

Exis|ten|ti|al|phi|lo|so|phie ⟨f.; -; unz.⟩ = Existenzialphilosophie

exis|ten|ti|ell ⟨Adj.⟩ = existenziell

Exis|tenz ⟨f.; -, -en⟩ **1** wirkliches Vorhandensein, Leben, Dasein; *Ggs* Inexistenz **2** Grundlage des Lebens, Lebensinhalt, Auskommen; *sich eine* ~ *aufbauen* **3** ⟨umg.⟩ Mensch; *jmd. ist eine fragwürdige, gescheiterte* ~ [<neulat. *existentia;* zu lat. *exsistere* »ins Leben treten«]

exis|ten|zi|al ⟨Adj.⟩ = existenziell

Exis|ten|zi|a|lis|mus ⟨m.; -; unz.⟩ Richtung der modernen Philosophie, die den Menschen im Hinblick auf seine, sich selbst zum Problem gewordene, Existenz betrachtet, dabei führt Angst als eine Grunderfahrung des Menschen (die sich aus seiner Einsamkeit begründet) zum Selbstsein, zur Selbstbestimmung u. zur Freiheit des Menschen; *oV* Existentialismus; *Sy* Existenzialphilosophie, Existenzphilosophie

Exis|ten|zi|a|list ⟨m.; -en, -en⟩ Vertreter, Anhänger des Existenzialismus; *oV* Existentialist

exis|ten|zi|a|lis|tisch ⟨Adj.⟩ den Existenzialismus betreffend, zu ihm gehörend, auf ihm beruhend; *oV* existentialistisch

Exis|ten|zi|al|phi|lo|so|phie ⟨f.; -; unz.⟩ = Existenzialismus; *oV* Existentialphilosophie

exis|ten|zi|ell ⟨Adj.⟩ die Existenz, das Dasein betreffend, auf das Dasein bezüglich; *oV* existentiell, existentiell

Exis|tenz|mi|ni|mum ⟨n.; -s; unz.⟩ Mindestmaß des Einkommens, mit dem der Mensch gerade noch leben kann

Exis|tenz|phi|lo|so|phie ⟨f.; -; unz.⟩ = Existenzialismus

exis|tie|ren ⟨V.⟩ **1** vorhanden sein, bestehen, leben **2** auskommen; *davon kann niemand* ~ [<lat. *exsistere* »ins Leben treten«]

exit ⟨Theat.⟩ er, sie geht ab (als Regieanweisung) [lat., »er, sie geht hinaus, tritt ab«]

Exit ⟨m.; -s, -s⟩ (speziell markierter) Ausgang, Notausgang z. B. in öffentlichen Gebäuden, Flugzeugen usw. [engl.]

Exit|stra|te|gie ⟨f.; -, -n⟩ **1** ⟨Mil.⟩ Strategie für den Rückzug aus einem aussichtslosen militär. Konflikt **2** ⟨Finanzw.⟩ Strategie zur Rettung von Unternehmen u./od. Kapital, z. B. durch Verkauf an ein anderes Unternehmen od. durch den Gang an die Börse [<*Exit* + *Strategie*]

Ex|i|tus ⟨m.; -; unz.⟩ Tod, Todesfall [lat., »Ausgang«]

Ex|kar|di|na|ti|on ⟨f.; -, -en; kath. Kirche⟩ ~ *eines Geistlichen* Entlassung aus einer Diözese mit nachfolgender Einsetzung in einer anderen [<*Ex…*[2] + *Inkardination*]

Ex|ka|va|ti|on ⟨[-va-] f.; -, -en⟩ **1** ⟨Med.⟩ Aushöhlung (eines Organs) **2** ⟨Zahnmed.⟩ Ausbohrung [zu lat. *excavere* »aushöhlen«]

Ex|ka|va|tor ⟨[-va:-] m.; -s, -toren⟩ **1** ⟨Technik⟩ Ausschachtungsmaschine bei Erdarbeiten **2** ⟨Zahnmed.⟩ löffelähnliches Gerät zur Herauslösung kariösen Zahnbeins

ex|ka|vie|ren ⟨[-vi:-] V.⟩ aushöhlen, ausbohren [<lat. *excavere*]

exkl. ⟨Abk. für⟩ exklusive

Ex|kla|ma|ti|on ⟨f.; -, -en⟩ Ausruf [<lat. *exclamatio* »Ausruf«]

ex|kla|ma|to|risch ⟨Adj.⟩ verkündend, ausrufend

ex|kla|mie|ren ⟨V.⟩ ausrufen, verkünden [→ *Exklamation*]

Ex|kla|ve ⟨f.; -, -n⟩ ein von fremdem Staatsgebiet umschlossener Teil eines Staates; *Ggs* Enklave [gebildet nach frz. *enclave* (→ *Enklave*) <*Ex…*[2] + lat. *clavis* »Schlüssel«]

ex|klu|die|ren ⟨V.⟩ ausschließen; *Ggs* inkludieren [<lat. *excludere* »ausschließen«]

Ex|klu|si|on ⟨f.; -, -en⟩ Ausschluss, Ausschließung [<lat. *exclusio*]

ex|klu|siv ⟨Adj.⟩ **1** ausschließend, nur für bestimmte Personen od. Zwecke bestimmt **2** ⟨gesellschaftl.⟩ abgeschlossen, abgesondert, sich gegenüber anderen abhebend (u. in der allg. Wertschätzung hochstehend); *eine* ~*e Gesellschaft; ein* ~*er Kreis* **3** höchsten Ansprüchen genügend, luxuriös, teuer; *ein* ~*es Geschäft* [<engl. *exclusive* »sich absondernd«; zu lat. *excludere* »ausschließen«]

Ex|klu|siv|be|richt ⟨m.; -(e)s, -e⟩ Bericht, der ausschließlich einer bestimmten Zeitung, Fernsehanstalt u. Ä. verkauft wird

ex|klu|si|ve ⟨[-və] Präp. mit Gen.; Abk.: exkl.⟩ ausschließlich, mit Ausschluss von…, ausgenommen; *Ggs* inklusive; ~ *Mehrwertsteuer*

Ex|klu|si|ve ⟨[-və] f.; -; unz.; Gesch.⟩ von katholischen Potentaten verlangtes Recht, unerwünschte Kandidaten bei der Papstwahl nicht berücksichtigen zu müssen

Ex|klu|si|vi|tät ⟨[-vi-] f.; -; unz.⟩ **1** Ausschließlichkeit **2** ⟨gesellschaftl.⟩ Abgesondertsein

Ex|kom|mu|ni|ka|ti|on ⟨f.; -, -en⟩ Ausschluss aus der Kirchengemeinschaft [<lat. *excommunicatio* »Ausschluss aus der Kirchengemeinschaft«]

ex|kom|mu|nis|tisch ⟨Adj.⟩ den früheren Kommunismus betreffend, von ihm stammend

ex|kom|mu|ni|zie|ren ⟨V.⟩ aus der Kirchengemeinschaft ausschließen

Ex|ko|ri|a|ti|on ⟨f.; -, -en⟩ Hautabschürfung [<*Ex...*[2] + lat. *corium* »Haut, Fell«]

Ex|kre|ment ⟨n.; -(e)s, -e⟩ Ausscheidung, Kot, Harn [<lat. *excrementum* »Ausscheidung, Speichel«]

Ex|kret ⟨n.; -(e)s, -e⟩ Ausscheidung, nicht weiter verwendbares, ausgeschiedenes Stoffwechselprodukt [<lat. *excretus*, Part. Perf. zu *excernere* »aussondern«]

Ex|kre|ti|on ⟨f.; -, -en⟩ Ausscheidung [<neulat. *excretio* »Aussonderung«]

ex|kre|to|risch ⟨Adj.⟩ ausscheidend, nach außen absondernd, als Exkret

Ex|kul|pa|ti|on ⟨f.; -, -en⟩ Rechtfertigung, Entlastung von Schuld [<neulat. *exculpatio* »Rechtfertigung« <lat. *ex* »aus, weg von« + *culpa* »Schuld«]

ex|kul|pie|ren ⟨V.⟩ rechtfertigen, von Schuld entlasten [<neulat. *exculpare* »von Schuld befreien, rechtfertigen«]

Ex|kurs ⟨m.; -es, -e⟩ **1** Abschweifung **2** Erörterung **3** Anhang [<lat. *excursus* »das Auslaufen«]

Ex|kur|si|on ⟨f.; -, -en⟩ Ausflug, bes. unter wissenschaftl. Leitung [<lat. *excursio* »das Hervorlaufen, Ausflug« <*ex* »aus« + *currere* »laufen«]

ex|lex ⟨Adv.⟩ außerhalb des Gesetzes (stehend), vogelfrei, geächtet [lat., »gesetzlos, an kein Gesetz gebunden, ohne Gesetz«]

Ex|li|bris *auch:* **Ex|lib|ris** ⟨n.; -, -⟩ in Bücher geklebter Zettel mit Namen od. Zeichen des Eigentümers, meist künstlerisch gestaltet [<lat. *ex libris...* »aus den Büchern, aus der Bücherei (des...)«]

Ex|ma|tri|kel *auch:* **Ex|mat|ri|kel** ⟨f.; -, -n⟩ Abgangsbescheinigung beim Verlassen der Hochschule [<*Ex...*[2] + *Matrikel*]

Ex|ma|tri|ku|la|ti|on *auch:* **Ex|mat|ri|ku|la|ti|on** ⟨f.; -, -en⟩ **1** Weggang von einer Hochschule **2** Streichung aus der Matrikel (1.1)

ex|ma|tri|ku|lie|ren *auch:* **ex|mat|ri|ku|lie|ren** ⟨V.⟩ aus der Matrikel (1.1) streichen

Ex|mis|si|on ⟨f.; -, -en⟩ *Sy* Exmittierung **1** Zwangsräumung (von Wohnungen) **2** gerichtl. Ausweisung (von Personen) [<neulat. *exmissio* »Vertreibung, Ausstoßung«; → *exmittieren*]

ex|mit|tie|ren ⟨V.⟩ zwangsweise entfernen, gerichtlich ausweisen aus [<lat. *exmittere* »hinauswerfen, vertreiben«]

Ex|mit|tie|rung ⟨f.; -, -en⟩ = Exmission

exo..., Exo... ⟨Vorsilbe⟩ außerhalb..., außen... [<grch. *exo*]

Exo|bio|lo|ge ⟨m.; -n, -n; Biol.⟩ Wissenschaftler auf dem Gebiet der Exobiologie

Exo|bio|lo|gie ⟨f.; -; unz.; Biol.⟩ Teilgebiet der Biologie, das sich mit den Problemen des Lebens im Weltraum befasst [<*Exo...* + *Biologie*]

Exo|bio|lo|gin ⟨f.; -, -gin|nen; Biol.⟩ Wissenschaftlerin auf dem Gebiet der Exobiologie

Exo|der|mis ⟨f.; -; unz.; Bot.⟩ verkorktes Wurzelgewebe, das die frühzeitig absterbende Epidermis ersetzt

Ex|o|dos ⟨m.; -, -⟩ Schlussgesang des Chores im altgrch. Drama [grch., »Ausgang«]

Ex|o|dus ⟨m.; -; unz.⟩ Auszug (der Juden aus Ägypten), zweites Buch Mosis [<grch. *exodos* »Ausgang, Auszug«]

ex of|fi|cio von Amts wegen, d. h. ohne dass ein Antrag vorliegt [lat., »aus dem Amt«]

Exo|ga|mie ⟨f.; -, -n⟩ Heirat außerhalb des eigenen Stammes

exo|gen ⟨Adj.⟩ **1** von außen stammend od. wirkend **2** von außen (in den Körper) eingeführt **3** ⟨Bot.⟩ außen entstehend; *~es Blatt, ~e Knospe* **4** ⟨Geol.⟩ von außen auf die Erdoberfläche einwirkend

Exo|karp ⟨n.; -s, -e; Biol.⟩ äußerste Schicht der Fruchtwand (bei Früchten); *Ggs* Endokarp [<*Exo...* + *...karp*[2]]

exo|krin ⟨Adj.; Med.; bei Drüsen⟩ nach außen absondernd; *Sy* ekkrin [<*exo...* + grch. *krinein* »trennen, scheiden«]

exo|morph ⟨Adj.; Geol.⟩ die Exomorphose betreffend, durch sie verursacht; *Ggs* endomorph (1)

Exo|mor|pho|se ⟨f.; -, -n; Geol.⟩ äußere Gestaltsveränderung des Nebengesteins durch den Kontakt mit dem Eruptivgestein; *Ggs* Endomorphose [<*Exo...* + grch. *morphe* »Gestalt«]

Exon ⟨n.; -s, -s; Biochemie⟩ DNA-Sequenz eines Gens, die Proteine kodiert; →*a.* Intron

Ex|o|nym ⟨n.; -s, -e; Sprachw.⟩ Ortsnamenbildung, die von dem eigtl. Namen abweicht u. nur im Ausland benutzt wird, z. B. Munich für München; *oV* Exonymon [<*Exo...* + grch. *onyma* »Name«]

Ex|o|ny|mon ⟨n.; -s, -ma; Sprachw.⟩ = Exonym

Exo|pla|net ⟨m.; -en, -en; Astron.⟩ = extrasolarer Planet [<*Exo...* + *Planet*]

ex|or|bi|tant ⟨Adj.⟩ außerordentlich, übertrieben [<lat. *exorbitans*, Part. Präs. zu *exorbitare* »von der Bahn abweichen«]

Ex|or|bi|tanz ⟨f.; -, -en⟩ Übertreibung, Übermaß

Ex|or|di|um ⟨n.; -s, -dia⟩ Einleitung, Eingang (einer Rede) [lat., »Anfang, Einleitung«]

ex ori|en|te lux aus dem Osten (kommt) das Licht (ursprüngl. auf den Sonnenaufgang bezogen, dann auf das Christentum u. die Kultur übertragen) [lat.]

ex|or|zie|ren ⟨V.⟩ *Dämonen, böse Geister ~* austreiben, beschwören; *oV* exorzisieren [<grch. *exorkizein* »beschwören«]

ex|or|zi|sie|ren ⟨V.⟩ = exorzieren [<grch. *exorkizein* »beschwören«]

Ex|or|zis|mus ⟨m.; -, -zis|men⟩ Beschwörung, Austreibung (böser Geister)

Ex|or|zist ⟨m.; -en, -en⟩ **1** Geisterbeschwörer **2** ⟨kath. Kirche⟩ Träger des dritten der vier niederen Weihegrade

ex|or|zis|tisch ⟨Adj.⟩ den Exorzismus betreffend, von ihm stammend

Exo|ske|lett ⟨n.; -(e)s, -e; Biol.⟩ Außenskelett, z. B. Chitinhülle der Kerbtiere

E

Exo|sphä|re ⟨f.; -, -n⟩ **1** höchste Schicht der Atmosphäre, jenseits von ca. 1000 km Höhe **2** ⟨nach anderer Auffassung⟩ der äußere Teil der Ionosphäre, in 400 km Höhe beginnend [<*Exo…* + *Sphäre*]

Exot ⟨m.; -en, -en⟩ = Exote

Exo|ta|ri|um ⟨n.; -s, -ri|en; Bot.⟩ Anlage, in der aus den Tropen stammende Tiere gehalten werden [<*Exot*e + Terr*arium*]

Exo|te ⟨m.; -n, -n⟩ *oV* Exot **1** Tier, Mensch od. Pflanze aus einem fernen, meist trop. Land **2** außergewöhnlicher, merkwürdiger Mensch, Außenseiter; *er ist ein ~*

Exo|te|ri|ker ⟨m.; -s, -⟩ Nichteingeweihter, Außenstehender; *Ggs* Esoteriker [→ *exoterisch*]

Exo|te|ri|ke|rin ⟨f.; -, -rin|nen⟩ Nichteingeweihte, Außenstehende; *Ggs* Esoterikerin

exo|te|risch ⟨Adj.⟩ für weitere Kreise bestimmt, allgemein verständlich; *Ggs* esoterisch [<grch. *exoteros* »der Äußere«]

exo|therm ⟨Adj.⟩ Wärme abgebend; *Ggs* endotherm; *~e Prozesse* Prozesse, die ohne Energiezufuhr von außen ablaufen, z. B. chemische Reaktionen, die spontan einsetzen u. unter Wärmeentwicklung verlaufen [<*exo…* + *…therm*]

Exo|tik ⟨f.; -; unz.⟩ **1** exot. Wesen, exotische Beschaffenheit, das Fremdländische (einer Person od. Sache) **2** die Anziehungskraft von Fremd-, bes. Tropenländischem

Exo|ti|ka ⟨Pl.⟩ Kunstwerke und kunsthandwerkliche Gegenstände, die aus fernen Ländern stammen

Exo|tin ⟨f.; -, -tin|nen⟩ weibl. Exote

exo|tisch ⟨Adj.⟩ **1** fremd, fremdländisch **2** aus den Tropen stammend [<grch. *exotikos* »ausländisch«]

Exo|tis|mus ⟨m.; -, -tis|men; Sprachw.⟩ **1** fremdsprachiges Wort, dessen Bedeutung u. Benutzung auf einen fremdsprachigen Begriff begrenzt bleibt, z. B. Cowboy, Iglu **2** ⟨unz.; Mal.⟩ realistische Kunstströmung während des Fin de Siècle, die sich mit der Imitation od. Darstellung exotischer Motive befasste [→ *exotisch*]

Exo|to|xin ⟨n.; -s, -e⟩ = Ektotoxin

ex ovo ⟨[-vo]⟩ = ab ovo [lat., »aus dem Ei«]

exo|zen|trisch *auch:* **exo|zent|risch** ⟨Adj.; Sprachw.⟩ *~e Konstruktion* sprachl. K., deren Teile zu anderen Formklassen gehören als die K. selbst, z. B. kann weder »hinter« noch »mir« dieselbe Funktion im Satzbau ausfüllen wie »hinter mir«

Ex|pan|der ⟨m.; -s, -⟩ Turngerät zum Kräftigen bes. der Armmuskeln, aus zwei durch Stahlfedern verbundenen Handgriffen bestehend, die auseinandergezogen werden müssen [→ *expandieren*]

ex|pan|die|ren ⟨V.⟩ **1** auseinanderziehen **2** (sich) ausdehnen, (sich) ausbreiten **3** den eigenen Macht-, Einflussbereich ausweiten [<lat. *expandere* »ausspannen, ausbreiten«]

ex|pan|si|bel ⟨Adj.⟩ so beschaffen, dass man es expandieren kann, ausdehnbar; *expansibles Gewebe* [<frz. *expansible* »ausdehnbar«]

Ex|pan|si|on ⟨f.; -, -en⟩ Vergrößerung des Volumens, Ausdehnung, (bes.) Ausdehnung des staatl. Machtbereichs [<neulat. *expansio* »Ausbreitung, Ausdehnung«]

Ex|pan|si|o|nis|mus ⟨m.; -; unz.⟩ **1** ⟨Politik⟩ Politik, die auf Erweiterung des staatl. Machtbereichs zielt; *Sy* Expansionspolitik **2** ⟨Wirtsch.⟩ Unternehmensstrategie, die auf Umsatzsteigerung u. Erhöhung des Marktanteils ausgerichtet ist

ex|pan|si|o|nis|tisch ⟨Adj.⟩ den Expansionismus betreffend

Ex|pan|si|ons|po|li|tik ⟨f.; -; unz.⟩ = Expansionismus (1)

ex|pan|siv ⟨Adj.⟩ (sich) ausdehnend, auf Expansion gerichtet, nach Expansion strebend [<frz. *expansif* »ausdehnend«]

ex|pa|tri|ie|ren *auch:* **ex|pat|ri|ie|ren** ⟨V.⟩ *jmdn. ~* jmdn. ausbürgern, aus dem Vaterland verweisen, jmdm. die Staatsbürgerschaft entziehen; →*a.* repatriieren [<frz. *expatrier* »aus dem Heimatland ausweisen«; zu lat. *patria* »Vaterland«]

Ex|pa|tri|ie|rung *auch:* **Ex|pat|ri|ie|rung** ⟨f.; -, -en⟩ das Expatriieren, das Expatriiertwerden

Ex|pe|di|a|tur ⟨n.; -s, -tu|ren⟩ Ausfertigungsvermerk [lat. »es möge ausgefertigt werden«]

Ex|pe|di|ent ⟨m.; -en, -en⟩ **1** jmd., der eine Sendung expediert, Versender **2** kaufmännischer Angestellter, der die zum Versand einer Ware nötigen schriftlichen Arbeiten ausführt od. überwacht; *Sy* Expeditor [<lat. *expediens*, Part. Präs. zu *expedire* »ausfertigen, erledigen«]

ex|pe|die|ren ⟨V.⟩ zum Versand fertig machen, versenden, aufgeben [<lat. *expedire* »ausfertigen, erledigen«]

Ex|pe|dit ⟨n.; -s, -e; österr.⟩ Versandabteilung (einer Firma)

Ex|pe|di|teur ⟨[-tøːr] m.; -s, -e; österr. für⟩ Spediteur [<frz. *expéditeur* »Absender«]

Ex|pe|di|ti|on ⟨f.; -, -en⟩ **1** das Fertigmachen zum Versand **2** Versendung **3** Versandabteilung (einer Firma) **4** Forschungsreise **5** Kriegszug [<lat. *expeditio* »Erledigung«]

ex|pe|di|tiv ⟨Adj.⟩ zur Expedition gehörend, sie betreffend

Ex|pe|di|tor ⟨m.; -s, -to|ren⟩ = Expedient

Ex|pek|to|rans ⟨n.; -, -ran|ti|en od. -ran|tia; Pharm.⟩ = Expektorantium

Ex|pek|to|ran|ti|um ⟨n.; -s, -ti|en; Pharm.⟩ auswurfförderndes, schleimlösendes Arzneimittel; *oV* Expektorans [<lat. *expectorantia* »aus der Brust entfernend(e Mittel)«; → *expektorieren*]

Ex|pek|to|ra|ti|on ⟨f.; -, -en; Med.⟩ **1** das Expektorieren **2** expektorierter Schleim, Auswurf; *Sy* Sputum **3** ⟨fig.⟩ Herzensergießung, Aussprechen von Gefühlen

ex|pek|to|rie|ren ⟨V.; Med.⟩ aushusten, auswerfen; *Schleim, Blut ~* [<lat. *expectorare* »aus der Brust entfernen« <*ex* »aus« + *pectus* »Brust«]

Ex|pel|lan|ti|um ⟨n.; -s, -tia od. -ti|en; Pharm.⟩ aus-, abtreibendes Mittel [lat., »austreibendes (Mittel)«]

ex|pel|lie|ren ⟨V.; veraltet⟩ aus-

treiben, verjagen [<lat. *expellere* »austreiben«]
Ex|pen|sen ⟨nur Pl.⟩ Auslagen, Kosten [<lat. *expensa* »Geldausgaben«]
ex|pen|siv ⟨Adj.⟩ kostspielig, teuer [<lat. *expensum* »Geldausgabe«]
Ex|pe|ri|ment ⟨n.; -(e)s, -e⟩ **1** wissenschaftlicher Versuch **2** ⟨fig.⟩ (gewagtes) Unternehmen [<lat. *experimentum* »Probe, Versuch«]
ex|pe|ri|men|tal ⟨Adj.⟩ = experimentell
Ex|pe|ri|men|tal... ⟨in Zus.⟩ auf Experimenten beruhend, Versuchs...
Ex|pe|ri|men|tal|phy|sik ⟨f.; -; unz.⟩ Physik, die ihre Ergebnisse aus dem Experiment gewinnt, experimentelle Physik
Ex|pe|ri|men|ta|tor ⟨m.; -s, -to|ren⟩ jmd., der Experimente durch- od. vorführt
ex|pe|ri|men|tell ⟨Adj.⟩ auf einem Experiment beruhend; *oV* experimental; *eine Theorie, ein Modell ~ erproben*
ex|pe|ri|men|tie|ren ⟨V.⟩ Experimente durchführen, Versuche machen
ex|pert ⟨Adj.⟩ erfahren, sachverständig; *auf einem Gebiet ~ sein* sich darin auskennen [<lat. *expertus* »erfahren«]
Ex|per|te ⟨m.; -n, -n⟩ Sachverständiger, Fachmann
Ex|per|ten|kom|mis|si|on ⟨f.; -, -en⟩ Kommission von Experten, Ausschuss von Sachverständigen
Ex|per|tin ⟨f.; -, -tin|nen⟩ Sachverständige, Fachfrau
Ex|per|ti|se ⟨f.; -, -n⟩ sachverständige Begutachtung, z. B. durch einen Experten [frz., »Sachverständigengutachten«]
Expl. ⟨Abk. für⟩ Exemplar
Ex|pla|na|ti|on ⟨f.; -, -en⟩ *~ eines Textes* Erklärung des sachlichen Inhalts
ex|pla|na|tiv ⟨Adj.⟩ erklärend, erläuternd
ex|pla|nie|ren ⟨V.⟩ in der Art einer Explanation erklären; *Texte, Literaturwerke ~* [<lat. *explanare* »genau erörtern, erklären«]
Ex|plan|ta|ti|on ⟨f.; -, -en; Med.⟩ Gewebe- od. Organentnahme bei Verstorbenen, um lebendes Gewebe außerhalb des Körpers auf einem künstlichen Nährboden in einer Gewebekultur zu züchten od. zum Zwecke der Transplantation [<*Ex...* + lat. *planta* »Setzling, Pflanze«]
ex|plan|tie|ren ⟨V.; Med.⟩ *Gewebe, Organe ~* entnehmen, meist zur Züchtung in einem geeigneteren Medium od. zur Transplantation in einen fremden Organismus
Ex|ple|tiv ⟨n.; -s, -e [-və]; Sprachw.⟩ Wort, das für die inhaltliche Satzaussage kaum od. keine Bedeutung hat, Gesprächspartikel, z. B. hast du mich »denn« nicht gehört? [zu lat. *expletivus* »füllend, ergänzend«]
ex|pli|cit es ist erörtert, es ist zu Ende (am Schluss alter Handschriften od. Drucke); *Ggs* incipit [<lat. *explicitus est* »es ist ausgebreitet, erörtert worden«; → *explizieren*]
Ex|pli|cit ⟨n.; -s, -s⟩ Schlussworte in mittelalterlichen Handschriften od. Inkunabeln
Ex|pli|ka|ti|on ⟨f.; -, -en⟩ das Explizieren, Erklärung, Erläuterung [<lat. *explicatio* »Entfaltung, Auseinandersetzung«]
ex|pli|zie|ren ⟨V.⟩ erklären, erläutern [<lat. *explicare* »entfalten, ausbreiten, erörtern«]
ex|pli|zit ⟨Adj.⟩ ausdrücklich, deutlich, ausführlich
ex|pli|zi|te ⟨[-te:] Adv.⟩ ausdrücklich, deutlich; *Ggs* implizite [<lat. *explicite* »entfaltet, ausgebreitet, erörtert«; zu *explicare;* → *explizieren*]
ex|plo|die|ren ⟨V.⟩ **1** mit Getöse bersten, platzen **2** in der Art einer Explosion verlaufen; *Ggs* implodieren; →*a.* detonieren **3** ⟨fig.; umg.; scherzh.⟩ in Zorn ausbrechen [<lat. *explodere* »(Schauspieler) ausklatschen«; → *applaudieren*]
Ex|ploi|ta|ti|on ⟨[-ploa-] f.; -; unz.; veraltet⟩ das Exploitieren, Ausnutzung, Ausbeutung [frz., »Nutzbarmachung«]
Ex|ploi|teur ⟨[-ploatø:r] m.; -s, -e; veraltet⟩ jmd., der eine Sache od. Person exploitiert, Ausbeuter [frz., »Ausbeuter«]
ex|ploi|tie|ren ⟨[-ploa-] V.; veraltet⟩ **1** ⟨allg.⟩ ausbeuten **2** *Bodenschätze, Naturkräfte ~* fördern, gewinnen **3** *jmdn. ~* aus der Arbeitskraft eines anderen unredlichen Gewinn ziehen [<frz. *exploiter*]
Ex|plo|ra|ti|on ⟨f.; -, -en⟩ **1** das Explorieren, Aus-, Erforschung, Erkundung **2** (ärztliche) Untersuchung [<lat. *exploratio* »Erforschung«]
Ex|plo|rer ⟨[ɪksplɔ:-] m.; -s, -⟩ Name mehrerer US-amerikan. künstl. Erdsatelliten, die zur Erforschung der kosm. Strahlung, der Strahlungsgürtel um die Erde, der Mikrometeoriten usw. dienten [engl.; zu *explore* »erforschen«]
ex|plo|rie|ren ⟨V.⟩ **1** erforschen, prüfen, erkunden **2** untersuchen; *Kranke ~* [<lat. *explorare* »erforschen«]
ex|plo|si|bel ⟨Adj.⟩ = explosiv; *Ggs* inexplosibel; *explosibles Gefahrengut* [<frz. *explosible* »explosionsfähig«]
Ex|plo|si|on ⟨f.; -, -en⟩ **1** das Explodieren **1.1** sehr schnell verlaufendes Abbrennen eines Sprengstoffes; →*a.* Detonation **1.2** Bersten eines Hohlkörpers durch Druck von innen; *Ggs* Implosion **2** ⟨fig.; umg.⟩ plötzlicher Zornesausbruch
Ex|plo|si|ons|mo|tor ⟨m.; -s, -en; ungenaue Bez. für⟩ Verbrennungsmotor
ex|plo|siv ⟨Adj.⟩ **1** leicht explodierend; *Sy* explosibel; *~e Stoffe* **2** ⟨fig.; umg.⟩ leicht erregbar, leicht aufbrausend, zu Zornesausbrüchen neigend; *ein ~es Temperament* [<frz. *explosif*]
Ex|plo|siv ⟨m.; -s, -e [-və]; Phon.⟩ Konsonant, der durch plötzliches Öffnen der verschlossenen Mundhöhle entsteht, Verschlusslaut, z. B. p, b, t, d, k, g; *Sy* Explosivlaut, Okklusiv
Ex|plo|si|vi|tät ⟨[-vi-] f.; -; unz.⟩ explosive Beschaffenheit od. Form
Ex|plo|siv|laut ⟨m.; -(e)s, -e; Phon.⟩ = Explosiv
Ex|po ⟨f.; -, -s; kurz für⟩ Exposition (1), Weltausstellung; *die ~ 2000 hat in Hannover stattgefunden*
Ex|po|nat ⟨n.; -(e)s, -e⟩ Ausstellungsstück, Museumsstück

[<lat. *exponere* »öffentl. darstellen«]

Ex|po|nent ⟨m.; -en, -en⟩ 1 ⟨Math.⟩ Hochzahl einer Potenz, die angibt, wie oft eine Zahl mit sich selbst multipliziert werden soll, z. B. $4^3 = 4 \cdot 4 \cdot 4$ (lies: vier hoch drei) 2 ⟨fig.⟩ herausgehobener Vertreter einer Sache, z. B. einer Partei [<lat. *exponens,* Part. Präs. zu *exponere* »offen darstellen«]

Ex|po|nen|ti|al|funk|ti|on ⟨f.; -, -en; Math.⟩ 1 ⟨i. w. S.⟩ Gleichung der Form $y = a^x$, in der die Variable als Exponent auftritt 2 ⟨i. e. S.⟩ die e-Funktion mit $y = e^x$ (e = Basis der natürl. Logarithmen)

Ex|po|nen|ti|al|glei|chung ⟨f.; -, -en; Math.⟩ transzendente Gleichung, bei der die Unbekannte auch als Exponent vorkommt, z. B. $ae^x = bx + c$

ex|po|nen|ti|ell ⟨Adj.; Math.⟩ nach einer Exponentialfunktion verlaufend

ex|po|nie|ren ⟨V.⟩ 1 heraus-, hervorheben; *sich* ~ sich hervortun u. damit Angriffen aussetzen; sich einer Gefahr aussetzen 2 darlegen, auseinandersetzen 3 dem Licht aussetzen, belichten; *einen Film* ~ 4 ⟨Med.⟩ schädigenden Umwelteinflüssen aussetzen [<lat. *exponere* »öffentl. darstellen«]

ex|po|niert ⟨Adj.⟩ hervor-, herausgehoben (u. dadurch angreifbar); *an ~er Stelle stehen*

Ex|port ⟨m.; -(e)s, -e⟩ Ausfuhr (von Waren); *Ggs* Import [engl. »Ausfuhr«; → *exportieren*]

Ex|port|bier ⟨n.; -(e)s, -e⟩ helle, nicht sehr bittere Biersorte [urspr. für den *Export* bestimmtes Bier]

Ex|por|te ⟨f.; -, -n; meist Pl.⟩ Ausfuhrware; *Ggs* Importe

Ex|por|teur ⟨[-tøːr] m.; -s, -e⟩ Kaufmann im Exporthandel, Ausfuhrkaufmann; *Ggs* Importeur [→ *exportieren* (mit frz. Endung)]

ex|por|tie|ren ⟨V.⟩ ausführen (Waren); *Ggs* importieren [<lat. *exportare* »hinaustragen«]

Ex|port|in|dus|trie *auch:* **Ex|port|in|dust|rie** ⟨f.; -; unz.; Wirtsch.⟩ Gesamtheit der Unternehmen, die Produkte für das Ausland produzieren bzw. diese ins Ausland ausführen

Ex|po|sé ⟨[-seː] n.; -s, -s⟩ *oV* Exposee 1 Denkschrift, Bericht 2 Erläuterung 3 ausgearbeiteter Plan zu einem Schriftwerk 4 Handlungsskizze für einen Film [frz., »Darstellung, Übersicht«]

Ex|po|see ⟨n.; -s, -s⟩ = Exposé

Ex|po|si|ti|on ⟨f.; -, -en⟩ 1 Ausstellung 2 Darlegung 3 Einleitung 4 Einführung in die Dramenhandlung, Darlegung der vor Beginn des Dramas liegenden Handlung (meist im 1. Akt) 5 ⟨Musik⟩ der erste Teil eines Sonatensatzes 6 ⟨Fot.⟩ Belichtung 7 ⟨Med.⟩ Gesamtheit von Krankheiten verursachenden Umwelteinflüssen, denen jmd. ausgesetzt ist [<lat. *expositio* »Darstellung, Darlegung«]

ex|po|si|to|risch ⟨Adj.⟩ erläuternd, darlegend, zusammenfassend, z. B. eine ~e Einleitung [→ *Exposition*]

Ex|po|si|tur ⟨f.; -, -en⟩ 1 auswärtiges Zweiggeschäft 2 Nebenkirche 3 ⟨österr. a.⟩ Nebenbehörde, Teil einer Schule im Nebengebäude [→ *Expositus*]

Ex|po|si|tus ⟨m.; -, -si|ti⟩ Pfarrer, dem ein bestimmter Teil einer Pfarrei untersteht [<*Ex…* + lat. *positus* »gelegt«; zu *ponere* »setzen, stellen, legen«]

ex|press ⟨Adj.⟩ eilig, mit Eilpost; *eine Ware, Postsendung ~ schicken* [<lat. *expresse* »ausdrücklich«; zu *exprimere* »ausdrücken«; Expressbote »Extrabote« wird »Eilbote«, daher die Bedeutung »eilig«]

Ex|press ⟨m.; -es, -zü|ge⟩ 1 ⟨unz.⟩ *eine Sendung per ~ senden* durch Eilboten 2 Expresszug, Fernschnellzug [→ *express*]

Ex|press|gut ⟨n.; -(e)s, -gü|ter⟩ Transportgut, das aufgrund spezieller Konditionen auf dem schnellsten Weg zum Bestimmungsort befördert wird

Ex|pres|si|on ⟨f.; -, -en; geh.⟩ Ausdruck [<lat. *expressio* »Ausdruck«; → *Expressionismus*]

Ex|pres|si|o|nis|mus ⟨m.; -; unz.⟩ Kunstrichtung Anfang des 20. Jh., gekennzeichnet durch Streben nach Vergeistigung u. Objektivierung unter Verzicht auf sachl. getreue Wiedergabe der Wirklichkeit (Malerei, bildende Kunst), durch Ausdruck von Leidenschaft, Gefühl mit sparsamsten Mitteln (Literatur) bzw. durch Dissonanzen, scharfe Rhythmen usw. (Musik) [<lat. *expressio* »Ausdruck«; zu *exprimere* »ausdrücken«]

Ex|pres|si|o|nist ⟨m.; -en, -en⟩ Vertreter, Anhänger des Expressionismus

Ex|pres|si|o|nis|tin ⟨f.; -, -tin|nen⟩ Vertreterin, Anhängerin des Expressionismus

ex|pres|si|o|nis|tisch ⟨Adj.⟩ zum Expressionismus gehörend

ex|pres|sis ver|bis ⟨[-siːs -vɛr-]⟩ ausdrücklich [lat., »mit ausdrücklichen Worten«]

ex|pres|siv ⟨Adj.⟩ ausdrucksvoll, ausdrucksstark, Ausdruck… [<frz. *expressif* »ausdrucksvoll«]

Ex|pres|si|vi|tät ⟨[-vi-] f.; -; unz.⟩ 1 Ausdrucksfülle, Ausdrucksstärke; *ein Werk von großer ~* 2 ⟨Genetik⟩ Durchschlagskraft, Ausprägung

ex pro|fes|so 1 von Berufs wegen, von Amts wegen 2 absichtlich, vorsätzlich [lat., »von Amts wegen«; zu *profiteri* »öffentlich bekennen«]

Ex|pro|mis|si|on ⟨f.; -, -en⟩ freiwillige Übernahme (einer fremden Schuld od. Verbindlichkeit) [<*Ex…* + lat. *promissio* »Versprechen«; zu *promittere* »versprechen«]

Ex|pro|pri|a|ti|on *auch:* **Ex|prop|ri|a|ti|on** ⟨f.; -, -en⟩ Enteignung; *~ von Privatbesitz* [frz.

ex|pro|pri|ie|ren *auch:* **ex|prop|ri|ie|ren** ⟨V.⟩ enteignen; *Privatbesitz, einen Betrieb ~* [<frz. *exproprier* »enteignen«]

Ex|pul|si|on ⟨f.; -, -en; Med.⟩ Abführung, Austreibung [<lat. *expulsio* »Vertreibung«]

ex|pul|siv ⟨Adj.; Med.⟩ 1 austreibend 2 abführend [<lat. *expellere* »austreiben« u. *expulsio* »Vertreibung«]

ex|qui|sit ⟨Adj.⟩ auserlesen, vorzüglich; *ein ~er Geschmack* [<lat. *exquisitus* »ausgesucht, ausgezeichnet«]

ex|se|krie|ren *auch:* **ex|se|k|rie|ren** ⟨V.; kath. Kirche⟩ 1 entweihen

2 verfluchen [<lat. *exsecrari* »verwünschen, verfluchen«]

Ex|sic|cans ⟨[-kans] n.; -, -can|zi|en od. -can|tia; fachsprachl.⟩ = Exsikkans

Ex|sik|kans ⟨n.; -, -kan|zi|en od. -kan|tia; Pharm.⟩ austrocknendes, Flüssigkeit aufsaugendes Mittel; *oV* Exsiccans [zu lat. *exsiccare* »austrocknen«]

Ex|sik|kat ⟨n.; -(e)s, -e; Bot.⟩ getrocknete Pflanzenprobe [zu lat. *exsiccare* »austrocknen«]

Ex|sik|ka|ti|on ⟨f.; -, -en⟩ Austrocknung [<lat. *exsiccare* »austrocknen«]

ex|sik|ka|tiv ⟨Adj.⟩ auf Exsikkation beruhend, austrocknend

Ex|sik|ka|tor ⟨m.; -s, -to|ren⟩ mit Wasser entziehenden Chemikalien beschicktes gläsernes Gefäß zum Trocknen wasserhaltiger u. zum Aufbewahren wasserfreier chem. Präparate [<lat. *exsiccare* »austrocknen«]

Ex|sik|ko|se ⟨f.; -; unz.; Med.⟩ Flüssigkeitsverlust des Körpers [<lat. *exsiccare* »austrocknen«]

ex|spek|ta|tiv ⟨Adj.; Med.⟩ abwartend [<lat. *exspectare* »warten, erwarten«]

Ex|spi|ra|ti|on ⟨f.; -, -en; Med.⟩ Ausatmung; *Ggs* Inspiration (3) [<lat. *exspiratio* »Aushauchung«]

ex|spi|ra|to|risch ⟨Adj.⟩ **1** ⟨Med.⟩ auf Exspiration beruhend; *Ggs* inspiratorisch **2** ⟨Phon.⟩ auf starker Betonung beruhend, mit Nachdruck (gesprochen); *~er Akzent*

ex|spi|rie|ren ⟨V.⟩ **1** ausatmen **2** ⟨fig.⟩ sterben [<lat. *exspirare* »aushauchen«]

Ex|stir|pa|ti|on ⟨f.; -, -en; Med.⟩ vollständige Entfernung eines kranken Organs oder einer Geschwulst auf chirurg. Wege [<lat. *exstirpatio* »Ausrottung«]

ex|stir|pie|ren ⟨V.; Med.⟩ völlig entfernen; *ein krankes Organ ~* [<lat. *exstirpare* »ausrotten«]

Ex|su|dat ⟨n.; -(e)s, -e; Med.⟩ (infolge Entzündung) abgesondertes Produkt, abgesonderte Flüssigkeit [<lat. *exsudatus,* Part. Perf. zu *exsudare* »ausschwitzen«]

Ex|su|da|ti|on ⟨f.; -, -en; Med.⟩ Absonderung (infolge Entzündung)

ex|su|da|tiv ⟨Adj.⟩ die Exsudation betreffend, auf ihr beruhend [<lat. *exsudare* »ausschwitzen«]

→ Ekstase Anders als in lateinischen Fremdwörtern wie *extern, extra* oder *extrem* wird die Lautfolge [ks] bei dem aus dem Griechischen stammenden Fremdwort *Ekstase* durch die Buchstabenkombination *ks* wiedergegeben.

ex tem|po|re ⟨[-re:]⟩ aus dem Stegreif [<lat., »aus dem Augenblick«]

Ex|tem|po|re ⟨[-re:] n.; -s, -s; Theater⟩ Einfall eines Schauspielers während des Spiels, Zugabe, Zusatz aus dem Stegreif [→ *ex tempore*]

ex|tem|po|rie|ren ⟨V.⟩ aus dem Stegreif spielen od. sprechen [→ *ex tempore*]

Ex|ten|ded ⟨[ɪkstɛndɪd] f.; -; unz.; Typ.⟩ Drucktype auf Grundlage der Antiquaschrift [<engl. *extended* »ausgedehnt«]

Ex|ten|der ⟨[ɪkstɛndə(r)] m.; -s, -⟩ chem. Lösungs- od. Verdünnungsmittel, das teuren Rohstoffen hinzugefügt wird, um sie zu strecken [<engl. *extend* »ausdehnen, weiten«]

ex|ten|die|ren ⟨V.⟩ ausdehnen, ausweiten, ausstrecken, erweitern [<lat. *extendere* »ausdehnen, ausspannen«]

ex|ten|si|bel ⟨Adj.⟩ so beschaffen, dass man es extendieren kann, ausdehnbar; *extensible Wirtschaft* [<frz. *extensible* »dehnbar, streckbar«]

Ex|ten|si|bi|li|tät ⟨f.; -; unz.⟩ extensible Beschaffenheit, Ausdehnbarkeit

Ex|ten|si|on ⟨f.; -, -en⟩ **1** Ausdehnung, Ausstreckung **2** ⟨Med.⟩ Streckverband [<lat. *extensio* »Ausdehnung«]

ex|ten|si|o|nal ⟨Adj.⟩ **1** auf der Extension (1) beruhend, auf sie bezogen; *Ggs* intensional (1) **2** umfangsidentisch (bes. in der Mengenlehre); *Ggs* intensional (2)

Ex|ten|si|tät ⟨f.; -; unz.⟩ *oV* Extensivität **1** Ausdehnung; *Ggs* Intensität (1) **2** Umfang

ex|ten|siv ⟨Adj.⟩ **1** in die Breite gehend **2** viel Raum, Zeit od. Material verwendend; *~e Landwirtschaft* auf großer Fläche mit wenig Mitteln betriebene L.; *Ggs* intensive Landwirtschaft **3** ⟨Rechtsw.⟩ ausdehnend, erweiternd; *Ggs* restriktiv; *~e Auslegung eines Gesetzes* [<frz. *extensif* »ausdehnend«]

ex|ten|si|vie|ren ⟨[-viː-] V.⟩ verbreitern, in die Breite wirken; *Ggs* intensivieren

Ex|ten|si|vi|tät ⟨[-vi-] f.; -; unz.⟩ = Extensität

Ex|ten|sor ⟨m.; -s, -so|ren; Anat.⟩ Streckmuskel [neulat., eigl. »Ausdehner, Strecker«]

Ex|te|ri|eur ⟨[-øːr] n.; -s, -e⟩ **1** Äußeres, Außenseite; *Ggs* Interieur (1) **2** Körperform im Hinblick auf Zuchtziele u. sportliche Leistungsfähigkeit (bei Pferden) **3** Erscheinung [<frz. *extérieur* »äußerlich«]

Ex|te|ri|o|ri|tät ⟨f.; -, -en⟩ Äußeres, Außenseite, Oberfläche

Ex|ter|mi|na|ti|on ⟨f.; -, -en⟩ **1** Vertreibung, Ausweisung aus dem Lande **2** Ausrottung, Vertilgung [<lat. *exterminatio* »Entfernung«]

ex|ter|mi|nie|ren ⟨V.⟩ **1** vertreiben, des Landes verweisen **2** ausrotten, vertilgen [<lat. *exterminare* »vertreiben, entfernen«]

ex|tern ⟨Adj.⟩ draußen befindlich, auswärtig, fremd; *Ggs* intern (1); *~er Schüler* Sch., der nicht im Schülerheim od. Internat wohnt [<lat. *externus* »außerhalb befindlich«]

Ex|ter|na ⟨Pl. von⟩ Externum

ex|ter|na|li|sie|ren ⟨V.; Psych.⟩ nach außen verlegen; *Ggs* internalisieren; *einen Konflikt, ein Problem ~* [→ *extern*]

Ex|ter|na|li|sie|rung ⟨f.; -, -en; Psych.⟩ das Externalisieren; *Ggs* Internalisierung

Ex|ter|nat ⟨n.; -(e)s, -e⟩ Lehranstalt, deren Schüler außerhalb der Schule wohnen; *Ggs* Internat [→ *extern*]

Ex|ter|ne(r) ⟨f. 2 (m. 1)⟩ **1** Schüler(in) einer Schule, der (die) nicht im Internat wohnt **2** Schüler(in), dem (der) eine Schule zur Abschlussprüfung zugewiesen wird, die er (sie) vorher nicht besucht hat; *Ggs* Interne(r)

Ex|tẹrn|spei|cher ⟨m.; -s, -; EDV⟩ mit einer EDV-Anlage verbundener Speicher, der seine Daten bei Bedarf an deren Arbeitsspeicher abgibt, Außenspeicher [→ *extern*]
Ex|tẹr|num ⟨n.; -s, -tẹr|na⟩ äußerlich anzuwendendes Arzneimittel [→ *extern*]
ex|ter|ri|to|ri|al ⟨Adj.⟩ außerhalb der Landeshoheit stehend
Ex|ter|ri|to|ri|a|li|tät ⟨f.; -; unz.⟩ Unabhängigkeit von der Landeshoheit, z. B. Gerichtsbarkeit des Staates, in dem man sich aufhält
Ex|tink|ti|on ⟨f.; -, -en⟩ **1** ⟨veraltet⟩ Auslöschung **2** Abschwächung des Sonnenlichtes u. des Lichtes der anderen Himmelskörper durch die Atmosphäre **3** durch Absorption und Streuung herbeigeführte Lichtabschwächung im Meerwasser [<lat. *extinctio* »Vernichtung«]

◆ Die Buchstabenfolge **ex|tr...** kann auch **ext|r...** getrennt werden. Davon ausgenommen sind Zusammensetzungen, in denen die fremdsprachigen bzw. sprachhistorischen Bestandteile deutlich als solche erkennbar sind, z. B. *-trahieren, -trakt* (→*a.* sub|trahieren, Kontrakt).

◆ **ẹx|tra** ⟨Adj.; undekl.; umg.⟩ **1** besondere(s, -r), über das Übliche hinausgehend; *eine ~ Belohnung; das ist ~* **2** ⟨adv.⟩ **2.1** besonders; *etwas ~ Feines; ~ mild* **2.2** getrennt, gesondert; *ich bezahle ~; legen Sie es ~* ⟨umg.⟩ **2.3** ausschließlich, eigens; *er hat es ~ für ihn getan* **2.4** ⟨umg.⟩ absichtlich, um jmdn. zu ärgern; *das macht er oft ~!* **3** *etwas Extraes* ⟨umg.⟩ Besonderes [lat., »außerhalb«]
◆ **Ẹx|tra** ⟨n.; -s, -s⟩ Leistungen u. Zubehör, die nicht im Grundpreis enthalten sind od. über die übliche Ausstattung hinausgehen
◆ **ex|tra..., Ex|tra...** ⟨in Zus.⟩ **1** außer..., außerhalb **2** Sonder..., außerordentlich
◆ **Ẹx|tra|blatt** ⟨n.; -(e)s, -blät|ter⟩ aktuelle Sonderausgabe (einer Zeitung)
◆ **ẹx|tra dry** ⟨[-draı] auf Etiketten bei Süß- od. Schaumwein⟩ bes. trocken, bes. herb [<*extra* + engl. *dry* »trocken«]
◆ **ex|tra|ga|lạk|tisch** ⟨Adj.⟩ außerhalb unseres Sternsystems (der Milchstraße) gelegen
◆ **ex|tra|ge|ni|tal** ⟨Adj.; Med.⟩ außerhalb des Genitalbereichs, von ihm unabhängig (gelegen), z. B. die Ursachenlokalisierung von best. Geschlechtskrankheiten [<*extra...* + *genital*]
Ex|tra|hẹnt ⟨m.; -en, -en⟩ **1** jmd., der etwas extrahiert, herausschreibt **2** ⟨Rechtsw.⟩ jmd., auf dessen Antrag eine Verfügung erlassen wird [<lat. *extrahens,* Part. Präs. zu *extrahere* »herausziehen«]
ex|tra|hie|ren ⟨V.⟩ **1** herausschreiben; *aus einem Buch ~* **2** herausziehen; *Zähne, Fremdkörper aus dem Körper ~; gelöste Stoffe aus einer Lösung ~* [<lat. *extrahere* »herausziehen«]
◆ **ex|tra|in|tes|ti|nal** ⟨Adj.; Med.⟩ außerhalb des Darmkanals, der Eingeweide (gelegen) [<*extra... + intestinal*]
◆ **ẹx|tra|kor|po|ral** ⟨Adj.; Med.⟩ außerhalb des Körpers; *Ggs* inkorporal; *~e Befruchtung* [<lat. *extra* »außerhalb« + *corpus,* Gen. *corporis* »Körper«]
Ex|trạkt ⟨m.; -(e)s, -e⟩ Auszug; *~ aus Büchern; ~ aus Heilpflanzen; Pflanzen~* [<lat. *extractus,* Part. Perf. zu *extrahere* »herausziehen«]
Ex|trak|teur ⟨[-tøːr] m.; -s, -e⟩ Apparat für eine Extraktion [<frz. *extracteur* »Auszieher, Extraktionsapparat«]
Ex|trak|ti|on ⟨f.; -, -en⟩ **1** das Extrahieren, das Herausziehen, Ausziehen, Auszug **2** Herstellung eines Extraktes **3** die künstl. Entwicklung der Geburt des Kindes, eventuell mittels Zange **4** das Ziehen eines Zahnes [<lat. *extractio* »das Herausziehen«]
ex|trak|tiv ⟨Adj.⟩ **1** ausziehend **2** auslaugend **3** löslich ausziehbar **4** durch Extraktion (erfolgend) [<frz. *extractif* »herausziehend«; → *Extraktion*]
◆ **ex|tra|lin|gu|al** ⟨Adj.; Sprachw.⟩ außersprachlich, außerhalb des Sprachsystems (gelegen); *Ggs* intralingual [<*extra...* + lat. *lingua* »Sprache«]
◆ **ex|tra|mun|dan** ⟨Adj.⟩ außerweltlich; *Ggs* intramundan [<*extra* + lat. *mundanus* »weltlich«; zu *mundus* »Welt«]
◆ **ex|tra|mu|ral** ⟨Adj.⟩ außerhalb der Stadtmauern (befindlich) [<*extra...* + lat. *murus* »Mauer«]
◆ **Ẹx|tra|net** ⟨n.; -s, -s; EDV⟩ betriebsinternes Netzwerk, das zusätzlich zum Intranet Verbindungen zu externen Netzwerken herstellt
◆ **ex|tra|or|di|när** ⟨Adj.⟩ außergewöhnlich [<frz. *extraordinaire* »außerordentlich«]
◆ **Ex|tra|or|di|na|ri|um** ⟨n.; -s, -ri|en⟩ außerordentl. Haushaltsplan (des Staates), der die einmaligen Einnahmen u. Ausgaben umfasst [lat., »das Außerordentliche, Außergewöhnliche«]
◆ **Ex|tra|or|di|na|ri|us** ⟨m.; -, -ri|en⟩ außerordentl. Professor [lat., »außerordentlich, außergewöhnlich«]
◆ **Ex|tra|po|la|ti|on** ⟨f.; -, -en⟩ Schluss auf einen Sachverhalt, der außerhalb eines experimentell zugängl. Bereiches liegt; *Ggs* Interpolation (1); *die Sonnen- u. Mondfinsternisse werden durch ~ vorausberechnet*
◆ **ex|tra|po|lie|ren** ⟨V.⟩ **1** eine Extrapolation durchführen **2** durch Extrapolation berechnen; *Ggs* interpolieren (1) [<*extra... + interpolieren*]
◆ **Ex|tra|po|si|ti|on** ⟨f.; -, -en; Sprachw.⟩ meist mit »es« eingeleitete Herausstellung eines Satzteils, z. B. es freut ihn, dass ihr kommt [<*Extra* + *Position*]
◆ **ex|tra|so|lar** ⟨Adj.; Astron.⟩ außerhalb des Sonnensystems; *~er Planet* P., der sich außerhalb des Sonnensystems u. der Anziehungskraft der Sonne bewegt; *Sy* Exoplanet [<*extra...* + *solar*]
◆ **Ex|tra|sys|to|le** ⟨f.; -, -n; Med.⟩ außerhalb des normalen Herzschlagrhythmus erfolgende, vorzeitige od. verspätete Herzschläge [<*Extra...* + *Systole*]
◆ **Ex|tra|sys|to|lie** ⟨f.; -, -n; Med.⟩ durch verstärktes Auftreten von Extrasystolen verursachte

Herzrhythmusstörung, die zusätzlich Arrhythmien des Pulses zur Folge hat

◆ **Ex|tra|ter|res|trik** *auch:* **Ex|tra|ter|rest|rik** ⟨f.; -; unz.; Physik⟩ Disziplin der Physik, die sich mit den physikalischen Vorgängen außerhalb der Erde u. ihrer Atmosphäre befasst

◆ **ex|tra|ter|res|trisch** *auch:* **ex|tra|ter|rest|risch** ⟨Adj.⟩ außerirdisch; *eine ~e Erscheinung* [<*extra* + lat. *terra* »Erde«]

◆ **ex|tra|ter|ri|to|ri|al** ⟨Adj.⟩ außerhalb eines Territoriums gelegen, ihm nicht zugehörig, es nicht betreffend

◆ **Ex|tra|tour** ⟨[-tu:r] f.; -, -en; umg.⟩ eigenwillige, eigenmächtige Handlungsweise innerhalb einer Gruppe

◆ **ex|tra|ute|rin** ⟨Adj.; Med.⟩ außerhalb der Gebärmutter gelegen [<*extra...* + *Uterus*]

◆ **Ex|tra|ute|rin|gra|vi|di|tät** ⟨[-vi-] f.; -, -en; Med.⟩ Schwangerschaft, bei der sich die befruchtete Eizelle nicht in der Gebärmutter, sondern im Eileiter entwickelt u. oft in die Bauchhöhle durchbricht [<*extrauterin* + *Gravidität*]

◆ **ex|tra|va|gant** ⟨a. ['--va-] Adj.⟩ **1** ungewöhnlich **2** ausgefallen, überspannt; *ein ~es Benehmen; eine ~e Frau; ~e Kleidung* [frz., »überspannt, närrisch«]

◆ **Ex|tra|va|ganz** ⟨a. ['--va-] f.; -, -en⟩ **1** ⟨unz.⟩ extravagante Beschaffenheit, extravagantes Wesen **2** ⟨zählb.⟩ extravagante Handlung; *er leistet sich viele ~en* [<frz. *extravagance* »Überspanntheit, Narrheit«]

◆ **Ex|tra|ver|si|on** ⟨a. ['--vɛr-] f.; -; unz.; Psych.⟩ (in der Typenlehre C. G. Jungs) die vorwiegende Einstellung des Denkens, Fühlens und Handelns auf die Außenwelt; *Ggs* Introversion [<*Extra...* + lat. *versus*, Part. Perf. von *vertere* »wenden«]

◆ **ex|tra|ver|tiert** ⟨a. ['--vɛr-] Adj.⟩ **1** nach außen gewandt, weltoffen **2** allen äußeren Einflüssen zugänglich; *Ggs* introvertiert [<*extra...* + lat. *vertere* »wenden«]

◆ **ex|tra|zel|lu|lär** ⟨a. ['-----] Adj.⟩ außerhalb der Zelle [<*extra...* + lat. *cellula* »kleine Zelle«]

◆ **ex|trem** ⟨Adj.⟩ **1** äußerst, höchst od. niedrigst; *~e Werte* Maximum od. Minimum **2** übersteigert, übertrieben; *~e Ansichten* **3** ⟨Politik⟩ einseitig orientiert; *die ~e Linke, Rechte; eine ~e Partei* [<lat. *extremus* »der äußerste«]

◆ **Ex|trem** ⟨n.; -s, -e⟩ **1** höchster od. niedrigster Grad, äußerste Grenze; *die ~e berühren sich* die äußersten Gegensätze führen zu denselben Folgerungen **2** höchster od. tiefster Wert (Maximum od. Minimum) einer Reihe von Messungen od. Benennungen **3** Übertreibung; *von einem ~ ins andere fallen* einen Übelstand durch übertriebene Gegenmaßnahmen zu beseitigen suchen

◆ **ex|tre|mi|sie|ren** ⟨V.⟩ extrem machen, zum Extremen führen

◆ **Ex|tre|mi|sie|rung** ⟨f.; -, -en⟩ das Extremisieren

◆ **Ex|tre|mis|mus** ⟨m.; -; unz.⟩ übersteigert radikale Haltung

◆ **Ex|tre|mist** ⟨m.; -en, -en⟩ Anhänger, Vertreter einer extremen Richtung, übersteigert radikal eingestellter Mann

◆ **Ex|tre|mis|tin** ⟨f.; -, -tin|nen⟩ weibl. Extremist

◆ **ex|tre|mis|tisch** ⟨Adj.⟩ auf Extremismus beruhend, extrem, übersteigert radikal

◆ **Ex|tre|mi|tät** ⟨f.; -, -en⟩ **1** äußerste Begrenzung **2** ⟨unz.⟩ von der gesellschaftl. Norm abweichendes Verhalten **3** ⟨Anat.; meist Pl.⟩ *~en* Gliedmaßen (Arme, Beine) [<lat. *extremitas* »das Äußerste, Grenze«]

◆ **Ex|trem|si|tu|a|ti|on** ⟨f.; -, -en⟩ **1** extreme, außergewöhnliche Situation **2** bes. gefährliche Situation

◆ **Ex|trem|sport** ⟨m.; -(e)s, -e⟩ (meist gefahrvolle) Sportart, die körperlich sehr anstrengend ist, z. B. Bungeejumping, Free Climbing

◆ **Ex|trem|sport|ler** ⟨m.; -s, -⟩ jmd., der eine Extremsportart ausübt

◆ **Ex|trem|sport|le|rin** ⟨f.; -, -rin|nen⟩ weibl. Person, die eine Extremsportart ausübt

◆ **Ex|tre|mum** ⟨n.; -s, -tre|ma⟩ = Extremwert

◆ **Ex|trem|wert** ⟨m.; -(e)s, -e; Math.⟩ Bereich einer mathemat. Funktion oder Kurve, in dem sie gegenüber ihrer Umgebung einen höchstmögl. Wert erreicht; *Sy* Extremum

◆ **ex|trin|sisch** ⟨Adj.; bes. Psych.⟩ von außen kommend, von außen bewirkt; *Ggs* intrinsisch; *~e Motivation* von außen bewirkte Motivation, z. B. durch Strafen, äußere Zwänge [<engl. *extrinsic* <lat. *extrinsecus* »von außen«]

◆ **ex|trors** ⟨Adj.; Bot.⟩ nach außen gewendet; *Ggs* intrors; *~e Staubbeutel* [<lat. *extrorsus* »nach außen gewendet«]

◆ **ex|tro|ver|tiert** ⟨a. ['--vɛr-] Adj.; fälschl. für⟩ extravertiert

◆ **Ex|tru|der** ⟨n.; -s, -; Technik⟩ zur Verarbeitung thermoplastischer Stoffe eingesetzte Presse, bei der das Material durch entsprechend geformte Düsen gedrückt wird u. anschließend erstarrt [<lat. *extrudere* »heraus-, wegtreiben«]

◆ **ex|tru|die|ren** ⟨V.; Technik⟩ mit dem Extruder formen; *Kunststoffe ~*

◆ **Ex|tru|si|on** ⟨f.; -, -en⟩ **1** ⟨Geol.⟩ das Ausfließen von Magma aus Vulkanen auf die Erdoberfläche in Gestalt von Decken u. Strömen **2** ⟨Med.⟩ **2.1** Ausscheidung eines Sekrets aus Drüsenzellen **2.2** anomales Herausragen der Zähne aus dem Kiefer [<lat. *extrusus*, Part. Perf. von *extrudere* »hinausstoßen, -treiben«]

◆ **ex|tru|siv** ⟨Adj.; Geol.⟩ von einer Extrusion (1) herrührend (von Gestein) [→ *Extrusion*]

◆ **Ex|tru|siv|ge|stein** ⟨n.; -(e)s, -e; Geol.⟩ aus dem nach einer Extrusion erstarrten Magma gebildetes Gestein

ex|u|be|rant ⟨Adj.⟩ üppig, überschwänglich [<lat. *exuberare* »reichlich hervorkommen«]

Ex|u|be|ranz ⟨f.; -, -en⟩ Überfluss, Überschwänglichkeit, Üppigkeit [→ *exuberant*]

Ex|u|lant ⟨m.; -en, -en; veraltet⟩ Verbannter, Vertriebener [<lat. *exsulans* »in der Verbannung lebend«]

ex usu aus der Erfahrung, dem Brauch nach [lat., »aus dem Gebrauch heraus«]

Ex|u|vie ⟨[-viə] f.; -, -n⟩ 1 ⟨Zool.⟩ abgestreifte Haut (von Schlangen, Krebsen usw.) 2 Siegesbeute 3 als Reliquie aufbewahrtes Gewand [<lat. *exuviae* »abgezogene Tierhaut«]
ex vo|to ⟨[- vo:-]⟩ aufgrund eines Gelübdes (Formel in altröm. Weihinschriften) [lat., »aus einem Gelübde heraus«]

E

Exz. ⟨Abk. für⟩ Exzellenz
ex|zel|lent ⟨Adj.⟩ hervorragend, ausgezeichnet; *ein ~er Vertrag* [<lat. *excellens,* Part. Präs. zu *excellere* »hervorragen«]
Ex|zel|lenz ⟨f.; -, -en; Abk.: Exz.⟩ Titel von Ministern u. hohen Beamten sowie von Gesandten u. Botschaftern [<lat. *excellentia* »Erhabenheit, hervorragende Persönlichkeit«]
Ex|zel|lenz|clus|ter ⟨[-klʌs-] m.; -s, -; an Universitäten⟩ staatlich geförderter Zusammenschluss mehrerer ausgezeichneter Wissenschaftler od. Institute, die fachübergreifend Forschung zu Themen mit einer besonderen gesellschaftl. Bedeutung betreiben
ex|zel|lie|ren ⟨V.; geh.⟩ hervorragen, glänzen [<lat. *excellere* »sich auszeichnen«]
ex|zel|si|or! höher (hinauf)! [<lat. *excelsior* »höher emporragend«]
Ex|zen|ter ⟨m.; -s, -⟩ Scheibe, deren Drehpunkt außerhalb des Mittelpunktes liegt [<*Ex...* + *Zentrum*]
Ex|zen|ter|pres|se ⟨f.; -, -n⟩ Presse, deren Druckwirkung durch einen Exzenter erzeugt wird
Ex|zen|trik *auch:* **Ex|zent|rik** ⟨f.; -; unz.⟩ 1 mit Komik dargebotene Artistik 2 Überspanntheit, Absonderlichkeit
Ex|zen|tri|ker *auch:* **Ex|zent|ri|ker** ⟨m.; -s, -⟩ 1 Artist der Exzentrik 2 jmd., der exzentrisch (2) ist
Ex|zen|tri|ke|rin *auch:* **Ex|zent|ri|ke|rin** ⟨f.; -, -rin|nen⟩ 1 Artistin der Exzentrik 2 weibl. Person, die exzentrisch (2) ist
ex|zen|trisch *auch:* **ex|zent|risch** ⟨Adj.⟩ 1 ⟨Math.⟩ *~e Kreise* K. ohne gemeinsamen Mittelpunkt 2 ⟨fig.⟩ überspannt, zu merkwürdigen Einfällen neigend [<*Ex...* + *Zentrum*]
Ex|zen|tri|zi|tät *auch:* **Ex|zent|ri|zi|tät** ⟨f.; -; unz.⟩ 1 das Abweichen vom, der Abstand zum Mittelpunkt 2 ⟨fig.⟩ exzentr. Wesen, Überspanntheit, Absonderlichkeit 3 ⟨Math.⟩ 3.1 *lineare ~* Abstand zwischen Brennpunkt u. Mittelpunkt von Kegelschnitten 3.2 *numerische ~* Verhältnis zwischen linearer Exzentrizität u. großer Halbachse
Ex|zep|ti|on ⟨f.; -, -en; geh.⟩ Ausnahme, Einrede, Einwand [<lat. *exceptio* »Ausnahme«]
Ex|zep|ti|o|na|lis|mus ⟨m.; -; unz.; Geol.⟩ (heute verworfene) Lehre, dass in der Erdgeschichte früher Kräfte wirksam waren, die heute nicht mehr tätig sind
ex|zep|ti|o|nell ⟨Adj.⟩ ausnahmsweise (eintretend), außergewöhnlich; *ein ~es Talent* [<frz. *exceptionnel* »außergewöhnlich«]
ex|zep|tiv ⟨Adj.⟩ ausschließend, ausnehmend, Ausnahme...
Ex|zep|tiv|satz ⟨m.; -es, -sät|ze; Gramm.⟩ Nebensatz, der einen irrealen Fall als Bedingung für die Aufhebung der Aussage des Hauptsatzes angibt, z. B. »das Schiff kann nicht auslaufen, es sei denn, der Sturm ließe nach«
ex|zer|pie|ren ⟨V.⟩ (aus Büchern) herausschreiben, herausziehen, Auszüge machen [<lat. *excerpere* »herausnehmen, auslesen«]
Ex|zerpt ⟨n.; -(e)s, -e⟩ Auszug; *~ aus einem Buch* [<lat. *excerptum,* Part. Perf. zu *excerpere* »herausnehmen«]
Ex|zerp|ti|on ⟨f.; -; unz.⟩ das Exzerpieren

Exzess (*Laut-Buchstaben-Zuordnung*) Die im Deutschen übliche Kennzeichnung eines kurzen Vokals durch Verdoppelung des Folgekonsonanten wird auch auf Fremdwörter angewendet. Nach kurzem Vokal wird daher auch bei Fremdwörtern der stimmlose s-Laut durch »*ss*« wiedergegeben (→*a.* Express).

Ex|zess ⟨m.; -es, -e⟩ 1 Ausschreitung, Ausschweifung, Überschreitung gebotener Grenzen 2 *sphärischer ~* ⟨Math.⟩ Überschuss der Winkelsumme eines Kugeldreiecks über 180° [<lat. *excessus* »das Herausgehen, Überschreiten«; zu *excedere* »herausgehen«]
ex|zes|siv ⟨Adj.⟩ 1 übertrieben, übermäßig, maßlos; *~er Drogenkonsum* 2 ⟨Meteor.⟩ *~es Klima* Kontinentalklima [<frz. *excessif* »übermäßig«]
ex|zi|die|ren ⟨V.⟩ herausschneiden [<lat. *excidere* »ausschneiden, abhauen«]
ex|zi|pie|ren ⟨V.⟩ ausnehmen, als Ausnahme hinstellen [<lat. *excipere* »ausnehmen, eine Ausnahme machen«]
Ex|zi|si|on ⟨f.; -, -en; Med.⟩ das Herausschneiden, operative Entfernung; *~ von Gewebe, Geschwülsten* [→ *exzidieren*]
Ex|zi|ta|bi|li|tät ⟨f.; -; unz.; Med.; Psych.⟩ Reizbarkeit, Erregbarkeit [zu lat. *excitare* »erregen«]
Ex|zi|ta|ti|on ⟨f.; -, -en; Med.; Psych.⟩ Erregung, Erregungszustand
Ex|zi|ton ⟨n.; -s, -e; El.⟩ bewegungsfähiges Gebilde in Halbleitern oder Isolatoren, bestehend aus angeregtem Elektron u. dem durch die Anregung zurückgelassenen positiven Zustand [→ *exzitieren*]
Eye|cat|cher ⟨[aɪkætʃə(r)] m.; -s, -⟩ 1 ⟨Zeitungsw.⟩ auf der ersten Seite zentral positionierte, oft durch ein Foto unterstützte Artikelüberschrift 2 etwas, das bes. auffällig dekoriert od. gestaltet ist (u. die Aufmerksamkeit auf eine bestimmte Ware od. ein Produkt lenkt) 3 bes. auffälliges Kleidungsstück [<engl. *eyecatcher* »Blickfang«]
Eye|li|ner ⟨[aɪlaɪnə(r)] m.; -s, -⟩ kosmet. Stift od. Pinsel u. Farbstoff für einen Lidstrich; *Sy* Liner (3) [engl.]
Eye|wear ⟨[aɪwɛ:(r)] f.; -; unz.⟩ Sehhilfe wie Brille, Sonnenbrille, Sportbrille od. Kontaktlinsen, oft in ihrer Funktion als Modeartikel [engl.]
Ey|rir ⟨m. od. n.; -s, Au|rar⟩ isländische Währungseinheit, $^1/_{100}$ Krona [isländ.]
EZB ⟨f.; -; unz.; Abk. für⟩ Europäische Zentralbank
Ezine ⟨[i:zi:n] n.; -s, -s; EDV; Kurzwort für⟩ Electronic Magazine (elektron. Zeitschrift, Internetmagazin); →*a.* Fanzine

f 1 ⟨Zeichen für⟩ die nicht mehr zulässige Längeneinheit Fermi 2 ⟨bei Maßeinheiten Abk. für⟩ Femto- 3 ⟨Abk. für⟩ Frequenz 4 ⟨Abk. für⟩ forte

F 1 ⟨auf der Stellscheibe von Uhren Abk. für engl.⟩ fast (schnell); *Sy* A (3); *Ggs* R (5) 2 ⟨Zeichen für⟩ Farad 3 ⟨chem. Zeichen für⟩ Fluor

f. ⟨Abk. für⟩ Femininum

Fa ⟨n.; -, -; Musik⟩ Ton F, in der Tonika-Do-Methode jeweils der vierte Ton einer Tonleiter; →*a.* Solmisation [ital. u. frz.]

Fa. ⟨Abk. für⟩ Firma

Fa|bel ⟨f.; -, -n⟩ 1 lehrhafte, oft witzig-satir. Erzählung, in der die Tiere wie Menschen handeln u. in der eine allg. Wahrheit od. Moral ausgedrückt wird 2 der einfache Handlungsablauf ohne Nebenhandlungen, Grundplan einer Dichtung 3 erdichtete, unglaubl. Geschichte [<mhd. *fabele* »(unwahre) Erzählung, Märchen« <afrz. *fable* <lat. *fabula*]

◆ Die Buchstabenfolge **fa|br...** kann auch **fab|r...** getrennt werden.

◆ **Fa|brik** ⟨f.; -, -en⟩ Stätte zur maschinellen Herstellung von Halb- od. Fertigfabrikaten [<frz. *fabrique* »Herstellung, Herstellungsart« (17. Jh.), »Gebäude zur Herstellung von Waren« <lat. *fabrica* »Handwerkerarbeit«; zu *faber* »Handwerker«]

◆ **Fa|bri|kant** ⟨m.; -en, -en⟩ Inhaber einer Fabrik, Hersteller von Fabrikwaren [<frz. *fabricant*]

◆ **Fa|bri|kan|tin** ⟨f.; -, -tin|nen⟩ weibl. Fabrikant

◆ **Fa|bri|kat** ⟨n.; -(e)s, -e⟩ in einer Fabrik hergestelltes Erzeugnis [<lat. *fabricatium* »das Hergestellte«]

◆ **Fa|bri|ka|ti|on** ⟨f.; -, -en⟩ das Fabrizieren, Herstellen von Waren in einer Fabrik [<lat. *fabricatio* »Herstellung«]

◆ **fa|bri|ka|to|risch** ⟨Adj.⟩ die Fabrikation betreffend, zu ihr gehörend, herstellungsmäßig; *~e Mängel beheben*

◆ **fa|bri|zie|ren** ⟨V.⟩ 1 in einer Fabrik herstellen 2 ⟨fig.; umg.; scherzh.⟩ (laienhaft) herstellen, zurechtbasteln [<lat. *fabricare* »verfertigen, herstellen«]

Fa|bu|la do|cet die Fabel, Geschichte lehrt … (die Moral von der Geschichte ist …) [lat.]

Fa|bu|lant ⟨m.; -en, -en⟩ 1 fantasiebegabter Plauderer 2 ⟨abwertend⟩ Schwätzer; *er ist als ein übler ~ bekannt* [<lat. *fabulans,* Part. Präs. zu *fabulari* »plaudern, schwatzen«]

fa|bu|lie|ren ⟨V.⟩ 1 Fabeln erdichten 2 Geschichten erfinden 3 fantasievoll erzählen [<lat. *fabulari* »plaudern, schwatzen«]

Fa|bu|list ⟨m.; -en, -en⟩ 1 Dichter, Dichter von Fabeln 2 Plauderer [<frz. *fabuliste* »Fabeldichter«]

fa|bu|lös ⟨Adj.; umg.; scherzh.⟩ 1 fabelhaft, märchenhaft; *das ist wirklich ein ~es Ergebnis, Ereignis* 2 unwirklich, unwahrscheinlich

Face|book® ⟨[fɛɪsbuk] ohne Artikel⟩ Plattform im Internet, die Selbstdarstellung u. Kommunikation in sozialen Netzwerken ermöglicht [<engl. *face* »Gesicht« + *book* »Buch«]

Face|lif|ting ⟨[fɛɪs-] n.; -s, -s⟩ kosmet. Gesichtsoperation zur Beseitigung von altersbedingten Hautfalten [<engl. *face* »Gesicht« + *lifting* »Anheben«]

Face-to-Face-Kom|mu|ni|ka|ti|on ⟨[fɛɪstufɛɪs-] f.; -, -en; bes. Wirtsch.⟩ Kommunikation zwischen Gesprächspartnern, die sich direkt gegenüberstehen [<engl. *face to face* »von Angesicht zu Angesicht«]

Fa|cet|te ⟨[fasɛtə] f.; -, -n⟩ 1 geschliffene Fläche an Edelsteinen od. Glas 2 ⟨Typ.⟩ schräger Rand des Klischees zum Befestigen auf der Druckunterlage 3 ⟨fig.⟩ Aspekt, Gesichtspunkt; *die vielen ~n der zeitgenössischen Literatur* [<frz. *facette,* Verkleinerungsform zu *face* »Gesicht«; → *en face*]

Fa|cet|ten|au|ge ⟨[fasɛtən-] n.; -s, -n⟩ aus mehreren einzelnen Augen zusammengesetztes Sinnesorgan der Gliederfüßer, Komplexauge, Netzauge

fa|cet|ten|reich ⟨[fasɛtən-] Adj.; fig.⟩ 1 viele Aspekte umfassend, berücksichtigend, vielseitig, vielschichtig 2 reich an Ausdrucksmöglichkeiten, nuancenreich; *über ein ~es Repertoire verfügen*

fa|cet|tie|ren ⟨[fasɛt-] V.⟩ 1 mit Facetten versehen 2 abschrägen

Fa|ci|a|lis ⟨[fatsi-] m.; -; unz.; Anat.⟩ = Fazialis

Fa|ci|es ⟨[fa:tsiɛs] f.; -, -; Med.⟩ 1 Gesicht 2 Außenfläche von Knochen u. Organen 3 typischer Gesichtsausdruck bei bestimmten Krankheiten 4 = Fazies [lat., »Gesicht«]

Fa|ci|li|ty ⟨[fəsɪlɪtɪ] f.; -, -s; Wirtsch.⟩ 1 Ausstattung, Service, bes. Abfertigungseinheit in der Operationsforschung, z. B. Kasse, Telefonzelle 2 Gesamtheit der Möglichkeiten, bei Banken einen Kredit aufzunehmen [engl., »Möglichkeit, Einrichtung«]

Fa|ci|li|ty|ma|nage|ment ⟨[fəsɪlɪtɪmænɪdʒmənt] n.; -s, -s; Wirtsch.⟩ 1 Betreuung von Gewerbeimmobilien (Banken, Kaufhäusern u. Ä.), Gebäudemanagement 2 durch Optimierung der Flächen von betrieblich genutzten Grundstücken u. Gebäude erzielte Kostensenkung [<engl. *facility* »Leichtigkeit; Erleichterung« + *Management*]

Fa|çon ⟨[fasɔ̃:] f.; -, -s⟩ = Fasson

Fa|çon|né ⟨[fasɔne:] m.; - od. -s, -s; Textilw.⟩ Gewebe mit kleinen Bindungsmustern, die längs, quer od. gekreuzt angeordnet sind; →*a.* Fasson (2) [<frz. *façonner* »mustern«]

Fact ⟨[fækt] m.; -s, -s; umg.; salopp⟩ Faktum, Tatsache; *das sind die ~s* [engl.]

Fac|tion ⟨[fækʃn] f.; -; unz.; Lit.; Film⟩ Literatur- od. Filmgattung, in der wahre Begebenheiten verarbeitet werden [verkürzt <engl. *fact* »Tatsache«

+ fic*tion* »Erdichtung, Erfindung«]
Fac|tion|pro|sa ⟨[fækʃn-] f.; -; unz.; Lit.⟩ auf Fakten gestützte Prosa mit dokumentar. Absicht unter Verwendung authentischer Personennamen, Kartenskizzen, Tonbänder u. Ä.
Fac|to|ring ⟨[fæktərıŋ] n.; - od. -s; unz.; Wirtsch.⟩ Methode der Absatzfinanzierung über eine Finanzierungsgesellschaft (z. B. ein Kreditinstitut), die die Lieferungsforderungen erwirbt [<engl. *factor* »Vertreter«]
Fac|to|ry|out|let ⟨[fæktərıaʊtlet] n.; -s, -s; Wirtsch.⟩ (bes. in den USA populäres) Einkaufszentrum mehrerer Hersteller, in dem Markenprodukte im Direktverkauf erheblich günstiger angeboten werden als im Einzelhandel; *Sy* Outlet [<engl. *factory* »Fabrik« + *outlet* »Verkaufsstelle«]
Fa|cul|tas Do|cen|di ⟨f.; - -; unz.⟩ Lehrbefähigung, Berechtigung, (an einer Hochschule) zu lehren [lat., »die Befähigung des Lehrens, zu lehren«]
Fa|den|mo|le|kül ⟨n.; -s, -e⟩ langgestrecktes Makromolekül
Fa|desse ⟨[-dɛs] f.; -, -s; österr.⟩ langweiliges Gehabe, seichtes Gerede, Belanglosigkeit [<frz. *fadaise*]
Fa|ding ⟨[fɛıdıŋ] n.; -s; unz.; Funkw.⟩ **1** An- u. Abschwellen des Tones **2** Ausblenden des Tones durch stetige Abnahme der Lautstärke (bes. bei der Wiedergabe von Musikstücken) **3** ⟨Kfz-Technik⟩ Nachlassen der Bremswirkung bei anhaltender Betätigung der Bremsen aufgrund von Überhitzung, Schwund [engl., »Schwundeffekt«; zu *fade* »dahinschwinden«]
fa|di|sie|ren ⟨V.; österr.⟩ *sich ~* sich langweilen
Fa|do ⟨port. [fa:ðu] m.; -s, -s; Musik⟩ schwermütiges portugiesisches Volkslied [portug., eigtl. »Schicksal«]
Fa|gott ⟨n.; -(e)s, -e; Musik⟩ tiefstes Holzblasinstrument mit geknicktem Blasrohr u. zweiblättrigem Rohrblatt [<ital. *fagotto* »Reisigbündel« (nach dem Aussehen des früher gestreckten Ansatzrohres)]
Fa|got|tist ⟨m.; -en, -en; Musik⟩ Fagottbläser
Fa|got|tis|tin ⟨f.; -, -tin|nen; Musik⟩ Fagottbläserin
Fah|ren|heit ⟨Zeichen: °F⟩ Maßeinheit einer Temperaturskala, deren Nullpunkt bei 17,78 °C liegt, 0 °C = + 32 °F, 100 °C = 212 °F [nach dem dt. Physiker Daniel Gabriel *Fahrenheit,* 1686-1736]
Fai|ble *auch:* **Faib|le** ⟨[fɛ:bl] od. engl. [fɛıbl] n.; -s, -s⟩ Vorliebe, Neigung, Schwäche; *ein ~ für etwas od. jmdn. haben* [frz., »schwach, schwache Stelle«]
Fail|le ⟨[fa:j] od. [faljə] f.; -; unz.; Textilw.⟩ taftähnlicher Ripsstoff für Kleider u. Mäntel aus Seide od. Chemiefäden [frz.]
fair ⟨[fɛ:r] Adj.⟩ ehrlich, anständig (bes. im Sport); *Ggs* unfair; *~ spielen* ehrlich spielen, die Spielregeln einhalten [engl., »gerecht, unparteiisch«]
Fair|ness ⟨[fɛ:r-] f.; -; unz.⟩ faires Wesen, Ehrlichkeit, Anständigkeit (bes. im Sport) [<engl. *fairness* »Ehrlichkeit, Unparteilichkeit«]
Fair|play ⟨[fɛ:rplɛı]⟩ *auch:* **Fair Play** ⟨n.; (-) -; unz.; Sport⟩ faires Spiel [engl.]
Fair|way ⟨[fɛ:rwɛı] n.; -s, -s; Sport; Golf⟩ gepflegte Spielbahn [engl., »Fahrwasser«]
Fai|ry|chess ⟨[fɛ:ritʃɛs] n.; -; unz.⟩ Teilgebiet des Problemschachs mit neuen Figuren od. abgewandeltem Spielbrett [<engl. *fairy* »Fee« + *chess* »Schachspiel«]
Fait ac|com|pli *auch:* **Fait ac|comp|li** ⟨[fɛtakɔ̃pli:] n.; - -, -s -s [fɛzakɔ̃pli:]⟩ vollendete Tatsache [frz.]
fä|kal ⟨Adj.⟩ von Fäkalien herrührend, aus Fäkalien bestehend, kotig [zu lat. *faeces* »Kot«]
Fä|kal|dün|ger ⟨m.; -s, -⟩ aus Fäkalien bestehender Dünger [→ *fäkal*]
Fä|ka|li|en ⟨Pl.⟩ menschliche u. tierische Ausscheidungen, Kot, Harn
Fake ⟨[fɛık] m. od. n.; -s, -s; umg.; salopp⟩ **1** Simulation, Täuschung; *diese Geschichte ist ein ~* **2** Fälschung eines teuren Markenproduktes [engl.]
Fa|ke|la|ki ⟨n. od. m.; -, -⟩ Bestechungsgeld, das meistens in einem Umschlag überreicht wird; *oV* Fakellaki [grch., »kleiner Umschlag«]
Fa|kel|la|ki ⟨n. od. m.; -, -⟩ = Fakelaki
Fa|kih ⟨m.; -s, -s⟩ Lehrer des islamischen Rechts [arab.]
Fa|kir ⟨m.; -s, -ki|re⟩ ind. Asket, Gaukler [zu arab. *faqir* »arm«]
Fak|si|mi|le ⟨[-le:] n.; -s, -s⟩ (bes. gedruckte) originalgetreue Nachbildung; *~ einer Handschrift, eines Druckes* [<lat. *fac simile* »mach (es) ähnlich«]
Fak|si|mi|le|druck ⟨[-le:-] m.; -s, -e⟩ fotomechanische, originalgetreue Nachbildung von alten Handschriften, Frühdrucken u. a. historisch bedeutenden Schriftwerken
fak|si|mi|lie|ren ⟨V.⟩ ein Faksimile machen von, originalgetreu nachbilden; *eine Handschrift ~*
Fakt ⟨m. od. n.; -(e)s, -en⟩ = Faktum
Fak|ta ⟨Pl. von⟩ Faktum
Fak|ten ⟨Pl. von⟩ Faktum
Fak|ti|on ⟨f.; -, -en⟩ bes. aktive od. radikale Gruppe innerhalb einer Partei, deren Auffassungen u. Ziele nicht mit denen der Partei übereinstimmen [<lat. *factum* »Tat, Handlung«]
...fak|ti|on ⟨in Zus.⟩ das Machen [<lat. *facere* »machen«]
fak|ti|ös ⟨Adj.⟩ Partei ergreifend, aufwieglerisch [<frz. *factieux* <lat. *factiosus* »parteisüchtig«]
fak|tisch ⟨Adj.⟩ tatsächlich, wirklich im Hinblick auf die Fakten, in Wirklichkeit; *das bedeutet ~ den Zusammenbruch; es ist ~ unmöglich* [→ *Faktum*]
fak|ti|tiv ⟨Adj.⟩ bewirkend; *~es Verbum* = Faktitivum, Kausativum [→ *Factum*]
Fak|ti|tiv ⟨n.; -s, -e [-və]⟩ = Kausativ
Fak|ti|zi|tät ⟨f.; -; unz.⟩ Tatsächlichkeit; *Ggs* Logizität
fak|to|lo|gisch ⟨Adj.⟩ die Fakten betreffend, auf ihnen beruhend
Fak|tor ⟨m.; -s, -to|ren⟩ **1** Leiter einer Faktorei **2** Werkmeister in einer Druckerei od. Setzerei **3** Zahl, die mit einer anderen multipliziert wird; → *a.* Multi-

plikand, Multiplikator **4** ⟨fig.⟩ maßgebender Umstand, Triebfeder, bestimmendes Element [<lat. *factor* »derjenige, der etwas tut, schafft«]

Fak|to|rei ⟨f.; -, -en⟩ überseeische Handelsniederlassung

fak|to|ri|ell ⟨Adj.⟩ nach Faktoren (4) aufgefächert, in Faktoren unterteilt

Fak|to|tum ⟨n.; -s, -s od. -to|ten⟩ Helfer für alle Arbeiten, Mädchen für alles [<lat. *fac totum* »tu alles, mach alles«]

Fak|tum ⟨n.; -s, Fak|ta od. Fak|ten⟩ *oV* Fakt **1** Tatsache; *die Fakten sprechen gegen ihn, gegen seine Behauptung* **2** Geschehnis, Ereignis [<lat. *factum* »Tat, Handlung«]

Fak|tur ⟨f.; -, -en⟩ *oV* Faktura **1** Rechnung (für eine Ware) **2** Lieferschein [<ital. *fattura* »Warenverzeichnis mit Berechtigung«; → *Faktum*]

Fak|tu|ra ⟨f.; -, -ren⟩ = Faktur

fak|tu|rie|ren ⟨V.⟩ **1** Fakturen (aus)schreiben **2** *eine Ware* ~ berechnen [→ *Faktur*]

Fak|tu|rier|ma|schi|ne ⟨f.; -, -n⟩ kombinierte Schreib- u. Rechenmaschine zum Erfassen von Waren u. zur Ausfertigung von Rechnungen

Fak|tu|rist ⟨m.; -en, -en⟩ kaufmänn. Angestellter, der Fakturen schreibt u. prüft

fä|ku|lent ⟨Adj.; Med.⟩ kotartig [zu lat. *faeces* »Kot«]

Fa|kul|tas ⟨f.; -, -tä|ten⟩ Lehrbefähigung [<lat. *facultas* »Fähigkeit, Befähigung«]

Fa|kul|tät ⟨f.; -, -en⟩ **1** Gruppe zusammengehöriger Wissenschaften, z. B. Naturwissenschaften, Philosophie **2** eine Gruppe von Wissenschaften umfassende Hochschulabteilung; *juristische, medizinische, naturwissenschaftliche, philosophische* ~ **3** das Gebäude, in dem gelehrt wird **4** ⟨unz.; Math.; Zeichen: !⟩ das Produkt aller natürl. Zahlen von 1 bis n (geschrieben: n!, gesprochen: n Fakultät), z. B. 5! = 1 · 2 · 3 · 4 · 5 = 120 [<lat. *facultas* »Fertigkeit in einem Wissenszweig; Wissenszweig, Forschungsgebiet«]

fa|kul|ta|tiv ⟨Adj.⟩ = optional; *Ggs* obligatorisch; *~e Fächer* [<frz. *facultatif* »beliebig, unverbindlich«]

Fa|lan|ge ⟨span. [-laŋxə] f.; -; unz.⟩ faschistische Partei Spaniens

Fa|lan|gist ⟨span. [-laŋxɪst] m.; -en, -en⟩ **1** Anhänger der Falange **2** Mitglied der rechtsgerichteten, christlichen Falangepartei im Libanon

Fal|bel ⟨f.; -, -n; Textilw.⟩ Besatz von gefältetem Stoff [<frz. *falbala* <prov. *farbello* »Falte«]

fäl|beln ⟨V.; Textilw.⟩ **1** in kleine Falten legen **2** mit einer Falbel besetzen [→ *Falbel*]

Fal|ko|nett ⟨n.; -s, -e; im 16. u. 17. Jh.⟩ leichtes Geschütz mit kleinem Kaliber, Feldschlange [<ital. *falconetto*]

Fal|la|zi|en ⟨Pl.; Philos.⟩ formal unrichtige Schlüsse [<lat. *fallacia* »Täuschung, Betrug«]

fal|lie|ren ⟨V.⟩ die Zahlungen einstellen, in Konkurs gehen [<ital. *fallire* »verfehlen, versäumen, täuschen«]

Fal|li|ment ⟨n.; -s, -e⟩ = Fallissement [ital.; → *fallieren*]

Fal|lis|se|ment ⟨[falis(ə)mãː] n.; -s, -s⟩ Zahlungsunfähigkeit, Konkurs; *oV* Falliment [<frz. (in Frankreich nicht gebräuchlich) *faillissement;* zu *faillir* »in Konkurs geraten«]

fal|lit ⟨Adj.⟩ zahlungsunfähig [<ital. *fallito* »Zahlungsunfähiger«; → *fallieren*]

Fal|lott ⟨m.; -en, -en; österr.⟩ Betrüger; *oV* Falott [<frz. *falot* »lustiger Bursche«; vermutl. <engl. *fellow;* → *Fellow*]

Fall-out *auch:* **Fall|out** ⟨[fɔːlaut] m.; -s, -s⟩ Niederschlag von radioaktiven Stoffen aus der Atmosphäre, die z. B. bei Kernwaffenexplosionen entstehen [engl., »radioaktiver Niederschlag«]

Fa|lott ⟨m.; -en, -en⟩ = Fallott

Fal|sa ⟨Pl. von⟩ Falsum

False Friend ⟨[fɔːls frɛnd] m.; - -, - -s; Sprachw.; engl. Bez. für⟩ Fauxamis [engl., eigtl. »falscher Freund«]

Fal|sett ⟨n.; -(e)s, -e; Musik⟩ durch die Brustresonanz verstärkte Kopfstimme der Männer; *Sy* Falsettstimme; →*a.* Fistelstimme [<ital. *falsetto*]

fal|set|tie|ren ⟨V.; Musik⟩ Falsett singen, mit Falsettstimme singen

Fal|set|tist ⟨m.; -en, -en; Musik⟩ Sänger, der mit Falsettstimme singt

Fal|sett|stim|me ⟨f.; -, -n; Musik⟩ = Falsett

Fal|si|fi|kat ⟨n.; -(e)s, -e⟩ Fälschung, gefälschter Gegenstand [zu lat. *falsificatum* »gefälscht«]

Fal|si|fi|ka|ti|on ⟨f.; -, -en⟩ **1** ⟨veraltet⟩ Fälschung, das Fälschen **2** das Falsifizieren (2); *Ggs* Verifikation [zu lat. *falsificare* »fälschen«]

fal|si|fi|zie|ren ⟨V.⟩ **1** ⟨veraltet⟩ fälschen **2** *eine Hypothese* ~ widerlegen, bei Überprüfung als falsch erkennen; *Ggs* verifizieren [<lat. *falsificare*]

Fal|sum ⟨n.; -s, Fal|sa; veraltet⟩ **1** Irrtum **2** etwas Falsches, Fälschung, Betrug [lat., »das Falsche«]

Fa|ma ⟨f.; -; unz.⟩ **1** Gerücht, Nachrede **2** Leumund, Ruf **3** ⟨röm. Myth.⟩ die Personifikation des Gerüchts als weibl. Dämon mit vielen Augen, Ohren u. Zungen [lat., »Gerücht, öffentliche Meinung«]

fa|mi|li|al ⟨Adj.⟩ die Familie als soziale Gruppe betreffend, zu ihr gehörig

fa|mi|li|är ⟨Adj.⟩ **1** die Familie betreffend **2** vertraut, zwanglos, unverkrampft **3** vertraulich, aufdringlich vertraut [<lat. *familiaris* »zum Hauswesen gehörig«]

Fa|mi|li|a|re ⟨m.; -n, -n⟩ **1** Leibeigener **2** Diener im Kloster [<lat. *familiaris* »zum Hauswesen gehörig, Sklave, Bediener«]

Fa|mi|li|a|ri|tät ⟨f.; -, -en⟩ **1** familiäres Benehmen, familiäre Beschaffenheit, Vertrautheit, Zwanglosigkeit **2** Vertraulichkeit, Zudringlichkeit [<lat. *familiaritas* »vertrauter Umgang«]

Fa|mi|lie ⟨[-ljə] f.; -, -n⟩ **1** ⟨i. e. S.⟩ Eltern u. Kinder; ~ *Müller; eine* ~ *ernähren; eine große, kleine, kinderreiche* ~; *(keine)* ~ *haben* (nicht) verheiratet sein u. (keine) Kinder haben; *die heilige* ~ Maria, Joseph u. das Jesuskind **2** ⟨i. w. S.⟩ Geschlecht, Sippe,

F

alle Verwandten **3** ⟨Biol.⟩ aufgrund von Regeln der Abstammungslehre verwandte Gattungen [<lat. *familia* »Hausgenossenschaft, Hauswesen«]

Fa|mi|lis|mus ⟨m.; -; unz.⟩ allzu starke Bindung an die Familie bei der Bildung von Sozialkontakten

fa|mos ⟨Adj.; umg.⟩ großartig, herrlich [<lat. *famosus* »viel besprochen, berühmt, berüchtigt«; zu *fama* »Gerücht«; im 18. Jh. beeinflusst von frz. *fameux* »berühmt«]

Fa|mu|la ⟨f.; -, -lae [-lɛ:]⟩ weibl. Famulus

Fa|mu|lant ⟨m.; -en, -en⟩ = Famulus (2)

Fa|mu|la|tur ⟨f.; -, -en⟩ Praktikum eines Famulus (2) od. einer Famula im Krankenhaus

fa|mu|lie|ren ⟨V.⟩ als Famulus tätig sein, eine Famulatur absolvieren

Fa|mu|lus ⟨m.; -, -mu|li⟩ **1** Assistent eines Hochschulprofessors **2** Medizinstudent, der im Krankenhaus sein Praktikum ableistet; *oV* Famulant [lat., »Sklave, Diener«; → *Familie*]

Fan ⟨[fæn] m.; -s, -s⟩ begeisterter Anhänger; *Film~; Sport~; Jazz~* [engl.; verkürzt <*fanatic* »begeisterter Liebhaber«]

Fa|nal ⟨n.; -s, -e⟩ **1** Feuerzeichen **2** ⟨fig.⟩ Zeichen für den Beginn großer Ereignisse [frz., »Signallaterne, Leuchtfeuer«]

Fa|na|ti|ker ⟨m.; -s, -⟩ Eiferer, unduldsamer Verfechter einer Überzeugung [<lat. *fanaticus* »von der Gottheit ergriffen, rasend«; zu *fanum*, »heiliger Ort«; → *profan*]

Fa|na|ti|ke|rin ⟨f.; -, -rin|nen⟩ Eiferin, unduldsame Verfechterin einer Überzeugung

fa|na|tisch ⟨Adj.⟩ sich blind-leidenschaftlich einsetzend, unduldsam eifernd u. zu überzeugen versuchend [→ *Fanatiker*]

fa|na|ti|sie|ren ⟨V.⟩ zum Fanatismus aufpeitschen, aufhetzen

Fa|na|tis|mus ⟨m.; -; unz.⟩ blindübertriebener u. unduldsamer Eifer (für eine Überzeugung)

Fan|club ⟨[fæn-] m.; -s, -s⟩ Club, Zusammenschluss von Anhängern eines Stars; *oV* Fanklub

Fan|cy|dress ⟨[fænsı-]⟩ *auch:* **Fan|cy Dress** ⟨n.; (-) -, (-) -es [-sız]⟩ fantasievolles Kostüm [engl., »Maskenkostüm«]

Fan|cy|drink ⟨[fænsı-]⟩ *auch:* **Fan|cy Drink** ⟨m.; (-) -s, (-) -s⟩ Getränk aus mehreren Substanzen, wobei Rezeptur, Menge u. verwendete Zutaten wechseln können [<engl. *fancy* »fantastisch, fantasievoll« + *drink* »Getränk, Trunk«]

Fan|cy|work ⟨[fænsıwœ:k]⟩ *auch:* **Fan|cy Work** ⟨n.; (-) -s, (-) -s⟩ aus Tauen od. Seilen geflochtene Figuren, Verzierungen u. Kunstknoten [engl., »feine Handarbeiten«]

Fan|dan|go ⟨m.; -s, -s; Musik⟩ feuriger span. Tanz im $^3/_4$-, $^3/_8$- od. $^6/_8$-Takt [span.]

Fan|fa|re ⟨f.; -, -n; Musik⟩ **1** Trompetensignal **2** kurzes, signalähnl. Musikstück bes. für Trompete od. Horn **3** helle, ventillose Trompete [frz., »Trompetengeschmetter«; Herkunft unsicher]

Fan|glo|me|rat *auch:* **Fang|lo|me|rat** ⟨n.; -(e)s, -e; Geogr.; in Trockengebieten⟩ Schlammablagerungen aus nur zeitweise wasserführenden Flüssen [<engl. *fan* »Schlammkegel« (nach dem Muster von *Agglomerat* gebildet)]

Fan|go ⟨m.; -s; unz.⟩ Mineralschlamm vulkanischer Herkunft für Bäder, Packungen u. Umschläge, bes. bei rheumat. Erkrankungen verwendet [ital., »Schlamm«]

Fan|klub ⟨[fæn-] m.; -s, -s⟩ = Fanclub

Fan|mei|le ⟨[fæn-] f.; -, -n⟩ Bereich eines öffentl. Platzes, auf dem Sportveranstaltungen für eine große Menschenmenge live auf einer Großleinwand übertragen werden; *eine ~ zur Fußball-WM einrichten*

Fan|ta|sia ⟨f.; -, -s⟩ **1** arab. Reiterkampfspiel **2** ⟨Musik⟩ = Fantasie (1)

Fan|ta|sie ⟨f.; -, -n⟩ *oV* Phantasie **1** Musikstück in freier Form; *oV* Fantasia (2) **2** ⟨unz.⟩ Einbildungskraft, schöpfer. Denken, Erfindungsgabe; *viel ~ besitzen* **3** Trugbild, Wahngebilde; *einer ~ aufsitzen* **4** Träumerei, vorgestelltes Bild [<grch. *phantasie* »Erscheinung, Aussehen, Vorstellung«; zu grch. *phainein* »sichtbar machen«]

fan|ta|sie|ren ⟨V.⟩ *oV* phantasieren **1** sich den wechselnden Bildern der Fantasie hingeben, wach träumen **2** im Fieber unzusammenhängende Dinge reden **3** ⟨Musik⟩ ohne Noten, frei gestaltend spielen, improvisieren **4** ⟨umg.⟩ Unsinn reden; *er fantasiert schon wieder*

→ Phantasma Der Anlaut des aus dem Griechischen stammenden Fremdwortes *Phantasma* (ebenso: *Phantasmagorie, phantasmagorisch, phantasmatisch*) darf nicht mit der Buchstabenfolge *Fan-* wiedergegeben werden, obgleich dies bei anderen Mitgliedern dieser Wortfamilie (z. B. *Fantasie, Fantast* usw.) üblich ist

Fan|tast ⟨m.; -en, -en⟩ Träumer, Schwärmer, männl. Person mit überspannten Ideen; *oV* Phantast [<mlat. *phantasta* <grch. *phantastes* »Prahler«; zu *phainein* »sichtbar machen«]

Fantasterei / Phantasterei (*Laut-Buchstaben-Zuordnung*) Die aus dem Griechischen stammende ph-Schreibung kann bei den Silben »*-phon*«, »*-phot*« und »*-graph*« durch die integrierte Schreibung mit »*f*« ersetzt werden. Aber auch in weiteren Einzelfällen wie dem hier vorliegenden kann neben der fremdsprachigen die integrierte Schreibweise verwendet werden (→*a.* Vibraphon / Vibrafon).

Fan|tas|te|rei ⟨f.; -, -en⟩ überspannte, unwirkliche Idee, verrücktes Zeug, Unsinn, Träumerei; *oV* Phantasterei

Fan|tas|tik ⟨f.; -; unz.⟩ das Fantastische, das einer Sache od. einem Vorgang innewohnt, Zauber, Märchenhaftigkeit o. Ä.; *oV* Phantastik

Fan|tas|tin ⟨f.; -, -tin|nen⟩ Träumerin, Schwärmerin, weibl. Person mit überspannten Ideen; *oV* Phantastin

fan|tas|tisch ⟨Adj.⟩ *oV* phantastisch **1** nur in der Fantasie bestehend, nicht wirklich **2** verstiegen, überspannt, etwas verrückt; *er vertritt manchmal recht ~e Meinungen* **3** ⟨fig.⟩ merkwürdig, seltsam **4** ⟨fig.; umg.⟩ wunderbar, herrlich; *ein ~es Wetter*

Fan|ta|sy ⟨[fæntəsı] f.; -; unz.⟩ Unterhaltungsliteratur od. Filmgattung, in der Märchen- u. Traumwelten dargestellt werden [engl., »Fantasie, Trugbild«]

Fan|zine ⟨[fænzi:n] n.; -s, -s; Musik⟩ Zeitschrift, die nur über eine bestimmte Person, Gruppe od. einen bestimmten Bereich berichtet u. sich damit an die entsprechenden Fans richtet (bes. in der Popmusik) [verkürzt <engl. *fan* + engl. *magazine* »Magazin«]

FAQ ⟨[ɛfeıkju:] ohne Artikel; Abk. für engl.⟩ Frequently Asked Questions (häufig gestellte Fragen)

Fa|rad ⟨n.; - od. -s, -; Zeichen: F⟩ Maßeinheit der elektr. Kapazität [nach dem engl. Physiker u. Chemiker Michael *Faraday*, 1791-1867]

Fa|ra|day|kä|fig *auch:* **Fa|ra|day-Kä|fig** ⟨[færədı-] m.; -s, -e⟩ Käfig aus Drahtgeflecht od. Blechen, der gegen elektrische Felder abschirmt, Faraday'scher Käfig [→ *Farad*]

fa|ra|disch ⟨Adj.; Med.⟩ *~er Strom* niederfrequenter Wechselstrom in der Elektrotherapie [→ *Farad*]

fa|ra|di|sie|ren ⟨V.; Med.⟩ *eine Krankheit ~* mit faradischem Strom behandeln

Farb|me|trik *auch:* **Farb|met|rik** ⟨f.; -; unz.⟩ Teilgebiet der Farbenlehre mit der Aufgabe, jede Farbe durch wenige Angaben so festzulegen, dass sie jederzeit reproduziert werden kann

Far|ce ⟨[-s(ə)] f.; -, -n⟩ **1** ⟨Theat.⟩ **1.1** ⟨14./16. Jh.⟩ selbstständiges, kurzes, possenhaftes Spiel von Versen, in dem menschliche Schwächen verspottet wurden; *Sy* Posse **1.2** derb-komische Einlage im frz. Mirakelspiel **2** ⟨fig.⟩ lächerl. Streich **3** Verhöhnung **4** als wichtig hingestellte, im Grunde aber belanglose Angelegenheit **5** ⟨Kochk.⟩ Füllung für Geflügel, Pasteten usw. aus gehacktem Fleisch, Fisch, Ei, Gemüse, Kräutern u. a. [frz., »Schwank, Posse, Possenspiel«, eigtl. »Füllsel im Schauspiel, lustiger Zwischenakt«; zu *farcir* »füllen«]

Far|ceur ⟨[-sø:r] m.; -s, -e⟩ Possenreißer [frz., »Spaßvogel«; → *Farce*]

far|cie|ren ⟨[-si:-] V.; Kochk.⟩ mit Farce (6) füllen

Far|fal|le ⟨Pl.⟩ schmetterlingsförmige Nudeln [ital.]

Fa|rin ⟨m.; -s; unz.⟩ *Sy* Farinade, Farinzucker **1** Staub-, Puderzucker **2** geringwertiger Zucker [<lat. *farina* »Mehl«]

Fa|ri|na|de ⟨f.; -, -n⟩ = Farin

Fa|rin|zu|cker ⟨m.; -s; unz.⟩ = Farin

Farm ⟨f.; -, -en⟩ Landgut, Landwirtschaftsbetrieb, bes. mit Tierzucht; *Sy* Ranch (2); *Geflügel~; Pelztier~* [engl., »landwirtschaftl. Betrieb«]

Far|mer ⟨m.; -s, -⟩ Besitzer od. Bewirtschafter einer Farm [engl., »Landwirt«]

Far|me|rin ⟨f.; -, -rin|nen⟩ Besitzerin od. Bewirtschafterin einer Farm

Far|ming ⟨n.; -s; unz.⟩ Landwirtschaft, Viehzucht [engl.]

fas, f. a. s. ⟨Abk. für engl.⟩ free alongside ship

Fas ⟨n.; -; unz.; im antiken Rom⟩ Gesamtheit des nach göttlichem Gesetz im Unterschied zum menschlichen Recht Erlaubten; *Ggs* Nefas [lat., »göttliches Recht, das Erlaubte«]

Fas|ces ⟨Pl.⟩ Rutenbündel, Symbol der Gewalt über Leben u. Tod, Amtszeichen der altröm. Liktoren; *oV* Faszes [<lat. *fasces*, Pl. zu *fascis* »Bund, Bündel; Rutenbündel mit herausragendem Beil« (die als Zeichen der Gerichtsbarkeit von den Liktoren, Gerichtsdienern, dem Magistrat im alten Rom vorangetragen wurden)]

Fa|sche ⟨f.; -, -n; österr.⟩ Binde [<ital. *fascia* »Binde«]

fa|schen ⟨V.; österr.⟩ bandagieren [<ital. *fasciare* »mit Binde umwickeln«]

fa|schie|ren ⟨V.⟩ durch die Faschiermaschine treiben [→ *farcieren*]

Fa|schier|ma|schi|ne ⟨f.; -, -n⟩ Fleischwolf

Fa|schier|te(s) ⟨n. 3; österr.⟩ Hackfleisch

Fa|schi|ne ⟨f.; -, -n⟩ fest zusammengeschnürtes Reisigbündel, zum Deichbau od. Befestigen des Ufers [<ital. *fascina* »Reisigbündel« <*fascio* »Rutenbündel« <lat. *fascis*]

fa|schi|sie|ren ⟨V.; Politik; abwertend⟩ einen faschistischen Einschlag geben; *einen Staat ~; das Militär ~*

Fa|schi|sie|rung ⟨f.; -, -en; Politik⟩ das Faschisieren, das Faschisiertwerden

Fa|schis|mus ⟨m.; -; unz.; Politik⟩ **1** zentralistische u. autoritäre politische Bewegung mit äußerst nationalistischer Zielsetzung, mit den Mitteln der Gewaltanwendung u. strenger Zensur gegen die Opposition **2** die von Mussolini ins Leben gerufene nationalistische Bewegung mit dem Ziel der Diktatur in Italien 1919-1945 [<ital. *Fascismo;* zu *fascio* »Rutenbündel« (Emblem der von Mussolini geschaffenen Bewegung) <lat. *fascis*]

Fa|schist ⟨m.; -en, -en; Politik⟩ Vertreter, Anhänger des Faschismus

Fa|schis|tin ⟨f.; -, -tin|nen; Politik⟩ Vertreterin, Anhängerin des Faschismus

fa|schis|tisch ⟨Adj.; Politik⟩ den Faschismus betreffend, zum Faschismus gehörend, auf ihm beruhend

fa|schis|to|id ⟨Adj.; Politik⟩ dem Faschismus ähnlich, mit ihm verwandt

Fa|scho ⟨m.; -s, -s; umg.; kurz für⟩ Faschist

Fa|se ⟨f.; -, -n⟩ abgeschrägte Kante [<frz. *face* »Gesicht«]

Fa|shion ⟨[fæʃən] f.; -; unz.⟩ **1** Mode **2** guter Ton, Lebensart [engl., »Mode«]

fa|shio|na|ble *auch:* **fa|shio|nab|le** ⟨[fæʃənəbl] Adj.⟩ modisch, elegant [engl., »modern, elegant«]

Fa|so|le ⟨f.; -, -n; Bot.⟩ Bohne [<grch. *phaseolos*, Nebenform zu *phaselos* »Schwertbohne«]

F

Fas|sa|de ⟨f.; -, -n⟩ Außenansicht, Vorderfront, Schauseite; *nichts als eine hübsche ~* ⟨fig.; umg.; abwertend⟩ ein hübsches Gesicht u. nichts dahinter [<*Facciade* (17. Jh.) <ital. *facciata* »Gesichtsseite«; zu lat. *facies* »Gesicht«]

Fas|son ⟨[-sɔ̃:] od. umg. [-sɔŋ] f.; -, -s, österr. a. [-so:n] -, -en⟩ *oV* Façon **1** (rechte) Art u. Weise, Form, Muster; *einer Sache ~ geben* ⟨a. fig.⟩ sie in die rechte Form bringen, an dem ihr zustehenden Platz einordnen; *aus der ~ geraten* ⟨umg.⟩ dick werden (od. auch) die Beherrschung verlieren **2** Schnitt, Sitz, Form; *die ~ eines Anzugs, einer Frisur* **3** Lebensart; *jeder soll nach seiner ~ selig werden* [<frz. *façon* »Ausführung, Verarbeitung, Machart«]

Fasson / Façon (*Laut-Buchstaben-Zuordnung*) In die Alltagssprache eingegangene Fremdwörter können in vielen Fällen neben der in der Herkunftssprache üblichen Schreibung auch eine integrierte Schreibung aufweisen, die sich an der deutschen Laut-Buchstaben-Zuordnung orientiert. Häufig sind die integrierten Schreibweisen schon seit langem Bestandteil des Deutschen (→*a.* Necessaire / Nessessär).

fas|so|nie|ren ⟨V.⟩ **1** in Fasson (1) bringen, bearbeiten, formen, gestalten **2** ⟨österr.⟩ *Haare ~* H. in Fasson schneiden

Fas|so|nie|rung ⟨f.; -, -en⟩ eingravierte Verzierung am Rand von Geschirr aus Keramik od. Metall

Fas|son|schnitt ⟨[-sɔ̃:-] od. umg. [-sɔŋ-] m.; -s, -e⟩ kurzer Haarschnitt in bestimmter, meist stufenloser Form [→ *Fasson*]

Fas|ta|ge ⟨[-ʒə] f.; -, -n⟩ Leergut (leere Fässer, Kisten); *oV* Fustage [zu frz. *fût* »Fass«]

Fast|back ⟨[fa:stbæk]⟩ *auch:* **Fast Back** ⟨n.; (-) -s, (-) -s⟩ schräg nach hinten abfallendes Autodach, das ohne Abstufung in das Heck übergeht, Fließheck [engl., »(Wagen mit) Fließheck«]

Fast|break ⟨[fa:stbrɛɪk]⟩ *auch:* **Fast Break** ⟨n.; (-) -s, (-) -s; Sport⟩ nach einem überraschenden Ballgewinn während des gegnerischen Aufbaus rasch ausgeführter Angriff u. Durchbruch durch die aufgerückte Verteidigung (vor allem beim Hand- u. Basketball), Konter; *Sy* Break (1, 2) [<engl. *fast* »schnell« + *break* »Durchbruch; Wechsel, Umschwung«]

Fast|food ⟨[fa:stfu:d]⟩ *auch:* **Fast Food** ⟨n.; (-) - od. (-) -s; unz.⟩ schnell zubereiteter Imbiss, z. B. Hamburger; *Ggs* Slowfood [<engl. *fast* »schnell« + *food* »Essen«]

Fas|ti|di|um ⟨n.; -s; unz.; Med.; veraltet⟩ Ekel, Abneigung [lat.]

Fas|zes ⟨Pl.⟩ = Fasces

fas|zi|al ⟨Adj.⟩ bündelweise

Fas|zi|a|ti|on ⟨f.; -, -en; Bot.⟩ bandförmige Verbreiterung der Pflanzenstängel infolge von Wachstumsstörungen, Verbänderung [→ *Faszie*]

Fas|zie ⟨[-tsjə] f.; -, -n; Med.⟩ **1** bindegewebige Haut, die besonders die Muskeln, aber auch die sehnenartige Fortsetzung von Muskeln einhüllt **2** ⟨veraltet⟩ **2.1** Binde **2.2** Verband aus Binden [<lat. *fascis* »Bündel«]

Fas|zi|kel ⟨m.; -s, -⟩ **1** Akten-, Handschriftenbündel, Heft **2** Teillieferung eines in Fortsetzung erscheinenden wissenschaftlichen Buches [<lat. *fasciculus,* Verkleinerungsform zu *fascis* »Bündel«]

fas|zi|ku|lie|ren ⟨V.⟩ aktenmäßig bündeln, heften

Fas|zi|na|ti|on ⟨f.; -, -en⟩ Bezauberung, Bann, Verblendung [<lat. *fascinatio* »Bezauberung, Behexung«]

fas|zi|nie|ren ⟨V.⟩ bezaubern, (ver)blenden, fesseln; *ein ~des Schauspiel* [<lat. *fascinare* »bezaubern, behexen«]

Fas|zi|no|sum ⟨n.; -s; unz.; geh.⟩ etwas auf geheimnisvolle Weise Anziehendes, Faszinierendes; *das ~ der Höhlenmalerei; das ~ mittelalterlicher Burgen u. Schlösser*

Fa|ta ⟨Pl. von⟩ Fatum

fa|tal ⟨Adj.⟩ **1** verhängnisvoll, widrig **2** unangenehm, peinlich [<lat. *fatalis* »vom Schicksal gesandt«; → *Fatum*]

Fa|ta|lis|mus ⟨m.; -; unz.⟩ Glaube, dass alles Geschehen durch das Schicksal vorbestimmt sei, Schicksalsergebenheit, Schicksalsglaube [→ *fatal*]

Fa|ta|list ⟨m.; -en, -en⟩ Anhänger des Fatalismus, Schicksalsgläubiger

fa|ta|lis|tisch ⟨Adj.⟩ blind ergeben, schicksalsgläubig

Fa|ta|li|tät ⟨f.; -, -en⟩ Verhängnis, Missgeschick [<frz. *fatalité* »Verhängnis, Schicksalsfügung«]

Fa|ta Mor|ga|na ⟨f.; - -, - -s od. - -ga|nen⟩ **1** durch Luftspiegelung hervorgerufenes Bild, bes. über Wüsten **2** ⟨fig.⟩ Sinnestäuschung, Wahn-, Traumbild [ital., »Fee Morgana« (nach dem Volksglauben die Urheberin der in der Straße von Messina bes. häufigen Luftspiegelungen) <ital. *fata* »Fee« + arab. *margan* »Koralle« (<grch. *margarites* »Perle«, als Frauenname aufgefasst)]

Fa|thom ⟨[fæðəm] n.; -s, - od. -s⟩ altes engl. Längenmaß, vor allem in der Schifffahrt verwendet, 1,828 m [engl., »Faden«]

fa|tie|ren ⟨V.⟩ **1** ⟨veraltet⟩ bekennen, angeben **2** ⟨österr.⟩ Steuererklärung abgeben [<lat. *fateri* »bekennen, gestehen«]

Fa|tum ⟨n.; -s, Fa|ta⟩ (das unabänderliche) Schicksal [lat., »Götterspruch, Schicksal, Verhängnis«]

Fat|wa ⟨f.; -, -s; Islam⟩ mit dem islamischen Recht begründeter Schiedsspruch od. Erlass der Muftis in arabischen Ländern, religiöses Edikt; *oV* Fetwa; *die ~ über jmdn. aussprechen, verhängen* [arab.]

Fau|bourg ⟨[fobu:r] m.; -s, -s⟩ Vorstadt [frz., <lothring. *fors* »außerhalb« + *borc* »Burg« <lat. *burgus*]

Fault ⟨[fɔ:lt] m.; -s, -s; Sport⟩ Fehler (bes. beim Aufschlag beim Tennis, Badminton u. Squash) [engl.]

Faun ⟨m.; -s, -e⟩ **1** gehörnter, bocksfüßiger, lüsterner Waldgeist **2** ⟨fig.⟩ lüsterner Mensch [<lat. *Faunus* (bocksfüßiger Feld- u. Waldgott); → *Fauna*]

Fau|na ⟨f.; -, Fau|nen⟩ **1** Tierwelt eines bestimmten Gebietes; *die ~ Afrikas* **2** Tierwelt eines bestimmten Lebensbereiches; *Süßwasser~* [lat., Name der altröm. Fruchtbarkeitsgöttin, Tochter (od. Gemahlin) des *Faunus*]

fau|nisch ⟨Adj.; fig.⟩ wie ein Faun

Fau|nist ⟨m.; -en, -en⟩ Wissenschaftler auf dem Gebiet der Faunistik

Fau|nis|tik ⟨f.; -; unz.⟩ Teilgebiet der Tiergeografie, das sich mit den in einem bestimmten Gebiet lebenden Tierarten beschäftigt

Fau|nis|tin ⟨f.; -, -tin|nen⟩ Wissenschaftlerin auf dem Gebiet der Faunistik

fau|nis|tisch ⟨Adj.⟩ die Tierwelt betreffend, zu ihr gehörig

Fausse ⟨[fo:s] f.; -, -; Kart.⟩ leere Karte, Fehlfarbe; *oV* Foße [<frz. *fausse carte* »falsche Karte«]

faute de mieux ⟨[fo:t də mjø:]⟩ in Ermangelung eines Besseren [frz.]

Fau|teuil ⟨[fotø:j] m.; -s, -s⟩ Arm-, Lehnsessel [frz., »Lehn-, Armstuhl, Sessel« <fränk. **faldistol* »Faltstuhl«]

Fau|vis|mus ⟨[fovɪs-] m.; -; unz.; Mal.⟩ Richtung der französischen Malerei als Gegenbewegung gegen den Impressionismus [nach dem Spottnamen für diese Malerei, *les Fauves* »die Wilden«]

Fau|vist ⟨[fovɪst] m.; -en, -en; Mal.⟩ Vertreter des Fauvismus

fau|vis|tisch ⟨[fovɪs-] Adj.; Mal.⟩ im Stil des Fauvismus, den Fauvismus betreffend, zu ihm gehörig; *ein ~es Bild*

Faux|amis ⟨[fozami:]⟩ *auch:* **Faux Amis** ⟨Pl.; Sprachw.⟩ Wörter aus verschiedenen Sprachen, die ähnlich od. gleich klingen, aber eine unterschiedliche Bedeutung haben, z. B. dt. »kalt« u. ital. »caldo« (warm); →*a.* False Friend [frz., »falsche Freunde«]

Faux|bour|don ⟨[foburdɔ̃:] m.; -s, -s; Musik; 15. Jh.⟩ einfache kontrapunktische Notation auf der Grundlage zweier Akkorde [frz., »falscher Bordun«]

Faux|pas ⟨[fopa:] m.; -, - [-pa:s]⟩ Verstoß gegen die gute Sitte, Taktlosigkeit [<frz. *faux pas* »Fehltritt«]

Fa|ve|la ⟨[-ve:-] f.; -, -s⟩ südamerikan. Slum, Elendsquartier [portug.]

fa|vo|ra|bel ⟨[-vo-] Adj.⟩ günstig, vorteilhaft [<lat. *favorabilis* »begünstigt, beliebt«]

fa|vo|ri|sie|ren ⟨[-vo-] V.⟩ **1** begünstigen, bevorzugen; *sie favorisiert eher Rotwein* **2** ⟨Sport⟩ als voraussichtl. Sieger im Wettkampf nennen; *ein hoch favorisierter Sportler* [<frz. *favoriser* »begünstigen«]

Fa|vo|rit ⟨[-vo-] m.; -en, -en⟩ **1** Günstling, Liebling **2** ⟨Sport⟩ voraussichtlicher Sieger in einem Wettkampf [<frz. *favori*, Fem. *favorite* »beliebt; Günstling«]

Fa|vo|ri|tin ⟨[-vo-] f.; -, -tin|nen⟩ **1** weibl. Günstling, Liebling **2** ⟨Sport⟩ voraussichtliche Siegerin in einem Wettkampf

Fa|vus ⟨[-vus] m.; -; unz.; Med.⟩ **1** chron. Pilzerkrankung der Haut bei Mensch u. Tier, bes. behaarter Körperstellen, wobei die Haarwurzeln zerstört werden **2** Wachsscheibe im Bienenstock [lat., »Honigwabe« (nach dem Aussehen)]

Fax ⟨n.; -, -e; kurz für⟩ Telefax (2)

fa|xen ⟨V.; kurz für⟩ telefaxen

Fa|yence *auch:* **Fay|ence** ⟨[fajã:s] f.; -, -n⟩ glasierte Tonware; *Sy* Majolika [<frz. *faïence*, nach der ital. Stadt *Faenza*]

Fa|zen|da ⟨f.; -, -s⟩ brasilianisches Landgut [portug., »Vermögen, Besitz« <lat. *facienda*, Gerundivum zu *facere* »machen«]

Fä|zes ⟨Pl.⟩ Ausscheidungen, Kot, Stuhl [<lat. *faeces*]

Fa|ze|ti|en ⟨[-tsjən] Pl.; Sing.: Fazetie (selten)⟩ **1** witzige Einfälle, Scherze **2** satirisch zugespitzte, kurze Erzählungen, Schwänke [<lat. *facetia* »launiger Witz, Stichelei«]

fa|zi|al ⟨Adj.; Anat.⟩ das Gesicht, den Gesichtsnerv betreffend, Gesichts… [→ *Fazialis*]

Fa|zi|a|lis ⟨m.; -; unz.; Anat.⟩ der Gesichtsnerv; *oV* Facialis [<lat. facialis »zum Gesicht gehörig«]

fa|zi|ell ⟨Adj.; Geol.⟩ die Fazies (1) betreffend, auf ihr beruhend

Fa|zi|es ⟨f.; -, -; Geol.⟩ *oV* Facies (4) **1** die verschiedenartige äußere Erscheinung von gleichaltrigen Schichten (bezieht sich auf Gesteinsart od. Fossilinhalt od. beides) **2** die bei der Bildung von Sedimentgestein herrschenden Umweltfaktoren; *Wüsten~; Sumpf~* **3** kleinste Einheit einer Pflanzengesellschaft [<lat. *facies* »Gesicht«]

Fa|zi|li|tät ⟨f.; -, -en⟩ **1** ⟨veraltet⟩ Leichtigkeit, Gewandheit, Umgänglichkeit, Willfährigkeit **2** ⟨Wirtsch.⟩ (für einen Notfall in Aussicht gestellte) Unterstützung bei Kreditbedarf bzw. Erleichterung bei Zahlungskonditionen [<lat. *facilitas* »Gefälligkeit, Leichtigkeit im Handeln«]

Fa|zit ⟨n.; -s, -e od. -s⟩ Endsumme, Ergebnis; *das ~ ziehen* [<lat. *facit* »es macht«]

FBI ⟨Abk. für engl.⟩ Federal Bureau of Investigation, bundesstaatliche geheime Polizei der USA

FCKW ⟨Abk. für⟩ Fluorchlorkohlenwasserstoffe, organische Verbindungen, in denen Fluor- u. Chloratome die Wasserstoffatome des Kohlenwasserstoffs ersetzen, ihr Einsatz (bes. als Treibmittel in Spraydosen) wird eingeschränkt od. ist bereits verboten, da sie vermutlich die Ozonschicht zerstören

Fe ⟨chem. Zeichen für⟩ Eisen (Ferrum)

Fea|si|bi|li|ty|stu|die ⟨[fi:zəbɪlətɪʃtudiə] f.; -, -n; Wirtsch.⟩ (bei Geldanlage- u. anderen Großprojekten) vorab durchgeführte Untersuchung der techn. u. ökonom. Durchführbarkeit des Gesamtplanes [<engl. *feasibility* »Durchführbarkeit, Machbarkeit« + *Studie*]

Fea|ture ⟨[fi:tʃə(r)] n.; -s, -s od. f.; -, -s⟩ **1** ⟨Zeitungsw.⟩ aus aktuellem Anlass durch die Aufmachung hervorgehobener Bild- u. (od.) Textbericht **2** ⟨Radio; TV⟩ Dokumentarsendung, Dokumentarspiel **3** Haupt-, Spielfilm **4** ⟨EDV⟩ Merkmal, Funktionalität, Bestandteil einer Software; *eine neue Anwendung mit vielen zusätzlichen ~s* [engl., »charakte-

F

ristisches Merkmal, wichtiger Bestandteil«]

Febr. ⟨Abk. für⟩ Februar

fe|bril *auch:* **feb|ril** ⟨Adj.⟩ fieberhaft [<lat. *febrilis* »fiebrig«; zu *febris* »Fieber«]

Fe|bru|ar *auch:* **Feb|ru|ar** ⟨m.; - od. -s, -e; Abk.: Febr.⟩ zweiter Monat des Jahres [<lat. *februarius;* zu *februare* »reinigen« (gegen Ende des letzten Monats im röm. Jahr fanden Sühneopfer statt)]

F

fec. ⟨Abk. für⟩ fecit

fe|cit ⟨Abk.: fec.⟩ hat (es) gemacht (Zusatz hinter dem Namen des Künstlers, bes. auf Kupferstichen); →*a.* fudit [lat.]

Fe|da|jin ⟨Pl.⟩ Mitglieder einer palästinensischen Untergrundorganisation [arab. *fida'iyun* »die sich Opfernden«]

Fee ⟨f.; -, -n⟩ zarte, anmutige, schöne od. düstere weibl. Märchengestalt; *die böse u. die gute ~* [<frz. *fée* <vulgärlat. *fata* »Schicksalsgöttin« <lat. *fatua* »Weissagerin«]

Feed-back *auch:* **Feed|back** ⟨[fiːdbæk] od. [-'-] n.; - od. -s, -s⟩ **1** ⟨in Steuerungssystemen⟩ zurückkehrende Reaktion, Rückkopplung **2** ⟨Psych.⟩ Reaktion, Rückmeldung der anderen auf das eigene Verhalten; *ein gutes, schlechtes ~ erhalten* [engl., »Rückmeldung; Rückkoppelung; Reaktion«]

Fee|der ⟨[fiː-] m.; -s, -⟩ Leitung zum Versorgen von Antennen mit Energie [zu engl. *feed* »füttern«]

Fee|ling ⟨[fiː-] n.; -s, -s; umg.⟩ **1** Einfühlungsvermögen, Gespür; *ein ~ für einen Stil, eine Musik haben* **2** Gefühl, Empfinden, Erregung; *ein starkes, intensives ~* [engl., »Gefühl«]

Fee|rie ⟨[feːə-] f.; -, -n; Theat.⟩ Zauber-, Märchenspiel mit großer Ausstattung [<frz. *féerie*]

Feet ⟨[fiːt] Pl. von⟩ Foot [engl.]

FEI ⟨f.; -; unz.; Pferdesport; Abk. für frz.⟩ Fédération Equestre Internationale (Internationale Reiterliche Vereinigung); →*a.* FN

fe|kund ⟨Adj.; Med.⟩ fruchtbar [<lat. *fecundus* »fruchtbar«]

Fe|kun|da|ti|on ⟨f.; -, -en; Med.⟩ Befruchtung [<lat. *fecunditas* »Fruchtbarkeit«]

Fe|kun|di|tät ⟨f.; -; unz.; Med.⟩ Fruchtbarkeit [<lat. *fecunditas* »Fruchtbarkeit«]

Fel|bel ⟨m.; -s; unz.; Textilw.⟩ glänzendes Samtgewebe, Seidenplüsch, z. B. für Zylinder [<ital., span., portug. *felpa*]

Feld|elek|tro|nen *auch:* **Feld|elekt|ro|nen** ⟨Pl.⟩ Elektronen, die aus Metallen durch hohe elektr. Feldstärken herausgelöst werden

Fe|li|den ⟨Pl.; Biol.⟩ Familie der katzenartigen Tiere [<lat. *feles* »Katze«]

Fel|la|che ⟨m.; -n, -n⟩ ägypt. Bauer; *Sy* Fellah [<arab. *fallah* »Pflüger«]

Fel|la|chin ⟨f.; -, -chin|nen⟩ ägypt. Bäuerin

fel|la|chisch ⟨Adj.⟩ die Fellachen betreffend, zu ihnen gehörend; *die ~e Tradition*

Fel|lah ⟨m.; -s, -s⟩ = Fellache

Fel|la|tio ⟨f.; -; unz.⟩ Reizung der männl. Geschlechtsteile mit Lippen u. Zunge [zu lat. *fellare* »saugen«]

fel|la|ti|o|nie|ren ⟨V.⟩ durch Fellatio sexuell erregen

Fel|low ⟨[fɛlou] m.; -s, -s; in England⟩ **1** Mitglied einer wissenschaftl. Vereinigung **2** Mitglied eines Colleges [engl., »Gefährte; Bursche; Mitglied einer Körperschaft«]

Fel|low|ship ⟨[fɛlouʃɪp] f.; -, -s⟩ **1** Mitgliedschaft eines Fellows **2** Stipendium eines Fellows (2) [engl.]

Fel|low|tra|vel|ler ⟨[fɛloutrævələ(r)] m.; -s, -⟩ **1** ⟨i. e. S.⟩ Parteiloser, der aber bestimmten (insbes. kommunist.) politischen Ideen zuneigt **2** ⟨i. w. S.⟩ jmd., der mit einer politischen Ideologie sympathisiert, ohne aktiv für diese einzutreten [engl., »Reisegefährte; Sympathisant«]

Fe|lo|nie ⟨f.; -, -n; im MA⟩ **1** Treuebruch gegen den eigenen Lehnsherrn **2** Tücke, Verrat, Treulosigkeit [<frz. *félonie*]

Fe|lu|ke ⟨f.; -, -n; Seew.⟩ zweimastiges Küstenschiff im Mittelalter [<arab. *felukah*]

fe|mi|nie|ren ⟨V.⟩ *oV* feminisieren **1** ⟨Biol.⟩ verweiblichen durch Entfernung der Geschlechtsdrüsen od. durch Überpflanzung von Eierstöcken beim männl. Tier od. beim Mann **2** sich als Mann äußerlich wie eine Frau benehmen [<lat. *femininus* »weiblich«]

fe|mi|nin ⟨Adj.⟩ **1** weiblich **2** weibisch [<lat. *femininus* »weiblich«; zu *femina* »Weib«]

Fe|mi|ni|num ⟨a. [--'--] n.; -s, -nina; Abk.: f.; Gramm.⟩ **1** weibl. Geschlecht **2** weibl. Substantiv [lat., »das Weibliche«]

Fe|mi|ni|sa|ti|on ⟨f.; -, -en⟩ = Feminisierung

fe|mi|ni|sie|ren ⟨V.⟩ = feminieren

Fe|mi|ni|sie|rung ⟨f.; -, -en⟩ das Feminisieren; *oV* Feminisation

Fe|mi|nis|mus ⟨m.; -, -nis|men⟩ **1** ⟨unz.⟩ Bewegung der Feministinnen, Frauenbewegung **2** ⟨zählb.⟩ weibl. Verhalten, Wesen beim Mann (bes. bei Homosexuellen) [→ *feminin*]

Fe|mi|nis|tin ⟨f.; -, -tin|nen⟩ Frau, die gegen die Benachteiligung der Frau im gesellschaftl. u. privaten Bereich kämpft

fe|mi|nis|tisch ⟨Adj.⟩ **1** in der Art der Feministinnen **2** auf Feminismus beruhend

fe|misch ⟨Adj.; Geol.⟩ eisen- u. magnesiumreich; *Ggs* salisch [verkürzt <lat. *ferrum* »Eisen« + *Magnesium*]

Femme fa|tale ⟨[fam fataːl] f.; - -, -s -s [fam fataːl]⟩ verführerische Frau, die Männern häufig zum Verhängnis wird [frz., »verhängnisvolle Frau«]

Fem|to- ⟨Zeichen: f; Vorsilbe; vor Maßeinheiten⟩ das 10^{-15}-fache der betreffenden Grundeinheit, z. B. 1 fm = 10^{-15} Meter

Fe|mur ⟨n.; -s, -mu|ra; Anat.⟩ Oberschenkelknochen [lat., »Oberschenkel«]

Fen|chel ⟨m.; -s; unz.; Bot.⟩ eine Gewürz- u. Heilpflanze [<lat. *feniculum;* zu *fenum* »Heu« (wegen des Geruches)]

Fen|der ⟨m.; -s, -⟩ Puffer aus Tauwerk, Kork, Holz od. Gummi, zw. Schiffswand u. Anlegestelle zu hängen, um Beschädigungen durch Stöße zu verhindern [engl., »Schutzvorrichtung, Puffer«]

Fe|nek ⟨m.; -s, -s; Zool.⟩ = Fennek

Feng|shui ⟨n.; -; unz.⟩ chinesisches Prinzip der harmonischen Gestaltung des Wohn- u. Lebensraumes [chines.]

Fen|nek ⟨m.; -s, -s; Zool.⟩ Wüstenfuchs, hundeartiges Raubtier in den Wüsten Nordafrikas: Fennecus zerda; *oV* Fenek [arab.]

Fenz ⟨f.; -, -en⟩ Einfriedung, Zaun, Hecke [<engl. *fence* »Zaun, Gehege«]

...fe|re ⟨Nachsilbe; zur Bildung von weibl. Subst.; f.; -, -n⟩ tragend, (Merkmal) besitzend; *Foraminifere* [<lat. *ferre* »tragen«]

Fe|ria ⟨f.; -, -e⟩ in der kath. Liturgie Wochentag im Gegensatz zum Sonn- u. Feiertag [mlat., »Wochentag«]

Fe|ri|al|tag ⟨m.; -(e)s, -e; österr.⟩ Ferientag, Feiertag [→ *Ferien*]

Fe|ri|al|zeit ⟨f.; -, -en; österr.⟩ Ferienzeit

Fe|ri|en ⟨nur Pl.⟩ mehrtägige od. -wöchige Arbeitspause, Urlaub; *Semester~; Schul~; die großen ~* Sommerferien in der Schule; *~ vom Ich machen* vom Alltag völlig ausspannen [<lat. *feriae* »Feiertage«, seit 1521 »geschäftsfreie Tage«]

Fer|man ⟨m.; -s, -e⟩ Erlass eines islam. Herrschers [pers., »königl. Befehl, Erlass«]

Fer|ma|te ⟨f.; -, -n; Musik; Zeichen: 𝄐⟩ Verlängerungs-, Aushaltezeichen über einem Ton od. einer Pause [<ital. *fermata* »Halt«]

Fer|me ⟨f.; -, -n⟩ Pachthof, Landgut in Belgien od. Frankreich [frz., »Pachthof, Bauernhof«]

Fer|ment ⟨n.; -s, -e; Biochemie⟩ in lebenden Zellen gebildeter Katalysator, dessen Gegenwart für bestimmte biochem. Umwandlungen im Körper notwendig ist; *Sy* Enzym [lat., »Sauerteig«]

Fer|men|ta|ti|on ⟨f.; -, -en; Biochemie⟩ Bildung von Gärungsfermenten, insbes. bei der Aufbereitung von Genussmitteln (Tee, Tabak u. a.) [zu lat. *fermentare* »gären (lassen)«]

fer|men|ta|tiv ⟨Adj.⟩ **1** von Fermenten bewirkt **2** auf Fermentation beruhend

Fer|men|ter ⟨m.; -s, -⟩ Apparat für die industrielle Herstellung von Mikroorganismen, in dem optimale Nahrungs- u. Temperaturbedingungen herrschen [→ *Ferment*]

fer|men|tie|ren ⟨V.⟩ durch Fermentation genießbar machen; *Tabak ~*

Fer|mi ⟨n.; - od. -s, -; Kernphysik; Zeichen: f⟩ nicht mehr zulässige Längeneinheit, 1 f 10^{-15} m = 1 Femtometer (fm) [nach dem ital.-amerikan. Kernphysiker E. *Fermi*, 1901-1954]

Fer|mi-Di|rac-Sta|tis|tik ⟨[-ræk-] f.; -, -en⟩ die Regeln zur statistischen Behandlung einer Gesamtheit sehr vieler atomarer Teilchen, die sich nach den quantentheoret. Bewegungsgesetzen verhalten u. dem Ausschließungsprinzip unterworfen sind [nach E. *Fermi* + dem engl. Physiker P. A. M. *Dirac*, 1902-1984]

Fer|mi|on ⟨n.; -s, -en; Physik⟩ Elementarteilchen mit halbzahligem Spin, das der Fermi-Dirac-Statistik genügt [<*Fermi* + *Ion*]

Fer|mi|um ⟨n.; -s; unz.; chem. Zeichen: Fm⟩ radioaktives, 1952 künstlich hergestelltes chem. Element, Ordnungszahl 100; *Sy* ⟨veraltet⟩ Zenturium [→ *Fermi*]

Fer|nam|buk|holz ⟨n.; -es, -hölzer⟩ = Pernambukholz

fe|ro|ce ⟨[fəroːtʃə] Musik⟩ ungestüm, wild (zu spielen) [ital.]

Fer|rat ⟨n.; -s, -e; Chemie⟩ chem. Verbindung des 6-wertigen Eisens [<lat. *ferrum* »Eisen«]

Fer|ri... ⟨in Zus.; veraltet⟩ dreiwertiges Eisen enthaltend; *~chlorid (Eisen(III)-Chlorid)* [<lat. *ferrum* »Eisen«]

Fer|rit ⟨m.; -s; unz.⟩ **1** mikroskop. kleine Kristalle reinen Eisens in Eisenlegierungen (z. B. Stahl) **2** keram. Magnetwerkstoff aus kristallinen Verbindungen von Eisen(III)-Oxid u. anderen Metalloxiden [<lat. *ferrum* »Eisen«]

Fer|rit|an|ten|ne ⟨f.; -, -n⟩ häufig drehbar angeordnete Stabantenne aus magnetisch hochwirksamem Material mit einer daraufgewickelten Spule, wirkt als Richtantenne

fer|ro..., Fer|ro... ⟨in Zus.⟩ **1** Eisen u. größere Mengen anderer Metalle enthaltend **2** sich wie Eisen verhaltend [<lat. *ferrum* »Eisen«]

Fer|ro|elek|tri|zi|tät *auch:* **Fer|ro|elekt|ri|zi|tät** ⟨f.; -; unz.⟩ dem Ferromagnetismus analoges Verhalten einiger Kristalle, bei denen sich elektr. Dipolmomente in mehr od. weniger großen Kristallbereichen parallel ausrichten [<*Ferro...* + *Elektrizität*]

Fer|ro|graf ⟨m.; -en, -en; Physik⟩ = Ferrograph

Fer|ro|graph ⟨m.; -en, -en; Physik⟩ Messgerät zur Ermittlung der Magnetisierungskurve eines ferromagnetischen Werkstoffs; *oV* Ferrograf [<*Ferro...* + *...graph*]

Fer|ro|le|gie|rung ⟨f.; -, -en; Chemie⟩ Legierung des Eisens mit anderen Metallen od. Nichtmetallen

Fer|ro|ma|gne|ti|kum *auch:* **Fer|ro|mag|ne|ti|kum** ⟨n.; -s, -ti|ka; Physik⟩ ferromagnetische Substanz [<*Ferro...* + mlat. *magneticum* »das Magnetische«]

fer|ro|ma|gne|tisch *auch:* **fer|ro|mag|ne|tisch** ⟨Adj.⟩ wie Eisen magnetisches Verhalten zeigend

Fer|ro|ma|gne|tis|mus *auch:* **Fer|ro|mag|ne|tis|mus** ⟨m.; -; unz.⟩ Eigenschaft von nickel-, cobalt- u. eisenhaltigen Stoffen, dauernd magnetisch sein zu können

Fer|ro|man|gan ⟨n.; -s; unz.; Chemie⟩ Eisenlegierung mit 20-90 % Mangan, Eisenmangan

Fer|ro|mo|lyb|dän ⟨n.; -s; unz.; Chemie⟩ Eisenlegierung mit bis zu 85 % Molybdän

Fer|rum ⟨n.; -s; unz.; chem. Zeichen: Fe⟩ Eisen [lat.]

fer|til ⟨Adj.; Med.⟩ fruchtbar; *Ggs* infertil, steril (2) [<lat. *fertilis* »fruchtbar«]

Fer|ti|li|sa|ti|on ⟨f.; -, -en; Med.⟩ Befruchtung [→ *fertil*]

Fer|ti|li|tät ⟨f.; -; unz.; Med.⟩ Fruchtbarkeit; *Ggs* Sterilität (2)

Fes ⟨m.; - od. -es, - od. -e⟩ = Fez

Fes|ti|val ⟨[-val], engl. [-vəl] n.; -s, -s⟩ große festl. Veranstaltung, Festspiel; *Film~* [engl., »Festtag«]

F

Fes|ti|vi|tät ⟨[-vi-] f.; -, -en; umg.; scherzh.⟩ Fest, Festlichkeit [<lat. *festivitas* »Festgenuss, Vergnügen«]

fes|ti|vo ⟨[-vo:] Musik⟩ feierlich, festlich (zu spielen); *Sy* festoso [ital.]

Fes|ton ⟨[-tɔ̃:] n.; -s, -s⟩ Girlande aus Blumen, Blättern, Früchten (auch als Bauornament) [frz.]

fes|to|nie|ren ⟨V.⟩ mit einem Feston schmücken [<frz. *festonner*]

F

fes|to|so ⟨Musik⟩ = festivo [ital.]

Fes|zen|ni|nen ⟨Pl.⟩ altital. Festlieder voll drastischen Spotts, improvisierte Neckverse (bes. auf Hochzeiten) [<lat. *Fescenninus* (Adj.); nach der etruskischen Stadt *Fescennium*]

Fe|ta ⟨m.; -s; unz.⟩ griechischer Schafskäse [neugrch.]

fe|tal ⟨Adj.; Med.⟩ den Fötus betreffend, zu ihm gehörig [<neulat. *foetalis* »die Leibesfrucht betreffend«]

Fe|te ⟨f.; -, -n; umg.⟩ Fest, Feier [<frz. *fête* »Fest«]

Fe|tisch ⟨m.; -s, -e; urspr. bei Naturvölkern⟩ Gegenstand religiöser Verehrung, dem übernatürl. Kräfte zugeschrieben werden [<frz. *fétiche* <portug. *feitiço* »Träger magischer Kraft bei afrikanischen u. westindischen Schwarzen, Zauber« <lat. *facitius* »künstlich«]

fe|ti|schi|sie|ren ⟨V.⟩ zum Fetisch machen

Fe|ti|schis|mus ⟨m.; -; unz.⟩ **1** Fetischkult, Verehrung von Fetischen **2** ⟨Psych.⟩ geschlechtl. Erregung durch Gegenstände, die einer Person zugeordnet werden

Fe|ti|schist ⟨m.; -en, -en⟩ **1** Anhänger des Fetischismus **2** jmd., der Fetischismus (2) erlebt

Fe|ti|schis|tin ⟨f.; -, -tin|nen⟩ **1** Anhängerin des Fetischismus **2** weibl. Person, die Fetischismus (2) erlebt

fe|ti|schis|tisch ⟨Adj.⟩ in der Art des Fetischismus, ihn betreffend, auf ihm beruhend, zu ihm gehörend

Fet|tuc|ci|ne ⟨[fɛtutʃi:-] f.; -, -; ital. Kochk.⟩ Bandnudeln

Fe|tus ⟨m.; -ses, -se; Med.⟩ = Fötus

Fet|wa ⟨n.; -s, -s; Islam⟩ = Fatwa

feu|dal ⟨Adj.⟩ **1** lehnsrechtlich, auf dem Lehnsrecht beruhend, Lehns... **2** ⟨fig.; umg.⟩ reich (ausgestattet), prunkvoll, vornehm; *ein ~es Haus; eine ~e Zimmereinrichtung* [<mlat. *feudalis* »das Lehnswesen betreffend«; zu *feudum* »Lehngut«; zu ahd. *fihu* »Vieh«, got. *faihu* »Vermögen, Gut«]

Feu|dal|herr|schaft ⟨f.; -; unz.⟩ auf dem Feudalismus beruhende Herrschaft

Feu|da|lis|mus ⟨m.; -; unz.⟩ *Sy* Feudalsystem **1** Lehnswesen **2** dessen Zeitalter **3** soziales, wirtschaftl. u. polit. System, in dem der Geburtsadel u. der grundbesitzende Adel weitgehende Hoheitsrechte genießt

feu|da|lis|tisch ⟨Adj.⟩ den Feudalismus betreffend, auf ihm beruhend

Feu|da|li|tät ⟨f.; -; unz.⟩ **1** Lehnsverhältnis, Lehnsherrlichkeit **2** ⟨fig.; umg.⟩ Prunk, Vornehmheit

Feu|dal|sys|tem ⟨n.; -s; unz.⟩ = Feudalismus

Feuil|la|ge ⟨[fœja:ʒ(ə)] f.; -, -n; Plastik u. Malerei⟩ Laubwerk [frz.]

Feuil|le|ton ⟨[fœjətɔ̃:] n.; -s, -s⟩ **1** ⟨urspr.⟩ (unterhaltende) Zeitungsbeilage **2** ⟨heute⟩ kultureller Teil der Zeitung (Aufsätze, Geschichten, Kritiken usw.) [frz., Verkleinerungsform zu *feuille* »Blatt« <lat. *folium*]

Feuil|le|to|nis|mus ⟨[fœjətɔ̃-] m.; -; unz.; oft abwertend⟩ zwischen Bericht u. Dichtung stehender (journalist.) Schreibstil, der sich bestimmter rhetorischer Mittel, z. B. Wortspiele, bedient, um die Darstellung zu beleben u. die Meinung des Lesers zu beeinflussen

Feuil|le|to|nist ⟨[fœjətɔ̃-] m.; -en, -en⟩ **1** Verfasser von Artikeln im Feuilleton **2** ⟨abwertend⟩ oberflächlich, unwissenschaftlich arbeitender Schriftsteller, jmd., der im Plauderstil schreibt

feuil|le|to|nis|tisch ⟨[fœjətɔ̃-] Adj.⟩ **1** im Stil des Feuilletons, zum Feuilleton gehörig **2** oberflächlich, unwissenschaftlich (geschrieben)

Fez ⟨[fe:z] m.; - od. -es, - od. -e⟩ rote, kegelstumpfförmige orientalische Kopfbedeckung; *oV* Fes; *Sy* Tarbusch [nach der marokkan. Stadt *Fes,* wo diese Kopfbedeckung zuerst hergestellt worden sein soll]

ff ⟨Musik; Abk. für⟩ fortissimo

FF ⟨Abk. für⟩ französische(r) Franc(s)

fff ⟨Musik; Abk. für⟩ forte fortissimo

FIA ⟨Abk. für frz.⟩ Féderation Internationale de l'Automobile (Internationaler Automobilverband)

Fi|a|ker ⟨m.; -s, -; österr.⟩ Mietkutsche, Pferdedroschke [nach dem Hôtel St. *Fiacre* in Paris, in dem man seit 1640 Lohnkutscher mieten konnte]

Fi|a|le ⟨f.; -, -n; Arch.⟩ schlankes, gotisches Türmchen über Strebepfeilern [<grch. *phiale* »Urne«]

fi|an|chet|tie|ren ⟨[-kɛt-] V.; Schach⟩ das Spiel mit dem Fianchetto eröffnen

Fi|an|chet|to ⟨[-kɛt-] n.; - od. -s, -s od. -chet|ti; Schach⟩ Spieleröffnung zum Vorbereiten eines Flankenangriffs [ital., Verkleinerungsform zu *fianco* »Seite«]

Fi|as|ko ⟨n.; -s, -s⟩ **1** ⟨Theat.⟩ Durchfallen eines Theaterstückes od. eines Künstlers (beim Publikum) **2** ⟨allg.⟩ Misserfolg, Zusammenbruch; *ein ~ erleben, erleiden* scheitern; *ein ~ fabrizieren* Misserfolg haben [<frz. *faire fiasco* »einen Fehler machen«, wobei ital. *fiasco* »Flasche« für frz. *bouteille* »Flasche; Fehler, Schnitzer« steht]

Fi|bel[1] ⟨f.; -, -n⟩ **1** Lehrbuch für Anfänger; *Garten~* **2** bebildertes Lesebuch für Schulanfänger [nach der kindl. Aussprache von *Bibel* (die ersten Abc-Bücher enthielten Lesestücke aus der Bibel)]

Fi|bel[2] ⟨f.; -, -n⟩ german. Spange, Gewandnadel; *oV* Fibula (2) [<lat. *fibula* »Spange«]

Fi|ber ⟨f.; -, -n⟩ **1** Muskel-, Pflanzenfaser **2** = Vulkanfiber [<lat. *fibra* »Faser«]

Fi|ber|glas ⟨n.; -es; unz.⟩ ein Faserverbundwerkstoff, der aus einem Kunststoff (z. B. Polyesterharz od. Epoxidharz) u. Glasfasern hergestellt wird, u. a. für Leichtflugzeuge, Boote verwendet

◆Die Buchstabenfolge **fi|br...** kann auch **fib|r...** getrennt werden.

◆**fi|bril|lär** ⟨Adj.⟩ aus Fibrillen zusammengesetzt

◆**Fi|bril|le** ⟨f.; -, -n⟩ **1** feiner, fadenförmiger Ausläufer von Muskelfasern od. Nerven- u. Bindegewebszellen **2** faseriger Baustein der pflanzlichen od. Holzfaserzellwand [<lat. *fibra* »Faser«]

◆**fi|bril|lie|ren** ⟨V.⟩ **1** ⟨Papierindustrie⟩ Papiergrundstoffe zerfasern **2** ⟨Med.⟩ zucken, zittern; *ein Muskelfaserbündel fibrilliert* [→ *Fibrille*]

◆**Fi|brin** ⟨n.; -s; unz.⟩ Faserstoff des Blutes, der bei der Blutgerinnung entsteht, Blutfaserstoff [<lat. *fibra* »Faser«]

◆**Fi|bri|no|gen** ⟨n.; -s; unz.⟩ im Blut vorkommendes Protein, Vorstufe des Fibrins [<*Fibrin* + ...*gen*[1]]

◆**fi|bri|nös** ⟨Adj.; Med.⟩ fibrinhaltig, fibrinreich

◆**Fi|bro|blas|ten** ⟨Pl.⟩ Vorstufe der Fibrozyten [<lat. *fibra* »Faser« + grch. *blastos* »Schößling«]

◆**Fi|bro|in** ⟨n.; -s; unz.⟩ ein Protein, wesentlicher Bestandteil der Naturseide [<lat. *fibra* »Faser«]

◆**Fi|bro|lin** ⟨n.; -s; unz.⟩ ein Protein, Bestandteil der Naturseide [<lat. *fibra* »Faser«]

◆**Fi|brom** ⟨n.; -s, -e; Med.⟩ Fasergeschwulst [<lat. *fibra* »Faser«]

◆**Fi|bro|ma|to|se** ⟨f.; -, -n; Path.⟩ tumorähnliche Vermehrung von Bindegewebe mit gleichzeitigem Organzellenrückgang [→ *Fibrom*]

◆**fi|brös** ⟨Adj.; Med.⟩ faserig, aus derbem Bindegewebe bestehend; *~e Geschwulst* [→ *Fibrin*]

◆**Fi|bro|se** ⟨f.; -, -n; Med.⟩ Vermehrung des Bindegewebes [<lat. *fibra* »Faser«]

◆**Fi|bro|zyt** ⟨m.; -en, -en; Med.⟩ spindelförmige Zelle des Bindegewebes [<lat. *fibra* »Faser« + grch. *kytos* »Höhlung, Zelle«]

Fi|bu|la ⟨f.; -, -lae [-lɛ:]⟩ **1** ⟨Anat.⟩ Wadenbein **2** = Fibel[2]

Fiche ⟨[fɪʃ] m.; -s, -s; kurz für⟩ Mikrofiche

Fi|chu ⟨[-ʃy:] n.; -s, -s; Ende des 18. Jhs.⟩ dreieckiges, auf der Brust überkreuztes u. auf dem Rücken zur Schleife gebundenes Tuch, Brust-, Miedertuch [frz., »Halstuch«]

Fic|tion ⟨[fɪkʃn] f.; -; unz.⟩ erzählende Literatur, Prosaliteratur, Belletristik; *Ggs* Nonfiction; →*a.* Faction [engl.]

Fi|cus ⟨m.; -, Fi|ci [-tsi]; Bot.⟩ Feigenbaum [lat., »Feigenbaum, Feige«]

Fi|dei|kom|miss ⟨[-de:i-] n.; -es, -e; im frühen dt. Recht⟩ unveräußerl., meist aus Grundbesitz bestehende, nur als Ganzes vererbl. Vermögensmasse, deren Inhaber nur über ihren Ertrag verfügen konnte [<lat. *fidei commissum* »auf Treu u. Glauben Anvertrautes«; zu *fides* »Treue, Glauben« + *committere* »anvertrauen«]

Fi|de|is|mus ⟨m.; -; unz.⟩ **1** ⟨i. e. S.⟩ Anschauung, dass die religiösen Wahrheiten nur dem Glauben, nicht der Vernunft zugänglich sind **2** ⟨i. w. S.⟩ Weltanschauung, die sich auf den Glauben gründet; *Ggs* Szientismus (1) [zu lat. *fides* »Glaube«]

Fi|de|ist ⟨m.; -en, -en⟩ Anhänger des Fideismus

fi|de|is|tisch ⟨Adj.⟩ auf dem Fideismus beruhend, ihn betreffend

fi|del ⟨Adj.⟩ vergnügt, fröhlich, lustig, heiter; *ein ~es Fest; eine ~e Gesellschaft; immer ~ sein* [<lat. *fidelis* »treu; lustig«; studentensprachl., zuerst in Jena um 1750, unter dem Einfluss des Krambambuli-Liedes]

Fi|del ⟨f.; -, -n; Musik⟩ kleines Streichinstrument in MA, Renaissance u. Barock, Vorform der Geige [<ahd. *fidula*, engl. *fiddle* <germ. **fidula* <vulgärlat. *vitula* »Saiteninstrument«; zu lat. *vitulari* »frohlocken«]

Fi|de|li|tas ⟨f.; -; unz.⟩ = Fidelität [<lat. *fidelitas* »Treue, Zuverlässigkeit«; →*fidel*]

Fi|de|li|tät ⟨f.; -; unz.⟩ *oV* Fidelitas **1** Fröhlichkeit, Lustigkeit **2** geselliges Vergnügen

Fi|di|bus ⟨m.; - od. -ses, -se⟩ (gefalteter) Papiersteifen od. Holzspan zum Feueranzünden [vermutl. studentensprachl. Umdeutung von Horaz, Oden 1,36: Et ture et *fidibus* iuvat placare deos »mit Weihrauch und Saitenspiel lasst uns die Götter besänftigen« in »mit Tabakrauch und Anzündern ...«]

Fi|duz ⟨n.; -; unz.; umg.⟩ Vertrauen; *kein ~ zu etwas (od. jmdm.) haben* [<lat. *fiducia* »Vertrauen, Zuversicht«]

fi|du|zi|a|risch ⟨Adj.; Rechtsw.⟩ treuhänderisch; *~e Sicherheiten* hinsichtlich ihres Zustandekommens u. Fortbestehens vom Vorhandensein eines gesicherten Anspruchs unabhängige Kreditsicherheit [<lat. *fiduciarius;* zu *fiducia* »Vertrauen, Überlassung auf Treu und Glauben«]

Fi|du|zit ⟨n.; -; unz.; veraltet⟩ student. Zuruf beim Trinken [<lat. *fiducia sit!* »Es herrsche Vertrauen!«]

Field|re|search ⟨[-rɪzœ:tʃ] n.; -s; unz.⟩ **1** ⟨allg.⟩ Feldforschung **2** ⟨Markt- u. Meinungsforschung⟩ Befragung eines Konsumenten durch ein persönliches Gespräch u. (nicht allein durch) Fragebogen; *Sy* Fieldwork; *Ggs* Deskresearch [engl., »Feldforschung«]

Field|spa|ni|el ⟨a. [-spæ-] m.; -s, -s; Zool.⟩ Jagdhund aus der Familie der Spaniel [engl.]

Field|work ⟨[-wœ:k] n.; -s; unz.; Markt- u. Meinungsforschung⟩ = Fieldresearch (2) [engl., »Feldforschung, Feldarbeit«]

Field|wor|ker ⟨[-wœ:kə(r)] m.; -s, -⟩ jmd., der im Auftrag von Meinungsforschungsunternehmen zur Erhebung statistischer Daten Interviews mit Konsumenten durchführt [engl., »Feldforscher; Befrager; Praktiker«]

Fi|e|rant ⟨m.; -en, -en; österr.⟩ Markthändler, fahrender Händler [<ital. *fiera* »Festtag, Fest«]

fi|e|ro ⟨Musik⟩ wild, heftig, stolz (zu spielen) [ital.]

F

Fi|es|ta ⟨[-ẹsta] f.; -, -s⟩ großes Fest, Volksfest [span.]

FIFA / Fifa (*Abkürzungen*) Für die Schreibung von Abkürzungen, die aus Fremdsprachen übernommen sind, im Deutschen aber häufig wie ein eigenes Wort behandelt werden, gibt es keine eindeutige Regelung. Daher ist in solchen Fällen die Schreibung in Großbuchstaben ebenso zulässig wie die Schreibung nach den für deutsche Wörter verbindlichen Regeln. Bei mehrsilbigen Abkürzungen ist eine Worttrennung der Schreibung mit Großbuchstaben unüblich (→*a.* COCOM / Cocom).

F

FI̱FA, Fi̱|fa ⟨f.; -; unz.; Kurzwort für frz.⟩ Fédération Internationale de Football Association, Internationaler Fußballverband, u. a. zuständig für die Fußball-Weltmeisterschaft

fif|ty-fif|ty ⟨[fịftıfịftı] umg.⟩ halb u. halb, zu gleichen Teilen, halbpart [engl., »fünfzig-fünfzig«]

Fig. ⟨Abk. für⟩ Figur (5)

Fi|ga̱|ro ⟨m.; -s, -s⟩ **1** Barbier **2** ⟨fig.⟩ witziger, redegewandter Mann [nach *Figaro,* dem Diener in Beaumarchais' Lustspiel u. Mozarts Oper »Die Hochzeit des *Figaro*«]

Fight ⟨[fa̱ıt] m.; -s, -s; Sport⟩ **1** harter, verbissener Wettkampf **2** Boxkampf; *ein guter, fairer* ~ [engl., »Kampf«]

figh|ten ⟨[fa̱ı-] V.; Sport⟩ draufgängerisch, hart kämpfen [<engl. *fight* »kämpfen«]

Figh|ter ⟨[fa̱ı-] m.; -s, -; Sport⟩ **1** jmd., der hart u. verbissen kämpft **2** Boxertyp, der den Nahkampf u. den schnellen Schlagwechsel sucht [engl., »Kämpfer«]

Fi|gu̱r ⟨f.; -, -en⟩ **1** Form des menschl. Körpers; *eine gute, schlanke, zierliche ~; eine gute ~ machen* einen guten äußeren Eindruck machen **2** menschen- od. tierähnl. Nachbildung, Gestalt; *eine ~ aus Holz, Stein* **3** geformtes Stück Holz, Metall usw. als zu bewegende Einheit in einem Spiel **4** ⟨umg.⟩ Person, Mensch; *er ist schon eine komische ~* **5** ⟨Abk.: Fig.⟩ gezeichnete Abbildung, Darstellung **6** ⟨Geom.⟩ Gebilde aus Linien u. Flächen **7** aus mehreren Elementen zusammengesetzter Ablauf einer Bewegung, z. B. im Tanz **8** ⟨Musik⟩ kurze Folge von Tönen, die melodisch u. (od.) rhythmisch zusammengehören **9** durch besondere Formen- od. Gedankenverbindungen gekennzeichnetes Mittel des literarischen Stils, z. B. Chiasmus, Metapher [<lat. *figura* »Gestalt«]

Fi|gu̱|ra ⟨f.; -; unz.; in der Wendung⟩ *wie ~ zeigt* wie an diesem Beispiel zu sehen ist, wie klar vor Augen liegt [lat., »Gestalt«]

fi|gu|ra̱l ⟨Adj.⟩ mit Figuren versehen, verziert [<neulat. *figuralis* »mit Figuren versehen«]

Fi|gu|ra|li|tä̱t ⟨f.; -; unz.⟩ figurale Beschaffenheit

Fi|gu|ral|mu|sik ⟨f.; -; unz.; Musik⟩ kunstvolle mehrstimmige Musik des Mittelalters

Fi|gu|rạnt ⟨m.; -en, -en; Theat.⟩ **1** stummer Darsteller **2** ⟨Ballett⟩ Gruppentänzer [<lat. *figurans,* Part. Präs. zu *figurare* »gestalten, formen«]

Fi|gu|ra|ti|o̱n ⟨f.; -, -en; Musik⟩ Auflösung eines Akkords in gleichartige Figuren, Verzierung einer Melodie; *Sy* Figurierung [<lat. *figuratio* »Gestaltung, Bildung«]

fi|gu|ra|ti̱v ⟨Adj.⟩ figürlich, durch eine Abbildung, durch einen bildlichen Ausdruck; *Ggs* nonfigurativ [<lat. *figurare* »gestalten, formen«]

fi|gu|rie̱|ren ⟨V.⟩ **1** erscheinen, auftreten, eine Rolle spielen, darstellen **2** ⟨Theat.⟩ ohne Sprechrolle auftreten **3** ⟨Musik⟩ durch Figuration auflösen, verzieren [<lat. *figurare* »gestalten, formen«]

fi|gu|rie̱rt ⟨Adj.⟩ **1** gemustert; *~es Gewebe* **2** ⟨Musik⟩ verziert, ausgeschmückt; *~er Choral* mehrstimmiger Choralsatz mit bewegter, verzierter Mittelstimme

Fi|gu|rie̱|rung ⟨f.; -, -en⟩ = Figuration

Fi|gu|ri̱|ne ⟨f.; -, -n⟩ **1** Figürchen **2** kleine antike Statue **3** ⟨Mal.⟩ Gestalt im Hintergrund von Landschaftsbildern **4** ⟨Theat.⟩ kleiner Kostümentwurf, Modezeichnung [frz., <ital. *figurina,* Verkleinerungsform zu *figura* »Gestalt« <lat. *figura*]

fi|gü̱r|lich ⟨Adj.⟩ **1** die Figur betreffend, bezüglich der Figur **2** im übertragenen Sinn gebraucht, anschaulich, bildlich dargestellt; *die ~e Bedeutung eines Wortes*

...fi|ka|ti|on ⟨Nachsilbe; zur Bildung von weibl. Subst.; f.; -, -en⟩ das Machen, z. B. *Identifikation* [zu lat. *facere, ...ficere* »machen«]

Fịkh ⟨n.; -; unz.⟩ Rechtswissenschaft des Islam [arab.]

Fik|ti|o̱n ⟨f.; -, -en⟩ **1** etwas Erdachtes, Vorstellung, die der Wirklichkeit nicht entspricht **2** ⟨Lit.⟩ Darstellung von Sachverhalten in der Dichtung, die ganz od. teilweise fiktiv sind **3** ⟨Philos.⟩ Annahme, Unterstellung (eines nicht wirklichen Falles, um daraus Erkenntnisse abzuleiten) **4** ⟨Rechtsw.⟩ Gleichsetzung zweier gänzlich verschiedener Tatsachen [<lat. *fictio* »Bildung, Formung, Gestaltung«]

fik|ti|o|na̱l ⟨Adj.⟩ auf einer Fiktion beruhend; *~e Dichtung, Darstellung*

fik|ti|o|na|li|sie̱|ren ⟨V.⟩ als Fiktion erscheinen lassen, abbilden

Fik|ti|o|na|lịs|mus ⟨m.; -; unz.; Philos.⟩ philosophische These, nach der Fiktionen als methodisches Mittel die Grundlage jeden wissenschaftlichen Erkenntnisgewinns bilden

fik|ti̱v ⟨Adj.⟩ erdichtet, nur angenommen, auf einer Fiktion beruhend; *eine ~e Erzählung; seine Darstellung erwies sich als ~* [→ *Fiktion*]

Fil-à-Fil ⟨[filafịl] n.; -; unz.; Textilw.⟩ Anzug- od. Kleiderstoff aus Wollkammgarnen, dessen karoartige Musterung durch die abwechselnde Anordnung von hellem u. dunklem Faden zustande kommt [frz., eigtl. »Faden an Faden«]

Fi|la|mẹnt ⟨n.; -s, -e⟩ **1** ⟨Bot.⟩ Staubfaden, Teil der Staubblätter **2** ⟨Astron.; Pl.⟩ *~e* dunkle, langgestreckte Gebilde in der Chromosphäre der Sonne, Protuberanzen in der Aufsicht [<neulat. *filamentum;* zu *filum* »Faden«]

Fi|lan|da ⟨f.; -, -lan|den⟩ Gerät zum Abhaspeln von Seidenkokons [ital., »Seidenspinnerei«]

Fi|la|ri|en ⟨Pl.; Med.⟩ Fadenwürmer, Erreger von Wurmkrankheiten [<lat. *filum* »Faden«]

Fi|la|ri|o|se ⟨f.; -, -n; Med.⟩ durch Filarien hervorgerufene Krankheit

File ⟨[faıl] n. od. m.; -s, -s; EDV⟩ Datei [engl., eigtl. »Aktenstoß, Sammelmappe«]

File|ac|cess ⟨[faılæksɛs] m.; -; unz.; EDV⟩ = Filesharing [<engl. *file* »Akte, (Computer-) Datei« + *access* »Zugang, Zugriff«]

File|sha|ring ⟨[faılʃɛ:rıŋ] n.; - od. -s; unz.; EDV⟩ Netzwerktechnik innerhalb (betriebs-)interner Netze, bei der ein Benutzer von seinem PC aus partiell od. unbeschränkt auf Daten von anderen Computerarbeitsplätzen zugreifen kann; *Sy* Fileaccess [engl., »Dateiteilung«]

Fi|let ⟨[-le:] n.; -s, -s⟩ **1** ⟨Kochk.⟩ **1.1** entgrätetes Rückenstück (vom Fisch) **1.2** Lendenstück (vom Schlachtvieh u. Wild) **1.3** abgelöstes Bruststück (vom Geflügel) **2** ⟨Textilw.⟩ **2.1** bei Spitzen auf quadratischem od. schrägem Netzgrund aufgestickte u. -gestopfte Musterung **2.2** durchbrochene Kettenwirkware [frz., »Netz, Lendenstück«]

Fi|le|te ⟨f.; -, -n⟩ **1** Werkzeug des Buchbinders **2** die damit hergestellte feine, netzartige Verzierung auf Bucheinbänden, meist in Gold [frz., »Gewinde, Netzstoff«]

fi|le|tie|ren ⟨V.; Kochk.⟩ in Filets zerschneiden; *einen Fisch ~*

Fi|let|stück ⟨[-le:-] n.; -(e)s, -e⟩ **1** ⟨Kochk.⟩ Stück vom Filet (1) **2** ⟨fig.⟩ das Beste, Erlesenste, Angenehmste (eines Gesamtzusammenhangs)

Fi|li|a|le ⟨f.; -, -n⟩ Zweigstelle, Zweigniederlassung, Zweiggeschäft [<mlat. *filialis,* »die Tochter betreffend, Tochter...«; zu lat. *filia* »Tochter«]

Fi|li|al|ge|ne|ra|ti|on ⟨f.; -, -en; Genetik⟩ Nachkommen aus einer Bastardkreuzung, Tochtergeneration

Fi|li|al|pro|ku|ra ⟨f.; -, -ku|ren; Wirtsch.⟩ nur für eine od. mehrere Filialen eines Unternehmens gültige Prokura

Fi|li|a|ti|on ⟨f.; -, -en⟩ **1** rechtmäßige Abstammung, Sohn-, Tochterverhältnis **1.1** Nachweis der Abstammung einer Person von einer anderen **1.2** legitime Abstammung eines Kindes von seinen Eltern **2** Abhängigkeit der Ordensmitglieder von den Oberen sowie die daraus erwachsende Gehorsamspflicht [<neulat. *filiatio* »Kindschaft«; zu lat. *filius* »Sohn« + *filia* »Tochter«]

Fi|li|bus|ter[1] ⟨[-bʌstə(r)] n.; -s, -; Politik⟩ Verzögerungstaktik durch langatmige Reden [engl., urspr. Bez. für gesetzlose Plünderer, die im 19. Jh. in mittel- u. südamerikan. Staaten einfielen <span. *filibustero* »Freibeuter«]

Fi|li|bus|ter[2] ⟨[-bʌstə(r)] m.; -s, -; Politik⟩ **1** Abgeordneter im amerikanischen Kongress, der durch lange Reden die Abstimmung über einen Antrag hinauszögerte **2** jmd., der das Filibuster betreibt [→ *Filibuster*[1]]

fi|lie|ren ⟨V.⟩ **1** eine Filetarbeit herstellen, Netzwerk knüpfen, Fäden ausziehen, spinnen **2** zwei Spielkarten vertauschen [<frz. *filer* »spinnen«]

fi|li|form ⟨Adj.⟩ fadenförmig [zu lat. *filum* »Faden«]

fi|li|gran *auch:* **fi|lig|ran** ⟨Adj.⟩ in der Art des Filigrans, sehr fein gearbeitet, sehr feine Formen aufweisend

Fi|li|gran *auch:* **Fi|lig|ran** ⟨n.; -s, -e⟩ (Schmuckstück aus einem) Geflecht feiner Edelmetalldrähte [<ital. *filigrana* »feine Flechtarbeit aus Goldfäden u. Perlchen«, <lat. *filum* »Faden« + *granum* »Korn«]

Fi|li|gran|ar|beit *auch:* **Fi|lig|ran|ar|beit** ⟨f.; -, -en⟩ **1** ⟨unz.⟩ Technik der Herstellung von Filigran; *er ist ein Meister der ~* **2** durch Filigranarbeit hergestelltes Schmuckstück; *dieses Diadem ist eine ~* **3** ⟨umg.⟩ besondere Konzentration u. Geschicklichkeit erfordernde, diffizile Verrichtung; *dieser Scherenschnitt ist eine ~*

Fi|li|gran|glas *auch:* **Fi|lig|ran|glas** ⟨n.; -es; unz.⟩ Kunstglas, in das zur Verzierung weiße, miteinander verflochtene Glasfäden den eingeschmolzen sind

Fi|li|us ⟨m.; -, -lii od. umg. -se; scherzh.⟩ Sohn [lat., »Sohn«]

Fil|lér ⟨[-lɛ:r] m.; -s od. -, -⟩ ungarische Währungseinheit, $^1/_{100}$ Forint

Film ⟨m.; -(e)s, -e⟩ **1** dünnes Häutchen, sehr dünne Schicht; *Öl~* **2** mit einer lichtempfindl. Schicht überzogener dünner Streifen für fotograf. Aufnahmen; *Schwarz-Weiß~; Farb~; Negativ~; Positiv~; Umkehr~* **3** zur Vorführung im Kinematographen bestimmter Streifen mit Bildern; *Kino~; Farb~; Stumm~; einen ~ drehen, vorführen* **4** ⟨fig.⟩ *mir ist der ~ gerissen* mir fehlt die Erinnerung [engl., »Membran, dünnes Häutchen« <germ. **felmon* »Haut«; → *Fell, Pelz*]

Film|fes|ti|val ⟨[-vəl] od. [-val] n.; -s, -s⟩ Filmfestspiele

Fil|mo|thek ⟨f.; -, -en⟩ *Sy* Kinemathek **1** Sammlung von Filmen **2** Raum od. Gebäude dafür

Fi|lo ⟨m.; -s, -s; Sport⟩ Fechtstoß, bei dem die angreifende Klinge an der gegnerischen entlanggleitet, um sie abzudrängen [ital., eigtl. »dünner Faden, Schneide«; zu lat. *filum* »Faden«]

Fi|lo|fax® ⟨engl. [faıloʊfæks] m.; -, -e⟩ Terminkalender in Form eines Ringbuchs mit einlegbaren Tagesblättern, Adressenverzeichnissen, Karten, Registern u. diversen Accessoires [zu engl. *file* »Ordner, Akte«]

Fi|lou ⟨[-lu:] m.; -s, -s⟩ **1** Spitzbube, Betrüger, Gauner; *er ist ein übler ~* **2** gerissene od. leichtsinnige Person, Schlaukopf [frz., »Spitzbube« <engl. *fellow* »Bursche«]

Fils ⟨m.; -, -⟩ irak. u. jordan. Währungseinheit, $^1/_{100}$ Dinar

Fil|ter ⟨m.; -s, - od. Technik meist n.; -s, -⟩ **1** Vorrichtung zum Trennen fester Stoffe von Flüssigkeiten **2** ⟨Fot.⟩ gefärbte

F

Glasscheibe zum Aufsetzen auf das Objektiv, so dass bestimmte Farben zurückgehalten werden; *Gelb~; Rot~* **3** ⟨Physik⟩ Material od. Gerät zur Veränderung der Intensität od. Zusammensetzung einer (elektromagnet. od. korpuskularen) Strahlung [<mlat. *filtrum* »Seihgerät aus Filz« <germ. **felti* »Gestampftes«]

fil|tern ⟨V.⟩ **1** mit einem Filter trennen; *Flüssigkeit von festem Stoff ~; Lichtstrahlen, Schwingungen ~* **2** klären, seihen; *Kaffee ~*

Fil|trat *auch:* **Filt|rat** ⟨n.; -(e)s, -e⟩ durch Filtern geklärte, gereinigte Flüssigkeit [<mlat. *filtratum;* zu *filtrare* »filtern«]

Fil|tra|ti|on *auch:* **Filt|ra|ti|on** ⟨f.; -, -en⟩ Trennen eines Feststoff-Flüssigkeits-Gemisches mittels Filter

fil|trie|ren *auch:* **filt|rie|ren** ⟨V.⟩ mit Hilfe eines Filters klären [<frz. *filtre* »filtern« <mlat. *filtrare*]

Fi|lü|re ⟨f.; -, -n⟩ Gewebe, Gespinst [<frz. *filure* »Gespinst«]

Fil|zo|kra|tie ⟨f.; -; unz.; scherzh.⟩ vielfach verflochtene Machtverhältnisse, Korruption in Bürokratie u. Demokratie [<*Filz* + grch. *kratein* »herrschen«; analog zu *Demokratie* gebildet]

fi|nal ⟨Adj.⟩ **1** abschließend, beendend **2** zweckbestimmt [<neulat. *finalis* »am Ende befindlich, das Ende, den Zweck betreffend«]

Fi|nal Cut ⟨[faɪnəl kʌt] m.; - - od. - -s, - -s; Film⟩ letzte Bearbeitung der Ton- u. Filmaufnahmen für die endgültige Fassung eines Films [engl., »endgültiger Schnitt«]

Fi|nal De|cay ⟨[faɪnəl dɪkɛɪ] n.; - - od. - -s, - -s; Musik⟩ **1** ⟨unz.⟩ Zeit, die nach dem letztmaligen Anschlagen einer Synthesizertaste vergeht, bis der angeschlagene Ton für das menschl. Ohr nicht mehr hörbar ist **2** der Ton selbst [<engl. *final* »endgültig, final« + *decay* »Absterben, Verfallen«]

Fi|na|le ⟨n.; -s, -⟩ **1** ⟨allg.⟩ Schlussteil **2** ⟨Musik⟩ Schlusssatz, Schlussteil; *~ einer Symphonie, Oper* **3** ⟨Sport⟩ Schlussrunde, Endkampf, Endspiel [ital., »Schlussstück«]

Fi|na|lis ⟨f.; -, -les; Musik⟩ Schlusston in einer Kirchentonart, durch den diese festgelegt wird [neulat.; → *final*]

fi|na|li|sie|ren ⟨V.; österr.; schweiz.⟩ **1** einem bestimmten Zweck, Ziel zuführen, beenden; *Verträge, Abkommen ~* zur Unterschrift bringen **2** ⟨Sport⟩ an einem Finale teilnehmen; *die beiden Gruppensieger ~*

Fi|na|list ⟨m.; -en, -en; Sport⟩ Teilnehmer der Endrunde, des Schlusskampfes

Fi|na|lis|tin ⟨f.; -, -tin|nen; Sport⟩ Teilnehmerin der Endrunde, des Schlusskampfes

Fi|na|li|tät ⟨f.; -; unz.⟩ **1** Zweckbestimmtheit **2** Zielstrebigkeit

Fi|nals ⟨[faɪnəls] Pl.; Sport⟩ Finalrunden [<engl. *final* »Finale«]

Fi|nal|satz ⟨m.; -es, -sät|ze; Gramm.⟩ Adverbialsatz des Zwecks, Zwecksatz

Fi|nan|ci|er ⟨[finäsje:] m.; -s, -s; veraltet; noch österr.⟩ = Financier

Fi|nanz ⟨f.; -, -en⟩ **1** Geldwesen **2** Geldgeschäft **3** Gesamtheit der Geldleute; *Hoch~* [<frz. *finances* <mlat. *finantia* »Beendigung, endgültiger Entscheid, Zahlungsbefehl, Zahlung« <*finare* »beenden«; zu lat. *finire* »beenden«]

Fi|nanz|aus|gleich ⟨m.; -(e)s, -e; Rechtsw.⟩ Verteilung der öffentlichen Gelder auf Länder u. Gemeinden

Fi|nan|zen ⟨nur Pl.⟩ **1** öffentliches Geldwesen, Staatshaushalt, Staatsgelder **2** Vermögen, Vermögenslage **3** ⟨umg.⟩ *meine ~* meine Geldmittel [<frz. *finances* <mlat. *finantia* »Beendigung, endgültiger Bescheid, Zahlung(sbefehl)«; zu mlat. *finare*, lat. *finire* »beenden«]

Fi|nan|zer ⟨m.; -s, -; österr.; umg.⟩ Zollbeamter

Fi|nanz|hol|ding ⟨f.; -, -s; Wirtsch.⟩ Unternehmen, das die Verwaltung des Vermögens anderer Firmen übernimmt (u. sie dadurch kontrolliert)

fi|nan|zi|ell ⟨Adj.⟩ die Finanzen, das Vermögen betreffend, geldlich

Fi|nan|zi|er ⟨[-tsje:] m.; -s, -s⟩ *oV* ⟨österr.⟩ Financier **1** Geld-, Bankmann **2** Geldgeber, der etwas (ein Unternehmen usw.) finanziert [<frz. *financier* »Geldmann, Bankier«]

fi|nan|zier|bar ⟨Adj.⟩ so beschaffen, dass man es finanzieren kann; *~e öffentliche Bauvorhaben*

fi|nan|zie|ren ⟨V.⟩ mit Geldmitteln ausstatten, durch Geld ermöglichen

Fi|nanz|in|ves|tor ⟨[-vɛs-] m.; -s, -en⟩ jmd., der Forderungs- u. Beteiligungsrechte durch die Investition von Geldmitteln erwirbt

Fi|nanz|po|li|tik ⟨f.; -; unz.⟩ Ordnung u. Gestaltung der Finanzwirtschaft eines Landes

Fi|nanz|wirt|schaft ⟨f.; -; unz.⟩ Geldwirtschaft, planmäßiges Beschaffen u. Verteilen der öffentlichen Gelder

Fi|nanz|wis|sen|schaft ⟨f.; -; unz.⟩ Lehre von der Finanzwirtschaft der öffentl. Körperschaften

fi|nas|sie|ren ⟨V.; geh.⟩ Intrigen, Ränke schmieden, mit Tricks arbeiten [<frz. *finasser*]

Fin|ca ⟨[-ka] f.; -, -s⟩ Landhaus, Landgut [span.]

Fin de Si|è|cle *auch:* **Fin de Si|èc|le** ⟨[fɛ̃: də sjɛkl] n.; - - -; unz.⟩ **1** das Ende des 19. Jh. **2** ⟨bildl. Bez. für⟩ die Verfeinerung u. die Verfallserscheinungen dieser Zeit [frz., »Ende des Jahrhunderts«]

Fi|ne ⟨Musik⟩ Schlusszeichen; →*a.* da capo al fine [ital., »Ende, Schluss«]

Fine|li|ner ⟨[faɪnlaɪnə(r)] m.; -s, -⟩ sehr dünner Filzstift, der zum Schreiben u. Skizzieren geeignet ist; *Sy* Liner (4) [<engl. *fine* »fein« + *line* »Linie«]

Fines Herbes ⟨[finzɛrb] Pl.; Kochk.⟩ fein gehackte, in Fett gedünstete Kräuter (u. Pilze) [frz., »feine Kräuter«]

Fi|nes|se ⟨f.; -, -n⟩ Schlauheit, Feinheit, Kniff, Trick; *mit großer ~ vorgehen; mit allen ~n zu Werke gehen* [frz., »Feinheit, Scharfsinn«]

Fine|tu|ning ⟨[faɪntju:nɪŋ]⟩ *auch:* **Fine Tu|ning** ⟨n.; (-) - od. (-) -s; unz.⟩ **1** ⟨Wirtsch.⟩ wirtschaftspolitische Theorie, nach der bereits auf geringfügige konjunkturelle Schwankungen entsprechend reagiert werden muss, um größere Krisen zu vermeiden **2** ⟨allg.⟩ Feinabstimmung, Detailarbeit (z. B. am Ende eines umfassenden Projektes) [<engl. *fine-tuning* »Feinabstimmung«]

Fin|ger|food ⟨[-fu:d] n.; - od. -s; unz.⟩ Snacks, Häppchen, die aus der Hand u. ohne Besteck gegessen werden; *bei einem Stehempfang ~ reichen* [engl.; <*finger* »Finger« + *food* »Essen«]

Fin|ger|print ⟨m.; -s, -s⟩ bei der analytischen Auftrennung eines Stoffes entstehendes charakteristisches Muster, das sich z. B. durch Lage, Farbe, Form u. Größe von Flecken auf einem Trägermaterial zeigt, wodurch eine eindeutige Identifizierung der Substanz möglich wird [<engl. *fingerprint* »Fingerabdruck«]

fin|gie|ren ⟨V.⟩ vortäuschen, erdichten, unterstellen; *fingierte Rechnungen; fingierter Briefwechsel* [<lat. *fingere* »bilden, gestalten, erdichten«]

Fi|ni|me|ter ⟨n.; -s, -⟩ Messgerät zur Überwachung des Sauerstoffvorrats bei Atemschutzgeräten [<lat. *finis* »Grenze« + *...meter*]

Fi|nis ⟨n.; -; unz.⟩ **1** Ende, Schluss **2** Schlussvermerk in Druckwerken [lat., »Ende«]

Fi|nish ⟨[-nɪʃ] n.; -s, -s⟩ **1** letzter Schliff, Vollendung **2** ⟨Sport⟩ (spannender) Endkampf [engl., »Ende, Endkampf«]

fi|ni|shen ⟨[-ʃən] V.; Pferdesport⟩ am Schluss des Rennens das Pferd aufs Äußerste antreiben [→ *Finish*]

Fi|ni|sher ⟨[-ʃə(r)] m.; -s, -; Pferdesport⟩ Pferd, das im Finish besonders gut ist

Fi|nis|sa|ge ⟨[-sa:ʒ(ə)] f.; -, -n; Kunst⟩ (feierl.) Beendigung einer Ausstellung [frz., »Endbearbeitung, Fertigstellung«; zu *finir* »beenden«]

fi|nit ⟨Adj.; Gramm.⟩ bestimmt; *~e Verbalform, ~es Verb* durch Person, Numerus (u. Genus) bestimmte Verbalform; *Sy* Verbum finitum; *Ggs* infinit [<lat. *finitus*]

Fi|ni|tum ⟨n.; -s, -ni|ta; kurz für⟩ Verbum finitum [→ *finit*]

Finn-Din|ghi ⟨n.; -s, -s; Sport⟩ = Finn-Dingi

Finn-Din|gi ⟨n.; -s, -s; Sport⟩ kleines Einmann-Segelboot für Segelsportwettbewerbe; *oV* Finn-Dinghi [schwed., »finnisches Dingi«]

Finn|lan|di|sie|rung ⟨f.; -, -en; Politik⟩ **1** ⟨abwertend; i. e. S.⟩ das verdeckte Abhängigkeitsverhältnis Finnlands von der ehem. Sowjetunion **2** ⟨i. w. S.⟩ das verdeckte Abhängigkeitsverhältnis eines Staates von einem anderen

fin|no|ug|risch ⟨Adj.⟩ *~e Sprachen* nicht indogerman. Sprachgruppe, die im Wesentlichen die finnische, lappische, estnische u. ungarische Sprache umfasst

Fin|no|ug|rist ⟨m.; -en, -en⟩ Wissenschaftler auf dem Gebiet der finnougrischen Sprachen u. Literaturen

Fin|no|ug|ris|tin ⟨f.; -, -tin|nen⟩ Wissenschaftlerin auf dem Gebiet der finnougrischen Sprachen u. Literaturen

Fin|te ⟨f.; -, -n⟩ **1** ⟨bes. Sport⟩ Scheinangriff, bes. Scheinhieb beim Boxen od. Scheinstoß beim Fechten **2** Täuschung **3** ⟨fig.⟩ Vorwand, Ausflucht, List [<ital. *finta* »List«; → *fingieren, Fiktion*]

fin|tie|ren ⟨V.; Sport⟩ eine Finte (1), einen Scheinangriff ausführen

Fi|o|ri|tur ⟨f.; -, -en; Musik⟩ Verzierung beim Kunstgesang, z. B. Koloratur, Triller [<ital. *fioriture;* zu *fiorire* »blühen« + *fiore* »Blume«]

Fire|figh|ter ⟨[faɪə(r)faɪtə(r)] m.; -s, -⟩ jmd., der berufsmäßig zum Löschen von brennenden Ölquellen, Großbränden o. Ä. eingesetzt wird [engl., »Feuerwehrmann, Feuerbekämpfer«]

Fire|wall ⟨[faɪə(r)wɔ:l] f.; -, -s; EDV⟩ Schutzmechanismus für ein Computernetzwerk (z. B. ein Intranet od. Ortsnetz), der die Zulässigkeit von eingehenden Daten überprüfen u. so einen Schutz vor Computerviren od. unberechtigten Zugriffen von Hackern bieten soll [engl., »Brandmauer«]

firm ⟨Adj.⟩ fest, sicher, bewandert, beschlagen; *in einem Fachgebiet ~ sein* [<lat. *firmus* »fest«]

Fir|ma ⟨f.; -, Fir|men; Abk.: Fa.⟩ **1** Geschäft, Betrieb **2** Handels-, Geschäftsname [<ital. *firma* »(sichere) Unterschrift«; zu lat. *firmus* »fest«]

Fir|ma|ment ⟨n.; -(e)s, -e⟩ Himmel, Himmelsgewölbe [<lat. *firmamentum* »Himmelsgewölbe«; zu *firmus* »fest«]

fir|men ⟨V.⟩ *jmdn.* ~ jmdm. die Firmung erteilen [<lat. *firmare* »befestigen«]

fir|mie|ren ⟨V.; Kaufmannsspr.⟩ einen Geschäftsnamen führen, mit diesem unterzeichnen [→ *Firma*]

Fir|mung ⟨f.; -, -en; kath. Kirche⟩ vom Bischof durch Salbung u. Handauflegen vollzogenes Sakrament, das der Kräftigung im Glauben dient [→ *firmen*]

Firm|ware ⟨[fœ:mwɛ:(r)] f.; -, -s; EDV⟩ Festspeicherprogrammierung [<engl. *firm* »fest« + *ware* »Ware«]

Fir|nis ⟨m.; -ses, -se⟩ **1** rasch trocknende Flüssigkeit, die eine feine, durchsichtige Schicht ergibt u. die darunterliegende Fläche (z. B. Gemälde) widerstandsfähig (gegen Lufteinflüsse usw.) macht **2** ⟨fig.⟩ äußerl. Hülle, äußerer Schein [<mhd. *vernis* <frz. *vernis*]

fir|nis|sen ⟨V.⟩ mit Firnis überziehen

first class ⟨[fœ:st kla:s] Adj.; undekl.⟩ erstklassig, von der ersten Klasse; *das Hotel, Restaurant ist ~* [engl.]

First-Class-Ho|tel ⟨[fœ:stkla:s-] n.; -s, -s⟩ Hotel der besten Klasse, (meist großes) Luxushotel [engl.]

First-Day-Co|ver ⟨[fœ:stdɛɪkʌvə(r)] m.; -s, -; Philatelie⟩ Schmuckbrief mit dem Exemplar einer am Tag des Poststempels neu eingeführten Briefmarke, Ersttagsbrief [engl.]

First La|dy ⟨[fœ:st lɛɪdɪ] f.; - -, - -s⟩ Ehefrau eines Staatsoberhauptes [engl., »erste Dame«]

Firth ⟨[fœ:θ] m.; -, -es [-θɪz]; in Schottland⟩ (den norwegischen Fjorden ähnliche) weit ins Landesinnere hineinreichende, schmale Meeresbucht od. Flussmündung, z. B. der ~ of Forth (bei Edinburgh) [engl., »Förde, Meeresarm«]

Fi|sett|holz ⟨n.; -es; unz.⟩ **1** das Holz des Perückenstrauches (Cotinus coggygria), ungarisches Gelbholz **2** junges Fustikholz [Herkunft unbekannt]

F

Fish|bur|ger ⟨[fɪʃbœ:gə(r)] m.; -s, -⟩ weiches Brötchen, das mit einer Fischfrikadelle gefüllt ist [<engl. *fish* »Fisch« + *...burger*]

Fi|shing for Com|pli|ments ⟨[fɪʃɪŋ fɔ: kɔm-] n.; - - -; unz.; fig.⟩ das Äußern von selbstkritischen Bemerkungen mit dem Ziel, aufmunternde Anerkennung bzw. positive Äußerungen von anderen zu erfahren [engl., »nach Komplimenten angeln«]

Fi|si|ma|ten|ten ⟨nur Pl.; umg.⟩ **1** Ausflüchte, Umstände **2** lose Streiche, Flausen [<*visepatentes* (16. Jh.) <lat. *visae patentes (litterae)* »ordnungsgemäß verdientes Patent; überflüssige bürokratische Schwierigkeiten«; beeinflusst von mhd. *visament* »Zierrat«]

fis|kal ⟨Adj.⟩ = fiskalisch

Fis|kal ⟨m.; -s, -e⟩ Vertreter der staatlichen Finanzverwaltung [<lat. *fiscalis* »die Staatskasse betreffend«; → *Fiskus*]

fis|ka|lisch ⟨Adj.⟩ zum Fiskus gehörig, ihn betreffend; *oV* fiskal [<lat. *fiscalis* »die Staatskasse betreffend« <*fiscus;* → *Fiskus*]

Fis|ka|lis|mus ⟨m.; -; unz.⟩ das Bestreben der staatl. Finanzwirtschaft, die staatl. Verfügungsgewalt über das Volksvermögen übermäßig auszudehnen

Fis|kal|po|li|tik ⟨f.; -; unz.⟩ Gesamtheit der staatlichen Maßnahmen zur Regelung der fiskalischen Belange

fis|kal|po|li|tisch ⟨Adj.⟩ die finanzpolitischen Maßnahmen des Staates betreffend, zu ihnen gehörig

Fis|kus ⟨m.; -; unz.⟩ **1** Staatsvermögen **2** der Staat als Eigentümer von Vermögen **3** Finanzverwaltungsabteilung; *Steuer~* [<lat. *fiscus* »Geldkasse, Staatskasse«]

fis|sil ⟨Adj.⟩ spaltbar [<lat. *fissilis* »spaltbar«]

Fis|si|li|tät ⟨f.; -; unz.; fachsprachl.⟩ Spaltbarkeit, spaltbare Beschaffenheit

Fis|si|on ⟨f.; -, -en; fachsprachl. Bez. für⟩ Spaltung (z. B. Kernspaltung) [<lat. *fissio* »das Spalten, Zerteilen«]

Fis|sur ⟨f.; -, -en; Med.⟩ **1** Knochenriss **2** kleiner, schon heilender Schleimhautriss **3** Furche, Einschnitt, z. B. zwischen einzelnen Hirnlappen [<lat. *fissura* »Riss«]

Fis|tel ⟨f.; -, -n; Med.⟩ eine abnorme, natürl. od. künstl. kanalartige Verbindung zw. zwei Hohlorganen od. zw. Hohlorganen u. der Körperoberfläche; *Sy* Fistula (1) [<ahd. *fistul* »tiefgehendes Geschwür« <lat. *fistula* »Rohrpfeife«]

fis|teln ⟨V.⟩ mit Fistelstimme singen; *oV* fistulieren

Fis|tel|stim|me ⟨f.; -, -n⟩ **1** die hauchige, nicht durch Brustresonanz verstärkte Kopfstimme des Mannes; →*a.* Falsett **2** ⟨umg.⟩ sehr hohe, feine Stimme [→ *Fistel*]

Fist|fu|cking ⟨[-fʌkɪŋ] n.; -s, -s⟩ sexuelle Praktik, bei der dem Partner bzw. der Partnerin die geballte Faust in After od. Scheide eingeführt wird [<engl. *fist* »Faust« + *fucking* »Ficken, Koitieren«]

Fis|tu|la ⟨f.; -, -lae [-lɛ:]⟩ **1** ⟨Med.⟩ = Fistel **2** ⟨Musik⟩ **2.1** Flöte **2.2** Orgelpfeife, Orgelregister [lat., »Röhre, Rohrpfeife«]

fis|tu|lie|ren ⟨V.⟩ = fisteln

fit ⟨Adv.; bes. Sport⟩ leistungsfähig, gut in Form [engl., »passend, angemessen, tauglich«]

Fi|tis ⟨m.; - od. -ses, -se; Zool.⟩ zierlicher Vogel, Art der Laubsänger mit zartflötendem Gesang: Phyllosopus trochilus [lautmalend]

Fit|ness ⟨f.; -; unz.; bes. Sport⟩ das Fitsein, Leistungsfähigkeit [engl., »Angemessenheit, Tauglichkeit, Eignung«]

Fit|ness|cen|ter ⟨[-sɛn-] n.; -s, -; Sport⟩ Räumlichkeit, in der man verschiedene Sportgeräte zur Körperertüchtigung benutzen kann; *Sy* Fitnessstudio [<*Fitness* + *Center*]

> **Fitnessstudio** (*Laut-Buchstaben-Zuordnung*) Die im Deutschen übliche Kennzeichnung eines kurzen Vokals durch Verdoppelung des Folgekonsonanten wird auch auf Fremdwörter angewendet. Nach kurzem Vokal wird daher auch bei Fremdwörtern der stimmlose s-Laut durch »*ss*« wiedergegeben (→*a.* Exzess, Fairness).
> Treffen innerhalb von Komposita drei Konsonanten aufeinander, so werden sie grundsätzlich alle geschrieben.

Fit|ness|stu|dio ⟨n.; -s, -s; Sport⟩ = Fitnesscenter

Fit|ness|trai|ning ⟨[-tre:-] n.; -s, -s; Sport⟩ sportliches Training zur Erlangung od. Erhaltung der körperlichen Leistungsfähigkeit

fit|ten ⟨V.⟩ **1** ⟨Technik⟩ anpassen; *eine Schablone ~* **2** ⟨Schiffsbau⟩ einen Kiel abtasten, um Verbiegungen festzustellen [<engl. *fit* »passend, angemessen«]

Fit|ting ⟨n.; -s, -s; meist Pl.; Technik⟩ Verbindungs-, Anschlussstück für Rohrleitungen, z. B. für Gas- od. Wasserleitungen [engl., »Ausrüstung, Montage«]

Fitz... ⟨vor irischen Namen⟩ Sohn, z. B. Fitzgerald [<normannisch, entspr. neufrz. *fils* »Sohn« <lat. *filius*]

Five o'Clock Tea ⟨[faɪv əklɔk ti:] m.; - - -, - - -s [-ti:z]⟩ Fünfuhrtee [engl.]

fix ⟨Adj.⟩ **1** fest, fest stehend, unverändert; *~e Kosten; der Vertreter erhält ein ~es Gehalt u. Provision; ~e Idee* Wahnvorstellung; *~ und fertig* ganz fertig od. erschöpft, abgearbeitet **2** flink, behände, schnell; *(mach) ~!; ein ~er Bursche, Junge* [<frz. *fixe* »fest stehend«; durch Wendungen wie »fixer Tänzer, fixer Fechter« im Sinne von »standhaft, sicher« entstand die figurative Bedeutung »gewandt, flink«]

Fi|xa|teur ⟨[-tø:r] m.; -s, -e⟩ Zerstäuber zum Auftragen von Fixativ [frz., »Fixiermittel«]

Fi|xa|ti|on ⟨f.; -, -en⟩ **1** Ruhigstellung gebrochener Gliedmaßen od. sonst kranker Gliedmaßen durch Verbände **2** die Befestigung von Organen, z. B. des Darmes durch das Gekröse [→ *fixieren*]

Fi|xa|tiv ⟨n.; -s, -e [-və]⟩ Mittel zum Härten, Festigen (z. B. von Filmen gegen Licht, von Haar bei der Dauerwelle, von Zeichnungen gegen Verwischen) [<frz. *fixatif*]

fi|xen ⟨V.⟩ **1** ⟨Kaufmannsspr.⟩ etwas auf Zeit verkaufen, auf Baisse spekulieren **2** ⟨umg.⟩ sich Rauschmittel einspritzen [<engl. *fix* »festlegen, bestimmen«]

Fi|xer ⟨m.; -s, -⟩ **1** ⟨Kaufmannsspr.⟩ Börsenspekulant, der auf Baisse rechnet **2** ⟨umg.⟩ jmd., der gewohnheitsmäßig fixt (2)

Fi|xe|rin ⟨f.; -, -rin|nen⟩ weibl. Fixer

Fix|fo|kus|ob|jek|tiv ⟨n.; -s, -e [-və]; Fot.⟩ einfaches, lichtschwaches Objektiv mit großem Tiefenschärfebereich ohne Entfernungseinstellung

Fix|ge|schäft ⟨n.; -(e)s, -e⟩ an einen bestimmten Termin gebundenes Geschäft

Fi|xier|bad ⟨n.; -s, -bä|der; Fot.⟩ Lösung mit Fixiersalz zum Fixieren (1)

fi|xie|ren ⟨V.⟩ **1** härten, festigen; *entwickelte Filme gegen Licht ~; dauergewelltes Haar ~* **2** festsetzen; *einen Zeitpunkt, Bestimmungen ~* **3** *jmdn. ~* starr ansehen, anstarren; →*a.* fixiert [<mlat. *fixare* »festsetzen, bestimmen« <frz. *fixer* »starr ansehen«]

Fi|xier|salz ⟨n.; -es; unz.⟩ in der Fotografie zum Fixieren verwendetes Natriumthiosulfat, Fixiernatron

fi|xiert ⟨in den Wendungen⟩ *auf etwas ~ sein* starr auf etwas gerichtet sein, etwas nicht aus den Augen lassen, etwas erstreben, haben wollen; *auf jmdn. ~ sein* an jmdn. gebunden, von jmdm. abhängig sein; →*a.* fixieren (3)

Fi|xie|rung ⟨f.; -, -en; Pl. selten⟩ das Fixieren, Härtung, Festigung

Fi|xing ⟨n.; -s, -s⟩ Festlegung der Börsenkurse [engl., »Festlegung, Bestimmung«]

Fi|xis|mus ⟨m.; -; unz.; Geol.⟩ die Annahme, dass Erdkrustenteile sich nicht über ihren Untergrund seitwärtsbewegen; *Ggs* Mobilismus

Fix|kos|ten ⟨Pl.⟩ festgelegte, unveränderliche Kosten; *monatliche ~ in Höhe von 2.000 €*

Fix|punkt ⟨m.; -(e)s, -e⟩ **1** fester Punkt, der zum Eichen dient, z. B. Siede-, Gefrierpunkt **2** Festpunkt [→ *fix*]

Fix|stern ⟨m.; -(e)s, -e; Astron.⟩ sehr weit entfernter, selbst leuchtender Himmelskörper, der scheinbar eine feste Position hat, in Wirklichkeit aber seinen Ort sehr langsam ändert [→ *fix*]

Fi|xum ⟨n.; -s, Fi|xa⟩ festes Gehalt [lat., »fest, bleibend, unabänderlich«]

...fi|zie|ren ⟨Nachsilbe; zur Bildung von Verben⟩ machen; *mumifizieren* [<lat. *facere*]

Fizz ⟨[fɪs] m.; - od. -es, -e⟩ alkohol. Mischgetränk mit Fruchtsaft; *Ginfizz* [zu engl. *fizz* »zischen, sprudeln«]

Fjäll ⟨m.; -s, -s⟩ meist baumlose Hochfläche (in Skandinavien); *oV* Fjell, Fjeld [schwed., norweg.]

Fjeld ⟨m.; -(e)s, -s; ältere norweg. Form von⟩ Fjäll

Fjell ⟨m.; -s, -s⟩ = Fjäll

Fjord ⟨m.; -(e)s, -e⟩ schmaler, tief ins Festland eindringender Meeresarm (bes. in Norwegen) [norweg., schwed.]

Fla|con ⟨[-kɔ̃:] n. od. m.; -s, -s⟩ = Flakon

Fla|gel|lant ⟨m.; -en, -en⟩ Angehöriger einer der Bruderschaften im MA, die sich aus religiösen Gründen (zur Buße, Kasteiung) selbst geißelten, Geißler, Geißelbruder [<lat. *flagellans,* Part. Präs. zu *flagellare* »peitschen«; zu *flagellum* »Peitsche, Geißel«]

Fla|gel|lan|tis|mus ⟨m.; -; unz.⟩ geschlechtliche Befriedigung durch Austeilen od. Erdulden von Schlägen; *Sy* Flagellomanie [→ *Flagellant*]

Fla|gel|lat ⟨m.; -en, -en; Biol.⟩ Geißeltierchen, Einzeller, der eine od. mehrere Geißeln besitzt u. sich autotroph od. heterotroph ernähren kann: Flagellata [<lat. *flagellatus,* Part. Perf. zu *flagellare* »peitschen«; zu *flagellum* »Peitsche, Geißel«]

Fla|gel|la|ti|on ⟨f.; -, -en⟩ Peitschen, Geißelung zur sexuellen Befriedigung [<lat. *flagellare* »peitschen«]

Fla|gel|lo|ma|nie ⟨f.; -; unz.⟩ = Flagellantismus

Fla|gel|lum ⟨n.; -s, -gel|len⟩ **1** Geißel, Fortbewegungsorgan vieler Einzeller **2** Peitsche der Flagellanten [lat., »Peitsche, Geißel«]

Fla|geo|lett ⟨[-ʒɔlɛt] n.; -s, -e; Musik⟩ **1** kleine Flöte **2** Flötenregister der Orgel [<frz. *flageolet* »Art Flöte«]

Fla|geo|lett|ton ⟨[-ʒɔlɛt-] m.; -(e)s, -tö|ne; Musik⟩ Flötenton der Streichinstrumente u. der Harfe

Flag|ge ⟨f.; -, -n⟩ viereckige Fahne [<engl. *flag* »Fahne«]

flag|gen ⟨V.⟩ Flagge aufziehen

Flag|gen|al|pha|bet ⟨n.; -(e)s; unz.⟩ Darstellung der Buchstaben durch Winkzeichen, die mit Flagen gegeben werden

Flagg|of|fi|zier ⟨m.; -s, -e⟩ Admiral bzw. Kommodore (der eine seinen Rang bezeichnende Flagge auf seinem Schiff zu führen berechtigt ist)

Flagg|schiff ⟨n.; -(e)s, -e⟩ Admiralsschiff, Kriegsschiff mit Admiralsflagge

fla|grant *auch:* **flag|rant** ⟨Adj.⟩ offenkundig, schlagend; →*a.* in flagranti [<lat. *flagrans,* Part. Präs. zu *flagrare* »brennen«]

Flag|ship|store *auch:* **Flag|ship-Store** ⟨[flægʃɪpstɔ:(r)] m.; -s, -s⟩ repräsentativ gelegenes u. aufwendig gestaltetes Geschäft einer großen Ladenkette, das das Prestige der Firma stärken soll, Vorzeigegeschäft [<engl. *flagship* » Flaggschiff« + *Store*[2]]

Flair ⟨[flɛ:(r)] n.; -s; unz.⟩ **1** Ausstrahlung u. äußere Aufmachung (einer Person) **2** Ahnungsvermögen, Instinkt [frz., »Spürsinn«]

Fla|kon ⟨[-kɔ̃:] n. od. m.; -s, -s⟩ geschliffenes Glas-, Riechfläschchen; *oV* Flacon [<frz. *flacon* »Fläschchen, Flakon«; verwandt mit *Flasche*]

Flam|beau ⟨[flãbo:] m.; -s, -s⟩ **1** ⟨urspr.⟩ Fackel **2** ⟨heute⟩ hoher Kerzen-, Armleuchter [frz., »Fackel«]

Flam|berg ⟨m.; -(e)s, -e⟩ mit beiden Händen zu führendes Schwert mit geflammter Klinge, das als Symbol der Macht von den Landsknechten getragen wurde [<frz. *flamberge*]

flam|bie|ren ⟨V.⟩ **1** ⟨veraltet⟩ absengen **2** ⟨heute; Kochk.⟩ (eine Speise) mit Alkohol übergießen u. brennend auf den Tisch bringen [<frz. *flamber* »lodern, (ver-, ab)sengen«]

flam|boy|ant *auch:* **flam|bo|yant** ⟨[flãboajã:] Adj.⟩ **1** flammend, leuchtend bunt **2** kraftvoll, heftig [frz., »flammend«]

Flam|boy|ant *auch:* **Flam|bo|yant** ⟨[flãboajã:] n.; -s; unz.⟩ **1** ⟨Bot.⟩ Flammenbaum, ein auf Madagaskar heimisches Zäsalpiniengewächs mit scharlachroten bis orangen Blüten in Rispen, Zierbaum der Tropen u. Mittelmeergebiet: Poinciana regia **2** = Flamboyantstil

Flam|boy|ant|stil *auch:* **Flam|bo|yant|stil** ⟨[flãboajã:-] m.; -(e)s; unz.⟩ spätgotischer französ. Stil mit Ornamenten in Form einer langgezogenen Flamme; *Sy* Flamboyant (2)

Flame ⟨[flɛɪm] m. od. n.; -s, -s; EDV⟩ die Konventionen missachtender, beleidigender Internetartikel [engl., »Flamme«]

Fla|men ⟨m.; -, -mi|nes; meist Pl.; im antiken Rom⟩ Priester eines bestimmten Gottes, z. B. des Jupiter [lat.]

Fla|men|co ⟨m.; - od. -s, -s; Musik⟩ andalusischer Zigeunertanz u. Tanzlied mit starkem maurisch-arab. u. ind. Einfluss [span.]

Flame-out *auch:* **Flame|out** ⟨[flɛɪmaut] m.; -s, -s; bei Flugzeugen⟩ Ausfall eines Triebwerks infolge Treibstoffmangels [<engl. *flame* »flammen, glühen« + *out* »aus«]

Fla|min|go ⟨m.; -s, -s; Zool.⟩ Angehöriger einer Ordnung tropischer u. subtropischer Vögel mit langen Beinen u. Hälsen sowie Schwimmhäuten: Phoenicopteri [<span. *flamengo* <lat. *flamma* »Flamme«]

Flam|me|ri ⟨m.; -s, -s; Kochk.⟩ einfache kalte Süßspeise aus Milch od. Fruchtsaft [<engl. *flummery* »Hafermehlbrei«]

Fla|nell ⟨m.; -s, -e; Textilw.⟩ weicher (Zell-)Woll- od. Baumwollstoff [<frz. *flanelle* <engl. *flannel* »Wollstoff« <kymr. *gwlanen;* zu *gwlan* »Wolle«]

Fla|neur ⟨[-nø:r] m.; -s, -e⟩ jmd., der flaniert, müßig umherschlendert, bummelt [frz., »Müßiggänger, Bummler«]

fla|nie|ren ⟨V.⟩ müßig umher-, auf- u. abschlendern, bummeln [<frz. *flâner*]

Flan|ke ⟨f.; -, -n⟩ **1** Seite; *dem Feind in die ~ fallen* ihn von der Seite angreifen **2** ⟨Sport⟩ *eine ~ hereingeben* den Ball quer über das Spielfeld weitergeben **3** seitl. Sprung über ein Gerät mit Aufstützen der Hand **4** an der Seite gelegenes Teil, die seitl. Weichteile am Rumpf **5** die Seite eines Zahnrades, von der die Kräfte übertragen werden [<frz. *flanc* »Weiche, Flanke« <fränk. **hlanka* »Seite, Hüfte, Lende«]

flan|kie|ren ⟨V.⟩ **1** *jmdn. ~* an jmds. Seite stehen **2** ⟨Mil.⟩ **2.1** von der Seite beschießen **2.2** von der Seite decken od. fassen **3** ⟨Schach⟩ *Figuren ~* seitl. postieren od. entwickeln

Flap ⟨[flæp] n.; -s, -s; Flugw.⟩ an den Unterseiten von Flugzeugtragflächen zusätzlich angebrachte Strömungsklappen, die bei Start u. Landung zusätzlichen Auf- bzw. Abtrieb erzeugen [<engl. *flap* »Klappe«]

Flap|per ⟨[flæpə(r)] m.; -s, -; umg.⟩ selbstbewusstes, kesses Mädchen [<engl. *flap* »Klappe, Großmaul«]

Flare ⟨[flɛ:(r)] n.; -s, -s; Astron.⟩ plötzliche, in Form von »Feuerlanzen« auftretende, chromosphärische Strahlung, die im Zusammenhang mit Sonnenflecken vorkommt [zu engl. *flare* »flackern, lodern«]

Flash ⟨[flæʃ] m.; -s, -s⟩ **1** kurze Einblendung in eine Film- od. Bildfolge **2** Eintreten des Rauschzustandes mit gleichzeitigem Aufhören der Entzugsschmerzen **3** ⟨TV; Rundfunk⟩ Eilmeldung **4** ⟨EDV⟩ Programm für komplexe Animationen im Internet **5** ⟨kurz für⟩ Flashlight [engl., eigtl. »Blitz«]

Flash-back *auch:* **Flash|back** ⟨[flæʃbæk] m.; - od. -s, -s⟩ plötzlich wiederkehrender Rauschzustand einige Wochen nach dem eigentl. Rausch infolge verzögerter Reaktion des Gehirns auf ein Rauschmittel [engl., »Rückblende«]

Flash|light ⟨[flæʃlaɪt] n.; -s, -s⟩ (mit einer Lichtanlage erzeugter) Lichtblitz, z. B. in Diskotheken usw.; *Sy* Flash (5) [<engl. *flashlight* »Blitzlicht«]

Flash|mob ⟨[flæʃmɔb] m.; -s, -s⟩ spontane Ansammlung von Menschen, die gemeinsam eine meist sinnlose Aktion durchführen, die vorab in einem Internetforum verabredet wurde [<engl. *flash* »Blitz« + *Mob*]

Flash|spei|cher ⟨[flæʃ-] m.; -s, -; EDV⟩ Speichermedium für die schnelle Speicherung von Daten, bes. auf mobilen Geräten wie Digitalkameras, Mobiltelefonen, Navigationssystemen usw. [zu engl. *flash* »Blitz«]

flat ⟨[flæt] Musik⟩ um einen halben Ton erniedrigt, z. B. D ~ = Des; *Ggs* sharp [engl., »flach, tief, erniedrigt«]

Flat|rate ⟨[flætrɛɪt] f.; -, -s; EDV⟩ monatlicher Pauschalbetrag für eine zeitlich nicht befristete Produktnutzung, z. B. beim Telefon od. Internet [engl., »Niedrigpreis, -tarif«]

Flat|screen ⟨[flætskri:n] m.; -s, -s; EDV; TV⟩ sehr flacher Bildschirm [engl., »Flachbildschirm«]

Flat Tax ⟨[flæt tæks] f.; - -, - -es [-ksɪz]⟩ Form des Steuertarifes mit einem einheitl., vergleichsweise niedrigen Steuersatz anstelle von unterschiedl. Tarifklassen, der einen allg. Steuerfreibetrag für das Existenzmininum u. Verzicht auf Steuervergünstigungen beinhaltet, Einheitssteuersatz [<engl. *flat rate tax* <*flat* »flach« + *rate* »Rate, Höhe« + *tax* »Steuer«]

Flat|te|rie ⟨f.; -, -n; veraltet⟩ Schmeichelei [frz.]

Flat|teur ⟨[-tø:r] m.; -s, -e; veraltet⟩ Schmeichler

flat|tie|ren ⟨V.; veraltet⟩ schmeicheln [<frz. *flatter*]
Fla|tu|lenz ⟨f.; -, -en; Med.⟩ **1** Entstehung u. Ansammlung von Darmgasen **2** reichl. Abgang von Blähungen [<lat. *flare* »blasen«]
Fla|tus ⟨m.; -, -; Med.⟩ Blähung [lat., »Wind«]
flau|tan|do ⟨Adj.; Musik; für Streicher⟩ mit flötenartigem Klang (zu spielen); *oV* flautato [ital., »flötend«; zu *flauto* »Flöte«]
flau|ta|to ⟨Adj.; Musik; für Streicher⟩ = flautando
Flau|to ⟨m.; -s, Flau|ti; Musik; frühere Bez. für⟩ Blockflöte; ~ *traverso* Querflöte [ital.]
Fla|von ⟨[-vo:n] n.; -s, -e⟩ gelber Pflanzenfarbstoff [<lat. *flavus* »gelb«]
Fleece ⟨[fli:s] n.; -; unz.; Textilw.⟩ aus Kunstofffasern hergestellter, stark wärmender u. zugleich wasserabweisender Stoff, der sich vor allem für Skibekleidung u. Ä. eignet [<engl. *fleece* »Schaffell, Vlies«; (wegen des ähnlichen Aussehens u. der vergleichbaren Eigenschaften)]
Fleece|pull|o|ver *auch:* **Fleece|pul|lo|ver** ⟨[fli:s-] m.; -s, -; Textilw.⟩ aus Fleecestoff hergestellter Pullover [→ *Fleece*]
flek|tier|bar ⟨Adj.; Gramm.⟩ durch Flexion zu verändern, beugbar; *Sy* flexibel (2)
flek|tie|ren ⟨V.; Gramm.⟩ durch Flexion verändern, beugen, deklinieren od. konjugieren; *~de Sprachen* S., die die grammat. Beziehungen im Satz u. bestimmte allg. sachl. Kategorien (Numerus usw.) durch Prä- u. Suffixe ausdrücken [<lat. *flectere* »beugen«]
Fleu|rist ⟨a. [flø-] m.; -en, -en⟩ = Florist
Fleu|ris|tin ⟨a. [flø-] f.; -, -tinnen⟩ = Floristin
Fleu|ron ⟨[flørɔ̃:] m.; -s, -s⟩ Blumenornament in der Baukunst, als Verzierung am Schluss eines Kapitels im Buchdruck u. als (Gold-)Prägung auf Bucheinbänden [frz.]
Fleu|rop ⟨a. [flø:-] ohne Artikel⟩ Vereinigung von Blumenhändlern zur Übermittlung von Blumengeschenken in Europa [<lat. *Flores Europae* »Blumen Europas«]
Flex® ⟨f.; -, -⟩ tragbares Elektrogerät zum Zersägen von Metall, Stein, Beton u. Ä. [verkürzt <*flexibel*]
fle|xen ⟨V.⟩ mit einer Flex zersägen; *Metalle schweißen u.* ~
fle|xi|bel ⟨Adj.⟩ *Ggs* inflexibel **1** biegsam, nachgiebig, veränderlich; *ein flexibler Bucheinband* **2** ⟨Gramm.⟩ = flektierbar **3** anpassungsfähig, ohne Schwierigkeiten veränderbar [<lat. *flexibilis* »biegsam«]
fle|xi|bi|li|sie|ren ⟨V.⟩ anpassungsfähiger werden, flexibler gestalten; *Arbeitszeiten* ~
Fle|xi|bi|li|sie|rung ⟨f.; -, -en⟩ das Flexibilisieren, das Flexibilisiertwerden
Fle|xi|bi|li|tät ⟨f.; -; unz.⟩ *Ggs* Inflexibilität **1** ⟨allg.⟩ Biegsamkeit **2** ⟨Psych.⟩ Anpassungsfähigkeit **3** ⟨Gramm.⟩ Flektierbarkeit
Fle|xi|ble Re|sponse *auch:* **Fle|xib|le Res|ponse** ⟨[flɛksɪbl rɪspɔnz] f.; - -; unz.; Mil.⟩ in Zeiten des Kalten Krieges Abwehrstrategie der NATO, die bei feindlichen Aggressionen den Einsatz von taktischen Atomwaffen zur Verlangsamung des feindl. Vormarsches vorsah [engl., »flexible Antwort«]
Fle|xi|on ⟨f.; -, -en⟩ **1** ⟨Gramm.⟩ Veränderung der Wortform bei verschiedenen grammatischen Funktionen eines Wortes, um Kasus, Genus, Numerus, Person, Tempus, Modus u. Ä. auszudrücken, Beugung **1.1** ~ *des Nomens od. Pronomens* Deklination **1.2** ~ *des Verbs* Konjugation **2** ⟨Geol.⟩ = Flexur (2) [<lat. *flexio* »Biegung«]
Fle|xiv ⟨n.; -s, -e [-və]; Gramm.⟩ Morphem, das der Flexion eines Wortes dient, z. B. das Suffix »-te« im Präteritum schwacher Verben
fle|xi|visch ⟨[-visch] Adj.; Gramm.⟩ die Flexion betreffend, Flexion besitzend
Fle|xo|druck ⟨m.; -(e)s, -e; Typ.⟩ Gummidruck [<lat. *flexio* »Biegung«]
Fle|xor ⟨m.; -s, -xo|ren; Anat.⟩ Beugemuskel [<mlat. »der Beuger«; zu *flectere* »beugen«]
Fle|xur ⟨f.; -, -en⟩ **1** Biegung, Krümmung **2** ⟨Geol.⟩ schräges Abwärtsziehen einer flachen Schichttafel, dabei Reduktion der Schichtmächtigkeit; *oV* Flexion (2) [<lat. *flexura* »Biegung, Krümmung«]
Fli|bus|ti|er ⟨[-tjər] m.; -s, -⟩ karibischer Seeräuber des 17. Jh.; *Sy* Bukanier [→ *Filibuster*]
Flic ⟨m.; -s, -s; volkstüml. frz. Bez. für⟩ Polizist [<rotw. *flick* »Knabe«]
Flick|flack ⟨m.; -s, -s; Sport; Turnen⟩ mehrmaliger, schneller Überschlag rückwärts [zu frz. *flic flac* »klipp-klapp« (lautmalend)]
Flie|boot ⟨n.; -(e)s, -e; Seew.⟩ kleines, schnelles Fischerboot [<engl. *flyboat* »schnellfahrendes Schiff«]
Flight ⟨[flaɪt] m.; -s, -s; Sport; Golf⟩ Gruppe von Golfspielern [engl., »Schar«, eigtl. »Flug«]
Flim|mer|sko|tom ⟨n.; -s, -e; Med.⟩ ein im Gesichtsfeld umherwandernder (dunkler) Fleck, der von flimmernden Zackenbildungen umgeben ist, entsteht durch vorübergehende Störung der Blutzirkulation, Augenmigräne; →*a.* Skotom
Flint ⟨m.; -(e)s, -s⟩ Feuerstein [engl.]
Flint|glas ⟨n.; -es; unz.⟩ bleihaltiges optisches Glas mit hohem Brechungsindex
Flip ⟨m.; -s, -s⟩ **1** ⟨Eiskunst-, Rollschuhlauf; Skateboarden⟩ ein Drehsprung; *einen dreifachen ~ springen* **2** Cocktail, alkohol. Mischgetränk mit Zucker u. Ei [engl.]
Flip|chart ⟨[-tʃa:t] m. od. n.; -, -s⟩ meist fest aufmontierter, großformatiger Papierblock zur Aufnahme von Notizen u. Grobzeichnungen, dessen Blätter nach Benutzung nach hinten umgeschlagen werden können [<engl. *flip* »wenden« + *chart* »Karte«]
Flip|flop[1] ⟨n.; -s, -s⟩ Kippschaltung in elektron. Geräten, die nur zwischen zwei Schaltungszuständen hin- u. herwechseln kann [engl.; lautmalend]
Flip|flop[2] ⟨m.; -s, -s; meist Pl.; Mode⟩ Badeschuh aus Kunststoff mit zwischen den Zehen

F

verlaufenden Riemen [engl., lautmalend]

flip|pen ⟨V.⟩ **1** ausflippen (3), sich stark begeistern **2** ausflippen (2), nervös werden, die Beherrschung verlieren **3** ⟨Chemie⟩ hin- u. herspringen zwischen verschiedenen Atomzuständen **4** ⟨EDV⟩ rasch auf dem Bildschirm durchrollen; *durch die Aktiencharts auf dem Computer ~* **5** schnipsen **6** ⟨Skisport⟩ Saltos springen [<engl. *flip* »wegschnipsen«]

Flip|per ⟨m.; -s, -⟩ **1** Spielautomat, bei dem eine rollende Kugel Hindernisse passieren muss, wobei das Berühren bestimmter Stellen dem Spieler Plus- od. Minuspunkte einbringt, bis die Kugel zwischen zwei Flippern hindurchrollt **2** jmd., der so lange sämtliche Fernsehprogramme durchschaltet, bis er etwas Akzeptables gefunden hat; →*a.* Zapper [zu engl. *flip* »wegschnipsen; schnodderig«]

flip|pern ⟨V.⟩ an einem Flipper spielen

Flip|pie ⟨m.; -s, -s; umg.⟩ jmd., der ausgeflippt ist, der außerhalb der Gesellschaft lebt [zu engl. *flip* »wegschnipsen; schnodderig«]

flip|pig ⟨Adj.; umg.⟩ ausgeflippt, außerhalb der gesellschaftlichen Norm stehend; *ein ~es Kleid; ein ~er Typ*

Flirt ⟨[flœːt] m.; -s, -s⟩ Tändelei, Liebelei, Schmeichelei; *einen ~ mit jmdm. beginnen; zu einem ~ aufgelegt sein* [→ *flirten*]

flir|ten ⟨[flœː-] V.⟩ einem od. einer mögliche(n) Liebespartner(in) gegenüber mit Worten u. Blicken spielen; *mit jmdm. ~* [<engl. *flirt* (um 1890) »sich benehmen wie ein Liebhaber«]

Flirt|fak|tor ⟨[flœːt-] m.; -s, -en; umg.⟩ Umstand, der das Flirten begünstigt; *ein Hotel mit einem hohen ~*

floa|ten ⟨[floʊ-] V.⟩ **1** ⟨Wirtsch.⟩ schwanken, den Wechselkurs freigeben; *eine Währung floatet* ihr Wechselkurs bewegt sich nicht innerhalb eines festgelegten Spielraums, sondern richtet sich nach Angebot u. Nachfrage **2** in einem isolierten Tank schwerelos auf körperwarmem Salzwasser schweben (dient im Bereich der Wellness der Tiefenentspannung) [<engl. *float* »schweben, gleiten«]

Floa|ting ⟨[floʊ-] n.; -s; unz.; Wirtsch.⟩ das Floaten [engl.]

Floa|ting|line ⟨[floʊtɪŋlaɪn]⟩ *auch:* **Floa|ting Line** ⟨f.; (-) -, (-) -s; Wirtsch.⟩ untere Sicherheitsgrenze bei der ansonsten freien Entwicklung der Wechselkurse, die eingehalten werden muss, um die Stabilität einzelner Währungen nicht zu gefährden [<engl. *floating* »freigegeben; schwebend« + *line* »Linie, Grenze«]

Flock|print ⟨m.; -s, -s⟩ **1** ⟨unz.⟩ Aufdrucktechnik für Bekleidungsgegenstände, bei der auf die Textilie zunächst Klebstoff in der Form des gewünschten Motivs aufgetragen u. dieser anschließend mit kleinsten Textilfasern überschüttet wird **2** ⟨zählb.⟩ ein auf diese Weise bedrucktes Bekleidungsstück [<engl. *flock* »Haufen, Schar« - *print* »Druck«]

Flo|con|né ⟨m.; - od. -s, -s; Textilw.⟩ dickes, weiches, aufgerautes Tuch, Flockenstoff [frz., »geflockt«; zu *flocon* »Flocke«]

Flo|ka|ti ⟨m.; -s, -s⟩ Teppich aus naturfarbenen, langen Wollfäden [grch.]

Flood|plain ⟨[flʌdplɛɪn] f.; -, -s; Geogr.⟩ Flachlandebene, die generell überschwemmt ist [<engl. *flood* »Flut, Hochwasser« + *plain* »Ebene«]

Floor ⟨[flɔː(r)] m.; -s, -s; Wirtsch.⟩ **1** (an Warenbörsen) häufig vorhandener, separater Raum, in dem Handelsgeschäfte getätigt werden können **2** freiwillig vereinbarte Mindestrendite bei Geldanlagen mit variablem Zins [<engl. *floor,* eigtl. »Boden, Parkett«]

Flop ⟨m.; -s, -s; umg.⟩ Reinfall, Misserfolg, Fehlschlag; *das war ein kommerzieller ~* [engl., eigtl. »Plumps«]

flop|pen ⟨V.; umg.⟩ einen Flop erleiden, scheitern, einen Misserfolg haben

Flop|py ⟨f.; -, -s; kurz für⟩ Floppy Disk

Flop|py Disc ⟨f.; - -, - -s; EDV⟩ = Floppy Disk

Flop|py Disk ⟨f.; - -, - -s; EDV⟩ Datenträger einer kleineren EDV-Anlage in Form einer flexiblen, beidseitig beschichteten Magnetplatte; *oV* Floppy Disc; *Sy* Floppy [engl., »schlaffe (= biegsame) Scheibe«]

FLOPS ⟨Abk. für engl.⟩ Floating Point Operations per Second (Gleitkomma-Berechnungen pro Sekunde), eine Einheit zur Messung der Rechengeschwindigkeit von Großcomputern

Flor[1] ⟨m.; -s, -e⟩ **1** ⟨Bot.⟩ alle Blüten einer Pflanze, Blumenfülle **2** ⟨fig.⟩ Zierde, Schmuck, Gedeihen; *in ~ stehen* in voller Blüte [<lat. *flos,* Gen. *floris* »Blüte«]

Flor[2] ⟨m.; -s, -e⟩ **1** ⟨Textilw.⟩ dünner Seidenstoff **2** Schleier **3** schwarzer Seidenstreifen um den Ärmel od. am Rockaufschlag als Zeichen der Trauer; *Trauer~* **4** haarige, wollige Oberschicht von Teppichen, Plüsch u. Samt [<ndrl. *floers* <afrz. *velous* <lat. *villosus* »haarig«; verwandt mit *Velours*]

Flo|ra ⟨f.; -, Flo|ren; Bot.⟩ **1** Pflanzenreich **2** systemat. Beschreibung der Pflanzenwelt **3** Buch zum Bestimmen von Pflanzen [lat., röm. Göttin der Blumen]

flo|ral ⟨Adj.; Bot.⟩ **1** die Flora betreffend, von ihr stammend, zu ihr gehörig **2** Blüten darstellend, geblümt; *~e Stoffe, Muster*

Flo|ren|ele|ment ⟨n.; -(e)s, -e; Bot.⟩ Gesamtheit der für ein bestimmtes Gebiet typischen od. darauf beschränkten Pflanzenarten [→ *Flora*]

Flo|ren|ti|ner ⟨m.; -s, -⟩ **1** Einwohner von Florenz **2** Damenstrohhut mit breiter, schwingender Krempe **3** süßes Gebäck in Oblatenform, mit gehackten Nüssen od. Mandeln u. Schokoladenüberzug **4** *~ Flasche* Gefäß, aus dem zwei verschiedene Flüssigkeiten, die gemeinsam hineinlaufen, getrennt ablaufen können (zu diesem Zweck ist das Gefäß mit zwei Überlaufrohren versehen, deren eines oben angebracht ist, während das andere bis zum Boden reicht) **5** ~ *Gürtel* Keuschheitsgürtel **6** ~ *Lack* ⟨Handelsbez. für⟩ Farblack aus brasilian. od. asiatischem Rotholz

Flo|res ⟨Pl.⟩ **1** ⟨Musik⟩ improvisierte Verzierungen im mittelalterlichen Gesang **2** ⟨Pharm.⟩ gewerblich od. therapeutisch nutzbare Trockenblüten verschiedener Pflanzen **3** ⟨Rhet.⟩ ~ *rhetoricales* Redeschmuck aus rhetorischen Stilfiguren [lat., Pl. zu *flos* »Blüte«]

Flo|res|zenz ⟨f.; -, -en; Bot.⟩ **1** Blütezeit **2** Blütenstand [zu lat. *florescere* »aufblühen«]

Flo|rett ⟨n.; -(e)s, -e; Sport⟩ lange Stoß- u. Stichwaffe, beim Sportfechten Stoßwaffe für Damen u. Herren mit langer Klinge [<frz. *fleuret* <ital. *fioretto,* Verkleinerungsform zu *fiore* »Blume« (vermutl. nach dem knospenähnl. Kopf an seiner Spitze)]

flo|ret|tie|ren ⟨V.; Sport⟩ mit dem Florett fechten

flo|rid ⟨Adj.; Med.⟩ rasch fortschreitend; *~e Krankheit* [<lat. *floridus* »blühend«]

flo|rie|ren ⟨V.; a. fig.⟩ blühen, gedeihen [<lat. *florere*]

Flo|ri|le|gi|um ⟨n.; -s, -gi|en⟩ = Anthologie [<lat. *flos,* Gen. *floris* »Blüte, Blume« + *legere* »sammeln, auslesen«]

Flo|rin ⟨m.; -s, -e od. -s; früher⟩ **1** ⟨frz. Bez. für⟩ Gulden **2** engl. Silbermünze (2 Schilling) [<mlat. *florinus* <lat. *flos,* Gen. *floris* »Blume, Blüte« (nach der Lilie von Florenz auf der Rückseite des ersten Guldens); → *Forint*]

Flo|rist ⟨m.; -en, -en⟩ *oV* Fleurist **1** Kenner, Erforscher der Flora, Blumenfreund **2** Blumenzüchter **3** ⟨Berufsbez. für⟩ Blumenhändler, Blumenbinder [<frz. *fleuriste* »Blumenhändler«, beeinflusst von lat. *flos,* Gen. *floris* »Blume«]

Flo|ris|tik ⟨f.; -; unz.⟩ Teilgebiet der Botanik, das die Pflanzenwelt verschiedener Gebiete untersucht [→ *Flora*]

Flo|ris|tin ⟨f.; -, -tin|nen⟩ *oV* Fleuristin **1** Blumenkennerin **2** ⟨Berufsbez. für⟩ Blumenhändlerin **3** Blumenzüchterin

flo|ris|tisch ⟨Adj.⟩ die Flora betreffend, zu ihr gehörig, auf ihr beruhend, pflanzenkundlich

Flos|kel ⟨f.; -, -n⟩ leere Redensart, nichtssagende Formel; *Höflichkeits~* [<lat. *flosculus* »Blümchen, Zierde«]

flos|kel|haft ⟨Adj.⟩ in der Art einer Floskel, formelhaft; *~e Redewendungen gebrauchen*

Flo|ta|ti|on ⟨f.; -, -en⟩ Verfahren zur Aufbereitung sehr fein zerkleinerter Mineralien u. von taubem Gestein, wobei das im Wasser befindl. Gemisch durch Beigabe von Chemikalien Schaum bildet, in dem die zu gewinnenden Mineralien nach oben steigen u. das Gestein nach unten sinkt, Schaumschwimmaufbereitung

flo|ta|tiv ⟨Adj.⟩ zur Flotation gehörend, sie betreffend

flo|tie|ren ⟨V.⟩ durch Flotation aufbereiten [<frz. *flot* »Flut«]

flot|tie|ren ⟨V.⟩ **1** schwimmen **2** schweben, schwanken; *~de Schuld* schwebende, nicht fundierte, kurzfristige Schuld [<frz. *flotter* »schwimmen« <fränk.; verwandt mit *Flotte*]

Flot|til|le ⟨a. [-tɪljə] f.; -, -n⟩ Verband kleiner Kriegsschiffe [<span. *flotilla,* Verkleinerungsform zu *flota* »Flotte« <aengl. *flota* »Flotte«]

Flow ⟨[floʊ] m.; -s, -s; Med.⟩ Grad bzw. Geschwindigkeit des Durchströmens von Körperflüssigkeiten durch einzelne Körperteile od. Gefäße [<engl. *flow* »(Durch-)Fluss«]

Flow|er|pow|er *auch:* **Flo|wer|po|wer** ⟨[flaʊə(r)paʊə(r)] f.; -; unz.; in den 1960er Jahren⟩ Leitwort der Hippies, das für Gewaltlosigkeit (durch Blumen symbolisiert) wirbt [<engl. *flower* »Blume« + *power* »Macht«]

Flu|at ⟨n.; -(e)s, -e; Chemie⟩ wasserlösliches Salz der Kieselfluorwasserstoffsäure [verkürzt <*Flu*or + Sili*kat*]

flu|a|tie|ren ⟨V.; Chemie⟩ mit Fluaten behandeln

Fluf|fing ⟨[flʌfɪŋ] n.; -s, -s; Sport; Golf⟩ = Sclaffing [engl. zu *fluff* »Staub-, Federflocke; zu Flaum machen«]

flu|id ⟨Adj.⟩ flüssig, fließend [<lat. *fluidus* »fließend«]

Flu|id ⟨a. ['--] n.; -s, -a⟩ flüssiges Mittel

Flu|i|dal|struk|tur ⟨f.; -, -en; Geol.⟩ Mineralienanordnung bei Gesteinen, die eine Bewegung der Schmelze während der Erstarrung erkennen lässt

Flu|i|dics ⟨Pl.; Technik⟩ Steuerelemente auf der Basis von Flüssigkeiten od. von Gasen [→ *fluid* (mit anglisierender Endung)]

Flu|i|dik ⟨f.; -; unz.⟩ Teilgebiet der Strömungslehre, das sich mit der techn. Anwendung u. Nutzung strömender Flüssigkeiten u. Gase befasst

Flu|i|dum ⟨n.; -s, -i|da⟩ **1** Flüssigkeit, etwas Fließendes **2** ⟨fig.⟩ die von etwas od. jmdm. ausgehende Wirkung [lat., »fließend«]

Flu|ke ⟨f.; -, -n; Zool.⟩ querstehende Schwanzflosse des Wals [<engl. *fluke,* vielleicht <aengl. *floc* »flach«]

Fluk|tu|a|ti|on ⟨f.; -, -en⟩ **1** das Fluktuieren, das Hin- u. Herfluten, Schwanken, Schwankung **2** ⟨Astron.⟩ unregelmäßige Schwankungen der Erdrotation, die dazu führen, dass die »Erduhr« gegenüber einer völlig gleichmäßig laufenden Uhr bis zu rund einer halben Minute nach- od. vorgehen kann **3** Wechsel des Arbeitsplatzes innerhalb einer Volkswirtschaft [<lat. *fluctuatio* »das Schwanken, Wogen«]

fluk|tu|ie|ren ⟨V.⟩ hin- u. herfließen, schwanken, schnell wechseln [<lat. *fluctuare* »wanken, wogen«]

Flu|or ⟨n.; -s; unz.; chem. Zeichen: F⟩ nur in Verbindungen vorkommendes, zu den Halogenen gehörendes, gasförmiges Element von grünlich gelber Farbe u. stechendem Geruch, Ordnungszahl 9 [lat., »das Fließen«; zu *fluere* »fließen«]

Flu|o|res|ce|in ⟨n.; -s; unz.⟩ fluoreszierender Teerfarbstoff; *oV* Fluoreszein [→ *Fluoreszenz*]

Flu|o|res|ze|in ⟨n.; -s; unz.⟩ = Fluorescein

Flu|o|res|zenz ⟨f.; -; unz.⟩ Aufleuchten durch Bestrahlung [lat., »das Fließen«; zu *fluere* »fließen«]

F

F

Flu|o|res|zenz|mi|kro|sko|pie *auch:* **Flu|o|res|zenz|mik|ro|sko|pie** ⟨f.; -; unz.⟩ mikroskop. Untersuchung, bei der das Fluoreszieren vieler organ. Stoffe ausgenutzt wird

flu|o|res|zie|ren ⟨V.⟩ durch Bestrahlung aufleuchten

Flu|o|ri|de ⟨Pl.⟩ Salze der Flusssäure, enthalten das negativ geladene Fluoridion F^- im Molekül [<*Fluor* + …*id*]

flu|o|ri|di|e|ren ⟨V.⟩ **1** mit Fluor anreichern (als Vorbeugung gegen Karies); *Sy* fluorieren, fluorisieren **2** ⟨Chemie⟩ Fluor in eine chem. Verbindung einfügen

flu|o|rie|ren ⟨V.⟩ = fluoridieren (1)

flu|o|ri|sie|ren ⟨V.⟩ = fluoridieren (1)

Flu|o|rit ⟨m.; -s, -e⟩ Flussspat

flu|o|ro|gen ⟨Adj.⟩ mit den Eigenschaften der Fluoreszenz ausgestattet

Flu|or|si|li|kat ⟨n.; -(e)s, -e; Chemie⟩ giftiges Salz der Kieselflusssäure [<*Fluor* + *Silikat*]

Flush ⟨[flʌʃ] m.; - od. -s, -s; Med.⟩ Hitzewallung mit Hautrötung [zu engl. *flush* »erröten«]

Flut|ter ⟨[flʌtə(r)] n.; -s; unz.; Musik⟩ (bei der Wiedergabe von Tonträgern) unruhiger Lauf, der durch die Vibrationen an beweglichen Komponenten von Wiedergabegeräten (Kassettenrekordern, Plattenspielern) entsteht [<engl. *flutter* »Flattern«]

flu|vi|al ⟨[-vi-] Adj.⟩ zum Fluss gehörig, auf dem Fluss beruhend, flussbedingt, Fluss…; *oV* fluviatil [<lat. *fluvialis* »im oder am Flusse befindlich, Fluss…«]

flu|vi|a|til ⟨[-vi-] Adj.⟩ = fluvial

flu|vio|gla|zi|al ⟨[-vi-] Adj.; Geol.⟩ von Eisschmelzwässern herrührend od. darauf bezüglich [<lat. *fluvius* »Fluss, Strom« + *glazial*]

Flu|xi|on ⟨f.; -, -en⟩ **1** Fluss, Wallung **2** Blutandrang [zu lat. *fluctuare* »wanken, wogen«]

Flu|xi|ons|rech|nung ⟨f.; -; unz.; Math.⟩ (Newtons Bez. für) die heutige Infinitesimalrechnung

Fly-by *auch:* **Fly|by** ⟨[flaɪbaɪ] m. od. n.; - od.-s, -s; Raumf.⟩ *Sy* Swing-by **1** ⟨urspr.⟩ Steuermanöver eines im All befindlichen Flugkörpers, bei dem die Nähe zu einem Himmelskörper u. dessen Anziehungskraft dazu genutzt wird, die Flugbahn des Flugkörpers zu verändern **2** ⟨allg.⟩ Raumflugmission, bei der es nicht zu einer Landung auf der Oberfläche eines Planeten kommt, sondern Daten (z. B. Fotos, atmosphärische Proben) aus größerer Distanz gesammelt werden; *der Mars war wiederholt Ziel amerikanischer ~-Missionen* [<engl. *fly by* »vorbeifliegen«]

Fly|er ⟨[flaɪə(r)] m.; -s, -⟩ **1** nur für kurze Strecken geeignetes Rennpferd, Flieger **2** ⟨Spinnerei⟩ Vorspinnmaschine **3** ⟨salopp⟩ Handzettel, Flugblatt [engl., »Flieger«]

Fly|ing Dutch|man ⟨[flaɪɪŋ dʌtʃmæn] m.; - -; unz.⟩ internationales Schwertboot, schnellster Bootstyp der olympischen Segelbootsklassen [engl., »Fliegender Holländer«]

Fly-over *auch:* **Fly|over** ⟨[flaɪoːvə(r)] m.; -s, - od. -s⟩ Überführung über eine größere Straße [<engl. *fly over* »darüber hinwegfliegen«]

Fm ⟨chem. Zeichen für⟩ Fermium

FM ⟨Abk. für⟩ Frequenzmodulation

FN ⟨f.; -; unz.; Pferdesport; Abk. für frz.⟩ Fédération Nationale, (der FEI angeschlossene) Nationale Pferdesportorganisation, z. B. die Deutsche Reiterliche Vereinigung

fob, f. o. b. ⟨Abk. für engl.⟩ free on board

fö|de|ral ⟨Adj.; selten⟩ = föderativ

fö|de|ra|li|sie|ren ⟨V.⟩ verbünden, zu einer Föderation vereinigen

Fö|de|ra|lis|mus ⟨m.; -; unz.; Politik⟩ Streben nach einem Staatenbund od. Bundesstaat mit weitgehender Selbstständigkeit der Einzelstaaten; *Ggs* Unitarismus, Zentralismus [<lat. *foedus*, Gen. *foederis* »Bündnis«]

Fö|de|ra|list ⟨m.; -en, -en; Politik⟩ Vertreter, Anhänger des Föderalismus

fö|de|ra|lis|tisch ⟨Adj.; Politik⟩ in der Art des Föderalismus, auf ihm beruhend

Fö|de|ra|ti|on ⟨f.; -, -en; Politik⟩ Bündnis, Staatenbund, Bundesstaat [zu lat. *foederatus* »verbündet«; zu *foedus* »Bündnis«]

fö|de|ra|tiv ⟨Adj.; Politik⟩ die Föderation betreffend, auf ihr beruhend, mit ihrer Hilfe; *oV* ⟨selten⟩ föderal

fö|de|rie|ren ⟨V.; Politik⟩ *sich ~* sich verbünden, sich zu einer Föderation zusammenschließen [zu lat. *foedus*, Gen. *foederis* »Bündnis, Vertrag«]

Fö|de|rier|te(r) ⟨f. 2 (m. 1); Politik⟩ Verbündete(r), verbündeter Staat

Fog ⟨m.; -s; unz.; nddt.⟩ (dichter) Nebel [engl.]

Fo|gosch ⟨m.; -(e)s, -e; österr. für⟩ Zander, im Süßwasser lebender Barsch, bis zu 1,30 m langer u. 15 kg schwerer wertvoller Speisefisch: Lucioperca sandra [<ungar. *fogas* »gezähmt« (nach den langen, spitzen Zähnen des Zanders)]

Foie gras ⟨[foa grạ] f.; - -, -s - [foa grạ]⟩ Gänseleberpastete [frz.]

fo|kal ⟨Adj.; Optik⟩ zum Fokus gehörig, von ihm ausgehend

Fo|kal|dis|tanz ⟨f.; -, -en; Optik⟩ Brennweite

Fo|ko|me|ter ⟨n.; -s, -; Optik⟩ Gerät zum Bestimmen der Brennweite von Linsen u. anderen optischen Vorrichtungen [<*Fokus* + …*meter*]

Fo|kus ⟨m.; -, -⟩ **1** ⟨Optik⟩ Brennpunkt (von Linsen, Spiegeln u. Linsensystemen) **2** Streuherd für Bakterien (bes. in Mund u. Rachen) **3** ⟨Sprachw.⟩ = Rhema (2) [<lat. *focus* »Feuerstätte, Herd«]

fo|kus|sie|ren ⟨V.⟩ **1** *Lichtstrahlen ~* in einem Punkt vereinigen **2** ⟨Optik⟩ *Linsen ~* ausrichten **3** ⟨Sprachw.⟩ als Fokus (3) etablieren; →*a.* Rhematisierung

Fo|kus|sie|rung ⟨f.; -, -en⟩ **1** das Fokussieren **2** ⟨Sprachw.⟩ = Rhematisierung

Fol. ⟨Abk. für⟩ Folio

Fol|der ⟨[fouldə(r)] m.; -s, -⟩ Faltblatt, kleine Broschüre, in der der Leser über ein Thema informiert wird od. die Werbezwecken dient; *Informations~; Werbe~* [<engl. *folder* »Faltblatt, -prospekt, Broschüre«]

Fo|li|ant ⟨m.; -en, -en; Buchw.⟩ großformatiges, dickes Buch [→ *Folio*]

Fo|lie[1] ⟨[-ljə] f.; -, -n⟩ **1** dünnes Blättchen, dünne Haut aus Metall od. Kunststoffen; *Metall~; Plastik~* **2** (auf einen Bucheinband) aufgeprägte Farbschicht **3** ⟨fig.⟩ Hintergrund (von dem sich etwas abhebt od. abheben soll); *einer Sache als ~ dienen* sie besonders deutlich hervortreten lassen [<mlat. *folia* »Metallblättchen«, Pl. zu lat. *folium* »Blatt«]

Fo|lie[2] ⟨f.; -, -n⟩ Narrheit, Torheit [<frz. *folie;* zu *fou,* Fem. *folle* »närrisch, wahnsinnig«]

fo|li|ie|ren ⟨V.⟩ **1** mit einer Folie unterlegen **2** mit Blattzahlen versehen, nummerieren [<lat. *folium* »Blatt«]

Fo|lio ⟨n.; -s, -s; Abk.: Fol.⟩ **1** ⟨Zeichen: 2°⟩ Buchformat, bei dem der Druckbogen nur einmal gefaltet wird **2** Blatt im Geschäftsbuch od. einer Handschrift [verkürzt <lat. *in folio* »in Blatt(größe)« <*folium* »Blatt«]

Fo|li|um ⟨n.; -s, -lia od. -li|en; Bot.⟩ Blatt (einer Pflanze, bes. einer Droge) [lat., »Blatt«]

Folk ⟨[foʊk] m.; - od. -s; unz.; Musik⟩ meist englischsprachige, volkstümliche Musik mit Elementen der Rockmusik u. des Blues; *~ singen, spielen* [engl., eigtl. »Volk«]

Fol|ke|ting ⟨n.; -s; unz.; Politik⟩ **1** ⟨urspr.⟩ zweite Kammer des dän. Reichstages **2** ⟨heute⟩ dän. Volksvertretung [dän.; <*folk* »Volk« + *ting* »Kammer«]

Fol|ke|vi|se ⟨[-vi-] f.; -, -r; Musik⟩ altdän. Tanzlied, bes. des 12.-14. Jh.; →*a.* Kämpevise [dän., »Volkslied«]

> ◆Die Buchstabenfolge **folk|l…** kann auch **fol|kl…** getrennt werden.

◆ **Folk|lo|re** ⟨f.; -; unz.⟩ **1** Kunst, Musik, Tanz, Dichtung usw. als Bestandteil von Lebensform u. (urspr.) Kultur eines Volkes **2** Volkskunde [engl.]

◆ **Folk|lo|rist** ⟨m.; -en, -en⟩ Volkskundler, Kenner der Folklore

◆ **Folk|lo|ris|tik** ⟨f.; -; unz.⟩ Lehre von der Folklore, Volkskunde, bes. Volksliedforschung

◆ **Folk|lo|ris|tin** ⟨f.; -, -tin|nen⟩ Volkskundlerin, Kennerin der Folklore

◆ **folk|lo|ris|tisch** ⟨Adj.⟩ **1** die Folklore betreffend, zur Folklore gehörig, auf ihr beruhend **2** volkskundlich

Folk|mu|sic ⟨[foʊkmjuːzɪk] f.; -; unz.; Musik⟩ (besonders in Großbritannien u. den USA gepflegter) Musikstil, der Melodien u. Texte traditioneller volkstümlicher Musik mit Elementen der modernen Popmusik verbindet [<engl. *folk* »Volk« + *music* »Musik«]

Folk|song ⟨[foʊk-] m.; -s, -s; Musik⟩ Volkslied in der Art des Folk [engl., »Volkslied«]

Fol|li|cu|li|tis ⟨f.; -, -ti|den; Med.⟩ = Follikulitis

Fol|li|kel ⟨m.; -s, -; Biol.⟩ **1** kugeliges Gebilde, z. B. die Haarbälge, Lymphknötchen der Darmwand **2** ⟨i. e. S.⟩ Bläschen, das bei der follikulären Eibildung im Eierstock von Insekten u. Säugetieren von Hilfs- u. Nährzellen gebildet wird u. das heranreifende Ei umgibt [<lat. *folliculus* »kleiner Sack, Ballon, Schlauch, Hülle«; zu *follis* »Schlauch, Balg«]

Fol|li|kel|hor|mon ⟨n.; -s, -e; Biol.⟩ weibl. Geschlechtshormon

Fol|li|kel|sprung ⟨m.; -s, -sprünge; Biol.⟩ Freigabe eines befruchtungsfähigen Eies durch den Eierstock, Eisprung; *Sy* Ovulation

fol|li|ku|lar ⟨Adj.; Biol.⟩ zu einem Follikel gehörig, in der Art eines Follikels; *oV* follikulär

fol|li|ku|lär ⟨Adj.; Biol.⟩ = follikular

Fol|li|ku|li|tis ⟨f.; -, -ti|den; Med.⟩ Haarbalgentzündung; *oV* Folliculitis [<lat. *folliculus* »kleiner Sack, Schlauch, Ballon, Hülle«]

Fol|low-up ⟨[fɔloʊʌp] n.; -s, -s⟩ **1** Folgetreffen (einer internationalen Konferenz, eines politischen Gremiums o. Ä.) **2** einer Begutachtung folgende Beurteilung, nachfolgende Untersuchung **3** einem Film, Roman od. Theaterstück folgende Fortsetzung [engl., »nach…; Nachfolgeuntersuchung«]

Fol|säu|re ⟨f.; -; unz.⟩ zum Vitamin-B-Komplex gehörende Verbindung (bes. in frischem Blattgemüse, in der Hefe u. in der Milch vorkommend), die im Zellstoffwechsel wichtig ist [<lat. *folium* »Blatt« + *Säure*]

Fon[1] ⟨n.; -s, -e; umg.; kurz für⟩ Telefon

Fon[2] ⟨n.; -s, -; Zeichen: phon⟩ = Phon

fon…, Fon… ⟨vor Vokalen; in Zus.⟩ = fono…, Fono…

…fon[1] ⟨Adj.; in Zus.⟩ = …phon[1]

…fon[2] ⟨Nachsilbe; zur Bildung sächl. Subst.; n.; -s, -e⟩ = …phon[2]

Fo|na|ti|on ⟨f.; -, -en⟩ = Phonation

fon|cé ⟨[fɔ̃seː] Adj.; undekl.⟩ von dunkler Farbe, dunkel [frz.]

Fond ⟨[fɔ̃ː] m.; -s, -s⟩ **1** Grund(lage) **2** Hintergrund **3** Rücksitz (im Wagen) **4** als Soßengrundlage verwendeter Fleischsaft, der beim Anbraten in der Pfanne entsteht [frz., »Grund, Unter-, Hintergrund«]

Fon|dant ⟨[fɔ̃dãː] m.; -s, -s, österr.: n.; -s, -s⟩ **1** Zuckermasse (für Pralinen u. Ä.) **2** Zuckerpraline [frz.; eigtl. »auf der Zunge zergehend«; zu *fondre* »schmelzen«]

Fonds ⟨[fɔ̃ː] m.; - [fɔ̃ːs], - [fɔ̃ːs]⟩ Geldmittel, Geldvorrat (für einen bestimmten Zweck) [frz., »Grundstück, Lager, Kapital«]

Fonds|ge|sell|schaft ⟨[fɔ̃ː-] f.; -, -en; Wirtsch.⟩ Gesellschaft für Kapitalanlagen, Investmentgesellschaft

Fonds|ma|na|ger ⟨[fɔ̃ːmænɪdʒər] m.; -s, -; Berufsbez.⟩ Fachmann für Kapitalanlagen, Vermögensverwalter (eines Unternehmens); *~ bei einer Investmentgesellschaft sein*

Fon|due ⟨[fɔ̃dyː] f.; -, -s od. n.; -s, -s⟩ Gericht, bei dem auf einem Spirituskocher entweder Fleischstückchen in siedendem Fett einzeln gebraten u. dann in pikante Soßen getunkt werden *(Fleisch~)* od. Käse geschmolzen und mit eingetunkten Brotstückchen gegessen wird *(Käse~)* [frz.; zu *fondre* »schmelzen«]

Fo|nem ⟨n.; -(e)s, -e; Sprachw.⟩ = Phonem

F

F

Fo|ne|ma|tik ⟨f.; -; unz.; Sprachw.⟩ = Phonematik
fo|ne|ma|tisch ⟨Adj.; Sprachw.⟩ = phonematisch
Fo|ne|mik ⟨f.; -; unz.; Sprachw.⟩ = Phonemik
fo|ne|misch ⟨Adj.; Sprachw.⟩ = phonemisch
fo|nen ⟨V.; umg.; kurz für⟩ telefonieren
Fo|ne|tik ⟨f.; -; unz.; Sprachw.⟩ = Phonetik
Fo|ne|ti|ker ⟨m.; -s, -; Sprachw.⟩ = Phonetiker
Fo|ne|ti|ke|rin ⟨f.; -, -rin|nen; Sprachw.⟩ = Phonetikerin
fo|ne|tisch ⟨Adj.; Sprachw.⟩ = phonetisch
Fo|ni|a|ter ⟨m.; -s, -; Med.⟩ = Phoniater
Fo|ni|a|trie *auch:* **Fo|ni|at|rie** ⟨f.; -; unz.; Med.⟩ = Phoniatrie
...fo|nie ⟨Nachsilbe; zur Bildung weibl. Subst.⟩ = ...phonie
fo|nisch ⟨Adj.⟩ = phonisch
Fo|nis|mus ⟨m.; -, -men; meist Pl.; Med.⟩ = Phonismus
fo|no..., Fo|no... ⟨vor Vokalen⟩ fon..., Fon... ⟨in Zus.⟩ = phono..., Phono...
Fo|no|dik|tat ⟨n.; -(e)s, -e⟩ = Phonodiktat
fo|no|gen ⟨Adj.⟩ = phonogen
Fo|no|graf ⟨m.; -en, -en⟩ = Phonograph
Fo|no|gra|fie ⟨f.; -, -n⟩ = Phonographie
fo|no|gra|fisch ⟨Adj.⟩ = phonographisch
Fo|no|gramm ⟨n.; -(e)s, -e⟩ = Phonogramm
Fo|no|kof|fer ⟨m.; -s, -⟩ = Phonokoffer
Fo|no|la ⟨n.; -s, -s od. f.; -, -s⟩ = Phonola
Fo|no|lith ⟨m.; -s od. -en, -e od. -en⟩ = Phonolith
Fo|no|lo|ge ⟨m.; -n, -n⟩ = Phonologe
Fo|no|lo|gie ⟨f.; -; unz.⟩ = Phonologie
Fo|no|lo|gin ⟨f.; -, -gin|nen⟩ = Phonologin
fo|no|lo|gisch ⟨Adj.⟩ = phonologisch
Fo|no|me|ter ⟨n.; -s, -⟩ = Phonometer
Fo|no|me|trie *auch:* **Fo|no|met|rie** ⟨f.; -; unz.⟩ = Phonometrie
fo|no|me|trisch *auch:* **fo|no|met|risch** ⟨Adj.⟩ = phonometrisch
Fo|non ⟨n.; -s, -en⟩ = Phonon
Fo|no|thek ⟨f.; -, -en⟩ = Phonothek
Fo|no|ty|pis|tin ⟨f.; -, -tin|nen⟩ = Phonotypistin
Font ⟨m.; -s, -s; Drucktechnik; EDV⟩ Zeichensatz, besonders die verschiedenen innerhalb eines Textverarbeitungsprogrammes zur Verfügung stehenden Schriftsätze [engl., »(Textverarbeitungs-)Zeichensatz« <*fount* »Setzkasten (des Druckers)«]
Fon|tä|ne ⟨f.; -, -n⟩ Wasserstrahl eines Springbrunnens [<frz. *fontaine* »Quelle, Springbrunnen«]
Fon|ta|nel|le ⟨f.; -, -n; Anat.⟩ Knochenlücke des Schädels von Neugeborenen: Fonticuli [<ital. *fontanella* »kleine Quelle«; zu *fontana* »Quelle«]
Food ⟨[fuːd] n.; -s; unz.; umg.⟩ jegliche Form von Nahrungsmitteln, insbesondere kulinarische Spezialitäten aus den angelsächsischen Ländern [<engl. *food* »Essen, Nahrung«]
Food|de|si|gner *auch:* **Food|de|sig|ner** ⟨[fuːddizaɪnə(r)] m.; -s, -⟩ (im Nahrungsmittelbereich tätiger) Gestalter, der Speisen für Werbefotos, Filmaufnahmen od. Schaufensterdekorationen appetitanregend u. optisch vorteilhaft zubereitet bzw. arrangiert
Food|en|gi|nee|ring ⟨[fuːdɛndʒɪniːrɪŋ] n.; -s; unz.⟩ Produktion völlig künstlicher Lebensmittel [<engl. *food* »Lebensmittel« + *Engineering*]
Foot ⟨[fʊt] m.; -, Feet [fiːt]⟩ engl. Längenmaß, 30,5 cm [engl., »Fuß«]
Foot|ball ⟨[fʊtbɔːl] m.; -s; unz.⟩ = American Football
Foot|can|dle *auch:* **Foot|cand|le** ⟨[fʊtkændl] f.; -, -s; Physik; in angelsächs. Ländern⟩ nicht metrische Maßeinheit für die Beleuchtungsstärke, entspricht 10,76 Lux [<engl. *foot* »Fuß (Maßeinheit: 30,5 cm)« + *candle* »Kerze (als Beleuchtungseinheit: Kerze(n) pro Fuß)«]
Foo|ting ⟨[fuːtɪŋ] n.; - od. -s, -s⟩ individuell u. dispositionell unterschiedlich hohe mittlere Laufgeschwindigkeit, bei der die Pulsfrequenz des Laufenden bei etwa 130 liegt [engl., »Stand, Halt«]
fop, f. o. p. ⟨Abk. für engl.⟩ free on plane
Fo|ra ⟨Pl. von⟩ Forum
Fo|ra|men ⟨n.; -s, - od. -ra|mi|na⟩ Loch, Öffnung [lat.]
Fo|ra|mi|ni|fe|re ⟨f.; -, -n; Zool.⟩ meeresbewohnender Wurzelfüßer mit ein- od. vielkammerigem Gehäuse aus Kalk od. organischer Substanz: Foraminifera, Polythalamia; *Sy* Polythalamia [<lat. *foramen* »Loch, Öffnung« + *...fere*]
Force ⟨[fɔrs] f.; -, -n⟩ Stärke, Gewalt, Kraft, Zwang; ~ *majeure* [maʒœːr] höhere Gewalt [frz.]
Force de Frappe ⟨[fɔrsdəfrap] f.; - - -; unz.⟩ französische Atomstreitmacht [frz., »nukleare Schlagkraft«]
for|cie|ren ⟨[-siː-] V.⟩ **1** erzwingen, gewaltsam durchsetzen **2** ⟨fig.⟩ heftig vorantreiben, steigern, auf die Spitze treiben [<frz. *forcer* »bezwingen, erzwingen«]
for|ciert ⟨[-siːrt] Adj.⟩ gezwungen, gewaltsam
For|dis|mus ⟨m.; -; unz.; Wirtsch.⟩ Art der Fließbandproduktion, die industrielle Massenprodukte weitestgehend rationalisiert u. standardisiert herstellt; →*a.* Taylorismus [nach dem US-amerikan. Industriellen Henry *Ford*, 1863-1947]
Fore ⟨[fɔː(r)] Sport; Golf⟩ Achtung! (Warnruf) [engl., eigtl. »vorn«]
Före ⟨f.; -; unz.⟩ Eignung des Schnees zum Skisport, Geführigkeit; *Ski~* [skand.]
Fore|che|cking ⟨[fɔː(r)tʃɛkɪŋ] n.; -s, -s; Sport; bes. Eishockey⟩ erlaubtes Stören des gegner. Spielaufbaus bereits in der gegnerischen Hälfte [<engl. *fore* »vorn« + *check* »Hindernis, Hemmnis; Probe, Kontrolle«]
Fore|hand ⟨[fɔː(r)hænd] f.; -, -s; Sport; bes. Tennis⟩ Vorhand, Vorhandschlag; *Ggs* Backhand [engl.]
Fo|reig|ner Talk ⟨[fɔrɪnə(r) tɔːk] n.; - -s; unz.; Sprachw.⟩ in Deutschland gegenüber sprachunkundigen Ausländern

häufig gebrauchte, primitive Ausdrucksweise (die im Wesentlichen aus Substantiven u. Infinitiven besteht u. als Anrede das Du benutzt) [engl., »fremde Sprache«]

Fo|reign Of|fice ⟨[fɔrən ɔfıs] n.; - -; unz.⟩ das brit. Auswärtige Amt [engl.]

Fo|ren ⟨Pl. von⟩ Forum

fo|ren|sisch ⟨Adj.⟩ gerichtlich; *~es Gutachten; ~e Medizin* [<lat. *forensis* »zum Forum gehörig, auf dem Forum befindlich«; → *Forum*]

For|fai|teur ⟨[fɔrfɛtøːr] m.; -s, -e; Wirtsch.⟩ Finanzierungsgesellschaft (Kreditinstitut), die bei einer Forfaitierung die Forderungen aus einer Exportfinanzierung erwirbt [frz.]

for|fai|tie|ren ⟨[fɔrfɛ-] V.; Wirtsch.⟩ nach überschlägiger Berechnung verkaufen; *eine Forderung, einen Wechsel ~* [→ *Forfaitierung*]

For|fai|tie|rung ⟨[fɔrfɛ-] f.; -, -en; Wirtsch.⟩ Methode der Exportfinanzierung über eine Finanzierungsgesellschaft (Kreditinstitut), die die Forderungen mit allen Risiken erwirbt [<frz. *forfait* »Pauschalvertrag«]

For|feit ⟨[fɔːrfıt] n.; - od. -s, -s; Kaufmannsspr.⟩ Abstandszahlung bei Vertragsrücktritt, Reuegeld [engl., »Geldbuße« <afrz. *forfait* »Untat, Frevel, Verbrechen« <lat. *foris facere* »draußen, d. h. außerhalb des Rechts handeln«]

Fo|rint ⟨m.; - od. -s, -s od. (österr.) -e od. (bei Zahlenangaben) -; Abk.: Ft.⟩ ungar. Währungseinheit (100 Fillér) [ungar. <ital. *fiorino* »Gulden« <*fiore* »Blume« <lat. *flos,* Gen. *floris;* → *Florin*]

...form[1] ⟨Nachsilbe; zur Bildung von Adj.⟩ ...förmig; *konform* [<lat. *forma* »Form«]

...form[2] ⟨Nachsilbe; zur Bildung sächl. Subst.; n.; -s, -e; Chemie⟩ von der Ameisensäure abgeleitete Verbindung; *Chloroform* [<lat. *formica* »Ameise«]

For|mag|gio ⟨[-maːdʒo] m.; - od. -s, -mag|gi [-maːdʒi] ital. Bez. für⟩ Käse

for|mal ⟨Adj.⟩ **1** die Form betreffend, auf einer Form beruhend; *die beiden Wörter sind ~ verschieden, bedeuten aber das Gleiche; ~e Logik* nach den Regeln der Mathematik in Formeln ausdrückbare Logik **2** ⟨Philos.⟩ die Form einer Gegebenheit betonend; *Ggs* material (2) [<lat. *formalis* »an eine gewisse Form gebunden, förmlich«]

for|mal|äs|the|tisch ⟨Adj.⟩ nur die äußere Form eines Kunstwerks betreffend, allein auf die formale Gestaltung bezogen; *ein Bild aufgrund ~er Kriterien bewerten*

For|mal|aus|bil|dung ⟨f.; -, -en; Mil.; neuere Bez. für⟩ Exerzieren

Form|al|de|hyd ⟨m.; -s; unz.; Chemie⟩ einfachster aliphatischer Aldehyd, H-CHO, stechend riechendes, farbloses Gas, entsteht durch Dehydrierung aus Methylalkohol, wenn dessen Dämpfe mit Luft über glühende Kupferspiralen od. Metalloxide geleitet werden; *Sy* Formalin, Formol [<lat. *formica* »Ameise« + *Aldehyd*]

For|ma|li|en ⟨Pl.⟩ Formalitäten, Förmlichkeiten

For|ma|lin ⟨n.; -s; unz.; Chemie⟩ = Formaldehyd

for|ma|li|sie|ren ⟨V.⟩ *eine Sache ~* einer Sache eine bestimmte (strenge) Form geben, sich bei einer Sache an gegebene (strenge) Formen halten

For|ma|lis|mus ⟨m.; -; unz.⟩ **1** Überbetonung der Form, des Formalen, der Äußerlichkeiten **2** ⟨Math.⟩ Betrachtungsweise, für die die Mathematik nur aus formalen Strukturen besteht, also gewissermaßen ein Spiel mit den Symbolen ist

For|ma|list ⟨m.; -en, -en⟩ Anhänger des Formalismus

for|ma|lis|tisch ⟨Adj.⟩ auf dem Formalismus beruhend

For|ma|li|tät ⟨f.; -, -en⟩ **1** Förmlichkeit, Formsache, Äußerlichkeit; *die ~en beachten, erfüllen* **2** amtliche Formvorschrift; *Zoll~*

for|ma|li|ter ⟨Adv.⟩ förmlich, auf förml. Weise [<lat. *formalis;* → *formal*]

for|mal|ju|ris|tisch ⟨Adj.⟩ äußerlich dem Gesetz völlig gemäß; *rein ~ liegt der Sachverhalt klar*

For|mans ⟨n.; -, -man|tia od. -man|ti|en; Sprachw.⟩ Ableitungssilbe, Präfix, Infix, Suffix; *Sy* Formativ [lat.; Part. Präs. zu *formare* »gestalten«]

For|mat ⟨n.; -(e)s, -e⟩ **1** Gestalt, Größe **2** Maß, Ausmaß, Normgröße; *Papier~, Buch~* **3** ⟨fig.⟩ überdurchschnittl. Tüchtigkeit, Bedeutung **4** Geradheit, gerade innere Haltung, Überlegenheit; *er hat kein ~; eine Frau, ein Mann, ein Chef von ~* [<lat. *formatus,* Part. Perf. zu *formare* »gestalten«]

for|ma|tie|ren ⟨V.; EDV⟩ *Disketten ~* D. in bestimmte Bereiche einteilen, eine bestimmte Einteilung vorgeben; *Sy* initialisieren

For|ma|tie|rung ⟨f.; -, -en; EDV⟩ Strukturierung der Daten für die Verarbeitung durch eine EDV-Anlage, bei der Inbetriebnahme erforderliche Einteilung eines Datenträgers (Diskette, Festplatte)

For|ma|ti|on ⟨f.; -, -en⟩ **1** Gestaltung, Bildung **2** Aufstellung, Formierung, Gliederung; *in geschlossener ~ marschieren* **3** ⟨Geol.⟩ größerer Abschnitt der Erdgeschichte zwischen Zeitalter u. Abteilung **4** ⟨Bot.⟩ Zusammenfassung von Pflanzen gleicher Wuchsformen ohne Rücksicht auf die Verwandtschaft nach Arten, z. B. sommergrüner Laubwald; *Pflanzen~; Vegetations~* [<lat. *formatio* »Gestaltung, Bildung«]

For|ma|ti|ons|flug ⟨m.; -(e)s, -flüge; Luftf.⟩ Flug mehrerer Luftfahrzeuge im geschlossenen Verband, z. B. bei Flugschauen od. militärischen Operationen [→ *Formation*]

For|ma|ti|ons|tanz ⟨m.; -es, -tänze; Sport⟩ Tanzwettbewerb mit jeweils acht Paaren pro Mannschaft, die in vier Minuten möglichst synchron bei freier Wahl von Musik u. Choreographie alle neun Pflichttänze darbieten müssen

for|ma|tiv ⟨Adj.⟩ die Formation, die Gestalt(ung) betreffend, auf ihr beruhend, gestaltend [<frz. *formatif* »bildend, gestaltend«; zu lat. *formare* »gestalten«]

F

F

For|ma|tiv ⟨n.; -s, -e [-və]; Sprachw.⟩ = Formans

For|mat|ra|dio ⟨n.; -s, -s; Radio⟩ Radiosender, der eine bestimmte Zielgruppe bedient, bes. hinsichtlich der Auswahl von Musiktiteln, Informations- od. Nachrichtensendungen; *ein ~ für junge Hörer aufbauen*

For|mel ⟨f.; -, -n⟩ **1** feststehender Ausdruck, Redensart; *Gruß~; Zauber~* **2** kurze, treffende Begriffsbestimmung **3** chem. Zeichen **4** Rechensatz, Buchstabengleichung; *chemische ~; mathematische ~* [<lat. *formula* »Vorschrift, Satzung«, Verkleinerungsform zu *forma* »Gestalt«]

for|mell ⟨Adj.⟩ **1** förmlich, die äußeren Formen, die Umgangsformen (genau) beachten; *Ggs* informell; *jmdm. einen ~en Besuch machen; den Empfang ~ bestätigen* **2** ausdrücklich **3** zum Schein [<frz. *formel* »ausdrücklich, förmlich«]

For|mi|at ⟨n.; -s, -e; Chemie⟩ Salz der Ameisensäure [<lat. *formica* »Ameise«]

For|mi|ca|tio ⟨f.; -; unz.; Med.⟩ Hautkribbeln, -jucken [lat., eigtl. »das Ameisenlaufen«]

for|mi|da|bel ⟨Adj.⟩ **1** schrecklich, Grauen erregend **2** großartig, beeindruckend [<frz. *formidable* »furchtbar, riesig«]

for|mie|ren ⟨V.⟩ formen, bilden, gestalten; *Truppen ~* aufstellen [<frz. *former* »bilden, gestalten« <mhd. *formieren* <lat. *formare*]

For|mi|ka|ri|um ⟨n.; -s, -ri|en; Zool.⟩ zu Studien- u. Demonstrationszwecken künstlich angelegter (einsehbarer) Ameisenbau [<lat. *formica* »Ameise«]

For|mol ⟨n.; -s; unz.; Chemie⟩ = Formaldehyd

For|mu|lar ⟨n.; -s, -e⟩ gedrucktes Formblatt, gedruckter Fragebogen; *Anmelde~* [<neulat. *formularium;* → *Formel*]

for|mu|lie|ren ⟨V.⟩ in eine endgültige sprachl. Form bringen, in Worte fassen (Begriff, Vorstellung); *eine Frage ~; eine Antwort ~* [<lat. *formula* »Vorschrift«; → *Formel*]

For|mu|lie|rung ⟨f.; -, -en⟩ **1** das Formulieren **2** sprachliche Fassung, sprachlicher Ausdruck

For|nix ⟨m.; -, -ni|ces; Anat.⟩ gewölbter Teil eines Organs; *~ Cerebri* Hirngewölbe [lat., »Wölbung, Bogen«]

For|sy|thie ⟨[-tsjə] f.; -, -n; Bot.⟩ Goldflieder, Gattung der Ölbaumgewächse, beliebter Zierstrauch in Anlagen, mit gelben Blüten: Forsythia suspensa [nach dem engl. Botaniker W. A. *Forsyth*]

Fort ⟨[foːr] n.; -s, -s⟩ Teil einer Befestigungsanlage, kleines Festungswerk; *Außen~* [<frz. »befestigter Platz« <lat. *fortis* »stark«]

for|te ⟨Adj.; Abk.: f; Musik⟩ **1** laut, stark **2** ⟨Pharm.⟩ stark (wirkend) [ital.]

For|te ⟨n.; -; unz.; Musik⟩ große Tonstärke

for|te|for|tis|si|mo ⟨Musik; Abk.: fff⟩ ganz bes. laut, ganz besonders stark

for|te|pi|a|no ⟨Musik⟩ laut u. gleich wieder leise [ital., »stark u. schwach«]

For|te|pi|a|no ⟨n.; -s; unz.; Musik⟩ **1** starke u. sofort nachlassende Tonstärke **2** ⟨veraltet⟩ = Pianoforte

For|ti|fi|ka|ti|on ⟨f.; -, -en⟩ **1** Befestigungskunst **2** Festungswerk [<frz. *fortification* <lat. *fortis* »stark« + *facere* »machen«]

for|ti|fi|ka|to|risch ⟨Adj.⟩ die Befestigung betreffend, mit ihrer Hilfe, auf ihr beruhend

for|ti|fi|zie|ren ⟨V.⟩ befestigen [<frz. *fortifier;* beeinflusst von Zusammensetz. mit *...fizieren*]

For|tis ⟨f. od. m.; -, -tes [-teːs]; Sprachw.⟩ Verschluss- od. Reibelaut, der mit starkem Luftdruck artikuliert wird, z. B. p, t, k; *Ggs* Lenis [lat., »stark, kräftig«]

for|tis|si|mo ⟨Musik; Abk.: ff⟩ sehr laut, sehr stark [ital., »sehr stark«]

For|tis|si|mo ⟨n.; -s, -s od. -si|mi; Musik⟩ sehr große Tonstärke

FORTRAN ⟨n.; -; unz.; EDV⟩ Programmiersprache für techn. u. mathemat.-wissenschaftl. Aufgaben [verkürzt <engl. *for*mula *tran*slator »Formelübersetzer«]

For|tu|na ⟨f.; -; unz.⟩ **1** ⟨Myth.⟩ altröm. Göttin von Glück u. Unglück, Schicksal u. Fügung **2** ⟨danach allg.⟩ Glück; *~ war ihm hold* er hatte Glück [lat., »Schicksal, Glück; Schicksals-, Glücksgöttin«]

For|tü|ne ⟨f.; -; unz.⟩ Glück, Erfolg; *er hatte keine ~* [<frz. *fortune* »Glück«]

Fo|rum ⟨n.; -s, Fo|ren od. Fo|ra⟩ **1** Markt- u. Gerichtsplatz im alten Rom; *~ Romanum* **2** ⟨fig.⟩ Gericht, Richterstuhl; *das ~ der Öffentlichkeit* **3** ⟨fig.⟩ Gruppe von Personen, bes. Fachleuten, bei denen eine sachverständige Untersuchung gewährleistet ist; *eine strittige Frage vor ein ~ von Medizinern bringen*

Fo|rums|dis|kus|si|on ⟨f.; -, -en⟩ öffentl. Diskussion von Fachleuten über eine aktuelle Frage

For|ward ⟨[fɔːwəd] m.; -s, -s; schweiz.; Fußb.⟩ Stürmer [engl.]

for|war|den ⟨[fɔːwɔdən] V.; EDV⟩ weiterleiten; *eine E-Mail an andere Personen ~* [<engl. *forward* »vorantreiben«]

for|zan|do ⟨Musik; Abk.: fz⟩ = sforzato

for|za|to ⟨Musik; Abk.: fz⟩ = sforzato

For|zeps ⟨m. od. f.; -, -zi|pes; Med.⟩ Zange, Geburtszange [<lat. *forceps* »Zange«]

Fos|bu|ry|flop *auch:* **Fos|bu|ry-Flop** ⟨[fɔsbərɪ-] m.; -s, -s; Sport⟩ (heute allg. übliche) Art des Hochsprungs, bei der die Latte in Rückenlage überquert wird [nach dem US-amerikan. Hochspringer R. *Fosbury*]

Fos|sa ⟨f.; -, -sae [-sɛː]; Med.⟩ = Fovea [lat., »Graben«]

Fo|ße ⟨f.; -, -n⟩ = Fausse

fos|sil ⟨Adj.; Geol.⟩ urweltlich, versteinert [<lat. *fossilis* »ausgegraben«]

Fos|sil ⟨n.; -s, -li|en; Geol.⟩ versteinerter Rest eines urweltl. Lebewesens

Fos|si|li|sa|ti|on ⟨f.; -, -en; Geol.⟩ Entstehung von Versteinerungen [→ *fossil*]

fos|si|li|sie|ren ⟨V.; Geol.⟩ zu einem Fossil werden

fot, f. o. t. ⟨Abk. für engl.⟩ free on truck

fö|tid ⟨Adj.; Med.⟩ stinkend, übel riechend [<lat. *foetidus*]

Fo|to ⟨n.; -s, -s od. schweiz. f.; -, -s; umg.; kurz für⟩ Fotografie (2)

Foto... / Photo... (*Laut-Buchstaben-Zuordnung*) Die aus dem Griechischen stammende Silbe »*-phot*« kann ebenso wie die Wortbestandteile »*-graph*« und »*-phon*« in jedem Fall auch mit »*f*« geschrieben werden (→*a.* Fono... / Phono...; Graf... / Graph...).

fo|to..., Fo|to... ⟨in Zus.⟩ licht..., Licht..., Lichtbild...; *oV* photo..., Photo... [<grch. *phos*, Gen. *photos* »Licht«]

Fo|to|ap|pa|rat ⟨m.; -(e)s, -e⟩ Apparat zum Herstellen von Lichtbildern

Fo|to|bio|lo|gie ⟨f.; -; unz.⟩ = Photobiologie

fo|to|bio|lo|gisch ⟨Adj.⟩ = photobiologisch

Fo|to|che|mie ⟨[-çe-] f.; -; unz.⟩ = Photochemie

Fo|to|che|mi|gra|fie ⟨[-çe-] f.; -; unz.⟩ = Photochemigraphie

fo|to|che|misch ⟨[-çe:-] Adj.⟩ = photochemisch

fo|to|chrom ⟨[-kro:m] Adj.; Physik; Optik⟩ = photochrom

Fo|to|ef|fekt ⟨m.; -(e)s, -e⟩ lichtelektrischer Effekt; *oV* Photoeffekt

fo|to|elek|trisch *auch:* **fo|to|elekt|risch** ⟨Adj.⟩ = photoelektrisch

Fo|to|elek|tri|zi|tät *auch:* **Fo|to|elekt|ri|zi|tät** ⟨f.; -; unz.⟩ = Photoelektrizität

Fo|to|elek|tron *auch:* **Fo|to|elekt|ron** ⟨n.; -s, -en⟩ = Photoelektron

Fo|to|ele|ment ⟨n.; -(e)s, -e⟩ = Photoelement

Fo|to|fi|nish ⟨[-nɪʃ] n.; -s, -s; Sport⟩ Entscheidung eines Rennens aufgrund des Zielfotos bei kaum od. nicht sichtbarem Abstand zwischen den Teilnehmern im Einlauf [<*Foto* + engl. *finish* »Ende, Schluss«]

fo|to|gen ⟨Adj.⟩ auf Fotografien, in Filmen gut aussehend, gut wirkend; *oV* photogen; *~ sein* [<*foto...* + *...gen*[1]]

Fo|to|ge|ni|tät ⟨f.; -; unz.⟩ fotogenes Aussehen; *oV* Photogenität

Fo|to|graf ⟨m.; -en, -en⟩ jmd., der gewerbsmäßig fotografiert; *oV* Photograph

Fo|to|gra|fie ⟨f.; -, -n⟩ *oV* Photographie **1** Verfahren zur Erzeugung von dauerhaften Lichtbildern **2** ⟨zählb.⟩ Lichtbild [<*Foto...* + *...graphie*]

fo|to|gra|fie|ren ⟨V.⟩ mit dem Fotoapparat ein Lichtbild aufnehmen; *oV* photographieren

Fo|to|gra|fin ⟨f.; -, -fin|nen⟩ weibl. Person, die gewerbsmäßig fotografiert; *oV* Photographin

fo|to|gra|fisch ⟨Adj.⟩ die Fotografie betreffend, auf Fotografie beruhend, mit ihren Mitteln; *oV* photographisch; *eine ~e Dokumentation*

Fo|to|gramm ⟨n.; -s, -e⟩ fotografisches Bild, auf dem zum Ausmessen des abgebildeten Objektes auch ein Koordinatensystem abgebildet ist, Messbild; *oV* Photogramm

Fo|to|gram|me|trie *auch:* **Fo|to|gram|met|rie** ⟨f.; -; unz.⟩ Wissenschaft u. Technik der Aufnahme u. Auswertung von Fotogrammen zur Bestimmung von Größe u. Lage beliebiger Objekte, Bildmessung; *oV* Photogrammetrie [<*Foto...* + *...gramm* + *...metrie*]

fo|to|gram|me|trisch *auch:* **fo|to|gram|met|risch** ⟨Adj.⟩ die Fotogrammetrie betreffend, auf ihr beruhend, mit ihrer Hilfe; *oV* photogrammetrisch

Fo|to|gra|vü|re ⟨[-vy:-] f.; -, -n⟩ = Heliogravüre; *oV* Photogravüre [<*Foto...* + *Gravüre*]

Fo|to|han|dy ⟨[-hændi] n.; -s, -s⟩ Handy mit eingebauter Fotokamera, mit dem man telefonieren u. Fotos übermitteln kann

Fo|to|ko|pie ⟨f.; -, -n⟩ fotografische Wiedergabe von Schriftstücken od. Bildern, Ablichtung; *oV* Photokopie

fo|to|ko|pie|ren ⟨V.⟩ eine Fotokopie herstellen von, ablichten; *oV* photokopieren

Fo|to|la|bor ⟨n.; -s, -s⟩ Labor zum Entwickeln u. Vergrößern fotograf. Materials

Fo|to|ly|se ⟨f.; -; unz.⟩ = Photolyse

fo|to|me|cha|nisch ⟨[-ça:-] Adj.⟩ mechanisch mit Hilfe der Fotografie (vervielfältigend); *oV* photomechanisch

Fo|to|me|ter ⟨n.; -s, -⟩ = Photometer

Fo|to|me|trie *auch:* **Fo|to|met|rie** ⟨f.; -; unz.⟩ = Photometrie

fo|to|me|trisch *auch:* **fo|to|met|risch** ⟨Adj.⟩ = photometrisch

Fo|to|mo|dell ⟨n.; -s, -e⟩ jmd., der berufsmäßig für Fotos Modell steht; →*a.* Dressman, Mannequin

Fo|to|mon|ta|ge ⟨[-ʒə] f.; -, -n⟩ **1** ⟨unz.⟩ Zusammensetzung von Teilen verschiedener Aufnahmen zu einer fotograf. Vorlage **2** ⟨zählb.⟩ durch Fotografieren dieser Vorlage entstandenes Bild

Fo|ton ⟨n.; -s, -to|nen⟩ = Photon

Fo|to|nas|tie ⟨f.; -, -n⟩ = Photonastie

fo|to|nisch ⟨Adj.⟩ = photonisch

Fo|to|ob|jek|tiv ⟨n.; -s, -e [-və]⟩ Hauptbestandteil fotografischer Apparate, Kombination mehrerer Linsen, die durch Lichtstärke u. Brennweite gekennzeichnet sind; *oV* Photoobjektiv

Fo|to|op|tik ⟨f.; -, -en; Pl. selten⟩ Gesamtheit der Objektive einer Fotokamera; *oV* Photooptik

Fo|to|pe|ri|o|dis|mus ⟨m.; -; unz.⟩ = Photoperiodismus

fo|to|phil ⟨Adj.; Biol.⟩ = photophil

fo|to|phob ⟨Adj.; Biol.⟩ = photophob

Fo|to|pho|bie ⟨f.; -, -n⟩ = Photophobie

Fö|tor ⟨m.; -s; unz.⟩ übler Geruch [<lat. *foetor* »Gestank«]

Fo|to|re|a|lis|mus ⟨m.; -; unz.; Mal.⟩ Kunstrichtung der späten 1960er u. der 1970er Jahre, die durch bis zur Augentäuschung gehenden Detailrealismus von fotografischer Genauigkeit gekennzeichnet war u. vielfach Fotografien als Vorlage benutzte; *oV* Photorealismus

Fo|to|re|a|list ⟨m.; -en, -en; Mal.⟩ Vertreter des Fotorealismus; *oV* Photorealist

fo|to|re|a|lis|tisch ⟨Adj.⟩ den Fotorealismus betreffend, auf ihm beruhend, in der Art des Fotorealismus; *oV* photorealistisch

Fo|to|sa|fa|ri ⟨f.; -, -s⟩ Reise (bes. nach Afrika) zum Beobachten u. Fotografieren wildlebender Tiere

F

F

Fo|to|shoo|ting ⟨[-ʃuː-] n.; -s, -s⟩ (Termin für eine) Fotoproduktion für einen bestimmten Zweck, z. B. für Werbung, Modepräsentationen, Bildberichte; *Sy* Shooting

Fo|to|sphä|re ⟨f.; -; unz.⟩ = Photosphäre

Fo|to|syn|the|se ⟨f.; -; unz.⟩ = Photosynthese

fo|to|syn|the|tisch ⟨Adj.⟩ = photosynthetisch

fo|to|tak|tisch ⟨Adj.; Biol.⟩ = phototaktisch

Fo|to|ta|xis ⟨f.; -, -xi|en⟩ = Phototaxis

Fo|to|thek ⟨f.; -, -en⟩ Sammlung von Fotografien (bes. zu wissenschaftl. od. Gewerbezwecken); *oV* Photothek [<*Foto...* + *...thek*]

Fo|to|the|ra|pie ⟨f.; -, -n⟩ = Phototherapie

fo|to|trop ⟨Adj.⟩ = phototrop

Fo|to|tro|pie ⟨f.; -; unz.; Chemie⟩ = Phototropie

fo|to|tro|pisch ⟨Adj.⟩ = phototropisch

Fo|to|tro|pis|mus ⟨m.; -; unz.⟩ = Phototropismus

Fo|to|vol|ta|ik ⟨[-vɔl-] f.; -; unz.⟩ = Photovoltaik

Fo|to|vol|ta|ik|an|la|ge ⟨[-vɔl-] f.; -, -n⟩ = Photovoltaikanlage

fo|to|vol|ta|isch ⟨[-vɔl-] Adj.⟩ = photovoltaisch

Fo|to|zel|le ⟨f.; -, -n⟩ = Photozelle

Fo|to|zin|ko|gra|fie ⟨f.; -, -n⟩ *oV* Photozinkographie **1** fotografisches Verfahren zur Herstellung von Zinkdrucken **2** mit diesem Verfahren hergestellter Zinkdruck

Fö|tus ⟨m.; -ses, -se; Med.⟩ Leibesfrucht vom dritten Monat an; *oV* Fetus [<lat. *foetus* »Leibesfrucht«]

fou|cault|sche(s) Pen|del *auch:* **Fou|cault'sche(s) Pen|del** ⟨[fukoː-] n.; -n -s, -n -; Physik⟩ Pendel zum Nachweis der Erdrotation über die Abweichung der Schwingungsrichtung aufgrund der Corioliskraft [nach dem frz. Physiker J. B. *Foucault*, 1819-1868]

fou|droy|ant *auch:* **foud|ro|yant** ⟨[fudroajãː] Adj.; Med.⟩ plötzlich einsetzend (von Krankheiten) [frz., eigtl. »Blitze schleudernd«; zu *foudre* »Blitz«]

foul ⟨[faul] Adj.; nur präd. od. adv.; Sport⟩ regelwidrig, unfair [engl., »schmutzig, faul«]

Foul ⟨[faul] n.; -s, -s; Sport⟩ Verstoß gegen die Spielregeln [engl., »etwas Unreines; regelwidriger Schlag od. Stoß beim Sport«]

Foul|lard ⟨[fulaːr] m.; -s, -s; Textilw.⟩ ein beidseitig bedruckter, leichter, weicher Seidenstoff [frz., »Seidentuch, -taft«]

Fou|lar|dine ⟨[fulardiːn] f.; -; unz.; Textilw.⟩ bedruckter Baumwollsatin

Fou|lé ⟨[fuleː] m.; - od. -s, -s; Textilw.⟩ weicher Wollstoff [frz., »gewalkt«]

fou|len ⟨[faulən] V.; Sport⟩ regelwidrig, unfair spielen [→ *foul*]

Fou|ling ⟨[faulɪŋ] n.; - od. -s; unz.⟩ **1** (durch Bakterien, Pilze o. Ä. verursachte) Veränderung von Farben u. Lacken auf Holz u. Metall **2** Verschmutzung von wärmeübertragenden Flächen [zu engl. *foul* »unrein, schmutzig«]

Fou|ra|ge ⟨[furaːʒə] f.; -; unz.; Mil.⟩ Lebensmittel, Mundvorrat (für die Truppe) u. Futter (für die Pferde); *oV* Furage [<frz. *fourrage* »Viehfutter«; <fränk. **fodr* »Viehfutter«]

fou|ra|gie|ren ⟨[furaʒiː-] V.⟩ Fourage auftreiben, empfangen; *oV* furagieren [<frz. *fourrager* »Futter holen«]

Fou|rier ⟨[fuː-] m.; -s, -e; Mil.⟩ Unteroffizier, der für die Fourage zu sorgen hat; *oV* Furier [<frz. *fourrier*; → *Fourage*]

Fou|ri|er|ana|ly|se *auch:* **Fou|ri|er-Ana|ly|se** ⟨[furɪeː-] f.; -, -n⟩ Verfahren der Schwingungslehre, mit dem sich eine unharmonische Schwingung in zwei od. mehr harmonische, sinusförmige Schwingungen zerlegen lässt; *Sy* harmonische Analyse [nach dem frz. Mathematiker Jean-Baptiste-Joseph de *Fourier*, 1768-1830]

Fou|ri|e|ris|mus ⟨[fu-] m.; -; unz.⟩ Lehre des frz. sozialist. Utopisten Charles Fourier (1772-1837)

Four|let|ter|word *auch:* **Four-Letter-Word** ⟨[fɔːlɛtə(r)wœːd] n.; -s, -s⟩ vulgäres Schimpfwort, z. B. »fuck« [engl., eigtl. »Wort aus vier Buchstaben«]

Four|some ⟨[fɔːsʌm] m. od. n.; -s, -s; Sport; Golf⟩ Viererspiel, bei dem zwei Parteien mit je zwei Spielern, die abwechselnd den Ball spielen, gegeneinander antreten [engl., »Quartett«]

fou|tie|ren ⟨[fu-] V.; geh.; schweiz.⟩ sich einer Sache entziehen, ihr aus dem Weg gehen, sich hinwegsetzen über etwas; *oV* futieren; *der Staat sollte sich nicht um seine sozialen Aufgaben* ~ [<frz. *se foutre* »sich nicht interessieren«]

Fo|vea ⟨[-ve-] f.; -, -ve|ae [-veɛː]; Anat.⟩ Vertiefung, Grube; *Sy* Fossa [lat.]

fow, f. o. w. ⟨Abk. für engl.⟩ free on waggon

Fox ⟨m.; - od. -es, -e; kurz für⟩ **1** Foxterrier **2** Foxtrott

Fox|hound ⟨[-haʊnd] m.; -s, -s⟩ engl. Meutehund für die Parforcejagd [engl., »Fuchshund«]

Fox|ter|ri|er ⟨m.; -s, -⟩ kleine engl. Hunderasse; *Sy* Fox [<engl. *foxterrier*, eigtl. »Fuchs-Terrier«; → *Terrier*]

Fox|trott ⟨m.; -(e)s, -e od. -s; Musik⟩ aus Nordamerika stammender Gesellschaftstanz im 4/4-Takt [<engl. *fox-trot*, eigtl. »Fuchstrab«]

Foy|er *auch:* **Fo|yer** ⟨[foajeː] n.; -s, -s; Theat.⟩ Wandelgang, -halle [frz., »Herd, Feuerstätte, Heim«]

fp ⟨Abk. für⟩ fortepiano

fr ⟨Abk. für⟩ **1** Franc **2** franko, frei

Fr ⟨chem. Zeichen für⟩ Francium

Fra ⟨nur vor Eigennamen⟩ Klosterbruder, Mönch, Ordensbruder; ~ *Angelico* [ital., verkürzt <*frate* »Bruder« <lat. *frater*]

Frack ⟨m.; -(e)s, Frä|cke od. -s⟩ knielanger Herrenschoßrock mit rechtwinklig abgeschnittenen Vorderecken [<engl. *frock* »Kutte, Kittel, Kleid« <frz. *froc* »Kutte« <fränk. **hrok*, ahd. *roc(h)*]

fra|gil ⟨Adj.⟩ sehr zart, zerbrechlich, hinfällig [<lat. *fragilis* »zerbrechlich«]

Fra|gi|li|tät ⟨f.; -; unz.⟩ Zartheit, Hinfälligkeit, Zerbrechlichkeit

Frag|ment ⟨n.; -(e)s, -e⟩ **1** Bruchstück, übrig gebliebener Teil eines Ganzen **2** unvollendetes literarisches od. musikalisches

Werk **3** ⟨Bildhauerei⟩ = Torso [<lat. *fragmentum* »abgebrochenes Stück, Bruchstück«]

frag|men|ta|risch ⟨Adj.⟩ bruchstückhaft, unvollendet, lückenhaft

Frag|men|ta|ti|on ⟨f.; -, -en⟩ **1** direkte Kernteilung, bei der der Zellkern in Teilstücke zerschnürt wird **2** ungeschlechtliche Vermehrung durch Zerteilung einer Mutterpflanze [→ *Fragment*]

frag|men|tie|ren ⟨V.⟩ in Fragmente, Teilstücke zerlegen

frais ⟨[frɛːz] Adj.; undekl.⟩ erdbeerfarben; *oV* fraise [<frz. *fraise* »Erdbeere«]

fraise ⟨[frɛːz] Adj.; undekl.⟩ = frais

frak|tal ⟨Adj.⟩ komplex strukturiert, mehrfach gebrochen; *~es Modell* Modell zur Beschreibung irregulärer Strukturen (z. B. Blitzentladung, Küstenlinien) unter Hinzunahme von Fraktalen [→ *Fraktal*]

Frak|tal ⟨n.; -s, -e⟩ Objekt mit unregelmäßiger Struktur, gebrochener Dimension u. oft selbstähnlicher Struktur, d. h. ein Ausschnitt seiner Struktur gleicht ihm selbst, z. B. eine Schneeflocke [<lat. *fraktio* »Bruch«]

Frak|ti|on ⟨f.; -, -en⟩ **1** ⟨Politik⟩ **1.1** die Vertreter einer Partei innerhalb der Volks- od. Gemeindevertretung **1.2** Gruppe innerhalb einer Partei **2** ⟨Chemie; Physik⟩ Teil eines Stoffgemisches, der durch eine physikal. od. chem. Methode davon abgetrennt wurde u. sich hinsichtlich der angewandten Trennungsmethode, also z. B. im Siedepunkt, der Kristallisationstemperatur, der Löslichkeit in einem Lösungsmittel, der Korngröße (bei festen Stoffen), einheitlicher verhält als das Ausgangsgemisch [<lat. *fractio* »Bruch«]

frak|ti|o|nell ⟨Adj.⟩ eine Fraktion (1, 2) betreffend, zu ihr gehörend

Frak|ti|o|nier|ap|pa|rat ⟨m.; -(e)s, -e; Chemie⟩ Apparat für die fraktionierte Destillation

frak|ti|o|nie|ren ⟨V.; Chemie⟩ in Fraktionen trennen; *fraktionierte Destillation* Trennung von Gemischen verschiedener Flüssigkeiten aufgrund ihrer verschiedenen Siedepunkte; *fraktionierte Kristallisation* gleichzeitige Abscheidung u. Trennung verschiedener Stoffe aus einer Lösung durch stufenweise Abkühlung des Lösungsmittels

Frak|ti|o|nier|ko|lon|ne ⟨f.; -, -n; Chemie⟩ Anordnung von Geräten zur fraktionierten Destillation

Frak|ti|o|nie|rung ⟨f.; -, -en; Chemie⟩ Trennung eines Flüssigkeitsgemisches durch fraktionierte Destillation

Frak|ti|ons|chef ⟨[-ʃɛf] m.; -s, -s; Politik⟩ Vorsitzender einer Fraktion (1)

Frak|ti|ons|zwang ⟨m.; -(e)s, -zwän|ge; Pl. selten; Politik⟩ im Gesetz nicht vorgesehene Verpflichtung einer Parteifraktion zu einheitl. Stimmenabgabe

Frak|tur ⟨f.; -, -en⟩ **1** deutsche, sog. »gotische« Druckschrift mit »gebrochenen« Linien **2** *mit jmdm. ~ reden* ⟨fig.; umg.⟩ ihm deutlich die Meinung sagen **3** ⟨Med.⟩ Knochenbruch; *Schienbein~* [<lat. *fractura* »Bruch«]

Fram|bö|sie ⟨f.; -, -n; Med.⟩ der Lues ähnliche trop. Infektionskrankheit mit einem aus himbeerähnl. Knötchen bestehenden Hautausschlag, Himbeerpocken: Framboesia tropica [<frz. *framboise* »Himbeere«]

Fra|me[1] ⟨f.; -, -n⟩ germanischer Speer [<lat. *framea* »Wurfspieß der Germanen« <ahd. *brame*]

Frame[2] ⟨[frɛɪm] m.; -s, -s⟩ **1** Rahmen bei Fahrzeugen der Eisenbahn **2** ⟨Wirtsch.⟩ Methode zur Präsentation von Informationen über ein bestimmtes Objekt, bei der dem Objekt ein Rahmen zugeordnet wird, der alle bekannten Eigenschaften des Objekts enthält u. bewertet **3** ⟨Sprachw.⟩ Darstellung von Wissen in Form eines semantischen Netzes **4** ⟨EDV⟩ **4.1** als Datenblock zusammengefasste Übertragungseinheit **4.2** Fenster od. Bildelement als Bestandteil einer Webseite [engl., »Gefüge, Gerüst, Rahmen«]

Franc ⟨[frãː] m.; -, -s [frãː] od. (bei Zahlenangaben) -; Abk.: fr.⟩ frühere Währungseinheit in Frankreich, Belgien, Luxemburg, 100 Centimes [frz.]

Fran|çai|se ⟨[frãsɛːzə] f.; -, -n; Musik⟩ frz. Kontertanz im $^6/_8$-Takt [<frz. <*danse française* »frz. Tanz«]

Fran|chise[1] ⟨[frãʃiːz] f.; -, -n [-zən]; veraltet⟩ **1** Freimut **2** unterhalb des Versicherungswertes liegender Prozentsatz eines Schadens, der nicht ersetzt zu werden braucht [frz., »Gebührenfreiheit, Freimut«]

Fran|chise[2] ⟨[fræntʃaɪz] n.; -; unz.; Wirtsch.⟩ Lizenz zur selbstständigen Führung eines Betriebes im Rahmen eines Franchising [engl., »Wahlrecht; Konzession«]

Fran|chise|ge|ber ⟨[fræntʃaɪz-] m.; -s, -⟩ jmd., der ein Franchise[2] an ein anderes Unternehmen vergibt, Lizenzgeber

Fran|chise|neh|mer ⟨[fræntʃaɪz-] m.; -s, -⟩ jmd., der ein Franchise[2] erwirbt, Lizenznehmer

Fran|chi|sing ⟨[fræntʃaɪzɪŋ] n.; - od. -s; unz.; Wirtsch.⟩ Einzelhandelsvertrieb von Produkten in Lizenz eines Unternehmens [→ *Franchise*]

Fran|ci|um ⟨n.; -s; unz.; chem. Zeichen: Fr⟩ radioaktives Alkalimetall, chem. Element, Ordnungszahl 87; *oV* Franzium [<neulat. *Francia* »Frankreich«]

Fran|ka|tur ⟨f.; -, -en⟩ **1** das Freimachen von Postsendungen **2** die dazu verwendeten Briefmarken [<ital. *francatura* »das Freimachen« (von Postsendungen)]

fran|kie|ren ⟨V.⟩ *Postsendungen, Briefe ~* freimachen, mit Briefmarke bekleben od. Frankiermaschine stempeln [<ital. *francare*]

fran|ko ⟨Adj.⟩ (kosten-, porto-) frei (Aufschrift auf Postsendungen zum Zeichen, dass der Empfänger das Porto bezahlt) [ital., »frei, gebührenfrei« (von Postsendungen)]

fran|ko..., Fran|ko... ⟨in Zus.⟩ Frankreich u. das Französische betreffend, darauf bezogen [<lat. *Franco* »Franke«]

F

fran|ko|fon ⟨Adj.⟩ = frankophon
Fran|ko|ka|na|di|er ⟨m.; -s, -⟩ Französisch sprechender Einwohner Kanadas
Fran|ko|ka|na|di|e|rin ⟨f.; -, -rinnen⟩ Französisch sprechende Einwohnerin Kanadas
Fran|ko|ma|nie ⟨f.; -; unz.⟩ übertriebene Bewunderung Frankreichs u. alles Französischen; *Sy* Gallomanie
Fran|ko|mar|ke ⟨f.; -, -n; schweiz.⟩ Briefmarke [<ital. *franco* »gebührenfrei« + *Marke*]
fran|ko|phil ⟨Adj.⟩ eine Vorliebe für alles Französische zeigend; *Sy* gallophil; *Ggs* frankophob
Fran|ko|phi|lie ⟨f.; -; unz.⟩ Vorliebe für alles Französische; *Sy* Gallophilie; *Ggs* Frankophobie [<*Franko…* + *…philie*]
fran|ko|phob ⟨Adj.⟩ allem Französischen abgeneigt; *Sy* gallophob; *Ggs* frankophil
Fran|ko|pho|bie ⟨f.; -; unz.⟩ Abneigung gegen alles Französische; *Sy* Gallophobie; *Ggs* Frankophilie [<*Franko…* + *Phobie*]
fran|ko|phon ⟨Adj.⟩ französischsprachig; *oV* frankofon
Frank|ti|reur ⟨[-røːr] m.; -s, -e⟩ frz. Freischärler während der Revolutionskriege u. im Dt.-Frz. Krieg 1870-71 [<frz. *franc-tireur* »Freischärler«]
Fran|zis|ka|ner ⟨m.; -s, -⟩ Angehöriger des Franziskanerordens, Bettelmönch, Minderbruder
Fran|zi|um ⟨n.; -s; unz.; Chemie⟩ = Francium
fran|zö|sie|ren ⟨V.⟩ nach französischem Muster gestalten; *die Kochkunst ~; die Architektur ~*
frap|pant ⟨Adj.⟩ auffallend, schlagend, überraschend; *eine ~e Ähnlichkeit* [frz., »auffallend«; → *frappieren*]
Frap|pé ⟨m.; -s, -s; Textilw.⟩ *oV* Frappee **1** Stoff mit eingepresstem Muster **2** ⟨österr.⟩ eisgekühltes Getränk [zu frz. *frapper;* → *frappieren*]
Frap|pee ⟨m.; -s, -s; Textilw.⟩ = Frappé
frap|pie|ren ⟨V.⟩ **1** überraschen, stutzig machen; *eine ~de Antwort* **2** in Eis kühlen; *Sekt ~* [<frz. *frapper* »schlagen« <fränk. **hrapon* »rupfen«]
Fras|ca|ti ⟨m.; -, -⟩ ital. Weißwein [nach der ital. Stadt *Frascati,* in deren Umgebung der Anbau erfolgt]
Frä|se ⟨f.; -, -n⟩ **1** Werkzeug zur spanabhebenden Formgebung für Werkstoffe aus Holz, Metall usw. **2** Bodenfräse [<frz. *fraise* »Gekröse, Halskrause«]
frä|sen ⟨V.⟩ mit der Fräse bearbeiten [<frz. *fraiser* »fräsen«]
Fra|ter ⟨m.; -s, Fra|tres⟩ Ordens-, Klosterbruder, Mönch [lat., »Bruder«]
Fra|ter|ni|sa|ti|on ⟨f.; -, -en; bes. Mil.; Politik⟩ Verbrüderung [→ *fraternisieren*]
fra|ter|ni|sie|ren ⟨V.⟩ sich verbrüdern [<frz. *fraterniser* »sich verbrüdern«, <lat. *frater* »Bruder«]
Fra|ter|ni|tät ⟨f.; -, -en⟩ **1** ⟨unz.⟩ Brüderlichkeit **2** ⟨zählb.⟩ Bruder-, Genossenschaft [<lat. *fraternitas* »Brüderschaft«]
Fra|ter|ni|té ⟨f.; -; unz.⟩ Brüderlichkeit (Schlagwort der Französ. Revolution); →*a.* Egalité, Liberté [frz.]
Fra|tres *auch:* **Frat|res** ⟨Pl. von⟩ Frater; *~ minores* die Franziskaner, Minoriten [lat.]
Freak ⟨[friːk] m.; -s, -s; umg.⟩ **1** unangepasster, verrückter Mensch **2** jmd., der eine bestimmte Sache intensiv, fanatisch betreibt; *Motorrad~; Musik~* **3** ⟨Drogenszene⟩ jmd., der in maßloser u. gefährlicher Weise Drogen konsumiert [engl., eigtl. »Laune, drolliger Einfall«]
frea|kig ⟨[friː-] Adj.; Jugendspr.⟩ in der Art eines Freaks, unangepasst, verrückt
free along|side ship ⟨[friː əlɔŋ saɪd ʃɪp] Abk.: fas, f. a.s⟩ Handelsklausel in der Schifffahrt, nach der der Verkäufer Kosten u. Risiko des Transports der Ware bis zum Schiff übernimmt [engl., »frei (bis zur) Seite, frei (bis an) Bord des Schiffes«]
Free|call ⟨[friːkɔːl] m.; -s, -s; Nachrichtentechnik⟩ kostenloser Anruf [engl.]
Free|clim|ber ⟨[friːklaɪmə(r)] m.; -s, -; Sport⟩ jmd., der Free Climbing betreibt [<engl. *free* »frei, Frei…« + *climber* »Kletterer«]
Free|clim|bing ⟨[friːklaɪmɪŋ]⟩ *auch:* **Free Clim|bing** ⟨n.; (-) -s; unz.; Sport⟩ bes. Form des Bergsteigens, bei dem der Kletterer Hindernisse ohne jegliche Hilfsmittel (wie z. B. Haken od. Seile) bewältigen muss [<engl. *free* »frei« + *climbing* »Bergsteigen, Klettern«]
Free|dom|rides *auch:* **Free|dom-Rides** ⟨[friːdəmraɪdz] Pl.⟩ **1** ⟨urspr.⟩ (in den USA entstandene) Protestform seit Ende der 1950er Jahre, bei der protestwillige Weiße aus dem Norden der USA in kirchl. od. studentisch organisierten Busfahrten in die Südstaaten der USA gebracht wurden, um dort gegen die Rassendiskriminierung zu demonstrieren **2** ⟨danach⟩ Organisationsform bei Großdemonstrationen, bei der die Teilnehmer aus verschiedenen Richtungen sternförmig zu einem Sammelplatz laufen, Sternmarsch [<engl. *freedom* »Freiheit, Freiheits…« + *ride* »Fahrt«]
Free|float ⟨[friːfloʊt]⟩ *auch:* **Free Float** ⟨m.; (-) - od. (-) -s; unz.; Wirtsch.⟩ frei verfügbares Aktienkapital eines Unternehmens [<engl. *free* »frei« + *float* »schwimmen, im Umlauf sein; Startkapital«]
Free|hold ⟨[friːhoʊld] n.; -s, -s; in England; früher⟩ Grundbesitz, der keinem Lehnsherr unterstellt war [<engl. *freehold property* »freier Grundbesitz«]
Free|hol|der ⟨[friːhoʊldə(r)] m.; -s, -s; in England⟩ lehnsfreier Landbesitzer [engl., »Besitzer eines Freisassengutes«]
Free Jazz ⟨[friː dʒæz] m.; - -; unz.⟩ frei improvisierter Jazz [engl.]
Free|lance ⟨[friːlaːns] m.; -, -s [-sɪz]⟩ **1** Freiberufler, insbes. freischaffender Musiker, Journalist od. Schriftsteller **2** freiberuflich tätiger Mitarbeiter [engl.]
Free|lan|cer ⟨[friːlaːnsə(r)] m.; -s, -⟩ jmd., der freiberuflich als Musiker, Schriftsteller, Journalist od. Redakteur tätig ist (im Gegensatz zum Angestellten) [<engl. *freelance* »Freiberufler, Freischaffender«]

free on board ⟨[friː ɔn bɔːd] Abk.: fob, f. o. b.⟩ Handelsklausel, nach der der Verkäufer Kosten u. Risiko des Transports der Ware bis aufs Schiff übernimmt [engl., »frei an Bord«]

free on plane ⟨[friː ɔn plɛɪn] Abk.: fop, f. o. p⟩ Handelsklausel, nach der der Verkäufer Kosten u. Risiko des Transports der Ware bis ins Flugzeug übernimmt [engl., »frei ins Flugzeug«]

free on truck ⟨[friː ɔn trʌk] Abk.: fot, f. o. t.⟩ Handelsklausel, nach der der Verkäufer Kosten u. Risiko des Transports der Ware bis auf den Lastwagen übernimmt [engl., »frei auf den Lastwagen«]

free on wag|gon ⟨[friː ɔn wægən] Abk.: fow, f. o. w.⟩ Handelsklausel, nach der der Verkäufer Kosten u. Risiko des Transports der Ware bis auf den Eisenbahnwagen übernimmt [engl., »frei auf den Waggon«]

Free|sie ⟨[-zjə] f.; -, -n; Bot.⟩ Angehörige einer südafrikan. Gattung der Schwertliliengewächse, beliebte Zierpflanze mit weißen, gelben, lila, rosa od. roten, etwas gekrümmten Blüten: Freesia [nach dem Arzt H. Th. *Frees*]

Free|style ⟨[friːstaɪl] m.; -s; unz.; Sport⟩ frei gewählter Stil [engl., »Freistil«]

Free-TV ⟨[friːtiːviː] n.; -; unz.⟩ Fernsehen, das im Gegensatz zum Pay-TV ohne zusätzliche Kosten empfangen werden kann; *der Film ist zum ersten Mal im ~ zu sehen* [<engl. *free* »frei, kostenlos« + *TV*]

Free|ware ⟨[friːwɛː(r)] f.; -; unz.; EDV⟩ kostenlos zu nutzendes Computerprogramm [<engl. *free* »frei« + *ware* »Ware«]

Freeze ⟨[friːz] n.; -; unz.; Politik⟩ Einstellung der Produktion zur atomaren Rüstung, z. B. während bestimmter Verhandlungsabschnitte bei Abrüstungskonferenzen [engl.; zu *freeze* »einfrieren«]

Fre|gat|te ⟨f.; -, -n⟩ **1** ⟨früher⟩ schnelles, dreimastiges Kriegsschiff **2** ⟨heute⟩ ein bes. zur U-Boot-Bekämpfung eingesetztes Kriegsschiff, ähnlich dem Zerstörer [<frz. *frégate*]

Fre|li|mo ⟨a. [-ˈ--] f.; -; unz.; Kurzwort für⟩ Frente de Libertação de Moçambique, Befreiungsfront von Moçambique, seit 1977 Regierungspartei [portug.]

Fre|mi|tus ⟨m.; -; unz.; Med.⟩ Vibration der Brustwand über Luftansammlungen in der Lunge [lat., »dumpfes Geräusch, Rauschen«]

fre|ne|tisch ⟨Adj.⟩ leidenschaftlich, heftig, rasend; *~er Beifall* [<frz. *frénétique* »wahnsinnig, rasend« (nur in übertragener Bedeutung); → *phrenetisch*]

Fre|nu|lum ⟨n.; -s, -nu|la; Anat.⟩ **1** Bändchen **2** Hautfalte, die die Eichel des männl. Gliedes mit der Vorhaut verbindet, Vorhautbändchen [<lat. *frenum* »Band, Zügel«]

fre|quent ⟨Adj.⟩ **1** häufig, zahlreich, sehr besucht **2** ⟨Med.⟩ beschleunigt; *~er Puls* [<lat. *frequens,* »häufig, zahlreich«]

Fre|quen|ta|ti|on ⟨f.; -, -en⟩ **1** häufiger Besuch, Umgang **2** häufige Benutzung [<lat. *frequentatio* »häufiger Gebrauch«]

Fre|quen|ta|tiv ⟨n.; -s, -e [-və]; Sprachw.⟩ = Iterativ

Fre|quen|ta|ti|vum ⟨[-vum] n.; -s, -ti|va [-va]; Gramm.⟩ = Iterativum [→ *frequent*]

fre|quen|tie|ren ⟨V.⟩ häufig besuchen, benutzen, verkehren mit [<lat. *frequentare* »häufig besuchen«]

Fre|quenz ⟨f.; -, -en⟩ **1** Häufigkeit **2** Verkehr(sdichte) **3** Besucherzahl **4** Anzahl der Schwingungen pro Zeiteinheit (bei Schwingungs- od. Wellenvorgängen) [<lat. *frequentia* »zahlreiche Anwesenheit«]

Fre|quenz|mo|du|la|ti|on ⟨f.; -, -en; Rundfunk⟩ Modulation von elektromagnet. Wellen, bei der ein Nachrichteninhalt durch verschiedene Frequenzen ausgedrückt wird

Fre|quenz|mo|du|la|tor ⟨m.; -s, -en; Rundfunk⟩ Gerät zum Modulieren von Frequenzen

Fres|ke ⟨f.; -, -n⟩ = Fresko

Fres|ko ⟨n.; -s, Fres|ken; Mal.⟩ auf den frischen Putz einer Wand gemaltes Bild, Wandgemälde; *oV* Freske [verkürzt <ital. *al fresco (muro)* »auf die frische (Wand)«]

Fres|ko|ma|le|rei ⟨f.; -, -en; Mal.⟩ **1** ⟨unz.⟩ Verfahren der Wandmalerei, bei dem die Farben auf den noch feuchten Kalkbewurf aufgetragen werden **2** ⟨zählb.⟩ in der Technik der Freskomalerei ausgeführtes Wandbild [→ *Freske*]

Fri|dat|te ⟨f.; -, -n; Kochk.⟩ = Frittate (2)

fri|de|ri|zi|a|nisch ⟨Adj.; Gesch.⟩ Friedrich II. von Preußen u. seine Zeit betreffend, aus ihr stammend; *das ~e Militär*

Fries ⟨m.; -es, -e⟩ **1** ⟨Textilw.⟩ flauschähnliches, gerautes Wollgewebe **2** ⟨Arch.⟩ waagerechter ornamentaler od. figürlicher Zierstreifen zur Gliederung od. zum Schmuck einer Wand [<frz. *frise,* eigtl. »krause Verzierung« <mlat. *frisium* »Franse, Zipfel« <fränk. **frisi* »Krause«; nach der Stammestracht der *Friesen,* dem Lockenhaar]

Fri|gen® ⟨n.; -s; unz.⟩ als Kältemittel in Kühlschränken u. Gefriergeräten genutzte Verbindung aus der Gruppe der Halogenkohlenwasserstoffe [zu lat. *frigidus* »kalt«]

fri|gid ⟨Adj.⟩ = frigide

Fri|gi|daire® ⟨[-ʒidɛː(r)] m.; -s, -s od. -⟩ Kühlschrank; *oV* Frigidär [frz.]

Fri|gi|där ⟨m.; -s, -s od. -⟩ = Frigidaire®

Fri|gi|da|ri|um ⟨n.; -s, -ri|en⟩ **1** altrömisches kaltes Bad **2** kaltes Gewächshaus [lat., »Abkühlraum im altröm. Bad«]

fri|gi|de ⟨Adj.⟩ *oV* frigid **1** kühl, frostig **2** geschlechtlich nicht erregbar, gefühlskalt [<lat. *frigidus* »kalt, kühl, frostig«]

Fri|gi|di|tät ⟨f.; -; unz.⟩ **1** Kühle, Frostigkeit **2** geschlechtl. Empfindungslosigkeit [<neulat. *frigiditas* »Kälte, Kühle« <lat. *frigidus* »kalt, kühl«]

Fri|ka|del|le ⟨f.; -, -n⟩ gebratenes Fleischklößchen; *oV* Frikandelle (1) [<frz. *fricadelle* »Frikadelle, deutsches Beefsteak«]

Fri|kan|deau ⟨[-doː] n.; -s, -s; Kochk.⟩ vorderes Stück der Kalbskeule, gespickt, gebraten

F

od. geschmort [<frz. *fricandeau* »Spickbraten«]

Fri|kan|del|le ⟨f.; -, -n⟩ **1** = Frikadelle **2** Scheibe aus gedämpftem Fleisch [Mischform <*Frikadelle* + *Frikandeau*]

Fri|kas|see ⟨n.; -s, -s; Kochk.⟩ kleingeschnittenes Fleisch in heller, säuerlicher Soße; *Hühner~; Kalbs~* [<frz. *fricassée*]

fri|kas|sie|ren ⟨V.⟩ **1** zu Frikassee verarbeiten **2** ⟨umg.; scherzh.⟩ arg verprügeln

fri|ka|tiv ⟨Adj.; Phon.⟩ reibend, auf Reibung beruhend [<lat. *fricare* »reiben«]

Fri|ka|tiv ⟨m.; -s, -e [-və]; Phon.⟩ = Spirans

Fri|ka|tiv|laut ⟨m.; -(e)s, -e; Phon.⟩ = Spirans

Frik|ti|on ⟨f.; -, -en⟩ **1** Reibung **2** ⟨fig.⟩ Zwist, Misshelligkeit **3** ⟨Med.⟩ Abreibung, Reibmassage [<lat. *frictio* »das Reiben«; zu *fricare* »reiben«]

frik|ti|ons|frei ⟨Adj.⟩ frei von Friktionen, reibungslos

Fris|bee® ⟨[-bi:] n.; -s, -s⟩ Wurfscheibe aus Plastik mit aufgewölbtem Rand [nach der gleichnamigen US-amerikan. Firma, die diese Scheiben urspr. als Wegwerfteller produzierte]

Fri|sé ⟨[-ze:] n.; - od. -s; unz.; Textilw.⟩ Stoff von gekräuseltem Aussehen [zu frz. *frisé* »gekräuselt«, Part. maskul. von *friser* »kräuseln«]

Fri|sée ⟨[-ze:] m.; -s, -s⟩ Salatsorte mit stark gekräuselten Blättern [zu frz. *frisée* »gekräuselt«, Part. fem. von *friser* »kräuseln«]

Fri|seur ⟨[-zø:r] m.; -s, -e⟩ Haarschneider, -pfleger, -künstler, Bartschneider; *oV* Frisör [→ *frisieren*]

Fri|seu|rin ⟨[-zø:-] f.; -, -rin|nen; bes. österr.⟩ = Friseuse; *oV* Frisörin

Fri|seu|se ⟨[-zø:-] f.; -, -n⟩ Haarpflegerin, Haarkünstlerin; *oV* Frisöse; *Sy* Friseurin

fri|sie|ren ⟨V.⟩ **1** *jmdn. ~, jmdm. das Haar ~* jmdm. das Haar kämmen, formen **2** ⟨fig.⟩ *etwas ~* so ändern, dass es die gewünschte Wirkung erzielt; *eine Bilanz ~* die Bilanz beschönigend überarbeiten, in unredlicher Weise verbessern; *einen Motor ~* so umarbeiten, dass eine höhere Leistung erzielt wird [<frz. *friser* »kräuseln«]

Fri|sier|to|i|let|te ⟨[-toa-] f.; -, -n⟩ kleine Kommode mit Spiegel

Fri|sör ⟨m.; -s, -e⟩ = Friseur

Fri|sö|rin ⟨f.; -, -rin|nen⟩ = Friseurin

Fri|sö|se ⟨f.; -, -n⟩ = Friseuse

Fri|sur ⟨f.; -, -en⟩ **1** Haartracht **2** (unerlaubte) verbesserte Veränderung [<frz. *frisure* »Haartracht«]

Frit|flie|ge ⟨f.; -, -n; Zool.⟩ bis 3 mm lange, glänzend schwarze Halmfliege, deren Larven die Herztriebe des Getreides im Grunde zerstören: Oscinella frit [<engl. *frit-fly*]

Frit|ta|te ⟨f.; -, -n; Kochk.⟩ **1** Eierkuchen, Omelette **2** ⟨österr.⟩ in Streifen geschnittene Omelette als Suppeneinlage; *oV* ⟨österr.⟩ Fridatte [<ital. *frittata* »Eierkuchen«]

Frit|te ⟨f.; -, -n⟩ geschmolzene, glasartige Materialien zur Gewinnung von Glasuren [<ital. *fritta* »gebacken(e Masse)«]

frit|ten ⟨V.⟩ schmelzen u. zusammenbacken lassen; *Eisenfeilspäne, Sand ~* [<engl. *frit* »zusammenbacken«; → *Fritte*]

Frit|ter ⟨m.; -s, -⟩ = Kohärer [engl. <mfrz. *friture* »Zusammengebackenes«]

Frit|teu|se ⟨[-tø:zə] f.; -, -n⟩ elektrisches Gerät zum Frittieren von Speisen, z. B. Kartoffeln od. Fleisch [→ *frittieren*]

frit|tie|ren ⟨V.; Kochk.⟩ in Fett schwimmend backen [<frz. *frit,* Part. Perf. von *frire* »backen«]

Frit|tung ⟨f.; -; unz.⟩ das Fritten

Frittüre (*Laut-Buchstaben-Zuordnung*) Die Schreibung von abgeleiteten Wörtern richtet sich nach der Schreibung des zugrundeliegenden Substantivs. Nach dem Stammerhaltungsprinzip sind demzufolge vom Grundwort »*Fritte*« abgeleitete Begriffe (→*a.* Fritteuse, frittieren) ebenfalls mit Doppelkonsonant zu schreiben.

Frit|tü|re ⟨f.; -, -n⟩ **1** heißes Fett zum Ausbacken für Teig **2** das Gebackene selbst, Schmalzgebäck [<frz. *friture* »das Backen, Braten (in der Pfanne); Gebratenes«]

fri|vol ⟨[-vo:l] Adj.⟩ leichtfertig, schlüpfrig, zweideutig [<frz. *frivole* »oberflächlich, leichtfertig«]

Fri|vo|li|tät ⟨[-vo-] f.; -, -en⟩ **1** ⟨unz.⟩ Leichtfertigkeit, Zweideutigkeit, Schlüpfrigkeit **2** ⟨nur Pl.⟩ *~en* mit Schiffchen hergestellte Handarbeit, Spitzen

Fro|mage ⟨[-ma:ʒ] m.; -, -s⟩ Käse [frz.]

Fron|de ⟨[frɔ̃:də] f.; -, -n; Politik⟩ **1** ⟨urspr.⟩ Bewegung in Frankreich gegen den Absolutismus im 17. Jh. **2** ⟨fig.⟩ regierungsfeindliche Partei [frz., »Schleuder«]

Fron|des|zenz ⟨f.; -; unz.; Bot.⟩ Herausbildung bestimmter Pflanzenorgane (z. B. der Staubblätter) zu Laubblättern [zu lat. *frons* »Laub«]

Fron|deur ⟨[frɔ̃dø:r] m.; -s, -s⟩ Anhänger der Fronde

fron|die|ren ⟨[frɔ̃-] V.⟩ Unzufriedenheit, Widerspruch bekunden, Opposition treiben [→ *Fronde*]

Front ⟨f.; -, -en⟩ **1** Vorderseite, Stirnseite; *die ~ eines Hauses, einer angetretenen Truppe; die ~ (einer Ehrenkompanie) abschreiten; der Sprinter lag bald in ~* an der Spitze; *~ machen* sich jmdm. zuwenden u. Haltung annehmen (als Ehrenbezeigung); *gegen jmdn. od. etwas ~ machen* sich wehren gegen, sich widersetzen **2** die dem Feind zugekehrte Seite einer Truppenaufstellung, Kampfgebiet; *Ggs* Etappe (2); *die Soldaten an der ~; jmdn. hinter die ~ abkommandieren; in vorderster ~* in der Gefechtslinie **3** die kämpfende Truppe **4** Einheit einer Gruppe von Personen; *einer geschlossenen ~ gegenüberstehen* **5** politischer Block; *Arbeiter~; Rot~* **6** ⟨Meteor.⟩ Grenzfläche von Luftmassen; *Kalt~; Warm~* [frz., »Stirn, Vorderseite, Front«]

fron|tal ⟨Adj.⟩ **1** an der Stirnseite befindlich **2** von der Stirnseite kommend, von vorn

Fron|ta|li|tät ⟨f.; -; unz.; Mal.⟩ Prinzip der archaischen Kunst, Menschen unabhängig von ihrer Bewegung u. Haltung stets von vorne abzubilden

Front|frau ⟨f.; -, -en⟩ Musikerin einer Band, die bei Konzerten als Sängerin im Vordergrund auftritt; *Sy* Frontwoman

Fron|ti|spiz *auch:* **Fron|tis|piz** ⟨n.; -es, -e⟩ **1** ⟨Buchw.⟩ dem Titelblatt eines Buches gegenüberstehendes Bild **2** ⟨Arch.⟩ Vordergiebel, Giebelstück über einem vorspringenden Gebäudeteil; *Sy* Fronton [<frz. *frontispice* »Stirnseite (eines Gebäudes), Titelblatt« <mlat. *frontispicium* <lat. *frons* »Stirn« + *spicere* »schauen«]

Front|man ⟨[frʌntmæn] m.; - od. -s, -men [-mən]⟩ = Frontmann

Front|mann ⟨m.; -(e)s, -män|ner⟩ Musiker einer Band, der bei Konzerten als Sänger im Vordergrund auftritt; *oV* Frontman; →*a.* Leadsänger [engl., »Mann an der Spitze, Strohmann«]

Fron|ton ⟨[frɔ̃tɔ̃:] n.; -s, -s; Arch.⟩ = Frontispiz (2) [frz., »Giebel«]

Front|wo|man ⟨[frʌntwumən] f.; -, -wo|men [-wɪmɪn]⟩ = Frontfrau [<engl. *front* »Vorderseite, Vordergrund« + *woman* »Frau«]

Fros|ter ⟨m.; -s, -; in Kühlschränken⟩ Tiefkühlfach zum Einfrieren von Lebensmitteln

Frot|té ⟨m. od. n.; - od. -s, -s; Textilw.; schweiz. für⟩ Frottee

Frot|tee ⟨m. od. n.; - od. -s, -s; Textilw.⟩ (bes. saugfähiges) Gewebe mit gekräuselter Oberfläche; *oV* ⟨schweiz.⟩ Frotté [<frz. *frotté,* Part. Perf. zu *frotter* »reiben«]

frot|tie|ren ⟨V.⟩ zur besseren Durchblutung mit einem Tuch reiben, abreiben; *jmdn. ~; jmdm. den Rücken ~* [<frz. *frotter* »reiben«]

Frot|to|la ⟨f.; -, -s od. -to|len; Musik⟩ mehrstimmiges Tanzlied der ital. Renaissance [ital.]

Frou|frou ⟨[frufru:] n. od. m.; -; unz.; um 1900 in der Damenmode⟩ das bei der Bewegung rüschengeschmückter Taftunterröcke entstehende Geräusch bzw. das Knistern u. Rascheln weiblicher Unterwäsche überhaupt [frz., »Rascheln, Knistern«]

Fruc|to|se ⟨f.; -; unz.⟩ = Fruktose

fru|gal ⟨Adj.; geh.⟩ einfach, bescheiden, genügsam; *Ggs* opulent; *eine ~e Mahlzeit* [<lat. *frugalis* »wirtschaftlich, bieder«]

Fru|ga|li|tät ⟨f.; -; unz.; geh.⟩ frugale Beschaffenheit, Einfachheit; *Ggs* Opulenz

Fru|gi|vo|re ⟨[-vo:-] m.; -n, -n; meist Pl.; Zool.⟩ Früchtefresser; *Sy* Fruktivore [<lat. *frux,* Gen. *frugis* »Frucht« + ...*vore*]

Fruk|ti|fi|ka|ti|on ⟨f.; -, -en⟩ **1** ⟨veraltet⟩ Nutzbarmachung, Verwertung **2** Fruchtbildung [<lat. *fructus* »Frucht« + ...*fikation*]

fruk|ti|fi|zie|ren ⟨V.⟩ **1** ⟨veraltet⟩ nutzbar machen, Nutzen ziehen aus **2** Frucht ansetzen, Früchte bilden [<lat. *fructus* »Frucht« + ...*fizieren*]

Fruk|ti|vo|re ⟨[-vo:-] m.; -n, -n; meist Pl.; Zool.⟩ = Frugivore

Fruk|to|se ⟨f.; -; unz.⟩ ein einfacher Zucker, Fruchtzucker; *oV* Fructose [<lat. *frux,* Gen. *frugis* »Frucht«]

Frust ⟨m.; -s, -e; umg.; kurz für⟩ Frustration

frus|tran *auch:* **frust|ran** ⟨Adj.; geh.⟩ zu Frustration führend; *~e Erlebnisse*

Frus|tra|ti|on *auch:* **Frust|ra|ti|on** ⟨f.; -, -en⟩ **1** Vereitelung, Behinderung **2** Enttäuschung, Verdrossenheit

frus|tra|to|risch *auch:* **frust|ra|to|risch** ⟨Adj.⟩ **1** hindernd **2** auf Täuschung beruhend, enttäuschend **3** auf Täuschung bedacht [<lat. *frustrare* »vereiteln«]

frus|trie|ren *auch:* **frust|rie|ren** ⟨V.⟩ **1** *einen Plan ~* vereiteln, behindern **2** *jmdn. ~* täuschen, enttäuschen; *frustriert sein* enttäuscht, entmutigt [<lat. *frustare* »vereiteln«]

Frut|ti ⟨Pl.⟩ Früchte; *~ di Mare* kleine, mit dem Netz gefangene Meerestiere (eigtl.: Früchte des Meeres) [ital., Pl. zu *frutto* »Frucht«]

ft. ⟨Abk. für⟩ foot

Ft. ⟨Abk. für⟩ Forint

Fuch|sia ⟨[-ks-] f.; -, -si|en; Bot.⟩ = Fuchsie

Fuch|sie ⟨[fuksiə] f.; -, -si|en; Bot.⟩ Angehörige einer Gattung meist strauchförmiger Nachtkerzengewächse in Zentral- u. Südamerika, beliebte Zierpflanze mit ansehnl., strahligen Blüten; *oV* Fuchsia [nach dem Botaniker Leonhart *Fuchs,* 1501-1566]

Fuch|sin ⟨[fuk-] n.; -s; unz.; Chemie⟩ für Druckfarben u. zur Anfärbung biologischer Präparate verwendeter roter Farbstoff [nach den Blüten der *Fuchsie*]

fu|dit hat (es) gegossen (auf gegossenen Kunstwerken, Glocken usw. hinter dem Namen des Künstlers); →*a.* fecit [lat.]

fu|gal ⟨Adj.; Musik⟩ wie eine Fuge, in der Art einer Fuge

fu|ga|to ⟨Musik⟩ fugiert, nach Art einer Fuge komponiert [ital., »fugenartig«; → *Fuge*]

Fu|ga|to ⟨n.; -s, -s od. -ga|ti; Musik⟩ Musikstück od. Satz mit fugenartigem Anfang

Fu|ge ⟨f.; -, -n; Musik⟩ nach strengen Regeln aufgebautes Musikstück, bei dem ein Thema nacheinander durch alle Stimmen geführt wird, meist im Quart- od. Quintabstand [<mlat., ital. *fuga* »Wechselgang« <lat. *fuga* »Flucht«]

Fu|ghet|ta ⟨f.; -, -ghet|ten; Musik⟩ kleine, einfache Fuge [ital., Verkleinerungsform zu *fuga* »Fuge«; → *Fuge*]

fu|gie|ren ⟨V.; Musik⟩ in der Art einer Fuge komponieren

Ful|gu|rit ⟨m.; -(e)s, -e⟩ **1** infolge Blitzeinschlag in Sand durch Schmelzen gebildete, glasige Röhre, Blitzröhre **2** Erzeugnis aus Asbestzement [<lat. *fulgur* »Blitz«]

Ful|gu|ro|me|ter ⟨n.; -s, -⟩ Messgerät für Blitze [<lat. *fulgur* »Blitz« + ...*meter*]

Full|dress *auch:* **Full Dress** ⟨m.; (-) -; unz.⟩ Abendanzug, Gesellschaftskleidung [<engl. *full dress* »voller Anzug, volle Kleidung«]

Full House ⟨[- haus] n.; - -, - -s [-zɪz]⟩ Pokerblatt, das aus einmal drei u. einmal zwei gleichen Karten besteht, z. B. drei Asse u. zwei Damen [engl., eigtl. »volles Haus«]

F

Full Ser|vice ⟨[- sœ:vɪs] m.; - -, - -s; meist in Zus.⟩ Dienstleistungsunternehmen, das alle im Rahmen eines Auftrages anfallenden Arbeiten durchführt [<engl. *full* »voll, Voll...« + *Service*]

Full|speed ⟨[-spi:d]⟩ *auch:* **Full Speed** ⟨m.; (-) - od. (-) -s; unz.; umg.⟩ Fahren mit der Höchstgeschwindigkeit, die ein Auto od. ein Motorrad zu erreichen vermag [engl., »volle Geschwindigkeit«]

F

Fulltimejob / Fulltime-Job
(*Schreibung mit Bindestrich*) Zusammengesetzte Begriffe aus Fremdsprachen werden grundsätzlich wie deutsche Komposita behandelt und daher zusammengeschrieben. Allerdings kann der Schreibende zwischen den einzelnen Bestandteilen einen Bindestrich setzen, wenn einzelne Wörter hervorgehoben oder unübersichtliche Verbindungen vermieden werden sollen (→*a.* Aftershavelotion / Aftershave-Lotion).

Full|time|job *auch:* **Full|time-Job** ⟨[-taɪmdʒɔb] m.; -s, -s⟩ Ganztagsbeschäftigung, Beschäftigung, Arbeit, die jmdn. ganz beansprucht [engl.]

ful|ly fa|shioned ⟨[fulı fæʃənd]⟩ nach Fasson gestrickt (Vermerk in Strickwaren) [engl., »mit (voller) Passform«]

Ful|mar ⟨m.; -s, -e; Zool.⟩ möwenähnl. Sturmvogel der Nordmeere, Hochseebewohner: Fulmarus glacialis, Eissturmvogel

ful|mi|nant ⟨Adj.⟩ glänzend, prächtig, auffallend, großartig, üppig [<lat. *fulminans,* Part. Präs. zu *fulminare* »blitzen«]

Ful|mi|nat ⟨n.; -(e)s, -e; Chemie⟩ sehr explosives Salz der Knallsäure [<lat. *fulminare* »blitzen«; zu *fulmen* »Blitz«]

Fu|ma|ro|le ⟨f.; -, -n⟩ Gas- u. Dampfausströmungen aus Spalten erstarrender Lavamassen [<ital. *fumaruola* »kleine Öffnung im Erdboden (in vulkanischen Gegenden), aus der Dampf ausströmt«]

Fu|mi|gant ⟨m.; -en, -en⟩ zur Bodendesinfektion u. zum Vorratsschutz verwendetes Räucher- oder Begasungsmittel [zu lat. *fumicare* »beräuchern«]

Fun ⟨[fʌn] m.; -; unz.; umg.; salopp⟩ ~ *haben* Spaß haben, sich amüsieren, sich vergnügen [<engl. *fun* »Freude, Spaß«]

Func|tio|nal Food ⟨[fʌŋkʃənəl fu:d] n.; - - od. - -s; unz.⟩ Nahrungsmittel, das mit Vitaminen, Mineralien od. anderen Zusatzstoffen angereichert wird u. eine gesundheitsfördernde Wirkung ausüben soll [<engl. *functional* »funktionell« + *food* »Essen«]

Fun|da|ment ⟨n.; -(e)s, -e⟩ **1** Grundmauer **2** Platte, Sockel, worauf eine Maschine befestigt ist **3** Grundlage für weitere Entwicklung; *eine Lehre im Handwerk ist ein gutes ~ für ein technisches Studium* [<lat. *fundamentum* »Grundlage«]

fun|da|men|tal ⟨Adj.⟩ **1** das Fundament bildend, grundlegend **2** schwerwiegend; *ein ~er Irrtum*

Fun|da|men|tal|bass ⟨m.; -es, -bäs|se; Musik⟩ nur gedachter, nicht erklingender Basston, der die Harmonie konstituiert

Fun|da|men|ta|lis|mus ⟨m.; -; unz.⟩ **1** orthodox-religiöse Welt- u. Lebensanschauung, Strenggläubigkeit, Buchstabengläubigkeit **2** strenggläubige Richtung der evang. Kirche in den USA gegen Bibelkritik u. Naturwissenschaft **3** kompromissloses Beharren auf polit. Grundüberzeugungen

Fun|da|men|ta|list ⟨m.; -en, -en⟩ Anhänger, Vertreter des Fundamentalismus

fun|da|men|ta|lis|tisch ⟨Adj.⟩ auf dem Fundamentalismus beruhend, zu ihm gehörig

Fun|da|men|tal|theo|lo|gie ⟨f.; -; unz.⟩ = Apologetik

fun|da|men|tie|ren ⟨V.⟩ *eine Sache ~* für eine Sache ein Fundament legen, sie mit einem Fundament versehen

Fun|da|ti|on ⟨f.; -, -en; schweiz.⟩ Fundament, Fundamentierung, Grundlegung [<lat. *fundatio* »Gründung, Grundlegung«]

fun|die|ren ⟨V.⟩ **1** gründen, begründen; *fundiertes Wissen* fest, sicher begründetes Wissen; *fundierte Ansichten, Behauptungen* **2** mit Geldmitteln versehen, finanziell sicherstellen; *fundierte Schuld* sichergestellte Schuld (z. B. durch Grundbesitz) [<lat. *fundare* »mit einem Boden versehen, den Grund zu etwas legen«]

Fund|rai|ser ⟨[fʌndreɪzə(r)] m.; -s, -⟩ jmd., der Fundraising betreibt

Fund|rai|sing ⟨[fʌndreɪzɪŋ] n.; - od. -s; unz.; Wirtsch.⟩ Einsatz moderner Werbemethoden zur Akquirierung von Geldspenden für gemeinnützige Zwecke; *in der Vorweihnachtszeit verstärken viele Wohlfahrtsverbände die ~aktivitäten* [<engl. *fund* »Fonds, Kapital« + *raise* »wachsen; aufbringen«]

Fun|dus ⟨m.; -, -⟩ **1** Bestand, Grundlage, Grundstock; *Geld~* **2** ⟨Theat.⟩ Bestand der Ausstattungsstücke eines Theaters; *Kostüm~* [lat., »Boden, Grundstück u. Einkünfte daraus«]

fu|ne|bre *auch:* **fu|neb|re** ⟨[fynɛ:brə] Musik⟩ traurig, düster (zu spielen) [<frz. *funèbre* <lat. *funebris* »zum Leichenbegängnis gehörig«; → *Funeralien*]

Fu|ne|ra|li|en ⟨Pl.⟩ Leichenbegängnis, Trauerfeier [<lat. *funus,* Gen. *funeris* »Leichenbegängnis, Bestattung«]

Fun|gi ⟨Pl.; in der Pflanzensystematik Bez. für⟩ echte Pilze [lat. *fungus,* Pl. *fungi* »Pilz«]

fun|gi|bel ⟨Adj.⟩ vertretbar; *fungible Sache* bewegl. Sache, die im Rechtsverkehr nach Maß, Zahl u. Gewicht bestimmt wird [<lat. *fungi* »verrichten, leisten, entrichten«]

Fun|gi|bi|li|tät ⟨f.; -; unz.⟩ fungible Beschaffenheit

fun|gie|ren ⟨V.⟩ **1** *jmd. fungiert als etwas* verrichtet ein Amt; *er hat beim Handball oft als Schiedsrichter fungiert* **2** *etwas fungiert als* wirkt wie; *ein Keilriemen fungiert als Transmission* [<lat. *fungi* »verrichten, besorgen, leisten«]

Fun|gi|sta|ti|kum *auch:* **Fun|gis|ta|ti|kum** ⟨n.; -s, -ti|ka; Pharm.⟩ Mittel, das Pilzwachstum u.

Pilzvermehrung hemmt [<*Fungi* + grch. *stasis* »Stillstehen«]

fun|gi|sta|tisch *auch:* **fun|gis|ta|tisch** ⟨Adj.; Pharm.⟩ das Pilzwachstum hemmend

fun|gi|zid ⟨Adj.; Med.⟩ Pilze vernichtend, Pilze tötend [<lat. *fungus* »Pilz« + ...*zid*[1]]

Fun|gi|zid ⟨n.; -(e)s, -e; Pharm.⟩ Mittel zur Pilzvernichtung

fun|gös ⟨Adj.; Med.⟩ schwammig [zu lat. *fungus* »Pilz«]

Fun|go|si|tät ⟨f.; -; unz.; Med.⟩ schwammige Beschaffenheit [<lat. *fungus* »Pilz«]

Fun|gus ⟨m.; -, Fun|gi; Med.⟩ tuberkulöse, schwammige Geschwulst an Gelenken [lat., »Pilz«]

fu|ni|ku|lär ⟨Adj.; Med.⟩ einen Gewebestrang betreffend, zu ihm gehörend [<lat. *funiculus* »dünnes Seil«]

Fu|ni|ku|li|tis ⟨f.; -, -ti|den; Med.⟩ Samenstrangentzündung; *Sy* Spermatitis [<lat. *funis* »Seil, Strang« + ...*itis*]

Funk ⟨[fʌŋk] m.; - od. -s; unz.; Musik⟩ Stilrichtung der Popmusik mit gleichbleibendem Rhythmus u. intonationslosen Melodien [amerikan.; zu *funky* »stinkend, schmutzig«]

Fun|kie ⟨[-kjə] f.; -, -n; Bot.⟩ Liliengewächs, Gartenzierpflanze mit weißem, blauen od. violetten Blütentrauben: Hosta [nach dem Apotheker H. Chr. *Funk,* 1771-1839]

fun|kig ⟨[fʌŋ-] Adj.⟩ **1** ⟨Musik⟩ in der Art des Funk, dem Funk ähnlich, entsprechend **2** ⟨allg.⟩ = cool [→ *funky*]

Funk|kol|leg ⟨n.; -s, -s od. -gi|en; Päd.⟩ von den Rundfunkanstalten gesendete Vorlesungen zum Selbststudium

Funk|spot ⟨[-spɔt] m.; -s, -s⟩ kurzer, ca. 10-30 Sekunden dauernder Beitrag im Hörfunk, in dem für ein Produkt od. eine Veranstaltung geworben wird [→ *Spot*]

Funk|ti|on ⟨f.; -, -en⟩ **1** Tätigkeit, Wirksamkeit; *die ~ des Herzens, der Schilddrüse; in ~ treten* zu arbeiten beginnen, tätig werden; *jmd. hat eine ~* ein Amt, eine Aufgabe (innerhalb einer Gemeinschaft); *etwas, ein Maschinenteil hat eine ~* einen Zweck **2** ⟨Math.; Logik⟩ gesetzmäßige u. eindeutige Zuordnung der Elemente zweier verschiedener Mengen zueinander **2.1** ⟨Zeichentheorie⟩ *~ eines Zeichens* Zuordnung einer Bedeutung zu einer in Lautzeichen, Buchstaben od. Symbolen dargestellten Form **2.2** ⟨Kyb.⟩ aus der Beziehung zwischen Eingabe u. Ausgabe eines dynamischen Systems zu erschließendes Verhalten des Systems [<lat. *functio* »Verrichtung«]

funk|ti|o|nal ⟨Adj.; selten für⟩ funktionell

Funk|ti|o|nal ⟨n.; -s, -e; Math.⟩ Abbildung von Elementen einer beliebigen Menge M (z. B. Vektoren, Kurven, Punkte) in die Menge der reellen od. komplexen Zahlen [→ *Funktion*]

funk|ti|o|na|li|sie|ren ⟨V.⟩ einer bestimmten Funktion entsprechend (rationell) gestalten

Funk|ti|o|na|lis|mus ⟨m.; -; unz.⟩ **1** Richtung der Baukunst, die bei der Gestaltung eines Gebäudes nur dessen Zweck berücksichtigt **2** Richtung der Völkerkunde, die in der Erforschung u. Darstellung der inneren Abhängigkeit der einzelnen Elemente einer Kultur voneinander u. daraus abzuleitender allgemeingültiger Gesetze von Kulturen das Ziel der Völkerkunde sieht

Funk|ti|o|na|list ⟨m.; -en, -en⟩ Anhänger, Vertreter des Funktionalismus

funk|ti|o|na|lis|tisch ⟨Adj.⟩ zum Funktionalismus gehörend, auf ihm beruhend

Funk|ti|o|na|li|tät ⟨f.; -; unz.⟩ funktionelle Beschaffenheit, Wirksamkeit, Zweckmäßigkeit [→ *funktionell*]

Funk|ti|o|När ⟨m.; -s, -e⟩ Beauftragter; *~ eines Vereins, Verbandes, einer Partei od. Gewerkschaft* [<frz. *fonctionnaire* »Beamter«; beeinflusst von *Funktion*]

funk|ti|o|nell ⟨Adj.⟩ **1** ⟨allg.⟩ eine Funktion betreffend, auf einer Funktion beruhend **2** ⟨Med.⟩ *~e Erkrankung* auf gestörter Funktion eines Organs beruhende Erkrankung **3** ⟨Chemie⟩ *~e Gruppe* eine Anordnung von Atomen, die das Verhalten zahlreicher Moleküle, in denen sie auftritt, durch die von ihr bestimmten chem. Reaktionen prägt [<frz. *fonctionnel* »funktionell«; beeinflusst von *Funktion*]

funk|ti|o|nie|ren ⟨V.⟩ ordnungsgemäß, richtig arbeiten, einer bestimmten Funktion entsprechend wirksam sein; *die Maschine funktioniert gut, schlecht, nicht* [<frz. *fonctionner* »funktionieren«; beeinflusst von *Funktion*]

Funk|ti|ons|leis|te ⟨f.; -, -n; EDV⟩ Leiste mit Symbolen auf dem Computerbildschirm, durch deren Anklicken bestimmte Funktionen des Programms aktiviert werden, z. B. Änderungen der Schriftart, Ausdruck des Dokuments u. Ä.

Funk|ti|ons|verb ⟨[-vɛrb] n.; -s, -en; Gramm.⟩ fest mit einem Substantiv verbundenes Verb, das seine Eigenbedeutung eingebüßt hat, z. B. Beachtung »finden«, in Erfüllung »gehen«

Funk|tiv ⟨n.; -s, -e [-və]; Sprachw.⟩ (in der strukturalist. Sprachanalyse L. Hjelmslevs) jedes der zwei Glieder einer Funktion

Funk|tor ⟨m.; -s, -to|ren⟩ logisches Element, mit dessen Hilfe aus logischen Ausdrücken andere erzeugt werden, z. B. »und«, »oder«

fun|ky ⟨[fʌŋkɪ] Adj.; salopp⟩ **1** ⟨allg.⟩ modern, modisch, interessant, toll **2** ⟨Musik⟩ in der Art des Funks [engl.]

Fun|sport ⟨[fʌn-] m.; -s; unz.⟩ Sportart, bei der Spaß an der sportlichen Betätigung u. Entspannung im Vordergrund stehen u. Wettbewerbe bzw. Leistungsdruck (im Gegensatz zu anderen Sportarten) nebensächlich sind; *Beachvolleyball hat sich zu einem beliebten ~ entwickelt* [<engl. *fun* »Spaß« + *Sport*]

Fun|sport|ler ⟨[fʌn-] m.; -s, -⟩ jmd., der eine Funsportart betreibt

Fu|ra|ge ⟨[-ʒə] f.; -; unz.; Mil.⟩ = Fourage

F

fu|ra|gie|ren ⟨[-ʒiː-] V.; Mil.⟩ = fouragieren

Fu|ran ⟨n.; -s; unz.; Chemie⟩ organ.-chem. Verbindung mit heterocyclisch gebundenem Sauerstoffatom u. chloroformartigem Geruch, durch Oxidation des Furfurols gewonnen, lässt sich zu Tetrahydrofuran, einem sehr wichtigen Lösungsmittel, hydrieren [<lat. *furfur* »Kleie«]

Fur|fu|rol ⟨n.; -s; unz.; Chemie⟩ **1** Aldehyd des Furans, eine ölige Flüssigkeit von aromat. Geruch, findet sich in Kleie, Holz u. Stroh, Fuselöl u. Holzessig **2** Furfurylaldehyd [<lat. *furfur* »Kleie« + *...ol*]

Fur|fu|ryl ⟨n.; -s; unz.; Chemie⟩ der von Furan abgeleitete Rest C_4H_3O-, z. B. im Furfurylaldehyd (Furfurol) [<lat. *furfur* »Kleie« + *...yl*]

Fu|ri|ant ⟨m.; -s, -s; Musik⟩ schneller böhm. Volkstanz im $^2/_4$- od. $^3/_4$-Takt [<lat. *furians,* Part. Präs. zu *furiare* »in Raserei versetzen«; zu *furia* »Raserei«]

fu|ri|bund ⟨Adj.; Med.⟩ tobsüchtig, rasend [<lat. *furibundus*]

Fu|rie ⟨[-riə] f.; -, -n⟩ **1** röm. Rachegöttin; *er floh wie von (den) ~n gehetzt;* → *a.* Erinnye **2** böse, zänkische Person [<lat. *Furia;* zu *fura* »Wut, Raserei«]

Fu|rier ⟨m.; -s, -e; Mil.; früher⟩ = Fourier

fu|ri|os ⟨Adj.⟩ wütend, hitzig, leidenschaftlich [<lat. *furiosus*]

fu|ri|o|so ⟨Musik⟩ wild-leidenschaftlich (zu spielen) [ital., »sehr heftig, rasend«]

Fu|ri|o|so ⟨n.; -s, -s od. -si; Musik⟩ Musikstück od. Teil eines solchen in leidenschaftl. Tempo [→ *furioso*]

Fur|nier ⟨n.; -s, -e⟩ dünnes Deckblatt aus edlem Holz, das auf weniger wertvollem Holz befestigt wird (z. B. bei Möbeln) [→ *furnieren*]

fur|nie|ren ⟨V.⟩ mit Furnier versehen, bedecken [<frz. *fournir* »versehen, ausstatten«]

Fu|ror ⟨m.; -s; unz.⟩ Wut, Raserei; ~ *teutonicus* wilder Kampfesmut, Wildheit der Teutonen, von dem römischen Dichter Lucanus (1. Jh. n. Chr.) für die Kampfentschlossenheit der Teutonen geprägter Ausdruck [lat.]

Fu|ro|re ⟨f.; -; unz. od. n.; -s; unz.⟩ ~ *machen* Aufsehen erregen, großen Erfolg haben [ital., »Raserei«]

Fu|run|kel ⟨m. od. n.; -s, -; Med.⟩ durch Trauben- od. Kettenkokken hervorgerufene, eitrige Entzündung eines Haarbalgs u. seiner Talgdrüse [<lat. *furunculus* »Spitzbube; Nebentrieb am Rebstock; Furunkel«, Verkleinerungsform zu *fur* »Dieb«]

Fu|sel ⟨m.; -s, -⟩ Fuselöl enthaltender, schlechter Branntwein [<lat. *fusile* »das Flüssige«; zu *fundere* »gießen«]

Fü|si|lier ⟨m.; -s, -e⟩ **1** ⟨17. Jh.⟩ frz. Infanterist mit Steinschlossgewehr **2** ⟨danach⟩ Schütze der leichten Infanterie **3** ⟨bis 1918⟩ unterster Dienstgrad der deutschen Füsilierregimenter u. -bataillone [<frz. *fusilier* »Füsilier«; zu *fusil* »Flinte, Gewehr«]

fü|si|lie|ren ⟨V.; Mil.⟩ standrechtlich erschießen; *Soldaten, Meuterer* ~ [<frz. *fusilier* »erschießen«; zu *fusil* »Flinte«]

Fü|sil|la|de ⟨f.; -, -n; Mil.⟩ standrechtl. Massenerschießung von Soldaten [<frz. *fusillade* »Gewehrfeuer, Schießerei«; zu *fusil* »Flinte, Gewehr«]

Fu|si|on ⟨f.; -, -en⟩ Vereinigung, Verschmelzung; ~ *von mehreren Firmen;* ~ *von Zellen od. Chromosomen;* ~ *von mehreren Atomkernen* [<lat. *fusio* »Guss«]

fu|si|o|nie|ren ⟨V.⟩ **1** verschmelzen (Atomkerne) **2** sich vereinigen (z. B. Unternehmen, Kapitalgesellschaften)

Fu|si|ons|re|ak|tor ⟨m.; -s, -en; Kernphysik⟩ physikal. Apparat zur Erzeugung von Energie durch Verschmelzung leichter Atomkerne zu schwereren

Fu|sit ⟨m.; -(e)s; unz.⟩ faseriger, noch deutlich holziger Gefügebestandteil der Kohle [<lat. *fusio* »Guss«]

Fus|ta|ge ⟨[-ʒə] f.; -, -n⟩ = Fastage

Fus|ta|nel|la ⟨f.; -, -nel|len⟩ bis zu den Knien reichender, weißer, baumwollener Männerrock, der in Griechenland u. Albanien getragen wird, Albanerhemd [<frz. *fustanelle* <türk. *fustan* »Rock«, nach *Fostat* = Kairo, wo dieses Kleidungsstück zum ersten Mal angefertigt wurde]

Fus|ti ⟨Pl.⟩ **1** Unreinheiten, Abfall einer Ware **2** Preisnachlass, Vergünstigung für diese [ital., Pl. zu *fusto* »Steil, Stängel«]

Fus|tik|holz ⟨n.; -es, -höl|zer⟩ zur Farbstoffgewinnung geeignetes Holz, Gelbholz; *junges* ~ Fisettholz; *echtes od. altes* ~ Holz des Maulbeergewächses: Chlorophoras tinctoria, ein Baum des trop. Amerika [<mlat. *fustetum* »Gerber- od. Färberbaum« <lat. *fustis* »Knüppel«]

Fu|thark ⟨[fuːθark] n.; -s, -e⟩ die Runenreihe, das Runenalphabet [<skand., nach den ersten sechs Buchstaben: *f, u, þ = (th), o = (a), r, c = (k)*]

fu|tie|ren ⟨V.; geh.; schweiz.⟩ = foutieren

fu|til ⟨Adj.⟩ unbedeutend, nichtig, wertlos [<lat. *fut(t)ilis* »durchlässig; nichtig«]

Fu|ti|li|tät ⟨f.; -, -en⟩ Nichtigkeit, unbedeutende Kleinigkeit [<lat. *fut(t)ilitas* »Nichtigkeit«]

Fu|ton ⟨m.; -s, -s⟩ aus Japan stammende Art einer aus Baumwolle gefertigten, hartgepolsterten Schlafmatte [jap.]

Fut|te|ral ⟨n.; -s, -e⟩ dem aufzunehmenden Gegenstand in der Form angepasstes Behältnis aus Leder od. Kunststoff, Hülle; *Brillen*~ [<mlat. *fotrale, futrale* »Scheide, Kapsel«]

Fu|tur ⟨n.; -s, -e; Gramm.⟩ = Futurum

Fu|tu|ra ⟨f.; -; unz.; Typ.⟩ schlanke, sehr feine Groteskschrift [lat., Fem. zu *futurus* »zukünftig«]

Fu|ture ⟨[fjuːtʃə(r)] m.; -s, -s; Wirtsch.⟩ eine Form des Warentermingeschäfts, bei der der jeweilige Titel an der Börse gehandelt wird [engl., eigtl. »Zukunft«]

fu|tu|risch ⟨Adj.; Gramm.⟩ in der Form des Futurums

Fu|tu|ris|mus ⟨m.; -; unz.⟩ von Italien ausgehende Kunstrichtung (bes. in Malerei u. Dichtung) vor dem 1. Weltkrieg, radikale Form des Expressionismus, die Krieg u. Technik verherrlicht

(Darstellung des Maschinenzeitalters) u. alle überlieferten Formen ablehnt, z. B. das Nacheinander von Geschehnissen nebeneinander in einem Bilde vereinigt (Malerei), Wörter u. Laute als reinen Ausdruck des Inneren aneinanderreiht usw. [→ *Futurum*]

Fu|tu|rist ⟨m.; -en, -en⟩ Vertreter, Anhänger des Futurismus

Fu|tu|ris|tik ⟨f.; -; unz.⟩ = Futurologie

fu|tu|ris|tisch ⟨Adj.⟩ **1** ⟨i. e. S.⟩ zum Futurismus gehörend, auf ihm beruhend **2** die Futurologie betreffend **3** ⟨i. w. S.⟩ in die Zukunft weisend; *ein ~er Entwurf; ein ~es Design*

Fu|tu|ro|lo|ge ⟨m.; -n, -n⟩ Wissenschaftler auf dem Gebiet der Futurologie, Zukunftsforscher

Fu|tu|ro|lo|gie ⟨f.; -; unz.⟩ systematische u. kritische Behandlung von Fragen, die sich aus der voraussichtlichen Entwicklung der Menschheit ergeben, Zukunftsforschung; *Sy* Futuristik [<*Futurum* + ...*logie*]

Fu|tu|ro|lo|gin ⟨f.; -, -gin|nen⟩ Wissenschaftlerin auf dem Gebiet der Futurologie, Zukunftsforscherin

fu|tu|ro|lo|gisch ⟨Adj.⟩ die Futurologie betreffend, zu ihr gehörend

Fu|tu|rum ⟨n.; -s, -tu|ra; Gramm.⟩ *oV* Futur **1** *erstes (einfaches) ~* Zeitform des Verbums (Zukunft), die ein zukünftiges Geschehen bezeichnet, z. B. »ich werde gehen« **2** *zweites ~, ~ exactum* Zeitform des Verbums (vollendete Zukunft), die ein in der Zukunft vollendetes Geschehen bezeichnet, z. B. »ich werde gegangen sein« [lat., »das Zukünftige«]

Fuz|zy|lo|gic ⟨[fʌzılɔdʒık]⟩ *auch:* **Fuz|zy Lo|gic** ⟨f.; (-) -; unz.; Philos.⟩ = Fuzzylogik

Fuz|zy|lo|gik ⟨[fʌzı-] f.; -; unz.; Philos.⟩ Logik, bei der (im Gegensatz zur normalen Logik) für Elemente keine exakte Mengenzugehörigkeit u. für Regeln keine exakten Vorschriften existieren; *oV* Fuzzylogic; →*a.* Fuzzytheorie [<engl. *fuzzy* »unklar, verschwommen« + *Logik*]

Fuz|zy|the|o|rie ⟨[fʌzı-] f.; -; unz.; EDV⟩ bei Computersystemen mit künstlicher Intelligenz angewandter Ansatz der Simulierung menschl. Denkens u. Handelns auf der Grundlage der Fuzzylogik [<engl. *fuzzy* »unklar, verschwommen« + *Theorie*]

fz ⟨Musik; Abk. für⟩ forzando, forzato

F

g ⟨Abk. für⟩ Gramm

G ⟨bei Maßeinheiten Zeichen für⟩ Giga…

Ga ⟨chem. Zeichen für⟩ Gallium

Ga|bar|di|ne ⟨[-din(ə)] m.; -s; unz. od. f.; -; unz.; Textilw.⟩ fein gerippter Mantel- od. Kleiderstoff [nach der frz. Firma *Gabartin*]

Gab|bro *auch:* **Gabb|ro** ⟨m.; -s; unz.; Min.⟩ dunkelgraues bis schwarzes, meist mittel- bis grobkörniges Tiefengestein [ital., »korsischer Grünstein«]

GAD ⟨Abk. für engl.⟩ Generalized Anxiety Disorder (generalisierte Angststörung)

Gad|get ⟨[gædʒɪt] n.; -s, -s⟩ Werbeartikel, der z. B. einem Einkäufer als Beigabe kostenlos offeriert wird; *Sy* Gimmick [engl., »Apparat, Gerät, technische Spielerei«]

Ga|do|li|nit ⟨m.; -s, -e; Min.⟩ ein Mineral der seltenen Erden, aus dem das Metall Gadolinium erstmals isoliert wurde

Ga|do|li|ni|um ⟨n.; -s; unz.; chem. Zeichen: Gd⟩ chemisches Element aus der Reihe der Metalle der seltenen Erden, Ordnungszahl 64 [nach dem finn. Chemiker J. *Gadolin,* 1760-1852]

Gag ⟨[gæg] m.; -s, -s; Film; Komödie⟩ überraschender, witziger, effektvoller, dramaturgisch nicht notwendiger Einfall [engl., »komische Improvisation, Ulk«]

ga|ga ⟨Adj.; undekl.; umg.⟩ (aufgrund des Alters) vertrottelt, einfältig, weltfremd; *er ist schon ein bisschen ~; ~ reden* [frz.]

Ga|gat ⟨m.; -(e)s, -e; Min.⟩ = Jett [<mhd. *gagates* <grch.-lat. *gagates* »Glanzkohle«; nach dem Fluss u. der Stadt *Gagas* in Lykien]

Ga|ge ⟨[gaːʒə] f.; -, -n⟩ Gehalt (von Künstlern) [frz., »Pfand, Lohn« <fränk. *kwaddi* <germ. **wadja* »Handgeld, Unterpfand«]

Gag|ger ⟨[gægə(r)] m.; -s, -; Film; TV⟩ jmd., der Gags erfindet; *Sy* Gagman

Ga|gli|ar|de *auch:* **Gag|li|ar|de** ⟨[-ljar-] f.; -, -n; Musik⟩ = Gaillarde [<ital. *gagliarda* <frz. *gaillard* »lustig, ausgelassen«]

Gag|man ⟨[gægmæn] m.; -s, -men [-mən]⟩ Gagger

Gah|nit ⟨m.; -s, -e; Min.⟩ dunkelgrünes bis schwarzes Mineral; *Sy* Zinkspinell [nach dem schwed. Chemiker J. G. *Gahn,* 1745-1818]

Gail|lar|de ⟨[-jardə] f.; -, -n; Musik⟩ *oV* Gagliarde **1** altital. Springtanz im $^3/_4$-Takt **2** Satz der Suite [frz., Fem. zu *gaillard* »lustig, munter«]

Gal ⟨n.; -s, -⟩ veraltete Maßeinheit der Beschleunigung, 1 Gal = 1 cm/s^2 [nach dem ital. Naturforscher Galileio *Galilei,* 1564-1642]

Ga|la ⟨f.; -; unz.⟩ **1** Festkleidung, Festuniform **2** festliche Aufführung am Abend; *Opern~* [span., »Kleiderpracht« <arab. *chila* »Ehrengewand, wie es morgendländ. Herrscher ihren Günstlingen schenken«]

Ga|lak|ta|go|gum ⟨n.; -s, -go|ga; Med.⟩ Mittel, das die Milchabsonderung bei Wöchnerinnen fördert [<grch. *gala,* Gen. *galaktos* »Milch« + *agogos* »herbeiführend«]

ga|lak|tisch ⟨Adj.⟩ zur Galaxis gehörig

ga|lak|to…, Ga|lak|to… ⟨in Zus.⟩ milch…, Milch…, milchartig; *Galaktometer; Galaktose* [<grch. *gala,* Gen. *galaktos* »Milch«]

Ga|lak|to|me|ter ⟨n.; -s, -⟩ = Laktodensimeter

Ga|lak|tor|rhö ⟨f.; -, -en; Med.⟩ krankhaft vermehrte Milchabsonderung, Milchfluss [<grch. *gala,* Gen. *galaktos* »Milch« + …*rrhö*]

Ga|lak|tos|ä|mie *auch:* **Ga|lak|to|sä|mie** ⟨f.; -; unz.; Med.⟩ erbliche, durch das Fehlen eines Enzyms bedingte Störung des Galaktosestoffwechsels, die zu gefährlichen Organveränderungen führt [<grch. *gala,* Gen. *galaktos* »Milch« + …*ämie*]

Ga|lak|to|se ⟨f.; -, -n⟩ eine Aldohexose (Zuckerart), die bei der hydrolyt. Spaltung von Milchsäure entsteht [<grch. *gala,* Gen. *galaktos* »Milch«]

Ga|lak|to|sta|se *auch:* **Ga|lak|tos|ta|se** ⟨f.; -, -n; Med.⟩ Milchstauung [<grch. *gala,* Gen. *galaktos* »Milch« + …*stase*]

Ga|lak|to|ze|le ⟨f.; -, -n; Med.⟩ Milchzyste (bei der Milchstauung in den Brustdrüsen) [<grch. *gala,* Gen. *galaktos* »Milch« + *kele* »Bruch«]

Ga|la|lith ⟨n.; -s; unz.⟩ Kunststoff aus gequollenem u. mit Formaldehyd gehärtetem Casein, hornähnlich und nicht brennbar [<grch. *gala* »Milch« + …*lith*]

Ga|lan ⟨m.; -s, -e⟩ vornehm auftretender Liebhaber; *als ~ auftreten; sich wie ein ~ benehmen* [<span. *galano* »in Gala gekleidet, höfisch, artig«; → *Gala*]

ga|lant ⟨Adj.⟩ höflich, ritterlich, rücksichtsvoll, zuvorkommend (gegen Damen) [frz., »artig, höflich, liebenswürdig«]

Ga|lan|te|rie ⟨f.; -, -n⟩ **1** ⟨unz.⟩ galantes Verhalten **2** ⟨zählb.⟩ galante Bemerkung [frz., »Zuvorkommenheit, Liebenswürdigkeit«]

Ga|la|xie ⟨f.; -, -n; Astron.⟩ *oV* Galaxis **1** ⟨unz.⟩ die Milchstraße **2** ⟨zählb.⟩ eines der selbstständigen Sternsysteme außerhalb unseres eigenen Milchstraßen- od. galaktischen Systems im Weltall [<grch. *gala,* Gen. *galaktos* »Milch«]

Ga|la|xis ⟨f.; -, -xi|en; Astron.⟩ = Galaxie

Ga|le|as|se ⟨f.; -, -n⟩ kleines, anderthalbmastiges Küstenfrachtsegelschiff der Ostsee; *oV* Galjass [<frz. *galéace,* ital. *galeazza* <mlat. *galeass* »Ruderschiff«]

Ga|lee|re ⟨f.; -, -n⟩ **1** mittelalterl. langes Ruderschiff, meist mit mehreren Ruderbänken übereinander **2** Galeerenstrafe [<ital. *galera* <mlat. *galea* »Ruderschiff«]

Ga|le|nik ⟨f.; -; unz.; Pharm.⟩ (Lehre von der) Herstellung der Arzneimittel

Ga|le|ni|kum ⟨n.; -s, -ni|ka; Pharm.⟩ vom Apotheker nach den Vorschriften des Arzneibuches od. des Arztes zubereitetes Arzneimittel (im Gegensatz zu den Rohdrogen u. den fertigen Arzneispezialitäten der Industrie) [nach dem röm. Arzt *Galenus,* 129-199 n. Chr.]

ga|le|nisch ⟨Adj.⟩ **1** den röm. Arzt Galen betreffend, von ihm stammend **2** aus einem Galenikum zubereitet

Ga|le|nit ⟨m.; -s, -e; Min.⟩ bleigrau glänzendes Mineral, Bleiglanz, chem. Bleisulfid, PbS [<lat. *galena*]

Ga|le|o|ne ⟨f.; -, -n⟩ mittelalterl. drei- bis viermastiges Kriegs- u. Handelsschiff mit drei bis vier Decks; *oV* Galione, Gallione [ital.; zu mlat. *galea* »Ruderschiff«]

Ga|le|ot ⟨m.; -en, -en⟩ Galeerensklave [→ *Galeere*]

Ga|le|o|te ⟨f.; -, -n⟩ kleines, einmastiges Küstensegelschiff; *oV* Galiote [<ital. *galeotta* <mlat. *galea* »Ruderschiff«]

Ga|le|rie ⟨f.; -, -n⟩ **1** (in Kirchen, Schlössern, im oberen Teil eines Saales) langer, an einer Seite offener od. verglaster Gang **2** Laufgang mit Schießscharten (an Festungen) **3** ⟨Theat.⟩ oberster Rang **4** balkonartiger Aufbau (am Heck von Kriegsschiffen) **5** ⟨Mal.⟩ Sammlung von Kunstwerken, bes. Gemälden *(Bilder~; Gemälde~)* sowie das Gebäude dafür **6** an einer Längsseite mit Öffnungen versehener Tunnel **7** ⟨österr. Gaunerspr.⟩ die Verbrecherwelt [frz., »gedeckter Gang«]

Ga|le|rie|wald ⟨m.; -es, -wäl|der; Geogr.⟩ an das Grundwasser von Flüssen u. an das an steilen Hängen auftretende Sickerwasser gebundener Waldstreifen in subtropischen Savannen- u. Steppengebieten

Ga|le|rist ⟨m.; -en, -en⟩ **1** Besitzer einer Gemäldesammlung **2** Veranstalter einer Verkaufsausstellung von Kunstgegenständen **3** ⟨österr. Gaunerspr.⟩ Angehöriger der Verbrecherwelt, der Unterwelt [→ *Galerie*]

Ga|le|ris|tin ⟨f.; -, -tin|nen⟩ **1** Besitzerin einer Gemäldesammlung **2** Veranstalterin von Verkaufsausstellungen von Kunstgegenständen [→ *Galerie*]

Gal|gant ⟨m.; -s; unz.; Bot.⟩ = Galgantwurzel

Gal|gant|wur|zel ⟨f.; -, -n; Bot.⟩ *Sy* Galgant **1** südchines. Ingwerpflanze, Fieberwurzel (für Heilzwecke verwendet), Wurzel des Ingwergewächses: Alpinia officinarum **2** appetitanregendes Mittel u. Gewürz: Rhizoma galangas [<ahd. *galgan* <mlat. *galanga* <arab.-pers. *chalandschan*]

Ga|li|ma|thi|as ⟨m. od. n.; -; unz.⟩ verworrenes Geschwätz, Gerede; *oV* Gallimathias [<frz. *galimatias* »verworrenes Geschwätz« <lat. *gallimathia,* eigtl. »Wissen eines Hahns«, <lat. *gallus* »Hahn; Disputant bei den Doktordissertationen der Pariser Universität im 16. Jh.« + grch. *matheia* »Wissen«]

Ga|li|on ⟨n.; -s, -s; früher⟩ erkerartiger Vorbau am Bug eines Holzschiffes; *oV* Gallion [<span. *galeón* »großes Schiff« <mlat. *galea* »Ruderschiff«]

Ga|li|o|ne ⟨f.; -, -n⟩ = Galeone

Ga|li|ons|fi|gur ⟨f.; -, -en⟩ **1** geschnitzte, meist weibl. Figur am Galion **2** ⟨fig.; umg.⟩ allgemein bekannte Person, die eine werbewirksame Position (an der Spitze einer Partei, einer Organisation o. Ä.) einnimmt

Ga|li|o|te ⟨f.; -, -n⟩ = Galeote

Ga|li|pot ⟨[-po:] m.; -s; unz.⟩ in festem Zustande gesammeltes Harz der Nadelbäume, Scharrharz, meistens von der Seestrandkiefer (Pinus pinaster); *oV* Gallipot [frz., »Fichtenharz«]

Ga|li|um ⟨n.; -s; unz.; Bot.⟩ Labkraut (Rötegewächs) [<grch. *galion* »Taubnessel«; zu *gala* »Milch«]

Gal|jass ⟨f.; -, -jas|sen⟩ = Galease

Gal|lat ⟨n.; -s, -e; Chemie⟩ Salz od. Ester der Gallussäure

Gal|le|ria ⟨f.; -, -s; Arch.⟩ hallenähnlicher Glasbau, der mehrere Gebäudeteile od. Räume miteinander verbindet (häufig als Einkaufszentrum) [ital., »Tunnel, Passage, Galerie«]

Gal|lert ⟨n.; -s, -e⟩ zähe, durchsichtige Masse, die entweder aus Gelatine od. durch Auskochen u. anschließendes starkes Einkochen von Fleischsaft bzw. Knochenbrühe gewonnen wird u. beim Erkalten erstarrt; *oV* Gallerte; *Sy* Gelee (2), Glace [zu mhd. *galreide, galrede, galered* <spätlat. *gelatria, geladia* <lat. *gelata* »gefroren«; zu *gelare* »gefrieren machen«]

Gal|ler|te ⟨f.; -, -n⟩ = Gallert

gal|ler|tig ⟨a. ['---] Adj.⟩ aus Gallert bestehend

Gal|li|er ⟨m.; -s, -; histor.⟩ Einwohner Galliens [nach der lat. Bezeichnung *Gallia* für Frankreich]

gal|li|ka|nisch ⟨Adj.⟩ den Gallikanismus betreffend, zu ihm gehörig; *~er Gesang* Choral der merowing. Kirche vor der Einführung des gregorian. Chorals; *~e Kirche* die kath. Kirche in Frankreich vor der Französ. Revolution; *~e Liturgie* die französ. Sonderform des gregorian. Chorals im MA [nach *Gallia,* der lat. Bezeichnung für Frankreich]

Gal|li|ka|nis|mus ⟨m.; -; unz.⟩ **1** die Selbstständigkeitsbestrebungen der gallikan. Kirche **2** die gallikan. Kirche

Gal|li|ma|thi|as ⟨m. od. n.; -; unz.⟩ = Galimathias

Gal|li|on ⟨n.; -s, -s⟩ = Galion

Gal|li|o|ne ⟨f.; -, -n⟩ = Galeone

Gal|li|pot ⟨[-po:] m.; -s; unz.⟩ = Galipot

gal|lisch ⟨Adj.⟩ Gallien betreffend, aus ihm stammend, zu ihm gehörig; *~er Hahn* Wappentier Frankreichs während der Französ. Revolution, Sinnbild französ. Geistes u. geistreichen Witzes [<lat. *gallus* »Gallier; Hahn«]

gal|li|sie|ren ⟨V.⟩ *Most ~* mit Zucker versetzen [nach dem Erfinder des Verfahrens, L. *Gall* (1851)]

Gal|li|um ⟨n.; -s; unz.; chem. Zeichen: Ga⟩ seltenes Metall, chemisches Element, Ordnungszahl 31 [nach *Gallia,* der lat. Bezeichnung für Frankreich]

Gal|li|zis|mus ⟨m.; -, -zis|men⟩ in eine andere Sprache übernommene frz. Spracheigentümlichkeit [nach *Gallia,* der lat. Bezeichnung für Frankreich]

Gal|lo|ma|nie ⟨f.; -; unz.⟩ = Frankomanie [<*gallia,* der lat. Be-

G

zeichnung für Frankreich + *Manie*]

Gal|lon ⟨[gælən] m. od. n.; -s, -s⟩ = Gallone

Gal|lo|ne ⟨f.; -, -n⟩ altes engl. Hohlmaß, etwa 4,5 l; *oV* Gallon [<engl. *gallon*]

gal|lo|phil ⟨Adj.⟩ = frankophil

Gal|lo|phi|lie ⟨f.; -; unz.⟩ = Frankophilie [<*Gallia,* der lat. Bezeichnung für Frankreich + ...*philie*]

gal|lo|phob ⟨Adj.⟩ = frankophob

Gal|lo|pho|bie ⟨f.; -; unz.⟩ = Frankophobie [nach *Gallia,* der lat. Bezeichnung für Frankreich + *Phobie*]

G

gal|lo|ro|ma|nisch ⟨Adj.⟩ *~e Sprache* aus der Vermischung der gallischen Sprache mit dem Vulgärlatein entstandene Sprache, Vorstufe des Altfranzösischen [nach *Gallia,* der lat. Bez. für Frankreich + *romanisch*]

Gal|lo|way ⟨[gæləwɛɪ] n.; -s, -s; Zool.⟩ robuste Rinderrasse [nach der schott. Landschaft *Galloway*]

Gal|lup|me|tho|de *auch:* **Gal|lup-Me|tho|de** ⟨a. [gæləp-] f.; -; unz.⟩ Methode der repräsentativen Meinungsumfrage, die auf der Auswertung systematischer Stichproben beruht [nach dem US-Amerikaner G. H. *Gallup,* 1901-1984]

Gal|lus|säu|re ⟨f.; -; unz.⟩ organ. Säure, die in zahlreichen Pflanzen auftritt [<lat. *galla* »Gallapfel«]

Gal|lus|tin|te ⟨f.; -; unz.⟩ mit Gallussäure hergestellte Tinte [zu lat. *galla* »Gallapfel«]

Gal|mei ⟨m.; -s, -e; Min.⟩ zinkhaltiges Mineral, chemisch Zinksulfid, ZnS; *Sy* Zinkspat [<mhd. *kalemine* <mlat. *calamina* <grch. *kadmia, kadmeia* »kohlensaures Zink«]

Ga|lon ⟨[galɔ̃:] m.; -s, -s⟩ Tresse, Litze, Borte (an Uniformen als Rangabzeichen); *oV* Galone [<frz. *galon*]

Ga|lo|ne ⟨f.; -, -n⟩ = Galon

ga|lo|nie|ren ⟨V.⟩ mit einem Galon versehen, betressen

Ga|lopp ⟨m.; -s, -e od. -s⟩ **1** Gangart des Pferdes, Lauf in Sprüngen; *~ reiten; gestreckter ~; kurzer ~* **2** in seitlichen Wechselschritten getanzter Springrundtanz im $^2/_4$-Takt **3** ⟨fig.⟩ rascher Lauf, Geschwindigkeit, Schnelligkeit; *ein bisschen ~, bitte!* ein bisschen schnell; *im ~* sehr schnell [→ *galoppieren*]

Ga|lop|pa|de ⟨f.; -, -n⟩ Art und Weise des Galopps bei Pferden; *das Pferd besitzt eine gute ~*

Ga|lop|per ⟨m.; -s, -⟩ Pferd für Galopprennen

ga|lop|pie|ren ⟨V.⟩ **1** im Galopp laufen *(Pferd)* **2** im Galopp reiten *(Person)* **3** ⟨Med.⟩ *~de Schwindsucht* letztes Stadium der Schwindsucht, die schnell zum Tode führt [<frz. *galoper* <afrz. *waloper* <fränk. **wala hlaupan,* »wohl (= gut) laufen«]

Ga|lo|sche ⟨f.; -, -n⟩ Überschuh aus Gummi [<frz. *galoche* »Überschuh«]

Gal|to|nia ⟨f.; -, -s; Bot.⟩ = Galtonie

Gal|to|nie ⟨[-njə] f.; -, -n; Bot.⟩ südafrikanische Gattung der Liliengewächse (Liliaceae) mit glockenförmigen, in Trauben herabhängenden Blüten; *Sy* Galtonia [nach dem engl. Arzt u. Vererbungsforscher Sir Francis *Galton,* 1822-1911]

Gal|va|ni|sa|ti|on ⟨[-va-] f.; -, -en; Technik⟩ das Galvanisieren, das Galvanisiertwerden [→ *galvanisieren*]

gal|va|nisch ⟨[-va:-] Adj.; Technik⟩ auf Galvanisation beruhend, mit ihrer Hilfe; *~es Bad* B. zum Galvanisieren

Gal|va|ni|seur ⟨[-vanizø:r] m.; -s, -e; Technik⟩ in der Galvanotechnik ausgebildeter Facharbeiter

gal|va|ni|sie|ren ⟨[-va-] V.; Technik⟩ *Werkstücke ~* durch Elektrolyse mit Metall überziehen [nach dem ital. Naturforscher Luigi *Galvani,* 1737-1798]

Gal|va|nis|mus ⟨[-va-] m.; -; unz.⟩ Lehre von der Umwandlung chemischer in elektrische Energie

Gal|va|no ⟨[-va:-] n.; -s, -s⟩ im galvan. Bad hergestellter Druckstock für hohe Auflagen

gal|va|no..., Gal|va|no... ⟨[-va-] in Zus.⟩ galvanisch [→ *galvanisieren*]

Gal|va|no|gra|fie ⟨[-va-] f.; -; unz.⟩ = Galvanographie

Gal|va|no|gra|phie ⟨[-va-] f.; -; unz.⟩ Verfahren zur Herstellung von Kupferplatten für verschiedene Druckverfahren; *oV* Galvanografie [<*Galvano...* + ...*graphie*]

Gal|va|no|kaus|tik ⟨[-va-] f.; -; unz.; Med.⟩ Durchtrennung bzw. Zerstörung von Gewebe mit Instrumenten, die mit elektr. Strom glühend gemacht worden sind, Elektrochirurgie [<*Galvano...* +*Kaustik*]

Gal|va|no|kau|ter ⟨[-va-] m.; -s, -; Med.⟩ chirurg. Instrument für die Galvanokaustik

Gal|va|no|me|ter ⟨[-va-] n.; -s, -⟩ sehr empfindl. elektr. Messinstrument, das aus einer Spule im Feld eines Magneten besteht u. keine in Strom- od. Spannungswerten geeichte, sondern eine der Stromstärke proportional unterteilte Skala hat; *Sy* Galvanoskop [<*Galvano...* + ...*meter*]

Gal|va|no|plas|tik ⟨[-va-] f.; -; unz.; Typ.⟩ galvanische Nachbildung von Druckstöcken; *Sy* Galvanotechnik

Gal|va|no|plas|ti|ker ⟨[-va-] m.; -s, -; Typ.⟩ Facharbeiter in der Galvanoplastik

gal|va|no|plas|tisch ⟨[-va-] Adj.⟩ auf Galvanoplastik beruhend, mit ihrer Hilfe

Gal|va|no|punk|tur ⟨[-va-] f.; -, -en⟩ Entfernung (von Haaren u. Ä.) mit einer durch galvanischen Strom erhitzten Nadel

Gal|va|no|skop *auch:* **Gal|va|nos|kop** ⟨[-va-] n.; -s, -e⟩ = Galvanometer [<*Galvano...* + ...*skop*]

Gal|va|no|ste|gie *auch:* **Gal|va|nos|te|gie** ⟨[-va-] f.; -; unz.; Technik⟩ Überziehen von Metalloberflächen mit galvanisch abgeschiedenen anderen Metallen [<*Galvano...* + grch. *stege* »Decke, Bedeckung«]

Gal|va|no|ta|xis ⟨[-va-] f.; -, -taxen⟩ nur unter künstl. Bedingungen vorkommende Erscheinung, dass sich viele Einzeller u. manche Tiere in einem elektr. Feld einem der Pole zuwenden

Gal|va|no|tech|nik ⟨[-va-] f.; -; unz.⟩ = Galvanoplastik

Gal|va|no|the|ra|pie ⟨[-va-] f.; -, -n; Med.⟩ Heilbehandlung mit elektrischem Strom, Elektrotherapie

...gam ⟨Nachsilbe; zur Bildung von Adj.⟩ **1** die Befruchtung, Bestäubung, Begattung betreffend; *allogam* **2** die Ehe betreffend; *monogam; polygam* [<grch. *gamos* »Ehe«]

Ga|man|der ⟨m.; -s, -; Bot.⟩ Angehöriger einer Gattung der Lippenblütler: Teucrium; *Echter* ~ mit purpurroten Blüten u. fünfzahnigem Kelch (Volksheilmittel gegen Bronchialkatarrh, Durchfall u. Gicht: Teucrium chamaedrys) [<mhd. *gamandre* <mlat. *chamandros* <grch. *chmaidrys* »Bodeneiche«]

Ga|ma|sche ⟨f.; -, -n⟩ **1** Beinbekleidung vom Fuß bis zum Knie aus Stoff od. Leder; *Wickel~* **2** Fußbekleidung aus festem Stoff um den Knöchel u. über den Spann, durch einen Steg unter der Schuhsohle gehalten **3** Beinschutz für Reitpferde [<frz. *gamaches* »knöpfbare Überstrümpfe« <prov. *garamacha* <span. *gorromazos* »Reiterstiefel aus der Lederart *guadameci*« <arab. *gadamsi* »Leder aus Gadames (in Libyen)«]

Gam|be ⟨f.; -, -n; Musik⟩ Kniegeige des 16. bis 18. Jh., Vorläufer des Cellos; *Sy* Viola da Gamba [<ital. *viola da gamba* »Kniegeige«, zu ital. *gamba* »Bein«]

Gam|bist ⟨m.; -en, -en; Musik⟩ Gambenspieler

Gam|bis|tin ⟨f.; -, -tin|nen; Musik⟩ Gambenspielerin

Gam|bit ⟨engl. [gæ:mbɪt] n.; -s, -s⟩ **1** ⟨Schach⟩ Zug zur Eröffnung des Spiels, bei dem meist ein Bauer geopfert wird, um den Weg zu schnellem Angriff frei zu machen **2** ⟨fig.⟩ erster Schritt, geschickte Maßnahme [<span. *gambito* <arab. *ganbi* »seitlich«; zu *ganba* »Seite«]

Game ⟨[gɛɪm] n.; -s, -s; Tennis⟩ Spielgewinn (innerhalb eines Satzes) [engl., »Spiel«]

...ga|me ⟨Nachsilbe; zur Bildung männl. Subst.⟩ **1** befruchtende(s) Pflanze (Tier) **2** eine Ehe führender Mensch [→ *...gam*]

Game|boy® ⟨[gɛɪmbɔɪ] m.; -s, -s⟩ handflächengroßes, elektronisches Spielgerät, in das Disketten mit verschiedenen Computerspielen eingeführt u. über einen integrierten Kleinbildschirm gespielt werden können [<engl. *game* »Spiel« + *boy* »Junge, (i. w. S.) Begleiter«]

Ga|me|lan ⟨n.; -s, -s; Musik⟩ javan. Orchester mit Schlaginstrumenten, auch Blas- u. Streichinstrumenten, zu kult. Veranstaltungen u. Schattenspielen; *oV* Gamelang [malai.]

Ga|me|lang ⟨n.; -s, -s; Musik⟩ = Gamelan

Ga|mel|le ⟨f.; -, -n; schweiz.⟩ Ess- u. Kochgeschirr des Soldaten [frz., »Kochgeschirr«]

Game|pad ⟨[gɛɪmpæd] n.; -s, -s; EDV⟩ elektronisches Eingabegerät für Computer- u. Videospiele, das mit beiden Händen gesteuert wird, mit der linken Hand wird das Steuerkreuz, mit der rechten die Tastatur bedient; *Sy* Joypad [<engl. *game* »Spiel« + *pad* »Polster«]

Ga|mer ⟨[gɛɪmə(r)] m.; -s, -; umg.⟩ jmd., der gern u. häufig Computerspiele spielt; *er ist ein leidenschaftlicher ~; das Netz der ~ wächst stetig* [<engl. *game* »Spiel«]

Game|show ⟨[gɛɪmʃoʊ] f.; -, -s; TV⟩ Form der Fernsehlivesendung, bei der Einzelkandidaten od. Gruppen im Rahmen verschiedener Spiele um den Gewinn hoher Sach- bzw. Geldpreise gegeneinander antreten; *sie wollte schon immer in einer ~ auftreten* [<engl. *game* »Spiel« + *Show*]

Ga|met ⟨m.; -en, -en; Biol.⟩ männl. od. weibl. Geschlechtszelle, Keimzelle [<grch. *gamein* »heiraten«]

Ga|met|an|gio|ga|mie *auch:* **Ga|me|tan|gio|ga|mie** ⟨f.; -, -n; Biol.⟩ Befruchtung durch Verschmelzen von Gametangien

Ga|met|an|gi|um *auch:* **Ga|me|tan|gi|um** ⟨n.; -s, -gi|en; Biol.⟩ Zellgruppe, aus der Gameten hervorgehen [<*Gamet* + grch. *aggeion* »Gefäß«]

Ga|me|to|ga|mie ⟨f.; -, -n; Biol.⟩ Verschmelzung von Gameten [<*Gamet* + grch. *gamein* »heiraten«]

Ga|me|to|ge|ne|se ⟨f.; -, -n; Biol.⟩ Gametenbildung [<*Gamet* + *Genese*]

Ga|me|to|phyt ⟨m.; -en, -en; Biol.⟩ männliche u. weibliche Keimzellen hervorbringende Generation bei Pflanzen mit Generationswechsel [<*Gamet* + *...phyt*]

Ga|me|to|zyt ⟨m.; -en, -en; Biol.⟩ ursprüngliche, noch undifferenzierte Zelle, aus der die Gameten hervorgehen [<*Gamet* + grch. *kytos* »Höhlung, Zelle«]

...ga|mie ⟨Nachsilbe; zur Bildung weibl. Subst.⟩ **1** Befruchtung, Bestäubung, Begattung; *Isogamie; Allogamie* **2** Ehe; *Monogamie; Polygamie* [→ *...gam*]

Ga|min ⟨[gamɛ̃:] m.; -s, -s; frz. Bez. für⟩ Straßenjunge, Spitzbube

Gam|ma ⟨n.; -s, -s; Zeichen: γ, Γ⟩ dritter Buchstabe des grch. Alphabets

Gam|ma|glo|bu|lin ⟨n.; -s, -e⟩ als Abwehrstoff dienendes Globulin des Blutplasmas

Gam|ma|quan|ten ⟨Pl.⟩ = Gammastrahlen

Gam|ma|rus ⟨m.; -; unz.; Zool.⟩ Flohkrebs [lat.]

Gam|ma|spek|trum *auch:* **Gam|ma|spekt|rum** ⟨n.; -s, -spek|tren od. -spek|tra; Zeichen: γ-Spektrum; Physik⟩ charakteristisches Spektrum der Energie von Gammastrahlen eines radioaktiven Stoffes, je nach Entstehung der Gammastrahlen kontinuierliches Spektrum od. Linienspektrum

Gam|ma|strah|len ⟨Pl.; Zeichen: γ-Strahlen; Physik⟩ sehr energiereiche, kurzwellige, elektromagnet. Strahlung, die bei Kernreaktionen freigesetzt wird u. in der Medizin zur Bestrahlung von Karzinomen dient; *Sy* Gammaquanten

Gam|ma|zis|mus ⟨m.; -; unz.; Sprachw.⟩ Sprachstörung, bei der die Konsonanten g u. k durch die Laute d u. t ersetzt werden [zu grch. *gamma,* der 3. Buchstabe des grch. Alphabets (= g)]

Ga|mo|ne ⟨Pl.⟩ pflanzliche Sexuallockstoffe, die von den Gameten abgegeben werden [zu grch. *gamein* »heiraten«]

G

G

Ga|mont ⟨m.; -en, -en; Biol.⟩ Zelle der Protozoen, aus der Gameten hervorgehen [<grch. *gamos* »Ehe«]

Ga|na|sche ⟨f.; -, -n⟩ am Hinterrand des Pferdeunterkiefers ansetzende Jochmuskeln, mit denen das Pferd sich gegen das Zaumzeug steifmachen kann [<frz. *ganache* <ital. *ganascia* »Kinnbacke«]

Ga|nef ⟨m.; -s, -e⟩ = Ganove [jidd.]

Ga|neff ⟨m.; -s, -e⟩ = Ganove [jidd.]

Gang ⟨[gæŋ] f.; -, -s⟩ Gruppe, Bande (von organisierten Verbrechern) [engl.-amerikan.]

◆ Die Buchstabenfolge **gan|gl...** kann auch **gang|l...** getrennt werden.

◆**Gan|gli|en** ⟨Pl. von⟩ Gangliom

◆**Gan|gli|en|blo|cker** ⟨m.; -s, -; Pharm.⟩ die Reizübertragung im Nervensystem hemmende Substanz

◆**Gan|gli|en|zel|le** ⟨f.; -, -n; Biol.; Med.⟩ Nervenzelle im Ganglion

◆**Gan|gli|om** ⟨n.; -s, -e; Med.⟩ Tumor, der von Ganglienzellen ausgeht

◆**Gan|gli|on** ⟨n.; -s, -gli|en⟩ **1** ⟨Biol.; Med.⟩ knotenförmige Anhäufung von Nervenzellen in den Zentralnervensystemen der Würmer, Weich- u. Gliedertiere od. im Gehirn u. Rückenmark der Wirbeltiere u. des Menschen, Nervenknoten **2** ⟨Anat.⟩ Überbein [<grch. *gagglion* »Überbein, Geschwulst unter der Haut«]

◆**Gan|gli|tis** ⟨f.; -, -ti|den; Med.⟩ Entzündung der Nervenknoten [→ *Ganglion*]

Gan|grän *auch:* **Gang|rän** ⟨f.; -, -en od. n.; -s, -e; Med.⟩ Brand; →*a.* Nekrose [<grch. *gaggraina* »kalter Brand«]

gan|grä|nes|zie|ren *auch:* **gang|rä|nes|zie|ren** ⟨V.⟩ brandig werden (von Gewebe)

gan|grä|nös *auch:* **gang|rä|nös** ⟨Adj.⟩ an Gangrän erkrankt, brandig

Gang|spill ⟨n.; -s, -s⟩ Ankerwinde [<ndrl. *gangspil;* zu *spill* »Winde«; verwandt mit *Spindel*]

Gangs|ta ⟨[gæŋstə] m.; - od. -s, - od. -s; umg.⟩ **1** ⟨Musik⟩ jmd., der Gangstarap spielt **2** Mitglied einer Gang, Angehöriger einer kriminellen (amerikan.) Straßenbande; *er ist ein gewalttätiger, berüchtigter* ~ [<engl.-amerikan. *gangsta,* umg. Nebenform von *Gangster*]

Gangs|ta|rap *auch:* **Gangs|ta-Rap** ⟨[gæŋstəræp] m.; -s; unz.; Musik⟩ Stilrichtung des Raps, bei der die Texte häufig von kriminellen Banden u. Verbrechen handeln [< *Gangsta* + *Rap*]

Gangs|ter ⟨[gæŋs-] m.; -s, -⟩ Mitglied einer Gang, Krimineller, der skrupellos vorgeht [engl. (US-amerikan.)]

Gangs|ter|boss ⟨[gæŋs-] m.; -es, -e⟩ Boss, Anführer einer Gang¹

Gang|way ⟨[gæŋwɛɪ] f.; -, -s⟩ Laufsteg zum Besteigen von Schiff od. Flugzeug [engl., »Durchgang (zwischen Sitzreihen), Laufplanke«]

Ga|no|ve ⟨[-və] m.; -n, -n [-vən]⟩ Dieb, Gauner, Spitzbube [<jidd. *gannaw, gannowim* »Dieb«]

Ga|ny|med ⟨m.; -s, -e; umg.; scherzh.⟩ Kellner [nach dem Mundschenk der Götter in der grch. Mythologie]

Gap ⟨[gæp] m.; -s, -s; Wirtsch.⟩ Lücke in der techn. u. wissenschaftl. Entwicklung zwischen zwei od. mehr Staaten [engl., »Lücke«]

Gap|ana|ly|se ⟨[gæp-] f.; -, -n; Wirtsch.⟩ Verfahren des strategischen Managements, die künftige Entwicklung des Geschäfts auf der Grundlage unterschiedlicher Voraussetzungen zu prognostizieren u. aus den Differenzen zwischen den einzelnen Entwicklungsverläufen mögliche Handlungsstrategien abzuleiten, Lückenanalyse [<engl. *gap* »Lücke]

Gap|year ⟨[gæpji:r] n.; -s, -s⟩ einjähriges Unterbrechen der beruflichen Ausbildung, meist in Form von Praktika, Auslandsreisen o. Ä.; *nach dem Abitur ein* ~ *machen* [<engl. *gap* »Lücke« + *year* »Jahr«]

Ga|ra|ge ⟨[-ʒə] f.; -, -n⟩ Unterstellraum für Kraftfahrzeuge [frz.]

ga|ra|gie|ren ⟨[-ʒi:-] V.; österr.; schweiz.⟩ in der Garage unterbringen, einstellen *(Kraftfahrzeuge)*

Ga|ra|gist ⟨[-ʒɪst] m.; -en, -en; schweiz.⟩ Besitzer einer Autoreparaturwerkstatt

Ga|ra|mond ⟨[-mɔ̃] f.; -; unz.; Typ.⟩ eine Antiquadruckschrift; *oV* Garmond [nach dem frz. Stempelschneider u. Schriftgießer Claude *Garamond,* 1480-1561]

Ga|rant ⟨m.; -en, -en⟩ jmd., der etwas garantiert, für etwas bürgt, Gewährsmann [frz.]

Ga|ran|tie ⟨f.; -, -n⟩ Gewähr, Haftung, Bürgschaft; *ein Jahr* ~ *auf ein Gerät haben* Gewähr, dass ein G. 1 Jahr lang funktioniert (andernfalls wird es innerhalb dieser Frist von der Herstellerfirma kostenlos repariert); *dafür kann ich keine* ~ *übernehmen; dafür übernehme ich die volle* ~ [frz.]

ga|ran|tie|ren ⟨V.⟩ *(jmdm.) (für) etwas* ~ **1** etwas gewährleisten; *die Firma garantiert (für) die unbedingte Haltbarkeit, Zuverlässigkeit* **2** bürgen, haften, fest versprechen; *ich garantiere dir, dass so etwas nicht mehr vorkommt; dafür kann ich nicht* ~ [<frz. *garantir* »gewährleisten, garantieren«]

ga|ran|tiert ⟨Adj.; umg.⟩ mit Sicherheit, unbedingt, bestimmt; *das ist* ~*!* darauf ist Verlass; *das hat er* ~ *vergessen*

Ga|ran|tin ⟨f.; -, -tin|nen⟩ weibl. Person, die etwas garantiert, für etwas bürgt

Gar|çon ⟨[-sɔ̃:] m.; -s, -s; frz. Bez. für⟩ **1** junger Mann **2** Junggeselle **3** Gehilfe **4** Kellner [frz.]

Gar|çon|ni|è|re ⟨[-sɔnjɛ:rə] f.; -, -n; österr.⟩ Junggesellenwohnung [frz.]

Gar|de ⟨f.; -, -n⟩ **1** ⟨urspr.⟩ Leibwache **2** ⟨dann⟩ Elitetruppe, meist mit prächtiger Uniform **3** ⟨fig.⟩ *einer von der alten* ~ langjähriger Freund od. Kamerad, langjähriges bekanntes Mitglied eines Betriebes, Kreises o. Ä. [frz., »Bewachung, Bewahrung« <fränk. **wardon* »Sorge tragen für etwas«]

Gar|de|du|korps ⟨[-dyko:r] n.; - [-ko:rs], - [-ko:rs]⟩ **1** preuß.

Gardekavallerieregiment **2** ⟨allg.⟩ Leibgarde [<frz. *garde du corps* »Leibwache«]

Gar|de|korps ⟨[-ko:r] n.; - [-ko:rs], - [-ko:rs]⟩ Gardetruppe, Gesamtheit der Garden [<frz. *garde* »Wache« + *corps* »Körperschaft«]

Gar|de|nie ⟨[-njə] f.; -, -n; Bot.⟩ **1** ⟨i. w. S.⟩ Gattung der Rötegewächse, Gardenia **2** ⟨i. e. S.⟩ in China heimische Art mit stark duftenden Blüten, die als Früchte die chinesischen Gelbschoten, ein Färbemittel, liefert: Gardenia jasminoides [nach dem engl. Arzt u. Naturforscher A. *Garden*, † 1719]

Gar|den|par|ty ⟨[ga:dənpa:tı] f.; -, -s⟩ in einem Garten stattfindende Feier, Gartenfest [engl.]

Gar|de|ro|be ⟨f.; -, -n⟩ **1** gesamte Kleidung, Vorrat an Kleidung **2** Umkleideraum (bes. von Schauspielern) **3** Vorraum (einer Wohnung, eines Theaters o. Ä.) mit Kleiderablage [<frz. *garderobe* »Kleidung, Kleiderstück«]

Gar|de|ro|bi|er ⟨[-bje:] m.; -s, -s; Theat.⟩ Aufseher über die Garderobe, Gewandmeister

Gar|de|ro|bi|e|re ⟨[-bjɛ:rə] f.; -, -n⟩ **1** weibl. Garderobier **2** Garderobenfrau

Gar|dez ⟨[-de:] Schach⟩ Schützen Sie (Ihre Dame) (Warnung beim Angriff auf die Dame des Gegners) [frz.]

Gar|di|ne ⟨f.; -, -n⟩ **1** ⟨urspr.⟩ Bettvorhang **2** ⟨allg.⟩ Vorhang, (bes.) Fenstervorhang; *hinter schwedischen ~n sitzen* ⟨fig.⟩ hinter Gittern, im Gefängnis [<mndrl. *gordine* <frz. *courtine* <mlat. *cortina* »Bettvorhang«]

Gar|dist ⟨m.; -en, -en⟩ Soldat der Garde

Gar|mond ⟨[-mɔ̃:] f.; -; unz.; süddt.; österr.; Typ.⟩ = Garamond

Gar|nasch ⟨m.; -s, -e od. -en; 13. Jh.⟩ Überrock mit halblangen, weiten, angeschnittenen Ärmeln [<span. *garnacha* <afrz. *garnache*]

Gar|ne|le ⟨f.; -, -n; Zool.⟩ als »Krabbe« in den Handel eingeführte Unterordnung der Zahnfußkrebse: Natania [<*garnad, garnol* (16. Jh.), <mndrl. *geheernaert;* zu <mlat. *grano* »Barthaar« <mhd., mnddt. *gran(e);* verwandt mit *Granne*]

gar|ni → *Hotel garni*

gar|nie|ren ⟨V.⟩ schmücken, verzieren; *einen Hut mit Blumen ~; Torte mit Schlagsahne ~; belegte Brötchen mit Petersilie ~* [<frz. *garnir* »mit etwas versehen« <fränk. **warnjan* »sich vorsehen«]

Gar|ni|e|rit ⟨[-nje:-] m.; -s, -e; Min.⟩ smaragd- bis blaugrünes, nickelhaltiges Silikatmineral [nach dem frz. Geologen Jules *Garnier*, 1839-1904]

Gar|nie|rung ⟨f.; -, -en⟩ **1** das Garnieren **2** das, was man zum Garnieren verwendet

Gar|ni|son ⟨f.; -, -en; Mil.⟩ **1** Quartier, Standort einer Truppe **2** dessen Besatzung **3** die Truppe selbst [<frz. *garnier;* → *garnieren*]

gar|ni|so|nie|ren ⟨V.; Mil.⟩ in Garnison liegen

Gar|ni|tur ⟨f.; -, -en⟩ **1** Besatz, Verzierung **2** Ausrüstung, Kleidung für einen bestimmten Zweck; *Ausgeh~, Dienst~* **3** Reihe, Anzahl zusammengehöriger Gegenstände, Satz (von Geschirr u. Ä.) **4** Damenhemd u. -schlüpfer bzw. Herrenunterhose u. -hemd (zusammenpassend) [<frz. *garniture;* → *garnieren*]

Gar|rot|te ⟨f.; -, -n⟩ Vorrichtung zum Erdrosseln bei der span. Art des Hinrichtens, Würgschraube [<frz. *garrotte* »Erdrosselung, Würgschraube«]

gar|rot|tie|ren ⟨V.⟩ mit der Garrotte hinrichten [<frz. *garotter*]

Ga|rúa ⟨f.; -; unz.; Meteor.⟩ nässender Küstennebel an der peruanischen u. chilenischen Küste [span., »Sprühregen«]

Gas ⟨n.; -es, -e⟩ **1** ein Aggregatzustand der Materie, in dem sie infolge freier Beweglichkeit der Moleküle keine bestimmte Gestalt hat, sondern jeden Raum, in den sie gebracht wird, völlig ausfüllt **2** Materie in diesem Zustand, z. B. Sauerstoff **3** gasförmiger Brennstoff; *Erd~; Heiz~; jmdm. das ~ abdrehen* ihm seine Existenzgrundlage nehmen **4** Flamme von diesem Brennstoff; *die Erbsen aufs ~ setzen* **5** Gemisch aus Luft u. Kraftstoff; *beim Autofahren ~ geben (wegnehmen)* die Zufuhr von Treibstoff verstärken (verringern) u. die Geschwindigkeit erhöhen (vermindern) [Bildung des Brüsseler Chemikers J. B. *van Helmont* (1577-1644), zur Bezeichnung von Luftarten, die von atmosphär. Luft verschieden sind <grch. *chaos* »wirre, gestaltlose Masse« (seit Paracelsus 1538 für »Luft« gebraucht)]

Gas|be|ton ⟨[-betɔ̃] od. [-betɔŋ] m.; -s, -s od. [-beto:n] m.; -s, -e⟩ Leichtbeton, der durch Beimischung gasbildender Stoffe (z. B. Aluminiumpulver) zu sämig-flüssigen Mörteln aus Zement od. Kalk u. feinkörnigen Zuschlagstoffen entsteht

Gas|dif|fu|si|ons|ver|fah|ren ⟨n.; -s, -⟩ Trennverfahren für die verschiedenen Isotope eines Elements, bei dem die unterschiedl. Wanderungsgeschwindigkeit der Isotope durch Trennwände ausgenützt wird

Ga|sel ⟨n.; -s, -e; Lit.⟩ arab., pers., türk. u. ind. Gedichtform aus drei bis zehn Verspaaren, wobei der Reim des ersten Paares in allen geraden Zeilen wiederholt wird; *oV* Gasele, Ghasel, Ghasele [<arab. *ghazila* »verliebte Reden führen«]

Ga|se|le ⟨f.; -, -n; Lit.⟩ = Gasel

Gas|in|ter|fe|ro|me|ter ⟨n.; -s, -⟩ Messgerät, das schlagende Wetter anzeigt

Gas|ödem ⟨n.; -s, -e; Med.⟩ von einer Wunde ausgehende, lebensgefährl. Infektion, wobei die W. infolge Gasbildung anschwillt, Gasbrand; *Sy* Gasphlegmone

Ga|so|gen ⟨n.; -s, -e⟩ Stoff, aus dem Gas erzeugt, hergestellt werden kann [<*Gas* + grch. *gennan* »erzeugen«]

Ga|so|lin ⟨n.; -s; unz., Chemie⟩ **1** ein bei der fraktionierten Destillation der natürlichen u. synthetischen Rohöle gewonnenes Leichtbenzin mit dem Siedebereich 40-70 °C, wird als Lösungsmittel u. zur Carburierung von Stadtgas verwendet; *Sy* Petroläther, Gasäther **2** ⟨US-

G

amerikan.-engl. für⟩ Benzin [→ *Gasol*]

Ga|so|me|ter ⟨m.; -s, -; falsche Bez. für⟩ Gasbehälter [< *Gas* + …*meter*]

Gas|phleg|mo|ne ⟨f.; -, -n; Med.⟩ = Gasödem

◆ Die Buchstabenfolge **gas|tr…** kann auch **gast|r…** getrennt werden.

◆**Gas|trä|a** ⟨f.; -, -trä|en; Biol.⟩ von E. Haeckel angenommene Ur- bzw. Stammform aller mehrzelligen Tiere [<neulat. *gastraea* »tier. Urform«, <grch. *gaster* »Bauch, Unterleib«]

G

◆**gas|tral** ⟨Adj.; Med.⟩ Darm u. Magen betreffend, zu ihnen gehörig, von ihnen ausgehend [<grch. *gaster* »Unterleib«]

◆**Gas|tral|gie** ⟨f.; -, -n; Med.⟩ Magenkrampf [<grch. *gaster* »Unterleib« + …*algie*]

◆**Gas|trek|ta|sie** ⟨f.; -, -n; Med.⟩ Magenerweiterung [<grch. *gaster* »Unterleib« + *Ektasie*]

◆**Gas|trek|to|mie** ⟨f.; -, -n; Med.⟩ operative Entfernung des Magens [<grch. *gaster* »Unterleib« + *Ektomie*]

◆**Gas|trin** ⟨n.; -s; unz.; Med.⟩ ein Peptidhormon, das am Magenausgang gebildet wird [zu grch. *gaster* »Unterleib«]

◆**gas|trisch** ⟨Adj.; Med.⟩ den Magen betreffend, zu ihm gehörig, von ihm ausgehend [zu grch. *gaster* »Unterleib«]

◆**Gas|tri|tis** ⟨f.; -, -ti|den; Med.⟩ entzündliche Erkrankung der Magenschleimhaut, die häufig mit einer Entzündung des Darms (Gastroenteritis) verbunden ist [→ *gastrisch*]

◆**gas|tro…, Gas|tro…** ⟨in Zus.⟩ magen…, Magen…, darm…, Darm… [<grch. *gaster* »Bauch, Unterleib, Magen«]

◆**gas|tro|duo|de|nal** ⟨Adj.; Med.⟩ den Magen u. den Zwölffingerdarm betreffend [<*gastro…* + *duodenal*]

◆**Gas|tro|duo|de|ni|tis** ⟨f.; -, -ti|den; Med.⟩ Entzündung des Magens u. Zwölffingerdarms [<*Gastro…* + *Duodenitis*]

◆**Gas|tro|en|te|ri|tis** ⟨f.; -, -ti|den; Med.⟩ Magen-Darm-Entzündung [<*Gastro…* + *Enteritis*]

◆**Gas|tro|en|te|ro|lo|gie** ⟨f.; -; unz.; Med.⟩ Wissenschaft von den Magen-Darm-Krankheiten

◆**gas|tro|in|tes|ti|nal** ⟨Adj.; Med.⟩ zum Magen u. Darm gehörend [<*gastro…* + *intestinal*]

◆**Gas|tro|lith** ⟨m.; -en, -en; Med.⟩ Magenstein

◆**Gas|tro|nom** ⟨m.; -en, -en⟩ **1** Kochkünstler **2** Gastwirt (eines Restaurants mit feiner Küche) **3** Feinschmecker [<*Gastro…* + …*nom*³]

◆**Gas|tro|no|mie** ⟨f.; -; unz.⟩ **1** feine Kochkunst **2** Feinschmeckerei [→ *Gastronom*]

◆**Gas|tro|no|min** ⟨f.; -, -min|nen⟩ **1** Kochkünstlerin **2** Gastwirtin (eines Restaurants mit feiner Küche) **3** Feinschmeckerin

◆**gas|tro|no|misch** ⟨Adj.⟩ die Gastronomie betreffend, zu ihr gehörig, auf ihr beruhend; *~es Gewerbe* Gewerbe der Köche, gewerbl. Kochkunst

◆**Gas|tro|pa|thie** ⟨f.; -, -n; Med.⟩ Magenleiden [<*Gastro…* + …*pathie*]

◆**Gas|tro|po|de** ⟨m.; -n, -n; meist Pl.; Zool.⟩ Schnecke [<*Gastro…* + …*pode*]

◆**Gas|tror|rha|gie** ⟨f.; -, -n; Med.⟩ Magenbluten [<grch. *gaster* »Unterleib« + grch. *rhegnysthai* »bersten«]

◆**Gas|tro|skop** *auch:* **Gas|tros|kop** ⟨n.; -s, -e; Med.⟩ Magenspiegel [<*Gastro…* + …*skop*]

◆**Gas|tro|sko|pie** *auch:* **Gas|tros|ko|pie** ⟨f.; -, -n; Med.⟩ Magenspiegelung

◆**Gas|tro|soph** ⟨m.; -en, -en⟩ jmd., der Tafelfreuden kundig genießt [<grch. *gaster* »Magen« + *sophos* »kundig, weise«]

◆**Gas|tro|spas|mus** ⟨m.; -, -spas|men; Med.⟩ Magenkrampf [<*Gastro…* + *Spasmus*]

◆**Gas|tro|sto|mie** *auch:* **Gas|tros|to|mie** ⟨f.; -, -n; Med.⟩ Anlage einer Magenfistel, um Nahrung direkt in den Magen zu bringen, wenn die Speiseröhre nicht funktionsfähig ist [<*Gastro…* + grch. *stoma* »Mund«]

◆**Gas|tro|zöl** ⟨n.; -s, -e; Anat.⟩ Darmhöhle [<*Gastro…* + grch. *koilos* »hohl«]

◆**Gas|tru|la** ⟨f.; -; unz.; Biol.⟩ embryonales Entwicklungsstadium der meisten Tiere, das durch Einfaltung den Urmund hervorbringt [neulat., Verkleinerungsform zu grch. *gaster* »Unterleib, Magen«]

◆**Gas|tru|la|ti|on** ⟨f.; -; unz.; Biol.⟩ Abschnitt der Keimesentwicklung, in dem die Gastrula gebildet wird

Gate ⟨[gɛɪt] n.; -s, -s⟩ **1** Ankunfts-, Abflugstor eines Flugzeugs auf dem Flughafen; *die Passagiere nach Bangkok bitte zu ~ vier* **2** ⟨El.⟩ Elektrode eines Transistors [engl., »Tor, Ventil«]

Gate|fold ⟨[gɛɪtfoʊld] n.; -s, -s⟩ großformatige Seite in Zeitschriften u. Büchern (z. B. Poster, Schaubild usw.), die auf das eigtl. Buchformat zurechtgefaltet wird [<engl. *gate…* »Klapp…« + *fold* »Faltung, Faltblatt«]

Gate|kee|per ⟨[gɛɪtki:pə(r)] m.; -s, -; Wirtsch.⟩ **1** jmd., der die Informationsverbreitung zu u. in Einkaufsgremien steuert **2** marktwirtschaftl. Schlüsselposition eines Handelsbetriebes [engl., »Pförtner, Schrankenwärter«]

Gate|way ⟨[gɛɪtwɛɪ] n.; -s, -s; EDV⟩ **1** Verbindungsstelle zwischen mehreren Computernetzwerken **2** Verbindungsstelle zwischen einem Computernetzwerk u. einem Telefonanschluss [engl., »Torweg (bei mittelalterl. Stadtmauern etc.)«]

GATT ⟨Abk. für engl.⟩ General Agreement on Tariffs and Trade (allg. Tarif- u. Handelsabkommen), internationale Vereinbarung über den Abbau der Zoll- u. Handelsschranken

Gau|cho ⟨[-tʃo] m.; -s, -s⟩ berittener südamerikan. Viehhirt [span. <araukan. *cauchu* »berittener Bewohner der Pampas von Argentinien u. Uruguay«]

Gau|de|a|mus igi|tur! Drum lasst uns fröhlich sein! (Beginn eines alten studentischen Trinkliedes) [lat.]

Gau|di ⟨f.; -; unz.; oberdt.⟩ Gaudium; *das gibt eine, war eine ~; wir haben eine große ~ gehabt*

gau|die|ren ⟨V.; noch schwäb.⟩ belustigen

Gau|di|um ⟨n.; -s; unz.⟩ Spaß, Freude [lat.]
Gau|fra|ge *auch:* **Gauf|ra|ge** ⟨[go-fra:ʒ(ə)] f.; -, -n⟩ geprägte Musterung [frz.; → *gaufrieren*]
gau|frie|ren *auch:* **gauf|rie|ren** ⟨[go-] V.; Technik⟩ *Papier, Gewebe* ~ mit dem Gaufrierkalander Muster aufprägen [<frz. *gaufrer* »Muster aufprägen«; zu *gaufre* »Honigwabe, Waffel«]
Gau|frier|ka|lan|der *auch:* **Gauf|rier|ka|lan|der** ⟨[go-] m.; -s, -; Technik⟩ Walze zum Aufprägen von Mustern (auf Papier od. Gewebe)
Gauge ⟨[gɛɪdʒ] n.; -; unz.; Abk.: gg; Textilw.⟩ **1** Maß für die Feinheit des Gewirkes für Strümpfe **2** Einheit für die Stärke von Blechen u. Folien (1 gg = 0,0254 mm) [engl., »Normalmaß, Spurweite (Eisenbahn)«]
Gaul|lis|mus ⟨[golɪs-] m.; -; unz.; Politik⟩ frz. polit. Bewegung nach dem General u. Staatsmann C. de Gaulle (1890-1970)
Gaul|list ⟨[go-] m.; -en, -en; Politik⟩ Anhänger des Gaullismus
Gaul|lis|tin ⟨[go-] f.; -, -tin|nen; Politik⟩ Anhängerin des Gaullismus
gaul|lis|tisch ⟨[go-] Adj.; Politik⟩ zum Gaullismus gehörend, auf ihm beruhend
Gault ⟨[gɔ:lt] m.; -(e)s; unz.⟩ eine Stufe des Erdzeitalters der Kreide [engl., »Lagerungen von Ton zwischen oberem u. unterem Grünsand«]
Ga|vot|te ⟨[-vɔt(ə)] f.; -, -n; 17./18. Jh.; Musik⟩ heiterer, mäßig schneller Tanz im $^2/_3$- od. $^4/_4$-Takt [frz. <prov. *gavoto* <*gavot* »Alpenbewohner« <*gava* »Kropf«]
gay ⟨[gɛɪ] Adj.; umg.⟩ homosexuell; *Ggs* straight [engl., eigtl. »heiter«]
Gay ⟨[gɛɪ] m.; -s, -s; umg.⟩ Homosexueller [→ *gay*]
Ga|ze ⟨[-zə] f.; -; unz.; Textilw.⟩ durchsichtiger, schleierartiger Stoff mit weitem Abstand der Kett- u. Schussfäden, aus verschiedenen Stoffen (Seide, Baumwolle, Leinen) od. Metalldrähten (für Fliegennetze) [frz. <span. *gasa* <arab. *kazz* »Rohseide«]
Ga|zel|le ⟨f.; -, -n; Zool.⟩ artenreiche Gattung der Antilopen, meist mit auffallender Kopfzeichnung, zierlich gebaute Tiere, die in Herden die afrikan. u. asiat. Steppen bewohnen: Gazella [<ital. *gazella* <arab. *ghazala* »wilde Ziege«]
Ga|zet|te ⟨a. [-zɛt(ə)] f.; -, -n⟩ Zeitung [frz. <ital. *gazetta*]
Gaz|pa|cho ⟨[gazpatʃo] m.; -s, -s; span. Kochk.⟩ kalt servierte Gemüsesuppe (mit Knoblauch)
Gbit ⟨Zeichen für⟩ Gigabit
Gbyte ⟨[-baɪt] Zeichen für⟩ Gigabyte
Gd ⟨chem. Zeichen für⟩ Gadolinium
Ge ⟨chem. Zeichen für⟩ Germanium
ge|bongt ⟨Adj.; umg.⟩ erledigt, verabredet, festgemacht; *das ist* ~; → *a.* bongen
Ge|cko ⟨m.; -s, -s; Zool.⟩ kleine, gedrungene, abgeplattete Echse mit großem Kopf, großen Augen u. dickem Schwanz, Haftzeher: Gekkonidae [<ndrl. *gekko* <lautmalend *gekok,* nach seinen auffälligen Kehllauten]
Ge|gen|ka|tho|de ⟨f.; -, -n; El.⟩ = Antikathode; *oV* Gegenkatode
Ge|gen|ka|to|de ⟨f.; -, -n; El.⟩ = Gegenkathode
ge|han|di|capt ⟨[gəhændɪkɛpt] Adj.⟩ behindert; *oV* gehandikapt [→ *Handicap*]
ge|han|di|kapt ⟨[gəhændɪkɛpt] Adj.⟩ = gehandicapt
Ge|hen|na ⟨f.; -; unz.⟩ Hölle [<lat. *gehenna* <hebr. *gehinnom* »Hölle« <*ge ben Hinnom* »Tal des Sohnes Hinnoms« (am Südhang des Zion-Berges, wo dem Moloch Kinder geopfert wurden)]
Gei|sa ⟨Pl. von⟩ Geison
Gei|ser ⟨m.; -s, -⟩ = Geysir
Gei|sha ⟨[ge:ʃa] f.; -, -s⟩ Tanz- u. Singmädchen in jap. Teehäusern [<jap. *geisa*]
Gei|sir ⟨m.; -s, -e⟩ = Geysir
Gei|son ⟨n.; -s, -s od. -sa⟩ Kranzgesims [grch., »Vorsprung des Daches, Gesims«]
Gei|to|no|ga|mie ⟨f.; -; unz.; Biol.⟩ Bestäubung zwischen Blüten derselben Pflanze, Nachbarbestäubung [<grch. *geiton* »Nachbar« + ...*gamie*]
Gel ⟨n.; -s, -e⟩ **1** geleeartiges Haarkosmetikum **2** ⟨Chemie⟩ gallertartiges, wasserreiches Kolloid [verkürzt <*Gelatine*]
Ge|las|ma ⟨n.; -s, -ma|ta od. -las-men; Med.⟩ von bewusstlosem Niederstürzen begleiteter Lachkrampf; → *a.* Gelolepsie [grch., »Lachen«]
Ge|la|ti|ne ⟨[ʒe-] f.; -; unz.⟩ gereinigter, entfetteter (u. gefärbter) Knochenleim zur Herstellung u. zum Eindicken von Geleespeisen, Sülzen usw. [<neulat. (Alchimistensprache, 16. Jh.) *gelatina* »Gallertstoff«; zu lat. *gelare* »gefrieren«]
ge|la|ti|nie|ren ⟨[ʒe-] V.⟩ zu Gelatine werden
ge|la|ti|nös ⟨[ʒe-] Adj.⟩ gelatineartig
Ge|lee ⟨[ʒe-] n. od. m.; -s, -s⟩ **1** mit Zucker eingekochter Fruchtsaft; *Erdbeer*~ **2** = Gallert **3** Glyzerincreme [<frz. *gelée* »eingekochter Fruchtsaft«; → *gelieren, Gelatine, Gallert*]
Ge|lée roy|ale *auch:* **Ge|lée ro|yale** ⟨[ʒəle: roajal] n.; - -; unz.⟩ **1** wertvoller Futtersaft der Bienen, mit dem die Larven der Bienenköniginnen gefüttert werden (Bestandteil in Bienenhonig, Kosmetik- u. Reformhausprodukten) **2** ⟨fig.⟩ das Feinste vom Feinen [frz.; <*Gelee* + *royal* »königlich«]
ge|lie|ren ⟨[ʒe-] V.⟩ zu Gelee erstarren, halbfest werden [<frz. *geler* »gefrieren, zum Gefrieren bringen« <lat. *gelare*]
Ge|lo|lep|sie ⟨f.; -, -n; Med.⟩ plötzliches bewusstloses Niederstürzen bei emotionaler Erregung (z. B. Lachen) infolge eines spontanen Ausfalls aller Muskeln; → *a.* Gelasma [<grch. *gelan* »lachen« + *lepsis* »Anfall«]
Ge|lo|to|lo|gie ⟨f.; -; unz.⟩ wissenschaftl. Erforschung des Lachens [<grch. *gelos* »das Lachen, Gelächter«, Gen. *gelotos;* zu *gelan* »lachen« + ...*logie*]
Ge|mel|lus ⟨m.; -, -mel|li⟩ Zwilling; *Sy* Geminus [lat., »doppelt, zugleich geboren«]
Ge|mi|na|te ⟨f.; -, -n; Gramm.⟩ Doppelkonsonant, zwei gleiche Konsonanten nebeneinander, im Deutschen nur noch in der

Schrift als Zeichen für die Kürze des vorangehenden Vokals üblich, in anderen Sprachen, z. B. im Italien., zur Verlängerung der Artikulation, die auf zwei Silben verteilt wird, z. B. bel-lo [<lat. *geminare* »verdoppeln«]

Ge|mi|na|ti|on ⟨f.; -, -en; Gramm.⟩ Bildung von Geminaten

ge|mi|nie|ren ⟨V.; Gramm.⟩ Geminaten bilden; *einen Konsonanten* ~ verdoppeln [<lat. *geminare* »verdoppeln«]

Ge|mi|nus ⟨m.; -, -mi|ni⟩ Zwilling; *Sy* Gemellus [lat.]

Gem|me ⟨f.; -, -n⟩ **1** Halbedelstein mit einem vertieft eingeschnittenen Bild; *Sy* Intaglio; →*a.* Kamee **2** Spore von Pilzen [<ital., lat. *gemma* »Auge, Knospe am Rebstock, Edelstein«]

Gem|mo|glyp|tik ⟨f.; -; unz.⟩ Steinschneidekunst [<lat. *gemma* »Edelstein« + *Glyptik*]

Gem|mo|lo|ge ⟨m.; -n, -n⟩ Experte für Edelsteine [<lat. *gemma* »Edelstein« + *...loge*]

Gem|mo|lo|gie ⟨f.; -; unz.⟩ Edelsteinkunde [<lat. *gemma* »Edelstein« + *...logie*]

gem|mo|lo|gisch ⟨Adj.⟩ die Gemmologie betreffend, zu ihr gehörend

Gem|mu|la ⟨f.; -, -lae [-lɛ:]; Biol.⟩ Brutknospe der Süßwasserschwämme [lat., Verkleinerungsform zu *gemma* »Knospe, Auge an einer Pflanze«]

Gen ⟨n.; -s, -e⟩ der eigentliche Träger der Vererbung u. der Erbanlagen, unter dessen Einfluss sich die Merkmale entwickeln, die das körperl. u. geistige Erscheinungsbild der Organismen prägen (in bestimmter Anordnung in den Chromosomen des Zellkerns, wahrscheinlich auch im Zellplasma befindlich u. aus Eiweißmolekülen bestehend) [<grch. *gennan* »erzeugen«]

gen..., Gen... ⟨in Zus.⟩ **1** die Gene betreffend, zu ihnen gehörig; *Genmanipulation; gentechnisch* **2** mit Hilfe der Gentechnologie erzeugt; *Genfood*

...gen[1] ⟨Nachsilbe; zur Bildung von Adj.⟩ **1** erzeugend, bildend **2** erzeugt, entstanden **3** ...artig [<grch. *gennan* »erzeugen«, *genos* »Geburt, Geschlecht, Art«; zu *gignesthai* »entstehen, erzeugt werden, geboren werden«]

...gen[2] ⟨Nachsilbe; zur Bildung von sächl. Subst.; n.; -s, -e⟩ erzeugender Stoff; *Androgen; Kanzerogen* [→ *...gen*[1]]

ge|nant ⟨[ʒə-] Adj.⟩ so beschaffen, dass man sich genieren muss, peinlich, unangenehm [<frz. *gênant* »beschwerlich, lästig«; → *genieren*]

Gen|bank ⟨f.; -, -bän|ke; Genetik⟩ Einrichtung zur Sammlung u. Erhaltung von Erbgut bestimmter Pflanzenarten, das durch die Züchtung neuer, einheitlicher Sorten verloren zu gehen droht

Gen|chir|ur|gie *auch:* **Gen|chi|rur|gie** ⟨[-çir-] f.; -; unz.; Genetik⟩ operative Eingriffe in das Erbgut mit dem Ziel, neue Kombinationen von Erbanlagen herzustellen bzw. genetische Defekte zu beheben; →*a.* Gentechnologie

Gen|darm ⟨[ʒã-] od. [ʒan-] m.; -en, -en⟩ **1** ⟨urspr.⟩ Angehöriger der Leibgarde frz. Könige **2** ⟨danach⟩ Polizist, Landjäger **3** ⟨Zool.⟩ Feuerwanze [<frz. *gendarme* »Polizeisoldat« <*gens d'armes* »bewaffnete Männer«]

Gen|dar|me|rie ⟨[ʒã-] od. [ʒan-] f.; -, -n; in Frankreich⟩ Truppe der ländl. Polizei [frz.]

Gen|der|for|schung ⟨[dʒɛn-] f.; -; unz.⟩ = Genderstudies

Gen|der|main|strea|ming ⟨[dʒɛndə(r)mɛınstri:mıŋ] n.; - od. -s; unz.; Politik⟩ gesetzlich verankertes Bestreben, eine Gleichstellung von Frauen u. Männern in allen Bereichen der Politik zu erreichen [<engl. *gender* »Geschlecht, Geschlechterrolle« + *mainstream* »Hauptstrom, Hauptrichtung«]

Gen|der|stu|dies ⟨[dʒɛndə(r)stʌdis] Pl.⟩ interdisziplinäre Forschungsrichtung, die sich mit den Unterschieden u. Beziehungen zwischen biologischem u. soziokulturellem Geschlecht befasst, Geschlechterforschung; *Sy* Genderforschung [<engl. *gender* »Geschlecht« + *studies* »Studien«]

Gene ⟨[ʒɛ:n] f.; -; unz.⟩ (selbst auferlegter) Zwang, Unbehaglichkeit, Schüchternheit [<frz. *gêne* »Marter, Qual, Zwang«]

Ge|ne|a|lo|ge ⟨m.; -n, -n⟩ Wissenschaftler auf dem Gebiet der Genealogie

Ge|ne|a|lo|gie ⟨f.; -; unz.⟩ **1** Lehre von den Geschlechtern bezüglich ihrer Abstammung (u. den sich daraus ergebenden gesellschaftl., rechtl. usw. Beziehungen), Familienforschung, Sippen-, Ahnen-, Stammbaumforschung **2** histor. Hilfswissenschaft von der Herkunft u. Zusammensetzung (bes. geschichtlich bedeutender) Geschlechtsverbände [<grch. *genealogia* »Aufstellung des Stammbaumes, Stammbaum«, <*genea* »Abstammung« + *logos* »Rede, Kunde«]

Ge|ne|a|lo|gin ⟨f.; -, -gin|nen⟩ Wissenschaftlerin auf dem Gebiet der Genealogie

ge|ne|a|lo|gisch ⟨Adj.⟩ die Genealogie betreffend, auf ihr beruhend, mit ihrer Hilfe

Ge|ne|ra ⟨Pl. von⟩ Genus

Ge|ne|ral ⟨m.; -s, -e od. -rä|le⟩ **1** zweithöchste Offiziersrangklasse **2** Offizier in dieser Rangklasse **3** oberster Vorsteher eines kath. geistl. Ordens oder einer Kongregation **4** der internationale Leiter der Heilsarmee **5** ⟨Zool.⟩ Feuerwanze [<mhd. *general* <lat. *generalis* »allgemein«, kirchenlatein. »Haupt eines Mönchsordens«; militär. Bedeutung seit dem 15. Jh. vom Deutschen Orden, seit dem 16. Jh. beeinflusst von frz. *général* »General«]

Ge|ne|ral... ⟨in Zus.⟩ Haupt..., Allgemein...; *Generalvollmacht* [<lat. *generalis* »allgemein«]

Ge|ne|ral|agent ⟨m.; -en, -en⟩ Hauptvertreter

Ge|ne|ral|agen|tur ⟨f.; -, -en⟩ Hauptgeschäftsstelle

Ge|ne|ral|bass ⟨m.; -es, -bäs|se⟩ = Basso continuo

Ge|ne|ral|di|rek|ti|on ⟨f.; -, -en⟩ Leitung, Hauptsitz eines großen Wirtschaftsunternehmens

Ge|ne|ral|di|rek|tor ⟨m.; -s, -en⟩ oberster Leiter eines großen Wirtschaftsunternehmens, Hauptdirektor

Ge|ne|ral|di|rek|to|rin ⟨f.; -, -rin|nen⟩ oberste Leiterin eines großen Wirtschaftsunternehmen

Ge|ne|ra|le ⟨n.; -s, -li|en⟩ allgemein Gültiges, allgemeine Angelegenheit [<lat. *generalis* »allgemein«]

Ge|ne|ral En|ter|prise ⟨[dʒɛnərəl ɛntə(r)praɪz] f.; - -, - -s [-sɪz]; Wirtsch.⟩ Arbeitsgemeinschaft aus einem Hauptunternehmer (meist im Baugewerbe) u. mehreren Unterunternehmern [engl., »Hauptunternehmertum«]

Ge|ne|ral|gou|ver|ne|ment ⟨[-guvɛrnəmã:] n.; -s, -s⟩ **1** große Provinz **2** ⟨im 2. Weltkrieg Bez. für⟩ das besetzte Polen

Ge|ne|ra|li|en ⟨Pl. von⟩ **1** Generale **2** ⟨österr.⟩ Personalien

Ge|ne|ral|in|spek|teur *auch:* **Ge|ne|ral|ins|pek|teur** ⟨[-tø:r] m.; -s, -e⟩ ranghöchster Soldat der Bundeswehr, untersteht dem Bundesminister der Verteidigung

Ge|ne|ral|in|spek|ti|on *auch:* **Ge|ne|ral|ins|pek|ti|on** ⟨f.; -, -en⟩ allgemeine, umfassende Inspektion

Ge|ne|ral|in|ten|dant ⟨m.; -en, -en⟩ **1** oberster Beamter der Heeresverwaltung **2** oberster Leiter eines großen Theaters

Ge|ne|ra|li|sa|ti|on ⟨f.; -, -en⟩ Verallgemeinerung; *Ggs* Individualisation [<frz. *généralisation* »Verallgemeinerung«]

ge|ne|ra|li|sie|ren ⟨V.⟩ verallgemeinern; *Ggs* individualisieren [<frz. *généraliser* »verallgemeinern«]

ge|ne|ra|li|siert ⟨Adj.; Med.⟩ über den ganzen Körper ausgebreitet; *~e Krankheit*

Ge|ne|ra|li|sie|rung ⟨f.; -, -en⟩ Verallgemeinerung, Vereinfachung; *eine unangemessene ~ vornehmen*

Ge|ne|ra|lis|si|mus ⟨m.; -, -se od. -si|mi⟩ selbstständiger Oberbefehlshaber [neulat., Superlativ zu lat. *generalis* »allgemein, die ganze Gattung betreffend«]

Ge|ne|ra|list ⟨m.; -en, -en⟩ jmd., der sich nicht auf ein bestimmtes Fachgebiet spezialisiert hat; *Ggs* Spezialist

Ge|ne|ra|li|tät ⟨f.; -; unz.⟩ **1** Allgemeinheit **2** ⟨Mil.⟩ Gesamtheit der Generäle [→ *General*]

ge|ne|ra|li|ter ⟨Adv.; geh.⟩ im Allgemeinen, überhaupt, generell gesehen [lat.]

Ge|ne|ral|kon|sul ⟨m.; -s, -n⟩ **1** oberster Rang eines Konsuls **2** Leiter eines zu einem größeren Bezirk gehörenden Konsulats

Ge|ne|ral|kon|su|lat ⟨n.; -(e)s, -e⟩ **1** ⟨zählb.⟩ Amtsgebäude eines Generalkonsuls **2** ⟨unz.⟩ Amt, Tätigkeit eines Generalkonsuls

Ge|ne|ral|li|nie ⟨[-njə] f.; -, -n⟩ allgemeine Richtlinie

Ge|ne|ral|ma|jor ⟨m.; -s, -e; Mil.⟩ **1** ⟨unz.⟩ vorletzte Rangstufe vor dem General **2** ⟨zählb.⟩ Offizier in diesem Rang

Ge|ne|ral|pau|se ⟨f.; -, -n; Musik⟩ Pause für alle Instrumente gleichzeitig

Ge|ne|ral|pro|be ⟨f.; -, -n⟩ letzte Probe vor der Aufführung; *öffentliche ~* für das Publikum offene Generalprobe

Ge|ne|ral|se|kre|tär ⟨m.; -s, -e⟩ Hauptgeschäftsführer (einer politischen Vereinigung, eines Verbandes o. Ä.); *Sy* Chefsekretär (2)

Ge|ne|ral|staa|ten ⟨Pl.⟩ **1** ⟨in der ehemaligen Republik der Niederlande⟩ die Vertreter der sieben Provinzialstaaten **2** ⟨heute⟩ das niederländische Parlament

Ge|ne|ral|stab ⟨m.; -(e)s, -stä|be⟩ Gruppe von hohen Offizieren zur Unterstützung der Heeresleitung u. des Oberbefehlshabers

Ge|ne|ral|streik ⟨m.; -s, -s⟩ allgemeiner Streik zur Lähmung der gesamten Wirtschaft (meist einer Nation)

Ge|ne|ral|su|per|in|ten|dent ⟨m.; -en, -en; evang. Kirche⟩ leitender Geistlicher einer Landeskirche, heute meist durch den Bischof ersetzt

Ge|ne|ra|ti|on ⟨f.; -, -en⟩ **1** Menschenalter; *eine Entwicklung durch ~en hindurch* **2** einzelne Stufe der Geschlechterfolge **3** Gesamtheit der zu dieser Stufe gehörenden Personen; *die ~ unserer Eltern; meine, deine ~; die ältere ~* die Eltern; *die junge ~* die Kinder od. Enkel; *etwas von einer ~ auf die andere vererben* [<lat. *generatio* »Zeugung«]

Ge|ne|ra|ti|o|nen|kon|flikt ⟨m.; -(e)s, -e⟩ = Generationskonflikt

Ge|ne|ra|ti|ons|kon|flikt ⟨m.; -(e)s, -e⟩ Konflikt zwischen älterer u. jüngerer Generation infolge ihrer unterschiedl. Auffassungen; *oV* Generationenkonflikt

Ge|ne|ra|ti|ons|wech|sel ⟨m.; -s, -⟩ Wechsel zwischen einer sich geschlechtlich fortpflanzenden u. einer sich ungeschlechtlich vermehrenden Generation einer Tier- od. Pflanzenart

Ge|ne|ra|ti|on X ⟨[- ɪks], engl. [dʒɛnərɛɪʃən ɛks] f.; - -; unz.⟩ Altersgruppe der in den 1960er u. 1970er Jahren Geborenen, die in den 1990er Jahren junge Erwachsene waren u. die das Streben ihrer Eltern nach gesellschaftlichen Statussymbolen kritisieren u. die Werte der Wohlstandsgesellschaft ablehnen; →*a.* Lost Generation [nach dem 1991 erschienenen Roman *Generation X* des Kanadiers Douglas Coupland]

ge|ne|ra|tiv ⟨Adj.⟩ **1** ⟨Biol.⟩ die Zeugung betreffend, auf ihr beruhend, geschlechtlich, keimbildend, zeugungs… **2** *~e Grammatik* ⟨Sprachw.⟩ G., deren Regeln nach mathemat. Vorbild so eindeutig fixiert sind, dass man aus einfachen Formen komplizierte Formen erzeugen kann [<lat. *generare* »(er)zeugen«]

Ge|ne|ra|tor ⟨m.; -s, -to|ren; Technik⟩ **1** rotierende Maschine, die mechanische in elektrische Energie umformt; *Sy* Dynamomaschine **2** Gasgenerator [lat., »Erzeuger«]

Ge|ne|ra|tor|gas ⟨n.; -es; unz.⟩ im Gasgenerator erzeugtes Gas

ge|ne|rell ⟨Adj.⟩ allgemein(gültig), im Allgemeinen; *Ggs* speziell [<lat. *generalis* »allgemein«]

ge|ne|rie|ren ⟨V.⟩ erzeugen [<lat. *generare* »erzeugen, zeugen«]

Ge|ne|rie|rung ⟨f.; -; unz.⟩ das Generieren

Ge|ne|ri|kum ⟨n.; -s, -ri|ka; Pharm.⟩ Arzneimittel, das die gleiche Zusammensetzung wie ein bereits unter einem Mar-

G

kennamen vertriebenes Produkt hat, jedoch meistens billiger als dieses angeboten wird, Nachahmerprodukt [<lat. *generare* »erzeugen« + *...ikum*]
ge|ne|risch ⟨Adj.⟩ **1** die Gattung, das Geschlecht betreffend, Gattungs..., Geschlechts... **2** ⟨Sprachw.⟩ allgemeingültig [<lat. *genus,* Gen. *generis* »Geschlecht, Abstammung«]
ge|ne|rös ⟨Adj.⟩ freigebig, großzügig, edelmütig [<frz. *généreux* »großmütig, hochherzig«]
Ge|ne|ro|si|tät ⟨f.; -; unz.⟩ generöses Wesen, Freigebigkeit [<frz. *générosité* »Edelmut, Großmut«]
Ge|ne|se ⟨f.; -, -ne|sen⟩ **1** ⟨allg.⟩ Entstehung, Entwicklung, Werden, Bildung (des Lebens, der Lebewesen) **2** ⟨Med.⟩ Entstehung, Entwicklung einer Krankheit [<grch. *genesis* »Erzeugung, Ursprung«]
Ge|ne|sis ⟨f.; -; unz.⟩ **1** ⟨allg⟩ Ursprung, Entstehung **2** ⟨Rel.⟩ die Schöpfungsgeschichte, 1. Buch Mosis [grch., »Erzeugung, Ursprung«]
Ge|ne|tik ⟨f.; -; unz.⟩ **1** ⟨i. e. S.⟩ Vererbungslehre **2** ⟨i. w. S.⟩ Wissenschaft von der Entstehung der Organismen [<grch. *genesis* »Ursprung, Erzeugung«]
Ge|ne|ti|ker ⟨m.; -s, -⟩ Forscher auf dem Gebiet der Genetik
Ge|ne|ti|ke|rin ⟨f.; -, -rin|nen⟩ Forscherin auf dem Gebiet der Genetik
ge|ne|tisch ⟨Adj.⟩ die Genetik betreffend, auf ihr beruhend, erblich bedingt, entstehungsgeschichtlich, Entstehungs...; *~e Information* Information über genetische Codes; *~e Kartierung* Bestimmung der Position eines Gens auf dem DNA-Molekül; *~er Code* in Form besonderer Strukturen der Eiweißmoleküle festgelegter Bau der Gene
Ge|ne|tiv ⟨m.; -s, -e [-və]; Gramm.⟩ = Genitiv
Ge|net|te ⟨[ʒənɛt(ə)] f.; -, -n; Bot.⟩ Gattung der Schleichkatzen mit dunkel geflecktem Fell, das als Pelzwerk geschätzt ist, Ginsterkatze: Genetta [frz. <span. <arab.]
Ge|ne|ver ⟨[ʒəneːvə(r)] m.; -s, -⟩ klarer Kornbranntwein mit Wacholdergeschmack [<frz. *genièvre* »Wacholder«]
Gen|ex|pres|si|on ⟨f.; -; unz.; Genetik⟩ Vorgang der Umwandlung des genetischen Codes in die in den Zellen vorhandenen Strukturen
Gen|food ⟨[-fuːd] n.; -s; unz.; umg.⟩ = Novelfood
ge|ni|al ⟨Adj.⟩ im höchsten Maße begabt u. dabei schöpferisch [verkürzt <*genialisch;* → *Genie*]
ge|ni|a|lisch ⟨Adj.⟩ **1** nach der Art eines Genies, schöpferisch **2** ⟨fig.⟩ alles Durchschnittliche u. Konventionelle missachtend, überschwänglich
Ge|ni|a|li|tät ⟨f.; -; unz.⟩ geniale Veranlagung, Schöpferkraft
Ge|nie ⟨[ʒə-] n.; -s, -s⟩ **1** ⟨unz.⟩ **1.1** höchste schöpferische Begabung **1.2** ⟨schweiz.⟩ militär. Ingenieurwesen **2** ⟨zählb.⟩ Mensch von höchster schöpferischer Begabung; *ein musikalisches ~; verbummeltes ~* ⟨umg.; scherzh.⟩ verbummelter Künstler, Bohemien **3** *verkanntes ~* **3.1** nicht zur Geltung kommender begabter Mensch **3.2** ⟨umg.; iron.⟩ jmd., der sich für sehr begabt hält [<frz. *génie,* eigtl. »Schutzgeist; feuriger Schöpfergeist« <lat. *genius*]
...ge|nie ⟨Nachsilbe; zur Bildung weibl. Subst.; f.; -; unz.⟩ (Lehre von der) Entwicklung; *Ontogenie; Phylogenie* [zu grch. *genea* »Herkunft«; → *...gen*[1]]
Ge|nie|korps ⟨[ʒəniːkoːr] n.; - [-koːrs], - [-koːrs]⟩ technische Truppe, Pioniertruppe [<frz. *génie* »Kriegsbaukunst, Ingenieurwesen« + *corps* »Körperschaft«]
Ge|nie|of|fi|zier ⟨[ʒə-] m.; -s, -e; schweiz.⟩ Offizier des Geniekorps
ge|nie|ren ⟨[ʒe-] V.⟩ **1** *jmdn. ~* belästigen, jmdm. peinlich sein; *geniert es Sie, wenn ich meine Jacke ausziehe?* **2** *sich ~* sich schämen, sich vor den anderen Leuten unsicher fühlen, schüchtern, gehemmt sein [<frz. *gêner* »drücken, quälen, hindern, hemmen«]
ge|ni|tal ⟨Adj.⟩ die Genitalien betreffend, zu ihnen gehörend [<lat. *genitalis* »zur Zeugung od. Geburt gehörig, zeugend, befruchtend«]
Ge|ni|tal ⟨n.; -s, -li|en; Anat.⟩ Geschlechtsteil, Geschlechtsorgan; *oV* Genitale [→ *genital*]
Ge|ni|ta|le ⟨n.; -s, -li|en⟩ = Genital
ge|ni|ta|lisch ⟨Adj.⟩ zum Genital gehörig, es betreffend
Ge|ni|tiv ⟨m.; -s, -e [-və]; Gramm.⟩ zweiter Fall der Deklination, Wesfall; *oV* Genetiv [<lat. *casus genitivus* »Fall, der die Abkunft, Herkunft, Zugehörigkeit bezeichnet« <grch. *genike (ptosis)* »der die Gattung bezeichnende Fall«]
ge|ni|ti|visch ⟨Adj.; Gramm.⟩ den Genitiv betreffend, zu ihm gehörig, auf ihm beruhend
Ge|ni|tiv|ob|jekt ⟨n.; -(e)s, -e; Gramm.⟩ Satzergänzung im Genitiv, z. B. er beschuldigte sie »eines Verbrechens«; sie enthielt sich »der Stimme«; → *a.* Objekt
Ge|ni|ti|vus ⟨[-vus] m.; -, -ti|vi [-vi]; Gramm.⟩ = Genitiv; *~ obiectivus* Genitiv als Objekt einer Handlung, z. B. Bezwinger des Nanga Parbat; *~ partitivus* Genitiv als Teil eines Ganzen, z. B. ein Becher Weins; *~ possessivus* den Besitz bezeichnender Genitiv, z. B. das Haus meines Vaters; *~ qualitatis* Genitiv als Bezeichnung einer Eigenschaft, z. B. eine Ware bester Güte; *~ subiectivus* Genitiv als Subjekt einer Handlung, z. B. »die Ankunft des Zuges«
Ge|ni|us ⟨m.; -, Ge|ni|en⟩ **1** ⟨unz.⟩ schöpfer. Geist, schöpferische Kraft **2** ⟨zählb.⟩ **2.1** Schutzgeist; *~ Loci* Schutzgeist eines Ortes **2.2** ⟨Kunst⟩ geflügelte männl. od. weibl. niedere Gottheit [lat., »Personifikation der Zeugungskraft; Schutzgeist; Schöpfergeist«; → *Genie*]
Gen|ma|ni|pu|la|ti|on ⟨f.; -, -en; Genetik⟩ Umwandlung von Genen mit physikalischen od. chemischen Methoden u. die damit verbundene Veränderung der Erbsubstanz
gen|ma|ni|pu|liert ⟨Adj.; Genetik⟩ mit Hilfe der Genmanipulation verändert; *~er Mais*
Gen|mu|ta|ti|on ⟨f.; -, -en; Genetik⟩ Strukturwandlung im Mo-

lekülbereich der die Erbsubstanz aufbauenden chemischen Verbindungen; *Sy* Lokusmutation, Punktmutation, Transmutation

gen|ne|ma|tisch ⟨Adj.; Sprachw.⟩ die akust. Struktur von Sprachlauten betreffend; *Sy* gennemisch [→ *Genesis*]

gen|ne|misch ⟨Adj.; Sprachw.⟩ = gennematisch

Ge|nom ⟨n.; -s, -e; Genetik⟩ alle im haploiden Kern vereinigten Gene [→ *Gen*]

Ge|nom|ana|ly|se ⟨f.; -, -n; Genetik⟩ Untersuchung des Genbestandes der Zellen eines Organismus

Ge|no|mik ⟨f.; -; unz.⟩ Lehre von den Genomen, Erbgutanalyse [< *Genom* + *...ik*]

ge|no|misch ⟨Adj.⟩ die Genome betreffend, zu ihnen gehörig

ge|no|spe|zi|fisch ⟨Adj.; Genetik⟩ charakteristisch für das Genmaterial, ihm eigentümlich

ge|no|ty|pisch ⟨Adj.; Genetik⟩ den Genotypus betreffend, auf ihm beruhend

Ge|no|ty|pus ⟨m.; -, -ty|pen; Genetik⟩ **1** Gesamtheit der Erbanlagen **2** durch die Erbanlagen bedingte Beschaffenheit eines Lebewesen; *Ggs* Phänotypus [< *Gen* + *Typus*]

Ge|no|zid ⟨m. od. n.; -(e)s, -e od. -di|en; Rechtsw.⟩ Ausrottung bzw. schwere Schädigung eines Volkes od. einer bestimmten sozialen, ethnischen od. religiösen Gruppe; *der ~ an den Juden im Dritten Reich* [<lat. *genus* »Geschlecht« + *...zid*]

Gen|re ⟨[ʒã:rə] n.; -s, -s⟩ Gattung, Art [frz., »Gattung, Art«]

Gen|re|bild ⟨[ʒã:rə-] n.; -(e)s, -er⟩ Bild, Schilderung aus dem Alltagsleben, Sittenbild

Gen|re|gu|la|ti|on ⟨f.; -; unz.; Biol.⟩ Wechselwirkung zwischen DNA u. Protein in einem Gen

gen|re|haft ⟨[ʒã:rə-] Adj.⟩ in der Art eines Genrebildes

Gen|re|ma|le|rei ⟨[ʒã:rə-] f.; -; unz.⟩ Darstellung der Alltagswelt bestimmter Stände, bes. in der ndrl. Kunst des 17. Jh. [Lehnübersetzung <frz. *peinture de genre*]

Gens ⟨f.; -, Gen|tes; im antiken Rom⟩ Verband von Familien gleicher Abstammung, die den gleichen Geschlechternamen tragen [lat.]

Gent ⟨[dʒɛnt] m.; -s, -s⟩ Angeber, Geck [engl., »feiner Herr«; verkürzt <*gentleman*]

Gen|tech|nik ⟨f.; -; unz.⟩ = Gentechnologie

gen|tech|nisch ⟨Adj.⟩ die Gentechnik betreffend, auf ihr beruhend; *~ verändertes Gemüse*

Gen|tech|no|lo|gie ⟨f.; -; unz.⟩ Technologie zur Neukombination u. Übertragung von Genen; *Sy* Gentechnik

Gen|the|ra|pie ⟨f.; -, -n; Med.⟩ Verfahren der Neukombination u. Übertragung von Genen zur Heilung von Krankheiten

Gen|ti|a|ne ⟨f.; -; unz.; Bot.⟩ Enzian [lat.]

gen|til ⟨[ʒɛnti:l] od. [ʒãti:l] Adj.⟩ fein, nett, gut erzogen [frz.]

Gen|til|homme ⟨[ʒãtijɔm] m.; -s, -s⟩ Mann von guter Lebensart [frz., »Edelmann«]

Gen|tle|man *auch:* **Gent|le|man** ⟨[dʒɛntlmæn] m.; -s, -men [-mən]⟩ Mann von vornehmer Gesinnung u. Lebensart [engl., »Mann von ritterl. Denkungs- u. Lebensart«]

gen|tle|man|like *auch:* **gent|le|man|like** ⟨[dʒɛntlmænlaɪk] Adj.⟩ vornehm, ehrenhaft [engl., »wie ein Gentleman«]

> **Gentlemen's Agreement** (*Worttrennung am Zeilenende; Übernahme von semantischen Zeichen*) In Fremdwörtern können Buchstabenverbindungen aus Konsonant (hier: *t*) + *l*, *n* oder *r* entweder getrennt werden oder (entsprechend der Trennung nach Sprechsilben) ungetrennt auf die neue Zeile kommen. Werden Fügungen oder Redewendungen als Ganzes aus einer Fremdsprache übernommen, so werden in der Fremdsprache übliche semantische Zeichen in der Regel mit übernommen (→*a.* Director's Cut).

Gen|tle|men's Ag|ree|ment *auch:* **Gent|le|men's Ag|ree|ment** ⟨[dʒɛntlmənz əgri:mənt] n.; - -s, - -s⟩ Vereinbarung auf Treu u. Glauben (bes. in der Diplomatie) [engl., »Übereinkommen zwischen Gentlemen«]

Gen|trans|fer ⟨m.; -s, -s; Biol.⟩ das Einfügen genetischer Informationen in einen Zellkern durch Übertragung isolierter DNA-Sequenzen aus einer anderen Zelle

Gen|try *auch:* **Gent|ry** ⟨[dʒɛntrı] f.; -; unz.; in Großbritannien⟩ niederer Adel [engl.]

ge|nu|in ⟨Adj.⟩ angeboren, echt, natürlich [<lat. *genuinus* »angeboren, natürlich«]

Ge|nus ⟨n.; -, Ge|ne|ra⟩ **1** Gattung **2** ⟨Gramm.⟩ Geschlecht der Substantive u. Pronomen; *~ commune* gemeinsames Geschlecht der Substantive (u. Pronomen), z. B. von Maskulinum u. Femininum im Niederländischen und Dänischen; *~ Verbi* Ausdrucksform des Verbs, die das syntaktische Verhältnis des Subjekts zum Geschehen bezeichnet (Aktiv od. Passiv), Handlungsrichtung [lat. *genus*, »Geschlecht, Abstammung«; lat. *verbi*, Gen. zu *verbum* »Wort«]

geo..., Geo... ⟨in Zus.⟩ erd..., Erd...; *Geografie; geotrop* [<grch. *ge* »Erde«]

Geo|an|ti|kli|na|le ⟨f.; -, -n⟩ großflächiges Aufwölbungsgebiet der Erdoberfläche [< *Geo...* + *Antiklinale*]

Geo|bi|on|ten ⟨Pl.; Biol.⟩ die im Erdboden lebenden Organismen [< *Geo...* + grch. *bios* »Leben«]

Geo|bo|ta|nik ⟨f.; -; unz.; Bot.⟩ Lehre von der Verteilung der Pflanzen auf der Erde, Pflanzengeografie; *Sy* Phytogeografie [< *Geo...* + *Botanik*]

geo|bo|ta|nisch ⟨Adj.; Bot.⟩ auf der Geobotanik beruhend, zu ihr gehörend; *eine ~e Expedition durchführen*

Geo|che|mie ⟨[-çe-] f.; -; unz.; Chemie⟩ Lehre vom chem. Aufbau der Erde

geo|che|misch ⟨[-çe:-] Adj.; Chemie⟩ auf der Geochemie beruhend, zur Geochemie gehörend

Geo|chro|no|lo|gie ⟨[-kro-] f.; -; unz.⟩ Lehre von der Bestimmung geologischer Zeitalter

G

Geo|dä|sie ⟨f.; -; unz.⟩ Erdmessung u. Vermessungskunde; *höhere ~* Erdmessung mit Berücksichtigung der Erdkrümmung; *niedere ~* Erdmessung ohne Berücksichtigung der Erdkrümmung [< *Geo...* + grch. *daiein* »teilen«]

Geo|dät ⟨m.; -en, -en⟩ jmd., der auf dem Gebiet der Geodäsie arbeitet [→ *Geodäsie*]

geo|dä|tisch ⟨Adj.⟩ auf der Geodäsie beruhend, zu ihr gehörend; *~e Linie* kürzeste Verbindung zweier Punkte auf einer Fläche

Geo|de ⟨f.; -, -n; Geol.⟩ Sekretion mit ganz ausgefülltem Hohlraum [<grch. *geodes* »erdartig« <*ge* »Erde« + *eidos* »Aussehen]

Geo|dy|na|mik ⟨f.; -; unz.⟩ Dynamik der festen Körper

Geo|en|gi|nee|ring *auch:* **Geo-En|gi|nee|ring** ⟨[-dʒiniː-] n.; - od. -s; unz.⟩ gezielte Eingriffe in die klimatischen u. ökologischen Kreisläufe der Erde, um Umweltschäden wie die Klimaerwärmung od. die Versauerung der Meere zu verringern [< *Geo...* + engl. *engineering* »Technik, Konstruktion«]

Geo|fak|tor ⟨m.; -s, -to|ren; meist Pl.; Geogr.⟩ Bestandteil, gestaltende Kraft von Landschaften u. Regionen [< *Geo...* + *Faktor*]

Geo|fon ⟨n.; -s, -e⟩ = Geophon

Geo|ge|nie ⟨f.; -; unz.⟩ Teil der Geologie, Lehre von der Entwicklung der Erde; *oV* Geogonie [< *Geo...* + *...genie*]

Geo|go|nie ⟨f.; -; unz.⟩ = Geogenie [< *Geo...* + *...gonie*]

> **Geograf / Geograph** (*Laut-Buchstaben-Zuordnung*) Für die Silben »*-fon*«, »*-fot*« u. »*-graf*« kann in jedem Fall die eingedeutschte (integrierte) Lautschreibung verwendet werden. Die Schreibung mit »*ph*« ist jedoch ebenso, vor allem in fachsprachlichen Texten, zulässig (→ *a.* Saxophon / Saxofon).

Geo|graf ⟨m.; -en, -en⟩ Kenner, Lehrer, Student der Geografie, Erdkundler; *oV* Geograph

Geo|gra|fie ⟨f.; -; unz.⟩ Erdkunde, Erdbeschreibung; *oV* Geographie [< *Geo...* + *...grafie*]

Geo|gra|fin ⟨f.; -, -fin|nen⟩ weibl. Geograf; *oV* Geographin

geo|gra|fisch ⟨Adj.⟩ zur Geografie gehörend, auf ihr beruhend, erdkundlich; *oV* geographisch; *~e Koordinaten* die Koordinaten (Länge u. Breite) im Gradnetz der Erde; *~e Breite* in Grad gemessener Winkelabstand eines Punktes der Erdoberfläche vom Äquator; *~e Länge* in Grad gemessener Winkelabstand eines Punktes der Erdoberfläche vom Nullmeridian; *~e Lage* L. eines Ortes nach geograf. Koordinaten im Gradnetz; *~e Ortsbestimmung* Bestimmung von Punkten auf der Erdoberfläche durch ihre geografi. Lage od. durch Triangulation u. Nivellement; *~e Karte* Karte im Maßstab kleiner als 1:200 000, die bes. Forschungs- u. Beobachtungsergebnisse der Geografie enthält u. auf geodät. bzw. topograph. Karten aufbaut

Geo|graph ⟨m.; -en, -en⟩ = Geograf

Geo|gra|phie ⟨f.; -; unz.⟩ = Geografie

Geo|gra|phin ⟨f.; -, -phin|nen⟩ = Geografin

geo|gra|phisch ⟨Adj.⟩ = geografisch

geo|hy|dro|lo|gisch *auch:* **geo|hyd|ro|lo|gisch** ⟨Adj.⟩ = hydrogeologisch

Geo|id ⟨n.; -(e)s, -e⟩ wegen der vertikalen Erhebungen u. Vertiefungen der Erdoberfläche von einem Rotationsellipsoid abweichende wahre Form der Erdfigur [< *Geo...* + *...id*]

Geo|iso|ther|me ⟨f.; -, -n⟩ Linie, die Punkte gleicher Temperatur im Erdinnern verbindet

geo|karp ⟨Adj.; Bot.⟩ unter der Erde reifend [<*geo...* + grch. *karpos* »Frucht«]

Geo|lo|ge ⟨m.; -n, -n⟩ Wissenschaftler, Student der Geologie

Geo|lo|gie ⟨f.; -; unz.⟩ Lehre vom Aufbau u. von der Entwicklung der Erde, Erdgeschichte

Geo|lo|gin ⟨f.; -, -gin|nen⟩ weibl. Geologe

geo|lo|gisch ⟨Adj.⟩ die Geologie betreffend, zu ihr gehörend

Geo|ma|gne|tik *auch:* **Geo|mag|ne|tik** ⟨f.; -; unz.⟩ Teilgebiet der Geophysik, das die Beobachtung erdmagnetischer Erscheinungen zur Erforschung der geolog. Verhältnisse benutzt

geo|ma|gne|tisch *auch:* **geo|mag|ne|tisch** ⟨Adj.⟩ die Geomagnetik betreffend, auf ihr beruhend

Geo|man|tie ⟨f.; -; unz.⟩ Wahrsagerei aus in Sand geritzelten Zeichen [< *Geo...* + *...mantie*]

Geo|me|di|zin ⟨f.; -; unz.⟩ Wissenschaft vom Einfluss der Boden- u. Klimabedingungen auf Entstehung, Ausbreitung, Verlauf u. Heilung von Krankheiten

Geo|me|ter ⟨m.; -s, -⟩ Feldmesser, Landmesser

Geo|me|trie *auch:* **Geo|met|rie** ⟨f.; -; unz.⟩ Gebiet der Mathematik, behandelt die gestaltlichen Gesetzmäßigkeiten und Größenbeziehungen an u. zwischen Linien, Flächen u. Körpern [< *Geo...* + *...metrie*]

geo|me|trisch *auch:* **geo|met|risch** ⟨Adj.⟩ auf der Geometrie beruhend, den Gesetzen der Geometrie folgend; *~es Mittel* die n-te Wurzel aus dem Produkt von Zahlen $a_1, a_2 \ldots, a_n$; *~er Ort* Linien u. Flächen, auf denen alle Punkte liegen, die gegebenen Bedingungen genügen; *~e Reihe* eine Reihe, bei der der Quotient zweier aufeinanderfolgender Glieder konstant ist, z. B. $^1/_3 + {}^1/_9 + {}^1/_{26} + {}^1/_{81} + \ldots + ({}^1/_{3^n})$; *~er Stil* Stil (bes. in der altgrch. Vasenmalerei), der Ornamente, Tier- u. Pflanzenmotive in den linearen Formen der geometr. Figuren (Dreiecke, Rhomben) bevorzugt

Geo|mor|pho|lo|ge ⟨m.; -n, -n⟩ Wissenschaftler auf dem Gebiet der Geomorphologie

Geo|mor|pho|lo|gie ⟨f.; -; unz.⟩ Zweig der physischen Geografie, der sich mit den Oberflächenformen der Erde u. ihrer Entstehung befasst

Geo|mor|pho|lo|gin ⟨f.; -, -gin|nen⟩ weibl. Geomorphologe

geo|mor|pho|lo|gisch ⟨Adj.⟩ die Geomorphologie betreffend, zu ihr gehörend, auf ihr beruhend

Geo|öko|lo|gie ⟨f.; -; unz.⟩ Forschungsrichtung der Geografie, die sich mit Funktionsweise, Verbreitung u. Zusammenhang der Ökosysteme auf der Erde befasst [<*Geo...* + *Ökologie*]

geo|pa|thisch ⟨Adj.⟩ durch geograf., klimatische, meteorologische u. Ä. Faktoren Krankheiten begünstigend; *Sy* geopathogen; *~e Zonen* [<grch. *ge* »Erde« + *pathein* »leiden«]

geo|pa|tho|gen ⟨Adj.⟩ = geopathisch

Geo|pha|gie ⟨f.; -; unz.⟩ Sitte mancher Naturvölker, bestimmte salz-, ton- od. fetthaltige Erden zu essen, Erdeessen [<*Geo...* + *...phagie*]

Geo|phon ⟨n.; -s, -e⟩ akust. Hörgerät für geophysikal. Untersuchungen, z. B. zur Aufzeichnung der Ausbreitung von Schallwellen bei künstlich ausgelösten Sprengungen; *oV* Geofon [<*Geo...* + *...phon*]

Geo|phy|sik ⟨f.; -; unz.⟩ Lehre von den natürl. physikal. Erscheinungen auf u. in der Erde

geo|phy|si|ka|lisch ⟨Adj.⟩ die Geophysik betreffend, zu ihr gehörend, auf ihr beruhend

Geo|phy|si|ker ⟨m.; -s, -⟩ Wissenschaftler auf dem Gebiet der Geophysik

Geo|phy|si|ke|rin ⟨f.; -, -rin|nen⟩ weibl. Geophysiker

Geo|phyt ⟨m.; -en, -en; Bot.⟩ Staudenpflanze mit unterirdischen Überwinterungsorganen (Zwiebeln, Knollen, Rhizomen) [<*Geo...* + *...phyt*]

Geo|plas|tik ⟨f.; -; unz.⟩ räuml. Darstellung eines Teils der Erdoberfläche

Geo|po|li|tik ⟨f.; -; unz.⟩ Lehre von der Wechselwirkung geograf. u. polit. Gegebenheiten

geo|po|li|tisch ⟨Adj.⟩ die Geopolitik betreffend, auf ihr beruhend, zu ihr gehörend

Geo|re|li|ef ⟨n.; -s, -s od. -e⟩ die Höhengestaltung der Erdoberfläche, Gegenstand der Geomorphologie [<*Geo...* + *Relief*]

Geor|gette ⟨[ʒɔrʒɛt] f.; -; unz.; Textilw.⟩ schleierartig dünner Stoff aus Seide, Wolle od. Baumwolle [nach der frz. Modistin *Georgette* de la Plante]

Ge|or|gi|ne ⟨f.; -, -n; Bot.⟩ = Dahlie [nach dem Petersburger Botaniker J. G. *Georgi*, 1738-1802]

Geo|sphä|re ⟨f.; -; unz.⟩ die Erdoberfläche od. Erdhülle, in der sich Land, Wasser, Luft, Pflanzen- u. Tierwelt durchdringen u. berühren [<*Geo...* + *Sphäre*]

geo|sta|ti|o|när ⟨Adj.⟩ *~e Bahn* Flugbahn von Weltraumsonden, die synchron mit der Erdumdrehung umlaufen u. so ständig über einem Punkt der Erdoberfläche zu stehen scheinen, genutzt bes. für Nachrichtensatelliten; *Sy* geosynchron [<*geo...* + *stationär*]

geo|syn|chron ⟨[-kro:n] Adj.⟩ = geostationär

Geo|syn|kli|na|le ⟨f.; -, -n; Geol.⟩ absinkender, großräumiger u. langgestreckter Teil der Erdkruste [<*Geo...* + *Synklinale*]

Geo|ta|xis ⟨f.; -, -xi|en⟩ durch die Schwerkraft ausgelöste Taxie

Geo|tech|nik ⟨f.; -; unz.⟩ Gebiet der Bautechnik, das die Anwendung geologischen Wissens bei Bauvorhaben umfasst, z. B. beim Tunnelbau u. Ä. [<*Geo...* + *Technik*]

Geo|tek|to|nik ⟨f.; -; unz.⟩ Teilgebiet der Geophysik, das sich mit dem Aufbau und der Entwicklung der festen Erdkruste befasst [<*Geo...* + *Tektonik*]

geo|tek|to|nisch ⟨Adj.; Geol.⟩ zur Geotektonik gehörend, sie betreffend, auf ihr beruhend [<*geo...* + *tektonisch*]

Geo|ther|mie ⟨f.; -; unz.⟩ **1** Erdwärme, die als regenerative Energie zu Heizzwecken od. zur Stromerzeugung genutzt werden kann **2** = Geothermik [<*Geo...* + grch. *thermos* »warm, heiß«]

Geo|ther|mik ⟨f.; -; unz.⟩ Verfahren zur Messung von Boden- u. Gesteinstemperaturen mit Hilfe von Bohrungen zur Analyse des Untergrundes; *Sy* Geothermie (2)

geo|ther|misch ⟨Adj.⟩ die Erdwärme betreffend; *~e Tiefenstufe* im Durchschnitt 30-35 m breite Schicht, der beim Eindringen in die Erde eine Temperaturzunahme von 1 °C entspricht [<*geo...* + *thermisch*]

Geo|top ⟨n.; -s, -e; Geol.⟩ Naturdenkmal, meist in Form einer Landschaft, die weitestgehend naturbelassen u. von erdgeschichtlicher Bedeutung ist, z. B. Höhlen, Felsformationen, Fundstätten von Fossilien od. Mineralien [<*Geo...* + *...top*]

geo|trop ⟨Adj.⟩ auf Geotropismus beruhend; *positiv ~* nach oben gerichtet; *negativ ~* nach unten gerichtet [<*geo...* + *...trop*[1]]

Geo|tro|pis|mus ⟨m.; -, -pis|men⟩ durch die Schwerkraft ausgelöster Tropismus [<*Geo...* + *Tropismus*]

Geo|wis|sen|schaf|ten ⟨Pl.; Sammelbez. für⟩ alle Wissenschaften, die sich mit der Erforschung der Erde befassen, z. B. Geografie, Geologie

geo|zen|trisch *auch:* **geo|zent|risch** ⟨Adj.⟩ **1** auf die Erde als Mittelpunkt der Welt bezogen **2** auf den Erdmittelpunkt bezogen **3** ⟨Wirtsch.⟩ *~e Unternehmung* Unternehmung, die in Orientierung u. Struktur auf ein internationales Agieren ausgerichtet ist

Geo|zoo|lo|gie ⟨[-tso:o-] f.; -; unz.⟩ Lehre von der Verbreitung der Tiere auf der Erde, Tiergeografie; *Sy* Zoogeografie [<*Geo...* + *Zoologie*]

geo|zy|klisch *auch:* **geo|zyk|lisch** ⟨Adj.⟩ den Umlauf der Erde um die Sonne betreffend

Ge|pard ⟨m.; -s, -e; Zool.⟩ zu den Katzen gehörendes schnellstes (über 100 km/h), zur Jagd abrichtbares Raubtier mit braunrotem, schwarz getüpfeltem Fell, Jagdleopard: Acinonyx jubatus [<frz. *guépard*]

Ge|ra|nie ⟨[-njə] f.; -, -n; Bot.⟩ **1** = Pelargonie **2** = Geranium

Ge|ra|ni|ol ⟨n.; -s; unz.⟩ zweifach ungesättigter Terpenalkohol, der im Geranium- u. Rosenöl als Hauptriechstoff vorkommt [<*Geranium* + *...ol*]

Ge|ra|ni|um ⟨n.; -s, -ni|en; Bot.⟩ Gattung der Storchschnabelgewächse mit gefiederten od. bandförmig geteilten Blättern u. schnabelförmig verlängerten Fruchtgrannen, Storchschnabel; *oV* Geranie (2) [<grch. *geranos* »Kranich«, nach den Früchten, die dem Schnabel eines Kranichs ähnlich sehen]

Ger|i|a|ter *auch:* **Ge|ri|a|ter** ⟨m.; -s, -; Med.⟩ Facharzt für Geriatrie

G

Ger|i|a|trie *auch:* **Ge|ri|at|rie** ⟨f.; -; unz.; Med.⟩ Lehre von den Krankheiten alternder u. alter Menschen, Alters-, Greisenheilkunde [<grch. *geron* »alt, bejahrt« + *…iatrie*]

Ger|i|a|tri|kum *auch:* **Ge|ri|at|ri|kum** ⟨n.; -s, -tri|ka; Pharm.⟩ Arzneimittel zur Behandlung von Altersbeschwerden [→ *Geriatrie*]

ger|i|a|trisch *auch:* **ge|ri|at|risch** ⟨Adj.; Med.⟩ die Geriatrie betreffend, auf ihr beruhend

ge|rie|ren ⟨V.⟩ *sich ~* sich hervortun, sich erweisen als; *sich als Experte ~* [zu lat. *se gerere* »sich benehmen«]

G

→ Guerilla Die für das Deutsche untypische Schreibung *gu-* für den Laut [g-] in *Guerilla* entspricht dem Spanischen, aus dem das Wort entlehnt ist.

Ger|ma|nin ⟨n.; -s; unz.; Pharm.⟩ chemotherapeutisches Heilmittel, Medikament gegen die Schlafkrankheit, Bayer 205 [nach *Germania,* der lat. Bezeichnung für Deutschland]

ger|ma|ni|sie|ren ⟨V.⟩ der dt. Sprache, Kultur angleichen, eindeutschen

Ger|ma|nis|mus ⟨m.; -, -nis|men⟩ in eine andere Sprache übernommene deutsche Spracheigentümlichkeit

Ger|ma|nist ⟨m.; -en, -en⟩ Wissenschaftler, Student der Germanistik

Ger|ma|nis|tik ⟨f.; -; unz.⟩ **1** ⟨i. w. S.⟩ Wissenschaft von der german. Sprache **2** ⟨i. e. S.⟩ Wissenschaft von der deutschen Sprache u. Literatur

Ger|ma|nis|tin ⟨f.; -, -tin|nen⟩ Wissenschaftlerin, Studentin der Germanistik

ger|ma|nis|tisch ⟨Adj.⟩ die Germanistik betreffend, zur Germanistik gehörig, auf ihr beruhend

Ger|ma|ni|um ⟨n.; -s; unz.; chem. Zeichen: Ge⟩ grauweißes, sprödes 2- u. 4-wertiges Metall, zur Herstellung von Transistoren u. Dioden verwendet, Ordnungszahl 32 [nach *Germania,* der lat. Bez. für Deutschland]

ger|ma|no|phil ⟨Adj.⟩ eine Vorliebe für alles Germanische, Deutsche zeigend [<*germanisch* + grch. *philos* »Freund«]

Ger|ma|no|phi|lie ⟨f.; -; unz.⟩ Vorliebe für alles Germanische, Deutsche

ger|ma|no|phob ⟨Adj.⟩ allem Germanischen, Deutschen abgeneigt, feindlich [<*germanisch* + grch. *phobos* »Furcht«]

Ger|ma|no|pho|bie ⟨f.; -; unz.⟩ Abneigung gegen alles Germanische, Deutsche

ger|mi|nal ⟨Adj.; Biol.⟩ Keim od. Geschlecht betreffend, zu ihm gehörig [<lat. *germen* »Keim, Spross«]

Ger|mi|na|lie ⟨[-ljə] f.; -, -n; Biol.⟩ Germinaldrüse, Keim-, Geschlechtsdrüse [<lat. *germen* »Keim, Spross«]

Ger|mi|na|ti|on ⟨f.; -, -en; Bot.⟩ Keimungsperiode [<lat. *germinatio* »Keimung«]

ger|mi|na|tiv ⟨Adj.; Bot.⟩ den Keim, die Keimung betreffend

Ge|ront ⟨m.; -en, -en⟩ Mitglied der Gerusia [<grch. *geron,* Gen. *gerontos* »Greis, Volksältester«]

ge|ron|to…, Ge|ron|to… ⟨in Zus.⟩ das fortgeschrittene Lebensalter, alte Menschen betreffend; *Gerontologie* [<grch. *geron,* Gen. *gerontos* »Greis, Volksältester«]

Ge|ron|to|kra|tie ⟨f.; -; unz.; meist abwertend⟩ **1** Herrschaftsform, bei der die polit. Entscheidungsträger überwiegend ältere Menschen sind, Altenherrschaft **2** überalterte Führungsschicht einer Gerontokratie (1) [<*Geronto…* + *…kratie*]

Ge|ron|to|lo|ge ⟨m.; -n, -n; Med.⟩ Arzt od. Wissenschaftler auf dem Gebiet der Gerontologie

Ge|ron|to|lo|gie ⟨f.; -; unz.; Med.⟩ **1** Lehre von den Alterungsvorgängen, Altersforschung **2** Lehre von dem unterschiedlichen Krankheitsverlauf in den einzelnen Lebensaltern [<grch. *geron, gerontos* »alt, bejahrt« + *…logie*]

Ge|ron|to|lo|gin ⟨f.; -, -gin|nen; Med.⟩ Ärztin od. Wissenschaftlerin auf dem Gebiet der Gerontologie

ge|ron|to|lo|gisch ⟨Adj.; Med.⟩ die Gerontologie betreffend, zu ihr gehörig, auf ihr beruhend

Ge|run|di|um ⟨n.; -s, -di|en; Gramm.⟩ substantivierte Form des Verbums, die ein Objekt regieren kann, z. B. engl. »the art of writing letters«, lat. »ars litteras scribendi«: die Kunst, Briefe zu schreiben; Sy Gerundiv [lat., eigtl. »das zu Verrichtende«; zu *gerere* »durchführen, verrichten«]

Ge|run|div ⟨n.; -s, -e [-və]; Gramm.⟩ = Gerundivum

ge|run|di|visch ⟨[-viʃ] Adj.; Gramm.⟩ das Gerundivum betreffend, als Gerundivum (gebraucht)

Ge|run|di|vum ⟨[-vum] n.; -s, -va [-va]; Gramm.⟩ vom Infinitiv abgeleitetes Adjektiv mit passiv. Bedeutung (bes. im Latein), z. B. laudandus, ein zu Lobender, einer, der gelobt werden muss [verkürzt <*Modus gerundivus*]

Ge|ru|sia ⟨f.; -; unz.; im antiken Sparta⟩ Ältestenrat [<grch. *gerusia;* → *Geront*]

Ger|vais® ⟨[ʒɛrvɛː] m.; -, -⟩ ein milder, körniger französischer Frischkäse [nach dem Namen des Herstellers, Charles *Gervais*]

→ Geisha Das aus dem Japanischen stammende Fremdwort *Geisha* wird im Anlaut zwar [geː-] gesprochen, geschrieben wird aber *Gei-*. Ebenfalls von der deutschen Orthografie abweichend ist die Schreibung des *sch*-Lautes mit *sh*.

Ge|sei|re ⟨n.; -s; unz.; umg.; abwertend⟩ klagendes Gerede, Gejammer [<neuhebr. *gezera* »Behauptung, erregtes Gespräch«]

Ge|spons[1] ⟨m.; -s, -e; poet.; a. scherzh.⟩ Bräutigam, Gatte, Ehemann [<lat. *sponsus, sponsa* »der, die Verlobte«]

Ge|spons[2] ⟨n.; -s, -e; poet.; a. scherzh.⟩ Braut, Gattin, Ehefrau [<lat. *sponsus, sponsa* »der, die Verlobte«]

Ges|so|pain|ting ⟨[dʒɛsopɛıntıŋ] n.; -s, -s; Mal.⟩ eine Maltechnik, Verbindung aus Flachrelief u. Malerei, Gipsmalerei [engl., »Gipsmalerei«]

Gestagen ⟨n.; -s, -e; Med.⟩ = Progesteron [<lat. *gestare* »tragen« + *…gen*[1]]

Geste ⟨a. [ge:s-] f.; -, -n⟩ **1** Bewegung, die etwas ausdrücken soll, Gebärde **2** unverbindliche Höflichkeitsformel [<lat. *gestus* »Gebärdenspiel des Schauspielers oder Redners«; zu *gerere* »tragen, tun, verrichten«]

Gestik ⟨a. [ge:s-] f.; -; unz.⟩ Gesamtheit der Gesten, Gebärdenspiel, Zeichensprache

Gestikulation ⟨f.; -; unz.⟩ das Gestikulieren [<lat. *gesticulatio* »Gebärdenspiel, Gebärdensprache«; zu *gestus;* → *Geste*]

gestikulieren ⟨V.⟩ Gesten, Gebärden machen, durch Bewegungen Zeichen geben, sich verständl. machen [<lat. *gesticulari* »heftige Gebärden machen«; zu *gesticulus* »pantomimische Bewegung«, Verkleinerungsform zu *gestus;* → *Geste*]

gestisch ⟨a. [ge:s-] Adj.⟩ **1** mit Hilfe von Gesten; *etwas ~ andeuten* **2** hinsichtlich der Gesten; *ein ~ ausdrucksvolles Spiel*

Gestose ⟨f.; -, -n; Med.⟩ durch Schwangerschaft hervorgerufene Krankheit [zu lat. *gestatio* »Tragen«]

Gestus ⟨m.; -; unz.⟩ **1** Gebärde, Verhalten; *er tritt mit dem ~ des Gönners, des Lebemannes auf* **2** ⟨selten⟩ Gestik [lat.]

Getter ⟨m.; -s, -⟩ Metallschicht zur chem. Bindung von Gasresten im Vakuum durch Adsorption an Metall- od. Metalloxidoberflächen [<engl. *get* »bekommen«]

gettern ⟨V.⟩ mit einem Getter ausstatten, mittels eines Getters binden [→ *Getter*]

Getterung ⟨f.; -, -en⟩ Bindung von Gasen mittels eines Getters [→ *Getter*]

Getto ⟨n.; -s, -s⟩ = Ghetto

Gettoblaster ⟨[-bla:stə(r)] m.; -s, -⟩ = Ghettoblaster

Get-together ⟨[-təgɛðə(r)] n.; - od. -s, -⟩ informelles Treffen, lockeres Beisammensein zum persönlichen Kennenlernen, bes. im Rahmen einer offiziellen Veranstaltung; *am Abend zu einem ~ der Tagungsteilnehmer einladen* [<engl. *get together* »zusammenkommen«]

gettoisieren ⟨V.⟩ = ghettoisieren

Geuse ⟨m.; -n, -n⟩ niederländ. Freiheitskämpfer gegen Spanien nach 1566 [<frz. *gueux* »Bettler«]

GeV ⟨Abk. für⟩ Gigaelektronenvolt, 1 Milliarde Elektronenvolt

Geysir ⟨m.; -s, -e⟩ in regelmäßigen Zeitabständen aufspringende heiße Quelle; *oV* Geiser, Geisir [<isl. *geysir,* eigtl. »Wüterich«; zu *geyse* »wüten«]

gg ⟨Abk. für⟩ Gauge

Ghasel ⟨n.; -s, -e⟩ = Gasel

Ghasele ⟨f.; -, -n⟩ = Gasel

> **Ghetto / Getto** (*Laut-Buchstaben-Zuordnung*) Im Zuge der Integration fremdsprachlicher Wörter in die deutsche Standardsprache kann neben die ursprüngliche, der Herkunftssprache folgenden Orthografie eine integrierte Schreibweise mit angepasster Laut-Buchstaben-Zuordnung treten. Es bleibt dem Schreibenden überlassen, welche Schreibweise er vorzieht (→*a.* Joghurt / Jogurt).

Ghetto ⟨n.; -s, -s⟩ *oV* Getto **1** ⟨früher⟩ abgeschlossenes Stadtviertel, bes. für Juden **2** ⟨abwertend⟩ Wohnviertel (unter)privilegierter Gruppen [<ital. *ghetto;* Etymologie umstritten]

Ghettoblaster ⟨[-bla:stə(r)] m.; -s, -⟩ tragbarer Radiokassettenrekorder mit wattstarken Lautsprechern; *oV* Gettoblaster [< *Ghetto* + engl. *blaster* »Explosion; Schmettern«]

ghettoisieren ⟨V.⟩ in einem Ghetto unterbringen, isolieren; *oV* gettoisieren; *Asylanten ~*

Ghibelline ⟨m.; -n, -n⟩ Anhänger der Staufenkaiser in Italien u. Gegner der papsttreuen Guelfen; *oV* Gibelline [nach dem alten stauf. Besitz *Waiblingen* in Baden-Württemberg]

Ghosttown ⟨[gousttaun] n.; -s, -s⟩ menschenleere, verlassene Stadt od. Siedlung [engl., eigtl. »Geisterstadt«]

Ghostword ⟨[goustwœ:d] n.; -s, -s⟩ aufgrund eines Schreib-, Druck- od. Aussprachefehlers entstandene sprachliche Neuschöpfung; *Sy* Vox nihili [engl., eigtl. »Geisterwort«]

Ghostwriter ⟨[goustraıtə(r)] m.; -s, -⟩ ungenannter Verfasser von Reden, Aufsätzen, Büchern für einen anderen, meist für eine bekannte (polit.) Persönlichkeit [engl., »Geistschreiber«]

G. I. ⟨[dʒi:aı] m.; - od. -s, - od. -s; volkstüml. Bez. für⟩ US-amerikan. Soldat [engl.-amerikan.; Abk. für *general issue* »allg. Ausgabe« od. *government issue* »Regierungsausgabe«]

Giaur ⟨m.; -s, -s; verächtl. Bez. für⟩ Ungläubiger, Nichtmohammedaner [türk., »Ungläubiger« (Schimpfwort für alle Nichtmohammedaner)]

Gibbon ⟨m.; -s, -s; Zool.⟩ Familie der schwanzlosen, schmalnasigen Affen, deren lange Arme bei aufrechtem Gang den Boden berühren: Hylobatidae [frz. <Eingeborenenmundart Indiens]

Gibelline ⟨m.; -n, -n⟩ = Ghibelline

Gien ⟨n.; -s, -e; Seew.⟩ Hebezeug [<engl. *gin* »Art Kran, Hebemaschine« <frz. *engin* »Werkzeug, Maschine« <lat. *ingenium* »Erfindungsgeist«]

Gig[1] ⟨n.; -s, -s od. f.; -, -s⟩ **1** zweirädriger, offener Wagen (Einspänner) **2** leichtes Ruderboot (Kommandantenboot) als Beiboot eines Schiffes **3** Ruderboot mit Auslegern [engl.]

Gig[2] ⟨m.; -s, -s; Musik⟩ bezahlter Auftritt eines Musikers od. einer Band [engl.]

Giga… ⟨Zeichen: G.; vor Maßeinheiten⟩ das 10^9-fache der betreffenden Grundeinheit, z. B. 1 GW = 10^9 Watt = 1 Milliarde Watt [<grch. *gigas;* → *Gigant*]

Gigabit ⟨a. [--'-] n.; -s, -s⟩ 109 Bit (1024 Megabit)

Gigabyte ⟨a. [-baıt] n.; -s, -s⟩ 10^9 Byte, 1024 Megabyte

Gigaelektronenvolt *auch:* **Gigaelektronenvolt** ⟨n.; - od. -s, -; Physik; Zeichen: GeV⟩ 1 Milliarde Elektronenvolt

Gigahertz ⟨n.; -, -; Zeichen: GHz⟩ 10^9 Hertz

Gigameter ⟨n.; -s, -; Zeichen: Gm⟩ 10^9m = 1 000 000 000 m

G

Gi|gant ⟨m.; -en, -en⟩ Riese [<grch. *gigas* »Riese«; nach *Gigas,* Gen. *Gigantos,* Name eines Geschlechtes von Riesen]
gi|gan|tisch ⟨Adj.⟩ **1** riesenhaft, gewaltig **2** außerordentlich
Gi|gan|tis|mus ⟨m.; -, -tis|men; Med.⟩ (krankhafter) Riesenwuchs; *Sy* Hypersomie, Makromelie, Makrosomie
Gi|gan|to|ma|chie ⟨[-xiː] f.; -; unz.; Myth.⟩ Kampf der Giganten gegen Zeus [<grch. *gigas,* Gen. *gigantos* »Riese« + *mache* »Kampf«]
Gi|gan|to|ma|nie ⟨f.; -; unz.⟩ Neigung, alles in riesenhaften Dimensionen anzulegen bzw. darzustellen; *die nationalsozialistische Architektur war ein Ausdruck von ~* [<grch. *gigas,* Gen. *gigantos* »Riese« + *Manie*]
gi|gan|to|ma|nisch ⟨Adj.⟩ die Gigantomanie betreffend, auf ihr beruhend
Gi|gan|to|pi|the|kus ⟨m.; -; unz.⟩ fossiler Menschenaffe aus dem Alt- u. Mittelpleistozän Südchinas, etwa 3 m groß [<grch. *gigas,* Gen. *gigantos* »Riese« + *pithekos* »Affe«]
Gi|go|lo ⟨[ʒiː-] m.; -s, -s⟩ **1** Frauenheld, Schönling **2** Eintänzer [frz., »ausgehaltener Mann«; zu *gigolette* »Tanzmädchen; Prostituierte«; zu *giguer* »tanzen« <mfrz. *gigue* »Fiedel« <germ.]
Gigue ⟨[ʒiːg] f.; -, -n [ʒiːgən]; Musik⟩ schneller irisch-engl. Tanz im ³/₄- od. ⁶/₈-Takt, oft Schlusstanz der Suite od. Sonate [<frz. *gigue* <engl. *jig* »Gigue, Gigue tanzen« <afrz. *giguer* »tanzen«; zu afrz. *gigue* »Geige« <fränk. *giga*]

→ Guillotine Das aus dem Französischen stammende Fremdwort *Guillotine* lautet zwar mit [gi-] an, wird aber wie in der Herkunftssprache mit *Gui-* geschrieben. Der danach gesprochene Laut [j] wird, ebenfalls der französischen Rechtschreibung entsprechend, durch das doppelte *l* wiedergegeben.

Gi|let ⟨[ʒileː] n.; -s, -s; österr. u. schweiz.⟩ Weste [frz., »Weste«]
Gim|mick ⟨n. od. m.; -s, -s⟩ **1** = Gadget **2** plötzlicher, unerwarteter Effekt od. Scherz, der Aufmerksamkeit auf ein bestimmtes Produkt lenken soll (bes. in der Fernsehwerbung) [engl., »Reklamegag«]
Gim|pe ⟨f.; -, -n; Textilw.⟩ seiden- od. metallumsponnene Schnur (als Kleiderbesatz); →*a.* Gipüre [<engl. *gimp* »Besatzschnur«; verwandt mit *Wimpel*]
Gin ⟨[dʒɪn] m.; -s, -s⟩ Wacholderbranntwein [engl.]
Gin|fizz ⟨[dʒɪnfɪz] m.; -, -⟩ Cocktail aus Gin, Zitrone, Zuckerwasser u. Sodawasser [<*Gin* + engl. *fizz* »sprudeln«]
Gin|gan ⟨[gɪŋ-] m.; -s, -s; Textilw.⟩ urspr. ostind., gestreiftes, geflammtes od. kariertes Baumwollgewebe; *oV* Gingham [<malai. *gingan* »gestreift«]
Gin|ger ⟨[dʒɪndʒə(r)] m.; -s; unz.⟩ = Ingwer [engl.]
Gin|ger|ale ⟨[dʒɪndʒə(r)ɛɪl] n.; -s; unz.⟩ alkoholfreies Ingwerbier [<*Ginger* + *ale* »Bier«]
Ging|ham ⟨[gɪŋəm] m.; -s, -s⟩ = Gingan [engl.]
Gin|gi|vi|tis ⟨[-viː-] f.; -, -ti|den; Med.⟩ Zahnfleischentzündung [<lat. *gingiva* »Zahnfleisch« + *...itis*]
Gink|go ⟨[gɪŋk(j)o] m.; -s, -s; Bot.⟩ Fächerblattbaum, bis 40 m hoher Baum, dessen gelb- od. graugrüne Blätter gabelnervig u. manchmal in der Mitte tief eingeschnitten sind, beliebter Parkbaum: Ginkgo biloba; *oV* Ginko [<jap. *ginkgo* od. chines. *kinko* »Goldfruchtbaum«]
Gin|ko ⟨m.; -s, -s; Bot.⟩ = Ginkgo
Gin|seng ⟨m.; -s, -s; Bot.⟩ Efeugewächs, dessen Wurzel in China als Universalheilmittel geschätzt wird: Panax ginseng [<chines. *jenshen*]
Gin|to|nic ⟨[dʒɪntɔnɪk] m.; - od. -s, -⟩ alkoholisches Mixgetränk aus Gin u. Tonic mit Zitrone [<*Gin* + *Tonic (Water)*]
gio|co|so ⟨[dʒɔkoː-] Musik⟩ spielerisch, scherzend (zu spielen) [ital.]
Gips ⟨m.; -es, -e⟩ als Mineral auftretende Calciumverbindung der Schwefelsäure, die als Baustoff genutzt wird [<lat. <grch. <akkad.]
Gi|pü|re ⟨f.; -, -n; Textilw.⟩ Geflecht aus Gimpen, eine stark konturierte Spitzenart [<frz. *guipure* »mit gedrehter Seide übersponnene Spitze, erhabene Stickerei«; zu *guiper* »mit Seide überspinnen« <altndd. *wipan* »winden«]
Gi|raf|fe ⟨schweiz. ['---] f.; -, -n⟩ **1** ⟨Zool.⟩ zu den Paarhufern gehörendes, pflanzenfressendes Herdentier mit außerordentlich langem Hals: Giraffa camelopardalis **2** ⟨Film; scherzh.⟩ Gerät mit langem, schwenkbarem Arm, an den z. B. ein (nicht sichtbares) Mikrofon über die Szene gehängt werden kann, Galgen [<ital. *giraffa* <arab. *zarafa, zurafa*]
Gi|ral|geld ⟨[ʒi-] n.; -(e)s, -er⟩ Bankguthaben für bargeldlosen Zahlungsverkehr, Buchgeld [→ *girieren*]
Gi|ran|do|la ⟨[dʒi-] f.; -, -do|len⟩ *oV* Girandole **1** radförmig sprühender Feuerwerkskörper **2** Armleuchter [<ital. *girare* »im Kreise drehen«]
Gi|ran|do|le ⟨[ʒirã-] f.; -, -n⟩ = Girandola [frz., »Feuerrad, Armleuchter«]
Gi|rant ⟨[ʒi-] m.; -en, -en⟩ jmd., der ein Orderpapier durch Indossament auf einen anderen überträgt; *Sy* Indossant, Indossent [→ *girieren*]
Gi|rat ⟨[ʒi-] m.; -en, -en⟩ = Giratar
Gi|ra|tar ⟨m.; -s, -e⟩ jmd., dem bei der Übertragung eines Orderpapiers ein Indossament erteilt wurde; *oV* Girat; *Sy* Indossat, Indossatar [→ *girieren*]
gi|rie|ren ⟨[ʒi-] V.⟩ übertragen, in Umlauf setzen; *Wechsel, Schecks ~* [<ital. *girare* »im Kreise bewegen«; → *Giro*]
Girl ⟨[gœːl] n.; -s, -s⟩ **1** Mädchen **2** Mitglied einer Mädchentanzgruppe [engl., »Mädchen«]
Gir|lan|de ⟨f.; -, -n⟩ **1** Blumen-, Blättergewinde **2** bunte Papierkette (als festl. Schmuck) [<frz. *guirlande* »Blumen-, Laubgewinde« <ital. *ghirlanda* <afrz. *garlande, guerlande* »Kreis«]
Girl|group ⟨[gœːlgruːp] f.; -, -s; Musik⟩ aus Teenagern od. jun-

gen Frauen bestehende Band, die Popmusik spielt [<engl. *girl* »Mädchen« + *group* »Gruppe«]

Gir|lie ⟨[gœ:lɪ] n.; -s, -s; umg.⟩ Mädchen od. junge Frau, die kindliche, aber zugleich körperbetonte Kleidung trägt u. sich durch selbstbewusstes Auftreten auszeichnet [zu engl. *girly* »mädchenhaft«]

Gir|lie|look ⟨[gœ:lɪluk] m.; -s, -s; Pl. selten; umg.⟩ betont mädchenhaftes, an Vorbildern aus der Popmusikszene angelehntes, äußeres Erscheinungsbild bei jungen Frauen [<engl. *girly* »mädchenhaft« + *look* »Aussehen«]

Girl|pow|er *auch:* **Girl|po|wer** ⟨[gœ:lpauə(r)] f.; -; unz.; umg.⟩ **1** sich durch ein großes Selbstbewusstsein, betonte Weiblichkeit u. ein gewisses Maß an Frechheit auszeichnende Mädchenbewegung **2** kommerzielle Vermarktung der Girlpower (1) (bes. im Musikgeschäft)

Gi|ro ⟨[ʒi:-] n.; -s, -s od. (österr. a.) -ri⟩ **1** Umlauf von Wechseln u. Schecks **2** bargeldloser Zahlungsverkehr durch Verrechnung von einem Konto auf ein anderes **3** = Indossament [<ital. *giro* »Kreis, Kreislauf« <lat. *gyros* »Kreisbewegung, Kreis« <grch. *gyros* »rund«]

Gi|ro d'Ita|lia ⟨[dʒi:ro dita:lja] m.; - -; unz.⟩ Radrennen von Berufsfahrern in mehreren Etappen durch Italien [<ital. *giro* »Rundfahrt, Reise«]

Gi|ro|kon|to ⟨[ʒi:-] n.; -s, -s od. -kon|ten⟩ Konto, das besonders dem Giroverkehr dient; *Geld auf ein ~ überweisen; ein ~ auflösen*

Gi|ron|de ⟨[ʒirɔ̃:d(ə)] f.; -; unz.⟩ gemäßigter Flügel der Republikaner zur Zeit der Französ. Revolution [nach dem Département *Gironde* im Südwesten Frankreichs, aus dem ihre Führer stammten]

Gi|ron|dist ⟨[ʒirɔ̃-] m.; -en, -en⟩ Anhänger der Gironde

Gi|ros ⟨n.; -, -; Kochk.⟩ = Gyros

Gi|ta|na ⟨[xi-] f.; -, -s⟩ **1** span. Zigeunerin **2** span. Zigeunertanz [span., »Zigeunerin«]

Gi|tar|re ⟨f.; -, -n; Musik⟩ sechssaitiges Zupfinstrument mit einem achtförmigen Körper [<span. *guitarra* <arab. *kittara* <grch. *kithara;* → *Zither*]

Gi|tar|rist ⟨m.; -en, -en⟩ Gitarrespieler

Gi|tar|ris|tin ⟨f.; -, -tin|nen⟩ Gitarrespielerin

Git|ter|spek|tro|skop *auch:* **Git|ter|spek|tros|kop** ⟨n.; -s, -e⟩ Spektralapparat, in dem die Zerlegung einer elektromagnet. Strahlung in ein Spektrum mit Hilfe eines opt. Beugungsgitters erfolgt

gius|to ⟨[dʒusto] Musik⟩ angemessen, normal (im Tempo) [ital., »richtig«]

Give-away ⟨[gɪvəwɛɪ] n.; -s, -s⟩ Werbegeschenk, kostenlose Warenprobe; *ein kleines ~ bekommen* [<engl. *giveaway* <*give* »geben« + *away* »weg«]

Glace ⟨[gla:s] f.; -, -s [gla:s]⟩ **1** Zuckerglasur **2** = Gallert **3** ⟨schweiz.⟩ Speiseeis [frz., »Eis, Zuckerguss«]

Gla|cé *auch:* **Gla|cee** ⟨[glase:] m.; -s od. -, -s; Textilw.⟩ **1** stark glänzendes Gewebe **2** ⟨kurz für⟩ Glacéleder [→ *glacieren*]

Gla|cee|le|der ⟨[glase:-] n.; -s, -⟩ = Glacéleder

Gla|cé|le|der ⟨[glase:-] n.; -s, -⟩ sehr weiches Leder aus Ziegen- od. Lammfell; *oV* Glaceeleder

gla|cie|ren ⟨[si:-] V.⟩ glasieren [<frz. *glacer* »gefrieren lassen; mit Zuckerguss od. mit Glasur überziehen«]

Gla|cis ⟨[-si:] n.; - [-si:s], - [-si:s]; Mil.⟩ **1** Abdachung der äußeren Brustwehr einer Festung **2** Vorfeld einer Befestigungsanlage [frz.]

Gla|di|a|tor ⟨m.; -s, -to|ren⟩ Fechter bei den altröm. Kampfspielen [lat., »Schwertkämpfer«; zu *gladius* »kurzes, zweischneidiges Schwert«]

Gla|di|o|le ⟨f.; -, -n; Bot.⟩ Zwiebelpflanze, Gattung der Schwertliliengewächse, Siegwurz: Gladiolus [<lat. *gladiolus* »kleines Schwert«; zu *gladius* »Schwert«]

gla|go|li|tisch ⟨Adj.⟩ *~e Schrift* aus der grch. Minuskel entwickelte, älteste slawische (kirchenslaw.) Schrift [<slaw. *glagol* »Wort«, *glagolati* »sprechen«]

Gla|go|li|za ⟨f.; -; unz.⟩ glagolit. Schrift [→ *glagolitisch*]

Gla|mour ⟨[glæmə(r)] m. od. n.; - od. -s; unz.⟩ betörende Aufmachung, Blendwerk [engl., »Glanz, Blendwerk«]

Gla|mour|girl ⟨[glæmə(r)gœ:l] n.; -s, -s⟩ mit allen Mitteln aufgemachtes schönes Mädchen, Reklameschönheit [<engl. *glamour* »Glanz, Blendwerk« + *girl* »Mädchen«]

gla|mou|rös ⟨[-mu-] Adj.⟩ betörend aufgemacht, blendend herausgeputzt; *das Abendkleid machte sie zu einer ~en Erscheinung* [<engl. *glamorous* »bezaubernd«]

Glan|del ⟨f.; -, -n; Anat.⟩ Drüse: Glandula [<lat. *glandula* »Mandel, Drüse«, Verkleinerungsform zu *glans* »Eichel«]

glan|du|lär ⟨Adj.; Anat.⟩ zur Drüse gehörend [<lat. *glandula* »Mandel, Drüse«]

Glans ⟨f.; -, Glan|des; Anat.⟩ Eichel des männl. Gliedes [<lat. *glans* »Eichel«]

Glas|fa|ser|op|tik ⟨f.; -; unz.⟩ Teilgebiet der Optik, das sich mit den Gesetzmäßigkeiten der Lichtfortpflanzung in sehr dünnen Glasfasern befasst (heute wichtig in der Nachrichtentechnik, da sie den Aufbau äußerst leistungsfähiger Nachrichtennetze ermöglicht)

Glas|nost ⟨f.; -; unz.; in der Sowjetunion⟩ Politik der Offenheit und Transparenz [russ., »Öffentlichkeit«]

Glau|kom ⟨n.; -s, -e; Med.⟩ krankhafte Erhöhung des im Augeninneren herrschenden Drucks, grüner Star [<grch. *glaukos* »graublau«]

Glau|ko|nit ⟨m.; -s, -e; Min.⟩ Eisen-Aluminium-Silicat [<grch. *glaukos* »glänzend, bläulich«]

gla|zi|al ⟨Adj.; Geol.⟩ das Eis betreffend, Gletscher…, eiszeitlich [<lat. *glacialis* »eisig, Eis betreffend«; zu *glacies* »Eis«]

Gla|zi|al ⟨n.; -s; unz.; Geol.⟩ = Glazialzeit

Gla|zi|al|ero|si|on ⟨f.; -, -en; Geol.⟩ ausschürfende Tätigkeit des Eises, durch die trogförmige Täler u. Seebecken entstehen

Gla|zi|al|fau|na ⟨f.; -, -fau|nen⟩ Tierwelt der Eiszeit

G

Gla|zi|al|flo|ra ⟨f.; -, -flo|ren⟩ Pflanzenwelt der Eiszeit

Gla|zi|al|land|schaft ⟨f.; -, -en; Geol.⟩ eine durch ehemalige Gletscher u. Inlandeisbedeckung geformte Landschaft

Gla|zi|al|zeit ⟨f.; -, -en; Geol.⟩ erdgeschichtliche Periode mit starker Vergletscherung großräumiger Landflächen (Eiszeit), z. B. auf der Nordhalbkugel im Quartär; *Sy* Glazial

gla|zi|gen ⟨Adj.; Geol.⟩ durch die Wirkung von Gletschern oder Inlandeis entstanden, z. B. Ablagerungen od. Landschaftsformen [<*glazial* + …*gen*]

gla|zio|flu|vi|al ⟨[-vi-] Adj.; Geol.⟩ unter dem Einfluss von Gletscherschmelzwasser entstanden

Gla|zio|lo|ge ⟨m.; -n, -n⟩ Wissenschaftler auf dem Gebiet der Glaziologie

Gla|zio|lo|gie ⟨f.; -; unz.⟩ Wissenschaft von den Vereisungserscheinungen auf der Erde, Gletscherkunde [<lat. *glacies* »Eis« + …*logie*]

Gla|zio|lo|gin ⟨f.; -, -gin|nen⟩ Wissenschaftlerin auf dem Gebiet der Glaziologie

gla|zio|lo|gisch ⟨Adj.; Geol.⟩ die Glaziologie betreffend, auf ihr beruhend, zu ihr gehörend; *ein ~er Befund*

Gleit|mo|dul ⟨m.; -s, -n⟩ Maß für die elast. Verschiebung zweier benachbarter paralleler Querschnittsflächen eines Körpers gegeneinander unter dem Einfluss einer Schub- od. Scherungskraft, Schubmodul

Glen|check ⟨[glɛntʃɛk] m.; -s od. -, -s; Textilw.⟩ ein Gewebe mit einem Muster aus feinen Streifen, die in Karos verlaufen [<engl. *Clancheck*]

Glia ⟨f.; -; unz.; Anat.⟩ = Neuroglia [grch., »Leim«]

Gli|der ⟨[glaɪdə(r)] m.; -s, -; Flugw.⟩ **1** Segelflugzeug od. Segelgleiter ohne Hilfsmotor **2** Segeldrachen; *Sy* Paraglider [engl., »Gleiter«]

Gli|om ⟨n.; -s, -e; Med.⟩ vom Nervenstützgewebe ausgehende Geschwulst [<grch. *glia* »Leim«]

Glis|sa|de ⟨f.; -, -n⟩ Gleitschritt beim Tanzen [<frz., »Schleifschritt«; zu frz. *glisser* »gleiten«]

glis|san|do ⟨Musik⟩ gleitend (über mehrere Töne hinweg) [<frz. *glisser* »gleiten« + ital. Endung]

glo|bal ⟨Adj.⟩ **1** weltweit, welt-, erdumfassend **2** gesamt, umfassend, allgemein; *etwas ~ beurteilen* **3** *~es Management* ⟨Wirtsch.⟩ Management von Unternehmensaktivitäten auf dem weltweiten Markt, z. B. in der Luftfahrt- od. Automobilindustrie [→ *Globus*]

glo|ba|li|sie|ren ⟨V.⟩ **1** weltweit, weltumfassend beurteilen, verbreiten **2** im Ganzen, umfassend betrachten, allgemein, nicht differenzierend beurteilen **3** ⟨Wirtsch.⟩ weltweit verbreiten, verflechten (um neue Märkte für Absatz u. Produktion zu erschließen)

Glo|ba|li|sie|rung ⟨f.; -, -en⟩ das Globalisieren, weltweites Verbreiten, Verflechten

Glo|ba|list ⟨m.; -en, -en; bes. Wirtsch.⟩ jmd., der global denkt u. handelt

Glo|bal Mar|ke|ting ⟨[gloubl -] n.; - -s; unz.; Wirtsch.⟩ international angewandte Strategien zur Erschließung u. Sicherung von Absatzmärkten [<engl. *global* »weltumspannend« + *market* »Markt«]

Glo|bal Pla|yer ⟨[gloubl plɛɪə(r)] m.; - -s, - -; Wirtsch.⟩ **1** Unternehmen, das sich im Rahmen einer Globalisierung der Weltwirtschaft an internationalen Produktions- u. Absatzmärkten orientiert **2** ⟨Politik⟩ führende Weltmacht [<engl. *global* »weltweit, global« + *player* »Spieler«]

Glo|bal|strah|lung ⟨f.; -; unz.⟩ die gesamte auf die Erde einfallende Sonnenstrahlung

Glo|ben ⟨Pl. von⟩ Globus

Glo|be|trot|ter ⟨[glo:bə-] m.; -s, -⟩ Weltenbummler [<engl. *globe* »Kugel« (<lat. *globus*) + *trot* »traben, sich schnell bewegen«]

Glo|bi|ge|ri|ne ⟨f.; -, -n; Zool.⟩ Foraminifere mit Gehäuse aus Kalk od. Sand, durch deren zahlreiche Löcher die Scheinfüßchen hervortreten: Globigerina [<lat. *globus* »Kugel« + *gerere* »tragen«]

Glo|bin ⟨n.; -s, -e; Med.⟩ farblose Eiweißkomponente des roten Blutfarbstoffes Hämoglobin [zu lat. *globus* »Kugel«]

Glo|bu|le ⟨f.; -, -n; Astron.⟩ rundlicher Dunkelnebel aus Staub u. Gas mit einem verhältnismäßig kleinen Durchmesser von nur 0,2-1,5 Lichtjahren [<lat. *globulus*, Verkleinerungsform zu *globus* »Kugel«]

Glo|bu|lin ⟨n.; -s, -e; Med.⟩ wasserlösliches, im Blutplasma, in der Gewebeflüssigkeit, in Eiern u. in der Milch vorkommendes Eiweiß

Glo|bu|lus ⟨m.; -, -bu|li; meist Pl.; Med.⟩ kleines Kügelchen mit homöopathisch wirksamen Stoffen [<lat. *globus* »Kugel«]

Glo|bus ⟨m.; - od. -ses, Glo|ben od. -se⟩ (Nachbildung der) Erdkugel od. (der) Himmelskugel [lat., »Kugel«]

Glo|me|ru|lus ⟨m.; -, -ru|li; Anat.⟩ Kapillarknäuel der Nierenrinde [<lat. *glomus*, Gen. *glomeris* »Knäuel«]

Glo|ria ⟨n.; -s; unz.⟩ **1** Lobgesang, Teil der kath. Messe **2** Ehre, Ruhm [lat., »Ruhm«]

Glo|ria in ex|cel|sis Deo ⟨Rel.⟩ Ehre sei Gott in der Höhe (Hymnus in der christlichen Liturgie nach den Anfangsworten des Lobgesangs der Engel bei der Geburt Christi in Luk. 2,14) [lat.]

Glo|rie ⟨[-riə] f.; -, -n⟩ **1** ⟨unz.⟩ **1.1** Ruhm, Glanz **1.2** himmlische Herrlichkeit **2** ⟨zählb.⟩ Heiligenschein [<lat. *gloria* »Ruhm«]

Glo|ri|en|schein ⟨m.; -(e)s, -e⟩ **1** Heiligenschein **2** ⟨allg.⟩ atmosphär. Lichterscheinung, Strahlenkranz; *Sy* Gloriole

Glo|ri|fi|ka|ti|on ⟨f.; -, -en⟩ Verherrlichung [<lat. *gloria* »Ruhm« + …*fikation*]

glo|ri|fi|zie|ren ⟨V.⟩ verherrlichen [<lat. *gloria* »Ruhm« + …*fizieren*]

Glo|ri|fi|zie|rung ⟨f.; -, -en⟩ das Glorifizieren

Glo|ri|o|le ⟨f.; -, -n⟩ = Glorienschein (2) [<lat. *gloriola*, Verkleinerungsform zu *gloria* »Ruhm«]

glo|ri|os ⟨Adj.⟩ *Sy* glorreich **1** herrlich, ruhmreich, glanzvoll **2** ⟨umg.; scherzh.⟩ herrlich, großartig; *eine ~e Idee* [<lat. *gloriosus* »ruhmreich«; zu *gloria* »Ruhm«]

glor|reich ⟨Adj.⟩ = glorios

Glos|sar ⟨n.; -s, -e⟩ *Sy* Glossarium **1** Glossensammlung **2** Wörterverzeichnis mit Erklärungen [<lat. *glossarium* »Glossensammlung«; → *Glosse*]

Glos|sa|ri|um ⟨n.; -s, -ri|en⟩ = Glossar

Glos|sa|tor ⟨m.; -s, -to|ren⟩ **1** Erklärer schwieriger Wörter **2** ⟨Pl.⟩ Juristen der mittelalterl. röm. Rechtsschule in Bologna, die das Corpus Iuris Civilis durch Randbemerkungen erläuterten [spätlat., »Textausleger«; → *Glosse*]

Glos|se ⟨f.; -, -n⟩ **1** ⟨urspr.⟩ schwieriges, unverständl. Wort **2** ⟨seit dem MA⟩ Übersetzung od. Erklärung eines schwierigen Wortes am Rand od. zwischen den Zeilen des Textes [<lat. *glossa* »schwieriges Wort, das der Erläuterung durch ein bekanntes bedarf« <grch. *glossa* »Zunge«]

Glos|sem ⟨n.; -s, -e; Sprachw.; in der Glossematik⟩ kleinste sprachliche Einheit; →*a.* Kenem, Plerem [zu grch. *glossa* »Zunge, Sprache«]

Glos|se|ma|tik ⟨f.; -; unz.; Sprachw.⟩ von dem dän. Linguistenkreis (L. Hjelmslev u. a.) entwickelte strukturalistische Sprachtheorie [zu grch. *glossa* »Zunge, Sprache«]

glos|sie|ren ⟨V.⟩ **1** mit Glossen versehen *(einen Text)* **2** ⟨umg.⟩ spöttische, polemische Bemerkungen machen über [<lat. *glossare* »auslegen, deuten«; → *Glosse*]

Glos|so|gra|fie ⟨f.; -, -n; Sprachw.⟩ = Glossographie

Glos|so|gra|phie ⟨f.; -, -n; Sprachw.⟩ Erklärung der Glossen (Vorläufer der Lexikographie); *oV* Glossografie [<lat. *glossa* »Texterläuterung« od. grch. *glossa* »Zunge« + *...graphie*; → *Glosse*]

Glos|so|la|lie ⟨f.; -; unz.; Sprachw.⟩ ekstatisches, unverständl. Reden; *oV* Glottolalie [<grch. *glossa* »Sprache, Zunge« + *lalein* »sprechen, verkünden, rühmen«]

glot|tal ⟨Adj.; Phon.⟩ mit der Glottis gebildet; *ein ~er Verschlusslaut* im Deutschen nicht geschriebener, aber vor einem anlautenden Vokal hörbarer Verschlusslaut, z. B. in »aber« od. »an«

Glot|tal ⟨m.; -s, -e; Phon.⟩ in der Glottis gebildeter Laut, z. B. h; *Sy* Laryngal

Glot|tis ⟨f.; -, Glot|ti|des; Anat.⟩ Stimmritze im Kehlkopf [grch.]

Glot|to|chro|no|lo|gie ⟨[-kro-] f.; -; unz.; Sprachw.⟩ Teilgebiet der Sprachwissenschaft, das aufgrund von vergleichenden Wortschatzuntersuchungen Verwandtschaftsverhältnisse u. Lebensdauer von Wörtern zu ermitteln sucht; *Sy* Lexikostatistik [<grch. *glottis* »Stimmritze« + *Chronologie*]

Glot|to|la|lie ⟨f.; -; unz.⟩ = Glossolalie [<grch. *glottis* »Stimmritze« + *lalein* »sprechen«]

Glo|xi|nie ⟨[-njə] f.; -, -n; Bot.⟩ **1** *Echte ~* ein aus Mexiko u. Brasilien stammendes Gesneriengewächs: Gloxinia **2** ⟨allg.⟩ aus Brasilien stammende krautige Zierpflanze aus der Familie der Gesneriengewächse mit aufrechten od. hängenden Blütenglocken: Sinningia speciosa [nach dem Straßburger Botaniker u. Arzt P. B. *Gloxin*, † 1784]

Glu|ca|gon ⟨n.; -s, -e; Biochemie⟩ ein Hormon der Bauchspeicheldrüse, bewirkt die Ausschüttung von Glucose, Gegenspieler des Insulins [<grch. *glyka* »Süßigkeit« + *agein* »führen«]

Glu|co|se ⟨f.; -; unz.; Biochemie⟩ = Glukose

Glu|co|si|de ⟨Pl.; Biochemie⟩ = Glykoside

glüh|elek|trisch *auch:* **glüh|elekt|risch** ⟨Adj.⟩ *~er Effekt* Austritt von Elektronen aus der Oberfläche glühender Metalle

Glüh|emis|si|on ⟨f.; -, -en⟩ = glühelektrischer Effekt

Glüh|ka|tho|de ⟨f.; -, -n; El.⟩ Kathode, die in einer Vakuumröhre zum Glühen gebracht u. damit zur Aussendung von Elektronen veranlasst wird; *oV* Glühkatode

Glüh|ka|to|de ⟨f.; -, -n; El.⟩ = Glühkathode

Glu|ko|se ⟨f.; -; unz.; Biochemie⟩ einfacher, in der Natur weit verbreiteter Zucker, Traubenzucker; *oV* Glucose, Glykose; *Sy* Dextrose [<grch. *glykys* »süß«]

Glu|ko|si|de ⟨Pl.; Biochemie⟩ = Glykoside

Glu|kos|u|rie *auch:* **Glu|ko|su|rie** ⟨f.; -, -n; Med.⟩ = Glykosurie

Glu|on ⟨n.; -s, -en; Physik⟩ hypothetisches massenloses Teilchen, das analog zur Rolle des Photons für die elektromagnet. Wechselwirkung die Wechselwirkung zwischen den Quarks vermitteln soll [zu engl. *glue* »kleben; Klebstoff«]

Glut|a|mat *auch:* **Glu|ta|mat** ⟨n.; -(e)s, -e; Biochemie⟩ Natriumsalz der Glutaminsäure, das als Geschmacksverstärker zum Würzen von Speisen verwendet wird [→ *Glutamin*]

Glut|a|min *auch:* **Glu|ta|min** ⟨n.; -s; unz.; Biochemie⟩ in den keimenden Samen vieler Pflanzen vorkommendes wasserlösliches Amid der Glutaminsäure [<*Gluten* + *Amin*]

Glut|a|min|säu|re *auch:* **Glu|ta|min|säu|re** ⟨f.; -; unz.; Biochemie⟩ zweibasische Aminosäure, als wichtiger Eiweißbestandteil, bes. in den Muskeln u. in Getreidekörnern vorkommend: α-Aminoglutarsäure [→ *Glutamin*]

Glu|ten ⟨n.; -s; unz.⟩ die Backfähigkeit des Mehls bedingende bestimmte Eiweißstoffe im Mehlkörper der Getreidekörner, bes. Weizen; *Sy* Aleuron [→ *Glutin*]

Glu|tin ⟨n.; -s; unz.⟩ Protein, Hauptbestandteil des aus Knochen und Häuten gewonnenen Leims [<lat. *gluten* »Leim« u. *glutinare* »zusammenleimen«]

Gly|ce|rid ⟨n.; -s, -e; Chemie⟩ Ester des Glyzerins; *oV* Glyzerid [→ *Glyzerin*]

Gly|ce|rin ⟨n.; -s; unz.; Chemie⟩ = Glyzerin

Gly|cin ⟨n.; -s; unz.; Chemie⟩ = Glykokoll; *oV* Glyzin

Glyk|ä|mie *auch:* **Gly|kä|mie** ⟨f.; -;

unz.; Med.⟩ Zuckergehalt des Blutes [< *Glyko...* + *...ämie*]

gly|ko..., Gly|ko... ⟨vor Vokalen⟩ glyk..., Glyk... ⟨in Zus.⟩ Kohlenhydrat als Stärke od. Zucker enthaltend, z. B. Glykokoll [<grch. *glykys* »süß«]

Gly|ko|gen ⟨n.; -s; unz.; Biochemie⟩ in Leber u. Muskeln gespeichertes, als tierische Stärke bezeichnetes Polysaccharid, in dem oft Tausende von Molekülen Traubenzucker zu einem Makromolekül verbunden sind [< *Glyko...* + *...gen*]

G

Gly|ko|koll ⟨n.; -s; unz.; Chemie⟩ süßschmeckende einfachste Aminosäure, Baustein fast aller Eiweißstoffe, Leimzucker, Leimsüß; *Sy* Glycin, Glyzin [< *Glyko...* + grch. *kolla* »Leim«]

Gly|kol ⟨n.; -s, -e; Chemie⟩ **1** ⟨i. e. S.⟩ zweiwertiger aliphatischer Alkohol, dickflüssiges Lösungsmittel für Harze, als Frostschutzmittel verwendet **2** ⟨i. w. S.⟩ zweiwertiger Alkohol [< *Glyko...* + *...ol*]

Gly|ko|ly|se ⟨f.; -; unz.; Biochemie⟩ biolog. Abbau der Glykose zu Milchsäure

gly|kos..., Gly|kos... ⟨in Zus.⟩ = Glyko..., Glyko...

Gly|ko|se ⟨f.; -; unz.; veraltet⟩ = Glukose [<grch. *glykys* »süß«]

Gly|ko|si|de ⟨Pl.; Biochemie⟩ organische Verbindungen von Zuckerarten mit zuckerfremden Bestandteilen; *oV* Glucoside, Glukoside [zu grch. *glykys* »süß«]

Gly|kos|u|rie *auch:* **Gly|ko|su|rie** ⟨f.; -, -n; Med.⟩ Zuckerausscheidung im Harn, z. B. bei der Zuckerkrankheit; *oV* Glukosurie [< *Glyko...* + *...urie*]

Gly|phe ⟨f.; -, -n⟩ **1** Vertiefung **2** mit Meißel od. Stichel in Stein eingegrabenes Zeichen [<grch. *glyphein* »eingraben, einschneiden«]

Glyp|te ⟨f.; -, -n⟩ geschnittener Stein [<grch. *glyphein* »eingraben, einschneiden«]

Glyp|tik ⟨f.; -; unz.⟩ **1** Steinschneidekunst **2** jede Art von Bildhauerei [→ *Glypte*]

Glyp|to|thek ⟨f.; -, -en⟩ **1** urspr. Sammlung von geschnittenen Steinen, später bes. von antiken Bildhauerarbeiten **2** öffentliches Gebäude hierfür [< *Glypte* + *...thek*]

Gly|san|tin® ⟨n.; -s; unz.⟩ Frostschutzmittel, bes. als Kühlwasserzusatz bei Verbrennungsmotoren [Kunstwort; → *Glyzerin*]

Gly|ze|rid ⟨n.; -s, -e⟩ = Glycerid

Gly|ze|rin ⟨n.; -s; unz.; Chemie⟩ dreiwertiger aliphat. Alkohol, aus der Luft wasseranziehende, farblose Flüssigkeit von süßem Geschmack, Ölsüß; *oV* Glycerin [zu grch. *glykeros* »süß«]

Gly|zin ⟨n.; -s; unz.; Bot.⟩ = Glykokoll, Glycin

Gly|zi|ne ⟨[-njə] f.; -, -n; Bot.⟩ Schmetterlingsblütler, rankender Strauch mit großen wohlriechenden blauen Blüten: Wisteria sinensis; *oV* Glyzinie [zu grch. *glykys* »süß«]

Gly|zi|nie ⟨[-njə] f.; -, -n⟩ = Glyzine

Gm ⟨Zeichen für⟩ Gigameter

G-Man ⟨[dʒiːmæn] m.; -s, -Men [-mən]; kurz für⟩ Government-Man (Agent des FBI) [<engl. *government* »Regierung« + *man* »Mann«]

Gna|tho|lo|gie ⟨f.; -; unz.; Zahnmed.⟩ Lehre von der Kaubewegung des Kiefers [<grch. *gnathos* »Kinnbacken« + *...logie*]

Gnoc|chi ⟨[njɔki] Pl.; ital. Kochk.⟩ Klößchen (aus Kartoffelteig)

Gnom ⟨m.; -en, -en⟩ kleiner Erdgeist, Zwerg, Kobold [Wortschöpfung des Paracelsus (im 16. Jh.), vielleicht in Anlehnung an grch. *gnome* »Geist, Verstand«]

Gno|me ⟨[-me] f.; -, -n⟩ kurzer Sinnspruch (bes. in der antiken u. alten nahöstl. Literatur) [grch., »Erkenntnisvermögen, Verstand, Sinnspruch«]

Gno|mi|ker ⟨m.; -s, -⟩ Verfasser von Gnomen [→ *Gnome*]

gno|misch ⟨Adj.⟩ in Gnomen geschrieben, in der Art einer Gnome

Gno|mon ⟨m.; -s, -mo|ne⟩ **1** ältestes Gerät zum Messen der Sonnenhöhe, ein senkrechter, auf horizontaler Unterlage stehender, schattenwerfender Stab **2** Sonnenuhr(zeiger) [grch.]

Gno|seo|lo|gie ⟨f.; -; unz.; Philos.⟩ Erkenntnislehre [< *Gnosis* + *...logie*]

gno|seo|lo|gisch ⟨Adj.; Philos.⟩ zur Gnoseologie gehörend, den Erkenntnisprozess betreffend

...gno|sie ⟨Nachsilbe; zur Bildung weibl. Subst.; f.; -; unz.⟩ Erkenntnis, Kenntnis; *Theognosie* [<grch. *gnosis* <*gignoskein* »erkennen«]

Gno|sis ⟨f.; -; unz.⟩ **1** Erkenntnis, Einsicht in eine relig. Gedankenwelt **2** religionsphilosoph. Strömung innerhalb des frühen Christentums [grch., »Urteil, Erkenntnis«]

Gnos|tik ⟨f.; -; unz.⟩ Lehre der Gnosis [<grch. *gnostes* »Kenner«]

Gnos|ti|ker ⟨m.; -s, -⟩ Anhänger der Gnosis [→ *Gnostik*]

gnos|tisch ⟨Adj.⟩ die Gnosis, den Gnostizismus betreffend, darauf beruhend

Gnos|ti|zis|mus ⟨m.; -; unz.⟩ jede religionsphilosoph. Richtung, die nach Erkenntnis Gottes strebt u. darin Erlösung sucht

Gno|to|bio|lo|gie ⟨f.; -; unz.⟩ Wissenschaft von der Züchtung u. Untersuchung keimfreier Tiere; *Sy* Gnotobiotik [<grch. *gnotos* »bekannt« + *Biologie*]

Gno|to|bio|tik ⟨f.; -; unz.⟩ = Gnotobiologie [<grch. *gnotos* »bekannt« + *bios* »Leben«]

Gnu ⟨n.; -s, -s; Zool.⟩ Gattung der Kuhantilopen, die Merkmale von Antilope, Rind u. Pferd in sich vereint: Connochaetes [hottentot.]

Go ⟨n.; -; unz.⟩ jap. Brettspiel, bei dem mit Spielsteinen auf Schnittpunkten von Linien Ketten zu bilden od. vom Gegner besetzte Punkte einzuschließen sind [jap.]

Goal ⟨[goul] n.; -s, -s; Sport⟩ Tor, Treffer [engl., »Grenzmal, Ziel«]

Goal|get|ter ⟨[goul-] m.; -s, -; Sport; bes. Fußb.⟩ Stürmer mit ausgeprägtem Torinstinkt, der viele Tore erzielt [<engl. *goal* »Tor« + *get* »bekommen, machen«]

Goa|li ⟨[gouli] m.; -s, -s; Sport⟩ = Goalie

Goa|lie ⟨[gouli] m.; -s, -s; Sport⟩ Torhüter; *oV* Goali [engl.]

Goal|kee|per ⟨[goulkiːpə(r)] m.;

-s, -; bes. österr.; schweiz.⟩ Torwart [engl.]

Go|be|lin ⟨[gɔbəlɛ̃ː] m.; -s, -s⟩ kunstvoll gewirkter Wandbildteppich [frz.; nach einer im 15. Jh. lebenden, aus Reims stammenden Färberfamilie]

Go|cart ⟨m.; -s, -s⟩ = Gokart

Gode|mi|ché ⟨[goːdmiʃeː] m.; -s, -s⟩ künstl. Penis als Hilfsmittel zur sexuellen Befriedigung [frz. <lat. *gaude mihi* »mach mir Freude«]

Go|det ⟨[-deː] n.; -s, -s⟩ den Rock glockig machender, eingesetzter Stoffkeil [frz.]

God save the King (Queen) ⟨[gɔd sɛɪv ðə kɪŋ (kwiːn)]⟩ Gott schütze den König (die Königin) (Anfang der engl. Nationalhymne) [engl.]

Gog|gel|mog|gel ⟨m.; -s, -⟩ eiförmige Gestalt, die rechthaberisch ist u. ständig ihre Stärke zu beweisen sucht [nach der gleichnamigen Gestalt in Lewis Carrolls »Alice im Wunderland«]

Go-go-Boy ⟨[-bɔɪ] m.; -s, -s⟩ Vortänzer in einer Diskothek [<engl. *go* »gehen« + *boy* »Junge«]

Go-go-Girl ⟨[-gœːl] n.; -s, -s⟩ Vortänzerin in einer Diskothek [<engl. *go* »gehen« + *girl* »Mädchen«]

Goi ⟨m.; - od. -s, Gojim od. Gojim⟩ Nichtjude, Ungläubiger [hebr., »Nichtjude«]

Go-in ⟨n.; -s, -s⟩ Eindringen in eine offizielle Veranstaltung, um eine Diskussion über ein bestimmtes Ereignis od. Thema zu erzwingen; →*a.* Love-in, Sit-in, Teach-in [engl., »hineingehen«]

Go|ing-pub|lic *auch:* **Go|ing|pu|blic** ⟨[gɔɪŋpʌblɪk] n.; - od. -s; unz.; Wirtsch.⟩ Börsengang eines Unternehmens; *das ~ einer Telefongesellschaft* [<engl. *going* »gehen« + *public* »öffentlich«]

Go|kart ⟨m.; -s, -s⟩ kleiner Rennwagen ohne Federung u. ohne Karosserie mit Motoren bis zu 200 cm^3 Hubraum; *oV* Gocart [<engl. *go-cart* »Handwagen«]

Gol|den De|li|cious ⟨[gouldən dəlɪʃəs] m.; - -, - -⟩ Apfelsorte mit gelbgrüner Schale u. süßem Geschmack [<engl. *golden* »golden« + *delicious* »köstlich, wohlschmeckend«]

Gol|den Goal ⟨[gouldən goul] n.; - -s, - -s; Sport; bes. Fußb.⟩ Entscheidung eines Spiels, das nach regulärer Spielzeit unentschieden steht durch das erste Tor, das in der Verlängerung fällt; *der deutsche Treffer zum 2:1 gegen Tschechien bei der EM 96 war das erste ~ bei einem europäischen Fußballturnier* [<engl. *golden* »golden« + *goal* »Tor«]

Gol|den Re|trie|ver *auch:* **Gol|den Ret|rie|ver** ⟨[gouldən ritriːvə(r)] m.; - -s, - -⟩ gold-, cremefarbener Jagdhund mit gewelltem Fell; *Sy* Retriever [<engl. *golden* »golden« + *retriever* »Apportierhund«]

Gol|den Twen|ties ⟨[gouldən twɛntiːz] Pl.⟩ die goldenen zwanziger Jahre (des 20. Jh.); *Sy* Roaring Twenties

Go|lem ⟨m.; -s; unz.; jüd. Myth.⟩ menschenähnliche, zeitweise zum Leben erwachende, helfende, aber auch Unheil anrichtende Lehmfigur [hebr., eigtl. »das Unentwickelte, Halbfertige«; zu *galam* »zusammenfalten«]

Golf[1] ⟨m.; -(e)s, -e⟩ Einschnitt des Meeres ins Festland, Meerbusen, Meeresarm [<ital. *golfo* <vulgärlat. *colphus* <grch. *kolpos* »Busen, Meerbusen, Bucht«]

Golf[2] ⟨n.; -s; unz.; Sport⟩ Rasenspiel, bei dem ein Hartgummiball mit möglichst wenig Schlägen mit Hilfe verschieden geformter Schläger in ein Loch getrieben wird [<engl. *golf* <mndrl. *colf, colve* »Keule« od. schott. *gowf* »schlagen«]

Gol|fer ⟨m.; -s, -⟩ **1** Golfspieler **2** Golfjacke

Gol|fe|rin ⟨f.; -, -rin|nen⟩ Golfspielerin

Gol|ga|tha ⟨n.; -; unz.⟩ **1** = Kalvarienberg (1) **2** ⟨Sinnbild für⟩ tiefster Schmerz, Schmerzensort [nach dem Hügel bei Jerusalem, der Kreuzigungsstätte Christi; aram., »Schädelstätte« <grch. *golgatha* <hebr. *gulgolta;* zu hebr. *gulgoleth* »Schädel«]

Gol|gi|ap|pa|rat *auch:* **Gol|gi-Ap|pa|rat** ⟨[gɔldʒi-] m.; -(e)s, -e; Biol.⟩ am Stoffwechsel beteiligte, aus parallel angeordneten Membranpaaren u. Bläschen bestehendes Zellorganell [nach dem italienischen Histologen C. *Golgi,* 1844-1926]

Go|li|ath ⟨m.; -s, -s; fig.⟩ sehr großer, starker Mensch [nach dem riesenhaften Anführer der Philister, den David mit seiner Schleuder erschlug; Sam. 1,17]

Go|mor|rha *auch:* **Go|mor|ra** → *Sodom*

Gon ⟨n.; -s, -e⟩ der 100. Teil eines rechten Winkels, Neugrad [<grch. *gonia* »Winkel«]

...gon ⟨Nachsilbe; zur Bildung sächl. Subst.; n.; -s, -e⟩ ...eck; *Nonagon* [<grch. *gonia* »Ecke«]

Go|na|de ⟨f.; -, -n; Biol.; Med.⟩ Keimdrüse [<grch. *gone* »Erzeugung, Same«]

go|na|do|trop ⟨Adj.; Biol.; Med.⟩ auf die Keimdrüsen einwirkend (von Hormonen) [<*Gonade* + *...trop*[1]]

Gon|ag|ra *auch:* **Go|nag|ra** ⟨n.; -s; unz.; Med.⟩ Gicht im Kniegelenk [<grch. *gony* »Knie« + *agra* »Fangeisen«]

Gon|ar|thri|tis *auch:* **Go|na|rth|ri|tis** ⟨f.; -, -ti|den; Med.⟩ Kniegelenkentzündung [<grch. *gony* »Knie« + *Arthritis*]

Gon|del ⟨f.; -, -n⟩ **1** leichtes, langes, schmales venezian. Boot mit schnabelartigem Bug u. Heck, im Stehen gerudert **2** Korb am Freiballon **3** Raum für Motoren u. Personen am Luftschiff **4** länglicher, frei stehender Verkaufsstand in Kaufhäusern [<ital. *gondola* »kleines Schiffchen, Nachen«]

gon|deln ⟨V.⟩ **1** mit der Gondel fahren **2** ⟨scherzh.; umg.⟩ **2.1** Kahn fahren **2.2** reisen

Gon|do|li|e|re ⟨[-ljeː-] m.; -, -e|ri⟩ Ruderer der venezian. Gondeln, Gondelführer [ital.]

Gon|fa|lo|ni|e|re ⟨[-njeː-] m.; -s, -e|ri; MA⟩ bürgerl. Oberhaupt italienischer Städte [ital., »Bannerträger«; zu ital. *gonfalone* »Banner« <fränk. **gundfano* »Kampffahne«]

Gong ⟨m. od. n.; -s, -s⟩ ind.-malaiisches Schlaginstrument aus frei hängender Bronzescheibe mit nach unten gebogenem Rand [<engl. *gong* <malai. *(e)gung* »Gong«]

G

gon|gen ⟨V.⟩ den Gong schlagen

...go|nie ⟨Nachsilbe; zur Bildung weibl. Subst.; f.; -, -n⟩ **1** Fortpflanzung, Erzeugung; *Heterogonie* **2** Entstehung, Entwicklung; *Kosmogonie* [<grch. *gone* »Erzeugung, Geburt«; → *...gen*[1]]

Go|nio|me|ter ⟨n.; -s, -; Technik⟩ Winkelmesser [<grch. *gonia* »Winkel« + *...meter*]

Go|nio|me|trie *auch:* **Go|nio|met|rie** ⟨f.; -; unz.⟩ **1** Winkelmessung **2** Berechnung der trigonometr. Funktionen von Winkelsummen aus den Funktionen der einzelnen Winkel [<grch. *gonia* »Winkel« + *...metrie*]

go|nio|me|trisch *auch:* **go|nio|met|risch** ⟨Adj.⟩ die Goniometrie betreffend, auf ihr beruhend; *~e Funktionen* Winkelfunktionen

Go|no|kok|kus ⟨m.; -, -kok|ken; Med.⟩ Erreger der Gonorrhö [<grch. *gone* »Erzeugung, Samen« + *Kokkus*]

Go|nor|rhö ⟨f.; -, -en; Med.⟩ Geschlechtskrankheit; *Sy* Tripper [<grch. *gone* »Erzeugung, Samen« + *...rrhö*]

go|nor|rho|isch ⟨Adj.; Med.⟩ auf Gonorrhö beruhend

good|bye! ⟨[gudbaɪ]⟩ leb wohl!, lebt wohl!, leben Sie wohl!, auf Wiedersehen! [engl.]

Goo|die ⟨[gudɪ] n.; -s, -s; meist Pl.; umg.⟩ kostenlose Beigabe, Belohnung; *die Kunden erwarten ein paar ~s; als ~ erhielten alle Besucher zwei Getränkegutscheine* [<engl. *goody* »Leckerbissen, Süßigkeit«]

Good|will ⟨[gudwɪl] m.; -s; unz.⟩ **1** ⟨Kaufmannsspr.⟩ Firmenwert **2** ⟨allg.⟩ Ansehen, Ruf [engl. »Wohlwollen; guter Ruf (einer Firma)«]

Good|will|rei|se ⟨[gudwɪl-] f.; -, -n⟩ Reise zur Erhaltung od. Wiederherstellung des eigenen Prestiges u. des guten Einvernehmens; *Sy* Goodwilltour

Good|will|tour ⟨[gudwɪltu:r] f.; -, -en od. -s⟩ = Goodwillreise [engl.]

goo|geln ⟨[gu:gəln] V.⟩ mit Hilfe der Suchmaschine Google® im Internet nach Informationen suchen, im Internet surfen; *ich goog(e)le danach (im Internet)*

Goo|gle® *auch:* **Goog|le®** ⟨[gu:gl] ohne Artikel⟩ eine 1998 gegründete Suchmaschine im Internet [zu engl. *googol* »10^{100}« (nach der erwartet großen Anzahl an Informationen, die *Google®* liefert)]

gor|disch ⟨Adj.⟩ *ein ~er Knoten* eine unlösbar scheinende Aufgabe, große Schwierigkeit; *den ~en Knoten durchhauen* ⟨fig.⟩ eine schwierige Aufgabe mit einer energischen Maßnahme lösen [nach dem von dem altphryg. König *Gordios* geknüpften, unlösbaren Knoten, den Alexander der Große mit dem Schwert durchhieb]

Gore|tex® ⟨[go:r-] n.; -; unz.⟩ wasser- und windundurchlässiges, atmungsaktives Gewebe (für Mäntel u. Jacken) [nach der engl. Firma W. L. *Gore* & Co. + engl. *textiles* »Textilien«]

Gor|go ⟨f.; -, -go|nen; meist Pl.; grch. Myth.⟩ weibl. Ungeheuer mit versteinerndem Blick u. Schlangenhaar [<grch. *gorgos* »furchtbar, wild«]

Gor|go|nen|haupt ⟨n.; -(e)s, -häup|ter⟩ **1** ⟨grch. Myth.⟩ schlangenhaariges Haupt **2** ⟨fig.⟩ furchtbarer, versteinernder Anblick **3** ⟨Zool.⟩ Schlangenstern aus der Familie der Medusensterne: Gorgonocephalus eucnemis [→ *Gorgo*]

Gor|gon|zo|la ⟨m.; -s, -s⟩ vollfetter Edelschimmelkäse [nach dem ital. Ort *Gorgonzola*]

Go|ril|la ⟨m.; -s, -s; Zool.⟩ bis 2 m großer Menschenaffe, der oft in Familien die Wälder Äquatorialafrikas durchstreift: Gorilla gorilla [neulat. <grch. *Gorillai* (Bez. eines afrikan. Stammes behaarter Menschen)]

Gösch ⟨f.; -, -en; Seew.⟩ **1** kleine Bugflagge **2** dem Flaggenstock zugewandtes, oberes Eck von Flaggen [<ndrl. *geus(je)* »kleine, viereckige Flagge auf dem Bugspriet« <frz. *gueux* »Bettler«]

Go-slow ⟨[-slou] m. od. n.; -s, -s⟩ Dienstausübung übergenau nach Vorschrift, um den Arbeitsablauf zu verzögern u. dadurch bestimmte Forderungen durchzusetzen, Bummelstreik [engl., »geh langsam«]

Gos|pel ⟨n.; -s, -s; Musik; kurz für⟩ Gospelsong

Gos|pel|sän|ger ⟨m.; -s, -⟩ Interpret von Gospelsongs

Gos|pel|sän|ge|rin ⟨f.; -, -rin|nen⟩ Interpretin von Gospelsongs

Gos|pel|song ⟨m.; -s, -s; Musik⟩ christl.-relig. Lied der nordamerikan. Schwarzen, moderne Form des Spirituals, meist von Berufskünstlern komponiert u. vorgetragen; *Sy* Gospel [<engl. *gospel* »Evangelium« + *song* »Lied«]

Gos|po|dar ⟨m.; -s od. -en, -e od. -en⟩ = Hospodar

Gos|po|din ⟨m.; -s, -po|da⟩ Herr [russ., »Herr«]

Got|cha ⟨a. engl. [gɔtʃə] n.; -s; unz.⟩ sportlich ausgetragener, simulierter bewaffneter Nahkampf mit Handfeuerwaffen, bei dem Einzelpersonen od. Gruppen mit Farbmunition auf Angehörige des jeweils gegnerischen Teams schießen [<engl. *gotcha*, Slang für *got you* »hab dich« (nach dem Ruf des erfolgreichen Schützen)]

Got|lan|di|um ⟨n.; -s; unz.; Geol.; veraltet⟩ = Silur [nach der schwed. Insel *Gotland*]

Gou|ache ⟨[gua:ʃ] f.; -, -n [gu-a:ʃən]; Mal.⟩ *oV* Guasch **1** ⟨unz.⟩ das Malen mit deckenden Wasserfarben, die mit Weiß u. Gummiarabikum versetzt sind **2** ⟨zählb.⟩ Bild mit dieser Art der Malerei [<frz. *gouache* »Wasserfarbenmalerei« <ital. *guazzo* »Wasserfarbe«, eigtl. »Pfütze« <lat. *aquatio* »Lache«; zu *aqua* »Wasser«]

Gou|da ⟨[gau-] od. ndrl. [xau-] m.; -s, -s⟩ fester Schnittkäse nach Edamer Art mit 20-45 % Fettgehalt [nach dem Ort *Gouda* in der niederländ. Provinz Südholland]

Gou|dron *auch:* **Goud|ron** ⟨[gu-drɔ̃:] m.; -s; unz.⟩ zum Abdichten verwendete Mischung aus echtem Asphalt mit Destillationsrückständen des Erdöls [frz., »Teer«]

Gourde ⟨[gurd] m.; -, -s⟩ haitische Währungseinheit, 100 Centimes [frz.(-amerikan.), <frz. *gourd* »starr, schwerfällig« <lat. *gurdus* »dumm, schwerfällig«]

Gour|mand ⟨[gurmãː] m.; -s, -s⟩ Vielesser, Schlemmer; →*a.* Gourmet [frz.]
Gour|man|di|se ⟨[gurmãdiːz(ə)] f.; -, -n⟩ Schlemmerei [frz.]
Gour|met ⟨[gurmeː] od. [gurmɛ] m.; -s, -s⟩ **1** Feinschmecker **2** Weinkenner [frz.]
Gout ⟨[guː] m.; -s; unz.; geh.⟩ Geschmack, Neigung, Wohlgefallen; *»bon ~« haben, verraten* guten Geschmack; *diese Arbeit ist überhaupt nicht nach seinem ~* [<frz. *goût* »Geschmack«]
gou|tie|ren ⟨[gutiː-] V.⟩ *oV* gustieren **1** kosten **2** an etwas Gefallen finden, gutheißen [<frz. *goûter* »schmecken«]
Gou|ver|nan|te ⟨[guvɛr-] f.; -, -n; früher⟩ Erzieherin [frz.]
gou|ver|nan|ten|haft ⟨[guvɛr-] Adj.⟩ auf altjüngferliche Weise belehrend
Gou|ver|ne|ment ⟨[guvɛrnəmãː] n.; -s, -s⟩ **1** Regierung **2** Verwaltung **3** Regierungsbezirk, Provinz [frz., »Regierung«]
gou|ver|ne|men|tal ⟨[guvɛrnəmãtaːl] Adj.; veraltet; noch schweiz.⟩ **1** regierungsfreundlich, von der Regierung ausgehend, Regierungs… **2** ein Gouvernement betreffend
Gou|ver|neur ⟨[guvɛrnøːr] m.; -s, -e⟩ Statthalter, oberster Beamter eines Gouvernements, einer Kolonie [frz., »Statthalter, Hofmeister, Erzieher«]
Go|ver|nance ⟨[gʌvərnæns] f.; -; unz.; Politik⟩ **1** das Regieren **2** Leitung u. Vernetzung von staatlichen u. individuellen privaten Netzwerken zur Steigerung der Effizienz politischen Handelns [engl., »Steuerung, Leitung, Kontrolle«]
Gr. ⟨Abk. für⟩ Gros[2]
Graaf|fol|li|kel *auch:* **Graaf-Fol|li|kel** ⟨m.; -s, -; Med.⟩ das reife Ei enthaltendes Bläschen im Eierstock kurz vor dem Follikelsprung [nach dem ndrl. Anatom Reinier de *Graaf,* † 1673]
Grab|ber ⟨[græbə(r)] m.; -s, -; EDV⟩ **1** Videospeicher zum Empfang grafischer Daten von einer Videokamera od. einem anderen Aufnahmegerät für bewegte Bilder **2** Software, die den momentan angezeigten Bildschirminhalt festhält, indem der entsprechende Teil des Videospeichers auf einer Diskette abgelegt wird [zu engl. *grab* »zu-, ergreifen«]
gra|ci|o|so ⟨Musik⟩ = grazioso
grad ⟨Math.; Zeichen für⟩ Gradient
Grad ⟨m.; -(e)s, -e od. (bei Zahlenangaben) -⟩ **1** Abstufung, Stufe, Stärke, Maß; *Wirkungs~; Erfrierungen, Verbrennungen dritten ~es; einige ~e dunkler, heller; bis zu einem gewissen ~(e); im höchsten ~e ärgerlich* sehr, außerordentlich; *Cousine, Vetter zweiten ~es* Tochter od. Sohn einer Cousine od. eines Vetters **2** ⟨Zeichen: °⟩ Maßeinheit für Winkel, der 360. Teil eines Kreises; *Winkel von 90°* rechter Winkel; *~ Breite* Breitengrad; *34° nördlicher (südlicher) Breite; ~ Länge* Längengrad; *20° westlicher (östlicher) Länge* **3** Maßeinheit der Temperatur; *-20 °C (Celsius), +10 °F (Fahrenheit), 90 °R (Réaumur); das Thermometer zeigt 5 ~ minus* **4** ⟨Mil.⟩ Stufe in der militär. Rangordnung; *Dienst~* **5** ⟨Math.⟩ *eine Gleichung n-ten ~es* eine G. mit n als höchstem Exponenten der Veränderlichen in einer ganzen rationalen Funktion; *eine Gleichung zweiten ~es* = quadratische Gleichung [<lat. *gradus* »Schritt«]
gra|da|tim ⟨Adj.; geh.⟩ schritt-, stufenweise [lat., »Schritt für Schritt, schrittweise«; zu *gradus* »Schritt«]
Gra|da|ti|on ⟨f.; -, -en⟩ **1** Einteilung nach Graden **2** Steigerung (z. B. des dichter. Ausdrucks) **3** Abstufung (z. B. der Schwärzung eines Negativs) **4** Massenvermehrung, starke Häufigkeitszunahme (einer Tierart in einem bestimmten Gebiet) [lat., »Steigerung«; zu *gradus* »Schritt«]
Gra|di|ent ⟨m.; -en, -en; Abk.: grad; Math.⟩ **1** Zuordnung eines räumlichen, zeitlichen od. physikalischen Geltungsbereiches zu einem Feld von Vektoren **2** ⟨Meereskunde⟩ Druckgefälle in einem (physikalischen) Niveau eines Meeres **3** ⟨Meteor.⟩ Gefälle eines Witterungselementes auf einer Strecke **4** ⟨Biol.⟩ vom Zentrum zur Peripherie hin beobachtete Abnahme der Fähigkeit von Keimen u. Körperteilen, sich weiterzuentwickeln
Gra|di|en|te ⟨f.; -, -n⟩ Neigungslinie [<lat. *gradi* »schreiten«; zu *gradus* »Schritt«]
Gra|dier|ei|sen ⟨n.; -s, -⟩ gezähnter Bildhauermeißel
gra|die|ren ⟨V.⟩ **1** in Grade einteilen **2** abstufen **3** verstärken **4** *Salzlösung ~* durch Verdunsten konzentrieren **5** *die Farbe einer Goldlegierung ~* durch Behandeln mit Gradierwasser verbessern [→ *Grad*]
Gra|dier|werk ⟨n.; -(e)s, -e⟩ mit Reisig bedecktes Gerüst, über das Salzsole rieselt, die durch Verdunsten konzentriert wird (auch zu Heilzwecken bei Erkrankung der Atmungsorgane)
gra|du|al ⟨Adj.⟩ den Grad, Rang betreffend [→ *Grad*]
Gra|du|a|le ⟨n.; -s, -li|en; kath. Messe⟩ kurzer Zwischengesang nach dem Vorlesen der Epistel [<lat. *gradus* »Stufe«; eigtl. »Stufengesang«, da er auf den Altarstufen gesungen wurde]
Gra|du|a|ti|on ⟨f.; -, -en⟩ Einteilung nach Graden, z. B. auf Skalen, Messgeräten [<frz., engl. *graduation* »Abstufung«]
gra|du|ell ⟨Adj.⟩ **1** grad-, stufenweise, abgestuft **2** allmählich [<frz. *graduel* »stufenweise fortschreitend«; zu *grade* »Grad«]
gra|du|ie|ren[1] ⟨V.⟩ *etwas ~* in Grade einteilen [<frz. *graduer* »in Grade einteilen«; zu *grade* »Grad«]
gra|du|ie|ren[2] ⟨V.⟩ *jmdn. ~* jmdm. einen akademischen Grad erteilen [<engl. *graduate* »einen akademischen Grad erlangen«; zu *grade* »Grad, Rang, Stufe«]
gra|du|iert ⟨Adj.; Abk.: grad.⟩ über einen akademischen Grad, ein Abschlusszeugnis verfügend; *~er Ingenieur*
Gra|du|ier|te(r) ⟨f. 2 (m. 1)⟩ Person, die eine akademische Würde erlangt hat
Gra|du|ie|rung ⟨f.; -, -en⟩ das Graduieren (2), das Graduiertwerden; *die Voraussetzung für*

G

eine Bewerbung auf diese Position ist eine ~

Grae|cum ⟨[grɛ:kum] n.; -s; unz.⟩ Prüfung im Griechischen [lat., »das Griechische«]

Graf… / Graph… (*Laut-Buchstaben-Zuordnung*) Für die Silben »*-fon*«, »*-fot*«, »*-graf*« kann in jedem Fall die eingedeutschte (integrierte) Lautschreibung verwendet werden.
Die Schreibung mit »*ph*« ist jedoch ebenso, vor allem in fachsprachlichen Texten, zulässig (→*a.* Grafit / Graphit).

G

Graf ⟨m.; -en, -en⟩ = Graph

…graf ⟨Nachsilbe; zur Bildung von Subst.⟩ = …graph

Gra|fem ⟨m.; -s, -e; Sprachw.⟩ = Graphem

Gra|fe|ma|tik ⟨f.; -; unz.; Sprachw.⟩ = Graphematik

gra|fe|ma|tisch ⟨Adj.; Sprachw.⟩ = graphematisch

Gra|fe|mik ⟨f.; -; unz.; Sprachw.⟩ = Graphemik

gra|fe|misch ⟨Adj.; Sprachw.⟩ = graphemisch

Gra|feo|lo|gie ⟨f.; -; unz.; Sprachw.⟩ = Grapheologie

gra|feo|lo|gisch ⟨Adj.⟩ = grapheologisch

Graf|fi|ti ⟨n.; - od. -s, -s⟩ Malerei od. künstler. gestaltete Parole, die mittels Sprühdose auf eine Wand gespritzt wurde [ital.; Pl. von *Graffito*]

Graf|fi|to ⟨m. od. n.; -s, -ti⟩ in Mauerputz od. Stein geritzte Inschrift oder figürl. Darstellung; →*a.* Sgraffito [ital.]

…gra|fie ⟨Nachsilbe; zur Bildung weibl. Subst.⟩ = …graphie

Gra|fik ⟨f.; -, -en⟩ *oV* Graphik **1** ⟨unz.⟩ Vervielfältigung von Schrift u. Druck **2** ⟨unz.⟩ die Kunst des Zeichnens, des Kupfer- u. Stahlstichs, des Holzstichs u. -schnitts **3** ⟨zählb.⟩ das einzelne Blatt mit einer Darstellung aus einer dieser Künste [<grch. *graphike techne* »die Kunst zu schreiben, zu zeichnen«]

Gra|fi|ker ⟨m.; -s, -⟩ *oV* Graphiker **1** in der Grafik arbeitender Künstler **2** Zeichner, der Vorlagen zum Vervielfältigen herstellt

Gra|fi|ke|rin ⟨f.; -, -rin|nen⟩ weibl. Grafiker; *oV* Graphikerin

Gra|fik|kar|te ⟨f.; -, -n; EDV⟩ Komponente der Hardware, die in einem Computer die Wiedergabe am Bildschirm steuert; *oV* Graphikkarte

gra|fisch ⟨Adj.⟩ mit Hilfe der Grafik, auf ihr beruhend, sie betreffend; *~e Darstellung* zeichner., schemat. Darstellung, Schaubild; *oV* graphisch

Gra|fit ⟨a. [-fi:t] m.; -s, -e; Min.⟩ = Graphit

gra|fi|tisch ⟨a. [-fi:-] Adj.; Min.⟩ = graphitisch

gra|fo…, Gra|fo… ⟨in Zus.⟩ = grapho…, Grapho…

Gra|fo|lo|ge ⟨m.; -n, -n⟩ = Graphologe

Gra|fo|lo|gie ⟨f.; -; unz.⟩ = Graphologie

gra|fo|lo|gisch ⟨Adj.⟩ = graphologisch

Gra|fo|sta|tik ⟨f.; -; unz.⟩ = Graphostatik

Gra|ham|brot *auch:* **Gra|ham-Brot** ⟨n.; -(e)s, -e⟩ Weizenvollkornbrot ohne Zusatz von Sauerteig [nach dem US-amerikan. Arzt Sylvester *Graham*, 1794-1891]

Grain ⟨[grɛɪn] m.; -s, -s od. (bei Zahlenangaben) -⟩ **1** älteres kleines Juwelengewicht, ¼ Karat **2** Gewichts- u. Maßeinheit, 0,0648 g [engl., »Korn«, über afrz. <lat. *granum* »Korn«]

grai|nie|ren ⟨[grɛ-] V.; fachsprachl.⟩ die Oberfläche von Papier od. Pappe aufrauen [<frz. *grainer* »aufrauen, körnen«; zu *grain* »Korn«]

Grä|ko|ma|nie ⟨f.; -; unz.⟩ übertriebene Vorliebe für altgrch. Wesen, Griechenschwärmerei [<lat. *Graecus* »griechisch« + *Manie*]

Gral ⟨m.; -s; unz.; in der Dichtung des MA⟩ Stein od. Gefäß mit Heilskraft, in dem einst Christi Blut aufgefangen worden ist [<mhd. *gral* »heiliges, wundertätiges Ding, heiliger Stein«, <altfrz. *graal* »heiliges, als Kelch gedachtes Gefäß, mit dem Christus das Sakrament spendete u. in dem Joseph von Arimathia das Blut Christi sammelte«; vermutl. <lat. *cratalis* »Schüssel, Topf«; zu lat. *cratis* »Flechtwerk« od. mlat. *gradalis* »Stufenkelch«; zu lat. *gradus* »Schritt«]

Gram|fär|bung *auch:* **Gram-Färbung** ⟨f.; -, -en; Bakt.⟩ Färbemethode zur Unterscheidung von sehr ähnlich aussehenden Bakterien [nach dem dän. Bakteriologen H. Chr. *Gram*, 1853-1938]

Gra|mi|ne|en ⟨Pl.; Bot.⟩ Familie der Süßgräser [<lat. *gramen* »Gras«]

Gramm ⟨n.; -(e)s, -; Abk.: g⟩ Maßeinheit der Masse, (allg. gleichgesetzt mit) des Gewichts, 1000 g = 1 kg [<frz. *gramme* <grch. *gramme*, eigtl. »Geschriebenes, Schriftzeichen«; zu *graphein* »schreiben«]

…gramm ⟨Nachsilbe; zur Bildung von sächl. Subst.; n.; -(e)s, -e⟩ Geschriebenes, Gezeichnetes; *Autogramm; Monogramm* [<grch. *gramma* »Buchstabe, Schriftzeichen; Schrift«; zu *graphein* »schreiben«]

Gramm|äqui|va|lent ⟨[-va-] n.; -(e)s, -e; Chemie; Abk.: Val⟩ in Gramm ausgedrückte Menge eines chem. Stoffes, die sich mit einem Mol Wasserstoff verbindet od. ein Mol Wasserstoff in Verbindungen ersetzt

Gram|ma|tik ⟨f.; -, -en; Sprachw.⟩ **1** Lehre vom Bau u. von den Regeln einer Sprache **2** Lehrbuch der Grammatik, Sprachlehre [<lat. *(ars) grammatica* »Sprachlehre« <grch. *grammatike (techne)* »Sprachwissenschaft als Lehre von den Elementen der Sprache«; zu *graphein* »schreiben«]

gram|ma|ti|ka|lisch ⟨Adj.; Sprachw.⟩ die Grammatik betreffend, auf ihr beruhend; *Sy* grammatisch

gram|ma|ti|ka|li|sie|ren ⟨V.; Sprachw.; nur Passiv⟩ grammatikalisiert werden, zu einer grammatischen Kategorie werden, eine grammatische Funktion erhalten

Gram|ma|ti|ka|li|tät ⟨f.; -; unz.; Sprachw.⟩ grammatisch richtige Beschaffenheit; *Sy* Grammatizität

Gram|ma|ti|ker ⟨m.; -s, -⟩ Wissenschaftler auf dem Gebiet der Grammatik

Gram|ma|ti|ke|rin ⟨f.; -, -rin|nen⟩ Wissenschaftlerin auf dem Gebiet der Grammatik

gram|ma|tisch ⟨Adj.⟩ = grammatikalisch

Gram|ma|ti|zi|tät ⟨f.; -; unz.; Sprachw.⟩ = Grammatikalität

Gramm|atom ⟨n.; -s, -e; nicht mehr empfohlene Bez. für⟩ diejenige Menge eines Stoffes, die so viel Gramm enthält, wie sein Atomgewicht angibt, zu ersetzen durch die Einheit Mol

Gram|mem ⟨n.; -s, -e; Sprachw.⟩ das kleinste sprachliche Zeichen auf der Ebene des grammatischen Systems; →*a.* Episem; Tagmem

Gramm|mol ⟨n.; -s, -e; Chemie; kurz für⟩ Grammmolekül

Gramm|mo|le|kül ⟨n.; -s, -e; Chemie⟩ Masseneinheit, diejenige Menge eines Stoffes, deren Masse identisch dem Molekulargewicht in Gramm ist; *Sy* Grammmol, Mol

Gram|mo|fon ⟨n.; -s, -e⟩ = Grammophon

Gram|mo|phon ⟨n.; -s, -e⟩ altertüml. mechan. Plattenspieler; *oV* Grammofon [<grch. *gramma* »Schrift, Geschriebenes« + ...*phon*²]

Gram|my® ⟨[græmı] m.; -s, -s⟩ jährlich verliehener US-amerikan. Musikpreis für die besten Kompositionen, Interpretationen u. Produktionen eines Jahres [→ *Grammophon*]

gram|ne|ga|tiv ⟨Adj.⟩ sich bei der Gramfärbung rot färbend [→ *Gramfärbung*]

gram|po|si|tiv ⟨Adj.⟩ sich bei der Gramfärbung blau färbend [→ *Gramfärbung*]

Gran ⟨n.; -s, -e od. (bei Zahlenangaben) -; früher⟩ Gewichtseinheit für Arzneien u. Edelmetalle; *oV* Grän [<lat. *granum* »Korn«]

Grän ⟨n.; -s, -e od. (bei Zahlenangaben) -⟩ = Gran

Gra|na|dil|le ⟨f.; -, -n⟩ = Grenadille

Gra|nat ⟨m.; -(e)s od. (österr.) -en, -e od. (österr.) -en; Min.⟩ kubisches, gesteinsbildendes, schwer verwitterndes Mineral, Edelstein [<mlat. *(lapis) granatus* »körniger Stein« <lat. *granum* »Korn«]

Gra|nat|ap|fel|baum ⟨m.; -(e)s, -bäu|me; Bot.⟩ kleiner Strauch od. Baum mit purpurrotem Blütenboden u. Kelchblättern, mit wohlschmeckender, apfelgroßer Frucht: Punica granatum [<lat. *malum granatum* »kernreicher Apfel«]

Gra|na|te ⟨f.; -, -n⟩ mit Sprengladung gefülltes Geschoss [<ital. *granata* »Granatapfel; ein mit einem Granatapfel verglichenes, mit einer Sprengladung gefülltes Hohlgeschoss«]

Grand ⟨[grã:] od. [graŋ] m.; -s, -s⟩ höchstes Spiel beim Skat; ~ *ouvert* [uvɛ:r] G. mit aufgedeckten Spielkarten [<frz. *grand jeu* »Großspiel«; frz. *ouvert* »offen«]

Grand Cru ⟨[grã: kry:] m.; - -, -s -s [grã: kry:s]⟩ edler frz. Wein [frz.]

Gran|de ⟨m.; -n, -n⟩ **1** ⟨unz.⟩ höchster spanischer Adelstitel **2** ⟨zählb.⟩ Mitglied des spanischen Hof- od. Hochadels [span., »groß«]

Grande Na|tion ⟨[grã:d nasjɔ̃:] f.; - -; unz.; frz. Selbstbez. für⟩ Frankreich [frz., »große Nation«]

Gran|deur ⟨[grãdø:r] f.; -; unz.⟩ Größe, Großartigkeit, Erhabenheit [frz.]

Gran|dez|za ⟨f.; -; unz.⟩ Würde, anmutig-würdevolles, überlegen-liebenswürdiges Benehmen [<span. *grandeza* »Würde eines Granden«; zu *grande* »groß«]

Grand|ho|tel ⟨[grã:-] n.; -s, -s⟩ großes, vornehmes Hotel [<frz. *grand* »groß« + *Hotel*]

gran|di|os ⟨Adj.⟩ großartig, überwältigend [<ital. *grandioso* »großartig«; zu *grande* »groß«]

Gran|di|o|si|tät ⟨f.; -; unz.⟩ beeindruckende Pracht u. Schönheit, Großartigkeit [→ *grandios*]

gran|di|o|so ⟨Musik⟩ eindrucksvoll, erhaben (zu spielen) [ital.]

Grand Old La|dy ⟨[grænd ould lɛıdı] f.; - - -, - - -s [lɛıdi:s]⟩ bedeutende ältere weibl. Persönlichkeit; *die ~ des deutschen Films* [engl., »große alte Dame«]

Grand Old Man ⟨[grænd ould mæ:n] m.; - - -s, - - Men [-mən]⟩ bedeutende ältere männl. Persönlichkeit; *der ~ des deutschen Schlagers* [engl., »großer alter Mann«]

Grand Prix ⟨[grã: pri:] m.; - -, - -s [grã: pri:]⟩ Großer Preis [frz.]

Grand|sei|gneur *auch:* **Grand|seig|neur** ⟨[grãsɛnjœ:r] m.; -s, -s od. -e⟩ **1** Angehöriger des hohen Adels **2** ⟨fig.⟩ vornehmer, würdevoller Herr [frz., »großer, d. h. vornehmer Herr«]

Grand Slam® ⟨[grænd slæm] m.; - - od. - -s, - -s; Sport; Tennis⟩ Sieg eines Spielers in den austral., frz., engl. und US-amerikan. Meisterschaften innerhalb eines Jahres [engl., eigtl. »großer Schlag«]

gra|nie|ren ⟨V.⟩ zu Körnern zermahlen [zu lat. *granum* »Korn«]

Gra|nit ⟨m.; -s, -e; Min.⟩ Tiefengestein aus fein- bis grobkörnigen Teilen von Feldspat, Quarz u. Glimmer; *auf ~ beißen* ⟨fig.; umg.⟩ auf energischen Widerstand stoßen, nicht durchdringen können [<ital. *granito* <mlat. *granitum marmor* »gekörntes Marmorgestein«; zu lat. *granum* »Korn«]

Gra|nit|por|phyr ⟨m.; -s, -e; Geol.⟩ Granitgestein mit körniger Grundmasse u. größeren Einsprenglingen

Gran|ny Smith ⟨[grænı smıθ] m.; - -, - -⟩ Apfelsorte mit glänzender, grüner Schale und saftigem, säuerlich schmeckendem Fruchtfleisch

gra|nu|lar ⟨Adj.⟩ = granulös

Gra|nu|lat ⟨n.; -(e)s, -e⟩ körniger Extrakt [<lat. *granulum* »Körnchen«]

Gra|nu|la|ti|on ⟨f.; -, -en⟩ **1** Körnchenbildung **2** das Auflöten von Gold- od. Silberkörnchen auf Schmuckstücke **3** ⟨Astron.⟩ das feinkörnige Aussehen der Sonnenoberfläche **4** ⟨Med.⟩ Entstehung von rötli., weichem, gefäßreichem neuem Bindegewebe bei Gewebsdefekten

Gra|nu|le ⟨f.; -, -n⟩ auf der Sonnenoberfläche auftretender, körniger Gaswirbel kurzer Beständigkeit mit einem Durchmesser bis etwa 1000 km [<lat. *granulum* »Körnchen«]

gra|nu|lie|ren ⟨V.⟩ **1** zu Körnern

zermahlen, zerreiben **2** Gold- od. Silberkörnchen auflöten **3** ⟨Med.⟩ Granulationsgewebe bilden; *granuliertes Gewebe* [<lat. *granulum* »Körnchen«]

gra|nu|liert ⟨Adj.⟩ **1** zu Körnern zerrieben **2** ⟨Med.⟩ körnig eingeschrumpft (in Bezug auf Gewebe), z. B. bei Nierendefekten [→ *granulieren*]

Gra|nu|lie|rung ⟨f.; -, -en⟩ das Granulieren, das Granuliertwerden

Gra|nu|lit ⟨m.; -s, -e; Min.⟩ dichtes, massiges Gestein aus Granat, Feldspat u. a. Mineralien, ohne Glimmer [<lat. *granulum* »Körnchen«]

Gra|nu|lom ⟨n.; -s, -e; Med.⟩ Granulationsgewebe geschwulstartigen Aussehens, das meist durch Krankheitserreger od. Fremdkörper entsteht [<lat. *granulum* »Körnchen«]

gra|nu|lös ⟨Adj.⟩ körnig, gekörnt, mit Körnern versehen

Gra|nu|lo|se ⟨f.; -, -n; Med.⟩ Bildung von Granulomen

Gra|nu|lo|zyt ⟨m.; -en, -en; Med.⟩ weißes Blutkörperchen mit körniger Struktur [<lat. *granulum* »Körnchen« + *…zyt*]

Gra|nu|lum ⟨n.; -s, -nu|la; meist Pl.⟩ **1** ⟨Pharm.⟩ Arzneikörnchen **2** ⟨Anat.⟩ mikroskopisch kleines Körnchen im Zellplasma **3** ⟨Med.⟩ Knötchen im Granulationsgewebe [lat., »kleiner Kern, Körnchen«]

Grape|fruit ⟨[grɛɪpfru:t] f.; -, -s; Bot.⟩ kleine Form der Pampelmuse [engl.]

Graph ⟨m.; -en, -en⟩ *oV* Graf **1** abstrahierende zeichner. Darstellung von Größen u. den zwischen ihnen bestehenden Relationen als wissenschaftl. Hilfsmittel **2** ⟨Math.⟩ zeichner. Darstellung von Elementen in zweistelligen Relationen [<grch. *graphein* »schreiben«]

…graph ⟨Nachsilbe; zur Bildung männl. Subst.; m.; -en, -en⟩ *oV* …graf **1** Schreiber, Zeichner; *Kartograph* **2** Geschriebenes; *Autograph* **3** Beschreiber, Wissenschaftler; *Lexikograph* **4** wissenschaftl. Messgerät; *Pluviograph* [→ *Graph*]

Gra|phem ⟨n.; -s, -e; Sprachw.⟩ kleinste bedeutungsunterscheidende Einheit der geschriebenen Sprache, z. B. Buchstabe; *oV* Grafem [< *Graph* + Endung *-em*]

Gra|phe|ma|tik ⟨f.; -; unz.; Sprachw.⟩ = Graphemik; *oV* Grafematik

gra|phe|ma|tisch ⟨Adj.; Sprachw.⟩ = graphemisch; *oV* grafematisch

Gra|phe|mik ⟨f.; -; unz.; Sprachw.⟩ Wissenschaft von den Graphemen; *oV* Grafemik, Graphematik; *Sy* Grapheologie (2) [→ *Graph*]

gra|phe|misch ⟨Adj.; Sprachw.⟩ die Graphemik betreffend, zu ihr gehörig; *oV* grafemisch; *Sy* graphematisch

Gra|pheo|lo|gie ⟨f.; -; unz.; Sprachw.⟩ **1** Wissenschaft von den Schreibsystemen der Sprachen **2** = Graphemik; *oV* Grafeologie [< *Graph* + *…logie*]

gra|pheo|lo|gisch ⟨Adj.; Sprachw.⟩ die Grapheologie betreffend, zu ihr gehörig, auf ihr beruhend; *oV* grafeologisch

…gra|phie ⟨Nachsilbe; zur Bildung weibl. Subst.; f.; -, -n⟩ *oV* …grafie **1** das Schreiben, Zeichnen; *Kalligraphie* **2** Geschriebenes; *Logographie* **3** Beschreibung, Wissenschaft; *Demographie* [<grch. *graphein* »schreiben«]

Gra|phik ⟨f.; -, -en⟩ = Grafik

Gra|phi|ker ⟨m.; -s, -⟩ = Grafiker

Gra|phi|ke|rin ⟨f.; -, -rin|nen⟩ = Grafikerin

Gra|phik|kar|te ⟨f.; -, -n; EDV⟩ = Grafikkarte

gra|phisch ⟨Adj.⟩ = grafisch

Gra|phit ⟨a. [-fi:t] m.; -s, -e; Min.⟩ feinkristalliner bis amorpher reiner Kohlenstoff; *oV* Grafit [→ *Grapho…*]

gra|phi|tisch ⟨a. [-fi:-] Adj.; Min.⟩ aus Graphit bestehend, es enthaltend; *oV* grafitisch

gra|pho…, Gra|pho… ⟨in Zus.⟩ schrift…, Schrift…; *oV* grafo…, Grafo… [<grch. *graphein* »schreiben«]

Gra|pho|lo|ge ⟨m.; -n, -n⟩ Kenner der Graphologie, Handschriftendeuter; *oV* Grafologe

Gra|pho|lo|gie ⟨f.; -; unz.⟩ Lehre, aus der Handschrift den Charakter zu deuten, Handschriftendeutung; *oV* Grafologie

Gra|pho|lo|gin ⟨f.; -, -gin|nen⟩ Kennerin der Graphologie, Handschriftendeuterin; *oV* Grafologin

gra|pho|lo|gisch ⟨Adj.⟩ die Graphologie betreffend, auf ihr beruhend; *oV* grafologisch; *ein ~es Gutachten erstellen*

Gra|pho|sta|tik ⟨f.; -; unz.⟩ zeichnerische Ermittlung von statischen Kräften im Bauwesen; *oV* Grafostatik [<grch. *graphein* »schreiben« + *Statik*]

Grap|pa ⟨m.; - od. -s, - od. -s⟩ ital. Branntwein aus Trester [ital.]

Grap|to|lith ⟨m.; -s od. -en, -en⟩ ausgestorbener, mariner Tierstock des Silurs [<grch. *graphein* »schreiben« + *…lith*]

Grass ⟨n.; -; unz.; umg.⟩ Marihuana [engl.]

gras|sie|ren ⟨V.⟩ um sich greifen, gehäuft auftreten, wüten; *~de Seuche; es ~ neue Gerüchte* ⟨fig.⟩ [<lat. *grassari* »umhergehen«]

Gra|ti|a|le ⟨[-tsja:-] n.; -s, - od. -lien⟩ **1** Dankgebet **2** Geschenk, Trinkgeld [<lat. *gratia* »Gunst, Gnade, Dank«]

Gra|ti|fi|ka|ti|on ⟨f.; -, -en⟩ **1** Sonderzuwendung, Ehrengabe; *Weihnachts~* **2** Entschädigung [<lat. *gratus* »erwünscht, willkommen, dankbar« + *…fikation*]

gra|ti|fi|zie|ren ⟨V.; geh.⟩ vergüten [<lat. *gratificari* »eine Gefälligkeit erweisen«; zu lat. *gratus* »erwünscht, willkommen, dankbar« + *facere* »machen«]

Gra|tin ⟨[gratɛ̃:] n.; -s, -s; Kochk.⟩ (mit Käse) überbackenes Gericht; *Kartoffel~*

Grä|ting ⟨f.; -, -s od. -e; Seew.⟩ Gitterauflage auf Schiffsdecks [<engl. *grating* »Gitter, Gitterwerk«]

gra|ti|nie|ren ⟨V.; Kochk.⟩ überbacken, um eine Kruste zu erzielen [<frz. *gratiner* »in geriebener Semmel backen«; zu *gratin* »Kruste, Abgeschabtes«; zu *gratter* »schaben, kratzen«]

gra|tis ⟨Adv.⟩ kostenlos, unentgeltlich, frei; *~ und franko* unentgeltlich u. portofrei [<lat. *gratis* »unentgeltlich«, eigtl. »um den bloßen Dank«; Ablativ Pl. zu *gratia* »Dank«]

Gra|tu|lant ⟨m.; -en, -en⟩ jmd.,

der seine Glückwünsche übermittelt [<lat. *gratulans,* Part. Präs. zu *gratulari* »Glück wünschen«]

Gra|tu|lan|tin ⟨f.; -, -tin|nen⟩ weibl. Gratulant

Gra|tu|la|ti|on ⟨f.; -, -en⟩ Übermittlung von Glückwünschen [<lat. *gratulatio* »Beglückwünschung«]

gra|tu|lie|ren ⟨V.⟩ *jmdm.* ~ jmdn. beglückwünschen; *du kannst dir ~, dass es so glimpflich abgegangen ist* du kannst froh sein [<lat. *gratulari* »Glück wünschen«]

Gra|va|men ⟨[-va:-] n.; -s, -mi|na; meist Pl.; 15. u. 16. Jh.⟩ Beschwerde (gegen Kirche u. Klerus) [lat., »Beschwerde«; zu *gravis* »schwer«]

Gra|va|ti|on ⟨[-va-] f.; -, -en; veraltet⟩ Beschwerung, Belastung [zu lat. *gravis* »schwer«]

gra|ve ⟨[-və] Musik⟩ ernst, getragen (zu spielen) [ital.]

Gra|ve ⟨[-və] n.; -s, -s; Musik⟩ sehr langsam, bedächtig u. getragen zu spielender Satz od. Satzteil (seit dem frühen 17. Jh.) [→ *grave*]

Gra|vet|tien ⟨[-vɛtjɛ̃:] n.; -; unz.; Geol.⟩ Kulturstufe der Altsteinzeit [nach dem frz. Fundort *La Gravette*]

Gra|veur ⟨[-vø:r] m.; -s, -e⟩ Handwerker, der das Gravieren berufsmäßig ausübt, z. B. Kupfer-, Stahlstecher, Steinschneider [frz., <*graver;* → *gravieren*]

gra|vid ⟨[-vi:d] Adj.; Med.⟩ schwanger [<lat. *gravidus;* zu *gravis* »schwer«]

Gra|vi|di|tät ⟨[-vi-] f.; -, -en; Med.⟩ Schwangerschaft [<lat. *graviditas;* zu *gravis* »schwer«]

gra|vie|ren[1] ⟨[-vi:-] V.⟩ *Metall, Stein, Glas ~* Verzierungen, Schrift od. Zeichen in Metall usw. schneiden, ritzen, stechen [<frz. *graver*]

gra|vie|ren[2] ⟨[-vi:-] V.⟩ belasten, beschweren [<lat. *gravare*]

gra|vie|rend ⟨[-vi:-] Adj.⟩ belastend, erschwerend; *ein ~er Fehler*

Gra|vie|rung ⟨[-vi:-] f.; -, -en⟩ **1** das Gravieren **2** gravierte Verzierung, Schrift o. Ä.

Gra|vi|me|ter ⟨[-vi-] n.; -s, -⟩ Gerät zum Messen der Schwerkraft [<lat. *gravis* »schwer« + *...meter*]

Gra|vi|me|trie *auch:* **Gra|vi|met|rie** ⟨[-vi-] f.; -; unz.⟩ **1** Messung des Schwerefeldes der Erde **2** chem. Analyse, bei der das Gewicht der einzelnen Stoffe einer Verbindung festgestellt wird; *Sy* quantitative Analyse

gra|vi|me|trisch *auch:* **gra|vi|met|risch** ⟨[-vi-] Adj.⟩ auf Gravimetrie beruhend, mit ihrer Hilfe

Gra|vis ⟨[-vɪs] m.; -, -; Zeichen: `; Sprachw.⟩ Zeichen über einem Vokal zur Bezeichnung des fallenden Tons, im Italien. der Betonung der Silbe u. im Französ. der offenen Aussprache des Vokals; *Sy* Accent grave [lat., »schwer«]

Gra|vi|sphä|re ⟨[-vi-] f.; -, -n; Physik; Astron.⟩ Bereich um einen Körper, in dem seine Schwerkraft die eines anderen Körpers überwiegt, bes. bei Himmelskörpern [<lat. *gravis* »schwer« + *Sphäre*]

Gra|vi|tät ⟨[-vi-] f.; -; unz.⟩ Würde, Erhabenheit, Gemessenheit [<lat. *gravitas* »Schwere; würdevolles Wesen«]

Gra|vi|ta|ti|on ⟨[-vi-] f.; -; unz.⟩ Eigenschaft von Massen, sich gegenseitig anzuziehen [→ *gravitieren*]

Gra|vi|ta|ti|ons|wel|le ⟨[-vi-] f.; -, -n⟩ wellenartige Ausstrahlung der Änderungen eines Schwerefeldes mit Lichtgeschwindigkeit, ihre Träger sind die Gravitonen

gra|vi|tä|tisch ⟨[-vi-] Adj.⟩ **1** würdevoll, hoheitsvoll **2** steif, gemessen

gra|vi|ta|tiv ⟨[-vi-] Adj.⟩ die Gravitation betreffend, auf ihr beruhend, der Schwerkraft unterliegend

gra|vi|tie|ren ⟨[-vi-] V.⟩ **1** infolge der Schwerkraft auf einen best. Punkt zustreben **2** angezogen werden, hinneigen (zu) [zu lat. *gravitas* »Schwere, schweres Gewicht; würdevolles Wesen«]

Gra|vi|ton ⟨[-vi-] n.; -s, -to|nen; Physik⟩ bis jetzt noch nicht nachgewiesenes Elementarteilchen, das als Träger der Gravitationswellen angesehen wird

Gra|vur ⟨[-vu:r] f.; -, -en⟩ das Gravierte, gravierte Verzierung, Schrift usw. [→ *Gravüre*]

Gra|vü|re ⟨[-vy:-] f.; -, -n⟩ **1** Erzeugnis der Gravierkunst, Kupfer-, Stahlstich, Steinschnitt **2** Tiefdruckplatte **3** Druck davon [<frz. *gravure* »Kupferstecher-, Holzschneidekunst, Metallstich, Holzschnitt«]

Gray ⟨[grɛɪ] n.; -s, -s; Zeichen: Gy; Physik⟩ Einheit für die Energiedosis ionisierender Strahlen, 1 Gy = 1 J/kg = 100 rad [nach dem US-amerikan. Physiker Louis Harold *Gray,* 1905-1965]

Gra|zie ⟨[-tsjə] f.; -, -n⟩ **1** ⟨unz.⟩ Anmut; *ihre Bewegungen waren voller ~* **2** *die drei ~n* **2.1** ⟨röm. Myth.⟩ die drei Göttinnen der Anmut **2.2** ⟨fig.; scherzh.⟩ diese drei anmutigen jungen Damen [<lat. *gratia* »Wohlgefallen«]

gra|zil ⟨Adj.⟩ **1** schlank, zierlich, geschmeidig **2** schmächtig [<lat. *gracilis* »schlank, schmal, hager«]

Gra|zi|li|tät ⟨f.; -; unz.⟩ zierliche, schmächtige Beschaffenheit

gra|zi|ös ⟨Adj.⟩ anmutig, zierlich, geschmeidig, gewandt [<frz. *gracieux* »anmutig, lieblich«;]

gra|zi|o|so ⟨Musik⟩ anmutig, lieblich (zu spielen); *oV* gracioso [ital.]

grä|zi|sie|ren ⟨V.⟩ nach grch. Vorbild formen, grch. Form geben; *einen Namen ~* [<lat. *Graecia,* dem lat. Namen für Griechenland]

Grä|zis|mus ⟨m.; -, -zis|men; Sprachw.⟩ **1** in eine andere Sprache übernommene altgrch. Spracheigentümlichkeit **2** dem Griech. nachgebildete Ausdrucksform **3** die Verwendung von Gräzismen [→ *gräzisieren*]

Grä|zist ⟨m.; -en, -en⟩ Wissenschaftler auf dem Gebiet der altgrch. Sprache u. Kultur

Grä|zis|tik ⟨f.; -; unz.⟩ Wissenschaft von Sprache u. Kultur des antiken Griechenlands [zu lat. *Graecia* »Griechenland«]

Grä|zis|tin ⟨f.; -, -tin|nen⟩ Wissenschaftlerin auf dem Gebiet der altgrch. Sprache u. Kultur

grä|zis|tisch ⟨Adj.⟩ die Gräzistik betreffend, zu ihr gehörig; *~e Studien*

Grä|zi|tät ⟨f.; -; unz.⟩ Wesen der altgrch. Sprache u. Kultur

Green ⟨[gri:n] n.; -s, -s; Golf⟩ Grün, um das Loch herum kurzgeschnittene Rasenfläche [engl., »Grün, Rasen«]

Green|card ⟨[gri:n-]⟩ *auch:* **Green Card** ⟨f.; (-) -, (-) -s⟩ **1** ⟨USA⟩ unbeschränkte u. lebenslänglich gültige Aufenthalts- u. Arbeitserlaubnis, die u. a. Ermäßigungen bei Studiengebühren u. einen Anspruch auf soziale Leistungen einschließt **2** ⟨in der BRD; 2000-2004⟩ befristete Arbeits- u. Aufenthaltsgenehmigung für hoch qualifizierte Fachleute auf dem Gebiet der Kommunikations- u. Informationstechnik aus dem außereuropäischen Ausland [engl., »grüne Karte«]

Green|fee ⟨[gri:nfi:] f.; -, -s; Golf⟩ Entgelt, das ein Golfspieler auf einem fremden Platz zu entrichten hat [<engl. *green* »Grün, Rasen« + *fee* »Gebühr«]

Green|horn ⟨[gri:n-] n.; -s, -s⟩ **1** Grünschnabel **2** ⟨fig.⟩ Neuling, Unerfahrener [engl.]

Green|peace ⟨[gri:npi:s] ohne Artikel⟩ durch spektakuläre Aktionen bekanntgewordene Umweltschutzorganisation [<engl. *green* »grün« + *peace* »Friede«]

Grège ⟨[grɛ:ʒ] f.; -; unz.; Textilw.⟩ Rohseidenfaden [<frz. *soi grège* »rohe, ungezwirnte Seide«, <ital. *greggio* »roh, unbearbeitet«]

Gre|go|ri|a|nik ⟨f.; -; unz.; Musik⟩ die Formen, Lehre u. Erforschung des gregorianischen Chorals [nach Papst *Gregor I.*, † 604]

gre|go|ri|a|nisch ⟨Adj.⟩ **1** ⟨Musik⟩ *~er Choral, ~er Gesang* einstimmiger, unbegleiteter liturgischer Gesang im katholischen Gottesdienst **2** *~er Kalender* 1582 eingeführte u. heute noch gültige Zeitrechnung [zu 1: nach Papst *Gregor I.*, † 604; zu 2: nach Papst *Gregor XIII.*, 1502-1585]

Gre|mi|um ⟨n.; -s, -mi|en⟩ Ausschuss, Körperschaft [lat., »Bündel, Schoss«]

Gre|na|dier ⟨m.; -s, -e; Mil.⟩ **1** ⟨urspr.⟩ mit Handgranaten ausgerüsteter Soldat **2** ⟨heute⟩ Infanteriesoldat besonderer Regimenter, z. B. der Garde [frz., (früher) »Granatenwerfer«; zu *grenade* »Granatapfel, Granate«; → *Granate*]

Gre|na|dil|le ⟨f.; -, -n; Bot.⟩ wohlschmeckende Frucht der Passionsblume; *oV* Granadille [frz., »Passionsblume« <span. *granadilla* »Passionsblume«, eigtl. »kleiner Granatapfel«]

Gre|na|di|ne[1] ⟨f.; -; unz.; Textilw.⟩ leichtes Seidengewebe [nach der span. Stadt *Granada*]

Gre|na|di|ne[2] ⟨f.; -; unz.⟩ Sirup von Granatäpfeln für alkoholfreie Getränke u. Cocktails [<frz. *grenadine;* zu *grenade* »Granatapfel«]

...gres|si|on ⟨Nachsilbe; zur Bildung weibl. Subst.; f.; -, -en⟩ das Gehen, Vordringen; *Aggression; Progression* [<lat. *...gressio;* zu *gradi, ...gredi* »gehen, schreiten«]

Grey|er|zer ⟨m.; -s, -⟩ Greyerzer Käse, ein Hartkäse; *oV* Gruyère [nach dem westschweizer. Ort *Greyerz*]

Grey|hound ⟨[grɛɪhaʊnd] m.; -s, -s⟩ **1** ⟨Zool.⟩ zu den Windhunden gehörende, für Rennen gezüchtete engl. Hunderasse **2** ⟨USA⟩ über weite Strecken fahrender Bus [<engl. *grey* »grau« + *hound* »Jagdhund«]

Grif|fon ⟨[-fɔ̃:] m.; -s, -s; Zool.⟩ bis 60 cm großer, drahthaariger Vorstehhund mit starkem Bart u. langer Behaarung des Nasenrückens [frz., »rauhhaariger Vorstehhund«]

Gri|gnard|re|ak|ti|on *auch:* **Grig|nard-Re|ak|ti|on** ⟨[grɪnja:r-] f.; -, -en⟩ chem. Reaktion zur Synthese vieler organ. Stoffe mit Hilfe einer hochreaktiven organ. Magnesiumverbindung [nach dem frz. Chemiker V. *Grignard,* 1871-1935]

Grill ⟨m.; -s, -s⟩ **1** Ofen zum Grillen **2** Bratrost zum Grillen [engl. <frz. *gril, grille* <lat. *craticulum* »Flechtwerk, kleiner Rost«]

Gril|la|de ⟨[grija:də] f.; -, -n⟩ Bratstück (Fleisch, Fisch, Geflügel) vom Rost [frz., »das Rösten auf dem Grill, Rostbraten«]

gril|len ⟨V.⟩ *oV* ⟨schweiz.⟩ grillieren **1** ⟨urspr.⟩ am Spieß über offenem Feuer braten **2** ⟨heute⟩ auf dem Grill od. im Grill (mit wenig Fett in sehr heißem Ofen) braten [<engl. *grill* <frz. *griller* »auf dem Grill braten«]

gril|lie|ren ⟨[-li:-] od. [-ji:-] schweiz.⟩ = grillen

Grill|room ⟨[-ru:m] m.; -s, -s⟩ Raum od. Gaststätte, in der das Fleisch auf dem Rost gebraten wird [engl.]

Gri|mas|se ⟨f.; -, -n⟩ Verzerrung des Gesichts auf spaßige od. abstoßende Weise, Fratze; *~n schneiden, ziehen; das Gesicht zu einer ~ verziehen; eine abstoßende, fürchterliche, grauenerregende, spaßige, ulkige ~* [<frz. *grimace* »Fratze« <span. *grimazo* »panischer Schrecken«; zu got. *grimms* »schrecklich«]

gri|mas|sie|ren ⟨V.⟩ das Gesicht verzerren

Grin|go ⟨[grɪŋgo:] m.; -s, -s; abwertende Bez. für⟩ Nichtromane in Südamerika [span., »Kauderwelsch«]

Gri|ot ⟨[grio:] m.; -s, -s⟩ herumziehender Possenreißer u. Sänger im Nordwesten Afrikas, dem magische Fähigkeiten zugeschrieben werden [frz.]

grip|pal ⟨Adj.; Med.⟩ auf Grippe beruhend, der Grippe ähnlich; *oV* grippös; *~er Infekt* leichte Grippe

Grip|pe ⟨f.; -, -n; Med.⟩ **1** *echte ~, epidemische ~* akute Viruskrankheit, die sich im Frühjahr u. Herbst epidemieartig verbreitet, meist mit Fieber; *Sy* Influenza **2** leichtere akute Infektion, die vor allem zu katarrhalischen Erscheinungen an den oberen Luftwegen führt u. als Erkältungskrankheit bes. im Frühjahr auftritt [frz., »Grille, Laune«, vielleicht <russ. *chripu* »Heiserkeit«]

grip|pös ⟨Adj.⟩ = grippal

Gri|saille ⟨[griza:j] f.; -, -n [-za:jən]⟩ **1** ⟨unz.⟩ **1.1** ⟨Kunst⟩ Malerei, die nur Abstufungen von Grau verwendet **1.2** ⟨Textilw.⟩ schwarz-weiß gemustertes Seidengewebe **2** ⟨zählb.⟩ Gemälde in der Grisaille-Technik [frz.,

»grau in grau, grauer Kleiderstoff«; zu *gris* »grau«]

Gri|set|te ⟨f.; -, -n⟩ **1** junge (urspr. Pariser) Putzmacherin **2** leichtlebiges Mädchen **3** ⟨unz.; Textilw.⟩ feinfädiger, leichter Kammgarnkleiderstoff [zu frz. *gris* »grau« (nach der grauen, schlichten Kleidung der Putzmacherinnen)]

Gris|li|bär ⟨[grɪsli-] m.; -en, -en; Zool.⟩ = Grizzlybär

Gri|son ⟨[grizɔ̃:] m.; -s, -s; Zool.⟩ oberseitig hellgrau, unterseitig dunkelbraun gefärbter, von Südmexiko bis Patagonien verbreiteter Marder: Grison vittatus [frz.; zu *gris* »grau«]

Grit ⟨m.; -(e)s, -e⟩ grober Sand [engl.]

Grizz|ly|bär ⟨[grɪzli-] m.; -en, -en; Zool.⟩ mit 2,5 m einer der größten Vertreter der Bären, lebt in den Felsengebirgen von Nordamerika: Ursus horribilis; *oV* Grislibär [<engl. *grizzly bear* »grauer Bär«]

Grog ⟨m.; -s, -s⟩ Getränk aus Rum od. Weinbrand, heißem Wasser u. Zucker [engl., nach dem Spitznamen *Old Grog* (wegen seines Rockes aus Kamelhaar, engl. *grogam*) des engl. Admirals Vernon (18. Jh.), der befahl, den Rum der Matrosen zu verdünnen]

grog|gy ⟨[grɔgi] Adj.⟩ **1** ⟨Boxsport⟩ hart angeschlagen, halb betäubt **2** ⟨umg.⟩ erschöpft, matt, ausgelaugt [engl., »betrunken, unsicher auf den Beinen«; → *Grog*]

Groove ⟨[gru:v] m.; -s; unz.; Musik⟩ gefühlsbetontes Musikspiel, das sich auf die Zuhörerschaft überträgt [engl., eigtl. »Rille, Furche«, aber als Slangausdruck *to be in the groove* »in Stimmung sein«]

groo|ven ⟨[gru:vən] V.; Musik⟩ **1** eine Melodie so spielen, dass sich deren Gefühlslage auf das Publikum überträgt **2** sich dem emotionalen Gehalt einer Melodie hingeben [→ *Groove*]

groo|vig ⟨[gru:vɪg] Adj.⟩ = groovy

Groo|ving ⟨[gru:vɪŋ] n.; - od. -s; unz.⟩ Einfräsung von Rillenprofilen in die Oberfläche von Straßen, um deren Griffigkeit zu erhöhen [zu engl. *groove* »nuten, rillen«]

groo|vy ⟨[gru:vɪ] Adj.⟩ *oV* groovig **1** einen Groove betreffend, zu einem Groove gehörig **2** ⟨umg.⟩ exzellent, klasse [→ *Groove*]

Gros[1] ⟨[gro:] n.; -, - [gro:] od. [gro:s]⟩ Hauptmasse, Hauptmenge; *das ~ des Heeres* [frz., eigtl. »groß, dick« <mlat. *grossus* »dick«]

Gros[2] ⟨n.; -ses, -se od. (bei Zahlenangaben) -; Abk.: Gr.⟩ 12 Dutzend, ein altes Zählmaß [<frz. *grosse (douzaine)* »großes Dutzend«]

Gros|sist ⟨m.; -en, -en⟩ Großhändler [→ *Gros*[1]*; en gros*]

Groß|kli|ma ⟨n.; -s, -ma|ta od. -te; Meteor.⟩ = Makroklima

Groß|mo|gul ⟨m.; -s, -n⟩ Herrscher der tatarischen, in Indien (1526-1858) regierenden Dynastie [<frz. *grand mogol* <pers. *mughul* »Mongole«; → *Mogul*]

gros|so mo|do ⟨Adv.⟩ ungefähr [ital.]

Grosz ⟨[grɔʃ] m.; -, -y⟩ polnische Münze, Groschen, $^{1}/_{100}$ Złoty [poln. <tschech. *groš* <mlat. (denarius) *grossus* »dicker (Dinar)«; verwandt mit *Groschen*]

gro|tesk ⟨Adj.⟩ derbkomisch, wunderlich, närrisch, lächerlich, überspannt [<frz. *grotesque* <ital. *grottesco; zu grotta* (→ *Grotte*), zunächst zur Kennzeichnung von Wandgemälden römischer Fundstätten]

Gro|tesk ⟨f.; -; unz.; Typ.⟩ Antiquaschrift ohne Serifen [→ *grotesk*]

Gro|tes|ke ⟨f.; -, -n⟩ **1** Rankenornament der röm. Antike mit menschl., tier., pflanzl. Darstellungen, in der Renaissance wieder verwendet **2** derbkomische, närrisch-seltsame Dichtung in Prosa oder in Versen **3** auf groteske Wirkung ausgehende Form des modernen Ausdruckstanzes

Grot|te ⟨f.; -, -n⟩ Felsenhöhle von geringer Tiefe, auch künstl. nachgebildet in Gärten [<ital. *grotta* <vulgärlat. *grupta* »Korridor, Kreuzgang, unterird. Gewölbe, Gruft« <lat. *crypta,* grch. *krypte (kamara)* »bedeckter Gang, Gewölbe«; → *Krypta*]

Ground|hos|tess ⟨[graʊnd-] f.; -, -en; Flugw.⟩ Angestellte bei einer Fluggesellschaft, deren Aufgabe es ist, die Fluggäste während des Wartens auf den Abflug am Boden zu versorgen [<engl. *ground* »Boden« + *Hostess*]

Ground Ze|ro ⟨[graʊnd zi:roʊ] m.; - - od. - -s; unz.⟩ unmittelbare Umgebung des durch einen Terroranschlag zerstörten World Trade Centers in New York [engl.; <*ground* »Gebiet, Boden, Erde« + *zero* »null«]

Grou|pie ⟨[gru:pɪ] m. od. n.; -s, -s⟩ junge Bewunderin einer Beatgruppe od. eines Stars, die immer wieder versucht, mit der bewunderten Person in Kontakt zu kommen [<engl. *group* »Gruppe«]

Growl ⟨[graʊl] m. od. n.; -s, -s; Jazz⟩ Klangeffekt durch Veränderung, Dämpfen der natürlichen Klangfarbe [engl., »brummen«]

grub|ben ⟨V.⟩ mit dem Grubber auflockern; *oV* grubbern

Grub|ber ⟨m.; -s, -⟩ dreizinkige Hacke od. mehrzinkiges, auf Rädern laufendes Gerät zum Auflockern des Bodens [engl.]

grub|bern ⟨V.⟩ = grubben

Grunge ⟨[grʌndʒ] m.; -; unz.; Musik⟩ Musikstil, der auf betont lässig vorgetragenem Gitarrenspiel basiert u. vielfältige Elemente der Rock- u. Punkmusik enthält [<engl. *grunge* »Abfall, Dreck«]

Grupp ⟨m.; -s, -s⟩ verschlossene Geldpackung, Geldpaket [<ital. *gruppo* »Klumpen, Pack«]

Grup|pen|dy|na|mik ⟨f.; -; unz.; Soziol.; Psych.⟩ Gesamtheit der Strukturen u. Prozesse, die in Gruppen auftreten u. das Verhalten sowohl der einzelnen Gruppenmitglieder als auch des Kollektivs prägen

grup|pen|dy|na|misch ⟨Adj.; Soziol.; Psych.⟩ die Gruppendynamik betreffend, auf ihr beruhend, zu ihr gehörend; *~e Prozesse steuern; eine ~ vorteilhafte Personenkonstellation*

Gru|si|cal ⟨[-kəl] n.; -s, -s; umg.; scherzh.⟩ Gruselfilm [verkürzt <*grus*elig + Mus*ical*]

G

Gru|yère ⟨[gryjɛːr] m.; -s, -⟩ = Greyerzer

> **G-String** (*Schreibung mit Bindestrich*) Zusammensetzungen, die einen Einzelbuchstaben, eine Abkürzung oder eine Ziffer enthalten, werden durch Bindestrich verbunden.

G-String ⟨[dʒiːstrɪŋ] m.; -s, -s⟩ nur die Geschlechtsorgane verhüllendes Stofftuch, das an dünnen Bändern um die Hüften geschnürt wird (als Bekleidung für Stripteasetänzer(innen) u. a.) [engl., »G-Saite«]

Gu|a|jak|baum ⟨m.; -(e)s, -bäu|me; Bot.⟩ im tropischen Zentralamerika heimische Gattung der Jochblattgewächse: Guajacum [<span. *guayaco* <Taino *guayacan*]

Gu|a|jak|harz ⟨n.; -es; unz.⟩ Harz des Guajakbaums, das als Heilmittel Verwendung findet

Gu|a|ja|kol ⟨n.; -s; unz.⟩ im Buchenholzteer vorkommender Monomethyläther des Brenzcatechins, dem desinfizierende Wirkung zugeschrieben wird [< *Guajak*baum]

Gu|a|ja|ve ⟨[-və] f.; -, -n⟩ wohlschmeckende Frucht des Guajavenbaumes; *Sy* Guave

Gu|a|ja|ven|baum ⟨[-vən-] m.; -(e)s, -bäu|me; Bot.⟩ im trop. Amerika heimisches, als Obstbaum kultiviertes Myrtengewächs: Psidium guajava

Gu|a|na|ko ⟨m.; -s, -s; Zool.⟩ höckerloses Kamel Südamerikas, Stammform des Lamas: Lama huanacus [<span. *guanaco* <Quechua *huanacu*]

Gu|a|ni|din ⟨n.; -s; unz.; Biochemie⟩ stärkste basische Stickstoffverbindung, deren Derivate in der Natur weit verbreitet sind [→ *Guano*]

Gu|a|nin ⟨n.; -s; unz.; Biochemie⟩ im Tier- u. Pflanzenreich weit verbreitetes Spaltprodukt der Nucleinsäure [→ *Guano*]

Gu|a|no ⟨m.; -s; unz.⟩ Kotablagerung von Seevögeln, stickstoff- u. phosphorhaltiger Naturdünger [span. <Quechua *huanu* »Mist«]

Gu|a|ra|ni ⟨m.; -, -⟩ Währungseinheit in Paraguay, 100 Centimos

Gu|ar|dia ci|vil ⟨[- sɪviːl] f.; - -; unz.⟩ spanische Gendarmerie

Gu|ar|di|an ⟨m.; -s, -e⟩ Vorsteher eines Franziskaner- od. Kapuzinerklosters [<ital. *guardiano* »Wächter, Wärter«]

Gu|ar|ne|ri ⟨f.; -, -s; Musik⟩ in der Werkstatt der ital. Geigenbauerfamilie Guarneri angefertigte Geige (aus dem 17. u. 18. Jh.)

Gu|asch ⟨f.; -, -en; Mal.⟩ = Gouache

Gu|a|ve ⟨[-və] f.; -, -n⟩ = Guajave

Gu|el|fe ⟨m.; -n, -n; im MA⟩ Anhänger des Papstes u. Gegner der deutschen Kaiser in Italien; →*a.* Ghibelline [ital., »Welfe«]

Gue|ril|la[1] ⟨[gerɪlja] f.; -; unz.⟩ Kleinkrieg von Partisanen, bes. in Spanien [span., Verkleinerungsform zu *guerra* »Krieg«]

Gue|ril|la[2] ⟨[gerɪlja] m.; -s, -s⟩ Guerillakämpfer, Partisan, Freischärler [→ *Guerilla*[1]]

Gue|ril|le|ro ⟨[gerɪljeːro] m.; -s, -s; im span. u. portug. Sprachbereich⟩ = Partisan [span.; zu *guerilla*; → *Guerilla*]

Guide ⟨[gaɪd] od. frz. [giːd] m.; -s, -s⟩ **1** Reisebegleiter, Reiseführer **2** gedruckter Reiseführer, Reisehandbuch [engl.]

Guide|line ⟨[gaɪdlaɪn] f.; -, -s⟩ Richtlinie, Richtschnur, Leitfaden [engl.]

Gui|gnol *auch:* **Guig|nol** ⟨[gɪŋɔl] m.; -s, -s; Theat.⟩ komische Figur des Lyoner Puppenspiels, die einen Bauern aus der Dauphiné darstellt, Kasperl [frz., »Hanswurst«]

Guil|loche ⟨[gɪ(l)jɔʃ] f.; -, -n [-ʃən]⟩ **1** graviertes Muster von verschlungenen Linien, als Verzierung auf Metall-, Stein-, Elfenbeingegenständen, zur Sicherung gegen Fälschung auf Geldscheinen u. Wertpapieren **2** Gerät zum Guillochieren [frz., »Grabstichel«; zu *gouge* »Hohlmeißel«]

Guil|lo|cheur ⟨[gɪ(l)jɔʃøːr] m.; -s, -e⟩ Handwerker, der guillochiert

guil|lo|chie|ren ⟨[gɪ(l)jɔʃiː-] V.⟩ mit Guillochen versehen

Guil|lo|ti|ne ⟨[gɪ(l)jɔtiːnə] f.; -, -n⟩ **1** ⟨in der Frz. Revolution⟩ Maschine zum Hinrichten, bei der ein Beil mechan. durch Hebeldruck nach unten fällt, Fallbeil **2** die Hinrichtungsstätte selbst **3** auf Übereinkunft beruhende zeitliche Beschränkung der Redezeit u. der Debatten im Parlament [nach dem frz. Arzt J. I. *Guillotin,* 1738-1814]

guil|lo|ti|nie|ren ⟨[gɪ(l)jɔ-] V.⟩ mit der Guillotine hinrichten

Gui|nea ⟨[gɪnɪ] f.; -, -s⟩ 1662 geprägte engl. Münze (18 Schilling), die bis 1816 im Umlauf war; *oV* Guinee [nach der *Guinea*-Küste, von der das zur Herstellung der Münzen gebrauchte Gold stammte]

Gui|nee ⟨[gɪneː(ə)] f.; -, -n⟩ = Guinea

Guin|ness|buch ⟨[gɪnɛs-] n.; -(e)s, -bü|cher; kurz für⟩ ~ *der Rekorde* jährlich erscheinendes Buch, in dem Weltrekorde aller Art verzeichnet sind; *der größte Kürbis brachte ihm einen Eintrag ins ~ der Rekorde ein* [<engl. *Guinness World Records*®]

Gu|lag ⟨m.; - od. -s; unz.; Kurzwort für⟩ das System der Straf- u. Arbeitslager in der UdSSR, 1930-1955 (seit A. Solschenizyns Werk »Der Archipel Gulag« (1973 ff.) im Westen verwendete Bez.) [<russ. *Glavnoe Upravlenije Lagerej* »Hauptverwaltung der Lager«]

Gu|lasch ⟨a. [guː-] n.; -(e)s, -s od. (österr.) -e od. m.; -(e)s, -e od. -s⟩ (aus Ungarn stammendes) Gericht aus gewürfeltem Rind- od. anderem Fleisch mit scharf gewürzter Soße [<ungar. *gulyás,* verkürzt <*gulyás hús* »scharfes Fleischgericht, wie es von Rinderhirten im Kessel gekocht wird«; zu *gulyás* »Rinderhirt«, *gulya* »Rinderherde«]

Gul|ly ⟨m. od. n.; -s, -s⟩ Einlaufschacht für Straßenabwässer [engl., »Rinnstein, Gosse«]

Gum|ma ⟨n.; -s, -ma|ta od. Gummen⟩ in verschiedenen inneren Organen vorkommende, hartgummiartige Geschwulst von Erbsengröße bis Walnussgröße bei Syphilis im Endstadium [neulat., eigtl. »Gummigeschwulst«]

Gum|mi ⟨n. od. (österr. nur) m.; -s, - od. -s⟩ **1** ⟨unz.; umg.⟩ = Kautschuk **2** ⟨zählb.; kurz für⟩ Gummiring, Radiergummi

3 in Pflanzensäften enthaltener, in Wasser quellfähiger, nicht kristallisierender Stoff; *Pflanzen~* [<lat. *cummi(s), gummi* <grch. *kommi* <altägypt.]

Gum|mi|ara|bi|kum ⟨n.; -s; unz.⟩ als Klebstoff u. Bindemittel für Arzneistoffe verwendetes Gummi (3) aus Akazien- u. Mimosenarten [<lat. *gummi arabicum* »arab. Gummi«]

gum|mie|ren ⟨V.⟩ mit wasserlösl. Gummi (3) als Klebmasse bestreichen, überziehen, z. B. bei Briefmarken u. Klebezetteln; *gummiertes Papier* [→ *Gummi*]

Gum|mi|gutt ⟨n.; -(e)s; unz.⟩ giftiges Gummiharz ostindischer Bäume, früher als Abführmittel, Firnis u. gelbe Wasserfarbe verwendet; *Sy* Gutti [<*Gummi* + malai. *getah* »Pflanzensaft, Baumharz«; → *Guttapercha*]

Gum|mi|pa|ra|graf ⟨m.; -en, -en; fig.⟩ dehnbare Bestimmung, die auf viele verschiedene Weisen ausgelegt werden kann; *oV* Gummiparagraph; *Sy* Kautschukparagraf

Gum|mi|pa|ra|graph ⟨m.; -en, -en; fig.⟩ = Gummiparagraf

gum|mös ⟨Adj.⟩ von Gumma befallen, Gummen bildend

Gum|mo|se ⟨f.; -, -n; Bot.⟩ Pflanzenkrankheit, bei der unter Auflösung von Zellwänden eine Gummimasse ausgeschieden wird (besonders bei Steinobstbäumen), Gummifluss [→ *Gummi*]

Gun ⟨[gʌn] f.; -, -s; Drogenszene⟩ Spritze zum Injizieren von Rauschmittel [engl., eigtl. »Feuerwaffe«]

Gun|man ⟨[gʌnmæn] m.; -s, -men [-mən]; umg.⟩ bewaffneter Verbrecher, Killer [<engl. *gun* »Pistole, Feuerwaffe« + *man* »Mann«]

Gup|py ⟨m.; -s, -s; Zool.⟩ kleiner, lebendgebärender Zahnkarpfen, beliebter Aquarienfisch [nach dem engl. Entdecker R. J. L. *Guppy*, 19. Jh.]

Gup|ta ⟨m.; -s, -s⟩ Angehöriger einer nordind. Herrscherdynastie

Gur|kha ⟨m.; -s od. -, -s od. -⟩ **1** Angehöriger eines hinduistischen Volkes in Nepal **2** nepalesischer Soldat in der indischen bzw. britischen Armee

Gu|ru ⟨m.; -s, -s⟩ **1** geistlicher Lehrer **2** ⟨fig.; umg.⟩ berühmter Anführer, Idol der Massen; *wie ein ~ auftreten* ⟨fig.; umg.⟩ [Hindi <Sanskrit *guru* »schwer, ehrwürdig«]

Gus|la ⟨f.; -, -s od. Gus|len; Musik⟩ lautenförmiges Streichinstrument mit nur einer Saite, von den Balkanvölkern zum Gesang der Guslaren gespielt [<serb. *gusle*]

Gus|lar ⟨m.; -en, -en⟩ balkan. Volkssänger [<serb.]

Gus|li ⟨f.; -, -s; Musik⟩ russisches zitherähnl. Zupfinstrument mit bis zu 28 Saiten [<russ.]

gus|tie|ren ⟨V.; umg.⟩ = goutieren [<lat. *gustare* »kosten, schmecken«; → *Gusto*]

gus|ti|ös ⟨Adj.; österr.; umg.⟩ appetitlich; *~e Speisen* [→ *gusto, gustieren*]

Gus|to ⟨m.; -s, -s; veraltet; noch bair. u. österr.⟩ Geschmack, Geschmacksrichtung, Appetit, Verlangen; *einen ~ auf etwas haben; das ist (ganz, nicht) nach meinem ~* [ital., span., »Geschmack« <lat. *gustus* »das Schmecken«]

Gus|to|me|trie *auch:* **Gus|to|met|rie** ⟨f.; -; unz.⟩ Prüfung des Geschmackssinnes [<lat. *gustus* »das Schmecken« + *...metrie*]

Gut|ta|per|cha ⟨f.; -; unz. od. n.; -s od. -; unz.⟩ eingetrockneter, kautschukähnlicher brauner Milchsaft von südostasiatischen Bäumen (z. B. Papaquium gutta), guter elektr. Isolator [<malai. *getah* »Pflanzensaft, Baumharz« + *perčah,* Name des Baumes, von dem der Saft stammt]

Gut|ta|ti|on ⟨f.; -; unz.; Bot.⟩ Wasserausscheidung der Pflanzen durch Spaltöffnungen [<lat. *gutta* »Tropfen«]

Gut|ti ⟨n.; -s; unz.⟩ = Gummigutt

gut|tie|ren ⟨V.; Bot.⟩ Wasser absondern (von Pflanzen); *Pflanzen ~* [→ *Guttation*]

gut|tu|ral ⟨Adj.; Phon.⟩ im Kehlkopf gebildet, zum K. gehörig; *~er Laut* [<lat. *guttur* »Kehle«]

Gut|tu|ral ⟨m.; -s, -e; Phon.⟩ kehlig klingender Laut; →*a.* Laryngal, Uvular, Velar

GWh ⟨Zeichen für⟩ 1 Milliarde Wattstunden

Gy ⟨Abk. für⟩ Gray

Gym|kha|na ⟨n.; -s, -s⟩ sportliches Geschicklichkeitsspiel, Geschicklichkeitsaufgaben während eines Wettlaufs [verkürzt <*Gym*nastik + Hindi ged-*khana* »Tennisplatz« <pers. *khana* »Haus«]

Gym|na|es|tra|da *auch:* **Gym|na|est|ra|da** ⟨f.; -, -s; Sport⟩ alle vier Jahre stattfindendes Weltgymnastikfest ohne Wettbewerbe, auf dem gymnastische Lehrverfahren demonstriert werden [verkürzt <*Gymna*stik + span. *estrada* »Straße«]

gym|na|si|al ⟨Adj.⟩ das Gymnasium betreffend, zu ihm gehörig

Gym|na|si|ast ⟨m.; -en, -en⟩ Schüler eines Gymnasiums

Gym|na|si|as|tin ⟨f.; -, -tin|nen⟩ Schülerin eines Gymnasiums

Gym|na|si|um ⟨n.; -s, -si|en⟩ **1** ⟨in der Antike⟩ Raum für athlet. Schulung **2** ⟨danach⟩ höhere Schule mit Latein- u. Griechischunterricht **3** ⟨heute⟩ höhere Schule mit Abitur als Abschluss; *altsprachliches, neusprachliches, naturwissenschaftliches ~* [lat. <grch. *gymnasion* »öffentl. Platz für Leibesübungen«, die nackt (grch. *gymnos*) vorgenommen wurden, dann »Versammlungsplatz der Philosophen«; → *Gymnastik*]

Gym|nast ⟨m.; -en, -en⟩ **1** ⟨im antiken Griechenland⟩ Lehrer der Athleten **2** ⟨heute⟩ = Gymnastiker

Gym|nas|tik ⟨f.; -; unz.⟩ Körperübung, Körperschulung durch rhythm. Bewegungen, auch zur Heilung gewisser Körperschäden; *Heil~; Kranken~* [<lat. *gymnastica ars* <grch. *gymnastike techne* »Kunst der Leibesübungen«; zu *gymnos* »nackt«, da die Leibesübungen nackt durchgeführt wurden]

Gym|nas|ti|ker ⟨m.; -s, -⟩ jmd., der Gymnastik betreibt

Gym|nas|tin ⟨f.; -, -tin|nen⟩ Lehrerin für Gymnastik

gym|nas|tisch ⟨Adj.⟩ die Gymnastik betreffend, auf ihr beruhend, mit ihrer Hilfe

gym|nas|ti|zie|ren ⟨V.; Reitsport⟩

ein Pferd ~ durch gezieltes Training der Muskeln auf die Ausführung schwieriger Dressuraufgaben vorbereiten [→ *Gymnastik*]

Gym|no|sper|men ⟨Pl.; Bot.⟩ Nacktsamer; *Ggs* Angiospermen [<grch. *gymnos* »nackt« + *Sperma*]

gy|nä|ko..., Gy|nä|ko... ⟨in Zus.; Med.⟩ Frau, Frauen... [<grch. *gyne*, Gen. *gynaikos* »Weib«]

Gy|nä|ko|lo|ge ⟨m.; -n, -n; Med.⟩ Frauenarzt, Lehrer der Gynäkologie

Gy|nä|ko|lo|gie ⟨f.; -; unz.; Med.⟩ Lehre von den Frauenkrankheiten; →*a.* Andrologie [<*Gynäko...* + *...logie*]

Gy|nä|ko|lo|gin ⟨f.; -, -gin|nen; Med.⟩ Frauenärztin, Lehrerin der Gynäkologie

gy|nä|ko|lo|gisch ⟨Adj.; Med.⟩ zur Gynäkologie gehörend, auf ihr beruhend, mit ihrer Hilfe; *~e Untersuchung; die ~e Abteilung eines Krankenhauses*

Gy|nä|ko|sper|mi|um ⟨n.; -s, -mi|en; Med.⟩ Samenzelle, die ein X-Chromosom enthält u. das Geschlecht als weiblich ausprägt [<grch. *gyne*, Gen. *gynaikos* »Frau« + *Spermium*]

Gyn|an|der *auch:* **Gy|nan|der** ⟨m.; -s, -; Biol.⟩ Individuum (Tier od. Mensch), das Gynandrie aufweist [<grch. *gyne* »Weib« + *aner*, Gen. *andros* »Mann«]

Gyn|an|drie *auch:* **Gy|nand|rie** ⟨f.; -; unz.; Biol.⟩ Nebeneinander von männl. u. weibl. Merkmalen bei einem Individuum, wobei in phänotypisch männl. Teilen auch genotypisch weibl. Merkmale entstehen; *Sy* Gynandrismus [<grch. *gyne* »Weib« + *aner*, Gen. *andros* »Mann« + *morphe* »Gestalt«]

Gyn|an|dris|mus *auch:* **Gy|nand|ris|mus** ⟨m.; -; unz.; Biol.⟩ = Gynandrie

Gy|nä|ze|um ⟨n.; -s, -ze|en; Bot.⟩ weibl. Geschlechtsorgan der Blüte, Gesamtheit der Fruchtblätter [<grch. *gyne*, Gen. *gynaikos* »Weib«]

Gy|no|ga|met ⟨m.; -en, -en; Biol.⟩ Eizelle; *Ggs* Androgamet [<grch. *gyne* »Weib« + *Gamet*]

Gy|no|ge|ne|se ⟨f.; -; unz.; Biol.⟩ ungeschlechtliche Art der Fortpflanzung, Entwicklung einer Eizelle infolge des Eindringens eines Spermiums, ohne dass eine Befruchtung erfolgt ist, z. B. bei einigen Fischen [<grch. *gyne* »Frau« + *Genese*]

gy|ro|ma|gne|tisch *auch:* **gy|ro|mag|ne|tisch** ⟨Adj.; Physik⟩ auf Gyromagnetismus beruhend, ihn betreffend

Gy|ro|ma|gne|tis|mus *auch:* **Gy|ro|mag|ne|tis|mus** ⟨m.; -; unz.; Physik⟩ durch Wechselwirkung zwischen der Drehung eines Körpers und seinem magnetischen Moment bewirkter Magnetismus

Gy|ro|man|tie ⟨f.; -, -n⟩ = Hieromantie [<grch. *gyros* »rund« + *manteia* »Weissagung«]

Gy|ro|me|ter ⟨n.; -s, -⟩ den Gyromagnetismus nutzender Drehzahlmesser [<*Gyros* + *...meter*]

Gy|ros ⟨n.; -, -; Kochk.⟩ grch. Gericht mit Fleischstückchen, die an einem Drehspieß gegrillt u. stückchenweise abgeschnitten werden; *oV* Giros; ~ *Pita* mit Gyros gefülltes Fladenbrot [grch., »Ring, Kreis, Windung«]

Gy|ro|skop *auch:* **Gy|ros|kop** ⟨n.; -s, -e; Physik⟩ Messgerät für den Nachweis der Achsendrehung der Erde [<grch. *gyros* »rund« + *...skop*]

gy|ro|sko|pisch *auch:* **gy|ros|ko|pisch** ⟨Adj.⟩ mit Hilfe des Gyroskops

Gy|ro|stat *auch:* **Gy|ros|tat** ⟨m.; -s od. -en, -e od. -en⟩ Schiffskreisel [<grch. *gyros* »rund« + *...stat*]

Gy|ro|va|ge ⟨[-va:-] m.; -n, -n⟩ umherziehender Mönch [<grch. *gyros* »rund« + *vagus* »umherschweifend«]

Gytt|ja ⟨f.; -, Gytt|jen; Geol.⟩ graue bis schwarze schlammige Ablagerung aus organischen Stoffen (Tier- und Pflanzenresten) am Boden von Gewässern, Faulschlamm [schwed.]

H

h ⟨Zeichen für⟩ 1 hora 2 ⟨vor Maßeinheiten⟩ Hekto... 3 plancksches Wirkungsquantum

H 1 ⟨chem. Zeichen für⟩ Wasserstoff (Hydrogenium) 2 ⟨Zeichen für⟩ Einheit der magnet. Induktivität Henry

ha ⟨Abk. für⟩ Hektar

ha. ⟨Abk. für⟩ hoc anno

Ha|ba|ne|ra ⟨f.; -; unz.; Musik⟩ span.-kuban. Tanz im 2/4- od. 4/8-Takt [nach der kuban. Stadt *Habana*]

Ha|be|as-Cor|pus-Ak|te ⟨f.; -; unz.⟩ engl. Verfassungsgesetz von 1679, nach dem niemand ohne richterl. Befehl verhaftet u. länger als zwei Tage ohne Verhör in Haft gehalten werden darf [lat., »du habest den Körper«]

ha|bil ⟨Adj.; veraltet⟩ fähig, gewandt, flink [<frz. *habile* »geschickt, gewandt« <lat. *habilis* »geschickt, geeignet, fähig«]

ha|bil. ⟨Abk. für⟩ habilitatis; →*a.* Doktor

Ha|bi|li|tand ⟨m.; -en, -en⟩ jmd., der sich an einer Universität habilitieren möchte

Ha|bi|li|tan|din ⟨f.; -, -din|nen⟩ weibl. Person, die sich an einer Universität habilitieren möchte

Ha|bi|li|ta|ti|on ⟨f.; -, -en⟩ Verfahren zum Erlangen der Berechtigung, an einer Universität zu lehren (durch Verfassen einer wiss. Arbeit); →*a.* Venia Legendi [→ *habilitieren*]

ha|bi|li|tie|ren ⟨V.⟩ *sich ~* sich einer Habilitation unterziehen [<mlat. *habilitare* »geschickt machen«, <lat. *habilis* »geeignet, fähig«]

Ha|bit[1] ⟨m. od. n.; -s, -e⟩ 1 ⟨veraltet⟩ Amtstracht od. Ordenstracht 2 ⟨nur noch scherzh.⟩ Kleidung, Anzug; *Morgen~* [frz., »Kleidung, Anzug«]

Ha|bit[2] ⟨[hæbɪt] n. od. m.; -s, -s⟩ Gewohnheit, erworbene Fähigkeit [engl.]

Ha|bi|tat ⟨n.; -s, -e; Biol.⟩ 1 Wohnplatz, -gebiet (eines Tieres) 2 Unterwasserstation [zu lat. *habitare* »bewohnen«]

ha|bi|tu|a|li|sie|ren ⟨V.⟩ als Gewohnheit ausbilden, zur Gewohnheit machen [zu lat. *habitus* »Eigentümlichkeit, persönliche Eigenschaft«]

Ha|bi|tu|a|li|sie|rung ⟨f.; -, -en; Psych.⟩ Aneignung von Gewohnheiten [<lat. *habitus* »Eigentümlichkeit, persönliche Eigenschaft«]

Ha|bi|tu|a|ti|on ⟨f.; -, -en; Psych.⟩ Gewöhnung, Abnahme von Reaktionen auf häufig wiederkehrende Reize [engl., »Gewöhnung«]

Ha|bi|tu|a|ti|vum ⟨[-vum] n.; -s, -va [-va]; Gramm.⟩ 1 Aktionsart des Verbums, die einen gewohnheitsmäßigen Vorgang ausdrückt 2 Verb in dieser Aktionsart, z. B. arbeiten [zu lat. *habitualis* »gewohnt, üblich«]

Ha|bi|tué ⟨[-tyeː] m.; -s, -s; veraltet; noch österr.⟩ ständiger Besucher, Stammgast [frz.]

ha|bi|tu|ell ⟨Adj.⟩ 1 den Habitus betreffend, auf ihm beruhend 2 aus Gewohnheit, einer Gewohnheit entsprechend 3 häufig (auftretend), ständig (vorhanden); *~e Krankheit* [<frz. *habituel* »gewohnt, üblich«]

Ha|bi|tus ⟨m.; -; unz.⟩ 1 äußere Erscheinung 2 Körperbeschaffenheit, Haltung 3 Gesamtheit aller für ein Tier od. eine Tiergruppe charakteristischen, äußerlich erkennbaren Merkmale 4 Besonderheiten in der äußeren Gestalt, die auf bestimmte Krankheitsanlagen schließen lassen [lat., »Haltung, Erscheinungsbild«; zu *habere* »haben«]

Ha|boob ⟨[həbuːb] m.; - od. -s; unz.⟩ in Nordafrika u. Indien vorkommende, spezielle Form eines Sandsturms [arab.]

Há|ček ⟨[haːtʃɛk] n.; -s, -s; Zeichen: ˇ⟩ diakritisches Zeichen für die Aussprache, z. B. č [tʃ], š [ʃ], ž [ʒ]; *oV* Hatschek [tschech.; Verkleinerungsform zu *hák* »Haken«]

Ha|ché ⟨[-ʃeː] n.; -s, -s⟩ = Haschee [frz., »zerhackt, zerstückelt«]

Ha|ci|en|da ⟨[-si-] f.; -, -s⟩ Farm, Plantage in Mittel- u. Südamerika; *oV* Hazienda [<span. *hacienda* »Landgut«]

Hack ⟨[hæk] m.; -s, -s; kurz für⟩ Hackney [engl.]

Ha|cker ⟨[hækə(r)] m.; -s, -⟩ jmd., der sich über ein Datennetz unerlaubt in ein fremdes Rechnersystem einschaltet [zu engl. *hack* »hacken«]

Hack|ney ⟨[hæknɪ] m.; -s, -s⟩ Reitpferd, das keiner bestimmten Pferderasse zugeordnet werden kann; *Sy* Hack [engl.]

Had|dock ⟨[hædək] m.; -s, -s⟩ geräuchertes Filet vom Schellfisch [engl.]

Haddsch ⟨m.; -; unz.⟩ = Hadsch

Ha|des ⟨m.; -; unz.; grch. Myth.⟩ die nach dem Gott des Todes benannte Unterwelt, das Totenreich; *in den ~ verbannt werden* [<grch. *Haides* »Hades«]

Ha|dith ⟨m.; -, -e⟩ religiös-moralische Sammlung von Verhaltensmaßregeln für Muslime, die dem Propheten Mohammed zugeordnet wird [arab., »Rede, Bericht«]

Ha|drom *auch:* **Had|rom** ⟨n.; -s, -e⟩ = Xylem

Ha|dron *auch:* **Had|ron** ⟨n.; -s, -en; Physik⟩ starken Wechselwirkungen unterliegende Elementarteilchen, z. B. Baryon [zu grch. *hadros* »voll ausgewachsen, groß, stark«]

Hadsch ⟨m.; -; unz.⟩ Pilgerfahrt nach Mekka, die jeder gläubige Mohammedaner wenigstens einmal im Leben unternehmen soll; *oV* Haddsch [<arab. *hadsch* »Wanderung«]

Had|schi ⟨m.; -s, -s⟩ 1 muslimischer Mekkapilger 2 christlicher Jerusalempilger [zu arab. *hadsch* »Wanderung«]

Haem|an|thus *auch:* **Hae|man|thus** ⟨[hɛm-] m.; -, -thi; Bot.⟩ Narzissengewächs, Blutblume

Haem|oc|cult-Test® *auch:* **Hae|moc|cult-Test®** ⟨[hɛm-] m.; -(e)s, -s od. -e; Med.⟩ Untersuchung von Stuhlproben auf okkultes, mit bloßem Auge nicht sichtbares Blut bei der Darmkrebsvorsorgeuntersuchung od. bei der Diagnose von Geschwüren im Verdauungstrakt [<*Hämo…* + *okkult* + *Test*]

Haf|ni|um ⟨n.; -s; unz.; chem. Zeichen: Hf⟩ dem Zirkonium ähnliches, vierwertiges Element, Ordnungszahl 72 [nach *Hafnia,* dem latinisierten Namen eines der Entdecker, Georg *Hevesy*]

Hag|ga|da(h) ⟨f.; -, -doth⟩ unterhaltsam-erläuternde Belehrung über Bibelzitate im Talmud, gilt nicht als verbindliche Lehre [hebr., »Schriftdeutung«]

Ha|gio|graf ⟨m.; -en, -en⟩ = Hagiograph

Ha|gio|gra|fie ⟨f.; -, -n⟩ = Hagiographie

H

ha|gio|gra|fisch ⟨Adj.⟩ = hagiographisch

Ha|gio|graph ⟨m.; -en, -en⟩ Verfasser von Heiligenbiografien; *oV* Hagiograf [<grch. *hagios* »heilig« + *…graph*]

Ha|gio|gra|phie ⟨f.; -, -n⟩ Lebensbeschreibung von Heiligen; *oV* Hagiografie [<grch. *hagios* »heilig« + *…graphie*]

ha|gio|gra|phisch ⟨Adj.⟩ die Hagiographie betreffend, auf ihr beruhend; *oV* hagiografisch

Ha|gio|la|trie *auch:* **Ha|gio|lat|rie** ⟨f.; -, -n⟩ Verehrung der Heiligen [<grch. *hagios* »heilig« + *…latrie*]

Ha|gio|lo|gie ⟨f.; -; unz.⟩ Wissenschaft vom Leben u. Wirken der Heiligen [<grch. *hagios* »heilig« + *…logie*]

ha|gio|lo|gisch ⟨Adj.⟩ die Hagiologie betreffend, zu ihr gehörig, auf ihr beruhend

Ha|gi|o|nym ⟨n.; -s, -e⟩ als Pseudonym verwendeter Heiligenname [<grch. *hagios* »heilig« + *onyma* »Name«]

Hai ⟨m.; -(e)s, -e; Zool.⟩ Fisch, dessen Skelett fast nur aus Knorpel besteht u. dessen Körper mit Schuppen bedeckt ist, die den Zähnen der höheren Wirbeltiere ähnlich sind, diese großen »Hautzähne« dienen der Fang- u. Fressfunktion: Selachia; *Sy* Selachier [<ndrl., isländ. *hai*]

Hai|ku ⟨n.; - od. -s, -s; Lit.⟩ dreizeiliges jap. Gedicht aus 17 Silben (5-7-5), eine Art Epigramm [jap., eigtl. *Haikai no Hokku* »scherzhaftes Kettengedicht«]

Hair|sty|list ⟨[hɛːrstaɪ-] m.; -en, -en⟩ Friseur, der modisch-künstlerische Frisuren entwirft u. gestaltet [engl.]

Hair|sty|lis|tin ⟨[hɛːrstaɪ-] f.; -, -tin|nen⟩ Friseurin, die modisch-künstlerische Frisuren entwirft u. gestaltet [engl.]

Ha|ka|ma ⟨m.; - od. -s, -s; Sport⟩ schwarzer, japanischer Hosenrock, der beim Aikido u. Kendo getragen wird [jap.]

Ha|kim ⟨m.; -s, -s⟩ Arzt im Nahen Osten [arab., Part. von *hakama* »herrschen, richten, wissen«]

ha|lal ⟨Adj.; undekl.⟩ den islamischen Regeln entsprechend, zulässig, bes. für Speisen; *Rinder u. Schafe ~ schlachten* [arab., »zulässig, erlaubt«]

Ha|la|li ⟨od. [-'--] n.; -s, -s⟩ Signal, Ruf, dass das Wild gestellt u. die Jagd beendet ist [frz., vielleicht <arab. *la ilah illa'llah* »es gibt keinen Gott außer Allah« (Kampfruf) od. <hebr. *Halali nafeshi 'eht-yehovah* »Preise, meine Seele, den Herrn« (Psalm 146,1)]

halb|part ⟨Adv.⟩ *~ machen* sich mit gleichen Anteilen beteiligen, den Gewinn teilen

Halb|vo|kal ⟨[-vo-] m.; -s, -e; Phon.⟩ Vokal, der die Funktion eines Konsonanten besitzt, da er nicht silbenbildend ist, z. B. das i in »Ration«

Halb|vol|ley ⟨[-vɔlɪ] od. [vɔleː] m.; -s, -s; Sport⟩ = Halfvolley

Ha|léř ⟨[-lɛːrʒ] m.; -, -⟩ Währungseinheit der Slowakei u. Tschechiens, $^1/_{100}$ Krone; *Sy* Heller [tschech. <mhd. *hallære, haller, heller* »Heller«; nach (Schwäbisch) *Hall* (wo die ersten Heller geprägt wurden)]

Half ⟨[haːf] m.; -s, -s; veraltet; noch österr.; Sport; kurz für⟩ Halfback

Hal|fa ⟨f.; -; unz.; Bot.⟩ = Espartogras; *Sy* Halfagras

Hal|fa|gras ⟨n.; -es, -grä|ser; Bot.⟩ = Espartogras; *oV* Alfagras; *Sy* Halfa [<arab. *halfa*]

Half|back ⟨[haːfbæk] m.; -s, -s; schweiz.; Sport⟩ Läufer einer Fußballmannschaft; *Sy* Half [engl., »Läufer«]

Half|court ⟨[haːfkɔːt] m.; -s, -s; Sport; Tennis⟩ (unmarkierter) Mittelteil des Spielfeldes, Halbfeld [engl.]

Half|pen|ny ⟨[haːfpɛnɪ] m.; -s, -s, bei Währungsangaben: -pennies⟩ englische Münze

Half|pipe ⟨[haːfpaɪp] f.; -, -s; Sport⟩ Vorrichtung zum Skate- od. Snowboardfahren in Form einer längs halbierten Röhre bzw. nach diesem Vorbild aufgeschichteten Schnees [<engl. *half* »halb« + *pipe* »Röhre«]

Half|rei|he ⟨[haːf-] f.; -, -n; Sport; österr.⟩ Mittelfeldreihe einer Fußballmannschaft [→ *Half*]

Half|time ⟨[haːftaɪm] f.; -, -s; schweiz.; Sport⟩ Halbzeit [engl.]

Half|vol|ley ⟨[haːfvɔlɪ] od. [haːfvɔleː] m.; -s, -s; Sport⟩ kurz nach der Bodenberührung geschlagener od. getretener Ball; *Sy* Dropkick, Halbvolley [<engl. *half* »halb« + *Volley*]

Ha|lit ⟨m.; -s, -e; Chemie⟩ = Halogenid; *Sy* Haloid

Ha|li|tus ⟨m.; -; unz.⟩ Hauch, Atem, Geruch [lat., »Hauch, Dunst«]

hal|ky|o|nisch ⟨Adj.⟩ = alkyonisch

Hall ⟨[hɔːl] f.; -, -s⟩ Diele in engl. Häusern [engl.]

Hall|ef|fekt *auch:* **Hall-Ef|fekt** ⟨[hɔːl-] m.; -(e)s; unz.⟩ Erscheinung, dass in einem stromdurchflossenen Leiter, der senkrecht zum Stromfluss von einem Magnetfeld durchsetzt wird, ein elektrisches Feld senkrecht zum Stromfluss u. zum Magnetfeld aufgebaut wird [nach dem amerikan. Physiker E. H. *Hall,* 1855-1938]

hal|le|lu|ja ⟨Rel.⟩ lobet Gott (in Kirchenliedern, Psalmen usw.); *oV* alleluja [<hebr. *hallal, hillel* »preisen« + *jah* (Abk. von *Jahwe*)]

Hal|le|lu|ja ⟨n.; -s, -s; Rel.⟩ jubelnder Gebetsruf; *oV* Alleluja

Hal|lo|ween ⟨[hæloʊwiːn] n.; - od. -s, -s⟩ Abend vor Allerheiligen, 31. Oktober, an dem sich im Volksglauben Gespenster umtun u. der bes. in den USA mit verschiedenen Riten gefeiert wird [<engl. *All-Hallow-Even* »Allerheiligenabend«]

Hal|lu|zi|na|ti|on ⟨f.; -, -en⟩ Sinnestäuschung ohne äußeren Reiz [→ *halluzinieren*]

hal|lu|zi|na|to|risch ⟨Adj.⟩ eine Halluzination betreffend, zu ihr gehörig, auf ihr beruhend
hal|lu|zi|nie|ren ⟨V.⟩ eine Halluzination haben [<lat. *(h)alucinari* »ins Blaue hinein reden«]
hal|lu|zi|no|gen ⟨Adj.⟩ die Wirkung eines Halluzinogens betreffend, auf ihr beruhend
Hal|lu|zi|no|gen ⟨n.; -s, -e⟩ Rauschmittel, das Halluzinationen hervorruft, z. B. LSD [<*halluzinieren* + *...gen*[2]]
Hal|ma ⟨n.; -s; unz.⟩ Brettspiel für zwei od. vier Personen mit einer größeren Anzahl von Steinen, die durch Ziehen od. Springen ins gegenüberliegende Feld gebracht werden müssen [grch., »Sprung«]
Ha|lo ⟨m.; -s od. -, -s od. -lo|nen⟩ *Sy* Aureole, Hof **1** durch Brechung od. Reflexion an Eiskristallen in der oberen Atmosphäre entstehender, farbiger Ring um Sonne od. Mond **2** durch fein verteilte interstellare Materie hervorgerufene ähnl. Erscheinung um Kometen od. Sternsysteme [<lat. *halos* »Hof um Sonne u. Mond« <grch. *halos* »Tenne«]
ha|lo|bi|ont ⟨Adj.; Biol.⟩ salzreiche Umgebung liebend; *Sy* halophil
Ha|lo|bi|ont ⟨m.; -en, -en; Biol.⟩ Lebewesen, das in einer salzreichen Umgebung gedeiht [<grch. *hals,* Gen. *halos* »Salz« + *Biont*]
Ha|lo|ef|fekt ⟨m.; -es; unz.; Psych.⟩ Erscheinung, wonach bei Persönlichkeitsbeurteilungen dadurch Fehler entstehen, dass der Befund einer Einzelbeobachtung des Untersuchers an der Testperson auf andere Persönlichkeitsmerkmale ausstrahlt, obwohl zwischen beiden Merkmalen kein Zusammenhang besteht [→ *Halo*]
ha|lo|gen ⟨Adj.; Chemie⟩ salzbildend [<grch. *hals,* Gen. *halos* »Salz« + *...gen*[1]]
Ha|lo|gen ⟨n.; -s, -e; Chemie⟩ Element aus der Gruppe der Halogene, hat die Fähigkeit, mit Metallen unmittelbar Salze zu bilden, Salzbildner
Ha|lo|ge|ne ⟨Pl.; Chemie; Sammelbez. für⟩ die Elemente der 7. Gruppe des Periodensystems: Fluor, Chlor, Brom, Jod, Astatin
Ha|lo|ge|nid ⟨n.; -s, -e; Chemie⟩ Verbindung, die durch Reaktion von Halogenen mit anderen, stärker elektropositiven Elementen entsteht; *Sy* Halit, Haloid [<*Halogen* + *...id*]
ha|lo|ge|nie|ren ⟨V.; Chemie⟩ ein Halogen in organische Verbindungen einführen [→ *halogen*]
Ha|lo|gen|lam|pe ⟨f.; -, -n⟩ sehr leistungsfähige Glühlampe mit Füllung aus Edelgas u. Halogen (Brom od. Jod)
Ha|lo|gen|was|ser|stof|fe ⟨Pl.; Chemie⟩ Verbindungen der Halogene mit Wasserstoff, vor allem gasförmige Verbindungen, die mit Wasser die Halogenwasserstoffsäuren bilden
Ha|lo|gen|was|ser|stoff|säu|ren ⟨Pl.; Chemie⟩ wässerige Lösungen der Halogenwasserstoffe, die starke Säuren darstellen, ihre Salze sind die Halogenide
Ha|lo|id ⟨n.; -s, -e; Chemie⟩ = Halogenid; *Sy* Halit
Ha|lo|me|ter ⟨n.; -s, -⟩ Messgerät zur Bestimmung der Salzkonzentration von Lösungen [<grch. *hals,* Gen. *halos* »Salz« + *...meter*]
Ha|lon ⟨n.; -s, -e⟩ als Feuerlöschmittel verwendeter Halogenkohlenwasserstoff
Ha|lo|nen ⟨Pl. von⟩ Halo
ha|lo|phil ⟨Adj.⟩ = halobiont
Ha|lo|phyt ⟨m.; -en, -en; Bot.⟩ Pflanze, die auf salzhaltigem Boden gedeiht, Salzpflanze [<grch. *hals,* Gen. *halos* »Salz« + *...phyt*]
Hal|te|re ⟨f.; -, -n; meist Pl.⟩ **1** ⟨im antiken Griechenland⟩ Metall- od. Steingewichte, die beim Weitsprung zur Schwungverstärkung in der Hand gehalten wurden **2** ⟨Zool.⟩ rückgebildete Hinterflügel der Zweiflügler (z. B. Fliegen) u. Vorderflügel der Männchen der Fächerflügler, Stimulationsorgane für die Flugbewegung u. evtl. Gleichgewichtsorgan, Schwingkölbchen [<grch. *halteres* »Sprunggewichte, Hanteln«]
Ha|lun|ke ⟨m.; -n, -n⟩ Gauner, Betrüger, Schurke [<tschech. *holomek* »nackter Bettler«]
Hal|wa ⟨n.; - od. -s; unz.⟩ Süßware aus Zucker u. gerösteten Sesam- od. Sonnenblumensamen; *oV* Chalwa [<jidd. *halva* <türk. *helva* <arab. *halwa* »Süßspeise«]
häm..., Häm... ⟨in Zus.⟩ = hämo..., Hämo...
Ha|ma|da ⟨f.; -; unz.; Geogr.⟩ arabische Schutt- u. Steinwüste in der Sahara; *oV* Hammada
Ha|ma|dan ⟨m.; - od. -s, -s⟩ ein oriental. Teppich, dessen Grundgewebe aus Baumwolle u. dessen Flor aus strapazierfähiger Wolle von Bergschafen besteht [nach der gleichnamigen iran. Stadt]
Häm|ag|glu|ti|na|ti|on *auch:* **Hä|mag|glu|ti|na|ti|on** ⟨f.; -, -en; Med.⟩ Verklumpung der roten Blutkörperchen [<*Häm...* + *Agglutination*]
Häm|ag|glu|ti|nin *auch:* **Hä|mag|glu|ti|nin** ⟨n.; -s, -e; Med.⟩ Stoff des Serums, der eine Agglutination der roten Blutkörperchen bewirkt
Ha|mam ⟨m.; - od. -s, -s⟩ öffentlich zugängliches türkisches Dampfbad; *oV* Hammam [türk.]
Ha|ma|me|lis ⟨f.; -; unz.; Bot.⟩ Gattung der Zaubernussgewächse, Zierstrauch, auch Heilpflanze, deren Blätter eine medizinisch u. kosmetisch genutzte, zusammenziehende Wirkung haben, Zaubernuss [grch., »eine Strauch- od. Baumart mit essbaren Früchten« (vielleicht Mispel)]
Ham and Eggs ⟨[hæm ənd ɛgz] ohne Artikel; in England⟩ gebratener Schinkenspeck und Rühr- od. Spiegeleier (als Frühstück); *Sy* Bacon and Eggs [engl., »Schinken u. Eier«]
Häm|an|gi|om *auch:* **Hä|man|gi|om** ⟨n.; -s, -e; Med.⟩ meist angeborene, von den Blutgefäßen ausgehende (Ader-)Geschwulst [<*Hämo...* + *Angiom*]
hä|mat..., Hä|mat... ⟨in Zus.⟩ = hämato..., Hämato...
Hä|ma|tin ⟨n.; -s; unz.; Med.⟩ eisenhaltiger Bestandteil des roten Blutfarbstoffs [<grch. *haima* Gen. *haimatos* »Blut«]
Hä|ma|tit ⟨m.; -s, -e; Min.⟩ stahlgraues bis schwarzes, oft farbig

H

angelaufenes Mineral, Eisenglanz, Roteisenstein, Blutstein [→ *hämato...*]

hä|ma|to..., Hä|ma|to... ⟨in Zus.⟩ blut..., Blut... [<grch. *haima,* Gen. *haimatos* »Blut«]

Hä|ma|to|blast ⟨m.; -en, -en; Med.⟩ = Hämoblast

hä|ma|to|gen ⟨Adj.; Med.⟩ auf Blut beruhend, blutbildend [<*hämato...* + *...gen*[1]]

Hä|ma|to|gramm ⟨n.; -s, -e; Med.⟩ in tabellarischer Zusammenfassung wiedergegebenes Blutbild [<*Hämato...* + *...gramm*]

Hä|ma|to|lo|ge ⟨m.; -n, -n; Med.⟩ Arzt, Wissenschaftler auf dem Gebiet der Hämatologie

H

Hä|ma|to|lo|gie ⟨f.; -; unz.; Med.⟩ Lehre vom Blut [<*Hämato...* + *...logie*]

Hä|ma|to|lo|gin ⟨f.; -, -gin|nen; Med.⟩ Ärztin, Wissenschaftlerin auf dem Gebiet der Hämatologie

hä|ma|to|lo|gisch ⟨Adj.; Med.⟩ die Hämatologie betreffend, zu ihr gehörig, auf ihr beruhend

Hä|ma|tom ⟨n.; -s, -e; Med.⟩ Blutung innerhalb des Körpergewebes, Bluterguss [<grch. *haima,* Gen. *haimatos* »Blut«]

Hä|ma|to|po|e|se ⟨f.; -; unz.; Med.⟩ Vorgang der Blutbildung in Knochenmark, Milz, Leber u. in den Lymphknoten [<*Hämato...* + grch. *poiein* »machen, schaffen«]

Hä|ma|tor|rhö ⟨f.; -, -en; Med.⟩ Blutung aus einem Organ, Blutsturz [<*Hämato...* + grch. *rhoe* »Fluss«]

Hä|ma|to|xy|lin ⟨n.; -s; unz.; Chemie⟩ aus US-amerikan. Blauholz gewonnene, farblose chem. Verbindung, die mit Luftsauerstoff einen roten Farbstoff bildet, echter Beizenfarbstoff [<*Hämato...* + grch. *xylon* »Holz«]

Hä|ma|to|ze|le ⟨f.; -, -n; Med.⟩ geschwulstförmige Blutansammlung in Körperhöhlen [<*Hämato...* + grch. *kele* »Geschwulst, Bruch«]

Hä|ma|to|zo|on ⟨n.; -s, -zo|en; Biol.; Med.⟩ im Blut lebender tierischer Parasit [<*Hämato...* + *Zoon*]

Hä|ma|to|zy|to|ly|se ⟨f.; -, -n; Med.⟩ Auflösung der roten Blutkörperchen [<*Hämato...* + *Zytolyse*]

Hä|mat|u|rie *auch:* **Hä|ma|tu|rie** ⟨f.; -, -n; Med.⟩ Blutharnen

Ham|bur|ger ⟨engl. [hæmbœ:gə(r)] m.; -s, -⟩ weiches Brötchen, das mit einer Scheibe Hackfleisch, Tomatenketchup, einem Blatt Salat u. a. gefüllt ist [verkürzt <*Hamburger* Steak (= Frikadelle)]

...hä|mie ⟨Nachsilbe; zur Bildung weibl. Subst.; f.; -, -n⟩ = ...ämie

Hä|min ⟨n.; -s, -e; Chemie⟩ chem.-organ. Verbindung, die entsteht, wenn der Blutfarbstoff Hämoglobin mit Salzsäure u. Natriumchlorid gespalten wird, besteht chemisch aus Porphyrin, dreiwertigem Eisen u. Chlor [<grch. *haima* »Blut«]

Ha|mit ⟨m.; -en, -en⟩ = Hamite

Ha|mi|te ⟨m.; -n, -n⟩ Angehöriger einer den Semiten nahe stehenden Völkergruppe in Nord(ost)afrika; *oV* Hamit [nach *Ham,* einem Sohn Noahs]

Ham|ma|da ⟨f.; -; unz.; Geogr.⟩ = Hamada

Ham|mam ⟨m.; - od. -s, -s⟩ = Hamam [arab.]

Ham|mond|or|gel ⟨[hæmənd-] f.; -, -n; Musik⟩ von dem Amerikaner L. Hammond entwickeltes elektroakustisches Tasteninstrument

hä|mo..., Hä|mo... ⟨vor Vokalen⟩ häm..., Häm... ⟨in Zus.⟩ blut..., Blut... [<grch. *haima* »Blut«]

Hä|mo|blast ⟨m.; -en, -en; Med.⟩ blutbildende Zelle im Knochenmark; *Sy* Hämotoblast [<*Hämo...* + *...blast*]

Hä|mo|dia|ly|se ⟨f.; -, -n; Med.⟩ Reinigung des Blutes von Schadstoffen [<*Hämo...* + *Dialyse*]

Hä|mo|dy|na|mo|me|ter ⟨n.; -s, -⟩ Blutdruckmessgerät [<*Hämo...* + *Dynamometer*]

Hä|mo|glo|bin ⟨n.; -s; unz.; Abk.: Hb; Med.⟩ Farbstoff der roten Blutkörperchen [<*Hämo...* + *Globin*]

Hä|mo|gramm ⟨n.; -s, -e; Med.⟩ **1** mikroskop. Untersuchung hinsichtl. der Zahl der roten u. weißen Blutkörperchen, des Blutfarbstoffes usw. **2** die so festgestellte Beschaffenheit des Blutes; *ein ~ erstellen; ein schlechtes ~ haben*

Hä|mo|lym|phe ⟨f.; -, -n; Biol.⟩ Blutflüssigkeit wirbelloser Tiere mit offenem Blutgefäßsystem [<*Hämo...* + *Lymphe*]

Hä|mo|ly|se ⟨f.; -, -n; Med.⟩ Austreten des roten Blutfarbstoffes aus den Blutkörperchen u. blutige Verfärbung des Blutwassers durch Auflösung der roten Blutkörperchen

Hä|mo|ly|sin ⟨n.; -s, -e; Med.⟩ Stoff, der artfremde Blutkörperchen auflöst [→ *Hämolyse*]

hä|mo|ly|tisch ⟨Adj.; Med.⟩ die Hämolyse betreffend, zu ihr gehörig, auf ihr beruhend

Hä|mo|pa|thie ⟨f.; -, -n; Med.⟩ Blutkrankheit [<*Hämo...* + *...pathie*]

Hä|mo|phi|lie ⟨f.; -, -n; Med.⟩ mangelhafte od. fehlende Gerinnungsfähigkeit des Blutes, Bluterkrankheit

Hä|mor|rha|gie ⟨f.; -, -n⟩ Blutung [<*Hämo...* + *...rrhagie*]

hä|mor|rha|gisch ⟨Adj.⟩ die Hämorrhagie betreffend, zu ihr gehörig, auf ihr beruhend; *~e Diathese* Neigung des Organismus zu abnormen Blutungen

hä|mor|rho|i|dal ⟨Adj.; Med.⟩ Hämorrhoiden betreffend, auf ihnen beruhend; *oV* hämorridal

Hämorrhoiden / Hämorriden
(*Laut-Buchstaben-Zuordnung*)
Aufgrund der Integration fremdsprachiger Begriffe aus verschiedenen Fachsprachen in die Standardsprache entstehen häufig Variantenschreibungen. So existiert beispielsweise neben der an die etymologische Herkunft angelehnten fachsprachlichen Schreibung »*Hämorrhoiden*« eine integrierte Schreibweise »*Hämorriden*«, die der deutschen Laut-Buchstaben-Zuordnung folgt (→*a.* Shrimp / Schrimp).

Hä|mor|rho|i|den ⟨Pl.; Med.⟩ Mastdarmkrampfadern, die als knotenförmige Erweiterung der unteren Mastdarmvenen auftreten u. leicht bluten können; *oV* Hämorriden [<*Hämo...* + *...rrhö* + *...id*]

hä|mor|ri|dal ⟨Adj.; Med.⟩ = hämorrhoidal
Hä|mor|ri|den ⟨Pl.; Med.⟩ = Hämorrhoiden
Hä|mo|to|xin ⟨n.; -s, -e; Med.⟩ Giftstoff, der das Blut, bes. die roten Blutkörperchen schädigt [<*Hämo...* + *Toxin*]
Hä|mo|zyt ⟨m.; -en, -en; Med.⟩ Blutkörperchen
han|del|bar ⟨[hæn-] Adj.⟩ so beschaffen, dass es sich handeln lässt; *dieses Problem ist gut, schlecht ~; eine ~e Angelegenheit* [→ *handeln*]
han|deln ⟨[hæn-] V.; umg.⟩ regeln, koordinieren; *sie hat die komplizierte Technik souverän gehandelt* [<engl. *handle* »erledigen, behandeln«]
Hand|held ⟨[hændhɛld] m.; -s, -s; EDV; kurz für⟩ Handheldcomputer
Hand|held|com|pu|ter ⟨[hændhɛldkɔmpju:tə(r)] m.; -s, -; EDV⟩ Kleincomputer, der mit einer Hand gehalten u. der anderen bedient werden kann (besonders im Transportwesen für den Datenaustausch mit einem Zentralcomputer verwendet); *Sy* Handheld, Palmtop; →*a.* Notepad [<engl. *hand-held computer* »in der Hand haltbarer Computer«]
Han|di|cap ⟨[hændıkæp] n.; -s, -s⟩ *oV* Handikap **1** ⟨bei Wettkämpfen⟩ Gewichts-, Distanz-, Punktausgleich, Vorgabe für benachteiligte Teilnehmer **2** ⟨allg.⟩ Nachteil, Benachteiligung, Hemmnis [<engl. *handicap* »Ausgleichswettbewerb, Benachteiligung«]
han|di|ca|pen ⟨[hændıkæpən] V.⟩ *oV* handikapen **1** ⟨Sport⟩ ausgleichen **2** benachteiligen, hemmen, stören; *wir waren gehandicapt;* →*a.* gehandicapt [→ *Handicap*]
Han|di|cap|per ⟨[hændıkæpə(r)] m.; -s, -⟩ Unparteiischer, der Handicaps festlegt; *oV* Handikapper
Han|di|kap ⟨[hændıkæp] n.; -s, -s⟩ = Handicap
han|di|ka|pen ⟨[hændıkæpən] V.⟩ = handicapen
Han|di|kap|per ⟨[hændıkæpə(r)] m.; -s, -⟩ = Handicapper
Hand|ling ⟨[hænd-] n.; -s, -s⟩ Handhabung, Verhalten, Gebrauch; *ein gutes, schlechtes ~* [engl.; zu *handle* »handhaben«]

> **Hand-out / Handout** (*Schreibung mit Bindestrich*) Aus dem Englischen stammende Substantivierungen aus Verb und Adverb schreibt man mit Bindestrich. In diesen Fällen kann jedoch auch zusammengeschrieben werden, sofern die Lesbarkeit dadurch nicht beeinträchtigt wird (→*a.* Fall-out / Fallout).

Hand-out *auch:* **Hand|out** ⟨[hændaʊt] n.; -s, -s⟩ Arbeitspapier (bei Vorträgen, Konferenzen o. Ä.) [engl., »Erklärung, Werbezettel«]
Hands! ⟨[hæ:ndz] Fußb.; österr.; schweiz.⟩ Hand! (fehlerhaftes, absichtliches Berühren des Balles mit der Hand od. den Händen) [engl., »Hände«]
Hand|shake ⟨[hændʃɛık] m.; -s, -s⟩ **1** Händeschütteln (als offizielle Begrüßungs- od. Abschiedszeremonie); *die Staatspräsidenten begrüßten sich mit einem herzlichen ~* **2** ⟨EDV⟩ Austausch von Signalen zwischen Computern, der anzeigt, dass eine Verbindung besteht bzw. eine Kommunikation möglich ist [engl.]
Han|dy ⟨[hændı] n.; -s, -s⟩ tragbares, schnurloses Telefon, das über ein Funknetz betrieben wird; *Sy* Mobiltelefon [nur im Dt. vorhandene Substantivierung zu engl. *handy* »handlich, praktisch«]
Han|dy|lo|go ⟨[hændı-] n.; -s, -s⟩ Hintergrundbild od. Schriftzug auf dem Display eines Handys [verkürzt <*Handy* + *Logogramm*]
Han|gar ⟨[haŋga:r] od. [-'-] m.; -s, -s⟩ Flugzeug- od. Luftschiffhalle, -schuppen [frz. »Schuppen, Schutzdach«]
Hang-out *auch:* **Hang|out** ⟨[hæŋaʊt] n.; -s, -s; umg.; salopp⟩ häufig besuchter Ort, Stammplatz; *Baden-Baden war früher ein ~ für Adelige* [engl.]
Hang-over *auch:* **Hang|over** ⟨[hæŋoʊvə(r)] m.; -s; unz.; umg.⟩ nach übermäßigem Alkoholgenuss auftretende Kopfschmerzen, Kater [<engl. *hang over* »überhängen, übrig bleiben«]
Han|ni|bal ad por|tas! (Warnruf vor drohender Gefahr) [lat., »Hannibal an den Toren!« (Alarmruf im antiken Rom)]
han|tie|ren ⟨V.⟩ **1** geschäftig sein, wirtschaften **2** *mit etwas ~* etwas handhaben, damit arbeiten, beschäftigt sein, damit umgehen; *in der Küche ~* [<mndrl. *hanteren, hantieren* »umgehen, mit jmdm. Handel treiben« <frz. *hanter* »umgehen mit jmdm. häufig besuchen« <ags. *hamettan* »beherbergen«]
Ha|o|ma ⟨m. od. n.; - od. -s; unz.⟩ kultisches Opfergetränk der Parsen; *oV* Hauma [awestisch]
Ha|o|ri ⟨m.; - od. -s, -s⟩ Oberbekleidung der klassischen jap. Tracht mit angeschnittenem Ärmel [jap.]
Ha|pax|le|go|me|non ⟨n.; -s, -na; Philol.⟩ in einer Sprache od. in der Literatur nur einmal belegtes, in seiner Bedeutung häufig nicht genau bestimmbares Wort [<grch. *hapax* »einmal« + *legein* »sagen«]

> ◆ Die Buchstabenfolge **ha|plo...** kann auch **hap|lo...** getrennt werden.

◆ **ha|plo|dont** ⟨Adj.; Biol.⟩ wurzellos, kegelförmig (von Zähnen bestimmter Tiere)
◆ **Ha|plo|dont** ⟨m.; -en, -en; Biol.⟩ wurzellos-kegelförmiger Zahn niedriger Wirbeltiere u. einiger Nagetiere [<grch. *haplous* »einfach« + *odous* »Zahn«]
◆ **Ha|plo|gra|fie** ⟨f.; -, -n⟩ = Haplographie
◆ **Ha|plo|gra|phie** ⟨f.; -, -n⟩ fehlerhafte Einfachschreibung eines doppelten Buchstabens; *oV* Haplografie; *Ggs* Dittographie (2) [<grch. *haplous* »einfach« + *...graphie*]
◆ **ha|plo|id** ⟨Adj.; Biol.⟩ nur einfachen Chromosomensatz enthaltend; *Ggs* diploid [<grch. *haplous* »einfach« + *...id*]
◆ **Ha|plo|i|die** ⟨f.; -; unz.; Biol.⟩ das Auftreten des einfachen Chromosomensatzes in der Zelle; *Ggs* Diploidie
◆ **ha|plo|kau|lisch** ⟨Adj.; Bot.⟩ ein-

achsig u. in einer Blüte endend (von Pflanzenstängeln) [zu grch. *haplous* »einfach« + lat. *caulis* »Stängel«]

◆ **Ha|plo|lo|gie** ⟨f.; -, -n; Sprachw.⟩ Verschmelzung zweier aufeinanderfolgender gleicher Silben, z. B. Zauberin statt Zaubererin [zu grch. *haplous* »einfach« + ...*logie*]

◆ **Ha|plont** ⟨m.; -en, -en; Biol.⟩ Organismus, dessen Zellen einen einfachen Chromosomensatz aufweisen [→ *haploid*]

◆ **Ha|plo|pha|se** ⟨f.; -, -n; Biol.⟩ Phase des geschlechtlichen Fortpflanzungszyklus mit einfachem Chromosomensatz [<grch. *haplous* »einfach« + *Phase*]

H

Hap|pe|ning ⟨[hæpə-] n.; -s, -s⟩ künstler. Veranstaltung, oft grotesker od. provozierender Art, unter Mitwirkung der Zuschauer [zu engl. *happen* »sich ereignen«]

Hap|pe|nist ⟨[hæp-] m.; -en, -en⟩ Aktionskünstler, der seine Kunstwerke der Öffentlichkeit im Rahmen von Happenings präsentiert [→ *Happening*]

hap|py ⟨[hæpɪ] Adj.; umg.; salopp⟩ glücklich, zufrieden, hocherfreut; *er war ganz ~ über die gute Nachricht* [engl.]

Hap|py|end ⟨[hæpɪɛnd]⟩ *auch:* **Hap|py End** ⟨n.; (-) - od. (-) -s, (-) -s⟩ guter Ausgang (einer Roman-, Film-, Bühnenhandlung) [<engl. *happy end*]

Hap|py Few ⟨[hæpɪ fju:] Pl.⟩ von den Umständen od. Verhältnissen begünstigte Minderheit [<engl. *happy few* »die glücklichen Wenigen«]

Hap|py Hour ⟨[hæpɪ aʊə(r)] f.; - -; unz.⟩ festgelegte Zeit in Restaurants u. Bars, in der alkoholische Getränke od. bestimmte Speisen billiger sind [<engl. *happy* »glücklich, zufrieden« + *hour* »Stunde«]

Hap|tik ⟨f.; -; unz.⟩ Lehre vom Tastsinn [zu grch. *haptein* »fassen«]

hap|tisch ⟨Adj.⟩ den Tastsinn betreffend, auf ihm beruhend; *~e Täuschung* Gefühlstäuschung [→ *Haptik*]

Ha|ra|ki|ri ⟨n.; -s od. -, -s⟩ (feierl.) Selbstmord durch Bauchaufschlitzen (beim altjap. Adel); *Sy* Seppuku [<jap. *harakiri* <*hara* »Bauch« + *kiri* »schneiden«]

Ha|rass ⟨m.; -es, -e⟩ Kiste aus Holzlatten, die zum Verpacken von Glas u. Porzellan dient [<frz. *harasse* »Glas-, Porzellankiste«]

Har|dan|ger|sti|cke|rei ⟨f.; -, -en; Textilw.⟩ Stickart, bei der Fäden aus dem Gewebe gezogen u. die entstandenen Löcher umstickt werden, ergibt quadratisch gemusterte Gewebe [nach der norweg. Landschaft *Hardanger*]

Hard|bop ⟨[ha:d-] m.; -s, -s; Musik⟩ Form des Jazz, in der die im Bebop angelegten Stilelemente weiter herausgearbeitet sind; →*a.* Bebop, Bop [<engl. *hard* »hart« + *Bop*]

Hard|card ⟨[ha:dka:d] f.; -, -s⟩ auf einer Steckkarte montierte Festplatte, die zusätzlich zur vorhandenen Festplatte in einen Computer eingeschoben werden kann [<engl. *hard*disc »Festplatte« + *card* »(Steck-)Karte«]

Hard|co|py ⟨[ha:dkɔpɪ]⟩ *auch:* **Hard Co|py** ⟨f.; (-) -, (-) -s; EDV⟩ Ausdruck einer Bildschirmseite; *Sy* Screenshot [engl.]

Hard|core ⟨[ha:dkɔ:(r)] m.; -s, -s⟩ **1** ⟨Physik⟩ der harte, innere Kern von Elementarteilchen **2** ⟨in Zus.; meist scherzh.; umg.⟩ jmd., der eine Sache fanatisch betreibt od. einer politischen od. religiösen Idee fanatisch anhängt; *~radfahrer; ~kommunist* **3** ⟨Film; kurz für⟩ Hardcoreporno **4** ⟨Musik⟩ Stilrichtung harter, aggressiver Rockmusik [<engl. *hard* »hart« + *core* »Kern«]

Hard|core|film ⟨[ha:dkɔ:(r)-] m.; -s, -e⟩ = Hardcoreporno

Hard|core|por|no ⟨[ha:dkɔ:(r)-] m.; -s, -s⟩ Film mit überwiegend pornographischen Szenen u. einem überaus flachen Handlungsgerüst, in dem der Geschlechtsakt deutlich (z. B. in Nahaufnahme) zu sehen ist; *Sy* Hardcore (3), Hardcorefilm; *Ggs* Softcoreporno [→ *Hardcore*]

Hard|court ⟨[ha:dkɔ:t] m.; -s, -s; Sport; bes. Tennis⟩ Hartplatz [engl.]

Hard|co|ver ⟨[ha:dkʌvə(r)] n.; -s, -⟩ Buch mit festem Einband; *Ggs* Paperback, Softcover [engl., »harter Deckel, Einband«]

Hard|disk ⟨[ha:d-]⟩ *auch:* **Hard Disk** ⟨f.; (-) -, (-) -s; EDV⟩ Festplatte eines lokalen Computers [<engl. *hard* »fest, hart« + *disk* »Platte, Scheibe«]

Hard|drink ⟨[ha:d-]⟩ *auch:* **Hard Drink** ⟨m.; (-) -s, (-) -s⟩ stark alkohol. Getränk; *Ggs* Softdrink [engl., »hartes Getränk«]

> **Hard Drug, Hardrock / Hard Rock, Hardware** (*Getrennt- und Zusammenschreibung*) Liegt der Hauptakzent in einer aus dem Englischen stammenden Verbindung aus Adjektiv und Substantiv auf dem zweiten Bestandteil, so wird getrennt geschrieben: »*Hard Drug*«. Kann der Hauptakzent in einer solchen Verbindung sowohl auf dem zweiten als auch auf dem ersten Bestandteil liegen, ist Getrennt- oder Zusammenschreibung möglich: »*Hardrock*« oder »*Hard Rock*«. Ausschließlich zusammenzuschreiben sind lexikalisierte Zusammensetzungen wie »*Hardware*«.

Hard Drug ⟨[ha:d drʌg] f.; - -, - -s; umg.⟩ harte Droge, die in die seelische u. körperliche Abhängigkeit führt, z. B. Crack, Heroin usw.; *Ggs* Softdrug [<engl. *hard* »hart« + *drug* »Droge«]

Hard Edge ⟨[ha:d ɛdʒ] f.; - -; unz.; Mal.⟩ moderner Malstil, der durch die Verwendung geometrischer Formen gekennzeichnet ist [engl., eigtl. »harte Kante«]

Hard|li|ner ⟨[ha:dlaɪnə(r)] m.; -s, -; Politik⟩ jmd., der eine bestimmte politische Richtung od. Doktrin kompromisslos vertritt u. linientreu gegen alle äußeren Widerstände durchzusetzen versucht [<engl. *hard* »hart, unnachgiebig« + *line* »Linie«]

Hard|rock ⟨[haːd-]⟩ *auch:* **Hard Rock** ⟨m.; (-) -s; unz.⟩ sehr laute, stark rhythmisierte Rockmusik; *Sy* Heavy Metal; *Ggs* Softrock [engl., »harter Rock«]

Hard Stuff ⟨[haːd stʌf] m.; - -s, - -s⟩ starke Droge [engl., »harter Stoff«]

Hard|top ⟨[haːd-] n. od. m.; -s, -s⟩ abnehmbares Verdeck (bei Sportwagen) [engl.]

Hard|ware ⟨[haːdwɛː(r)] f.; -; unz.; EDV⟩ Geräteteil von Rechenanlagen ohne Programm; →*a.* Software [engl., eigtl. »Eisenwaren, Investitionsgüter«]

Ha|rem ⟨m.; -s, -s⟩ **1** die streng abgeschlossenen Frauenräume des islam. Hauses **2** die darin wohnenden Frauen **3** die Gesamtheit der Ehefrauen eines Mohammedaners [<türk. *harem* »für Fremde unzugänglicher Frauenraum« <arab. *haram* »verboten«]

Hä|re|sie ⟨f.; -, -n; Theol.⟩ vom kirchl. Dogma abweichende Lehre, Ketzerei [<grch. *hairesis* »das Erwählte, Denkweise; Irrlehre«]

Hä|re|ti|ker ⟨m.; -s, -; Theol.⟩ jmd., der eine vom kirchl. Dogma abweichende Lehre vertritt, Ketzer [<grch. *hairetikos* »ketzerisch«; → *Häresie*]

hä|re|tisch ⟨Adj.; Theol.⟩ vom kirchl. Dogma abweichend, ketzerisch

Har|le|kin ⟨m.; -s, -e⟩ von der Commedia dell'Arte beeinflusste Abart des Hanswursts [<frz. *arlequin* <ital. *arlecchino*]

Har|le|ki|na|de ⟨f.; -, -n⟩ Harlekinspiel, -posse

har|le|ki|nisch ⟨a. [--'--] Adj.⟩ nach Art eines Harlekins

Har|ma|ged|don ⟨n.; -s; unz.⟩ = Armageddon

Har|mat|tan ⟨m.; -s, -s; Pl. selten; Meteor.⟩ staubführender, trockener Nordostwind, der aus der Sahara auf die atlantische Küste zuweht [afrikan.]

Har|mo|nie ⟨f.; -, -n⟩ *Ggs* Disharmonie **1** angenehme Übereinstimmung der Teile eines Ganzen; *Klang~; Farben~; die ~ ihres Wesens, ihrer Bewegungen* **2** regelmäßiger, gesetzmäßiger Aufbau der Töne eines Musikstückes u. ihr Zusammenklingen **3** friedliches Zusammenleben, gegenseitiges Verstehen, Eintracht; *in ~ miteinander leben* [<lat. *harmonia* »Einklang von Tönen, Harmonie« <grch. *harmonia* »Verbindung, Ebenmaß, Harmonie«]

Har|mo|nie|leh|re ⟨f.; -; unz.; Musik⟩ Lehre von der Harmonie (2), von den Gesetzen der Funktionen u. Verbindungen der Akkorde

har|mo|nie|ren ⟨V.⟩ *Ggs* disharmonieren **1** gut zusammenstimmen, zueinander passen; *Farben, Menschen ~* **2** gut, friedlich zusammenleben

Har|mo|nik ⟨f.; -; unz.; Musik⟩ die Technik, Kunst der musikal. Klanggestaltung

Har|mo|ni|ka ⟨f.; -, -s od. -ni|ken; Musik⟩ **1** ⟨urspr.⟩ Glasharfe **2** Musikinstrument, bei dem ein Luftstrom Metallzungen in Schwingungen versetzt; →*a.* Akkordeon, Bandoneon, Harmonium; *Hand~; Zieh~; Mund~* **3** in Falten gelegter, der Ziehharmonika ähnlicher Balg, z. B. zwischen D-Zug-Waggons [<lat. *harmonicus* <grch. *harmonikos* »ebenmäßig, harmonisch«]

har|mo|nisch ⟨Adj.⟩ **1** angenehm übereinstimmend; *Ggs* disharmonisch; *~e Klänge, Farben, Bewegungen* **2** ⟨Musik⟩ regelmäßig im Sinne der Harmonielehre; *Ggs* disharmonisch; →*a.* enharmonisch; *~e Molltonleiter* M., bei der nur die 7. Stufe erhöht ist; *Ggs* melodische Molltonleiter; *~e Reihe* Reihe der Obertöne **3** ⟨Math.⟩ *~e Teilung* T. einer Strecke AB so, dass ein neuer Teilpunkt C u. ein außerhalb von ihr liegender Punkt D das Verhältnis AC : CB = AD : DB ergeben; *~er Punkt* Punkt einer harmonischen Teilung; *~e Reihe* unendliche Reihe der Form $1 + \frac{1}{2} + \frac{1}{3} + \frac{1}{4}\ldots$; *~es Mittel* reziproker Wert des arithmet. Mittels der reziproken Werte positiver Zahlen **4** ⟨Physik⟩ *~e Schwingung, Bewegung* S., B., die von einer Kreisbewegung abgeleitet gedacht (u. in einer Sinusfunktion beschrieben) werden kann; *~e Analyse* = Fourier-Analyse [<lat. *harmonicus* »ebenmäßig« <grch. *harmonikos*]

har|mo|ni|sie|ren ⟨V.; Musik⟩ **1** mit passenden Begleitakkorden versehen (Melodie) **2** ⟨fig.⟩ in Übereinstimmung, in Einklang bringen, aufeinander abstimmen

har|mo|nis|tisch ⟨Adj.⟩ die Harmonie betreffend, nach ihr strebend [→ *Harmonie*]

Har|mo|ni|um ⟨n.; -s, -ni|en; Musik⟩ orgelartiges, nach dem Prinzip der Harmonika arbeitendes Instrument, bei dem ein mit den Füßen getretener Blasebalg den Luftstrom liefert [→ *Harmonie*]

Har|mo|no|gramm ⟨n.; -s, -e⟩ grafische Darstellung voneinander abhängiger Prozesse, z. B. zur besseren Koordination von Arbeitsabläufen [<*Harmonie* + grch. *graphein* »schreiben«]

Harp|si|chord ⟨[haː(r)psikɔːd] n.; -s, -e; Musik⟩ Cembalo; *Sy* Klavizimbel [engl.]

Har|pu|ne ⟨f.; -, -n⟩ speerartiges, eisernes Wurfgeschoss mit Widerhaken an der Spitze u. Fangleine, bes. für den Walfang [<ndrl. *harpoen* <frz. *harpon* »Eisenklammer, Harpune«; zu frz. *harpe* »Kralle, Klaue«]

Har|pu|nier ⟨m.; -s, -e⟩ jmd., der eine Harpune wirft bzw. abschießt [→ *Harpune*]

har|pu|nie|ren ⟨V.⟩ *ein Tier ~* mit der Harpune nach einem Tier werfen

Har|py|ie ⟨[-jə] f.; -, -n⟩ **1** ⟨grch. Myth.⟩ geflügeltes weibliches Ungeheuer mit Vogelkrallen **2** ⟨fig.⟩ Wesen von unersättlicher Raubgier **3** großer, adlerartiger Raubvogel der Waldgebiete Süd- u. Mittelamerikas mit Schopf am Hinterkopf: Harpia harpyja [<lat. *Harpyia* <grch. *Harpyia*]

Har|ris Tweed® ⟨[hærɪs twiːd] m.; - -s; unz.; Textilw.⟩ (bes. für Herrensakkos verwendeter) hochwertiger Oberbekleidungsstoff aus handgesponnenen Garnen [nach dem Herstellungsort *Harris,* dem südlichen Teil der Hebrideninsel Lewis + *Tweed*]

Har|ry ⟨[hærɪ] m.; - od. -s; unz.; Drogenszene⟩ Heroin [engl.]

H

Har|t|schier ⟨m.; -s, -e⟩ **1** ⟨urspr.⟩ berittener Bogenschütze **2** ⟨später⟩ bayr. Leibgardist [<ital. *arciere* »Bogenschütze«]

Ha|ru|spex *auch:* **Ha|rus|pex** ⟨m.; -, -e od. -spi|zes⟩ etrusk. u. röm. Wahrsager, der aus den Eingeweiden von Opfertieren weissagte [lat.]

Ha|ru|spi|zi|um *auch:* **Ha|rus|pi|zi|um** ⟨n.; -s, -zi|en⟩ Wahrsagung aus den Eingeweiden von Opfertieren [<lat. *haruspicium*]

Ha|sard ⟨frz. [aza:(r)] n.; -(e)s; unz.; kurz für⟩ Hasardspiel [frz., »glückl. Zufall« <afrz. *hasart* »Art Würfelspiel« <arab. *az-zahr* »Würfel zum Spielen«]

Ha|sar|deur ⟨[-dø:r] m.; -s, -e⟩ **1** Glücksspieler **2** ⟨fig.⟩ waghalsiger Mensch, der alles auf eine Karte setzt [<frz. *hasarder* »aufs Spiel setzen« + frz. Endung]

ha|sar|die|ren ⟨V.⟩ **1** Glücksspiel spielen **2** ⟨fig.⟩ alles aufs Spiel setzen, alles auf eine Karte setzen [<frz. *hasarder* »aufs Spiel setzen, riskieren, wagen«]

Ha|sard|spiel ⟨frz. [aza:(r)-] n.; -(e)s, -e⟩ **1** Glücksspiel, z. B. Würfeln **2** gewagtes, unsicheres Unternehmen [→ *Hasard*]

Hasch ⟨n.; - od. -s; unz.; umg.; kurz für⟩ Haschisch

Ha|schee ⟨n.; -s, -s⟩ **1** fein geschnittenes od. gehacktes Fleisch **2** Gericht daraus [frz., »zerhackt, zerstückelt«]

Ha|sche|mi|ten ⟨Pl.⟩ = Haschimiden

ha|schen ⟨V.; umg.⟩ Haschisch rauchen

ha|schie|ren ⟨V.⟩ (mit dem Wiegemesser) kleinschneiden, hacken, zu Haschee machen [<frz. *hacher* »zerhacken, zerstückeln, zerschneiden«]

Ha|schi|mi|den ⟨Pl.⟩ *oV* Haschemiten **1** Geschlecht aus dem Stamm der Koreischiten in Mekka **2** arab. Herrscherhaus im Irak u. in Jordanien, wahrscheinlich von den Haschimiden (1) abstammend

Ha|schisch ⟨n.; - od. -s; unz.⟩ aus einer ind. Hanfart (Cannabis indica) gewonnenes Rauschmittel [<arab. *hašiš* »Gras, Kraut«]

Ha|tschek *auch:* **Hat|schek** ⟨n.; -s, -s⟩ = Háček

Hat|trick ⟨[hætrık] m.; -s, -s; Sport⟩ dreimaliger Erfolg hintereinander durch denselben Sportler od. dasselbe Team [<engl. *hat* »Hut« + *Trick*]

Hau|bit|ze ⟨f.; -, -n; Mil.⟩ Geschütz mit kurzem Rohr, bei dem man die Größe der Treibladung variieren kann [zu frühnhd. *hauf(e)niz* »großes Geschütz« <tschech. *houfnice* »Steinschleuder«]

Hau|ma ⟨m. od. n.; - od. -s; unz.⟩ = Haoma

Hau|sa ⟨m.; -, -⟩ = Haussa

Haus|sa ⟨m.; -, -⟩ Angehöriger eines mohammedan. Mischvolkes in Zentralafrika; *oV* Hausa

Haus|se ⟨[o:s(ə)] f.; -, -n; Wirtsch.⟩ **1** wirtschaftlicher Aufschwung **2** Hochstand der Börsenkurse von Wertpapieren; *Ggs* Baisse [frz., »Preissteigerung, Steigen der Kurse«]

Haus|si|er ⟨[osje:] m.; -s, -s⟩ jmd., der auf Hausse spekuliert; *Ggs* Baissier

haus|sie|ren ⟨[osi:-] V.⟩ im Kurswert steigen, z. B. Wertpapiere

Haus|to|ri|um ⟨n.; -s, -ri|en; Bot.⟩ Saugorgan parasitisch lebender Pflanzen [zu lat. *haurire* »ausleeren, schöpfen, verzehren«]

Haut|bois ⟨[oboa] f.; -, -; Musik⟩ Oboe [<frz. *haut* »hoch, laut« + *bois* »Holz«]

Haute Coif|fure ⟨[o:t koafy:r] f.; - -; unz.⟩ schöpferische, für die neueste Mode maßgebliche Frisierkunst [frz., »hohe Frisierkunst«]

Haute Cou|ture ⟨[o:t kuty:r] f.; - -; unz.⟩ vollendete Schneiderkunst, das schöpferische Modeschaffen, bes. in Paris [frz., »hohe Schneiderkunst«]

Haute Cou|tu|ri|er ⟨[o:t kutyrje:] m.; - - od. - -s, - -s⟩ Modeschöpfer [→ *Haute Couture*]

Haute|fi|nance ⟨[o:tfinã:s]⟩ *auch:* **Haute Fi|nance** ⟨f.; (-) -; unz.⟩ Hochfinanz, Geldaristokratie [<frz. *haute finance* »hohe Finanzwirtschaft«]

Haute|lisse ⟨[o:tlıs] f.; -, -n; Textilw.⟩ *Ggs* Basselisse **1** senkrechte Kette der Hautelisseweberei **2** mit Hilfe der Hautelisseweberei hergestellter Teppich [<frz. *haute lice* »Schaft mit senkrechter Kette«]

Haute|lisse|we|be|rei ⟨[o:tlıs-] f.; -, -en⟩ Webart mit senkrechter Kette für Teppiche; *Ggs* Basselisseweberei [→ *Hautelisse*]

Haute|vo|lee ⟨[o:tvɔle:] f.; -; unz.⟩ die vornehme Gesellschaft, die oberen Zehntausend [<frz. *(des gens) de haute volée* »(Leute) von hohem Rang«, <*haut* »hoch« + *volée* »Rang«]

Haut|gout ⟨[o:gu:] m.; -s; unz.⟩ **1** scharfer Geschmack nicht mehr frischen Fleisches (bes. von Wild) **2** ⟨fig.⟩ Anrüchigkeit [<frz. *haut-goût* »würziger od. Wildbretgeschmack«]

Haut|re|li|ef ⟨[o:rɛljɛf] n.; -s, -s⟩ Hochrelief, Relief mit stark erhaben herausgearbeiteten Figuren; *Ggs* Basrelief [frz.]

Ha|van|na[1] ⟨[-van-] f.; -, -s⟩ Zigarre aus Havannatabak [nach der kubanischen Hauptstadt *Havanna*]

Ha|van|na[2] ⟨[-van-] m.; -s; unz.⟩ feine Tabaksorte

Ha|va|rie ⟨[-va-] f.; -, -n; Seew.; Flugw.⟩ **1** Unfall, Bruch; ~ *eines Schiffes od. Flugzeugs;* ~ *erleiden, haben* **2** Unfall eines Kernreaktors [<frz. *avarie* »Seeschaden, Transportschaden« <ital. *avaria* <arab. *awarija* »beschädigte Ladung«]

ha|va|rie|ren ⟨[-va-] V.; Seew.; Flugw.⟩ bei einem Unfall, Zusammenstoß beschädigt werden [→ *Havarie*]

ha|va|riert ⟨[-va-] Adj.⟩ beschädigt, z. B. Schiff, Flugzeug od. (österr. a.) Kraftfahrzeug

Ha|va|rist ⟨[-va-] m.; -en, -en⟩ Eigentümer eines havarierten Schiffes

Ha|ve|lock ⟨[-və-] m.; -s, -s⟩ Herrenmantel mit Pelerine [nach dem engl. General Sir Henry *Havelock,* 1795-1857]

Ha|ve|rei ⟨[-və-] f.; -, -en⟩ Unfallkosten u. Schäden an Schiff u. Ladung [→ *Havarie*]

Ha|zi|en|da ⟨f.; -, -s⟩ = Hacienda

Hb ⟨Abk. für⟩ Hämoglobin

HB ⟨Abk. für⟩ Brinellhärte

h. c. ⟨Abk. für⟩ honoris causa

HDTV ⟨Abk. für engl.⟩ High Definition Television (hochauflösendes Fernsehen), Fernsehsystem mit geändertem Bildseitenverhältnis (16:9 statt 4:3) u. doppelter Zeilenzahl

He ⟨chem. Zeichen für⟩ Helium
h. e. ⟨Abk. für⟩ hoc est (entspricht dem dt. »d. i.« = das ist)
Head|crash ⟨[hɛdkræʃ] m.; -s, -s; EDV⟩ Vernichtung aller Daten auf der Festplatte, sobald sie mit dem Lesekopf des Computers in Berührung kommt [<engl. (read) *head* »(Lese-)Kopf« + *Crash*]
Head|hun|ter ⟨[hɛdhʌntə(r)] m.; -s, -⟩ **1** ⟨urspr.; in den USA noch⟩ jmd., der staatlich gesuchte Verbrecher auf eigene Rechnung jagt u. von den Fangprämien lebt **2** ⟨danach⟩ Personalberater, der Führungskräfte an Unternehmen vermittelt [engl., eigtl. »Kopfjäger«]
Head|hun|ting ⟨[hɛdhʌntɪŋ] n.; - od. -s; unz.; Wirtsch.⟩ die Vermittlung von Führungskräften für Unternehmen
Head|line ⟨[hɛdlaɪn] f.; -, -s⟩ Schlagzeile (in der Zeitung); *Ggs* Baseline [engl.]
Head|li|ner ⟨[hɛdlaɪnə(r)] m.; -s, -; Musik⟩ Auftritt eines Künstlers od. einer Musikgruppe, mit dem bei einem Konzert od. einer Show als Hauptattraktion geworben wird; *bei einer Tournee als ~ auftreten* [engl.; zu *headline* »Schlagzeile«]
Head|quar|ter ⟨[hɛdkwɔ:tə(r)] n.; -s, -⟩ **1** ⟨Mil.⟩ Hauptquartier **2** ⟨allg.⟩ Zentrale, Hauptsitz einer größeren Firma od. Institution [engl.]

headsche / Head'sche Zonen
(*Groß- und Kleinschreibung*)
Adjektivisch gebrauchte Ableitungen von Personennamen schreibt man klein. Wird jedoch die Grundform des Eigennamens durch einen Apostroph hervorgehoben, so schreibt man groß.

head|sche Zo|nen *auch:* **Head'sche Zo|nen** ⟨[hɛd-] Pl.⟩ bestimmte Bezirke der Haut, die bei Erkrankung bestimmter, ihnen zugeordneter innerer Organe in Mitleidenschaft gezogen werden [nach dem Londoner Neurologen Sir Henry *Head*, 1861-1940]
Head|set ⟨[hɛdsɛt] n.; -s, -s⟩ Kabel mit integriertem Mikrofon u. Kopfhörer, das in (Mobil-)Telefone eingestöpselt wird, um ein freies Telefonieren zu ermöglichen [engl., »Kopfhörer«]
Head|star|ter ⟨[hɛdsta:tə(r)] m.; -s, -⟩ **1** ⟨TV⟩ ein Fernsehprogramm, das Kinder im Vorschulalter auf das Lernen in der Schule vorbereiten soll **2** ⟨allg.⟩ jmd., der einen optimalen od. bevorzugten Einstieg in einen Tätigkeitsbereich od. eine Aufgabe hat [engl.]
Health|food ⟨[hɛlθfu:d] n.; -s; unz.⟩ jede Art von Speise od. Nahrungsmittel, die frei von chemischen Zusätzen ist u. für gesundheitsförderlich erachtet wird, z. B. Vollkornbrot, ungespritzte Früchte usw. [<engl. *health* »Gesundheit« + *food* »Nahrung«]
Hea|ring ⟨[hi:rɪŋ] n.; -s, -s⟩ Anhörung von Sachverständigen u. Zeugen durch einen Parlamentsausschuss; *ein ~ beantragen, veranstalten* [engl., »Hören, Anhörung«]
Hea|vi|side|schicht *auch:* **Hea|vi|side-Schicht** ⟨[hɛvɪsaɪd-] f.; -; unz.⟩ elektr. leitende Schicht in der Atmosphäre, die bestimmte elektromagnet. Wellen reflektiert; *Sy* Kennelly-Heaviside-Schicht [nach dem engl. Physiker Oliver *Heaviside*, 1850-1925]
Hea|vy Me|tal ⟨[hɛvi mɛtəl] n.; - - od. - -s; unz.⟩ = Hardrock [engl., eigtl. »Schwermetall«]
Hea|vy|rock ⟨[hɛvɪrɔk]⟩ *auch:* **Hea|vy Rock** ⟨m.; (-) -s; unz.; Musik⟩ Form der Rockmusik, die sich durch besonders aggressives Gitarren- u. Schlagzeugspiel auszeichnet [<engl. *heavy* »schwer« + *Rock*]
He|be|phre|nie ⟨f.; -, -n; Med.; Psych.⟩ schizophrene, wahnhafte Umbildung der Persönlichkeit ins Läppisch-Alberne, Jugendirresein [<grch. *hebe* »Jugend« + ...*phrenie*]

◆Die Buchstabenfolge **he|bra...** kann auch **heb|ra...** getrennt werden.

◆**He|bra|i|ka** ⟨Pl.⟩ Werke, Bilder über die hebräische Kultur
◆**He|bra|i|kum** ⟨n.; -s; unz.⟩ Prüfung im Hebräischen (für Theologiestudenten) [<lat. *hebraicum* »das Hebräische«]
◆**He|bra|is|mus** ⟨m.; -, -is|men⟩ in die hellenistische Literatur übernommene, hebr. Spracheigentümlichkeit [→ *Hebraistik*]
◆**He|bra|ist** ⟨m.; -en, -en⟩ Kenner, Erforscher der Hebraistik
◆**He|bra|is|tik** ⟨f.; -; unz.⟩ Wissenschaft von der hebräischen Kultur [<lat. *Hebraeus* »hebräisch«]
◆**He|bra|is|tin** ⟨f.; -, -tin|nen⟩ Kennerin, Erforscherin der Hebraistik
◆**he|bra|is|tisch** ⟨Adj.⟩ die Hebraistik betreffend, zu ihr gehörig, auf ihr beruhend
Hedge|ge|schäft ⟨[hɛdʒ-] n.; -(e)s, -e⟩ Art des Warentermingeschäftes, bei der verschiedene Geschäfte miteinander verbunden werden, um Risiken wie z. B. Kurs- od. Nachfrageschwankungen zu minimieren [<engl. *hedge* »(Ab-)Sicherung; Hecke«]
Hed|ging ⟨[hɛdʒɪŋ] n.; - od. -s, -s; Wirtsch.⟩ Absicherung gegenüber den Risiken beim Handel mit Wertpapieren [zu engl. *hedge* »absichern«]
He|do|nik ⟨f.; -; unz.⟩ = Hedonismus
He|do|ni|ker ⟨m.; -s, -; Philos.⟩ Anhänger des Hedonismus; *Sy* Hedonist
He|do|nis|mus ⟨m.; -; unz.; Philos.⟩ altgrch. Lehre, nach der Lust u. Genuss das höchste Gut des Lebens sind; *Sy* Hedonik [<grch. *hedone* »Lust«]
He|do|nist ⟨m.; -en, -en⟩ = Hedoniker
he|do|nis|tisch ⟨Adj.⟩ den Hedonismus betreffend, zu ihm gehörig, auf ihm beruhend
He|dschra *auch:* **Hedsch|ra** ⟨f.; -; unz.⟩ Aufbruch Mohammeds von Mekka nach Medina 622 n. Chr., Beginn der islam. Zeitrechnung [arab., »Loslösung, Auswanderung«]
He|ge|mon ⟨m.; -en, -en⟩ Herrscher, Führer, Oberkommandierender [grch.]
he|ge|mo|ni|al ⟨Adj.⟩ die Hegemonie, Vormachtstellung be-

H

treffend, nach ihr strebend; *~e Ansprüche äußern* [→ *Hegemonie*]

He|ge|mo|nie ⟨f.; -, -n⟩ Vormachtstellung, Vorherrschaft, führende Rolle (eines Staates) [<grch. *hegemonia;* zu *hegeisthai* »vorangehen, führen«]

he|ge|mo|nisch ⟨Adj.⟩ die Hegemonie besitzend

Hei|duck ⟨m.; -en, -en⟩ **1** ⟨urspr.⟩ ungar. Viehhirt **2** ⟨seit dem 16. Jh.⟩ Angehöriger einer ungar. Söldnertruppe **3** ⟨18. Jh.⟩ Gerichtsdiener u. Diener hoher ungar. Adliger [<ungar. *hajdú* »Treiber, Hirt«]

Heim|trai|ner ⟨[-tre:-] m.; -s, -⟩ = Hometrainer

H

He|ka|tom|be ⟨f.; -, -n⟩ **1** ⟨urspr.⟩ Opfer von 100 Stieren **2** ⟨allg.⟩ riesige Menge (von Opfern, Verlusten) [<grch. *hekaton* »hundert« + *bous* »Rind«]

hekt..., Hekt... ⟨in Zus.⟩ = hekto..., Hekto...

Hekt|ar *auch:* **Hek|tar** ⟨a. ['--] n. od. m.; -s, -e od. (bei Zahlenangaben) -; Abk.: ha⟩ Flächenmaß von 100 Ar (10 000 m²) [<*Hekto...* + *Ar*]

Hekt|a|re *auch:* **Hek|ta|re** ⟨f.; -, -n; schweiz. für⟩ Hektar

Hek|tik ⟨f.; -; unz.⟩ hektisches Wesen, nervöse Betriebsamkeit; *sie leben in ständiger ~* [<grch. *hektikos* »einen dauernden Zustand habend«; zu *hexis* »Beschaffenheit, Zustand«]

Hek|ti|ker ⟨m.; -s, -⟩ jmd., der hektisch ist

Hek|ti|ke|rin ⟨f.; -, -rin|nen⟩ weibl. Person, die hektisch ist

hek|tisch ⟨Adj.⟩ **1** lange andauernd, hartnäckig **2** fiebrig, fieberhaft, erregt; *~e Betriebsamkeit*

hek|to..., Hek|to... ⟨Zeichen: h; vor Maßeinheiten⟩ das 100-fache der betreffenden Grundeinheit, z. B. 1 hl = 100 Liter [<grch. *hekaton* »hundert«]

Hek|to|graf ⟨m.; -en, -en⟩ = Hektograph

Hek|to|gra|fie ⟨f.; -, -n⟩ = Hektographie

hek|to|gra|fie|ren ⟨V.⟩ = hektographieren

Hek|to|gramm ⟨n.; -(e)s, -e; Abk.: hg⟩ Gewichtseinheit von 100 Gramm

Hek|to|graph ⟨m.; -en, -en⟩ Vervielfältigungsapparat, bei dem von einer mit Spezialtinte beschrifteten Leimplatte auf Papier gedruckt wird, heute veraltet; *oV* Hektograf [<*Hekto...* + *...graph*]

Hek|to|gra|phie ⟨f.; -, -n⟩ Vervielfältigung mittels Hektographen; *oV* Hektografie

hek|to|gra|phie|ren ⟨V.⟩ vervielfältigen; *oV* hektografieren

Hek|to|li|ter ⟨a. ['----] n. od. umg. bzw. schweiz. nur m.; -s, -; Abk.: hl⟩ Flüssigkeitsmaß, 100 Liter

Hek|to|me|ter ⟨a. ['----] n. od. m.; -s, -; Abk.: hm⟩ Längenmaß, 100 m

Hek|to|pas|cal ⟨a. ['----] n.; -s, -; Zeichen: hPa⟩ Druckeinheit, 100 Pascal [<*Hekto...* + *Pascal*]

Hek|to|ster ⟨a. ['---] n.; -s, -; Abk.: hs⟩ Holzmaß, 100 Ster [<*Hekto...* + *Ster*]

Hek|to|watt ⟨a. ['---] n.; -s, -; Zeichen: hw⟩ Maßeinheit der elektr. Leistung, 100 Watt [<*Hekto...* + *Watt*]

He|lan|ca® ⟨n.; -s; unz.; Textilw.⟩ ein hochelastisches, gekräuseltes Garn auf der Basis von Nylon

he|li..., He|li... ⟨in Zus.⟩ = helio..., Helio...

he|li|a|kisch ⟨Adj.⟩ auf die Sonne bezogen [zu grch. *helios* »Sonne«]

He|li|an|thus ⟨m.; -, -an|then; Bot.⟩ Gattungsname der Sonnenblume [<*Helio...* + grch. *anthos* »Blume«]

He|li|co|bac|ter Py|lo|ri ⟨m. od. n.; - -; unz.; Med.⟩ Bakterium, das die Entstehung von Gastritis begünstigt [zu grch. *helix,* Gen. *helikos* »Windung, Kreislauf« + lat. *bacterium* <grch. *bakterion* »Stäbchen« + *Pylorus*]

He|li|kon ⟨n.; -s, -s; Musik⟩ Blechblasinstrument der Militärkapellen, Bass- od. Kontrabasstuba [zu grch. *helikos* »gewunden, krummhörnig«]

He|li|ko|pter *auch:* **He|li|kop|ter** ⟨m.; -s, -⟩ Hubschrauber [<grch. *helix,* Gen. *helikos* »Windung, Kreislauf, Spirale« + *pteron* »Flügel«]

he|lio..., He|lio... ⟨in Zus.⟩ licht..., sonnen..., Licht..., Sonnen... [<grch. *helios* »Sonne«]

He|lio|bio|lo|gie ⟨f.; -; unz.; Biol.⟩ Einfluss der Sonne auf die Biosphäre [<*Helio...* + *Biologie*]

he|lio|bio|lo|gisch ⟨Adj.; Biol.⟩ die Heliobiologie betreffend, auf ihr beruhend

He|li|o|dor ⟨m.; -s, -e; Min.⟩ ein grüngelblicher Beryll [<grch. *helios* »Sonne« + *doron* »Geschenk«]

He|lio|graf ⟨m.; -en, -en⟩ = Heliograph

He|lio|gra|fie ⟨f.; -, -n⟩ = Heliographie

he|lio|gra|fisch ⟨Adj.⟩ = heliographisch

He|lio|graph ⟨m.; -en, -en⟩ *oV* Heliograf **1** Fernrohr mit Kamera zum Fotografieren der Sonne **2** Gerät zum Übermitteln opt. Signale mit Hilfe des Sonnenlichtes

He|lio|gra|phie ⟨f.; -, -n⟩ *oV* Heliografie **1** Tiefdruckverfahren auf fotomechan. Wege **2** das Zeichengeben mit dem Heliographen [<*Helio...* + *...graphie*]

he|lio|gra|phisch ⟨Adj.⟩ die Heliographie betreffend, zu ihr gehörig, auf ihr beruhend, mit Hilfe des Heliographen; *~e Koordinaten* Zahlenangaben zur Festlegung eines Punktes nach Länge u. Breite auf der Sonnenoberfläche; *oV* heliografisch [<*helio...* + *graphisch*]

He|lio|gra|vü|re ⟨[-vy:-] f.; -, -n⟩ **1** Tiefdruckverfahren ohne Raster **2** auf diese Weise bedrucktes Blatt; *Sy* Fotogravüre

He|lio|me|ter ⟨n.; -s, -; Astron.⟩ astronom. Instrument zum Bestimmen sehr kleiner Winkelabstände zwischen zwei Gestirnen [<*Helio...* + *...meter*]

he|lio|phil ⟨Adj.; Biol.⟩ Sonnenlicht liebend; *Sy* photophil; *Ggs* heliophob [<*helio...* + *...phil*]

he|lio|phob ⟨Adj.; Biol.⟩ Sonnenlicht meidend; *Sy* photophob; *Ggs* heliophil [<*helio...* + *...phob*]

He|li|o|skop *auch:* **He|li|os|kop** ⟨n.; -s, -e; Astron.⟩ die Helligkeit schwächendes Gerät zur Beobachtung der Sonne durch das Fernrohr [<*Helio...* + *...skop*]

He|li|o|stat *auch:* **He|li|os|tat** ⟨m.; -en, -en; Astron.⟩ Gerät mit Spiegeln, die durch ein Uhrwerk derart bewegt werden, dass das Bild eines Gestirns (der Sonne) ständig in ein fest stehendes Fernrohr geworfen wird [<*Helio…* + *…stat*]

He|lio|the|ra|pie ⟨f.; -; unz.; Med.⟩ Behandlung mit Sonnenlicht u. -wärme zu Heilzwecken

he|lio|trop ⟨Adj.⟩ **1** helllila **2** auf Heliotropismus beruhend [<*helio…* + *…trop*[1]]

He|lio|trop ⟨n.; -s, -e⟩ **1** ⟨Bot.⟩ eine Zierpflanze **2** ein Parfüm **3** ein Farbstoff für Baumwolle **4** ⟨Geodäsie⟩ Sonnenspiegel zur Beobachtung entfernter Punkte **5** ⟨Min.⟩ dunkelgrüne Abart des Chalcedons mit blutroten Jaspiseinsprenglingen; *Sy* Blutjaspis [<*Helio…* + *…trop*[2]]

He|lio|tro|pis|mus ⟨m.; -; unz.; Biol.⟩ Eigenschaft von Pflanzen u. Tieren, Wachstum u. Bewegung nach dem Licht auszurichten

he|lio|zen|trisch *auch:* **he|lio|zent|risch** ⟨Adj.⟩ auf die Sonne als Mittelpunkt bezogen

He|lio|zo|on ⟨n.; -s, -zo|en; Zool.⟩ Klasse der Wurzelfüßer, meist im Süßwasser, mit einem Skelett aus zäher Gallerte od. Kieselsäure, Sonnentierchen [<*Helio…* + *Zoon*]

He|li|port ⟨m.; -s, -s⟩ Landefläche für Hubschrauber [verkürzt <*Heli*kopter + engl. *port* »Hafen«]

He|li|ski|ing ⟨n.; -s; unz.; Sport⟩ Tiefschneeskifahren auf schwer zugänglichen, meist nicht präparierten od. ausgewiesenen Pisten, zu denen die Skifahrer mit Hubschraubern gebracht werden [verkürzt <*Heli*kopter + engl. *Skiing* »Skifahren«]

He|li|um ⟨n.; -s; unz.; chem. Zeichen: He⟩ zu den Edelgasen gehörendes chem. Element, Ordnungszahl 2 [<grch. *helios* »Sonne«]

He|lix ⟨f.; -; unz.⟩ **1** ⟨Anat.⟩ äußerer Rand der menschl. Ohrmuschel, Ohrleiste **2** Helix pomatia: Weinbergschnecke **3** ⟨Genetik⟩ schraubenförmige Anordnung der Nucleotide eines DNS-Moleküls (Strukturmodell von Watson u. Crick) [<grch. *helix* »Windung, Spirale«]

He|li|zi|tät ⟨f.; -; unz.; Physik⟩ spiralförmige Bewegung eines Elementarteilchens; *positive* ~ Bewegung nach rechts; *negative* ~ Bewegung nach links [zu grch. *helix* »Windung, Kreislauf«]

hel|ko|gen ⟨Adj.; Med.⟩ aus einem Geschwür entstanden [zu grch. *helkos* »Geschwür«]

Hel|ko|lo|gie ⟨f.; -; unz.; Med.; veraltet⟩ Lehre von den Geschwüren [<grch. *helkos* »Geschwür« + *…logie*]

Hel|le|bo|rus ⟨m.; -, -ri; Bot.⟩ Nieswurz [lat.]

Hel|le|ne ⟨m.; -n, -n⟩ **1** ⟨urspr.⟩ Einwohner der altgriechischen Landschaft Hellas **2** ⟨seit dem 17. Jh. v. Chr.⟩ Grieche [<grch. *Hellas* (urspr. Bez. für eine Landschaft im südöstl. Thessalien, dann der gesamte von Griechen bewohnte Raum, bes. Mittelgriechenland; seit 1883 der Name des neugrch. Staats)]

hel|le|nisch ⟨Adj.⟩ auf Hellas, die Hellenen, Griechenland bezüglich, von ihnen stammend

hel|le|ni|sie|ren ⟨V.⟩ nach griechischem Vorbild gestalten

Hel|le|nis|mus ⟨m.; -; unz.; histor.⟩ Abschnitt der grch. Kultur von der Zeit Alexanders des Großen bis Augustus, gekennzeichnet durch das Verschmelzen mit Elementen der kleinasiat. u. ägypt. Kultur [von dem dt. Historiker J. G. Droysen geprägter Begriff; zu grch. *hellenizein* »griechisch sprechen, griechische Denkart haben«]

Hel|le|nist ⟨m.; -en, -en⟩ **1** ⟨früher⟩ **1.1** in der grch. Kultur gebildeter Gelehrter u. Schriftsteller des Alexandrinischen Zeitalters **1.2** ⟨bes. im NT⟩ Griechisch sprechender Jude der nachklass. Zeit **2** Kenner, Erforscher der altgriechischen Sprache u. Kultur [→ *Hellene*]

Hel|le|nis|tik ⟨f.; -; unz.⟩ Wissenschaft von der altgriechischen Sprache u. Kultur [→ *Hellene*]

hel|le|nis|tisch ⟨Adj.⟩ den Hellenismus betreffend, zu ihm gehörig; *~e Kunst; der ~e Staat*

Hel|minth|a|go|gum *auch:* **Hel|min|tha|go|gum** ⟨n.; -s, -go|ga; Pharm.⟩ Mittel gegen Wurmkrankheiten [<grch. *helmins* »Wurm« + *agogos* »herbeiführend, anregend, treibend«]

Hel|min|the ⟨f.; -, -n; meist Pl.; Med.; Sammelbez. für⟩ Eingeweidewürmer [<grch. *helmins,* Gen. *helminthos* »Wurm«]

Hel|min|thi|a|sis ⟨f.; -; unz.; Med.⟩ Erkrankung durch Eingeweidewürmer; *Sy* Wurmkrankheit [<grch. *helmins,* Gen. *helminthos* »Wurm«]

Hel|min|tho|lo|gie ⟨f.; -; unz.; Med.⟩ Lehre von den Eingeweide- u. a. parasitischen Würmern, Teilgebiet der Parasitologie [<grch. *helmins,* Gen. *helminthos* + *…logie*]

He|lo|phyt ⟨m.; -en, -en; Bot.⟩ Sumpfpflanze [<grch. *helos* »Sumpf, Morast« + *…phyt*]

He|lot ⟨m.; -en, -en⟩ *oV* Helote **1** ⟨im antiken Sparta⟩ Staatssklave **2** ⟨fig.⟩ Unterdrückter; →*a.* Spartiat [<grch. *heilos,* Gen. *heilotos* »Leibeigener«; vermutl. zu *helein* »gefangen nehmen«]

He|lo|te ⟨m.; -n, -n⟩ = Helot

Help|line ⟨[-laın] f.; -, -s⟩ Telefonservice, der Rat u. Informationen zu bestimmten Problemen od. Fragestellungen anbietet; *die Nummer einer ~ im Fernsehen einblenden* [<engl. *help* »Hilfe« + *line* »Leitung«]

Hel|ve|ti|er ⟨[-ve:-] m.; -s, -⟩ Angehöriger eines keltischen, in die Schweiz eingewanderten Volksstammes [zu lat. *Helvetia* »Schweiz«]

Hel|ve|ti|ka ⟨[-ve:-] Pl.⟩ Bücher, Bilder usw. über die Schweiz [<lat. *Helvetia* »Schweiz«]

hel|ve|tisch ⟨[-ve:-] Adj.⟩ **1** Helvetia, die Schweiz betreffend, zu ihr gehörend, aus ihr stammend **2** *Helvetisches Bekenntnis* das Glaubensbekenntnis der evang.-ref. Kirche **3** *die Helvetische Republik* die Schweiz

Hel|ve|tis|mus ⟨[-ve-] m.; -, -tis|men; Sprachw.⟩ in eine andere Sprache übernommene schweizerische Spracheigentümlichkeit [→ *Helvetika*]

He|man ⟨[hiːmæn] m.; -s, -men [-mən]; umg.⟩ bes. männlich wirkender, kräftiger, muskulöser Mann [<engl. *he-man* <*he* »er; männliches Lebewesen« + *man* »Mann«]

He|me|ro|phyt ⟨m.; -en, -en; Bot.⟩ Pflanze, die nur im menschl. Kulturbereich gedeihen kann [<grch. *hemeros* »zahm« + *...phyt*]

he|mi..., He|mi... ⟨in Zus.⟩ halb..., Halb... [<grch. *hemisys* »halb«]

He|mi|al|gie ⟨f.; -, -n; Med.⟩ Schmerzen einer Körperhälfte, bes. einseitiger Kopfschmerz [<*Hemi...* + grch. *algos* »Schmerz«]

H

he|mi|fa|zi|al ⟨Adj.; Med.⟩ das Gesicht halbseitig betreffend [<*hemi...* + *Fazialis*]

He|mi|kra|nie ⟨f.; -, -n; Med.⟩ halbseitiger Kopfschmerz, Migräne [<grch. *hemikrania*]

he|mi|morph ⟨Adj.; Min.⟩ an entgegengesetzten Enden unterschiedl. entwickelt (von Kristallen) [<*hemi...* + *...morph*]

He|mi|o|le ⟨f.; -, -n; Musik⟩ Veränderung des Metrums durch Festhalten eines Notenwertes über den Takt hinaus, wodurch eine synkopische Wirkung entsteht [zu grch. *hemiolios* »anderthalb«]

he|mi|pe|la|gisch ⟨Adj.⟩ **1** aus einer Meerestiefe zwischen 200-2700 Meter stammend (von Meeresablagerungen) **2** meist frei schwimmend (von Meerestieren, die während ihrer Jugend im freien Wasser, später am Meeresgrund leben) [<*hemi...* + *pelagisch*]

He|mi|ple|gie ⟨f.; -, -n; Med.⟩ Halbseitenlähmung [<*Hemi...* + grch. *plessein* »schlagen«]

He|mi|pte|re *auch:* **He|mip|te|re** ⟨m.; -n, -n; Zool.⟩ Halbflügler (Wanzen) [<*Hemi...* + *pteron* »Flügel«]

He|mi|spas|mus ⟨m.; -, -spas|men; Med.⟩ halbseitiger Krampf

He|mi|sphä|re ⟨f.; -, -n⟩ **1** Halbkugel, Erdhälfte; *nördl., südl.* ~ **2** ⟨Anat.⟩ eine Hälfte des Großhirns

he|mi|sphä|risch ⟨Adj.⟩ die Hemisphäre betreffend, zu ihr gehörig

He|mi|sti|chi|on *auch:* **He|mis|ti|chi|on** ⟨n.; -s, -chi|en; antike Metrik⟩ halber Vers einer durch Zäsur geteilten Verszeile; *oV* Hemistichium [<*Hemi...* + *stichos* »Vers«]

He|mi|sti|chi|um *auch:* **He|mis|ti|chi|um** ⟨n.; -s, -chi|en; antike Metrik⟩ = Hemistichion

He|mi|to|nie ⟨f.; -, -n; Med.; veraltet⟩ halbseitige Zunahme der Muskelspannung [<*Hemi...* + *...tonie*]

he|mi|to|nisch ⟨Adj.⟩ **1** ⟨Musik⟩ Halbtöne enthaltend **2** ⟨Med.; veraltet⟩ die Hemitonie betreffend, auf ihr beruhend

he|mi|zy|klisch *auch:* **he|mi|zyk|lisch** ⟨Adj.⟩ halbkreisförmig

Hem|lock|tan|ne ⟨f.; -, -n; Bot.⟩ Art der Schierlingstanne: Tsuga canadensis; *Sy* Tsuga [<engl. *hemlock* »Schierling«]

He|na|de ⟨f.; -, -n; Philos.⟩ = Monade (2)

Hen|de|ka|gon ⟨n.; -s, -e; Geom.⟩ Elfeck [<grch. *hendeka* »elf« + *...gon*]

Hen|di|a|dy|oin ⟨n.; -s; unz.; Stilistik⟩ Bezeichnung eines Begriffs durch zwei nebengeordnete, Stilfigur, bei der statt eines adjektivischen Attributs ein Substantiv gebraucht wird, z. B. »aus Bechern und Gold trinken wir« statt »aus goldenen Bechern«; *oV* Hendiadys [<grch. *hen dia dyoin* »eins durch zwei«]

Hen|di|a|dys ⟨n.; -; unz.; Stilistik⟩ = Hendiadyoin

Henge|mo|nu|ment ⟨[hendʒ-] n.; -(e)s, -e⟩ vorgeschichtliche Anlage, die aus kreisförmig angeordneten u. mit Deckplatten versehenen Steinen besteht [nach dem Monument im engl. *Stonehenge*]

Hen|na ⟨f. od. n.; -; unz.⟩ **1** ⟨Bot.⟩ Strauch aus der Familie der Weiderichgewächse, der einen roten bis gelben Farbstoff u. ein wohlriechendes Öl zum Parfümieren u. Einbalsamieren liefert: Lawsonia inermis **2** der von dieser Pflanze gelieferte rote Farbstoff für Kosmetik [<arab. *al-hinna*]

Hen|nin ⟨[ɛnɛ̃ː] n.; -s, -s; 14./15. Jh.⟩ hohe, kegelförmige Kopfbedeckung für Frauen, mit hinten herabhängendem Schleier, bes. in Frankreich u. den Niederlanden getragen [frz.]

He|no|the|is|mus ⟨m.; -; unz.⟩ Verehrung eines unter mehreren Göttern bevorzugten Gottes [<grch. *hen* »eins« + *Theismus*]

he|no|the|is|tisch ⟨Adj.⟩ den Henotheismus betreffend, zu ihm gehörig, auf ihm beruhend

Hen|ri|qua|tre *auch:* **Hen|ri|quat|re** ⟨[ãrikatrə] m.; -s, -s⟩ kurzer Spitzbart mit aufwärtsgedrehtem Schnurrbart [nach *Henri Quatre* = König Heinrich IV. von Frankreich, 1553-1610]

Hen|ry ⟨n.; -, -; Zeichen: H; Physik⟩ Einheit der magnet. Induktivität, 1H = 1 Vs/A [nach dem nordamerikan. Physiker J. *Henry*, † 1878]

He|or|to|lo|gie ⟨f.; -; unz.⟩ Lehre von den kirchl. Feiertagen [<grch. *heorte* »Fest« + *...logie*]

He|or|to|lo|gi|um ⟨n.; -s, -gi|en⟩ kirchl. Festkalender [<grch. *heorte* »Fest« + *...logium*]

He|par ⟨n.; -s, -pa|ta; Med.⟩ Leber [grch.]

He|pa|rin ⟨n.; -s; unz.; Physiol.⟩ aus der Leber gewonnener Stoff mit gerinnungshemmenden Eigenschaften [<grch. *hepar* »Leber«]

He|pat|al|gie *auch:* **He|pa|tal|gie** ⟨f.; -, -n; Med.⟩ Leberschmerz [<grch. *hepar*, Gen. *hepatos* »Leber« + *...algie*]

He|pa|ti|ka ⟨f.; -, -ti|ken; Bot.⟩ Leberblümchen [<grch. *hepar*, Gen. *hepatos* »Leber«]

he|pa|tisch ⟨Adj.; Med.⟩ die Leber betreffend, von ihr ausgehend [→ *Hepar*]

He|pa|ti|tis ⟨f.; -, -ti|ti|den; Med.⟩ entzündl. Erkrankung der Leber, Leberentzündung [<grch. *hepar*, Gen. *hepatos* »Leber«]

he|pa|to..., He|pa|to... ⟨in Zus.; Med.⟩ leber..., Leber... [zu grch. *hepar*, Gen. *hepatos* »Leber«]

he|pa|to|gen ⟨Adj.; Med.⟩ in der Leber gebildet, von der Leber herrührend; *~e Erkrankungen* [<*hepato...* + *...gen*]

He|pa|to|lith ⟨m.; -s, -e; Med.⟩ Leberstein, Gallenstein in den Gallengängen der Leber [<*Hepato...* + *...lith*]

He|pa|to|lo|ge ⟨m.; -n, -n; Med.⟩ in der Hepatologie ausgebildeter Arzt

He|pa|to|lo|gie ⟨f.; -; unz.; Med.⟩ Lehre von der Leber u. ihren Krankheiten [<*Hepato…* + *…logie*]

He|pa|to|lo|gin ⟨f.; -, -gin|nen; Med.⟩ in der Hepatologie ausgebildete Ärztin

he|pa|to|lo|gisch ⟨Adj.; Med.⟩ die Hepatologie betreffend, zu ihr gehörig, auf ihr beruhend

He|pa|to|se ⟨f.; -, -n; Med.⟩ degenerative Schädigung der Leberzellen [<grch. *hepar,* Gen. *hepatos* »Leber«]

He|phäst ⟨m.; -(e)s, -e; geh.⟩ Kunstschmied [nach dem grch. Gott des Feuers u. Schutzgott der Schmiedekunst *Hephaistos*]

hep|ta…, Hep|ta… ⟨vor Vokalen⟩ hept…, Hept… ⟨in Zus.⟩ sieben [<grch. *hepta* »sieben«]

Hep|ta|chord ⟨[-kɔrd] m. od. n.; -(e)s, -e; Musik⟩ die große Septime [<*Hepta…* + *…chord*]

Hep|ta|eder ⟨n.; -s, -; Geom.⟩ von sieben Flächen begrenzter Körper, Siebenflach, Siebenflächner

Hep|ta|gon ⟨n.; -s, -e; Geom.⟩ Siebeneck [<*Hepta…* + *…gon*]

Hep|ta|me|ron ⟨n.; -s; unz.⟩ **1** Schöpfungswoche **2** ⟨Lit.⟩ Novellensammlung von Margarete v. Navarra, entstanden 1542-1549 [<*Hepta…* + grch. *hemera* »Tag«]

Hep|ta|me|ter ⟨m.; -s, -; Metrik⟩ siebenfüßiger Vers

Hep|tan ⟨n.; -s; unz.; Chemie⟩ aliphatischer Kohlenwasserstoff mit sieben Kohlenstoffatomen [<grch. *hepta* »sieben«]

Hept|ar|chie *auch:* **Hep|tar|chie** ⟨[-çiː] f.; -; unz.; histor.⟩ Staatenbund der sieben angelsächsischen Königreiche (Essex, Wessex, Sussex, Kent, Mercien, Ostanglien, Northumberland) [<*Hepta…* + *…archie*]

Hep|ta|teuch ⟨m.; -s; unz.⟩ die ersten sieben Bücher des AT [<*Hepta…* + grch. *teuchos* »Rüstzeug, Buch«]

Hep|ta|to|nik ⟨f.; -; unz.; Musik⟩ sieben Töne umfassende Tonleiter [<*Hepta…* + grch. *tonos* »Seil, Tau, Saite; Spannung, Spannkraft«]

Hept|o|de *auch:* **Hep|to|de** ⟨f.; -, -n; Physik⟩ Elektronenröhre mit sieben Elektroden [<*Hepta…* + *…ode*]

Hep|to|se ⟨f.; -, -n; Chemie⟩ Monosaccharid mit sieben Kohlenstoffatomen [<grch. *hepta* »sieben«]

He|rai|on ⟨n.; -s, -s⟩ Tempel der grch. Götterkönigin Hera, z. B. in Argos, Olympia u. Samos; *oV* Heräon

He|ra|kli|de *auch:* **He|rak|li|de** ⟨m.; -n, -n; histor.⟩ **1** Nachkomme des Herakles **2** Selbstbezeichnung der Mitglieder des dorischen Fürstengeschlechts

He|ral|dik ⟨f.; -; unz.⟩ Wappenkunde [<frz. *(science) héraldique* »Heroldskunst«; zu afrz. *héralt;* → *Herold*]

He|ral|di|ker ⟨m.; -s, -⟩ Kenner, Erforscher der Wappenkunde

he|ral|disch ⟨Adj.⟩ zur Heraldik gehörig; *~e Farben* die in der Heraldik verwendeten Farben Rot, Blau, Grün, Schwarz sowie die beiden Metalle Gold u. Silber

He|rä|on ⟨n.; -s, -s⟩ = Heraion

Her|ba ⟨Pl.⟩ Pflanzen od. Pflanzenteile, die als Drogen od. Drogenbestandteile medizinisch verwendet werden [<lat. *herba* »Kraut«]

Her|ba|list ⟨m.; -en, -en⟩ Pflanzensammler, Kräuterexperte [<lat. *herba* »Kraut, Pflanze«]

Her|bar ⟨n.; -s, -ri|en⟩ = Herbarium

Her|ba|ri|um ⟨n.; -s, -ri|en⟩ Sammlung von getrockneten Pflanzen; *Sy* Herbar [<lat. *herba* »Kraut, Pflanze«]

her|bi|vor ⟨[-voːr] Adj.; Biol.⟩ *~e Tiere* pflanzenfressende Tiere; *Ggs* karnivor [<lat. *herba* »Pflanze« + *…vor*]

Her|bi|vo|re ⟨[-voː-] m.; -n, -n; Biol.⟩ pflanzenfressendes Tier; *Ggs* Karnivore (1)

her|bi|zid ⟨Adj.⟩ Unkraut vernichtend [<lat. *herba* »Pflanze« + *…zid*[1]]

Her|bi|zid ⟨n.; -(e)s, -e⟩ chem. Mittel zur Bekämpfung von Unkraut

he|re|di|tär ⟨Adj.⟩ *Ggs* aheredität **1** erblich, vererbbar **2** vererbt [<frz. *héréditaire* »erblich« <lat. *hereditas* »Erbschaft«]

He|re|di|tät ⟨f.; -; unz.⟩ **1** Erblichkeit, Vererbbarkeit **2** Vererbung **3** Erbfolge [<lat. *hereditas* »Erbschaft«]

He|re|do|pa|thie ⟨f.; -, -n; Med.⟩ Erbkrankheit [<lat. *heredium* »Erbgut« + *…pathie*]

He|re|ro[1] ⟨m.; - od. -s, - od. -s⟩ Angehöriger eines südwestafrikan. Bantuvolkes

He|re|ro[2] ⟨n.; - od. -s; unz.⟩ Sprache eines südwestafrikan. Bantuvolkes

Her|ku|les|ar|beit ⟨f.; -; unz.⟩ übermenschlische Anstrengung erfordernde Arbeit [→ *herkulisch*]

her|ku|lisch ⟨Adj.⟩ **1** sehr stark u. groß, riesenstark; *~e Gestalt; ~er Mensch* **2** übermenschlich, riesig; *~e Kräfte* [nach dem grch. Sagenhelden *Herkules*]

Herm|a|phro|dis|mus *auch:* **Her|maph|ro|dis|mus** ⟨m.; -; unz.⟩ = Hermaphroditismus

Herm|a|phro|dit *auch:* **Her|maph|ro|dit** ⟨m.; -en, -en⟩ fortpflanzungsfähiges Lebewesen mit männl. u. weibl. Geschlechtsmerkmalen; *Sy* Zwitter; → *a.* Intersex [nach dem Sohn des grch. Gottes *Hermes* u. der Göttin *Aphrodite*]

herm|a|phro|di|tisch *auch:* **her|maph|ro|di|tisch** ⟨Adj.; Biol.⟩ zwitterhaft

Herm|a|phro|di|tis|mus *auch:* **Her|maph|ro|di|tis|mus** ⟨m.; -; unz.; Biol.⟩ Zwittrigkeit, Zwitterbildung; *oV* Hermaphrodismus; → *a.* Intersexualität

Her|me ⟨f.; -, -n⟩ rechteckiger Pfeiler, der oben die plast. Darstellung eines Kopfes trägt, urspr. nur der Hermes, dann anderer Götter, später auch berühmter Männer [nach dem grch. Gott *Hermes*]

Her|me|neu|tik ⟨f.; -; unz.; Lit.⟩ Kunst der Auslegung, Deutung von Schriften, Kunstwerken usw. [<grch. *hermeneutes* »Ausleger«]

her|me|neu|tisch ⟨Adj.; Lit.⟩ die Hermeneutik betreffend, zu ihr gehörig, auf ihr beruhend, auslegend, erklärend, deutend; *die ~e Methode; der ~e Zirkel*

Her|me|ti|ker ⟨m.; -s, -⟩ **1** ⟨urspr.⟩ (schwärmender) Anhänger der Lehre des Hermes Trismegis-

H

tos **2** ⟨heute; geh.⟩ Schriftsteller, Philosoph mit einer mehrdeutigen, schwer verständlichen Ausdrucksweise [→ *hermetisch*]

her|me|tisch ⟨Adj.⟩ luft- u. wasserdicht; ~ *verschlossen* [<mlat. Adj. *hermetice* (Paracelsus 1528), nach dem sagenhaften ägypt. Weisen *Hermes Trismegistos,* der die Kunst erfunden haben soll, eine Glasröhre mit einem geheimnisvollen Siegel luftdicht zu verschließen]

Her|me|tis|mus ⟨m.; -; unz.⟩ **1** ⟨Lit.; seit 1935⟩ Richtung der ital. Lyrik, die sich eines geheimnisvollen, unbestimmten Stils bedient **2** ⟨geh.⟩ Dunkelheit, Undurchdringlichkeit, Vieldeutigkeit eines literarischen Werkes, bes. innerhalb der Lyrik; *der ~ der modernen Lyrik* [→ *hermetisch*]

Her|nie ⟨[-njə] f.; -, -n⟩ **1** ⟨Med.⟩ Eingeweidebruch **2** durch den Pilz Plasmodiophora brassicae hervorgerufene Pflanzenkrankheit, bes. am Kohl, die an Wurzel od. Wurzelhals bruchähnliche Verdickungen hervorruft [<lat. *hernia* »Bruch«]

Her|nio|to|mie ⟨f.; -, -n; Med.⟩ Operation eines Eingeweidebruchs [<lat. *hernia* »Bruch« + *...tomie*]

He|ro|en ⟨Pl. von⟩ Heros

He|ro|en|kult ⟨m.; -(e)s, -e; Pl. selten⟩ **1** ⟨antike Myth.⟩ kultische Verehrung eines Heros **2** ⟨geh.; meist abwertend⟩ Verehrung von als Helden betrachteten, zu Helden erklärten Männern [<grch. *heros* »Held« + *Kult*]

He|ro|i|de ⟨f.; -, -n; bes. im 16. Jh.⟩ Heldenbrief, fingierter Liebesbrief eines Heros od. einer Heroin [nach den »Epistulae« von Ovid; <grch. *heros* »Held«]

He|ro|ik ⟨f.; -; unz.; geh.⟩ Heldenhaftigkeit, Mut [→ *Heros*]

He|ro|in[1] ⟨f.; -, -in|nen⟩ Heldin [→ *Heros*]

He|ro|in[2] ⟨n.; -s; unz.⟩ wegen der außerordentl. Suchtgefahr kaum noch therapeutisch angewendetes Rauschmittel: Diacetylmorphin [»heroisch« bedeutet in der Heilkunde des Altertums u. MA »sehr stark wirkend«]

He|ro|i|ne ⟨f.; -, -n; Theat.; veraltet⟩ Darstellerin einer Heldin [<grch. *heros* »Held«]

He|ro|i|nis|mus ⟨m.; -; unz.⟩ Süchtigkeit nach Heroin[2]

he|ro|isch ⟨Adj.⟩ **1** einem Heros gemäß, entsprechend, wie ein Heros, heldisch, heldenhaft **2** ⟨Mal.⟩ *~e Landschaft* ideale Landschaft mit mytholog. Staffagefiguren

he|ro|i|sie|ren ⟨V.⟩ zum Helden erheben, verherrlichen; *einen Popstar ~* [→ *Heros*]

He|ro|is|mus ⟨m.; -; unz.⟩ Heldenmut, Heldentum [→ *Heros*]

He|rold ⟨m.; -(e)s, -e⟩ **1** ⟨MA⟩ Ausrufer, Fürstenbote **2** ⟨fig.⟩ Verkünder, Vorläufer [<spätmhd. *heralt* <afrz. *héralt,* fränk. **heriwald* »Heeresbeamter«]

He|rons|ball ⟨m.; -(e)s, -bäl|le; Technik⟩ bereits im Altertum bekannte Art einer Pumpe, bei der der Druck zusammengepresster Luft zum Transport von Flüssigkeiten genutzt wird [nach dem altgrch. Physiker *Heron* von Alexandrien, um 100 v. Chr.]

He|ro|on ⟨n.; -s, -ro|a⟩ Heiligtum, Grabmal eines Heros [grch.]

He|ros ⟨m.; -, -ro|en⟩ **1** Held **2** Halbgott [grch.]

He|ro|strat *auch:* **He|ros|trat** *auch:* **He|rost|rat** ⟨m.; -en, -en⟩ Verbrecher aus Ruhmsucht [nach *Herostratos,* einem Bewohner von Ephesos, der den Artemistempel seiner Vaterstadt anzündete, um dadurch seinen Namen berühmt zu machen]

he|ro|stra|tisch *auch:* **he|ros|tra|tisch** *auch:* **he|rost|ra|tisch** ⟨Adj.⟩ aus Ruhmsucht verbrecherisch handelnd [→ *Herostrat*]

Herp|an|gi|na *auch:* **Her|pan|gi|na** ⟨f.; -, -ne; Med.⟩ durch Virusinfektion hervorgerufene Entzündung der Mundhöhle mit Bläschenbildung [<*Herpes* + *Angina*]

Her|pes ⟨m. od. f.; -; unz.; Med.⟩ einfacher, harmloser, aber störender u. zu Rückfällen neigender Bläschenausschlag, meist an den Übergängen zw. Haut u. Schleimhaut: Herpes simplex [<grch. *herpein* »kriechen«]

her|pe|ti|form ⟨Adj.; Med.⟩ mit einem Bläschenausschlag wie beim Herpes auftretend, dem Herpes ähnlich; *~e Hautkrankheiten, Hautausschläge*

her|pe|tisch ⟨Adj.; Med.⟩ den Herpes betreffend, wie Herpes aussehend

Her|pe|to|lo|gie ⟨f.; -; unz.; Zool.⟩ Lehre von den Amphibien u. Kriechtieren [<grch. *herpeton* »kriechendes Tier« + *...logie*]

Hertz ⟨n.; -, -; Abk.: Hz; Physik⟩ Maßeinheit der Frequenz, 1 Hz = 1 Schwingung pro Sekunde [nach dem Physiker Heinrich Rudolf *Hertz,* 1857-1894]

Hes|pe|ri|de ⟨f.; -, -n; meist Pl.; grch. Myth.⟩ Nymphe, die im Göttergarten die goldenen Äpfel des Lebens hütet [<grch. *Hesperides;* nach der Abendgöttin *Hesperis;* zu grch. *hesperos* »Abend«]

Hes|pe|ri|din ⟨n.; -s; unz.; Pharm.⟩ Glykosid aus den Fruchtschalen unreifer Orangen, pharmakologisch in Venen- u. Grippemitteln verwendet [nach den Äpfeln der *Hesperide(n)*]

Hes|pe|ros ⟨m.; -; unz.; grch. Myth.⟩ *oV* Hesperus **1** Abend, Abendstern **2** Westen [zu grch. *hesperos (aster)* »Abendstern«]

Hes|pe|rus ⟨m.; -; unz.; grch. Myth.⟩ = Hesperos

He|sy|chas|mus ⟨[-ças-] m.; -; unz.⟩ mystische Bewegung der Mönche der Ostkirche, die durch eine bestimmte Gebetstechnik (Nabelschau) u. Lichtmystik versucht, das göttliche Licht zu erblicken [zu grch. *hesychia* »Ruhe, Stille«]

He|sy|chast ⟨[-çast] m.; -en, -en⟩ Anhänger des Hesychasmus

He|tä|re ⟨f.; -, -n; im antiken Griechenland⟩ (meist sehr gebildete) Geliebte, Freundin eines bedeutenden Mannes [<grch. *hetaira* »Gefährtin, Freundin, Geliebte«]

He|tä|rie ⟨f.; -, -n⟩ **1** griechische polit. Gemeinschaft **2** seit 1800 gegen die Türken gerichteter Geheimbund [<grch. *hetairos* »Gefährte«]

He|te|ro ⟨a. [hẹ-] m.; -s, -s; umg.; kurz für⟩ Heterosexuelle(r)

he|te|ro..., He|te|ro... ⟨in Zus.⟩

fremd..., Fremd..., verschieden... [<grch. *heteros* »anders, verschieden«]

He|te|ro|au|xin ⟨n.; -s; unz.⟩ Abkömmling der Indolylessigsäure, der als Wuchsstoff in den höheren Pflanzen eine wichtige Rolle spielt [<*Hetero...* + grch. *auxin* »wachsen machen, vermehren«]

He|te|ro|chro|mie ⟨[-kro-] f.; -, -n⟩ verschiedene Färbung, z. B. eines Augenpaares [<*Hetero...* + *...chromie*]

He|te|ro|chro|mo|som ⟨[-kro-] n.; -s, -en; Biol.⟩ geschlechtsbestimmendes Chromosom [<*Hetero...* + *Chromosom*]

he|te|ro|cy|clisch *auch:* **he|te|ro|cyc|lisch** ⟨Adj.; Chemie⟩ *~e Verbindungen* V., an deren ringförmigem Aufbau außer Kohlenstoff noch andere Atome beteiligt sind; *oV* heterozyklisch

he|te|ro|dont ⟨Adj.; Biol.⟩ mit verschiedenartigen Zähnen versehen, z. B. Schneide-, Eck- u. Backenzähne; *Ggs* homodont [<*hetero...* + grch. *odons,* Gen. *odontos* »Zahn«]

He|te|ro|don|tie ⟨f.; -; unz.; Biol.⟩ Besitz verschieden geformter Zähne, z. B. Schneide-, Eck- u. Backenzähne [<*Hetero...* + grch. *odons* »Zahn«]

he|te|ro|dox ⟨Adj.⟩ andersgläubig, irrgläubig, von der herrschenden Lehre abweichend

He|te|ro|do|xie ⟨f.; -, -n⟩ Irrglaube, Irrlehre [<*Hetero...* + grch. *doxa* »Meinung«]

he|te|ro|fon ⟨Adj.; Musik⟩ = heterophon

He|te|ro|fo|nie ⟨f.; -; unz.; Musik⟩ = Heterophonie

He|te|ro|ga|mie ⟨f.; -; unz.; Biol.⟩ Fortpflanzung mit unterschiedlichen Sexualpartnern; *Ggs* Homogamie

he|te|ro|gen ⟨Adj.⟩ **1** ungleichartig, andersartig, verschiedenartig **2** nicht gleichartig zusammengesetzt; *Sy* inhomogen; *Ggs* homogen; *~e Systeme* ⟨Chemie⟩ durch sichtbare Grenzflächen voneinander getrennte Bestandteile eines Gemisches [<*hetero...* + *...gen*[1]]

He|te|ro|ge|ni|tät ⟨f.; -; unz.⟩ Verschiedenartigkeit, Ungleichartigkeit, verschiedenartige Zusammensetzung; *Sy* Inhomogenität; *Ggs* Homogenität

He|te|ro|go|nie ⟨f.; -; unz.⟩ *Ggs* Homogonie **1** ⟨Biol.⟩ Wechsel zwischen geschlechtl. u. ungeschlechtl. Fortpflanzung, dadurch unbeabsichtigtes Entstehen heterogener Spezies **2** ⟨Philos.; Psych.⟩ (bes. von W. Wundt betonte) Erfahrung, dass sich im Handlungsverlauf die ursprüngliche Zwecksetzung verändert u. unbeabsichtigte Nebenziele entstehen, die wiederum neue Motive für zukünftiges Handeln sind (Motivwandlung) [<*Hetero...* + *...gonie*]

he|te|ro|grad ⟨Adj.; Stat.⟩ auf quantitative Merkmale, Unterschiede gerichtet; *Ggs* homograd; *~e Statistik, ~e Fragestellung* [<*hetero...* + lat. *gradus* »Schritt«]

he|te|ro|graf ⟨Adj.⟩ = heterograph

He|te|ro|gra|fie ⟨f.; -; unz.⟩ = Heterographie

he|te|ro|graph ⟨Adj.; Sprachw.⟩ auf der Heterographie beruhend, zu ihr gehörig, mit ihrer Hilfe; *oV* heterograf

He|te|ro|gra|phie ⟨f.; -; unz.; Sprachw.⟩ unterschiedliche Schreibweise für gleichklingende Laute od. Wörter, z. B. Saite u. Seite; *oV* Heterografie

he|te|ro|klin ⟨Adj.; Biol.⟩ sich durch Fremdbestäubung fortpflanzend [<*hetero...* + grch. *klinein* »neigen«]

He|te|ro|kli|sie ⟨f.; -; unz.; Gramm.⟩ Deklination eines Nomens nach verschiedenen Stämmen in den einzelnen Kasus [<*Hetero...* + grch. *klinein* »beugen«]

he|te|ro|kli|tisch ⟨Adj.; Gramm.⟩ nach Art eines Heteroklitons, nach Art der Heteroklisie

He|te|ro|kli|ton ⟨n.; -s, -kli|ta; Gramm.⟩ Substantiv, dessen einzelne Kasus nach verschiedenen Stämmen dekliniert werden [→ *Heteroklisie*]

he|te|ro|log ⟨Adj.⟩ **1** ⟨Med.⟩ abweichend, nicht übereinstimmend **2** ⟨Biol.⟩ artfremd [<*hetero...* + *...log*]

he|te|ro|mer ⟨Adj.⟩ **1** aus unterschiedlichen od. ungleich vielen Abschnitten od. Teilen zusammengesetzt, bestehend; *Ggs* isomer **2** ⟨Bot.⟩ ungleichzählig (von den einzelnen Blattkreisen einer Blüte)

he|te|ro|morph ⟨Adj.⟩ **1** andersgestaltet, verschiedengestaltig **2** verschiedene Kristallformen bildend [<*hetero...* + *...morph*]

He|te|ro|mor|phis|mus ⟨m.; -; unz.⟩ Eigenschaft mancher Stoffe, in verschiedenen Kristallgittern auszukristallisieren

He|te|ro|mor|pho|se ⟨f.; -, -n; bei Tieren u. Pflanzen⟩ Ersatz verlorengegangener Teile durch andersorganisierte Teile od. Organe

he|te|ro|nom ⟨Adj.⟩ **1** von fremden Gesetzen abhängig; *Ggs* autonom **2** ungleichwertig; *Ggs* homonom [<*hetero...* + *...nom*[1]]

He|te|ro|no|mie ⟨f.; -; unz.⟩ **1** Abhängigkeit von fremden Gesetzen; *Ggs* Autonomie (2) **2** Ungleichwertigkeit; *Ggs* Homonomie

he|ter|o|nym *auch:* **he|te|ro|nym** ⟨Adj.⟩ auf Heteronymie beruhend, zu ihr gehörig

He|ter|o|nym *auch:* **He|te|ro|nym** ⟨n.; -s, -e; Sprachw.⟩ **1** Ausdruck, der mit einem anderen eng zusammengehört, aber auf eine andere Wurzel zurückgeht, z. B. Base-Vetter **2** in einer anderen Sprache, Mundart synonym gebrauchtes Wort, z. B. Sonnabend-Samstag, Porree-Lauch [<*Hetero...* + grch. *onyma* »Name«]

He|ter|o|ny|mie *auch:* **He|te|ro|ny|mie** ⟨f.; -; unz.; Sprachw.⟩ **1** heteronyme Beziehung zwischen Wörtern; *bei diesem Begriffspaar liegt ~ vor* **2** das Vorhandensein von Heteronymen

he|te|ro|phag ⟨Adj.; Biol.; selten⟩ *Ggs* homophag **1** pflanzliche u. tierische Nahrung aufnehmend **2** auf verschiedenen Wirtstieren od. Pflanzen schmarotzend [<*hetero...* + *...phag*]

he|te|ro|phon ⟨Adj.; Musik⟩ von der Einstimmigkeit abweichend; *oV* heterofon

He|te|ro|pho|nie ⟨f.; -; unz.; Musik⟩ gleichzeitiges Erklingen einer Melodie durch verschiedene Stimmen u. Instrumente, wobei die Hauptstimme von

H

den übrigen Stimmen leicht umspielt wird, bes. in der südostasiatischen Musik; *oV* Heterofonie [<*Hetero...* + *...phonie*]

He|te|ro|phyl|lie ⟨f.; -; unz.; Bot.⟩ verschiedenartige Ausgestaltung der Laubblätter in den verschiedenen Stockwerken der Triebe einer Pflanze [<*Hetero...* + grch. *phyllon* »Blatt«]

He|te|ro|plas|tik ⟨f.; -, -en; Med.⟩ Gewebsverpflanzung von heterologem Material; *Sy* Alloplastik (1), Xenoplastik; *Ggs* Homöoplastik

he|te|ro|plo|id *auch:* **he|te|rop|lo|id** ⟨Adj.; Genetik⟩ eine von der normalen Zelle abweichende Chromosomenanzahl enthaltend; →*a.* diploid

he|te|ro|po|lar ⟨Adj.⟩ entgegengesetzte elektr. Ladung od. entgegengesetzte magnet. Pole aufweisend [<*hetero...* + *polar*]

He|te|ro|pte|ren *auch:* **He|te|rop|te|ren** ⟨Pl.; Zool.⟩ Wanzen [<*Hetero...* + *...ptere*]

He|te|ro|se|mie ⟨f.; -, -n; Sprachw.⟩ verschiedene Bedeutung eines Wortes in unterschiedlichen Sprach- bzw. Dialektregionen, z. B. bezeichnet »Pfannkuchen« im Allgemeinen einen Eierkuchen, in Berlin jedoch einen zuckerbestreuten Krapfen [<*Hetero...* + grch. *sema* »Zeichen«]

He|te|ro|se|xu|a|li|tät ⟨f.; -; unz.⟩ Empfinden für das andere Geschlecht; *Ggs* Homosexualität; →*a.* Bisexualität (2)

he|te|ro|se|xu|ell ⟨Adj.⟩ andersgeschlechtlich, auf das andere Geschlecht bezogen, für das andere Geschlecht (sexuell) empfindend; *Ggs* homosexuell; →*a.* bisexuell (2)

He|te|ro|se|xu|el|le(r) ⟨f. 2 (m. 1)⟩ Person, die heterosexuell ist

He|te|ro|som ⟨n.; -s, -e; Genetik⟩ geschlechtsbestimmendes Chromosom [<*Hetero...* + grch. *soma* »Körper«]

He|te|ro|sphä|re ⟨f.; -; unz.⟩ oberer Teil der Atmosphäre (ab ca. 120 km Höhe); *Ggs* Homosphäre [<*Hetero...* + *...Sphäre*]

he|te|ro|therm ⟨Adj.; Zool.⟩ wechselwarm (z. B. von Kriechtieren) [<*hetero...* + *...therm*]

he|te|ro|top ⟨Adj.; Med.; Geol.⟩ = heterotopisch

he|te|ro|to|pisch ⟨Adj.⟩ **1** ⟨Med.⟩ an atypischer Stelle liegend, erfolgend, entstehend (z. B. von Organen, Reizen) **2** ⟨Geol.⟩ in unterschiedlichen Räumen gebildet (von Gestein); *oV* heterotop; *Ggs* isotopisch [<*hetero...* + grch. *topos* »Ort«]

he|te|ro|troph ⟨Adj.; Bot.⟩ sich von organischen Stoffen ernährend, die von anderen Lebewesen hervorgebracht werden; *Ggs* autotroph [<*hetero...* + *...troph*]

He|te|ro|tro|phie ⟨f.; -, -n; Bot.⟩ Ernährung durch organische Stoffe; *Ggs* Autotrophie

he|te|ro|zy|got ⟨Adj.; Biol.⟩ gemischterbig; *Ggs* homozygot [<*hetero...* + grch. *zygoun* »verbinden«]

He|te|ro|zy|go|tie ⟨f.; -; unz.; Biol.⟩ Erscheinung, dass sich eine Zygote od. ein Individuum aus der Vereinigung von erblich unterschiedlichen Keimzellen herleitet; *Ggs* Homozygotie [→ *heterozygot*]

he|te|ro|zy|klisch *auch:* **he|te|ro|zyk|lisch** ⟨Adj.⟩ = heterocyclisch

He|thi|ter ⟨m.; -, -s⟩ Angehörige eines indogerm. Volkes in Kleinasien; *oV* Hettiter

He|thi|to|lo|ge ⟨m.; -n, -n⟩ Wissenschaftler auf dem Gebiet der Hethitologie

He|thi|to|lo|gie ⟨f.; -; unz.⟩ Wissenschaft von der Sprache u. Kultur der Hethiter [<*Hethiter* + *...logie*]

He|thi|to|lo|gin ⟨f.; -, -gin|nen⟩ Wissenschaftlerin auf dem Gebiet der Hethitologie

Het|man ⟨m.; -s, -e (od. österr.) -s; im Königreich Polen; Ukraine⟩ Oberbefehlshaber; →*a.* Ataman [poln. <tschech. *hejtman* <dt. *Hauptmann*]

Het|ti|ter ⟨m.; -, -s⟩ = Hethiter

heu|re|ka »ich hab's gefunden!« [grch.; zu *heuriskein* »finden« (angebl. Ausruf des Archimedes, als er im Bad das Gesetz des Auftriebs entdeckte)]

Heu|ris|tik ⟨f.; -; unz.⟩ Lehre von den nichtmathematischen Methoden zur Gewinnung neuer Erkenntnisse [grch., eigtl. »Findungs-, Erfindungskunst«; zu grch. *heuriskein* »finden«]

heu|ris|tisch ⟨Adj.⟩ die Heuristik betreffend, zu ihr gehörig

He|vea ⟨f.; -, -ve|ae [-veɛ:]; Bot.⟩ trop. Baum, aus dem Kautschuk gewonnen wird [<frz. *hévéa* <südamerikan. Indianerspr. *hewe*]

he|xa..., He|xa... ⟨vor Vokalen⟩ hex..., Hex... ⟨in Zus.⟩ sechs [<grch. *hex*]

He|xa|chord ⟨[-kɔrd] n. od. m.; -(e)s, -e; Musik⟩ Skala von sechs Tönen in der diaton. Tonleiter mit einem Halbtonschritt von der 3. zur 4. Stufe

He|xa|de ⟨f.; -, -n; EDV⟩ bei älteren Rechnern verwendete kleinste adressierbare Speichereinheit, bestehend aus sechs Bit [zu grch. *hex* »sechs«]

He|xa|de|zi|mal|sys|tem ⟨n.; -s, -e; Math.⟩ auf der Zahl 16 beruhendes Zahlensystem, das heute bes. bei Computern wieder verwendet wird

he|xa|disch ⟨Adj.; Math.⟩ auf dem Hexadezimalsystem beruhend, zu ihm gehörig

He|xa|eder ⟨n.; -s, -; Geom.⟩ platonischer Körper, der von sechs Quadraten begrenzt wird, Sechsflach, Sechsflächner, Würfel [<*Hexa...* + *...eder*]

he|xa|ed|risch ⟨Adj.; Geom.⟩ in der Form eines Hexaeders, würfelförmig

He|xa|ed|rit ⟨m.; -(e)s, -e; Min.⟩ ein Eisenmeteorit mit wenig Nickelgehalt [<grch. *hexa* »sechs« + *hedra* »Grundfläche«]

He|xa|eme|ron ⟨n.; -s; unz.; christl. Rel.⟩ das »Sechstagewerk« der Schöpfung, Schöpfungswoche (außer Sabbat) [<*Hexa...* + grch. *hemeron* »Tag«]

He|xa|gon ⟨n.; -s, -e; Geom.⟩ Sechseck; →*a.* Pentagon [<*Hexa...* + *...gon*]

he|xa|go|nal ⟨Adj.; Geom.⟩ in Form eines Hexagons, sechseckig

He|xa|gramm ⟨n.; -s, -e⟩ Sechsstern aus zwei gekreuzten gleichseitigen Dreiecken, Davidsstern

he|xa|mer ⟨Adj.; Bot.⟩ sechsteilig, sechszählig (z. B. von Blüten) [<*hexa...* + *...mer*]

Hex|a|me|ron *auch:* **He|xa|me|ron** ⟨n.; -s, -s; Lit.⟩ »Sechstage«geschichten, Sammlung von Novellen, die an sechs Tagen erzählt werden [<*Hexa...* + grch. *hemeron* »Tag«]
He|xa|me|ter ⟨m.; -s, -; Metrik⟩ Vers mit sechs Versfüßen, meist Daktylen
he|xa|me|trisch *auch:* **he|xa|met|risch** ⟨Adj.; Lit.⟩ in Hexametern gedichtet; *~e Verse*
He|xa|min ⟨n.; -s; unz.; Chemie⟩ hochbrisanter Sprengstoff, der zur Füllung von Geschossen u. Torpedos verwendet wird; *Sy* Hexyl [verkürzt <*Hexa*nitrodiphenyl*amin*]
He|xan ⟨n.; -s; unz.; Chemie⟩ im Erdöl vorkommender aliphat. Kohlenwasserstoff mit sechs Kohlenstoffatomen [<grch. *hex* »sechs«]
he|xa|plo|id *auch:* **he|xap|lo|id** ⟨Adj.; Genetik⟩ einen sechsfachen Chromosomensatz aufweisend
He|xa|po|de ⟨m.; -n, -n; meist Pl.; Zool.⟩ Insekt [<*Hexa...* + *...pode*]
He|xa|teuch ⟨m.; -s; unz.; christl. Rel.⟩ die ersten sechs Bücher des AT, 1. bis 5. Buch Mose u. Buch Josua [<*Hexa...* + grch. *teuchos* »Rüstzeug, Buch«]
He|xi|te ⟨Pl.; Chemie⟩ aus den Hexosen gewinnbare, sechswertige Alkohole [<grch. *hexa* »sechs« + Endung *...it*]
Hex|o|de *auch:* **He|xo|de** ⟨f.; -, -n; El.⟩ Elektronenröhre mit sechs Elektroden [<*Hexa...* + *...ode*]
He|xo|gen ⟨n.; -s; unz.; Chemie⟩ hochexplosiver Sprengstoff bei relativ hoher Stoßfestigkeit [<grch. *hexa* »sechs« (nach dem sechsgliedrigen Ring des Benzols) + *gennan* »erzeugen«]
He|xo|se ⟨f.; -, -n; Biochemie⟩ einfacher Zucker mit sechs Kohlenstoffatomen im Molekül [<grch. *hexa* »sechs« + Endung *...ose*]
He|xyl ⟨n.; -s; unz.; Chemie⟩ = Hexamin
Hf ⟨chem. Zeichen für⟩ Hafnium
HF ⟨Abk. für⟩ Hochfrequenz
hg ⟨Abk. für⟩ Hektogramm
Hg **1** →*a.* mm Hg **2** ⟨chem. Zeichen für⟩ Quecksilber (Hydrargyrum)

Hi|at ⟨m.; -s, -e⟩ *oV* Hiatus **1** ⟨Med.⟩ Öffnung, Kluft, Spalt, Lücke **2** ⟨Metrik⟩ Zusammentreffen zweier Vokale am Ende des einen u. am Anfang des folgenden Wortes (Missklang vor allem in der antiken Metrik) [lat.]
Hi|a|tus ⟨m.; -, -⟩ = Hiat
Hi|ber|na|kel ⟨n.; -s, -n; Bot.⟩ der vegetativen Vermehrung dienende Überwinterungsknospe vieler Wassergewächse [<lat. *hibernaculum* »Wintergemach«]
hi|ber|nal ⟨Adj.⟩ winterlich [<lat. *hibernus* »winterlich«]
Hi|ber|na|ti|on ⟨f.; -, -en⟩ **1** Überwinterung, Winterschlaf **2** ⟨Med.⟩ Heilschlaf [<lat. *hibernatio* »Überwinterung«; zu *hibernare* »im Winterquartier liegen«]
Hi|bis|kus ⟨m.; -, -bis|ken; Bot.⟩ Gattung der Malvengewächse: Hibiscus [<lat. *hibiscum* »Eibisch« <grch. *ibiskos*]
hic et nunc hier und jetzt, sofort, augenblicklich [lat.]
Hi|cko|ry ⟨m.; -s, -s; Bot.⟩ nordamerikanische Gattung der Walnussgewächse: Carya; *Weißer ~* liefert ein wertvolles Holz u. wird deshalb auch in Europa angepflanzt: Carya alba [<engl. *hickory* <indian. *pawcohiccora,* Bez. für eine Zubereitung zerstampfter Kerne]
Hic Rho|dus, hic sal|ta! hier (jetzt) zeige, was du kannst! [lat., »Hier (ist) Rhodos, hier springe!«; nach einer Fabel des Äsop, in der sich ein Prahler rühmt, auf Rhodos einen riesigen Sprung getan zu haben]
Hi|dal|go ⟨m.; -s, -s; früher⟩ Angehöriger des niederen spanischen u. portugies. Adels [span., »Edelmann« <altspan. *fijo d'algo* »Sohn von etwas; Sohn von Besitz« (zu *algo* »Besitz«) <lat. *filius de aliquo* »Sohn von etwas«]

> ◆ Die Buchstabenfolge **hi|dr...** kann auch **hid|r...** getrennt werden.

◆ **hi|dro..., Hi|dro...** ⟨in Zus.⟩ schweiß..., Schweiß... [<grch. *hidros* »Schweiß«]
◆ **Hi|dro|a** ⟨Pl.; Med.⟩ Überempfindlichkeitserkrankung der Haut von Kleinkindern, bei der sich nach Sonnenbestrahlung Bläschen u. Papeln bilden, Schwitzbläschen [<grch. *hidros* »Schweiß«]
◆ **Hi|dro|se** ⟨f.; -, -n; Med.⟩ Schweißabsonderung [<grch. *hidros* »Schweiß«]
◆ **Hi|dro|ti|kum** ⟨n.; -s, -ti|ka; Pharm.⟩ schweißtreibendes Mittel [→ *Hidrose*]
◆ **hi|dro|tisch** ⟨Adj.; Med.⟩ schweißtreibend
hi|er..., Hi|er... ⟨in Zus.⟩ = hiero..., Hiero...
Hi|er|arch *auch:* **Hi|e|rarch** ⟨m.; -en, -en⟩ Oberhaupt der Priester im antiken Griechenland [→ *Hierarchie*]

> **Hierarchie** (*Worttrennung am Zeilenende*) Die Worttrennung richtet sich auch bei Fremdwörtern nach Sprechsilben, die sich bei langsamem Sprechen ergeben. In Einzelfällen ergeben sich durch Aussprachevarianten dabei unterschiedliche Trennmöglichkeiten.
> So kann z. B. die Buchstabenfolge *»ie«* in *»Hierarchie«* als langer Vokal [iː] oder als Vokalfolge [iːe] gesprochen werden. In letzterem Fall kann das *»e«* als einzelne Sprechsilbe abgetrennt werden.

Hi|er|ar|chie *auch:* **Hi|e|rar|chie** ⟨[-çiː] f.; -, -n⟩ Rang-, Stufenfolge, Rangordnung, Aufbau in verschiedenen Stufen [<grch. *hieros* »heilig« + *...archie*]
hi|er|ar|chisch *auch:* **hi|e|rar|chisch** ⟨[-çɪʃ] Adj.⟩ die Hierarchie betreffend, zu ihr gehörig, auf ihr beruhend, streng gegliedert
hi|er|ar|chi|sie|ren *auch:* **hi|e|rar|chi|sie|ren** ⟨[-çi-] V.⟩ Hierarchien entwickeln, in Rangstufen mit von oben nach unten abnehmender Bedeutung gliedern, organisieren; *Personen, Gegenstände ~* [→ *Hierarchie*]
hi|e|ra|tisch ⟨Adj.⟩ *~e Schrift* (von den Priestern) zur Gebrauchsschrift vereinfachte Form der Hieroglyphen [<grch. *hieratikos* »priesterlich«]
hi|e|ro..., Hi|e|ro... ⟨vor Vokalen⟩

hier…, Hier… ⟨in Zus.⟩ heilig [<grch. *hieros* »heilig«]

Hi|e|ro|du|le[1] ⟨m.; -n, -n⟩ Tempeldiener, Tempelsklave [<*Hiero…* + grch. *doulos* »Sklave«]

Hi|e|ro|du|le[2] ⟨f.; -, -n⟩ Tempeldienerin, Tempelsklavin [<*Hiero…* + grch. *doulos* »Sklave«]

Hi|e|ro|gly|phe ⟨f.; -, -n⟩ **1** Zeichen der altägyptischen Bilderschrift **2** ⟨umg.; scherzh.⟩ sehr schwer lesbare Schrift [<*Hiero…* + grch. *glyphein* »eingraben«]

Hi|e|ro|gly|phik ⟨f.; -; unz.⟩ Wissenschaft von der altägyptischen Bilderschrift [→ *Hieroglyphe*]

hi|e|ro|gly|phisch ⟨Adj.⟩ **1** in Hieroglyphen geschrieben **2** ⟨fig.⟩ rätselhaft, nicht zu entziffern, z. B. Schrift, Zeichen

Hi|e|ro|krat ⟨m.; -en, -en⟩ **1** Angehöriger der Hierokratie **2** Geistlicher, der die Hierokratie anstrebt

Hi|e|ro|kra|tie ⟨f.; -, -n⟩ Priesterherrschaft [<*Hiero…* + *…kratie*]

Hi|e|ro|mant ⟨m.; -en, -en⟩ jmd., der Hieromantie betreibt [<*Hiero…* + *…mant*]

Hi|e|ro|man|tie ⟨f.; -; unz.⟩ Wahrsagerei aus Tieropfern [<*Hiero…* + *…mantie*]

Hi|e|ro|phant ⟨m.; -en, -en⟩ Oberpriester, der bes. bei den Eleusinischen Mysterien die heiligen Bräuche zu erklären hatte [<*Hiero…* + grch. *phainein* »zeigen«]

hie|ven ⟨V.; Seemannsspr.⟩ hochziehen, hinaufziehen [<engl. *heave* »hochheben«]

Hi-Fi ⟨[haɪfaɪ] Abk. für engl.⟩ High Fidelity

high ⟨[haɪ] umg.⟩ im Rauschzustand, erhoben; ~ *sein* [engl., »hoch«]

High|ball ⟨[haɪbɔːl] m.; -s, -s⟩ mit Mineralwasser verdünnter Whiskey od. Likör [engl.-amerikan., eigtl. »hoher Ball«, auch »schneller Zug«, urspr. Bez. für einen an einer Stange befestigten Metallball, der Zügen freie Durchfahrt signalisierte]

High|board ⟨[haɪbɔːd]⟩ *auch:* **High Board** ⟨n.; (-) -s, (-) -s⟩ Möbelstück von mittlerer Größe u. Höhe, das neben einer Anzahl von Schubladen auch einen Vitrinenteil hat [engl., »Hochboard«]

High|brow ⟨[haɪbraʊ] m.; -s, -s⟩ **1** ⟨Zeitungsw.⟩ Zeitung mit einem besonders guten Ruf, seriöse Tageszeitung **2** ⟨umg.; leicht abwertend⟩ jmd., der sich für intellektuell od. kulturell bes. gebildet hält [<engl. *high brow* »hohe Augenbraue« + *highbrow* »Intellektuelle(r)«]

High Church ⟨[haɪ tʃœːtʃ] f.; - -; unz.⟩ die engl. Hochkirche; →*a.* Low Church [engl.]

High|end… *auch:* **High-End…** ⟨[haɪ-] in Zus.⟩ (hinsichtlich der technischen Leistungsfähigkeit) qualitativ hochwertig u. sehr teuer; *ein Highend-handy/High-End-Handy für 200 Euro* [<engl. *high end* »oberes Ende«]

High Fi|de|li|ty ⟨[haɪ fidɛlıti] f.; - -; unz.; Abk.: Hi-Fi⟩ wirklichkeitsgetreue Tonwiedergabe durch Radio u. a. elektroakustische Geräte [engl.]

High Heels ⟨[haɪ hiːls] Pl.⟩ Schuhe (bes. Stiefel) mit hohen Absätzen, Stöckelschuhe [<engl. *high* »hoch« + *heel* »Absatz, Ferse«]

High Im|pact ⟨[haɪ ımpækt] m.; - -s, - -s⟩ hoher Grad an Belastung od. Beeinflussung [<engl. *high* »hoch, groß« + *impact* » Einschlag, Aufprall«]

High|life ⟨[haɪlaɪf]⟩ *auch:* **High Life** ⟨ n.; (-) -s; unz.⟩ **1** das Leben der vornehmen Welt **2** ⟨umg.⟩ ~ *machen* sich ausgelassen benehmen, überschwänglich sein [engl.]

High|light ⟨[haɪlaɪt] n.; - od. -s, -s⟩ Höhepunkt, herausragendes, besonderes Ereignis; *der Film »Nichts bereuen« war das ~ des letzten Jahres* [engl.]

high|ligh|ten ⟨[haɪlaɪtən] V.; EDV⟩ optisch markieren, farbig hervorheben; *weiterführende Links ~*

High Noon ⟨[haɪ nuːn] m.; - -s, - -s⟩ erfolgreichster, aufregendster Zeitabschnitt, Höhepunkt einer Periode [engl., eigtl. »hoch am Mittag«]

High|ri|ser ⟨[haɪraɪ-] m.; -s, -⟩ Fahr- od. Motorrad mit hohem Lenker u. einer am Sattel befestigten Rückenlehne [<engl. *high* »hoch« + *riser* »Setzstufe (senkrechter Teil einer Stufe)«]

High|school ⟨[haɪskuːl] f.; -, -s; in den USA⟩ die an die Grundschule anschließende höhere Schule [engl.]

High Sno|bi|e|ty ⟨[haɪ snɔbaɪətı] f.; - -; unz.; abwertend⟩ Personengruppe mit snobistischem Verhalten, die sich der oberen Gesellschaftsschicht zugehörig fühlt [<engl. *high* »hoch« + *Snob,* analog zu *Highsociety* gebildet]

High So|ci|e|ty ⟨[haɪ sɔsaɪətı] f.; - -; unz.⟩ obere Gesellschaftsschicht, die oberen Zehntausend [engl.]

High Tea ⟨[haɪ tiː] m.; - -s; unz.; in England⟩ am späten Nachmittag servierte kleine Mahlzeit, zu der Tee gereicht wird [<engl. *high* »hoch« + *tea* »Tee«]

High|tech ⟨[haɪtɛk] f.; -; unz.; kurz für⟩ High Technology

High|tech|job *auch:* **Hightech-Job** ⟨[haıtɛkdʒɔp] m.; -s, -s⟩ Arbeitsplatz, berufl. Tätigkeit in der Hochtechnologie

High Tech|no|lo|gy ⟨[haɪ tɛknɔlɔdʒı] f.; - -; unz.; Kurzwort: Hightech, Hitech⟩ modernste, anspruchsvolle Technik, Technik auf moderner wissenschaftlicher Grundlage [engl., »hohe Technologie«]

High|way ⟨[haɪwɛı] m.; -s, -s⟩ Land-, Haupt- od. Schnellstraße in Großbritannien bzw. Amerika [engl.]

> **Hijacker** (*Worttrennung am Zeilenende*) Analog zur Worttrennung im Deutschen gilt auch für Fremdwörter, dass die Konsonantenverbindung »*ck*« ungetrennt bleibt.

Hi|ja|cker ⟨[haɪdʒækə(r)] m.; -s, -⟩ **1** Flugzeugentführer, Luftpirat **2** Autodieb [engl.; Herkunft unsicher]

Hi|ja|cking ⟨[haɪdʒækıŋ] n.; - od. -s, -s⟩ **1** Flugzeugentführung **2** Autoraub mit Hilfe von Waffengewalt, während der Fahrer im Auto sitzt [engl.; Herkunft unsicher]

Hi|la|ri|tät ⟨f.; -; unz.⟩ Heiterkeit [<lat. *hilaritas,* »Heiterkeit,

Fröhlichkeit«; zu *hilaris* »heiter, fröhlich«]

Hill|bil|li|mu|sik ⟨f.; -; unz.; Musik⟩ = Hillbillymusic

Hill|bil|ly ⟨m.; -s, -s; abwertend⟩ jmd., der aus den ländl. Gebieten der Südstaaten der USA stammt, Hinterwäldler [<engl. *hill* »Hügel« + *Billy,* Koseform des US-amerikan. Männernamens *Bill*]

Hill|bil|ly|mu|sic ⟨[-mju:zɪk] f.; -; unz.; Musik⟩ Volksmusik aus den südlichen Bundesstaaten der USA; *oV* Hillbillimusik [engl., <(abwertend) *hillbilly* »Hinterwäldler« + *music* »Musik«]

Hi|lum ⟨n.; -s, Hi|la; Bot.⟩ Stelle, an der der Samen einer Pflanze am Samenträger befestigt ist, Pflanzennabel [lat., »kleine Faser«]

Hi|lus ⟨m.; -, Hi|li; Anat.⟩ vertiefte Stelle an Organen, an der Nerven u. Gefäße ein- u. austreten, z. B. an Lunge, Niere, Milz [→ *Hilum*]

Hi|ma|ti|on ⟨n.; -s, -ti|en⟩ altgrch. Obergewand [grch.]

Hi|na|ya|na ⟨n.; - od. -s; unz.⟩ die ältere, südl. Form des Buddhismus; →*a.* Mahayana [Sanskrit, »kleines Fahrzeug«]

Hin|di ⟨n.; - od. -s; unz.⟩ neuind. Sprache, Amtssprache in Indien [<Hindi *hindi;* zu *Hindi* »Indien« <pers.]

Hin|du ⟨m.; - od. -s, - od. -s⟩ Anhänger, Vertreter des Hinduismus [pers.; zu *Hindi* »Indien«]

Hin|du|is|mus ⟨m.; -; unz.⟩ aus Vedismus u. Brahmanismus entstandene ind. Religionsform

hin|du|is|tisch ⟨Adj.⟩ zum Hinduismus gehörig, auf ihm beruhend

Hin|dus|ta|ni *auch:* **Hin|du|sta|ni** ⟨n.; - od. -s; unz.; in Indien abgelehnte Bez. für⟩ Hindi u. Urdu, die gemeinsame Sprache der Hindu u. Moslems in Zentralnordindien [pers., »Sprache der Inder«]

Hink|jam|bus ⟨m.; -, -jam|ben; Metrik⟩ sechshebiger jamb. Vers, in dem anstelle des 6. Jambus ein Trochäus od. Spondeus auftritt; *Sy* Choliambus

Hi|obs|bot|schaft ⟨f.; -, -en⟩ Schreckensnachricht [nach *Hiob,* aus dem Lehrbuch *Hiob* (Ijob) im AT]

hip ⟨Adj.; undekl.; umg.; salopp⟩ modern, aktuell, in, dem Trend entsprechend [engl.]

Hip|hop *auch:* **Hip-Hop** ⟨m.; -s; unz.; Musik⟩ Stilrichtung in der Popmusik, die Elemente der US-amerikan. Straßen- u. Subkultur enthält

hip|hop|pen ⟨V.; Musik⟩ **1** Hiphop spielen **2** zu Hip-Hop-Musik tanzen; *swingen u. ~*

Hip|ness ⟨f.; -; unz.; umg.; salopp⟩ Modernität, Aktualität, Richtung einer neuen modischen Entwicklung, Trend; *sich von den Zwängen der ~ befreien* [zu engl. *hip* »modern, in«]

Hipp|a|ri|on *auch:* **Hip|pa|ri|on** ⟨n.; -s, -ri|en⟩ fossiles Urpferd [<grch. *hippos* »Pferd«]

Hip|pi|a|trie *auch:* **Hip|pi|at|rie** ⟨f.; -; unz.⟩ = Hippiatrik

Hip|pi|a|trik *auch:* **Hip|pi|at|rik** ⟨f.; -; unz.⟩ Pferdeheilkunde; *Sy* Hippiatrie [<*Hippo…* + *iatreia* »Heilung«]

Hip|pie ⟨m.; -s, -s⟩ Angehörige(r) einer Gruppe, die durch einfaches Leben, gewaltlosen Widerstand u. teilweise Verwendung bewusstseinserweiternder Drogen gegen die bürgerliche Leistungs- u. Konsumgesellschaft protestiert, Blumenkind [engl.]

Hip|pie|look ⟨[-luk] m.; -s; unz.; Mode⟩ betont lässiges, an die Kleidung der 1960er und frühen 1970er Jahre angelehntes, häufig bewusst verschlissenes Auftreten, z. B. Jeans mit Schlag, Fransenwesten, weite, lange Kleider im Batikverfahren, Stirnbänder, lange Haare usw. [<*Hippie* + engl. *look* »Aussehen«]

hip|po…, Hip|po… ⟨vor Vokalen⟩ hipp…, Hipp… ⟨in Zus.⟩ Pferd, Pferde… [<grch. *hippos* »Pferd«]

Hip|po|drom ⟨n.; -s, -e; in der Antike⟩ Pferde- u. Wagenrennbahn [<*Hippo…* + grch. *dromos* »Lauf«]

Hip|po|gryph ⟨m.; -s od. -en, -e od. -en; bei älteren ital. Dichtern⟩ geflügeltes Ross mit Greifenkopf; →*a.* Pegasus [<*Hippo…* + grch. *gryps,* Gen. *grypos* »Greif«]

Hip|po|kra|ti|ker ⟨m.; -s, -⟩ Anhänger des Hippokrates [nach dem grch. Arzt *Hippokrates,* um 460-377 v. Chr., dem Begründer der wissenschaftl. Medizin u. ärztl. Ethik]

hip|po|kra|tisch ⟨Adj.⟩ **1** Hippokrates betreffend, von ihm stammend, auf seiner Lehre beruhend **1.1** *~er Eid* Grundlage der ärztl. Ethik **1.2** ⟨früher⟩ Eid auf die Vorschriften der Ärztezunft **2** *~es Gesicht* eingefallenes, weißes Gesicht bei Bauchfellentzündung

Hip|po|kre|ne ⟨f.; -; unz.; grch. Myth.⟩ durch den Hufschlag des Pegasus entstandene, zum Dichten anregende Quelle der Musen am Helikon [<*Hippo…* + *krene* »Quelle«]

Hip|po|lo|ge ⟨m.; -n, -n⟩ Wissenschaftler auf dem Gebiet der Hippologie

Hip|po|lo|gie ⟨f.; -; unz.⟩ Lehre vom Pferd

Hip|po|lo|gin ⟨f.; -, -gin|nen⟩ Wissenschaftlerin auf dem Gebiet der Hippologie

hip|po|lo|gisch ⟨Adj.⟩ die Hippologie betreffend, zu ihr gehörig [→ *Hippologie*]

Hip|po|po|ta|mus ⟨a. [-pǫ-] m.; -, -; Zool.⟩ Flusspferd [<*Hippo…* + grch. *potamos* »Fluss«]

Hip|po|the|ra|pie ⟨a. ['-----] f.; -, -n; Pl. selten; Med.⟩ Therapie, die körperliche od. seelische Schädigungen durch Reiten zu heilen versucht [<*Hippo…* + *Therapie*]

Hip|pu|rit ⟨m.; -en, -en⟩ ausgestorbene Meermuschel der Kreidezeit [<*Hippo…* + grch. *oura* »Schweif«]

Hip|pur|säu|re ⟨f.; -, -n⟩ im Harn der Pflanzenfresser enthaltene Säure [<*Hippo…* + grch. *ouron* »Harn«]

Hips|ter ⟨m.; -s, -⟩ **1** ⟨Musik⟩ Jazzfan **2** jmd., der über alles Bescheid weiß, was modern ist [engl.; zu *hip* »unterrichtet, eingeweiht«]

Hips|ters ⟨Pl.; Mode⟩ Art der Hüfthose mit weitem Schlag [<engl. *hip* »Hüfte«]

Hi|ra|ga|na ⟨f.; -; unz. od. n.; - od. -s; unz.⟩ aus den unverkürzten chinesischen Schriftzeichen entwickelte jap. Silbenschrift; →*a.* Katakana [jap., »glatte, ebene Kana« (= Name der jap. Silbenschrift)]

Hi|ru|din ⟨n.; -s; unz.⟩ Extrakt aus dem Kopf u. Schlund von Blutegeln, verzögert die Blutgerinnung [<lat. *hirudo* »Blutegel«]

His|bol|lah ⟨f.; -; unz.⟩ radikale Organisation der Schiiten

His|pa|nic ⟨[hıspænık] m.; -s, -s⟩ in den USA lebender Einwanderer aus Lateinamerika; *Sy* Latino [<engl. *hispanic* <span. *hispánico* »spanisch«]

his|pa|ni|sie|ren ⟨V.⟩ der spanischen Lebensweise angleichen, spanisch machen

His|pa|nis|mus ⟨m.; -, -nis|men; Sprachw.⟩ in eine andere Sprache übernommene Eigentümlichkeit der span. Sprache [nach *Hispania,* dem lat. Namen der Pyrenäenhalbinsel]

His|pa|nist ⟨m.; -en, -en⟩ Wissenschaftler der spanischen Sprache u. Literatur

His|pa|nis|tik ⟨f.; -; unz.⟩ Wissenschaft von der spanischen Sprache, Literatur u. Kultur

His|pa|nis|tin ⟨f.; -, -tin|nen⟩ Wissenschaftlerin der spanischen Sprache u. Literatur

His|pa|ni|tät ⟨f.; -; unz.⟩ das Bewusstsein aller Spanisch sprechenden Menschen um ihre gemeinsame Geschichte, Sprache u. Kultur [<span. *hispanidad* »Spaniertum«]

His|pa|no|ame|ri|ka|ner ⟨m.; -s, -⟩ Spanisch sprechender Bewohner des US-amerikan. Kontinents

His|pa|no|ame|ri|ka|ne|rin ⟨f.; -, -rin|nen⟩ weibl. Hispanoamerikaner

His|pa|no|ame|ri|ka|nis|mus ⟨m.; -; unz.⟩ Bewusstsein aller Spanisch sprechenden Bewohner des amerikanischen Kontinents um ihre gemeinsame Geschichte, Sprache u. Kultur

Hist|a|min *auch:* **His|ta|min** ⟨n.; -s; unz.; Biochemie⟩ den Blutdruck senkendes Gewebehormon [<*Histidin* + *Amin*]

His|ti|din ⟨n.; -s; unz.; Biochemie⟩ eine Aminosäure [<grch. *histion* »Gewebe«]

his|to..., His|to... ⟨in Zus.; Med.⟩ Gewebe [<grch. *histion* »Gewebe«]

His|to|che|mie ⟨[-çe-] f.; -; unz.; Med.⟩ Lehre vom chem. Aufbau körpereigener Gewebe [<*Histo...* + *Chemie*]

his|to|che|misch ⟨[-çe:-] Adj.; Med.⟩ zur Histochemie gehörend, auf ihr beruhend

his|to|gen ⟨Adj.; Med.⟩ vom Gewebe stammend, von ihm ausgehend [<*histo...* + *...gen*]

His|to|ge|ne|se ⟨f.; -; unz.; Med.⟩ Wissenschaft von der Entstehung der Gewebe; *Sy* Histogenie [<*Histo...* + *gennan* »erzeugen«]

his|to|ge|ne|tisch ⟨Adj.; Med.⟩ zur Histogenese gehörend, auf ihr beruhend

His|to|ge|nie ⟨f.; -; unz.; Med.⟩ = Histogenese [<*Histo...* + *...genie*]

His|to|gramm ⟨n.; -s, -e⟩ graf. Darstellung von Messwerten in Form nebeneinandergereihter Säulen, wobei die Höhe der einzelnen Säulen dem jeweiligen Messwert entspricht [<*Histo...* + *...gramm*]

His|to|lo|ge ⟨m.; -n, -n; Med.⟩ Wissenschaftler auf dem Gebiet der Histologie

His|to|lo|gie ⟨f.; -; unz.; Med.⟩ Lehre von den Körpergeweben [<*Histo...* + *...logie*]

His|to|lo|gin ⟨f.; -, -gin|nen; Med.⟩ weibl. Histologe

his|to|lo|gisch ⟨Adj.; Med.⟩ die Histologie betreffend, zu ihr gehörig

His|to|ly|se ⟨f.; -, -n⟩ Auflösung des Gewebes (durch Enzyme) [<*Histo...* + *...lyse*]

His|to|mat ⟨m.; -; unz.; Kurzwort für⟩ historischer Materialismus

His|to|ne ⟨Pl.⟩ basische Proteine, die an das genetische Material der Eukaryonten gebunden u. somit Bestandteil des Chromatins sind

His|to|pa|tho|lo|gie ⟨f.; -; unz.⟩ Lehre von den Erkrankungen des Körpergewebes [verkürzt <*Histo*logie + *Pathologie*]

His|to|ra|dio|gra|fie ⟨f.; -, -n; Med.⟩ = Historadiographie

His|to|ra|dio|gra|phie ⟨f.; -, -n; Med.⟩ Herstellung von Röntgenbildern dünner Gewebeschnitte; *oV* Historadiografie

His|tör|chen ⟨n.; -s, -⟩ scherzhafte, unterhaltsame, (meist auch pikante) kleine Geschichte [scherzh. Verkleinerungsform zu *Historie*]

His|to|rie ⟨[-riə] f.; -, -n⟩ **1** Geschichte **2** Bericht, Kunde [<lat. *historia* »Geschichte« <grch. *historia* »Wissen, Kunde«]

His|to|ri|en|ma|le|rei ⟨f.; -, -en; Mal.⟩ Malerei mit Motiven aus der Geschichte, aus Sagen u. a.

His|to|rik ⟨f.; -; unz.⟩ Lehre von der Methode der Geschichtswissenschaft [<lat. *historia* »Geschichte«]

His|to|ri|ker ⟨m.; -s, -⟩ Wissenschaftler, Student auf dem Gebiet der Geschichte [<lat. *historia* »Geschichte«]

His|to|ri|ke|rin ⟨f.; -, -rin|nen⟩ Wissenschaftlerin, Studentin auf dem Gebiet der Geschichte

His|to|rio|graf ⟨m.; -en, -en⟩ = Historiograph

His|to|rio|gra|fie ⟨f.; -; unz.⟩ = Historiographie

His|to|rio|gra|fin ⟨f.; -, -fin|nen⟩ = Historiographin

His|to|rio|graph ⟨m.; -en, -en⟩ Geschichtsschreiber; *oV* Historiograf

His|to|rio|gra|phie ⟨f.; -; unz.⟩ Geschichtsschreibung; *oV* Historiografie [<lat. *historia* »Geschichte« + *...graphie*]

His|to|rio|gra|phin ⟨f.; -, -phinnen⟩ Geschichtsschreiberin; *oV* Historiografin

his|to|risch ⟨Adj.⟩ die Geschichte betreffend, von ihr stammend, zu ihr gehörig, geschichtlich; *~e Dichtung* D., der ein überliefertes Ereignis zugrunde liegt; *~es Drama; ~er Roman; ~e Hilfswissenschaften* für die Erforschung der Geschichte wichtige Wissenschaften: Urkundenlehre, Wappenkunde, Siegelkunde, Münzkunde, Genealogie; *~er u. dialektischer Materialismus* der kommunist. Weltanschauung zugrundeliegende Lehre, nach der die geschichtl. Entwicklung auf der Entwicklung der Produktivkräfte einer Gesellschaft beruht; *~e Stätten* S., an denen überlieferte Ereignisse stattgefunden haben; *~e Landschaften;*

~*e Tat* für die geschichtl. Entwicklung entscheidende Tat [<lat. *historia* »Geschichte«]

his|to|ri|sie|ren ⟨V.⟩ das Geschichtliche einer Sache betonen [zu lat. *historia* »Geschichte«]

His|to|ris|mus ⟨m.; -; unz.⟩ *Sy* Historizismus **1** Denkweise, die die Erscheinung des Lebens nur aus ihren histor. Gegebenheiten u. ihrer histor. Entwicklung zu verstehen u. zu erklären sucht **2** Überbetonung des Geschichtlichen einer Sache [<lat. *historia* »Geschichte«]

His|to|rist ⟨m.; -en, -en⟩ **1** Anhänger, Vertreter des Historismus **2** das Geschichtliche einer Sache überbetonender Wissenschaftler od. Schriftsteller

His|to|ris|tin ⟨f.; -, -tin|nen⟩ weibl. Historist

his|to|ris|tisch ⟨Adj.⟩ **1** den Historismus betreffend, zu ihm gehörig, auf ihm beruhend **2** das Geschichtliche übermäßig betonend

His|to|ri|zis|mus ⟨m.; -; unz.⟩ = Historismus

His|to|ri|zi|tät ⟨f.; -; unz.⟩ Geschichtlichkeit, geschichtliche Beschaffenheit

His|tri|o|ne *auch:* **Hist|ri|o|ne** ⟨m.; -n, -n⟩ **1** ⟨urspr.⟩ etruskischer pantomimischer Tänzer **2** ⟨danach⟩ altrömischer Schauspieler **3** ⟨MA⟩ Gaukler [<lat. *histrio* »Schauspieler«]

Hit ⟨m.; -s, -s⟩ **1** ⟨Musik⟩ erfolgreiches Musikstück, Schlager **2** ⟨umg.⟩ Erfolg; *die Party war ein* ~ **3** ⟨EDV⟩ von einer (Internet-)Suchmaschine angezeigter Treffer zu einem Schlagwort od. Suchbegriff **4** ⟨Snowboarden⟩ Sprunghügel [engl., »Treffer«]

hitch|hi|ken ⟨[hɪtʃhaɪkən] V.⟩ Autos anhalten u. sich unentgeltlich mitnehmen lassen, per Anhalter fahren, trampen [engl.; <*hitch* »sich festhaken« + *hike* »reisen, wandern«]

Hitch|hi|ker ⟨[hɪtʃhaɪkə(r)] m.; -s, -⟩ jmd., der sein Reiseziel durch Mitfahrgelegenheiten per Anhalter erreicht; *Sy* Tramper [engl.]

Hi|tech ⟨[haɪtɛk] f.; -; unz.; Kurzwort für⟩ High Technology

Hit|lis|te ⟨f.; -, -n; Musik⟩ (meist in wöchentlichem Turnus veröffentlichte) Liste der 100 erfolgreichsten bzw. meistverkauften Musiktitel

Hit|pa|ra|de ⟨f.; -, -n; Musik⟩ **1** Verzeichnis, Liste der erfolgreichsten (neuen) Hits **2** ⟨Radio; TV⟩ Sendung, in der Hits vorgestellt werden

HIV ⟨[ha:i:faʊ] m. od. n.; - od. -s; unz.; Abk. für engl.⟩ Human Immunodeficiency Virus (menschliches Immunschwächevirus), Erreger der Aidskrankheit; *Sy* Aidsvirus, HI-Virus [engl.]

HI-Vi|rus ⟨[ha:i:vi:-] m. od. n.; -, - od. -vi|ren [-vi:-]⟩ = HIV

HIV-ne|ga|tiv ⟨[ha:i:faʊ-] Adj.⟩ nicht mit dem HIV-Erreger infiziert

HIV-po|si|tiv ⟨[ha:i:faʊ-] Adj.⟩ mit dem HIV-Erreger infiziert

hl ⟨Abk. für⟩ Hektoliter

h. m. ⟨Abk. für lat.⟩ huius mensis

H. M. S. ⟨Abk. für⟩ His (Her) Majesty's Ship [engl., »Seiner (Ihrer) Majestät Schiff«]

Ho ⟨chem. Zeichen für⟩ Holmium

Hoax ⟨[hoʊks] m.; -, -⟩ **1** Täuschung, Streich **2** ⟨EDV⟩ vorsätzliche Falschmeldung über bösartige E-Mails u. Viren, die Festplatten löschen od. ähnliche Schäden anrichten können [engl.]

Hob|by ⟨n.; -s, -s⟩ Liebhaberei, Steckenpferd [engl.]

Ho|bo|ken|ver|zeich|nis *auch:* **Ho|bo|ken-Ver|zeich|nis** ⟨n.; -(e)s; unz.; Abk.: Hob.⟩ themat. Verzeichnis der Werke Joseph Haydns [nach dem ndrl. Musikwissenschaftler Anthony van *Hoboken*, 1887-1983]

hoc an|no ⟨Abk.: h. a.⟩ in diesem Jahre [lat.]

hoc est ⟨Abk.: h. e.⟩ das ist, das heißt [lat.]

Hoche|pot ⟨[ɔʃpo:] n.; -, -s; Kochk.⟩ pikantes Fleischragout mit Gemüse; *oV* Hotchpotch [<frz. *hocher* »schütteln« + *pot* »Topf«]

Hoch|fre|quenz ⟨f.; -, -en⟩ elektromagnetische Schwingungen oberhalb von etwa 20 kHz

hoch|hie|ven ⟨V.⟩ nach oben hieven, ziehen, heben

Ho|ckey ⟨[hɔke:] od. engl. [hɔkɪ] n.; -s; unz.⟩ Spiel zwischen zwei Mannschaften zu je elf Spielern, die einen kleinen Ball mit hakenförmigen Schlägern ins gegner. Tor zu treiben versuchen, Stockball [engl.]

hoc lo|co ⟨Abk.: h. l.; veraltet⟩ an diesem Ort, hier [lat.]

Ho|do|graf ⟨m.; -en, -en⟩ = Hodograph

Ho|do|graph ⟨m.; -en, -en⟩ Kurve, die die Änderung des Betrages u. der Richtung der Geschwindigkeit eines sich auf einer beliebigen Bahn bewegenden Punktes darstellt; *oV* Hodograf

Ho|do|me|ter ⟨n.; -s, -⟩ Schrittzähler, Wegmesser [<grch. *hodos* »Weg« + ...*meter*]

Ho|do|skop *auch:* **Ho|dos|kop** ⟨n.; -s, -e; El.⟩ Anordnung von Detektoren für den Nachweis (der Bahnen) von energiereichen Teilchen [<grch. *hodos* »Weg« + *skopein* »schauen«]

Ho|dscha *auch:* **Hod|scha** ⟨m.; -s, -s⟩ mohammedan. Lehrer, Geistlicher [pers.-türk., »Meister, Herr, Lehrer«]

Ho|ke|tus ⟨m.; -, -ti; Musik⟩ Musizierform des 13. u. 14. Jh., in der die Stimmen abwechselnd von Pausen durchsetzt sind, so dass immer die eine singt, während die andere pausiert; *oV* Hoquetus [latinisiert <afrz. *hoquet* »Schluckauf«]

Ho|kus|po|kus ⟨m.; -; unz.⟩ **1** Formel bei Zauberkunststücken **2** Taschenspielerei, Zauberkunststück **3** ⟨fig.⟩ Täuschung, Blendwerk **4** Unfug, Spaß [volkstümliche Nachbildung der religiösen Formel bei der Wandlung *hoc est corpus meum* »dies ist mein Leib«]

ho|lan|drisch *auch:* **hol|and|risch** ⟨Adj.; Med.⟩ Vererbung vom Mann auf sämtliche männl. Nachkommen; *Ggs* hologyn [<grch. *holos* »ganz« + *aner*, Gen. *andros* »Mann«]

Hol|ding ⟨f.; -, -s; Wirtsch.; kurz für⟩ Holdinggesellschaft

Hol|ding|ge|sell|schaft ⟨f.; -, -en; Wirtsch.⟩ Gesellschaft, die sich mit der Verwaltung von Geschäftsanteilen (bes. Aktien) anderer Firmen befasst u. sie dadurch kontrolliert; *Sy* Hol-

H

ding [<engl. *holding company* <*holding* »Anteile; Aktienbesitz« + *company* »Firma, Gesellschaft«]

Hole ⟨[hoʊl] n.; -s, -s; Sport; Golf⟩ Loch [engl.]

Ho|lis|mus ⟨m.; -; unz.; Philos.⟩ Lehre, die auf der Annahme der Ganzheit sämtlicher Erscheinungen beruht [<engl. *holism;* zu grch. *holos* »ganz, vollständig«]

ho|lis|tisch ⟨Adj.⟩ im Sinne des Holismus, auf ihm beruhend, ihn betreffend, ganzheitlich

Holk ⟨m.; -s, -e od. -en od. f.; -, -e od. -en; im MA⟩ = Hulk (1) [<engl. *hulk*]

H

Hol|le|rith|ma|schi|ne *auch:* **Hol|le-rith-Ma|schi|ne** ⟨f.; -, -n⟩ Lochkartenmaschine, eine früher übliche Anlage der Datenverarbeitung [nach dem dt.-amerikan. Erfinder, H. *Hollerith,* 1860-1929]

Hol|ly|wood ⟨[-wud] ohne Artikel; Film⟩ Zentrum der amerikanischen Filmindustrie in der kalifornischen Stadt Los Angeles [engl., eigtl. »Stechpalmenwald«]

Hol|ly|wood|schau|kel ⟨[-wud-] f.; -, -n⟩ wie eine Schaukel an einem Gerüst hängende Gartensitzbank

Hol|ly|wood|star ⟨[-wud-] m.; -s, -s⟩ Star, der in der amerikanischen Filmstadt Hollywood (lebt u.) arbeitet

Hol|mi|um ⟨n.; -s; unz.; chem. Zeichen: Ho⟩ chem. Element aus der Reihe der Metalle der seltenen Erden, Ordnungszahl 67 [nach *Stockholm,* der Hauptstadt Schwedens]

Ho|lo|caust ⟨a. ['---] m.; -s, -e⟩ Brandopfer, Massenmord durch Verbrennen, bes. die Judenvernichtung während des Nationalsozialismus [<grch. *holos* »ganz« + *kausis* »das Verbrennen«]

Ho|lo|en|zym ⟨n.; -s, -e; Biochemie⟩ vollständiges, aus Apoenzym u. Koenzym bestehendes Enzym [<grch. *holos* »ganz, vollständig« + *Enzym*]

Ho|lo|gra|fie ⟨f.; -, -n⟩ = Holographie

ho|lo|gra|fie|ren ⟨V.⟩ = holographieren

ho|lo|gra|fisch ⟨Adj.⟩ = holographisch

Ho|lo|gramm ⟨n.; -s, -e⟩ Ergebnis der Holographie, dreidimensionale Abbildung

Ho|lo|gra|phie ⟨f.; -, -n⟩ *oV* Holografie **1** ⟨unz.⟩ fotograf. Verfahren zum Erzeugen räumlicher Bilder mittels Laserstrahlen **2** ⟨zählb.⟩ ein auf diese Weise erzeugtes Bild [<grch. *holos* »ganz, vollständig« + ...*graphie*]

ho|lo|gra|phie|ren ⟨V.⟩ eigenhändig schreiben; *oV* holografieren

ho|lo|gra|phisch ⟨Adj.⟩ eigenhändig geschrieben; *oV* holografisch

ho|lo|gyn ⟨Adj.; Med.⟩ Art u. Weise der Vererbung, die nur von einer Frau auf die weibl. Nachkommen stattfindet; *Ggs* holandrisch [<grch. *holos* »ganz« + *gyne* »Weib«]

ho|lo|krin ⟨Adj.; Med.⟩ *~e Drüsen* D., deren Zellen sich im abgesonderten Sekret aufgelöst haben; *Ggs* merokrin [<grch. *holos* »ganz« + *krinein* »scheiden, trennen«]

ho|lo|kris|tal|lin ⟨Adj.⟩ ganz kristallen [<grch. *holos* »ganz« + *Kristall*]

Ho|lo|me|ta|bo|lie ⟨f.; -, -n; Zool.⟩ vollkommene Verwandlung durch das Auftreten eines Puppenstadiums (bei Insekten) [<grch. *holos* »ganz, völlig« + *Metabolie*]

Ho|lo|pa|ra|sit ⟨m.; -en, -en; Bot.⟩ Vollschmarotzer (bei Pflanzen) [<grch. *holos* »ganz, völlig« + *Parasit*]

ho|lo|phras|tisch ⟨Adj.; Sprachw.⟩ den Inhalt eines Satzes mit einem Wort ausdrückend, z. B. Geh!; *~er Sprachbau* [<grch. *holos* »ganz« + *phrasis* »Ausdruck«]

ho|lo|sys|to|lisch ⟨Adj.; Med.⟩ während des gesamten Zusammenziehens des Herzmuskels [<grch. *holos* »ganz« + *Systole*]

ho|lo|tisch ⟨Adj.⟩ ganz, völlig, vollständig [<grch. *holos* »ganz, völlig«]

ho|lo|zän ⟨Adj.; Geol.⟩ zum Holozän gehörend; *Sy* ⟨veraltet⟩ alluvial

Ho|lo|zän ⟨n.; -s; unz.; Geol.⟩ jüngste Abteilung des Quartärs mit Rückgang der Vereisung, seit 20000 Jahren; *Sy* ⟨veraltet⟩ Alluvium [<grch. *holos* »ganz« + ...*zän*]

Hol|ster ⟨n.; -s, -⟩ **1** offene Ledertasche als Halterung für eine am Körper getragene Handfeuerwaffe **2** Jagdtasche [<engl. *holster* <ndrl. *holster* »Pistolentasche«]

Hom|a|tro|pin *auch:* **Ho|mat|ro|pin** ⟨n.; -s, -e; Chemie⟩ chem. Verbindung von Mandelsäure u. Tropin, das zur kurzfristigen Pupillenerweiterung verwendet wird [<*Homo...* + *Atropin*]

Home|ban|king ⟨[hoʊmbæŋkıŋ] n.; -s; unz.; EDV; Wirtsch.⟩ Abwicklung von Bankgeschäften über einen Computer von zu Hause aus; →*a.* Telebanking [<engl. *home* »Heim...« + *banking* »Bankwesen«]

Home|base ⟨[hoʊmbɛıs] n.; -, -s [-sız]; Sport⟩ die Markierung, die beim Baseballspiel zwischen den beiden Schlägerboxen auf dem Feld angebracht ist; *Sy* Homeplate [engl., eigtl. »Heimatstützpunkt«]

Home|com|pu|ter ⟨[hoʊmkɔmpju:-] m.; -s, -; EDV⟩ kleiner kompakter Computer für den Hausgebrauch, Heimcomputer [<engl. *home* »Wohnung« + *Computer*]

Home|dress ⟨[hoʊmdrɛs] n. od. m.; -, -es [-sız]⟩ sportliche, bequeme Kleidung für den Hausgebrauch; *Sy* Homewear [<engl. *home* »Wohnung« + *dress* »Bekleidung, Kleid«]

Home|figh|ter ⟨[hoʊmfaıtə(r)] m.; -s, -; Sport; Boxen⟩ derjenige Boxer, der bei einem Boxkampf das Heimrecht bzw. das Privileg der Ortswahl besitzt [engl., »Heimkämpfer«]

Home|land ⟨[hoʊmlænd] n.; -s, -s; meist Pl.; während der Apartheid in der Republik Südafrika⟩ der farbigen Bevölkerung eingeräumtes Siedlungsland mit gewisser Selbstverwaltung [<engl. *home* »Heimat« + *land* »Land«]

Home|of|fice ⟨[hoʊmɔfıs] n.; -, -s [-sız]⟩ Coputerarbeitsplatz in der eigenen Wohnung [<engl. *home* »Wohnung« + *Office*[1]]

Home|page ⟨[hoʊmpɛıdʒ] f.; -, -s

[-dʒɪz]; EDV⟩ Startseite im Internet mit Adressen u. Informationen einer Privatperson, Firma, eines Instituts o. Ä.; *Sy* Page; →*a.* Webseite [<engl. *home* »Heim« + *page* »Seite«]

Home|plate ⟨[hoʊmpleɪt] n.; -s, -s⟩ = Homebase [engl.]

Ho|me|ri|de ⟨m.; -n, -n; im antiken Griechenland⟩ **1** Angehöriger einer Sängerschule der Insel Chios, die Homer als ihr Vorbild ansah **2** jmd., der in der Art Homers dichtete od. seine Gesänge vortrug [nach dem altgrch. Dichter *Homer,* 8. Jh. v. Chr.]

ho|me|risch ⟨Adj.⟩ dem Dichter Homer entsprechend, ihm ähnlich; *~es Gelächter* lautes, nicht enden wollendes Gelächter [nach dem Gelächter der Götter an manchen Stellen der Ilias u. Odyssee]

Home|rule ⟨[hoʊmru:l] f.; -; unz.⟩ seit 1877 geforderte u. 1921 erreichte Selbstregierung Irlands innerhalb des brit. Weltreiches [engl., »Selbstregierung«]

Home|run ⟨[hoʊmrʌn] m.; -s, -s; Sport; Baseball⟩ ein Schlag, der so gut gelungen ist, dass der Spieler nach dem Abschlag das Feld vollständig umrunden kann, ehe es der Fängermannschaft gelingt, den Ball wieder zum Abschlag zu befördern [<engl. *home* »Heim« + *run* »Lauf«]

Home|shop|ping ⟨[hoʊmʃɔpɪŋ] n.; -s; unz.; EDV⟩ Einsehen in Warenkataloge u. Abwicklung von Versandgeschäften über das Internet von zu Hause aus; *Sy* Teleshopping [<engl. *home* »Heim« + *shopping* »Einkaufen«]

Home|sit|ter ⟨[hoʊm-] m.; -s, -⟩ jmd., der während der Abwesenheit des Hauseigentümers dessen Haus bewohnt u. behütet [<engl. *home* »Heim« + *sit* »sitzen«, analog zu *Babysitter* gebildet]

Home|sit|te|rin ⟨[hoʊm-] f.; -, -rin|nen⟩ weibl. Homesitter

Home|spun ⟨[hoʊmspʌn] n.; -s, -s⟩ urspr. in der schott. Heimindustrie hergestelltes, grobes, genopptes Wollgewebe für sportl. Kleidung [engl., »zu Hause gesponnen«]

Home|sto|ry ⟨[hoʊmstɔ:rɪ] f.; -, -s⟩ Bericht über das Familien- od. Privatleben einer bekannten Persönlichkeit, zu dem auch Fotos der Angehörigen, des Grundbesitzes sowie der Einrichtung usw. gehören [<engl. *home* »Heim« + *Story*]

Home|trai|ner ⟨[hoʊmtre:-] m.; -s, -⟩ Gerät für das sportliche Training daheim; *Sy* Heimtrainer [engl., »Heimtrainer«]

Home|wear ⟨[hoʊmwɛ:(r)] f.; -; unz.⟩ bequeme Kleidung, die nur für das Tragen in der eigenen Wohnung bestimmt ist [<engl. *home* »Heim« + *wear* »Kleidung«]

Ho|mie ⟨[hoʊmi] m.; -s, -s; umg.; bes. Jugendspr.⟩ Kumpel, Freund (a. in einer Bande od. (Jugend-)Gang); *sie trifft sich mit ihren ~s* [<engl., umg. *homie, homey;* kurz für *homeboy, homegirl* »Freund(in) aus der Nachbarschaft; Freund(in) in einer Jugend(-Bande)«]

Ho|mi|let ⟨m.; -en, -en⟩ **1** Erforscher der Homiletik **2** Kanzelredner, Prediger [<grch. *homilein* »verkehren, sich unterhalten, reden«]

Ho|mi|le|tik ⟨f.; -; unz.⟩ Lehre von der Predigt u. ihrer Geschichte

ho|mi|le|tisch ⟨Adj.⟩ zur Homiletik gehörend, auf ihr beruhend, mit ihrer Hilfe

Ho|mi|li|ar ⟨n.; -s, -ri|en⟩ = Homiliarium

Ho|mi|li|a|ri|um ⟨n.; -s, -ri|en⟩ Predigtsammlung; *Sy* Homiliar

Ho|mi|lie ⟨f.; -, -n; christl. Rel.⟩ erbaul. Auslegung eines Bibeltextes [<grch. *homilia* »Umgang, Unterredung«]

Ho|mi|ni|de ⟨m.; -n, -n; Biol.⟩ Familie der Menschenartigen (heute lebende Menschenrasse sowie Früh- u. Vormenschen) [<lat. *homo,* Gen. *hominis* »Mensch« + *...id*]

ho|mi|ni|sie|ren ⟨V.; Anthrop.⟩ zum Menschen entwickeln, den Prozess der Menschwerdung durchlaufen [zu lat. *homo* »Mensch«]

Ho|mi|nis|mus ⟨m.; -; unz.; Philos.⟩ philos. Lehre, die Erkenntnis u. Wahrheit nur in Bezug auf den Menschen gelten lässt

ho|mi|nis|tisch ⟨Adj.⟩ **1** zum Hominismus gehörend, ihn betreffend **2** nur für den Menschen geltend, auf ihn bezogen

Hom|mage ⟨[-ma:ʒ] f.; -, -n; Pl. selten⟩ Huldigung [frz.]

Homme de Let|tres *auch:* **Homme de Lett|res** ⟨[ɔm də lɛtrə] m.; - - -, -s [ɔm-] - -⟩ **1** Schriftsteller **2** gebildeter Mensch [frz., eigtl. »Mann der Buchstaben, der Literatur«]

Ho|mo[1] ⟨m.; Ho|mi|nis, Ho|mi|nes⟩ Mensch; *~ erectus* ausgestorbene Art der Gattung Mensch; *~ Faber* der Mensch als ein Wesen, das sich Werkzeuge, technische Hilfsmittel u. Ä. herstellen kann, der Mensch als Urheber der Zivilisation; *~ ludens* der spielende, d. h. schöpferische Mensch; *~ oeconomicus* ⟨meist scherzh.⟩ rational denkender, von wirtschaftl. Zweckmäßigkeit geleiteter Mensch; *~ sapiens* von Linné geschaffene naturkundl. Bezeichnung für die höchstentwickelte Menschenart, den heutigen Menschen [<lat. *homo* »Mensch« + *erectus* »aufrecht« + *faber* »Handwerker« + *ludens* »spielend« + *oeconomicus* »ökonomisch« + *sapiens* »klug, weise, vernunftbegabt«]

Ho|mo[2] ⟨m.; -s, -s; umg.; kurz für⟩ Homosexueller

ho|mo..., Ho|mo... ⟨in Zus.⟩ gleich..., Gleich... [<grch. *homos* »gemeinsam, gleich»]

ho|mo|dont ⟨Adj.; Biol.⟩ mit gleichartigen Zähnen ausgestattet; *Ggs* heterodont [<*homo...* + grch. *odous,* Gen. *odontos* »Zahn«]

Ho|mo|ero|tik ⟨f.; -; unz.⟩ auf das eigene Geschlecht gerichtete Erotik

ho|mo|ero|tisch ⟨Adj.⟩ **1** ⟨i. e. S.⟩ = homosexuell **2** ⟨i. w. S.⟩ in der Art der Homoerotik

ho|mo|fon ⟨Adj.⟩ = homophon

Ho|mo|fon ⟨n.; -s, -e⟩ = Homophon

Ho|mo|fo|nie ⟨f.; -; unz.⟩ = Homophonie

ho|mo|fo|nisch ⟨Adj.⟩ = homophonisch

Ho|mo|ga|mie ⟨f.; -; unz.⟩ **1** ⟨Bot.⟩

gleichzeitiges Reifen von Staubblättern u. Narben einer zwittrigen Blütenpflanze, so dass Selbstbestäubung möglich wird; *Ggs* Dichogamie **2** ⟨Soziol.⟩ Bevorzugung einer in Alter, sozialer Stellung, Bildung u. a. möglichst ähnlichen Person bei der Partnerwahl; *Ggs* Heterogamie [<*Homo...* + *...gamie*]

ho|mo|gen ⟨Adj.⟩ gleichartig, -mäßig zusammengesetzt, übereinstimmend; *Ggs* heterogen [<*homo...* + *...gen*[1]]

ho|mo|ge|ni|sie|ren ⟨V.⟩ homogen machen, gleichmäßig verteilen; *Abläufe ~*

H

Ho|mo|ge|ni|tät ⟨f.; -; unz.⟩ Gleichartigkeit, gleichmäßige Zusammensetzung; *Ggs* Heterogenität

Ho|mo|go|nie ⟨f.; -; unz.; Philos.⟩ Entstehung aus Gleichartigen; *Ggs* Heterogonie

ho|mo|grad ⟨Adj.; Stat.⟩ auf qualitative Unterschiede bezogen; *Ggs* heterograd [<*homo...* + lat. *gradus* »Schritt«]

Ho|mo|graf ⟨n.; -s, -e; Sprachw.⟩ = Homograph

Ho|mo|graph ⟨n.; -s, -e; Sprachw.⟩ Wort, das wie ein anderes geschrieben wird, aber eine andere Aussprache bzw. Betonung u. Bedeutung hat, z. B. überholen u. überholen; *oV* Homograf

Ho|mo|i|o|nym ⟨n.; -s, -e; Sprachw.⟩ = Homöonym (2)

Ho|mo|io|te|leu|ton ⟨n.; -s, -leu|ta; Rhet.⟩ = Homöoteleuton

ho|mo|io|therm ⟨Adj.⟩ warmblütig; *~e Tiere* Warmblüter [<grch. *homoios* »gleichartig« + *...therm*]

ho|mo|log ⟨Adj.⟩ **1** gleichliegend, gleichlaufend; *~e Reihen* ⟨Chemie⟩ organische Verbindungen, die sich in ihrer Formel um ein CH_2 od. ein Vielfaches voneinander unterscheiden **2** übereinstimmend; *~es Chromosom* gleichartiges Paar eines menschlichen Chromosoms **3** entsprechend; *~e Organe* Organe von der gleichen entwicklungsgeschichtlichen Herkunft, z. B. Arm u. Vogelflügel, Schwimmblase u. Lunge; *~e Rekombination* Einfügen eines Gens od. einer DNA-Sequenz an der entsprechenden Stelle im Chromosom [<*homo...* + *...log*[3]]

Ho|mo|log ⟨n.; -s, -e; Chemie⟩ chemische Verbindung einer nahe verwandten Reihe von Verbindungen, die sich mit einer Reihenformel beschreiben lassen [→ *homolog*]

Ho|mo|lo|gie ⟨f.; -, -n⟩ **1** ⟨Philos.⟩ Übereinstimmung von Vernunft u. Handeln bzw. Leben (im Einklang mit der Natur) **2** ⟨Psych.⟩ Übereinstimmung von Verhaltensweisen

ho|mo|lo|gie|ren ⟨V.; Sport⟩ **1** ⟨Motorsport⟩ ein Rennfahrzeug verbindlich nach Bautyp u. Serienversion einstufen **2** ⟨Skisport⟩ eine Skirennstrecke nach offiziellen Normen anlegen

ho|mo|morph ⟨Adj.; Math.⟩ einen Homomorphismus aufweisend, erzeugend; *~e Abbildung* [<*homo...* + grch. *morphe* »Gestalt«]

Ho|mo|mor|phis|mus ⟨m.; -; unz.; Math.⟩ ein mathematisches Abbildungsverfahren für algebraische Strukturen [<*Homo...* + grch. *morphe* »Form, Gestalt«]

ho|mo|nom ⟨Adj.⟩ gleichwertig, gleichartig (z. B. von den einzelnen Gliedern der Gliedertiere); *Ggs* heteronom (2) [<*homo...* + *...nom*[1]]

Ho|mo|no|mie ⟨f.; -; unz.⟩ Gleichwertigkeit, Gleichartigkeit; *Ggs* Heteronomie (2)

hom|o|nym *auch:* **ho|mo|nym** ⟨Adj.; Sprachw.⟩ gleichlautend, aber von verschiedener Bedeutung, mehrdeutig, doppelsinnig; *oV* ⟨veraltet⟩ homonymisch

Hom|o|nym *auch:* **Ho|mo|nym** ⟨n.; -s, -e; Sprachw.⟩ Wort, das mit einem anderen gleichlautet, aber eine andere Herkunft u. Bedeutung hat, z. B. das Steuer, die Steuer [<*homo...* + grch. *onyma* »Name«]

Hom|o|ny|mie *auch:* **Ho|mo|ny|mie** ⟨f.; -; unz.; Sprachw.⟩ lautliche Übereinstimmung inhaltlich verschiedener Wörter, z. B. Saite - Seite [<*Homo...* + grch. *onyma* »Name«]

hom|o|ny|misch *auch:* **ho|mo|ny|misch** ⟨Adj.; Sprachw.; veraltet⟩ = homonym

ho|möo..., Ho|möo... ⟨in Zus.⟩ gleich..., gleichartig [<grch. *homoios* »gleich«]

Ho|mö|o|nym ⟨n.; -s, -e; Sprachw.⟩ **1** ähnlichlautende Wörter od. Namen, wie z. B. Schmied-Schmidt **2** bedeutungsgleiches Wort, das nicht derselben Stilebene angehört, z. B. Geld-Zaster; *oV* Homoionym; *Sy* partielles Synonym [<*Homöo...* + grch. *onyma* »Name«]

Ho|möo|path ⟨m.; -en, -en; Med.⟩ jmd., der die Homöopathie anwendet; *Ggs* Allopath

Ho|möo|pa|thie ⟨f.; -; unz.; Med.⟩ Heilverfahren, bei dem der Kranke mit kleinsten Dosen von Mitteln behandelt wird, die beim Gesunden die gleichen Krankheitserscheinungen hervorrufen würden, nach dem Grundsatz: Ähnliches durch Ähnliches heilen; *Ggs* Allopathie [<grch. *homoios* »gleich« + *...pathie*]

Ho|möo|pa|thin ⟨f.; -, -thin|nen; Med.⟩ weibl. Person, die die Homöopathie anwendet

ho|möo|pa|thisch ⟨Adj.⟩ auf Homöopathie beruhend, mit ihrer Hilfe, sie anwendend; *Ggs* allopathisch; *~er Arzt; jmdn. ~ behandeln*

Ho|möo|plas|tik ⟨f.; -, -en; Med.⟩ chirurg. Ersatz von Körpergewebe durch arteigenes Gewebe; *oV* Homoplastik; *Sy* Homotransplantation; → *a.* Alloplastik (2); *Ggs* Heteroplastik [<*Homo...* + *Plastik*]

Ho|mö|o|se ⟨f.; -, -n; Biol.⟩ Entwicklungsweg eines bestimmten Organs [zu grch. *homoios* »gleich«]

Ho|mö|o|sta|se *auch:* **Ho|mö|os|ta|se** ⟨f.; -; unz.; Med.⟩ Aufrechterhaltung des sog. inneren Milieus des Körpers mit Hilfe des Kreislaufs, der Körpertemperatur, des pH-Wertes, des Wasser-, Elektrolyt- u. Hormonhaushaltes [<*Homöo...* + *...stase*]

Ho|möo|te|leu|ton ⟨n.; -s, -leu|ta; Rhet.⟩ Stilfigur mit Wiederkehr gleichlautender Endungen bei aufeinanderfolgenden Wörtern, Satzteilen od. Sätzen, z. B. Morgenrot bringt frühen Tod; *oV* Homoioteleuton [grch., »gleich endend«]

ho|möo|therm ⟨Adj.⟩ warmblütig, gleichbleibend warm (von Säugetieren u. Vögeln) [<grch. *homoios* »gleich« + *...therm*]

ho|mö|o|tisch ⟨Adj.; Biol.⟩ *~es Gen* übergeordnetes Gen, das die Differenzierung von Zellen u. Geweben während der (embryonalen) Entwicklung steuert, indem die entsprechenden Gengruppen aktiviert od. gehemmt werden

ho|mo|phag ⟨Adj.; Biol.⟩ nur pflanzliche od. nur tierische Nahrung aufnehmend, auf nur einem Wirtsorganismus schmarotzend; *Ggs* heterophag [<*homo...* + grch. *phagein* »fressen«]

ho|mo|phil ⟨Adj.⟩ = homosexuell [<*homo...* + *...phil*]

Ho|mo|phi|lie ⟨f.; -; unz.⟩ = Homosexualität [<*Homo...* + *...philie*]

ho|mo|phob ⟨Adj.⟩ eine starke, krankhafte Abneigung gegen Homosexualität habend [<*homo...* + *...phob*]

Ho|mo|pho|bie ⟨f.; -, -n⟩ Verhalten, das durch eine starke Abneigung gegen Homosexualität gekennzeichnet ist [<*Homo...* + *Phobie*]

ho|mo|phon ⟨Adj.; Musik⟩ in der Art der Homophonie; *oV* homofon; *Sy* homophonisch; *Ggs* polyphon [<*homo...* + *...phon*[1]]

Ho|mo|phon ⟨n.; -s, -e; Sprachw.⟩ Wort, das mit einem anderen gleich lautet, aber eine andere Schreibung u. Bedeutung hat, z. B. Leere - Lehre; *oV* Homofon

Ho|mo|pho|nie ⟨f.; -; unz.; Musik⟩ Kompositionsart, bei der alle Stimmen hinter der führenden Melodiestimme zurücktreten u. sie nur harmonisch begleiten; *oV* Homofonie; *Sy* Monodie (3); *Ggs* Polyphonie [<*Homo...* + *...phonie*]

ho|mo|pho|nisch ⟨Adj.; Musik⟩ = homophon; *oV* homofonisch

Ho|mo|plas|tik ⟨f.; -, -en; Med.⟩ = Homöoplastik

Ho|mo|seis|te ⟨f.; -, -n; meist Pl.; Geogr.; Kartogr.⟩ Linie, die Orte gleichzeitiger Erdbebenwirkung verzeichnet [<*Homo...* + grch. *seistos* »erschüttert«]

ho|mo|sem ⟨Adj.; Sprachw.⟩ synonym

Ho|mo|se|xu|a|li|tät ⟨f.; -; unz.⟩ geschlechtl. Liebe zwischen Angehörigen des gleichen Geschlechts; *Sy* Homophilie, Inversion (5); *Ggs* Heterosexualität; →*a.* Homoerotik, Bisexualität (2)

ho|mo|se|xu|ell ⟨Adj.⟩ zum gleichen Geschlecht hinneigend; *Sy* homoerotisch (1), homophil, invertiert; *Ggs* heterosexuell; →*a.* bisexuell (2)

Ho|mo|se|xu|el|le(r) ⟨f. 2 (m. 1)⟩ jmd., der homosexuell veranlagt ist

Ho|mo|sphä|re ⟨f.; -; unz.⟩ unterer Teil der Atmosphäre, in dem die verschiedenen Gasanteile der Luft gleichmäßig gemischt sind; *Ggs* Heterosphäre [<*Homo...* + *Sphäre*]

Ho|mo|trans|plan|ta|ti|on ⟨f.; -, -en; Med.⟩ = Homöoplastik

ho|mo|zen|trisch *auch:* **ho|mo|zent|risch** ⟨Adj.⟩ einen gemeinsamen Mittelpunkt habend

ho|mo|zy|got ⟨Adj.; Biol.⟩ reinerbig, mit gleichartigen Erbanlagen, gleicherbig; *Ggs* heterozygot [<*homo...* + grch. *zygoun* »verbinden«]

Ho|mo|zy|go|tie ⟨f.; -; unz.; Biol.⟩ Reinerbigkeit, Gleichartigkeit von Erbfaktoren; *Ggs* Heterozygotie [<*Homo...* + *Zygote*]

Ho|mun|ku|lus ⟨m.; -, -ku|li⟩ **1** kleiner Mensch, Menschlein **2** ⟨in Goethes »Faust«⟩ künstlich erzeugter Mensch [<lat. *homunculus;* Verkleinerungsform zu lat. *homo* »Mensch«]

Ho|nan|sei|de ⟨f.; -, -n; Textilw.⟩ handgewebte chines. Seide in Taftbindung [nach der chines. Provinz *Honan*]

ho|nen ⟨V.⟩ feinschleifen [<engl. *hone* »mit einem Schleifstein schärfen«]

Ho|ney|moon ⟨[hʌnimu:n] m.; -s, -s⟩ Flitterwochen [<engl. *honey* »Honig« + *moon* »Mond«]

Ho|ni soit qui mal y pense ⟨[ɔni soa ki mal i pã:s]⟩ Ehrlos sei, wer Schlechtes dabei denkt (Inschrift des engl. Hosenbandordens, nach dem angebl. Ausruf König Eduards III. von England, als er das Strumpfband, das der Gräfin Salisbury entfallen war, aufnahm u. dabei versehentlich ihr Kleid etwas hob) [frz.]

Hon|neurs ⟨[ɔnø:(r)s] nur Pl.⟩ Ehrenbezeigung; *die ~ machen* Gäste willkommen heißen, empfangen u. vorstellen [frz., »Ehrenerweisung«, Pl. zu *honneur* »Ehre«]

ho|no|ra|bel ⟨Adj.; veraltet⟩ ehrbar, ehrenvoll [<frz. *honorable*]

Ho|no|rant ⟨m.; -en, -en; veraltet⟩ jmd., der anstelle des Bezogenen einen Wechsel annimmt u. honoriert; →*a.* Honorat [<lat. *honorans,* Part. Präs. zu *honorare* »ehren«]

Ho|no|rar ⟨n.; -s, -e⟩ Vergütung von Leistungen freier Berufe; *Autoren~; Stunden~* [<lat. *honorarium* »Ehrengabe, Belohnung«; zu *honor* »Ehre«]

Ho|no|rar|pro|fes|sor ⟨m.; -s, -en⟩ Professor honorarius, nebenamtl. Professor, Hochschullehrer, der aufgrund besonderer wissenschaftl. Leistungen einen Lehrauftrag bekommen hat [zu lat. *honorarius* »ehrenhalber geschehen, gegeben, erwählt«; zu lat. *honor* »Ehre«]

Ho|no|rat ⟨m.; -en, -en; veraltet⟩ jmd., für den ein anderer einen Wechsel zahlt (honoriert); →*a.* Honorant [<lat. *honoratus,* Part. Perf. zu *honorare* »ehren«]

Ho|no|ra|ti|o|ren ⟨nur Pl.⟩ die angesehensten Einwohner einer (kleinen) Stadt [<*honoratiores,* Komparativ zu lat. *honoratus,* Part. Perf. zu *honorare* »ehren«]

ho|no|rie|ren ⟨V.⟩ **1** dankbar anerkennen **2** bezahlen, vergüten (bes. freiberufl. Arbeit) **3** einlösen; *Wechsel ~* [<lat. *honorare* »ehren, belohnen, beschenken«]

ho|no|rig ⟨Adj.⟩ ehrenhaft, anständig, freigebig [<lat. *honor* »Ehre«]

ho|no|ris cau|sa ⟨Abk.: h. c.⟩ ehrenhalber; *Dr. phil. h. c.* [lat.]

Ho|no|ri|tät ⟨f.; -, -en⟩ **1** ⟨unz.⟩ Ehrenhaftigkeit, Anständigkeit **2** ⟨zählb.⟩ ehrenhafte, angese-

H

hene Person [<lat. *honor* »Ehre«]

Hon|véd ⟨[-ve:d] m.; -s, -s⟩ **1** ungarischer (freiwilliger) Landwehrsoldat **2** die 1848 von Kossuth gegen Österreich aufgestellte ungar. Nationalarmee **3** ⟨seit 1868⟩ ungarische Landwehr **4** ⟨seit 1918⟩ das ungar. Heer [ungar., »Vaterlandsverteidiger«]

> **hooked** (*Worttrennung am Zeilenende*) Die Trennbarkeit von Fremdwörtern richtet sich in der Regel nach ihrer muttersprachlichen Aussprache. Da das Wort »*hooked*« [hukt] einsilbig ausgesprochen wird, ist es nicht trennbar.

hooked ⟨[hụkt] Adj.; Drogenszene⟩ drogenabhängig [engl., »eingehakt«]

hoo|ken ⟨[hụkən] V.; Sport; Golf⟩ einen Hookspin spielen [→ *Hookspin*]

Hoo|ker ⟨[hụkə(r)] m.; -s, -; Sport⟩ **1** ⟨Golf⟩ Golfspieler, der den Hookspin besonders gut beherrscht **2** ⟨Rugby⟩ Stürmer, der beim Anstoß in der vorderen Reihe steht u. den Angriff abblockt [<engl. *hook* »Haken«]

Hook|line ⟨[hụklaın] f.; -, -s; Musik⟩ Textzeile, die häufig im Refrain od. Chorus eines Musikstücks wiederholt wird; *eine eingängige ~* [<engl. *hook* »Haken; gefälliger Refrain« (der sich beim Hörer einhaken soll) + *line* »Linie«]

Hook|shot ⟨[hụkʃɔt] m.; -s, -s; Sport; Basketball⟩ Sprungwurf, bei dem der Werfer den Ball mit dem ausgestreckten Arm seitlich an den Korb heranführt u. aus dem Handgelenk in den Ring wirft, Hakenwurf [<engl. *hook* »Haken« + *shot* »Schuss, Wurf«]

Hook|spin ⟨[hụk-] m.; -s, -s; Sport; Golf⟩ mit Seitwärtsdrall geschlagener Ball [<engl. *hook* »Haken« + *spin* »Drehung«]

Hoo|li|gan ⟨[hu:lıgən] m.; -s, -s⟩ **1** Halbstarker, Rowdy, vor Gewalt nicht zurückschreckender Mensch (bes. bei öffentl. Großveranstaltungen wie Fußballspielen u. Popkonzerten auftretend) **2** jmd., der sich rücksichtslos über die Rechte u. Interessen anderer Personen hinwegsetzt [engl., vielleicht nach dem irischen Familiennamen *Hooligan*]

Hop ⟨m.; -s, -s; Sport; Leichtathletik⟩ der erste der drei Sprünge beim Dreisprung; →*a.* Jump (2), Stepp (2) [<engl. *hop* »Hopser, Hüpfer«]

Ho|plit *auch:* **Hop|lit** ⟨m.; -en, -en⟩ altgrch. schwer bewaffneter Fußsoldat [<grch. *hoplites* »schwer bewaffneter Fußkämpfer im alten grch. Heer«; zu grch. *hopla* »Waffen«]

Hop|ping ⟨n.; - od. -s; unz.; meist in Zus.; umg.⟩ rascher, häufiger Wechsel; *Ärzte~, Disco~, Insel~, Job~, (Kranken-)Kassen~; ein ~ zwischen Kunst und Unterhaltung* [engl., zu *hop* »hüpfen«]

Ho|que|tus ⟨m.; -, -queti; Musik⟩ = Hoketus

ho|ra ⟨Zeichen: ^h^⟩ Stunde (bei Zeitangaben); 6^h 6 Uhr [<lat. <grch. *hora;* → *Hora*]

Ho|ra¹ ⟨f.; -, Ho|ren; meist Pl.⟩ **1** Zeit des kath. Stundengebetes **2** dieses selbst mit Hymnus, Psalmen u. Lesung [lat., »Stunde« <grch. »natürlicher Zeitabschnitt, Jahreszeit«]

Ho|ra² ⟨f.; -, Ho|ren⟩ = Hore (1)

Ho|ra|ri|um ⟨n.; -s, -ri|en⟩ Stundenbuch [lat., »Uhr«; zu *hora* »Stunde«]

Hor|de|o|lum ⟨n.; -s, -o|len; Med.⟩ Gerstenkorn, Abszess der Liddrüsen [Verkleinerungsform zu lat. *hordeum* »Gerste«]

Ho|re ⟨f.; -, -n⟩ **1** ⟨grch. Myth.⟩ eine der (zwei, drei od. vier) Göttinnen der Jahreszeiten; *oV* Hora² **2** bei Hesiod eine der Göttinnen der Gesetzmäßigkeit, der Gerechtigkeit u. des Friedens **3** ⟨Pl.⟩ *~n* Titel einer 1795-97 von Schiller herausgegebenen literar. Zeitschrift [<grch. *hora* »natürlicher Zeitabschnitt, Jahreszeit«]

Ho|ri|zont ⟨m.; -(e)s, -e⟩ **1** waagerechte (scheinbare) Trennungslinie zwischen Himmel u. Erde, Gesichtskreis **2** Umfang der geistigen Interessen u. der Bildung; *geistiger ~; beschränkter ~; das geht über seinen ~* **3** ⟨Geol.; Archäol.⟩ waagerechte Fläche od. Schicht in der Erde mit bes. Merkmalen [<grch. *horizon kyklos* »begrenzender Kreis« <*horizein* »begrenzen« + *kyklos* »Kreis«]

ho|ri|zon|tal ⟨Adj.⟩ wie der Horizont (1) verlaufend, waagerecht; *Ggs* vertikal; *~es Gewerbe* ⟨umg.⟩ Prostitution

Ho|ri|zon|ta|le ⟨f. 2⟩ Waagerechte, waagerechte Linie, waagerechte Lage; *Ggs* Vertikale

Ho|ri|zon|tal|in|ten|si|tät ⟨f.; -; unz.⟩ Komponente des erdmagnet. Feldes, die horizontal zur Erdoberfläche wirkt; *Ggs* Vertikalintensität

Hor|mon ⟨n.; -s, -e; Biochemie⟩ vom Körper gebildeter Wirkstoff, der eine bestimmte Körperfunktion reguliert; →*a.* Inkret [<grch. *horman* »in Bewegung setzen, antreiben, anregen«; zu *horme* »Anlauf, Angriff, Antrieb«]

hor|mo|nal ⟨Adj.⟩ mit Hilfe der Hormone, auf ihnen beruhend

Hor|mon|prä|pa|rat ⟨n.; -(e)s, -e; Pharm.⟩ künstlich gewonnenes Hormon, das als Arzneimittel verwendet wird

Hor|mon|the|ra|pie ⟨f.; -, -n; Med.; Pharm.⟩ med. Behandlung mit Hormonpräparaten

Horn|back ⟨[hɔ:(r)nbæk] n. od. m.; -s, -s⟩ Hornhautrücken des Krokodils, der durch Feinschliff so bearbeitet wird, dass die Maserung besonders deutlich hervortritt [engl.]

Horn|pipe ⟨[hɔ:(r)npaıp] f.; -, -s⟩ **1** volkstüml. Blasinstrument mit einfachem Rohrblatt u. einem Schallkörper aus Tierhorn, das auch als Melodiepfeife beim Dudelsack verwendet wird **2** engl. Volkstanz des 18. Jh. im 3/2- od. 4/4-Takt [engl., »Hornpfeife«]

Ho|ro|log ⟨n.; -s, -e⟩ = Horologium

Ho|ro|lo|gi|um ⟨n.; -s, -gi|en⟩ Stundenanzeiger, Uhr; *oV* Horolog [<lat. *horologium* »Sonnen-, Wasseruhr« <grch. *horologion* + *legein* »lesen«]

Hor|op|ter *auch:* **Ho|rop|ter** ⟨m.; -s, -; Med.⟩ Linie des Gesichtsfeldes, auf der diejenigen

Punkte liegen, die sich auf den sehrichtungsgleichen Stellen der Netzhaut abbilden u. daher mit beiden Augen nur einfach gesehen werden, Sehgrenze [<grch. *horos* »Grenze« + *opter* »Späher«]

Ho|ro|skop *auch:* **Ho|ros|kop** ⟨n.; -s, -e⟩ Voraussage des Schicksals, die ein Astrologe aufgrund der Position der Gestirne macht; *jmdm. das ~ stellen* [<*Hora* + *...skop*]

ho|ro|sko|pie|ren *auch:* **ho|ros|ko|pie|ren** ⟨V.⟩ ein Horoskop erstellen

ho|ro|sko|pisch *auch:* **ho|ros|ko|pisch** ⟨Adj.⟩ zum Horoskop gehörend, auf ihm beruhend

hor|rend ⟨Adj.⟩ **1** schrecklich; *ein ~es Erlebnis* **2** übermäßig, ungeheuer; *ein ~er Preis* [<lat. *horrendus* »schauderhaft«]

hor|ri|bel ⟨Adj.; geh.⟩ schrecklich, entsetzlich, grauenvoll, schauderhaft [<frz. *horrible* <lat. *horribilis*]

hor|ri|bi|le dic|tu schrecklich zu sagen (als Einfügung in der direkten Rede) [lat.]

Hor|ror ⟨m.; -s; unz.⟩ Grausen, Schauder, Abscheu [lat.]

Hor|ror|film ⟨m.; -(e)s, -e⟩ Film mit grausamen od. gruseligen Bildern

Hor|ror|trip ⟨m.; -s, -s⟩ mit Angst- u. Schreckensgefühlen verbundener Drogenrausch; *Sy* Badtrip [engl.]

Hor|ror Va|cui ⟨[va:-] m.; - -; unz.⟩ **1** (nach einer alten Vorstellung) Abscheu der Natur vor luftleeren Räumen **2** ⟨allg.⟩ Angst vor der Leere [lat.]

hors con|cours ⟨[ɔr kõku:r]⟩ außer Wettbewerb; *ein Pferd läuft beim Rennen ~* [frz.]

Hors|d'œu|vre *auch:* **Hors|d'œuv|re** ⟨[ɔrdœ:vr(ə)] n.; -s, -s⟩ Vorspeise, appetitanregendes Nebengericht [frz.]

Horse ⟨[hɔ:s] n.; -; unz.; umg.⟩ Heroin [engl., eigtl. »Pferd« (verhüllend)]

Hor|ten|sie ⟨[-sjə] f.; -, -n; Bot.⟩ einer Gattung der Steinbrechgewächse angehörender Strauch mit kugeligen Blütenständen in vielen Farben: Hortensie hortensia [vom frz. Botaniker Ph. Commerson benannt nach *Hortense,* der Frau des Uhrmachers Le Paute (beide begleiteten Commerson, als er die Pflanze entdeckte)]

Hor|ti|kul|tur ⟨f.; -; unz.; Bot.⟩ Gartenbau [<lat. *hortus* »Garten« + *Kultur*]

ho|si|an|na! Freudenruf, Begrüßungsruf (urspr. beim Einzug Jesu in Jerusalem) [<hebr. *hosia* »hilf« + Bittpartikel *na* »Hilf doch!« aus Psalm 118,25]

Hos|pi|tal ⟨n.; -s, -e od. -tä|ler⟩ **1** ⟨allg.⟩ Krankenhaus **2** ⟨i. e. S.⟩ Anstalt zur längeren od. dauernden Aufnahme chronisch Kranker [<mhd. *hospital(e)* <ahd. *hospitalhus* <mlat. *hospitale* »Armen-, Krankenhaus«; zu lat. *hospes* »Gast«]

hos|pi|ta|li|sie|ren ⟨V.⟩ in ein Krankenhaus od. eine Pflegeanstalt einweisen; *einen Pflegebedürftigen ~*

Hos|pi|ta|li|sie|rung ⟨f.; -, -en⟩ das Hospitalisieren, das Hospitalisiertwerden

Hos|pi|ta|lis|mus ⟨m.; -; unz.; Sammelbez. für⟩ körperl., geistige u. seel. Schäden infolge langdauernden Aufenthalts im Krankenhaus od. (bei Kindern) im Heim

Hos|pi|tant ⟨m.; -en, -en⟩ Gasthörer, -schüler [→ *hospitieren*]

Hos|pi|tan|tin ⟨f.; -, -tin|nen⟩ Gasthörerin, Gastschülerin

Hos|pi|tanz ⟨f.; -, -en⟩ vorübergehende Teilnahme, Anwesenheit als Gast (z. B. in einem Praktikum, in der Schule, in der Universität, in einer Fraktionssitzung u. Ä.) [→ *Hospitant*]

Hos|pi|ta|ti|on ⟨f.; -, -en⟩ das Hospitieren

hos|pi|tie|ren ⟨V.⟩ **1** als Gast teilnehmen; *am Unterricht ~* **2** als Gast Vorlesungen hören [<lat. *hospitari* »zu Gast sein«]

Hos|piz ⟨n.; -es, -e⟩ **1** von Mönchen errichtetes Übernachtungsheim **2** Sterbeklinik [<lat. *hospitium* »Gastfreundschaft, Bewirtung«; zu *hospes* »Gast«]

Hos|po|dar ⟨m.; -s od. -en, -e od. -en⟩ slawischer Fürstentitel in der Moldau u. Walachei; *oV* Gospodar [<slaw. *gospodarj* »Herr«]

Host ⟨[houst] m.; -s, -s⟩ **1** ⟨kurz für⟩ Hostcomputer **2** Adresse im Internet [engl., eigtl. »Gastgeber«]

Host|com|pu|ter ⟨[houstkɔmpju:-] m.; -s, -; kurz: Host; EDV⟩ EDV-Anlage, die eingesetzt wird, um im Rahmen von Rechnernetzen für andere Systeme Programme zu entwickeln od. auszuführen, Hauptrechner [<engl. *host* »Gastgeber« + *Computer*]

Hos|tel ⟨n.; -s, -s⟩ **1** Jugendherberge **2** einfaches Hotel, das preisgünstige Übernachtungsmöglichkeiten anbietet; *ein ~ für Rucksacktouristen* [engl., <afrz. *(h)ostel,* <mlat. *hospitale* »Gasthaus; Krankenhaus«]

Hos|ter ⟨[hous-] m.; -s, -; EDV; kurz für⟩ Webhoster

Hostess (*Laut-Buchstaben-Zuordnung*) Die im Deutschen übliche Kennzeichnung eines kurzen Vokals durch Verdoppelung des Folgekonsonanten wird auch auf Fremdwörter angewendet.
Nach kurzem Vokal wird daher auch bei Fremdwörtern der stimmlose s-Laut durch *»ss«* wiedergegeben (→*a.* Dress, Fitness).

Hos|tess ⟨a. [-'-] f.; -, -tes|sen⟩ **1** Betreuerin, Begleiterin, Führerin in Ausstellungen **2** weibl. Person, die Auskünfte erteilt **3** ⟨verhüllend⟩ Bardame, Prostituierte [engl., »Wirtin, Gastgeberin« <afrz. *(h)ostesse* (nfrz. *hôtesse*), Fem. zu *(h)oste*(nfrz. *hôte*) »Gastgeber« <lat. *hospes* »Gastfreund«]

Hos|tie ⟨[-tjə] f.; -, -n⟩ das beim Abendmahl in Form einer kleinen Oblate gereichte ungesäuerte Brot [<lat. *hostia* »Opfertier«]

hos|til ⟨Adj.⟩ feindlich, feindselig [<lat. *hostilis* »feindlich«; zu *hostis* »Fremder, Feind«]

Hos|ti|li|tät ⟨f.; -; unz.⟩ Feindseligkeit

Hos|ting ⟨[hous-] n.; -s, -s; kurz für⟩ Webhosting

Hot ⟨[hɔt-] m.; -s, -s; Musik⟩ leidenschaftlich bewegte Improvisation u. Synkopierung einer Jazzmelodie [engl., »heiß«]

Hotch|potch ⟨[hɔtʃpɔtʃ] n.; -, -es;

Kochk.⟩ = Hochepot [engl., »Durcheinander«]

> **Hotdog / Hot Dog** (*Getrennt- und Zusammenschreibung*) Aus dem Englischen stammende Verbindungen aus Adjektiv und Substantiv schreibt man zusammen, wenn der Hauptakzent auf dem ersten Bestandteil liegt. Liegt er auf dem zweiten Bestandteil oder werden beide Wörter betont, so wird getrennt geschrieben. In einigen Fällen, wie bei *Hotdog / Hot Dog* sind beide Betonungen möglich, woraus sich Schreibvarianten ergeben (→*a.* Fastfood / Fast Food).

H

Hot|dog ⟨[hɔ̣t-]⟩ *auch:* **Hot Dog** ⟨n. od. m.; (-) -s, (-) -s⟩ heißes Würstchen (mit Ketchup) in einem längs aufgeschnittenen Brötchen [engl., »heißer Hund«]

Ho|tel ⟨n.; -s, -s⟩ Betrieb für Unterkunft u. Verpflegung für gehobene Ansprüche; ~ *garni* Betrieb, der nur Unterkunft u. Frühstück gewährt [<frz. *hôtel* »großes, herrschaftl. Wohnhaus, vornehmes Gasthaus«; frz. *garni* »(gut) ausgestattet«]

Ho|tel|bar ⟨f.; -, -s⟩ Bar in einem Hotel; *sich an der ~ treffen*

Ho|te|li|er ⟨[-lje:] m.; -s, -s⟩ Besitzer, Pächter od. Leiter eines Hotels [<frz. *hôtelier* »Hotelbesitzer«]

Ho|tel|le|rie ⟨f.; -; unz.; schweiz.⟩ Gaststätten-, Hotelgewerbe [frz., »Gasthaus, Gasthof«]

Hot|fix ⟨[hɔ̣t-] m. od. n.; - od. -es [-sɪz], -e od. -es [-sɪz]⟩ **1** Bild od. Motiv zum Aufbügeln auf Textilien **2** ⟨EDV⟩ Update zur Fehlerkorrektur eines Softwareprogramms [<engl. *hot* »heiß« + *fix* »festigen«]

Hot Jazz ⟨[hɔ̣t dʒæz] m.; - -; unz.⟩ scharf akzentuierender Jazzstil zwischen 1920 u. 1930 [engl., »heißer Jazz«]

Hot|key ⟨[hɔ̣tki:]⟩ *auch:* **Hot Key** ⟨m.; (-) -s, (-) -s; EDV⟩ mittels einer Taste od. Tastenkombination ausgeführter Befehl, der ein anderes Programm aktiviert [<engl. *hot* »heiß« + *key* »Schlüssel«]

Hot|line ⟨[hɔ̣tlaɪn] f.; -, -s; bes. TV⟩ schnelle, direkte Telefonverbindung, heißer Draht; *~ zu einer Livesendung* [engl.]

Hot|pants ⟨[hɔ̣tpænts]⟩ *auch:* **Hot Pants** ⟨Pl.; bes. Anfang der 1970er Jahre⟩ sehr kurze Shorts für Damen [engl., »heiße Höschen«]

Hot|spot ⟨[hɔ̣tspɔt]⟩ *auch:* **Hot Spot** ⟨m.; (-) -s, (-) -s⟩ **1** ⟨Geol.⟩ Aufschmelzungspunkt im inneren Aufbau der Erde, an der Erdoberfläche am Vulkanismus zu erkennen **2** ⟨allg.⟩ Schlagwort **3** ⟨EDV⟩ drahtloser, öffentlicher Zugang zum Internet [engl., »heißer Punkt«]

hot|ten ⟨V.⟩ Hot tanzen

Hour|di ⟨[urdi:] m.; -, -s [urdi:]⟩ lange, hohle Platte aus gebranntem Ton zur Herstellung von ebenen Steindecken [frz., »Mauerwerk od. Fachwerkausfüllung aus unbearbeiteten Bruchsteinen«]

House ⟨[haʊs] m.; -; unz.; kurz für⟩ Housemusic

House|mu|sic ⟨[haʊsmju:zɪk] f.; -; unz.; Musik⟩ eine Musikrichtung seit Mitte der 1980er Jahre aus Chicago u. Detroit, die Funk- u. Soulelemente mit harten Rhythmen verbindet; *Sy* ⟨kurz⟩ House [<engl. *house* »Haus« + *music* »Musik«]

House of Com|mons ⟨[haʊs ɔv kɔ̣məns] n.; - - -; unz.⟩ Unterhaus, zweite Kammer des brit. Parlaments

House of Lords ⟨[haʊs ɔv -] n.; - - -; unz.⟩ Oberhaus, erste Kammer des brit. Parlaments

Housse ⟨[ụs] f.; -, -n⟩ = Husse [frz., »Decke, Überzug, Schoner«]

Ho|ver|craft ⟨[hɔ̣:və(r)kra:ft] n.; - od. -s, -s⟩ Wasserfahrzeug, das etwa 20 cm über dem Boden od. dem Wasser auf einem Luftkissen gleitet [engl., »Schwebefahrzeug«]

h. p. ⟨Abk. für⟩ horse-power, eine in angelsächs. Ländern übliche Einheit der Leistung, 1 h. p. = 1,013 PS = 745,7 Watt

HPLC ⟨Abk. für engl.⟩ High Pressure Liquid Chromatography (Hochdruckflüssigkeitschromatographie)

hst ⟨Abk. für⟩ Hektoster

HTML ⟨EDV; Abk. für engl.⟩ Hypertext Markup Language (Hypertext-Markierungssprache), eine Programmiersprache, die insbes. zur einheitlichen Gestaltung von Webseiten im Internet verwendet wird

HTTP ⟨EDV; Abk. für engl.⟩ Hypertext Transfer Protocol (Hypertext-Übertragungsprotokoll), Kommunikationsprotokoll zur Übertragung von HTML-Dokumenten im Internet

Hub ⟨[hʌb] m.; -s, -s; Flugw.⟩ zentraler internationaler Flughafen (als Knotenpunkt mehrerer Flughäfen) [engl., »(Rad-)Nabe, Zentrum«]

Hub|ble *auch:* **Hubb|le** ⟨[hʌ̣bl] ohne Artikel; kurz für engl.⟩ Hubble Space Telescope, ein Weltraumteleskop der NASA, das in einer Höhe von 600 km über der Erde kreist und u. a. Bilder u. technische Daten übermittelt; *~ hat ein großes schwarzes Loch im Weltraum entdeckt*

Hu|ẹr|ta ⟨f.; -, -s; in Spanien⟩ durch ein Kanal- od. Grabensystem bewässertes, intensiv genutztes Gemüse- u. Obstanbauland [span.]

Hu|ge|nọt|te ⟨m.; -n, -n⟩ Protestant im alten Frankreich (seit 1560), von Ludwig XIV. 1685 verboten u. vertrieben [<frz. *Huguenot* <schweiz. *Ignot, Eignot* »Eidgenosse«]

Hughes|te|le|graf *auch:* **Hughes-Te|le|graf** ⟨[hju:z-] m.; -en, -en⟩ Fernschreiber zur Telegrammübermittlung, wobei die Sendezeichen über Typendrucker in Lochschrift umgewandelt werden [nach dem engl. Erfinder David Edward *Hughes*, 1831-1900]

hu|i|us ạn|ni ⟨Abk.: h. a.⟩ dieses Jahres [lat.]

hu|i|us mẹn|sis ⟨Abk.: h. m.⟩ dieses Monats [lat.]

Hu|ka ⟨f.; -, -s⟩ indische Wasserpfeife [<arab. *hukkah* »Schale, Gefäß«]

Hụk|boot ⟨n.; -(e)s, -e⟩ = Huker

Hụ|ker ⟨m.; -s, -⟩ Fahrzeug der Hochseefischerei mit einem umlegbaren Mast; *Sy* Hukboot [<engl. *hooker* »kleines Fischerboot«]

Hu|la-Hoop ⟨[huləhu:p] m.; -s, -s⟩ schmaler, leichter Plastikreifen, den man um die Hüften kreisen lässt; *oV* Hula-Hopp [<hawaiisch *hula* »Kulttanz« + engl. *hoop* »Reifen«]

Hu|la-Hopp ⟨m.; -s, -s⟩ = Hula-Hoop

Hulk ⟨engl. [hʌlk] m.; -s, -s⟩ **1** ⟨im MA⟩ dreimastiges Segelschiff; *oV* Holk **2** abgetakelter (Schiffs-)Rumpf, baufälliges Haus **3** grobschlächtiger, großer Kerl [engl.]

hu|man ⟨Adj.⟩ menschlich, menschenfreundlich, menschenwürdig; *Ggs* inhuman [<lat. *humanus* »menschlich«; zu *homo* »Mensch«]

Hu|man|bio|lo|gie ⟨f.; -; unz.⟩ Lehre von der Entstehung u. der Lebensweise des Menschen

hu|man|bio|lo|gisch ⟨Adj.⟩ zur Humanbiologie gehörend, sie betreffend

Hu|man En|gi|nee|ring ⟨[ju:mən ɛndʒɪni:rɪŋ] n.; - -; unz.⟩ Teilgebiet der Arbeitspsychologie, das die Anpassung der Voraussetzungen am Arbeitsplatz an die Bedürfnisse u. Fähigkeiten des Menschen erforscht; *Sy* Engineering, Social Engineering [<engl. *human* »menschlich« + *engineering* »Maschinenbau«; zu *engine* »Maschine«]

Hu|man|ge|ne|tik ⟨f.; -; unz.⟩ Wissenschaft, die sich mit den Erbvorgängen beim Menschen befasst

Hu|man|ge|ne|ti|ker ⟨m.; -s, -⟩ Wissenschaftler auf dem Gebiet der Humangenetik

Hu|man|ge|ne|ti|ke|rin ⟨f.; -, -rinnen⟩ Wissenschaftlerin auf dem Gebiet der Humangenetik

hu|man|ge|ne|tisch ⟨Adj.⟩ zur Humangenetik gehörend, sie betreffend

hu|ma|ni|sie|ren ⟨V.⟩ human, gesittet, menschlich machen [<lat. *humanus* »menschlich«]

Hu|ma|ni|sie|rung ⟨f.; -; unz.⟩ das Humanisieren, das Humanisiertwerden

Hu|ma|nis|mus ⟨m.; -; unz.⟩ **1** ⟨13.-16. Jh.⟩ von der Kultur der Antike beeinflusstes Bildungsideal **2** ⟨allg.⟩ Streben nach echter Menschlichkeit, nach edlem, menschenwürdigem Leben u. Denken [zu lat. *humanus* »menschlich«]

Hu|ma|nist ⟨m.; -en, -en⟩ **1** Vertreter, Anhänger des Humanismus **2** Kenner der latein. u. grch. Sprache **3** jmd., der ein humanistisches Gymnasium besucht hat

Hu|ma|nis|tin ⟨f.; -, -tin|nen⟩ **1** Vertreterin, Anhängerin des Humanismus **2** Kennerin der latein. u. grch. Sprache **3** weibl. Person, die ein humanistisches Gymnasium besucht hat

hu|ma|nis|tisch ⟨Adj.⟩ den Humanismus betreffend, zu ihm gehörig, aus ihm stammend; *~es Gymnasium* Gymnasium mit Unterricht in Griechisch u. Latein

hu|ma|ni|tär ⟨Adj.⟩ menschenfreundlich, wohltätig, mildtätig [<lat. *humanus* »menschlich«]

Hu|ma|ni|ta|ris|mus ⟨m.; -; unz.⟩ **1** menschenfreundliche Gesinnung **2** ⟨iron.⟩ überzogene u. realitätsfremde Menschenfreundlichkeit [zu lat. *humanitas* »Menschlichkeit, Menschenfreundlichkeit«]

Hu|ma|ni|tas ⟨f.; -; unz.; geh.⟩ Menschlichkeit [lat.]

Hu|ma|ni|tät ⟨f.; -; unz.⟩ echte Menschlichkeit, Sinn für das Gute u. Edle im Menschen; *Ggs* Inhumanität [<lat. *humanitas* »Menschlichkeit, edle Bildung, feiner Geschmack, Gefühl für Anstand u. Sitte«]

Hu|man|ka|pi|tal ⟨n.; -s; unz.; abwertend⟩ **1** Gesamtheit der Fähigkeiten u. Kenntnisse, die durch Erziehung u. Bildung vermittelt u. von Menschen verkörpert werden **2** ⟨Wirtsch.⟩ = Human Resources

Hu|man|me|di|zin ⟨f.; -; unz.⟩ Medizin für den Menschen; → *a.* Veterinärmedizin

Hu|man|me|di|zi|ner ⟨m.; -s, -⟩ Arzt, Wissenschaftler auf dem Gebiet der Humanmedizin

Hu|man|me|di|zi|ne|rin ⟨f.; -, -rinnen⟩ Ärztin, Wissenschaftlerin auf dem Gebiet der Humanmedizin

hu|man|me|di|zi|nisch ⟨Adj.⟩ die Humanmedizin betreffend, zu ihr gehörig

Hu|man|öko|lo|gie ⟨f.; -; unz.⟩ Wissenschaft, die sich mit den Wechselbeziehungen des Menschen zur Umwelt befasst

hu|man|öko|lo|gisch ⟨Adj.⟩ zur Humanökologie gehörend, auf ihr beruhend

Hu|man|psy|cho|lo|gie ⟨f.; -; unz.⟩ Teilbereich der Psychologie, der sich mit dem menschlichen Seelenleben befasst

hu|man|psy|cho|lo|gisch ⟨Adj.⟩ zur Humanpsychologie gehörend, auf ihr beruhend

Hu|man Re|la|tions ⟨[ju:mən rɪlɛɪʃənz] Pl.; Soziol.⟩ die Beziehungen der Menschen zueinander [engl.]

Hu|man Re|sour|ces ⟨[ju:mən rɪsɔ:sɪz] Pl.⟩ alle Leistungspotenziale, die einem Unternehmen durch sein Personal zur wirtschaftlichen Nutzung zur Verfügung stehen; *Sy* Humankapital, Humanvermögen [<engl. *human* »menschlich; Mensch« + *resource* »Mittel, Rohstoff«]

Hu|man Touch ⟨[ju:mən tʌtʃ] m.; - - od. - -es [-tʃɪz]; unz.; geh.⟩ menschliche Note (die einer Sache anhaftet) [engl.]

Hu|man|ver|mö|gen ⟨n.; -s, -⟩ = Human Resources

Hu|man|wis|sen|schaft ⟨f.; -, -en⟩ Wissenschaft, deren Forschungsgegenstand der Mensch ist, z. B. Ethnologie, Soziologie

Hum|bug ⟨m.; -s; unz.; umg.⟩ **1** Blendwerk, Schwindel, Täuschung **2** Unsinn, Aufschneiderei; *das ist doch alles ~!* [engl.]

Hu|me|ra|le ⟨n.; -s, -li|en od. -lia⟩ Schultertuch des kath. Priesters [<lat. *humerus* »Schulter«]

Hu|me|rus ⟨m.; -, -ri; Anat.⟩ Oberarmknochen [<lat. *humerus* »Schulter«]

hu|mid ⟨Adj.⟩ feucht, nass, niederschlagsreich; *~es Klima* [<lat. *humidus* »feucht, nass«]

Hu|mi|di|tät ⟨f.; -; unz.⟩ humide Beschaffenheit [<lat. *humiditas* »Feuchtigkeit, Nässe«]

Hu|mi|fi|ka|ti|on ⟨f.; -; unz.⟩ Vermoderung, Humusbildung (durch Bakterien u. Ä.) [<lat. *humus* »Erdboden«]

hu|mi|fi|zie|ren ⟨V.⟩ vermodern lassen, zu Humus umwandeln

Hu|mi|fi|zie|rung ⟨f.; -; unz.⟩ = Humifikation

H

hu|mil ⟨Adj.; veraltet⟩ demütig, ergeben [<lat. *humilis* »niedrig, gering«]

Hu|min|säu|re ⟨f.; -, -n; Biol.⟩ dunkelbrauner Stoff, der beim biologischen Abbau von pflanzlichen Stoffen im Zuge der Humusbildung entsteht

Hu|mit ⟨a. [ju:mit] m.; -s, -e; Min.⟩ rhombisches, gelblich-weißes bis rotes Mineral [nach dem engl. Geologen Abraham *Hume,* 1748-1838]

Hu|mor ⟨m.; -s; unz.⟩ Fähigkeit, auch die Schattenseiten des Lebens mit heiterer Gelassenheit u. geistiger Überlegenheit zu betrachten, überlegene Heiterkeit, heitere seel. Grundhaltung [lat., »Feuchtigkeit« (von der mittelalterl. Medizin auf die Körpersäfte angewendet, die nach ihrer Lehre die innere Art des Menschen bestimmen)]

H

hu|mo|ral ⟨Adj.⟩ die Körpersäfte betreffend, auf ihnen beruhend, auf sie bezogen [<lat. *humor* »Feuchtigkeit«]

Hu|mo|ral|pa|tho|lo|gie ⟨f.; -; unz.; histor.⟩ Krankheitslehre der hippokratischen u. galenischen Medizin, die eine falsche Mischung der Körpersäfte als Ursache der Krankheiten ansah

Hu|mo|res|ke ⟨f.; -, -n⟩ **1** kurze, humorvolle Erzählung **2** ⟨Musik⟩ kurzes, heiteres, humorvolles Musikstück [→ *Humor*; nach *Groteske, Burleske* gebildet]

hu|mo|rig ⟨Adj.⟩ mit Humor, gemütlich-heiter, launig

Hu|mo|rist ⟨m.; -en, -en⟩ Verfasser od. Vortragender humorvoller Dichtungen

hu|mo|ris|tisch ⟨Adj.⟩ **1** auf Humor beruhend, im Sinne des Humors **2** mit Humor, liebenswürdig-scherzhaft, heiter

hu|mos ⟨Adj.⟩ reich an Humus [<lat. *humus* »Erdboden, Erdreich«]

Hu|mus ⟨m.; -; unz.⟩ oberste, aus organischen Resten gebildete (sehr fruchtbare) Bodenschicht bräunlicher Farbe [lat., »Erdboden, Erdreich«]

Hun|dred|weight *auch:* **Hund|red|weight** ⟨[hʌndrədweɪt] n.; -, -s od. (bei Zahlenangaben) -; Abk.: cwt.⟩ = Centweight [engl.]

Hun|ga|ri|ka ⟨Pl.⟩ Bücher, Bilder usw. über Ungarn [<lat. *Hungaria* »Ungarn«]

Hun|ga|ris|tik ⟨f.; -; unz.⟩ Lehre von der Sprache u. Kultur Ungarns

Hun|ter ⟨[hʌn-] m.; -s, -⟩ **1** engl. Jagdpferd **2** engl. Jagdhund [engl.; zu *hunt* »jagen«]

Hu|ri ⟨f.; -, -s; nach mohammedan. Glauben⟩ schöne Jungfrau im Paradies [<arab. *hur,* Pl. von *ahwar* »gazellenäugig, schönäugig«]

Hur|ling ⟨[hœ:lɪŋ] n.; - od. -s; unz.; Sport⟩ dem Hockey ähnliches, altes irisches Schlagballspiel [engl.; zu *hurl* »schleudern«]

Hur|ri|kan ⟨m.; -s, -e; Meteor⟩ Wirbelsturm in Mittelamerika [<engl. *hurricane* <span. *huracán* <Taino *huracán* <*hura* »Wind; wegblasen«; verwandt mit *Orkan*]

Hu|sar ⟨m.; -en, -en⟩ **1** ⟨seit dem 15. Jh.⟩ berittener ungar. Soldat **2** ⟨seit dem 16. Jh. auch in anderen Ländern⟩ Angehöriger einer leichten Reitertruppe in ungar. Uniform [<ungar. *huszár* <serbokr. *kursar, gusar, husar* »Straßenräuber« <ital. *corsare, corsaro* <mlat. *cursarius* »Seeräuber«; verwandt mit *Korsar*]

Hus|ky ⟨[hʌskɪ] m.; -s, -s; Zool.⟩ Schlittenhund der Inuit [engl.]

Hus|se ⟨f.; -, -n⟩ abnehmbarer, textiler Überzug für Sitzmöbel; *oV* Housse [→ *Housse*]

Hus|sit ⟨m.; -en, -en; Theol.⟩ Anhänger des böhm. Reformators Johann Hus

Hus|si|tis|mus ⟨m.; -; unz.; Theol.⟩ böhmische, national gesinnte Aufstandsbewegung der ersten Hälfte des 15. Jh. [nach dem Reformator Jan *Hus,* 1370-1415]

Hus|tle *auch:* **Hust|le** ⟨[hʌs(ə)l] m.; -s; unz.; Musik⟩ in Amerika entstandener moderner Gesellschaftstanz, der paarweise (vor allem in Diskotheken) getanzt wird [engl., eigtl. »Gedränge, Eile«]

Hust|ler ⟨[hʌslə(r)] m.; -s, -; umg.; salopp⟩ Kleinkriminelle(r) [engl., »Schwindler, Betrüger«]

HV ⟨Abk. für⟩ Vickershärte

Hy|a|de ⟨f.; -, -n⟩ **1** ⟨grch. Myth.⟩ in ein Sternbild verwandelte Nymphe **2** ⟨nur Pl.⟩ ~n Sternhaufen am Kopfe des Sternbilds Stier, Regengestirn [<grch. *hyein* »regnen«]

hy|a|lin ⟨Adj.⟩ glasartig [<grch. *hyalos* »Glas«]

Hy|a|lin ⟨n.; -s, -e; Med.⟩ glasige Eiweißmasse, die z. B. in Lymphknoten od. in Körperzellen vorkommt

Hy|a|lit ⟨m.; -s, -e; Min.⟩ glasklarer Quarz, Glasopal [<grch. *hyalos* »Glas«]

Hy|a|lo|gra|fie ⟨f.; -; unz.⟩ = Hyalographie

Hy|a|lo|gra|phie ⟨f.; -; unz.⟩ Glasdruckverfahren, Glasradierung; *oV* Hyalografie [<grch. *hyalos* »Glas« + ...*graphie*]

Hy|a|lo|phan ⟨m.; -s, -e; Min.⟩ Kalifeldspat [<grch. *hyalos* »Glas« + *phainesthai* »erscheinen«]

Hy|a|lo|plas|ma ⟨n.; -s, -plas|men; Biol.⟩ flüssige, durchscheinende Grundsubstanz des Zellplasmas [<grch. *hyalos* »Glas« + *Plasma*]

Hy|ä|ne ⟨f.; -, -n⟩ **1** ⟨Zool.⟩ Angehörige einer Familie der Raubtiere, nächtl. aktiver Aasfresser, der selten auch lebende Beute schlägt: Hyaenida **2** ⟨fig.⟩ hemmungslos gieriger Mensch, Plünderer [<grch. *hyaina;* zu *hys* »Schwein« (wegen des borstigen Rückens)]

Hy|a|zinth ⟨m.; -(e)s, -e; Min.⟩ = Zirkon [nach dem vorgrch. Gott *Hyakinthos*]

Hy|a|zin|the ⟨f.; -, -n; Bot.⟩ Liliengewächs, Zwiebelgewächs mit in lockeren od. dichten Trauben stehenden, röhrigen od. glockigen Blüten: Hyacinthus, (i. e. S.) H. orientalis [<grch. *hyakinthos* »violette Schwertlilie«; nach dem vorgrch. Gott *Hyakinthos*]

◆ Die Buchstabenfolge **hy|br...** kann auch **hyb|r...** getrennt werden.

◆ **hy|brid** ⟨Adj.; Biol.⟩ von zwei Elternteilen stammend, deren

Geschlechtszellen sich in einer od. mehreren Eigenschaften unterscheiden; *oV* hybridisch [→ *Hybride*]

◆ **Hy|brid|an|trieb** ⟨m.; -(e)s, -e⟩ Antrieb durch zwei verschiedene Motorarten

◆ **Hy|bri|de(r)** ⟨f. 2 (m. 1); Biol.⟩ pflanzl. od. tier. Bastard, Kreuzung [<lat. *hybrida* »Mischling«]

◆ **Hy|brid|fahr|zeug** ⟨n.; -(e)s, -e⟩ Fahrzeug, das mit Hilfe zweier verschiedener Motoren angetrieben werden kann, z. B. durch Elektromotor u. Dieselmotor

◆ **Hy|bri|di|sa|ti|on** ⟨f.; -, -en; Biol.⟩ das Hybridisieren, Bastardisierung, Kreuzung

◆ **hy|bri|disch** ⟨Adj.⟩ = hybrid

◆ **hy|bri|di|sie|ren** ⟨V.; Biol.⟩ kreuzen [→ *Hybride*]

◆ **Hy|bri|di|sie|rung** ⟨f.; -, -en⟩ **1** ⟨Biol.⟩ Bastardisierung, Entstehung von Nachkommen mit genetisch verschiedenen Eltern **2** ⟨Genetik⟩ Verschmelzung von genetisch verschiedenen Zellen, in denen die Genome beider Ausgangszellen enthalten sind [<lat. *hybrida* »Mischling«]

◆ **Hy|brid|ra|ke|te** ⟨f.; -, -n⟩ Rakete mit einem Triebwerk, das mit einem festen sowie mit einem flüssigen Treibstoff betrieben wird

◆ **Hy|brid|rech|ner** ⟨m.; -s, -; EDV⟩ aus Analog- u. Digitalrechner bestehende Datenverarbeitungsanlage

◆ **Hy|brid|sys|tem** ⟨n.; -s, -e; EDV⟩ System innerhalb der Informatik, das mehrere Formen der Wissensdarbietung verwendet

◆ **Hy|bris** ⟨f.; -; unz.⟩ Übermut, frevelhafte Selbstüberhebung, bes. über die Götter [grch., »Übermut, Hochmut«]

Hyd|ar|thro|se *auch:* **Hy|darth|ro|se** ⟨f.; -, -n; Med.⟩ = Hydrarthrose

Hy|da|ti|de ⟨f.; -, -n; Zool.⟩ Blasenwurm, Art des Bandwurms: Echinokokkus [<grch. *hydor,* Gen. *hydatos* »Wasser«]

hy|da|to|gen ⟨Adj.; Geol.⟩ unter Mitwirkung des Wassers od. aus wässrigen Lösungen entstanden; *~e Ablagerung* [<grch. *hydor,* Gen. *hydatos* »Wasser« + *...gen*[1]]

◆ Die Buchstabenfolge **hy|dr...** kann auch **hyd|r...** getrennt werden.

◆ **hy|dr..., Hy|dr...** ⟨in Zus.⟩ = hydro..., Hydro...

◆ **Hy|dra** ⟨f.; -, Hy|dren⟩ **1** ⟨Zool.⟩ zeitlebens einzeln lebender, nicht stockbildender Süßwasserpolyp der Klasse Hydrozoa **2** ⟨Myth.⟩ neunköpfiges Wasserungeheuer **3** ⟨Astron.⟩ Sternbild der Wasserschlange [<grch. *hydor* »Wasser«]

◆ **Hy|drä|mie** ⟨f.; -, -n; Med.⟩ erhöhter Wassergehalt des Blutes [<*Hydro...* + *...ämie*]

◆ **Hy|drant** ⟨m.; -en, -en⟩ Wasserzapfstelle auf der Straße für die Feuerwehr [<grch. *hydor* »Wasser«]

◆ **Hy|dranth** ⟨m.; -en, -en; Zool.⟩ becherartig erweitertes Oberteil eines Polypen, das Mund u. Tentakel trägt [<*Hydro...* + grch. *anthos* »Blume, Blüte«]

◆ **Hy|drar|gil|lit** ⟨m.; -s, -e; Min.⟩ weißes Aluminiummineral [<*Hydro...* + grch. *argyros* »Silber«]

◆ **Hy|drar|gy|ro|se** ⟨f.; -, -n; Med.⟩ = Hydrargysismus

◆ **Hy|drar|gy|rum** ⟨n.; -s; unz.; chem. Zeichen: Hg⟩ Quecksilber [<*Hydro...* + grch. *argyros* »Silber«]

◆ **Hy|drar|gy|sis|mus** ⟨m.; -; unz.; Med.⟩ Quecksilbervergiftung; *Sy* Hydrargyrose [→ *Hydrargyrum*]

◆ **Hy|drar|thro|se** *auch:* **Hy|drarth|ro|se** ⟨f.; -, -n; Med.⟩ Gelenkwassersucht; *oV* Hydarthrose [<*Hydro...* + *Arthrose*]

◆ **Hy|drat** ⟨n.; -(e)s, -e; Chemie⟩ anorganische od. organische Verbindung, die Wasser chem. gebunden enthält [<grch. *hydor* »Wasser«]

◆ **Hy|dra|ta|ti|on** ⟨f.; -; unz.; Chemie⟩ Bildung von Hydraten durch Anlagerung von Wasser an ein Molekül; *oV* Hydration

◆ **Hy|dra|ti|on** ⟨f.; -; unz.; Chemie⟩ = Hydratation

◆ **hy|dra|ti|sie|ren** ⟨V.; Chemie⟩ **1** Hydrate bilden **2** in Hydrate umwandeln

◆ **Hy|drau|lik** ⟨f.; -, -en; Technik⟩ **1** ⟨unz.⟩ techn. Anwendung der Lehre von ruhenden u. bewegten Flüssigkeiten **2** ⟨zählb.⟩ hydraulisches Getriebe, hydraulischer Antrieb [<*Hydro...* + grch. *aulos* »Rohr«]

◆ **hy|drau|lisch** ⟨Adj.; Technik⟩ **1** durch Flüssigkeit betrieben; *~er Antrieb* = hydraulisches Getriebe; *~e Bremse* B., der mittels einer Flüssigkeit Energie zugeführt wird; *~es Getriebe* G., bei dem eine Flüssigkeit die benötigte Energie überträgt; *~e Förderung* F. von Bodenschätzen mittels Wassers; *~er Widder* veraltete Maschine zum Heben von Wasser, wobei eine große, fließende Wassermasse mittels Staudrucks eine kleine Menge nach oben befördert, Stoßheber **2** durch Hydratation entstanden, auf Hydratation beruhend; *~e Bindemittel* B., die auch unter Wasser erhärten

◆ **Hy|drau|lit** ⟨m.; -s, -e; Bauw.⟩ kieselsäurereicher, Wasser bindender Zusatzstoff bei der Herstellung von Zement u. Beton

◆ **Hy|dra|zi|de** ⟨Pl.; Chemie⟩ salzartige Verbindungen des Hydrazins

◆ **Hy|dra|zin** ⟨n.; -s, -e; Chemie⟩ **1** ⟨nur Pl.⟩ *~e* chemische Verbindung aus Wasserstoff u. Stickstoff **2** ⟨unz.⟩ farblose, wasserlösliche, rauchende Flüssigkeit mit schwachem Ammoniakgeruch; *Sy* Diamid [<grch. *hydor* »Wasser«]

◆ **Hy|dra|zin|gelb** ⟨n.; -s; unz.; Chemie⟩ gelbes, wasserlösliches Pulver, Lebensmittelfarbstoff

◆ **Hy|dra|zo|ne** ⟨Pl.; Chemie⟩ organische Verbindungen, die als Kondensationsprodukt von Hydrazin mit Aldehyden od. Ketonen entstehen

◆ **Hy|dria** ⟨f.; -, -dri|en⟩ grch. Wasserkrug mit zwei waagerechten Henkeln am Bauch u. einem senkrechten am Hals [<grch. *hydor* »Wasser«]

◆ **Hy|drid** ⟨n.; -(e)s, -e; Chemie⟩ Verbindung von Wasserstoff mit einem anderen Element [<grch. *hydor* »Wasser«]

H

◆**hy|drie|ren** ⟨V.; Chemie⟩ unter dem Einfluss von Katalysatoren Wasserstoff an chem. Verbindungen anlagern; *Sy* hydrogenieren [<grch. *hydor* »Wasser«]

◆**hy|dro..., Hy|dro...** ⟨vor Vokalen⟩ hydr..., Hydr... ⟨in Zus.⟩ wasser..., Wasser... [<grch. *hydor* »Wasser«]

◆**hy|dro|aro|ma|tisch** ⟨Adj.; Chemie⟩ *~e Verbindungen* organische Verbindungen, die durch Hydrierung des Benzols od. seiner Abkömmlinge entstehen

◆**Hy|dro|bio|lo|ge** ⟨m.; -n, -n⟩ Wissenschaftler auf dem Gebiet der Hydrobiologie

◆**Hy|dro|bio|lo|gie** ⟨f.; -; unz.⟩ Lehre von den im Wasser lebenden Pflanzen u. Tieren [<*Hydro...* + *Biologie*]

◆**Hy|dro|bio|lo|gin** ⟨f.; -, -gin|nen⟩ Wissenschaftlerin auf dem Gebiet der Hydrobiologie

◆**hy|dro|bio|lo|gisch** ⟨Adj.⟩ zur Hydrobiologie gehörend, sie betreffend, auf ihr beruhend

◆**Hy|dro|chi|non** ⟨[-çi-] n.; -s; unz.; Chemie⟩ zweiwertiges Phenolderivat, durch Reduktion von p-Chinon aus Anilin hergestellt, wichtiger fotograf. Entwickler

◆**Hy|dro|cho|rie** ⟨[-ko-] f.; -; unz.; Biol.⟩ Verbreitung von Samen u. Früchten durch das Wasser [<*Hydro...* + grch. *chora* »Gegend, Land«]

◆**Hy|dro|cor|ti|son** ⟨n.; -s; unz.; Biochemie⟩ ein Hormon der Nebennierenrinde; *oV* Hydrokortison

◆**Hy|dro|dy|na|mik** ⟨f.; -; unz.⟩ Lehre von der Bewegung der Flüssigkeiten, von strömenden Flüssigkeiten; *Ggs* Hydrostatik

◆**hy|dro|dy|na|misch** ⟨Adj.⟩ auf Hydrodynamik beruhend; *Ggs* hydrostatisch

◆**hy|dro|elek|trisch** *auch:* **hy|dro|elekt|risch** ⟨Adj.⟩ Elektrizität durch Wasserkraft gewinnend

◆**hy|dro|ener|ge|tisch** ⟨Adj.⟩ die dem Wasser innewohnende Energie nutzend, Energie durch Wasserkraft gewinnend

◆**hy|dro|gam** ⟨Adj.; Bot.⟩ die Blütenpollen von Wasserpflanzen durch das Wasser übertragend

◆**Hy|dro|ga|mie** ⟨f.; -; unz.; Bot.⟩ Bestäubung von Wasserpflanzen durch Übertragung der Pollen durch das Wasser

◆**hy|dro|gen** ⟨Adj.⟩ aus Wasser abgeschieden

◆**Hy|dro|gen...** ⟨in Zus.; Chemie⟩ aus einer Säure von Salzen entstanden, z. B. ~carbonat [<*hydro...* + *...gen*]

◆**Hy|dro|gen|car|bo|nat** ⟨n.; -(e)s, -e; Chemie⟩ Salz der Kohlensäure, bei dem nur eines der beiden Wasserstoffatome der Kohlensäure durch ein Metallatom ersetzt wurde; *Sy* ⟨veraltet⟩ Bicarbonat; *oV* Hydrogenkarbonat

◆**hy|dro|ge|nie|ren** ⟨V.⟩ = hydrieren

◆**Hy|dro|ge|ni|um** ⟨n.; -s; unz.; chem. Zeichen: H⟩ Wasserstoff

◆**Hy|dro|gen|kar|bo|nat** ⟨n.; -(e)s, -e; Chemie⟩ = Hydrogencarbonat

◆**Hy|dro|geo|gra|fie** ⟨f.; -; unz.⟩ Lehre von der Verteilung des Wassers auf u. unter der Erde; *oV* Hydrogeographie

◆**Hy|dro|geo|gra|phie** ⟨f.; -; unz.⟩ = Hydrogeografie

◆**Hy|dro|geo|lo|ge** ⟨m.; -n, -n⟩ Wissenschaftler auf dem Gebiet der Hydrogeologie

◆**Hy|dro|geo|lo|gie** ⟨f.; -; unz.⟩ Grundwasserkunde, Wissenschaft von den für die Bildung von Grundwasser geeigneten geologischen Verhältnissen; →*a.* Hydrologie

◆**Hy|dro|geo|lo|gin** ⟨f.; -, -gin|nen⟩ Wissenschaftlerin auf dem Gebiet der Hydrogeologie

◆**hy|dro|geo|lo|gisch** ⟨Adj.⟩ zur Hydrogeologie gehörend, auf ihr beruhend; *Sy* geohydrologisch

◆**Hy|dro|graf** ⟨m.; -en, -en⟩ = Hydrograph

◆**Hy|dro|gra|fie** ⟨f.; -; unz.⟩ = Hydrographie

◆**hy|dro|gra|fisch** ⟨Adj.⟩ = hydrographisch

◆**Hy|dro|graph** ⟨m.; -en, -en⟩ Kenner, Erforscher der Hydrographie; *oV* Hydrograf

◆**Hy|dro|gra|phie** ⟨f.; -; unz.⟩ Teil der Hydrologie, der sich mit dem Wasserkreislauf zwischen Niederschlag u. Rückfluss ins Meer befasst, Gewässerkunde; *oV* Hydrografie; →*a.* Hydrologie [<*Hydro...* + *...graphie*]

◆**hy|dro|gra|phisch** ⟨Adj.⟩ zur Hydrographie gehörig, auf ihr beruhend, auf sie bezogen; *oV* hydrografisch

◆**Hy|dro|kar|pie** ⟨f.; -; unz.; Bot.⟩ das Ausreifen von Früchten im Wasser [<*Hydro...* + grch. *karpos* »Frucht«]

◆**Hy|dro|kor|ti|son** ⟨n.; -s; unz.; Biochemie⟩ = Hydrocortison

◆**Hy|dro|kul|tur** ⟨f.; -, -en; Bot.⟩ = Hydroponik

◆**Hy|dro|la|se** ⟨f.; -, -n; Biochemie⟩ Enzym, das Verbindungen durch Wasseranlagerung spaltet

◆**Hy|dro|lo|ge** ⟨m.; -n, -n⟩ Wissenschaftler auf dem Gebiet der Hydrologie

◆**Hy|dro|lo|gie** ⟨f.; -; unz.⟩ Lehre vom Wasser, die sich mit den Eigenschaften u. Gesetzen der ober- u. unterirdischen sowie der stehenden u. fließenden Gewässer beschäftigt

◆**Hy|dro|lo|gin** ⟨f.; -, -gin|nen⟩ Wissenschaftlerin auf dem Gebiet der Hydrologie

◆**Hy|dro|lo|gi|um** ⟨n.; -s, -gi|en⟩ = Klepsydra

◆**Hy|dro|ly|se** ⟨f.; -, -n; Chemie⟩ Spaltung chemischer Verbindungen durch Reaktion mit Wasser [<*Hydro...* + *...lyse*]

◆**hy|dro|ly|tisch** ⟨Adj.; Chemie⟩ auf Hydrolyse beruhend

◆**Hy|dro|me|cha|nik** ⟨f.; -; unz.⟩ Lehre von den bewegten u. unbewegten Flüssigkeiten

◆**hy|dro|me|cha|nisch** ⟨Adj.⟩ auf Hydromechanik beruhend, mit ihrer Hilfe

◆**Hy|dro|me|tall|ur|gie** *auch:* **Hy|dro|me|tal|lur|gie** ⟨f.; -; unz.⟩ Verfahren zur Gewinnung von Metallen aus wässerigen Lösungen von Metallsalzen

◆**Hy|dro|me|te|o|re** ⟨Pl.; Sammelbez. für⟩ Wolken u. Niederschläge

◆**Hy|dro|me|ter** ⟨n.; -s, -⟩ Instrument zum Messen der durch eine Rohrleitung fließenden Wassermenge, Wassermesser [<*Hydro...* + *...meter*]

◆**Hy|dro|me|trie** *auch:* **Hy|dro|met|rie** ⟨f.; -; unz.⟩ Messarbeiten an Gewässern

◆**hy|dro|me|trisch** *auch:* **hy|dro|met|risch** ⟨Adj.⟩ **1** die Hydrometrie betreffend, zu ihr gehörig, auf ihr beruhend **2** mit Hilfe des Hydrometers

◆ **Hy|dro|phan** ⟨m.; -s, -e; Min.⟩ durch Wasserverlust milchig gewordener Edelopal, der bei Wasseraufnahme kurzzeitig durchsichtig wird, Chamäleonstein, Milchopal

◆ **hy|dro|phil** ⟨Adj.⟩ Wasser aufnehmend, Wasser anziehend

◆ **Hy|dro|phi|lie** ⟨f.; -; unz.⟩ Bestreben, Wasser anzuziehen [<*Hydro…* + *…philie*]

◆ **hy|dro|phob** ⟨Adj.⟩ Wasser abstoßend, nicht wasserlöslich

◆ **Hy|dro|pho|bie** ⟨f.; -; unz.⟩ Wasserscheu [<*Hydro…* + *Phobie*]

◆ **hy|dro|pho|bie|ren** ⟨V.⟩ mit wasserabweisenden Mitteln imprägnieren; *Steindenkmäler ~* [<*hydro…* + grch. *phobos* »Furcht, Scheu«]

◆ **Hy|dro|pho|bie|rungs|mit|tel** ⟨n.; -s, -⟩ wasserabweisender Stoff als Wirkstoff bei wasserabweisenden Imprägnierungen [→ *Hydrophobie*]

◆ **Hy|dro|phor** ⟨m.; -s, -e; histor.⟩ Feuerlöschgerät, das mittels Schläuchen Wasser ansaugt u. als Zubringer für Feuerspritzen dient [<*Hydro…* + *…phor*[2]]

◆ **Hy|dro|phthal|mus** *auch:* **Hy|droph|thal|mus** ⟨m.; -; unz.; Med.⟩ Vergrößerung des Augapfels aufgrund eines erhöhten Augeninnendrucks; *Sy* Buphthalmus [<*Hydro…* + grch. *ophthalmos* »Auge«]

◆ **Hy|dro|phyt** ⟨m.; -en, -en; Bot.⟩ Wasserpflanze [<*Hydro…* + *…phyt*]

◆ **Hy|dro|plan** ⟨m.; -s, -e⟩ **1** Wasserflugzeug **2** Gleitboot [<*Hydro…* + frz. *planer* »schweben]

◆ **hy|dro|pneu|ma|tisch** ⟨Adj.⟩ durch eine Flüssigkeit u. Luft (angetrieben)

◆ **Hy|dro|po|nik** ⟨f.; -; unz.; Bot.⟩ Wasserkultur, Pflanzenaufzucht in Nährlösungen ohne Erde; *Sy* Hydrokultur [<*Hydro…* + grch. *ponos* »Arbeit«]

◆ **Hy|dro|sol** ⟨n.; -s, -e; Chemie⟩ kolloidale Verbindung, die Wasser als Lösungsmittel enthält [<*Hydro…* + *Sol*[2]]

◆ **Hy|dro|sphä|re** ⟨f.; -; unz.⟩ Wasserhülle der Erde

◆ **Hy|dro|sta|tik** ⟨f.; -; unz.⟩ Wissenschaft von den ruhenden Flüssigkeiten u. dem Gleichgewicht ihrer Kräfte; *Ggs* Hydrodynamik

◆ **hy|dro|sta|tisch** ⟨Adj.⟩ auf Hydrostatik beruhend; *Ggs* hydrodynamisch; *~er Druck* D., den eine ruhende Flüssigkeit ausübt; *~es Paradoxon* Erscheinung, dass der Druck, den eine Flüssigkeit auf den Boden eines Gefäßes ausübt, nur von ihrer Höhe, nicht aber von ihrer Menge abhängt; *~e Waage* W. zur Bestimmung der Dichte fester Körper

◆ **Hy|dro|tech|nik** ⟨f.; -; unz.⟩ Technik des Wasserbaus

◆ **hy|dro|the|ra|peu|tisch** ⟨Adj.; Med.⟩ zur Hydrotherapie gehörend, auf ihr beruhend, mit ihrer Hilfe

◆ **Hy|dro|the|ra|pie** ⟨f.; -; unz.; Med.⟩ medizinische Heilbehandlung mit Wasser, Wasserheilverfahren

◆ **hy|dro|ther|mal** ⟨Adj.⟩ aus verdünnten wässerigen Lagerstätten ausgefällt; *~e Erzlagerstätten* [<*hydro…* + *thermal*]

◆ **Hy|dro|tho|rax** ⟨m.; -(e)s; unz.; Med.⟩ Ansammlung von zell- u. eiweißarmer Flüssigkeit im Brustfellraum, Stauungserguss

◆ **Hy|dro|tro|pis|mus** ⟨m.; -, -pismen; Bot.⟩ durch Wasser- (dampf) ausgelöster Tropismus

◆ **Hy|dro|xid** ⟨n.; -(e)s, -e; Chemie⟩ die Hydroxidgruppe (OH) enthaltende anorgan. Verbindung; *oV* Hydroxyd [<*Hydro…* + *Oxid*]

◆ **Hy|dro|xid|grup|pe** ⟨f.; -, -n; Chemie⟩ die aus je einem Atom Wasserstoff u. Sauerstoff bestehende Gruppe (OH) in chem. Verbindungen; *oV* Hydroxydgruppe; *Sy* Hydroxylgruppe

◆ **hy|dro|xi|disch** ⟨Adj.; Chemie⟩ durch Hydroxide ausgelöst, auf dem Verhalten von Hydroxiden beruhend

◆ **Hy|dro|xyd** ⟨n.; -(e)s, -e; Chemie⟩ = Hydroxid

◆ **Hy|dro|xyl|a|min** *auch:* **Hy|dro|xy|la|min** ⟨n.; -s, -e; Chemie⟩ Abkömmling des Ammoniaks, ein starkes Reduktionsmittel

◆ **Hy|dro|xyl|grup|pe** ⟨f.; -, -n; Chemie⟩ = Hydroxidgruppe

◆ **Hy|dro|xyl|ra|di|kal** ⟨n.; -(e)s, -e; Chemie⟩ Radikal, das aus einer Hydroxylgruppe besteht u. sehr reaktionsfreudig ist; *die in der Atmosphäre vorkommenden ~e binden Treibhausgase*

◆ **Hy|dro|ze|le** ⟨f.; -, -n; Med.⟩ Wasseransammlung in den die Hoden umgebenden Häuten, Wasserbruch [<*Hydro…* + grch. *kele* »Bruch«]

◆ **Hy|dro|ze|pha|lus** ⟨m.; -, -phalen; Med.⟩ Erweiterung der Gehirnkammern infolge Vermehrung der Gehirnflüssigkeit, Wasserkopf [<*Hydro…* + *…kephale*]

◆ **Hy|dro|zo|on** ⟨n.; -s, -zo|en; Zool.⟩ zu den Nesseltieren gehöriger Wasserbewohner: Hydrozoa [<*Hydro…* + *Zoon*]

◆ **Hy|dro|zy|klon** *auch:* **Hy|dro|zyk|lon** ⟨m.; -s, -e; Technik⟩ Gerät, das mit Hilfe der Zentrifugalkraft verschiedene Körnergrößen einer gekörnten Substanz trennt

Hy|e|to|graf ⟨m.; -en, -en; Meteor.⟩ = Hyetograph

Hy|e|to|gra|fie ⟨f.; -; unz.; Meteor.⟩ = Hyetographie

Hy|e|to|graph ⟨m.; -en, -en; Meteor.⟩ = Pluviograph; *oV* Hyetograf

Hy|e|to|gra|phie ⟨f.; -; unz.; Meteor.⟩ *oV* Hyetografie **1** Niederschlagsmessung **2** Beschreibung der Niederschlagsverteilung [<grch. *hyetos* »Regen« + *…graphie*]

Hy|e|to|me|ter ⟨n.; -s, -; Meteor.⟩ = Pluviograph [<grch. *hyetos* »Regen« + *…meter*]

Hy|gi|e|ne ⟨f.; -; unz.⟩ **1** Gesamtheit aller Bestrebungen u. Maßnahmen zur Verhütung von Krankheiten u. Gesundheitsschäden, Gesundheitslehre **2** Gesundheitspflege [<grch. *hygieinos* »heilsam, der Gesundheit zuträglich«; zu *hygies* »gesund«]

Hy|gi|e|ni|ker ⟨m.; -s, -⟩ Lehrer, Fachmann der Hygiene

Hy|gi|e|ni|ke|rin ⟨f.; -, -rin|nen⟩ Lehrerin, Kennerin der Hygiene

hy|gi|e|nisch ⟨Adj.⟩ **1** die Hygiene betreffend, auf ihr beruhend, ihr entsprechend; *~e Vorschriften in Krankenhäusern* **2** der Gesundheit dienend

hy|grisch *auch:* **hyg|risch** ⟨Adj.;

H

Meteor.⟩ sich auf Feuchtigkeit u. Niederschläge beziehend; *~e Jahreszeiten* die niederschlagsbedingten Jahreszeiten tropischer Gebiete

◆ Die Buchstabenfolge **hy|gro...** kann auch **hyg|ro...** getrennt werden.

◆ **hy|gro..., Hy|gro...** ⟨in Zus.⟩ feuchtigkeits..., Feuchtigkeits... [<grch. *hygros* »feucht, nass«]

◆ **Hy|gro|graf** ⟨m.; -en, -en⟩ = Hygrograph

◆ **Hy|gro|gramm** ⟨n.; -s, -e⟩ Aufzeichnung eines Hygrometers [<*Hygro...* + *...gramm*]

H

◆ **Hy|gro|graph** ⟨m.; -en, -en⟩ Gerät zur Aufzeichnung der Messdaten eines Hygrometers; *oV* Hygrograf

◆ **Hy|grom** ⟨n.; -s, -e; Med.⟩ bei akuten Schleimbeutelentzündungen entstehende wasserartige od. auch schleimartige Geschwulst [<grch. *hygros* »feucht, nass«]

◆ **Hy|gro|me|ter** ⟨n.; -s, -⟩ Gerät, das zur Messung der Luftfeuchtigkeit dient [<*Hygro...* + *...meter*]

◆ **Hy|gro|me|trie** *auch:* **Hyg|ro|met|rie** ⟨f.; -, -n⟩ Messung der Luftfeuchtigkeit

◆ **hy|gro|me|trisch** *auch:* **hyg|ro|met|risch** ⟨Adj.⟩ mit Hilfe des Hygrometers

◆ **Hy|gro|nas|tie** ⟨f.; -, -n; Biol.⟩ durch Luftfeuchtigkeit hervorgerufene Krümmungsbewegungen bei Pflanzen [<*Hygro...* + *Nastie*]

◆ **hy|gro|phil** ⟨Adj.; Biol.⟩ feuchte Standorte liebend; *Ggs* xerophil; *~e Pflanzen*

◆ **Hy|gro|phi|lie** ⟨f.; -; unz.; Biol.⟩ Vorliebe für feuchte Standorte (von Pflanzen); *Ggs* Xerophilie [<*Hygro...* + *...philie*]

◆ **Hy|gro|phyt** ⟨m.; -en, -en; Biol.⟩ Feuchtigkeit liebende Pflanzen; *Ggs* Xerophyt [<*Hygro...* + *...phyt*]

◆ **Hy|gro|skop** *auch:* **Hy|gros|kop** ⟨n.; -s, -e⟩ Gerät zum Schätzen der relativen Luftfeuchtigkeit nach der Wirkung auf organische Stoffe (gedrehte Darmsaiten, Gelatine)

◆ **hy|gro|sko|pisch** *auch:* **hy|gros|ko|pisch** ⟨Adj.⟩ wasseranziehend

◆ **Hy|gro|sko|pi|zi|tät** *auch:* **Hy|gros|ko|pi|zi|tät** ⟨f.; -; unz.⟩ Fähigkeit, Wasser an sich zu ziehen

◆ **Hy|gro|stat** *auch:* **Hy|gros|tat** ⟨m.; -s od. -en, -e od. -en⟩ Einrichtung zur Aufrechterhaltung einer bestimmten Luftfeuchtigkeit in geschlossenen Räumen [<*Hygro...* + *...stat*]

◆ **Hy|gro|ta|xis** ⟨f.; -; unz.; Biol.⟩ Orientierungsbewegung von einigen Organismen u. Tieren auf Wasser od. Feuchträume hin [<*Hygro...* + *Taxis*]

Hy|läa ⟨f.; -; unz.; Geogr.⟩ tropischer, immerfeuchter Regenwald des Amazonasbeckens [<grch. *hyle* »Wald«, geprägt von dem dt. Naturforscher Alexander von Humboldt, 1769-1859]

Hy|le ⟨[-le] f.; -; unz.⟩ **1** ⟨ion. Naturphilos.⟩ Stoff, Materie, Substanz **2** ⟨nach Aristoteles⟩ Urstoff, Möglichkeit, sich zur Substanz zu entwickeln [grch., »Stoff, Holz, Wald«]

Hy|le|mor|phis|mus ⟨[-le-] m.; -; unz.⟩ Anschauung des Aristoteles, dass die körperliche Substanz aus dem »Urstoff«, der bloßen Möglichkeit u. der verwirklichten Form bestehe [<grch. *hyle* »Stoff, Holz« + *morphe* »Gestalt«]

hy|lisch ⟨Adj.⟩ stofflich, körperlich [→ *Hyle*]

Hy|lo|zo|is|mus ⟨m.; -; unz.; antike Naturphilos.⟩ Lehre von der ursprüngl. Belebtheit, Beseeltheit aller Materie [<grch. *hyle* »Stoff, Materie« + *Zoon*]

Hy|men[1] ⟨n.; -s, -; Anat.⟩ dünnes, ringförmiges Häutchen am Eingang der Scheide, das beim ersten Geschlechtsverkehr zerreißt, Jungfernhäutchen [grch., »Gewebe, Haut«]

Hy|men[2] ⟨m.; -s, -⟩ = Hymenaeus

Hy|me|nae|us ⟨[-nɛːː-] m.; -, -naei [-nɛːi]⟩ antikes Hochzeitslied, das beim Einzug der Braut ins Haus des Bräutigams von den Brautjungfern gesungen wurde; *Sy* Hymen[2] [nach *Hymenaios*, dem grch. Gott der Eheschließung]

hy|me|nal ⟨Adj.; Anat.⟩ das Jungfernhäutchen betreffend, zu ihm gehörig

Hy|me|ni|um ⟨n.; -s, -ni|en; Bot.⟩ sporenbildende Fruchtschicht höherer Pilzarten [<grch. *hymen* »Gewebe, Haut«]

Hymenoptere (*Worttrennung am Zeilenende*) Bei fremdsprachigen Zusammensetzungen, deren einzelne Bestandteile für den deutschen Muttersprachler nicht unbedingt ersichtlich sind, kann zwischen den einzelnen Bestandteilen (Morphemen) getrennt werden [<grch. *hymen* »Haut« + *...ptere* »Flügler«]. Möglich ist aber auch die Worttrennung nach Sprechsilben (→*a.* Helikopter).

Hy|me|no|pte|re *auch:* **Hy|me|nop|te|re** ⟨m.; -n, -n; Zool.⟩ Ordnung der Insekten mit vier durchsichtigen Flügeln, Hautflügler [<grch. *hymen* »Haut« + *...ptere*]

Hym|nar ⟨n.; -s, -e od. -ri|en⟩ Sammlung von Hymnen

Hym|ne ⟨f.; -, -n⟩ Lobgesang, feierl. Gedicht od. Gesangsstück weltl. Inhalts [<grch. *hymnos* »Lobgesang«]

Hym|nik ⟨f.; -; unz.⟩ Art, Form der Hymne, hymnische Art

Hym|ni|ker ⟨m.; -s, -; selten⟩ Dichter, der überwiegend Hymnen verfasst [→ *Hymne*]

hym|nisch ⟨Adj.⟩ **1** in der Art einer Hymne **2** ⟨fig.⟩ überschwänglich

Hym|no|lo|ge ⟨m.; -n, -n⟩ Wissenschaftler auf dem Gebiet der Hymnologie

Hym|no|lo|gie ⟨f.; -; unz.⟩ Wissenschaft von der (bes. christl.) Hymnendichtung [<grch. *hymnos* »Lobgesang« + *...logie*]

Hym|no|lo|gin ⟨f.; -, -gin|nen⟩ Wissenschaftlerin auf dem Gebiet der Hymnologie

hym|no|lo|gisch ⟨Adj.⟩ zur Hymnologie gehörig

Hym|nus ⟨m.; -, Hym|nen⟩ Gesang zum Lob Gottes od. der Götter [lat., <grch. *hymnos* »Lobgesang«]

Hy|os|zy|a|min ⟨n.; -s; unz.; Bot.⟩ Alkaloid einiger Nachtschattengewächse, als Arzneimittel in der Augenheilkunde verwendet [<grch. *hyoskyamos* »Saubohne, Bilsenkraut«]

hyp…, Hyp… ⟨in Zus.⟩ = hypo…, Hypo…

Hyp|a|ku|sis *auch:* **Hy|pa|ku|sis** ⟨f.; -; unz.; Med.⟩ Schwerhörigkeit [<*Hyp…* + grch. *akouein* »hören«]

Hyp|al|la|ge ⟨a. [--'--] f.; -, -n; Rhet.⟩ rhetorische Figur, Veränderung der Beziehungen von Wörtern zueinander, Veränderung u. Vertauschung von Satzteilen, z. B. »Segen des Himmels« u. »himmlischer Segen«; *Sy* Enallage [grch., »Vertauschung, Verwechslung«]

Hype ⟨[haɪp] m. od. n.; -s, -s; Pl. selten; umg.⟩ **1** künstliche Aufwertung bzw. übertriebene Präsentation einer Sache od. eines Ereignisses in der Werbung, z. B. eines Modetrends; *das war nichts als ein großer ~* **2** bewusst inszenierte Täuschung, Betrug [engl., »übertriebene Werbekampagne; großer Rummel«]

Hype|event ⟨[haɪpivɛnt] m.; -s, -s; umg.; salopp⟩ aufsehenerregende Veranstaltung, bes. Medienspektakel [<*Hype* + engl. *event* »Ereignis«]

hy|pen ⟨[haɪ-] V.; umg.⟩ eine Person, Sache od. ein Ereignis künstlich hochjubeln; *einen Popstar ~*

hy|per…, Hy|per… ⟨engl. [haɪpə(r)-] in Zus.⟩ über…, Über…; *Ggs* hypo…, Hypo… [<grch. *hyper* »über, über … hinaus, übermäßig«]

hy|per|ak|tiv ⟨a. ['----] Adj.; Med.; Psych.⟩ einen übersteigerten motorischen Drang bei psychischer Unruhe zeigend; *~es Kind* [<*hyper…* + *aktiv*]

Hy|per|ak|ti|vi|tät ⟨a. ['----vi-] f.; -; unz.; Med.; Psych.⟩ übersteigerter motorischer Drang bei psychischer Unruhe (bei Kindern)

Hy|per|aku|sie ⟨f.; -; unz.; Med.⟩ krankhaft gesteigertes Hörempfinden durch Überempfindlichkeit des Hörnervs [<*Hyper…* + grch. *akouein* »hören«]

hy|per|bar ⟨Adj.; Physik⟩ ein größeres spezifisches Gewicht besitzend als eine andere Flüssigkeit [<*hyper…* + grch. *baros* »Schwere«]

Hy|per|ba|sis ⟨f.; -, -ba|sen⟩ = Hyperbaton

Hy|per|ba|ton ⟨n.; -s, -ba|ta; Rhet.⟩ rhetorische Figur, bei der eine Wortgruppe (aufgrund der Metrik) syntaktisch umgestellt wird, z. B. »Bei euch, ihr Herrn, kann man das Wesen, gewöhnlich aus dem Namen lesen« (Goethe, Faust I); *Sy* Hyperbasis [<grch. *hyperbasis* »Überschreitung«, *hyperbatos* »übersteigend«]

Hy|per|bel ⟨f.; -, -n⟩ **1** ⟨Math.⟩ unendliche ebene Kurve aus zwei getrennten Ästen, sie besteht aus allen Punkten, deren Abstände von zwei bestimmten Punkten eine konstante Differenz haben **2** ⟨Rhet.⟩ sprachl., dichter. Übertreibung, oft um eine komische Wirkung zu erzielen, z. B. »der Balken im Auge« [<grch. *hyperbole* <*hyper* »über… hinaus« + *ballein* »werfen«]

Hy|per|bel|funk|ti|on ⟨f.; -, -en; Math.⟩ mathemat. Funktion höheren Grades, ergibt sich aus der Addition od. Subtraktion von zwei od. mehr Exponentialfunktionen

Hy|per|bo|li|ker ⟨m.; -s, -⟩ jmd., der zu sprachlichen Übertreibungen neigt

hy|per|bo|lisch ⟨Adj.⟩ **1** hyperbelartig, in der Art einer Hyperbel **2** sprachlich übertreibend [<grch. *hyperbolikos* »übertrieben, übermäßig«]

Hy|per|bo|lo|id ⟨n.; -(e)s, -e; Geom.⟩ Fläche, die durch Drehung einer Hyperbel um eine ihrer Symmetrieachsen entsteht [<*Hyperbel* + *…id*]

Hy|per|bo|re|er ⟨m.; -s, -; nach altgrch. Auffassung⟩ **1** Angehöriger eines sagenhaften Volkes im Norden **2** Angehöriger der Polarvölker [<*Hyper…* + grch. *boreas* »Nordwind, Norden«]

hy|per|bo|re|isch ⟨Adj.⟩ im hohen Norden gelegen, dort wohnend [→ *Hyperboreer*]

Hy|per|cha|rak|te|ri|sie|rung ⟨[-ka-] f.; -, -en; Sprachw.⟩ mehrfache, überflüssige Kennzeichnung einer grammat. od. semant. Struktur, eines sprachlichen Ausdrucks

Hy|per|funk|ti|on ⟨f.; -, -en; Med.⟩ gesteigerte Tätigkeit, Überfunktion eines Organs; *Ggs* Hypofunktion

Hy|per|glyk|ä|mie *auch:* **Hy|per|gly|kä|mie** ⟨f.; -; unz.; Med.⟩ vermehrter Blutzuckergehalt; *Ggs* Hypoglykämie

Hy|per|hi|dro|se *auch:* **Hy|per|hid|ro|se** ⟨f.; -; unz.; Med.⟩ krankhaft gesteigertes Schwitzen [<grch. *hyper* »übermäßig« + *hidros* »Schweiß«]

hy|per|ka|ta|lek|tisch ⟨Adj.; Metrik⟩ *~er Vers* Vers mit überzähliger Schlusssilbe [<*hyper…* + *katalektisch*]

Hy|per|ka|ta|le|xe ⟨f.; -, -n; Metrik⟩ Versfuß, der um eine od. mehrere Schlusssilben erweitert ist [<*Hyper…* + *Katalexe*]

Hy|per|ki|ne|se ⟨f.; -; unz.; Med.⟩ übermäßig gesteigerter Bewegungsdrang, Bewegungsunruhe; *Ggs* Hypokinese [<*Hyper…* + grch. *kinesis* »Bewegung«]

hy|per|ki|ne|tisch ⟨Adj.; Med.⟩ zur Hyperkinese gehörend, auf ihr beruhend; *Ggs* hypokinetisch

hy|per|kor|rekt ⟨Adj.⟩ in übertriebener Weise korrekt; *ein ~es Verhalten*

hy|per|kri|tisch ⟨Adj.⟩ übertrieben kritisch

Hy|per|kul|tur ⟨f.; -, -en; oft abwertend⟩ Überfeinerung der Kultur, übertriebene Kultiviertheit

Hy|per|link ⟨[haɪ-] m.; -s, -s; EDV⟩ erläuternder od. zu weiteren Informationen führender Hinweis, meist in Form eines beim Anklicken aufleuchtenden Feldes; *Sy* Link (2) [<engl. *hyper* »über, darüber hinaus« + *link* »Verbindung«]

hy|per|man|gan|sau|er ⟨Adj.; Chemie⟩ übermangansauer

Hy|per|me|dia ⟨[haɪpə(r)miːdɪə] Pl.; EDV⟩ Technik der netzartigen elektronischen Verknüpfung unterschiedlicher Medien (Text, Bild, Ton, Grafik, Video); →*a.* Hypertext [engl.]

Hy|per|me|ter ⟨m.; -s, -; Metrik⟩ Vers mit überzähliger (hyperkatalekt.) Schlusssilbe, die aber durch Elision mit der Anfangs-

H

silbe des folgenden Verses verschmolzen wird; *Sy* Hypermetron [<*Hyper...* + grch. *metron* »Maß«]

Hy|per|me|trie *auch:* **Hy|per|met|rie** ⟨f.; -, -n; Med.⟩ übermäßige, unkontrollierbare Bewegungen infolge einer Kleinhirnerkrankung [<*Hyper...* + grch. *metron* »Maß«]

hy|per|me|trisch *auch:* **hy|per|met|risch** ⟨Adj.; Metrik⟩ in Hypermetra verfasst, sie aufweisend

Hy|per|me|tron *auch:* **Hy|per|met|ron** ⟨m.; -s, -me|tra; Metrik⟩ = Hypermeter

Hy|per|me|tro|pie *auch:* **Hy|per|met|ro|pie** ⟨f.; -; unz.; Med.⟩ Übersichtigkeit, Weitsichtigkeit; *Ggs* Myopsie [<grch. *hypermetros* »übermäßig« + *...opie*]

hy|per|me|tro|pisch *auch:* **hy|per|met|ro|pisch** ⟨Adj.; Med.⟩ weitsichtig; *Ggs* myop

hy|per|mo|dern ⟨Adj.⟩ übertrieben modern

hy|per|morph ⟨Adj.; Genetik⟩ ein Merkmal verstärkt ausprägend (von einem mutierten Gen); *Ggs* hypomorph [<*hyper...* + grch. *morphe* »Gestalt«]

Hy|per|no|va ⟨[-va] f.; -, -no|vae [-vɛ:]; Astron.⟩ Explosion eines sehr massiven Sterns, bei der sehr viel Energie freigesetzt wird, Magnetfelder entstehen u. ein schwarzes Loch zurückbleibt [<*Hyper...* + *Nova*[1]]

Hy|pe|ron ⟨n.; -s, -ro|nen; Physik⟩ Elementarteilchen, dessen Masse größer ist als die des Neutrons [<*Hyper...* + *Ion*]

Hy|per|o|no|mie *auch:* **Hy|pe|ro|no|mie** ⟨f.; -, -n; Sprachw.⟩ Form der semantischen od. lexikalischen Überordnung eines Oberbegriffs im Verhältnis zu anderen sprachlichen Zeichen; *Ggs* Hyponymie; →*a.* Hyperonym

Hy|per|o|nym *auch:* **Hy|pe|ro|nym** ⟨n.; -s, -e; Sprachw.⟩ übergeordneter Begriff, z. B. »Tier« gegenüber »Pferd«; *Ggs* Hyponym [<*hyper...* + grch. *onoma, onyma* »Name«]

Hy|per|phy|sik ⟨f.; -; unz.⟩ Erklärung von Naturerscheinungen vom Übersinnlichen her

hy|per|phy|sisch ⟨Adj.⟩ zur Hyperphysik gehörend, übernatürlich

Hy|per|pla|sie ⟨f.; -, -n; Med.⟩ Größenzunahme von Organen durch Zellvermehrung

Hy|per|se|kre|ti|on ⟨f.; -, -en; Med.⟩ vermehrte Absonderung von Drüsensekret

hy|per|sen|si|bel ⟨Adj.⟩ übermäßig sensibel, allzu empfindlich; *er ist ein hypersensibler Mensch*

hy|per|sen|si|bi|li|sie|ren ⟨V.⟩ *etwas ~* von etwas die Sensibilität, die Empfindlichkeit stark erhöhen

Hy|per|so|mie ⟨f.; -; unz.; Med.⟩ = Gigantismus, Riesenwuchs; *Ggs* Hyposomie [<*Hyper...* + grch. *soma* »Körper«]

hy|per|so|nisch ⟨Adj.⟩ im Bereich des Hyperschalls [<*hyper...* + lat. *sonor* »Ton, Klang«]

Hy|per|ten|si|on ⟨f.; -, -en; Med.⟩ = Hypertonie (2) [<*Hyper...* + *Tension*]

Hy|per|text ⟨[haɪ-] m.; -(e)s, -e; EDV⟩ Form der nicht-linearen Textdarbietung, die mit Hilfe von Knoten (Verzweigungspunkten) auf weiterführende Informations- u. Beschreibungsebenen führt; →*a.* Hypermedia, Internet [engl.]

Hy|per|text|li|te|ra|tur ⟨[haɪ-] f.; -; unz.⟩ Literatur für elektronische Medien (bes. für das Internet), die mit Hilfe von Querverweisen (Hyperlinks) interaktives Lesen ermöglicht

Hy|per|ther|mie ⟨f.; -, -n; Med.⟩ Hitzschlag [<*Hyper...* + grch. *thermos* »warm, heiß«]

Hy|per|thy|mie ⟨f.; -; unz.; Psych.⟩ übermäßig gehobene Stimmung [<*Hyper...* + grch. *thymos* »Aufwallung«]

Hy|per|thy|re|o|se ⟨f.; -; unz.; Med.⟩ eine Überfunktion der Schilddrüse; *Ggs* Hypothyreose [<*Hyper...* + grch. *thyreos* »Schild«]

Hy|per|to|nie ⟨f.; -, -n; Med.⟩ *Ggs* Hypotonie **1** übersteigerte Spannung (bes. von Muskeln) **2** erhöhter Blutdruck; *Sy* Hypertension

Hy|per|to|ni|ker ⟨m.; -s, -; Med.⟩ jmd., der an Hypertonie (2) leidet

hy|per|to|nisch ⟨Adj.; Med.⟩ **1** zur Hypertonie (2) gehörend, sie betreffend **2** *~e Lösungen* L., die einen höheren osmotischen Druck als eine Vergleichslösung, z. B. Blut, besitzen; *Ggs* hypotonisch

hy|per|troph ⟨Adj.; Med.⟩ übermäßig vergrößert, z. B. bei Organen

Hy|per|tro|phie ⟨f.; -, -n; Med.⟩ übermäßige Vergrößerung, übermäßiges Wachstum (von Gewebe, Organen); *Ggs* Hypotrophie [<*Hyper...* + *...trophie*]

Hy|per|ven|ti|la|ti|on ⟨[-vɛn-] f.; -; unz.; Med.⟩ erhöhte Atmungstätigkeit, übermäßige Beatmung der Lunge [<*Hyper...* + lat. *ventilare* »fächeln«]

hy|per|ven|ti|lie|ren ⟨[-vɛn-] V.; Med.⟩ erhöht atmen, die Lunge übermäßig beatmen

Hy|per|vit|a|mi|no|se *auch:* **Hy|per|vi|ta|mi|no|se** ⟨[-vit-] f.; -, -n; Med.⟩ Schädigung des Körpers durch übermäßige Vitaminzufuhr; *Ggs* Hypovitaminose [<*Hyper...* + *Vitamin*]

Hyph|ä|re|se *auch:* **Hy|phä|re|se** ⟨f.; -, -n; Sprachw.⟩ Ausstoßung eines kurzen Vokals vor einem anderen Vokal [<grch. *hyphairesis* »Entziehen, Entwenden«]

Hy|phe ⟨f.; -, -n⟩ aus einfachen Zellreihen bestehender Pilzfaden; →*a.* Paraphyse [grch., »das Weben, Gewebe«]

Hyph|en *auch:* **Hy|phen** ⟨n.; - od. -s, -; antike Gramm.⟩ Bindestrich zwischen den beiden Teilen eines zusammengesetzten Wortes [<grch. *hyph' hen* »in eins, zusammen«]

Hyp|no|ana|ly|se ⟨f.; -, -n⟩ Form der Psychoanalyse mit vorausgehender Hypnose [<grch. *hypnos* »Schlaf« + *Analyse*]

hyp|no|id ⟨Adj.; Psych.⟩ traumähnlich, der Hypnose ähnlich

Hyp|no|pä|die ⟨f.; -; unz.⟩ Lernmethode mittels Audiogeräten, die einen Lernstoff in der Zeit nach dem Einschlafen u. vor dem Erwachen wiederholen, Schlaflernmethode [<grch. *hypnos* »Schlaf« + *...pädie*]

hyp|no|pä|disch ⟨Adj.⟩ zur Hypnopädie gehörend, auf ihr beruhend, mit ihrer Hilfe

Hyp|no|se ⟨f.; -, -n⟩ durch Suggestion herbeigeführter Schlaf, in dem der Schlafende auf Befehl des Hypnotiseurs Handlungen ausführen kann [→ *hypnotisch*]

Hyp|no|sie ⟨f.; -, -n; Med.⟩ (von Trypanosomen verursachte) Infektionskrankheit, die über Bewusstlosigkeit zum Tode führen kann, Schlafkrankheit

Hyp|no|the|ra|peut ⟨m.; -en, -en⟩ Arzt, der Hypnotherapie anwendet

Hyp|no|the|ra|peu|tin ⟨f.; -, -tinnen⟩ Ärztin, die Hypnotherapie anwendet

Hyp|no|the|ra|pie ⟨f.; -, -n⟩ mit Hilfe von Hypnose durchgeführte Psychotherapie

Hyp|no|tik ⟨f.; -; unz.⟩ Lehre von der Hypnose

Hyp|no|ti|kum ⟨n.; -s, -ti|ka; Pharm.⟩ Schlafmittel [<lat. *hypnoticum* »einschläfernd«]

hyp|no|tisch ⟨Adj.⟩ die Hypnose betreffend, auf ihr beruhend, mit ihrer Hilfe [<lat. *hypnoticus* <grch. *hypnotikos* »schläfrig, einschläfernd«; zu *hypnos* »Schlaf«]

Hyp|no|ti|seur ⟨[-zøːr] m.; -s, -e⟩ jmd., der einen anderen in Hypnose versetzt

hyp|no|ti|sie|ren ⟨V.⟩ **1** in Hypnose versetzen **2** ⟨fig.⟩ (durch Blick od. Bewegung) willenlos machen, widerstandslos machen

Hyp|no|tis|mus ⟨m.; -; unz.⟩ **1** Lehre von der Hypnose **2** Beeinflussung

hy|po..., Hy|po... ⟨vor Vokalen⟩ hyp..., Hyp... ⟨in Zus.⟩ unter..., darunter befindlich, Unter...; *Ggs* hyper..., Hyper... [<grch. *hypo* »unter, darunter«]

Hy|po|blast ⟨n.; -s, -e⟩ = Entoderm [<*Hypo...* + *...blast*]

Hy|po|chon|der ⟨[-xɔn-] m.; -s, -; Med.; Psych.⟩ **1** jmd., der an Hypochondrie leidet **2** schwermütiger Mensch [→ *hypochondrisch*]

Hy|po|chon|drie *auch:* **Hy|po|chond|rie** ⟨[-xɔn-] f.; -; unz.; Psych.⟩ **1** die Einbildung, krank zu sein **2** krankhafte Schwermut, Trübsinn [→ *hypochondrisch*]

hy|po|chon|drisch *auch:* **hy|po|chond|risch** ⟨[-xɔn-] Adj.; Psych.⟩ an Hypochondrie leidend, auf Hypochondrie beruhend [<grch. *hypochondriakos* »am Hypochondrion leidend«; zu *hypochondrion* »das unter dem Brustknorpel Befindliche« (d. h. die Organe des Unterleibs, die nach antiker Auffassung Sitz u. Ursache von Gemütskrankheiten waren)]

Hy|po|derm ⟨n.; -s; unz.⟩ = Subkutis [<*Hypo...* + *...derm*]

Hy|po|doch|mi|us ⟨[-dɔx-] m.; -, -mi|en; Metrik⟩ anaklastische Variante des Dochmius, eines fünfgliedrigen antiken Versfußes

Hy|po|funk|ti|on ⟨f.; -, -en; Med.⟩ verminderte Arbeitsleistung, Unterfunktion eines Organs; *Ggs* Hyperfunktion

Hy|po|gas|tri|um *auch:* **Hy|po|gast|ri|um** ⟨n.; -s, -tri|en; Anat.⟩ Unterleib [<*Hypo...* + lat. *gaster* »Bauch«]

Hy|po|glyk|ä|mie *auch:* **Hy|po|gly|kä|mie** ⟨f.; -; unz.; Med.⟩ Sinken des Blutzuckergehaltes unter den Normalwert; *Ggs* Hyperglykämie [<*Hypo...* + *Glykämie*]

Hy|po|go|na|dis|mus ⟨m.; -; unz.; Med.⟩ Unterentwicklung u. Unterfunktion der Keimdrüsen [<*Hypo...* + grch. *gone* »Erzeugung, Same«]

hy|po|gyn ⟨Adj.; Bot.⟩ mit oberständigem Fruchtknoten versehen; *oV* hypogynisch; →*a.* perigyn [<*hypo...* + grch. *gyne* »Weib«]

hy|po|gy|nisch ⟨Adj.; Bot.⟩ = hypogyn

Hy|po|id|ge|trie|be ⟨n.; -s, -; Technik⟩ Getriebe für Wellen, die sich in nur geringem Abstand kreuzen, vor allem im Kraftfahrzeugbau verwendet [verkürzt <*Hyperboloid*]

hy|po|kaus|tisch ⟨Adj.⟩ mittels eines Hypokaustums geheizt [<*hypo...* + grch. *kaiein* »brennen, anzünden«]

Hy|po|kaus|tum ⟨n.; -s, -ten; in der Antike u. im MA⟩ Heizanlage unter dem Fußboden [<*Hypo...* + grch. *kaiein* »brennen, anzünden«]

Hy|po|ki|ne|se ⟨f.; -; unz.; Med.⟩ verminderte Bewegungsaktivität; *Ggs* Hyperkinese [<*Hypo...* + grch. *kinesis* »Bewegung«]

hy|po|ki|ne|tisch ⟨Adj.; Med.⟩ zur Hypokinese gehörend, auf ihr beruhend, bewegungsarm; *Ggs* hyperkinetisch

Hy|po|ko|tyl ⟨n.; -s, -e; Bot.⟩ die Keimachse unterhalb der Keimblätter der Blütenpflanzen; →*a.* Epikotyl [<*Hypo...* + grch. *kotyle* »Höhlung«]

Hy|po|kri|sie ⟨f.; -; unz.⟩ Heuchelei, Verstellung, Scheinheiligkeit [<grch. *hypokrinesthai* »ein Urteil abgeben«; übertr. »als Schauspieler auftreten«]

hy|po|kris|tal|lin ⟨Adj.⟩ aus kristallinen u. glasigen Bestandteilen zusammengesetzt (von Erstarrungsgestein) [<grch. *hypo* »unter, darunter« + *krystallos* »Eis, Kristall«]

Hy|po|krit ⟨m.; -en, -en⟩ Heuchler [→ *Hypokrisie*]

hy|po|kri|tisch ⟨Adj.⟩ heuchlerisch, scheinheilig

Hy|po|lim|ni|on ⟨n.; -s, -ni|en; Biol.⟩ kaltes Tiefenwasser in Seen, das auch im Sommer vom warmen Oberflächenwasser getrennt ist; *Ggs* Epilimnion [<*Hypo...* + grch. *limne* »Teich, Landsee«]

Hy|po|ma|nie ⟨f.; -, -n; Med.; Psych.⟩ leichter Grad der Manie, mit gehobener Stimmung u. größerer Lebhaftigkeit, aber geringerer Beharrlichkeit im Denken u. Handeln verbunden [<*Hypo...* + *Manie*]

Hy|po|ma|ni|ker ⟨m.; -s, -⟩ jmd., der an Hypomanie leidet

hy|po|ma|nisch ⟨Adj.⟩ **1** ⟨Med.⟩ zur Hypomanie gehörend, an ihr leidend **2** ⟨Psych.⟩ *eine ~e Persönlichkeit* jmd., der einen heiteren, offenen, aber leicht oberflächlichen Charakter besitzt

Hy|po|mne|sie *auch:* **Hy|pom|ne|sie** ⟨f.; -, -n; Med.⟩ Störung od. Verlust des Erinnerungsvermögens [<*Hypo...* + grch. *mneme* »Gedächtnis«]

hy|po|morph ⟨Adj.; Genetik⟩ ein Merkmal schwächer ausprägend (von mutierten Genen); *Ggs* hypermorph [<*hypo...* + grch. *morphe* »Gestalt«]

Hy|po|nas|tie ⟨f.; -; unz.; Bot.⟩ verstärktes Wachstum der Unterseite von Trieben od. Blättern, das zu einer Krümmung

H

nach oben führt; *Ggs* Epinastie [<*Hypo...* + *Nastie*]

Hyp|o|nym *auch:* **Hy|po|nym** ⟨n.; -s, -e; Sprachw.⟩ untergeordneter Begriff, z. B. »Pferd« gegenüber »Tier«; *Ggs* Hyperonym [<*Hypo...* + grch. *onoma, onyma* »Name«]

Hyp|o|ny|mie *auch:* **Hy|po|ny|mie** ⟨f.; -, -n; Sprachw.⟩ Form der lexikalischen Unterordnung von sprachlichen Zeichen unter einen gemeinsamen Oberbegriff; *Ggs* Hyperonymie [<*Hypo...* + grch. *onyma* »Name«]

Hy|po|phy|se ⟨f.; -, -n; Med.⟩ Hirnanhangdrüse [<*Hypo...* + *...physe*]

H

Hy|po|pla|sie ⟨f.; -, -n; Med.⟩ Unterentwicklung eines Organs od. eines Organsystems

hy|po|plas|tisch ⟨Adj.; Med.⟩ zur Hypoplasie gehörend, sie betreffend, sie aufweisend

hy|po|som ⟨Adj.; Med.⟩ an Hyposomie leidend, kleinwüchsig

Hy|po|so|mie ⟨f.; -; unz.; Med.⟩ Kleinwuchs; *Ggs* Hypersomie [<*Hypo...* + grch. *soma* »Körper«]

◆ Die Buchstabenfolge **hy|po|st...** kann auch **hy|pos|t...** getrennt werden.

◆ **Hy|po|sta|se** ⟨f.; -, -n⟩ **1** Grundlage, Unterlage **2** Stoff, Gegenstand (einer Abhandlung) **3** Wesen, Erscheinungsform (z. B. der Dreieinigkeit) **4** ⟨nach altjüd. Vorstellungen, bei Zarathustra u. a.⟩ **4.1** die Ablösung einer Eigenschaft von einer Gottheit (z. B. Weisheit, Gerechtigkeit) u. Verwandlung in ein selbstständiges halbgöttl. Wesen **4.2** dieses Wesen selbst **5** Übergang von Wörtern aus einer Flexionsklasse in eine andere, z. B. teilhaben in Teilhaber, über Nacht in übernachten **6** Blutstauung, Blutüberfüllung eines Organs bei geschwächtem Blutkreislauf, bes. nach langem Liegen

◆ **hy|po|sta|sie|ren** ⟨V.⟩ **1** verselbstständigen, vergegenständlichen, personifizieren **2** (als vorhanden) unterstellen

◆ **Hy|po|sta|sie|rung** ⟨f.; -, -en⟩ **1** ⟨Sprachw.⟩ Wechsel der Wortart, wobei das neue Wort morphologisch (z. B. durch ein Genitiv-s) gekennzeichnet ist: Name-namens, Seite-seitens **2** ⟨geh.⟩ das Hypostasieren

◆ **hy|po|sta|tisch** ⟨Adj.⟩ **1** durch Hypostase hervorgerufen, auf ihr beruhend **2** gegenständlich, wesentlich

◆ **Hy|po|sty|lon** ⟨n.; -s, -sty|la; Arch.⟩ *oV* Hypostylos **1** gedeckter Säulengang, Säulenhalle **2** Tempel mit Säulengang [<grch. *hypo* »unten, darunter« + grch. *stylos* »Säule«]

◆ **Hy|po|sty|los** ⟨m.; -, -sty|loi⟩ = Hypostolon

hy|po|tak|tisch ⟨Adj.; Sprachw.⟩ auf Hypotaxe beruhend, in der Art einer Hypotaxe (1), unterordnend; *Ggs* parataktisch

Hy|po|ta|xe ⟨f.; -, -n⟩ **1** ⟨Sprachw.⟩ Unterordnung eines Satzteiles od. Sätze unter einen anderen, Satzgefüge; *Sy* Subjunktion (2); *Ggs* Parataxe (1) **2** mittlerer Stärkegrad der Hypnose [<*Hypo...* + grch. *tattein* »ordnen«]

Hy|po|ten|si|on ⟨f.; -, -en; Med.⟩ = Hypotonie

Hy|po|te|nu|se ⟨f.; -, -n; Geom.⟩ die dem rechten Winkel gegenüberliegende Seite eines Dreiecks [<*Hypo...* + grch. *teinein* »spannen, sich erstrecken«]

Hy|po|tha|la|mus ⟨m.; -, -la|mi; Anat.⟩ unter dem Thalamus liegender Teil des Zwischenhirns [<*Hypo...* + *Thalamus*]

Hy|po|thek ⟨f.; -, -en⟩ im Grundbuch eingetragenes, durch eine Zahlung erworbenes Recht an einem Grundstück in Form einer Forderung auf regelmäßige Zinszahlungen; *eine ~ auf ein Haus aufnehmen* [<grch. *hypotheke* »Unterlage; Unterpfand«; zu *hypotithenai* »darunterlegen«]

Hy|po|the|kar ⟨m.; -s, -e⟩ Hypothekengläubiger

hy|po|the|ka|risch ⟨Adj.⟩ eine Hypothek betreffend, auf einer H. beruhend, durch eine H.; *~e Eintragung; ~ belastete Güter*

Hy|po|ther|mie ⟨f.; -; unz.; Med.⟩ Unterkühlung, unter den Normalwert gesunkene Körpertemperatur [<*Hypo...* + grch. *thermos* »warm«]

Hy|po|the|se ⟨f.; -, -n⟩ **1** unbewiesene Voraussetzung, Unterstellung **2** noch unbewiesene Annahme als Hilfsmittel für wissenschaftliche Erkenntnisse [<grch. *hypothesis* »Unterstellung«; → *Hypothek*]

hy|po|the|tisch ⟨Adj.⟩ **1** auf einer Hypothese, einer bloßen Annahme beruhend **2** bedingt gültig; *Ggs* kategorisch (2)

Hy|po|thy|re|o|se ⟨f.; -; unz.; Med.⟩ Unterfunktion der Schilddrüse; *Ggs* Hyperthyreose [<*Hypo...* + grch. *thyreos* »Schild«]

Hy|po|to|nie ⟨f.; -, -n; Med.⟩ *Ggs* Hypertonie **1** herabgesetzte Spannung (insbesondere von Muskeln) **2** verminderter Blutdruck; *Sy* Hypotension

hy|po|to|nisch ⟨Adj.⟩ **1** ⟨Med.⟩ zur Hypotonie gehörend, sie betreffend **2** *~e Lösungen* Lösungen, die einen niedrigeren osmotischen Druck als eine Vergleichslösung (z. B. Blut) besitzen; *Ggs* hypertonisch

Hy|po|tra|che|li|on ⟨[-xe:-] n.; -s, -li|en; Arch.⟩ Teil der Säule unter dem Kapitell, Säulenhals [<*Hypo...* + grch. *trachelos* »Hals«]

Hy|po|tro|phie ⟨f.; -, -n; Med.⟩ mangelhafter Ernährungszustand u. verminderte Funktionsfähigkeit (von Organen od. Muskeln); *Ggs* Hypertrophie [<*Hypo...* + *...trophie*]

Hy|po|vit|a|mi|no|se *auch:* **Hy|po|vi|ta|mi|no|se** ⟨[-vit-] f.; -, -n; Med.⟩ Vitaminmangelkrankheit; *Ggs* Hypervitaminose

Hyp|ox|ä|mie *auch:* **Hy|po|xä|mie** ⟨f.; -; unz.; Med.⟩ Sauerstoffmangel im Blut [<*Hypo...* + *Oxygenium* + *...ämie*]

Hy|po|xan|thin ⟨n.; -s; unz.; Biochemie⟩ Spaltprodukt des Nukleinsäurestoffwechsels, oxidiert im Organismus zu Xanthin u. Harnsäure [<grch. *hypo* »unter« + *Xanthin*]

Hyp|o|xie *auch:* **Hy|po|xie** ⟨f.; -; unz.; Med.⟩ Sauerstoffmangel im Körper [→ *Hypoxämie*]

Hy|po|zen|trum *auch:* **Hy|po|zent|rum** ⟨n.; -s, -zen|tren⟩ Erdbebenherd

Hy|po|zy|klo|i|de *auch:* **Hy|po|zyk|lo|i|de** ⟨f.; -, -n; Math.⟩ mathematische Kurve, die von einem Punkt auf dem Umfang eines Kreises beschrieben wird, wenn dieser Kreis im Innern eines anderen festen Kreises abrollt

hyp|so|gra|fisch ⟨Adj.; Geol.⟩ = hypsographisch

hyp|so|gra|phisch ⟨Adj.; Geol.⟩ *~e Kurve* grafische Darstellung, die die verschiedenen Höhenstufen der Erdoberfläche veranschaulicht; *oV* hypsografische Kurve; *Sy* hypsometrische Kurve [<grch. *hypsos* »Höhe« + *graphein* »schreiben«]

Hyp|so|me|ter ⟨n.; -s, -; Geol.⟩ Thermometer zum Bestimmen der Höhe eines Ortes aus dem Siedepunkt des Wassers, der mit zunehmender Höhe abnimmt; *Sy* Hypsothermometer (1) [<grch. *hypsos* »Höhe« + *...meter*]

Hyp|so|me|trie *auch:* **Hyp|so|met|rie** ⟨f.; -, -n; Geol.⟩ Höhenmessung

hyp|so|me|trisch *auch:* **hyp|so|met|risch** ⟨Adj.; Geol.⟩ **1** auf Hypsometrie beruhend; *~e Kurve* = hypsographische Kurve **2** mit Hilfe des Hypsometers

Hyp|so|ther|mo|me|ter ⟨n.; -s, -; Technik⟩ **1** = Hypsometer **2** (Siede-)Thermometer mit einem Messbereich zw. 90 u. 102 °C u. einer hohen Messgenauigkeit zur Bestimmung der Siedetemperatur von Wasser, Bestandteil des Hypsometers

Hys|ter|al|gie *auch:* **Hys|te|ral|gie** ⟨f.; -, -n; Med.⟩ Schmerz in der Gebärmutter [<grch. *hystera* »Gebärmutter« + *algos* »Schmerz«]

Hys|ter|ek|to|mie *auch:* **Hys|te|rek|to|mie** ⟨f.; -, -n; Med.⟩ operative Entfernung der Gebärmutter [<grch. *hystera* »Gebärmutter« + *Ektomie*]

Hys|te|re|se ⟨f.; -; unz.; Physik⟩ das Zurückbleiben einer Wirkung hinter der sie verursachenden physikalischen Kraft; *oV* Hysteresis [zu grch. *hysteros* »später, geringer«]

Hys|te|re|sis ⟨f.; -; unz.; Physik⟩ = Hysterese

Hys|te|rie ⟨f.; -, -n; Psych.⟩ Zustand, in dem sich seelische Erregung durch körperliche Veränderungen od. Funktionsstörungen äußert [<grch. *hystera* »Gebärmutter« (früher vermuteter Ausgangspunkt der *Hysterie*)]

Hys|te|ri|ker ⟨m.; -s, -⟩ jmd., der an Hysterie leidet, leicht hysterisch wird

Hys|te|ri|ke|rin ⟨f.; -, -rin|nen⟩ weibliche Person, die an Hysterie leidet, leicht hysterisch wird

hys|te|risch ⟨Adj.⟩ **1** auf Hysterie beruhend, an Hysterie leidend **2** ⟨fig.⟩ übertrieben leicht erregbar, übertrieben erregt

hys|te|ri|sie|ren ⟨V.⟩ *jmdn.* ~ hysterisch machen

hys|te|ro|gen ⟨Adj.⟩ **1** auf Hysterie beruhend **2** Hysterie auslösend; *~e Zonen* Körperstellen, durch deren Berührung ein hysterischer Anfall ausgelöst wird

hys|te|ro|id ⟨Adj.; Med.; Psych.⟩ einer Hysterie ähnlich

Hys|te|ron-Pro|te|ron ⟨n.; -s, -tera-Pro|te|ra⟩ **1** ⟨Rhet.; urspr.⟩ das Spätere ist das Frühere, Redefigur, bei der zuerst der Gedanke steht, der nach Zeitfolge od. Logik nachstehen sollte **2** ⟨Logik⟩ = Circulus vitiosus (1) [grch., »Späteres früher«]

Hys|te|ro|phyt ⟨m.; -en, -en; Bot.⟩ Schmarotzerpflanze [<grch. *hysteros* »später« + *...phyt*]

Hys|te|rop|to|se *auch:* **Hys|te|rop|to|se** ⟨f.; -, -n; Med.⟩ Gebärmuttervorfall [<grch. *hystera* »Gebärmutter« + *ptosis* »Fall«]

Hys|te|ro|sko|pie *auch:* **Hys|te|ros|ko|pie** ⟨f.; -, -n; Med.⟩ Untersuchung der Gebärmutter mit Hilfe des zystoskopähnlichen Gebärmutterspiegels [<grch. *hystera* »Gebärmutter« + *...skopie*]

Hys|te|ro|to|mie ⟨f.; -, -n; Med.⟩ Gebärmutterschnitt [<grch. *hystera* »Gebärmutter« + *...tomie*]

Hz ⟨Physik; Zeichen für⟩ Hertz

H

i I

i ⟨Zeichen für⟩ imaginäre Zahl

I 1 ⟨röm. Zahlzeichen für⟩ 1 2 ⟨Physik; Zeichen für⟩ Stromstärke 3 ⟨Chemie; in Großbritannien u. den USA Zeichen für⟩ Jod

IAEA ⟨Abk. für engl.⟩ International Atomic Energy Agency (Internat. Atomenergieorganisation), Organisation, die Empfehlungen zum Strahlenschutz veröffentlicht; →*a.* ICRP

Iam|bus ⟨m.; -, Iam|ben; Metrik⟩ = Jambus

…i|a|na ⟨Pluralendung⟩ = …ana

…i|a|ter ⟨Nachsilbe; zur Bildung männl. Subst.; m.; -s, -⟩ Arzt; *Psychiater* [→ *…iatrie*]

> ◆ Die Buchstabenfolge **ia|tr…** kann auch **iat|r…** getrennt werden.

◆ **…i|a|trie** ⟨Nachsilbe; zur Bildung weibl. Subst.; f.; -; unz.⟩ Heilkunde; *Psychiatrie* [<grch. *iatreia* »Heilung«; zu *iatros* »Arzt«]

◆ **Ia|trik** ⟨f.; -; unz.⟩ Heilkunst [<grch. *iatrike*]

◆ **ia|trisch** ⟨Adj.⟩ zur Heilkunst gehörend [→ *Iatrik*]

◆ **Ia|tro|che|mie** ⟨[-çe-] f.; -; unz.⟩ von Paracelsus (1493/94-1541) begründete Forschungsrichtung (ca. 1530-1700), deren Hauptaufgabe die Erforschung der Lebensvorgänge u. die Schaffung von Heilmitteln war [<grch. *iatros* »Arzt« + *Chemie*]

◆ **ia|tro|gen** ⟨Adj.⟩ durch ärztl. Handlungen hervorgerufen [<grch. *iatros* »Arzt« + *…gen*[1]]

◆ **Ia|tro|lo|gie** ⟨f.; -; unz.⟩ Lehre von der ärztlichen Heilkunst [<grch. *iatros* »Arzt« + *…logie*]

◆ **ia|tro|lo|gisch** ⟨Adj.⟩ die Iatrologie betreffend, zu ihr gehörend

ib. ⟨Abk. für⟩ ibidem

IBAN ⟨Abk. für engl.⟩ International Bank Account Number (Bankkontonummer für den internationalen Zahlungsverkehr), von der SWIFT standardisiert; →*a.* BIC, SWIFT-Code

ibd. ⟨Abk. für⟩ ibidem

Ibe|rer ⟨m.; -s, -⟩ 1 Angehöriger eines vor- u. frühgeschichtl. Volkes auf der Pyrenäenhalbinsel, Vorfahr des Basken 2 Angehöriger eines ausgestorbenen Volksstammes südl. vom Kaukasus, im heutigen Georgien [nach der lat. Bezeichnung *Hiberus* »Spanier«, nach dem Iberus = Ebro]

Ibe|ris ⟨f.; -, Ibe|ren; Bot.⟩ krautiger od. halbstrauchiger Kreuzblütler, beliebte Gartenpflanze, Schleifenblume [lat. <grch. *iberis* »Giftkresse«]

ibe|risch ⟨Adj.⟩ 1 die Iberer betreffend, zu ihnen gehörig, von ihnen stammend 2 die Pyrenäenhalbinsel betreffend, von ihr stammend 3 *~e Sprache* 3.1 isoliert stehende indogerman. Sprache der Iberer auf der Pyrenäenhalbinsel 3.2 zur iberisch-kaukas. Sprachengruppe gehörende Sprache der Iberer südl. des Kaukasus

Ibe|ro|ame|ri|ka|ner ⟨m.; -s, -⟩ = Lateinamerikaner

Ibe|ro|ame|ri|ka|ne|rin ⟨f.; -, -rinnen⟩ = Lateinamerikanerin

ibe|ro|ame|ri|ka|nisch ⟨Adj.⟩ = lateinamerikanisch

ibid. ⟨Abk. für⟩ ibidem

ibi|dem ⟨Abk.: ib., ibd. od. ibid.⟩ ebenda, am angeführten Ort [lat., »ebenda«]

Ibis ⟨m.; -ses, -se; Zool.⟩ 1 ⟨allg.⟩ Angehöriger einer Familie kleinerer Schreitvögel mit sichelförmig abwärtsgebogenem Schnabel: Threskiornithida 2 ⟨i. e. S.⟩ *Heiliger ~* mit einem schwarzen Kopf, galt im antiken Ägypten als heilig: Threskionis aethiopica [lat. <grch. *ibis* »Nilreiher« <altägypt. *hbj*]

Ibn ⟨vor arab. Namen⟩ Sohn

Ibu|pro|fen ⟨n.; -s; unz.; Pharm.⟩ ein entzündungshemmendes Medikament, das häufig als Schmerzmittel zur Behandlung von Arthritis od. Rheumatismus eingesetzt wird

IC 1 ⟨Abk. für engl.⟩ Integrated Circuit, eine integrierte Schaltung 2 ⟨®; Abk. für⟩ Intercity®

IC-Ana|ly|se ⟨f.; -, -n; Abk. für⟩ Immediate-Constituents-Analyse, (unmittelbare) Konstituentenanalyse [engl.]

ICC ⟨EDV; Fot.; Abk. für engl.⟩ International Color Consortium (Internationales Farbkonsortium), System zur Steuerung u. Abstimmung der Farbwiedergabe bei Kameras, Monitoren, Druckern u. Scannern u. a.

ICE® ⟨m.; -s, -s; Abk. für⟩ Intercityexpress®

Ich|neu|mon ⟨n. od. m.; -s, -e od. -s; Zool.⟩ Schleichkatze von 65 cm Körperlänge, frisst Schlangen u. Ratten, bei den alten Ägyptern heilig: Herpetes ichneumon [<grch. *ichneuein* »spüren«; zu *ichnos* »Spur«]

Ich|neu|mo|ni|den ⟨Pl.; Zool.⟩ Schlupfwespen [zu grch. *ichneuein* »spüren«]

Ich|no|gramm ⟨n.; -s, -e; Med.⟩ 1 Fußabdruck 2 Fußspur, Aufzeichnung einer Fußspur, z. B. bei Gehstörungen [<grch. *ichnos* »Spur« + *…gramm*]

Ichor ⟨[içoːr] m.; -s; unz.⟩ bei der Metamorphose von Gesteinen frei werdendes Wasser, das bei hohem Druck u. hoher Temperatur ein Lösungsmittel für Silikate ist [grch., »Blutsaft«]

ich|thyo…, Ich|thyo… ⟨vor Vokalen⟩ ichthy…, Ichthy… ⟨in Zus.⟩ fisch…, Fisch… [<grch. *ichthys* »Fisch«]

Ich|thy|ol ⟨n.; -s; unz.⟩ 1 Schiefer, der fossile Fischreste enthält 2 durch Destillation gewonnenes Öl zur Behandlung entzündlicher Erkrankungen [<*Ichthyo…* + *…ol*]

Ich|thyo|lith ⟨m.; -s od. -en, -e od. -en⟩ versteinerter Fischrest [<*Ichthyo…* + *…lith*]

Ich|thyo|lo|ge ⟨m.; -n, -n⟩ Fachmann auf dem Gebiet der Ichthyologie, Fischkundler

Ich|thyo|lo|gie ⟨f.; -; unz.⟩ Fischkunde

ich|thyo|lo|gisch ⟨Adj.⟩ zur Ichthyologie gehörend, fischkundlich

Ich|thyo|pha|ge ⟨m.; -n, -n⟩ sich überwiegend von Fischen ernährender Mensch [<grch. *ichthys* »Fisch« + *…phage*]

Ich|thyo|sau|ri|er ⟨m.; -, -⟩ fossile, fischähnliche Reptiliengruppe,

Meeresbewohner von 1 bis 17 m Körperlänge, Fischechse [<*Ichthyo…* + grch. *sauros* »Eidechse«]

Ich|thy|o|se ⟨f.; -; unz.; Med.⟩ Fischschuppenkrankheit [<grch. *ichthys* »Fisch«]

Icing ⟨[aısıŋ] n.; - od. -s, -s; Sport; Eishockey⟩ regelwidriges Spielen des Pucks über zwei Linien aus der Verteidigung heraus, um einen Angriff abzuwehren, Befreiungsschuss [engl.]

Icon ⟨[aıkən] n.; -s, -s; EDV⟩ Bildsymbol, Piktogramm (dessen Funktion durch Anklicken ausgelöst wird) [engl., »Bild, Symbol«]

ICRP ⟨Abk. für engl.⟩ International Commission on Radiological Protection (Internationale Kommission für Strahlenschutz), Kommission, die Richtlinien für den Strahlenschutz aufstellt; →*a.* IAEA

Ic|te|rus ⟨m.; -; unz.⟩ = Ikterus

Ic|tus ⟨m.; -, - od. -ten⟩ = Iktus

id. ⟨Abk. für⟩ idem

…id[1] ⟨Nachsilbe; zur Bildung von Adj.⟩ zu einer Rasse gehörig, die Körpermerkmale einer Rasse habend; *mongoloid; negrid* [<grch. *eidos* »Aussehen«; zu *idea* »Erscheinung, Gestalt, Beschaffenheit, Form«; → *Idee*]

…id[2] ⟨Nachsilbe; zur Bildung von sächl. Subst.; n.; -(e)s, -e; Chem.⟩ (zur Bezeichnung von Verbindungen zw. Elementen, Derivate der im Stamm genannten Verbindung od. Verbindungsgruppe); *Chlorid, Nitrid, Glykosid*

ide|al ⟨Adj.⟩ **1** = ideell **2** vollkommen, mustergültig; *ein ~er Reisegefährte; dieser Apparat ist einfach ~* **3** ⟨umg.⟩ überaus schön, herrlich, wunderbar; *der See ist ~ zum Baden; ~es Wetter* **4** *~e Landschaft* ⟨Mal.⟩ Darstellung einer harmon., meist bewaldeten sommerl. Landschaft [im 19. Jh. verkürzt <*idealisch;* → *Ideal*]

Ide|al ⟨n.; -s, -e⟩ **1** Inbegriff höchster Vollkommenheit, Mustergültiges, Leitgedanke; *einem ~ nachstreben* **2** erstrebenswertes Vorbild, Wunschbild; *ein ~ von einem Lehrer* [<lat. *idealis;* zu grch.-lat. *idea;* → *Idee*]

ide|a|lisch ⟨Adj.⟩ im Sinne eines Ideals, einem Ideal entsprechend, ihm nahekommend

ide|a|li|sie|ren ⟨V.⟩ **1** veredeln, verschönern, vollkommener sehen, als es in Wirklichkeit ist **2** einem Ideal angleichen; *eine historische Gestalt in einem Drama, Roman idealisiert darstellen* [→ *Ideal;* beeinflusst von frz. *idéaliser* »idealisieren«]

Ide|a|lis|mus ⟨m.; -; unz.⟩ **1** durch sittliche, nichtmaterielle Ziele bestimmte Anschauung u. Verhaltensweise, nach Idealen ausgerichtete Lebensführung; *Ggs* Realismus (2) **2** ⟨Philos.⟩ Auffassung, dass es die Wirklichkeit nur als rein geistiges Sein gibt u. die Materie dessen Erscheinungsform ist; *Ggs* Materialismus **3** ⟨fig.⟩ opferfreudige Begeisterung, Aufopferung [→ *ideal*]

Ide|a|list ⟨m.; -en, -en⟩ **1** Vertreter, Anhänger des Idealismus (1, 2); *Ggs* Realist (1), Materialist (1) **2** jmd., der sein Leben nach Idealen ausrichtet; *Ggs* Materialist (2) **3** ⟨fig.; umg.⟩ Schwärmer, wirklichkeitsfremder Mensch; *Ggs* Realist (2)

Ide|a|lis|tin ⟨f.; -, -tin|nen⟩ **1** Vertreterin, Anhängerin des Idealismus (1, 2); *Ggs* Realistin (1), Materialistin (1) **2** weibl. Person, die ihr Leben nach Idealen ausrichtet; *Ggs* Materialistin (2) **3** ⟨fig.; umg.⟩ Schwärmerin, wirklichkeitsfremde weibl. Person; *Ggs* Realistin (2)

ide|a|lis|tisch ⟨Adj.⟩ den Idealismus betreffend, zu ihm gehörig, auf ihm beruhend; *~e Sprachwissenschaft* = Neolinguistik; *Ggs* realistisch, materialistisch

Ide|a|li|tät ⟨f.; -; unz.⟩ **1** ideale Beschaffenheit; *Ggs* Realität (1) **2** das Sein als Idee od. Vorstellung; *Ggs* Realität (2)

ide|a|li|ter ⟨Adj.; geh.⟩ im Idealfall

Ide|al|kon|kur|renz ⟨f.; -, -en; Rechtsw.⟩ Verletzung mehrerer Strafgesetze durch dieselbe Handlung, Tateinheit; *Ggs* Realkonkurrenz

Ide|al Spea|ker ⟨[aıdi:əl spi:kə(r)] m.; - -s, - -; Sprachw.⟩ (im Modell der generativen Transformationsgrammatik) Sprecher/Hörer mit als ideal angenommenen Sprechereigenschaften u. einer perfekten Sprachkompetenz [engl., »idealer Sprecher«]

Ide|al|typ ⟨m.; -s, -en⟩ *oV* Idealtypus **1** idealer Typus, dem Ideal nahekommendes Einzelwesen **2** ⟨Human- u. Sozialwissenschaften⟩ Personen od. sozialen Gruppen zugeordnete typische Gestalt, wobei wesentliche Züge hervorgehoben, unwesentliche vernachlässigt werden

Ide|al|ty|pus ⟨m.; -, -ty|pen⟩ = Idealtyp

Ide|a|ti|on ⟨f.; -, -en⟩ Bildung einer Idee, eines Begriffs [→ *Idee*]

Idee ⟨f.; -, -n⟩ **1** reiner Begriff; *die Lehre Platos von den ~n* **2** vorbildliche Urform; *die ~ einer Dichtung* **3** leitender Gedanke, Vorstellung; *politische ~n; für eine ~ eintreten, kämpfen; fixe ~* Wahnvorstellung **4** Einfall, Gedanke, Ahnung; *ich habe eine ~; hast du eine ~, wie man …; du machst dir keine ~ davon, …; das ist gar keine schlechte ~; ein Plan ganz nach seiner ~; keine ~!* keineswegs **5** *eine ~ Salz, Pfeffer* ganz wenig, eine Kleinigkeit, Spur [<grch. *idea* »Erscheinung, Gestalt, Beschaffenheit, Form; Urbild (Plato)«; beeinflusst von frz. *idée* <grch. *idea*]

Idée fixe ⟨[ide: fıks] f.; - -, -s -s [ide: fıks]⟩ **1** = fixe Idee (3) **2** ⟨Musik⟩ Kernthema, Hauptgedanke [frz.]

ide|ell ⟨Adj.⟩ *oV* ideal (1) **1** die Idee, Vorstellung betreffend; *der ~e Gehalt eines Werkes (im Unterschied zum sachlichen, stofflichen Gehalt)* **2** gedacht, nur in der Vorstellung vorhanden; *Ggs* materiell (2)

Ide|en|as|so|zi|a|ti|on ⟨f.; -, -en⟩ unwillkürliche Gedankenverbindung

idem ⟨Abk.: id.⟩ derselbe, dasselbe [lat.]

Iden ⟨Pl.; Sing.: Idus; röm. Kalender⟩ Monatsmitte, der

I

13. od. 15. des Monats [<lat. *idus* »Monatsmitte«]

Identifikation ⟨f.; -, -en⟩ **1** das Identifizieren, Feststellung der Identität **2** Gleichsetzung [<lat. *identitas* »Wesenseinheit« + *...fikation*]

identifizieren ⟨V.⟩ **1** *jmdn. ~* jmds. Identität feststellen **2** einander gleichsetzen **3** *etwas od. jmdn. ~* erkennen, feststellen als [<lat. *identitas* »Wesenseinheit« + *...fizieren*]

Identifizierung ⟨f.; -, -en⟩ das Identifizieren, das Identifiziertwerden

identisch ⟨Adj.⟩ übereinstimmend, völlig gleich, ein u. dasselbe; *es stellte sich schnell heraus, dass der Dateneingeber und der Setzer ~ sind* dieselbe Person; *~e Zwillinge* eineiige Zwillinge

Identität ⟨f.; -; unz.⟩ völlige Übereinstimmung, Gleichheit, Wesenseinheit [<spätlat. *identitas* »Wesenseinheit«; zu lat. *idem* »derselbe, dasselbe«]

Identitätsausweis ⟨m.; -es, -e; Kurzwort: I-Ausweis; österr.⟩ Personalausweis

Identitätskarte ⟨f.; -, -n; schweiz. für⟩ Personalausweis

Identitätsnachweis ⟨m.; -es, -e⟩ Nachweis, dass eine Person wirklich die ist, für die sie sich ausgibt od. für die man sie hält; *einen ~ erbringen*

ideo..., Ideo... ⟨in Zus.⟩ begriffs..., Begriffs... [<grch. *idea* »Erscheinung, Gestalt, Beschaffenheit, Form«]

Ideografie ⟨f.; -; unz.⟩ = Ideographie

ideografisch ⟨Adj.⟩ = ideographisch

Ideogramm ⟨n.; -s, -e⟩ Schriftzeichen, das einen ganzen Begriff ausdrückt, z. B. ein Zeichen der chinesischen Schrift

Ideographie ⟨f.; -; unz.⟩ Darstellung von Begriffen durch Bild od. Wortzeichen, Bilderschrift, Begriffsschrift; *oV* Ideografie

ideographisch ⟨Adj.⟩ die Ideographie betreffend, zu ihr gehörig, mit Hilfe der Ideographie od. eines Ideogramms; *oV* ideografisch

Ideokinese ⟨f.; -, -n; Med.⟩ (aufgrund gestörter Nervenbahnen) falsch ausgeführter Bewegungsablauf trotz klarer Vorstellung des normalen Ablaufs [<*Ideo...* + *...kinese*]

Ideologe ⟨m.; -n, -n⟩ **1** Vertreter einer Ideologie **2** polit. Theoretiker **3** weltfremder Theoretiker

Ideologem ⟨n.; -s, -e; geh.⟩ Gedankengebilde, Idee, Vorstellung [<*Ideo...* + grch. *logos* »Wort, Lehre« + Endung *...em* zur Bez. einer Einheit]

Ideologie ⟨f.; -, -n⟩ **1** die Gesamtheit der Anschauungen u. des Denkens einer bestimmten gesellschaftl. Schicht **2** politische Theorie, polit. Anschauung; *die ~ des Kapitalismus, des Kommunismus* [<*Ideo...* + *...logie*]

Ideologiekritik ⟨f.; -; unz.⟩ **1** Erforschung der Ursachen von Ideologien **2** Aufzeigen der einem Text od. einer Aussage zugrundeliegenden Ideologie

ideologiekritisch ⟨Adj.⟩ auf der Ideologiekritik beruhend, sie betreffend, die Ursachen von Ideologien erforschend

ideologisch ⟨Adj.⟩ die Ideologie betreffend, auf ihr beruhend, ihr entsprechend

ideologisieren ⟨V.⟩ im Sinne einer bestimmten Ideologie erklären, auslegen; *einen Sachverhalt ~; einen Standpunkt ~*

Ideologisierung ⟨f.; -, -en⟩ das Ideologisieren, Erklärung od. Bewertung im Sinne einer bestimmten Ideologie

ideomotorisch ⟨Adj.⟩ unbewusst (ausgeführt) [<*ideo...* + *motorisch*]

id est ⟨Abk.: i. e.⟩ das ist, das heißt [lat.]

idio..., Idio... ⟨in Zus.⟩ eigen..., Eigen..., selbst..., Selbst... [<grch. *idios* »eigen, eigentümlich«]

Idioblast ⟨m.; -en, -en; Bot.⟩ Einzelzelle, die in eine andere Zelle od. Zellengruppe von anderem Bau eingestreut ist [<*Idio...* + *...blast*]

idiochromatisch ⟨[-kro-] Adj.⟩ eigenfarbig; *~e Mineralien* M., die ohne Zusatz fremder Substanzen Farberscheinungen aufweisen

Idiofon ⟨n.; -s, -e⟩ = Idiophon

idiografisch ⟨Adj.⟩ = idiographisch

Idiogramm ⟨n.; -s, -e⟩ **1** eigenhändige Unterschrift **2** graf. Darstellung der Chromosomen eines Chromosomensatzes [<*Idio...* + *...gramm*]

idiographisch ⟨Adj.⟩ eigenhändig; *oV* idiografisch

Idiolatrie *auch:* **Idiolatrie** ⟨f.; -; unz.⟩ Selbstvergötterung [<*Idio* + *...latrie*]

Idiolekt ⟨m.; -(e)s, -e⟩ Wortschatz u. besondere Ausdrucksweise eines einzelnen Menschen [<*Idio...* + *Dialekt*]

idiolektal ⟨Adj.; Sprachw.⟩ den Idiolekt betreffend, zu ihm gehörig, in der Art eines Idiolekts

Idiom ⟨n.; -s, -e; Sprachw.⟩ Gesamtheit der Spracheigentümlichkeiten eines Menschen, eines Landes od. eines Standes, Eigentümlichkeit einer Mundart [<grch. *idioma* »Eigentümlichkeit, Besonderheit«; zu grch. *idios* »eigen, eigentümlich«]

Idiomatik ⟨f.; -; unz.⟩ Lehre von den Spracheigentümlichkeiten eines Landes od. Standes, von den Eigentümlichkeiten einer Mundart [→ *Idiom*]

idiomatisch ⟨Adj.⟩ der Sprache eines Landes od. eines Standes eigen, einer Mundart eigen

idiomatisiert ⟨Adj.⟩ zu einem Idiom geworden, als Idiom verwendet

Idiomatisierung ⟨f.; -, -en⟩ das Idiomatisieren, Standardisierung einer Wort- od. Satzbedeutung, die sich nicht mehr aus den Einzelbedeutungen ihrer Elemente erschließen lässt

idiomorph ⟨Adj.⟩ *~e Kristalle* K., die in einer Flüssigkeit auskristallisiert sind u. daher eine eigene Gestalt entwickeln konnten; *Sy* automorph

idiopathisch ⟨Adj.⟩ selbstständig, unabhängig (von Krankheiten) [<*idio...* + grch. *pathos* »Leiden«]

Idiophon ⟨n.; -s, -e; Musik⟩ Musikinstrument, dessen Körper selbst schwingt, z. B. Triangel; *oV* Idiofon [<grch. *idios* »eigen« + *phone* »Stimme«]

Idioplasma ⟨n.; -s; unz.; Biol.⟩ Keimplasma

Idio|som ⟨n.; -s, -en; meist Pl.; Med.; Biol.⟩ **1** Chromosom **2** stark granulierte Plasmazone um das Zentrosom [<*Idio...* + grch. *soma* »Körper«]

Idio|syn|kra|sie ⟨f.; -, -n⟩ **1** angeborene Überempfindlichkeit gegen bestimmte Stoffe **2** ⟨fig.⟩ heftige Abneigung, Widerwille [<*Idio...* + grch. *synkrasis* »Mischung«]

idio|syn|kra|tisch ⟨Adj.⟩ **1** auf Idiosynkrasie beruhend, überempfindlich **2** ⟨fig.⟩ von heftiger Abneigung erfüllt

Idi|ot ⟨m.; -en, -en⟩ **1** ⟨Med.⟩ an Idiotie leidende Person **2** ⟨fig.; umg.⟩ Dummkopf [<grch. *idiotes* »Privatmann, gewöhnlicher Mensch, unkundiger Laie, Stümper«; zu grch. *idios* »eigen, eigentümlich«]

Idi|o|tie ⟨f.; -, -n⟩ **1** ⟨Med.⟩ schwere Form des angeborenen Schwachsinns; *Sy* Idiotismus[1] **2** ⟨fig.; umg.⟩ Unsinnigkeit, große Dummheit **3** ganz u. gar unüberlegte Tat, unsinniger Einfall

Idi|o|ti|kon ⟨n.; -s, -ti|ka od. -ti-ken⟩ Mundartwörterbuch [zu grch. *idios* »eigen(tümlich)«]

Idi|o|tin ⟨f.; -, -tin|nen⟩ weiblicher Idiot

idi|o|tisch ⟨Adj.⟩ **1** ⟨Med.⟩ schwachsinnig **2** ⟨fig.; umg.⟩ sehr dumm, blöd, unsinnig

Idi|o|tis|mus[1] ⟨m.; -; unz.⟩ = Idiotie [→ *Idiot*]

Idi|o|tis|mus[2] ⟨m.; -, -tis|men⟩ Sprach-, Mundarteigentümlichkeit, Element eines Idioms

idio|ty|pisch ⟨Adj.⟩ durch die Gesamtheit des Erbgutes festgelegt

Idio|ty|pus ⟨m.; -, -ty|pen; Genetik⟩ Gesamtheit des Erbgutes

Idio|va|ri|a|ti|on ⟨[-va-] f.; -, -en; Genetik⟩ sprunghaft auftretende Veränderung der Erbanlage

Ido|kras ⟨m.; -, -e; Min.⟩ = Vesuvian [<grch. *eidos* »Aussehen, Gestalt, Beschaffenheit«+ *krasis* »Mischung, Verbindung«]

Idol ⟨n.; -s, -e⟩ Gegenstand der Verehrung, Abgott, Götzenbild [<grch. *eidolon* »Gestalt, Bild, Trugbild, Götzenbild«; zu *eidos* »Aussehen, Gestalt, Beschaffenheit«; verwandt mit *Idee, Ideal, Idyll(e)*]

Ido|la|trie *auch:* **Ido|lat|rie** ⟨f.; -; unz.⟩ = Idololatrie

ido|li|sie|ren ⟨V.⟩ als Idol verehren, zum Idol erheben

Ido|li|sie|rung ⟨f.; -, -en⟩ das Idolisieren, etwas od. jmdn. zum Ideal erheben, als Idol verehren

Ido|lo|la|trie *auch:* **Ido|lo|lat|rie** ⟨f.; -, -n; österr.⟩ Verehrung von Götzenbildern, Abgötterei [<grch. *eidolon* »Götzenbild« + *...latrie;* → *Idol*]

Idus ⟨Sing. von⟩ Iden

Idyll ⟨n.; -s, -e⟩ **1** Bild eines beschaul. einfachen Lebens sowie dieses Leben selbst **2** beschaul. Szene, friedl. Bild [<grch. *eidyllion* »Bildchen«, Verkleinerungsform zu *eidos* »Bild, Gestalt«; verwandt mit *Idee*]

Idyl|le ⟨f.; -, -n⟩ lyrisch-dramat. od. lyrisch-epische Dichtung, die den ländl. Frieden, das beschaul. Leben einfacher Menschen schildert, Hirtendichtung [→ *Idyll*]

Idyl|lik ⟨f.; -; unz.⟩ idyllische Beschaffenheit

idyl|lisch ⟨Adj.⟩ wie ein Idyll, ländlich-friedlich, beglückend, in der Art einer Idylle

i. e. ⟨Abk. für lat.⟩ id est

I. E. ⟨Abk. für⟩ Internationale Einheit

i. f. ⟨Abk. für lat.⟩ ipse fecit

IFOR, Ifor ⟨f.; -; unz.; Kurzwort für engl.⟩ Implementation Force (Einsatztruppe), multinationale Einsatztruppe unter UN-Mandat zur Friedensstiftung u. Überwachung des Friedensabkommens von Daton in Bosnien-Herzegowina (Dez. 1995–Dez. 1996); →*a.* SFOR

Ige|lit® ⟨m.; -s; unz.⟩ Kunststoff auf der Basis von Polyvinylchlorid

Ig|lu ⟨n. od. m.; -s, -s⟩ runde Schneehütte der Inuit [eskim., »Schneehaus«]

Ig|ni|tron ⟨n.; -s, -tro|ne od. -s; Physik⟩ Gasentladungsröhre mit einer über eine Hilfselektrode steuerbaren Zündung mit ähnlichen Eigenschaften wie ein Relais, das zur Steuerung hoher Ströme u. Leistungen eingesetzt wird [<lat. *ignis* »Feuer« + *...tron*]

ig|no|rant ⟨Adj.⟩ (aus Überheblichkeit od. Unwissenheit) unbeachtet lassend, nicht zur Kenntnis nehmend; *ein ~es Benehmen*

Ig|no|rant ⟨m.; -en, -en⟩ jmd., der (aus Borniertheit) unwissend ist [<lat. *ignorans,* Part. Präs. zu *ignorare* »nicht wissen«]

Ig|no|ranz ⟨f.; -; unz.⟩ Unwissenheit aus Borniertheit, Dummheit [<lat. *ignorantia* »Unwissenheit«]

ig|no|rie|ren ⟨V.⟩ absichtlich übersehen, unbeachtet lassen, keine Kenntnis nehmen von [<lat. *ignorare* »nicht wissen, nicht kennen, nicht kennen wollen«]

Igu|a|na ⟨f.; -, -a|nen; Zool.⟩ in tropischen Gebieten Amerikas lebender großer Leguan mit sichelförmigem Kamm [span.]

Igu|an|o|don *auch:* **Igu|a|no|don** ⟨n.; -s, -s od. -o|don|ten⟩ großer pflanzenfressender Dinosaurier der Jura- u. Kreidezeit [<span. *iguana* »Leguan« + *...odon*]

I. H. S. ⟨Abk. für⟩ **1** in hoc salus **2** in hoc signo

Ike|ba|na ⟨n.; - od. -s; unz.⟩ die jap. Kunst des Blumensteckens [jap.]

Iko|ne ⟨f.; -, -n⟩ Heiligenbild der Ostkirche [<grch. *eikon* »Bild, Abbild«]

iko|nisch ⟨Adj.⟩ **1** in der Art einer Ikone **2** bildhaft, abbildhaft darstellend, anschaulich

Iko|nis|mus ⟨m.; -, -nis|men⟩ abbildhafte, zeichenartige Darstellung

iko|no..., Iko|no... ⟨in Zus.⟩ Bild..., Bilder... [<grch. *eikon,* Gen. *eikonos* »Bild«]

Iko|no|du|lie ⟨f.; -; unz.⟩ = Ikonolatrie [<*Ikono...* + grch. *douleia* »Unterwürfigkeit«]

Iko|no|graf ⟨m.; -en, -en⟩ = Ikonograph

Iko|no|gra|fie ⟨f.; -; unz.⟩ = Ikonographie

iko|no|gra|fisch ⟨Adj.⟩ = ikonographisch

Iko|no|graph ⟨m.; -en, -en⟩ *oV* Ikonograf **1** Kenner, Erforscher der Ikonographie **2** Instrument für Lithographen zum Übertragen von Zeichnungen auf Stein

Iko|no|gra|phie ⟨f.; -; unz.⟩ *oV* Ikonografie **1** Wissenschaft der Bestimmung von Bildnis-

I

sen aus dem Altertum **2** Betrachtung von Bildern bes. der christl. Kunst nach ihren Figuren, Gegenständen u. Symbolen u. die Lehre von ihrer Entwicklung u. ihren histor. Zusammenhängen; *Sy* Ikonologie [<*Ikono… + …graphie*]

iko|no|gra|phisch ⟨Adj.⟩ die Ikonographie betreffend, zu ihr gehörig, auf ihr beruhend; *oV* ikonografisch

Iko|no|klas|mus ⟨m.; -; unz.; Mal.⟩ gewaltsame Entfernung u. Vernichtung von Bildern in Kirchen, bes. im 8. Jh. u. in der Reformation, Bildersturm

Iko|no|klast ⟨m.; -en, -en; Mal.⟩ Teilnehmer am Ikonoklasmus, Bilderstürmer [<*Ikono…* + grch. *klaein* »zerbrechen«]

iko|no|klas|tisch ⟨Adj.; Mal.⟩ den Ikonoklasmus betreffend, zu ihm gehörig, bilderstürmerisch

Iko|no|la|trie *auch:* **Iko|no|lat|rie** ⟨f.; -; unz.⟩ Bilderverehrung; *Sy* Ikonodulie [<*Ikono… + …latrie*]

Iko|no|lo|gie ⟨f.; -; unz.⟩ = Ikonographie (2) [<*Ikono… + …logie*]

Iko|no|me|ter ⟨n.; -s, -; Fot.⟩ Rahmensucher [<*Ikono… + …meter*]

Iko|no|skop *auch:* **Iko|nos|kop** ⟨n.; -s, -e⟩ Bildzerleger für die Aufnahme von Fernsehbildern [<*Ikono… + …skop*]

Iko|no|stas *auch:* **Iko|nos|tas** ⟨m.; -, -e; in der orthodoxen Kirche⟩ = Ikonostase

Iko|no|sta|se *auch:* **Iko|nos|ta|se** ⟨f.; -, -n; in der orthodoxen Kirche⟩ Bilderwand zwischen Gemeinde- u. Altarraum mit drei Türen; *oV* Ikonostas [<*Ikono…* + grch. *histanai* »(auf)stellen«]

Iko|sa|eder ⟨n.; -s, -; Geom.⟩ Körper, der von zwanzig gleichseitigen Dreiecken begrenzt wird, Zwanzigflach, Zwanzigflächner [<grch. *eikosa…* »zwanzig…«]

Iko|si|te|tra|eder *auch:* **Iko|si|tet|ra|eder** ⟨n.; -s, -; Geom.⟩ von 24 Flächen begrenzter symmetrischer Körper [<grch. *eikosi* »zwanzig«]

ikr ⟨Abk. für⟩ isländische Krone

ik|te|risch ⟨Adj.; Med.⟩ mit Ikterus einhergehend, an Ikterus leidend, gelbsüchtig

Ik|te|rus ⟨m.; -; unz.; Med.⟩ Gelbsucht; *oV* Icterus [<grch. *ikteros*]

Ik|tus ⟨m.; -, - od. -ten⟩ **1** Stoß, Schlag **2** ⟨Metrik⟩ bes. starke Betonung, nachdrückl. Hebung **3** ⟨Med.⟩ plötzlich auftretendes schweres Krankheitsmerkmal; *oV* Ictus [<lat. *ictus* »Hieb, Stoß«]

…i|kum ⟨Nachsilbe; zur Bildung sächl. Subst.; n.; -s, -i|ka⟩ **1** ⟨Pl. a.: -i|ken⟩ (zusammenfassende Bezeichnung einer bestimmte Sache, einer Prüfung, eines Vorgangs, eines Zeitabschnitts o. Ä.); *Praktikum, Klinikum, Politikum* **2** (zur Bezeichnung eines Arzneimittels); *Narkotikum, Antibiotikum, Antiseptikum* [<lat. *…icum*]

…i|kus ⟨Nachsilbe; zur Bildung männl. Subst.; m.; -, -se; meist scherzh.⟩ (zur Kennzeichnung od. Charakterisierung männl. Personen); *Kanonikus, Musikus, Pfiffikus* [<lat. *…icus* <grch. *…ikos*]

il…[1], **Il…**[1] ⟨Vorsilbe⟩ = in…[1], In…[1]

il…[2], **Il…**[2] ⟨Vorsilbe⟩ = in…[2], In…[2]

Ilang-Ilang ⟨n.; -s, -s⟩ = Ylang-Ylang

Ile|i|tis ⟨f.; -, -i|ti|den; Med.⟩ Entzündung des Ileums

Ile|um ⟨n.; -s, -lea; Anat.⟩ unterer Teil des Dünndarms, Krummdarm [<lat. *ile* »Darm«]

Ile|us ⟨m.; -, Ile|en; Med.⟩ Darmverschluss [<lat. *ile* »Darm«]

Ilex ⟨f.; -; unz.; Bot.⟩ Stechpalme [lat.]

Il|la|tum ⟨n.; -s, -la|ten od. -la|ta; Rechtsw.⟩ in die Ehe eingebrachter Vermögensgegenstand der Frau [lat., »das Hereingebrachte«]

il|le|gal ⟨Adj.⟩ gesetzwidrig, ungesetzlich (Handlung, Organisation); *Ggs* legal [<*in…*[2] + *legal*]

Il|le|ga|li|tät ⟨f.; -; unz.⟩ illegale Beschaffenheit, Gesetzwidrigkeit, Ungesetzlichkeit; *Ggs* Legalität

il|le|gi|tim ⟨Adj.⟩ unrechtmäßig; *Ggs* legitim; *~es Kind* uneheliches Kind [<*in…*[2] + *legitim*]

Il|le|gi|ti|mi|tät ⟨f.; -; unz.⟩ illegitime Beschaffenheit, Unrechtmäßigkeit, Ungesetzlichkeit; *Ggs* Legitimität

il|li|be|ral ⟨Adj.⟩ engherzig, unduldsam, kleinlich; *Ggs* liberal [<*in…*[2] + *liberal*]

Il|li|be|ra|li|tät ⟨f.; -, -en⟩ illiberales Wesen, illiberale Beschaffenheit, Engherzigkeit; *Ggs* Liberalität

il|li|quid ⟨Adj.⟩ nicht mit Geldmitteln versehen, zahlungsunfähig; *Ggs* liquid (2) [<*in…*[2] + *liquid*]

Il|li|qui|di|tät ⟨f.; -; unz.⟩ Mangel an »flüssigen« Mitteln, Zahlungsschwierigkeit, Zahlungsunfähigkeit; *Ggs* Liquidität

il|li|te|rat ⟨a. ['----] Adj.; geh.⟩ ungebildet [<lat. *illiteratus* »ungelehrt, wissenschaftlich ungebildet«]

Il|li|te|rat ⟨a. ['----] m.; -en, -en; geh.⟩ Ungelehrter, Ungebildeter [<lat. *illiteratus* »ungelehrt, wissenschaftl. ungebildet«]

Il|lo|ku|ti|on ⟨f.; -, -en; Sprachw.; Sprechakttheorie⟩ Handlungsaspekt, kommunikative Funktion eines Sprechaktes; *Sy* illokutiver Akt; →*a.* Lokution, Perlokution [<*il…*[1] + lat. *locutio* »das Reden, Redensart«; zu *loqui* »reden, sprechen«]

il|lo|ku|tiv ⟨Adj.; Sprachw.⟩ auf die Illokution bezogen, sie betreffend; *~er Akt* = Illokution

il|loy|al *auch:* **il|lo|yal** ⟨[ɪloaja:l] od. [ɪlɔja:l] Adj.⟩ *Ggs* loyal **1** vertragsbrüchig, pflichtwidrig **2** übel gesinnt, falsch, verräterisch [<*in…*[2] + *loyal*]

Il|loy|a|li|tät *auch:* **Il|lo|ya|li|tät** ⟨a. [ɪloaja-] od. [ɪlɔja-] f.; -; unz.⟩ illoyales Wesen od. Verhalten; *Ggs* Loyalität

Il|lu|mi|nat ⟨m.; -en, -en; 16./18. Jh.⟩ Angehöriger eines Geheimbundes, insbes. des Illuminatenordens [<lat. *illuminatus* »erleuchtet«, Part. Perf. von *illuminare* »erleuchten«]

Il|lu|mi|na|ten|or|den ⟨m.; -s; unz.⟩ 1776 gegründeter deutscher Geheimbund zur Verbreitung der Aufklärung

Il|lu|mi|na|ti|on ⟨f.; -, -en⟩ **1** Festbeleuchtung; *oV* Illuminierung **2** Ausmalung (von Stichen, Drucken u. Ä.) **3** Buchmalerei

[frz., »Beleuchtung, Erleuchtung« <lat. *illuminatio*]

Il|lu|mi|na|tor ⟨m.; -s, -to|ren⟩ **1** Beleuchtungsvorrichtung an opt. Geräten **2** Hersteller von Buchmalereien [→ *illuminieren*]

il|lu|mi|nie|ren ⟨V.⟩ **1** festlich erleuchten **2** ausmalen (Stich, Druck) **3** mit Buchmalerei verzieren [<frz. *illuminer* »be-, erleuchten« <lat. *illuminare*]

Il|lu|mi|nie|rung ⟨f.; -, -en⟩ = Illumination (1)

Il|lu|si|on ⟨f.; -, -en⟩ **1** trüger. Hoffnung, Selbsttäuschung, idealisierte, falsche Vorstellung von der Wirklichkeit; *Ggs* Desillusion; *jmdm. die ~en rauben; sich ~en über jmdn. oder eine Sache hingeben; darüber mache ich mir keine ~en* **2** Vortäuschung von räumlicher Tiefe auf Bildern, im Theater od. Film mit den Mitteln der Perspektive; *Raum~; Tiefen~* **3** Täuschung durch ein Zauberkunststück **4** das Kunststück selbst [<lat. *illusio* »Ironie, Verspottung, Täuschung«]

il|lu|si|o|när ⟨Adj.⟩ auf einer Illusion beruhend

il|lu|si|o|nie|ren ⟨V.⟩ jmdm. etwas vormachen, mit Illusionen spielen od. arbeiten, in jmdm. Illusionen wecken

Il|lu|si|o|nis|mus ⟨m.; -; unz.⟩ philosophische Auffassung, dass Wahrheit, Schönheit usw. nur Illusion, Täuschung, Schein seien

Il|lu|si|o|nist ⟨m.; -en, -en⟩ **1** Vertreter, Anhänger des Illusionismus **2** jmd., der sich Illusionen hingibt, wirklichkeitsfremder Schwärmer, Träumer **3** Zauberkünstler

il|lu|si|o|nis|tisch ⟨Adj.⟩ **1** den Illusionismus betreffend, zu ihm gehörig, auf ihm beruhend **2** mit Hilfe der Perspektive, eine scheinbare Raum-, Tiefenwirkung hervorrufend

il|lu|so|risch ⟨Adj.⟩ **1** nur in der Illusion bestehend, eingebildet, trügerisch **2** hinfällig, vergeblich; *unsere Verabredung ist ~ geworden* erübrigt sich

il|lus|ter ⟨Adj.⟩ **1** glänzend, berühmt **2** vortrefflich, erlesen; *eine illustre Gesellschaft, Persönlichkeit* [<lat. *illustris* »erleuchtet, glänzend, berühmt« u. frz. *illustre* »hochberühmt«]

◆ Die Buchstabenfolge **il|lus|tr...** kann auch **il|lust|r...** getrennt werden.

◆ **Il|lus|tra|ti|on** ⟨f.; -, -en⟩ **1** Abbildung zu einem Text **2** ⟨unz.⟩ das Illustrieren, Illustrierung **3** ⟨unz.⟩ Veranschaulichung [<lat. *illustratio* »Erleuchtung, Erklärung (bes. durch Abbildungen)« u. frz. *illustration* »Abbildung«]

◆ **il|lus|tra|tiv** ⟨Adj.⟩ mit Hilfe von Illustrationen, veranschaulichend

◆ **Il|lus|tra|tor** ⟨m.; -s, -to|ren⟩ jmd., der etwas illustriert, bebildert hat

◆ **Il|lus|tra|to|rin** ⟨f.; -, -rin|nen⟩ weibl. Illustrator

◆ **il|lus|trie|ren** ⟨V.⟩ **1** mit Illustrationen versehen, bebildern; *ein Buch ~; illustrierte Zeitschrift* **2** veranschaulichen, erläutern; *Sachverhalte durch Beispiele ~* [<frz. *illustrer* »bebildern« <lat. *illustrare* »erleuchten, erhellen, anschaulich machen«]

◆ **Il|lus|trier|te** ⟨f. 2⟩ illustrierte Zeitschrift (häufig mit aufreißerischen Berichten)

◆ **Il|lus|trie|rung** ⟨f.; -, -en⟩ **1** das Illustrieren, Bebildern **2** Veranschaulichung, Erläuterung

Il|me|nit ⟨m.; -s, -e; Min.⟩ schwarzbraunes Eisentitanoxid, Mineral; *Sy* Titaneisen [nach der Gebirgskette *Ilmen* im Ural]

ILS ⟨Abk. für engl.⟩ Instrument Landing System, ein Navigationsverfahren für Flugzeuge, das eine Landung auch bei schlechten Sichtverhältnissen (nur durch Instrumentenanzeige) ermöglicht

im...[1], **Im...**[1] ⟨Vorsilbe⟩ = in...[1], In...[1]

im...[2], **Im...**[2] ⟨Vorsilbe⟩ = in...[2], In...[2]

I. M. ⟨Abk. für⟩ Ihre Majestät

Image ⟨[ɪmɪdʒ] n.; -, -s [-dʒɪz]⟩ **1** Leit-, Vorbild **2** Vorstellung von einer Persönlichkeit in der Öffentlichkeit [engl., »Bild« <lat. *imago*]

Image|re|place|ment ⟨[ɪmɪdʒrɪplɛɪs-] n.; -s, -s; EDV⟩ Ersetzen von Texten durch Bilder

ima|gi|na|bel ⟨Adj.⟩ erdenkbar, vorstellbar [<frz. *imaginable* »denkbar«]

ima|gi|när ⟨Adj.⟩ nur in der Vorstellung bestehend, scheinbar, eingebildet; *~e Zahl* ⟨Math.; Zeichen: i⟩ eine komplexe Zahl, die nicht real ist [<frz. *imaginaire* »nur vorgestellt«]

Ima|gi|na|ti|on ⟨f.; -, -en⟩ **1** Einbildung **2** Einbildungskraft, Vorstellungskraft [<lat. *imaginatio* »Einbildung, Vorstellung«]

ima|gi|na|tiv ⟨Adj.⟩ auf Imagination beruhend

ima|gi|nie|ren ⟨V.⟩ sich einbilden, sich vorstellen

Ima|go ⟨f.; -, -gi|nes; Zool.⟩ **1** erwachsenes geschlechtsreifes Insekt, Larve (1) **2** ⟨im antiken Rom⟩ wächserne Totenmaske von Vorfahren, die im Atrium des Hauses aufgestellt wurde **3** ⟨Psych.⟩ im Unterbewusstsein eingeprägtes Bild einer anderen Person [lat., »Bild«]

Imam ⟨m.; -s, -s od. -e⟩ **1** mohammedan. Vorbeter in der Moschee **2** geistl., auf Mohammed zurückgeführtes Oberhaupt der Schiiten **3** Ehrentitel für mohammedanische Gelehrte [arab., »Vorsteher«]

Iman ⟨n.; -s; unz.; im Islam⟩ Glaube [arab.]

im|be|zil ⟨Adj.; Med.⟩ leicht schwachsinnig; *oV* imbezill [<lat. *imbecillus* »haltlos, schwach«]

im|be|zill ⟨Adj.; Med.⟩ = imbezil

Im|be|zil|li|tät ⟨f.; -; unz.; Med.⟩ leichtere Form angeborenen Schwachsinns

Im|bi|bi|ti|on ⟨f.; -, -en⟩ Durchdringung fester Körper (tierischen od. pflanzl. Gewebes) mit Flüssigkeiten [<lat. *imbibitio* »Durchdringung«; zu *imbibere* »einsaugen«]

Im|bro|glio *auch:* **Im|brog|lio** ⟨[-brɔljo] n.; -s, -s od. -bro|gli [-lji]⟩ **1** ⟨Musik⟩ das Nebeneinander zweier od. mehrerer Stimmen in unterschiedlichem Rhythmus bei gleichem Taktbau **2** Verwirrung, Verwicklung, Unordnung [ital., »Verwicklung, Schwindel, Verlegenheit«]

I

Imid ⟨n.; -s, -e; Chemie⟩ anorgan. Verbindung, bei der die zweiwertige Gruppe =NH entweder an ein Metallatom gebunden ist oder als positiv geladener Bestandteil einer Verbindung auftritt; *Sy* Imidoverbindung [→ *Amid*]

Imi|do|ver|bin|dung ⟨f.; -, -en; Chemie⟩ = Imid

Imin ⟨n.; -s, -e; Chemie⟩ organ. Verbindung, die als reaktionsbestimmenden Molekülteil die zweiwertige Gruppe =NH enthält; *Sy* Iminoverbindung [→ *Amin*]

Imi|no|ver|bin|dung ⟨f.; -, -en; Chemie⟩ = Imin

Imi|tat ⟨n.; -(e)s, -e⟩ Nachbildung, Fälschung [→ *Imitation*]

Imi|tat|garn ⟨n.; -s, -e⟩ Baumwoll- od. Zellwollgarn mit wollähnlichem Aussehen [→ *imitieren*]

Imi|ta|ti|on ⟨f.; -, -en⟩ **1** Nachahmung; *die ~ eines Filmstars* **2** Fälschung **3** ⟨Musik⟩ Wiederholung eines Themas in gleicher (Kanon) od. anderer (Fuge) Tonhöhe [<lat. *imitatio* »Nachahmung«]

imi|ta|tiv ⟨Adj.⟩ auf Imitation beruhend, imitierend, nachahmend

Imi|ta|ti|vum ⟨[-vum] n.; -s, -ti|va [-va]; Gramm.⟩ Verb, das eine Nachahmung ausdrückt, z. B. roboten »arbeiten wie ein Roboter«, sächseln »reden wie ein Sachse«

Imi|ta|tor ⟨m.; -s, -to|ren⟩ jmd., der etwas imitieren kann, Nachahmer; *Tierstimmen~*

Imi|ta|to|rin ⟨f.; -, -rin|nen⟩ weibl. Person, die etwas imitieren kann, Nachahmerin

imi|ta|to|risch ⟨Adj.⟩ auf Imitation beruhend, als Imitation, in der Art eines Imitators

imi|tie|ren ⟨V.⟩ **1** nachahmen; *imitiert* nachgeahmt, unecht **2** ⟨Musik⟩ wiederholen; *ein Thema ~* [<lat. *imitari* »nachahmen«]

imi|tiert ⟨Adj.⟩ nachgeahmt, nachempfunden, künstlich, unecht [<lat. *imitari* »nachahmen«]

Im|ma|cu|la|ta ⟨f.; -; unz.⟩ die Unbefleckte, die unbefleckt Empfangene, (Bez. für) Maria; *~ Conceptio* unbefleckte Empfängnis (Marias durch ihre Mutter Anna) [<lat. *immaculata* »die Unbefleckte«; zu *macula* »Fleck« (verwandt mit *Makel*); lat. *conceptio* »Empfängnis«]

im|ma|nent ⟨Adj.⟩ **1** innerhalb der Grenzen der Erfahrung, der Erkenntnis bleibend; *Ggs* transzendent (1); *eine ~e Erfahrung, Erscheinung* **2** enthalten in, innewohnend [<lat. *immanens,* Part. Präs. zu *immanere* »innewohnen, anhaften«]

Im|ma|nenz ⟨f.; -; unz.⟩ Enthaltensein, Innewohnen, Zugehörigkeit; *Ggs* Transzendenz (1) [→ *immanent*]

im|ma|nie|ren ⟨V.⟩ innewohnen, enthalten sein, behaftet sein mit etwas [<lat. *immanere* »anhaften, innewohnen«]

Im|ma|te|ri|al|gü|ter|recht ⟨n.; -(e)s, -e; Rechtsw.⟩ Recht an geistigen Produkten, z. B. Patent-, Warenzeichen-, Urheberrecht

Im|ma|te|ri|a|lis|mus ⟨m.; -; unz.⟩ nach Berkeley die Auffassung, dass die Materie keine Realität habe, sondern nur Geistiges wirklich sei; *Ggs* Materialismus

Im|ma|te|ri|a|li|tät ⟨a. ['-------] f.; -; unz.⟩ stoffloses Dasein, Körperlosigkeit [→ *immateriell*]

im|ma|te|ri|ell ⟨a. ['-----] Adj.⟩ nicht stofflich, unkörperlich; *Ggs* materiell (2) [<frz. *immatériel* »unstofflich«]

Im|ma|tri|ku|la|ti|on *auch:* **Im|mat|ri|ku|la|ti|on** ⟨f.; -, -en⟩ Einschreibung in die Matrikel der Hochschule [→ *immatrikulieren*]

im|ma|tri|ku|lie|ren *auch:* **im|mat|ri|ku|lie|ren** ⟨V.⟩ in die Matrikel der Hochschule aufnehmen; *sich (an einer Hochschule) ~ lassen* [<*in...*[1] + *Matrikel*]

im|ma|tur ⟨Adj.; Med.⟩ unreif, nicht voll entwickelt (vom Fetus) [<lat. *immaturus*]

im|me|di|at ⟨Adj.⟩ unmittelbar (dem Staatsoberhaupt od. der obersten Behörde unterstehend) [<lat. *immediatus* »unvermittelt«]

im|me|di|a|ti|sie|ren ⟨V.⟩ reichsunmittelbar machen, dem König unmittelbar unterstellen

im|mens ⟨Adj.⟩ unermesslich (groß), unendlich [<lat. *immensus* »unermesslich«]

Im|men|si|tät ⟨f.; -; unz.⟩ Unermesslichkeit, Unendlichkeit [<lat. *immensitas* »Unermesslichkeit«]

im|men|su|ra|bel ⟨Adj.⟩ unmessbar; *Ggs* mensurabel [<lat. *immensurabilis* »unermesslich«]

Im|men|su|ra|bi|li|tät ⟨f.; -; unz.⟩ immensurable Beschaffenheit od. Größe, Unermesslichkeit

Im|mer|si|on ⟨f.; -, -en⟩ **1** Eintauchen, Untertauchen **2** ⟨Astron.⟩ Eintritt des Mondes in den Schatten eines Planeten **3** ⟨Physik⟩ Einbettung eines Körpers od. Stoffes in einen anderen Stoff, der gewisse erwünschte physikal. Eigenschaften hat **4** ⟨Med.⟩ Dauerbad **5** ⟨Geol.⟩ der höchste Stand des Meeres bei einem Vordringen auf das Festland [<lat. *immersio* »das Eintauchen«]

Im|mer|si|ons|mi|kro|skop *auch:* **Im|mer|si|ons|mik|ro|skop** ⟨n.; -s, -e⟩ Mikroskop, bei dem die Objekte in eine die Lichtbrechung ändernde Flüssigkeit gebettet sind

Im|mi|grant *auch:* **Im|mig|rant** ⟨m.; -en, -en⟩ Einwanderer; *Ggs* Emigrant (1) [zu lat. *immigrans,* Part. Präs. zu *immigrare* »einwandern«]

Im|mi|gran|tin *auch:* **Im|mig|ran|tin** ⟨f.; -, -tin|nen⟩ Einwanderin; *Ggs* Emigrantin (1)

Im|mi|gra|ti|on *auch:* **Im|mig|ra|ti|on** ⟨f.; -, -en⟩ Einwanderung; *Ggs* Emigration [<lat. *immigratio* »Einwanderung«]

im|mi|grie|ren *auch:* **im|mig|rie|ren** ⟨V.⟩ einwandern; *Ggs* emigrieren [<lat. *immigrare* »einwandern«]

im|mi|nent ⟨Adj.⟩ drohend, nahe bevorstehend [<lat. *imminens,* Part. Präs. zu *imminere* »hineintragen, drohen«]

Im|mis|si|on ⟨f.; -, -en⟩ **1** Amtseinsetzung, -einweisung **2** Einwirkung von Schadstoffen auf die Umwelt (als Folge von Emissionen) **3** ⟨Rechtsw.⟩ Einwirkung auf das benachbarte Grundstück; *~ durch Rauch, Geruch o. Ä.* [<lat. *immissio* »das Hineinlassen«; zu *immittere* »hineinsenden, hineinlassen«]

Im|mis|si|ons|kon|zen|tra|ti|on *auch:* **Im|mis|si|ons|kon|zent|ra|ti|on** ⟨f.; -, -en⟩ Dichte luftfremder od. gesundheitsschädl. Stoffe in der Atmosphäre

Im|mis|si|ons|schutz ⟨m.; -es; unz.⟩ (gesetzlicher) Schutz zur Vermeidung von umweltschädlichen Einwirkungen, Immissionen

Im|mis|si|ons|wert ⟨m.; -(e)s, -e⟩ behördlich festgelegter Grenzwert, bis zu dem luftfremde oder gesundheitsschädliche Stoffe in die Atmosphäre abgeleitet werden dürfen

im|mo|bil ⟨Adj.⟩ unbeweglich; *Ggs* mobil (1) [<lat. *immobilis* »unbeweglich«]

Im|mo|bi|li|en ⟨Pl.⟩ unbewegl. Besitz, Grundbesitz, Liegenschaften; *Ggs* Mobilien; *~händler* [→ *immobil*]

Im|mo|bi|li|en|sek|tor ⟨m.; -s, -en⟩ Bereich, der sich mit dem Kauf u. Verkauf von Immobilien beschäftigt

Im|mo|bi|li|sa|ti|on ⟨f.; -, -en; Med.⟩ das Ruhigstellen von Gliedmaßen, z. B. durch Gipsverbände

im|mo|bi|li|sie|ren ⟨V.⟩ **1** *bewegliche Güter ~* zu unbeweglichen Gütern machen **2** rechtlich wie eine Liegenschaft behandeln **3** *Gelenke, Glieder ~* ⟨Med.⟩ unbeweglich machen, ruhig stellen

Im|mo|bi|li|sie|rung ⟨f.; -, -en; Med.⟩ das Immobilisieren, Immobilisiertwerden

Im|mo|bi|lis|mus ⟨m.; -; unz.; geh.⟩ (geistige) Unbeweglichkeit, Unnachgiebigkeit, Eigensinn; *der ~ von politischen Parteien*

im|mo|ra|lisch ⟨Adj.; Philos.⟩ unmoralisch, unsittlich, sittenlos; *Ggs* moralisch (2) [<*in…*[2] + *moralisch*]

Im|mo|ra|lis|mus ⟨m.; -; unz.; Philos.⟩ Ablehnung der herkömmlichen sittlichen Grundsätze; *Ggs* Moralismus (2)

Im|mo|ra|list ⟨m.; -en, -en; Philos.⟩ *Ggs* Moralist (1) **1** Vertreter des Immoralismus **2** unsittlicher Mensch

Im|mo|ra|li|tät ⟨f.; -; unz.; Philos.⟩ Unmoral, Unsittlichkeit; *Ggs* Moralität (1)

im|mor|ta|li|sie|ren ⟨V.⟩ unsterblich machen, verewigen

Im|mor|ta|li|tät ⟨f.; -; unz.⟩ Unsterblichkeit; *Ggs* Mortalität (1) [<*In…*[2] + *Mortalität*]

Im|mor|tel|le ⟨f.; -, -n; Bot.⟩ Strohblume: Helychrysum bicteatum; *Rote ~* Kugelamarant [frz., Fem. zu *immortel* »unsterblich«]

im|mun ⟨Adj.⟩ **1** ⟨a. fig.⟩ unempfänglich (gegen Krankheitserreger); *dagegen bin ich ~* ⟨fig.⟩ das berührt, beeindruckt, beeinflusst mich nicht **2** Immunität (2) genießend, unantastbar [<lat. *immunis* »frei, unberührt, rein«; eigtl. »frei von Leistungen«]

Im|mun|ab|wehr ⟨f.; -; unz.; Med.⟩ Fähigkeit des Organismus, Antigene (körperfremde Substanzen) mit Hilfe des Immunsystems abzuwehren; *Gifte aus der Umwelt schwächen die ~*

Im|mun|bio|lo|gie ⟨f.; -; unz.⟩ Zweig der Biologie, der die Bedingungen der Immunisierung bei Lebewesen in physiolog. u. biochem. Hinsicht untersucht; *Sy* Immunologie

Im|mun|che|mie ⟨[-çe-] f.; -; unz.⟩ Teilgebiet der Immunologie, das sich mit den chemischen Vorgängen bei menschlichen u. tierischen Immunreaktionen befasst

Im|mun|glo|bu|lin ⟨n.; -s, -e; Biol.; Med.⟩ Protein des Blutplasmas mit Antikörperfunktion, dessen Bildung durch Antigene ausgelöst wird

im|mu|ni|sie|ren ⟨V.⟩ immun machen

Im|mu|ni|sie|rung ⟨f.; -, -en⟩ das Immunisieren, Immunisiertwerden

Im|mu|ni|tät ⟨f.; -; unz.⟩ **1** Unempfänglichkeit (gegen Krankheitserreger) **2** gesetzlicher Schutz für Parlamentsmitglieder u. Diplomaten vor Strafverfolgung [<lat. *immunitas* »Freisein (von Leistungen)«]

Im|mun|kör|per ⟨m.; -s, -⟩ = Antikörper

Im|mu|no|lo|ge ⟨m.; -en, -en; Med.⟩ Wissenschaftler auf dem Gebiet der Immunologie

Im|mu|no|lo|gie ⟨f.; -; unz.; Med.⟩ = Immunbiologie

Im|mu|no|lo|gin ⟨f.; -, -gin|nen; Med.⟩ Wissenschaftlerin auf dem Gebiet der Immunologie

im|mu|no|lo|gisch ⟨Adj.; Med.⟩ zur Immunologie gehörend, auf ihr beruhend, sie betreffend

Im|mu|no|sup|pres|si|on ⟨f.; -, -en; Med.⟩ Unterdrückung einer Abwehrreaktion des Immunsystems

Im|mun|sys|tem ⟨n.; -s; unz.; Biol.; Med.⟩ Abwehrsystem des Körpers gegen Krankheitserreger

imp. ⟨Abk. für lat.⟩ imprimatur

Imp. ⟨Abk. für lat.⟩ Imperator

Im|pact ⟨[-pækt] m.; -s, -s; Werbung⟩ bemerkenswerter Eindruck [engl., eigtl. »Aufprall«]

im|pair ⟨[ɛ̃pɛːr] Adj.; Roulett⟩ ungerade (von Zahlen); *Ggs* pair [frz.]

Im|pakt ⟨m.; -s, -e; Geol.⟩ Deformation der Erdoberfläche durch Meteoriteneinschlag [→ *Impact*]

Im|pa|ri|tät ⟨f.; -; unz.⟩ Ungleichheit; *Ggs* Parität [<*In…*[2] + *Parität*]

Im|pas|to ⟨n.; -s, -s od. -pas|ti; Mal.⟩ dicker Farbenauftrag [<ital. *pasta* »Teig«]

Im|peach|ment ⟨[ımpiːtʃmənt] n.; - od. -s, -s; in den USA⟩ öffentl. Anklage gegen einen hohen Staatsbeamten wegen eines Fehlverhaltens im Amt [engl.]

Im|pe|danz ⟨f.; -, -en; El.⟩ Scheinwiderstand beim Wechselstrom [zu lat. *impedire* »hindern, hemmen«]

Im|pe|danz|re|lais ⟨[-rəlɛː] n.; - [-lɛːs], - [-lɛːs]; El.⟩ = Distanzrelais

im|pe|ra|tiv ⟨Adj.; Gramm.⟩ Befehls…, zwingend, bindend

Im|pe|ra|tiv ⟨a. [---'-] m.; -s, -e [-və]⟩ **1** ⟨Gramm.⟩ Modus des Verbs, Befehlsform **2** ⟨Philos.; bei Kant; heute allg.⟩ *kategorischer ~* Pflichtgebot, moralische Forderung [<lat. *(modus) imperativus* »Befehlsform«]

im|pe|ra|ti|visch ⟨Adj.⟩ in der Form des Imperativs

Im|pe|ra|tiv|satz ⟨m.; -es, -sät|ze; Gramm.⟩ Satz, in dem das Verb im Imperativ steht, Befehlssatz

Im|pe|ra|tor ⟨m.; -s, -to|ren; röm. Titel für⟩ **1** Feldherr u. Kaiser

I

2 Herrscher; ~ *Rex* ⟨Abk.: I. R.⟩ Kaiser u. König [lat., »Gebieter, Feldherr, Kaiser«]

im|pe|ra|to|risch ⟨Adj.⟩ **1** den Imperator betreffend, in der Art eines Imperators **2** ⟨fig.⟩ gebieterisch

Im|pe|ra|trix *auch:* **Im|pe|rat|rix** ⟨f.; -, -tri|ces od. -tri|zes⟩ Kaiserin [lat., »Gebieterin, Herrscherin«]

Im|per|fekt ⟨n.; -s, -e; Gramm.⟩ = Präteritum [<lat. *imperfectum* »das Unvollendete«]

im|per|fek|tisch ⟨Adj.; Gramm.⟩ das Imperfekt betreffend, im Imperfekt gebildet

im|per|fek|tiv ⟨a. [---'-] Adj.; Gramm.⟩ **1** im Imperfekt (gebraucht od. stehend) **2** unvollendet; *~er Aspekt der russischen Verben*

im|per|fo|ra|bel ⟨Adj.⟩ nicht durchbohrbar

im|pe|ri|al ⟨Adj.⟩ **1** das Imperium, den Imperator betreffend, auf ihnen beruhend, ihnen gemäß **2** kaiserlich [<lat. *imperialis* »kaiserlich«; zu *imperator* »Kaiser« u. *imperium* »Befehl, Herrschaft, Staatsgewalt«]

Im|pe|ri|al ⟨n.; -s; unz.⟩ **1** veraltetes Papierformat, 57 x 78 cm **2** alte russische Goldmünze, 15 Rubel

Im|pe|ri|a|lis|mus ⟨m.; -; unz.; Politik⟩ Streben (eines Staates) nach Macht und Besitzerweiterung [<lat. *imperialis* »die Staatsgewalt betreffend, kaiserlich«; zu *imperium* »Befehl, Herrschaft, Staatsgewalt«]

Im|pe|ri|a|list ⟨m.; -en, -en; Politik⟩ Vertreter, Anhänger des Imperialismus

im|pe|ri|a|lis|tisch ⟨Adj.; Politik⟩ den Imperialismus betreffend, auf ihm beruhend

Im|pe|ri|um ⟨n.; -s, -ri|en⟩ Weltmacht, Weltreich, bes. das röm. Weltreich [lat., »Befehl, Herrschaft, Staatsgewalt«]

im|per|me|a|bel ⟨Adj.⟩ undurchlässig, undurchdringlich; *Ggs* permeabel [<*in...*[2] + *permeabel*]

Im|per|me|a|bi|li|tät ⟨f.; -; unz.⟩ Undurchdringlichkeit, Undurchlässigkeit; *Ggs* Permeabilität [→ *impermeabel*]

Im|per|so|na|le ⟨n.; -s, -li|en od. -na|lia; Gramm.⟩ unpersönl. Verb, Verb, das nur »es« als Subjekt haben kann, z. B. regnen [lat., Neutr. zu *impersonalis* »unpersönlich«]

im|per|ti|nent ⟨Adj.⟩ frech, ungehörig, unverschämt [<lat. *impertinens* »nicht dazugehörig« <*in...*[2] + *pertinere* »sich erstrecken, sich beziehen auf etwas«]

Im|per|ti|nenz ⟨f.; -; unz.⟩ impertinentes Verhalten, Unverschämtheit, Frechheit

im|per|zep|ti|bel ⟨Adj.; Philos.⟩ unbemerkbar, nicht wahrnehmbar [<*in...*[2] + *perzeptibel*]

im|pe|ti|gi|nös ⟨Adj.; Med.⟩ in der Art der Impetigo, borkig

Im|pe|ti|go ⟨f.; -; unz.; Med.⟩ Eiterflechte [lat., »Räude«]

im|pe|tu|o|so ⟨Musik⟩ stürmisch (zu spielen) [ital., »ungestüm, heftig, bewegt«]

Im|pe|tus ⟨m.; -; unz.⟩ Anstoß, heftiger Antrieb, Schwung, Ungestüm [lat., »Ungestüm, Anlauf, Angriff«]

Im|plan|tat ⟨n.; -(e)s, -e; Med.⟩ **1** implantiertes Gewebestück **2** Einsetzung von Zähnen in die leeren Alveolen; *oV* Implantation (3) [→ *implantieren*]

Im|plan|ta|ti|on ⟨f.; -, -en; Med.⟩ **1** Einpflanzung körperfremder Gewebe od. Stoffe in den Körper **2** die Einnistung des befruchteten Säugetiereies in die Uterusschleimhaut; *Sy* Nidation **3** = Implantat (2) [→ *implantieren*]

im|plan|tie|ren ⟨V.; Med.⟩ einpflanzen; *Gewebe, Organteil, Zähne* ~ [<*in...*[1] + lat. *plantare* »pflanzen«]

Im|plan|to|lo|gie ⟨f.; -; unz.; Med.⟩ Wissenschaft von den Möglichkeiten u. Techniken der Implantation

im|ple|men|tie|ren ⟨V.⟩ **1** ins Werk setzen, durchführen **2** einsetzen, einbauen, einführen [zu lat. *implere* »erfüllen, ergänzen«]

Im|ple|men|tie|rung ⟨f.; -, -en⟩ Durchführung, Ausführung

Im|pli|ka|ti|on ⟨f.; -, -en⟩ **1** das Implizieren, Einbeziehung einer Sache in eine andere **2** logische »wenn ... so«-Beziehung zwischen zwei Sachverhalten, von denen der eine den anderen in sich schließt od. schließen soll; *Sy* Subjunktion (1)

im|pli|zie|ren ⟨V.⟩ mit einschließen, einbeziehen, einbegreifen, mitmeinen [<lat. *implicare* »hineinwickeln«]

im|pli|zit ⟨Adj.⟩ **1** inbegriffen, mit einbezogen **2** mit enthalten, aber nicht ausdrücklich erwähnt [→ *implizite*]

im|pli|zi|te ⟨[-te:] Adv.⟩ inbegriffen, einschließlich; *Ggs* explizite [<lat. *implicite* »einbegriffen«; → *implizieren*]

im|plo|die|ren ⟨V.⟩ durch eine Implosion zerstört werden; *Ggs* explodieren

Im|plo|si|on ⟨f.; -, -en⟩ Zerstörung eines Hohlkörpers, in dem verringerter Luftdruck herrscht, durch Druck von außen; *Ggs* Explosion [<*In...*[1] + *Explosion*]

Im|plo|siv ⟨m.; -s, -e [-və]; Phon.; kurz für⟩ Implosivlaut

Im|plo|siv|laut ⟨m.; -(e)s, -e; Phon.⟩ Verschlusslaut, der nicht nasal gebildet wird u. bei dem sich der Verschluss nicht löst, z. B. das p in »Lippen«; *Sy* Implosiv [→ *Implosion*]

Im|plu|vi|um *auch:* **Imp|lu|vi|um** ⟨[-vi-] n.; -s, -vi|en od. -via [-vi-]; in altröm. Häusern⟩ in den Fußboden des Atriums eingelassenes Becken, das zum Auffangen des Regenwassers dient [lat., »Zisterne«; zu *pluvia* »Regen«]

im|pon|de|ra|bel ⟨Adj.⟩ unwägbar, unberechenbar; *Ggs* ponderabel

Im|pon|de|ra|bi|li|en ⟨Pl.⟩ unwägbare Einflüsse, Gefühle, Stimmungen von unberechenbarer Wirkung; *Ggs* Ponderabilien [<*in...*[2] + *ponderabel*]

Im|pon|de|ra|bi|li|tät ⟨f.; -; unz.⟩ Unwägbarkeit, Unberechenbarkeit

im|po|nie|ren ⟨V.⟩ *jmdm.* ~ großen Eindruck auf jmdn. machen, jmdm. Achtung od. Bewunderung einflößen; *ihre Leistung hat mir sehr imponiert* [<lat. *imponere* »auf(er)legen«]

Im|po|nier|ge|ha|be ⟨n.; -s; unz.⟩ selbstbewusstes Gehabe, das den Gegner od. Geschlechtspartner einschüchtern bzw. beeindrucken soll (bes. bei männl. Tieren)

Im|port ⟨m.; -(e)s, -e; Wirtsch.⟩ Einfuhr von Waren (aus dem Ausland); *Ggs* Export [engl., »Einfuhr«; zu lat. *importare* »hineintragen«]

Im|por|te ⟨f.; -, -n; meist Pl.; Wirtsch.⟩ **1** Einfuhrware; *Ggs* Exporte **2** ⟨bes.⟩ importierte Zigarre

Im|por|teur ⟨[-tø:r] m.; -s, -e; Wirtsch.⟩ Kaufmann, der Waren importiert, Einfuhrkaufmann; *Ggs* Exporteur [<*Import* + frz. Endung]

im|por|tie|ren ⟨V.; Wirtsch.⟩ (aus dem Ausland) einführen; *Ggs* exportieren; *Waren ~* [<lat. *importare* »hineintragen«]

im|por|tun ⟨Adj.; veraltet⟩ ungeeignet, ungelegen, lästig, beschwerlich; *Sy* inopportun; *Ggs* opportun [<lat. *importunus* »unbequem, widrig«]

im|po|sant ⟨Adj.⟩ mächtig, stattlich, groß u. eindrucksvoll (Gebäude, Gestalt) [frz., »großartig, eindrucksvoll«]

Im|po|sanz ⟨f.; -; unz.⟩ eindrucksvolle Größe, stattliche, mächtige Beschaffenheit; *ein Gebäude von besonderer ~*

Im|post ⟨m.; -s, -en; veraltet⟩ Warensteuer [zu lat. *impositus* »auferlegt«, Part. Perf. zu *imponere* »auferlegen«]

im|po|tent ⟨Adj.⟩ *Ggs* potent (2) **1** ⟨i. w. S.⟩ unfähig zum Geschlechtsverkehr (bei Männern) **2** ⟨i. e. S.⟩ unfruchtbar, zeugungsunfähig [<lat. *impotens* »ohne Macht, schwach«]

Im|po|tenz ⟨f.; -; unz.⟩ **1** Unfähigkeit (des Mannes) zum Geschlechtsverkehr: Impotentia coeundi; *Ggs* Potenz (1) **2** Unfruchtbarkeit des Mannes: Impotentia generandi; *Ggs* Potenz (2) **3** ⟨fig.⟩ Unvermögen, Schwäche

impr. ⟨Abk. für⟩ imprimatur

Im|prä|gna|ti|on *auch:* **Im|präg|na|ti|on** ⟨f.; -, -en⟩ **1** ⟨Geol.⟩ durch Eindringen von Lösungen in die Poren von Gesteinen entstandene feine Verteilung von Mineralien **2** ⟨Med.⟩ Befruchtung [→ *imprägnieren*]

im|prä|gnie|ren *auch:* **im|präg|nie|ren** ⟨V.⟩ mit Chemikalien als Schutzmittel tränken, um gegen äußere Einflüsse widerstandsfähig zu machen; *ein Holz gegen Fäulnis ~; ein imprägnierter Mantel* [<lat. *impraegnare* »schwängern«]

Im|prä|gnie|rung *auch:* **Im|präg|nie|rung** ⟨f.; -, -en⟩ **1** das Imprägnieren, Imprägniertwerden **2** durch Imprägnieren erreichter Zustand, Schutz

im|prak|ti|ka|bel ⟨Adj.⟩ undurchführbar, nicht anwendbar; *Ggs* praktikabel (2) [<frz. *impraticable* »undurchführbar«]

Im|pre|sa|rio ⟨m.; -s, -s od. -sa|ri⟩ Theater- u. Konzertunternehmer, jmd., der für einen Künstler Konzerte, Gastspiele usw. arrangiert, die Verträge für ihn vorbereitet u. für den reibungslosen Ablauf sorgt [ital., »Unternehmer«]

Im|pres|si|on ⟨f.; -, -en⟩ Eindruck, Empfindung, Sinneswahrnehmung [<lat. *impressio* »Eindruck der Erscheinungen auf die Seele« u. frz. *impression* »Eindruck«]

Im|pres|si|o|nis|mus ⟨m.; -; unz.⟩ **1** ⟨Mal.⟩ Ende des 19. Jh. in Frankreich entstandene Richtung der Malerei, die die Wirklichkeit so wiedergeben will, wie sie dem Künstler im Augenblick erscheint, gekennzeichnet durch feine Farbabstufungen u. verwischte Konturen **2** ⟨Lit.⟩ die Wiedergabe von subjekt. Eindrücken, Seelenregungen u. Stimmungen durch feinste Abstufungen des Ausdrucks u. verfeinerte Ausdrucksmittel (Lautmalerei, Bilder, Vergleiche usw.) **3** ⟨Musik⟩ Wiedergabe subjektiver Eindrücke u. Stimmungen durch differenzierte, von der ostasiat. Musik beeinflusste Harmonik

Im|pres|si|o|nist ⟨m.; -en, -en; Mal.⟩ Anhänger, Vertreter des Impressionismus

im|pres|si|o|nis|tisch ⟨Adj.; Mal.⟩ in der Art des Impressionismus, auf ihm beruhend, zu ihm gehörend

im|pres|siv ⟨Adj.; geh.⟩ beeindruckend [→ *Impression*]

Im|pres|sum ⟨n.; -s, -pres|sen⟩ **1** für Zeitungen u. Zeitschriften vorgeschriebener Vermerk mit dem Namen des verantwortl. Herausgebers, des Schriftleiters u. der Druckerei sowie Angaben über Erscheinungsweise, Verlagsort usw. **2** in Büchern Vermerk mit dem Copyright, Verlagsort u. meist Erscheinungsjahr, der Auflagenhöhe u. dem Namen der Druckerei [lat., Part. Perf. zu *imprimere* »hineindrücken«]

im|pri|ma|tur ⟨Abk.: imp., impr.⟩ es werde gedruckt, es darf, kann gedruckt werden (Vermerk des Auftraggebers einer Druckerei auf Korrekturabzügen); *Ggs* damnatur

Im|pri|ma|tur ⟨n.; -s; unz.⟩ Druckerlaubnis [lat., »es möge gedruckt werden«; zu *imprimere* »hineindrücken«]

Im|pri|mé ⟨[ɛ̃prime:] m.; -s, -s; schweiz.⟩ bedruckter Seidenstoff [frz., »gedruckt, bedruckt«]

im|pri|mie|ren ⟨V.⟩ das Imprimatur (für die korrigierten Druckbogen) erteilen

Im|print ⟨n. od. m.; -s, -s; Buchw.⟩ Verlag, der einem größeren Verlag angeschlossen ist [engl., eigtl. »Impressum«]

Im|promp|tu ⟨[ɛ̃prɔ̃ty:] n.; -s, -s⟩ **1** ⟨Lit.⟩ französ. Stegreifgedicht **2** ⟨Musik⟩ nach einem Einfall frei gestaltetes, der Improvisation ähnl. Musikstück, bes. für Klavier [frz., »improvisiert«]

Im|pro|vi|sa|teur ⟨[-vizatø:r] m.; -s, -e⟩ jmd., der (am Klavier) improvisiert [frz.]

Im|pro|vi|sa|ti|on ⟨[-vi-] f.; -, -en⟩ **1** unvorbereitete Handlung **2** etwas aus dem Stegreif Dargebotenes (Rede, Gedicht usw.) [<ital. *improvisazione*, frz. *improvisation* »Stegreifvortrag«; → *improvisieren*]

Im|pro|vi|sa|tor ⟨[-vi-] m.; -s, -to|ren⟩ jmd., der improvisiert

im|pro|vi|sa|to|risch ⟨[-vi-] Adj.⟩ in der Art einer Improvisation, die Improvisation betreffend, behelfsmäßig

im|pro|vi|sie|ren ⟨[-vi-] V.⟩ **1** ohne Vorbereitung tun **2** aus dem Stegreif vortragen **3** ⟨Theat.⟩ etwas sprechen, was nicht in der Rolle steht **4** ⟨Mus.⟩ während des Spiels Melodien entwickeln u. variieren [<ital. *improvvisare*, frz. *improviser* »aus

dem Stegreif sprechen, dichten oder singen«; zu lat. *improvisus* »nicht vorhergesehen, unvermutet«]

Im|pu̱ls ⟨m.; -es, -e⟩ **1** plötzl. Antrieb, Anstoß, Anregung **2** Augenblicksentschluss; *einen ~ geben* **3** ⟨Physik⟩ die Bewegungsgröße eines Körpers, das Produkt aus Masse u. Geschwindigkeit **4** Kraftstoß, Änderung der Bewegungsgröße bei einer kurzzeitig wirkenden Kraft (Schlag, Stoß) **5** kurzer elektr. Spannungs- od. Stromstoß [<lat. *impulsus* »angestoßen, angetrieben«, Part. Perf. zu *impellere* »anstoßen«]

Im|pu̱ls|echo|ver|fah|ren ⟨n.; -s; unz.; Technik⟩ Methode der zerstörungsfreien Werkstoffprüfung, die mit der Auswertung kurzer Ultraschallimpulse auf das zu untersuchende Werkstück arbeitet

Im|pu̱ls|ge|ne|ra|tor ⟨m.; -s, -en; Technik⟩ technische Vorrichtung zur Erzeugung elektrischer Impulse

im|pul|si̱v ⟨Adj.⟩ **1** durch einen Impuls veranlasst **2** einem Impuls folgend, rasch handelnd; *~ auf etwas reagieren*

Im|pul|si|vi|tä̱t ⟨[-vi-] f.; -; unz.⟩ impulsives Verhalten, impulsives Wesen

Im|pu̱ls|mo|du|la|ti|on ⟨f.; -, -en⟩ Modulationsverfahren für elektromagnet. Wellen, bei dem als Trägerfrequenz keine kontinuierliche Welle, sondern eine Folge hochfrequenter Impulse verwendet wird

Im|pu̱ls|tech|nik ⟨f.; -; unz.⟩ Teilgebiet der Elektrotechnik, das sich mit der Erzeugung u. Anwendung elektrischer Impulse befasst

Im|pu|ta|bi|li|tä̱t ⟨f.; -; unz.⟩ Unzurechnungsfähigkeit [<lat. *imputare* »zurechnen«]

Im|pu|ta|ti|o̱n ⟨f.; -, -en; veraltet⟩ **1** ⟨Theol.⟩ von Luther betonter Grundbegriff der christl. Gnadenlehre, nach der dem Sünder durch seinen Glauben die göttliche Gerechtigkeit zugesprochen wird **2** (ungerechtfertigte) Beschuldigung, Unterstellung [<lat. *imputatio* »Anrechnung, Zuschreibung«]

i̱n ⟨Adj.; präd.; umg.⟩ *~ sein* über alles Aktuelle, Modische Bescheid wissen, modern sein; *Ggs* out sein [engl., »in, innen, darin«]

in ⟨Abk. für⟩ Inch

In ⟨chem. Zeichen für⟩ Indium

in. ⟨Abk. für engl.⟩ inch

in...[1], **In...**[1] ⟨vor b, m, p⟩ im..., Im... ⟨vor l⟩ il..., Il... ⟨vor r⟩ ir..., Ir... ⟨Vorsilbe⟩ in hinein [lat.]

in...[2], **In...**[2] ⟨vor b, m, p⟩ im..., Im... ⟨vor l⟩ il..., Il... ⟨vor r⟩ ir..., Ir... ⟨Vorsilbe⟩ un..., nicht [lat.]

...in ⟨Nachsilbe⟩ **1** ⟨zur Bildung von Adj.⟩ *alpin; feminin* **2** ⟨zur Bildung sächl. Subst.⟩ *Benzin; Biotin; Nikotin* **3** ⟨zur Bildung männl. Subst.⟩ *Aventurin; Turmalin* [<lat. *...in(us)*]

in ab|se̱n|tia ⟨[-tsia]⟩ in Abwesenheit; *jmdn. ~ verurteilen* [lat.]

in ab|stra̱c|to *auch:* **in abs|tra̱c|to** von der Wirklichkeit abgesehen, rein begrifflich gedacht, im Allgemeinen; *Ggs* in concreto [lat.]

i̱n|ad|äquat ⟨Adj.⟩ nicht passend, unangemessen, nicht entsprechend; *Ggs* adäquat

I̱n|ad|äquat|heit ⟨f.; -, -en⟩ **1** ⟨unz.⟩ Unangemessenheit; *Ggs* Adäquatheit **2** Fall von Unangemessenheit; *die ~en dieses Beschwerdebriefes sind nicht akzeptabel*

in ae|te̱r|num auf ewig, für immer [lat.]

i̱n|ak|ku|rat ⟨Adj.⟩ flüchtig, ungenau, nachlässig; *Ggs* akkurat

i̱n|ak|tiv ⟨Adj.⟩ *Ggs* aktiv **1** nicht zur Teilnahme an den Veranstaltungen eines Vereins verpflichtet (Mitglied) **2** untätig, unwirksam im Ruhestand befindlich (Beamter, Offizier)

I̱n|ak|ti|ve(r) ⟨f. 2 (m. 1)⟩ nicht zur Teilnahme an den offiziellen Veranstaltungen verpflichtetes Mitglied einer studentischen Verbindung od. eines Vereins; *Ggs* Aktive(r)

in|ak|ti|vie|ren ⟨[-vi̱:-] V.⟩ *Ggs* aktivieren **1** unwirksam machen **2** in den Ruhestand versetzen

In|ak|ti|vi|tä̱t ⟨[-vi-] f.; -; unz.⟩ **1** Untätigkeit, Unwirksamkeit; *Ggs* Aktivität **2** Ruhestand

i̱n|ak|zep|ta|bel ⟨Adj.⟩ nicht annehmbar; *Ggs* akzeptabel; *eine inakzeptable Bedingung*

in|ali|e|na̱|bel ⟨[-alie-] Adj.⟩ unveräußerlich, unübertragbar [<frz. *inaliénable* <lat. *in* »nicht« + *alienare* »entfremden, entäußern«]

in|a̱n ⟨Adj.⟩ nichtig, leer, eitel [<lat. *inanis* »leer«]

In|a|ni|tä̱t ⟨f.; -; unz.⟩ inane Beschaffenheit

in|ap|pel|la̱|bel ⟨Adj.; Rechtsw.⟩ nicht anfechtbar (durch Berufung); *Ggs* appellabel; *ein inappelables Urteil*

I̱n|ap|pe|tenz ⟨f.; -; unz.; Med.⟩ fehlendes Verlangen [< *In...*[2] + *Appetenz*]

i̱n|ar|ti|ku|liert ⟨Adj.⟩ ohne Gliederung, undeutlich (ausgesprochen); *Ggs* artikuliert

In|au|gu|ral|dis|ser|ta|ti|on ⟨f.; -, -en⟩ wiss. Arbeit, um die Doktorwürde zu erlangen, Doktorarbeit [→ *inaugurieren*]

In|au|gu|ra|ti|o̱n ⟨f.; -, -en⟩ feierliche Einsetzung in ein akademisches Amt od. eine akademische Würde [<lat. *inauguratio* »Einweihung«]

in|au|gu|ri̱e|ren ⟨V.⟩ **1** in ein Amt einsetzen **2** feierlich einweihen **3** beginnen, einleiten [<lat. *inaugurare* »einweihen«]

in bre̱|vi in kurzem, bald [lat.]

inc. ⟨Abk. für⟩ incidit

Inc. ⟨Abk. für⟩ incorporated

I. N. C. ⟨Abk. für⟩ In Nomine Christi

In|cen|tive ⟨[ɪnsẹntɪv] m.; -s, -s⟩ **1** ⟨Wirtsch.⟩ Gratifikation od. Bonus, durch die bzw. den Mitarbeiter motiviert werden sollen **2** ⟨allg.⟩ Anreiz, eine bestimmte Tätigkeit auszuführen [engl., »Anreiz«]

Inch ⟨[ɪntʃ] m. od. n.; -, -es od. (bei Zahlenangaben) -; Abk.: in.; Zeichen: '⟩ engl. Längenmaß, Zoll, 2,54 cm [engl.]

in|cho|a|ti̱v ⟨[-ko-] Adj.; Gramm.⟩ den plötzlichen Beginn eines Vorgangs ausdrückend (von Verben); *Sy* ingressiv

In|cho|a|ti̱v ⟨[-ko-] n.; -s, -va [-va]; Gramm.⟩ den Beginn einer Handlung od. eines Vorgangs bezeichnendes Verb, z. B. erblühen, erröten, erwachen; *Sy* Ingressiv, Ingressivum [zu lat. *inchoare* »anfangen«]

in|chro|mie|ren ⟨[-kro-] V.⟩ gegen Korrosion schützen, indem man die Oberfläche mit Chrom anreichert; *Stahl* ~ [< *in...*¹ + *Chrom*]

in|ci|dit ⟨Abk.: inc.⟩ hat (es) geschnitten (auf alten Kupferstichen Vermerk vor od. hinter dem Namen des Künstlers) [lat.]

in|ci|pit ⟨Buchw.⟩ es beginnt (am Anfang alter Handschriften od. Drucke); *Ggs* explicit [lat.]

incl. ⟨Abk. für engl.⟩ inclusive (inklusive)

in con|cert ⟨[-kɔnsət] Popmusik⟩ in einem Konzert, öffentlich auftretend; *Lloyd Cole* ~ [engl.]

in con|cre|to ⟨geh.⟩ *Ggs* in abstracto **1** in Wirklichkeit **2** im Einzelfall, im Besonderen [lat.]

in con|tu|ma|ci|am ⟨Rechtsw.; nur in der Wendung⟩ ~; *verurteilen* in Abwesenheit [lat., »bei Widerspenstigkeit; gegen den Widerstand (des Beschuldigten, vor Gericht zu erscheinen)«]

in|cor|po|ra|ted ⟨[-kɔː(r)pərɛɪtɪd] Abk.: Inc.⟩ (im Handelsregister) eingetragen (Verein, Firma) [engl.-amerikan.]

in cor|po|re **1** insgesamt **2** alle gemeinsam, geschlossen, zusammen [lat., »in der Gesamtheit«]

In|cus ⟨m.; -, -cu|des [-deːs]; Anat.⟩ mittleres Gehörknöchelchen [lat., »Amboss«]

Ind. ⟨Abk. für⟩ **1** ⟨Gramm.⟩ Indikativ **2** Industrie

I. N. D. ⟨Abk. für lat.⟩ **1** in nomine Dei **2** in nomine Domini

Ind|a|min *auch:* **In|da|min** ⟨n.; -s, -e; Chemie⟩ sehr säureempfindlicher Teerfarbstoff mit grüner bis blauer Farbe [< *Indigo* + *Amin*]

Ind|an|thren® *auch:* **In|danth|ren**® ⟨n.; -s, -e⟩ licht- u. waschechter Farbstoff [< *Indigo* + *Anthrazen*]

in|de|fi|ni|bel ⟨Adj.⟩ nicht definierbar, unerklärlich [< *in...*² + lat. *definire* »bestimmen, begrenzen«]

in|de|fi|nit ⟨a. [---'-] Adj.; Gramm.⟩ unbestimmt; *~er Artikel* [→ *Indefinitum*]

In|de|fi|nit|pro|no|men ⟨n.; -s, - od. -mi|na; Gramm.⟩ Pronomen, das anstelle einer nicht genannten Person steht, unbestimmtes Fürwort, z. B. man, einem; *Sy* Indefinitum

In|de|fi|ni|tum ⟨n.; -s, -ni|ta; Gramm.⟩ = Indefinitpronomen [< lat. *indefinitum*, »das Unbestimmte«; zu *definire* »bestimmen, abgrenzen«]

in|de|kli|na|bel ⟨Adj.⟩ nicht deklinierbar, nicht beugungsfähig; *Ggs* deklinabel

In|dem|ni|sa|ti|on ⟨f.; -, -en⟩ Vergütung, Entschädigung [→ *indemnisieren*]

in|dem|ni|sie|ren ⟨V.⟩ vergüten, entschädigen [< lat. *indemnis* »schadlos, verlustlos«]

In|dem|ni|tät ⟨f.; -; unz.⟩ **1** Straffreiheit **2** nachträgl. Zustimmung der Volksvertretung zu einer verfassungswidrigen Maßnahme der Regierung [< lat. *indemnitas* »Schadlosigkeit«]

In|dent|ge|schäft ⟨n.; -(e)s, -e⟩ überseeisches Warengeschäft, bei dem ein Lieferant den Vertrag erst dann als bindend ansieht, wenn er selbst zu angemessenen Bedingungen einkaufen kann [zu lat. *indentare* »einzähnen, einkerben«, < *in...* »hinein...« + *dens* »Zahn«]

In|de|pen|dent ⟨m.; -en, -en⟩ Angehöriger einer Strömung der Puritaner in England im 17. Jh., die die Unabhängigkeit der Einzelgemeinden forderten [engl., »unabhängig«]

In|de|pen|denz ⟨f.; -; unz.⟩ Unabhängigkeit; *Ggs* Dependenz (1) [< *In...*² + lat. *dependere* »herabhängen, abhängig sein«]

in|de|ter|mi|na|bel ⟨a. [----'--] Adj.⟩ unbestimmbar; *ein indeterminabler Begriff*

In|de|ter|mi|na|ti|on ⟨a. ['-------] f.; -; unz.⟩ **1** ⟨Philos.⟩ Unbestimmtheit **2** Unentschlossenheit [< *In...*² + *determinatio* »Abgrenzung«]

in|de|ter|mi|niert ⟨a. ['-----] Adj.⟩ **1** unbestimmt, nicht festgelegt, frei **2** unentschlossen [< *in...*² + lat. *determinare* »abgrenzen«]

In|de|ter|mi|nis|mus ⟨m.; -; unz.⟩ Lehre, dass der Mensch in seinem Handeln nicht zwingend von Ursachen bestimmt wird, sondern ein gewisses Maß an Willensfreiheit besitzt; *Ggs* Determinismus

In|dex ⟨m.; -es od. -, -e od. -di|ces od. -di|zes⟩ **1** Namen-, Sach-, Stichwortverzeichnis, Register; *ein Wort im ~ nachschlagen, suchen* **2** ⟨kurz für⟩ *~ librorum prohibitorum* Verzeichnis der von der katholischen Kirche verbotenen Schriften; *ein Buch auf den ~ setzen* **3** tiefgestellte Ziffer verschiedener Funktionen, z. B. L_2 **4** zur Verbesserung der Übersichtlichkeit von Statistiken meist mit 100 gleichgesetzte Zahl, auf die die übrigen Werte einer Reihe bezogen werden, Maßzahl, Messziffer; *Sy* Indexzahl, Indexziffer, Relativzahl [lat., »Register, Verzeichnis«]

in|de|xie|ren ⟨V.⟩ *etwas* ~ einen Index zu etwas anlegen

In|de|xie|rung ⟨f.; -, -en⟩ **1** das Indexieren **2** ⟨EDV⟩ Verfahren der Kennzeichnung, bei dem einem Dokument bestimmte vorher festgelegte beschreibende Elemente zugeordnet werden **3** Menge dieser zugeordneten Elemente eines Dokuments

In|dex|klau|sel ⟨f.; -, -n; Wirtsch.⟩ Wertsicherungsklausel, die einen Schuldbetrag bis zu seiner Zahlung an mögliche Erhöhungen bestimmter Preisindizes koppelt

In|dex|wäh|rung ⟨f.; -, -en; Wirtsch.⟩ Währungssystem, das sein Fundament nicht in einer von Wertmetallvorräten repräsentierten Geldmenge, sondern in Warenmengen bzw. -preisen hat u. sowohl der Stabilität des Geldwertes als auch dem Erhalt der Kaufkraft dient

In|dex|zahl ⟨f.; -, -en⟩ = Index (4)

In|dex|zif|fer ⟨f.; -, -n⟩ = Index (4)

in|de|zent ⟨Adj.⟩ unschicklich, unfein, unanständig; *Ggs* dezent

In|de|zenz ⟨f.; -; unz.⟩ Unschicklichkeit; *Ggs* Dezenz

In|di|a|ca ⟨a. [--'--] n.; - od. -s; unz.; Sport⟩ Mannschaftsspiel indianischen Ursprungs für 1-6 Spieler pro Team, bei dem eine Indiaca mit der flachen Hand über ein Netz geschlagen wird [span.]

I

In|di|a|ca® ⟨a. [--'--] f.; -, -s; Sport⟩ kegelförmiger, mit Federn besetzter Lederball, der beim Indiaca verwendet wird [span.]

In|di|a|na|po|lis|start ⟨m.; -(e)s, -s; Sport⟩ fliegender Start bei Autorennen nach einer Einlaufrunde ab der Startlinie [nach der amerikan. Stadt *Indianapolis,* in der jährl. Autorennen auf einer 4 km langen Rennstrecke stattfinden]

In|di|a|ner ⟨m.; -s, -⟩ Ureinwohner von Amerika (außer den Inuit) [zu lat. *Indianus,* eigtl. »indisch«]

In|di|a|ne|rin ⟨f.; -, -rin|nen⟩ weibl. Indianer

in|di|a|nisch ⟨Adj.⟩ die Indianer betreffend, zu ihnen gehörig, von ihnen stammend

In|di|a|nist ⟨m.; -en, -en⟩ Wissenschaftler, Forscher auf dem Gebiet der Indianistik

In|di|a|nis|tik ⟨f.; -; unz.⟩ Wissenschaft von den Sprachen u. Kulturen der Indianer

In|di|a|nis|tin ⟨f.; -, -tin|nen⟩ weibl. Indianist

In|di|ces ⟨Pl.⟩ = Indizes

In|di|enne ⟨[ɪndiẹn] od. frz. [ɛ̃djẹn] f.; -; unz.; Textilw.⟩ indisches Baumwollgewebe [frz., Fem. zu *indien* »indisch«]

in|dif|fe|rent ⟨Adj.⟩ **1** auf keinen Reiz ansprechend, unbestimmt **2** gleichgültig, teilnahmslos [<*in...*[2] + lat. *differens,* Part. Präs. zu *differe* »sich unterscheiden«]

In|dif|fe|ren|tis|mus ⟨m.; -; unz.⟩ Gleichgültigkeit, Teilnahmslosigkeit, Verzicht auf Stellungnahme, auf keinen Reiz hin ansprechendes Verhalten

In|dif|fe|renz ⟨f.; -; unz.⟩ **1** Unbestimmtheit **2** Gleichgültigkeit, Wirkungslosigkeit [→ *indifferent*]

in|di|gen ⟨Adj.⟩ eingeboren, einheimisch [<lat. *indigena*]

In|di|ge|nat ⟨n.; -(e)s, -e⟩ Staatsangehörigkeit, Heimat-, Bürgerrecht [→ *indigen*]

In|di|ges|ti|on ⟨f.; -, -en⟩ Verdauungsstörung [<*In...*[2] + *Digestion*]

In|di|gna|ti|on *auch:* **In|dig|na|ti|on** ⟨f.; -; unz.⟩ Unwille, Entrüstung [<lat. *indignatio*]

in|di|gnie|ren *auch:* **in|dig|nie|ren** ⟨V.⟩ Unwillen, Entrüstung erregen [<lat. *indignari* »unwillig, entrüstet sein«]

in|di|gniert *auch:* **in|dig|niert** ⟨Adj.⟩ entrüstet, peinlich berührt

In|di|gni|tät *auch:* **In|dig|ni|tät** ⟨f.; -; unz.⟩ **1** ⟨Rechtsw.⟩ Erbunwürdigkeit **2** ⟨veraltet⟩ Unwürdigkeit

In|di|go ⟨n. od. m.; -s; unz.⟩ ältester blauer, lichtechter Küpenfarbstoff, der aus verschiedenen trop. Pflanzen gewonnen wird [span. <lat. *indicum* <grch. *indikon* »das Indische«]

In|di|go|lith ⟨m.; -s od. -en, -e od. -en; Min.⟩ Mineral, sehr seltener, blauer Turmalin [<*Indigo* + *...lith*]

In|di|go|tin ⟨n.; -s; unz.; Chemie⟩ durch chem. Einwirkung von Schwefelsäure auf Indigo gewonnener blauer, wasserlöslicher Farbstoff

In|di|ka|ti|on ⟨f.; -, -en; Med.⟩ **1** Anzeichen, Merkmal, Heilanzeige, aus der Diagnose sich ergebende Veranlassung, ein bestimmtes Heilverfahren anzuwenden **2** (gesetzlicher) Grund, einen Schwangerschaftsabbruch durchzuführen; *soziale, medizinische* ~ [<lat. *indicatio* »Anzeige, Aussage«]

In|di|ka|ti|ons|mo|dell ⟨n.; -s; unz.; Med.⟩ Modell zur Freigabe eines medizinisch od. ethisch motivierten Schwangerschaftsabbruchs innerhalb einer gesetzlich festgelegten Frist [→ *Indikation*]

In|di|ka|tiv ⟨m.; -s, -e [-və]; Abk.: Ind.; Gramm.⟩ Wirklichkeitsform des Verbs, z. B. ich gehe, er schläft [<lat. *(modus) indicativus* »anzeigende Form« <*modus* »Art, Form« + *indicare* »anzeigen«]

in|di|ka|ti|visch ⟨Adj.; Gramm.⟩ im Indikativ (stehend)

In|di|ka|tor ⟨m.; -s, -to|ren⟩ **1** Stoff, der durch Farbänderung anzeigt, ob eine Lösung alkalisch, neutral od. sauer reagiert **2** Instrument zum Messen des Druckverlaufs von Dampf, Gas od. Flüssigkeiten in einem Zylinder [<lat. *indicator* »Anzeiger«]

In|di|ka|tor|pa|pier ⟨n.; -s, -e⟩ mit einem Indikator getränktes Papier zum Bestimmen des Säure- od. Basengrades einer Lösung

In|di|ka|trix *auch:* **In|di|kat|rix** ⟨f.; -; unz.⟩ bei Kartennetzentwürfen Maß zur Feststellung der Verzerrung, die dadurch entsteht, dass Kreise auf der Erdoberfläche auf der Karte als Ellipsen abgebildet werden, Verzerrungsellipse [<lat. *indicatrix,* Fem. zu *indicator* »Anzeiger«]

In|dik|ti|on ⟨f.; -, -en⟩ **1** Ansage, Ankündigung **2** kirchl. Aufgebot **3** Zyklus von 15 Jahren, sog. Römerzinszahl, seit dem 4. Jh. n. Chr. für die Datierung verwendet [<lat. *indictio* »Ankündigung«]

In|dio ⟨m.; -s, -s⟩ mittel- u. südamerikan. Indianer [span.]

in|di|rekt ⟨Adj.⟩ *Ggs* direkt **1** auf Umwegen **2** mittelbar, abhängig; *~e Beleuchtung* B. mit unsichtbarer (verdeckter) Lichtquelle; *~er Druck* D. von einer Form mit seitenrichtigem Bild auf einen Gummizylinder, der das seitenverkehrte Motiv seitenrichtig auf den Druckträger überträgt; *~e Rede* ⟨Gramm.⟩ nichtwörtliche R.; *Sy* Oratio obliqua; *Ggs* direkte Rede; *~e Steuer* vom Staat erhobener Aufschlag auf bestimmte Waren *(z. B. Getränke-, Tabak-, Umsatzsteuer, Zölle);~e Wahl* W. durch Mittelspersonen

in|dis|kret ⟨Adj.⟩ *Ggs* diskret (1) **1** nicht verschwiegen **2** neugierig, taktlos

In|dis|kre|ti|on ⟨f.; -, -en⟩ *Ggs* Diskretion **1** Mangel an Verschwiegenheit **2** Neugierde, Taktlosigkeit; *eine ~ begehen*

in|dis|ku|ta|bel ⟨Adj.⟩ keiner Erörterung wert, nicht in Frage kommend; *Ggs* diskutabel

in|dis|pen|sa|bel ⟨Adj.⟩ unerlässlich; *Ggs* dispensabel [<frz. *indispensable*]

in|dis|po|ni|bel ⟨Adj.⟩ nicht verwendbar, nicht verfügbar; *Ggs* disponibel

in|dis|po|niert ⟨Adj.⟩ unpässlich, nicht gut aufgelegt, in schlechter Verfassung (bes. stimmlich); *Ggs* disponiert (1)

In|dis|po|niert|heit ⟨a. [-—'--] f.; -,

-en⟩ Unpässlichkeit, schlechte Verfassung
In|dis|po|si|ti|on ⟨f.; -, -en⟩ Unpässlichkeit, Verstimmung, schlechte (stimml.) Verfassung
in|dis|pu|ta|bel ⟨Adj.⟩ unbestreitbar, unstreitig; *Ggs* disputabel; *indisputable Ergebnisse*
In|dis|zi|plin *auch:* **In|dis|zip|lin** ⟨f.; -; unz.⟩ Mangel an Disziplin, Zuchtlosigkeit; *Ggs* Disziplin (1)
in|dis|zi|pli|niert *auch:* **in|dis|zip|li|niert** ⟨Adj.⟩ zuchtlos, durch Mangel an Disziplin gekennzeichnet
In|di|um ⟨n.; -s; unz.; chem. Zeichen: In⟩ chem. Element, silberweißes, sehr weiches Metall, Ordnungszahl 49 [→ *Indigo;* nach den charakteristischen *indigo*blauen Spektrallinien des Metalls]
in|di|vi|du|al..., In|di|vi|du|al... ⟨[-vi-] in Zus.⟩ das Individuum, das Einzelwesen betreffend
In|di|vi|du|al|di|a|gno|se *auch:* **In|di|vi|du|al|di|ag|no|se** ⟨[-vi-] f.; -, -n⟩ Verfahren zur Einschätzung der individuellen Persönlichkeit mit Hilfe von psychologischen Tests
In|di|vi|du|al|dis|tanz ⟨f.; -, -en; Verhaltensforschung⟩ Abstand, den zwei Tiere einer Art zueinander einhalten
In|di|vi|du|a|li|sa|ti|on ⟨[-vi-] f.; -, -en⟩ Sonderung im Einzelnen, Betrachtung od. Behandlung des Einzelwesens, Vereinzelung; *Ggs* Generalisation
in|di|vi|du|a|li|sie|ren ⟨[-vi-] V.⟩ *Ggs* generalisieren **1** Allgemeines in Einzelnes sondern **2** (den Menschen) als Einzelwesen betrachten, behandeln **3** (dem Einzelfall) gerecht werden
In|di|vi|du|a|li|sie|rung ⟨[-vi-] f.; -, -en⟩ = Individualisation
In|di|vi|du|a|lis|mus ⟨[-vi-] m.; -; unz.⟩ **1** Lehre, die dem Einzelwesen in der Gemeinschaft den Vorrang gibt **2** Betonung der Interessen des Einzelnen **3** Vertretung der eigenen Interessen
In|di|vi|du|a|list ⟨[-vi-] m.; -en, -en⟩ **1** Anhänger des Individualismus **2** Einzelgänger
In|di|vi|du|a|lis|tin ⟨[-vi-] f.; -, -tinnen⟩ weibl. Individualist
in|di|vi|du|a|lis|tisch ⟨[-vi-] Adj.⟩ auf dem Individualismus beruhend, ihm entsprechend
In|di|vi|du|a|li|tät ⟨[-vi-] f.; -, -en⟩ **1** ⟨unz.⟩ Gesamtheit der Eigenarten des Einzelwesens **2** ⟨zählb.⟩ das durch eigenes Gepräge gekennzeichnete Einzelwesen
In|di|vi|du|al|psy|cho|lo|gie ⟨[-vi-] f.; -; unz.⟩ psychologische Untersuchung u. Erforschung des Menschen in seiner individuellen Besonderheit im Unterschied zur Kollektiv- od. Völkerpsychologie
in|di|vi|du|al|psy|cho|lo|gisch ⟨[-vi-] Adj.⟩ zur Individualpsychologie gehörend, auf ihr beruhend, sie betreffend
In|di|vi|du|a|ti|on ⟨[-vi-] f.; -, -en⟩ **1** ⟨Philos.⟩ Vereinzelung, Herausbildung, Heraussonderung des Einzelnen aus dem Allgemeinen **2** ⟨Psych.⟩ die Entwicklung zur Individualität [<lat. *individuus* »unteilbar«; → *Individuum*]
in|di|vi|du|ell ⟨[-vi-] Adj.⟩ **1** das Individuum betreffend, zu ihm gehörig **2** eigentümlich, der Eigenart des Einzelnen entsprechend, persönlich; *~e Bedienung, Behandlung; das ist ~ verschieden* [<frz. *individuel*]
in|di|vi|du|ie|ren ⟨[-vi-] V.⟩ ein individuelles Persönlichkeitsprofil ausbilden
In|di|vi|du|ie|rung ⟨[-vi-] f.; -, -en; Psych.⟩ das Individuieren, Prozess der Selbsterkenntnis u. Abgrenzung der eigenen Persönlichkeit von anderen; *Sy* Individuation
In|di|vi|du|um ⟨[-vi:-] n.; -s, -duen⟩ **1** das Einzelwesen, der einzelne Mensch in seiner Besonderheit, im Verhältnis zur Gemeinschaft **2** ⟨umg.; verächtl.⟩ unbekannte Person, Lump; *ein verdächtiges ~* [<lat. *individuus* »unteilbar« <*in...* »nicht« + *dividere* »teilen«]
In|diz ⟨n.; -es, -di|zi|en⟩ *oV* Indizium **1** Tatsache, die auf das Vorhandensein einer anderen schließen lässt **2** Tatsache, die eine Straftat nicht unmittelbar erweist, aber auf diese schließen lässt [<lat. *indicium* »Anzeichen, Beweis«]
In|di|zes ⟨Pl. von⟩ Index; *oV* Indices
in|di|zi|ell ⟨Adj.; Rechtsw.⟩ auf Indizien beruhend, sie betreffend
In|di|zi|en|be|weis ⟨m.; -es, -e; Rechtsw.⟩ Beweis aufgrund von Indizien
In|di|zi|en|pro|zess ⟨m.; -es, -e; Rechtsw.⟩ Prozess, der nur auf der Grundlage von Indizien geführt wird
in|di|zie|ren ⟨V.⟩ **1** anzeigen, hinweisen auf **2** auf den Index (2) setzen [→ *Indiz, Index*]
in|di|ziert ⟨Adj.⟩ **1** angezeigt, ratsam, Veranlassung gebend **2** eine bestimmte Heilbehandlung veranlassend **3** *~e Leistung* Leistung einer Maschine im Innern, z. B. im Kolben einer Verbrennungskraftmaschine; *Ggs* effektive Leistung
In|di|zie|rung ⟨f.; -, -en⟩ das Indizieren, Indiziertwerden
In|di|zi|um ⟨n.; -s, -zi|en⟩ = Indiz
in|do|arisch ⟨Adj.⟩ die Indoarier betreffend, von ihnen stammend; *~e Sprachen* die Sprachen der etwa um 1500 v. Chr. in Indien eingewanderten Arier (alt-, mittel- u. neuindische Sprachen)
in|do|eu|ro|pä|isch ⟨Adj.⟩ von den Indoeuropäern stammend, zu ihnen gehörig; *~e Sprachen* indogerman. Sprachen [Bez., mit der man der geograf. Verbreitung ihrer Träger, von den Indern bis zu den Kelten in Nordwesteuropa gerecht werden wollte]
In|do|ger|ma|ne ⟨m.; -n, -n⟩ Angehöriger der Völker, deren Sprachen zur indogerman. Sprachfamilie gehören
in|do|ger|ma|nisch ⟨Adj.; Abk.: idg.; Sprachw.⟩ zu den Indogermanen gehörig, von ihnen stammend; *~e Sprachen* aus einer nicht überlieferten Ursprache entstandene, von Indien über Westasien bis Europa verbreitete Sprachfamilie
In|do|ger|ma|nist ⟨m.; -en, -en⟩ Wissenschaftler auf dem Gebiet der Indogermanistik
In|do|ger|ma|nis|tik ⟨f.; -; unz.⟩ sprachvergleichende Wissenschaft von den indogerman. Sprachen

I

In|do|ger|ma|nis|tin ⟨f.; -, -tin|nen⟩ weibl. Indogermanist

In|dok|tri|na|ti|on *auch:* **In|dokt|ri|na|ti|on** ⟨f.; -; unz.⟩ das Indoktrinieren, das Indoktriniertwerden

in|dok|tri|na|tiv *auch:* **in|dokt|ri|na|tiv** ⟨Adj.; geh.⟩ auf indoktrinierende Art, auf Indoktrination beruhend, mit dem Ziel der Indoktrination; *eine ~e Rede*

in|dok|tri|nie|ren *auch:* **in|dokt|ri|nie|ren** ⟨V.⟩ ideologisch durchdringen, beeinflussen; *jmdm. eine Meinung ~* [<*in...*[1] + *Doktrin*]

In|dok|tri|nie|rung *auch:* **In|dokt|ri|nie|rung** ⟨f.; -, -en⟩ das Indoktrinieren, das Indoktriniertwerden

I

In|dol ⟨n.; -s; unz.; Chemie⟩ eine heterocyclische Verbindung, Abkömmling des Benzols, natürliches Vorkommen in äther. Ölen

in|do|lent ⟨a. [--'-] Adj.⟩ **1** gleichgültig, träge **2** ⟨Med.⟩ unempfindlich (gegen Schmerz) [<lat. *indolens*]

In|do|lenz ⟨a. [--'-] f.; -; unz.⟩ indolentes Verhalten [<lat. *indolentia*]

In|do|lo|ge ⟨m.; -n, -n⟩ Forscher, Wissenschaftler auf dem Gebiet der Indologie

In|do|lo|gie ⟨f.; -; unz.⟩ Wissenschaft von den ind. Sprachen u. Kulturen [<lat. *India* »Indien« + *...logie*]

In|do|lo|gin ⟨f.; -, -gin|nen⟩ Forscherin, Wissenschaftlerin auf dem Gebiet der Indologie

in|door ⟨[-dɔ:(r)] Adv.⟩ in geschlossenen Räumen, in der Halle, drinnen; *Ggs* outdoor [engl.]

In|door... ⟨[-dɔ:r] in Zus.⟩ in geschlossenen Räumen ausgetragene Betätigung, vor allem sportlicher Natur; *Ggs* Outdoor...; *Indoorfußball; Indoortennis* [<engl. *indoor* »Haus..., Zimmer..., Hallen...«]

In|door|fuß|ball ⟨[-dɔ:r-] m.; -(e)s; unz.; Sport⟩ in einer Halle gespielter Fußball mit flexiblen, vom Feldfußball abweichenden Regeln hinsichtlich Spielerzahl, Spielfeldgröße u. Bandenfunktion, Hallenfußball [→ *Indoor...*]

In|do|phe|nol ⟨n.; -s; unz.; Chemie⟩ Farbstoff für die Farbfotografie [<*Indigo* + *Phenol*]

in|dos|sa|bel ⟨Adj.⟩ durch Indossament übertragbar

In|dos|sa|ment ⟨n.; -(e)s, -e⟩ **1** Übertragung der Rechte an einem Wechsel o. Ä. an einen anderen; *Sy* Indossierung **2** der Übertragungsvermerk selbst; *Sy* Indosso, Giro (3) [→ *indossieren*]

In|dos|sant ⟨m.; -en, -en⟩ = Girant [→ *indossieren*]

In|dos|sat ⟨m.; -en, -en⟩ = Girat

In|dos|sa|tar ⟨m.; -s, -e⟩ = Girat

In|dos|sent ⟨m.; -en, -en⟩ = Girant

in|dos|sier|bar ⟨Adj.⟩ = indossabel

in|dos|sie|ren ⟨V.⟩ *einen Wechsel ~* die Rechte an einem Wechsel o. Ä. auf jmdn. übertragen [<ital. *indossare* <*in* »in, auf« + *dosso* »Rücken«]

In|dos|sie|rung ⟨f.; -, -en⟩ = Indossament (1)

In|dos|so ⟨n.; -s, -s od. -dos|si⟩ = Indossament (2)

in du|bio ⟨Rechtsw.⟩ im Zweifelsfall; *~ pro reo* im Zweifelsfall (ist) für den Angeklagten (zu entscheiden) [lat.]

In|duk|tanz ⟨f.; -; unz.; El.⟩ induktiver Widerstand einer im Wechselstromkreis liegenden Spule [zu lat. *inducere* »hineinleiten«]

In|duk|ti|on ⟨f.; -, -en⟩ **1** ⟨Philos.⟩ Schlussfolgerung vom Besonderen, vom Einzelfall auf das Allgemeine; *Sy* Epagoge; *Ggs* Deduktion **2** *vollständige ~* ⟨Math.⟩ Beweisverfahren mit dem Ziel, eine von einer Anzahl n abhängige Beziehung B_n auch für die Anzahl n + 1 als gültig zu erweisen, Schluss von n auf n + 1 **3** ⟨El.⟩ Verknüpfung zeitlich veränderlicher elektrischer u. magnetischer Felder, die durch Bewegen eines elektrischen Leiters in einem Magnetfeld entstehen [<lat. *inductio* »das Hineinführen«; zu *inducere* »hineinführen«]

In|duk|ti|ons|ap|pa|rat ⟨m.; -(e)s, -e⟩ = Funkeninduktor

In|duk|ti|ons|herd ⟨m.; -(e)s, -e⟩ Herd, bei dem die Wärme im Topfboden mit Hilfe elektromagnet. Felder erzeugt wird

In|duk|ti|ons|ma|schi|ne ⟨f.; -, -n⟩ = Funkeninduktor

In|duk|ti|ons|ofen ⟨m.; -s, -öfen⟩ Industrieofen, in dem die für chem. Prozesse benötigte Wärme induktiv durch elektrischen Strom erzeugt wird

In|duk|ti|ons|strom ⟨m.; -(e)s; unz.⟩ durch Induktion hervorgerufener Strom

in|duk|tiv ⟨Adj.⟩ **1** ⟨Philos.⟩ aus Induktion gewonnen; *Sy* epagogisch; *Ggs* deduktiv **2** durch elektr. Induktion entstehend; *~er Widerstand* durch ständigen Auf- u. Abbau des Magnetfeldes bedingter W. im Wechselstromkreis

In|duk|ti|vi|tät ⟨[-vi-] f.; -; unz.; Zeichen: l⟩ physikal. Größe, die die Größe einer Induktion angibt

In|duk|tor ⟨m.; -s, -to|ren⟩ Funkeninduktor [<lat. *inductor* »Einführer«]

in dul|ci ju|bi|lo **1** Anfang eines Weihnachtsliedes mit dt. u. lat. Text **2** ⟨fig.⟩ herrlich u. in Freuden [mlat., »in süßem Jubel«]

in|dul|gent ⟨Adj.⟩ nachsichtig, milde [<lat. *indulgens*, Part. Präs. zu *indulgere* »Nachsicht üben«]

In|dul|genz ⟨f.; -, -en⟩ **1** Nachsicht, Milde **2** Straferlass **3** Ablass [<lat. *indulgentia*]

In|dult ⟨m. od. n.; -(e)s, -e⟩ **1** Nachsicht, Stundung, Frist **2** Vergünstigung, Erlass [<lat. *indultum*, Part. Perf. zu *indulgere* »Nachsicht üben«]

in du|plo *auch:* **in dup|lo** doppelt, in zweifacher Ausfertigung [lat.]

In|du|ra|ti|on ⟨f.; -, -en; Med.⟩ Verhärtung von Gewebe infolge bindegewebiger Durchwachsung u. Bindegewebsvermehrung [<lat. *induratio* <*in...* »hinein...« + *durus* »hart«]

in|du|rie|ren ⟨V.; Med.⟩ sich verhärten (von Muskeln od. Geweben) [<lat. *indurare* »sich verhärten, hart werden«]

In|du|si ⟨f.; -; unz.; Kurzwort für⟩ induktive Zugsicherung, ein Überwachungsverfahren für Eisenbahnzüge, das auf der Auslösung von Induktionserscheinungen in zwischen den Gleisen verlegten Leiterschleifen beruht (bremst bei Nichtbeachtung von Haltesignalen den Zug automatisch)

Indusium ⟨n.; -s, -sien; Bot.⟩ häutiger Auswuchs des Farnblattes, der die Sporenbehälter überdeckt [lat., »Überkleid, Bast der Pflanzen«]

> ♦ Die Buchstabenfolge **industr...** kann auch **industr...** getrennt werden.

♦ **Industrial Design** ⟨[ɪndʌstrɪəl dizaɪn] n.; - -s, - -s⟩ Formgebung, ästhetische Gestaltung industriell gefertigter Waren [engl., »industrielle Gestaltung«]

♦ **Industrial Engineering** ⟨[ɪndʌstrɪəl ɛndʒɪniːrɪŋ] n.; - -s; unz.⟩ Erforschung der Rationalisierung und Verbesserung von Arbeitsplätzen in der industriellen Fertigung; *Sy* Engineering [engl.]

♦ **industrialisieren** ⟨V.⟩ *ein Land* ~ in einem Land die Industrie entwickeln, industrielle Herstellungsmethoden einführen

♦ **Industrialisierung** ⟨f.; -; unz.⟩ das Industrialisieren, die Expansion industrieller Fertigungsmethoden u. -stätten

♦ **Industrialismus** ⟨m.; -; unz.⟩ Vorherrschen der Industrie in der Wirtschaft eines Landes

> **Industrie** (*Worttrennung am Zeilenende*) Folgen mehr als zwei Konsonanten auf einen Vokal, so wird der letzte Konsonant abgetrennt oder die Worttrennung erfolgt nach Sprechsilben (→*a.* Illustration).

♦ **Industrie** ⟨f.; -, -n⟩ **1** Herstellung großer Mengen gleichartiger Waren mit techn. Mitteln u. aufgrund von Arbeitsteilung in Großbetrieben od. in Heimarbeit; *Fabrik~; Heim~; Haus~* **2** Gesamtheit der Fabrikbetriebe; *Metall~, Textil~; chemische, einheimische, keramische, weiterverarbeitende ~* [frz. <lat. *industria* »Fleiß, Betriebsamkeit«]

♦ **Industrieholding** ⟨f.; -, -s; Wirtsch.⟩ Gesellschaft, die sich mit der Verwaltung von Geschäftsanteilen (bes. Aktien) anderer Firmen befasst u. sie dadurch kontrolliert

♦ **Industriekonzern** ⟨m.; -s, -e⟩ Zusammenschluss mehrerer industrieller Unternehmen unter einer gemeinsamen Leitung

♦ **industriell** ⟨Adj.⟩ die Industrie betreffend, zur Industrie gehörig, mit Hilfe der Industrie (hergestellt); *~e Revolution* Übergang von der Manufaktur zur maschinellen Industrie innerhalb eines Staates

♦ **Industrielle(r)** ⟨f. 2 (m. 1)⟩ Inhaber(in) eines Industriebetriebes

♦ **Industriestaat** ⟨m.; -(e)s, -en⟩ Staat, dessen Wirtschaft überwiegend auf Industrie beruht; *Ggs* Agrarstaat

induzieren ⟨V.⟩ **1** ⟨Philos.⟩ durch Induktion (1) schließen; *Ggs* deduzieren **2** durch Induktion (3) erzeugen; *elektrischen Strom ~* [<lat. *inducere* »hineinführen, hineinleiten«]

Ineditum ⟨n.; -s, -edita⟩ noch nicht veröffentlichte Schrift [lat.]

ineffektiv ⟨Adj.⟩ unwirksam, nutzlos; *Ggs* effektiv

in effigie ⟨[-gie:]⟩ bildlich; *jmdn. ~ hinrichten* ⟨früher⟩ am Bilde des Entflohenen (das Urteil vollstrecken) [lat., »im Abbild«]

ineffizient ⟨Adj.⟩ *Ggs* effizient **1** unwirksam, nicht leistungsfähig **2** unwirtschaftlich; *eine ~e Arbeitsweise*

Ineffizienz ⟨f.; -; unz.⟩ *Ggs* Effizienz **1** Unwirksamkeit, mangelnde Leistungsfähigkeit **2** Unwirtschaftlichkeit

inegal ⟨a. [-'-] Adj.⟩ ungleich, ungleichmäßig [<frz. *inégal*]

inert ⟨Adj.⟩ untätig, träge; *~e Stoffe* S., die keine Reaktion miteinander eingehen [<frz. *inerte* »regungslos, leblos« <lat. *iners* »unfähig, untätig«]

Inertialsystem ⟨n.; -s, -e; Physik⟩ Bezugssystem, in dem die von Newton formulierten Axiome für die Bewegung von Massenpunkten gelten [<lat. *inertia* »Trägheit«]

Inertie ⟨f.; -; unz.⟩ Trägheit (von Körperorganen) [→ *inert*]

inessentiell ⟨Adj.⟩ = inessenziell

inessenziell ⟨Adj.⟩ unwesentlich; *oV* inessentiell; *Ggs* essenziell

inexakt ⟨Adj.⟩ *Ggs* exakt (1) **1** ungenau **2** unordentlich, nachlässig

inexistent ⟨Adj.⟩ nicht vorhanden; *Ggs* existent [lat.]

Inexistenz ⟨f.; -; unz.⟩ **1** Nichtvorhandensein; *Ggs* Existenz **2** Existenz einer Sache in einer anderen

inexplosibel ⟨Adj.⟩ nicht explodierend, nicht explosiv; *Ggs* explosibel; *ein inexplosibler Stoff*

in extenso ⟨geh.⟩ ausführlich, vollständig [lat., »in ausgedehnter (Weise)«]

in extremis *auch:* **in extremis** in den letzten Zügen (liegend) [lat., »in den Äußersten, in den Letzten«]

I

Inf. ⟨Abk. für⟩ **1** Infinitiv **2** Infanterie

in facto ⟨geh.⟩ in Wirklichkeit [lat.]

infallibel ⟨Adj.⟩ unfehlbar [<lat. *infallibilis* »unfehlbar« <lat. *in...* »un..., nicht« + *fallere* »täuschen«]

Infallibilität ⟨f.; -; unz.⟩ Unfehlbarkeit (des Papstes)

infam ⟨Adj.⟩ niederträchtig, abscheulich [<lat. *infamis* »verrufen«]

Infamie ⟨f.; -, -n⟩ **1** ⟨unz.⟩ Niederträchtigkeit **2** ⟨zählb.⟩ niederträchtige Handlung [<lat. *infamia* »übler Ruf, Schande«]

Infant ⟨m.; -en, -en; in Spanien u. Portugal Titel für⟩ Thronfolger [<span. *infante* <lat. *infans* »kleines Kind«]

Infanterie ⟨f.; -, -n; Abk.: Inf.⟩ zu Fuß kämpfende Truppe, die den größten Teil eines Heeres ausmacht, Fußtruppe [<ital. *infanteria*, Kollektivbildung zu *infante* »Fußsoldat«]

Infanterieregiment ⟨n.; -(e)s, -er; Mil.⟩ Regiment der Infanterie

Infanterist ⟨m.; -en, -en⟩ Soldat der Infanterie

infanteristisch ⟨Adj.⟩ zur Infanterie gehörig, sie betreffend

infantil ⟨Adj.⟩ **1** kindisch **2** zurückgeblieben, unentwickelt, unreif; *ein ~es Verhalten* [<lat.

infantilis »kindlich«; zu *infans* »Kind«]

in|fan|ti|li|sie|ren ⟨V.⟩ wie ein Kind behandeln, bevormunden, unselbstständig machen

In|fan|ti|li|sie|rung ⟨f.; -; unz.⟩ das Infantilisieren, das Infantilwerden

In|fan|ti|lis|mus ⟨m.; -; unz.⟩ Verharren der körperl., seel. u. geistigen Entwicklung auf kindl. Stufe

In|fan|ti|li|tät ⟨f.; -; unz.⟩ Kindlichkeit, kindisches Wesen, Zurückgebliebensein, Unreife

In|fan|tin ⟨f.; -, -tin|nen; in Spanien u. Portugal Titel für⟩ Thronfolgerin

In|farkt ⟨m.; -(e)s, -e; Med.⟩ durch Unterbrechung der Blutversorgung abgestorbenes Gewebe eines begrenzten Organteils [<neulat. *infarctus* <lat. *infartus,* Part. Perf. zu *infarcire* »hineinstopfen«]

in|faust ⟨Adj.⟩ aussichtslos, ungünstig (bezüglich des Verlaufs einer Krankheit) [<lat. *infaustus* »unheilvoll, unglücklich«]

In|fekt ⟨m.; -(e)s, -e; Med.⟩ **1** vollzogene Ansteckung **2** ansteckende Krankheit **3** = Infektion [<lat. *infectum,* Part. Perf. zu *inficere* »vergiften, verderben, anstecken«]

In|fek|ti|on ⟨f.; -, -en; Med.⟩ Ansteckung, Übertragung von Krankheitserregern; →*a.* Invasion (3) [<lat. *infectio;* zu *inficere* »vergiften, verderben, anstecken«]

in|fek|ti|ös ⟨Adj.; Med.⟩ ansteckend, mit Krankheitserregern behaftet [→ *Infekt*]

In|fek|ti|o|si|tät ⟨f.; -; unz.; Med.⟩ Ansteckungsfähigkeit

In|fel ⟨f.; -, -n⟩ = Inful

In|fe|renz ⟨f.; -, -en⟩ Wissen, das durch logische Schlussfolgerungen gewonnen wurde [<lat. *inferre* »einbringen, folgern«]

in|fe|ri|or ⟨Adj.⟩ **1** untergeordnet **2** unterlegen **3** minderwertig [lat., »niedriger, geringer«]

In|fe|ri|o|ri|tät ⟨f.; -; unz.⟩ *Ggs* Superiorität **1** das Untergeordnetsein **2** Unterlegenheit **3** Minderwertigkeit

in|fer|nal ⟨Adj.; selten⟩ *oV* infernalisch **1** höllisch, teuflisch **2** ⟨umg.⟩ unerträglich; *~er Gestank* [<lat. *infernum* »das Untere, Unterwelt«]

in|fer|na|lisch ⟨Adj.; selten⟩ = infernal

In|fer|no ⟨n.; -s; unz.⟩ Hölle, Unterwelt [ital., »Hölle« <lat. *infernum* »das Untere, Unterwelt«]

in|fer|til ⟨a. ['---] Adj.⟩ unfruchtbar, zeugungsunfähig; *Ggs* fertil; →*a.* steril

In|fer|ti|li|tät ⟨a. ['-----] f.; -; unz.⟩ Unfähigkeit, eine Schwangerschaft bis zur Geburt eines lebensfähigen Kindes auszutragen; *Ggs* Fertilität; →*a.* Sterilität (4)

In|fi|bu|la|ti|on ⟨f.; -, -en⟩ nordostafrikanische Sitte, bei Mädchen als Keuschheitszeichen die Schamlippen zu vernähen [zu lat. *infibulatus* »zugeklammert«]

In|fight ⟨[ınfaıt] n.; - od. -s, -s; Sport; Boxen⟩ = Infighting

In|figh|ting ⟨[ınfaıtıŋ] n.; -s, -s; Sport; Boxen⟩ Nahkampf; *oV* Infight [engl.]

in|fi|gie|ren ⟨V.; Gramm.⟩ mit einem Infix versehen; *infigierte Wortstämme* [→ *Infix*]

In|fil|trat *auch:* **In|filt|rat** ⟨n.; -(e)s, -e⟩ durch Infiltration in Gewebe eingedrungene Substanz [→ *infiltrieren*]

In|fil|tra|ti|on *auch:* **In|filt|ra|ti|on** ⟨f.; -, -en⟩ **1** ⟨Med.⟩ das Eindringen von Gewebeteilen, Zellen od. Flüssigkeiten in anderes Gewebe, wo es normalerweise nicht hingehört **2** (ideologische) Unterwanderung [→ *infiltrieren*]

in|fil|tra|tiv *auch:* **in|filt|ra|tiv** ⟨Adj.⟩ **1** sich in der Art einer Infiltration ausbreitend **2** wie eine Infiltration wirkend, auf Infiltration abzielend

in|fil|trie|ren *auch:* **in|filt|rie|ren** ⟨V.⟩ **1** eindringen, einsickern **2** einflößen **3** ⟨Med.⟩ eine Infiltration (1) hervorrufen in, bei [<*in...*[1] + *filtrieren*]

In|fil|trie|rung *auch:* **In|filt|rie|rung** ⟨f.; -, -en⟩ das Infiltrieren, Infiltriertwerden

in|fi|nit ⟨a. [--'-] Adj.; Gramm.⟩ im Hinblick auf Person u. Numerus unbestimmt; *Ggs* finit; *~es Verb; ~e Verbalform* nicht konjugierte Verbalform, z. B. Infinitiv, Partizip; *Sy* Verbum infinitum [→ *Infinitum*]

in|fi|ni|te|si|mal ⟨Adj.⟩ ins Kleinste, unendlich Kleine gehend [<*infinit* + *...esim...,* nach lat. z. B. *vicesimus* »der zwanzigste« + *...mal,* nach dezi*mal*]

In|fi|ni|te|si|mal|rech|nung ⟨f.; -; unz.; Math.; Sammelbez. für⟩ Differenzial- u. Integralrechnung

In|fi|ni|tis|mus ⟨m.; -; unz.; Philos.⟩ Lehre von der Unendlichkeit des Raumes u. der Zeit

In|fi|ni|tiv ⟨a. [---'-] m.; -s, -e [-və]; Abk.: Inf.; Gramm.⟩ Grundform des Verbs, Nennform, z. B. »gehen« [<lat. *(modus) infinitivus* »nicht näher bestimmte Zeitwortform« <*modus* »Art, Form« + *finire* »bestimmen, begrenzen«]

In|fi|ni|tiv|kon|junk|ti|on ⟨f.; -, -en; Gramm.⟩ Konjunktion, mit der infinite Verben angebunden werden können, z. B. »zu«, »um zu«, »anstatt zu«

In|fi|ni|tum ⟨n.; -s, -ni|ta⟩ Unendlichkeit, das Unendliche; →*a.* ad infinitum [lat., »unbegrenzt« <*in...* »nicht« + *finire* »begrenzen«]

In|fir|mi|tät ⟨f.; -; unz.⟩ Gebrechlichkeit [<lat. *infirmitas* »Schwäche«]

In|fix ⟨a. ['--] n.; -es, -e; Gramm.⟩ in den Wortstamm eingefügtes Bildungsglied, z. B. das »n« in lat. frango »ich zerbreche«, gegenüber fractus »zerbrochen« [<lat. *infixus,* Part. Perf. zu *infigere* »hineinheften«]

in|fi|zie|ren ⟨V.⟩ anstecken, (eine Krankheit) übertragen, mit Krankheitserregern verseuchen [<lat. *inficere* »vergiften, anstecken«, eigtl. »hineintun«]

in fla|gran|ti *auch:* **in flag|ran|ti** ⟨Adv.⟩ auf frischer Tat; *jmdn. ~ ertappen* [lat., »im brennenden (Zustand)«]

in|flam|ma|bel ⟨Adj.⟩ entzündbar; *ein inflammabler Stoff* [<lat. *inflammare* »an-, entzünden«]

In|flam|ma|bi|li|tät ⟨f.; -; unz.; geh.⟩ Brennbarkeit, Entzündbarkeit; *die Imprägnierung senkt die ~ des Teppichbodens* [→ *inflammabel*]

In|flam|ma|ti|on ⟨f.; -, -en; Med.⟩ Entzündung [→ *inflammabel*]

in|flam|mie|ren ⟨V.⟩ entflammen, begeistern

in|fla|tie|ren ⟨V.; Wirtsch.⟩ durch Inflation entwerten, in die Inflation treiben

In|fla|ti|on ⟨f.; -, -en; Wirtsch.⟩ starke Ausweitung des Geldumlaufs ohne entsprechende Erhöhung der Produktion, Geldentwertung; *Ggs* Deflation [<lat. *inflatio* »Anschwellung, Aufblähung«]

in|fla|ti|o|när ⟨Adj.; Wirtsch.⟩ die Inflation betreffend, auf ihr beruhend, sie bewirkend; *Sy* inflationistisch, inflatorisch; *Ggs* deflationär

in|fla|ti|o|nie|ren ⟨V.; Wirtsch.⟩ durch Inflation entwerten; *Ggs* deflationieren

In|fla|ti|o|nie|rung ⟨f.; -, -en; Wirtsch.; selten⟩ das Inflationieren

In|fla|ti|o|nis|mus ⟨m.; -; unz.; Wirtsch.⟩ wirtschaftspolitische Position, die eine schleichende Inflation toleriert, wenn dadurch die Vollbeschäftigung aufrechterhalten werden kann

in|fla|ti|o|nis|tisch ⟨Adj.; Wirtsch.⟩ = inflationär; *Ggs* deflationistisch

In|fla|ti|ons|ra|te ⟨f.; -, -n; Wirtsch.⟩ Prozentsatz, um den eine Währung durch Inflation entwertet wird

in|fla|to|risch ⟨Adj.; Wirtsch.⟩ = inflationär; *Ggs* deflatorisch

in|fle|xi|bel ⟨Adj.⟩ *Ggs* flexibel **1** nicht biegbar, nicht biegsam, unveränderlich **2** ⟨Gramm.⟩ nicht flektierbar **3** ⟨allg.⟩ *inflexibles Verhalten* starres, nicht zu Kompromissen bereites Verhalten

In|fle|xi|bi|le ⟨n.; -, -bi|lia; Gramm.⟩ nicht flektierbares Wort, z. B. schon, immer

In|fle|xi|bi|li|tät ⟨f.; -; unz.⟩ *Ggs* Flexibilität **1** Unbiegsamkeit, Starrheit **2** ⟨Gramm.⟩ Unbeugbarkeit

In|flo|res|zenz ⟨f.; -, -en⟩ Blütenstand [<lat. *inflorescere* »anfangen zu blühen«; zu *flos,* Gen. *floris* »Blume, Blüte«]

in flo|ri|bus wohlauf, im Wohlleben, im Überfluss [lat., »in Blüten«]

In|flu|enz ⟨f.; -, -en⟩ **1** Einfluss, Einwirkung **2** Trennung der Ladungen eines ursprüngl. neutralen Körpers durch die Einwirkung eines elektrischen Feldes [zu lat. *influere* »hineinfließen«]

In|flu|en|za ⟨f.; -; unz.; Med.⟩ = echte Grippe [ital., »Beeinflussung, Einfluss (der Sterne, nach einem Aberglauben)«]

In|fo[1] ⟨n.; -s, -s; umg.; kurz für⟩ Informationsblatt, -schrift

In|fo[2] ⟨f.; -, -s; umg.; kurz für⟩ **1** Information (1) **2** Informationsstand, Auskunftsstelle

In|fo|eli|te ⟨f.; -, -n; umg.; Soziol.⟩ durch intensive Nutzung der verschiedensten Medienquellen (z. B. Zeitung, Fernsehen, Internet usw.) ständig umfassend informierte gesellschaftliche Gruppe

In|fo|line ⟨[-laın] f.; -, -s⟩ Telefonservice von Firmen, Institutionen u. Initiativen, bei dem sich Anrufer über Produkte, Aufgaben od. Ziele eines Anbieters informieren können; →*a.* Hotline [verkürzt <engl. *info*rmation »Auskunft, Information« + telephone *line* »Telefonverbindung«]

In|fo|mo|bil ⟨a. [---'-] n.; -s, -e; umg.⟩ zum mobilen Informationsstand ausgebautes großräumiges Fahrzeug od. Bus, mit dem Organisationen u. Institutionen für ihre Projekte werben od. über ihre Leistungen u. Angebote informieren [<*Inf*ormation + Auto*mobil*]

in|for|mal ⟨Adj.⟩ spontan, zwanglos, keiner vorgegeben Form folgend [engl.]

In|for|mand ⟨m.; -en, -en⟩ jmd., der von einem bzw. einer anderen zu informieren ist

In|for|man|din ⟨f.; -, -din|nen⟩ weibl. Person, die von einer bzw. einem anderen zu informieren ist

In|for|mant ⟨m.; -en, -en⟩ jmd., der einen anderen bzw. eine andere informiert

In|for|man|tin ⟨f.; -, -tin|nen⟩ weibl. Person, die eine andere bzw. einen anderen informiert

In|for|ma|tik ⟨f.; -; unz.⟩ **1** mathematische Lehre, die sich mit den Gesetzen bei der Übermittlung, Verarbeitung u. Wiedergewinnung von Informationen befasst; →*a.* Informationstheorie **2** Wissenschaft u. Technik zur Entwicklung u. zur Anwendung von Anlagen der EDV, Computerwissenschaft

In|for|ma|ti|ker ⟨m.; -s, -⟩ mit der Informatik beschäftiger Wissenschaftler, Techniker

In|for|ma|ti|ke|rin ⟨f.; -, -rin|nen⟩ mit der Informatik beschäftigte Wissenschaftlerin, Technikerin

In|for|ma|ti|on ⟨f.; -, -en⟩ **1** Auskunft, Nachricht, Aufklärung; *~en einholen, erhalten; jmdm. eine ~ (über jmdn. od. etwas) geben* **2** ⟨Kyb.⟩ Einwirkung eines dynamischen Systems auf ein anderes, mit dem es gekoppelt ist, wobei Nachrichten über Zustände u. Vorgänge ausgetauscht werden [<lat. *informatio* »Formung, Bildung durch Unterweisung«]

in|for|ma|ti|o|nell ⟨Adj.⟩ Informationen betreffend

In|for|ma|ti|ons|ma|nage|ment ⟨[-mænıdʒ-] n.; -s, -s; Wirtsch.⟩ Auswertung u. Koordination einer breiten Palette unterschiedl. Informationsquellen (Internet, TV, Zeitschriften etc.) u. Steuerung der Weiterverwendung der eingegangenen Informationsfülle

In|for|ma|ti|ons|sys|tem ⟨n.; -s, -e⟩ System, das mit der Gewinnung, Beschaffung, Verarbeitung u. Speicherung von Informationen beschäftigt ist

In|for|ma|ti|ons|tech|no|lo|gie ⟨f.; -; unz.; Abk.: IT⟩ elektron. Datenverarbeitung mit dem Ziel, Vorgänge zu automatisieren u. die Kommunikation zw. einzelnen Bereichen zu verbessern

In|for|ma|ti|ons|theo|rie ⟨f.; -; unz.⟩ Lehre über die quantitativen Zusammenhänge bei Übertragung, Speicherung u. Empfang von Informationen; →*a.* Informatik

in|for|ma|tiv ⟨Adj.⟩ eine Information, Informationen enthaltend; *ein ~er Bericht, Artikel*

In|for|ma|tor ⟨m.; -s, -to|ren⟩ jmd., der Informationen gibt

in|for|ma|to|risch ⟨Adj.⟩ Information bezweckend, aufklärend, belehrend

In|for|mel ⟨[ɛ̃fɔrmɛl] n.; -; unz.; Kunst⟩ = informelle Malerei [frz.; verkürzt <*art informel* »nicht formale Kunst«]

in|for|mell ⟨a. [--'-] Adj.⟩ nicht formell, ohne Formalitäten; *Ggs* formell; *~e Gruppe* Gruppe, deren Zusammengehörigkeit durch zufällige Gemeinsamkeiten bewirkt wird, z. B. Wohnungsnachbarschaft; *~e Malerei* ⟨Kunst⟩ frei von geometr. u. kompositor. Regeln arbeitende Richtung der Malerei; *Sy* Informel

in|for|mie|ren ⟨V.⟩ **1** *jmdn. ~* jmdm. Auskunft erteilen, jmdn. benachrichtigen **2** aufklären, belehren; *sich über etwas ~* sich unterrichten, Erkundigungen einziehen [<lat. *informare* »formen, eine Gestalt geben, durch Unterweisung bilden« <*in…* »hinein…« + *forma* »Gestalt«]

In|fo|tain|ment ⟨[-tɛɪn-] n.; -s; unz.; Rundfunk; TV⟩ Verbindung von informativen u. unterhaltenden Beiträgen; →*a.* Edutainment [verkürzt <engl. *information* »Information« + enter*tainment* »Unterhaltung«]

> ◆ Die Buchstabenfolge **in|fra…** kann auch **inf|ra…** getrennt werden. Davon ausgenommen sind Zusammensetzungen, in denen die fremdsprachigen bzw. sprachhistorischen Bestandteile deutlich als solche erkennbar sind, z. B. *-fraktion* (→*a.* Refraktion).

◆ **in|fra…, In|fra…** ⟨Vorsilbe⟩ unterhalb [lat.]

◆ **In|frak|ti|on** ⟨f.; -, -en; Med.⟩ unvollständiger Knochenbruch, bei dem im Unterschied zur Fraktur der Knochen nicht durch-, sondern nur angebrochen ist

◆ **in|fra|rot** ⟨Adj.⟩ zum Bereich des Infrarots gehörend; *Sy* ultrarot

◆ **In|fra|rot** ⟨n.; -s; unz.⟩ die nicht sichtbare Wärmestrahlung, die sich im Spektrum mit steigender Wellenlänge an das Gebiet des roten Lichts anschließt; *Sy* Ultrarot

◆ **In|fra|rot|as|tro|no|mie** *auch:* **In|fra|rot|ast|ro|no|mie** ⟨f.; -; unz.⟩ Gebiet der Astronomie, das die aus dem Weltall in die Erdatmosphäre eindringenden, nur in großen Höhen messbaren Infrarotstrahlungen untersucht; →*a.* Ballonteleskop

◆ **In|fra|rot|film** ⟨m.; -(e)s, -e⟩ fotograf. Film, der auf die von Körpern ausgehende Wärmestrahlung (Infrarotstrahlung) anspricht, erlaubt das Fotografieren bei Nebel od. Dunkelheit

◆ **In|fra|rot|mel|der** ⟨m.; -s, -⟩ auf die Wärmestrahlung erhitzter (brennender) Gegenstände ansprechender Feuermelder, im Intrusionsschutz auch auf die Körperstrahlung eindringender Personen ansprechendes Warngerät

◆ **In|fra|rot|spek|tro|sko|pie** *auch:* **In|fra|rot|spekt|ros|ko|pie** ⟨f.; -, -n⟩ mit Infrarotstrahlung arbeitendes chem. Analyseverfahren, das die unterschiedl. Absorptionsfähigkeit von Molekülen für infrarote Strahlung zu deren Nachweis ausnutzt

◆ **In|fra|schall** ⟨m.; -(e)s; unz.; Physik⟩ (nicht hörbare) Schallwellen von weniger als 16 Hz

◆ **In|fra|struk|tur** ⟨f.; -, -en⟩ alle für die Funktionsfähigkeit der Wirtschaft eines Landes notwendigen Verhältnisse, Einrichtungen u. Anlagen, z. B. Arbeitskräfte, Straßen, Kanalisation

◆ **in|fra|struk|tu|rell** ⟨Adj.⟩ zur Infrastruktur gehörend, auf ihr beruhend

◆ **In|fra|test** ⟨m.; -(e)s, -e od. -s⟩ Messung der Einschaltquoten u. der Beliebtheit von Fernsehsendungen

In|ful ⟨f.; -, -n⟩ *oV* Infel **1** ⟨im antiken Rom⟩ Stirnbinde mit herunterhängenden Bändern als Weihezeichen **2** ⟨heute⟩ die Mitra mit den herunterhängenden Bändern [<lat. *infula* »Binde, Band«]

in|fu|lie|ren ⟨V.⟩ das Recht zum Tragen der Inful erteilen; *infuliert* zum Tragen der Inful berechtigt

In|fus ⟨n.; -es, -e⟩ Aufguss; *oV* Infusum [zu lat. *infusum* »aufgegossen«, Part. Perf. zu *infundere* »aufgießen«]

In|fu|si|on ⟨f.; -, -en; Med.⟩ das Einführen größerer Flüssigkeitsmengen in den Körper mit Hohlnadeln [<lat. *infusio* »Aufguss«]

In|fu|so|ri|en|er|de ⟨f.; -; unz.⟩ Kieselgur

In|fu|so|ri|um ⟨n.; -s, -ri|en; meist Pl.; Biol.⟩ Wimpertierchen, das sich in Pflanzenaufgüssen entwickelt, Aufgusstierchen [<neulat. *(animalia) infusoria* »Aufgusstierchen«; zu lat. *infundere* »ein-, aufgießen«]

In|fu|sum ⟨n.; -s, -fu|sa⟩ = Infus

Ing. ⟨Abk. für⟩ Ingenieur

in ge|ne|re ⟨geh.⟩ im Allgemeinen [lat., »in der (ganzen) Gattung«]

in|ge|ne|riert ⟨Adj.⟩ angeboren [<lat. *ingenerare* »einpflanzen«]

In|ge|ni|eur ⟨[ɪnʒənjøːr] m.; -s, -e; Abk.: Ing.⟩ Techniker mit mehrjähriger wiss. Ausbildung [frz., bis ins 18. Jh. »Kriegsbaumeister«, <lat. *ingenium* »Scharfsinn«, mlat. »Kriegsgerät, Kriegsmaschine«]

In|ge|ni|eu|rin ⟨[ɪnʒənjøː-] f.; -, -rin|nen; Abk.: Ing.⟩ Technikerin mit mehrjähriger wiss. Ausbildung

in|ge|ni|eur|tech|nisch ⟨[ɪnʒənjøːr-] Adj.⟩ die Arbeit eines Ingenieurs betreffend, mit ihrer Hilfe

in|ge|ni|ös ⟨Adj.⟩ **1** erfinderisch **2** geistreich, sinnreich [<frz. *ingénieux* »geschickt, erfinderisch« <lat. *ingeniosus* »scharfsinnig«]

In|ge|ni|o|si|tät ⟨f.; -; unz.⟩ **1** Erfindungsgabe, -geist **2** Geist, Scharfsinn [<frz. *ingéniosité* »Scharfsinn« <lat. *ingeniosus* »scharfsinnig«]

In|ge|ni|um ⟨n.; -s, -ge|ni|en⟩ **1** Erfindungskraft, Geistesanlage, Begabung **2** Genie [lat., »Naturanlage, Begabung«]

In|ge|nu|i|tät ⟨f.; -; unz.⟩ Freimut, Offenheit, Aufrichtigkeit [<lat. *ingenuitas* »Stand der Freigeborenen, Edelmut, offener Sinn«]

In|ges|ti|on ⟨f.; -; unz.⟩ Nahrungsaufnahme [<lat. *ingestio* »das Hineinbringen«]

in glo|bo ⟨geh.⟩ im Ganzen, insgesamt [lat., »in der (ganzen) Kugel, im (ganzen) Haufen«]
In|got ⟨[ɪŋgɔt] m.; -s, -s⟩ Metallbarren zum Einschmelzen od. Walzen [engl.]
In|grain|fär|bung ⟨[ɪngrɛɪn-] f.; -, -en⟩ Färbung in der Wolle [zu engl. *ingrain* »in der Wolle gefärbt«]
In|grain|pa|pier ⟨[ɪngrɛɪn-] n.; -s; unz.⟩ raues, mit Wollfasern durchsetztes Zeichenpapier [→ *Ingrainfärbung*]
In|gre|di|ens ⟨n.; -, -di|en|zi|en; meist Pl.⟩ = Ingredienz
In|gre|di|enz ⟨f.; -, -en; meist Pl.⟩ *oV* Ingrediens **1** Zutat **2** Bestandteil; *die ~en einer Mischung, einer Arznei* [<lat. *ingrediens*, Part. Präs. zu *ingredi* »hineingehen«]
In|gress ⟨m.; -es, -e⟩ Eingang, Zugang, Zutritt [<lat. *ingressus* »Eintritt«]
In|gres|si|on ⟨f.; -, -en⟩ ruhig verlaufendes Eindringen des Meeres in ein durch Senkung entstehendes Becken [<lat. *ingressio* »Eintritt«]
in|gres|siv ⟨a. ['---] Adj.⟩ = inchoativ; *Ggs* egressiv
In|gres|siv ⟨a. [--'-] n.; -s, -si|va [-va]; Gramm.⟩ = Inchoativ
In|gres|si|vum ⟨[-vum] n.; -s, -si|va [-va]; Gramm.⟩ = Inchoativ
in gros|so ⟨geh.⟩ im Großen [ital.]
In|group ⟨[-gru:p] f.; -, -s⟩ Gruppe, der man sich zugehörig u. verbunden fühlt; *Ggs* Outgroup [<engl. *in* »in, innerhalb« + *group* »Gruppe«]
in|gu|i|nal ⟨Adj.⟩ an, in der Leistengegend befindlich, zur Leistengegend gehörig [<lat. *inguen* »Leistengegend«]
Ing|wä|o|nis|mus ⟨[-vɛo-] m.; -, -nis|men; Sprachw.⟩ sprachl. Einfluss des Ingwäonischen auf das Altsächsische
Ing|wer ⟨m.; -s; unz.; Bot.⟩ in den Tropen verbreitete Gewürzpflanze; *Sy* Ginger [<altfrz. *gingebre* <spätgrch. *zingiberis* <Sanskrit *srngavera* »hornartig« (nach seinen Wurzeln)]
In|ha|la|ti|on ⟨f.; -, -en; Med.⟩ das Einatmen von Dämpfen od. Gasen zu Heilzwecken od. zur Narkose [<lat. *inhalatio* »das Einhauchen, Hauch«; zu *inhalare* »einhauchen«]
In|ha|la|tor ⟨m.; -s, -to|ren; Med.⟩ Gerät zum Inhalieren; *Sy* Inhaler
In|ha|la|to|ri|um ⟨n.; -s, -ri|en; Med.⟩ Raum zum Inhalieren
In|ha|ler ⟨[-hɛɪlə(r)] m.; -s, -; Med.⟩ Gerät zur Inhalation (von Dämpfen, Gerüchen usw.); *Sy* Inhalator [zu engl. *inhale* »einatmen«; zu lat. *inhalare* »einhauchen«]
in|ha|lie|ren ⟨V.⟩ *Dämpfe, Gase ~* (zu Heilzwecken) einatmen [<lat. *inhalare* »einhauchen«]
in|hä|rent ⟨Adj.⟩ innewohnend, anhaftend [<lat. *inhaerens*, Part. Präs. zu *inhaerere* »an od. in etwas hängen, festsitzen«]
In|hä|renz ⟨f.; -; unz.⟩ **1** das Innewohnen **2** ⟨Philos.⟩ Verhältnis der Eigenschaften zu ihrem Träger [→ *inhärent*]
in|hä|rie|ren ⟨V.⟩ anhaften, innewohnen [<lat. *inhaerere* »an od. in etwas hängen, festsitzen«]
In|hi|bi|tor ⟨m.; -s, -to|ren⟩ Stoff, der biochemische Vorgänge hemmt, Hemmstoff, Hemmer [zu lat. *inhibere* »hemmen«]
in hoc sa|lus ⟨Abk.: I. H. S.⟩ in diesem (ist) Heil (gemeint ist Christus, eine der Deutungen des Monogramms Christi) [lat.]
in hoc si|gno (vin|ces) *auch:* **in hoc sig|no (vin|ces)** ⟨Abk.: I. H. S.⟩ in diesem Zeichen (wirst du siegen) (Deutung der Inschrift des dem Kaiser Konstantin angeblich erschienenen Bildes mit dem Kreuz Christi) [lat.]
in|ho|mo|gen ⟨a. ['----] Adj.⟩ = heterogen
In|ho|mo|ge|ni|tät ⟨a. ['------] f.; -; unz.⟩ = Heterogenität
in ho|no|rem ⟨geh.⟩ zu Ehren [lat., »zur Ehre«]
in|hu|man ⟨a. ['---] Adj.⟩ *Ggs* human **1** unmenschlich, menschenunwürdig **2** rücksichtslos, hartherzig
In|hu|ma|ni|tät ⟨a. ['-----] f.; -; unz.⟩ Unmenschlichkeit; *Ggs* Humanität
in in|fi|ni|tum = ad infinitum [lat.]
in in|te|grum *auch:* **in in|teg|rum** ⟨in der Wendung⟩ *etwas ~ restituieren* den früheren Rechtsstand von etwas wiederherstellen [lat., »ins Unversehrte, noch Ganze«]
In|i|ti|al ⟨[-tsja:l] n.; -s, -e⟩ = Initiale
In|i|ti|al... ⟨[-tsja:l] in Zus.⟩ Anfangs..., Erst...

> **Initiale** (*Laut-Buchstaben-Zuordnung*) Der Laut [ts] kann im Deutschen durch den Buchstaben »z« wiedergegeben werden, sofern sich die Schreibung auf ein Grundwort mit auslautendem »z« zurückführen lässt (→*a.* Essenz; essenziell).
> Ist eine solche Zuordnung nicht möglich, richtet sich die Schreibung im Deutschen nach der Schreibung in der Herkunftssprache (→*a.* Nation).

In|i|ti|a|le ⟨[-tsja:lə] f.; -, -n⟩ großer Anfangsbuchstabe (in Büchern des MA stark hervorgehoben u. reich verziert); *oV* Initial [<lat. *initialis* »anfänglich, am Anfang stehend«; zu *initium* »Anfang«]
in|i|ti|a|li|sie|ren ⟨[-tsja-] V.; EDV⟩ = formatieren
In|i|ti|a|li|sie|rung ⟨[-tsja:-] f.; -, -en; EDV⟩ **1** Vorbereitung einer Diskette für die Benutzung mit einem Betriebssystem; →*a.* formatieren **2** Herstellung eines bestimmten Ausgangszustandes der Hard- u. Software eines Computers beim Starten
In|i|ti|al|spreng|stoff ⟨[-tsja:l-] m.; -(e)s, -e⟩ für Stoß oder Schlag sehr empfindlicher Sprengstoff, der als Zünder für andere Sprengstoffe dient
In|i|ti|al|wort ⟨[-tsja:l-] n.; -(e)s, -wör|ter; Sprachw.⟩ aus den Anfangsbuchstaben mehrerer Wörter gebildetes Kurzwort, z. B. AIDS; *Sy* Akronym
In|i|ti|al|zün|dung ⟨[-tsja:l-] f.; -, -en⟩ **1** durch Initialsprengstoff ausgelöste Zündung eines anderen Sprengstoffes **2** ⟨bei Wasserstoffbomben⟩ die zur Einleitung der Kernfusion notwendige Zündung einer kleinen Spaltungskernwaffe (Uranbombe)
In|i|ti|and ⟨[-tsjand] m.; -en, -en⟩ Anwärter auf eine Initiation

I

In|i|ti|ant ⟨[-tsjant] m.; -en, -en⟩ jmd., der die Initiative ergreift [<lat. *initians,* Part. Präs. zu *initiare* »den Anfang machen, einführen, einweihen«; zu *initium* »Anfang«]

In|i|ti|a|ti|on ⟨[-tsja-] f.; -, -en⟩ **1** Einweihung **2** Aufnahme in einen Geheimbund **3** ⟨bei Naturvölkern⟩ feierl. Aufnahme der mannbaren Jugendlichen in die Gemeinschaft der Erwachsenen [<lat. *initiare* »den Anfang machen, einführen, einweihen«]

In|i|ti|a|ti|ons|ri|tus ⟨m.; -, -ri|ten⟩ **1** ⟨Soziol.⟩ symbol. Handlung, Zeremonie, durch die jmd. in eine Gemeinschaft aufgenommen wird **2** ⟨bei traditionellen Völkern⟩ Ritus bei der Initiation (2), z. B. Beschneidung

in|i|ti|a|tiv ⟨[-tsja-] Adj.⟩ **1** die Initiative ergreifend **2** Initiative besitzend

In|i|ti|a|tiv|an|trag ⟨[-tsja-] m.; -(e)s, -trä|ge⟩ Antrag zu einem Gesetzesentwurf

In|i|ti|a|ti|ve ⟨[-tsjati:və] f.; -, -n⟩ **1** der erste Schritt zu einer Handlung; *die ~ ergreifen; auf jmds. ~ hin* **2** ⟨unz.⟩ Unternehmungsgeist, Entschlusskraft, Fähigkeit, aus eigenem Antrieb zu handeln; *er hat die nötige, keine ~* **3** Gruppe von Personen, die sich zur Durchsetzung best. Forderungen zusammengefunden haben; *Bürger~; Eltern~* **4** ⟨schweiz.⟩ Volksbegehren [<lat. *initiare* »den Anfang machen, einführen, einweihen«; zu *initium* »Anfang«]

In|i|ti|a|tiv|recht ⟨[-tsja-] n.; -(e)s; unz.; Rechtsw.⟩ Recht, Gesetzesentwürfe ins Parlament einzubringen

In|i|ti|a|tor ⟨[-tsja:-] m.; -s, -to|ren⟩ Urheber, Anstifter; *~ einer Handlung* [<lat. *initiare* »den Anfang machen, einführen, einweihen«; zu *initium* »Anfang«]

in|i|ti|a|to|risch ⟨[-tsja-] Adj.⟩ initiierend, veranlassend, den Anstoß gebend

In|i|ti|en ⟨[ini:tsjən] Pl.⟩ Anfänge, Anfangsgründe [<lat. *initia,* Pl. zu *initium* »Anfang«]

in|i|ti|ie|ren ⟨[-tsii:-] V.⟩ **1** den Anstoß geben für, in die Wege leiten **2** einweihen, in eine Gemeinschaft, einen Bund aufnehmen, in ein Amt einführen [<lat. *initiare* »den Anfang machen, einführen, einweihen«]

In|i|ti|ie|rung ⟨[-tsii:-] f.; -, -en⟩ das Initiieren

In|jek|ti|on ⟨f.; -, -en⟩ **1** ⟨Med.⟩ Einspritzung in den Körper **2** Einschub von Magma in Spalten u. Hohlräume der Erdkruste **3** das Einspritzen von flüssigem Beton unter hohem Druck zum Ausbessern von Rissen im Bauwerk od. zum Verbessern des Baugrundes bei Bausenkung [<lat. *iniectio* »das Hineinwerfen, -tun«; → *injizieren*]

In|jek|tiv ⟨m.; -s, -e [-və]; Phon.⟩ bes. in afrikan. Dialekten verbreiteter Verschlusslaut, bei dessen Artikulation Luft angesaugt wird, z. B. Schnalzlaut; *Ggs* Ejektiv [→ *Injektion*]

In|jek|tor ⟨m.; -s, -to|ren⟩ Pumpe, die Wasser in Dampfkessel einspritzt [→ *injizieren, Injektion*]

in|ji|zie|ren ⟨V.; Med.⟩ (in den Körper) einspritzen [<lat. *inicere* »hineinwerfen, -bringen, -tun«]

In|ju|rie ⟨[-riə] f.; -, -n; Rechtsw.⟩ Beleidigung [<lat. *iniuria* »Unrecht, Rechtsverletzung«]

in|ju|rie|ren ⟨V.; geh.⟩ beleidigen [<lat. *iniuriare* »gewalttätig behandeln«]

In|ka ⟨m.; - od. -s, - od. -s⟩ **1** Angehöriger eines altperuanischen Volkstammes **2** Adliger im präkolumbischen Peru [indianisch, »Herr«]

In|kar|di|na|ti|on ⟨f.; -, -en; kath. Kirche⟩ Eingliederung eines Geistlichen in einen Diözesanverband [<*In...*[1] + lat. *cardo,* Gen. *cardinis* »Türangel, Hauptkirche«; → *Kardinal*]

in|kar|nat ⟨Adj.⟩ fleischfarben

In|kar|nat ⟨n.; -(e)s; unz.⟩ Fleischfarbe (auf Gemälden); *Sy* Karnation [zu frz. *incarnat* »fleischfarben« <ital. *incarnato*]

In|kar|na|ti|on ⟨f.; -, -en⟩ **1** ⟨unz.⟩ Fleischwerdung, Menschwerdung (Christi) **2** ⟨zählb.⟩ Verkörperung (von etwas Geistigem) [<lat. *incarnatio* »Fleischwerdung«]

in|kar|nie|ren ⟨V.; geh.⟩ **1** verkörpern **2** ⟨Rel.⟩ Fleisch, Mensch werden; *Christus ist der inkarnierte Sohn Gottes* [<lat. *incarnatus*]

in|kar|niert ⟨Adj.⟩ **1** Fleisch, Mensch geworden **2** verkörpert [<lat. *incarnare* »zu Fleisch werden«]

In|kas|sant ⟨m.; -en, -en; österr.⟩ Kassierer von fälligen Forderungen [zu ital. *incassare* »einkassieren«, eigtl. »in einen Kasten bringen«; zu *cassa* »Kasten«]

In|kas|so ⟨n.; -s, -s od. österr. -kas|si⟩ das Einziehen von fälligen Forderungen [<ital. *incassare* »einkassieren«, eigtl. »in einen Kasten bringen«; zu *cassa* »Kasten«]

In|kas|so|bü|ro ⟨n.; -s, -s⟩ Unternehmen, das im Auftrag Dritter fällige Geldforderungen einzieht

In|kas|so|in|dos|sa|ment ⟨n.; -s, -e; Wirtsch.⟩ Bevollmächtigung zum Einzug einer Wechselforderung im Auftrag des Wechselinhabers

inkl. ⟨Abk. für⟩ inklusive

In|kli|na|ti|on ⟨f.; -, -en⟩ **1** Neigung, Hang (zu), Vorliebe (für) **2** Neigung der Ebene einer Planetenbahn zur Ebene der Erdbahn [<lat. *inclinatio* »Neigung, Veränderung der Richtung«]

in|kli|nie|ren ⟨V.⟩ neigen (zu), einen Hang haben (zu), geneigt sein (gegen) [<lat. *inclinare* »neigen, ab- od. hinlenken«]

In|kli|no|me|ter ⟨n.; -s, -; Technik⟩ Gerät zur Messung von Abweichungen von der Horizontalen od. Vertikalen innerhalb eines Bohrloches bzw. in den zu verlegenden Röhren [<lat. *inclinatio* »Neigung, Veränderung der Richtung« + *...meter*]

in|klu|die|ren ⟨V.⟩ einschließen; *Ggs* exkludieren [<lat. *includere* »einschließen«]

In|klu|si|on ⟨f.; -, -en⟩ Einschluss, Enthaltensein [zu lat. *inclusio* »Einschluss«]

in|klu|si|ve ⟨a. ['---və] Präp. mit Gen.; Abk.: inkl.⟩ einschließlich, eingeschlossen; *Ggs* exklusive; *~ des Bearbeitungshono-*

rars; ⟨bei stark gebeugten Subst. ohne Artikel im Sing. schwindet das Genitiv-s häufig⟩ ~ *Trinkgeld* [<mlat. *inclusivus* »eingeschlossen«; zu lat. *includere* »einschließen«]

in|kọ|gni|to *auch:* **in|kọg|ni|to** ⟨Adv.⟩ **1** unerkannterweise **2** unter anderem Namen; ~ *reisen* [<ital. *incognito* »unbekannt« <lat. *incognitus* »unbekannt«]

In|kọ|gni|to *auch:* **In|kọg|ni|to** ⟨n.; -s, -s⟩ Verheimlichung des Namens, Gebrauch eines fremden Namens, Unerkanntsein; *sein ~ enthüllen, fallen lassen, lüften, wahren* [→ *inkognito*]

in|ko|hä|rent ⟨Adj.⟩ unzusammenhängend; *Ggs* kohärent (1)

In|ko|hä|renz ⟨f.; -; unz.⟩ Zusammenhanglosigkeit; *Ggs* Kohärenz

in|kom|men|su|ra|bel ⟨Adj.⟩ nicht messbar, nicht mit den gleichen Maßen zu messen, nicht vergleichbar; *Ggs* kommensurabel; *inkommensurable Begriffe, Dinge, Leistungen*

In|kom|men|su|ra|bi|li|tät ⟨f.; -; unz.⟩ von inkommensurabler Art, Unvergleichbarkeit [<frz. *incommensurabilité*]

in|kom|pa|ra|bel ⟨Adj.⟩ *Ggs* komparabel **1** nicht vergleichbar **2** ⟨Gramm.⟩ nicht steigerungsfähig; *inkomparables Adjektiv*

In|kom|pa|ra|bi|le ⟨n.; -s, -bi|li|en od. -bi|lia⟩ nicht steigerungsfähiges Adjektiv, z. B. »tot« [<lat. *incomparabilis* »unvergleichlich«]

in|kom|pa|ti|bel ⟨Adj.⟩ *Ggs* kompatibel **1** ⟨allg.⟩ unvereinbar; *inkompatible Vorstellungen, Vorschläge, Ämter* **2** ⟨EDV⟩ nicht austauschbar, nicht vernetzbar; *ein inkompatibles Computersystem* **3** ⟨Med.⟩ unverträglich; *inkompatible Arzneimittel*

In|kom|pa|ti|bi|li|tät ⟨f.; -; unz.⟩ *Ggs* Kompatibilität **1** Unvereinbarkeit **2** Unverträglichkeit

in|kom|pe|tent ⟨Adj.⟩ *Ggs* kompetent **1** nicht zuständig, nicht befugt **2** nicht maßgebend, nicht urteilsfähig

In|kom|pe|tenz ⟨f.; -, -en⟩ Nichtzuständigsein, Nichtbefugnis; *Ggs* Kompetenz

in|kom|plett ⟨Adj.⟩ unvollständig, nicht vollzählig; *Ggs* komplett

in|kom|pres|si|bel ⟨Adj.⟩ nicht zusammendrückbar, sich auch bei Anwendung hohen Drucks nicht verändernd; *Ggs* kompressibel; *ein inkompressibler Stoff*

In|kom|pres|si|bi|li|tät ⟨f.; -; unz.; Physik⟩ Eigenschaft eines Stoffes, bei Druckerhöhungen seine Dichte beizubehalten, z. B. von Flüssigkeiten; *Ggs* Kompressibilität

in|kon|gru|ent ⟨Adj.⟩ *Ggs* kongruent **1** nicht übereinstimmend **2** ⟨Math.⟩ nicht deckungsgleich; *~e Dreiecke*

In|kon|gru|enz ⟨f.; -; unz.⟩ Fehlen der Kongruenz, der Deckungsgleichheit; *Ggs* Kongruenz

in|kon|se|quent ⟨Adj.⟩ *Ggs* konsequent **1** nicht folgerichtig **2** unbeständig, wankelmütig; *eine ~e Erziehung*

In|kon|se|quenz ⟨f.; -, -en⟩ *Ggs* Konsequenz **1** Folgewidrigkeit **2** Wankelmut, Unbeständigkeit

in|kon|sis|tent ⟨Adj.⟩ nicht dauernd, unbeständig, unhaltbar; *Ggs* konsistent

In|kon|sis|tenz ⟨f.; -; unz.⟩ Unbeständigkeit, mangelnde Haltbarkeit; *Ggs* Konsistenz

in|kon|stant *auch:* **in|kons|tant** ⟨Adj.⟩ veränderlich, unbeständig; *Ggs* konstant

In|kon|stanz *auch:* **In|kons|tanz** ⟨f.; -; unz.⟩ Veränderlichkeit, Unbeständigkeit; *Ggs* Konstanz

in|kon|ti|nent ⟨a. [---'-] Adj.⟩ unfähig, Harn od. Stuhl zurückzuhalten

In|kon|ti|nenz ⟨a. [---'-] f.; -; unz.; Med.⟩ Unfähigkeit, den Harn od. Stuhl zurückzuhalten; *Ggs* Kontinenz [<*In...*[2] + lat. *continentia* »das Ansichhalten, Zurückhalten«]

In|kọn|tro *auch:* **In|kọnt|ro** ⟨n.; -s, -s od. -tri; Sport⟩ Doppeltreffer beim Fechten, bei dem wegen eines Regelverstoßes dem Gegner ein Treffer angerechnet wird [zu ital. *incontro* »gegenüber«]

in|kon|ve|ni|ent ⟨[-ve-] Adj.⟩ dem Herkommen, Brauch, der Tradition nicht entsprechend, unpassend, ungehörig, unschicklich [<lat. *inconveniens* »nicht übereinstimmend«]

In|kon|ve|ni|enz ⟨[-ve-] f.; -, -en⟩ Unbequemlichkeit, Unzuträglichkeit; *Ggs* Konvenienz (2)

in|kon|ver|ti|bel ⟨[-vɛr-] Adj.⟩ *Ggs* konvertibel **1** ⟨veraltet⟩ unwandelbar **2** nicht austauschbar (Währungen) **3** ⟨veraltet⟩ unbekehrbar

Ink|o|nym *auch:* **In|ko|nym** ⟨a. ['---] n.; -s, -e; Sprachw.⟩ einem nebengeordneten, dem gleichen Hyperonym subordinierten Begriff antithetisch gegenüberstehendes Lexem, z. B. »Eber« u. »Sau« zu »Schwein« [<*In...* + *ko...* + grch. *onoma, onyma* »Name«]

Ink|o|ny|mie *auch:* **In|ko|ny|mie** ⟨a. ['----] f.; -, -n; Sprachw.⟩ semantische Beziehung zwischen Inkonymen [→ *Inkonym*]

in|kon|zi|li|ant ⟨Adj.⟩ nicht entgegenkommend, nicht umgänglich; *Ggs* konziliant

In|kon|zi|li|anz ⟨f.; -, -en⟩ mangelndes Entgegenkommen, Unverbindlichkeit; *Ggs* Konzilianz

In|ko|or|di|na|ti|on ⟨f.; -, -en⟩ fehlendes Zusammenwirken der Bewegungsmuskeln [<*In...*[2] + *Koordination*]

in|ko|or|di|niert ⟨Adj.⟩ nicht zusammenwirkend, nicht aufeinander abgestimmt

in|kor|po|ral ⟨Adj.; Med.⟩ im Körper befindlich; *Ggs* extrakorporal [<*in...*[1] + lat. *corpus* »Körper«]

In|kor|po|ra|ti|on ⟨f.; -, -en⟩ **1** Einverleibung **2** Aufnahme in eine Gemeinschaft, Körperschaft **3** Eingemeindung **4** ⟨Med.⟩ Einführung (eines Stoffes) in den Körper [<lat. *incorporatio* »Verkörperung«]

in|kor|po|rie|ren ⟨V.⟩ **1** einverleiben; *~de Sprachen* = polysynthetische Sprachen **2** aufnehmen (in eine Körperschaft) **3** eingemeinden [<lat. *incorporare* »verkörpern«]

In|kor|po|rie|rung ⟨f.; -, -en⟩ das Inkorporieren, das Inkorporiertwerden

in|kor|rekt ⟨a. [--'-] Adj.⟩ ungenau, nicht fehlerfrei; *Sy* unkorrekt; *Ggs* korrekt

I

In|kor|rekt|heit ⟨a. [--'--] f.; -, -en⟩ *Ggs* Korrektheit **1** ⟨unz.⟩ Ungenauigkeit, Fehlerhaftigkeit, Unangemessenheit **2** Beispiel, Einzelfall für inkorrektes Verhalten; *solche ~en können wir ihm nicht durchgehen lassen*

In|kre|ment ⟨n.; -(e)s, -e; Math.⟩ kleiner Zuwachs einer Größe; *Ggs* Dekrement [<lat. *incrementum* »Wachstum«]

In|kret ⟨n.; -(e)s, -e; Med.⟩ von Drüsen mit innerer Sekretion abgesonderter Stoff; →*a.* Sekret [verkürzt <*inneres Sekret*]

In|kre|ti|on ⟨f.; -; unz.; Med.⟩ Absonderung ins Körperinnere [→ *Inkret*]

in|kre|to|risch ⟨Adj.; Med.⟩ ins Innere des Körpers absondernd

I

in|kri|mi|nie|ren ⟨V.⟩ *jmdn.* ~ jmdn. beschuldigen, jmdm. etwas zur Last legen [<frz. *incriminer* »beschuldigen« <lat. *crimen* »Verbrechen«]

in|kri|mi|niert ⟨Adj.⟩ beschuldigt, zur Last gelegt, zum Gegenstand einer Strafanzeige gemacht

In|krus|ta|ti|on ⟨f.; -, -en⟩ **1** Verzierung von Bauwerken durch verschiedenfarbige Steinplatten **2** Überzug von organischen od. anorganischen Körpern mit einer mineralischen Kruste

in|krus|tie|ren ⟨V.⟩ mit farbigen Steinen verzieren (Mauer, Säule) [<lat. *incrustare* »mit einer Rinde überziehen«; zu *crusta* »Rinde«]

In|krus|tie|rung ⟨f.; -, -en⟩ das Inkrustieren, das Inkrustriertwerden

In|ku|ba|ti|on ⟨f.; -, -en⟩ **1** ⟨Med.⟩ das Einnisten eines Krankheitserregers im Körper **2** Brutzeit der Vögel **3** ⟨in der Antike⟩ Schlaf an heiligen Stätten, um göttliche Offenbarungen od. Heilung von Krankheiten zu erlangen [<lat. *incubatio* »das Liegen auf den Eiern, das Brüten«]

In|ku|ba|ti|ons|zeit ⟨f.; -, -en; Med.⟩ Zeit zwischen Ansteckung u. dem Auftreten der ersten Krankheitszeichen

In|ku|ba|tor ⟨m.; -s, -en⟩ Brutkasten

In|ku|bus ⟨m.; -, -ku|ben⟩ **1** ⟨bei den Römern⟩ Alpdrücken verursachender, böser Dämon **2** ⟨im MA⟩ mit einer Frau buhlender Teufel; *Ggs* Sukkubus [<lat. *incubus* »der sogen. Alp, den der gemeine Mann den Waldgöttern (Faunen u. Sylvanen) zuschrieb«]

in|ku|lant ⟨a. [--'-] Adj.⟩ nicht entgegenkommend (bes. im Geschäftsverkehr), ungefällig; *Ggs* kulant

In|ku|lanz ⟨a. [--'-] f.; -; unz.⟩ Mangel an Entgegenkommen (bes. im Geschäftsverkehr), Ungefälligkeit; *Ggs* Kulanz

In|kul|tu|ra|ti|on ⟨f.; -, -en⟩ Prozess der Durchdringung einer Kultur mit den Lebensformen u. Werten einer anderen

In|ku|na|bel ⟨f.; -, -n; Buchw.⟩ Buch aus dem 15. Jh., dem Jh. der Erfindung der Buchdruckerkunst, Wiegendruck [<lat. *incunabula* »Windeln, Wiege«; zu *cunae* »Wiege«]

in|ku|ra|bel ⟨a. ['----] Adj.; Med.⟩ unheilbar; *Ggs* kurabel; *ein inkurabler Fall* [<lat. *incurabilis* »unheilbar«]

In|kur|va|ti|on ⟨[-va-] f.; -, -en⟩ Biegung, Krümmung [<lat. *incurvare* »krümmen, biegen«]

In|laid ⟨[ınlεıd] n.; -s, -e; schweiz.⟩ farbig gemustertes Linoleum [engl., »eingelegt; Mosaik…«]

In|lay ⟨[ınlεı] n.; -s, -s; Zahnmed.⟩ Zahnfüllung aus Gold [engl., »Einlage; Plombe«]

In|lett ⟨n.; -s, -s⟩ Bezugsstoff für Federbetten od. Daunendecken [<nddt. *inlat;* zu *inlaten* »einlassen«]

in|li|nen ⟨[-laı-] V.⟩ = inlineskaten

In|li|ner ⟨[-laınə(r)] Pl.⟩ = Inlineskates [zu engl. *in line* »in (einer) Reihe«]

in|line|ska|ten ⟨[-laınskεıtən] V.⟩ sich mit Inlineskates fortbewegen; *Sy* inlinen; *ein Platz, auf dem niemand inlineskatet; ~de Kinder*

In|line|ska|ter ⟨[-laınskεıtə(r)] m.; -s, -⟩ jmd., der Inlineskating betreibt

In|line|skates ⟨[-laınskεıts] Pl.⟩ Rollschuhe mit (meist vier) hintereinander angeordneten Rollen, die eine hohe Geschwindigkeitsentwicklung ermöglichen; *Sy* Inliner [<engl. *in line* »in (einer) Reihe« + rol*lerskate* »Rollschuh«]

In|line|ska|ting ⟨[-laınskεıtıŋ] n.; - od. -s; unz.⟩ das Laufen (Fahren) mit Inlinern (als Sportart) [<*Inliner* + engl. *skate* »gleiten«]

in ma|io|rem Dei glo|ri|am ⟨[de:i]⟩ zum größeren Ruhme Gottes [lat.]

in me|di|as res ⟨geh.⟩ (unmittelbar) zur Sache [lat., »mitten in die Dinge hinein«]

in me|mo|ri|am ⟨geh.⟩ zum Andenken, zur Erinnerung an, zum Gedächtnis; ⟨mit angebeugtem Namen⟩ *~ J. F. Kennedy* [lat., »zum Andenken, zur Erinnerung«]

in na|tu|ra **1** in natürl. Gestalt, leibhaftig **2** in Form von Naturalien, in Waren [lat.]

In|ner|va|ti|on ⟨[-va-] f.; -; unz.; Med.⟩ **1** Versorgung eines Körperteils mit Nerven **2** Leitung nervöser Reize zu den Organen hin

in|ner|vie|ren ⟨[-vi:-] V.; Med.⟩ **1** mit Nerven, Nervenreizen versorgen **2** ⟨fig.⟩ anregen

in|no|cen|te ⟨[-tʃε̣n-] Musik⟩ unschuldig, harmlos, ursprünglich (zu spielen) [ital.]

in no|mi|ne im Namen, im Auftrag; *~ Christi* ⟨Abk.: I. N. C.⟩ im Namen Christi; *~ Dei* ⟨Abk.: I. N. D.⟩ im Namen Gottes; *~ Domini* ⟨Abk.: I. N. D.⟩ im Namen des Herrn [lat.]

In|no|va|ti|on ⟨[-va-] f.; -, -en⟩ Erneuerung, Neuerung [<lat. *innovatio* »Erneuerung«; zu *novus* »neu«]

in|no|va|tiv ⟨[-va-] Adj.⟩ erneuernd, Erneuerung erstrebend

in|no|va|to|risch ⟨[-va-] Adj.⟩ auf Innovationen zielend, ausgerichtet

in|no|vie|ren ⟨[-vi:-] V.⟩ erneuern [→ *Innovation*]

in nu|ce ⟨[-nu:tsə]⟩ im Kern, in Kürze, in knapper Form, in wenigen Worten [lat., »im Kern«]

in|of|fen|siv ⟨Adj.⟩ nicht angreifend, nicht angriffslustig; *Ggs* offensiv (1)

in|of|fi|zi|ell ⟨Adj.⟩ *Ggs* offiziell **1** nicht amtlich **2** vertraulich

in|of|fi|zi|ös ⟨Adj.⟩ unbestätigt von halbamtlichen Stellen

(Pressenachrichten); *Ggs* offiziös

In|oku|la|ti|on ⟨f.; -, -en⟩ **1** Einimpfung **2** ⟨Bot.⟩ Aufpfropfung **3** ⟨Med.; früher⟩ absichtliche Übertragung von Krankheitserregern, bes. von Pockenviren, zur aktiven Immunisierung, Vorläufer der Vakzination

in|oku|lie|ren ⟨V.⟩ **1** einimpfen **2** ⟨Bot.⟩ aufpfropfen [<lat. *inoculare*]

In|oku|lum ⟨n.; -s, -oku|la; Biol.; Pharm.⟩ Impfkultur, Reinkulturmenge von Mikroorganismen zur Auf- u. Weiterzucht [→ *inokulieren*]

in|ope|ra|bel ⟨Adj.⟩ nicht operierbar, durch Operation nicht (mehr) heilbar; *Ggs* operabel; *inoperable Geschwulst* [<frz. *inopérable* »nicht mehr zu operieren«]

in|op|por|tun ⟨a. ['----] Adj.⟩ ungünstig, unangebracht, im Augenblick unpassend; *Ggs* opportun

In|op|por|tu|ni|tät ⟨a. ['------] f.; -; unz.⟩ Ungelegenheit, Unangebrachtsein; *Ggs* Opportunität

Ino|sin ⟨n.; -s, -e; Biochemie⟩ im Fleisch und in der Hefe enthaltene Nukleinsäure [→ *Inosit*]

Ino|sit ⟨m.; -s, -e; Chemie⟩ Wuchsstoff für Hefe, chem. Hexahydrocyclohexan [<grch. *is*, Gen. *inos* »Muskelfaser«]

in|oxi|die|ren ⟨V.; Chemie⟩ durch Überziehen mit einer widerstandsfähigen Oxidschicht vor Rost schützen; *oV* inoxydieren [<*in...*[2] + *oxidieren*]

in|oxy|die|ren ⟨V.; Chemie⟩ = inoxidieren

in par|ti|bus in|fi|de|li|um ⟨kath. Kirche; früher; Abk.: i. p. i.⟩ Titelzusatz eines Bischofs in aufgelösten Diözesen, seit 1882 ersetzt durch die Bez. Titularbischof [lat., »in den Gebieten der Ungläubigen«]

in per|so|na ⟨geh.⟩ in Person, persönlich, selbst [lat.]

in pet|to *etwas ~ haben* in Bereitschaft, bereit, im Sinne haben; *eine Überraschung ~ haben* [ital., »in der Brust«]

in ple|no ⟨geh.⟩ **1** vollzählig **2** in od. vor der Vollversammlung [lat., »in voller (Menge od. Zahl)«]

in pon|ti|fi|ca|li|bus ⟨geh.⟩ in priesterlicher Kleidung, im feierlichen Ornat [lat., »in oberpriesterlichen (Gewändern)«]

in pra|xi ⟨geh.⟩ in Praxis, in Wirklichkeit, im wirkl. Leben [lat. <grch. *praxis* »Handlung«]

in punc|to ⟨geh.⟩ hinsichtlich, was ... betrifft [lat., »im Punkte«]

in punc|to punc|ti (sex|ti) ⟨geh.⟩ hinsichtlich des sechsten Gebotes, d. h. der Keuschheit [lat.]

In|put ⟨m. od. n.; -s, -s⟩ *Ggs* Output **1** ⟨EDV⟩ die Daten, die in eine elektron. Datenverarbeitungsanlage hineingegeben werden **2** ⟨Wirtsch.⟩ für die Produktion benötigter mengenmäßiger Einsatz von Produktionsmitteln in einem Betrieb [engl., »Eingabe; Investition«]

In|put-Out|put-Ana|ly|se ⟨[-aut-] f.; -, -n⟩ Analyse der Verflechtung der einzelnen Sektoren einer Volkswirtschaft miteinander

In|qui|lin ⟨m.; -en, -en; meist Pl.; Biol.⟩ Tier, das in Bauten anderer Arten lebt, Einmieter [<lat. *inquilinus* »Bewohner eines fremden Eigentums, Mieter, Hausgenosse«]

in|qui|rie|ren ⟨V.⟩ untersuchen, verhören, ausforschen [<lat. *inquirere*]

In|qui|si|ti|on ⟨f.; -, -en⟩ **1** ⟨unz.; vom 12. bis 18. Jh.⟩ Gericht der kath. Kirche (bes. in Spanien) gegen Abtrünnige **2** ⟨zählb.⟩ (strenge) Untersuchung [<lat. *inquisitio*]

In|qui|si|tor ⟨m.; -s, -to|ren⟩ **1** Richter der Inquisition **2** (strenger) Untersuchungsführer

in|qui|si|to|risch ⟨Adj.⟩ **1** die Inquisition betreffend, auf ihr beruhend **2** streng forschend, unerbittlich

I. N. R. I. ⟨Abk. für lat.⟩ Jesus Nazarenus Rex Judaeorum (Jesus von Nazareth, König der Juden) [lat.]

Ins ⟨Pl.; umg.⟩ *Ggs* Outs **1** Gesamtheit dessen, was in[2] ist; *zeitgenössische Trends, die ~ und Outs beschreiben* **2** Mitgliedsländer der EU, die an der Währungsunion teilnehmen [→ *in*[2]]

in sal|do im Rückstand, als Rest [ital., »im Rechnungsbestand, im Überrest«]

in sal|vo ⟨[-vo]⟩ in Sicherheit [lat.]

in|san ⟨Adj.; Med.⟩ geisteskrank [<lat. *insanus* »wahnsinnig«]

In|sa|nia ⟨f.; -; unz.; Med.⟩ Wahnsinn [lat.]

in|schal|lah ⟨islam. Int.⟩ wenn Allah will [arab.]

In|seat|vi|deo ⟨[-si:tvi-] n.; -s, -s; bei Flugzeugen⟩ in den Sitz eingebautes Videogerät [<engl. *in* »in, innerhalb« + *seat* »Sitz« + *Video*]

In|sekt ⟨n.; -(e)s, -en; Zool.⟩ nach der meist scharfen Einkerbung zwischen Kopf, Brust u. Hinterleib genannte Klasse der Tracheentiere aus dem Stamm der Gliederfüßer, Kerf, Kerbtier: Insecta, Hexapoda [<lat. *insectum*, Part. Perf. zu *insecare* »einschneiden«]

In|sek|ta|ri|um ⟨n.; -s, -ri|en; Zool.⟩ Anlage zur Aufzucht u. Beobachtung von Insekten, Insektenhaus

in|sek|ti|vor ⟨[-vo:r] Adj.; Zool.⟩ Insekten fressend [<*Insekt* + *...vor*]

In|sek|ti|vo|re ⟨[-vo:-] m.; -n, -n; Zool.⟩ insektenfressendes Säugetier, z. B. Maulwurf: Insectivora

in|sek|ti|zid ⟨Adj.⟩ Insekten tötend, vernichtend [<*Insekt* + *...zid*[1]]

In|sek|ti|zid ⟨n.; -(e)s, -e⟩ Mittel zur Bekämpfung schädl. Insekten, Insektengift

In|sek|to|lo|ge ⟨m.; -n, -n; selten⟩ = Entomologe

In|sek|to|lo|gie ⟨f.; -; unz.; selten⟩ = Entomologie [<lat. *insectum* »Insekt« + grch. *logos* »Lehre, Kunde«]

In|sek|to|lo|gin ⟨f.; -, -gin|nen; selten⟩ = Entomologin

In|se|mi|na|ti|on ⟨f.; -, -en; Med.⟩ künstl. Befruchtung

in|se|mi|nie|ren ⟨V.; Med.⟩ künstl. befruchten [<lat. *inseminare* »befruchten, einsäen«]

in|sen|si|bel ⟨Adj.⟩ = unsensibel

In|sen|si|bi|li|tät ⟨f.; -; unz.⟩ Unempfindlichkeit, Unempfänglichkeit; *Ggs* Sensibilität

in|se|quent 〈a. [--'-] Adj.; Geol.〉 in keiner Beziehung zum Schichtenbau der Erde stehend (in Bezug auf den Verlauf von Flüssen); *Ggs* konsequent (3) [<*in...*[2] + lat. *sequens* »folgend«]

In|se|quenz 〈a. [--'-] f.; -, -en; Geol.〉 durch Unterbrechnung od. Störung der Sedimentation entstandene Schichtlücke [<*in...*[2] + lat. *sequentia* »Folge«]

In|se|rat 〈n.; -(e)s, -e〉 = Annonce [lat., »er füge ein«; zu *inserere* »einfügen«]

In|se|rent 〈m.; -en, -en〉 Mann, der ein Inserat aufgibt od. aufgegeben hat [<lat. *inserens*, Part. Präs. zu *inserere* »einfügen«]

In|se|ren|tin 〈f.; -, -tin|nen〉 Frau, die ein Inserat aufgibt od. aufgegeben hat

in|se|rie|ren 〈V.〉 = annoncieren [<lat. *inserere* »einfügen«]

In|sert 〈engl. [ınsœːt] n.; -s, -s; TV〉 Werbesendung od. graf. Darstellung, die in eine laufende Sendung eingeblendet wird [engl., »Einführung«]

In|ser|ti|on 〈f.; -, -en〉 **1** Veröffentlichung von Inseraten in der Zeitung **2** 〈Bot.〉 Ansatz u. Art der Befestigung von Pflanzenteilen, z. B. des Blattes am Stängel **3** Ansatz u. Art der Befestigung, bes. von Muskeln u. Sehnen am Knochen **4** Ansatz der Nabelschnur an der Plazenta [<lat. *insertio* »Einfügung«]

In|side 〈[-saıd] m.; -s, -s; Sport; Fußb.; schweiz.〉 Innenstürmer [engl.]

In|si|der 〈[-saı-] m.; -s, -〉 jmd., der einen Bereich oder bestimmte Verhältnisse aus eigener Anschauung kennt, Eingeweihter; *Ggs* Outsider [engl.]

In|si|de|rin 〈[-saı-] f.; -, -rin|nen〉 weibl. Person, die einen Bereich oder bestimmte Verhältnisse aus eigener Anschauung kennt, Eingeweihte; *Ggs* Outsiderin

In|si|di|en 〈nur Pl.; veraltet〉 Nachstellungen, Hinterhalt [<lat. *insidiae*]

In|si|gni|en *auch:* **In|sig|ni|en** 〈nur Pl.〉 Abzeichen, Kennzeichen eines Herrschers od. hohen Würdenträgers (Zepter, Krone usw.) [<lat. *insignia* »Kennzeichen«]

In|si|mu|la|ti|on 〈f.; -, -en〉 (grundlose) Beschuldigung, Verdächtigung [<lat. *insimulatio*]

in|si|mu|lie|ren 〈V.〉 (grundlos) beschuldigen, verdächtigen [<lat. *insimulare*]

In|si|nu|ant 〈m.; -en, -en〉 **1** jmd., der Unterstellungen, Verdächtigungen äußert **2** jmd., der sich bei anderen einschmeichelt [→ *insinuieren*]

In|si|nu|a|ti|on 〈f.; -, -en〉 **1** Einschmeichelung, Zuträgerei **2** Eingabe **3** gerichtl. Zustellung (eines Schriftstücks) [<lat. *insinuatio*]

in|si|nu|ie|ren 〈V.〉 **1** unterstellen **2** vorlegen, eingeben **3** gerichtlich zustellen **4** *sich ~* sich einschmeicheln [<lat. *insinuare* »ins Innere dringen lassen, einschmeicheln«]

in|sis|tent 〈Adj.〉 beharrlich, hartnäckig; *ein ~er Fragensteller* [→ *insistieren*]

In|sis|tenz 〈f.; -; unz.〉 Unnachgiebigkeit, Standhaftigkeit, Beharrlichkeit; *ich kapituliere vor der ~, mit der er seine Forderungen vorträgt*

in|sis|tie|ren 〈V.〉 bestehen (auf), beharren (auf); *er insistierte darauf, den Bericht eigenhändig zu schreiben* [<lat. *insistere* »sich auf etwas stellen, bei etwas innehalten, beharren«]

in si|tu 〈geh.〉 an Ort u. Stelle, an der richtigen, ursprüngl. Stelle, am Fundort [lat., »in (natürlicher) Lage«]

in|skri|bie|ren 〈V.〉 einschreiben, in eine Liste eintragen; *sich in die Hörerliste an der Universität ~* [<lat. *inscribere* »einschreiben, aufschreiben«]

In|skrip|ti|on 〈f.; -, -en〉 **1** Eintragung (bes. in die Hörerliste) **2** Inschrift [<lat. *inscriptio* »Einschreibung, Inschrift, Aufschrift«]

In|so|la|ti|on 〈f.; -, -en〉 **1** 〈Meteor.〉 Strahlung der Sonne auf die Erde, Einstrahlung **2** 〈Med.〉 Sonnenstich [<lat. *insolare* »der Sonne aussetzen«; zu *sol* »Sonne«]

in|so|lent 〈a. [--'-] Adj.〉 ungebührlich, anmaßend, unverschämt, patzig [<lat. *insolens* »ungewohnt, übertrieben, frech«]

In|so|lenz 〈a. [--'-] f.; -; unz.〉 ungebührliches Benehmen, Unverschämtheit, Anmaßung [<lat. *insolentia* »Ungewohntheit, Übertriebenheit, Übermut«]

in|so|lie|ren 〈V.〉 den Sonnenstrahlen aussetzen [<lat. *insolare* »der Sonne aussetzen«; zu *sol* »Sonne«]

in|so|lu|bel 〈Adj.; Chemie〉 nicht löslich [<lat. *insolubilis*]

in|sol|vent 〈[-vɛnt] Adj.〉 zahlungsunfähig; *Ggs* solvent

In|sol|venz 〈[-vɛnts] f.; -; unz.〉 Zahlungsunfähigkeit; *Ggs* Solvenz

In|som|nie 〈f.; -; unz.; Med.〉 Schlaflosigkeit [<lat. *insomnia* »Schlaflosigkeit«]

In|sour|cing 〈[-sɔːsıŋ] n.; - od. -s; unz.; Wirtsch.〉 Übernahme von Zulieferungen od. Dienstleistungen, die vormals durch externe Firmen erbracht wurden, in das auftraggebende Unternehmen selbst, z. B. eigene Herstellung von Zulieferungsteilen, Übernahme von Vertriebs- od. Transportwegen; *Ggs* Outsourcing [<engl. *in* »innen, drinnen« + *source* »Quelle, Ursprung«]

in spe in Zukunft, (zu)künftig; *mein Schwiegersohn ~* [lat., »in der Hoffnung«]

◆ Die Buchstabenfolge **in|sp...** kann auch **ins|p...** getrennt werden.

◆ **In|spek|teur** 〈[-tøːr] m.; -s, -e〉 **1** Leiter einer Inspektion **2** Aufsichtsbeamter [<frz. *inspecteur*]

◆ **In|spek|ti|on** 〈f.; -, -en〉 **1** prüfende Besichtigung **2** Aufsicht, Überwachung **3** Prüf-, Aufsichtsstelle **4** Verwaltung, Behörde [<lat. *inspectio* »das Hineinsehen, Besichtigung«]

◆ **In|spek|tor** 〈m.; -s, -to|ren〉 **1** Aufsichtsführender **2** Aufseher, Verwaltungsbeamter [lat., »Betrachter, Besichtiger, Untersucher«]

◆ **In|spek|to|rin** 〈f.; -, -rin|nen〉 **1** Aufsichtsführende **2** Aufseherin, Verwaltungsbeamtin

◆ **In|spi|ra|ti|on** ⟨f.; -, -en⟩ **1** Anregung, Einfall **2** Erleuchtung, Eingebung; *eine plötzliche ~ haben* **3** Einatmung; *Ggs* Exspiration [<lat. *inspiratio* »das Einhauchen, Eingebung«]

◆ **in|spi|ra|tiv** ⟨Adj.⟩ auf Inspiration beruhend, sie fördernd; *diese Bibliothek hat eine ~e Atmosphäre*

◆ **In|spi|ra|tor** ⟨m.; -s, -to|ren⟩ jmd., der einen anderen inspiriert, Anreger [lat., »Einhaucher, Einflößer«]

◆ **in|spi|ra|to|risch** ⟨Adj.⟩ auf Inspiration (3) beruhend; *Ggs* exspiratorisch; *~e Geräusche*

◆ **in|spi|rie|ren** ⟨V.⟩ **1** *jmdn. (zu etwas) ~* jmdn. (zu etwas) anregen, (für etwas) begeistern, anfeuern **2** ⟨Theol.⟩ erleuchten [<lat. *inspirare* »einhauchen, einflößen«]

◆ **In|spi|zi|ent** ⟨m.; -en, -en⟩ **1** Aufsichtsführender (bes. bei Behörden) **2** ⟨Theat., Film, Fernsehen, Funk⟩ Mitarbeiter, der für den reibungslosen Ablauf der Aufführung sorgt [<lat. *inspiciens,* Part. Präs. zu *inspicere* »hineinsehen, besichtigen, untersuchen«]

◆ **In|spi|zi|en|tin** ⟨f.; -, -tin|nen⟩ weibl. Inspizient

◆ **in|spi|zie|ren** ⟨V.⟩ **1** prüfen, prüfend besichtigen **2** überwachen, beaufsichtigen [<lat. *inspicere* »hineinsehen, untersuchen«]

◆ **In|spi|zie|rung** ⟨f.; -, -en⟩ das Inspizieren, das Inspiziertwerden

> ◆ Die Buchstabenfolge **in|sta...** kann auch **ins|ta...** getrennt werden. Davon ausgenommen sind Zusammensetzungen, in denen die fremdsprachigen bzw. sprachhistorischen Bestandteile deutlich als solche erkennbar sind, z. B. *-stabil, -stabilität* (→*a.* destabilisieren, Destabilität).

in|sta|bil ⟨Adj.⟩ *Ggs* stabil **1** ⟨allg.⟩ nicht stabil, nicht beständig **2** ⟨Chemie⟩ *~e Verbindungen* V., die sich innerhalb kurzer Zeit zersetzen **3** ⟨Physik⟩ *~e Atomkerne* A., die sich durch radioaktiven Zerfall in andere Atomkerne umwandeln

In|sta|bi|li|tät ⟨f.; -; unz.⟩ instabile Beschaffenheit; *Ggs* Stabilität

◆ **In|stal|la|teur** ⟨[-tø:r] m.; -s, -e⟩ Handwerker für Installationen; *Heizungs~* [<*Installation* mit frz. Endung]

◆ **In|stal|la|teu|rin** ⟨[-tø:-] f.; -, -rin|nen⟩ Handwerkerin für Installationen

◆ **In|stal|la|ti|on** ⟨f.; -, -en⟩ **1** das Einrichten von techn. Anlagen in Gebäuden (Wasser, Heizung, Gas, Elektrizität, Lüftung usw.) **2** ⟨Rel.⟩ Einweisung (von Geistlichen) in ein Amt [→ *installieren*]

◆ **in|stal|la|tiv** ⟨Adj.⟩ die Installation betreffend, auf ihr beruhend

◆ **In|stal|ler** ⟨[-stɔ:lə(r)] m.; -s, -; EDV⟩ (meist auf CD-ROMs vorhandene) Software zur Programminstallation auf der Festplatte [zu engl. *install* »installieren, einbauen«]

◆ **in|stal|lie|ren** ⟨V.⟩ **1** einrichten, einbauen; *technische Anlagen ~* **2** ⟨EDV⟩ eine Anwendung, Software auf der Computerfestplatte einrichten **3** in ein kirchl. Amt einweisen [<frz. *installer* »einweisen, einrichten, einbauen«; zu *stalle* »Sitz, Stuhl, Verschlag«]

◆ **In|stant...** ⟨a. [-stənt-] in Zus.⟩ pulverisiert u. unmittelbar gebrauchsfertig; *Instantgetränk; Instantkaffee* [<engl. *instant* »sofortig, unmittelbar«]

◆ **in|stan|ti|sie|ren** ⟨V.⟩ *Lebensmittel ~* durch physikal. od. chem. Behandlung pulverförmige Extrakte aus Lebensmitteln herstellen [→ *Instant...*]

◆ **In|stant|ver|fah|ren** ⟨a. [-stənt-] n.; -s, -⟩ Verfahren zur Herstellung pulverförmiger Extrakte

◆ **In|stanz** ⟨f.; -, -en; Abk.: Inst.⟩ **1** ⟨allg.⟩ zuständige Behörde **2** ⟨Rechtsw.⟩ zuständige Stufe des gerichtl. Verfahrens; *über die Arbeitsreform in erster ~ entscheiden* [<mhd. *instancie* <mlat. *instantia* »(drängendes) Daraufbestehen; beharrl. Verfolgung einer Gerichtssache; zuständige Stelle, vor der man sein Begehren vorträgt«]

◆ **In|stan|zen|weg** ⟨m.; -(e)s; unz.⟩ Dienstweg; *den ~ gehen*

in|sta|ti|o|när ⟨Adj.; Physik⟩ nicht gleichbleibend, schwankend, sich zeitlich verändernd

in sta|tu nas|cen|di ⟨geh.⟩ im Zustand des Entstehens [lat.]

in sta|tu quo ⟨geh.⟩ im gegenwärtigen Zustand; →*a.* Status quo [lat., »in dem Zustande, in dem (eine Sache sich befindet)«]

in sta|tu quo an|te ⟨geh.⟩ im früheren Zustand; →*a.* Status quo ante [lat., »in dem Zustande, in dem (eine Sache sich) vorher (befand)«]

◆ **in|stau|rie|ren** ⟨V.; veraltet⟩ instand setzen, wiederherstellen, erneuern [<lat. *instaurare* »instand setzen, veranstalten, erneuern«]

> ◆ Die Buchstabenfolge **in|sti...** kann auch **ins|ti...** getrennt werden.

◆ **In|stil|la|ti|on** ⟨f.; -, -en⟩ Einträufelung, tropfenweises Einbringen eines Arzneimittels in den Körper [<lat. *instillatio* »Einträufelung«]

◆ **in|stil|lie|ren** ⟨V.⟩ einträufeln [<lat. *instillare* »einträufeln«; zu *stilla* »Tropfen«]

◆ **In|stinkt** ⟨m.; -(e)s, -e⟩ **1** Naturtrieb, der Menschen u. Tiere auf bestimmte Umweltreize ohne Überlegung handeln lässt, unbewusster Antrieb; *seinem ~ folgen, gehorchen; etwas aus ~ tun; damit werden die niedersten ~e geweckt; mütterlicher ~* **2** sicheres Gefühl, Ahnungsvermögen; *mit feinem ~ das Richtige treffen* [<mlat. *instinctus (naturae)* »Naturtrieb«]

◆ **in|stink|tiv** ⟨Adj.⟩ einem Instinkt folgend, gefühlsmäßig, unwillkürlich

◆ **in|sti|tu|ie|ren** ⟨V.⟩ **1** einrichten, einsetzen **2** unterweisen [<lat. *instituere* »einsetzen«]

◆ **In|sti|tut** ⟨n.; -(e)s, -e⟩ Anstalt, Einrichtung, die bes. der Ausbildung, Erziehung u. wissenschaftl. Arbeit dient [<lat. *institutum* »Einrichtung«]

◆ **In|sti|tu|ti|on** ⟨f.; -, -en⟩ **1** ⟨unz.⟩ Einsetzung, Einweisung (in ein Amt) **2** (staatl.) Einrichtung, z. B. Parlament **3** Stiftung, Gesellschaft **4** Anordnung, Unterweisung [→ *Institution*]

◆ **in|sti|tu|ti|o|na|li|sie|ren** ⟨V.⟩ zu einer Institution machen

◆ **In|sti|tu|ti|o|na|li|sie|rung** ⟨f.; -, -en⟩ das Institutionalisieren, Institutionalisiertwerden

◆ **in|sti|tu|ti|o|nell** ⟨Adj.⟩ aufgrund einer, durch eine Institution

> ◆ Die Buchstabenfolge **in|str...** kann auch **ins|tr..., inst|r...** getrennt werden.

◆ **in|stra|die|ren** ⟨V.⟩ **1** den Beförderungsweg bestimmen von **2** ⟨schweiz.⟩ auf den Weg schicken, auf die rechte Bahn bringen, leiten [<ital. *instradare* »auf den Weg bringen« <*in* »in, auf« + *strada* »Straße, Weg«]

◆ **in|stru|ie|ren** ⟨V.⟩ **1** in Kenntnis setzen (von), unterrichten (von) **2** Anweisungen, Verhaltensmaßregeln geben [<lat. *instruere* »aufschichten, ausrüsten, unterweisen«]

◆ **In|struk|teur** ⟨[-tøːr] m.; -s, -e⟩ jmd., der Instruktionen erteilt, anleitet, unterweist, schult [<frz. *instructeur* »Ausbilder« <lat. *instructor* »Zurüster«]

◆ **In|struk|ti|on** ⟨f.; -, -en⟩ **1** Anweisung, Verhaltensmaßregel **2** Unterricht (bes. beim Militär), Unterweisung [<lat. *instructio* »Herrichtung, Ausrüstung, Unterweisung«]

◆ **in|struk|tiv** ⟨Adj.⟩ lehrreich, einprägsam, eindringlich, aufschlussreich [<frz. *instructif* »belehrend, lehrreich«; → *instruieren*]

◆ **In|stru|ment** ⟨n.; -(e)s, -e⟩ **1** Gerät, Werkzeug (bes. für wissenschaftl. Untersuchungen); *Mess~; chirurgische ~e* **2** Mittel; *ein ~ der Macht* **3** ⟨Musik⟩ Musikinstrument, z. B. Geige, Gitarre; *ein ~ beherrschen, erlernen, spielen* [<lat. *instrumentum* »Gerät, Werkzeug«]

◆ **in|stru|men|tal** ⟨Adj.⟩ mit Instrumenten versehen, mit Hilfe von Instrumenten

◆ **In|stru|men|tal** ⟨m.; -s, -e; Gramm.⟩ = Instrumentalis

◆ **In|stru|men|ta|lis** ⟨m.; -, -ta|les; Gramm.⟩ Kasus (Deklinationsfall) des Mittels, antwortet auf die Frage »womit, wodurch« (im Deutschen nicht mehr vorhanden); *oV* Instrumental [<neulat. *casus instrumentalis* »Mittel od. Werkzeug bezeichnender Fall«]

◆ **in|stru|men|ta|li|sie|ren** ⟨V.⟩ **1** *jmdn. od. etwas ~* bewusst als Mittel zum Zweck einsetzen; *er instrumentalisiert seine Freunde für die Durchsetzung seiner Interessen* **2** ⟨Musik⟩ ein Gesangsstück zu einem Instrumentalstück umarbeiten

◆ **In|stru|men|ta|li|sie|rung** ⟨f.; -, -en⟩ das Instrumentalisieren, das Instrumentalisiertwerden

◆ **In|stru|men|ta|lis|mus** ⟨m.; -; unz.; Philos.⟩ von J. Dewey vertretene Variante des Pragmatismus

◆ **In|stru|men|ta|list** ⟨m.; -en, -en⟩ **1** ⟨Musik⟩ Spieler eines Instrumentes **2** ⟨Philos.⟩ Anhänger des Instrumentalismus

◆ **In|stru|men|ta|lis|tin** ⟨f.; -, -tinnen⟩ **1** ⟨Musik⟩ Spielerin eines Instrumentes **2** ⟨Philos.⟩ Anhängerin des Instrumentalismus

◆ **In|stru|men|tal|mu|sik** ⟨f.; -; unz.⟩ Musik für Instrumente (ohne Singstimme); *Ggs* Vokalmusik

◆ **In|stru|men|tal|satz** ⟨n.; -es, -sät|ze⟩ **1** ⟨Gramm.⟩ Adverbialsatz, durch den das Mittel zum Erreichen des im Hauptsatz bezeichneten Sachverhaltes ausgedrückt wird; *er half mit, »indem er das Einkaufen übernahm«; der Komiker erheiterte die Gesellschaft, »indem er ununterbrochen Witze erzählte«* **2** ⟨Musik⟩ Satz der Instrumentalmusik

◆ **In|stru|men|tar** ⟨n.; -s, -e⟩ *oV* Instrumentarium **1** alle zu einem bestimmten Zweck od. einer bestimmten (wissenschaftl.) Tätigkeit benötigten Instrumente, Instrumenteneinrichtung; *ärztl. ~* **2** ⟨Musik⟩ Gesamtbestand der verwendeten Musikinstrumente, z. B. einer Epoche

◆ **in|stru|men|ta|ri|sie|ren** ⟨V.⟩ zu einem Instrumentar machen

◆ **In|stru|men|ta|ri|sie|rung** ⟨f.; -, -en⟩ das Instrumentarisieren, Instrumentarisiertwerden

◆ **In|stru|men|ta|ri|um** ⟨n.; -s, -rien⟩ = Instrumentar

◆ **In|stru|men|ta|ti|on** ⟨f.; -, -en⟩ *Sy* Orchestration **1** die sinnvolle Verteilung der Stimmen eines Komponistenentwurfs auf die verschiedenen Orchesterinstrumente **2** Einrichtung eines Musikstücks für Orchester

◆ **In|stru|men|ta|tiv** ⟨n.; -s, -e [-və]; Gramm.⟩ Verb, das das Instrument der Handlung mitbezeichnet, z. B. hämmern, sägen

◆ **in|stru|men|tell** ⟨Adj.⟩ mit Hilfe von Instrumenten; *ein ~es Verfahren*

◆ **in|stru|men|tie|ren** ⟨V.⟩ *Sy* orchestrieren **1** *ein Musikstück ~* vom Entwurf einer Komposition die Stimmen sinnvoll auf die Orchesterinstrumente verteilen **2** (nachträglich) für Orchester einrichten

In|sub|or|di|na|ti|on ⟨a. ['------] f.; -, -en⟩ Gehorsamsverweigerung (im Dienst), Auflehnung gegen Vorgesetzte; *Ggs* Subordination (1)

in|suf|fi|zi|ent ⟨Adj.⟩ ungenügend, unzureichend, nicht voll leistungsfähig; *Ggs* suffizient [<lat. *insufficiens* »unzureichend«]

In|suf|fi|zi|enz ⟨f.; -, -en⟩ *Ggs* Suffizienz **1** Unzulänglichkeit, Unvermögen **2** Unfähigkeit, Gläubiger zu befriedigen **3** unzureichende Leistungsfähigkeit (eines Organs); *Herz~* [<lat. *insufficientia* »Unzulänglichkeit«]

In|su|la|ner ⟨m.; -s, -⟩ Bewohner einer Insel; *Südsee~* [<lat. *insulanus* »Inselbewohner«; zu *insula* »Insel«]

In|su|la|ne|rin ⟨f.; -, -rin|nen⟩ Bewohnerin einer Insel [<lat. *insulanus* »Inselbewohner«; zu *insula* »Insel«]

in|su|lar ⟨Adj.⟩ eine Insel betreffend, einer Insel ähnlich [<lat. *insularis*]

In|su|lin ⟨n.; -s; unz.; Biochemie⟩ vom Inselorgan der Bauchspeicheldrüse gebildetes Hormon, das den Blutzuckerspiegel senkt [<lat. *insula* »Insel«, nach den Langerhans'schen Inseln]

In|su|lin|ein|heit ⟨f.; -, -en; Abk.: I. E.; Med.⟩ Insulinmenge von 0,04167 mg eines internationalen Standardpräparates

In|su|lin|schock ⟨m.; -s, -s; Med.⟩ durch zu hohe Insulingaben od. bei einer Geschwulst des Inselorgans eintretender Schockzustand, Behandlungsmethode bei Schizophrenie u. endogenen Depressionen; →*a.* Hypoglykämie

In|sult ⟨m.; -(e)s, -e⟩ **1** ⟨Rechtsw.⟩ Beleidigung, Beschimpfung; *oV* Insultation **2** ⟨Med.⟩ Anfall, Schädigung, Verletzung [<frz. *insulte* »Beleidigung« <lat. *insultare* »verspotten«]

In|sul|ta|ti|on ⟨f.; -, -en; Rechtsw.⟩ = Insult (1)

in|sul|tie|ren ⟨V.⟩ beleidigen, beschimpfen, angreifen [<lat. *insultare* »verspotten«]

in sum|ma ⟨geh.⟩ **1** alles zusammen, im Ganzen, insgesamt **2** ⟨fig.⟩ mit einem Wort [lat., »in der Gesamtheit«]

In|sur|gent ⟨m.; -en, -en; geh.⟩ Aufrührer, Aufständischer, Empörer [<lat. *insurgens,* Part. Präs. zu *insurgere* »sich erheben«]

in|sur|gie|ren ⟨V.⟩ aufwiegeln, zum Aufstand reizen [<lat. *insurgere*]

In|sur|rek|ti|on ⟨f.; -, -en; geh.⟩ Aufruhr, Aufstand, bewaffnete Empörung [<lat. *insurrectio*]

in sus|pen|so ⟨Adj.⟩ zweifelhaft, unentschieden, strittig [lat.]

in|sze|na|to|risch ⟨Adj.⟩ zu einer Inszenierung gehörend, sie betreffend

in|sze|nie|ren ⟨V.⟩ **1** ⟨Theat.; Film; TV; Funk⟩ in Szene setzen, die Aufführung (eines dramatischen Werkes) technisch u. künstlerisch vorbereiten u. leiten; *er hat eine neue Komödie inszeniert* **2** ⟨fig.⟩ ins Werk setzen, hervorrufen; *einen Skandal ~* [<*in...*[1] + *Szene*]

In|sze|nie|rung ⟨f.; -, -en⟩ techn. u. künstler. Vorbereitung, Gestaltung u. Leitung einer Theateraufführung

In|ta|glio *auch:* **In|tag|lio** ⟨[-taljo] n.; -s, -gli|en [-jən]⟩ = Gemme [ital.]

in|takt ⟨Adj.⟩ unbeschädigt, unversehrt, unberührt [<lat. *intactus* »unberührt«]

In|tar|sie ⟨[-sjə] f.; -, -n⟩ Einlegearbeit, Verzierung (von Holzgegenständen, bes. Möbeln) durch andersfarbiges Holz, Perlmutt, Elfenbein u. Ä. [<ital. *intarsiare* »eingelegte Arbeit fertigen« <*tarsia* »Einlegearbeit« <arab. *tarsi* »Einlegearbeit«]

in|tar|sie|ren ⟨V.⟩ mit Intarsien verzieren

in|te|ger ⟨Adj.⟩ **1** unversehrt, unberührt **2** rein, makellos, rechtschaffen, redlich; *ein integrer Charakter* [lat., »unberührt, unversehrt«]

◆ Die Buchstabenfolge **in|te|gr...** kann auch **in|teg|r...** getrennt werden.

◆ **in|te|gral** ⟨Adj.⟩ ein Ganzes ausmachend, für sich bestehend, vollständig [<mlat. *integralis* »ein Ganzes ausmachend«; → *integer*]

◆ **In|te|gral** ⟨n.; -s, -e; Zeichen: ∫; Math.⟩ ~ *von* x_0 *bis x über f(x)dx* die Summe aller Produkte f(x)dx, die man erhält, wenn man für x nach u. nach alle zwischen x u. x_0 liegenden Zahlen setzt

◆ **In|te|gral|bau|wei|se** ⟨f.; -, -n; Technik⟩ vor allem im Flugzeugbau angewandtes Konstruktionsverfahren, bei dem große Rumpf- u. Flügelteile in einem Stück hergestellt werden

◆ **In|te|gral|glei|chung** ⟨f.; -, -en; Math.⟩ Gleichung, bei der sich die variable Größe innerhalb eines Integrals befindet; *eine ~ 1. Art; lineare ~*

◆ **In|te|gral|helm** ⟨m.; -s, -e⟩ den Kopf u. das Kinn bedeckender Sturzhelm für Motorradfahrer

◆ **In|te|gral|rech|nung** ⟨f.; -; unz.; Math.⟩ Zweig der Analysis (1), der sich mit der Untersuchung der Integrale von Funktionen u. der Berechnung des Inhalts von Flächen u. Körpern beschäftigt, die von beliebigen Kurven begrenzt werden; →*a.* Differenzialrechnung

◆ **In|te|grand** ⟨m.; -en, -en⟩ die Größe f(x) eines Integrals [<lat. *integrandus* »was zu integrieren ist«; zu *integrare* »integrieren«]

◆ **In|te|gra|ti|on** ⟨f.; -, -en⟩ **1** Herstellung eines Ganzen, Zusammenschluss, Vereinigung; *Ggs* Desintegration **2** ⟨Math.⟩ Berechnung des Integrals **3** ⟨Wirtsch.⟩ Zusammenschluss zu einem einheitl., übernationalen Marktgebiet **4** ⟨Politik⟩ Aufeinanderabstimmung der Ziele (z. B. in der EU, in der NATO); *europäische ~* Zusammenarbeit europäischer Staaten durch Bildung übernationaler Organe **5** ⟨Sprachw.⟩ Verschmelzung verschiedener Sprachen od. Mundarten zu einer gemeinsamen Schriftsprache [<lat. *integratio* »Wiederherstellung eines Ganzen«; → *integer*]

◆ **In|te|gra|ti|ons|grad** ⟨m.; -(e)s, -e⟩ Maß für die Packungsdichte elektronischer Bauelemente (je höher der Integrationsgrad, um so leistungsfähiger u. kleiner werden die entsprechenden Schaltungen)

◆ **In|te|gra|ti|ons|pro|zess** ⟨m.; -es, -e⟩ Prozess der Integration; *der ~ gerät ins Stocken, ist weit fortgeschritten, muss gefördert werden*

◆ **in|te|gra|tiv** ⟨Adj.⟩ integrierend, einfügend; *~e Gesamtschule* Typ der Gesamtschule, bei dem die verschiedenen Schularten zusammengefügt sind, der Unterricht findet in leistungsdifferenzierenden Kursen statt; *Ggs* additive G., kooperative G.

◆ **In|te|gra|tor** ⟨m.; -s, -to|ren⟩ Rechenmaschine zur automat. Ausführung von Integrationsrechnungen

◆ **in|te|grier|bar** ⟨Adj.⟩ so beschaffen, dass man es integrieren kann, integrationsfähig

◆ **in|te|grie|ren** ⟨V.⟩ **1** zu einem Ganzen bilden, ergänzen, vervollständigen; *~d* zum Ganzen notwendig, zur Vervollständigung erforderlich, wesentlich; *ein ~der Bestandteil* **2** das Integral berechnen von [<lat. *integrare* »wiederherstellen, ergänzen«; → *integer*]

◆ **in|te|grie|rend** ⟨Adj.⟩ für das Ganze notwendig, unerlässlich; *ein ~er Bestandteil*

◆ **In|te|grier|ge|rät** ⟨n.; -(e)s, -e⟩ einfache Zählvorrichtung für Integrationsaufgaben geringen Schwierigkeitsgrades

◆ **in|te|griert** ⟨Adj.⟩ **1** einbezogen, eingefügt, ergänzt **2** *~e Ge-*

samtschule weiterführende Schulform, die neben Unterricht, der für die gesamte Klasse erteilt wird, Fachkurse mit unterschiedlichen Leistungsstandards anbietet u. die Trennung zwischen Hauptschule, Realschule u. Gymnasium aufhebt **3** *~e Schaltung* ⟨Abk.: IC⟩ elektron. Schaltung, bei der zahlreiche Transistoren u. andere Bauelemente auf einer gemeinsamen Grundplatte zu einer Einheit zusammengefasst sind

◆ **In|te|grie|rung** ⟨f.; -, -en⟩ das Integrieren, Integriertwerden

◆ **In|te|gri|tät** ⟨f.; -; unz.⟩ **1** Vollständigkeit **2** Unversehrtheit, Unberührtheit **3** Reinheit, Makellosigkeit, Rechtschaffenheit, Redlichkeit [<lat. *integritas* »Unversehrtheit«]

I

In|te|gu|ment ⟨n.; -s, -e⟩ **1** ⟨Bot.⟩ Hülle des Samens **2** ⟨Zool.⟩ Haut, Körperdecke [<lat. *integumentum* »Bedeckung, Decke, Hülle«]

In|tel|lekt ⟨m.; -(e)s; unz.⟩ Verstand, Denkvermögen [<lat. *intellectus* »Wahrnehmung, Einsicht«]

in|tel|lek|tu|al ⟨Adj.⟩ den Intellekt betreffend, von ihm ausgehend

in|tel|lek|tu|a|li|sie|ren ⟨V.⟩ **1** einer intellektuellen Betrachtung unterziehen, intellektuell erfassen, untersuchen **2** etwas auf unangemessene u. einseitige Weise rein intellektuell betrachten; *er muss jedes Thema immer gleich ~*

In|tel|lek|tu|a|lis|mus ⟨m.; -; unz.⟩ **1** Auffassung, die dem Verstand vor den Willens- u. Gemütskräften den Vorrang gibt; →*a.* Voluntarismus **2** einseitig verstandesmäßiges Denken

In|tel|lek|tu|a|list ⟨m.; -en, -en⟩ Anhänger des Intellektualismus

in|tel|lek|tu|a|lis|tisch ⟨Adj.⟩ auf dem Intellektualismus beruhend, den Verstand übermäßig betonend

In|tel|lek|tu|a|li|tät ⟨f.; -; unz.⟩ Verstandesmäßigkeit, Fähigkeit des intellektuellen Erfassens

in|tel|lek|tu|ell ⟨Adj.⟩ **1** den Intellekt betreffend, auf ihm beruhend **2** den Verstand, das Verstandesmäßige betonend, betont geistig [<frz. *intellectuel* »verstandesmäßig, geistig« <lat. *intellectualis* »geistig«]

In|tel|lek|tu|el|le(r) ⟨f. 2 (m. 1)⟩ Verstandesmensch, Geistesarbeiter, Wissenschaftler, Akademiker

In|tel|li|gence Ser|vice ⟨[ɪntɛlɪdʒəns sœ:vɪs] m.; - -; unz.⟩ brit. Geheim- u. Nachrichtendienst [<engl. *intelligence* »Intelligenz; Information« + *service* »Dienst«]

in|tel|li|gent ⟨Adj.⟩ **1** einsichtsvoll **2** schnell auffassend, klug, geistig begabt [<lat. *intelligens* »einsichtsvoll, verständig«]

In|tel|li|genz ⟨f.; -; unz.⟩ **1** Einsicht **2** rasche Auffassungsgabe, Klugheit, geistige Begabung, Verstandeskraft **3** Gesamtheit der geistig Schaffenden [<lat. *intelligentia* »Begriff, Idee, Einsicht, Verständnis«]

In|tel|li|genz|al|ter ⟨n.; -s, -⟩ mit einem Intelligenztest ermittelte Höhe der Intelligenz, die der eines durchschnittlich begabten Menschen in einem bestimmten Alter entspricht

In|tel|li|genz|bes|tie ⟨[-tjə] f.; -, -n; umg.⟩ jmd., der sehr intelligent ist (u. dazu sehr selbstbewusst auftritt); *woher soll ich das wissen, ich bin ja keine ~!* ⟨umg.; scherzh.⟩

In|tel|li|gen|zia ⟨f.; -; unz.⟩ **1** Gesamtheit der Intellektuellen in den sozialist. Staaten **2** ⟨abwertend⟩ intellektuelle Elite eines Landes [<russ. *intelligenzija*]

In|tel|li|genz|ler ⟨m.; -s, -; abwertend⟩ jmd., der zur Intelligenz (3) gehört

In|tel|li|genz|quo|ti|ent ⟨m.; -en, -en; Abk.: IQ⟩ aus dem Verhältnis Intelligenzalter : Lebensalter errechnetes Maß für die Höhe der Intelligenz

In|tel|li|genz|test ⟨m.; -(e)s, -e od. -s⟩ psychodiagnostisches Verfahren zur Prüfung der Intelligenz

in|tel|li|gi|bel ⟨Adj.⟩ nur gedanklich, nicht anschaulich erfassbar, nicht sinnlich wahrnehmbar; *die intelligible Welt* die nur geistig wahrnehmbare Ideenwelt [<lat. *intelligibilis* »sinnlich wahrnehmbar, verständlich, begreiflich«]

INTELSAT von einem internationalen Fernmeldekonsortium im Weltraum stationierte Nachrichtensatelliten, mit denen ein weltumspannendes Funk- u. Fernsehnetz aufgebaut wird [verkürzt <*International Telecommunications Satellite Organization*]

In|ten|dant ⟨m.; -en, -en⟩ **1** militär. Verwaltungsbeamter, Vorsteher einer Intendantur **2** Leiter eines Theaters od. Rundfunksenders **3** = Präfekt (3) [frz., »Aufseher, Verwalter«, <lat. *intendere* »seine Aufmerksamkeit auf etwas richten«]

In|ten|dan|tin ⟨f.; -, -tin|nen⟩ weibl. Intendant

In|ten|dan|tur ⟨f.; -, -en⟩ **1** Amt eines Intendanten **2** ⟨früher⟩ Wirtschaftsverwaltungsbehörde, Verwaltungsbehörde des Heeres

In|ten|danz ⟨f.; -, -en⟩ **1** Leitung eines Theaters od. eines Rundfunksenders **2** Amtsräume eines Theater- od. Rundfunkintendanten

in|ten|die|ren ⟨V.⟩ beabsichtigen, neigen zu, erstreben; *oV* intentionieren [<lat. *intendere* »seine Aufmerksamkeit auf etwas richten«]

In|ten|si|me|ter ⟨n.; -s, -; Physik⟩ Gerät zum Messen der Strahlenintensität, bes. von Röntgenstrahlen [<lat. *intensio* »Spannung« + ...*meter*]

In|ten|si|on ⟨f.; -, -en⟩ **1** Anspannung der inneren Kräfte, erhöhte innere Wirksamkeit **2** ⟨Logik⟩ *~ eines Begriffs* Inhalt, Gesamtheit der inhaltlichen Merkmale eines Begriffs; →*a.* Intention [<lat. *intensio* »Spannung«]

in|ten|si|o|nal ⟨Adj.⟩ **1** in der Art einer Intension, sie betreffend; *Ggs* extensional (1) **2** ⟨Math.⟩ trotz äußerl. Unterschiede inhaltsgleich; *Ggs* extensional (2)

In|ten|si|tät ⟨f.; -; unz.⟩ *oV* Intensivität **1** (innere) Anspannung, gespannte, gesteigerte Kraft, Eindringlichkeit; *Ggs* Extensität (1) **2** Ausmaß, Wirkungsstärke (einer Kraft) **3** Stärke, Leuchtkraft (von Farben, Tönen) **4** ⟨Physik; veraltet⟩ in bestimmten Einheiten gemessener Grad einer Kraft

in|ten|si̱v ⟨Adj.⟩ **1** angespannt, angestrengt; ~ *arbeiten* **2** stark kräftig; *~e Wirkung* **3** *~e Landwirtschaft* L. mit hoher Bodennutzung, hohem Aufwand u. Ertrag; *Ggs* extensive Landwirtschaft **4** tief, leuchtkräftig; *~e Farben* [<frz. *intensif* »eindringlich, stark«]

in|ten|si|vie|ren ⟨[-vi̱:-] V.⟩ erhöhen, steigern, verstärken; *Ggs* extensivieren

In|ten|si|vi|tä̱t ⟨[-vi-] f.; -; unz.⟩ = Intensität

In|ten|si̱v|kurs ⟨m.; -es, -e⟩ Kurs, in dem aufgrund intensiven Unterrichts in kurzer Zeit umfassende Kenntnisse vermittelt werden

In|ten|si̱v|sta|ti|o̱n ⟨f.; -, -en; Med.⟩ Krankenhausstation zur Betreuung u. Überwachung lebensgefährlich erkrankter Personen unter Anwendung entsprechender Sofortmaßnahmen

In|ten|si̱|vum ⟨[-vum] n.; -s, -si̱|va [-va]; Gramm.⟩ die Verstärkung eines Geschehens ausdrückendes Verb, z. B. »lauschen« zu »hören« [neulat.; zu lat. *intensus* »gespannt«]

In|ten|ti|o̱n ⟨f.; -, -en⟩ **1** Absicht, Bestreben, Vorhaben, Plan, klarer Wille **2** Wundheilung; →*a.* Intension [<lat. *intentio* »Spannung, Aufmerksamkeit, Achtsamkeit«]

in|ten|ti|o|na̱l ⟨Adj.⟩ **1** zweckbestimmt **2** auf etwas gerichtet, hinzielend [→ *Intention*]

In|ten|ti|o|na|li̱s|mus ⟨m.; -; unz.; Philos.⟩ Lehre, nach der nicht die Wirkung, sondern nur die Absicht einer Handlung für deren moralische Bewertung ausschlaggebend ist

In|ten|ti|o|na|li|tä̱t ⟨f.; -; unz.⟩ Zielgerichtetsein, Zielstrebigkeit

in|ten|ti|o|ne̱ll ⟨Adj.⟩ zielgerichtet, zweckbestimmt

in|ten|ti|o|nie̱|ren ⟨V.⟩ = intendieren

in|ter..., In|ter... ⟨in Zus.⟩ zwischen..., Zwischen... [<lat. *inter* »zwischen, unter«]

in|ter|agie̱|ren ⟨V.⟩ Interaktionen betreiben, aufeinander bezogen handeln; *die Schüler müssen lernen, besser zu ~*

In|ter|ak|ti|o̱n ⟨f.; -, -en⟩ **1** Wechselwirkung, wechselseitige Beeinflussung von Individuen od. Gruppen **2** wechselweises Vorgehen

in|ter|ak|ti̱v ⟨Adj.⟩ **1** in der Art einer Interaktion, auf ihr beruhend; *~es Handeln; ~es Lernen* **2** verknüpfend, verbindend, sich gegenseitig ergänzend; *~e Medien*

In|ter|ak|ti|vi|tä̱t ⟨[-vi-] f.; -, -en⟩ das Interaktivsein, das Interagieren

i̱n|ter|al|li|iert ⟨a. [----'-] Adj.⟩ mehrere Verbündete betreffend, mehreren Verbündeten gemeinsam

In|ter|ci|ty® ⟨[-sɪtɪ] m.; -s, -s; Abk.: IC®; kurz für⟩ Intercityzug

In|ter|ci|ty|ex|press® ⟨[-sɪtɪ-] m.; - od. -es, -e; Pl. selten; Abk.: ICE®; kurz für⟩ Intercityexpresszug

In|ter|ci|ty|ex|press|zug ⟨[-sɪtɪ-] m.; -(e)s, -zü|ge; Abk.: ICE®⟩ Eisenbahnzug der Deutschen Bahn AG, der mit einer Höchstgeschwindigkeit von 250 km/h gefahren wird [<lat. *inter* »zwischen« + engl. *city* »Stadt« + *Express*]

In|ter|ci|ty|zug ⟨[-sɪtɪ-] m.; -(e)s, -zü|ge; Abk.: IC®⟩ zwischen bestimmten Großstädten verkehrender Schnellzug [<*Inter...* + engl. *city* »Stadt« + *Zug*]

In|ter|den|ta̱l ⟨m.; -s, -e; Phon.⟩ zwischen den Zähnen gebildeter Laut, z. B. engl. »th«

in|ter|de|par|te|men|ta̱l ⟨Adj.; schweiz.⟩ die Kooperation zwischen mehreren Ministerien betreffend

in|ter|de|pen|de̱nt ⟨Adj.⟩ wechselseitig abhängig

In|ter|de|pen|de̱nz ⟨f.; -, -en⟩ gegenseitige Abhängigkeit, Verflochtensein durch Abhängigkeit [<*Inter...* + *Dependenz*]

In|ter|di̱kt ⟨n.; -(e)s, -e⟩ Verbot gottesdienstl. Handlungen (als Kirchenstrafe) [<lat. *interdictum* »Verbot«]

In|ter|dik|ti|o̱n ⟨f.; -, -en⟩ **1** Verbot, Untersagung **2** Entmündigung [<lat. *interdictio* »Verbot«]

in|ter|dis|zi|pli|nä̱r *auch:* **in|ter|dis|zip|li|nä̱r** ⟨Adj.⟩ mehrere Disziplinen umfassend; *~e Forschung*

In|ter|dis|zi|pli|na|ri|tä̱t *auch:* **In|ter|dis|zip|li|na|ri|tä̱t** ⟨f.; -; unz.⟩ **1** Zusammenarbeit zwischen mehreren Disziplinen **2** das Interdisziplinärsein

in|ter|di|zie̱|ren ⟨V.; veraltet⟩ verbieten, untersagen [<lat. *interdicere*]

◆ Die Buchstabenfolge **in|ter|e...** kann auch **in|te|re...** getrennt werden.

◆ **in|ter|es|sa̱nt** ⟨Adj.⟩ **1** Interesse weckend od. fordernd **2** beachtenswert, bedeutend, anregend; *ein ~er Mensch* **3** aufschlussreich; *das ist mir sehr ~!; der Hinweis, ihre Mitteilung war sehr ~* **4** fesselnd, spannend, unterhaltend; *ein ~es Theaterstück; ~ erzählen; jetzt wird's erst ~* **5** außergewöhnlich, eigenartig, auffällig; *sich ~ machen* **6** ⟨Kaufmannsspr.⟩ vorteilhaft; *ein ~es Angebot; das Angebot ist nicht ~* [<frz. *intéressant* »interessant, anziehend, fesselnd«]

Interesse (*Worttrennung am Zeilenende*) Bei fremdsprachigen Zusammensetzungen, deren einzelne Bestandteile für den deutschen Muttersprachler nicht unbedingt ersichtlich sind, kann zwischen den einzelnen Bestandteilen (Morphemen) getrennt werden. Möglich ist aber auch die Worttrennung nach Sprechsilben.

◆ **In|ter|e̱s|se** ⟨n.; -s, -n⟩ **1** Aufmerksamkeit, Beachtung; *großes, geringes, lebhaftes, reges, wachsendes ~* **2** Anteilnahme, Wissbegierde; *~ erregen, erwecken, zeigen; ihr besonderes ~ gilt der modernen Malerei; ich habe kein ~ an diesem Konzert; etwas mit großem ~ verfolgen* **3** Wunsch, etwas zu tun, Neigung; *ich habe das ~ daran verloren; geistige, literarische, sportliche ~n; gemeinsame ~n; etwas aus ~ tun; ~ für Kammermusik* **4** Vorteil, Nutzen; *im ~*

I

des Kunden, des Verbrauchers; sollten unsere ~n in diesem Punkt auseinandergehen, so…; jmds. ~n vertreten, wahren, wahrnehmen; er denkt nur an sein eigenes ~; er hat gegen das ~ seiner Firma gehandelt; in jmds. ~ handeln; das ist für mich nicht von ~ **5** ⟨Kaufmannsspr.⟩ Nachfrage; *für diesen Artikel besteht kein, starkes, wenig ~* **6** ⟨Kaufmannsspr.; nur Pl.; veraltet⟩ Zinsen [<lat. *interesse* »sich dazwischen befinden, dabei sein, teilnehmen« <*inter* »(da)zwischen« + *esse* »sein«]

◆**In|ter|es|sen|sphä|re** ⟨f.; -, -n⟩ Einflussgebiet (von Staaten)

◆**In|ter|es|sent** ⟨m.; -en, -en⟩ jmdn., der Interesse an etwas hat, Bewerber, Kauflustiger; *~en werden gebeten …*

◆**In|ter|es|sen|tin** ⟨f.; -, -tin|nen⟩ Frau, die Interesse an etwas hat, Bewerberin

◆**in|ter|es|sie|ren** ⟨V.⟩ **1** *jmdn. ~* jmds. Interesse erregen **2** *sich für etwas ~* Interesse (2, 3) für etwas haben, etwas kennenlernen oder haben wollen; *sich für Kunst, für eine Ware ~* **3** *sich für jmdn. ~* jmdn. kennen lernen wollen **4** *jmdn. für eine Sache ~* jmds. Aufmerksamkeit, Anteilnahme auf eine Sache lenken, bewirken, dass sich jmd. für eine Sache einsetzt **5** *interessiert sein* aufgeschlossen sein; *vielseitig interessiert* für viele Dinge Interesse (1, 2) habend **6** *an etwas interessiert sein* sich mit etwas beschäftigen, etwas haben wollen [<frz. *intéresser* »interessieren, Anteil nehmen«]

◆**in|ter|es|siert** ⟨Adj.⟩ Interesse u. Anteilnahme bekundend, geistig rege u. aufgeschlossen; *ein sehr ~er Schüler*

◆**In|ter|es|siert|heit** ⟨f.; -; unz.⟩ das Interessiertsein (an etwas); *materielle ~* materielles Interesse

In|ter|face ⟨[-fɛɪs] n.; -s [-fɛɪsɪz], -s [-fɛɪsɪz]; EDV⟩ (standardisierte) Übergangsstelle zwischen zwei Bereichen eines Computersystems [engl., »Grenzfläche«]

in|ter|fas|zi|ku|lär ⟨Adj.⟩ zum innerhalb der Markstrahlen liegenden Kambiumbereich gehörend [<*inter…* + lat. *fascis* »Bund, Bündel«]

In|ter|fe|renz ⟨f.; -, -en⟩ **1** ⟨Physik⟩ durch die Überlagerung mehrerer Wellenzüge, die von der gleichen Quelle ausgehen, auftretende Erscheinungen, z. B. Verstärkung der Wellen an bestimmten Orten u. Schwächung an anderen **2** ⟨Sprachw.⟩ gegenseitiger Einfluss von verschiedenen Sprachen aufeinander, Überlagerung, Überschneidung [<*Inter…* + lat. *ferre* »tragen«]

In|ter|fe|renz|far|be ⟨f.; -, -n⟩ durch Brechung und Reflexion von Licht an der Oberfläche fester Stoffe od. beim Durchgang von Licht durch lichtdurchlässige Körper ausgelöste Farberscheinung

in|ter|fe|rie|ren ⟨V.⟩ **1** sich überlagern, überschneiden **2** sich gegenseitig beeinflussen [→ *Interferenz*]

In|ter|fe|ro|me|ter ⟨n.; -s, -; Physik⟩ Gerät, das die Interferenz von Lichtquellen (od. Schallwellen) für Messungen ausnützt [<*Interferenz* + *…meter*]

In|ter|fe|ro|me|trie *auch:* **In|ter|fe|ro|met|rie** ⟨f.; -; unz.⟩ Messverfahren mit Hilfe eines Interferometers

in|ter|fe|ro|me|trisch *auch:* **in|ter|fe|ro|met|risch** ⟨Adj.; Physik⟩ die Interferometrie betreffend, zu ihr gehörig, mit Hilfe der Interferenz messend

In|ter|fe|ron ⟨n.; -s, -e; Med.⟩ Stoff, der in einer von Viren infizierten Zelle gebildet wird, zum Zweck der gegenseitigen Selbsthemmung (neuerdings gegen durch Viren hervorgerufene Krebskrankheiten eingesetzt)

In|ter|flow ⟨[-floʊ] m.; -s, -s; Geol.⟩ unterirdischer, oberflächennaher Wasserabfluss, der noch nicht das Grundwasser erreicht [<*Inter…* + engl. *flow* »Fluss«]

in|ter|frak|ti|o|nell ⟨Adj.⟩ mehrere Parteifraktionen betreffend, ihnen gemeinsam, zwischen ihnen stattfindend

In|ter|fri|go ⟨f.; -; unz.⟩ europäische Organisation zur Abwicklung von Kühltransporten auf dem Schienenweg [<*Inter…* + lat. *frigus* »Kälte, Frost, Kühlung«]

in|ter|ga|lak|tisch ⟨Adj.⟩ zwischen den Galaxien

in|ter|gla|zi|al ⟨Adj.⟩ zwischen den Eiszeiten, aus der Interglazialzeit stammend

In|ter|gla|zi|al ⟨n.; -s, -e; kurz für⟩ Interglazialzeit

In|ter|gla|zi|al|zeit ⟨f.; -, -en⟩ zwischen den Eiszeiten liegender, warmer Zeitabschnitt, Zwischenzeit, Warmzeit; *Sy* Interglazial

In|ter|ho|tel ⟨n.; -s, -s; DDR⟩ Hotel der besseren Kategorie [verkürzt <*inter*national + *Hotel*]

In|te|ri|eur ⟨[ɛ̃teriøːr] n.; -s, -s od. -e⟩ **1** Inneres, Innenraum; *Ggs* Exterieur (1) **2** Ausstattung, Gestaltung eines Innenraums **3** ⟨Mal.⟩ Darstellung eines Innenraums [zu frz. *intérieur* »innere(r, -s), inwendig«]

In|te|rim ⟨n.; -s, -s⟩ Zwischenzeit, vorläufiger Zustand [lat., »inzwischen«]

in|te|ri|mis|tisch ⟨Adj.⟩ **1** zeitweilig **2** einstweilig, vorläufig, vorübergehend

In|te|rim|spra|che ⟨f.; -; unz.; Sprachw.⟩ Zwischenstadium beim Erlernen einer Fremdsprache, in dem die neue Sprache zwar noch nicht beherrscht wird, jedoch bereits Grundkenntnisse vorhanden sind

in|ter|in|di|vi|du|ell ⟨[-vi-] Adj.⟩ auf die Merkmale u. Unterschiede zwischen Personen hinsichtlich ihrer Individualität bezogen; *~e psychologische Merkmale beschreiben; eine ~e Schwankungsbreite*

In|ter|jek|ti|on ⟨f.; -, -en; Gramm.⟩ Ausruf zum Ausdruck von Freude, Schreck, Schmerz, Erstaunen, Bedauern usw., Empfindungswort, z. B. ach!, au!, oh! [<lat. *interiectio* »das Dazwischenwerfen«]

in|ter|jek|ti|o|nell ⟨Adj.; Gramm.⟩ in der Art einer Interjektion, eine Interjektion betreffend, zu ihr gehörig

in|ter|ka|lar ⟨Adj.⟩ eingeschaltet (von Schaltjahren), Schalt… [<lat. *intercalaris* »Schalt…«; zu *intercalare* »einschalten, einschieben«]

In|ter|ko|lum|ni|um ⟨n.; -s, -ni|en; Arch.⟩ Zwischenraum zwischen zwei Säulen [<lat. *intercolumnium* »Raum zwischen zwei Säulen, Säulenweite« <lat. *inter* »zwischen« + *columna* »Säule«]

in|ter|kom|mu|nal ⟨Adj.⟩ zwischen mehreren Gemeinden bestehend; *ein ~es Abkommen treffen*

in|ter|kon|fes|si|o|nell ⟨Adj.⟩ mehrere Konfessionen, ihr Verhältnis zueinander betreffend; *~er Gesprächskreis*

in|ter|kon|ti|nen|tal ⟨Adj.⟩ mehrere Kontinente betreffend, ihnen gemeinsam, sie verbindend

In|ter|kon|ti|nen|tal|ra|ke|te ⟨f.; -, -n⟩ (Nuklear-)Rakete, die einen anderen Erdteil erreichen kann

in|ter|kos|tal ⟨Adj.; Med.⟩ zwischen den Rippen liegend [<*inter...* + *kostal*]

in|ter|krus|tal ⟨Adj.; Geol.⟩ innerhalb der Erdkruste gebildet od. abgelagert; *Sy* intrakrustal; *Ggs* superkrustal; *~es Gestein*

in|ter|kul|tu|rell ⟨Adj.⟩ mehrere Kulturen betreffend, ihnen gemeinsam, sie verbindend; *ein ~er Austausch*

in|ter|kur|rent ⟨Adj.⟩ dazwischentretend, hinzukommend [<lat. *intercurrere* »dazwischenlaufen, dazukommen«]

In|ter|leu|kin ⟨n.; -s, -e; Med.⟩ Vermittlersubstanz, die von den Leukozyten gebildet wird u. auf Wachstum, Differenzierung u. Aktivität der Zellen des Immunsystems wirkt

in|ter|li|ne|ar ⟨Adj.⟩ zwischen den Zeilen eines fremdsprachigen, meist lat. Urtextes stehend [<lat. *interlinere* »kitten; (durch Ausstreichen von Wörtern) fälschen«]

In|ter|li|ne|ar|glos|se ⟨f.; -, -n⟩ zwischen die Textzeilen geschriebene Bemerkung, Erklärung

In|ter|li|ne|ar|ver|si|on ⟨[-vɛr-] f.; -, -en⟩ zwischen die Zeilen eines fremdsprachigen Textes geschriebene Übersetzung Wort für Wort (bes. bei lat. Vorlagen im frühen MA)

In|ter|lin|gua ⟨f.; -; unz.⟩ auf dem Lateinischen basierende Welthilfssprache [verkürzt <*international* + lat. *lingua* »Sprache, Zunge«]

in|ter|lin|gu|al ⟨Adj.⟩ mehrere Sprachen betreffend, ihnen gemeinsam

In|ter|lin|gu|is|tik ⟨f.; -; unz.⟩ **1** Zweig der vergleichenden Sprachwissenschaft, der sich auf synchronischer Ebene mit Gemeinsamkeiten und Unterschieden natürlicher Sprachen beschäftigt **2** Erforschung der Welthilfssprachen

in|ter|lin|gu|is|tisch ⟨Adj.⟩ die Interlinguistik betreffend, zu ihr gehörig

In|ter|lock|wa|re ⟨f.; -, -n; Textilw.⟩ auf der Interlockmaschine gestrickte, feine, doppelseitige, elastische Wirkware für Unterwäsche [<engl. *interlock* »ineinandergreifen, sich durchdringen«]

In|ter|lu|di|um ⟨n.; -s, -di|en; Musik⟩ (musikalisches) Zwischenspiel [neulat., »Zwischenspiel«; zu lat. *interludere* »dazwischenspielen«]

In|ter|lu|ni|um ⟨n.; -s, -ni|en⟩ Zeit des Neumonds [<*Inter...* + lat. *luna* »Mond«]

In|ter|ma|xil|lar|kno|chen ⟨m.; -s, -; Anat.⟩ Zwischenkieferknochen [<*Inter...* + *maxillar*]

In|ter|mé|di|aire ⟨[ɛ̃tərmediɛːr] f.; -, -s [-mediɛːr]; Reitsport⟩ internationale Dressuraufgabe der Klasse S (schwer) [frz., »dazwischenliegend«]

in|ter|me|di|al ⟨Adj.⟩ **1** ⟨veraltet⟩ vermittelnd **2** medienübergreifend; *~e Projekte*

in|ter|me|di|är ⟨Adj.⟩ zwischen zwei Dingen befindlich, ein Zwischenglied bildend, vermittelnd [<frz. *intermédiaire,* »zwischen zwei Dingen befindlich, Zwischen..., Mittel...«]

In|ter|me|di|a|ry ⟨[-miːdıərı] m.; -s, -s; Wirtsch.⟩ **1** (Vertreter einer) Bank, die (bzw. der) bei Tausch- u. Aktiengeschäften eingeschaltet wird **2** Mittelsmann bei Aktienkäufen [engl., »Vermittler«]

In|ter|me|din ⟨n.; -s; unz.; Biol.⟩ die Melanophoren stimulierendes Hormon, das den Farbwechsel bei Fischen u. Amphibien steuert

In|ter|me|di|um ⟨n.; -s, -di|en; Musik⟩ kleines musikalisches Zwischenspiel (bei Schauspielen) [<ital. *intermedio* <mlat. *intermedium* »Einschub«]

in|ter|mens|tru|al *auch:* **in|ter|menst|ru|al** ⟨Adj.; Med.⟩ in der Zeit zwischen zwei Regelblutungen liegend; *oV* intermenstruell [<*inter...* + *menstrual*]

in|ter|mens|tru|ell *auch:* **in|ter|menst|ru|ell** ⟨Adj.; Med.⟩ = intermenstrual

In|ter|mens|tru|um *auch:* **In|ter|menst|ru|um** ⟨n.; -s, -trua; Med.⟩ Zeitraum zwischen zwei Regelblutungen [→ *Menstruation*]

In|ter|mez|zo ⟨n.; -s, -s od. -mezzi⟩ **1** ⟨im 17./18. Jh.⟩ heiteres Zwischenspiel in Dramen od. Opern **2** kurzes, stimmungsvolles Musikstück **3** heiterer Zwischenfall [ital., »Zwischenspiel«]

in|ter|mi|nis|te|ri|ell ⟨Adj.⟩ zwischen mehreren Ministerien bestehend, ablaufend

In|ter|mis|si|on ⟨f.; -, -en; Med.⟩ zeitweiliges u. vorübergehendes Aussetzen der Krankheitssymptome [<lat. *intermissio* »Unterbrechung«]

in|ter|mit|tie|ren ⟨V.; Med.⟩ (zeitweilig) aussetzen, unterbrechen (von Krankheitssymptomen) [<lat. *intermittere* »dazwischenliegen, unterbrechen, aussetzen«]

in|ter|mit|tie|rend ⟨Adj.⟩ zeitweilig aussetzend u. wiederkehrend, mit Unterbrechungen erfolgend; *~e Behandlung* ⟨Med.⟩ über lange Zeit durchgeführte B. einer Krankheit mit dazwischenliegenden Pausen; *~es Fieber* ⟨Med.⟩ mit Unterbrechungen, in Schüben verlaufendes F., z. B. Malaria; *~e Quellen* zeitweise versiegende Q.; *~er Strom* regelmäßig unterbrochener Gleichstrom [<lat. *intermittere* »dazwischenlegen«]

in|ter|mo|le|ku|lar ⟨Adj.; Biochemie⟩ sich zwischen zwei oder mehr Molekülen abspielend

In|ter|mun|di|um ⟨n.; -s, -di|en⟩ Zwischenraum zwischen den von Epikur angenommenen, unendlich vielen Welten [<lat.

inter »zwischen« + *mundus* »Welt«]

in|tern ⟨Adj.⟩ **1** im Innern befindlich, innerlich; *Ggs* extern **2** Angelegenheiten innerhalb einer Gemeinschaft betreffend, nicht für Außenstehende bestimmt, vertraulich; *~e Angelegenheit, Besprechung* **3** in einer Anstalt, einem Internat wohnend; *~er Schüler* [<lat. *internus* »der innere, inwendig«]

In|ter|na ⟨Pl. von⟩ Internum

In|ter|na|li|sa|ti|on ⟨f.; -; unz.; Psych.⟩ das Internalisieren

in|ter|na|li|sie|ren ⟨V.; Psych.⟩ in sich aufnehmen, sich innerlich aneignen, als richtig erkennen u. in sich verarbeiten; *Ggs* externalisieren

In|ter|na|li|sie|rung ⟨f.; -, -en; Psych.⟩ das Internalisieren; *Ggs* Externalisierung

In|ter|nat ⟨n.; -(e)s, -e⟩ meist höhere Lehranstalt, deren Schüler(innen) in einem zur Schule gehörenden Heim wohnen u. verpflegt werden; *Ggs* Externat [frz.; zu lat. *internus;* → *intern*]

in|ter|na|ti|o|nal ⟨Adj.⟩ zwischen-, überstaatlich, nicht national begrenzt, mehrere Staaten bzw. Völker od. ihre Beziehungen zueinander betreffend; *Internationales Olympisches Komitee* ⟨Abk.: IOK⟩ oberste Behörde, die für alle mit den Olymp. Spielen zusammenhängenden Fragen zuständig ist; *Internationale Einheit* ⟨Abk.: I. E.⟩ durch internationale Vereinbarungen festgelegte Mengeneinheit für solche Arzneistoffe, die auf natürl. Wege aus Pflanzen, Organen usw. gewonnen werden (manche Antibiotika, Hormone usw.)

In|ter|na|ti|o|na|le ⟨f. 2; kurz für⟩ **1** Internationale Arbeiterassoziation, zwischenstaatliche Vereinigung sozialistischer Parteien (I., II. u. III. Internationale) **2** Kampflied der internationalen sozialist. Arbeiterbewegung

in|ter|na|ti|o|na|li|sie|ren ⟨V.⟩ international gestalten

In|ter|na|ti|o|na|li|sie|rung ⟨f.; -, -en⟩ das Internationalisieren, Internationalisiertwerden; *die ~ einer Sportart*

In|ter|na|ti|o|na|lis|mus ⟨m.; -, -lismen⟩ **1** ⟨unz.; Politik⟩ Streben nach internationalem Zusammenschluss; *sozialistischer ~* **2** ⟨zählb.; Sprachw.⟩ **2.1** Wort, das in vielen Sprachen in gleicher od. ähnlicher Form u. Bedeutung vorkommt, z. B. *dt. Funktion, engl. function, frz. fonction* **2.2** international gebräuchliches Wort, z. B. *Aids, Computer*

in|ter|na|ti|o|na|lis|tisch ⟨Adj.⟩ nach internationalen Zusammenschlüssen strebend

In|ter|na|ti|o|na|li|tät ⟨f.; -; unz.⟩ internationaler Charakter od. Zustand

In|ter|ne(r) ⟨f. 2 (m. 1)⟩ im Internat wohnende Schülerin bzw. dort wohnender Schüler; *Ggs* Externe(r)

In|ter|net ⟨n.; -s; unz.; EDV⟩ internationales Computernetz, Verband lokaler Netzwerke mit mehreren Millionen Benutzern; →*a.* Arpanet, Intranet [verkürzt <engl. *inter*national »international« + *net(work)* »Netz(werk)«]

In|ter|net|ad|res|se ⟨f.; -, -n; EDV⟩ Adresse (Personenname, Firmenbezeichnung o. Ä.) unter der jmd. im Internet registriert u. erreichbar ist

In|ter|net|ban|king ⟨[-bæŋkıŋ] n.; - od. -s; unz.⟩ = Electronic Banking

in|ter|net|ba|siert ⟨Adj.; EDV⟩ auf dem Internet beruhend, mit Hilfe des Internets; *Sy* internetgestützt; *~es Lernen*

In|ter|net|ca|fé ⟨n.; -s, -s⟩ Café, Restaurant mit einer bestimmten Anzahl von Computerterminals, an denen die Gäste gegen eine Gebühr im Internet surfen können

In|ter|net|fir|ma ⟨f.; -, -fir|men; EDV⟩ Unternehmen, das im Internet arbeitet u. sich auch dort präsentiert

In|ter|net|fo|rum ⟨n.; -s, -fo|ren; EDV⟩ Forum, Platz im Internet, der dem Austausch u. der Diskussion von Gedanken u. Erfahrungen (meist zu einem bestimmten Thema) dient, Chatroom

in|ter|net|ge|stützt ⟨Adj.; EDV⟩ = internetbasiert

In|ter|net|nut|zer ⟨m.; -s, -; EDV⟩ jmd., der das Internet für Dienstleistungen, z. B. Einkäufe, Recherchen, Schriftverkehr, Onlinebanking u. a. nutzt

In|ter|net|platt|form ⟨f.; -, -en; EDV⟩ Einrichtung im Internet, die dem Austausch von Informationen dient; *eine ~ für Stellenangebote einrichten*

In|ter|net|por|tal ⟨n.; -s, -e; EDV⟩ Zusammenschluss mehrere Websites

In|ter|net|pro|vi|der ⟨[-vaı-] m.; -s, -; EDV⟩ Onlinedienst, der Anwendern u. Unternehmen einen Zugang zum Internet ermöglicht, wobei man sich über die Telefonleitung mit Hilfe eines Modems ins Internet einwählt

In|ter|net|ser|ver ⟨[-sœ:və(r)] m.; -s, -; EDV⟩ = Webserver

In|ter|net|spra|che ⟨f.; -; unz.; EDV⟩ im Internet verwendete Schriftsprache, die häufig Merkmale der Umgangssprache bzw. der gesprochenen Sprache enthält

In|ter|net|sur|fen ⟨[-sœ:-] n.; - od. -s; unz.; EDV⟩ das Surfen im Internet

In|ter|net|user ⟨[-ju:zə(r)] m.; -s, -; EDV; umg.⟩ Internetnutzer

In|ter|net|zu|gang ⟨m.; -(e)s, -gän|ge; EDV⟩ Anschluss an das Internet, mit dessen Hilfe das Surfen im Internet ermöglicht wird

in|ter|nie|ren ⟨V.⟩ in staatl. Gewahrsam nehmen; *Zivilpersonen eines feindl., kriegführenden Staates ~* [<frz. *interner* → *intern*]

In|ter|nie|rung ⟨f.; -, -en⟩ das Internieren, staatl. Gewahrsam

In|ter|nist ⟨m.; -en, -en; Med.⟩ Facharzt für innere Krankheiten [→ *intern*]

In|ter|nis|tin ⟨f.; -, -tin|nen; Med.⟩ Fachärztin für innere Krankheiten

in|ter|nis|tisch ⟨Adj.; Med.⟩ die innere Medizin betreffend, zu ihr gehörig, mit ihrer Hilfe

In|ter|no|di|um ⟨n.; -s, -di|en; Bot.⟩ verdicktes Zwischenglied eines Sprosses [lat., »Raum zwischen zwei Gelenken od. Knoten« <*inter* »zwischen« + *nodus* »Knoten«]

In|ter|num ⟨n.; -s, -ter|na⟩ interne Angelegenheit, nur die Verhältnisse innerhalb einer Gemeinschaft betreffende Angelegenheit [lat., »das innere, inwendig«]

In|ter|nun|ti|us ⟨m.; -, -ti|en⟩ Botschafter, Geschäftsträger, bes. päpstl. Botschafter zweiten Ranges in weniger bedeutenden Ländern [lat., »Unterhändler, Bote«]

in|ter|or|bi|tal ⟨Adj.⟩ zwischen den Umlaufbahnen von Satelliten gelegen, für den Raum zwischen den Orbits vorgesehen [<*inter...* + *orbital*]

in|ter|oze|a|nisch ⟨Adj.⟩ mehrere Ozeane betreffend, sie verbindend

in|ter|par|la|men|ta|risch ⟨Adj.; Politik⟩ die Parlamente mehrerer Staaten betreffend; *Interparlamentarische Union* ⟨Abk.: IPU⟩ 1888 gegründeter Zusammenschluss von Parlamentariern verschiedener Länder

In|ter|pel|lant ⟨m.; -en, -en; Politik⟩ Parlamentarier, der eine Interpellation einbringt [<lat. *interpellans*, Part. Präs. zu *interpellare* »Einspruch erheben«]

In|ter|pel|la|ti|on ⟨f.; -, -en; Politik⟩ **1** ⟨veraltet⟩ Einspruch **2** Anfrage im Parlament an die Regierung [<lat. *interpellatio* »Einspruch, Unterbrechung«]

in|ter|pel|lie|ren ⟨V.; Politik⟩ eine Interpellation einbringen [<lat. *interpellare* »Einspruch erheben«]

in|ter|pla|ne|tar ⟨Adj.⟩ zwischen den Planeten befindlich, sie verbindend; *Sy* interplanetarisch

in|ter|pla|ne|ta|risch ⟨Adj.⟩ = interplanetar

In|ter|plu|vi|al ⟨[-vi-] n.; -s, -e; Geol.; kurz für⟩ Interpluvialzeit

In|ter|plu|vi|al|zeit ⟨[-vi-] f.; -, -en; Geol.⟩ niederschlagsarme Phase im Gebiet der heutigen Tropen u. Subtropen während der Interglazialperioden; *Sy* Interpluvial; →*a.* Pluvialzeit

In|ter|pol ⟨ohne Artikel; Kurzwort für⟩ Internationale Kriminalpolizeiliche Organisation

In|ter|po|la|ti|on ⟨f.; -, -en⟩ **1** ⟨Math.⟩ rechnerische Ergänzung zwischen zwei bekannten Werten, um einen Zwischenwert zu erhalten; *Ggs* Extrapolation **2** ⟨Sprachw.⟩ nachträgl. Einschieben von Wörtern od. Sätzen in einen Text sowie das Eingeschobene selbst [<lat. *interpolatio* »Umgestaltung«]

in|ter|po|lie|ren ⟨V.⟩ **1** ⟨Math.⟩ einen Zwischenwert feststellen (von etwas); *Ggs* extrapolieren **2** ⟨Sprachw.⟩ nachträglich einschieben, einfügen (in einen Text) [<lat. *interpolare* »zurichten, umgestalten«]

In|ter|po|si|ti|on ⟨f.; -, -en; Med.⟩ **1** chirurgische Zwischenlagerung von Weichteilen zwischen Knochenfragmenten **2** Einsetzen eines Gefäß- od. Sehnensegments **3** gynäkologischer Eingriff bei schweren Scheidenvorfällen, bei der die Gebärmutter zwischen Blase u. vorderer Scheidenwand eingelagert wird (Schauta-Wertheim-Operation) **4** chirurgischer Eingriff bei Otosklerose, bei dem die Gehörknöchelchen durch Kunststoff od. körpereigenes Gewebe ersetzt werden [<lat. *interpositio* »das Einschieben«]

In|ter|pret ⟨m.; -en, -en⟩ **1** Erklärer, Ausleger, Deuter (eines Kunstwerks od. einer Handlung) **2** Künstler als Vermittler eines (musikal.) Kunstwerks [<lat. *interpres*, Gen. *interpretis* »Vermittler«]

In|ter|pre|ta|ti|on ⟨f.; -, -en⟩ **1** Erklärung, Auslegung, Deutung; →*a.* Exegese **2** künstler. Wiedergabe; ~ *eines Musikstückes* [<lat. *interpretatio* »Auslegung, Deutung«]

in|ter|pre|ta|tiv ⟨Adj.⟩ auf Interpretation beruhend, deutend, erklärend; ~*e Beispiele, Bemerkungen*

in|ter|pre|ta|to|risch ⟨Adj.⟩ die Interpretation betreffend, hinsichtlich der Interpretation; *ein ~ gelungener Vortrag des Musikstücks; das ist ~ interessant*

In|ter|pre|ter ⟨engl. [ıntœ:prıtə(r)] m.; -s, -; EDV⟩ ein Programm, das (im Gegensatz zu einem Compiler) ein Quellprogramm Schritt für Schritt interpretiert u. jeden Schritt sofort ausführt [engl., »Übersetzer«]

in|ter|pre|tier|bar ⟨Adj.⟩ so beschaffen, dass es interpretiert werden kann, auslegbar

in|ter|pre|tie|ren ⟨V.⟩ *sprachlich, sachlich, künstlerisch* ~ erklären, auslegen, deuten

In|ter|pre|tin ⟨f.; -, -tin|nen⟩ **1** Erklärerin, Auslegerin, Deuterin (eines Kunstwerks od. einer Handlung) **2** Künstlerin als Vermittlerin eines (musikal.) Kunstwerks

in|ter|pun|gie|ren ⟨V.; selten für⟩ interpunktieren [<lat. *interpungere* »(Wörter) durch Punkte unterscheiden od. abteilen«; zu *pungere* »stechen«]

in|ter|punk|tie|ren ⟨V.⟩ mit Satzzeichen versehen [→ *Interpunktion*]

In|ter|punk|ti|on ⟨f.; -, -en; Gramm.⟩ Anwendung von Satzzeichen nach bestimmten Regeln, Zeichensetzung [<lat. *interpunctio* »Unterscheidung, Abteilung (der Wörter) durch Punkte«; → *interpungieren*]

In|ter|rail ⟨[-rεıl] ohne Artikel⟩ ermäßigter Fahrtarif für Jugendliche in europäischen Eisenbahnen [verkürzt <*international* + engl. *rail* »Eisenbahn«]

In|ter|re|gio ⟨m.; -s, -s; Abk.: IR; kurz für⟩ Interregiozug

in|ter|re|gi|o|nal ⟨Adj.⟩ zwischen verschiedenen Regionen stattfindend; ~*er Zugverkehr*

In|ter|re|gio|zug ⟨m.; -(e)s, -zü|ge; Abk.: IR⟩ überregionaler Zug der Deutschen Bahn AG mit gehobenem Komfort, der zahlreiche Großstädte anfährt [<lat. *inter* »zwischen« + *regio* »Linie, Richtung«]

In|ter|re|gnum *auch:* **In|ter|reg|num** ⟨n.; -s, -re|gnen od. -re|gna⟩ **1** Zwischenregierung, vorläufige Regierung **2** Zeitraum, während dessen eine solche Regierung herrscht [lat., »Zwischenregierung«]

in|ter|re|li|gi|ös ⟨Adj.⟩ religionsübergreifend

in|ter|ro|ga|tiv ⟨Adj.; Gramm.⟩ fragend [<lat. *interrogativus* »fragend«]

I

In|ter|ro|ga|tiv ⟨n.; -s, -e [-və]; Gramm.⟩ = Interrogativpronomen
In|ter|ro|ga|tiv|ad|verb ⟨n.; -s, -bien od. -ben; Gramm.⟩ Adverb, das der Einleitung einer Frage dient, z. B. wo?, warum?
In|ter|ro|ga|tiv|pro|no|men ⟨n.; -s, - od. -mi|na; Gramm.⟩ Pronomen, das der Einleitung einer Frage dient, Fragefürwort, z. B. wer?, welcher?
In|ter|ro|ga|tiv|satz ⟨m.; -es, -sätze; Gramm.⟩ Fragesatz
In|ter|ro|ga|ti|vum ⟨[-vum] n.; -s, -ti|va [-va]; Gramm.⟩ = Interrogativpronomen
In|ter|rup|tio ⟨f.; -, -ti|o|nes; Med.⟩ künstlicher Schwangerschaftsabbruch [lat., »Unterbrechung«]
In|ter|rup|tus ⟨m.; -; unz.; umg.⟩ = Coitus interruptus
In|ter|sex ⟨n.; -es, -e; Zool.⟩ geschlechtl. Zwischenform, nicht fortpflanzungsfähiges Lebewesen, das sich teils männlich, teils weiblich entwickelt hat; →*a.* Hermaphrodit [<*Inter…* + lat. *sexus* »Geschlecht«]
In|ter|se|xu|a|li|tät ⟨f.; -; unz.⟩ das Auftreten von Merkmalen, die dem anderen Geschlecht zukommen; →*a.* Hermaphroditismus
in|ter|se|xu|ell ⟨Adj.⟩ geschlechtl. eine Zwischenstufe einnehmend
In|ter|shop ⟨[-ʃɔp] m.; -s, -s; DDR⟩ Geschäft, in dem man Lebens- u. Genussmittel nur gegen westliche Währung kaufen konnte [<*inter*national + engl. *shop* »Laden«]
in|ter|sta|di|al ⟨Adj.; Geol.⟩ eine kurze Warmphase während einer Eiszeit betreffend, aus ihr stammend; →*a.* interglazial [<*inter…* + *stadial*]
in|ter|stel|lar ⟨Adj.; Astron.⟩ zwischen den Fixsternen befindlich; *~e Materie* staub- u. gasförmige M. zwischen den Fixsternen
in|ter|sti|ti|ell ⟨Adj.; Biol.; Med.⟩ in Zwischenräumen gelegen, diese ausfüllend, z. B. von Geweben od. Gewebsflüssigkeiten [zu lat. *interstitium* »Zwischenraum«]
In|ter|sti|ti|um ⟨n.; -s, -ti|en⟩ **1** ⟨Biol.; Med.⟩ Zwischenraum, Zwischengebilde (zwischen Organen) **2** ⟨Pl.; kath. Kirche⟩ *Interstitien* vorgeschriebene Zwischenzeit zwischen dem Empfang zweier geistl. Weihen [lat., »Zwischenraum«]
in|ter|sub|jek|tiv ⟨Adj.⟩ dem Bewusstsein verschiedener Personen gemeinsam
in|ter|ter|ri|to|ri|al ⟨Adj.⟩ die Gebiete mehrerer Staaten betreffend, ihnen gemeinsam, sie verbindend, zwischenstaatlich [<lat. *inter…* + *territorial*]
In|ter|tri|go ⟨f.; -, -gi|nes; Med.⟩ Hautentzündung, wobei durch Reibung aufeinanderliegender Hautstellen die Haut wundgerieben wird (z. B. zwischen den Oberschenkeln), Wolf [lat., »wundgeriebene Stelle, Wolf«]
In|ter|type ⟨[-taɪp] f.; -, -s⟩ eine US-amerikan. Lichtsetzmaschine [engl.; <lat. *inter* »zwischen« + engl. *type* »Drucktype«]
in|ter|ur|ban ⟨Adj.⟩ zwischen Städten, mehrere Städte betreffend, überland… [<lat. *inter* »zwischen« + *urbs* »Stadt«]
In|ter|vall ⟨[-val] n.; -s, -e⟩ **1** Zwischenraum, Zwischenzeit, Abstand, Pause **2** ⟨Musik⟩ Höhenunterschied zwischen zwei Tönen, die gleichzeitig od. nacheinander klingen [<lat. *intervallum* »Zwischenraum«]
In|ter|vall|trai|ning ⟨[-valtre:-] n.; -s, -s; Sport⟩ sportl. Training, bei dem Perioden stärkerer u. geringerer Belastung miteinander wechseln
In|ter|ve|ni|ent ⟨[-ve-] m.; -en, -en⟩ jmd., der (bes. in Rechtsstreitigkeiten) vermittelnd eingreift, sich einmischt [<lat. *interveniens,* Part. Präs. zu *intervenire;* → *intervenieren*]
in|ter|ve|nie|ren ⟨[-ve-] V.⟩ dazwischentreten, einschreiten, sich einmischen, vermitteln [<lat. *intervenire* »dazwischenkommen, dazukommen, dazutreten«]
In|ter|vent ⟨[-vɛnt] m.; -en, -en; russ. Bez. für⟩ kriegerischer Intervenient [→ *Intervention*]
In|ter|ven|ti|on ⟨[-vɛn-] f.; -, -en⟩ **1** Dazwischentreten, Einmischung, Vermittlung **2** Einmischung eines Staates in die Angelegenheiten eines anderen **3** Eintritt eines Dritten für einen Wechselschuldner, Ehreneintritt [<lat. *interventio* »Dazwischenkunft«]
In|ter|ven|ti|o|nis|mus ⟨[-vɛn-] m.; -; unz.; Politik⟩ in die freie Marktwirtschaft punktuell eingreifende, nichtsystematische Wirtschaftspolitik [→ *Intervention*]
in|ter|ven|ti|o|nis|tisch ⟨[-vɛn-] Adj.⟩ den Interventionismus betreffend, auf ihm beruhend
in|ter|ver|te|bral *auch:* **in|ter|ver|te|bral** ⟨[-vɛr-] Adj.⟩ zwischen den Wirbeln (liegend)
In|ter|view ⟨[-vju:] od. ['---] n.; -s, -s⟩ Befragung (meist bekannter Persönlichkeiten) durch Presse- od. Rundfunkvertreter [engl., »Zusammenkunft, Unterredung«]
in|ter|view|en *auch:* **in|ter|vie|wen** ⟨[-vju:ən] V.; Funk; TV⟩ ein Interview abhalten mit, befragen
In|ter|view|er *auch:* **In|ter|vie|wer** ⟨[-vju:ə(r)] m.; -s, -⟩ der Fragesteller in einem Interview
In|ter|view|e|rin *auch:* **In|ter|vie|we|rin** ⟨[-vju:-] f.; -, -rin|nen⟩ die Fragestellerin in einem Interview
In|ter|vi|si|on ⟨[-vi-] f.; -; unz.⟩ Zusammenschluss osteurop. Rundfunk- u. Fernsehorganisationen zum Austausch von Fernsehprogrammen; → *a.* Eurovision
in|ter|ze|die|ren ⟨V.⟩ **1** *für jmdn. ~* eintreten, einspringen, sich verbürgen **2** *bei etwas ~* vermitteln [<lat. *intercedere* »vermitteln«]
in|ter|zel|lu|lar ⟨Adj.; Biol.; Med.⟩ zwischen den Zellen (liegend); *oV* interzellulär
in|ter|zel|lu|lär ⟨Adj.; Biol.; Med.⟩ = interzellular
In|ter|zel|lu|la|re ⟨f.; -, -n; Biol.; Med.⟩ Zwischenzellraum bei pflanzlichem Gewebe, bes. für die Durchlüftung
In|ter|zes|si|on ⟨f.; -, -en⟩ **1** das Interzedieren **2** Schuldübernahme durch Rechtsgeschäft
in|ter|zo|nal ⟨Adj.⟩ **1** zwischen den Zonen bestehend, mehrere Zonen betreffend **2** ⟨i. e. S.; nach 1945⟩ **2.1** die ehemaligen

Besatzungszonen Deutschlands betreffend **2.2** die beiden Teile Deutschlands betreffend

In|ter|zo|nen|tur|nier ⟨n.; -s, -e; Sport⟩ Schachturnier der Sieger u. Bestplazierten der einzelnen Länder zur Ermittlung der Teilnehmer am Kandidatenturnier

in|tes|ta|bel ⟨Adj.; Rechtsw.⟩ gesetzlich unfähig, ein Testament zu machen od. als Zeuge vor Gericht zu erscheinen; *eine intestable Person* [<lat. *intestabilis* »unfähig vor Gericht Zeuge zu sein od. ein Testament zu machen«; zu *testis* »Zeuge«]

In|tes|tat|er|be ⟨m.; -n, -n⟩ Erbe aufgrund des Gesetzes, ohne Testament [<lat. *intestatus* »jmd., der kein Testament gemacht hat«; zu *testis* »Zeuge«]

in|tes|ti|nal ⟨Adj.; Med.⟩ zum Darm gehörend, Eingeweide… [<lat. *intestina* »Eingeweide«]

In|tes|ti|num ⟨n.; -s, -ti|nen od. -ti|na; Med.⟩ Darm, Eingeweide [lat.]

In|thro|ni|sa|ti|on ⟨f.; -, -en⟩ feierliche Einsetzung eines neuen Fürsten od. Papstes, Thronerhebung; *Sy* Inthronisierung [<*In…*[1] + grch. *thronos* »Stuhl, Thron«]

in|thro|ni|sie|ren ⟨V.⟩ feierlich einsetzen (Fürsten, Papst)

In|thro|ni|sie|rung ⟨f.; -, -en⟩ = Inthronisation

In|ti|fa|da ⟨f.; -; unz.; seit 1987⟩ Oppositionsbewegung der Palästinenser gegen die israelische Besetzung des Westjordanlandes u. des Gazastreifens [arab., »Aufstand, Erhebung«]

in|tim ⟨Adj.⟩ **1** vertraut, innig, eng; *~er Freund; mit jmdm. sehr ~ sein* **2** vertraulich, nicht für andere bestimmt; *~e Mitteilung* **3** anheimelnd, gemütlich, lauschig; *~e Beleuchtung* **4** geschlechtlich, sexuell; *~er Verkehr; mit jmdm. ~ werden* Geschlechtsverkehr beginnen [<lat. *intimus* »der innerste«]

In|ti|ma ⟨f.; -; unz.⟩ **1** ⟨Anat.⟩ innerste Schicht der Blutgefäßwand **2** innige Freundin, Vertraute [lat., »die innerste«]

In|tim|hy|gi|e|ne ⟨f.; -; unz.⟩ Körperpflege im Bereich der Geschlechtsorgane

In|ti|mi|tät ⟨f.; -, -en⟩ **1** ⟨unz.⟩ **1.1** Vertrautheit, Innigkeit (einer Freundschaft) **1.2** Vertraulichkeit (von Unterredungen) **1.3** Traulichkeit, Gemütlichkeit (eines Raumes) **2** ⟨zählb.⟩ **2.1** persönliche, vertrauliche Angelegenheit; *über ~en sprechen; ~en austauschen* **2.2** sexuelle Handlung; *es kam zu ~en* [→ *intim;* beeinflusst von frz. *intimité* »Intimität«]

In|tim|sphä|re ⟨f.; -, -n⟩ **1** meist sorgfältig abgeschirmter Bereich des persönlichen Lebens **2** ⟨i. e. S.⟩ Geschlechtsleben

In|tim|spray ⟨[-sprɛɪ] od. [-ʃpreː] n.; -s, -s⟩ desodorierendes Spray für den äußeren Bereich der Geschlechtsorgane

In|tim|zo|ne ⟨f.; -, -n⟩ Bereich der Geschlechtsorgane des menschlichen Körpers

in|to|le|rant ⟨Adj.⟩ unduldsam (gegen Andersdenkende, Andersgläubige); *Ggs* tolerant [<lat. *intolerans* »unduldsam«; zu *tolerare* »ertragen«]

In|to|le|ranz ⟨f.; -, -en⟩ Unduldsamkeit; *Ggs* Toleranz [<lat. *intolerantia* »Unduldsamkeit«; zu *tolerare* »ertragen«]

In|to|na|ti|on ⟨f.; -; unz.; Musik⟩ **1** ⟨im gregorian. Gesang⟩ Vorsingen der ersten Worte durch den Priester **2** Art der Tongebung, Tonansatz beim Singen od. Spielen eines Instruments; *reine, unreine, weiche ~* **3** Tonanschlag zum Stimmen der Instrumente **4** letzte Verbesserung an Instrumenten, besonders an den Orgelpfeifen, sowie das Ergebnis **5** Tonansatz beim Erzeugen eines silbenbildenden Lautes **6** Satzmelodie [→ *intonieren*]

in|to|na|to|risch ⟨Adj.⟩ die Intonation betreffend, auf ihr beruhend; *~e Schwächen zeigen*

in|to|nie|ren ⟨V.⟩ **1** *einen Gesang ~* anstimmen, in Tonart u. Tonhöhe richtig beginnen **2** *einen Ton ~* die Stimmbänder auf einen Ton einstellen u. diesen richtig treffen **3** *einen Satz ~* ihn entsprechend den Regeln der Sprache in seiner wechselnden Tonhöhe wiedergeben [<lat. *intonare* »die Stimme vernehmen lassen«]

in to|to ⟨geh.⟩ im Ganzen [lat.]

In|to|xi|ka|ti|on ⟨f.; -, -en; Med.⟩ Vergiftung [<*In…*[1] + grch. *toxon* »Pfeilgift«]

◆ Die Buchstabenfolge **in|tr…** kann auch **int|r…** getrennt werden. Davon ausgenommen sind Zusammensetzungen, in denen die fremdsprachigen bzw. sprachhistorischen Bestandteile deutlich als solche erkennbar sind, z. B. *-transigent, -transitiv*.

◆ **in|tra…, In|tra…** ⟨in Zus.⟩ zwischen, innen, innerhalb [lat.]

◆ **In|tra|bi|li|tät** ⟨f.; -; unz.; Bot.⟩ Eintritt von Stoffen in das Zellplasma durch die Plasmamembran [zu lat. *intrabilis* »zugänglich«]

◆ **In|tra|da** ⟨f.; -, -tra|den; in der Barockmusik⟩ Eröffnungs-, Einleitungsstück, Aufzugsmusik; *oV* Intrade [span., »Eingang« <lat. *intrare* »eintreten«]

In|tra|de ⟨f.; -, -tra|den; in der Barockmusik⟩ = Intrada

◆ **in|tra|gla|zi|al** ⟨Adj.; Geol.⟩ im Gletscherinneren auftretend [<lat. *intra…* + *glazial*]

◆ **in|tra|in|di|vi|du|ell** ⟨[-vi-] Adj.⟩ in einem Individuum vorgehend, ablaufend

◆ **in|tra|kar|di|al** ⟨Adj.; Med.⟩ innerhalb des Herzens (gelegen), ins Herz hinein; *~e Injektion* [<*intra…* + *kardial*]

◆ **in|tra|kon|ti|nen|tal** ⟨Adj.; Geol.⟩ in einen Kontinent eingelagert (von Einbruchs- u. Ingressionsmeeren)

◆ **in|tra|kra|ni|al** ⟨Adj.; Med.⟩ innerhalb der Schädelhöhle liegend [<*intra…* + lat. *cranium* »Schädel«]

◆ **in|tra|krus|tal** ⟨Adj.; Geol.⟩ = interkrustal

◆ **in|tra|ku|tan** ⟨Adj.; Med.⟩ in der Haut (gelegen), in die Haut hinein; *~e Injektion* [<*intra…* + *kutan*]

◆ **in|tra|lin|gu|al** ⟨Adj.; Sprachw.⟩ innersprachlich, zum System einer Sprache gehörig, innerhalb einer Sprache auftretend; *Ggs* extralingual

◆ **in|tra|mo|le|ku|lar** ⟨Adj.⟩ *~e Reaktionen* ⟨Biochemie⟩ chem. Reaktionen, die sich durch

Umwandlung innerhalb eines Moleküls abspielen

◆ **in|tra|mon|tan** ⟨Adj.; Geol.⟩ zwischen Gebirgen gelegen, in ein Gebirge eingesenkt [<lat. *intra…* + *montan*]

◆ **in|tra|mun|dan** ⟨Adj.⟩ innerhalb dieser Welt; *Ggs* extramundan [<*intra…* + lat. *mundanus* »weltlich«; zu *mundus* »Welt«]

◆ **in|tra mu|ros** ⟨geh.⟩ nicht öffentlich [lat., »innerhalb der Mauern«]

◆ **in|tra|mus|ku|lär** ⟨Adj.; Med.⟩ innerhalb des Muskels (gelegen), in den Muskel hinein; *~e Injektion*

◆ **In|tra|net** ⟨n.; -s, -s; EDV⟩ internes Netzwerk in Unternehmen, das mit Hilfe des Internets aufgebaut wird; →*a.* Arpanet [<*Intra…* + engl. *net(work)* »Netz(werk)«]

in|tran|si|gent ⟨Adj.⟩ unversöhnlich, keiner Verhandlung, keinem Ausgleich zugänglich, unnachgiebig [<*in…*[1] + lat. *transigere* »ausgleichen, vermitteln«]

In|tran|si|gent ⟨m.; -en, -en⟩ unversöhnlicher Parteimann

In|tran|si|genz ⟨f.; -; unz.⟩ Unversöhnlichkeit, Unnachgiebigkeit [→ *intransigent*]

in|tran|si|tiv ⟨Adj.; Gramm.⟩ nicht zielend; *Ggs* transitiv; *~e Verben* V., die kein Akkusativobjekt nach sich ziehen u. von denen man nur ein unpersönl. Passiv bilden kann, z. B. »schlafen«, »helfen« [<lat. *intransitivus* »nicht (auf ein Objekt) übergehend«; zu *transire* »hinübergehen«]

In|tran|si|tiv ⟨n.; -s, -e [-və]; Gramm.⟩ intransitives Verb; *oV* Intransitivum; *Ggs* Transitiv

in|tran|si|ti|vie|ren ⟨[-vi:-] V.; Gramm.⟩ ein transitives Verb in ein intransitives Verb umwandeln, z. B. »stehlen« in »bestehlen«; *Ggs* transitivieren

In|tran|si|ti|vi|tät ⟨[-vi-] f.; -; unz.; Gramm.⟩ das Intransitivsein, intransitive Beschaffenheit (von Verben); *Ggs* Transitivität

In|tran|si|ti|vum ⟨[-vum] n.; -s, -ti|va [-va]; Gramm.⟩ = Intransitiv

in|trans|pa|rent ⟨Adj.⟩ nicht transparent, undurchsichtig; *die neuen Gesetze werden von Außenstehenden als ~ empfunden*

◆ **in|tra|per|so|nal** ⟨Adj.⟩ in einer Person vorgehend, ablaufend, nur eine Person betreffend

◆ **in|tra|ute|rin** ⟨Adj.; Med.⟩ innerhalb des Uterus

◆ **In|tra|ute|rin|pes|sar** ⟨n.; -s, -e; Med.⟩ Fremdkörper in Form einer Schleife od. Spirale, der zur Empfängnisverhütung in die Gebärmutter eingelegt wird

◆ **in|tra|va|gi|nal** ⟨[-va-] Adj.; Med.⟩ innerhalb der Vagina (liegend)

◆ **In|tra|va|gi|nal|tam|pon** ⟨[-va-] m.; -s, -s; Med.⟩ während der Menstruation innerhalb der Scheide getragener Tampon

◆ **in|tra|ve|nös** ⟨[-ve-] Adj.; Med.⟩ in eine Vene hinein; *~e Injektion*

◆ **in|tra|vi|tal** ⟨[-vi-] Adj.⟩ während des Lebens auftretend [<lat. *intra* »innerhalb« + *vita* »Leben«]

◆ **in|tra|zel|lu|lar** ⟨Adj.; Med.⟩ innerhalb der Zellen, in einer Zelle (gelegen); *oV* intrazellulär

◆ **in|tra|zel|lu|lär** ⟨Adj.; Med.⟩ = intrazellular

◆ **in|tra|zo|nal** ⟨Adj.⟩ innerhalb einer Zone gelegen, in ihr stattfindend

◆ **in|tri|gant** ⟨Adj.⟩ gern Intrigen spinnend, hinterlistig, ränkesüchtig [frz., »ränkesüchtig«]

◆ **In|tri|gant** ⟨m.; -en, -en⟩ jmd., der gern Intrigen spinnt, Ränkeschmied

◆ **In|tri|gan|tin** ⟨f.; -, -tin|nen⟩ weibl. Person, die gern Intrigen spinnt

◆ **In|tri|ganz** ⟨f.; -; unz.⟩ intrigantes Verhalten

◆ **In|tri|ge** ⟨f.; -, -n⟩ hinterlistige Handlung, Machenschaft, Ränkespiel; *Sy* Kabale [<frz. *intrigue* »Ränke, Intrige«]

◆ **in|tri|gie|ren** ⟨V.⟩ Intrigen spinnen, hinterlistig handeln, Ränke schmieden; *gegen jmdn. ~* [<frz. *intriguer*]

in|trin|sisch ⟨Adj.; bes. Psych.⟩ aus dem Innern, von innen kommend, von innen bewirkt; *Ggs* extrinsisch; *~e Motivation* [<engl. *intrinsic* <lat. *intrinsecus* »inwendig, innerlich«]

in tri|plo *auch:* **in trip|lo** dreifach, in dreifacher Ausfertigung [lat., »in dreifacher (Ausfertigung)«]

◆ **In|tro** ⟨n.; -s, -s od. f.; -, -s; TV⟩ (mit Musik unterlegter) Vorspann für eine Sendung [verkürzt <*Intro*duktion]

◆ **in|tro…, In|tro…** ⟨in Zus.⟩ nach innen, hinein, ein… [lat.]

◆ **In|tro|duk|ti|on** ⟨f.; -, -en⟩ **1** Einführung **2** ⟨Musik⟩ Vorspiel, Einleitungssatz (eines Musikstücks) [<lat. *introductio* »Einführung«]

◆ **In|tro|i|tus** ⟨m.; -, -⟩ **1** ⟨Musik⟩ **1.1** Chorgesang beim Einzug des Priesters **1.2** Einleitungslied im evang. Gottesdienst **1.3** Einleitungssatz (eines Orgelstückes) **2** ⟨Anat.⟩ Eingang (bes. der Scheide) [lat., »Eingang, Eintritt«]

◆ **In|tro|jek|ti|on** ⟨f.; -, -en; Psych.⟩ Übernahme von Verhaltensweisen, Anschauungen [<*intro…* + lat. *iacere* »werfen«]

◆ **in|tro|ji|zie|ren** ⟨V.⟩ in die eigenen Anschauungen aufnehmen, einbeziehen; *fremde Anschauungen, Ideale, Vorstellungen ~* [<*intro…* + pro*jizieren*]

◆ **In|tron** ⟨n.; -s, -s od. -tro|nen; Genetik⟩ nichtcodierender Abschnitt der DNA, intervenierende Sequenz; →*a.* Exon

◆ **in|trors** ⟨Adj.; Bot.⟩ nach innen gewendet; *Ggs* extrors; *~e Staubbeutel* [<lat. *introrsus* »nach innen gewendet«]

◆ **In|tro|spek|ti|on** *auch:* **In|tros|pek|ti|on** ⟨f.; -, -en⟩ Selbstbeobachtung [<lat. *introspicere* »hineinsehen« (nach *Inspektion* gebildet)]

◆ **in|tro|spek|tiv** *auch:* **in|tros|pek|tiv** ⟨Adj.⟩ durch innere Schau, durch Selbsterkenntnis [<*intro…* + lat. *spectare* »sehen, anschauen, betrachten«]

◆ **In|tro|ver|si|on** ⟨[-vɛr-] f.; -; unz.; Psych.⟩ nach der Typenlehre C. G. Jungs vorwiegende Konzentration auf das eigene Seelenleben bei vermindertem Interesse für die Außenwelt; *Ggs* Extraversion [→ *introvertiert*]

◆ **in|tro|ver|siv** ⟨[-vɛr-] Adj.⟩ zur Introversion neigend, auf ihr beruhend

◆**in|tro|ver|tiert** ⟨[-vɛr-] Adj.⟩ nach innen gekehrt, auf das eigene Seelenleben gerichtet, verschlossen; *Ggs* extravertiert [<*intro…* + lat. *vertere* »wenden«]

◆**In|tru|si|on** ⟨f.; -; unz.; Geol.⟩ das Eindringen von Magma in die Erdkruste [frz.]

◆**In|tru|si|ons|schutz** ⟨m.; -es; unz.⟩ Technik, mit der das unerwünschte Eindringen von Personen oder anderen Lebewesen in einen bestimmten Bereich verhindert wird

◆**in|tru|siv** ⟨Adj.; Geol.⟩ die Intrusion betreffend, zu ihr gehörig, aus ihr entstanden

◆**In|tru|siv|ge|stein** ⟨n.; -s, -e; Geol.⟩ durch Intrusion entstandenes Gestein [<frz. *roches intrusives*]

In|tu|ba|ti|on ⟨f.; -, -en; Med.⟩ Einführung eines Gummi-, Plastik- od. Metallrohrs in die Luftröhre [<*In…*[1] + lat. *tuba* »Trompete«]

in|tu|bie|ren ⟨V.; Med.⟩ eine Intubation vornehmen, einen Schlauch od. ein Rohr vom Mund od. von der Nase aus in die Luftröhre einführen, z. B. zu Narkosezwecken

In|tu|i|ti|on ⟨f.; -, -en⟩ **1** Eingebung, unmittelbare Anschauung ohne wissenschaftliche Erkenntnis **2** Fähigkeit, verwickelte Vorgänge sofort richtig zu erfassen [<mlat. *intuitio* »unmittelbare Anschauung«]

in|tu|i|tiv ⟨Adj.⟩ auf Intuition beruhend, durch Intuition erfasst; *Ggs* diskursiv [<mlat. *intuitivus* »auf unmittelbarer Anschauung beruhend«]

In|tu|mes|zenz ⟨f.; -, -en⟩ Anschwellung, bes. die durch Blutandrang bewirkte Anschwellung der Schwellkörper von Geschlechtsorganen bei sexueller Erregung; *oV* Inturgeszenz; *Ggs* Detumeszenz [<lat. *intumescere, inturgescere* »anschwellen«; zu *tumor* »Geschwulst« bzw. *turgor* »das Strotzen«]

In|tur|ges|zenz ⟨f.; -, -en⟩ = Intumeszenz

in|tus ⟨Adj.⟩ innen, inwendig; *etwas ~ haben* ⟨umg.⟩ gegessen, getrunken haben; *Vokabeln ~ haben* ⟨fig.; umg.⟩ verstanden, im Gedächtnis haben [lat., »innen, inwendig«]

In|tus|sus|zep|ti|on ⟨f.; -; unz.⟩ **1** ⟨Med.⟩ = Invagination **2** ⟨Bot.⟩ Einlagerung von Zellulosemolekülen in die Zellwände von wachsenden Pflanzen [<*intus* + lat. *susceptio* »Aufnahme«]

in ty|ran|nos! ⟨geh.⟩ gegen die Tyrannen! [lat.]

Inu|it ⟨m.; - od. -s, - od. -s⟩ nordamerikan. od. grönländ. Eskimo [eskim., »Männer, Menschen«, Pl. zu *inuk* »Mann, Mensch«]

Inu|lin ⟨n.; -s; unz.; Biochemie⟩ aus Fruchtzucker aufgebautes Polysacharid, das als Reservestoff bei den Korbblütlern auftritt u. als Diätkost für Diabetiker geeignet ist [<lat. *inula* »Alant«]

In|un|da|ti|on ⟨f.; -, -en; Geogr.⟩ Überschwemmung durch Senkung des Landes od. Stauen der Gewässer [<lat. *inundatio* »Überschwemmung«]

In|unk|ti|on ⟨f.; -, -en⟩ Einreibung, Salbung [<lat. *inunctio* »Einreibung mit Salbe«; zu *unguentum* »Salbe«]

in|va|die|ren ⟨[-va-] V.; geh.⟩ in fremdes Gebiet einfallen; →*a.* Invasion [<lat. *invadere* »gewaltsam hineingehen, eindringen, überfallen«]

In|va|gi|na|ti|on ⟨[-va-] f.; -; unz.; Med.⟩ Einstülpung eines Darmabschnittes in den nächsten, was Darmverschluss zur Folge haben kann; *Sy* Intussuszeption (1) [<*In…*[1] + *Vagina*]

in|va|lid ⟨[-va-] Adj.⟩ = invalide [<frz. *invalide* »gebrechlich«]

in|va|li|de ⟨[-va-] Adj.⟩ durch Krankheit, Unfall od. Kriegsverletzung arbeitsunfähig od. behindert; *oV* invalid

In|va|li|de(r) ⟨[-va-] f. 2 (m. 1)⟩ durch Krankheit, Unfall od. Kriegsverletzung arbeitsunfähig gewordener od. arbeitsbehinderter Mensch; *Kriegs~*

in|va|li|di|sie|ren ⟨[-va-] V.⟩ amtlich für invalid erklären

In|va|li|di|tät ⟨[-va-] f.; -; unz.⟩ starke Beeinträchtigung der Arbeitsfähigkeit [<frz. *invalidité* »Gebrechlichkeit«]

in|va|ri|a|bel ⟨[-va-] Adj.⟩ unveränderlich; *Ggs* variabel; *invariable Größe*

in|va|ri|ant ⟨a. [-va-'-] Adj.⟩ bei bestimmten Vorgängen gleich, unverändert bleibend; *Ggs* variant

In|va|ri|an|te ⟨[-va-] f.; -, -n; Math.; Physik⟩ unveränderl. Größe, mathemat. Größe, die bei bestimmten Umformungen unverändert bleibt

In|va|ri|anz ⟨[-va-] f.; -; unz.⟩ Unveränderlichkeit bestimmter mathematischer od. physikalischer Größen gegenüber Koordinatentransformationen

In|var|stahl® ⟨[-va:r-] m.; -(e)s; unz.⟩ Stahllegierung, die keine Längenänderung bei wechselnden Temperaturverhältnissen aufweist [verkürzt <*Invarianz*]

In|va|si|on ⟨[-va-] f.; -, -en⟩ **1** (feindl.) widerrechtl. (bewaffneter) Einbruch in fremdes Staatsgebiet **2** ⟨fig.; iron.⟩ Eintreffen unerwünscht vieler Personen **3** Eindringen von Krankheitserregern, deren Nachkommenschaft den Organismus des Wirtes verlässt; →*a.* Infektion [<lat. *invasio* »Angriff, gewaltsame Inbesitznahme«]

in|va|siv ⟨[-va-] Adj.; Med.⟩ eindringend, in das umgebende Gewebe hineinwuchernd (in Bezug auf Krebszellen); *ein ~er Tumor*

In|va|sor ⟨[-va:-] m.; -s, -so|ren; meist Pl.⟩ jmd., der widerrechtl. in fremdes Gebiet eindringt [lat., »Eroberer«]

In|vek|ti|ve ⟨[-vɛkti:və] f.; -, -n; geh.⟩ Beleidigung, Beschimpfung, Schmährede [<frz. *invective* »Beleidigung«]

In|ven|tar ⟨[-vɛn-] n.; -s, -e⟩ **1** Verzeichnis der zu einem Raum, Haus, Grundstück gehörenden Gegenstände od. zu einem Betrieb, einer Vermögensmasse (z. B. Erbe) gehörenden Gegenstände, Vermögenswerte u. Schulden **2** die Gegenstände selbst **3** Einrichtung, Bestand; *lebendes ~* Tiere; *totes ~* Möbel, Geräte, Vermögenswerte [<lat. *inventarium* »Vermögensverzeichnis«]

In|ven|ta|ri|sa|ti|on ⟨[-vɛn-] f.; -, -en⟩ = Inventarisierung

I

in|ven|ta|ri|si̱e|ren ⟨[-vɛn-] V.⟩ Gegenstände in eine Liste des Inventars aufnehmen

In|ven|ta|ri|si̱e|rung ⟨[-vɛn-] f.; -, -en⟩ das Inventarisieren, Inventarisiertwerden; *Sy* Inventarisation

in|ven|ti̱e|ren ⟨[-vɛn-] V.; veraltet⟩ erfinden, ersinnen [<frz. *inventer*]

In|ven|ti|o̱n ⟨[-vɛn-] f.; -, -en⟩ **1** ⟨veraltet⟩ Erfindung **2** ⟨Musik⟩ eine besondere Art der musikal. Erfindung (bei C. Jannequin für seine Programmchansons, bei J. S. Bach für kleine zwei- u. dreistimmige Klavierstücke im Imitationsstil) **3** ⟨Rhet.⟩ Vorbereitungsphase einer Rede, in der es um die Ausformulierung von Argumenten u. die Sammlung von Material geht [<lat. *inventio* »Erfindung, Entdeckung«]

In|ven|tu̱r ⟨[-vɛn-] f.; -, -en⟩ Bestandsaufnahme, Aufstellung eines Inventars [<mlat. *inventura*]

in|vers ⟨[-vẹrs] Adj.⟩ umgekehrt, entgegengesetzt [<lat. *inversus*]

In|ver|si|o̱n ⟨[-vɛr-] f.; -, -en⟩ **1** ⟨Gramm.⟩ Umkehrung der normalen Wortfolge, z. B. grün ist die Heide **2** ⟨allg.⟩ Umkehrung **3** ⟨Musik⟩ Umkehrung, Gegenbewegung einer Tonfolge **4** ⟨Med.⟩ Umstülpung (der Gebärmutter, der Eingeweide) **5** = Homosexualität **6** ⟨Genetik⟩ innerhalb desselben Chromosoms nach doppeltem Bruch erfolgende Umkehr eines Chromosomenstückes **7** ⟨Chemie⟩ Umkehrung der Drehungsrichtung bei optisch aktiven Verbindungen **8** ⟨Meteor.⟩ atmosphärische Sperrschicht, in der die Temperatur bis zu einer bestimmten Höhe ansteigt **9** = Reliefumkehr [<lat. *inversio* »Umkehrung«]

In|ver|te|bra̱t *auch:* **In|ver|teb|ra̱t** ⟨[-vɛr-] m.; -en, -en; Zool.⟩ wirbelloses Tier; *Sy* Evertebrat; *Ggs* Vertebrat [<*In...*[1] + lat. *vertebra* »Wirbelknochen«]

In|ver|ter ⟨[-vœ:tə(r)] m.; -s, -⟩ ein Gerät zur Umwandlung u. Modulation von gesprochenen Worten, durch das z. B. Funkkanäle gegen Abhören geschützt werden [<engl. *invert* »umkehren, umwenden, umstülpen«]

in|ver|ti̱e|ren ⟨[-vɛr-] V.⟩ umkehren, versetzen [<lat. *invertere*]

in|ver|ti̱ert ⟨[-vɛr-] Adj.⟩ **1** umgekehrt **2** = homosexuell

In|vert|zu|cker ⟨[-vẹrt-] m.; -s, -; Chemie⟩ das bei der Spaltung von optisch rechtsdrehendem Rohrzucker durch Säuren od. Fermente entstehende, optisch linksdrehende Gemisch seiner Komponenten Glukose u. Fruktose [zu lat. *invertere* »umwenden, umkehren«]

in|ves|ti̱e|ren ⟨[-vɛs-] V.⟩ **1** *jmdn.* ~ in ein Amt einweisen **2** zum Zwecke der Investition (1-3) anlegen, schaffen; *Ggs* desinvestieren; *Kapital, Arbeit, Zeit (in etwas) ~; sein Geld bei der Bank ~* [<lat. *investire* »einkleiden, bekleiden«; zu *vestis* »Kleid«]

in|ves|ti|ga|ti̱v ⟨[-vɛs-] Adj.⟩ nachforschend, enthüllend, aufdeckend; *~er Journalismus* [zu lat. *investigare* »erforschen, aufspüren«]

in|ves|ti|gi̱e|ren ⟨[-vɛs-] V.⟩ nachforschen, nachspüren, untersuchen [<lat. *investigare* »erforschen, aufspüren«]

In|ves|ti|ti|o̱n ⟨[-vɛs-] f.; -, -en⟩ **1** Beschaffung von Produktionsmitteln; *Ggs* Desinvestition (1) **2** Kapitalanlage zur Investition (1); *Ggs* Desinvestition (2) **3** planmäßig auf zukünftigen Nutzen gerichtete Tätigkeit [<neulat. *investitio* »Einkleidung, Bekleidung«; zu lat. *vestis* »Kleid«]

In|ves|ti|ti|o̱ns|för|de|rung ⟨[-vɛs-] f.; -, -en; Wirtsch.⟩ Schaffung von (staatlichen) Anreizen zur Erhöhung der Investitionsbereitschaft

In|ves|ti|ti|o̱ns|gü|ter ⟨[-vɛs-] Pl.; Wirtsch.⟩ Produkte, die als Investition dienen, z. B. Maschinen für die Fertigung von Waren; *Ggs* Konsumgüter

In|ves|ti|tu̱r ⟨[-vɛs-] f.; -, -en⟩ Einweisung, Einsetzung (bes. eines Geistlichen) in ein Amt; *Sy* Vestitur; *Ggs* Devestitur [<mlat. *investitura* »Einkleidung«; zu lat. *vestis* »Kleid«]

in|ves|ti̱v ⟨[-vɛs-] Adj.⟩ zur Investition bestimmt; *Ggs* konsumtiv

In|ves|ti̱v|lohn ⟨[-vɛs-] m.; -(e)s, -löh|ne⟩ als Spareinlage verwendeter, zwangsgebundener Teil des Lohns

In|vest|ment ⟨[-vẹst-] n.; -s, -s⟩ Investition [engl.]

In|vest|ment|ban|king ⟨[-vẹstməntbæŋkıŋ] n.; - od. -s; unz.; Wirtsch.⟩ Handel mit Wertpapieren u. Anlage von Kapitalmitteln mit Hilfe einer Bank

In|vest|ment|fir|ma ⟨[-vẹst-] f.; -, -fir|men; Wirtsch.⟩ Unternehmen, das Kapitalmittel anlegt, wobei die Risikoverteilung im Vordergrund steht; *Sy* Investmentgesellschaft, Investmenttrust

In|vest|ment|fonds ⟨[-vẹstməntfɔ̃:] m.; -, - [-fɔ̃:s]; Wirtsch.⟩ Bestand an Wertpapieren (von Kapitalgesellschaften)

In|vest|ment|ge|schäft ⟨[-vẹst-] n.; -(e)s, -e; Wirtsch.⟩ Beschaffung u. Anlage von Kapitalmitteln als Investmentfonds

In|vest|ment|ge|sell|schaft ⟨[-vẹst-] f.; -, -en; Wirtsch.⟩ = Investmentfirma

In|vest|ment|trust ⟨[-vẹstmənttrʌst] m.; -s, -s; Wirtsch.⟩ = Investmentfirma [engl.]

In|vest|ment|zer|ti|fi|kat ⟨[-vẹst-] n.; -(e)s, -e; Wirtsch.⟩ Anteilsschein an einem Investmentfonds [→ *Investment*]

In|ves|tor ⟨[-vẹs-] m.; -s, -to|ren; Wirtsch.⟩ jmd., der (kurz- od. langefristig) etwas (Kapital) investiert, Kapitalanleger

in vi|no ve|ri|tas ⟨[-vi:no ve:-]⟩ im Wein ist Wahrheit, d. h., Betrunkene plaudern die Wahrheit aus [lat.]

in|vi|si̱|bel ⟨[-vi-] Adj.⟩ unsichtbar; *Ggs* visibel [<lat. *invisibilis*]

in vi|tro *auch:* **in vit|ro** ⟨[-vi:-]⟩ beim Versuch im Reagenzglas, im Laborversuch durchgeführt [lat., »im Glase«]

In-vi|tro-Fer|ti|li|sa|ti|o̱n *auch:* **In-vit|ro-Fer|ti|li|sa|ti|o̱n** ⟨[-vi:-] f.; -, -en; Abk.: IVF⟩ Befruchtung außerhalb des Mutterleibes, wobei aus den Eierstöcken reife Eizellen entnommen u. im

Reagenzglas mit Samenzellen befruchtet werden [lat., »Befruchtung im Glas«]

> **In-vitro-Fertilisation** (*Schreibung mit Bindestrich*) Zwischen allen Bestandteilen mehrteiliger Zusammensetzungen, in denen eine Wortgruppe oder eine Zusammensetzung mit Bindestrich auftritt, wird ein Bindestrich gesetzt. Dies gilt auch, wenn ein Teil der Zusammensetzung aus einem Einzelbuchstaben oder einer Abkürzung besteht (→*a.* IC-Analyse).

in vi|vo ⟨[-vi:vo:]⟩ im lebendigen Organismus, bei Versuchen mit der lebenden Zelle [lat.]

In|vo|ca|bit ⟨[-voka:-] ohne Artikel; kath. Kirche⟩ der erste Passionssonntag, sechster Sonntag vor Ostern [nach dem Anfang des lat. Kirchenliedes »*Invocavit me* ...« »Er hat mich angerufen« (Psalm 91,15)]

In|vo|ca|vit ⟨[-voka:vɪt] ohne Artikel; evang. Kirche⟩ der erste Passionssonntag, sechster Sonntag vor Ostern; *oV* Invokavit [nach dem Anfang des lat. Kirchenliedes »*Invocavit me* ...« »Er hat mich angerufen« (Psalm 91,15)]

In|vo|ka|ti|on ⟨[-vo-] f.; -, -en⟩ Anrufung Gottes [<lat. *invocatio* »Anrufung«]

In|vo|ka|vit ⟨[-vokavɪt] ohne Artikel; evang. Kirche⟩ = Invocavit

In|vo|lu|ti|on ⟨[-vo-] f.; -, -en⟩ **1** ⟨Math.⟩ eine Abbildung, die gleich ihrer Umkehrung ist **2** ⟨Med.⟩ Transformation, bei der das Bild des Bildes das Original ist **3** normale Rückbildung (z. B. der Gebärmutter nach der Geburt od. als Alterserscheinung) [<lat. *involutio* »Ein-, Verwicklung, Hülle«]

In|volve|ment ⟨[ɪnvɔlvmənt] n.; -s; unz.⟩ (kognitives u. emotionales) Engagement [engl., »Beteiligung, Engagement«]

in|vol|vie|ren ⟨[-vɔlvi:-] V.⟩ **1** in sich schließen, enthalten **2** verwickeln, beteiligen, hineinziehen; *in etwas involviert sein* [<lat. *involvere* »einwickeln, verwickeln«]

In|zest ⟨m.; -(e)s, -e⟩ **1** engste Inzucht **2** Geschlechtsverkehr zwischen Blutsverwandten, Blutschande [<lat. *incestus* »Unzucht, Blutschande«]

in|zes|tu|ös ⟨Adj.⟩ in der Art eines Inzests (2), blutschänderisch

in|zi|den|tell ⟨Adj.⟩ nebenbei vorkommend, geschehend, beiläufig, gelegentlich [<lat. *incidens* »hineinfallend«, Part. Präs. von *incidere* »hineinfallen«]

In|zi|denz ⟨f.; -, -en od. -zi|en⟩ **1** ⟨veraltet⟩ Vorfall, Eintritt eines Ereignisses **2** ⟨Geom.⟩ Relation, die in den Axiomen der Geometrie zwischen den Punkten u. Geraden od. zwischen den Punkten u. Ebenen erklärt wird **3** ⟨Wirtsch.⟩ Auswirkungen von finanzpolitischen Maßnahmen auf die Einkommensverteilung **4** ⟨Med.⟩ Neuerkrankungsrate in einem definierten Zeitraum [zu frz. *incidence* »Vorfall« <lat. *incidere* »hineinfallen, einschneiden«]

in|zi|die|ren ⟨V.; Geom.⟩ eine Relation bilden, zusammentreffen; *ein Punkt inzidiert mit einer Geraden, wenn der Punkt auf der Geraden liegt* [<lat. *incidere* »einschneiden«]

in|zi|pi|ent ⟨Adj.; Med.⟩ beginnend (von Krankheitssymptomen) [<lat. *incipiens* »beginnend«]

In|zi|si|on ⟨f.; -, -en; Med.⟩ Einschnitt, das Einschneiden in ein Gewebe, z. B. bei Eröffnung eines Abszesses [<lat. *incisio*]

In|zi|sur ⟨f.; -, -en; Med.⟩ in einer Einbuchtung bestehende Formbesonderheit eines Organs, z. B. eines Knochens [<lat. *incisura* »Einschnitt«]

IOC ⟨Abk. für engl.⟩ International Olympic Committee

IOK ⟨Abk. für⟩ Internationales Olympisches Komitee

I. O. M. ⟨Abk. für lat.⟩ Iovi optimo maximo

Ion ⟨[io:n] od. [i:ɔn] od. [iɔn] n.; -s, -en; Physik⟩ elektrisch geladenes Atom, Atomgruppe od. Molekül [<grch. *ion*, Part. Präs. zu *ienai* »gehen«, eigtl. »wanderndes (Teilchen)«]

...i|on ⟨Nachsilbe; zur Bildung weibl. Subst.⟩ **1** (zur Bezeichnung eines Vorgangs, einer Handlung od. Tätigkeit); *Transplantation; Produktion* **2** (zur Bezeichnung des Ergebnisses eines Vorgangs, einer Handlung od. Tätigkeit); *Definition* **3** (zur Bezeichnung der Eigenschaft eines Zustandes od. Verhaltens); *Variation; Gravitation* **4** (zur Bezeichnung von Abstrakta od. Kollektiva); *Nation; Religion* [lat.]

Io|nen|aus|tau|scher ⟨[io:-] m.; -s, -; Physik⟩ hochmolekularer Stoff, der die Eigenschaft hat, Ionen abzuspalten u. dafür andere in einer Lösung befindliche Ionen anzunehmen

Io|nen|do|sis ⟨[io:-] f.; -, -do|sen; Physik⟩ zu therapeutischen od. wissenschaftlichen Zwecken eingesetzte, genau definierte Ionenmenge

Io|nen|re|ak|ti|on ⟨[io:-] f.; -, -en; Physik⟩ chem. Reaktion, deren Ablauf maßgeblich durch die Anwesenheit von Ionen beeinflusst wird

Io|nen|strahl ⟨[io:-] m.; -s, -en; Physik⟩ aus beschleunigten Ionen bestehender Teilchenstrahl

Io|nen|trieb|werk ⟨[io:-] n.; -(e)s, -e; Physik⟩ in der Entwicklung befindl. Raketentriebwerk, das seine Schubkraft aus dem Ausstoß beschleunigter Ionen gewinnt

Io|ni|sa|ti|on ⟨[io:-] f.; -, -en; Physik⟩ Erzeugung von Ionen durch Abspalten od. Anlagern von Elektronen; *Sy* Ionisierung

Io|ni|sa|tor ⟨[io:-] m.; -s, -to|ren; Physik⟩ Objekt, das durch die von ihm ausgehende Strahlung od. elektrische Energie die Bildung von Ionen bewirkt

io|nisch ⟨[io:-] Adj.⟩ zu Ionien od. den Ioniern gehörig, aus Ionien, von den Ioniern stammend; *Ionische Inseln* Inselkette an der Westküste Griechenlands, zu der u. a. Korfu, Ithaka u. Kythera gehören; *~e Säule* altgrch. Säulenform mit bes. Volutenkapitellen; *~e Tonart* altgrch. T., Kirchentonart mit dem Grundton c; *~er Dialekt* auf den Ion. Inseln gesprochener Dialekt des Altgriechischen [nach den *Ioniern*, einem Stamm der alten Griechen]

io|ni|sie|ren ⟨[io:-] V.; Physik⟩ eine Ionisation erzeugen bei
Io|ni|sie|rung ⟨[io:-] f.; -, -en; Physik⟩ = Ionisation
Io|ni|um ⟨[io:-] n.; -s; unz.; Physik⟩ radioaktives Zerfallsprodukt des Urans, Isotop des Thoriums
Io|non ⟨[io:-] n.; -s; unz.⟩ = Jonon
Io|no|sphä|re ⟨[io:-] f.; -; unz.⟩ die ionisierten oberen Schichten der Atmosphäre [<*Ion* + *Sphäre*]
Io|ta ⟨[io:-] n.; - od. -s, -s⟩ = Jota[1]
Io|vi op|ti|mo ma|xi|mo ⟨[io:vi-] Abk.: I. O. M.⟩ Jupiter, dem Besten u. Größten (einleitende Weihinschrift); →*a.* Deo optimo maximo [lat.]
IP ⟨EDV; Abk. für engl.⟩ Internet Protocol (Internetprotokoll), als Basis der Kommunikation im Internet verantwortlich für die Übertragung von Daten
iPad® ⟨[aıpæd] n. od. m.; - od. -s, -s; EDV⟩ mobiler Kleincomputer der Firma Apple® mit einem Touchscreen-Display u. Internetzugang, der die Wiedergabe u. Bearbeitung von Texten, E-Mails, Fotos, Videos usw. ermöglicht
Ipe|ka|ku|an|ha ⟨[-anja:] f.; -; unz.; Bot.⟩ brasilianisches Rötegewächs, dessen Wurzeln als Brech- u. Hustenmittel verwendet werden: Urago ipecacuanha [<portug. *ipecacuanha* »Brechwurz«]
iPhone® ⟨[aıfoʊn] n.; - od. -s, -s; EDV⟩ Mobiltelefon der Firma Apple®, das überwiegend per Touchscreen bedient wird
iPod® ⟨[aıpɔd] m.; - od. -s, -s; EDV⟩ mobiles Abspielgerät im Taschenformat (MP3-Player) der Firma Apple® für die Wiedergabe von Musikdaten, Videos u. Texten
Ip|sa|ti|on ⟨f.; -, -en⟩ = Masturbation [zu lat. *ipse* »selbst«]
ip|se fe|cit ⟨Abk.: i. f.⟩ er hat (es) selbst gemacht (Vermerk des Künstlers auf eigenhändig hergestellten Bildern usw.) [lat.]
Ip|sis|mus ⟨m.; -, -men⟩ = Masturbation [<lat. *ipse* »selbst«]
ip|sis|si|ma ver|ba ⟨[- vɛr-] geh.⟩ seine eigenen Worte, genau diese Worte [lat.]
ip|so fac|to ⟨geh.⟩ **1** durch die Tat selbst **2** eigenmächtig (eine Rechtsformel) [lat.]
ip|so ju|re durch das Recht selbst, von Rechts wegen, an u. für sich (eine Rechtsformel) [lat.]
IPU ⟨Abk. für⟩ Interparlamentarische Union
IQ ⟨Abk. für⟩ Intelligenzquotient
Ir ⟨chem. Zeichen für⟩ Iridium
IR ⟨Abk. für⟩ Interregiozug
ir...[1], **Ir...**[1] ⟨Vorsilbe⟩ = in...[1], In...[1]
ir...[2], **Ir...**[2] ⟨Vorsilbe⟩ = in...[2], In...[2]
I. R. ⟨Abk. für⟩ Imperator Rex
IRA ⟨engl. [aıa:(r)ɛı] f.; -; unz.; Abk. für engl.⟩ Irish Republican Army (irisch-republikan. Armee), irische Untergrundorganisation
Ira|de ⟨m.; -s, -n od. n.; -s, -n; früher⟩ Erlass des türkischen Sultans [<arab.-türk. *irâ deh* »Wunsch«]
Ira|nist ⟨m.; -en, -en⟩ Wissenschaftler auf dem Gebiet der Iranistik
Ira|nis|tik ⟨f.; -; unz.⟩ Lehre von den iranischen Sprachen u. Kulturen
Ira|nis|tin ⟨f.; -, -tin|nen⟩ weibl. Iranist
Ir|bis ⟨m.; -ses, -se; Zool.⟩ Raubkatze mit dichtem, weißlich grauem Pelz, Schneeleopard, bewohnt höhere Lagen Mittelasiens: Uncia uncia [russ. <mongol. *irbis,* kalmück. *irws*]
Ire|nik ⟨f.; -; unz.⟩ Lehre vom Frieden, Teil der Theologie, die die Verständigung der verschiedenen christl. Konfessionen anstrebt [<grch. *eirene* »Friede«]
ire|nisch ⟨Adj.⟩ auf der Irenik beruhend, friedliebend
Irid|ek|to|mie *auch:* **Iri|dek|to|mie** ⟨f.; -, -n; Med.⟩ operative Entfernung eines Teils der Regenbogenhaut; *Sy* Iridotomie [<*Iris* + grch. *ektemnein* »ausschneiden«]
Iri|di|um ⟨n.; -s; unz.; chem. Zeichen: Ir⟩ silberweißes, sehr hartes Edelmetall, Ordnungszahl 77 [<grch. *iris,* Gen. *iridos* »Regenbogen«]
Iri|do|lo|ge ⟨m.; -n, -n⟩ jmd., der die Iridologie praktiziert, Augendiagnostiker
Iri|do|lo|gie ⟨f.; -; unz.⟩ wissenschaftl. nicht zu bestätigendes Verfahren, aus der Regenbogenhaut u. ihren Veränderungen Rückschlüsse auf Krankheiten zu ziehen, Augendiagnose [<*Iris* + ...*logie*]
Iri|do|to|mie ⟨f.; -, -n; Med.⟩ = Iridektomie
Iris ⟨f.; -, -⟩ **1** ⟨grch. Myth.⟩ Götterbotin als Personifikation des Regenbogens **2** ⟨Anat.⟩ im Auge der Wirbeltiere u. des Menschen der vordere, durch die Hornhaut hindurch sichtbare Rand der Aderhaut, Regenbogenhaut **3** ⟨Bot.⟩ Schwertlilie [<grch. *iris* »Regenbogen«]
Iris|di|a|gnos|tik *auch:* **Iris|di|ag|nos|tik** ⟨f.; -; unz.; Med.⟩ Lehre von der Krankheitserkennung durch Merkmale der Iris
Irish Cof|fee ⟨[aırıʃ kɔfi:] m.; - -, - -s⟩ Kaffee mit Schlagsahne u. einem Schuss Whisky [engl., »irischer Kaffee«]
Irish Stew ⟨[aırıʃ stju:] n.; - - od. - -s; unz.⟩ Eintopfgericht aus gekochtem Hammelfleisch mit Weißkraut u. Kartoffeln [engl.]
iri|sie|ren ⟨V.⟩ in Regenbogenfarben schillern [→ *Iris*]
Iri|tis ⟨f.; -, -ti|den; Med.⟩ Regenbogenhautentzündung [→ *Iris*]
Iro|ke|se ⟨m.; -n, -n⟩ Angehöriger eines nordamerikanischen Indianerstammes
Iro|ke|sen|schnitt ⟨m.; -(e)s, -e⟩ Haarfrisur, bei der beide Seiten des Kopfes kahlgeschoren u. die Haare in der Mitte bürstenartig nach oben gekämmt sind
Iro|ke|sin ⟨f.; -, -sin|nen⟩ weibl. Irokese
iro|ke|sisch ⟨Adj.⟩ die Irokesen betreffend, zu ihnen gehörig, von ihnen stammend; *~e Sprachen* Gruppe der Indianersprachen am Sankt-Lorenz-Strom u. Ontariosee
Iro|nie ⟨f.; -; unz.⟩ hinter Ernst versteckter Spott, mit dem man das Gegenteil von dem ausdrückt, was man meint, seine wirkl. Meinung aber durchblicken lässt; *~ des Schicksals* ⟨fig.⟩ zufälliges Ereignis, das dem erwarteten Verlauf überraschend widerspricht; *romantische ~* spieler. Einstellung des Künstlers zum eigenen Werk, Spiel mit der eigenen Schöp-

fung [<grch. *eironeia* »Ironie, Spott«; zu *eiron* »Schalk«]

Iro|ni|ker ⟨m.; -s, -⟩ iron. Mensch

iro|nisch ⟨Adj.⟩ auf Ironie beruhend, versteckt spöttisch, fein spöttelnd

iro|ni|sie|ren ⟨V.⟩ mit Ironie behandeln, versteckt lächerlich machen; *ein Ereignis ~*

Iron|man ⟨[aɪənmæn] m.; -s, -men [-mən]; Sport⟩ **1** ⟨unz.⟩ an einem Tag ausgetragener Wettkampf aus drei direkt aufeinanderfolgenden Disziplinen (3,8 km Schwimmen, 180 km Radfahren, Marathonlauf), Triathlon **2** ⟨zählb.⟩ Teilnehmer an diesem Wettkampf [<engl. *iron* »eisern«+ *man* »Mann«]

Irons ⟨[aɪənz] Pl.; Sport; Golf⟩ Eisenschläger; *Ggs* Woods [<engl. *iron* »Eisen«]

Iron|wo|man ⟨[aɪənwumən] m.; -s, -wo|men [-wɪmɪn]; Sport⟩ **1** ⟨unz.⟩ mit denselben Bedingungen für Frauen ausgetragener Wettkampf des Ironman[1], Triathlon **2** ⟨zählb.⟩ Teilnehmerin an diesem Wettkampf [<engl. *iron* »eisern« + *woman* »Frau«]

Ir|ra|di|a|ti|on ⟨f.; -, -en; Med.⟩ **1** Ausstrahlung eines Schmerzes über den betroffenen Teil hinaus **2** optische Täuschung, die darin besteht, dass eine helle Figur auf dunklem Hintergrund größer erscheint als eine gleich große dunkle auf hellem Hintergrund **3** Ausstrahlen von Gefühlswerten auf neutrale Inhalte des Bewusstseins

ir|ra|die|ren ⟨V.⟩ ausstrahlen, wie eine Irradiation wirken [<spätlat. *irradiare* »strahlen, bestrahlen«]

ir|ra|ti|o|nal ⟨Adj.⟩ *Ggs* rational **1** mit dem Verstand nicht erfassbar **2** vernunftswidrig **3** unberechenbar **4** *~e Zahl* ⟨Math.⟩ Z., die weder ganze Zahl noch ein Quotient zweier ganzer Zahlen ist, z. B. $\sqrt{x}$ [<lat. *irrationalis* »unvernünftig, ohne Anwendung der Vernunft»]

Ir|ra|ti|o|na|lis|mus ⟨m.; -; unz.⟩ jede Lehre, die das Irrationale zu umgrenzen u. zur Geltung zu bringen sucht; *Ggs* Rationalismus (3)

Ir|ra|ti|o|na|li|tät ⟨f.; -; unz.⟩ Art u. Weise des Irrationalen, Unverstand, Unvernunft, Vernunftwidrigkeit; *Ggs* Rationalität

ir|ra|ti|o|nell ⟨Adj.⟩ nicht mit dem Verstand erfassbar; *Ggs* rationell [frz. *irrationel* »vernunftwidrig« <lat. *irrationalis;* → *irrational*]

ir|re|al ⟨Adj.⟩ nicht real, nicht wirklich, unwirklich, nicht der Wirklichkeit entsprechend; *Ggs* real [→ *Irrealis*]

Ir|re|a|lis ⟨m.; -, -a|les; Gramm.⟩ Modus der Unwirklichkeit, im Deutschen durch den Konjunktiv des Imperfekts od. Plusquamperfekts wiedergegeben, z. B. ich wäre gekommen, hätte gesagt [mlat., »unsachlich, unwesentlich«; zu lat. *res* »Sache«]

Ir|re|a|li|tät ⟨f.; -, -en⟩ Unwirklichkeit; *Ggs* Realität (3)

Ir|re|den|ta ⟨f.; -, -den|ten⟩ polit. Bewegung, die danach strebt, abgetrennte Gebiete mit einer nationalen Minderheit wieder dem Mutterland staatl. anzuschließen [<ital. *Irredenta Italia* »das unerlöste, unbefreite Italien«]

Ir|re|den|tis|mus ⟨m.; -; unz.⟩ Geisteshaltung der Irredentabewegung

Ir|re|den|tist ⟨m.; -en, -en⟩ Anhänger des Irredentismus

ir|re|den|tis|tisch ⟨Adj.⟩ den Irredentismus betreffend, darauf beruhend

ir|re|du|zi|bel ⟨Adj.; Math.⟩ nicht wiederherstellbar, nicht wieder zurückzuführen; *Ggs* reduzibel [<*in...*[2] + *reduzibel*]

Ir|re|du|zi|bi|li|tät ⟨f.; -; unz.; Math.⟩ Nichtableitbarkeit (einer Gleichung)

ir|re|gu|lär ⟨Adj.⟩ **1** von der Regel abweichend, ungesetzmäßig; *Ggs* regulär **2** vom Empfang der kathol. geistl. Weihen ausgeschlossen [<*in...*[2] + *regulär*]

Ir|re|gu|la|ri|tät ⟨f.; -, -en⟩ **1** Regelwidrigkeit, Unregelmäßigkeit, Ungesetzlichkeit; *Ggs* Regularität **2** ⟨kath. Kirchenrecht⟩ Hindernis, das vom Empfang der geistl. Weihen ausschließt [→ *irregulär*]

ir|re|le|vant ⟨[-vant] Adj.⟩ unerheblich, unbedeutend, geringfügig; *Ggs* relevant [<*in...*[2] + *relevant*]

Ir|re|le|vanz ⟨[-vants] f.; -, -en⟩ Unerheblichkeit, Geringfügigkeit; *Ggs* Relevanz

ir|re|li|gi|ös ⟨Adj.⟩ nicht religiös, religionslos; *Ggs* religiös [<*in...*[2] + *religiös*]

Ir|re|li|gi|o|si|tät ⟨f.; -; unz.⟩ Religionslosigkeit; *Ggs* Religiosität

ir|re|pa|ra|bel ⟨Adj.⟩ *Ggs* reparabel **1** nicht zu reparieren, nicht wiederherstellbar; *irreparable Schäden hinterlassen* **2** nicht heilbar [<*in...*[2] + *reparabel*]

Ir|re|pa|ra|bi|li|tät ⟨f.; -; unz.⟩ Unmöglichkeit, einen Schaden od. Fehler wiedergutzumachen [→ *irreparabel*]

ir|re|po|ni|bel ⟨Adj.; Med.⟩ nicht in die normale od. alte Lage zurückzubringen (z. B. von Eingeweidebrüchen); *Ggs* reponibel [zu lat. *reponere* »zurückbringen, wiederherstellen«]

ir|re|so|lut ⟨Adj.⟩ schwankend, nicht energisch, nicht entschlusskräftig; *Ggs* resolut [<neulat. *irresolutus* »unentschlossen, unentschieden«; zu *resolvere* »sich entschließen«]

ir|re|spon|sa|bel *auch:* **ir|res|pon|sa|bel** ⟨Adj.⟩ nicht verantwortbar; *Ggs* responsabel [<frz. *irresponsable* »nicht verantwortlich«, <lat. *respondere* »antworten«]

ir|re|ver|si|bel ⟨[-vɛr-] Adj.⟩ nicht umkehrbar, nur in einer Richtung verlaufend; *Ggs* reversibel; *eine irreversible Entwicklung* [<*in...*[2] + *reversibel*]

Ir|re|ver|si|bi|li|tät ⟨[-vɛr-] f.; -; unz.⟩ *Ggs* Reversibilität **1** irreversible Beschaffenheit, Unumkehrbarkeit **2** ⟨veraltet⟩ Unanfechtbarkeit eines Urteils

ir|ri|ta|bel ⟨Adj.; geh.⟩ reizbar, erregbar [<lat. *irritabilis* »leicht erregbar, reizbar«]

Ir|ri|ta|bi|li|tät ⟨f.; -; unz.; geh.⟩ Reizbarkeit, Erregbarkeit

Ir|ri|ta|ti|on ⟨f.; -, -en⟩ **1** Reiz, Reizung, Erregung **2** Verwirrung, Beunruhigung; *~en stiften* [<lat. *irritatio* »Erregung, Reizung]

ir|ri|tie|ren ⟨V.⟩ **1** reizen, erregen **2** ärgern, erzürnen **3** stören **4** irremachen, verwirren, ab-

I

lenken; *jmdn. durch sein Verhalten* ~ [<lat. *irritare*]

is..., Is... ⟨Vorsilbe⟩ iso..., Iso...

ISA ⟨f.; -; unz.; Abk. für engl.⟩ International Federation of the National Standardizing Associations (internationaler Verband für Normenfestlegung)

isa|bell|far|ben ⟨Adj.⟩ lehmfarben, graugelb [nach der span. Prinzessin *Isabella,* Tochter Philipps II., die gelobt haben soll, ihr Hemd nicht eher zu wechseln, als bis ihr Gemahl, der Erzherzog Albrecht von Österreich, das belagerte Ostende erobert habe]

Is|a|go|ge ⟨[-ge:] f.; -, -n; Antike⟩ Einführung in eine Wissenschaft [<grch. *eisagoge* »Einführung«]

Is|a|go|gik ⟨f.; -; unz.⟩ Kunst der Einführung in eine Lehre od. Wissenschaft [<grch. *eisagoge* »Einführung«]

Is|a|ne|mo|ne ⟨f.; -, -n; Meteor.⟩ Verbindungslinie auf Landkarten zwischen Orten gleicher Windstärke [<*Iso...* + grch. *anemos* »Wind«]

Is|a|no|ma|le ⟨f.; -, -n; Meteor.⟩ Verbindungslinie zwischen Orten mit gleicher Abweichung von einem Normalwert [<*Iso...* + *anomal*]

Isa|tin ⟨n.; -s; unz.⟩ in gelbroten Prismen kristallisierende organisch-chemische Verbindung zur Herstellung von indigoartigen Farbstoffen [<grch. *isatis,* Name einer Pflanzengattung]

ISBN ⟨Abk. für engl.⟩ International Standard Book Number (Internationale Standardbuchnummer)

Is|chä|mie *auch:* **Isch|ä|mie** ⟨[ɪsçɛ:-] f.; -, -n; Med.⟩ Blutleere bzw. Blutmangel einzelner Organe od. Körperteile [<grch. *ischein* »aufhalten« + *...ämie*]

is|chä|misch *auch:* **isch|ä|misch** ⟨[ɪsçɛ:mɪʃ] Adj.; Med.⟩ örtlich blutleer

Is|chi|al|gie ⟨[ɪsçi-] od. [ɪʃi-] f.; -; unz.; Med.⟩ Ischias [<grch. *ischion* »Hüftbein« + *...algie*]

Is|chi|as ⟨[ɪsçias] od. [ɪʃias] f. od. umg. n. od. m.; -; unz.; Med.⟩ Schmerzhaftigkeit des Hüftnervs [<grch. *ischion* »Hüftbein, Hüfte«]

Is|chi|as|nerv ⟨[ɪsçias-] od. [ɪʃias-] m.; -s, -en; Med.⟩ die Beine versorgender Nerv, an der Hinterseite des Oberschenkels, Hüftnerv: Nervus ischiadicus

ISDN ⟨Abk. für engl.⟩ Integrated Services Digital Network (dienstintegrierendes digitales Fernmeldenetz), weltweites Nachrichtensystem, das per Telefon Texte, Daten u. Bilder übermittelt

Is|lam ⟨a. ['--] m.; - od. -s; unz.⟩ von Mohammed Anfang des 7. Jh. begründete monotheist. Religion, bes. in Asien u. Afrika verbreitet; *Sy* ⟨veraltet⟩ Mohammedanismus [<arab. *islam* »Heilszustand; Hingabe an Gott«]

Is|la|mi|sa|ti|on ⟨f.; -, -en⟩ Bekehrung zum Islam

is|la|misch ⟨Adj.⟩ den Islam betreffend, auf ihm beruhend

is|la|mi|sie|ren ⟨V.⟩ zum Islam bekehren, nach den Regeln des Islams gestalten, dem Machtbereich des Islams unterstellen

Is|la|mi|sie|rung ⟨f.; -, -en⟩ das Islamisieren, Islamisiertwerden

Is|la|mis|mus ⟨m.; -; unz.⟩ radikale Geisteshaltung, die auf den Islam gründet

Is|la|mist ⟨m.; -en, -en⟩ Anhänger des Islamismus

Is|la|mis|tin ⟨f.; -, -tin|nen⟩ Anhängerin des Islamismus

is|la|mis|tisch ⟨Adj.⟩ den Islamismus betreffend, auf ihm beruhend

Is|la|mit ⟨m.; -en, -en⟩ = Muslim

is|la|mi|tisch ⟨Adj.⟩ = islamisch

Is|ma|e|lit ⟨[-mae-] m.; -en, -en⟩ Anhänger einer mohammedan. Sekte [nach *Ismael,* dem Sohn Abrahams u. der Hagar im AT]

Is|mus ⟨m.; -, Is|men; spött. Bez. für⟩ eine gegenstandslose Theorie [nach den vielen auf *...ismus* gebildeten abstrakten Begriffen]

...is|mus ⟨Nachsilbe; zur Bildung männl. Subst.⟩ **1** (zur Bildung von Abstrakta, die eine Lehre, Erscheinung od. Geisteshaltung bezeichnen; *Bürokratismus; Marxismus* **2** (die Gesamtheit bestimmter Vorgänge bezeichnend); *Mechanismus; Organismus* **3** (eine Abweichung vom Normalzustand bezeichnend); *Mongolismus* **4** (eine sprachliche Eigentümlichkeit bezeichnend); *Anglizismus; Helvetismus* [neulat. <grch. *-ismos* (frz. *-isme,* engl. *-ism*)]

ISO ⟨Abk. für engl.⟩ International Standard Organization, international tätiger Normenausschuss zur Erarbeitung einheitlicher Schraubengewinde, Normzahlen u. Passungen im Maschinenbau

iso..., Iso... ⟨vor Vokalen meist⟩ is..., Is... ⟨in Zus.⟩ (an Zahl, Größe, Stärke, Bedeutung usw.) gleich [<grch. *isos*]

Iso|am|pli|tu|de *auch:* **Iso|amp|li|tu|de** ⟨f.; -, -n; Meteor.⟩ Verbindungslinie zwischen Orten mit gleichen mittleren Temperaturschwankungen [<*Iso...* + *Amplitude*]

Iso|ba|re ⟨f.; -, -n⟩ **1** ⟨Meteor.⟩ Verbindungslinie auf Landkarten zwischen Orten gleichen Luftdrucks **2** ⟨Pl.; Physik⟩ ~*n* Atomkerne, die zwar die gleiche Neutronenzahl, aber eine unterschiedl. Anzahl von Protonen im Kern besitzen [<*Iso...* + grch. *baros* »Schwere«]

Iso|ba|the ⟨f.; -, -n; Meteor.⟩ Verbindungslinie auf Landkarten zwischen Punkten gleicher Wassertiefe (in Meeren, Seen, Flüssen) [<*Iso...* + grch. *bathos* »Tiefe«]

Iso|bron|te ⟨f.; -, -n; Meteor.⟩ Verbindungslinie auf Landkarten zwischen Orten, an denen man gleichzeitig Donner hört, Linie gleicher Gewitterhäufigkeit [<*Iso...* + grch. *bronte* »Donner«]

Iso|bu|tan ⟨n.; -s; unz.; Chemie⟩ aliphatischer Kohlenwasserstoff mit vier Kohlenstoffatomen; *Sy* Methylpropan [<*Iso...* + *Butan*]

Iso|chi|me|ne ⟨[-çi-] f.; -, -n; meist Pl.; Meteor.⟩ Verbindungslinie zwischen Orten gleicher mittlerer Wintertemperatur [<*Iso...* + grch. *cheimon* »Winter«]

Iso|cho|re ⟨[-ko:-] f.; -, -n; Physik⟩ Linie, die Punkte gleichen Volumens in grafischen Darstellungen verbindet [<*Iso...* + grch. *chora* »Raum, Fläche«]

iso|chrom ⟨[-kro:m] Adj.; Fot.⟩ = isochromatisch

Iso|chro|ma|sie ⟨[-kro-] f.; -; unz.; Fot.⟩ gleiche Empfindlichkeit gegenüber allen Wellenlängen des Lichts, Farbtonrichtigkeit [<*Iso...* + grch. *chroma* »Farbe«]

iso|chro|ma|tisch ⟨[-kro-] Adj.; Fot.⟩ Isochromasie aufweisend, farbtonrichtig

iso|chron ⟨[-kro:n] Adj.; Physik⟩ von gleicher Dauer, gleich lang dauernd [<*iso...* + grch. *chronos* »Zeit«]

Iso|chro|ne ⟨[-kro:-] f.; -, -n; Geogr.⟩ Verbindungslinie auf Landkarten zwischen Orten, an denen ein Ereignis zur gleichen Zeit eintraf (z. B. Erdbeben)

iso|cy|clisch *auch:* **iso|cyc|lisch** ⟨Adj.; Chemie⟩ *~e Verbindungen* organ.-chem. ringförmige Verbindungen, deren Ring nur aus Kohlenstoffatomen besteht; *oV* isozyklisch; *Sy* ⟨fachsprachl.⟩ carbocyclisch

iso|dy|nam ⟨Adj.⟩ von gleichem Energiewert, energetisch gleichwertig

Iso|dy|na|me ⟨f.; -, -n⟩ Linie, die Punkte gleicher Stärke des erdmagnetischen Feldes miteinander verbindet [<*Iso...* + *Dynamik*]

Iso|dy|na|mie ⟨f.; -; unz.⟩ gleicher Energiewert, Energiegehalt bei unterschiedl. Mengen verschiedener Nährstoffe, die somit einander entsprechend ihrem Energiegehalt vertreten können [<*Iso...* + *Dynamik*]

Iso|dy|ne ⟨f.; -, -n; Physik⟩ Linie, die Punkte gleicher Kraft miteinander verbindet [<*Iso...* + *Dynamik*]

iso|elek|trisch *auch:* **iso|elekt|risch** ⟨Adj.; Chemie⟩ die gleiche Anzahl positiver und negativer Ladungen tragend

Iso|fo|ne ⟨f.; -, -n; Sprachw.⟩ = Isophone

Iso|ga|met ⟨m.; -en, -en; Biol.⟩ geschlechtlich differenzierte Keimzelle ohne morphologische Unterschiede, z. B. bei Protozoen, Algen u. Pilzen [<*Iso...* + *Gamet*]

Iso|ga|mie ⟨f.; -; unz.; Biol.⟩ gleichgeschlechtliche Vereinigung von Gameten bei niederen Lebewesen [<grch. *isos* »gleich« + *gamein* »heiraten«]

iso|gen ⟨Adj.; Biol.⟩ mit identischer Erbanlage [<*iso...* + *...gen*[1]]

Iso|geo|ther|me ⟨f.; -, -n; Meteor.⟩ Verbindungslinie zwischen Orten mit gleicher Erdbodentemperatur [<*Iso...* + *geo...* + *...therm*]

Iso|glos|se ⟨f.; -, -n; Sprachw.⟩ Verbindungslinie auf Sprachkarten zwischen Orten mit dem gleichen Gebrauch von Wörtern od. mit gleichen anderen sprachl. Erscheinungen [<*Iso...* + grch. *glossa* »Zunge, Sprache«]

Iso|gon ⟨n.; -s, -e; Geom.⟩ regelmäßiges Vieleck [<*Iso...* + *...gon*]

iso|go|nal ⟨Adj.; Geom.⟩ gleichwinklig

Iso|go|ne ⟨f.; -, -n; Meteor.⟩ Verbindungslinie zwischen Orten gleichen Windes od. gleicher Deklination (3) [<*Iso...* + *...gon*]

Iso|he|lie ⟨[-ljə] f.; -, -n; Meteor.⟩ Verbindungslinie zwischen Orten mit gleicher mittlerer Sonnenscheindauer [<*Iso...* + grch. *helios* »Sonne«]

Iso|hy|e|te ⟨f.; -, -n; Meteor.⟩ Verbindungslinie zwischen Orten mit gleicher Niederschlagsmenge [<*Iso...* + grch. *hyein* »regnen«]

Iso|hyp|se ⟨f.; -, -n; Geogr.⟩ Verbindungslinie auf Landkarten zwischen Orten gleicher Höhenlage [<*Iso...* + grch. *hypsos* »Höhe«]

Iso|ke|pha|lie ⟨f.; -; unz.; Mal.⟩ Darstellung von in einer Reihe stehenden Personen, deren Köpfe sich in der gleichen Höhe befinden [<grch. *isos* »gleich« + *kephale* »Kopf«]

iso|kli|nal ⟨Adj.; Geol.⟩ nach der gleichen Richtung einfallend (von Gesteinsschichten) [<*iso...* + grch. *klines* »Neigung«]

Iso|kli|ne ⟨f.; -, -n; Geogr.; auf Landkarten⟩ Verbindungslinie zwischen Orten gleicher Neigung der Magnetnadel [<grch. *isos* »gleich« + *klines* »Neigung«]

Iso|la|ti|on ⟨f.; -, -en⟩ *Sy* Isolierung **1** das Isolieren (1); *~ von Häftlingen* **2** Vereinzelung, Vereinsamung **3** das Isolieren (2); *~ gegen elektrischen Strom* **4** Gegenstand, Vorrichtung zum Isolieren (2)

Iso|la|ti|o|nis|mus ⟨m.; -; unz.⟩ Bestreben, sich abzusondern, vor allem von polit. Auseinandersetzungen od. polit. Tätigkeit

Iso|la|ti|o|nist ⟨m.; -en, -en⟩ Anhänger des Isolationismus

iso|la|ti|o|nis|tisch ⟨Adj.⟩ auf dem Isolationismus beruhend, ihm entsprechend

Iso|la|ti|ons|haft ⟨f.; -; unz.⟩ Sondervollzug in Justizvollzugsanstalten, der die Trennung einzelner Häftlinge od. kleinerer Gruppen von den übrigen Anstaltsinsassen vorsieht, z. B. in Gefängnissen mit einem Hochsicherheitstrakt [→ *Isolation*]

Iso|la|tor ⟨m.; -s, -to|ren; Technik; El.⟩ **1** Stoff, Gegenstand zum Isolieren (2) **2** elektrisch nichtleitender Stoff od. Gegenstand; *Sy* Dielektrikum

iso|lie|ren ⟨V.⟩ **1** *jmdn. ~* von anderen Menschen trennen, abseitshalten, absondern; *Kranke, Häftlinge ~; jmd. ist politisch isoliert* **2** *etwas ~* gegen Feuchtigkeit, Luft, Wärme, Kälte od. Elektrizität abdichten, undurchlässig machen **3** *~de Sprachen* S., die endungslose Wörter verwenden, keine Formenbildung kennen u. die Beziehungen der Wörter zueinander im Satz nur durch die Wortstellung ausdrücken, z. B. das Chinesische; *Sy* amorphe Sprachen [<ital. *isolare* »abtrennen, absondern«, eigtl. »zur Insel machen« <lat. *insula* »Insel«]

Iso|lie|rung ⟨f.; -, -en⟩ = Isolation

Iso|li|nie ⟨[-njə] f.; -, -n⟩ Linie, die auf kartographischen Darstellungen Punkte mit gleichen Merkmalen verbindet [<*Iso...* + *Linie*]

iso|ma|gne|tisch *auch:* **iso|mag|ne|tisch** ⟨Adj.⟩ die gleiche magnet. Feldstärke aufweisend

iso|mer ⟨Adj.; Chemie; Physik⟩ Isomerie aufweisend; *Ggs* heteromer (1) [<*iso...* + *...mer*]

Iso|mer ⟨n.; -s, -e⟩ *oV* Isomere **1** ⟨Chemie⟩ Stoff, der zu einem anderen isomer ist **2** ⟨Physik⟩ Atomkern, der Isomerie (2) aufweist

Iso|me|re ⟨n.; -n, -n; Chemie; Physik⟩ = Isomer

Iso|me|rie ⟨f.; -; unz.⟩ **1** ⟨Chemie⟩ Vorkommen zweier od. mehrerer chemisch u. physikalisch verschiedener Stoffe mit derselben Bruttoformel, aber verschiedener Struktur; *Sy* Metamerie (1) **2** ⟨Physik⟩ Vorkommen von Atomkernen derselben Ordnungs- u. Massenzahl, aber verschiedenen Energiegehaltes

Iso|me|ri|sa|ti|on ⟨f.; -, -en; Chemie⟩ Überführung einer chemischen Verbindung in eine andere, die bei unterschiedlicher Struktur die gleiche Bruttoformel aufweist; *Sy* Isomerisierung

Iso|me|ri|sie|rung ⟨f.; -, -en⟩ = Isomerisation

Iso|me|trie *auch:* **Iso|met|rie** ⟨f.; -; unz.⟩ Gleichheit der Maße [<*Iso… + metrie*]

iso|me|trisch *auch:* **iso|met|risch** ⟨Adj.⟩ **1** maßstabgerecht **2** mit gleichem Metrum **3** *~e Übungen* Muskeltraining

Iso|me|tro|pie *auch:* **Iso|met|ro|pie** ⟨f.; -; unz.; Med.⟩ Gleichsichtigkeit, die gleiche Sehkraft auf beiden Augen [<*iso…* + grch. *metron* »Maß« + *ops*, Gen. *opis* »Auge«]

iso|morph ⟨Adj.⟩ von gleicher Gestalt, gleiche Kristallform zeigend (bes. von chem. unterschiedl. Stoffen) [<*iso… + …morph*]

Iso|mor|phie ⟨f.; -; unz.⟩ Gleichheit der Gestalt, gleiche Kristallform bei chemisch unterschiedl. Stoffen

Iso|mor|phis|mus ⟨m.; -; unz.; Math.⟩ umkehrbar eindeutige Zuordnung zwischen den Elementen zweier Mengen

Iso|ne|phe ⟨f.; -, -n; Geogr.; auf Landkarten⟩ Verbindungslinie zwischen Orten mit gleicher Bewölkung [<grch. *isos* »gleich« + *nephos* »Wolke«]

Iso|oc|tan ⟨n.; -s; unz.; Chemie⟩ ein verzweigtes Glied der Octane

iso|os|mo|tisch ⟨Adj.⟩ = isotonisch [<grch. *isos* »gleich« + *osmos* »das Schieben, Stoßen«]

Iso|par|af|fin *auch:* **Iso|pa|raf|fin** ⟨n.; -s, -e; meist Pl.; Chemie⟩ ein Kohlenwasserstoff, der aus Boden- u. Wandbelägen ausdampft u. Gesundheitsschäden verursachen kann [<*Isomer + Paraffin*]

iso|pe|ri|me|trisch *auch:* **iso|pe|ri|met|risch** ⟨Adj.; Math.⟩ gleichen Umfang bzw. gleiche Oberfläche habend (von Flächen u. Körpern) [<*iso… + peri…* + grch. *metron* »Maß«]

Iso|pho|ne ⟨f.; -, -n; Sprachw.⟩ Linie auf Sprachkarten, die die geograf. Ausbreitung gleicher Laute darstellt; *oV* Isofone [<*Iso…* + grch. *phone* »Laut«]

Iso|po|de ⟨m.; -n, -n; meist Pl.; Zool.⟩ Ordnung der höheren Krebse, Assel [<*Iso… + …pode*]

Iso|pren *auch:* **Isop|ren** ⟨n.; -s; unz.; Chemie⟩ aliphat. Kohlenwasserstoff mit fünf Kohlenstoffatomen u. zwei konjugierten Doppelbindungen, chem. Methylbutadien [<*Iso… + Propyl* + Endung *…en*]

Iso|pte|re *auch:* **Isop|te|re** ⟨m.; -n, -n; Zool.⟩ = Termite [<grch. *isos* »gleich« + *pteron* »Flügel«]

Iso|quan|te ⟨f.; -, -n; Wirtsch.⟩ grafische Darstellung aller Produktionsfaktoren zur Ermittlung von Menge u. Kosten zu produzierender Güter [<*Iso…* + lat. *quantum* »wie groß, wie viel«]

Iso|seis|te ⟨f.; -, -n; Kartogr.⟩ Verbindungslinie zwischen Orten mit gleich intensiven Erderschütterungen [<*Iso…* + grch. *seiein* »erschüttern«]

is|os|mo|tisch ⟨Adj.⟩ = isotonisch [<*iso… + Osmose*]

Iso|spin ⟨m.; -s, -s⟩ Kennzeichen bestimmter Elementarteilchen

Iso|sta|sie *auch:* **Isos|ta|sie** ⟨f.; -, -n; Geophysik⟩ Gleichgewichtszustand zwischen dem Gewicht einer Erdscholle u. ihrer Eindringtiefe in die unter der Erdkruste liegende, zähflüssige Schicht [<*Iso…* + grch. *stasis* »das Stehen«]

iso|sta|tisch *auch:* **isos|ta|tisch** ⟨Adj.⟩ die Isostasie betreffend, auf ihr beruhend

Iso|the|re ⟨f.; -, -n; Geogr.; auf Landkarten⟩ Verbindungslinie zwischen Orten gleicher mittlerer Sommerwärme [<*Iso…* + grch. *theros* »Sommer«]

iso|therm ⟨Adj.; Chemie; Physik⟩ bei gleicher Temperatur verlaufend [<*iso… + …therm*]

Iso|ther|me ⟨f.; -, -n; Meteor.⟩ Verbindungslinie auf Landkarten zwischen Orten gleicher Lufttemperatur zum gleichen Zeitpunkt

Iso|ther|mie ⟨f.; -, -n⟩ **1** ⟨Meteor.⟩ gleichbleibende Temperaturverteilung **1.1** Zustand der Atmosphäre, bei dem keine Änderung der Lufttemperatur mit zunehmender Höhe eintritt **2** ⟨Med.⟩ Erhalt der normalen Körpertemperatur [→ *isotherm*]

Iso|to|mie ⟨f.; -; unz.; Bot.⟩ Gabelung eines Triebes in zwei gleich starke Achsen [<*Iso… + …tomie*]

Iso|ton ⟨n.; -s, -e; meist Pl.; Physik⟩ Atomkern, der bei unterschiedlicher Protonenzahl die gleiche Anzahl Neutronen wie ein anderer enthält [<*Iso…* + grch. *tonos* »Spannung, Spannkraft«]

iso|to|nisch ⟨Adj.⟩ den gleichen osmotischen Druck zeigend; *Sy* isosmotisch [<*iso…* + grch. *tonos* »Spannung, Spannkraft«]

iso|top ⟨Adj.; Kernphysik⟩ die Eigenschaft von Isotopen habend

Iso|top ⟨n.; -s, -e; Kernphysik⟩ Atomkern, der sich von einem anderen nur durch die Zahl seiner Neutronen unterscheidet, nicht aber durch die Zahl seiner Protonen, Isotope gehören daher alle demselben chemischen Element an [<*Iso…* + grch. *topos* »Ort, Platz«]

Iso|to|pen|bat|te|rie ⟨f.; -, -n⟩ = Radionuklidbatterie

Iso|to|pen|di|a|gnos|tik *auch:* **Iso|to|pen|di|ag|nos|tik** ⟨f.; -; unz.; Med.⟩ Untersuchungsmethode, bei der mit radioaktiven Isotopen markierte Substanzen in den Körper eingebracht werden, aus deren Weg, Verteilung u. Verbleib Aufschlüsse über die Funktion von Organen u. Geweben gewonnen werden können

Iso|to|pie ⟨f.; -; unz.; Chemie⟩ das Vorhandensein von Isotopen

iso|to|pisch ⟨Adj.; Geol.⟩ im gleichen Raum entstanden (von Gestein); *Ggs* heterotopisch (2) [<*iso*… + grch. *topos* »Ort«]

iso|trop ⟨Adj.; Physik⟩ nach allen Richtungen gleiche physikalische Eigenschaften habend (Stoffe, Mineralien); *Ggs* anisotrop [<*iso*… + …*trop*[1]]

Iso|tro|pie ⟨f.; -; unz.; Physik⟩ Unabhängigkeit der physikal. Eigenschaften eines Körpers von der Richtung; *Ggs* Anisotropie [<*Iso*…+ …*tropie*]

Iso|ty|pie ⟨f.; -; unz.; Chemie⟩ Eigenschaft von Stoffen gleicher Zusammensetzung und gleichen Kristallgitters, die aber keine Mischkristalle miteinander bilden können

iso|zy|klisch *auch:* **iso|zyk|lisch** ⟨Adj.⟩ = isocyclisch

Is|pa|han ⟨m.; -s, -s⟩ vielfarbiger Teppich mit Ranken- und Arabeskenmuster sowie Tiermotiven u. Medaillons [nach der pers. Stadt *Ispahan,* heute *Isfahan*]

Is|ra|e|li ⟨m.; - od. -s, - od. (umg.) -s⟩ Staatsbürger von Israel

Isth|mos ⟨m.; -, Isth|men⟩ Landenge (bes. die von Korinth); *oV* Isthmus [<grch. *isthmos*]

Isth|mus ⟨m.; -, Isth|men⟩ = Isthmos

…is|tik ⟨Nachsilbe; zur Bildung weibl. Subst.; f.; -; unz.⟩ (eine Wissenschaft od. Lehre bezeichnend); *Germanistik; Komparatistik; Mediävistik* [→ …*ismus*]

IT ⟨Abk. für⟩ Informationstechnologie

it. ⟨Abk. für lat.⟩ item

Itai-Itai-Krank|heit ⟨f.; -, -en; Med.⟩ durch Schwermetallspuren ausgelöstes Ausscheiden von Calcium aus dem menschl. Knochengerüst mit der Folge einer Körperschrumpfung [zu jap. *itai* »schmerzhaft«]

Ita|la ⟨f.; -; unz.⟩ um 200 in Italien entstandene, älteste latein. Bibelübersetzung [verkürzt <lat. *interpretatio Italia* »lateinische Übersetzung«]

ita|li|a|ni|sie|ren ⟨V.⟩ nach italien. Mustern gestalten

Ita|li|a|nis|mus ⟨m.; -, -nis|men; Sprachw.⟩ in eine andere Sprache übernommene ital. Spracheigentümlichkeit

Ita|li|enne ⟨[-jɛn] f.; -; unz.; im engl., frz. u. ital. Sprachgebrauch⟩ = Antiqua [frz., Fem. zu *italien* »italienisch«]

Ita|lique ⟨[-lɪk] f.; -; unz.; Typ.; frz. Bez. für⟩ Kursivschrift [frz., <lat. *italicus* »italisch«, nach dem Heimatland des Schöpfers dieser Schrift, des venezianischen Druckers Manunzio, 1449-1515]

ita|lo|phil ⟨Adj.⟩ italienfreundlich

Ita|lo|wes|tern ⟨m.; - od. -s, -; Film⟩ von einem italienischen Regisseur gedrehter Western, meist mit besonders brutalen Szenen

iTAN ⟨f.; -, -s; Abk. für⟩ indizierte Transaktionsnummer, von Kreditinstituten ausgegebene Nummer für Transaktionen beim Onlinebanking

Ita|zis|mus ⟨m.; -; unz.; Sprachw.⟩ Aussprache des altgrch. Buchstaben Eta als i u. nicht als langes e; *Sy* Jotazismus; *Ggs* Etazismus

item ⟨Adv.⟩ **1** desgleichen, ebenfalls **2** ferner; ~ *möchte ich dir sagen* … **3** kurzum; ~, *ich darf es nicht sagen* [lat., »ebenso«]

Item ⟨n.; -s, -s⟩ noch zu erörternde Angelegenheit, fraglicher Punkt, das Weitere [→ *item*]

Ite|ra|ti|on ⟨f.; -, -en⟩ **1** ⟨Sprachw.⟩ Verdoppelung, Wiederholung einer Silbe od. eines Wortes, z. B. jaja, soso **2** schrittweises Rechenverfahren zur Annäherung an die Lösung einer Gleichung [<lat. *iterum* »wiederum«]

ite|ra|tiv ⟨Adj.⟩ in der Art einer Iteration, wiederholend, verdoppelnd

Ite|ra|tiv ⟨n.; -s, -e [-və]; Gramm.⟩ Verb, das die Wiederholung eines Geschehens ausdrückt, z. B. »kränkeln« für »oft ein wenig krank sein«; *oV* Iterativum; *Sy* Frequentativum

Ite|ra|ti|vum ⟨[-vum] n.; -s, -ti|va [-va]; Gramm.⟩ = Iterativ

ite|rie|ren ⟨V.⟩ wiederholen, verdoppeln [→ *Iteration*]

…i|ti|den ⟨Nachsilbe; Pl. von⟩ …itis (mehrere Fälle derselben Krankheit bezeichnend); *Dermatitiden* = mehrere Fälle von Dermatitis

Iti|ne|rar ⟨n.; -s, -e⟩ *oV* Itinerarium **1** Verzeichnis der Wege in der römischen Kaiserzeit **2** Vermessung der Route von Forschungsreisen in noch nicht vermessenen Gebieten **3** das Buch, das Verzeichnis, in dem die Vermessungen dokumentiert werden [<lat. *itinerarium* »zur Reise gehörig«; zu *iter* »Reise«]

Iti|ne|ra|ri|um ⟨n.; -s, -ri|en⟩ = Itinerar

…i|tis ⟨Nachsilbe; zur Bildung weibl. Subst.; f.; -, -ti|den; Med.⟩ Entzündung; *Bronchitis; Gastritis*

iTunes® ⟨[aɪtjuːns] ohne Artikel; EDV⟩ Programm, mit dem man Inhalte wie Musiktitel, Videos, Podcasts usw. (gegen Bezahlung) auf Computer, iPods, iPhones od. iPads herunterladen u. auch verwalten kann [zu engl. *tune* »Melodie«]

IUPAC ⟨[juːpæk] f.; -; unz.; Abk. für engl.⟩ International Union for Pure and Applied Chemistry, internationale Chemikervereinigung, zuständig für chemische Schreibweisen, Nomenklatur, Element- u. Verbindungsnamen

IVF ⟨Abk. für⟩ In-vitro-Fertilisation (Befruchtung im Reagenzglas)

IVF-Ba|by ⟨[-beːbɪ] n.; -s, -s⟩ Baby, das mittels In-vitro-Fertilisation gezeugt wurde

Iw|rith ⟨n.; - od. -s; unz.⟩ das heute in Israel verwendete Neuhebräisch im Unterschied zum Neuhebräischen der Mischna

I

J 1 ⟨Chemie; Zeichen für⟩ Jod
2 ⟨Physik; Zeichen für⟩ Joule

Jab ⟨[dʒæb] m.; -s, -s; Sport; Boxen⟩ rasch u. ansatzlos ausgeführter Schlag in der Art eines Hakens [engl., »(kurze) Gerade«]

Ja|bot ⟨[ʒaboː] n.; -s, -s⟩
1 ⟨18. Jh.⟩ Krause zum Verdecken des vorderen Verschlusses an eleganten Herrenhemden
2 ⟨heute⟩ Krause an Damenblusen u. Kleidern; *Spitzen~* [frz., »Kropf, Brustkrause«]

Ja|cket|kro|ne ⟨[dʒækɪt-] f.; -, -n; Zahnmed.⟩ künstl. Zahnkrone, wird dem abgeschliffenen Zahn aufgesetzt, den sie wie einen Mantel umhüllt [engl. *jacket* »Jacke, Wams, Hülle«]

Ja|ckett ⟨[ʒakɛt] n.; -s, -e od. -s⟩ Jacke zum Herrenanzug [<frz. *jaquette* »Bauernkittel«]

Jack|frucht ⟨[dʒæk-] f.; -, -früchte; Bot.⟩ aus Indien stammende, kürbisgroße Frucht, die roh od. gekocht verzehrt wird: Artocarpus heterophyllus; *Sy* Nangka [<engl. *jackfruit,* frz. *fruit de Jacques*]

Jack|pot ⟨[dʒækpɔt] m.; -s, -s⟩
1 ⟨Poker⟩ gemeinsamer Spieleinsatz 2 ⟨Lotto; Toto⟩ hohe Gewinnsumme aus mehreren Spielen, bei denen kein erster Rang vergeben wurde [<engl. *jack* »Bube (als Spielkarte)« + *pot* »Topf, (Wett-)Einsatz«]

Jack|stag ⟨[dʒæk-] n.; -s, -e od. -en; Seew.⟩ Laufschiene am Mast eines Segelschiffs, an der das Segel befestigt wird [ndrl.-engl.]

Jac|quard ⟨[ʒakaː(r)] m.; - od. -s, -s; Textilw.⟩ Stoff mit schwierigem, auf Jacquardmaschinen hergestelltem Webmuster [nach dem Franzosen Joseph-Marie *Jacquard,* 1752-1834]

Ja|cuz|zi® ⟨engl. [dʒəkuːzɪ] m. od. n.; - od. -s, -s⟩ Whirlpool [nach der US-amerikan. Firma *Jacuzzi*]

ja|de ⟨Adj.⟩ zartgrün wie Jade

Ja|de ⟨m.; -; unz.; Min.⟩ grünes Gestein aus Jadeit, Nephrit od. Chloromelanit [<span. *piedra de ijada* »Lendenstein« (nach dem Volksglauben an die Heilkraft des Steines bei Schmerzen in den Flanken)]

Ja|de|it ⟨m.; -s, -e; Min.⟩ zart grünliches, dichtes Augitmineral, chem. Formal $NaAlSi_2O_6$

ja|den ⟨Adj.⟩ aus Jade

j'a|doube ⟨[ʒaduːb] Schach⟩ ich rücke zurecht (wenn man eine berührte Schachfigur nicht ziehen, sondern nur in die Mitte eines Feldes stellen will) [frz.]

Ja|gel|lo|ne ⟨m.; -n, -n⟩ = Jagiellone

Ja|gi|el|lo|ne ⟨m.; -n, -n⟩ Angehöriger der litauisch-poln. Königsdynastie der Jagiellonen; *oV* Jagellone

Ja|gu|ar ⟨m.; -s, -e; Zool.⟩ größte Raubkatze Amerikas, von 180 cm Körperlänge u. 80 cm Schulterhöhe, gelb-braun mit schwarzen Ringen u. Flecken: Panthera onca [frz. <Tupi *jagwár(a)*]

Jah|ve ⟨[-və] im AT⟩ = Jahwe

Jah|vist ⟨[-vɪst] m.; -en; unz.; AT⟩ = Jahwist

Jah|we ⟨im AT⟩ Name des Gottes Israels; *oV* Jahve [hebr., »ich bin, der ich bin (und der ich sein werde)«]

Jah|wist ⟨m.; -en; unz.; AT⟩ erzählendes, um 900 v. Chr. entstandenes Quellenwerk des Pentateuch, das die Zeit von der Schöpfung bis zur Landnahme umspannt; *oV* Jahvist [nach dem Gebrauchs des Gottesnamens *Jahwe*]

Jai|na ⟨[dʒaɪ-] m.; -s, -s⟩ Anhänger, Vertreter des Jainismus; *oV* Dschaina; *Sy* Jainist

Jai|nis|mus ⟨[dʒaɪ-] m.; -; unz.⟩ dem Buddhismus nahestehende, auf Selbsterlösung gerichtete, anders als im Buddhismus aber streng asket. ind. Religion; *oV* Dschainismus [<Sanskrit *jina* »Sieger«]

Jai|nist ⟨[dʒaɪ-] m.; -en, -en⟩ = Jaina

Jak ⟨m.; -s, -s; Zool.⟩ = Yak

Ja|ka|ran|da|holz ⟨n.; -es, -höl|zer⟩ Palisander aus Brasilien [<portug. *jacarandá* <Tupi *yacarandá*]

Ja|ko ⟨m.; -s, -s; Zool.⟩ kräftiger, rotschwänziger, sehr gelehriger Papagei, Graupapagei: Psittacus erithacus [Herkunft unbekannt]

Ja|ko|bi|ner ⟨m.; -s, -⟩ Mitglied des Jakobinerklubs, der maßgeblich an der Französ. Revolution beteiligt war [nach ihrem Tagungsort, dem Dominikanerkloster *St. Jakob* in Paris]

ja|ko|bi|nisch ⟨Adj.⟩ die Jakobiner betreffend, zu ihnen gehörig, von ihnen stammend

Ja|ko|bit ⟨m.; -en, -en⟩ 1 ⟨Rel.⟩ Anhängerder syrisch-monophysitischen Nationalkirche
2 ⟨Gesch.⟩ Anhänger des 1688 durch die »Glorreiche Revolution« aus Schottland vertriebenen Stuartkönigs Jakob II. u. seiner Nachkommen [nach dem Bischof von Edessa *Jakob* Baradäus, † 578]

Jak|ta|ti|on ⟨f.; -, -en; Med.⟩ unruhiges Sichhinundherwerfen von Kranken [<lat. *iactatio* »das Hinundherwerfen«; zu *iactare* »werfen«]

Ja|la|pen|wur|zel ⟨f.; -, -n; Bot.⟩ Wurzelstock der Purgierwinde, dient wie das daraus gewonnene Harz (Resina Jalapae) als Abführ- u. Wurmmittel: Tubera Jalapae [<span. *jalapa;* nach der mexikan. Stadt *Jalapa*]

Ja|lon ⟨[ʒalɔ̃ː] m.; -s, -s⟩ mit einem Fähnchen versehener Pfahl zum Vermessen [frz., »Fluchtstab, Messstange«]

Ja|lou|set|te ⟨[ʒaluzɛt(ə)] f.; -, -n⟩ Fenstervorhang aus waagerechten, farbig eloxierten Aluminiumlamellen [frz., Verkleinerungsform zu *jalousie*]

Ja|lou|sie ⟨[ʒalu-] f.; -, -n⟩ Verschluss aus dachziegelartig übereinandergreifenden, bewegl. Brettchen od. Lamellen für größere Öffnungen, z. B. Fenster, Ventilator, Kühlerhaube [frz., eigtl. »Eifersucht«]

Jam[1] ⟨[dʒæm] f.; -, -s od. n.; -s, -s; engl. Bez. für⟩ Marmelade

Jam[2] ⟨[dʒæm] m.; -s, -s; EDV⟩ Kontrollsignal, das einen Daten- od. Papierstau anzeigt [engl., »Stau«]

Ja|mai|ka|ko|a|li|ti|on *auch:* **Ja|mai|ka-Ko|a|li|ti|on** ⟨[dʒa-] f.; -, -en; Politik⟩ Koalition aus den Parteien CDU/CSU, FDP u. Bündnis 90/Die Grünen (nach den Parteifarben Schwarz, Gelb u. Grün, die den Farben der jamaikan. Flagge entsprechen)

Ja|mai|ka|pfef|fer ⟨m.; -s; unz.; Bot.⟩ = Piment [nach dem Inselstaat *Jamaika,* dem wichtigsten Herkunftsland]

Jamb|ele|gus ⟨m.; -, -ele|gi; Metrik⟩ antikes Versmaß, bestehend aus einem Jambus u. einem Hemiepes [<*Jambus* + grch. *elegos* »Klagelied«]

Jam|ben ⟨Metrik; Pl. von⟩ Jambus

jam|bisch ⟨Adj.; Metrik⟩ in Jamben abgefasst

Jam|bo|ree ⟨[dʒæmbəri:] n.; - od. -s, -s⟩ **1** großes internationales Pfadfindertreffen **2** laute Lustbarkeit [engl., »Lustbarkeit; Tagung; Treffen«]

Jam|bus ⟨m.; -, Jam|ben; Metrik⟩ Versfuß aus einer unbetonten u. einer folgenden betonten Silbe; *oV* Iambus [<grch. *jambos,* eigtl. »Geschoss«; zu *iaptein* »schleudern«]

James Grieve ⟨[dʒeɪmz gri:v] m.; - -, - -⟩ Apfelsorte mit heller, gelbl.-rötl. Schale [nach dem engl. Züchter *James Grieve*]

jam|men ⟨[dʒæmən] V.; Jazz⟩ gemeinsam improvisieren (von Jazzmusikern); *eine ~de Band* [<engl. *jam* »frei improvisieren«]

Jam|ses|sion ⟨[dʒæmsɛʃn] f.; -, -s; Musik⟩ Zusammenkunft von Jazzmusikern zum gemeinsamen Musizieren [<engl. *jam* »frei improvisieren« + *session* »Sitzung«]

Jams|wur|zel ⟨f.; -, -n; Bot.⟩ = Yamswurzel

Jan. ⟨Abk. für⟩ Januar

Ja|ni|tschar *auch:* **Ja|nit|schar** ⟨m.; -en, -en⟩ Angehöriger der 1329 gebildeten, aus christl. Kriegsgefangenen u. ihren Nachkommen (bis 1826) bestehenden Kerntruppe des türkischen Sultans mit gewissen Vorrechten [<*Jenizeri (1522)* <türk. *jeni tscheri* »neue Truppe«]

Ja|ni|tscha|ren|mu|sik *auch:* **Ja|nit|scha|ren|mu|sik** ⟨f.; -; unz.; Musik⟩ **1** Musik der Janitscharen mit Schellenbaum, Triangel, Becken, Trommel, Ende des 18. Jh. in die europäische Militärmusik übernommen **2** die Gruppe der türk. Schlaginstrumente selbst

Jan|se|nis|mus ⟨m.; -; unz.; 17./18. Jh.⟩ Bewegung in der kath. Kirche Frankreichs, die eine von den Jesuiten abweichende Auffassung von der Prädestinationslehre Augustins vertrat [nach Cornelius *Jansen(ius),* Bischof von Ypern, 1585-1638]

Jan|se|nist ⟨m.; -en, -en⟩ Vertreter, Anhänger des Jansenismus

jan|se|nis|tisch ⟨Adj.⟩ den Jansenimus betreffend, zu ihm gehörig

Ja|nu|ar ⟨m.; - od. -s, -e; Abk.: Jan.⟩ erster Monat des Jahres [<lat. *Ianuarius;* nach *Ianus,* dem altrömischen Gott des Jahresanfangs]

Ja|nus|kopf ⟨m.; -(e)s, -köp|fe⟩ Kopf mit zwei Gesichtern [nach *Janus* (lat. *Ianus*), dem altröm. Schutzgott des Hauses; zu lat. *ianua* »Tür«]

Ja|pa|no|lo|ge ⟨m.; -n, -n⟩ Wissenschaftler auf dem Gebiet der Japanologie

Ja|pa|no|lo|gie ⟨f.; -; unz.⟩ Wissenschaft von der jap. Sprache, Schrift u. Literatur

Ja|pa|no|lo|gin ⟨f.; -, -gin|nen⟩ Wissenschaftlerin auf dem Gebiet der Japanologie

ja|pa|no|lo|gisch ⟨Adj.⟩ zur Japanologie gehörig, auf ihr beruhend, sie betreffend

ja|phe|ti|tisch ⟨Adj.; Sprachw.⟩ die vorindogermanische Sprachfamilie betreffend (in der Theorie des russ. Linguisten N. Marr) [nach *Japhet,* einem der drei Söhne Noahs u. Stammvater der kleinasiatischen Völker]

Ja|po|nis|mus ⟨frz. [ʒapo-] m.; -; unz.⟩ (durch die kulturelle u. wirtschaftliche Öffnung Japans um die Jahrhundertwende entstandener) Einfluss der jap. Kunst auf die europ. Malerei [<frz. *Japon* »Japan«]

Jar|di|ni|e|re ⟨[ʒardinjɛ:rə] f.; -, -n⟩ **1** Schale, Korb für Blumen od. Blattpflanzen **2** Bratenbeilage od. Suppeneinlage aus frischem Gemüse [<frz. *jardinière* »Blumenständer, Gericht mit verschiedenen Gemüsen«; zu *jardin* »Garten«]

Jar|gon ⟨[ʒargɔ̃:] m.; -s, -s⟩ (oft derbe) Ausdrucksweise bestimmter sozialer od. berufl. Gesellschaftskreise innerhalb einer Sprache; *Sy* Slang (2); *Schüler~* [frz., »Kauderwelsch«]

Jarl ⟨m.; -s, -s; MA⟩ **1** normannischer Edelmann **2** ⟨in nord. Ländern⟩ vom König eingesetzter Statthalter [<anord. »Adeliger«; verwandt mit engl. *earl* »Graf«]

Ja|ro|wi|sa|ti|on ⟨f.; -; unz.⟩ Verfahren zur Entwicklungsbeschleunigung des Saatgutes landwirtschaftl. Kulturpflanzen, das den natürl. Wachstumsreiz der Winterkälte durch kürzere künstl. Kühlung u. anschließende Bestrahlung ersetzt; *Sy* Vernalisation

ja|ro|wi|sie|ren ⟨V.⟩ die Jarowisation anwenden; *Sy* vernalisieren [<russ. *jarowoje* »Sommergetreide«]

Jas|min ⟨m.; -s, -e; Bot.⟩ Gattung der Ölbaumgewächse, Sträucher od. Kletterpflanzen mit gelben od. weißen, meist wohlriechenden Blüten: Jasminum; *Echter ~* Jasminum officinale; *Chilenischer ~* chilenisches Zierholz mit essbaren Früchten: Aristotelia maqui; *Falscher ~* Steinbrechgewächs mit stark duftenden Blüten, Pfeifenstrauch: Philadelphus coronarius [<arab. *yasamin* <pers. *jasämin*]

Jas|pis ⟨m.; - od. -ses, -se; Min.⟩ ein Halbedelstein, roter od. brauner Quarz [<grch. *iaspis* <hebr. *jaspeh* <assyr. *aspu*]

Ja|ta|gan ⟨m.; -s, -e⟩ kurzes zweischneidiges Schwert der Janitscharen mit gekrümmter Klinge [<türk. *yatagan*]

Jau|se ⟨f.; -, -n; österr.⟩ Zwischenmahlzeit, Vesper [<mhd. *jus* <slowen. *juzina* »Mittagessen«]

jau|sen ⟨V.⟩ eine Jause halten, vespern

Ja|va® ⟨[-va] od. [dʒa:va] n.; - od. -s; unz.; meist ohne Artikel; EDV⟩ eine Programmierspra-

J

che zur Gestaltung dreidimensionaler Darstellungen im Internet (wurde als Gegenstück zu HTML entwickelt) [nach der gleichnamigen Sundainsel u. dem dort hergestellten Kaffee, der von vielen US-amerikan. Computerprogrammierern getrunken wird]

Jazz ⟨[dʒæz] m.; -; unz.; Musik⟩ aus geistl. Gesängen, Arbeits- u. Tanzliedern nordamerikan. Schwarzer hervorgegangener Musizierstil, gekennzeichnet durch starke Synkopierung u. Improvisation [engl. <kreol. *jazz* »eilen«]

Jazz|band ⟨[dʒæzbænd] f.; -, -s; Musik⟩ Kapelle für Jazzmusik [engl.]

Jazz|dance ⟨[dʒæzda:ns] od. amerikan. [-dæns] m.; -; unz.; Musik⟩ in den USA entstandener moderner (ballettartiger) Tanzstil zu Jazzmusik [<engl. *Jazz + dance* »Tanz«]

jaz|zen ⟨engl. [dʒæz-] V.; umg.; Musik⟩ Jazzmusik spielen od. danach tanzen

Jaz|zer ⟨engl. [dʒæzə(r)] m.; -s, -; umg.; Musik⟩ Jazzmusiker

Jazz|gym|nas|tik ⟨[dʒæz-] f.; -; unz.; Sport⟩ tänzer. Gymnastik zu moderner, rhythm. Musik

jaz|zig ⟨Adj.; umg.⟩ in der Art des Jazz, den Jazz nachahmend, wie Jazz; *ihr neuer Song klingt ziemlich ~; die Komposition klingt mal ~, mal poppig*

Jazz|rock ⟨[dʒæz-] m.; - od. -s; unz.; Musik⟩ Stilrichtung in der Popmusik, die Elemente der Jazz- u. der Rockmusik verbindet [engl.]

Jeans ⟨[dʒi:nz] Pl. od. umg. a. Sing.: f.; -, -⟩ eng geschnittene Hose aus widerstandsfähigem Baumwollstoff; *Sy* Bluejeans [engl., <mengl. *Jene, Gene* »Genua«, eigtl. kurz für *jean fustian* »Genueser Baumwollstoff«]

Jeep® ⟨[dʒi:p] m.; -s, -s⟩ kleines Kraftfahrzeug mit Vierradantrieb, meist offen (bes. für militär. Zwecke) [engl., Kurzform nach den Anfangsbuchstaben GP von *general purpose (war truck)* »Mehrzweck(kriegslastkraftwagen)«]

Je|ho|va ⟨[-va] im hebr. AT⟩ (falsche) Lesart für Jahwe, entstanden durch die aus Gottesfurcht zu den Konsonanten des Gottesnamens (JHW) hinzugesetzten Vokale der stattdessen verwendeten Anrede Adonai

je|mi|ne! ⟨Int.⟩ Ausruf des Staunens, der Verwunderung, des Schreckens [entstellt <lat. *Jesu domine!* »Herr Jesus!«]

Jen ⟨m.; - od. -s, - od. -s⟩ = Yen

je|nisch ⟨Adj.⟩ schlau, gewitzt; *~e Sprache* S. der Landstreicher u. Gaukler [<Zig. *dsan* »klug, gescheit; wissen«]

Je|re|mi|a|de ⟨f.; -, -n; umg.⟩ Klagelied, Gejammer [nach dem Propheten *Jeremias*]

Je|rez ⟨[xe:rəθ] m.; -, -⟩ = Sherry [nach der span. Stadt *Jerez de la Fontera*]

Je|ri|cho|ro|se ⟨f.; -, -n; Bot.⟩ Wüstenpflanze, deren Äste sich beim Eintrocknen kugelartig aufkrümmen u. in feuchter Luft wieder ausbreiten, weshalb sie als Symbol der Auferstehung gilt: Odontospermum pygmaeum

Jerk ⟨[dʒœ:k] m.; -s, -s⟩ **1** ⟨Sport; Golf⟩ Schlag, bei dem der Schwung im Moment der Ballberührung abgebremst wird **2** ⟨allg.; umg.⟩ Idiot [engl.]

Jer|sey ⟨[dʒœ:si]⟩ **1** ⟨m.; -s od. -, -s⟩ Wirkware aus weicher Wolle **2** ⟨n.; -s, -s⟩ langärmeliges (Sport-)Hemd aus diesem Stoff [nach der brit. Insel *Jersey* im Ärmelkanal]

Je|schi|wa ⟨f.; -, -s od. -schi|wot⟩ jüdische Talmudschule [hebr.]

Je|su|it ⟨m.; -en, -en⟩ Mitglied des Jesuitenordens [nach dem Namen der *Societas Jesu* »Gesellschaft Jesu«]

Je|su|i|ten|dra|ma ⟨n.; -s, -dramen; 16./18. Jh.⟩ von Jesuiten verfasstes u. von Schülern der Jesuitenschulen aufgeführtes Drama mit meist opernhaftem Gepräge in lat. Sprache, das seine Stoffe vorwiegend aus Heiligenlegenden u. der Kirchengeschichte bezog

Je|su|i|ten|or|den ⟨m.; -s; unz.⟩ Gesellschaft Jesu, 1534 von Ignatius von Loyola gegründeter Orden zur Ausbreitung der kath. Lehre, gekennzeichnet durch eine hervorragende wissenschaftliche Ausbildung seiner Mitglieder, Einrichtung von Schulen, Missionsarbeit, Engagement in der Entwicklungshilfe

Je|su|i|ten|tum ⟨n.; -s; unz.⟩ Wesen u. Geist des Jesuitenordens

je|su|i|tisch ⟨Adj.⟩ die Jesuiten betreffend, zu ihnen gehörig, von ihnen stammend, ihnen entsprechend

Je|su|i|tis|mus ⟨m.; -; unz.⟩ Lehre der Jesuiten

Je|sus Peo|ple *auch:* **Je|sus Peop|le** ⟨[dʒi:zəs pi:pl] Pl.⟩ Angehörige einer in Amerika entstandenen Bewegung junger Leute, die durch gemeinsames Beten u. den Glauben an das unmittelbare Wirken Gottes im Menschen eine innere Erneuerung suchen [engl., »Jesus-Leute«]

Jet ⟨[dʒɛt] m.; - od. -s, -s⟩ Flugzeug mit Strahlantrieb, Düsenflugzeug [engl., »Strahl«]

Jet|bag ⟨[dʒɛtbæg] m. od. n.; -s, -s⟩ stromlinienförmiger Dachgepäckträger für Pkw [<*Jet + bag* »(Reise-)Tasche«]

Jet|lag ⟨[dʒɛtlæg] m.; -s, -s⟩ Beschwerden, die sich nach Langstreckenflügen aufgrund der Umstellung auf andere Ortszeiten einstellen [engl., »Zeitverschiebung«]

Jet|li|ner ⟨[dʒɛtlaınə(r)] m.; -s, -⟩ mittelgroßes Düsenflugzeug zur Beförderung von Passagieren [<*Jet* + engl. *liner* »Passagier-, Linienschiff«]

Je|ton ⟨[ʒətɔ̃:] m.; -s, -s⟩ Spielmarke [frz., »Spielmarke«; zu *jeter* »werfen«]

Jet|pi|lot ⟨[dʒɛt-] m.; -en, -en⟩ Pilot eines (meist größeren) Strahltriebwerkflugzeugs

Jet|schwung ⟨[dʒɛt-] m.; -(e)s, -schwün|ge; Sport; Skisport⟩ Drehschwung durch Verlagerung der Körperachse nach hinten, wodurch der Fahrer schneller wird [<engl. *jet* »heraus-, hervorschießen«]

Jet|set ⟨[dʒɛt-] m.; -s, -s⟩ international auftretende, wohlhabende Gesellschaftsschicht, deren Angehörige häufig zur Unterhaltung in der Welt herumreisen (u. sich an verschiedenen exklusiven Urlaubsorten treffen) [<*Jet* + engl. *set* »Gruppe (von Personen)«]

Jet|set|ter ⟨[dʒɛ̣tsɛtə(r)] m.; -s, -⟩ Angehöriger des Jetsets
Jet|stream ⟨[dʒɛ̣tstri:m] m.; -s od. -, -s⟩ starker Luftstrom in der Tropo- od. Stratosphäre, Strahlstrom [*<Jet + stream* »Strom«]
Jẹtt ⟨m. od. n.; -(e)s; unz.⟩ als Schmuckstein verwendete, bes. harte, polierfähige Braunkohlenart; *Sy* Gagat [<engl. *jet* »Pechkohle« <afrz. *jaiet* <grch.-lat. *gagates;* → *Gagat*]
Jet|ta|to̲|re ⟨[dʒɛta-] m.; -, -to̲|ri⟩ jmd., der Unglück bringt, Mensch mit dem bösen Blick [ital.]
jet|ten ⟨[dʒɛ̣tən] V.; umg.⟩ mit dem Jet fliegen
Jeu ⟨[ʒø̲:] n.; -s, -s⟩ **1** Glücksspiel **2** Kartenspiel [frz., »Spiel«]
jeu|en ⟨[ʒø̲:-] V.; veraltet⟩ sich in einem Spielkasino am Glücksspiel beteiligen [zu frz. *jeu* »Spiel«]
Jeu|nesse do|rée ⟨[ʒœnɛ̣s dore̲:] f.; - -; unz.⟩ **1** die vergnügungssüchtige reiche Jugend von Paris nach der Revolution **2** elegante Großstadtjugend [frz., »goldene Jugend«]
jịd|disch ⟨Adj.⟩ in jiddischer Sprache; *~e Sprache* aus (zum größten Teil) mittelhochdeutschen, hebräischen u. roman., später auch slaw. Elementen gemischte Sprache der Juden in Deutschland u. bes. Osteuropa
Jid|dịst ⟨m.; -en, -en⟩ Wissenschaftler auf dem Gebiet der Jiddistik
Jid|dịs|tik ⟨f.; -; unz.⟩ Wissenschaft von der jiddischen Sprache und Kultur
Jid|dịs|tin ⟨f.; -, -tin|nen⟩ Wissenschaftlerin auf dem Gebiet der Jiddistik
Jịg|ger ⟨[dʒɪgə(r)] m.; -s, - od. -s⟩ **1** Maschine zum Breitfärben von Gewebe **2** kleines Segel **3** Fischerboot, das damit ausgerüstet ist [engl.]
Ji|me̲|nes ⟨[çi-] m.; -; unz.⟩ südspan. Likörwein [span., nach *Pedro Ximenes*]
Jin|gle *auch:* **Jing|le** ⟨[dʒɪ̣ŋgl] m.; -s, -s⟩ möglichst einprägsame Werbemusik, oft mit einem gereimten Spruch kombiniert [engl., »klingen«]
Jin|go ⟨[dʒɪ̣ŋgo:] m.; -s, -s⟩ brit. Hurrapatriot (in den chines. u. südafrikan. Kolonien) [<engl. *jingo,* verhüllende Bez. für »Jesus«; abgeleitet aus der Wendung *by jingo* in einem chauvinist. Lied zur Zeit von Disraelis antirussischer Politik]
Jin|go|lịs|mus ⟨[dʒɪŋ-] m.; -; unz.⟩ Hurrapatriotismus (bes. in England)
Jịn|ri|ki|scha ⟨f.; -, -s⟩ = Rikscha
Jịn und Jạng ⟨n.; - - -; unz.⟩ = Ying und Yang
JIT ⟨Abk. für⟩ just in time
Jịt|ter ⟨[dʒɪ̣tə(r)] Pl.; TV; EDV⟩ Vibrationen auf Computer- od. Fernsehmonitoren [<engl. *jitters* »Angst, (großes) Zittern«]
Jịt|ter|bug ⟨[dʒɪ̣tə(r)bʌg] m.; -; unz.⟩ schneller, in den 1930er Jahren entstandener US-amerikan. Modetanz nach Jazzmusik [<engl. *jitter* »zittern, zappeln« + *bug* »Käfer«]
Jiu-Jit|su ⟨[dʒi̲:u dʒɪtsu] n.; - od. -s; unz.; Sport⟩ altjap. Ringsport, Kunst der waffenlosen Selbstverteidigung; → *a.* Aikido, Judo [<jap. *jujutsu* »sanfte Kunst«]
Jive ⟨[dʒa̲ɪv] m.; -s; unz.⟩ **1** Fachsprache im Jazz, Jazzjargon **2** schwungvolle Swingmusik **3** dem Boogie-Woogie ähnlicher Tanz [engl.]
Job ⟨[dʒɔ̣p] od. engl. [dʒɔ̣b] m.; -s, -s⟩ (bes. vorübergehende) Beschäftigung, Stellung, Gelegenheit zum Geldverdienen [engl., »Arbeit, Beschäftigung, Geschäft«]
job|ben ⟨[dʒɔ̣bən] V.; umg.⟩ **1** Gelegenheitsarbeiten verrichten; *in den Ferien ~; als Kellner ~* **2** ⟨allg.⟩ arbeiten [→ *Job*]
Job|ber ⟨[dʒɔ̣bə(r)] m.; -s, -⟩ **1** Wertpapierhändler an der Londoner Börse, der nur für eigene Rechnung kaufen od. verkaufen darf; *Ggs* Broker (2); *Börsen~* **2** skrupelloser Geschäftemacher [engl.]
Job|eva|lu|a|tion ⟨[dʒɔ̣bivæljuɛɪʃn] f.; -, -s⟩ Bewertung der Qualität von Arbeitsplätzen [*<Job* + engl. *evaluation* »Bewertung«]
Job|hop|ping ⟨[dʒɔ̣bhɔpɪŋ] n.; -s, -s⟩ häufiger Wechsel des Arbeitsplatzes od. des Betätigungsfeldes innerhalb eines kurzen Zeitraums (meist um in höhere Positionen aufzusteigen) [*<Job* + engl. *hop* »hüpfen, springen«]
Job|kil|ler ⟨[dʒɔ̣b-] m.; -s, -; umg.; salopp⟩ Einrichtung, Maschine o. Ä., die Arbeitsstellen überflüssig macht [*<Job* + engl. *killer* »Mörder, Töter«]
Jo̲b|ro|ta|ti|on ⟨[dʒɔ̣b-], engl. [-rotɛɪʃn] f.; -; unz.; Wirtsch.⟩ **1** (räuml.) Wechsel des Arbeitsplatzes innerhalb eines Betriebes **2** Kennenlernen, Durchlaufen verschiedener Abteilungen eines Unternehmens (von Führungskräften) [*<Job* + engl. *rotation* »Drehung, Wechsel«]
Job|sha|ring ⟨[dʒɔ̣bʃɛ:rɪŋ] n.; - od. -s; unz.⟩ Aufteilung eines Arbeitsplatzes für eine Ganztagskraft auf zwei Halbtagskräfte [*<Job* + engl. *sharing* »das Teilen«]
Job|ti|cket ⟨[dʒɔ̣b-] n.; -s, -s⟩ (vom Arbeitgeber bezuschusster) Fahrausweis für Arbeitnehmer, der zur Benutzung öffentlicher Verkehrsmittel berechtigt [*<Job* + engl. *ticket* »(Fahr-)Karte«]
Jo|ckei ⟨[dʒɔ̣ki] od. [dʒɔ̣ke] m.; -s, -s⟩ = Jockey
Jo|cket|te ⟨[dʒɔkɛ̣t(ə)] f.; -, -n⟩ berufsmäßige Rennreiterin [→ *Jockey*]
Jo|ckey ⟨[dʒɔ̣ki] od. [dʒɔ̣ke] m.; -s, -s⟩ berufsmäßiger Rennreiter; *oV* Jockei [engl., Verkleinerungsform zu *Jock* <nordengl.-schott. Form von *Jack* »Hans«]
Jo̲d ⟨n.; -(e)s; unz.; chem. Zeichen: J⟩ zur Gruppe der Halogene gehörendes, grau-schwarzes Element, dessen Dämpfe violett gefärbt sind [<grch. *iodes* »veilchenartig« <*ion* »Veilchen« + *eidos* »Aussehen«]
Jo|da̲t ⟨n.; -(e)s, -e; Chemie⟩ Salz der Jodsauerstoffsäure [→ *Jod*]
Jo̲dh|pur|ho|se ⟨f.; -, -n⟩ = Jodhpurs
Jo̲dh|purs ⟨Pl.⟩ an den Oberschenkeln weit geschnittene Reithose, zu der Stiefeletten getragen werden; *Sy* Jodhpurhose [engl., nach der ind. Stadt *Jodhpur*]
Jo|di̲d ⟨n.; -(e)s, -e; Chemie⟩ Salz der Jodwasserstoffsäure
Jo|dịs|mus ⟨m.; -; unz.; Med.⟩ nach längerem Gebrauch von

J

Jod auftretende Störungen, bes. der Schleimhäute, Jodvergiftung

Jo|dit ⟨n.; -(e)s, -e; Chemie⟩ Silberjodid

Jo|do|form ⟨n.; -s; unz.; Chemie⟩ als Desinfektionsmittel verwendetes, gelbes, im Wasser lösliches Pulver [<*Jod* + *Formyl*]

Jo|do|me|trie *auch:* **Jo|do|met|rie** ⟨f.; -; unz.; Chemie⟩ Verfahren der Maßanalyse zur Bestimmung von reduzierenden od. oxidierenden Stoffen mittels Jod- od. Kaliumjodidlösungen

Jo|ga ⟨m. od. n.; -s; unz.⟩ = Yoga

jog|gen ⟨[dʒɔgən] V.⟩ Jogging betreiben, im Tempo des Joggings laufen; *er joggt neuerdings; eine halbe Stunde ~*

Jog|ger ⟨[dʒɔgə(r)] m.; -s, -⟩ jmd., der Jogging betreibt, der joggt [→ *Jogging*]

Jog|ge|rin ⟨[dʒɔg-] f.; -, -rin|nen⟩ weibl. Person, die Jogging betreibt, die joggt

Jog|ging ⟨[dʒɔgɪŋ] n.; - od. -s; unz.⟩ sportliches Laufen vom schnellen Gehen bis zum langsamen Dauerlauf [zu engl. *jog* »trotten«]

Jog|ging|an|zug ⟨[dʒɔgɪŋ-] m.; -(e)s, -zü|ge⟩ aus einer Sporthose u. einer Sportjacke bestehende zweiteilige Sportbekleidung, Trainigsanzug

Jog|ging|ho|se ⟨[dʒɔgɪŋ-] f.; -, -n⟩ bequeme Sporthose (für das Jogging od. für andere sportliche Betätigungen), Trainingshose

> **Joghurt / Jogurt** (*Laut-Buchstaben-Zuordnung*) Im Zuge der Integration fremdsprachiger Wörter in die deutsche Standardsprache kann neben die ursprüngliche, der Herkunftssprache folgenden Orthografie eine integrierte Schreibweise mit angepasster Laut-Buchstaben-Zuordnung treten (→*a.* Panther / Panter).

Jo|ghurt ⟨m. od. n.; -s, - od. -s⟩ unter Einwirkung von Bakterien hergestelltes, sauermilchartiges Erzeugnis; *oV* Jogurt [<türk. *yogurt* »gegorene Milch«]

Jo|gi ⟨m.; -s, -s⟩ = Yogi

Jo|gurt ⟨m. od. n.; -s, - od. -s⟩ = Joghurt

Jo|han|nis|brot|baum ⟨m.; -(e)s, -bäu|me; Bot.⟩ südeuropäischer Baum mit gefiederten Blättern, dessen Früchte essbar sind [nach *Johannes* dem Täufer (Markus 1,6)]

Jo|han|nis|trieb ⟨m.; -(e)s, -e⟩ **1** ⟨Bot.; bei vielen Holzgewächsen⟩ zweiter Trieb im Juni/Juli, Sommertrieb **2** ⟨fig.⟩ späte Liebesregung des Mannes in höherem Alter [nach dem *Johannistag (24. Juni)*, der *Johannes* dem Täufer heilig ist]

Jo|han|ni|ter ⟨m.; -s, -⟩ Angehöriger des Johanniterordens

Jo|han|ni|ter|or|den ⟨m.; -s; unz.⟩ ältester geistl. Ritterorden, wohl nach 1000 in Jerusalem gegründet, gliederte sich in Ritter (zum Schutz der Pilger), Priester u. dienende Brüder zur Krankenpflege (Reorganisation im 19. Jh., in Dtschl. bestehen ein evang. Zweig des Johanniterordens u. ein kath., der Malteserorden, die sich jeweils karitativen Aufgaben widmen) [nach *Johannes* dem Täufer]

Joint ⟨[dʒɔɪnt] m.; - od. -s, -s⟩ mit Rauschmitteln versetzte Zigarette [engl., »Bindeglied«]

Joint Ven|ture ⟨[dʒɔɪnt vɛntʃə(r)] n.; - -s od. - -, - -s⟩ für ein bestimmtes Projekt befristete Arbeitsgemeinschaft mit gemeinsamer Verantwortung [engl., »gemeinsame Unternehmung, gemeinsames Risiko«]

Jo-Jo ⟨n.; -s, -s⟩ Geschicklichkeitsspiel mit einer Spule, die an einem langen Faden durch Schwung der Hand ab- u. aufbewegt wird, indem sich der Faden ab- u. wieder aufrollt; *oV* Yo-Yo [<engl. *yo-yo*]

Jo|jo|ba ⟨f.; -, -s; Bot.⟩ in Trockengebieten kultiviertes Buchsbaumgewächs, dessen Samen ein wachsartiges Öl enthalten, das u. a. in der Kosmetikindustrie verwendet wird: Simmondsia [mexikan.]

Jo-Jo-Ef|fekt ⟨m.; -(e)s, -e⟩ einer ursprünglich positiven Entwicklung rasch folgender negativer Effekt (z. B. die Erscheinung, dass das Gewicht nach einer Kurzzeitdiät rasch wieder in die Höhe schnellt)

Joke ⟨[dʒoʊk] m.; -s, -s; umg.⟩ Witz, witzige Geschichte; *er machte einen ~ nach dem anderen* [engl.]

Jo|ker ⟨a. [dʒoː-] m.; -s, -⟩ Spielkarte mit Narrenbild, die für jede beliebige Karte eingesetzt werden kann [engl., »Spaßmacher«]

jo|kos ⟨Adj.⟩ scherzhaft, spaßig [<lat. *iocosus* »scherzhaft, schalkhaft«; zu *iocus* »Scherz«]

Jo|ku|la|tor ⟨m.; -s, -to|ren; MA⟩ Possenreißer, Sänger u. Musiker, Spielmann; *Sy* Jongleur (1) [<lat. *ioculari* »scherzen«]

Jo|kus ⟨m.; -, -se; umg.⟩ Scherz, Jux [<lat. *iocus* »Scherz, Spaß«; verwandt mit *Jux*]

Jom Kip|pur ⟨m.; - -; unz.⟩ ein hoher jüd. Feiertag (nach dem 3. Buch Mosis, Kap. 16, 22, 23), Versöhnungstag [<hebr. *yom kippur* <*yom* »Tag« + *kippur* »Buße«]

Jon|gleur *auch:* **Jong|leur** ⟨[ʒɔŋgløːr] m.; -s, -e⟩ **1** ⟨MA⟩ = Jokulator **2** ⟨heute⟩ Artist, der Geschicklichkeitsübungen im Spiel mit Bällen, Tellern u. a. vorführt [frz., »Gaukler, Taschenspieler«]

jon|glie|ren *auch:* **jong|lie|ren** ⟨[ʒɔŋ-] V.⟩ **1** mit artistischem Geschick spielen, werfen u. fangen; *mit Bällen, Tellern ~* **2** ⟨umg.⟩ geschickt verfahren **3** *mit Worten ~* einfallsreich, geschickt formulieren [<frz. *jongler* »gaukeln, Taschenspielerei treiben«]

Jo|non ⟨n.; -s; unz.; Chemie⟩ hydroaromat. Verbindung von veilchenartigem Geruch, Baustein der Carotine u. des Vitamins A, Duftstoff in der Parfümerie; *oV* Ionon [<grch. *ion* »Veilchen«]

Jo|ru|ri ⟨[dʒoː-] n.; -s od. -; unz.; 16./18. Jh.⟩ jap. Puppenspiel mit Musikbegleitung [jap., nach dem Namen des Titelhelden eines epischen Romans um 1510]

Jo|se|phi|nis|mus ⟨m.; -; unz.⟩ **1** Kirchenpolitik Josephs II., gekennzeichnet durch verschärfte staatliche Aufsicht im österr. Kultur- u. Kirchenwesen, Aufhebung zahlreicher Klöster, Religionsfreiheit auch für Protestanten u. Griechisch-Orthodoxe **2** geistige, durch die Reformideen Josephs II. geprägte Haltung im österr. Beamtentum u. Schulwesen [nach dem österr. Kaiser *Joseph* II., 1741-1790]

Jo|ta[1] ⟨n.; - od. -s, -s⟩ *oV* Iota **1** ⟨Zeichen: ι, I⟩ grch. Buchstabe **2** ⟨fig.⟩ Kleinigkeit, Spur; *das ist um kein ~ anders* [grch.]

Jo|ta[2] ⟨[xoː-] f.; -, -s; Musik⟩ spanischer Tanz im 3/8- od. 3/4-Takt [span.]

Jo|ta|zis|mus ⟨m.; -; unz.⟩ = Itazismus

Joule ⟨[dʒaʊl] od. [ʒuːl] n.; - od. -s, -; Zeichen: J⟩ Maßeinheit der Energie, 1 J = 1 Newtonmeter (Nm) = 1 Wattsekunde (Ws) = 0,102 Kilopondmeter (kpm) = 0,238 Kalorien (cal) = 1 m^2kg/s^2 [nach dem engl. Physiker James Prescott *Joule,* 1818-1889]

Joule-Thom|son-Ef|fekt ⟨[dʒaʊl-] od. [dʒuːltɔmsən-] m.; -(e)s; unz.⟩ Temperaturänderung (meist Abkühlung) eines Gases bei adiabatischer Durchströmung durch eine Drossel, wird zur Verflüssigung von Gasen ausgenutzt [nach den engl. Physikern J. P. *Joule,* 1818-1889 + W. *Thomson,* 1824-1904]

jour ⟨[ʒuːr]⟩ → *à jour*

Jour ⟨[ʒuːr] m.; -s, -s⟩ **1** Tag; *~ fixe* [-fɪks] festgesetzter Tag (an dem man sich regelmäßig trifft) **2** ⟨veraltet⟩ Empfangstag [frz., »Tag«]

Jour|nail|le ⟨[ʒurnaljə] od. [-naːjə] f.; -; unz.; abwertend⟩ verantwortungslose Journalisten, die ständig gegen die ihnen gebotene Sorgfaltspflicht verstoßen [<*Journal* + frz. Endung]

Jour|nal ⟨[ʒur-] n.; -s, -e⟩ **1** Rechnungsbuch **2** Zeitschrift **3** Tagebuch; *Schiffs~* [frz., »Zeitung«]

Jour|na|lis|mus ⟨[ʒur-] m.; -; unz.⟩ **1** Zeitungswesen **2** schreibende Tätigkeit für die Medien (bes. Presse) **3** ⟨abwertend⟩ journalist. Stil, die Art, wie in Zeitungen geschrieben wird [<frz. *journalisme* »Zeitungswesen«]

Jour|na|list ⟨[ʒur-] m.; -en, -en⟩ für die Medien (bes. Presse) tätige recherchierende u. schreibende Person

Jour|na|lis|tik ⟨[ʒur-] f.; -; unz.⟩ Zeitungswissenschaft, Zeitungskunde

Jour|na|lis|tin ⟨[ʒur-] f.; -, -tinnen⟩ weibl. Journalist

jo|vi|al ⟨[-vi-] Adj.⟩ **1** leutselig, wohlwollend **2** gutmütig herablassend; *jmdm. ~ auf die Schulter klopfen* [<spätlat. *jovialis,* nach dem Planeten *Jupiter* (lat. *Iuppiter,* Gen. *Iovis*), der angebl. dem Menschen Fröhlichkeit verleiht]

Jo|vi|a|li|tät ⟨[-vi-] f.; -; unz.⟩ joviales Wesen

jo|vi|a|nisch ⟨[-vi-] Adj.⟩ den Jupiter betreffend, von ihm stammend, von ihm ausgehend [zu lat. *Iovis,* Nebenform zu *Iupiter*]

Joy|pad ⟨[dʒɔɪpæd] n.; -s, -s; EDV⟩ = Gamepad [<engl. *joy* »Spaß« + *pad* »Polster; Schreibunterlage«]

Joy|stick ⟨[dʒɔɪ-] m.; -s, -s⟩ griffelähnl. Einrichtung mit einer od. mehreren Tasten zur Übermittlung von bestimmten Steuerbefehlen an einen Computer [engl., »Steuerknüppel« (im Flugzeug)]

jr. ⟨Abk. für⟩ junior

Ju|bel ⟨m.; -s; unz.⟩ lauter Freudenausbruch, laute Freude

Ju|bi|lar ⟨m.; -s, -e⟩ jmd., zu dessen Ehren ein Jubiläum gefeiert, eine Gedenkfeier veranstaltet wird [→ *Jubiläum*]

Ju|bi|la|rin ⟨f.; -, -rin|nen⟩ weibl. Person, zu deren Ehren ein Jubiläum gefeiert, eine Gedenkfeier veranstaltet wird

Ju|bi|la|te dritter Sonntag nach Ostern [nach dem Anfang des Introitus: *Jubilate* »Frohlocket« (Psalm 66 u. 100); zu lat. *iubilare* »jauchzen, frohlocken«]

Ju|bi|la|tio ⟨f.; -; unz.; Musik⟩ (im gregorianischen Choral) frohlockende, auf einem Vokal gesungene Tonfolge, z. B. auf der letzten Silbe des Halleluja [lat., »Jubel«]

Ju|bi|lä|um ⟨n.; -s, -lä|en⟩ Gedenkfeier, Jahrestag, bes. nach einer runden Zahl von Jahren; *10., 25., 50., 100. ~* [<lat. *iubilaeum* verkürzt <*annus iubilaeus* »Jubeljahr, Jubiläumsjahr«]

Ju|bi|lee ⟨[dʒuːbɪliː] n.; - od. -s, -s⟩ hymnischer, religiöser Gesang der farbigen Gemeinden in den USA [zu engl. *jubilate* »jubeln« <lat. *iubilare* »jauchzen«]

ju|bi|lie|ren ⟨V.⟩ **1** singen, trillern; *Vögel ~* **2** ⟨fig.; poet.⟩ jubeln **3** ein Jubiläum feiern [<lat. *iubilare* »jauchzen«, lautmalend]

juch|ten ⟨Adj.⟩ aus Juchtenleder

Juch|ten ⟨n.; -s; unz.⟩ **1** nach Juchtenleder duftendes Parfüm **2** ⟨kurz für⟩ Juchtenleder

Juch|ten|le|der ⟨n.; -s, -⟩ gegerbtes Fahlleder (echtes J. war mit Weiden- u. Birkenrindengerbstoffen gegerbt u. besaß den charakteristischen Geruch von Birkenteeröl) [<russ. *juchtj,* poln. *jucht,* tschech. *juchta* <pers. *jucht* »ein Paar«, da die Häute paarweise gegerbt wurden]

Ju|da|i|ka ⟨Pl.⟩ Bücher u. Bilder über das Judentum

ju|da|i|sie|ren ⟨V.⟩ jüdisch machen, jüdischem Einfluss unterwerfen

Ju|da|i|sie|rung ⟨f.; -, -en⟩ das Judaisieren, Judaisiertwerden

Ju|da|is|mus ⟨m.; -; unz.⟩ mosaische Religion, jüdische Religion nach den Lehren des Talmuds [lat., <grch. *ioudaismos* <*Ioudaios* »Jude«]

Ju|da|ist ⟨m.; -en, -en⟩ Wissenschaftler auf dem Gebiet der Judaistik

Ju|da|is|tik ⟨f.; -; unz.⟩ Wissenschaft von der jüd. Geschichte und Kultur

Ju|da|is|tin ⟨f.; -, -tin|nen⟩ Wissenschaftlerin auf dem Gebiet der Judaistik

ju|da|is|tisch ⟨Adj.⟩ die Judaistik betreffend, zu ihr gehörig

Ju|di|ca ⟨ohne Artikel⟩ fünfter Passionssonntag, vorletzter Sonntag vor Ostern; *oV* Judika [<lat. *iudica;* nach dem Anfang des Introitus: *Iudica me* … »Richte mich …« (Psalm 43)]

Ju|di|ka ⟨ohne Artikel⟩ = Judica

Ju|di|kat ⟨n.; -(e)s, -e⟩ Urteil [<lat. *iudicatum* »Urteil, Urteilsspruch«]

Ju|di|ka|ti|on ⟨f.; -, -en⟩ Verurteilung, Aburteilung, Beurteilung

[<lat. *iudicatio* »richterliche Untersuchung, Urteil«]
Ju|di|ka|ti|ve ⟨[-və] f.; -, -n⟩ Teil der Staatsgewalt, der die Rechtsprechung betrifft, richterliche Gewalt; →*a.* Exekutive, Legislative [→ *judizieren*]
ju|di|ka|to|risch ⟨Adj.⟩ richterlich [<lat. *iudicatorius*]
ju|di|zie|ren ⟨V.; veraltet⟩ urteilen, richten, Recht sprechen [<lat. *iudicare* »Recht sprechen«]
Ju|di|zi|um ⟨n.; -s, -zi|en; veraltet⟩ **1** richterliche Untersuchung **2** Urteil **3** Urteilsvermögen [<lat. *iudicium* »gerichtl. Untersuchung, Rechtspflege, Urteil«]
Ju|do ⟨n.; - od. -s; unz.; Sport⟩ Form der Selbstverteidigung, bei der der Gegner mit speziellen Griffen angefasst u. zu Boden geworfen wird [jap., »geschmeidiger Weg zur Geistesbildung«]
Ju|do|ka ⟨m.; -s, -s; Sport⟩ Wettkämpfer beim Judo
Jug ⟨[dʒʌg] m.; -s, -s; Musik⟩ aus Ton gefertigtes, einfaches Blasinstrument, das vor allem in der folkloristischen Musik der Afroamerikaner Verwendung findet [<engl. *jug* »Kanne«, nach dem Aussehen des Instruments]
ju|gu|lar ⟨Adj.; Anat.⟩ zum Jugulum gehörend
Ju|gu|lum ⟨n.; -s, -gu|la; Anat.⟩ Einsenkung, die über dem Brustbein u. zwischen den beiden Schlüsselbeinen liegt, Drosselgrube [<lat. *iugulum* »Schlüsselbein, Kehle«]
Juice ⟨[dʒuːs] m. od. n.; -, -s [-sɪz]⟩ roher Obst- oder Gemüsesaft [engl.]
Ju|ju|be ⟨f.; -, -n; Bot.⟩ **1** Gattung der Kreuzdorngewächse, Judendorn: Zizyphus jujuba **2** Frucht der Gemeinen Jujube, Brustbeere, ergibt Tee gegen Katarrh der Atmungsorgane: Zizyphus vulgaris [frz., »Brustbeere«, <grch. *zizyphon*]
Ju-Jut|su ⟨a. [dʒudʒutsu] n.; - od. -s; unz.; Sport⟩ altjap. Kampfsport ohne Waffen, der Elemente von Aikido, Judo u. Karate enthält (Vorform des Jiu-Jitsu) [jap., »sanfte Kunst«]
Juke|box ⟨[dʒuːkbɔks] f.; -, -es [-sɪz]; Musik⟩ Musikbox, Musikautomat [<engl. *juke* »Unordnung« + *Box*]
Jul ⟨n.; - od. -s; unz.⟩ **1** germanisches Fest zur Wintersonnenwende **2** skandinavisches Weihnachtsfest [dän., norweg., schwed. <anord. *jol*]
Jul|bock ⟨m.; -(e)s, -bö|cke⟩ in Skandinavien bei Umzügen auftretende od. aus Stroh gefertigte Bocksfigur, die während der Weihnachtszeit Dämonen fernhalten soll
Jul|brot ⟨n.; -(e)s, -e⟩ altgerman. Opfergebäck zum Julfest in der Form von Sonnenrädern, Schlangen u. Hörnern [zu norweg., schwed., dän. *jul* »Weihnachten«; Herkunft ungeklärt]
Jul|fest ⟨n.; -(e)s, -e⟩ **1** ⟨urspr.⟩ german. Fest zur Wintersonnenwende **2** ⟨heute in Skandinavien⟩ Weihnachten [<schwed. *jul* »Weihnachten«]
Ju|li ⟨m.; - od. -s, -s⟩ siebenter Monat des Jahres [<lat. *Iulius;* nach Iulius Cäsar, 100-44 v. Chr.]
ju|li|a|nisch ⟨Adj.⟩ von Julius Cäsar stammend; *~er Kalender* von Julius Cäsar eingeführter Kalender von 365 Tagen mit einem Schaltjahr alle vier Jahre [→ *Juli*]
Ju|li|enne ⟨[ʒyljɛn] f.; -; unz.; Kochk.⟩ streifenförmig geschnittenes Gemüse (als Suppeneinlage) [nach dem frz. weibl. Vornamen *Julienne* »Juliane«]
Jul|klapp ⟨m.; -s; unz.⟩ **1** skandinav. u. norddt. Sitte, am Julfest heimlich Weihnachtsgeschenke ins Zimmer zu werfen, wobei »~!« gerufen wird **2** das Weihnachtsgeschenk selbst [<schwed. *jul* »Weihnachten« + lautnachahmendes *klapp*]
Jum|bo ⟨m.; -s, -s; kurz für⟩ Jumbojet
Jum|bo|jet ⟨[-dʒɛt] m.; -s, -s⟩ Großraumflugzeug mit Strahlantrieb [nach *Jumbo,* dem Namen eines Elefanten des Zirkus P. T. Barnum + *Jet*]
Ju|me|la|ge ⟨[ʒym(ə)laːʒ(ə)] f.; -, -n [-ʒən]⟩ Städtepartnerschaft; *die ~ zwischen Hagen u. Smolensk* [frz., »Verbindung«]
Jump ⟨[dʒʌmp] m.; -s, -s⟩ **1** ⟨Musik; unz.⟩ ein Jazzstil **2** ⟨Sport; zählb.⟩ der abschließende Sprung beim Dreisprung; →*a.* Hop, Stepp (2) [<engl. *jump* »Satz, Sprung«]
jum|pen ⟨[dʒʌm-] V.; umg.; salopp⟩ springen [→ *Jump*]
Jum|per ⟨[dʒʌm-] m.; -s, -⟩ Pullover [engl., »Strickjacke«]
Jump|suit ⟨[dʒʌmpsjuːt] m.; -s, -s; umg.⟩ einteiliger Anzug, Overall [<*Jump* + engl. *suit* »Anzug«]
jun. ⟨Abk. für⟩ junior
jun|gie|ren ⟨V.; veraltet⟩ verbinden, zusammenlegen [<lat. *iungere* »verbinden«]
Jun|gle *auch:* **Jung|le** ⟨[dʒʌŋl] m.; - od. -s; unz.; Musik⟩ eine Stilrichtung des Technos mit Rap- u. Reggaeelementen [engl., »Dschungel«]
Jun|gle|stil *auch:* **Jung|le|stil** ⟨[dʒʌŋgl-] m.; -(e)s; unz.; Musik⟩ Spielart von Blasinstrumenten im Jazz, bei der durch Verwendung von Dämpfern u. Ä. Töne entstehen, die Urwaldgeräuschen ähneln; *oV* Junglestyle [<engl. *jungle* »Dschungel, Urwald« + *Stil*]
Jun|gle|style *auch:* **Jung|le|style** ⟨[dʒʌŋglstaɪl] m.; -s; unz.; Musik⟩ = Junglestil
Ju|ni ⟨m.; - od. -s, -s⟩ sechster Monat des Jahres [<lat. *Iunius;* nach der römischen Göttin *Iuno*]
ju|ni|or ⟨Abk.: jr., jun.; hinter Personennamen⟩ der Jüngere; *Ggs* senior; *Herr Meier ~*
Ju|ni|or ⟨m.; -s, -en⟩ **1** der Jüngere, der Sohn; *Ggs* Senior (1) **2** ⟨Sport⟩ Jugendlicher [<lat. *iunior* »jünger«]
Ju|ni|o|rat ⟨n.; -(e)s, -e⟩ Jüngstenrecht ohne Rücksicht auf den Grad der Verwandtschaft; *Ggs* Seniorat (3); →*a.* Minorat [→ *Junior*]
Ju|ni|or|chef ⟨[-ʃɛf] m.; -s, -s⟩ der jüngere von zwei Chefs einer Firma; *Ggs* Seniorchef
Ju|ni|or|part|ner ⟨m.; -s, -; Wirtsch.⟩ mit weniger Rechten ausgestatteter (jüngerer) Teilhaber an einem Unternehmen [<lat. *iunior* »jünger« + *Partner*]
Ju|ni|or|pro|fes|sur ⟨f.; -, -en⟩ zeit-

J

lich befristete Professur zur Förderung junger promovierter Wissenschaftler (ohne die bislang für eine Professur erforderliche Habilitation)

Ju|ni|pe|rus ⟨m.; -, -; Bot.⟩ Wacholder [lat.]

Junk ⟨[dʒʌŋk] m.; -s; unz.; Drogenszene⟩ Rauschmittel [engl., eigtl. »Abfall, Plunder«]

Junk-Art ⟨[dʒʌŋk-] f.; -; unz.⟩ Stilrichtung der modernen Kunst, in der Abfall, Trödel u. Ä. in Kunstwerken verarbeitet werden [<engl. *junk* »Abfall, Plunder« + *art* »Kunst«]

Junk|box ⟨[dʒʌŋk-] f.; -, -es [-bɔksız]; EDV⟩ digitaler Mülleimer für Junkmails [<engl. *junk* »Abfall« + *box* »Kasten«]

Junk|food ⟨[dʒʌŋkfu:d] n.; - od. -s; unz.⟩ ungesunde, kalorienreiche Nahrung, die überwiegend Fett, Zucker u. Kohlehydrate enthält (z. B. Eis, Süßigkeiten, Hamburger) [<engl. *junk* »Abfall, Plunder« + *food* »Essen«]

Jun|kie ⟨[dʒʌŋkı] m.; -s, -s; umg.⟩ Drogensüchtiger [<engl. *junk* »Abfall, Plunder«]

Junk|mail ⟨[dʒʌŋkmɛıl] f.; -, -s; EDV⟩ als E-Mail verschickte unerwünschte Werbung, Spam [<engl. *junk* »Abfall« + *mail* »Post«]

Junk|tim ⟨n.; -s, -s⟩ Verbindung u. Behandlung mehrerer Gesetzesvorlagen, die nur entweder alle angenommen od. alle abgelehnt werden können [<lat. *iunctim* »vereinigt, verbunden, miteinander«; zu *iungere* »verbinden«]

junk|ti|mie|ren ⟨V.; Rechtsw.; österr.⟩ mit Hilfe eines Junktims verbinden; *Gesetzesvorlagen ~*

Junk|tor ⟨m.; -s, -to|ren; Logik⟩ Verbindungspartikel, die Aussagen zu einer neuen, komplexeren Aussage verknüpft, z. B. »und«, »oder«, »wenn« [<lat. *iunctura* »Verbindung«]

Junk|tur ⟨f.; -, -en⟩ **1** ⟨veraltet⟩ Verbindung, Fuge **2** ⟨Med.⟩ Verbindung zwischen benachbarten Knochen, z. B. Gelenk **3** ⟨Sprachw.⟩ durch eine Sprechpause markierte Grenze zwischen zwei aufeinanderfolgenden sprachlichen Einheiten, z. B. bei »geeicht«, »enttarnen« [<lat. *iunctura* »Verbindung«]

ju|no|nisch ⟨Adj.; geh.⟩ **1** stolz, erhaben **2** stattlich, üppig; *eine ~e Gestalt, Erscheinung* [nach der röm. Göttin *Juno*]

Jun|ta ⟨a. [xun-] f.; -, Jun|ten; in Spanien u. bes. Lateinamerika⟩ **1** (Machthaber einer) Militärdiktatur **2** Regierungsausschuss mit zeitlich begrenzter Gewalt [span., »Versammlung, Rat, Kommission«, <lat. *iungere* »verbinden«]

Jupe ⟨[ʒy:p] m. od. n.; -s, -s; schweiz.⟩ Rock (für Damen od. Mädchen) [frz.]

Ju|pi|ter|lam|pe ⟨f.; -, -n⟩ in Film- u. Fotostudios gebräuchliche Lampe mit großer Helligkeit

Ju|pon ⟨[ʒypɔ̃:] m.; -s, -s⟩ **1** knöchellanger Unterrock **2** ⟨schweiz. allg.⟩ Unterrock [frz., »Unterrock«]

Ju|ra[1] ⟨m.; -s; unz.⟩ **1** Name mehrerer Gebirge **2** mittlere Formation des Mesozoikums vor 160-110 Mill. Jahren; *oberer, weißer ~* = Malm; *mittlerer, brauner ~* = Dogger[1]; *unterer, schwarzer ~* = Lias [<lat. *Iura (mons)* »Juragebirge«]

Ju|ra[2] ⟨Pl.; Sing.: Jus⟩ die Rechte; *~ studieren* [<lat. *iura,* Pl. zu *ius* »Recht«]

ju|ras|sisch ⟨Adj.⟩ zur Formation des Juras gehörig

Ju|ra|stu|di|um ⟨n.; -s; unz.⟩ Studium der Rechtswissenschaften; *oV* ⟨österr.⟩ Jusstudium

ju|ri|disch ⟨Adj.; veraltet; noch österr.⟩ der Rechtswissenschaft entsprechend, juristisch [<lat. *iuridicus* »das Recht handhabend, gerichtlich« <*ius,* Gen. *iuris* »Recht« + *dicere* »sagen, sprechen«]

ju|rie|ren ⟨V.; veraltet; österr.⟩ als Mitglied einer Jury entscheiden, eine Juryentscheidung treffen

Ju|ris|dik|ti|on ⟨f.; -, -en⟩ Gerichtsbarkeit, Rechtsprechung [<lat. *iurisdictio* »Handhabung des Rechts«; <*ius,* Gen. *iuris* »Recht« + *dicere* »sagen, sprechen«]

Ju|ris|pru|denz ⟨f.; -; unz.⟩ Rechtswissenschaft [<lat. *ius,* Gen. *iuris* »Recht« + *prudentia* »Erfahrung u. Einsicht, Klugheit«]

Ju|rist ⟨m.; -en, -en⟩ Lehrer, Student der Rechtswissenschaft, Rechtskundiger, Rechtsgelehrter [<mhd. *juriste* »Rechtsgelehrter« <mlat. *jurista;* zu lat. *ius,* Gen. *iuris* »Recht«]

Ju|ris|te|rei ⟨f.; -; unz.; umg.⟩ Rechtswissenschaft, Rechtsprechung

Ju|ris|tin ⟨f.; -, -tin|nen⟩ weibl. Jurist

ju|ris|tisch ⟨Adj.⟩ **1** die Rechtswissenschaft betreffend, zu ihr gehörig, auf ihr beruhend; *~e Fakultät* **2** rechtlich, rechtswissenschaftlich **3** vom gesetzl. Standpunkt aus; *~ einwandfrei* **4** *~e Person* mehrere Personen od. Institutionen, die vom Staat als Rechtsobjekt anerkannt werden

Ju|ror ⟨m.; -s, -ro|ren⟩ Mitglied einer Jury [engl., »Geschworener, Preisrichter«]

Ju|ro|ren|ko|mi|tee ⟨n.; -s, -s; österr. für⟩ Jury

Ju|ro|rin ⟨f.; -, -rin|nen⟩ weibl. Mitglied einer Jury

Jur|te ⟨f.; -, -n⟩ Rundzelt mittelasiatischer Nomaden aus Filz; *Sy* Kibitka (1) [<russ. *jurta*]

Ju|ry ⟨[ʒyri:] od. ['--] f.; -, -s⟩ Ausschuss von Sachverständigen als Preisrichter bei Kunstausstellungen, sportl. Veranstaltungen u. Ä.; *Sy* ⟨österr.⟩ Jurorenkomitee [engl., »Geschworenengericht, die Geschworenen, Preisrichterkollegium«]

ju|ry|frei ⟨[ʒyri:-] od. ['---] Adj.⟩ nicht von Experten zusammengestellt; *eine ~e Ausstellung*

Jus[1] ⟨n.; -, Ju|ra⟩ Recht; *~ primae Noctis* Recht (des Gutsherrn) auf die Brautnacht (einer Leibeigenen), Recht der ersten Nacht [<lat. *ius,* Gen. *iuris* »Recht«]

Jus[2] ⟨[ʒy:] f.; -; unz. od. schweiz. a.: n.; -; unz.⟩ **1** mit Fleischbrühe gelöster Bratensatz in der Pfanne **2** starke Fleischbrühe **3** Fruchtsaft; *Tomaten~* [frz., »Fruchtsaft, Fleischsaft«]

Jus|siv ⟨m.; -s, -e [-və]; Sprachw.⟩ Modus des Verbs, der keinen direkten Imperativ darstellt, jedoch die sichere Er-

J

wartung einer Handlung zum Ausdruck bringt, z. B. »er möge sich beeilen«, »sie soll sich gedulden« [<lat. *iussum* »Geheiß, Verordnung, Befehl«]

Jus|stu|di|um ⟨n.; -s; unz.; österr.⟩ = Jurastudium

just ⟨Adv.; veraltet; noch poet.⟩ eben, gerade; ~ *als er ankam;* ~ *am gleichen Tag; ich war* ~ *dabei, auszugehen* [<lat. *iuste* »mit Recht, gehörig«, Adv. zu *iustus* »gerecht«]

Jus|ta|ge ⟨[ʒysta:ʒ(ə)] f.; -, -n⟩ Eichung, das genaue Einstellen von Messinstrumenten u. technischen Geräten [zu frz. *juste* »genau«]

jus|ta|ment ⟨Adv.⟩ gerade, genau; *das ist* ~ *derselbe, der ...* [<frz. *justement* »gerade, eben«, eigtl. »gerecht«]

Juste|mi|li|eu ⟨[ʒystmiljø:] n.; -s; unz.; Politik⟩ **1** polit. Schlagwort in Frankreich nach der Julirevolution 1830, mit dem die kompromissbereite Politik des Königs Louis Philippe bezeichnet wurde **2** laue Gesinnung [<frz. *juste* »gerecht, richtig« + *milieu* »Mitte«]

J

jus|tie|ren ⟨V.⟩ **1** *ein Messgerät* ~ genau, korrekt einstellen, eichen **2** ⟨Typ.⟩ **2.1** den in Spalten gesetzten Satz u. die Klischees beim Umbruch auf gleiche Seitenhöhe bringen **2.2** die Marginalien an die entsprechenden Stellen des Textes setzen **3** *Münzgewicht* ~ prüfen [<mlat. *iustare* »berichtigen, in die korrekte Ordnung bringen«]

Jus|tie|rer ⟨m.; -s, -⟩ **1** jmd., der justiert **2** Münzprüfer

Jus|tie|rung ⟨f.; -, -en⟩ das Justieren, Justiertwerden

Jus|ti|fi|ka|ti|on ⟨f.; -, -en⟩ **1** das Justifizieren, Rechtfertigung **2** Genehmigung **3** Anerkennung der Richtigkeit [<lat. *iustificatio* »Rechtfertigung«]

Jus|ti|fi|ka|tur ⟨f.; -, -en⟩ Rechnungsprüfung u. -genehmigung [<lat. *iustificare* »rechtfertigen«]

jus|ti|fi|zie|ren ⟨V.⟩ **1** rechtfertigen **2** die Richtigkeit (von etwas) prüfen u. anerkennen [<lat. *iustificare* »rechtfertigen«]

just in time ⟨[dʒʌst ɪn taɪm] Abk.: JIT⟩ (gerade) rechtzeitig, punkt-, termingenau [engl.]

Just-in-Time-Pro|duk|ti|on ⟨[dʒʌstɪntaɪm-] f.; -, -en; Pl. selten; Wirtsch.⟩ Produktionsform, bei der die Termine für Zulieferung u. Produktion genau aufeinander abgestimmt werden (um zusätzliche Kosten für die Lagerung zu vermeiden) [→ *just in time*]

> **Justitia, Justitiar / Justiziar**
> (*Laut-Buchstaben-Zordnung*) Für Fremdwörter, die sich auf ein Substantiv zurückführen lassen, das auf »z« endet, wie z. B. »*Justiz*«, ist neben der fremdsprachigen Schreibung mit »*t*« auch die integrierte Schreibweise mit »z« zulässig. Diese Regelung gilt jedoch nicht für Eigennamen wie z. B. »*Justitia*«, deren Schreibung durch die Bestimmungen der lateinischen Herkunftssprache festgelegt ist.

Jus|ti|tia ⟨f.; -; unz.⟩ Personifizierung, Symbol der Gerechtigkeit (dargestellt als weibl. Figur mit verbundenen Augen u. einer Waage in der Hand) [lat. Name der Göttin der Gerechtigkeit]

jus|ti|ti|a|bel ⟨Adj.⟩ = justiziabel

Jus|ti|ti|ar ⟨m.; -s, -e⟩ = Justiziar

jus|ti|ti|ell ⟨Adj.⟩ = justiziell

Jus|ti|ti|um ⟨n.; -s, -ti|en⟩ = Justizium

Jus|tiz ⟨f.; -; unz.⟩ Rechtswesen, Rechtspflege [<lat. *iustitia* »Gerechtigkeit«]

jus|ti|zi|a|bel ⟨Adj.⟩ einer gerichtl. Klärung bedürfend, in einer gerichtl. Entscheidung zu beurteilen; *oV* justitiabel

Jus|ti|zi|ar ⟨m.; -s, -e⟩ Rechtsbeistand eines Betriebes od. einer Behörde; *oV* Justitiar [<mlat. *iustitiarius;* zu lat. *iustitia* »Gerechtigkeit«]

jus|ti|zi|ell ⟨Adj.⟩ die Justiz betreffend, zu ihr gehörig; *oV* justitiell

Jus|ti|zi|um ⟨n.; -s, -zi|en⟩ Stillstand der Rechtspflege (infolge schwerwiegender Ereignisse); *oV* Justitium [<lat. *iustitium* <*ius* »Recht« + *sistere* »stehen bleiben«]

Jus|tiz|mord ⟨m.; -(e)s, -e⟩ (auf einem Justizirrtum beruhende) Verurteilung eines Unschuldigen zum Tode

Ju|te ⟨f.; -; unz.⟩ **1** die Stängelfaser der Jute (2, 3) **2** eine von mehreren ind. Arten einer Gattung der Lindengewächse: Corchorus, bes. der Art: Corchorus capsularis [<engl. *jute* <Hindi *jhuta* »kraus«; zu aind. *jata* »Haarflechte«]

ju|ve|na|lisch ⟨[-ve-] Adj.⟩ satirisch, spöttisch, beißend [nach dem röm. Satirendichter Decimus Iunnius *Iuvenalis*, etwa 58-140 n. Chr.]

ju|ve|na|li|sie|ren ⟨[-ve-] V.⟩ am jugendl. Stil u. Geschmack ausrichten, ihm gemäß gestalten [<lat. *iuvenalis* »jugendlich«]

ju|ve|nil ⟨[-ve-] Adj.⟩ **1** jugendlich; *Ggs* senil **2** dem Erdinnern entstammend; ~*es Wasser* [<lat. *iuvenilis* »jugendlich«]

Ju|ve|ni|lis|mus ⟨[-ve-] m.; -; unz.; Psych.⟩ **1** Jugendphase in normaler Ausprägung **2** leichte Form des Infantilismus [→ *juvenil*]

Ju|ve|ni|li|tät ⟨[-ve-] f.; -; unz.⟩ Jugendlichkeit; *Ggs* Senilität

Ju|wel ⟨n. od. m.; -s, -en⟩ **1** Kleinod, Schmuckstück, geschliffener Edelstein **2** ⟨fig.; umg.; scherzh.⟩ wertvoller Mensch, Mensch, der alle Arbeiten hervorragend erledigt [<mndrl. *juweel* <afrz. *joël* »Schmuck« (frz. *joyau*) <vulgärlat. *jocellum* »Kurzweiliges«; zu lat. *iocus* »Scherz«; verwandt mit *Jux*]

Ju|we|lier ⟨m.; -s, -e⟩ **1** Goldschmied **2** Schmuckhändler

Jux ⟨m.; -es, -e; umg.⟩ Scherz, Spaß, Ulk; *sich einen* ~ *machen* [<lat. *iocus* »Scherz«; verwandt mit *Juwel*]

Jux|ta ⟨f.; -, -Jux|ten⟩ Streifen an kleinen Wertpapieren (Losen usw., meist links), der zur Kontrolle abgetrennt u. einbehalten werden kann; *oV* Juxte [<lat. *iuxta* »daneben«]

Jux|ta|po|si|ti|on ⟨f.; -, -en⟩ **1** ⟨Min.⟩ Anlagerung an der Oberfläche wachsender Kristalle **2** ⟨Sprachw.⟩ Zusammenrückung [<lat. *iuxta* »daneben« + *Position*]

Jux|te ⟨f.; -, -n⟩ = Juxta

k ⟨Zeichen für⟩ **1** metrisches Karat, 1 k = 0,2 g **2** ⟨vor Maßeinheiten für⟩ Kilo…

K **1** ⟨Zeichen für⟩ Kelvin (°K) **2** ⟨veraltet; Formelzeichen für⟩ Kraft, ersetzt durch das Zeichen F (forth)

Ka|a|ba ⟨f.; -; unz.⟩ islamisches Heiligtum in Mekka, Ziel der dem Moslem vorgeschriebenen Pilgerreise [<arab. *ka'b* »Würfel«]

Ka|ba ⟨m. od. n.; -; unz.⟩ **1** hauptsächl. aus Kakao u. verschiedenen Zuckerarten bestehendes, rasch lösliches Pulver **2** Getränk daraus mit Milch

Ka|ba|le ⟨f.; -, -n; geh.⟩ = Intrige; → *a.* Kabbala [<frz. *cabale* »Ränke« <neuhebr. *qabbala* »Überlieferung, Geheimlehre«]

ka|ba|lie|ren ⟨V.; geh.⟩ intrigieren, hinterlistig handeln, Ränke spinnen; *oV* kabalisieren [→ *Kabale*]

ka|ba|li|sie|ren ⟨V.; geh.⟩ = kabalieren

Ka|ba|nos|si ⟨f.; -, -⟩ = Cabanossi

Ka|ba|rett ⟨n.; -s, -e od. -s⟩ *oV* Cabaret **1** kurze, meist humoristische Darbietung auf einer Bühne; *politisches ~* **2** Raum, Gebäude, Bühne für ein Kabarett (1) **3** drehbare Speiseplatte [<frz. *cabaret* »Schenke«]

Ka|ba|ret|ti|er ⟨[-tje:] m.; -s, -s⟩ Leiter eines Kabaretts [<frz. *cabaretier* »Schankwirt«]

Ka|ba|ret|tist ⟨m.; -en, -en⟩ Künstler in einem Kabarett

Ka|ba|ret|tis|tin ⟨f.; -, -tin|nen⟩ Künstlerin in einem Kabarett

ka|ba|ret|tis|tisch ⟨Adj.⟩ das Kabarett betreffend, zu ihm gehörig, ihm entsprechend, in der Art des Kabaretts

Kab|ba|la ⟨f.; -; unz.⟩ aus den verschiedensten Elementen bestehende, stark mit Buchstaben- u. Zahlensymbolen arbeitende, sich an die Bibel anlehnende, mystische jüd. Geheimlehre u. ihre Schriften; → *a.* Chassidismus, Numerologie [<neuhebr. *qabbala* »Überlieferung, Geheimlehre«]

Kab|ba|list ⟨m.; -en, -en⟩ Kenner, Anhänger der Kabbala

Kab|ba|lis|tik ⟨f.; -; unz.⟩ **1** Erforschung der Kabbala **2** Geheimlehre

Kab|ba|lis|tin ⟨f.; -, -tin|nen⟩ Kennerin, Anhängerin der Kabbala

kab|ba|lis|tisch ⟨Adj.⟩ **1** die Kabbala betreffend, zu ihr gehörig **2** die Geheimlehre betreffend

Ka|bel ⟨n.; -s, -⟩ **1** ⟨Seew.⟩ starkes Tau **2** ⟨El.⟩ mehrere zusammengefasste u. isolierte Leitungsdrähte **3** ⟨veraltet⟩ Telegramm aus Übersee [<mndrl. *cabel* <pikard. *cabel* »Rolltau, Ankertau« (frz. *chable*) <vulgärlat. *catabula* »niederwerfen«; beeinflusst von lat. *capulum* »Fangseil« u. arab. *habl* »Seil«]

Ka|bel|fern|se|hen ⟨n.; -s; unz.; TV⟩ Fernsehsendungen, die von einer zentralen Sendestelle über Kabel zum Empfänger geleitet werden

Ka|bel|jau ⟨m.; -s, -e od. -s; Zool.⟩ 1,5 m langer u. bis 50 kg schwerer Nutzfisch: Gadus morrhua [<mndrl. *cabbeliau;* Herkunft unsicher]

Ka|bi|ne ⟨f.; -, -n⟩ **1** kleiner, abgeschlossener Raum; *Bade~; Umkleide~* **2** Wohn- u. Schlafraum an Bord; *Außen~; Innen~* **3** Gondel einer Seilbahn o. Ä. [<engl. *cabin* »Hütte, Kajüte«; beeinflusst von frz. *cabine* »Kajüte, Kabine«]

Ka|bi|nett[1] ⟨n.; -s, -e⟩ **1** kleines Zimmer, Nebenraum **2** Beratungs- u. Arbeitszimmer eines Fürsten **3** Raum zur Aufbewahrung von Kunstsammlungen; *Kunst~; Kupferstich~; Uhren~* **4** ⟨16./17. Jh.⟩ Schrank mit vielen Fächern u. Schubladen zur Aufbewahrung von Kunstsammlungen **5** ⟨fig.⟩ die persönl. Berater eines Staatsoberhauptes **6** Ministerrat, Gesamtministerium; *ein ~ bilden, stürzen, umbilden* **7** ⟨ohne Artikel⟩ eine Güteklasse des Weins [<frz. *cabinet* »kleines Nebenzimmer« <ital. *gabinetto,* Verkleinerungsform zu *gabbia* »Käfig«]

Ka|bi|nett[2] ⟨m.; -s; unz.; kurz für⟩ Kabinettwein

Ka|bi|nett|for|mat ⟨n.; -(e)s; unz.⟩ Bildformat, 10 x 14 cm

Ka|bi|netts|fra|ge ⟨f.; -, -n; Politik⟩ Vertrauensfrage an das Parlament, von der das weitere Amtieren eines Ministers abhängt; *die ~ stellen*

Ka|bi|netts|jus|tiz ⟨f.; -; unz.; Politik⟩ Einmischung des Staatsoberhauptes in einen Rechtsstreit

Ka|bi|nett|stück ⟨n.; -(e)s, -e⟩ **1** ⟨urspr.⟩ bes. wertvoller Gegenstand der Kunst od. Wissenschaft, der nicht in einer allg. Sammlung, sondern im Kabinett untergebracht ist **2** ⟨danach⟩ bes. schöner, wertvoller Gegenstand **3** ⟨fig.⟩ bes. geschicktes, kluges Vorgehen od. Verhalten, Meisterstück

Ka|bi|nett|wein ⟨m.; -(e)s, -e⟩ ausgesuchter Wein, Qualitätswein mit Prädikat der ersten Kategorie; *Sy* Kabinett[2]

Ka|bo|ta|ge ⟨[-ʒə] f.; -, -n⟩ *oV* Cabotage (1) **1** Binnen- u. Küstenschifffahrt zwischen Häfen des gleichen Staates **2** gewerbsmäßiger Luftverkehr innerhalb eines fremden Hoheitsgebietes [<frz. *cabotage* »Küstenschifffahrt«]

ka|bo|tie|ren ⟨V.⟩ Kabotage betreiben [<frz. *caboter* »die Küste befahren«]

Ka|bu|ki ⟨n.; -, -s⟩ jap. Volkstheater über histor. u. bürgerl. Themen, vereinigt Schauspiel, Musik u. Tanz [jap., »Gesang- und Tanzkunst«]

kach|ek|tisch *auch:* **ka|chek|tisch** ⟨[kaxɛk-] Adj.⟩ auf Kachexie beruhend

Kach|e|xie *auch:* **Ka|che|xie** ⟨[kaxɛksi:] f.; -, -n; Med.⟩ völliger Kräfteverfall, Auszehrung, schlechter Ernährungszustand, bes. bei Krebs [<grch. *kakos* »schlecht« + *hexis* »Zustand«]

Ka|da|ver ⟨[-vər] m.; -s, -⟩ toter Körper, Tierleiche, Aas [<lat. *cadaver*]

Ka|da|ver|ge|hor|sam ⟨[-vər] m.; -s; unz.⟩ blinder Gehorsam,

Befehlsbefolgung unter Ausschaltung der eigenen Urteilskraft

Ka|da|ve|rin ⟨[-və-] n.; -s; unz.⟩ schlecht riechender Stoff, der bei der Fäulnis von Eiweißen auftritt, früher irrtümlich zu den Leichengiften gerechnet; *oV* Cadaverin [→ *Kadaver*]

Kad|disch ⟨n.; - od. -s; unz.⟩ ein jüdisches Gebet [aramäisch]

Ka|denz ⟨f.; -, -en⟩ **1** ⟨Musik⟩ **1.1** zu einem Abschluss führende Akkordfolge **1.2** ⟨beim Instrumentalkonzert⟩ solistische, urspr. improvisierte, später vom Komponisten vorgeschriebene, verzierende Wiederholung eines Themas, um dem Künstler Gelegenheit zu geben, sein virtuoses Können zu zeigen **2** ⟨Metrik⟩ die Art des Versausgangs, der meist aus einem männl. od. weibl. Reim besteht; →*a.* Katalexe [<ital. *cadenza* »das Fallen«]

K

ka|den|zie|ren ⟨V.; Musik⟩ eine Kadenz ausführen

Ka|der ⟨m. od. schweiz. n.; -s, -⟩ **1** Stammtruppe, Kerntruppe **2** ⟨schweiz.⟩ Vorgesetztengruppe **3** Gruppe fachlich u. politisch geschulter Führungskräfte **4** ⟨DDR⟩ Angehöriger eines Kaders (3) [<frz. *cadre* »Rahmen, Einfassung«]

Ka|der|par|tie ⟨f.; -, -n⟩ = Cadrepartie

Ka|dett[1] ⟨m.; -en, -en⟩ **1** ⟨bis 1918⟩ Zögling einer militärischen Erziehungsanstalt, der die Offizierslaufbahn ergreifen will **2** ⟨umg.; scherzh.⟩ Bursche, Kerl [<frz. *cadet* »Offiziersanwärter, nachgeborener Sohn«]

Ka|dett[2] ⟨m.; -en, -en⟩ Angehöriger einer 1905 gegründeten, liberal-monarchist. russ. Partei [Kurzwort <*konstitutionelle Demokraten*]

Ka|di ⟨m.; -s, -s⟩ **1** ⟨in islam. Ländern⟩ nach den Gesetzen des Korans Recht sprechender Richter **2** ⟨fig.; umg.⟩ *zum ~ laufen* ein Gericht beanspruchen [<arab. *qadin* »Richter«]

kad|mie|ren ⟨V.⟩ = cadmieren

Kad|mi|um ⟨n.; -s; unz.⟩ = Cadmium

ka|du|zie|ren ⟨V.⟩ **1** für ungültig, verfallen erklären **2** niederschlagen [zu lat. *caducus* »hinfällig«]

Ka|du|zie|rung ⟨f.; -, -en; Wirtsch.⟩ zwangsweiser Ausschluss eines Aktionärs od. Gesellschafters aufgrund nicht erbrachter Einlagen, wobei gleichzeitig der Gesellschaftsanteil u. bereits geleistete Zahlungen für verlustig erklärt werden

Kaf|fee ⟨a. [-'-] m.; -s, -s⟩ **1** ⟨unz.⟩ Samen des Kaffeestrauches, Kaffeebohnen; *gebrannter, gemahlener, gerösteter, grüner ~* **2** ⟨zählb.⟩ Getränk aus gerösteten Kaffeebohnen; *eine Tasse, ein Kännchen ~; bitte drei (Tassen) ~!; jmdn. zu einem ~ einladen (ins Café)* **2.1** *~ verkehrt* Kaffee mit mehr Milch als Kaffee **2.2** *dir haben sie wohl etwas in den ~ getan?* ⟨umg.⟩ du bist wohl verrückt, närrisch **3** ⟨unz.⟩ Mahlzeit **3.1** erstes Frühstück am Morgen; *morgens beim ~* **3.2** Mahlzeit mit Kuchen am Nachmittag; *jmdn. zum ~ (zu sich) einladen* **4** ⟨unz.⟩ *das ist kalter ~* ⟨fig.⟩ völlig uninteressant, längst bekannt **5** ⟨zählb.⟩ Sorte von Kaffee (1) [<frz. *café* <ital. *caffè* <türk. *qahve* <arab. *qahwa* »Wein; Kaffee«]

Kaf|fee|ex|trakt *auch:* **Kaf|fee-Ex|trakt** ⟨m.; -(e)s, -e⟩ eingedickter od. getrockneter Kaffeeauszug, der alle löslichen Bestandteile der Kaffeebohne enthält

Kaf|fer ⟨m.; -s, -; umg.; abwertend⟩ Einfaltspinsel, dummer Kerl, Blödling [<jidd. *kapher* »Bauer«]

Ka|fir ⟨m.; -s, -n⟩ jmd., der nicht dem islamischen Glauben anhängt; *Ggs* Muslim [arab., »Ungläubiger«]

kaf|ka|esk ⟨Adj.⟩ unheimlich, beängstigend, irreal; *eine ~e Schilderung* [nach dem österr. Schriftsteller Franz *Kafka*, 1883-1924]

Kaf|tan ⟨m.; -s, -e⟩ aus dem Orient stammendes, langes, mantelartiges Obergewand [<pers.-arab. *khaftan* »(militär.) Obergewand«]

Ka|gu ⟨m.; -s, -s; Zool.⟩ im Bergland Neukaledoniens lebender, grau gefiederter Kranichvogel mit kräftigen Läufen u. kräftigem Schnabel: Rhynochetos jubatus [polynes.]

Kai ⟨m.; -s, -e od. -s⟩ *oV* Quai **1** befestigte Anlegestelle für Schiffe am Ufer **2** befestigtes Ufer an Meer, Fluss od. See; →*a.* Pier[1] [<ndrl. *kaai* <frz. *quai* »Kai, Uferdamm«]

Kai|man ⟨m.; -s, -e; Zool.⟩ Alligatorart des trop. Südamerika [<span. *caimán* <karib. Eingeborenenspr.]

Kai|man|fisch ⟨m.; -(e)s, -e; Zool.⟩ Knochenhecht, Angehöriger einer Gattung räuberischer Fische mit krokodilartiger Schnauze: Lepidosteus

Kai|nit ⟨n.; -s; unz.; Chemie⟩ ein Kalium-Magnesium-Sulfat, wichtiges Kalisalz u. Düngemittel [<grch. *kainos* »neu«]

Kains|mal ⟨n.; -s, -e⟩ *oV* Kainszeichen **1** Stammeszeichen der Keniter auf der Stirn, das Kain getragen haben soll **2** ⟨fälschl. für⟩ Zeichen des Brudermordes, Spur der bösen Tat, die am Täter erkennbar sein soll [nach *Kain*, im 1. Moses, 4,15, wo es ein Zeichen göttlichen Schutzes ist]

Kains|zei|chen ⟨n.; -s, -⟩ = Kainsmal

Kai|zen ⟨[-zɛn] n.; -; unz.; Wirtsch.⟩ Methode aus der jap. Fertigungstechnik, die sich als Ziel die kontinuierliche Verbesserung aller Betriebsprozesse unter Einbezug von eigenverantwortlichen u. kreativen Mitarbeitern setzt [jap.]

Ka|jak ⟨m. od. n.; -s, -s od. -e⟩ **1** leichtes, bis auf den Sitz des Fahrers geschlossenes Paddelboot der Eskimos **2** ⟨allg.⟩ Sportpaddelboot, Grönländer [eskim., »einsitziges, gedecktes Männerboot«]

Ka|jal ⟨m.; -s, -s; kurz für⟩ Kajalstift

Ka|jal|stift ⟨m.; -(e)s, -e; Kosmetik⟩ schwarzer Stift für den Lidstrich

Ka|je|put|baum ⟨m.; -(e)s, -bäume; Bot.⟩ ein in Hinterindien u. Australien vorkommendes Myrtengewächs (Myrtenheide) mit weißen, rosa od. roten Blüten: Melaleuca leucadendron [<malai. *kaju* »Baum« + *putih* »weiß«]

Ka|jü|te ⟨f.; -, -n⟩ Wohnraum auf dem Schiff [<mnddt. *kaiüte* »Wohnraum an Bord«; vermutl. <frz. *cahute* »schlechte Hütte«]

Ka|ka|du ⟨a. [--'-] m.; -s, -s; Zool.⟩ Unterfamilie großer Papageien von meist weißer, auch schwarzer Färbung mit gelben od. roten Abzeichen: Kakatoeinae [<ndrl. *kaktoe* <malai. *kakatua* »Haubenpapagei« (wahrscheinl. lautmalend nach dem Schrei des Vogels)]

Ka|kao ⟨a. [-kau] m.; -s, -s⟩ **1** ⟨unz.⟩ Samen des Kakaobaumes **2** ⟨zählb.⟩ Sorte von Kakao **3** ⟨unz.⟩ Pulver aus den Kakaobohnen **4** ⟨zählb.⟩ Getränk daraus mit Milch u. Zucker; *eine Tasse ~; jmdn. durch den ~ ziehen* ⟨fig.⟩ boshaft über jmdn. reden, jmdn. sehr veralbern, jmdn. lächerlich machen, verspotten [<span. *cacao* <aztek. *cacauatl*]

Ka|ke|mo|no ⟨n.; -s, -s⟩ ostasiat., hochformatiges Rollbild auf Papier od. Seide; *Ggs* Makimono [jap., »Gegenstand zum Aufhängen«]

Ka|ker|la|ke ⟨f.; -, -n; Zool.⟩ Küchenschabe [<ndrl. *kakerlak;* weitere Herkunft unsicher; vermutl. verwandt mit engl. *cockroach* »Kakerlake« <span. *cucaracha*]

Ka|ki[1] ⟨n. od. m.; - od. -s; unz.⟩ = Khaki[1, 2]

Ka|ki[2] ⟨f.; -, -s; Bot.; kurz für⟩ Kakipflaume [<jap.]

Kak|id|ro|se *auch:* **Ka|ki|dro|se** ⟨f.; -; unz.; Med.⟩ übelriechende Schweißabsonderung [<grch. *kokos* »schlecht« + *hidros* »Schweiß«]

Ka|ki|pflau|me ⟨f.; -, -n; Bot.⟩ besonders in China u. Japan kultiviertes Ebenholzgewächs mit orangefarbenen Früchten: Diospyros kaki; *Sy* Persimone, Sharonfrucht

Ka|ki|rit ⟨m.; -s, -e; Min.⟩ Gestein, das infolge von tekton. Bewegungen von Rutsch- u. Kluftflächen durchzogen ist, Bruchbrekzie [nach dem See *Kakir* in Nordschweden]

Ka|ko|dyl|ver|bin|dung ⟨f.; -, -en; Chemie⟩ Alkylverbindung des Arsens mit ekelerregendem Geruch, z. B. Kakodylchlorit [<grch. *kakodes* »übelriechend« (<*kakos* »schlecht« + *ozein* »riechen«) + *...yl*]

Ka|ko|fo|nie ⟨f.; -, -n; Musik⟩ = Kakophonie

Ka|ko|fo|ni|ker ⟨m.; -s, -; Musik⟩ = Kakophoniker

ka|ko|fo|nisch ⟨Adj.; Musik⟩ = kakophonisch

Ka|ko|geu|sie ⟨f.; -; unz.; Med.⟩ übler Geschmack (im Mund) [<grch. *kakos* »schlecht« + *geusis* »Geschmack«]

Ka|ko|pho|nie ⟨f.; -, -n; Musik⟩ *oV* Kakofonie **1** Missklang, Dissonanz **2** schlecht klingende Folge von Tönen, Lauten od. Wörtern; *Ggs* Euphonie [<grch. *kakos* »schlecht« + *...phonie*]

Ka|ko|pho|ni|ker ⟨m.; -s, -; Musik⟩ ein häufig Kakophonien einsetzender Komponist; *oV* Kakofoniker

ka|ko|pho|nisch ⟨Adj.; Musik⟩ in der Art einer Kakophonie; *oV* kakofonisch; *Ggs* euphonisch

Ka|ko|sto|mie *auch:* **Ka|kos|to|mie** ⟨f.; -; unz.⟩ übler Mundgeruch [<grch. *kakos* »schlecht« + *stoma* »Mund«]

Kak|ta|ze|en ⟨nur Pl.; Bot.⟩ = Kaktee; *oV* Cactaceae [→ *Kaktus*]

Kak|tee ⟨[-te:(ə)] f.; -, -n; Bot.⟩ = Kaktus; *Sy* Kaktazeen

Kak|tus ⟨m.; -, -te|en od. (österr.) -ses, -se; Bot.⟩ Pflanze aus der Familie der Kaktusgewächse mit säulenförmigem, kugeligem od. blattförmigem Stamm u. Blattdornen, vorwiegend in Wüsten u. Halbwüsten Amerikas: Cactaceae; *Sy* Kaktee [<grch. *kaktos* »stachelige Pflanze«]

Ka|la-Azar ⟨f.; -; unz.; Med.⟩ Infektionskrankheit, die bes. in Asien u. a. tropischen Ländern durch den Erreger Leishmania donovani hervorgerufen wird u. die inneren Organe, bes. Milz, Leber u. Knochenmark, befällt [ind., »schwarze Krankheit«]

Ka|la|bas|se ⟨f.; -, -n⟩ = Kalebasse

Ka|la|bre|ser *auch:* **Ka|lab|re|ser** ⟨m.; -s, -⟩ breitrandiger Filzhut mit spitzem Kopf [nach der Landschaft *Kalabrien* in Süditalien]

Ka|la|mai|ka ⟨f.; -, -mai|ken; Musik⟩ ukrain. Nationaltanz im $^3/_4$-Takt

Ka|la|ma|ri|en ⟨Pl.⟩ = Kalamiten

Ka|la|mi|tät ⟨f.; -, -en⟩ **1** arge Verlegenheit, Übelstand, Notlage; *jmdn. in ~en bringen* **2** durch seuchenartigen Befall mit Schädlingen verursachte Erkrankung von Monokulturen, die wirtschaftl. Folgen hat [<lat. *calamitas* »Schaden, Unglück«]

Ka|la|mi|ten ⟨Pl.⟩ ausgestorbene Schachtelhalme, meist baumartige, bis 30 m hohe u. bis zu 1 m dicke Gewächse, Bestandteil der Steinkohle: Calamitaceae; *oV* Kalamarien [<grch. *kalamos* »Rohr, Schilf«]

Ka|lan|choe ⟨[-çoe] f.; -, -n; Bot.⟩ zu den Dickblattgewächsen gehörende Zierpflanze mit roten, gelben u. weißen Blüten [<chines. *calankoe*]

Ka|lan|der ⟨m.; -s, -⟩ in der Papier-, Textil- u. Kunststoffindustrie zur Erzeugung glänzender Glätte benutztes Walzwerk aus mehreren abwechselnd aufeinander angeordneten, polierten Stahl- u. Papierwalzen, zwischen denen die Papier-, Stoff- od. Folienbahn unter starkem Druck hindurchgeführt wird; *Sy* Satinierwalze [<frz. *calandre* »Wäscherolle, Mangel«, <ndrl. *kalandern* »hin- und hergleiten«]

ka|lan|dern ⟨V.⟩ mit dem Kalander bearbeiten

Ka|lasch|ni|kow ⟨f.; -, -s⟩ sowjet. Maschinengewehr [nach dem sowjetischen Waffenkonstrukteur M. T. *Kalaschnikow*]

Ka|lau|er ⟨m.; -s, -⟩ einfaches, nicht sehr geistreiches Wortspiel, fauler Witz [zu frz. *calembour* »Wortspiel« mit Anlehnung an die niederlausitz. Stadt *Kalau*]

ka|lau|ern ⟨V.⟩ Kalauer machen

Kal|da|ri|um ⟨n.; -s, -ri|en; veraltet⟩ warmes Gewächshaus [<lat. *caldarius* »zur Wärme, zum Wärmen gehörig«; zu *calidus* »warm, heiß«]

Kal|dau|ne ⟨f.; -, -n; meist Pl.⟩ essbare Eingeweide, Darmzotten vom Rind, Kutteln [<nddt. *kaldunen* <mlat. *calduna* »das

noch dampfende Eingeweide frisch geschlachteter Tiere«, <lat. *calidus* »warm, heiß«]

Ka|le|bas|se ⟨f.; -, -n⟩ aus einem Flaschenkürbis hergestelltes Trinkgefäß; *oV* Kalabasse [<span. *calabaza* + frz. *calebasse* »Flaschenkürbis«]

Ka|le|do|ni|den ⟨Pl.; Geol.⟩ Faltengebirge, die sich vom Kambrium bis zum Ordovizium bildeten u. von denen heute noch Überreste in Skandinavien, Irland u. Schottland zu finden sind [nach *caledonia,* dem lat. Namen für Schottland]

ka|le|do|nisch ⟨Adj.; Geol.⟩ **1** die Kaledoniden betreffend, zu ihnen gehörig; *~e Gebirgsbildung* **2** den Zeitraum betreffend, in dem die Kaledoniden entstanden sind; *~e Ära*

Ka|lei|do|skop *auch:* **Ka|lei|dos|kop** ⟨n.; -s, -e⟩ **1** Guckkasten mit bunten Glasstückchen, die sich beim Drehen zu immer neuen Mustern ordnen **2** ⟨fig.⟩ lebendig-bunte Bilderfolge [<grch. *kalos* »schön« + *eidos* »Gestalt, Bild« + *...skop*]

K

ka|lei|do|sko|pisch *auch:* **ka|lei|dos|ko|pisch** ⟨Adj.⟩ wie ein Kaleidoskop, in der Art eines Kaleidoskops

ka|len|da|risch ⟨Adj.⟩ zum Kalender gehörig, in der Art eines Kalenders

Ka|len|da|ri|um ⟨n.; -s, -ri|en⟩ **1** Verzeichnis der kirchlichen Festtage **2** Terminkalender [→ *Kalender*]

Ka|len|den ⟨Pl.⟩ *oV* Calendae **1** der erste Tag des altröm. Monats **2** *etwas bis zu den griechischen ~ aufschieben* aufschieben, um es nie zu tun (da es bei den Griechen keine K. gab) [<lat. *Calendae* »der erste Tag des Monats«]

Ka|len|der ⟨m.; -s, -⟩ **1** Verzeichnis der Tage, Wochen u. Monate des Jahres in zeitlicher Folge mit Angaben über Sonnen- u. Mondaufgänge u. -untergänge usw.; *Abreiß~; Taschen~; einen Tag im ~ rot anstreichen* sich bes. merken **2** Zeitrechnung; *gregorianischer, hundertjähriger, julianischer ~* [<lat. *calendarius;* zu *Calendae* »der erste Tag des Monats«]

Ka|le|sche ⟨f.; -, -n⟩ leichter, vierrädriger Einspänner mit Klappverdeck od. ohne Verdeck [<tschech. *koleska,* poln. *kolaska* »Räderfahrzeug«]

Ka|le|va|la ⟨[-va-] f. od. n.; -; unz.⟩ finn. Heldengedicht, Nationalepos der Finnen; *oV* Kalewala [finn., »Land des Kalewa«, d. h. Finnland]

Ka|le|wa|la ⟨f. od. n.; -; unz.⟩ = Kalevala

Kal|fak|ter ⟨m.; -s, -⟩ *oV* Kalfaktor **1** jmd., der alle mögl. Dienste verrichtet, z. B. Heizer, Schuldiener, Hausmeister **2** Aushorcher, Schmeichler, Zwischenträger **3** Strafgefangener, der dem Gefangenenwärter zur Hand geht [<mlat. *cal(e)factor* »Warmmacher, d. h. der mit dem Einheizen betraute Schüler« <lat. *calidus* »warm, heiß« + *facere* »machen«]

Kal|fak|tor ⟨m.; -s, -to|ren; veraltet⟩ = Kalfakter

kal|fa|tern ⟨V.⟩ *ein Schiff ~* die Fugen eines Schiffes mit geteertem Werg abdichten [<ital. *calafatare,* frz. *calafater, cal(e)fater,* span. *calafatear* <mgrch. *kalaphatein*]

Ka|li ⟨n.; -s, -s; Chemie⟩ **1** ⟨Sammelbez. für⟩ Kaliumverbindungen **2** = Kaliumhydroxid [→ *Kalium*]

Ka|li|an ⟨n. od. m.; -s, -e⟩ persische Wasserpfeife; *oV* Kaliun [<pers. *qalyan*]

Ka|li|ber ⟨n.; -s, -⟩ **1** Durchmesser von Geschossen **2** lichte Weite von Röhren u. Bohrungen **3** Abstand der Walzen im Walzgerüst eines Walzwerkes **4** ⟨fig.⟩ Art, Sorte, Größenordnung [<frz. *calibre* »Durchmesser der Geschützmündung bzw. des Geschosses« <ital. *calibro* »Messgerät zur Bestimmung des Gewichts von Kanonenkugeln« <mlat. *calibrum* »Halbeisen der Gefangenen, Kummet der Zugtiere« <arab. *qalib* »Form, Modell« <grch. *kalopodion* »Schusterleisten«, eigtl. »Holzfüßchen«, <*kalon* »Holz« + *pous,* Gen. *podos* »Fuß«]

ka|li|brie|ren *auch:* **ka|lib|rie|ren** ⟨V.⟩ **1** eichen, auf ein genaues Maß bringen; *einen Joystick ~* **2** den richtigen Abstand der Kaliberwalze bestimmen, einstellen [<frz. *calibrer* »kalibrieren«; zu *calibre;* → *Kaliber*]

Ka|lif ⟨m.; -en, -en⟩ **1** ⟨bis 1924 Titel für⟩ religiöses u. weltl. Oberhaupt der Sunniten als Nachfolger Mohammeds im Islam. Reich **2** ⟨danach⟩ türk. Sultan [<mhd. *kalif* <arab. *halifa* »Nachfolger, Stellvertreter (näml. des Propheten in der Herrschaft über die Gläubigen)«]

Ka|li|fat ⟨n.; -(e)s, -e⟩ Amt, Würde, Reich des Kalifen

Ka|li|for|ni|um ⟨n.; -s; unz.; Chemie⟩ = Californium

Ka|li|ko ⟨m.; -s, -s; Textilw.⟩ dichtes, glattes Baumwollgewebe, beschichtet als Buchbinderleinwand [<ndrl. *calico* <frz. *calicot;* nach der ostind. Stadt *Kalikut* als Heimat kattunener Gewebe]

Ka|li|lau|ge ⟨f.; -, -n; Chemie⟩ Lösung von Kaliumhydroxid in Wasser

Ka|li|sal|pe|ter ⟨m.; -s; unz.; Chemie⟩ = Kaliumnitrat

Ka|li|salz ⟨n.; -es, -e; Chemie⟩ von der chemischen Industrie zur Herstellung von Düngemitteln verwendete Kalium- bzw. Kalium-Magnesium-Verbindung

Ka|li|um ⟨n.; -s; unz.; chem. Zeichen: K⟩ chem. Grundstoff, Alkalimetall, Ordnungszahl 19 [→ *Alkali*]

Ka|li|um|bro|mid ⟨n.; -(e)s, -e; Chemie⟩ Beruhigungsmittel u. Verzögerer für fotograf. Entwickler; *Sy* Bromkalium

Ka|li|um|chlo|rat ⟨[-klo-] n.; -(e)s, -e; Chemie⟩ in Zündholzköpfen u. Feuerwerkskörpern verwendetes Oxidationsmittel; *Sy* chlorsaures Kalium

Ka|li|um|chlo|rid ⟨[-klo-] n.; -(e)s, -e; Chemie⟩ als Dünger verwendete Kaliumverbindung

Ka|li|um|cy|a|nid ⟨n.; -(e)s; unz.; Chemie⟩ = Zyankali; *oV* Kaliumzyanid

Ka|li|um|hy|dro|xid *auch:* **Ka|li|um|hyd|ro|xid** ⟨n.; -s, -e; Chemie⟩ hygroskopische Masse, die durch Elektrolyse von Kaliumchlorid entsteht, Ätzkali; *Sy* Kali (2)

Ka|li|um|kar|bo|nat ⟨n.; -(e)s, -e; Chemie⟩ Kaliumsalz der Kohlensäure, Pottasche

Ka|li|um|ni|trat *auch:* **Ka|li|um|nit|rat** ⟨n.; -(e)s, -e; Chemie⟩ als Düngemittel u. zur Herstellung von Schießpulver verwendete Salpeterart; *Sy* Kalisalpeter

Ka|li|um|per|man|ga|nat ⟨n.; -(e)s, -e; Chemie⟩ Kaliumsatz der Permangansäure, bildet in Wasser gut lösliche Kristalle, ein starkes Oxidationsmittel, zum Desinfizieren verwendet; *Sy* übermangansaures Kali

Ka|li|um|sul|fat ⟨n.; -(e)s, -e; Chemie⟩ Düngemittel u. Ausgangsstoff für die Alaun- u. Glasherstellung; *Sy* schwefelsaures Kali

Ka|li|um|zy|a|nid ⟨n.; -(e)s; unz.; Chemie⟩ = Kaliumcyanid

Ka|li|un ⟨n. od. m.; -s, -e⟩ = Kalian

Ka|lix|ti|ner ⟨m.; -s, -⟩ = Utraquist [<lat. *calix* »Kelch«]

Kalk|oo|lith ⟨[-o:o-] m.; -s, -e⟩ durch Ausscheidung aus kalkhaltigem Wasser entstandene Kalkkörner mit zahlreichen Poren; →*a.* Oolith

Kalk|sal|pe|ter ⟨m.; -s; unz.; Chemie⟩ als Düngemittel verwendetes Doppelsalz von Calcium- u. Ammoniumnitrat

Kal|kül ⟨m. od. n.; -s, -e⟩ **1** Berechnung, Überschlag **2** System von Regeln u. Zeichen für mathematische Berechnungen u. logische Ableitungen [<frz. *calcul* »das Rechnen«; zu lat. *calculus* »Steinchen«, Verkleinerungsform zu *calx* »Kalkstein«]

Kal|ku|la|ti|on ⟨f.; -, -en⟩ das Kalkulieren, Berechnung, Ermittlung; *~ von Kosten* [<lat. *calculatio* »Berechnung«]

Kal|ku|la|tor ⟨m.; -s, -to|ren⟩ Rechnungsbeamter [<lat. *calculator* »Rechner, Rechnungsführer«; zu *calculare* »rechnen«; → *Kalkül*]

kal|ku|la|to|risch ⟨Adj.⟩ mit Hilfe einer Kalkulation

kal|ku|lier|bar ⟨Adj.⟩ so beschaffen, dass man es kalkulieren kann, berechenbar; *Ggs* unkalkulierbar; *ein ~es Risiko*

kal|ku|lie|ren ⟨V.⟩ **1** berechnen, ermitteln, veranschlagen; *Preise für die Herstellung eines Fabrikats ~* **2** ⟨fig.⟩ überlegen, erwägen [<lat. *calculare* »rechnen, berechnen«]

Kal|la ⟨f.; -, -s⟩ = Calla

Kal|le ⟨f.; -, -n; Gaunerspr.⟩ Braut, Geliebte [<jidd. *kalla* »Braut« <hebr. *kallah* »Braut«]

Kal|li|graf ⟨m.; -en, -en⟩ = Kalligraph

Kal|li|gra|fie ⟨f.; -; unz.⟩ = Kalligraphie

kal|li|gra|fie|ren ⟨V.⟩ = kalligraphieren

kal|li|gra|fisch ⟨Adj.⟩ = kalligraphisch

Kal|li|graph ⟨m.; -en, -en⟩ jmd., der es versteht, schönzuschreiben, Schreibkünstler; *oV* Kalligraf

Kal|li|gra|phie ⟨f.; -; unz.⟩ Schönschreibkunst, in Asien eine Form der bildenden Kunst; *oV* Kalligrafie [<grch. *kallos* »Schönheit« + *...graphie*]

kal|li|gra|phie|ren ⟨V.⟩ schönschreiben; *oV* kalligrafieren

kal|li|gra|phisch ⟨Adj.⟩ in der Art der Kalligraphie, mit ihrer Hilfe; *oV* kalligrafisch

kal|lös ⟨Adj.; Bot.⟩ **1** durch einen Kallus (1) verursacht **2** ⟨Med.⟩ schwielig [<lat. *callosus* »dick-, harthäutig«; beeinflusst von frz. *calleux* »schwielig«; zu lat. *callus* »Schwiele«]

Kal|lo|si|tät ⟨f.; -; unz.⟩ kallöse Beschaffenheit

Kal|lus ⟨m.; -, -se; Bot.⟩ *oV* Callus **1** neu gebildetes pflanz. Gewebe an Wundstellen **2** ⟨Med.⟩ neu gebildetes Gewebe bei heilenden Knochenbrüchen [<lat. *callus* »Schwiele, Knorpel«]

Kal|mar ⟨m.; -s, -ma|re; Zool.⟩ Kopffüßer (Tintenfisch) mit 10 Fangarmen u. riesigen, leistungsfähigen Augen: Loligo [<mlat. *calmarium* »Rohrfeder (zum Schreiben); Tintenfass«]

Kal|me ⟨f.; -, -n; Meteor.⟩ Windstille [<frz. *calme* »Windstille, Meeresstille«]

Kal|men|gür|tel ⟨m.; -s, -⟩ = Kalmenzone

Kal|men|zo|ne ⟨f.; -, -n⟩ eine der drei Zonen häufiger Windstille auf der Erde; *Sy* Kalmengürtel

Kal|mus ⟨m.; -, -se; Bot.⟩ Zierpflanze, Gattung der Aronstabgewächse mit ährenförmigem Blütenstand u. grünem Hochblatt, deren Wurzel ein beliebtes Magenmittel ist, Symbol des Pfingstfestes: Acorus; *Gemeiner ~:* A. calamus; *Grasartiger ~:* A. gramineus [<lat. *calamus* »Rohr, Halm«]

Ka|lo ⟨m.; -s, -s⟩ Schwund, Gewichtsverlust durch Eintrocknen od. Auslaufen, z. B. bei Waren [<ital. *calo* »das Absinken«]

Ka|lo|bio|tik ⟨f.; -; unz.; im antiken Griechenland⟩ Kunst, ein ausgeglichenes, harmonisches Leben zu führen, das der geistigen Natur des Menschen entspricht [<grch. *kalos* »schön« + *bios* »Leben«]

Ka|lo|ka|ga|thie ⟨f.; -; unz.⟩ Verbindung von Schönem u. Gutem als altgrch. Bildungsideal [<grch. *kalokagathos* <*kalos kai agathos* »schön und gut«]

Ka|lo|mel ⟨n.; -; unz.⟩ früher als harn- u. galletreibendes Mittel sowie als Abführmittel verwendetes Quecksilber-I-Chlorid [<grch. *kalos* »schön« + *melas* »schwarz«]

Ka|lo|rie ⟨f.; -, -n; Zeichen: cal⟩ **1** nicht mehr zulässige Maßeinheit für die Wärmemenge, war definiert als diejenige Energiemenge, die notwendig ist, um 1 g Wasser von 14,5 °C auf 15,5 °C zu erwärmen, zu ersetzen durch die Einheit Joule (J), 1 cal = 4,185 J, 1000 cal = 1 Kilokalorie (kcal) **2** nicht mehr zulässige Maßeinheit für den Energiewert von Nahrungsmitteln, zu ersetzen durch die Einheit Joule [<lat. *calor* »Wärme, Hitze, Glut«]

ka|lo|ri|en|arm ⟨Adj.⟩ wenig Kalorien enthaltend; *~e Nahrungsmittel; er bevorzugt seit langem ~e Kost*

ka|lo|ri|en|be|wusst ⟨Adj.⟩ vorsichtig, zurückhaltend bezüglich aufzunehmender Kalorien; *sich ~ ernähren*

ka|lo|ri|en|re|du|ziert ⟨Adj.⟩ *~e Lebensmittel* L., die weniger Kalorien besitzen als die üblichen Produkte dieser Art

Ka|lo|ri|fer ⟨m.; -s, -s od. -en⟩ = Thermophor [<lat. *calor* »Wärme« + *ferre* »tragen«]

Ka|lo|rik ⟨f.; -; unz.⟩ Wärmelehre

K

Ka|lo|ri|me|ter ⟨n.; -s, -⟩ Gerät zum Messen von Wärmemengen [<lat. *calor* »Wärme« + *...meter*]

Ka|lo|ri|me|trie *auch:* **Ka|lo|ri|met|rie** ⟨f.; -; unz.⟩ das Messen von Wärmemengen

ka|lo|ri|me|trisch *auch:* **ka|lo|ri|met|risch** ⟨Adj.⟩ die Kalorimetrie betreffend, auf ihr beruhend

ka|lo|risch ⟨Adj.⟩ die Wärme betreffend, auf ihr beruhend, mit ihrer Hilfe

ka|lo|ri|sie|ren ⟨V.⟩ *Stahl* ~ eine Diffusionsschicht aus Aluminium als Rost- u. Korrosionsschutz auf Stahl herstellen; *oV* calorisieren [<lat. *calor* »Wärme«]

Ka|lot|te ⟨f.; -, -n⟩ **1** ⟨Math.⟩ Oberfläche eines Kugelabschnitts, Kugelkappe **2** ⟨Anat.⟩ Schädeldecke ohne Basis; *Sy* Calva **3** Mönchskäppchen, Scheitelkäppchen **4** ⟨Arch.⟩ flache Kuppel [<frz. *calotte* »Käppchen«]

K

Kal|pak ⟨m.; -s, -s⟩ *oV* Kolpak **1** hohe tatar. Lammfellmütze **2** Filzmütze der Armenier **3** Husarenmütze **3.1** von ihr herabhängender Tuchzipfel [<türk. *qalpaq*]

Ka|lu|met ⟨n.; -s, -s⟩ *oV* Calumet (1) **1** bei den Prärieindianern Nordamerikas bemalte Stäbe mit Federbehängen für kultische Zwecke **2** Friedenspfeife [<frz. *calumet;* <lat. *calamus* »Rohr«]

Ka|lup|pe ⟨f.; -, -n; österr.⟩ schlechte Hütte, baufälliges Haus [<tschech. *chalupa*]

Kal|va ⟨[-va] f.; -, Kal|ven; Anat.⟩ = Calva

Kal|va|ri|en|berg ⟨[-va:-] m.; -(e)s; unz.; Rel.⟩ **1** ⟨urspr.⟩ die Hinrichtungsstätte Christi; *Sy* Golgatha **2** ⟨danach⟩ Berg mit Wallfahrtskirche u. den 14 Stationen der Leidensgeschichte Christi [<lat. *calvaria* »Hirnschale, Schädel«]

Kal|vill ⟨[-vıl] m.; -s, -en⟩ = Kalville

Kal|vil|le ⟨[-vıl-] f.; -, -n⟩ Apfelsorte mit fetter Schale, lockerem Fruchtfleisch u. unregelmäßiger, gerippter Form; *oV* Kalvill [<frz. *calville* »Kantapfel, Schlotterapfel«]

Kal|vi|nis|mus ⟨[-vi-] m.; -; unz.⟩ = Calvinismus

Kal|vi|nist ⟨[-vi-] m.; -en, -en⟩ = Calvinist

kal|vi|nis|tisch ⟨[-vi-] Adj.⟩ = calvinistisch

Ka|lyk|an|thus *auch:* **Ka|ly|kan|thus** ⟨m.; -; unz.; Bot.⟩ Gartenzierstrauch mit duftenden Blüten: Calycanthus [<grch. *kalyx* »Kelch« + *anthos* »Blume«]

Ka|lyp|tra *auch:* **Ka|lypt|ra** ⟨f.; -, -lyp|tren; Bot.⟩ *oV* Calyptra **1** Schutzgewebe der pflanzl. Wurzelspitze **2** auf der Sporenkapsel vieler Laubmoose sitzender, haubenartiger Rest des Archegoniums [<grch. *kalyptra* »Decke, Deckel«]

Kal|ze|o|la|rie ⟨[-riə] f.; -, -n; Bot.⟩ Pantoffelblume [<lat. *calceolus,* Verkleinerungsform zu *calceus* »Schuh«]

Kal|zi|fe|rol ⟨n.; -s, -e⟩ = Calciferol

kal|zi|fi|zie|ren ⟨V.⟩ Kalke ausscheiden, z. B. Korallen [<lat. *calx,* Gen. *calcis* »Kalk« + *facere* »machen«]

kal|zi|fug ⟨Adj.⟩ kalkhaltigen Boden meidend; *Ggs* kalziphil [<lat. *calx,* Gen. *calcis* »Kalk« + *fugere* »fliehen«]

Kal|zi|na|ti|on ⟨f.; -, -en⟩ = Calcination

kal|zi|nie|ren ⟨V.⟩ = calcinieren

Kal|zi|no|se ⟨f.; -; unz.; Med.⟩ Verkalkung von Gewebe durch Ablagerung von Kalksalzen [<lat. *calx,* Gen. *calcis* »Kalk«]

kal|zi|phil ⟨Adj.⟩ kalkhaltigen Boden liebend; *Ggs* kalzifug [<*Kalzi*nose + *...phil*]

Kal|zit ⟨m.; -s, -e; Min.⟩ = Calcit

Kal|zi|um ⟨n.; -s; unz.; Chemie⟩ = Calcium

Kal|zi|um|bro|mid ⟨n.; -s; unz.; Chemie⟩ = Calciumbromid

Kal|zi|um|chlo|rid ⟨[-klo-] n.; -s; unz.; Chemie⟩ = Calciumchlorid

Kal|zi|um|flu|o|rid ⟨n.; -s; unz.; Chemie⟩ = Calciumfluorid

Kal|zi|um|hy|dro|xid *auch:* **Kal|zi|um|hyd|ro|xid** ⟨n.; -s; unz.; Chemie⟩ = Calciumhydroxid

Kal|zi|um|kar|bid ⟨n.; -s; unz.; Chemie⟩ = Calciumcarbid

Kal|zi|um|kar|bo|nat ⟨n.; -(e)s; unz.; Chemie⟩ = Calciumcarbonat

Kal|zi|um|oxid ⟨n.; -(e)s; unz.; Chemie⟩ = Calciumoxid

Kal|zi|um|phos|phat ⟨n.; -(e)s; unz.; Chemie⟩ = Calciumphosphat

Kal|zi|um|sul|fat ⟨n.; -(e)s; unz.; Chemie⟩ = Calciumsulfat

Ka|ma|la ⟨f. od. m.; -; unz.⟩ die Haare der Früchte des ind. Wolfsmilchgewächses Mallotus philippinensis, wirken gleichzeitig auf Bandwürmer u. abführend: Glandulae rottlerae [<Sanskrit; vermutlich aus einer drawid. Sprache]

Ka|mal|du|len|ser ⟨m.; -s, -; meist Pl.⟩ Angehöriger eines um 1000 vom hl. Romuald gegründeten kath. Einsiedlerordens mit weißer Ordenstracht (aus dem Benediktinerorden hervorgegangen), Romualdiner [nach der 1012 entstandenen Einsiedelei *Camaldoli*]

Ka|man|gah ⟨[-dʒa:] f.; -, -s; Musik⟩ im Vorderen Orient und Nordafrika verbreitetes Streichinstrument mit kleinem rundem od. viereckigem Korpus u. langem Hals; *Sy* Kemantsche [arab.]

Ka|ma|res|va|se ⟨[-va-] f.; -, -n⟩ kretisches Tongefäß mit schwarzer Glasur, auf das mit Erdfarben Ornamente aufgemalt sind [nach dem Fundort, der *Kamares*grotte auf Kreta]

Ka|ma|ril|la ⟨a. [-rılja] f.; -, -rillen⟩ Günstlingspartei in der Umgebung eines Monarchen od. autoritären Herrschers mit großem, meist ungünstigem Einfluss, aber ohne die Verantwortung dafür zu tragen; *Hof~* [<span. *camarilla* »königl. Kabinettsrat«, Verkleinerungsform zu lat. *camera* »Wölbung, Raum mit gewölbter Decke«]

Ka|ma|su|tra *auch:* **Ka|ma|sut|ra** ⟨n.; - od. -s; unz.⟩ vor dem Brahmanen M. Vatsyayana verfasstes, altindisches Lehrbuch der Liebeskunst in sieben Kapiteln aus dem 4. Jh. n. Chr. [Sanskrit, »Leitfaden der Liebeskunst«]

Ka|mau|ro ⟨m.; -s, -s⟩ = Camauro

Kam|bi|um ⟨n.; -s, -bi|en; Bot.⟩ das Bildungsgewebe in den pflanzl. Stängeln u. Wurzeln, das das Dickenwachstum veranlasst; *oV* Cambium [zu neulat. *cambiare* »wechseln«]

Kam|brik *auch:* **Kamb|rik** ⟨m.; -s; unz.; Textilw.⟩ lockerer, feinfädiger Zellwoll- od. Baumwollbatist [<engl. *cambric;* nach der frz. Stadt *Cambrai*]

kam|brisch *auch:* **kamb|risch** ⟨Adj.; Geol.⟩ das Kambrium betreffend, zu ihm gehörig, aus ihm stammend [→ *Kambrium*]

Kam|bri|um *auch:* **Kamb|ri|um** ⟨n.; -s; unz.; Geol.⟩ Formation des Paläozoikums vor 580-460 Mill. Jahren mit den ersten Fossilien führenden Sedimenten [nach *Cambria,* dem lat.-kelt. Namen für Nordwales]

Kame ⟨[kɛɪm] m.; -s, -s; Geol.⟩ von eiszeitlichen Schmelzwässern abgesetzter, 10-20 m hoher Hügel aus geschichteten Sanden u. Kiesen [schott., <mengl., aengl. *camb;* heute umg. für *comb* »Kamm«]

Ka|mee ⟨f.; -, -n⟩ Halbedelstein mit erhaben (od. vertieft) geschnittenem Bild; →*a.* Gemme [<frz. *camée* »Kamee« <ital. *cameo*]

Ka|mel ⟨n.; -s, -e; Zool.⟩ zu den Paarhufern gehöriges, wiederkäuendes Säugetier der Wüstengebiete [<grch. *kamelos*]

Ka|me|lie ⟨[-ljə] f.; -, -n; Bot.⟩ zu den Teegewächsen gehörende Zierpflanze mit dunkelgrünen, lederigen Blättern u. großen, meist gefüllten Blüten: Camellia japonica [nach dem Brünner Mönch Joseph *Kámel,* der diese Pflanze aus Japan nach Europa brachte]

Ka|me|lott ⟨m.; -s, -e⟩ **1** ⟨Textilw.⟩ leichter Angorawollstoff in Leinwandbindung, auch mit Seide gemischt **2** frz. Kleinkrämer, Zeitungsverkäufer [<frz. *camelot* »Straßenhändler«]

Ka|me|ra ⟨f.; -, -s; Fot.⟩ fotograf. Apparat, Aufnahmegerät für fotograf. Bilder u. Filme; *Digital~; Film~; Kleinbild~; Spiegelreflex~* [<lat. *camera* »Wölbung, Raum mit gewölbter Decke«]

Ka|me|rad ⟨m.; -en, -en⟩ **1** jmd., der die gleiche Tätigkeit ausübt, der einen Teil des Lebens, des Tages mit einem verbringt **2** Gefährte, Genosse, bes. innerhalb einer Gemeinschaft; *Berufs~; Klassen~; Kriegs~; Lebens~; Schul~; Spiel~; Wander~* [<frz. *camarade* <ital. *camerata* »Kammergemeinschaft, Stubengenossenschaft, Genosse, Gefährte«, <lat. *camera* »Wölbung, Raum mit gewölbter Decke«]

Ka|me|ra|de|rie ⟨f.; -; unz.; oft abwertend⟩ überbetonte Kameradschaft

Ka|me|ra|din ⟨f.; -, -din|nen⟩ weibl. Person, die einen Teil des Lebens, des Tages mit einem verbringt, Gefährtin; *Schul~; Spiel~*

ka|me|ral ⟨Adj.; Wirtsch.⟩ *~es Marketing* Konzeption, nach der für ein Unternehmen nicht nur Bedürfnisse des Marktes, sondern auch Faktoren wie Umwelt u. wirtschaftl. Wachstumsgrenzen für die Leistungserstellung von Bedeutung sind [→ *Kameralia*]

Ka|me|ra|lia ⟨Pl.⟩ Staatsverwaltungs-, Volkswirtschaftslehre; *oV* Kameralien [neulat.; zu neulat. *cameralius, camerarius* »Kämmerer« <lat. *camera*]

Ka|me|ra|li|en ⟨Pl.⟩ = Kameralia

Ka|me|ra|lis|mus ⟨m.; -; unz.; veraltet⟩ **1** Lehre von der landesfürstlichen Verwaltung, die Rechtswissenschaft, Verwaltungs- u. Wirtschaftslehre (besonders Finanzlehre) umfasste **2** Wirtschaftswissenschaften während des Merkantilismus (im deutschsprachigen Raum) [→ *Kameralia*]

Ka|me|ra|list ⟨m.; -en, -en⟩ **1** ⟨früher⟩ Beamter einer fürstl. Kammer **2** Vertreter der Kameralistik

Ka|me|ra|lis|tik ⟨f.; -; unz.⟩ **1** ⟨veraltet⟩ Staats-, Finanzwissenschaft **2** System für staatswirtschaftl. Abrechnungen [→ *Kameralia*]

ka|me|ra|lis|tisch ⟨Adj.⟩ zur Kameralistik gehörig, auf ihr beruhend, staatswirtschaftlich, staatswissenschaftlich

Ka|me|ra|re|kor|der ⟨m.; -s, -⟩ = Camcorder

Ka|me|ra|team ⟨[-ti:m] n.; -s, -s⟩ Team von Kameraleuten; *er wurde heute von einem ~ begleitet*

ka|mie|ren ⟨V.; Sport; Fechten⟩ die gegnerische Klinge umgehen [<ital. *camminare* »gehen, laufen«]

Ka|mi|ka|ze ⟨m.; -, -⟩ **1** ⟨im 2. Weltkrieg⟩ japanischer Flieger, der sich beim Bombenangriff selbst opferte **2** Selbstmordeinsatz zum Angriff ziviler od. militärischer Ziele [jap., eigtl. »göttlicher Wind« <*kami* »Gott« + *kaze* »Wind«]

Ka|mi|ka|ze|ak|ti|on ⟨f.; -, -en; fig.⟩ Unternehmung, bei der jmd. sehr viel aufs Spiel setzt, sich in Gefahr bringt

Ka|mil|le ⟨f.; -, -n; Bot.⟩ Gattung der Korbblütler mit gelben Scheibenblüten, die mit einem Kreuz von weißen Zungenblüten umgeben sind: Matricaria [<mlat. *camomilla* <grch. *chamaimelon,* eigtl. »am Boden wachsender Apfel« (<*chamai* »an der Erde« + *melon* »Apfel«; von Plinius nach dem apfelähnl. Duft der Blüte so benannt)]

Ka|min ⟨m.; -s, -e⟩ **1** Schornstein **2** offene Feuerstelle mit Rauchfang im Zimmer **3** schmaler, steiler Felsspalt [<ahd. *kemin* <lat. *caminus* »Feuerstätte, Esse, Herd, Kamin« (nhd. neu entlehnt unter Einfluss von ital. *camoni*) <grch. *kaminos* »Schmelzofen, Bratofen«]

ka|mi|nie|ren ⟨V.; Bergsteigen⟩ sich im Kamin hocharbeiten

Ka|mi|sol ⟨n.; -s, -e⟩ Unterjacke, Wams, Weste [<frz. *camisole* »Unterjacke«, <mlat. *camisia* »Hemd, unmittelbar auf dem Körper getragener Überwurf«]

Ka|mor|ra ⟨f.; -; unz.⟩ = Camorra

Kamp ⟨m.; -(e)s, Käm|pe⟩ **1** eingezäuntes Stück Land, Viehweide od. Ackerland **2** Grasplatz am nddt. Bauernhaus **3** Flussinsel **4** Pflanzgarten, Baumschule; *Pflanz~; Saat~* [<nddt., ndrl. *kamp* <lat. *campus* »Feld; eingehegtes Stück Feld«; verwandt mit *Camp, kampieren, Camping, Champion, Kampagne*]

Kam|pa|gne *auch:* **Kam|pag|ne** ⟨[-panjə] f.; -, -n⟩ *oV* Campagne **1** Feldzug **2** Betriebszeit in saisonbedingten Unternehmen; *Zucker~* **3** ⟨fig.⟩ Unter-

K

nehmungen zu einem speziellen Zweck; *Wahl~; Presse~* [<frz. *campagne* »flaches Land, Feldzug« <ital. *campagna* <lat. *campania;* zu *campus* »Feld, Ebene«; verwandt mit *Kamp*]

Kam|pa|ni|le ⟨m.; -, -⟩ = Campanile

Kam|pa|nu|la ⟨f.; -, -lae [-lɛː]⟩ = Campanula

Kam|pe|sche|holz ⟨n.; -es, -hölzer⟩ den blauen Farbstoff Hämatoxylin enthaltendes Holz von Haematoxylon campechianum [nach dem mexikan. Staat *Campeche*]

Käm|pe|vi|se ⟨[-viː-] f.; -, -r; MA⟩ zum Tanz gesungene Ballade der skandinavischen Länder; →*a.* Folkevise [dän., »Heldenlied«]

Kamp|fer ⟨m.; -s; unz.⟩ (urspr. aus dem Kampferbaum, auch durch Dampfdestillation des Holzes, synthetisch aus Terpentinöl hergestellte) kristalline, grauweiße Masse von stechendem Geruch, als Desinfektionsmittel u. in der chemischen Industrie verwendet; *oV* Campher [<mhd. *kampfer* <frz. *camphre* <mlat. *camphora* <arab. *kafur* »Kampferbaum« <aind. *karpura*]

Kam|phen ⟨n.; -s; unz.; Chemie⟩ = Camphen

kam|pie|ren ⟨V.⟩ **1** lagern **2** (auf einem improvisierten Lager) übernachten; *auf dem Heuboden ~* **3** ⟨ostpreuß.⟩ toben, wüten [<frz. *camper* »im Feld lagern« <lat. *campus*]

Kam|pong ⟨n.; -s, -s⟩ malaiisches Dorf [malai.]

Kamp|to|zo|on ⟨n.; -s, -zo|en⟩ Tierstamm von kelchartigen Organismen, deren Mundöffnung neben dem After liegt, Kelchtier [<grch. *kamptos* »biegsam« + *Zoon*]

Ka|na|da|bal|sam ⟨m.; -s; unz.⟩ aus nordamerikan. Tannen gewonnenes, farbloses Harz, das in der Optik zum Verkitten von Linsensystemen verwendet wird

Ka|na|di|er ⟨m.; -s, -⟩ **1** Einwohner von Kanada **2** Kanu der kanad. Indianer **3** ⟨Sport⟩ mit einem Stechpaddel fortbewegtes Sportboot

Ka|nail|le ⟨[-naljə] f.; -, -n; umg.⟩ *oV* Canaille **1** Schuft, Schurke **2** Pöbel, Pack [<frz. *canaille* »Pöbel, Gesindel« <ital. *canaglia* »Hundepack«; <*cane* »Hund« <lat. *canis* »Hund«]

Ka|na|ke ⟨m.; -n, -n⟩ **1** eingeborener Bewohner der Südseeinseln **2** ⟨abwertend⟩ **2.1** ungebildeter Mensch **2.2** ⟨Schimpfwort⟩ Ausländer [<hawaiisch *kanaka* »Mensch«]

Ka|nal ⟨m.; -s, -nä|le⟩ **1** künstl. Wasserlauf als Schifffahrtsweg od. zur Be- od. Entwässerung sowie für Abwässer; *zwei Flüsse durch einen ~ verbinden* **2** Wasserstreifen zwischen zwei Kontinenten od. Ländern; *Ärmel~; Panama~* **3** Rohr, Leitung **4** ⟨Funk⟩ Frequenzband bestimmter Breite **5** ⟨Anat.⟩ Verdauungsweg; *Magen-Darm-~* **6** ⟨fig.⟩ geheime od. unbekannte Verbindung od. Verbindungslinie; *die Gelder fließen ihm durch dunkle Kanäle zu; das Geheimnis ist durch unkontrollierbare Kanäle an die Öffentlichkeit gelangt; den ~ voll haben* ⟨fig.; derb⟩ es satthaben [<ital. *canale* <lat. *canalis* »Röhre, Rinne, Kanal«; zu *canna* »kleines Rohr, Schilfrohr, Röhre«]

Ka|na|li|sa|ti|on ⟨f.; -, -en⟩ **1** das Kanalisieren **2** System von unterird. Rohren zum Ableiten der Abwässer; *städtische ~* **3** Schiffbarmachen von Flüssen [→ *Kanal*]

ka|na|li|sie|ren ⟨V.⟩ **1** *eine Stadt ~* in einer Stadt eine Kanalisation (2) anlegen **2** *einen Fluss ~* schiffbar machen

Ka|na|li|sie|rung ⟨f.; -, -en⟩ das Kanalisieren

Ka|na|my|cin ⟨n.; -s; unz.; Pharm.; internationaler Freiname⟩ gegen grampositive u. gramnegative Erreger wirksames Antibiotikum, besonders auch gegen solche, die gegen andere Antibiotika resistent sind

Ka|na|pee ⟨österr. [-peː] n.; -s, -s⟩ *oV* Canapé **1** ⟨veraltet⟩ Sofa **2** reichlich belegte u. garnierte kleine Weißbrotscheibe [<frz. *canapé,* ital. *canapè* »Couch, Sofa« <mlat. *canapeum* <lat. *conopeum* <grch. *konopeion,* eigtl. »feinmaschiges Mückennetz; Bett mit einem solchen Netz«; zu *konops* »Mücke«]

Ka|na|ri ⟨m.; -s, -; süddt.; österr.⟩ Kanarienvogel [<frz. *canari*]

Ka|na|ri|en|vo|gel ⟨m.; -s, -vö|gel; Zool.⟩ Zuchtrasse des Girlitzes, der in zahlreichen Schlägen nach Farbe, Größe, Gefieder u. Gesang gezüchtet wird: Serinus canaria [nach den *Kanarischen* Inseln]

Kan|ban ⟨n.; -; unz.; Wirtsch.⟩ flexible Steuerung des Produktionsprozesses mit dem Ziel, eine Produktion auf Abruf zu realisieren, um Materialbestände zu reduzieren u. termingerecht produzieren zu können, verzahntes Arbeiten [jap., »Karte, Zeichnung«]

Kan|da|re ⟨f.; -, -n; Sport; Dressurreiten⟩ Art des Zaums mit je einem Zügel für die Gebissstange (mit Kinnkette u. die Unterlegtrense; *jmdn. an die ~ nehmen* ⟨fig.⟩ ihn strenger behandeln [<ungar. *kantár* »Zaum«]

Kan|de|la|ber ⟨m.; -s, -⟩ **1** Armleuchter, mehrarmiger Kerzenständer **2** Leuchtmast [<frz. *candélabre* <lat. *candela* »Kerze«]

Kan|di|dat ⟨m.; -en, -en⟩ **1** jmd., der sich um ein Amt bewirbt **2** jmd., der sich darum bewirbt, gewählt zu werden; *Wahl~; jmdn. als ~en aufstellen* **3** jmd., der sich einer Universitätsprüfung unterzieht od. darauf vorbereitet; *Prüfungs~* [<lat. *candidatus* »weiß gekleidet«; zu *candidus* »weiß«; nach der *toga candida* »weiße Toga«, in der sich Amtsbewerber im alten Rom dem Volke vorstellten]

Kan|di|da|ten|tur|nier ⟨n.; -s, -e; Sport; Schach⟩ Schachturnier der bestplazierten Spieler des Interzonenturniers zur Ermittlung des Herausforderers des jeweiligen Schachweltmeisters

Kan|di|da|tin ⟨f.; -, -tin|nen⟩ weibl. Kandidat

Kan|di|da|tur ⟨f.; -, -en⟩ Bewerbung eines Kandidaten (um ein Amt usw.)

kan|di|die|ren ⟨V.⟩ sich als Kandidat bewerben; *für ein Amt ~; gegen einen anderen Bewerber ~*

kan|die|ren ⟨V.⟩ **1** *Früchte ~* mit Zucker überziehen u. dadurch haltbar machen **2** *Zucker ~* durch Erhitzen bräunen [<frz. *candir* <ital. *candire,* arab. *qand;* → *Kandiszucker*]

Kan|dis ⟨m.; -; unz.; kurz für⟩ Kandiszucker

Kan|dis|zu|cker ⟨m.; -s; unz.⟩ Zuckerkristalle, die aus konzentrierten Zuckerlösungen an Zwirnsfäden auskristallisieren; *Sy* Kandis [umgestellt <*Zuckerkandi(t)* (16. Jh.) <ital. *zucchero candito* <arab. *qandi,* Adj. zu *qand* »Rohrzucker«]

Kan|di|ten ⟨Pl.⟩ kandierte Früchte

Ka|neel ⟨m.; -s, -e⟩ die nach Zimt u. etwas nach Muskat riechende Rinde des westind. Kaneelbaumes (Canella alba) [<spätmhd. *kanel* <frz. *canelle* »Zimt« <mlat. *canella,* Verkleinerungsform zu lat. *canna* »Rohr«]

Ka|ne|pho|re ⟨f.; -, -n; Altertum⟩ **1** Korbträgerin, Jungfrau, die bei Festen Opfergeräte in einem Korb auf dem Kopf herbeitrug **2** ⟨Arch.⟩ = Karyatide [<grch. *kaneon* »Korb« + *pherein* »tragen«]

Ka|ne|vas ⟨[-vas] m.; - od. -ses, - od. -se⟩ **1** stark appretiertes, gitterartiges Gewebe als Untergrund für Stickereien, Gitterleinen; *Sy* Stramin **2** ⟨in der Commedia dell'Arte⟩ = Scenario [<frz. *canevas* »Packleinwand, Segeltuch« <mlat. *canavacium* »grobe Leinwand«; zu *canava* »Hanf«]

ka|ne|vas|sen ⟨[-vas-] Adj.⟩ aus Kanevas bestehend

Kän|gu|ru ⟨n.; -s, -s; Zool.⟩ Angehöriges einer Unterfamilie der Springbeutler, mit kleinen Vorderbeinen u. stark verlängerten Hinterbeinen sowie muskulösem Stützschwanz, deren Junge sich rund 7 Monate lang in einem Brutbeutel entwickeln: Macropodinae [<austral. Eingeborenensprache]

Ka|ni|de ⟨m.; -n, -n; Zool.⟩ Vertreter der Familie der Hunde u. der hundeartigen Raubtiere: Canidae [<lat. *canis* »Hund« + *...id*]

Ka|nin ⟨n.; -s, -e⟩ Kaninchenfell [<mnddt. <afrz. *conin* »Kaninchen« <lat. *cuniculus* »Kaninchen«]

Ka|nin|chen ⟨n.; -s, -; Zool.⟩ Karnickel, meist nachtaktives, gesellig lebendes, hasenartiges Nagetier: Oryctolagus cuniculus [→ *Kanin*]

Ka|nis|ter ⟨m.; -s, -⟩ tragbarer, meist viereckiger Behälter aus Metall od. Kunststoff für Flüssigkeiten; *Benzin~; Blech~; Öl~* [<ital. *canestro* »Korb« (beeinflusst von engl. *canister*) <lat. *canistrum* »aus Rohr geflochtener Korb« <grch. *kanistron;* zu *kanna* »Rohr«]

Kan|na ⟨f.; -, -s; Bot.⟩ = Canna

Kan|nä ⟨n.; -, -⟩ = Cannae

Kan|ne|le ⟨f.; -, -n⟩ lange, schmale, gerundete Vertiefung, Riefe, Rille, Hohlkehle [<frz. *cannelle* »Röhrchen« <mlat. *canella,* Verkleinerungsform zu lat. *canna* »Rohr« <grch. *kanna*]

kan|ne|lie|ren ⟨V.⟩ *eine Säule ~* mit Kannelüren versehen [<frz. *canneler* »kannelieren, auskehlen«, <mlat. *canella,* Verkleinerungsform zu lat. *canna* »Rohr« <grch. *kanna*]

Kan|ne|lie|rung ⟨f.; -, -en⟩ **1** das Kannelieren **2** Gesamtheit der Kannelüren am Säulenschaft

Kän|nel|koh|le ⟨f.; -; unz.⟩ Bitumenkohle, deren Stücke, wenn sie angebrannt sind, wie Kerzen noch weiterbrennen [<engl. *candlecoal* <*candle* »Kerze« + *coal* »Kohle«]

Kan|ne|lü|re ⟨f.; -, -n⟩ senkrechte Kannele am Säulenschaft [<frz. *cannelure* »Hohlkehle, Rille«; → *kannelieren*]

Kan|ni|ba|le ⟨m.; -n, -n⟩ **1** jmd., der rituell Teile des getöteten Feindes od. verstorbener Angehöriger verzehrt, ⟨umg.⟩ Menschenfresser; *Sy* Anthropophage **2** ⟨fig.⟩ roher, brutaler Mensch [<neulat. *canibalis* »Kar(a)ibe« (Indianer der Karibik) <span. *canibal,* falsche Schreibweise von *caribal* »Einwohner der Kariben«]

kan|ni|ba|lisch ⟨Adj.⟩ **1** die Kannibalen betreffend, von ihnen stammend, wie ein Kannibale **2** ⟨fig.⟩ grausam, roh, brutal; *auf Madeira fühle ich mich ~ wohl* ⟨umg.; scherzh.⟩ sehr, ungemein wohl

Kan|ni|ba|lis|mus ⟨m.; -; unz.; bei Naturvölkern⟩ das rituelle Verzehren von Teilen des getöteten Feindes, um sich dessen Eigenschaften zu eigen zu machen; *Sy* Anthropophagie

kan|ni|ba|lis|tisch ⟨Adj.⟩ den Kannibalismus betreffend, auf ihm beruhend

Ka|non ⟨m.; -s, -s⟩ **1** Regel, Richtschnur, Leitfaden **2** Gesamtheit der für ein Gebiet geltenden Regeln od. Vorschriften **3** ⟨Rel.⟩ **3.1** stilles Gebet bei der Messe **3.2** ⟨kath. Kirche⟩ Verzeichnis der Heiligen der katholischen Kirche **3.3** ⟨unz.⟩ die als echt anerkannten Bücher der Bibel; *Sy* kanonische Bücher; *Ggs* Apokryphe **4** ⟨Pl.: Ka|no|nes⟩ einzelne (bes. kirchliche) Rechtsvorschrift **5** ⟨Musik⟩ mehrstimmiges Tonstück, in dem die Stimmen in Abständen nacheinander mit der gleichen Melodie einsetzen **6** ⟨bildende Kunst⟩ Gesetz, das die Proportionen des menschl. Körpers festlegt u. eine ästhet. befriedigende Darstellung ermöglicht **7** ⟨Lit.⟩ Liste mit Werken klassischer Autoren, die von Philologen als Vorbilder angesehen wurden **8** ⟨Typ.⟩ Schriftgrad, 36 Punkt [<lat. *canon* <grch. *kanon* »Regel, Vorschrift, Richtschnur, Kettengesang«, eigtl. »gerader Stab«; zu *kanna* »Rohr«]

Ka|no|na|de ⟨f.; -, -n; Mil.⟩ Geschützkampf, Geschützfeuer, Beschießung; *Schimpf~* ⟨fig.⟩ [<frz. *canonnade* »Kanonade, Geschützfeuer«; zu *canon* »Kanone«]

Ka|no|ne ⟨f.; -, -n⟩ **1** ⟨Mil.; früher⟩ Geschütz **2** ⟨Mil.; heute⟩ Flachfeuergeschütz mit großer Reichweite; *mit ~n auf Spatzen schießen* ⟨fig.⟩ zu viel Aufhebens wegen Kleinigkeiten machen; *das ist unter aller ~* ⟨fig.⟩ unter aller Kritik, sehr schlecht **3** ⟨fig.; umg.⟩ Könner, fähiger Mensch; *er ist in seinem Fach eine ~* [<ital. *cannone* »großes Rohr, schweres Geschütz«, Vergrößerungsform zu ital., lat. *canna* »Rohr«; zu »unter aller Kanone«: scherzh. Übersetzung von *sub omni canone* »un-

ter aller Richtschnur«, d. h., so schlecht, dass ein normaler Beurteilungsmaßstab versagt]

Ka|no|nen|boot ⟨n.; -(e)s, -e; Mil.⟩ mit Geschütz bewaffnetes kleines Kriegsschiff

Ka|no|nen|fut|ter ⟨n.; -s; unz.; Mil.; fig.⟩ Truppen, die sinnlos geopfert werden

Ka|no|nier ⟨m.; -s, -e; Mil.⟩ Soldat, der ein Geschütz, bes. eine Kanone, bedient, unterster Dienstgrad des Soldaten in der Artillerie

Ka|no|nik ⟨f.; -; unz.⟩ **1** ⟨bei Epikur⟩ = Logik **2** ⟨Musik⟩ mathemat. Bestimmung der einzelnen Töne u. ihrer Verhältnisse zueinander [→ *Kanon*]

Ka|no|ni|kat ⟨n.; -(e)s, -e⟩ Amt, Würde eines Kanonikus

Ka|no|ni|ker ⟨m.; -s, -⟩ Mitglied eines nach einem Kanon lebenden geistl. Kapitels od. Stifts, Chorherr; *oV* Kanonikus

Ka|no|ni|kus ⟨m.; -, -ni|ker⟩ = Kanoniker; *oV* Canonicus

Ka|no|ni|sa|ti|on ⟨f.; -, -en⟩ **1** das Kanonisieren, Aufnahme in den Kanon (Verzeichnis der Heiligen) **2** Heiligsprechung

ka|no|nisch ⟨Adj.⟩ einem Kanon entsprechend; *~e Stunden* S., an denen ein Stundengebet gesprochen wird; *~es Alter* das zum Erlangen eines geistl. Amtes notwendige Alter; *~es Recht* kath. Kirchenrecht; *~e Bücher* = Kanon (3.3); →*a.* Apokryphe

ka|no|ni|sie|ren ⟨V.⟩ *jmdn. ~* in den Kanon (4) aufnehmen, heiligsprechen

Ka|no|nis|se ⟨f.; -, -n⟩ = Kanonissin

Ka|no|nis|sin ⟨f.; -, -sin|nen⟩ Angehörige eines nach einem Kanon lebenden Stifts, Chorfrau; *oV* Kanonisse

Ka|no|nist ⟨m.; -en, -en⟩ Kenner, Lehrer des kanonischen Rechts

Ka|no|nis|tik ⟨f.; -; unz.⟩ Lehre vom kanonischen Recht

Ka|no|pe ⟨f.; -, -n⟩ altägyptischer Krug mit Deckel in Form eines Menschen- od. Tierkopfes zur Bestattung der Eingeweide von mumifizierten Toten [nach der Stadt *Kanopos* in Unterägypten]

Kä|no|phy|ti|kum ⟨n.; -s; unz.; Geol.⟩ an das Mesophytikum anschließende u. mit dem Beginn der oberen Unterkreide zusammenfallende Neuzeit der pflanzlichen Entwicklung; *Sy* Neophytikum [<grch. *kainos* »neu« + *phyton* »Pflanze«]

Ka|nos|sa|gang ⟨m.; -s, -gän|ge; Pl. selten⟩ = Canossagang

Kä|no|zo|i|kum ⟨n.; -s; unz.; Geol.⟩ jüngstes Zeitalter der Erdgeschichte mit Tertiär und Quatär, Beginn vor 60 Mill. Jahren, Erdneuzeit; *Sy* Neozoikum; *oV* Zänozoikum [<grch. *kainos* »neu« + ...*zoikum*]

kä|no|zo|isch ⟨Adj.; Geol.⟩ zum Känozoikum gehörig, aus ihm stammend

kan|ta|bel ⟨Adj.; Musik⟩ sanglich, gut singbar; *eine kantable Arie* [→ *kantabile*]

kan|ta|bi|le ⟨[-le:] Musik⟩ ernst, getragen (zu singen) [<ital. *cantabile* »sangbar«; zu *cantare* »singen«]

Kan|ta|bi|li|tät ⟨f.; -; unz.; Musik⟩ kantable Beschaffenheit, gute Singbarkeit

Kan|tar ⟨m. od. n.; -s, -e; veraltet⟩ Handelsgewicht in Italien u. den östlichen Mittelmeerländern, 45-100 kg [<ital. *cantaro* <arab. *kantar* <türk. *kintal, kintar*]

Kan|ta|te[1] ⟨f.; -, -n; Musik⟩ mehrsätziges Gesangsstück für Solo u. (od.) Chor mit Instrumentalbegleitung; *oV* Cantate (1) [<ital. u. mlat. *cantata* »Gesangsstück«; zu *cantare* »singen«]

Kan|ta|te[2] ⟨ohne Artikel; Rel.⟩ der 4. Sonntag nach Ostern; *oV* Cantate (2) [nach dem Beginn des Introitus: *Cantate* »Singet« (Psalm 97)]

Kan|te|le ⟨f.; -, -n; Musik⟩ zitherähnliches finnisches Nationalinstrument ohne Griffbrett in Flügelform [finn.]

Kan|ter[1] ⟨m.; -s, -⟩ **1** Verschlag, Kellerlager **2** Gestell, z. B. für Fässer [<frz. *chantier* »Gestell, Stapelblock, Lager, Bauplatz« <lat. *cant(h)erius* »Dachsparren, Jochgeländer«]

Kan|ter[2] ⟨m.; -s, -; veraltet⟩ kurzer, leichter Galopp des Pferdes [<engl. *canter*]

kan|tern ⟨V.; veraltet⟩ im Kanter reiten, leicht galoppieren

Kan|ter|sieg ⟨m.; -(e)s, -e; Sport⟩ müheloser, (im Ergebnis) deutlicher Sieg

Kan|tha|ri|de ⟨f.; -, -n; Zool.⟩ Angehöriger einer Familie der (Weich-)Käfer mit weichen, biegsamen Flügeldecken: Cantharidae [<grch. *kantharis,* Name einer Käferart]

Kan|tha|ri|din ⟨n.; -s; unz.; Pharm.⟩ hautreizendes Gift, Drüsenabsonderung einiger Ölkäfer, früher Heilmittel; *oV* Cantharidin

Kan|tha|ros ⟨m.; -, -roi⟩ altgriechisches bauchiges, zweihenkliges Trinkgefäß, zuweilen mit Fuß [grch.]

Kan|ti|le|ne ⟨f.; -, -n; Musik⟩ getragene, liedartige Melodie; *oV* Cantilena [<lat. *cantilena* »Liedchen«; zu *cantare* »singen«]

Kan|til|le ⟨[-tılə] od. [-tıljə] f.; -, -n⟩ flachgewalzter Metalldraht zur Herstellung von Borten u. Tressen [<frz. *cannetille* »Silber-, Goldfaden, Messingdraht«; verkleinernde Ableitung von lat. *canna* »Rohr«]

Kan|ti|ne ⟨f.; -, -n⟩ Küche u. Speiseraum in Betrieben, Kasernen u. Ä., in dem oft auch Lebensmittel verkauft werden [<frz. *cantine,* ital. *cantina* »Flaschenkeller«]

Kan|ton ⟨m.; -s, -e⟩ **1** Bundesland in der Schweiz **2** Verwaltungsbezirk in Frankreich u. Belgien **3** ⟨seit 1733; veraltet⟩ Wehrverwaltungsbezirk in Preußen [<frz. *canton* »Ecke, Winkel, Landstrich« <ital. *cantone,* Vergrößerungsform zu *canto* »Winkel, Ecke«]

kan|to|nal ⟨Adj.⟩ den Kanton betreffend, zu ihm gehörig, aus ihm stammend, in ihm gültig

Kan|to|ni|e|re ⟨[-nje:-] f.; -, -n⟩ Straßenwärterhaus der italien. Alpen [<ital. *cantoniere* »Straßenwärter«; zu *cantone* »Winkel, Ecke, Landstrich«]

Kan|to|nist ⟨m.; -en, -en⟩ ausgehobener Rekrut; *unsicherer ~* ⟨fig.; umg.⟩ jmd., auf den man sich nicht verlassen kann [nach dem in Preußen bis 1814 geltenden *Kantonsystem;* → *Kanton*]

Kan|tor ⟨m.; -s, -to|ren⟩ **1** ⟨urspr.⟩ Vorsänger im kath. Gottesdienst, Leiter des Gemeindegesangs **2** ⟨seit dem 15. Jh.⟩ Gehilfe des Schulmeisters u. Gesangslehrer **3** ⟨heute⟩ Leiter des Kirchenchores u. Organist [<lat. *cantor* »Sänger«]

Kan|to|rat ⟨n.; -(e)s, -e⟩ Amt des Kantors

Kan|to|rei ⟨f.; -, -en⟩ **1** Wohnung des Kantors **2** Kirchenchor

Kan|to|rin ⟨f.; -, -rin|nen⟩ Leiterin des Kirchenchores u. Organistin

Kan|tschu *auch:* **Kant|schu** ⟨m.; -s, -s⟩ dicke Peitsche aus geflochtenen Lederriemen [<beloruss. *kančyk,* poln. *kanczuk,* tschech. *kančuch* <türk. *qamtschi* »Peitsche«, eigtl. »Ansporner«]

Kan|tus ⟨m.; -, -se; früher; Studentenspr.⟩ Gesang; →*a.* Cantus (firmus) [<lat. *cantus*]

Ka|nu ⟨n.; -s, -s⟩ **1** ⟨bei Naturvölkern⟩ Einbaum **2** ⟨heute⟩ Paddelboot **3** ⟨Sport; Sammelbez. für⟩ Kajaks (2) u. Kanadier (3) [<engl. *canoe* <span. *canoa* <Aruak *can(a)oa* »Baumkahn«]

Ka|nü|le ⟨f.; -, -n; Med.⟩ **1** Hohlnadel an einer Injektionsspritze **2** Röhrchen zum Zu- od. Ableiten von Luft od. Flüssigkeiten (besonders nach Luftröhrenschnitt) [<frz. *canule* <lat. *cannula,* Verkleinerungsform zu *canna* »Rohr«]

Ka|nu|te ⟨m.; -n, -n; Sport⟩ Kanufahrer

Ka|nu|tin ⟨f.; -, -tin|nen; Sport⟩ Kanufahrerin

Kan|zel|le ⟨f.; -, -n⟩ **1** ⟨Musik⟩ Windkanal für die Pfeifen der Orgel bzw. Zungen des Harmoniums **2** ⟨in der altchristl. Basilika⟩ Chorschranke [<lat. *cancelli* »Schranken, Gitter«]

kan|zel|lie|ren ⟨V.; veraltet⟩ *Geschriebenes ~* mit sich kreuzenden Strichen ungültig machen [zu lat. *cancelli* »Gitter, Schranken«]

kan|ze|ro|gen ⟨Adj.; Med.⟩ = karzinogen; *oV* cancerogen [<lat. *cancer* »Krebs« + *...gen*[1]]

Kan|ze|ro|gen ⟨n.; -s, -e; Med.⟩ = Karzinogen

Kanz|lei ⟨f.; -, -en⟩ **1** Dienststelle, Büro, Schreibstube, Ausfertigungsbehörde; *Notariats~; Rechtsanwalts~* **2** dem Staatsoberhaupt unmittelbar unterstehende Verwaltungsbehörde; *Bundes~; Staats~* [<mhd. *kanzelie,* urspr. »der mit Schranken eingehegte Raum einer Behörde, bes. eines Gerichtshofes« <lat. *cancelli* »Schranken«]

Kanz|lei|for|mat ⟨n.; -(e)s; unz.⟩ Papierformat, 33 x 42 cm

Kanz|lei|stil ⟨m.; -(e)s; unz.; seit dem 15. Jh.⟩ **1** Stil der deutschen Kanzleien **2** ⟨allg.⟩ Amtsstil, Behördenstil

Kanz|list ⟨m.; -en, -en⟩ Schreiber, Angestellter einer Kanzlei [<mlat. *cancellista;* → *Kanzlei*]

Kan|zo|ne ⟨f.; -, -n; Musik⟩ *oV* Canzone **1** provenzial. u. französ. lyrische Gedichtform aus fünf bis zehn Strophen mit kunstvollen Reimen **2** ⟨16./17. Jh.⟩ heiteres, schlichtes Lied **3** ⟨in Frankreich⟩ Chorgesang ohne Instrumentalbegleitung **4** ⟨seit dem 16. Jh. auch⟩ Begleitung des französ. Chansons durch ein Instrument **5** ⟨seit dem 17. Jh.⟩ gesangl. Musikstück für mehrere Instrumente **6** Satz der Sonate **7** ⟨seit dem 18. Jh.; allg.⟩ einfaches, volkstüml. Lied mit Instrumentalbegleitung [<ital. *canzone* »Gesang, Lied; kunstvoll gegliedertes lyr. Gedicht«]

Kan|zo|net|te ⟨f.; -, -n; Musik⟩ kleine Kanzone [<ital. *canzonetta* »Liedchen, kleines lyr. Gedicht«, Verkleinerungsform zu *canzone;* → *Kanzone*]

Ka|o|lin ⟨n. od. fachsprachl. m.; -s, -e⟩ weißer, weicher, formbarer Ton, hauptsächlich aus Kaolinit, zur Herstellung von Porzellan u. Steingut, Porzellanerde [<chines. *kao-ling* »hoher Berg« (nach dem Fundort benannt)]

Ka|o|li|nit ⟨m.; -s, -e; Min.⟩ Tonerdemineral, Hauptbestandteil des Kaolins, wasserhaltiges Tonerdesilikat wechselnder Zusammensetzung

Kap ⟨n.; -s, -s⟩ vorspringender Teil einer Felsenküste, Vorgebirge; *~ der guten Hoffnung* [<frz. *cap* »Kap, Vorgebirge« <lat. *caput* »Kopf«]

Kap. ⟨Abk. für⟩ Kapitel

ka|pa|bel ⟨Adj.; veraltet⟩ fähig, geschickt [<frz. *capable* »fähig, imstande«]

Ka|paun ⟨m.; -s, -e⟩ kastrierter, gemästeter Hahn [<mhd. *kappun* <frz. (mundartl.) *capon* <lat. *capo* »verschnittener Masthahn«]

ka|pau|ni|sie|ren ⟨V.⟩ *einen Hahn ~* verschneiden, kastrieren

Ka|pa|zi|tanz ⟨f.; -, -en; El.⟩ Wechselstromwiderstand eines kapazitativen Bestandteils eines Wechselstromkreises, bedingt durch das ständige Auf- u. Abbauen des elektrischen Feldes; *Sy* kapazitativer Widerstand

Ka|pa|zi|tät ⟨f.; -, -en⟩ **1** Aufnahmefähigkeit, Fassungsvermögen; *die ~ einer Talsperre* **2** Messgröße für die Aufnahmefähigkeit eines Kondensators **3** Leistungsfähigkeit; *~ eines Betriebes, einer Maschine; alle ~en auslasten; ein Kraftwerk mit einer ~ von 10 Mill. kW* **4** hervorragender Könner; *er ist eine wissenschaftliche ~; es waren nur ~en anwesend;* →*a.* Koryphäe [<lat. *capacitas* »Fassungsvermögen«; zu *capere* »nehmen, fassen«; → *kapieren*]

ka|pa|zi|ta|tiv ⟨Adj.⟩ die Kapazität (eines Kondensators) betreffend; *~e Erwärmung* Erwärmung durch Hochfrequenz; *~er Widerstand* = Kapitanz

Ka|pe|a|dor ⟨m.; -s, -es⟩ = Capeador

Ka|pe|lan ⟨m.; -s, -e; Zool.⟩ Lachsfisch des Eismeeres (Lodde), wichtiges Nährtier für die großen Raubfische (Kabeljau): Mallotus villosus [<mlat. *capellanus* »Kaplan«; zu *cap(p)ella;* → *Kapelle*[1]]

Ka|pel|le[1] ⟨f.; -, -n⟩ **1** kleines Gotteshaus; *Schloss~; Wallfahrts~* **2** abgeteilter Raum für gottesdienstl. Handlungen; *Grab~; Tauf~* [<ahd. *kapella* <mlat. *cap(p)ella* »kleiner Mantel; kleines Gotteshaus«, Verkleinerungsform zu lat. *cappa* »Art Kopfbedeckung, Mantel mit Kapuze« (nach dem Mantel des hl. Martin von Tours, der zur Zeit der fränk. Könige als Reliquie in einem Heiligtum aufbewahrt wurde, das nach ihm seinen Namen erhielt)]

Ka|pel|le[2] ⟨f.; -, -n; Musik⟩ **1** ⟨urspr.⟩ Kirchenchor **2** ⟨heu-

K

te⟩ Gruppe von Musikern, kleines Orchester; *Musik~; Tanz~* [<ital. *cappella* »Musikgesellschaft«, eigtl. »Musiker u. Sängerchor, die bei festlichen Anlässen von einem Fürsten in seiner Schlosskapelle versammelt wurden« <mlat. *cap(p)ella;* → *Kapelle*[1]]

Ka|pel|le[3] ⟨f.; -, -n⟩ **1** geschlossener Raum mit Abzug zum Untersuchen gesundheitsschädlicher Stoffe **2** Tiegel aus Knochenasche zum Untersuchen von silberhaltigem Blei; *oV* Kupelle [vermischt <mlat. *capella* »Deckel der Destillierblase« + mlat. *cupella* »Probiertiegel«]

Ka|pell|meis|ter ⟨m.; -s, -; Musik⟩ **1** Leiter einer Musikkapelle **2** dem Generalmusikdirektor nachgeordneter Dirigent eines Orchesters

Ka|per[1] ⟨f.; -, -n⟩ in Essig eingelegte Blütenknospe des Kapernstrauches als Gewürz [<frühnhd. *gappern, kappren, cappres* (stets Plural) <lat. *capparis* <grch. *kapparis* »Kaper«]

Ka|per[2] ⟨m.; -s, -⟩ privates, bewaffnetes Schiff im Handelskrieg, das aufgrund eines Kaperbriefes feindl. Handelsschiffe erbeuten konnte [<ndrl. *kaper;* zu *kapen* »durch Freibeuterei erwerben«; vermutl. verwandt mit altfries. *kap* »Kauf« (verhüllender Ausdruck für Seeraub)]

Ka|pe|rei ⟨f.; -, -en⟩ Erbeuten von feindl. Handelsschiffen durch Privatpersonen aufgrund des Kaperbriefes einer kriegführenden Macht

ka|pern ⟨V.⟩ **1** *Handelsschiffe ~* als Kaper wegnehmen, erbeuten **2** ⟨umg.⟩ *sich etwas ~* aneignen, gewinnen, sich einer Sache bemächtigen

Ka|pern|strauch ⟨m.; -(e)s, -sträucher; Bot.⟩ *(Echter) ~* im Mittelmeergebiet heimischer Gewürzstrauch, der Kapern[1] liefert: Capparis spinosa [<lat. *capparis* <grch. *kapparis*]

ka|pie|ren ⟨V.; umg.⟩ begreifen, verstehen [<ital. *capire* <lat. *capere* »begreifen« (18. Jh., in Lateinschulen)]

ka|pil|lar ⟨Adj.⟩ **1** haarfein, sehr eng **2** auf Kapillarwirkung beruhend **3** die Kapillaren betreffend [<lat. *capillaris* »das Haar betreffend«; zu *capillus* »Haar«]

Ka|pil|lar|ana|ly|se ⟨f.; -, -n; Chemie⟩ chem. Analyse, bei der Stoffe aufgrund der verschiedenartigen Kapillarwirkungen getrennt werden

Ka|pil|la|re ⟨f.; -, -n; Anat.⟩ **1** Haargefäß, kleinstes Blutgefäß; *Sy* Kapillargefäß **2** ⟨Physik⟩ sehr enges Röhrchen **3** enger Hohlraum fester Körper [→ *kapillar*]

Ka|pil|lar|ge|fäß ⟨n.; -es, -e; Anat.⟩ = Kapillare (1)

Ka|pil|la|ri|tät ⟨f.; -; unz.; Physik⟩ Verhalten von Flüssigkeiten in engen Röhren [→ *kapillar*]

Ka|pil|lar|wir|kung ⟨f.; -, -en; Physik⟩ die physikal. Erscheinung, dass an der Grenze zwischen Flüssigkeiten, Gefäßwandungen u. Gasen verschiedenartige Spannungen auftreten, die bewirken, dass z. B. verschiedene Flüssigkeiten in engen Röhren bei sonst gleichen Bedingungen verschiedene Höhen einnehmen

ka|pi|tal ⟨Adj.⟩ **1** besonders, vor allem, hauptsächlich, haupt…; *ein ~er Irrtum* grundlegender Irrtum **2** ⟨Jagdw.⟩ stark, groß, mit besonders schönem Geweih versehen; *ein ~er Bock, Hirsch* [→ *Kapital*]

Ka|pi|tal ⟨n.; -s, -e od. (österr. nur) -li|en⟩ **1** Geldbetrag zu Investitionszwecken; *fixes, bewegliches, flüssiges, totes, verfügbares ~; ~ gut, schlecht, gewinnbringend anlegen; das ~ erhöhen; ~ in ein Unternehmen stecken; über kein ~ verfügen* **2** Besitz an Bargeld u. Wertpapieren; *das ~ bringt jährlich 10 000 €, 12 % Zinsen, Rendite* **3** ⟨fig.⟩ großer Wert, Wertgegenstand; *an seiner Stimme besitzt er ein großes ~; seine Arbeitskraft ist sein ~; aus einer Sache ~ schlagen* Nutzen ziehen [<ital. *capitale* <lat. *capitalis* »hauptsächlich«; zu *caput* »Kopf, Haupt«]

Ka|pi|täl ⟨n.; -s, -e; selten⟩ = Kapitell

Ka|pi|tal|ab|wan|de|rung ⟨f.; -; unz.⟩ = Kapitalflucht

Ka|pi|tal|band ⟨n.; -(e)s, -bän|der⟩ buntes, schmales Band an der oberen u. unteren Kante der zusammengehefteten Bogen am Buchrücken; *oV* Kaptalband

Ka|pi|täl|chen ⟨n.; -s, -⟩ großer Buchstabe in der Höhe der kleinen Buchstaben (als Auszeichnungsschrift verwendet), z. B. HERBST [→ *Kapitalis*]

Ka|pi|ta|le ⟨f.; -, -n⟩ **1** ⟨veraltet⟩ Hauptstadt **2** ⟨unz.⟩ altröm. Schriftart in Großbuchstaben; *oV* Kapitalis [<lat. *capitalis* »hauptsächlich, Haupt…«; zu *caput* »Haupt, Kopf«; → *Kapital*]

Ka|pi|tal|er|trags|steu|er ⟨f.; -, -n⟩ Steuer auf Zinsen, Dividenden u. Gewinnerträge

Ka|pi|tal|flucht ⟨f.; -; unz.⟩ Kapitalverlagerung zur Vermeidung von Steuern od. andere Auflagen; *Sy* Kapitalabwanderung

Ka|pi|ta|lis ⟨f.; -; unz.⟩ = Kapitale (2)

Ka|pi|ta|li|sa|ti|on ⟨f.; -, -en; Wirtsch.⟩ das Kapitalisieren; *Sy* Kapitalisierung

ka|pi|ta|li|sie|ren ⟨V.; Wirtsch.⟩ in eine Geldsumme umrechnen, in Kapital umwandeln, zu Geld machen; *Sachwerte ~*

Ka|pi|ta|li|sie|rung ⟨f.; -, -en; Wirtsch.⟩ = Kapitalisation

Ka|pi|ta|lis|mus ⟨m.; -; unz.; Politik⟩ volkswirtschaftl. System, dem das Gewinnstreben des Einzelnen u. das freie Unternehmertum zugrunde liegen u. in dem die Arbeitnehmer in der Regel nicht Besitzer der Produktionsmittel sind; *Früh~; Hoch~; Spät~; Monopol~* [→ *Kapital*]

Ka|pi|ta|list ⟨m.; -en, -en; Politik⟩ **1** Anhänger, Vertreter des Kapitalismus **2** ⟨umg.; abwertend⟩ jmd. der stets auf Kapitalzuwachs aus ist, dem Geld viel bedeutet

ka|pi|ta|lis|tisch ⟨Adj.; Politik⟩ auf dem Kapitalismus beruhend, im Sinne des Kapitalismus

Ka|pi|tal|ver|bre|chen ⟨n.; -s, -⟩ **1** ⟨urspr.⟩ Verbrechen, auf das die Todesstrafe steht **2** ⟨allg.⟩ großes, schweres Verbrechen

Ka|pi|tän ⟨m.; -s, -e⟩ **1** Befehlshaber eines Schiffes **2** Pilot als Leiter eines zivilen Flugzeugs **3** Anführer einer Sportmann-

K

schaft **4** ⟨in einigen Staaten Bez. für⟩ Hauptmann; ~ *zur See* Seeoffizier im Range eines Obersten [<mhd. *kapitan* <frz. *capitaine,* ital. *capitano* <mlat. *capitaneus* »hervorstechend, vorzüglich; Anführer«, <lat. *caput* »Kopf, Haupt«]

Ka|pi|tän|leut|nant ⟨m.; -s, -s od. -e⟩ Seeoffizier im Range eines Hauptmanns

Ka|pi|täns|pa|tent ⟨n.; -(e)s, -e⟩ zur Führung eines Schiffes berechtigendes Patent

Ka|pi|tel ⟨n.; -s, -; Abk.: Kap.⟩ **1** (durch Zahl od. Überschrift gekennzeichneter) Abschnitt eines Schriftwerkes **2** Körperschaft der zu einer Dom- od. Stiftskirche gehörenden Geistlichen; *Dom~; Stifts~* **2.1** Versammlung dieser Geistlichen **2.2** Versammlung eines geistl. Ordens, bei der die in Kapitel (1) eingeteilten Ordensregeln verlesen wurden **3** ⟨fig.⟩ Angelegenheit, Sache; *ein ~ abschließen, als erledigt betrachten; das ist ein schwieriges ~; das ist ein ~ für sich* eine besondere Sache, die man genauer erklären muss [<lat. *capitulum,* Verkleinerungsform zu *caput* »Kopf, Haupt«]

ka|pi|tel|fest ⟨Adj.⟩ fest im Wissen, bes. bibelfest

Ka|pi|tell ⟨n.; -s, -e; Arch.⟩ oberster, plastisch verschieden geformter Teil einer Säule, eines Pfeilers od. Pilasters, Bindeglied zw. den Stützen u. der Last; *Würfel~; oV* ⟨selten⟩ Kapitäl [<mlat. *capitellum,* Verkleinerungsform zu lat. *caput* »Kopf«]

Ka|pi|tol ⟨n.; -s; unz.⟩ **1** ⟨im alten Rom⟩ Stadtburg, Sitz des Senats **2** ⟨USA⟩ Parlamentsgebäude in Washington [<lat. *Capitolium* »Haupttempel des Jupiter« auf dem höchsten Punkt im antiken Rom]

Ka|pi|tu|lant ⟨m.; -en, -en; früher⟩ Soldat, der sich durch Vertrag (Kapitulation) zu einer längeren Dienstzeit verpflichtete u. sich dadurch Anspruch auf Altersversorgung erwarb [→ *kapitulieren*]

Ka|pi|tu|lar[1] ⟨m.; -s, -e⟩ Mitglied eines geistl. Kapitels; *Dom~*

Ka|pi|tu|lar[2] ⟨n.; -s, -ri|en⟩ Gesetz od. Verordnung der karolingischen Könige [nach ihrer Einteilung in einzelne, mit Zahlen versehene *Kapitel*]

Ka|pi|tu|la|ti|on ⟨f.; -, -en⟩ **1** ⟨früher⟩ Vertrag über die Dienstverlängerung eines Soldaten (Kapitulanten) **2** ⟨allg.⟩ Vertrag, durch den sich ein Staat, eine Stadt od. Festung dem siegreichen Feind unterwirft [<frz. *capitulation* »Übergabe(vertrag); Vergleich«; → *kapitulieren*]

ka|pi|tu|lie|ren ⟨V.⟩ **1** ⟨früher⟩ eine Kapitulation (1) abschließen **2** ⟨allg.⟩ eine Kapitulation (2) vereinbaren, sich ergeben **3** ⟨fig.⟩ zu streiten, zu argumentieren aufhören, aufgeben [<frz. *capituler* »bezügl. eines Vertrages (bes. eines Übergabevertrages) verhandeln« <mlat. *capitulare* »über einen Vertrag (bzw. über dessen Hauptpunkte) verhandeln«]

Kap|la|ken ⟨n.; -s, -; Seew.⟩ Sondervergütung od. Gewinnanteil für den Schiffskapitän über sein Gehalt hinaus [<ndrl. *kaplaken,* eigtl. »Laken (= Tuch) zu einer *Kappe*«]

Ka|plan *auch:* **Kap|lan** ⟨m.; -s, -plä|ne⟩ **1** katholischer Hilfsgeistlicher, kath. Geistlicher mit besonderen Aufgaben (z. B. bei der Truppe) **2** Hausgeistlicher eines Fürsten [eigtl. »Geistlicher in einer Kapelle« <mhd. *kap(p)ellan, kaplan* <mlat. *cappelanus;* zu mlat. *capella* »kleines Gotteshaus, Kapelle«; → *Kapelle*]

Ka|plan|tur|bi|ne *auch:* **Kap|lan-Tur|bi|ne** ⟨f.; -, -n⟩ Turbine für geringe Fallhöhen, aber große Wassermengen, besitzt verstellbare Schaufeln [nach dem österr. Ingenieur V. *Kaplan,* 1876-1934]

Ka|po ⟨m.; -s, -s⟩ **1** ⟨früher⟩ Anführer einer Arbeitsgruppe von Häftlingen im Konzentrationslager **2** ⟨Soldatenspr.⟩ Unteroffizier [<ital. *capo* »Kopf, Haupt, Führer«]

Ka|po|das|ter ⟨m.; -s, -; Musik⟩ verschiebbarer, auf dem Griffbrett über den Saiten sitzender Sattel bei Lauten u. Gitarren zur Veränderung der Spannung u. Stimmung [<ital. *capotasto* <*capo* »Kopf« + *tasto* »Taste«]

Ka|pok ⟨m.; -s; unz.⟩ als Polstermaterial verwendete Samenfaser des Kapokbaumes [<javan. *kapuk*]

Ka|pok|baum ⟨m.; -(e)s, -bäu|me; Bot.⟩ bis 50 m hoher Baum aus der Familie der Wollbaumgewächse, der Kapok u. Holz liefert: Ceiba pendantra

ka|po|res ⟨Adj.; umg.⟩ = kaputt; *~ gehen; ~ sein* [<rotw. *capores* »morden«; zu hebr. *kapparoth* »Sühneopfer« (nach jüdischem Brauch wurde am Versöhnungstag ein Huhn (*Kapporehuhn*) geschlachtet)]

Ka|po|si|sar|kom *auch:* **Ka|po|si-Sar|kom** ⟨n.; -s; unz.; Med.⟩ Sarkom, das durch rote, von Blutungen durchsetzte Knoten gekennzeichnet ist, tritt als Folge der AIDS-Erkrankung auf [nach dem ung. Arzt Moritz *Kaposi,* 1837-1902]

Ka|pot|te ⟨f.; -, -n; kurz für⟩ Kapotthut

Ka|pott|hut ⟨m.; -(e)s, -hü|te⟩ unter dem Kinn gebundener, kleiner, hoch auf der Frisur sitzender Damenhut der Biedermeierzeit; *Sy* Kapotte [<frz. *capote* »Kapuzenmantel, Kapotthut«, <lat. *cappa* »Art Kopfbedeckung, Mantel mit Kapuze«]

Kap|pa ⟨n.; -s, -s; Zeichen: κ, K⟩ zehnter Buchstabe des grch. Alphabets [grch.]

◆ Die Buchstabenfolge **ka|pr...** kann auch **kap|r...** getrennt werden.

◆ **Ka|pri|ce** ⟨[-s(ə)] f.; -, -n⟩ = Caprice (1); *oV* ⟨österr.⟩ Kaprize

◆ **Ka|pri|fi|ka|ti|on** ⟨f.; -, -en; Bot.⟩ Aufhängen von männlichen Blütenzweigen der Wildform des Feigenbaumes in die Zweige der weiblichen Kulturform des Baumes, um Bestäubung zu bewirken [zu lat. *caprificus* »wilder Feigenbaum«]

◆ **Ka|pri|fo|li|a|zee** ⟨[-tse:ə] f.; -, -n; Bot.⟩ Geißblattgewächs [<lat. *caper,* Gen. *capri* »Ziegenbock« + *folium,* Pl. *folia* »Blatt«]

◆ **Ka|pri|o|le** ⟨f.; -, -n⟩ **1** Luftsprung **2** tolles Stückchen, verrückter Streich **3** ⟨Hohe Schule⟩ Sprung auf der Stelle mit angezogenen Vorder- u. nach hinten ausgestreckten Hinterbeinen [<ital. *capriola* »Bocksprung«, <lat. *caper* »Ziegenbock«; verwandt mit *Kaprice, Capriccio*]

◆ **ka|pri|o|len** ⟨V.⟩ Kapriolen machen

◆ **Ka|pri|ze** ⟨f.; -, -n; österr. für⟩ Kaprice

◆ **ka|pri|zie|ren** ⟨V.⟩ *sich auf etwas* ~ auf etwas beharren, eigensinnig bei etwas bleiben [→ *Kaprice*]

◆ **ka|pri|zi|ös** ⟨Adj.⟩ launisch, eigensinnig [<frz. *capricieux*]

◆ **Ka|priz|pols|ter** ⟨n.; -s, -; österr.⟩ kleines Polster

◆ **Ka|pro|lak|tam** ⟨n.; -s; unz.⟩ = Caprolactam

◆ **Ka|pron|säu|re** ⟨f.; -, -n; Chemie⟩ = Capronsäure

K

Kap|sel ⟨f.; -, -n⟩ **1** runder od. ovaler Behälter aus dünnem, aber festem Material **2** ⟨Bot.⟩ aus mindestens zwei Fruchtblättern zusammengewachsene Streufrucht **3** ⟨Anat.⟩ Umhüllung von Organen u. Funktionseinheiten od. Krankheitsherden **4** ⟨Pharm.⟩ aus Stärke od. Gelatine hergestellte Umhüllung für Medikamente, die sich erst im Magen od. im Darm auflöst [<lat. *capsula*, Verkleinerungsform zu *capsa* »Behältnis«]

Kap|si|kum ⟨n.; -s; unz.; Bot.⟩ **1** = Paprika; *oV* Capsicum **2** Pulver aus getrocknetem Paprika, das als Gewürz u. Heilmittel verwendet wird [<lat. *capsa* »Behälter«]

Kap|tal|band ⟨n.; -(e)s, -bän|der⟩ = Kapitalband

Kap|ta|ti|on ⟨f.; -, -en; veraltet⟩ Erschleichung, bes. Erbschleicherei [<lat. *captatio* »das Ergreifen, Haschen«; zu *captare* »nach etwas greifen«; verwandt mit *kapieren*]

kap|ta|to|risch ⟨Adj.; veraltet⟩ in der Art einer Kaptation, erschleichend; *~e Handlungsweise* H., bei der man jmdm. einen Gewinn in Aussicht stellt, um daraus selbst wieder einen Vorteil zu erlangen; *~e Verfügung* V. zugunsten eines anderen unter der Voraussetzung einer Gegenleistung [zu lat. *captator* »der eifrig nach etwas Trachtende, Erbschleicher«; zu *captare* »nach etwas greifen«]

Ka|put ⟨m.; -s, -e; schweiz.⟩ langer Mantel [<mlat. *caputium* »Mönchskappe«]

ka|putt ⟨Adj.⟩ *Sy* ⟨umg.⟩ kapores **1** zerbrochen, zerstört, entzwei **2** ⟨umg.⟩ müde, erschöpft [<*capot* machen = erschlagen (im 30-jährigen Krieg) <frz. *faire capot, être capot* (= der Verlust aller Stiche beim Kartenspiel); viell. zu frz. *capoter* »kentern« <lat. *caput* »Kopf«]

Ka|pu|ze ⟨f.; -, -n⟩ an Mantel, Kleid od. Bluse befestigte, meist spitze Kopfbedeckung [<ital. *cappuccio* »Mantelhaube« <mlat. *caputium* »Mönchskappe«, <lat. *cappa* »Art Kopfbedeckung, Mantel mit Kapuze«]

Ka|pu|zi|ner ⟨m.; -s, -⟩ Mitglied des Kapuzinerordens (bekannt als volkstüml. Prediger) [<ital. *cappuccino*, nach ihrer spitzen, an die Kutte genähten Kapuze]

Ka|pu|zi|ner|or|den ⟨m.; -s; unz.⟩ Zweig des Franziskanerordens mit der strengsten Regel

Ka|ra|bi|ner ⟨m.; -s, -⟩ Gewehr mit kurzem Lauf u. geringer Schussweite, früher bes. zur Bewaffnung der Kavallerie [<frz. *carabine*; zu *carabin* »mit Gewehr bewaffneter Reiter«]

Ka|ra|bi|ner|ha|ken ⟨m.; -s, -⟩ Haken mit gefedertem Verschluss, z. B. an Rucksäcken

Ka|ra|bi|ni|er ⟨[-nje:] m.; -s, -s⟩ **1** ⟨urspr.⟩ mit Karabinern ausgerüsteter Reiter **2** ⟨dann⟩ Jäger zu Fuß **3** Soldat der schweren Kavallerie

Ka|ra|bi|ni|e|re ⟨[-nje:rə] m.; - od. -s, -ri⟩ = Carabiniere

Ka|ra|cho ⟨[-xo] n.; -; unz.; umg.⟩ Schwung, Geschwindigkeit; ⟨meist in der Wendung⟩ *mit ~ (an einen Baum fahren, in die Kurve gehen)* sehr schnell, mit hoher Geschwindigkeit [<span. *carajo* (Schimpfw.) »Penis«]

Ka|raf|fe ⟨f.; -, -n⟩ geschliffene Glasflasche mit Glasstöpsel; *Wasser~; Rotwein~* [<frz. *carafe* <span. *garrafa* <arab. *garraf* »weitbauchige Flasche«]

Ka|ra|gös ⟨m.; -, -⟩ = Karagöz

Ka|ra|göz ⟨m.; -, -⟩ Kasper im türk. Schattenspiel; *oV* Karagös [türk., »Schwarzauge (= Zigeuner)«]

Ka|ra|kal ⟨m.; -s, -s; Zool.⟩ Wüstenluchs, Raubkatze in Wüsten u. Steppen: Lynx caracal [türk., »Schwarzohr«]

Ka|ra|kal|pa|ke ⟨m.; -n, -n⟩ Angehöriger eines südlich des Aralsees lebenden Turkvolks [türk., »Schwarzmütze«]

Ka|ra|kul|schaf ⟨n.; -(e)s, -e; Zool.⟩ Schafrasse, deren 3-8 Tage alte Lämmer den Persianerpelz liefern [nach dem Bergsee *Karakul* (»schwarzer See») im Pamir]

Ka|ram|bo|la|ge ⟨[-ʒə] f.; -, -n⟩ **1** ⟨Sport; Billard⟩ Anstoßen der Spielkugel an die beiden anderen Kugeln **2** ⟨Sport; allg.⟩ Zusammenstoß mehrerer Spieler bei Wettkämpfen **3** ⟨allg.⟩ Zusammenstoß **4** ⟨fig.⟩ Streit [<frz. *carambolage* »Zusammenstoß«]

Ka|ram|bo|la|ge|bil|lard ⟨[-ʒəbɪljart] n.; -s, -e; Sport⟩ = Karambolage (1)

Ka|ram|bo|le[1] ⟨f.; -, -n; Sport; Billard⟩ die Spielkugel, rote Kugel [<frz. *carambole*]

Ka|ram|bo|le[2] ⟨f.; -, -s; Bot.⟩ *oV* Carambola **1** Baumstachelbeerbaum, bis zu 12 m hoher Baum mit bis zu 10 cm langen, im Querschnitt fünfzackstsernigen, gelben Früchten: Averrhoa carambola **2** die Frucht des Carambolabaumes

ka|ram|bo|lie|ren ⟨V.⟩ **1** ⟨Sport; Billard⟩ eine Karambolage (1) machen **2** ⟨fig.⟩ zusammenstoßen

ka|ra|mell ⟨Adj.⟩ bräunlich gelb, beigefarben

Karamell (*Laut-Buchstaben-Zuordnung*) Ein kurzer Vokal wird im Deutschen durch die Verdoppelung des folgenden Konsonanten kenntlich gemacht. Diese Regel gilt auch für das Wort »*Karamell*« einschließlich aller abgeleiteten Formen.

Ka|ra|mell ⟨m.; -s; unz.⟩ dunkelbrauner, etwas bitter schmeckender Stoff, der beim Erhitzen von Trauben- od. Rohrzucker entsteht, zum Färben von Likör, Rum, Bier, Bonbons, Essig verwendet [<frz. *caramel* <neulat. *caramellis* <lat. *cannamellis* »Zuckerrohr«, beeinflusst von lat. *calamus* »Rohr«]

Ka|ra|mell|bon|bon ⟨[-bɔ̃bɔ̃] od. [-bɔŋbɔŋ] n. od. m.; -s, -s⟩ = Karamelle

Ka|ra|mel|le ⟨f.; -, -n⟩ Bonbon aus karamelisiertem Zucker u. Milch; *Sy* Karamellbonbon

ka|ra|mel|lie|ren ⟨V.⟩ *Zucker karamelliert* wird in heißem Fett braun

ka|ra|mel|li|sie|ren ⟨V.⟩ *Zucker ~* durch Erhitzen bräunen

> **→ Quarantäne** Obwohl das aus dem Französischen stammende Fremdwort *Quarantäne* mit [ka-] anlautet, wird es wie in der Herkunftssprache mit *Qua-* geschrieben.

Ka|ra|o|ke ⟨n.; -; unz.; Musik⟩ **1** ohne die vokale Stimme gespielte Version eines Schlagers od. Hits, Instrumentalversion **2** Musikveranstaltung, bei der ein nicht professioneller Sänger die Vokalstimme zu einem Karaoke (1) singt [<jap., »leeres Orchester«; zu *kara* »leer« + *oke* »Orchester«]

Ka|rat ⟨n.; -(e)s, -e od. (bei Zahlenangaben) -⟩ **1** ⟨Bot.⟩ getrockneter Samen des Johannisbrotbaumes **2** ⟨Zeichen: k⟩ Gewichtsmaß für Edelsteine u. Perlen, 0,2 g **3** Angabe der Qualität von Goldlegierungen in Vierundzwanzigstel reinen Goldes; *reines Gold hat 24 ~:* [<frz. *carat* <ital. *carato* <arab. *qirat* »kleines Gewicht« <grch. *keration* »Hörnchen; Schote des Johannisbrotbaumes« (die Samen des Johannisbrotbaumes wurden zum Wiegen von Gold u. Edelsteinen benutzt), Verkleinerungsform zu *keras,* Gen. *keratos* »Horn«]

Ka|ra|te ⟨n.; - od. -s; unz.; Sport⟩ aus Ostasien stammender, harter, waffenloser Nahkampf u. Sport zur Selbstverteidigung [jap., »leere Hand« (<*kara* »unbewaffnet, leer« + *te* »Hand«), eigtl. *Karate* »China-Hand« (<*Kara* »China« + *te* »Hand«)]

Ka|ra|te|ka ⟨m.; -s, -s⟩ Wettkämpfer beim Karate [jap.]

Ka|rau|sche ⟨f.; -, -n; Zool.⟩ karpfenartiger Süßwasserfisch, als Nutzfisch wegen der vielen Gräten unbeliebt: Carassius [<lit. *karosas* <russ. *karas* <grch. *korakinos* »Rabenfisch«; zu *korax* »Rabe«]

Ka|ra|vel|le ⟨[-vɛl-] f.; -, -n⟩ *oV* Caravelle **1** ⟨14./16. Jh.⟩ kleines, schnelles, dreimastiges Segelschiff mit hohem Heckaufbau **2** französ. Flugzeugtyp [<frz. *caravelle* <portug. *caravela* »großes Schiff«, <lat. *carabus* »geflochtener Kahn«]

Ka|ra|wa|ne ⟨f.; -, -n⟩ Zug von Kaufleuten od. Pilgern u. Ä., die sich zur Reise zusammengeschlossen haben (bes. mit Kamelen durch Wüstengebiete) [<ital. *caravana* <pers. *karwan* »Kamelzug«]

Ka|ra|wan|se|rei ⟨f.; -, -en⟩ Unterkunft für Karawanen an den Karawanenstraßen [<pers. *karwan sarai* »Gebäude, in dem Karawanen einkehren«; → *Karawane, Serail*]

Karb|a|mid *auch:* **Kar|ba|mid** ⟨n.; -s; unz.; Chemie⟩ = Carbamid

Kar|bat|sche ⟨f.; -, -n⟩ aus Riemen geflochtene Peitsche [<ungar. *korbács* u. tschech. *karabáč* <türk. *qyrbatsch* »Lederpeitsche«]

kar|bat|schen ⟨V.⟩ **1** mit der Karbatsche schlagen **2** ⟨fig.⟩ mit Worten peitschen

Karb|a|zol *auch:* **Kar|ba|zol** ⟨n.; -s; unz.; Chemie⟩ = Carbazol

Kar|bid ⟨n.; -(e)s, -e; Chemie⟩ = Carbid

kar|bo..., Kar|bo... ⟨Chemie; in Zus.⟩ = carbo..., Carbo...

Kar|bo|dy|na|mit ⟨n.; -s; unz.; Chemie⟩ = Carbodynamit

Kar|bol ⟨n.; -s; unz.; Chemie⟩ = Karbolsäure

Kar|bo|li|ne|um ⟨n.; -s; unz.; Chemie⟩ = Carbolineum

Kar|bol|säu|re ⟨f.; -, -n; Chemie⟩ wässerige Phenollösung, ein Desinfektionsmittel; *Sy* Karbol

Kar|bon ⟨n.; -s; unz.; Geol.⟩ Formation des Paläozoikums vor 290-230 Mill. Jahren mit großen Sumpfwäldern, aus denen die Kohle entstand [<lat. *carbo* »Kohle«]

Kar|bo|na|de ⟨f.; -, -n⟩ **1** in Scheiben geschnittenes Rippenstück vom Schwein, Kalb od. Hammel **2** = Kotelett [<frz. *carbonnade* <ital. *carbonata* »auf Kohlen geröstetes Fleisch«, <lat. *carbo* »Kohle«]

Kar|bo|na|do ⟨m.; -s, -s; Min.⟩ grauschwarze Abart des Diamanten [<span. *carbonado* »schwarzer Diamant« <lat. *carbo* »Kohle«]

Kar|bo|na|ro ⟨m.; -s, -na|ri; früher⟩ Angehöriger einer geheimen politischen Vereinigung in Italien gegen die Herrschaft Napoleons [<ital. *carbonaio* »Kohlenbrenner« <lat. *carbo* »Kohle«]

Kar|bo|nat ⟨n.; -(e)s, -e; Chemie⟩ = Carbonat

Kar|bon|druck ⟨m.; -(e)s, -e⟩ Druckverfahren, bei dem die Rückseite des Blattes mit Farbe beschichtet ist u. durchschreibt

Kar|bo|ni|sa|ti|on ⟨f.; -; unz.; Chemie⟩ = Carbonisation

kar|bo|nisch ⟨Adj.; Geol.⟩ zum Karbon gehörig, aus ihm stammend

kar|bo|ni|sie|ren ⟨V.; Chemie⟩ = carbonisieren

kar|bo|ni|trie|ren *auch:* **kar|bo|nit|rie|ren** ⟨V.; Chemie⟩ = carbonitrieren

Kar|bon|pa|pier ⟨n.; -s; unz.; selten für⟩ Kohlepapier, dünnes einseitig gefärbtes Durchschlagpapier

Kar|bon|säu|re ⟨f.; -, -n; Chemie⟩ = Carbonsäure

Kar|bo|ny|le ⟨Pl.; Chemie⟩ = Carbonyle

Kar|bo|nyl|grup|pe ⟨f.; -, -n; Chemie⟩ = Carbonylgruppe

Kar|bo|rund ⟨n.; -(e)s; unz.; Chemie⟩ = Carborundum®

Karb|o|xyl|grup|pe *auch:* **Kar|bo|xyl|grup|pe** ⟨f.; -, -n; Chemie⟩ = Carboxylgruppe

kar|bo|zy|klisch *auch:* **kar|bo|zyk|lisch** ⟨Adj.; Chemie⟩ = carbocyclisch

Kar|bun|kel ⟨m.; -s, -; Med.⟩ mehrere dicht beieinanderstehende u. ein gemeinsames Entzündungsgebiet bildende Furunkel; →*a.* Karfunkel [<lat. *carbunculus,* eigtl. »kleine glü-

K

hende Kohle«, Verkleinerungsform zu lat. *carbo* »Kohle«]

kar|bu|rie|ren ⟨V.; Technik⟩ *Wassergas* ~ dem Wassergas Kohlenwasserstoffe zusetzen, um daraus Stadtgas zu gewinnen [<frz. *carburer* »vergasen, verbrennen«, <lat. *carbo* »Kohle«]

Kar|da|mom ⟨m. od. n.; -s, -e od. -en⟩ aus den Samen der Kardamompflanze gewonnenes Gewürz u. Heilmittel [<lat. *cardamomum* <grch. *kardamomon* <aind. *kardamas*]

Kar|da|mom|pflan|ze ⟨f.; -, -n; Bot.⟩ in Malabar (Indien) u. Sri Lanka (früher: Ceylon) beheimatetes krautiges Ingwergewächs: Elettaria cardamomum

Kar|dan|an|trieb ⟨m.; -(e)s; unz.; Technik⟩ Antrieb über ein Kardangelenk [→ *kardanisch*]

Kar|dan|ge|lenk ⟨n.; -(e)s, -e; Technik⟩ gelenkige Verbindung zweier Wellen zur Übertragung eines Drehmoments auch bei veränderlichem Winkel zwischen den beiden Wellen, Kreuzgelenk [→ *kardanisch*]

K

kar|da|nisch ⟨Adj.⟩ **1** ⟨Technik⟩ *~e Aufhängung* Vorrichtung zur allseitig drehbaren Aufhängung eines Körpers **2** ⟨Math.⟩ *~e Formel* mathemat. Ausdruck zur Lösung allgemeiner Gleichungen dritten Grades [fälschlich nach dem italien. Philosophen, Mathematiker u. Arzt Geronimo *Cardano,* 1501-1576]

Kar|dan|wel|le ⟨f.; -, -n; Technik⟩ mit einem Kardangelenk ausgerüstete Antriebswelle zur Übertragung von Antriebskräften zwischen zwei zueinander gewinkelten Wellen

Kar|dät|sche ⟨f.; -, -n⟩ **1** ⟨Weberei⟩ Bürste zum Aufrauen **2** ovale Bürste zum Striegeln von Haustieren, bes. Pferden **3** ⟨Bauw.⟩ zum Auftragen u. Verteilen des Putzes verwendetes Brett mit Handgriff, Streichbrett; →*a.* Kartätsche [zu ital. *cardeggiare* »hecheln«; zu lat. *carduus* »Distel«]

kar|dät|schen ⟨V.⟩ **1** mit der Kardätsche bürsten, striegeln; *ein Pferd* ~ **2** mit der Kardätsche aufrauen

Kar|de ⟨f.; -, -n⟩ **1** ⟨Bot.⟩ eine distelähnliche Pflanze **2** ⟨Spinnerei⟩ Maschine zum Auflösen des Fasergutes bis zur Einzelfaser, zum Ausrichten der Fasern sowie zum Ausschneiden von kurzen Fasern u. Verunreinigungen; *Sy* Krempel [<lat. *carduus* »Distel«]

kar|di..., Kar|di... ⟨in Zus.⟩ = kardio..., Kardio...

Kar|dia ⟨f.; -; unz.; Anat.⟩ **1** Magenmund, Mageneingang **2** ⟨selten⟩ Herz [grch.]

Kar|di|a|kum ⟨n.; -s, -di|a|ka; Pharm.⟩ Arzneimittel zur Unterstützung der Herztätigkeit, Herzmittel [<grch. *kardia* »Herz«]

kar|di|al ⟨Adj.⟩ das Herz betreffend, zu ihm gehörig, von ihm ausgehend [<grch. *kardia* »Herz«]

kar|di|nal ⟨Adj.⟩ vorzüglich, hauptsächlich [→ *Kardinal*]

Kar|di|nal ⟨m.; -s, -nä|le⟩ **1** ⟨kath. Kirche⟩ höchster Würdenträger nach dem Papst, mit dem Recht, den Papst zu wählen u. zum Papst gewählt zu werden **2** ⟨Zool.⟩ Angehöriger verschiedener Gruppen kernbeißerartiger Finkenvögel aus Amerika, oft Stubenvögel; *Roter ~:* Pyrrhuloxia cardinalis **3** eine Art Bowle aus Weißwein mit Zucker sowie Pomeranzen [<mhd. *kardenal* <spätlat. *cardinalis* »im Angelpunkt stehend«; zu lat. *cardo,* Gen. *cardinis* »Türangel, Dreh-, Angelpunkt«; verwandt mit *Scharnier*]

kar|di|nal..., Kar|di|nal... ⟨in Zus.⟩ haupt..., Haupt..., grund..., wichtigster Grund...

Kar|di|nal|punkt ⟨m.; -(e)s, -e; Optik⟩ ein Bezugspunkt bei der optischen Abbildung durch Linsensysteme

Kar|di|nal|tu|gend ⟨f.; -, -en⟩ jede der von Sokrates, Platon u. den Stoikern aufgezählten vier Grund- od. Haupttugenden: Tapferkeit, Gerechtigkeit, Mäßigkeit u. Weisheit bzw. Gottesfurcht

Kar|di|nal|zahl ⟨f.; -, -en; Math.⟩ Grundzahl, ganze Zahl, z. B. »eins« (1), »zehn« (10); →*a.* Ordinalzahl

kar|dio..., Kar|dio... ⟨vor Vokalen⟩ kardi..., Kardi... ⟨Med.; in Zus.⟩ herz..., Herz..., magen..., Magen... [<grch. *kardia* »Herz; Magenmund«]

Kar|dio|graf ⟨m.; -en, -en⟩ = Kardiograph

Kar|dio|gramm ⟨n.; -s, -e⟩ grafische Darstellung der Herzbewegungen [<*Kardio...* + *...gramm*]

Kar|dio|graph ⟨m.; -en, -en⟩ Gerät, das Kardiogramme herstellt; *oV* Kardiograf [<*Kardio...* + *...graph*]

Kar|di|o|i|de ⟨f.; -, -n⟩ ebene Kurve in der Form eines Herzens, Herzkurve [<*Kardio...* + *...id*]

Kar|dio|lo|ge ⟨m.; -n, -n; Med.⟩ Facharzt für Herzkrankheiten

Kar|dio|lo|gie ⟨f.; -; unz.; Med.⟩ Lehre vom Herzen u. seinen Krankheiten [<*Kardio...* + *...logie*]

Kar|dio|lo|gin ⟨f.; -, -gin|nen; Med.⟩ Fachärztin für Herzkrankheiten

Kar|dio|pa|thie ⟨f.; -, -n; Med.⟩ Herzfehler, Herzleiden

Kar|dio|to|ko|graf ⟨m.; -en, -en; Abk.: CTG; Med.⟩ = Kardiotokograph

Kar|dio|to|ko|graph ⟨m.; -en, -en; Abk.: CTG; Med.⟩ Gerät zum gleichzeitigen Aufzeichnen der kindl. Herztöne u. der Wehen; *oV* Kardiotokograf [<grch. *kardia* »Herz«, *tokos* »Geburt« + *graphein* »schreiben«]

kar|dio|vas|ku|lar ⟨[-vas-] Adj.; Med.⟩ = kardiovaskulär

kar|dio|vas|ku|lär ⟨[-vas-] Adj.; Med.⟩ Herz u. Gefäße betreffend; *oV* kardiovaskular

Kar|di|tis ⟨f.; -, -ti|den; Med.⟩ Herzentzündung; →*a.* Endokarditis, Pankarditis, Perikarditis [<grch. *kardia* »Herz«]

Kar|do|ne ⟨f.; -, -n; Bot.⟩ Spanische Artischocke, 1-2 m hoch wachsende Artischocke Südamerikas u. des Mittelmeerraums, deren Köpfchen dort als Gemüsespeise beliebt sind: Cynara cardunculus [zu lat. *carduus* »Distel«]

Ka|renz ⟨f.; -, -en⟩ *oV* Karenzzeit **1** ⟨österr.⟩ Beurlaubung bei Entfall der Bezüge **2** ⟨Med.⟩ Verzicht, Enthaltsamkeit **3** Wartezeit, Sperrfrist (bes.

in der Versicherung) [<lat. *carere* »nicht haben, entbehren«]
ka|ren|zie|ren ⟨V.; österr.⟩ beurlauben (bei Streichung der Bezüge); *sich für ein Jahr ~ lassen*
Ka|renz|zeit ⟨f.; -, -en⟩ = Karenz
ka|res|sie|ren ⟨V.⟩ **1** ⟨veraltet⟩ *jmdn.* ~ jmdn. liebkosen, zärtlich streicheln, jmdm. schmeicheln **2** ⟨schweiz.⟩ zärtlich sein [<frz. *caresser*]
Ka|ret|te ⟨f.; -, -n; Zool.; kurz für⟩ Karettschildkröte
Ka|rett|schild|krö|te ⟨f.; -, -n; Zool.⟩ Meeresschildkröte der (sub)tropischen Ozeane, deren Rückenpanzer das echte Schildpatt liefert: Eretmochelys imbricata; *Sy* Karette [<frz. *caret* <span. *carey*]
Ka|rez|za ⟨f.; -; unz.⟩ Koitus ohne Samenerguss; *oV* Carezza [<ital. *carezza* »Liebkosung«; zu *caro* »lieb«]
Kar|fi|ol ⟨m.; -s; unz.; österr.⟩ Blumenkohl [<ital. *cavolfiore* »Kohlblume« <*cavolo* »Kohl« (<lat. *caulis*) + *fiore* »Blume« (<lat. *flos*, Gen. *floris*)]
Kar|fun|kel ⟨m.; -s, -; volkstüml. Bez. für⟩ Karbunkel
Kar|ga|deur ⟨[-dø:r] m.; -s, -e⟩ = Kargador
Kar|ga|dor ⟨m.; -s, -e⟩ jmd., der den Transport einer Schiffsladung u. ihre Übergabe an den Empfänger zu überwachen hat; *oV* Kargadeur [frz. <span.; → *Cargo*]
Kar|go ⟨m.; -s, -s⟩ = Cargo
Ka|ri|bu ⟨m.; -s, -s; Zool.⟩ das wildlebende nordamerikan. Rentier: Rangifer arcticus [<frz. *caribou* <Algonkin]
ka|rie|ren ⟨V.⟩ mit regelmäßigen Vierecken (Quadraten, Karos, Rhomben) versehen; *Sy* ⟨österr.⟩ rastrieren (2) [<frz. *carrer* <lat. *quadrare* »viereckig machen«]
ka|riert ⟨Adj.⟩ **1** mit Quadraten, Karos, Rhomben od. in diesen Formen sich kreuzenden Streifen versehen, gekästelt, gewürfelt; *~es Kleid* **2** ⟨umg.⟩ *guck nicht so ~!* so dumm, dummerstaunt, verständnislos [<frz. *carré* <lat. *quadratus* »viereckig«; → *karieren*]
Ka|ri|es ⟨[-riɛs] f.; -; unz.; Zahnmed.⟩ *oV* Caries **1** chronische Knochenerkrankung mit Zerstörung auch der festen Knochenteile, Knochenfraß **2** Verfall der harten Zahnsubstanz, Zahnfäule [<lat. *caries* »Fäulnis, Morschheit«]
ka|ri|ka|tiv ⟨Adj.⟩ in der Art einer Karikatur, übertrieben, verzerrt
Ka|ri|ka|tur ⟨f.; -, -en⟩ bildliche Darstellung, die eine Eigenschaft od. ein Merkmal stark übertreibt u. dadurch lächerlich macht, Zerrbild, Spottbild [<ital. *caricatura*, »Überladung; übertriebene, komisch verzerrte Darstellung charakterist. Eigenarten von Personen od. Sachen«]
Ka|ri|ka|tu|rist ⟨m.; -en, -en⟩ Zeichner von Karikaturen
Ka|ri|ka|tu|ris|tin ⟨f.; -, -tin|nen⟩ Zeichnerin von Karikaturen
ka|ri|ka|tu|ris|tisch ⟨Adj.⟩ in der Art einer Karikatur, mit Hilfe einer Karikatur
ka|ri|kie|ren ⟨V.⟩ *jmdn.* ~ von jmdm. eine Karikatur anfertigen, jmdn. in einer Karikatur lächerlich machen [<ital. *caricare* »beladen, übertrieben komisch darstellen«]
Ka|rinth ⟨n.; -s; unz.; Geol.⟩ = Karn
ka|ri|o|gen ⟨Adj.; Zahnmed.⟩ Karies erzeugend, verursachend [<*Karies* + *...gen*[1]]
ka|ri|ös ⟨Adj.; Zahnmed.⟩ von Karies befallen, zerfressen, angefault [<lat. *cariosus* »morsch, faul«, mit frz. Endung]
Ka|ri|tas ⟨f.; -; unz.⟩ christliche Nächstenliebe, Wohltätigkeit; *oV* Caritas (2) [<lat. *caritas* »auf Achtung beruhende Liebe«]
ka|ri|ta|tiv ⟨Adj.⟩ im Sinne der Karitas, auf ihr beruhend, wohltätig
Kar|kas|se ⟨f.; -, -n⟩ **1** Drahtgestell für Frauenhüte **2** ⟨16.-19. Jh.⟩ Brandgeschoss mit eisernem Gerippe **3** Gerippe von Leuchtkugeln **4** Unterbau des Luftreifens **5** Gerippe vom Geflügel [<frz. *carcasse*, ital. *carcassa* »Gerippe«]
kar|lin|gisch ⟨Adj.⟩ = karolingisch
Kar|ma ⟨n.; -s; unz.; Buddhismus; Brahmanismus; Jainismus⟩ Glaube, dass das Schicksal des Menschen nach dem Tode von seinen Taten in seinem letztvergangenen u. seinen früheren Leben abhänge; *oV* Karman [Sanskrit]
Kar|man ⟨n.; -s; unz.⟩ = Karma
Kar|me|lit ⟨m.; -en, -en⟩ = Karmeliter
Kar|me|li|ter ⟨m.; -s, -⟩ Angehöriger des Karmeliterordens; *oV* Karmelit
Kar|me|li|ter|geist ⟨m.; -(e)s; unz.⟩ zuerst von den Karmelitern hergestellte Lösung von Nelken-, Muskat-, Zimt- u. Zitronenöl in Alkohol als Einreibemittel; *Sy* Melissengeist
Kar|me|li|te|rin ⟨f.; -, -rin|nen⟩ Angehörige des 1425 gestifteten, dem Karmeliterorden angegliederten Nonnenordens; *oV* Karmelitin
Kar|me|li|tin ⟨f.; -, -tin|nen⟩ = Karmeliterin
Kar|men ⟨n.; -s, -mi|na⟩ = Carmen
Kar|me|sin ⟨n.; -s; unz.⟩ leuchtend roter Farblack aus Cochenilleschildläusen; *Sy* Karmin [<ital. *carmesino* <pers., türk., arab. *qirmiz*, Name der Schildlaus, die den Farbstoff liefert]
Kar|min ⟨n.; -s; unz.⟩ = Karmesin [<neulat. *carminium* <pers. *kirm* »Wurm«]
Kar|mi|na|ti|vum ⟨[-vum] n.; -s, -va [-va]; Pharm.⟩ pflanzliches Mittel gegen Blähungen [zu lat. *carminare* »krempeln«; in der medizin. Bedeutung »säubern«]
kar|mo|sie|ren ⟨V.⟩ *größere Edelsteine ~* mit kleinen Edelsteinen umranden [<schwed. *karm* »Rand, Rahmen«]
Karn ⟨n.; -s; unz.; Geol.⟩ eine Stufe der pelagischen Trias; *Sy* Karinth [nach neulat. *Carinthia* »Kärnten«]
Kar|nal|lit ⟨m.; -s; unz.; Chemie⟩ = Carnallit
Kar|na|ti|on ⟨f.; -; unz.⟩ = Inkarnat [<lat. *caro*, Gen. *carnis* »Fleisch«]
Kar|nau|ba|pal|me ⟨f.; -, -n; Bot.⟩ bis zu 30 m hohe Palme mit fächerförmigen Blattwedeln: Copernicia cerifera
Kar|nau|ba|wachs ⟨[-ks] n.; -es; unz.⟩ Pflanzenwachs der Karnaubapalme [<portug. *carnauba*]

K

Kar|ne|ol ⟨m.; -s, -e; Min.⟩ Mineral, gelbliche bis blutrote Abart des Chalzedons [<lat. *caro,* Gen. *carnis* »Fleisch« + ...*ol*]

Kar|ner ⟨m.; -s, -⟩ *oV* Kerner **1** (Friedhofskapelle mit) Beinhaus, in dem beim Anlegen neuer Gräber die alten Gebeine gesammelt aufbewahrt werden **2** Fleisch-, Räucherkammer [<lat. *carnarium* »Fleischkammer«; zu *caro,* Gen. *carnis* »Fleisch«]

Kar|ne|val ⟨[-val] m.; -s, -e od. -s⟩ Fastnacht, Fastnachtsfest u. -zeit [<ital. *carnevale;* Deutungsversuche: 1. <mlat. *carne, vale!* »Fleisch, lebe wohl!«; 2. <mlat. *carnelevale* »Fleischentzug«; 3. <lat. *carrus navalis* »Schiffskarren, Räderschiff« (Räderschiffe wurden bei festl. Umzügen zur Wiedereröffnung der Schifffahrt im Februar mitgeführt)]

kar|ne|va|lesk ⟨[-va-] Adj.⟩ in der Art des Karnevals, wie im Karneval

Kar|ne|va|list ⟨[-va-] m.; -en, -en⟩ jmd., der Karneval feiert, daran teilnimmt

Kar|ne|va|lis|tin ⟨[-va-] f.; -, -tinnen⟩ weibl. Person, die Karneval feiert, daran teilnimmt

kar|ne|va|lis|tisch ⟨[-va-] Adj.⟩ den Karneval betreffend, zu ihm gehörig, von ihm stammend; *eine ~e Rede*

Kar|nies ⟨n.; -es, -e; Arch.⟩ Gesims od. Sockel mit S-förmigem Profil, Verbindung von Hohlkehle u. Stab, Glockenleiste [<frz. *corniche,* ital. *cornice* »Gesims, Kranzleiste« <lat. *coronis* »gewundener Strich, Schnörkel« <grch. *koronis*]

Kar|nie|se ⟨f.; -, -n; österr.⟩ Vorhangstange [→ *Karnies*]

kar|nisch ⟨Adj.⟩ das Karn betreffend, zu ihm gehörig, aus ihm stammend

kar|ni|vor ⟨[-vo:r] Adj.; Biol.⟩ *~e Lebewesen* fleischfressende Lebewesen; *Ggs* herbivor [<lat. *caro,* Gen. *carnis* »Fleisch« + ...*vor*]

Kar|ni|vo|re(r) ⟨[-vo:-] f. 2 (m. 1); Biol.⟩ **1** Tier, das sich (überwiegend) von Fleisch ernährt, Fleischfresser; *Ggs* Herbivore **2** fleischfressende Pflanze

Ka|ro ⟨n.; -s, -s⟩ **1** Viereck, Rhombus, Quadrat **2** viereckiges, rhombisches od. quadrat. Muster **3** ⟨Kart.⟩ **3.1** Spielkarte mit rotem Rhombus **3.2** Spielkartenfarbe [<frz. *carreau* »viereckige Platte od. Scheibe« <lat. *quadrum* »Viereck«]

Ka|ro|be ⟨f.; -, -n⟩ = Karube

Ka|ro|lin|ger ⟨m.; -s, -; Gesch.⟩ Angehöriger eines nach Karl dem Großen benannten fränkischen Herrschergeschlechtes (bis 911 in Deutschland, bis 987 in Frankreich)

ka|ro|lin|gisch ⟨Adj.; Gesch.⟩ zu den Karolingern gehörig, von ihnen stammend; *oV* karlingisch

Ka|ro|shi ⟨[-ʃi] m.; - od. -s; unz.; meist ohne Artikel⟩ Tod infolge von Stress u. Überarbeitung [jap.]

Ka|ros|se ⟨f.; -, -n⟩ **1** eleganter, vierrädriger Pferdewagen, der oft als Staatskutsche verwendet wurde; *Staats~* **2** ⟨fig.⟩ schweres Luxusautomobil [<frz. *carrosse* »Prunkwagen« <ital. *carroccio* »Wagen, auf dem das Feldzeichen in die Schlacht geführt wird« <mlat. *carracutium* »zweirädriger Wagen mit hohen Rädern«, <gallolat. *carrus* »Wagen«]

Ka|ros|se|rie ⟨f.; -, -n⟩ die äußere Form, das Oberteil des Kraftfahrzeugs bestimmender Aufbau, der Innenraum u. Fahrwerk umschließt; *Ggs* Chassis (1) [<frz. *carrosserie* »Wagen(auf)bau«]

ka|ros|sie|ren ⟨V.⟩ mit einer Karosserie versehen

Ka|ro|ti|de ⟨f.; -, -n; Anat.⟩ Halsschlagader; *oV* Karotis [<grch. *karotides* <*karos* »Tiefschlaf«; zu *karoun* »betäuben«; verwandt mit *kara* »Kopf«]

Ka|ro|tin ⟨n.; -s; unz.⟩ = Carotin

Ka|ro|ti|no|i|de ⟨Pl.⟩ = Carotinoide

Ka|ro|tis ⟨f.; -, -ti|den⟩ = Karotide

Ka|rot|te ⟨f.; -, -n⟩ früh reifende, gelbe bis rote, kurze Mohrrübe [<ndrl. *karote* <frz. *carotte* <lat. *carota* <grch. *karoton*]

...karp[1] ⟨Nachsilbe; zur Bildung von Adj.⟩ früchtetragend; *oV* ...karpisch

...karp[2] ⟨Nachsilbe; zur Bildung sächl. Subst.⟩ Frucht, Fruchtwand; *oV* ...karpium [<grch. *karpos* »Frucht«]

Kar|pell ⟨n.; -s, -e; Bot.⟩ die Samenanlage tragendes weibl. Geschlechtsorgan der Blüte, Fruchtblatt; *oV* Karpellum

Kar|pel|lum ⟨n.; -s, -pel|la od. -pel|le; Bot.⟩ = Karpell [<neulat. *carpellum* <grch. *karpos* »Frucht«]

Kar|pen|ter|brem|se *auch:* **Kar|pen|ter-Brem|se** ⟨f.; -, -n⟩ Druckluftbremse für Eisenbahnzüge [nach dem US-amerikan. Eisenbahningenieur Jesse Fairfield *Carpenter,* 1852-1901]

...kar|pisch ⟨Nachsilbe; zur Bildung von Adj.⟩ = ...karp[1]

...kar|pi|um ⟨Nachsilbe; zur Bildung sächl. Subst.⟩ = ...karp[2]

Kar|po|lith ⟨m.; -s od. -en, -e od. -en⟩ Versteinerung von Früchten u. Samen [<grch. *karpos* »Frucht« + ...*lith*]

Kar|po|lo|gie ⟨f.; -; unz.⟩ Lehre von den Früchten [<grch. *karpos* »Frucht« + ...*logie*]

kar|po|lo|gisch ⟨Adj.⟩ die Karpologie betreffend, zu ihr gehörig, auf ihr beruhend

Kar|ra|geen ⟨n.; -s od. -; unz.⟩ Rotalgen der Nordseeküste (Irländisches Moos), die als reizlinderndes Mittel dienen: Chondrus crispus; *oV* Karragheen [nach dem Ort *Carragheen* in Irland]

Kar|ra|gheen ⟨n.; -s od. -; unz.⟩ = Karrageen

Kar|ree ⟨n.; -s, -s⟩ **1** Viereck, Rhombus, Quadrat **2** Wohnblock (in der Form eines Karrees (1); *ums ~ laufen* **3** Rippenstück von Kalb, Schwein od. Hammel [<frz. *carré* »Viereck« <lat. *quadratus* »viereckig«]

Kar|ret|te ⟨f.; -, -n; schweiz.⟩ **1** Schubkarren **2** schmalspuriger Transportwagen für Gebirgstruppen **3** ⟨umg.⟩ alter Wagen **4** zweirädriges Einkaufswägelchen [<ital. *carretta* <gallolat. *carrus* »Wagen«]

Kar|ri|e|re ⟨f.; -, -n⟩ **1** (rascher) Aufstieg im Leben u. Beruf, (glänzende) Laufbahn; *~ machen* **2** ⟨veraltet⟩ schneller Galopp; *in voller ~ daherkommen* [<frz. *carrière* »Rennbahn, Laufbahn« <ital. *carriera* <gallolat. *carrus* »Wagen«]

K

Kar|ri|e|re|frau ⟨f.; -, -en; häufig abwertend⟩ Frau, die (rücksichtslos) eine schnelle Karriere macht; →*a.* Karrierist

Kar|ri|e|ris|mus ⟨m.; -; unz.⟩ übertriebenes Streben, Karriere zu machen

Kar|ri|e|rist ⟨m.; -en, -en; häufig abwertend⟩ jmd., der unbedingt u. schnell Karriere machen will; *er macht den Eindruck eines vollkommen rücksichtslosen ~en*

Kar|ri|e|ris|tin ⟨f.; -, -tin|nen⟩ weibl. Karrierist

kar|ri|e|ris|tisch ⟨Adj.⟩ auf die Karriere ausgerichtet, bestrebt, Karriere zu machen

Kar|ri|ol ⟨n.; -s, -s⟩ *oV* Karriole **1** leichtes, zweirädriges Fuhrwerk **2** ⟨veraltet⟩ Postwagen [<frz. *carriole* »leichtes, zweirädriges Wägelchen« <mlat. *carriola* »Frauenwagen«; zu gallolat. *carrus* »Wagen«; verwandt mit *Karre*]

Kar|ri|o|le ⟨f.; -, -n⟩ = Karriol

kar|ri|o|len ⟨V.⟩ **1** ⟨veraltet⟩ mit dem Postwagen fahren **2** ⟨fig.⟩ unsinnig herumkutschieren, unsinnig fahren

kart. ⟨bei bibliograf. Angaben Abk. für⟩ kartoniert

Kar|tät|sche ⟨f.; -, -n; Mil.⟩ dünnwandiges Hohlgeschoss, das, mit Bleikugeln gefüllt, aus Geschützen gegen einen feindl. Angriff auf kürzeste Entfernung gefeuert wurde; →*a.* Kardätsche [<ital. *cartoccio* »kleine Krämertüte«; zu *carto* »Papier, Karte« <lat. *charta;* → *Charta*]

kar|tät|schen ⟨V.; Mil.; veraltet⟩ mit Kartätschen schießen

Kar|tau|ne ⟨f.; -, -n; Mil.; um 1500⟩ schweres Geschütz [<ital. *cortana* »kurze Kanone«; zu *corto* »kurz«, vermischt mit lat. *quartana* »Viertelsstück«; zu *quartus* »der Vierte«]

Kar|tau|se ⟨f.; -, -n⟩ Kloster der Kartäuser [<*Cartusia,* der lat. Bezeichnung für *Chartreuse* (bei Grenoble)]

Kar|täu|ser ⟨m.; -s, -⟩ **1** Mitglied des Kartäuserordens **2** = Chartreuse® [→ *Kartause*]

Kar|tell ⟨n.; -s, -e⟩ **1** ⟨urspr.⟩ Kampfordnung beim Turnier **2** ⟨danach⟩ schriftliche Herausforderung zum Zweikampf **3** ⟨heute; Wirtsch.⟩ Zusammenschluss von Firmen des gleichen Wirtschaftszweiges, die jedoch selbstständig unter ihrem Namen weiterbestehen **4** Bündnis mehrerer Parteien **5** freundschaftl. Beziehung zwischen Studentenverbindungen [<frz. *cartel* <ital. *cartello,* Verkleinerungsform zu *carta* »Karte« <lat. *charta;* → *Charta*]

Kar|tell|amt ⟨n.; -(e)s, -äm|ter⟩ Behörde, die die Befolgung der Kartellgesetze kontrolliert

Kar|tell|ge|setz ⟨n.; -es, -e⟩ Gesetz, das Kartellbildungen in Wirtschaft u. Industrie (zum Schutze des freien Marktes) untersagt

kar|tel|lie|ren ⟨V.⟩ **1** ⟨urspr.⟩ durch ein Kartell (1, 2) herausfordern **2** ⟨heute; Wirtsch.⟩ in einem Kartell zusammenschließen

kar|tel|lis|tisch ⟨Adj.⟩ das Kartell betreffend, auf ihm beruhend

kar|te|si|a|nisch ⟨Adj.; Philos.⟩ = cartesianisch

Kar|te|si|a|nis|mus ⟨m.; -; unz.; Philos.⟩ = Cartesianismus

kar|te|sisch ⟨Adj.; Philos.⟩ = cartesianisch

Kar|tha|ger ⟨m.; -s, -⟩ Einwohner der antiken phönizischen Stadt Karthago in Nordafrika

kar|tha|gisch ⟨Adj.⟩ Karthago u. seine Einwohner betreffend, zu ihnen gehörig

Kar|tha|min ⟨n.; -s; unz.⟩ im Wilden Safran enthaltener roter Farbstoff; *oV* Carthamin [arab.]

kar|tie|ren ⟨V.; Geogr.⟩ *ein Gelände ~* vermessen u. auf einer Landkarte darstellen [→ *Karte*]

kar|ti|la|gi|när ⟨Adj.; Med.⟩ knorpelig [<lat. *cartilaginosus* »knorpelreich«]

Kar|ting ⟨n.; - od. -s; unz.; Sport⟩ sportlich u. teilweise professionell betriebenes Fahren mit motorgetriebenen Gokarts [engl., »Gokartfahren«]

kar|to..., Kar|to... ⟨in Zus.⟩ Karte(n)..., Zettel..., Landkarte(n)... [<ital. *carta* »Papier, Karte« <lat. *charta;* → *Charta*]

Kar|to|graf ⟨m.; -en, -en⟩ = Kartograph

Kar|to|gra|fie ⟨f.; -; unz.⟩ = Kartographie

kar|to|gra|fie|ren ⟨V.⟩ = kartographieren

Kar|to|gra|fin ⟨f.; -, -fin|nen⟩ = Kartographin

Kar|to|gramm ⟨n.; -s, -e⟩ **1** grafische Darstellung statistischer Verhältnisse auf Landkarten **2** Landkarte mit eingezeichnetem Schaubild [<*Karto...* + *...gramm*]

Kar|to|graph ⟨m.; -en, -en⟩ Zeichner od. Bearbeiter von Landkarten u. Plänen; *oV* Kartograf [<*Karto...* + *...graph*]

Kar|to|gra|phie ⟨f.; -; unz.⟩ Anfertigung von Landkarten u. Plänen; *oV* Kartografie

kar|to|gra|phie|ren ⟨V.⟩ kartographisch darstellen; *oV* kartografieren; *einen Bezirk, eine Landschaft ~*

Kar|to|gra|phin ⟨f.; -, -phin|nen⟩ Zeichnerin od. Bearbeiterin von Landkarten u. Plänen; *oV* Kartografin

Kar|to|man|tie ⟨f.; -; unz.⟩ vermeintliche Kunst, aus Karten die Zukunft vorauszusagen [<*Karto...* + *...mantie*]

Kar|to|me|ter ⟨n.; -s, -; Geom.⟩ Kurvenmesser [<*Karto...* + *...meter*]

Kar|to|me|trie *auch:* **Kar|to|met|rie** ⟨f.; -; unz.; Kartogr.⟩ Messung von Längen, Flächen u. Winkeln auf Landkarten [<*Karto* + *...metrie*]

kar|to|me|trisch *auch:* **kar|to|met|risch** ⟨Adj.; Kartogr.⟩ zur Kartometrie gehörig, auf ihr beruhend, mit ihrer Hilfe

Kar|ton ⟨[-tɔ̃ː] od. [-tɔŋ] m.; -s, -s⟩ **1** dünne Pappe, steifes, dickes Papier **2** Schachtel aus Pappe **3** ⟨a. [-toːn] m.; -s, -e⟩ Skizze zu einem Wandgemälde in gleicher Größe **4** Ersatzblatt in einem Buch für ein fehlerhaftes Blatt od. zur Ergänzung [<frz. *carton* <ital. *cartone,* Vergrößerungsform zu *carta* »Papier« <lat. *charta;* → *Charta*]

Kar|to|na|ge ⟨[-ʒə] f.; -, -n⟩ **1** feste Verpackung aus Karton od. Pappe **2** Bucheinband aus Karton [<frz. *cartonnage* »Kartonagen(industrie), Kartonverpackung«; → *Karton*]

kar|to|nie|ren ⟨V.⟩ **1** in Karton einbinden; *ein Buch ~* **2** in Karton einpacken

K

kar|to|niert ⟨Adj.⟩ in Karton eingebunden, in Karton eingepackt; *ein ~es Buch*

Kar|to|thek ⟨f.; -, -en⟩ Sammlung von Aufzeichnungen auf Zetteln od. Karten gleichen Formats u. in bestimmter Ordnung, Kartei [<*Karto...* + *...thek*]

Kar|tu|sche ⟨f.; -, -n⟩ **1** ⟨Mil.⟩ Metallhülse der Artilleriegeschosse, in der sich die Pulverladung befindet **2** ⟨Arch.⟩ bes. im Barock beliebtes Ornament aus rechteckiger Fläche (für Inschriften, Wappen u. a.) mit Rahmen aus Voluten [<frz. *cartouche* »gerollte Einfassung aus Papier« <ital. *cartuccia* »kleines, geringes Papier« <lat. *charta;* → *Charta*]

Ka|ru|be ⟨f.; -, -n; Bot.⟩ Johannisbrot, Frucht des Johannisbrotbaumes; *oV* Karobe [<arab. *Kharrubah*]

Ka|run|kel ⟨f.; -, -; Med.⟩ Fleischwarze [<lat. *caruncula* »Stückchen Fleisch«, Verkleinerungsform zu lat. *caro* »Fleisch«]

Ka|rus|sell ⟨n.; -s, -s od. -e⟩ eine sich im Kreis drehende Rundfläche mit Reit- od. Fahrsitzen als Volksbelustigung auf Jahrmärkten (bes. für Kinder); *mit jmdm. ~fahren* ⟨umg.⟩ ihn energisch herannehmen, ihn laufen, springen lassen, jmdn. hinhalten, überlisten, übervorteilen [<frz. *carrousel* »Reiterspiel mit Ringelstechen« <ital. *carosello;* Herkunft unklar; Deutungsversuche: 1. <ital. *gara* »Streit« + *sella* »Sattel«; 2. <arab. *kurradsch* »Spiel mit hölzernen Pferden« <pers. *kurra(k)* »Füllen«]

Ka|ry|a|ti|de ⟨f.; -, -n; Arch.⟩ Frauengestalt, die auf Haupt od. emporgehobenen Armen das Gebälk trägt (bes. am Portikus); *Sy* Kanephore (2), Kore; *Ggs* Atlant [<grch. *karyatides,* vermutl. nach den Priesterinnen im Dianatempel zu *Karyä* in Lakonien]

ka|ryo..., Ka|ryo... ⟨in Zus⟩ Kern, Zellkern [<grch. *karyon* »Nuss, Kern«.]

Ka|ryo|ga|mie ⟨f.; -, -n; Biol.⟩ der eigentliche Befruchtungsvorgang, die Verschmelzung von Ei- u. Samenkern [<*Karyo...* + *...gamie*]

Ka|ryo|ki|ne|se ⟨f.; -, -n; Biol.⟩ Kernteilung; →*a.* Mitose [<*Karyo...* + grch. *kinesis* »Bewegung«]

ka|ryo|ki|ne|tisch ⟨Adj.; Biol.⟩ die Karyokinese betreffend, auf ihr beruhend, zu ihr gehörig

Ka|ryo|lo|gie ⟨f.; -; unz.; Biol.⟩ Lehre vom Zellkern

Ka|ryo|lym|phe ⟨f.; -, -n; Biol.⟩ Flüssigkeit im Zellkern

Ka|ryo|ly|se ⟨f.; -, -n; Biol.⟩ Kernauflösung nach dem Zelltod [<*Karyo...* + *...lyse*]

ka|ryo|phag ⟨Adj.; Biol.⟩ den Zellkern zerstörend, aufnehmend [<*karyo...* + *...phag*]

Ka|ryo|plas|ma ⟨n.; -s, -plas|men; Biol.⟩ Kernplasma

Ka|ry|op|se ⟨f.; -, -n; Bot.⟩ nussähnl. Schließfrucht der Gräser, bei der Fruchtwand u. Samenschale miteinander verwachsen sind [<*Karyo...* + grch. *opsis* »das Sehen«]

Kar|zer ⟨m.; -s, -; früher⟩ **1** Raum für Arreststrafen in Schulen u. Hochschulen **2** scharfer Arrest [<lat. *carcer* »Kerker«]

kar|zi|no..., Kar|zi|no... ⟨Med.; in Zus.⟩ krebs..., Krebs..., krebsartig; *karzinogen; Karzinose* [<grch. *karkinos* »Krebs«]

kar|zi|no|gen ⟨Adj.; Med.⟩ krebserzeugend, krebsauslösend; *Sy* kanzerogen [<grch. *karkinos* »Krebs« + *...gen*]

Kar|zi|no|gen ⟨n.; -s, -e; Med.⟩ krebserregendes Mittel, krebserregender Stoff; *Sy* Kanzerogen

Kar|zi|no|id ⟨n.; -s, -e; Med.⟩ krebsähnliche, aber sehr langsam wachsende kleine Geschwulst besonders im Magendarmkanal u. im Bronchialsystem [<*Karzinom* + *...id*]

Kar|zi|nom ⟨n.; -s, -e; Abk.: Ca; Med.⟩ bösartige Geschwulstbildung des menschlichen u. tierischen Gewebes, Krebs [<grch. *karkinos* »Krebs«]

kar|zi|no|ma|tös ⟨Adj.; Med.⟩ wie ein Karzinom

Kar|zi|no|sar|kom ⟨n.; -s, -e; Med.⟩ bösartige Geschwulst, das aus karzinomatösem u. sarkomatösem Gewebe besteht [<*Karzinom* + *Sarkom*]

Kar|zi|no|se ⟨f.; -, -n; Med.⟩ über den ganzen Körper ausgedehnte Krebsbildung [<grch. *karkinos* »Krebs«]

Ka|sach ⟨m.; -s, -s⟩ = Kasak

Ka|sack ⟨m.; -s, -s⟩ über Rock od. Hose getragene, meist mit Borten verzierte, hüftlange Bluse [<frz. *casaque* »Reisemantel« <mfrz. *casaque* <pers. *kazhaghand* »wattierte Jacke« < *kazh, kaj* »Rohseide« + *aghand* »polstern«]

Ka|sak ⟨m.; -s, -s⟩ kaukas. Knüpfteppich mit (oft wuchtigem) geometr. Muster; *oV* Kasach [nach den *Kasachen,* einem mittelasiat. Nomadenvolk]

Ka|sa|tschok *auch:* **Ka|sat|schok** ⟨m.; -s, -s; Musik⟩ **1** russischer, ursprüngl. kosakischer Volkstanz **2** moderner Tanz mit einigen Figuren aus dem Kasatschok (1) [<russ. *kasačok,* Verkleinerungsform zu *kazak* »Kosak«]

Kas|ba ⟨f.; -, -s od. Ksa|bi; in Marokko⟩ = Kasbah

Kas|bah ⟨f.; -, -s od. Ksa|bi⟩ *oV* Kasba **1** Viertel in afrikan. Städten, das hauptsächlich von Arabern bewohnt wird **2** ⟨in Marokko⟩ Schloss des Sultans [arab.]

Kasch ⟨m.; -s; unz.⟩ = Kascha

Käsch ⟨n.; -s, -s od. bei Zahlungsangaben Pl.: -⟩ **1** ostasiatische Münze aus Buntmetall **2** ⟨i. e. S.⟩ = Li (2.3) [<Tamil *kasu* »kleine Kupfermünze« <Sanskrit *karsa* »kleines Münzmetallgewicht«]

Ka|scha ⟨f.; -; unz.⟩ *oV* Kasch **1** russische, in Butter geröstete Buchweizengrütze **2** ⟨i. w. S.⟩ jede breiartige Speise [<russ. *kaša*]

Ka|schan ⟨m.; -s, -s⟩ persischer Knüpfteppich mit Medaillon-, Blumen- u. Rankenmuster; *oV* Keschan [nach der pers. Stadt *Kaschan*]

Ka|sche|lott ⟨m.; -s, -e; Zool.⟩ Pottwal: Kogia breviceps; *oV* Cachelot [<frz. *cachalot* »Pottwal« <span., portug. *cachalote*]

Ka|schem|me ⟨f.; -, -n⟩ **1** ⟨abwertend⟩ üble Kneipe, verwahrlostes Lokal **2** ⟨früher⟩ Bezeichnung für Verbrechertreffpunkt

[<Zig. *katšima* »Wirtshaus« <slaw. *krčma*]

Käs|scher ⟨m.; -s, -⟩ = Kescher

Ka|scheur ⟨[-ʃøːr] m.; -s, -e⟩ Handwerker, der Bühnenbildteile kaschiert

ka|schie|ren ⟨V.⟩ *oV* cachieren **1** bemänteln, verheimlichen, verhüllen **2** ⟨Typ.⟩ mit buntem Papier bekleben; *einen Kartonbucheinband ~* **3** (plast. Bühnenbildteile) mit Kaschiermasse überziehen, z. B. Architekturformen, Pflanzen aus Holz, Pappe, Draht **4** mit Klebemittel verbinden (zwei übereinandergelegene Gewebebahnen) [<frz. *cacher* »verbergen«]

Kasch|mir ⟨m.; -s, -e; Textilw.⟩ ursprünglich aus dem feinen, glänzenden Flaumhaar der Kaschmirziege hergestellter Wollfaden (für Strickjacken, Pullover) bzw. fester Kammgarnkleiderstoff [nach der *Kaschmirziege* im *Kaschmirgebirge*]

Ka|scho|long ⟨m.; -s, -s; Min.⟩ Mineral, weiße Abart des Opals [<frz. *cacholong* »Schönstein« <*Cach,* Name eines Baches in Usbekistan + kalmück. *cholong* »Stein«]

Ka|schu|be ⟨m.; -n, -n⟩ Angehöriger eines urspr. westslawischen, an der unteren Weichsel lebenden, heute in Westpreußen u. Teilen von Pommern beheimateten Volksstammes; *oV* Kassube [<poln. *kaszuba* »Pelzrock«]

Ka|se|in ⟨n.; -s; unz.; Chemie⟩ = Casein

Ka|sel ⟨f.; -, -n⟩ vorwiegend von katholischen Priestern getragenes Messgewand [<vulgärlat. *casubla* »Messgewand«]

Ka|se|mat|te ⟨f.; -, -n; Mil.⟩ **1** dick ummauerter, schusssicherer Raum in Befestigungswerken **2** gepanzerter Geschützraum auf Kriegsschiffen [<frz. *casemate* <ital. *casamatta* »Wallgewölbe« <mgrch. *chasma, chasmata* »Erdkluft«]

ka|se|mat|tie|ren ⟨V.; Mil.⟩ mit Kasematten versehen, geschützsicher machen; *eine Festung ~; ein Schiff ~*

Ka|ser|ne ⟨f.; -, -n; Mil.⟩ Gebäude(komplex) zur dauernden Unterbringung von Truppen [<frz. *caserne* »Kaserne«, urspr. »kleiner Raum auf Festungsanlagen für die zur Nachtwache abgestellten Soldaten« <vulgärlat. *quaderna,* lat. *quaterna* »je vier«; zu lat. *quattuor* »vier«]

ka|ser|nie|ren ⟨V.; Mil.⟩ *Truppen ~* in Kasernen unterbringen; *Kasernierte Volkspolizei* ⟨Abk.: KVP⟩ bis zur Umbenennung in »Nationale Volksarmee« Bez. für die Streitkräfte der DDR

Ka|si|no ⟨n.; -s, -s⟩ = Casino

Kas|ka|de ⟨f.; -, -n⟩ **1** künstl., stufenförmiger Wasserfall **2** wasserfallähnl. Feuerwerk **3** wagemutiger Sprung eines Artisten [<frz. *cascade* <ital. *cascata* <lat. *cadere* »fallen«]

Kas|ka|den|bat|te|rie ⟨f.; -, -n; El.⟩ aus mehreren hintereinandergeschalteten Einzelbatterien bestehende Strom- u. Spannungsquelle

Kas|ka|den|ge|ne|ra|tor ⟨m.; -s, -en; Physik; Technik⟩ Kaskadenschaltung von Kondensatoren u. Gleichrichtern od. Transformatoren zur Erzeugung sehr hoher Spannungen bis zu mehreren Millionen Volt

Kas|ka|den|schal|tung ⟨f.; -, -en; El.⟩ elektr. Schaltung zum Erzeugen einer hohen Gleichspannung bis zu mehreren Millionen Volt aus Wechselspannungen

Kas|ka|deur ⟨[-døːr] m.; -s, -e⟩ **1** Artist, der eine Kaskade (3) vorführt, wagemutig springt **2** ⟨selten für⟩ Double (3)

Kas|kett ⟨n.; -s, -e⟩ **1** ⟨früher⟩ einfacher Helm mit Visier **2** leichter Lederhelm, z. B. der Feuerwehr [<ital. *caschetto,* Verkleinerungsform zu *casco* »Helm«]

Kas|ko ⟨m.; -s, -s⟩ **1** Schiffsrumpf (im Unterschied zur Ladung) **2** ⟨Kart.⟩ Spielart des Lombers [<span. *casco* »Schiffsrumpf«]

Kas|ko|ver|si|che|rung ⟨f.; -, -en⟩ Versicherung gegen Schäden an Fahrzeugen, Schiffen u. Flugzeugen

Kas|sa ⟨f.; -, Kas|sen; veraltet; noch österr.⟩ = Kasse

Kas|sa|ge|schäft ⟨n.; -(e)s, -e⟩ Börsengeschäft, bei dem Lieferung u. Zahlung dem Geschäftsabschluss unmittelbar folgen

Kas|san|dra|ruf *auch:* **Kas|sand|raruf** ⟨m.; -(e)s, -e⟩ unheilvolle Warnung [nach *Kassandra,* der Tochter des trojan. Königs Priamos, die den Untergang ihrer Vaterstadt voraussagte, aber keine Beachtung fand]

Kas|sa|ti|on[1] ⟨f.; -, -en; Rechtsw.⟩ **1** Ungültigkeitserklärung; *Sy* Kassierung; *~ von Urkunden* **2** Aufhebung durch die höhere Instanz; *~ eines Urteils* **3** (bedingungslose) Entlassung aus dem Militärdienst [<spätlat. *cassare* »für ungültig erklären, annulieren«; zu lat. *cassus* »leer, nichtig«]

Kas|sa|ti|on[2] ⟨f.; -, -en; Musik⟩ (bes. zur Vorführung im Freien vorgesehenes) mehrsätziges Musikstück, z. B. Serenade, Divertimento [<ital. *cassazione* »Aufhebung, Abschied«]

Kas|sa|ti|ons|hof ⟨m.; -(e)s, -hö|fe⟩ oberstes Gericht einiger roman. Länder [→ *Kassation*[1]]

kas|sa|to|risch ⟨Adj.; Rechtsw.⟩ die Kassation (1, 1) betreffend, auf ihr beruhend, in der Art einer Kassation (1, 1)

Kas|sa|zah|lung ⟨f.; -, -en⟩ Barzahlung

Kas|se ⟨f.; -, -n⟩ *oV* ⟨österr.⟩ Kassa **1** Kasten für Geld; *Laden~; Wechselgeld in der ~ haben; einen Griff in die ~ tun* ⟨umg.; verhüllend⟩ Geld stehlen **2** Vorrat an Geld; *gut, schlecht bei ~ sein; die ~ führen* für die Abrechnung verantwortlich sein; *~ machen* abrechnen, kassieren; *getrennte ~ machen, führen* getrennt, einzeln, für sich bezahlen; *volle ~n machen* viel Geld einnehmen od. einbringen; *der Film, das Theaterstück macht, bringt volle ~n; per ~ zahlen* bar zahlen; *netto ~* bar ohne Abzug **3** Raum, Schalter des Kassierers; *Kino~; Theater~; Abend~; Tages~* **4** ⟨umg.; kurz für⟩ Krankenkasse **5** Sparkasse; *Geld zur ~ bringen* [<ital. *cassa* »Behältnis, Ort, an dem man Geld aufbewahren kann« <lat. *capsa* »Behältnis, Kasten«]

Kas|se|rol|le ⟨f.; -, -n; Kochk.⟩ runder od. längl. Topf mit De-

K

ckel zum Kochen u. Schmoren [<frz. *casserole* »Schmortopf, Schmorpfanne«]

Kas|set|te ⟨f.; -, -n⟩ *oV* Cassette **1** Holz- od. Metallkasten für Geld od. Wertgegenstände; *Geld~; Schmuck~* **2** ⟨Arch.⟩ kastenförmig vertieftes Feld in der Decke eines Raumes **3** ⟨Fot.⟩ **3.1** flacher Metallbehälter zum Aufbewahren der lichtempfindl. Platte u. zum Einlegen in die Kamera **3.2** zylinderförmige Kapsel zum Aufbewahren eines Rollfilms u. Einlegen in die Kamera **4** Tonband im Kunststoffbehälter für Kasettenrekorder **5** mehrere zusammengehörige Bücher in einem die Rücken offen lassenden Schmuckkarton [<frz. *cassette* <ital. *cassetta* »Kästchen«, Verkleinerungsform zu *cassa;* → *Kasse*]

Kas|set|ten|deck ⟨n.; -s, -s⟩ Kassettenrekorder ohne Lautsprecher u. Verstärker (für Stereoanlagen)

K

Kas|set|ten|de|cke ⟨f.; -, -n⟩ in Kassetten (2) unterteilte Decke (eines Raumes)

Kas|set|ten|re|cor|der ⟨m.; -s, -⟩ = Kassettenrekorder

Kas|set|ten|re|kor|der ⟨m.; -s, -⟩ Tonbandgerät zur Aufnahme u. Wiedergabe von Kassetten (4); *oV* Kassettenrecorder [<engl. *recorder* »Aufzeichner«; zu *record* »aufzeichnen« <lat. *recordari* »sich vergegenwärtigen«]

kas|set|tie|ren ⟨V.; Arch.⟩ *eine Decke ~* in Kassetten (2) unterteilen

Kas|sia ⟨f.; -, -si|en; Bot.⟩ = Kassie

Kas|sia|öl ⟨n.; -s; unz.⟩ chines. Zimtöl

Kas|si|ber ⟨m.; -s, -⟩ heiml. Briefbotschaft zwischen Gefangenen u. der Außenwelt od. auch untereinander [<rotw. *kasife* »Brief, Dokument« <hebr. *kethibha,* Part. Perf. zu *kathabh* »schreiben«]

Kas|si|de ⟨f.; -, -n⟩ arab., türk. u. pers. Preisgedicht oder Totenklage in Form des Gasels [<arab. *kassida* »Lobgedicht«]

Kas|sie ⟨[-sjə] f.; -, -n; Bot.⟩ Sennesstrauch, tropische Gattung der Mimosengewächse, von denen einige Arten die Sennesblätter (Abführmittel) liefern: Cassia; *oV* Kassia; *Sy* Senna [<grch. *kassia*]

Kas|sier ⟨m.; -s, -e; österr. u. süddt.⟩ = Kassierer

kas|sie|ren[1] ⟨V.⟩ **1** annehmen, einnehmen; *Beitrag, Geld ~* **2** sich aneignen, entwenden **3** ⟨fig.; umg.⟩ gefangen setzen, verhaften [→ *Kasse*]

kas|sie|ren[2] ⟨V.⟩ **1** für ungültig erklären; *ein Urteil ~* **2** entlassen; *Beamte, Soldaten ~* [<lat. *cassare* »für ungültig erklären, annulieren«; zu *cassus* »leer, nichtig«]

Kas|sie|rer ⟨m.; -s, -⟩ **1** Angestellter, der Zahlungen annimmt u. Geld auszahlt, der die Kasse führt; *oV* ⟨österr.; süddt.⟩ Kassier **2** jmd., der in einem Geschäft die Kasse bedient **3** Kassenwart (eines Vereins)

Kas|sie|re|rin ⟨f.; -, -rin|nen⟩ weibl. Kassierer

Kas|sie|rung[1] ⟨f.; -, -en⟩ das Kassieren

Kas|sie|rung[2] ⟨f.; -, -en⟩ = Kassation[1]

Kas|si|o|pei|um ⟨n.; -s; unz.⟩ = Lutetium [nach der grch. Sagengestalt *Kassiopeia,* Mutter der Andromeda]

Kas|si|te|rit ⟨m.; -s, -e; Min.⟩ diamanten glänzendes Mineral, chem. Zinnoxid, Zinnerz, Zinnstein [<grch. *kassiteros* »Zinn«]

Kas|su|be ⟨m.; -n, -n⟩ = Kaschube

Kas|ta|gnet|te *auch:* **Kas|tag|net|te** ⟨[-njɛtə] f.; -, -n; Musik⟩ bes. in Spanien übliches, einfaches Rhythmusinstrument aus zwei miteinander verbundenen, beweglichen, am Daumen befestigten Hartholzschalen, die mit den Fingern gegeneinandergeschlagen werden [<span. *castañeta,* Verkleinerungsform zu *castaña* »Kastanie«]

kas|ta|lisch ⟨Adj.⟩ mit dichterischer Leidenschaft [zu lat. *castalia* »Musenquell; eine den Musen geweihte Quelle bei Delphi«]

Kas|ta|nie ⟨[-njə] f.; -, -n⟩ **1** ⟨Bot.⟩ **1.1** Gattung der Buchengewächse: Castanea, (i. e. S.) subtropische Art mit essbaren Früchten u. hartem, festem Holz: C. sativa, Edelkastanie **1.2** Frucht der Edelkastanie (Marone) od. der Rosskastanie; *für jmdn. die ~n aus dem Feuer holen* ⟨fig.⟩ für jmd. anderen etwas Unangenehmes od. Gefährliches tun **2** Hornschwiele an der Innenseite des Beins bei Pferden [<lat. *castanea* »Kastanie« <grch. *(karya) kastaneia* »Frucht des Kastanienbaumes«; zu *kastanon* »Kastanienbaum« <vorderasiat. Spr.]

Kas|te ⟨f.; -, -n⟩ von anderen Ständen streng abgeschlossener gesellschaftlicher Stand mit festen sozialen, religiösen u. wirtschaftlichen Normen, bes. im Hinduismus; *Krieger~; Priester~* [<frz. *caste,* portug. *caste* <span., portug. *casto* »rein« <lat. *castus* »keusch, rein«]

Kas|tell ⟨n.; -s, -e⟩ **1** altröm. Befestigungsanlage, Burg, Festung **2** Aufbau auf dem Vorder- od. Hinterdeck eines Kriegsschiffes [<lat. *castellum* »Kastell, Festung«, Verkleinerungsform zu lat. *castrum* »Schanzlager«]

Kas|tel|lan ⟨m.; -s, -e⟩ **1** Pförtner, Hausmeister (an Universitäten, in Schlössern); *Schloss~* **2** Burgvogt [<lat. *castellanus* »Bewohner eines Kastells«; → *Kastell*]

Kas|tor|hut ⟨m.; -(e)s, -hü|te⟩ Filzhut aus Biberhaar [<lat. *castor* <grch. *kastor* »Biber« <Sanskrit *kastûri* »Moschus«]

Kas|trat *auch:* **Kast|rat** ⟨m.; -en, -en⟩ **1** Mann, dem die Keimdrüsen entfernt worden sind, Verschnittener; →*a.* Eunuch **2** ⟨17./18. Jh.⟩ entmannter Bühnensänger mit Knabenstimme, aber großem Stimmumfang [<lat. *castratus,* Part Perf. zu *castrare* »entmannen, kastrieren«]

Kas|tra|ti|on *auch:* **Kast|ra|ti|on** ⟨f.; -, -en; Med.⟩ operative Entfernung der Keimdrüsen od. Ausschaltung der Keimdrüsen durch Röntgenbestrahlung; *Sy* Kastrierung; →*a.* Sterilisation [<lat. *castratio* »Entmannung, Kastrierung«]

kas|trie|ren *auch:* **kast|rie|ren** ⟨V.⟩ **1** Keimdrüsen entfernen; →*a.* sterilisieren **1.1** *einen Mann*

~ entmannen, verschneiden **1.2** *ein Tier ~* verschneiden **2** *eine Pflanze ~* die Staubgefäße entfernen, bevor die Narbe reif ist [<lat. *castrare* »entmannen, kastrieren«]

Kas|trie|rung *auch:* **Kast|rie|rung** ⟨f.; -, -en⟩ = Kastration

ka|su|al ⟨Adj.; veraltet⟩ zufällig, nicht voraussehbar [<lat. *casus* »Fall«]

Ka|su|a|li|en ⟨Pl.⟩ **1** Zufälligkeiten, nicht voraussehbare Ereignisse **2** geistl. Amtshandlungen aus bes. Anlass, wie Taufen, Trauungen usw. **3** Vergütungen dafür [<lat. *casus* »Fall«]

Ka|su|ar ⟨m.; -s, -e; Zool.⟩ großer straußenähnlicher, flugunfähiger Flachbrustvogel: Casuarius [<mal. *kasawari*]

Ka|su|a|ri|na ⟨f.; -, -; Bot.⟩ = Kasuarine; *oV* Casuarina

Ka|su|a|ri|ne ⟨f.; -, -n; Bot.⟩ Gattung der Kasuarinengewächse (Casuarinaceae), bis 20 m hohe Bäume, bes. in Australien, durch einen den Schachtelhalmen ähnlichen Wuchs gekennzeichnet: Casuarina; *oV* Kasuarina [→ *Kasuar* (wegen ihres kasuarfederähnl. Zweigwerks)]

ka|su|ell ⟨Adj.⟩ **1** ⟨Gramm.⟩ den Kasus betreffend, zu ihm gehörig **2** ⟨Rechtsw.⟩ *~e Bedingung* Bedingung, die von einem zufälligen Umstand abhängt

Ka|su|ist ⟨m.; -en, -en⟩ **1** Vertreter der Kasuistik **2** ⟨fig.⟩ Haarspalter, Wortklauber

Ka|su|is|tik ⟨f.; -; unz.⟩ **1** ⟨Ethik⟩ Lehre von bestimmten Einzelfällen innerhalb der Morallehre u. dem dafür richtigen Verhalten **2** ⟨Rechtsw.⟩ Methode, einen Fall als Einzelfall nach den nur für ihn zutreffenden Tatbeständen zu beurteilen u. die allg. Rechtsvorschriften nicht dogmat., sondern modifiziert auf ihn anzuwenden **3** ⟨fig.⟩ Haarspalterei, Wortklauberei [<lat. *casus (conscientiae)* »Gewissensfälle«]

ka|su|is|tisch ⟨Adj.⟩ **1** die Kasuistik betreffend, im Sinne der Kasuistik **2** ⟨fig.⟩ haarspalterisch, wortklauberisch

Ka|sus ⟨m.; -, -; Gramm.⟩ Beugungsfall, Form der Substantive, Adjektive u. Pronomen, die ihre Beziehungen zu anderen Satzteilen ausdrückt; →*a.* Casus [<lat. *casus* »Fall«]

Ka|sus|gram|ma|tik ⟨f.; -; unz.; Sprachw.⟩ (von C. J. Fillmore begründete) sprachwissenschaftl. Theorie, nach der das Verb u. die anderen Satzelemente durch Kasusrelationen aneinandergebunden sind; *Sy* Kasussemantik

Ka|sus|se|man|tik ⟨f.; -; unz.; Sprachw.⟩ = Kasusgrammatik

Ka|sus|syn|kre|tis|mus ⟨m.; -; unz.; Sprachw.⟩ Zusammenfall zweier od. mehrerer Kasus zu einer Form

Kat[1] ⟨m.; -s, -s; bei Kfz; kurz für⟩ Katalysator (2)

Kat[2] ⟨m.; -s, -s; Wassersport; kurz für⟩ Katamaran; *oV* Cat

kat..., Kat... ⟨Vorsilbe⟩ = kata..., Kata...

ka|ta..., Ka|ta... ⟨vor Vokalen u. vor h⟩ kat..., Kat... ⟨in Zus.⟩ herab, hinunter, nach, gegen, gemäß, in Bezug auf, zufolge [<grch. *kata*]

ka|ta|ba|tisch ⟨Adj.; Meteor.⟩ absinkend, abströmend; *~e Winde* [zu grch. *katabainein* »hinabsteigen«]

ka|ta|bol ⟨Adj.; Biol.⟩ die Katabolie betreffend, auf ihr beruhend

Ka|ta|bo|lie ⟨f.; -; unz.; Biol.⟩ Abbau der Stoffe in Körpern durch Stoffwechsel; *Sy* Katabolismus [<grch. *kataballein* »herabwerfen«]

Ka|ta|bo|lis|mus ⟨m.; -; unz.; Biol.⟩ = Katabolie; *Ggs* Anabolismus

Ka|ta|chre|se ⟨[-çre:-] f.; -, -n; Rhet.⟩ *oV* Katachresis **1** Verwendung eines bildlichen Ausdrucks für eine fehlende Bezeichnung, z. B. (Stuhl-)Bein, (Schlüssel-)Bart **2** Bildbruch, Verbindung mehrerer, nicht zusammenpassender bildlicher Ausdrücke, z. B. »jmdn. an den Rand des Bettelstabes bringen« [<*Kata...* + grch. *chresthai* »gebrauchen«]

Ka|ta|chre|sis ⟨[-çre:-] f.; -, -chresen [-çre:-]; Rhet.⟩ = Katachrese

ka|ta|chres|tisch ⟨[-çrɛs-] Adj.⟩ in der Art einer Katachrese

Ka|ta|dyn|ver|fah|ren ⟨n.; -s; unz.⟩ Verfahren der Trinkwasseraufbereitung, wobei im Wasser enthaltende Keime durch Silberionen abgetötet werden [zu grch. *katadyein* »versinken«]

Ka|ta|falk ⟨m.; -s, -e⟩ schwarz verhängtes Gestell zum Aufstellen des Sarges bei Beerdigungsfeiern (bes. für hohe Persönlichkeiten) [<frz. *catafalque* <ital. *catafalco* <vulgärlat. *catafalicum;* vermutl. vermischt <lat. *catasta* »Schaugerüst (zur Ausstellung verkäufl. Sklaven)« u. lat. *fala* »hohes Gerüst«]

Ka|ta|ka|na ⟨f.; -; unz. od. n.; -s; unz.⟩ vereinfachte Form der Hiragana, aus verkürzten chines. Schriftzeichen entwickelt [jap.]

Ka|ta|kaus|tik ⟨f.; -; unz.; Optik⟩ durch spiegelnde Flächen hervorgerufene Kaustik; *Ggs* Diakaustik [<grch. *katakaiein* »verbrennen«]

ka|ta|kaus|tisch ⟨Adj.; Optik⟩ auf Katakaustik beruhend, sie betreffend

Ka|ta|kla|se ⟨f.; -, -n; Geol.⟩ Zerreiben u. Zerbrechen der in einem Gestein enthaltenen Mineralien, wobei das Gestein insgesamt erhalten bleibt; *Ggs* Protoklase [<*Kata...* + grch. *klaein* »brechen«]

Ka|ta|klas|struk|tur ⟨f.; -, -en; Geol.⟩ = kataklastisches Gefüge

ka|ta|klas|tisch ⟨Adj.; Geol.⟩ die Kataklase betreffend, zu ihr gehörig, auf ihr beruhend; *~es Gefüge* Gesteinsgefüge, bei dem feine Trümmerteilchen einzelne Kristalle umgeben; *Sy* Kataklasstruktur

Ka|ta|klys|men|the|o|rie ⟨f.; -; unz.; Geol.⟩ = Katastrophentheorie

Ka|ta|klys|mus ⟨m.; -, -klys|men; Geol.⟩ erdgeschichtliche Katastrophe [zu grch. *kataklyzein* »überschwemmen«]

ka|ta|klys|tisch ⟨Adj.; Geol.⟩ den Kataklysmus betreffend, auf ihm beruhend, in seiner Art

Ka|ta|kom|be ⟨f.; -, -n⟩ altchristl. unterird. Begräbnisstätte (bes. in Rom u. Neapel); *Sy* Zömeterium (2) [<ital. *catacomba* <lat. *catacumbae,* vermutl. <grch. *kata* »nieder« + *kymbe* »Becken, Vertiefung«]

K

Ka|ta|la|se 〈f.; -, -n; Biochemie〉 Ferment, das das im Körper entstehende Wasserstoffsuperoxid abbaut [zu grch. *katalassein* »austauschen«]

Ka|ta|lek|ten 〈Pl.〉 Bruchstücke, Fragmente (alter Werke) [→ *katalektisch*]

ka|ta|lek|tisch 〈Adj.; Metrik〉 verkürzt, unvollständig; *~er Vers* (antiker) V., dessen letztem Fuß eine od. zwei Silben fehlen, z. B. Hexameter; *Ggs* akatalektisch [zu grch. *katalegein* »aufhören, enden«]

Ka|ta|lep|sie 〈f.; -, -n; Med.〉 krankhafter Zustand, in dem sich die Körpermuskeln nicht mehr aktiv bewegen lassen u. den passiven Bewegungen mehr od. weniger Widerstand entgegensetzen, dann aber die gewonnene Stellung beibehalten, Starrsucht [<grch. *katalepsis* »das Fassen, Ergreifen«; zu *katalambanein* »fassen, ergreifen«]

K

ka|ta|lep|tisch 〈Adj.; Med.〉 von Katalepsie befallen

Ka|ta|le|xe 〈f.; -, -le|xen; Metrik〉 katalekt. Form (eines Verses); *oV* Katalexis [zu grch. *katalegein* »aufhören«]

Ka|ta|le|xis 〈f.; -, -le|xen; Metrik〉 = Katalexe

Ka|ta|log 〈m.; -(e)s, -e〉 Verzeichnis (von Büchern, Waren, Gegenständen einer Ausstellung u. a.) [<grch. *katalogos* »Aufzählung, Verzeichnis«; zu *katalegein* »aufzählen«]

ka|ta|lo|gi|sie|ren 〈V.〉 in einem Katalog zusammenfassen, in einen Katalog aufnehmen; *sie katalogisiert ihre DVDs*

Ka|ta|lo|gi|sie|rung 〈f.; -, -en〉 das Katalogisieren

Ka|tal|pe 〈f.; -, -n; Bot.〉 Trompetenbaum, zur Familie der Schotengewächse gehörender Zierstrauch aus Nordamerika mit großen, herzförmigen Blättern: Catalpa [<Creek *kutuhlpa*]

Ka|ta|ly|sa|tor 〈m.; -s, -to|ren〉 **1** 〈Chemie〉 Stoff, der eine chemische Reaktion beeinflusst, aber dabei selbst keine dauernde Veränderung erfährt **2** 〈bei Kfz; Abk.: Kat[1]〉 Vorrichtung zur Verminderung der Kohlenmonoxid- u. Stickstoffanteile im Auspuffgas [<grch. *katalyein* »auflösen«]

Ka|ta|ly|sa|tor|au|to 〈n.; -s, -s; Kfz〉 mit einem Abgaskatalysator ausgestattetes Auto

Ka|ta|ly|se 〈f.; -, -n; Chemie〉 Beschleunigung einer chem. Reaktion durch Anwesenheit einer geringen Fremdstoffmenge, eines Katalysators; *negative ~* Verzögerung einer chem. Reaktion mittels Katalysatoren [<grch. *katalyein* »auflösen«]

ka|ta|ly|sie|ren 〈V.; Chemie〉 eine Katalyse bewirken

ka|ta|ly|tisch 〈Adj.; Chemie〉 mit Hilfe einer Katalyse

Ka|ta|ma|ran 〈m. od. n.; -s, -e; Abk.: Kat[2]〉 schnelles, offenes, aus zwei Schwimmkörpern bestehendes Segelboot [<Tamil *kattumaram* <*kattu* »binden« + *maram* »Baumstamm«]

Ka|ta|mne|se *auch:* **Ka|tam|ne|se** 〈f.; -, -n; Med.〉 Krankheitsbericht u. weitere Beobachtung des Patienten nach dessen Genesung [<*Kata...* + grch. *mnesis* »Erinnerung«]

Ka|ta|pher 〈f.; -, -n; Rhet.; Sprachw.〉 sprachl. Einheit, die unmittelbar vorausweist, z. B. »das« in dem Satz: »Das, was sie fühlte, blieb ungesagt.«; *oV* Kataphora [→ *Kataphorese*]

Ka|ta|pho|ra 〈f.; -, -rä; Rhet.; Sprachw.〉 = Katapher

Ka|ta|pho|re|se 〈f.; -, -n; Chemie〉 Ladungstrennung, die bei der Berührung eines festen Nichtleiters u. einer nichtleitenden Flüssigkeit auftritt [zu grch. *kataphorein* »hinuntertragen«]

ka|ta|pho|risch 〈Adj.; Rhet.; Sprachw.〉 vorausweisend [→ *Kataphorese*]

ka|ta|plek|tisch 〈Adj.; Med.〉 von Kataplexie befallen, vor Schreck gelähmt

Ka|ta|ple|xie 〈f.; -, -n; Med.〉 plötzliche Lähmung der Muskeln infolge Erschreckens, Schreckstarre [zu grch. *kataplessein* »erschrecken«]

Ka|ta|pult 〈n. od. m.; -(e)s, -e〉 **1** 〈Antike〉 armbrustähnliche Wurf-, Schleudermaschine **2** Schleuder zum Starten von Flugzeugen **3** Schleudersitz (im Flugzeug) [<lat. *catapulta* <grch. *katapeltes* »Schleuder-, Wurfmaschine«; zu *pallein* »schwingen, schleudern«]

Ka|ta|pult|flug|zeug 〈n.; -(e)s, -e〉 für den Katapultstart (z. B. auf Flugzeugträgern) geeignetes Flugzeug

ka|ta|pul|tie|ren 〈V.〉 mit einem Katapult wegschleudern od. starten

Ka|ta|pult|start 〈m.; -s, -s〉 Start (eines Flugzeugs) mit Hilfe eines Katapults (2)

Ka|ta|rakt[1] 〈m.; -(e)s, -e〉 Stromschnelle, niedriger Wasserfall [<lat. *cataracta* <grch. *katarrhaktes* »Wasserfall«; zu *katarrhattein* »herabstürzen«]

Ka|ta|rakt[2] 〈f.; -, -e; Med.〉 Augenkrankheit, Linsentrübung, grauer Star

Ka|tarrh 〈m.; -s, -e; Med.〉 **1** entzündl. Reizung der Schleimhäute mit vermehrter Flüssigkeitsabsonderung **2** 〈umg.〉 Schnupfen, Erkältung [<grch. *katarrhous;* zu *katarrhein* »herabfließen«]

ka|tar|rha|lisch 〈Adj.; Med.〉 mit Katarrh verbunden

Ka|ta|sta|se *auch:* **Ka|tas|ta|se** 〈f.; -, -n; im Drama〉 Verdichtung der Verwicklung, Höhepunkt vor der Lösung in der Katastrophe [<grch. *katastasis* »Aufstellung«]

Ka|tas|ter 〈m. od. n., österr. nur: m.; -s, -〉 **1** 〈früher〉 amtl. Verzeichnis der steuerpflichtigen Personen **2** 〈heute〉 amtl. Verzeichnis der Steuerobjekte, bes. der Grundstücke [<ital. *catastro* »Zins-, Steuerregister« <vulgärlat. **catastrum* <grch. *katastasis* »Aufstellung, Feststellung« od. lat. *capitum registrum* »Kopfsteuerverzeichnis«]

Ka|tas|ter|amt 〈n.; -(e)s, -äm|ter〉 Amt für das Vermessen von Grundstücken u. das Führen der Kataster

◆ Die Buchstabenfolge **ka|ta|str...** kann auch **ka|tas|tr...** oder **ka|tast|r...** getrennt werden.

◆ **Ka|ta|stral|ge|mein|de** 〈f.; -, -n; österr.〉 Steuergemeinde, Steuerbezirk [→ *Kataster*]

◆ **ka|ta|strie|ren** 〈V.〉 in den Kataster eintragen

◆ **ka|ta|stro|phal** ⟨Adj.⟩ in der Art einer Katastrophe, verhängnisvoll, entsetzlich, fürchterlich, schlimm; *die Geschichte nahm eine ~e Entwicklung* [→ *Katastrophe*]

◆ **Ka|ta|stro|phe** ⟨f.; -, -n⟩ **1** unvorhergesehenes Geschehen mit verheerenden Folgen; *Natur~; das war eine wirtschaftliche ~ für das Unternehmen* **2** ⟨im Drama⟩ entscheidende Wendung, die den Untergang des Helden u. die Lösung des Konflikts herbeiführt [grch., »Umkehr, Wendung«; zu *katastrephein* »umkehren«]

◆ **Ka|ta|stro|phen|alarm** ⟨m.; -s, -e⟩ Alarm, der eine Katastrophe anzeigt; *~ auslösen*

◆ **Ka|ta|stro|phen|the|o|rie** ⟨f.; -; unz.; Geol.⟩ Annahme, dass die Tierwelt früherer Erdzeitalter mehrmals durch Naturkatastrophen vernichtet worden sei; *Sy* Kataklysmentheorie

◆ **ka|ta|stro|phisch** ⟨Adj.⟩ sich über Katastrophen vollziehend

Ka|ta|syl|lo|gis|mus ⟨m.; -, -gis|men; Logik⟩ Gegenbeweis, Gegenschluss [<grch. *kata* »herab, hinunter, nach, gegen« + *Syllogismus*]

Ka|ta|thy|mie ⟨f.; -, -n; Psych.⟩ Beeinflussung rationaler Vorgänge durch Affekterlebnisse, die sich in einer Überformung der Auffassung, des Denkens u. Handelns zeigt [<grch. *kata* »herab, hinunter, gegen« + grch. *thymos* »Gemüt«]

Ka|ta|to|nie ⟨f.; -, -n; Med.⟩ Schizophrenie mit eigentümlichen Krampf- u. Spannungszuständen der Muskulatur, Spannungsirresein; *Sy* katatonisches Syndrom [zu grch. *kataeinein* »niederspannen, ausdehnen«]

Ka|ta|to|ni|ker ⟨m.; -s, -; Med.⟩ an Katatonie Leidender

Ka|ta|to|ni|ke|rin ⟨f.; -, -rin|nen; Med.⟩ an Katatonie Leidende

ka|ta|to|nisch ⟨Adj.; Med.⟩ an Katatonie leidend; *~es Syndrom* = Katatonie

Ka|ta|wert ⟨m.; -(e)s, -e; Geol.⟩ durch Messung zu bestimmender Wert zur Quantisierung der durch verschiedene Klimagrößen verursachten Abkühlungsvorgänge in einem bestimmten Raum, die ausschlaggebend für das Behaglichkeitsempfinden sind

Ka|ta|zo|ne ⟨f.; -, -n; Geol.; veraltet⟩ Tiefenzone in der Erdrinde, in der sich bei großem Druck u. hohen Temperaturen durch Metamorphose verschiedene Gesteine bilden

Ka|te|che|se ⟨[-çeː-] f.; -, -n; Theol.⟩ religiöser Unterricht, meist in Frage u. Antwort; *Sy* Katechisation [<grch. *katechesis* »Unterricht«; zu *katechein* »entgegentönen«]

Ka|te|chet ⟨[-çeːt] m.; -en, -en⟩ Religionslehrer (ohne vollständige theologische Ausbildung) [→ *Katechese*]

Ka|te|che|tik ⟨[-çeː-] f.; -; unz.⟩ Lehre von der Katechese

Ka|te|che|tin ⟨[-çeː-] f.; -, -tin|nen⟩ Religionslehrerin (ohne vollständige theolog. Ausbildung)

ka|te|che|tisch ⟨[-çeː-] Adj.⟩ die Katechese betreffend, auf ihr beruhend

Ka|te|chi|sa|ti|on ⟨[-çi-] f.; -, -en⟩ = Katechese

ka|te|chi|sie|ren ⟨[-çi-] V.⟩ *jmdn. ~* jmdm. Katechese erteilen

Ka|te|chis|mus ⟨[-çɪs-] m.; -, -chis|men [-çɪs-]; Theol.⟩ **1** ⟨urspr.; im MA⟩ Glaubensunterricht **2** ⟨seit Luther⟩ kurzes Lehrbuch für die Glaubensunterweisung [<grch. *katechismos* »Unterricht, Lehre«; zu *katechein* »entgegentönen«]

Ka|te|chist ⟨[-çɪst] m.; -en, -en⟩ eingeborener Laienhelfer in der kath. Mission

Ka|te|chu ⟨[-çu] n.; -s, -s⟩ eingedickter Saft einer Akazienart (Acacia catechu), gerbstoffhaltiges, zusammenziehendes Mittel [<malai. *kachu*]

Ka|te|chu|me|nat ⟨[-çu-] n.; -(e)s; unz.⟩ Vorbereitungsunterricht für die Taufe (Erwachsener) [→ *Katechese*]

Ka|te|chu|me|ne ⟨[-çu-] m.; -n, -n⟩ **1** (erwachsener) Bewerber für die Taufe im Taufunterricht, Schüler des Katecheten **2** Konfirmand [<grch. *katechumenos;* → *Katechese*]

ka|te|go|ri|al ⟨Adj.⟩ nach, in Kategorien, Kategorien betreffend; *oV* kategoriell

Ka|te|go|rie ⟨f.; -, -n⟩ **1** ⟨urspr.⟩ Aussage (über einen Gegenstand) **2** ⟨Logik⟩ Grundbegriff, von dem andere Begriffe abgeleitet werden können **3** ⟨allg.⟩ Begriffsklasse, Begriffsart, Begriffsgattung, Sorte, Art **4** Gruppe; *das gehört in eine ganz andere ~; einen Beitrag für die ~ »Bester Film« nominieren* [<grch. *kategoria* »Grundaussage«; zu *agoreuein* »sagen, reden«]

ka|te|go|ri|ell ⟨Adj.⟩ = kategorial

ka|te|go|risch ⟨Adj.⟩ **1** in der Art einer Kategorie **2** unbedingt gültig; *Ggs* hypothetisch; *~er Imperativ* ⟨Philos.; nach Kant⟩ unbedingtes ethisches Pflichtgebot für jeden Einzelnen **3** ⟨fig.⟩ energisch, mit Nachdruck, keinen Widerspruch duldend; *etwas ~ verlangen, behaupten*

ka|te|go|ri|sie|ren ⟨V.⟩ **1** nach Kategorien ordnen **2** unbedingt machen

Ka|te|go|ri|sie|rung ⟨f.; -, -en⟩ **1** das Kategorisieren **2** Kategoriensystem; *eine ~ der verschiedenen Tierarten erstellen*

Ka|te|ne ⟨f.; -, -n; meist Pl.; seit dem 6. Jh.⟩ fortlaufende Bibelerläuterung durch aneinandergereihte Auszüge u. freie Wiedergaben aus den Bibelkommentaren der Kirchenväter [<lat. *catena* »Kette«]

Ka|te|no|id ⟨n.; -(e)s, -e; Math.⟩ bei der gedachten Rotation einer Kettenlinie um die Leitlinie entstehende Drehfläche, Kettenfläche [→ *Katene*]

kat|exo|chen ⟨[katɛksɔxeːn] Adv.⟩ im eigentlichen Sinne, schlechthin [<grch. *kat exochen* »vorzugsweise«; zu *exoche* »Hervorragung«]

Kat|fisch ⟨m.; -(e)s, -e; Zool.⟩ Seewolf, gefräßiger Schleimfisch mit gewaltigem Gebiss, im Handel als Karbonaden- od. Austernfisch: Anarhichas lupus [<engl. *catfish* »Katzenwels«]

Kat|gut ⟨n.; -s; unz.; Med.⟩ aus Schafsdärmen gewonnene, für chirurgische Nähte verwendete Fäden, die vom menschl. Körper absorbiert werden [<engl. *catgut* »Darmsaite«]

kath. ⟨Abk. für⟩ katholisch

K

Ka|tha|rer ⟨m.; -s, -; 10.-14. Jh.⟩ Angehöriger einer asketischen Sekte in Süd- u. Westeuropa bis zum Balkan; *Sy* ⟨in Frankreich⟩ Albigenser [zu grch. *katharos* »rein«]

ka|tha|rob ⟨Adj.; Biol.⟩ nicht durch Abfallprodukte verunreinigt [→ *Katharobie*]

Ka|tha|ro|bie ⟨[-bjə] f.; -, -n; Biol.⟩ in reinem, nicht mit organ. Stoffen belastetem Wasser lebender Organismus; *Ggs* Saprobie [<grch. *katharos* »rein, sauber« + *bios* »Leben«]

Ka|thar|sis ⟨f.; -; unz.⟩ **1** seel. Reinigung, Läuterung **2** ⟨Philos.; nach Aristoteles⟩ Läuterung des Zuschauers durch die Tragödie, indem sie in ihm Furcht u. Mitleid erweckt [grch., »Reinigung«]

ka|thar|tisch ⟨Adj.⟩ die Katharsis betreffend, auf ihr beruhend, durch sie herbeigeführt

Ka|the|der ⟨n. od. m.; -s, -⟩ **1** Podium, Lehrerpult **2** Lehrstuhl (an einer Hochschule) [<grch. *kathedra* »Stuhl, Armsessel, Lehrstuhl«; zu *hedra* »Sitz«]

Ka|the|der|so|zi|a|lis|mus ⟨m.; -; unz.; Ende 19. Jh.⟩ volkswirtschaftliche Lehrmeinung, die das Eingreifen des Staates in das soziale Leben zur Milderung der Klassengegensätze forderte

Ka|the|dra|le *auch:* **Ka|thed|ra|le** ⟨f.; -, -n; bes. in Frankreich, Spanien, England⟩ bischöfl. od. erzbischöfl. Kirche [<mlat. *ecclesia cathedralis* »zum Bischofssitz gehörige Kirche«]

Ka|the|dra|lent|schei|dung *auch:* **Ka|thed|ra|lent|schei|dung** ⟨f.; -, -en⟩ **1** Entscheidung des Papstes ex cathedra **2** unwiderrufliche Entscheidung

Ka|thep|sin ⟨n.; -s, -e; Biochemie⟩ in allen menschlichen u. tierischen Zellen Eiweiße spaltendes Enzym [zu grch. *kathepsein* »(aus)kochen«]

Ka|the|te ⟨f.; -, -n; Geom.⟩ eine der beiden die Schenkel des rechten Winkels bildenden Seiten in einem Dreieck [<grch. *kathetos* »Senkblei«; zu *kathienai* »herablassen«]

Ka|the|ter ⟨m.; -s, -; Med.⟩ Röhrchen zum Einführen in Körperhöhlen, bes. in die Harnblase [zu lat. *catheter* <grch. *katheter* <*kathienai* »herablassen«]

ka|the|te|ri|sie|ren ⟨V.; Med.⟩ *Sy* kathetern **1** einen Katheter einführen (in) **2** durch Katheter Flüssigkeit ableiten (aus)

Ka|the|te|ri|sie|rung ⟨f.; -, -en; Med.⟩ das Einführen eines Katheters, das Katheterisieren; *Sy* Katheterismus

Ka|the|te|ris|mus ⟨m.; -, -ris|men; Med.⟩ = Katheterisierung

ka|the|tern ⟨V.; Med.⟩ = katheterisieren

Ka|the|to|me|ter ⟨n.; -s, -⟩ Fernrohr zur Überprüfung horizontaler u. vertikaler Lageabweichungen mit Hilfe von Fadenkreuzen, die an verschiedenen Punkten angebracht sind [<*Kathete* + *...meter*]

Ka|tho|de ⟨f.; -, -n; El.⟩ der negative Pol einer Elektrode; *oV* Katode; *Ggs* Anode [<*Kata...* + *...ode*]

Ka|tho|den|strahl ⟨m.; -(e)s, -en; El.⟩ Strahl, der beim Durchgang von Elektronen durch verdünnte Gase entsteht; *oV* Katodenstrahl

Ka|tho|den|strahl|os|zil|lo|graph ⟨m.; -en, -en; El.⟩ Oszillograph, der elektr. Schwingungen mit Hilfe eines Kathodenstrahls auf einem Bildschirm darstellt; *oV* Katodenstrahloszillograf

Ka|tho|den|zer|stäu|bung ⟨f.; -, -en; El.⟩ Form der Materialbearbeitung, bei der ein Material durch Hochspannung an einer Kathode zerstäubt wird u. in feinen Schichten auf einem als Anode geschalteten Material niedergeschlagen wird; *oV* Katodenzerstäubung

ka|tho|disch ⟨Adj.; El.⟩ auf einer Kathode beruhend, an ihr stattfindend; *oV* katodisch

Ka|tho|lik ⟨m.; -en, -en⟩ Angehöriger der(röm.-)kath. Kirche

Ka|tho|li|kos ⟨m.; -; unz.; Titel für⟩ Patriarch der (von Rom getrennten) armenischen Kirchen u. a. Ostkirchen [→ *katholisch*]

ka|tho|lisch ⟨Adj.; Abk.: kath.⟩ **1** ⟨urspr.⟩ allgemein, die Erde umfassend (von der christlichen Kirche) **2** ⟨allg.⟩ zur (römisch-)kath. Kirche gehörend; *~e Kirche, (seit der Reformation auch) römisch-~e Kirche* die dem Papst unterstehende christliche Kirche [<grch. *katholikos* <*kata* »über... hin« + *holos* »ganz«]

ka|tho|lisch-apo|sto|lisch *auch:* **ka|tho|lisch-apos|to|lisch** ⟨Adj.⟩ zu einer kirchlichen Erneuerungsbewegung gehörend, die sich seit 1826 um den Londoner Bankier Henry Drummond (1786-1860) sammelte u. in der Erwartung der baldigen Wiederkunft Christi 1835 zwölf Apostel einsetzte

ka|tho|li|sie|ren ⟨V.⟩ katholisch machen, zum Katholizismus bekehren

Ka|tho|li|zis|mus ⟨m.; -; unz.⟩ Lehre der kath. Kirche

Ka|tho|li|zi|tät ⟨f.; -; unz.⟩ das Katholischsein, Auffassung, Anschauung im Sinne des Katholizismus

Ka|tho|lyt ⟨m.; -s od. -en, -e od. -en; El.; kurz für⟩ katholytischer Elektrolyt, Elektrolyt im Bereich der Kathode; *oV* Katolyt [verkürzt <*Katho*de + Elektro*lyt*]

Kat|ion ⟨n.; -s, -en; Chemie⟩ positives Ion; *Ggs* Anion [<*Kat*hode + *Ion*]

Kat|io|nen|aus|tau|scher ⟨m.; -s, -; Chemie⟩ Ionenaustauscher für Kationen, z. B. ein Boden, der an elektrisch negativ geladenen Plätzen Kationen austauschbar binden kann

Ka|to|de ⟨f.; -, -n; El.⟩ = Kathode

Ka|to|den|strahl ⟨m.; -(e)s, -en; El.⟩ = Kathodenstrahl

Ka|to|den|strahl|os|zil|lo|graf ⟨m.; -en, -en; El.⟩ = Kathodenstrahloszillograph

Ka|to|den|zer|stäu|bung ⟨f.; -, -en; El.⟩ = Kathodenzerstäubung

ka|to|disch ⟨Adj.; El.⟩ = kathodisch

Ka|to|lyt ⟨m.; -s od. -en, -e od. -en; El.⟩ = Katholyt

ka|to|nisch ⟨Adj.⟩ *~e Strenge* schonungslose, unnachgiebige, unnachsichtige Strenge [nach dem für seine Strenge bekannten römischen Zensor *Cato*, 95-46 v. Chr.]

Kat|op|trik *auch:* **Ka|topt|rik** ⟨f.; -; unz.; Optik⟩ Lehre von der regelmäßigen Reflexion der

Lichtstrahlen [<grch. *katoptron* »Spiegel«]

kat|op|trisch *auch:* **ka|topt|risch** ⟨Adj.⟩ die Katoptrik betreffend, auf ihr beruhend

Ka|to|ther|mie ⟨f.; -; unz.; Geophysik⟩ Anstieg der Wassertemperatur in Gewässern mit zunehmender Tiefe; *Ggs* Anothermie [<*Kata*… + grch. *thermos* »warm, heiß«]

Kat|tun ⟨m.; -s, -e; Textilw.⟩ bedruckter, dünner Baumwollstoff in Leinwandbindung [<ndrl. *kattoen* <arab. *qutun* »Baumwolle«]

kat|tu|nen ⟨Adj.; Textilw.⟩ aus Kattun

kau|dal ⟨Adj.; Biol.⟩ **1** abwärts, am unteren Ende liegend; *~e Körperteile; ~e Organe* **2** in der Schwanzregion gelegen [zu lat. *cauda* »Schwanz«]

kau|di|nisch ⟨Adj.⟩ *~es Joch* Zwangslage, aus der man sich nur durch Demütigung retten kann [nach dem samnit. Ort *Caudium* zwischen Capua u. Benevent, wo die Römer 321 v. Chr. eine Niederlage gegen die Samniten erlitten u. waffenlos durch ein aus drei Lanzen gebildetes Tor (Joch) gehen mussten]

Kaue ⟨f.; -, -n⟩ **1** ⟨urspr.⟩ Bauwerk über der Schachtöffnung eines Bergwerkes **2** ⟨heute⟩ Waschraum u. Garderobe der Bergleute, Waschkaue [<lat. *cavea* »Umfriedung«]

Kau|ka|sis|tik ⟨f.; -; unz.; Sprachw.⟩ Lehre von den kaukasischen Sprachen u. Literaturen

kau|li|flor ⟨Adj.; Bot.⟩ Kauliflorie aufweisend

Kau|li|flo|rie ⟨f.; -; unz.; Bot.⟩ die Erscheinung, dass die Blüten (z. B. beim Kakaobaum) nicht an bes. Trieben, sondern unmittelbar an Stämmen od. Ästen sitzen [<lat. *caulis* »Stängel« + *flos*, Gen. *floris* »Blume, Blüte«]

Kau|ma|zit ⟨m.; -(e)s, -e⟩ Braunkohlenkoks [<grch. *kauma* »Brand, Hitze«]

Kau|ri ⟨f.; -, -s od. m.; -s, -s; Zool.⟩ = Kaurischnecke [Maori]

Kau|ri|fich|te ⟨f.; -, -n; Bot.⟩ in Neuseeland u. Australien heimischer, zu den Kopalfichten gehöriger, bis 60 m hoher Baum, dessen Äste u. Zweige Harz abscheiden: Agathis australis; *Sy* Dammarfichte

Kau|ri|mu|schel ⟨f.; -, -n; Zool.⟩ Gehäuse der Kaurischnecke

Kau|ri|schne|cke ⟨f.; -, -n; Zool.⟩ Schneckenart des Indischen Ozeans mit gelblichem, porzellanartigem Gehäuse, in Mittel- u. Ostafrika Zahlungsmittel u. Schmuck: Cyprea moneta; *Sy* Kauri, Porzellanschnecke

Kau|rit|leim ⟨m.; -s; unz.⟩ aus Harnstoff u. Formaldehyd hergestellter Leim zum Verleimen von Sperrholz

kau|sal ⟨Adj.⟩ **1** ursächlich, auf dem Verhältnis zwischen Ursache u. Wirkung beruhend, mit der Ursache verbunden **2** begründend [<lat. *causalis* »ursächlich«; zu *causa* »Ursache«]

Kau|sal|ad|verb ⟨n.; -s, -bi|en; Gramm.⟩ eine Ursache, einen Grund kennzeichnendes Adverb, z. B. »aufgrund«

Kau|sal|be|stim|mung ⟨f.; -, -en; Gramm.⟩ Angabe einer Begründung, Umstandsbestimmung des Grundes, z. B. »aus Sehnsucht«

Kau|sal|ge|setz ⟨n.; -es, -e⟩ auf der Verknüpfung von Ursache u. Wirkung beruhendes Gesetz; *Sy* Kausalitätsgesetz, Kausalprinzip, Kausalitätsprinzip

Kau|sa|lis ⟨m.; -, -sa|les; Gramm.⟩ **1** Grund od. Zielperson einer Handlung kennzeichnender Kasus **2** im Kausalis (1) stehendes Wort

Kau|sa|li|tät ⟨f.; -, -en⟩ Ursächlichkeit, Zusammenhang von, Verhältnis zwischen Ursache u. Wirkung [→ *kausal*]

Kau|sa|li|täts|ge|setz ⟨n.; -es, -e⟩ = Kausalgesetz

Kau|sa|li|täts|prin|zip ⟨n.; -s, -pi|en⟩ = Kausalgesetz

Kau|sa|li|täts|the|o|rie ⟨f.; -; unz.⟩ = Adäquanztheorie

Kau|sal|kon|junk|ti|on ⟨f.; -, -en; Gramm.⟩ eine Begründung einleitende Konjunktion, z. B. »wegen«

Kau|sal|ne|xus ⟨m.; -, -⟩ Zusammenhang von Ursache u. Wirkung, Kausalzusammenhang

Kau|sal|prin|zip ⟨n.; -s, -pi|en⟩ = Kausalgesetz

Kau|sal|satz ⟨m.; -es, -sät|ze; Gramm.⟩ Umstandssatz des Grundes (eingeleitet durch weil, da), Begründungssatz

kau|sa|tiv ⟨Adj.; Gramm.⟩ **1** als Kausativum (gebraucht) **2** Veranlassung angebend, verursachend, bewirkend, begründend [zu lat. *causare* »verursachen«]

Kau|sa|tiv ⟨n.; -s, -e [-və]; Gramm.⟩ Aktionsart des Verbums, die das Bewirken einer Tätigkeit angibt, z. B. fällen = fallen machen; *oV* Kausativum; *Sy* Faktitiv, faktives Verbum [→ *kausativ*]

Kau|sa|ti|vum ⟨[-vum] n.; -s, -ti|va [-va]; Gramm.⟩ = Kausativ

Kau|sche ⟨f.; -, -n⟩ gekerbte Messing- od. Stahlöse, die zur Verstärkung in das Ende eines Taues od. Seiles eingearbeitet wird [<frz. *coche* »Kerbe«]

kaus|ti|fi|zie|ren ⟨V.; Chemie⟩ milde Alkalien in kaustische Alkalien mit Hilfe von gelöschtem Kalk überführen [zu grch. *kausis* »Brand«]

Kaus|tik ⟨f.; -, -en⟩ **1** ⟨Med.⟩ Gewebszerstörung durch Hitze, chemische Ätzmittel od. elektrischen Strom; *Sy* Kauterisation; *Elektro~* **2** eine bei nicht korrigierten Linsen anstelle des Brennpunktes entstehende Fläche, Brennfläche [→ *kaustisch*]

Kaus|ti|kum ⟨n.; -s, -ti|ka; Med.; Chemie⟩ Ätzmittel; *oV* Causticum [<lat. *causticum* <grch. *kaiein* »brennen«, *kausis* »Brand«]

kaus|tisch ⟨Adj.⟩ **1** ⟨Med.; Chemie⟩ die Kaustik betreffend, auf ihr beruhend, mit ihrer Hilfe, ätzend **2** ⟨fig.⟩ scharf, spöttisch, beißend [zu grch. *kausis* »Brand«; zu *kaiein* »brennen«]

Kaus|to|bio|lith ⟨m.; -s od. -en, -e od. -en; Biol.⟩ brennbares Sediment, Gestein od. Mineral, z. B. Torf, Kohle, Erdöl, Bitumen [<grch. *kausis* »Brand« + *bio*… + …*lith*]

Kau|tel ⟨f.; -, -en⟩ Vorbehalt, Vorsichtsmaßregel, Vorkehrung [<lat. *cautela* »Vorsicht«; zu *cautus* »vorsichtig«]

K

Kau|ter ⟨m.; -s, -; Med.⟩ Instrument für die Kaustik (1)

Kau|te|ri|sa|ti|on ⟨f.; -, -en; Med.⟩ = Kaustik (1)

kau|te|ri|sie|ren ⟨V.⟩ *Sy* kautern **1** ⟨Med.⟩ *Gewebe* ~ durch Ätzmittel od. Hitze zerstören **2** ⟨Völkerk.⟩ *Personen* ~ mit eingebrannten Narben verzieren [zu grch. *kauterion;* zu *kaiein* »brennen«]

kau|tern ⟨V.⟩ = kauterisieren

Kau|ti|on ⟨f.; -, -en⟩ **1** Bürgschaft **2** Sicherheit(sleistung) durch Hinterlegung einer Geldsumme od. von Wertpapieren [<lat. *cautio* »Behutsamkeit«; zu *cautus* »vorsichtig«]

kau|tschie|ren *auch:* **kaut|schie|ren** ⟨V.⟩ = kautschutieren

Kau|tschuk *auch:* **Kaut|schuk** ⟨m.; -s, -e⟩ **1** geronnener Milchsaft einiger tropischer Pflanzenfamilien; *Roh*~ **2** durch Vulkanisation daraus gewonnene feste, zähe, elastische Masse; *Sy* ⟨nicht fachsprachl.⟩ Gummi [<frz. *caoutchouc,* span. *cauchuc,* Tupi (Peru) *cahuchu*]

Kau|tschuk|pa|ra|graf *auch:* **Kaut|schuk|pa|ra|graf** ⟨m.; -en, -en; fig.⟩ = Gummiparagraf; *oV* Kautschukparagraph

Kau|tschuk|pa|ra|graph *auch:* **Kaut|schuk|pa|ra|graph** ⟨m.; -en, -en⟩ = Kautschukparagraf

kau|tschu|tie|ren *auch:* **kaut|schu|tie|ren** ⟨V.⟩ mit Kautschuk überziehen, aus Kautschuk herstellen; *oV* kautschieren

Ka|val ⟨[-va:l] m.; -s, -s; Kart.⟩ Spielkarte im Tarock, Ritter [<ital. *cavallo* »Pferd«]

Ka|va|lier ⟨[-va-] m.; -s, -e⟩ **1** ⟨früher⟩ Reiter, Ritter **2** ⟨heute⟩ Begleiter einer Dame **3** (besonders gegen Frauen) höflicher, ritterlicher Mensch [<frz. *cavalier* »Reiter, Ritter« <ital. *cavaliere,* lat. *caballarius;* zu *caballus* »Pferd«]

Ka|va|liers|de|likt ⟨[-va-] n.; -(e)s, -e⟩ Delikt, das nicht als ehrenrührig angesehen wird

Ka|va|lier|start ⟨[-va-] m.; -s, -s; umg.; scherzh.⟩ schnelles Anfahren (mit dem Auto), bei dem die Reifen laut quietschen

Ka|val|ka|de ⟨[-val-] f.; -, -n⟩ prächtiger Aufzug eines Reitertrupps [<frz. *cavalcade* »Reiterzug« <ital. *cavalcata* <lat. *caballus* »Pferd«]

Ka|val|le|rie ⟨a. ['-val---] f.; -, -n⟩ Reiterei, Reitertrupp [<frz. *cavalerie* »Reiterei«; → *Kavalier*]

Ka|val|le|rist ⟨a. ['-val---] m.; -en, -en⟩ Angehöriger der Kavallerie, Kavalleriesoldat [→ *Kavallerie*]

Ka|val|lett ⟨[-val-] n.; -s od. -(e)s, -s od. -en; österr.; Soldatenspr.⟩ Bettgestell [<ital. *cavalletto* »Pferdchen, hölzernes Pferd als Übungsgerät, Staffelei«]

Ka|val|let|ti ⟨[-val-] n.; - od. -s, - od. -s; Reitsport⟩ = Cavaletto

Ka|va|ta ⟨[-va:-] f.; -, -va|ten; Musik⟩ lyr. Schluss eines Rezitativs [zu ital. *cavare* »herausholen, hervorheben«]

Ka|va|ti|ne ⟨[-va-] f.; -, -n; Musik⟩ **1** liedartiges, lyrisches Sologesangsstück in Opern u. Oratorien **2** liedartiges, elegisches Instrumentalstück [Verkleinerungsform zu *Kavata*]

Ka|ve|ling ⟨[-və-] f.; -, -en⟩ Mindestmenge, die ein Ersteigerer auf einer Auktion erwerben muss, z. B. Dutzend, Ballen [ndrl., »Los, Anteil«]

Ka|vent ⟨[-vɛnt] m.; -en, -en; veraltet⟩ Gewährsmann, Bürge; *Sy* Kaventsmann (1) [<lat. *cavens* »Beistand gebend«, Part. Präs. zu *cavere* »Beistand leisten, Bürgschaft geben«]

Ka|vents|mann ⟨[-vɛnts-] m.; -(e)s, -män|ner⟩ **1** ⟨veraltet⟩ = Kavent **2** ⟨umg.⟩ **2.1** wohlhabender, beleibter Mann **2.2** Stück von beeindruckender Größe **3** ⟨Seemannsspr.⟩ bes. hohe Welle [→ *Kavent*]

Ka|ver|ne ⟨[-vɛr-] f.; -, -n⟩ **1** ⟨Med.⟩ durch Gewebszerfall entstandener Hohlraum, vor allem in der Lunge bei Lungentuberkulose u. bei Abszessen **2** ausgebauter unterirdischer Raum zur Unterbringung technischer od. militärischer Einrichtungen [<lat. *caverna* »Höhle«]

ka|ver|ni|kol ⟨[-vɛr-] Adj.; Zool.⟩ in Höhlen wohnend, z. B. bei Tieren [→ *Kaverne*]

Ka|ver|nom ⟨[-vɛr-] n.; -s, -e; Med.⟩ Geschwulst aus Blutgefäßen, Blutschwamm [<lat. *caverna* »Höhle«]

ka|ver|nös ⟨[-vɛr-] Adj.⟩ mit einer od. mehreren Kavernen versehen, in der Art einer Kaverne [<frz. *caverneux* »ausgehöhlt«; zu *caverne* <lat. *caverna* »Höhle«]

Ka|vi|ar ⟨[-vi-] m.; -s, -e⟩ mit Salz konservierter, gereinigter Rogen einiger russischer Störarten [<türk. *chavijar,* Mundart des Kaspigebietes, neupers. *chaviyar,* eigtl. »Eier tragend«]

Ka|vi|tät ⟨[-vi-] f.; -, -en; Med.; Anat.⟩ Hohlraum; *oV* Cavität [<lat. *cavus* »hohl; Höhlung«]

Ka|vi|ta|ti|on ⟨[-vi-] f.; -, -en; Technik⟩ Hohlraumbildung mit Auftreten eines Vakuums in einer schnellen Flüssigkeitsströmung [zu lat. *cavus* »hohl«]

Ka|wa ⟨f.; -; unz.⟩ leicht berauschendes Getränk aus Wurzeln des Kawastrauches in Polynesien [Maori, »bitter«]

Ka|wass ⟨m.; -en, -en⟩ = Kawasse

Ka|was|se ⟨m.; -n, -n; im Vorderen Orient⟩ Polizist, Ehrenwache; *oV* Kawass [<türk. *kavas* <arab. *qawwas*]

Ka|wa|strauch ⟨m.; -es, -sträucher; Bot.⟩ Pfeffergewächs der Südseeinseln, aus dem Kawa gewonnen wird: Piper methysticum

Ka|wi ⟨n.; -s; unz.; Lit.⟩ altjavanische vom Sanskrit beeinflusste Literatursprache zwischen 900 u. 1400 [javan. <Sanskrit *kavi* »Dichter, Denker«]

Ka|wir ⟨f.; -; unz.⟩ iranische Salztonebene; *oV* Kewir

Kaw|ja ⟨n.; -; unz.⟩ bes. in den Gattungen Kunstroman bzw. -epos u. Lyrik anzusiedelnde, literarisch anspruchsvolle Dichtung Indiens [Sanskrit]

Ka|zi|ke ⟨m.; -n, -n⟩ Häuptling der mittel- u. südamerikanischen Indianer [<span. *cacique* <Taino *cacique,* Aruak *kassequa* »Häuptling«]

Ka|zoo ⟨[kəzu:] n.; - od. -s, -s; Musik⟩ ein einfaches Rohrblasinstrument [engl.]

kb, KB ⟨Abk. für⟩ Kilobyte

Kbit ⟨Abk. für⟩ Kilobit

Kbt ⟨Abk. für⟩ Kilobit

KByte ⟨Abk. für⟩ Kilobyte

Kč ⟨Abk. für⟩ tschechische Krone

kcal ⟨Abk. für⟩ Kilokalorie

Kea ⟨m.; -s, -s; Zool.⟩ Angehöriger einer Papageienart: Nestor notabilis [<Maori]

Ke|bab ⟨m.; - od. -s, - od. -s⟩ orientalische Speise aus am Spieß gebratenen, scharf gewürzten Stücken von Hammelfleisch (in einem Brotfladen angerichtet); *oV* Kebap [<arab., türk. *kebap*]

Ke|bap ⟨m.; - od. -s, - od. -s⟩ = Kebab

Kee|per ⟨[ki:-] m.; -s, -; Sport⟩ Torwart [engl., »Hüter, Wächter«]

> **keep smiling** (*Groß- und Kleinschreibung*) Aus einer Fremdsprache übernommene Zitate oder feste Redewendungen werden in der Regel den orthografischen Vorgaben der Herkunftssprache entsprechend geschrieben.

keep smi|ling ⟨[ki:p smaılıŋ]⟩ lächle immer, bleib heiter u. gelassen [engl., »lächle weiter!«]

Ke|fir ⟨m.; -s; unz.⟩ durch Zusatz von Bakterien u. Hefe vergorene Milch, urspr. Stutenmilch [<kaukas.]

Keks ⟨m. od. n.; - od. -es, - od. -e⟩ trockenes Kleingebäck [<engl. *cakes,* Pl. zu *cake* »Kuchen«]

Ke|lim ⟨m.; - od. -s, - od. -s⟩ oriental. Wandbehang bzw. Teppich mit gleicher Vorder- u. Rückseite u. großen, geometr. Mustern; *oV* Kilim [<türk. *kilim* »Teppich«]

Ke|lim|stich ⟨m.; -(e)s, -e⟩ Flachstich in Reihen, jeweils im spitzen Winkel zueinander stehend

Ke|lo|id ⟨n.; -(e)s, -e; Med.⟩ aus vermehrtem Bindegewebe bestehender Hautwulst, der sich meist aus Narben entwickelt [<grch. *chele* »Klaue« + ...*id*]

Ke|lo|to|mie ⟨f.; -, -n; Med.⟩ Bruchoperation [<grch. *chele* »Klaue« + ...*tomie*]

Kelt[1] ⟨m.; -(e)s, -e; Textilw.⟩ grobes, dunkles schottisches Wollgewebe [<irisch *cealt* »Kleidung«]

Kelt[2] ⟨m.; -(e)s, -e⟩ vorgeschichtliches Beil [<lat. *celtis* »Meißel«]

Kel|tist ⟨m.; -en, -en⟩ = Keltologe

Kel|tis|tik ⟨f.; -; unz.⟩ = Keltologie

Kel|tis|tin ⟨f.; -, -tin|nen⟩ = Keltologin

Kel|to|lo|ge ⟨m.; -n, -n⟩ Wissenschaftler auf dem Gebiet der Keltologie; *oV* Keltist

Kel|to|lo|gie ⟨f.; -; unz.⟩ Lehre von den keltischen Sprachen u. Literaturen; *Sy* Keltistik

Kel|to|lo|gin ⟨f.; -, -gin|nen⟩ Wissenschaftlerin auf dem Gebiet der Keltologie; *oV* Keltistin

kel|to|lo|gisch ⟨Adj.⟩ die Keltologie betreffend, auf ihr beruhend, zu ihr gehörend

Kel|vin ⟨[-vın] n.; -s, -; Zeichen: K⟩ Maßeinheit der auf den absoluten Nullpunkt bezogenen Temperatur, 0 °K = -273,15 °C [nach dem engl. Physiker Sir William Thomson, Lord *Kelvin* of Largs, 1824-1907]

Kel|vin|ska|la *auch:* **Kel|vin-Ska|la** ⟨[-vın-] f.; -; unz.⟩ Skala, deren Nullpunkt der absolute Nullpunkt (-273,15 °C) ist [→ *Kelvin*]

Ke|ma|lis|mus ⟨m.; -; unz.; Politik⟩ eine Reform der Türkei nach dem Vorbild westlicher Gesellschaftsformen anstrebende politische Richtung nach dem Ersten Weltkrieg, die auch die Grundsätze des Islams infrage stellte [nach dem türkischen Politiker *Kemal* Atatürk, 1881-1939]

Ke|ma|list ⟨m.; -en, -en; Politik⟩ Vertreter, Anhänger des Kemalismus

Ke|ma|lis|tin ⟨f.; -, -tin|nen; Politik⟩ Vertreterin, Anhängerin des Kemalismus

ke|ma|lis|tisch ⟨Adj.; Politik⟩ den Kemalismus betreffend, auf ihm beruhend, zu ihm gehörend

Ke|man|tsche *auch:* **Ke|mant|sche** ⟨f.; -, -n; Musik⟩ = Kamangah

Ken ⟨n.; -, -⟩ Verwaltungsbezirk, Präfektur in Japan [jap.]

Ke|naf ⟨n.; -s; unz.⟩ eine der Jute ähnliche Stängelfaser des Hibiscus cannabinus [<pers. *kanaff*]

Ken|do ⟨n.; -; unz.⟩ **1** ⟨urspr.⟩ Schwertfechtkunst der Samurai **2** ⟨heute⟩ sportl. Fechtkunst in Japan mit Bambusschwertern [jap., »Schwertweg«]

Ken|do|ka ⟨m.; -s, -s⟩ jmd., der Kendo betreibt

Ke|nem ⟨n.; -s, -e; Sprachw.; in der Glossematik⟩ kleinste (phonolog.) Einheit der Ausdrucksebene; →*a.* Glossem, Plerem [zu grch. *kenos* »leer«]

Ken|nel ⟨m.; -s, -⟩ Hundezwinger (bes. für die Jagdhunde zur Parforcejagd) [engl., »Hundezwinger«, <lat. *canis* »Hund«]

Ken|nel|ly-Hea|vi|side-Schicht ⟨[kɛn(ə)lı hɛvısaıd-] f.; -; unz.⟩ = Heavisideschicht [nach dem US-amerikan. Ingenieur A. E. *Kennelly,* 1861-1939, der diese Schicht 1902 unabhängig von *Heaviside* entdeckte]

Ken|ning ⟨f.; -, -nin|gar⟩ bildersprachl. Ausdrucksweise in der altgerm. Dichtung [anord.; verwandt mit nhd. *kennen*]

Ke|no|se ⟨f.; -; unz.; Theol.⟩ Verzicht Christi auf seine göttl. Eigenschaften während seines Menschendaseins; *oV* Kenosis [zu grch. *kenos* »leer, bar, entblößt«]

Ke|no|sis ⟨f.; -; unz.; Theol.⟩ = Kenose

Ke|no|taph ⟨m.; -s, -e⟩ Grabmal auf einem leeren Grab zur Erinnerung an einen (woanders gestorbenen) Toten; *oV* Zenotaph [<grch. *kenos* »leer« + *taphos* »Grab«]

Ke|no|ti|ker ⟨m.; -s, -⟩ Vertreter, Anhänger der theologischen Lehre der Kenose

Ken|taur ⟨m.; -en, -en⟩ = Zentaur

Ken|tum|spra|chen ⟨Pl.; Sprachw.⟩ westl. große Gruppe der indogerman. Sprachen, die das Zahlwort »hundert« nach lat. »centum« (sprich: kentum) bilden; *Ggs* Satemsprachen

Ken|zan ⟨m.; -s, -s⟩ mit Stacheln versehene Platte aus Metall od. Kunststoff zum Befestigen von Blumengestecken, Blumenigel [jap.]

...ke|phal ⟨Nachsilbe; zur Bildung von Adj.⟩ = ...zephal

Ke|phal|al|gie *auch:* **Ke|pha|lal|gie** ⟨f.; -, -n; Med.⟩ Kopfschmerz [<grch. *kephale* »Kopf« + ...*algie*]

...ke|pha|le ⟨Nachsilbe; zur Bildung männl. Subst.⟩ = ...zephale

Ke|phal|hä|ma|tom ⟨n.; -s, -e;

Med.⟩ durch den Geburtsvorgang verursachter Bluterguss am Schädel des Neugeborenen, Kopfblutgeschwulst [<*Kephalo... + Hämatom*]

...ke|pha|lie ⟨Nachsilbe; zur Bildung weibl. Subst.⟩ = ...zephalie

Ke|pha|li|ne ⟨Pl.⟩ im Nervengewebe vorkommende Gruppe der Phospholipide [<grch. *kephale* »Kopf«]

ke|pha|lo..., Ke|pha|lo... ⟨in Zus.⟩ Kopf..., Schädel...; *oV* zephalo..., Zephalo... [<grch. *kephale* »Kopf«]

Ke|pha|lo|me|trie *auch:* **Ke|pha|lo|met|rie** ⟨f.; -, -n; Med.⟩ Schädelmessung

Ke|pha|lo|po|de ⟨m.; -n, -n; meist Pl.; Biol.⟩ Kopffüßer; *oV* Zephalopode [<*Kephalo... + ...pode*]

ke|pha|lo|trop ⟨Adj.⟩ auf die physiologischen Funktionen des Gehirns einwirkend (z. B. Drogen) [<*kephalo... + ...trop*[1]]

K

Ke|ra|lo|gie® ⟨f.; -; unz.⟩ Haarpflegemittel, Pflegeserie für Haare [<grch. *keras,* Gen. *keratos* »Horn« + *...logie* (trotz der Nachsilbe handelt es sich nicht um eine Wissenschaft)]

Ke|ra|mik ⟨f.; -, -en⟩ **1** ⟨unz.⟩ **1.1** Werkstoff u. Technik zur Herstellung von Gegenständen aus gebranntem Ton, Töpferei **1.2** keram. Erzeugnisse herstellende Industrie **1.3** Gesamtheit der Erzeugnisse aus gebranntem Ton; *Fein~* Geschirr; *Grob~* Baustoffe **2** ⟨zählb.⟩ einzelnes Erzeugnis aus gebranntem Ton [<grch. *keramos* »Ton«]

Ke|ra|mi|ker ⟨m.; -s, -⟩ jmd., der in der Keramik (2) tätig ist

Ke|ra|mi|ke|rin ⟨f.; -, -rin|nen⟩ weibl. Person, die in der Keramik (2) tätig ist

ke|ra|misch ⟨Adj.⟩ die Keramik betreffend, zu ihr gehörig; *~e Farben* Schmelzfarben, die vor dem Fertigbrennen von Ton od. Porzellan auf die Gegenstände aufgetragen u. dann eingebrannt werden

Ke|ra|tin ⟨n.; -s, -e; Biochemie⟩ Protein in Haut, Haar u. Nägeln, Hornstoff [<grch. *keras,* Gen. *keratos* »Horn«]

Ke|ra|ti|tis ⟨f.; -, -ti|ti|den; Med.⟩ krankhaft vermehrte Bildung von Hornhaut, Hornhautentzündung im Auge [→ *Keratin*]

ke|ra|to..., Ke|ra|to... ⟨in Zus.⟩ horn..., Horn... [<grch. *keras* »Horn«]

Ke|ra|tom ⟨n.; -s, -e; Med.⟩ geschwulstartig verdickte Hornschicht auf der Haut

Ke|ra|to|phyr ⟨m.; -s, -e; Geol.⟩ besonders im Fichtelgebirge u. Harz vorkommendes grünlich graues Ergussgestein mit Einsprenglingen [<*Kerato... + Porphyr*]

Ke|ra|to|plas|tik ⟨f.; -, -en; Med.⟩ Hornhautübertragung [<grch. *keras,* Gen. *keratos* »Horn« + *Plastik*]

Ke|ra|to|se ⟨f.; -, -n; Med.⟩ Hautkrankheit, übermäßige Verhornung [→ *Keratin*]

Ke|ra|to|skop *auch:* **Ke|ra|tos|kop** ⟨n.; -s, -e; Med.⟩ Instrument zur Untersuchung der Krümmung der Augenhornhaut [<*Kerato... + ...skop*]

Ker|be|ros ⟨m.; -, -se⟩ = Zerberus

Ker|ma ⟨f.; -; unz.; Physik; Med.; Abk. für⟩ Kinetic Energy Released in Matter, Messgröße für die kinetische Energie der Sekundärteilchen, die durch ionisierende Strahlung freigesetzt wird

Ker|man ⟨m.; -s, -s⟩ = Kirman

Kern|ener|gie ⟨f.; -; unz.⟩ durch Kernspaltung od. Kernfusion gewonnene Energie; *Sy* Atomenergie

Kern|ener|gie|an|trieb ⟨m.; -(e)s, -e⟩ Schiffsantrieb, der seine Antriebskraft auf elektr. oder turboelektr. Weg über einen Kernreaktor gewinnt; *Sy* Atomantrieb

Ker|ner ⟨m.; -s, -⟩ = Karner

Kern|fu|si|on ⟨f.; -, -en⟩ Kernreaktion, die zur Bildung schwererer Atomkerne aus leichteren unter gleichzeitiger Energieabgabe führt, Kernverschmelzung

Kern|in|duk|ti|on ⟨f.; -, -en; Physik⟩ elektromagnetische Induktion, die durch Resonanz der Präzessionsbewegung der sich in einem starken magnetischen Feld befindenden Atomkerne mit einem Hochfrequenzfeld hervorgerufen wird, Verfahren zur sehr genauen Messung der Kernmomente; *Sy* NMR

Ker|nit ⟨m.; -(e)s, -e; Min.⟩ wichtiges Ausgangsmaterial für die Bor- u. Boraxgewinnung; *Sy* Rasorit [nach dem Vorkommen im *Kern* County in den USA]

Kern|kraft|werk ⟨n.; -(e)s, -e⟩ = Atomkraftwerk, Kernreaktor

Kern|phy|sik ⟨f.; -; unz.⟩ Teilgebiet der Physik, das sich mit der Erforschung der Atomkerne, ihrem Aufbau u. ihren möglichen Umwandlungen befasst

Kern|re|ak|ti|on ⟨f.; -, -en⟩ physikal. Vorgang in Atomkernen, vor allem Umwandlung von Kernen beim Zusammenstoß mit energiereichen Teilchen wie Protonen, Neutronen, Deuteronen, Elektronen u. elektromagnet. Strahlungsquanten

Kern|re|ak|tor ⟨m.; -s, -en⟩ Anlage, in der die kontrollierte Kernspaltung von Atomen zur Erzeugung von Wärmeenergie u. damit zur Gewinnung von Dampf für den Antrieb elektr. Generatoren genutzt wird; *Sy* Atomkraftwerk, Atommeiler, Atomreaktor, Kernkraftwerk, Reaktor

Kern|spin ⟨m.; -s, -s⟩ Gesamtdrehimpuls eines Atomkerns

Kern|spin|to|mo|gra|fie ⟨f.; -; unz.; Med.⟩ = Kernspintomographie

Kern|spin|to|mo|gra|phie ⟨f.; -; unz.; Med.⟩ Art der Tomographie, bei der durch elektromagnet. Wellen dreidimensionale Darstellungen (z. B. des menschl. Körpers) ermöglicht werden; *oV* Kernspintomografie

Ke|ro|gen ⟨n.; -s, -e⟩ unlösliche organ. Verbindung fossiler Sedimente [<grch. *keros* »Wachs« + *gennan* »erzeugen«]

Ke|ro|plas|tik ⟨f.; -, -en⟩ = Zeroplastik

Ke|ro|sin ⟨n.; -s; unz.; Chemie⟩ = Petroleum (insbes. als Treibstoff von Luftstrahltriebwerken) [<grch. *keros* »Wachs«]

Kerr|ef|fekt *auch:* **Kerr-Ef|fekt** ⟨m.; -(e)s, -e⟩ die Erscheinung, dass durchsichtige Körper in starken elektr. Feldern doppelbrechend auf elektromagnet. Wellen (vor allem Licht) wirken [nach dem engl. Physiker John *Kerr,* 1824-1907]

Ker|rie ⟨[-riə] f.; -, -n; Bot.⟩ Goldröschen, in Ostasien heimischer, auch nach Europa eingeführter Zierstrauch mit goldgelben Blüten: Kerria japonica [nach dem engl. Botaniker W. *Kerr*]

Ke|ryg|ma ⟨n.; -s; unz.; Theol.⟩ Verkündigung (der christl. Botschaft) [grch., »Bekanntmachung«]

ke|ryg|ma|tisch ⟨Adj.; Theol.⟩ das Kerygma betreffend, zu ihm gehörig, verkündigend, predigend

Ke|schan ⟨m.; -s, -s⟩ = Kaschan

Ke|scher ⟨m.; -s, -⟩ Netz mit Rahmen u. Griff zum Fangen von Fischen u. Schmetterlingen; *oV* Käscher, Ketscher [<engl. *catcher* »Fischhamen«; zu *catch* »fangen«]

kess ⟨Adj.⟩ **1** hübsch u. dazu etwas frech, dreist od. vorlaut; *eine ~e Lippe riskieren* **2** flott **3** modisch-schick [rotw., »diebeserfahren, zuverlässig«; verhüllendes Kurzwort für jidd. *chochom* »Kluger, Weiser«, dessen Anfangsbuchstaben jidd. *chess* = *ch* sind]

> **Ketchup / Ketschup** (*Laut-Buchstaben-Zuordnung*) Viele aus Fremdsprachen übernommene Begriffe können sowohl entsprechend der Herkunftssprache als auch in einer integrierten Schreibung, die der deutschen Lautung folgt, geschrieben werden. Es bleibt dem Schreibenden überlassen, welche Schreibweise er vorzieht (→*a.* Anchovis / Anschovis).

Ketch|up *auch:* **Ket|chup** ⟨[kɛtʃʌp] od. [kɛtʃəp] m. od. n.; - od. -s, -s⟩ pikante, dickflüssige Soße zum Würzen; *Tomaten~; Gewürz~; oV* Ketschup [engl. <malai. *kechap* »gewürzte Fischsauce«]

Ke|ten ⟨n.; -s, -e; Chemie⟩ organisch-chemische Verbindung, in der die Carbonylgruppe durch eine Kohlenstoff-Doppelbindung mit dem restlichen Molekül verbunden ist [→ *Keton*]

Ke|to|grup|pe ⟨f.; -, -n; Chemie⟩ = Carbonylgruppe

Ke|to|he|xo|se ⟨f.; -, -n; Chemie⟩ Zuckerart der Gruppe der Monosaccharide mit sechs Kohlenstoffatomen [<*Keton* + *Hexose*]

Ke|ton ⟨n.; -s, -e; Chemie⟩ organ.-chemische Verbindung, die die zweiwertige Carbonylgruppe CO ein- od. mehrfach, verbunden mit Alkyl- od. Arylresten, enthält, z. B. Aceton [→ *Aceton*]

Ke|ton|ä|mie *auch:* **Ke|to|nä|mie** ⟨f.; -, -n; Med.⟩ = Acetonämie

Ke|ton|u|rie *auch:* **Ke|to|nu|rie** ⟨f.; -, -n; Med.⟩ = Acetonurie

Ke|to|se ⟨f.; -, -n; Chemie⟩ **1** einfacher Zucker mit einer C=O-Gruppe in der Art der Ketone, z. B. Fruchtzucker **2** Auftreten von Ketonen im Blut, z. B. bei Diabetes

Ketsch ⟨f.; -, -en; Seew.⟩ dem Schoner ähnliches Segelschiff, dessen zweiter halbhoher Mast weit achtern liegt [<engl. *ketch* »zweimastiges Küstenschiff«]

Ket|scher ⟨m.; -s, -⟩ = Kescher

Ke|tschua[1] *auch:* **Ket|schua**[1] ⟨m.; - od. -s, - od. -s⟩ = Quechua[1]

Ke|tschua[2] *auch:* **Ket|schua**[2] ⟨n.; -; unz.⟩ = Quechua[2]

Ketsch|up *auch:* **Ket|schup** ⟨[kɛtʃʌp] od. [kɛtʃəp] m. od. n.; - od. -s, -s⟩ = Ketchup

Kett|car® ⟨n.; -s, -s⟩ vierrädriges Kinderfahrzeug mit Kettenantrieb ähnlich einem Fahrrad [zu engl. *car* »Wagen«]

Ke|wir ⟨f.; -; unz.⟩ = Kawir

Key-Ac|count-Ma|nage|ment ⟨[kiːəkauntmænɪdʒmənt] n.; -s; unz.; Wirtsch.⟩ Form des Managements, die bes. auf die Zusammenarbeit mit Großkunden abzielt u. deren wirtschaftliche Bedürfnisse frühzeitig in die eigene Unternehmensplanung miteinbezieht [<engl., *key* »Schlüssel« + *account* »Aufzeichnung; Konto; Kunde« + *Management*]

Key-Ac|count-Ma|na|ger ⟨[kiːəkauntmænɪdʒə(r)] m.; -s, -; Wirtsch.⟩ jmd., der im Key-Account-Management tätig ist

Key-Ac|count-Ma|na|ge|rin ⟨[kiːəkauntmænɪdʒə-] f.; -, -rin|nen; Wirtsch.⟩ weibl. Person, die im Key-Account-Management tätig ist

Key|board ⟨[kiːbɔːd] n.; -s, -s⟩ **1** ⟨Popmusik⟩ (meist elektronisches) Tasteninstrument **2** ⟨EDV⟩ Tastatur für Computer u. Rechenanlagen [engl., »Tastatur«]

Key|boar|der ⟨[kiːbɔː-] m.; -s, -; Musik⟩ Musiker, der das Keyboard spielt

Key|boar|de|rin ⟨[kiːbɔː-] f.; -, -rin|nen; Musik⟩ Musikerin, die das Keyboard spielt

Keyne|si|a|nis|mus ⟨[kɛɪnzɪ-] m.; -; unz.; Wirtsch.⟩ nach dem Zweiten Weltkrieg lange Zeit sehr prägende wirtschaftspolitische u. -theoretische Lehre (u. ihre Weiterentwicklungen), die erstmals grundlegend die Möglichkeit eines wirtschaftl. Gleichgewichts bei Unterbeschäftigung thematisierte [nach dem brit. Nationalökonom John Maynard *Keynes,* 1883-1946]

Key|note ⟨[kiːnout] f.; -, -s⟩ **1** ⟨Musik⟩ Grundton einer Tonleiter, Tonika **2** ⟨fig.⟩ **2.1** wichtigster Grund-, Hauptgedanke **2.2** Grundsatzrede; *der Präsident kündigte in seiner ~ eine stärkere Zusammenarbeit mit der Oppositionspartei an* [engl.]

Key|point ⟨[kiːpɔɪnt] m.; -s, -s; meist Pl.⟩ entscheidender Faktor, wichtigster Umstand, Hauptpunkt [<engl. *key point* »wichtigster Punkt«]

kg ⟨Abk. für⟩ Kilogramm

KG, K. G. ⟨Abk. für⟩ Kommanditgesellschaft

KGaA ⟨Abk. für⟩ Kommanditgesellschaft auf Aktien

Kha|ki[1] ⟨n.; -; unz.⟩ Erdfarbe, erdbraune Farbe; *oV* Kaki[1] [<engl. *khaki;* zu pers.-Hindi *khaki* »staub-, erdfarben«; zu pers. *khak* »Staub, Erde«]

Kha|ki[2] ⟨m.; - od. -s; unz.⟩ gelbbrauner Stoff (für Tropenuniformen); *oV* Kaki[1]

Khan ⟨a. [xaːn] m.; -s, -e; dem Namen nachgestellter mongol.-tatar.-türk. Titel für⟩ mohammedanischer Fürst u. höherer persischer Beamter;

oV Chan [<Turkspr. *khan* »Herr, Fürst«]

Kha|nat ⟨n.; -(e)s, -e⟩ Amt, Land eines Khans; *oV* Chanat

Khe|di|ve ⟨m.; -s od. -n, -n; 1867–1914 Titel für⟩ Vizekönig von Ägypten [<türk. *khidiv* <pers. *chadiv* »Fürst«]

Khoin|spra|chen ⟨Pl.⟩ = Khoisansprachen

Khoi|san|spra|chen ⟨Pl.⟩ zu den afrikan. Sprachen gehörige Sprachfamilie der Buschleute u. a. südafrikan. Volksstämme; *oV* Khoinsprachen

kHz ⟨Abk. für⟩ Kilohertz

Kib|buz ⟨m.; -, -bu|zim od. -bu|ze⟩ landwirtschaftl. Kollektiv der Siedler in Israel [hebr., »Sammlung«]

Kib|buz|nik ⟨m.; -s, -s; veraltet⟩ Angehöriger eines Kibbuz

Ki|bit|ka ⟨f.; -, -s⟩ *oV* Kibitke **1** = Jurte **2** überdachter russischer Bretterwagen od. Schlitten [russ., <arab. *kubbat* »Gewölbe, Zelt«]

K

Ki|bit|ke ⟨f.; -, -n⟩ = Kibitka

Kick ⟨m.; -s, -s⟩ **1** ⟨Sport; Fußb.⟩ Schuss, Tritt **2** ⟨Jugendspr.⟩ Hochgefühl, Schwung, Energie; *dieses Lied gibt mir einen besonderen ~; →a.* Thrill [engl.]

Kick-and-Rush ⟨[-əndrʌʃ] m. od. n.; -; unz.; Sport; Fußb.⟩ Taktik, bei der der Ball aus der Verteidigung mit weiten, häufig ungezielten Flanken nach vorne gespielt wird u. dort vom Sturm neu erkämpft werden muss, bes. in Großbritannien verbreitet [engl., »Schießen und (Vorwärts-)Stürmen«]

Kick-back *auch:* **Kick|back** ⟨[-bæk] m.; - od. -s, -s; umg.; Wirtsch.⟩ offiziell gewährter Rabatt im Rahmen einer Auftragsvergabe od. -akquise, der aber tatsächlich an den Auftraggeber od. den Vermittler des Geschäfts geht [<engl. *kickback* »Schmiergeld«]

Kick|board ⟨[-bɔː(r)d] n.; -s, -s⟩ zusammenklappbarer, sportlicher Tretroller aus Edelstahl [<engl. *kick* »treten« + *board* »Brett«]

Kick|bo|xen ⟨n.; -s; unz.; Sport; Boxen⟩ Nahkampfsportart, bei der die Opponenten sowohl boxen als auch Tritte gegeneinander richten können [<engl. *kick* »Tritt« + *Boxen*]

Kick|bo|xer ⟨m.; -s, -; Sport; Boxen⟩ Mann, der das Kickboxen ausübt

Kick|bo|xe|rin ⟨f.; -, -rin|nen; Sport; Boxen⟩ Frau, die das Kickboxen ausübt

Kick-down *auch:* **Kick|down** ⟨[-daun] n. od. m.; -s, -s; bei automat. Getrieben von Kfz⟩ plötzliches Durchtreten des Gaspedals (zur schnelleren Beschleunigung) [zu engl. *kick down* »herunterlassen«]

ki|cken ⟨V.; Sport⟩ mit dem Fuß stoßen; *den Ball beim Fußballspiel ~* [<engl. *kick* »mit dem Fuß stoßen«]

Ki|cker ⟨m.; -s, -s od. -; umg.⟩ **1** Mann, der kickt **2** ⟨abwertend⟩ schlechter Fußballspieler

Ki|cke|rin ⟨f.; -, -rin|nen; umg.⟩ **1** Frau, die kickt **2** ⟨abwertend⟩ schlechte Fußballspielerin

Kick-off *auch:* **Kick|off** ⟨m.; -s, -s; schweiz.; Fußb.⟩ Anstoß [zu engl. *kick off* »wegstoßen«]

Kicks ⟨m.; -, -; Fußb.; Billard⟩ Fehlstoß [→ *Kick*]

Kick|star|ter ⟨m.; -s, -; Kfz⟩ Fußhebel als Anlasser des Motorrades [<*Kick* + *Starter*]

Kick|xia ⟨[kıksia] f.; -, -xi|en; Bot.⟩ malaiische Gattung der Hundsgiftgewächse; *~ elastica* in Westafrika kultiviert, liefert Kautschuk [nach dem belg. Botaniker J. *Kickx*]

Kid ⟨n.; -s, -s⟩ **1** das Fell einer jungen Ziege **2** ⟨umg.; salopp⟩ Kind; *Mode für ~s*; *→a.* Computerkid [engl., »Zicklein«, auch umg. für »Kind, Bengel«]

Kid|dusch ⟨m.; -, -im⟩ jüdisches Gebet, das am Sabbat über einem Becher Wein gesprochen wird, um Gott für die Gabe des Sabbats zu preisen; *oV* Qiddusch [hebr., »Weihe, Heiligung«]

kid|nap|pen ⟨[-næpən] V.⟩ *jmdn. ~* gewaltsam entführen

Kid|nap|per ⟨[-næpə(r)] m.; -s, -⟩ jmd., der Kinder (od. Erwachsene) gewaltsam entführt [engl.]

Kid|nap|pe|rin ⟨[-næpə-] f.; -, -rin|nen⟩ weibl. Person, die Kinder (od. Erwachsene) gewaltsam entführt

Kid|nap|ping ⟨[-næpıŋ] n.; -s, -s⟩ **1** ⟨urspr.⟩ Kindesentführung, um Lösegeld zu erpressen **2** ⟨heute allg.⟩ Entführung einer Person, um Lösegeld od. die Freilassung von Häftlingen zu erzwingen [engl.]

Kid|ney|boh|ne ⟨[kıdni-] f.; -, -n; Bot.⟩ **1** ein Bohnengewächs: Phaseolus vulgaris **2** nierenförmige, meistens dunkelrote Frucht der Kidneybohne (1) [<engl. *kidneybean* <*kidney* »Niere« + *bean* »Bohne«]

Kien ⟨m.; in der Wendung⟩ *auf dem ~ sein* scharf aufpassen, sehr aufmerksam, wachsam sein [zu engl. *keen* »scharf« (von Blick, Verstand)]

Kif ⟨m.; - od. -s; unz.; umg.⟩ Mischung von getrockneten Hanfblättern; *oV* Kiff [engl. <arab. *kêf (kayf)* »Vergnügen, Freude«]

Kiff ⟨m.; - od. -s; unz.; umg.⟩ = Kif

kif|fen ⟨V.; umg.⟩ Rauschmittel rauchen [→ *Kif*]

Kif|fer ⟨m.; -s, -; umg.⟩ jmd., der (gewohnheitsmäßig) kifft [→ *Kif*]

Kif|fe|rin ⟨f.; -, -rin|nen; umg.⟩ weibl. Person, die (gewohnheitsmäßig) kifft

Ki|lim ⟨m.; - od. -s, - od. -s⟩ = Kelim

kil|len[1] ⟨V.; derb⟩ töten, umbringen [<engl. *kill* »töten«]

kil|len[2] ⟨V.; Seew.⟩ flattern, schlagen (vom Segel) [mitteIndd t.]

Kil|ler ⟨m.; -s, -⟩ bezahlter, professioneller Mörder; *→a.* Cleaner (3) [→ *killen*[1]]

Kil|ler|al|ge ⟨f.; -, -n⟩ giftige Alge, die sich aufgrund der Verschmutzung der Meere an den Küstenregionen stark vermehrt: Caulpera taxifolia

Kil|ler|ap|pli|ka|ti|on ⟨f.; -, -en; EDV⟩ Anwendungsprogramm, das eine neue Technologie (im Bereich der Computersoftware) begründet, ältere Technologien verdrängt u. ein Produkt zum Marktführer ausbauen kann [<engl. *killer* »Mörder« + *application* »Applikation, Anwendung«]

Kil|le|rin ⟨f.; -, -rin|nen⟩ weibl. Killer

Kil|ler|pro|gramm ⟨n.; -s, -e; EDV⟩ **1** Programm, das mit einem Virus infiziert ist u. beim Laden alle Daten von der Festplatte löscht **2** populäres Anwendungsprogramm, das den Verkauf der entsprechenden Hardware u. Betriebssysteme beträchtlich steigert

Kil|ler|sa|tel|lit ⟨m.; -en, -en⟩ Satellit, der zur Zerstörung eines anderen Satelliten in eine Erdumlaufbahn geschossen wird

Kiln ⟨m.; -(e)s, -e⟩ Kies- bzw. Röstofen zum Rösten von schwefelhaltigen Erzen [engl., »Brenn-, Röstofen«]

Ki|lo ⟨n.; -s, -; umg.; kurz für⟩ Kilogramm

ki|lo..., Ki|lo... ⟨Abk.: k; vor Maßeinheiten⟩ das Tausendfache der betreffenden Grundeinheit, z. B. 1 Kilogramm = 1000 Gramm [<grch. *chilioi* »tausend«]

Ki|lo|bit ⟨n.; - od. -s, - od. -s; Abk.: Kbt, Kbit; EDV⟩ Maßeinheit für den Informationsgehalt eines EDV-Dokumentes (1 Kbit = 1024 Bit) [<*Kilo...* + *Bit*]

Ki|lo|byte ⟨[-baıt] n.; - od. -s, - od. -s; Abk.: kB, KB, KByte; EDV⟩ Maßeinheit für die Speicherkapazität einer EDV-Anlage (1KByte = 1024 Byte) [<*Kilo...* + *Byte*]

Ki|lo|gramm ⟨n.; -s, -; Abk.: kg⟩ = 1000 Gramm

Ki|lo|hertz ⟨n.; -, -; Abk.: kHz⟩ = 1000 Hertz

Ki|lo|joule ⟨[-dʒaʊl] od. [-dʒu:l] n.; - od. -s, -; Abk.: kJ⟩ 1000 Joule

Ki|lo|ka|lo|rie ⟨f.; -, -n; Abk.: kcal; veraltet⟩ nicht mehr zulässige Maßeinheit der Wärme, ist zu ersetzen durch die Einheit Kilojoule (kJ), 1 kcal = 1000 cal = 4,185 kJ

Ki|lo|li|ter ⟨n. od. m.; -s, -; Abk.: kl; selten⟩ = 1000 Liter

Ki|lo|me|ter ⟨m.; -s, -; Abk.: km⟩ = 1000 Meter

ki|lo|me|trie|ren *auch:* **ki|lo|met|rie|ren** ⟨V.⟩ *eine Straße, einen Fluss* ~ mit Kilometersteinen die Kilometer daran bezeichnen

Ki|lo|pond ⟨n.; -s, -; Abk.: kp⟩ nicht mehr zulässige Krafteinheit, war definiert als die Kraft, die auf 1 Kilogramm Masse bei der Normfallbeschleunigung wirkt, zu ersetzen durch die Einheit Newton (N), 1 kp = 1000 p = 9,806 N

Ki|lo|pond|me|ter ⟨n.; -s, -; Abk.: kpm oder mkp⟩ nicht mehr zulässige Maßeinheit der Arbeit, war definiert als diejenige Energie, die notwenig ist, um 1 Kilopond 1 Meter hoch zu heben (zu ersetzen durch die Einheit Joule (J), 1 kpm = 9,806 J); *Sy* Meterkilopond

Ki|lo|volt ⟨[-vɔlt] n.; - od. -(e)s, -; Abk.: kV⟩ = 1000 Volt

Ki|lo|volt|am|pere ⟨[-vɔltampɛ:r] n.; - od. -s, -; Abk.: kVA⟩ = 1000 Voltampere

Ki|lo|watt ⟨n.; -s, -; Abk.: kW⟩ = 1000 Watt

Ki|lo|watt|stun|de ⟨f.; -, -n; Abk.: kWh⟩ = 1000 Wattstunden

Kilt ⟨m.; -(e)s, -s⟩ karierter, knielanger Faltenrock der Schotten [engl., »Schottenrock«]

Kim|ber|lit ⟨m.; -s, -e; Min.⟩ schwarz-grünes Eruptivgestein aus der Gruppe der Peridodite, Muttergestein südafrikanischer Diamanten [nach der südafrikan. Stadt *Kimberley*]

Kim|me|ridge ⟨[-rıdʒ] n.; -; unz.; Geol.⟩ Stufe des Weißen Jura (Malm) [nach der gleichnamigen südengl. Stadt]

kim|me|risch[1] ⟨Adj.⟩ **1** ⟨Myth.; bei Homer⟩ Finsternis des Hades **2** ⟨geh.⟩ völlige Finsternis [nach dem *Kimmerier*-Volk der grch. Mythologie]

kim|me|risch[2] ⟨Adj.; Geol.⟩ ~*e Faltung* Faltung im Erdmittelalter [nach der *Kimmerischen* Halbinsel in Südrussland]

Ki|mo|no ⟨a. ['---] m.; -s, -s⟩ langes jap. Gewand mit weiten, angeschnittenen Ärmeln [jap., »Gewand«]

Kin ⟨n.; -, -⟩ chinesische Zither mit 5-7 Saiten [chines.]

Ki|nä|de ⟨m.; -n, -n⟩ = Päderast [<grch. *kinaithos* »Wollüstling«]

Ki|na|se ⟨f.; -, -n; Biochem.⟩ Enzym, das Phosphat überträgt, z. B. Hexokinase [zu grch. *kinein* »bewegen«]

Kin|äs|the|sie *auch:* **Ki|näs|the|sie** ⟨f.; -; unz.; Med.⟩ Empfindung der eigenen körperlichen Bewegung, Muskelgefühl [<grch. *kinein* »bewegen« + *...ästhesie*]

Kin|äs|the|tik *auch:* **Ki|näs|the|tik** ⟨f.; -; unz.; Med.⟩ Lehre von den Bewegungsempfindungen [→ *Kinästhesie*]

kin|äs|the|tisch *auch:* **ki|näs|the|tisch** ⟨Adj.; Med.⟩ auf Kinästhesie beruhend, bewegungsempfindlich; ~*er Typ* ⟨Psych.⟩ = motorischer Typ

Kin|dle® *auch:* **Kind|le®** ⟨[kındəl] m.; -, -; EDV⟩ Gerät für das Herunterladen, Speichern u. Lesen elektron. Bücher, Zeitungen u. Zeitschriften

Ki|nem ⟨n.; -s, -e; Sprachw.⟩ **1** nonverbales Kommunikationsmittel über Gestik u. Mimik mit minimaler Ausprägung, z. B. Kopfnicken, Augenzwinkern **2** kleinste Einheit des Fingeralphabets [→ *Kinesik*]

Ki|ne|ma|thek ⟨f.; -, -en⟩ = Filmothek [<grch. *kinema* »Bewegung« + *...thek*]

Ki|ne|ma|tik ⟨f.; -; unz.⟩ Teilgebiet der Mechanik, Untersuchung von Bewegungsvorgängen nur im Hinblick auf Zeit u. Raum; *Sy* Phoronomie [<grch. *kinema* »Bewegung«]

Ki|ne|ma|ti|ker ⟨m.; -s, -⟩ Wissenschaftler auf dem Gebiet der Kinematik

Ki|ne|ma|ti|ke|rin ⟨f.; -, -rin|nen⟩ weibl. Kinematiker

ki|ne|ma|tisch ⟨Adj.⟩ zur Kinematik gehörig, auf ihr beruhend

Ki|ne|ma|to|graf ⟨m.; -en, -en⟩ = Kinematograph

Ki|ne|ma|to|gra|fie ⟨f.; -; unz.⟩ = Kinematographie

ki|ne|ma|to|gra|fisch ⟨Adj.⟩ = kinematographisch

Ki|ne|ma|to|graph ⟨m.; -en, -en⟩ Apparat zur Aufnahme u. Wiedergabe von Bewegungsvorgängen in vielen Einzelbildern, die bei der Vorführung zu einer lückenlosen Bewegungsfolge verschmelzen; *oV* Kinematograf [<grch. *kinema,* Gen. *kinematos* »Bewegung« + *...graph*]

Ki|ne|ma|to|gra|phie ⟨f.; -; unz.⟩ Filmwissenschaft u. Filmtechnik; *oV* Kinematografie

ki|ne|ma|to|gra|phisch ⟨Adj.⟩ zur Kinematographie gehörig, auf ihr beruhend, mit ihrer Hilfe; *oV* kinematografisch

K

Ki|ne|se ⟨f.; -, -n; Physiol.⟩ Geschwindigkeitsveränderung bei der Fortbewegung von Tieren [→ *Kinesis*]

...ki|ne|se ⟨Nachsilbe; zur Bildung weibl. Subst.⟩ ...bewegung; *Hypokinese* [→ *Kinesis*]

Ki|ne|sik ⟨f.; -; unz.⟩ Wissenschaft, die nichtsprachl. (mimische, gestische usw.) Verständigung erforscht [<grch. *kinesis* »Bewegung«]

Ki|ne|sio|lo|ge ⟨m.; -n, -n⟩ Wissenschaftler auf dem Gebiet der Kinesiologie

Ki|ne|sio|lo|gie ⟨f.; -; unz.⟩ naturwissenschaftliches Forschungsgebiet, das Bewegungen, den Bewegungsapparat u. seine Steuerung untersucht, Bewegungslehre [<*Kinesis* + ...*logie*]

Ki|ne|sio|lo|gin ⟨f.; -, -gin|nen⟩ Wissenschaftlerin auf dem Gebiet der Kinesiologie

Ki|ne|sio|the|ra|pie ⟨f.; -; unz.; Med.⟩ Bewegungstherapie, Krankengymnastik, Heilgymnastik [<*Kinesis* + *Therapie*]

K

Ki|ne|sis ⟨f.; -, -ne|sen⟩ Bewegung [grch.]

ki|ne|sisch ⟨Adj.⟩ die Kinesik betreffend, auf ihr beruhend, zu ihr gehörend

Ki|ne|tik ⟨f.; -; unz.; Physik⟩ Lehre von der Bewegung durch Kräfte [<grch. *kinetikos* »die Bewegung betreffend«; zu grch. *kinein* »bewegen«]

ki|ne|tisch ⟨Adj.; Physik⟩ zur Kinetik gehörend, auf ihr beruhend, auf Bewegung bezüglich; *~e Energie* Bewegungsenergie

Ki|ne|to|se ⟨f.; -, -n; Med.⟩ durch Reizung des Gleichgewichtsorgans hervorgerufene Bewegungskrankheit, z. B. Seekrankheit [zu grch. *kinein* »bewegen«]

King ⟨m.; -s, -s; umg.⟩ Anführer, Befehlshaber (einer Gruppe); *er spielt sich hier auf wie ein ~* [engl., »König«]

King|size ⟨[-saɪz] f.; -; unz.⟩ Überlänge, Übergröße (von Zigaretten) [engl., eigtl. »Königsformat«]

Ki|nin ⟨n.; -s, -e; Biochemie⟩ gefäßerweiternd (daher blutdrucksenkend) sowie auf die glatte Muskulatur von Darm, Bronchien u. Uterus kontrahierend wirkendes Peptidhormon [verkürzt <*Kinesis* + ...*in*]

Ki|no ⟨n.; -s, -s⟩ Raum od. Gebäude zur Vorführung von Filmen, Lichtspielhaus, Lichtspieltheater, Filmtheater [verkürzt <*Kinematograph*]

Ki|no|cen|ter ⟨[-sɛn-] n.; -s, -⟩ größeres Gebäude, in dem mehrere Kinos untergebracht sind

Ki|no|or|gel ⟨f.; -, -n⟩ kleine Orgel mit wenigen Pfeifen u. zahlreichen Registern, die auch Schlaginstrumente verwendet, ursprünglich zur Untermalung von Stummfilmen; *Sy* Wurlitzerorgel

Kin|topp ⟨m. od. n.; -s, -s od. -töp|pe; berlin.⟩ Kino [scherzh. Verkürzung <*Kinematograph*]

Ki|osk ⟨a. [-'-] m.; -(e)s, -e⟩ **1** ⟨urspr.⟩ = Pavillon (2) **2** ⟨selten⟩ Erker od. Aufbau auf dem Dach oriental. Paläste **3** ⟨heute⟩ frei stehendes Verkaufshäuschen od. Stand für Zeitungen, Zigaretten, Süßigkeiten u. Getränke; *Zeitungs~* [<türk. *kösk* »Gartenhäuschen«]

Kip|pa ⟨f.; -, Kip|pot⟩ kleine, eng anliegende Kopfbedeckung der jüdischen Männer, die als Ehrerbietung gegenüber Gott während religiöser Handlungen (bes. in der Synagoge) getragen wird; *oV* Kippah [<hebr. *kippah* »Kappe«]

Kip|pah ⟨f.; -, Kip|pot⟩ = Kippa

Kip|per[1] ⟨m.; -s, -⟩ *Sy* Kipplader **1** Lastwagen, dessen Kasten gekippt werden kann **2** Vorrichtung zum Kippen von Eisenbahngüterwagen, wobei diese auf einer Schmalseite gehoben werden

Kip|per[2] ⟨m.; -s, -; meist Pl.; 17./18. Jh.⟩ *~ und Wipper* Münzverschlechterer, Münzbeschneider

Kip|per[3] ⟨m.; - od. -s, - od. -s⟩ frischer, auseinandergeklappter Hering, der kalt geräuchert wird [engl., »Bückling, Lachs«]

Kipp|la|der ⟨m.; -s, -⟩ = Kipper[1]

Kips ⟨n.; -es, -s⟩ getrocknete Haut des Zebus [<engl. *kip* »ungegerbte Haut eines jungen Tieres«]

Kir ⟨m.; -, -⟩ Getränk aus Weißwein u. etwas Johannisbeerlikör; *~ royal* Getränk aus Sekt u. etwas Johannisbeerlikör [frz., <türk.]

Kir|man ⟨m.; -s, -s⟩ wertvoller pers. Knüpfteppich mit mannigfaltigen Mustern (Blumen, Ranken, Tieren, Medaillons), auch als Gebetsteppich mit kunstvoller Nische; *oV* Kerman [nach der pers. Stadt *Kirman*]

Kis|met ⟨n.; -s; unz.; Islam⟩ das unabwendbare Schicksal [<türk. *qizmet* <arab. *qismat* »Anteil, das dem Menschen von Allah zugeteilte Los«]

Kit ⟨m. od. n.; -s, -s⟩ **1** in der Regel aus Plastik bestehender (Modell-)Bausatz **2** ein Satz zueinandergehöriger Einzelteile od. Dinge, Set [<engl. *kit* »Werkzeugsatz, Baukasten, Bastelsatz«]

Kit|che|nette ⟨[kɪtʃɪnɛt] f.; -, -s⟩ sehr kleine Küche, Kochnische; *ein Zimmer mit ~* [engl., Verkleinerungsform zu *kitchen* »Küche«]

Kite|sur|fen ⟨[kaɪtsœ:fən] n.; - od. -s; unz.; Sport⟩ Gleiten bzw. Surfen mithilfe eines Drachens (Gleitsegels) auf dem Wasser od. am Strand [<engl. *kite* »Drachen« + *surfen*]

Ki|tha|ra ⟨f.; -, -s od. -tha|ren; Musik⟩ 7- bis 18-saitiges altgriechisches Zupfinstrument [<grch. *kithara;* verwandt mit *Zither, Gitarre*]

Ki|thar|ö|de *auch:* **Ki|tha|rö|de** ⟨m.; -n, -n; Musik⟩ altgrch. Spieler der Kithara u. Sänger [<grch. *kithara* »Saiteninstrument« + *aoidos* »Sänger«]

Kitsch ⟨m.; -(e)s; unz.⟩ (auf Breitenwirkung zielende) süßlich-sentimentale Scheinkunst; *das Bild, das Buch ist großer ~* [Herkunft nicht geklärt; Deutungen: 1. <engl. *sketch* »Skizze«; 2. zu mundartl. *kitschen* »streichen, schmieren, zusammenscharren«]

Ki|va ⟨[-va] f.; -, -s⟩ meist runde, zum Teil vertiefte Kultstätte, rituelles Zentrum des Indianerdorfes im Südwesten der USA [engl. <Hopi (nordamerikan. Indianerspr.)]

Ki|wa|nis Club ⟨m.; - -s, - -s⟩ (1915 in den USA gegründete) internationale Vereinigung von Wohltätigkeitclubs, die unter dem Motto »Serving the Children of the World« Hilfsprojekte für Kinder u. Jugendliche unterstützt [<amerikan. Eingeborenensprache, eigtl. »wir kommen zusammen u. machen Lärm«]

Ki|wi[1] ⟨m.; -s, -s; Zool.⟩ hühnergroßer, flugunfähiger Flachbrustvogel mit unscheinbarem Gefieder aus Neuseeland: Apteryx australis [Maori]

Ki|wi[2] ⟨f.; -, -s; Bot.⟩ bräunlich behaarte Frucht mit grünem, säuerlichem Fruchtfleisch u. kleinen, dunklen Kernen [vermutl. aufgrund ähnlicher Form u. Farbe nach dem gleichnamigen Vogel benannt]

kJ ⟨Abk. für⟩ Kilojoule

Kjök|ken|möd|din|ger ⟨Pl.⟩ = Kökkenmöddinger

kl ⟨Abk. für⟩ Kiloliter

Kla|do|ze|re ⟨f.; -, -n; Zool.⟩ Wasserfloh [<grch. *klados* »Zweig« + *keras* »Horn«]

Kla|mot|te ⟨f.; -, -n⟩ **1** Ziegelsteinstückchen, Stück eines zertrümmerten Bausteins **2** ⟨Pl.; fig.⟩ *~n* Kleider, Hausrat, Siebensachen; *alte ~n* altes Zeug, wertloser Kram [<rotw. Vermischung mehrerer Wörter: 1. tschech. *klamol* »Bruchstück«; 2. *Schamott;* 3. rotw. *Klabot* (ältere Form von *Kluft*); 4. jidd. *k'le umonos* »Handwerksgerät«]

Klan ⟨m.; -s, -s⟩ = Clan

klan|des|tin ⟨Adj.⟩ heimlich; *~e Ehe* nicht in der Kirche geschlossene u. daher früher nicht gültige Ehe [<lat. *clandestinus* »heimlich«]

Kla|rett ⟨m.; -s, -e od. -s⟩ = Clairet

kla|rie|ren ⟨V.⟩ *ein Schiff ~* seine Ladung verzollen u. es dadurch zum Ein- od. Ausfahren freimachen [<lat. *clarare* »klar, deutlich, verständlich machen«; zu *clarus* »hell, klar, deutlich«]

Kla|rie|rung ⟨f.; -, -en⟩ das Klarieren (durch den Schiffsmakler, Kapitän od. Empfänger der Fracht)

Kla|ri|net|te ⟨f.; -n, -n; Musik⟩ Holzblasinstrument mit einfachem Rohrblatt am schnabelförmigen Mundstück [<ital. *clarinetto,* Verkleinerungsform zu *clarino* »hohe Solotrompete«]

Kla|ri|net|tist ⟨m.; -en, -en; Musik⟩ Mann, der Klarinette spielt

Kla|ri|net|tis|tin ⟨f.; -, -tin|nen; Musik⟩ Frau, die Klarinette spielt

Kla|ris|se ⟨f.; -, -n⟩ = Klarissin

Kla|ris|sin ⟨f.; -, -sin|nen⟩ Angehörige des von Franz von Assisi 1212 gegründeten Nonnenordens; *oV* Klarisse [nach der hl. *Clara,* 1194-1253]

Klas|se ⟨f.; -, -n⟩ **1** ⟨a. Logik⟩ Gruppe von Lebewesen, Dingen, Begriffen mit gleichen Merkmalen; *Lebewesen, Dinge in ~n einteilen; Begriffs~; Alters~; Rang~* **2** Gruppe von Dingen od. Leistungen mit demselben Wert; *Güte~; Handels~; Abteil, Fahrkarte erster, zweiter ~; ein Lokal dritter ~* **3** einzelne Ziehung einer Klassenlotterie **4** Gewinne desselben Wertes; *Gewinn~* **5** ⟨Biol.⟩ mehrere Ordnungen umfassende obligatorische Kategorie (in der biolog. Systematik); *die ~ der Säugetiere* **6** durch gemeinsame wirtschaftl. Interessen gekennzeichnete Gruppe von Menschen; *die oberen, unteren, besitzenden, besitzlosen ~n; Arbeiter~; Gesellschafts~* **7** Gruppe etwa gleichaltriger Kinder, die gemeinsam unterrichtet werden; *Schul~; in der ~ sind 25 Schüler; eine gute, schlechte ~; unsere ~ fährt ins Gebirge; in die dritte ~ gehen* **8** Raum, in dem eine Schulklasse unterrichtet wird, Klassenzimmer, Schulzimmer **9** Leistungsfähigkeit; *eine Künstlerin erster, zweiter, dritter ~; das ist ja große ~!* großartig, ganz hervorragend [<lat. *classis* »Aufgebot; Schülerabteilung«]

Klas|sem ⟨n.; -s, -e; Sprachw.⟩ klassenbildendes semant. Merkmal, z. B. »Tier« (für Hund, Pferd, Katze usw.) [<*Klasse* + *...em*]

Klas|se|ment ⟨[klas(ə)mã:] od. schweiz. [-mɛnt] n.; -s, -s⟩ **1** Ordnung **2** Einteilung, Einreihung **3** ⟨Sport⟩ Rangliste, Tabelle [<frz. *classement* »Einteilung nach Klassen«]

klas|sie|ren ⟨V.⟩ **1** = klassifizieren **2** *Fördergut ~* F. bei der Aufbereitung entsprechend dem Korndurchmesser in Größenklassen einteilen

Klas|si|fi|ka|ti|on ⟨f.; -, -en⟩ = Klassifizierung

Klas|si|fi|ka|tor ⟨m.; -s, -to|ren⟩ Bearbeiter eines Sachkatalogs

klas|si|fi|ka|to|risch ⟨Adj.⟩ in der Art einer Klassifikation, sie betreffend

klas|si|fi|zie|ren ⟨V.⟩ nach Klassen einteilen, gliedern, ordnen; *oV* klassieren (1) [<*Klasse* + *...fizieren*]

Klas|si|fi|zie|rung ⟨f.; -, -en⟩ das Klassifizieren; *Sy* Klassifikation

Klas|sik ⟨f.; -; unz.⟩ **1** ⟨i. w. S.⟩ Zeitabschnitt (bes. künstlerisch) bedeutender Leistungen eines Volkes **2** ⟨i. e. S.⟩ Blütezeit der altgrch. u. altröm. Kultur **3** deutsche literarische Bewegung von etwa 1786 (Goethes italien. Reise) bis 1805 (Schillers Tod), die durch harmon. Ausgewogenheit, Maß u. Reife sowie durch die Orientierung an der Antike gekennzeichnet ist **4** ⟨Musik⟩ Zeitabschnitt von etwa 1770 bis 1825 mit dem von Haydn, Mozart u. Beethoven geschaffenen einfachen, natürl. Stil, der die Sonatenform bevorzugte u. zur Vollendung führte; *Wiener ~* [→ *klassisch*]

Klas|si|ker ⟨m.; -s, -⟩ **1** Vertreter der Klassik **2** Künstler od. Wissenschaftler, dessen Werke über seine Zeit hinaus als mustergültig anerkannt worden sind **3** ⟨Pl.⟩ die Werke selbst [<lat. *scriptor classicus* »Schriftsteller ersten Ranges«]

klas|sisch ⟨Adj.⟩ **1** die Klassik betreffend, zu ihr gehörig, aus ihr stammend; *das ~e Altertum* = Klassik (2); *~e Philologie* Wissenschaft von den Sprachen des klass. Altertums (Altgriechisch, Latein), Altphilologie; *die ~en Sprachen* Altgriechisch u. Latein **2** in der Art der Klassik, nach dem Vorbild der K. strebend **3** mustergültig, vorbildlich ausgewogen, ausgereift, maßvoll; *ein ~es Beispiel; ~er Beweis; ein Werk von ~er Schönheit* **4** ⟨umg.⟩ komisch,

K

drollig; *das ist ja ~!* [<lat. *classicus* u. frz. *classique* »mustergültig, erstrangig«; → *Klassiker*]

Klas|si|zis|mus ⟨m.; -; unz.; Bez. für⟩ zwei europäische Kunstrichtungen, im 16./17. Jh. in der Baukunst, von Palladio ausgehend, u. 1770-1830 in Baukunst, Plastik, Malerei u. Kunstgewerbe (Neu- od. Neoklassizismus), die sich die klaren, strengen Formen des klass. Altertums zum Vorbild nahmen

klas|si|zis|tisch ⟨Adj.⟩ zum Klassizismus gehörig, aus ihm stammend

Klas|si|zi|tät ⟨f.; -; unz.⟩ Formvollendung, Mustergültigkeit im Sinne des klassischen Altertums

klas|tisch ⟨Adj.; Geol.⟩ aus zerbrochenen Mineralen bestehend; *~es Gestein* Trümmergestein [zu grch. *klan* »zerbrechen«]

K

Klau|se ⟨f.; -, -n⟩ **1** Zelle, Einsiedelei; *Einsiedler~* **2** Talenge, Engpass, Schlucht **3** einsamiges Teilfrüchtchen der Röhrenblütler (Tubiflorae) **4** ⟨fig.⟩ Zimmer, Heim, kleine Wohnung [<ahd. *klusa* »Kloster, Einsiedelei« <mlat. *clusus* (für lat. *clausus* »geschlossen«, Part. Perf. zu *claudere* »schließen«) »eingehegtes Grundstück, Kloster«; verwandt mit *Kloster, Klausur, Klausel*]

Klau|sel ⟨f.; -, -n⟩ **1** ⟨bei Verträgen⟩ Vorbehalt, beschränkende od. erweiternde Nebenbestimmung **2** ⟨Antike; Rhetorik⟩ rhythmisierter Schluss eines Satzes od. Satzabschnittes **3** ⟨MA; Musik⟩ Schlussformel einer Melodie od. eines Melodieabschnitts [<mhd. *clausel,* neben *klausul* <lat. *clausula* »Schluss(satz)«]

◆ Die Buchstabenfolge **klaus|tr...** kann auch **klaust|r...** getrennt werden.

◆ **Klaus|tra|ti|on** ⟨f.; -, -en; Psych.⟩ = Klaustrophilie

◆ **Klaus|tro|phi|lie** ⟨f.; -, -n; Psych.⟩ *Sy* Klaustration **1** Vorliebe für den Aufenthalt in geschlossenen Räumen **2** Neigung, Liebe zur Einsamkeit [<lat. *claustrum* »abgeschlossener Ort« + *...philie*]

◆ **klaus|tro|phob** ⟨Adj.; Psych.⟩ = klaustrophobisch

◆ **Klaus|tro|pho|bie** ⟨f.; -, -n; Psych.⟩ Furcht vor dem Aufenthalt in geschlossenen Räumen [<lat. *claustrum* »abgeschlossener Ort« + *Phobie*]

◆ **klaus|tro|pho|bisch** ⟨Adj.; Psych.⟩ die Klaustrophobie betreffend, auf ihr beruhend; *oV* klaustrophob

klau|su|lie|ren ⟨V.⟩ in Klauseln fassen, bringen, durch Klauseln einschränken

Klau|sur ⟨f.; -, -en⟩ **1** ⟨unz.⟩ **1.1** Abgeschlossenheit, Einsamkeit **1.2** Verbot für Fremde, die privaten Räume eines Klosters zu betreten **1.3** Verbot für Ordensangehörige, bestimmte Räume ohne Erlaubnis zu verlassen; *jmdm. ~ auferlegen; er lebt in strenger ~* **2** ⟨zählb.⟩ **2.1** die Räume, deren Betreten Fremden verboten ist **2.2** in einem Raum allein od. zu mehreren unter Aufsicht angefertigte Prüfungsarbeit [<lat. *clausura* »Verschluss, Einschließung«; zu *claudere* »schließen«]

Klau|sur|ta|gung ⟨f.; -, -en; bes. Politik⟩ Tagung, die nicht öffentlich ist

Kla|vi|a|tur ⟨[-vi-] f.; -, -en; Musik; bei Tasteninstrumenten⟩ Gesamtheit der Tasten [→ *Klavier*]

Kla|vi|chord ⟨[-vikɔrd] n.; -(e)s, -e; Musik⟩ = Clavichord

Kla|vier ⟨[-viːr] n.; -s, -e; Musik⟩ Tasteninstrument, bei dem die Saiten durch Filzhämmerchen angeschlagen werden; *~ spielen; jmdn. (zu seinem Gesang, Geigenspiel o. Ä.) auf dem ~ begleiten* [<frz. *clavier* »Tastenreihe, Tastenbrett«, <lat. *clavis* »Schlüssel«, mlat. »Schlüssel zum Ventil der Orgelpfeife, Taste«]

kla|vi|e|ris|tisch ⟨[-vi-] Adj.; Musik⟩ im Hinblick auf das Klavierspiel, es betreffend

Kla|vier|quar|tett ⟨[-viːr-] n.; -(e)s, -e; Musik⟩ **1** Komposition für Klavier u. drei Steichinstrumente, bes. Violine, Bratsche, Cello **2** die Spieler selbst

Kla|vier|quin|tett ⟨[-viːr-] n.; -(e)s, -e; Musik⟩ **1** Komposition für Klavier u. vier Streichinstrumente, bes. zwei Violinen, Bratsche u. Cello **2** die Spieler selbst

Kla|vier|trio ⟨[-viːr-] n.; -s, -s; Musik⟩ **1** Komposition für Klavier u. zwei Streichinstrumente, bes. Violine u. Cello **2** die Spieler selbst

Kla|vi|kel ⟨[-viː-] n.; -s, -; Anat.⟩ = Clavicula

Kla|vi|ku|la ⟨[-viː-] f.; -, -kulä; Anat.⟩ = Clavicula

kla|vi|ku|lar ⟨[-vi-] Adj.; Anat.⟩ zum Klavikel, zur Klavikula gehöhrend

Kla|vi|zim|bel ⟨[-vi-] n.; -s, -n; Musik⟩ = Cembalo; *Sy* Harpsichord [<mlat. *clavis* »Taste« + *Zimbel*]

Kla|vus ⟨[-vus] m.; -, Kla|vi [-vi]⟩ = Clavus

Kleenex® (*Schreibung von Markenzeichen*) Die Schreibung von Markennamen, Markenzeichen und ähnlichen Produktbezeichnungen richtet sich, ähnlich wie die Schreibung von Eigennamen, nach den Vorgaben des Namensgebers.

Klee|nex® ⟨[kliːnɛks] n.; -, -⟩ in einem Pappbehälter verwahrtes, sehr dünnes Papiertaschentuch

Klein|kli|ma ⟨n.; -s, -ma|ta od. -ma|te⟩ = Mikroklima

kleis|to|gam ⟨Adj.; Bot.⟩ auf Kleistogamie beruhend, durch sie gekennzeichnet; *Ggs* chasmogam

Kleis|to|ga|mie ⟨f.; -; unz.; Bot.⟩ Befruchtung mancher zweigeschlechtiger Pflanzen vor Öffnung der Blüte; *Ggs* Chasmogamie [<grch. *kleistos* »geschlossen« + *gamein* »heiraten«]

Kle|ma|tis ⟨a. [-'--] f.; -, -; Bot.⟩ = Clematis

Kle|men|ti|ne ⟨f.; -, -n; Bot.⟩ = Clementine

Kleph|te ⟨m.; -n, -n⟩ grch. Freischärler im Kampf gegen die türk. Herrschaft [neugrch., <altgrch. *kleptes* »Dieb, Spitzbube«]

Klep|sy|dra *auch:* **Klep|sy|d|ra** ⟨f.; -, -dren⟩ älteste Art von Uhren:

entweder ein Gefäß, aus dem Wasser tropfenweise ausfließt u. dadurch den Wasserspiegel in einem zweiten, mit einer Stundenskala versehenen Gefäß hebt, od. ein Gefäß mit feiner Öffnung, das sich, auf Wasser gesetzt, langsam füllt, Wasseruhr; *Sy* Hydrologium [<grch. *kleptein* »stehlen, etwas heimlich tun« + *hydor* »Wasser«]

Klep|to|krat ⟨m.; -en, -en; umg.; salopp⟩ jmd., der sich aufgrund seiner gesellschaftlichen Privilegien auf unsoziale Art u. Weise bereichert [verkürzt <*Klepto*mane + Aristo*krat*]

Klep|to|ma|ne ⟨m.; -n, -n; Psych.⟩ jmd., der an Kleptomanie leidet

Klep|to|ma|nie ⟨f.; -; unz.; Psych.⟩ krankhafter Trieb zum Stehlen [<grch. *kleptein* »stehlen« + *Manie*]

Klep|to|ma|nin ⟨f.; -, -nin|nen; Psych.⟩ weibl. Person, die an Kleptomanie leidet

klep|to|ma|nisch ⟨Adj.; Psych.⟩ **1** an Kleptomanie leidend **2** die Kleptomanie betreffend, auf ihr beruhend; *er zeigte ein ~es Verhalten*

Klep|to|pho|bie ⟨f.; -, -n; Psych.⟩ krankhafte Furcht, bestohlen zu werden od. selbst zu stehlen [<grch. *kleptein* »stehlen« + *Phobie*]

kle|ri|kal ⟨Adj.⟩ kirchlich, auf kirchl. Grundlage beruhend, die Kirche, die Geistlichen betreffend; *Ggs* laikal [<kirchenlat. *clericalis;* → *Klerus*]

Kle|ri|ka|le(r) ⟨f. 2 (m. 2)⟩ Anhänger(in) der katholischen Geistlichkeit [→ *klerikal*]

Kle|ri|ka|lis|mus ⟨m.; -; unz.⟩ Bestreben der (kath.) Kirche, sich weitgehenden Einfluss auf das staatliche u. öffentliche Leben zu verschaffen [<kirchenlat. *clericus* »kath. Geistlicher«; → *Klerus*]

kle|ri|ka|lis|tisch ⟨Adj.; abwertend⟩ einen extremen klerikalen Standpunkt beziehend u. vertretend

Kle|ri|ker ⟨m.; -s, -⟩ Angehöriger des Klerus

Kle|ri|sei ⟨f.; -; unz.; veraltet; oft abwertend⟩ geistlicher Stand, Klerus [<kirchenlat. *clericia* »Geistlichkeit«]

Kle|rus ⟨m.; -; unz.⟩ die Gesamtheit der (katholischen) Geistlichen [<kirchenlat. *clerus,* eigtl. »auserwählter Stand« <grch. *kleros* »Los, Anteil«]

Klez|mer[1] ⟨[klɛs-] f. od. m.; -; unz.; Musik⟩ traditionelle jüdische Instrumentalmusik (bes. Klarinettenmusik) aus Osteuropa [<jidd. *klesmer, klesmorin* »Musikant«]

Klez|mer[2] ⟨[klɛs-] m.; -s, -; Musik⟩ Musiker, der Klezmer[1] spielt

Kli|ent ⟨m.; -en, -en⟩ **1** jmd., der Beratung sucht **2** Auftraggeber, Kunde, z. B. eines Anwalts [<lat. *cliens,* Gen. *clientis* »der Hörige; der Schutzbefohlene eines Patrons«]

Kli|en|tel ⟨f.; -, -en⟩ Gesamtheit der Klienten eines Arztes od. Rechtsanwalts [<lat. *clientela* »das zwischen einem Klienten u. seinem Patron bestehende Verhältnis der Schutzgenossenschaft«; → *Klient*]

Kli|en|tin ⟨f.; -, -tin|nen⟩ **1** weibliche Person, die Beratung sucht **2** Auftraggeberin, Kundin, z. B. eines Anwalts

Kli|ma ⟨n.; -s, -ma|ta od. -ma|te; Meteor.⟩ **1** die für ein bestimmtes Gebiet charakterist. durchschnittl. Wetterlage; *feuchtes, heißes, kaltes, mildes, raues, trockenes, tropisches ~; maritimes, ozeanisches ~; Meeres~* **2** ⟨fig.⟩ Atmosphäre; *Betriebs~* [<lat. *clima* <grch. *klima* »Neigung (der Erde vom Äquator gegen die Pole«]

Kli|ma|an|la|ge ⟨f.; -, -n⟩ Einrichtung zur Regulierung von Temperatur u. Luftfeuchtigkeit in geschlossenen Räumen

Kli|ma|fak|tor ⟨m.; -s, -en⟩ zusammen mit den Klimaelementen das Klima einer Region bestimmende geografische Beschaffenheit eines Raumes, z. B. die Art der Vegetation

Kli|ma|geo|gra|fie ⟨f.; -; unz.⟩ Teilgebiet der Geografie, das sich mit der gegenseitigen Abhängigkeit u. Beeinflussung von Erdoberfläche u. Klima befasst u. danach eine Unterteilung verschiedener Klimazonen vornimmt; *oV* Klimageographie

Kli|ma|geo|gra|phie ⟨f.; -; unz.⟩ = Klimageografie

Kli|ma|geo|mor|pho|lo|gie ⟨f.; -; unz.⟩ Teilgebiet der Geomorphologie, das sich mit der Abhängigkeit der Formen bildenden Prozesse u. damit des Formenschatzes von den klimatischen Gegebenheiten befasst

kli|mak|te|risch ⟨Adj.; Med.⟩ zum Klimakterium gehörig, mit dem Klimakterium einhergehend; *~e Erscheinungen*

Kli|mak|te|ri|um ⟨n.; -s, -ri|en; Med.⟩ bei Frauen der Zeitraum, in dem die Tätigkeit der Keimdrüsen u. die Menstruation allmähl. aufhören, meist zwischen dem 45. u. 55. Lebensjahr, Wechseljahre; *Sy* Klimax (3) [<lat. *climacterium* <grch. *klimakter* »Stufenleiter«; zu *klimax* »Treppe, Leiter«]

Kli|ma|the|ra|pie ⟨f.; -, -n; Med.⟩ Kurbehandlung, bei der klimat. Wirkungsfaktoren für die Behandlung von Krankheiten eingesetzt werden; *Sy* Klimatotherapie

kli|ma|tisch ⟨Adj.⟩ das Klima betreffend, auf dem Klima beruhend

kli|ma|ti|sie|ren ⟨V.⟩ *einen Raum ~* die Luft eines Raumes bezügl. Feuchtigkeit u. Temperatur regulieren

Kli|ma|to|lo|ge ⟨m.; -n, -n⟩ Wissenschaftler, Forscher auf dem Gebiet der Klimatologie

Kli|ma|to|lo|gie ⟨f.; -; unz.⟩ Lehre vom Klima, von den Witterungsvorgängen (in großen Gebieten) [<*Klima* + *…logie*]

Kli|ma|to|lo|gin ⟨f.; -, -gin|nen⟩ Wissenschaftlerin, Forscherin auf dem Gebiet der Klimatologie

kli|ma|to|lo|gisch ⟨Adj.⟩ zur Klimatologie gehörig, auf ihr beruhend

Kli|ma|to|the|ra|pie ⟨f.; -, -n⟩ = Klimatherapie

Kli|max ⟨f.; -, -e⟩ **1** ⟨Lit.⟩ Stilmittel der Steigerung, Höhepunkt; *Ggs* Antiklimax **2** ⟨Bot.⟩ das Endstadium einer durch Boden- u. Klimaverhältnisse bedingten Entwicklung der Pflanzenwelt **3** ⟨Med.⟩ = Kli-

K

makterium [grch., »Treppe, Leiter«]

Kli|nik ⟨f.; -, -en; Med.⟩ 1 Anstalt zur Behandlung bettlägriger Patienten, Krankenhaus; *Frauen~; Kinder~; Poli~* 2 ⟨unz.⟩ Unterricht (der Medizinstudenten) am Kranken(bett) [<grch. *klinike (techne)* »Heilkunde«; zu *kline* »Lager, Bett«]

Kli|nik|card ⟨[-ka:d] f.; -, -s; Med.⟩ von Krankenversicherungen ausgestellter Ausweis für die bei ihnen versicherten Patienten [<*Klinik* + engl. *card* »Karte«]

Kli|ni|ker ⟨m.; -s, -; Med.⟩ 1 in der Klinik tätiger Arzt 2 in der klinischen Ausbildung stehender Student (nach dem Physikum)

Kli|ni|kum ⟨n.; -s, -ni|ka od. -niken; Med.⟩ zweiter Teil der medizin. Ausbildung im Krankenhaus

kli|nisch ⟨Adj.; Med.⟩ in der Klinik (stattfindend), die Klinik betreffend; *~e Behandlung*

Klin|ker ⟨m.; -s, -⟩ harter, scharfgebrannter Ziegel [<ndrl. *klinker(t)* »hart gebrannter Ziegelstein«; zu *klinken* »klingen«]

Klin|ker|bau ⟨m.; -(e)s, -ten⟩ 1 Bau (Gebäude) aus Klinkern 2 ⟨unz.; Bootsbau⟩ Bauweise für Holzboote, wobei die Außenplanken dachziegelartig übereinanderliegen; *Ggs* Kraweelbau

Kli|no|graf ⟨m.; -en, -en⟩ = Klinograph

Kli|no|graph ⟨m.; -en, -en⟩ Messinstrument der Geodäsie zum Bestimmen der Neigung von Erdschichten; *oV* Klinograf [<grch. *klinein* »neigen« + *...graph*]

Kli|no|me|ter ⟨n.; -s, -⟩ Vorrichtung zum Messen einer Neigung gegen die Horizontale [<grch. *klinein* »beugen, neigen« + *...meter*]

Kli|no|mo|bil ⟨n.; -s, -e⟩ Automobil mit klinischer Ausrüstung [verkürzt <*Klin*ik + *Automobil*]

Kli|no|stat *auch:* **Kli|nos|tat** ⟨m.; -(e)s od. -en, -e od. -en⟩ Vorrichtung zum Untersuchen der Wirkung des Geotropismus [<grch. *klinein* »beugen, neigen« + *...stat*]

Klipp ⟨m.; -s, -s⟩ = Clip

Klip|per ⟨m.; -s, -; 19. Jh.; Seew.⟩ schnelles Segelschiff (besonders für Ostasien) [<engl. *clipper* »Schnellsegler«]

Klips ⟨m.; -es, -e⟩ breite, federnde Klemme zum Einlegen von Haaren; *→a.* Clip (3)

Kli|schee ⟨n.; -s, -s⟩ 1 ⟨Typ.⟩ Druckstock, Druckplatte für Hochdruck, Ätzung; *→a.* Chemigraph 2 Abdruck, genaues Abbild 3 ⟨fig.⟩ stark vereinfachte od. überkommene Vorstellung; *oV* Cliché [<frz. *cliché*]

kli|schie|ren ⟨V.⟩ 1 *eine Druckvorlage ~* auf die Druckplatte übertragen u. ätzen 2 ⟨fig.⟩ *etwas ~* ohne Talent nachahmen [<frz. *clicher*]

Klis|ter ⟨m.; -s; unz.; Kunstwort⟩ weiches Skiwachs, das bes. für das Fahren in Firnschnee geeignet ist; *Sy* Klisterwachs

Klis|ter|wachs ⟨[-ks] m.; -es, -e⟩ = Klister

Klis|tier ⟨n.; -s, -e; Med.⟩ Einbringen einer kleinen Flüssigkeitsmenge (im Unterschied zum Einlauf) durch den After in den Darm (bei Verstopfung usw.) [<mhd. *klister, klistier* <lat. *clysterium,* grch. *klysterion;* zu grch. *klyzein* »spülen, reinigen«]

klis|tie|ren ⟨V.; Med.⟩ *jmdn. ~* jmdm. ein Klistier geben

kli|to|ral ⟨Adj.; Anat.⟩ die Klitoris betreffend, zu ihr gehörig

Kli|to|ris ⟨f.; -, - od. -to|ri|des; Anat.⟩ aufrichtbarer, dem Penis entsprechender Teil der weibl. Geschlechtsorgane am oberen Zusammenstoß der kleinen Schamlippen, Kitzler: Clitoris [<grch. *kleitoris*]

Klit|sche ⟨f.; -, -n; umg.; abwertend⟩ 1 kleines, nicht sehr ertragreiches Landgut 2 kleine Fabrik, kleiner Betrieb [<poln. *klič* »Lehmhütte«]

Kli|vie ⟨[-vjə] f.; -, -n; Bot.⟩ = Clivia

Klo|a|ke ⟨f.; -, -n⟩ 1 Schleuse, Abwasserkanal 2 ⟨Zool.⟩ gemeinsamer Ausgang von Darm, Harnblase u. Geschlechtsorganen bei manchen Tieren [<lat. *cloaca* »unterirdischer Abzugskanal«]

Klo|a|ken|tier ⟨n.; -(e)s, -e; Zool.⟩ 1 mit einer Kloake ausgestattetes, eierlegendes Säugetier Australiens u. der eng benachbarten Inselwelt: Monotremata 2 ⟨allg.; Pl.⟩ *~e* Ordnung urtümlicher Säugetiere, die keine lebenden Jungen gebären, sondern Eier legen u. diese ausbrüten, z. B. Schnabeltier u. Ameisenigel

Klo|bas|se ⟨f.; -, -n; österr.⟩ grobe, gewürzte Wurst, die meist heiß gegessen wird; *oV* Klobassi [<slowen. *klobása* »Wurst«]

Klo|bas|si ⟨f.; -, -bas|sen; österr.⟩ = Klobasse

Klon ⟨m.; -s, -e; Genetik⟩ aus ungeschlechtlicher Fortpflanzung (Genmanipulation) hervorgegangene identische Nachkommenschaft eines Individuums; *oV* Clon, Clonus; *~e generieren, erzeugen* [<grch. *klon* »Zweig, Reis, Schössling«]

klo|nal ⟨Adj.; Genetik⟩ einen Klon, das Klonen betreffend

klo|nen ⟨V.; Genetik⟩ sich ungeschlechtlich fortpflanzen, (durch Genmanipulation) künstlich erzeugen; *oV* clonen; *Sy* klonieren; *genetisch identische Lebewesen ~* [→ *Klon*]

klo|nie|ren ⟨V.; Genetik⟩ = klonen

Klo|nie|rung ⟨f.; -, -en; Genetik⟩ das Klonieren, das Kloniertwerden

Klo|ning ⟨n.; -s, -s; Genetik⟩ Vorgang des Klonens; *oV* Cloning

klo|nisch ⟨Adj.; Med.⟩ krampfhaft zuckend [<grch. *klonos* »Krampf«]

Klo|nus ⟨m.; -, Klo|ni; Med.⟩ Zittern infolge erhöhter Muskelspannung [<grch. *klonos* »Krampf«]

Klo|sett ⟨n.; -s, -s od. -e⟩ Abort, Toilette (bes. mit Wasserspülung) [verkürzt <engl. *watercloset* »abgeschlossener Raum mit Wasserspülung«]

Klo|tho|i|de ⟨f.; -, -n; Math.⟩ mathemat. Kurve, eine Spirale mit immer kleiner werdendem Krümmungsradius, als Trassierungselement im Straßenbau für den Übergang von einer Geraden in eine Kurve verwendet [<grch. *klothein* »spinnen« + *eidos* »Form, Gestalt«]

Klub ⟨m.; -s, -s⟩ = Club

K

Klub|gar|ni|tur ⟨f.; -, -en⟩ = Clubgarnitur

Kluft ⟨f.; -, -en; umg.⟩ Uniform, Dienstkleidung, Anzug [rotw. <neuhebr. *qilluph* »Schale«]

Klus ⟨f.; -, -en; schweiz.⟩ Engpass, Talenge [<mlat. *clusa* »umschlossener Raum«]

Klu|sil ⟨m.; -s, -e; Phon.⟩ = Explosivlaut

Klü|ver ⟨m.; -s, -⟩ dreieckiges Segel am Bugspriet [<ndrl. *kluver* (heute *kluiver*) <*kluif* »Klaue«, auch Bez. des Leitrings, an dem das Segel fährt]

Kly|s|ma ⟨n.; -s, Kly|s|men; Med.⟩ **1** Ausspülung **2** Klistier, Einlauf [<grch. *klysma* »Einspritzung, Spülung«; zu *klyzein* »spülen«]

Kly|s|tron *auch:* **Klys|t|ron** ⟨n.; -s, -tro|ne; El.⟩ Elektronenröhre zur Erzeugung starker kurzwelliger elektromagnet. Strahlung [<grch. *klyzein* »überfluten, (an)branden, wogen« + *...tron* (Endung zur Bez. eines Gerätes)]

km ⟨Abk. für⟩ Kilometer

km/h ⟨Zeichen für⟩ Kilometer pro Stunde [<engl. *kilometer per hour*]

Knast ⟨m.; -(e)s, -e od. Knäs|te; Pl. selten; umg.⟩ **1** Freiheitsstrafe **2** Gefängnis; *er hat zehn Jahre im ~ gesessen* [Gaunerspr. <jidd. *knas* »Geldstrafe«]

Knas|ter ⟨m.; -s, -⟩ **1** ⟨urspr.⟩ edler Tabak **2** ⟨heute; umg.⟩ schlechter, übelriechender Tabak [verkürzt <*K(a)nastertobak* <span. *canastro* »Rohrkorb« (in solchen Körben wurden edle Tabaksorten versandt) <grch. *kanastron* »Körbchen«; zu *kanna* »Rohr«]

Knaus-Ogi|no-Me|tho|de ⟨f.; -; unz.; Med.⟩ empfängnisverhütende, auf Temperaturmessungen beruhende Methode zur Bestimmung der fruchtbaren u. unfruchtbaren Tage der Frau [nach dem österr. Gynäkologen H. *Knaus,* 1892-1970, u. dem jap. Gynäkologen K. *Ogino,* 1882-1975]

Knes|set ⟨f.; -; unz.; Politik⟩ das Parlament des Staates Israel; *oV* Knesseth [hebr., »Versammlung«]

Knes|seth ⟨f.; -; unz.; Politik⟩ = Knesset

Kni|cker|bo|ckers ⟨a. [nıkə(r)-] Pl.⟩ weite Hose mit Überfall, deren Beine unter den Knien mit Schnallen geschlossen werden [<engl. *knickerbockers;* nach einem von W. Irving in seinem Roman »History of New York« (1809) erfundenen Ureinwohner D. *Knickerbocker;* er galt als typ. Vertreter der aus Holland stammenden ersten Siedler von New York, die in einer bebilderten Ausgabe mit den weiten Kniehosen ihrer Heimat dargestellt waren]

Knight ⟨[naıt] m.; -s, -s; im Vereinigten Königreich⟩ unterstes, nicht erbliches Adelsprädikat, welches vom jeweiligen Monarchen als Auszeichnung für besondere Verdienste um die Nation verliehen wird [engl., »Ritter«]

knock-down *auch:* **knock|down** ⟨[nɔkdaʊn] Adj.; Sport; Boxen⟩ niedergeschlagen, aber nicht kampfunfähig; →*a.* knock-out [<engl. *knocked down* »niedergeschlagen« (in Anlehnung an das Substantiv gebildet)]

Knock-down *auch:* **Knock|down** ⟨[nɔkdaʊn] m.; -s, -s; Sport; Boxen⟩ Niederschlag [→ *knockdown*]

knock-out *auch:* **knock|out** ⟨[nɔkaʊt] Adj.; Abk.: k. o.; Sport; Boxen⟩ niedergeschlagen, kampfunfähig; *den Gegner ~ schlagen* [<engl. *knocked out* »entscheidend besiegt, herausgeschlagen« (in Anlehnung an das Substantiv gebildet)]

Knock-out / Knockout (*Schreibung mit Bindestrich*) Aus dem Englischen stammende Substantivierungen aus Verb und Adverb sind in der Regel durch Bindestrich zu trennen. Die Zusammenschreibung ist jedoch auch möglich, sofern die Lesbarkeit dadurch nicht beeinträchtigt wird.

Knock-out *auch:* **Knock|out** ⟨[nɔkaʊt] m.; -s od. -, -s; Abk.: K. o.; Sport; Boxen⟩ Niederschlag, völlige Besiegung, K.-o.-Schlag

Know-how *auch:* **Know|how** ⟨[no:haʊ] n.; - od. -s; unz.⟩ das Wissen um die praktische Durchführung einer Sache, das »Gewusst-Wie« [engl., »wissen wie«]

Know-how-Transfer / Knowhowtransfer (*Schreibung mit Bindestrich*) Zwischen allen Bestandteilen mehrteiliger Zusammensetzungen, in denen eine Zusammensetzung mit Bindestrich auftritt, wird ein Bindestrich gesetzt.
Möglich ist in diesem Fall auch die Schreibung ohne Bindestrich: *Knowhowtransfer.*

Know-how-Trans|fer *auch:* **Know|how|trans|fer** ⟨[no:haʊtrænsfə(r)] m.; -s, -s⟩ Vermittlung von technischem Wissen an einen Dritten [<*Know-how* + engl. *transfer* »Übertragung«]

Knu|te ⟨f.; -, -n⟩ **1** Peitsche aus aufeinandergenähten Lederriemen; *einem Tier die ~ geben* **2** ⟨fig.⟩ Gewalt(herrschaft); *jmdn. unter seine ~ bringen; unter jmds. ~ seufzen; unter jmds. ~ stehen* ⟨fig.⟩ nichts zu sagen haben, unterdrückt sein [<russ. *knut,* eigtl. »Knotenpeitsche«]

knu|ten ⟨V.⟩ jmdn. unterdrücken, knechten [→ *Knute*]

ko..., Ko... ⟨in Zus.⟩ = kon..., Kon...

k. o., K. o. ⟨Abk. für⟩ knock-out, Knock-out; *ich bin k. o.* ⟨umg.⟩ ich bin erschöpft

Ko|ad|ap|ti|on ⟨f.; -, -en⟩ **1** ⟨Genetik⟩ durch vorteilhafte Genkombination gesteigerte Anpassungsfähigkeit an veränderte Umweltbedingungen **2** ⟨Psych.⟩ durch Veränderung der Umwelteinflüsse bedingte Mitveränderung nicht unmittelbar betroffener Organe [<*Ko... + Adaption*]

Ko|ad|ju|tor ⟨m.; -s, -to|ren⟩ Gehilfe eines kath. Geistlichen [<lat. *coadiutor* »Mitgehilfe«]

Ko|a|gu|lans ⟨n.; -, -lan|tia od. -lan|zi|en; Pharm.⟩ die Blutgerinnung förderndes Mittel [<lat. *coagulare* »gerinnen«]

Ko|a|gu|lat ⟨n.; -(e)s, -e; Chemie⟩ Stoff, der bei einer Koagulation ausgefällt wird [<lat. *coagulatum,* Part. Perf. zu *coagulare* »gerinnen machen«]

Ko|a|gu|la|ti|on ⟨f.; -, -en; Chemie⟩ Ausflockung einer kolloidalen Lösung durch Zusatz von Elektrolyten, entgegengesetzt geladenen Kolloiden od. durch Erhitzen, Flockung

ko|a|gu|lie|ren ⟨V.; Chemie⟩ einer Koagulation unterworfen sein od. unterwerfen [<lat. *coagulare* »gerinnen«]

Ko|a|gu|lum ⟨n.; -s, -gu|la; Med.⟩ Blutgerinnsel; *oV* Coagulum [<lat. *coagulum* »Lab« (Enzym im Magen des Kalbes u. Schafes, das Milch zum Gerinnen bringt)]

Ko|a|la ⟨m.; -s, -s; Zool.⟩ aus Südaustralien stammender Kletterbeutler mit schwanzlosem, plumpem Körper: Phascolaretus cinerens

Ko|a|les|zenz ⟨f.; -, -en; Sprachw.⟩ Phonemverschmelzung, Lautwandelprozess, in dem benachbarte Phoneme verschmelzen [zu lat. *coalescere* »zusammenwachsen«]

K

ko|a|lie|ren ⟨V.; Politik⟩ eine Koalition bilden, sich verbinden, vereinigen, sich verbünden; *oV* koalisieren

ko|a|li|sie|ren ⟨V.; Politik; selten⟩ = koalieren

Ko|a|li|ti|on ⟨f.; -, -en; Politik⟩ ~ *von Parteien, Staaten* Vereinigung, Bündnis, zweckbestimmte Verbindung [<frz. *coalition* »Bündnis« <engl. *coalition* <mlat. *coalitio* »Vereinigung, Zusammenkunft«]

Ko|a|li|ti|o|när ⟨m.; -s, -e; Politik⟩ Mitglied einer Koalition

Ko|a|li|ti|ons|par|tei ⟨f.; -, -en; Politik⟩ einzelne Partei einer Koalition

Ko|a|li|ti|ons|re|gie|rung ⟨f.; -, -en; Politik⟩ aus den Vertretern mehrerer Parteien gebildete Regierung

Ko|au|tor ⟨m.; -s, -en⟩ = Coautor

Ko|au|to|rin ⟨f.; -, -rin|nen⟩ = Coautorin

ko|axi|al ⟨Adj.; Geom.; Technik⟩ eine gemeinsame Achse habend; *oV* conaxial, konaxial [<*ko…* + *axial*]

Ko|axi|al|ka|bel ⟨n.; -s, -; El.⟩ Kabel für Nachrichtenverbindungen, bei dem ein Mittelleiter von einem rohrförmigen Außenleiter umgeben ist

Ko|a|zer|vat ⟨[-va:t] n.; -(e)s, -e⟩ winziges Flüssigkeitströpfchen, das durch Membranen von dem umgebenden Milieu abgegrenzt wird [zu engl. *coacervate* »anhäufen« <lat. *coacervatio* »Anhäufung«]

Ko|balt ⟨n.; -s; unz.; Chemie⟩ = Cobalt

Ko|balt|glanz ⟨m.; -es; unz.; Chemie⟩ = Cobaltit; *Sy* Kobaltin

Ko|bal|tin ⟨m.; -s; unz.; Chemie⟩ = Kobaltglanz

Ko|bra *auch:* **Kob|ra** ⟨f.; -, -s; Zool.⟩ bis 1,8 m lange Schlange mit Brillenzeichnung auf dem Nacken, gefährlichste Giftschlange Indiens: Naja naja [verkürzt <portug. *cobra de capello* »Kappenschlange« <lat. *colubra* »Schlange« + *capello* »Kappe«]

Ko|ckels|kör|ner ⟨Pl.⟩ = Kokkelskörner

Ko|ckels|pflan|ze ⟨f.; -, -n; Bot.⟩ = Kokkelspflanze

Kock|pit ⟨n.; -s, -s; Flugw.⟩ = Cockpit

Ko|da ⟨f.; -, -s⟩ = Coda

Kode ⟨[ko:d] m.; -s, -s⟩ = Code[2]

Ko|de|in ⟨n.; -s; unz.; Pharm.⟩ Teilalkaloid des Opiums, wirkt hauptsächlich hustenstillend: Codein [<grch. *kodeia* »Mohnfrucht«]

Ko|dex ⟨m.; -es od. -, -e od. -di|zes⟩ **1** handgeschriebenes Buch im MA; *oV* Codex **2** Gesetzessammlung, Handschriftensammlung **3** Gesamtheit der Regeln, die in einer Gesellschaft(schaftsgruppe) maßgebend sind; *Sitten~; Ehren~*

Ko|di|ak|bär ⟨m.; -en, -en; Zool.⟩ in Alaska vorkommender, großer Braunbär [nach der Insel *Kodiak Island*]

ko|die|ren ⟨V.⟩ = codieren; *Ggs* decodieren

Ko|die|rung ⟨f.; -, -en⟩ = Codierung; *Ggs* Decodierung

Ko|di|fi|ka|ti|on ⟨f.; -, -en⟩ = Kodifizierung

ko|di|fi|zie|ren ⟨V.⟩ in einem Gesetzbuch zusammenfassen [<*Kodex* + *…fizieren*]

Ko|di|fi|zie|rung ⟨f.; -, -en⟩ das Kodifizieren; *Sy* Kodifikation

Ko|di|zes ⟨Pl. von⟩ Kodex

Ko|di|zill ⟨n.; -s, -e; vor Einführung des BGB⟩ letztwillige Verfügung (über Vermächtnisse), Zusatz zu einem Testament [<lat. *codicillus* »kleine Handschrift«]

Ko|edi|ti|on ⟨a. [----'-] f.; -, -en⟩ **1** Edition eines Werkes, an der mehr als ein Herausgeber arbeitet **2** gleichzeitige Herausgabe unterschiedlicher Editionen eines Werkes durch verschiedene Verlage [<*Ko…* + *Edition*]

Ko|edu|ka|ti|on ⟨f.; -; unz.; Päd.⟩ gemeinsame Erziehung von Jungen u. Mädchen in Schulen u. Internaten [<*Ko…* + *Edukation*]

ko|edu|ka|tiv ⟨Adj.; Päd.⟩ die Koedukation betreffend, zu ihr gehörig, von ihr stammend

Ko|ef|fi|zi|ent ⟨m.; -en, -en⟩ **1** ⟨Math.⟩ ein Faktor, der durch eine allgemeine od. bestimmte Zahl bezeichnet wird, Beizahl, Beiwert **2** ⟨Physik⟩ für bestimmte physikal. od. technische Vorgänge kennzeichnende Größe; *Ausdehnungs~; Reibungs~* [<*Ko…* + lat. *efficere* »bewirken«]

Ko|en|zym ⟨n.; -s, -e; Biochemie⟩ = Coenzym

ko|er|zi|bel ⟨Adj.; Physik⟩ fähig, eine Koerzitivkraft auszuüben [<lat. *coercibilis* »zähmbar, zu bändigen«; zu *coercere* »in Schranken halten, bändigen«]

Ko|er|zi|tiv|kraft ⟨f.; -, -kräf|te; Physik⟩ **1** magnetische Feldstärke, die eine Magnetisierung aufhebt **2** Fähigkeit eines Stoffes, der Veränderung seines magnetischen Zustandes zu widerstehen [zu lat. *coercere* »in Schranken halten«]

ko|exis|tent ⟨a. [---'-] Adj.; geh.⟩ nebeneinander existierend, gleichzeitig vorhanden

Ko|exis|tenz ⟨[---'-] f.; -; unz.⟩ das Existieren nebeneinander, gleichzeitiges Vorhandensein, z. B. von Staaten mit verschiedenen Regierungsformen [<*Ko…* + *Existenz*]

ko|exis|tie|ren ⟨V.⟩ nebeneinander existieren, gleichzeitig vorhanden sein

Kof|fe|in ⟨n.; -s; unz.⟩ bes. in Kaffee u. Tee enthaltenes, anregendes, bitter schmeckendes Alkaloid, chem. Methyltheobromin; *oV* Coffein; *Sy* Tein [<engl. *coffee* »Kaffee«]

Köf|te ⟨f. od. n.; - od. -s, -⟩ gebratenes Hackfleischklößchen [türk.]

> ◆ Die Buchstabenfolge **ko|gn...** kann auch **kog|n...** getrennt werden.

◆ **Ko|gnak** ⟨[kɔnjak] m.; -s, -s od. -e⟩ Weinbrand; →*a.* Cognac

◆ **Ko|gnat** ⟨m.; -en, -en⟩ **1** ⟨i. e. S.; im alten Rom⟩ Verwandter, der nicht der väterlichen Gewalt unterstand; *Ggs* Agnat (1) **2** ⟨i. w. S.⟩ Blutsverwandter [zu lat. *cognatus* »mitgeboren«]

◆ **Ko|gna|ti|on** ⟨f.; -; unz.⟩ Blutsverwandtschaft [→ *Kognat*]

◆ **ko|gna|tisch** ⟨Adj.⟩ den od. die Kognaten betreffend, als Kognaten in einem Verwandtschaftsverhältnis stehend; *Ggs* agnatisch

◆ **Ko|gni|ti|on** ⟨f.; -, -en⟩ **1** Erkenntnis **2** ⟨veraltet⟩ gerichtl. Untersuchung [<lat. *cognitio* »das Wahrnehmen, Erkennen«]

◆ **ko|gni|tiv** ⟨Adj.⟩ auf Erkenntnis beruhend [→ *Kognition*]

◆ **Ko|gno|men** ⟨m.; -s, - od. -mina⟩ = Cognomen

Ko|ha|bi|ta|ti|on ⟨f.; -, -en⟩ **1** = Koitus **2** ⟨Frankreich⟩ Präsident u. Regierung aus unterschiedl. polit. Lagern [<lat. *cohabitatio* »das Beisammenwohnen« <*Ko...* + *habitare* »wohnen«]

ko|ha|bi|tie|ren ⟨V.⟩ = koitieren [→ *Kohabitation*]

ko|hä|rent ⟨Adj.⟩ **1** zusammenhängend; *Ggs* inkohärent **2** ⟨Physik⟩ der Kohäsion unterworfen; *~es Licht* [<lat. *cohaerens,* Part. Präs. zu *cohaerere* »zusammenhängen«]

Ko|hä|renz ⟨f.; -; unz.⟩ Zusammenhang; *Ggs* Inkohärenz [<lat. *cohaerentia* »das Zusammenhängen«]

Ko|hä|renz|fak|tor ⟨m.; -s, -en; Psych.⟩ das Empfinden von Zusammengehörigkeiten bestimmter Einzelheiten bewirkender Faktor wie z. B. Symmetrie, räumliche Nachbarschaft od. Ähnlichkeit

Ko|hä|renz|prin|zip ⟨n.; -s; unz.; Philos.⟩ Grundsatz, nach dem alles Seiende in einem Beziehungsgefüge zueinander steht, einen Zusammenhang miteinander aufweist

Ko|hä|rer ⟨m.; -s, -⟩ in den Anfangsjahren der drahtlosen Telegrafie benutzte Glasröhre voller Eisenfeilspäne, die durch Zusammenbacken das Auftreffen elektrischer Wellen anzeigten; *Sy* Fritter [→ *kohärieren*]

ko|hä|rie|ren ⟨V.; Chemie⟩ zusammenhängen, der Kohäsion unterliegen [<lat. *cohaerere* »zusammenhängen«]

Ko|hä|si|on ⟨f.; -; unz.; Chemie⟩ durch Anziehungskräfte der Moleküle bewirkter Zusammenhalt zwischen ihnen [zu lat. *cohaerere* »zusammenhängen«]

ko|hä|siv ⟨Adj.; Chemie⟩ zusammenhaltend, auf Kohäsion beruhend [→ *kohärieren*]

ko|hi|bie|ren ⟨V.; geh.; veraltet⟩ mäßigen, zurückhalten [<lat. *cohibere* »zusammenhalten, bezähmen«]

Ko|hi|noor ⟨[-nuːr] m.; -s; unz.⟩ großer Diamant im brit. Kronschatz; *oV* Kohinur [<pers. *koh-i-nur* »Berg des Lichts«]

Ko|hi|nur ⟨m.; -s; unz.⟩ = Kohinoor

Koh|le|hy|drat *auch:* **Koh|le|hyd|rat** ⟨n.; -(e)s, -e⟩ = Kohlenhydrat

Koh|len|di|oxid ⟨n.; -s; unz.; Chemie⟩ = Kohlenstoffdioxid

Koh|len|hy|drat *auch:* **Koh|len|hyd|rat** ⟨n.; -(e)s, -e; Biochemie⟩ *oV* Kohlehydrat; *Sy* Saccharid **1** chem. Verbindung, die Kohlenstoff u. Wasserstoff im Verhältnis 2:1 enthält (entsprechend dem Verhältnis von Sauerstoff u. Wasserstoff im Wasser) **2** Vertreter dieser Verbindungsklasse sind z. B. die meisten Zucker

Koh|len|mon|oxid ⟨n.; -(e)s; unz.; Chemie⟩ bei unvollständiger Verbrennung von Kohlenstoff entstehendes, farb- u. geruchloses, giftiges Gas, CO; *Sy* Kohlenoxid

Koh|len|oxid ⟨n.; -(e)s; unz.⟩ = Kohlenmonoxid

Koh|len|stoff|di|oxid ⟨n.; -(e)s; unz.⟩ leicht säuerlich schmeckendes, farbloses, unbrennbares Gas; *Sy* Kohlendioxid

Ko|hor|ta|tiv ⟨m.; -s, -e [-və]; Gramm.⟩ zumeist konjunktivistische Verbform der nachdrücklichen Bitte u. Aufforderung, z. B. »es werde Tag« [zu lat. *adhortari* »ermahnen, eindringlich bitten«]

Ko|hor|te ⟨f.; -, -n⟩ **1** altrömische Truppeneinheit, 10.Teil einer Legion **2** ⟨fig.⟩ ausgewählte Gruppe (von Personen) [<lat. *cohors,* Gen. *cohortis* »Gehege, Hofraum, Gefolge«]

Ko|hor|ten|ana|ly|se ⟨f.; -, -n⟩ statist. Untersuchung menschl. Gruppen od. Kohorten im Zeitablauf

Ko|hy|po|ny|mie ⟨f.; -; unz.; Sprachw.⟩ hierarch. Gleichstellung zweier Hyponyme aufgrund ihrer semantischen Nähe u. ihrer gemeinsamen Unterordnung unter ein anderes Hyponym [<*Ko...* + *hyop...* + grch. *onoma, onyma* »Name«]

Koi ⟨[kɔɪ] m.; -s, -s; Zool.⟩ in Japan gezüchteter bunter Zierkarpfen [jap., »Karpfen«]

Koi|ne ⟨f.; -; unz.; Sprachw.⟩ **1** aus den altgrch. Dialekten entstandene grch. Gemeinsprache zur Zeit des Hellenismus **2** gemeinsame Form der Sprache einer stark in Dialekte gegliederten Sprachgemeinschaft [verkürzt <grch. *koine dialektos* »gemeinsame Sprache«]

Koi|non ⟨n.; -s, Koi|na⟩ die polit., berufliche od. sakrale Gemeinschaft in der Antike, besonders in der hellenistischen Zeit [grch., »das Gemeinsame«]

ko|in|zi|dent ⟨Adj.⟩ zusammentreffend, zusammenfallend, deckend [<*ko...* + lat. *incidens,* Part. Präs. zu *incidere* »hineinfallen; geschehen«]

Ko|in|zi|denz ⟨f.; -; unz.⟩ Zusammentreffen (zweier Ereignisse)

ko|in|zi|die|ren ⟨V.⟩ zusammentreffen, zusammenfallen (mit), sich decken (mit) [<*ko...* + lat. *incidere* »hineinfallen; geschehen«]

ko|i|tie|ren ⟨V.⟩ geschlechtl. Vereinigung vollziehen; *Sy* kohabitieren [→ *Koitus*]

Ko|i|tus ⟨m.; -, -⟩ Geschlechtsverkehr, Beischlaf, Geschlechtsakt; *oV* Coitus; *Sy* Kohabitation

[<lat. *coitus* »das Zusammengehen, Begattung«; zu *coire* »zusammengehen, -kommen«]

Ko|je ⟨f.; -, -n⟩ **1** ⟨auf Schiffen⟩ eingebautes, schmales Bett **2** ⟨allg.⟩ sehr kleine Schlafkammer **3** kleiner, nach einer Seite offener Raum, z. B. auf Kunstausstellungen **4** ⟨umg.⟩ Bett [<mnddt. *koje* <lat. *cavea* »Käfig«]

Ko|jo|te ⟨m.; -n, -n; Zool.⟩ in der Lebensweise dem Wolf ähnelnder Präriehund Nordamerikas: Canis latrans; *oV* Coyote [<span. (mexikan.) *coyote*]

Ko|ka ⟨f.; -, -n; Bot.⟩ in Bolivien heim. Pflanze, deren Blätter Kokain enthalten u. in Südamerika als Anregungsmittel gekaut werden: Erythroxylon coca; *oV* Coca; *Sy* Kokastrauch [<span. *coca*]

Ko|ka|in ⟨n.; -s; unz.⟩ in den Blättern der Koka enthaltenes Alkaloid, Betäubungs-, Rauschmittel; *oV* Cocain; *Sy* Koks[2] [→ *Koka*]

K

Ko|ka|i|nis|mus ⟨m.; -; unz.; veraltet⟩ ständiger Missbrauch von Kokain, Sucht nach Kokain

Ko|kar|de ⟨f.; -, -n⟩ nationales Abzeichen an der Uniformmütze in Form einer Rosette [<frz. *cocarde*]

Ko|ka|strauch ⟨m.; -(e)s, -sträucher; Bot.⟩ = Koka

ko|ken ⟨V.⟩ **1** in koksartigen Zustand überführen **2** zu Koks werden [→ *Koks[1]*]

Ko|ker[1] ⟨m.; -s, -⟩ Arbeiter in der Kokerei [→ *Koks[1]*]

Ko|ker[2] ⟨m.; -s, -; Seew.⟩ Öffnung für das Ruder am Schiffsheck; *Sy* Hennegatt

Ko|ke|rei ⟨f.; -, -en⟩ **1** ⟨unz.⟩ Gewinnung von Koks **2** ⟨zählb.⟩ die Anlage dazu [→ *Koks[1]*]

ko|kett ⟨Adj.⟩ in einer spielerischen Art darauf bedacht, anderen zu gefallen; *~er Blick; ~es Lächeln; ~es Mädchen; ~ lächeln; sie ist sehr ~* [<frz. *coquet* »eitel, gefallsüchtig«, eigtl. »hahnenhaft«; zu *coq* »Hahn«]

Ko|ket|te ⟨f.; -, -n⟩ kokette Frau

Ko|ket|te|rie ⟨f.; -, -n⟩ kokettes Verhalten

ko|ket|tie|ren ⟨V.⟩ sich kokett benehmen, seine Reize spielen lassen; *mit jmdm. ~* jmds. Gefallen zu erregen suchen, jmdn. erotisch zu reizen suchen; *mit einer Möglichkeit ~* eine M. spielerisch erörtern

Ko|kil|le ⟨f.; -, -n⟩ Gießform aus Metall, in der mehrfach Abgüsse hergestellt werden können [<frz. *coquille* »Muschel«]

Kok|ke ⟨f.; -, -n; Med.⟩ kugelförmiges, nicht sporenbildendes Bakterium [<grch. *kokkos* »Kern«]

Kok|kels|kör|ner ⟨Pl.⟩ Fischkörner, Samen der Kokkelspflanze, die bei einer (verbotenen) Art des Fischfangs verwendet werden, da der in ihnen enthaltene Wirkstoff Pikrotoxin die Schwimmblase der Fische lähmt: Fructus cocculi; *oV* Kockelskörner [<mlat. *cocculae orientales* »Körner aus dem Orient« od. *cocculae indici* »Körner aus Indien«; zu *coccula*, Verkleinerungsform zu lat. *coccus* »Kern, Korn« <grch. *kokkos*]

Kok|kels|pflan|ze ⟨f.; -, -n; Bot.⟩ zur Familie der Mondsamengewächse gehörende, rankende Pflanze mit kleinen, schwarzen Steinfrüchten, deren Samen Kokkelskörner genannt werden: Anamirta cocculus; *oV* Kockelspflanze

Kok|ken ⟨Pl. von⟩ Kokkus

Kök|ken|möd|din|ger ⟨Pl.⟩ von Menschen der späten Mittel- u. der Jungsteinzeit stammender Abfallhaufen von Muschelschalen an der dän. Ostseeküste; *oV* Kjökkenmöddinger [dän., »Küchenabfälle«]

Kok|ko|lith ⟨m.; -s od. -en, -e od. -en⟩ Kalkteil organischen Ursprungs [<grch. *kokkos* »Kern« + *…lith*]

Kok|kus ⟨n.; -, Kok|ken; Med.; Biol.⟩ kugelförmiges, nicht sporenbildendes Bakterium; *oV* Coccus [<grch. *kokkos* »Kern«]

Ko|kon ⟨[kokɔ̃:], österr. a. [-ko:n] m.; -s, -s⟩ aus dem erhärteten Sekret der Spinndrüsen von den Larven verschiedener Insekten bei der Verpuppung angefertigtes Gehäuse, bes. der Seidenraupe [<frz. *cocon* »Gespinst der Seidenraupe«]

Ko|kos[1] ⟨f.; -, -; Bot.⟩ = Kokospalme

Ko|kos[2] ⟨n.; -; unz.⟩ geraspeltes Fruchtfleisch der Kokosnuss

Ko|kos|nuss ⟨f.; -, -nüs|se⟩ braune, behaarte Frucht der Kokospalme mit sehr harter Schale

Ko|kos|pal|me ⟨f.; -, -n; Bot.⟩ 20 bis 30 m hohe Palme mit an der Basis angeschwollenem Stamm u. an der Spitze 4-6 m langen, steifen Fiederblättern: Cocos nucifera; *Sy* Kokos[1] [<span. *coco* »Butzemann« (= Frucht der Kokospalme, weil man daraus leicht Masken schneiden kann)]

Ko|kot|te ⟨f.; -, -n; veraltet⟩ **1** Halbweltdame; *oV* Cocotte **2** irdener Schmortopf [<frz. *cocotte* »Hühnchen, Henne« (Kinderspr.), »Kokotte«; zu *coq* »Hahn«]

Koks[1] ⟨m.; -es, -e⟩ beim Erhitzen unter Luftabschluss von Stein- od. Braunkohle entstehender, fast reiner Kohlenstoff, der als Brennstoff verwendet wird [<engl. *cokes*, Pl. zu *coke* »Koks«, eigtl. »Mark, Kern«; zu idg. **gel-* »Ballen, Geballtes«]

Koks[2] ⟨m.; - od. -es; unz.⟩ = Kokain

Kok-Sa|ghys ⟨m.; -; unz.; Bot.⟩ Wildpflanze, aus deren Wurzel Kautschuk gewonnen wird, Kautschuklöwenzahn: Taraxacum kok-saghys [<türk. *kök* »Wurzel« + osttürk. *sagis* »Gummi«]

kok|sen ⟨V.; umg.⟩ Kokain nehmen [→ *Koks[2]*]

Kok|ser ⟨m.; -s, -; umg.⟩ jmd., der kokainsüchtig ist [→ *Koks[2]*]

Kok|zi|die ⟨[-djə] f.; -, -n; Biol.⟩ im Epithelgewebe schmarotzendes Sporentierchen: Coccidia [<lat. *coccidia* <grch. *kokkos* »Kern« + *…id*]

Kok|zi|di|o|se ⟨f.; -, -n; Vet.⟩ Erkrankung junger Haustiere an Kokzidien; *oV* Coccidiose

kol…, Kol… ⟨in Zus.⟩ = kon…, Kon…

Ko|la ⟨Pl. von⟩ Kolon

Ko|la|nuss ⟨f.; -, -nüs|se; Bot.⟩ als Genussmittel verwendete koffeinhaltige Samenkerne des in Südwestafrika heimischen Kolabaumes (Cola vera) [<westafrikan. Sprache]

Ko|lat|sche ⟨f.; -, -n; österr. Kochk.⟩ kleiner, runder gefüllter Hefekuchen [<tschech. *koláč*]

Kol|chi|zin ⟨[-çi-] n.; -s; unz.; Pharm.; Biochemie⟩ giftiges Alkaloid der Herbstzeitlosen [nach *colchicum autumnale* »Herbstzeitlose«]

Kol|chos ⟨m. od. n.; -, -cho|se⟩ = Kolchose

Kol|cho|se ⟨f.; -, -n⟩ landwirtschaftl. Produktionsgenossenschaft in der Sowjetunion; *oV* Kolchos [<russ. *kolchos*, verkürzt <*kollektivnoe chozjajstvo* »Kollektivwirtschaft«]

Kol|ek|to|mie *auch:* **Ko|lek|to|mie** ⟨f.; -, -n; Med.⟩ operative Entfernung des Kolons (1) [<*Kolon* + *Ektomie*]

◆Die Buchstabenfolge **ko|le|o-pt...** kann auch **ko|le|op|t...** getrennt werden.

◆**Ko|le|o|pte|re** ⟨f.; -, -n; Zool.⟩ Angehörige einer Ordnung von Insekten, deren vorderes Flügelpaar durch Chitin zu harten Deckflügeln geworden ist, Käfer, Deckflügler: Coleoptera; *oV* Coleoptera [<grch. *koleos* »Scheide« + *...ptere*]

◆**Ko|le|o|pte|ro|lo|ge** ⟨m.; -n, -n⟩ Wissenschaftler auf dem Gebiet der Koleopterologie

◆**Ko|le|o|pte|ro|lo|gie** ⟨f.; -; unz.; Zool.⟩ sich mit den Käfern befassendes Teilgebiet der Zoologie

◆**Ko|le|o|pte|ro|lo|gin** ⟨f.; -, -ginnen⟩ Wissenschaftlerin auf dem Gebiet der Koleopterologie

◆**ko|le|o|pte|ro|lo|gisch** ⟨Adj.⟩ die Koleopterologie betreffend, zu ihr gehörig, auf ihr beruhend

◆**Ko|le|o|pti|le** ⟨f.; -, -n; Bot.⟩ Schutzorgan um die Sprossknospe von Gräsern, Keimscheide [<grch. *koles* »Scheide« + *ptilon* »Feder, Flügel«]

Ko|li|bak|te|ri|en ⟨Pl.⟩ Bakterien, die ein wichtiger Bestandteil der normalen Darmflora sind, aber als Krankheitserreger auftreten können: Bacterium coli [<grch. *kolon* »Dickdarm« + *Bakterium*]

Ko|li|bri *auch:* **Ko|lib|ri** ⟨m.; -s, -s; Zool.⟩ Schwirrvogel, Angehöriger einer den Seglern nahe verwandten Vogelfamilie: Trochilidae [<frz. *colibri* <Sprache der Insel Cayenne *colib(a)ri* »leuchtende Fläche« (nach dem leuchtenden Grün der unteren Kopfhälfte)]

ko|lie|ren ⟨V.⟩ (durch ein Tuch) seihen [<lat. *colare* »durchseihen«]

Ko|lik ⟨f.; -, -en; Med.⟩ schmerzhafte, krampfartige Zusammenziehung eines inneren Organs; *Darm~; Gallen~; Magen~; Nieren~* [<grch. *kolike (nosos)* »Darmkrankheit«; zu *kolon* »Dickdarm«]

Ko|li|tis ⟨f.; -, -ti|den; Med.⟩ durch verschiedene Infektionen, bes. Ruhrbakterien u. Ruhramöben, ausgelöste u. unterhaltene Entzündung des Dickdarmes: Colitis; *oV* Colitis [<grch. *kolon* »Dickdarm«]

Kol|ko|thar ⟨m.; -s, -e⟩ = Caput mortuum [<neulat. *colcothar (vitriolo)* (Paracelsus) <arab. *qulqutar* <grch. *chalkanthos* »Erzblüte«]

Kol|la ⟨f.; -; unz.; Med.⟩ Leim [grch.]

kol|la|bie|ren ⟨V.⟩ einen Kollaps erleiden [<lat. *collabi* »zusammenfallen«]

Kol|la|bo|ra|teur ⟨[-tø:r] m.; -s, -e⟩ jmd., der mit dem Feind od. der Besatzungsmacht zusammenarbeitet [<frz. *collaborateur* »Mitarbeiter«]

Kol|la|bo|ra|ti|on ⟨f.; -, -en⟩ das Kollaborieren, Zusammenarbeit mit dem Feind od. der Besatzungsmacht [<frz. *collaboration* »Mitarbeit«]

Kol|la|bo|ra|tor ⟨m.; -s, -to|ren; veraltet⟩ Hilfslehrer, Hilfsgeistlicher [<spätlat. *collaborator* »Mitarbeiter«; zu lat. *labor* »Arbeit«]

kol|la|bo|rie|ren ⟨V.⟩ zusammenarbeiten, (bes.) mit dem Feind od. der Besatzungsmacht zusammenarbeiten [<frz. *collaborer* »mitarbeiten«]

Kol|la|ge ⟨[-ʒə] f.; -, -n⟩ = Collage

kol|la|gen ⟨Adj.⟩ leimgebend, aus Kollagen bestehend

Kol|la|gen ⟨n.; -s, -e; Biol.; Med.⟩ = Collagen

Kol|la|ge|na|se ⟨f.; -, -n; Biochemie⟩ Ferment, das Kollagen u. Gelatine abbaut

Kol|la|ge|no|se ⟨f.; -, -n; Med.⟩ Erkrankung, die durch abnorme Veränderung am kollagenen Bindegewebe (Verquellung, Auflösung) gekennzeichnet ist, z. B. Rheumatismus

Kol|laps ⟨a. [-'-] m.; -es, -e⟩ durch mangelhafte Durchblutung des Gehirns verursachter, oft auf einen Schock folgender Kreislaufzusammenbruch; *Herz~; Kreislauf~* [<mlat. *collapsus* »Zusammenbruch«; zu *collabi* »zusammenfallen«]

Kol|lar ⟨n.; -s, -e⟩ **1** steifes Halstuch mit Kragen, das bes. von kath. Geistlichen getragen wird **2** Zierbesatz des liturgischen Schultertuches [<mlat. *collaris* »Halstuch« <lat. *collare* »Halsband (für Tiere), Halseisen«]

Kol|lar|gol ⟨n.; -s; unz.; Chemie⟩ kolloidales, im Wasser lösliches Silber [verkürzt <*koll*oidal + lat. *arg*entum »Silber« + *...ol*]

kol|la|te|ral ⟨Adj.⟩ **1** seitlich, auf der gleichen Körperseite **2** nebenherlaufend **3** zu einer Seitenlinie der Familie gehörend [<*kol...* + *lateral*]

Kol|la|te|ra|le ⟨f.; -n, -n; Anat.⟩ = Kollateralgefäß

Kol|la|te|ral|ge|fäß ⟨n.; -es, -e; Anat.⟩ Nebengefäß, Umgehungsgefäß des Blutkreislaufs; *oV* Kollaterale

Kol|la|te|ral|scha|den ⟨m.; -s, -schä|den; Mil.; beschönigend⟩ Tötung von Zivilisten bei kriegerischen Angriffen

Kol|la|ti|on ⟨f.; -, -en⟩ **1** das Zusammentragen der Bogen eines Buches **2** Vergleich zwischen Abschrift u. Urschrift **3** leichte Abendmahlzeit an Fastentagen **3.1** ⟨danach⟩ leichte Zwischenmahlzeit **4** ⟨Rechtsw.⟩ Ausgleich zwischen Erben, wenn einer (od. mehrere) von ihnen schon vor dem Tode des Erblassers Zuwendungen erhalten hat [<lat. *collatio* »das Zusammentragen, Beitrag, Vergleichung« u. frz. *collation* »Imbiss«]

kol|la|ti|o|nie|ren ⟨V.⟩ **1** zusammentragen **2** Abschrift u. Urschrift vergleichen **3** ausgleichen, abstimmen

K

Kollatur ⟨f.; -, -en⟩ das Recht, ein geistl. Amt zu besetzen [zu lat. *collatus* »zusammengetragen«]

Kollaudation ⟨f.; -, -en; österr.; schweiz.⟩ amtl. Prüfung eines Baues, Bauabnahme; *Sy* Kollaudierung [zu lat. *collaudare* »loben«; zu *laudare* »loben«]

kollaudieren ⟨V.; österr.; schweiz.⟩ einen Bau abschließend prüfen u. genehmigen [→ *Kollaudation*]

Kollaudierung ⟨f.; -, -en⟩ = Kollaudation

Kolleg ⟨n.; -s, -s⟩ **1** Vorlesung (an einer Hochschule); *ein ~ belegen, besuchen, hören; ein ~ halten, lesen; dreistündiges ~; ins ~ gehen; ein ~ über Schilllers »Glocke«* **2** das Gebäude, in dem ein Kolleg (1) gehalten wird **3** kath. Studienanstalt; *Jesuiten~* [<lat. *collegium* »Zusammenkunft von Berufsgenossen«]

Kollege ⟨m.; -n, -n⟩ jmd., der den gleichen Beruf ausübt wie man selbst, Mitarbeiter [<lat. *collega* »Amtsgenosse«]

kollegial ⟨Adj.⟩ wie ein Kollege, wie (unter) Kollegen

Kollegialgericht ⟨n.; -(e)s, -e⟩ Gericht, bei dem mehrere Richter entscheiden, im Gegensatz zum Einzelrichter

Kollegialität ⟨f.; -; unz.⟩ **1** Verbundenheit der Kollegen untereinander **2** kollegiales Verhalten

Kollegiat ⟨m.; -en, -en⟩ Mitbewohner eines Stifts

Kollegin ⟨f.; -, -ginnen⟩ weibl. Person, die den gleichen Beruf ausübt wie man selbst, Mitarbeiterin

Kollegium ⟨n.; -s, -gilen⟩ Körperschaft, Ausschuss, Gemeinschaft (von Personen gleichen Amtes od. Berufs); *Lehrer~;* →*a.* Collegium [→ *Kolleg*]

Kollektanea ⟨Pl.⟩ = Kollektaneen

Kollektaneen ⟨[-neːən] Pl.⟩ Lesefrüchte, gesammelte Auszüge aus Schriftstücken; *oV* Collectanea, Collectaneen, Kollektanea; →*a.* Analekten, Exzerpte [<lat. *collectanea,* Pl. zu *collectaneum* »das Angesammelte«; zu *colligere* »sammeln«]

Kollekte ⟨f.; -, -n⟩ Sammlung freiwilliger Gaben (in der Kirche) [<lat. *collecta* »Beisteuer; Sammlung«; zu *colligere* »sammeln«]

Kollekteur ⟨[-tøːr] m.; -s, -e⟩ **1** jmd., der für wohltätige Zwecke sammelt **2** Lotterieeinnehmer [<frz. *collecteur* »Sammler«; → *Kollekte*]

Kollektion ⟨f.; -, -en⟩ Zusammenstellung von Warenmustern; *Muster~* [<frz. *collection* »Sammlung« <lat. *collectio* »das Sammeln«]

kollektiv ⟨Adj.⟩ **1** gemeinsam, gemeinschaftlich, geschlossen **2** umfassend; *~e Sicherheit* [<lat. *collectivus* »angesammelt«; zu *colligere* »sammeln«]

Kollektiv ⟨n.; -s, -e [-və]⟩ Arbeitsgemeinschaft

kollektivieren ⟨[-viː-] V.⟩ **1** in Kollektive zusammenfassen **2** *Privateigentum ~* in Gemeineigentum umwandeln

Kollektivierung ⟨[-viː-] f.; -, -en⟩ **1** Zusammenschluss zu Kollektiven **2** Umwandlung von Privat- in Gemeineigentum

Kollektivismus ⟨[-vɪs-] m.; -; unz.⟩ Lehre, dass die Gemeinschaft den Vorrang vor dem Einzelnen habe

Kollektivist ⟨[-vɪst] m.; -en, -en⟩ Anhänger des Kollektivismus

kollektivistisch ⟨[-vɪs-] Adj.⟩ auf Kollektivismus beruhend

Kollektivität ⟨[-vi-] f.; -; unz.⟩ Gemeinschaftlichkeit, Gemeinsamkeit, Zusammenhalt

Kollektivsuffix ⟨n.; -es, -e; Gramm.⟩ Nachsilbe, die eine Gruppe bezeichnet, wie z. B. »-schaft« in »Lehrerschaft«

Kollektivum ⟨[-vum] n.; -s, -tilva [-va] od. -tilven [-vən]; Gramm.⟩ Wort, das eine Klasse von Erscheinungen als einheitlichen Komplex zusammenfasst, der entweder nur im Singular (z. B. Schnee) od. Plural (z. B. Leute) ausgedrückt wird

Kollektivvertrag ⟨m.; -(e)s, -träge⟩ **1** Staatsvertrag zwischen mehreren Staaten, völkerrechtlicher Vertrag **2** zwischen Gewerkschafts- u. Unternehmensverband eines Berufszweiges geschlossener Gesamtarbeitsvertrag **3** ⟨DDR⟩ zwischen Betriebs- u. Betriebsgewerkschaftsleitung geschlossener Vertrag über die beiderseitigen Pflichten zur Erfüllung der Betriebspläne; *Betriebs~*

Kollektivwirtschaft ⟨f.; -, -en; in sozialist. Ländern⟩ genossenschaftl. bewirtschafteter Landwirtschaftsbetrieb, Kolchose

Kollektor ⟨m.; -s, -toren⟩ **1** auf der Welle eines Generators befestigtes Teil, das den im Anker entwickelten Strom aufnimmt u. an die Leitung abgibt **2** auf der Welle eines Elektromotors befestigtes Teil, das den im Anker benötigten Strom aus der Leitung aufnimmt; *Sy* Kommutator [<lat. *collector* »Sammler«; zu *colligere* »sammeln«]

Kollektur ⟨f.; -, -en; österr.⟩ Sammelstelle [<lat. *collectus,* Part. Perf. zu *colligere* »sammeln«]

Kollembole *auch:* **Kollembole** ⟨m.; -n, -n; Zool.⟩ ein flügelloses Insekt, Springschwanz [<grch. *kolla* »Leim« + *emballein* »hineinschleudern«]

Kollenchym *auch:* **Kollenchym** ⟨[-çyːm] n.; -s, -e; Bot.⟩ das wachstums- u. dehnungsfähige Festigungsgewebe noch wachsender Pflanzenteile [<grch. *kolla* »Leim« + *en* »hinein« + *chymos* »Flüssigkeit, Saft«]

Kolli ⟨Pl. von⟩ Kollo

kollidieren ⟨V.⟩ **1** (zeitlich) zusammenfallen, sich überschneiden; *die Vorlesungen ~ (miteinander)* **2** zusammenstoßen; *Fahrzeuge ~; ein Güterwagen kollidierte mit einem Lastzug* **3** aneinandergeraten (im Streit) **4** in Konflikt geraten, widerstreiten, in Kollision(en) kommen (miteinander); *unsere Meinungen, Auffassungen ~ miteinander* [<lat. *collidere* »zusammenstoßen«]

Kollier ⟨[kɔljeː] n.; -s, -s⟩ = Collier

Kollimation ⟨f.; -, -en⟩ **1** Zusammenfallen zweier Linien **2** die Übereinstimmung eines mit einem Winkelmessgerät gemessenen mit einem wirklichen Winkel [<lat. *collimare,* richtiger *colliniare, collineare* »in ge-

rader Linie richten, richtig zielen«; zu *linea* »Linie«]

Kol|li|ma|tor ⟨m.; -s, -to|ren; Optik⟩ Gerät, durch das optische Geräte mit parallelen Lichtbündeln beleuchtet werden [→ *Kollimation*]

kol|lin ⟨Adj.; Geogr.⟩ *~e Stufe* die niedrigste landschaftsökologische Höhenstufe der Vegetation, die insbesondere als Landwirtschaftsgebiet nutzbar ist; *Sy* planare Stufe [zu lat. *collis* »Hügel, Anhöhe«]

kol|li|ne|ar ⟨Adj.; Math.⟩ *~e Abbildung* mathematisches Projektionsverfahren, das mit Geraden als Zuordnungslinien arbeitet; *Sy* Kollineation [<*kol...* + *linear*]

Kol|li|ne|ar ⟨n.; -s, -e; Fot.⟩ Objektiv, das symmetrisch ist

Kol|li|ne|a|ti|on ⟨f.; -, -en; Math.⟩ Abbildung, die die geometrischen Strukturen erhält, d. h., Geraden gehen in Geraden u. Ebenen wieder in Ebenen über; *Sy* kollineare Abbildung [zu lat. *collineare* »in gerader Linie richten, richtig zielen«]

Kol|li|qua|ti|on ⟨f.; -; unz.⟩ Verflüssigung fester organischer Stoffe, insbesondere durch Bakterien [<lat. *colliquescere* »flüssig werden«; zu *liquor* »Flüssigkeit«]

Kol|li|si|on ⟨f.; -, -en⟩ **1** (zeitl.) Überschneidung, Zusammenfallen **2** = Konflikt; *mit jmdm., mit etwas, mit dem Gesetz in ~(en) geraten, kommen* **3** Zusammenstoß [<lat. *collisio* »Zusammenstoß«]

Kol|lo ⟨n.; -s, -s od. Kol|li⟩ Frachtstück [<ital. *collo* »Gepäckstück«]

Kol|lo|din ⟨n.; -s; unz.; Technik⟩ mit Wasser verdünnter pflanzl. Leim zum Kleben u. Appretieren [<grch. *kollodes* »leimartig, klebrig«]

Kol|lo|di|um ⟨n.; -s; unz.; Chemie⟩ zähflüssige Lösung von Kollodiumwolle in einem Alkohol-Äther-Gemisch [<grch. *kollodes* »leimartig, klebrig«]

Kol|lo|di|um|wol|le ⟨f.; -; unz.; Chemie⟩ Zellulosedinitrat aus Zellstoff od. Baumwolle, die mit Salpeter- od. Schwefelsäure behandelt wird

kol|lo|id ⟨Adj.; Chemie; Med.⟩ = kolloidal

Kol|lo|id ⟨n.; -(e)s, -e; Chemie; Med.⟩ Lösung, in der die gelösten Teilchen nicht wie bei echten Lösungen als Ionen od. Einzelmoleküle vorliegen, sondern in Form kleiner Atom- od. Molekülzusammenballungen [<grch. *kolla* »Leim« + *...id*]

kol|lo|i|dal ⟨Adj.; Chemie; Med.⟩ die Eigenschaft von Kolloiden zeigend; *~e Lösung* aus einem Kolloid bestehende Lösung, die in ihrem chem. u. physikal. Verhalten zwischen einer echten Lösung u. einer Suspension steht; *oV* kolloid

Kol|lo|id|che|mie ⟨[-çe-] od. süddt., österr. [-ke-] f.; -; unz.⟩ Teilgebiet der physikalischen Chemie, das sich mit Kolloiden bzw. mit dem kolloidalen Zustand von Materie beschäftigt

Kol|lo|id|re|ak|ti|on ⟨f.; -, -en; Med.⟩ in der Medizin angewandte Methode zur Untersuchung des Blutes u. der Rückenmarksflüssigkeit

Kol|lo|ka|ti|on ⟨f.; -, -en⟩ **1** Ordnung nach bestimmter Reihenfolge **2** ⟨Sprachw.⟩ bedeutungsmäßige Verträglichkeit von Wörtern miteinander, z. B. Turm-hoch, Mensch-groß (jedoch nicht: Mensch-hoch) [<lat. *collocatio* »das Aufstellen, Anordnen«; zu *locus* »Ort«]

kol|lo|kie|ren ⟨V.; Sprachw.⟩ **1** sprachliche Ausdrücke, die inhaltlich zusammenpassen, miteinander verbinden **2** *Wörter ~* werden assoziativ miteinander verbunden u. treten häufig im gleichen Syntagma nebeneinander auf; *die Begriffe Tod u. schwarz ~* [<lat. *collocare* »(an)ordnen, aufstellen«]

Kol|lo|ne|ma ⟨n.; -s, -ma|ta; Med.⟩ gallertartige Geschwulst [<grch. *kolla* »Leim« + *nema* »Gewebe«]

Kol|lo|qui|um ⟨n.; -s, -qui|en⟩ wissenschaftl. Gespräch (bes. zu Lehrzwecken); *oV* Colloquium; *Promotions~* [<lat. *colloquium* »Gespräch«]

kol|lu|die|ren ⟨V.⟩ zum Nachteil eines Dritten im Einverständnis mit jmdm. handeln [<lat. *colludere* »mit jmdm. im geheimen Einverständnis sein«; zu *ludere* »spielen«]

Kol|lu|si|on ⟨f.; -, -en⟩ geheimes Einverständnis zum Nachteil eines Dritten [<lat. *collusio* »geheimes Einverständnis«]

Kolm ⟨m. od. n.; -(e)s; unz.⟩ = Kulm (2)

kol|ma|tie|ren ⟨V.⟩ eine Kolmation bilden

Kol|ma|ti|on ⟨f.; -, -en⟩ allmählich zunehmende Erhöhung des Bodens durch Ablagerung der im Flusswasser schwebenden Sinkstoffe [<ital. *colmata* »aufgeworfener Damm«]

Kol Nid|re *auch:* **Kol Nid|re** ⟨n.; - -; unz.⟩ synagogales jüdisches Gebet am Vorabend des Versöhnungstages Jom Kippur [aram., »alle Gelübde«]

Ko|lo ⟨m.; -s, -s; Musik⟩ früher der Nationaltanz der Serben, aus dem ein auf dem ganzen Balkan verbreiteter Reigentanz im 2/4-Takt entstanden ist [serb., eigtl. »Rad«]

→ Kolophonium Das aus dem Griechischen stammende Wort *Kolophonium* darf nur mit *ph* geschrieben werden – im Gegensatz zu den Schreibvarianten mit *fon* wie z. B. *Mikrofon* –, da es nach der griechischen Stadt *Kolophon* benannt ist. Ebenso: *Kolophon.*

Ko|lom|bi|ne ⟨f.; -, -n⟩ Gestalt d[er] Commedia dell'Arte, Geliebt[e] des Arlecchino; *oV* Kolumbine [<ital. *colombina*, eigtl. »Täub[]chen« <lat. *columba* »Taube«]

Ko|lom|bo|wur|zel ⟨f.; -, -n; Bot[.]⟩ aus den stark verdickten Wu[r]zeln des zu den Mondsamen[]gewächsen gehörenden ostasiat. Schlingstrauches Iatro[]rhiza palmata gewonnene D[ro]ge gegen chronischen, mit Durchfall verbundenen Da[rm]katarrh: Radix Colombo [n[ach] *Colombo*, Hauptstadt von S[ri] Lanka (Ceylon)]

Ko|lon ⟨n.; -s, -s od. Ko|la⟩ **1** ⟨Anat.⟩ Grimmdarm, Ha[upt]teil des Dickdarms **2** Dop[pel]punkt (:) [grch.]

Ko|lo|nat ⟨n. od. m.; -(e)s, -[e;] Röm. Reich⟩ **1** Verpflicht des Bauern zu Abgaben u. Leistungen gegenüber dem Grundbesitzer **2** der verpachtete Grundbesitz selbst [<lat. *colonatus* »Bauernstand«; zu *colonus* »Feldbauer«]

o|lo|ne ⟨m.; -n, -n; im Röm.
Reich⟩ halbfreier Bauer, der
rblich an ein Grundstück ge-
unden war [<lat. *colonus*
Feldbauer, Ansiedler«]

o|nel ⟨f.; -; unz.; Typ.⟩ ein
hriftgrad (7 Punkt) [<frz. *co-*
el »Oberst«]

ni|al ⟨Adj.⟩ auf die Kolonien
iglich, sie betreffend, aus
n stammend

|a|li|sie|ren ⟨V.⟩ aus einem
eine Kolonie machen, ein
in koloniale Abhängig-
ingen

|lis|mus ⟨m.; -; unz.⟩
b u. Nutzung von Kolo-
treben, Kolonien zu er-

K

st ⟨m.; -en, -en⟩ An-
Vertreter des Kolonia-

tisch ⟨Adj.⟩ in der Art
ialismus, dem Kolo-
entsprechend

l ⟨m.; -(e)s; unz.⟩
nutterländ. Baustils
nien, Abart des
zismus

en ⟨Pl.; veraltet⟩
nien eingeführte

n⟩ **1** Ansiedlung
rn in einem Staat
at geschlossen
ppe von Auslän-
ischer, meist
esitz eines Staa-
g von Men-
en Gegenden;
itär~ **5** Lager;
~ **6** ⟨Biol.⟩ lo-
d, in dem die
n nach der
neinsame
h die ge-
nembran
Coenobi-
ereinigung
re [<lat.
, Ansied-
aterlan-
Pl. sel-
Besied-

o-
n-
ch
pt-
el-
im
ng

lung, Urbarmachung u. Erschließung ungenutzten Landes im Ausland od. im Innern des eigenen Landes; *innere ~* **2** Eroberung od. Erwerb von Kolonien

Ko|lo|ni|sa|tor ⟨m.; -s, -to|ren⟩ jmd., der eine Kolonisation vornimmt

ko|lo|ni|sa|to|risch ⟨Adj.⟩ die Kolonisation betreffend, auf ihr beruhend

ko|lo|ni|sie|ren ⟨V.⟩ **1** urbar machen, besiedeln u. erschließen; *ein Gebiet ~* **2** als Kolonie erobern od. erwerben

Ko|lo|ni|sie|rung ⟨f.; -, -en; Pl. selten⟩ = Kolonisation

Ko|lo|nist ⟨m.; -en, -en⟩ Siedler in einer Kolonie

Ko|lon|na|de ⟨f.; -, -n; Arch.⟩ Säulengang ohne Bögen [<frz. *colonnade* »Säulenreihe«; zu *colonne* »Säule«]

Ko|lon|ne ⟨f.; -, -n⟩ **1** geordnete, gegliederte Schar, Zug; *in ~n marschieren; fünfte ~* im Geheimen wirkende feindliche Gruppe im Innern eines Landes **2** Transporttruppe; *Rettungs~; Sanitäts~* **3** Arbeitsgruppe; *Arbeits~* **4** Druckspalte, Spalte innerhalb einer Tabelle **5** ⟨Chemie⟩ Apparat in Form eines Turms od. einer Säule, in der Dampf aufsteigt u. eine Flüssigkeit (zur fraktionierten Destillation) herunterrieselt [<frz. *colonne* »Säule« <lat. *columna* »Säule«]

Ko|lo|phon ⟨m.; -s, -e; in mittelalterl. Handschriften u. frühen Druckwerken⟩ Vermerk am Schluss über Verfasser, Schreiber, Druckart u. -jahr [grch., »Gipfel«]

Ko|lo|pho|ni|um ⟨n.; -s; unz.⟩ hellgelbes bis schwarzes Balsamharz, das beim Erhitzen von Kiefernharzen entsteht u. für Lacke, Kitte, Bodenbeläge, Kunstharze, zum Leimen von Schreibpapier u. zum Bestreichen des Violinbogens verwendet wird [nach der grch. Stadt *Kolophon* in Kleinasien]

Ko|lo|pto|se *auch:* **Ko|lop|to|se** ⟨f.; -, -n; Med.⟩ die durch das Erschlaffen der Haltebänder in der Bauchhöhle verursachte Absenkung des Dickdarms [<*Kolon* + grch. *ptosis* »das Fallen«]

Ko|lo|quin|te ⟨f.; -, -n; Bot.⟩ zu den Kürbisgewächsen gehörige Pflanze, deren orangengroße, bittere Früchte (Fructus Colocynthis) eine stark abführend wirkende Droge liefern: Citrullus colocynthis [<ital. *coloquinta* <lat. *colocynthis* <grch. *kolokyntha* »Koloquinte«]

Ko|lo|ra|do|kä|fer ⟨m.; -s, -; Zool.⟩ = Coloradokäfer

Ko|lo|ra|tur ⟨f.; -, -en; Musik⟩ virtuose Verzierung des Gesangs in hohen Lagen durch Triller, Läufe usw. [<lat. *coloratus*, Part. Perf. zu *colorare* »färben«; zu *color* »Farbe«]

Ko|lo|ra|tur|so|pran *auch:* **Ko|lo|ra|tur|sop|ran** ⟨m.; -s, -e; Musik⟩ **1** helle, leichte, für Koloratur bes. geeignete Sopranstimme **2** Sängerin mit einer solchen Stimme

ko|lo|rie|ren ⟨V.⟩ mit Farbe ausmalen; *oV* colorieren [<lat. *colorare* »färben«; zu *color* »Farbe«]

Ko|lo|rie|rung ⟨f.; -, -en⟩ das Kolorieren, Farbgebung; *oV* Colorierung; *eine dezente ~*

Ko|lo|ri|me|ter ⟨n.; -s, -; Chemie⟩ Instrument zum Bestimmen der Farbintensität einer Lösung [<lat. *color* »Farbe« + *...meter*]

Ko|lo|ri|me|trie *auch:* **Ko|lo|ri|met|rie** ⟨f.; -; unz.; Chemie⟩ Verfahren der analyt. Chemie zur Bestimmung der Konzentration einer Lösung durch Messung ihrer Farbintensität; *Sy* kolorimetrische Analyse

ko|lo|ri|me|trisch *auch:* **ko|lo|ri|met|risch** ⟨Adj.; Chemie⟩ die Kolorimetrie betreffend, zu ihr gehörig, auf ihr beruhend; *~e Analyse* = Kolorimetrie

Ko|lo|ris|mus ⟨m.; -; unz.; Kunst⟩ Richtung der Malerei, die der Farbgebung gegenüber der Linie, Form usw. den Vorrang gibt, z. B. der Impressionismus

Ko|lo|rist ⟨m.; -en, -en⟩ **1** jmd., der Zeichnungen, Stiche usw. koloriert **2** Vertreter des Kolorismus

Ko|lo|ris|tin ⟨f.; -, -tin|nen⟩ **1** weibl. Person, die Zeichnungen, Stiche usw. koloriert **2** Vertreterin des Kolorismus

ko|lo|ris|tisch ⟨Adj.⟩ zum Kolorismus gehörig, in seiner Art
Ko|lo|rit ⟨n.; -(e)s, -e⟩ *oV* Colorit **1** ⟨Mal.⟩ Farbgebung, Farbwirkung **2** ⟨Musik⟩ Klangfarbe, Klangeigenart **3** ⟨Lit.⟩ die bes. Stimmung, Atmosphäre einer Schilderung; *Lokal~* [<ital. *colorito* »Färbung« <*colore* <lat. *color* »Farbe«]
Ko|lo|skop *auch:* **Ko|los|kop** ⟨n.; -s, -e; Med.⟩ Gerät zur Untersuchung des Dickdarms [<*Kolon* + …*skop*]
Ko|lo|sko|pie *auch:* **Ko|los|ko|pie** ⟨f.; -, -n; Med.⟩ teilweise od. komplette Untersuchung des Dickdarms mit einem Koloskop [<*Kolon* + …*skopie*]
Ko|loss ⟨m.; -es, -e⟩ **1** Standbild eines Riesen; *der ~ von Rhodos* **2** ⟨allg.⟩ riesiges Gebilde; *Fels~* **3** ⟨fig.; umg.⟩ sehr großer, dicker, schwerer Mensch [<grch. *kolossos* »Riesenbildsäule, bes. die dem Sonnengott geweihte eherne auf der Insel Rhodos«]
ko|los|sal ⟨Adj.⟩ **1** riesig, riesenhaft **2** gewaltig **3** ⟨fig.; umg.⟩ sehr, ungeheuer
Ko|los|sal|ord|nung ⟨f.; -, -en; Arch.⟩ bes. im Barock angewandte Säulen- od. Pilasterordnung, die durch mehrere Geschosse einer Fassade od. einer Innenwand geht
Ko|los|se|um ⟨n.; -s; unz.⟩ riesiges Amphitheater in Rom aus dem 1. Jh. n. Chr. [zu lat. *colosseus* »riesengroß«, <grch. *kolossos*]
Ko|lo|sto|mie *auch:* **Ko|los|to|mie** ⟨f.; -, -n; Med.⟩ Anlegung einer äußeren Dickdarmfistel, die bei inoperablen Geschwülsten die künstliche Ernährung u. die Stuhlableitung ermöglicht; *oV* Colostomie [<*Kolon* + grch. *stoma* »Mund, Mündung«]
Ko|los|tral|milch *auch:* **Ko|lost|ral|milch** ⟨f.; -; unz.⟩ (bei Frauen) die in den ersten Tagen nach der Geburt von den Brustdrüsen abgegebene, milchartige Flüssigkeit; *oV* Kolostrum [<lat. *colostrum*]
Ko|los|trum *auch:* **Ko|lost|rum** ⟨n.; -s; unz.⟩ = Kolostralmilch
Ko|lo|to|mie ⟨f.; -; unz.; Med.⟩ chirurg. Eröffnung eines Teils des Dickdarms [<grch. *kolon* »Dickdarm« + *tome* »Schnitt«]
Kol|pak ⟨m.; -s, -s⟩ = Kalpak
Kol|pi|tis ⟨f.; -, -ti|den; Med.⟩ Entzündung der Schleimhaut der weibl. Scheide, Scheidenentzündung [<grch. *kolpos* »Schoß«]
Kol|por|ta|ge ⟨[-ʒə] f.; -; unz.⟩ **1** ⟨früher⟩ Vertrieb billiger Bücher durch Hausierer **2** ⟨fig.⟩ Billiges, Minderwertiges **3** Verbreitung von Gerüchten [<frz. *colportage* »Hausierhandel, Verbreitung (von Nachrichten)«; → *kolportieren*]
Kol|por|ta|ge|ro|man ⟨[-ʒə-] m.; -s, -e; Lit.⟩ **1** ⟨urspr.⟩ durch Kolportage verkaufter Roman **2** ⟨heute⟩ billiger, wertloser Roman, Hintertreppenroman
Kol|por|teur ⟨[-tø:r] m.; -s, -e⟩ **1** ⟨veraltet⟩ Hausierer mit Büchern u. Zeitschriften **2** jmd., der Gerüchte verbreitet [<frz. *colporteur* »Hausierer, Neuigkeitenkrämer«; → *kolportieren*]
kol|por|tie|ren ⟨V.⟩ **1** ⟨veraltet⟩ *Bücher ~* mit Büchern hausieren **2** ⟨fig.⟩ *Nachrichten ~* als Gerücht verbreiten [<frz. *colporter* »hausieren, (Nachrichten) verbreiten« <lat. *comportare* »zusammentragen«]
Kol|pos ⟨m.; -; unz.⟩ durch Herabziehen des Chitons über den Gürtel entstehender Faltenbausch [grch., »Wölbung, Busen«]
Kol|po|skop *auch:* **Kol|pos|kop** ⟨n.; -s, -e; Med.⟩ Gerät mit Spiegel zur Untersuchung des Scheideninnern [<grch. *kolpos* »Scheide« + …*skop*]
Kol|po|sko|pie *auch:* **Kol|pos|ko|pie** ⟨f.; -, -n; Med.⟩ Untersuchung mit dem Kolposkop
Kol|ter ⟨n.; -s, -; Landw.⟩ Messer am Pflug, das die Erde senkrecht durchschneidet, Sech [<afrz. *coltre* <lat. *culter* »Messer«]
Ko|lum|ba|ri|um ⟨n.; -s, -ri|en⟩ Begräbnisstätte mit Nischen für die Urnen, Urnenhalle [<lat. *columbarium* »Taubenhaus; altröm. Urnengewölbe« (dessen Einrichtung mit seinen vielen kleinen Nischen für die Urnen an ein Taubenhaus erinnerte); zu *columba* »Taube«]
Ko|lum|bi|ne ⟨f.; -, -n⟩ = Kolombine
Ko|lum|ne ⟨f.; -, -n⟩ **1** Säule, senkrechte Reihe **2** ⟨Typ.⟩ Spalte **3** Schriftsatz in Höhe einer Druckseite [<lat. *columna* »Säule«]
Ko|lum|nen|ti|tel ⟨m.; -s, -⟩ Überschrift einer Buchseite; *lebender ~* Nummer einer Buchseite mit Seitenüberschrift; *toter ~* Nummer einer Buchseite ohne Überschrift
Ko|lum|nist ⟨m.; -en, -en⟩ jmd., der regelmäßig für eine bestimmte Spalte einer Zeitung schreibt [→ *Kolumne*]
kom…, Kom… ⟨in Zus.⟩ = kon…, Kon…
Ko|ma[1] ⟨f.; -, -s⟩ **1** durch die Sonne zum Leuchten angeregte Gase eines Kometen **2** ⟨Optik⟩ Abbildungsfehler in Form eines Lichtbündels [<grch. *kome* »Haar«]
Ko|ma[2] ⟨n.; -s, -s od. -ma|ta; Med.⟩ tiefe Bewusstlosigkeit, die durch äußere Reize nicht unterbrochen werden kann; *i… ~ liegen* [grch., »fester Schla…
ko|ma|tös ⟨Adj.; Med.⟩ auf Koma[2] beruhend
kom|bat|tant ⟨Adj.⟩ kämpferis… streitbar
Kom|bat|tant ⟨m.; -en, -en⟩ Kämpfer, Angehöriger einer Kampftruppe [<frz. *combatt…* »Kämpfer, Kriegsteilnehme…
Kom|bi ⟨m.; -s od. -, -s; Kfz; k… für⟩ Kombiwagen
Kom|bi|lohn ⟨m.; -(e)s, -löh|ne… Politik⟩ Bereitstellung von … nanziellen Mitteln für Arbe… lose od. Sozialhilfeempfän… mit dem Ziel, ihnen eine so… alversicherungspflichtige B… schäftigung zu vermitteln
Kom|bi|nat ⟨n.; -(e)s, -e; in d… UdSSR u. a. sozialist. Staat… Zusammenschluss verschi… ner Industriezweige; *Eisen… ten~; Kohle~* [<lat. *combin…* Part. Perf. zu *combinare* »v… binden, verknüpfen«]
Kom|bi|na|ti|on ⟨f.; -, -en⟩ **1** … knüpfung, Zusammenfü… **2** Herstellung von Bezieh… gen, die gedankl. zusamm… hängen **3** ⟨Sport⟩ planmä… Zusammenspiel **4** ⟨Mod… **4.1** Kleidungsstück aus m… ren Teilen **4.2** Hemdhos… **4.3** Arbeitsanzug aus ei…

Flieger~ **4.4** Herrenan-
s Hose u. Jacke von ver-
ener Farbe od. aus ver-
nen Stoffen **4.5** Garni-
Unterwäsche für Da-
at. *combinatio* »Verbin-
u *combinare* »verbin-
knüpfen«]
i|ons|leh|re ⟨f.; -; unz.;
Kombinatorik (2)
i|ons|ton ⟨m.; -(e)s,
ısik⟩ bei dem Zusam-
en zweier Töne hör-
dessen Frequenz
n Frequenzen der
gernden Töne er-
t
⟨Adj.⟩ = kombina-

k ⟨f.; -; unz.⟩
st, Begriffe u. ge-
e zu einem System
stellen **2** ⟨Math.⟩
thematik, der die
tigen Anordnun-
eler beliebiger
rsucht; *Sy* Kom-
[→ *Kombina-*

⟨Adj.⟩ Kom-
tellend, ver-
mbinativ
m|bine ⟨engl.
n od. (engl.)
rtschaftliche
hrere Arbei-
errichtet, z. B.
Combine
ngl. *combine*
cher«; zu
ren, verbin-

so beschaf-
nbinieren

lankliche
den zwi-
herstellen
twas an-
rbinden,
binare
n«]
Kfz⟩
- u. Lie-

t ent-
r [<frz.

Mit-
come-

K

ko|mes|ti|bel ⟨Adj.; veraltet⟩ essbar, genießbar [<frz. *comestible;* zu lat. *comedere* »essen, verzehren«]

Ko|mes|ti|bi|li|en ⟨Pl.⟩ Esswaren

Ko|met ⟨m.; -en, -en; Astron.⟩ Himmelskörper mit einem Schweif, der sich auf einer langgestreckten Ellipse um die Sonne bewegt, Schweifstern [<mhd. *komete* <lat. *cometa, cometes* <grch. *kometes* »Haar tragend(er Stern)«; zu *kome* »Haar«]

ko|me|tar ⟨Adj.⟩ zu einem Kometen gehörend, von ihm stammend, in seiner Art; *Sy* kometarisch

ko|me|ta|risch ⟨Adj.⟩ = kometar

Kom|fort ⟨[-foːr] od. [-fɔrt] m.; - od. -(e)s; unz.⟩ **1** Bequemlichkeit, Behaglichkeit **2** bequeme, prakt. Einrichtung; *Wohnung, Zimmer mit allem* ~ [<engl. *comfort* <afrz. *confort* »Trost, Stärkung«, <lat. *fortis* »stark«]

kom|for|ta|bel ⟨Adj.⟩ bequem, praktisch, mit allen modernen prakt. Errungenschaften ausgestattet; *Ggs* unkomfortabel; *komfortables Hotel* [<engl. *comfortable* <afrz. *confortable* »Trost, Stärkung bringend«]

Ko|mik ⟨f.; -; unz.⟩ **1** das Komische; *Sinn für* ~ *haben* **2** komische, erheiternde Wirkung; *eine Szene von unwiderstehlicher* ~ **3** die Kunst, etwas erheiternd, belustigend darzustellen [<frz. *comique;* → *komisch*]

Ko|mi|ker ⟨m.; -s, -⟩ **1** Darsteller komischer Rollen **2** Vortragskünstler, der mit seinen Darbietungen Heiterkeit erregt

Ko|mi|ke|rin ⟨f.; -, -rin|nen⟩ **1** Darstellerin komischer Rollen **2** Vortragskünstlerin, die mit ihren Darbietungen Heiterkeit erregt

Kom|in|form *auch:* **Ko|min|form** ⟨n.; -s; unz.; 1947-1956⟩ Organisation mehrerer europäischer kommunist. Parteien mit Sitz in Belgrad u. Bukarest [verkürzt <*Kom*munistisches *Infor*mationsbüro]

Kom|in|tern *auch:* **Ko|min|tern** ⟨f.; -; unz.; 1919-1943⟩ Vereinigung der kommunist. Parteien der Welt [verkürzt <*Kom*munistische *Intern*ationale]

ko|misch ⟨Adj.⟩ **1** Lachen, Heiterkeit erregend, spaßhaft, spaßig; *eine ~e Figur machen* **2** drollig, ulkig **3** ⟨Theat.⟩ possenhaft; *die ~e Person; die ~e Alte (als Rollenfach)* **4** ⟨fig.; umg.⟩ selten, sonderbar, merkwürdig; *ein ~es Gefühl haben; er ist ein ~er Kerl, Kauz; du bist aber ~!; er ist seit einiger Zeit so ~; das ist doch ~!* erregt Staunen; *mir ist so* ~ übel, schlecht; *das kommt mir ~ vor* verdächtig [<lat. *comicus* <grch. *komikos* »zur Komödie gehörig, witzig, lächerlich«; zu grch. *komos* »fröhlicher Umzug, lärmende Schar, festlicher Gesang« (bis 17. Jh. nur: »zur Komödie gehörig«, dann unter frz. Einfluss heutige Bedeutungen)]

Ko|mi|ta|dschi *auch:* **Ko|mi|tad|schi** ⟨m.; -s, -⟩ bulgar. Freischärler [türk., nach ihren 1868 gegründeten geheimen Revolutions*komitees* benannt]

Ko|mi|tat ⟨n. od. m.; -(e)s, -e⟩ **1** ⟨früher⟩ feierl. Geleit für einen von der Universität scheidenden Studenten **2** ungar. Verwaltungsbezirk, Gespanschaft [<lat. *comitatus* »Begleitung, Gefolge«; zu *comes* »Begleiter«]

Ko|mi|ta|tiv ⟨m.; -s, -e [-və]; Sprachw.⟩ die Begleitung durch eine Person od. Sache bezeichnender Kasus (im Deutschen ausgedrückt durch »mit«) [<lat. *comitatus* »Begleitung«]

Ko|mi|tee ⟨n.; -s, -s⟩ im Namen einer Organisation handelnder Ausschuss; *Fest*~ [<frz. *comité*]

Ko|mi|ti|en ⟨Pl.⟩ die altrömischen Volksversammlungen [<lat. *comitia,* Pl. zu *comitium* »Versammlungsplatz auf dem Markt in Rom«]

Kom|ma ⟨n.; -s, -s od. -ma|ta⟩ **1** ⟨Gramm.; Zeichen: ,⟩ Satzzeichen, das den Satz in Sinnabschnitte teilt, Beistrich **2** ⟨Math.⟩ Zeichen, das ganze Zahlen von den Ziffern der Dezimalbrüche trennt; *drei ~ vier (3,4); drei ~ null vier (3,04)* **3** ⟨Musik⟩ **3.1** Differenz zwischen zwei fast gleichen Tönen **3.2** kleiner senkrechter Strich über der obersten Notenlinie zum Zeichen des Absetzens u. neuen Ansetzens [grch., »Abschnitt, Schlag«; zu *koptein* »schlagen«]

Kom|ma|bak|te|ri|en ⟨Pl.; Med.⟩ zu den Schraubenbakterien gehörende Erreger der Cholera: Vibrio cholerae

Kom|man|dant ⟨m.; -en, -en⟩ Befehlshaber eines Kriegsschiffes od. Flugplatzes, einer Festung od. Stadt; → *a.* Kommandeur [<frz. *commandant*]

Kom|man|dan|tur ⟨f.; -, -en⟩ Sitz des Stadtkommandanten, militär. Behörde (einer Stadt)

Kom|man|deur ⟨[-dø:r] m.; -s, -e⟩ **1** Befehlshaber einer Truppeneinheit **2** = Komtur (2) [<frz. *commandeur*]

kom|man|die|ren ⟨V.⟩ **1** *Personen, Truppen* ~ den Befehl über P., T. führen **2** ⟨Mil.⟩ versetzen; *einen Soldaten zu einer anderen Einheit* ~ **3** *jmdn.* ~ jmdm. einen Befehl erteilen; *ich lasse mich nicht von dir* ~ **4** befehlen, was zu tun ist; *hier kommandiere ich!; du hast hier überhaupt nichts zu ~!; ein ~der General* Kommandeur eines Korps des Heeres od. einer Gruppe der Luftwaffe **5** ⟨umg.⟩ in barschem Befehlston reden; ~ *Sie nicht so!* [<frz. *commander* »befehlen, gebieten«]

Kom|man|die|rung ⟨f.; -, -en⟩ **1** das Kommandieren, Beordern **2** das Kommandiertwerden, Beordertwerden, Versetzung

Kom|man|di|tär ⟨m.; -s, -e; schweiz.⟩ = Kommanditist [<frz. *commanditaire* »stiller Teilhaber«]

Kom|man|di|te ⟨f.; -, -n⟩ **1** Handelsgesellschaft mit stillen Teilhabern **2** Zweiggeschäft [<frz. *commandite*]

Kom|man|dit|ge|sell|schaft ⟨f.; -, -en; Abk.: KG, K. G.⟩ Handelsgesellschaft, bei der ein od. mehrere Teilhaber unbeschränkt haften, andere nur mit ihrer Vermögenseinlage; ~ *auf Aktien* ⟨Abk.: KGaA⟩

Kom|man|di|tist ⟨m.; -en, -en⟩ nur mit seiner Vermögenseinlage haftender Teilhaber; *oV* ⟨schweiz.⟩ Kommanditär; *Ggs* Komplementär

Kom|man|do ⟨n.; -s, -s od. österr. -man|da⟩ **1** Befehl, Anordnung; *ein ~ geben; auf das ~ »los!«; sich wie auf ~ umdrehen* **2** Befehlsgewalt; *das ~ führen, übernehmen (über eine Truppe); General~; Ober~; Befehls~* **3** zu bestimmten Zwecken zusammengestellte Truppenabteilungen; *Sonder~; Wach~* [<ital., span. *commando* »Befehl«]

Kom|mas|sa|ti|on ⟨f.; -, -en⟩ Zusammenlegung von mehreren Grundstücken, Flurbereinigung; *Sy* Kommassierung [<*Kom...* + lat. *massa* »Klumpen, Masse«]

kom|mas|sie|ren ⟨V.⟩ *Grundstücke* ~ zusammenlegen

Kom|mas|sie|rung ⟨f.; -, -en⟩ = Kommassation

Kom|men|de ⟨f.; -, -n⟩ **1** kirchl. Pfründe ohne damit verbundene Amtspflichten **2** = Komturei [<mlat. *commenda;* zu lat. *commendare* »anvertrauen«]

Kom|men|sa|le ⟨m.; -n, -n; Biol.⟩ Organismus, der sich auf Kosten eines Wirtes ernährt, ohne ihm dabei zu schaden [→ *Kommensalismus*]

Kom|men|sa|lis|mus ⟨m.; -; unz.⟩ Zusammenleben zweier Organismen, bei dem sich der eine vom Nahrungsüberschuss des anderen ernährt, ohne dem Wirt zu schaden; → *a.* Parasitismus [<*Kom...* + lat. *mensa* »Tisch«]

kom|men|su|ra|bel ⟨Adj.⟩ mit gleichem Maß messbar, vergleichbar; *Ggs* inkommensurabel [<lat. *commensurabilis* »gleich zu bemessen, gleichmäßig«; zu *mensura* »das Messen, Maß«]

Kom|men|su|ra|bi|li|tät ⟨f.; -; unz.⟩ **1** Messbarkeit mit gleichem Maß, Vergleichbarkeit **2** ⟨Astron.⟩ die in einem einfachen, ganzzahligen Verhältnis stehenden Zeiten des Umlaufs zweier Himmelskörper um ein Zentralgestirn

Kom|ment ⟨[-mã:] m.; -s, -s⟩ **1** Gesamtheit der Sitten u. Bräuche in einer Studentenverbindung **2** student. Brauch [eigtl. »das Wie, die Art u. Weise, etwas zu tun« <frz. *comment?* »wie?«]

Kom|men|tar ⟨m.; -s, -e⟩ **1** nähere Erläuterung; *einen ~ zu etwas geben; ~ überflüssig* dazu braucht man nichts zu sagen, die Sache spricht für sich selbst, ist offensichtlich **2** fortlaufende sachliche u. sprachliche (von einem wissenschaftl. Standpunkt aus gegebene) Erläuterung des Textes eines literar. Werkes, Gesetzes u. Ä.; → *a.* Explanation [<lat. *commentarius* »schriftl. Aufzeichnung«; zu *commentari;* → *kommentieren*]

kom|men|ta|risch ⟨Adj.⟩ in der Art, Form eines Kommentars; *ein ~ abgefasster Artikel*

Kom|men|ta|ti|on ⟨f.; -, -en⟩ **1** ⟨veraltet⟩ erläuternde Abhandlung **2** Sammlung wissenschaftl. Schriften [<lat. *commentatio* »sorgfältiges Überdenken«; → *kommentieren*]

Kom|men|ta|tor ⟨m.; -s, -to|ren⟩ jmd., der einen Kommentar gibt, etwas erklärt, erläutert

Kom|men|ta|to|rin ⟨f.; -, -rin|nen⟩ weibl. Person, die einen Kommentar gibt, etwas erklärt, erläutert

kom|men|tie|ren ⟨V.⟩ **1** (wissenschaftl.) erläutern; *Gesetze* ~ **2** erklären; *eine kommentierte Ausgabe von Shakespeares »Hamlet«* [<lat. *commentari* »genau überdenken, etwas Durchdachtes schriftlich darstellen«; zu *mens,* Gen. *mentis* »Denktätigkeit, Verstand«]

Kom|mers ⟨m.; -es, -e⟩ feierl. Trinkgelage (einer Studentenverbindung) [<frz. *commerce* <lat. *commercium* »Verkehr«]

Kom|mers|buch ⟨n.; -(e)s, -bücher⟩ student. Liederbuch

Kom|merz ⟨m.; -es; unz.⟩ **1** Handel, Gewinn **2** Verkehr [<frz. *commerce* <lat. *commercium* »Handel, Verkehr«]

kom|mer|zi|a|li|sie|ren ⟨V.⟩ für den Handel erschließen, kaufmännisch nutzbar machen; *öffentl. Schulden* ~ in privatwirtschaftl. Schulden umwandeln [<frz. *commercialiser* »kommerzialisieren, in den Handel bringen«]

Kom|mer|zi|a|lis|mus ⟨m.; -; unz.⟩ auf Gewinn ausgerichtetes Bestreben

K

Kom|mer|zi|al|rat ⟨m.; -(e)s, -rä|te; österr. für⟩ Kommerzienrat

kom|mer|zi|ell ⟨Adj.⟩ **1** den Handel betreffend, auf ihm beruhend **2** kaufmännisch [<*Kommerz* (mit frz. Endung)]

Kom|mer|zi|en|rat ⟨m.; -(e)s, -räte; bis 1919 Titel für⟩ Großkaufmann, Industrieller

Kom|mi|li|to|ne ⟨m.; -n, -n⟩ Mitstudent, Studiengenosse [<lat. *commilito* »Waffenbruder«; zu *miles* »Soldat«]

Kom|mi|li|to|nin ⟨f.; -, -nin|nen⟩ Mitstudentin, Studiengenossin

Kom|mis ⟨[-miː] m.; - [-miː(s)], - [-miːs]⟩ Handlungsgehilfe; *oV* Commis [<frz. *commis*]

Kom|miss ⟨m.; - od. -es; unz.⟩ **1** ⟨urspr.⟩ die vom Staat gelieferte Ausrüstung u. der Unterhalt des Soldaten **2** ⟨heute; umg.⟩ Militär, Militärdienst; *beim ~ sein* [<frühnhd. *kommiss* »Heeresvorräte« <lat. *commissum,* Part. Perf. zu *committere* »zusammenbringen, anvertrauen«]

K

Kom|mis|sar ⟨m.; -s, -e⟩ **1** im Auftrag des Staates arbeitende, mit bes. Vollmachten ausgerüstete Person **2** einstweiliger Vertreter eines Beamten **3** Dienstrang im Polizeidienst; *Polizei~; Kriminal~* [<*commissari* (15. Jh.) <mlat. *commissarius* »mit der Besorgung eines Geschäftes Betrauter« <lat. *committere* »zusammenbringen«]

Kom|mis|sär ⟨m.; -s, -e; oberdt. für⟩ Kommissar [<frz. *commissaire* <mlat. *commissarius*]

Kom|mis|sa|ri|at ⟨n.; -(e)s, -e⟩ **1** Dienstbereich, Stellung eines Kommissars **2** Amt, Dienststelle; *Polizei~*

Kom|mis|sa|rin ⟨f.; -, -rin|nen⟩ weibl. Kommissar

kom|mis|sa|risch ⟨Adj.⟩ **1** durch einen Kommissar vertretungsweise ausgeführt; *~e Leitung* **2** einstweilig; *~er Leiter*

Kom|mis|si|on ⟨f.; -, -en⟩ **1** Auftrag, ein Geschäft im eigenen Namen, aber für fremde Rechnung zu besorgen; *eine Ware in ~ geben, nehmen; ~en machen* ⟨schweiz.⟩ einkaufen **2** Ausschuss; *Ärzte~; Sonder~; eine ~ bilden, wählen* [<lat. *commissio* »Vereinigung, Verbindung«; zu *committere* »vereinigen, anvertrauen«]

Kom|mis|si|o|när ⟨m.; -s, -e⟩ **1** jmd., der im eigenen Namen, aber für fremde Rechnung gewerbsmäßig Geschäfte abschließt **2** zwischen Verleger u. Sortimenter eingeschalteter Buchhändler [<frz. *commissionaire* »Geschäftsvermittler«; → *Kommission*]

kom|mis|si|o|nell ⟨Adj.⟩ auf Kommission beruhend

kom|mis|si|o|nie|ren ⟨V.⟩ **1** ⟨österr.⟩ einen Bau durch eine staatliche Kommission abschließend prüfen, genehmigen u. für die zugedachte Nutzung freigeben **2** ⟨Wirtsch.⟩ manuell nach vorgegebenen Aufträgen Güter u. Waren zusammenstellen

Kom|mis|si|ons|buch|han|del ⟨m.; -s; unz.⟩ Zweig des Buchhandels zwischen Verlag u. Sortiment

Kom|mis|si|ons|ge|schäft ⟨n.; -(e)s, -e⟩ gewerbsmäßiger Ein- u. Verkauf von Waren im eigenen Namen, aber für fremde Rechnung

Kom|mis|so|ri|um ⟨n.; -s, -ri|en⟩ **1** Sonderauftrag **2** Vollmacht für einen Kommissar [zu lat. *commissum* »das Anvertraute«, Part. Perf. von *committere* »zusammenbringen, anvertrauen«]

Kom|mis|sur ⟨f.; -, -en⟩ **1** Querverbindung zwischen symmetrischen Nervensträngen **2** ⟨i. e. S.⟩ Nervenverbindungen zwischen den beiden Großhirnhemisphären der Säuger [<lat. *commissura* »Verbindung, Zusammenfügung«; zu *committere* »verbinden, zusammenfügen«]

Kom|mit|tent ⟨m.; -en, -en⟩ Auftraggeber eines Kommissionsgeschäfts [<lat. *committens,* Part. Perf. zu *committere* »vereinigen, anvertrauen«]

kom|mit|tie|ren ⟨V.⟩ beauftragen, bevollmächtigen, als Beauftragten senden [<lat. *committere* »verbinden, anvertrauen«]

kom|mod ⟨Adj.; veraltet⟩ bequem, angenehm [<frz. *commode* »bequem«]

Kom|mo|de ⟨f.; -, -n⟩ Kastenmöbel mit Schubfächern; *Wäsche~* [<frz. *commode* <*commode* »bequem, angemessen, wohnlich«]

Kom|mo|do|re ⟨m.; -s, -n od. -s⟩ **1** ⟨Seew.⟩ **1.1** Kapitän in Admiralsstellung **1.2** ⟨Luftwaffe⟩ Geschwaderführer **2** Ehrentitel für den ältesten od. einen bes. verdienten Kapitän einer Handelsreederei **3** Präsident eines Jachtclubs [<engl. *commodore* »Geschwaderkommandant« <span. *commendador* od. ital. *commodoro*]

Kom|mos ⟨m.; -, Kom|moi⟩ aus den Ritualen der Griechen hervorgegangene Totenklage von Chor u. Schauspielern in der attischen Tragödie [grch., »das Schlagen« (auf die Brust als Bekundung der Trauer)]

Kom|mo|ti|on ⟨f.; -, -en; Med.⟩ Erschütterung durch stumpfe Gewalteinwirkung, z. B. Gehirnerschütterung [<lat. *commotio* »Aufregung«]

kom|mun ⟨Adj.⟩ **1** gemeinsam, gemeinschaftlich **2** gewöhnlich [<lat. *communis* »gemeinsam«]

kom|mu|nal ⟨Adj.⟩ eine Gemeinde od. einen Landkreis betreffend, zu ihnen gehörig, von ihnen ausgehend [<frz. *communal;* zu lat. *communis* »gemeinsam«]

Kom|mu|nal... ⟨in Zus.⟩ Gemeinde..., Landkreis...

kom|mu|na|li|sie|ren ⟨V.⟩ **1** einer Gemeinde od. einem Landkreis unterstellen **2** in Gemeindeverwaltung überführen, z. B. ein Privatunternehmen [→ *kommunal*]

Kom|mu|nal|ob|li|ga|ti|on ⟨f.; -, -en; Wirtsch.⟩ Obligation (Schuldverschreibung), die zur Finanzierung kommunaler Vorhaben verwendet wird

Kom|mu|nal|po|li|tik ⟨f.; -; unz.⟩ alle Vorgänge u. Bestrebungen, die mit der Verwaltung der Gemeinden zusammenhängen

kom|mu|nal|po|li|tisch ⟨Adj.⟩ die Kommunalpolitik betreffend, auf ihr beruhend

Kom|mu|nal|ver|wal|tung ⟨f.; -, -en⟩ Selbstverwaltung der Gemeinden

Kom|mu|nal|wahl ⟨f.; -, -en⟩ Wahl für die Gemeindevertretung, Gemeindewahl

Kom|mu|nard ⟨[kɔmyna:(r)] m.; -s, -s⟩ *oV* Kommunarde **1** Angehöriger der Pariser Kommune **2** Angehöriger einer Kommune (3) [<frz. *communard,* nach der Pariser *Kommune*]

Kom|mu|nar|de ⟨m.; -n, -n⟩ = Kommunard

Kom|mu|nar|din ⟨m.; -, -nen⟩ **1** Angehörige der Pariser Kommune **2** Angehörige einer Kommune (3) [→ *Kommunard*]

Kom|mu|ne ⟨f.; -, -n⟩ **1** ⟨MA⟩ Stadtstaat mit republikan. Verfassung (bes. in Italien) **2** ⟨allg.⟩ Gemeinde **3** in Wohn- u. Wirtschaftsgemeinschaft lebende Gruppe **4** ⟨früher abwertend⟩ kommunist. Partei **5** *Pariser ~* [kɔmy:n] die revolutionären Gegenregierungen in Paris 1792-1794 u. von März bis Mai 1871 [<frz. *commune* »Gemeinde« <lat. *communis* »gemeinsam«]

Kom|mu|ni|kant ⟨m.; -en, -en; kath. Kirche⟩ Teilnehmer am Abendmahl, an der hl. Kommunion [<lat. *communicans,* Part. Präs. zu *communicare* »teilnehmen«]

Kom|mu|ni|ka|ti|on ⟨f.; -, -en⟩ **1** Verbindung, Zusammenhang **2** Verkehr, Umgang, Verständigung; *~ zwischen den Menschen, Tieren* **3** ⟨Kyb.⟩ Austausch von Informationen zwischen dynamischen Systemen [<lat. *communicatio* »Mitteilung«]

Kom|mu|ni|ka|ti|ons|for|schung ⟨f.; -; unz.⟩ sich mit dem Wesen, der Struktur, der Funktion u. den Problemen von Kommunikation beschäftigende Forschung

Kom|mu|ni|ka|ti|ons|netz ⟨n.; -es, -e; Wirtsch.⟩ Gesamtheit aller offiziell bestehenden Kommunikationsbeziehungen zwischen den Mitarbeitern eines Unternehmens

Kom|mu|ni|ka|ti|ons|sa|tel|lit ⟨m.; -en, -en⟩ = Nachrichtensatellit

Kom|mu|ni|ka|ti|ons|zen|trum *auch:* **Kom|mu|ni|ka|ti|ons|zent|rum** ⟨n.; -s, -zen|tren⟩ zentral gelegenes Gebäude für Begegnungen mit anderen Menschen, bes. Gruppen mit gleichen Interessen

kom|mu|ni|ka|tiv ⟨Adj.⟩ der Kommunikation dienend, zu ihr gehörig; *~e Kompetenz* ⟨Sprachw.⟩ Sprachfähigkeit eines Sprechers/Hörers

Kom|mu|ni|ka|tor ⟨m.; -s, -to|ren⟩ Person, die für die Information der Öffentlichkeit bzw. der Presse über Vorhaben, Entwicklungen od. Vorgänge innerhalb eines Unternehmens, einer Partei od. einer Gruppe verantwortlich ist, Pressesprecher

Kom|mu|ni|kee ⟨n.; -s, -s⟩ = Kommuniqué

Kom|mu|ni|on ⟨f.; -, -en; kath. Kirche⟩ **1** Feier des Abendmahls **2** Empfang des Abendmahls [<lat. *communio* »Gemeinschaft«]

> **Kommuniqué / Kommunikee**
> (*Laut-Buchstaben-Zuordnung*)
> In Fremdwörtern vorkommende diakritische Zeichen zur Kennzeichnung einer Betonung o. Ä. können auch durch unmarkierte Buchstaben ersetzt werden. Dies gilt auch für das aus dem Französischen entlehnte *»é«*, das eine Vokallänge kennzeichnet, die im Deutschen durch die Doppelung des entsprechenden Vokals gekennzeichnet wird (→*a.* Doublé / Dublee).

Kom|mu|ni|qué ⟨[kɔmynike:] n.; -s, -s⟩ amtl. Verlautbarung, Bekanntmachung (bes. einer Regierung); *oV* Kommunikee [<frz. *communiqué*]

Kom|mu|nis|mus ⟨m.; -; unz.; Politik⟩ **1** ökonomische u. politische Lehre, die sich die Gesellschaft ohne Privateigentum, soziale Gleichstellung der Individuen u. deren Aufgehen in der Gemeinschaft sowie gemeinschaftliche Lebensführung zum Ziel gesetzt hat **2** die darauf beruhende Wirtschafts- u. Gesellschaftsordnung **3** von den kommunist. Parteien vertretene polit. Bewegung, die diese Gesellschaftsform anstrebt [zu lat. *communis* »gemeinsam«]

Kom|mu|nist ⟨m.; -en, -en; Politik⟩ **1** Vertreter, Anhänger des Kommunismus **2** Mitglied einer kommunistischen Partei

Kom|mu|nis|tin ⟨f.; -, -tin|nen; Politik⟩ **1** Vertreterin, Anhängerin des Kommunismus **2** Mitglied einer kommunist. Partei

kom|mu|nis|tisch ⟨Adj.; Politik⟩ den Kommunismus betreffend, auf ihm beruhend, ihn vertretend, zu ihm gehörig; *Kommunistische Internationale* = Komintern; *Kommunistisches Manifest* Manifest der Kommunist. Partei, von K. Marx u. Fr. Engels 1847-48 verfasstes Programm des Kommunismus

Kom|mu|ni|ta|ris|mus ⟨m.; -; unz.⟩ (in den 1980er Jahren in den USA entstandene) sozialphilosophische Strömung, die den Egoismus des Einzelnen in der Gesellschaft zurückweist u. für eine Stärkung gemeinsamer Werte als Grundlage für eine gerechtere politische Ordnung eintritt; *die Idee des ~ hat in den USA die stärkste Wirkung entfaltet* [<engl. *communitarism,* zu *community,* <lat. *communitas* »Gemeinschaft«]

kom|mu|ni|ta|ris|tisch ⟨Adj.⟩ den Kommunitarismus betreffend, zu ihm gehörig; *eine ~ orientierte Staatslehre*

Kom|mu|ni|tät ⟨f.; -, -en⟩ **1** Gemeinschaft, Gemeinsamkeit **2** Gemeingut [<lat. *communitas* »Gemeinschaft«; zu *communis* »gemeinsam«]

kom|mu|ni|zie|ren ⟨V.⟩ **1** zusammenhängen, in Verbindung stehen; *~de Röhren* ⟨Physik⟩ R., die oben offen u. unten miteinander verbunden sind u. in denen sich eine Flüssigkeit gleich hoch einstellt **2** miteinander sprechen, Verbindungen haben, sich austauschen **3** ⟨kath. Kirche⟩ das Abendmahl empfangen [<lat. *communicare* »gemeinsam machen, vereinigen«; zu *communis* »gemeinsam«]

kom|mu|ta|bel ⟨Adj.⟩ veränderbar, vertauschbar [<lat. *commutabilis* »veränderbar, umwandelbar«; zu *commutare* »verändern«]

Kom|mu|ta|ti|on ⟨f.; -, -en⟩ **1** Veränderung, Vertauschung, z. B. der Stromrichtung; *Sy* Kommentierung **2** ⟨Astron.⟩ der Winkel, der durch die Linien von der Sonne zur Erde u. von der Sonne zu einem Planeten gebildet wird **3** ⟨Sprachw.⟩ Austausch eines sprachl. Zeichens sowie die Analyse der hervorgerufenen Veränderung, z. B. »Hase« statt »Hose« [<lat. *commutatio* »Veränderung, Wechsel«; zu *commutare* »verändern, umwandeln«]

kom|mu|ta|tiv ⟨Adj.⟩ **1** eine Kommutation betreffend, auf ihr beruhend, sie bewirkend **2** *~e mathematische Operation* O., deren Ergebnis gleich bleibt, wenn die Reihenfolge der Elemente geändert wird, z. B 3 + 4 = 4 + 3

Kom|mu|ta|tor ⟨m.; -s, -to|ren⟩ = Kollektor (2) [<lat. *commutare* »verändern«]

kom|mu|tie|ren ⟨V.⟩ verändern, vertauschen; *elektrischen Strom* ~ seine Richtung verändern [<lat. *commutare* »verändern, umwandeln«]

Kom|mu|tie|rung ⟨f.; -, -en⟩ = Kommutation (1)

Ko|mö|di|ant ⟨m.; -en, -en⟩ **1** ⟨veraltet⟩ Schauspieler **2** ⟨abwertend; fig.⟩ Heuchler, jmd., der anderen etwas vortäuscht, vormacht [→ *Komödie*]

Ko|mö|di|an|tin ⟨f.; -, -tin|nen⟩ **1** ⟨veraltet⟩ Schauspielerin **2** ⟨abwertend; fig.⟩ Heuchlerin, weibl. Person, die anderen etwas vortäuscht, vormacht

ko|mö|di|an|tisch ⟨Adj.⟩ **1** in der Art eines (guten) Komödianten, schauspielerisch **2** ⟨abwertend⟩ schauspielernd, etwas vortäuschend

Ko|mö|die ⟨[-djə] f.; -, -n⟩ **1** heiteres Drama, Lustspiel, Posse **2** Theater, in dem (nur) Komödien gespielt werden; *in die ~ gehen* **3** ⟨fig.⟩ **3.1** lustiges, erheiterndes Ereignis **3.2** ⟨umg.⟩ Täuschung, Verstellung; *das war ja alles nur ~!; jmdm. eine ~ vorspielen* ⟨fig.⟩ jmdn. durch geschicktes Verhalten zu täuschen suchen [<lat. *comoedia* <grch. *komoidia,* eigtl. »das Singen eines *komos* (= fröhliche, lärmende Schar)«; → *komisch*]

Komp. ⟨Abk. für⟩ Kompanie (2)

Kom|pa|gnie *auch:* **Kom|pag|nie** ⟨[-niː] f.; -, -n; noch schweiz. für⟩ Kompanie

Kom|pa|gnon *auch:* **Kom|pag|non** ⟨[-njɔ̃ː] od. ['---] m.; -s, -s⟩ **1** Teilhaber, Mitinhaber (einer Firma) **2** Kamerad, Gleichgesinnter, Mittäter [<frz. *compagnon* »Geselle«; → *Kompanie*]

kom|pakt ⟨Adj.⟩ **1** dicht, festgefügt, massiv **2** gedrungen, stämmig [<frz. *compact* »dicht, fest«]

Kom|pakt|an|la|ge ⟨f.; -, -n; Musik⟩ Stereoanlage, bei der die einzelnen Komponenten (Verstärker, Tuner, Kassettendeck, CD-Spieler usw.) fest zusammengefügt sind

Kom|pak|tor ⟨m.; -s, -en⟩ Verdichtungs- u. Verteilungsplanierraupe [→ *kompakt*]

Kom|pa|nie ⟨f.; -, -n⟩ **1** ⟨Abk.: Co., Cie.⟩ Handelsgesellschaft **2** ⟨Abk.: Komp.; Mil.⟩ kleinste ständige Infanterieeinheit von 100 bis 250 Mann [<ital. *compagnia,* frz. *compagnie* <mlat. *companium* »Gesellschaft«, eigtl. »Brotgenossenschaft«, <lat. *con…* »zusammen mit…« + *panis* »Brot«]

kom|pa|ra|bel ⟨Adj.⟩ *Ggs* inkomparabel **1** vergleichbar; *diese Dinge sind ~* **2** ⟨Gramm.⟩ *komparable Adjektive* A., von denen man einen Komparativ bilden kann [<lat. *comparabilis* »vergleichbar«; zu *comparare* »vergleichen«]

Kom|pa|ra|bi|li|tät ⟨f.; -; unz.⟩ Vergleichbarkeit [→ *komparabel*]

Kom|pa|ra|ti|on ⟨f.; -, -en; Gramm.⟩ *~ der Adjektive* durch Suffixe o. a. sprachliche Formen ausgedrückter Vergleich, der angibt, ob eine Eigenschaft einer Sache in größerem Maße als einer anderen Sache od. in größtem Maße zukommt, Vergleich, Steigerung [<lat. *comparatio* »Vergleich«; zu *comparare* »vergleichen«]

Kom|pa|ra|tis|tik ⟨f.; -; unz.⟩ **1** historisch-vergleichende Sprachwissenschaft **2** vergleichende Literaturwissenschaft

kom|pa|ra|tis|tisch ⟨Adj.⟩ die Komparatistik betreffend, auf ihr beruhend, zu ihr gehörig; *~e Sprachanalyse*

kom|pa|ra|tiv ⟨a. [---'-] Adj.; Gramm.⟩ vergleichend [<lat. *comparativus* »zum Vergleich dienend, vergleichend«; zu *comparare* »vergleichen«]

Kom|pa|ra|tiv ⟨a. [---'-] m.; -s, -e [-və]; Gramm.⟩ erste Steigerungsstufe der Komparation, die angibt, dass eine Eigenschaft einer Sache in größerem Maße zukommt als einer anderen, Mehrstufe [<lat. *(gradus) comparativus* »dem Vergleichen dienender Steigerungsgrad«; → *komparativ*]

Kom|pa|ra|tiv|satz ⟨m.; -es, -sätze; Gramm.⟩ Nebensatz, der das Geschehen im Hauptsatz mit einem anderen Geschehen vergleicht, Vergleichssatz

Kom|pa|ra|tor ⟨m.; -s, -to|ren⟩ **1** ⟨Astron.⟩ zur Feststellung von Lage- u. Helligkeitsänderungen von Sternen verwendetes astronom. Gerät **2** ⟨Optik⟩ = Kompensator (3) [<lat. *comparator* »Vergleicher«; zu *comparare* »vergleichen«]

kom|pa|rie|ren ⟨V.⟩ **1** vergleichen **2** ⟨Gramm.⟩ *ein Adjektiv ~* steigern [<lat. *comparare* »vergleichen«]

Kom|par|se ⟨m.; -n, -n; Theat.; Film⟩ Person ohne Sprechrolle, bes. in Massenszenen [<ital. *comparsa* »das Erscheinen«]

Kom|par|se|rie ⟨f.; -; unz.; Theat.; Film⟩ Gesamtheit der Komparsen

Kom|par|ti|ment ⟨n.; -(e)s, -e; veraltet⟩ **1** abgeteiltes Feld **2** Abteil [<frz. *compartiment* »Abteilung, Fach«]

> **Kompass** (*Laut-Buchstaben-Zuordnung*) Die im Deutschen übliche Kennzeichnung eines kurzen Vokals durch Verdoppelung des Folgekonsonanten wird auch auf Fremdwörter angewendet. Nach kurzem Vokal wird daher auch bei Fremdwörtern der stimmlose s-Laut durch »*ss*« wiedergegeben (→*a.* Komiss, Kompromiss).

Kom|pass ⟨m.; -es, -e⟩ Gerät zum Bestimmen der Himmelsrichtung [<ital. *compasso* »Zirkel, Magnetnadel«; zu *compassare* »abschreiten, abmessen«]

kom|pa|ti|bel ⟨Adj.⟩ *Ggs* inkompatibel **1** vereinbar, austauschbar; *kompatible Computersysteme* **2** zusammenstimmend, zusammenpassend [<frz. *compatible,* »vereinbar, verträglich«]

Kom|pa|ti|bi|li|tät ⟨f.; -; unz.⟩ **1** Vereinbarkeit, Austauschbarkeit, z. B. bei Computerprogrammen **2** Verträglichkeit, z. B. bei Medikamenten; *Ggs* Inkompatibilität

Kom|pa|tri|ot *auch:* **Kom|pat|ri|ot** ⟨m.; -en, -en; veraltet⟩ Landsmann [<frz. *compatriote* »Landsmann« <lat. *con…* »zusammen mit…« + *patria* »Vaterland«]

kom|pen|di|ös ⟨Adj.⟩ **1** in Form eines Kompendiums **2** zusammengedrängt, kurzgefasst [<lat. *compendiosus* »abgekürzt, kurz zusammengefasst« + frz. Endung]

Kom|pen|di|um ⟨n.; -s, -di|en⟩ **1** Abriss, Handbuch, kurzes Lehrbuch, Leitfaden **2** ⟨Fot.⟩ Sonnenblende mit ausziehbarem Balg für Kinokameras [<lat. *compendium,* eigtl. »das beim Zusammenwägen Ersparte, Gewinn, Vorteil« <*con…* »zusammen mit…« + *pendere* »wägen, wiegen«]

Kom|pen|sa|ti|on ⟨f.; -, -en⟩ **1** Ausgleich, Aufhebung, z. B. von Kräften, Wirkungen **2** Erstattung, Vergütung, Verrechnung **3** Ausgleich anatomischer od. funktioneller Störungen eines Organs od. Organteiles durch gesteigerte Tätigkeit eines anderen Organes od. Organteiles; *Ggs* Dekompensation **4** Ausgleich einer bewussten od. unbewussten Unsicherheit durch betont entgegengesetztes Verhalten [<lat. *compensatio* »Ausgleich«]

Kom|pen|sa|tor ⟨m.; -s, -to|ren⟩ **1** gebogenes, elastisches Zwischenstück in Rohrleitungen, das durch die Temperatur hervorgerufene Längenänderungen ausgleicht **2** *elektrischer* ~ Gerät zum Messen der Spannung einer Stromquelle, ohne ihr Strom zu entnehmen **3** Instrument zur Messung der Gang- u. Phasenunterschiede zweier senkrecht zueinander polarisierter Strahlen od. zur Erzeugung eines solchen Unterschiedes; *Sy* Komparator (2) [<lat. *compensare* »ausgleichen«]

kom|pen|sa|to|risch ⟨Adj.⟩ mittels Kompensation, darauf beruhend; *~e Spracherziehung* S., die darauf gerichtet ist, einen Schüler, der einen Dialekt od. Sozialekt spricht, durch zusätzliche pädagog. Bemühungen im normgerechten Gebrauch der Hochsprache zu unterweisen

kom|pen|sie|ren ⟨V.⟩ **1** ausgleichen, aufheben; *Kräfte, Wirkungen* ~ **2** vergüten, verrechnen **3** durch Tausch erwerben; *Ware gegen Ware* ~ **4** *die magnet. Wirkung von Stahlteilen in Schiffen u. Flugzeugen* ~ durch Anbringen entgegengesetzt wirkender Magnete in der Nähe des Kompasses aufheben [<lat. *compensare* »aufwiegen, ausgleichen«]

kom|pe|tent ⟨Adj.⟩ *Ggs* inkompetent **1** zuständig, befugt **2** maßgebend, urteilsfähig; *ich bin in dieser Angelegenheit, Frage (nicht)* ~ [<lat. *competens,* Part. Präs. zu *competere* »zusammentreffen, zutreffen, zukommen«]

Kom|pe|tenz ⟨f.; -, -en⟩ *Ggs* Inkompetenz **1** Zuständigkeit, Befugnis **2** Urteilsfähigkeit [<lat. *competentia* »das Zusammentreffen, Stimmen«]

Kom|pe|tenz|kom|pe|tenz ⟨f.; -, -en; Rechtsw.⟩ Befugnis eines staatlichen Organs, auch zulasten anderer Organe selbst u. verbindlich über die eigene Zuständigkeit zu entscheiden

Kom|pe|tenz|kon|flikt ⟨m.; -(e)s, -e⟩ = Kompetenzstreitigkeit

Kom|pe|tenz|strei|tig|keit ⟨f.; -, -en⟩ Streit um die Kompetenz, z. B. zwischen zwei Behörden; *Sy* Kompetenzkonflikt

Kom|pe|tenz|team ⟨[-ti:m] n.; -s, -s; bes. Politik⟩ Gruppe von qualifizierten Fachleuten od. Politikern, Beraterteam; *der Bundeskanzler hat sein neues ~ vorgestellt*

kom|pe|tie|ren ⟨V.; veraltet⟩ **1** sich bewerben (um) **2** zustehen, gebühren; *es kompetiert mir* [<lat. *competere* »zusammentreffen, zusammenfallen, sich schicken, geeignet, fähig sein, stimmen, zutreffen, zukommen«]

kom|pe|ti|tiv ⟨Adj.; Chemie⟩ *~e Hemmung* Unterdrückung einer chem. Reaktion, die dadurch zustande kommt, dass ein anderer Stoff mit dem ersten Reaktionspartner in den Wettstreit tritt [zu lat. *competitor* »Mitbewerber«]

Kom|pi|la|ti|on ⟨f.; -, -en⟩ **1** Zusammentragung, Sammlung **2** (ohne kreative Eigenleistung) aus anderen Büchern zusammengetragenes Werk [<lat. *compilatio* »Plünderung«]

Kom|pi|la|tor ⟨m.; -s, -to|ren⟩ jmd., der etwas kompiliert, Verfasser einer Kompilation

kom|pi|la|to|risch ⟨Adj.⟩ auf Kompilation beruhend, in der Art einer Kompilation (2), aus anderen Büchern zusammengetragen

kom|pi|lie|ren ⟨V.⟩ zusammentragen, -stellen [<lat. *compilare* »zusammenraffen, plündern«]

kom|pla|nar ⟨Adj.; Math.⟩ sich in der gleichen Ebene befindend [zu lat. *complanare* »einebnen«]

Kom|pla|na|ti|on ⟨f.; -, -en; Math.⟩ die Flächenberechnung von gekrümmten Flächen [→ *komplanar*]

Kom|ple|ment ⟨n.; -(e)s, -e⟩ Ergänzungsstück [<frz. *complément* <lat. *complementum* »Ergänzung(smittel), Ausfüllung«]

kom|ple|men|tär ⟨Adj.⟩ ergänzend [<frz. *complémentaire*]

Kom|ple|men|tär ⟨m.; -s, -e⟩ Teilhaber einer Kommanditgesellschaft, der unbeschränkt haftet; *Ggs* Kommanditist

Kom|ple|men|tär|far|be ⟨f.; -, -n⟩ Farbe, die bei additiver Mischung Weiß ergibt, Ergänzungsfarbe

Kom|ple|men|ta|ri|tät ⟨f.; -; unz.⟩ Erscheinung in der Elementarteilchenphysik, dass ein Teilchen je nach beobachtendem Experiment sowohl als Teilchen od. als Welle auftritt, aber nie beide Eigenschaften zugleich zeigt

Kom|ple|men|tär|win|kel ⟨m.; -s, -⟩ = Komplementwinkel

K

Kom|ple|men|ta|ti|on ⟨f.; -, -en; Genetik⟩ Einfügen eines Gens in eine mutierte Zelle zum Ausgleich von Erbschäden; *Sy* Komplementierung (2) [→ *Komplement*]

kom|ple|men|tie|ren ⟨V.⟩ ergänzen, vervollständigen

Kom|ple|men|tie|rung ⟨f.; -, -en⟩ **1** das Komplementieren, das Komplementiertwerden **2** ⟨Genetik⟩ = Komplementation

Kom|ple|ment|win|kel ⟨m.; -s, -; Math.⟩ Winkel, der einen anderen Winkel zu 90° ergänzt; *Sy* Komplementärwinkel; →*a.* Supplementwinkel

Kom|plet[1] ⟨[kɔ̃ple:] n.; - od. -s, -s; Mode⟩ Kleid u. (etwas kürzerer) Mantel od. Jacke vom gleichen Stoff [<frz. *complet* »vollständiger Anzug aus einem Stoff, Kostüm«]

Kom|plet[2] ⟨[kɔ̃ple:] f.; -, -e; kath. Kirche⟩ Abendgebet, letztes der Stundengebete

K

kom|ple|tiv ⟨Adj.; Sprachw.⟩ ergänzend, hinzufügend [<frz. *complétif;* zu lat. *completum* »das Ergänzte«; zu *complere* »ergänzen«]

kom|plett ⟨Adj.⟩ vollkommen, vollständig, vollzählig; *Ggs* inkomplett; *ein ~es Mittagessen; unsere Wohnung ist jetzt ~; du bist ~ verrückt* ⟨umg.⟩ [<frz. *complet* »vollständig«]

kom|plet|tie|ren ⟨V.⟩ vervollständigen, ergänzen [<frz. *compléter* »vervollständigen«]

kom|plex ⟨Adj.⟩ zusammengesetzt, verwickelt, vielfältig u. doch einheitlich; *~e Zahl* ⟨Math.⟩ Summe aus einer reellen Zahl u. einer imaginären Zahl, z. B. a + bi [<lat. *complexus,* Part. Perf. zu *complecti* »umfassen, zusammenfassen«]

Kom|plex ⟨m.; -es, -e⟩ **1** Gesamtheit, Gesamtumfang, Inbegriff **2** zusammenhängende Gruppe; *Häuser~* **3** ins Unterbewusstsein verdrängte Gruppe von Vorstellungen od. nicht verarbeiteten Erlebnissen, die zu dauernder Beunruhigung führen; *an verdrängten ~en leiden*

Kom|plex|au|ge ⟨n.; -s, -n; Zool.⟩ = Facettenauge

Kom|ple|xi|on ⟨f.; -, -en⟩ **1** Zusammenfassung (verschiedener Dinge) **2** zusammenstimmende Haar-, Haut- u. Augenfarbe (beim Menschen) [<lat. *complexio* »Umfassung, Verknüpfung«; → *komplex*]

Kom|ple|xi|tät ⟨f.; -; unz.⟩ **1** komplexe Beschaffenheit, vielfältige Gesamtheit; *die Gesellschaft in ihrer gesamten ~* **2** Gesamtheit aller Bestandteile u. Komponenten eines geschlossenen Systems, die voneinander abhängig sind u. in Verhalten u. Wirkung Veränderungen unterworfen sein können

Kom|ple|xo|me|trie *auch:* **Kom|ple|xo|met|rie** ⟨f.; -; unz.; Chemie⟩ Verfahren der chem. Analyse zum Nachweis von Metallionen durch Bildung von schwer löslichen od. farbigen Komplexen [<*Komplex* + ...*metrie*]

Kom|pli|ce ⟨[-tsə] m.; -n, -n; österr.; schweiz.⟩ = Komplize

Kom|pli|ka|ti|on ⟨f.; -, -en⟩ **1** Verwicklung, Schwierigkeit **2** ⟨Med.⟩ Auftreten zusätzlicher Schwierigkeiten bei einer schon bestehenden Krankheit; *bei der Operation sind ~en eingetreten* [<lat. *complicatio* »das Zusammenwickeln, -falten«]

Kom|pli|ment ⟨n.; -(e)s, -e⟩ **1** Höflichkeitsbezeigung, Verbeugung, Diener **2** Artigkeit, Huldigung, Schmeichelei; *jmdm ein ~, od. ~e machen; mein ~!* alle Achtung!; *nach ~en fischen, angeln* ⟨umg.; scherzh.⟩ durch Betonen eigener Schwächen od. schwacher Seiten Widerspruch herausfordern, der zum Lob des Sprechenden wird; →*a.* Fishing for Compliments [<frz. *compliment* »Artigkeit, Schmeichelei« <lat. *complementum* »Ergänzung, Anhang« (alter Moralbücher, da diese von der Höflichkeit handelten)]

Kom|pli|ze ⟨m.; -n, -n⟩ Mitschuldiger, Mittäter, Helfershelfer (bei dem Begehen einer Straftat); *oV* ⟨österr.; schweiz.⟩ Komplice [<frz. *complice* <lat. *complex,* Gen. *complicis* »Verbündeter, Teilnehmer«, <lat. *complicare* »zusammenfalten, -legen«; → *komplizieren*]

kom|pli|zie|ren ⟨V.⟩ verwickeln, erschweren; *wir wollen die Sache nicht unnötig ~* [<lat. *complicare* »zusammenfalten, zusammenlegen«]

kom|pli|ziert ⟨Adj.⟩ **1** verwickelt, schwierig, erschwert; *~er Bruch* ⟨Med.⟩ **2** schwer zu behandelnd, sehr empfindsam

Kom|pli|zin ⟨f.; -, -zin|nen⟩ Mitschuldigerin, Mittäterin, Helfershelferin (bei dem Begehen einer Straftat)

Kom|plott ⟨n.; -(e)s, -e⟩ Verschwörung, Verabredung zu Straftaten, Anschlägen, heimliche Handlungen; *ein ~ schmieden (gegen)* [<frz. *complot* »Anschlag, Verschwörung«]

kom|plot|tie|ren ⟨V.⟩ ein Komplott schmieden, sich verschwören

Kom|po|nen|te ⟨f.; -, -n⟩ Teil eines Ganzen, einer Kraft, Mischung usw. [<lat. *componens,* Part. Präs. zu *componere;* → *komponieren*]

Kom|po|nen|ten|ana|ly|se ⟨f.; -, -n; Sprachw.⟩ Beschreibung u. Untersuchung der semantischen Merkmale u. Komponenten einer sprachlichen Einheit

kom|po|nie|ren ⟨V.⟩ **1** zusammensetzen, zusammenstellen, kunstvoll anordnen, aufbauen **2** nach bestimmten Formgesetzen aufbauen, zusammenfügen; *Kunstwerke, ein Bild (geschickt) ~* **3** ⟨Musik⟩ in Töne setzen; *Musikstücke, ein Konzert ~; eine Oper ~* [<lat. *componere* »zusammensetzen, -stellen, -legen, vereinen«]

Kom|po|nist ⟨m.; -en, -en; Musik⟩ Schöpfer von Musikstücken; *Opern~; oV* ⟨veraltet⟩ Kompositeur [→ *komponieren*]

Kom|po|nis|tin ⟨f.; -, -tin|nen; Musik⟩ Schöpferin von Musikstücken

Kom|po|si|ta ⟨Pl. von⟩ Kompositum

Kom|po|si|ten ⟨Pl.; Biol.⟩ Korbblütler, artenreiche Familie der Ordnung Synandrae, ausgezeichnet durch Einzelblüten ähnliche Blütenstände u. Blütenkörbchen: Compositae [<lat. *compositus,* Part. Perf. zu *componere;* → *komponieren*]

Kom|po|si|teur ⟨[-tø:r] m.; -s, -e; veraltet⟩ = Komponist [<frz. *compositeur* »Komponist, Verfasser«]

Kom|po|si|ti|on ⟨f.; -, -en⟩ **1** Zusammensetzung, -stellung, künstler. Anordnung **2** ⟨Kunst⟩ Aufbau eines Kunstwerks nach bestimmten Formgesetzen **3** ⟨Musik⟩ Musikstück, Musikwerk **4** ⟨Sprachw.⟩ Wortbildung aus zwei od. mehreren selbstständigen Teilen [<lat. *compositio* »Zusammensetzung, -stellung«; → *komponieren*]

kom|po|si|ti|o|nell ⟨Adj.; selten für⟩ kompositorisch

Kom|po|sit|ka|pi|tell ⟨n.; -(e)s, -e; Arch.⟩ röm., aus Elementen des ion. u. korinth. Kapitells zusammengesetztes Säulenkapitell [<*Komposition* + *Kapitell*]

kom|po|si|to|risch ⟨Adj.⟩ eine Komposition betreffend

Kom|po|si|tum ⟨n.; -s, -si|ta; Sprachw.⟩ aus zwei od. mehreren selbstständigen, sinnvollen Teilen zusammengesetztes Wort, z. B. Einkaufskorb, Schreibtisch; *Ggs* Simplex [<lat. *compositum,* Part. Perf. zu *componere;* → *komponieren*]

Kom|post ⟨m.; -(e)s, -e⟩ natürl. Dünger aus Erde, Pflanzenresten (u. Jauche) [<frz. *compost*]

kom|pos|tie|ren ⟨V.⟩ Kompost gewinnen aus, zu Kompost verarbeiten; *organischen Abfall ~; Gartenlaub ~*

Kom|pott ⟨n.; -(e)s, -e⟩ mit Zucker gekochtes Obst [<frz. *compote;* → *komponieren*]

Kom|pre|hen|si|on ⟨f.; -, -en; Philos.⟩ Zusammenfassung von Mannigfaltigem zu einem Ganzen [<lat. *comprehensio* »das Zusammenfassen, Begreifen«]

kom|press ⟨Adj.⟩ **1** ⟨veraltet⟩ eng, dicht gedrängt **2** ⟨Typ.⟩ ohne Durchschuss; *einen Text ~ setzen* [<lat. *compressus,* Part. Perf. zu *comprimere* »zusammendrücken«]

Kom|pres|se ⟨f.; -, -n⟩ feuchter Umschlag; *Gesichts~; heiße, kalte ~* [<lat. *compressus,* Part. Perf. zu *comprimere* »zusammendrücken«]

kom|pres|si|bel ⟨Adj.⟩ zusammendrückbar, verdichtbar; *Ggs* inkompressibel [<frz. *compressible* <lat. *comprimere* »zusammendrücken«]

Kom|pres|si|bi|li|tät ⟨f.; -; unz.⟩ kompressible Beschaffenheit, Zusammendrückbarkeit; *~ von Stoffen, Gasen*

Kom|pres|si|on ⟨f.; -, -en⟩ Zusammendrückung, Verdichtung; *~ von Adern, Stoffen, Gasen* [<lat. *compressio* »das Zusammendrücken«; zu *comprimere* »zusammendrücken«]

Kom|pres|sor ⟨m.; -s, -so|ren⟩ **1** Verdichter; *Ggs* Absorber (2) **2** Kühlschrank, der auf dem Prinzip der Verdichtung beruht; *Ggs* Absorber (1.1)

kom|pri|mier|bar ⟨Adj.⟩ sich komprimieren lassend, zusammendrückbar

kom|pri|mie|ren ⟨V.⟩ *Ggs* dekomprimieren **1** zusammendrücken, verdichten **2** zusammendrängen; *einen komprimierten Stil schreiben* [<lat. *comprimere* »zusammendrücken«]

Kom|pro|miss ⟨m.; -es, -e⟩ **1** Ausgleich, Übereinkunft durch beiderseitiges Nachgeben, Verständigung **2** Zugeständnis; *beide Parteien einigten sich in mehreren Punkten auf ~e; einen ~ schließen* [<lat. *compromissum* »gegenseitiges Versprechen, Übereinkunft; Vergleich in einem Rechtsstreit«]

Kom|pro|miss|ler ⟨m.; -s, -; abwertend⟩ jmd., der zu (unredlichen) Kompromissen neigt

kom|pro|mit|tie|ren ⟨V.⟩ bloßstellen, in Verlegenheit bringen [<frz. *compromettre* »bloßstellen, gefährden«; beeinflusst von lat. *compromittere* »sich auf den Spruch des Schiedsrichters verlassen«]

Kom|pro|mit|tie|rung ⟨f.; -, -en⟩ das Kompromittieren, das Kompromittiertwerden

Komp|ta|bi|li|tät ⟨f.; -; unz.⟩ Rechnungsführung, -legung [<frz. *comptabilité* »Rechnungspflicht, Rechnungswesen«]

Kom|so|mol ⟨m.; -; unz.; Kurzwort für⟩ Kommunističeskij Sojus Molodëži, Kommunist. Jugendverband (der UdSSR)

Kom|so|mol|ze ⟨m.; -n, -n⟩ Angehöriger des Komsomol

Kom|so|mol|zin ⟨f.; -, -zin|nen⟩ Angehörige des Komsomol

Kom|tess ⟨f.; -, -en⟩ = Komtesse

Kom|tes|se ⟨f.; -, -n⟩ unverheiratete Gräfin; *oV* Komtess [<frz. *comtesse*]

Kom|tur ⟨m.; -s, -e⟩ **1** Verwalter in einem Ritterorden **2** Inhaber eines Ordens höherer Klasse; *Sy* Kommandeur (2) [<mhd. *comtiur* <*kommentur* <afrz. *commendeor* <mlat. *commendator* »Vorsteher der Niederlassung eines Ritterordens«]

Kom|tu|rei ⟨f.; -, -en⟩ Verwaltungsbezirk u. Sitz eines Komturs; *Sy* Kommende (2)

kon..., Kon... ⟨vor b, p, m⟩ kom..., Kom... ⟨vor l⟩ kol..., Kol... ⟨vor r⟩ kor..., Kor... ⟨vor Vokalen u. h⟩ ko..., Ko... ⟨in Zus.⟩ mit, zusammen mit... [<lat. *con...,* in Zus. für *cum* »mit«]

Ko|nak ⟨m.; -s, -e; in der Türkei⟩ **1** Amtsgebäude **2** vornehme Wohnung, Schloss [türk.]

Ko|na|ti|on ⟨f.; -, -en; Psych.⟩ zielgerichtete Tätigkeit, Trieb, Drang, Anstrengung [<lat. *conatus* »Anstrengung, Trieb«]

ko|na|tiv ⟨Adj.; Psych.⟩ triebhaft, strebend, eifrig, sich anstrengend [→ *Konation*]

Kon|au|tor ⟨m.; -s, -en⟩ = Coautor

Kon|au|to|rin ⟨f.; -, -rin|nen⟩ = Coautorin

kon|axi|al ⟨Adj.; Geom.; Technik⟩ = koaxial [<*kon...* + *axial*]

Kon|cha ⟨[-ça] f.; -, -s od. -chen; Arch.; in altchristl. u. mittelalterl. Kirchen⟩ *oV* Konche **1** die muschelförmige Überwölbung der Apsis **2** = Apsis [<lat. *concha* »Muschel« <grch. *konche*]

Kon|che ⟨[-çə] f.; -, -n; Arch.⟩ = Koncha

Kon|chi|fe|re ⟨[-çi-] f.; -, -n; Zool.⟩ Unterstamm der Weichtiere mit einheitl. Schalenbildung: Conchifera [<lat. *concha* »Muschel« + *...fere*]

kon|chi|form ⟨[-çi-] Adj.⟩ muschelförmig [<lat. *concha* »Muschel« + *...form*]

Kon|cho|i|de ⟨[-ço-] f.; -, -n; Math.⟩ dem Querschnitt einer Muschel ähnl. ebene Kurve mit zwei getrennten Zweigen [<lat. *concha,* grch. *konche* »Muschel« + *...id*]

Kon|cho|skop *auch:* **Kon|chos|kop** ⟨[-ço-] n.; -s, -s; Med.⟩ Nasenspiegel [<grch. *konche* »Muschel« + …*skop*]

Kon|chy|lie ⟨[-çyːliə] f.; -, -n; Zool.⟩ die harte Schale der Weichtiere (Mollusca) [<grch. *konchylion* »Schaltier«; zu *konche* »Muschel«]

Kon|chy|lio|lo|ge ⟨[-çy-] m.; -n, -n; Zool.⟩ Wissenschaftler auf dem Gebiet der Konchyliologie

Kon|chy|lio|lo|gie ⟨[-çy-] f.; -; unz.; Zool.⟩ Teilgebiet der Malakologie, das sich mit der Erforschung von Weichtierschalen befasst

Kon|chy|lio|lo|gin ⟨[-çy-] f.; -, -gin|nen; Zool.⟩ Wissenschaftlerin auf dem Gebiet der Konchyliologie

kon|chy|lio|lo|gisch ⟨[-çy-] Adj.; Zool.⟩ die Konchyliologie betreffend, auf ihr beruhend, zu ihr gehörig

Kon|dem|na|ti|on ⟨f.; -, -en⟩ **1** Verurteilung, Verdammung **2** Erklärung der Reparaturunfähigkeit eines Schiffes **3** Einziehung eines feindlichen Schiffes nach einer Entscheidung eines Prisengerichtes [<lat. *condemnatio* »Verurteilung«; zu *damnare* »verurteilen«]

Kon|den|sat ⟨n.; -(e)s, -e; Physik⟩ Flüssigkeit, die bei Abkühlung aus dem dampfförmigen Zustand hervorgeht u. sich so abscheidet [<lat. *condensatus,* Part. Perf. zu *condensare* »zusammendrängen«]

Kon|den|sa|ti|on ⟨f.; -, -en⟩ **1** Verflüssigung, Verdichtung **2** ⟨Physik⟩ Übergang eines Stoffes vom gas- od. dampfförmigen in den flüssigen Zustand **3** ⟨Chemie⟩ Reaktion, bei der zwei Moleküle unter Abspaltung eines einfachen Stoffes, z. B. Wasser, zu einem neuen Molekül reagieren od. bei der innerhalb eines Moleküls ein einfacher Stoff abgespalten wird; *innermolekulare ~* [<lat. *condensatio* »Verdichtung«; → *kondensieren*]

Kon|den|sa|ti|ons|kern ⟨m.; -(e)s, -e; Meteor.⟩ mikroskopisch kleine Teilchen od. elektrisch geladene Ionen, an denen sich die Feuchtigkeit in der Atmosphäre niederzuschlagen beginnt

Kon|den|sa|ti|ons|punkt ⟨m.; -(e)s; unz.⟩ vom Druck abhängiger Punkt der Temperaturskala, bei dem ein Stoff vom gasförmigen in den flüssigen Zustand übergeht

Kon|den|sa|tor ⟨m.; -s, -to|ren⟩ **1** Apparat, in dem der aus Dampfmaschinen austretende Dampf gekühlt u. verflüssigt wird **2** elektr. Bauelement aus zwei gegeneinander isolierten Flächen od. Leitern, auf denen sich einander entgegengesetzte elektr. Ladungen sammeln [→ *kondensieren*]

kon|den|sie|ren ⟨V.⟩ **1** einer Kondensation unterwerfen, verflüssigen, verdichten **2** eine Kondensation erfahren **2.1** flüssig werden **2.2** dicht werden **3** *kondensierte Milch* M., der Wasser entzogen worden ist, um sie haltbar zu machen; *Sy* Kondensmilch **4** *kondensierte Systeme* chem. Verbindungen, deren Formeln mehrere Benzolringe enthalten, von denen je zwei mehrere Kohlenstoffatome gemeinsam haben [<lat. *condensare* »dicht zusammendrängen«; zu *denus* »dicht«]

Kon|dens|milch ⟨f.; -; unz.⟩ = kondensierte Milch

Kon|den|sor ⟨m.; -s, -so|ren⟩ **1** Sammellinse, die z. B. in Projektionsapparaten das Licht der Lichtquelle gleichmäßig über den zu projizierenden Gegenstand verteilt **2** ⟨Spinnerei⟩ Gerät zum Trennen od. Aussondern, Abscheider [<lat. *condensus* »sehr dicht«; → *kondensieren*]

Kon|dens|strei|fen ⟨m.; -s, -⟩ Streifen von Kondenswasser, der durch Abgase von Flugzeugen am Himmel entsteht

Kon|dik|ti|on ⟨f.; -, -en; Rechtsw.⟩ Klage auf Rückgabe [<lat. *condictio* »Verabredung«; zu lat. *condicere* »gemeinschaftlich verabreden«; zu *dicere* »sagen«]

kon|di|tern ⟨V.; umg.⟩ **1** als Konditor arbeiten, Feinbackwaren herstellen **2** ⟨scherzh.⟩ in einer Konditorei einkehren

Kon|di|ti|on ⟨f.; -, -en⟩ **1** Bedingung; *besondere ~en vereinbaren* **2** Beschaffenheit, Zustand, körperliche Beschaffenheit (eines Sportlers) [<lat. *conditio, condicio* »Bedingung«]

kon|di|ti|o|nal ⟨Adj.; Gramm.⟩ bedingend, bedingungsweise (geltend); *~e Konjunktion* einen Bedingungssatz einleitende K., z. B. »wenn, falls«

Kon|di|ti|o|nal ⟨m.; -s, -e; Gramm.⟩ Bedingungsform des Verbums (im Dt. in der Form des Konjunktivs gebildet), z. B. »ich würde kommen«; *oV* Konditionalis [→ *Kondition*]

Kon|di|ti|o|na|lis ⟨m.; -, -na|les; Gramm.⟩ = Konditional

Kon|di|ti|o|na|lis|mus ⟨m.; -; unz.⟩ philosoph. Lehre, die den Begriff der Ursache durch den der Bedingung ersetzt; *oV* Konditionismus

Kon|di|ti|o|nal|satz ⟨m.; -es, -sätze; Gramm.⟩ durch eine konditionale Konjunktion eingeleiteter Nebensatz, Bedingungssatz

kon|di|ti|o|nell ⟨Adj.⟩ die Kondition (bes. eines Sportlers) betreffend

kon|di|ti|o|nie|ren ⟨V.⟩ **1** *Textilien ~* **1.1** den Feuchtigkeitsgehalt von T. ermitteln **1.2** sie eine bestimmte Feuchtigkeit aufnehmen lassen **2** *jmdn. ~* jmds. körperl. Leistungsfähigkeit steigern; *Sportler für einen Wettkampf ~* **3** ⟨Psych.⟩ eine Reaktion hervorrufen

kon|di|ti|o|niert ⟨Adj.⟩ **1** bedingt **2** beschaffen, z. B. von Waren **3** ⟨Psych.⟩ eine bestimmte Reaktion hervorrufend

Kon|di|ti|o|nie|rung ⟨f.; -; unz.⟩ **1** das Verfestigen flüssiger (radioaktiver) Abfälle durch Entzug der Feuchtigkeit; *die ~ verseuchter Stoffe* **2** Erziehung zu einer bestimmten Denkweise

Kon|di|ti|o|nis|mus ⟨m.; -; unz.⟩ = Konditionalismus

Kon|di|ti|ons|trai|ning ⟨[-treː-] n.; -s, -s⟩ sportl. Training zur Entwicklung von Kraft, Ausdauer u. Schnelligkeit, allgemeines Training (im Unterschied zum Spezialtraining)

Kon|di|tor ⟨m.; -s, -to|ren⟩ Handwerker, der feine Backwaren, Eis u. Konfekt herstellt; *Sy* ⟨schweiz.⟩ Konfiseur [<lat. *conditor* »Hersteller würziger Speisen«; zu *condire* »würzen,

schmackhaft machen, einmachen«]

Kon|di|to|rei ⟨f.; -, -en⟩ Verkaufsraum des Konditors, meist gleichzeitig kleines Kaffeehaus; *Sy* ⟨schweiz.⟩ Konfiserie

Kon|di|to|rin ⟨f.; -, -rin|nen⟩ Handwerkerin, die feine Backwaren, Eis u. Konfekt herstellt

Kon|do ⟨n.; -s, -s⟩ zentrales Gebäude in japanisch-buddhistischen Tempeln, in dem Kultstatuen u. -bilder umschritten werden können [jap., »goldene Halle«]

Kon|do|lenz ⟨f.; -, -en⟩ Beileid, Beileidsbezeigung [→ *kondolieren*]

kon|do|lie|ren ⟨V.⟩ sein Beileid aussprechen; *jmdm. zum Tod des Vaters ~* [<lat. *condolere* »Mitgefühl haben«; zu *dolor* »Schmerz«]

Kon|dom ⟨m. od. n.; -s, -e⟩ empfängnis- u. infektionsverhütende Gummihülle für den Penis beim Geschlechtsverkehr; *Sy* Pariser [nach dem engl. Arzt *Conton*]

Kon|do|mi|nat ⟨n. od. m.; -(e)s, -e; Politik⟩ = Kondominium [<*Kon…* + lat. *dominatus* »Herrschaft«]

Kon|do|mi|ni|um ⟨n.; -s, -ni|en; Politik⟩ *Sy* Kondominat **1** Herrschaft mehrerer Staaten über ein Gebiet **2** dieses Gebiet selbst [<*Kon…* + *Dominium*]

Kon|dor ⟨m.; -s, -e; Zool.⟩ riesiger Neuweltgeier der Hochgebirge Südamerikas: Vultur gryphus [<span. *condor* <Quechua *kúntur*]

Kon|dot|ti|e|re ⟨[-tje:-] m.; -s, -ri; 14./15. Jh.⟩ ital. Söldnerführer; *oV* Condottiere [<ital. *condottiere* »Anführer geworbener Soldtruppen«; zu lat. *coducere* »zusammenführen«]

Kon|du|ite ⟨[-dyi:t] f.; -; unz.⟩ Führung, Betragen [<frz. *conduite* »Führung, Leitung«]

Kon|dukt ⟨m.; -(e)s, -e⟩ **1** feierl. Geleit **2** Leichenzug, Trauergefolge [<lat. *conductus,* Part. Perf. zu *conducere* »zusammenführen«]

Kon|duk|tanz ⟨f.; -; unz.; El.⟩ der tatsächlich wirkende Leitwert eines Wechselstromwiderstandes, der sich aus dem Wirkwiderstand u. der Impedanz berechnen lässt, Wirkleitwert

Kon|duk|teur ⟨[-tø:r] m.; -s, -e; österr.; schweiz.⟩ Schaffner [<frz. *conducteur* »Führer, Leiter, Straßenbahnführer«]

Kon|duk|to|me|trie *auch:* **Kon|duk|to|met|rie** ⟨f.; -; unz.⟩ Verfahren der Maßanalyse, das die Änderung der Leitfähigkeit im Verlauf einer Titration verfolgt u. zur Bestimmung des Äquivalenzpunktes benutzt, Leitfähigkeitsanalyse [<lat. *conductum* »zusammengeführt« + *…metrie*]

kon|duk|to|me|trisch *auch:* **kon|duk|to|met|risch** ⟨Adj.⟩ die Konduktometrie betreffend, zu ihr gehörig, mit ihrer Hilfe

Kon|duk|tor ⟨m.; -s, -to|ren⟩ **1** ⟨El.⟩ Leiter, bes. eine auf einem Nichtleiter angebrachte Metallkugel, auf die elektr. Ladungen aufgebracht werden können **2** ⟨Med.⟩ selbst gesund bleibender Überträger einer Krankheitsanlage von der vorausgehenden Generation auf die nächstfolgende [<neulat. *conductor* »Führer«, <lat. *conducere* »zusammenführen«]

Kon|du|ran|go ⟨f.; -, -s; Pharm.⟩ die Bildung von Magensaft anregendes Mittel aus einer aus den Anden stammenden Droge

Kon|dy|lom ⟨n.; -s, -e; Med.⟩ Hautwucherung, bes. an feuchten Hautstellen (After, äußere Geschlechtsorgane), Feigwarze [<grch. *kondylos* »Gelenkknochen«]

Ko|nen ⟨Pl. von⟩ Konus

Kon|fa|bu|la|ti|on ⟨f.; -, -en; Med.; Psych.⟩ Bericht über vermeintlich erlebte Vorgänge, der auf einer Gedächtnistäuschung beruht [<lat. *confabulatio* »Gespräch«]

Kon|fekt ⟨n.; -(e)s; unz.⟩ (feine) Süßigkeiten, Zuckerwerk; *Sy* ⟨österr.⟩ Konfetti [<lat. *confectum,* Part. Perf. zu *conficere* »herstellen, zubereiten«]

Kon|fek|ti|on ⟨f.; -, -en; Textilw.⟩ **1** industrielle Herstellung von Kleidung **2** industriell hergestellte, serienmäßige Kleidung, Fertigkleidung; *Herren~; Damen~* **3** Bekleidungsindustrie [<frz. *confection* <lat. *confectio* »Anfertigung«; zu *conficere* »herstellen«]

Kon|fek|ti|o|när ⟨m.; -s, -e⟩ Unternehmer od. leitender Angestellter in der Konfektion, der Modelle entwirft od. einkauft

kon|fek|ti|o|nie|ren ⟨V.⟩ serienweise herstellen

Kon|fe|renz ⟨f.; -, -en⟩ Beratung, Verhandlung, Sitzung; *Redaktions~* [<mlat. *conferentia* »Besprechung«; → *konferieren*]

Kon|fe|renz|schal|tung ⟨f.; -, -en; Tel.⟩ Fernmeldeeinrichtung, die den gleichzeitigen Kontakt von mehr als zwei Teilnehmern ermöglicht; *eine ~ einrichten*

kon|fe|rie|ren ⟨V.⟩ **1** eine Konferenz abhalten, beraten, verhandeln; *mit jmdm. über etwas ~* **2** ⟨TV⟩ die Darbietungen auf witzig-plaudernde Weise ansagen [<frz. *conférer* »beraten, verhandeln« <lat. *conferre* »zusammentragen«]

Kon|fes|si|on ⟨f.; -, -en⟩ **1** ⟨Rel.⟩ Glaubensbekenntnis; *evangelische, katholische ~* **2** Bekenntnisschrift; *die Augsburgische ~ 1530* [<lat. *confessio* »Bekenntnis«]

kon|fes|si|o|na|li|sie|ren ⟨V.⟩ bestimmten od. allen Lebensbereichen die Grundsätze u. Ideale einer Konfession auferlegen

Kon|fes|si|o|na|lis|mus ⟨m.; -; unz.⟩ **1** Festhalten an einem bestimmten Bekenntnis **2** theolog. Richtung, die dies als unerlässlich betrachtet

kon|fes|si|o|na|lis|tisch ⟨Adj.⟩ den Konfessionalismus betreffend, zu ihm gehörig, auf ihm beruhend; *~e Auseinandersetzungen*

kon|fes|si|o|nell ⟨Adj.⟩ auf einer Konfession beruhend, sie betreffend

Kon|fes|si|ons|schu|le ⟨f.; -, -n⟩ Schule, in der alle Schüler u. Lehrer der gleichen Konfession angehören, Bekenntnisschule

Kon|fet|ti ⟨n.; -s od. -; unz.⟩ **1** runde Blättchen aus buntem Papier; *Sy* ⟨österr.⟩ Koriandoli; *sich beim Karneval u. an Silvester mit ~ bewerfen* **2** ⟨österr.⟩ = Konfekt [<ital. *confetti,* Pl. zu *confetto* »Zurechtgemachtes«, <lat. *conficere* »herstellen«]

Kon|fi|gu|ra|ti|on ⟨f.; -, -en⟩

1 Gestaltung, Bildung 2 Stellung, Gruppierung; ~ *von Gestirnen, von Atomen im Molekül* 3 ⟨EDV⟩ Aufbau eines Computersystems aus seinen einzelnen Komponenten [<lat. *configuratio* »Gestaltung«; zu *figura* »Gestalt«]

kon|fi|gu|rie|ren ⟨V.⟩ 1 gestalten, bilden 2 ⟨Med.⟩ verformen [<lat. *configurare* »gestalten«; zu *figura* »Gestalt«]

Kon|fir|mand ⟨m.; -en, -en; evang. Kirche⟩ Jugendlicher, der konfirmiert werden soll u. am Konfirmandenunterricht teilnimmt od. soeben konfirmiert worden ist [<lat. *confirmandus* »der (im Glauben) zu Stärkende«; → *konfirmieren*]

Kon|fir|man|din ⟨f.; -, -din|nen; evang. Kirche⟩ Jugendliche, die konfirmiert werden soll u. bereits am Konfirmandenunterricht teilnimmt od. soeben konfirmiert worden ist

Kon|fir|ma|ti|on ⟨f.; -, -en; evang. Kirche⟩ feierl. Aufnahme der Jugendlichen in die Gemeinde, womit sie zum Empfang des heiligen Abendmahls u. zur Übernahme von Patenschaften berechtigt werden, Einsegnung [<lat. *confirmatio* »Befestigung, Stärkung«]

kon|fir|mie|ren ⟨V.; evang. Kirche⟩ in die Gemeinde aufnehmen u. damit zum hl. Abendmahl zulassen u. zur Patenschaft berechtigen, einsegnen [<lat. *confirmare* »befestigen, stärken«; zu *firmus* »fest«]

Kon|fi|se|rie ⟨f.; -, -n; schweiz.⟩ *oV* Confiserie 1 = Konditorei 2 feines Backwerk [<frz. *confiserie;* zu lat. *conficere* »zubereiten«]

Kon|fi|seur ⟨[-sø:r] m.; -s, -e; schweiz.⟩ = Konditor

Kon|fis|ka|ti|on ⟨f.; -, -en⟩ 1 Beschlagnahme, Einziehung 2 Enteignung ohne Entschädigung [<lat. *confiscatio* »Beschlagnahme«; → *konfiszieren*]

kon|fis|zie|ren ⟨V.⟩ beschlagnahmen, einziehen; *ein Vermögen, Waffen* ~ [<lat. *confiscare* »mit Beschlag belegen«; zu *fiscus* »Staatskasse«]

Kon|fi|tü|re ⟨f.; -, -n⟩ aus einer einzigen Obstsorte gewonnenes Obstmus mit ganzen Früchten; *Erdbeer~; Aprikosen~; Kirsch~* [<frz. *confiture* »Konfitüre, Marmelade« <lat. *confectura* »Verfertigung, Zubereitung«; zu *conficere* »zubereiten«]

Kon|flikt ⟨m.; -(e)s, -e⟩ Streit, Widerstreit, Zwiespalt; *Sy* Kollision (2); *bewaffneter, innerer, politischer ~; in einen ~ geraten; mit jmdm. in ~ geraten; mit dem Gesetz in ~ geraten* das Gesetz übertreten [<lat. *conflictus* »Zusammenstoß, Kampf«]

Kon|flikt|kom|mis|si|on ⟨f.; -, -en; DDR⟩ Kommission, die Streitigkeiten zwischen Betriebsangehörigen od. Heiminsassen schlichtet

Kon|flu|enz ⟨f.; -, -en; Geol.⟩ Zusammenfluss (zweier gleich großer Ströme); *Sy* Konflux; *Ggs* Diffluenz [<lat. *confluens* »Zusammenfluss«]

kon|flu|ie|ren ⟨V.⟩ zusammenfließen [<lat. *confluere*]

Kon|flux ⟨m.; -es, -e⟩ = Konfluenz

Kon|fö|de|ra|ti|on ⟨f.; -, -en; Politik⟩ 1 Bündnis 2 Staatenbund [<lat. *confoederatio* »Bündnis« <*con...* »zusammen mit...« + *foedus* »Bündnis«]

kon|fö|de|rie|ren ⟨V.; Politik⟩ *sich* ~ sich verbünden [<lat. *confoederare* »verbünden«]

Kon|fö|de|rier|te(r) ⟨f. 2 (m. 1); Politik⟩ 1 ⟨USA⟩ Anhänger der Südstaaten im US-amerikan. Bürgerkrieg (1861-1865) 2 ⟨Pl.⟩ durch eine Konföderation verbündete Staaten

kon|fo|kal ⟨Adj.; Optik⟩ denselben Brennpunkt habend, mit demselben Brennpunkt versehen

kon|form ⟨Adj.⟩ übereinstimmend, gleichgestimmt; *~e Abbildung* mathemat. Abbildungsverfahren, bei dem Figuren winkelgetreu abgebildet werden; *mit jmdm. ~gehen / ~ gehen* ⟨umg.⟩ mit jmdm. übereinstimmen, einer Meinung sein [<lat. *conformis* »gleichförmig, ähnlich« <*con...* + *forma* »Form, Gestalt«]

Kon|for|ma|ti|on ⟨f.; -, -en; Chemie⟩ räumliche Anordnung der Atome eines Moleküls, die sich nicht zur Deckung bringen lassen; *Sy* Konstellation (3) [<lat. *conformatio* »(harmonische) Gestaltung, Bildung«]

Kon|for|mis|mus ⟨m.; -; unz.⟩ Übereinstimmung mit der herrschenden Meinung; *Ggs* Nonkonformismus

Kon|for|mist ⟨m.; -en, -en⟩ 1 Vertreter der herrschenden Meinung; *Ggs* Nonkonformist (1) 2 Anhänger der anglikan. Kirche; *Ggs* Dissenter [→ *konform*]

Kon|for|mis|tin ⟨f.; -, -tin|nen⟩ Vertreterin der herrschenden Meinung; *Ggs* Nonkonformistin (1)

kon|for|mis|tisch ⟨Adj.⟩ 1 die anglikan. Kirche betreffend, in ihrem Sinne 2 sich der herrschenden Meinung anpassend; *Ggs* nonkonformistisch; *sich ~ verhalten*

Kon|for|mi|tät ⟨f.; -; unz.⟩ Gleichförmigkeit, Gleichheit, Übereinstimmung, Gleichstimmung; *Ggs* Nonkonformität [→ *konform*]

Kon|fra|ter ⟨m.; -s, -; kath. Kirche⟩ Mitbruder, Amtsbruder [<*Kon...* + *Frater*]

Kon|fra|ter|ni|tät ⟨f.; -; unz.⟩ kirchl. Bruderschaft

Kon|fron|ta|ti|on ⟨f.; -, -en⟩ Gegenüberstellung; *Sy* Konfrontierung; *~ von Personen* [<mlat. *confrontatio* »Gegenüberstellung«; → *konfrontieren*]

Kon|fron|ta|ti|ons|kurs ⟨m.; -es; unz.⟩ Vorgehen, das eine Konfrontation, eine Auseinandersetzung begünstigt; *auf ~ (mit jmdm.) gehen; einen ~ einschlagen, fahren*

kon|fron|ta|tiv ⟨Adj.⟩ gegenüberstellend, zusammenbringend, konfrontierend; *eine ~e Betrachtung*

kon|fron|tie|ren ⟨V.⟩ *jmdn. mit einem anderen ~* jmdn. einem anderen gegenüberstellen [<mlat. *confrontare* »gegenüberstellen«, eigtl. »Stirn gegen Stirn stellen« <lat. *con...* »mit« + *frons,* Gen. *frontis* »Stirn«]

Kon|fron|tie|rung ⟨f.; -, -en⟩ = Konfrontation

kon|fus ⟨Adj.⟩ verworren, unklar, verwirrt; *~es Gerede; du machst mich mit deiner Aufregung ganz ~; ich bin ganz ~* [<lat. *confu-*

sus, Part. Perf. zu *confundere* »zusammenschütten, vermengen«]

Kon|fu|si|on ⟨f.; -, -en⟩ Verwirrung, Verworrenheit, Durcheinander [<lat. *confusio* »Verwirrung«; zu *confundere* »zusammenschütten, vermengen«]

Kon|fu|zi|a|ner ⟨m.; -s, -⟩ Anhänger, Vertreter des Konfuzianismus

kon|fu|zi|a|nisch ⟨Adj.⟩ zum Konfuzianismus gehörend, auf ihm beruhend; *oV* konfuzianistisch

Kon|fu|zi|a|nis|mus ⟨m.; -; unz.⟩ die Sozial- u. Morallehre des Konfuzius [nach *Konfuzius,* latinisiert <*Kung-(fu)tse* »Meister Kung«, chines. Philosoph u. Staatsmann, ca. 551-479 v. Chr.]

kon|fu|zi|a|nis|tisch ⟨Adj.⟩ = konfuzianisch

kon|ge|ni|al ⟨Adj.⟩ von gleicher Begabung, geistig ebenbürtig

Kon|ge|ni|a|li|tät ⟨f.; -; unz.⟩ geistige Ebenbürtigkeit

kon|ge|ni|tal ⟨Adj.⟩ angeboren [<lat. *congenitus* »zugleich geboren«]

Kon|ges|ti|on ⟨f.; -, -en; Med.⟩ Blutandrang [<lat. *congestio* »Zusammentragung, Anhäufung«; zu *congerere* »zusammentragen«]

kon|ges|tiv ⟨Adj.; Med.⟩ auf Kongestion beruhend, mit ihr verbunden

Kon|glo|ba|ti|on ⟨f.; -, -en; Zool.⟩ Anhäufung von Tieren einer Art aufgrund günstiger örtlicher Gegebenheiten [<lat. *conglobatio* »Zusammenballung«]

Kon|glo|me|rat ⟨n.; -(e)s, -e⟩ **1** aus verschiedenen Dingen bestehende, ungegliederte Masse, Anhäufung **2** aus Geröllen, die durch Bindemittel miteinander verschmolzen sind, gebildetes Sedimentgestein [<frz. *conglomérat* »Mengelgestein, Konglomerat«, <frz., lat. *con* »mit« + lat. *glomus* »Kloß, Knäuel«]

kon|glo|me|ra|tisch ⟨Adj.⟩ ein Konglomerat betreffend, in der Art u. Form eines Konglomerats

Kon|glu|ti|na|ti|on ⟨f.; -, -en; Med.⟩ Verklebung der roten Blutkörperchen [zu lat. *conglutinare* »zusammenfügen, verbinden, verknüpfen«]

Kon|gre|ga|ti|on ⟨f.; -, -en⟩ **1** Vereinigung, Versammlung **2** Verband mehrerer Klöster desselben Ordens **3** kath. Vereinigung mit einfachem od. ohne Gelübde [<lat. *congregatio* »Versammlung«; zu *grex,* Gen. *gregis* »Herde«]

Kon|gre|ga|ti|o|na|lis|mus ⟨m.; -; unz.⟩ bedeutendste Bewegung evangelischer Christen in England u. Amerika, deren Grundsätze die volle Souveränität der Einzelgemeinde innerhalb des kirchlichen Verbands u. die Unabhängigkeit vom Staat sind

Kon|gre|ga|ti|o|na|list ⟨m.; -en, -en⟩ Angehöriger einer englisch-nordamerikanischen Kirchengemeinschaft, die aus unabhängigen Gemeinden besteht

kon|gre|ga|ti|o|na|lis|tisch ⟨Adj.⟩ den Kongregationalismus betreffend, auf ihm beruhend, von ihm ausgehend

Kon|gre|ga|ti|o|nist ⟨m.; -en, -en⟩ Mitglied einer Kongregation

kon|gre|gie|ren ⟨V.⟩ sich vereinigen, versammeln [<lat. *congregare* »zu geselligem Zusammenleben vereinigen«]

Kon|gress ⟨m.; -es, -e⟩ **1** polit. od. fachl. Tagung; *Ärzte~; Wiener ~* **2** beratende u. beschließende Versammlung **3** Volksvertretung im Parlament (Senat u. Repräsentantenhaus in den USA) [<lat. *congressus* »Zusammenkunft«; zu *congredi* »zusammenkommen«]

kon|gru|ent ⟨Adj.⟩ *Ggs* inkongruent, disgruent **1** ⟨Adj.⟩ übereinstimmend **2** ⟨Math.⟩ deckungsgleich; *~e Dreiecke* [<lat. *congruens,* Part. Präs. von *congruere* »übereinstimmen«]

Kon|gru|enz ⟨f.; -; unz.⟩ *Ggs* Inkongruenz **1** Übereinstimmung **2** ⟨Math.⟩ Deckungsgleichheit; *~ von Dreiecken* **3** ⟨Gramm.⟩ Übereinstimmung zusammengehöriger Satzteile in Genus, Numerus od. Kasus, z. B. des Subjekts mit dem Prädikat im Numerus [→ *kongruent, kongruieren*]

kon|gru|ie|ren ⟨V.⟩ **1** übereinstimmen, zusammentreffen **2** ⟨Math.⟩ deckungsgleich sein, sich decken [<lat. *congruere*]

Ko|ni|di|e ⟨[-djə] f.; -, -n; Bot.⟩ unmittelbar vom Pflanzengewebe gebildete Spore [<grch. *konis* »Staub« + ...*id*]

Ko|ni|fe|ren ⟨f.; Pl.; Bot.⟩ zu den Nacktsamern gehörige, regelmäßig verzweigte Bäume od. (selten) Sträucher mit nadel- od. schuppenförmigen Blättern, Nadelhölzer: Coniferae [<grch. *konos,* lat. *conus* »Kegel« + ...*fere*]

Ko|ni|in ⟨n.; -s; unz.; Biochemie⟩ hochgiftiges Alkaloid des Gefleckten Schierlings: Conium maculatum [<grch. *koneion* »Schierling«]

Ko|ni|me|ter ⟨n.; -s, -; Technik⟩ Gerät zur Messung der in der Luft befindlichen Staubteilchen [<*Koniose* + ...*meter*]

Ko|ni|o|se ⟨f.; -, -n; Med.⟩ durch Staub hervorgerufene Krankheit [<grch. *konis* »Staub«]

Ko|ni|o|to|mie ⟨f.; -, -n; Med.⟩ die operative Durchtrennung des Ringknorpels am Kehlkopf u. des Bandes zwischen Schild- u. Ringknorpel bei drohender Erstickung [<*Konus* + ...*tomie*]

ko|nisch ⟨Adj.⟩ kegelförmig, kegelstumpfförmig [zu lat. *conus* <grch. *konos* »Kegel«]

Kon|jek|ta|ne|en ⟨Pl.⟩ gesammelte Bemerkungen, Einfälle [<lat. *coniectanea,* eigtl. »Zusammengeworfenes«; zu *conicere* »zusammenwerfen«]

Kon|jek|tur ⟨f.; -, -en⟩ **1** ⟨veraltet⟩ Vermutung **2** auf Vermutung beruhende Verbesserung od. Ergänzung eines unzulängl. überlieferten Textes, in der Absicht, den Originalwortlaut wiederherzustellen [<lat. *coniectura* »Mutmaßung, Vermutung, Deutung«; zu *conicere* »zusammentragen, vermuten«]

kon|jek|tu|ral ⟨Adj.⟩ auf einer Konjektur beruhend, vermutlich

Kon|jek|tu|ral|kri|tik ⟨f.; -; unz.⟩ **1** auf Konjekturen beruhende Kritik eines Textes **2** Methode zu dessen Verbesserung

kon|ji|zie|ren ⟨V.⟩ **1** eine Konjektur anbringen **2** ⟨veraltet⟩ vermuten [<lat. *conicere* »zusammenwerfen, -tragen, vermuten, schließen, annehmen«]

kon|ju|gal ⟨Adj.; veraltet⟩ ehelich

K

[<lat. *coniugalis* »ehelich«; zu *iugum* »Joch«]

Kon|ju|ga|te ⟨f.; -, -n; Bot.⟩ formenreiche u. vorwiegend im Süßwasser verbreitete Grün- bzw. Jochalge: Conjugales [<lat. *coniugatus*, Part. Perf. zu *coniugare*; → *konjugieren*]

Kon|ju|ga|ti|on ⟨f.; -, -en⟩ **1** ⟨Gramm.⟩ Veränderung (von Verben) durch Flexion **2** ⟨Zool.⟩ vorübergehende Vereinigung von Einzellern zum Austausch genetischen Materials [<lat. *coniugatio* »Verbindung, Verknüpfung«; → *konjugieren*]

kon|ju|gie|ren ⟨V.⟩ **1** ⟨Gramm.⟩ *Verben* ~ durch Flexion verändern **2** *konjugiert* ⟨Math.⟩ jeweils zwei Dingen zukommend [<lat. *coniugare* »verknüpfen, verbinden«; zu *iugum* »Joch«]

kon|ju|giert ⟨Adj.⟩ **1** ⟨Math.; Physik⟩ zusammengehörend, zugeordnet; *~e Punkte; ~ komplexe Zahl* **2** ⟨Chemie⟩ *~e Doppelbindungen* alternierende Einfach- u. Doppelbindungen in einem organischen Molekül **3** *~e Faser* = Bikomponentenfaser

Kon|junkt ⟨n.; -s, -e; Gramm.⟩ Satzteil, der zusammen mit anderen Satzbestandteilen auftreten kann; →*a.* Adjunkt [→ *Konjunktion*]

Kon|junk|ti|on ⟨f.; -, -en⟩ **1** ⟨Gramm.⟩ Wort, das zwei Sätze od. Satzteile verbindet, Bindewort, z. B. und, weil; *koordinierende, subordinierende* ~ **2** ⟨Logik⟩ Aussagenverbindung, die nur dann wahr ist, wenn die miteinander verknüpften Aussagen wahr sind; *Ggs* Disjunktion (3) **3** ⟨Astron.⟩ Stellung der Sonne zwischen Erde u. Planet; *Sy* Syzygium (1) [<lat. *coniunctio* »Verbindung«; zu *coniungere* »verbinden«]

kon|junk|ti|o|nal ⟨Adj.; Gramm.⟩ durch eine Konjunktion ausgedrückt od. eingeleitet

Kon|junk|ti|o|nal|ad|verb ⟨n.; -s, -bi|en; Gramm.⟩ auch die Funktion einer Konjunktion erfüllendes Adverb, z. B. »deshalb«

Kon|junk|ti|o|nal|satz ⟨m.; -es, -sät|ze; Gramm.⟩ durch eine Konjunktion an einen Hauptsatz angeschlossener Haupt- od. Nebensatz

kon|junk|tiv ⟨Adj.; Gramm.⟩ verbindend, abhängig; *Ggs* disjunktiv

Kon|junk|tiv ⟨m.; -s, -e [-və]; Gramm.⟩ Möglichkeitsform des Verbums, z. B. ich käme, er komme, sei, wäre gekommen [<lat. *(modus) coniunctivus* »der Satzverbindung dienender Modus«; zu *coniungere* »verbinden«]

Kon|junk|ti|va ⟨[-va] f.; -, -vä; Anat.⟩ Bindehaut des Auges [<lat. *coniungere* »verbinden«]

kon|junk|ti|visch ⟨[-vɪʃ] Adj.; Gramm.⟩ im Konjunktiv, im Sinne des Konjunktivs

Kon|junk|ti|vi|tis ⟨[-viː-] f.; -, -ti|den; Med.⟩ Entzündung der Bindehaut des Auges [<*Konjunktiva* + ...*itis*]

Kon|junk|tur ⟨f.; -, -en; Wirtsch.⟩ Wirtschaftslage mit bestimmter Entwicklungstendenz; *Hoch~; fallende, steigende ~* [<lat. eigtl. »Verbindung von Gestirnen in einem Tierkreiszeichen u. die sich daraus ergebenden Einflüsse« <lat. *coniungere* »verbinden«]

kon|junk|tu|rell ⟨Adj.; Wirtsch.⟩ auf der Konjunktur beruhend, sie betreffend

Kon|junk|tur|pha|se ⟨f.; -, -n; Wirtsch.⟩ sich wiederholende charakteristische Periode in der konjunkturellen Entwicklung einer Wirtschaftseinheit (Aufschwung, Prosperität, Rezession, Depression)

Kon|junk|tur|po|li|tik ⟨f.; -; unz.; Wirtsch.⟩ Maßnahmen zum Vermeiden von Wirtschaftsschwankungen

kon|junk|tur|po|li|tisch ⟨Adj.; Wirtsch.⟩ die Konjunkturpolitik betreffend

kon|kav ⟨Adj.; Optik⟩ nach innen gewölbt; *Ggs* konvex; *~e Linse* [<lat. *concavus* »hohlrund«; zu *cavus* »hohl«]

Kon|ka|vi|tät ⟨[-vi-] f.; -; unz.; Optik⟩ konkave Beschaffenheit, Gekrümmtsein nach innen; *Ggs* Konvexität

Kon|kav|lin|se ⟨f.; -, -n; Optik⟩ konkav gekrümmte Linse, Zerstreuungslinse; *Ggs* Konvexlinse

Kon|kav|spie|gel ⟨m.; -s, -; Optik⟩ nach innen gewölbter Spiegel, der einfallendes Licht in seinem Brennpunkt sammelt

Kon|kla|ve ⟨[-və] n.; -s, -n⟩ **1** streng abgeschlossener Versammlungsraum der Kardinäle zur Papstwahl **2** die Versammlung selbst [<lat. *conclave* »verschließbares Gemach«; zu *clavis* »Schlüssel«]

kon|klu|dent ⟨Adj.⟩ eine bestimmte Schlussfolgerung erlaubend, schlüssig [<lat. *concludens*, Part. Präs. zu *concludere* »verschließen, abschließen, einen Schluss ziehen«; zu *claudere* »schließen«]

kon|klu|die|ren ⟨V.⟩ eine Schlussfolgerung ziehen [<lat. *concludere*; → *konkludent*]

Kon|klu|si|on ⟨f.; -, -en⟩ Schlussfolgerung [<lat. *conclusio* »Einschließung, Schluss, Folgerung«; → *konkludieren*]

kon|klu|siv ⟨Adj.⟩ auf einer Konklusion beruhend [<lat. *conclusus*, Part. Perf. zu *concludere*; → *konkludieren*]

kon|ko|mi|tant ⟨Adj.⟩ irrelevant, überflüssig [→ *Konkomitanz*]

Kon|ko|mi|tanz ⟨f.; -, -en⟩ **1** ⟨Sprachw.⟩ Bedingung für ein gemeinsames Vorkommen von unterschiedlichen Wortklassen, z. B. »jmdn. fragen« und »(jmdn.) erkennen« (obligatorisches u. fakultatives Vorkommen); *Sy* Kookkurenz **2** ⟨unz.; kath. Theologie⟩ Gegenwart Christi in Brot u. Wein [<lat. *concomitatus*]

kon|kor|dant ⟨Adj.⟩ übereinstimmend; *~er Akkord* auf Dur od. Moll aufgebauter A.; *~e Gesteinsschichten* gleichmäßig geschichtete, gelagerte Gesteinsschichten; *Ggs* diskordant [<lat. *concordans*; zu *concordare* »einig sein, übereinstimmen«; zu *cor*, Gen. *cordis* »Herz«]

Kon|kor|danz ⟨f.; -, -en⟩ **1** Gleichmäßigkeit; *Ggs* Diskordanz (1) **2** ⟨Musik⟩ konkordant aufgebauter Akkord **3** übereinstimmendes Merkmal, z. B. bei Zwillingen **4** ⟨Geol.⟩ konkordant gelagerte Gesteinsschichten **5** ⟨Lit.⟩ alphabet. Zusammenstellung der in einem Buch vorkommenden Wörter mit

Belegstellen) od. der inhaltlich übereinstimmenden Stellen **6** ⟨Typ.⟩ typograph. Maßeinheit, 4 Cicero = 48 Punkt [<mlat. *concordantia* »Übereinstimmung« <lat. *concordare;* → *konkordant*]

Kon|kor|dat ⟨n.; -(e)s, -e⟩ **1** Vertrag zwischen einem Staat u. dem Papst **2** ⟨allg.⟩ Übereinkommen [<lat. *concordare;* → *konkordant*]

Kon|kor|dia ⟨f.; -; unz.⟩ Eintracht (oft Name von Vereinen) [nach dem Namen der röm. Göttin <lat. *concordia* »Eintracht«; zu *cor,* Gen. *cordis* »Herz«]

Kon|kor|di|en|buch ⟨n.; -(e)s, -bücher⟩ Sammlung der in der lutherischen Kirche geltenden Bekenntnisschriften [→ *Konkordia*]

Kon|kor|di|en|for|mel ⟨f.; -, -n⟩ letzte Bekenntnisschrift der lutherischen Kirche zur Klärung von Lehrstreitigkeiten (1577) [→ *Konkordia*]

Kon|kre|ment ⟨n.; -(e)s, -e; Med.⟩ harte mineralische Abscheidung in Körpergeweben u. Körperflüssigkeiten [<lat. *concrementum* »Anhäufung«; zu *crescere* »wachsen«]

kon|kret ⟨Adj.⟩ wirklich, gegenständlich, sinnlich wahrnehmbar, anschaulich, sachlich; *Ggs* abstrakt; *~e Angaben machen; der Plan nimmt ~e Formen an* [<lat. *concretus,* Part. Perf. zu *concrecere* »zusammenwachsen, sich verdichten«]

Kon|kre|ti|on ⟨f.; -, -en⟩ **1** Veranschaulichung, Verdinglichung **2** ⟨Med.⟩ Entstehung von Konkrementen **3** ⟨Geol.⟩ von einem Mittelpunkt ausgehende Ansammlung mineralischer Stoffe [<lat. *concretio* »Verdichtung«; zu *concrescere* »zusammenwachsen, sich verdichten, gerinnen«]

kon|kre|ti|sie|ren ⟨V.⟩ konkret machen, gegenständlich, anschaulich machen

Kon|kre|tum ⟨n.; -s, -kre|ta; Sprachw.⟩ Substantiv, das etwas sinnlich Wahrnehmbares bezeichnet; *Ggs* Abstraktum (2) [<lat. *concretus,* Part. Perf. zu *concrescere* »zusammenwachsen, sich verdichten«]

Kon|ku|bi|nat ⟨n.; -(e)s, -e⟩ dauernde eheliche Gemeinschaft ohne gesetzliche Bestätigung, wilde Ehe [<lat. *concubinatus* »wilde Ehe«; → *Konkubine*]

Kon|ku|bi|ne ⟨f.; -, -n⟩ Geliebte, Nebenfrau, Mätresse [<lat. *concubina* »Beischläferin« <*con...* »zusammen mit...« + *cubare* »liegen«]

Kon|ku|pis|zenz ⟨f.; -, -en⟩ Begierde als Folge der Erbsünde [<lat. *concupiscentia* »Begehrlichkeit, Verlangen«; zu *cupere* »begehren«]

Kon|kur|rent ⟨m.; -en, -en⟩ jmd., der mit jmdm. konkurriert, im Wettstreit steht, wirtschaftl. od. sportl. Gegner [<lat. *concurrens,* Part. Präs. zu *concurrere;* → *konkurrieren*]

Kon|kur|ren|tin ⟨f.; -, -tin|nen⟩ weibl. Person, die mit jmdm. konkurriert, im Wettstreit steht, Gegnerin

Kon|kur|renz ⟨f.; -, -en⟩ **1** Wettstreit, (bes. wirtschaftl.) Wettbewerb; *jmdm. ~ machen* mit ihm in Wettstreit treten; *außer ~ laufen (bei Wettrennen)* sich (am W.) beteiligen, aber nicht gewertet werden **2** der (wirtschaftl.) Gegner selbst, Konkurrenzunternehmen; *bei der ~ einkaufen; zur ~ gehen, übergehen* [<mlat. *concurrentia* »das Zusammentreffen«; <lat. *concurrere;* → *konkurrieren*]

kon|kur|ren|zie|ren ⟨V.; österr. u. schweiz. für⟩ konkurrieren

Kon|kur|renz|klau|sel ⟨f.; -, -n; Rechtsw.⟩ vertraglich gesichertes Wettbewerbsverbot

Kon|kur|renz|pro|dukt ⟨n.; -(e)s, -e⟩ Produkt, das mit einem anderen in einem wirtschaftlichen Wettbewerb steht; *ein ~ zu einem Medikament auf den Markt bringen*

kon|kur|rie|ren ⟨V.⟩ Konkurrenz machen, in Wettstreit stehen (mit); *oV* ⟨schweiz.; österr.⟩ konkurrenzieren; *mit jmdm., mit niemandem ~ können* [<lat. *concurrere* »zusammenlaufen, zusammentreffen, aufeinanderstoßen«; zu *currere* »laufen«]

Kon|kurs ⟨m.; -es, -e; Wirtsch.⟩ **1** Zahlungsunfähigkeit, Zahlungseinstellung; *~ machen* zahlungsunfähig werden **2** Verfahren zur Befriedigung der Gläubiger eines zahlungsunfähigen Schuldners; *~ anmelden; den ~ eröffnen; in ~ gehen* [<lat. *concursus (creditorum)* »Zusammenlaufen (der Gläubiger)«; zu *concurrere;* → *konkurrieren*]

Kon|kur|sit ⟨m.; -en, -en; schweiz.⟩ zahlungsunfähiger Schuldner [→ *Konkurs*]

kon|na|tal ⟨Adj.; Med.⟩ **1** angeboren **2** während der Schwangerschaft od. der Geburt erworben; *~e Krankheit* [<*kon...* + lat. *natalis* »Geburtstag, Herkunft«]

Kon|nek|tiv ⟨n.; -s, -e [-və]⟩ steriles Verbindungsstück beider Staubbeutelhälften [<lat. *con(n)ectere* »verknüpfen, verbinden«]

Kon|nek|tor ⟨m.; -s, -to|ren; EDV⟩ Stelle in Programmen od. Programmablaufplänen, in der Stellen, an denen Daten aus dem Programm austreten, mit Dateneintrittsstellen verbunden werden [<engl. *connector* »Verbinder«]

Kon|ne|ta|bel ⟨m.; -s, -s⟩ **1** ⟨urspr.⟩ Stallmeister, Befehlshaber der Reiterei **2** ⟨später, bis 1627⟩ Befehlshaber des Landheeres [<frz. *connétable* <lat. *comes stabuli* »Stallgraf«]

Kon|nex ⟨m.; -es, -e⟩ **1** Verbindung, Verknüpfung, Zusammenhang **2** ⟨umg.⟩ = Kontakt [<lat. *connexus* »Zusammenhang, Verknüpfung«; zu *nectere* »knüpfen«]

Kon|ne|xi|on ⟨f.; -, -en⟩ (einflussreiche) Beziehung, Verbindung [<lat. *connexio* »Zusammenhang, Verbindung«; zu *nectere* »knüpfen«]

Kon|ne|xi|tät ⟨f.; -; unz.; Rechtsw.⟩ Sachzusammenhang einander gegenüberstehender Ansprüche, die denselben rechtlichen Status besitzen müssen, damit der Schuldner sich mit Erfolg auf ein Zurückbehaltungsrecht berufen kann, bis ihm selbst die gebührende Leistung bewirkt wird

Kon|ne|xi|täts|prin|zip ⟨n.; -s; unz.; Politik⟩ Bereitstellung von Finanzmitteln durch die Bundesländer für die Aufga-

K

ben, die sie den Kommunen übertragen [→ *Konnex*]

kon|ni|vent ⟨[-vɛnt] Adj.⟩ duldsam, nachsichtig [<lat. *connivens,* Part. Präs. zu *connivere* »nachsichtig sein«]

Kon|ni|venz ⟨[-vɛnts] f.; -, -en⟩ Nachsicht, Duldsamkeit, Duldung (bes. strafbarer Handlungen von Vorgesetzten)

Kon|nos|se|ment ⟨n.; -(e)s, -e⟩ Frachtbrief [<frz. *connaissement* »Erkennungsschein; Seefrachtbrief«; zu *connaître* »kennen«]

Kon|no|tat ⟨n.; -(e)s, -e; Sprachw.⟩ *Ggs* Denotat **1** assoziativer Vorstellungsgehalt eines sprachlichen Zeichens, der über die rein begriffliche Bedeutung hinausgeht **2** Gesamtheit der Konnotationen

Kon|no|ta|ti|on ⟨f.; -, -en; Sprachw.⟩ **1** zusätzliche, assoziative Bedeutung eines Wortes, Nebenbedeutung **2** Begriffsinhalt; *Ggs* Denotation [<lat. *con* »mit« + *notatio* »Bezeichnung«]

kon|no|ta|tiv ⟨Adj.; Sprachw.⟩ die Konnotation betreffend, auf ihr beruhend

kon|no|tie|ren ⟨V.; Sprachw.⟩ als assoziative Bedeutung den Begriffsumfang (eines sprachl. Zeichens) ergänzen, zusätzlich bezeichnen, mitschwingen

Kon|nu|bi|um ⟨n.; -s, -bi|en⟩ Ehe(gemeinschaft) [<lat. *connubium* »Vermählung«; zu *nubere* »heiraten«]

Ko|no|id ⟨n.; -(e)s, -e; Geom.⟩ kegelähnlicher Körper, der durch Rotation einer Kurve um eine Achse gebildet wird [<grch. *konos* »Zapfen, Kegel« + *eidos* »Form, Gestalt«]

Kon|quis|ta|dor ⟨[-kɪs-] m.; -en od. -s, -en⟩ span. u. portug. Eroberer Süd- u. Mittelamerikas im 16. Jh. [<span. *conquistador* »Eroberer«]

Kon|rek|tor ⟨m.; -s, -en⟩ Stellvertreter des Schulleiters bzw. der Schulleiterin

Kon|rek|to|rin ⟨f.; -, -rin|nen⟩ Stellvertreterin des Schulleiters bzw. der Schulleiterin

Kon|san|gu|i|ni|tät ⟨f.; -; unz.⟩ Blutsverwandtschaft [<lat. *consanguinitas;* zu *sanguis* »Blut«]

Kon|seil ⟨[kɔ̃sɛːj] m.; -s, -s⟩ Rat, Ratsversammlung, Körperschaft [<frz. *conseil* »Rat«]

Kon|se|kra|ti|on *auch:* **Kon|sek|ra|ti|on** ⟨f.; -, -en; kath. Kirche⟩ **1** Weihe (von Personen od. Dingen durch den Bischof) **2** Wandlung von Brot u. Wein [<lat. *consecratio* »Weihe, Heiligung«; zu *sacer* »heilig«]

kon|se|krie|ren *auch:* **kon|sek|rie|ren** ⟨V.⟩ weihen [<lat. *consecrare* »weihen, heiligen«; zu *sacer* »heilig«]

kon|se|ku|tiv ⟨Adj.; Gramm.⟩ die Folge bezeichnend, Folge… [<lat. *consecutus,* Part. Perf. zu *consequi* »nachfolgen«; zu *sequi* »folgen«]

Kon|se|ku|tiv|satz ⟨m.; -es, -sät|ze; Gramm.⟩ Nebensatz, der die Folge eines im Hauptsatz enthaltenden Vorgangs angibt, Folgesatz

Kon|se|mes|ter ⟨n.; -s, -; veraltet⟩ Student(in) im gleichen Semester (wie jmd.); *er, sie ist mein ~* [<*Kon…* + *Semester*]

Kon|sens ⟨m.; -es, -e⟩ *oV* Konsensus; *Ggs* Dissens **1** Einwilligung, Genehmigung **2** Übereinstimmung, Vereinbarung (in Glaubensfragen); *sie konnten einen ~ erzielen* [<lat. *consensus* »Übereinstimmung, Einstimmigkeit«; zu *sensus* »Empfindung«]

kon|sen|su|al ⟨Adj.; geh.⟩ einen Konsens erzielend, übereinstimmend; *die Entscheidungen waren ~ angelegt*

Kon|sen|sus ⟨m.; -, -⟩ = Konsens

kon|sen|tie|ren ⟨V.⟩ einen Konsens erteilen für, einwilligen in, genehmigen; *Ggs* dissentieren (1) [<lat. *consentire* »übereinstimmen«; zu *sentire* »empfinden«]

kon|se|quent ⟨Adj.⟩ *Ggs* inkonsequent **1** folgerichtig; *~ handeln* **2** beharrlich, beständig, grundsatztreu [<lat. *consequens* »folgerecht«; zu *sequi* »folgen«]

Kon|se|quenz ⟨f.; -, -en⟩ *Ggs* Inkonsequenz **1** Folge, Folgerung, Folgerichtigkeit; *daraus ergibt sich die ~, dass…; die ~en (seiner Handlungsweise) ziehen* die Folgen (seiner H.) tragen **2** Beharrlichkeit; *mit äußerster, (umg.) eiserner ~ seinen Weg gehen, ein Ziel verfolgen* [<lat. *consequentia* »Folge«]

Kon|ser|va|tis|mus ⟨[-va-] m.; -; unz.⟩ = Konservativismus

kon|ser|va|tiv ⟨[-va-] Adj.⟩ am Hergebrachten hängend, das Bestehende bejahend, erhaltend, bewahrend [<mlat. *conservativus* »erhaltend«, <lat. *(con)servare* »erhalten, bewahren«]

Kon|ser|va|ti|ve(r) ⟨[-vatiːvə(r)] f. 2 (m. 1)⟩ Angehörige(r) einer konservativen Partei

Kon|ser|va|ti|vis|mus ⟨[-vativɪs-] m.; -; unz.⟩ geistige od. polit. Haltung, die die bestehende Ordnung bejaht u. zu erhalten sucht; *oV* Konservatismus

Kon|ser|va|tor ⟨[-vaː-] m.; -s, -toren⟩ Beamter (im Museum od. in der Denkmalspflege), der Kunstwerke od. Kulturdenkmäler pflegt u. erhält [<lat. *conservator* »Erhalter, Bewahrer«; zu *(con)servare* »erhalten, bewahren«]

kon|ser|va|to|risch ⟨[-va-] Adj.⟩ pfleglich, durch einen Konservator

Kon|ser|va|to|rist ⟨[-va-] m.; -en, -en; selten⟩ Schüler an einem Konservatorium

kon|ser|va|to|ris|tisch ⟨[-va-] Adj.⟩ ein Konservatorium betreffend, auf dem (Studium am) Konservatorium beruhend; *~e Ausbildung*

Kon|ser|va|to|ri|um ⟨[-va-] n.; -s, -ri|en⟩ fachschulartige Musikschule [<ital. *conservatorio,* eigtl. »Stätte zur Pflege u. Wahrung (musischer Tradition)«; <lat. *(con)servare* »bewahren, erhalten«]

Kon|ser|ve ⟨[-və] f.; -, -n⟩ **1** ⟨i. e. S.⟩ in Glas od. Blechdose eingekochtes Obst, Gemüse, Fleisch usw., das sich, luftdicht verschlossen, lange Zeit hält **2** ⟨i. w. S.⟩ durch Trocknen od. Gefrieren haltbar gemachtes Nahrungsmittel [<mlat. *conserva* »haltbar gemachte frische Kräuter; haltbar gemachte verderbl. Ware«, <lat. *conservare;* → *konservieren*]

kon|ser|vie|ren ⟨[-viː-] V.⟩ **1** einkochen, haltbar machen, vor Fäulnis schützen; *Fleisch , Gemüse ~* **2** erhalten, bewahren,

K

pflegen [<lat. *(con)servare* »bewahren, erhalten«]

Kon|si|gnant *auch:* **Kon|sig|nant** ⟨m.; -en, -en⟩ jmd., der etwas konsigniert [zu lat. *consignans,* Part. Präs. zu *consignare* »besiegeln, bestätigen«]

Kon|si|gna|tar *auch:* **Kon|sig|na|tar** ⟨m.; -s, -e⟩ mit der Konsignation (2) Beauftragter [→ *konsignieren*]

Kon|si|gna|ti|on *auch:* **Kon|sig|na|ti|on** ⟨f.; -, -en⟩ **1** Anweisung, Bestimmung zu einem Zweck **2** das Konsignieren (2) [<lat. *consignatio* »Verbriefung, Urkunde«; → *konsignieren*]

kon|si|gnie|ren *auch:* **kon|sig|nie|ren** ⟨V.⟩ **1** urkundlich niederlegen, schriftlich beglaubigen **2** zur Aufbewahrung od. zum Verkauf in einem Kommissionsgeschäft übergeben (bes. im Überseehandel) [<lat. *consignare* »besiegeln, bestätigen«; zu *signum* »Zeichen«]

Kon|si|li|a|ri|us ⟨m.; -, -rii; veraltet⟩ zur Beratung zugezogener Arzt [<lat. *consiliarius* »Ratgeber«; zu *consilium* »Rat«]

Kon|si|li|um ⟨n.; -s, -li|en⟩ **1** Beratung, bes. mehrerer Ärzte, über einen Krankheitsfall **2** die Gruppe der Ärzte selbst; →*a.* Consilium [<lat. *consilium* »Rat«]

kon|sis|tent ⟨Adj.⟩ *Ggs* inkonsistent **1** dauerhaft, dicht, sich nicht verändernd; *~er Stoff; ~es Material* M., das sich nicht verändert **2** logisch aufgebaut, lückenlos u. widerspruchsfrei; *~es System* [<lat. *consistens,* Part. Präs. zu *consistere* »sich hinstellen, standhalten«]

Kon|sis|tenz ⟨f.; -; unz.⟩ konsistentes Verhalten, konsistente Eigenschaft; *Ggs* Inkonsistenz [→ *konsistent*]

kon|sis|to|ri|al ⟨Adj.⟩ ein Konsistorium betreffend, nach Art eines Konsistoriums, zu ihm gehörig

Kon|sis|to|ri|al|rat ⟨m.; -(e)s, -räte⟩ Mitglied eines Konsistoriums

Kon|sis|to|ri|um ⟨n.; -s, -ri|en⟩ **1** ⟨evang. Kirche⟩ Verwaltungsbehörde **2** ⟨kath. Kirche⟩ (vom Papst geleitete) Versammlung der Kardinäle [<lat. *consistorium* »Versammlungsort«; zu *consistere* »sich hinstellen, sich aufstellen«]

kon|skri|bie|ren ⟨V.; früher⟩ zum Wehrdienst ausheben, einschreiben [<lat. *conscribere* »zusammenschreiben, sammeln«; zu *scribere* »schreiben«]

Kon|skrip|ti|on ⟨f.; -, -en; früher⟩ Aushebung zum Wehrdienst mit der Möglichkeit, sich loszukaufen od. vertreten zu lassen [<lat. *conscriptio* »das Zusammenschreiben, das Sammeln«; → *konskribieren*]

Kon|sol ⟨m.; -s, -s⟩ Staatsanleihe, staatl. Schuldverschreibung [<engl. *consols* (Pl.) »konsolidierte Staatsanleihen«]

Kon|so|le ⟨f.; -, -n⟩ **1** stützender Mauervorsprung (für Gesimse, Bögen, Statuen), Kragstein **2** Wandbrett, Spiegel-, Pfeilertischchen [<frz. *console* <lat. *solidus* »fest«]

Kon|so|li|da|ti|on ⟨f.; -, -en⟩ **1** = Konsolidierung **2** ⟨Geol.⟩ Versteifung von Teilen der Erdkruste durch Faltung od. Eindringen von Magma **3** ⟨Bgb.⟩ Zusammenlegung mehrerer Grubenfelder

kon|so|li|die|ren ⟨V.⟩ **1** festigen, sichern **2** vereinigen, zusammenlegen; *öffentliche Anleihen ~* [<frz. *consolider* »festigen, sichern« <lat. *consolidare* »festmachen, sichern«; zu *solidus* »fest, sicher«]

Kon|so|li|die|rung ⟨f.; -, -en⟩ **1** Festigung, Sicherung **2** Vereinigung (von mehreren Staatsanleihen)

Kon|som|mee ⟨f.; -, -s od. n.; -s, -s⟩ = Consommé

kon|so|nant ⟨Adj.⟩ **1** ⟨veraltet⟩ zusammenstimmend **2** ⟨Musik⟩ mitklingend; *Ggs* dissonant [<lat. *consonans,* Part. Präs. zu *consonare* »mit etwas anderem zugleich ertönen«; zu *sonus* »Laut, Ton«]

Kon|so|nant ⟨m.; -en, -en; Phon.; Sprachw.⟩ Sprachlaut, der dadurch entsteht, dass mit den Organen des Mund- u. des Nasen-Rachen-Raumes Hindernisse für den Luftstrom gebildet u. überwunden werden, Mitlaut, Geräuschlaut; *Ggs* Vokal [→ *konsonant*]

kon|so|nan|tisch ⟨Adj.⟩ auf einem Konsonanten beruhend, mit, durch einen Konsonanten gebildet, mit einem Konsonanten; *Ggs* vokalisch; *~er Anlaut, Auslaut eines Wortes*

Kon|so|nan|tis|mus ⟨m.; -; unz.; Sprachw.⟩ **1** Bestand an Konsonanten (einer Sprache od. Sprachstufe) **2** Bildung u. Entwicklung der Konsonanten; →*a.* Vokalismus

Kon|so|nanz ⟨f.; -, -en⟩ **1** ⟨Musik⟩ Zusammenklang zweier od. mehrerer Töne, der keine Auflösung verlangende Spannung enthält; *Ggs* Dissonanz (1) **2** Häufung von Konsonanten [→ *konsonant*]

kon|so|nie|ren ⟨V.⟩ mitklingen, zusammenklingen [<lat. *consonare;* → *konsonant*]

Kon|sor|te ⟨m.; -n, -n⟩ **1** Mitglied eines Konsortiums **2** ⟨abwertend⟩ Beteiligter, Mitschuldiger, Mittäter; *Schmitz und ~n* [<lat. *consors,* Gen. *consortis* »an etwas gleichen Anteil habend«; zu *sors* »Los, Anteil, Schicksal«]

Kon|sor|ti|al|ge|schäft ⟨n.; -(e)s, -e; Wirtsch.⟩ Geschäft, zu dem sich aufgrund eines großen Kapitalumfangs (z. B. zur Emission von Wertpapieren) mehrere Konsorten (1) zu einem Konsortium zusammenschließen

Kon|sor|ti|um ⟨n.; -s, -ti|en⟩ vorübergehender Zusammenschluss von Geschäftsleuten od. Banken für größere Finanzierungen [<lat. *consortium* »Gütergemeinschaft«; zu *consors;* → *Konsorte*]

Kon|so|zi|a|ti|on ⟨f.; -, -en; Sprachw.⟩ feststehende Verbindung zweier Wörter, z. B. Kind u. Kegel, Haus u. Hof [<lat. *consociatio* »enge Verbindung, Vereinigung«]

◆ Die Buchstabenfolge **kon|sp...** kann auch **kons|p...** getrennt werden. Davon ausgenommen sind Zusammensetzungen, in denen die fremdsprachigen bzw. sprachhistorischen Bestandteile deutlich als solche erkennbar sind, z. B. *-spezifisch.*

◆ **Kon|spekt** ⟨m.; -(e)s, -e⟩ **1** Überblick, Übersicht, Aufzeichnung

K

2 Verzeichnis [<lat. *conspectus* »Anblick, Blick«; zu *conspicere* »hinsehen«]

kon|spe|zi|fisch ⟨Adj.; Biol.⟩ der gleichen Art angehörend; *~e Stämme*

◆ **Kon|spi|rant** ⟨m.; -en, -en; bes. Politik⟩ Verschwörer; *Sy* Konspirateur [→ *konspirieren*]

◆ **Kon|spi|ran|tin** ⟨f.; -, -tin|nen; bes. Politik⟩ Verschwörerin; *Sy* Konspirateurin

◆ **Kon|spi|ra|teur** ⟨[-tøːr] m.; -s, -e; bes. Politik⟩ = Konspirant [→ *konspirieren*]

◆ **Kon|spi|ra|teu|rin** ⟨[-tøː-] f.; -, -rin|nen; bes. Politik⟩ = Konspirantin

◆ **Kon|spi|ra|ti|on** ⟨f.; -, -en; bes. Politik⟩ Verschwörung; *diese Absprache wirkt wie eine ~* [<lat. *conspiratio* »Einigkeit, Verschwörung«]

◆ **kon|spi|ra|tiv** ⟨Adj.; bes. Politik⟩ eine Konspiration planend od. vorbereitend, verschwörerisch; *eine ~e Sitzung, Zusammenkunft*

◆ **kon|spi|rie|ren** ⟨V.; bes. Politik⟩ sich verschwören [<lat. *conspirare* »zusammenwirken, sich verschwören«]

> ◆ Die Buchstabenfolge **kon|st...** kann auch **kons|t...** getrennt werden.

◆ **Kon|stab|ler** *auch:* **Kon|sta|bler** ⟨m.; -s, -⟩ 1 ⟨früher⟩ Büchsenmeister, Geschützmeister im Rang eines Unteroffiziers 2 ⟨England; USA⟩ Polizist, Schutzmann [<engl. *constable* »Konnetabel, Polizist« <afrz. *conestable* (frz. *connétable*); → *Konnetabel*]

◆ **kon|stant** ⟨Adj.⟩ fest, beständig, unveränderlich; *Ggs* inkonstant, variabel; *~e Größe* ⟨Math.⟩ ihren Wert nicht verändernde Größe; *die Temperatur, eine Bewegung ~ halten* [<lat. *constans* »stetig, feststehend«]

◆ **Kon|stan|tan** ⟨n.; -s; unz.; El.⟩ eine Kupfer-Nickel-Legierung, deren elektrischer Widerstand temperaturunabhängig ist [→ *konstant*]

◆ **Kon|stan|te** ⟨f.; -, -n; Math.; Physik⟩ unveränderl. Größe

◆ **Kon|stanz** ⟨f.; -; unz.⟩ Festigkeit, Beständigkeit, Unveränderlichkeit, Beharrlichkeit; *Ggs* Inkonstanz [<lat. *constantia* »Festigkeit, Beständigkeit«]

◆ **kon|sta|tie|ren** ⟨V.⟩ feststellen; *er konstatierte, dass ...* [<frz. *constater* »feststellen«]

◆ **Kon|stel|la|ti|on** ⟨f.; -, -en⟩ 1 Lage, Zusammentreffen best. Umstände; *politische ~* 2 ⟨Astron.⟩ Stellung der Gestirne zueinander, zur Sonne u. zur Erde 3 = Konformation [<lat. *consternatio* »Angst, Unruhe«; zu *stella* »Stern«]

◆ **kon|stel|lie|ren** ⟨V.⟩ 1 sich zusammensetzen aus, zusammentreffen, in einen Zusammenhang mit etwas bringen 2 in einer bestimmten Stellung zueinander stehen *(Gestirne)*

◆ **Kon|ster|na|ti|on** ⟨f.; -; unz.⟩ Bestürzung, Verblüffung [<lat. *consternatio* »Angst, Unruhe«; zu *consternare* »aufregen«]

◆ **kon|ster|nie|ren** ⟨V.⟩ bestürzen, verblüffen [<lat. *consternare* »aufregen«]

◆ **kon|ster|niert** ⟨Adj.⟩ betroffen, bestürzt, verwirrt

◆ **Kon|sti|pa|ti|on** ⟨f.; -, -en; Med.⟩ Verstopfung (des Darms) [<lat. *constipatio* »das Zusammendrängen«; zu *constipare* »zusammenstopfen«]

◆ **Kon|sti|tu|an|te** ⟨f.; -, -n⟩ *oV* Constituante 1 grundlegende, verfassungsgebende Nationalversammlung, bes. die der Französ. Revolution von 1789 2 ⟨Rechtsw.⟩ Organ, das für den Erlass u. die Veränderung der Verfassung zuständig ist [frz.; zu lat. *constituere;* → *konstituieren*]

◆ **Kon|sti|tu|ens** ⟨n.; -, -en|zi|en; geh.⟩ wesentlicher Bestandteil, konstitutives Merkmal [→ *konstituieren*]

◆ **Kon|sti|tu|en|te** ⟨f.; -, -n; Sprachw.⟩ (sprachliches) Element als Teil einer größeren Einheit [→ *konstituieren*]

◆ **Kon|sti|tu|en|ten|ana|ly|se** ⟨f.; -, -n; Sprachw.⟩ Analyse eines Satzes durch seine stückweise Zerlegung u. die Einordnung seiner Konstituenten in ein hierarchisches System; *Sy* IC-Analyse

◆ **Kon|sti|tu|en|ten|struk|tur|gram|ma|tik** ⟨f.; -; unz.; Sprachw.; Abk.: KS-Grammatik⟩ = Phrasenstrukturgrammatik

◆ **kon|sti|tu|ie|ren** ⟨V.⟩ 1 bilden, gründen, einrichten, zur festen Einrichtung machen 2 *~de Versammlung* verfassunggebende Versammlung [<lat. *constituere* »feststellen, einrichten«; zu *statuere* »aufstellen«]

◆ **Kon|sti|tut** ⟨n.; -(e)s, -e⟩ wiederholter Vertrag [<lat. *constitutus,* Part. Perf. zu *constituere* »festsetzen, einrichten«]

◆ **Kon|sti|tu|ti|on** ⟨f.; -, -en⟩ 1 Anordnung, Zusammensetzung 2 ⟨Chemie⟩ Anordnung der Atome im Molekül 3 Summe aller angeborenen körperlichen Eigenschaften; *kräftige, schwache, zarte ~* 4 Verfassung, Grundgesetz (eines Staates); *sich, einem Staat eine ~ geben* [<lat. *constitutio* »Einrichtung, Anordnung, Verfassung«; zu *constituere* »festsetzen, einrichten«]

◆ **Kon|sti|tu|ti|o|na|lis|mus** ⟨m.; -; unz.; Politik⟩ 1 Regierungsform mit einem durch die Verfassung beschränkten Oberhaupt 2 Streben nach einer solchen Regierungsform [→ *Konstitution*]

◆ **kon|sti|tu|ti|o|nell** ⟨Adj.⟩ auf der Konstitution beruhend; *~e Krankheiten* durch die körperliche Konstitution (3) bedingte Krankheiten; *~e Monarchie* durch eine Konstitution (4) beschränkte Monarchie [<frz. *constitutionel* <lat. *constitutio*]

◆ **Kon|sti|tu|ti|o|nen|öko|no|mik** ⟨f.; -; unz.; Wirtsch.⟩ Zweig der Ökonomik, der sich mit der Analyse von Regelsystemen hinsichtlich ihrer Funktionsfähigkeit u. der Entwicklung von Richtlinien zur Generierung von gesellschaftlichen Verfassungsregeln befasst

◆ **Kon|sti|tu|ti|ons|for|mel** ⟨f.; -, -n⟩ = Strukturformel

◆ **Kon|sti|tu|ti|ons|typ** ⟨m.; -s, -en⟩ Grundform des menschl. Körperbaus: leptosom, pyknisch, athletisch (nach E. Kretschmer)

◆ **kon|sti|tu|tiv** ⟨Adj.⟩ grundlegend, wesentlich, bestimmend

[<lat. *constitutum*, Part. Perf. zu *constituere*; → *konstituieren*]

◆ Die Buchstabenfolge **kon|str…** kann auch **kons|tr…, konst|r…** getrennt werden.

◆ **Kon|strik|ti|on** ⟨f.; -, -en⟩ Abschnürung (von Blutgefäßen, z. B. bei Amputationen) [<lat. *constrictio* »das Zusammenschnüren«; → *konstringieren*]

◆ **Kon|stri|k|tor** ⟨m.; -s, -to|ren; Anat.⟩ Schließmuskel

◆ **kon|strin|gie|ren** ⟨V.⟩ **1** abschnüren (von Blutgefäßen) **2** sich zusammenziehen (von Muskeln) [<lat. *constringere* »zusammenschnüren, fesseln«; zu *stringere* »straffziehen«]

◆ **kon|stru|ie|ren** ⟨V.⟩ *Ggs* dekonstruieren **1** *Maschinen* ~ entwerfen, bauen, zusammensetzen **2** *Sätze* ~ nach den Regeln der Syntax zusammenfügen **3** *Figuren, Dreiecke* ~ ⟨Math.⟩ nach gegebenen Größen zeichnen **4** ⟨fig.⟩ künstlich, schematisch darstellen, erfinden; *einen Fall, Vorgang ~; die Handlung des Buches ist allzu konstruiert* [<lat. *construere* »erbauen«; zu *struere* »schichten«]

◆ **Kon|strukt** ⟨n.; -(e)s, -e; geh.⟩ gedanklich konstruiertes Gebilde, hypothetischer, abstrakter Entwurf; *ein wissenschaftliches ~; ein Begriff als ~* [→ *Konstruktion*]

◆ **Kon|struk|teur** ⟨[-tø:r] m.; -s, -e⟩ **1** Entwerfer, Erbauer; *Flugzeug~* **2** techn. Zeichner [<frz. *constructeur* »Erbauer, Gestalter«; → *konstruieren*]

◆ **Kon|struk|ti|on** ⟨f.; -, -en⟩ Entwurf, Gefüge, Bau, Bauart, Aufbau; *Ggs* Dekonstruktion; *~ eines Gebäudes, einer Maschine, eines Satzes, einer geometrischen Figur* [<lat. *constructio* »Zusammenfügen«; → *konstruieren*]

◆ **kon|struk|tiv** ⟨Adj.⟩ *Ggs* dekonstruktiv **1** eine Konstruktion betreffend **2** (folgerichtig) aufbauend, zusammenfügend, entwickelnd [<lat. *constructus*, Part. Perf. zu *construere*]

◆ **Kon|struk|ti|vis|mus** ⟨[-vɪs-] m.; -; unz.⟩ →*a.* Dekonstruktivismus **1** abstrakte Kunst, die die Konstruktionselemente bes. betont **2** ⟨Musik⟩ Betonung des formalen Baues der Komposition

◆ **Kon|struk|ti|vist** ⟨[-vɪst] m.; -en, -en⟩ Anhänger, Vertreter des Konstruktivismus

◆ **kon|struk|ti|vis|tisch** ⟨[-vɪs-] Adj.⟩ auf dem Konstruktivismus beruhend, ihn betreffend

Kon|sul ⟨m.; -s, -n⟩ **1** ⟨im alten Rom; im napoleon. Frankreich⟩ höchster Staatsbeamter **2** ⟨heute⟩ ständiger Vertreter eines Staates in einem anderen Staat (bes. zur Wahrung der wirtschaftl. u. persönl. Interessen seiner Landsleute) [<lat. *consul*]

Kon|su|lar|agent ⟨m.; -en, -en⟩ Bevollmächtigter eines Konsuls

kon|su|la|risch ⟨Adj.⟩ einen Konsul betreffend, von einem Konsul ausgehend

Kon|su|lat ⟨n.; -(e)s, -e⟩ Amt, Amtsgebäude eines Konsuls [<lat. *consulatus* »Amt, Würde eines Konsuls«]

Kon|sul|tant ⟨m.; -en, -en⟩ fachmännischer Berater, Gutachter [→ *konsultieren*]

Kon|sul|ta|ti|on ⟨f.; -, -en⟩ **1** Beratung (durch einen Wissenschaftler); *ärztliche ~* **2** Befragung (eines Wissenschaftlers) **3** gemeinsame Besprechung, Beratung [<lat. *consultatio* »Beratschlagung, Befragung«; zu *consultare* »beratschlagen, befragen«]

kon|sul|ta|tiv ⟨Adj.⟩ beratend [→ *konsultieren*]

kon|sul|tie|ren ⟨V.⟩ zu Rate ziehen; *einen Arzt ~* [<lat. *consultare* »beratschlagen, um Rat fragen, befragen«]

Kon|sul|tie|rung ⟨f.; -, -en⟩ das Konsultieren, das Konsultiertwerden

Kon|sum ⟨m.; -s; unz.⟩ Verbrauch (von tägl. Bedarfsartikeln, bes. Lebensmitteln); *ein hoher ~ an Tabletten* [<ital. *consumo* »Verbrauch«; zu lat. *consumere* »verbrauchen, verzehren«]

Kon|su|ma|ti|on ⟨f.; -, -en; österr.; schweiz.⟩ in einer Gastwirtschaft Verzehrtes [→ *konsumieren*]

Kon|su|ment ⟨m.; -en, -en⟩ *Ggs* Produzent **1** Verbraucher **2** Organismus, der organische Nahrung verbraucht, z. B. ein Tier [zu lat. *consumens*, Part. Präs. von *consumere* »verzehren, verbrauchen«]

Kon|su|men|tin ⟨f.; -, -tin|nen⟩ Verbraucherin; *Ggs* Produzentin

Kon|su|me|ris|mus ⟨m.; -; unz.; Wirtsch.⟩ in den USA entstandene, organisierte Bewegung, die das Marktverhalten von Unternehmen kritisiert u. Verbesserungen des Konsumentenschutzes, der Güter- u. Dienstleistungsversorgung sowie des Umweltschutzes fordert [<engl.-amerikan. *consumerism*]

Kon|sum|gü|ter ⟨Pl.⟩ Gegenstände des täglichen Bedarfs, Verbrauchsgüter

kon|su|mie|ren ⟨V.⟩ verbrauchen [<lat. *consumere* »verzehren, verbrauchen«]

kon|sum|ori|en|tiert ⟨Adj.⟩ den Schwerpunkt auf den Erwerb u. Genuss von Konsumgütern legend

Kon|sump|ti|on ⟨f.; -, -en⟩ = Konsumtion

kon|sump|tiv ⟨Adj.⟩ = konsumtiv

Kon|sum|ter|ror ⟨m.; -s; unz.; umg.; abwertend⟩ starker Konsumzwang

Kon|sum|ti|bi|li|en ⟨Pl.; veraltet⟩ Verbrauchsgüter [→ *konsumieren*]

Kon|sum|ti|on ⟨f.; -, -en⟩ *oV* Konsumption **1** Wertminderung, Wertvernichtung, Verbrauch (von Wirtschaftsgütern) **2** Auszehrung (infolge chronischer Appetitlosigkeit) **3** das Aufgehen eines einfachen strafrechtl. Tatbestandes in einem umfassenden, z. B. Hausfriedensbruch in Einbruchsdiebstahl, so dass nur die übergeordnete Straftat geahndet wird

kon|sum|tiv ⟨Adj.⟩ für den Verbrauch bestimmt; *oV* konsumptiv; *Ggs* investiv

Kon|szi|en|ti|a|lis|mus *auch:* **Kons|zi|en|ti|a|lis|mus** ⟨m.; -; unz.; Philos.⟩ Lehre, die die Wirklichkeit auf das im Bewusstsein Gegebene beschränkt [<lat. *conscientia* »Gewissen«]

Kon|ta|gi|on ⟨f.; -, -en; Med.⟩ Ansteckung, Übertragung einer

K

Krankheit [<lat. *contagio* »Berührung, Ansteckung«]

kon|ta|gi|ös ⟨Adj.; Med.⟩ ansteckend [<lat. *contagiosus* »ansteckend« + frz. Endung]

Kon|ta|gi|o|si|tät ⟨f.; -; unz.; Med.⟩ Ausmaß der Ansteckungsgefahr einer Krankheit

Kon|takt ⟨m.; -(e)s, -e⟩ **1** Berührung, enge Verbindung **2** ~ *in einem Stromkreis* leitende Verbindung, die es ermöglicht, dass Strom fließt; *einen ~ schließen; ~ haben* **3** Schalter, der einen Kontakt (2) bewirkt **4** fester Katalysator bei techn. Prozessen **5** Beziehung, Fühlungnahme; *mit jmdm. ~ aufnehmen; in ~ stehen; keinen ~ mit jmdm. haben; freundschaftlicher, beruflicher ~* [<lat. *contactus* »Berührung«; zu *tangere* »berühren«]

Kon|takt|ad|res|se ⟨f.; -, -n⟩ Adresse, über die man bestimmte Personen, Vereine od. Organisationen kontaktieren kann

K

kon|tak|ten ⟨V.⟩ als Kontakter tätig sein, neue Geschäftsverbindungen anknüpfen

Kon|tak|ter ⟨m.; -s, -⟩ Mitarbeiter einer Werbeabteilung, der Öffentlichkeitsarbeit leistet [<engl. *contact* »mit jmdm. in Verbindung treten«]

kon|tak|tie|ren ⟨V.⟩ *jmdn. ~* mit jmdm. einen Kontakt knüpfen, sich mit jmdm. unterhalten

Kon|takt|in|fek|ti|on ⟨f.; -, -en; Med.⟩ Ansteckung durch Berührung

Kon|takt|in|sek|ti|zid ⟨n.; -(e)s, -e⟩ Mittel zur Bekämpfung von Insekten, das durch Berührung wirkt

Kon|takt|lin|se ⟨f.; -, -n⟩ wie ein Brillenglas geschliffene kleine Schale, die zum Ausgleich von Sehfehlern haftend vor der Pupille sitzt

Kon|takt|mann ⟨m.; -s, -män|ner od. -leu|te⟩ jmd., der neue Kontakte knüpft u. Erkundigungen einzieht, Verbindungsmann

Kon|takt|mi|ne|ral ⟨n.; -s, -e od. -li|en⟩ Mineral, das durch Einwirkung von hohen Temperaturen auf das umliegende Gestein entstanden ist

Kon|takt|ste|cker ⟨m.; -s, -; El.⟩ Stecker, Stift, Stöpsel, mit dem ein elektr. Kontakt hergestellt wird; *Sy* Kontaktstift, Kontaktstöpsel

Kon|takt|stift ⟨m.; -(e)s, -e⟩ = Kontaktstecker

Kon|takt|stöp|sel ⟨m.; -s, -⟩ = Kontaktstecker

Kon|takt|stu|di|um ⟨n.; -s, -di|en⟩ weiterbildendes Studium für Berufstätige, das den Kontakt zur wissenschaftl. Forschung wahrt

Kon|takt|ver|fah|ren ⟨n.; -s, -⟩ **1** ⟨Chemie⟩ Herstellung von Schwefelsäure, Schwefeltrioxid od. Schwefeldioxid aus schwefelhaltigen Erzen mit Platin als Katalysator **2** ⟨Fot.⟩ Verfahren zur Herstellung fotograf. Positive von Negativen u. umgekehrt, wobei die zu kopierende Schicht unmittelbar auf die zu belichtende Schicht gepresst wird

Kon|ta|mi|na|ti|on ⟨f.; -, -en⟩ **1** ⟨Gramm.⟩ Verschmelzung zweier bedeutungsverwandter Wörter od. Wortteile zu einem neuen Wort, z. B. »vorwiegend« aus vorherrschend u. überwiegend **2** ⟨Kernphysik⟩ Verunreinigung mit radioaktiven Stoffen; *Sy* radioaktive Verseuchung; *Ggs* Dekontamination [<lat. *contaminatio* »Berührung, Verschmelzung«; zu *contaminare* »berühren, verschmelzen«]

kon|ta|mi|nie|ren ⟨V.⟩ **1** ⟨Gramm.⟩ eine Kontamination bilden, sich vermischen (Wörter od. Wortteile) **2** ⟨Kernphysik⟩ mit radioaktiven Stoffen verseuchen [<lat. *contaminare* »berühren, verschmelzen«]

kon|tant ⟨Adj.⟩ bar, gegen Barzahlung [<ital. *contante* »zahlungsfertig, bar«]

Kon|tan|ten ⟨Pl.⟩ **1** Geldsorten **2** Bargeld [<ital. *contanti* »bare Gelder«]

Kon|tem|pla|ti|on *auch:* **Kon|temp|la|ti|on** ⟨f.; -, -en⟩ **1** Betrachtung, (reine) Anschauung **2** Beschaulichkeit **3** ⟨Rel.⟩ Versenkung, Versunkenheit in das Wort u. Werk Gottes [<lat. *contemplatio* »Betrachtung«; zu *contemplari* »betrachten«]

kon|tem|pla|tiv *auch:* **kon|temp|la|tiv** ⟨Adj.⟩ betrachtend, anschauend; *~es Leben* ⟨Rel.⟩ in sich gekehrtes, religiöser Betrachtung gewidmetes, tatenloses Leben [<lat. *contemplativus* »betrachtend, beschaulich«; zu *contemplari* »betrachten«]

kon|tem|po|rär ⟨Adj.⟩ zeitgenössisch, im gleichen Zeitalter geschehend, stattfindend [<*kon...* + lat. *tempus,* Pl. *tempora* »Zeit«]

Kon|ten ⟨Pl. von⟩ Konto

Kon|te|nance ⟨[kɔ̃tənɑ̃:s] f.; -; unz.⟩ = Contenance

Kon|ten|plan ⟨m.; -(e)s, -plä|ne; Wirtsch.⟩ die systematische Ordnung der Konten in der Buchführung eines Unternehmens

Kon|ten|ten ⟨Pl.⟩ Verzeichnis der Ladungen (der Seeschiffe) [<lat. *contentus,* Part. Perf. zu *continere* »zusammenhalten, einschließen, in sich enthalten«; zu *tenere* »halten«]

Kon|ter ⟨m.; -s, -⟩ **1** ⟨Sport⟩ Gegenangriff, -schlag; *ein gelungener, schneller ~* **2** scharfe Entgegnung, heftiger Widerspruch [→ *Konter...*]

kon|ter..., Kon|ter... ⟨in Zus.⟩ gegen..., Gegen... [<frz. *contre* <lat. *contra* »gegen«]

Kon|ter|ad|mi|ral ⟨m.; -s, -rä|le; Kriegsmarine⟩ **1** unterer Admiralsdienstgrad **2** Offizier im Dienstgrad eines Generalmajors [<frz. *contre-amiral,* eigtl. »Gegenadmiral«]

kon|ter|agie|ren ⟨a. [---'--] V.⟩ gegen etwas od. jmdn. agieren, einer Sache od. jmdm. entgegenarbeiten

Kon|ter|ban|de ⟨f.; -, -n⟩ **1** ⟨urspr.⟩ Schmuggelware **2** ⟨Völkerrecht⟩ kriegswichtige Ware, die neutrale Staaten nicht in kriegführende Staaten einführen dürfen [<frz. *contrebande* »Schleichhandel, Schmuggel(ware)«]

Kon|ter|fei ⟨a. [--'-] n.; -s, -s od. -e⟩ Abbild [<frz. *contrefait,* »nachgemacht« <*contre* »gegen« + *faire* <lat. *facere* »machen«]

kon|ter|fei|en ⟨a. [--'--] V.⟩ abbilden

kon|ter|ka|rie|ren ⟨a. [---'--] V.⟩ eine Sache hintertreiben, durchkreuzen, einer Sache entgegenarbeiten [<frz. *contrecarrer* »entgegenwirken, entgegenarbeiten«]

Kon|ter|mi|ne ⟨f.; -, -n; Börse⟩ Gegenmine, mit Kursfall rechnende Börsenspekulation [<frz. *contremine* »Gegenmine, Gegenanschlag«]

kon|ter|mi|nie|ren ⟨a. [---'--] V.⟩ **1** ⟨Börse⟩ mit dem Fall eines Börsenkurses rechnen, gegen die Mine spekulieren **2** ⟨geh.⟩ entgegenarbeiten, untergraben; *etwas* ~ [→ *Kontermine*]

kon|tern ⟨V.⟩ **1** ⟨Typ.⟩ umdrehen, die Seiten verkehren von, (seitenverkehrt stehendes Bild) richtig stellen **2** *mit einem Angriff* ~ ⟨Sport⟩ dem Gegner (aus der Defensive heraus) einen (überraschenden) Gegenschlag versetzen **3** *jmdm.* ~ (heftig) widersprechen [<engl. *counter* »entgegenwirken, einen Gegenschlag tun« <lat. *contra* »gegen«]

Kon|ter|re|vo|lu|ti|on ⟨[-vo-] f.; -, -en; Politik⟩ gegen eine Revolution gerichteter Umsturz zugunsten der ursprünglichen Regierung, Gegenrevolution [<frz. *contre-révolution*]

kon|ter|re|vo|lu|ti|o|när ⟨[-vo-] Adj.; Politik⟩ in der Art einer Konterrevolution, eine Konterrevolution planend, unterstützend

Kon|ter|re|vo|lu|ti|o|när ⟨[-vo-] m.; -s, -e; Politik⟩ Gegenrevolutionär, jmd., der an der Durchführung einer Konterrevolution beteiligt ist

Kon|ter|tanz ⟨m.; -es, -tän|ze⟩ = Kontretanz

kon|tes|tie|ren ⟨V.; veraltet⟩ **1** (durch Zeugen) bestätigen **2** anfechten, bestreiten [<lat. *contestari* »zum Zeugen anrufen«; zu *testis* »Zeuge«]

Kon|text ⟨m.; -(e)s, -e⟩ **1** ⟨Sprachw.⟩ der ein Wort od. eine Wendung umgebende Text, durch den die Bedeutung erst deutlich wird, Zusammenhang; *oV* Kotext **2** Zusammenhang, in den jmd. od. etwas hineingehört, Umfeld, umgebende Situation, Hintergrund; *etwas aus seinem historischen ~ heraus betrachten* [<lat. *contextus* »Zusammensetzung, Verknüpfung, Verbindung«; zu *texere* »weben«]

kon|tex|tu|al ⟨Adj.⟩ den Kontext betreffend, auf ihm beruhend; *oV* kontextuell; *die ~e Verknüpfung; der ~e Zusammenhang*

kon|tex|tu|a|li|sie|ren ⟨V.; geh.⟩ den Zusammenhang mit einem Text, einer Vorstellung herstellen; *eine Frage gesamtgesellschaftlich ~*

Kon|tex|tu|a|lis|mus ⟨m.; -; unz.; Sprachw.⟩ Richtung der strukturellen Linguistik, in der die Beschreibung der gesprochenen Sprache auf der Einbindung des sprachlichen u. situativen Kontextes basiert

kon|tex|tu|ell ⟨Adj.⟩ = kontextual

Kon|ti ⟨Pl. von⟩ Konto

kon|tie|ren ⟨V.; Bankw.⟩ auf ein Konto verbuchen

Kon|tie|rung ⟨f.; -, -en; Bankw.⟩ das Kontieren

Kon|ti|gu|i|tät ⟨f.; -; unz.⟩ **1** Angrenzung, Berührung **2** (zeitl.) Zusammensein, Zusammenfall (von Erlebnissen) [zu lat. *contiguus* »berührend, angrenzend«; zu *tangere* »berühren«]

Kon|ti|nent ⟨m.; -(e)s, -e⟩ **1** Festland **2** Erdteil [<lat. *(terra) continens* »zusammenhängendes Land«; zu *tenere* »halten«]

kon|ti|nen|tal ⟨Adj.⟩ den Kontinent betreffend, zu ihm gehörig, auf ihm vorkommend

Kon|ti|nen|tal|drift ⟨f.; -, -en; Geol.⟩ = Epirogenese; *Sy* Kontinentalverschiebung

Kon|ti|nen|ta|li|tät ⟨f.; -; unz.⟩ das Ausmaß des Einflusses von großen Landmassen auf das Klima; *Ggs* Maritimität [→ *Kontinent*]

Kon|ti|nen|tal|kli|ma ⟨n.; -s, -ma|ta od. -ma|te; Meteor.⟩ Klima mit starken Temperaturschwankungen, Binnenklima, z. B. sehr niedriger Winter- u. sehr hoher Sommertemperatur; *Ggs* maritimes Klima

Kon|ti|nen|tal|ver|schie|bung ⟨f.; -, -en; Geol.⟩ = Kontinentaldrift

Kon|ti|nenz ⟨f.; -; unz.; Med.⟩ Fähigkeit, Urin u. Stuhlgang zurückzuhalten; *Ggs* Inkontinenz [<lat. *continentia* »Selbstbeherrschung«; zu *tenere* »halten«]

kon|tin|gent ⟨Adj.; bes. Philos.⟩ auf Kontingenz beruhend, zufällig, nicht zwingend von dieser Beschaffenheit

Kon|tin|gent ⟨n.; -(e)s, -e⟩ **1** begrenzte, festgesetzte, zugeteilte Menge; *Waren~; Lebensmittel~* **2** Pflichtbeitrag, Pflichtanteil **3** größere Einheit von Truppen innerhalb eines Gesamtheeres; *ein Staat stellt ein Truppen~* [<frz. *contingent* »Anteil, Soll«; zu *tangere* »berühren«]

kon|tin|gen|tie|ren ⟨V.⟩ das Kontingent festsetzen für, von, vorsorglich einteilen, eine Menge begrenzen

Kon|tin|genz ⟨f.; -; unz.⟩ **1** ⟨allg.⟩ Zusammenhang **2** ⟨bes. Philos.⟩ Möglichkeit, dass eine Sache anders beschaffen sein könnte, als sie es tatsächlich ist **3** ⟨Psych.⟩ Höhe der Wahrscheinlichkeit des voneinander abhängigen Vorkommens mehrerer Verhaltensmuster, Merkmale usw. [<engl. *contingency* <frz. *contingence;* → *Kontingent*]

kon|ti|nu|ie|ren ⟨V.⟩ **1** fortsetzen **2** fortdauern [<lat. *continuare* »fortsetzen«; zu *tenere* »halten«]

kon|ti|nu|ier|lich ⟨Adj.⟩ ohne zeitl. od. räuml. Unterbrechung aufeinanderfolgend; *Ggs* diskontinuierlich, ⟨Math.⟩ diskret (2)

Kon|ti|nu|i|tät ⟨f.; -; unz.⟩ zeitlich od. räumlich ununterbrochener Zusammenhang, stetige Dauer; *Ggs* Diskontinuität [<lat. *continuitas* »ununterbrochene Fortdauer«]

Kon|ti|nuo ⟨m.; -s, -s; Musik⟩ = Continuo

Kon|ti|nu|um ⟨n.; -s, -nua od. -nuen⟩ etwas, das ohne zeitl. od. räuml. Unterbrechung aufeinanderfolgt, z. B. Linie, Ebene [<lat. *continuum* »das ununterbrochen Fortlaufende«]

Kon|to ⟨n.; -s, Kon|ten od. Kon|ti od. -s⟩ **1** Zusammenstellung gleichartiger Geschäftsvorgänge (Einnahmen u. Ausgaben) in zeitl. Reihenfolge; *Personen~; Sach~; einen Betrag einem ~ gutschreiben; ein ~ eröffnen, löschen, schließen* **2** Gegenüberstellung von Guthaben u. Schulden **3** Aufzeichnung eines

K

Geldinstitutes über Guthaben seiner Kunden u. Forderungen an seine Kunden; *Bank~; Geld aufs ~ einzahlen, vom ~ abheben; laufendes ~; ein ~ überziehen* bei einem Geldinstitut Schulden machen; *das geht auf mein ~* ⟨fig.; umg.⟩ das übernehme, zahle ich; daran bin ich schuld [<ital. *conto* »Rechnung« <lat. *computare* »berechnen«]

Kon|to|kor|rẹnt ⟨n.; -(e)s, -e⟩ **1** laufende Rechnung, Verbindung zweier Geschäftspartner, bei der die gegenseitigen Leistungen u. Verpflichtungen einander gegenübergestellt u. regelmäßig abgerechnet werden **2** laufendes Konto [<ital. *conto corrente* »laufende Rechnung«]

Kon|to|kor|rẹnt|kre|dit ⟨m.; -(e)s, -e⟩ Kredit in laufender Rechnung, den der Kreditnehmer innerhalb einer festgesetzten Laufzeit durch Abbuchungen von seinem Konto bis zu einer vereinbarten Kredithöhe in Anspruch nehmen kann, z. B. Dispositionskredit für Privatkunden einer Bank

Kon|tor ⟨n.; -s, -e⟩ **1** Geschäftsraum eines Kaufmanns **2** Handelsniederlassung (meist im Ausland) **3** Niederlassung einer Reederei im Ausland [<frz. *comptoir* »Zahltisch«; zu lat. *computare* »berechnen«]

Kon|to|rịst ⟨m.; -en, -en⟩ Angestellter eines kaufmännischen Betriebes

Kon|tor|si|on ⟨f.; -, -en; Med.⟩ Verdrehung, Verzerrung; *~ eines Gliedes* [<frz. *contorsion* »Verrenkung«, <lat. *(con)torquere* »herumdrehen«]

Kon|tor|si|o|nịst ⟨m.; -en, -en⟩ Schlangenmensch

> ◆ Die Buchstabenfolge **kon|tr...** kann auch **kont|r...** getrennt werden. Davon ausgenommen sind Zusammensetzungen, in denen die fremdsprachigen bzw. sprachhistorischen Bestandteile deutlich als solche erkennbar sind, z. B. *-trahieren, -tribuieren* (→*a.* subtrahieren, distribuieren).

◆ **kọn|tra** ⟨Präp. mit Akk.⟩ = contra

◆ **Kọn|tra** ⟨n.; -s, -s⟩ = Contra

◆ **kon|tra..., Kon|tra...** ⟨in Zus.⟩ wider..., gegen...

◆ **Kọn|tra|bass** ⟨m.; -es, -bäs|se; Musik⟩ größtes u. tiefstes Streichinstrument, Bassgeige; *Sy* Violone

◆ **Kon|tra|dik|ti|on** ⟨f.; -, -en; Logik⟩ Verhältnis zweier Begriffe, von denen der eine den anderen nicht nur ausschließt, sondern von denen die Negierung des einen die Bejahung des anderen unbedingt erfordert, Widerspruch, z. B. anwesend - abwesend; →*a.* Contradictio in Adjecto [<lat. *contradictio* »Gegenrede, Widerspruch«; zu *dicere* »sagen«]

◆ **kon|tra|dik|to|risch** ⟨Adj.⟩ widersprechend, widersprüchlich

◆ **Kọn|tra|fa|gott** ⟨n.; -(e)s, -e; Musik⟩ eine Oktave tiefer als das Fagott stehendes Holzblasinstrument

◆ **kon|tra|fạk|tisch** ⟨Adj.⟩ **1** die Kontrafaktur betreffend, auf ihr beruhend **2** der Wirklichkeit entgegengesetzt

◆ **Kon|tra|fak|tur** ⟨f.; -, -en; Musik⟩ Umdichtung eines Gesangstextes (oft eines weltl. in einen geistl. od. umgekehrt) unter Beibehaltung der Melodie [<lat. *contrafactus* »umgewendet, ins Gegenteil verkehrt« <*contra* »gegen« + *facere* »machen«]

Kon|tra|ha|ge ⟨[-ʒ(ə)] f.; -, -n; früher⟩ Forderung zum Duell [<*kontrahieren* + frz. Endung]

Kon|tra|hẹnt ⟨m.; -en, -en⟩ **1** Vertragspartner **2** Gegner im Zweikampf, Gegenspieler; *politische ~en; einen ~en ausschalten, zurückweisen* [<lat. *contrahens,* Part. Präs. zu *contrahere;* → *kontrahieren*]

Kon|tra|hẹn|tin ⟨f.; -, -tin|nen⟩ **1** Vertragspartnerin **2** Gegnerin im Zweikampf, Gegenspielerin

kon|tra|hie|ren ⟨V.⟩ **1** zusammenziehen **2** vereinbaren **3** ⟨früher⟩ *jmdn.* ~ zum Zweikampf fordern [<lat. *contrahere* »zusammenziehen, versammeln«; zu *trahere* »ziehen«]

◆ **Kon|tra|in|di|ka|ti|on** ⟨f.; -, -en; Med.⟩ Gegenanzeige, die die Anwendung eines Medikamentes od. einer Behandlung als nicht geboten erscheinen lässt; *bei Patienten mit Nierenleiden besteht eine ~ bei diesem Medikament*

◆ **kọn|tra|in|di|ziert** ⟨Adj.; Med.⟩ aufgrund bestimmter Umstände nicht anwendbar, z. B. von Behandlungsverfahren u. Heilmitteln

kon|trạkt ⟨Adj.⟩ zusammengezogen, gelähmt, verkrümmt [<lat. *contractus,* Part. Perf. zu *contrahere;* → *kontrahieren*]

Kon|trạkt ⟨m.; -(e)s, -e⟩ Vertrag, Abkommen; *Miet~; einen ~ (ab)schließen* [<lat. *contractus;* → *kontrahieren*]

kon|trak|til ⟨Adj.; Med.⟩ zusammenziehbar [→ *kontrahieren*]

Kon|trak|ti|li|tät ⟨f.; -; unz.; Med.⟩ Fähigkeit (eines Muskels), sich zusammenzuziehen

Kon|trak|ti|on ⟨f.; -, -en⟩ **1** Zusammenziehung (von Muskeln), Schrumpfung **2** ⟨Sprachw.⟩ Zusammenziehung zweier Laute zu einem neuen Laut, z. B. »haben« zu mundartl. »ham«, engl. »ne« + »either« zu »neither«; *Sy* Synizese **3** ⟨Geol.⟩ Schrumpfung (von Gesteinen) durch Austrocknung od. Abkühlung **4** Verminderung der Geld- u. Kreditmenge (einer Volkswirtschaft) [<lat. *contractio* »Zusammenziehung«]

Kon|trak|ti|ons|the|o|rie ⟨f.; -; unz.⟩ Theorie, nach der die Gebirge auf der Erdoberfläche durch Schrumpfung der Erdkugel infolge eines ständigen Wärmeverlustes u. einer damit verbundenen Auffaltung der Landmassen entstanden sein sollen

kon|trak|tiv ⟨Adj.⟩ zur Kontraktion gehörig, auf ihr beruhend

Kon|trak|tur ⟨f.; -, -en; Med.⟩ **1** dauernde Verkürzung **2** durch Verkürzung von Muskeln, Sehnen od. Bändern hervorgerufene Gelenkversteifung [→ *Kontraktion, kontrahieren*]

◆ **Kọn|tra|ok|ta|ve** ⟨f.; -, -n; Musik⟩ nur mit bestimmten Instrumenten zu erreichender Tonbereich der Oktave Kontra-C bis Kontra-H

◆ **Kọn|tra|po|si|ti|on** ⟨f.; -, -en; Logik⟩ **1** traditionelle Umformung in der Art »alle S sind T« zu

»kein Nicht-T ist S« **2** rückschließende Umformung einer positiven Aussage in eine negative Aussage, z. B. »wenn S, dann T« zu »wenn nicht T, dann nicht S« [<mlat. *contrapositio;* zu lat. *contraponere* »entgegensetzen«]

◆ **Kon|tra|post** ⟨m.; -(e)s, -e; Bildhauerkunst⟩ die unterschiedl. Gestaltung der beiden Körperhälften, die sich aus Ruhe u. Bewegung von Standbein u. Spielbein ergibt [<lat. *contrapositus* »entgegengesetzt«; zu *ponere* »setzen, stellen«]

◆ **kon|tra|pro|duk|tiv** ⟨Adj.⟩ von gegensätzlicher Wirkung, bestimmten Absichten zuwiderlaufend; *dieses Verhalten ist gänzlich ~*

◆ **Kon|tra|punkt** ⟨m.; -(e)s, -e; Musik⟩ **1** Kunst, mehrere Stimmen als selbstständige (gegensätzliche) Melodielinien nebeneinanderher zu führen, z. B. in Fuge u. Kanon **2** Gegenstimme [<mlat. *contrapunctum* <lat. *contra* »gegen« + *punctus* »das Stechen, Stich, Punkt«, dann auch »Note«; eigtl. »das Setzen einer Gegenstimme zur Melodie« (*punctus contra punctum* »Note gegen Note«)]

◆ **kon|tra|punk|tie|ren** ⟨V.⟩ **1** ⟨Musik⟩ mehrere Stimmen gegeneinanderführen **2** ⟨fig.⟩ *etwas ~* einen Kontrast, Gegensatz zu etwas bilden; *die anfänglichen Erfolge der Mannschaft wurden durch spätere Einbrüche kontrapunktiert*

◆ **Kon|tra|punk|tik** ⟨f.; -; unz.; Musik⟩ **1** Lehre vom Kontrapunkt **2** Führung der einzelnen Stimmen eines Musikstücks im Sinne des Kontrapunkts

◆ **Kon|tra|punk|ti|ker** ⟨m.; -s, -; Musik⟩ die Technik des Kontrapunktes verwendender Komponist

◆ **kon|tra|punk|tisch** ⟨Adj.; Musik⟩ mit Hilfe des Kontrapunktes, auf ihm beruhend

◆ **kon|trär** ⟨Adj.⟩ **1** gegensätzlich, entgegengesetzt **2** widrig [<frz. *contraire* »gegensätzlich, entgegengesetzt« <lat. *contra* »gegen«]

◆ **Kon|tra|si|gna|tur** *auch:* **Kon|tra|sig|na|tur** ⟨f.; -, -en⟩ Gegenzeichnung, Mitunterschrift [<*Kontra* + *Signatur*]

◆ **kon|tra|si|gnie|ren** *auch:* **kon|tra|sig|nie|ren** ⟨V.⟩ gegenzeichnen [<*contra* + *signieren*]

◆ **Kon|trast** ⟨m.; -(e)s, -e⟩ starker Gegensatz, Unterschied [<ital. *contrasto;* zu *contrastare* »gegenüberstehen« <lat. *contra* »gegen« + *stare* »stehen«]

◆ **kon|tras|tie|ren** ⟨V.⟩ *mit etwas ~* **1** im Gegensatz zu etwas stehen **2** von etwas abstechen [<frz. *contraster* »einen Gegensatz bilden« <ital. *contrastare*]

◆ **kon|tras|tiv** ⟨Adj.⟩ **1** gegensätzlich **2** vergleichend; *~e Grammatik*

◆ **Kon|trast|mit|tel** ⟨n.; -s, -; Med.⟩ in den Körper eingebrachtes, für Röntgenstrahlen undurchlässiges Mittel zur Untersuchung von Organen

◆ **Kon|trast|pro|gramm** ⟨n.; -s, -e⟩ **1** Rundfunk- od. Fernsehprogramm, das thematisch von dem einer anderen Rundfunkanstalt so deutlich abweicht, dass der Rundfunkteilnehmer eine Auswahlmöglichkeit hat **2** ⟨fig.⟩ rasche Abfolge sehr verschiedenartiger Aktionen oder Eindrücke

◆ **Kon|tra|te|nor** ⟨m.; -s, -te|nö|re; im frühen mehrstimmigen Satz; Musik⟩ Gegenstimme zum Tenor innerhalb des Bereichs der Tenorstimmlage; *oV* Contratenor; → *a.* Countertenor

◆ **Kon|tra|ve|ni|ent** ⟨[-ve-] m.; -en, -en; veraltet⟩ Zuwiderhandelnder [<lat. *contraveniens* »entgegentretend«, Part. Präs. von *contravenire;* → *kontravenieren*]

◆ **kon|tra|ve|nie|ren** ⟨[-ve-] V.; veraltet⟩ zuwiderhandeln, ein Gesetz, eine Vorschrift übertreten [<lat. *contravenire* »(im freundl. Sinne) entgegentreten«; zu *venire* »kommen«]

◆ **Kon|tra|ven|ti|on** ⟨[-vɛn-] f.; -, -en⟩ Zuwiderhandlung, Übertretung (eines Gesetzes o. Ä.) [nach *kontravenieren* gebildet]

◆ **Kon|tra|zep|ti|on** ⟨f.; -; unz.; Med.⟩ Empfängnisverhütung

◆ **kon|tra|zep|tiv** ⟨Adj.; Med.⟩ die Empfängnis verhütend; *ein ~es Mittel*

◆ **Kon|tra|zep|ti|vum** ⟨[-vum] n.; -s, -va [-va]; Med.⟩ Mittel zur Empfängnisverhütung [<*Kontra* + lat. *capere* »fassen, ergreifen, bekommen«]

Kon|trek|ta|ti|ons|trieb ⟨m.; -(e)s; unz.⟩ Trieb zur körperl. Berührung [<lat. *contrectatio* »Betastung«; zu *tractare* »betasten«]

◆ **Kon|tre|tanz** ⟨m.; -es, -tän|ze⟩ urspr. engl. Tanz zu zwei od. vier einander gegenüberstehenden Paaren, im 18. Jh. über ganz Europa verbreitet; *oV* Contretanz, Kontertanz; → *a.* Française, Quadrille, Ecossaise [<frz. *contredanse* <engl. *country-dance* »Landtanz«]

Kon|tri|bu|ent ⟨m.; -en, -en; veraltet⟩ Steuerpflichtiger [zu lat. *contribuens* »beisteuernd«; → *kontribuieren*]

kon|tri|bu|ie|ren ⟨V.; veraltet⟩ beisteuern, beitragen [<lat. *contribuere* »beitragen«]

Kon|tri|bu|ti|on ⟨f.; -, -en⟩ gemeinschaftlicher Beitrag, insbes. Beitrag zum Unterhalt von Besatzungstruppen; *Kriegs~* [<lat. *contributio* »Zuteilung, Beitrag«; zu *contribuere* »beitragen«]

◆ **kon|trie|ren** ⟨V.; Kart.; selten⟩ Contra geben [<frz. *contrer* »entgegentreten«; zu lat. *contra* »gegen«]

◆ **Kon|tri|ti|on** ⟨f.; -, -en; kath. Kirche⟩ vollkommene Zerknirschung, Reue (aufgrund derer die Absolution erteilt wird); *Ggs* Attrition [<lat. *contritio* »Zerreibung, Zerknirschung«; zu *conterere* »zerreiben«]

◆ **Kon|trol|le** ⟨f.; -, -n⟩ **1** Überwachung, Aufsicht; *~ über eine Arbeit, einen Vorgang, eine Gruppe von Personen; unter jmds. ~ stehen* **2** Überprüfung; *Fahrschein~; Pass~; Zoll~* **3** Probe; *eine Maschine zur ~ laufen lassen* **4** Beherrschung, Gewalt; *die ~ über ein Fahrzeug verlieren; sich unter ~ haben* [<frz. *contrôle*]

◆ **Kon|trol|ler** ⟨m.; -s, -⟩ Anlasser eines Elektromotors; *oV* Controller (3) [<engl. *controller*]

◆ **Kon|trol|leur** ⟨[-løːr] m.; -s, -e⟩ jmd., der etwas kontrolliert, überprüft, der eine Kontrolle ausübt, Aufsichtsbeamter, Auf-

K

seher, Prüfer; *oV* ⟨österr.⟩ Kontrollor; *Eisenbahn~; Fahrkarten~* [<frz. *contrôleur* »Aufseher, Kontrolleur«]

◆**Kon|trol|leu|rin** ⟨[-lø:-] f.; -, -rin|nen⟩ weibl. Kontrolleur

◆**kon|trol|lier|bar** ⟨Adj.⟩ so beschaffen, dass man es kontrollieren kann, beherrschbar, überprüfbar

◆**kon|trol|lie|ren** ⟨V.⟩ **1** überwachen **2** überprüfen **3** *einen Markt ~* beherrschen [<frz. *contrôler* »(nach-, über)prüfen, kontrollieren«]

◆**Kon|trol|lor** ⟨m.; -s, -e; österr.⟩ = Kontrolleur

◆**Kon|troll|sys|tem** ⟨n.; -s, -e⟩ System, das der Kontrolle u. Überwachung bestimmter Bereiche, Vorgänge od. Personen dient

◆**kon|tro|vers** ⟨[-vẹrs] Adj.⟩ **1** gegeneinandergerichtet **2** bestreitbar, strittig [<lat. *controversus* »der Erörterung unterworfen, strittig«; zu *contra* »gegen« + *vertere* »wenden, drehen«]

◆**Kon|tro|ver|se** ⟨[-vẹr-] f.; -, -n⟩ **1** Streitfrage **2** heftige Meinungsverschiedenheit, Streit **3** wissenschaftl. Auseinandersetzung [<lat. *controversia* »Streitigkeit, Streit« <*contra* »gegen« + *vertere* »wenden, drehen«]

◆**kon|tro|ver|si|ell** ⟨[-vɛr-] Adj.⟩ eine Kontroverse betreffend, auf ihr beruhend

Kon|tu|maz ⟨f.; -; unz.; veraltet⟩ **1** Abwesenheit, Nichterscheinen (einer Prozesspartei bei einem gerichtl. Verhandlungstermin) **2** ⟨österr.⟩ Verkehrssperre (als Seuchenschutzmaßnahme) [<lat. *contumacia* »Trotz, Widerspenstigkeit«]

Kon|tur ⟨f.; -, -en od. (in der Kunst) m.; -s, -en⟩ Umriss [<frz. *contour*]

kon|tu|rie|ren ⟨V.⟩ **1** mit einer Kontur umgeben **2** umreißen **3** in groben Zügen darlegen

Kon|tu|si|on ⟨f.; -, -en; Med.⟩ Verletzung durch einen stumpfen Gegenstand, Quetschung [<lat. *contusio;* zu *contundere* »zerquetschen«]

Kon|ur|ba|ti|on ⟨f.; -, -en; Soziol.⟩ = Conurbation

Ko|nus ⟨m.; -, -se⟩ **1** ⟨Geom.⟩ **1.1** Kegel **1.2** Kegel ohne Spitze, Kegelstumpf **2** ⟨Pl.: Ko|nen; Technik⟩ kegelförmiger Stift, Zapfen (an einem Werkzeug) **3** ⟨Typ.⟩ der leicht konisch verlaufende obere Teil der Type, der das Schriftbild trägt, Kopf [<lat. *conus* »Kegel«]

Kon|va|les|zenz ⟨[-va-] f.; -; unz.⟩ **1** ⟨Med.⟩ Genesung **2** Gültigwerden eines (bisher infolge eines Hindernisses noch nicht gültigen) Rechtsgeschäftes [<lat. *convalescentia* »Genesung«; zu *valere* »stark sein, gesund sein«]

Kon|vek|ti|on ⟨[-vɛk-] f.; -, -en⟩ **1** ⟨Meteor.⟩ vorwiegend aufwärts- od. abwärtsgerichtete Luftströmung; *Ggs* Advektion **2** ⟨Physik⟩ Transport von Wärme durch bewegte Teilchen [<lat. *convectio* »das Zusammenbringen«; zu *vehere* »führen, tragen, fahren«]

kon|vek|tiv ⟨[-vɛk-] Adj.⟩ durch Konvektion bewirkt

Kon|vek|tor ⟨[-vẹk-] m.; -s, -to|ren⟩ Heizkörper, der die Luft vorwiegend durch Berührung erwärmt; *Ggs* Radiator

kon|ve|na|bel ⟨[-ve-] Adj.; veraltet⟩ **1** herkömmlich, schicklich, bequem **2** annehmbar, zuträglich [<frz. *convenable* »angemessen, passend«]

kon|ve|ni|ent ⟨[-ve-] Adj.; geh.⟩ **1** (gesellschaftlich) erlaubt, schicklich **2** angenehm, bequem, passend

Kon|ve|ni|enz ⟨[-ve-] f.; -; unz.⟩ **1** Herkommen, Schicklichkeit **2** Bequemlichkeit, Zuträglichkeit; *Ggs* Inkonvenienz [<lat. *convenientia* »Übereinstimmung«; zu *convenire* »zusammenkommen, passen«]

kon|ve|nie|ren ⟨[-ve-] V.⟩ zusagen, passen, gefallen [<lat. *convenire* »zusammenkommen, passen«]

Kon|vent ⟨[-vẹnt] m.; -(e)s, -e⟩ *oV* Convent **1** Zusammenkunft, Versammlung (bes. von Mitgliedern eines Klosters) **2** Kloster, Stift **3** Mitgliederversammlung einer Studentenverbindung **4** ⟨kurz für⟩ Nationalkonvent [<lat. *conventus* »Zusammenkunft«; zu *convenire* »zusammenkommen, passen«]

Kon|ven|ti|kel ⟨[-vɛn-] n.; -s, -⟩ **1** (geheime) Zusammenkunft **2** außerkirchl. relig. Versammlung [<lat. *conventiculum*, Verkleinerungsform zu *conventus;* → *Konvent*]

Kon|ven|ti|on ⟨[-vɛn-] f.; -, -en⟩ →*a.* Convention **1** Vereinbarung, Übereinkommen **2** ⟨Politik⟩ völkerrechtlicher Vertrag (über wirtschaftliche, humanitäre od. kulturelle Angelegenheiten); *die Genfer ~* **3** Herkommen, gesellschaftl. Brauch, Förmlichkeit; *sich über die gesellschaftlichen ~en hinwegsetzen* [<frz. *convention* »Vereinbarung, Abmachung« <lat. *convenire* »zusammenkommen, passen«]

kon|ven|ti|o|nal ⟨[-vɛn-] Adj.⟩ eine Konvention betreffend, auf ihr beruhend

kon|ven|ti|o|na|li|sie|ren ⟨[-vɛn-] V.⟩ etwas zu einer Konvention (2) machen, erhöhen

Kon|ven|ti|o|na|lis|mus ⟨[-vɛn-] m.; -; unz.; Philos.⟩ wissenschaftstheoretische Lehre, nach der die wissenschaftlichen Theorien nicht nur auf Erfahrung, sondern auch auf außerempirischen Erfahrungen beruhen, die durch Übereinkunft (Konvention) geregelt sind [→ *Konvention*]

Kon|ven|ti|o|na|li|tät ⟨[-vɛn-] f.; -; unz.⟩ **1** ⟨Sprachw.⟩ = Arbitrarität **2** konventionelle Beschaffenheit, Art; *Kunst zwischen ~ u. Kreativität* [→ *Konvention*]

Kon|ven|ti|o|nal|stra|fe ⟨[-vɛn-] f.; -, -n⟩ Strafe bei Nichteinhaltung eines Vertrages

kon|ven|ti|o|nell ⟨[-vɛn-] Adj.⟩ **1** auf Konvention (1) beruhend; *~e Waffen* herkömmliche Waffen; *Ggs* ABC-Waffen **2** auf Konvention (3) beruhend, korrekt; *~es Verhalten, Benehmen* **3** kühl, unpersönlich [<frz. *conventionnel* »herkömmlich«; → *Konvention*]

Kon|ven|tu|a|le ⟨[-vɛn-] m.; -n, -n⟩ stimmberechtigtes männl. Klostermitglied [<lat. *conventus* »Zusammenkunft«]

Kon|ven|tu|a|lin ⟨[-vɛn-] f.; -, -lin|nen⟩ stimmberechtigtes weibliches Klostermitglied [→ *Konventuale*]

kon|ver|gent ⟨[-vɛr-] Adj.⟩ *Ggs* divergent **1** aufeinander zulaufend, z. B. Linien **2** übereinstimmend [<lat. *convergens*, Part. Präs. zu *convergere* »sich hinneigen«; zu *vergere* »sich neigen«]

Kon|ver|genz ⟨[-vɛr-] f.; -, -en⟩ *Ggs* Divergenz **1** gegenseitige Annäherung, Verbindung zweier ursprüglich gegensätzlicher Dinge, z. B. Kombination zweier Medien; *oV* Convergence **2** ⟨Biol.⟩ Entstehung ähnlicher Merkmale u. Organe aus verschiedenen Vorzuständen bei nicht näher verwandten Tiergruppen [→ *konvergieren*]

Kon|ver|genz|kri|te|ri|um ⟨[-vɛr-] n.; -s, -ri|en⟩ **1** ⟨Wirtsch.⟩ eines von insgesamt fünf Kriterien, deren inhaltliche Ansprüche ein potenzieller Mitgliedsstaat der Europäischen Währungsunion zu erfüllen hat **2** ⟨Math.⟩ Angabe einer Bedingung dafür, dass Reihen od. Folgen einen Grenzwert besitzen

Kon|ver|genz|the|o|rie ⟨[-vɛr-] f.; -; unz.⟩ **1** ⟨Politik⟩ Lehre, nach der sich aufgrund der Industrialisierung die kommunistischen u. die kapitalistischen Gesellschaftsordnungen immer ähnlicher werden **2** ⟨Psych.⟩ Theorie, nach der die Persönlichkeitsentwicklung sich durch das Zusammenwirken von Umwelt u. Anlage vollzieht

kon|ver|gie|ren ⟨[-vɛr-] V.⟩ *Ggs* divergieren **1** sich einander nähern, demselbem Ziel zustreben **2** übereinstimmen [<lat. *convergere* »sich hinneigen«; zu *vergere* »sich neigen«]

kon|vers ⟨[-vẹrs] Adj.; Sprachw.⟩ gegensätzlich, umgekehrt; *~e Begriffe* Begriffe, deren Bedeutungen jeweils das Gegenteil darstellen, z. B. kaufen - verkaufen [→ *Konversion*]

Kon|ver|sa|ti|on ⟨[-vɛr-] f.; -, -en⟩ geselliges, leichtes, etwas förml. Gespräch, gepflegte Unterhaltung; *~ machen* [<frz. *conversation* »Umgang, Verkehr, Unterhaltung« <lat. *conversatio* »Verkehr, Umgang«]

Kon|ver|sa|ti|ons|le|xi|kon ⟨[-vɛr-] n.; -s, -xi|ka⟩ ein- od. mehrbändiges, alphabet. geordnetes Nachschlagewerk über alle Wissensgebiete

Kon|ver|sa|ti|ons|stück ⟨[-vɛr-] n.; -(e)s, -e; Theat.⟩ Boulevardkomödie, auf witzig-geistvollen Dialogen aufgebautes Unterhaltungsstück

kon|ver|sie|ren ⟨[-vɛr-] V.; veraltet⟩ Konversation machen, betreiben, sich gewandt u. etwas förmlich unterhalten [<lat. *conversari*]

Kon|ver|si|on ⟨[-vɛr-] f.; -, -en⟩ *oV* Conversion **1** Umwandlung **2** Umkehrung **3** Glaubenswechsel (bes. von einer nichtchristlichen zur christlichen Religion od. von der evang. zur kath. Konfession) **4** Umwandlung eines Schuldverhältnisses in ein anderes (meist zugunsten des Schuldners) **5** ⟨Psych.⟩ **5.1** grundlegende Einstellungs- od. Meinungsveränderung **5.2** Umwandlung od. Umkehrung von verdrängten Triebansprüchen od. Affekten in körperliche Symptome **6** ⟨Logik⟩ Veränderung einer Aussage durch Vertauschung von Subjekt u. Prädikat [<lat. *conversio* »Umdrehung, Umkehrung, Umwandlung«; zu *vertere* »wenden, drehen«]

Kon|ver|si|ons|fil|ter ⟨[-vɛr-] m.; -s, -; Fot.⟩ fotograf. Aufnahmefilter, der ein fotograf. Material für eine Lichtart verwendbar macht, für die es nicht geeignet ist, z. B. Blaufilter für Kunstlichtaufnahmen auf Tageslichtfarbfilm

Kon|ver|ter ⟨[-vẹr-] m.; -s, -⟩ *oV* Converter **1** kippbarer, birnenförmiger Stahlbehälter, dessen Boden mit Öffnungen zum Durchblasen von Luft versehen ist, zur Gewinnung von Kupfer u. von Stahl aus Roheisen **2** Gerät zum Umformen von (elektr.) Energie **3** ⟨Fot.⟩ Linsensystem für Spiegelreflexkameras, das die Brennweite verändert **3.1** ⟨kurz für⟩ Telekonverter **4** ⟨EDV⟩ Software, die Daten von einem Format in ein anderes umwandelt [<engl. *converter* »Umwandler, Umformer«; zu lat. *vertere* »wenden, drehen«]

kon|ver|ti|bel ⟨[-vɛr-] Adj.⟩ *Ggs* inkonvertibel **1** wandelbar **2** austauschbar; *konvertible Währungen* **3** bekehrbar

Kon|ver|ti|bi|li|tät ⟨[-vɛr-] f.; -; unz.⟩ Möglichkeit, Geld in eine andere Währung umzutauschen; *~ der Währungen* völlige Freiheit des Zahlungsverkehrs; *Sy* Konvertierbarkeit

Kon|ver|tier|bar|keit ⟨[-vɛr-] f.; -; unz.⟩ = Konvertibilität

kon|ver|tie|ren ⟨[-vɛr-] V.⟩ **1** umgestalten, umwandeln **2** in eine andere Währung umtauschen **3** ⟨Chemie⟩ umwandeln **4** die Konfession, die Religion wechseln **5** ⟨EDV⟩ Informationen auf einen anderen Datenspeicher übertragen od. Daten umcodieren, z. B. vom Dezimal- ins Dualsystem [<lat. *convertere* »umkehren, umwenden«; zu *vertere* »wenden«]

Kon|ver|tie|rung ⟨[-vɛr-] f.; -, -en⟩ **1** das Konvertieren, das Konvertiertwerden; *Daten~* **2** ⟨Wirtsch.⟩ = Konversion (4)

Kon|ver|tit ⟨[-vɛr-] m.; -en, -en; Rel.⟩ jmd., der zu einer anderen Konfession konvertiert ist (bes. zum Christentum od. Katholizismus) [<engl. *convertite* »Bekehrter«; zu *convert* »umwandeln, verwandeln, bekehren« <lat. *convertere*; → *konvertieren*]

kon|vex ⟨[-vẹks] Adj.; Optik⟩ erhaben, nach außen gewölbt; *Ggs* konkav; *~e Linse* [<lat. *convexus* »gewölbt, gerundet, gekrümmt«]

Kon|ve|xi|tät ⟨[-vɛ-] f.; -; unz.; Optik⟩ konvexe Beschaffenheit, Krümmung, Gekrümmtsein nach außen; *Ggs* Konkavität

Kon|vex|lin|se ⟨[-vẹks-] f.; -, -n; Optik⟩ konvex gekrümmte Linse, Sammellinse; *Ggs* Konkavlinse

Kon|vikt ⟨[-vịkt] n.; -(e)s, -e; kath. Kirche⟩ **1** Internat für Schüler od. Studenten **2** Haus, in dem Studenten verpflegt werden [<lat. *convictus* »das Zusammenleben«; zu *vivere* »leben«]

Kon|vik|tu|a|le ⟨[-vık-] m.; -n, -n; veraltet⟩ zu einem Konvikt gehörender Schüler od. Student

K

Kon|vi|vi|um ⟨[-viːvi-] n.; -s, -vien⟩ Gastmahl, Gelage [<lat. *convivium* »Gastmahl«; zu *vivere* »leben«]

Kon|voi ⟨a. [-vɔɪ] m.; -s, -s⟩ **1** Geleitzug, Schiffsverband im Schutz von See- od. Luftstreitkräften; *in einem ~ fahren* **2** die See- od. Luftstreitkräfte selbst [<frz. *convoi* »Geleit«, in Aussprache u. Bedeutung (1) beeinflusst von engl. *convoy* <lat. *cum* »gemeinsam (mit)« + *via* »Weg«]

Kon|vo|ka|ti|on ⟨[-vo-] f.; -, -en⟩ Einberufung (von Körperschaften) [<lat. *convocatio* »das Zusammenrufen«; zu *convocare* »zusammenrufen«; zu *vox* »Stimme«]

Kon|vo|lut ⟨[-vo-] n.; -(e)s, -e⟩ **1** Bündel von Schriftstücken od. Drucksachen **2** Sammelband, Sammelmappe **3** ⟨Med.⟩ Knäuel (von Darmschlingen) [<lat. *convolutus,* Part. Perf. zu *convolvere* »zusammenrollen«; zu *volvere* »wälzen«]

Kon|vo|lu|te ⟨[-vo-] f.; -, -n⟩ = Volute

Kon|vul|si|on ⟨[-vul-] f.; -, -en; Med.⟩ über den ganzen Körper verbreitete, rasch aufeinanderfolgende Zuckungen antagonistischer Muskeln [<lat. *convulsio* »Krampf«; zu *convellere* »zusammenreißen«; zu *vellere* »rupfen«]

kon|vul|si|visch ⟨[-vulsiːvɪʃ] Adj.; Med.⟩ in der Art einer Konvulsion, krampfhaft (zuckend); *~e Zuckungen* [→ *Konvulsion*]

kon|ze|die|ren ⟨V.⟩ zugestehen, einräumen, erlauben, zubilligen [<lat. *concedere* »fortgehen, weichen«; zu *cedere* »einhergehen«]

> ◆ Die Buchstabenfolge **kon|zen|tr...** kann auch **kon|zent|r...** getrennt werden.

◆ **Kon|zen|trat** ⟨n.; -(e)s, -e⟩ das beim Anreichern entstehende, gegenüber dem Ausgangsmaterial hochwertigere Produkt [→ *konzentrieren*]

◆ **Kon|zen|tra|ti|on** ⟨f.; -, -en⟩ **1** Zusammendrängung um einen Mittelpunkt **2** Zusammenfassung, Zusammenballung; *~ wirtschaftl., militärischer o. ä. Kräfte* **3** ⟨Chemie⟩ Anreicherung, Gehalt einer Lösung an gelöstem Stoff **4** Anspannung, Sammlung (aller Gedanken auf ein Problem, Ziel), angespannte Aufmerksamkeit; *mit äußerster ~ arbeiten, zuhören* [<frz. *concentration* »Sammlung, Massierung, Konzentration«; → *konzentrieren*]

◆ **Kon|zen|tra|ti|ons|la|ger** ⟨n.; -s, -e⟩ **1** ⟨urspr.⟩ von den Engländern während der Burenkriege errichtete Lager, um die Kampfmoral des Gegners durch Internierung der Familien zu untergraben **2** ⟨Abk.: KZ; 1933-45⟩ Arbeits- u. Massenvernichtungslager für Juden u. Gegner des Nationalsozialismus

◆ **kon|zen|trie|ren** ⟨V.⟩ **1** (um einen Mittelpunkt) sammeln, zusammendrängen **2** ⟨Chemie⟩ *Lösungen ~* verstärken, verdichten, anreichern mit, sättigen **3** zusammenziehen, zusammenballen; *Truppen, wirtschaftl. Kräfte in einem Raum, auf eine Aufgabe ~* **4** *sich ~* sich geistig sammeln, alle Aufmerksamkeit auf einen Gedanken, ein Ziel lenken; *ich kann mich schlecht ~; sich auf seine Arbeit ~; alle Gedanken auf ein Problem ~* [<frz. *concentrer* »in einem Mittelpunkt vereinigen«; zu *centre* »Mittelpunkt« <lat. *centrum;* → *Zentrum*]

◆ **kon|zen|triert** ⟨Adj.⟩ *Ggs* unkonzentriert **1** angespannt, aufmerksam, mit gesammelten Gedanken; *~ arbeiten, zuhören* **2** einen Stoff in großer Menge (gelöst) enthaltend; *~e Lösung*

◆ **kon|zen|trisch** ⟨Adj.⟩ einen gemeinsamen Mittelpunkt habend, nach einem Punkt strebend, auf einen Punkt gerichtet; *~es Feuer* ⟨Mil.⟩ Feuer von allen Seiten; *~e Kreise* Kreise, die den gleichen Mittelpunkt haben

◆ **Kon|zen|tri|zi|tät** ⟨f.; -; unz.⟩ Eigenschaft, den Mittelpunkt gemeinsam zu haben

Kon|zept ⟨n.; -(e)s, -e⟩ **1** erste Niederschrift, erste Fassung, Plan, Entwurf; *der Aufsatz ist im ~ fertig* **2** Vorhaben, Plan; *das passt mir nicht in mein ~; jmdn. aus dem ~ bringen* ⟨fig.; umg.⟩ verwirren; *aus dem ~ kommen* verwirrt werden [<lat. *conceptum* »das (in Worten) Abgefasste, Ausgedrückte«, Part. Perf. zu *concipere*]

Kon|zep|ti|on ⟨f.; -, -en⟩ **1** ⟨Med.⟩ Empfängnis **2** ⟨fig.⟩ schöpfer. Einfall **3** Entwurf eines Werkes **4** Auffassung, Begreifen [<lat. *conceptio* »Empfängnis, Abfassung juristischer Formeln«]

kon|zep|ti|o|nell ⟨Adj.⟩ die Konzeption betreffend, zu ihr gehörend, auf ihr beruhend

kon|zep|ti|o|nie|ren ⟨V.⟩ = konzipieren

kon|zep|tu|a|li|sie|ren ⟨V.⟩ ein Konzept entwickeln, ein Konzept erarbeiten; *einen Gedanken, ein Vorhaben ~*

Kon|zep|tu|a|lis|mus ⟨m.; -; unz.; Philos.⟩ Lehre, nach der das Allgemeine weder als bloßes Wort (Nominalismus), noch als allgemeine Realität (Realismus), sondern nur als (subjektiver) Begriff existiert [<*Konzept* + *...ismus*]

kon|zep|tu|ell ⟨Adj.⟩ über ein Konzept (2) verfügend, ein Konzept aufweisend

Kon|zern ⟨m.; -s, -e; Wirtsch.⟩ Verbund von gleichartigen, rechtlich selbstständigen Unternehmen mit gemeinsamer Leitung u. Verwaltung [<engl. *concern* »Beziehung, Geschäftsbeziehung, Unternehmung«]

kon|zer|nie|ren ⟨V.; Wirtsch.⟩ zu einem Konzern zusammenschließen (von rechtlich selbstständigen Unternehmen) [<engl. *concern* »betreffen« <frz. *concerner* <mlat. *concernare* »beachten, betreffen« <lat. *concernere* »zusammensieben, mischen«]

Kon|zer|nie|rung ⟨f.; -, -en; Wirtsch.⟩ Bildung von Konzernen

Kon|zern|zen|tra|le *auch* **Kon|zern|zent|ra|le** ⟨f.; -, -n⟩ **1** Direktion, Leitung eines Konzerns **2** Ort, an dem sich die Konzernleitung befindet

Kon|zert ⟨n.; -(e)s, -e; Musik⟩ **1** öffentl. Aufführung von Musikwerken **2** Musikstück für Soloinstrument u. Orchester; *Vio-*

K

lin~; Klavier~ **3** ⟨fig.⟩ aufeinander abgestimmtes Zusammenwirken; *das ~ der Völker* [<ital. *concerto* »Wettstreit (der Stimmen), öffentl. Musikaufführung« <lat. *concertare* »wetteifern«]

Kon|zert|agen|tur ⟨f.; -, -en; Musik⟩ Unternehmen, das Künstlern Möglichkeiten für Konzerte vermittelt

kon|zer|tant ⟨Adj.; Musik⟩ konzertartig, in Konzertform; *oV* concertante; *~e Aufführung; ~e Symphonie*

kon|zer|tie|ren ⟨V.; Musik⟩ ein Konzert geben [<ital. *concertare* »übereinstimmen, konzertieren« <lat. *concertare* »wetteifern«]

kon|zer|tiert ⟨Adj.; in der Wendung⟩ *~e Aktion* aufeinander abgestimmte Aktion zur Zusammenarbeit (bei teilweise entgegengesetzten Interessen)

Kon|zer|ti|na ⟨f.; -, -s; Musik⟩ sechseckige chromat. Handharmonika [<ital. *concertina; zu concerto;* → *Konzert*]

Kon|zert|meis|ter ⟨m.; -s, -; Musik⟩ führender Streicher im Orchester, erster Geiger

Kon|zert|saal ⟨m.; -(e)s, -sä|le; Musik⟩ Saal, in dem Konzerte veranstaltet werden

Kon|zes|si|on ⟨f.; -, -en⟩ **1** Zugeständnis; *im Leben ~en machen; er ist (nicht) zu ~en bereit* **2** behördl. Genehmigung, z. B. für ein Gewerbe **3** (dem Staat vorbehaltenes) Recht, ein Gebiet zu erschließen u. auszubeuten **4** das Gebiet selbst, für das ein Nutzungsrecht gegeben ist [<lat. *concessio* »Zugeständnis, Einräumung«; → *konzedieren*]

Kon|zes|si|o|när ⟨m.; -s, -e⟩ Inhaber einer Konzession

kon|zes|si|o|nie|ren ⟨V.⟩ eine Konzession vergeben für, behördlich genehmigen

kon|zes|siv ⟨Adj.; Gramm.⟩ einräumend [<lat. *concessivus* »einräumend«; → *konzedieren*]

Kon|zes|siv|satz ⟨m.; -es, -sät|ze; Gramm.⟩ Nebensatz, Einräumungssatz, der ein Zugeständnis ausdrückt, das zum Inhalt des Hauptsatzes im Widerspruch steht, eingeleitet durch »obgleich«, »wenn auch« u. Ä.

Kon|zet|ti ⟨Pl.; Lit.⟩ besonders in der europäischen Barockdichtung angewandte geistreich-überspitzte Wortspielereien in einem gekünstelten Stil [<ital. *concetto* »Einfall«]

Kon|zil ⟨n.; -s, -e od. -li|en; kath. Kirche⟩ (umfassende) Versammlung kirchl. Würdenträger; *Sy* Synode (2) [<lat. *concilium* »Versammlung«; zu *calare* »aus-, zusammenrufen«]

kon|zi|li|ant ⟨Adj.⟩ *Ggs* inkonziliant **1** umgänglich, verbindlich **2** versöhnlich, zu Zugeständnissen bereit [<lat. *conciliens,* Part. Präs. zu *conciliare* »vereinigen, verbinden, geneigt machen, gewinnen«]

Kon|zi|li|anz ⟨f.; -; unz.⟩ *Ggs* Inkonzilianz **1** konziliantes Wesen, Entgegenkommen, Umgänglichkeit **2** Versöhnlichkeit

kon|zi|li|ar ⟨Adj.; kath. Kirche⟩ *Sy* konziliarisch **1** das Konzil betreffend, auf ihm beruhend **2** *~e Theorie* Konziliarismus

kon|zi|li|a|risch ⟨Adj.; kath. Kirche⟩ = konziliar

Kon|zi|li|a|ris|mus ⟨m.; -; unz.; kath. Kirche⟩ kirchenrechtl. Auffassung, dass das Konzil dem Papst übergeordnet sein müsse

kon|zinn ⟨Adj.; Rhet.⟩ gefällig, abgerundet, harmonisch zusammengefügt [<lat. *concinnus* »hübsch, zierlich, harmonisch, gefällig«]

Kon|zi|pi|ent ⟨m.; -en, -en⟩ Verfasser eines Konzepts [zu lat. *concipiens* »in Worten abfassend«, Part. Präs. von *concipere;* → *konzipieren*]

kon|zi|pie|ren ⟨V.⟩ **1** im Konzept entwerfen, ins Konzept schreiben, ein Konzept verfassen über, für; *Sy* konzeptionieren **2** ⟨Med.⟩ (ein Kind) empfangen [<lat. *concipere* »auffassen, in sich aufnehmen, in Worten abfassen«; zu *capere* »fassen«]

Kon|zi|pie|rung ⟨f.; -, -en⟩ das Konzipieren

kon|zis ⟨Adj.⟩ bündig, kurz [<lat. *concisus* »abgebrochen, kurz gefasst«]

Ko|ok|kur|renz ⟨f.; -, -en; Sprachw.⟩ = Konkomitanz (1) [<*Ko...* + lat. *occurrere* »entgegenlaufen, begegnen«]

Ko|ope|ra|ti|on ⟨f.; -, -en⟩ Zusammenarbeit, Zusammenwirken [<lat. *cooperatio* »Mitwirkung, Mitarbeit«; zu *cooperari* »mitwirken, mitarbeiten«]

ko|ope|ra|tiv ⟨Adj.⟩ zusammenwirkend, zusammenarbeitend; *~e Gesamtschule* = additive G. [→ *Kooperation, kooperieren*]

Ko|ope|ra|ti|ve ⟨f.; -, -n; DDR⟩ (landwirtschaftliche) Genossenschaft

Ko|ope|ra|tor ⟨m.; -s, -to|ren⟩ kath. Hilfsgeistlicher [<lat. *cooperator* »Mitwirker, Mitarbeiter«; zu *cooperari* »mitwirken, mitarbeiten«]

ko|ope|rie|ren ⟨V.⟩ zusammenarbeiten, zusammenwirken [<lat. *cooperari* »mitwirken, mitarbeiten«; zu *opera* »Arbeit, Mühe«]

Ko|op|ta|ti|on ⟨f.; -, -en⟩ Zuwahl, Wahl neuer Mitglieder einer Körperschaft durch die alten Mitglieder, z. B. in Akademien; *oV* Kooption [<lat. *cooptatio* »Ergänzungswahl«; zu *cooptare;* → *kooptieren*]

ko|op|ta|tiv ⟨Adj.⟩ die Kooptation betreffend, auf ihr beruhend, mit ihrer Hilfe

ko|op|tie|ren ⟨V.⟩ durch Kooptation ergänzen; *Mitglieder ~* [<lat. *cooptare* »hinzuwählen«; zu *optare* »wünschen«]

Ko|op|ti|on ⟨f.; -, -en⟩ = Kooptation

Ko|or|di|na|te ⟨f.; -, -n; Math.⟩ Zahlenangabe zur Festlegung eines Punktes [<mlat. *coordinatus,* Part. Perf. zu *coordinare;* → *koordinieren*]

Ko|or|di|na|ten|sys|tem ⟨n.; -s, -e; Math.⟩ mathemat. Bezugssystem mit zwei Achsen bei ebener u. drei Achsen bei räumlicher Darstellung von Kurven od. Figuren (in der höheren Mathematik auch mit mehr als drei Achsen)

Ko|or|di|na|ti|on ⟨f.; -, -en⟩ **1** Zuordnung, Beiordnung **2** das Abstimmen verschiedener Dinge, Vorgänge usw. aufeinander **3** Zusammenspiel der Muskeln zu bestimmten, beabsichtigten Bewegungen **4** das Neben-, Beiordnen von Satzgliedern od. Sätzen durch koordinierende Konjunktionen;

K

Ggs Subordination (2) [<mlat. *coordinatio* »Zuordnung«; zu *coordinare;* → *koordinieren*]

Ko|or|di|na|ti|ons|ver|bin|dung ⟨f.; -, -en; Chemie⟩ chem. Verbindung, bei der zwei od. mehrere Atome od. Atomgruppen um ein Zentralatom gruppiert sind

ko|or|di|na|tiv ⟨Adj.⟩ die Koordination betreffend, auf ihr beruhend, aufeinander abgestimmt, zuordnend

Ko|or|di|na|tor ⟨m.; -s, -to|ren⟩ jmd., der etwas koordiniert, aufeinander abstimmt [<mlat. *coordinator* »Zuordner«; → *koordinieren*]

Ko|or|di|na|to|rin ⟨f.; -, -rin|nen⟩ weibl. Person, die etwas koordiniert, aufeinander abstimmt

ko|or|di|nier|bar ⟨Adj.⟩ so beschaffen, dass man es koordinieren kann; *~e Termine*

ko|or|di|nie|ren ⟨V.⟩ **1** (als gleichwertig) nebeneinanderstellen **2** aufeinander abstimmen; *Vorgänge* ~ **3** ⟨Gramm.⟩ beiordnen, nebenordnen, z. B. Sätze; *Ggs* subordinieren; *~de Konjunktion* K., die einen Hauptsatz mit einem anderen Hauptsatz verbindet [<mlat. *coordinare* »zuordnen« <lat. *ordinare* »ordnen«]

Ko|pa|i|va|bal|sam ⟨[-va-] m.; -s; unz.⟩ Harz aus Stämmen des Kopaivabaumes

Ko|pa|i|va|baum ⟨[-va-] m.; -(e)s, -bäu|me; Bot.⟩ Mimosengattung, deren südamerikanische Arten den Kopaivabalsam u. wertvolle Hölzer liefern: Copaifere [<span., portug. *copaiba* <Tupi]

Ko|pal ⟨m.; -s, -e⟩ Harz verschiedener Art u. Herkunft, das zur Herstellung von Kopallacken verwendet wird [<span. *copal* <Nahuatl *copalli*]

Ko|pe|ke ⟨f.; -, -n⟩ **1** ⟨früher⟩ russ. Silbermünze **2** ⟨heute⟩ russ. Münze, 1/100 Rubel [<russ. *kopejka;* zu *kopjo* »Lanze« (da diese Münze urspr. das Bild des mit einer Lanze bewaffneten hl. Georg trug)]

Ko|pe|po|de ⟨m.; -n, -n; Zool.⟩ Ruderfußkrebs, Hüpferling, Angehöriger einer Klasse kleiner, meist durchsichtiger Krebse: Copepoda [<grch. *kopos* »Schlag« + *pous,* Gen. *podos* »Fuß«]

Kö|per ⟨m.; -s, -; Textilw.⟩ **1** eine Bindung, die eine mehr od. weniger deutliche Diagonalstreifung verursacht **2** Gewebe in Köperbindung [<ndrl. *keper* »Balken, Sparren im Wappen« (nach der schräg verlaufenden Kreuzung der Fäden)]

ko|per|ni|ka|nisch ⟨Adj.⟩ auf der Lehre des Kopernikus beruhend; *~es Weltsystem* [nach dem Astronomen Nikolaus *Kopernikus,* 1473-1543]

Ko|pho|sis ⟨f.; -; unz.; Med.⟩ Taubheit [zu grch. *kophos* »taub«]

Koph|ta ⟨m.; -s, -s⟩ ein sich in geheimnisvolles Dunkel hüllender ägypt. Weiser [→ *Kopte*]

koph|tisch ⟨Adj.⟩ den Kophta betreffend, von ihm stammend

Ko|pi|al|buch ⟨n.; -(e)s, -bü|cher; früher⟩ Buch für Abschriften von Urkunden u. Ä. [→ *kopieren*]

Ko|pie ⟨f.; -, -n⟩ **1** Abschrift, Zweitschrift **2** Durchschrift, Durchschlag; *Ggs* Original (2) **3** ⟨kurz für⟩ Fotokopie **4** ⟨Fot.⟩ Abzug (eines Negativs) **5** Nachbildung (eines Kunstwerkes); *eine ~ von Michelangelos »David«* [<lat. *copia* »Fülle, Menge; Vervielfältigung«]

ko|pie|ren ⟨V.⟩ **1** eine Abschrift herstellen von **2** ⟨kurz für⟩ fotokopieren **3** ⟨Fot.⟩ einen Abzug herstellen von; *ein Negativ* ~ **4** nachahmen; *jmdn., jmds. Gang, Sprechweise* ~ **5** nachbilden, abmalen; *ein Gemälde* ~ [<mlat. *copiare* »vervielfältigen«; → *Kopie*]

Ko|pie|rer ⟨m.; -s, -⟩ Gerät zum Fotokopieren, Vervielfältigen

Ko|pier|stift ⟨m.; -(e)s, -e⟩ Stift, der einen (wasserlöslichen) intensiven Farbstoff enthält

Ko|pi|lot ⟨m.; -en, -en⟩ = Copilot

Ko|pi|lo|tin ⟨f.; -, -tin|nen⟩ = Copilotin

ko|pi|ös ⟨Adj.; Med.⟩ reichlich, zahlreich, in Fülle [<frz. *copieux* »reichlich«; zu lat. *copia* »Menge, Überfluss«]

Ko|pist ⟨m.; -en, -en⟩ **1** jmd., der eine Abschrift anfertigt **2** jmd., der etwas nachbildet [→ *kopieren*]

Kop|pa ⟨n.; - od. -s, -s⟩ Schriftzeichen des ältesten grch. Alphabets [grch.]

◆ Die Buchstabenfolge **ko|pr...** kann auch **kop|r...** getrennt werden. Davon ausgenommen sind Zusammensetzungen, in denen die fremdsprachigen bzw. sprachhistorischen Bestandteile deutlich als solche erkennbar sind, z. B. *-produzieren* (→*a.* reproduzieren).

◆ **ko|pr..., Ko|pr...** ⟨in Zus.; vor Vokalen⟩ = kopro..., Kopro...

◆ **Ko|pra** ⟨f.; -; unz.⟩ getrocknetes u. zerkleinertes Nährgewebe der Kokosnuss als Rohmaterial zur Ölgewinnung [<portug. *copra* <Hindi *khopra*]

◆ **Ko|prä|mie** ⟨f.; -, -n; Med.⟩ Selbstvergiftung durch langandauernde Verstopfung des Körpers, die Kopfschmerzen, Schwindel u. Appetitlosigkeit zur Folge hat [<grch. *kopros* »Kot« + *...ämie*]

◆ **ko|pro..., Ko|pro...** ⟨in Zus.⟩ Kot, Stuhl; *oV* kopr..., Kopr... [<grch. *kopros* »Mist, Kot«]

Ko|pro|duk|tion ⟨f.; -, -en⟩ gemeinsame Produktion, bes. eines Films durch Filmgesellschaften verschiedener Länder; *oV* Coproduktion

Ko|pro|du|zent ⟨m.; -en, -en⟩ jmd., der mit jmdm. zusammen etwas produziert, insbesondere einen Film; *oV* Coproduzent

Ko|pro|du|zen|tin ⟨f.; -, -tin|nen⟩ weibl. Person, die mit jmdm. zusammen etwas produziert, bes. einen Film; *oV* Coproduzentin

ko|pro|du|zie|ren ⟨V.⟩ gemeinsam herstellen, bes. einen Film; *oV* coproduzieren

◆ **ko|pro|gen** ⟨Adj.⟩ durch Kot erzeugt [<grch. *kopros* »Kot« + *...gen*[1]]

◆ **Ko|pro|la|lie** ⟨f.; -; unz.; Med.⟩ Zwang zur Benutzung der Fäkalsprache [<grch. *kopros* »Mist, Kot« + *lalia* »Sprache«]

◆ **Ko|pro|lith** ⟨m.; -s od. -en, -e od. -en⟩ **1** versteinerter Kot fossiler Tiere **2** Gebilde aus verhärtetem Kot u. eingelagerten Mineralsalzen, Kotstein

[<grch. *kopros* »Mist, Kot« + ...*lith*]

◆**Ko|prom** ⟨n.; -s, -e; Med.⟩ Kotgeschwulst, scheinbare Geschwulst im Darm, die aber lediglich aus einer verhärteten Kotansammlung besteht; *Sy* Fäkulom [<*Kopro...*]

◆**ko|pro|phag** ⟨Adj.⟩ sich von Mist ernährend; *Sy* skatophag

◆**Ko|pro|pha|ge** ⟨m.; -n, -n; Biol.⟩ Tier, das sich von Mist ernährt, Kotfresser, z. B. Mistkäfer; *Sy* Skatophage [<grch. *kopros* »Mist, Kot« + ...*phage*]

◆**Ko|pro|pha|gie** ⟨f.; -, -n⟩ **1** ⟨Biol.; unz.⟩ Ernährungsweise von Tieren, die von Kot leben **2** ⟨Psych.⟩ krankhafte Neigung, Kot zu essen [→ *Koprohage*]

◆**ko|pro|phil** ⟨Adj.; Biol.⟩ Kot als Grundlage des Lebensraumes bevorzugend, bei Tieren u. Pflanzen [<*kopro...* + ...*phil*]

◆**Ko|pro|sta|se** *auch:* **Ko|pros|ta|se** ⟨f.; -, -n; Med.⟩ Kotstauung [<*Kopro...* + *Stase*]

Kops ⟨m.; -es, -e; Textilw.⟩ aus aufgewickeltem Garn entstehende, birnenförmige Garnrolle, Kötzer [<engl. *cop* »Garnwickel«]

Kop|te ⟨m.; -n, -n⟩ christl. Nachkomme der alten Ägypter, seit dem 3. Jh. mit eigener Kirche [<arab. *Kopt, Kibt* »Ägypter«]

kop|tisch ⟨Adj.⟩ die Kopten betreffend, von ihnen stammend, zu ihnen gehörig; *~e Kirche* die christl. Kirche in Ägypten, seit dem 5. Jh. von der Ostkirche getrennt; *~e Sprache* zu den hamitischen Sprachen gehörende Sprache der Kopten

Kop|to|lo|ge ⟨m.; -n, -n⟩ Wissenschaftler auf dem Gebiet der Koptologie

Kop|to|lo|gie ⟨f.; -; unz.⟩ Wissenschaft, die sich mit der Sprache u. Literatur der Kopten befasst

Kop|to|lo|gin ⟨f.; -, -gin|nen⟩ Wissenschaftlerin auf dem Gebiet der Koptologie

Ko|pu|la ⟨f.; -, -s od. -lae [-lɛː]⟩ **1** ⟨Gramm.⟩ Satzband **1.1** durch ein Hilfsverb od. eine Form von werden, scheinen, bleiben gebildeter Teil des zusammengesetzten Prädikats **1.2** das Glied, das Subjekt u. Prädikat zu einer Aussage verbindet **2** ⟨Biol.⟩ Begattung (der Tiere) [<lat. *copula* »Verbindung, Band«]

Ko|pu|la|ti|on ⟨f.; -, -en⟩ **1** ⟨veraltet⟩ Trauung **2** ⟨Biol.⟩ Begattung, Verschmelzung der Geschlechtszellen **3** ⟨Gartenbau⟩ Pfropfung durch Vereinigung von zwei gleich starken Trieben [<lat. *copulatio* »Verknüpfung, Verbindung«; → *kopulieren*]

ko|pu|la|tiv ⟨Adj.; Gramm.⟩ verbindend, anreihend; *~es Verb* = Kopula (1.1) [<lat. *copulativus* »zur Verbindung gehörig«; → *Kopula*]

Ko|pu|la|tiv|kom|po|si|tum ⟨n.; -s, -si|ta; Sprachw.⟩ = Dvandva; *oV* Kopulativum

Ko|pu|la|ti|vum ⟨[-vum] n.; -s, -ti|va [-va]; Sprachw.⟩ = Kopulativkompositum

ko|pu|lie|ren ⟨V.⟩ **1** ⟨veraltet⟩ *jmdn. ~* trauen **2** den Geschlechtsakt ausführen **3** verbinden, anreihen **4** ⟨Bot.⟩ durch Kopulation pfropfen [<lat. *copulare* »fesseln, binden«; zu *copula* »Band«]

kor..., Kor... ⟨Vorsilbe⟩ = kon..., Kon...

Ko|rah ⟨fig.; umg.; nur in der Wendung⟩ *eine Rotte ~* zügellose Horde [nach einem Enkel Levis, der mit seinen Anhängern gegen Moses einen Aufruhr anstiftete u. vom Feuer verzehrt wurde]

Ko|ral|le ⟨f.; -, -n⟩ **1** ⟨Zool.⟩ zu den Hohltieren gehöriges, in Kolonien lebendes Meerestier, dessen Grundsubstanz aus Kalk besteht **2** Schmuck aus dessen Kalkgerüst [<mhd. *coral(lus), coralle* <altfrz. *coral* <lat. *corallium* <grch. *kouralion* »Koralle« <*koura halos* »Puppe der Salzflut«]

ko|ral|len ⟨Adj.⟩ **1** aus Korallen bestehend **2** = korallenfarbig

ko|ral|len|far|big ⟨Adj.⟩ hellrot wie Korallen; *Sy* korallen (2)

ko|ral|lo|gen ⟨Adj.; Geol.⟩ aus Korallenablagerungen bestehend; *~e Gesteinsschichten* [<*Koralle* + ...*gen*[1]]

ko|ram ⟨veraltet⟩ in Gegenwart von ..., öffentlich; *jmdn. ~ nehmen* jmdn. zur Rede stellen, tadeln; →*a.* coram publico [<lat. *coram* »in Gegenwart von«]

Ko|ran ⟨m.; -s, -e⟩ heilige Schrift des Islams [<arab. *qur'an* »Lesung, Vortrag«]

Kord ⟨m.; -(e)s, -e od. -s; Textilw.⟩ = Cord

Kor|de ⟨f.; -, -n⟩ = Kordel

Kor|del ⟨f.; -, -n⟩ Schnur aus mehreren gedrehten Seidenfäden; *oV* Korde [<frz. *cordelle* »kurzes Seil«; zu *corde;* → *Kord*]

kor|di|al ⟨Adj.; veraltet⟩ herzlich, vertraut, umgänglich [<frz. *cordial* »herzlich« <lat. *cor,* Gen. *cordis* »Herz«]

Kor|di|a|li|tät ⟨f.; -; unz.; veraltet⟩ kordiales Verhalten, Herzlichkeit, Umgänglichkeit

kor|die|ren ⟨V.⟩ **1** *Werkzeuggriffe ~* aufrauen **2** schnurartige Verzierung in Form gekreuzter Linien einritzen in; *Gold ~; Silberdraht ~* [→ *Kordel*]

Kor|don ⟨[-dɔ̃ː] österr. [-doːn] m.; -s, -s od. (österr.) -e⟩ **1** Schnur, Band **2** Ordensband **3** ⟨Obstbau⟩ Schnurbaum **4** Postenkette, Absperrung [<frz. *cordon* »Kordel, Schnur, Postenkette«; zu *corde;* → *Kord*]

Kor|do|nett|sei|de ⟨f.; -, -n; Textilw.⟩ Garn, das aus mehreren Seidenfäden schnurartig gedreht ist [<frz. *cordonnet* »dünne Schnur, Knopflochseide«]

Kor|du|an ⟨n.; -s; unz.⟩ feines Ziegen- od. Schafleder [<mhd. *kurdewan* <afrz. *cordouan,* nach der span. Stadt *Córdoba,* in der das Leder zuerst von den Mauren hergestellt wurde]

Ko|re ⟨f.; -, -n⟩ = Karyatide [grch., »Mädchen, Jungfrau«]

Ko|re|fe|rat ⟨n.; -(e)s, -e; österr.⟩ = Korreferat

Ko|re|fe|rent ⟨m.; -en, -en⟩ = Korreferent

Ko|re|fe|ren|tin ⟨f.; -, -tin|nen⟩ = Korreferentin

Ko|ri|an|der ⟨m.; -s, -; Bot.⟩ **1** ⟨i. w. S.⟩ Gattung der Doldengewächse: Coriandrum **2** ⟨i. e. S.⟩ als Küchengewürz verwendete Art: C. sativum [<lat. *coriandrum* <grch. *koriannon;* zu *koris* »Wanze« (wegen des der Pflanze eigenen Wanzengeruchs)]

Ko|ri|an|do|li ⟨n.; - od. -s; unz.; österr.⟩ = Konfetti

K

Ko|rin|the ⟨f.; -, -n⟩ kleine schwarze Rosine [<frz. *raisin de Corinthe* »Weinbeere aus Korinth«; nach dem grch. Hafen *Korinth*]

Kork ⟨m.; -(e)s, -e⟩ **1** die elastische, leichte Rinde der Korkeiche **2** = Korken [<ndrl. *kurk* <span. *corcho* <lat. *cortex* »Baumrinde«]

Kor|ken ⟨m.; -s, -⟩ Pfropfen aus Kork zum Verschließen von Flaschen; *Sy* Kork (2)

Kor|mo|phyt ⟨m.; -en, -en; Bot.⟩ Pflanze, die aus Wurzel, Blatt u. Stängel besteht u. Leitbündel zum Transport der Nährstoffe besitzt, Sprosspflanze, Gefäßpflanze; *Ggs* Thallophyt [<grch. *kormos* »Stamm« + *...phyt*]

Kor|mo|ran ⟨m.; -s, -e; Zool.⟩ Angehöriger einer Familie großer, langschnäbliger Ruderfüßer, an Gewässern lebend, wo er unter Wasser schwimmend Fische fängt, Scharbe: Phalacrocoracidae [<frz. *cormoran* <afrz. *cormare(n)g* <afrz. *corp* »Rabe« + *marenc* »Meer…« <lat. *corvus marinus* »Seerabe«]

Kor|mus ⟨m.; -; unz.; Bot.⟩ in Sprossachse, Blätter u. Wurzel gegliederter Körper der Kormophyten; *Ggs* Thallus [<grch. *kormos* »Stamm«]

Kor|nea ⟨f.; -; unz.; Anat.⟩ = Cornea

kor|ne|al ⟨Adj.; Med.⟩ die Cornea betreffend, zu ihr gehörig

Kor|nel|kir|sche ⟨f.; -, -n; Bot.⟩ zur Art des Hartriegels gehörendes Bäumchen mit Büscheln gelber Blüten u. roten Steinfrüchten, das auch als Gartenpflanze gehalten wird, Herlitze: Cornus mas [<frz. *corneille* <lat. *cornicula*]

Kor|nett[1] ⟨n.; -(e)s, -e od. -s; Musik⟩ aus dem Posthorn entwickeltes, kleines u. höchstes Blechblasinstrument; *oV* Cornetto; *Sy* Piston (3) [<ital. *cornetto* »Hörnchen«, Verkleinerungsform zu *corno* <lat. *cornu* »Horn«]

Kor|nett[2] ⟨m.; -(e)s, -e od. -s; früher⟩ Fähnrich einer Reiterabteilung, jüngster Offizier der Schwadron [<frz. *cornette* »Fähnlein, Standarte«, dann auch »Fähnrich«, eigtl. »Hörnchen« (nach der spitzen Form der Fahne), <lat. *cornu* »Horn«]

Kor|net|tist ⟨m.; -en, -en; Musik⟩ Musiker, der das Kornett spielt [→ *Kornett*[1]]

Kor|net|tis|tin ⟨f.; -, -tin|nen; Musik⟩ Musikerin, die das Kornett spielt [→ *Kornett*[1]]

Ko|rol|la ⟨f.; -, -rol|len; Bot.⟩ = Corolla

Ko|rol|lar ⟨n.; -s, -e⟩ *oV* Korollarium **1** Zugabe, Anhang **2** ⟨Logik⟩ aus einem anderen Satz abgeleiteter Satz, gefolgerter Satz [<lat. *corollarium,* eigtl. »Girlande; Trinkgeld«; → *Corolla*]

Ko|rol|la|ri|um ⟨n.; -s, -ri|en⟩ = Korollar

Ko|rol|le ⟨f.; -, -n; Bot.⟩ = Corolla

Ko|ro|man|del|holz ⟨n.; -es, -hölzer; Handelsname für⟩ Ebenholz verschiedener Arten der Dattelpflaume [nach dem Küstenstrich *Koromandel* an der Ostküste Vorderindiens]

Ko|ro|na ⟨f.; -, -ro|nen⟩ **1** Strahlenkranz der Sonne **2** Glimmentladung an elektr. Hochspannungsanlagen **3** ⟨umg.⟩ Teilnehmerkreis, Zuhörerschaft, fröhliche Runde [<lat. *corona* »Kranz«]

ko|ro|nal ⟨Adj.⟩ die Korona(entladung) betreffend, zu ihr gehörig; *~es Material von der Oberfläche von Sternen*

ko|ro|nar ⟨Adj.; Med.⟩ die Herzkranzgefäße betreffend, zu ihnen gehörend [<lat. *coronarius* »zum Kranz gehörig«]

Ko|ro|nar|ge|fäß ⟨n.; -es, -e; Med.⟩ Blutgefäß des Herzens, Herzkranzgefäß, Kranzgefäß

Ko|ro|nar|in|suf|fi|zi|enz ⟨f.; -, -en; Med.⟩ ungenügende Durchblutung u. damit mangelhafte Versorgung des Herzmuskels mit Sauerstoff durch die Herzkranzgefäße [→ *Korona*]

Ko|ro|nar|skle|ro|se ⟨f.; -, -n; Med.⟩ Verkalkung der Herzkranzadern [→ *Korona*]

Ko|ro|nis ⟨f.; -, -ni|des; Zeichen: ᾿; grch. Gramm.⟩ Häkchen, Zeichen für die Krase [<lat. *coronis* »verschlungener Federzug am Ende eines Buches od. eines Abschnittes« <grch. *koronis* »geschweift«]

Kor|po|ra ⟨Pl. von⟩ Korpus (2)

Kor|po|ral ⟨m.; -s, -e od. -rä|le⟩ niedrigster Dienstgrad der Unteroffiziere [<ital. *caporale* »Hauptmann«, beeinflusst von frz. *corps* »Körper(schaft)« <ital. *capo* »Haupt« <lat. *caput* »Haupt, Kopf«]

Kor|po|ra|le ⟨n.; -s, -⟩ Tuch als Unterlage für Hostie u. Kelch in der Messe [<lat. *corporalis* »dem Leib zugehörig«; zu *corpus* »Leib (des Herrn)«]

Kor|po|ra|ti|on ⟨f.; -, -en⟩ **1** Körperschaft **2** Studentenverbindung [<lat. *corporatio* »Körperlichkeit«; zu *corpus* »Körper«]

Kor|po|ra|ti|ons|recht ⟨n.; -(e)s, -e⟩ das einer Körperschaft verliehene Recht einer jurististischen Person

kor|po|ra|tis|tisch ⟨Adj.⟩ = korporativ

kor|po|ra|tiv ⟨Adj.⟩ *oV* korporatistisch **1** eine Korporation betreffend, körperschaftlich **2** insgesamt, geschlossen [<lat. *corporativus* »einen Körper bilden«; zu *corpus* »Körper«]

kor|po|riert ⟨Adj.⟩ einer Korporation (2) angehörend

Korps ⟨[ko:r] n.; - [ko:rs], - [ko:rs]⟩ *oV* Corps **1** ⟨kurz für⟩ Armeekorps **2** Studentenverbindung **3** Gemeinschaft von Personen gleichen Standes od. Berufes; *Offiziers~; diplomatisches ~;* [<frz. *corps* »Körper, Körperschaft« <lat. *corpus* »Körper«]

Korps|stu|dent ⟨[ko:r-] m.; -en, -en⟩ Student als Mitglied eines (student.) Korps

kor|pu|lent ⟨Adj.⟩ beleibt, füllig, dick; *~ sein, werden; ein ~er Herr; eine ~e Dame* [<lat. *corpulentus* »wohlbeleibt, dick«; zu *corpus* »Körper«]

Kor|pu|lenz ⟨f.; -; unz.⟩ korpulente Beschaffenheit, Beleibtheit [<lat. *corpulentia* »Beleibtheit«; zu *corpus* »Körper«]

Kor|pus[1] ⟨m.; -, -se⟩ **1** Kernstück (von Möbeln) **2** ⟨umg.⟩ Körper, Leib [<lat. *corpus* »Körper«]

Kor|pus[2] ⟨n.; -, -po|ra⟩ **1** Sammlung, Auswahl von Texten, Äußerungen (als Grundlage für wissenschaftliche, bes. sprachwissenschaftliche Untersuchungen); *oV* Corpus **2** ⟨Musik⟩

K

Resonanzkörper, bes. der Saiteninstrumente

Kor|pus[3] ⟨f.; -; unz.; Typ.⟩ ein Schriftgrad (10 Punkt)

Kor|pus|ana|ly|se ⟨f.; -, -n; EDV⟩ (meist elektronisch durchgeführte) Analyse eines Textkorpus, z. B. für literatur- od. sprachwissenschaftliche Untersuchungen

kor|pus|ba|siert ⟨Adj.; EDV⟩ auf einem elektronischen Korpus beruhend, mit Hilfe eines Korpus geschaffen od. bearbeitet; *~e Linguistik, Wörterbücher*

Kor|pus|kel ⟨n.; -s, -n; Physik⟩ kleinstes Teilchen der Materie, Elementarteilchen [<lat. *corpusculum*, Verkleinerungsform zu *corpus* »Körper«]

kor|pus|ku|lar ⟨Adj.; Physik⟩ Korpuskeln betreffend, aus ihnen bestehend

Kor|pus|ku|lar|strahl ⟨m.; -s, -en; Physik⟩ ein Teilchenstrahl

Kor|pus|ku|lar|the|o|rie ⟨f.; -; unz.; Physik⟩ Theorie, dass das Licht aus schnell bewegten Materieteilchen besteht

Kor|ral ⟨m.; -s, -e⟩ **1** Hof(platz) **2** umzäunter Platz zum Einfangen von Tierherden [<span. *corral* »Hofraum, Umzäunung für Vieh«; verwandt mit *Kral*]

Kor|ra|si|on ⟨f.; -, -en⟩ Abschleifung von Gestein durch Flugsand [<lat. *corrasio* »das Abkratzen«; zu *radere* »schaben, kratzen«]

Kor|re|al|gläu|bi|ger ⟨m.; -s, -⟩ Gesamtgläubiger [<lat. *correus* »Mitschuldiger« <*con...* »zusammen mit...« + *reus* »schuldig«]

Kor|re|al|schuld|ner ⟨m.; -s, -⟩ Gesamtschuldner

Kor|re|fe|rat ⟨a. [---'-] n.; -(e)s, -e⟩ zweites Referat, zweiter Bericht über das gleiche Thema; *oV* Koreferat [<*Kor...* + *Referat*]

Kor|re|fe|rent ⟨a. [---'-] m.; -en, -en⟩ *oV* Koreferent **1** jmd., der das Korreferat hält **2** zweiter Berichterstatter, zweiter Gutachter

Kor|re|fe|ren|tin ⟨a. [---'--] f.; -, -tin|nen⟩ *oV* Koreferentin **1** weibl. Person, die das Korreferat hält **2** zweite Berichterstatterin, zweite Gutachterin

Kor|re|fe|renz ⟨a. [---'-] f.; -, -en; Sprachw.⟩ Bezeichnung einer Person durch zwei nominelle Phrasen; *Sy* Referenzidentität [<*Kor...* + *Referenz*]

kor|re|fe|rie|ren ⟨V.⟩ ein Korreferat halten [<*kor...* + *referieren*]

kor|rekt ⟨Adj.⟩ richtig, fehlerfrei, einwandfrei; *Ggs* inkorrekt; *~es Verhalten; ein Wort ~ aussprechen; sich ~ benehmen; er ist immer sehr ~* [<lat. *correctus* »gebessert, verbessert«, Part. Perf. zu *corrigere* »zurechtrichten, geraderichten, verbessern«]

Kor|rekt|heit ⟨f.; -; unz.⟩ **1** korrekte Beschaffenheit; *die ~ der Ausführungen war offensichtlich* **2** korrektes Wesen, Verhalten

Kor|rek|ti|on ⟨f.; -, -en⟩ **1** ⟨veraltet⟩ das Korrigieren, Verbesserung, Berichtigung **2** Ausgleich eines Sehfehlers durch Brillen u. a. Sehhilfen [<lat. *correctio* »Berichtigung«; zu *corrigere* »zurechtrichten, geraderichten, verbessern«]

kor|rek|tiv ⟨Adj.⟩ **1** verbessernd **2** ausgleichend [→ *korrekt*]

Kor|rek|tiv ⟨n.; -s, -e [-və]⟩ ausgleichendes Mittel, Mittel zum Verbessern

Kor|rek|tor ⟨m.; -s, -to|ren⟩ Druckerei- od. Verlagsangestellter, der den Schriftsatz auf Fehler überprüft [<lat. *corrector* »Berichtiger, Verbesserer«; zu *corrigere* »zurechtrichten, geraderichten, verbessern«]

Kor|rek|tur ⟨f.; -, -en⟩ **1** Berichtigung, Verbesserung **2** Prüfung u. Berichtigung des Schriftsatzes; *Fahnen~; Bogen~; eine ~ anbringen; ~ lesen* ⟨Typ.⟩ eine schriftl. Arbeit, einen Satz auf Fehler überprüfen [<mlat. *correctura* »Amt des Korrektors, Berichtigung« <lat. *corrigere* »geraderichten«]

kor|re|lat ⟨Adj.⟩ wechselseitig, einander wechselseitig bedingend; *oV* korrelativ [<*kor...* + *relativ*]

Kor|re|lat ⟨n.; -(e)s, -e⟩ **1** Ergänzung **2** Begriff od. Gegenstand, der zu einem anderen in wechselseitiger Beziehung steht

Kor|re|la|ti|on ⟨f.; -, -en⟩ **1** Wechselbeziehung **2** ⟨Biol.⟩ gegenseitige Einwirkung aller Bestandteile eines Organismus aufeinander u. die Bedingtheit aller Lebensabläufe voneinander [<*Kor...* + *Relation*]

Kor|re|la|ti|ons|ana|ly|se ⟨f.; -, -n; Math.; Stat.⟩ Rechenmethode, mit der die Korrelation zweier Merkmale, die nicht in funktionalem Zusammenhang stehen, nach den Verfahren der Wahrscheinlichkeitsrechnung ermittelt werden kann

Kor|re|la|ti|ons|ko|ef|fi|zi|ent ⟨m.; -en, -en; Stat.⟩ Maß für den Zusammenhang zweier Eigenschaften, das sich statistisch aus den Messreihen dieser Eigenschaften ergibt

kor|re|la|tiv ⟨Adj.⟩ = korrelat

kor|re|lie|ren ⟨V.⟩ in wechselseitiger Beziehung zueinander stehen [→ *korrelat*]

kor|re|pe|tie|ren ⟨V.⟩ *etwas ~* etwas mit jmdm. wiederholend einüben; *eine Gesangsrolle ~* mit jmdm. am Klavier einüben [<*kor...* + *repetieren*]

Kor|re|pe|ti|ti|on ⟨f.; -, -en; Musik⟩ Einübung, Einstudierung (von Gesangsstücken, Opernrollen) mit Klavierbegleitung

Kor|re|pe|ti|tor ⟨m.; -s, -to|ren; Musik⟩ Musiker, der am Klavier mit den Opernsängern die Gesangsrollen einstudiert

Kor|re|pe|ti|to|rin ⟨f.; -, -rin|nen; Musik⟩ weibl. Korrepetitor

◆ Die Buchstabenfolge **kor|re|sp...** kann auch **kor|res|p...** getrennt werden.

◆ **kor|re|spek|tiv** ⟨Adj.⟩ **1** gegenseitig bedingt **2** gemeinschaftlich [<*kor...* + *respektiv*]

◆ **Kor|re|spon|dent** ⟨m.; -en, -en⟩ **1** Teilnehmer an einem Schriftwechsel **2** Geschäftspartner **3** auswärtiger Berichterstatter; *Zeitungs~* **4** die Korrespondenz führender Angestellter; *Fremdsprachen~* [<mlat. *correspondens*, Part. Präs. zu *correspondere*; → *korrespondieren*]

◆ **Kor|re|spon|den|tin** ⟨f.; -, -tin|nen⟩ **1** Teilnehmerin an einem Schriftwechsel **2** Geschäftspartnerin **3** auswärtige Berichterstatterin **4** die Korrespondenz führende Angestellte; *Fremdsprachen~*

◆ **Kor|re|spon|denz** ⟨f.; -, -en⟩

K

1 Briefverkehr, Briefwechsel; *die ~ durchsehen, beantworten* **2** Nachrichtenmaterial für die Presse **3** Übereinstimmung [<mlat. *correspondentia* »(geschäftl.) Verbindung«; → *korrespondieren*]

◆ **Kor|re|spon|dẹnz|bü|ro** ⟨n.; -s, -s⟩ Unternehmen zur Lieferung von Material (Nachrichten, Berichte, Illustrationen) für die Presse

◆ **Kor|re|spon|dẹnz|kar|te** ⟨f.; -, -n; österr.⟩ Postkarte mit aufgedrucktem Wertzeichen

◆ **kor|re|spon|die|ren** ⟨V.⟩ **1** *mit etwas ~* mit etwas übereinstimmen **2** *mit jmdm. ~* mit jmdm. im Briefwechsel stehen; *~des Mitglied (einer gelehrten Gesellschaft)* auswärtiges M.; *~der Winkel* Gegenwinkel [<frz. *correspondre* »sich entsprechen, in Briefwechsel stehen« <mlat. *correspondere* »übereinstimmen, in (geschäftl.) Verbindung stehen« <lat. *con...* »zusammen mit...« + *respondere* »antworten«]

Kọr|ri|dor ⟨m.; -s, -e⟩ **1** Flur, Gang (einer Wohnung) **2** schmaler Landstreifen [<ital. *corridore* »Läufer, Laufgang«; zu *correre* »laufen« <lat. *currere*]

Kor|ri|gẹn|dum ⟨n.; -s, -gẹn|da⟩ Druckfehler; *oV* Corrigendum [<lat. *corrigenda* »das, was berichtigt werden muss«; → *korrigieren*]

Kọr|ri|gens ⟨n.; -, -gẹn|tia od. -gẹn|zi|en⟩ Zusatz, der den Geschmack einer Arznei verbessert [<lat. *corrigens,* Part. Präs. zu *corrigere;* → *korrigieren*]

kor|ri|gier|bar ⟨Adj.⟩ so beschaffen, dass man es korrigieren kann; *ein ~er Fehler*

kor|ri|gie|ren ⟨V.⟩ **1** berichtigen, verbessern; *bitte ~ Sie mich, wenn ich etwas Falsches sage;* ⟨Typ.⟩ *Fahnen, Bogen ~; einen Fehler ~; seine od. jmds. Meinung ~; das lässt sich leicht ~* **2** regeln, ausgleichen; *das Gewicht ~; den Kurs einer Rakete ~* [<lat. *corrigere* »geraderichten, verbessern, auf den richtigen Weg führen«; zu *regere* »lenken, leiten«]

kor|ro|die|ren ⟨V.⟩ **1** angreifen, zerstören **2** der Korrosion unterliegen [<lat. *corrodere* »zernagen«; zu *rodere* »kauen, benagen«]

Kor|ro|si|on ⟨f.; -, -en⟩ **1** ⟨Chemie⟩ chem. Veränderung od. Zerstörung metallischer Werkstoffe durch Wasser u. Chemikalien **2** ⟨Med.⟩ durch Ätzmittel od. Entzündung verursachte Zerstörung des Gewebes **3** ⟨Geol.⟩ Zerstörung des Gesteins durch die chem. Wirkung des Wassers u. die darin gelösten Säuren [<lat. *corrosio* »Zernagung«; zu *corrodere;* → *korrodieren*]

kor|ro|siv ⟨Adj.⟩ **1** ⟨Chemie; Geol.⟩ Korrosion hervorrufend, zernagend, zerfressend, die Oberfläche chem. angreifend **2** ⟨Med.⟩ Gewebe zerstörend [→ *Korrosion, korrodieren*]

kor|rum|pie|ren ⟨V.⟩ **1** bestechen **2** moralisch verderben [<lat. *corrumpere* »verderben, vernichten«; zu *rumpere* »brechen«]

kor|rum|piert ⟨Adj.; Lit.⟩ schwer leserlich od. unleserlich geworden, verdorben (von Stellen in alten Handschriften), verderbt

kor|rụpt ⟨Adj.⟩ **1** bestechlich **2** moralisch verdorben [<lat. *corruptus,* Part. Perf. zu *corrumpere;* → *korrumpieren*]

Kor|rup|tel ⟨f.; -, -en; Lit.⟩ verderbte, korrumpierte Textstelle [lat., »Verderbnis«]

Kor|rup|ti|on ⟨f.; -, -en⟩ **1** Bestechung, Bestechlichkeit **2** moral. Verfall [<lat. *corruptio* »Verderben, Bestechung«; → *korrumpieren*]

Kor|rup|ti|ons|skan|dal ⟨m.; -(e)s, -e⟩ Skandal, der durch das Aufdecken einer Korruption entstanden ist

Kor|sa|ge ⟨[-ʒə] f.; -, -n⟩ versteiftes, trägerloses Oberteil eines Kleides; *oV* Corsage; *~nkleid* [<frz. *corsage*]

Kor|sạk ⟨m.; -s, -s; Zool.⟩ Steppenfuchs

Kor|sar ⟨m.; -en, -en⟩ **1** ⟨früher⟩ Raubschiff **2** ⟨danach⟩ Seeräuber (auf einem Piratenschiff) [<ital. *corsaro, corsare* »Seeräuber« <mlat. *cursarius* <lat. *cursus* »Ausfahrt zur See«]

Kor|se|lẹtt ⟨n.; -(e)s, -e od. -s⟩ leichtes, kleines Korsett [<frz. *corselet* »Brustharnisch, Korselett«, Verkleinerungsform zu afrz. *cors* (frz. *corps*) »Körper« <lat. *corpus* »Körper«]

Kor|sẹtt ⟨n.; -(e)s, -e od. -s⟩ die ganze Figur formendes Mieder [<frz. *corset* »Korsett«, Verkleinerungsform zu afrz. *cors* (frz. *corps*) »Körper« <lat. *corpus* »Körper«]

Kọr|so ⟨m.; -s, -s⟩ *oV* Corso **1** ⟨früher⟩ Wettrennen reiterloser Pferde **2** ⟨heute⟩ festliche Auffahrt geschmückter Wagen; *Blumen~* **3** Prachtstraße, sehr breite, schöne, baumbestandene Straße [<ital. *corso* »Lauf, Umlauf« <lat. *cursus* »Lauf«]

Kọr|tex ⟨m.; -es, -e; Anat.⟩ = Cortex

kor|ti|kal ⟨Adj.; Anat.⟩ die Rinde des Gehirns od. von Organen betreffend [→ *Kortex*]

Kor|ti|ko|ste|ron *auch:* **Kor|ti|kos|te|ron** ⟨n.; -s; unz.; Med.⟩ = Corticosteron

kor|ti|ko|trop ⟨Adj.; Med.⟩ die Nebennierenrinde beeinflussend

Kor|ti|son ⟨n.; -s; unz.⟩ = Cortison

Ko|rụnd ⟨m.; -(e)s, -e; Min.⟩ Edelstein, sehr hartes Mineral, chem. Aluminiumoxid; *blauer ~* Saphir; *roter ~* Rubin; →*a.* Chlorophan, Rubin, Saphir [<Sanskrit *kuruvinda* »Rubin«]

Kor|vet|te ⟨[-vẹt-] f.; -, -n; Mil.⟩ kleines Kriegsschiff, kleiner Kreuzer [<frz. *corvette*]

Kor|vet|ten|ka|pi|tän ⟨[-vẹt-] m.; -s, -e; Mil.⟩ Seeoffizier im Rang eines Majors

Ko|ry|bạnt ⟨m.; -en, -en⟩ Priester der Kybele [<grch. *Korybas,* Gen. *Korybantos* »Tänzer bei den lärmenden Festen kleinasiat. Götter, Priester u. Begleiter der (mit lärmender Musik verehrten) Göttermutter Kybele«]

ko|ry|bạn|tisch ⟨Adj.⟩ **1** nach Art der Korybanten **2** ⟨fig.⟩ ausgelassen, wild, zügellos [→ *Korybant*]

Ko|ry|phäe[1] ⟨m.; -n, -n; im altgrch. Drama⟩ Chorführer [<grch. *koryphaios* »an der Spitze Stehender« <*koryphe* »Spitze, Haupt«]

Ko|ry|phäe[2] ⟨f.; -, -n⟩ ausgezeichneter Fachmann, Sachkenner (auf wissenschaftl. Gebiet), Ka-

K

pazität; *eine ~ auf dem Gebiet sein*

Ko|ry|za ⟨f.; -; unz.; Med.⟩ Erkältung, Schnupfen; *oV* Coryza; → *a.* Rhinitis [grch., »Erkältung, Schnupfen«]

Ko|sak ⟨m.; -en, -en⟩ Angehöriger der seit dem 15. Jh. im südöstl. russ. Grenzgebiet lebenden, urspr. leibeigen gewesenen, berittenen, freien Krieger [<russ. *kasak*]

Ko|sche|nil|le ⟨[-nıljə] f.; -, -n⟩ *oV* Cochenille **1** ⟨unz.⟩ aus der Koschenilleschildlaus gewonnener roter Farbstoff **2** ⟨zählb.; kurz für⟩ Koschenilleschildlaus [<frz. *cochenille*]

Ko|sche|nil|le|schild|laus ⟨[-nıljə-] f.; -, -läu|se; Zool.⟩ zur Farbstoffgewinnung in Kaktusplantagen gezüchtete Schildlaus: Coccus cacti

ko|scher ⟨Adj.⟩ **1** rein (nach den jüd. religiösen Speisevorschriften); *~es Restaurant* R., in dem koschere Speisen gereicht werden; *Ggs* treife **2** ⟨umg.⟩ sauber, unbedenklich; *die Sache scheint mir nicht ganz ~* ⟨umg.⟩ die Sache, die Angelegenheit scheint mir bedenklich, nicht ganz geheuer [<hebr. *kašer* »recht, tauglich«]

K.-o.-Schlag ⟨m.; -(e)s, -schlä|ge; kurz für⟩ Knock-out-Schlag

Ko|se|kans ⟨m.; -, -; Abk.: cosec; Geom.⟩ = Kosekante

Ko|se|kan|te ⟨f.; -, -n; Abk.: cosec; Geom.⟩ eine Winkelfunktion, Kehrwert des Sinus eines Winkels; *oV* Kosekans [verkürzt <neulat. *complementi secans* »Sekans, Sekante des Ergänzungswinkels«; → *Sekans*]

Ko|si|nus ⟨m.; -, - od. -se; Abk.: cos; Geom.⟩ eine Winkelfunktion, das Verhältnis zwischen der einem Winkel im rechtwinkligen Dreieck anliegenden Kathete u. der Hypotenuse [verkürzt <neulat. *complementi sinus* »Sinus des Ergänzungswinkels«; → *Sinus*]

Kos|me|tik ⟨f.; -; unz.⟩ **1** Schönheitspflege; *chirurgische ~* chirurgische Beseitigung von Schönheitsfehlern, Missbildungen, Narben u. Alterserscheinungen **2** ⟨fig.⟩ sichtbare, jedoch nur flüchtig ausgeführte Verbesserung einer fehlerhaften Sache [<frz. *cosmétique* <grch. *kosmetikos* »zum Schmücken gehörig«; zu *kosmein* »anordnen, schmücken«]

Kos|me|ti|ke|rin ⟨f.; -, -rin|nen⟩ Frau, die beruflich auf dem Gebiet der Kosmetik (1) tätig ist

Kos|me|ti|kum ⟨n.; -s, -ti|ka⟩ Schönheitsmittel [<neulat. *cosmeticum* <grch. *kosmetikos;* → *Kosmetik*]

kos|me|tisch ⟨Adj.⟩ zur Kosmetik gehörend, mit ihrer Hilfe, auf ihr beruhend; *sie unterzog sich einer ~en Operation*

Kos|me|to|lo|gie ⟨f.; -; unz.⟩ Lehre von der Herstellung, Lagerung u. Anwendung kosmetischer Produkte [<*Kosmetik* + *...logie*]

kos|misch ⟨Adj.⟩ den Kosmos betreffend, zu ihm gehörig, aus ihm stammend; *erste ~e Geschwindigkeit* G., die erforderlich ist, um ein Raumfahrzeug auf eine Kreisbahn um die Erde zu bringen, Kreisbahngeschwindigkeit; *zweite ~e Geschwindigkeit* G., die es gestattet, den Anziehungsbereich der Erde zu verlassen, Fluchtgeschwindigkeit; *~e Strahlung* aus dem Weltraum kommende Stahlung, Höhenstrahlung [<grch. *kosmos* »Ordnung, Weltall«]

kos|mo..., Kos|mo... ⟨in Zus.⟩ Welt..., Weltall... [<grch. *kosmos* »Ordnung, Weltall«]

Kos|mo|bio|lo|ge ⟨m.; -n, -n⟩ Wissenschaftler auf dem Gebiet der Kosmobiologie

Kos|mo|bio|lo|gie ⟨f.; -; unz.⟩ Untersuchungen über die Existenz lebender Organismen auf anderen Sternen

Kos|mo|bio|lo|gin ⟨f.; -, -gin|nen⟩ Wissenschaftlerin auf dem Gebiet der Kosmobiologie

kos|mo|bio|lo|gisch ⟨Adj.⟩ die Kosmobiologie betreffend, zu ihr gehörig

Kos|mo|che|mie ⟨[-çe-] f.; -; unz.⟩ Teilgebiet der Chemie, das sich mit der möglichen Bildung chemischer Verbindungen u. der Verteilung der chemischen Elemente im Weltraum befasst

Kos|mo|drom ⟨n.; -s, -e; Astron.⟩ russ. Startplatz für Raumfahrzeuge [<*Kosmos* + grch. *dromos* »Lauf« (nach *Hippodrom* u. Ä. gebildet)]

Kos|mo|go|nie ⟨f.; -, -n⟩ Lehre von der Entstehung des Kosmos, der Welt [<*Kosmo...* + *...gonie*]

kos|mo|go|nisch ⟨Adj.⟩ zur Kosmogonie gehörend, auf ihr beruhend

Kos|mo|gra|fie ⟨f.; -, -n⟩ = Kosmographie

Kos|mo|gra|phie ⟨f.; -, -n⟩ *oV* Kosmografie **1** Beschreibung der Entstehung u. Entwicklung des Kosmos **2** ⟨im MA für⟩ Geografie [<*Kosmo...* + *...graphie*]

Kos|mo|lo|ge ⟨m.; -n, -n⟩ Wissenschaftler auf dem Gebiet der Kosmologie

Kos|mo|lo|gie ⟨f.; -, -n⟩ Lehre von Entstehung, Entwicklung u. Zustand des Kosmos [<*Kosmo...* + *...logie*]

kos|mo|lo|gisch ⟨Adj.⟩ zur Kosmologie gehörig, auf ihr beruhend

Kos|mo|me|di|zin ⟨f.; -; unz.⟩ Teilgebiet der Medizin, das die Auswirkung des Raumfluges auf den Menschen u. dessen Lebensmöglichkeiten im Weltraum untersucht

Kos|mo|naut ⟨m.; -en, -en; urspr. sowjet. Bez. für⟩ Raumfahrer

Kos|mo|nau|tik ⟨f.; -; unz.⟩ = Astronautik

kos|mo|nau|tisch ⟨Adj.⟩ die Kosmonautik betreffend, auf ihr beruhend, mit ihrer Hilfe

Kos|mo|po|lit ⟨m.; -en, -en⟩ **1** Weltbürger **2** über den größten Teil der Erde verbreitete Pflanzen- od. Tierart [<grch. *kosmopolites* »Weltbürger«]

kos|mo|po|li|tisch ⟨Adj.⟩ **1** weltbürgerlich **2** weltweit verbreitet

Kos|mo|po|li|tis|mus ⟨m.; -; unz.⟩ Weltbürgertum

Kos|mos ⟨m.; -; unz.⟩ **1** Weltall **2** Weltordnung [grch., »Ordnung, Anstand, Schmuck; Weltordnung, Weltall«]

Kos|mo|the|is|mus ⟨m.; -; unz.⟩ Lehre von der Einheit von Gott u. Welt

Kos|mo|tron *auch:* **Kos|mot|ron** ⟨n.; -s, -e od. -s; Kernphysik⟩ Teilchenbeschleuniger, der Protonen mit kinetischen Energien erzeugt, wie sie in

K

der Höhenstrahlung auftreten; *oV* Cosmotron

kos|tal ⟨Adj.; Med.⟩ zu den Rippen gehörend, von ihnen ausgehend [<lat. *costa* »Rippe«]

Kost-Plus-Sys|tem ⟨n.; -s; unz.; Wirtsch.⟩ Methode der Umlagerung von Kosten, bei der auf einen Basispreis für ein Produkt od. eine Dienstleistung Aufschläge für zusätzl. Kosten angerechnet werden [<engl.]

Kos|tüm ⟨n.; -s, -e⟩ **1** der Mode unterworfene Kleidung für bestimmte Gelegenheiten **2** der Mode unterworfene Kleidung in ihrer geschichtlichen Veränderung; *Biedermeier~* **3** auf die Art der Darbietung abgestimmte Kleidung von Schauspielern **4** ⟨kurz für⟩ Maskenkostüm **5** Damenbekleidung aus Rock u. Jacke [<frz. *costume* »Kleidung, Anzug«]

Kos|tü|mi|er ⟨[-mje:] m.; -s, -s⟩ Schneider von Theaterkostümen, Theaterschneider

kos|tü|mie|ren ⟨V.⟩ mit einem histor. od. Maskenkostüm bekleiden, verkleiden [<frz. *costumer* »kleiden, verkleiden«]

Ko|tan|gens ⟨m.; -, -; Abk.: cot, cotg, ctg; Geom.⟩ = Kotangente

Ko|tan|gen|te ⟨f.; -, -n; Abk.: cot, cotg, ctg; Geom.⟩ eine Winkelfunktion, Kehrwert des Tangens; *oV* Kotangens [verkürzt <neulat. *complementi tangens* »Tangente des Ergänzungswinkels«; → *Tangens*]

Ko|tau ⟨m.; -s, -s⟩ tiefe Verbeugung (der Chinesen) auf den Knien, bis die Stirn die Erde berührt; *vor jmdm. ~ machen* ⟨fig.⟩ sich (vor jmdm.) demütigen, (vor jmdm.) kriechen [<chines. *ketou* »schlagen (mit dem) Kopf«]

Ko|te[1] ⟨f.; -, -n; Geogr.⟩ durch Höhenmessung festgelegte Höhe eines Geländepunktes [<frz. *cote* »Kennziffer«]

Ko|te[2] ⟨f.; -, -n⟩ kegelförmiges Zelt [<finn. *kota* »Lappenhütte«]

Ko|te|lett ⟨a. [kɔt-] n.; -s, -s⟩ aus dem Rippenstück von Schwein, Kalb, Hammel geschnittene Scheibe; *Sy* Karbonade (2) [<frz. *côtelette* »Rippchen«, Verkleinerungsform zu *côte* »Rippe, Seite« <lat. *costa* »Rippe«]

Ko|te|let|ten ⟨a. [kɔt-] nur Pl.⟩ kleiner, kurzer Backenbart

Ko|te|rie ⟨f.; -, -n; veraltet⟩ Gruppe von Menschen, die sich gegenseitig fördern, die übrigen aber unterdrücken, Klüngel [<frz. *coterie* »Clique, Sippschaft«, eigtl. »Gesellschaft, die von ihren Mitgliedern einen bestimmten Beitrag (frz. *cote*) erhebt«]

Ko|text ⟨m.; -(e)s, -e; Sprachw.⟩ = Kontext (1)

Ko|thurn ⟨m.; -s, -e⟩ Schuh mit sehr dicker Sohle (für Schauspieler der antiken Tragödie); *auf ~en schreiten* ⟨fig.⟩ pathetisch sein [<grch. *kothornos*]

ko|tie|ren ⟨V.⟩ *Ggs* dekotieren **1** ⟨Wirtsch.⟩ *eine Aktie ~* an der Börse zulassen **2** ⟨Geogr.⟩ *Höhenunterschiede ~* im Gelände bestimmen [→ *Kote*[1]]

Ko|tie|rung ⟨f.; -, -en; Wirtsch.⟩ Zulassung an der Börse; *Ggs* Dekotierung; *~ von Wertpapieren* [→ *Kote*[1]]

Ko|til|lon ⟨[kɔtɪljɔ̃:] od. [kɔtijɔ̃:] m.; -s, -s⟩ Gesellschaftstanz, bei dem Geschenke verlost od. vergeben werden; *oV* Cotillon [<frz. *cotillon* »Kotillon«, eigtl. »Unterrock (der Bäuerinnen)«; zu *cotte* »Frauenrock«]

Ko|tin|ga ⟨f.; -, -s; Zool.⟩ in Mittel- u. Südamerika beheimateter, sehr farbenprächtiger Sperlingsvogel, der die Bäume tropischer Urwälder bewohnt [<span. *cotinga*]

Ko|to ⟨n.; -s, -s od. f.; -, -s; Musik⟩ jap. Saiteninstrument mit 13 Saiten, die mit Plektren angerissen werden [jap.]

Ko|ton ⟨[-tɔ̃:] m.; -s, -s; selten; Textilw.⟩ Baumwolle, Cotton [<frz. *coton* »Baumwolle« <engl. *cotton* »Baumwolle« <arab. *kothon* »Baumwolle«]

ko|to|ni|sie|ren ⟨V.; Textilw.⟩ *Flachsabfälle ~* Fasern aus F. u. a. herstellen, die der Baumwolle in Feinheit u. Länge gleichen

Ko|ty|le|do|ne ⟨f.; -, -n⟩ **1** ⟨Bot.⟩ Keimblatt **2** ⟨Biol.⟩ Zottenbüschel des Chorions (1) [<grch. *kotyle* »Höhlung«]

ko|va|lent ⟨[-va-] Adj.⟩ *~e Bindung* = Kovalenzbindung

Ko|va|lenz|bin|dung ⟨[-va-] f.; -, -en; Chemie; bei Nichtmetallen⟩ Bindung von Atomen, denen jeweils ein Elektronenpaar od. mehrere gleichzeitig angehören; *Sy* kovalente Bindung [<*con...* + *valentia* »Fähigkeit«]

Ko|va|ri|anz ⟨a. [-va-'-] f.; -, -en⟩ **1** ⟨Math.; Physik⟩ Gleichbleiben der Form bestimmter Gleichungen **2** ⟨Stat.⟩ gegenseitiges Abhängigkeitsverhältnis zweier Größen [<*Ko...* + *Varianz*]

Kox|al|gie *auch:* **Ko|xal|gie** ⟨f.; -, -n; Med.⟩ *oV* Coxalgie **1** Hüftschmerzen **2** = Koxitis [<lat. *coxa* »Hüfte« + *...algie*]

Kox|i|tis *auch:* **Ko|xi|tis** ⟨f.; -, -tiden; Med.⟩ Hüftgelenkentzündung; *oV* Coxitis; *Sy* Koxalgie (2) [<lat. *coxa* »Hüfte«]

kp ⟨Abk. für⟩ Kilopond

kpm ⟨Abk. für⟩ Kilopondmeter

Kr ⟨chem. Zeichen für⟩ Krypton

kra|cken ⟨[kræ-] V.⟩ = cracken

Kra|ke ⟨m.; -n, -n od. f.; -, -n⟩ **1** ⟨Zool.⟩ achtarmiger Kopffüßer mit kurzem, sackartigem Körper u. sehr beweglichen Armen **2** ⟨Myth.⟩ ein Meerungeheuer [<norweg. *krakje*]

Kra|keel ⟨m.; -s, -e⟩ **1** lauter Streit, lärmender Zank **2** Lärm, Unruhe [vermutl. <ital. *gargagliata* »Lärm vieler Leute, die durcheinanderreden od. durcheinandersingen«]

kra|kee|len ⟨V.; umg.⟩ lärmen, laut streiten [→ *Krakeel*]

Kra|ke|lee ⟨n.; -s; unz.⟩ = Craquelée

Kra|ko|wi|ak ⟨m.; -s, -s; Musik⟩ polnischer Nationaltanz im 2/4-Takt; *oV* Cracovienne [nach der poln. Stadt *Krakau*, poln. *Kraków*]

Kral ⟨m.; -s, -e⟩ **1** afrikan. Rundsiedlung **2** Viehhof in deren Mitte, in dem das Vieh gehalten wird [<ndrl. *kraal* <portug. *curral, corral* »umzäunter Hofraum«]

Kram|pus[1] ⟨m.; -, Kram|pi; Med.⟩ Muskelkrampf; *oV* Crampus [mlat.]

Kram|pus[2] ⟨m.; -ses, -se; bair.-österr.⟩ Begleiter des hl. Nikolaus in Gestalt eines Teufels [Herkunft nicht geklärt]

kra|ni|al ⟨Adj.⟩ **1** ⟨Med.⟩ auf den Schädel bezüglich, zum Kopf gehörend **2** kopfwärts, in Richtung auf den Kopf zu [<neulat. *cranialis* »den Schädel betreffend« <lat. *cranium* »Schädel«]

kra|nio..., Kra|nio... ⟨in Zus.: Med.⟩ schädel..., Schädel... [<lat. *cranium* »Schädel«]

Kra|nio|klast ⟨m.; -en, -en; Med.⟩ Zange zum Umfassen des Kopfes des Kindes bei der Geburt [<*Kranio...* + grch. *klan* »zerbrechen«]

Kra|nio|lo|gie ⟨f.; -; unz.⟩ Teilgebiet der Anthropologie, Beschreibung des menschl. Schädels als Ganzem u. der Veränderungen am Schädel während des Wachstums; *Sy* Phrenologie [<*Kranio...* + *...logie*]

kra|nio|lo|gisch ⟨Adj.⟩ zur Kraniologie gehörig, auf ihr beruhend; *Sy* phrenologisch

Kra|nio|me|ter ⟨n.; -s, -⟩ Gerät zur Schädelmessung [<*Kranio...* + *...meter*]

Kra|nio|me|trie *auch:* **Kra|nio|met|rie** ⟨f.; -, -n⟩ Lehre vom genauen Messen der menschl. Schädelformen, Schädelmesslehre [<*Kranio...* + *...metrie*]

kra|nio|me|trisch *auch:* **kra|nio|met|risch** ⟨Adj.⟩ zur Kraniometrie gehörig, mit ihrer Hilfe

Kra|ni|o|te ⟨m.; -n, -n; Zool.⟩ Vertreter der Wirbeltiere mit Schädel u. muskulösem Herzen; *Ggs* Akranier [<lat. *cranium* »Schädel«]

Kra|nio|to|mie ⟨f.; -, -n; Med.⟩ **1** Öffnung des Schädels **2** operative Verkleinerung des Schädels eines toten Kindes bei der Geburtshilfe [<*Kranio...* + *...tomie*]

Kra|ni|um ⟨n.; -s, -nia; Anat.⟩ = Cranium

Kra|se ⟨f.; -, -n; grch. Gramm.⟩ = Krasis

Kra|sis ⟨f.; -, Kra|sen; grch. Gramm.⟩ Zusammenziehung des auslautenden Vokals eines Wortes mit dem anlautenden Vokal des folgenden Wortes; *oV* Krase [grch., »Mischung, Verbindung«]

krass ⟨Adj.⟩ **1** unerhört, sehr stark, grob; *im ~en Gegensatz zu etw. stehen* **2** (zu) weit gehend, extrem; *eine ~e Haltung; ein ~er Unterschied* **3** schlimm, schrecklich, entsetzlich; *ein besonders ~er Fall von Misshandlung; etwas sehr, besonders ~ schildern* [<lat. *crassus* »dick, grob«]

Kras|su|la|ze|en ⟨Pl.; Bot.⟩ Dickblattgewächse [<mlat. *crassula herba* »Dickblatt« <lat. *crassus* »dick«]

...krat ⟨Nachsilbe; zur Bildung männl. Subst.; m.; -en, -en⟩ Herrscher; *Bürokrat; Technokrat* [<grch. *kratein* »herrschen«]

Kra|ter **1** ⟨m.; -s, -⟩ trichterförmige Öffnung eines Vulkans **2** ⟨m.; -s, -e⟩ altgrch. Gefäß mit Fuß u. zwei Henkeln (zum Mischen des Weins mit Wasser) [grch., »Kessel«]

...kra|tie ⟨Nachsilbe; zur Bildung weibl. Subst.; f.; -, -n⟩ Herrschaft, Herrschaftsform; *Bürokratie; Demokratie* [<grch. *kratein* »herrschen«]

kra|ti|ku|lie|ren ⟨V.⟩ mit Hilfe eines Gitternetzes maßgetreu zeichnen, übertragen [<lat. *craticula* »kleine Flechte, kleiner Rost«; zu *cratis* »Geflecht, Rost«]

kra|to|gen ⟨Adj.; Geol.⟩ das Kratogen betreffend, aus ihm stammend, auf ihm beruhend [<grch. *kratos* »Stärke, Kraft«]

Kra|to|gen ⟨n.; -s; unz.; Geol.⟩ nicht mehr faltbarer, seit Urzeiten versteifter Festlandssockel; *oV* Kraton

Kra|ton ⟨n.; -s; unz.; Geol.⟩ = Kratogen

Kraul ⟨n.; -s od. -; unz.; Sport⟩ = Kraulstil; *oV* Crawl

krau|len ⟨V.; Sport⟩ im Kraulstil schwimmen; *oV* crawlen [<engl. *crawl* »kraulen«]

Krau|ler ⟨m.; -s, -; Sport⟩ Schwimmer im Kraulstil

Krau|le|rin ⟨f.; -, -rin|nen; Sport⟩ Schwimmerin im Kraulstil

Kraul|stil ⟨m.; -(e)s; unz.; Sport⟩ schnellste Schwimmart, bei der die Arme abwechselnd kreisförmig von hinten über den Kopf nach vorn u. unter Wasser wieder zurückgezogen u. die Beine aus dem Hüftgelenk rhythmisch leicht auf u. nieder bewegt werden; *oV* Crawlstil [→ *kraulen*]

Krau|rit ⟨m.; -s; unz.; Min.⟩ rhombisches Eisen-Phosphor-Mineral, Grüneisenerz [zu grch. *krauros* »spröde«]

Kra|wat|te ⟨f.; -, -n⟩ **1** unter dem Hemdkragen befestigtes schmückendes Halstuch od. breites Band **2** schmaler Pelzkragen **3** ⟨Sport; Ringen⟩ am Kinn angesetzter, zangenartiger Kopfgriff [<frz. *cravate* »Krawatte, Halsbinde«, eigtl. »kroatisch« <dt. (mundartl.) *Krawat* »Kroate« <kroat. *hrvat* (nach der Halsbinde der kroat. Reiter)]

Kra|weel|bau ⟨m.; -(e)s; unz.⟩ Bauweise für Holzboote, bei der die Planken des Bootsrumpfes stumpf aufeinandergesetzt werden u. meist in doppelter Schicht diagonal übereinanderliegen; *Ggs* Klinkerbau (2) [→ *Kravelle*]

Kray|on *auch:* **Kra|yon** ⟨[krɛjɔ̃ː] m.; -s, -s⟩ *oV* Crayon **1** Drehbleistift **2** Kreide [frz.]

Kray|on|ma|nier *auch:* **Kra|yon|ma|nier** ⟨[krɛjɔ̃ː-] f.; -; unz.; Grafik; 18./19. Jh.⟩ eine Art des Kupferstichs, bei der sich die Linien aus feinen Punkten zusammensetzen u. die wie eine Kreidezeichnung wirkt

Kre|as ⟨n.; -; unz.; Textilw.⟩ ungebleichte Leinwand [<span. *crea* »grobes Leinen«]

Kre|a|tin ⟨n.; -s; unz.; Biochemie⟩ bes. in Muskeln vorkommender Eiweißbaustein, chem. Methylguanidinessigsäure [<grch. *kreas*, Gen. *kreatos* »Fleisch«]

Kre|a|ti|on ⟨f.; -, -en⟩ *oV* Création **1** Schöpfung, Schaffung **2** Modeschöpfung, Modell [<lat. *creatio* »Erzeugung«]

Kre|a|ti|o|nis|mus ⟨m.; -; unz.⟩ religiöse Anschauung, dass die Erde, das Universum u. alles Leben von Gott erschaffen wurden, so wie in der biblischen Schöpfungsgeschichte beschrieben, ist in ihrer Strenggläubigkeit nicht mit den Erkenntnissen der Naturwissenschaften zu vereinbaren [→ *Kreation*]

Kre|a|ti|o|nist ⟨m.; -en, -en⟩ Anhänger des Kreationismus

kre|a|tiv ⟨Adj.⟩ **1** schöpferisch **2** einfallsreich

K

Kre|a|ti|vi|tät ⟨[-vi-] f.; -; unz.⟩ **1** schöpferische Kraft **2** Einfallsreichtum

Kre|a|ti|vi|täts|trai|ning ⟨[-vi-tre:-] n.; -s; unz.⟩ das Ausbilden u. Trainieren von Kreativität

Kre|a|tur ⟨f.; -, -en⟩ **1** Geschöpf, Lebewesen, Wesen der Natur (gegenüber Gott) **2** ⟨fig.⟩ verachtenswerter Mensch, willenloses Werkzeug anderer; *eine arme, bedauernswerte ~* [<lat. *creatura* »Geschöpf«; zu *creare* »erzeugen, schaffen, erschaffen«]

kre|a|tür|lich ⟨Adj.⟩ wie eine Kreatur, der Kreatur eigen

Kre|denz ⟨f.; -, -en⟩ Anrichte [<ital. *credenza* »Anrichte«]

kre|den|zen ⟨V.; poet.⟩ darreichen, anbieten; *jmdm. ein Getränk ~* [→ *Kredenz*]

Kre|dit ⟨m.; -(e)s, -e⟩ **1** Geldmittel, die jmdm. vorübergehend überlassen werden, Darlehen eines Kreditinstituts; *bei der Bank einen ~ aufnehmen; einem Käufer ~ geben; auf ~ kaufen* ohne sofortige Bezahlung, auf Borg kaufen **2** ⟨unz.⟩ Kreditwürdigkeit; *Ggs* Diskredit; *Sie haben bei mir (unbeschränkten) ~* Sie können bei mir für jede Summe ohne Barzahlung einkaufen; *er hat nirgends mehr ~* ihm leiht niemand mehr etwas **3** ⟨Buchführung⟩ die rechte Seite des Kontos, Habenseite; *Ggs* Debet [<ital. *credito* »Leihwürdigkeit«, beeinflusst von frz. *crédit* »Kredit« <lat. *creditum* »das auf Treu u. Glauben Anvertraute, Darlehen«, Part. Perf. zu *credere* »glauben, vertrauen«]

kre|di|tär ⟨Adj.⟩ **1** das Kreditwesen betreffend, auf ihm beruhend **2** Kredite (1) betreffend; *die ~e Lage eines Unternehmens*

kre|di|tie|ren ⟨V.⟩ **1** *jmdm. ~* jmdm. einen Kredit geben **2** *jmdm. etwas ~* ihm etwas gutschreiben, als Darlehen vorschießen

Kre|dit|in|sti|tut *auch:* **Kre|dit|ins|ti|tut** ⟨n.; -(e)s, -e; Bankw.⟩ Unternehmen, das sich mit dem Zahlungsverkehr befasst, Bank

Kre|di|tiv ⟨n.; -s, -e [-və]⟩ Vollmacht, Beglaubigungsschreiben [→ *Kredit*]

Kre|di|tor ⟨m.; -s, -to|ren⟩ Kreditgeber, Gläubiger; *Ggs* Debitor [<ital. *creditore* »Gläubiger«; → *Kredit*]

Kre|dit|pla|fond ⟨[-fɔ̃:] m.; -s, -s; Wirtsch.⟩ **1** Kreditlimit, das öffentlichen Kreditnehmern gesetzlich gewährleistet wird **2** Obergrenze des von Kreditinstituten offerierten Kreditvolumens, die von der Regierung od. der Notenbank festgesetzt wird [<*Kredit* + frz. *plafond* »Zimmerdecke«]

Kre|do ⟨n.; -s, -s⟩ = Credo

kre|ie|ren ⟨V.⟩ schaffen, gestalten; *einen Modetrend ~; eine Rolle ~* ⟨Theat.⟩ als Erster (in bestimmter Weise) gestalten [<lat. *creare* »erschaffen, zeugen, ernennen, erwählen« u. frz. *créer* »erschaffen, erfinden«]

Kre|ma|ti|on ⟨f.; -, -en⟩ Feuerbestattung [<lat. *crematio* »Verbrennung«; zu *cremare* »verbrennen«]

Kre|ma|to|ri|um ⟨n.; -s, -ri|en⟩ Anlage zur Feuerbestattung, meist mit einer Halle für die Totenfeier [<lat. *cremare* »verbrennen«]

kre|mie|ren ⟨V.⟩ im Krematorium verbrennen [<lat. *cremare* »verbrennen«]

Kreml ⟨m.; - od. -s, -⟩ **1** ⟨zählb.; i. w. S.⟩ Burg, Zitadelle, befestigte Stadt **2** ⟨unz.; i. e. S.⟩ **2.1** ⟨früher⟩ Stadtfestung von Moskau, sowjet. Regierungssitz **2.2** ⟨früher⟩ sowjet. Regierung **2.3** ⟨heute⟩ Sitz der russischen Regierung [russ., »Burg, Festung, Zitadelle«; vielleicht <grch. *kremnos* »steiler Abhang, Anhöhe«]

Krem|pel ⟨f.; -, -n; Spinnerei⟩ = Karde (2)

Kren ⟨m.; -s; unz.; süddt.; österr.⟩ Meerrettich [slaw.]

kre|ne|lie|ren ⟨V.⟩ mit Zinnen versehen [<frz. *créneler;* zu *créneau* »Zinne, Schießscharte«]

Kre|o|le[1] ⟨m.; -n, -n⟩ **1** Nachkomme europäischer Kolonisten in Südamerika; *weißer ~* **2** in Südamerika geborener Schwarzer [<frz. *créole* <portug. *crioulo;* zu lat. *creare* »erzeugen«]

Kre|o|le[2] ⟨f.; -, -n⟩ = Creole

Kre|o|lin ⟨f.; -, -lin|nen⟩ weibl. Kreole[1]

kre|o|lisch ⟨Adj.⟩ **1** die Kreolen betreffend, von ihnen stammend, zu ihnen gehörend **2** in der Art einer Kreolsprache, auf ihr beruhend

Kre|ol|spra|che ⟨f.; -, -n; Sprachw.⟩ zur Muttersprache gewordene Mischsprache aus einer Eingeborenensprache u. einer überkommenen europäischen Sprache, z. B. auf Hawaii

Kreo|pha|ge ⟨m.; -n, -n; Zool.⟩ fleischfressendes Tier [<grch. *kreas* »Fleisch« + *...phage*]

Kre|o|sol ⟨n.; -s; unz.⟩ im Teer von Buchenholz enthaltener flüssiger Abkömmling des Toluols [<*Kreosot* + *...ol*]

Kre|o|sot ⟨n.; -s; unz.⟩ durch alkalische Extraktion des Holzteers gewonnenes Gemisch von Phenolen, ölartige, gelbl., antiseptische u. antiparasitäre Flüssigkeit [<grch. *kreas* »Fleisch« + *sozein* »retten«]

Krepe|line ⟨[krɛpli:n] f.; -, -s; Textilw.⟩ leichter, wollener Krepp

kre|pie|ren ⟨V.⟩ **1** platzen, bersten (Sprengkörper) **2** ⟨umg.; derb⟩ verenden, sterben, bes. bei Tieren od. bei Menschen [<ital. *crepare* »zerbersten, verrecken« <lat. *crepare* »krachen, platzen«]

Kre|pi|ta|ti|on ⟨f.; -, -en⟩ **1** knisterndes Geräusch beim Aneinanderreiben rauer Flächen, z. B. gebrochener Knochen **2** rasselndes Atemgeräusch, z. B. bei Lungenentzündung [<lat. *crepitatio* »das Knistern, Knattern, Klappern«; zu *crepitare* »knistern, klappern«]

Kre|pon ⟨[-pɔ̃:] m.; -s, -s; Textilw.⟩ = Crepon

Krepp[1] ⟨m.; -s, -s od. -e; Textilw.⟩ = Crêpe[1]

Krepp[2] ⟨m.; -s, -s od. f.; -, -s⟩ = Crêpe[2]

krep|pen ⟨V.; Textilw.⟩ zu Krepp machen, fälteln; *Sy* krepponieren [<frz. *crêper* »kreppen, kräuseln«]

krep|po|nie|ren ⟨V.; Textilw.⟩ = kreppen

Kre|sol ⟨n.; -s; unz.; Chemie⟩ im Teer von Steinkohlen u. Bu-

K

chenholz vorkommender aromat. Kohlenwasserstoff, Mittel zum Imprägnieren von Holz u. Tauen, zum Desinfizieren [<grch. *kreas* »Fleisch« + *sozein* »retten« + *…ol*]

Kres|zenz ⟨f.; -, -en⟩ **1** Wachstum, Herkunft, besonders vom Wein **2** ⟨veraltet⟩ Ertrag [<lat. *crescentia* »das Wachsen«; zu *crescere* »wachsen«]

…kret ⟨Nachsilbe; zur Bildung sächl. Subst.; n.; -(e)s, -e⟩ etwas Abgesondertes, Ausgeschiedenes; *Sekret* [<lat. *cretum*, Part. Perf. zu *cernere* »schneiden, absondern«]

kre|ta|ze|isch ⟨Adj.; Geol.⟩ zur Kreideformation gehörend [<lat. *(terra) creta* »gesiebte Erde«]

Kre|thi und Ple|thi ⟨umg.; abwertend⟩ allerhand recht verschiedene Menschen, gemischte Gesellschaft [König Davids Leibwache bestand aus fremden Söldnern, wahrscheinlich *Kretern u. Philistern;* Luther übersetzt 2. Sam. 8,18 u. a. *Crethi u. Plethi;* in luther. Kreisen seit 1710 als geflügeltes Wort für »gemischte Gesellschaft« (Kluge, Etymolog. Wörterbuch)]

Kre|ti|kus ⟨m.; -, -ti|ki; Metrik⟩ drei- od. fünffüßiger antiker Versfuß [<lat. *creticus* »die Insel Kreta betreffend«]

Kre|tin ⟨[-tɛ̃ː] m.; -s, -s⟩ *oV* Kretine **1** ⟨Med.⟩ Person, die an Kretinismus leidet **2** ⟨abwertend⟩ dummer, töricht handelnder Mensch [<frz. *crétin* »Schwachsinniger« (urspr. mundartl.) <*chrétien* »christlich« <lat. *christianus*]

Kre|ti|ne ⟨m.; -n, -n⟩ = Kretin

Kre|ti|nis|mus ⟨m.; -; unz.; Med.⟩ angeborener Rückstand der geistigen Entwicklung mit körperl. Missbildung

kre|ti|no|id ⟨Adj.; Med.⟩ kretinähnlich [<*Kretin* + *…id*]

Kre|ton ⟨m.; -s, -e; österr.⟩ = Cretonne

Kre|tonne ⟨[-tɔn] m.; -s, -s⟩ = Cretonne

Kret|scham ⟨m.; -(e)s, -e; ostmdt.⟩ Wirtshaus, Schenke; *oV* Kretschem [<tschech. *krčma*, wend. *korčma*, poln. *karczma* »Schenke«]

Kret|schem ⟨m.; -(e)s, -e; ostmdt.⟩ = Kretscham

Kretsch|mar ⟨m.; -s, -; ostmdt.⟩ Gastwirt; *oV* Kretschmer [<ostmdt. *krecimer* »Wirt«; wend. *korčma*, tschech. *krčmář*, poln. *karczmarz* »Schankwirt«; → *Kretscham*]

Kret|sch|mer ⟨m.; -s, -; ostmdt.⟩ = Kretschmar

Kre|vet|te ⟨[-vɛt-] f.; -, -n⟩ = Crevette [<frz.]

Krick ⟨m.; -(e)s, -e⟩ = Kriek

Kri|cket ⟨n.; -s; -s; Sport⟩ = Cricket

Kri|da ⟨f.; -; unz.; österr.⟩ vorgetäuschte Zahlungsunfähigkeit, betrüger. Konkurs [<mlat. *crida* »öffentl. Ausruf, Zusammenrufung der Gläubiger«]

Kri|dar ⟨m.; -s, -e; österr.⟩ Gemeinschuldner; *oV* Kridatar [<mlat. *cridatarius;* → *Krida*]

Kri|da|tar ⟨m.; -s, -e; österr.⟩ = Kridar

Kriek ⟨m.; -(e)s, -e⟩ *oV* Krick **1** Wasserlauf **2** kleiner Hafen, kleine Bucht [<ndrl. <engl. *creek* »kleine Bucht«]

Kri|ko|to|mie ⟨f.; -, -n; Med.⟩ Luftröhrenschnitt [<grch. *krikos* »Ring« (hier: »Ringknorpel«) + *tome* »Schnitt«]

Krill ⟨n.; -s; unz.; Zool.⟩ überwiegend aus kleinen Krebsen bestehendes Plankton, Hauptnahrungsmittel vieler Wale u. Fische [<norweg. *kril* »Fischbrut«]

Kri|mi ⟨m.; -s od. -, -s od. -; umg.; kurz für⟩ Kriminalroman, Kriminalstück, Kriminalfilm, Kriminalhörspiel

kri|mi|nal ⟨Adj.⟩ Strafrecht, Strafverfahren, Straftat u. Täter betreffend [<lat. *criminalis* »das Verbrechen betreffend«; zu *crimen* »Anklage, Verbrechen«]

Kri|mi|nal ⟨n.; -s, -e; österr.⟩ Strafanstalt

kri|mi|nal…, Kri|mi|nal… ⟨in Zus.⟩ die Kriminalität betreffend, Strafrecht, Strafverfahren, Verbrechen u. Täter betreffend, z. B. kriminalpolizeilich, Kriminalfall, Kriminalkommissar

Kri|mi|nal|be|am|te(r) ⟨f. 2 (m. 1)⟩ nichtuniformierter Polizeibeamte(r) der Kriminalpolizei; *Sy* ⟨umg.⟩ Kriminale(r)

Kri|mi|na|le(r) ⟨m. 1; umg.⟩ = Kriminalbeamter

kri|mi|na|li|sie|ren ⟨V.⟩ **1** erklären, dass etwas od. jmd. kriminell sei; *jmdn.* ~ **2** jmd. in die Kriminalität treiben

Kri|mi|na|li|sie|rung ⟨f.; -; unz.⟩ das Kriminalisieren, das Kriminalisiertwerden

Kri|mi|na|list ⟨m.; -en, -en⟩ **1** Kriminalbeamter **2** Vertreter, Lehrer der Kriminalwissenschaft, Strafrechtslehrer

Kri|mi|na|lis|tik ⟨f.; -; unz.⟩ Kriminalwissenschaft

Kri|mi|na|lis|tin ⟨f.; -, -tin|nen⟩ **1** Kriminalbeamtin **2** Vertreterin, Lehrerin der Kriminalwissenschaft, Strafrechtslehrerin

kri|mi|na|lis|tisch ⟨Adj.⟩ zur Kriminalistik gehörig, mit ihrer Hilfe

Kri|mi|na|li|tät ⟨f.; -; unz.⟩ Straffälligkeit, Gesamtheit der Straftaten, die innerhalb einer gesellschaftlichen Gruppe während eines bestimmten Zeitabschnittes u. in einem bestimmten Gebiet verübt werden; *Jugend~; Steuer~*

Kri|mi|nal|po|li|zei ⟨f.; -; unz.; Kurzwort: Kripo⟩ Teil der Polizei zur Aufdeckung u. Verhinderung von Straftaten

Kri|mi|nal|pro|zess ⟨m.; -es, -e; veraltet⟩ Strafprozess

Kri|mi|nal|ro|man ⟨m.; -s, -e; Lit.⟩ Roman um ein Verbrechen u. seine Aufdeckung

Kri|mi|nal|so|zio|lo|gie ⟨f.; -; unz.⟩ Zweig der Soziologie, der sich mit den Umweltbedingungen des Täters u. der Tat befasst

kri|mi|nell ⟨Adj.⟩ **1** verbrecherisch, straffällig; *eine ~e Person* **2** strafbar; *eine ~e Tat* **3** ⟨umg.; scherzh.⟩ schlimm, aufregend, sehr bedenklich; *jetzt wird's aber wirklich ~!* [<frz. *criminel* »verbrecherisch« <lat. *criminalis;* → *kriminal*]

Kri|mi|nel|le(r) ⟨f. 2 (m. 1)⟩ jmd., der kriminell ist, eine Straftat begangen hat

kri|mi|no|gen ⟨Adj.; geh.⟩ die Neigung zur Kriminalität fördernd; *~es Milieu* [<*Kriminalität* + *…gen*[1]]

Kri|mi|no|lo|ge ⟨m.; -n, -n⟩ Wissenschaftler auf dem Gebiet der Kriminologie

K

Kri|mi|no|lo|gie ⟨f.; -; unz.⟩ Lehre von der Aufklärung u. Verhütung von Verbrechen [<lat. *crimen* »Anklage, Verbrechen« + *...logie*]

Kri|mi|no|lo|gin ⟨f.; -, -gin|nen⟩ Wissenschaftlerin auf dem Gebiet der Kriminologie

kri|mi|no|lo|gisch ⟨Adj.⟩ zur Kriminologie gehörig, mit ihrer Hilfe

Krim|mer ⟨m.; -s, -⟩ **1** Fell des Fettschwanzschafes der Krim **2** gewebte Imitation dieses Felles [nach der ukrain. Halbinsel *Krim*]

Krim|sekt ⟨m.; -(e)s; unz.⟩ roter Schaumwein von der ukrain. Halbinsel Krim

Kri|no|i|de ⟨m.; -n, -n; Zool.⟩ Haarstern, stachelhäutiges Meerestier: Crinoidea [<lat. *crinis* »Haar« + *...id*]

Kri|no|li|ne ⟨f.; -, -n; 19. Jh.⟩ über einem zunächst runden, dann nur nach hinten ausladenden Reifengestell getragener, weiter u. langer Rock, Nachfolger des Reifrocks [<frz. *crinoline* »Krinoline«; zu *crin* »Rosshaar« <lat. *crinis* »Haar«]

Kri|po ⟨f.; -; unz.; umg.; Kurzwort für⟩ Kriminalpolizei

Kris ⟨m.; -es, -e⟩ Dolch der Malaien mit geflammter Klinge [malai.]

Kri|se ⟨f.; -, -n⟩ **1** Zustand akuter Schwierigkeiten in der Finanzwirtschaft **2** oberer Wendepunkt einer Konjunkturphase als Übergang von Prosperität zu Depression **3** Abschnitt eines psych. Entwicklungsprozesses, in dem sich nach einer Zuspitzung der Situation die weitere Entwicklung entscheidet **4** = Krisis (2) [<grch. *krisis* »Entscheidung, entscheidende Wendung«]

kri|seln ⟨V.; unpersönl.⟩ *es kriselt* eine Krise kündigt sich an, droht, etw. befindet sich in einer Krise

Kri|sen|herd ⟨m.; -(e)s, -e⟩ **1** Gebiet, in dem es häufig zu polit. (u. wirtschaftl.) Krisen kommt **2** Situation, Zustand, der häufig zu Krisen führt

Kri|sen|ma|nage|ment ⟨[-mænɪdʒmənt] n.; - od. -s; unz.⟩ Planung u. Durchführung von außergewöhnlichen Maßnahmen zur Beherrschung gefährlicher polit., militär. od. wirtschaftl. Situationen; *das ~ rettete die Preisstabilität*

Krish|na ⟨[krɪʃna] ohne Artikel; im Hinduismus⟩ wundertätiger Gott, der unter Hirten aufgewachsen ist [Sanskrit, »der Dunkle«]

Kri|sis ⟨f.; -, Kri|sen; Med.⟩ **1** die Genesung einleitender schneller Abfall des Fiebers bei Infektionskrankheit; *Ggs* Lysis **2** anfallsweises Auftreten von Krankheitszeichen von besonderer Heftigkeit; *oV* Krise (4)

Kris|tall 1 ⟨m.; -s, -e⟩ **1.1** von gleichmäßig angeordneten, ebenen Flächen begrenzter Körper, in dem die Atome, Moleküle od. Ionen raumgitterartig angeordnet sind; *~e bilden; klar, rein wie ein ~* **1.2** = Detektor **2** ⟨n.; -s; unz.⟩ **2.1** sehr reines, geblasenes, geschliffenes Glas, Kristallglas **2.2** Gegenstand aus Kristallglas; *~schale; ~vase; ~becher* [<ahd. *cristalla* <mlat. *crystallum* <lat. *crystallus* <grch. *krystallos* »Eis, Bergkristall«; zu grch. *kryos* »Frost«]

Kris|tall|che|mie ⟨[-çe-] f.; -; unz.⟩ Erforschung der gesetzmäßigen Beziehungen zwischen der chem. Zusammensetzung u. den kristallograph. Eigenschaften der Stoffe

Kris|tall|de|tek|tor ⟨m.; -s, -en⟩ früher gebräuchliche Diode zur Gleichrichtung hochfrequenter Schwingungen, aus einem Halbleiterkristall mit Metallspitze

kris|tal|len ⟨Adj.⟩ **1** aus Kristall bestehend; *ein ~es Glas* **2** wie Kristall, kristallklar; *~es Trinkwasser*

Kris|tall|git|ter ⟨n.; -s, -⟩ periodische, räumlich geometrische Anordnung von Atomen, Ionen od. Molekülen in Kristallen

kris|tal|lin ⟨Adj.⟩ = kristallisch; *Ggs* amorph (1)

kris|tal|li|nisch ⟨Adj.⟩ = kristallisch

Kris|tal|li|sa|ti|on ⟨f.; -, -en⟩ das Kristallisieren, Kristallbildung

kris|tal|lisch ⟨Adj.⟩ *oV* kristallin, kristallinisch **1** wie Kristall, wie Kristallglas **2** aus Kristallen bestehend

kris|tal|li|sie|ren ⟨V.⟩ **1** Kristalle bilden **2** *sich ~* sich zu Kristallen umformen [<frz. *cristalliser* »kristallisieren«; <lat. *crystallus*; → *Kristall*]

Kris|tal|li|sie|rung ⟨f.; -, -en⟩ = Kristallisation

Kris|tal|lit ⟨m.; -s, -e⟩ mikroskopisch kleiner Kristall

Kris|tal|lo|blas|te|se ⟨f.; -; unz.⟩ Entwicklung der charakteristischen Struktur der kristallinen Schiefer [<*Kristall* + grch. *blastesis* »das Keimen, das Wachsen«]

kris|tal|lo|blas|tisch ⟨Adj.⟩ durch gleichzeitiges Kristallwachstum bestimmt (von Gesteinsgefügen) [→ *Kristalloblastese*]

Kris|tal|lo|gra|fie ⟨f.; -; unz.⟩ = Kristallographie

kris|tal|lo|gra|fisch ⟨Adj.⟩ = kristallographisch

Kris|tal|lo|gra|phie ⟨f.; -; unz.⟩ Lehre von den chem. u. physikal. Eigenschaften des Kristalls; *oV* Kristallografie [<*Kristall* + *...graphie*]

kris|tal|lo|gra|phisch ⟨Adj.⟩ die Kristallographie betreffend, auf ihr beruhend, zu ihr gehörend; *~e Struktur; oV* kristallografisch

Kris|tal|lo|id ⟨n.; -(e)s, -e⟩ kristallähnlicher Körper [<*Kristall* + *...id*]

Kris|tall|was|ser ⟨n.; -s; unz.⟩ im Kristallgitter einer chem. Verbindung enthaltene Wassermoleküle

Kri|te|ri|um ⟨n.; -s, -te|ri|en⟩ **1** Kennzeichen, unterscheidendes Merkmal **2** sinnvolle Begründung, Prüfstein **3** ⟨Sport⟩ **3.1** Radrennen im Rundkurs **3.2** ⟨Skisport⟩ Wettrennen, bei dem ein Sieger ohne Wertung für eine Meisterschaft ermittelt wird [<grch. *kriterion* »unterscheidendes Merkmal, Kennzeichen« (mit lat. Endung)]

Kri|tik ⟨f.; -, -en⟩ **1** wissenschaftliche od. künstlerische Beurteilung; *Kunst~; Literatur~; Musik~* **2** wertende Besprechung; *Buch~; Film~; Theater~; eine ~ über ein Buch, Stück schreiben; gute, schlechte ~; lobende, tadelnde, scharfe ~* **3** Beanstan-

K

dung, Tadel, Äußerung des Missfallens; *~ an etwas od. jmdm. üben; ich verbitte mir jede ~!; das Buch ist unter aller ~* sehr schlecht **4** ⟨unz.⟩ Urteilsfähigkeit, Unterscheidungsvermögen **5** ⟨unz.⟩ Gesamtheit der Kritiker; *die ~ war sich darüber einig, dass …* [<frz. *critique* <grch. *kritike (techne)* »Kunst der Beurteilung«]

Kri|ti|ka|li|tät ⟨f.; -; unz.; Kernphysik⟩ Zustand eines Kernreaktors, bei dem die zur fortgesetzten Kernspaltung notwendige Kettenreaktion nicht mehr von selbst erlischt [→ *kritisch*]

Kri|ti|kas|ter ⟨m.; -s, -; abwertend⟩ kleinl. Kritiker, Nörgler [seit dem 18. Jh.; nach lat. *philosophaster* »Scheinphilosoph« gebildet]

Kri|ti|ker ⟨m.; -s, -⟩ **1** jmd., der (beruflich) ein Kunstwerk kritisiert; *Theater~; Zeitungs~* **2** ⟨allg.⟩ jmd., der etwas tadelt, kritisiert [<lat. *criticus* »krit. Beurteiler« <grch. *kritikos* »zur entscheidenden Beurteilung gehörig; entscheidend, kritisch«]

Kri|ti|ke|rin ⟨f.; -, -rin|nen⟩ **1** weibl. Person, die (beruflich) ein Kunstwerk kritisiert; *Theater~; Zeitungs~* **2** ⟨allg.⟩ weibl. Person, die etwas tadelt, kritisiert

kri|tisch ⟨Adj.⟩ **1** gewissenhaft prüfend; *~e Ausgabe* nach den Methoden der Textkritik bearbeitete A. eines Werkes der Literatur; *~er Apparat* mit wissenschaftlicher Genauigkeit gegebene Anmerkungen zu einer kritischen Ausgabe od. einem wissenschaftlichen Werk **2** streng urteilend; *etwas od. jmdn. ~ betrachten; einer Sache ~ gegenüberstehen; er ist sehr ~* **3** entscheidend, eine Wende ankündigend; *das ~e Alter* die Entwicklungsjahre (von Jugendlichen), die Wechseljahre (von Erwachsenen) **4** bedrohlich, gefährlich; *~er Augenblick; eine ~e Situation* **5** *~e Temperatur* die für jeden Stoff verschiedene T., oberhalb deren sich ein Gas auch bei beliebig hohem Druck nicht mehr verflüssigen lässt [<lat. *criticus* <grch. *kritikos* »zur entscheidenden Beurteilung gehörig, entscheidend«; zu *krinein* »scheiden, trennen, entscheiden, urteilen«]

kri|ti|sie|ren ⟨V.⟩ **1** beurteilen, werten, begutachten; *Buch, Film, Theaterstück ~* **2** beanstanden, tadeln, nörgeln an; *jmdn. ~; er hat an allem etwas zu ~* [<frz. *critiquer* »kritisieren«; → *Kritik*]

Kri|ti|zis|mus ⟨m.; -; unz.; Philos.⟩ von Kant eingeführtes Verfahren, vor dem Aufstellen eines neuen philosoph. Systems, einer Weltanschauung o. Ä. die Möglichkeiten u. Grenzen der menschl. Erkenntnis festzustellen [→ *Kritik*]

Kro|cket ⟨a. ['--] n.; -s, -s; Sport⟩ Rasenspiel, bei dem die Spieler mit Holzhämmern die Holzbälle durch zehn Tore bis zu einem Zielstab schlagen, wobei nach Zusammenstoß mit einem gegner. Ball dieser weggeschlagen (krockiert) wird [<engl. *croquet*]

kro|cket|tie|ren ⟨V.; Sport; Krocket⟩ = krockieren

kro|ckie|ren ⟨V.; Sport; Krocket⟩ eine Holzkugel wegschlagen; *oV* krockettieren

Kroe|peok ⟨[kru:pu:k] m.; - od. -s; unz.; asiat. Kochk.⟩ in Fett gebackene Scheiben aus gemahlenen Garnelen u. Tapiokamehl [<indones.]

Kro|kant ⟨m.; -s; unz.⟩ Karamellzucker mit Mandel- od. Nussstückchen [<frz. *croquant* »knusprig«; zu *croquer* »krachen, knabbern, knuspern«]

Kro|ket|te ⟨f.; -, -n⟩ in Fett gebackenes längliches Klößchen aus Kartoffeln, Fleisch, Fisch, Gemüse o. Ä.; *oV* Croquette [<frz. *croquette* »Krokette«; zu *croquer* »krachen, knabbern, knuspern«]

Kro|ki ⟨n.; -s, -s; Kartogr.⟩ Kartenskizze, die sich um maßstabsgetreue Darstellung bemüht; *oV* Croquis, Kroquis [<frz. *croquis* »Skizze, Entwurf«]

kro|kie|ren ⟨V.; Kartogr.⟩ ein Kroki anfertigen von; *oV* kroquieren; *ein Grundstück ~*

Kro|ko|dil ⟨n.; -s, -e; Zool.⟩ **1** ⟨i. w. S.⟩ Panzerechse, Angehöriger der höchstentwickelten Ordnung der Reptilien, großes, räuberisch im Wasser lebendes Tier mit in Kieferhöhlen sitzenden Zähnen u. seitlich zusammengedrücktem Ruderschwanz: Crocodylia **2** ⟨i. e. S.⟩ Familie dieser Ordnung mit einem bei geschlossenem Maul sichtbaren Unterkieferzahn: Crocodilus [<grch. *krokodilos*]

Kro|ko|it ⟨m.; -(e)s, -e; Min.⟩ gelblich rotes Mineral, chem. Bleichromat, Rotbleierz [<grch. *krokos* »Safran«]

Kro|kus ⟨m.; -, - od. -se; Bot.⟩ Gattung der Schwertliliengewächse, deren im Frühling blühende Arten beliebte Zierpflanzen sind: Crocus [<lat. *crocus* <grch. *krokos* »Safran«]

Krom|lech ⟨a. [-lɛk] m.; -s, -e od. -s⟩ jungsteinzeitl. Kult- od. Grabstätte; *oV* Cromlech [<kelt. *crom* »Kreis« + *lech* »Stein«]

kro|quie|ren ⟨[-ki:-] V.⟩ = krokieren

Kro|quis ⟨[-ki:] n.; - [-ki:s], - [-ki:s]⟩ = Kroki

Krö|sus ⟨m.; -, -se; fig.⟩ steinreicher Mann; *ich bin doch kein ~!* [nach dem letzten König von Lydien, † 546 v. Chr.]

Kro|ta|lin ⟨n.; -s; unz.⟩ Gift der Klapperschlange [<lat. *crotalus* »Klapperschlange«; zu *crotalum* »Klapper« <grch. *krotalon*]

Kro|ton ⟨m.; -s, -e; Bot.⟩ Gattung der Wolfsmilchgewächse, die über die gesamten Tropen verbreitet ist u. einige wichtige medizin. Pflanzen umfasst: Croton [grch., »Hundelaus«, der der Frucht des danach benannten Baumes ähnlich ist]

Kro|ton|öl ⟨n.; -s; unz.⟩ aus den Früchten des Krotonbaumes (Croton tiglium) gewonnenes Öl, starkes Abführmittel; *oV* Crotonöl

krud ⟨Adj.⟩ rau, grob; *oV* krude; *ein ~es Benehmen* [<lat. *crudos* »roh«]

kru|de ⟨Adj.⟩ = krud

Kru|di|tät ⟨f.; -; unz.⟩ krudes Wesen od. Benehmen

Krupp ⟨m.; -s; unz.; Med.⟩ Entzündung u. Schwellung der

Stimmbänder u. Kehlkopfschleimhaut, die lebensgefährliche Atemnot verursachen kann; →*a.* Pseudokrupp [<engl. *croup*]

Krup|pa|de ⟨f.; -, -n; Sport; Hohe Schule⟩ Sprung mit waagerechtem Rücken in die Höhe, wobei alle vier Beine an den Leib gezogen werden [<frz. *croupade* »Hochsprung«; → *Kruppe*]

Krup|pe ⟨f.; -, -n⟩ zwischen Schweifansatz u. Hüftgelenk gelegener hinterer Teil des Pferderückens [<frz. *croupe* <fränk. **kruppa*]

krup|pös ⟨Adj.; Med.⟩ mit Krupp behaftet, auf Krupp beruhend, von Krupp ausgehend

kru|ral ⟨Adj.; Med.⟩ den Schenkel betreffend, zum Schenkel gehörig, Schenkel… [<lat. *crus,* Gen. *crusis* »Schenkel«]

Krus|ta|de ⟨f.; -, -n; Kochk.⟩ Teigpastete in Torten- od. Becherform, die eine herzhafte Füllung enthält; *Reis~* [<frz. *croustade;* zu *croûte* »Kruste, Rinde«]

K

Krus|ta|zee ⟨[-tseːə] f.; -, -n; Zool.⟩ Krebs [<lat. *crusta* »Rinde, Kruste«]

Krux ⟨f.; -; unz.⟩ = Crux

Kru|zi|a|ner ⟨m.; -s, -⟩ Angehöriger des Knabenchors der Kreuzkirche in Dresden

Kru|zi|fe|re ⟨f.; -, -n; Bot.⟩ Blütenpflanze, deren Blütenblätter kreuzweise angeordnet sind, Kreuzblütler; *oV* Cruciferae [<lat. *crux,* Gen. *crusis* »Kreuz« + *…fere*]

Kru|zi|fix ⟨a. ['---] n.; -es, -e⟩ plast. Darstellung von Christus am Kreuz

Kru|zi|fi|xus ⟨m.; -; unz.⟩ der gekreuzigte Christus [<lat. *cruci* »dem Kreuze« + *fixus* »angeheftet«; Dat. von *crux* »Kreuz« + Part. Perf. von *figere* »anheften«]

kry…, Kry… ⟨in Zus.; vor Vokalen⟩ = kryo…, Kryo…

Kry|al ⟨n.; -s; unz.; Ökol.⟩ Lebensraum im Bereich von Schmelzwasservorkommen (z. B. an einem Gletscher), der gekennzeichnet ist durch eine gleichbleibende Temperatur u. ein beschränktes Nährstoffvorkommen [→ *Kryo…*]

Kry|äs|the|sie ⟨f.; -; unz.⟩ Überempfindlichkeit gegen Kälte [<grch. *kryos* »Frost« + *Ästhesie*]

kry|o…, Kry|o… ⟨in Zus.⟩ kalt…, Kälte…; *oV* kry…, Kry… [<grch. *kryos* »Kälte, Frost«]

Kryo|bio|lo|gie ⟨f.; -; unz.⟩ Teilgebiet der Biologie, das sich mit der Einwirkung tiefer Temperaturen auf Lebewesen befasst [<grch. *kryos* »Frost« + *Biologie*]

Kryo|bi|on|ten ⟨Pl.; Biol.⟩ = Kryobios

Kryo|bi|os ⟨Pl.; Biol.⟩ im od. auf dem Schnee lebende Kleinlebewesen; *Sy* Kryobionten [<*Kryo…* + grch. *bios* »Leben«]

Kryo|chir|ur|gie *auch:* **Kryo|chi|rur|gie** ⟨[-çir-] f.; -; unz.; Med.⟩ Verfahren der lokalen Anwendung von tiefen u. sehr tiefen Temperaturen (bis -190 °C) in der Chirurgie, Gefrierchirurgie [<*Kryo…* + *Chirurgie*]

Kryo|ko|nit ⟨m.; -s, -e; Geol.⟩ Staubteilchen od. Gesteinsfragment auf Gletschereis, das durch erhöhte Wärmeadsorption in das Eis einsinkt, wobei Röhren u. Vertiefungen (Kryonitlöcher) entstehen [<*Kryo…* + grch. *konis* »Staub«]

Kryo|lith ⟨m.; -s od. -en, -e od. -en; Min.⟩ weißes bis rötlich braunes Mineral, chemisch ein wasserfreies Natrium-Aluminium-Fluorid [<grch. *kryos* »Frost« + *…lith*]

Kryo|me|ter ⟨n.; -s, -⟩ mit Gasfüllung thermoelektrisch arbeitendes Thermometer zum Messen tiefer Temperaturen

Kry|o|mik ⟨f.; -; unz.⟩ Kältetechnik im Bereich sehr tiefer Temperaturen; *Sy* Kryotechnik [<grch. *kyros* »Frost«]

Kry|on ⟨n.; -s; unz.; Ökol.⟩ in der Nähe von Gletschern u. Gletscherabflüssen beheimatete Biozönose [→ *kryo…, Kryo…*]

Kryo|phyt ⟨m.; -en, -en; Bot.⟩ Pflanze, die im od. unter Eis u. Schnee existieren kann [<*Kryo…* + grch. *phyton* »Pflanze«]

Kry|o|sko|pie *auch:* **Kry|os|ko|pie** ⟨f.; -, -n⟩ Ermittlung der Gefrierpunktserniedrigung, die in gelösten Substanzen durch kristallisierbare Lösungsmittel bewirkt wird [<grch. *kryos* »Frost« + *…skopie*]

Kryo|sphä|re ⟨f.; -; unz.⟩ der Bereich der Erdoberfläche, der von Eis bedeckt ist [<*Kryo…* + *Sphäre*]

Kry|o|stat *auch:* **Kry|os|tat** ⟨m.; -(e)s od. -en, -e od. -en; Physik⟩ Thermostat für tiefe Temperaturen [<*Kryo…* + *…stat*]

Kryo|tech|nik ⟨f.; -; unz.⟩ = Kryomik

Kryo|the|ra|pie ⟨f.; -; unz.; Med.⟩ Einsatz von Kälte in der Kryochirurgie, wobei krankhaftes Gewebe durch Erfrieren zerstört wird

Kry|o|tron *auch:* **Kry|ot|ron** ⟨n.; -s, -tro|ne⟩ Datenspeicher auf der Basis der Supraleitung bei sehr tiefen Temperaturen [<grch. *kryos* »Frost« + *…tron*]

krypt…, Krypt… ⟨in Zus.⟩ = krypto…, Krypto…

Kryp|ta ⟨f.; -, Kryp|ten⟩ **1** ⟨urspr.⟩ Grabkammer eines Märtyrers u. a. kirchl. Würdenträger in einer Katakombe unter dem Altar **2** ⟨dann⟩ unterird. Kirchenraum, bes. mit Grabkammern od. zum Aufbewahren von Särgen **3** ⟨nur Pl.; Med.⟩ *Krypten* verborgene Höhlen in den Rachenmandeln [<lat. *crypta* <grch. *krypte* »unterirdischer Gang, Gewölbe«]

Kryp|te ⟨f.; -, -n; meist Pl.; Med.⟩ Einbuchtung, Grube an der Oberfläche der Mandeln od. der Dickdarmschleimhaut [→ *Krypto…*]

kryp|tisch ⟨Adj.; geh.⟩ versteckt, verborgen, unklar u. deshalb schwer verständlich; *~e Zeichen* [<grch. *kryptos* »verborgen, geheim«]

kryp|to…, Kryp|to… ⟨vor Vokalen⟩ krypt…, Krypt… ⟨in Zus.⟩ verborgen, heimlich [<grch. *kryptos*]

Kryp|to|ga|me ⟨f.; -, -n; Bot.⟩ blütenlose Pflanze; *Ggs* Phanerogame [<*Krypto…* + *…game*]

kryp|to|gen ⟨Adj.⟩ von unbekannter Entstehung; *Sy* kryptogenetisch; *~e Krankheit* K., deren Ursache wissenschaftlich unerklärlich ist [<*krypto…* + *…gen*[1]]

kryp|to|ge|ne|tisch ⟨Adj.⟩ = kryptogen

Kryp|to|gra|fie ⟨f.; -, -n⟩ = Kryptographie

kryp|to|gra|fisch ⟨Adj.⟩ = kryptographisch

Kryp|to|gramm ⟨n.; -s, -e⟩ **1** Verse, deren Anfangsbuchstaben od. -wörter, hintereinandergelesen, einen Satz od. Spruch ergeben **2** ⟨veraltet⟩ Text mit verschlüsselter Nebenbedeutung [<*Krypto…* + *…gramm*]

Kryp|to|gra|phie ⟨f.; -, -n⟩ *oV* Kryptografie **1** Geheimschrift, die die Zeichen einer Bildschrift in abweichendem Sinn gebraucht **2** ⟨EDV⟩ Verschlüsselung u. Entschlüsselung (bestimmter Informationen) zur Datensicherung (bes. im Onlinebereich); *~programm* **3** absichtslos bei einer Beschäftigung (Telefonieren, Unterhaltung) entstandene Kritzelei od. Musterzeichnung [<*Krypto…* + *…graphie*]

kryp|to|gra|phisch ⟨Adj.⟩ die Kryptographie betreffend, zu ihr gehörig, von ihr stammend; *~es Verfahren* ⟨EDV⟩ zur Verschlüsselung u. Entschlüsselung persönlicher Daten im Onlinedienst; *oV* kryptografisch

kryp|to|kris|tal|lin ⟨Adj.⟩ aus Kristallen aufgebaut, die nur unter dem Mikroskop erkennbar sind; *Sy* kryptokristallinisch [<*krypto…* + *kristallin*]

kryp|to|kris|tal|li|nisch ⟨Adj.⟩ = kryptokristallin

Kryp|to|lo|gie ⟨f.; -; unz.; EDV⟩ Lehre von der Ver- u. Entschlüsselung von Daten

kryp|to|lo|gisch ⟨Adj.⟩ die Kryptologie betreffend, zu ihr gehörend, auf ihr beruhend

kryp|to|mer ⟨Adj.⟩ ohne Mikroskop nicht erkennbar (bes. von den Bestandteilen der Gesteine) [<*krypto…* + grch. *meros* »Teil«]

Kryp|to|me|rie ⟨f.; -; unz.⟩ das Verborgenbleiben einer Erbanlage [→ *kryptomer*]

Kryp|ton ⟨n.; -s; unz.; chem. Zeichen: Kr⟩ zu den Edelgasen gehörendes chem. Element, Ordnungszahl 36 [zu grch. *kryptos* »verborgen, geheim«]

Kryp|ton|lam|pe ⟨f.; -, -n⟩ mit Krypton gefüllte Glühbirne, deren Helligkeit dadurch verstärkt wird

Krypt|o|nym *auch:* **Kryp|to|nym** ⟨n.; -s, -e; Lit.⟩ in einem Text versteckter od. durch Auslassung von Buchstaben verkürzter Autorenname [<*krypto…* + grch. *onyma* »Name«]

krypt|orch *auch:* **kryp|torch** ⟨Adj.; Med.⟩ an Kryptorchismus leidend, von ihm betroffen sein

Krypt|or|chis|mus *auch:* **Kryp|tor|chis|mus** ⟨[-çıs-] m.; -, -chismen [-çıs-]; Med.⟩ angeborene Entwicklungsstörung, bei der ein od. beide Hoden in der Bauchhöhle od. im Leistenkanal verblieben u. nicht, wie normal, in den Hodensack hinabgestiegen sind [<*Krypto…* + grch. *orchis* »Hode«]

Kryp|to|vul|ka|nis|mus ⟨[-vul-] m.; -; unz.; Geol.⟩ Form des Vulkanismus, die sich in der Nähe der Erdoberfläche vollzieht, aber zu keinen Durchbrüchen des Magmas führt; →*a.* Lakkolith [<*Krypto…* + *Vulkanismus*]

Kryp|to|zo|i|kum ⟨n.; -s; unz.; Geol.⟩ = Proterozoikum [<*Krypto…* + *…zoikum*]

KS-Gram|ma|tik ⟨f.; -; unz.; Sprachw.; Abk. für⟩ Konstituentenstrukturgrammatik

Kte|ni|di|um ⟨n.; -s, -di|en; Biol.⟩ urspr. Kiemenform der Weichtiere, Kammkieme [<grch. *kteis,* Gen. *ktenos* »Kamm«]

kte|no|id ⟨Adj.; Biol.⟩ kammartig [<grch. *kteis,* Gen. *ktenos* »Kamm« + *…id*]

Kte|no|id|schup|pe ⟨f.; -, -n; Biol.⟩ Fischschuppe mit kammartigem Fortsatz

Kte|no|pho|re ⟨f.; -, -n; Zool.⟩ Rippenqualle, Angehörige eines Stammes der Hohltiere mit erhabenen Längsrippen: Ctenophora [<grch. *kteis,* Gen. *ktenos* »Kamm« + *…phor*]

Ku ⟨chem. Zeichen für⟩ Kurtschatovium

Ku|ba|tur ⟨f.; -; unz., Math.⟩ **1** das Kubieren, Erhebung in die dritte Potenz **2** Berechnung des Rauminhalts [→ *Kubus*]

Kub|ba ⟨f.; -, Kub|ben; islam. Arch.⟩ **1** Kuppel **2** Grabbau mit Kuppel [arab.]

Ku|be|be ⟨f.; -, -n; Bot.⟩ beerenartige, scharf schmeckende Frucht des indones. Pfeffergewächses: Piper cubeba [<span. *cubeba* <arab. *kabâbat*]

Ku|ben ⟨Pl. von⟩ Kubus

ku|bie|ren ⟨V.; Math.⟩ **1** in die dritte Potenz erheben **2** den Rauminhalt berechnen von [→ *Kubus*]

ku|bik…, Ku|bik… ⟨in Zus.⟩ dritte Potenz von …, Raum… [→ *Kubus*]

Ku|bik|de|zi|me|ter ⟨m. od. n.; -s, -; Abk.: dm^3⟩ Raummaß von je einem Dezimeter Länge, Breite u. Höhe

Ku|bik|hek|to|me|ter ⟨m. od. n.; -s, -; Abk.: hm^3⟩ Raummaß von je einem Hektometer Länge, Breite u. Höhe

Ku|bik|in|halt ⟨m.; -(e)s, -e⟩ Rauminhalt

Ku|bik|ki|lo|me|ter ⟨m. od. n.; -s, -; Abk.: km^3⟩ Raummaß von je einem Kilometer Länge, Breite u. Höhe

Ku|bik|maß ⟨n.; -es, -e⟩ Raum-, Körpermaß

Ku|bik|me|ter ⟨m. od. n.; -s, -; Abk.: m^3⟩ **1** Raummaß von je einem Meter Länge, Breite u. Höhe **2** Festmeter (als Holzmaß)

Ku|bik|mil|li|me|ter ⟨m. od. n.; -s, -; Abk.: mm^3⟩ Raummaß von je einem Millimeter Länge, Breite u. Höhe

Ku|bik|wur|zel ⟨f.; -, -n; Math.⟩ dritte Wurzel (aus einer Zahl)

Ku|bik|zahl ⟨f.; -, -en; Math.⟩ dritte Potenz (einer Zahl)

Ku|bik|zen|ti|me|ter ⟨m. od. n.; -s, -; Abk.: cm^3⟩ Raummaß von je einem Zentimeter Länge, Breite u. Höhe

ku|bisch ⟨Adj.⟩ **1** würfelförmig **2** in die dritte Potenz erhoben

Ku|bis|mus ⟨m.; -; unz.; Kunst⟩ Richtung des Expressionismus in Malerei u. Plastik, die die kubischen Formen der Natur bes. hervorhebt [→ *Kubus*]

Ku|bist ⟨m.; -en, -en⟩ Anhänger, Vertreter des Kubismus

ku|bis|tisch ⟨Adj.⟩ den Kubismus betreffend, zu ihm gehörig, auf ihm beruhend

ku|bi|tal ⟨Adj.; Anat.⟩ zum Ellenbogen gehörig [<lat. *cubitum* »Ellbogen«]

Ku|bus ⟨m.; -, - od. (österr.) Kuben⟩ **1** Würfel **2** dritte Potenz

K

[<lat. *cubus* <grch. *kybos* »Würfel«]

Ku|du ⟨m.; -s, -s; Zool.⟩ eine afrikan. Antilope [Bantuspr.]

Ku|fi|ja ⟨f.; -, -s⟩ aus weißer, rot u. schwarz gemusterter Baumwolle gewebtes quadratisches Kopftuch der Araber, Palästinensertuch [arab.]

ku|fisch ⟨Adj.⟩ *~e Schrift* altarab. Schrift (bes. im Koran, auf Münzen u. für Inschriften) [nach der Stadt *Kufa* in Mesopotamien, die Hauptstadt der Kalifen u. Hauptsitz der islamischen Wissenschaften war]

Ku|gu|ar ⟨m.; -s, -e; Zool.⟩ = Puma [<südamerikan. Indianersprache]

Ku|jon ⟨m.; -s, -e; veraltet⟩ Schuft, Quäler [<frz. *couillon* »Feigling, Dummkopf« <vulgärlat. *coleone* »Entmannter«; zu vulgärlat. **colea* »Hodensack«]

K

ku|jo|nie|ren ⟨V.⟩ *jmdn. ~* jmdn. quälen, schikanieren, jmdm. übel mitspielen; *Sy* ⟨umg.; veraltet⟩ kuranzen [<frz. *couillonner* »verspotten«; zu *couillon* »Feigling, Dummkopf«; zu vulgärlat. *coleone* »Entmannter«; zu **colea* »Hodensack«]

Ku-Klux-Klan ⟨engl. [kju:klʌksklæn] m.; - od. -s; unz.⟩ US-amerikan. Geheimbund, der gegen die Gleichberechtigung der Schwarzen mit terroristischen Methoden kämpft [engl. <grch. *kyklos* »Kreis + engl. *clan* »Sippe, Stamm«]

Kuk|sa ⟨f.; -, -s⟩ (in Lappland gebräuchliche) Tasse aus Birkenholz [finn.]

Ku|kul|le ⟨f.; -, -n⟩ weiter Mantel, der Teil der Mönchskleidung beim Chorgebet ist [<lat. *cucullus* »am Kleid befestigte Kappe, Kapuze«]

Ku|kum|ber ⟨f.; -, -n; rheinfränk.⟩ Gurke; *oV* Kukumer [<lat. *cucumer* »Gurke«]

Ku|ku|mer ⟨f.; -, -n; rheinfränk.⟩ = Kukumber

Ku|ku|ruz ⟨m.; -es od. -; unz.; österr.⟩ Mais [<rumän. *cucuruz* »Tannenzapfen; Mais« <türk.]

Ku|lak ⟨m.; -en, -en⟩ russ. Großbauer (im Laufe der landwirtschaftl. Kollektivierung abgeschafft) [russ., »Faust«]

ku|lant ⟨Adj.⟩ entgegenkommend, großzügig (im Geschäftsverkehr); *Ggs* inkulant; *gegen jmdn. ~ sein* [<frz. *coulant* »fließend, flüssig, beweglich«; zu *couler* »fließen«; verwandt mit *Kulisse*]

Ku|lanz ⟨f.; -; unz.⟩ kulantes Wesen; *Ggs* Inkulanz

Ku|li ⟨m.; -s, -s⟩ **1** ostasiat. Tagelöhner, Lastenträger **2** süd- u. mittelamerikan. Plantagenarbeiter **3** ⟨fig.⟩ ausgebeuteter Arbeiter; *arbeiten wie ein ~* sehr schwer (bes. körperlich) arbeiten [<engl. *coolie, cooly* »Kuli, Lastträger« <Hindi *Kuli,* Name eines im westl. Indien beheimateten Volksstammes]

Ku|lier|wa|re ⟨f.; -, -n; Textilw.⟩ aus waagerecht hin- u. hergehenden Fäden gewirkter Stoff, Kettenware [zu frz. *couler* »fließen«]

ku|li|na|risch ⟨Adj.⟩ feine, erlesene Gerichte u. Kochkunst betreffend, auf ihnen beruhend; *~e Genüsse* [<lat. *culinarius* »auf die Küche, die Kochkunst bezüglich«; zu *culina* »Küche«]

Ku|lis|se ⟨f.; -, -n⟩ **1** ⟨urspr.⟩ verschiebbarer, mit bemalter Leinwand bespannter Rahmen als seitl. Abschluss der Bühne u. zur Vortäuschung eines Schauplatzes **2** ⟨heute⟩ jedes Dekorationsstück auf der Bühne; *hinter den ~n* ⟨a. fig.⟩ heimlich, nicht vor der Öffentlichkeit; *einen Blick hinter die ~n werfen* **3** Hintergrund, Umgebung (einer Landschaft); *die Berge bieten eine schöne ~ für den Film* **4** Steuerungselement an Dampfmaschinen, das sowohl die Füllung des Zylinders verändern als auch Vor- od. Rückwärtsgang bewirken kann [<frz. *coulisse* »Rinne, Schiebefenster«; zu *couler* »fließen«]

Kulm ⟨m. od. n.; -(e)s, -e⟩ **1** abgerundeter Berggipfel, Bergkuppe **2** ⟨unz.; Geol.⟩ sandigtonige Ausbildung des unteren Karbons; *oV* Kolm [<lat. *culmen* »Gipfel«]

Kul|mi|na|ti|on ⟨f.; -, -en⟩ **1** Erreichen des Höhepunktes, Durchgang durch den Höhepunkt **2** ⟨Astron.⟩ Durchgang eines Gestirns durch den höchsten od. tiefsten Punkt seiner Bahn [<frz. *culmination* »Höhepunkt, Gipfelpunkt«, <lat. *culmen,* Gen. *culminis* »Gipfel«]

Kul|mi|na|ti|ons|punkt ⟨m.; -(e)s, -e; Astron.⟩ höchster od. tiefster Punkt, den die Sonne od. ein Stern bei ihrer täglichen Bahn über das Himmelsgewölbe erreichen

kul|mi|nie|ren ⟨V.⟩ **1** ⟨Astron.⟩ den höchsten bzw. tiefsten Punkt erreichen, z. B. bei Gestirnen **2** ⟨fig.⟩ den Gipfelpunkt erreichen [<frz. *culminer* »den Höhepunkt erreichen«, <lat. *culmen,* Gen. *culminis* »Gipfel«]

kul|misch ⟨Adj.; Geol.⟩ zum Kulm gehörend, aus ihm stammend

Kult ⟨m.; -(e)s, -e⟩ **1** öffentl., geregelter Gottesdienst; *oV* Kultus **2** ⟨fig.⟩ übertriebene Verehrung, übertrieben sorgfältige Behandlung; *einen ~ um jmdn., mit etwas treiben* [<lat. *cultus* »Pflege, Bildung, Verehrung (einer Gottheit)«]

Kult|buch ⟨n.; -(e)s, -bü|cher⟩ von seiner Anhängerschaft vorbehaltlos verehrtes u. immer wieder gelesenes Buch

Kult|fi|gur ⟨f.; -, -en⟩ Person, Figur, die einen bestimmten Kult verkörpert; *sie ist zu einer ~ des neuen Films geworden*

Kult|film ⟨m.; -(e)s, -e⟩ Film, der über einen langen Zeitraum sehr beliebt ist u. eine große Anhängerschaft besitzt, für die er einen bestimmten Kult repräsentiert; *»Pulp Fiction« ist längst zum ~ geworden*

kul|tig ⟨Adj.; umg.; Jugendspr.⟩ sehr gut, im Trend liegend, toll, spaßig [→ *Kult*]

kul|tisch ⟨Adj.⟩ zum Kult gehörig, auf ihm beruhend, beim Kult gebraucht; *~e Gegenstände; ~e Verehrung (eines Heiligtums)*

Kul|ti|va|tor ⟨[-va:-] m.; -s, -toren⟩ = Grubber [neulat. Bildung zu *kultivieren*]

kul|ti|vie|ren ⟨[-vi:-] V.⟩ **1** urbar machen; *Acker, Land, Boden ~* **2** menschlicher Gesittung angleichen, annähern; *ein Volk ~* **3** verfeinern, veredeln; *sein Benehmen, seine innere Haltung ~*

[<frz. *cultiver* <mlat. *cultivare* »(be)bauen, pflegen« <lat. *colere* »(be)bauen, (be)wohnen, pflegen«]
kul|ti|viert ⟨[-viːrt] Adj.⟩ gebildet, gut erzogen, mit guten Umgangsformen, gepflegt, verfeinert; *ein ~er Mensch; eine ~e Sprechweise*
Kult|mi|nis|te|ri|um ⟨n.; -s, -ri|en; in Württemberg für⟩ Kultusministerium
Kult|sta|tus ⟨m.; -, - [-tuːs]⟩ *~ haben, erreichen* eine große Anhängerschaft besitzen, für die damit ein bestimmter Kult (2) verbunden ist; *seine Konzerte haben ~*
Kul|tur ⟨f.; -, -en⟩ **1** das Kultivieren (1), das Urbarmachen des Bodens, Anbau von Pflanzen **2** auf bes. Nährböden gezüchtete Bakterien od. andere Lebewesen; *Bakterien~; Pilz~* **3** Gesamtheit der geistigen u. künstler. Ausdrucksformen eines Volkes; *die antiken, orientalischen ~en; eine hoch entwickelte ~* **4** ⟨unz.⟩ geistige u. seelische Bildung, verfeinerte Lebensweise, Lebensart; *jmd. hat (keine) ~* [<lat. *cultura* »Landbau, Pflege (des Körpers u. Geistes)« <lat. *colere* »(be)bauen, (be)wohnen, pflegen«]
kul|tu|ra|lis|tisch ⟨Adj.⟩ auf die Kultur (3) ausgerichtet, an der Kultur (3) orientiert
Kul|tur|at|ta|ché ⟨[-ʃeː] m.; -s, -s⟩ für die Belange der Kultur u. des Kulturaustausches zuständiger Attaché
kul|tu|rell ⟨Adj.⟩ die Kultur betreffend, zu ihr gehörig, auf ihr beruhend
Kul|tur|film ⟨m.; -(e)s, -e⟩ Film über ein allgemeinbildendes, die Allgemeinheit interessierendes Thema aus der Natur, Kunst od. Wissenschaft
Kul|tur|flüch|ter ⟨m.; -s, -; Biol.⟩ Tier- od. Pflanzenart, die durch Eingriffe des Menschen in die Landschaft aus ihrem Lebensraum verdrängt wurde; *Ggs* Kulturfolger
Kul|tur|fol|ger ⟨m.; -s, -; Biol.⟩ Tier- od. Pflanzenart, die in einer Kulturlandschaft geeignete Lebensbedingungen findet u. sich dort verbreitet, z. B. Hausmaus, Ackerunkraut; *Ggs* Kulturflüchter
Kul|tur|fonds ⟨[-fɔ̃] m.; - [-fɔ̃s], - [-fɔ̃s]; DDR⟩ Fonds, der durch die Kulturabgaben gespeist wurde u. zur Finanzierung des kulturellen Geschehens diente
kul|tur|ge|schicht|lich ⟨Adj.⟩ die Kulturgeschichte betreffend, zu ihr gehörend, auf ihr beruhend; *Sy* kulturhistorisch
kul|tur|his|to|risch ⟨Adj.⟩ = kulturgeschichtlich
Kul|tur|ma|nage|ment ⟨[-mænɪdʒmənt] n.; -s, -s⟩ Gesamtheit der Leitung, Planung u. Organisation von kulturellen Veranstaltungen, Projekten u. Einrichtungen; *für das ~ einer Region verantwortlich sein*
Kul|tur|mi|nis|ter ⟨m.; -s, -⟩ = Kultusminister
Kul|tur|mi|nis|te|rin ⟨f.; -, -rin|nen⟩ = Kultusministerin
Kul|tur|mi|nis|te|ri|um ⟨n.; -s, -ri|en⟩ = Kultusministerium
Kul|tur|pes|si|mis|mus ⟨m.; -; unz.; Philos.⟩ Kritik, ablehnende Haltung gegenüber der bestehenden Kultur eines Volkes
kul|tur|pes|si|mis|tisch ⟨Adj.⟩ den Kulturpessimismus betreffend, auf ihm beruhend
Kul|tur|phi|lo|so|phie ⟨f.; -; unz.⟩ deutende u. wertende Betrachtung der Kultur
Kul|tur|po|li|tik ⟨f.; -; unz.⟩ alle Maßnahmen des Staates, die kulturellen Errungenschaften zu erhalten, zu pflegen u. zu verbessern
kul|tur|po|li|tisch ⟨Adj.⟩ die Kulturpolitik betreffend, auf ihr beruhend
Kul|tur|psy|cho|lo|gie ⟨f.; -; unz.⟩ Teilgebiet der Psychologie, das sich mit dem psycholog. Hintergrund der Kultur(en) befasst
Kul|tur|re|fe|rat ⟨n.; -(e)s, -e; Politik⟩ Referat (3) für kulturelle Angelegenheiten
Kul|tur|re|fe|rent ⟨m.; -en, -en; Politik⟩ in einem Kulturreferat tätiger Referent
Kul|tur|re|vo|lu|ti|on ⟨[-vo-] f.; -, -en; Marxismus⟩ sozialistische Revolution auf kulturellem Gebiet
Kul|tur|schock ⟨m.; -s, -s⟩ (durch ein Übermaß an Eindrücken hervorgerufenes) Erschrecken vor einer fremden, andersartigen Kultur
Kul|tur|spon|so|ring ⟨n.; -s; unz.; Wirtsch.⟩ von (größeren) Firmen gezielt betriebene finanzielle Förderung von kulturellen Ereignissen od. Erzeugnissen zur Steigerung ihres öffentlichen Ansehens od. zu Werbezwecken; →*a.* Sponsor
Kul|tur|step|pe ⟨f.; -, -n; Geogr.⟩ Landschaft, die durch willkürliche Waldrodung zugunsten des Ackerbaus verändert wurde, mit der Folge eines Artenrückgangs bei Tieren u. Pflanzen
Kul|tur|sze|ne ⟨f.; -; unz.⟩ Szene, Milieu, in dem sich ein Großteil der zeitgenössischen Kultur (Kunst u. Wissenschaft) abspielt; →*a.* Kultur (3, 4)
Kul|tur|zen|trum *auch:* **Kul|tur|zent|rum** ⟨n.; -s, -tren⟩ Örtlichkeit für die Veranstaltung von kulturellen Ereignissen
Kul|tus ⟨m.; -, Kul|te⟩ = Kult (1)
Kul|tus|mi|nis|ter ⟨m.; -s, -⟩ Fachminister, der dem Kultusministerium vorsteht; *oV* Kulturminister
Kul|tus|mi|nis|te|rin ⟨f.; -, -rin|nen⟩ Fachministerin, die dem Kultusministerium vorsteht; *oV* Kulturministerin
Kul|tus|mi|nis|te|ri|um ⟨n.; -s, -ri|en⟩ Ministerium für alle Angelegenheiten der Kultur (3, 4); *oV* Kulturministerium
Ku|ma|rin ⟨n.; -s; unz.; Chemie⟩ nach Waldmeister riechender, auch in anderen Pflanzen vorkommender Duftstoff, chemisch ein Glykosid; *oV* Cumarin [<frz. *coumarou* »Tonkabaum« <span., portug. *cumarú, commarú*]
Ku|ma|ron ⟨n.; -s; unz.; Chemie⟩ angenehm riechendes Öl der heterocyclischen Reihe, wird aus dem Schwerbenzol des Steinkohlenteers gewonnen; *oV* Cumaron [→ *Kumarin*]
Kum|pan ⟨m.; -s, -e⟩ **1** Geselle, Genosse; *Sauf~; Zech~* **2** ⟨abwertend⟩ Kerl [<mhd. *kompan, kumpan* <altfrz. *compain* »Genosse« <mlat. *cumpanio* »Brotgenosse«, <lat. *cum* »gemeinsam mit« + *panis* »Brot«]

K

Kum|pa|nei ⟨f.; -, -en⟩ Gesamtheit der Kumpane, Gesellschaft lustiger Burschen

Kum|quat ⟨f.; -, -s; Bot.⟩ kleine ostasiat. Orange [chines.]

Ku|mu|la|ti|on ⟨f.; -, -en⟩ **1** Anhäufung **2** ⟨Med.⟩ das Verstärken der Wirkung von Medikamenten durch eine wiederholte Dosis u. entsprechende Anreicherung im Körper mit der Gefahr einer toxischen Wirkung [<lat. *cumulatio* »Vermehrung, Zuwachs«; zu *cumulus* »Haufen«]

ku|mu|la|tiv ⟨Adj.⟩ auf Kumulation beruhend, sich anhäufend; *~e Wirkung*

ku|mu|lie|ren ⟨V.⟩ sich anhäufen; *~de Bibliografie* regelmäßig erscheinende B., die jedes Mal auch wieder die schon erschienenen Titel verzeichnet [<lat. *cumulare* »häufen«; zu *cumulus* »Haufen«]

Ku|mu|lo|nim|bus ⟨m.; -, -se; Meteor.⟩ dunkle Haufenwolke, Gewitterwolke [< *Kulmus* + lat. *nimbus* »Wolke, Regenwolke«; → *Nimbus*]

Ku|mu|lus ⟨m.; -, -mu|li; Meteor.; kurz für⟩ Kumuluswolke; *oV* Cumulus

Ku|mu|lus|wol|ke ⟨f.; -, -n; Meteor.⟩ durch Konvektion bis zur Kondensationshöhe entstehende, scharf abgegrenzte, dichte Haufenwolke; *oV* Cumuluswolke; *Sy* Kumulus [<lat. *cumulus* »Haufen«]

Ku|myss ⟨m.; -; unz.⟩ alkoholisches Getränk aus gegorener Stutenmilch [<russ. *kumys* <tatar. *kumiz*]

ku|ne|i|form ⟨[-ne:i-] Adj.⟩ keilförmig [<lat. *cuneus* »Keil« + *...form*[1]]

Kü|net|te ⟨f.; -, -n; früher⟩ Wasserabzugsgraben des Festungsgrabens [<frz. *cunette* »Abzugsgraben eines trockenen Festungsgrabens« <ital. *cunetta,* »Pfütze« <*lacunetta,* Verkleinerungsform zu *lacuna* »Sumpf«]

Kung-Fu ⟨n.; - od. -s; unz.⟩ (auch als Sport betriebene) chines. Technik der Selbstverteidigung [chines.]

Kunk|ta|tor ⟨m.; -s; unz.; veraltet⟩ Zauderer [<lat. *cunctator* »Zögerer, Zauderer«; zu *cunctari* »zögern, zaudern« (nach dem Beinamen des röm. Diktators Quintus Fabius Maximus, der Hannibal durch zögernde Taktik u. kleine Gefechte zu schwächen suchte)]

Kun|ni|lin|gus ⟨m.; -, -lin|gi⟩ = Cunnilingus

Ku|pal ⟨n.; -s; unz.⟩ mit Kupfer beschichtetes u. dadurch besonders korrosionsbeständiges Aluminium [verkürzt <*Kup*fer + *Al*uminium]

Kü|pe ⟨f.; -, -n; Textilw.⟩ **1** Bottich, Kessel zum Färben **2** Färbebad, Lösung zum Färben [<nddt. *Kupe, Küpe* <lat. *cupa* »Gefäß, Tonne«]

Ku|pel|le ⟨f.; -, -n⟩ = Kapelle[3] (2)

ku|pel|lie|ren ⟨V.⟩ von unedlen Metallen trennen; *Edelmetall ~* [<mlat. *cupella* »Probiertiegel«]

Kü|pen|farb|stoff ⟨m.; -(e)s, -e; Textilw.⟩ Textilfarbstoff zum Färben von Geweben, der mittels besonderer Lösungsmittel im gelösten Zustand auf ein Gewebe aufgebracht wird [→ *Küpe*]

Kup|fer|vi|tri|ol *auch:* **Kup|fer|vit|ri|ol** ⟨[-vi-] n.; -s; unz.; Chemie; umg. Bez. für⟩ Kupfersulfat

Ku|pi|di|tät ⟨f.; -; unz.⟩ sexuelles Verlangen, Begierde [nach dem röm. Liebesgott *Cupido*]

Ku|pi|do ⟨f.; -; unz.; veraltet⟩ Begierde, sinnliches Verlangen, Sehnsucht; *oV* Cupido [<lat. *cupido* »Begierde«]

ku|pie|ren ⟨V.⟩ **1** *einen Hund, ein Pferd ~* Schwanz u. (od.) Ohren stutzen; *oV* coupieren **2** *eine Fahrkarte ~* lochen, knipsen **3** *Wein ~* verschneiden **4** *eine Krankheit ~* in den ersten Anfängen unterdrücken **5** *Karten ~* abheben [<frz. *couper* »abschneiden«]

Ku|pol|ofen ⟨m.; -s, -öfen; Met.⟩ Schachtofen, in dem Schrott u. Roheisen umgeschmolzen wird [<lat. *cupula* »kleine Kufe«, Verkleinerungsform zu *cupa* »Kufe«]

Ku|pon ⟨[-pɔ̃:] m.; -s, -s⟩ = Coupon

Kup|pel ⟨f.; -, -n⟩ Wölbung über einem Raum, bes. Kirchenraum, meist in Form einer Halbkugel [<ital. *cupola* »Kuppel« <mlat. *cup(p)ula* »Becher«, Verkleinerungsform zu lat. *cupa* »Tonne«]

Ku|pris|mus *auch:* **Kup|ris|mus** ⟨m.; -; unz.; Med.⟩ Kupfervergiftung [<lat. *cuprum* »Kupfer«]

Kur ⟨f.; -, -en⟩ **1** Heilverfahren; *Kaltwasser~; Trink~; Trauben~* **2** Aufenthalt in einem Kurort zu Heilzwecken; *zur ~ (in ein Bad) fahren* **3** ⟨fig.; umg.⟩ *jmdn. in die ~ nehmen* zurechtweisen, ihm die Meinung sagen [<lat. *cura* »Sorge, Fürsorge, Pflege«]

ku|ra|bel ⟨Adj.; Med.⟩ so beschaffen, dass man es kurieren kann, heilbar; *Ggs* inkurabel; *kurable Krankheiten* [<lat. *curabilis* »heilbar«; zu *curare* »sorgen«]

Ku|rant[1] ⟨m.; -en, -en; schweiz.⟩ Gast in einem Kurort, Kurgast

Ku|rant[2] ⟨n.; -(e)s, -e; kurz für⟩ Kurantgeld [zu frz. *courant* »laufend«; zu *courir* »laufen«]

Ku|rant|geld ⟨n.; -(e)s, -er⟩ vollwertiges Geld (Gold- od. Silbermünzen), bei dem der Metallwert dem aufgeprägten Geldwert entspricht; *Sy* Kurant[2]

ku|ran|zen ⟨V.; umg.; veraltet⟩ = kujonieren [<mlat. *carentia* »Bußübung mit Fasten, Geißeln usw.«]

Ku|ra|re ⟨n.; -s od. -; unz.⟩ indianisches, zu Nervenlähmungen führendes Pfeilgift, das in kleinen Dosen in der Medizin zu Heilzwecken verwendet wird; *oV* Curare [<span., portug. *curare* <karib. *kurari*]

Kü|rass ⟨m.; -es, -e⟩ Brustharnisch [<frz. *cuirasse* »Harnisch, Brustpanzer«]

Kü|ras|sier ⟨m.; -s, -e⟩ **1** ⟨urspr.⟩ Reiter mit Kürass **2** ⟨allg.⟩ Angehöriger der schweren Reiterei [<frz. *cuirassier*]

Ku|rat ⟨m.; -en, -en⟩ **1** kathol. Geistlicher, dem bes. die Seelsorge obliegt **2** Hilfsgeistlicher in der Seelsorge unter Aufsicht eines Pfarrers [<ital. *curato* <lat. *curare* »Sorge tragen«]

Ku|ra|tel ⟨f.; -, -en⟩ Pflegschaft, Vormundschaft; *unter ~ stehen; jmdn. unter ~ stellen, nehmen* [<mlat. *curatela* »Vormundschaft, Pflegschaft«; vermutl. <lat. *curatio* »Fürsorge« (zu *cura*

»Sorge«) + *tutela* »Fürsorge, Obhut«]

Ku|ra|tie ⟨f.; -, -n⟩ Amt u. Bezirk eines Kuraten

ku|ra|tie|ren ⟨V.⟩ als Kurator tätig sein, verantwortlich sein (für eine Stiftung, eine Ausstellung o. Ä.); *ein Musikfestival ~; eine Kunstausstellung ~*

ku|ra|tiv ⟨Adj.; Med.⟩ heilend [<lat. *curare* »sorgen, pflegen«]

Ku|ra|tor ⟨m.; -s, -to|ren⟩ **1** Vormund, gesetzl. Vertreter **2** Beamter in der Universitätsverwaltung **3** Verwalter einer Stiftung **4** Museumsleiter, Leiter einer Ausstellung, einer naturkundlichen Sammlung o. Ä. [<lat. *curator* »Fürsorger, Pfleger«; zu *curare* »Sorge tragen«]

ku|ra|to|risch ⟨Adj.⟩ das Kuratorium betreffend, zu ihm gehörig

Ku|ra|to|ri|um ⟨n.; -s, -ri|en⟩ **1** Amt eines Kurators **2** Aufsichtsbehörde von öffentlichen Körperschaften od. privaten Einrichtungen [<lat. *curatorius* »zum Kurator gehörig«; → *Kurator*]

Kur|bet|te ⟨f.; -, -n; Sport; Hohe Schule⟩ = Courbette

kur|bet|tie|ren ⟨V.; Hohe Schule⟩ eine Courbette ausführen [<frz. *courber* »(sich) krümmen, biegen«]

Kü|ret|ta|ge ⟨[-ʒə] f.; -, -n; Med.⟩ Ausschabung, Auskratzung (der Gebärmutter) [<frz. *curettage*]

Kü|ret|te ⟨f.; -, -n; Med.⟩ scharfer Löffel zur Ausschabung der Gebärmutter [<frz. *curette* »Raumlöffel«; zu *curer* »säubern, reinigen«]

kü|ret|tie|ren ⟨V.; Med.⟩ (die Gebärmutter) mit der Kürette ausschaben, auskratzen

ku|ri|al ⟨Adj.⟩ **1** zur fürstl. Kanzlei, zum fürstl. Hof gehörig, dort üblich **2** zur Kurie gehörend [<lat. *curialis* »zur Kurie gehörig«]

Ku|ri|a|len ⟨Pl.⟩ alle geistl. u. welt. Beamten der Kurie (2)

Ku|ri|a|lis|mus ⟨m.; -; unz.⟩ = Papalismus [→ *Kurie*]

Ku|ri|at|stim|me ⟨f.; -, -n⟩ Gesamtstimme mehrerer Stimmberechtigter; *Ggs* Virilstimme [→ *Kurie*]

Ku|rie ⟨[-riə] f.; -, -n⟩ **1** ⟨im alten Rom⟩ **1.1** einer der insgesamt 30 Familienverbände, Einheit der bürgerschaftl. Gliederung **1.2** Versammlungsraum des Senats **2** ⟨heute⟩ die päpstl. Behörden, der Hofstaat des Papstes [<lat. *curia* »Gebäude für Senatsversammlungen in Rom, Rathaus, Ratsversammlung«]

Ku|rier ⟨m.; -s, -e⟩ Bote, Eilbote; *einen Brief durch, mit, per ~ schicken* [<frz. *courrier* »Kurier, Eilbote«]

ku|rie|ren ⟨V.; Med.⟩ *jmdn. von einer Krankheit ~* heilen; *jmdn. von einer Einstellung, einem Verhalten ~* ⟨fig.⟩ überzeugen, dass er sich nicht richtig verhalten hat; *davon bin ich kuriert* [<lat. *curare* »Sorge tragen, pflegen«]

ku|ri|os ⟨Adj.⟩ **1** merkwürdig, sonderbar **2** wunderlich, spaßig, komisch [<lat. *curiosus* »sorgfältig, interessiert, aufmerksam, neugierig, vorwitzig«; zu *cura* »Sorge«]

Ku|ri|o|si|tät ⟨f.; -, -en⟩ **1** ⟨unz.⟩ kuriose Beschaffenheit, Seltsamkeit, Merkwürdigkeit; *etwas (nur) der ~ wegen erzählen* **2** ⟨zählb.⟩ kurioses Ding, kuriose Sache; *~en sammeln* [<lat. *curiositas* »Wissbegierde, Neugierde« u. frz. *curiosité* »Neugierde, Wissbegierde, Sehenswürdigkeit«]

Ku|ri|o|sum ⟨n.; -s, -o|sa⟩ etwas Kurioses, Seltsames, Komisches, Wunderliches [<lat. *curiosus;* → *kurios*]

Kur|ku|ma ⟨a. ['---] f.; -, -ku|men; Bot.⟩ Gelbwurz, südasiat. Ingwer, gelber Ingwer; *oV* Curcuma [<arab. *kurkum*]

Kur|ku|min ⟨n.; -s; unz.; Chemie⟩ gelber Farbstoff der Gelbwurz, scharfes Gewürz für Reisspeisen, zum Färben von Fetten

Kur|ren|da|ner ⟨m.; -s, -⟩ Mitglied einer Kurrende

Kur|ren|de ⟨f.; -, -n⟩ **1** ⟨früher⟩ Schülerchor, der gegen kleine Gaben vor den Häusern bei Beerdigungen u. in der Adventszeit geistliche Lieder sang **2** ⟨evang. Kirche⟩ Jugendsingkreis [<neulat. *currenda* <lat. *correda, corradium* »Almosen in natura«; zu *corradere* »zusammenkratzen«, mlat. »erbetteln«, angelehnt an lat. *currere* »laufen«]

kur|rent ⟨Adj.⟩ laufend, ständig [<lat. *currens,* Part. Präs. zu *currere* »laufen«]

Kur|rent|schrift ⟨f.; -; unz.⟩ »laufende«, d. h. zügig geschriebene Schrift, Schreibschrift, im Gegensatz zur Druckschrift

Kur|ri|ku|lum ⟨n.; -s, -ku|la⟩ = Curriculum

Kurs ⟨m.; -es, -e⟩ **1** Richtung, Fahrt-, Flugrichtung; *~ nehmen (auf); vom ~ abkommen; den ~ halten* **2** ⟨fig.⟩ Richtung in der Politik, in der Wirtschaft; *den ~ ändern; harter, weicher ~; neuer ~* **3** Preis der an der Börse gehandelten Wertpapiere **4** Handelspreis einer Währung; *Wechsel~; die ~e fallen, steigen, ziehen an; hoch im ~ stehen* ⟨fig.⟩ angesehen, beliebt sein; *außer ~ setzen* für ungültig erklären **5** Lehrgang; *Koch~; Sprach~; oV* Kursus [<lat. *cursus* »Lauf, Gang, Reise, Fahrt«; zu *currere* »laufen»; über ital. *corso* in der Kaufmannssprache + frz. *cours(e)* + ndrl. *koers* in der Seefahrt; direkt aus dem Lateinischen als »Lehrgang«]

Kur|se ⟨Pl. von⟩ Kurs, Kursus

kur|sie|ren ⟨V.; a. fig.⟩ die Runde machen, in Umlauf sein; *es ~ neue Gerüchte* [<lat. *cursare* »umherrennen, durchlaufen«]

kur|siv ⟨Adj.⟩ schräg; *~e Druckschrift* [<mlat. *cursivus* »laufend«; zu *cursare;* → *kursieren*]

Kur|si|ve ⟨[-və] f.; -, -n; Typ.; kurz für⟩ Kursivschrift

Kur|siv|schrift ⟨f.; -, -en; Typ.⟩ schräge Druckschrift; *Sy* Kursive

Kurs|kor|rek|tur ⟨f.; -, -en; bes. Politik⟩ Änderung, Korrektur einer Vorgehensweise; *eine ~ vornehmen*

kur|so|risch ⟨Adj.⟩ fortlaufend, ohne sich an Einzelheiten aufzuhalten, oberflächlich [<lat. *cursorius* »zum Laufen gehörig«; → *Kurs*]

Kur|sus ⟨m.; -, Kur|se⟩ = Kurs (5)

Kur|ta|ge ⟨[-ʒə] f.; -, -n⟩ = Courtage

Kur|ta|xe ⟨f.; -, -n⟩ Steuer für Kurgäste in Heilbädern, Erholungsorten o. Ä.

K

Kur|ti|ne ⟨f.; -, -n; veraltet⟩ **1** Teil des Hauptwalles (einer Festung), der zwei Bastionen miteinander verbindet **2** ⟨Theat.⟩ Zwischen-, Mittelvorhang [<frz. *courtine* »Zwischenfassade« <lat. *cortina* »kesselförmige Rundung«]

Kur|ti|sa|ne ⟨f.; -, -n⟩ **1** ⟨früher⟩ Geliebte eines Fürsten **2** ⟨dann⟩ vornehme, elegante Geliebte [<frz. *courtisan* »Höfling« <ital. *cortigiano* »Höfling«; zu ital. *corte* »Hof, Fürstenhof«]

Kur|tscha|to|vi|um *auch:* **Kurt|scha|to|vi|um** ⟨[-vi-] n.; -s; unz.; chem. Zeichen: Ku; früher⟩ = Rutherfordium [nach dem sowjet. Physiker Igor Vasilevič *Kurčatov,* 1903-1960]

ku|ru|lisch ⟨Adj.; in den Wendungen⟩ *~e Beamte* die höchsten altröm. Beamten, die bei ihren Amtshandlungen auf dem kurulischen Stuhl saßen; *~er Stuhl* Amtssessel der höchsten altröm. Beamten [nach lat. *sella curulis* »Amtssessel der höchsten altröm. Beamten«; zu *curulis,* eigtl. »zum Wagen gehörig«; zu *currus* »Wagen«]

Kur|va|tur ⟨[-va-] f.; -, -en⟩ **1** Krümmung, Wölbung **2** große u. kleine Krümmung des Magens [<lat. *curvatura* »Rundung, Krümmung«; zu *curvus* »krumm«]

Kur|ve ⟨[-və] f.; -, -n⟩ **1** ⟨Math.⟩ gekrümmte Linie **2** Biegung, Krümmung; *~ eines Weges; eine enge, scharfe ~; eine ~ fahren, nehmen; in die ~ gehen; das Auto wurde aus der ~ getragen, geschleudert; die ~ kratzen* ⟨fig.; umg.⟩ sich unauffällig u. rasch entfernen, sterben; *die ~ raushaben* ⟨fig.; umg.⟩ eine Sache begriffen haben u. richtig ausführen [verkürzt <lat. *curva linea* »krumme Linie«]

kur|ven ⟨[-vən] V.⟩ in Kurven fahren

Kur|ven|dis|kus|si|on ⟨[-vən-] f.; -, -en; Math.⟩ rechner. Untersuchung einer Funktion mit Darstellung des graf. Verlaufs

Kur|ven|li|ne|al ⟨[-vən-] n.; -s, -e; Math.⟩ Zeichengerät, das mehrere vorgeschnittene mathematische Kurven zum Nachziehen enthält

kur|vig ⟨[-vɪg] Adj.⟩ in der Art einer Kurve, in Kurven, gebogen, gekrümmt

Kur|vi|me|ter ⟨[-vi-] n.; -s, -; Geom.; Kartogr.⟩ Kurvenmesser [<*Kurve* + ...*meter*]

Kur|vi|me|trie *auch:* **Kur|vi|met|rie** ⟨[-vi-] f.; -; unz.; Kartogr.⟩ Entfernungs-, Kurvenmessung auf Landkarten

kur|vi|me|trisch *auch:* **kur|vi|met|risch** ⟨[-vi-] Adj.; Kartogr.⟩ die Kurvimetrie betreffend, mit Hilfe eines Kurvimeters

kur|visch ⟨[-vɪʃ] Adj.⟩ in Kurven, gekrümmt, gebogen

Ku|si|ne ⟨f.; -, -n⟩ = Cousine

Kus|kus ⟨m.; -; unz.; Kochk.⟩ = Couscous

Kus|to|de[1] ⟨f.; -, -n⟩ **1** Buchstabe od. Zahl als Kennzeichnung für die einzelnden Lagen einer Handschrift **2** Angabe des ersten Wortes der nächsten Seite in der rechten unteren Ecke bzw. des letzten Wortes der vorausgegangenen Seite in der linken oberen Ecke einer Buchseite [<lat. *custos* »Hüter«]

Kus|to|de[2] ⟨m.; -n, -n⟩ Vorsteher u. wissenschaftl. Betreuer einer Sammlung, bes. eines Museums, auch eines Archivs, od. einer Bibliothek; *oV* Kustos

Kus|to|dia ⟨f.; -, -di|en; kath. Kirche⟩ Behälter, in dem die Hostien aufbewahrt werden [<lat. *custodia* »Bewachung, Bewahrung, Hut, Obhut«]

Kus|tos ⟨m.; -, -to|den⟩ = Kustode[2]

Ku|su ⟨m.; -s, -s; Zool.⟩ Gattung der Kletterbeutler von Katzengröße mit glattem Pelz u. langem Greifschwanz: Trichosurus [<austral. Eingeborenensprache]

ku|tan ⟨Adj.; Med.⟩ die Haut betreffen, zu ihr gehörig; *~e Impfung; ~e Behandlung* [<lat. *cutis* »Haut«]

Ku|ti|ku|la ⟨f.; -, -lae [-lɛː]⟩ = Cuticula

Ku|tis ⟨f.; -; unz.⟩ = Cutis

Kut|ter ⟨m.; -s, -; Seew.⟩ **1** einmastiges, hochseetüchtiges, sehr wendiges Schiff mit mehreren Segeln; *Fisch~* **2** Küstenfahrzeug mit Motor o. Ä. bis 150 t ohne Segel **3** Beiboot auf Kriegsschiffen, zuweilen mit zwei Masten [<engl. *cutter,* eigtl. »die Wogen durchschneidendes Schiff«; zu *cut* »schneiden«]

Kü|ve|la|ge ⟨[-vəlaːʒ(ə)] f.; -, -n; Bgb.⟩ wasserdichter Grubenausbau mit gusseisernen Ringen; *oV* Küvelierung; *~ eines Schachtes* [<frz. *cuvelage;* → *küvelieren*]

kü|ve|lie|ren ⟨[-və-] V.; Bgb.⟩ mit einer Küvelage versehen [<frz. *cuveler* »verschalen, auskleiden«]

Kü|ve|lie|rung ⟨[-və-] f.; -, -en; Bgb.⟩ = Küvelage

Ku|vert ⟨[-vɛːr(t)] n.; -(e)s [-vɛːr(tə)s], -e [-vɛːrtə] od. -s [-vɛːrs]⟩ *oV* Couvert **1** Briefumschlag **2** Essbesteck u. Serviette für die Mahlzeit einer Person, Gedeck [<frz. *couvert,* eigtl. »Bedeckung«; zu *couvrir* »bedecken«]

ku|ver|tie|ren ⟨[-vɛr-] V.; selten⟩ in ein Kuvert stecken; *einen Brief ~*

Ku|ver|tü|re ⟨[-vɛr-] f.; -, -n⟩ Masse aus Kakao, Kakaobutter u. Zucker zum Überziehen von Pralinen, Backwaren u. a. [<frz. *couverture* »Decke, Überzug«; zu *couvrir* »bedecken«]

Kü|vet|te ⟨[-vɛt-] f.; -, -n⟩ **1** kleines Gefäß **2** Innendeckel der Taschenuhr [<frz. *cuvette* »Schale, Schüssel, Becken«]

Kux ⟨m.; -es, -e⟩ (heute seltenes) Wertpapier über den Anteil an einer bergrechtlichen Gewerkschaft (gemäß preuß. Berggesetz von 1865) [<frühnhd. *kukes* <tschech. *kusek* »kleiner Anteil«]

kV ⟨Abk. für⟩ Kilovolt

kVA ⟨Abk. für⟩ Kilovoltampere

kW ⟨Abk. für⟩ Kilowatt

Kwass ⟨m.; - od. -es; unz.⟩ in Russland beliebtes, leicht alkohol., bierähnl. Getränk aus vergorenem Malz, Mehl u. Brotbrei [<russ. *kvas,* eigtl. »Säure«]

kWh ⟨Abk. für⟩ Kilowattstunde

Ky|a|ni|sa|ti|on ⟨f.; -; unz.; Chemie⟩ Verfahren zum Imprägnieren von Holz mit einer Quecksilberchloridlösung [nach dem Erfinder J. H. *Kyan*]

ky|a|ni|sie|ren ⟨V.; Chemie⟩ der Kyanisation unterwerfen

K

Ky|a|nit ⟨m.; -s, -e; Chemie⟩ = Disthen [zu grch. *kyanos* »dunkelblau«]

Ky|a|thos ⟨m.; -, -⟩ altgrch. Schöpfbecher mit sehr hochgezogenem Henkel; *oV* Zyathus [grch.]

Ky|ber|ne|tik ⟨f.; -; unz.⟩ **1** Theorie von der Aufnahme, Verarbeitung u. Übertragung von Informationen der verschiedensten Art, z. B. Nervenimpulsen, Wasserständen u. Ä. **2** Wissenschaft von den belebten und unbelebten dynamischen Systemen, in denen Informationen verarbeitet werden u. die zur Regelung od. Steuerung von Prozessen dienen [<grch. *kybernetike (techne)* »Steuermannskunst«]

Ky|ber|ne|ti|ker ⟨m.; -s, -⟩ Wissenschaftler der Kybernetik

Ky|ber|ne|ti|ke|rin ⟨f.; -, -rin|nen⟩ Wissenschaftlerin der Kybernetik

Ky|em ⟨n.; -s, -e; Biol.⟩ die befruchtete Eizelle im Gesamtverlauf der Keimesentwicklung [<grch. *kyema* »Leibesfrucht«]

Ky|e|ma|to|ge|ne|se ⟨f.; -, -n; Med.; Sammelbez. für⟩ alle Entwicklungsstadien, die eine befruchtete Eizelle während der gesamten Entwicklung im Mutterleib durchläuft; →*a.* Embryogenese [<*Kyem* + *Genese*]

Ky|kli|ker *auch:* **Kyk|li|ker** ⟨m.; -s, -⟩ = Zykliker

Ky|klo|i|de *auch:* **Kyk|lo|i|de** ⟨f.; -, -n⟩ = Zykloide

Ky|klon *auch:* **Kyk|lon** ⟨m.; -s, -e⟩ = Zyklon (1)

Ky|klop *auch:* **Kyk|lop** ⟨m.; -en, -en⟩ = Zyklop

Ky|ma ⟨n.; -s, -s; Arch.⟩ = Kymation

Ky|ma|ti|on ⟨n.; -s, -s od. -ti|en; Arch.⟩ Zierleiste aus stilisierten Blattformen, die besonders an grch. Tempeln zu finden ist; *Sy* Kyma [<grch. *kyma* »Woge, Welle«]

Ky|mo|gra|fie ⟨f.; -, -n; Med.⟩ = Kymographie

Ky|mo|gramm ⟨n.; -s, -e; Med.⟩ = Kymographie (1) [<grch. *kyma* »Woge, Welle« + *...gramm*]

Ky|mo|gra|phie ⟨f.; -, -n; Med.⟩ *oV* Kymografie **1** Aufzeichnung von Zustandsänderungen in Form von Kurven, z. B. von Blutdruck, Atmung, Muskelkontraktion; *Sy* Kymogramm **2** Röntgenverfahren zur Darstellung sich bewegender Organe [<grch. *kyma* »Woge, Welle« + *...graphie*]

Kym|re ⟨m.; -n, -n⟩ keltischer Bewohner von Wales [zu walisisch *cymru* »Wales«]

kym|risch ⟨Adj.⟩ die Kymren betreffend, zu ihnen gehörend, von ihnen stammend; *~e Sprache* zu den keltischen Sprachen gehörende Sprache der Kymren

Kyn|e|ge|tik *auch:* **Ky|ne|ge|tik** ⟨f.; -; unz.⟩ = Zynegetik

kyn|e|ge|tisch *auch:* **ky|ne|ge|tisch** ⟨Adj.⟩ = zynegetisch

Ky|ni|ker ⟨m.; -s, -; Philos.⟩ Angehöriger der von Antisthenes (444-368 v. Chr.) gegründeten Philosophenschule, die den Verzicht auf alle Kulturgüter u. völlige Bedürfnislosigkeit erstrebte, was schließlich zur Verneinung aller kulturellen Werte führte; *Sy* Zyniker (1) [nach einem *Kynosarges,* eigtl. »Hundetummelplatz«, genannten, dem Herakles geweihten Hügel an der Ostseite von Athen mit einem Gymnasium, in dem Antisthenes seine Vorträge hielt]

ky|nisch ⟨Adj.; Philos.⟩ die Lehre der Kyniker betreffend, auf ihr beruhend, in ihrer Art; *eine ~e Argumentation;* →*a.* zynisch

Ky|nis|mus ⟨m.; -; unz.⟩ Lehre der Kyniker

Ky|no|lo|ge ⟨m.; -n, -n⟩ Hundezüchter, Hundekenner

Ky|no|lo|gie ⟨f.; -; unz.⟩ Lehre vom Hund, seiner Zucht u. Abrichtung [<grch. *kyon,* Gen. *kynos* »Hund« + *...logie*]

Ky|no|lo|gin ⟨f.; -, -gin|nen⟩ Hundezüchterin, Hundekennerin

Ky|o|to|pro|to|koll *auch:* **Ky|o|to-Pro|to|koll** ⟨n.; -s, -e; Politik⟩ (von den Vereinten Nationen begründetes) internationales Abkommen zum Klimaschutz, das bes. die globale Verringerung des Ausstoßes von Treibhausgasen (CO_2) zum Ziel hat [nach der jap. Stadt *Kyoto,* dem Ort der internat. Konferenz]

Ky|pho|se ⟨f.; -, -n; Med.⟩ Rückgratverkrümmung nach hinten, Buckel; *Ggs* Lordose [<grch. *kyphos* »krumm«]

ky|pho|tisch ⟨Adj.; Med.⟩ die Kyphose betreffend, gekrümmt in der Art einer Kyphose, an Kyphose leidend

Ky|rie ⟨[-rie:] n.; -s, -s; kurz für⟩ Kyrie eleison; *das ~ singen*

Ky|rie|e|lei|son ⟨a. [-ele:izɔn] n.; -s, -s; kath. Kirche⟩ am Anfang der Messe gesungener Bittruf; *Sy* Kyrie [grch., »Herr, erbarme dich!«]

Ky|rie e|lei|son! ⟨a. [-ele:izɔn] evang. Kirche⟩ Herr, erbarme dich! (Bittruf am Anfang der Liturgie); *Sy* Kyrieleis! [grch.]

Ky|rie|leis! ⟨a. [-le:is] kurz für⟩ Kyrie eleison!

ky|ril|lisch ⟨Adj.⟩ *~e Schrift; ~e Buchstaben* nach dem Slawenapostel Kyrillos benannte, aus der glagolit. Schrift entwickelte Schrift der grch.-orthodoxen Slawen; *oV* cyrillisch, zyrillisch

Ky|ril|li|za ⟨f.; -; unz.⟩ kyrillische Schrift

Kyu ⟨[kju:] m.; -s, -s; Sport⟩ die sechs untersten Grade (Schülergrade) im Judo u. anderen Budo-Sportarten [jap., »vorhergehende Stufe«]

Kyu|do ⟨[kju:-] n.; -s; unz.; Sport⟩ japanische Kunst des Bogenschießens (als Kampfsport)

KZ ⟨Abk. für⟩ Konzentrationslager

L l

l ⟨Abk. für⟩ Liter

L 1 ⟨röm. Zahlzeichen für⟩ 50 2 ⟨Zeichen für⟩ lävogyr 3 ⟨Zeichen für⟩ Induktivität

L. ⟨Abk. für⟩ Lira, Lire

L- ⟨Abk. für⟩ lävogyr

La[1] ⟨chem. Zeichen für⟩ Lanthan

La[2] ⟨n.; -, -; Musik; ital., frz. Bez. für⟩ Ton A, in der Tonika-Do-Methode jeweils der sechste Ton einer Tonleiter; →*a.* Solmisation

La Bam|ba ⟨m.; - -, - -s od. fachsprachl. f.; - -, - -s⟩ aus Lateinamerika stammender Modetanz [portug.; nach dem Hit »La Bamba« des US-amerikan. Sängers R. Valens von 1958]

La|ba|rum ⟨n.; -; unz.⟩ 1 kaiserl. Heeresfahne der spätröm. Zeit mit Christusmonogramm seit dem Sieg Konstantins d. Gr. im Jahr 312 2 das Christusmonogramm selbst [lat.]

Lab|da|num ⟨n.; -s; unz.⟩ = Ladanum

La|bel ⟨[lɛɪ-] n.; -s, - od. -s⟩ 1 Etikett, Aufklebeschild 2 Firmen-, Markenbezeichnung auf einem Etikett 3 ⟨Musik⟩ Schallplattenfirma, die sowohl den Vertrieb als auch das Marketing von Musikgruppen betreibt [engl.]

La|bel|sys|tem ⟨[lɛɪbl-] n.; -s; unz.; Wirtsch.⟩ (hauptsächlich in England u. USA angewandte) Empfehlung (u. Markierung) von Produkten arbeiterfreundlicher Betriebe seitens der Gewerkschaften [<*Label* + *System*]

La|ber|dan ⟨m.; -s, -e⟩ gesalzener u. getrockneter Fisch [<frz. *laberdan* <*Labourdain*, Bezeichnung der baskischen Küste an der Adourmündung; zu *Lapurdum*, dem lat. Namen von *Bayonne*]

la|bi|al ⟨Adj.⟩ 1 ⟨Med.⟩ die Lippen betreffend 2 ⟨Phon.⟩ mit den Lippen gebildet (Laut) [<lat. *labium* »Lippe«]

La|bi|al ⟨m.; -s, -e; Phon.⟩ mit den Lippen gebildeter Konsonant; →*a.* Bilabial, Labiodental

la|bi|a|li|sie|ren ⟨V.; Phon.⟩ zusätzlich zur normalen Artikulation mit gerundeten Lippen aussprechen (von Lauten) [→ *labial*]

La|bi|a|li|sie|rung ⟨f.; -, -en; Phon.⟩ das Labialisieren, Sprechen mit gerundeten Lippen [→ *labial*]

La|bi|al|pfei|fe ⟨f.; -, -n; Musik⟩ Art der Orgelpfeife, bei der der Ton durch Luftschwingungen am Labium entsteht, Lippenpfeife; *Ggs* Lingualpfeife

La|bi|a|te ⟨f.; -, -n; Bot.⟩ Lippenblütler [<lat. *labium* »Lippe«]

la|bil ⟨Adj.⟩ 1 schwankend, leicht störbar, nicht widerstandsfähig; *Ggs* stabil; *~e Gesundheit; ~es Gleichgewicht* 2 ⟨fig.⟩ unzuverlässig, veränderlich, unsicher; *~er Mensch, Charakter* [<lat. *labilis* »leicht gleitend«]

La|bi|li|sie|rung ⟨f.; -, -en⟩ das Labilisieren, Labilmachen; *Ggs* Stabilisierung

La|bi|li|tät ⟨f.; -; unz.⟩ labile Beschaffenheit, labiles Wesen

la|bio|den|tal ⟨Adj.; Phon.⟩ mit Unterlippe u. oberen Schneidezähnen gebildet [<*Labium* + *dental*]

La|bio|den|tal ⟨m.; -s, -e; Phon.; kurz für⟩ Labiodentallaut

La|bio|den|tal|laut ⟨m.; -(e)s, -e; Phon.⟩ mit Unterlippe u. oberen Schneidezähnen gebildeter Konsonant, Lippenzahnlaut, z. B. f, w; *Sy* Labiodental

la|bio|ve|lar ⟨[-ve-] Adj.; Phon.⟩ 1 am Gaumensegel u. mit gerundeten Lippen gebildet (von Lauten) 2 den Labiovelar betreffend [<*Labium* + *velar*]

La|bio|ve|lar ⟨[-ve-] m.; -s, -e; Phon.; kurz für⟩ Labiovelarlaut

La|bio|ve|lar|laut ⟨m.; -(e)s, -e; Phon.⟩ mit Lippen u. Gaumen gebildeter Laut, z. B. in afrikan. Sprachen; *Sy* Labiovelar [<*Labium* + *velar*]

La|bi|um ⟨n.; -s, -bi|en od. -bia⟩ 1 ⟨Anat.⟩ 1.1 Lippe 1.2 Hautfalte am Eingang der Scheide, Schamlippe 2 ⟨Zool.⟩ Unterlippe der Insekten 3 ⟨Musik⟩ Kante an dem flachen Teil der Orgelpfeife bzw. des Mundstücks von Pfeife u. Blockflöte [lat., »Lippe«]

La|bor ⟨schweiz. ['--] n.; -s, -s od. -e; kurz für⟩ Laboratorium

La|bo|rant ⟨m.; -en, -en⟩ jmd., der im Laboratorium arbeitet, medizinisch-technische od. chemisch-technische Hilfskraft 2 Hilfskraft in einer Apotheke [<lat. *laborans*, Part. Präs. zu *laborare* »arbeiten«]

La|bo|ran|tin ⟨f.; -, -tin|nen⟩ weibl. Fachkraft für Laborarbeiten

La|bo|ra|to|ri|um ⟨n.; -s, -ri|en⟩ Arbeitsraum od. Forschungsstätte für biolog., chem., bakteriolog., technische u. a. Arbeiten; *Versuchs~* [<lat. *laborare* »arbeiten«]

la|bo|rie|ren ⟨V.; fig.; umg.⟩ *an einer Krankheit ~* von einer K. geplagt sein, sich lange Zeit um ihre Überwindung bemühen [<lat. *laborare* »arbeiten, sich anstrengen, leiden«; zu *labor* »Arbeit, Mühe«]

La|bo|ris|mus ⟨m.; -; unz.⟩ Orientiertsein, Ausgerichtetsein auf die Interessen der Arbeitnehmer [zu lat. *labor* »Arbeit«]

La Bos|tel|la ⟨m.; - - od. - -s, - - od. fachsprachl. f.; - -, - -s⟩ aus Lateinamerika stammender Modetanz, der in Gruppen getanzt wird

La|bour Par|ty ⟨[lɛɪbə(r) pa:tɪ] f.; - -; unz.⟩ engl. Arbeiterpartei

La|bra|dor *auch:* **Lab|ra|dor** ⟨m.; -s, -e⟩ 1 ⟨Zool.⟩ große Hunderasse mit schwarzem od. hellem kurzen Fell 2 ⟨Min.; kurz für⟩ Labradorit [nach der nordamerikan. Halbinsel *Labrador*]

La|bra|do|rit *auch:* **Lab|ra|do|rit** ⟨m.; -s, -e; Min.⟩ farbloser bis bläulicher od. bräunlicher Feldspat, als Schmuckstein verwendet; *Sy* Labrador (2) [nach dem Fundort, der nordamerikan. Halbinsel *Labrador*]

La|brum *auch:* **Lab|rum** ⟨n.; -s, Labren; Zool.⟩ Oberlippe der Insekten [lat., »Lefze, (Ober-)Lippe«]

Labs|kaus ⟨n.; -; unz.; Kochk.⟩ seemänn. Gericht aus Fleisch od. Fisch, Kartoffelbrei u. Gur-

L

ken [<norweg. *lapskaus* »Stockfisch mit Kartoffeln« <engl. *lobscouse*]

La|by|rinth ⟨n.; -(e)s, -e⟩ **1** Irrgarten, Irrgänge **2** ⟨Anat.⟩ **2.1** Hör- u. Gleichgewichtsorgan der Wirbeltiere u. des Menschen; *Ohr~* **2.2** ⟨Zool.⟩ Atemorgan des Labyrinthfisches **3** ⟨fig.⟩ Durcheinander, Wirrwarr [<lat. *labyrinthus* <grch. *labyrinthos,* eigtl. »Haus der Doppelaxt (kretisch-minoische Königsinsignie)«]

La|by|rinth|dich|tung ⟨f.; -, -en; Technik⟩ im Maschinenbau vielfach zum Abdichten von Lagern u. Wellen verwendete Dichtung aus labyrinthartig einander gegenüberstehenden Lamellen

La|by|rinth|fisch ⟨m.; -(e)s, -e; Zool.⟩ Süßwasserfisch mit zusätzlichem Atemorgan (Labyrinth) zur Aufnahme von Sauerstoff aus der Luft: Anabantoidei

la|by|rin|thisch ⟨Adj.⟩ in der Art eines Labyrinths, verwirrend, verworren

La|by|rinth|o|don *auch:* **La|by|rin|tho|don** ⟨n.; -s, -don|ten⟩ ausgestorbene Überordnung der Lurche von salamanderähnlicher Gestalt, deren Zahndentin labyrinthisch gefaltet war [<*Labyrinth* + grch. *odon* »Zahn«]

Lace ⟨[lɛɪs] f.; -; unz.; Textilw.; engl. Bez. für⟩ Spitze, Borte, Schnur, Tresse

la|cie|ren ⟨[-siː-] V.⟩ mit Band durchflechten [<frz. *lacer* »zuschnüren«]

Lack ⟨m.; -(e)s, -e⟩ **1** zur Veredelung od. zum Schutz von Oberflächen verwendete Lösung, Suspension od. Emulsion von Harzen, Kunstharzen od. Zellulosederivaten, die, mit Farbstoffen versetzt, auf die zu lackierenden Gegenstände aufgebracht wird; *der ~ ist ab* ⟨fig.; salopp⟩ der Glanz (von jmdm. od. etwas) ist abhanden gekommen **2** ⟨Bot.; kurz für⟩ Goldlack [<ital. *lacca* <arab. *lakk* <pers. *lak* <aind. *laksa*]

la|ckie|ren ⟨V.⟩ mit Lack überziehen; *wenn das schief geht, bist du der Lackierte!* ⟨fig.; umg.⟩ bist du der Hereingefallene [<ital. *laccare* »lackieren«; zu *lacca;* → *Lack*]

lackieren (*Worttrennung am Zeilenende*) Die Konsonantenverbindung *»ck«* dient der schriftlichen Repräsentation eines Lautes [k] und wird deshalb nicht getrennt.

La|ckie|rer ⟨m.; -s, -⟩ Handwerker, der Möbel, Fahrzeuge od. Metallgegenstände lackiert

Lack|mus ⟨n. od. m.; -; unz.; Chemie⟩ natürl. Farbstoff der Färberflechte, der sich mit Säuren rot, mit Basen blau färbt [<ndrl. *lakmoes;* zu mndrl. *leken* »tropfen« + *mos* »grünes Gemüse, Mus« (man ließ bei der Herstellung den Saft abtropfen)]

Lack|mus|pa|pier ⟨n.; -s, -e; Chemie⟩ mit Lackmus getränkter Papierstreifen als Indikatorpapier für Säuren od. Basen

La|cri|mae Chris|ti *auch:* **Lac|ri|mae Chris|ti** ⟨[- krɪs-] Pl.⟩ roter od. weißer Wein vom Vesuv u. dessen Umgebung [lat., »Christustränen«]

La|cri|mo|sa *auch:* **Lac|ri|mo|sa** ⟨n.; -; unz.; Musik⟩ Anfang u. Bezeichnung der in Moll komponierten 10. Strophe des Dies irae in der Totenmesse [zu lat. *lacrimosus* »tränenreich, voll Tränen«]

la|cri|mo|so *auch:* **lac|ri|mo|so** ⟨Musik⟩ = lagrimoso

La|crosse *auch:* **Lac|rosse** ⟨[-krɔs] n.; -; unz.; Sport⟩ kanad. Spiel zwischen zwei Mannschaften, bei dem ein Gummiball mit Schlägern, die mit einem Fangnetz versehen sind, ins gegner. Tor geschleudert wird [<frz. *la crosse* »das Kreuz« (nach dem kreuzförmigen Fangschlagholz)]

Lac|tam ⟨n.; -s, -e; Chemie⟩ = Laktam

Lac|ta|se ⟨f.; -, -n; Biochemie⟩ = Laktase

Lac|tat ⟨n.; -s, -e; Chemie⟩ = Laktat

lac|to..., Lac|to... ⟨vor Vokalen⟩ lact..., Lact... ⟨in Zus.⟩ = lakto..., Lakto...

Lac|to|den|si|me|ter ⟨n.; -s, -⟩ = Laktodensimeter

Lac|ton ⟨n.; -s, -e; Chemie⟩ Hydroxycarbonsäure, die zwischen der Hydroxyl- u. der Carboxylgruppe eine sogenannte »innere Esterbindung« ausbildet (wird u. a. in der Parfümindustrie verwendet) [<lat. *lac,* Gen. *lactis* »Milch«]

Lac|to|se ⟨f.; -; unz.; Biochemie⟩ = Laktose

La|da|num ⟨n.; -s; unz.⟩ Harz verschiedener Arten der Zistrose zur Bereitung von Pflastern, Parfümen u. Räucherkerzen; *oV* Labdanum [<grch. *ladanon, ledanon* <pers. *laden* <hebr. *loth*]

lä|die|ren ⟨V.⟩ **1** *Sachen ~* beschädigen, verunstalten **2** *eine Person ~* verwunden, verletzen [<lat. *laedere* »verletzen«]

Lä|die|rung ⟨f.; -, -en⟩ Beschädigung, Verwundung

La|di|ner ⟨m.; -s, -⟩ Angehöriger eines rätoroman. Volksstammes [<*ladinisch,* eigtl. »lateinisch«]

la|di|nisch ⟨Adj.⟩ zu den Ladinern gehörig, von ihnen stammend; *~e Mundart* M. des Rätoromanischen

La|di|no ⟨m.; -s, -s⟩ Mischling aus einem weißen u. einem (mittel- und südamerikan.) indian. Elternteil [nach *Ladinisch,* der Sprache der Rätoromanen in Graubünden, eigtl. »Lateinisch«]

Lady (*Laut-Buchstaben-Zuordnung*) Die Deklination von fremdsprachigen Substantiven folgt den für deutsche Wörter üblichen Regeln. Daher ist im Deutschen (abweichend vom englischen Plural *»Ladies«*) nur die Pluralform *»Ladys«* zulässig. Die Schreibung von Redewendungen und Zitaten, die aus dem Englischen übernommen werden, richtet sich hingegen nach den orthografischen Vorgaben der Herkunftssprache (→*a.* Lobby).

La|dy ⟨[lɛɪdɪ] f.; -, -s⟩ **1** ⟨i. w. S.⟩ Dame von stilvoller, vornehmer Gesinnung u. Lebensart; →*a.* Gentleman **2** ⟨i. e. S. Titel für⟩ Frau eines Peers; →*a.* Lord [engl., »Dame«]

L

La|dy|kil|ler ⟨[lɛɪdɪ-] m.; -s, -⟩ Charmeur, Frauenheld [<engl. *lady* »Dame« + *killer* »Mörder, Totschläger«]

la|dy|like ⟨[lɛɪdɪlaɪk] Adj.⟩ nach Art einer Lady, vornehm [engl.]

La|dy|sha|ver ⟨[lɛɪdɪʃeːvə(r)] m.; -s, -; Kosmetik⟩ Damenrasierapparat [<engl. *lady* »Dame« + *shaver* »Rasierapparat«]

La|fet|te ⟨f.; -, -n; Mil.⟩ Untergestell eines Geschützes [<frz. *l'affût* »das Gestell«]

la|fet|tie|ren ⟨V.; Mil.⟩ auf die Lafette bringen (Geschütz)

Lag ⟨[læg] m.; -s, -s; Wirtsch.⟩ der zeitliche Abstand zwischen dem Einsetzen eines konjunkturellen o. Ä. Ereignisses u. dem Erscheinen entsprechender sozio-ökonom. Begleitumstände; *der ~ zwischen konjunktureller u. Arbeitsmarkterholung* [engl., »Verzögerung«]

Lagg ⟨m.; -s, -s⟩ grabenförmige Randgestaltung von Hochmooren zur Entwässerung [schwed.]

La|go|mor|pha ⟨Pl.; Zool.⟩ weltweit verbreitete Gattung der Säugetiere mit zwei Schneidezahnpaaren im Oberkiefer (im Gegensatz zu den Nagetieren mit einem Schneidezahnpaar), Hasentiere [<grch. *lagos* »Hase« + *morphe* »Gestalt«]

la|gri|mo|so *auch:* **lag|ri|mo|so** ⟨Musik⟩ klagend, traurig; *oV* lacrimoso [ital., »voller Tränen«; zu *lagrima* »Träne«]

Lag|ting ⟨n.; -s; unz.⟩ zweite Kammer des norwegischen Parlaments; → *a.* Storting [<norweg. *lag* »Gesetz« + *ting* »(Gerichts-)Versammlung«]

La|gu|ne ⟨f.; -, -n⟩ vom offenen Meer durch Landstreifen od. Riffe getrennter, flacher See [<ital. *laguna* <lat. *lacuna* »Lache«; zu *lacus* «See«]

Lahn ⟨m.; -(e)s, -e⟩ zu einem schmalen Band ausgewalzter Metalldraht, z. B. für Lamé [<frz. *lamé* »Metallplatte, Lamelle« <ital.-mlat. *lama* <lat. *lamina* »dünnes Metallblech«; verwandt mit *Lamelle*]

Lai ⟨[lɛː] n.; -s, -s; Musik⟩ zu Saiteninstrumenten gesungenes mittelalterliches Lied, besonders in Nordfrankreich u. England [<afrz. <altirisch *laid* »Lied«]

Laie ⟨m.; -n, -n⟩ **1** jmd., der von einem (bestimmten) Fach nichts versteht, Nichtfachmann **2** jmd., der kein Geistlicher ist [<ahd. *leigo* <lat. *laicus* »zum Volke gehörig« <grch. *laikos;* zu *laos* »Volk«]

Lai|en|kelch ⟨m.; -(e)s, -e; Rel.⟩ Abendmahl für Laien (2)

la|i|kal ⟨[laːi-] Adj.⟩ zum Laien (2) gehörig, den Laien betreffend; *Ggs* klerikal

la|i|sie|ren ⟨[laːi-] V.⟩ *einen Geistlichen ~* in den Stand eines Laien zurückversetzen

La|i|sie|rung ⟨[laːi-] f.; -, -en⟩ Rückführung eines Geistlichen in den Laienstand [→ *Laie*]

Lais|sez faire, lais|sez al|ler / pas|ser ⟨[lɛse fɛːr lɛse aleː] od. [paseː] Schlagwort für⟩ **1** wirtschaftspolit. System bes. im 19. Jh., das die Einmischung der Behörden in das private Unternehmen ausschließen will **2** ⟨fig.⟩ Gewährenlassen, Nichteinmischung [frz., »lasst sie machen, lasst sie gehen«]

La|i|zis|mus ⟨[laːi-] m.; -; unz.⟩ Forderung nach Freiheit des öffentl. Lebens von relig. Bindung [<lat. *laicus* »zum Volke gehörig«; → *Laie*]

La|i|zist ⟨[laːi-] m.; -en, -en⟩ Anhänger, Vertreter des Laizismus

la|i|zis|tisch ⟨[laːi-] Adj.⟩ zum Laizismus gehörig, von ihm stammend, auf ihm beruhend

La|kai ⟨m.; -en, -en⟩ **1** fürstl. od. herrschaftl. Diener **2** ⟨fig.⟩ unterwürfiger, kriecher. Mensch [<frz. *laquais* »Diener« <neugrch. *oulakes* <türk. *ulak* »Läufer, Eilbote«]

Lak|ka|se ⟨f.; -; unz.; Biochemie⟩ Enzym, das den gelben Saft des zur Familie der Wolfsmilchgewächse gehörenden Lackbaumes zu tiefschwarzem Japanlack oxidiert

Lak|ko|lith ⟨m.; -s od. -en, -e od. -en; Geol.⟩ Magma, das durch unter der Erdoberfläche wirkende vulkanische Tätigkeit pilzförmig in eine darüberliegende geolog. Schicht eingedrungen ist [<grch. *lakkos* »Loch, Grube« + ...*lith*]

La|ko|nik ⟨f.; -; unz.⟩ Kürze und Treffsicherheit der Ausdrucksweise

la|ko|nisch ⟨Adj.⟩ **1** wortkarg, einsilbig **2** kurz u. treffend; *~ im Ausdruck* [nach der grch. Landschaft *Lakonien* im südöstl. Teil der Peloponnes mit der Hauptstadt Sparta]

La|ko|nis|mus ⟨m.; -, -nis|men⟩ **1** ⟨unz.⟩ Einsilbigkeit, Wortkargheit, Kürze, Bündigkeit **2** ⟨zählb.⟩ kurzer, treffender Ausdruck

La|krit|ze *auch:* **Lak|rit|ze** ⟨f.; -, -n⟩ schwarze Masse aus dem Saft von Süßholz, aus der z. B. Süßwaren hergestellt werden [<lat. *liquiritia* <grch. *glykyrrhiza* <*glykys* »süß« + *rhiza* »Wurzel«]

Lakt|al|bu|min *auch:* **Lak|tal|bu|min** ⟨n.; -s, -e; Biochemie⟩ in Kuhmilch enthaltenes Eiweiß, Milcheiweiß

Lak|tam ⟨n.; -s, -e; Chemie⟩ ringförmig gebaute aliphat. Verbindung, die u. a. durch intramolekulare Wasserabspaltung aus einem Molekül einer höheren Aminosäure entsteht; *oV* Lactam [<lat. *lac,* Gen. *lactis* »Milch« + *Amid*]

Lak|ta|se ⟨f.; -, -n; Biochemie⟩ Enzym, das Milchzucker in Galaktose u. Glukose spaltet; *oV* Lactase [<lat. *lac,* Gen. *lactis* »Milch«]

Lak|tat ⟨n.; -s, -e; Chemie⟩ Salz der Milchsäure; *oV* Lactat [<lat. *lac,* Gen. *lactis* »Milch«]

Lak|ta|ti|on ⟨f.; -, -en⟩ **1** Milchabsonderung aus den Milchdrüsen **2** Zeit des Stillens

Lak|ta|ti|ons|pe|ri|o|de ⟨f.; -, -n⟩ Zeit der Milchabsonderung beim Menschen u. bei Säugetieren

lak|tie|ren ⟨V.⟩ **1** Milch absondern **2** stillen [<lat. *lac,* Gen. *lactis* »Milch«]

lak|to..., Lak|to... ⟨vor Vokalen⟩ lakt..., Lakt... ⟨in Zus.⟩ milch..., Milch...; *oV* lacto..., Lacto... [<lat. *lac,* Gen. *lactis* »Milch«]

Lak|to|den|si|me|ter ⟨n.; -s, -⟩ Aräometer zur Bestimmung des spezifischen Gewichts der

Milch, woraus der Fettgehalt der Milch errechnet werden kann; *oV* Lactodensiometer; *Sy* Galaktometer, Laktometer [<lat. *lac,* Gen. *lactis* »Milch« + *densus* »dicht« + ...*meter*]

Lak|to|fla|vin ⟨[-vi:n] n.; -s; unz.⟩ = Riboflavin [<lat. *lac,* Gen. *lactis* »Milch« + *flavus* »gelb«]

Lak|to|glo|bu|lin ⟨n.; -s, -e; Biochemie⟩ in Kuhmilch in geringer Menge enthaltenes Milcheiweiß

Lak|to|me|ter ⟨n.; -s, -⟩ = Laktodensimeter [<lat. *lac,* Gen. *lactis* »Milch« + ...*metre*]

Lak|to|se ⟨f.; -; unz.; Biochemie⟩ Milchzucker; *oV* Lactose

Lak|to|se|in|to|le|ranz ⟨f.; -; unz.⟩ Unverträglichkeit von Milchzucker (aufgrund eines Mangels an dem Verdauungsenzym Laktase)

Lak|to|skop *auch:* **Lak|tos|kop** ⟨n.; -s, -e⟩ Gerät zur Prüfung der Durchsichtigkeit der Milch [<lat. *lac,* Gen. *lactis* »Milch« + ...*skop*]

Lak|tos|u|rie *auch:* **Lak|to|su|rie** ⟨f.; -, -n; Med.⟩ Auftreten von Milchzucker im Harn bei Schwangeren u. Wöchnerinnen [<lat. *lac,* Gen. *lactis* »Milch« + ...*urie*]

lak|to|trop ⟨Adj.⟩ auf die Milchabsonderung gerichtet [<*lakto...* + ...*trop*]

la|ku|när ⟨Adj.; Med.⟩ Ausbuchtungen, Lakunen bildend [→ *Lakune*]

La|ku|ne ⟨f.; -, -n⟩ **1** ⟨Sprachw.⟩ Lücke in einem Text **2** ⟨Med.⟩ Spalte, Hohlraum in Geweben

la|kus|trisch *auch:* **la|kust|risch** ⟨Adj.⟩ in Seen vorkommend, sich in Seen bildend; *~e Tierwelt* [<lat. *lacus* »See«]

La|lo|pa|thie ⟨f.; -, -n; Med.⟩ Sprachstörung [<grch. *lalein* »sprechen« + ...*pathie*]

La|lo|pho|bie ⟨f.; -; unz.; Med.⟩ Sprechangst bei Menschen, die stottern [<grch. *lalein* »sprechen« + *Phobie*]

L. A. M. ⟨Abk. für lat.⟩ Liberalium Artium Magister

La|ma[1] ⟨n.; -s, -s; Zool.⟩ vom Guanako abstammendes Kamel, das in Südamerika als Lasttier u. als Lieferant von Wolle u. Fleisch gehalten wird: Lama glama [<span. *llama* <Quechua *llama*]

La|ma[2] ⟨m.; - od. -s, -s; Rel.⟩ tibetanischer buddhist. Priester [<tibet. *blama* »Lenker, Lehrer«]

La|ma|is|mus ⟨m.; -; unz.; Rel.⟩ das tibetan. Priesterwesen, Form des (Mahayana-)Buddhismus [→ *Lama*[2]]

La|ma|ist ⟨m.; -en, -en⟩ Vertreter, Anhänger des Lamaismus

la|ma|is|tisch ⟨Adj.⟩ zum Lamaismus gehörig, auf ihm beruhend, von ihm stammend

La|mäng ⟨f.; nur in festen Wendungen; umg.⟩ *aus der (freien, kalten) ~* unvorbereitet, improvisiert; *ein Brot aus der ~ essen* aus der Hand, ohne Besteck essen [berlin.; zu frz. *la main* »die Hand«]

La|man|tin ⟨m.; -s, -e; Zool.⟩ Seekuh in Flüssen u. Küstengewässern des tropischen Amerikas: Trichechus manatus; *Sy* Manati [<frz. *lamantin* »Seekuh« <span. *manaté* <karib. *manatí* »weibliche Brust«]

La|mar|ckis|mus ⟨m.; -; unz.⟩ Hypothese Lamarcks über die Entstehung neuer Arten durch Vererbung erworbener Eigenschaften [nach dem frz. Naturforscher J. B. de *Lamarck,* 1744-1829]

la|mar|ckis|tisch ⟨Adj.⟩ zum Lamarckismus gehörig, auf ihm beruhend

Lam|ba|da ⟨m.; -s, -s od. fachsprachl. f.; -, -s⟩ (im Nordosten Brasiliens entstandener) Modetanz, der einen dem Samba ähnlichen Rhythmus hat u. mit engem Körperkontakt getanzt wird [portug., eigtl. »Schlag«]

Lamb|da ⟨n.; - od. -s, -s; Zeichen: λ, Λ⟩ grch. Buchstabe [grch.]

Lamb|da|naht ⟨f.; -, -näh|te; Anat.⟩ die dem grch. Buchstaben Lambda ähnliche Naht zwischen den Scheitelbeinen u. dem Hinterhauptbein des menschl. Schädels: Sutura lambdoidea

Lamb|da|son|de ⟨f.; -, -n; Technik⟩ Gerät, das bei Kraftfahrzeugen mit Abgaskatalysator das Luft-Brennstoff-Gemisch regelt [nach dem grch. Buchstaben *Lambda*]

Lamb|da|zis|mus ⟨m.; -; unz.; Sprachw.⟩ fehlerhafte Aussprache von r als l [grch.]

Lam|beth|walk ⟨[læmbəθwɔ:k] m.; -s, -s⟩ engl. Gesellschaftstanz (seit 1938) [nach dem Londoner Stadtteil *Lambeth* + *walk* »Spaziergang«]

Lam|bi|tus ⟨m.; -; unz.⟩ Küssen u. Belecken der Genitalien; *~ Ani* Reizen des Afters des Partners mit der Zunge [<lat. *lambitus* »das Lecken«]

Lam|bre|quin *auch:* **Lamb|re|quin** ⟨[lãbrəkɛ̃:] m.; -s, -s⟩ **1** mit Fransen besetzter Querbehang an Fenstern, Betthimmeln, Portieren usw. **2** ähnliche, in Stein nachgebildete Verzierung von Gesimsen usw. **3** ⟨Her.⟩ Helmdecke [<frz. *lambrequin* »Helmdecke, Bogenbehänge« <ndrl. **lamperkin;* zu ndrl. *lamper* »Schleier«]

Lam|bris *auch:* **Lamb|ris** ⟨[lãbri:] m.; - [-bri:(s)], - [-bri:s] od. österr. f.; -, - od. -bri|en⟩ Verkleidung des unteren Teils einer Wand mit Holz od. Marmor [frz., »Deckengetäfel, Schalwerk« <galloroman. **lambruscum* »Vertäfelung« <lat. *lambrusca* »wilde Rebe«]

Lam|brus|co *auch:* **Lamb|rus|co** ⟨m.; -; unz.⟩ leicht schäumender ital. Rotwein [ital. <lat. *lambruscum* »Frucht der lambrusca uva od. vitis«, der wilden Rebe]

Lamb|skin ⟨[læmskın] n.; -s, -s; Textilw.⟩ Plüsch, der Lammfell imitiert [engl., »Lammfell«]

Lambs|wool ⟨[læmzwu:l] f.; -; unz.; Textilw.; Qualitätsbez. für⟩ **1** weiche, flauschige Lamm- od. Schafwolle; *ein Pullover aus ~* **2** daraus hergestellte Strickware [<engl. *lamb* »Lamm« + *wool* »Wolle«]

la|mé ⟨[-me:] Adj.; Textilw.; undekl.⟩ mit Lamé durchwirkt; *oV* lamee

La|mé ⟨[-me:] n.; -s, -s; Textilw.⟩ Seidengewebe in Atlasbindung mit Schuss aus Metallfäden; *oV* Lamee [<frz. *lamé* »mit Lahn durchzogen«; → *Lahn*]

la|mee ⟨Adj.; Textilw.; undekl.⟩ = lamé

La|mee ⟨n.; -s, -s; Textilw.⟩ = Lamé

L

la|mel|lar ⟨Adj.⟩ wie Lamellen, streifig, geschichtet

La|mel|le ⟨f.; -, -n⟩ **1** dünnes Blättchen, dünne Scheibe **2** ⟨Techn.⟩ **2.1** Scheibe aus Metall, Papier, Kunststoff **2.2** Rippe, Glied eines Heizkörpers **3** ⟨Bot.⟩ streifenförmiger Träger des Fruchtkörpers unter dem Hut der Blätterpilze [<frz. *lamelle* »Lamelle, Plättchen« <lat. *lamella,* Verkleinerungsform zu *lamina* »dünnes Metallblech«]

La|mel|len|küh|ler ⟨m.; -s, -; Kfz⟩ Kühler mit lamellenförmig angeordneten Kühlelementen, bes. bei Luftkühlung

la|mel|lie|ren ⟨V.⟩ lamellenartig gestalten, anordnen, formen [→ *Lamelle*]

la|mel|lös ⟨Adj.⟩ aus Lamellen bestehend

la|men|ta|bel ⟨Adj.; veraltet⟩ jämmerlich, beklagenswert [<lat. *lamentabilis* »beklagenswert«]

La|men|ta|ti|on ⟨f.; -, -en⟩ **1** Jammern, Wehklagen **2** ⟨Pl.⟩ *~en* ⟨AT⟩ Klagelieder Jeremias **3** ⟨kath. Kirche⟩ Abschnitt aus L. (2), die in der Karwoche während der Messe gesungen werden [<lat. *lamentatio* »das Jammern«; zu *lamentari* »laut wehklagen«]

la|men|tie|ren ⟨V.⟩ wehklagen, jammern; *über etwas ~* [<lat. *lamentari* »laut wehklagen«]

La|men|to ⟨n.; -s, -s⟩ **1** ⟨Musik⟩ Klagelied in der alten ital. Oper u. als Madrigal **2** ⟨allg.⟩ Klage, Gejammer [<ital. *lamento* »Wehklage« <lat. *lamentum* »Wehklage«; zu *lamentari* »laut wehklagen«]

la|men|to|so ⟨Musik⟩ traurig, klagend [ital.]

La|met|ta ⟨n.; -s; unz. od. f.; -; unz.⟩ **1** dünner, schmaler Streifen aus Metallfolie (als Christbaumschmuck) **2** ⟨scherzh.; umg.⟩ (viele) Orden (an der Brust) **3** überflüssiges Zubehör; *ohne preistreibendes ~ auskommen* [<ital. *lametta,* Verkleinerungsform zu *lama* »Metallblatt« <lat. *lamina* »dünnes Metallblech«]

La|mi|na ⟨f.; -, -nae [-nɛː]⟩ **1** ⟨Bot.⟩ das eigentl. Blatt im Unterschied zu Blattstiel u. Blattscheide, Blattspreite **2** ⟨Zool.⟩ blattförmiges Teil eines Organes [lat., »Platte, Blech, Blatt«]

la|mi|nal ⟨Adj.; Bot.⟩ auf der Innenfläche des Fruchtblattes entspringend [→ *Lamina*]

la|mi|nar ⟨Adj.⟩ geordnet nebeneinander; *~e Strömung* Strömung, deren einzelne Flüssigkeits- oder Gasfäden parallel zueinander verlaufen, bietet geringsten Strömungswiderstand; *Ggs* turbulente Strömung

La|mi|nat ⟨n.; -(e)s; unz.⟩ aus Kunststoffen und -harzen aufgebauter Schichtpressstoff für chemikalien- und witterungsbeständige Beschichtungen [→ *Lamina*]

la|mi|nie|ren ⟨V.⟩ mit (durchsichtiger) Folie beziehen; *Buchdeckel ~* [→ *Lamina*]

La|mi|um ⟨n.; -s; unz.; Bot.⟩ Taubnessel [lat.]

Lam|pas ⟨m.; -, -; Textilw.⟩ schwerer Damast (als Möbelstoff) [<frz. *lampas* »gemaltes ostind. od. chines. Seidenzeug« <mlat. *lampascum* <mlat. *damascum* (→ *Damast*)]

Lam|pas|sen ⟨Pl.⟩ breite Streifen an den Außenseiten der Uniformhose

Lam|pi|on ⟨[lapiɔ̃ː], [lampjɔŋ] od. österr. [-joːn] m. od. n.; -s, -s⟩ Laterne aus buntem Papier od. bunter Seide mit einer Kerze im Innern [<frz. *lampion* »Lämpchen« <ital. *lampione* <*lampa* »Lampe«]

Lam|pre|te *auch:* **Lamp|re|te** ⟨f.; -, -n; Zool.⟩ Meeres- od. Flussneunauge, zu den Rundmäulern gehörend [<lat. *lampreta*]

Lam|pro|phyr *auch:* **Lamp|ro|phyr** ⟨m.; -s, -e; Geol.⟩ dunkles, meist feinkörniges Eruptivgestein [<grch. *lampros* »leuchtend hell« + *phyrein* »vermischen, vermengen«]

LAN ⟨EDV; Abk. für engl.⟩ Local Area Network (lokales Rechnernetzwerk)

Lan|ça|de ⟨[lãsaːdə] f.; -, -n; Hohe Schule⟩ Sprung aus der Levade nach vorn [frz., »das Vorwärtsstoßen«; zu *lancer* »stoßen, schleudern«]

Lan|ci|er ⟨[lãsjeː] m.; -s, -s⟩ **1** ⟨früher⟩ Lanzenreiter **2** Art der Quadrille [frz., »Lanzenreiter«; zu *lance* »Lanze«]

lan|cie|ren ⟨[lãsiː-] V.⟩ **1** in Gang bringen, einen Weg bereiten, einführen **2** ⟨fig.⟩ geschickt in eine vorteilhafte Stellung bringen; *einen Künstler ~* ⟨fig.⟩ bekanntmachen, in der Öffentlichkeit erscheinen lassen [frz. *lancer* »werfen, schleudern«; zu *lance* »Lanze«]

Lan|cie|rung ⟨[lãsiː-] f.; -, -en⟩ das Lancieren, das Lanciertwerden

Land|art *auch:* **Land-Art** ⟨[lændaːrt] f.; -; unz.; Kunst⟩ Stilrichtung der modernen Kunst, die die Natur als künstlerisches Objekt betrachtet u. sie künstlich verändert [<engl. *land* »Land« + *art* »Kunst«]

Lan|dau|lett ⟨n.; -(e)s, -e⟩ Halblandauer, Landauer mit halb zusammenklappbarem Verdeck [<frz. *landaulet,* Verkleinerungsform zu *landau* »leichter Reisewagen«, nach der Stadt *Landau* in der Pfalz]

Land|ro|ver® ⟨[lændroːvə(r)] m.; -s, -; Kfz⟩ geländegängiges Kraftfahrzeug mit Allradantrieb [engl.]

Lands|mål ⟨[-moːl] n.; - od. -s; unz.⟩ die norwegische, seit 1885 dem Riksmål gleichgestellte Landessprache auf westnorweg. Grundlage [norweg., »Landessprache«]

Lan|gage ⟨[lãgaːʒ(ə)] f.; -; unz.; Sprachw.⟩ (nach dem schweiz. Linguisten F. de Saussure, 1857-1913) die Sprach- und Sprechfähigkeit des Menschen [frz., »Sprache«]

Lan|get|te ⟨f.; -, -n; kurz für⟩ Langettenstich

Lan|get|ten|stich ⟨m.; -(e)s, -e⟩ Nähstich zum Befestigen von Bogen- u. Zackenkanten; *Sy* Langette [<frz. *languette,* Verkleinerungsform zu *langue* »Zunge«]

lan|get|tie|ren ⟨V.⟩ mit Langetten einfassen

Langue ⟨[lãːŋg(ə)] f.; -; unz.; Sprachw.⟩ nach Saussure das grammatische u. lexikalische System der Sprache; *Ggs* Parole [frz.]

Lan|gus|te ⟨f.; -, -n; Zool.⟩ zu den

Panzerkrebsen gehörender großer Speisekrebs ohne Scheren mit stachelbesetztem, rötlichviolettem Panzer, der im Mittelmeer u. an den westeuropäischen Küsten lebt: Palinuris vulgaris [<frz. *langouste* <vulgärlat. _*lacusta_ <lat. *locusta* »Heuschrecke«]

La|ni|tal ⟨n.; -s; unz.; Textilw.⟩ aus dem Casein der Milch durch Auflösen in Natronlauge u. Verspinnen in einem Schwefelsäurebad hergestellter, wollähnlicher Faserstoff [verkürzt <ital. *lana d'Italia* »Wolle aus Italien«]

La|ni|tal|fa|ser ⟨f.; -, -n; Textilw.⟩ Chemiefaser auf der Basis von Casein

La|no|lin ⟨n.; -s; unz.⟩ Mischung aus Wollfett, flüssigem Paraffin u. Wasser, Grundstoff zur Anfertigung von Salben [<lat. *lana* »Wolle« + *...ol*]

LAN-Par|ty ⟨[-pa:(r)tı] f.; -, -s; EDV⟩ Party, bei der bes. Jugendliche an mehreren vernetzten Computern mit- u. gegeneinander Computerspiele spielen [verkürzt <engl. *Local Area Network* »lokales Rechnernetzwerk« + *Party*]

Lan|ta|na ⟨f.; -; unz.; Bot.⟩ Wandelröschen, Zierpflanze mit wechselnder Blütenfarbe [<frz., ital. *lantana*]

Lan|than ⟨n.; -s; unz.; chem. Zeichen: La⟩ zur Gruppe der Metalle der seltenen Erden gehörendes Element, Ordnungszahl 57 [<grch. *lanthanein* »verborgen sein«]

Lan|tha|nit ⟨m.; -s, -e; Chemie⟩ (fast) weißes Mineral mit Beimengungen von Lanthan od. einem anderen Element der Lanthanoid-Gruppe

Lan|tha|no|i|de ⟨Pl.; Chemie; Sammelbez. für⟩ die meist dreiwertigen chem. Elemente mit den Ordnungszahlen 58-71, die im Periodensystem der chem. Elemente auf das Lanthan folgen

La|nu|go ⟨f.; -, -gi|nes⟩ weiche u. kurze Haare, die den menschl. Körper vom Embryonalstadium (4. Monat) an bedecken, beim Erwachsenen auf allen nicht langbehaarten Körperteilen außer Handteller u. Fußsohle, Wollhaar, Flaum [lat., »Flaumhaare«]

Lan|zett|bo|gen ⟨m.; -s, -bö|gen; Arch.⟩ englische Form des gotischen Spitzbogens

Lan|zet|te ⟨f.; -, -n; Med.⟩ kleines, spitzes, zweischneidiges Operationsmesser [<frz. *lancette,* Verkleinerungsform zu *lance* »Lanze«]

Lan|zett|fisch|chen ⟨n.; -s, -; Zool.⟩ fischähnliches, durchsichtiges Chordatier

lan|zi|nie|ren ⟨V.; Med.⟩ blitzartig schmerzen; *~de Schmerzen* [<frz. *lanciner* »stechen, reißen«; zu *lance* »Lanze«]

La Ola ⟨f.; - -, - -s; Sport⟩ koordiniertes Aufstehen u. Setzen der Zuschauer in einem Sportstadion, das wie eine Wellenbewegung aussieht (seit der Fußball-Weltmeisterschaft in Mexiko 1986 international üblich) [span., »die Welle«]

la|o|tisch ⟨Adj.⟩ die Laoten betreffend, zu ihnen gehörend; *~e Sprache* eine südostasiatische Sprache [nach der Volksgruppe der überwiegend in Thailand u. *Laos* lebenden *Laoten*]

La|pa|ro|skop *auch:* **La|pa|ros|kop** ⟨n.; -s, -e; Med.⟩ Gerät mit Beleuchtungs- u. optischen Vorrichtungen zur Untersuchung der Bauchhöhle [<grch. *lapara* »die Weichen« + *...skop*]

La|pa|ro|sko|pie *auch:* **La|pa|ros|ko|pie** ⟨f.; -, -n; Med.⟩ Untersuchung der Bauchhöhle mit dem Laparoskop unter örtlicher Betäubung

La|pa|ro|to|mie ⟨f.; -, -n; Med.⟩ operatives Öffnen der Bauchhöhle, Bauchschnitt [<grch. *lapara* »die Weichen« + *...tomie*]

La|pa|ro|ze|le ⟨f.; -, -n; Med.⟩ Bauchbruch [<grch. *lapare* »die Weichen« + *kele* »Bruch«]

la|pi|dar ⟨Adj.⟩ **1** wuchtig, kraftvoll **2** kurz u. bündig **3** ⟨umg.⟩ beiläufig, nebenbei (gesagt); *etwas ~ erwähnen* [<lat. *lapidarius* »zu den Steinen gehörig, Stein...«; zu *lapis* »Stein«]

La|pi|där ⟨m.; -s, -e⟩ Schleif- u. Poliermaschine der Uhrmacher [<frz. *lapidaire* »Steinschneider« <lat. *lapis,* Gen. *lapidis* »Stein«]

La|pi|da|ri|um ⟨n.; -s, -ri|en⟩ Sammlung von Steindenkmälern [lat., »das zu den Steinen Gehörige«; zu *lapis,* Gen. *lapidis* »Stein«]

La|pi|dar|schrift ⟨f.; -, -en⟩ Schrift ohne Verzierung in Großbuchstaben, bes. für Inschriften; *Sy* Monumentalschrift

La|pil|lus ⟨m.; -, -pil|li; meist Pl.⟩ bei Vulkanausbrüchen ausgeworfenes, 1 bis 3 cm großes Lavastück [<ital. *lapilli* (Pl.) »Steinchen« <lat. *lapillus* »Steinchen«, Verkleinerungsform zu *lapis* »Stein«]

La|pi|ne ⟨f.; -; unz.; Vet.⟩ Kaninchenpockenimpfstoff [<frz. *lapin* »Kaninchen«]

La|pis ⟨m.; -, La|pi|des⟩ Stein [lat.]

La|pis|la|zu|li ⟨m.; -, -; Min.⟩ blauer Halbedelstein; *Sy* Lasurstein [<mlat. *lapis lazuli* »Blaustein« <lat. *lapis* »Stein« + mlat. *lazulum,* Nebenform zu *lazur(ium)* »Blaustein, -farbe«; → *Lasur*]

Lap|pa|lie ⟨[-ljə] f.; -, -n⟩ lächerl. Kleinigkeit, Nichtigkeit; *sich wegen einer ~ streiten* [scherzhafte studentische Bildung (17. Jh.) zu *Lappen* mit lat. Endung nach dem Muster von Kanzleiwörtern wie z. B. *Personalien*]

Lap|sus ⟨m.; -, -⟩ **1** nicht wesentlicher Fehler, Schnitzer, Versehen **2** ⟨Psych.⟩ Fehlleistung, zeitweiliges Vergessen, z. B. von Namen; *~ Calami* Schreibfehler; *~ Linguae* Sichversprechen; *~ Memoriae* Gedächtnisfehler [<lat. *lapsus* »das Gleiten, Fallen«; *calamus* »Schreibrohr«; *lingua* »Zunge, Sprache«; *memoria* »Gedächtnis«]

Lap|top ⟨[læptɔp] m.; -s, -s; EDV⟩ tragbarer Personal Computer mit sehr flachem Bildschirm, der meist ohne Netzanschluss bedient werden kann; →*a.* Desktop (1), Notebook, Notepad [<engl. *lap* »Schoß« + *top* »Tischplatte«]

la|ra|misch ⟨Adj.⟩ **1** ⟨Geogr.⟩ auf das Gebirge der Laramie Mountains in den USA bezogen **2** ⟨Geol.⟩ auf die Alpenfaltungsphase zwischen Kreidezeit u. Tertiär bezogen

L

La|ren ⟨Pl.; röm. Myth.⟩ Schutzgeister von Haus u. Familie [<lat. *Lares* »Schutzgottheiten des Hauses«]

lar|gan|do ⟨Musik⟩ = allargando

lar|ge ⟨[la:(r)dʒ] Adj.; Abk.: L⟩ groß (als Kleidergröße) [engl., »groß«]

lar|ghet|to ⟨[-gẹto] Musik⟩ etwas langsam, weniger langsam als largo [ital., »ein wenig gedehnt, etwas langsam«, Verkleinerungsform zu *largo*]

Lar|ghet|to ⟨[-gẹto] n.; -s, -s od. -ti; Musik⟩ Musikstück im Larghetto-Tempo

lar|go ⟨Musik⟩ langsam, getragen u. weich [ital., »breit, gedehnt, langsam«]

Lar|go ⟨n.; -s, -s od. Lar|ghi [-gi]; Musik⟩ Musikstück im Largo-Tempo

La|ri|fa|ri ⟨n.; -s, -s; umg.⟩ Gerede, Geschwätz, Unsinn [aus den ital. Tonbezeichnungen *la, re, fa, re* gebildet]

la|ri|fa|ri! ⟨umg.⟩ Unsinn!, nichts da!

Lar|mor|prä|zes|si|on *auch:* **Lar|mor-Prä|zes|si|on** ⟨f.; -; unz.; Physik⟩ Drehbewegung der Elektronenhülle eines Atoms, die bei der Einwirkung eines äußeren Magnetfeldes auftritt u. um eine in Feldrichtung zeigende Achse durch den Atomkern erfolgt [nach ihrem Entdecker, dem engl. Physiker J. *Larmor,* 1857-1942]

lar|moy|ant *auch:* **lar|mo|yant** ⟨[-moajạnt] Adj.⟩ weinerlich, rührselig; *ein ~es Theater-, Musikstück* [frz., »rührselig, weinerlich«; zu *larme* »Träne«]

Lar|moy|anz *auch:* **Lar|mo|yanz** ⟨[-moajạnts] f.; -; unz.⟩ larmoyante Beschaffenheit, larmoyantes Wesen

Lar|nax ⟨f.; -, -na|kes [-ke:s]; Archäol.⟩ kleiner Sarkophag, Urne [grch., »Kiste«]

l'art pour l'art ⟨[lar pur la:r]⟩ von dem Philosophen Victor Cousin 1836 geprägtes Schlagwort für die These, dass die Kunst nur nach ihren eigenen Gesetzen, nach rein künstlerischen Maßstäben zu beurteilen sei, was zu einer Kunstrichtung führte, die die Kunst von Inhalt u. Zusammenhang mit dem Leben losgelöst sehen wollte [frz., »die Kunst (nur) für die Kunst«]

lar|val ⟨[-va:l] Adj.; Zool.⟩ die Larve (1) betreffend, zu ihr gehörig, von ihr stammend

Lar|ve ⟨f.; -, -n⟩ **1** ⟨Zool.⟩ Jugendform von Tieren mit indirekter Entwicklung (Metamorphose), nach dem Grade der Entwicklung u. durch den Besitz bes. larvaler Organe von den erwachsenen Tieren unterschieden, manchmal auch von völlig anderer Gestalt u. Lebensweise; *Ggs* Imago (1) **2** Gesichtsmaske; *jmdm. die ~ vom Gesicht reißen* ⟨fig.⟩ jmds. wahres Wesen öffentlich zeigen [<lat. *larva* »Gespenst, quälender Geist eines Verstorbenen, Maske der Schauspieler, Larve«]

Lar|vi|zid ⟨[-vi-] n.; -s, -e⟩ gegen die Larven von Insekten wirkendes Mittel [<*Larve* + ...*zid*[1]]

La|ryn|gal ⟨m.; -s, -e; Phon.; kurz für⟩ Laryngallaut

La|ryn|gal|laut ⟨m.; -s, -e; Phon.⟩ im Kehlkopf gebildeter Konsonant, z. B. h; *Sy* Glottal, Laryngal [→ *Larynx*]

La|ryn|gal|the|o|rie ⟨f.; -; unz.; Sprachw.⟩ Theorie über die Existenz von Laryngalen im Indoeuropäischen

la|ryn|ge|al ⟨Adj.; Med.⟩ den Kehlkopf betreffend

La|ryng|ek|to|mie *auch:* **La|ryn|gek|to|mie** ⟨f.; -, -n; Med.⟩ operative Entfernung des Kehlkopfs, z. B. bei Kehlkopfkrebs [<grch. *larygx* »Kehle« + *Ektomie*]

La|ryn|gi|tis ⟨f.; -, -ti|den; Med.⟩ Kehlkopfentzündung [<grch. *larygx* »Kehle« + ...*itis*]

la|ryn|go..., La|ryn|go... ⟨in Zus.; Med.⟩ kehlkopf..., Kehlkopf... [<grch. *larygx,* Gen. *laryggos* »Kehle«]

La|ryn|go|lo|gie ⟨f.; -; unz.; Med.⟩ Lehre vom Kehlkopf [<*Laryngo...* + ...*logie*]

La|ryn|go|skop *auch:* **La|ryn|gos|kop** ⟨n.; -s, -e; Med.⟩ Kehlkopfspiegel [<*Laryngo...* + ...*skop*]

La|ryn|go|sko|pie *auch:* **La|ryn|gos|ko|pie** ⟨f.; -, -n; Med.⟩ Untersuchung des Kehlkopfs [<*Laryngo...* + ...*skopie*]

la|ryn|go|sko|pisch *auch:* **la|ryn|gos|ko|pisch** ⟨Adj.; Med.⟩ **1** das Laryngoskop betreffend **2** die Laryngoskopie betreffend, auf ihr beruhend, mit ihrer Hilfe

La|ryn|go|to|mie ⟨f.; -, -n; Med.⟩ Kehlkopfschnitt

La|rynx ⟨m.; -, -ryn|gen; Anat.⟩ Kehlkopf [<grch. *larygx* »Kehle«]

La|rynx|kar|zi|nom ⟨n.; -s, -e; Med.⟩ Kehlkopfkrebs

La|sa|gne *auch:* **La|sag|ne** ⟨[lazạnjə] Pl., im Dt. a.: f.; -; unz.⟩ ital. Speise aus abwechselnd mit Hackfleisch geschichteten Bandnudeln, die mit Käse überbacken werden [ital.; zu *lasagna* »Bandnudeln«]

La|se ⟨f.; -, -n⟩ Henkelkrug mit Ausguss [<lat. *lasanum* »Gefäß« (<grch. *lasanon*) od. <mnddt. *late* »Krug«]

La|ser ⟨[le:zə(r)] m.; -s, -⟩ Gerät zum Erzeugen einer sehr starken Strahlung völlig gleicher Wellenlänge durch eine von außen angeregte, gleichzeitige Strahlungsemission vieler Atome, wobei die höchsten bekannten Energiedichten je Flächeneinheit erreicht werden; *Feststoff~* Laser mit Kristallen, z. B. Rubinen; *Gas~* Laser z. B. mit Helium od. Kohlendioxid; *Flüssigkeits~* Laser mit organ. Verbindungen; →*a.* Maser [engl.; Kurzwort aus *light amplification by stimulated emission of radiation* »Lichtverstärkung durch angeregte Emission von Strahlung«]

La|ser|disc ⟨[le:zə(r)dɪsk] f.; -, -s; EDV⟩ Bildplatte, auf der analoge Video- sowie digitale Audiodaten gespeichert u. mittels eines Lasers gelesen werden können; →*a.* CD [<*Laser* + engl. *disc* »Platte, Scheibe«]

La|ser|dru|cker ⟨[le:zə(r)-] m.; -s, -; EDV⟩ Druckgerät für Computer, bei dem das Druckbild mit Hilfe von Laserstrahlen übertragen wird

La|ser|ka|no|ne ⟨[le:zə(r)-] f.; -, -n⟩ Laserapparat mit bes. intensiver Strahlungsleistung, eingesetzt zur Werkstoffverarbeitung

La|ser|poin|ter ⟨[le:zə(r)pɔɪntə(r)] m.; -s, -⟩ optischer Zeigestab, der gebündeltes Licht ausstrahlt u. der (bei Projektionen, Vorträgen od. Diavorführungen) bestimmte Stellen punktförmig hervorheben kann [<*Laser* + engl. *pointer* »Zeigestock«; zu *point* »zeigen«]

La|ser|show ⟨[leːzə(r)ʃoʊ] f.; -, -s⟩ Darbietung von Lichteffekten mit Hilfe bunter Laserstrahlen [<*Laser* + *Show*]

LASH-Car|rier ⟨[læʃkærıə(r)] m.; -s, -⟩ Frachtschiff, das Leichter (die selbst Fracht transportieren) befördert, Leichtermutterschiff [verkürzt <engl. *lighter aboard ship* »Schiff mit Leichtern an Bord« + *carrier* »Träger, Beförderer«]

la|sie|ren ⟨V.⟩ mit durchsichtiger Farbe od. durchsichtigem Lack überziehen [→ *Lasur*]

Lä|si|on ⟨f.; -, -en; Med.⟩ Verletzung [<lat. *laesio* »Verletzung«; zu *laedere* »verletzen«]

Las|kar ⟨m.; -s, -ka|ren; früher⟩ ind. Matrose [<pers. *laschkar* »Lager, Heer«]

Las|sa|fie|ber ⟨n.; -s; unz.; Med.⟩ sehr ansteckende, lebensgefährliche Infektionskrankheit, deren Erreger das Lassa-Virus ist, zu den Anzeichen der oft tödlich verlaufenden Erkrankung gehören hohes Fieber, Gelenkschmerzen, Geschwüre im Mund-Rachen-Raum, Hautblutungen u. a. [nach dem nigerianischen Ort *Lassa*, in dem die Krankheit 1969/70 epidemieartig auftrat]

Las|so ⟨n. od. m.; -s, -s⟩ langer Riemen od. langer Strick, dessen zusammenziehbare Schlinge aus einiger Entfernung dem zu fangenden Tier um Gehörn od. Hals geworfen wird [<span. *lazo* »Schnur, Schlinge« <lat. *laqueus* »Strick als Schlinge«]

last, (but) not least ⟨[laːst (bʌt) not liːst]⟩ an letzter Stelle genannt, aber nicht am geringsten dem Werte nach; *meine Schwester, meine Freundin sowie ~ meine Eltern* [engl., »das Letzte, (jedoch) nicht das Geringste«]

Las|tex® ⟨n.; -; unz.⟩ elastisches Gewebe aus umsponnenen Gummifäden [<*elastisch* + *Latex*]

Las|ting ⟨m.; -s, -s; Textilw.⟩ Möbel- od. Kleiderstoff aus hartgedrehtem Kammgarn [engl., »dauerhaftes Zeug«; zu *last* »dauern, währen«]

Last-Mi|nute-Flug ⟨[laːstmınıt-] m.; -(e)s, -Flü|ge⟩ sehr kurzfristig u. gegen (meist erheblichen) Preisnachlass angebotene Flugreise [zu engl. *last-minute* »letzte Minute«]

Last-Mi|nute-Rei|se ⟨[laːstmınıt-] f.; -, -n⟩ von Reiseveranstaltern od. Fluggesellschaften angebotene, preiswerte Reise, die kurzfristig zu buchen u. anzutreten ist [zu engl. *last-minute* »in letzter Minute«]

La|sur ⟨f.; -, -en⟩ durchsichtige Lack- od. Farbschicht [<mhd. *lasur(e)* »Blaustein, (aus dem Blaustein gewonnene) Blaufarbe« <mlat. *lazur(i)um* »Blaustein, -farbe« <arab. *lazaward* »Lasurstein, -farbe« <pers. *ladschuward*; → *Lapislazuli*]

La|sur|far|be ⟨f.; -, -n⟩ transparente Farbe

La|su|rit ⟨m.; -s, -e; Min.⟩ feinkörniges, auf Kalkstein auftretendes, blaues bis grünliches Mineral

La|sur|stein ⟨m.; -s, -e; Min.⟩ = Lapislazuli

las|ziv ⟨Adj.⟩ zweideutig, unanständig, schlüpfrig; *~er Witz* [<lat. *lascivus* »fröhlich, ungebunden, unzüchtig«]

Las|zi|vi|tät ⟨[-vi-] f.; -, -en⟩ **1** ⟨unz.⟩ laszive Beschaffenheit **2** ⟨zählb.⟩ laszive Bemerkung, lasziver Witz

Lä|ta|re ⟨ohne Artikel⟩ 3. Sonntag vor Ostern [nach dem aus Jesaias 66, 10-11 stammenden Anfang der Messe: *Laetare, Jerusalem* »Freue dich, Jerusalem«]

Late Hit ⟨[lɛıt hıt] m.; - -s, - -s; Sport; Golf⟩ (vom Bewegungsablauf her) verspäteter Schlag [engl., »später Schlag«]

la|tein|ame|ri|ka|nisch ⟨Adj.⟩ Lateinamerika betreffend, zu ihm gehörig, aus ihm stammend; *Sy* iberoamerikanisch

La-Tène-Kul|tur ⟨[latɛːn-] f.; -; unz.⟩ vorwiegend kelt. Kultur u. Kunst der La-Tène-Zeit

La-Tène-Zeit ⟨[latɛːn-] f.; -; unz.⟩ zweiter Abschnitt der europäischen Eisenzeit [nach einem Ort am Nordende des Neuenburger Sees in der Schweiz]

La-Tène-zeit|lich ⟨[latɛːn-] Adj.⟩ zur La-Tène-Zeit gehörig, aus ihr stammend

Late-Night ⟨[lɛıtnaıt] f.; -, -s; kurz für⟩ Late-Night-Show

Late-Night-Show ⟨[lɛıtnaıtʃoʊ] f.; -, -s; bes. TV⟩ Unterhaltungsshow am späten Abend; *eine neue ~ präsentieren* [<engl. *late* »spät« + *night* »Nacht« + *Show*]

la|tent ⟨Adj.⟩ **1** (unterschwellig) vorhanden, aber nicht in Erscheinung tretend **2** ohne typ. Merkmale (Krankheit) [<lat. *latens*, Part. Präs. zu *latere* »verborgen sein«]

La|tenz ⟨f.; -; unz.⟩ latente Beschaffenheit

La|tenz|pe|ri|o|de ⟨f.; -, -n⟩ Zeitraum, in dem die sexuelle Entwicklung des Menschen zurücktritt (zwischen dem 6. u. 10. Lebensjahr)

La|tenz|zeit ⟨f.; -, -en; Physiol.⟩ Zeitraum zwischen dem Zeitpunkt der Reizung (Ansteckung) u. der Reaktion

la|te|ral ⟨Adj.⟩ **1** seitlich **2** ⟨Anat.⟩ von der Mittelachse abgewandt; *Ggs* medial (1) [<lat. *lateralis* »die Seite betreffend«; zu *latus*, Gen. *lateris* »Seite«]

La|te|ral ⟨m.; -s, -e; Phon.⟩ Konsonant, bei dem die ausströmende Luft seitlich der Zunge entweicht, z. B. l; *Sy* Laterallaut

La|te|ral|in|farkt ⟨m.; -(e)s, -e; Med.⟩ Seiteninfarkt (im Bereich der Vorder- u. Hinterwand der linken Herzkammer)

la|te|ra|li|sie|ren ⟨V.⟩ **1** ⟨Med.⟩ zur Seite hin verlagern, verschieben **2** ⟨Psych.⟩ eine Zuordnung von Gehirnhemisphären u. psychischen Funktionen vornehmen [zu lat. *lateralis* »die Seite betreffend«]

La|te|ra|li|tät ⟨f.; -; unz.⟩ Dominanz einer Körperseite (z. B. Rechts- bzw. Linkshändigkeit) [→ *lateral*]

La|te|ral|laut ⟨m.; -(e)s, -e; Phon.⟩ = Lateral

La|te|ran ⟨m.; -s; unz.⟩ der päpstl. Palast in Rom außerhalb der Vatikanstadt [nach der röm. Familie *Laterani*, in deren Besitz sich der Palast befand, der

der Vorgänger des heutigen war u. 1308 abbrannte]

La|te|ran|kon|zil ⟨n.; -s, -zi|li|en; kath. Kirche⟩ über Fragen der Lehre u. des Lebens beratende kirchliche Versammlung (bes. Bischofsversammlung) im Lateran

La|te|ri|sie|rung ⟨f.; -, -en⟩ **1** das Laterisieren **2** Entstehung von Laterit [zu lat. *later* »Ziegelstein«]

La|te|rit ⟨m.; -s, -e; Geol.⟩ Aluminium- u. Eisenoxidhydrat enthaltender, unfruchtbarer, roter Verwitterungsboden in den Tropen u. Subtropen [<lat. *later* »Ziegelstein«]

La|ter|na ma|gi|ca ⟨f.; - -, -nae -cae [-nɛː -kɛː]⟩ **1** im 17. Jh. erfundener einfacher Projektionsapparat für Diapositive auf Glas **2** synchronisierte Wiedergabe von Film- od. Diaprojektionen u. schauspielerischen Darbietungen [lat., »Zauberlaterne«]

L

La|ter|ne ⟨f.; -, -n⟩ **1** durch Glas- od. Papiergehäuse geschützte Lichtquelle; *Papier~; Stall~; Straßen~* **2** mit Fenstern versehenes Türmchen auf dem durchbrochenen Scheitel einer Kuppel **3** ⟨bei Haustieren⟩ weißer Stirnfleck, Blesse **4** ~ *des Aristoteles* bei vielen Seeigeln den Vorderarm umgebender, umfangreicher Muskel- u. Kalkspangenapparat zur Bewegung der den Mund umstehenden Zähne [<mhd. *la(n)tern(e)* <lat. *la(n)terna* <grch. *lamptera,* Akk. zu *lampter* »Leuchter«]

La|tex ⟨m.; -; unz.⟩ Saft der Kautschuk liefernden Pflanzen, Emulsion aus Kautschuk u. Wasser, Milchsaft [lat., »Flüssigkeit«]

La|ti|fun|di|en|wirt|schaft ⟨f.; -; unz.⟩ Bewirtschaftung mehrerer, zu einer Einheit zusammengefasster Latifundien durch abhängige Bauern

La|ti|fun|di|um ⟨n.; -s, -di|en⟩ **1** ⟨im antiken Röm. Reich⟩ von Sklaven bewirtschaftetes, großes Landgut **2** ⟨danach⟩ durch Pächter od. Verwalter bewirtschafteter großer Land- od. Forstbesitz [lat., »großes Landgut«]

La|ti|me|ria ⟨f.; -, -ri|ae [-riɛː]; Zool.⟩ der einzigen heute noch vorkommenden Ordnung der Quastenflosser angehörender Fisch [nach der Entdeckerin, der südamerikan. Museumsdirektorin E. D. Courtenay-*Latimer,* *1907]

La|ti|ner ⟨m.; -s, -⟩ Angehöriger eines indogerman. Volksstammes in der mittelital. Landschaft Latium [<lat. *latinus* »Einwohner von Latium«]

la|ti|ni|sie|ren ⟨V.⟩ der latein. Sprache angleichen; *ein Wort, ein Name* ~ [<lat. *latinus* »lateinisch«]

La|ti|nis|mus ⟨m.; -, -nis|men; Sprachw.⟩ **1** der latein. Sprache eigentümlicher, in der Übersetzung beibehaltener Ausdruck **2** einem latein. Ausdruck nachgebildeter Ausdruck in einer nicht-latein. Sprache

La|ti|nist ⟨m.; -en, -en; Sprachw.⟩ Wissenschaftler der latein. Sprache u. Literatur

La|ti|nis|tin ⟨f.; -, -tin|nen; Sprachw.⟩ Wissenschaftlerin der latein. Sprache u. Literatur

La|ti|ni|tät ⟨f.; -; unz.⟩ mustergültige latein. Ausdrucksweise; *Goldene* ~ [<lat. *latinitas* »Latinität«]

La|tin|lo|ver ⟨[lætɪnlʌvə(r)]⟩ *auch:* **La|tin Lo|ver** ⟨m.; (-) -s, (-) -; umg.⟩ leidenschaftl., temperamentvoller, südländischer Geliebter, Liebhaber; →*a.* Lover [engl.]

La|ti|no ⟨m.; -s, -s⟩ = Hispanic [span., »Lateiner, Romane« <lat. *Latinus* »Lateiner; lateinisch«]

La|ti|num ⟨n.; -s; unz.⟩ Schulprüfung in der latein. Sprache bzw. Ergänzungsprüfung für Studenten, die in der Schule kein Latein gelernt haben; *das* ~ *machen* [lat., Neutr. zu *latinus* »lateinisch«]

La|ti|tü|de ⟨f.; -, -n⟩ **1** geograf. Breite **2** ⟨veraltet⟩ Weite, Spielraum [<frz. *latitude* »(geografische) Breite«]

la|ti|tu|di|nal ⟨Adj.⟩ die Latitüde betreffend, von ihr ausgehend [<lat. *latitudo* «Breite«]

...la|trie *auch:* **...lat|rie** ⟨Nachsilbe; zur Bildung weibl. Subst.; f.; -, -n⟩ Verehrung, Kult; *Monolatrie* [<grch. *latreia* »Dienst, Kult, Verehrung«]

La|tri|ne *auch:* **Lat|ri|ne** ⟨f.; -, -n; veraltet⟩ **1** Abort, primitive Toilette **2** Abortgrube [<lat. *latrina* »Abtritt« <**lavatrina;* zu *lavare* »waschen, spülen«]

Lat|te mac|chi|a|to ⟨[- -ki-] f. od. m.; - -, - -s od. - -ti⟩ in einem hohen Glas serviertes Kaffeegetränk aus warmer Milch, Espresso u. Milchschaum, wobei die einzelnen Bestandteile als Schichtungen sichtbar bleiben sollen [ital., »gefleckte Milch«; <*latte* »Milch« + *macchiare* »beflecken, Flecken machen«]

Lat|wer|ge ⟨f.; -, -n; hess.⟩ Fruchtmus, bes. aus Zwetschgen [<mhd. *latwerge* <spätlat. *electuarium,* grch. *ekleikton, ekleigma* »Arznei, die man im Mund zergehen lässt«]

Lau|da ⟨f.; Sing. von⟩ Laude

lau|da|bel ⟨Adj.; veraltet⟩ lobenswert [<lat. *laudabilis* »lobenswert«]

Lau|da|num ⟨n.; -s; unz.; Pharm.⟩ schmerzstillendes Mittel, bes. Opium [<lat. *ladanum* »Harz der Ledosstaude (od. Zistrose)« <grch. *ledanon*]

Lau|da|tio ⟨f.; -, -o|nes⟩ Lobrede; *eine* ~ *auf Preisträger, auf Verstorbene u. a. halten* [<lat. *laudatio* »Lobrede«; zu *laudare* »loben«]

Lau|da|tor ⟨m.; -s, -to|ren⟩ jmd., der eine Laudatio auf jmdn. hält

Lau|de ⟨Pl.⟩ auf Franz von Assisi zurückgehende, volkstümliche geistliche Lieder in Italien im 13.-17. Jh.

Lau|des ⟨Pl.⟩ **1** Lobgesänge **2** ⟨im kath. Brevier⟩ Morgengebete [lat., »Lobgesänge« <*laus,* gen. *laudis* »Lob«]

lau|die|ren ⟨V.; veraltet⟩ **1** loben **2** ⟨Rechtsw.⟩ vorschlagen, nennen (Zeugen) [<lat. *laudare* »loben«]

Lau|dist ⟨m.; -en, -en⟩ Verfasser von Lobgesängen [→ *Lauda*]

Launch ⟨[lɔːntʃ] m.; -(e)s, -(e)s⟩ Einführung (das Bekanntmachen, Bewerben sowie geschicktes Platzieren) eines neuen Produktes auf dem Markt;

der ~ einer neuen Produktlinie [engl.]

launlchen ⟨[lɔ:ntʃən] V.⟩ (neue Produkte) auf den Markt bringen, anlaufen lassen, einführen, lancieren [<engl. *launch*]

Laulrat ⟨n.; -s, -e; Chemie⟩ Salz der Laurinsäure

Laulrelat ⟨m.; -en, -en; Barockzeit⟩ mit dem Lorbeerkranz gekrönter Dichter; →*a.* Poeta laureatus [<lat. *laureatus* »mit Lorbeer bekränzt«; zu *laurus* »Lorbeer«]

Laulrenltia ⟨f.; -; unz.; Geol.⟩ Urkontinent, der schon zu Beginn des Präkambriums bestand u. Ostkanada u. Grönland als Einheit umfasste, Kernstück des nordamerikan. Kontinents, Kanadischer Schild, Laurentischer Schild [latinisierter Name des St-Lorenz-Stroms]

laulrenltisch ⟨Adj.⟩ **1** die Laurentia betreffend, zu ihr gehörig, auf sie bezogen **2** ⟨Geol.⟩ auf Faltungsvorgänge in der nordamerikan. Tafel vor rund 2,9-2,4 Mrd. Jahren bezogen **3** den heiligen Laurentius betreffend (Märtyrer, † 258 in Rom)

Laulrinlsäulre ⟨f.; -, -n; Chemie⟩ eine höhere, gesättigte Fettsäure

Laulrus ⟨m.; - od. -ses, - od. -se; Bot.⟩ Lorbeer [lat., »Lorbeerbaum, -kranz«]

Laultal ⟨n.; -s; unz.⟩ Legierung aus Kupfer u. Aluminium von geringem Gewicht, aber hoher Festigkeit

Lalva ⟨[-va-] f.; -, Laven⟩ bei Vulkanausbrüchen ausgeworfenes, geschmolzenes Gestein [ital., »Stein«]

Lalvalbel ⟨[-va:-] m.; -s; unz.; Textilw.⟩ gekreppter, weicher Stoff aus Seide od. Kunstseide [zu frz. *lavable* »waschbar«]

Lalvalbo ⟨[-va:-] n.; - od. -s, -s⟩ **1** Handwaschung des Priesters in der Messe bei der Gabenbereitung **2** die dafür verwendeten Gefäße (Kanne u. Becken) **3** ⟨a. ['---] noch schweiz.⟩ Waschbecken [lat., »ich werde waschen«]

lalvenldel ⟨[-vən-] Adj.; undekl.⟩ lavendelfarben, hellviolett wie die Lavendelblüte

Lalvenldel ⟨[-vən-] m.; -s, -; Bot.⟩ Gattung der Lippenblütler, deren Blüten (Flores Lavandulae) zur Gewinnung eines in der Parfümindustrie gebrauchten äther. Öles benutzt werden, Speik: Lavandula [<ital. *lavendula* <mlat. *lavandula,* eigtl. »was zum Waschen dienlich ist« <lat. *lavare* »waschen«]

lalvielren[1] ⟨[-vi:-] V.⟩ **1** ⟨Seew.⟩ gegen den Wind kreuzen **2** ⟨fig.⟩ sich geschickt durch Schwierigkeiten hindurchwinden [<mndrl. *loveren,* eigtl. »die Luv abgewinnen«; zu *lof* »Luv«]

lalvielren[2] ⟨[-vi:-] V.⟩ eine aufgetragene Farbe verwischen, Farben ineinander übergehen lassen; *lavierte Federzeichnung* [<frz. *laver* <ital., lat. *lavare* »waschen«]

lälvolgyr ⟨[-vo-] Adj.; Zeichen: L-⟩ die Ebene des polarisierten Lichtes entgegen dem Uhrzeigersinn drehend, linksdrehend [<lat. *laevus* »links« + grch. *gyros* »Kreis, Windung«]

Lalvoir ⟨[-voa:r] n.; -s, -s; noch österr.⟩ Waschbecken [frz., »Waschplatz, Waschbecken«; zu *laver* »waschen«]

Lälvullinlsäulre ⟨[-vu-] f.; -, -n⟩ Ketocarbonsäure, die durch Kochen von Fruchtzucker mit verdünnter Salzsäure entsteht u. in der Textilindustrie sowie als Weichmacher verwendet wird [zu lat. *laevus* »links«]

Lälvullolse ⟨[-vu-] f.; -; unz.⟩ Fruchtzucker [zu lat. *laevus* »links«]

Law and Orlder ⟨[lɔ: ənd ɔ:də(r)] ohne Artikel; engl. Bez. für⟩ harte staatliche Maßnahmen zur Bekämpfung von Gewalt und Kriminalität; *der Ruf nach ~ wurde immer stärker* [engl., »Recht und Ordnung«]

Lalwilne ⟨f.; -, -n⟩ **1** herabstürzende Schnee-, Eis- od. Steinmassen im Hochgebirge **2** ⟨fig.⟩ durch einen geringfügigen Anstoß in Bewegung geratene Massen; *eine ~ von Zuschriften* [<rätoroman. *lavina* »Schnee-, Eislawine« <lat. *labina* »Erdrutsch«; zu *labi* »gleiten«]

Lawnltenlnis ⟨[lɔ:n-] n.; -; unz.; bes. in England⟩ auf Rasen gespieltes Tennis [engl.]

Lawlrenlcilum ⟨[lɔ:-] n.; -s; unz.; chem. Zeichen: Lr⟩ 1962 erstmals künstlich hergestelltes Element, Ordnungszahl 103 [nach dem US-amerikan. Physiker E. O. *Lawrence,* 1901-1958]

lax ⟨Adj.⟩ **1** locker, nicht straff (Disziplin) **2** lässig (Benehmen) **3** moralisch nicht gefestigt (Grundsätze) [<lat. *laxus* »schlaff, locker«]

Lalxans ⟨n.; -, -xanltilen od. -xantia; Med.⟩ = Laxativ

Lalxaltiv ⟨n.; -s, -e [-və]; Med.⟩ Abführmittel; *Sy* Laxans [<lat. *laxare* »lösen, lockern«]

lalxielren ⟨V.; Med.⟩ abführen, den Stuhlgang beschleunigen [<lat. *laxare* »lösen, lockern«]

Layler *auch:* **Lalyer** ⟨[lɛɪ-] m.; -s, -⟩ **1** Ebene, Schicht, Informationsschicht **2** ⟨EDV⟩ Zeichenebene in einem Programm **3** durchsichtige Schreibfolie **4** ⟨Wirtsch.⟩ Abschnittsdeckung bei Versicherungen, wobei die Versicherungssumme in verschiedene Größenbereiche aufgeteilt wird u. der Versicherer nur für den Teil des Schadens haftet, der in seinen Bereich fällt [engl., »Schicht«]

Lay-off *auch:* **Laykoff** ⟨[lɛɪɔf] n.; -s, -s⟩ vorübergehende Entlassung von Arbeitskräften [engl.]

Lay-out / Layout (*Schreibung mit Bindestrich*) Aus dem Englischen stammende Substantivierungen aus Verb und Adverb werden durch Bindestrich abgetrennt. In diesen Fällen ist jedoch auch die Zusammenschreibung erlaubt, sofern die Lesbarkeit dadurch nicht beeinträchtigt wird (→*a.* Lock-out / Lockout).

Lay-out *auch:* **Laylout** ⟨[lɛɪaut] od. ['--] n.; -s, -s⟩ **1** Entwurf für Text- u. Bildgestaltung **2** räumliche Anordnung **3** ⟨Wirtsch.⟩ innerbetriebliche Standortplanung [engl., »Anordnung, Planung«]

Laylouter ⟨[lɛɪautə(r)] od. ['---] m.; -s, -⟩ Grafiker, der Layouts herstellt

Lay-up ⟨[lɛɪʌp] m.; - od. -s, -s; Sport; Basketball⟩ Wurf aus ca.

L

einem halben Meter Entfernung auf den Korb [engl., »auflegen« <*lay* »legen« + *up* »auf, hinauf«]

La|za|rett ⟨n.; -(e)s, -e; Mil.⟩ Militärhospital [<frz. *lazaret* <ital. *lazzaretto,* venezian. *lazareto;* nach der venezian. Kirche Santa Maria di *Nazaret,* in deren Umgebung sich um 15. Jh. ein Hospital für Aussätzige (ital. *lazzaro,* nach dem kranken *Lazarus,* Luk. 16,20) befand]

La|za|rist ⟨m.; -en, -en⟩ Angehöriger einer Priesterkongregation ohne Gelübde, die vornehmlich in der inneren u. äußeren Mission arbeitet; *Sy* Vinzentiner [nach dem Pariser Mutterhaus *Saint Lazare*]

La|ze|ra|ti|on ⟨f.; -, -en; Med.⟩ Einriss [<lat. *laceratio* »Zerreißung«; zu *lacerare* »zerreißen«]

La|zer|te ⟨f.; -, -n; Zool.⟩ Eidechse [<lat. *lacerta*]

La|zu|lith ⟨m.; -s, -e; Min.⟩ himmelblaues, glasglänzendes Mineral als Einsprengling in Quarz u. Quarziten, chemisch ein Gemisch aus Tonerde u. Magnesium-Eisen-Oxiden u. Phosphaten, Blauspat [<pers. *ladschuward* »Lasur, Blutstein« + *...lith*]

lb. ⟨Zeichen für⟩ Pound

lbs. ⟨Zeichen für⟩ Pounds

l. c. ⟨Abk. für lat.⟩ loco citato

LCD ⟨Abk. für engl.⟩ Liquid Crystal Display (Flüssigkristallanzeige), bei elektronischen Geräten (z. B. Taschenrechnern) verwendetes Anzeigesystem, das mittels flüssiger Kristalle Ziffern, Buchstaben u. Zeichen darstellt

ld. ⟨Abk. für⟩ limited

LDC ⟨Abk. für engl.⟩ Less Developed Countries (wenig entwickelte Länder, Entwicklungsländer); →*a.* LLDC [engl.]

Lead ⟨[li:d] n.; -s; unz.; Musik⟩ Führungsstimme in einer Jazzband, Pop- od. Rockgruppe [zu engl. *lead* »führen«]

Lea|der|ship ⟨[li:də(r)ʃɪp] n.; -s; unz. od. f.; -; unz.; Politik; Sport⟩ Führung, Führungskraft, -stärke, Vorsitz; *das ~ liegt in den Händen des Präsidenten* [engl.]

Lead|gi|tar|re ⟨[li:d-] f.; -, -n; Musik⟩ Gitarre, die auf dem Rhythmus, auf dem Beat gespielt wird; →*a.* Rhythmusgitarre

Lead|gi|tar|rist ⟨[li:d-] m.; -en, -en; Musik⟩ Gitarrist, der die Leadgitarre spielt; →*a.* Rhythmusgitarrist

Lead|sän|ger ⟨[li:d-] m.; -s, -; Musik⟩ Sänger, dessen Stimme den Gesang eines Musikstücks bestimmt; *Ggs* Backgroundsänger

Leaf|let ⟨[li:flət] n.; -s, -s⟩ Werbeblatt, -broschüre [engl., eigtl. »Blättchen«]

Lean Ma|nage|ment ⟨[li:n mænɪdʒmənt] n.; - -s; unz.; Wirtsch.⟩ kostengünstige Unternehmensführung [<engl. *lean* »schlank« + *Management*]

Lean Pro|duc|tion ⟨[li:n prɔdʌkʃn] f.; - -; unz.; Wirtsch.⟩ kostengünstige Produktion (durch Reduzierung der Lohn-, Material- u. Herstellungskosten) [<engl. *lean* »schlank« + *production* »Produktion, Herstellung«]

Lear|ning by Do|ing ⟨[lœ:nɪŋ baɪ du:ɪŋ] n.; - - -; unz.⟩ das Erlernen einer Tätigkeit durch deren praktische Anwendung; →*a.* Learning on the Job [engl., »Lernen durch Handeln, Tun«]

Lear|ning on the Job ⟨[lœ:nɪŋ ɔn ðə dʒɔb] n.; - - - -; unz.; Wirtsch.⟩ das Erlernen eines Berufs durch seine praktische Ausübung (mit od. ohne begleitende Weiterbildung); →*a.* Learning by Doing [engl., »Lernen durch den Beruf«]

lea|sen ⟨[li:zən] V.⟩ mieten; *ein Auto ~* [<engl. *lease* »(ver)mieten«]

Lea|sing ⟨[li:-] n.; -s, -s⟩ Mieten od. Vermieten von Investitions- u. langlebigen Gebrauchsgütern; *~ von Industrieanlagen* [zu engl. *lease* »mieten, vermieten«]

Lea|sing|ra|te ⟨[li:-] f.; -, -n; Wirtsch.⟩ Teilzahlung, Rate innerhalb eines Leasings

Le|ci|thin ⟨n.; -s; unz.; Biochemie⟩ in Herzmuskel, Eidotter u. Gehirn reichlich enthaltenes Lipoid; *oV* Lezithin [<grch. *lekithos* »Eigelb«]

Le|cka|ge ⟨[-ka:ʒə] f.; -, -n⟩ Leck, undichte Stelle [<*Leck* + frz. Substantivendung *...age*]

Le|clan|ché|ele|ment *auch:* **Le|clan|ché-Ele|ment** ⟨[ləklã:ʃe:-] n.; -(e)s, -e⟩ galvan. Element mit einer Kohle- u. Zinkelektrode in einer Salmiakpaste, Grundlage für die meisten Taschenlampenbatterien [nach dem frz. Chemiker G. *Leclanché,* † 1882]

Lec|ti|ne ⟨Pl.⟩ organspezifische Eiweißstoffe, die bestimmte gebundene od. ungebundene Zuckermoleküle erkennen u. binden können; *oV* Lektine [zu lat. *lectus* »ausgewählt«; zu *legere* »auswählen«]

LED ⟨Abk. für engl.⟩ Light Emitting Diode (Licht aussendende Diode), Lumineszenzdiode

leg. ⟨Abk. für⟩ legato

le|gal ⟨Adj.; Rechtsw.⟩ gesetzlich, dem Gesetz entsprechend; *Ggs* illegal [<lat. *legalis* »gesetzmäßig«; zu *lex,* Gen. *legis* »Gesetz«]

Le|gal|de|fi|ni|ti|on ⟨f.; -, -en; Rechtsw.⟩ durch ein Gesetz gegebene od. festgesetzte Begriffsdefinition

Le|ga|li|sa|ti|on ⟨f.; -, -en; Rechtsw.⟩ das Legalisieren, amtl. Beglaubigung, gesetzl. Bestätigung

le|ga|li|sie|ren ⟨V.; Rechtsw.⟩ legal, gesetzlich machen, amtlich bestätigen

Le|ga|lis|mus ⟨m.; -; unz.⟩ striktes Festhalten an Paragrafen u. Vorschriften

le|ga|lis|tisch ⟨Adj.⟩ **1** auf Legalismus beruhend **2** kleinlich an Vorschriften festhaltend u. darauf beharrend

Le|ga|li|tät ⟨f.; -; unz.⟩ legale Beschaffenheit, Gesetzlichkeit; *Ggs* Illegalität

Le|ga|li|täts|prin|zip ⟨n.; -s; unz.; Rechtsw.⟩ Verpflichtung der Staatsanwaltschaft, Straftaten im öffentlichen Interesse zu verfolgen

leg|as|then *auch:* **le|gas|then** ⟨Adj.; geh.⟩ = legasthenisch

Leg|as|the|nie *auch:* **Le|gas|the|nie** ⟨f.; -; unz.⟩ angeborene Schwäche beim Erlernen des Lesens u. Rechtschreibens bei sonst normaler Intelligenz [<grch.

L

legein »lesen« + *astheneia* »Schwäche«]

Leg|as|the|ni|ker *auch:* **Le|gas|the|ni|ker** ⟨m.; -s, -⟩ jmd., bes. ein Kind, der bzw. das an Legasthenie leidet

leg|as|the|nisch *auch:* **le|gas|the|nisch** ⟨Adj.⟩ an Legasthenie leidend, die Legasthenie betreffend, zu ihr gehörig; *oV* legasthen

Le|gat[1] ⟨n.; -(e)s, -e⟩ Vermächtnis [<lat. *legatum* »Vermächtnis«; zu *legare* »letztwillig verfügen«, eigtl. »eine gesetzl. Verfügung treffen«]

Le|gat[2] ⟨m.; -en, -en⟩ altröm. Gesandter od. päpstl. Gesandter [<lat. *legatus* »Gesandter«; zu *legare* »eine gesetzl. Verfügung treffen; von Amts wegen absenden«; zu *lex,* Gen. *legis* »Gesetz«]

Le|ga|tar ⟨m.; -s, -e⟩ jmd., dem ein Legat zufällt [<lat. *legatarius* »Vermächtnisinhaber«; zu *legatum* »Vermächtnis«]

Le|ga|ti|on ⟨f.; -, -en⟩ (päpstl.) Gesandtschaft [<lat. *legatio* »Gesandtschaft«; → *Legat*]

le|ga|tis|si|mo ⟨Musik⟩ äußerst gebunden (zu spielen) [ital., Superlativ zu *legato*]

le|ga|to ⟨Musik; Abk.: leg.⟩ gebunden (zu spielen) [ital., Part. Perf. zu *legare* »binden« <lat. *ligare*]

Le|ga|to ⟨n.; -s, -s od. -ga|ti; Musik⟩ **1** gebundenes Spiel **2** legato zu spielender Teil eines Musikstücks

le|ge ar|tis ⟨Med.⟩ nach den Regeln der (ärztlichen) Kunst [lat.]

Le|gen|dar ⟨n.; -s, -e⟩ Sammlung von Heiligenlegenden; *oV* Legendarium [→ *Legende*]

le|gen|där ⟨Adj.⟩ **1** legendenhaft, sagenhaft **2** ⟨fig.⟩ unglaubhaft, unwahrscheinlich

le|gen|da|risch ⟨Adj.⟩ **1** in der Art einer Legende, eine Legende betreffend, zu ihr gehörig, Legenden enthaltend **2** ein Legendarium betreffend, aus ihm stammend

Le|gen|da|ri|um ⟨n.; -s, -ri|en⟩ = Legendar

Le|gen|de ⟨f.; -, -n⟩ **1** Sage von frommen Menschen **2** lange vergangenes, nicht mehr nachweisbares historisches Ereignis **3** verzerrt dargestellter histor. Vorgang; *die Dolchstoß~ nach dem 1. Weltkrieg* **4** unglaubwürdige Geschichte **5** Inschrift; *~n von Münzen* **6** erläuternder Text zu Karten, Abbildungen; *Bild~; Karten~* **7** Person, die auf einem Gebiet besondere Fähigkeiten besitzt, Berühmtheit; *Pop~* [<mhd. *legende* <mlat. *legenda* »zu lesende Stücke« <lat. *legere* »lesen«]

le|ger ⟨[leʒɛːr] Adj.⟩ ungezwungen, zwanglos, formlos (Benehmen) [<frz. *léger* »leicht, gewandt«]

Le|ges ⟨Pl. von⟩ Lex

leg|gie|ro ⟨[lɛdʒɛːro] Musik⟩ im leichten, spielerischen Stil (zu spielen) [ital., »leicht«]

Leg|gings ⟨Pl.⟩ = Leggins

Leg|gins ⟨Pl.⟩ *oV* Leggings **1** vom Knöchel bis zum Oberschenkel reichende Ledergamaschen nordamerikan. Indianer **2** modisch bunte Überziehstrümpfe, die von den Fußknöcheln bis zu den Oberschenkeln reichen [engl.; zu *leg* »Bein«]

Leg|horn ⟨n.; -s, - od. -s od. (regional a.) -hör|ner; Zool.⟩ Haushuhnrasse mit hoher Legeleistung [nach dem ital. Ausfuhrhafen *Livorno* in dessen engl. Form *Leghorn*]

le|gie|ren ⟨V.⟩ **1** zu einer Legierung zusammenschmelzen; *Metalle ~* **2** sämig machen, eindicken; *Soße ~* **3** als Legat vermachen [<ital. *legare* <»binden, vereinigen« <lat. *ligare*]

Le|gie|rung ⟨f.; -, -en⟩ durch Zusammenschmelzen mehrerer Metalle (u. Zusätze) entstehendes Metallgemisch

le|gi|fe|rie|ren ⟨V.; schweiz.⟩ gesetzlich verankern, als Gesetz verabschieden [zu lat. *lex,* Gen. *legis* »Gesetz«]

Le|gi|on ⟨f.; -, -en⟩ **1** röm. Truppeneinheit **2** Name verschiedener Truppen; *Fremden~* **3** unbestimmt große Anzahl, große Menge; *ihre Zahl war ~* [<lat. *legio,* eigtl. »auserlesene Mannschaft«; zu *legere* »lesen, auswählen«]

Le|gi|o|när ⟨m.; -s, -e⟩ **1** röm. Soldat **2** Angehöriger einer Legion; *Fremden~* **3** ⟨fig.; Sport⟩ in einem ausländischen Verein beschäftigter Sportler [<lat. *legionarius* »zur Legion gehörig«, beeinflusst von frz. *légionnaire* »Legionär«]

Le|gi|o|närs|krank|heit ⟨f.; -; unz.; Med.⟩ bakterielle Infektionskrankheit, die zu einer schweren Form von Lungenentzündung führt, wurde erstmals 1976 in den USA bei einer Versammlung des Veteranenverbands »American Legion« in Philadelphia beobachtet

le|gis|la|tiv ⟨Adj.; Rechtsw.⟩ gesetzgebend [<lat. *lex,* Gen. *legis* »Gesetz« + *latio* »das Bringen«]

Le|gis|la|ti|ve ⟨[-və] f.; -, -n [-vən]; Rechtsw.⟩ **1** Teil der Staatsgewalt; →*a.* Exekutive, Judikative **2** gesetzgebende Versammlung

le|gis|la|to|risch ⟨Adj.; Rechtsw.⟩ gesetzgeberisch, vom Gesetzgeber ausgehend [→ *legislativ*]

Le|gis|la|tur ⟨f.; -, -en; Rechtsw.⟩ Gesetzgebung [<lat. *lex,* Gen. *legis* »Gesetz« + *latura* »das Tragen«]

Le|gis|la|tur|pe|ri|o|de ⟨f.; -, -n; Rechtsw.; Politik⟩ Zeitraum, für den eine gesetzgebende Versammlung gewählt ist

Le|gis|mus ⟨m.; -; unz.⟩ **1** Starrheit der Gesetze **2** starres Festhalten am Text der Gesetze [<lat. *lex,* Gen. *legis* »Gesetz«]

le|gis|tisch ⟨Adj.; Rechtsw.; österr.⟩ die Ausarbeitung von Gesetzen betreffend, gesetzlich, juristisch; *der Text des Volksbegehrens ist ~ unzureichend*

le|gi|tim ⟨Adj.⟩ **1** rechtmäßig, gesetzlich anerkannt, zulässig; *Ggs* illegitim **2** ehelich; *ein ~es Kind* [<lat. *legitimus* »durch Gesetze bestimmt«; zu *lex,* Gen. *legis* »Gesetz«]

Le|gi|ti|ma|ti|on ⟨f.; -, -en⟩ **1** das Legitimieren, Anerkennung als legitim **2** Berechtigung **3** Nachweis der Berechtigung **4** Ausweis, Pass [→ *legitim*]

Le|gi|ti|ma|ti|ons|pa|pier ⟨n.; -s, -e⟩ Urkunde, deren Vorzeigen ein Schuldner als genügenden Ausweis zur Annahme einer Leistung betrachten darf

le|gi|ti|mie|ren ⟨V.⟩ **1** für legitim erklären, beglaubigen, berechtigen; *Ggs* delegitimieren **2** *sich*

L

~ eine Legitimation (4) vorlegen, sich ausweisen

Le|gi|ti|mie|rung ⟨f.; -, -en⟩ das Legitimieren

Le|gi|ti|mis|mus ⟨m.; -; unz.⟩ Auffassung von der Unabsetzbarkeit eines regierenden Herrschers [→ *legitim*]

Le|gi|ti|mist ⟨m.; -en, -en⟩ Vertreter des Legitimismus

le|gi|ti|mis|tisch ⟨Adj.⟩ den Legitimismus betreffend, auf ihm beruhend

Le|gi|ti|mi|tät ⟨f.; -; unz.⟩ legitime Beschaffenheit, Rechtmäßigkeit; *Ggs* Illegitimität

Le|gu|an ⟨m.; -s, -e; Zool.⟩ Familie der Echsen mit dicker, kaum gespaltener Zunge u. starken Beinen, Kammeidechse: Iguanidae; *Grüner* ~ leuchtend grün u. gelb gezeichneter Leguan mit Stachelkamm u. großem Kehlsack: Iguana iguana [<span. *la iguana* <karib.]

Le|gu|men ⟨n.; -s, -; Bot.⟩ Hülse, Hülsenfrucht [lat., »Hülsenfrucht«]

Le|gu|min ⟨n.; -s, -e; Biochemie⟩ Eiweißstoff in den Hülsenfrüchten [→ *Legumen*]

Le|gu|mi|no|se ⟨f.; -, -n; Bot.⟩ Ordnung der zweikeimblättrigen Pflanzen mit meist fiedrig zusammengesetzten Blättern u. in Hülsen eingeschlossenen Früchten, Hülsenfrüchtler: Leguminosae [→ *Legumen*]

Leg|war|mer ⟨[lɛ̣gwɔːmə(r)] m.; -s, -; meist Pl.⟩ langer, bis über die Knie reichender Strumpf ohne Fuß (für Gymnastik u. Ä.) [<engl. *leg* »Bein« + *warm* »wärmen«]

Lei ⟨Pl. von⟩ Leu

Leicht|ath|let ⟨m.; -en, -en; Sport⟩ jmd., der Leichtathletik betreibt; *Ggs* Schwerathlet [zu grch. *athletes* »Wettkämpfer«]

Leicht|ath|le|tik ⟨f.; -; unz.; Sport⟩ **1** ⟨Sammelbez. für⟩ Laufen, Springen, Werfen u. verwandte Übungen **2** sportlicher Wettkampf der leichtathlet. Sportarten

Leicht|ath|le|tin ⟨f.; -, -tin|nen; Sport⟩ Frau, die Leichtathletik betreibt; *Ggs* Schwerathletin

Leik ⟨n.; -s, -en⟩ = Liek

lei|pro|gram|ma|tisch ⟨Adj.; Lit.⟩ einen bestimmten Buchstaben nicht aufweisend (bezogen auf literar. Textspielereien) [<grch. *leiprogrammatos* »woran ein Buchstabe fehlt«]

Leis ⟨m.; - od. -es, -e od. -en; Musik⟩ mittelalterl. geistl. Volkslied [<mhd. *leis(e),* nach dem Ruf *kyrie eleison* »Herr, erbarme dich!«, mit dem viele geistl. Lieder des MA endeten]

Leish|ma|nia ⟨[laɪʃ-] f.; -, -ni|en; Med.⟩ zu den Geißeltierchen gehörender Krankheitserreger [nach dem engl. Militärarzt *Leishman,* 1885-1926]

Leish|ma|ni|o|se ⟨[laɪʃ-] f.; -, -n; Med.⟩ durch Leishmanien hervorgerufene Tropenkrankheit

Leit|fos|sil ⟨n.; -s, -li|en⟩ eine bestimmte Erdschicht kennzeichnende Versteinerung eines Organismus

Lek ⟨m.; -, -⟩ alban. Währungseinheit, 100 Qindar

Lek|ti|ne ⟨Pl.⟩ = Lectine

Lek|ti|on ⟨f.; -, -en⟩ **1** Vorlesung, Lehrstunde **2** ⟨fig.⟩ Zurechtweisung; *jmdm. eine ~ erteilen* jmdn. (energisch) zurechtweisen **3** Lehrbuchabschnitt, Lernaufgabe [<lat. *lectio* »das Lesen«; zu *legere* »lesen«]

Lek|ti|o|nar ⟨m.; -s, -e od. -na|ri|en⟩ *oV* Lektionarium **1** Buch, in dem die Lesungen für die einzelnen Tage des Kirchenjahrs niedergelegt sind **2** Lesepult für liturgische Lesungen [<lat. *lectionarium*]

Lek|ti|o|na|ri|um ⟨n.; -s, -ri|en⟩ = Lektionar

Lek|tor ⟨m.; -s, -to|ren⟩ **1** Hochschullehrer für bestimmte Fächer u. Fertigkeiten, bes. für Einführungskurse u. Übungen **2** Angestellter eines Verlages, der die angebotenen Manuskripte überprüft bzw. die angenommenen M. bearbeitet [<lat. *lector* »Leser, Vorleser«; zu *legere* »lesen«]

Lek|to|rat ⟨n.; -(e)s, -e⟩ **1** Amt, Stelle des Lektors **2** Abteilung der Lektoren im Verlag

lek|to|rie|ren ⟨V.⟩ *ein Manuskript* ~ als Lektor begutachten

Lek|to|rin ⟨f.; -, -rin|nen⟩ weibl. Lektor

Lek|tü|re ⟨f.; -, -n⟩ **1** das Lesen; *bei der ~ dieses Buches* **2** Leseübung **3** Lesestoff; *französische ~; ernste, heitere, leichte, schwere ~; ~ für den Unterricht, für den Urlaub* [<frz. *lecture* »Lesung, Lektüre« <mlat. *lectura* »das Lesen«; zu *legere* »lesen«]

Le|ky|thos ⟨f.; -, -ky|then⟩ altgrch. Ölgefäß mit Fuß, Hals, Ausguss u. Henkel [grch., »Ölflasche«]

Le-Mans-Start ⟨[ləmãː-] m.; -(e)s, -s od. (selten) -e⟩ Art des Starts für Autorennen: die Fahrer stehen auf der einen Seite, die Autos auf der anderen Seite der Rennbahn, beim Startzeichen laufen die Fahrer zu ihren Wagen [nach der Auto-Rennstrecke der frz. Stadt *Le Mans*]

Lem|ma ⟨n.; -s, -ma|ta⟩ **1** ⟨veraltet⟩ in Titel od. Motto ausgedrückter Hauptinhalt eines Werkes **2** ⟨Math.; Logik⟩ Annahme, Hilfssatz **3** ⟨in Wörterbüchern⟩ Stichwort [grch., »Annahme«; zu *lambanein* »nehmen«]

lem|ma|ti|sie|ren ⟨V.; in Wörterbüchern⟩ Stichwörter kennzeichnen u. ordnen [→ *Lemma*]

Lem|ming ⟨m.; -s, -e; Zool.⟩ zu den Wühlmäusen gehörendes Nagetier von walzenförm. Körperbau: Lemmus, Dicrostomyx [dän.]

Lem|nis|ka|te ⟨f.; -, -n; Math.⟩ algebraische Kurve 4. Ordnung, die die Form einer liegenden Acht hat [<grch. *lemniskos* »wollenes Band«; zu *lenos* »Wolle«]

Le|mur ⟨m.; -en, -en⟩ *oV* Lemure **1** ⟨röm. Myth.⟩ Geist eines Verstorbenen, Gespenst **2** ⟨Zool.⟩ = Maki[1] [<lat. *lemures* »Seelen der Abgeschiedenen«]

Le|mu|re ⟨m.; -n, -n⟩ = Lemur

le|mu|ren|haft ⟨Adj.⟩ gespenstisch, in der Art der Lemuren

le|mu|risch ⟨Adj.⟩ zu den Lemuren gehörend

Le|nie|rung ⟨f.; -, -en; Sprachw.⟩ Abschwächung von Konsonanten (insbes. bezogen auf keltische Sprachen) [zu lat. *lenire* »lindern, besänftigen«]

Le|ni|nis|mus ⟨m.; -; unz.; Politik⟩ Weiterführung der marxist. Lehre durch Lenin [nach dem russ. Revolutionär Wladimir Iljitsch Uljanow, polit. Deckname: *Lenin,* 1870-1924]

Le|ni|nist ⟨m.; -en, -en; Politik⟩ Vertreter, Anhänger des Leninismus

Le|ni|nis|tin ⟨f.; -, -tin|nen; Politik⟩ Vertreterin, Anhängerin des Leninismus

le|ni|nis|tisch ⟨Adj.; Politik⟩ zum Leninismus gehörend, von ihm stammend, von ihm geprägt

Le|nis ⟨f. od. m.; -, -nes [-ne:s]; Sprachw.⟩ Verschluss- oder Reibelaut, der mit schwachem Luftdruck artikuliert wird, z. B. b, d, g; *Ggs* Fortis [lat., »sanft«]

le|ni|sie|ren ⟨V.; Sprachw.⟩ weich, stimmhaft werden (von Konsonanten) [<lat. *lenire* »lindern«]

le|ni|tiv ⟨Adj.; Pharm.⟩ mit lindernder Wirkung, lindernd [<lat. *lenire* »lindern, mildern«]

Le|ni|ti|vum ⟨[-vum] n.; -s, -ti|va [-va]; Pharm.⟩ sanftes Abführmittel [zu lat. *lenis* »sanft«]

len|tan|do ⟨Musik⟩ nachlassend, langsamer werdend [ital.; zu *lento*]

len|te|ment ⟨[lãntmã:] Musik⟩ langsam (zu spielen); *Sy* lento [frz.]

Len|ti|go ⟨f.; -, -gi|nes; Med.⟩ rundlicher, dunkler Fleck auf der Haut, Linsenfleck [<lat. *lens*, Gen. *lentis* »Linse«]

len|ti|ku|lär ⟨Adj.⟩ linsenförmig [<lat. *lenticularis* »linsenförmig, linsenartig«; zu *lens*, Gen. *lentis* »Linse«]

Len|ti|ku|la|ris|wol|ke ⟨f.; -, -n; Meteor.⟩ kleine, linsenförmige Wolke [→ *lentikulär*]

Len|ti|ku|lär|zel|len ⟨Pl.; Bot.⟩ Zellen, die an verkorkten Pflanzenteilen ein lockeres Gewebe bilden, das dem Gasaustausch dient; *Sy* Lentizellen [<lat. *lens*, Gen. *lentis* »Linse«]

Len|ti|zel|len ⟨Pl.; Bot.⟩ = Lentikulärzellen

len|to ⟨Musik⟩ langsam (zu spielen) [ital.]

Len|to ⟨n.; -, -s od. Len|ti; Musik⟩ lento zu spielender Teil eines Musikstücks

Le|o|ni|den ⟨Pl.⟩ im November jeden Jahres auftretender Sternschnuppenschwarm [<lat. *leo*, Gen. *leonis* »Löwe«, da die Sternschnuppen scheinbar aus dem Sternbild des Löwen kommen]

le|o|ni|nisch ⟨Adj.⟩ *~er Vertrag* Vertrag, bei dem ein Partner alle Vorteile (den Löwenanteil) hat [nach einer Fabel des Äsop; <lat. *leo*, Gen. *leonis* »Löwe«]

le|o|nisch ⟨Adj.⟩ *~e Waren* Gespinste, Gewebe aus Seidenfäden, die mit vergoldeten od. versilberten Metallfäden umsponnen sind (für Borten, Litzen usw.) [nach der span. Stadt *León*]

Le|o|pard ⟨m.; -en, -en; Zool.⟩ Großkatze mit gelbem Fell u. braunschwarzen Punkten: Panthera pardus; *Sy* Panther, Pard, Parder [<lat. *leopardus* <*leo* »Löwe« + *pardus* »Leopard«]

Le|pi|do|kro|kit *auch:* **Le|pi|dok|ro|kit** ⟨m.; -s, -e; Min.⟩ rubin- bis gelbrot glänzendes, eisenhaltiges Mineral [<grch. *lepidotos* »schuppig« + *kroke* »Flocke«]

Le|pi|do|pte|re *auch:* **Le|pi|dop|te|re** ⟨m.; -n, -n; Zool.⟩ Schmetterling [<grch. *lepidotos* »schuppig« + *pteron* »Flügel«]

Le|pi|do|pte|ro|lo|ge *auch:* **Le|pi|dop|te|ro|lo|ge** ⟨m.; -n, -n; Zool.⟩ Wissenschaftler, Forscher im Bereich der Lepidopterologie, Schmetterlingskundler

Le|pi|do|pte|ro|lo|gie *auch:* **Le|pi|dop|te|ro|lo|gie** ⟨f.; -; unz.⟩ Schmetterlingskunde

Le|pi|do|pte|ro|lo|gin *auch:* **Le|pi|dop|te|ro|lo|gin** ⟨f.; -, -gin|nen; Zool.⟩ Wissenschaftlerin, Forscherin im Bereich der Lepidopterologie, Schmetterlingskundlerin

Le|po|rel|lo ⟨n.; -s, -s⟩ lange, harmonikaartig gefaltete Papierbahn

Le|po|rel|lo|buch ⟨n.; -(e)s, -bücher⟩ Buch, dessen Seiten nicht gebunden, sondern wie eine Harmonika gefaltet sind [nach *Leporello* (Don Juans Diener in der Oper »Don Juan«), der in einem solchen Buch die Liebschaften seines Herrn notierte]

Le|pra *auch:* **Lep|ra** ⟨f.; -; unz.; Med.⟩ chronische Infektionskrankheit, die durch das Mycobacterium leprae verursacht wird, Aussatz [zu grch. *lepros* »rau, uneben«]

Le|prom *auch:* **Lep|rom** ⟨n.; -s, -e; Med.⟩ durch Lepra verursachter Knoten der Haut od. der inneren Organe

le|pros *auch:* **lep|ros** ⟨Adj.; Med.⟩ = leprös

le|prös *auch:* **lep|rös** ⟨Adj.; Med.⟩ aussätzig; *oV* lepros

...lep|sie ⟨Nachsilbe; zur Bildung weibl. Subst.; f.; -, -n⟩ eine krampfartige Attacke; *Epilepsie* [<grch. *...lepsia* <*lambanein* »nehmen«]

Lep|ta ⟨Pl. von⟩ Lepton

Lep|tom ⟨n.; -s, -e; Bot.⟩ = Phloem [<grch. *leptos* »zart, fein«]

Lep|to|me|ninx ⟨f.; -; unz.; Anat.⟩ weiche Hirnhaut [<grch. *leptos* »zart, fein« + *Meninx*]

Lep|ton[1] ⟨n.; -s, Lep|ta⟩ **1** ⟨früher⟩ grch. Münze, 1/100 Drachme **2** altgrch. Gewicht, 10 mg [<grch. *lepton* »kleines Geldstück«, eigtl. »zart, fein, klein«]

Lep|ton[2] ⟨n.; -s, -to|nen; Physik⟩ Elementarteilchen, das leichter ist als das Proton

lep|to|som ⟨Adj.⟩ schmächtig [<grch. *leptos* »zart, fein, schmal« + *soma* »Körper«]

Lep|to|so|me(r) ⟨f. 2 (m. 1)⟩ jmd., der leptosom ist

Lep|to|spi|re *auch:* **Lep|tos|pi|re** ⟨f.; -, -n; Med.⟩ Schraubenbakterium [<grch. *leptos* »zart, fein, schmal« + *speira* »Windung, Schlinge«]

Lep|to|spi|ro|se *auch:* **Lep|tos|pi|ro|se** ⟨f.; -, -n; Med.⟩ durch Leptospiren hervorgerufene Infektionskrankheit

Les|be ⟨f.; -, -n; umg.; kurz für⟩ Lesbierin

Les|bi|a|nis|mus ⟨m.; -; unz.⟩ = lesbische Liebe

Les|bi|e|rin ⟨f.; -, -rin|nen⟩ homosexuelle Frau; *Sy* Tribade [nach der grch. Insel *Lesbos*, wo die Dichterin Sappho eine Anhängerin der lesbischen Liebe gewesen sein soll]

les|bisch ⟨Adj.⟩ homosexuell (von Frauen); *~e Liebe* Homosexualität zwischen Frauen; *Sy* Lesbianismus, Tribadie

Les|ley ⟨[lɛzlı] n.; -s, -s; Musik⟩ Vibrato, das durch Ausnutzung des Raumklangs u. durch bewegliche Lautsprechersysteme erzeugt wird (in Diskotheken usw.); *oV* Leslie [engl.]

Les|lie ⟨n.; -s, -s; Musik⟩ = Lesley

Les|si|vie|rung ⟨[-vi:-] f.; -, -en;

Geol.⟩ Verlagerungsvorgang von Ton bei wechselfeuchten Klimabedingungen [zu frz. *lessiver* »auslaugen, auswaschen« <lat. *lixivus* »ausgelaugt«]

les|to ⟨Adj.; Musik⟩ flink, hurtig, behände (zu spielen) [ital.]

Let ⟨n.; -s, -s; Sport; bes. Tennis⟩ **1** ungültiger Aufschlag, der wegen Netzberührung des Balles wiederholt werden muss **2** ⟨Squash⟩ Behinderung durch den Gegner, die eine Wiederholung des Ballwechsels erforderlich macht [engl.]

le|tal ⟨Adj.; Med.⟩ tödlich [<lat. *letalis* »tödlich«; zu *letum* »Tod«]

Le|tal|do|sis ⟨f.; -, -do|sen; Med.⟩ tödliche Menge schädigender Mittel (z. B. Strahlung)

Le|tal|fak|tor ⟨m.; -s, -to|ren; Med.⟩ Erbanlage, die schon im vorgeburtlichen Stadium zu einem Absterben der Leibesfrucht führt

Le|ta|li|tät ⟨f.; -; unz.⟩ Sterblichkeit

L

l'état c'est moi (*Schreibung von Zitaten und zitatähnlichen Fügungen*) Aus einer Fremdsprache übernommene Zitate oder feste Redewendungen werden in der Regel den orthografischen Vorgaben der Herkunftssprache entsprechend geschrieben (→*a.* cherchez la femme).

l'état c'est moi ⟨[letasεmoa]⟩ der Staat bin ich, Schlagwort des Absolutismus nach einem angebl. Ausspruch Ludwigs XIV. von Frankreich [frz.]

Le|thar|gie ⟨f.; -; unz.⟩ **1** ⟨Med.⟩ Schlafsucht, Schläfrigkeit **2** ⟨fig.⟩ Teilnahmslosigkeit, Abgestumpftheit [<grch. *lethargia* <*lethe* »das Vergessen« + *argia* »Untätigkeit«]

le|thar|gisch ⟨Adj.⟩ **1** ⟨Med.⟩ schlafsüchtig, schläfrig **2** ⟨fig.⟩ teilnahmslos, abgestumpft [→ *Lethargie*]

Le|the ⟨f.; -; unz.⟩ **1** ⟨grch. Myth.⟩ Strom der Unterwelt, aus dem die Toten Vergessenheit trinken **2** ⟨fig.⟩ das Vergessen selbst; ~ *trinken* [grch., »das Vergessen«]

Let|kiss ⟨m.; -; unz.; in den späten 1960er Jahren⟩ modischer Springtanz [<finn. *letkis*, verkürzt <*letkajenka* »Schlangentanz«]

Let|ter ⟨f.; -, -n⟩ Druckbuchstabe [<frz. *lettre* »Buchstabe« <lat. *littera* »Buchstabe«]

Let|ter of In|tent ⟨m.; - - -, - - -; Wirtsch.⟩ unterzeichnete, verbindliche Absichtserklärung, die jedoch noch endgültig zu bestätigen ist, Vorvertrag [engl.]

Let|ter|set|druck ⟨m.; -(e)s; unz.⟩ indirektes Hochdruckverfahren, bei dem viele Druckelemente auf einer gemeinsamen, meist geätzten dünnen Metallplatte angebracht sind [<*Letter* + *Offsetdruck*]

Lett|ner ⟨m.; -s, -; seit dem 13. Jh.⟩ Trennwand zwischen Chor u. Mittelschiff, meist mit Bildwerken verziert [<mhd. *lettener* <mlat. *lectionarium* »Buch mit den gottesdienstlich nötigen Lesestücken«; verdrängt ahd. *lector* <mlat. *lectorium* »kirchl. Lesepult« unter Übernahme von dessen Bedeutung; beide <lat. *legere* »lesen«]

Leu ⟨[leːu] m.; -, Lei [leːi]; Abk.: l⟩ rumän. Währungseinheit, 100 Bani [<lat. *leo* »Löwe«]

Leu|cit ⟨m.; -s, -e; Geol.⟩ Mineral aus der Gruppe der Feldspate; *oV* Leuzit [zu grch. *leukos* »weiß, hell«]

Leuk|ä|mie *auch:* **Leu|kä|mie** ⟨f.; -, -n; Med.⟩ durch außergewöhnliche Vermehrung der weißen Blutkörperchen gekennzeichnete Erkrankung [<*Leuko...* + *...ämie*]

leuk|ä|misch *auch:* **leu|kä|misch** ⟨Adj.; Med.⟩ an Leukämie leidend

leu|ko..., Leu|ko... ⟨vor Vokalen⟩ leuk..., Leuk... ⟨in Zus.⟩ weiß..., glänzend..., Weiß... [<grch. *leukos* »weiß, hell«]

Leu|ko|blas|ten ⟨Pl.; Med.⟩ Vorstufe der Leukozyten [<*Leuko...* + *...blast*]

leu|ko|derm ⟨Adj.; Med.⟩ arm an Pigmenten, hellhäutig; *Ggs* melanoderm [<grch. *leukos* »weiß, hell« + *derma* »Haut«]

Leu|ko|der|ma ⟨n.; -s, -der|men; Med.⟩ durch Hautkrankheiten od. Einwirkung chem. Stoffe entstandene weiße Flecken auf der Haut [<*Leuko...* + grch. *derma* »Haut«]

Leu|ko|der|mie ⟨f.; -; unz.; Med.⟩ = Albinismus; *Sy* Leukopathie [<*Leuko...* + *...dermie*]

leu|ko|krat ⟨Adj.; Geol.⟩ aufgrund bestimmter Bestandteile hell erscheinend (z. B. Quarz in Erstarrungsgesteinen); *Ggs* melanokrat

Leu|ko|ly|se ⟨f.; -, -n; Med.⟩ Auflösung der weißen Blutkörperchen [<*Leuko...* + *...lyse*]

Leu|ko|ly|sin ⟨n.; -s, -e; Med.⟩ Substanz, durch die die weißen Blutkörperchen abgebaut u. aufgelöst werden [<*Leuko...* + *Lysin*]

Leu|kom ⟨n.; -s, -e; Med.⟩ weiße Narbe der Hornhaut des Auges [<grch. *leukos* »weiß, hell«]

Leu|ko|ma|to|se ⟨f.; -, -n; Med.⟩ Bildung weißer Flecken auf der Hornhaut [<grch. *leukoma* »das Weiß, weißer Fleck im Auge«; zu *leukos* »weiß, hell«]

Leu|ko|me|ter ⟨n.; -s, -⟩ Messgerät zur Bestimmung des Rückstrahlungsgrades des Lichtes von (Papier-)Oberflächen

Leu|ko|ny|chie ⟨f.; -, -n; Med.⟩ fleckenartige Weißfärbung der Fingernägel

Leu|ko|pa|thie ⟨f.; -, -n; Med.⟩ = Leukodermie [<*Leuko...* + *...pathie*]

Leu|ko|pe|nie ⟨f.; -, -n; Med.⟩ krankhafte Verminderung der weißen Blutkörperchen [<*Leuko...* + grch. *penia* »Mangel, Not«]

Leu|ko|plast ⟨n.; -s, -e; Bot.⟩ farbloser Bestandteil der Pflanzenzelle, bes. in den Speicherorganen [<*Leuko...* + grch. *plassein* »bilden«]

Leu|ko|plast® ⟨n.; -s, -e⟩ Heftpflaster [<*Leuko...* + grch. *plassein* »bilden«]

Leu|kor|rhö ⟨f.; -, -en; Med.⟩ weißer Ausfluss bei Gebärmutterentzündung [<*Leuko...* + *...rrhö*]

Leu|ko|se ⟨f.; -, -n; Med.⟩ Überbegriff für die Formen der Leukämie

Leu|ko|tri|chie ⟨f.; -, -n; Med.⟩ Weißwerden des Haars; *Sy* Leukotrichose [<grch.

leukos »weiß, hell« + *thrix, trichos* »Haar«]

Leu|ko|tri|cho|se ⟨f.; -, -n; Med.⟩ = Leukotrichie

Leu|ko|zyt ⟨m.; -en, -en; Med.⟩ weißes Blutkörperchen [<*Leuko...* + *...zyt*]

Leu|ko|zy|to|se ⟨f.; -, -n; Med.⟩ deutliche Vermehrung der weißen Blutkörperchen als Ausdruck vor allem von Abwehrvorgängen des Körpers bei entzündlichen u. infektiösen Erkrankungen

Leut|nant ⟨m.; -s, -s od. -e⟩ **1** unterste Rangstufe des Offiziers **2** Offizier auf der untersten Rangstufe; ~ *zur See* [<frz. *lieutenant* <mlat. *locum tenens* »Stellvertreter« <lat. *locus* »Ort, Stelle« + *tenere* »halten«]

Leu|zit ⟨m.; -s, -e; Geol.⟩ = Leucit [zu grch. *leukos* »weiß, hell«]

Le|va|de ⟨[-va:-] f.; -, -n; Hohe Schule⟩ gleichzeitiges Heben beider Vorderbeine u. Aufrichten auf die Hinterbeine [frz., »das Emporheben«; zu *lever* »emporheben«]

Le|val|loi|si|en ⟨[ləvaloaziẽ:] n.; - od. -s; unz.; Geol.⟩ Entwicklungsstufe der Altsteinzeit [frz.; nach dem Pariser Vorort *Levallois-Perret*]

Le|van|te ⟨[-van-] f.; -; unz.; Geogr.⟩ die Länder um das östl. Mittelmeer [ital., eigtl. »Land, in dem die Sonne aufgeht«, Part. Präs. zu *levare* »erheben«]

Le|van|ti|ne ⟨[-van-] m.; -; unz.; Textilw.⟩ Gewebe aus Seide, Halbseide od. Chemiefasern in Köperbindung [<frz. *levantine* »leichte, einfarbige Seide«; → *Levante*]

Le|van|ti|ner ⟨[-van-] m.; -s, -⟩ Bewohner der Levante von gemischt europ.-oriental. Herkunft

le|van|ti|nisch ⟨[-van-] Adj.⟩ die Levante od. deren Bewohner betreffend

Le|va|tor ⟨[-va:-] m.; -s, -to|ren; Anat.⟩ Hebemuskel, Heber [<lat. *levare* »heben«]

Le|vée ⟨[-ve:] f.; -, -s; Mil.; veraltet⟩ Einberufung von Rekruten [frz., »Erhebung«; zu *lever* »emporheben«]

Le|vel ⟨[lɛvəl] m.; -s, -s⟩ Stufe, Niveau, Ebene; *auf einem hohen, höheren* ~ [engl.]

Le|vel|ler ⟨[lɛvələr] m.; -s, -s⟩ **1** ⟨allg.⟩ Gleichmacher **2** ⟨nur Pl.; Politik⟩ *~s* radikale demokratische Gruppe zur Zeit Cromwells [engl., »Gleichmacher«; zu *level* »(gleiches) Niveau«]

Le|ver ⟨[ləve:] n.; -s, -s⟩ Morgenempfang bei einem Fürsten (bes. in der Zeit des Absolutismus) [frz., »das Aufstehen«]

Le|vi|a|than ⟨a. [-vi-'-] m.; -s; unz.⟩ **1** ⟨Bibel⟩ drachenartiges Meerungeheuer **2** ⟨Philos.⟩ (bei Thomas Hobbes) Sinnbild für den allmächtigen Staat **3** ⟨Textilw.⟩ Waschmaschine zur Entfettung u. Reinigung von Rohwolle **4** ⟨poet.⟩ Ungeheuer, Riesenschlange [<hebr. *liwjathan* »gewundenes, windungsreiches Tier«]

Le|vi|rat ⟨[-vi-] n.; -(e)s, -e; kurz für⟩ Leviratsehe

Le|vi|rats|ehe ⟨f.; -, -n⟩ Ehe mit der Witwe eines älteren Bruders, z. B. bei den Israeliten; *Sy* Levirat [<lat. *levir* »Schwager (Bruder des Ehemannes)«]

Le|vit ⟨[-vi:t] m.; -en, -en⟩ **1** Angehöriger eines israelit. Stammes **2** jüd. Priester bzw. Priesterdiener **3** ⟨kath. Kirche⟩ Diakon u. Subdiakon (als Helfer beim Hochamt) [zu hebr. *lewi* »der Anhängliche, der Treue«; bes. der dritte Sohn von Lea u. Jakob u. der nach ihm benannte Stamm der Juden, dem die Besorgung des Gottesdienstes u. die Aufsicht über die Beobachtung der Gesetze übertragen war]

Le|vi|ta|ti|on ⟨[-vi-] f.; -, -en⟩ schwereloses Treiben eines Gegenstandes oder Körpers im Raum, z. B. bei parapsychologischen Vorgängen

Le|vi|ten ⟨[-vi:-] Pl.⟩ *jmdm. die ~ lesen* jmdn. energisch zurechtweisen [nach dem 3. Buch Mose, Kap. 26, das die *Leviten* in regelmäßigen Abständen vorlasen u. das die Flüche gegen Gesetzesübertreter enthält]

le|vi|tie|ren ⟨[-vi-] V.; Parapsych.⟩ frei schweben od. frei schweben lassen

Le|vi|ti|kus ⟨[-vi:-] m.; -; unz.⟩ 3. Buch Mose [<mlat. *Leviticus;* → *Leviten*]

Le|vit|town ⟨[lɛvɪttaʊn] f.; -, -s; meist Pl.⟩ »Schlafstadt« außerhalb eines Oberzentrums, die überwiegend aus baugleichen Fertighäusern besteht (vor allem in den USA verbreitet) [engl., nach der amerikanischen Stadt *Levittown*]

Lev|ko|ie ⟨[-jə] f.; -, -n; Bot.⟩ = Levkoje

Lev|ko|je ⟨[-jə] f.; -, -n; Bot.⟩ hierzulande als Zierpflanze kultivierte, eigentl. im Mittelmeergebiet heimische Gattung der Kreuzblütler: Mathiola; *oV* Levkoie [<grch. *leukoion* <*leukos* »weiß« + *ion* »Veilchen«]

Lew ⟨[lɛf] m.; - od. -s, Le|wa; Abk.: Lw⟩ bulgar. Währungseinheit, 100 Stotinki [<bulg. *lev,* eigtl. »Löwe« <lat. *leo*]

Lex ⟨f.; -, Le|ges⟩ Gesetz [lat.]

Le|xem ⟨n.; -s, -e; Sprachw.⟩ Bedeutungseinheit des Wortschatzes, lexikal. Einheit; *Sy* Semanten [<grch. *lexis* »Redeweise, Ausdruck«]

Le|xe|ma|tik ⟨f.; -; unz.; Sprachw.⟩ Lehre von den Lexemen

le|xe|ma|tisch ⟨Adj.; Sprachw.⟩ die Lexematik betreffend, zu ihr gehörig

Lex ge|ne|ra|lis ⟨f.; - -, Le|ges ge|ne|ra|les [-ge:s -le:s]; Rechtsw.⟩ allgemeines Gesetz; →*a.* Lex specialis [lat.]

le|xi|gra|fisch ⟨Adj.; Sprachw.⟩ = lexigraphisch

le|xi|gra|phisch ⟨Adj.; Sprachw.⟩ die Wortschreibung betreffend; *oV* lexigrafisch [<grch. *lexis* »Sprechweise, Ausdruck« + *graphein* »schreiben«]

Le|xik ⟨f.; -; unz.; Sprachw.⟩ Wortschatz

le|xi|ka|lisch ⟨Adj.; Sprachw.⟩ in der Art eines Lexikons

le|xi|ka|li|sie|ren ⟨V.; Sprachw.⟩ als neues Lexem bestimmen, in den Wortschatz aufnehmen

Le|xi|ka|li|sie|rung ⟨f.; -, -en; Sprachw.⟩ **1** das Lexikalisieren **2** lexikalisiertes Wort

Le|xi|ko|graf ⟨m.; -en, -en; Sprachw.⟩ = Lexikograph

Le|xi|ko|gra|fie ⟨f.; -; unz.; Sprachw.⟩ = Lexikographie

Le|xi|ko|gra|fin ⟨f.; -, -fin|nen; Sprachw.⟩ = Lexikographin

le|xi|ko|gra|fisch ⟨Adj.; Sprachw.⟩ = lexikographisch

Le|xi|ko|graph ⟨m.; -en, -en; Sprachw.⟩ Verfasser, Bearbeiter eines Lexikons od. Wörterbuches; *oV* Lexikograf

Le|xi|ko|gra|phie ⟨f.; -; unz.; Sprachw.⟩ Lehre von den Wörterbüchern, ihrer Zusammenstellung, Systematik u. Abfassung; *oV* Lexikografie [< *Lexikon* + ...*graphie*]

Le|xi|ko|gra|phin ⟨f.; -, -phin|nen; Sprachw.⟩ Verfasserin, Bearbeiterin eines Lexikons od. Wörterbuches; *oV* Lexikografin

le|xi|ko|gra|phisch ⟨Adj.; Sprachw.⟩ die Lexikographie betreffend, zu ihr gehörend; *oV* lexikografisch

Le|xi|ko|lo|ge ⟨m.; -n, -n; Sprachw.⟩ Wissenschaftler auf dem Gebiet der Lexikologie

Le|xi|ko|lo|gie ⟨f.; -; unz.; Sprachw.⟩ Lehre vom Wortschatz, seine Erforschung u. Zusammenstellung, Etymologie, Wortbildungslehre u. Semantik [< *Lexikon* + ...*logie*]

Le|xi|ko|lo|gin ⟨f.; -, -gin|nen; Sprachw.⟩ Wissenschaftlerin auf dem Gebiet der Lexikologie

le|xi|ko|lo|gisch ⟨Adj.; Sprachw.⟩ die Lexikologie betreffend, zu ihr gehörend, auf ihr beruhend

Le|xi|kon ⟨n.; -s, -xi|ka⟩ **1** alphabetisch geordnetes Nachschlagewerk; *Konversations~* **2** Wörterbuch **3** ⟨Sprachw.⟩ Wortschatz einer Sprache [< grch. *lexikon (biblion)* »Wörterbuch«; zu *lexis* »Redeweise«; zu *legein* »sammeln, sprechen, sagen«]

Le|xi|kon|for|mat ⟨n.; -(e)s, -e⟩ Buchmaß bei Lexika; → *a.* Lexikonoktav

Le|xi|kon|ok|tav ⟨n.; -s, -e [-və]; Abk.: Lex.-8°; Typ.⟩ gebräuchliches Buchformat bei Lexika von ca. 25 bis 30 cm; *Sy* Großoktav

Le|xi|ko|sta|tis|tik ⟨f.; -; unz.⟩ = Glottochronologie

Le|xi|ko|thek ⟨f.; -, -en⟩ Sammlung verschiedener Nachschlagewerke [verkürzt < *Lexikon* + Biblio*thek*]

le|xisch ⟨Adj.; Sprachw.⟩ die Lexik betreffend, zu ihr gehörig, auf sie bezogen

Lex spe|ci|a|lis ⟨f.; - -, Le|ges spe|ci|a|les [-ge:s -le:s]; Rechtsw.⟩ spezielles Gesetz, das Vorrang vor dem Lex generalis hat [lat.]

Le|zi|thin ⟨n.; -s; unz.; Biochemie⟩ = Lecithin

lg ⟨Zeichen für⟩ Logarithmus zur Basis 10

L'hom|bre *auch:* **L'homb|re** ⟨[lɔ̃:brə] n.; -s; unz.⟩ = Lomber

Li 1 ⟨chem. Zeichen für⟩ Lithium **2** ⟨n.; -, -⟩ **2.1** altes chines. Längenmaß, 644,4 m **2.2** durchlochte, an einem Faden aufzureihende chines. Kupfermünze; *Sy* Käsch (2) **2.3** chines. Münzgewicht, 38 mg [chines.]

Li|ai|son ⟨[liɛzɔ̃:] f.; -, -s⟩ **1** Verbindung, Liebesverhältnis **2** ⟨frz. Gramm.⟩ Hörbarmachen eines stummen Auslauts bei enger Verbindung zweier Wörter, z. B. des t in »Saint-Exupéry« od. des n in »un ami« [frz., »Bindung«]

Li|a|ne ⟨f.; -, -n; Bot.⟩ für die tropischen Regenwälder charakteristische Kletterpflanze [< frz. *liane* < *liarne*, Kreuzung < frz. *viorne* (< lat. *virburnum* »Schlingenbaum«) + frz. *lier* »binden« (< lat. *ligare*)]

Li|as ⟨m. od. f.; -; unz.; Geol.⟩ älteste Abteilung des Juras, schwarzer Jura [< frz. *liais* »bestimmter Kalkstein von feinkörniger Beschaffenheit«; vermutl. < fränk. *leiisk* »felsig, hart«]

li|as|sisch ⟨Adj.; Geol.⟩ den Lias betreffend, zu ihm gehörig, aus ihm stammend

Li|ba|ti|on ⟨f.; -, -en⟩ altröm. Trankopfer, -spende [< lat. *libatio* »Trankopfer«; zu *libare* »etwas wegnehmen, ausgießen, opfern«]

Li|bell ⟨n.; -s, -e; im antiken Rom⟩ Büchlein, Schmäh- od. Klageschrift [< lat. *libellus* »kleine Schrift, Heft, Brief«; Verkleinerungsform zu *liber* »Buch«]

Li|bel|le ⟨f.; -, -n⟩ **1** ⟨Zool.⟩ Ordnung erdgeschichtl. sehr alter, räuberischer, oft farbenprächtiger Insekten mit großen, leistungsfähigen Facettenaugen u. zwei gut entwickelten Flügelpaaren: Odonata **2** Glasröhrchen der Wasserwaage [< lat. *libella* »Wasserwaage, waagerechte Fläche«, Verkleinerungsform zu *libra* »Waage«, nach dem Flug der Libelle mit waagerecht ausgespannten Flügeln]

li|bel|lie|ren ⟨V.⟩ **1** mit Hilfe der Libelle (2) abmessen **2** ⟨veraltet⟩ eine Schmähschrift schreiben u. an eine Amtsstelle überstellen [→ *Libell*]

Li|bel|list ⟨m.; -en, -en; veraltet⟩ Verfasser von Schmähschriften [→ *Libell*]

li|be|ral ⟨Adj.⟩ *Ggs* illiberal **1** die Freiheit liebend, nach freier Gestaltung des Lebens strebend **2** vorurteilsfrei, großzügig [< lat. *liberalis* »die Freiheit betreffend, freiheitlich, edel, vornehm, freigebig«; zu *liber* »frei«]

Li|be|ral|de|mo|krat ⟨m.; -en, -en; Politik⟩ Mitglied, Anhänger einer liberaldemokratischen Partei

li|be|ral|de|mo|kra|tisch ⟨Adj.; Politik⟩ die liberale Demokratie betreffend, auf ihr beruhend, nach ihren Grundsätzen verfahrend; *~e Prinzipien*

Li|be|ra|le(r) ⟨f. 2 (m. 1)⟩ **1** Vertreter(in) des Liberalismus **2** Angehörige(r) einer liberalen Fraktion, Partei

li|be|ra|li|sie|ren ⟨V.⟩ freier, großzügiger gestalten [→ *liberal*]

Li|be|ra|lis|mus ⟨m.; -; unz.; bes. Politik⟩ in der Aufklärung entstandene Welt-, Staats- u. Wirtschaftsauffassung, nach der dem Einzelnen größtmögliche Freiheit gegeben werden soll [→ *liberal*]

Li|be|ra|list ⟨m.; -en, -en; bes. Politik⟩ Anhänger, Vertreter des Liberalismus

li|be|ra|lis|tisch ⟨Adj.; bes. Politik⟩ **1** den Liberalismus betreffend, zu ihm gehörend, auf ihm beruhend **2** auf übertriebene Weise liberal; *~e Denkweise*

Li|be|ra|li|tät ⟨f.; -; unz.⟩ liberales Wesen, liberale Gesinnung

Li|be|ra|li|um Ar|ti|um Ma|gis|ter ⟨m.; Abk.: L. A. M.⟩ Magister der freien Künste (mittelalterl. akadem. Titel) [lat.]

Li|be|ra|ti|on ⟨f.; -, -en; veraltet⟩

Befreiung, Entlastung [<lat. *liberatio* »Befreiung, Freimachung«]

li|be|rie|ren ⟨V.⟩ **1** ⟨österr.; Fußb.⟩ als Libero in der Abwehr spielen **2** ⟨schweiz.⟩ *Aktien ~* als Aktiengesellschaft mit Wertpapieren an die Börse gehen

Li|be|ro ⟨m.; -s, -s; Sport⟩ **1** ⟨Fußb.⟩ Spieler, der je nach Situation in der Abwehr od. im Angriff mitspielt **2** ⟨Volleyb.⟩ (in ein andersfarbiges Trikot gekleideter) nur in der Abwehr eingesetzter Spieler, der weder stellen, blocken noch aufschlagen darf [ital., »freier Mann«]

li|ber|tär ⟨Adj.⟩ extrem liberal [<lat. *libertas* »Freiheit, Unabhängigkeit«]

Li|ber|tät ⟨f.; -; unz.⟩ Freiheit, (bes.) ständische Freiheit [<lat. *libertas* u. frz. *liberté* »Freiheit«, <lat. *liber* »frei«]

Li|ber|té, Éga|li|té, Fra|ter|ni|té Freiheit, Gleichheit, Brüderlichkeit (Losungswort der Frz. Revolution) [frz.]

Li|ber|tin ⟨[-tɛ̃:] m.; -s, -s⟩ **1** Freidenker **2** ⟨fig.⟩ zügelloser, liederlicher Mensch; →*a.* Libertiner [frz., »ausschweifend, liederlich« <lat. *liber* »frei«]

Li|ber|ti|na|ge ⟨[-ʒ(ə)] f.; -, -n⟩ Liederlichkeit, Zügellosigkeit [frz., »ausschweifendes Leben«; → *Libertin*]

Li|ber|ti|ner ⟨m.; -s, -⟩ **1** Angehöriger einer Gemeinde aus röm. Freigelassenen u. ihren Nachkommen **2** freidenkender, religiös andersdenkender Mensch [<lat. *libertinus* »freigelassen«; zu *liber* »frei«]

Li|ber|ti|nis|mus ⟨m.; -; unz.⟩ Hemmungslosigkeit, Liederlichkeit [zu lat. *libertinus* »freigelassen«; zu *liber* »frei«]

Li|ber|ty ⟨[lıbəti:] m.; -s; unz.; Textilw.⟩ eine Gewebeart aus Natur- od. Chemiefaser [engl., »Freiheit«, nach dem Namen der Herstellerfirma]

Li|be|rum Ar|bi|tri|um *auch:* **Li|be|rum Ar|bit|ri|um** ⟨n.; - -; unz.⟩ freies Ermessen [lat., »freie Willensentscheidung« <*liber* »frei« + *arbitrium* »Ermessen, Belieben«]

li|bi|di|ni|sie|ren ⟨V.; Psych.⟩ sich der Libido völlig hingeben

Li|bi|di|nist ⟨m.; -en, -en; Psych.⟩ Wüstling, Wollüstling [<lat. *libido* »Lust, Begierde«]

li|bi|di|nös ⟨Adj.; Psych.⟩ triebhaft, wollüstig [<frz. *libidineux* <lat. *libidinosus;* → *Libido*]

Li|bi|do ⟨a. ['---] f.; -; unz.; Psych.⟩ Begierde, Geschlechtstrieb [lat., »Lust, Begierde«]

Li|bra|ti|on *auch:* **Lib|ra|ti|on** ⟨f.; -, -en; Astron.⟩ Schwankung des Mondkörpers um seine mittlere Stellung [<lat. *libratio* »das Abwägen, Schwingen«; zu *librare* »wägen, schwingen«]

li|bret|ti|sie|ren *auch:* **lib|ret|ti|sie|ren** ⟨V.; Musik⟩ zu einem Libretto gestalten

Li|bret|tist *auch:* **Lib|ret|tist** ⟨m.; -en, -en; Musik⟩ Verfasser eines Librettos

Li|bret|to *auch:* **Lib|ret|to** ⟨n.; -s, -s od. -bret|ti; Musik⟩ Text zu einer Oper od. Operette [ital., »Büchlein«, Verkleinerungsform zu *libro* »Buch«]

Lic. ⟨Abk. für⟩ Lizentiat

li|cet es steht frei, es ist erlaubt [lat.]

Li|chen ⟨m.; -s; unz.⟩ **1** ⟨Med.⟩ Hautkrankheit mit meist stark juckenden Knötchen, Knötchenflechte **2** ⟨Bot.⟩ Flechte [<grch. *leichen* »Flechte«]

Li|che|nes ⟨Pl.; Biol.⟩ in Symbiose lebende Pilze u. Algen, Flechten [<grch. *leichen* »Flechte«]

Li|che|ni|fi|ka|ti|on ⟨f.; -, -en; Med.⟩ Verdickung der Haut durch vertiefte Hautfurchen und Entwicklung von kleinen Knoten

Li|che|nin ⟨n.; -s, -e; Bot.⟩ zelluloseartige Substanz in den Zellwänden der Flechten

li|che|no|id ⟨Adj.; Med.⟩ flechtenartig

Li|che|no|lo|ge ⟨m.; -n, -n; Bot.⟩ Wissenschaftler auf dem Gebiet der Lichenologie

Li|che|no|lo|gie ⟨f.; -; unz.; Bot.⟩ Zweig der Botanik, der sich mit den Flechten befasst [<grch. *leichen* »Flechte« + ...*logie*]

Li|che|no|lo|gin ⟨f.; -, -gin|nen; Bot.⟩ Wissenschaftlerin auf dem Gebiet der Lichenologie

Li|cker ⟨m.; -s; unz.⟩ nach dem Gerbvorgang auf Leder aufgetragenes Fettgemisch [engl.]

Lic. theol. ⟨Abk. für⟩ Licientiatus theologiae, Lizenziat der Theologie

Li|do ⟨m.; -s, -s⟩ Landzunge vor einem Meeresteil parallel der Küste, bes. der bei Venedig [ital.]

Liek ⟨n.; -s, -en; nddt.⟩ Leine, mit der Segel eingefasst werden, um ihre Kanten zu versteifen; *oV* Leik [<engl. *leech* »Ecke eines quadrat. Segels«]

Li|en ⟨[li:ən] m.; -s; unz.; Anat.⟩ Milz [lat.]

li|e|nal ⟨[lie-] Adj.; Med.⟩ zur Milz gehörend, von ihr ausgehend [→ *Lien*]

Li|e|ni|tis ⟨[lie-] f.; -, -ti|den; Med.⟩ Entzündung der Milz [<*Lien* + ...*itis*]

Li|eue ⟨[liø:] f.; -, -s⟩ altes französ. Längenmaß, französ. Meile [frz., »Wegstunde«]

Life|boat ⟨[laıfboʊt] n.; -s, -s⟩ Rettungsboot [engl.]

Life|is|land ⟨[laıfaılənd] n.; - od. -s, -s; Med.⟩ im Inneren vollkommen keimfreies Plastikzelt, in dem Patienten, deren Immunsystem zeitweilig od. langfristig zusammengebrochen ist, untergebracht werden [<engl. *life island* »Lebens-, Rettungsinsel«]

Life|ja|cket ⟨[laıfdʒækit] n.; -s, -s⟩ = Lifevest [engl.]

Life|style ⟨[laıfstaıl] m.; -s; unz.⟩ Lebensstil, Lebensweise; *das entspricht dem ~ der heutigen Zeit* [engl.]

Life|time|sport ⟨[laıftaım-] m.; -s; unz.⟩ Sportart, deren Belastung so beschaffen ist od. so eingeteilt werden kann, dass man sie in jedem Lebensalter ausüben kann, z. B. Kegeln, Schwimmen [<engl. *lifetime* »Lebenszeit« + *Sport*]

Life|vest ⟨[laıfvɛst] f.; -, -s⟩ aufblasbare Weste zum Schutz vor dem Ertrinken (in Schiffen, Flugzeugen); *Sy* Lifejacket [engl.-amerikan.]

Lift[1] ⟨m.; -(e)s, -e od. -s⟩ Aufzug, Fahrstuhl [engl.]

Lift[2] ⟨m. od. n.; -s, -s⟩ kosmet.-chirurg. Verfahren zur Beseitigung von Falten u. zum Straffen erschlafften Gewebes [engl., »heben«]

Lift|boy ⟨[-bɔı] m.; -s, -s⟩ junger

L

Führer eines Aufzugs [engl., »Fahrstuhljunge«]

lif|ten ⟨V.⟩ einen Lift (2) durchführen

Lif|ting ⟨n.; -s, -s; Kosmetik⟩ = Lift (2)

Lift|kurs ⟨m.; -es, -e⟩ Kurs für schwache Schüler, Stützkurs

Li|ga ⟨f.; -, Li|gen⟩ **1** Bund, Bündnis, Vereinigung **2** Spitzenklasse im Mannschaftssport [span., »Band, Bündnis« <lat. *ligare* »(fest)binden«]

Li|ga|de ⟨f.; -, -n; Sport; Fechten⟩ Wegdrücken der gegner. Klinge [frz., <lat. *ligare* »binden«]

Li|ga|ment ⟨n.; -(e)s, -e; Anat.⟩ Band [<*ligamentum* »Band, Binde«; zu *ligare* »binden«]

Li|gand ⟨m.; -en, -en; Chemie⟩ Atom od. Molekül, das in Koordinationsverbindungen an ein Zentralatom angelagert ist [<lat. *ligare* »binden«]

Li|ga|se ⟨f.; -, -n; Biochemie⟩ an Synthesereaktionen beteiligtes Enzym

Li|ga|tur ⟨f.; -, -en⟩ **1** ⟨Typ.⟩ Verbindung zweier Buchstaben zu einer Type **2** ⟨Musik; in der Choral- u. Mensuralnotation⟩ **2.1** Verbindung einer zusammengehörenden Notengruppe **2.2** Bogen über zwei Noten gleicher Tonhöhe (bes. von einem Takt zum andern) zum Zeichen, dass die erste Note um den Wert der zweiten verlängert werden soll **3** ⟨Med.⟩ Unterbindung von Blutgefäßen [<lat. *ligatura* »Band«; zu *ligare* »binden«]

Li|gen ⟨Pl. von⟩ Liga

light ⟨[laɪt] Adj.; undekl.⟩ *oV* lite **1** ⟨umg.⟩ leicht, vereinfacht; *Skikurs ~ für Anfänger* **2** ⟨meist als Zusatzbez. an Waren⟩ reduziert (an Inhalts-, Duftstoffen usw.), kalorienarm; *Cola ~* [engl., »leicht«]

Light|kul|tur ⟨[laɪt-] f.; -; unz.; umg.; salopp⟩ Kultur auf niedrigem Niveau, bes. in Form von seichter Unterhaltung, Spaßkultur [<engl. *light* »leicht« + *Kultur*]

Light|pro|dukt ⟨[laɪt-] n.; -(e)s, -e⟩ kalorienreduziertes Nahrungsmittel od. Getränk [<engl. *light* »leicht« + *Produkt*]

Light|show ⟨[laɪtʃoʊ] f.; -s, -s⟩ Vorführung von Lichteffekten (in Diskotheken od. während einer musikal. Show) [<engl. *light* »Licht« + *show* »zeigen; Schau«]

li|gie|ren ⟨V.; Sport; Fechten⟩ die gegner. Klinge wegdrücken [<lat. *ligare* »binden«]

Li|gist ⟨m.; -en, -en⟩ Angehöriger einer Liga, Verbündeter

li|gis|tisch ⟨Adj.⟩ zu einer Liga gehörend

◆ Die Buchstabenfolge **li|gn...** kann auch **lig|n...** getrennt werden.

◆ **Li|gni|kul|tur** ⟨f.; -, -en; Forstw.⟩ Holzanbau außerhalb des Waldes [<lat. *lignum* »Holz« + *Kultur*]

◆ **Li|gnin** ⟨n.; -s, -e; Bot.⟩ verholzender u. festigender, in das Zellulosegerüst eingelagerter Bestandteil des Holzes [<lat. *lignum* »Holz«]

◆ **Li|gnit** ⟨m.; -s, -e⟩ **1** Braunkohle mit holzigen Anteilen **2** (außerhalb Deutschlands auch) Sammelbez. für alle Braunkohlen [<lat. *lignum* »Holz«]

◆ **li|gni|vor** ⟨[-voːr] Adj.⟩ Holz fressend

◆ **Li|gni|vo|re** ⟨[-voː-] m.; -n, -n; Zool.⟩ im Holz lebendes u. holzfressendes Tier; *Sy* Xylophage

Li|gro|in *auch:* **Lig|ro|in** ⟨n.; -s; unz.; Technik⟩ zwischen 100 °C u. 180 °C siedender Anteil des Erdöls, Lackbenzin [Herkunft unbekannt]

Li|gu|la ⟨f.; -, -lae [-lɛː]; Bot.⟩ Anhängsel an der Übergangsstelle von Blattscheide u. Blattspreite der Gräser, Blatthäutchen [<mlat. *ligula* »Zünglein, Zipfel«]

Li|gus|ter ⟨m.; -s, -; Bot.⟩ zu einer Gattung der Ölbaumgewächse gehörender Strauch mit glänzenden, grünen Blättern, weißen Blüten u. schwarzen Beeren, beliebte Heckenpflanze: Ligustrum [lat. *ligustrum*]

li|ie|ren ⟨V.⟩ eng verbinden; *sich mit jmdm. ~* eine Liaison mit jmdm. eingehen, eine Liebschaft mit jmdm. beginnen; *eng mit jmdm. liiert sein* ein Liebesverhältnis mit jmdm. haben [<frz. *lier* »binden, vereinigen« <lat. *ligare* »binden«]

Li|ie|rung ⟨f.; -, -en; geh.⟩ enge Verbindung, Liebesverhältnis [→ *liieren*]

Like|li|hood ⟨[laɪklɪhud] f.; -; unz.⟩ in der Statistik verwendete Größe, die Wahrscheinlichkeitswerte für bestimmte Parameter liefert [engl., »Wahrscheinlichkeit«]

Li|kör ⟨m.; -s, -e⟩ **1** süßer Branntwein **2** aus Wein u. Kandiszucker bestehender Zusatz für Schaumwein [<frz. *liqueur* »Likör« <lat. *liquor* »Flüssigkeit«]

Lik|tor ⟨m.; -s, -to|ren; im antiken Rom⟩ Diener (meist Freigelassener) für höhere Beamte [<lat. *lictor* »Liktor«]

Li|kud|block ⟨m.; -(e)s; unz.; Politik⟩ israel. Parteienföderation (»Block«) aus fünf Parteien

li|la ⟨Adj.; undekl.⟩ fliederfarben, hellviolett [verkürzt <*lilafarben* <frz. *lilas* »Flieder, Fliederblütenfarbe« <arab. *lilak* »Flieder« <pers. *niläk, liläk* <Sanskrit *nila* »schwarz, schwärzlich«]

Li|li|a|zee ⟨[-tseːə] f.; -, -n; Bot.⟩ Liliengewächs

Li|lie ⟨[-ljə] f.; -, -n; Bot.⟩ Gattung der Liliengewächse (Liliaceae) mit großen, trichterförmigen Blüten, die meist einzeln od. zu wenigen in lockeren Trauben od. Dolden aufrecht stehen: Lilium; *Spanische ~* Jakobslilie [<lat. *lilia,* Pl. zu *lilium* <grch. *leirion* <kopt.]

Li|li|put... ⟨in Zus.; scherzh.⟩ sehr klein, winzig; *~eisenbahn* [nach dem Märchenland *Liliput* in dem Buch »Gullivers Reisen« des engl. Schriftstellers Jonathan Swift, 1667–1745]

Li|li|pu|ta|ner ⟨m.; -s, -⟩ **1** Bewohner vom Märchenland Liliput **2** Mensch von zwergenhaftem Wuchs

li|li|pu|ta|nisch ⟨Adj.⟩ ganz besonders klein

lim[1] ⟨Math.; Abk. für⟩ Limes (2)

lim[2] ⟨Abk. für⟩ limited

lim. ⟨Abk. für engl.⟩ limited

Li|ma|ko|lo|gie ⟨f.; -; unz.; Zool.⟩ Zweig der Zoologie, der sich mit Schnecken befasst [<grch. *leimax,* Gen. *leimakos* »Schnecke« + *...logie*]

Lim|ba ⟨n.; -s; unz.⟩ tropische

Holzart (für Sperrholz und Furnier) [wohl westafrikan.]

Lim|bi ⟨Pl. von⟩ Limbus (1.2)

lim|bisch ⟨Adj.; Med.⟩ *~es System* (stammesgeschichtlich altes) funktionelles System im Innern des Gehirns liegender Strukturen, die untereinander u. mit anderen Hirnregionen durch Faserbündel verbunden sind (u. a. Hippocampus, Mandelkern), spielt eine übergeordnete Rolle bei der Steuerung vegetativ-nervöser u. hormoneller Vorgänge, Ausgangspunkt von Affekten (Liebe, Furcht, Wut), Gedächtnis u. angeborenen Trieb- u. Instinkthandlungen [zu lat. *limbus* »Saum, Rand«]

Lim|bo ⟨m.; -s, -s⟩ Tanz aus Westindien, bei dem die Tänzer mit nach hinten gebeugtem Rücken unter einer waagerecht gehaltenen Stange hertanzen, wobei die Stange mit zunehmendem Schwierigkeitsgrad immer tiefer gehalten wird [karib.]

Lim|bus ⟨m.; -, Lim|bi⟩ **1** ⟨Bot.⟩ Teil der Krone einer Blume **2** ⟨Technik⟩ Teilkreis an Instrumenten zur Winkelmessung **3** ⟨kath. Kirche⟩ Aufenthaltsort (ohne Pein) der ungetauft gestorbenen Kinder *(~ Infantium)* u. der Frommen, Gerechten aus vorchristlicher Zeit *(~ Patrum)*, Vorhölle [lat. »Saum, Rand«]

Li|me|rick ⟨m.; -s, -s; Lit.⟩ **1** komisch-iron. Gedicht aus fünf Zeilen (Reim: aabba) mit groteskem Gedanken in der Endzeile **2** ⟨Textilw.⟩ irische Spitze aus Tüll [nach der irischen Stadt u. Grafschaft *Limerick*, die im 19. Jh. in komischen Liedern mit zahllosen Strophen besungen wurde]

Li|mes ⟨m.; -, -tes od. -mi|tes⟩ **1** ⟨unz.⟩ röm. Grenzwall, besonders zwischen Rhein u. Donau **2** ⟨Abk.: lim; Math.⟩ Grenzwert [lat., »Grenze«]

Li|met|ta ⟨f.; -, -met|ten; Bot.⟩ = Limette

Li|met|te ⟨f.; -, -n; Bot.⟩ dünnschalige Zitrusfrucht, aus der ätherische Öle gewonnen werden: Citrus limetta; *oV* Limetta [<frz. *limette*, Verkleinerungsform zu *lime* »kleine süße Zitrone«; → *Limone*]

li|mi|kol ⟨Adj.; Zool.⟩ im Schlamm lebend [<lat. *limicola* »Schlammbewohner«; zu *limus* »Schlamm«]

Li|mit ⟨n.; -s, -s⟩ äußerste Grenze; *oV* ⟨schweiz.⟩ Limite; *jmdm. ein ~ setzen; das ~ überschreiten; ein ~ von 200 Seiten* [<frz. *limite* »Grenze« <lat. *limes*]

Li|mi|ta|ti|on ⟨f.; -, -en⟩ das Limitieren, Begrenzung, Beschränkung, Einschränkung [frz., »Begrenzung«; → *Limit*]

li|mi|ta|tiv ⟨Adj.⟩ begrenzend, einschränkend [<lat. *limitatus*, Part. Perf. zu *limitare* »begrenzen«; zu *limes* »Grenze«]

Li|mi|te ⟨f.; -, -n; schweiz.⟩ = Limit

li|mi|ted ⟨[-tɪd] Abk.: lim., ltd., ld.⟩ begrenzt, mit beschränkter Haftung (Zusatz zu engl. Firmennamen) [engl.]

Li|mi|ted Edi|tion ⟨[lɪmɪtɪd ɪdɪʃn] f.; - -, - -s⟩ Aufdruck od. Aufschrift auf Gegenständen, die nur in einer geringen Stückzahl hergestellt werden, z. B. Schallplatten, Bücher, Kunstdrucke, Münzen, Porzellanfiguren [engl., »limitierte Auflage«]

li|mi|tie|ren ⟨V.⟩ begrenzen, beschränken, einschränken

Lim|ni|graf ⟨m.; -en, -en; Biol.⟩ = Limnigraph

Lim|ni|graph ⟨m.; -en, -en; Biol.⟩ = Limnimeter; *oV* Limnigraf [<grch. *limne* »Teich, Landsee« + *...graph*]

lim|ni|kol ⟨Adj.; Biol.⟩ = limnisch [<grch. *limne* »Teich, Landsee« + lat. *colere* »bewohnen«]

Lim|ni|me|ter ⟨n.; -s, -; Biol.⟩ Wasserstandsanzeiger für Seen; *Sy* Limnigraph, Limnograph [<grch. *limne* »Teich, Landsee« + *...meter*]

lim|nisch ⟨Adj.; Biol.⟩ im Süßwasser lebend od. entstanden (Tiere, Pflanzen, Sedimente); *Sy* limnikol; *Ggs* paralisch [<grch. *limne* »Teich, Landsee«]

Lim|no|graf ⟨m.; -en, -en; Biol.⟩ = Limnograph

Lim|no|gramm ⟨n.; -s, -e; Biol.⟩ von einem Limnimeter aufgezeichneter Verlauf des Wasserstandes [<grch. *limne* »Teich, Landsee« + *...gramm*]

Lim|no|graph ⟨m.; -en, -en; Biol.⟩ = Limnimeter; *oV* Limnograf

Lim|no|lo|ge ⟨m.; -n, -n; Biol.⟩ Wissenschaftler auf dem Gebiet der Limnologie

Lim|no|lo|gie ⟨f.; -; unz.; Biol.⟩ Lehre von den Binnengewässern [<grch. *limne* »Teich, Landsee« + *...logie*]

Lim|no|lo|gin ⟨f.; -, -gin|nen; Biol.⟩ Wissenschaftlerin auf dem Gebiet der Limnologie

lim|no|lo|gisch ⟨Adj.; Biol.⟩ zur Limnologie gehörend

Lim|no|plank|ton ⟨n.; -s; unz.; Biol.⟩ Plankton des Süßwassers [<grch. *limne* »Teich, Landsee« + *Plankton*]

Li|mo|na|de ⟨f.; -, -n⟩ erfrischendes Getränk aus Wasser, Obstsaft od. -essenz, Zucker u. evtl. Kohlensäure [<ital. *limonata, limone* (→ *Limone)* od. zu frz. *limon* »dickschalige Zitrone«]

Li|mo|ne ⟨f.; -, -n; Bot.⟩ **1** zur Familie der Grasnelkengewächse gehörende Gattung mit blattlosen Stängeln, die zwei od. drei Blüten tragen, Widerstoß, Meerlavendel **2** dickschalige Zitrone [ital. <arab.-pers. *limun* »Zitrone«]

Li|mo|nen ⟨n.; -s, -e⟩ in ätherischen Ölen verbreitete Verbindung von zitronenähnlichem Geruch [→ *Limone*]

Li|mo|nit ⟨m.; -s, -e; Min.⟩ mit Ton vermengte mineral. Ausfällung von Eisenhydroxid, Raseneisenerz [<lat. *limus* »Schlamm«]

li|mos ⟨Adj.⟩ schlammig, sumpfig; *oV* limös [<frz. *limeux* »schlammig« <lat. *limosus; zu limus* »Schlamm«]

li|mös ⟨Adj.⟩ = limos

Li|mo|se ⟨f.; -, -n; Zool.⟩ Schnepfenvogel auf sumpfigen Wiesen, Uferschnepfe: Limosa limosa [→ *limos*]

Li|mou|si|ne ⟨[-mu-] f.; -, -n; Kfz⟩ geschlossener Personenkraftwagen; *Ggs* Cabriolet [nach der frz. Landschaft *Limousin*]

lim|pid ⟨Adj.⟩ hell, klar, durchscheinend, durchsichtig [<lat. *limpidus* »hell, klar«]

Li|mu|lus ⟨m.; -; unz.; Zool.⟩ einziger heute noch lebender Vertreter der Schwertschwänze, an der Ostküste Nordamerikas u. in den Meeren Südostasiens vorkommend [<lat. *limulus* »ein wenig schielend«; zu *limus* »schräg, schielend«]

Li|na|lo|ol ⟨n.; -s, -e⟩ eine hydroaromat. Verbindung von maiglöckchenartigem Geruch, ein Terpenalkohol, der hauptsächl. im Linaloe- u. Lavendelöl vorkommt (Verwendung in der Parfümerie)

Li|neage ⟨[lɪnɪdʒ] f.; -, -s [-dʒɪz]; Soziol.⟩ Verbund von entfernt Verwandten, die alle auf einen Ahnen zurückgeführt werden können u. die in einem eng begrenzten Gebiet in relativer Nähe zueinander wohnen [<engl. *lineage* »Abstammung, Geschlecht« <lat. *linea* »Linie«]

li|ne|al ⟨Adj.⟩ von langer Form u. parallelen Seiten; *oV* linealisch

Li|ne|al ⟨n.; -s, -e⟩ schmales, rechteckiges od. gebogenes Gerät zum Ziehen von Linien [<lat. *linealis* »mit Linien gemacht«; zu *linea* »Schnur, Leine; Linie«; zu *linum* »Flachs, Lein«]

li|ne|a|lisch ⟨Adj.⟩ = lineal

Li|ne|a|ment ⟨n.; -s, -e⟩ Linie in der Hand [<lat. *lineamentum* »Strich, Zug mit Feder oder Kreide«; zu *linea* »Linie«]

li|ne|ar ⟨Adj.⟩ *Ggs* nichtlinear **1** gleichmäßig, gleichbleibend **2** aufeinanderfolgend **3** geradlinig, linienförmig, durch Striche dargestellt **4** ⟨Math.⟩ eindimensional, nur Potenzen ersten Grades enthaltend **5** ⟨Physik⟩ als Variable abhängig von einer mit Hilfe einer Geraden dargestellten Größe [<lat. *linearis;* zu *linea* »Linie«]

Li|ne|ar|be|schleu|ni|ger ⟨m.; -s, -; Kernphysik⟩ Gerät zur Beschleunigung elektrisch geladener Teilchen auf hohe Geschwindigkeiten, wobei die Teilchen elektr. Felder auf geradliniger Bahn durchlaufen

Li|ne|ar|erup|ti|on ⟨f.; -, -en; Geol.⟩ eruptive, vulkan. Aktivität, die in Erdspalten beginnt

Li|ne|a|ri|tät ⟨f.; -; unz.⟩ **1** lineare Beschaffenheit **2** Kennzeichen elektrischer Bauelemente, die bezüglich der Veränderung ihrer Größen ein lineares Verhalten aufweisen, z. B. bewirkt ein Anstieg der Spannung ein proportionales Ansteigen der Stromstärke

Li|ne|ar|mo|tor ⟨m.; -s, -en; Technik⟩ elektr. Antriebsvorrichtung, die ohne bewegl. Teile arbeitet u. einem Drehstrommotor entspricht, dessen Läufer in Form einer Schiene abgewickelt ist u. vor allem für berührungsfreie Antriebe bei Magnetschwebebahnen genutzt wird

Li|ne|ar|per|spek|ti|ve *auch:* **Li|ne|ar|pers|pek|ti|ve** ⟨f.; -; unz.⟩ die räumliche Darstellung von Linien

Li|ne|a|tur ⟨f.; -, -en⟩ = Liniatur

Line|man ⟨[laɪnmæn] m.; -, -men [-mən]; Sport⟩ = Linesman

Li|ner ⟨[laɪnə(r)] m.; -s, -⟩ **1** Linienschiff, Überseedampfer **2** Passagier-, Linienflugzeug **3** ⟨kurz für⟩ Eyeliner **4** ⟨kurz für⟩ Fineliner [engl.; zu *line* »Linie«]

Lines|man ⟨[laɪnsmæn] m.; -, -men [-mən]; Sport⟩ Linienrichter; *oV* Lineman [<engl. *lines* »Linien« + *man* »Mann«]

Line-up ⟨[laɪnʌp] n.; - od. -s, -s; Musik⟩ Aufstellung, Auflistung der Mitspieler od. Teilnehmer; *das ~ der Band hat sich nicht verändert* [engl.]

Lin|ga ⟨n.; -s; unz.⟩ Phallus, in der ind. Religion Sinnbild der Zeugungskraft; *oV* Lingam [Sanskrit]

Lin|gam ⟨n.; -s; unz.⟩ = Linga

Linge ⟨[lɛ̃:ʒ] f.; -; unz.; schweiz. Hotelgewerbe⟩ Wäsche [frz., »Wäsche«]

Lin|ge|rie ⟨[lɛ̃ʒə-] f.; -, -n; schweiz.⟩ Wäschekammer, Bügel- u. Flickraum (in Hotels, Sanatorien) [frz.]

Lin|gua fran|ca ⟨f.; - -; unz.⟩ **1** ⟨urspr.⟩ spätmittelalterliche Handels- u. Seefahrtssprache im Mittelmeerraum mit überwiegend italienischem, von arab. Elementen durchsetztem Wortschatz **2** ⟨allg.⟩ Verkehrssprache innerhalb eines mehrere Länder umfassenden Raumes [<lat. *lingua* »Sprache« + *franca* »fränkisch«]

lin|gu|al ⟨Adj.⟩ die Zunge betreffend, zu ihr gehörend, zungen... [<lat. *lingua* »Zunge, Sprache«]

Lin|gu|al ⟨m.; -s, -e; Phon.; kurz für⟩ Linguallaut

Lin|gu|al|laut ⟨m.; -(e)s, -e; Phon.⟩ mit der Zunge gebildeter Laut, Zungenlaut, z. B. das Zungen-R; *Sy* Lingual [<lat. *lingua* »Sprache, Zunge«]

Lin|gu|al|pfei|fe ⟨f.; -, -n; Musik⟩ Art der Orgelpfeifen, bei der der Ton durch ein im Luftstrom schwingendes Metallblättchen entsteht, Zungenpfeife; *Ggs* Labialpfeife

Lin|gu|ist ⟨m.; -en, -en⟩ Sprachwissenschaftler [<lat. *lingua* »Zunge, Sprache«]

Lin|gu|is|tik ⟨f.; -; unz.⟩ Sprachwissenschaft

Lin|gu|is|tin ⟨f.; -, -tin|nen⟩ Sprachwissenschaftlerin

lin|gu|is|tisch ⟨Adj.⟩ die Linguistik betreffend, zu ihr gehörend, auf ihr beruhend

Li|ni|a|tur ⟨f.; -, -en⟩ = Linierung; *oV* Lineatur [<lat. *lineatus* »gestreift«; zu *linea* »Linie«, eigtl. »Leine, Schnur«; → *Linie*]

Li|nie ⟨[-njə] f.; -, -n⟩ **1** Strich; *~n ziehen* **2** ⟨Math.⟩ Gerade, Kurve **3** ⟨Sport⟩ Markierungsstrich, Abgrenzung im Spielfeld **4** ⟨Typ.⟩ **4.1** Folge von Schriftzeichen (auf gleicher Höhe) **4.2** Druckzeile **4.3** gleiche Höhe der Lettern; *die Buchstaben halten nicht ~* stehen nicht in gleicher Höhe **4.4** feiner Metallstreifen zum Drucken einer Linie **5** Reihe, Reihung, Aufstellung nebeneinander **6** ⟨früher⟩ aktive Truppenteile, stehendes Heer **7** Strecke, auf der ein Massenbeförderungsmittel verkehrt; *Eisenbahn~; Straßenbahn~* **8** Massenbeförderungsmittel, das auf einer bestimmten Strecke verkehrt; *nehmen Sie die ~ 10!; welche ~ fährt nach Stuttgart?* **9** ⟨Genealogie⟩ Folge von Abkömmlingen; *Haupt~; absteigende, aufsteigende ~* **10** ⟨Seew.⟩ = Äquator; *die ~ passieren* **11** altes Längenmaß, $^{1}/_{10}$ bzw. $^{1}/_{12}$ Zoll **12** Ebene, Höhe, Art; *auf eine, auf die gleiche ~ stellen mit* vergleichen mit; *das liegt auf der gleichen ~ mit* **13** ⟨fig.⟩ **13.1** eingeschlagene Richtung einer Organisation (bei einem Vorhaben in der Politik); *Partei~; eine bestimmte ~ verfolgen* **13.2** Umriss; *die zarten ~n ihrer Gestalt* **13.3** ⟨umg.⟩ Figur; *auf die ~ achten* auf die Schlankheit, die gute Figur achten **13.4** Hinsicht; *in erster ~* vor allem, zuerst; *er hat sich auf der ganzen ~ blamiert* in jeder Hinsicht [<ahd. *linia* <lat. *linea* »Leine, Schnur, Faden, mit einer Schnur gezogene gerade Linie«]

Li|ni|en|spek|trum *auch:* **Li|ni|en|spekt|rum** ⟨[-njən-] n.; -s, -spek|tren⟩ Gesamtheit der von einem Atom emittierten bzw. absorbierten Spektrallinien

li|nie|ren ⟨V.⟩ mit Linien versehen

Li|nie|rung ⟨f.; -; unz.⟩ *Sy* Liniatur **1** das Linieren **2** die Linien selbst

Li|ni|ment ⟨n.; -(e)s, -e⟩ dickflüssige Mischung aus Seifen, Fett, Öl od. Alkohol zum Einreiben [<lat. *linimentum* »Schmiere«; zu *linire* »schmieren«]

Link ⟨m.; -s, -s; umg.; EDV⟩ **1** Verbindung, Beziehung **2** ⟨kurz für⟩ Hyperlink [<engl. *link* »Bindeglied, Verbindungsstück«]

Lin|ker ⟨m.; -s, -; EDV⟩ Programm, das einzelne Subprogramme od. mehrere kompatible Einzelprogramme zu einer Gesamtanwendung zusammenfasst [→ *Link*]

Lin|krus|ta *auch:* **Link|rus|ta** ⟨f.; -; unz.⟩ geprägte, linoleumähnliche abwaschbare Tapete [<lat. *linum* »Flachs, Lein« + *crusta* »Rinde, Überzug«]

Links|ex|tre|mis|mus *auch:* **Links|ext|re|mis|mus** ⟨m.; -; unz.; Politik⟩ polit. Bewegung, die linksradikalen Positionen zuneigt; *Ggs* Rechtsextremismus

Links|ex|tre|mist *auch:* **Links|ext|re|mist** ⟨m.; -en, -en; Politik⟩ jmd., der politisch extrem links steht; *Ggs* Rechtsextremist

Links|ex|tre|mis|tin *auch:* **Links|ext|re|mis|tin** ⟨f.; -, -tin|nen; Politik⟩ weibl. Person, die politisch extrem links steht; *Ggs* Rechtsextremistin

links|ex|tre|mis|tisch *auch:* **links|ext|re|mis|tisch** ⟨Adj.; Politik⟩ dem Linksextremismus nahestehend, ihn betreffend, zu ihm gehörig; *Ggs* rechtsextremistisch

lin|né|sches Sys|tem *auch:* **Lin|né'sches Sys|tem** ⟨Adj.; Bot.⟩ System zur Einteilung des Pflanzenreichs, das sich nach den Merkmalen der Blüte richtet [nach dem schwed. Naturforscher Carl von *Linné,* 1707-1778]

Li|no|le|um *auch:* **Lin|o|le|um** ⟨[-leum] n.; -s; unz.⟩ Fußbodenbelag aus einer Mischung von Leinöl mit Füll- u. Trockenstoffen auf einer textilen Unterlage [<lat. *linum* »Lein, Flachs« + *oleum* »Öl«]

Li|nol|säu|re ⟨f.; -, -n⟩ ungesättigte, flüssige Fettsäure mit zwei Doppelbindungen, kommt als Glyzerinester im Leinöl sowie auch in anderen Ölen vor [→ *Linoleum*]

Li|nol|schnitt ⟨m.; -(e)s, -e; Kunst⟩ **1** ⟨unz.⟩ dem Holzschnitt ähnl. Kunst, mit dem Messer aus einer Linoleumplatte eine bildl. Darstellung so herauszuarbeiten, dass sie erhaben stehen bleibt **2** ⟨zählb.⟩ mit diesem Verfahren gewonnener Abdruck

Li|non ⟨[-nɔ̃:] m.; - od. -s, -s; Textilw.⟩ feinfädiges Leinen- od. Baumwollgewebe in Leinwandbindung [frz. »feines Leinen« <lat. *linum* »Flachs, Lein«]

Li|no|type® ⟨[laɪnotaɪp] f.; -, -s⟩ Setzmaschine für den Guss von ganzen Textzeilen [<engl. *line* »Zeile, Linie« + *type* »(Druck-)Type«]

Lin|ters ⟨Pl.; Textilw.⟩ **1** ⟨urspr.⟩ kurze Fasern des Baumwollsamens **2** ⟨heute allg.⟩ kurzgeschnittene Textilfasern natürlicher od. synthetischer Herkunft [engl.; zu *lint* »Zupfleinwand« <lat. *linteum* »Leinen«]

Li|ons Club ⟨[laɪəns klʌb] m.; - -s, - -s⟩ (1916 gegründete) internationale Vereinigung von verschiedenen Clubs, die unter dem Motto »we serve« (»wir dienen«) um Verständigung u. karitative Hilfeleistung bemüht ist [zu engl. *lion* »Löwe«, nach dem Wappentier]

Li|ons In|ter|na|tio|nal ⟨[laɪəns ɪntərnæʃənəl] m.; - -; unz.⟩ weltumfassende Cluborganisation karitativer Prägung, Zusammenschluss von Persönlichkeiten des öffentlichen Lebens zu geistiger Verständigung u. zur Pflege des Gemeinwohls [engl.]

Lip|ä|mie *auch:* **Li|pä|mie** ⟨f.; -; unz.; Med.⟩ erhöhter Fettgehalt des Blutplasmas (Anzeichen von Stoffwechselkrankheiten) [<grch. *lipos* »Fett« + *...ämie*]

lip|ä|misch *auch:* **li|pä|misch** ⟨Adj.; Med.⟩ auf Lipämie beruhend, an Lipämie leidend

Li|pa|rit ⟨m.; -s, -e; Min.⟩ = Rhyolit [nach einem Fundort auf der Insel *Lipari*]

Li|pa|se ⟨f.; -, -n; Biochemie⟩ im Verdauungskanal der Tiere u. des Menschen u. in Pflanzensamen vorkommendes Enzym, das Fett in Fettsäuren u. Glyzerin spaltet [<grch. *lipos* »Fett«]

Lip|gloss ⟨n.; -; unz.; Kosmetik⟩ Lippenstift, der die Lippen glänzend macht [engl., »Lippenglanz«]

Li|pid ⟨n.; -(e)s, -e; Biochemie⟩ organ. Substanz, die sich aus Geweben mit organischen Lösungsmitteln, wie Äther, Aceton, Alkohol u. a., extrahieren lässt [<grch. *lipos* »Fett«]

Li|pi|do|se ⟨f.; -, -n; Med.⟩ angeborene Störung des Fettstoffwechsels [→ *Lipid*]

Li|piz|za|ner ⟨m.; -s, -⟩ Vollblutpferderasse, meistens Schimmel [nach dem Gestütsort *Lipizza* bei Triest]

li|po|id ⟨Adj.; Biochemie⟩ fettartig

Li|po|id ⟨n.; -s, -e; Biochemie⟩ fettähnliche organische Substanz [<grch. *lipos* »Fett« + *...id*]

Li|po|i|do|se ⟨f.; -, -n; Biochemie⟩ krankhafte Einlagerung von Lipoiden im Gewebe

Li|po|ly|se ⟨f.; -, -n; Biochemie⟩ enzymatischer Abbau von Fetten, Fettverdauung [<grch. *lipos* »Fett« + *...lyse*]

Li|pom ⟨n.; -s, -e; Med.⟩ Fettgeschwulst [<grch. *lipos* »Fett«]

Li|po|ma|to|se ⟨f.; -, -n; Med.⟩ krankhafte Bildung von Fett-

L

geschwülsten, lokale Fettsucht [zu grch. *lipos* »Fett«]

li|po|phil ⟨Adj.; Med.; Chemie⟩ in Fett löslich; *Ggs* lipophob [<grch. *lipos* »Fett« + *...phil*]

Li|po|phi|lie ⟨f.; -, -n; Med.⟩ Neigung zum Fettansatz (bei bestimmten Krankheiten)

li|po|phob ⟨Adj.; Med.; Chemie⟩ in Fett unlöslich; *Ggs* lipophil [<grch. *lipos* »Fett« + *...phob*]

Li|po|plast ⟨m.; -en, -en; Biol.⟩ Fettgewebe bildende Zelle [<grch. *lipos* »Fett« + *plastes* »Bildner«; zu *plassein* »bilden, formen«]

Li|po|pro|te|id ⟨n.; -s, -e; Biochemie⟩ aus Lipiden u. Proteinen zusammengesetzte organisch-chemische Verbindung; *oV* Lipoprotein

Li|po|pro|te|in ⟨n.; -s, -e; Biochemie⟩ = Lipoproteid

Li|po|som ⟨n.; -s, -e; Biochemie⟩ kugelförmiges, ein- od. mehrschichtiges Gebilde aus Lipiden, das im Inneren der Kugel lipophobe Stoffe (wie bestimmte Arzneimittel) transportieren kann [<grch. *lipos* »Fett« + *...om*]

L

Lip|u|rie *auch:* **Li|pu|rie** ⟨f.; -; unz.; Med.⟩ Ausscheidung von Fett im Harn [<grch. *lipos* »Fett« + *...urie*]

Liq. ⟨Abk. für⟩ Liquor

Li|que|fak|ti|on ⟨f.; -, -en; Chemie⟩ Verflüssigung [<lat. *liquere* »flüssig sein, fließen« + *...faktion*]

Li|ques|zenz ⟨f.; -; unz.; Chemie⟩ das Flüssigsein [zu lat. *liquere* »flüssig sein«]

li|ques|zie|ren ⟨V.⟩ flüssig werden, schmelzen

li|quet ⟨geh.⟩ es ist klar, es ist erwiesen [lat., eigtl. »es ist flüssig, klar (wie Wasser)«; zu *liquere* »flüssig sein«]

li|quid ⟨Adj.⟩ *oV* liquide **1** flüssig **2** ⟨fig.⟩ im Besitz von Geldmitteln, zahlungsfähig, solvent; *Ggs* illiquid **3** verfügbar [<lat. *liquidus* »flüssig«]

Li|quid ⟨n.; -s, -s od. m.; -s, -s; oft in Zus.⟩ flüssiges, meist milchiges Kosmetikum (zur Hautpflege); *Make-up-~* [engl., »Flüssigkeit«]

Li|qui|da ⟨f.; -, -dä od. -qui|den; Phon.⟩ Konsonant, bei dem die ausströmende Luft an einer Verengung in Schwingung gerät, Schwinglaut, Schmelzlaut, Fließlaut, z. B. r, l [lat., Fem. zu *liquidus* »flüssig«]

Li|qui|da|ti|on ⟨f.; -, -en⟩ **1** Auflösung, Aufgabe (eines Unternehmens); *in ~ treten* **2** Abwicklung (der Verpflichtungen eines Unternehmens) **3** Tötung, Beseitigung (von unliebsamen Personen) **4** (bei freien Berufen) Berechnung der Kosten, Rechnung [<mlat. *liquidatio* »Flüssigmachung« <lat. *liquidus* »flüssig«]

Li|qui|da|tor ⟨m.; -s, -to|ren⟩ jmd., der eine Liquidation durchführt, Vermittler bei Geschäftsauflösungen [→ *liquidieren, Liquidation*]

li|qui|de ⟨Adj.⟩ = liquid

Li|qui|den ⟨Pl. von⟩ Liquida

li|qui|die|ren ⟨V.⟩ **1** *ein Geschäft ~* auflösen **2** *politische Gegner ~* beseitigen, töten **3** *Kosten ~* berechnen, fordern [<ital., mlat. *liquidare* »flüssig machen« <lat. *liquidus* »flüssig«]

Li|qui|die|rung ⟨f.; -, -en⟩ = Liquidation

Li|qui|di|tät ⟨f.; -; unz.⟩ Zahlungsfähigkeit; *Ggs* Illiquidität

Li|quor ⟨m.; -s; unz.; Abk.: Liq.; Med.⟩ **1** Flüssigkeit; *~ cerebrospinalis* der Lymphe ähnliche Flüssigkeit in den Ventrikeln des Gehirns u. dem Duralsack, Rückenmarks-Gehirn-Flüssigkeit **2** in Wasser gelöstes Arzneimittel [lat., »Flüssigkeit«]

Li|ra[1] ⟨f.; -, Li|ren⟩ mittelalterliche Geige mit nur einer Saite [<grch. *lyra;* → *Lyra*]

Li|ra[2] ⟨f.; -, Li|re; Abk.: L.⟩ ital. Währungseinheit, (früher) 100 Centesimi [ital. <lat. *libra* »Waage, Gewogenes, Pfund«]

li|ri|co ⟨Musik⟩ lyrisch (zu spielen) [ital.]

Li|se|ne ⟨f.; -, -n⟩ senkrechter, flacher, hervortretender Mauerstreifen [<frz. *lisière* »Randstreifen, Kante, Saum«]

LISP ⟨EDV⟩ höhere Programmiersprache zur Be- u. Verarbeitung von Listen [<engl. *List Processing Language*]

Lis|te|ria ⟨f.; -, -ri|en od. -riae [-riɛ:]; Med.⟩ bakterieller Krankheitserreger, der z. B. in Exkrementen vorkommt [nach dem brit. Chirurgen J. *Lister*, 1827-1912]

l'is|tes|so tem|po ⟨Musik⟩ im selben Zeitmaß, Tempo (zu spielen) [ital.]

lit., Lit. ⟨Abk. für⟩ Litera

Li|ta|nei ⟨f.; -, -en⟩ **1** von Geistlichem u. Gemeinde im Wechsel gesprochenes Gebet **2** ⟨fig.; umg.⟩ lange, eintönige Aufzählung, eintöniges Gerede, Gejammer, Wehklage; *diese ~ ist unerträglich* [<mhd. *letanie* <lat. *litania* »Bittgebet« <grch. *litaneia*]

Lit|chi ⟨[-tʃi] f.; -, -s⟩ = Litschipflaume

lite ⟨[laɪt] Adj.; undekl.⟩ = light

Li|ter ⟨m. od. n.; -s, -, schweiz. nur: m.; Abk.: l⟩ Hohlmaß, 1 Kubikdezimeter (1 dm³); *zwei ~ Wein* [<frz. *litre* <mlat. *litra* <grch. *litra* »Gewicht von 12 Unzen«]

Li|te|ra ⟨f.; -, -s od. -rä; Abk.: Lit., (schweiz.:) lit.⟩ Buchstabe; *§ 12, Abs. 3, Lit. (lit.) 6* [<lat. *littera* »Buchstabe«]

li|te|ra|li|sie|ren ⟨V.⟩ in eine literarische Form bringen, literarisch gestalten; *oV* literarisieren

Li|te|rar|his|to|ri|ker ⟨m.; -s, -⟩ Kenner, Erforscher der Literaturgeschichte; *oV* Literaturhistoriker

li|te|rar|his|to|risch ⟨Adj.⟩ die Literaturgeschichte betreffend, zu ihr gehörend, auf ihr beruhend

li|te|ra|risch ⟨Adj.⟩ zur Literatur gehörend, sie betreffend

li|te|ra|ri|sie|ren ⟨V.⟩ = literalisieren

Li|te|rar|kri|tik ⟨f.; -, -en; selten für⟩ Literaturkritik

li|te|rar|kri|tisch ⟨Adj.; selten für⟩ literaturkritisch

Li|te|rat ⟨m.; -en, -en⟩ **1** Schriftsteller **2** ⟨abwertend⟩ federgewandter, oberflächl. Schriftsteller [<lat. *litteratus* »schriftkundig, gelehrt, wissenschaftlich gebildet«; zu *littera* »Buchstabe«]

Li|te|ra|tur ⟨f.; -, -en⟩ **1** ⟨i. w. S.⟩ Gesamtheit der schriftl. Äußerungen eines Volkes od. einer Zeit **2** ⟨i. e. S.⟩ dessen bzw. deren gesamtes schöngeistiges Schrifttum, Dichtung **3** Gesamtheit der über ein Wissensgebiet veröffentlichten Werke; *Fach~; (benutzte) ~ angeben (bei wissenschaftl. Arbeiten); antike, klassische, romantische, moderne ~; belehrende, unterhaltende ~; deutsche, englische, französische ~; juristische, medizinische ~; die schöne ~* schöngeistige Literatur, Dichtung [<lat. *litteratura* »Buchstabenschrift, Sprachkunst«; zu *littera* »Buchstabe«]

Li|te|ra|tur|his|to|ri|ker ⟨m.; -s, -⟩ = Literarhistoriker

Li|te|ra|tur|kri|tik ⟨f.; -, -en⟩ **1** einzelne Besprechung eines bestimmten Werkes, Rezension **2** ⟨unz.⟩ krit. Betrachtung, Darstellung od. Besprechung von Dichtungen im Allgemeinen **3** Gesamtheit der Literaturkritiker u. ihrer Institutionen u. Veröffentlichungen

li|te|ra|tur|kri|tisch ⟨Adj.⟩ die Literaturkritik betreffend, zu ihr gehörig, von ihr stammend

Li|te|ra|tur|so|zio|lo|gie ⟨f.; -; unz.⟩ Teilgebiet der Soziologie, das sich mit der Wechselwirkung von Literatur u. Gesellschaft befasst

Li|te|ra|tur|spra|che ⟨f.; -; unz.⟩ in der Literatur verwendete, gehobene Sprache, Schriftsprache

Li|tew|ka ⟨f.; -, -tew|ken; früher⟩ blusenartiger Uniformrock [poln., »litauischer Rock«, eigtl. »Litauerin«]

...lith ⟨Nachsilbe; zur Bildung männl. Subst.⟩ Stein, Versteinerung, Mineral; *Monolith* [<grch. *lithos* »Stein«]

Lith|ar|gy|rum *auch:* **Li|thar|gy|rum** ⟨n.; -s; unz.⟩ = Massicot [<*Litho...* + grch. *argyros* »Silber«]

Li|thi|a|sis ⟨f.; -, -thi|a|sen; Med.⟩ Neigung zu Steinbildung, Vorhandensein von Steinen u. dadurch bedingte Krankheitserscheinungen bes. in den Gallen- u. Harnwegen, Steinleiden [<grch. *lithos* »Stein«]

...li|thi|kum ⟨Nachsilbe; zur Bildung sächl. Subst.⟩ Steinzeit; *Paläolithikum* [<grch. *lithos* »Stein«]

Li|thi|um ⟨n.; -s; unz.; chem. Zeichen: Li⟩ silberweißes, in feuchter Luft anlaufendes Alkalimetall, Ordnungszahl 3 [<grch. *lithos* »Stein«]

li|tho..., Li|tho... ⟨in Zus.⟩ stein..., Stein..., gesteins..., Gesteins... [<grch. *lithos* »Stein«]

li|tho|gen ⟨Adj.; Geol.⟩ aus Gesteinen hervorgegangen [<*litho...* + *...gen*]

Li|tho|ge|ne|se ⟨f.; -; unz.; Geol.⟩ Lehre, Theorie von der Gesteinsentstehung, z. B. durch Ablagerung, Verwitterung; →*a.* Diagenese, Sedimentation

Li|tho|graf ⟨m.; -en, -en⟩ = Lithograph

Li|tho|gra|fie ⟨f.; -, -n⟩ = Lithographie

li|tho|gra|fie|ren ⟨V.⟩ = lithographieren

li|tho|gra|fisch ⟨Adj.⟩ = lithographisch

Li|tho|graph ⟨m.; -en, -en⟩ in der Lithographie ausgebildeter Drucker, Steindrucker, Steinzeichner; *oV* Lithograf

Li|tho|gra|phie ⟨f.; -, -n⟩ *oV* Lithografie **1** ⟨unz.⟩ ältestes Flachdruckverfahren, bei dem die Zeichnung auf einen Kalkstein übertragen u. von diesem abgedruckt wird (heute durch Druck von Zinkplatte ersetzt) **2** Produkt dieses Druckverfahrens, Steinzeichnung, Steindruck

li|tho|gra|phie|ren ⟨V.⟩ eine Lithographie herstellen; *oV* lithografieren

li|tho|gra|phisch ⟨Adj.⟩ zur Lithographie gehörend, auf ihr beruhend, mit ihrer Hilfe; *oV* lithografisch

Li|tho|lo|ge ⟨m.; -n, -n⟩ Wissenschaftler auf dem Gebiet der Lithologie

Li|tho|lo|gie ⟨f.; -; unz.⟩ Gesteinskunde [<*Litho...* + *...logie*]

Li|tho|lo|gin ⟨f.; -, -gin|nen⟩ Wissenschaftlerin auf dem Gebiet der Lithologie

li|tho|lo|gisch ⟨Adj.⟩ zur Lithologie gehörend, auf ihr beruhend

Li|tho|ly|se ⟨f.; -, -n; Med.⟩ Auflösung von Nieren- od. Gallensteinen durch Arzneimittel [<*Litho...* + *...lyse*]

li|tho|phag ⟨Adj.; Geol.⟩ Gesteine auflösend, sich in Gestein einfressend [<*litho...* + *...phag*]

li|tho|phil ⟨Adj.⟩ **1** ⟨Biol.⟩ Gestein als Untergrund bevorzugend; *~e Tiere* **2** ⟨Geol.⟩ die feste Erdkruste bildend [<*litho...* + *...phil*]

Li|tho|phyt ⟨m.; -en, -en; Biol.⟩ Pflanze, die auf felsigen Flächen gedeiht [<*Litho...* + *...phyt*]

Li|tho|po|ne ⟨f.; -; unz.⟩ weiße, deckende Anstrichfarbe aus Zinksulfid u. Bariumsulfat [<*Litho...* + grch. *ponos* »Arbeit«]

Li|tho|sphä|re ⟨f.; -; unz.⟩ äußere Hülle der Erde aus Gestein [<*Litho...* + *Sphäre*]

Li|tho|to|mie ⟨f.; -, -n; Med.⟩ operative Entfernung von Steinen (der Gallenwege, Niere) [<*Litho...* + *...tomie*]

Lith|ur|gik *auch:* **Li|thur|gik** ⟨f.; -; unz.⟩ Lehre vom Gebrauch u. von der Verarbeitung der Minerale u. Gesteine; →*a.* Liturgik [<*Litho...* + grch. *ergon* »Werk, Arbeit«]

li|to|ral ⟨Adj.; Geogr.⟩ Küste, Ufer, Strand betreffend [<lat. *litoralis* »zum Ufer gehörig«; zu *litus,* Gen. *litoris* »Ufer, Küste«]

Li|to|ra|le ⟨n.; -s, -s; Geogr.⟩ Küstenstrich [<lat. *litoralis* »zur Küste gehörig«; zu *litus,* Gen. *litoris* »Ufer, Küste«]

Li|to|ral|fau|na ⟨f.; -, -nen; Geogr.⟩ Tierwelt der Ufer- u. Strandregion

Li|to|ral|flo|ra ⟨f.; -, -ren; Geogr.⟩ Pflanzenwelt der Ufer- u. Strandregion

Li|to|ri|na ⟨f.; -, -ri|nen; Zool.⟩ Art der Strandschnecken, wichtiges Leitfossil: Littorina littorae [<lat. *litus,* Gen. *litoris* »Küste, Ufer«]

Li|to|ri|nel|len|kalk ⟨m.; -(e)s; unz.; Geol.⟩ Kalkstein mit versteinerten Strandschnecken [zu lat. *litus,* Gen. *litoris* »Ufer, Küste«]

Li|to|tes ⟨f.; -; unz.; Sprachw.⟩ stärkere Hervorhebung durch Anwendung eines scheinbar schwächeren Ausdrucks (Verneinung des Gegenteils), z. B. »nicht klein« statt »recht groß« [<grch. *litotes* »Schlichtheit«; zu *litos* »schlicht, einfach«]

Lit|schi ⟨f.; -, -s; Bot.; kurz für⟩ Litschipflaume; *oV* Litchi

L

Lit|schi|pflau|me ⟨f.; -, -n⟩ rotbraune, hartschalige Frucht eines in Südchina beheimateten Obstbaumes; *Sy* Litchi, Litschi; →*a.* Raumbutan [<chines. *Lee Chee*]

Li|turg ⟨m.; -en, -en; christl. Rel.⟩ Geistlicher, der die Liturgie hält

Li|tur|gie ⟨f.; -, -n; christl. Rel.⟩ alle ordnungsmäßig bestehenden gottesdienstlichen Handlungen [<grch. *leiturgos,* eigtl. »Staatsdiener« <*laos* »Volk« + *ergon* »Werk«]

Li|tur|gik ⟨f.; -; unz.; christl. Rel.⟩ Lehre von der christl. Liturgie; →*a.* Lithurgik

li|tur|gisch ⟨Adj.⟩ die Liturgie betreffend, zu ihr gehörend; *~e Farben* je nach den kirchl. Festen u. dem Charakter des Gottesdienstes wechselnde Farben der Paramente; *~e Formel* in der Liturgie immer wiederkehrende Formel, z. B. Amen, Halleluja; *~e Gefäße* die beim Gottesdienst verwendeten Gefäße; *~e Gewänder* die G. des Geistlichen beim Gottesdienst

live ⟨[laɪf] Adj.; Radio; TV⟩ *~ senden* direkt übertragen [<engl. *alive* »lebendig«]

Live|act ⟨[laɪfækt] m.; -s, -s⟩ Konzertauftritt einer Rockband [<engl. *live* »direkt, original« + *act* »(Programm-)Nummer«]

Live|fo|to|gra|fie ⟨[laɪf-] f.; -, -n⟩ *oV* Livephotographie **1** ⟨unz.⟩ das unvorbereitete Fotografieren am Ort eines Geschehens, wobei der abgebildete Vorgang wichtiger ist als die technische Ausführung, z. B. an einem Kriegsschauplatz aufgenommene Bilder **2** ⟨zählb.⟩ ein daraus entstandenes Bild [<engl. *live* »aktuell, direkt, lebend« + *Fotografie*]

Live|kon|zert ⟨[laɪf-] n.; -(e)s, -e⟩ Konzert, das live arrangiert wird u. bei dem die Sänger ohne Playback auftreten

Live|mit|schnitt ⟨[laɪf-] m.; -(e)s, -e; Radio; TV⟩ Originalmitschnitt, Direktmitschnitt; →*a.* Livesendung

Live|pho|to|gra|phie ⟨[laɪf-] f.; -, -n⟩ = Livefotografie

Live|sen|dung ⟨[laɪf-] f.; -, -en; Radio; TV⟩ Direktsendung, Direktübertragung

Live|show ⟨[laɪfʃoʊ] f.; -, -s⟩ Unterhaltungssendung, die direkt übertragen wird

li|vid ⟨[-viːd] Adj.⟩ = livide

li|vi|de ⟨[-viː-] Adj.⟩ *oV* livid **1** ⟨Med.⟩ bleifarben, bläulich, fahl **2** missgünstig, neidisch [<lat. *lividus* »bleifarben, bläulich«]

Li|vre *auch:* **Liv|re** ⟨[liːvrə] m. od. n.; - od. -s, -s od. (bei Zahlenangaben) -⟩ **1** alte frz. Münze **2** alte frz. Gewichtseinheit, etwa 500 g [frz., »Pfund«]

Li|vree *auch:* **Liv|ree** ⟨[-vreː] f.; -, -n⟩ uniformartige Dienstkleidung, z. B. für Chauffeure, Portiers, Diener [<frz. *livrée* »Livree, Dienerschaft«]

li|vriert *auch:* **liv|riert** ⟨Adj.⟩ in Livree gekleidet; *ein ~er Portier, Butler*

Li|zen|ti|at[1] ⟨n.; -(e)s, -e⟩ = Lizenziat[1]

Li|zen|ti|at[2] ⟨m.; -en, -en⟩ = Lizenziat[2]

Li|zenz ⟨f.; -, -en⟩ **1** Befugnis, Genehmigung zur Ausübung eines Gewerbes **2** Erlaubnis zur Benutzung eines Patentes **3** Ermächtigung für eine Buchausgabe; *jmdm. eine ~ erteilen* [<lat. *licentia* »Freiheit, Erlaubnis«]

Li|zen|zi|at[1] ⟨n.; -(e)s, -e⟩ *oV* Lizentiat[1] **1** ⟨früher⟩ theolog. Hochschulgrad **2** ⟨veraltet; noch österr. u. schweiz.⟩ Grad der evang.-theol. u. einiger kath.-theol. Fakultäten (meist durch den Dr. theol. ersetzt) [<lat. *licentia* »Freiheit, Erlaubnis«]

Li|zen|zi|at[2] ⟨m.; -en, -en; Abk.: Lic.⟩ Inhaber des Lizenziats[1] (2); *oV* Lizentiat[2]

li|zen|zie|ren ⟨V.⟩ *etwas ~* die Lizenz für etwas erteilen

Li|zenz|spie|ler ⟨m.; -s, -; Sport⟩ Sportler, der seinen Sport in einem lizenzierten Verein als Angestellter ausübt

Li|zi|tant ⟨m.; -en, -en⟩ jmd., der auf einer Versteigerung bietet [<lat. *licitans,* Part. Präs. zu *licitari* »auf etwas bieten«]

Li|zi|ta|ti|on ⟨f.; -, -en⟩ Versteigerung [<lat. *licitatio* »das Bieten bei Versteigerungen«]

li|zi|tie|ren ⟨V.⟩ versteigern [<lat. *licitari* »auf etwas bieten«]

l. l. ⟨Abk. für⟩ loco laudato

Lla|no ⟨[ljaː-] m.; -s, -s; meist Pl.; Geogr.⟩ baumarmes Grasland im Südwesten der USA u. in Südamerika [span., »Ebene, Hochland«; zu *llano* »eben, flach, glatt« <lat. *planus*]

LLDC ⟨Abk. für engl.⟩ Least Developed Countries (am wenigsten entwickelte Länder, bes. arme Entwicklungsländer); →*a.* LCD

lm ⟨Zeichen für⟩ Lumen

lmh ⟨Zeichen für⟩ Lumenstunde

ln ⟨Zeichen für⟩ Logarithmus zur Basis e (Euler'sche Zahl = 2,731…)

Load ⟨[loːd] f.; -, -s; umg.⟩ Dosis Rauschmittel [engl., »Ladung«]

loa|ded ⟨[loʊdɪd] Adj.; umg.⟩ unter Drogeneinfluss stehend [engl., eigtl. »geladen«]

Lob ⟨[lɔb] m.; -s, -s; Sport; bes. Tennis⟩ über den am Netz stehenden Gegner hoch hinweg geschlagener Ball, Hoch(flug)-ball [engl.]

lob|ben ⟨V.; Sport; Tennis⟩ einen Lob schlagen [engl.]

Lob|by ⟨f.; -, -s⟩ **1** Vorraum eines Parlamentsgebäudes **2** Gesamtheit der Angehörigen von Interessenverbänden, die (dort) versuchen, die Entscheidungen von Parlamentsmitgliedern zu beeinflussen **3** Vorhalle, Empfangshalle (bes. in Hotels); *sie hatte gerade die ~ des Hotels verlassen* [<engl. *lobby,* heute in der Bed. »Interessengruppe«, eigtl. »Vor-, Wandelhalle«, da sich die Lobbyisten früher in den Vorhallen der Parlamentssäle aufzuhalten pflegten]

lob|by|ie|ren ⟨V.⟩ als Lobby (2) auftreten u. versuchen, auf eine Entwicklung Einfluss zu nehmen; *hinter den Kulissen ~*

Lob|by|ing ⟨[lɔbiɪŋ] n.; - od. -s; unz.⟩ von Interessengruppen (z. B. Unternehmen, Initiativen, Vereinen, Institutionen) ausgehende Beeinflussung von Politikern u. parlamentar. Abgeordneten, um bestimmte Vorstellungen od. Vorhaben durchzusetzen [→ *Lobby*]

Lob|by|is|mus ⟨m.; -; unz.; Politik⟩ System der Einflussnahme auf Parlamentsmitglieder

Lob|by|ist ⟨m.; -en, -en⟩ Angehöriger der Lobby

Lob|ek|to|mie *auch:* **Lo|bek|to|mie** ⟨f.; -, -n; Med.⟩ operative Entfernung eines Lungenlappens [<grch. *lobos* »Lappen« + *Ektomie*]

Lo|be|lie ⟨[-ljə] f.; -, -n; Bot.⟩ Gattung der Glockenblumengewächse (Campanulaceae) mit etwa 380 in den wärmeren Gegenden verbreiteten Arten, die zum Teil ein giftiges Alkaloid enthalten: Lobelia [nach dem flandrischen Botaniker M. *Lobelius,* 1538-1616]

Lo|be|lin ⟨n.; -s; unz.; Pharm.⟩ Alkaloid vieler Lobelienarten, das als Anregungsmittel bei Lähmungen des Atemzentrums sowie bei Alkohol- u. Schlafmittelmissbrauch verwendet wird [→ *Lobelie*]

lo|bu|lär ⟨Adj.; Med.⟩ sich auf bestimmte Lappen eines Lobus (1) beziehend

Lo|bus ⟨m.; -, Lo|bi⟩ **1** ⟨Med.⟩ Lappen eines Organs **2** ⟨Geol.⟩ Ausstülpung, Wölbung des Eisrandes bei Gletschern

Lo|ca|tion ⟨[lɔkɛɪʃən] f.; -, -s⟩ **1** ⟨umg.⟩ Ort (einer Veranstaltung, eines Konzerts, einer Party usw.) **2** ⟨TV⟩ Drehort [<engl. *location* »Platz, Stelle, Standort«]

Loch ⟨engl. [lɔk] m.; - od. -s, -s⟩ Binnensee, Fjord in Schottland; ~ *Lomond* [schott., »See«]

Lo|chi|en ⟨[lɔxiən] Pl.; Med.⟩ Scheidenausfluss der Wöchnerin, Wochenfluss [<grch. *lochos* »Geburt«]

Lock-out *auch:* **Lock|out** ⟨[-aut] n.; - od. -s, -s⟩ Aussperrung (von Arbeitern) [engl., »ausschließen, aussperren; Aussperrung«]

lo|co ⟨Adj.⟩ **1** ⟨Kaufmannsspr.⟩ sofort verfügbar, vorrätig (von Waren) **2** ⟨Musik⟩ (oktaviert gespielte Noten) wieder in der notierten Tonlage (zu spielen); *oV* loko [zu lat. *locus* »Ort, Stelle, Platz«]

lo|co ci|ta|to ⟨[-tsi-] Abk.: l. c.⟩ am angeführten Ort [lat.]

Lo|co|ge|schäft ⟨n.; -(e)s, -e; Wirtsch.⟩ = Lokogeschäft

lo|co lau|da|to ⟨Abk.: l. l.; selten für⟩ loco citato [lat., »an der gelobten Stelle«]

Lo|cus ⟨m.; -, Lo|ci⟩ **1** = Lokus[1] **2** ⟨Biochemie⟩ Position eines Gens auf einem Chromosomen [lat., »Ort, Stelle«]

Lod|de ⟨f.; -, -n; Zool.⟩ = Kapelan [dän., norweg.]

Lo|di|cu|lae ⟨[-lɛː] Pl.; Bot.; bei Gräsern⟩ zwei Schwellkörper zum Öffnen der Blüte [<lat. *lodicula* »kleine gewebte Decke«]

Loft[1] ⟨m.; -s, -s; Sport; Golf⟩ **1** Winkel zwischen Schlagfläche u. Sohle beim Golfschläger **2** Höhe der Flugbahn [zu engl. *loft* »hochschlagen«]

Loft[2] ⟨m. od. n.; - od. -s, -s⟩ durch Umbau einer alten Fabrikhalle od. -etage gewonnener großer Raum od. großflächige (Dachgeschoss-)Wohnung; *in einem ~ wohnen; sie mieten ein ~ über den Dächern von Berlin* [<engl. *loft* »Dachgeschoss, Speicher«]

Loft|jazz ⟨[-dʒæz] m.; -; unz.; Musik⟩ progressive Form des live gespielten Jazz, häufig in leerstehenden Gebäuden [<engl. *loft* »Dachgeschoss, Speicher« + *Jazz*]

log ⟨Zeichen für⟩ Logarithmus zur Basis 10

Log ⟨n.; -s, -e; Seew.⟩ Messgerät für die Fahrgeschwindigkeit eines Schiffes, an einer mit Knoten versehenen Leine hängendes, bleibeschwertes Brett, das im Wasser hinterhergezogen wird, je nach der Anzahl der Knoten, die in einer bestimmten Zeit durch die Hand des Messenden laufen, wird die Geschwindigkeit errechnet; *oV* Logge [engl., eigtl. »Holzklotz (als Teil einer Vorrichtung zum Messen der Geschwindigkeit eines Schiffes)«]

log…, Log… ⟨in Zus.⟩ = logo…, Logo…

…log[1] ⟨Nachsilbe; zur Bildung männl. Subst.; m.; -(e)s, -e⟩ Gespräch, Rede, Worte; *Monolog; Dialog* [<grch. *logos* »Wort, Rede«]

…log[2] ⟨Nachsilbe; zur Bildung männl. Subst.; m.; -en, -en; österr.⟩ = …loge [→ *log*[1]]

…log[3] ⟨Nachsilbe; zur Bildung von Adj.⟩ in einem bestimmten Verhältnis stehend; *heterolog; homolog* [→ *…log*[1]]

Log|a|rith|men|ta|fel *auch:* **Lo|ga|rith|men|ta|fel** ⟨f.; -, -n; Math.⟩ Zusammenstellung der Logarithmen in einer Tabelle

log|a|rith|mie|ren *auch:* **lo|ga|rith|mie|ren** ⟨V.; Math.⟩ *eine Zahl ~* in ihren Logarithmus umrechnen

log|a|rith|misch *auch:* **lo|ga|rith|misch** ⟨Adj.; Math.⟩ auf Logarithmen beruhend, in Logarithmen (ausgedrückt)

Log|a|rith|mus *auch:* **Lo|ga|rith|mus** ⟨m.; -, -rith|men; Math.⟩ diejenige Zahl b, mit der man in der Gleichung $a^b = c$ die Zahl a potenzieren muss, um die Zahl c zu erhalten; *~ auf der Basis 10* ⟨Zeichen: lg od. log⟩ der Logarithmus, bei dem a = 10 ist; *~ auf der Basis e* ⟨Zeichen: ln⟩ der Logarithmus, bei dem 3 = 2,731… (Euler'sche Zahl) ist [<grch. *logos* »Vernunft, Verhältnis« + *arithmos* »Zahl«]

Log|as|the|nie *auch:* **Lo|gas|the|nie** ⟨f.; -; unz.; Med.⟩ Gedächtnisstörung, verbunden mit dem Vergessen von Wörtern [<grch. *logos* »Wort, Rede« + *Asthenie*]

Log|buch ⟨n.; -(e)s, -bü|cher; Seew.⟩ Tagebuch, in dem alle naut. Beobachtungen u. Vorkommnisse an Bord eingetragen werden müssen, Schiffsjournal, -tagebuch [→ *Log*]

Log|da|tei ⟨f.; -, -en; EDV⟩ durch das Protokollieren bestimmter Vorgänge (z. B. Anfragen im Internet) entstandene Datei, Protokollierdatei

Lo|ge ⟨[-ʒə] f.; -, -n⟩ **1** ⟨Theat.⟩ kleiner, abgeteilter Raum mit 4-6 Sitzplätzen im Zuschauerraum des Theaters; *Bühnen~; Balkon~* **2** Vereinigung von Freimaurern **3** Ort ihrer Zusammenkünfte [frz., »Verschlag, Pförtnerloge, Loge im Theater«]

…lo|ge ⟨Nachsilbe; zur Bildung männl. Subst.; m.; -n, -n⟩ Forscher, Wissenschaftler; *Politologe* [→ *…log*[1]]

Lo|gen|bru|der ⟨[-ʒən-] m.; -s, -brü|der⟩ Mitglied einer Freimaurerloge

L

Lo|gen|platz ⟨[-ʒən-] m.; -es, -plät|ze⟩ **1** Platz in der Loge im Theater **2** ⟨fig.⟩ Platz, von dem aus man etwas bes. gut verfolgen kann

Log|ge ⟨f.; -, -n⟩ = Log

log|gen ⟨V.⟩ mit dem Log messen

Log|ger ⟨m.; -s, -; Seew.⟩ mit einem Motor betriebenes Fischereifahrzeug mit Hilfssegel [<engl. *lugger*]

Log|gia ⟨[lɔdʒa] f.; -, -gi|en [-dʒiən]⟩ **1** offene, von Säulen od. Pfeilern getragene Bogenhalle **2** ins Haus eingezogener, nicht vorspringender Balkon [ital., »halboffene Bogenhalle« <frz. *loge;* → *Loge*]

Log|glas ⟨n.; -es, -glä|ser⟩ Sanduhr zum Loggen

...lo|gie ⟨Nachsilbe; zur Bildung weibl. Subst.; f.; -, -n⟩ **1** ⟨Pl. selten⟩ Wissenschaft; *Anthropologie; Dermatologie* **2** Sammlung; *Anthologie* [→ *...log*[1]]

lo|gie|ren ⟨[-ʒiː-] V.⟩ **1** beherbergen **2** als Gast wohnen; *bei jmdm.* ~ [<frz. *loger* »wohnen«]

Lo|gik ⟨f.; -; unz.⟩ **1** Lehre von den Formen u. Gesetzen richtigen Denkens; *Sy* ⟨bei Epikur⟩ Kanonik (1) **2** ⟨allg.⟩ Fähigkeit, folgerichtig zu denken [<grch. *logos* »Wort, Rede, Vernunft«]

Lo|gi|ker ⟨m.; -s, -⟩ **1** Lehrer der Logik **2** klarer Denker

Log-in ⟨n.; -s, -s; EDV⟩ *Ggs* Logout **1** das Einbuchen, Anmelden in ein Computersystem mittels eines Passwortes **2** das Herstellen einer Verbindung mit einem anderen Computer innerhalb eines Netzwerks [<engl. *log in* »einklinken«]

Lo|gis ⟨[-ʒiː] n.; - [-ʒiːs], - [-ʒiːs]⟩ **1** Unterkunft, Wohnung, Bleibe **2** ⟨Seew.⟩ Mannschaftsraum [frz., »Wohnung, Unterkunft«; → *Loge*]

lo|gisch ⟨Adj.⟩ die Logik betreffend, zu ihr gehörig, auf ihr beruhend, ihr entsprechend, den Denkgesetzen gemäß, denkrichtig, folgerichtig; ~ *denken, folgern können; das ist doch ~!* ⟨umg.⟩ einleuchtend, klar, unzweideutig

Lo|gis|mus ⟨m.; -, -gis|men⟩ **1** logisch gültige Schlussfolgerung **2** ⟨unz.⟩ Lehre, dass die Welt logisch geordnet sei [<grch. *logos* »Wort, Rede, Vernunft«]

Lo|gis|tik ⟨f.; -; unz.⟩ **1** mathemat. od. philosoph. Logik **2** ⟨Mil.⟩ Planung u. Bereitstellung der für militärische Zwecke erforderlichen Mittel u. Dienstleistungen zur Unterstützung der Streitkräfte **3** Gesamtheit an Prozessen, die für die (Produktions-)Organisation eines Unternehmens notwendig sind

Lo|gis|ti|ker ⟨m.; -s, -⟩ Anhänger, Vertreter der Logistik (1)

lo|gis|tisch ⟨Adj.⟩ **1** die Logistik betreffend, auf ihr beruhend **2** formelhaft gedacht

...lo|gi|um ⟨Nachsilbe; zur Bildung sächl. Subst.; n.; -s, -gien⟩ **1** Verzeichnis; *Horologium* **2** Skala [<grch. *legein* »lesen«]

Lo|gi|zis|mus ⟨m.; -; unz.⟩ **1** Betonung bzw. Überbewertung der Logik **2** Bevorzugung der logischen vor der psycholog. Betrachtungsweise

lo|gi|zis|tisch ⟨Adj.⟩ in der Art des Logizismus

Lo|gi|zi|tät ⟨f.; -; unz.⟩ **1** logisches Wesen (eines Sachverhalts), das Logischsein **2** bloße Denkrichtigkeit; *Ggs* Faktizität

Lo|go ⟨n.; -s, -s; kurz für⟩ Logogramm

LOGO ⟨EDV⟩ Programmiersprache, die als Lehr- und Lernsprache bes. im Schulunterricht verwendet wird [zu grch. *logos* »Wort«]

lo|go..., Lo|go... ⟨vor Vokalen⟩ log..., Log... ⟨in Zus.⟩ **1** Wort, Sprache, Sprechen **2** Vernunft, Rechnen [<grch., »Wort, Rede; Vernunft«]

Lo|go|graf ⟨m.; -en, -en⟩ = Logograph

Lo|go|gra|fie ⟨f.; -; unz.⟩ = Logographie

lo|go|gra|fisch ⟨Adj.⟩ = logographisch

Lo|go|gramm ⟨n.; -s, -e⟩ Kürzel eines (Firmen-)Namens, wie z. B. ARD, ZDF [<grch. *logos* »Wort« + *gramma* »Schriftzeichen«]

Lo|go|graph ⟨m.; -en, -en⟩ *oV* Logograf **1** ⟨Gesch.⟩ **1.1** Rechnungsbeamter der spätrömischen Zeit **1.2** ⟨im Byzantinischen Reich⟩ Titel eines hohen Staatsbeamten **1.3** Prosadichter der frühen grch. Kultur (nach F. Creuzer, 1771-1858) **2** ⟨Lit.⟩ (in der klassischen attischen Rhetorik des 4. Jh. v. Chr.) Mann, der für seine Klienten Reden verfasste [<grch. *logos* »Wort« + *...graph*]

Lo|go|gra|phie ⟨f.; -; unz.⟩ Schrift, die aus Logogrammen zusammengesetzt ist; *oV* Logografie

lo|go|gra|phisch ⟨Adj.⟩ die Logographie betreffend, zu ihr gehörig; *oV* logografisch

Lo|go|griph ⟨m.; -s od. -en, -e od. -en⟩ Buchstaben- od. Worträtsel, bei dem durch Wegnehmen, Hinzufügen od. Ändern eines Buchstabens jeweils ein neues Wort entsteht, z. B. Band - Brand [<grch. *logos* »Wort« + *griphos* »Netz, Rätsel«]

Lo|go|pä|de ⟨m.; -n, -n; Med.; Psych.⟩ Sprachheiltherapeut, Erzieher von Gehörlosen, Schwerhörigen u. Sprachbehinderten zum natürlichen Sprechen u. Artikulieren der Worte

Lo|go|pä|die ⟨f.; -; unz.; Med.; Psych.⟩ Lehre von den psycholog. u. medizin. Maßnahmen zur Behandlung von Sprachfehlern, Sprachheilkunde [<grch. *logos* »Wort, Rede« + *...pädie*]

Lo|go|pä|din ⟨f.; -, -din|nen; Med.; Psych.⟩ Sprachheiltherapeutin

lo|go|pä|disch ⟨Adj.; Med.; Psych.⟩ auf der Logopädie beruhend, sie betreffend, mit ihrer Hilfe

Lo|go|pa|thie ⟨f.; -, -n; Med.⟩ Sprachstörung [<grch. *logos* »Wort, Rede« + *...pathie*]

Lo|gos ⟨m.; -, -goi; Pl. selten⟩ **1** Wort **2** Substantiv, Subjekt **3** ⟨Philos.⟩ **3.1** Gedanke, Sinn, Begriff **3.2** ⟨Stoiker; Heraklit⟩ Gesetzmäßigkeit des Alls, göttl. Vernunft **3.3** ⟨Neuplatonismus; Gnosis⟩ vernünftige Kraft Gottes als Schöpferkraft **3.4** ⟨Christentum⟩ das in der Person Jesu Mensch gewordene Wort Gottes [grch. »Wort, Rede; Vernunft, Berechnung«]

lo|go|the|ra|peu|tisch ⟨Adj.; Psych.⟩ die Logotherapie betreffend, mit ihrer Hilfe

Lo|go|the|ra|pie ⟨f.; -; unz.; Psych.⟩ für die Behandlung von

Neurosekranken angewandtes psychotherapeutisches Verfahren, das die geistige Auseinandersetzung des Klienten mit der Frage nach dem Sinn seines Daseins unterstützt [<grch. *logos* »Wort« + *Therapie*]

Lo|go|ty|pe ⟨f.; -, -n; Typ.⟩ zwei oder mehrere auf einer Drucktype vereinigte Buchstaben

Log-out ⟨[-aʊt] n.; -s, -s; EDV⟩ *Ggs* Log-in **1** das Ausbuchen aus einem Computersystem **2** das Beenden einer Verbindung mit einem anderen Computer innerhalb eines Netzwerks [<engl. *log out* »ausklinken«]

lo|go|zen|trisch *auch:* **lo|go|zent|risch** ⟨Adj.⟩ den Geist als ordnendes Zentrum über Körper u. Leben stellend; *Ggs* biozentrisch [<*logo…* + *zentrisch*]

Lo|has *auch:* **LOHAS** **1** ⟨Abk. für engl.⟩ Lifestyle of Health and Sustainability (Lebensstil auf der Basis von Gesundheit u. Nachhaltigkeit) **2** ⟨m.; -, -; meist Pl.⟩ Person, die gesundheitl. u. ökolog. bewusst lebt u. ihr Konsumverhalten nach dieser Einstellung ausrichtet

Lohn|dum|ping ⟨[-dʌm-] n.; - od. -s; unz.⟩ Bezahlung von niedrigen Arbeitslöhnen, die unterhalb des üblichen Tariflohnes liegen; *Bekämpfung des ~s im Baugewerbe* [→ *Dumping*]

Loi|pe ⟨f.; -, -n; Skisport⟩ Langlaufbahn [skand.]

Lok ⟨f.; -, -s; kurz für⟩ Lokomotive

lo|kal ⟨Adj.⟩ örtlich beschränkt; *ein Ereignis von (nicht nur) ~er Bedeutung* [<frz. *local* »örtlich« <lat. *localis;* zu *locus* »Ort, Platz, Stelle«]

Lo|kal ⟨n.; -(e)s, -e⟩ **1** Ort, Raum; *Wahl~* **2** Gaststätte, Restaurant; *Speise~; Wein~; in einem ~ essen* [<frz. *local* »Raum«; → *lokal*]

Lo|kal|an|äs|the|sie ⟨f.; -, -n; Med.⟩ örtl. Betäubung

Lo|kal|der|by ⟨engl. [-dœ:bɪ] od. [-dʌ:bɪ] n.; -s, -s; Sport⟩ Wettkampf od. Spiel zweier Mannschaften od. Sportler aus derselben Region od. demselben Ort [<*lokal* + *Derby*]

Lo|kal|far|be ⟨f.; -, -n⟩ **1** kräftige Farbe eines gemalten Gegenstandes ohne Zwischentöne zu den Farben der anderen Gegenstände od. zum Gesamtfarbton des Bildes **2** ⟨fig.⟩ Ortseigentümlichkeit, Lokalort

Lo|ka|li|sa|ti|on ⟨f.; -, -en⟩ das Lokalisieren; *Sy* Lokalisierung [<frz. *localisation;* → *lokal*]

lo|ka|li|sie|ren ⟨V.⟩ **1** *eine Stelle, Schmerzen, einen Krankheitsherd ~* ihre Lage genau bestimmen **2** auf einen Ort begrenzen; *die Infektion auf den Herd ~* beschränken, ihre Ausbreitung verhindern [<frz. *localiser* »lokalisieren, begrenzen«; zu *local* »örtlich« → *lokal*]

Lo|ka|li|sie|rung ⟨f.; -, -en⟩ = Lokalisation

Lo|ka|li|tät ⟨f.; -, -en⟩ **1** Örtlichkeit **2** *die ~en* ⟨umg.; verhüllend⟩ Toilette, Waschraum [<frz. *localité* »Ort, Örtlichkeit, Gegend«; zu *local* »örtlich«; → *lokal*]

Lo|kal|ko|lo|rit ⟨n.; -s, -e⟩ Eigenart (Landschaft, Milieu, Bräuche usw.) des Handlungsortes, die bei der künstler. Wiedergabe berücksichtigt wird

Lo|kal|ma|ta|dor ⟨m.; -s, -e; umg.⟩ für den Sieg favorisierte, beliebte Person aus dem Ort eines Wettkampfs, in einer bestimmten (kleineren) Region populärer Sportler

lo|kal|pa|tri|o|tisch *auch:* **lo|kal|pat|ri|o|tisch** ⟨Adj.⟩ den Lokalpatriotismus betreffend

Lo|kal|pa|tri|o|tis|mus *auch:* **Lo|kal|pat|ri|o|tis|mus** ⟨m.; -; unz.⟩ Begeisterung für die engste Heimat

Lo|kal|po|li|tik ⟨f.; -; unz.⟩ = Kommunalpolitik

lo|kal|po|li|tisch ⟨Adj.⟩ die Lokalpolitik betreffend, auf ihr beruhend

Lo|kal|pos|se ⟨f.; -, -n⟩ = Lokalstück

Lo|kal|re|dak|ti|on ⟨f.; -, -en⟩ die für die Lokalnachrichten einer Zeitung zuständige Redaktion

Lo|kal|satz ⟨m.; -es, -sät|ze; Gramm.⟩ Umstandssatz des Ortes

Lo|kal|stück ⟨n.; -(e)s, -e⟩ volkstüml., humorist., an eine Landschaft od. Stadt gebundenes Theaterstück; *Sy* Lokalposse

Lo|kal|ter|min ⟨m.; -s, -e; Rechtsw.⟩ **1** gerichtlicher Termin zur Besichtigung des Tatorts **2** gerichtlicher Termin zur Besichtigung des Ortes, über den die Parteien widersprüchliche Aussagen machen

Lo|ka|ti|on ⟨f.; -, -en; veraltet⟩ **1** Anweisung eines Ortes, Platzes **2** Einordnung, Platz-, Rangbestimmung **3** Stellung [<lat. *locatio* »Stellung, Anordnung, Vermietung«; → *Lokus*[1]]

Lo|ka|tiv ⟨m.; -s, -e [-və]; Gramm.⟩ den Ort bestimmender Kasus, z. B. im Latein [<lat. *locus* »Ort, Platz, Stelle«]

lo|ko ⟨Adj.⟩ = loco

Lo|ko|ge|schäft ⟨n.; -(e)s, -e; Wirtsch.⟩ Geschäft über vorhandene, sofort lieferbare Ware; *oV* Locogeschäft [zu lat. *locus* »Ort, Stelle, Platz«]

Lo|ko|mo|bi|le ⟨f.; -, -n⟩ ortsbewegliche Dampfmaschine [<lat. *locus* »Ort, Stelle« + *mobilis* »beweglich«]

Lo|ko|mo|ti|on ⟨f.; -, -en; Biol.⟩ Bewegung von einem Platz zum anderen [<lat. *locus* »Ort, Stelle« + *motio* »Bewegung«]

Lo|ko|mo|ti|ve ⟨f.; -, -n⟩ Schienenfahrzeug zum Antrieb der Eisenbahn [<engl. *locomotive (engine)* »sich von der Stelle bewegende (Maschine)« <lat. *locus* »Ort, Stelle, Platz« + *movere* »bewegen«]

lo|ko|mo|to|risch ⟨Adj.⟩ auf Fortbewegung, Gang, Lauf beruhend

Lo|ko|wa|re ⟨f.; -, -n; Wirtsch.⟩ am Ort vorhandene, sofort lieferbare Ware [→ *lokal*]

Lo|kus[1] ⟨m.; -, Lo|zi⟩ Platz, Ort, Stelle; *oV* Locus [<lat. *locus* »Ort, Stelle«]

Lo|kus[2] ⟨m.; -, -se; scherzh.; umg.⟩ Toilette [verkürzt <lat. *locus necessitatis* »Ort der Notdurft« (Schülersprache)]

Lo|kus|mu|ta|ti|on ⟨f.; -, -en; Genetik⟩ = Genmutation

Lo|ku|ti|on ⟨f.; -, -en; Sprachw.⟩ Äußerungsaspekt (Artikulation u. grammat. Ordnung) eines Sprechaktes in der Sprechakttheorie; →*a.* Illokution, Perlokution, Proposition [<lat. *locutio* »das Reden, Redensart«; zu *loqui* »reden, sprechen«]

L

lo|ku|ti|o|när 〈Adj.; Sprachw.〉 die Lokution betreffend, zu ihr gehörend; *Sy* lokutiv; *~er Akt* Teilakt des Sprechaktes, der das konkrete Äußern von Wörtern nach einer bestimmten grammat. Konstruktion betrifft

lo|ku|tiv 〈Adj.; Sprachw.〉 = lokutionär

Lo|li|ta 〈f.; -, -s〉 verführerische Kindfrau [nach dem gleichnamigen Roman von Vladimir Nabokov, 1899-1977]

Lom|bard 〈a. [-'-] m. od. n.; -(e)s, -e; kurz für〉 Lombardgeschäft

Lom|bar|de 〈m.; -n, -n〉 **1** Einwohner der Lombardei **2** 〈MA〉 oberital. Geldwechsler u. Pfandleiher

Lom|bard|ge|schäft 〈n.; -(e)s, -e〉 Beleihung von Wertpapieren; *Sy* Lombard [verkürzt <frz. *maison de Lombard* »Leihhaus« (*lombardische* Banken betrieben diese Geschäfte zuerst)]

lom|bar|die|ren 〈V.; Bankw.〉 beleihen, verpfänden

Lom|bard|satz 〈m.; -es, -sät|ze; Bankw.〉 Zinssatz für Kredite im Lombardgeschäft

Lom|ber 〈n.; -s; unz.; Kart.〉 Kartenspiel mit französ. Karten ohne 8, 9, 10, in dem durch Reizen der Spieler ermittelt wird, der gegen die anderen spielt; *oV* L'hombre [<span. *el hombre* »der Mensch« (Hauptspieler in dem Juego del tresillo genannten Spiel) <lat. *homo* »Mensch«]

Lo|mé-Ab|kom|men 〈[-me:-] n.; -s; unz.〉 Handels- u. Finanzierungsabkommen zwischen den EG-Staaten und Entwicklungsländern Afrikas, der Karibik u. des Pazifik [nach dem Unterzeichnungsort *Lomé* (Togo)]

Lo|mo 〈f.; -, -s; Fot.; kurz für〉 Lomographie

Lo|mo® 〈f.; -, -s; Fot.〉 kleinformatiger russischer Fotoapparat

Lo|mo|gra|fie 〈f.; -, -n; Fot.〉 = Lomographie

Lo|mo|gra|phie 〈f.; -, -n; Fot.〉 *oV* Lomografie **1** 〈unz.〉 willkürliches Fotografieren aus den unterschiedlichsten Positionen u. in den verschiedensten Situationen, wobei die so entstandenen Fotografien mosaikartig zu einem Bild zusammengesetzt werden u. eine Abbildung des Zufälligen dokumentieren sollen **2** 〈zählb.〉 Produkt der Lomographie (1) [→ *Lomo®*]

Lon|gan 〈f.; -, -s; Bot.〉 = Longanpflaume

Lon|gan|pflau|me 〈f.; -, -n; Bot.〉 der Litschi ähnliche südostasiatische Frucht: Dimocarpus longan, Drachenauge; *oV* Longan [<engl. *longan, longyen*]

Long|ä|vi|tät *auch:* **Lon|gä|vi|tät** 〈[-vi-] f.; -; unz.; Med.〉 Langlebigkeit [<lat. *longus* »lang« + *aevitas* »Lebensalter«]

Long|drink 〈[lɔŋdrɪŋk]〉 *auch:* **Long Drink** 〈m.; (-) -s, (-) -s〉 wenig Alkohol enthaltendes Mischgetränk; *Ggs* Shortdrink [<engl. *long* »in einem großen Glas serviert«, eigtl. »lang« + *Drink*]

Lon|ge 〈[lɔ̃:ʒ(ə)] od. [lɔŋʒə] f.; -, -n〉 **1** lange Leine, an der man ein Pferd im Kreis herumlaufen lässt **2** Seil, das einen Sportler beim Erlernen schwieriger Übungen vor dem Abstürzen bewahrt [frz., »Leine«]

lon|gie|ren 〈[-ʒi:-] V.〉 *ein Pferd ~* an der Longe laufen lassen

Lon|gi|me|trie *auch:* **Lon|gi|met|rie** 〈f.; -; unz.〉 Messung der Längen [<lat. *longus* »lang« + *...metrie*]

lon|gi|tu|di|nal 〈Adj.〉 **1** in der Längsausdehnung **2** den Längengrad betreffend [<lat. *longitudo*, Gen. *longitudinis* »Länge«]

Lon|gi|tu|di|nal|schwin|gung 〈f.; -, -en; Physik〉 Schwingung in Längsrichtung

Lon|gi|tu|di|nal|wel|le 〈f.; -, -n; Physik〉 Längswelle, Schwingung in der Richtung der Ausbreitung, z. B. elastische Stoßwelle

long|line 〈[-laɪn] Adv.; Sport; Tennis〉 entlang der seitlichen Linie geschlagen; *einen Ball ~ spielen* [engl.]

Long|line 〈[-laɪn] m.; - od. -s, -s; Sport; Tennis〉 Ball, der entlang der Seitenlinie gespielt wird; *Ggs* Cross [<engl. *long line* »lange Linie«, da der Ball entlang der längsten Feldbegrenzungslinie gespielt wird]

Long|sel|ler 〈m.; -s, -; Buchw.〉 Buch, das lange Zeit gut verkauft wird; *Sy* Steadyseller [<engl. *long* »lange« + *sell* »verkaufen«]

Long|shirt 〈[-ʃœ:t] n.; -s, -s〉 sehr lang geschnittenes, kragenloses Baumwollhemd [<engl. *long* »lang« + *shirt* »Hemd«]

long|ton 〈[lɔŋtʌn] f.; -, -s; Zeichen: l. tn.; in den USA〉 Massen- u. Gewichtseinheit, 1 l. tn. = 2240 pounds = 1016 kg

Look 〈[luk] m.; -s, -s; häufig in Zus.〉 Aussehen, Erscheinungsbild, bes. in der Mode; *Partner~, Disco~; im ~ eines Rockers* [engl., »Aussehen«]

Look|alike 〈[lukəlaɪk] m.; -s, -s〉 jmd., der einer prominenten Person ähnlich sieht od. diese professionell doubelt (auf Festen usw.) [<engl. *lookalike* »Doppelgänger, Gegenstück«]

Loop 〈[lu:p] m.; -s, -s〉 **1** 〈Popmusik〉 elektronisch erzeugte Schlaufe, die einen Teil eines Musikstückes ständig od. endlos wiederholt, Soundschleife **2** 〈EDV〉 Teil eines in sich geschlossenen u. mehrfach zu durchlaufenden Programms, Programmschleife **3** 〈Textilw.〉 ein Schlingenzwirn [engl., »Schleife, Schlinge«]

loo|pen 〈[lu:pən] V.〉 einen Looping fliegen [→ *Looping*]

Loo|ping 〈[lu:-] m. od. n.; -s, -s〉 Überschlag mit dem Flugzeug [engl. »das Überschlagen«]

Lo|quat 〈f.; -, -s; Bot.〉 Japanische Mispel, aus Asien stammende Mispelart mit festem, säuerlichem Fruchtfleisch: Eriobotrya japonica [engl.]

Lo|qua|zi|tät 〈f.; -; unz.; Med.〉 Geschwätzigkeit [<lat. *loquacitas* »Geschwätzigkeit«]

Lor|bass 〈m.; -es, -e; nddt.〉 Flegel, Lümmel [lit.]

Lord 〈m.; -s, -s〉 engl. Adelstitel [engl., »Herr«]

Lord|kanz|ler 〈m.; -s, -〉 höchster engl. Staatsbeamter, Großkanzler

Lord May|or *auch:* **Lord Ma|yor** 〈[lɔ:d mɛ:ə(r)] m.; - -s, - -s〉 Erster Bürgermeister (Londons u. einiger anderer engl. Großstädte) [engl.]

Lor|do|se 〈f.; -, -n; Med.〉 Rückgratverkrümmung nach vorn; *Ggs* Kyphose [<grch. *lordos* »vorwärtsgekrümmt«]

Lord|ship ⟨[-ʃɪp] f.; -; unz.; in England⟩ **1** Titel eines Lords **2** höfliche bzw. förmliche Anrede für den Inhaber eines solchen Titels **3** die zu dem Titel gehörenden Ländereien [engl., »Lordschaft«]

Lo|re ⟨f.; -, -n⟩ *oV* Lori[1] **1** offener, auf Schienen laufender Wagen zur Beförderung von Massengütern **2** Raummaß für Kohlen, 200 Zentner [<engl. *lorry* »flacher Lastwagen«]

Lor|gnet|te *auch:* **Lorg|net|te** ⟨[lɔrnjɛtə] f.; -, -n⟩ Brille mit Stiel (ohne Bügel), Stielbrille [frz., »Opernglas«, eigtl. »Augenglas zum Sehen seitlich befindlicher Gegenstände«; zu *lorgner* »anschielen, von der Seite ansehen«]

Lor|gnon *auch:* **Lorg|non** ⟨[lɔrnjɔ̃:] n.; -s, -s⟩ Einglas mit Stiel, Stielglas [frz., »Kneifer, Zwicker«; zu *lorgner* »anschielen, von der Seite ansehen«]

Lo|ri[1] ⟨m.; -s, -s⟩ = Lore

Lo|ri[2] ⟨m.; -s, -s; Zool.⟩ Angehöriger einer Familie kurzschwänziger od. schwanzloser Halbaffen: Lorisidae [zu engl. *loris* <frz. *loris* <fläm. *lorrias* »faul, träge«]

Lo|ri[3] ⟨m.; -s, -s; Zool.⟩ Angehöriger einer Gruppe farbenfroher Papageien mit pinselartiger Zunge, Pinselzüngler: Loriinae [<engl. *lory* <malai. *luri*]

Lo|ro|kon|to ⟨n.; -s, -kon|ten od. -kon|ti od. -s; Bankw.⟩ Konto, das eine Bank für eine andere Bank führt; *Sy* Vostrokonto; *Ggs* Nostrokonto [ital., »Konto jener (anderen Banken)«]

lo|sen ⟨[lu:zən] V.; Jugendspr.⟩ verlieren, das Nachsehen haben; *diesmal hat er gelost* [<engl. *lose* »verlieren«]

Lo|ser ⟨[lu:zə(r)] m.; -s, -; Jugendspr.⟩ Verlierer, Versager [engl.; zu *lose* »verlieren«]

Lost ⟨[lɔst] m.; -(e)s; unz.⟩ ein Gelbkreuz-Kampfstoff, Senfgas [nach den Chemikern *Lo*mmel und *St*einkopf]

Lost Ge|ne|ra|tion ⟨[lɔst dʒɛnəreɪʃən] f.; - -; unz.⟩ Gruppe junger US-amerikan. Schriftsteller der 1920er Jahre, deren Weltanschauung vom Erlebnis des 1. Weltkrieges geprägt wurde u. daher durch Desillusionierung u. Skeptizismus gekennzeichnet war [engl., »verlorene Generation«]

Lot ⟨[lɔt] n.; -s, -s⟩ **1** Zusammenstellung von Briefmarken(sätzen) **2** Zusammenstellung von Zuchttieren oder einer bestimmten Ware, z. B. für Auktionen [engl., »Menge, Posten«]

Lo|ti|on ⟨f.; -, -en od. engl. [lo:ʃn] f.; -, -s⟩ Kosmetikum, meist mit Alkohol u. einem reinigenden, glättenden od. adstringierenden Wirkstoff, hauptsächlich als Gesichtswasser verwendet [engl., »Waschmittel, Gesichtswasser« <frz. *lotion* »Abwaschung, Flüssigkeit«]

Lo|to|pha|ge ⟨m.; -n, -n⟩ Angehöriger eines sagenhaften Volkes an der Küste Libyens, das sich von Lotos nährte, nach dessen Genuss die Gefährten des Odysseus ihre Heimat vergaßen [<*Lotos* + *...phage*]

Lo|tos ⟨m.; -, -⟩ **1** = Lotosblume **2** ⟨im antiken Orient⟩ Sinnbild der Reinheit u. Schönheit **3** ⟨Buddhismus⟩ Sinnbild der Religion [grch., Name mehrerer, den alten Griechen bekannter Pflanzen: 1. Steinklee, 2. Seerose, 3. im Küstengebiet des Mittelmeeres wachsender Baum mit pflaumenartigen Früchten]

Lo|tos|blu|me ⟨f.; -, -n; Bot.⟩ Gattung der Seerosengewächse, Wasserpflanze mit schildförmigen, langgestielten grünen Blättern, die über das Wasser hinausragen, großen Blüten, essbaren Samen u. stärkehaltigen Rhizomen, die ebenfalls gegessen werden können: Nelumbo

Lo|tos|ef|fekt ⟨m.; -(e)s; unz.; Technik⟩ selbstreinigende Wirkung (aufgrund spezieller Oberflächenbehandlung von Materialien); *Badewannen, Dachziegel mit* ~ [wegen der selbstreinigenden Materialeigenschaft der *Lotosblume*]

Lot|se ⟨m.; -n, -n⟩ **1** geprüfter Seemann mit Sonderausbildung in einem bestimmten Ortsbereich, der Schiffe durch schwierige Gewässer leitet; *Sy* Pilot (2) **2** Führer durch unbekanntes od. gefährl. Gebiet [verkürzt <*Lootsmann* <engl. *loadsman* »Steuermann«]

lot|sen ⟨V.⟩ **1** *ein Schiff* ~ als Lotse führen **2** *jmdn. (durch eine Stadt)* ~ leiten, führen **3** ⟨fig.; umg.⟩ mitnehmen, mitschleppen, verführen mitzugehen; *jmdn. mit ins Kino* ~

Lot|te|rie ⟨f.; -, -n⟩ **1** staatl. od. private Auslosung von Gewinnen unter den Personen, die ein Los gekauft haben; *Geld~; Waren~* **2** Glücksspiel mit Karten [<ndrl. *loterije* »Glücksspiel«; zu *lot* »Los«]

Lot|to ⟨n.; -s, -s⟩ **1** Gesellschaftsspiel für Kinder, bei dem jeder eine Karte mit mehreren Zahlen od. Bildern vor sich hat, die er, wenn sie aufgerufen werden, zudecken kann, u. wer seine Karten zuerst zugedeckt hat, ist Sieger; *Zahlen~; Bilder~* **2** eine Art Lotterie, bei der man mit einem bestimmten Einsatz auf die Zahlen wettet, von denen man glaubt, dass sie bei der Ziehung herauskommen werden [ital., »Losspiel, Glücksspiel« <frz. *lot* »Los, Anteil« <fränk. **(h)lot* »Anteil«]

Lo|tus ⟨m.; -; unz.; Bot.⟩ Gattung der Schmetterlingsblütler (Papilionaceae), Hornklee [<grch. *lotos;* → *Lotos*]

Lou|is ⟨[lu:i] m.; -, - [lu:i:s]; umg.⟩ Zuhälter [frz., »Ludwig«]

Lou|is|dor ⟨[luido:r] m.; -s, -e od. (bei Zahlenangaben) -⟩ Goldmünze, die zuerst unter Ludwig XIII. von Frankreich (1641) geprägt wurde (1803 durch das 20-Franc-Stück ersetzt) [<frz. *louis d'or* <*Louis* »Ludwig« + *or* »Gold«]

Lou|is|qua|torze ⟨[luikatɔ:rz] n.; -; unz.⟩ der unter Ludwig XIV. (1643-1715) in Frankreich herrschende Kunst- u. bes. Möbelstil, Barockstil [frz.]

Lou|is|quinze ⟨[luikɛ̃:z] n.; -; unz.⟩ der unter Ludwig XV. (1723-1774) in Frankreich herrschende Kunst- u. bes. Möbelstil, Rokokostil [frz.]

Lou|is|seize ⟨[luisɛ̃:z] n.; -; unz.⟩ der unter Ludwig XVI. (1774-1792) in Frankreich herrschende Kunst- u. bes. Möbelstil, kennzeichnet den Übergang vom Rokoko zum Klassizismus [frz.]

Lounge ⟨[laʊndʒ] f.; -, -s [-dʒɪz]; in Hotels⟩ Halle, Aufenthaltsraum; *er wartete in der ~ auf sie* [engl., »Diele, Halle, Wohnzimmer«]

Lou|re ⟨[lu:r(ə)] f.; -, -n; Musik⟩ **1** ⟨im MA⟩ französ. Sackpfeife **2** ⟨danach⟩ in die Suite übernommener Tanz im $^6/_4$-Takt [frz. <lat. *lura* »Schlauchöffnung«; → *Lure*]

love ⟨[lʌv] Sport; Tennis⟩ Zählweise für null (Punkte); *die Spielerin führte schnell 40:~* [engl., eigtl. »Liebe«, aber auch »Null«; zu *doing something for love* »etwas zum Spaß, für nichts tun«]

Love-in ⟨[lʌvɪn] n.; -s, -s⟩ Protestveranstaltung zumeist Jugendlicher, bei der es zu sexuellen Handlungen in der Öffentlichkeit kommt (häufig praktiziert auf den Protestkundgebungen in den 1960er Jahren); →*a.* Go-in, Sit-in, Teach-in [<engl. *love* »Liebe; lieben« + *in* »in«]

Love-in-To|kyo ⟨[lʌvɪntoʊkioʊ] m.; -s, -s⟩ Haarschmuck aus zwei mit einem elastischen Gummiband verbundenen Kugeln [engl., eigtl. »Liebe in Tokio«]

Love|pa|rade ⟨[lʌvpərɛɪd] f.; -, -s⟩ jährlich in deutschen u. anderen europ. Großstädten stattfindende mehrtägige Großveranstaltung der Technoszene [<engl. *love parade* »Liebesparade«]

Lo|ver ⟨[lʌvə(r)] m.; -s, -; umg.⟩ Geliebter, Liebhaber; →*a.* Latinlover [engl.]

Love|sto|ry ⟨[lʌvstɔrɪ] f.; -, -s⟩ gefühlsselige (tragische) Liebesgeschichte [engl.]

Low Church ⟨[loʊ tʃœ:tʃ] f.; - -; unz.⟩ Glaubensgemeinschaft innerhalb der anglikan. Kirche, die vom Methodismus beeinflusst ist; →*a.* High Church [<engl. *low* »niedrig« + *church* »Kirche«]

Low Dose ⟨[loʊ doʊs] f.; - -; unz.⟩ niedrige Dosierung; *die Low-Dose-Anwendung eines Medikaments* [engl.]

Low|fat ⟨[loʊfæt]⟩ *auch:* **Low Fat** ⟨[loʊ fæt] ohne Artikel; meist in Zus.⟩ niedriger Fettanteil in Nahrungsmitteln; *eine ~-Diät machen; mit ~-Rezepten kochen* [<engl. *low-fat* <*low* »niedrig« + *fat* »Fett«]

Low-Fi ⟨[loʊfaɪ] Abk. für engl.⟩ Low Fidelity

Low Fi|de|li|ty ⟨[loʊ fɪdɛlɪti] f.; - -; unz.; Abk.: Low-Fi⟩ (absichtlich erzeugte, nostalgisch wirkende) einfache Klangqualität [engl.]

Low Im|pact ⟨[loʊ ɪmpækt] m.; - -s, - -s⟩ geringer Grad an Belastung od. Beeinflussung; *Ggs* High Impact [<engl. *low* »gering, niedrig, wenig« + *impact* »Einschlag, Einwirkung, Einfluss«]

Low|tech ⟨[loʊtɛk] f.; -; unz.⟩ weniger anspruchsvolle Technik (die leicht handhabbar ist) [verkürzt <engl. *low* »niedrig« + *tech*nology »Technologie«]

lo|xo|drom ⟨Adj.; Kartogr.⟩ in der Art einer Loxodrome geformt

Lo|xo|dro|me ⟨f.; -, -n; Kartogr.⟩ Verbindungslinie zweier Punkte der Erdoberfläche, die alle Längenkreise unter dem gleichen Winkel schneidet [<grch. *loxos* »schief« + *dromos* »Lauf«]

lo|xo|go|nal ⟨Adj.⟩ schiefwinklig [<grch. *loxos* »schief« + *gonia* »Winkel«]

◆Die Buchstabenfolge **loy|a...** kann auch **lo|ya...** getrennt werden.

◆**loy|al** ⟨[loaja:l] Adj.⟩ *Ggs* illoyal **1** treu der Regierung od. dem Vorgesetzten gegenüber, zu ihnen haltend **2** ⟨fig.⟩ anständig, redlich [frz., »rechtschaffen, pflichtgetreu, ehrlich«]

loyal (*Worttrennung am Zeilenende*) Im Französischen wird das »*y*« verwendet, um einen vorausgehenden an einen folgenden Vokal zu binden. Im Deutschen bleibt es dem Schreibenden überlassen, ob er vor dem Konsonanten trennt oder die Buchstabengruppe »*oy*« als eigenen Laut [ɔj] auffasst und dementsprechend hinter dem Konsonanten trennt (→*a.* Foyer).

◆**Loy|a|lis|mus** ⟨m.; -; unz.; meist abwertend⟩ loyales Verhalten gegenüber einer Partei od. einer Regierung, bedingungslose Loyalität; *einen widerstandslosen ~ einfordern*

◆**Loy|a|list** ⟨[loaja-] m.; -en, -en⟩ jmd., der sich der Regierung u. den Gesetzen gegenüber treu verhält, der loyal (1) ist

◆**loy|a|lis|tisch** ⟨Adj.⟩ wie ein Loyalist, regierungstreu, gesetzestreu; *sich ~ verhalten*

◆**Loy|a|li|tät** ⟨[loajali-] f.; -; unz.⟩ *Ggs* Illoyalität **1** loyales Wesen, loyales Verhalten, Treue, Zuverlässigkeit **2** ⟨fig.⟩ Anständigkeit, Redlichkeit [<*loyal* u. frz. *loyauté* »Ehrenhaftigkeit, Rechtschaffenheit, Pflichttreue«]

LSD ⟨Abk. für⟩ Lysergsäurediethylamid, ein aus dem Mutterkorn abgeleitetes Psychopharmakon

ltd. ⟨Abk. für⟩ limited

Ltd. ⟨Abk. für engl.⟩ Limited (GmbH)

LTI ⟨Abk. für lat.⟩ Lingua Tertii Imperii (Sprache des Dritten Reiches) [nach dem gleichnamigen Buch von Victor Klemperer, 1881-1960]

ltn ⟨Zeichen für engl.⟩ longton

Lu ⟨chem. Zeichen für⟩ Lutetium

Lu|ci|fer ⟨m.; -s; unz.⟩ = Luzifer (2)

Lü|cken|ana|ly|se ⟨f.; -, -n; Wirtsch.⟩ = Gapanalyse

Lud|di|ten ⟨Pl.⟩ engl. Maschinenstürmer (Textilarbeiter), die Anfang des 19. Jh. aus Furcht vor Arbeitslosigkeit ihre Maschinen zerstörten [<engl. *luddites,* angeblich nach einem der ersten Maschinenstürmer, Ned *Lud,* um 1779]

Lu|dus ⟨m.; -, Lu|di⟩ **1** altröm. Schauspiel, Festspiel **2** mittelalterliches geistl. Drama [lat., »Spiel«]

Lu|es ⟨f.; -; unz.; Med.⟩ = Syphilis [lat., »Seuche, ansteckende Krankheit«]

lu|e|tisch ⟨Adj.; Med.⟩ an Lues erkrankt, durch sie verursacht

Lu|ffa ⟨f.; -, -s; Bot.⟩ **1** tropische Gattung der Kürbisgewächse: Luffa **2** ⟨i. e. S.⟩ kultivierte Art dieser Gattung mit zylindr., essbaren Früchten, deren Fasernetz die Luffaschwämme (zum Frottieren) u. Einlagen für Tropenhelme u. Einlegesohlen liefert, Schwammkürbis: L. cylindrica [<engl. *luffa, loofah* <arab. *luf*]

Luft|kor|ri|dor ⟨m.; -s, -e⟩ Flugschneise über dem Hoheitsgebiet eines Staates, die von ausländ. Flugzeugen eingehalten werden muss

Lü|gen|de|tek|tor ⟨m.; -s, -en; irreführende Bez. für⟩ Polygraf

lu|gu|ber ⟨Adj.; geh.⟩ trist, trüb, traurig; *eine lugubre Stimmung* [<lat. *lugubris* »traurig, unheilvoll, kläglich«]

Lu|gu|bri|tät *auch:* **Lu|gub|ri|tät** ⟨f.; -; unz.; geh.⟩ Tristheit, Trübsinnigkei, Traurigkeit [→ *luguber*]

Lu|i|ker ⟨m.; -s, -⟩ = Syphilitiker [→ *Lues*]

lu|isch ⟨Adj.⟩ = syphilitisch

Lu|kar|ne ⟨f.; -, -n; nddt.⟩ Dachluke, Dachfenster [<frz. *lucarne* »Dachluke, Dachfenster«]

lu|kra|tiv *auch:* **luk|ra|tiv** ⟨Adj.⟩ Gewinn bringend, einträglich; *~e Beschäftigung* [<lat. *lucrativus* »mit Gewinn und Vorteil verknüpft«; zu *lucrum* »Gewinn, Vorteil«]

lu|krie|ren *auch:* **luk|rie|ren** ⟨V.; österr.⟩ (finanzielle) Vorteile erzielen, Gewinn machen; *das europäische Konsortium konnte zwei Milliarden ~* [<lat. *lucrari* »gewinnen, profitieren«; zu *lucrum* »Gewinn, Vorteil«]

Lu|ku|bra|ti|on *auch:* **Lu|kub|ra|ti|on** ⟨f.; -, -en; veraltet⟩ **1** nächtl. wissenschaftl. Arbeit **2** deren Ergebnis [<lat. *lucubratio* »das Arbeiten bei Licht, Nachtarbeit«]

lu|ku|lent ⟨Adj.; veraltet⟩ lichtvoll [<lat. *luculentus* »hell, stattlich, ansehnlich«]

lu|kul|lisch ⟨Adj.⟩ reichhaltig u. köstlich; *~e Speise, ~es Mahl*

Lu|kul|lus ⟨m.; -, -se⟩ **1** Schlemmer, Feinschmecker **2** Kuchen aus Schichten von Keks u. mit Palmin u. Zucker angerührtem Kakao, kalter Hund [nach dem röm. Feldherrn Lucius Licinius *Lucullus,* etwa 117-57 v. Chr.]

Lul|la|by ⟨[lʌləbaɪ] n.; -s, -s; Musik; engl. Bez. für⟩ Wiegenlied, Schlaflied

Lu|lo ⟨f.; -, -s; Bot.⟩ südamerikan. Frucht mit grünem, geleeartigem Fruchtfleisch u. zahlreichen Samenkernen: Solanum quitoense; *Sy* Quitoorange [span.]

Lum|ba|go ⟨f.; -; unz.⟩ **1** ⟨Med.⟩ mit plötzlichen Schmerzen auftretender, die Bewegung einschränkender od. aufhebender Muskelrheumatismus, Hexenschuss **2** ⟨Vet.⟩ oft tödlich verlaufende Muskelerkrankung des Pferdes mit Lähmungserscheinungen nach mehrtägiger Ruhe u. kohlehydratreicher Fütterung, Nieren(ver)schlag, Schwarze Harnwinde [lat., »Lendenlähmung«; zu *lumbus* »Lende«]

lum|bal ⟨Adj.; Med.; Vet.⟩ die Lenden betreffend, zu ihnen gehörig, von ihnen ausgehend [<lat. *lumbus* »Lende«]

Lum|bal|an|äs|the|sie ⟨f.; -, -n; Med.⟩ örtl. Betäubung durch Einspritzung u. Blockierung der schmerzleitenden Nerven am Lendenteil des Rückenmarks

Lumb|al|gie *auch:* **Lum|bal|gie** ⟨f.; -, -n; Med.⟩ Lendenschmerz [<lat. *lumbus* »Lende + …*algie*]

Lum|bal|punk|ti|on ⟨f.; -, -en; Med.⟩ Punktion des Duralsacks zwischen den Lendenwirbeln, Lendenstich

lum|be|cken ⟨V.⟩ im Lumbeckverfahren herstellen

Lum|beck|ver|fah|ren *auch:* **Lum|beck-Ver|fah|ren** ⟨n.; -s; unz.⟩ Verfahren zur Herstellung von Broschüren, Taschenbüchern u. Ä. (fadenlose Klebebindung mittels einer bes. Kunstharzemulsion) [nach dem Erfinder E. *Lumbeck,* 1886-1979]

Lum|ber|jack ⟨[lʌmbə(r)dʒæk] m.; -s, -s⟩ Jacke aus Leder od. Tuch mit gestrickten Bünden [engl.-(US-amerikan.), »Holzfäller, Holzarbeiter« <*lumber* »Nutzholz« + (umg.) *jack* »Mann«]

Lu|men ⟨n.; -s, - od. Lu|mi|na⟩ **1** ⟨Biol.⟩ Weite der Durchgangsöffnung von Hohlorganen **2** ⟨Pl.: -; Zeichen: lm; Physik⟩ Maßeinheit für den Lichtstrom **3** ⟨fig.; scherzh.; veraltet⟩ *er ist (k)ein großes ~* Licht, Leuchte, Könner [lat., »Licht«]

Lu|men|stun|de ⟨f.; -, -n; Physik; Zeichen: lmh⟩ Maßeinheit für die Lichtmenge, Anzahl der Lumen, die von einer Lichtquelle innerhalb einer Stunde ausgesandt werden

Lu|mi|nes|zenz ⟨f.; -, -en; Physik⟩ ohne merkbare Erwärmung verlaufende Lichtaussendung einer Substanz, die auf Veränderungen der Elektronenanordnung in Atomen beruht, wobei die freigesetzte Energie in Form sichtbarer Strahlung ausgesandt wird [<lat. *lumen* »Licht«]

lu|mi|nes|zie|ren ⟨V.; Physik⟩ Lumineszenz zeigen, kalt leuchten [<lat. *lumen* »Licht«]

Lu|mi|neux ⟨[lyminø:] m.; -; unz.; Textilw.⟩ leichtes, glänzendes Gewebe aus Seide od. Kunstfasern [frz., »glänzend«]

Lu|mi|no|gra|fie ⟨f.; -; unz.⟩ = Luminographie

Lu|mi|no|gra|phie ⟨f.; -; unz.⟩ Verfahren zur Herstellung von Fotokopien ohne Kamera mit Hilfe von Leuchtplatten als Lichtquelle; *oV* Luminografie [<lat. *lumen* »Licht« + …*graphie*]

Lu|mi|no|phor ⟨m.; -s, -e; Physik⟩ fluoreszierender od. phosphoreszierender Stoff, Leuchtstoff [<lat. *lumen* »Licht« + …*phor*[2]]

lu|mi|nös ⟨Adj.⟩ lichtvoll, leuchtend [<lat. *luminosus* »hell«]

Lum|me ⟨f.; -, -n; Zool.⟩ Angehöriger einiger Arten der Alken: Uria; *Sy* Teiste [<dän. *loom,* schwed. *lom* »Polarente«]

Lum|pa|zi|va|ga|bun|dus ⟨[-va-] m.; -, -se od. -bun|di; scherzh.⟩ Landstreicher [scherzhafte Weiterbildung von *Lump* u. *Vagabund* mit lat. Endung]

Lum|pen|pro|le|ta|ri|at ⟨n.; -(e)s; unz.; Politik⟩ (nach der marxist. Theorie) Proletariat aus allen Klassen ohne proletar. Klassenbewusstsein in der kapitalistischen Gesellschaft

L

Lu|na ⟨f.; -; unz.; poet.; veraltet⟩ Mond [<lat. *luna* »Mond«, *Luna* »Mondgöttin«]

lu|nar ⟨Adj.⟩ zum Mond gehörig, von ihm ausgehend; *oV* lunarisch [<lat. *lunaris;* → *Luna*]

lu|na|risch ⟨Adj.⟩ = lunar

Lu|na|ri|um ⟨n.; -s, -ri|en⟩ Apparat zum Veranschaulichen der Bewegungen des Mondes um die Erde [<lat. *luna* »Mond«]

Lu|na|ti|ker ⟨m.; -s, -; Med.⟩ = Somnambule

Lu|na|ti|on ⟨f.; -, -en⟩ Mondumlauf in allen seinen Phasen [<lat. *luna* »Mond«]

lu|na|tisch ⟨Adj.; Med.⟩ = somnambul

Lu|na|tis|mus ⟨m.; -; unz.; Med.⟩ = Somnambulismus

Lunch ⟨[lʌntʃ] m.; - od. -(e)s, -e od. -(e)s; in England⟩ kleine Mittagsmahlzeit [engl., »Gabelfrühstück, leichte Mittagsmahlzeit«]

lun|chen ⟨[lʌntʃən] V.⟩ den Lunch einnehmen [engl. *lunch* »den Lunch einnehmen«]

Lü|net|te ⟨f.; -, -n⟩ **1** ⟨Arch.⟩ halbkreisförmiges Feld über Türen, Fenstern od. als Bekrönung eines Rechtecks **2** ⟨Mil.⟩ etwa mondförmiger Grundriss alter Schanzen **3** ⟨Technik⟩ Vorrichtung auf der Drehbank zum Unterstützen langer Werkstücke [<frz. *lunette,* Verkleinerungsform zu *lune* »Mond« <lat. *luna* »Mond«]

lun|go ⟨Musik⟩ lang ausgehalten (zu spielen) [ital., »lang«]

lu|ni|so|lar ⟨Adj.⟩ den Mond- und Sonnenlauf gleichermaßen berücksichtigend [zu lat. *luna* »Mond« + *solaris* »zur Sonne gehörig«]

Lu|no|chod ⟨[-xɔd] m.; - od. -s; unz.⟩ sowjet. Mondfahrzeug, das von Raketen der Luna-Serie auf dem Mond abgesetzt wurde u. dort Bodenuntersuchungen durchführte

Lu|no|lo|gie ⟨f.; -; unz.⟩ Wissenschaft, die sich mit der Beschaffenheit des Mondes befasst [<lat. *luna* »Mond« + *...logie*]

Lu|nu|la ⟨f.; -, -lae [-lɛ:] od. -nu|len⟩ **1** halbmondförmiger Halsschmuck der Bronzezeit **2** halbmondförmiger Halter für die Hostie in der Monstranz **3** weißer Halbmond an der Wurzel des Fingernagels [<lat. *lunula,* Verkleinerungsform von *luna* »Mond«]

lu|nu|lar ⟨Adj.⟩ halbmondförmig

Lu|pe ⟨f.; -, -n; Optik⟩ Sammellinse für meist 8- bis 25-fache Vergrößerung, Vergrößerungsglas; *etwas od. jmdn. unter die ~ nehmen* genau betrachten od. prüfen [<frz. *loupe* »Lupe«, eigtl. kreisförmige Geschwulst unter der Haut, »Wolfsgeschwulst« <lat. *lupa* »Wölfin«]

Lu|per|ka|li|en ⟨Pl.⟩ altrömisches Fest zu Ehren des Hirtengottes Faunus am 15. Februar [<lat. *lupercus* »Wolfsabwehrer« <*lupus* »Wolf« + *arcere* »abwehren«]

Lu|pi|ne ⟨f.; -, -n; Bot.⟩ Gattung der Schmetterlingsblütler mit gefingerten Blättern u. traubigen Blütenständen, zur Gründüngung angebaut od. zur Kultivierung von Ödländereien u. als wertvolles, eiweißreiches Viehfutter genutzt: Lupinus [<lat. *lupus* »Wolf«]

Lu|pi|no|se ⟨f.; -, -n; Vet.⟩ Vergiftung der Haustiere infolge Fütterung mit bitteren Lupinen

Lu|po|len ⟨n.; -s, -e; Chemie⟩ ein Kunststoff auf der Basis von Polyäthylen

lu|pös ⟨Adj.; Med.⟩ den Lupus betreffend, durch ihn hervorgerufen, an ihm erkrankt

Lup|pe ⟨f.; -, -n⟩ beim Puddel- u. Krupp-Renn-Verfahren gewonnenes, teigiges, kohlenstoffarmes Eisen [<frz. *loupe*]

Lu|pu|lin ⟨n.; -s; unz.⟩ aus Hopfen gewonnene Bierwürze, auch Beruhigungsmittel [<neulat. *lupulus* »Hopfen« <lat. *lupus* »Wolf; Hopfen«]

Lu|pus ⟨m.; -, - od. -se; Med.⟩ **1** Hauttuberkulose mit Knötchenbildung (meist im Gesicht), Wolf **2** *~ in fabula!* der Wolf in der Fabel, jmd., der in dem Moment kommt, wenn man von ihm spricht [lat., »Wolf«]

Lu|re ⟨f.; -, -n; Musik⟩ nordisches Blasinstrument aus der Bronzezeit, S-förmiges Horn mit verzierter Scheibe an einem Ende; →*a.* Loure [<anord.]

Lu|rex ⟨n.; -; unz.; Textilw.⟩ **1** durch die Verwendung metallisierter Garne stark glänzendes Garn **2** daraus hergestelltes Gewebe

Lur|ker ⟨[lə:kə(r)] m.; -s, -; EDV⟩ unseriöser Teilnehmer einer Mailingliste [zu engl. *lurk* »lauern«]

lu|sin|gan|do ⟨Musik⟩ schmeichelnd, gefällig, spielerisch [ital., Part. Präs. zu *lusingare* »schmeicheln, locken«]

Lu|si|ta|no ⟨m.; -s, -s; Zool.⟩ aus Portugal stammende, mittelgroße Pferderasse, die u. a. im Stierkampf eingesetzt wird [portug., »portugiesisch; Portugieser«]

Lüs|ter ⟨m.; -s, -⟩ **1** Kronleuchter **2** glänzender Überzug auf Keramikwaren **3** ⟨Textilw.⟩ glänzendes Halbwollgewebe in Leinwandbindung [<frz. *lustre* »Glanz, Glasur, Kronleuchter«]

Lus|tra ⟨Pl. von⟩ Lustrum

Lus|tra|ti|on ⟨f.; -, -en⟩ feierl., relig. Reinigung (durch Opfer o. Ä.) [<lat. *lustratio* »Reinigung durch Opfer, Sühne«]

lus|tra|tiv ⟨Adj.⟩ Lustration bewirkend

lus|trie|ren ⟨V.⟩ feierlich reinigen [<lat. *lustrare* »durch Sühneopfer reinigen«]

lüs|trie|ren ⟨V.⟩ *Baumwoll- u. Leinengarne ~* fest u. glänzend machen [<frz. *lustrer* »glänzend machen, polieren«]

Lus|trum ⟨n.; -s, -tra od. -tren⟩ **1** altröm., alle fünf Jahre stattfindendes Reinigungs- u. Sühneopfer **2** Jahrfünft [lat., »Reinigungs- od. Sühneopfer«]

Lu|te|in ⟨n.; -s; unz.; Biochemie⟩ ein z. B. in grünen Blättern, Eidotter u. Kuhbutter vorkommender gelber organ. Farbstoff [<lat. *luteus* »goldgelb« zu *lutum* »Wau (Färberpflanze)«]

Lu|te|i|nom ⟨[-tei-] n.; -s, -e; Med.⟩ = Luteom

Lu|te|o|lin ⟨n.; -s; unz.; Biochemie⟩ ein in der gelblichen Reseda (Reseda luteola) sowie im Fingerhut vorkommender, gelber Pflanzenstoff, im Altertum zur Textilfärbung verwendet [<Reseda *luteola* »Gelbkraut«, <lat. *luteolus* »gelblich« → *Lutein*]

L

Lu|te|om ⟨n.; -s, -e; Med.⟩ Eierstockgeschwulst; *oV* Luteinom [<lat. *luteus* »gelb«]

Lu|te|ti|um ⟨n.; -s; unz.; chem. Zeichen: Lu⟩ Element aus der Gruppe der Metalle der seltenen Erden, Ordnungszahl 71; *Sy* Kassiopeium [nach *Lutetia,* dem lat. Namen von Paris]

Lu|tro|pho|ros *auch:* **Lut|ro|pho|ros** ⟨m.; -, -pho|ren⟩ schmales, kultischen Zwecken dienendes Gefäß aus der grch. Antike [grch.]

lut|tu|o|so ⟨Musik⟩ melancholisch, traurig (zu spielen) [ital.]

Lux ⟨n.; -, -; Physik; Zeichen: lx⟩ Maßeinheit für die Beleuchtungsstärke [lat., »Licht«]

Lu|xa|ti|on ⟨f.; -, -en; Med.⟩ Verschiebung zweier durch ein Gelenk miteinander verbundener Knochen aus der Normallage, Verrenkung [lat. »Verrenkung«; zu *luxare* »verrenken«]

lu|xie|ren ⟨V.; Med.⟩ verrenken [<lat. *luxare* »verrenken«]

Lux|me|ter ⟨n.; -s, -; Physik⟩ Messgerät zur Ermittlung der Beleuchtungsstärke [zu lat. *lux* »Licht« + *...meter*]

Lux|se|kun|de ⟨f.; -, -n; Physik; Zeichen: lxs⟩ Maßeinheit für die Belichtung

lu|xu|rie|ren ⟨V.⟩ **1** ⟨Bot.⟩ nach einer Kreuzung üppig wachsen **2** ⟨Zool.⟩ übermäßig große Körperanhänge (z. B. Geweih, Zähne) ausbilden [<lat. *luxuriare* »schwelgen«; → *Luxus*]

lu|xu|ri|ös ⟨Adj.⟩ verschwenderisch ausgestattet, mit großem Luxus versehen, prunkvoll [<lat. *luxuriosus* »üppig, schwelgerisch«; → *Luxus*]

Lu|xus ⟨m.; -; unz.⟩ den normalen Lebensstandard überschreitender Aufwand, Verschwendung, Prunk [lat., »üppige Fruchtbarkeit, übermäßige Verschwendung und Pracht«]

Lu|xus|ho|tel ⟨n.; -s, -s⟩ bes. elegantes, prunkvolles Hotel; *Sy* Nobelhotel

Lu|xus|li|mou|si|ne ⟨[-mu-] f.; -, -n; Kfz⟩ mit viel Komfort u. besonders Eleganz ausgestattetes Auto; *er fuhr in einer ~ vor*

Lu|xus|li|ner ⟨[-laɪnə(r)] m.; -s, -⟩ Passagierschiff od. Jacht der Luxusklasse, mit bes. viel Komfort u. Eleganz ausgestattet

Lu|xus|vil|la ⟨[-vɪl-] f.; -, -vil|len⟩ luxuriös, mit bes. viel Komfort ausgestattete Villa

Lu|ze|r|ne ⟨f.; -, -n; Bot.⟩ Schmetterlingsblütler mit längl. Blütentrauben, Futterpflanze, bes. auf tiefgründigen Kalk- u. Mergelböden: Medicago sativa; *Sy* Alfalfa [<frz. (prov.) *luzerno* »Glühwürmchen« <lat. *lucerna* »Lampe«; zu *lucere* »leuchten« (nach dem hellleuchtenden Samen)]

lu|zid ⟨Adj.⟩ hell, durchsichtig [<lat. *lucidus* »lichtvoll, hell«]

Lu|zi|di|tät ⟨f.; -; unz.⟩ **1** ⟨allg.⟩ Helligkeit, Durchsichtigkeit **2** ⟨Psych.⟩ Hellsehen [<frz. *lucidité* »Klarheit«]

Lu|zi|fer ⟨m.; -s; unz.⟩ **1** ⟨Astron.⟩ der Morgenstern **2** ⟨kath. Theol.⟩ Teufel, Satan; *oV* Lucifer [<lat. »Lichtbringer« <*lux* »Licht« + *ferre* »tragen«]

Lu|zi|fe|rin ⟨n.; -s; unz.; Biochemie⟩ chemische Verbindung, die bei allmählicher Oxidation das Leuchten vieler Tiefseetiere, der Glühwürmchen usw. verursacht [<lat. *lux,* Gen. *lucis* »Licht« + *ferre* »tragen«]

lu|zi|fe|risch ⟨Adj.⟩ in der Art Luzifers, teuflisch

Lw **1** ⟨chem. Zeichen für⟩ Lawrencium **2** ⟨Zeichen für⟩ Lew

lx ⟨Zeichen für⟩ Lux

Ly|a|se ⟨f.; -, -n; Biochemie⟩ Enzym, das organische Verbindungen in Bruchstücke spaltet [<grch. *lyein* »lösen«]

Ly|cra® *auch:* **Lyc|ra®** ⟨n.; - od. -s; unz.; Textilw.⟩ (besonders für Strumpfwaren verwendete) sehr elastische Kunstfaser

ly|disch ⟨Adj.⟩ Lydien betreffend, aus ihm stammend; *~e Tonart* ⟨Musik⟩ altgrch. Tonart, eine Kirchentonart mit dem Grundton f

Ly|dit ⟨m.; -s, -e; Min.⟩ grau bis schwarz gefärbter Kieselschiefer (dient als Probierstein zur Untersuchung von Gold- u. Silberlegierungen) [nach den *Lydern,* die dieses Gestein zum Nachweis des Silbergehalts von Legierungen verwendeten]

Ly|ko|po|di|um ⟨n.; -s, -di|en; Bot.⟩ Gattung der Sporenpflanzen, Bärlapp [<grch. *lykos* »Wolf« + *...podium*]

Lymph|ade|ni|tis ⟨f.; -, -ti|den; Med.⟩ Entzündung der Lymphknoten

Lymph|ade|nom ⟨n.; -s, -e; Med.⟩ gutartige Geschwulst des Lymphknotens; *Sy* Lymphom

lym|pha|tisch ⟨Adj.; Med.⟩ zur Lymphe, den Lymphknoten gehörig, von ihnen ausgehend

Lymph|drü|se ⟨f.; -, -n; Med.; veraltete Bez. für⟩ Lymphknoten

Lym|phe ⟨f.; -, -n⟩ **1** ⟨Physiol.⟩ Gewebsflüssigkeit **2** ⟨Med.⟩ der in der Tierpassage vom Kalb gewonnene Impfstoff zur Pockenimpfung; *Sy* Vakzine (1) [<lat. *lympha* »Wasser«]

Lymph|kno|ten ⟨m.; -s, -; Anat.⟩ haselnussförmiges Organ innerhalb des Lymphgefäßsystems, produziert die Lymphozyten: Nodus lymphaticus

lym|pho|gen ⟨Adj.; Med.⟩ lymphatischen Ursprungs

Lym|pho|gra|fie ⟨f.; -, -n; Med.⟩ = Lymphographie

Lym|pho|gra|phie ⟨f.; -, -n; Med.⟩ röntgenologisches Untersuchungsverfahren zur Röntgenkontrastdarstellung der Lymphgefäße u. der Lymphknoten; *oV* Lymphografie

lym|pho|id ⟨Adj.⟩ lymphartig; *~e Organe* bei Mensch u. Wirbeltieren die Bildungsstätten von Lymphzellen u. Blutkörperchen, also die Lymphknoten, Milz, Knochenmark

Lym|phom ⟨n.; -s, -e; Med.⟩ = Lymphadenom

Lym|pho|sta|se *auch:* **Lym|phos|ta|se** ⟨f.; -, -n; Med.⟩ Lymphstauung [<*Lymphe* + *...stase*]

Lym|pho|zyt ⟨m.; -en, -en; Med.⟩ im Lymphgewebe entstehende runde Zelle mit großem Korn [<*Lymphe* + *...zyt*]

Lym|pho|zy|to|se ⟨f.; -; unz.; Med.⟩ Vermehrung der Lymphozyten im Blut

lyn|chen ⟨[lʏnçən] V.⟩ ungesetzlich richten u. töten [engl., nach dem Namen des Richters William *Lynch* in Virginia, der 1780 zuerst eigenmächtige Rechtsprechung ausübte]

Lynch|jus|tiz ⟨[lʏnç-] f.; -; unz.⟩ gewaltsame Selbsthilfe durch Lynchen; *~ üben*

L

Ly|o|ner ⟨[li-] f.; -, -⟩ rosagebrühte, qualitativ hochwertige Wurst aus Schweinefleisch, Lyoner Wurst [nach der frz. Stadt *Lyon*]

lyo|phil ⟨Adj.; Chemie⟩ leicht löslich, Lösungsmittel liebend; *Ggs* lyophob [<grch. *lyein* »lösen« + *...phil*]

Lyo|phi|li|sa|ti|on ⟨f.; -; unz.; Technik⟩ Verfahren zur Konservierung von Lebensmitteln durch Trocknung im Vakuum bei tiefen Temperaturen

lyo|phob ⟨Adj.⟩ schwer löslich, Lösungsmittel abweisend; *Ggs* lyophil [<grch. *lyein* »lösen« + *...phob*]

Ly|ra ⟨f.; -, Ly|ren; Musik⟩ **1** altgriechisches, harfenartiges Zupfinstrument, Leier **2** in der Militärmusik verwendetes Glockenspiel aus abgestimmten Stahlplättchen [grch., »Leier«]

Ly|ra|bo|gen ⟨m.; -s, -⟩ nach Art der altgrch. Lyra (Hufeisenform) geformter Rohrbogen als Dehnungsausgleicher bei Rohrleitungen mit starken Temperaturschwankungen

Ly|rics ⟨Pl.; Musik⟩ Liedtext [engl.]

Ly|rik ⟨f.; -; unz.⟩ lyrische Dichtung, Dichtungsart im Rhythmus, oft mit Reim u. in Versen u. Strophen, die Gefühle, Gedanken, inneres od. äußeres Erleben, Stimmungen usw. des Dichters selbst ausdrückt od. sprachlich verdichtet in bewusster künstlerischer Gestaltung u. Formstrenge Themen der Kunst, Philosophie od. des gesellschaftl. Lebens poetisch zum Ausdruck bringt; *Liebes~; politische ~* [<frz. *poésie lyrique* »lyrische Poesie«, <lat. *lyricus* <grch. *lyrikos* »zum Spiel der Leier gehörig«; zu *lyra* »Leier«]

Ly|ri|ker ⟨m.; -s, -⟩ Dichter, der Lyrik schreibt; *Sy* Poet

Ly|ri|ke|rin ⟨f.; -, -rin|nen⟩ Dichterin, die Lyrik schreibt; *Sy* Poetin

ly|risch ⟨Adj.⟩ **1** zur Lyrik gehörig, auf ihr beruhend, in ihrer Art **2** ⟨fig.⟩ stimmungsvoll [<frz. *lyrique* »lyrisch«]

ly|ri|sie|ren ⟨V.⟩ lyrisch, stimmungsvoll, gefühlvoll gestalten

Ly|ris|mus ⟨m.; -, -ris|men⟩ **1** Betonung des Gefühls **2** gefühlsbetonte Darstellung

Ly|ri|zi|tät ⟨f.; -; unz.⟩ lyrische Beschaffenheit, lyrisches Wesen (eines Gedichtes, Theaterstücks usw.)

...ly|se ⟨Nachsilbe; zur Bildung weibl. Subst.; f.; -, -n⟩ Lösung, Auflösung; *Analyse; Dialyse* [<grch. *lysis* »Auflösung«]

ly|si|gen ⟨Adj.; Biol.⟩ durch Auflösung hervorgerufen (z. B. von Gewebslücken) [<grch. *lysis* »Auflösung« + *...gen*]

Ly|si|me|ter ⟨n.; -s, -; Technik⟩ Gerät zum Messen von Niederschlagsmengen u. der Verdunstungsrate bei landwirtschaftl. Untersuchungen [<grch. *lysis* »Auflösung« + *...meter*]

Ly|sin ⟨n.; -s, -e; Biochemie⟩ Stoff, der ein Antigen auflösen kann [<grch. *lysis* »Lösung«]

Ly|sis ⟨f.; -, Ly|sen; Med.⟩ langsames Zurückgehen des Fiebers; *Ggs* Krisis (1) [grch., »Lösung«]

Ly|so|form ⟨n.; -s; unz.; Chemie⟩ 2- bis 3 %ige Kaliseifenlösung mit Formaldehyd für Desinfektionszwecke [<grch. *lysis* »Lösung« + *...form*[2]]

Ly|sol® ⟨n.; -s; unz.⟩ ein Wundbehandlungs- u. Desinfektionsmittel [<grch. *lysis* »Lösung« + lat. *oleum* »Öl«]

Ly|so|som ⟨n.; -s, -en; Biol.; Med.⟩ Zellorganell im Dienste der intrazellulären Verdauung [<grch. *lysis* »Lösung« + *Soma*]

Ly|so|typ ⟨m.; -s, -en; Med.⟩ Bakterienstamm, der durch den Kontakt mit bestimmten Bakteriophagen von anderen Bakterien eindeutig abgegrenzt werden kann [<grch. *lysis* »Auflösung« + *typos* »Gestalt, Muster, Vorbild«]

Ly|so|zym ⟨n.; -s; unz.⟩ bakterientötender Stoff, der in Drüsensekreten vorhanden ist u. vor Infektionskrankheiten schützt [<grch. *lysis* »Auflösung« + *Enzym*]

Lys|sa ⟨f.; -; unz.; Med.⟩ = Rabies [grch., »Wut, Raserei«]

ly|tisch ⟨Adj.; Med.⟩ allmählich herabgehend, sinkend (von Fieber)

Ly|ze|um ⟨n.; -s, Ly|ze|en⟩ höhere Lehranstalt für Mädchen [zunächst (seit 1569) Ehrenname deutscher Universitäten <lat. *Lyceum* <grch. *Lykeion,* nach der Lehrstätte des Aristoteles bei dem Tempel des Apollon *Lykeios* (»Wolfstöter«; zu *lykos* »Wolf«)]

m ⟨Zeichen für⟩ scheinbare Helligkeit, Größenklasse (Magnitudo) eines Gestirns

m 1 ⟨Zeichen für⟩ **1.1** milli…, Milli… **1.2** Meter **2** ⟨Abk. für⟩ **2.1** Minute **2.2** meta-Stellung

m^2 ⟨Zeichen für⟩ Quadratmeter

m^3 ⟨Zeichen für⟩ Kubikmeter

M 1 ⟨röm. Zahlzeichen für⟩ 1000 **2** ⟨Zeichen für⟩ Mega… **3** ⟨Zeichen für⟩ Mille **4** ⟨Zeichen für⟩ Maxwell **5** ⟨Zeichen für⟩ ein Sternsystem nach dem Messierkatalog

M. ⟨Abk. für⟩ Monsieur

mA ⟨Zeichen für⟩ Milliampere

M. A. ⟨Abk. für⟩ **1** Magister Artium **2** ⟨in Großbr. u. USA⟩ Master of Arts

Mä|an|der ⟨m.; -s, -⟩ **1** regelmäßige Schlingen eines Flusses im Flachland **2** Zierform in rechtwinklig gebrochenen od. wellenförmigen Linien [nach grch. *Maiandros,* dem Fluss *Menderes* in Kleinasien (wegen der zahlreichen Windungen seines Unterlaufs)]

mä|an|dern ⟨V.⟩ *oV* mäandrieren **1** mit Mäandern versehen, verzieren **2** sich schlängeln, sich in Windungen fortbewegen (Fluss)

mä|an|drie|ren *auch:* **mä|and|rie|ren** ⟨V.⟩ = mäandern

mä|an|drisch *auch:* **mä|and|risch** ⟨Adj.⟩ in Mäanderform

Maar ⟨n.; -(e)s, -e; Geogr.⟩ mit Wasser gefüllte runde Bodenvertiefung vulkanischen Ursprungs [<vulgärlat. *mara* »stehendes Gewässer, See« <lat. *mare* »Meer«]

Mac[1] ⟨[mæk] Abk.: M'; Mc; vor schott. Familiennamen⟩ Sohn des …, z. B. ~Arthur [engl.]

Mac[2] ⟨[mæk] m.; -s, -s; EDV; umg.; kurz für⟩ Macintosh; *eine gute Lernsoftware, auch für den ~*

Ma|ca|da|mia|nuss ⟨f.; -, -nüs|se⟩ aus Australien stammende Nussart mit sehr harter Schale: Macadamia integrifolia, Australnuss [nach dem Naturwissenschaftler John *Macadam,* 1827-1865]

Mac|chia ⟨[makja] f.; -, -chi|en [-kjən]⟩ = Maquis (1)

Mac|chie ⟨[makjə] f.; -, -n⟩ = Maquis [ital.]

Ma|che|te ⟨[-tʃe:-] od. [-xe:-] f.; -, -n⟩ einschneidiges, bis zu 1 m langes Buschmesser zum Entfernen von Gestrüpp, Ernten von Zuckerrohr u. Ä. [span.]

Ma|chi|a|vel|lis|mus ⟨[-kjavɛl-] m.; -; unz.; Politik⟩ **1** Politik, die Zweckmäßigkeit u. Machtstreben über die Moral stellt **2** ⟨danach allg.⟩ bedenkenlose Machtpolitik [nach der Auslegung des Werkes »Il principe« von dem ital. Politiker, Philosophen u. Geschichtsschreiber Niccolò *Machiavelli,* 1469-1527]

Ma|chi|a|vel|list ⟨[-kjavɛl-] m.; -en, -en; Politik⟩ Anhänger des Machiavellismus

ma|chi|a|vel|lis|tisch ⟨[-kjavɛl-] Adj.; Politik⟩ **1** in der Art des Machiavellismus, auf ihm beruhend **2** ⟨fig.⟩ politisch bedenken- u. rücksichtslos

Ma|chi|na|ti|on ⟨[-xi-] f.; -, -en; geh.⟩ Machenschaft(en), Ränke, heimtück. Anschlag [<lat. *machinatio* »mechanisches Getriebe, Mechanismus, Kunstgriff, List«; zu *machina* »künstliche Vorrichtung, Maschine«]

ma|chi|nie|ren ⟨[-xi-] V.; veraltet⟩ Ränke schmieden [<lat. *machinari* »etwas Künstliches aussinnen, erdenken«; zu *machina* »künstliche Vorrichtung, Maschine«]

Ma|chis|mo ⟨[-tʃıs-] m.; - od. -s; unz.⟩ Männlichkeitswahn, männl. Überlegenheitsgefühl [→ *Macho*]

ma|chis|tisch ⟨[-tʃıs-] Adj.⟩ in der Art des Machismo, männlich-überlegen

Ma|cho ⟨[-tʃo] m.; -s, -s; umg.⟩ sich betont männlich verhaltender Mann; *er benimmt sich, redet wie ein ~* [span.-lateinamerikan., eigtl. »männlich«]

Ma|chor|ka ⟨[-xɔr-] m.; -s, -s od. f.; -, -s⟩ russ. Tabak mit großen, dicken Rippen [<russ. *machor* »Quaste, Troddel«]

ma|chul|le ⟨[-xul-] Adj.; meist präd.; umg.; veraltet⟩ **1** bankrott **2** müde, erschöpft [<jidd. *mechulle* »schwach«]

Mac|in|tosh® *auch:* **Ma|cin|tosh®** ⟨[mækıntɔʃ] m.; - od. -s, -s; EDV⟩ Computer der US-amerikanischen Firma Apple

Ma|cis ⟨m.; -; unz.⟩ = Mazis

Mack|in|tosh *auch:* **Ma|ckin|tosh** ⟨[mækıntɔʃ] m.; - od. -s, -s⟩ **1** mit Kautschuk umhüllte Baumwollfasern **2** daraus hergestellter, wasserabweisender Kleider-, Mantelstoff u. Regenmantel [nach dem schott. Chemiker C. *Mac Intosh,* 1766-1843]

Ma|dam[1] ⟨[mædəm] f.; -, -s⟩ gnädige Frau (engl. Anrede für die verheiratete od. ältere Frau, ohne Namensnennung) [engl. <frz. *madame;* → *Madame*]

Ma|dam[2] ⟨f.; -, -en; umg.⟩ **1** ⟨veraltet⟩ Hausherrin, gnädige Frau **2** ⟨fig.⟩ dicke, behäbige Frau [→ *Madame*]

Ma|dame ⟨[-dam] f.; -, Mesdames [me:dam]; Abk.: Mme.⟩ gnädige Frau (französ. Anrede für die verheiratete od. ältere Frau, allein od. vor dem Namen) [frz. <afrz. *ma dame* »meine Dame, gnädige Frau« <lat. *mea domina* »meine Herrin«]

ma|da|mig ⟨Adj.; abwertend⟩ wie eine ältere Dame, behäbig, betulich; *ein ~es Benehmen*

Ma|da|pol|am ⟨m.; - od. -s, -s; Textilw.⟩ = Renforcé [nach der Stadt *Madapolam* in Indien, in der dieser Stoff zuerst erzeugt wurde]

made in … ⟨[meıd -]⟩ hergestellt in … (Aufdruck auf Waren); *~ Germany* [engl.]

Ma|dei|ra ⟨[-de:-] m.; -s, -s⟩ Süßwein aus Madeira

Made|moi|selle ⟨[madmoazɛl] f.; -, Mesde|moi|selles [me:dmoazɛl]; Abk.: Mlle.⟩ (mein) Fräulein (frz. Anrede, allein od. vor dem Namen) [frz. <afrz. *ma demoiselle* »meine (junge) Dame«; <vulgärlat. **dominicella,* Verkleinerungsform zu lat. *domina* »Herrin«]

ma|des|zent ⟨Adj.; Med.⟩ nässend (von Wunden, Ekzemen)

[<lat. *madescens,* Part. Präs. zu *madescere* »feucht werden«]
Ma|di|son ⟨[mædısən] m.; -s, -s⟩ in Gruppen getanzter Modetanz im 4/4-Takt, der dem Twist ähnelt [nach der US-amerikan. Stadt *Madison*]
ma|dja|ri|sie|ren *auch:* **mad|ja|ri|sie|ren** ⟨V.⟩ nach ungarischem Vorbild gestalten, ungarisch machen [<ungar. *Magyar;* umg. Bez. für »Ungar«]
Ma|don|na ⟨f.; -, -don|nen⟩ die Jungfrau Maria, Muttergottes [ital., »meine Herrin« <lat. *mea domina*]

◆ Die Buchstabenfolge **ma|dr…** kann auch **mad|r…** getrennt werden.

◆ **Ma|dras** ⟨m.; -; unz.; Textilw.⟩ Kettenware aus feinfädigem Gitterstoff, vor allem für Gardinen [nach der vorderind. Stadt *Madras*]
◆ **Ma|dre|po|re** ⟨f.; -, -n; Zool.⟩ in tropischen Meeren heimische Gattung der Steinkorallen [<ital. *madrepora,* eigtl. »Mutter der kleinen Öffnungen« <*madre* »Mutter« (<lat. *mater*) + grch. *poros* »Öffnung«]
◆ **Ma|dre|po|ren|plat|te** ⟨f.; -, -n; Zool.⟩ Siebplatte der Seeigel, die den nahe der Afteröffnung mündenden Steinkanal verschließt
◆ **Ma|dri|gal** ⟨n.; -s, -e; Musik⟩ **1** ⟨urspr.⟩ von Hirten gesungenes Lied **2** ⟨14. Jh.⟩ ital. Kunstlied ohne feste stroph. Form **3** ⟨16. Jh.⟩ mehrstimmiges, durchkomponiertes Lied in drei Terzetten u. zwei Verspaaren, mit od. ohne Musikbegleitung **4** satirisch-epigrammatische philosophische Betrachtung mit witzigem Schlussvers [<ital. *madrigale;* Herkunft umstritten]
◆ **Ma|dri|ga|lon** ⟨n.; -s, -e; Musik⟩ Madrigal mit mehr als 15 Zeilen
◆ **Ma|dri|gal|stil** ⟨m.; -(e)s; unz.; Musik⟩ mehrstimmige Kompositionsform des 16. u. 17. Jh. mit einer reichen Ausstattung an tonmalerischen Klangeffekten [→ *Madrigal*]
Ma|es|tà ⟨[-ɛsta] f.; -; unz.; Mal.⟩ Darstellung der sitzenden Madonna inmitten von Heiligen u. Engeln, thronende Madonna [ital., »Majestät, Erhabenheit«]
ma|es|to|so ⟨[-ɛs-] Musik⟩ majestätisch, feierlich, würdevoll [ital.]
Ma|es|to|so ⟨[-ɛs-] n.; -s, -s od. -to|si⟩ Teil eines Musikstücks in Maestoso-Art u. -Tempo
Ma|es|tro *auch:* **Ma|est|ro** ⟨[-ɛs-] m.; -s, -s od. -es|tri [-ɛs-]; Musik⟩ **1** Musiklehrer **2** Meister, Künstler [ital., »Meister, Lehrer« <lat. *magister* »Meister«]
Mä|eu|tik ⟨f.; -; unz.; Päd.⟩ pädagog. Methode des Sokrates, den Schüler durch geschickte Fragen auf die Lösung des Problems hinzuführen; *oV* Maieutik; *Sy* Sokratik [zu grch. *maieuomai* »Hebamme sein«]
mä|eu|tisch ⟨Adj.; Päd.⟩ zur Mäeutik gehörend; *oV* maieutisch
Ma|fia ⟨f.; -; unz.⟩ **1** ⟨urspr.⟩ terroristischer sizilian. Geheimbund **2** ⟨heute allg.⟩ erpresserische Organisation [ital. <ital.(-sizilian.) *mafia* »Kühnheit, Prahlerei«; vermutlich <arab. *mahyah* »Prahlerei«]
Ma|fia|boss ⟨m.; -es, -e⟩ einflussreiches, führendes Mitglied der Mafia
ma|fi|os ⟨Adj.⟩ die Mafia betreffend, zu ihr gehörig; *oV* mafiös; *in dieser Gruppe herrschen ~e Strukturen*
ma|fi|ös ⟨Adj.⟩ = mafios
Ma|fi|o|so ⟨m.; - od. -s, -si⟩ Angehöriger der Mafia; *oV* Mafiote
Ma|fi|o|te ⟨m.; -n, -n⟩ = Mafioso
Mag. ⟨Abk. für⟩ Magister
Ma|ga|zin ⟨n.; -s, -e⟩ **1** Vorratsraum, Lagerhaus **2** Raum zum Aufbewahren der Bücher einer Bibliothek **3** Kammer bei Mehrladehandfeuerwaffen, die die Patronen aufnimmt; *Gewehr~* **4** meist bebilderte Zeitschrift, Illustrierte; *Sport~; Auto~; Frauen~* [<ital. *magazzino* »Vorrats-, Lagerraum« <arab. *mahazin* »Warenniederlage, Lagerhaus«]
Ma|ga|zi|ner ⟨m.; -s, -; schweiz.⟩ Arbeiter in einem Magazin
Ma|ga|zi|neur ⟨[-nø:r] m.; -s, -e; österr.⟩ Verwalter eines Magazins
ma|ga|zi|nie|ren ⟨V.⟩ im Magazin unterbringen, auf Vorrat legen
Mag|da|lé|nien ⟨[-lenjɛ̃:] n.; - od. -s; unz.; Geol.⟩ Stufe der jüngeren Altsteinzeit [nach dem Fundort, der Höhe *La Madeleine* im frz. Département Dordogne]
Ma|gen|ta ⟨[-dʒɛn-] n.; - od. -s; unz.⟩ nach DIN genormte Druckfarbe für den Offsetdruck, purpurrot [nach der ital. Stadt *Magenta*]
mag|gio|re ⟨[madʒo:rə] Musik⟩ Dur; *Ggs* minore [ital., »größer«]
Ma|ghreb *auch:* **Magh|reb** ⟨m.; -; unz.⟩ die westliche (nordafrikanische) Region der arab. Staaten (Marokko, Tunesien, Algerien) [arab., »Westen«]
ma|ghre|bi|nisch *auch:* **magh|re|bi|nisch** ⟨Adj.⟩ den Maghreb betreffend, von ihm stammend, zu ihm gehörig
Ma|gie ⟨f.; -; unz.⟩ Beschwörung von geheimnisvollen Kräften, Zauberkunst, Zauberei; *weiße ~* Beschwörung guter Geister zu segensreichem Tun; *schwarze ~* Beschwörung böser Geister zu unheilvollem Tun [<lat. *magia* <grch. *mageia, magia* »Lehre der Magier, Magie, Zauberei«; → *Magier*]
Ma|gi|er ⟨m.; -s, -⟩ jmd., der die Magie beherrscht, Zauberer; *Sy* Magiker [<lat. *magus* »Zauberer, Beschwörer« <grch. *magos* »Magier, Wahrsager, Astrologe, Zauberer« <apers. *magush* »Weiser, Gelehrter«]
Ma|gi|ker ⟨m.; -s, -⟩ = Magier
ma|gisch ⟨Adj.⟩ **1** zur Magie gehörig, auf ihr beruhend, mit ihrer Hilfe; *~es Quadrat* Q., das schachbrettartig in Felder mit Zahlen geteilt ist, deren Summe waagerecht, senkrecht u. diagonal jeweils gleich ist; *~e Zahlen* ⟨Kernphysik⟩ die empirisch besonders ausgezeichneten Protonen- u. Neutronenzahlen 2, 8, 20, 28, 40, 50, 82, 126 (Atomkerne, die so viele Protonen od. Neutronen enthalten, sind besonders stabil) **2** *von etwas ~ angezogen werden* ⟨fig.⟩ sehr stark, unwiderstehlich; *mit ~er Gewalt angezogen werden* [<lat. *magicus*

M

<grch. *magikos* »zauberisch, geheimnisvoll«; → *Magier*]

Ma|gis|ter ⟨m.; -s, -; Abk.: Mag.⟩ **1** Lehrer, Meister **2** ~ *Artium* ⟨Abk.: M. A.⟩ **2.1** ⟨in der BRD u. Österreich⟩ akadem. Grad **2.2** ⟨in angelsächs. Ländern⟩ akademischer Grad nach dem Bakkalaureus **3** ~ *pharmaciae* ⟨Abk.: Mag. pharm.; in Österreich⟩ akadem. Grad für Apotheker [lat., »Meister, Lehrmeister, Lehrer«]

ma|gis|tral *auch:* **ma|gist|ral** ⟨Adj.⟩ **1** der ärztlichen Vorschrift entsprechend bereitet **2** ⟨schweiz.⟩ meisterhaft, vorbildlich [frz., span., <lat. *magister* »Meister, Lehrer«]

Ma|gis|tra|le *auch:* **Ma|gist|ra|le** ⟨f.; -, -n; in sehr großen Städten⟩ Hauptverkehrsstraße [lat., eigtl. »die Leitende, Hauptsächliche«, <lat. *magister* »Meister, Lehrer, Leiter«]

Ma|gis|trat[1] *auch:* **Ma|gist|rat**[1] ⟨m.; -(e)s, -e⟩ **1** ⟨im antiken Rom⟩ hoher Beamter, z. B. Konsul **2** Stadtverwaltung [<lat. *magistratus* »Behörde, Obrigkeit«; zu *magister* »Meister, Lehrer«]

Ma|gis|trat[2] *auch:* **Ma|gist|rat**[2] ⟨m.; -en, -en; schweiz.⟩ Mitglied der Regierung

Mag|ma ⟨n.; -s, Mag|men; Geol.⟩ Masse geschmolzener Silikate mit gelösten Gasen im Innern der Erde [grch., »geknetete Masse«]

mag|ma|tisch ⟨Adj.; Geol.⟩ zum Magma gehörig, auf ihm beruhend, in der Art von Magma

Mag|ma|tis|mus ⟨m.; -; unz.; Geol.⟩ durch Magma bewirkte Erscheinungen

Mag|ma|tit ⟨m.; -s, -e; Geol.⟩ aus erstarrtem Magma entstandenes Gestein

mag|ma|to|gen ⟨Adj.; Geol.⟩ durch Anreicherung einer Restschmelze entstanden (von Erzlagern) [<*Magma* + *…gen*]

◆ Die Buchstabenfolge **ma|gn…** kann auch **mag|n…** getrennt werden.

◆ **Ma|gna Char|ta** ⟨[- karta] f.; - -; unz.⟩ engl. Grundgesetz von 1215, das dem Adel bes. Rechte zubilligte [mlat.]

◆ **ma|gna cum lau|de** mit großem Lob [lat.]

magna cum laude / Magna Charta (*Groß- und Kleinschreibung*) Während sich die Schreibung der Wendung »*magna cum laude*« nach den orthografischen Regeln der lateinischen Herkunftssprache richtet, wird der Begriff »*Magna Charta*« als Eigenname großgeschrieben.

◆ **Ma|gnat** ⟨m.; -en, -en⟩ **1** Angehöriger des Hochadels in Polen u. Ungarn **2** reicher Edelmann, Großgrundbesitzer **3** Großindustrieller; *Stahl~* [<mlat. *magnas, magnatus* »großer, vornehmer Herr« <lat. *magnus* »groß«]

◆ **Ma|gne|sia** ⟨f.; -; unz.; Chemie⟩ *gebrannte* ~ Magnesiumoxid, Magenmittel bei Säurevergiftungen, Gleitschutz beim Geräteturnen, Bittererde [nach der Landschaft *Magnesia* an der Ostküste des alten Thessaliens]

◆ **Ma|gne|sit** ⟨m.; -s, -e; Chemie⟩ farbloses od. weiß-gelbliches Mineral, chem. Magnesiumcarbonat, das für feuerfestes Material u. Magnesiabinder verwendet wird, Bitterspat [→ *Magnesia*]

◆ **Ma|gne|si|um** ⟨n.; -s; unz.; chem. Zeichen: Mg⟩ silberweißes, zweiwertiges Leichtmetall, Ordnungszahl 12 [→ *Magnesia*]

◆ **Ma|gne|si|um|chlo|rid** ⟨[-klo-] n.; -s; unz.; Chemie⟩ weißes, im Meerwasser vorkommendes Salz

◆ **Ma|gne|si|um|sul|fat** ⟨n.; -(e)s; unz.; Chemie⟩ Bittersalz, in vielen Mineralquellen enthaltenes, gut verträgliches Abführmittel

◆ **Ma|gnet** ⟨m.; -en, -en⟩ **1** natürlicher ferromagnetischer Stoff; *Permanent~; Dauer~* **2** stromdurchflossene Spule mit Eisenkern; *Elektro~* [<lat. *magnes,* Gen. *magnetis* <grch. *magnetis (lithos)* »Magnetstein«; nach der Landschaft *Magnesia* im östl. Thessalien]

◆ **Ma|gnet|band** ⟨n.; -(e)s, -bänder⟩ mit Eisenoxid beschichtetes Kunststoff- od. Metallband, auf dem durch gerichtetes Magnetisieren Informationen gespeichert werden können

◆ **Ma|gnet|feld** ⟨n.; -(e)s, -er⟩ Kraftfeld in der Umgebung eines Dauermagneten od. eines Elektromagneten; *Sy* magnetisches Feld

◆ **ma|gne|tisch** ⟨Adj.⟩ **1** auf einem Magneten od. auf Magnetismus beruhend, sie betreffend **1.1** *~e Anomalie* Abweichung der Stärke des erdmagnet. Feldes gegenüber seiner Umgebung **1.2** *~er Äquator* Linie auf der Erdkugel, auf der eine Magnetnadel genau horizontal steht **1.3** *~e Bremse* Bremse, die mit Hilfe von Wirbelströmen das Drehmoment von Kraftmaschinen misst, Wirbelstrombremse **1.4** *~es Feld* = Magnetfeld **1.5** *~e Flasche* magnet. Feld, dessen Feldlinien so verlaufen, dass elektrisch geladene Teilchen bei ihrer Bewegung im geschlossenen Raum bleiben **1.6** *~er Fluss, ~er Kraftfluss* bei homogenem Magnetfeld für eine ebene Fläche das Produkt aus der magnet. Induktion, der Größe der Fläche u. dem Kosinus des Winkels zw. Feldrichtung u. Fläche; *Sy* Induktionsfluss **1.7** *~e Induktion* die Summe aus magnet. Feldstärke u. Magnetisierung, eine Größe, die das magnet. Feld bestimmt **1.8** *~e Kühlung* auf dem magnetokalorischen Effekt beruhende K. **2** ⟨fig.⟩ eine Hinwendung zu etwas bewirkend, anziehend; *eine ~e Anziehungskraft besitzen*

◆ **Ma|gne|ti|seur** ⟨[-zøːr] m.; -s, -e⟩ Heilkundiger, der mit Magnetismus behandelt; *Sy* Magnetopath [→ *magnetisieren* (mit frz. Endung)]

◆ **ma|gne|ti|sie|ren** ⟨V.⟩ **1** magnetisch machen **2** mit Magnetismus behandeln

◆ **Ma|gne|tis|mus** ⟨m.; -; unz.⟩ **1** das Magnetischsein, Fähigkeit, Eisen anzuziehen **2** angebl. Fähigkeit mancher Menschen, Heilkräfte auszustrahlen, die durch Handauflegen od. Streicheln mit den Händen wirksam werden **2.1** Heilverfahren mit Hilfe dieser Kräfte

◆ **Ma|gne|tit** ⟨m.; -s, -e⟩ schwarzes Mineral, bedeutendstes Eisenerz, Magneteisenstein, Magneteisenerz [→ *Magnet*]

◆ **Ma|gnet|kies** ⟨m.; -es; unz.; Min.⟩ Erz mit hohem Eisengehalt u. daher magnetischen Eigenschaften

◆ **Ma|gnet|na|del** ⟨f.; -, -n⟩ Kompassnadel, die vom Magnetpol angezogen wird u. daher stets die Nord-Süd-Richtung anzeigt

◆ **ma|gne|to..., Ma|gne|to...** ⟨in Zus.⟩ Magnet..., magnetisch...

◆ **Ma|gne|to|elas|ti|zi|tät** ⟨f.; -; unz.⟩ Änderung der Magnetisierung eines Körpers aus ferromagnetischem Material, wenn man auf ihn einen Druck ausübt

◆ **Ma|gne|to|graf** ⟨m.; -en, -en⟩ = Magnetograph

◆ **Ma|gne|to|graph** ⟨m.; -en, -en⟩ Gerät zum selbsttätigen Aufzeichnen erdmagnetischer Schwankungen; *oV* Magnetograf [<*Magneto...* + *...graph*]

◆ **Ma|gne|to|hy|dro|dy|na|mik** *auch:* **Ma|gne|to|hyd|ro|dy|na|mik** ⟨f.; -; unz.; Physik⟩ Lehre von den Strömungsvorgängen in stark ionisierten Gasen (sog. Plasmen) od. Flüssigkeiten mit großer elektr. Leitfähigkeit bei Anwesenheit innerer od. äußerer magnet. Felder

◆ **ma|gne|to|ka|lo|risch** ⟨Adj.⟩ *~er Effekt* ⟨Physik⟩ Temperaturänderung, die infolge einer Änderung der Magnetisierung eines Körpers auftritt

◆ **Ma|gne|to|me|ter** ⟨n.; -s, -; Technik⟩ Instrument zum Messen magnetischer Feldstärke

◆ **Ma|gne|ton** ⟨n.; -s, -; Kernphysik⟩ Maßeinheit für magnetische Momente im atomaren Bereich

◆ **Ma|gne|to|op|tik** ⟨f.; -; unz.; Physik⟩ Lehre von den Einwirkungen magnetischer Felder auf Lichtstrahlen

◆ **Ma|gne|to|sphä|re** ⟨f.; -; unz.⟩ erdnächster Bereich des interplanetaren Raums, der durch das Erdmagnetfeld beeinflusst wird

◆ **Ma|gne|to|strik|ti|on** *auch:* **Ma|gne|tos|trik|ti|on** ⟨f.; -, -en⟩ geringe Längen- u. Volumenänderung von ferromagnet. Stoffen bei der Magnetisierung

◆ **Ma|gnet|pol** ⟨m.; -(e)s, -e; Physik⟩ nicht mit den geograf. Polen übereinstimmender Pol des Magnetfeldes der Erde

◆ **Ma|gne|tron** *auch:* **Ma|gnet|ron** ⟨n.; -s, -s od. -tro|ne; El.⟩ Elektronenröhre zur Erzeugung sehr kurzer elektr. Schwingungen größerer Leistung [<*Magnet* + Elekt*ron*]

◆ **Ma|gnet|spu|le** ⟨f.; -, -n⟩ Spule eines Elektromagneten

◆ **Ma|gnet|strei|fen** ⟨m.; -s, -⟩ streifenförmige Magnetschicht auf Ausweisen, Kreditkarten o. Ä. zur Speicherung von Daten

◆ **Ma|gnet|ton|ge|rät** ⟨n.; -(e)s, -e⟩ Tonbandgerät

◆ **Ma|gnet|ver|stär|ker** ⟨m.; -s, -; Technik⟩ Gerät, bei dem auf magnet. Wege mit einer geringen Energie eine wesentl. größere beeinflusst werden kann, indem von zwei Wicklungen, die um einen Eisenkern liegen, die eine der Magnetisierung dient, während die andere den zu beeinflussenden Strom führt; *Sy* Transduktor

◆ **Ma|gnet|zün|dung** ⟨f.; -, -en⟩ Stromzufuhr für die Zündkerze eines Verbrennungsmotors durch eine im Kraftfeld eines Magneten sich drehende Spule

◆ **ma|gni|fik** ⟨[manji-] Adj.⟩ prächtig, großartig [<lat. *magnificus* »großartig, prächtig«]

◆ **Ma|gni|fi|kat** ⟨n.; - od. -s, -e⟩ **1** Lobgesang Marias **2** Teil der kath. Vesper, mehrfach vertont, z. B. von J. S. Bach [nach den Anfangsworten des Lobgesanges: *Magnificat anima mea Dominum* »Hoch preist meine Seele den Herrn«]

◆ **Ma|gni|fi|kus** ⟨m.; -, -fi|zi; veraltet⟩ = Rector magnificus [lat., »der hohe Rektor«]

◆ **Ma|gni|fi|zenz** ⟨f.; -, -en; Titel für⟩ Rektor einer Hochschule; *Euer, Eure ~ (Anrede)* ⟨Abk.: Ew.⟩; *Seine ~* [<lat. *magnificentia* »Pracht, Großartigkeit, Herrlichkeit«; zu *magnificus* »großartig, prächtig«]

◆ **Ma|gni|tu|de** ⟨f.; -, -n; Geophysik⟩ Maßeinheit für die Stärke von Erdbeben [<lat. *magnitudo* »Größe, Ausdehnung«]

◆ **Ma|gni|tu|do** ⟨f.; -; unz.; Zeichen: ^{m}; Astron.⟩ scheinbare Helligkeit eines Gestirns [lat.]

◆ **Ma|gno|lie** ⟨[-ljə] f.; -, -n; Bot.⟩ Baum mit glänzenden Blättern u. sehr großen, weißen tulpenähnl. Blüten, der einer Gattung der Magnoliengewächse angehört: Magnolia [nach dem frz. Botaniker P. *Magnol,* 1638-1715]

◆ **Ma|gnum** ⟨f.; -, Ma|gna; Wein- od. Sektflasche mit doppeltem Inhalt (1,5 l) [zu lat. *magnus* »groß«]

Ma|got ⟨m.; -s, -s; Zool.⟩ in Nordwestafrika beheimatete Affenart, Berberaffe [< frz. *magot* <*Magog,* Name eines barbarischen Volkes in der Bibel]

Mag. pharm. ⟨Abk. für lat.⟩ Magister pharmaciae

Mag. phil. ⟨Abk. für lat.⟩ Magister philosophiae

Mag. rer. nat. ⟨Abk. für lat.⟩ Magister rerum naturalium

Mag. theol. ⟨Abk. für lat.⟩ Magister theologiae

Ma|ha|go|ni ⟨n.; -s; unz.; Bot.⟩ **1** ⟨i. e. S.⟩ zentralamerikan. Baum aus der Familie der Zedrachgewächse mit rötlichem, charakteristisch gemasertem Holz: Swietania mahagoni **2** ⟨i. w. S.⟩ Holz von rund 90 Baumarten von ähnlicher Farbe [<span. *mahogani*]

Ma|ha|ja|na ⟨n.; - od. -s; unz.⟩ = Mahayana

Ma|ha|ra|dscha *auch:* **Ma|ha|rad|scha** ⟨m.; -s, -s⟩ indischer Herrscher, Großfürst [<Sanskrit *maharaja* <*mahat* »groß« + *rajan* »König«]

Ma|ha|ra|ni ⟨f.; -, -s⟩ Frau eines Maharadschas

Ma|hat|ma ⟨m.; -s, -s; ind. Ehrentitel für⟩ geistig hochstehender Mensch, z. B. Gandhi [<Sanskrit *mahatman* »mit großer Seele«]

Ma|haut ⟨m.; -s, -s⟩ = Mahut

Ma|ha|ya|na ⟨n.; - od. -s; unz.⟩ jüngere, nördl. Form des Buddhismus; *oV* Mahajana; →*a.* Hinayana [Sanskrit, »großes Fahrzeug«]

Mah|di ⟨m.; - od. -s, -s⟩ der von

den Mohammedanern erwartete, von Allah gesandte Erlöser, der das Werk Mohammeds vollenden wird [<arab. *Mehdi* »der von Gott Geführte, Prophet«]

Mah|dis|mus ⟨m.; -; unz.⟩ Bewegung des Arabers Mohammed Achmed (1840-1885), der sich als Mahdi ausgab, u. seines Nachfolgers, der bekämpft u. vernichtet wurde

Mah|dist ⟨m.; -en, -en⟩ Anhänger des Mahdismus

Mah-Jongg ⟨[-dʒɔŋ] n.; -; unz.⟩ chines. Gesellschaftsspiel mit verschieden gemusterten Steinen, die reihum gezogen u. abgegeben werden, bis ein Spieler ein zusammenpassendes Bild (vier Dreier- od. Viererreihen u. ein Paar) beisammen hat

Ma|ho|nie ⟨[-njə] f.; -, -n; Bot.⟩ Zierstrauch mit gelben Blüten u. blauen Beeren: Mahonia [nach dem US-amerikan. Botaniker *McMahon*, 1775-1816]

Ma|hut ⟨m.; -s, -s⟩ ind. Elefantenführer, -treiber; *oV* Mahaut [<engl. *mahout*, Hindi *mahawat*, Sanskrit *mahamatra*]

Mai ⟨m.; - od. -(e)s, -e⟩ **1** fünfter Monat des Jahres **2** ⟨fig.⟩ Zeit der Jugend; *des Lebens ~* ⟨poet.⟩ **3** Zeit einer jungen Liebe [<ahd. *meio;* nach dem altröm. Gott *Maius* »der Wachstum Bringende«]

Mai|den ⟨[mɛɪdən] n.; - od. -s, -⟩ Jungpferd, das bei Rennen noch ohne Erfolg blieb [engl., »Jungfrau«]

Mai|eu|tik ⟨f.; -; unz.⟩ = Mäeutik

mai|eu|tisch ⟨Adj.⟩ = mäeutisch

Mail ⟨[mɛɪl] f.; -, -s od. n.; -s, -s; kurz für⟩ E-Mail

Mail-Art ⟨[mɛɪl-] f.; -; unz.⟩ Entwurf, Gestaltung von Kunstpostkarten [engl., »Postkunst«]

Mail|box ⟨[mɛɪl-] f.; -, -es [-bɔksɪz]; EDV⟩ Speicher, in dem sich die Benutzer eines Datennetzes gegenseitig Informationen hinterlegen können [engl., »Briefkasten«]

mai|len ⟨[mɛɪ-] V.; EDV⟩ jmdm. eine elektronische Nachricht mittels eines Mailsystems zuschicken; →*a.* E-Mail [<engl. *mail* »(einen Brief) aufgeben, einwerfen; (zu)schicken«]

Mai|ling ⟨[mɛɪ-] n.; -s, -s⟩ Postversand (von Werbesendungen); →*a.* Direct Mailing [engl.]

Mai|ling|lis|te ⟨[mɛɪ-] f.; -, -n; EDV⟩ Themenliste im Internet

Mail|or|der ⟨[mɛɪl-] f.; -; unz.⟩ Verkauf von Waren nach Angebot durch Prospekte [<engl. *mail* »Post(versand)« + *order* »Bestellung«]

Main|frame ⟨[mɛɪnfrɛɪm] m.; -s, -s; EDV⟩ **1** ⟨ältere Bez. für⟩ Großrechner **2** ⟨heute⟩ Server [engl.]

main|li|nen ⟨[mɛɪnlaɪnən] V.⟩ Rauschmittel intravenös injizieren [zu engl.-amerikan. *mainline* »Hauptlinie, Hauptvene«]

Main|li|ner ⟨[mɛɪnlaɪ-] m.; -s, -⟩ Drogenabhängiger, der sich Rauschmittel injiziert [<engl.-amerikan. *mainline* »Hauptlinie«]

Main|li|ning ⟨[mɛɪnlaɪnɪŋ] n.; - od. -s; unz.⟩ das Injizieren von Rauschmitteln in die Vene [<engl.-amerikan. *mainline* »in die Vene injizieren, fixen«]

Main|stream ⟨[mɛɪnstri:m] m.; -s; unz.⟩ **1** Hauptrichtung, -strömung **2** Durchschnitt, Durchschnittsware **3** ⟨Jazz⟩ Form des Jazz, die keiner Stilrichtung eindeutig zugehörig ist [engl., »Hauptstrom, Hauptrichtung«]

Maire ⟨[mɛ:r] m.; -s, -s; in Frankreich⟩ Bürgermeister [<afrz. *maire* »Herr«]

Mai|rie ⟨[mɛ:ri:] f.; -, -n⟩ Bürgermeisteramt, Rathaus, Stadt-, Gemeindeverwaltung [frz.]

Mais ⟨m.; -es, -e; Pl. selten⟩ bis 3 m hohe, zu den Süßgräsern gehörende, aus Amerika stammende Getreidepflanze: Zea mays; *Sy* ⟨ostmdt.; österr.⟩ Kukuruz [<span. *maiz* <Taino *mahiz, mayz*]

Mai|so|nette ⟨[mɛzɔnɛt] f.; -, -s⟩ Wohnung, die sich über mehrere Stockwerke eines größeren Hauses erstreckt [frz., »Häuschen«; zu *maison* »Haus«]

Maî|tre de Plai|sir *auch:* **Maît|re de Plai|sir** ⟨[mɛtrə də plɛzi:r] m.; - - -, -s [mɛtrə-] - -; veraltet⟩ jmd., der ein Fest gestaltet u. leitet [<frz. *maître* »Meister« + *plaisir* »Vergnügen«]

Maî|tresse *auch:* **Maît|resse** ⟨[mɛtrɛs] f.; -, -n; veraltet⟩ = Mätresse

Ma|jes|tas Do|mi|ni ⟨f.; - -; unz.; Mal.⟩ Darstellung des thronenden Christus [lat., »Erhabenheit des Herrn«]

Ma|jes|tät ⟨f.; -, -en⟩ **1** ⟨unz.⟩ Hoheit, Erhabenheit **2** ⟨Titel für⟩ Kaiser, König; *Euer, Eure ~ (Anrede)* ⟨Abk.: Ew. M.⟩; *Ihre ~* ⟨Abk.: I. M.⟩; *Seine ~* ⟨Abk.: S(e). M.⟩ **3** ⟨zählb.⟩ der Kaiser od. König; *die ~en* das kaiserl. od. königl. Paar [<mhd. *majestat* <lat. *maiestas*, Gen. *maiestatis* »Größe, Hoheit«; beeinflusst von frz. *majesté* »Majestät«]

ma|jes|tä|tisch ⟨Adj.⟩ erhaben, hoheitsvoll, würdevoll gemessen

ma|jeur ⟨[maʒœ:r] Musik⟩ Dur; *Ggs* mineur [frz., »größer«]

Ma|jo|li|ka ⟨f.; -, -s od. -li|ken; ital. Name für⟩ Fayence [<ital. *maiolica* <mlat. *Majolica* (= Baleareninsel *Mallorca*)]

Ma|jo|nä|se ⟨f.; -, -n⟩ = Mayonnaise

ma|jor ⟨[mɛɪdʒə(r)] Musik; engl. Bez. für⟩ Dur; *Ggs* minor [engl., »größer«]

Ma|jor ⟨m.; -s, -e⟩ **1** Offiziersdienstgrad zwischen Hauptmann u. Oberstleutnant **2** Offizier in diesem Rang [<span. *mayor* »höherer Offizier« <lat. *maior* »größer«]

Ma|jo|ran ⟨a. ['---] m.; -s, -e; Bot.⟩ Gewürzpflanze aus der Familie der Lippenblütler: Majorana hortensis [<mlat. *majorana, majoracus* <lat. *amaracus* (mit Anlehnung an *maior*) <grch. *amarakos* »Gewürzpflanze Origanum majorana«]

Ma|jo|rat ⟨n.; -(e)s, -e⟩ **1** Ältestenrecht unter mehreren gleich nahen Verwandten; *Ggs* Minorat (1); →*a.* Seniorat **2** das Erbteil selbst; *Ggs* Minorat (2) [<lat. *maioratus* »Stand des Höheren, Recht des Älteren«]

Ma|jor|do|mus ⟨m.; -, -⟩ **1** Hausmeier, oberster Hofbeamter **2** Befehlshaber des Heeres der fränkischen Könige [<mlat. *maior domus* »Oberhaushof-

M

meister«, eigtl. »Oberer des Hauses«]

ma|jo|renn ⟨Adj.⟩ volljährig, mündig; *Ggs* minorenn [<mlat. *majorennus* <lat. *maior* »größer, älter« + *annus* »Jahr«]

Ma|jo|ren|ni|tät ⟨f.; -; unz.⟩ Volljährigkeit, Mündigkeit; *Ggs* Minorennität

ma|jo|ri|sie|ren ⟨V.⟩ überstimmen, durch Stimmenmehrheit besiegen [<lat. *maior* »größer«]

Ma|jo|ri|tät ⟨f.; -, -en⟩ Stimmenmehrheit, Mehrzahl, Überzahl; *Ggs* Minorität [<lat. *maior* »größer«]

Ma|jo|ri|täts|prin|zip ⟨n.; -s; unz.; Politik⟩ Prinzip, nach dem die Mehrheit der Stimmen die Wahl od. Abstimmung entscheidet u. die Stimmen der Minderheit unberücksichtigt bleiben; → *a.* Majoritätswahl

Ma|jo|ri|täts|trä|ger ⟨Pl.; Physik⟩ Träger der Überschussladung, z. B. die Elektronen als Träger der negativen Ladung in n-Halbleitern; *Ggs* Minoritätsträger

Ma|jo|ri|täts|wahl ⟨f.; -, -en; Politik⟩ Wahl, bei der derjenige Kandidat als gewählt erklärt wird, der die meisten Stimmen erhält; *Ggs* Proportionalwahl

M

Ma|jors ⟨[mɛɪdʒə(r)z] Pl.; Sport; Golf⟩ die vier wichtigsten Meisterschaften im Profigolf [<engl. *major* »haupt…, Haupt…«]

Ma|jorz ⟨m.; -es; unz.; schweiz.; Kurzwort für⟩ Majoritätswahl; *Ggs* Proporz (2)

Ma|jus|kel ⟨f.; -, -n⟩ Großbuchstabe; *Ggs* Minuskel [zu lat. *maiusculus* »etwas größer«, Verkleinerungsform zu *maior* »größer«]

ma|ka|ber ⟨Adj.⟩ **1** an den Tod erinnernd, totenähnlich, grausig-düster **2** mit dem Tod, dem Schrecklichen, Traurigen spaßend; *ein makabrer Scherz* [<frz. *macabre* <span. *macabro* »grauenvoll, schauerlich« evtl. zu arab. *magbara* »Grab, Friedhof«]

Ma|ka|dam ⟨m. od. n.; -s, -s⟩ Belag von Straßendecken aus Schotter mit darauf aufgebrachten Schichten aus einem Bitumen-Splitt-Gemisch [nach dem schott. Straßenbauer John L. *MacAdam,* 1756-1836]

ma|ka|da|mi|sie|ren ⟨V.⟩ mit Makadam belegen

Ma|kak ⟨m.; -s od. -en, -en; Zool.⟩ Gattung der Meerkatzen: Macaca [<portug. *macaco* »Affe«]

Ma|ka|me ⟨f.; -, -n⟩ kunstvolle, witzige, gereimte altarab. Stegreifdichtung [<arab. *makameh* »Versammlung, Unterhaltung in einer Gesellschaft«]

ma|ke|do|nisch ⟨Adj.⟩ = mazedonisch

Make-up ⟨[mɛɪkʌp] n.; -s, -s⟩ **1** Verschönerung mit kosmet. Mitteln **2** kosmet. Creme od. Puder zum Tönen u. Glätten der Gesichtshaut [engl., »Aufmachung«]

Ma|ki[1] ⟨m.; -s, -s; Zool.⟩ Familie von Halbaffen auf Madagaskar, die tagsüber schlafen u. nachts Nahrung suchen: Lemuridae; *Sy* Lemur (2) [vermutl. <portug. *macaco;* → *Makak*]

Ma|ki[2] ⟨n.; - od. -s, -; jap. Kochk.⟩ beliebte Art des Sushi, gerolltes Sushi mit einer Reis- u. Fischfüllung, Sushi-Maki [jap.]

Ma|ki|mo|no ⟨n.; -s, -s⟩ ostasiat. Rollbild im Querformat auf Papier od. Seide; *Ggs* Kakemono [jap., »Rollbild«]

Ma|king-of ⟨[mækɪŋɔf] n.; -, -s⟩ **1** ⟨unz.; allg.⟩ die Entstehung, Herstellung **2** ⟨zählb.; Film⟩ Bericht über die Regie- u. Dreharbeiten [engl., eigtl. »das Machen von«]

Mak|ka|bi ⟨m.; - od. -s, -s⟩ Name bürgerlich-zionistischer Sportvereine, in Erinnerung an den 1898 in Berlin gegründeten Bar Kochba-Makkabi Turn- u. Sportverein [nach Judas *Makkabäus,* der im 2. Jh. v. Chr. den Unabhängigkeitskampf gegen Syrien anführte; zu hebr. *makkaba* »Hammer«]

Mak|ka|bi|a|de ⟨f.; -, -n; Sport⟩ großes jüdisches Sportfest, das alle vier Jahre in Israel veranstaltet wird [verkürzt <*Makkabi* + Olympi*ade*]

Mak|ka|ro|ni ⟨f.; -, -; Kochk.⟩ lange, röhrenförmige Teigware [<ital. (mundartl.) *maccaroni,* Pl. zu *maccarone* <ital. *maccherone* »Nudelgericht« <grch. *makaria* »Glückseligkeit; Speise aus Brühe u. Gerstengraupen«]

mak|ka|ro|nisch ⟨Adj.⟩ **1** in schlechtem Latein abgefasst **2** *~e Dichtung* **2.1** ⟨scherzh.; urspr.⟩ Gedichte in lateinischer, mit latinisierten andersssprachl. Wörtern durchsetzter Sprache **2.2** ⟨dann⟩ Gedichte in einer aus zwei Sprachen gemischten Sprache **3** *~es Latein* ⟨scherzh.⟩ schlechtes Neulatein, in dem Wörter aus anderen Sprachen mit lat. Endungen vorkommen [nach dem Gedicht *Carmen macaronicum* des Paduaners Tifi degli Odasi († 1488), das an die ital. Leibspeise *Makkaroni* anknüpft]

Ma|ko ⟨m.; - od. -s, -s od. f.; -, -s; Textilw.⟩ langfaserige ägyptische Baumwolle [nach *Mako Bey,* dem Hauptförderer des ägyptischen Baumwollanbaus]

Ma|ko|ré ⟨[-re:] n.; - od. -s; unz.⟩ witterungsfestes rotbraunes Holz des afrikanischen Birnbaums: Tieghemella heckelii [afrikan.]

◆ Die Buchstabenfolge **ma|kr…** kann auch **mak|r…** getrennt werden.

◆ **Ma|kra|mee** ⟨n.; - od. -s, -s⟩ Knüpfarbeit aus gedrehten Fäden mit Fransen (für Einsätze, Kragen, Blumenampeln usw.) [<türk. *maqramah* »Taschentuch« <arab. *migramah* »gestickter Schleier«]

◆ **Ma|kre|le** ⟨f.; -, -n; Zool.⟩ **1** Meeresspeisefisch mit zahlreichen blauweißen Querbinden am Rücken: Scomber scombrus **2** ⟨i. w. S.⟩ Angehörige einer Familie aus der Ordnung der Barschfische: Scombridae [<mhd. *macrel* <mndrl. *mak(e)reel* <mlat. *macarellus*]

◆ **Ma|kro** ⟨n.; -s, -s; EDV; kurz für⟩ Makrobefehl

◆ **ma|kro…, Ma|kro…** ⟨in Zus.⟩ lang, groß [<grch. *makros*]

◆ **Ma|kro|ana|ly|se** ⟨f.; -, -n⟩ chem. Analyse mit verhältnismäßig großen Substanzmengen (über 1 g); *Ggs* Mikroanalyse

◆ **Ma|kro|äs|the|sie** ⟨f.; -, -n⟩ Gefühlstäuschung, bei der Gegenstände größer empfunden werden, als sie sind [<*Makro...* + *Ästhesie*]

◆ **Ma|kro|auf|nah|me** ⟨f.; -, -n; Fot.⟩ mit Hilfe der Makrofotografie hergestellte Aufnahme; *Ggs* Mikroaufnahme

◆ **Ma|kro|be|fehl** ⟨m.; -s, -e; EDV⟩ Kurzform für die Gesamtheit mehrerer Befehle, die sich beim Programmieren häufig wiederholen; *Sy* ⟨kurz⟩ Makro

◆ **Ma|kro|bio|tik** ⟨a. [---'--] f.; -; unz.⟩ **1** Kunst, das Leben zu verlängern **2** gesunde Ernährung durch Körner u. Gemüse [<*Makro...* + grch. *bios* »Leben«]

◆ **ma|kro|bio|tisch** ⟨a. ['-----] Adj.⟩ auf Makrobiotik beruhend

◆ **ma|kro|cy|clisch** *auch:* **ma|kro-cyc|lisch** ⟨Adj.; Chemie⟩ *~e Verbindung* organische Verbindung mit mehr als zwölf Kohlenstoffatomen im Molekül, die in Ringform angeordnet sind; *oV* makrozyklisch

◆ **Ma|kro|dak|ty|lie** ⟨f.; -; unz.; Med.⟩ abnorme Größe der Finger [<*Makro...* + grch. *daktylos* »Finger«]

◆ **Ma|kro|fau|na** ⟨f.; -, -nen; Zool.⟩ die mit bloßem Auge erkennbare Tierwelt; *Ggs* Mikrofauna

◆ **Ma|kro|fo|to|gra|fie** ⟨f.; -; unz.; Fot.⟩ fotograf. Nahaufnahmeverfahren mit bis zu 25-facher Vergrößerung; *oV* Makrophotographie; *Ggs* Mikrofotografie

◆ **Ma|kro|ga|met** ⟨m.; -en, -en; Biol.⟩ größere, unbewegliche weibl. Geschlechtszelle der Einzeller u. niederen Pflanzen; *Ggs* Mikrogamet

◆ **Ma|kro|kli|ma** ⟨n.; -s, -ma|ta od. -ma|te; Meteor.⟩ das Klima in größeren Gebieten, Großklima; *Ggs* Mikroklima; →*a.* Mesoklima

◆ **ma|kro|kos|misch** ⟨a. ['----] Adj.⟩ zum Makrokosmos gehörend; *Ggs* mikrokosmisch

◆ **Ma|kro|kos|mos** ⟨a. ['----] m.; -; unz.⟩ Weltall; *Ggs* Mikrokosmos (2)

◆ **ma|kro|kris|tal|lin** ⟨a. ['-----] Adj.⟩ grobkristallin

◆ **Ma|kro|lin|gu|is|tik** ⟨a. ['------] f.; -; unz.; Sprachw.⟩ Wissenschaft von der Sprache einschließlich benachbarter Fachgebiete wie Psychologie od. Philosophie; *Ggs* Mikrolinguistik

◆ **Ma|kro|me|lie** ⟨f.; -, -n; Med.⟩ = Gigantismus; *Ggs* Mikromelie

◆ **Ma|kro|mo|le|kül** ⟨n.; -s, -e; Chemie⟩ Molekül, das aus sehr vielen (mindestens rd. 1000) Atomen aufgebaut ist

◆ **ma|kro|mo|le|ku|lar** ⟨Adj.; Chemie⟩ auf den chem. Reaktionen von Makromolekülen beruhend, die Eigenschaften von Makromolekülen aufweisend

◆ **Ma|kro|ne** ⟨f.; -, -n; Kochk.⟩ rundes Kleingebäck aus Mandeln, Zucker, Eiweiß u. Mehl, auf Oblaten gebacken [<frz. *macaron* »Mandeltörtchen«]

◆ **Ma|kro|nu|cle|us** *auch:* **Ma|kro-nuc|le|us** ⟨m.; -, -clei [-kle:i]; Biol.⟩ vegetativer Zellkern vieler Protozoen

◆ **Ma|kro|ob|jek|tiv** ⟨n.; -s, -e [-və]; Fot.⟩ Spezialobjektiv für Nahaufnahmen

◆ **Ma|kro|öko|no|mie** ⟨f.; -; unz.; Wirtsch.⟩ = Makroökonomik

◆ **Ma|kro|öko|no|mik** ⟨a. [ma:-] f.; -; unz.; Wirtsch.⟩ Teilgebiet der Wirtschaftswissenschaft, das sich der Betrachtung gesamtwirtschaftlicher Größen widmet; *Sy* Makrotheorie; *Ggs* Mikroökonomik

◆ **ma|kro|öko|no|misch** ⟨a. [ma:-] Adj.⟩ zur Makroökonomik gehörend, auf ihr beruhend; *Ggs* mikroökonomisch

◆ **Ma|kro|pho|to|gra|phie** ⟨f.; -; unz.; Fot.⟩ = Makrofotografie

◆ **Ma|kro|phy|sik** ⟨f.; -; unz.; Physik⟩ Physik, die das Verhalten der Körper untersucht, ohne die Veränderungen einzelner Atome u. Elementarteilchen zu berücksichtigen, sozusagen die »klassische Physik«; *Ggs* Mikrophysik

◆ **Ma|kro|phyt** ⟨m.; -en, -en; Biol.; meist Pl.⟩ mit bloßem Auge sichtbarer pflanzlicher Organismus; *Ggs* Mikrophyt [<*Makro...* + grch. *phyton* »Pflanze«]

◆ **Ma|kro|po|de** ⟨m.; -n, -n; Zool.⟩ bes. in den Reisfeldern Südchinas lebender Angehöriger der Gattung der Labyrinthfische, Paradiesfisch [<*Makro...* + *...pode*]

◆ **Ma|kro|seis|mik** ⟨f.; -; unz.; Geol.⟩ Lehre von den Erderschütterungen, die ohne Instrumente fühl- und sichtbar sind; *Ggs* Mikroseismik

◆ **ma|kro|seis|misch** ⟨Adj.; Geol.⟩ *~e Erschütterungen* E., die ohne Instrumente wahrnehmbar sind; *Ggs* mikroseismisch

◆ **ma|kro|sko|pisch** ⟨Adj.⟩ mit bloßem Auge wahrnehmbar; *Ggs* mikroskopisch (2) [<*makro...* + *...skop*]

◆ **Ma|kro|so|mie** ⟨f.; -; unz.; Med.⟩ = Gigantismus; *Ggs* Mikrosomie [<*Makro...* + *soma* »Körper«]

◆ **Ma|kro|spo|re** ⟨f.; -, -n; Bot.⟩ große weibl. Spore einiger Farne; *Ggs* Mikrospore

◆ **Ma|kro|struk|tur** ⟨f.; -, -en⟩ *Ggs* Mikrostruktur **1** Grobstruktur **2** unvergrößert sichtbare Gewebestruktur, z. B. von Tieren, Pflanzen

◆ **Ma|kro|the|o|rie** ⟨f.; -; unz.; Wirtsch.⟩ = Makroökonomik; *Ggs* Mikrotheorie

◆ **Ma|kro|vi|rus** ⟨[-vi-] n. od. umg. a. m.; -, -vi|ren [-vi-]; EDV⟩ Computervirus, der sich per E-Mail verbreitet

◆ **ma|kro|ze|phal** ⟨Adj.; Med.⟩ mit anomal vergrößertem Kopf versehen; *Ggs* mikrozephal [<*makro...* + *...zephal*]

◆ **Ma|kro|ze|pha|lie** ⟨f.; -, -n; Med.⟩ anomale Vergrößerung des Kopfes; *Sy* Megalozephalie; *Ggs* Mikrozephalie

◆ **ma|kro|zy|klisch** *auch:* **ma|kro-zyk|lisch** ⟨Adj.⟩ = makrocyclisch

Ma|ku|la|tur ⟨f.; -, -en⟩ **1** schadhafte od. fehlerhafte Druckbogen **2** Abfall der Papierindustrie **3** Altpapier **4** *~ reden* ⟨umg.⟩ dummes Zeug reden [<mlat. *maculatura* »beflecktes Stück« <lat. *maculare* »beflecken«; verwandt mit *Makel*]

ma|ku|lie|ren ⟨V.⟩ zu Makulatur machen

MAK-Wert ⟨m.; -(e)s, -e; Abk. für⟩ maximale Arbeitsplatz-Konzentration, höchste in Arbeitsräumen zulässige Konzentration luftverunreinigender Stoffe

M

Ma|la|chit ⟨[-xiːt] m.; -s, -e; Min.⟩ smaragdgrünes, dicht od. achatartig gebändertes Mineral, chem. Kupfercarbonat, Kupferspat [<grch. *malache* »Malve«]

ma|lad ⟨Adj.; umg.; veraltet⟩ 1 krank, unpässlich 2 müde u. lustlos [<frz. *malade*]

ma|la fi|de ⟨geh.⟩ in böser Absicht, wissentlich unberechtigt [lat., »in bösem Glauben«]

Ma|la|ga ⟨m.; -s, -s⟩ Süßwein aus Málaga

Ma|lai|se ⟨[-lɛːz(ə)] f.; -, -n od. schweiz.: n.; -s, -⟩ 1 schlechtes Befinden 2 moralisches od. politisches Unbehagen [frz., »Unbehagen«]

Ma|la|ko|lo|gie ⟨f.; -; unz.; Zool.⟩ Lehre von den Weichtieren [<grch. *malakos* »weich« + *...logie*]

Ma|la|ko|zo|on ⟨n.; -s, -zo|en; Zool.⟩ Weichtier [<grch. *malakos* »weich« + *Zoon*]

Ma|la|ria ⟨f.; -; unz.; Med.⟩ endemisch auftretende Infektionskrankheit, die von durch Mückenstiche übertragenen Einzellern im Blut hervorgerufen wird, Sumpffieber, Tropenfieber [<ital. *mala aria* »böse Luft«]

Ma|le|fiz ⟨n.; -es, -e; veraltet⟩ Übeltat, böse Tat, Missetat [<lat. *maleficium* »böse Tat, Übeltat« <*malus* »übel, böse« + *facere* »tun«]

Ma|le|fiz® ⟨n.; -es, -e⟩ ein Würfelspiel [→ *Malefiz*]

Ma|le|in|säu|re ⟨f.; -, -n; Chemie⟩ zweibasische ungesättigte Dicarbonsäure, Isomere der Fumarsäure, ihre Ester höherer Alkohole dienen als Weichmacher

Ma|le|par|tus ⟨m.; -; unz.⟩ Wohnung des Fuchses in der Tierfabel [<frz. *malpertuis* »schlimmer Durchlass«]

Ma|ler|email ⟨a. [-maːj] n.; -s, -s⟩ Email mit besonders niedrigem Schmelzpunkt, das, auf eine Kupferplatte aufgetragen, den Untergrund für künstler. Darstellungen bildet

Ma|le|sche ⟨f.; -, -n⟩ Ärgernis, Unannehmlichkeit [<frz. *malaise* »Unbehagen«]

Mal|heur ⟨[maløːr] n.; -s, -s od. -e⟩ kleines Unglück, geringfügiger Unfall, Missgeschick, peinl. Vorkommnis [frz., »Unglück«]

mal|ho|nett ⟨Adj.; veraltet⟩ unfein, unredlich [<frz. *malhonnête* »unehrlich, unredlich«]

Ma|li|ce ⟨[-sə] f.; -, -n; veraltet⟩ Bosheit, boshafte Bemerkung [frz., »Bosheit«]

ma|li|gne *auch:* **ma|lig|ne** ⟨Adj.; Med.⟩ bösartig; *Ggs* benigne; →*a.* Malignität [<lat. *malignus* »bösartig«]

Ma|li|gni|tät *auch:* **Ma|lig|ni|tät** ⟨f.; -; unz.; Med.⟩ Bösartigkeit (einer Geschwulst); *Ggs* Benignität [<lat. *malignitas* »Bösartigkeit«; zu *malignus* »bösartig«]

Ma|li|gnom *auch:* **Ma|lig|nom** ⟨n.; -s, -e; Med.⟩ bösartige Geschwulst [zu lat. *malignus* »bösartig«]

ma|li|zi|ös ⟨Adj.⟩ boshaft, hämisch, arglistig, schadenfroh [<frz. *malicieux* »boshaft, böswillig«]

mal|kon|tent ⟨Adj.; veraltet⟩ (mit den Zuständen) unzufrieden [<lat. *malus* »schlecht« + *contentus* »zufrieden«]

mall ⟨Adj.⟩ 1 ⟨Seew.⟩ gedreht (vom Wind) 2 ⟨nddt.⟩ von Sinnen, verrückt, töricht

Mall[1] ⟨n.; -(e)s, -e; Schiffbau⟩ Modell, Holzschablone für Schiffsteile [ndrl.]

Mall[2] ⟨[mɔːl] f.; -, -s⟩ überdachtes Einkaufszentrum mit vielen Geschäften [engl., nach der Londoner Geschäftsstraße »The Mall«, urspr. eine *pall-mall alley,* »Allee für das Pall-Mall« (ein Schlagspiel aus dem 17. Jh. mit Holzhammer u. Holzball); zu *mallet* »Holzhammer«]

mal|len ⟨V.⟩ 1 nach dem Mall bearbeiten, ausmessen 2 *der Wind mallt* springt um, dreht sich

mal|le|o|lar ⟨Adj.; Med.⟩ zum Knöchel gehörig [lat. *malleus* »Hammer«]

Malm ⟨m.; -(e)s; unz.; Geol.⟩ jüngste Abteilung des Juras, weißer Jura [engl., »weicher, kalkhaltiger Lehm«]

Ma|loc|chio *auch:* **Ma|loc|chio** ⟨[-ɔkjo] m.; -s, -s od. -oc|chi [-ki]⟩ böser Blick [<ital. *mal'occhio,* eigtl. »böses Auge«]

Ma|lo|che ⟨[-lɔːxə] od. [-lɔxə] f.; -, -n; umg.⟩ (harte) Arbeit [<rotw. *Meloche* <jidd. *melocho* »Arbeit«]

ma|lo|chen ⟨[-lɔːxən] od. [-lɔxən] V.; umg.⟩ schwer arbeiten, schuften

Ma|lo|cher ⟨[-lɔːxər] od. [-lɔxər] m.; -s, -; umg.⟩ jmd., der schwer arbeiten, schuften kann od. muss

Ma|lon|säu|re ⟨f.; -, -n; Chemie⟩ eine der einfachsten Dicarbonsäuren, bildet sich bei der Oxidation von Apfelsäure [<grch. *malon, melon* »Apfel«]

Ma|los|sol ⟨m.; -s; unz.⟩ mild gesalzener, fast flüssiger (Winter-)Kaviar [zu russ. *malo solenyj* »wenig gesalzen«]

Mal|ta|se ⟨f.; -, -n; Biochemie⟩ im Verdauungskanal des Menschen, der Tiere u. in der Hefe vorkommendes Enzym, spaltet Maltose unter Aufnahme von Wasser in zwei Moleküle Glukose [<engl., frz. *malt* »Malz«]

Mal|te|ser ⟨m.; -s, -⟩ 1 Einwohner der Insel Malta 2 Malteserritter 3 ⟨Pl.; Abk. für⟩ karitative Hilfsorganisation des Malteserordens 4 ⟨Zool.⟩ weißer Schoßhund mit spitzer Schnauze u. schwarzer Nase

Mal|te|ser|kreuz ⟨n.; -es, -e⟩ 1 Kreuz, dessen Balken in je zwei Spitzen auslaufen, Abzeichen der Malteserritter bzw. Johanniter 2 dem Kreuz der Malteser ähnliche Konstruktion in Filmapparaten, die eine Drehbewegung in eine ruckartige Bewegung transformiert

Mal|thu|si|a|nis|mus ⟨m.; -; unz.⟩ Lehre des engl. Sozialforschers Th. R. Malthus (1766-1834), der meinte, die Welt werde an Hunger zugrunde gehen, weil die Erdbevölkerung schneller zunehme als der Bodenertrag, u. der daher drastische Mittel empfahl, das Bevölkerungswachstum zu hemmen (Krieg, Empfängnisverhütung usw.)

Mal|to|se ⟨f.; -; unz.; Biochemie⟩ zur Gruppe der Disaccharide zählende Zuckerart, die Baustein von (zuckerunähnlichen) Polysacchariden ist, Malzzucker [<engl., frz. *malt* »Malz«]

mal|trä|tie|ren *auch:* **malt|rä|tie|ren** ⟨V.⟩ sehr schlecht behandeln, quälen [<frz. *maltraiter*]

Malt|whis|ky ⟨[mɔːlt-] m.; -s, -s⟩ aus Malz hergestellter Whisky [<engl. *malt* »Malz« + *Whisky*]

Ma|lus ⟨m.; - od. -ses, - od. -se⟩ *Ggs* Bonus **1** ⟨bei Versicherungen⟩ nachträglicher Prämienzuschlag **2** verschlechternder Abschlag auf Zensuren [zu lat. *malus* »schlecht«]

Mal|va|sier ⟨[-va-] m.; -s; unz.⟩ von einer aus der Gegend von Monemvasia stammenden Rebe gewonnener Süßwein des Mittelmeeres [nach *Malvasia*, dem ital. Namen der grch. Hafenstadt *Monemvasia*]

Mal|ve ⟨[-və] f.; -, -n; Bot.⟩ Gattung der Malvengewächse (Malvaceae) mit kreisrunden, flachen Früchten: Malva, Käsepappel [<lat. *malva*]

Mal|ware ⟨[mælwɛː(r)] f.; -; unz.; EDV⟩ schädliche, gefährliche Software [<engl. *mal*... <frz. *mal* <lat. *malus* »schlecht, böse« + engl. *ware* »Ware«]

Ma|ma ⟨a. ['--] f.; -, -s⟩ Mutter [<frz. *maman* (17. Jh.); kindl. Lallwort]

Mam|ba ⟨f.; -, -s; Zool.⟩ bis zu 2 Meter lange, afrikan. Giftschlange [Bantuspr.]

Mam|bo ⟨m.; -s, -s⟩ Gesellschaftstanz aus Kuba mit Jazzelementen [span.-kuban.]

Ma|me|luck ⟨m.; -en, -en; meist Pl.⟩ *oV* Mameluk **1** *~en* türkische Sklaven am persischen u. insbesondere ägypt. Hof, wo sie starken Einfluss gewannen **2** Herrschergeschlecht Ägyptens (1250-1517) [<ital. *mammalucco* <arab. *mamluk* »Sklave«]

Ma|me|luk ⟨m.; -en, -en⟩ = Mameluck

Ma|mey|ap|fel ⟨[mæmɪ-] m.; -s, -äp|fel; Bot.⟩ südamerikanische Frucht mit rauer Schale u. süßsäuerlichem Fruchtfleisch mit aprikosenähnl. Geschmack: Mammea americana; *oV* Mammiapfel [<engl. *mammee apple*]

Ma|mil|la ⟨f.; -, -mil|len; Anat.⟩ Brustwarze; *oV* Mamille [lat., Verkleinerungsform zu *mamma*; → *Mamma*]

Ma|mil|le ⟨f.; -, -mil|len; Anat.⟩ = Mamilla

Mam|ma ⟨f.; -, -mae [-mɛː]; Anat.⟩ Brustdrüse [lat., »weibliche Brust«]

Mam|ma|kar|zi|nom ⟨n.; -s, -e; Med.⟩ Brustkrebs

Mam|ma|lia ⟨Pl.; Zool.⟩ Säugetiere [<lat. *mamma* »weibliche Brust«]

Mam|ma|plas|tik ⟨f.; -, -en; Med.⟩ operative Wiederherstellung der weibl. Brust (nach einer Mastektomie) [<lat. *mamma* »weibl. Brust« + *Plastik*]

Mam|mi|ap|fel ⟨m.; -s, -äp|fel; Bot.⟩ = Mameyapfel

Mam|mo|gra|fie ⟨f.; -, -n; Med.⟩ = Mammographie

Mam|mo|gra|phie ⟨f.; -, -n; Med.⟩ Röntgenuntersuchung der weibl. Brust zur Früherkennung von Brustkrebs; *oV* Mammografie [<lat. *mamma* »weibl. Brust« + ...*graphie*]

Mam|mo|lo|gie ⟨f.; -; unz.; Zool.⟩ Lehre von den Säugetieren [<lat. *mamma* »weibl. Brust« + ...*logie*]

Mam|mon ⟨m.; -s; unz.; abwertend⟩ Reichtum, Geld; *dem ~ nachjagen; der schnöde ~* [<grch. *mammonas* <aram. *ma'mon* »Hinterlegtes«]

Mam|mo|nis|mus ⟨m.; -; unz.⟩ **1** Geldgier **2** Geldherrschaft

Mam|mut ⟨m. od. n.; -s, -s od. -e; Zool.⟩ **1** fossile eiszeitl. Elefantenart: Mammuthus primigenius **2** ⟨in Zus.; fig.⟩ riesig, sehr groß, Riesen...; *Mammutfilm* [<frz. *mammouth* <jakut. *mamont;* zu *mamina* »Land« (das M. wurde durch Grabungen des Russen Ludloff im nordöstl. Sibirien 1696 bekannt]

Mam|mut|baum ⟨m.; -(e)s, -bäume; Bot.⟩ = Sequoie

Mam|sell ⟨f.; -, -en od. -s⟩ **1** Wirtschafterin auf Landgütern od. in Hotels **2** ⟨veraltet; noch scherzh.⟩ Fräulein **3** ⟨veraltet⟩ *kalte ~* weibl. Person, die im Hotel od. Restaurant kalte Speisen anrichtet [verkürzt <*Mademoiselle*]

...man ⟨Nachsilbe; zur Bildung von Adj.; Psych.⟩ eine Manie, eine krankhafte psychische Veränderung betreffend; *kleptoman; egoman* [→ *Manie*]

Mä|na|de ⟨f.; -, -n⟩ **1** verzückte, bis zur Raserei begeisterte Dienerin u. Begleiterin des grch. Weingottes Dionysos **2** ⟨fig.⟩ rasendes Weib [<grch. *mainas*, Gen. *mainados* »die Rasende, die Verzückte«]

Ma|nage|ment ⟨[mænɪdʒmənt] n.; -s, -s⟩ **1** Gesamtheit der Führungskräfte einer Firma, eines Unternehmens **2** die Führungsmethode eines Unternehmens od. Betriebes [engl., »Leitung, Führung«]

Ma|nage|ment-Buy-out *auch:* **Ma|nage|ment-Buy|out** ⟨[mænɪdʒməntbaɪaut] m. od. n.; -s, -s; Wirtsch.⟩ Aufkauf einer Firma bzw. von Firmenanteilen durch das eigene Management; *Sy* Buy-out [<engl. *management buy-out;* zu *buy out* »aufkaufen«]

ma|na|gen ⟨[mænɪdʒən] V.; umg.⟩ **1** handhaben, zustande bringen, geschickt bewerkstelligen **2** *einen Berufssportler, Künstler ~* betreuen, beraten [<engl. *manage* »verwalten, bewirtschaften, leiten«]

Ma|na|ger ⟨[mænɪdʒə(r)] m.; -s, -⟩ **1** *~ eines Unternehmens* Leiter **2** *~ eines Berufssportlers od. Künstlers* Betreuer, Berater **3** jmd., der eine Sache vorbereitet u. durchführt [engl., »Verwalter, Betriebsleiter«]

Ma|na|ger|krank|heit ⟨[mænɪdʒə(r)-] f.; -; unz.⟩ Krankheit auf nervöser Grundlage, deren Kennzeichen vor allem Kreislaufstörungen sind, die oft zu plötzlichem Herztod führen, daneben immer mit Erschöpfung u. Leistungsabfall verbunden

Ma|na|ti ⟨m.; -s, -s; Zool.⟩ = Lamantin [<span. *manate* <karib.]

man|can|do ⟨Musik⟩ mit abnehmender, hinschwindender Lautstärke (zu spielen) [<ital. *mancare* »mangeln, fehlen«]

Man|ches|ter ⟨[mæntʃɪstə(r)] m.; -s; unz.; Textilw.⟩ kräftiger Cord [nach der engl. Stadt *Manchester*]

Man|ches|ter|li|be|ra|lis|mus ⟨[mæntʃɪs-] m.; -; unz.; Politik; Wirtsch.⟩ Form der Wirtschaftspolitik in der ersten Hälfte des 19. Jh., die alle Eingriffe des Staates in das Wirt-

M

schaftsleben ablehnte u. den unbeschränkten Freihandel propagierte [nach der engl. Stadt *Manchester,* die im 19. Jh. ein Zentrum der industriellen Tuchfabrikation war]

Man|ches|ter|tum ⟨[mæntʃıs-] n.; -s; unz.; Politik; Wirtsch.⟩ extrem liberale Richtung, die völlige Freiheit der Wirtschaft ohne jegliche staatliche Eingriffe anstrebt [nach der engl. Stadt *Manchester*]

Man|dä|er ⟨Pl.⟩ Mitglieder einer gnostischen Täufersekte, die die Erlösung der Seele in ihrer Befreiung aus dem Leib u. der Rückkehr in das Lichtreich sieht (heute noch im südl. Irak u. im Iran verbreitet) [<aram. *Mandaia* <*manda* »Gnosis«]

man|dä|isch ⟨Adj.⟩ zur Lehre u. Sprache der Mandäer gehörend

Man|da|la ⟨n.; -s, -s⟩ **1** grafische Figur (Kreis od. Vieleck) mit ausgeprägtem Mittelpunkt, die in indischen Religionen als Meditationshilfe verwendet wird **2** ⟨Psych.⟩ Abbildung als Symbol der Selbstfindung [Sanskrit, »Kreis«]

M

Man|dant ⟨m.; -en, -en⟩ jmd., der ein Mandat erteilt, Auftraggeber eines Rechtsanwalts bzw. einer Rechtsanwältin [<lat. *mandans,* Part. Präs. zu *mandare* »übergeben, anvertrauen«]

Man|dan|tin ⟨f.; -, -tin|nen⟩ weibl. Person, die ein Mandat erteilt, Auftraggeberin eines Rechtsanwalts bzw. einer Rechtsanwältin [<lat. *mandans,* Part. Präs. zu *mandare* »übergeben, anvertrauen«]

Man|da|rin[1] ⟨m.; -s, -e; früher Bez. der Europäer für⟩ hoher chines. Beamter [<portug. *mandarin* <Hindi *mantri,* Sankr. *mantrin* »Ratgeber, Minister« (von Portugiesen in Indien auf chines. Verhältnisse übertragen, in China unbekannt)]

Man|da|rin[2] ⟨n.; -; unz.⟩ chines. Standardsprache [→ *Mandarin*[1]]

Man|da|ri|ne ⟨f.; -, -n; Bot.⟩ **1** zu den Zitrusgewächsen gehörender Strauch od. kleiner Baum mit kugelförmigen, an den Polen abgeflachten Früchten: Citrus nobilis **2** Frucht dieses Gewächses [<frz. *mandarine* <span. *(naranja) mandarina;* vermutl. zu *Mandarin* (weil die M. als eine besonders auserlesene Orangenart gilt u. weil ihre gelbe Farbe der Farbe der Staatstracht des chines. Mandarins gleicht)]

Man|da|rin|en|te ⟨f.; -, -n; Zool.⟩ kleine ostasiat. Entenart, deren Männchen bes. prächtiges Gefieder hat: Aix galericulata

Man|dat ⟨n.; -(e)s, -e⟩ **1** Auftrag zur Ausführung einer Angelegenheit; *~ für einen Rechtsanwalt; ~ der Wähler für einen Abgeordneten* **2** auf Wahl beruhendes Amt; *~ eines Abgeordneten* **3** = Mandatsgebiet [<lat. *mandatum* »Weisung, Auftrag«; zu *mandare* »übergeben, anvertrauen«]

Man|da|tar ⟨m.; -s, -e⟩ jmd., der im Auftrag eines anderen handelt, der ein Mandat erhalten hat

Man|da|tar|staat ⟨m.; -(e)s, -en⟩ Staat, dem die Verwaltung eines Mandats übertragen worden ist

man|da|tie|ren ⟨V.⟩ beauftragen, bevollmächtigen

Man|dats|ge|biet ⟨n.; -(e)s, -e; Politik⟩ Territorium, das treuhänderisch durch einen fremden Staat verwaltet wird; *Sy* Mandat (3)

Man|di|bel ⟨f.; -, -n; Anat.⟩ **1** Knochen des Unterkiefers der Wirbeltiere: Maxilla inferior **2** ⟨Pl.⟩ *~n* das erste Paar der Mundgliedmaßen bei Krebsen u. Insekten [<lat. *mandibula;* zu lat. *mandare* »kauen«]

Man|di|bu|la ⟨f.; -, -lae [-lɛː]; Anat.⟩ Unterkiefer des Menschen [→ *Mandibel*]

Man|di|o|ka ⟨f.; -; unz.⟩ Mehl aus der Wurzel des Manioks [<span., portug. *mandioca* »Maniok« <Tupi *maniaca, manioca, mandioca* »Maniok«]

Man|do|la ⟨f.; -, -do|len; Musik⟩ Zupfinstrument, größer u. eine Oktave tiefer als die Mandoline; *oV* Mandora [ital.; zu *mandolino* »Mandoline«]

Man|do|li|ne ⟨f.; -, -n; Musik⟩ viersaitiges Zupfinstrument mit kleinem mandelförmigem Körper [<frz. *mandoline* <ital. *mandolino*]

Man|do|ra ⟨f.; -, -do|ren; Musik⟩ = Mandola

Man|dor|la ⟨f.; -, -dor|len; Mal.⟩ mandelförmiger Heiligenschein um die ganze Gestalt (Christi od. Mariens) [ital., »Mandel«]

Man|dra|go|ra *auch:* **Mand|ra|go|ra** ⟨f.; -, -go|ren; Bot.⟩ staudiges Nachtschattengewächs, dessen Wurzel als Alraun bezeichnet wird: Mandragora officinalis; *oV* Mandragore [<lat. *mandragoras* <grch. *mandragoras,* vielleicht <pers. *mardum-giâ* »Menschenpflanze«]

Man|dra|go|re *auch:* **Mand|ra|go|re** ⟨f.; -, -n; Bot.⟩ = Mandragora

Man|drill *auch:* **Mand|rill** ⟨m.; -s, -e; Zool.⟩ bunt gefärbte Art der Paviane mit ungewöhnlich großem Kopf u. langer Schnauze: Mandrillus splinx [Herkunft umstritten]

Ma|ne|ge ⟨[-ʒə] f.; -, -n⟩ **1** Reitbahn in einer Halle **2** Platz für die Darbietungen im Zirkus; *Sy* Arena (3) [<frz. *manège* »Reitbahn« <ital. *maneggio* <lat. *manus* »Hand« + *agere* »in Bewegung setzen, treiben«]

Ma|nen ⟨nur Pl.; röm. Myth.⟩ gute Geister, Seelen der Verstorbenen [<lat. *manes*]

Man|ga ⟨n.; -s, -s⟩ japanischer Comicstrip, der meistens handlungsreiche Geschichten um Sex u. Gewalt darstellt u. häufig auch verfilmt wird; *~s als Hauptmotor der japanischen Unterhaltungsindustrie* [jap., *man* »komisch« + *ga* »Bild«]

Man|ga|be ⟨f.; -, -n; Zool.⟩ Pavianart im trop. Afrika mit langen Schwänzen u. auffallenden, weißen Lidern: Cercocebus [nach *Mangaby* auf Madagaskar]

Man|gan ⟨n.; -s; unz.; chem. Zeichen: Mn⟩ silbergraues, sprödes Metall, Ordnungszahl 25 [<lat. *manganesa,* nach der grch. Stadt *Magnesia* in Thessalien]

Man|ga|nat ⟨n.; -(e)s, -e; Chemie⟩ Salz der frei nicht vorkommenden Sauerstoffsäuren des Mangans, von Bedeutung

vor allem das Kaliumpermanganat, $KMnO_4$
Man|gan|bron|ze ⟨[-brɔ̃sə] od. [-brɔŋsə] f.; -; unz.; Chemie⟩ Mangan enthaltende Kupferlegierung
Man|ga|nin ⟨n.; -(e)s; unz.; Technik⟩ Kupfer-Mangan-Nickel-Eisen-Legierung für elektr. Widerstände u. Heizgeräte
Man|ga|nit ⟨m.; -s, -e; Min.⟩ braunschwarzes Mineral, chem. Manganhydroxid
Man|ga|no|me|trie *auch:* **Man|ga|no|met|rie** ⟨f.; -; unz.; Chemie⟩ Verfahren der Maßanalyse, bei der Lösungen von Kaliumpermanganat verwendet werden; *Sy* Permanganometrie [<*Mangan* + ...*metrie*]
Man|gle|baum *auch:* **Mang|le|baum** ⟨m.; -(e)s, -bäu|me; Bot.⟩ zur Familie der Manglebaumgewächse (Rhizophoraceae) gehörendes Mangrovengewächs: Rhizophora mangle [<span. *mangle* »Wurzelbaum«]
Man|go ⟨f.; -, -s od. -go|nen; Bot.⟩ wohlschmeckende gelbliche Frucht des Mangobaumes von länglicher bis kugeliger Form [<portug. *manga* <Tamil *man-kay*]
Man|go|baum ⟨m.; -(e)s, -bäu|me; Bot.⟩ aus Indien stammendes Sumachgewächs mit lanzettförmigen Blättern: Mangifera indica
Man|gos|ta|ne ⟨f.; -, -n; Bot.⟩ aus Malaysia stammende Beerenfrucht mit purpur bis dunkelviolett gefärbter Schale u. weißem Fruchtfleisch: Garcinia mangostana [<engl. *mangosteen,* frz. *mangoustan*]
Man|gro|ve *auch:* **Mang|ro|ve** ⟨[-və] f.; -, -n; Bot.⟩ sauerstoffarmem Boden angepasster Typ von Pflanzen mit Luftwurzeln; *Sy* Rhizophore [vermutl. <portug. *mangue,* span. *mangle* »Wurzelbaum« + engl. *grove* »Gehölz«]
Man|gus|te ⟨f.; -, -n; Zool.⟩ = Mungo[1] [aus einer drawid. Sprache]
Ma|ni|chä|er ⟨[-çeː-] m.; -s, -; Rel.⟩ **1** Anhänger des Manichäismus **2** ⟨Studentenspr.; veraltet⟩ drängender Gläubiger

Ma|ni|chä|is|mus ⟨[-çeː-] m.; -; unz.; Rel.⟩ eine Weltreligion [nach dem pers. Religionsstifter *Mani,* 216-277]
Ma|nie ⟨f.; -, -n⟩ **1** leidenschaftliche Liebhaberei; *Musik~; Sport~* **2** Trieb, Sucht **3** krankhafte Veränderung des Gemüts mit Erregung, gehobenem Selbstgefühl, Selbstüberschätzung, Ideenflucht, Beschäftigungsdrang [frz., engl., <lat. *mania* <grch. *mania*]
Ma|nier ⟨f.; -, -en⟩ **1** ⟨unz.⟩ **1.1** Art, Eigenart, Art u. Weise; *~ eines Künstlers, einer Kunstrichtung; in der ~ Cézannes gemalt; das ist seine ~* **1.2** ⟨abwertend⟩ Künstelei, rein äußerliche Nachahmung bestimmter Formelemente **2** ⟨zählb.; Pl.⟩ *~en* Umgangsformen, Benehmen, Sitte, Gewohnheit; *er hat keine ~en; gute, schlechte ~en* [<frz. *manière* »Art und Weise« <lat. *manuarius* »zu den Händen gehörig«]
ma|nie|riert ⟨Adj.⟩ übertrieben, gesucht, gekünstelt, unnatürlich
Ma|nie|riert|heit ⟨f.; -, -en; abwertend⟩ Übertriebenheit, Unnatürlichkeit, Künstelei
Ma|nie|ris|mus ⟨m.; -; unz.⟩ **1** gewollt übertreibender, gekünstelter Stil **2** von der italien. Malerei ausgehende Stilrichtung zwischen Renaissance u. Barock, die sich extrem stilisierender Ausdrucksmittel bedient
Ma|nie|rist ⟨m.; -en, -en⟩ Vertreter des Manierismus, bes. der italien. Stilrichtung
ma|nie|ris|tisch ⟨Adj.⟩ in der Art des Manierismus; *~er Stil*
ma|nier|lich ⟨Adj.⟩ mit guten Manieren, wohlerzogen, hübsch anzusehen; *das Kind hat sich ~ betragen; das sieht ja ganz ~ aus*
ma|ni|fest ⟨Adj.⟩ deutlich, klar, handgreiflich [<lat. *manifestus* »handgreiflich, offenbar«]
Ma|ni|fest ⟨n.; -(e)s, -e⟩ **1** öffentliche Erklärung, Rechtfertigung **2** Grundsatzerklärung **3** programmatischer Aufruf **4** Verzeichnis der Ladung eines Schiffes
Ma|ni|fes|tant ⟨m.; -en, -en⟩ **1** Teilnehmer an einer Kundgebung **2** ⟨veraltet⟩ jmd., der einen Offenbarungseid leistet
Ma|ni|fes|ta|ti|on ⟨f.; -, -en⟩ **1** Äußerung, das Offenbarwerden **2** (öffentl.) Erklärung
ma|ni|fes|tie|ren ⟨V.⟩ **1** zeigen, erklären, offenbaren **2** ⟨refl.⟩ *sich ~* sichtbar, offenbar werden; *seine Ansichten ~ sich in seinem extremen Verhalten* **3** ⟨veraltet⟩ Offenbarungseid leisten
Ma|ni|hot ⟨m.; -s, -s; Bot.⟩ = Maniok
Ma|ni|kü|re ⟨f.; -, -n⟩ **1** ⟨unz.⟩ Handpflege, bes. der Fingernägel **2** Angestellte, deren Beruf die Handpflege ist **3** Kästchen, Necessaire für die Geräte zur Maniküre [<frz. *manucure*]
ma|ni|kü|ren ⟨V.⟩ *jmdn. od. sich ~* jmdm. od. sich die Hände, Fingernägel pflegen
Ma|ni|la ⟨m.; - od. -s, -s; kurz für⟩ Manilatabak [nach *Manila,* dem Hauptausfuhrhafen der Philippinen]
Ma|ni|la|hanf ⟨m.; -(e)s; unz.; Bot.⟩ Hartfaser der Faserbanane, die zu Tauen, Netzen u. Matten verarbeitet wird; *Sy* Abaka
Ma|ni|la|ta|bak ⟨m.; -s; unz.⟩ Tabak von den Philippinen
Ma|nil|le ⟨[-nɪljə] f.; -, -n⟩ **1** ⟨Kart.⟩ Trumpfkarte im Lomber **2** hufeisenförmiger Armreif [<span. *manilla* »Armband«]
Ma|ni|ok ⟨m.; -s, -s; Bot.⟩ Gattung südamerikan. Wolfsmilchgewächse, deren Wurzeln durch Kochen, Trocknen, Rösten genießbar gemacht werden: Manihot utilissima u. M. dulcia; *oV* Manihot [<span. *mandioca;* → *Mandioka*]
Ma|ni|pel[1] ⟨m.; -s, -; röm. Armee⟩ Unterabteilung, dritter Teil der Kohorte [<ital. *manipolo* »Armbinde«]
Ma|ni|pel[2] ⟨f.; -, -n od. m.; -s, -; kath. Kirche⟩ zum Messgewand gehörendes, breites, über dem linken Unterarm getragenes, gesticktes Band
Ma|ni|pu|lant ⟨m.; -en, -en⟩ **1** jmd., der manipuliert **2** ⟨österr.⟩ Hilfsarbeiter
Ma|ni|pu|la|ti|on ⟨f.; -, -en⟩ **1** Handhabung **2** Handgriff, Kunstgriff **3** unmerkliche, aber gezielte Beeinflussung **4** Zu-

M

richtung, Sortieren u. Färben von Fellen [<neulat. *manipulatio* »Handgriff, Verfahren«]

ma|ni|pu|la|tiv ⟨Adj.⟩ in der Art einer Manipulation

Ma|ni|pu|la|tor ⟨m.; -s, -to|ren⟩ Apparat, der Bewegungen der menschl. Hand auf schwer od. nicht zugängliche Gegenstände überträgt, z. B. beim Hantieren mit radioaktiven Substanzen

ma|ni|pu|la|to|risch ⟨Adj.⟩ mit Hilfe einer Manipulation (3), eine Manipulation (3) bezweckend

ma|ni|pu|lier|bar ⟨Adj.⟩ für Manipulationen empfänglich, beeinflussbar; *jmd. ist leicht ~*

ma|ni|pu|lie|ren ⟨V.⟩ **1** (geschickte) Handgriffe tun **2** Kunstgriffe anwenden **3** handhaben, verfahren **4** *jmdn. ~* jmds. Verhalten steuern, jmdn. beeinflussen **5** Felle zurichten, färben u. sortieren

Ma|ni|pu|lie|rung ⟨f.; -, -en⟩ das Manipulieren, Manipuliertwerden

ma|nisch ⟨Adj.⟩ zur Manie gehörig, an Manie erkrankt

ma|nisch-de|pres|siv ⟨Adj.⟩ manisch u. depressiv im Wechsel; *~e Krankheit* durch einen period. Wechsel gehobener Stimmung, gesteigerter Erregung u. gedrückter Stimmung gekennzeichnete Gemütskrankheit

Ma|nis|mus ⟨m.; -; unz.⟩ Totenkult, Ahnenverehrung [→ *Manen*]

Ma|ni|tu ⟨m.; -s; unz.⟩ bei den Algonkinindianern Name einer allen Dingen u. Naturerscheinungen innewohnenden Macht [Algonkin]

Man|ko ⟨n.; -s, -s⟩ **1** Mangel, Fehler **2** Fehlmenge **3** Fehlbetrag [<ital. *manco* »Fehler, Mangel«]

Man|na ⟨n.; - od. -s; unz. od. f.; -; unz.⟩ **1** ⟨AT⟩ himmlisches Brot der Juden in der Wüste, Himmelsbrot **2** zu einer weißlichen, süßen Masse erstarrter Saft der Mannaesche, dient u. a. zur Versüßung von Heilmitteln **3** ähnl. Masse von anderen Gewächsen [lat. <aram. *manna* <hebr. *man* »Geschenk«]

Man|na|esche ⟨f.; -, -n; Bot.⟩ zur Gattung der Eschen gehörender, mittelgroßer Strauch, aus dessen Saft Manna gewonnen wird, Blumenesche: Francinus ornus

Man|na|flech|te ⟨f.; -, -n; Bot.⟩ essbare Flechte der vorder- u. zentralasiat. u. nordafrikan. Steppengebiete: Lecanora esculenta

Man|ne|quin ⟨a. [-kɛ̃ː] n. od. (selten) m.; -s, -s⟩ **1** ⟨heute⟩ weibliche Person, die Modellkleidung vorführt, Vorführdame, Modell (8) **2** ⟨früher⟩ Gliederpuppe als Modell für Maler u. Bildhauer **3** Schaufensterpuppe [frz. <ndrl. *maneken* »Männchen«]

Man|nit ⟨m.; -s, -e⟩ süß schmeckender, sechswertiger, kristalliner Alkohol in Manna (2, 3), Algen, Oliven u. Sellerie

ma|no de|stra *auch:* **ma|no dest|ra** ⟨Abk.: m. d.; Musik⟩ mit der rechten Hand (zu spielen) [ital.]

Ma|no|me|ter ⟨n.; -s, -; Technik⟩ Vorrichtung zum Messen des Druckes von Gasen od. Flüssigkeiten [<grch. *manos* »dünn« + *...meter*]

Ma|no|me|trie *auch:* **Ma|no|met|rie** ⟨f.; -; unz.; Technik⟩ Bereich der Messtechnik, der sich mit der Entwicklung u. Anwendung von Druckmessgeräten befasst [<grch. *manos* «dünn« + *...metrie*]

ma|no|me|trisch *auch:* **ma|no|met|risch** ⟨Adj.; Technik⟩ mit Hilfe des Manometers gemessen

ma non tan|to ⟨Musik⟩ aber nicht so sehr; *allegro ~* [ital.]

ma non trop|po ⟨Musik⟩ aber nicht zu sehr; *allegro ~* [ital.]

ma|no si|nis|tra *auch:* **ma|no si|nist|ra** ⟨Abk.: m. s.; Musik⟩ mit der linken Hand (zu spielen) [ital.]

Ma|nö|ver ⟨[-vər] n.; -s, -⟩ **1** ⟨Mil.⟩ große Truppenübung **2** ⟨Seew.⟩ mit einem Schiff ausgeführte Bewegung **3** ⟨fig.⟩ gezieltes Vorgehen, Handlung, die einen anderen über jmds. wahre Absicht täuschen soll [<frz. *manœuvre* »Handhabung, Verrichtung« <lat. *manus* »Hand« + *opera* »Werk«]

Ma|nö|ver|kri|tik ⟨[-vər-] f.; -; unz.; fig.⟩ kritische Erörterung, Besprechung der (weiteren) Vorgehensweise

ma|nö|vrie|ren *auch:* **ma|nö|vri|e|ren** ⟨V.⟩ **1** ⟨Mil.⟩ große Truppenübungen durchführen **2** ⟨Seew.⟩ Bewegungen mit dem Schiff ausführen **3** geschickt vorgehen

Man|pow|er *auch:* **Man|po|wer** ⟨[mænpauə(r)] f.; -; unz.⟩ menschliche Arbeitskraft (als wirtschaftlicher Faktor) [<engl. *man* »Mensch« + *power* »Kraft, Stärke«]

manque ⟨[mãːk] Roulett⟩ die Zahlen 1 bis 18 betreffend; *Ggs* passe [frz., »fehlt«]

Man|sar|de ⟨f.; -, -n⟩ Zimmer in einem ausgebauten Dachgeschoss [nach dem frz. Architekten F. *Mansart*]

Man|schet|te ⟨f.; -, -n⟩ **1** um das Handgelenk liegender Abschluss eines Ärmels von einem Hemd od. einer Hemdbluse **2** ⟨Gaunerspr.⟩ Handfessel; *~n vor jmdm. od. etwas haben* Respekt, Furcht **3** zierende Umhüllung aus Papier für Blumentöpfe od. -sträuße **4** meist runde Dichtung aus elastischem Material an beweglichen Maschinenteilen **5** ⟨Sport⟩ verbotener Griff am Hals beim Ringen [<frz. *manchette,* Verkleinerungsform zu *manche* »Ärmel« <lat. *manica* »Handbekleidung«]

...mant ⟨Nachsilbe; zur Bildung männl. Subst.; m.; -en, -en⟩ Seher, Wahrsager, Beschwörer; *Chiromant* [<grch. *manis* »Seher, Wahrsager«]

...man|tie ⟨Nachsilbe; zur Bildung weibl. Subst.; f.; -; unz.⟩ Sehergabe; *Chiromantie* [<grch. *manteia;* → *...mant*]

Man|tik ⟨f.; -; unz.⟩ Kunst der Wahr- u. Weissagung, meist als Zeichendeutung u. Verkündung der Zukunft [<grch. *mantike (techne)* »Wahrsagekunst«; → *...mant*]

Man|til|le ⟨a. [-tɪljə] f.; -, -n⟩ den Kopf u. die Schultern bedeckender Schleier aus Spitzen [<frz. *mantille,* span. *mantilla* »kleiner Schleiermantel«]

man|tisch ⟨Adj.⟩ zur Mantik gehörend, auf ihr beruhend, sie betreffend

Man|tis|se ⟨f.; -, -n; bei Logarithmen⟩ die hinter dem Komma stehende Zahl [<lat. *mantissa* »Zugabe«]

Man|tra *auch:* **Mant|ra** ⟨n.; -s, -s⟩ **1** geheimnisvolles, magisches Wort, das gedacht od. gesungen wird (als Meditationshilfe) **2** ⟨ind. Bez. für⟩ heilige Texte, bes. Hymnen des Veda [Sanskrit]

Ma|nu|al ⟨n.; -s, -e; Musik; an Orgel u. Cembalo⟩ Reihe der Tasten, die mit den Händen bedient wird; *Ggs* Pedal (2.1) [<lat. *manus* »Hand«]

ma|nu|a|li|ter ⟨Musik⟩ auf dem Manual der Orgel (zu spielen) [zu lat. *manualis* »mit der Hand«]

ma|nu|ell ⟨Adj.⟩ mit der Hand (betrieben, hergestellt)

Ma|nu|fakt ⟨n.; -(e)s, -e⟩ Erzeugnis der Handarbeit [<lat. *manu factum* »mit der Hand Hergestelltes«]

Ma|nu|fak|tur ⟨f.; -, -en⟩ **1** Anfertigung mit der Hand **2** mit der Hand hergestellter Gegenstand **3** vorindustrieller Betrieb, in dem die Ware mit der Hand gefertigt wurde [<lat. *manu factus* »mit der Hand hergestellt« <*manu* »Hand« + *facere* »machen«]

ma|nu|fak|tu|rie|ren ⟨V.⟩ mit der Hand anfertigen

Ma|nu|fak|tu|rist ⟨m.; -en, -en⟩ **1** Hersteller von Manufakturwaren **2** Händler in Manufakturwaren

Ma|nu|fak|tur|wa|re ⟨f.; -, -n⟩ **1** mit der Hand hergestellte Ware **2** Meterware in Textilien [→ *Manufaktur*]

Ma|nu|druck ⟨m.; -(e)s; unz.; Typ.⟩ ein fotochemigraf. Flachdruckverfahren [nach dem Erfinder M. *Ullmann,* *1913]

ma|nu pro|pria *auch:* **ma|nu prop|ria** ⟨Abk.: m. p.; geh.⟩ eigenhändig [lat.]

Ma|nu|skript ⟨n.; -(e)s, -e; Abk.: Ms. od. Mskr. (Sing.), Mss. (Pl.)⟩ **1** ⟨urspr.⟩ Handschrift **2** hand- od. maschinengeschriebene Druckvorlage; *als ~ gedruckt* nicht für die breite Öffentlichkeit, sondern nur für einen begrenzten Leserkreis bestimmt [<lat. *manu scriptus* »mit der Hand geschrieben« <lat. *manus* »Hand« + *scribere* »schreiben«]

ma|nus ma|num la|vat ⟨[-vat] geh.⟩ eine Hand wäscht die andere (= man erweist sich gegenseitig Gefälligkeiten) [lat.]

Man|za|nil|la ⟨[-nılja] m.; -s; unz.⟩ nach Kamillen duftender Dessertwein [span., »Kamille«]

Mao|is|mus ⟨m.; -; unz.; Politik⟩ die von Mao Ts-tung begründete chines. Form des Marxismus

Mao|ist ⟨m.; -en, -en; Politik⟩ Anhänger, Vertreter des Maoismus

Mao|is|tin ⟨f.; -, -tin|nen; Politik⟩ Anhängerin, Vertreterin des Maoismus

mao|is|tisch ⟨Adj.; Politik⟩ zum Maoismus gehörend, auf ihm beruhend

Mao|look *auch:* **Mao-Look** ⟨[-luk] m.; -s; unz.⟩ (Mao Tse-tung nachgeahmte) Kleidung, die aus einer dunkelblauen, hochgeschlossenen Jacke u. einer Schirmmütze besteht [→ *Look*]

Ma|o|ri[1] ⟨m.; - od. -s, - od. -s⟩ Eingeborener Neuseelands

Ma|o|ri[2] ⟨m.; - od. -s; unz.⟩ Sprache der Maori[1]

MAP ⟨Abk. für engl.⟩ Manufacturing Automation Protocol, Modell für die Datenübertragung zwischen Rechnern verschiedener Arbeitsbereiche [engl., »automatisierte Protokollherstellung«]

Ma|quet|te ⟨[-kɛt-] f.; -, -n⟩ Entwurf, Skizze [frz.]

Ma|quil|la|ge ⟨[-kija:ʒə] f.; -, -n⟩ **1** ⟨frz. Bez. für⟩ Make-up **2** ⟨Kart.⟩ Kennzeichnung von Spielkarten, so dass der Eingeweihte die Veränderung mit den Fingern ertasten kann [frz., »Fälschung, Betrug«]

Ma|quis ⟨[-ki:] m.; - [-ki:(s)]; unz.⟩ **1** Buschwald der Mittelmeerländer (häufig Schlupfwinkel von Räubern u. Verfolgten); *Sy* Macchia **2** ⟨im 2. Weltkrieg⟩ französ. Widerstandsbewegung [frz. <ital. *macchia* »Buschwald« <lat. *macula* »Fleck«]

Ma|qui|sard ⟨[-kiza:r] m.; -s, -s od. -en⟩ Angehöriger des Maquis (2), der sich oft in Wäldern verbarg

Ma|ra[1] ⟨f.; -, -s⟩ **1** ⟨Zool.⟩ hasenähnliche Meerschweinchenart, die in der argentin. Pampa beheimatet ist **2** Name eines von Moses süßgemachten Brunnens [<hebr. »der Bittere«]

Ma|ra[2] ⟨m.; - od. -s; unz.; Buddhismus⟩ Versucher des Buddha, der den Religionsgründer an der Verkündigung seiner Lehre zu hindern sucht [<Sanskrit *Mara* »Tod«]

Ma|ra|bu ⟨m.; -s, -s; Zool.⟩ in Afrika, Indien u. auf den Sundainseln vorkommende Gattung der Schreitvögel: Leptoptilus [→ *Marabut* (auf den Vogel übertragen wegen seines würdevollen Ganges)]

Ma|ra|but ⟨m.; -, -⟩ mohammedan. Einsiedler, Heiliger [<frz. *marabou(t)* <portug. *marabuto* <arab. *murabit* »Asket, Einsiedler«]

Ma|ra|cu|ja ⟨f.; -, -s; Bot.⟩ Frucht der Passionsblume [portug., <südamerikan. Indianerspr.]

Ma|rä|ne ⟨f.; -, -n; Zool.⟩ zu den Renken gehörender Lachsfisch der norddt. Seen, verwandte Arten in der Ostsee, in balt. u. russ. Seen, schmackhafter Speisefisch; *Große ~* Coregonus maraena; *Kleine ~* Coregonus albula [<masur., kaschub. *moranka* <altslaw. *morje* »See«]

ma|ran|tisch ⟨Adj.; Med.⟩ durch Marasmus hervorgerufen, daran leidend, schwach, abgezehrt, verfallen; *oV* marastisch

Ma|ras|chi|no ⟨[-ki:-] m.; -s; unz.⟩ urspr. in Dalmatien aus jugoslaw. Sauerkirschen hergestellter Likör [<ital. *marasca* »bittere, wilde Kirsche (Prunus cerasus marastea)« <lat.; zu *amarus* »bitter«]

Ma|ras|mus ⟨m.; -; unz.; Med.⟩ Schwund der Körperkräfte u. Verfall des Körpers [<grch. *marainein* »sich verzehren«]

ma|ras|tisch ⟨Adj.; Med.⟩ = marantisch

Ma|ra|thi ⟨n.; - od. -s; unz.⟩ zu den neuind. Sprachen gehörende Sprache der Marathen

Ma|ra|thon... ⟨in Zus.⟩ überaus lange andauernd; *Marathonsitzung* [→ *Marathonlauf*]

M

Ma|ra|thon|lauf ⟨m.; -(e)s, -läu|fe; Sport⟩ Langstreckenlauf (42,2 km), der z. B. bei den Olympischen Spielen ausgetragen wird [nach der Strecke *Marathon*-Athen, die der Siegesbote nach der Schlacht bei *Marathon* 490 v. Chr. lief]

Mar|ble|wood *auch:* **Marb|le|wood** ⟨[ma:blwud] n.; -s; unz.⟩ Ebenholz [engl.]

Marc ⟨[ma:r] m.; -s; unz.⟩ starker Branntwein, der aus den Rückständen gekelterter Trauben gewonnen wird; ~ *de Champagne* [zu frz. *marcher* »(mit den Füßen) treten«]

mar|ca|to ⟨Musik⟩ kräftig betont, markiert [ital.]

Mar|che|sa ⟨[-ke:-] f.; -, -che|sen [-ke:-]⟩ weibl. ital. Adelstitel

Mar|che|se ⟨[-ke:-] m.; -, -n⟩ männl. ital. Adelstitel zwischen Graf u. Herzog [<ital. *marca* »Grenze, Grenzland«; → *Marquis*]

Mar|ching|band ⟨[ma:tʃɪŋbænd]⟩ *auch:* **Mar|ching Band** ⟨f.; (-) -, (-) -s; Musik⟩ Marschkapelle [engl.]

M

Mar|cia ⟨[martʃa] f.; -, -s; Musik⟩ Marsch [ital.]

Mar|cia fu|ne|bre *auch:* **Mar|cia fu|neb|re** ⟨[martʃa fyne:brə] f.; - -, Mar|cie fu|ne|bri [martʃe fyne:bri]; Musik⟩ Trauermarsch [ital.]

Mar|co|ni|an|ten|ne *auch:* **Mar|co|ni-An|ten|ne** ⟨f.; -, -n⟩ einfache Antenne zum Aussenden von Rundfunkwellen [nach dem ital. Erfinder Guglielmo *Marconi,* 1874-1937]

Mar|del|le ⟨f.; -, -n; Geol.⟩ kleine, rundliche, mit Torf gefüllte Hohlform, die durch Auslaugung von Gips in verschiedenen Lagen des Bodens entstanden ist

Ma|re ⟨n.; -s, - od. -ria⟩ dunkler Teil der Oberfläche von Gestirnen, z. B. des Mondes u. des Mars [lat., »Meer«]

Ma|rel|le ⟨f.; -, -n; Bot.; bes. österr.⟩ = Marille [<ital. *amarella*]

Ma|ren|da ⟨f.; -, -ren|den; bair.-österr.⟩ Vesperbrot [<ital. *merenda*]

ma|ren|go ⟨Adj.⟩ grau od. braun mit weißen Punkten

Ma|ren|go ⟨m.; -s; unz.; Textilw.⟩ schwarz-weiß meliertes Wollgewebe, schwere Qualitäten für Herrenanzüge, Kostüme u. Kleider [nach der nordital. Stadt *Marengo*]

Ma|reo|graf ⟨m.; -en, -en⟩ = Mareograph

Ma|reo|graph ⟨m.; -en, -en⟩ selbsttätig schreibendes Gerät zur Registrierung des Ablaufs der Gezeiten; *oV* Mareograf [<lat. *mare* »Meer« + ...*graph*]

Mar|ga|rin ⟨f.; -, -en; österr.⟩ = Margarine

Mar|ga|ri|ne ⟨f.; -, -n⟩ aus pflanzlichen (u. tierischen) Fetten hergestelltes Speisefett; *oV* ⟨österr.⟩ Margarin [<grch. *margaron* »Perle«]

Mar|ge ⟨[-ʒə] f.; -, -n⟩ **1** Abstand, Spielraum **2** ⟨Wirtsch.⟩ Spanne zwischen Kursen, An- u. Verkaufspreisen [frz. <lat. *margo* »Rand«]

Mar|ge|ri|te ⟨f.; -, -n; Bot.⟩ auf Wiesen häufiger Korbblütler, Gänseblümchen: Chrysanthemum leucanthemum [<frz. *marguerita*]

Mar|gin ⟨[ma:dʒɪn] m.; - od. -s, -s; Börse⟩ Hinterlegung eines Geldbetrages bei einem Broker als Sicherheit, um ggf. anfallende Verluste bei Börsengeschäften abzudecken [engl., »Spielraum, Gewinnspanne«]

mar|gi|nal ⟨Adj.⟩ **1** am Rand stehend **2** nebensächlich

Mar|gi|na|le ⟨n.; - od. -s, -li|en; meist Pl.⟩ Randbemerkung; *oV* Marginalie [zu lat. *marginalis* »den Rand betreffend«]

Mar|gi|nal|exis|tenz ⟨f.; -, -en; Soziol.⟩ **1** ⟨unz.⟩ Zustand, in dem jmd. einer Gruppe nicht mehr ganz, einer anderen aber noch nicht zugehört, Randexistenz, Außenseitertum; *Sy* Marginalität **2** ⟨zählb.⟩ in diesem Zustand befindl. Person, Randexistenz, Außenseiter

Mar|gi|na|lie ⟨[-ljə] f.; -, -n⟩ = Marginale

mar|gi|na|li|sie|ren ⟨V.⟩ an den Rand, ins Abseits drängen

Mar|gi|na|li|sie|rung ⟨f.; -, -en⟩ das Marginalisieren, das Marginalisiertwerden

Mar|gi|na|li|tät ⟨f.; -; unz.⟩ = Marginalexistenz (1)

Ma|ri|hu|a|na ⟨n.; -s; unz.⟩ aus dem Harz einer in Mexiko heimischen Hanfart (Cannabis sativa) gewonnenes Rauschmittel; *Sy* Pot (1); → *a.* Mary Jane [<span.-(US-amerikan. *marihuana, mariguana, marijuana;* Ursprung unbekannt, vielleicht aus den beiden weibl. span. Vornamen *María* u. *Juana* gebildet]

Ma|ril|le ⟨f.; -, -n; Bot.; bes. österr.⟩ Aprikose; *oV* Marelle [→ *Amarelle*]

Ma|rim|ba ⟨f.; -, -s; Musik⟩ xylophonartiges Schlaginstrument afrikan. Herkunft, bei dem sich unterhalb der Holzplatten einzelne Resonanzkörper befinden [span., <afrikan. Eingeborenensprache]

Ma|rim|ba|fon ⟨m.; -s, -e; Musik⟩ = Marimbaphon

Ma|rim|ba|phon ⟨n.; -s, -e; Musik⟩ Marimba, die mit Resonanzröhren aus Leichtmetall versehen ist; *oV* Marimbafon

ma|rin ⟨Adj.⟩ zum Meer gehörig, aus ihm stammend, Meeres... [<lat. *marinus;* → *Marine*]

Ma|ri|na|de ⟨f.; -, -n; Kochk.⟩ **1** gewürzter Aufguss mit Salz u. Essig zum Einlegen von Fleisch od. Fisch **2** die darin zubereiteten Fischkonserven [→ *marinieren*]

ma|ri|ne ⟨Adj.; undekl.⟩ = marineblau

Ma|ri|ne ⟨f.; -; unz.⟩ Gesamtheit der Seeschiffe eines Staates u. der dem Seehandel u. Seekrieg dienenden Einrichtungen [<frz. *marin* »das Meer betreffend« <lat. *marinus* < *mare* »Meer«]

ma|ri|ne|blau ⟨Adj.⟩ dunkelblau; *Sy* marine

Ma|ri|ne|look ⟨m.; -s; unz.; Mode⟩ an der Marinekleidung orientierte Mode in den Farben dunkelblau u. weiß

Ma|ri|ner[1] ⟨m.; -s, -; scherzh.; umg.⟩ Matrose [→ *Marine*]

Ma|ri|ner[2] ⟨[mærɪ-] m.; -s, -⟩ Name US-amerikan. Weltraumsonden, die bes. zur Erforschung des Planeten Mars eingesetzt wurden [engl. »Seemann; Kompass«]

ma|ri|nie|ren ⟨V.; Kochk.⟩ *Fisch, Fleisch* ~ in Marinade einlegen;

marinierter Hering [<frz. *mariner;* → *Marine*]

Ma|ri|nis|mus ⟨m.; -; unz.; Lit.⟩ Stil der ital. Barockliteratur, Ausprägung des Manierismus [nach dem ital. Dichter G. *Marino,* 1569-1625]

Ma|rio|la|trie *auch:* **Ma|rio|lat|rie** ⟨f.; -; unz.; Rel.⟩ Marienverehrung [<*Maria* + *...latrie*]

Ma|rio|lo|gie ⟨f.; -; unz.; Rel.⟩ Gesamtheit der Lehrsätze (Dogmen) über die Mutter Maria [<*Maria* + *...logie*]

ma|rio|lo|gisch ⟨Adj.; Rel.⟩ zur Mariologie gehörend, auf ihr beruhend

Ma|ri|o|net|te ⟨f.; -, -n⟩ **1** an Fäden bewegte kleine Gliederpuppe **2** ⟨fig.⟩ willenloser, anderen als Werkzeug dienender Mensch [frz. <ital. *marionetta,* Koseform zu *Maria*]

Ma|rist ⟨m.; -en, -en⟩ Angehöriger der Gesellschaft zur Verehrung Mariens (Societas Mariae), die sich die Südseemission zur Aufgabe gemacht hat

ma|ri|tim ⟨Adj.⟩ zum Meer, zur Schifffahrt gehörend, mit ihnen verbunden; *~es Klima* Seeklima mit geringen Temperaturschwankungen [<lat. *maritimus* »das Meer betreffend«]

Mar|jell ⟨f.; -, -en⟩ = Marjellchen

Mar|jell|chen ⟨n.; -s, -; ostpreuß.⟩ Mädchen; *oV* Marjell [<lit. *mergele* »Magd«]

mar|kant ⟨Adj.⟩ **1** auffallend, hervorstechend, bedeutend; *eine ~e Erscheinung, Persönlichkeit* **2** scharf ausgeprägt; *er schreibt einen ~en Stil; ~e Gesichtszüge* [<frz. *marquer;* → *markieren*]

Mar|ka|sit ⟨m.; -s, -e; Min.⟩ gelbes Mineral, chem. Eisensulfid [<frz. *marcassite* <mlat. *marcasita* <arab. *marqashita;* Herkunft unbekannt]

Mar|ker ⟨m.; -s, -⟩ **1** bes. dick schreibender Filzstift; *Text~* **2** ⟨Sprachw.⟩ Merkmal, Kennzeichen **2.1** Darstellung einer Satzstruktur mittels einer Grafik od. einer mit Index versehenen Klammerung **3** ⟨Biol.; bei Viren⟩ genetisches Merkmal [zu engl. *mark* »kennzeichnen«]

Mar|ke|ten|der ⟨m.; -s, -; früher⟩ Händler, der im Feld od. bei Manövern die Truppe begleitete u. sie mit Lebensmitteln usw. versorgte, die von der Verwaltung nicht geliefert wurden [<ital. *mercatare* »Handel treiben«]

Mar|ke|te|rie ⟨f.; -, -n⟩ Einlegearbeit in Holz mit andersfarbigen Hölzern [<frz. *marqueterie* »Einlegearbeit«]

Mar|ke|ting ⟨n.; - od. -s; unz.; Wirtsch.⟩ Gesamtheit der Maßnahmen auf dem Gebiet des Absatzes [<engl. *market* »Markt«]

Mar|ke|ting|mix ⟨m.; - od. -es; unz.; Wirtsch.⟩ Streuung bzw. Mischung von verschiedenen Marketing- u. Werbemaßnahmen, um u. a. den Absatz eines Produktes zu fördern, die Markteinführung zu flankieren od. das Image zu festigen [<*Marketing* + *Mix*]

Mar|ke|ting|re|search ⟨[-rısœ:tʃ] n.; - od. -es; unz.; Wirtsch.⟩ statist. Untersuchung von Absatzmärkten, Umsätzen, Produktplatzierung usw., Marktforschung; *er wechselt zu einer ~-Firma* [<*Marketing* + engl. *research* »Forschung«]

Mar|ke|ting|stra|te|gie ⟨f.; -, -n⟩ Maßnahme(n) zur Absatzförderung eines Produktes

mar|kie|ren ⟨V.⟩ **1** mit einem Zeichen, einer Marke versehen, bezeichnen, kennzeichnen; *die Fahrrinne ist mit Bojen markiert; markierter Wanderweg* **2** ⟨Chemie⟩ *markierte Verbindung* chem. Verbindung, bei der bestimmte Atome durch radioaktiv strahlende Atome ersetzt wurden, deren Weg sich bei biochemischen Reaktionen durch die von ihnen ausgesandte Strahlung verfolgen lässt **3** ⟨EDV⟩ *einen Text ~* mit Hilfe der Maus, des Cursors od. eines Menüpunktes einen Textbereich auswählen **4** ⟨österr.⟩ lochen; *eine Fahrkarte* **5** betonen, hervorheben **6** andeuten; *der Schauspieler markierte die Rolle bei der Probe nur; beim Manöver den Feind ~* die Rolle des Gegners übernehmen **7** vorgeben, vortäuschen, so tun als ob; *den Ahnungslosen, den Dummen, den feinen, starken Mann ~* ⟨umg.⟩ **8** ⟨Jagd⟩ das Wild vor sich durch Stehenbleiben anzeigen; *der Vorstehhund markiert* [<frz. *marquer* »kennzeichnen« <germ. **markian*]

Mar|kie|rung ⟨f.; -, -en⟩ **1** das Markieren, das Anstreichen **2** Marke, Zeichen

Mar|ki|se ⟨f.; -, -n⟩ **1** aufrollbares Dach od. Vorhang aus kräftigem Stoff vor Fenstern u. Balkonen zum Schutz gegen Sonne; *Sonnen~* **2** Edelstein mit lanzettförmigen Facetten; →*a.* Marquise [<frz. *marquise,* eigtl. »Überzelt des Offizierszeltes«]

Mar|ki|set|te ⟨[-zɛt(ə)] m.; -s, -s od. f.; -, -s; Textilw.⟩ gazeartiges Gewebe, das bes. für Gardinen verwendet wird; *oV* Marquisette

Mark|ka ⟨f.; -, -; Abk.: mk⟩ Finnmark (frühere Währungseinheit Finnlands) [<schwed. *mark* »Währungseinheit«]

Mar|kör ⟨m.; -s, -e⟩ **1** Protokollant beim Billardspiel **2** ⟨österr.⟩ (beim Billardspiel bedienender) Kellner [<frz. *marquer* »kennzeichnen«]

Mar|me|la|de ⟨f.; -, -n⟩ **1** als Brotaufstrich verwendeter, eingedickter Fruchtbrei mit Zucker **2** ⟨seit 1983 nur noch Bez. für⟩ Fruchtbrei aus Zitrusfrüchten; *Orangen~;* →*a.* Konfitüre [<span. *marmelada* »Quittenmus« <grch. *melimelon* »Honigapfel«]

Mar|mor ⟨m.; -s, -e; Min.⟩ Kalkstein, der hauptsächlich das Mineral Kalkspat enthält [<grch. *marmaros* »Stein«]

mar|mo|rie|ren ⟨V.⟩ mit einem Muster aus feinen Adern versehen wie beim Marmor

Mar|mo|sett ⟨m.; -s, -e; Zool.⟩ Vertreter einer Familie der Breitnasen, der anstelle der Nägel Krallen besitzt, Krallenaffe: Callithricidae [<engl. *marmoset* <afrz. *marmouset*]

Mar|mot|te ⟨f.; -, -n; Zool.⟩ Murmeltier [frz. <altfrz. *marmottaine* <mlat. *mormotana* <lat. *mus montanus* »Bergmaus«]

Ma|ro|cain ⟨[-kɛ̃:] m. od. n.; -s, -s; Textilw.⟩ kreppartiger Kleiderstoff [frz., »marokkanisch«]

M

Ma|roc|chi|no ⟨[-kiː-] m.; - od. -s, -s⟩ Espresso, der mit Kakaopulver u. Sahne in einer Glastasse serviert wird [ital., kurz für *caffè marocchino* »marokkanischer Kaffee«]

ma|rod ⟨Adj.⟩ = marode

ma|ro|de ⟨Adj.⟩ *oV* marod **1** ⟨urspr.⟩ unfähig zu marschieren **2** heruntergekommen, ruiniert [zu frz. *maraud* »Lump«; zu lat. *mala hora* »zur bösen Stunde«]

Ma|ro|deur ⟨[-døːr] m.; -s, -e; Mil.; früher⟩ plündernder Nachzügler einer Truppe [<frz. *marodeur* »räuberischer Soldat« u. *Merodebruder* (nach dem schwed. Obersten Graf Werner von *Merode;* »Merodische Meutinirer« hatte man 1635 für vogelfrei erklärt)]

ma|ro|die|ren ⟨V.; Mil.⟩ im Kriege plündernd umherziehen

Ma|ro|ne ⟨f.; -, -n od. -ro|ni; Bot.⟩ **1** essbare Frucht der Edelkastanie **2** = Maronenpilz [<frz. *marron* <spätgrch. *maraon* »essbare Kastanie«]

Ma|ro|nen|pilz ⟨m.; -(e)s, -e; Bot.⟩ Speisepilz mit kastanienbraunem Hut u. grüngelben od. grünlichen Röhren, Kastanienpilz: Xerocomus badius; *Sy* Marone (2), Maronenröhrling

Ma|ro|nen|röhr|ling ⟨m.; -(e)s, -e; Bot.⟩ = Maronenpilz

Ma|ro|ni ⟨Pl. von⟩ Marone (1)

Ma|ro|nit ⟨m.; -en, -en; Rel.⟩ Angehöriger der syrisch-christlichen Kirche im Libanon [nach dem Mönch Johannes *Maro,* † vor 423]

Ma|ro|quin ⟨[-kɛ̃ː] n.; -s; unz.; Textilw.⟩ feines, weiches marokkan. Schaf- od. Ziegenleder [frz., eigtl. »marokkanisches (Leder)«]

Ma|ro|qui|ne|rie ⟨[-ki-] f.; -; unz.; schweiz.⟩ Bearbeitung von Leder

Ma|rot|te ⟨f.; -, -n⟩ wunderliche Neigung, Schrulle [frz., »Narrenzepter mit Puppenkopf« (Sonderbildung zu *Maria*)]

Mar|quess ⟨[maːkwɪs] m.; -, -⟩ engl. Adelstitel zwischen Graf u. Herzog

Mar|quis ⟨[-kiː] m.; - [kiː] od. [-kiːs], - [-kiːs]⟩ französ. Adelstitel zwischen Herzog u. Graf [frz.; zu *marche* »Grenze, Grenzland« <germ. **marka* »Grenzland«; → *Marchese*]

Mar|qui|sat ⟨[-ki-] n.; -(e)s, -e⟩ Würde, Herrschaftsgebiet eines Marquis

Mar|qui|se ⟨[-kiːz(ə)] f.; -, -n⟩ Gemahlin od. Tochter eines Marquis; →*a.* Markise

Mar|qui|set|te ⟨[-kizɛt(ə)] m.; -s, -s od. f.; -, -s⟩ = Markisette

Mar|ro|ne ⟨m.; - od. -s, -ni; meist Pl.; Bot.; ital. u. schweiz. für⟩ Marone (1)

Mars ⟨m.; -, -e; Seew.⟩ Plattform am unteren Teil des Mastes, Mastkorb [<finn. *marsio* »Fischsack, Korb« <germ. **marsion,* dän. *moers* »Korb«, ndrl. *merse* »Mastkorb«]

Mar|sa|la ⟨m.; -s; unz.⟩ sizilian. Süßwein, der unter Zusatz von eingedampftem u. mit Alkohol versetztem Most hergestellt wird [nach der Hafenstadt *Marsala* an der sizilian. Westküste]

Mar|schall ⟨m.; -s, -schäl|le⟩ **1** ⟨urspr.⟩ Reitknecht, Stallmeister **2** ⟨dann⟩ hoher Hofbeamter **3** ⟨seit dem 16./17. Jh.⟩ höchster militär. Dienstgrad **4** Offizier in diesem Rang [<afrz. *mareschal* <mhd. *marschalc,* eigtl. »Pferdeknecht«]

Mar|seil|lai|se ⟨[marsɛjɛːz(ə)] f.; -; unz.; Musik⟩ **1** ⟨urspr.⟩ zur Revolution aufrufendes Lied, das 1792 von einem Bataillon von Freiwilligen auf dem Zug von Marseille nach Paris gesungen wurde **2** ⟨danach⟩ französ. Nationalhymne [frz.; zu der südfranzös. Stadt *Marseille*]

Mar|shall|plan ⟨[maːʃəl-] m.; -s; unz.; nach dem 2. Weltkrieg⟩ US-amerikan. Wiederaufbauprogramm für Europa [nach dem damaligen Außenminister der USA, George C. *Marshall,* 1880-1959]

Marsh|mal|low ⟨[maːʃmɛloʊ] n.; -s, -s⟩ (vor allem in den USA beliebte) Süßigkeit, weiche, aber feste Masse aus Zucker, Eiweiß u. Gelatine [<engl. *marsh mallow,* ein in Sümpfen u. Feuchtgebieten heimisches Kraut, aus dessen Wurzel die Masse ursprünglich hergestellt wurde]

Mar|su|pi|a|li|er ⟨m.; -s, -; Zool.⟩ Säugetier, das seine Jungen in einer beutelartigen Bauchfalte trägt: Marsupialia, Beuteltier [<lat. *marsupium* »Beutel«]

mar|tel|lan|do ⟨Musik⟩ in kräftigem Staccato (zu spielen); *oV* martellato [ital., »gehämmert«; zu lat. *martellum* »kleiner Hammer«]

mar|tel|la|to ⟨Musik⟩ = martellando

mar|ti|a|lisch ⟨a. [-tsjaː-] Adj.⟩ **1** kriegerisch **2** wild, grimmig [nach *Mars,* dem röm. Kriegsgott]

Mar|tin|gal ⟨n.; -s, -e; Reitsport⟩ (bes. beim Springen verwendeter) lederner Halsriemen, der an Sattelgurt u. Zügeln befestigt ist [<frz. *martingale*]

Mar|ty|rer ⟨m.; -s, -; oberdt.; nur in kirchl. Bedeutung⟩ = Märtyrer (1)

Mär|ty|rer ⟨m.; -s, -⟩ **1** Christ, der für seinen Glauben den Tod erlitten hat; *oV* ⟨oberdt.⟩ Martyrer **2** Mann, der für eine Idee gestorben ist, Blutzeuge; *ein ~ seines Glaubens, seiner Überzeugung* [<mhd. *marterer, merterer* <ahd. *maritari* <grch. *martyr* »Zeuge«]

Mär|ty|re|rin ⟨f.; -, -rin|nen⟩ **1** Christin, die für ihren Glauben den Tod erlitten hat; *oV* ⟨oberdt.⟩ Martyrin **2** Frau, die für eine Idee gestorben ist, Blutzeugin

Mar|ty|rin ⟨f.; -, -rin|nen; oberdt.; nur in kirchl. Bedeutung⟩ = Märtyrerin

Mar|ty|ri|um ⟨n.; -s, -ri|en⟩ **1** Opfertod für einen Glauben, eine Idee; *das ~ Christi* **2** Qual, Leiden, Pein; *ein ~ erleiden* **3** die über der Begräbnisstätte eines Märtyrers errichtete Kirche [lat. <grch. *martyrion* »Blutzeugnis«]

Mar|ty|ro|lo|gi|um ⟨n.; -s, -gi|en⟩ Verzeichnis der Märtyrer u. Heiligen

Mar|xis|mus ⟨m.; -; unz.; Politik⟩ die von Karl Marx (1818-1883) begründete Lehre des Sozialismus

Mar|xis|mus-Le|ni|nis|mus ⟨m.; -; unz.; Politik⟩ der von Lenin ausgelegte u. weiterentwickelte Marxismus

M

Mar|xịst ⟨m.; -en, -en; Politik⟩ Anhänger, Vertreter des Marxismus
Mar|xịs|tin ⟨f.; -, -tin|nen; Politik⟩ Anhängerin, Vertreterin des Marxismus
mar|xịs|tisch ⟨Adj.; Politik⟩ zum Marxismus gehörend, auf ihm beruhend, gemäß seinen Lehren
mar|xịs|tisch-le|ni|nịs|tisch ⟨Adj.⟩ den Marxismus-Leninismus betreffend, auf ihm beruhend, zu ihm gehörig
Ma|ry Jane ⟨[mæ̱rı dʒɛ̱ın] f.; - -; unz.; verhüllende Bez. für⟩ Marihuana [engl. Übers. der weibl. span. Vorname María *(Mary)* u. Juana *(Jane),* aus denen der Name des Rauschmittels gebildet scheint]
Mạ̈rz ⟨m.; - od. -es od. -en, -e⟩ dritter Monat des Jahres, Frühlingsmonat [<ahd. *marzeo, merzo* <lat. *Martius,* eigtl. »dem Mars heilig«; nach *Mars,* dem röm. Kriegsgott]
Mar|zi|pa̱n ⟨a. ['---] n. od. (selten) m.; -s, -e⟩ Konfekt aus Mandeln u. Zucker [<ital. *marzapane* »Verpackung, Schachtel« (früher für Süßigkeiten aus dem Orient) evtl. <arab. *mautaban* »sitzender König«; nach einer byzantin. Münze mit dem Bilde des thronenden Christus, spätere Bedeutungen: »Hohlmaß, Schachtel, (darin verpackter) Teig«]
Ma|sa̱i ⟨m.; -s od. -, -s od. -⟩ = Massai
Mas|ca̱|ra ⟨f. od. n.; - od. -s, -s; Kosmetik⟩ Wimperntusche [engl., <span. *máscara* »Maske, Larve«]
Mas|car|po̱|ne ⟨m.; -s; unz.; ital. Kochk.⟩ sehr fetthaltige käseartige Sahnezubereitung [ital.]
Ma|schi̱|ne ⟨f.; -, -n⟩ **1** mechan., aus bewegl. u. unbewegl. Teilen zusammengesetzte Vorrichtung, die Kraft überträgt od. Arbeitsgänge selbstständig verrichtet bzw. Energie aus einer in eine andere Form umwandelt; *Arbeits~; das Zeitalter der ~(n); landwirtschaftliche ~n* **1.1** Lokomotive; *der Zug fährt mit zwei ~n* **1.2** Motorrad, Rennwagen; *leichte, schwere ~n fahren* **1.3** Flugzeug; *die ~ hat 20 Minuten Verspätung; mit der nächsten ~ nach Hause fliegen* **1.4** Schreibmaschine; *mit der ~ geschriebene Bewerbung* **1.5** Nähmaschine; *mit der ~ nähen, stopfen* **2** ⟨fig.⟩ jmd., der gleichmäßig, viel u. hart arbeitet; *ich fühle mich nur noch wie eine ~* [<frz. *machine* »Triebwerk« <lat. *machina* »Werkzeug« <grch. *mechane*]
ma|schi|nẹll ⟨Adj.⟩ mit Hilfe einer Maschine, auf Maschinen beruhend; *~es Berichtswesen* Errechnung des Ergebnisses von Produktion u. Absatz eines Betriebes durch elektron. Rechenmaschinen
Ma|schi̱|nen|re|vi|si|o̱n ⟨[-vi-] f.; -, -en; Typ.⟩ Überprüfung der Druckbogen vor Beginn des Druckes
Ma|schi̱|nen|te|le|graf ⟨m.; -en, -en⟩ Telegraf, der vor allem im Schiffsbetrieb zum Übermitteln von Anordnungen zwischen Brücke u. Maschinenraum verwendet wird; *oV* Maschinentelegraph
Ma|schi̱|nen|te|le|graph ⟨m.; -en, -en⟩ = Maschinentelegraf
Ma|schi̱|nen|the|o|rie ⟨f.; -; unz.; Philos.⟩ materialistische Auffassung, nach der Lebewesen mit Maschinen gleichgesetzt werden, z. B. bei dem frz. Philosophen J. O. de Lamettrie, 1709-1751
Ma|schi|ne|ri̱e ⟨f.; -, -n⟩ **1** Gruppe von zusammenarbeitenden Maschinen **2** alle maschinellen Einrichtungen einer Bühne **3** ⟨fig.⟩ Räderwerk; *in die ~ der Justiz geraten* [<frz. *machinerie;* → *Maschine*]
Ma|schi|nịst ⟨m.; -en, -en⟩ **1** Facharbeiter, der Kraftmaschinen bedient u. überwacht (z. B. Lokomotivführer) **2** ⟨Seew.⟩ Vorgesetzter des Maschinenpersonals [→ *Maschine*]
Ma|ser ⟨[mɛ̱ızə(r)] m.; -s, -; Technik⟩ dem Laser ähnliches Gerät, das mit Wellenlängen im Zentimeterbereich arbeitet [verkürzt engl. *m*icrowave *a*mplification by *s*timulated *e*mission of *r*adiation »Mikrowellenverstärkung durch angeregte Emission von Strahlung«]
Ma|shie ⟨[mæ̱ʃı] m.; -s, -s⟩ mit einem Eisenkopf versehener Golfschläger [engl. *mashie, mashy* <frz. *massue* »Keule, Knüppel«]
Mas|ka|rịll ⟨m.; - od. -s, -e; im span. Lustspiel⟩ als vornehmer Herr verkleideter Diener [<span. *mascarilla* »Halbmaske«]
Mas|ka|ro̱n ⟨m.; -s, -e; in der Bauplastik (bes. des Barocks)⟩ ornamentale fratzenhafte Maske [<frz. *mascaron* <ital. *mascherone* »große Maske«]
Mạs|ke ⟨f.; -, -n⟩ **1** künstl., hohle Gesichtsform als Zauber- u. Beschwörungsmittel od. zum Kennzeichnen der Rolle eines Schauspielers (in der Antike) **2** = Maskaron **3** ⟨Theat.; Film⟩ **3.1** das durch Schminke u. Perücke veränderte Gesicht eines Schauspielers **3.2** ⟨umg.⟩ Raum, in dem die Schauspieler geschminkt werden; *der Schauspieler muss noch zur ~* **4** Larve vor einem Teil des Gesichts od. vor dem ganzen Gesicht **5** die mit einer Maske (4) verkleidete Person; *die schönste ~ des Balls prämieren* **6** Vorrichtung zum Schutz von Kopf u. Gesicht; *er trägt eine Draht~ beim Fechten* **7** auf dem Gesicht zu tragende Vorrichtung zum Schutz der Atemorgane; *Atem~; Gas~; Gummi~* **8** Abdruck des Gesichts; *Toten~* **9** ⟨fig.⟩ Vortäuschung, geheuchelte Absicht, erheuchelter Zustand; *unter der ~ der Freundschaft; seine Hilfsbereitschaft ist nur ~; die ~ abwerfen* seine wahren Absichten offen zeigen, zugeben; *die ~ fallenlassen; jmdm. die ~ herunterreißen* seine wahren Absichten aufdecken **10** ⟨EDV⟩ **10.1** formularmäßige u. benutzerfreundliche Gestaltung eines Bildschirms in Felder, Zeilen u. Spalten, die der übersichtlicheren Datenerfassung dient **10.2** *Druck~* Gruppe von Aufbereitungszeichen, die der internen Vorbereitung zum Drucken von Daten dient **10.3** Folge von Binärzeichen, die zur Steuerung von Vorgängen benutzt wird **10.4** *Foto~* fotografisch erstellte Vorlage der Anordnung von Halbleiter-

M

schaltungen [<frz. *masque* <ital. *maschera* <arab. *mas-chara* »Possenreißer(ei)«]

Mas|ke|ra|de ⟨f.; -, -n⟩ **1** Verkleidung **2** Maskenfest, Maskenzug **3** ⟨fig.⟩ Täuschung, Heuchelei; *seine scheinbare Freundschaft war reine ~* [<span. *mascarada* »Maskenaufzug«]

mas|kie|ren ⟨V.⟩ **1** mit einem Maskenkostüm verkleiden, eine Larve aufsetzen, vermummen; *sich zu Karneval ~* **2** ⟨fig.⟩ verbergen, verdecken, bemänteln; *mit einem Lächeln seine Enttäuschung ~* **3** ⟨Mil.⟩ tarnen **4** *eine Speise ~* mit Soße, Eischnee o. Ä. bedecken; *in einer Lösung vorhandene Ionen ~* durch Zugabe eines geeigneten Komplexbildners in eine Koordinationsverbindung einbauen, so dass sie nicht mehr die für die betreffende Ionenart charakterist. Reaktionen zeigen [→ *Maske*]

Mas|kie|rung ⟨f.; -, -en⟩ **1** das Maskieren **2** die Maske selbst

Mas|kott|chen ⟨n.; -s, -⟩ Anhänger, Püppchen od. Tier als Glücksbringer [<frz. *mascotte* <prov. *mascoto* <*masco* »Hexe«]

mas|ku|lin ⟨a. ['---] Adj.⟩ *oV* maskulinisch **1** männlich, männlichen Geschlechts **2** männlich aussehend, sich männlich gebend [<lat. *masculinus* »männlich«]

mas|ku|li|nisch ⟨Adj.⟩ = maskulin

Mas|ku|li|ni|sie|rung ⟨f.; -; unz.⟩ Vermännlichung der Frau bzw. weiblicher Tiere [→ *maskulin*]

Mas|ku|li|num ⟨a. ['----] n.; -s, -li|na⟩ Substantiv männlichen Geschlechts [lat., »das männliche (Geschlecht)«]

Ma|so|chis|mus ⟨[-xɪs-] m.; -; unz.⟩ geschlechtl. Befriedigung durch Erleiden von Misshandlungen; *Ggs* Sadismus (1) [nach dem Schriftsteller v. Sacher-*Masoch,* 1836-1895]

Ma|so|chist ⟨[-xɪst] m.; -en, -en⟩ jmd., der geschlechtl. Befriedigung im Erleiden von Misshandlungen findet; *Ggs* Sadist

ma|so|chis|tisch ⟨[-xɪs-] Adj.⟩ auf dem Masochismus beruhend, ihn betreffend; *Ggs* sadistisch

Mas|sa ⟨m.; -s, -s; in der Kolonialzeit⟩ Herr (Anrede der afrikan. schwarzen Bevölkerung u. der Sklaven Nordamerikas für ihre weißen Herren) [<engl. *master*]

Mass|ac|tion ⟨[mæsækʃn] f.; -, -s; bei Kleinkindern u. Tieren; Psych.⟩ zufälliges, unspezifisches Reagieren auf äußere Reize [<engl. *mass* »Masse, ungeformter Stoff« + *action* »Aktion, Handlung«]

Mas|sa|ge ⟨[-ʒə] od. österr. a. [-saːʒ] f.; -, -n⟩ Behandlung durch mechan. Beeinflussung der Körpergewebe mit den Händen, mit Instrumenten od. elektrischen Apparaten; *~n verschreiben; zur ~ gehen* [frz. <grch. *massein* »kneten«]

Mas|sai ⟨m.; -s od. -, -s od. -⟩ Angehöriger eines ostafrikan. Volksstammes; *oV* Masai

Mas|sa|ker ⟨n.; -s, -⟩ Gemetzel, Blutbad [<frz. *massacre* »Abschlachtung«; weitere Herkunft unsicher]

mas|sa|krie|ren *auch:* **mas|sak|rie|ren** ⟨V.⟩ niedermetzeln, brutal niederschlagen, hinschlachten, hinstrecken

Maß|ana|ly|se ⟨f.; -, -n; Chemie⟩ Teilgebiet der chem. Analyse, bei dem eine Lösung der zu bestimmenden Substanz mit einer Lösung genau bekannten Gehalts zur Reaktion gebracht wird, der elektrochem. od. durch Farbumschlag angezeigte Reaktionsendpunkt ermöglicht die Berechnung der Menge der gesuchten Substanz; *Sy* Titrieranalyse, Titrimetrie

Mas|sel[1] ⟨m.; -s; unz.⟩ Glück [<hebr. *masel* »Planet, Schicksal, Glück«]

Mas|sel[2] ⟨m.; -s, -⟩ durch Erstarren der Eisenschmelze nach dem Hochofenabstich in großen Wannen geformter Barren [<ital. *massello* »Klumpen, Masse, Massel«, Verkleinerungsform zu *massa* »Masse«]

Mas|sen|de|fekt ⟨m.; -(e)s, -e; Physik⟩ die Erscheinung, dass das tatsächliche Gewicht von Atomkernen geringer ist, als es sich aus der Summe der sie aufbauenden Protonen u. Neutronen ergibt, die fehlende Masse wird in Bindungsenergie umgewandelt

Mas|sen|kom|mu|ni|ka|ti|ons|mit|tel ⟨n.; -s, -⟩ = Massenmedium

Mas|sen|me|di|um ⟨n.; -s, -di|en⟩ Mittel zur Nachrichtenübermittlung, Meinungsbildung u. Unterhaltung mit großem Verbreitungsgrad, z. B. Zeitung, Rundfunk, Fernsehen, Film, CD; *Sy* Massenkommunikationsmittel [→ *Medium*]

Mas|sen|psy|cho|lo|gie ⟨f.; -; unz.; Psych.⟩ Zweig der Psychologie, der sich mit dem Verhalten der Menschen als ungegliederter Masse u. der Beeinflussung des Einzelnen durch diese Masse beschäftigt

Mas|sen|spek|tro|graf *auch:* **Mas|sen|spekt|ro|graf** ⟨m.; -en, -en; Kernphysik⟩ = Massenspektrograph

Mas|sen|spek|tro|graph *auch:* **Mas|sen|spekt|ro|graph** ⟨m.; -en, -en; Kernphysik⟩ Spektrograph zur Bestimmung der Massen von Atomen, Molekülen u. ihrer relativen Häufigkeit; *oV* Massenspektrograf

Mas|se|ter ⟨m.; -s, -; Anat.⟩ Kaumuskel [<grch. *mas(s)eter* »der Kauende«]

Mas|seur ⟨[-søːr] m.; -s, -e⟩ jmd., der (nach Ausbildung u. staatl. Prüfung) Massagen ausführt [frz.; → *Massage*]

Mas|seu|rin ⟨[-søː-] f.; -, -rin|nen⟩ Frau, die (nach Ausbildung u. staatl. Prüfung) Massagen ausführt

Mas|seu|se ⟨[-søːzə] f.; -, -n; verhüllende Bez. für⟩ Prostituierte in bordellgleichen Betrieben

Mas|si|cot ⟨[-koː] m.; -; unz.⟩ zur Herstellung von Mennige verwendetes, rotgelbes, kristallines Pulver, chemisch Bleioxid, Bleiglätte, Goldglätte, Lithargyrum [frz. <ital. *marzacotto* »Schminke«]

mas|sie|ren ⟨V.⟩ mit Massage behandeln

mas|siv ⟨Adj.⟩ **1** ohne Hohl- od. Zwischenräume, fest, dicht, geschlossen; *~es Gold* **2** schwer, wuchtig; *ein ~er Bau; ein ~er Angriff* A. mit starken Truppeneinheiten **3** ⟨fig.⟩ derb, rücksichtslos, grob; *der Redner griff die Gegenpartei ~ an; dann wurde er ~* [<frz. *massif* »massig, dicht, fest«]

Mas|siv ⟨n.; -s, -e [-və]; Geogr.⟩ 1 Grundgebirge, meist aus geolog. alten Gesteinen 2 ⟨allg.⟩ Gebirgsstock, Bergkette

Mas|siv|bau ⟨m.; -(e)s, -ten⟩ Errichtung von Bauwerken mit Natursteinen od. Vollbetonwänden

Mas|si|vi|tät ⟨[-vi-] f.; -; unz.⟩ 1 Festigkeit, Dichte, Stabilität 2 Wucht, Nachdruck 3 Derbheit, Grobheit

Mas|so|ra ⟨f.; -; unz.; Theol.⟩ Sammlung seit dem 6. Jh. aufgezeichneter erklärender Anmerkungen zum AT [<hebr. *masorah* »Überlieferung«]

Mass|re|ac|tion ⟨[mæsrıækʃən] f.; -, -s; Biol.⟩ instinktive Reaktion von niederen Organismen, Tieren u. Säuglingen auf bestimmte Umweltreize [engl.]

Mas|ta|ba ⟨f.; -, -s od. -ta|ben⟩ rechteckiges altägypt. Grab [<arab. *mastabah*]

Mast|al|gie *auch:* **Mas|tal|gie** ⟨f.; -, -n; Med.⟩ = Mastodynie [<grch. *mastos* »Brust« + *...algie*]

Mast|ek|to|mie *auch:* **Mas|tek|to|mie** ⟨f.; -, -n; Med.⟩ operative Entfernung der weibl. Brust [<grch. *mastos* »Brust« + *Ektomie*]

Mas|ter ⟨m.; -s, -⟩ 1 ⟨in England u. den USA⟩ Anrede für Knaben u. junge Männer, in Verbindung mit dem Vornamen 2 = Magister (2.2); *~ of Arts* ⟨Abk.: M. A.⟩ engl. u. US-amerikan. akadem. Grad 3 ⟨Jagd⟩ Leiter einer Parforcejagd 4 Originalkopie (als Vorlage für Vervielfältigungen); *~kopie; ~tape* 5 ⟨EDV⟩ übergeordnete Einheit bei informationsverarbeitenden Systemen, Hauptrechner 6 Leiter eines Quiz, einer Show; *Quiz~; Show~* [engl. <lat. *magister* »Herr, Vorsteher«; zu *magnus* »groß«]

Mas|ter|mind ⟨[-maınd] m.; -s, -s; umg.; salopp⟩ führender Kopf, Chefplaner [engl.]

Mas|ter|plan ⟨m.; -(e)s, -plä|ne⟩ übergeordneter Plan (eines Vorhabens, einer Absicht, einer geografischen Karte o. Ä.); *einen ~ erstellen; einem ~ folgen* [→ *Master*]

Mas|ters ⟨n.; -, -; Sport⟩ Sportveranstaltung, an der nur die besten Sportler bzw. Mannschaften teilnehmen; *Tennis-~* [<engl. *master* »Herr, Meister, Lehrer«]

Mas|tiff ⟨m.; -s, -s; Zool.⟩ schwere, doggenähnliche englische Hunderasse mit wuchtigem Kopf [<afrz. *mastin;* zu lat. *mansuetus* »zahm«; zu *manus* »Hand«]

Mas|ti|ka|tor ⟨m.; -s, -to|ren⟩ Knetmaschine [<lat. *masticare* »kauen« <grch. *mastichaein*]

Mas|ti|tis ⟨f.; -, -ti|ti|den; Med.⟩ Brustdrüsenentzündung [<grch. *mastos* »Brust«]

Mas|tix ⟨m.; - od. -es; unz.⟩ 1 grünliches bis farbloses Harz des Mastixstrauches, das für Lacke u. Kitte verwendet u. auch medizinisch genutzt wird 2 Straßenbelag aus Steinen u. Asphalt [→ *Mastikator*]

Mas|tix|strauch ⟨m.; -(e)s, -sträu|cher; Bot.⟩ immergrüner Strauch, aus dem durch Anritzen das für Lacke u. Kitte verwendete u. medizinisch genutzte Mastix gewonnen wird: Pistacia

Mast|o|don *auch:* **Mas|to|don** ⟨n.; -s, -don|ten⟩ ausgestorbenes Rüsseltier, Vorläufer der Elefanten [<grch. *mastos* »Brust« + *...odon*]

Mast|o|dy|nie *auch:* **Mas|to|dy|nie** ⟨f.; -, -n; Med.⟩ Schmerzen u. Schwellungen der weibl. Brüste vor der Regel; *Sy* Mastalgie [<grch. *mastos* »Brust« + *odyne* »Schmerz«]

mas|to|id ⟨Adj.; Anat.⟩ brustwarzenförmig [zu grch. *mastos* »Brust«]

Mas|to|pa|thie ⟨f.; -; unz.; Med.⟩ Bildung von Knötchen u. Zysten an den Brüsten [<grch. *mastos* »Brust« + *...pathie*]

Mas|to|pto|se *auch:* **Mas|top|to|se** ⟨f.; -, -n; Med.⟩ Hängebrust [<grch. *mastos* »Brust« + *ptosis* »Fall«]

Mas|tur|ba|ti|on ⟨f.; -, -en⟩ Reizung der Geschlechtsorgane (mit der Hand), um sexuelle Befriedigung zu erlangen; *Sy* Ipsation, Ipsismus, Onanie [<lat. *manu* »mit der Hand« + *stuprare* »Unzucht treiben«]

mas|tur|ba|to|risch ⟨Adj.⟩ die Masturbation betreffend, zu ihr gehörend

mas|tur|bie|ren ⟨V.⟩ sich durch Masturbation selbst befriedigen; *Sy* onanieren

Ma|sur|ka ⟨f.; -, -s od. -sur|ken; Musik⟩ poln. Nationaltanz im $^3/_4$-Takt; *oV* Mazurka [poln., »masurischer Tanz«]

Ma|sut ⟨n.; -(e)s; unz.⟩ bei der Destillation des russ. Erdöls entstehender, zähflüssiger Rückstand, als Heizmaterial u. als Asphalt verwendet [<russ. *mazut* <turktatar.]

Ma|ta|dor ⟨m.; -s, -e⟩ 1 Stierkämpfer, der dem Stier den Todesstoß gibt 2 ⟨fig.⟩ Hauptperson, Sieger, Rädelsführer 3 ⟨in manchen Kartenspielen⟩ Trumpf [zu span. *matar* »töten« <lat. *mactare* »opfern, schlachten«]

Ma|ta|ma|ta ⟨f.; -, -s; Zool.⟩ Art der Schlangenhalsschildkröte, lebt in Gewässern des nördl. u. mittleren Südamerika: Chelus fimbriatus [portug.]

Match ⟨[mætʃ] n. od. m.; -(e)s, -s od. -e; Sport⟩ Wettkampf, -spiel zwischen zwei Sportlern od. Mannschaften; *ein ~ im Tennis spielen* [engl. <aengl. *gimako,* ahd. *gimah* »tauglich«]

Match|ball ⟨[mætʃ-] m.; -(e)s, -bäl|le; Sport; bes. Tennis⟩ im entscheidenden Spiel der zum Sieg notwendige Punkt; *einen ~ vergeben*

Match|beu|tel ⟨[mætʃ-] m.; -s, -⟩ sackartiger Beutel für Reise u. Sport, der über die Schulter gehängt werden kann; *Sy* Matchsack [→ *Match*]

Matched Group ⟨[mætʃt gru:p] f.; - -, - -s; Psych.⟩ in bestimmten Merkmalen (z. B. Alter, Ausbildung, Herkunft) übereinstimmende Gruppe von Personen, deren Reaktionen bei psycholog. Tests miteinander verglichen werden können [engl., »zusammenpassende Gruppe«]

Matched Sam|ples *auch:* **Matched Samp|les** ⟨[mætʃt sa:mp(ə)lz] Pl.; Wirtsch.⟩ (im Bereich der Marktforschung od. der Medizin angewandte) Simultanmessungen von zwei voneinander unabhängigen

M

Gruppen, wobei die erste Kontrollgruppe einen festen Messungsmaßstab bildet, mit dem die zweite (u. jede weitere) Experimentalgruppe verglichen wird; *Sy* Matching [engl., »gemessene Stichproben, Beispiele«]

Mat|ching ⟨[mætʃɪŋ] n.; -s, -s; Wirtsch.⟩ = Matched Samples [engl., »Messen«]

Match|play ⟨[mætʃplɛɪ] n.; -s, -s; Sport; Golf⟩ Spielart, bei der die Anzahl der gewonnenen Löcher (u. nicht die Gesamtzahl der Schläge) gewertet wird [engl., »Wettspielart«]

Match|sack ⟨[mætʃ-] m.; -(e)s, -sä|cke⟩ = Matchbeutel

Match|stra|fe ⟨[mætʃ-] f.; -, -n; Sport⟩ Ausschluss eines Spielers für den Rest der Spielzeit

Ma|te ⟨m.; -; unz.⟩ aus den Blättern des Matestrauches gewonnenes, leicht koffeinhaltiges Getränk; *Sy* Yerba [span.-(US-amerikan.) <Quechua]

Ma|ter ⟨f.; -, -n⟩ = Matrize (2) [lat., »Mutter«]

Ma|ter do|lo|ro|sa ⟨f.; - -; unz.⟩ (die) schmerzensreiche Mutter (Christi) [lat., »Schmerzensmutter«]

ma|te|ri|al ⟨Adj.⟩ **1** stofflich **2** ⟨Philos.⟩ das Inhaltliche an einer Gegebenheit betonend; *Ggs* formal (2) [→ *Materie*]

Ma|te|ri|al ⟨n.; -s, -li|en⟩ **1** für eine Arbeit benötigter Roh-, Bau-, Werkstoff **2** Hilfsmittel, Zutat, Gerät **3** schriftl. Belege, Unterlagen, Beweismittel; ~ *(für einen Artikel, Bericht, eine Reportage) sammeln, sichten, zusammenstellen*

Ma|te|ri|a|li|sa|ti|on ⟨f.; -, -en⟩ **1** Verkörperung **2** Bildung von Materie aus energiereicher Strahlung gemäß der von A. Einstein gefundenen Äquivalenz von Strahlung u. Materie; *Ggs* Dematerialisation **3** ⟨Okk.⟩ angebl. körperl. Erscheinung von Geistern

ma|te|ri|a|li|sie|ren ⟨V.⟩ gegenständlich machen, verwirklichen; *Ggs* dematerialisieren (1)

Ma|te|ri|a|lis|mus ⟨m.; -; unz.⟩ **1** ⟨Philos.⟩ Lehre, dass das Stoffliche das allein Wirkliche in der Welt u. alles Geistige nur als seine Eigenschaft u. Wirkung aufzufassen sei; *Ggs* Idealismus (2), Immaterialismus **2** Streben nach materiellen Zielen wie Besitz, Wohlstand u. Lebensgenuss

Ma|te|ri|a|list ⟨m.; -en, -en⟩ **1** Anhänger, Vertreter des Materialismus; *Ggs* Idealist (1) **2** ⟨allg.⟩ Mensch, für den die wirklichen, stofflichen Dinge des Lebens im Vordergrund stehen; *Ggs* Idealist (2)

Ma|te|ri|a|lis|tin ⟨f.; -, -tin|nen⟩ **1** Anhängerin, Vertreterin des Materialismus; *Ggs* Idealistin (1) **2** ⟨allg.⟩ weibl. Person, für die die wirklichen, stofflichen Dinge des Lebens im Vordergrund stehen; *Ggs* Idealistin (2)

ma|te|ri|a|lis|tisch ⟨Adj.⟩ zum Materialismus gehörend, auf ihm beruhend; *Ggs* idealistisch

Ma|te|ri|a|li|tät ⟨f.; -; unz.⟩ **1** Stofflichkeit, Körperlichkeit **2** das Bestehen aus Materie; *Ggs* Spiritualität

Ma|te|ri|al|kon|stan|te *auch:* **Ma|te|ri|al|kons|tan|te** ⟨f.; -, -n; Physik; in Untersuchungen⟩ feste Größe, die von der Beschaffenheit des Materials abhängt

Ma|te|rie ⟨[-riə] f.; -, -n⟩ **1** ⟨unz.⟩ Urstoff; *Geist und* ~ **2** ⟨Physik⟩ Stoff, Masse; *Sy* Substanz (2) **3** Gegenstand, Inhalt, Thema eines Gesprächs, einer Schrift o. Ä.; *die ~ beherrschen; sich mit der ~ vertraut machen* [<lat. *materia* »Stoff, Urstoff, der etwas hervorbringt«; zu *mater* »Mutter«]

ma|te|ri|ell ⟨Adj.⟩ **1** aus Materie bestehend, hinsichtlich der Materie, auf ihr beruhend, sie betreffend; *Ggs* spirituell **2** stofflich, gegenständlich, körperlich; *Ggs* ideell (2), immateriell **3** geldlich

Ma|te|rie|wel|le ⟨f.; -, -n; Physik⟩ im Bereich der Elementarteilchenphysik mögliche Umwandlung eines Elementarteilchens in eine elektromagnet. Welle

ma|tern[1] ⟨V.; Typ.⟩ *einen Schriftsatz, ein Druckbild* ~ eine Mater davon herstellen [→ *Mater*]

ma|tern[2] ⟨Adj.⟩ zur Mutter gehörend [<lat. *maternus* »mütterlich«]

ma|ter|ni|sie|ren ⟨V.⟩ dem mütterlichen Organismus angleichen (von Milch) [<lat. *mater* »Mutter«]

ma|ter|ni|siert ⟨Adj.⟩ *~e Milch* der Muttermilch ähnlich gemachte Milch [zu lat. *mater* »Mutter«]

Ma|ter|ni|tät ⟨f.; -; unz.⟩ Mutterschaft [zu lat. *maternus* »mütterlich«]

Ma|te|strauch ⟨m.; -es, -sträu|cher; Bot.⟩ zur Gattung der Stechpalmen gehörender Strauch Brasiliens, aus dessen Blättern Matetee hergestellt wird: Ilex paraguariensis; *Sy* Yerba [→ *Mate*]

Ma|te|tee ⟨m.; -s, -s⟩ anregender teeartiger Aufguss der fermentierten u. getrockneten Blätter des Matestrauchs [→ *Mate*]

Ma|the|ma|tik ⟨österr. [- - -́ -] f.; -; unz.⟩ Lehre von den Zahlen u. Figuren; *das ist ja höhere ~!* ⟨umg.; scherzh.⟩ sehr schwierig [<grch. *mathematike (techne);* zu *mathema* »Wissenschaft«]

Ma|the|ma|ti|ker ⟨m.; -s, -⟩ Wissenschaftler der Mathematik

Ma|the|ma|ti|ke|rin ⟨f.; -, -in|nen⟩ Wissenschaftlerin der Mathematik

ma|the|ma|tisch ⟨Adj.⟩ zur Mathematik gehörend, auf ihr beruhend

ma|the|ma|ti|sie|ren ⟨V.⟩ mathematische Gesetzmäßigkeiten auf ein Problem anwenden, etwas mit mathematischen Begriffen untersuchen

Ma|the|ma|ti|sie|rung ⟨f.; -; unz.⟩ Anwendung mathematischer Gesetzmäßigkeiten bei wissenschaftl. Untersuchungen, Beschreibung eines Phänomens mit mathemat. Methoden

...ma|thie ⟨Nachsilbe; zur Bildung weibl. Subst.; f.; -; unz.⟩ das Wissen, Lernen; *Chrestomathie* [<grch. *mathein* »lernen«]

Ma|ti|nee ⟨f.; -, -n⟩ künstler. Veranstaltung am Vormittag [frz., »Vormittag« <lat. *matutinus* »morgendlich«]

Ma|tjes|he|ring ⟨m.; -s, -e⟩ gesalzener junger Hering [<mndrl. *medykensheringh* »Mädchenhering (junger Hering ohne Rogen od. Milch)«]

Mä|to|pie ⟨f.; -, -n⟩ Utopie als Schreckbild [<grch. *me* »nicht« + *topos* »Ort«]

◆ Die Buchstabenfolge **ma|tr...** kann auch **mat|r...** getrennt werden.

◆ **Ma|tra|tze** ⟨f.; -, -n⟩ mit Rosshaar, Schaumstoff, Wolle od. anderen Faserstoffen gepolsterte Bettunterlage [<ital. *materassa*]

◆ **Mä|tres|se** ⟨f.; -, -n⟩ Geliebte (früher bes. eines Fürsten); *oV* ⟨veraltet⟩ Maîtresse [<frz. *maîtresse* »Herrin, Geliebte« <lat. *magister* »Herr«]

◆ **ma|tri|ar|cha|lisch** ⟨[-ça:-] Adj.⟩ das Matriarchat betreffend, auf ihm beruhend, mutterrechtlich; *Ggs* patriarchalisch

◆ **Ma|tri|ar|chat** ⟨[-ça:t] n.; -(e)s, -e⟩ **1** absoluter Vorrang der Mutter in der Familie, Mutterherrschaft; *Ggs* Patriarchat (1) **2** Gesellschaftsordnung, in der die Kinder verwandtschaftlich u. rechtlich zur Sippe der Mutter gerechnet werden, Mutterrecht; *Ggs* Patriarchat (2); *in einem ~ leben* [<lat. *mater* »Mutter« + grch. *arche* »Herrschaft«]

◆ **Ma|tri|kel** ⟨f.; -, -n⟩ **1** Verzeichnis **1.1** ⟨an Universitäten⟩ der aufgenommenen Studenten **1.2** ⟨in Pfarreien⟩ der Pfarrkinder u. Einkünfte **1.3** ⟨im Dt. Reich bzw. Dt. Bund⟩ der Stände u. der für das Bundesheer zu stellenden Truppen **2** ⟨österr.⟩ Personenstandsregister [<lat. *matricula*, Verkleinerungsform zu *mater* »Mutter«]

◆ **ma|tri|mo|ni|al** ⟨Adj.⟩ zur Ehe gehörig, ehelich [<lat. *matrimonialis* »ehelich«; zu *matrimonium* »Ehe«]

Matrix (*Pluralbildung*) In Einzelfällen können Fremdwörter mehrere alternative Pluralformen aufweisen, die der Herkunftssprache oder regionalen Sprachunterschieden innerhalb der deutschen Hochsprache folgen (→*a.* Index).

◆ **Ma|trix** ⟨f.; -, -tri|zen od. Ma|tri|zes od. -tri|ces⟩ **1** ⟨Anat.⟩ Mutterboden **1.1** Keimschicht der Haarzwiebel **1.2** Nagel- u. Krallenbett der Wirbeltiere **2** ⟨TV⟩ Schaltung zur gleichzeitigen Steuerung von Helligkeit u. Farbsignalen **3** ⟨Biol.⟩ Hülle der Chromosomen **4** ⟨Math.⟩ System von Größen, die in einem rechteckigen Schema angeordnet sind; *Sy* Matrize (4) **5** ⟨EDV⟩ Punktraster [lat., »Zuchttier, Stammutter«]

◆ **Ma|trix|dru|cker** ⟨m.; -s, -⟩ Drucker, der die Zeichen punktweise (meistens mit Hilfe von Nadeln) konstruiert

◆ **Ma|trix|or|ga|ni|sa|ti|on** ⟨f.; -, -en; Wirtsch.⟩ unternehmerische Organisationsstruktur, bei der ein Handlungskomplex in mehrere gleichberechtigte, entscheidungskompetente Bereiche aufgeteilt wird, um einseitige Entscheidungen zu vermeiden

◆ **Ma|trix|po|ten|ti|al** ⟨n.; -s, -e; Physik; Geol.⟩ = Matrixpotenzial

◆ **Ma|trix|po|ten|zi|al** ⟨n.; -s, -e; Physik; Geol.⟩ von der festen Bodensubstanz ausgehende elektrostatische Kraft, die auf das Bodenwasser einwirkt; *oV* Matrixpotential

◆ **Ma|trix|satz** ⟨m.; -(e)s, -sät|ze; Sprachw.⟩ übergeordneter Satz in einem Satzgefüge, Hauptsatz

◆ **Ma|tri|ze** ⟨f.; -, -n⟩ **1** Metallform mit dem eingeprägten Schriftzeichen od. Bild; *Ggs* Patrize **2** in Wachs, Metall od. Spezialpappe geprägtes Abbild eines Schriftsatzes od. Druckbildes zur Herstellung von Galvanos; *Sy* Mater **3** gewachstes Papierblatt zum Vervielfältigen von Zeichnungen u. (Maschinen-) Schrift **4** ⟨Math.⟩ = Matrix (4) **5** die negative Form bei Herstellung von Schallplatten [→ *Matrix*]

◆ **Ma|tri|zen|me|cha|nik** ⟨f.; -; unz.⟩ Quantenmechanik, in der die physikalischen Größen durch mathemat. Matrizen dargestellt werden

◆ **Ma|tri|zes** ⟨Pl. von⟩ Matrix

◆ **ma|tri|zie|ren** ⟨V.; österr.⟩ durch eine Matrize (3) vervielfältigen

◆ **Ma|tro|ne** ⟨f.; -, -n; häufig abwertend⟩ ältere, behäbige Frau [<lat. *matrona* »ehrwürdige, verheiratete Frau«]

◆ **Ma|trosch|ka** ⟨f.; -, -s⟩ bemalte Holzpuppe mit immer kleiner werdenden, ineinandergesetzten Figuren [<russ. *matreska* »Mutter, Mütterchen«]

◆ **Ma|tro|se** ⟨m.; -n, -n⟩ **1** ⟨Handelsmarine⟩ Seemann nach dreijähriger Lehrzeit **2** ⟨Kriegsmarine⟩ Soldat im untersten Dienstgrad [<ndrl. *matroos* <afrz. *matenot* <mndrl. *mattennoot*, mhd. *mazgenoze* »Angehöriger einer Mahlgenossenschaft der german. Schiffsmannschaften«]

Ma|tur ⟨n.; -s; unz. od. (schweiz.) f.; -; unz.⟩ = Matura

Ma|tu|ra ⟨f.; -; unz.; österr.; schweiz.⟩ Reifeprüfung, Abitur; *oV* Matur [zu lat. *maturus* »reif«]

Ma|tu|rand ⟨m.; -en, -en; schweiz.⟩ Schüler vor od. in der Reifeprüfung; *oV* ⟨österr.⟩ Maturant

Ma|tu|ran|din ⟨f.; -, -din|nen; schweiz.⟩ Schülerin vor od. in der Reifeprüfung; *oV* ⟨österr.⟩ Maturantin

Ma|tu|rant ⟨m.; -en, -en; österr.⟩ = Maturand

Ma|tu|ran|tin ⟨f.; -, -tin|nen; österr.⟩ = Maturandin

ma|tu|rie|ren ⟨V.⟩ die Reifeprüfung ablegen

Ma|tu|ri|tas prae|cox ⟨f.; - -; unz.⟩ (sexuelle) Frühreife [lat., »verfrühte Reife«]

Ma|tu|ri|tät ⟨f.; -; unz.⟩ **1** ⟨veraltet⟩ Reife **2** ⟨schweiz.⟩ Reifeprüfung

Ma|tu|ri|täts|ex|a|men ⟨n.; -s, - od. -ex|a|mi|na⟩ Reifeprüfung

Ma|tu|tin ⟨f.; -, -e od. -en⟩ nächtl. Stundengebet [<lat. *matutinus* »am Morgen, Morgen...«]

Mat|ze ⟨f.; -, -n⟩ = Matzen

Mat|zen ⟨m.; -s, -⟩ ungesäuertes Osterbrot der Juden; *oV* Matze [<hebr. *matsoth* »ungesäuerte Brotfladen«]

Mau|res|ke ⟨f.; -, -n; Arch.; islam. Kunst⟩ Ornament aus stilisierten Blättern u. Blüten; *oV* Moreske [<frz. *mauresque* »maurisch«]

mau|scheln ⟨V.⟩ **1** jiddisch sprechen **2** ⟨fig.⟩ unverständlich re-

M

den **3** ⟨Kart.⟩ Mauscheln spielen **4** ⟨umg.⟩ heimliche Absprache treffen [17. Jh.; »reden wie Moses« (jüd. *Mausche*)]

Mau|scheln ⟨n.; -s; unz.; Kart.⟩ ein Kartenglücksspiel [→ *mauscheln*]

Maus|klick ⟨m.; -s, -s; EDV⟩ Anklicken mit der Maustaste auf dem Computerbildschirm; *oV* Mouseclick; *Daten per ~ abfragen*

Mau|so|le|um ⟨n.; -s, -le|en⟩ **1** ⟨urspr.⟩ monumentales Grabmal des Königs Mausolos in Halikarnass(os), eines der sieben Weltwunder **2** ⟨danach allg.⟩ monumentales Grabmal [lat.; nach dem König *Mausolos* v. Karien, † 353 v. Chr.]

Maus|pad ⟨[-pæd] n.; -s, -s; EDV⟩ aus Schaumstoff od. Hartkunststoff gefertigte Unterlage für die Maus, die ein leichteres Navigieren des Bildschirmcursors ermöglicht u. die Maus vor Verunreinigungen schützt; *oV* Mousepad [zu engl. *pad* »Polster, Schützer«]

mauve ⟨[mo:v] Adj.; undekl.⟩ malvenfarbig [frz.]

M

Mau|ve|in ⟨[movei:n] n.; -s; unz.; Chemie⟩ durch Oxidation von Anilin hergestellter violetter Farbstoff, erster synthetischer Farbstoff [→ *mauve*]

ma|xi ⟨Adj.; umg.⟩ lang; *Ggs* mini; →*a.* midi [engl.; verkürzt <*maximum* »Maximum«]

Ma|xi[1] ⟨n.; -s, -s⟩ knöchellange Kleidungsstücke (Röcke, Kleider, Mäntel)

Ma|xi[2] ⟨m.; -s, -s; umg.⟩ knöchellanger Rock

Ma|xi[3] ⟨f.; -, -s; kurz für⟩ Maxisingle

Ma|xi... ⟨in Zus.⟩ übermäßig (lang, groß, hoch usw.); *Maxilook; Maxipizza; Maxipackung* [<lat. *maximum* »das größte, längste«]

Ma|xil|la ⟨f.; -, -xil|lae; Zool.⟩ **1** Mundwerkzeug der Krebse u. Insekten **2** Oberkiefer der Wirbeltiere [lat.]

ma|xil|lar ⟨Adj.; Zool.⟩ die Maxilla betreffend

Ma|xil|len ⟨Pl.; Zool.⟩ Mundgliedmaßen, Mundwerkzeuge der Gliederfüßer, die zur Nahrungsaufnahme aus den Gliedmaßenpaaren umgebildet sind [<lat. *maxilla* »Kinnbacken«]

Ma|xi|ma[1] ⟨Pl. von⟩ Maximum

Ma|xi|ma[2] ⟨f.; -, -mae [-mɛ:] od. -xi|men; Musik⟩ Notenwert der Mensuralnotation des 14.-16. Jh., die die längste Zeitdauer umfasst; *Ggs* Minima (2) [lat., »die Größte«]

ma|xi|mal ⟨Adj.⟩ sehr groß, größt..., höchst...; *Ggs* minimal [<lat. *maximus* »der Größte«]

Ma|xi|mal... ⟨in Zus.⟩ Höchst..., Größt...; *Maximalgeschwindigkeit*

Ma|xi|mal|do|sis ⟨f.; -, -do|sen; Abk.: MD; Med.⟩ höchste Dosis einer Arznei, die vom Arzt gegeben werden darf

ma|xi|ma|li|sie|ren ⟨V.⟩ auf das Höchstmögliche steigern

Ma|xi|mal|prin|zip ⟨n.; -s, -pi|en od. -e; Wirtsch.⟩ ökonomischer Grundsatz, dass ein best. Erfolg mit dem geringstmöglichen bzw. mit nur einem best. Mitteleinsatz der größtmögliche Erfolg erzielt werden soll; *Ggs* Minimalprinzip

Ma|xi|me ⟨f.; -, -n⟩ Grundsatz, Lebensregel [→ *Maximum*]

ma|xi|mie|ren ⟨V.⟩ das Maximum anstreben, erreichen; *Ggs* minimieren; *den Gewinn, Ertrag ~*

Ma|xi|mie|rung ⟨f.; -, -en⟩ das Maximieren, Maximiertwerden

Ma|xi|mum ⟨n.; -s, -xi|ma⟩ größter Wert, Höchstwert; *Ggs* Minimum [lat., »das Größte«]

Ma|xi|mum-Mi|ni|mum-Ther|mo|me|ter ⟨n.; -s, -⟩ Thermometer, das die tiefste u. höchste (an einem Tag usw.) gemessene Temperatur anzeigt

Ma|xi|sin|gle ⟨[-sɪŋg(ə)l] f.; -, -s⟩ Single[2] in der Größe einer Langspielplatte, deren Spieldauer meist doppelt so lang ist wie die der Single u. oft zusätzl. Titel enthält; *Sy* Maxi[3]

Max|well ⟨[mæks-] n.; -, -; Abk.: M; Physik⟩ Einheit des magnetischen Flusses, 1 M = 10^{-8} Voltsekunden (Vs) [nach dem engl. Physiker James Clerk *Maxwell*, 1831-1879]

Ma|ya[1] ⟨[-ja] m.; - od. -s, - od. -s⟩ Angehöriger eines indian. Kulturvolkes der vorkolumb. Zeit in Mexiko u. im nördl. Südamerika

Ma|ya[2] ⟨[-ja] n.; -; unz.⟩ Sprache der Maya[1]

May|day ⟨[mɛɪdɛɪ] im internationalen Funkverkehr⟩ Notsignal [anglisiert aus frz. *m'aidez* »helft mir«]

Mayonnaise / Majonäse (*Laut-Buchstaben-Zuordnung*) Im Zuge der Integration fremdsprachiger Wörter in die deutsche Standardsprache kann neben die ursprüngliche, der Herkunftssprache folgenden Orthografie eine integrierte Schreibweise mit angepasster Laut-Buchstaben-Zuordnung treten. Es bleibt dem Schreibenden überlassen, welche Schreibweise er vorzieht (→*a.* Necessaire / Nessessär).

Ma|yon|nai|se ⟨[majonɛ:zə] f.; -, -n⟩ pikante, kalte, dickflüssige Soße aus Eigelb, Öl, Essig u. Salz; *oV* Majonäse [<span. *mahonesa* <frz. *mayonnaise;* nach der Stadt *Mahon* auf Menorca]

Ma|yor *auch:* **May|or** ⟨[mɛɪə(r)] m.; -s, -; in England u. den USA⟩ Bürgermeister [engl., »Bürgermeister«; zu lat. *maior* »größer, höher«]

MAZ ⟨f.; -; unz.; Kurzwort für⟩ magnet. Bildaufzeichnung (Anlage für Aufzeichnungen von Fernsehbildern auf Magnetband)

ma|ze|do|nisch ⟨Adj.⟩ Mazedonien betreffend, daher stammend, dazu gehörig; *oV* makedonisch; *~e Sprache* eine südslaw. Sprache, die dem Serbokroatischen nahesteht u. mit dem Bulgarischen verwandt ist

Mä|zen ⟨m.; -s, -e⟩ Gönner, Förderer von Künstlern [nach dem Römer *Maecenas,* 69-8 v. Chr.]

Mä|ze|na|ten|tum ⟨n.; -s; unz.⟩ großzügige Förderung von Künstlern u. Kunstprojekten [→ *Mäzen*]

Mä|ze|na|tin ⟨f.; -, -tin|nen⟩ = Mäzenin

mä|ze|na|tisch ⟨Adj.⟩ in der Art eines Mäzens, einer Mäzenin

Mä|ze|nin ⟨f.; -, -nin|nen⟩ Gönnerin, Fördererin von Künstlern; *Sy* Mäzenatin

Ma|ze|ra|ti|on ⟨f.; -, -en⟩ **1** ⟨Med.; Biol.⟩ Erweichung von Geweben durch Wasser unter Luftabschluss **2** ⟨Biol.; Chem.⟩ Auslaugung von Stoffen aus Drogen bei Zimmertemperatur **3** ⟨Biol.⟩ mehr od. weniger vollständige Auflösung tier. Gewebe, vor allem bei der Skelettierung [<lat. *maceratio* »Erweichung, Auslaugung«]

ma|ze|rie|ren ⟨V.⟩ eine Mazeration vornehmen

Ma|zis ⟨m.; -; unz.; Bot.⟩ Muskatblüte, getrocknete Samenhülle der Muskatnuss; *oV* Macis [<frz. *macis* <spätlat. *macis* <lat. *macir* »als Gewürz verwendete rote Baumrinde aus Indien«]

Ma|zur|ka ⟨f.; -, -s od. -zur|ken; Musik⟩ = Masurka

mb ⟨früher Abk. für⟩ Millibar

Mb ⟨Zeichen für⟩ Megabit

MB ⟨Zeichen für⟩ Megabyte

mbar ⟨Abk. für⟩ Millibar

Mbit ⟨Zeichen für⟩ Megabit

Mbyte ⟨Zeichen für⟩ Megabyte

MC ⟨Abk. für⟩ Musikkassette [<engl. *music cassette*]

m. c. ⟨Abk. für lat.⟩ mensis currentis

M-Com|merce ⟨[ɛmkɔmœːs] m.; -; unz.; EDV; Abk. für engl.⟩ Mobile Commerce

Md ⟨chem. Zeichen für⟩ Mendelevium

MD ⟨Abk. für⟩ Maximaldosis

Md. ⟨Abk. für⟩ Milliarde(n)

m. d. ⟨Abk. für⟩ mano destra

mea cul|pa (es ist) meine Schuld, ich bin schuldig [lat.]

Mea|to|to|mie ⟨f.; -, -n; Med.⟩ chirurg. Erweiterung der verengten äußeren Öffnung der männl. Harnröhre [<lat. *meatus* »Bewegung, Weg« + *...tomie*]

Me|cha|nik ⟨[-çaː-] f.; -, -en⟩ **1** ⟨unz.⟩ Lehre von den Kräften u. ihren Wirkungen auf starre u. deformierbare Körper, Maschinenkunde **2** Triebwerk, Getriebe, Mechanismus [<lat. *(ars) mechanica,* eigtl. »Maschinenkunst« <grch. *mechanike (techne)*]

Me|cha|ni|ker ⟨[-çaː-] m.; -s, -⟩ **1** Facharbeiter im Metallgewerbe für feine u. schwierige Arbeiten **2** Facharbeiter, der Maschinen instand hält

Me|cha|ni|sa|tor ⟨m.; -s, -to|ren; DDR⟩ in der Landwirtschaft tätige Fachkraft für industriemäßige Pflanzen- u. Tierproduktion

me|cha|nisch ⟨[-çaː-] Adj.⟩ **1** auf der Mechanik beruhend **2** von einer Maschine, einem Mechanismus angetrieben u. bewirkt; *eine Ware ~ herstellen; ~es Klavier* K., das automatisch durch Lochstreifen gesteuert wird, elektr. Klavier **3** ⟨fig.⟩ unwillkürlich, zwangsläufig, durch Einfluss äußerer Kräfte veranlasst **4** gedankenlos, ohne mitzudenken; *etwas ~ abschreiben*

me|cha|ni|sie|ren ⟨[-ça-] V.⟩ *einen Betrieb ~* menschl. Arbeitskraft durch Maschinen ersetzen, auf mechanische Arbeitsweise umstellen

Me|cha|nis|mus ⟨[-ça-] m.; -, -nis|men⟩ **1** Triebwerk, Getriebe, sich bewegende technische Vorrichtung **2** selbstständiger, zwangsläufiger Ablauf, Zusammenhang

me|cha|nis|tisch ⟨[-ça-] Adj.⟩ **1** wie ein Mechanismus **2** nur mechan. Ursachen anerkennend; *~e Weltanschauung* W., die alles Geschehen auf mechan. Vorgänge von Masse u. Bewegung zurückzuführt

Me|cha|no|the|ra|pie ⟨[-çaː-] f.; -; unz.; Med.⟩ Behandlung durch mechanische Beeinflussung des Körpers: Massage, Krankengymnastik u. Behandlung durch Apparate [<*Mechanik* + *Therapie*]

Me|cha|tro|nik *auch:* **Me|chat|ro|nik** ⟨f.; -; unz.; Tech.⟩ Fachrichtung, die sich mit dem Zusammenwirken der Bereiche Maschinenbau, Elektrotechnik u. Informatik für den Entwurf u. die Herstellung industrieller Produkte befasst [verkürzt <*Mecha*nik, Elek*tro*nik + Informat*ik*]

Me|dail|le ⟨[-daljə] f.; -, -n⟩ Gedenk-, Schaumünze ohne Geldwert mit figürl. Darstellung od. Inschrift; *die bronzene, silberne, goldene ~* [<frz. *médaille* <ital. *medaglia* <mlat. **metallia* »metallene Münze«]

Me|dail|leur ⟨[-daljøːr] m.; -s, -e⟩ Künstler, der Prägestempel für Medaillen herstellt

Me|dail|lon ⟨[-daljɔ̃ː] od. [-daljɔŋ] n.; -s, -s⟩ **1** ⟨Arch.⟩ rundes od. ovales Ornament **2** rund od. oval gerahmtes Bildchen; *Bildnis~* **3** runde od. ovale Kapsel für Bildchen od. Andenken als Schmuckanhänger **4** kleines, kreisrund od. oval geschnittenes Stück Fleisch [<frz. *médaillon* <ital. *medaglione* »große Münze«]

Me|dia ⟨f.; -, Me|diä od. Me|di|en⟩ **1** ⟨Phon.⟩ stimmhafter Explosivlaut, z. B. b, d, g; *Ggs* Tenius **2** ⟨Anat.⟩ mittlere Schicht der Wand von Blut- u. Lymphgefäßen [lat., Fem.; zu *medius* »der mittlere«]

Me|dia... ⟨in Zus.; Pl. von⟩ Medium (4); *Mediaanalyse; Mediaforschung* [→ *Medium*]

Me|dia|ana|ly|se ⟨engl. a. [miː-dɪə-] f.; -, -n⟩ vergleichende Auswertung verschiedener Werbemedien im Hinblick auf ihre Wirksamkeit u. ihren Verbreitungsgrad [<engl. *media* »(Massen-)Medien, Kommunikationsmittel« + *Analyse*]

Me|dia|kom|bi|na|ti|on ⟨a. [miː-dɪə-] f.; -, -en⟩ Einsatz verschiedener Werbemedien zur Werbung für ein Produkt, z. B. parallele Werbung im Fernsehen, Rundfunk u. in Zeitungen [<engl. *media* »(Massen-)Medien, Kommunikationsmittel + *Kombination*]

me|di|al ⟨Adj.⟩ **1** ⟨Anat.⟩ zur Mitte hin gerichtet; *Ggs* lateral (2) **2** ⟨Okk.⟩ mit den Eigenschaften eines Mediums ausgestattet **3** ⟨Gramm.⟩ in passivischer Form, aber in aktivischer Bedeutung stehend **4** ein Medium (4) bzw. die Medien betreffend, zu ihnen gehörend, von ihnen ausgehend; *das Zeitalter der ~ geprägten Welt* [<lat. *medianus* »in der Mitte befindlich«]

Me|di|al ⟨n.; -s, -e⟩ spezielles Spiegelteleskop für astronom. Beobachtungen

Me|dia|man ⟨[miːdɪəmæn] m.; -, -men [-mən]⟩ Werbefachmann, der für Anzeigen- u. Plakatwerbung zuständig ist [engl., »Medienmann«]

me|di|an ⟨Adj.; Anat.⟩ zur Mitte gehörend, in der Körpermitte gelegen [<lat. *medianus* »in der Mitte befindlich«]

Me|di|a|ne ⟨f.; -, -n; Anat.⟩ Symmetrieebene durch einen Körper

Me|di|an|ebe|ne ⟨f.; -, -n; Anat.⟩ = Mediane

Me|di|an|te ⟨f.; -, -n; Musik⟩ der Mittelton der Tonika u. der darauf errichtete Dreiklang [<lat. *medianus* »in der Mitte befindlich«]

Me|di|an|wert ⟨m.; -(e)s, -e⟩ Mittelwert

me|di|as|ti|nal ⟨Adj.; Anat.⟩ den mittleren Teil der Brusthöhle betreffend, darin gelegen [<lat. *mediastinus* »in der Mitte befindlich« <*medius* »der Mittlere«]

me|di|at ⟨Adj.⟩ **1** mittelbar **2** ⟨im alten Dt. Reich⟩ einem Reichsstand u. nicht dem Reich selbst unterstehend [<frz. *médiat* »mittelbar, abhängig«, <lat. *medius* »der mittlere«]

Me|di|a|ti|on ⟨f.; -, -en⟩ Vermittlung, vermittelndes Dazwischentreten [→ *mediat*]

me|di|a|ti|sie|ren ⟨V.⟩ aus der reichsunmittelbaren Stellung einem Landesherren unterwerfen [→ *mediat*]

Me|di|a|tor ⟨m.; -s, -to|ren⟩ **1** ⟨Rechtsw.⟩ Schlichter in Rechtskonflikten **2** ⟨Med.⟩ hormonähnlicher Wirkstoff, der im Gewebe bzw. in den Zellen produziert wird u. über das Blut in der Nähe der Bildungsstätte od. entfernt wirksam werden kann [lat., »Mittler«]

me|di|ä|val ⟨[-vaːl] Adj.⟩ mittelalterlich [<lat. *medium* »das Mittlere« + *aevum* »Zeitalter«]

Me|di|ä|val ⟨[-vaːl] f.; -; unz.; Typ.⟩ Nebenform der Antiquaschrift mit geringerem Unterschied zwischen Haar- u. Grundstrichen

Me|di|ä|vis|tik ⟨[vɪs-] f.; -; unz.⟩ Lehre von der Geschichte u. Kultur des Mittelalters [→ *mediäval*]

Me|di|en ⟨Pl. von⟩ Medium

Me|di|en|kom|pe|tenz ⟨f.; -, -n⟩ → *a.* Medium (4) **1** gekonntes Auftreten in Medien; *sie hat eine enorme ~ bewiesen* **2** Erfahrung im Umgang mit Medien

Me|di|en|kon|zern ⟨m.; -s, -e⟩ Konzern, dessen Unternehmen bzw. Produkte multimedial ausgerichtet sind, z. B. Buch- u. Zeitungsverlage, Fernsehsender, Filmgesellschaften, Musikindustrie

Me|di|en|kri|tik ⟨f.; -; unz.⟩ kritische Darstellung, Betrachtung u. Besprechung von Medien (4)

me|di|en|kri|tisch ⟨Adj.⟩ **1** die Medienkritik betreffend, auf ihr beruhend **2** den Medien (4) gegenüber kritisch eingestellt

Me|di|en|päd|a|go|ge *auch:* **Me|di|en|pä|da|go|ge** ⟨m.; -n, -n⟩ Lehrer, Wissenschaftler im Bereich der Medienpädagogik

Me|di|en|päd|a|go|gik *auch:* **Me|di|en|pä|da|go|gik** ⟨f.; -; unz.⟩ **1** Teil der Erziehungswissenschaft, der die pädagogische Wirkung der Massenmedien erforscht **2** Erziehung, Anleitung zum selbstständigen u. kritischen Umgang mit den (Massen-)Medien **3** Unterricht mit Hilfe von Medien, z. B. Filmen, Tonträgern od. Bildern

Me|di|en|päd|a|go|gin *auch:* **Me|di|en|pä|da|go|gin** ⟨f.; -, -gin|nen⟩ Lehrerin, Wissenschaftlerin im Bereich der Medienpädagogik

Me|di|en|ver|bund ⟨m.; -(e)s; unz.⟩ **1** Verbindung mehrerer Medien, die auf ein bestimmtes Unterrichtsziel hin bearbeitet sind, z. B. Lehrbuch u. Schallplatte od. Tonband für Sprachkurs **2** gemeinsame Leitung mehrerer Kommunikationsmittel (z. B. Zeitung, Fernsehen) durch einen Dachverband

Me|di|ka|ment ⟨n.; -(e)s, -e; Med.⟩ Stoff, der zur Verhütung u. Behandlung von Krankheiten u. Schmerzen dient, Arzneimittel; *Sy* Pharmakon (1) [<lat. *medicamentum* »Heilmittel«]

me|di|ka|men|tös ⟨Adj.; Med.⟩ mit Hilfe von Medikamenten

Me|di|ka|ti|on ⟨f.; -, -en; Med.⟩ Anwendung, Verabreichung eines Medikaments [<lat. *medicari* »heilen«]

Me|di|kus ⟨m.; -, -se od. -di|zi; scherzh.⟩ Arzt [<lat. *medicus*]

me|dio ⟨Wirtsch.⟩ in der Mitte, am Medio; *~ Mai* Mitte Mai [lat.]

Me|dio ⟨m.; -s, -s; Wirtsch.⟩ der 15. eines Monats

me|di|o|ker ⟨Adj.⟩ mittelmäßig [<lat. *mediocris* »mittelmäßig«]

Me|di|o|kri|tät *auch:* **Me|di|ok|ri|tät** ⟨f.; -; unz.⟩ Mittelmäßigkeit

Me|dio|thek ⟨f.; -, -en⟩ **1** Sammlung von Medien (4) aller Art **2** Räume od. Gebäude, in denen eine solche Sammlung aufbewahrt wird u. eingesehen werden kann [<*Medium* + ...*thek*]

Me|di|ta|ti|on ⟨f.; -, -en⟩ **1** religiöse Versenkung **2** tiefes Nachdenken, sinnendes Betrachten [<lat. *meditatio* »Nachsinnen, Denken«]

me|di|ta|tiv ⟨Adj.⟩ **1** auf Meditation beruhend **2** in tiefes Nachdenken versunken

me|di|ter|ran ⟨Adj.⟩ zum Mittelmeer u. den angrenzenden Ländern gehörend, mittelmeerisch [<lat. *mediterraneus* <*medius* »der mittlere« + *terra* »Land«]

Me|di|ter|ran|flo|ra ⟨f.; -, -flo|ren⟩ die mittelmeer. Pflanzenwelt

me|di|tie|ren ⟨V.⟩ **1** sich in Gedanken, Betrachtungen versenken, sinnend betrachten **2** tief nachdenken; *über eine Sache ~* [<lat. *meditari* »(nach)denken«]

me|di|um ⟨[miːdɪəm] Adj.; undekl.⟩ **1** ⟨Abk.: M⟩ mittelgroß (als Kleidergröße) **2** ⟨Kochk.⟩ nicht ganz durchgebraten; *Steak ~* [engl.]

Me|di|um ⟨n.; -s, Me|di|en⟩ **1** Mittel, Mittler, Mittelglied **2** ⟨Physik⟩ Substanz, in der sich physikalische Vorgänge abspielen **3** ⟨Okk.⟩ Person, die angebl. in der Lage ist, Botschaften aus der Geisterwelt zu übermitteln **4** Mittel bzw. Einrichtung, das bzw. die der Vermittlung von Informationen, Unterhaltung u. Belehrung dient, z. B. die Massenmedien Zeitung, Fernsehen, Radio usw. **5** ⟨Gramm.⟩ der reflexiven Form entsprechende Aktionsform des Verbums, bei der sich das Geschehen auf das Subjekt bezieht, z. B. im Griechischen [lat., Neutr. zu *medius* »der Mittlere«]

Me|di|u|mis|mus ⟨m.; -; unz.⟩

Glaube an die Möglichkeit einer Vermittlung zwischen Geister- u. Menschenwelt durch Medien (3)
Me|di|zi ⟨Pl. von⟩ Medikus
Me|di|zin ⟨f.; -, -en⟩ **1** ⟨unz.⟩ Wissenschaft vom kranken u. gesunden Menschen, von seiner Gesunderhaltung u. von den Krankheiten u. ihrer Heilung, Heilkunde **2** ⟨zählb.⟩ Heilmittel, Arznei [<lat. *(ars) medicina* »die zur Heilung gehörige (Kunst)«]
me|di|zi|nal ⟨Adj.⟩ die Medizin betreffend, zu ihr gehörend
Me|di|zin|ball ⟨m.; -(e)s, -bäl|le; Sport⟩ 2-5 kg schwerer, mit Haaren gefüllter Lederball für gymnast. Übungen
Me|di|zi|ner ⟨m.; -s, -⟩ **1** Arzt **2** Student der Medizin
Me|di|zi|ne|rin ⟨f.; -, -rin|nen⟩ **1** Ärztin **2** Studentin der Medizin
me|di|zi|nisch ⟨Adj.⟩ die Medizin betreffend, auf ihr beruhend, ihr dienend; *~e Klinik* Klinik für innere Medizin; *~-technische Assistentin* ⟨Abk.: MTA⟩ Gehilfin an Krankenhäusern, medizin.-diagnost. Instituten, Laboratorien u. Forschungsinstituten usw., die Laboratoriumsuntersuchungen zu praktisch-klinischen u. wissenschaftlichen Zwecken ausführt
Me|di|zin|mann ⟨m.; -(e)s, -männer; bei Naturvölkern⟩ Zauberer, Heilkundiger, Priester
Med|ley ⟨[mẹdlı] n.; -s, -s⟩ Potpourri, Vermischtes [engl., »Mischmasch« <afrz. *medlee;* zu lat. *miscere* »mischen«]
Mé|doc ⟨[me:dɔ̣k] m.; -s, -s⟩ ein französ. Rotwein [nach der südwestfranzösischen Landschaft *Médoc*]
Me|dre|se *auch:* **Med|re|se** ⟨f.; -, -n⟩ islam. Hochschule für Juristen u. Theologen; *oV* Medresse [<arab. *madrasah*]
Me|dres|se *auch:* **Med|res|se** ⟨f.; -, -n⟩ = Medrese
Me|dul|la ⟨f.; -; unz.; Anat.⟩ **1** Mark, z. B. Knochenmark; *~ oblongata* verlängertes Mark, Verbindung zwischen Stammhirn u. Rückenmark **2** innerste Schicht des Haares [<lat. *medulla* »Mark«]
me|dul|lar ⟨Adj.; Med.⟩ = medullär
me|dul|lär ⟨Adj.; Med.⟩ das Mark betreffend, zu ihm gehörig; *oV* medullar [→ *Medulla*]
Me|du|se ⟨f.; -, -n⟩ **1** ⟨unz.; grch. Myth.⟩ eine der drei Gorgonen, bei deren Anblick man vor Entsetzen versteinerte **2** freischwimmende Form der Nesseltiere, Qualle [<grch. *Medousa* »weibl. Ungeheuer«]
Me|du|sen|blick ⟨m.; -(e)s, -e; geh.⟩ grauenerregender, schrecklicher Blick wie bei einer Meduse (1)
Me|du|sen|haupt ⟨n.; -(e)s, -häup|ter⟩ **1** ⟨grch. Myth.⟩ Kopf der Meduse (1) **2** ⟨unz.; geh.⟩ Bild für etwas Furchtbares, das den Betrachter vor Schreck lähmt **3** ⟨Med.⟩ Netz hervortretender Hautvenen im Nabelbereich bei Blutstau in der Pfortader, z. B. infolge von Leberzirrhose
me|du|sisch ⟨Adj.⟩ in der Art einer Meduse (1), zu ihr gehörend, von ihr stammend
Meet and Greet ⟨[mi:t ənd gri:t] n.; - - - od. - - -s, - - -s od. -s - -s⟩ persönliches Zusammentreffen mit einer od. mehreren prominenten Personen (meist im Rahmen einer Veranstaltung); *nach dem Konzert gab es ein ~ mit den Fans* [engl., »treffen und grüßen«]
Mee|ting ⟨[mi:-] n.; -s, -s⟩ Zusammenkunft, Treffen, insbesondere politische, wissenschaftliche od. (mehrtägige) sportliche Veranstaltung; *ein ~ der führenden Wissenschaftler* [engl. »Zusammenkunft, Treffen«]
me|fi|tisch ⟨Adj.⟩ **1** zu Schwefelquellen gehörend **2** übel riechend, stinkend [nach der altital. Göttin *Mephitis*]
meg..., Meg... ⟨vor Vokalen⟩ = mega..., Mega...
me|ga..., Me|ga... ⟨vor Vokalen⟩ meg..., Meg... ⟨Zeichen: M; in Zus.⟩ **1** groß..., Groß... **2** ⟨Physik; vor Maßeinheiten⟩ das Millionenfache der betreffenden Maßeinheit, z. B. ein Megawatt (MW) = 1 Million Watt **3** ⟨umg.; salopp⟩ super, mächtig, hervorragend; *megagut, Megatrend, Megakonzert* [<grch. *megas* »groß«]
Me|ga|bit ⟨a. [--'-] n.; - od. -s, - od. -s; EDV; Zeichen: Mbit⟩ Maßeinheit für 1048576 Bit, gebräuchliches Maß für die Speicherkapazität von Computerchips [<*Mega...* + *Bit*]
Me|ga|byte ⟨a. [-ba̲ıt] n.; - od. -s, - od. -s; EDV; Zeichen: MB, MByte⟩ Maßeinheit für 1048576 Byte, gebräuchliches Maß für die Speicherkapazität von Halbleiterspeichern, die mit einer Funktionseinheit verknüpft sind, u. für Massenspeichersysteme [<*Mega...* + *Byte*]
Me|ga|car|ri|er ⟨[-kærıə(r)] m.; -s, -; umg.; salopp⟩ großes Reiseunternehmen [<*Mega...* + engl. *carrier* »Spediteur, Transportunternehmer«]
Me|ga|chip ⟨[-tʃıp] m.; -s, -s; EDV⟩ elektron. Halbleiterschaltung mit einer Speicherkapazität von einer Million Bit [<*Mega...* + *Chip*]
Me|ga|elek|tro|nen|volt *auch:* **Me|ga|elekt|ro|nen|volt** ⟨n.; -s, -; Abk.: MeV⟩ eine Million Elektronenvolt
Me|ga|fon ⟨n.; -s, -e⟩ Sprachrohr, Schalltrichter, oft mit elektr. Verstärkung; *oV* Megaphon
Me|ga|hertz ⟨n.; -, -; Abk.: MHz⟩ eine Million Hertz
me|ga-in ⟨Adj.; undekl.; umg.⟩ besonders aktuell, modisch od. gefragt; *Ggs* mega-out; *Plateauschuhe sind zur Zeit wieder ~* [<*mega...* + engl. *in* »aktuell, gefragt, populär«]
me|gal..., Me|gal... ⟨vor Vokalen; in Zus.⟩ = megalo..., Megalo...
Me|gal|en|ze|pha|lie *auch:* **Me|ga|len|ze|pha|lie** ⟨f.; -, -n; Med.⟩ abnorme Vergrößerung des Gehirns [<*Megal...* + grch. *egkephalos* »Gehirn«]
Me|ga|lith ⟨m.; -s od. -en, -e od. -en; Archäol.⟩ vorgeschichtl. Baudenkmal aus großen Steinen [<*Mega...* + *...lith*]
Me|ga|lith|grab ⟨n.; -(e)s, -grä|ber; Archäol.⟩ vorgeschichtl. Grabbau aus unbehauenen Blöcken, Hünengrab, Großsteingrab
Me|ga|li|thi|ker ⟨m.; -s, -; Archäol.⟩ Träger der Megalithkultur

M

me|ga|li|thisch ⟨Adj.; Archäol.⟩ aus großen Steinen bestehend

Me|ga|lith|kul|tur ⟨f.; -; unz.; Archäol.⟩ jungsteinzeitl. Kultur mit Großsteingräbern u. Schnurkeramik

me|ga|lo..., Me|ga|lo... ⟨vor Vokalen⟩ megal..., Megal... ⟨in Zus.⟩ groß..., Groß... [<grch. *megas,* Gen. *megalou* »groß«]

Me|ga|lo|blast ⟨m.; -en, -en; meist Pl.; Med.⟩ abnorm große Vorstufe der roten Blutkörperchen [<*Megalo...* + *...blast*]

me|ga|lo|man ⟨Adj.⟩ an Megalomanie leidend, größenwahnsinnig

Me|ga|lo|ma|nie ⟨f.; -; unz.⟩ Größenwahn

Me|ga|lo|po|le ⟨f.; -, -n⟩ = Megalopolis [<*Mega...* + *polis* »Stadt«]

Me|ga|lo|po|lis ⟨f.; -, -lo|po|len⟩ Riesenstadt, großflächig verstädterte Zone mit einer Häufung von Großstädten, Industrie-, Gewerbe- u. Verkehrsanlagen; *oV* Megalopole [<*Mega...* + grch. *polis* »Stadt«]

Me|ga|lo|sau|ri|er ⟨m.; -s, -⟩ Angehöriger einer Gattung fleischfressender Dinosaurier mit sehr kräftigen Hinterbeinen u. schwach entwickelten Vorderbeinen

M

Me|ga|lo|ze|pha|lie ⟨f.; -, -n; Med.⟩ = Makrozephalie

Me|ga|lo|zyt ⟨m.; -en, -en; Med.⟩ abnorm großes, aus einem Megaloblasten entstandenes rotes Blutkörperchen [<*Megalo...* + *...zyt*]

Meg|an|thro|pus *auch:* **Me|ganth|ro|pus** ⟨m.; -, -thro|pi⟩ Lebewesen aus dem Übergangsbereich zwischen Tier u. Mensch [<*Mega...* + grch. *anthropos* »Mensch« mit lat. Endung]

Me|ga|ohm ⟨n.; - od. -s, -; Zeichen: MΩ; Physik⟩ 1 Million Ohm; *Sy* Megohm [<*Mega...* + *Ohm* (nach dem dt. Physiker Georg Simon *Ohm,* 1789-1854)]

me|ga-out ⟨[-aʊt] Adj.; undekl.; umg.⟩ sehr veraltet, rückständig, unpopulär, unmodisch; *Ggs* mega-in; *Plateauschuhe sind wieder ~* [<*mega...* + engl. *out* »veraltet, unpopulär, nicht zeitgemäß«]

Me|ga|phon ⟨n.; -s, -e⟩ = Megafon

Me|gä|re ⟨f.; -, -n⟩ **1** ⟨grch. Myth.⟩ eine der Erinnyen **2** ⟨allg.⟩ böses Weib [<grch. *Megaira* »die Zürnende«]

Me|ga|ron ⟨n.; -s, -ga|ra⟩ **1** ⟨Antike; urspr.⟩ das älteste, langrechteckige, einräumige grch. Haus, Grundform des grch. Tempels **2** ⟨dann⟩ Hauptraum (mit Herd) des grch. Hauses [grch., »Saal, großes Zimmer«]

Me|ga|sel|ler ⟨m.; -s, -; bes. Buchw.; umg.; salopp⟩ Verkaufsschlager, Hit, erfolgreicher Bestseller [<*Mega...* + engl. *sell* »verkaufen«]

Me|ga|the|ri|um ⟨n.; -s, -ri|en⟩ urzeitliches südamerikan. Riesenfaultier [<*Mega...* + grch. *ther* »Tier«]

me|ga|therm ⟨Adj.; Biol.⟩ warme Standorte bevorzugend (Pflanzen) [<*mega...* + *...therm*]

Me|ga|ton|ne ⟨f.; -, -n; Zeichen: Mt⟩ eine Million Tonnen

Me|ga|volt ⟨[-vɔlt] n.; - od. -(e)s, -; Zeichen: Mv⟩ 1 Million Volt [<*Mega...* + *Volt*]

Me|ga|watt ⟨n.; -s, -; Abk.: MW⟩ eine Million Watt

Meg|ohm ⟨n.; - od. -s, -⟩ = Megaohm

Mei|o|se ⟨f.; -, -n; Biol.⟩ = Reduktionsteilung

Meis|je ⟨n.; -s, -s⟩ (eine Tracht tragendes) holländisches Mädchen [ndrl., »Mädchen«]

Mek|ka ⟨n.; -s, -s⟩ Ort, der eine große Anziehungskraft ausübt; *ein ~ für Touristen* [nach der Stadt *Mekka,* Wallfahrtsort der Muslime]

Me|ko|ni|um ⟨n.; -s; unz.; Med.⟩ erster schwärzl. Stuhlgang des Neugeborenen, Kindspech [<grch. *mekon* »Mohn(saft)«]

Mel|a|min|harz *auch:* **Me|la|min|harz** ⟨n.; -es; unz.; Chemie⟩ Kunstharz aus der Gruppe der Aminoplaste, das den Harnstoffharzen ähnlich ist [<grch. *melas* »schwarz« + *Amin* + *Harz*]

mel|an..., Mel|an... ⟨in Zus.⟩ = melano..., Melano...

Me|lä|na ⟨f.; -; unz.; Med.⟩ durch Blutungen in Magen od. Darm schwarz gefärbter Stuhl [zu grch. *melas* »schwarz«]

Mel|an|ä|mie *auch:* **Me|la|nä|mie** ⟨f.; -; unz.; Med.⟩ Ablagerung dunkler Pigmente in Milz, Leber, Knochenmark u. Hirnrinde [<*Melan...* + *...ämie*]

Mel|an|cho|lie ⟨[-ko-] f.; -; unz.⟩ Schwermut, Trübsinn, Weltschmerz [<lat. *melancholia* <grch. *melagcholia,* eigtl. »Schwarzgalligkeit« <*melas* »schwarz« + *chole* »Galle«]

Mel|an|cho|li|ker ⟨[-koː-] m.; -s, -s⟩ schwermütiger, zu Trübsinn u. Traurigkeit neigender Mensch

mel|an|cho|lisch ⟨[-koː-] Adj.⟩ schwermütig, trübsinnig, traurig

Me|lan|ge ⟨[-lãːʒ(ə)] f.; -, -n⟩ **1** Mischung, Gemisch **2** ⟨österr.⟩ Milchkaffee **3** ⟨Textilw.⟩ Woll- u. Baumwollgarn aus verschiedenen Fasern [<frz. *mélange* »Mischung«; zu *mêler* »mischen«]

Me|la|nin ⟨n.; -s, -e; Biol.⟩ **1** rotes bis schwarzes Pigment, das weit verbreitet in allen Tierklassen u. beim Menschen vorkommt, Hautfarbstoff **2** Farbstoff, der die dunkle Färbung mancher Früchte hervorruft [<grch. *melas* »schwarz«]

Me|la|nit ⟨m.; -(e)s, -e; Min.⟩ schwarzbrauner Granat [zu grch. *melas* »schwarz«]

me|la|no..., Me|la|no... ⟨in Zus.⟩ dunkel, schwarz, schwärzlich [<grch. *melas,* Gen. *melanos* »schwarz«]

me|la|no|derm ⟨Adj.; Med.⟩ überpigmentiert, dunkelhäutig; *Ggs* leukoderm [<*melano...* + *...derm*]

Me|la|no|der|mie ⟨f.; -, -n; Med.⟩ Dunkelfärbung der Haut durch Überpigmentierung [<*Melano...* + *...dermie*]

Me|la|no|glos|sie ⟨f.; -, -n; Med.⟩ dunkler, haarförmiger Belag auf der Zunge [<*Melano...* + grch. *glossa* »Zunge«]

me|la|no|krat ⟨Adj.; Geol.⟩ überwiegend dunkle Bestandteile aufweisend u. daher dunkel erscheinend (von Gesteinen); *Ggs* leukokrat [<*melano...* + *...krat*]

Me|la|nom ⟨n.; -s, -e; Med.⟩ meist bösartige Geschwulst der Haut od. der Schleimhaut, die von den pigmentbildenden Zellen ausgeht [→ *Melano...*]

Me|la|no|pho|ren ⟨Pl.⟩ Farbstoffträger der Pigmentzellen, die Melanine enthalten [<*Melano...* + *...phor*[1]]
Me|la|no|se ⟨f.; -, -n⟩ **1** ⟨Bot.⟩ Schwärzung in pflanzlichen Geweben als Folge der Bildung von schwarzen Farbstoffen **2** ⟨Med.⟩ Bildung dunkler Flecken auf der Haut [<grch. *melas* »schwarz«]
Me|la|no|tro|pin ⟨n.; -s; unz.; Biochemie⟩ im Hypophysenzwischenlappen gebildetes Hormon, das die Hautpigmentierung regelt u. bes. bei Fischen u. Amphibien eine (vorübergehende) Dunkelfärbung bewirkt; *Sy* Intermedin; →*a.* Melatonin [<*Melano...* + *...trop*]
Me|lan|te|rit ⟨m.; -s, -e; Min.⟩ Eisenvitriol [<grch. *melanteria* »Schuhschwärze«; zu *melas* »schwarz«]
Me|lan|u|rie *auch:* **Me|la|nu|rie** ⟨f.; -, -n; Med.⟩ Ausscheidung melaninhaltigen Harns
Me|la|phyr ⟨[-fy:r] m.; -s, -e; Min.⟩ schwarzer Porphyr [<*Melano...* + *Porphyr*]
Me|las|se ⟨f.; -, -n⟩ zähflüssiger, brauner Rückstand bei der Herstellung von Zucker [<frz. *mélasse* <lat. *mel,* grch. *meli* »Honig«]
Me|la|to|nin ⟨n.; -s; unz.; Biochemie⟩ Hormon der Zirbeldrüse, das bei Amphibien zu einer Aufhellung der Haut führt u. beim Menschen eine hemmende Wirkung auf die Entwicklung der Geschlechtsdrüsen hat; →*a.* Melanotropin [<*Melano...* + grch. *tonos* »Spannung«]
me|lie|ren ⟨V.⟩ (ver)mischen, vermengen, sprenkeln [<frz. *mêler* »mischen«]
me|liert ⟨Adj.⟩ **1** ⟨Textilw.⟩ aus zwei od. mehreren Farben od. Geweben gemischt **2** leicht ergraut, von grauen Strähnen durchzogen (von Haaren) [<frz. *mêler* »mischen«]
Me|lik ⟨f.; -; unz.; Musik⟩ singbare od. gesungene Lyrik, Lieddichtung [<grch. *melos* »Gesang, Lied«]
Me|li|o|ra|ti|on ⟨f.; -, -en⟩ **1** Verbesserung **2** ⟨Sprachw.⟩ Bedeutungswandel eines Wortes zum Besseren, z. B. lat. caballarius »Pferdeknecht« zu »Kavalier«; *Ggs* Pejoration **3** ⟨Landw.⟩ Bodenverbesserung (durch Bewässerung, Eindeichung u. a.) [<lat. *melioratio* »Verbesserung«; zu *melior* »besser«]
me|li|o|ra|tiv ⟨Adj.; Sprachw.⟩ bedeutungsverbessernd, in der Bedeutung sich positiv verändern (von Wörtern); *Ggs* pejorativ
Me|li|o|ra|ti|vum ⟨[-vum] n.; -s, -ti|va [-va]; Sprachw.⟩ Wort, dessen Bedeutung sich im Lauf seiner Entwicklung verbessert hat, z. B. »Kavalier« <lat. caballarius »Pferdeknecht«; *Ggs* Pejorativum
me|li|o|rie|ren ⟨V.; Landw.⟩ *Ackerboden ~* verbessern [<lat. *melior* »besser«]
Me|li|o|rie|rung ⟨f.; -, -en⟩ = Melioration
Me|li|o|ris|mus ⟨m.; -; unz.⟩ Theorie, dass die sozialen Verhältnisse durch fortgesetzte Steuerung besser werden [zu lat. *melior* »besser«]
Me|lis ⟨m.; -; unz.⟩ unvollständig gereinigter, gelblicher Zucker [<lat. *mel,* grch. *meli* »Honig«; verwandt mit *Mehltau*]
me|lisch ⟨Adj.; Musik⟩ liedhaft [<grch. *melos* »Lied, Gesang«]
Me|lis|ma ⟨n.; -s, -lis|men; Musik⟩ melod. Verzierung, Koloratur [grch., »Gesang, Lied«]
Me|lis|ma|tik ⟨f.; -; unz.; Musik⟩ Kunst der melod. Verzierung
me|lis|ma|tisch ⟨Adj.; Musik⟩ mit mehreren Noten auf einer Silbe, verziert; *Ggs* syllabisch (2); *~er Gesang*
Me|lis|se ⟨f.; -, -n; Bot.⟩ Gattung der Lippenblütler mit Blüten, die nach Zitrone duften, Zitronenkraut: Melissa [<mlat. *melissa* <grch. *melissophyllon* »Bienenkraut«]
Me|lis|sen|geist ⟨m.; -(e)s; unz.⟩ = Karmelitergeist
Me|li|to|se ⟨f.; -, -n⟩ = Raffinose
Mel|lo|tron *auch:* **Mel|lot|ron** ⟨n.; -s, -e; Musik⟩ seit Ende der 1950er Jahre bes. in der Rock- u. Unterhaltungsmusik verwandtes, elektromechanisches Tasteninstrument, das auf Mehrspurbändern gespeicherte Originaltöne von Streicher-, Bläser- u. Vokalklängen über die Tastatur abrufbar macht; →*a.* Sampler [<engl. *melo*dy elec*tronics* »Melodienelektronik«]
Me|lo|die ⟨f.; -, -n; Musik⟩ in sich geschlossene, sangbare Folge von Tönen [<mhd. *melodie* <spätlat. *melodia* <grch. *meloidia* »Singweise« <*melos* »Lied, Gesang« + *oide* »Singen«]
Me|lo|die|in|stru|ment *auch:* **Me|lo|die|ins|tru|ment** *auch:* **Me|lo|die|inst|ru|ment** ⟨n.; -s, -e; Musik⟩ Musikinstrument, das die Melodie eines Musikstücks führt (bes. Streich-, Blasinstrument)
Me|lo|dik ⟨f.; -; unz.; Musik⟩ **1** Lehre von der Bildung u. Gestaltung einer Melodie **2** melod. Eigenart, Besonderheit, die melod. Merkmale, z. B. eines Musikstücks, eines Komponisten, der Musik einer Zeit
me|lo|di|ös ⟨Adj.; Musik⟩ melodisch schön, harmonisch, wohlklingend [<frz. *mélodieux*]
me|lo|disch ⟨Adj.; Musik⟩ **1** auf die Melodie bezüglich, die Melodie betreffend **2** = melodiös **3** *~e Molltonleiter* Molltonleiter, bei der die 6. u. 7. Stufe erhöht ist; *Ggs* harmonische Molltonleiter [→ *Melodie*]
Me|lo|dram ⟨n.; -s, -en⟩ *oV* Melodrama **1** gesprochene Dichtung mit musikalischer Untermalung **2** ⟨fig.; umg.⟩ leidenschaftliche Auseinandersetzung, tränenreicher Konflikt [<grch. *melos* »Lied, Gesang« + *drama* »Handlung«]
Me|lo|dra|ma ⟨n.; -s, -dra|men⟩ = Melodram
Me|lo|dra|ma|tik ⟨f.; -; unz.⟩ (übertrieben) leidenschaftliche, gefühlvolle Beschaffenheit [→ *Melodram*]
me|lo|dra|ma|tisch ⟨Adj.⟩ **1** in der Art eines Melodramas (1) **2** ⟨fig.; umg.⟩ leidenschaftlich, tränenreich, theatralisch
Me|lo|graf ⟨m.; -en, -en⟩ = Melograph
Me|lo|graph ⟨m.; -en, -en; Musik⟩ Apparat zur mechanischen u. reproduzierbaren Aufzeichnung des Klavierspiels, Notenschreiber; *oV* Melograf [<grch. *melos* »Lied, Gesang« + *...graph*]

M

Me|lo|ne ⟨f.; -, -n⟩ **1** ⟨Bot.⟩ Kürbisgewächs mit saftigen Früchten, die roh genossen werden: Cucimis melo; *Zucker~; Wasser~* **2** ⟨umg.⟩ steifer, runder Herrenhut [<mhd. *melone, melun(e)* <ital. *melone* <lat. *melo* <grch. *melon* »Apfel«]

Me|lo|pö|ie ⟨f.; -; unz.⟩ **1** ⟨im antiken Griechenland⟩ Herstellung eines Melos, Erfindung musikalischer Weisen **2** ⟨Musik⟩ Lehre von der Melodiebildung, Kompositionslehre [<grch. *melopoiia* »Vertonen von Liedern« <*melos* »Lied« + *poiein* »schaffen«]

Me|los ⟨n.; -; unz.; Musik⟩ Melodie, melod. Linie, melodischer Gehalt [grch., »Lied, Gesang«]

Mel|ton ⟨m.; - od. -s, -s; Textilw.⟩ weicher Kammgarnstoff mit aufgerauter Oberfläche [nach der engl. Stadt *Melton*]

Mem|ber of Par|lia|ment ⟨[mẹmbə(r) ɔv pa:ləmənt] n.; - - -, -s - -; Abk.: M. P.; in Großbritannien⟩ gewähltes Mitglied des House of Commons [engl., »Parlamentsmitglied«]

M

Mem|bran *auch:* **Memb|ran** ⟨f.; -, -en⟩ *oV* Membrane **1** dünnes, schwingungsfähiges Blättchen aus Metall, Papier, Gummi zum Übertragen von Schallwellen **2** ⟨Anat.⟩ dünnes Häutchen, z. B. Zellwand, Trommelfell [<lat. *membrana* »Häutchen, Haut; Schreibhaut, Pergament«; zu *membrum* »Glied, Körperglied«]

Mem|bra|ne *auch:* **Memb|ra|ne** ⟨f.; -, -n⟩ = Membran

Mem|bra|no|fon *auch:* **Memb|ra|no|fon** ⟨n.; -s, -e; Musik⟩ = Membranophon

Mem|bra|no|phon *auch:* **Memb|ra|no|phon** ⟨n.; -s, -e; Musik⟩ jedes Musikinstrument, dessen Töne durch Schwingungen einer Membran hervorgebracht werden, z. B. Pauke, Trommel; *oV* Membranofon [<*Membran* + *...phon*]

Mẹm|brum *auch:* **Mẹmb|rum** ⟨n.; -s, Mẹm|bra; Anat.⟩ Körperglied [lat.]

Me|mẹn|to ⟨n.; -s, -s⟩ Mahnung, Mahnruf, Erinnerung [lat., »gedenke!«]

Me|mẹn|to mo|ri ⟨n.; - -, - -⟩ Gedenke des Todes, denke daran, dass du sterben musst! [lat.]

Me|mo ⟨n.; -s, -s; kurz für⟩ Memorandum

Me|moire ⟨[-moa:r] n.; -s, -s⟩ Denkschrift, (schriftliche) Eingabe [<frz. *mémoire* »Erinnerung, Gedächtnis, Andenken«; zu lat. *memorare* »erinnern«]

Memoiren (*Worttrennung am Zeilenende*) Die Worttrennung am Zeilenende folgt auch bei Fremdwörtern der im Deutschen gebräuchlichen Trennung nach Sprechsilben. Dabei ist zu beachten, dass für die Trennung von Fremdwörtern die fremdsprachige Aussprache entscheidend ist. So bildet die Buchstabengruppe *»oi«* [oa] bei *»Memoiren«* eine nicht trennbare Vokalverbindung.

Me|moi|ren ⟨[-moa:rən] nur Pl.⟩ (zeitgeschichtl. interessante) Erinnerungen aus dem eigenen Leben, Lebenserinnerungen

me|mo|ra|bel ⟨Adj.; veraltet⟩ denkwürdig; *ein memorabler Monat liegt hinter uns* [<lat. *memorabilis*]

Me|mo|ra|bi|li|en ⟨nur Pl.⟩ Denkwürdigkeiten [<lat. *memorabilis* »denkwürdig«]

Me|mo|rạn|dum ⟨n.; -s, -rạn|den od. -rạn|da⟩ **1** ⟨Diplomatie⟩ Denkschrift **2** Merkbuch [<lat. *memorandum* »etwas zu Merkendes, Denkschrift«; zu *memorare* »erinnern, in Erinnerung bringen«]

Me|mo|ri|al[1] ⟨n.; -s, -e od. -li|en⟩ Erinnerungsbuch, Tagebuch [<lat. *memorialis* »zum Andenken gehörig«]

Me|mo|ri|al[2] ⟨[mımɔ̣rıəl] n.; -s, -s⟩ sportl. Wettkampf, Veranstaltung zum Gedenken eines Verstorbenen [engl., <lat. *memorialis* »zum Andenken gehörig«]

me|mo|rie|ren ⟨V.⟩ **1** auswendig lernen, sich einprägen **2** aus dem Gedächtnis her-, aufsagen; *ein wichtiges Ereignis, eine ausgelassene Party ~* [<lat. *memorare* »erinnern«; zu *memor* »sich erinnernd, eingedenk«]

Mẹ|mo|ry ⟨n.; -s, -s; EDV⟩ Speicher [→ *Memory®*]

Mẹ|mo|ry® ⟨n.; -s; unz.⟩ Gesellschaftsspiel für Kinder, bei dem aus einer Anzahl verdeckter Bildkärtchen jeweils gleiche Paare gefunden werden müssen [engl., »Gedächtnis«]

Mẹm|phis ⟨m.; -, -; Musik⟩ Gesellschaftstanz der 1960er Jahre [nach der Stadt *Memphis* im US-Bundesstaat Tennessee]

Me|na|ge ⟨[-ʒə] f.; -, -n⟩ **1** tragbares Gestell zum Essenholen, in das Schüsseln eingesetzt werden **2** Ständer mit Gefäßen für Essig u. Öl **3** (sparsame) Wirtschaft **4** Haushalt **5** ⟨österr.⟩ militär. Verpflegung [<frz. *ménage* »Haushalt, Wirtschaft, Hausrat«]

Me|na|ge|rie ⟨[-ʒe-] f.; -, -n; veraltet⟩ **1** Tierschau **2** Tierpark, -gehege [<frz. *ménagerie*]

Men|ạr|che *auch:* **Me|nạr|che** ⟨f.; -; unz.; Med.⟩ Zeitpunkt der ersten Regelblutung [<grch. *men* »Monat« + *arche* »Anfang, Beginn«]

Men|de|le|vi|um ⟨[-vi-] n.; -s; unz.; chem. Zeichen: Md⟩ chem. Grundstoff, Ordnungszahl 101, ein Transuran [nach dem russ. Chemiker Dimitrij *Mendelejew,* 1834-1907]

Men|de|lịs|mus ⟨m.; -; unz.; Bot.⟩ Richtung der Vererbungslehre [nach dem Botaniker u. Vererbungsforscher Gregor Johann *Mendel,* 1822-1884]

Men|di|kạnt ⟨m.; -en, -en⟩ Bettelmönch [<lat. *(fratres) mendicantes* »Bettelmönche«; zu *mendicare* »(er)betteln«]

Men|di|kan|ten|or|den ⟨m.; -s, -⟩ Bettelorden

Me|nes|trẹl *auch:* **Me|nest|rẹl** ⟨m.; -s, -s; in Frankreich im MA⟩ Sänger, Spielmann im Dienst eines Fürsten [→ *Minstrel*]

Me|ne|te|kel ⟨n.; -s, -⟩ (geheimnisvolles) Anzeichen drohender Gefahr, warnendes Vorzeichen [nach dem AT die Anfangsworte der Geisterschrift, die dem König Belsazar seinen Sturz voraussagte]

me|ne|te|keln ⟨V.; umg.⟩ düstere Prophezeiungen machen, Unheilvolles voraussagen [→ *Menetekel*]

Men|hir ⟨m.; -s, -e; Archäol.⟩ jungsteinzeitlicher, aufrecht stehender, hoher Stein von kultischer Bedeutung, z. B. im engl. Stonehenge [<kelt. *men* »Stein« + *hir* »lang«]

me|nin|ge|al ⟨Adj.; Med.⟩ zu den Hirnhäuten gehörend [→ *Meninx*]

Me|nin|ge|om ⟨n.; -s, -e; Med.⟩ Hirnhautgeschwulst; *oV* Meningiom [→ *Meninx*]

Me|nin|gi|om ⟨n.; -s, -e; Med.⟩ = Meningeom

Me|nin|gi|tis ⟨f.; -, -ti|den; Med.⟩ Gehirnhautentzündung [zu grch. *meninx* »Haut«]

Me|nin|go|kok|ke ⟨f.; -, -n; meist Pl.; Med.⟩ kugelförmiges Bakterium, Erreger der epidemischen Hirnhautentzündung [<*Meninx* + *Kokkus*]

Me|nin|go|my|e|li|tis ⟨f.; -, -ti|den; Med.⟩ Entzündung des Rückenmarks [<*Meninx* + *Myelitis*]

Me|nin|go|ze|le ⟨f.; -, -n; Med.⟩ Hirnhautbruch [<*Meninx* + grch. *kele* »Bruch«]

Me|ninx ⟨f.; -, -nin|ges [-ge:s]; Anat.⟩ Hirn- bzw. Rückenmarkshaut [grch., »Haut«]

Me|nis|ken|glas ⟨n.; -(e)s, -glä|ser⟩ Glas, Linse, bei dem beide Oberflächen die gleiche Krümmungsart (konvex, konkav) aufweisen, z. B. Brillenglas; *Sy* Meniskus (3) [<grch. *meniskos* »mondförmiger Körper«]

Me|nis|kus ⟨m.; -, -nis|ken⟩ **1** ⟨Anat.⟩ halbmondförmiger Knorpel im Kniegelenk **2** ⟨Physik⟩ gewölbte Oberfläche einer Flüssigkeit in einer engen Röhre **3** ⟨Optik⟩ = Meniskenglas [<grch. *meniskos* »Möndchen, mondförmiger Körper«; zu *mene* »Mond«]

Men|ni|ge ⟨f.; -; unz.; Chemie⟩ rotes Rostschutzmittel, chem. ein Bleioxid; *Sy* Minium [<iber., lat. *minium* »Zinnober«; nach *Minius*, dem lat. Namen des span. Flusses *Miño* (nach seinem roten Wasser)]

me|no ⟨Musik⟩ weniger; *Ggs* piu; *~ forte* weniger laut (zu spielen) [ital.]

me|no..., Me|no... ⟨in Zus.⟩ monats..., Monats... [<grch. *men*, Gen. *menos* »Monat«]

Me|no|pau|se ⟨f.; -, -n; Med.⟩ Aufhören der Menstruation in den Wechseljahren [<*Meno...* + grch. *pauein* »aufhören lassen«]

Me|no|ra ⟨f.; -; unz.⟩ der meist siebenarmige Leuchter der Juden, heute religiöses Symbol [<hebr. *menorah* »Leuchter«]

Me|nor|rha|gie ⟨f.; -, -n; Med.⟩ zu starke Menstruation [<*Meno...* + *...rrhagie*]

Men|sa ⟨f.; -, Men|sen; kurz für⟩ **1** *~ Domini* Tisch des Herrn, Altar **2** *~ academica* akadem. Mittagstisch, Speisehaus für Studierende mit verbilligtem Mittagessen [lat.]

Men|sche|wik ⟨m.; -en, -en od. -wi|ki; Politik⟩ Vertreter, Angehöriger des Menschewismus [<russ. *menšinstvo* »Minderheit«]

Men|sche|wis|mus ⟨m.; -; unz.; Politik⟩ die gemäßigte Richtung der russ. sozialdemokrat. Arbeiterpartei; *Ggs* Bolschewismus

Men|sche|wist ⟨m.; -en, -en; Politik⟩ = Menschewik

men|sche|wis|tisch ⟨Adj.; Politik⟩ den Menschewismus betreffend, zu ihm gehörend

men|sen|die|cken ⟨V.⟩ nach einem bestimmten System Gymnastik treiben [nach der ndrl.-amerikan. Ärztin Bess M. *Mensendieck*, 1864-1960]

Men|ses ⟨Pl.; Sing.: Mensis; Med.⟩ = Menstruation [lat., Pl. zu *mensis* »Monat«]

men|sis cur|ren|tis ⟨Abk.: m. c.⟩ (des) laufenden Monats [lat.]

mens sa|na in cor|po|re sa|no ⟨geh.⟩ ein gesunder Geist in einem gesunden Körper (Wahlspruch für eine gleichermaßen geistige u. körperliche Ausbildung) [lat.]

mens|tru|al *auch:* **menst|ru|al** ⟨Adj.⟩ **1** monatl. wiederkehrend **2** einen Monat lang **3** ⟨Med.⟩ zur Menstruation gehörend; *Sy* menstruell [<lat. *menstrualis* »monatlich«]

Mens|tru|a|ti|on *auch:* **Menst|ru|a|ti|on** ⟨f.; -, -en; Med.⟩ die in etwa 28-tägigem Abstand erfolgende, mit einer Blutung einhergehende Abstoßung der Gebärmutterschleimhaut bei unbefruchteter Eizelle, Monatsblutung, Regel; *Sy* Menses, Periode (5) [→ *menstruieren*]

mens|tru|ell *auch:* **menst|ru|ell** ⟨Adj.; Med.⟩ = menstrual (3)

mens|tru|ie|ren *auch:* **menst|ru|ie|ren** ⟨V.; Med.⟩ die Menstruation haben [<lat. *menstruare;* zu *mensis* »Monat«]

men|su|al ⟨Adj.⟩ monatlich

Men|sur ⟨f.; -, -en⟩ **1** Maß, Messung **2** Abstand zweier Fechter voneinander **3** student. Zweikampf mit Säbel od. Degen **4** ⟨Musik⟩ um 1250 festgelegtes Maß, das die Verhältnisse der Notenwerte zueinander bestimmt **5** ⟨Musik⟩ das Verhältnis zwischen den Maßen der einzelnen Musikinstrumente, z. B. Saitenlänge, Hals, Resonanzkörper bei Saiteninstrumenten **6** ⟨Chemie⟩ Glasgefäß mit Maßeinteilung zum Abmessen von Flüssigkeiten [<lat. *mensura* »das Messen, das Maß«; zu *metiri* »messen, abmessen«]

men|su|ra|bel ⟨Adj.⟩ messbar; *Ggs* immensurabel; *mensurable Größen* [<neulat. *mensurabilis* <lat. *mensura* »Maß, das Messen«]

Men|su|ra|bi|li|tät ⟨f.; -; unz.⟩ Messbarkeit

men|su|ral ⟨Adj.⟩ zum Messen gehörig od. dienend

Men|su|ral|mu|sik ⟨f.; -; unz.; Musik; 13.-16. Jh.⟩ in Mensuralnotation aufgezeichnete Instrumentalmusik, bei der die einzelnen Noten je nach der durch das Taktvorzeichen bestimmten Mensur verschiedene Werte haben

Men|su|ral|no|ta|ti|on ⟨f.; -; unz.; Musik; bis 1600⟩ die Modalnotation ablösende Notenschrift, in der die Dauer der Töne (gemäß ihrer Mensur) genau festgelegt ist

men|su|riert ⟨Adj.; Musik⟩ in bestimmten Maßverhältnissen stehend, bestimmte Maßverhältnisse besitzend [→ *Mensur*]

men|tal[1] ⟨Adj.⟩ **1** geistig; *~es Training* **2** nur gedacht, unausgesprochen, bewusst zurückgehalten [<mlat. *mentalis* »geistig, in der Vorstellung vorhanden« <lat. *mens* »Geist, Verstand, Vorstellung«]

men|tal² ⟨Adj.; Med.⟩ zum Kinn gehörig [<lat. *mentum* »Kinn«]
Men|ta|lis|mus ⟨m.; -; unz.⟩ 1 ⟨Psych.⟩ psychologische Richtung, die mittels theoretischer Modelle die Organisationsprinzipien des menschlichen Geistes (z. B. Kreativität) erklären will, da sie menschliches Handeln als Ergebnis mentaler Vorgänge ansieht 2 ⟨Philos.⟩ sprachphilosophische Theorie, die das Zustandekommen von Erkenntnis in der Terminologie innerer, mentaler Vorgänge darzustellen sucht [→ *mental*]
men|ta|lis|tisch ⟨Adj.⟩ den Mentalismus betreffend, zu ihm gehörend, auf ihm beruhend
Men|ta|li|tät ⟨f.; -, -en⟩ seelisch-geistige Einstellung [→ *mental*]
Men|tal|re|ser|va|ti|on ⟨[-va-] f.; -, -en; Rechtsw.⟩ stiller, nur in Gedanken gemachter Vorbehalt
Men|tal|sug|ges|ti|on ⟨f.; -, -en⟩ Gedankenübertragung
Men|tal|trai|ner ⟨[-tre:-] m.; -s, -⟩ jmd., der andere mit einem Mentaltraining unterstützt; *die Sportlerin arbeitet mit einem ~ zusammen*
Men|tal|trai|ning ⟨[-tre:-] n.; -s, -s⟩ geistiges Training, das der Verbesserung der Leistungsfähigkeit dient u. psychischen Anspannungen, z. B. bei sportlichen Wettkämpfen, entgegenwirken soll; *ein Sportpsychologe hat das ~ der Mannschaft übernommen*
men|te cap|tus ⟨geh.⟩ des Verstandes beraubt, unzurechnungsfähig, begriffsstutzig [lat.]
Men|tee ⟨[mɛnti:] f.; -, -s od. m.; -s, -s; Wirtsch.; Politik⟩ jüngere Person, die von einem erfahrenen Mentor od. einer Mentorin während eines bestimmten Zeitraumes betreut u. in ihre Tätigkeit eingewiesen wird; →*a.* Trainee [→ *Mentor*]
Men|thol ⟨n.; -s; unz.; Chemie⟩ Bestandteil des Pfefferminzöls [<lat. *mentha, menta* »Minze« + *...ol*]
Men|tor ⟨m.; -s, -to|ren⟩ Lehrer, Berater, Erzieher [grch.; nach *Mentor,* dem Erzieher des Telemach in der Odyssee]
Men|to|rin ⟨f.; -, -rin|nen⟩ Lehrerin, Beraterin, Erzieherin
Men|to|ring ⟨n.; - od. -s, -s⟩ Berufseinführung von Nachwuchskräften (bes. jungen Frauen) für Führungspositionen durch eine Mentorin od. einen Mentor; *~ als Instrument der Frauenförderung* [engl.]
Men|tum ⟨n.; -s, Men|ta⟩ 1 ⟨Zool.⟩ Teil der Unterlippe von Insekten 2 ⟨Med.⟩ Kinn [lat.]
Me|nu ⟨[-ny:] n.; -s, -s⟩ = Menü
Me|nü ⟨n.; -s, -s⟩ *oV* Menu 1 festgelegte Speisenfolge, Gedeck 2 Essen mit mehreren Gängen 3 ⟨EDV⟩ auf dem Bildschirm dargestellte Übersicht über die nächstmöglichen Befehle [<frz. *menu* »Speisekarte, Essen«]
Me|nu|ett ⟨n.; -(e)s, -e od. -s; Musik⟩ 1 altfranzös. Volkstanz im 3/4-Takt 2 ⟨17. Jh.⟩ Hof- u. Gesellschaftstanz 3 Satz in Sinfonie, Sonate, Suite, Kammermusik [frz., »Tanz mit kleinen Schritten«]
Me|nü|leis|te ⟨f.; -, -n; EDV⟩ balkenförmige Anzeige (am oberen Bildschirmrand) der in einem Programm verfügbaren Menüs
me|phis|to|phe|lisch ⟨Adj.⟩ in der Art des Mephistopheles, teuflisch, böse
...mer ⟨Nachsilbe; zur Bildung von Adj.⟩ ...teilig, eine bestimmte Zusammensetzung besitzend; *monomer; polymer* [<grch. *meros* »Teil«]
Mer|cal|li|ska|la *auch:* **Mer|cal|li-Ska|la** ⟨f.; -; unz.⟩ zwölfstufige Skala zum Messen der Stärke von Erdbeben [nach dem Vulkanologen G. *Mercalli,* 1850-1914]
Mer|cap|tan ⟨n.; -s; unz.; Chemie⟩ = Thiol [<lat. *corpus mercurio aptum* »für Merkur (= Quecksilber) geeigneter Körper«]
Mer|ca|tor|pro|jek|ti|on *auch:* **Mer|ca|tor-Pro|jek|ti|on** ⟨f.; -, -en⟩ winkeltreue zylindrische Kartenprojektion [nach dem Geografen *Mercator,* dt. Gerhard Kremer, 1512-1594]
Mer|ce|rie ⟨[-sə-] f.; -, -n; schweiz.⟩ Geschäft für Kurzwaren [frz.]
mer|ce|ri|sie|ren ⟨[-sə-] V.⟩ = merzerisieren
Mer|chan|di|ser ⟨[mœ:tʃəndaɪzə(r)] m.; -s, -; Wirtsch.⟩ Angestellter eines Unternehmens, der für die Verkaufsförderung zuständig ist [engl.]
Mer|chan|di|sing ⟨[mœ:tʃəndaɪzɪŋ] n.; - od. -s; unz.⟩ 1 Maßnahmen zur Verkaufsförderung von Waren (z. B. Werbung) 2 Weiterverwertung von aus Kino- od. Fernsehfilmen bekannten Titeln, Figuren u. a. [zu engl. *merchandise* <lat. *mercari* »handeln«]
mer|ci! ⟨[-si:]⟩ danke! [frz.]
Mer|cu|ri|um ⟨n.; -s; unz.; Chemie⟩ Quecksilber [lat.]
Mer|cu|ri|ver|bin|dung ⟨f.; -, -en; Chemie⟩ Quecksilberverbindung, in der das Quecksilber in zweiwertiger Form auftritt, heutige Bez.: Quecksilber(II)-Verbindung; *oV* Merkuriverbindung
Mer|cu|ro|ver|bin|dung ⟨f.; -, -en; Chemie⟩ Quecksilberverbindung, in der das Quecksilber in einwertiger Form auftritt, heutige Bez.: Quecksilber(I)-Verbindung; *oV* Merkuroverbindung
merde! ⟨[mɛrd]⟩ Scheiße! [frz.]
Me|re|dith ⟨m.; -s, -s⟩ Problemaufgabe mit mindestens acht u. höchstens zwölf Steinen beim Schach [nach dem US-amerikan. Komponisten *Meredith*]
Mer|ger ⟨[mœ:dʒə(r)] m.; -s, -; Wirtsch.⟩ Fusion, Zusammenschluss von Unternehmen [engl.]
Me|ri|di|an ⟨m.; -s, -e⟩ 1 ⟨Astron.⟩ größter Kreis der Himmelskugel, der durch Nord- u. Südpunkt des Horizonts sowie durch Zenit u. Nadir geht, Mittagskreis 2 ⟨Geogr.⟩ Großkreis auf der Erdkugel, der senkrecht auf dem Äquator steht u. durch beide Pole geht, Längenkreis [<lat. *(circulus) meridianus* »Mittagskreis«, also eigtl. »Äquator«; zu *meridies* »Mittag«]
Me|ri|di|an|kreis ⟨m.; -es, -e; Astron.⟩ Messgerät mit fein geteiltem Kreis zum Messen u. Beobachten von Gestirnen

M

beim Durchgang durch den Meridian
me|ri|di|o|nal ⟨Adj.⟩ **1** den Meridian betreffend, nordsüdlich gerichtet **2** südlich [<lat. *meridionalis* <*meridies* »Mittag«]
Me|ri|di|o|na|li|tät ⟨f.; -; unz.⟩ südl. Lage od. Richtung
...me|rie ⟨Nachsilbe; zur Bildung weibl. Subst.; f.; -, -n⟩ ...teiligkeit, Zusammensetzung; *Monomerie; Polymerie* [→ *...mer*]
Me|rin|ge ⟨f.; -, -n⟩ = Baiser
Me|rin|gel ⟨n.; -s, -⟩ = Baiser [<frz. *meringue* »Baiser«]
Me|ringue ⟨[merɛ̃:g] n.; -s, -s⟩ = Baiser [frz.]
Me|ri|no ⟨m.; -s, -s; Zool.⟩ aus Spanien stammendes, reinweißes Schaf mit sehr feiner Wolle [span.; nach dem Berberstamm der *Beni Merin*]
Me|ris|tem ⟨n.; -s, -e; Biol.⟩ pflanzl. Gewebe, in dem Zellteilung u. Neubildung stattfindet [<grch. *meristes* »teilend«]
me|ris|te|ma|tisch ⟨Adj.; Biol.⟩ teilungsfähig (von Gewebszellen) [→ *Meristem*]
Me|ris|tom ⟨n.; -s, -e; Med.⟩ = Zytoblastom [zu grch. *merizein* »teilen«]
Me|ri|ten ⟨Pl. von⟩ Meritum
me|ri|to|risch ⟨Adj.⟩ **1** ⟨veraltet⟩ verdienstlich **2** ⟨österr.⟩ sachlich, inhaltlich [<lat. *meritorius* »womit man Geld verdient«]
Me|ri|tum ⟨n.; -s, -ri|ten⟩ **1** das Verdienst **2** ⟨Rel.⟩ Verdienst vor Gott durch gute Werke [lat.; zu *merere* »verdienen«]
mer|kan|til ⟨Adj.; Wirtsch.⟩ kaufmännisch, den Handel betreffend [<ital. *mercantile;* zu *mercante* »Händler« <lat. *mercari* »handeln«]
Mer|kan|ti|lis|mus ⟨m.; -; unz.; Wirtsch.⟩ wirtschaftl. System des Absolutismus im 16.-18. Jh., das die Förderung des Außenhandels u. daher auch der Industrie erstrebte; *Sy* Merkantilsystem
Mer|kan|ti|list ⟨m.; -en, -en; Wirtsch.⟩ Anhänger, Vertreter des Merkantilismus
mer|kan|ti|lis|tisch ⟨Adj.; Wirtsch.⟩ den Merkantilismus betreffend, auf ihm beruhend
Mer|kan|til|sys|tem ⟨n.; -s; unz.; Wirtsch.⟩ = Merkantilismus
Mer|kap|tan ⟨n.; -s; unz.; Chemie⟩ = Thiol; *oV* Mercaptan
Mer|kur[1] ⟨m.; -s; unz.⟩ **1** ⟨Myth.⟩ römischer Gott der Kaufleute, Götterbote **2** ⟨Astron.⟩ der sonnennächste Planet unseres Sonnensystems [lat.; nach dem röm. Gott *Mercurius*]
Mer|kur[2] ⟨n.; -s; unz.; Alchimie⟩ Quecksilber [→ *Merkur*[1]]
Mer|ku|ri|a|lis|mus ⟨m.; -; unz.; Med.⟩ Quecksilbervergiftung [<lat. *mercurium* »Quecksilber«]
Mer|ku|ri|ver|bin|dung ⟨f.; -, -en; Chemie⟩ = Mercuriverbindung
Mer|ku|ro|ver|bin|dung ⟨f.; -, -en; Chemie⟩ = Mercuroverbindung
Mer|lan ⟨m.; -s, -e; Zool.⟩ Schellfischart der europäischen Küstengewässer, Wittling: Gadus merlangus [frz., »Weißling«; → *Merle*]
Mer|le ⟨f.; -, -n; mundartl.⟩ Amsel [frz. <lat. *merula* »Amsel«]
Mer|lin[1] ⟨a. ['--] m.; -s, -e; Zool.⟩ sehr kleiner Falke offener Landschaften Nordeuropas: Falco columbarius [→ *Merle*]
Mer|lin[2] ⟨a. ['--] m.; -s; unz.⟩ Zauberer, Magier [mythologische Figur der Artussage]
Me|ro|ga|mie ⟨f.; -, -n; Biol.⟩ Kopulation von Keimzellen, die durch Zwei- od. Vielfachteilung eines Gamonten entstanden sind [<grch. *meros* »Teil« + *...gamie*]
Me|ro|go|nie ⟨f.; -, -n; Biol.⟩ Besamung kernloser Bruchstücke des Eies (experimentell erreichbar) [<grch. *meros* »Teil« + *...gonie*]
me|ro|krin ⟨Adj.; Biol.; Med.⟩ *~e Drüsen* Drüsen, die zusammen mit ihrem Sekret einen Bestandteil ihrer Zellen ausscheiden; *Ggs* holokrin
Me|ro|ze|le ⟨f.; -, -n; Med.⟩ Schenkelbruch [<grch. *meros* »Schenkel« + *kele* »Bruch«]
Me|ro|zo|it ⟨m.; -en, -en; Biol.; Med.⟩ Stadium der ungeschlechtlichen Vermehrung verschiedener Sporentierchen [<grch. *mero* »Teil« + *zoon* »Lebewesen«]
Mer|ze|ri|sa|ti|on ⟨f.; -, -en; Textilw.⟩ das Merzerisieren
mer|ze|ri|sie|ren ⟨V.; Textilw.⟩ *Baumwolle ~* verdichten u. glänzend machen; *oV* mercerisieren [nach dem engl. Erfinder John *Mercer*, † 1866]
mes..., Mes... ⟨in Zus.⟩ = meso..., Meso...
Mes|al|li|ance *auch:* **Me|sal|li|ance** ⟨[mezaljɑ̃:s] f.; -, -n⟩ **1** Heirat zwischen Personen ungleichen Standes, Missheirat **2** ungeeignete Verbindung [<frz. *mésalliance*]
Mes|ca|le|ro ⟨m.; -s, -s⟩ **1** Angehöriger eines Apachen-Indianerstammes in New Mexico (USA) **2** Angehöriger einer Gruppe, die Krawall macht
Mes|ca|lin ⟨n.; -s; unz.; Chemie⟩ = Meskalin
me|schant ⟨Adj.; veraltet⟩ boshaft, niederträchtig, ungezogen [<frz. *méchant*]
me|schug|ge ⟨Adj.; umg.⟩ verrückt [Gaunerspr. <jidd. *meschuggo* <hebr. *meschugga;* zu *schagag* »hin- u. herwanken, irren«]
Mes|dames ⟨[me:dam] Abk.: Mmes.; Pl. von⟩ Madame (als Anrede) [frz.]
Mesde|moi|selles ⟨[medmoazɛl] Abk.: Mlles.; Pl. von⟩ Mademoiselle (als Anrede) [frz.]
Mes|en|ce|pha|lon *auch:* **Me|sen|ce|pha|lon** ⟨n.; -s, -pha|la; Anat.⟩ Mittelhirn [<*Mes...* + *Encephalon*]
Mes|en|chym *auch:* **Me|sen|chym** ⟨[-çy:m] n.; -s, -e; Med.⟩ embryonales Bindegewebe [<*Meso...* + *en...* + grch. *chyma* »Guss«]
Mes|en|te|ri|um *auch:* **Me|sen|te|ri|um** ⟨n.; -s; unz.; Anat.⟩ Dünndarmgekröse (Aufhängeband von Darmabschnitten); *Sy* Mesostenium [<*Meso...* + grch. *enteron* »Darm«]
Mes|en|ze|pha|li|tis *auch:* **Me|sen|ze|pha|li|tis** ⟨f.; -, -ti|den; Med.⟩ Entzündung des Mittelhirns
Me|se|ta ⟨f.; -, -se|ten⟩ Hochebene, Hochplateau, oft Bestandteil geograf. Namen [span., »Tischchen«]
Mes|ka|lin ⟨n.; -s; unz.; Chemie⟩ aus einer mexikan. Kakteenart gewonnenes Alkaloid, das als Rauschmittel Farbhalluzinationen hervorruft; *oV* Mescalin [<span. *mexcal* <Nahuatl *mexcalli*, Name eines Getränkes]

M

Mes|me|ri|a|ner ⟨m.; -s, -⟩ Anhänger des Mesmerismus
Mes|me|ris|mus ⟨m.; -; unz.⟩ von dem Arzt F. A. Mesmer (1734-1815) begründeter Heilmagnetismus
Mes|ner ⟨m.; -s, -⟩ Küster [<ahd. *mesinari* »Küster, Kirchendiener« <mlat. *ma(n)sionarius,* eigtl. »Haushüter«; zu *mansio* »Wohnung, Bleibe«]
me|so..., Me|so... ⟨vor Vokalen⟩ mes..., Mes... ⟨in Zus.⟩ mittler(er, -e, -es), in der Mitte von [<grch. *mesos* »mittel-, mitten«]
Me|so|blast ⟨n.; -(e)s, -e; Biol.; Med.⟩ mittlere Zellschicht innerhalb der frühen Embryonalentwicklung; →*a.* Mesoderm [<*Meso...* + *...blast*]
Me|so|derm ⟨n.; -s, -e; Biol.; Med.⟩ das mittlere Keimblatt des sich entwickelnden Embryos [<*Meso...* + *...derm*]
me|so|der|mal ⟨Adj.; Biol.; Med.⟩ aus dem Mesoderm entstehend, von ihm seinen Ausgang nehmend (in Bezug auf Organe u. Gewebe)
Me|so|gas|tri|um *auch:* **Me|so|gast|ri|um** ⟨n.; -s, -ri|en; Anat.⟩ **1** Mittelbauchgegend **2** vorderes u. hinteres Gekröse des Magens [<*Meso...* + grch. *gaster,* Gen. *gastros* »Magen, Bauch«]
me|so|ha|lin ⟨Adj.⟩ einen Salzgehalt zwischen 1,8 u. 18 Promille aufweisend (von Brackwasser) [<*meso...* + grch. *hals* »Salz«]
Me|so|karp ⟨n.; -s, -e; Bot.⟩ fleischiges, meist süßes u. saftiges Gewebe der Steinfrüchte [<*Meso...* + *...karp*[2]]
Me|so|kli|ma ⟨n.; -s, -ma|ta od. -ma|te; Meteor.⟩ Klima eines Landschaftsteils; →*a.* Makro-, Mikroklima
Me|so|li|thi|kum ⟨n.; -s; unz.; Geol.⟩ Mittelsteinzeit [<*Meso...* + *...lithikum*]
me|so|li|thisch ⟨Adj.; Geol.⟩ zur Mittelsteinzeit gehörig, aus ihr stammend
me|so|mer ⟨Adj.; Chemie⟩ Mesomerie aufweisend
Me|so|me|rie ⟨f.; -; unz.; Chemie⟩ ein durch die Verlagerung von Bindungselektronen vorkommendes Bindungsverhältnis bei bestimmten Substanzen, in dem die Abstände aller Atome des Moleküls gleich sind, wodurch die Verbindung besonders stabil wird [<*Meso...* + *...merie*]
me|so|morph ⟨Adj.; Med.⟩ sich im Übergang zwischen der kristallinen u. der amorphen Phase befindend (von Flüssigkeiten) [<*meso...* + *...morph*]
Me|son ⟨n.; -s, -so|nen; meist Pl.; Physik⟩ Elementarteilchen, dessen Masse zwischen der des Elektrons u. der des Protons liegt [<grch. *mesos* »mittel..., mitten«]
Me|so|pau|se ⟨f.; -; unz.; Meteor.⟩ Grenzschicht zwischen der Mesosphäre u. der Ionosphäre in etwa 80 km Höhe [<*Meso...* + grch. *pauein* »aufhören«]
Me|so|phyll ⟨n.; -s, -en; Bot.⟩ Innengewebe des Pflanzenblattes [<*Meso...* + grch. *phyllon* »Blatt«]
Me|so|phyt ⟨m.; -en, -en; Bot.⟩ mäßig feuchte Standorte bevorzugende Pflanze [<*Meso...* + *...phyt*]
Me|so|phy|ti|kum ⟨n.; -s; unz.; Bot.⟩ Zeitabschnitt in der Entwicklung des Pflanzenreichs vor ca. 140-240 Millionen Jahren, in dem die baumförmigen Farne verschwanden u. von nacktsamigen Pflanzen verdrängt wurden [<*Meso...* + grch. *phyton* »Pflanze«]
Me|so|so|men ⟨Pl.; Biol.⟩ den Mitochondrien höherer Organismen entsprechende Zytoplasmeneinstülpungen der Bakterien, die wahrscheinlich bei der Einleitung der Zellteilung wirken; *Sy* Chondrioide [<*Meso...* + grch. *soma* »Körper«]
Me|so|sphä|re ⟨f.; -; unz.⟩ Schicht der Erdatmosphäre in 50-80 km Höhe
Me|so|ste|ni|um *auch:* **Me|sos|te|ni|um** ⟨n.; -s; unz.; Anat.⟩ = Mesenterium [<*Meso...* + grch. *stenos* »eng, schmal«]
Me|so|sti|chon *auch:* **Me|sos|ti|chon** ⟨[-çɔn] n.; -s, -sti|chen od. -sti|cha; Metrik⟩ Gedicht, bei dem die mittleren Buchstaben bzw. Wörter aufeinanderfolgender Verszeilen ein Wort bzw. einen Satz ergeben [<*Meso...* + grch. *stichos* »Zeile, Vers«]
Me|so|tes ⟨f.; -; unz.; Philos.; nach Aristoteles⟩ ethischer Wert, der die vernünftige Mitte zwischen zwei Extremen einnimmt, z. B. »Tapferkeit« zwischen »Feigheit« u. »Tollkühnheit« [grch., »Mitte, Mäßigung«]
Me|so|thel ⟨n.; -s, -e od. -li|en; Anat.⟩ bei Menschen u. Säugetieren aus dem Mesoderm entstehende Zellschicht, die Brust- u. Bauchhöhle auskleidet; *oV* Mesothelium [<*Meso...* + grch. *thele* »Mutterbrust, Brustwarze«]
Me|so|the|li|um ⟨n.; -s, -li|en; Anat.⟩ = Mesothel
Me|so|tho|ri|um ⟨n.; -s; unz.; Abk.: MsTh; Chemie⟩ verschiedene radioaktive Zerfallsprodukte des Thoriums, z. B. ist ~ I ein Radiumisotop, ~ II ein Actiniumisotop [<*Meso...* + *Thorium*]
Me|so|tron *auch:* **Me|sot|ron** ⟨n.; -s, -tro|nen; meist Pl.; Physik; veraltet⟩ = Meson
me|so|ze|phal ⟨Adj.; Med.⟩ mit mittellangem Kopf versehen [<*meso...* + *...zephal*]
Me|so|ze|pha|lie ⟨f.; -; unz.; Med.⟩ mittellange Schädelform [<*Meso...* + *...zephalie*]
Me|so|zo|i|kum ⟨n.; -s; unz.; Geol.⟩ mittleres Zeitalter der Erdgeschichte vor 200-60 Mill. Jahren, Erdmittelalter [<*Meso...* + *...zoikum*]
me|so|zo|isch ⟨Adj.; Geol.⟩ zum Mesozoikum gehörig, daraus stammend
Me|so|zo|ne ⟨f.; -; unz.; Geol.⟩ mittlere Tiefenzone der Erdkruste, in der durch Druck u. Temperatur bereits Gesteinsumwandlungen einsetzen
Me|so|zo|on ⟨n.; -s, -zo|en; Zool.⟩ einfach gebautes, aus mehreren Zellen bestehendes Tier [<*Meso...* + *Zoon*]
Mes|sa di vo|ce ⟨[- voːtʃə] f.; - - -; unz.; Musik⟩ das An- und Abschwellenlassen des Tones beim Singen sehr langer Noten; *Sy* Messa voce [ital., »das Tragen der Stimme«]
Mes|sage ⟨[mɛsɪdʒ] f.; -, -s [-sɪdʒɪz]⟩ **1** ⟨fachsprachl.⟩ in Zei-

M

chen verschlüsselte Nachricht eines Senders an einen Empfänger **2** ⟨umg.; salopp⟩ Aussage, Botschaft; *die ~ ist gut rübergekommen* [engl., »Botschaft, Nachricht«]
Mes|sa|li|ne ⟨f.; -; unz.; Textilw.⟩ stark glänzender Seiden- od. Kunstseidenstoff in Atlasbindung [<frz.]
Mes|sa vo|ce ⟨[-voːtʃə] Musik; kurz für⟩ Messa di voce
Mes|se[1] ⟨f.; -, -n⟩ **1** tägl. liturgische Feier des Abendmahls, Hauptgottesdienst; *die ~ zelebrieren; Paris ist wohl eine ~ wert (Heinrich IV. von Frankreich); zur ~ dienen (als Ministrant)* **2** Musik zur feierl. Ausgestaltung der Messe (1) **3** Industrieausstellung großen, oft internationalen Ausmaßes; *Buch~* **4** Jahrmarkt [<mhd. *misse, messe* <ahd. *missa, messa,* kirchenlat. *missa* »liturgische Opferfeier, Heiligenfest« <*ite, missa est (contio)* »geht, die (gottesdienstl.) Versammlung ist entlassen«; zu lat. *missus,* Part. Perf. zu *mittere* »schicken, entlassen«]
Mes|se[2] ⟨f.; -, -n⟩ **1** Aufenthalts- u. Speiseraum für Marineoffiziere **2** die Tischgesellschaft selbst [<engl. *mess,* eigtl. »Speise, Mahlzeit« <afrz. *mes* <vulgärlat. *missum* »(zu Tisch) Geschicktes« <lat. *mittere* »schicken«]

Messenger-RNA (*Schreibung mit Bindestrich*) Enthält eine Zusammensetzung Abkürzungen oder Initialwörter, so werden diese durch einen Bindestrich verbunden.

Mes|sen|ger-RNA ⟨[mɛsɪndʒə(r)-] f.; -; unz.; Abk.: mRNA; Biochemie⟩ RNA, die den genetischen Code vom Chromosom zum Ribosom vermittelt u. die Proteinsynthese steuert [<engl. *messenger* »Bote«]
Mes|ser ⟨m.; -, -⟩ Herr (Anrede für Höhergestellte in der italien. Komödie) [<ital. *messere* »Herr«; verkürzt <*monsignore;* → *Monsignore*]
Mes|si|a|de ⟨f.; -, -n⟩ Dichtung, deren Held der Messias ist
mes|si|a|nisch ⟨Adj.⟩ den Messias betreffend, von ihm stammend
Mes|si|a|nis|mus ⟨m.; -; unz.⟩ Glaube an den verheißenen Messias
Mes|si|as ⟨m.; -; unz.⟩ **1** ⟨nach dem AT⟩ der den Juden von Gott verheißene Erlöser **2** ⟨nach dem NT⟩ Beiname Jesu Christi [kirchenlat. <grch. *Messias* <aram. *meschicha,* heb. *mašiach* »der Gesalbte«]
Mes|si|er|ka|ta|log *auch:* **Mes|si|er-Ka|ta|log** ⟨[mɛsjeː-] m.; -(e)s; unz.; Abk.: M⟩ Sternkatalog [nach dem frz. Astronomen Charles *Messier,* 1730-1817]
Mes|si|eurs ⟨[mɛsjøː] Abk.: MM.; Pl. von⟩ Monsieur (als Anrede) [frz.]
Mes|sing ⟨n.; -s; unz.⟩ aus Kupfer u. Zink bestehende Legierung mit goldgelbem Glanz [<frühmhd. *messinc,* über slaw. Vermittlung <grch. *Messynoikos chalkos* »Messynoikenerz«, nach dem Volksstamm der *Messynoiken* in Nordost-Kleinasien]
mes|sin|gen ⟨Adj.⟩ aus Messing bestehend; *~e Badezimmerarmaturen*
Mes|ti|ze ⟨m.; -n, -n⟩ Mischling aus einem weißen u. einem indian. Elternteil [<span. *mestizo* <spätlat. **mixtitius* »vermischt« <lat. *mixtus* »gemischt«]
Mes|ti|zin ⟨f.; -, -zin|nen⟩ weibl. Mestize
mes|to ⟨Musik⟩ traurig, wehmütig (zu spielen) [ital.]
Met ⟨f.; -; unz.; kurz für⟩ Metropolitan Opera
met…, Met… ⟨in Zus.; vor Vokalen⟩ = meta…, Meta…
me|ta- ⟨Zeichen: m-; Chemie; kurz für⟩ meta-Stellung bei vom Benzol abgeleiteten chem. Verbindungen [→ *meta…*]
me|ta…, Me|ta… ⟨vor Vokalen⟩ met…, Met… ⟨in Zus.⟩ **1** nach, hintennach, hinter **2** um…, über…, ver… (im Sinne einer Verwandlung) [<grch. *meta* »mit; inmitten, zwischen; nach, hinter; gemäß«]
Me|ta|ba|sis ⟨f.; -, -ba|sen⟩ **1** Übergang von einem Gegenstand der Rede zum anderen **2** Abschweifung, Einmischung, nicht zur Sache gehörige Bestandteile in einer Begriffserklärung [<grch. *metabainein* »wechseln«]
Me|ta|bi|o|se ⟨f.; -, -n; Biol.⟩ Zusammenleben zweier Organismen, bei denen der eine die Lebensvoraussetzungen für den anderen schafft [<*Meta…* + *…biose*]
Me|ta|blas|te ⟨f.; -; unz.; Geol.⟩ Umwandlung schieferartiger Gesteine in solche mit granitähnlichem Gefüge bei der Metamorphose von Gesteinen [<*Meta…* + *…blast*]
Me|ta|bo|lie ⟨f.; -, -n; Biol.⟩ **1** Gestaltwandel bei Einzellern u. Insekten **2** Gestaltveränderungen bei Lebewesen durch Stoffwechselprozesse bzw. Nahrungsaufnahme [<grch. *metabole* »Veränderung«]
me|ta|bo|lisch ⟨Adj.; Biol.⟩ **1** veränderlich **2** verändernd
Me|ta|bo|lis|mus ⟨m.; -; unz.; Biol.⟩ Stoffwechsel
Me|ta|bo|lit ⟨m.; -en, -en; Biol.⟩ für den Stoffwechsel notwendige Substanz, z. B. Hormon, Vitamin, Enzym [→ *Metabolie*]
Me|ta|chro|nis|mus ⟨[-kro-] m.; -, -men⟩ irrtümliche Einordnung in eine spätere Zeit [<*Meta…* + grch. *chronos* »Zeit«]
Me|ta|dy|ne ⟨f.; -, -n; El.⟩ Sonderbauart eines Gleichstromgenerators, der Gleichstrom konstanter Stromstärke liefert [<*Meta…* + grch. *dynamis* »Kraft«]
Me|ta|ga|la|xis ⟨f.; -; unz.; Astron.⟩ hypothetisches Sternsystem, bestehend aus vielen galaktischen Systemen
me|ta|gam ⟨Adj.; Biol.⟩ nach der Befruchtung erfolgend [<*meta…* + grch. *gamos* »Ehe«]
Me|ta|ge|ne|se ⟨f.; -, -n; Biol.⟩ Generationswechsel, bei dem eine geschlechtlich sich vermehrende Generation auf eine ungeschlechtlich sich fortpflanzende folgt, z. B. bei den Hohltieren
me|ta|ge|ne|tisch ⟨Adj.; Biol.⟩ die Metagenese betreffend, zu ihr gehörig, auf ihr beruhend
Me|ta|ge|schäft ⟨n.; -(e)s, -e; Wirtsch.⟩ Geschäft mit gleichem Gewinn u. Verlust für beide Partner [<ital. *metà* »Hälfte«]

M

Me|ta|gy|nie ⟨f.; -; unz.; Bot.⟩ das frühere Reifwerden der männl. Blüten bei eingeschlechtigen Pflanzen; *Ggs* Metandrie [<*Meta…* + grch. *gyne* »Weib«]

me|ta|kar|pal ⟨Adj.; Med.⟩ zur Mittelhand gehörend [zu lat. *metacarpus* »Mittelhand«]

Me|ta|kom|mu|ni|ka|ti|on ⟨f.; -; unz.⟩ **1** Gesamtheit der Kommunikationssignale, die neben dem eigentlichen Inhalt bei der Verständigung eine Rolle spielen, z. B. Gestik, Mimik **2** ⟨Sprachw.⟩ das Sprechen über die Sprache od. über Formen von Kommunikation [<*Meta…* + *Kommunikation*]

Me|ta|kri|tik ⟨f.; -; unz.⟩ Kritik der Kritik [<*Meta…* + *Kritik*]

Met|al|de|hyd *auch:* **Me|tal|de|hyd** ⟨m.; -s, -e; Chemie⟩ durch Polymerisation von Acetaldehyd entstandene, feste, weiße Masse, die z. B. als Trockenspiritus verwendet wird [<*Meta…* + *Aldehyd*]

Me|ta|lep|se ⟨f.; -, -n; Rhet.⟩ Stilfigur, die das Nachfolgende meint, wenn sie das Vorhergehende nennt, also beides miteinander vertauscht, z. B. »letzter Blick« für »Abschied«; *oV* Metalepsis [<grch. *metalepsis*]

Me|ta|lep|sis ⟨f.; -, -lep|sen; Rhet.⟩ = Metalepse

Me|ta|lim|ni|on ⟨n.; -s, -ni|en; Geogr.⟩ Temperaturgrenzschicht in Gewässern, bei der ein sprunghafter Abfall der Temperatur erfolgt [<*Meta…* + grch. *limne* »Teich«]

Me|ta|lin|gu|is|tik ⟨f.; -; unz.; Sprachw.⟩ **1** Wissenschaft von den Metasprachen **2** Untersuchung der Wechselbeziehung zwischen der Sprache u. der gesamten Kultur einer Gesellschaft [<*Meta…* + *Linguistik*]

Me|tall ⟨n.; -s, -e⟩ mit Ausnahme des Quecksilbers bei Zimmertemperatur fester kristalliner Stoff, der einen charakteristischen Glanz u. hohes elektrisches u. Wärmeleitvermögen hat; *~ bearbeiten, bohren, drehen, feilen, gießen, glühen, hämmern, härten, legieren, löten, schweißen, veredeln, walzen; edle ~e* Platin, Gold, Silber u. a.; *eine Stimme mit viel, wenig ~* ⟨fig.⟩ eine harte, weiche Stimme [<mhd. *metalle, metele* <lat. *metallum* <grch. *metallon*, eigtl. »Erzgrube«]

me|tal|len ⟨Adj.⟩ aus Metall bestehend

Me|tal|ler ⟨m.; -s, -; umg.⟩ Metallarbeiter (als Mitglied der Gewerkschaft)

Me|tal|le|rin ⟨f.; -, -rin|nen; umg.⟩ Metallarbeiterin (als Mitglied der Gewerkschaft)

me|tal|lic ⟨Adj.; undekl.⟩ metallisch schimmernd (bes. von Autolack) [engl., »metallisch«]

Me|tal|lic|la|ckie|rung ⟨f.; -, -en⟩ Anstrichverfahren, bei dem der Lackfarbe fein verteilte Metallspäne zugesetzt werden, die dem Anstrich eine metallisch schimmernde Oberfläche verleihen (insbesondere für Kraftfahrzeugkarosserien) [zu engl. *metallic* »metallisch, Metall…«]

Me|tal|li|sa|ti|on ⟨f.; -, -en⟩ das Überziehen eines Gegenstandes mit Metall

Me|tal|li|sa|tor ⟨m.; -s, -to|ren⟩ Spritzpistole zur Metallisation durch Zerstäuben

me|tal|lisch ⟨Adj.; a. fig.⟩ dem Metall ähnlich, aus ihm bestehend; *eine ~e Stimme*

me|tal|li|sie|ren ⟨V.⟩ mit Metall überziehen

Me|tal|li|sie|rung ⟨f.; -, -en⟩ das Metallisieren, Metallisiertwerden

Me|tal|lis|mus ⟨m.; -; unz.⟩ Anschauung, nach der der Wert des Geldes von dessen Metallwert abhängt

Me|tall|ke|ra|mik ⟨f.; -; unz.⟩ = Pulvermetallurgie

Me|tall|le|gie|rung ⟨f.; -, -en⟩ durch Zusammenschmelzen mehrerer Metalle u. Zusätze entstehendes Metallgemisch

Me|tal|lo|chro|mie ⟨[-kro-] f.; -; unz.⟩ das Färben von metallischen Oberflächen durch Elektrolyse [<*Metall* + *…chromie*]

Me|tal|lo|fon ⟨n.; -s, -e; Musik⟩ = Metallophon

Me|tal|lo|ge ⟨m.; -n, -n⟩ Metallkundler [<*Metall* + *…loge*]

Me|tal|lo|ge|ne|se ⟨f.; -, -n; Geol.⟩ Bildung von Erzlagerstätten in der Erdkruste

Me|tal|lo|gie ⟨f.; -; unz.⟩ Lehre von den Eigenschaften, der Struktur u. Verarbeitung der Metalle [<*Metall* + *…logie*]

Me|tal|lo|gra|fie ⟨f.; -; unz.⟩ = Metallographie

Me|tal|lo|gra|phie ⟨f.; -; unz.⟩ *oV* Metallografie **1** ⟨urspr.⟩ Metallkunde **2** ⟨heute meist nur⟩ die mikroskopische Untersuchung von Metallen [<*Metall* + *…graphie*]

Me|tal|lo|id ⟨n.; -(e)s, -e⟩ Nichtmetall

Me|tal|lo|phon ⟨n.; -s, -e; Musik⟩ *oV* Metallofon **1** ⟨i. w. S.⟩ Idiophon aus Metall **2** ⟨i. e. S.⟩ xylophonähnl. Instrument mit Metallstäben [<*Metall* + grch. *phone* »Stimme, Ton«]

Me|tal|lo|ther|mie ⟨f.; -; unz.⟩ Verfahren zur Gewinnung schwer schmelzbarer Metalle aus ihren Oxiden [<*Metall* + grch. *thermos* »warm, heiß«]

Me|tall|oxid ⟨n.; -(e)s, -e; Chemie⟩ Verbindung eines Metalls mit Sauerstoff

Me|tall|urg *auch:* **Me|tal|lurg** ⟨m.; -en, -en⟩ jmd., der auf dem Gebiet der Metallurgie arbeitet

Me|tall|ur|gie *auch:* **Me|tal|lur|gie** ⟨f.; -; unz.⟩ Lehre von der Gewinnung u. Verarbeitung der Metalle, Hüttenkunde [<*Metall* + grch. *ergon* »Werk, Arbeit«]

me|tall|ur|gisch *auch:* **me|tal|lur|gisch** ⟨Adj.⟩ zur Metallurgie gehörend, auf ihr beruhend

Me|ta|ma|the|ma|tik ⟨f.; -; unz.; Math.⟩ Bereich der mathemat. Grundlagenforschung, mit der die Mathematik auf Widerspruchsfreiheit in sich selbst untersucht wird

me|ta|mer ⟨Adj.; Biol.⟩ in gleichartige, hintereinanderliegende Abschnitte gegliedert [<*meta…* + *…mer*]

Me|ta|me|rie ⟨f.; -; unz.; Biol.⟩ **1** = Isomerie (1) **2** Aufbau des Körpers niederer Tiere aus mehr od. weniger gleichartigen, hintereinanderliegenden Teilen [<*Meta…* + *…merie*]

me|ta|morph ⟨Adj.⟩ die Gestalt, den Zustand wandelnd [<*meta…* + *…morph*]

Me|ta|mor|phis|mus ⟨m.; -, -phis|men; Geol.⟩ Umwandlung der

M

Erdkruste, bei der Metamorphosen (1) auftreten

Me|ta|mor|pho|se ⟨f.; -, -n⟩ **1** ⟨Geol.⟩ Umwandlung eines Gesteins in ein anderes; *Sy* Diagenese **2** ⟨Zool.⟩ Wandlung des jungen Tieres durch verschiedene äußere Stadien, ehe es die Form des erwachsenen Tieres annimmt, z. B. vom Ei über die Kaulquappe zum Frosch **3** ⟨Bot.⟩ Wandlung eines pflanzl. Organs aus einer andersartigen Anlage, z. B. Dorn aus Laubblatt **4** ⟨Myth.⟩ Verwandlung von Menschen in Tiere, Pflanzen, Quellen usw. [<grch. *metamorphosis* <*meta* »später, hinter« + *morphe* »Gestalt«]

me|ta|mor|pho|sie|ren ⟨V.⟩ verwandeln, umwandeln, die Gestalt ändern [→ *Metamorphose*]

Met|an|drie *auch:* **Me|tand|rie** ⟨f.; -; unz.; Bot.⟩ das spätere Reifwerden der männl. Blüten bei eingeschlechtigen Pflanzen; *Ggs* Metagynie [<*Met...* + grch. *aner,* Gen. *andros* »Mann«]

me|ta|no|e|tisch ⟨Adj.; Philos.⟩ das Denken übersteigend, undenkbar [<*meta...* + *noetisch*]

Me|ta|noia ⟨f.; -; unz.⟩ **1** ⟨Theol.⟩ Buße, innere Umkehr **2** ⟨Philos.⟩ Änderung der Lebensauffassung, Erwerb einer neuen Weltsicht [grch., »Sinnesänderung«]

Me|ta|pha|se ⟨f.; -, -n; Biol.; Med.⟩ bestimmtes Stadium der Kernteilung einer Zelle

Me|ta|pher ⟨f.; -, -n⟩ bildl. Ausdruck, z. B. »Segler der Lüfte« statt » Wolken« [<grch. *metaphora* »Übertragung«; zu *metapherein* »anderswohin tragen; übertragen«]

Me|ta|pho|rik ⟨f.; -; unz.⟩ die Kunst, Metaphern zu bilden, der Gebrauch von Metaphern

me|ta|pho|risch ⟨Adj.⟩ bildlich, in übertragenem Sinne [<grch. *metaphorikos;* → *Metapher*]

Me|ta|phra|se ⟨f.; -, -n; Stilistik⟩ **1** Übertragung einer Versdichtung in Prosa **2** Erläuterung eines Wortes durch Gebrauch eines Synonyms

me|ta|phras|tisch ⟨Adj.; Stilistik⟩ in der Art einer Metaphrase, übertragend, umschreibend

Me|ta|phy|la|xe ⟨f.; -, -n; Med.⟩ Nachbehandlung eines Patienten nach überstandener Krankheit [<*Meta...* + grch. *phylaktikos* »bewahrend«; zu *phylax* »Wächter«]

Me|ta|phy|se ⟨f.; -, -n; Anat.⟩ Längenwachstumszone des Röhrenknochens [<*Meta...* + grch. *phyein* »wachsen«]

Me|ta|phy|sik ⟨f.; -; unz.⟩ Lehre von den letzten nicht erfahr- u. erkennbaren Gründen u. Zusammenhängen des Seins

me|ta|phy|sisch ⟨Adj.⟩ **1** die Metaphysik betreffend, auf ihr beruhend **2** übersinnlich, jenseits der Erfahrung u. Erkenntnis liegend

Me|ta|pla|sie ⟨f.; -, -n; Biol.⟩ Umwandlung eines Gewebes in ein anderes, ähnliches Gewebe, z. B. des Bindegewebes durch Kalkeinlagerung in knochenartiges Gewebe [<*Meta...* + *...plasie*]

Me|ta|plas|mus ⟨m.; -, -plas|men; Lit.; Rhet.⟩ Abänderung der korrekten Wortform um der Metrik od. eines bestimmten Stiles willen [grch. »Umformung«]

me|ta|plas|tisch ⟨Adj.; Lit.; Rhet.⟩ einen Metaplasmus aufweisend, ihn betreffend

Me|ta|psy|chik ⟨f.; -; unz.⟩ = Parapsychologie

me|ta|psy|chisch ⟨Adj.⟩ zur Metapsychik gehörend, auf ihr beruhend, sie betreffend

Me|ta|psy|cho|lo|gie ⟨f.; -; unz.⟩ = Parapsychologie

Me|ta|säu|re ⟨f.; -, -n; Chemie⟩ aus dem sauerstoffärmsten Oxid eines Nichtmetalls entstandene Säure

me|ta|so|ma|tisch ⟨Adj.; Geol.⟩ **1** durch Metasomatose entstanden **2** die Metasomatose betreffend, zu ihr gehörend

Me|ta|so|ma|to|se ⟨f.; -, -n; Geol.⟩ Umwandlung von Gestein durch Austausch von Mineralien infolge chemischer Prozesse, die durch die Zufuhr heißer Dämpfe od. Lösungen ausgelöst werden [<*Meta...* + grch. *soma,* Gen. *somates* »Körper«]

Me|ta|spra|che ⟨f.; -, -n; Sprachw.⟩ Sprache, in der Aussagen über eine Sprache gemacht werden; *Ggs* Objektsprache

me|ta|sta|bil ⟨Adj.⟩ in einem Zustand befindlich, der an sich nicht stabil ist, der aber wegen Verzögerung der ihn ändernden Reaktion mehr od. weniger lange bestehen bleibt (bei Körpern u. chemischen Verbindungen)

Me|ta|sta|se *auch:* **Me|tas|ta|se** ⟨f.; -, -n⟩ **1** ⟨Med.⟩ an einer anderen Stelle des Körpers auftretender Ableger einer Geschwulst, Tochtergeschwulst **2** ⟨Rhet.⟩ Redefigur, durch die der Redner die Verantwortung für eine Sache auf einen anderen überträgt [<grch. *metastasis* »Umstellung«]

me|ta|sta|sie|ren *auch:* **me|tas|ta|sie|ren** ⟨V.; Med.⟩ Metastasen bilden

me|ta|sta|tisch *auch:* **me|tas|ta|tisch** ⟨Adj.; Med.⟩ in der Art einer Metastase

me|ta-Stel|lung ⟨f.; -, -en; Zeichen: m; Chemie⟩ Anordnung zweier Substituenten in ringförmigen Kohlenstoffverbindungen, die durch ein dazwischenliegendes Kohlenstoffatom getrennt sind

Me|ta|the|o|rie ⟨f.; -, -n⟩ Theorie über eine Theorie

Me|ta|the|se ⟨f.; -, -n; Sprachw.⟩ Umstellung von Lauten, z. B. das r in »Brunnen« u. »Born«

Me|ta|tro|pis|mus ⟨m.; -, -pismen⟩ Verschiebung im Gefühlsleben, die sich in der Vertauschung der (traditionellen) Rollen von Mann u. Frau äußert [<*Meta...* + *Tropismus*]

Me|ta|xa® ⟨m.; - od. -s, -s⟩ milder grch. Branntwein

me|ta|zen|trisch *auch:* **me|ta|zent|risch** ⟨Adj.⟩ zum Metazentrum gehörend

Me|ta|zen|trum *auch:* **Me|ta|zent|rum** ⟨n.; -s, -tren⟩ Schnittpunkt, den die Auftriebsrichtung bei geneigter Lage eines Schiffskörpers mit der Auftriebsrichtung für die aufrechte Lage bildet

me|ta|zo|isch ⟨Adj.; Biol.⟩ in der Art eines Metazoons

Me|ta|zo|on ⟨n.; -s, -zo|en; Biol.⟩ Vielzeller, vielzelliges Tier (im Gegensatz zu den Einzellern);

M

Ggs Protozoon [<*Meta…* + *Zoon*]

Met|em|psy|cho|se *auch:* **Me|tem|psy|cho|se** ⟨f.; -, -n⟩ die Vorstellung, dass nach dem Tode eines Menschen dessen Seele in ein anderes Geschöpf (Mensch, Tier, Pflanze) übergehen könne, Seelenwanderung [<*Meta…* + grch. *empsychos* »belebt«]

Me|te|or ⟨m. od. n.; -s, -e⟩ (durch einen Meteoriten verursachtes) punkt- od. kugelförmiges Licht am Nachthimmel [<grch. *meteoron* »Himmelserscheinung, Lufterscheinung«; zu *meteoros* »in der Höhe, in der Luft schwebend«]

me|te|o|risch ⟨Adj.⟩ Lufterscheinungen u. Luftverhältnisse betreffend

Me|te|o|ris|mus ⟨m.; -, -ris|men; Med.⟩ Gasansammlung im Darm, Darmblähungen

Me|te|o|rit ⟨m.; -s od. -en, -e od. -en⟩ aus dem Weltraum stammender mineral. Körper, der beim Eintritt in die Atmosphäre ganz od. teilweise verglüht, Meteorstein; *Sy* Aerolith

me|te|o|ri|tisch ⟨Adj.⟩ von einem Meteor bzw. Meteoriten stammend

Me|te|o|ro|graf ⟨m.; -en, -en; Technik⟩ = Meteorograph

Me|te|o|ro|graph ⟨m.; -en, -en; Technik⟩ selbsttätig arbeitendes Gerät zum Messen u. Aufzeichnen von Luftdruck, -temperatur, u. -feuchtigkeit; *oV* Meteorograf [<grch. *meteoros* »in der Luft befindlich« + *…graph*]

Me|te|o|ro|lo|ge ⟨m.; -n, -n⟩ Erforscher, Kenner der Meteorologie

Me|te|o|ro|lo|gie ⟨f.; -; unz.⟩ Lehre u. Erforschung der Vorgänge in der Lufthülle der Erde, Wetterkunde [<grch. *meteoron* »Himmelserscheinung« + *…logie*]

Me|te|o|ro|lo|gin ⟨f.; -, -nen⟩ Erforscherin, Kennerin der Meteorologie

me|te|o|ro|lo|gisch ⟨Adj.⟩ zur Meteorologie gehörend, auf ihr beruhend; *~e Station* Wetterwarte

Me|ter ⟨n.; -s, - od. umg. a., schweiz. nur: m.; -s, -; Zeichen: m⟩ Längenmaß; *~ pro Sekunde* ⟨Zeichen: m/s; Bez. für⟩ Geschwindigkeit; 1 m/s entspricht der Bewegung eines Körpers von 1 Meter in einer Sekunde in einer Breite, Höhe, Länge von 4 m [<frz. *mètre* <grch. *metron* »Maß«]

…me|ter[1] ⟨Nachsilbe; zur Bildung von sächl. od. männl. Subst.⟩ Längenmaß; *Kilo~; Zenti~* [<grch. *metron* »Maß, Versmaß«]

…me|ter[2] ⟨Nachsilbe; zur Bildung von sächl. Subst.⟩ Messgerät; *Chrono~* [→ *…meter*[1]]

…me|ter[3] ⟨Nachsilbe; zur Bildung von männl. Subst.⟩ **1** jmd., der Messungen ausführt; *Geo~* **2** Versmaß; *Hexa~; Penta~* [→ *…meter*[1]]

Met|er|gie *auch:* **Me|ter|gie** ⟨f.; -, -n⟩ Wechsel in der Aufgabe, die ein Organ im Rahmen aller Lebenserscheinungen eines Organismus zu erfüllen hat, Funktionswechsel [<*Meta…* + grch. *ergon* »Werk, Arbeit«]

Me|ter|ki|lo|pond ⟨n.; -, -; Zeichen: mkp od. kpm⟩ = Kilopondmeter

Me|ter|se|kun|de ⟨f.; -, -n; Zeichen: m/s; früher Bez. für⟩ Geschwindigkeit (heute durch »Meter pro Sekunde« ersetzt)

Me|tha|don® ⟨n.; -s; unz.; Chemie⟩ morphiumhaltiges Medikament, das als Ersatzdroge bei Rauschmittelsüchtigen verwendet wird [verkürzt <*Meth*yl + *A*mino… + *D*i…[2] + *…on*]

Me|than ⟨n.; -s; unz.; Chemie⟩ farb- u. geruchloses, brennbares Gas, das bei der Zersetzung von Pflanzenstoffen entsteht [→ *Methyl*]

Me|tha|nol ⟨n.; -s; unz.; Chemie⟩ = Methylalkohol [<*Methan* + *…ol*]

Me|thi|o|nin ⟨n.; -s; unz.; Chemie⟩ eine schwefelhaltige Aminosäure

Me|thod|ac|ting ⟨[mɛðədæktɪŋ] n.; - od. -s; unz.; Theat.; Film⟩ (von K. S. Stanislawskij begründete) ursprünglich russische, heute in den USA angesiedelte (Film-)Schauspielschule, deren Vertreter(innen) versuchen, sich als Ausgangspunkt der Rolleninterpretation sowohl seelisch als auch körperlich intensiv in die zu spielende Figur hineinzuversetzen [<engl. *method* »Methode, Verfahren« + *acting* »Darstellen, Spielen«]

Me|thod|ac|tor ⟨[mɛðədæktə(r)] m.; -s, -s; Theat.; Film⟩ Schauspieler, der seine Rollen im Sinne des Methodactings interpretiert u. spielt; *Robert de Niro hat als derzeit bekanntester ~ für seine Rolle als »Jack La Motta« professionell Boxen gelernt u. 25 Kilo zugenommen*

Me|thod|ac|tress *auch:* **Me|thod|act|ress** ⟨[mɛðəd æktrəs] f.; -, -es [-sɪz]; Theat.; Film⟩ Schauspielerin, die ihre Rollen im Sinne des Methodactings interpretiert u. spielt

Me|tho|de ⟨f.; -, -n⟩ **1** planmäßiges, folgerichtiges Verfahren, Vorgehen, Handeln; *Arbeits~; Lehr~* **2** ⟨fig.⟩ Folgerichtigkeit, Planmäßigkeit; *~ in eine Arbeit, ein Vorgehen bringen; eine Handlungsweise hat ~* [<grch. *methodos* »Gang einer Untersuchung«, eigtl. »das Nachgehen, der Weg zu etwas hin«, <*meta* »nach, hinter« + *hodos* »Weg«]

Me|tho|dik ⟨f.; -; unz.⟩ Lehre von den Methoden, vom folgerichtigen Unterrichten

Me|tho|di|ker ⟨m.; -s, -⟩ **1** jmd., der nach einer bestimmten Methode verfährt **2** Begründer einer wiss. Methode

me|tho|disch ⟨Adj.⟩ **1** auf einer bestimmten Methode beruhend **2** planmäßig, durchdacht, sinnvoll

me|tho|di|sie|ren ⟨V.⟩ nach einer Methode anordnen, in eine Methode bringen

Me|tho|dis|mus ⟨m.; -; unz.⟩ im 18. Jh. aus der anglikan. Kirche hervorgegangene Bewegung religiöser Erneuerung

Me|tho|dist ⟨m.; -en, -en⟩ Anhänger, Vertreter des Methodismus; *Sy* Wesleyaner

me|tho|dis|tisch ⟨Adj.⟩ den Methodismus betreffend, zu ihm gehörend, auf ihm beruhend

Me|tho|do|lo|gie ⟨f.; -; unz.⟩ Lehre von den Methoden, den wissenschaftl. Verfahren, Methodenlehre [<*Methode* + *…logie*]

me|tho|do|lo|gisch ⟨Adj.⟩ auf einer Methodologie beruhend

Me|tho|ma|nie ⟨f.; -; unz.⟩ krankhafte Veränderung des Bewusstseins durch Alkoholsucht [<grch. *methe* »Trunkenheit« + *Manie*]

Me|thu|sa|lem ⟨m.; - od. -s, -s; fig.⟩ sehr alter Mann [nach dem bibl. Urvater *Methusalem,* Großvater Noahs, der 969 Jahre alt geworden sein soll]

Me|thyl ⟨n.; -s; unz.; Chemie⟩ die in freiem Zustand unbeständige, einwertige Atomgruppe CH_3-, die in vielen organ. Verbindungen auftritt [<grch. *methy* »Wein« + *...yl*]

Me|thyl|al|ko|hol ⟨m.; -s; unz.; Chemie⟩ sehr giftiger, einfachster aliphatischer Alkohol; *Sy* Methanol

Me|thyl|amin ⟨n.; -s, -e; Chemie⟩ primäres aliphat. Amin, brennbares, schwach nach Ammoniak riechendes Gas

Me|thyl|cel|lu|lo|se ⟨f.; -, -n; Chemie⟩ = Methylzellulose

Me|thy|len ⟨n.; -s; unz.; Chemie⟩ die in freiem Zustand unbeständige, zweiwertige Atomgruppierung CH_2=, die in vielen organ. Verbindungen auftritt

Me|thy|len|blau ⟨n.; -s; unz.; Chemie⟩ synthetisch gewonnener blauer Farbstoff mit guter Licht- u. Waschbeständigkeit, dient zum Färben von Textilien

Me|thyl|pro|pan ⟨n.; -s; unz.; Chemie⟩ = Isobutan

Me|thyl|zel|lu|lo|se ⟨f.; -, -n; Chemie⟩ Derivat der Zellulose, das vielseitig verwendbar ist; *oV* Methylcellulose

Me|ti|er ⟨[-tjeː] n.; -s, -s⟩ Beruf, Handwerk, Können, Fachgebiet; *(sich auf) sein ~ verstehen* [<frz. *métier* »Handwerk; Beruf; Stand«]

Met|ö|ke *auch:* **Me|tö|ke** ⟨m.; -n, -n; im alten Athen⟩ Zugewanderter ohne polit. Rechte [<grch. *metoikos* »Ansiedler, Einwanderer«]

Met|o|no|ma|sie *auch:* **Me|to|no|ma|sie** ⟨f.; -, -n; Sprachw.⟩ Übersetzung eines Eigennamens in eine andere Sprache, z. B. »Bauer« in »Agricola« [<*Meta...* + grch. *onomasia* »Bezeichnung«]

Met|o|ny|mie *auch:* **Me|to|ny|mie** ⟨f.; -, -n; Sprachw.⟩ übertragener Gebrauch eines bedeutungsverwandten Begriffes, z. B. »Haus« für die Bewohner des Hauses, »Brot« statt »Nahrung« [<*Meta...* + grch. *onoma* »Name«]

met|o|ny|misch *auch:* **me|to|ny|misch** ⟨Adj.; Sprachw.⟩ auf einer Metonymie beruhend, nach Art der Metonymie

Met|o|pe *auch:* **Me|to|pe** ⟨f.; -, -n; Arch.⟩ Relief über dem Architrav an dorischen Tempeln, z. B. am Parthenon [<grch. *metopon,* eigtl. »Raum zwischen den Augen«]

◆ Die Buchstabenfolge **me|tr...** kann auch **met|r...** getrennt werden.

◆ **Me|tra** ⟨Pl. von⟩ Metrum

◆ **Me|tren** ⟨Pl. von⟩ Metrum

◆ **...me|trie** ⟨Nachsilbe; zur Bildung weibl. Subst.⟩ das Messen, Messung; *Phonometrie* [<grch. *metron* »Maß«]

◆ **Me|trik** ⟨f.; -; unz.⟩ **1** Lehre vom Vers u. den Versmaßen, Verskunst **2** ⟨Musik⟩ Lehre vom Takt [<lat. *(ars) metrica* »Verskunst, Verslehre« <grch. *metrike (techne)*]

◆ **me|trisch** ⟨Adj.⟩ **1** auf dem Meter als Längeneinheit beruhend; *~es Maßsystem* **2** die Metrik betreffend, auf ihr beruhend **3** nach einem bestimmten Metrum abgefasst **4** ⟨Musik⟩ den Takt betreffend, auf ihm beruhend

◆ **Me|tri|tis** ⟨f.; -, -ti|den; Med.⟩ Entzündung der Gebärmuttermuskulatur [<grch. *metra* »Gebärmutter« + *...itis*]

◆ **Me|tro** ⟨f.; -, -s⟩ Untergrundbahn (bes. in Paris u. Moskau) [verkürzt <frz. chemin de fer *métro*politain »hauptstädtische Eisenbahn«]

◆ **Me|tro|lo|gie** ⟨f.; -; unz.⟩ Lehre von den Maßen u. Gewichten [<grch. *metron* »Maß« + *...logie*]

◆ **Me|tro|nom** ⟨n.; -s, -e; Musik⟩ das Tempo durch Ticken angebendes Gerät, Taktmesser [<grch. *metron* »Maß« + *...nom*[2]]

◆ **Me|tro|po|le** ⟨f.; -, -n⟩ *oV* Metropolis **1** Hauptstadt, Weltstadt **2** Mittelpunkt, Knotenpunkt, Zentrum; *Handels~* [<grch.-lat. *metropolis,* eigtl. »Mutterstadt« <grch. *meter,* Gen. *metros* »Mutter« + *polis* »Stadt«]

◆ **Me|tro|po|lis** ⟨f.; -, -po|len⟩ = Metropole

◆ **Me|tro|po|lit** ⟨m.; -en, -en⟩ **1** einer Kirchenprovinz vorstehender Erzbischof **2** ⟨in der Ostkirche Titel für⟩ leitender Geistlicher

◆ **me|tro|po|li|tan** ⟨Adj.⟩ zur Metropole gehörend, hauptstädtisch

◆ **Me|tro|po|li|tan|kir|che** ⟨f.; -, -n⟩ Hauptkirche eines Metropoliten

◆ **Me|tro|po|li|tan Ope|ra** ⟨[mɛtrə pɔlɪtən ɔpəra] f.; - -; unz.; Kurzwort: Met⟩ New Yorker Opernhaus

◆ **Me|tror|rha|gie** ⟨f.; -, -gi|en; Med.⟩ außerhalb der Monatsblutung auftretende stärkere Blutung der Gebärmutter, Dauerblutung [<grch. *metra* »Gebärmutter« + *...rrhagie*]

◆ **Me|tro|se|xu|a|li|tät** ⟨f.; -; unz.⟩ Lebensstil heterosexueller Männer, der sich in einem sehr gepflegten bis extravaganten Äußeren ausdrückt, bes. in den Bereichen Mode, Kosmetik und Frisuren, die bislang als kennzeichnend für feminine od. homosexuelle Ausrichtung von Männern empfunden wurden [verkürzt <engl. *metropolitan* »weltstädtisch, weltoffen« + *Heterosexualität*]

◆ **me|tro|se|xu|ell** ⟨Adj.⟩ die Metrosexualität betreffend, zu ihr gehörig

◆ **Me|trum** ⟨n.; -s, Me|tren od. Me|tra⟩ **1** Versmaß **2** ⟨Musik⟩ Takt [<lat. *metrum* »Versmaß« <grch. *metron* »Maß«]

Met|ta|ge ⟨[-ʒə] f.; -, -n⟩ **1** Zusammenstellung einer Zeitungs- od. Buchseite, Umbruch **2** Arbeitsplatz des Metteurs [frz.; zu *mettre* »setzen«]

Met|teur ⟨[-tøːr] m.; -s, -e⟩ Schriftsetzer, der den Schriftsatz zur endgültigen Seiten-

M

form umbricht [frz.; zu *mettre* »setzen«]

Meu|ble|ment *auch:* **Meub|le|ment** ⟨[møbl(ə)mãː] n.; -s, -s⟩ Möblierung [frz.]

MeV ⟨Zeichen für⟩ Megaelektronenvolt

mez|za…, Mez|za… ⟨in Zus.⟩ = mezzo…, Mezzo…

Mez|za|ma|jo|li|ka ⟨f.; -, -s od. -liken⟩ Fayence aus fehlerhaften, missfarbigen Scherben, die mit weißer Erde bemalt u. dann verziert worden ist, Halbfayence

Mez|za|nin ⟨n.; -s, -e; österr.⟩ niedriges Zwischengeschoss über dem Erdgeschoss, bes. in Renaissance- u. Barockbauten [<ital. *mezzanino* »Zwischengeschoss«, Verkleinerungsform zu *mezzano* »mittlerer«]

mez|za vo|ce ⟨[-voːtʃə] Abk.: m. v.; Musik⟩ mit halber Stimme, halblaut (zu singen, zu spielen) [ital.]

mez|zo…, Mez|zo… ⟨in Zus.⟩ mittlere(r, -s), halb [ital. <lat. *medius*]

mez|zo|for|te ⟨Abk.: mf.; Musik⟩ mittelstark, nicht sehr laut (zu singen, zu spielen) [ital.]

mez|zo|pi|a|no ⟨Abk.: mp; Musik⟩ ziemlich leise, nicht zu leise (zu singen, zu spielen) [ital.]

Mez|zo|so|pran *auch:* **Mez|zo|sop|ran** ⟨m.; -s, -e; Musik⟩ **1** mittlere Stimmlage von Frauen, dunkler Sopran **2** Sängerin mit dieser Stimmlage

Mez|zo|tin|to ⟨n.; - od. -s, -s od. -tin|ti⟩ **1** ⟨unz.⟩ **1.1** fotomechanisches Tiefdruckverfahren **1.2** Abart des Kupferstichs, bei der aus einer aufgerauten Stahlplatte mit dem Schabeisen das vorher daraufradierte u. danach heller erscheinende Bild herausgeschabt wird, Schabkunst **2** ⟨zählb.⟩ **2.1** ein Erzeugnis der Schabkunst, Schabkunstblatt **2.2** Mischfarbe, gebrochene Farbe, die einen Übergang bildet [<ital. *mezzo…* + *tinta* »Farbe«]

mf ⟨Musik; Abk. für⟩ mezzoforte

mg ⟨Zeichen für⟩ Milligramm

Mg ⟨chem. Zeichen für⟩ Magnesium

Mgr. ⟨Abk. für⟩ Monseigneur, Monsignore

MHz ⟨Zeichen für⟩ Megahertz

Mi ⟨n.; -, -⟩ Ton E, in der Tonika-Do-Methode jeweils der dritte Ton einer Tonleiter; →*a.* Solmisation [ital., frz.]

Mi|as|ma ⟨n.; -s, -as|men⟩ Ausdünstung des Bodens, die nach veralteter Annahme Seuchen verursacht [grch., »Befleckung, Schmutz«]

mi|as|ma|tisch ⟨Adj.⟩ giftig, ansteckend, Krankheiten verursachend

Mi|cky|maus ⟨f.; -, -mäu|se⟩ von Walt Disney geschaffene Trickfilmfigur [<engl. *Mickey Mouse*]

◆ Die Buchstabenfolge **mi|cro…** kann auch **mic|ro…** getrennt werden.

◆ **mi|cro…, Mi|cro…** ⟨in Zus.⟩ = mikro…, Mikro…

◆ **Mi|cro|burst** ⟨[maɪkrobəːst] m.; - od. -s, -s; Meteor.; Flugw.⟩ plötzlich auftretende tornadoähnliche Fallbö [<*Micro…* + engl. *burst* »Ausbruch«]

◆ **Mi|cro|fa|ser**® ⟨f.; -n, -n; Textilw.⟩ ein leichter Faserstoff

◆ **Mi|cro|fi|nish** ⟨a. [maɪkrofinɪʃ] n.; -s, -s⟩ Arbeitsvorgang beim Feinschleifen [<*Micro…* + engl. *finish* »beenden; Ende«]

◆ **Mi|cro|soft**® ⟨[maɪkrosɔft] ohne Artikel; Abk.: MS; EDV⟩ ein US-amerikan. Softwarehersteller, der u. a. das Betriebssystem Windows entwickelt hat

Mid|gard ⟨m.; -s; unz.; nord. Myth.⟩ die von den Menschen bewohnte, aus den Brauen des Urriesen gebildete Welt, die zwischen der Götter- u. der Dämonenwelt im Ozean liegt [<anord. *midgardr* »(die Menschen) umgebender Wall«]

mi|di ⟨Adj.; umg.⟩ mittellang; →*a.* maxi, mini [in Anlehnung an *mini,* vielleicht <frz. *midi* »Mittag« od. engl. *middle* »der, die, das mittlere«]

MIDI ⟨EDV; Abk. für engl.⟩ Musical Instrument Digital Interface (digitale Schnittstelle zwischen Musikinstrumenten)

Mi|di… ⟨Vorsilbe⟩ bis zu den Waden reichend, mittellang; *Midikleid; Midimantel* [zu frz. *midi* »Mittag«]

Mid|life|cri|sis *auch:* **Mid|life-Cri|sis** ⟨[mɪdlaɪfkraɪsɪz] f.; -; unz.⟩ (bes. bei Männern) im mittleren Alter die Furcht, das bisherige Leben nicht sinnvoll ausgefüllt zu haben u. das erstrebte (Lebens-)Ziel nicht mehr erreichen zu können; *in der ~ stecken* [<engl. *midlife* »Mitte des Lebens« + *crisis* »Krise«]

Mid|ship|man ⟨[-ʃɪpmæn] m.; -s, -men [-mən]; in England u. den USA⟩ Offiziersanwärter der Kriegsmarine [engl., »Seekadett«]

Mig|ma|tit ⟨m.; -s, -e; Min.⟩ aus verschiedenen Gesteinen aufgebautes Mischgestein [<grch. *migma, meigma* »Gemisch«]

Mi|gno|net|te *auch:* **Mig|no|net|te** ⟨[mɪnjɔnɛt(ə)] f.; -, -s; Textilw.⟩ **1** kleingemusterter Kattun **2** feine Spitze aus Zwirn [frz.]

Mi|gnon|fas|sung *auch:* **Mig|non|fas|sung** ⟨[mɪnjɔ̃ː-] f.; -, -en; El.⟩ kleine Fassung für Glühlampen [<frz. *mignon* »niedlich«]

◆ Die Buchstabenfolge **mi|gr…** kann auch **mig|r…** getrennt werden.

◆ **Mi|grä|ne** ⟨f.; -, -n; Med.⟩ heftiger, meist einseitiger, anfallsweise auftretender Kopfschmerz, oft von Erbrechen begleitet [<frz. *migraine* <lat. *hemicrania* »Schmerz auf einer Seite des Kopfes« <grch. *hemikrania* <*hemi…* »halb…« + *kranion* »Schädel«]

◆ **Mi|grant** ⟨m.; -en, -en⟩ **1** jmd., der seinen Aufenthaltsort verändert, ein- od. auswandert **2** ⟨Zool.⟩ ein Tier, das den Siedlungsraum seiner Population verlässt bzw.wechselt, z. B. Zugvögel [zu lat. *migrare* »wandern, wegziehen«]

◆ **Mi|gran|tin** ⟨f.; -, -tin|nen⟩ weibl. Migrant (1)

◆ **Mi|gra|ti|on** ⟨f.; -, -en⟩ **1** Wanderung, Bewegung von Bevölkerungsgruppen **2** ⟨Zool.⟩ Wanderung (von Zugvögeln) **3** Wirtswechsel (von Parasiten) **4** ⟨Geol.⟩ Wanderung von Erdöl od. Erdgas aus dem sie bildenden Muttergestein in ein umliegendes Speichergestein **5** ⟨Textilw.⟩ Wanderung von Farbstoffen unter dem Einfluss von Luftzirkulation u. bei schnellem Trocken, bewirkt eine ungleichmäßige Anfärbung von Textilien [<lat. *migratio* »Wanderung, Auswanderung«]

◆ **Mi|gra|ti|ons|hin|ter|grund** ⟨m.; -(e)s, -grün|de; Pl. selten; Amtsspr.; meist in der Wendung⟩ *Personen mit ~* Bevölkerungsgruppe der aus anderen Staaten zugewanderten Personen sowie deren Nachkommen (eine seit dem Jahr 1950 in der Bundesrepublik Deutschland statistisch erfasste Größe)

◆ **mi|gra|to|risch** ⟨Adj.; fachsprachl.⟩ wandernd, durch Wanderung entstanden

◆ **mi|grie|ren** ⟨V.⟩ wandern, übersiedeln [<lat. *migrare* »wandern«]

Mih|rab ⟨[-xra:b] m.; -s, -s⟩ Gebetsnische in der Moschee auf der nach Mekka zu gelegenen Seite [arab.]

Mijn|heer ⟨[məne:r] m.; -s, -s⟩ *oV* Mynheer **1** ⟨ndrl. Anrede⟩ mein Herr **2** ⟨umg.; scherzh.⟩ Holländer [ndrl.]

Mi|ka ⟨f. od. m.; -; unz.; Min.⟩ Gruppe monokliner Minerale, chem. Kalium-Aluminium-Silikate, Glimmer [<lat. *mica* »Krümchen«]

Mi|ka|do[1] ⟨m.; -s, -s⟩ **1** ⟨nur in der Lit.⟩ japanischer Kaiser **2** Stäbchen im Mikado[2] [<jap. *mi...* »erhaben« + *kado* »Tor«]

Mi|ka|do[2] ⟨n.; -s, -s⟩ Geschicklichkeitsspiel, bei dem dünne Stäbchen aufgenommen werden müssen, ohne dass die darunterliegenden sich bewegen

> ◆ Die Buchstabenfolge **mi|kr...** kann auch **mik|r...** getrennt werden.

◆ **Mi|krat** ⟨n.; -(e)s, -e⟩ nur durch ein Mikroskop erkennbare fotografische Verkleinerung [<grch. *mikros* »klein«]

◆ **Mi|kro** ⟨n.; -s, -s; kurz für⟩ Mikrofon

◆ **mi|kro..., Mi|kro...** ⟨in Zus.⟩ *oV* micro..., Micro... **1** klein..., Klein... **2** ⟨vor Maßeinheiten; Zeichen: µ⟩ 1 Millionstel der betreffenden Maßeinheit, z. B. 1 µm = 1 Millionstel Meter [<grch. *mikros* »klein, kurz«]

◆ **Mi|kro|ana|ly|se** ⟨f.; -, -n⟩ Analyse kleinster Substanzmengen unter Anwendung bes. Verfahren u. unter Benutzung hierfür bes. geeigneter Geräte, z. B. Mikroskop; *Ggs* Makroanalyse

◆ **Mi|kro|auf|nah|me** ⟨f.; -, -n; Fot.⟩ mit Hilfe der Mikrofotografie hergestellte Aufnahme; *Ggs* Makroaufnahme

◆ **Mi|kro|bar** ⟨n.; -, -; Zeichen: µbar⟩ 1 Millionstel Bar

◆ **Mi|kro|be** ⟨f.; -, -n; Biol.⟩ einzelliges Lebewesen; *oV* Mikrobion [<frz. *microbe* <grch. *mikros* »klein, gering« + *bios* »Leben«]

◆ **mi|kro|bi|ell** ⟨Adj.; Biol.⟩ durch Mikroben verursacht, sie betreffend; *eine ~e Infektion*

◆ **Mi|kro|bio|lo|ge** ⟨m.; -n, -n; Biol.⟩ Experte, Wissenschaftler auf dem Gebiet der Mikrobiologie

◆ **Mi|kro|bio|lo|gie** ⟨f.; -; unz.; Biol.⟩ Lehre von den Mikroben

◆ **Mi|kro|bio|lo|gin** ⟨f.; -, -gin|nen; Biol.⟩ weibl. Mikrobiologe

◆ **mi|kro|bio|lo|gisch** ⟨Adj.; Biol.⟩ die Mikrobiologie betreffend, zu ihr gehörend

◆ **Mi|kro|bi|on** ⟨n.; -s, -bi|en; Biol.⟩ = Mikrobe

◆ **Mi|kro|bi|zid** ⟨n.; -s, -e⟩ Mittel zum Abtöten von Mikroben [<*Mikrobe* + *...zid*[1]]

◆ **Mi|kro|che|mie** ⟨[-çe-] f.; -; unz.⟩ die Chemie kleinster Mengen

◆ **Mi|kro|chip** ⟨[-tʃɪp] m.; -s, -s⟩ hochintegrierte elektronische Schaltung, bei der viele Bauelemente auf einer kleinen Grundplatte vereinigt sind

◆ **Mi|kro|chir|ur|gie** *auch:* **Mi|kro|chi|rur|gie** ⟨[-çir-] f.; -; unz.⟩ Teilgebiet der Chirurgie, in dem Operationen unter dem Mikroskop durchgeführt werden

◆ **mi|kro|chir|ur|gisch** *auch:* **mi|kro|chi|rur|gisch** ⟨[-çi-] Adj.⟩ die Mikrochirurgie betreffend, zu ihr gehörend

◆ **Mi|kro|com|pu|ter** ⟨[-pju:-] m.; -s, -⟩ kleinster programmierbarer Computertyp; *Sy* Minicomputer

◆ **Mi|kro|do|ku|men|ta|ti|on** ⟨f.; -, -en⟩ Herstellung von Reproduktionen von Schriftstücken u. Bilddokumenten in starker Verkleinerung (z. B. als Mikrofilm, Mikrofiche) zur raumsparenden Aufbewahrung

◆ **Mi|kro|elek|tro|nik** *auch:* **Mi|kro|elek|tro|nik** ⟨f.; -; unz.⟩ Teilgebiet der Elektronik, das sich mit der Herstellung u. dem Einsatz kleinster elektr. Bauelemente u. hochintegrierter Schaltkreise befasst

◆ **mi|kro|elek|tro|nisch** *auch:* **mi|kro|elek|tro|nisch** ⟨Adj.⟩ zur Mikroelektronik gehörend, auf ihr beruhend

◆ **Mi|kro|fa|rad** ⟨n.; - od. -s, -; Zeichen: µF⟩ 1 Millionstel Farad

◆ **Mi|kro|fa|ser** ⟨f.; -, -n; Textilw.⟩ extrem feine Chemiefaserfäden, die sich zu feinmaschigen, atmungsaktiven Stoffen verweben lassen, an denen Regen abperlt

◆ **Mi|kro|fau|na** ⟨f.; -, -fau|nen; Biol.⟩ die nur unter dem Mikroskop erkennbaren tier. Lebewesen; *Ggs* Makrofauna

◆ **Mi|kro|fiche** ⟨[-fiʃ] m.; -s, -s⟩ Mikrofilm in Postkartenformat, der mehrere 100 reihenweise angeordnete Mikrokopien enthält [<*Mikro...* + frz. *fiche* »Zettel«]

◆ **Mi|kro|film** ⟨m.; -(e)s, -e⟩ **1** Film, auf dem in stark verkleinertem Maßstab Druckschriften aufgenommen sind **2** Film mit feinstem Korn für Mikrokopien

◆ **Mi|kro|fon** ⟨n.; -s, -e⟩ Gerät zur Umwandlung von mechan. Schallwellen in elektr. Schwingungen; *oV* Mikrophon; *Fernseh~* [<*Mikro...* + *...phon*]

◆ **Mi|kro|fo|to|gra|fie** ⟨f.; -; unz.⟩ fotograf. Aufnahmeverfahren für Kleinstobjekte mit Mikroskopen u. darauf befestigten Kameras; *oV* Mikrophotographie; *Ggs* Makrofotografie

◆ **Mi|kro|fo|to|ko|pie** ⟨f.; -, -n⟩ = Mikrokopie; *oV* Mikrophotokopie

◆ **Mi|kro|ga|met** ⟨m.; -en, -en; Biol.⟩ kleinere, bewegl. männl. Geschlechtszelle der Einzeller u. niederen Pflanzen; *Ggs* Makrogamet

M

◆ **Mi|kro|gramm** ⟨n.; -s, -e; Abk.: µg⟩ Maßeinheit der Masse, ein Millionstel Gramm

◆ **Mi|kro|kli|ma** ⟨n.; -s, -s od. -te⟩ = Kleinklima; *Ggs* Makroklima; →*a.* Mesoklima

◆ **Mi|kro|kok|kus** ⟨m.; -, -kok|ken; Biol.; Med.⟩ Kugelbakterium

◆ **Mi|kro|ko|pie** ⟨f.; -, -n; kurz für⟩ Mikrofotokopie, stark verkleinerte fotograf. Wiedergabe von Druckschriften

◆ **mi|kro|kos|misch** ⟨Adj.⟩ zum Mikrokosmos gehörend, auf ihn bezogen

◆ **Mi|kro|kos|mos** ⟨m.; -; unz.⟩ **1** die Welt der kleinsten Lebewesen **2** ⟨Philos.⟩ der Mensch u. seine Umwelt als Gegenstück zum Weltall; *Ggs* Makrokosmos

◆ **Mi|kro|lin|gu|is|tik** ⟨f.; -; unz.; Sprachw.⟩ Teilgebiet der Linguistik, das die Sprache u. ihre Struktur ohne Berücksichtigung der Nachbarwissenschaften erforscht u. in Semantik, Grammatik u. Phonologie unterteilt; *Ggs* Makrolinguistik

◆ **Mi|kro|ma|ni|pu|la|tor** ⟨m.; -s, -to|ren⟩ Zusatzgerät am Mikroskop, das an mikroskopischen Objekten feinste Eingriffe während der Beobachtung ermöglicht

M

◆ **Mi|kro|me|lie** ⟨f.; -, -n; Med.⟩ anomale Kleinheit der Gliedmaßen; *Ggs* Makromelie [<*Mikro…* + grch. *melos* »Glied«]

◆ **Mi|kro|me|ter** ⟨n.; -s, -⟩ **1** jedes Gerät zur genauen Messung kleiner Mengen **2** ⟨Zeichen: µm⟩ 1 Millionstel Meter = $^{1}/_{1000}$ mm [<*Mikro…* + *…meter*]

◆ **Mi|kro|me|ter|schrau|be** ⟨f.; -, -n⟩ Mikrometer, wobei die Messung unmittelbar durch Einklemmen des zu messenden Gegenstandes erfolgt

◆ **Mi|kro|mu|ta|ti|on** ⟨f.; -, -en; Biol.⟩ Mutation, die nur ein Gen betrifft

◆ **Mi|kron** ⟨n.; -s, -; veraltet für⟩ Mikrometer (2) [<grch. *mikros* »klein, kurz, gering«]

◆ **Mi|kro|nu|cle|us** *auch:* **Mi|kro|nuc|le|us** ⟨m.; -, -clei [-kle:i]; Biol.⟩ Geschlechtskern der Protozoen, der die geschlechtl. Fortpflanzung regelt

◆ **Mi|kro|öko|no|mik** ⟨f.; -; unz.; Wirtsch.⟩ Teilgebiet der Wirtschaftswissenschaften, das sich mit dem einzelwirtschaflichen Verhalten von Haushalten u. Unternehmen befasst; *Sy* Mikrotheorie; *Ggs* Makroökonomik

◆ **mi|kro|öko|no|misch** ⟨Adj.; Wirtsch.⟩ zur Mikroökonomie gehörend, sie betreffend; *Ggs* makroökonomisch

◆ **Mi|kro|or|ga|nis|mus** ⟨m.; -, -nis|men⟩ = Mikrobe

◆ **Mi|kro|phon** ⟨n.; -s, -e⟩ = Mikrofon

◆ **Mi|kro|pho|to|gra|phie** ⟨f.; -; unz.⟩ = Mikrofotografie

◆ **Mi|kro|pho|to|ko|pie** ⟨f.; -, -n⟩ = Mikrofotokopie

◆ **Mi|kro|phy|sik** ⟨f.; -; unz.; Physik⟩ Teilgebiet der Physik, das sich mit der Untersuchung von Atomen u. Molekülen befasst, steht zwischen der Makrophysik des tägl. Lebens u. der Elementarteilchenphysik; *Ggs* Makrophysik

◆ **Mi|kro|phyt** ⟨m.; -en, -en; Biol.⟩ pflanzlicher Mikroorganismus; *Ggs* Makrophyt [<*Mikro…* + *phyton* »Pflanze«]

◆ **Mi|kro|port** ⟨m.; -s, -s⟩ kleines drahtloses Mikrofon, das am Oberkörper od. Kopf befestigt wird u. die Stimme des Sprechenden od. Singenden verstärkt; *über (ein) ~ sprechen* [<engl. *microport*]

◆ **Mi|kro|prä|pa|rat** ⟨n.; -(e)s, -e⟩ für Untersuchungen unter dem Mikroskop angefertigtes Präparat [<*Mikro…* + *Präparat*]

◆ **Mi|kro|pro|zes|sor** ⟨m.; -s, -en; EDV⟩ zentraler Baustein eines Mikrocomputers mit Steuer- u. Rechenfunktionen

◆ **Mi|kro|ra|dio|me|ter** ⟨n.; -s, -⟩ Gerät zum Messen kleinster Strahlungsmengen

◆ **Mi|kro|seis|mik** ⟨f.; -; unz.; Geophysik⟩ Lehre von den kleinsten Schwingungen der Erdkruste, z. B. Erschütterung durch Brandung; *Ggs* Makroseismik

◆ **mi|kro|seis|misch** ⟨Adj.; Geophysik⟩ zur Mikroseismik gehörend, sie betreffend; *Ggs* makroseismisch

◆ **Mi|kro|skop** ⟨n.; -s, -e⟩ optisches Gerät zur Vergrößerung sehr kleiner Gegenstände [<*Mikro…* + *…skop*]

◆ **Mi|kro|sko|pie** ⟨f.; -; unz.⟩ Untersuchung mit Hilfe des Mikroskops

◆ **mi|kro|sko|pie|ren** ⟨V.⟩ mit dem Mikroskop untersuchen

◆ **mi|kro|sko|pisch** ⟨Adj.⟩ **1** auf Mikroskopie beruhend **2** nur mit dem Mikroskop erkennbar; *Ggs* makroskopisch

◆ **Mi|kro|som** ⟨n.; -s, -en; Biol.⟩ kleinstes lichtbrechendes Körperchen im Zellplasma [<*Mikro…* + grch. *soma* »Körper«]

◆ **Mi|kro|so|mie** ⟨f.; -; unz.; Med.⟩ Kleinwuchs; *Ggs* Makrosomie [<*Mikro…* + grch. *soma* »Körper«]

◆ **Mi|kro|spo|re** ⟨f.; -, -n; Bot.⟩ kleine männl. Spore einiger Farne; *Ggs* Makrospore

◆ **Mi|kro|spo|rie** ⟨f.; -; unz.; Med.⟩ durch einen Hautpilz verursachte, ansteckende Krankheit der behaarten Kopfhaut, Kleinsporenflechte [<*Mikro…* + *Spore*]

◆ **Mi|kro|struk|tur** ⟨f.; -, -en⟩ *Ggs* Makrostruktur **1** Feinstruktur **2** Struktur, deren Elemente sich auf der kleinsten Untersuchungsebene befinden

◆ **Mi|kro|struk|tur|tech|nik** ⟨f.; -; unz.⟩ Gebiet der Technik, das sich mit der Entwicklung u. Anwendung kleinster mechanischer Bauelemente u. Strukturen befasst

◆ **Mi|kro|tech|nik** ⟨f.; -; unz.⟩ **1** die angewandte Technik bei mikroskop. Untersuchungen **2** Herstellung mikroskop. Präparate

◆ **Mi|kro|thek** ⟨f.; -, -en⟩ **1** Behälter für die karteimäßige Sammlung von Mikrokopien **2** die Sammlung selbst [<*Mikro…* + *…thek*]

◆ **Mi|kro|the|o|rie** ⟨f.; -; unz.; Wirtsch.⟩ = Mikroökonomik; *Ggs* Makrotheorie

◆ **Mi|kro|tom** ⟨n. od. m.; -s, -e⟩ Gerät zur Herstellung feinster Schnitte für mikroskop. Untersuchungen in der Histologie [<*Mikro…* + grch. *temnein* »schneiden«]

◆ **Mi|kro|ton** ⟨m.; -(e)s, -tö|ne; Musik⟩ (in der zeitgenössischen Musik verwendeter) Ton mit einem geringeren Abstand als ein Halbton, z. B. Vierttelton, Achtelton

◆ **mi|kro|to|nal** ⟨Adj.; Musik⟩ die Tonalität von Mikrotönen (Viertel-, Achteltönen) betreffend, auf ihr beruhend

◆ **Mi|kro|tron** *auch:* **Mi|krot|ron** ⟨n.; -s, -e; Physik⟩ ringförmiger Teilchenbeschleuniger für Elektronen mit konstantem Beschleunigungsfeld [<grch. *mikros* »klein« + *Elektron*]

◆ **Mi|kro|wel|le** ⟨f.; -, -n; kurz für⟩ Mikrowellengerät

◆ **Mi|kro|wel|len** ⟨f.; Pl.; Zeichen: µW⟩ Teil des elektromagnet. Spektrums zwischen dem Gebiet der kurzen u. ultrakurzen Radiowellen u. dem infraroten Spektralbereich des optischen Spektrums

◆ **Mi|kro|wel|len|ge|rät** ⟨n.; -(e)s, -e⟩ (kleiner) Herd, in dem Lebensmittel durch Bestrahlung mit Mikrowellen (sehr schnell) gegart werden

◆ **Mi|kro|zen|sus** ⟨m.; -; unz.; Stat.; in der BRD⟩ repräsentative Statistik der Bevölkerungsentwicklung

◆ **mi|kro|ze|phal** ⟨Adj.; Med.⟩ mit anomal verkleinertem Schädel versehen; *Ggs* makrozephal

◆ **Mi|kro|ze|pha|lie** ⟨f.; -; unz.; Med.⟩ anomale Verkleinerung des Schädels; *Ggs* Makrozephalie [<grch. *mikros* »klein, kurz, gering« + …*zephalie*]

Mik|ti|on ⟨f.; -, -en; Med.⟩ das Wasserlassen [<lat. *mictio* »das Harnen«]

MIK-Wert ⟨m.; -(e)s, -e; Abk. für⟩ Maximale Immissionskonzentration, für bestimmte Stoffe gesetzlich festgelegte maximal zulässige Abgabe in bodennahen Luftschichten

Mi|lan ⟨a. [-ˈ-] m.; -s, -e; Zool.⟩ Gattung der Greifvögel, die durch die gegabelte Form des Schwanzes gekennzeichnet ist: Milvus [frz. <vulgärlat. *milanus* <lat. *miluus* »Geier«]

Mile|stone ⟨[maılstoun] m.; -s, -s⟩ **1** Meilenstein, wichtiger Punkt in einer Entwicklung **2** ⟨Wirtsch.⟩ Eckgröße, die in einer langfristigen Planung vorher festgeschrieben wurde u. deren Einhaltung anhand der tatsächlichen Entwicklung später kontrolliert wird [engl., »Meilenstein«]

mi|li|ar ⟨Adj.; bes. Med.⟩ hirsekorngroß, z. B. von Tuberkelbakterien [zu lat. *milium* »Hirse«]

Mi|li|ar|tu|ber|ku|lo|se ⟨f.; -, -n; Med.⟩ bes. schwere Tuberkulose [<lat. *milium* »Hirse« + *Tuberkulose*]

Mi|li|eu ⟨[miljøː] n.; -s, -s⟩ **1** Umgebung u. Zeitverhältnisse, in denen ein Lebewesen sich entwickelt **2** ⟨österr. a.⟩ kleine Tischdecke **3** Umfeld einer bestimmten sozialen Gruppe; *Arbeiter~; Drogen~* **4** ⟨bes. schweiz.⟩ Welt der Prostituierten [frz., »Umgebung, Mittelpunkt« <lat. *medius* »mittlerer« + *locus* »Ort«]

Mi|li|eu|the|o|rie ⟨[miljøː-] f.; -; unz.⟩ Theorie, nach der die Entwicklung des Individuums vor allem vom Milieu abhängig ist u. weniger von ererbten Anlagen

mi|li|tant ⟨Adj.⟩ kämpferisch, angriffslustig [<lat. *militans,* Part. Präs. zu *militare* »Soldat sein«]

Mi|li|tanz ⟨f.; -; unz.⟩ aggressive, gewaltsame Vorgehensweise [<lat. *militans,* Part. Präs. zu *militare* »Kriegsdienst tun«]

Mi|li|tär[1] ⟨n.; -s; unz.⟩ **1** Stand der Soldaten **2** Gesamtheit der Streitkräfte [<frz. *militaire* <lat. *militaris;* zu *miles* »Soldat«]

Mi|li|tär[2] ⟨m.; -s, -s⟩ höherer Offizier; *ein erfahrener, guter ~ sein; es waren hohe ~s anwesend* [→ *Militär*[1]]

Mi|li|tär|aka|de|mie ⟨f.; -, -n⟩ Schule zur Aus- u. Weiterbildung von militärischem Führungspersonal, militärischen Spezialisten u. Beamten der Militärverwaltung

Mi|li|tär|at|ta|ché ⟨[-ʃeː] m.; -s, -s⟩ militärischer Sachverständiger bei einer Gesandtschaft od. Botschaft

Mi|li|tär|ba|sis ⟨f.; -, -ba|sen⟩ Militärstützpunkt

Mi|li|tär|dik|ta|tur ⟨f.; -, -en; Politik⟩ meist aus einem Putsch hervorgegangene, unkontrollierte u. unbeschränkte polit. Herrschaft der Heeresführung; →*a.* Militärjunta

Mi|li|ta|ria ⟨nur Pl.⟩ **1** alle das Militär betreffenden Angelegenheiten **2** ⟨heute nur noch⟩ Bücher u. Gegenstände, die das Militärwesen betreffen [lat., »militärische Übungen«]

mi|li|tä|risch ⟨Adj.⟩ das Militär betreffend, darauf beruhend, ihm entsprechend, gemäß, soldatisch; *~e Ausbildung, Auszeichnung; ~er Gruß* G. durch Strammstehen u. Aufheben der rechten Hand an Mützenrand od. -schild; *Ggs* zivil (1) [<lat. *militaris;* beeinflusst von frz. *militaire*]

mi|li|ta|ri|sie|ren ⟨V.⟩ *ein Land ~* mit Militär u. militär. Einrichtungen ausstatten, das Heerwesen eines Landes organisieren [<frz. *militariser*]

Mi|li|ta|ris|mus ⟨m.; -; unz.⟩ Vorherrschaft der militärischen Macht, Überbetonung des Militärwesens, übersteigerte militärische Gesinnung, Erhebung des Militärischen zum Selbstzweck [<frz. *militarisme* »Militärherrschaft«]

Mi|li|ta|rist ⟨m.; -en, -en⟩ Anhänger, Vertreter des Militarismus [<frz. *militariste*]

mi|li|ta|ris|tisch ⟨Adj.⟩ auf dem Militarismus beruhend, ihn erstrebend

Mi|li|tär|jun|ta ⟨[-xun-] f.; -, -s⟩ aus Angehörigen des Militärs gebildete Junta

Mi|li|tär|ope|ra|ti|on ⟨f.; -, -en; Mil.⟩ militärische Unternehmung, Truppenbewegung

Mi|li|ta|ry ⟨[-tərı] f.; -, -s; Sport; Reiten⟩ Vielseitigkeitsprüfung, die aus Dressur, Geländeritt u. Springen besteht [engl.]

Mi|li|ta|ry Po|lice ⟨[mılıtərı pɔliːs] f.; - -; unz.; Abk.: MP⟩ engl. bzw. US-amerikan. Militärpolizei [engl.]

Mi|liz ⟨f.; -, -en⟩ **1** kurz ausgebildete Truppe für den Bedarfsfall **2** ⟨in kommunist. Staaten⟩ Polizei [<lat. *militia* »Gesamtheit der Soldaten; Kriegsdienst«; zu *miles* »Soldat«]

Mi|li|zi|o|när ⟨m.; -s, -e⟩ Angehöriger der Miliz [→ *Miliz*]

Milk|shake ⟨[-ʃeık] m.; -s, -s⟩ Milchmixgetränk mit Früchten

(u. Eis) [<engl. *milk* »Milch« + *shake* »schütteln«]
Mill. ⟨Abk. für⟩ Million(en)
Mil|le ⟨n.; -, -; Zeichen: M⟩ Tausend; → *a.* pro mille [lat., »tausend«]
Mil|le|fi|o|ri|glas ⟨n.; -es; unz.⟩ aus Scheiben gebündelter, farbiger Glasstäbe hergestelltes Glas [<ital. *mille* »tausend« + *fiori* »Blumen«]
Mille|fleurs ⟨[mılflœ:] m.; -, -; Textilw.⟩ Stoff mit Streublumenmuster [frz., »tausend Blumen«]
Mil|le Mi|glia *auch:* **Mil|le Mig|lia** ⟨[-mılja] f.; - -; unz.⟩ größtes ital. Langstreckenrennen für Sportwagen [ital., »tausend Meilen«]
Mil|len|ni|um *auch:* **Mil|len|ni|um** ⟨n.; -s, -ni|en⟩ Zeitraum von 1000 Jahren [lat., »das Tausendjährige Reich (Christi)« <*mille* »tausend« + *annus* »Jahr«]
Mil|le|rit ⟨m.; -s; unz.; Min.⟩ gelbl. bis grünl. Mineral, dessen nadelförmige Kristalle oft strahlig gruppiert sind, Haarkies, chem. Nickelsulfid [nach dem engl. Mineralogen W. H. *Miller*, † 1849]
mil|li…, Mil|li… ⟨Zeichen: m; vor Maßeinheiten⟩ ein Tausendstel der betreffenden Maßeinheit, z. B. 1 mm = $^1/_{1000}$ Meter [<lat. *mille* »tausend«]
Mil|li|am|pere ⟨[-pɛ:r] n.; - od. -s, -; Zeichen: mA⟩ $^1/_{1000}$ Ampere
Mil|li|am|pere|me|ter ⟨[-pɛ:r-] n.; -s, -⟩ Gerät zum Messen kleinster Stromstärken
Mil|li|ar|där ⟨m.; -s, -e⟩ **1** Besitzer von Werten über eine Milliarde (Euro) **2** ⟨fig.⟩ steinreicher Mann
Mil|li|ar|dä|rin ⟨f.; -, -rin|nen⟩ **1** Besitzerin von Werten über eine Milliarde (Euro) **2** ⟨fig.⟩ steinreiche Frau
Mil|li|ar|de ⟨f.; -, -n; Abk.: Md. od. Mrd.⟩ 1000 Millionen [<frz. *milliard* »tausend Millionen« <lat. *mille* »tausend« + roman. Vergrößerungssuffix …*ard*]
Mil|li|ards|tel ⟨n.; -s, -⟩ der milliardste Teil
Mil|li|bar ⟨n.; -, -; Zeichen: mbar⟩ $^1/_{1000}$ bar
Mil|li|gramm ⟨n.; -(e)s, -; Zeichen: mg⟩ $^1/_{1000}$ Gramm
Mil|li|li|ter ⟨n. od. (schweiz. nur) m.; -s, -; Zeichen: ml⟩ $^1/_{1000}$ Liter
Mil|li|me|ter ⟨n. od. (schweiz. nur) m.; -s, -; Zeichen: mm⟩ $^1/_{1000}$ Meter; ~ *Quecksilbersäule* ⟨Abk.: mm Hg⟩ nicht mehr zulässige Druckeinheit, zu ersetzen durch die Einheit Millibar (mbar), 1 mm Hg = 1,33 mbar; 760 mm Hg = 1 physikalische Atmosphäre (atm) = Normaldruck der Luft = 1013,25 mbar
Mil|li|mi|kron *auch:* **Mil|li|mik|ron** ⟨n.; -s, -⟩ nicht mehr zulässige Bez. für die Längeneinheit von $^1/_{1000}$ Mikrometer (µm), zu ersetzen durch die Einheit Nanometer (nm), $^1/_{1000}$ µm = 1 nm = 10^{-9} m
Mil|li|on ⟨f.; -, -en; Abk.: Mill. od. Mio⟩ tausend mal tausend, 1000 mal 1000 [<ital. *millione* »zehn mal hunderttausend« <lat. *mille* »tausend« + romanisches Vergrößerungssuffix …*one*]
Mil|li|o|när ⟨m.; -s, -e⟩ **1** Besitzer von Werten über eine Million (Euro) **2** ⟨fig.⟩ sehr reicher Mann [<frz. *millionnaire*]
Mil|li|o|nä|rin ⟨f.; -, -rin|nen⟩ **1** Besitzerin von Werten über eine Million (Euro) **2** ⟨fig.⟩ sehr reiche Frau
Mil|li|ons|tel ⟨n.; -s, -⟩ der millionste Teil
Mil|li|pond ⟨n.; -s, -; Zeichen: mp⟩ nicht mehr zulässige Kraft- oder Gewichtseinheit, $^1/_{1000}$ Pond
Mil|li|rem ⟨n.; -, -⟩ $^1/_{1000}$ rem
Mil|li|se|kun|de ⟨f.; -, -n⟩ $^1/_{1000}$ Sekunde
Mil|reis ⟨[-rɛıs] n.; -, -⟩ frühere Währungseinheit (1000 Reis) in Portugal (bis 1911) u. Brasilien (bis 1942) [<portug. *mil-réis*]
Mi|me ⟨m.; -n, -n⟩ Schauspieler [<lat. *mimus* <grch. *mimos;* zu *mimeisthai* »nachahmen«]
mi|men ⟨V.⟩ **1** *eine Rolle* ~ eine Rolle als Mime spielen, darstellen **2** ⟨umg.⟩ vortäuschen, so tun, als ob
Mi|men ⟨Pl. von⟩ Mimus
Mi|me|se ⟨f.; -, -n⟩ **1** äußere (schützende) Ähnlichkeit von Tieren in Gestalt od. Farbe mit leblosen Gegenständen ihrer Umgebung **2** = Mimesis [<grch. *mimesis;* → *Mimesis*]
Mi|me|sie ⟨f.; -, -n; Rhet.⟩ die Erscheinung, dass mindere symmetrische Kristalle durch vielfache Zwillingsbildung Formen von höherer Symmetrie vortäuschen [<grch. *mimesis* »Nachahmung«]
Mi|me|sis ⟨f.; -, -me|sen⟩; *oV* Mimese (2) **1** Nachahmung von Gebärden **2** ⟨antike Rhetorik⟩ (spottende) Wiederholung der Worte eines andern [grch., »Nachahmung«]
mi|me|tisch ⟨Adj.⟩ **1** auf Mimese (Mimesis) beruhend, sie anwendend **2** die Mimesis betreffend, durch sie ausgezeichnet
Mi|mik ⟨f.; -; unz.⟩ Wechsel, Spiel des Gesichtsausdrucks u. der Gebärden [<lat. *ars mimica* »schauspieler. Kunst«]
Mi|mi|kry *auch:* **Mi|mik|ry** ⟨f.; -; unz.⟩ **1** schützende Nachahmung (in Farbe od. Gestalt) von Gegenständen der Umwelt od. von wehrhaften Tieren durch wehrlose **2** ⟨fig.⟩ Anpassung, Schutzfärbung [<engl. *mimicry,* eigtl. »Nachahmung«]
Mi|min ⟨f.; -, -min|nen⟩ Schauspielerin
mi|misch ⟨Adj.⟩ die Mimik betreffend, auf ihr beruhend, mit Hilfe der Mimik, schauspielerisch [<lat. *mimicus* »schauspielerisch«]
Mi|mo|se ⟨f.; -, -n⟩ **1** ⟨Bot.⟩ zur Familie der Mimosengewächse gehörende Zierpflanze, deren Blätter bei der geringsten Berührung zusammenklappen, Sinnpflanze: Mimosa pudica **2** ⟨fig.⟩ übertrieben empfindsamer, leicht gekränkter Mensch [<neulat. *mimosa* <lat. *mimus;* → *Mime*]
mi|mo|sen|haft ⟨Adj.; fig.⟩ zart, überempfindlich wie eine Mimose
Mi|mus ⟨m.; -, Mi|men; Theat.⟩ **1** ⟨urspr.⟩ Schauspieler der Antike **2** ⟨dann⟩ kleine, realistische Szene **3** ⟨danach⟩ derbkomisches Bühnenstück, Posse **4** darin auftretender Schauspieler [lat. <grch. *mimos* »Schauspieler«]

min, Min. ⟨Abk. für⟩ Minute

Mi|na|rett ⟨n.; -s, -e od. -s⟩ Turm der Moschee, von dem die Gebetsstunden ausgerufen werden [<türk. *minare* <arab. *manarah* »Lampe, Leuchtturm«]

Mind|map ⟨[maındmæp] f. od. n.; -, -s⟩ strukturierte grafische Darstellung (in Form eines Baumdiagramms od. Netzes) zu einem bestimmten Thema, das mit weiteren Informationen bildlich od. begrifflich in Beziehung gesetzt wird, Schaubild [<engl. *mind* »Gedanken« + *map* »Karte«]

Mind|map|ping ⟨[maındmæpıŋ] n.; - od. -s, -s⟩ Methode der grafischen Darstellung von strukturiertem Wissen in Form von Mindmaps [→ *Mindmap*]

Mi|ne[1] ⟨f.; -, -n⟩ **1** Sprengkörper, der durch Zündschnur, Berührung usw. zur Explosion gebracht wird; *Land~; See~; eine ~ legen* ⟨a. fig.⟩ intrigieren; *alle ~n springenlassen* ⟨fig.⟩ alle Mittel einsetzen **2** Bergwerk; *Erz~; Gold~;* unterirdischer Gang, Stollen **3** Einlage in Schreibgeräten, Stäbchen aus Graphit od. Farbstoff, Röhrchen mit schnelltrocknendem Farbstoff; *Kugelschreiber~* **4** ⟨Börse⟩ allg. Bewegung in Richtung auf Hausse [frz., »Erzader; Erzgrube« <vulgärlat. *mina,* vermutlich <kelt.]

Mi|ne[2] ⟨f.; -, -n⟩ altgrch. Münze, 100 Drachmen [<lat. *mina* <grch. *mna,* orientalischen Ursprungs]

Mi|ne|ral ⟨n.; -s, -e od. -li|en⟩ Gestein, Salz als Bestandteil der Erdrinde; *dieses Wasser enthält viele ~ien* [<mlat. *(aes) minerale* »Erzgestein, Erz«]

Mi|ne|ral|fa|ser ⟨f.; -, -n⟩ aus Asbest u. a. Mineralien gewonnene Faser mit großer Hitze- u. Korrosionsbeständigkeit

Mi|ne|ra|li|sa|ti|on ⟨f.; -; unz.⟩ Bildung von Gesteinen beim Abkühlen von Magma

mi|ne|ra|lisch ⟨Adj.⟩ auf Mineralien beruhend, aus ihnen entstanden, Mineralien enthaltend

mi|ne|ra|li|sie|ren ⟨V.⟩ **1** organische Stoffe zu anorganischen Stoffen abbauen **2** sich in mineralisches Material verwandeln; *Ggs* demineralisieren

Mi|ne|ra|li|sie|rung ⟨f.; -; unz.⟩ Umwandlung organischer Materialien in anorganische, z. B. Bildung von Humus aus Laub

Mi|ne|ra|lo|ge ⟨m.; -n, -n⟩ Wissenschaftler auf dem Gebiet der Mineralogie

Mi|ne|ra|lo|gie ⟨f.; -; unz.⟩ die Wissenschaft von den Mineralien [<*Mineral* + *...logie*]

Mi|ne|ra|lo|gin ⟨f.; -, -gin|nen⟩ Wissenschaftlerin auf dem Gebiet der Mineralogie

mi|ne|ra|lo|gisch ⟨Adj.⟩ zur Mineralogie gehörend, auf ihr beruhend

Mi|ne|ral|öl ⟨n.; -s, -e⟩ Erdöl

Mi|ne|ral|quel|le ⟨f.; -, -n⟩ Heilquelle

Mi|ne|ral|sal|ze ⟨Pl.⟩ **1** ⟨i. w. S.⟩ die anorgan. Salze **2** ⟨i. e. S.⟩ die für die Ernährung der Menschen, Tiere u. Pflanzen wichtigen Salze

Mi|ne|ral|säu|re ⟨f.; -, -n⟩ anorganische Säure, z. B. Salz-, Salpeter-, Schwefelsäure

Mi|ne|ral|was|ser ⟨n.; -s, -wäs|ser⟩ mineralreiches Wasser aus einer natürlichen od. erschlossenen Quelle, meist mit Kohlensäure versetzt

mi|ne|ro|gen ⟨Adj.⟩ aus mineralischen, d. h. anorganischen Bestandteilen entstanden; *Ggs* organogen

Mi|nes|tra *auch:* **Mi|nest|ra** ⟨f.; -, -nes|tren; ital. Kochk.⟩ = Minestrone

Mi|nes|tro|ne *auch:* **Mi|nest|ro|ne** ⟨f.; -, -tro|ni; ital. Kochk.⟩ ital. Gemüsesuppe mit Einlage; *oV* Minestra [ital.]

Mi|net|te ⟨f.; -, -n; Geol.⟩ **1** Brauneisenerz mit bis zu 40 % Eisengehalt, in Lothringen u. Luxemburg vorkommend **2** dunkelgraues, gangförmig gelagertes Gestein [frz., »kleines Bergwerk«]

mi|neur ⟨[-nø:r] Musik; frz. Bez. für⟩ Moll; *Ggs* majeur [frz., »kleiner«]

Mi|neur ⟨[-nø:r] m.; -s, -e⟩ **1** Bergarbeiter **2** ⟨früher⟩ für das Minenlegen ausgebildeter Pionier **3** Spekulant, der an der Börse auf Hausse setzt [frz., »Bergmann«; → *Mine*[1]]

mi|ni ⟨Adj.⟩ kurz; *~ gehen* einen Minirock tragen; *Ggs* maxi; →*a.* midi [engl.; verkürzt <*minimum* »Minimum«]

Mi|ni... ⟨in Zus.⟩ sehr klein, z. B. Minieisenbahn, (in der Mode) sehr kurz; *Minikleid; Minirock* [verkürzt <*Miniatur* bzw. <*Minimum*]

Mi|ni|a|tor ⟨m.; -s, -to|ren; MA⟩ Buchmaler [→ *Miniatur*]

Mi|ni|a|tur ⟨f.; -, -en⟩ **1** Malerei od. Zeichnung in alten Handschriften u. Büchern **2** sehr kleines Bild [<ital. *miniatura;* zu lat. *minitus* »mit Mennige gefärbt«]

mi|ni|a|tu|ri|sie|ren ⟨V.; El.⟩ verkleinern

Mi|ni|car ⟨[-ka:] m.; -s, -s⟩ **1** Kleintaxi **2** selbst gebasteltes, motorloses Fahrzeug, Seifenkiste [<*Mini...* + engl. *car* »Auto«]

Mi|ni|com|pu|ter ⟨[-pju:-] m.; -s, -⟩ = Mikrocomputer

mi|nie|ren ⟨V.⟩ **1** einen unterirdischen Gang, Stollen anlegen **2** verminen [<frz. *miner;* → *Mine*[1]]

Mi|ni|golf ⟨n.; -s; unz.⟩ vom Golf abgeleitetes Spiel auf befestigten Bahnen mit unterschiedlichen Hindernissen [verkürzt <*Mini*atur + *Golf*]

Mi|ni|job ⟨[-dʒɔp] m.; -s, -s; umg.⟩ Nebenbeschäftigung; *einen ~ annehmen, aufgeben; die Besteuerung von ~s*

mi|nim ⟨Adj.; schweiz.⟩ minimal, kaum, geringfügig; *der Umsatz ist ~ zurückgegangen*

Mi|ni|ma[1] ⟨Pl. von⟩ Minimum

Mi|ni|ma[2] ⟨f.; -, -ni|mae od. -ni|men; Musik⟩ kleinster, der halben Taktnote entsprechender Notenwert der Mensuralmusik; *Ggs* Maxima (2) [lat., »die Kleinste«]

mi|ni|mal ⟨Adj.⟩ sehr klein, winzig, sehr wenig, geringfügig; *Ggs* maximal [<lat. *minimus* »der Kleinste«]

Mi|ni|mal Art ⟨[mınıməl a:(r)t] f.; - -; unz.; Kunst⟩ Richtung der modernen Kunst, die sich auf einfachste (geometr.) Grundformen beschränkt, um überflüssig erscheinende Verzierungen zu vermeiden; →*a.* Minimal Music [<engl. *minimal*

M

»minimal, kleinst…« + *art* »Kunst«]

mi|ni|mal|in|va|siv ⟨[-va-] Adj.; Med.⟩ mit dem geringstmöglichen Einsatz von Mitteln eingreifend; *~e Chirurgie* Ch. mit Hilfe sehr kleiner Schnitte u. winziger Instrumente

mi|ni|ma|li|sie|ren ⟨V.⟩ verringern, vereinfachen; *Kosten ~; das Risiko ~*

Mi|ni|ma|li|sie|rung ⟨f.; -, -en⟩ das Minimalisieren, Minimalisiertwerden; *~ des Risikos* die Verringerung, Vereinfachung; *~ der Werte* Abwertung, Missachtung

Mi|ni|ma|lis|mus ⟨m.; -; unz.; Kunst⟩ Stilrichtung, die sich auf (schmucklose) Grundformen u. elementare Bestandteile beschränkt; →*a.* Minimal Art, Minimal Music

Mi|ni|ma|list ⟨m.; -en, -en⟩ **1** jmd., der sich in seiner Lebensweise auf das Notwendigste beschränkt od. bestimmte Ziele mit dem geringstmöglichen Aufwand zu erreichen sucht **2** Vertreter, Anhänger der Minimal Art

M

mi|ni|ma|lis|tisch ⟨Adj.⟩ in der Art des Minimalismus, auf ihm beruhend

Mi|ni|mal Mu|sic ⟨[mɪnɪməl mjuːzɪk] f.; - -; unz.; Musik⟩ Stilrichtung der modernen Musik, die nur einfachste Melodien u. Rhythmen verwendet; →*a.* Minimal Art [<engl. *minimal* »minimal, kleinst…« + *music* »Musik«]

Mi|ni|mal|paar ⟨n.; -(e)s, -e; Sprachw.⟩ sich nur durch ein Phonem unterscheidendes Wort- od. Morphempaar einer Sprache, z. B. »Haus u. Maus«, »führen u. fahren«

Mi|ni|mal|prin|zip ⟨n.; -s, -pi|en od. -e; Wirtsch.⟩ Sparsamkeitsgrundsatz, nach dem der größtmögliche Erfolg mit dem geringstmöglichen Mittel- u. Personaleinsatz erzielt werden soll; *Ggs* Maximalprinzip

Mi|ni|mal|pro|blem *auch:* **Mi|ni|mal|prob|lem** ⟨n.; -s, -e⟩ Schachproblem, bei dem eine Partei außer dem König nur noch eine Figur besitzt

Mi|ni|max|the|o|rem ⟨n.; -s, -e⟩ Leitsatz der Spieltheorie, nach dem ein Spieler bestrebt ist, seinen eigenen Anteil am Gesamtgewinn durch Verringerung des Anteils seiner Gegner zu erhöhen

mi|ni|mie|ren ⟨V.⟩ das Minimum anstreben, erreichen; *Kosten ~; Sy* minimisieren; *Ggs* maximieren

Mi|ni|mie|rung ⟨f.; -, -en⟩ das Minimieren, Minimiertwerden

mi|ni|mi|sie|ren ⟨V.⟩ = minimieren

Mi|ni|mum ⟨n.; -s, -ni|ma⟩ *Ggs* Maximum **1** kleinster Wert, kleinste Größe, niedrigster Stand, z. B. des Luftdrucks **2** Mindestmaß **3** Geringfügigkeit [lat., »das Kleinste«]

Mi|ni|pil|le ⟨f.; -, -n; Med.; umg.⟩ oral einzunehmendes Empfängnisverhütungsmittel mit stark vermindertem Gestagengehalt

Mi|ni|rock ⟨m.; -(e)s, -rö|cke; Mode⟩ bis knapp zur Mitte des Oberschenkels reichender Rock, schenkelkurzer Rock

Mi|ni|spi|on ⟨m.; -s, -e; umg.⟩ sehr kleines Abhörgerät, Wanze

Mi|nis|ter ⟨m.; -s, -⟩ Leiter eines Ministeriums [<frz. *ministre* »Diener; Diener des Staats« <lat. *minister* »Diener, Gehilfe«; → *minus*]

mi|nis|te|ri|al ⟨Adj.⟩ ein Ministerium betreffend, dazu gehörig, von ihm ausgehend; *oV* ministeriell

Mi|nis|te|ri|al|di|rek|tor ⟨m.; -s, -en⟩ Abteilungsleiter in einem Ministerium

Mi|nis|te|ri|a|le ⟨m.; -n, -n⟩ **1** ⟨urspr.⟩ unfreier Dienstmann im Hof- u. Kriegsdienst **2** ⟨im 14./15. Jh.⟩ Angehöriger des niederen Adels [<lat. *ministerialis* »den Dienst beim Kaiser betreffend«; → *Minister*]

mi|nis|te|ri|ell ⟨Adj.⟩ = ministerial

Mi|nis|te|rin ⟨f.; -, -rin|nen⟩ Leiterin eines Ministeriums

Mi|nis|te|ri|um ⟨n.; -s, -ri|en⟩ oberste staatl. Verwaltungsbehörde; *Innen~* [<frz. *ministère* <lat. *ministerium* »Dienst, Amt«; → *Minister*]

Mi|nis|ter|prä|si|dent ⟨m.; -en, -en⟩ **1** ⟨in Großbritannien u. einigen anderen Ländern⟩ = Premierminster **2** ⟨BRD⟩ Leiter der Landesregierung **3** ⟨DDR⟩ Vorsitzender des Ministerrats

Mi|nis|ter|prä|si|den|tin ⟨f.; -, -tinnen⟩ **1** ⟨in Großbritannien u. einigen anderen Ländern⟩ = Premierminsterin **2** ⟨BRD⟩ Leiterin der Landesregierung

mi|nis|tra|bel *auch:* **mi|nis|tra|bel** ⟨Adj.; Politik⟩ für ein Ministeramt geeignet

Mi|nis|trant *auch:* **Mi|nist|rant** ⟨m.; -en, -en⟩ meist jugendlicher Gehilfe des Priesters bei der Messe, Messdiener [<lat. *ministrans,* Part. Präs. zu *ministrare;* → *ministrieren*]

mi|nis|trie|ren *auch:* **mi|nist|rie|ren** ⟨V.⟩ das Amt eines Ministranten versehen [<lat. *ministrare* »(be)dienen«; → *Minister*]

Mi|ni|um ⟨n.; -s; unz.; Chemie⟩ = Mennige [lat.]

Mi|ni|van ⟨[-væn] m.; -s, -s; Kfz⟩ Großraumlimousine in der Art eines Kleintransporters, Kleinbus [<*Mini…* + engl. *van* »Last-, Lieferwagen«]

Mink ⟨n. od. m.; -s, -e; Zool.⟩ US-amerikan. Art des Nerzes: Mustela vison [engl.]

mi|no|isch ⟨Adj.⟩ *~e Kultur* kretische Kultur; *~e Schrift* altkretische Schrift [nach dem sagenhaften König *Minos* von Knossos auf der Insel Kreta]

mi|nor ⟨[maɪnə(r)] Musik; engl. Bez. für⟩ Moll; *Ggs* major [engl., eigtl. »kleiner«]

Mi|no|rat ⟨n.; -(e)s, -e⟩ **1** Jüngstenrecht unter mehreren gleich nahen Verwandten; *Ggs* Majorat (1); →*a.* Juniorat **2** das Erbteil selbst; *Ggs* Majorat (2) [<lat. *minor* »kleiner«]

mi|no|re ⟨Musik⟩ Moll; *Ggs* maggiore [ital., eigtl. »kleiner«]

mi|no|renn ⟨Adj.⟩ minderjährig; *Ggs* majorenn [<lat. *minor* »geringer« + *annus* »Jahr«]

Mi|no|ren|ni|tät ⟨f.; -; unz.⟩ Minderjährigkeit; *Ggs* Majorennität

Mi|no|rist ⟨m.; -en, -en⟩ kath. Geistlicher, der eine niedere Weihe empfangen hat [<lat. *minor* »kleiner, geringer«]

Mi|no|rit ⟨m.; -en, -en⟩ Franziskaner, Minderbruder [<lat. *minor* »kleiner, geringer«]

Mi|no|ri|tät ⟨f.; -, -en⟩ Minderheit, Minderzahl; *Ggs* Majorität

Mi|no|ri|täts|trä|ger ⟨Pl.; in Halbleitern⟩ Träger der zum Ausgleich der elektr. Ladungen nicht in ausreichender Zahl vorhandenen Ladungen, z. B. die positiv geladenen Fehlstellen in n-Halbleitern; *Ggs* Majoritätsträger

Mi|no|taur ⟨m.; -s; unz.; grch. Myth.⟩ = Minotaurus

Mi|no|tau|rus ⟨m.; -; unz.; grch. Myth.⟩ menschenfressendes Ungeheuer auf Kreta mit dem Leib eines Menschen u. dem Kopf eines Stieres; *oV* Minotaur [grch., »Stier des Minos«]

Mins|trel *auch:* **Minst|rel** ⟨m.; -s, -s; in England im MA⟩ Sänger, Spielmann im Dienst eines Fürsten [engl. <afrz. *menestrel* »Diener, Spielmann«]

mint ⟨Adj.; undekl.⟩ blassgrün [<engl. *mint* »Minze«]

Mi|nu|end ⟨m.; -en, -en; Math.⟩ die zu vermindernde Zahl, von der eine andere abgezogen wird; →*a.* Subtrahend [<lat. *minuere* »verringern«]

mi|nus ⟨Adv.; Zeichen: -⟩ *Ggs* plus **1** weniger, abzüglich; *sechs ~ zwei = vier (6 - 2 = 4); es sind 15 Grad ~* ⟨umg.⟩ 15 Grad unter 0 °C **2** ⟨Physik⟩ = negativ (6) [lat., »weniger«, Neutr. zu *minor* »kleiner, geringer«]

Mi|nus ⟨n.; -, -⟩ Fehlbetrag; *Ggs* Plus

Mi|nus|kel ⟨f.; -, -n⟩ kleiner Buchstabe römischen Ursprungs mit Ober- u. Unterlängen; *Ggs* Majuskel [<lat. *minusculus* »etwas kleiner«, Verkleinerungsform zu *minor* »kleiner«]

Mi|nus|pol ⟨m.; -(e)s, -e; El.⟩ negativer Pol; *Ggs* Pluspol

Mi|nu|te ⟨f.; -, -n; Abk.: min, Min., m⟩ **1** der 60. Teil einer Stunde; *auf die ~ (genau)* ⟨umg.⟩ pünktlich **2** ⟨Math.; Zeichen: '⟩ der 60. Teil eines Altgrades, 100. Teil eines Neugrades [frz. <lat. *minutus* »gering, klein«; zu *minuere* »verringern«]

mi|nu|ti|ös ⟨Adj.⟩ = minuziös

...mi|nut|lich ⟨Adj.; in Zus.⟩ = ...minütlich

...mi|nüt|lich ⟨Adj.; in Zus.⟩ alle ... Minuten stattfindend, wiederkehrend, vorkommend; *oV* ...minutlich; *fünfminütlich, (mit Ziffer) 5-minütlich*

mi|nu|zi|ös ⟨Adj.⟩ *oV* minutiös **1** bis ins Kleinste gehend, peinlich genau **2** ⟨veraltet⟩ kleinlich [<lat. *minutus* »klein, kleinlich«]

Mio. ⟨Abk. für⟩ Million(en)

Mi|o|sis ⟨f.; -, -o|sen; Med.⟩ Verengung der Pupille [<grch. *meiosis* »Verkleinerung«]

mi|o|tisch ⟨Adj.; Med.⟩ pupillenverengend [→ *Miosis*]

mio|zän ⟨Adj.; Geol.⟩ zum Miozän gehörend, daraus stammend

Mio|zän ⟨n.; -s; unz.; Geol.⟩ älteste Stufe des Neogens [<grch. *meion* »weniger« + ...*zän*]

Mi|pol|am ⟨n.; -s; unz.⟩ ein Kunststoff [Kurzwort <*Mischpolymerisat*]

MIPS ⟨EDV; Abk. für engl.⟩ Million Instructions per Second, Maß für die Leistungsfähigkeit der zentralen Recheneinheit eines Computers [engl., »eine Million Befehle pro Sekunde«]

Mir[1] ⟨f.; -; unz.⟩ bemannte russ. Weltraumstation [russ., »Frieden; Welt(all)«]

Mir[2] ⟨m.; - od. -s, -⟩ wertvoller, kleingemusterter persischer Teppich mit Palmwipfelmotiven [pers.]

Mi|ra|bel|le ⟨f.; -, -n; Bot.⟩ Art der Pflaume mit gelben, kugeligen, kleinen Früchten [frz. <lat. *mirabilis* »wunderbar«]

Mi|ra|ge ⟨[-ʒ(ə)] f.; -, -n⟩ **1** ⟨Meteor.⟩ Luftspiegelung **2** ⟨fig.; veraltet⟩ Täuschung, Selbstbetrug **3** ⟨Mil.⟩ frz. Kampfflugzeug [frz., »Spiegelung«]

Mi|ra|kel ⟨n.; -s, -⟩ **1** Wunder **2** Wunderwerk, Wundertat [<frz. *miracle* <lat. *miraculum* <lat. *mirari* »(be)wundern»]

Mi|ra|kel|spiel ⟨n.; -(e)s, -e; MA⟩ geistliches Spiel über die Wundertaten der Heiligen [→ *Mirakel*]

mi|ra|ku|lös ⟨Adj.⟩ wunderbar, auf einem Wunder beruhend [→ *Mirakel*]

Mir|ban|öl ⟨n.; -s; unz.; Chemie⟩ synthetisch gewonnenes Bittermandelöl für die Parfüm- u. Seifenindustrie

Mi|re ⟨f.; -, -n; Astron.⟩ Markierung des Meridians an astronom. Instrumenten [frz.]

Mir|za ⟨m.; -s, -s; in Persien⟩ **1** Prinz (dem Namen nachgestellt) **2** Gebildeter, Gelehrter (vorangestellt) [pers., »Herrensohn«]

Mis|an|drie *auch:* **Mi|sand|rie** ⟨f.; -; unz.; Med.⟩ krankhafte Abneigung gegen Männer [<grch. *misandria* »Männerhass«]

Mis|an|throp *auch:* **Mi|santh|rop** ⟨m.; -en, -en⟩ Menschenfeind; *Ggs* Philanthrop [<grch. *misanthropos* »Menschen hassend«]

Mis|an|thro|pie *auch:* **Mi|santh|ro|pie** ⟨f.; -; unz.⟩ Menschenfeindlichkeit; *Ggs* Philanthropie

mis|an|thro|pisch *auch:* **mi|santh|ro|pisch** ⟨Adj.⟩ menschenfeindlich; *Ggs* philanthropisch [→ *Misanthrop*]

Mis|cel|la|nea ⟨Pl.⟩ = Miszellaneen

Misch|na ⟨f.; -; unz.⟩ erster Teil des Talmuds, Sammlung von Lehrsätzen für richtiges Handeln [hebr.]

Misch|po|che ⟨f.; -; unz.; umg.; abwertend⟩ = Mischpoke

Misch|po|ke ⟨f.; -; unz.; umg.; abwertend⟩ Familie, Sippschaft; *oV* Mischpoche [<hebr. *mischpachah* »Familie«]

Misch|po|ly|me|ri|sat ⟨n.; -(e)s, -e; Chemie⟩ durch Mischpolymerisation gewonnenes Produkt

Misch|po|ly|me|ri|sa|ti|on ⟨f.; -, -en; Chemie⟩ gleichzeitige Polymerisation von zwei od. mehr Ausgangsstoffen zu einem Endprodukt

Mi|se ⟨f.; -, -n⟩ **1** Einsatz beim Spiel **2** ⟨Lebensversicherung⟩ Zahlung der Versicherungsprämie auf einmal [frz., »Einsatz«]

Mise en scène ⟨[mizɑ̃sɛ:n] n.; - - -, -s [miz-] - -⟩ **1** Inszenierung, Regie **2** ⟨fig.⟩ wirkungsvoller Auftritt, auffallende Darbietung [frz., »in Szene gesetzt«]

mi|se|ra|bel ⟨Adj.⟩ elend, sehr schlecht, kläglich, erbärmlich; *das Stück ist ~ gearbeitet; ein miserables Zeugnis; es geht ihm (gesundheitlich, wirtschaftlich) ~* [<frz. *misérable*]

Mi|se|re ⟨f.; -, -n⟩ Not, Elend, Jammer [<frz. *misère*]

M

Mi|se|re|or ⟨n.; -; unz.; seit 1959⟩ kath. Hilfswerk für die Entwicklungsländer [lat., »ich erbarme mich«]

Mi|se|re|re ⟨n.; - od. -s; unz.⟩ **1** Anfangswort u. Name des 50. Psalms (nach der Vulgata) bzw. des 51. Psalms (Lutherbibel), Bußpsalm u. Gebet bei Begräbnissen in der kath. Kirche **2** ⟨Med.⟩ Koterbrechen [lat., »erbarme dich!«]

Mi|se|ri|cor|di|as Do|mi|ni zweiter Sonntag nach Ostern [nach dem Eingangsgesang des Gottesdienstes aus Psalm 89,2: *Misericordias Domini* »die Barmherzigkeit des Herrn«]

Mi|se|ri|kor|die ⟨[-djə] f.; -, -n⟩ kleiner, häufig durch Schnitzerei verzierter Vorsprung an der Unterseite der Klappsitze im Chorgestühl als Stütze während des Stehens [<lat. *misericordia* »Barmherzigkeit«]

Mi|se|ri|kor|di|en|bild ⟨n.; -(e)s, -er⟩ Bild, das Christus als Schmerzensmann darstellt, Erbärmdebild

Mis|nick ⟨m.; -s, -s⟩ übler, hässlicher Mensch [zu jidd. *mis(er)* »schlecht, widerlich«]

M

Mi|so ⟨f.; -, -s od. n.; -s, -s; jap. Kochk.⟩ aus fermentierten, gekochten u. gesalzenen Sojabohnen u. unter Zusatz von Gersten- u. Reismehl hergestellte Paste

Mi|so|ga|mie ⟨f.; -; unz.⟩ Ehescheu [<grch. *misein* »hassen« + *...gamie*]

Mi|so|gyn ⟨m.; -s od. -en, -e od. -en⟩ Frauenfeind, Frauenhasser; *Ggs* Philogyn [<grch. *misein* »hassen« + *gyne* »Frau«]

Mi|so|gy|nie ⟨f.; -; unz.⟩ **1** ⟨Psych.⟩ krankhafte Abneigung von Männern gegen Frauen **2** Frauenfeindlichkeit

Mis|pel ⟨f.; -, -n; Bot.⟩ Kernobstbaum aus der Familie der Rosengewächse mit birnenförmigen, erst überreif genießbaren Früchten: Mespilus germanica; *Japanische ~* ein Rosengewächs (Eryobotrya japonica) [<ahd. *mespila* <lat. *mespilum*]

Miss ⟨f.; -, Mis|ses⟩ Fräulein (engl. Anrede, allein stehend od. vor dem Namen) [engl.; verkürzt <*mistress;* → *Mistress*]

Mis|sa ⟨f.; -, -sae [-sɛː]; kath. Kirche⟩ Hochamt; *~ solemnis* feierl. Hochamt [lat.]

Mis|sal ⟨n.; -s, -e⟩ = Missale

Mis|sa|le ⟨n.; -s, -n od. -li|en⟩ Messbuch; *oV* Missal [<lat. *missa* »Messe«]

Mis|sile ⟨[-saɪl] n.; -s, -s; Mil.⟩ ferngesteuerter Flugkörper [engl. <lat. *missum*, Part. Perf. zu *mittere* »senden, werfen«]

Mis|sing Link ⟨n.; - - od. - -s; unz.⟩ fehlendes Glied, z. B. in der Entwicklung vom Affen zum Menschen [engl.]

> **Missio canonica** (*Groß- und Kleinschreibung*) In mehrteiligen, getrennt geschriebenen, fremdsprachigen Fügungen richtet sich die Groß- und Kleinschreibung nach der Wortart des jeweiligen Bestandteils. Im zweiten Teil einer solchen Fügung auftretende Adjektive werden dementsprechend kleingeschrieben.

Mis|sio ca|no|ni|ca ⟨f.; - -; unz.; kath. Kirche⟩ legitime Entsendung in ein Amt od. einen Dienst durch den Papst od. einen Bischof [lat., »kanonische Sendung«]

Mis|si|on ⟨f.; -, -en⟩ **1** ernster, feierl. Auftrag, Sendung, Vollmacht; *ich komme in einer bestimmten ~; meine ~ ist beendet, erfüllt* **2** zu bes. Aufgaben ins Ausland entsandte Gruppe von Personen; *diplomatische ~; geheime ~* **3** ⟨unz.⟩ Verbreitung des christl. Glaubens; *Äußere ~; Innere ~* [<kirchenlat. *missio* »Entsendung christlicher Prediger zur Bekehrung der Heiden« <lat. *missio* »das Geschehenlassen; Entsendung, Sendung«; zu *mittere* »senden«]

Mis|si|o|nar ⟨m.; -s, -e⟩ zur Bekehrung nicht christl. Völker ausgesandter Geistlicher [<kirchenlat. *missio;* → *Mission*]

Mis|si|o|när ⟨m.; -s, -e; österr. für⟩ Missionar

mis|si|o|na|risch ⟨Adj.⟩ in der Art einer Mission, bekehrend; *ein ~es Verhalten; mit ~em Eifer*

mis|si|o|nie|ren ⟨V.⟩ Mission treiben (bei), zum Christentum bekehren, das Christentum unter nicht christl. Völkern verbreiten; *jmdn., ein Volk ~*

Mis|si|ons|chef ⟨[-ʃɛf] m.; -s, -s⟩ Führer einer diplomatischen Mission

Mis|sis ⟨[mɪsɪz] f.; -, -es [-sɪzɪz]; Abk.: Mrs.⟩ Frau (engl. Anrede für verheiratete Frauen, allein stehend od. vor dem Namen) [engl. <mittelengl. mit altfrz. *maistre* <afrz. *maistresse*, Fem. zu *maistre;* → *Mister*]

Miss|kre|dit ⟨m.; -(e)s; unz.⟩ schlechter Ruf, schlechtes Ansehen; *jmdn. in ~ bringen* jmds. Ansehen herabsetzen; *in ~ geraten*

Mist ⟨m.; -(e)s; unz.; Seew.⟩ leichter Nebel [engl.]

Mis|ter ⟨m.; -s, -; Abk.: Mr.⟩ (engl. Anrede vor dem Namen) Herr [engl.; zu *master* »Meister, Lehrer« <mittelengl. *maister* <aengl. *mægester, magister*, afrz. *maistre* <lat. *magister*]

Mist|puf|fers ⟨[-pʌfəz] nur Pl.⟩ ungeklärte Knallgeräusche bei Küstennebel [<engl. *mist* »Nebel« + *puffers* »Stößer«; zu *puff* »schnaufen, paffen (umg.)«]

Mis|tral *auch:* **Mist|ral** ⟨m.; -s, -e; Meteor.⟩ kalter Nordwind in Südfrankreich, bes. an der Mündung der Rhône [frz.]

Mis|tress *auch:* **Mist|ress** ⟨[mɪstrɪs] f.; -, -es [-trɪsɪz]; in England⟩ Herrin, Geliebte, Mätresse [engl.]

Mi|su|ra ⟨f.; -; unz.; Musik⟩ = Takt (1) [ital., »Maß«]

Mis|zel|la|ne|en ⟨Pl.⟩ kleine Aufsätze, Vermischtes, kleine Artikel verschiedenen Inhalts (in wissenschaftl. Zeitschriften); *oV* Miscellanea, Miszellen [<lat. *miscellaneae* »Vermischtes«; zu *miscere* »mischen«]

Mis|zel|len ⟨Pl.⟩ = Miszellaneen

Mi|tel|la ⟨f.; -, -tel|len⟩ zu einem Dreieck gefaltetes Tuch, das um den Nacken geschlungen wird, bes. zum Stützen eines verletzten Armes [lat., »Kopfbinde«, Verkleinerungsform zu *mitra* »Kopfbinde, Turban«]

Mi|ti|ga|ti|on ⟨f.; -, -en⟩ **1** ⟨Med.⟩ Abschwächung, Besänftigung **2** ⟨Rechtsw.; veraltet⟩ Strafminderung [<lat. *mitigatio* »Besänftigung«]

mi|to|chon|dri|al *auch:* **mi|to-chond|ri|al** ⟨[-xɔn-] Adj.; Biol.⟩ das Mitochondrium betreffend, zu ihm gehörend

Mi|to|chon|dri|um *auch:* **Mi|to-chond|ri|um** ⟨[-xɔn-] n.; -s, -dri-en; meist Pl.; Biol.⟩ faden- od. stäbchenförmiges bzw. körniges Organell tierischer u. pflanzlicher Zellen, das der Atmung u. dem Stoffwechsel dient; *Sy* Chondriosom [<grch. *mitos* »Faden, Schlinge« + *chondros* »Korn«]

Mi|to|se ⟨f.; -, -n; Biol.⟩ Zellkernteilung mit Längsspaltung der Chromosomen, wobei das genet. Material exakt auf beide Tochterkerne verteilt wird; *Sy* Karyokinese; *Ggs* Amitose [<grch. *mitos* »Faden, Schlinge, Kette«]

mi|to|tisch ⟨Adj.; Biol.⟩ auf Mitose beruhend; *Ggs* amitotisch

Mi|tra *auch:* **Mit|ra** ⟨f.; -, Mi|tren⟩ **1** altgrch. Stirnband **2** hohe, mützenartige Kopfbedeckung altoriental. Herrscher **3** ⟨kath. Kirche⟩ Bischofsmütze [lat.]

Mi|trail|leu|se *auch:* **Mit|rail|leu|se** ⟨[-trajø:z(ə)] f.; -, -n; Mil.⟩ im Kriege 1870/71 verwendetes Geschütz aus einer Kombination von mehreren Läufen geringen Kalibers, aus dem Kugeln gefeuert wurden [frz., urspr. »Kugelspritze«]

Mi|tra|li|sa|ti|on *auch:* **Mit|ra|li|sa|ti-on** ⟨f.; -, -en; Med.⟩ krankhafte Herzverformung

Mi|tral|klap|pe *auch:* **Mit|ral|klap-pe** ⟨f.; -, -n; Anat.⟩ Ventilsystem zwischen linkem Herzvorhof u. linker Herzkammer, das aus zwei Segelklappen besteht u. sich mit der Systole schließt u. mit der Diastole öffnet

Mi|tra|schne|cke *auch:* **Mit|ra-schne|cke** ⟨f.; -, -n; Zool.⟩ Familie der Meeresschnecken mit porzellanartigem Gehäuse, das an eine Bischofsmütze erinnert: Mitridae

Mix ⟨m.; -, -e; häufig in Zus.⟩ Mischung, Gemisch; *Getränke~; Sound~* [engl.]

Mix|be|cher ⟨m.; -s, -⟩ Becher mit fest aufsitzendem Deckel, in dem man Flüssigkeiten (u. Pulver) durch kräftiges Schütteln vermischen kann, bes. für Getränke [→ *mixen*]

Mixed ⟨[mıkst] n.; - od. -s, - od. -s; Sport; Tennis⟩ gemischtes Doppel [engl., »gemischt«]

Mixed Drink ⟨[mıkst -] m.; - -s, - -s⟩ Getränk, das aus mehreren alkoholischen u. nichtalkoholischen Getränken zusammengemischt wird [<engl. *mixed* »ge-, vermischt« + *Drink*]

Mixed Grill ⟨[mıkst -] m.; - -s, - -s⟩ Gericht, das aus verschiedenen gegrillten Fleisch- u. Wurstsorten besteht, Grillteller, bunte Grillplatte [<engl. *mixed* »ge-, vermischt« + *Grill*]

Mixed Me|dia ⟨[mıkst mi:dıə] Pl.⟩ Verwendung verschiedener Medien, bes. im Rahmen künstlerischer Installationen od. bei Happenings, mit dem Ziel des gattungssprengenden Gesamtkunstwerks; *Sy* Multimediashow (2) [<engl. *mixed* »ge-, vermischt« + *media* »Medien, Kommunikationsmittel«]

Mixedpickles / Mixed Pickles
(*Worttrennung am Zeilenende; Getrennt- und Zusammenschreibung*) In Fremdwörtern können Buchstabenverbindungen aus Konsonant (hier: *ck*) + *l, n* oder *r* entweder (nach der konsonantischen Trennung) vor dem letzten Konsonantenbuchstaben getrennt werden oder sie kommen (nach der silbischen Trennung) ungetrennt auf die neue Zeile.
Aus dem Englischen stammende Verbindungen aus Adjektiv und Substantiv schreibt man zusammen, wenn der Hauptakzent auf dem ersten Bestandteil liegt. Liegt er auf dem zweiten Bestandteil, so wird getrennt geschrieben (→*a.* Specialeffect / Special Effect).

Mixed|pi|ckles ⟨[mıkstpıklz]⟩ *auch:* **Mixed Pick|les** ⟨Pl.⟩ in gewürztem Essig eingelegtes, gemischtes, pikantes Gemüse; *oV* Mixpickles [<engl. *mix* »mischen« + *pickle* »Eingemachtes«]

mi|xen ⟨V.⟩ **1** mischen; *Getränke ~* **2** ⟨Film; Funk; TV⟩ aufeinander abstimmen u. auf einem Tonband vereinigen; *Tonspuren (von Geräuschen, Musik u. gesprochenem Text) ~* [<engl. *mix*]

Mi|xer ⟨m.; -s, -⟩ **1** jmd., der Getränke mischt; *Bar~* **2** elektr. Gerät zum Zerkleinern u. gleichzeitigen Mischen **3** ⟨TV; Film; Funk⟩ Techniker, der am Mischpult die Tonspuren von Geräuschen, Musik u. gesprochenem Text mixt [engl.]

Mix|ge|tränk ⟨n.; -(e)s, -e⟩ aus verschiedenen Bestandteilen gemischtes Getränk

mi|xo|ly|disch ⟨Adj.; Musik⟩ *~e Tonart* altgriechische Tonart, Kirchentonart mit dem Grundton g

Mix|pi|ckles *auch:* **Mix|pick|les** ⟨[-pıklz] Pl.⟩ = Mixedpickles

Mix|tum com|po|si|tum ⟨n.; - -, Mix|ta -si|ta⟩ Durcheinander, Gemisch [lat., »etwas gemischt Zusammengesetztes« <*mixtus* (Part. Perf. zu *miscere* »mischen«) + *compositus*, Part. Perf. zu *componere* »zusammensetzen«]

Mix|tur ⟨f.; -, -en⟩ **1** ⟨allg.⟩ Mischung **2** ⟨Pharm.⟩ Mischung mehrerer flüssiger Arzneimittel **3** ⟨Musik⟩ gemischte Stimme der Orgel, bei der ein Ton durch Oktave, Quinte, Terz od. Septime verstärkt wird [<lat. *mixtura* »Mischung«]

Mi|zell ⟨n.; -s, -e; Biochemie⟩ = Mizelle

Mi|zel|le ⟨f.; -, -n; Biochemie⟩ aus zahlreichen Molekülen aufgebaute kolloidartige Substanz; *oV* Mizell [<lat. *micella* »Krümchen«]

mkp ⟨Zeichen für⟩ Meterkilopond, meist als kpm für Kilopondmeter ausgedrückt

MKSA-Sys|tem ⟨n.; -s; unz.; Physik⟩ auf den Grundeinheiten Meter, Kilogramm, Sekunde u. Ampere beruhendes physikal. Maßsystem, Grundlage des heute gültigen SI-Systems

MKS-Sys|tem ⟨n.; -s; unz.; Physik; früher⟩ auf den Grundeinheiten Meter, Kilogramm u. Sekunde beruhendes physikalisches Maßsystem, später zum MKSA-System erweitert, (heute) SI-System

M

ml ⟨Zeichen für⟩ Milliliter
MLF ⟨Abk. für engl.⟩ Multilateral Force, multilaterale Atomstreitmacht
Mlle. ⟨Abk. für⟩ Mademoiselle
Mlles ⟨Abk. für⟩ Mesdemoiselles
mm ⟨Zeichen für⟩ Millimeter
mm³ ⟨Zeichen für⟩ Kubikmillimeter
MM. ⟨Abk. für⟩ Messieurs
m. m. ⟨Abk. für⟩ mutatis mutandis
Mme. ⟨Abk. für⟩ Madame
Mmes ⟨schweiz.⟩ ⟨Abk. für⟩ Mesdames

> **mm Hg** (*Abkürzungen*) Die Schreibung von wissenschaftlichen Abkürzungen, chemischen und mathematischen Formeln und Kürzeln des Wirtschaftslebens richtet sich nach den in den jeweiligen Fachsprachen festgelegten (internationalen) Regeln.

mm Hg ⟨Abk. für⟩ Millimeter Quecksilbersäule (veraltete Maßeinheit des Luftdrucks)
MMS ⟨f.; -; unz.; EDV; Abk. für engl.⟩ Multimedia Messaging Service, mit Hilfe eines Handys verschickte u. empfangene Kurznachricht, die Grafiken, Fotos u. mündliche Mitteilungen enthalten kann
Mn ⟨chem. Zeichen für⟩ Mangan
Mne|me ⟨f.; -; unz.; Med.; Psych.⟩ Erinnerung, Gedächtnis [grch.]
Mne|mo|nik ⟨f.; -; unz.⟩ = Mnemotechnik [<grch. *mnemonikos* »das Gedächtnis betreffend« <*mneme* »Gedächtnis«]
Mne|mo|ni|ker ⟨m.; -s, -⟩ = Mnemotechniker [→ *Mnemonik*]
mne|mo|nisch ⟨Adj.⟩ mnemotechnisch
Mne|mo|tech|nik ⟨f.; -; unz.⟩ Kunst, das Gedächtnis durch Gedächtnishilfen zu pflegen u. zu üben, Gedächtniskunst [<grch. *mneme* »Gedächtnis, Erinnerung« + *Technik*]
Mne|mo|tech|ni|ker ⟨m.; -s, -⟩ jmd., der die Mnemotechnik beherrscht; *Sy* Mnemoniker
mne|mo|tech|nisch ⟨Adj.⟩ zur Mnemotechnik gehörend, auf ihr beruhend, mit ihrer Hilfe, das Gedächtnis unterstützend
mnes|tisch ⟨Adj.; Med.; Psych.⟩ die Mneme betreffend, zu ihr gehörend; *~e Störung* Gedächtnisstörung
Mo ⟨chem. Zeichen für⟩ Molybdän
Moa ⟨m.; - od. -s, -s⟩ Vertreter einer erst in geschichtl. Zeit ausgestorbenen Familie von Laufvögeln: Dinornithes [Maori]
Mob ⟨m.; -s; unz.; umg.; abwertend⟩ Pöbel, Gesindel [engl.]
mob|ben ⟨V.⟩ einen Arbeitskollegen hinter seinem Rücken schlechtmachen, über ihn lästern, ihn verleumden, schikanieren mit dem Ziel, ihn vom Arbeitsplatz zu vertreiben [<engl. *mob* »über jmdn. herfallen«]
Mob|bing ⟨n.; - od. -s; unz.⟩ niederträchtiges Verunglimpfen, Schlechtmachen eines Mitarbeiters durch mehrere seiner Kollegen (mit dem Ziel, ihn zum Kündigen seines Arbeitsplatzes zu bewegen); →*a.* Bullying [engl.; zu *mob* »über jmdn. herfallen«]
Mö|bel ⟨n.; -s, -⟩ **1** bewegl. Einrichtungsgegenstand; *Liege~; Sitz~* **2** ⟨Pl.⟩ Einrichtung eines Raumes, einer Wohnung, eines Zimmers; *Büro~; Wohn~; Schlafzimmer~; Biedermeier~; antike, moderne ~* **3** ⟨fig.⟩ unhandlicher, großer Gegenstand [<frz. *meuble* <mlat. *mobile* »bewegl. Gut« <lat. *mobilis;* → *mobil*]
mo|bil ⟨Adj.⟩ **1** beweglich; *Ggs* immobil **2** ⟨fig.; umg.⟩ gesund u. munter **3** flink, behände **4** einsatzbereit, kriegsbereit; *~e Truppen* [<frz. *mobile* »beweglich; marschbereit« <lat. *mobilis* »beweglich«; zu *movere* »bewegen, fortbewegen«]
mo|bi|le ⟨[-le:] Musik⟩ beweglich [ital.]
Mo|bi|le ⟨[-le:] n.; -s, -s⟩ frei an Drähten u. Fäden schwebende, sehr leichte u. zarte kunstgewerbl. Gegenstände, die sich beim geringsten Luftzug bewegen; *Ggs* Stabile [<frz. *mobile;* → *mobil*]
Mo|bile Com|merce ⟨[moubaıl kɔmœ:s] m.; - -; unz.; EDV⟩ elektron. Handel über das Internet mit Hilfe von Mobiltelefonen [engl., »mobiler Handel«]
Mo|bil|funk ⟨m.; -s; unz.⟩ **1** ⟨i. w. S.⟩ Gesamtheit aller beweglichen Funkdienste (nicht öffentliche sowie öffentliche Funknetze) **2** ⟨i. e. S.⟩ Funktelefonnetz der Funknetzbetreiber
Mo|bi|li|ar ⟨n.; -s; unz.⟩ bewegl. Einrichtungsgegenstände, Gesamtheit der Möbel [<lat. *mobiliare* »ausstatten, mit bewegl. Gut versehen«]
Mo|bi|li|en ⟨Pl.⟩ bewegl. Güter, Möbel u. a.; *Ggs* Immobilien [<mlat. *mobilia* »bewegl. Gut, Möbel« <lat. *mobilis;* → *mobil*]
Mo|bi|li|sa|ti|on ⟨f.; -, -en⟩ **1** ⟨Med.⟩ Beweglichmachung (von Gelenken) **2** die Mobilmachung; *Truppen~* [frz.]
mo|bi|li|sie|ren ⟨V.⟩ **1** verfügbar, flüssigmachen; *Vermögen ~* **2** = mobilmachen (1); *Ggs* demobilisieren [<frz. *mobiliser*]
Mo|bi|li|sie|rung ⟨f.; -, -en⟩ das Mobilisieren
Mo|bi|lis|mus ⟨m.; -; unz.; Geophysik⟩ die Annahme, dass sich Teile der Erdkruste über den Untergrund seitwärtsbewegen; *Ggs* Fixismus [→ *mobil*]
Mo|bi|li|tät ⟨f.; -; unz.⟩ **1** Beweglichkeit **2** ⟨Bevölkerungsstat.⟩ Häufigkeit des Wohnungs-, Wohnsitzwechsels [<lat. *mobilitas*]
mo|bil|ma|chen ⟨V.⟩ **1** ⟨i. e. S.⟩ aus dem Friedens- in den Kriegszustand versetzen, kriegsbereit machen; *Sy* mobilisieren (2); *Truppen ~* **2** ⟨i. w. S.⟩ auf die Anforderungen des Krieges umstellen; *die Verwaltung, Wirtschaft ~*
Mo|bil|ma|chung ⟨f.; -, -en⟩ das Mobilmachen
Mo|bil|te|le|fon ⟨n.; -s, -e⟩ = Handy
mö|blie|ren *auch:* **möb|lie|ren** ⟨V.⟩ mit Möbeln ausstatten, mit Möbeln einrichten; *eine Wohnung, ein Zimmer ~; möbliertes Zimmer* zu vermietender Wohnraum mit Möbeln; *möbliert wohnen* ⟨umg.⟩ in einem vom Wohnungsinhaber möblierten Zimmer wohnen [<frz. *meubler*]
Mobs|ter ⟨m.; -s, -⟩ Mitglied ei-

ner verbrecherischen Organisation, Bandit [engl.; verkürzt <*mob* »über jmdn. herfallen« + Gang*ster*]

Mo|cca ⟨m.; -s, -s; österr. für⟩ Mokka

Mo|cha ⟨m.; -; unz.; Min.⟩ helle Quarzart mit moos- od. baumartiger Zeichnung, Baumachat [nach der jemenit. Hafenstadt *Mocha, Mokka;* → *Mokka*]

Mock|tur|tle|sup|pe *auch:* **Mock|turt|le|sup|pe** ⟨[-tœ:tl-] f.; -, -n; Kochk.⟩ falsche Schildkrötensuppe aus Kalbskopf [<engl. *mock* »falsch« + *turtle* »Schildkröte«]

Mod ⟨m.; -s, -s; meist Pl.⟩ Angehöriger einer in den 1960er Jahren bes. in England verbreiteten Jugendbewegung, die neben ihrem eleganten Äußeren vor allem durch ihre Vorliebe für Motorroller aufzufallen suchten [verkürzt <engl. *modern* »modern«]

mod. ⟨Abk. für⟩ moderato

mo|dal ⟨Adj.⟩ **1** ⟨Gramm.⟩ die Art u. Weise bezeichnend **2** ⟨allg.⟩ durch die Verhältnisse bedingt [<lat. *modus* »Art u. Weise«]

Mo|dal ⟨n.; -s; unz.; Textilw.⟩ aus Zellulose bestehende Faser, die eine hohe Festigkeit, Elastizität u. Saugfähigkeit besitzt, wird bes. für Unterwäsche u. Oberbekleidung verwendet; → *a.* Viskose

Mo|dal|be|stim|mung ⟨f.; -, -en; Gramm.⟩ Umstandsbestimmung der Art u. Weise, z. B. sie ging »mit großer Freude« auf ihn zu, das kann man »mit völliger Sicherheit« sagen

Mo|da|li|tät ⟨f.; -, -en⟩ **1** Art u. Weise wie etwas geschieht od. gedacht wird, Ausführungsart **2** ⟨Logik⟩ Bestimmungsgrad einer Aussage **3** ⟨Sprachw.⟩ unterschiedl. sprachl. Form, die das Verhältnis des Sprechers zu seiner Aussage u. der Aussage zur Realität ausdrückt, z. B. bestimmt durch den Modus, die Satzart od. Modalverben

Mo|da|li|tä|ten|lo|gik ⟨f.; -; unz.⟩ = Modallogik

Mo|dal|lo|gik ⟨f.; -; unz.⟩ Zweig der formalen Logik, in dem der logische Wert einer Aussage untersucht wird, die mit Modalitäten, z. B. möglich, notwendig, zufällig, gebildet wurde; *Sy* Modalitätenlogik

Mo|dal|no|ta|ti|on ⟨f.; -; unz.; Musik; 12./13. Jh.⟩ durch die Mensuralnotation abgelöste Notenschrift nach den sechs rhythm., den antiken Versfüßen nachgebildeten Modi, die den Tonverlauf nur ungefähr festlegten

Mo|dal|satz ⟨m.; -es, -sät|ze; Gramm.⟩ Nebensatz, der die Art u. Weise eines im Hauptsatz ausgedrückten Vorgangs näher bestimmt, der Form nach ein Konjunktionalsatz

Mo|dal|verb ⟨[-vɛrb] n.; -s, -en; Gramm.⟩ Verb, das die Art u. Weise eines anderen Verbs näher bestimmt, z. B. können, dürfen, wollen, sollen, scheinen

Mo|de[1] ⟨f.; -, -n⟩ **1** ⟨i. w. S.⟩ Sitte, Gepflogenheit, Geschmack einer Zeit, das, was zur Zeit gerade üblich ist; *die ~ der Barockzeit, des Biedermeiers; eine neue ~; dieses Jahr ist Spanien die große ~* ⟨umg.⟩ dieses Jahr fahren alle im Urlaub nach Spanien; *mit od. nach der ~ gehen* sich nach dem Zeitgeschmack richten **2** die Art, sich im Stil einer bestimmten Zeit zu kleiden; *damals waren lange Röcke ~; große Kragen sind (ganz) aus der ~ gekommen; diese Hüte sind jetzt (sehr) in ~; sich nach der neuesten ~ kleiden* **3** ⟨nur Pl.⟩ *~n* moderne, elegante Oberbekleidungsstücke, Kleider-, Mantel-, Anzugmodelle; *Damen~n; Herren~n; Kinder~n; die neuesten ~n zeigen, vorführen* **4** ⟨fig.; umg.⟩ Gewohnheit, Sitte; *wir wollen keine neuen ~n einführen!* [frz.]

Mode[2] ⟨[moud] m.; - od. -s, -s⟩ **1** ⟨EDV⟩ Zustand, Betriebsart, z. B. bei Computern **2** ⟨El.⟩ Schwingungsform elektromagnet. Wellen [engl., »Erscheinungsform, Beschaffenheit«]

Mo|de|bran|che ⟨[-brã:ʃə] f.; -; unz.⟩ Gesamtheit der Firmen, die Modeartikel entwerfen, herstellen od. verkaufen

Mo|de|de|sign ⟨[-dizaɪn] n.; -s, -s⟩ das Entwerfen von Modellen im Bereich der Mode

Mo|de|de|si|gner *auch:* **Mo|de|de|sig|ner** ⟨[-dizaɪnə(r)] m.; -s, -⟩ Modeschöpfer

Mo|del[1] ⟨m.; -s, -⟩ **1** = Modul[1] (2) **2** *oV* Modul[1] (3) **2.1** vertiefte od. erhabene Form für Tapeten-, Zeugdruck u. a. **2.2** figürlich geschnitzte Holzform für Butter, Gebäck **2.3** Druckplatte od. Walze für (Maschinen-)Modelldruck [<ahd. *modul* <lat. *modulus* »Maß, Maßstab«]

Mo|del[2] ⟨[mɔdəl] n.; -s, -s⟩ Person, die (neue) Modellkleidung vorführt, Mannequin; *oV* Modell (8) [engl.]

Mo|dell ⟨n.; -s, -e⟩ **1** Vorbild, Muster, Urbild **2** Urform eines Bildwerks (meist aus Ton) sowie deren Abguss in Gips, der dann in einen anderen Werkstoff übertragen wird; *Gips~* **3** plastische Darstellung eines (geplanten) Bauwerks in stark verkleinertem Maßstab; *das ~ eines Hauses, einer Stadt* **4** stark verkleinertes Vorbild (Nachbildung) einer Maschine; *Schiffs~; Flugzeug~* **5** Person od. Gegenstand als Vorbild für Maler, Bildhauer u. Fotografen; *Foto~; ~ stehen, sitzen* **6** Darstellung derjenigen allgemeinen u. abstrakten Merkmale eines Forschungsgegenstandes, die für das Ziel der Forschung von Bedeutung sind **7** einmalig angefertigtes Kleid nach der neuesten Mode, Modellkleid; *~e vorführen* **8** = Model[2] [<ital. *modello*]

Mo|del|leur ⟨[-lø:r] m.; -s, -e⟩ Kunstgewerbler, Facharbeiter, der Modelle entwirft; *Sy* Modellierer [<frz. *modeleur*]

mo|del|lie|ren ⟨V.⟩ **1** (in Ton, Wachs od. ähnlichem Material) formen **2** nachbilden, ein Muster anfertigen von [<ital. *modellare*]

Mo|del|lie|rer ⟨m.; -s, -⟩ = Modelleur

Mo|dell|ler|nen ⟨n.; -s; unz.; Politik⟩ Lernverfahren, das nicht auf Eigenerfahrung beruht, sondern bei dem die Erfahrungen anderer (denen Modellcharakter zugeschrieben wird) analysiert werden

mo|deln ⟨V.⟩ in eine Form bringen, gestalten [→ *Model*[1]]

M

Mo|dem ⟨n.; -s, -s; El.⟩ Signalumsetzer für die Übertragung von Gleichstromsignalen auf Übertragungswegen, die nur für Wechselstromsignale geeignet sind (z. B. bei der Übertragung von Daten über Fernsprechleitungen) [verkürzt <*Mo*dulation + *Dem*odulation]

mo|de|rat ⟨Adj.⟩ gemäßigt, maßvoll, zurückhaltend; *eine ~e Politik betreiben* [<lat. *moderatus*]

Mo|de|ra|ti|on ⟨f.; -; unz.⟩ **1** ⟨veraltet⟩ Mäßigung, Gleichmut **2** ⟨heute⟩ Tätigkeit eines Moderators (2, 3) [<lat. *moderatio* »rechtes Maß, Mäßigung, Lenkung«]

mo|de|ra|to ⟨Abk.: mod.; Musik⟩ gemäßigt, mäßig bewegt (zu spielen) [ital.]

Mo|de|ra|to ⟨n.; -s, -s od. -ra|ti; Musik⟩ moderato zu spielender Teil eines Musikstückes

Mo|de|ra|tor ⟨m.; -s, -to|ren⟩ **1** ⟨Physik⟩ Substanz, die schnelle Neutronen auf die für Kernspaltungen notwendigen Geschwindigkeiten abbremsen soll **2** Leiter einer Diskussion **3** ⟨Funk; Fernsehen⟩ jmd., der eine Sendung leitet, sie kommentierend begleitet **4** ⟨im Vatikan. Konzil 1964⟩ Angehöriger eines Konzils, der bei den Aussprachen auf das Wesentliche hinlenken sollte [neulat. <lat. *moderator* »Lenker, Leiter«; → *moderieren*]

Mo|de|ra|to|rin ⟨f.; -, -rin|nen⟩ **1** Leiterin einer Diskussion **2** ⟨Funk; Fernsehen⟩ weibl. Person, die eine Sendung leitet, sie kommentierend begleitet

mo|de|rie|ren ⟨V.⟩ **1** mäßigen, einschränken **2** *eine Rundfunk-, Fernsehsendung ~* die verbindenden Informationen u. Kommentare dazu sprechen [<lat. *moderari* »ein Maß setzen, mäßigen, lenken«]

mo|dern ⟨Adj.⟩ **1** der Mode, dem Zeitgeschmack entsprechend, zeitgemäß; *das Kleid ist nicht mehr ~* **2** neuzeitlich **3** für die Probleme der Gegenwart aufgeschlossen [<frz. *moderne*, eigtl. »neu, neuzeitlich«]

Mo|der|ne ⟨f.; -; unz.⟩ **1** ⟨allg.⟩ die heutige Zeit, ihr Zeitgeist, ihre Verteter **2** moderne Richtung der Kunst, Literatur u. Musik; *ein Künstler der ~*

mo|der|ni|sie|ren ⟨V.⟩ **1** modern, modisch machen, nach der Mode ändern, umarbeiten **2** dem Zeitgeschmack anpassen u. mit den neuesten technischen Errungenschaften ausstatten; *Gebäude ~* [<frz. *moderniser*]

Mo|der|ni|sie|rer ⟨m.; -s, -⟩ jmd., der etwas zeitgemäß verändert, modernisiert od. umgestaltet; *~ diskutieren gegen Traditionalisten*

Mo|der|ni|sie|rung ⟨f.; -, -en⟩ das Modernisieren, das Moderniertwerden

Mo|der|nis|mus ⟨m.; -, -nis|men⟩ **1** ⟨unz.⟩ (von Papst Pius X. 1907 verurteilte) liberale, wissenschaftl.-krit. Richtung innerhalb der kath. Kirche **2** ⟨zählb.; allg.⟩ Streben nach Modernität, Bejahung alles Modernen

Mo|der|nist ⟨m.; -en, -en⟩ Anhänger des Modernismus

mo|der|nis|tisch ⟨Adj.⟩ zum Modernismus gehörig, auf ihm beruhend

Mo|der|ni|tät ⟨f.; -; unz.⟩ das Modernsein, moderne Beschaffenheit [<frz. *modernité*]

Mo|dern Jazz ⟨[mɔdən dʒæz] m.; - -; unz.; Musik⟩ modernisierte Form der Jazzmusik (seit 1945) [engl.]

mo|dest ⟨Adj.⟩ maßvoll, bescheiden, sittsam [<lat. *modestus* »maßvoll, gemäßigt; bescheiden; ehrbar«]

Mo|de|trend ⟨m.; -s, -s⟩ Trend in der Mode, modische Entwicklung; *vom herrschenden ~ abhängig sein; einem neuen ~ folgen*

Mo|di ⟨Pl. von⟩ Modus

Mo|di|fi|ka|ti|on ⟨f.; -, -en⟩ **1** Veränderung, Umwandlung **2** Einschränkung, Milderung, Abminderung **3** ⟨Biol.⟩ nicht erbliche, nur durch Einflüsse der Umwelt verursachte Abweichung eines Lebewesens vom Normaltyp; *Sy* Paravariation; *Ggs* Mutation (1) **4** ⟨Chemie⟩ verschiedene Erscheinungsformen ein u. desselben Stoffes infolge unterschiedlicher Kristallbildung [<lat. *modificatio* »(richtige) Abmessung«]

mo|di|fi|zie|ren ⟨V.⟩ **1** verändern, umwandeln **2** einschränken, mildern [<lat. *modificare* »genau abmessen«]

mo|disch ⟨Adj.⟩ zur augenblicklichen Mode gehörend, ihr gemäß, dem Zeitgeschmack entsprechend; *~e Kleidung sich ~ anziehen, frisieren*

Mo|dis|tin ⟨f.; -, -tin|nen; früher⟩ **1** Putzmacherin **2** Inhaberin eines Hutgeschäftes [<frz. *modiste*]

Mo|dul[1] ⟨m.; -s, -n⟩ **1** ⟨Arch.⟩ Maßeinheit, die in gewissen einfachen Beziehungen zwischen den verschiedenen Bauteilen wiederkehrt **2** ⟨antike Arch.⟩ unterer Halbmesser einer Säule als Maßeinheit zur Berechnung von Säulen u. Säulenordnung; *oV* Model[1] (1) **3** = Model[1] (2) **4** ⟨Technik⟩ Kennziffer für die Teilung eines Zahnrades **5** ⟨Physik⟩ als Maßzahl dienender Wert **6** ⟨Math.⟩ **6.1** diejenige Zahl, die durch Multiplikation mit natürl. Logarithmen die Logarithmen zu einer bestimmten Basis ergibt **6.2** Teiler **7** ⟨Textilw.⟩ Verhältnis zwischen Kraft u. Dehnung bei Fasern; *Elastizitäts~* [<lat. *modulus* »Maß, Maßstab«]

Mo|dul[2] ⟨n.; -s, -e; El.; EDV⟩ **1** als Ganzes austauschbare Funktionsgruppe eines Gerätes **2** in sich geschlossener Teil eines größeren strukturierten Ganzen; *der Lehrgang setzt sich aus mehreren ~en zusammen* [<engl. *module* »(Bau-)Element«]

mo|du|lar ⟨Adj.; Technik⟩ in der Art eines Moduls[2], aus Modulen zusammengesetzt; *die ~e Konstruktionsart dieses Fernsehers ermöglicht eine schnelle Reparatur*

Mo|du|la|ti|on ⟨f.; -, -en⟩ **1** Abwandlung **2** ⟨Musik⟩ **2.1** Übergang von einer Tonart in eine andere **2.2** Abstufung der Tonstärke u. Klangfarbe **3** ⟨El.⟩ Aufprägen von Signalen od. Schallwellen auf eine Trägerwelle; *Frequenz~; Amplituden~* [<lat. *modulatio* »Takt«; zu *modulari* »einrichten, regeln«]

M

Mo|du|la|tor ⟨m.; -s, -to|ren⟩ Gerät, mit dem elektromagnet. Wellen moduliert werden

mo|du|lie|ren ⟨V.⟩ **1** abwandeln, wechseln **2** ⟨Musik⟩ **2.1** von einer Tonart in eine andere überleiten **2.2** Tonstärke u. Klangfarbe (sinnvoll) wechseln **3** ⟨El.⟩ einer Modulation (3) unterwerfen [<lat. *modulari* »einrichten, regeln«]

Mo|dul|tech|nik ⟨f.; -; unz.; Technik⟩ Zusammenfassung mehrerer Bauteile zu Baugruppen, den Modulen

Mo|dus ⟨a. [mo:] m.; -, Mo|di⟩ **1** Art u. Weise, Regel, Maß; *wir müssen einen genauen ~ finden* **1.1** ~ *Operandi* Arbeitsweise, Verfahrensweise **1.2** ~ *Procedendi* Art u. Weise des Verfahrens **1.3** ~ *Vivendi* eine Form erträgl. Zusammenlebens **2** ⟨Gramm.⟩ eine der drei Aussageweisen des Verbs (Indikativ, Konjunktiv, Imperativ) **3** ⟨Musik⟩ **3.1** ⟨in der Notenschrift des 12./13. Jh.⟩ Rhythmus, der einem der sechs griechischen Versfüße nachgebildet ist **3.2** feststehende Melodie, nach der auch andere Lieder gesungen werden, Weise **3.3** Kirchentonart, Tonleiter der Kirchentonart [<lat. *modus* »Art, Weise«]

Mo|fa ⟨n.; -s, -s; Kfz⟩ Fahrrad mit Hilfsmotor [verkürzt <*Mo*tor + *Fa*hrrad]

Mo|fet|te ⟨f.; -, -n⟩ vulkan. Ausströmung von Kohlendioxid [<ital. *mofeta*]

Mo|gi|fo|nie ⟨f.; -, -n; Med.⟩ = Mogiphonie

Mo|gi|gra|fie ⟨f.; -, -n; Med.⟩ = Mogigraphie

Mo|gi|gra|phie ⟨f.; -, -n; Med.⟩ Schreibkrampf; *oV* Mogigrafie [<grch. *mogis* »mit Mühe, kaum« + ...*graphie*]

Mo|gi|la|lie ⟨f.; -, -n; Med.⟩ erschwerte Aussprache bestimmter Laute [<grch. *mogis* »mit Mühe, kaum« + *lalein* »sprechen»]

Mo|gi|pho|nie ⟨f.; -, -n; Med.⟩ Versagen der Stimme bei gewohnter Überanstrengung (vor allem bei Rednern); *oV* Mogifonie [<grch. *mogis* »mit Mühe, kaum« + ...*phonie*]

Mo|gul ⟨a. [-ˈ-] m.; -s, -n⟩ mohammedan. Dynastie in Indien, 1526-1857 [<pers. *mughul* »Mongole« (man hielt Babur, den tatar. Begründer des Mogulreiches, fälschl. für einen Mongolen)]

Mo|hair ⟨[-hɛːr] m.; -s, -s od. -e⟩ **1** Haar der Angoraziege **2** ⟨Textilw.⟩ das daraus hergestellte haarige Gewebe [engl. <ital. <arab.]

Mo|ham|me|da|ner ⟨m.; -s, -; westl. Bez. für⟩ Muslim [nach dem Stifter des Islams, *Mohammed,* etwa 570-632 n. Chr.]

mo|ham|me|da|nisch ⟨Adj.⟩ zur Lehre Mohammeds gehörend, auf ihr beruhend, (heute üblicher) islamisch, muslimisch

Mo|ham|me|da|nis|mus ⟨m.; -; unz.; veraltet⟩ = Islam

Mo|hi|ka|ner ⟨m.; -s, -⟩ Angehöriger eines ausgestorbenen nordamerikan., zu den Algonkin gehörenden Indianerstammes am Hudson; *der letzte ~* ⟨fig.; umg.; scherzh.⟩ der Letzte [nach einem Roman von James Fenimore Cooper, 1826]

Moi|ra ⟨f.; -, Moi|ren; grch. Myth.⟩ **1** ⟨unz.⟩ das den Göttern u. Menschen zugeteilte Schicksal **2** ⟨Pl.⟩ die drei grch. Schicksalsgöttinnen Klotho, Lachesis u. Atropos [grch., »Teil, Anteil, Schicksal«]

Moi|ré ⟨[moareː] n. od. m.; -s, -s⟩ **1** ⟨Textilw.⟩ **1.1** Seide od. Kunstfaser mit gemaserter, wellenförmig schimmernder Oberfläche **1.2** ähnliche Musterung u. Zeichnung auf Pelzwerk **2** ⟨Typ.⟩ störende Musterung bei Halbtonbildern infolge fehlerhafter Reproduktion **3** ⟨TV⟩ strichförmige Bildstörung auf dem Bildschirm [frz.]

moi|rie|ren ⟨[moa-] V.⟩ mit Muster in der Art des Moiré (1) versehen [<frz. *moirer*]

Mois|tu|ri|zer ⟨[mɔɪstʃəraɪzə(r)] m.; -s, -; Kosmetik⟩ Feuchtigkeitscreme [engl.]

mo|kant ⟨Adj.⟩ spöttisch [<frz. *moquant*]

Mo|kas|sin ⟨m.; -s, -s od. -e⟩ **1** weicher, absatzloser, bestickter Stiefel aus Wildleder der nordamerikan. Indianer **2** weicher, ungefütterter Lederschuh mit angeschweißter, sehr weicher Sohle [<engl. *moccasin* <Algonkin *mohkisson*]

Mo|kett ⟨m.; -s; unz.; Textilw.⟩ gemusterter Plüsch als Möbelstoff; *oV* Moquette [<frz. *moquette*]

Mo|kick ⟨n.; -s, -s; Kurzwort für⟩ Moped mit Kickstarter

mo|kie|ren ⟨V.⟩ *sich ~ (über)* sich lustig machen (über) [<frz. *moquer*]

Mok|ka ⟨m.; -s, -s⟩ *oV* Mocca **1** Kaffeesorte **2** ⟨allg.⟩ sehr starker Kaffee [<engl. *mocha coffee,* nach der jemenit. Stadt *Mocha, Mokka* (früher Kaffeehafen)]

Mol ⟨n.; -s, -e; Chemie⟩ diejenige Menge eines Stoffes, deren Masse gleich dem Molekulargewicht in Gramm ist, Grammmolekül [verkürzt <*Molekül*]

mo|lar ⟨Adj.; Chemie⟩ bezogen auf 1 Mol; *~e Lösung* L., die ein Mol eines Stoffes in 1 Liter gelöst enthält

Mo|lar ⟨m.; -s, -en; Med.; kurz für⟩ Molarzahn

Mo|la|ri|tät ⟨f.; -; unz.⟩ Mol-Gehalt einer Lösung

Mo|lar|zahn ⟨m.; -(e)s, -zäh|ne; Med.⟩ Mahlzahn, Backenzahn; *Sy* Molar [<lat. *mola* »Mühlenstein«]

Mo|las|se ⟨f.; -; unz.; Geol.⟩ tertiäre Ablagerung am Nordrand der Alpen [<frz. *mollasse* »weichlich, schlaff« <lat. *mollis* »weich«]

Mol|da|vit ⟨[-viːt] m.; -s, -e; Geol.⟩ flaschengrünes, in Südböhmen vorkommendes glasiges Meteoritgestein [nach dem Fluss *Moldau* in Böhmen]

Mo|le[1] ⟨f.; -, -n⟩ Hafendamm; *oV* ⟨österr.⟩ Molo [<ital. *molo*]

Mo|le[2] ⟨f.; -, -n; Med.⟩ entartete, abgestorbene Leibesfrucht [<lat. *mola* »Mühlstein«]

Mo|le|kül ⟨n.; -s, -e; Chemie⟩ kleinstes Teilchen einer chem. Verbindung aus zwei od. mehr Atomen [<frz. *molécule*]

mo|le|ku|lar ⟨Adj.; Chemie⟩ zum Molekül, zu den Molekülen gehörend

Mo|le|ku|lar|bio|lo|gie ⟨f.; -; unz.⟩ Teilgebiet der Biologie, das

M

sich mit den Vorgängen u. dem Aufbau von Organismen im Molekularbereich befasst, wobei die Untersuchung von Viren, Bakterien u. niederen Pilzen einen breiten Raum einnimmt

mo|le|ku|lar|bio|lo|gisch ⟨Adj.⟩ die Molekularbiologie betreffend, auf ihr beruhend

Mo|le|ku|lar|elek|tro|nik *auch:* **Mo|le|ku|lar|elekt|ro|nik** ⟨f.; -; unz.⟩ Teilgebiet der Mikroelektronik, das mit Halbleitern kleinster Größe arbeitet

Mo|le|ku|lar|ge|ne|tik ⟨f.; -; unz.⟩ Erforschung der chem. Natur der Gene u. ihrer Funktionen, Vererbungsgenetik

mo|le|ku|lar|ge|ne|tisch ⟨Adj.; Genetik⟩ die Molekulargenetik betreffend, auf ihr beruhend

Mo|le|ku|lar|ge|wicht ⟨n.; -(e)s, -e; Chemie⟩ Gewicht eines Moleküls in Gramm als Summe der Atomgewichte seiner Bestandteile

Mo|le|ku|lar|psy|cho|lo|gie ⟨f.; -; unz.⟩ Teilgebiet der Psychologie, das sich mit den Zusammenhängen zwischen psychischem Verhalten u. molekularen Prozessen im Zellbereich befasst, spielt u. a. bei der Drogenforschung eine Rolle

M

Mo|le|ku|lar|strahl ⟨m.; -(e)s, -en; Physik⟩ aus Molekülen bestehender Teilchenstrahl

Mole|skin ⟨[moulskın] m. od. n.; -s, -s; Textilw.⟩ wiederholt gerautes, dichtes Atlasgewebe [engl., »Maulwurfsfell«]

Mo|les|ten ⟨Pl.⟩ Beschwerden, Unannehmlichkeiten, Belästigungen [zu lat. *molestus* »beschwerlich«]

Mo|let|te ⟨f.; -, -n; Technik⟩ prägende Walze, die Druckformen für Tiefdruck herstellt [frz.]

Moll ⟨n.; -; unz.; Musik⟩ (weibl.) Tongeschlecht mit kleiner Terz im Dreiklang der Tonika; *Ggs* Dur [<lat. *mollis* »weich, sanft« (nach der als »weicher Klang« empfundenen kleinen Terz)]

Mol|la ⟨m.; -s, -s⟩ = Mullah

Mol|lus|ke ⟨f.; -, -n⟩ **1** ⟨Zool.⟩ Vertreter eines formenreichen Stammes von Tieren mit weicher, ungeschützter Haut, die sich kriechend fortbewegen, Weichtier: Mollusca **2** ⟨Med.⟩ durch einen Virus erzeugte, kleine, weiche Geschwulst auf der Haut: Molluscum contagiosum [<ital. *mollusco* »Weichtier«; zu *mollis* »weich«]

Mol|lus|ki|zid ⟨n.; -s, -e; Chemie⟩ gegen Schnecken wirksames Pflanzenschutzmittel [<*Molluske* + *...zid*[1]]

Mo|lo ⟨m.; -s, Mo|li; österr.⟩ = Mole[1]

Mo|loch ⟨a. [mɔ-] m.; -s, -e⟩ **1** ⟨fig.⟩ Macht, die alles verschlingt **2** ⟨Zool.⟩ austral. Echsenart mit großen, starken Stacheln: Moloch horridus [nach dem durch Menschenopfer verehrten altsemitischen Gott *Moloch*]

Mo|lo|tow|cock|tail *auch:* **Mo|lo|tow-Cock|tail** ⟨[-tɔfkɔkteıl] m.; -s, -s⟩ **1** ⟨urspr.⟩ Flasche mit leicht entzündbarer Flüssigkeit u. Zündhölzern zur Bekämpfung von Panzern **2** ⟨dann⟩ selbst gebastelter Sprengkörper, gefüllt mit leicht brennbarer Flüssigkeit [nach dem sowjet. Außenminister W. M. *Molotow,* 1890-1986]

mol|to ⟨Musik⟩ viel, sehr, z. B. ~ vivace [ital.]

Mol|ton ⟨m.; -s, -s; Textilw.⟩ beidseitig gerautes, weiches, wolliges Baumwollgewebe [<frz. *molleton;* zu *mollet* »weich«]

Mol|to|pren® ⟨n.; -s, -e⟩ sehr leichter, wärmedämmender Schaumstoff auf der Basis von Polyurethan

Mol|vo|lu|men ⟨[-vo-] n.; -s, - od. -mi|na; Chemie⟩ Volumen des Mols eines Stoffes unter Normalbedingungen

Mo|lyb|dän ⟨n.; -s; unz.; chem. Zeichen: Mo⟩ silberweißes, sprödes Metall, Ordnungszahl 42 [<grch. *molybdaina* »Bleiglanz«]

Mo|lyb|dä|nit ⟨m.; -s, -e; Min.⟩ metallisch glänzendes Mineral

Mo|ment[1] ⟨n.; -(e)s, -e⟩ **1** Wirkung einer Kraft **2** ⟨Physik⟩ Produkt aus der Größe einer Kraft u. dem Abstand von ihrem Angriffspunkt; *Dreh~; Brems~; Trägheits~; elektrisches ~* **3** Merkmal, (wichtiger) Umstand; *entscheidendes ~* Umstand, der etwas bewirkt; *Spannungs~* [<lat. *momentum* »Bewegkraft«; zu *movere* »bewegen«]

Mo|ment[2] ⟨m.; -(e)s, -e⟩ Augenblick, kürzester Zeitabschnitt; *~!, ~ mal! (umg. als Unterbrechung eines Sprechenden); es dauert nur einen ~; den richtigen ~ erwischen, verpassen; im ~ habe ich keine Zeit* augenblicklich [<frz. *moment* »Zeitpunkt« <lat. *momentum,* → *Moment*[1]]

mo|men|tan ⟨Adj.⟩ augenblicklich, vorübergehend [<lat. *momentaneus* »augenblicklich, vorübergehend«; → *Moment*[1]]

Mo|ment mu|si|cal ⟨[momã: myzikal] n.; - -, -s -caux [momã: myziko:]; Musik⟩ kurzes, lyr. Klavierstück ohne feststehende Form [frz., »musikal. Augenblick(seinfall)«]

mon..., Mon... ⟨in Zus.⟩ = mono..., Mono...

Mo|na|de ⟨f.; -, -n; Philos.⟩ **1** ⟨allg.⟩ Einheit, Unteilbares **2** ⟨bei Leibniz⟩ einheitl. in sich geschlossene körperl.-geistig-seel. Substanz mit mehr od. minder bewussten Vorstellungen; *Sy* Henade [<grch. *monas,* Gen. *monados* »Einheit«]

mo|na|disch ⟨Adj.; Philos.⟩ unteilbar, in sich geschlossen

Mo|na|do|lo|gie ⟨f.; -; unz.; Philos.⟩ die von Leibniz begründete Lehre, dass jedes Element der Wirklichkeit eine Monade sei u. als solche ein Spiegel des Universums; →*a.* Monade [<*Monade* + *...logie*]

mo|na|do|lo|gisch ⟨Adj.; Philos.⟩ die Monadologie betreffend, zu ihr gehörend

◆ Die Buchstabenfolge **mon|ar...** kann auch **mo|nar...** getrennt werden.

◆ **Mon|arch** ⟨m.; -en, -en; Politik⟩ fürstl. Alleinherrscher, gekröntes Staatsoberhaupt (durch Wahl od. Erbanspruch) [<grch. *monarchos* »Alleinherrscher« <*monos* »allein« + *archein* »herrschen«]

◆ **Mon|ar|chie** ⟨f.; -, -n; Politik⟩ Staat, Staatsform mit einem Monarchen an der Spitze;

Erb~; Wahl~; konstitutionelle ~ [<lat. *monarchia* <grch. *monarchia* »Alleinherrschaft« <*monos* »allein« + *archein* »der Erste sein, herrschen«]

Monarchie (*Worttrennung am Zeilenende*) Bei fremdsprachigen Zusammensetzungen setzt man die Trennfuge zwischen den einzelnen Bestandteilen. Sind die Bestandteile (z. B. zu grch. *monos* »allein« und zu grch. *arche* »Anfang«) für den deutschen Muttersprachler nicht mehr erkenn- oder nachvollziehbar, kann auch nach Sprechsilben oder den Regeln zur Trennung von Konsonanten getrennt werden.

◆ **mon|ar|chisch** 〈Adj.; Politik〉 zur Monarchie od. zum Monarchen gehörend, durch einen Monarchen (ausgeübt)

◆ **Mon|ar|chis|mus** 〈m.; -; unz.; Politik〉 Bestrebung, die Monarchie durchzusetzen od. zu erhalten

◆ **Mon|ar|chist** 〈m.; -en, -en; Politik〉 Anhänger der Monarchie, des Monarchismus

◆ **Mon|ar|chis|tin** 〈f.; -, -tin|nen; Politik〉 Anhängerin der Monarchie, des Monarchismus

◆ **mon|ar|chis|tisch** 〈Adj.; Politik〉 auf dem Monarchismus beruhend, für die Monarchie eintretend

◆ **Mon|ar|thri|tis** 〈f.; -, -ti|den; Med.〉 Entzündung eines einzigen Gelenks; *Ggs* Polyarthritis [<*Mon...* + *Arthritis*]

Mo|nas|te|ri|um 〈n.; -s, -ri|en〉 Kloster [lat.]

mo|nas|tisch 〈Adj.〉 klösterlich, mönchisch; *die ~e Regel* [<lat. *monasticus* <grch. *monastikos* »mönchisch«]

mon|au|ral *auch:* **mo|nau|ral** 〈Adj.〉 = monophon [<*mon...* + lat. *auris* »Ohr«]

Mon|a|zit *auch:* **Mo|na|zit** 〈m.; -s, -e; Min.〉 in sandigen Ablagerungen vorkommendes Mineral, chem. ein Phosphat bestimmter seltener Erden [<grch. *monazein* »einzeln sein« (wegen der einzeln vorkommenden Kristalle)]

Mon|da|min® 〈n.; -s; unz.〉 Stärkemehl aus Mais (zum Kochen und Backen) [nach dem Jungen *Mondamin,* der im »Song of Hiawatha« von Longfellow (1855) den Mais spielt]

mon|dän 〈Adj.〉 **1** sehr elegant, sehr gewandt u. dabei lässig-überlegen **2** im Stil der großen Welt [<frz. *mondain,* eigtl. »weltlich«; zu *monde* »Welt«]

mon|di|al 〈Adj.〉 weltweit, die ganze Welt umfassend od. betreffend [frz., »weltlich, Welt...«; zu *monde* »Welt«]

Mon|di|al|rei|he 〈f.; -, -n; Wirtsch.〉 Wirtschaftsstatistik, die der Konjunkturforschung Aussagen über die Weltwirtschaft erlaubt [→ *mondial*]

mon dieu! 〈[mɔ̃ djøː]〉 mein Gott! (Ausruf des Entsetzens, der Bestürzung) [frz.]

Mo|nel|me|tall 〈n.; -(e)s, -e〉 korrosionsbeständige Nickel-Kupfer-Legierung [nach dem US-amerikan. Hersteller A. *Monel*]

Mo|nem 〈n.; -s, -e; Sprachw.〉 kleinste bedeutungstragende Einheit der Sprache [<grch. *monos* »einzeln, einmalig«]

mo|ne|tär 〈Adj.〉 das Geld, die Währung betreffend [→ *Moneten*]

mo|ne|ta|ri|sie|ren 〈V.〉 **1** zu Geld machen, finanziell nutzen; *diese Investition wird sich nicht ~* **2** bezüglich der Kosten bewerten; *Umweltschäden ~*

Mo|ne|ta|ris|mus 〈m.; -; unz.〉 das Ausgerichtetsein, ausschließliches Orientiertsein auf Geld u. Kapital [→ *Moneten*]

Mo|ne|ten 〈Pl.〉 **1** 〈urspr.〉 Bargeld, Münzen **2** 〈heute umg.〉 Geld [<lat. *monetae* »Münzen«; zu *Moneta,* dem Beinamen der röm. Göttin Juno, in deren Tempel auf dem Forum Romanum der Staatsschatz lag]

mo|ne|ti|sie|ren 〈V.〉 in Geld umwandeln; *Sachwerte ~*

Mo|ney|ma|ker 〈[mʌnɪmɛɪkə(r)] m.; -s, -; umg.; abwertend〉 Geschäftsmann, der in übertriebenem Maße aus allem Geld zu machen versucht [engl., »Geldmacher«]

Mon|go|len|fal|te 〈f.; -, -n; Anat.〉 = Epikanthus

mon|go|lid 〈Adj.〉 die Merkmale der mongolischen Rasse aufweisend [<*Mongolide(r)* + *...id*]

Mon|go|li|de(r) 〈f. 2 (m. 1)〉 Angehörige(r) der mongolischen Rasse, Mongole

mon|go|lisch 〈Adj.〉 die Mongolei u. die Mongolen betreffend, zu ihnen gehörig, von ihnen stammend; *~e Sprachen* zu den altaischen Sprachen gehörende Sprache der Mongolen

Mon|go|lis|mus 〈m.; -; unz.; Med.; veraltet für〉 Downsyndrom

Mon|go|lis|tik 〈f.; -; unz.〉 Lehre von den mongol. Sprachen

mon|go|lo|id 〈Adj.〉 **1** den Mongolen ähnlich **2** 〈Med.; veraltet für〉 die Merkmale des Downsyndroms aufweisend

Mon|go|lo|i|de(r) 〈f. 2 (m. 1)〉 **1** Angehörige(r) einer Menschenrasse mit überwiegenden, aber nicht allen Merkmalen der mongolischen Rasse **2** 〈Med.; veraltet〉 jmd., der am Downsyndrom leidet

Mo|ni|er|bau|wei|se *auch:* **Mo|ni|er-Bau|wei|se** 〈[mɔnjeː-] f.; -; unz.〉 im Hochbau heute oft verwendete Bauweise mit vorgefertigten Stahlbetonplatten od. auf der Baustelle gegossenen Betonplatten mit Stahleinlage [nach dem Erfinder, dem frz. Gärtner J. *Monier,* 1823-1906, der diese Bauweise zuerst bei Pflanzenkübeln u. Wasserbehältern anwandte]

mo|nie|ren 〈V.〉 **1** beanstanden, rügen **2** mahnen [<lat. *monere* »ermahnen, tadeln«]

Mo|ni|lia 〈f.; -; unz.; Bot.〉 Gesamtheit aller Pilze mit großen, eiförmigen, zu Ketten verbundenen Sporen [<lat. *monile* »Halsband«]

Mo|nis|mus 〈m.; -; unz.; Philos.〉 philosoph. Lehre, dass alles Seiende auf ein einheitliches Prinzip zurückzuführen sei; *Ggs* Pluralismus (1) [<grch. *monos* »allein«]

Mo|nist 〈m.; -en, -en; Philos.〉 Vertreter, Anhänger des Monismus

mo|nis|tisch 〈Adj.; Philos.〉 zum Monismus gehörig, auf ihm beruhend

Mo|ni|tor 〈m.; -s, -to|ren〉 **1** 〈TV〉 Empfänger im Fernsehstudio, auf dem das jeweils gesendete

M

Bild kontrolliert werden kann **2** ⟨Kernphysik⟩ automatische Anlage, die die radioaktive Strahlung überwacht [lat., »Aufseher, Warner, Mahner«]

Mo|ni|to|ring ⟨[mɔnɪtɔrɪŋ] n.; -s, -s⟩ ständiges, sorgfältiges Untersuchen, Überwachen u. Beobachten einer bestimmten Situation od. Gegebenheit [<engl. *monitor* »überwachen«]

Mo|ni|tum ⟨n.; -, -ni|ta⟩ Verweis, Mahnung, Beanstandung [lat., »Mahnung; Prophezeiung«]

mo|no..., Mo|no... ⟨vor Vokalen⟩ mon..., Mon... ⟨in Zus.⟩ allein, einzig, einzeln [<grch. *monos*]

Mo|no|cha|si|um ⟨[-ça:-] od. [-xa:-] n.; -s, -si|en; Bot.⟩ Sprosssystem, bei dem ein einziger Seitenzweig jeweils die Verzweigung fortsetzt [<*Mono...* + grch. *chasma* »Spalt«]

Mo|no|chla|my|de|en ⟨[-çla:-] od. [-xla-] Pl.; Bot.⟩ zweikeimblättrige Blütenpflanzen mit unscheinbarer od. fehlender Blütenhülle [<*Mono...* + *Chlamys*]

Mo|no|chord ⟨[-kɔrd] n.; -(e)s, -e; Musik⟩ **1** ⟨urspr.⟩ altgrch. Musikinstrument mit einer Saite über einem Resonanzkörper u. einer Skala, auf der in Zahlen die Teilungsverhältnisse der Saite vermerkt waren, die sich aus dem Verschieben eines auf ihr sitzenden Stegs ergaben (bes. zur Ton- u. Intervallbestimmung verwendet) **2** ⟨heute⟩ Messgerät für Tonhöhen [<*Mono...* + *...chord*]

mo|no|chrom ⟨[-kro:m] Adj.⟩ einfarbig; *Ggs* polychrom [<*mono...* + *...chrom*]

Mo|no|chro|ma|sie ⟨[-kro-] f.; -; unz.⟩ totale Farbenblindheit [→ *monochrom*]

Mo|no|chro|mat ⟨[-kro-] m. od. n.; -(e)s, -e⟩ Linsensystem, bei dem die chromatischen Bildfehler nicht behoben sind u. das demzufolge nur eine Farbe fehlerfrei abbildet [<*Mono...* + grch. *chroma* »Farbe«]

mo|no|chro|ma|tisch ⟨[-kro-] Adj.⟩ *~es Licht* Licht einer Wellenlänge, einer Farbe

Mo|no|chro|ma|tor ⟨[-kro-] m.; -s, -to|ren; Optik⟩ Gerät zum Aussondern eines in seiner Wellenlänge streng begrenzten u. daher dem Auge einfarbig erscheinenden Lichts aus dem natürlichen Spektrum des Sonnenlichts [<*Mono...* + grch. *chroma* »Farbe«]

mo|no|cy|clisch *auch:* **mo|no|cyc|lisch** ⟨Adj.; Chemie⟩ *~e Verbindungen* organisch-chemische Verbindungen, deren Atome in nur einem Ring angeordnet sind; *oV* monozyklisch; *Ggs* polycyclisch

Mon|o|die *auch:* **Mo|no|die** ⟨f.; -, -n; Musik⟩ **1** ⟨urspr.⟩ unbegleiteter, einstimmiger Gesang **2** ⟨seit 1600⟩ vom Generalbass begleiteter, einstimmiger Gesang **3** ⟨danach⟩ = Homophonie [<grch. *monodia* »Einzelgesang«]

mon|o|disch *auch:* **mo|no|disch** ⟨Adj.⟩ in der Art der Monodie, auf ihr beruhend

Mo|no|dra|ma ⟨n.; -s, -dra|men; Theat.⟩ Drama mit nur einer handelnden bzw. sprechenden Person, Einpersonenstück, lyrischer Monolog

mo|no|fon ⟨Adj.⟩ = monophon

Mo|no|fo|nie ⟨f.; -; unz.⟩ = Monophonie

mo|no|gam ⟨Adj.⟩ die Monogamie betreffend, in der Art der Monogamie; *Ggs* polygam (1)

Mo|no|ga|mie ⟨f.; -; unz.⟩ Ehe mit nur einem Partner; *Ggs* Polygamie [<*Mono...* + *...gamie*]

Mo|no|ga|ta|ri ⟨n.; -s, -s; Lit.⟩ altjap. Form der Prosadichtung, Erzählung, Geschichte [jap.]

mo|no|gen ⟨Adj.; Biol.⟩ durch nur ein Gen bestimmt [<grch. *monos* »allein« + *gennan* »erzeugen, hervorbringen«]

Mo|no|ge|ne|se ⟨f.; -; unz.; Biol.⟩ ungeschlechtl. Fortpflanzung; *Ggs* Amphigonie [<*Mono...* + *...genese, ...gonie*]

Mo|no|ge|nie ⟨f.; -; unz.; Biol.⟩ **1** Entstehung nur männlicher od. nur weiblicher Nachkommen **2** Ausbildung eines Merkmals des Phänotyps durch nur ein Gen [<*Mono...* + *...genie*]

Mo|no|go|nie ⟨f.; -; unz.; Biol.⟩ = Monogenese [<grch. *monos* »allein« + *gone* »Geburt«]

Mo|no|gra|fie ⟨f.; -, -n⟩ Einzeldarstellung, einen einzelnen Gegenstand wissenschaftl. behandelnde Schrift mit dem Anspruch größtmöglicher Vollständigkeit; *oV* Monographie [<*Mono...* + *...grafie*]

mo|no|gra|fisch ⟨Adj.⟩ in der Art einer Monografie, als Einzeldarstellung; *oV* monographisch

Mo|no|gramm ⟨n.; -s, -e⟩ die (oft miteinander verschlungenen) Anfangsbuchstaben des Namens [<spätlat. *monogramma* »ein Buchstabe, der mehrere in sich fasst«]

Mo|no|gra|phie ⟨f.; -, -n⟩ = Monografie

mo|no|gra|phisch ⟨Adj.⟩ = monografisch

mo|no|hy|brid *auch:* **mo|no|hyb|rid** ⟨Adj.; Biol.⟩ sich nur in einem erblichen Merkmal unterscheidend

Mo|no|hy|bri|de *auch:* **Mo|no|hyb|ri|de** ⟨m.; -n, -n; Biol.⟩ Bastard, dessen Eltern sich nur in einem Merkmal unterscheiden

mo|no|hy|drisch *auch:* **mo|no|hyd|risch** ⟨Adj.; Chemie⟩ *~e Säuren* einbasische Säuren

mo|no|kau|sal ⟨Adj.; Med., Philos.⟩ von nur einem Ursache-, Wirkungsprinzip ausgehend, es betreffend; *Ggs* multifaktoriell

Mon|o|kel *auch:* **Mo|no|kel** ⟨n.; -s, -⟩ optisches Glas für ein Auge, Einglas [<*Mono...* + lat. *oculus* »Auge«]

mo|no|klin ⟨Adj.⟩ *~es Kristallsystem* ein K., bei dem zwei Achsen im Winkel von 90° zueinander stehen u. eine dritte Achse dazu einen von 90° abweichenden Winkel bildet [<*mono...* + grch. *klinein* »neigen«]

mo|no|klo|nal ⟨Adj.⟩ einem einzigen Klon entstammend; *~e Antikörper* A., bei denen jedes Molekül in der gleichen Weise aufgebaut ist u. die gleiche Spezifität für Antigene besitzt

mo|no|ko|tyl ⟨Adj.; Bot.⟩ einkeimblättrig; *Ggs* dikotyl [<*mono...* + grch. *kotyle* »Höhlung«]

Mo|no|ko|ty|le ⟨f.; -, -n; Bot.⟩ = Monokotydelone [<grch. *monos* »allein« + *Kotyledone*]

Mo|no|ko|ty|le|do|ne ⟨f.; -, -n;

Bot.⟩ einkeimblättrige Pflanze; *Sy* Monokotyle

Mo|no|kra|tie ⟨f.; -, -n; Politik⟩ Herrschaft eines Einzelnen, Alleinherrschaft [<*Mono...* + grch. *kratein* »herrschen«]

mo|no|kra|tisch ⟨Adj.⟩ **1** ⟨Politik⟩ die Monokratie betreffend, auf ihr beruhend, zu ihr gehörend **2** ⟨Rechtsw.⟩ *~es Prinzip* Leitung eines Amtes od. einer Institution durch eine einzelne Person, die die alleinige Entscheidungsbefugnis besitzt

mon|o|ku|lar *auch:* **mo|no|ku|lar** ⟨Adj.⟩ mit nur einem Auge, für nur ein Auge [<*mon...* + lat. *oculus* »Auge«]

Mo|no|kul|tur ⟨f.; -, -en; Bot.⟩ Anbau nur einer Pflanzenart auf einer Fläche; *Tomaten in ~ anbauen*

mo|no|la|te|ral ⟨Adj.⟩ einseitig

Mo|no|la|trie *auch:* **Mo|no|lat|rie** ⟨f.; -; unz.; Rel.⟩ Verehrung nur eines Gottes (unter mehreren) [<*Mono...* + *...latrie*]

Mo|no|lith ⟨m.; -s od. -en, -e od. -en⟩ **1** einzelner Steinblock **2** aus nur einem Stein gemeißeltes, monumentales Bildwerk [<*Mono...* + grch. *lithos* »Stein«]

mo|no|li|thisch ⟨Adj.⟩ mit einheitl. Baustoff; *~e Bauweise*

Mo|no|log ⟨m.; -(e)s, -e⟩ Selbstgespräch; *Ggs* Dialog (1) [<*Mono...* + *...log*[1]]

mo|no|lo|gisch ⟨Adj.⟩ in der Art eines Monologs

mo|no|lo|gi|sie|ren ⟨V.⟩ einen Monolog halten, führen

Mo|nom ⟨n.; -s, -e; Math.⟩ nur aus einem Glied bestehender Ausdruck; *oV* Mononom [<*Mono...* + *...nom*[2]]

mo|no|man ⟨Adj.; Psych.⟩ von einer fixen Idee besessen, von einem einzigen Trieb fast ausschließlich beherrscht; *oV* monomanisch

Mo|no|ma|ne(r) ⟨f. 2 (m. 1); Psych.⟩ jmd., der an Monomanie leidet

Mo|no|ma|nie ⟨f.; -, -n; Psych.⟩ Besessenheit von einer Wahnidee, krankhaft übersteigerter Trieb [<*Mono...* + *Manie*]

mo|no|ma|nisch ⟨Adj.; Psych.⟩ = monoman

mo|no|mer ⟨Adj.; Chemie⟩ aus einzelnen Molekülen bestehend; *Ggs* polymer [<*mono...* + *...mer*]

Mo|no|mer ⟨n.; -s, -e; Chemie⟩ = Monomere(s)

Mo|no|me|re(s) ⟨n. 3; Chemie⟩ monomer gebildete chem. Verbindung; *oV* Monomer; *Ggs* Polymere(s)

Mo|no|me|rie ⟨f.; -, -n; Chemie⟩ Vorkommen als Monomeres; *Ggs* Polymerie (1)

Mo|no|me|tal|lis|mus ⟨m.; -; unz.⟩ auf nur einem Währungsmetall (Gold od. Silber) beruhendes Währungssystem; *Ggs* Bimetallismus [<*Mono...* + *Metall*]

mo|no|misch ⟨Adj.; Math.⟩ eingliedrig [→ *Monom*]

mo|no|morph ⟨Adj.; Biol.⟩ gleichartig, gleichförmig (von Blüten od. Geweben) [<*mono...* + *...morph*]

Mo|no|nom ⟨n.; -s, -e; Math.⟩ = Monom

mo|no|phag ⟨Adj.; Biol.⟩ sich von nur einer Futterpflanze bzw. nur einer Tierart ernährend; *Ggs* pantophag; →*a.* oligophag [<*mono...* + *...phag*]

Mo|no|pha|ge ⟨m.; -n, -n; Biol.⟩ monophages Tier; *Ggs* Pantophage

Mo|no|pha|gie ⟨f.; -; unz.; Biol.⟩ auf nur eine Futterpflanze bzw. nur eine Tierart eingestellte Ernährungsweise; *Ggs* Pantophagie; →*a.* Oligophagie

Mo|no|pho|bie ⟨f.; -; unz.; Psych.⟩ Angst vor dem Alleinsein [<*Mono...* + *Phobie*]

mo|no|phon ⟨Adj.⟩ auf Monophonie beruhend, einkanalig; *oV* monofon; *Sy* monaural; *Ggs* stereophon, quadrophon

Mo|no|pho|nie ⟨f.; -; unz.⟩ über nur einen Kanal erfolgende Wiedergabe von Tonaufzeichnungen, vermittelt im Unterschied zur Stereophonie oder Quadrophonie keinen räumlichen Klangeindruck; *oV* Monofonie [<*Mono...* + *...phonie*]

Mo|no|phthong *auch:* **Mo|noph|thong** ⟨m.; -s, -e; Phon.⟩ einfacher Vokal; *Ggs* Diphthong [<grch. *monophthongos* »eintönig«]

mo|no|phthon|gie|ren *auch:* **mo|noph|thon|gie|ren** ⟨V.; Phon.⟩ *einen Diphthong ~* in einen Monophthong umwandeln; *Ggs* diphthongieren

mo|no|phthon|gisch *auch:* **mo|noph|thon|gisch** ⟨Adj.; Phon.⟩ als Monophthong lautend; *Ggs* diphthongisch

mo|no|phy|le|tisch ⟨Adj.; Biol.⟩ entwicklungsgeschichtlich von einem einzigen biolog. Stamm abstammend; *Ggs* diphyletisch, polyphyletisch

Mo|no|phy|o|don|tie ⟨f.; -; unz.; Biol.⟩ einmalige Dentition; *Ggs* Diphyodontie, Polyphyodontie [<grch. *monophyes* »einfach« + *odon,* Gen. *odontis* »Zahn«]

Mo|no|ple|gie ⟨f.; -, -n; Med.⟩ Lähmung eines einzelnen Glieds [<*Mono...* + grch. *plege* »Schlag«]

Mo|no|po|die ⟨f.; -, -n; Metrik⟩ Versmaß aus einem einzigen Versfuß; *Ggs* Dipodie; →*a.* Tripodie [<*Mono...* + grch. *pous,* Gen. *podos* »Fuß«]

Mo|no|pol ⟨n.; -s, -e⟩ **1** alleiniges Vorrecht, alleiniger Anspruch; *das ~ für die Aus- od. Einfuhr von Kaffee haben; das ~ auf, für eine Ware besitzen* **2** ⟨Wirtsch.⟩ Art des Angebotes einer Dienstleistung od. einer Ware durch ein Unternehmen od. eine Gruppe von Unternehmen mit dem Ziel, die Preise zu bestimmen; *(staaliches) Tabak~; Post~* [<lat. *monopolium,* grch. *monopolion* »Recht des Alleinhandels; Alleinverkauf« <*monos* »allein« + *polein* »verkaufen, Handel treiben«]

mo|no|po|li|sie|ren ⟨V.; bes. Wirtsch.⟩ zu einem Monopol zusammenschließen [<frz. *monopoliser*]

Mo|no|po|lis|mus ⟨m.; -; unz.; bes. Wirtsch.⟩ Streben nach Monopolbildung, nach der Beherrschung des Marktes durch Monopole

Mo|no|po|list ⟨m.; -en, -en; bes. Wirtsch.⟩ Inhaber eines Monopols

mo|no|po|lis|tisch ⟨Adj.; bes. Wirtsch.⟩ den Monopolismus betreffend, zu ihm gehörig; *~e Bestrebungen*

Mo|no|pol|ka|pi|ta|lis|mus ⟨m.; -; unz.; Politik; nach Lenin⟩ höchstes Stadium des Kapita-

M

lismus mit starker Konzentration wirtschaftl. u. polit. Macht

Mo|no|po|ly® ⟨n.; -s, -s⟩ Gesellschaftsspiel, bei dem um den Erwerb von Grundstücken u. Häusern gespielt wird [engl.]

Mo|no|pte|ros *auch:* **Mo|nop|te|ros** ⟨m.; -, -pte|ren⟩ **1** ⟨Antike⟩ Säulentempel ohne Heiligtum **2** ⟨danach⟩ kleiner Tempel im Garten [<grch. *monopteros* »nur mit einer Säulenreihe«]

Mo|no|sac|cha|rid ⟨[-zaxa-] n.; -s, -e; Biochemie⟩ einfacher Zucker, der sich nicht weiter in kleinere Zuckermoleküle spalten lässt; *oV* Monosacharid

Mo|no|sa|cha|rid ⟨[-zaxa-] n.; -s, -e; Biochemie⟩ = Monosaccharid

mo|no|sem ⟨Adj.; Sprachw.⟩ nur eine Bedeutung habend; *oV* monosemantisch; *Ggs* polysem; *~e sprachliche Zeichen* [<*mono…* + grch. *sema* »Zeichen«]

mo|no|se|man|tisch ⟨Adj.; Sprachw.⟩ = monosem

Mo|no|se|mie ⟨f.; -; unz.; Sprachw.⟩ genaue Entsprechung einer Bedeutung mit einem sprachlichen Zeichen; *Ggs* Polysemie [<*Mono…* + grch. *semasia* »Bezeichnung«]

Mo|no|sper|mie ⟨f.; -, -n; Biol.⟩ Befruchtung der Eizelle durch nur eine Samenzelle; *Ggs* Polyspermie [<*Mono…* + *Sperma*]

mo|no|sta|bil ⟨Adj.⟩ nur einen stabilen Gleichgewichtszustand besitzend; *~e Schaltung* ⟨El.⟩ Schaltung, die immer wieder von selbst in einen bestimmten Grundzustand zurückkehrt; *Ggs* multistabil

mo|no|sti|chisch *auch:* **mo|nos|ti|chisch** ⟨Adj.; Metrik⟩ das metrische Schema eines Verses ständig wiederholend; *oV* monostichitisch; *Ggs* distichisch [→ *Monostichon*]

mo|no|sti|chi|tisch *auch:* **mo|nos|ti|chi|tisch** ⟨Adj.; Metrik⟩ = monostichisch

Mo|no|sti|chon *auch:* **Mo|nos|ti|chon** ⟨n.; -s, -sti|cha⟩ einzelner Vers [<*Mono…* + grch. *stichos* »Reihe, Zeile, Vers«]

mo|no|syl|la|bisch ⟨Adj.; Sprachw.⟩ einsilbig; *Ggs* polysyllabisch [→ *Monosyllabum*]

Mo|no|syl|la|bum ⟨n.; -s, -la|ba; Sprachw.⟩ einsilbiges Wort, Einsilber; *Ggs* Polysyllabum [<*Mono…* + grch. *syllabe* »Silbe«]

mo|no|syn|de|tisch ⟨Adj.; Sprachw.⟩ eine Reihung gleichartiger Wörter betreffend, bei der nur die letzten beiden Glieder durch eine Konjunktion verbunden sind [<*mono…* + *syndetisch*]

Mo|no|syn|de|ton ⟨n.; -s, -de|ta; Sprachw.⟩ eine monosyndetische Reihe von Sätzen od. Satzteilen [<*Mono…* + *syn…* + grch. *deein* »verbinden«]

Mo|no|the|is|mus ⟨m.; -; unz.; Rel.⟩ Glaube an einen einzigen Gott; *Ggs* Polytheismus

Mo|no|the|ist ⟨m.; -en, -en; Rel.⟩ Vertreter, Anhänger des Monotheismus; *Ggs* Polytheist

mo|no|the|is|tisch ⟨Adj.; Rel.⟩ zum Monotheismus gehörend, auf ihm beruhend

mo|no|ton ⟨Adj.⟩ eintönig, ermüdend einförmig, langweilig [<*mono…* + grch. *teinein* »spannen«]

Mo|no|to|nie ⟨f.; -; unz.⟩ monotone Beschaffenheit, Eintönigkeit, ermüdende Einförmigkeit, Langweiligkeit

mo|no|trop ⟨Adj.; Biol.⟩ nur begrenzt anpassungsfähig

Mo|no|tro|pie ⟨f.; -, -n; Chemie⟩ chemische Zustandsform, bei der sich ein Stoff nur in eine Richtung umwandeln lässt [<*Mono…* + *…tropie*]

Mo|no|type® ⟨[-taɪp] f.; -, -s⟩ Setz- u. Gießmaschine für Einzelbuchstaben; →*a.* Linotype [engl., <grch. *monos* »allein« + engl. *type* »Drucktype«]

mo|no|va|lent ⟨[-va-] Adj.⟩ *~e Atome, Moleküle* Atome, Moleküle, die nur einwertige Bindungen eingehen können; *Ggs* polyvalent

Mon|oxid ⟨n.; -(e)s, -e; Chemie⟩ Sauerstoffverbindung eines Elements mit nur einem Sauerstoffatom; *oV* Monoxyd

Mon|oxyd ⟨n.; -(e)s, -e; Chemie⟩ = Monoxid

Mo|no|zel|le ⟨f.; -, -n; El.⟩ kleine Batterie, die nur ein einziges elektrochemisches Element enthält, liefert je nach verwendetem Element Spannungen zwischen 1,3 u. 1,5 Volt

Mon|ö|zie *auch:* **Mo|nö|zie** ⟨f.; -; unz.; Bot.⟩ Vorkommen männlicher u. weiblicher Blüten auf derselben Pflanze, Einhäusigkeit; *Ggs* Diözie [<*Mono…* + grch. *oikos* »Haus«]

mon|ö|zisch *auch:* **mo|nö|zisch** ⟨Adj.⟩ Monözie aufweisend, einhäusig; *Ggs* diözisch

mo|no|zy|got ⟨Adj.; Biol.⟩ eineiig; *~e Zwillinge* Zwillinge, die sich aus einer befruchteten Eizelle entwickelt haben; *Ggs* dizygot [<*mono…* + grch. *zygon* »Joch«]

mo|no|zy|klisch *auch:* **mo|no|zyk|lisch** ⟨Adj.; Chemie⟩ = monocyclisch

Mo|no|zyt ⟨m.; -en, -en; meist Pl.; Med.⟩ größtes der weißen Blutkörperchen mit mehr od. weniger gelapptem Kern [verkürzt <*mononuklear* (<grch. *monos* »allein, einzig« + lat. *nucleus* »Kern«) + Leuko*zyt*]

Mon|roe|dok|trin *auch:* **Mon|roe-Dokt|rin** ⟨[mɔnroʊ-] f.; -; unz.⟩ von dem US-amerikan. Präsidenten Monroe 1823 abgegebene Erklärung, durch die fremden Staaten die Einmischung in US-amerikan. Angelegenheiten verwehrt wurde

Mon|sei|gneur *auch:* **Mon|seig|neur** ⟨[mɔ̃sɛnjøːr] m.; -s, -s od. -e; Abk.: Mgr.; in Frankreich Titel für⟩ hoher Geistlicher, fürstliche Person [<frz. *mon* »mein« + *seigneur* »Gutsherr, Landesherr, Herr«]

Mon|si|eur ⟨[məsjøː] m.; - od. -s, Mes|sieurs [mɛsjøː]; Abk.: M.⟩ Herr (frz. Anrede, allein od. vor dem Namen) [frz.; verkürzt <*Monseigneur*]

Mon|si|gno|re *auch:* **Mon|sig|no|re** ⟨[mɔnsɪnjoːrə] m.; - od. -s, -ri; Abk.: Mgr., Msgr.; in Italien Titel für⟩ hoher kath. geistlicher Würdenträger [<ital. *mon* »mein« + *signore* »Herr«]

Mons|ter ⟨n.; -s, -⟩ = Monstrum

Mons|ter… ⟨in Zus.⟩ riesig, riesenhaft, übermäßig groß od. lang; *Monsterschau*

Mons|te|ra ⟨f.; -, -rae [-rɛː]; Bot.⟩ **1** einer Gattung der Aronstabgewächse angehörende Kletterpflanze mit länglich eingebuchteten, häufig Löcher aufweisenden Blättern **2** ⟨i. e. S.⟩ im Zimmer kultivierte Zierpflanze, Fensterblatt: Monstera deliciosa [<frz. *monstre* »Ungeheuer«; → *Monstrum*]

> ◆ Die Buchstabenfolge **mons|tr...** kann auch **monst|r...** getrennt werden.

◆ **Mons|tra** ⟨Pl. von⟩ Monstrum

◆ **Mons|tranz** ⟨f.; -, -en; Rel.⟩ Gefäß (meist aus kostbarem Material) zum Zeigen der Hostie [<lat. *monstrantia;* zu *monstrare* »zeigen«]

◆ **mons|trös** ⟨Adj.⟩ **1** groß u. scheußlich; *ein ~es Gemälde, Kunstwerk* **2** missgestaltet; *ein ~es Ungeheuer* [<lat. *monstrosus* »wunderbar, widernatürlich; ungeheuerlich; missgestaltet; scheußlich«]

◆ **Mons|tro|si|tät** ⟨f.; -, -en⟩ **1** ⟨unz.⟩ monströse Beschaffenheit, Ungeheuerlichkeit **2** ⟨Med.⟩ Missbildung [<lat. *monstrosus* »ungeheuerlich«]

◆ **Mons|trum** ⟨n.; -s, Mons|tra od. Mons|tren⟩ *oV* Monster **1** Ungeheuer **2** missgebildetes Wesen **3** ⟨Med.⟩ Missgeburt [lat., »göttliches Mahnzeichen, Wahrzeichen; Ungetüm, Ungeheuer; unerhörte Tat«; zu *monere* »mahnen«]

Mon|sun ⟨m.; -s, -e; Meteor.⟩ halbjährlich wechselnder Wind in Asien, bes. Indien [<ndrl. *monssoen* <portug. *monção, moução* <arab. *mausim* »(für die Schifffahrt geeignete) Jahreszeit«]

Mon|ta|ge ⟨[-ʒə] f.; -, -n⟩ **1** das Montieren, Aufstellung u. Zusammenbau **2** ⟨Film⟩ Schnitt, Auswahl u. Aneinanderreihen der Handlungseinheiten eines Films nach künstler. Gesichtspunkten zur endgültigen Gestaltung, oft mit den Mitteln der Ein- u. Überblendung u. a. [<frz. *monter;* → *montieren*]

Mon|ta|ge|bau|wei|se ⟨[-ʒə-] f.; -; unz.⟩ Bauverfahren, bei dem ein Bauwerk aus vorfabrizierten Bauteilen zusammengefügt wird

Mon|ta|gnard *auch:* **Mon|tag|nard** ⟨[mɔ̃tanja:r] m.; -s, -s⟩ **1** Angehöriger der radikalsten Gruppe im Konvent während der Französ. Revolution **2** Angehöriger eines im Gebirge lebenden Volksstammes [frz.; zu *montagne* »Berg«; in der ersten Bedeutung nach den höher gelegenen Plätzen im Sitzungsraum der verfassunggebenden Versammlung]

Mon|ta|gue|gram|ma|tik *auch:* **Mon|ta|gue-Gram|ma|tik** ⟨[mɔntəgju:-] f.; -; unz.; Sprachw.⟩ grammatisches System, das zur Analyse natürlicher Sprachen logisch-mathematische Kategorien gebraucht [nach dem US-amerikan. Sprachwissenschaftler Richard *Montague,* 1932-1971]

mon|tan ⟨Adj.⟩ *oV* montanistisch[1] **1** ⟨Bgb.⟩ zum Bergbau u. Hüttenwesen gehörend **2** *~e Stufe* ⟨Geogr.⟩ landschaftsökologische Höhenstufe der Vegetation, die durch Bergwälder gekennzeichnet ist, Bergstufe [<lat. *montanus* »die Gebirge, die Berge betreffend«; zu *mons,* Gen. *montis* »Berg, Gebirge«]

Mon|tan|in|dus|trie *auch:* **Mon|tan|in|dust|rie** ⟨f.; -; unz.; Bgb.⟩ Vereinigung der Bergbau- u. Hüttenindustrie in Westeuropa

Mon|ta|nis|mus ⟨m.; -; unz.⟩ Lehre einer christl.-schwärmerischen Sekte in Kleinasien von der baldigen Wiederkunft Christi [nach ihrem Begründer *Montanus,* um 150 n. Chr.]

Mon|ta|nist[1] ⟨m.; -en, -en; Bgb.⟩ Sachverständiger in Bergbau u. Hüttenwesen [→ *montan*]

Mon|ta|nist[2] ⟨m.; -en, -en⟩ Angehöriger der Sekte der Montanisten im 2. u. 3. Jh. n. Chr.; → *a.* Montanismus

mon|ta|nis|tisch[1] ⟨Adj.; Bgb.⟩ = montan [zu lat. *montanus* »die Gebirge, die Berge betreffend«]

mon|ta|nis|tisch[2] ⟨Adj.⟩ zum Montanismus gehörig [→ *Montanismus*]

Mon|tan|uni|on ⟨f.; -; unz.; Bgb.⟩ Europäische Gemeinschaft für Kohle u. Stahl

Mon|tan|wachs ⟨n.; -es; unz.⟩ für Schuhputzmittel, Schmierfette, Kerzen sowie in der Papierherstellung verwendetes Pflanzenwachs, das aus Braunkohle gewonnen wird

Mont|bre|tie ⟨[mɔ̃bre:tsjə] f.; -, -n; Bot.⟩ südafrikanische Gattung der Schwertliliengewächse mit ährenförmigen Blütenständen: Tritonia [nach dem frz. Forscher C. de *Montbret,* † 1836]

Mon|teur ⟨[-tø:r] m.; -s, -e⟩ Facharbeiter, der Geräte, Maschinen, Gerüste u. a. montiert [frz.; zu *monter;* → *montieren*]

Mon|teu|rin ⟨[-tø:-] f.; -, -rinnen⟩ weibl. Monteur

Mont|gol|fie|re ⟨[mɔ̃gɔlfjɛ:rə] f.; -, -n⟩ mit Heißluft als Auftriebsmittel schwebender Ballon [nach dem Erfinder, dem frz. Papierfabrikanten Joseph-Michel *Montgolfier,* 1740-1810]

mon|tie|ren ⟨V.⟩ **1** *eine Maschine, techn. Anlage ~* aufstellen u. (od.) zusammenbauen **2** (mit techn. Mitteln) anbringen, befestigen; *einen Griff an ein Gerät ~; eine Lampe auf ein Gestell ~* [<frz. *monter* »hinaufsteigen; hinaufbringen, aufstellen« <lat. *montare* »einen Berg besteigen«]

Mon|tur ⟨f.; -, -en⟩ **1** ⟨veraltet⟩ Uniform, Dienstkleidung **2** ⟨umg.⟩ Arbeitsanzug, Arbeitskleidung [<frz. *monture* »Ausrüstung«]

Mo|nu|ment ⟨n.; -(e)s, -e⟩ großes Denkmal [<lat. *monumentum* »Denkzeichen, Denkmal, Mahnmal«]

mo|nu|men|tal ⟨Adj.⟩ **1** wie ein Monument **2** ⟨fig.⟩ gewaltig, ungeheuer groß

Mo|nu|men|tal|film ⟨m.; -(e)s, -e⟩ Film mit riesigem Aufwand an Menschen u. Material, meist auch mit Überlänge [→ *Monument*]

mo|nu|men|ta|li|sie|ren ⟨V.⟩ **1** zu einem Monument erheben, zu einem Denkmal stilisieren **2** gewaltig, großartig erscheinen lassen

Mo|nu|men|ta|li|tät ⟨f.; -; unz.⟩ monumentale Beschaffenheit, Wuchtigkeit, gewaltige Größe

Mo|nu|men|tal|schrift ⟨f.; -, -en⟩ = Lapidarschrift

Moon|boot ⟨[mu:nbu:t] m.; -s, -s; meist Pl.⟩ dick gefütterter Schneestiefel aus wasserun-

M

durchlässigem Material [<engl. *moon* »Mond« + *boot* »Stiefel«]

Moo|ring ⟨[mu:-] f.; -, -e⟩ = Muring

Mo|ped ⟨n.; -s, -s; Kfz⟩ leichtes Motorrad bis zu 50 cm³ Hubvolumen [verkürzt <*Mo*tor + *Pe*dal od. Velozi*ped*]

Mopp ⟨m.; -s, -s⟩ besenartiges Gerät mit Fransen aus Baumwolle anstelle von Borsten (zum Entstauben) [engl.]

mop|pen ⟨V.⟩ mit dem Mopp kehren

Mo|quette ⟨[-kɛt] m.; -s; unz.; Textilw.⟩ = Mokett

Mo|ra[1] ⟨f.; -, Mo|ren⟩ **1** Verzug, Verzögerung der Zahlung **2** ⟨Metrik⟩ zeitl. Grundeinheit im Vers, Dauer einer kurzen Silbe [lat., »Verzögerung, Verzug; Rast(tag); Aufenthalt«]

Mo|ra[2] ⟨f.; -; unz.⟩ italien. Fingerspiel, bei dem zwei Spieler gleichzeitig eine Hand mit einem od. mehreren ausgestreckten Fingern auf den Tisch legen u. im gleichen Augenblick die Summe der ausgestreckten Finger zu erraten suchen u. laut ausrufen [<ital. *giuoco della morra;* zu *giuoco* »Spiel«; Herkunft von *morra* ungeklärt]

Mo|ral ⟨f.; -; unz.⟩ **1** Sittenlehre, Ethik **2** Nutzanwendung im Hinblick auf die Sittenlehre; *die ~ einer Erzählung, Fabel, eines Märchens; … und die ~ von der Geschichte …* **3** sittliches Verhalten, Sittlichkeit; *~ einer sozialen Gruppe, eines Volkes; eine hohe, keine ~ haben; gegen die ~ verstoßen* **4** Bereitschaft zu kämpfen, Disziplin; *die ~ einer Truppe* [<frz. *morale* <lat. *mos,* Gen. *moris* »Sitte, Brauch; Art und Weise«, Pl. *mores* »Sitten, (gute u. schlechte) Denkart, Charakter; Sittlichkeit«]

Mo|ra|lin ⟨n.; -s; unz.; scherzh.⟩ spießige Entrüstung in moralischen Dingen

mo|ra|lin|sau|er ⟨Adj.; umg.; scherzh.⟩ aufdringlich moralisch, in scheinheiliger Weise moralisch; *eine moralinsaure Ansprache*

mo|ra|lisch ⟨Adj.⟩ **1** die Moral betreffend, zu ihr gehörig, auf ihr beruhend **2** sittlich, sittenstreng; *Ggs* amoralisch, immoralisch, unmoralisch **3** Moral lehrend **4** *Moralische Wochenschriften* Zeitschriften der Aufklärungszeit, die z. B. durch Erzählungen u. fingierte Briefe moral. belehren u. den literar. Geschmack verbessern wollten **5** *einen Moralischen haben* ⟨umg.⟩ niedergeschlagen, reuig sein, bes. nach einem Rausch

mo|ra|li|sie|ren ⟨V.⟩ Moral predigen [<frz. *moraliser*]

Mo|ra|lis|mus ⟨m.; -; unz.⟩ *Ggs* Amoralismus, Immoralismus; →*a.* Antimoralismus **1** Anerkennung eines bindenden Sittengesetzes **2** Überbetonung sittl. Maßstäbe [<lat. *moralis* »die Sitten betreffend, sittlich«]

Mo|ra|list ⟨m.; -en, -en⟩ **1** Anhänger, Vertreter des Moralismus; *Ggs* Immoralist **2** moralphilosoph. Sittenlehrer **3** Literat, der in Essays od. Aphorismen menschl. Handlungsweisen im Hinblick auf ihren moral. Wert beleuchtet od. darstellt; *die französ. ~en* Schriftsteller des 16./18. Jh., z. B. Montaigne, Montesquieu **4** ⟨abwertend⟩ Sittenrichter, Moralprediger

mo|ra|lis|tisch ⟨Adj.⟩ auf Moralismus beruhend, in der Art des Moralismus

Mo|ra|li|tät ⟨f.; -, -en⟩ **1** ⟨unz.⟩ Sittlichkeit, sittl. Gesinnung, moral. Bewusstsein; *Ggs* Amoralität, Immoralität **2** ⟨zählb.⟩ lehrhaftes Schauspiel des ausgehenden MA, bei dem Laster u. Tugenden personifiziert auftraten [→ *Moral*]

Mo|ral|phi|lo|so|phie ⟨f.; -; unz.⟩ philos. Disziplin, die nach den theoretischen Grundlagen der Sittlichkeit u. den Möglichkeiten ihrer praktischen Umsetzung fragt; →*a.* Ethik

Mo|rä|ne ⟨f.; -, -n; Geol.⟩ von Gletschern abgelagerter Gesteinsschutt [<frz. *moraine* »Geröll«]

Mo|ra|to|ri|um ⟨n.; -s, -ri|en⟩ **1** vertraglich vereinbarter od. gesetzlich angeordneter (Zahlungs-)Aufschub **2** ⟨Bankw.⟩ durch das Bundesaufsichtsamt für das Kreditwesen angeordnete Schließung eines Geldinstituts **3** Ruhenlassen einer Angelegenheit od. eines Plans; *das ~ der Friedensgespräche ist beendet* [<lat. *mora* »Aufschub, Verzug«]

mor|bid ⟨Adj.⟩ **1** krankhaft, angekränkelt, kränklich **2** morsch, brüchig [<lat. *morbidus* »krank, ungesund«]

Mor|bi|di|tät ⟨f.; -; unz.⟩ **1** morbide Beschaffenheit **2** Häufigkeit der Erkrankungen innerhalb einer Bevölkerung

mor|bi|phor ⟨Adj.; Med.⟩ krankheitsübertragend, ansteckend [<lat. *morbus* »Krankheit« + …*phor*]

Mor|bus ⟨m.; -, Mor|bi; Med.⟩ Krankheit; *~ Crohn* entzündliche Erkrankung des Darms [lat.]

Mor|dent ⟨m.; -(e)s, -e; Musik⟩ sehr kurzer Triller, einmaliger Wechsel zwischen dem betreffenden Ton u. dessen unterer kleiner Sekunde [<ital. *mordente* »Beißender«]

Mo|rel|le ⟨f.; -, -n; Bot.⟩ Sauerkirsche [<ital. *amarello* »herb«]

mo|ren|do ⟨Musik⟩ immer leiser werdend, ersterbend, leiser als diminuendo [ital., »sterbend«; zu *morire* »sterben«]

Mo|res ⟨Pl.⟩ Anstand, ordentl. Benehmen; *jmdn. ~ lehren* ihm energisch die Meinung sagen [lat., »Sitten, Denkart«, Pl. zu *mos;* → *Moral*]

Mo|res|ca ⟨f.; -; unz.; 15./17. Jh.⟩ verschieden gestalteter europäischer Tanz, häufig als pantomimische Maskerade den Kampf zwischen Christen u. Mauren darstellend; *oV* Moriska [<ital. *moresco,* span. *morisco* »maurisch«]

Mo|res|ke ⟨f.; -, -n⟩ = Maureske

mor|ga|na|tisch ⟨Adj.⟩ *~e Ehe* Ehe zur linken Hand, d. h. nicht standesgemäß [<mlat. *matrimonium ad morganaticam* »Ehe zur linken Hand«, eigtl. »Ehe auf (bloße) Morgengabe«; zu ahd. *morgan(geba)* »Morgengabe«]

mo|ri|bund ⟨Adj.; Med.⟩ im Sterben liegend [<lat. *moribundus*]

Mo|ri|nell ⟨m.; -s, -e; Zool.⟩ Art der Regenpfeifer mit rostroter Unterseite: Eudromias morinellus; *oV* Mornelle [<lat. *Morini,* dem lat. Namen eines

M

Volksstammes im nördl. Gallien, u. grch. *moros* »dumm«]

Mo|ris|ka ⟨f.; -, -ris|ken⟩ = Moresca

Mo|ris|ke ⟨m.; -n, -n⟩ nach der christl. Rückeroberung in Spanien zurückgebliebener u. getaufter Maure [<span. *morisco* »maurisch«]

Mo|ri|tat ⟨a. [--'-] f.; -, -en⟩ in rührselig-schauriger Weise zur Drehorgel vorgetragenes, gleichzeitig durch Bilder erläutertes Lied über ein schreckliches Ereignis, Bänkelsängerlied [vermutl. <*Moralität*]

Mor|mo|ne ⟨m.; -n, -n⟩ Mitglied einer im 19. Jh. gegründeten nordamerikan. Sekte auf christl. Grundlage [nach dem »Buch *Mormon*«, das der Gründer Joseph Smith gefunden haben will]

Mor|nel|le ⟨f.; -, -n; Zool.⟩ = Morinell

mo|ros ⟨Adj.⟩ mürrisch, verdrießlich [<lat. *morosus*]

Mo|ro|si|tät ⟨f.; -; unz.⟩ mürrisches Wesen, Verdrießlichkeit [<lat. *morositas* »mürrisches Wesen, Eigensinn«]

Morph ⟨n.; -(e)s, -e; Sprachw.⟩ kleinste bedeutungstragende Einheit einer Sprache, die im Unterschied zum Morphem noch nicht klassifiziert ist; →*a.* Morphem

...morph ⟨Nachsilbe; zur Bildung von Adj.⟩ ...förmig, ...gestaltig, eine bestimmte Gestalt aufweisend; *polymorph* [<grch. *morphe* »Gestalt«]

Mor|phem ⟨n.; -s, -e; Sprachw.⟩ kleinste bedeutungshaltige Einheit einer Sprache, wobei die Bedeutung auch eine grammatische Funktion sein kann [<grch. *morphe* »Gestalt, Form«]

mor|phen ⟨V.; EDV⟩ ein Bild od. eine Gestalt übergangslos verwandeln [→ *Morphing*]

...mor|phie ⟨Nachsilbe; zur Bildung von weibl. Subst.⟩ Form, Gestalt, Gestaltigkeit; *Polymorphie* [→ *...morph*]

Mor|phin ⟨n.; -s; unz.; Chemie⟩ aus Opium rein gewonnenes Alkaloid, das die Schmerzempfindung herabsetzt, die Atmung vertieft u. Wohlgefühl verursacht; *Sy* ⟨umg.⟩ Morphium; →*a.* Speedball [<grch. *Morpheus,* dem Gott des Schlafes u. der Träume]

Mor|phing ⟨n.; -s; unz.; EDV⟩ computergesteuertes Verfahren, mit Hilfe dessen ein Bild od. eine Gestalt übergangslos in eine andere verwandelt werden kann [engl.]

Mor|phi|nis|mus ⟨m.; -; unz.; Med.⟩ Morphiumsucht

Mor|phi|nist ⟨m.; -en, -en⟩ Morphiumsüchtiger

Mor|phi|um ⟨n.; -s; unz.; umg.⟩ = Morphin

Mor|pho|fo|no|lo|gie ⟨f.; -; unz.; Phon.⟩ = Morphophonologie

Mor|pho|ge|ne|se ⟨f.; -, -n; Biol.⟩ Entwicklung der äußeren Form der Lebewesen; *Sy* Morphogenie, Morphose [<grch. *morphe* »Gestalt« + *genesis* »Entstehung«]

mor|pho|ge|ne|tisch ⟨Adj.; Biol.⟩ auf Morphogenese beruhend

Mor|pho|ge|nie ⟨f.; -, -n; Biol.⟩ = Morphogenese [<*Morpho...* + *...genie*]

Mor|pho|lo|gie ⟨f.; -; unz.⟩ **1** ⟨Med.; Biol.; Geol.⟩ Lehre von der Gestalt- u. Formenbildung **2** ⟨Gramm.⟩ Lehre von der Bildung der Wortstämme u. von der Beugung der Wörter mittels Morpheme **3** Technik, die auf der analytischen Zerlegung eines Problems in Teilbereiche basiert **4** ⟨Wirtsch.⟩ Lehre von der Gestalt einer Wirtschaftsordnung [<grch. *morphe* »Gestalt« + *logos* »Wort, Kunde«]

mor|pho|lo|gisch ⟨Adj.; Sprachw.⟩ die Morphologie betreffend, zu ihr gehörig, auf ihr beruhend

Mor|pho|me|trie *auch:* **Mor|pho|met|rie** ⟨f.; -, -n⟩ **1** ⟨Biol.⟩ Messung der Größe u. Gestalt von Körpern od. Organen **2** ⟨Geol.⟩ Vermessung u. Systematisierung der Formen der Erdoberfläche [<grch. *morphe* »Gestalt« + *...metrie*]

mor|pho|me|trisch *auch:* **mor|pho|met|risch** ⟨Adj.; Geol.⟩ durch Messungen erfasst (von Geröllen)

Mor|pho|pho|no|lo|gie ⟨f.; -; unz.; Phon.⟩ Teilgebiet der Sprachwissenschaft, das die Beziehungen zwischen morphologischen u. phonologischen Erscheinungen untersucht; *oV* Morphofonologie [verkürzt <*Morpho*logie + *Phono*logie]

Mor|pho|se ⟨f.; -, -n; Biol.⟩ = Morphogenese

Mor|se|al|pha|bet *auch:* **Mor|se-Al|pha|bet** ⟨n.; -(e)s; unz.⟩ aus Punkten u. Strichen (kurzen u. langen Stromimpulsen) bestehendes Alphabet zur telegrafischen Nachrichtenübermittlung [nach dem nordamerikan. Erfinder Samiel *Morse,* 1791-1872]

Mor|se|ap|pa|rat *auch:* **Mor|se-Ap|pa|rat** ⟨m.; -(e)s, -e⟩ Gerät zur Nachrichtenübermittlung in Morsezeichen

mor|sen ⟨V.⟩ ins Morsealphabet übertragene Nachrichten telegrafisch übermitteln

Mor|ta|del|la ⟨f.; -, -s⟩ **1** ital. Zervelatwurst **2** Fleischwurst aus Kalb- u. Schweinefleisch mit Speckwürfeln [ital.]

Mor|ta|li|tät ⟨f.; -; unz.⟩ **1** Sterblichkeit; *Ggs* Immortalität **2** Sterblichkeitsziffer; *Ggs* Natalität [<lat. *mortalitas* »Sterblichkeit«]

Mor|ta|li|täts|ra|te ⟨f.; -, -n⟩ Sterberate

Mor|ti|fi|ka|ti|on ⟨f.; -, -en⟩ **1** Abtötung (von Begierden), Kasteiung **2** ⟨Rechtsw.⟩ **2.1** Erklärung der Ungültigkeit **2.2** Tilgung **3** ⟨Med.⟩ Absterben (von Gewebe) **4** ⟨veraltet⟩ Kränkung [<lat. *mortificatio* »Abtötung«]

mor|ti|fi|zie|ren ⟨V.⟩ **1** *Begierden* ~ abtöten **2** ⟨Rechtsw.⟩ **2.1** für ungültig erklären **2.2** tilgen **3** ⟨veraltet⟩ kränken [<lat. *mortificare* »töten, abtöten, quälen«]

Mo|ru|la ⟨f.; -; unz.; Biol.⟩ früheste embryonale Entwicklungsstufe der mehrzelligen Tiere, bei der sich duch totale Furchung eines Eies ein maulbeerähnlicher Verband mehrerer Zellen bildet, Maulbeerkeim; →*a.* Blastula [lat.]

Mo|sa|ik ⟨n.; -s, -e od. -en⟩ aus verschiedenfarbigen Stiften, Glasstückchen, Steinchen o. Ä. zusammengesetztes Muster od. Bildwerk auf Mauer od. Fuß-

M

boden [<frz. *mosaïque* <lat. *musaicum* <*musivum;* zu grch. *mousa* »Muse; Kunst«]
mo|sa|isch ⟨Adj.; Rel.⟩ **1** von Moses stammend **2** jüdisch, israelitisch; *das ~e Gesetz*
Mo|sa|ist ⟨m.; -en, -en⟩ Künstler, der Mosaiken anfertigt; *oV* Mosaizist
Mo|sa|i|zist ⟨m.; -en, -en⟩ = Mosaist
Mo|schaw ⟨m.; -s, -scha|wim⟩ landwirtschaftliche Siedlungsform in Israel, Dorf selbstständiger, genossenschaftlich organisierter Bauern [hebr., »Kolonie«]
Mo|schee ⟨f.; -, -n⟩ islam. Gotteshaus [<frz. *mosquée* <span. *mezquita* <arab. *masgid* »Gebetshaus«]
Mo|schus ⟨m.; -; unz.⟩ sehr stark riechende Flüssigkeit, die von den Duftorganen der Moschustiere abgesondert wird; *Sy* ⟨veraltet⟩ Bisam (2) [<lat. *muscus* <grch. *moschos* <altind. *muskrak* »Hode«]
Mo|schus|och|se ⟨[-ks-] m.; -n, -n; Zool.⟩ in der Arktis lebender Wiederkäuer, Bisamochse, Schafochse: Ovibos moschatus
Mo|schus|tier ⟨n.; -(e)s, -e; Zool.⟩ **1** ⟨i. w. S.⟩ Vertreter einer Unterfamilie der Hirsche ohne Geweih, aber mit langen, hauerartigen Eckzähnen im Oberkiefer, Bisamhirsch: Moschinae **2** ⟨i. e. S.⟩ in den Bergwäldern Mittel- u. Südostasiens beheimatete Art der Moschustiere (1) von 55 cm Schulterhöhe, mit Moschusdrüse in der Nabelgegend, Bisamtier: Moschus moschiferus
mo|sern ⟨V.; umg.⟩ murren, maulen, sich unzufrieden äußern, nörgeln [vermutl. zu rotw. *mosern, mossern* »verraten, angeben, schwatzen«; zu jidd. *Moeser* »Verräter«]
Mos|ki|to ⟨m.; -s, -s; Sammelbez. für⟩ blutsaugende Stechmücken tropischer Länder (Culicidae), die z. T. Malaria, Gelbfieber u. a. übertragen [<span. *mosquito* <*mosca* »Fliege«]
Mos|lem ⟨m.; -s, -s⟩ = Muslim
mos|le|mi|nisch ⟨Adj.; veraltet⟩ = muslimisch
mos|le|misch ⟨Adj.⟩ = muslimisch

M

mos|so ⟨Adj.; Musik⟩ bewegt (zu spielen) [ital.]
Mo|tel ⟨n.; -s, -s⟩ Hotel an Autostraßen mit kleinen Appartements u. Garagen, bes. in den USA [verkürzt <engl. *mo*torists' ho*tel* »Hotel für Reisende mit Motorfahrzeug«]
Mo|tet|te ⟨f.; -, -n; Musik⟩ mehrstimmiges, heute nur noch geistl. Chorstück, meist a cappella gesungen, mit verschiedenen, durch die Form des Textes bestimmten Abschnitten [<ital. *mot(t)etto* »Kirchengesang, dem ein Bibelspruch zugrunde liegt«, <frz. *mot* »Wort«]
Mo|ther|board ⟨[mʌθə(r)bɔ:(r)d] n.; -s, -s; EDV⟩ Hauptplatine im Gehäuse eines Computers, auf der die wesentlichen Bauteile des Computers aufgebracht sind [<engl., »Mutterplatine« <*mother* »Mutter« + *board* »Brett«]
Mo|ti|li|tät ⟨f.; -; unz.⟩ Bewegungsvermögen, Beweglichkeit (bes. der Muskeln) [zu lat. *motus* »Bewegung«]
Mo|ti|on ⟨f.; -, -en⟩ **1** Bewegung **2** ⟨Politik⟩ Antrag im Parlament (bes. in Großbritannien u. der Schweiz) **3** ⟨Gramm.⟩ Bildung der verschiedenen Genusformen (bes. beim Adjektiv) [<frz. *motion* <lat. *motio* »Bewegung«]
Mo|ti|o|när ⟨m.; -s, -e; Politik; schweiz.⟩ jmd., der eine Motion (2) einreicht
Mo|tion|pic|ture ⟨[moʊʃənpıktʃə(r)] n.; - od. -s, -s⟩ Spiel-, Kinofilm [engl., »Film« <*motion* »Bewegung« + *picture* »Bild«]
Mo|tiv ⟨n.; -s, -e [-və]⟩ **1** Beweggrund, Antrieb; *das ~ einer Handlungsweise, einer Tat* **2** kennzeichnender inhaltl. Bestandteil einer Dichtung, charakterist., geformter Teil des Stoffes; *Dramen~; das ~ der feindlichen Brüder* **3** ⟨Musik⟩ kleinste selbstständige charakterist. melod. Einheit eines musikal. Stücks **4** ⟨Kunst⟩ Gegenstand der Darstellung; *Blumen~* [<frz. *motif* <mlat. *motivum* »Bewegung, Antrieb«]
Mo|ti|va|ti|on ⟨[-va-] f.; -, -en⟩ **1** Begründung **2** Gesamtheit der Motive (1), die nicht unmittelbar aus äußeren Reizen abgeleitet sind
Mo|ti|va|ti|ons|schrei|ben ⟨[-va-] n.; -s, -⟩ Bewerbungsschreiben, das die Motivation für die Bewerbung für einen Studien- od. Praktikumsplatz enthält
Mo|ti|va|ti|ons|trai|ning ⟨[-va--tre:-] n.; -s, -s⟩ mentales Training zur Stärkung der Leistungsfähigkeit u. Steigerung des Erfolges im persönl. u. berufl. Bereich
mo|ti|vie|ren ⟨[-vi:-] V.⟩ begründen, anregen, einen Antrieb geben (etwas zu tun) [<frz. *motiver;* → *Motiv*]
mo|ti|viert ⟨[-vi:rt] Adj.⟩ **1** *~e Handlung* begründete Handlung **2** *~ sein* Antrieb besitzen, Beweggründe für etwas haben **3** ⟨Sprachw.⟩ *~e Bildung* durchschaubare Wortbildung, deren Bildungsweise u. Bedeutung aus ihren Einzelteilen noch erkennbar ist
Mo|ti|vie|rung ⟨[-vi:-] f.; -, -en⟩ das Motivieren, Motiviertwerden
Mo|ti|vik ⟨[-vık] f.; -; unz.⟩ Kunst der Behandlung musikalischer Motive
Mo|to|cross *auch:* **Mo|to-Cross** ⟨n.; -; unz.; Motorradsport⟩ Prüfung der Schnelligkeit im Gelände [engl.]
Mo|to|drom ⟨n.; -s, -e; Motorradsport⟩ Rennstrecke für Motorräder od. Autos, bei der die Zuschauer im Innenraum der außen um die Zuschauerplätze verlaufenden Rennbahn sitzen [<*Motor* + grch. *dromos* »Lauf«]
Mo|tor ⟨a. [-ˈ-] m.; -s, -to|ren⟩ Kraftmaschine, die eine Art Energie, Wärme, Elektrizität, Wind u. a. in Bewegungsenergie umwandelt; *den ~ an-, abstellen; der ~ springt nicht an; jmd. ist der ~ eines Unternehmens* derjenige, der das U. voranbringt [lat., »Beweger«; zu *movere* »bewegen, antreiben«]
Mo|to|rik ⟨f.; -; unz.⟩ **1** Lehre von den verschiedenen Arten der Bewegung **2** Gesamtheit der willkürl. Bewegungen des Körpers
mo|to|risch ⟨Adj.⟩ **1** auf der Motorik beruhend **2** bewegend,

der Bewegung dienend; *~e Nerven* N., die eine Erregung vom Nervenzentrum an die Peripherie leiten; *~er Typ* Typ eines Menschen, bei dem Vorstellungen von Bewegungen u. Tastgefühl überwiegen; *Sy* kinästhetischer Typ, taktiler Typ; →*a.* visueller Typ

mo|to|ri|sie|ren ⟨V.⟩ mit Motor versehen, mit Kraftmaschinen od. Kraftfahrzeugen ausrüsten

Mọt|to ⟨n.; -s, -s⟩ **1** Leitspruch, Wahlspruch **2** einem Buch od. Kapitel vorangesetzter Spruch od. Ausspruch, der Inhalt od. Absicht kennzeichnen soll [ital., »Denk-, Leitspruch«]

Mo|tu|prọ|prio *auch:* **Mo|tu|prọp|rio** ⟨n.; -s, -s⟩ aus eigenem Antrieb vom Papst herausgegebener Erlass [<lat. *motus* »Antrieb« + *proprius* »eigen«]

Mouches vo|lan|tes ⟨[muʃvolã:t(ə)] Pl.; Med.⟩ durch Glaskörpertrübung bedingte Sehstörung mit mückenartig erscheinenden Wahrnehmungen [frz., »fliegende Mücken«]

mou|il|lie|ren ⟨[muji:-] V.; Phon.⟩ am vorderen Gaumen aussprechen, erweichen, z. B. die zwei l in frz. »fille«; *Sy* palatalisieren [<frz. *mouillir*]

Mou|il|lie|rung ⟨[muji:-] f.; -, -en; Phon.⟩ das Mouillieren, erweichte Aussprache

Mou|la|ge ⟨[mula:ʒə] f.; -, -n od. m.; -, -s⟩ Abguss, Abdruck, farbiges Wachsmodell (des Körpers od. eines Körperteils) [frz.; zu *moule* »Gießform, Modell«]

Mou|li|né ⟨[muline:] m.; -s, -s; Textilw.⟩ *oV* Mulinee **1** Zwirn aus mehrfarbigen Garnen **2** gesprenkeltes Gewebe [frz.]

mou|li|nie|ren ⟨[mu-] V.; Textilw.⟩ *Seidenfäden ~* zwirnen; *oV* mulinieren [<frz. *mouliner*]

Mound ⟨[maʊnd] m.; -s, -s; Archäol.⟩ Erdhügel im vorkolumbian. Amerika, Tempel- od. Grabhügel [engl.]

Mount ⟨[maʊnt] m.; -s, -s; Geogr.⟩ Berg (meist vor Eigennamen); *~ Everest* [engl.]

Moun|tain|bike ⟨[maʊntənbaɪk] n.; -s, -s⟩ Sportfahrrad mit Profilreifen für Geländefahrten [engl.; zu *mountain* »Berg, Gebirge« + *bike* »Fahrrad«]

Mouse ⟨[maʊs] f.; -, Mice [maɪs]; EDV⟩ über ein Kabel, Funk od. Infrarot mit einem Computer verbundenes Eingabegerät, dessen Bewegungen auf einer Arbeitsplatte direkt in Bewegung des Cursors auf dem Bildschirm umgesetzt werden, Maus [engl., »Maus«]

Mouse|click ⟨[maʊs-] m.; -s, -s; EDV⟩ = Mausklick

Mouse|pad ⟨[maʊspæd] n.; -s, -s; EDV⟩ = Mauspad [<*Mouse* + engl. *pad* »Polster«]

Mous|sa|ka ⟨[mus-] n.; -s, -s; grch. Kochk.⟩ Gericht aus überbackenen Auberginen, Kartoffeln, Hackfleisch u. a.

Mousse ⟨[mu:s] f.; -, -s [mu:s]; frz. Kochk.⟩ schaumige Süßspeise; *~ au chocolat* [- o: ʃokola] Süßspeise aus Schokolade u. Schlagsahne [frz., »Schaum, Schlagsahne«]

Mous|seux ⟨[musø:] m.; -, - [-sø:z]⟩ Schaumwein [frz.; zu *mousser* »schäumen«]

mous|sie|ren ⟨[mus-] V.⟩ schäumen, prickeln; *Schaumwein, Limonade moussiert* [<frz. *mousser*]

Mous|té|ri|en ⟨[muste:riɛ̃:] n.; - od. -s; unz.; Geol.⟩ Kulturstufe der mittleren Altsteinzeit [nach dem frz. Ort *Le Moustier* im Department Dordogne]

Mo|vens ⟨[-vɛns] n.; -; unz.⟩ Antrieb, Antriebskraft [lat., »das Bewegende«]

Mo|vie ⟨[mu:vi] m. od. n.; -s, -s⟩ Kino-, Spielfilm [amerikan.-engl.]

mo|vie|ren ⟨[-vi:-] V.; Sprachw.⟩ ein Wort entsprechend dem jeweiligen Genus verändern, z. B. der Lehrer - die Lehrerin; →*a.* Motion (3) [<lat. *movere* »bewegen«]

Mo|vie|rung ⟨[-vi:-] f.; -, -en; Sprachw.⟩ das Movieren

Moz|ara|ber ⟨m.; -s, -; Rel.⟩ Christ im maur. Spanien, der die arab. Kultur angenommen hatte [<arab. *mustarib* »arabisiert«]

Moz|za|rẹl|la ⟨m.; -s, -s⟩ ital. Büffelkäse

mp **1** ⟨Zeichen für⟩ Millipond **2** ⟨Musik; Abk. für⟩ mezzopiano

MP ⟨Abk. für⟩ **1** Military Police, die engl. bzw. US-amerikan. Militärpolizei **2** Maschinenpistole

MP3 ⟨n.; -, -; EDV; Abk. für⟩ MPEG-Audio-Layer 3, ein Datenformat zur Audiokomprimierung von Klangdateien

m. p. ⟨Abk. für⟩ manu propria

M. P. ⟨Abk. für⟩ Member of Parliament, Mitglied des Parlaments (hinter engl. Namen)

MPEG ⟨EDV; Abk. für engl.⟩ Moving Pictures Experts Group (Expertengruppe für bewegte Bilder), eine Bildkomprimierung für Bewegtbilder

MP3-Play|er *auch:* **MP3-Pla|yer** ⟨[-plɛɪjə(r)] m.; -s, -⟩ Abspielgerät im Taschenformat für die Wiedergabe von Musikdateien im MP3-Format [<*MP3* + engl. *player* »Abspielgerät«]

MPU ⟨EDV; Abk. für engl.⟩ Micro Processing Unit (kleinste Verarbeitungseinheit)

MR ⟨Abk. für engl.⟩ Magnetic Resonance (magnetische Resonanz)

Mr. ⟨Abk. für⟩ Mister

MRCA ⟨Abk. für⟩ Multi Role Combat Aircraft, ein Mehrzweck-Kampfflugzeug, das zu Beginn der 1980er Jahre in den Luftwaffen der NATO eingeführt wurde; *Sy* ⟨in der Bundesrepublik⟩ Tornado

Mrd. ⟨Abk. für⟩ Milliarde, Milliarden

Mrs. ⟨Abk. für⟩ Mistress, Missis

MR-To|mo|gra|fie ⟨f.; -, -n; Med.⟩ = MR-Tomographie

MR-To|mo|gra|phie ⟨f.; -, -n; Med.⟩ Kernspinresonanztomographie, eine Art der dreidimensionalen Tomographie zur Darstellung des menschlichen Körpers, bes. von Weichteilen; *oV* MR-Tomografie

MS ⟨Abk. für⟩ **1** ⟨Med.⟩ multiple Sklerose **2** ⟨EDV⟩ Microsoft®

m/s ⟨Abk. für⟩ Meter pro Sekunde

Ms. ⟨Abk. für⟩ Manuskript

m. s. ⟨Abk. für⟩ mano sinistra

MS-DOS ⟨EDV; Kurzwort: DOS; Abk. für engl.⟩ Microsoft Disk Operating System, ein weit verbreitetes Betriebssystem für Personal Computer

Msgr. ⟨Abk. für⟩ Monsignore

Mskr. ⟨Abk. für⟩ Manuskript

M

Mss. ⟨Abk. für⟩ Manuskripte
MsTh ⟨Abk. für⟩ Mesothorium
MS-WORD ⟨[-wœ:d] EDV⟩ weit verbreitetes Textverarbeitungssystem der Firma Microsoft [engl.; verkürzt <*Microsoft* + *word* »Wort«]
mt ⟨Abk. für⟩ Metertonne
Mt ⟨Abk. für⟩ Megatonne
MTA ⟨Abk. für⟩ medizinisch-technische Assistentin
Much|tar ⟨m.; -s, -s⟩ türkischer Gemeindevorsteher [<arab. *mukhtar,* eigtl. »erwählt«]
Mu|cin ⟨n.; -s, -e; Med.⟩ = Muzin
Mu|de|jar|stil ⟨[mudɛxar-] m.; -(e)s; unz.; Arch.⟩ stark arab. beeinflusster span. Kunst-, bes. Baustil des 12. bis 16. Jh. [nach den *Mudejaren,* den in Spanien gebliebenen Mauren]
Mu|dir ⟨m.; -s, -e⟩ **1** ⟨türk. Titel für⟩ Beamter **2** Leiter einer ägypt. Provinz [arab., »Leiter, Verwalter«]
Mu|dscha|hed|din *auch:* **Mud|scha|hed|din** ⟨Pl.; im Iran u. in Afghanistan⟩ Widerstandskämpfer [<arab. *dschihad* »Heiliger Krieg«]
Mu|ez|zin ⟨m.; -s, -s⟩ mohammedan. Beamter, der fünfmal täglich zum Gebet ruft [<arab. *mu'adhdhin*]
Muff ⟨m.; -(e)s, -e⟩ Kleidungsstück aus Pelz zum Wärmen der Hände [<ndrl. *moffel, muffel* <frz. *moufle* »Pelzhandschuh« <mlat. *muffula*]
Muf|fe ⟨f.; -, -n⟩ **1** ⟨Technik⟩ Verbindungsstück für Rohrenden **2** Erweiterung eines Rohrendes zum Einsetzen eines anderen Rohres **3** wasserdichtes Verbindungsstück für Kabelenden [→ *Muff* (wegen der äußeren Ähnlichkeit)]
Muf|fel ⟨n.; -s, -; Zool.⟩ = Mufflon
Muf|fins ⟨[mʌfinz] Pl.; engl. Kochk.⟩ Gebäck aus Hefeteig [engl.]
Muff|lon *auch:* **Muf|flon** ⟨m.; -s, -s⟩ kleines Wildschaf auf Korsika u. Sardinien; *Sy* Muffel [<frz. *mouflon* <sard. *muffolo* <lat.]
Muf|ti ⟨m.; -s, -s⟩ mohammedan. Rechtsgelehrter [arab., »Rechtsprecher, Gesetzesausleger«, eigtl. »Entscheider«]
mu|kös ⟨Adj.; Med.⟩ die Konsistenz von Schleim aufweisend, schleimig [<lat. *mucosus;* zu *mucus* »Schleim«]
Mu|ko|vis|zi|do|se ⟨[-vɪs-] f.; -, -n; Med.⟩ angeborene Stoffwechselkrankheit, die auf Funktionsstörungen der sekretproduzierenden Drüsen beruht [<lat. *mucus* »Schleim« + *viscosus* »zähflüssig«]
Mu|lat|te ⟨m.; -n, -n⟩ Mischling aus einem schwarzen u. einem europäischen Elternteil [<span. *mulato* »Mulatte«; zu *mulo* »Maultier« → *Mulus*]
Mu|li[1] ⟨Pl. von⟩ Mulus
Mu|li[2] ⟨n.; -s, - od. -s; österr. u. süddt.⟩ Maultier
Mu|li|nee ⟨m.; -s, -s; Textilw.⟩ = Mouliné
mu|li|nie|ren ⟨V.⟩ = moulinieren
Mull ⟨m.; -(e)s, -e⟩ dünnes Baumwollgewebe; *Verband~* [engl.]
Mul|la ⟨m.; -s, -s⟩ = Mullah [arab., »Herr«]
Mul|lah ⟨m.; -s, -s; Titel für⟩ mohammedan. Gelehrter, Richter; *oV* Molla, Mulla
Mul|ti ⟨m.; -, -s; umg.; Kurzwort für⟩ multinationaler Konzern
mul|ti..., Mul|ti... ⟨in Zus.⟩ viel..., vielfach..., Viel... [lat., Pl. zu *multus*]
Mul|ti|ac|cess ⟨[mʌltiæksɛs] m.; -; unz.; EDV⟩ gleichzeitige Benutzung derselben Daten von mehreren Personen innerhalb eines Betriebssystems [engl., »Mehrfachzugang«]
mul|ti|di|men|si|o|nal ⟨Adj.; Soziol.; Psych.⟩ vielschichtig
mul|ti|dis|zi|pli|när *auch:* **mul|ti|dis|zip|li|när** ⟨Adj.⟩ viele Disziplinen (2) umfassend
mul|ti|fak|to|ri|ell ⟨Adj.; Med.; Philos.⟩ von dem Zusammenwirken mehrerer Ursache-, Wirkungsfaktoren ausgehend, sie betreffend; *Ggs* monokausal
Mul|ti|fo|kal|glas ⟨n.; -es, -glä|ser; Optik⟩ Brillenglas mit bis zu 40-fachem, stufenlosem Schliff für unterschiedl. Entfernungen, Gleitsichtglas
mul|ti|funk|ti|o|nal ⟨Adj.⟩ mehrere Funktionen einschließend, sie ermöglichend
Mul|ti|funk|ti|ons|dis|play ⟨[-plɛɪ] n.; -s, -s⟩ elektronisches Anzeigefeld an Telefonen od. Taschenrechnern, das mehrere Funktionen ausführen kann, z. B. Adressen, Telefonnummern o. Ä. angeben [→ *Display*]
mul|ti|kul|ti ⟨häufig in Zus.; umg. kurz für⟩ multikulturell
Mul|ti|kul|ti ⟨n.; - od. -s; unz.; meist ohne Artikel; umg.⟩ multikulturelle Beschaffenheit od. Gestaltung, multikulturelle Veranstaltung; *morgen Abend gibt es ~ pur*
Mul|ti|kul|tur ⟨f.; -, -en; selten Pl.⟩ Kultur, in der viele Nationen zusammenkommen u. ihre jeweiligen Lebensformen u. Sprachen einbringen [<*Multi...* + *Kultur*]
mul|ti|kul|tu|rell ⟨Adj.⟩ mehrere verschiedene Kulturen einschließend; *eine ~e Veranstaltung; die ~e Gesellschaft*
mul|ti|la|te|ral ⟨Adj.⟩ viel-, mehrseitig, mehrere Personen od. Staaten betreffend; *~e Atomstreitmacht* ⟨Abk.: MLF⟩ [<*multi...* + lat. *latus* »Seite«]
Mul|ti|la|te|ra|lis|mus ⟨m.; -; unz.⟩ **1** ⟨Politik⟩ Berücksichtigung der Interessen aller beteiligten Partner **2** ⟨Wirtsch.⟩ System des internationalen Handelsverkehrs, bei dem Forderungen u. Guthaben von mehreren Partnern gegeneinander aufgerechnet werden
Mul|ti|me|dia ⟨engl. [mʌltɪmi:dɪə] n.; - od. -s; unz.; meist ohne Artikel⟩ Kombination, Verwendung mehrerer Medien [<*Multi...* + engl. *media* »Medien«, Pl. zu *medium* »Medium« <lat. *medium* »das Mittlere«]
mul|ti|me|di|al ⟨Adj.⟩ mehrere verschiedene Medien benutzend, berücksichtigend, für viele Medien bestimmt
Mul|ti|me|dia|show ⟨engl. [mʌltɪmi:dɪəʃoʊ] f.; -, -s⟩ **1** ⟨EDV⟩ Vorführung od. Präsentation, bei der verschiedene Anwendungsbereiche eines Computers genutzt werden, z. B. Grafiken, Animationen, Videosequenzen **2** ⟨allg.⟩ = Mixed Media
Mul|ti|me|dia|sys|tem ⟨n.; -s, -e⟩ Unterrichtssystem, bei dem

M

mehrere Medien benutzt werden; →*a.* Medienverbund

Mul|ti|me|ter ⟨n.; -s, -; El.⟩ elektr. Messgerät, das für Spannungs-, Strom-, Widerstands- u. Kapazitätsmessungen verwendet werden kann

Mul|ti|mil|li|o|när ⟨m.; -s, -e⟩ jmd., der Vermögen im Wert von vielen od. mehreren Millionen besitzt

Mul|ti|mil|li|o|nä|rin ⟨f.; -, -rin|nen⟩ weibl. Person, die Vermögen im Wert von vielen od. mehreren Millionen besitzt

mul|ti|na|ti|o|nal ⟨Adj.⟩ mehrere Staaten betreffend, in mehreren Staaten tätig; *~er Konzern* Konzern mit hohem Anteil an Auslandsgeschäften u. mit Produktionsstätten in verschiedenen Ländern

mul|ti|nu|kle|ar *auch:* **mul|ti|nuk|le|ar** ⟨Adj.; Biol.⟩ viele Kerne enthaltend (von Zellen)

Mul|ti|pack ⟨m. od. n.; -s, -s⟩ Verkaufs- u. Verpackungsform, bei der eine Anzahl gleicher Waren zusammengepackt verkauft wird

Mul|ti|pa|ra ⟨f.; -, -pa|ren; Med.⟩ Frau, die mehrfach geboren hat; *Ggs* Primipara; →*a.* Nullipara [<*Multi…* + lat. *parere* »hervorbringen«]

mul|ti|pel ⟨Adj.⟩ vielfältig, vielfach; *multiple Sklerose* ⟨Abk.: MS; Med.⟩ Krankheit des Zentralnervensystems mit vielen sich allmähl. verhärtenden Entzündungsherden sowie fortschreitenden Lähmungen [<lat. *multiplex* »vielfach, zahlreich«]

Mul|ti|ple Choice *auch:* **Mul|tip|le Choice** ⟨[mʌltɪpl tʃɔɪs] n.; - -; unz.⟩ Testverfahren, bei dem die Versuchsperson aus verschiedenen vorgegebenen Antworten die richtige auswählen soll [engl., »mehrfache Auswahl«]

mul|ti|plex ⟨Adj.⟩ vielfältig, vielfach [lat.]

Mul|ti|plex ⟨n.; - od. -es, -e; Film⟩ Kinozentrum mit sehr großen Sälen [verkürzt <*Multi…* + *Komplex*]

Mul|ti|plex|ver|fah|ren ⟨n.; -s, -⟩ Übermittlungsverfahren für Telefonie, das die gleichzeitige Übermittlung mehrerer Nachrichten od. Telefongespräche auf nur einem Übertragungsweg zulässt

Mul|ti|pli|er ⟨[mʌltiplaɪə(r)] m.; -s, -; El.⟩ elektr. Schaltung, die einen einfallenden Elektronenstrahl um ein Vielfaches verstärkt, Elektronenvervielfacher [engl., »Vermehrer, Vervielfacher«; zu *multiply* »vermehren, verstärken, vervielfachen«]

Mul|ti|pli|kand ⟨m.; -en, -en; Math.⟩ die zu multiplizierende Zahl, z. B. die »23« in 2 x 23; →*a.* Multiplikator [<lat. *multiplicandus* »ein zu multiplizierender«]

Mul|ti|pli|ka|ti|on ⟨f.; -, -en; Math.⟩ das Malnehmen, Vervielfachen von Zahlen, eine der vier Grundrechenarten [<lat. *multiplicatio*]

mul|ti|pli|ka|tiv ⟨Adj.⟩ **1** ⟨Math.⟩ die Multiplikation betreffend, zu ihr gehörend **2** ⟨Technik⟩ *~e Mischung* Mischverfahren der Hochfrequenz-Empfangstechnik zur Erzeugung von Zwischenfrequenzen [<lat. *multiplicativus* »zur Vervielfältigung dienlich«]

Mul|ti|pli|ka|ti|vum ⟨[-vum] n.; -s, -va [-va]; Gramm.⟩ Zahlwort zur Angabe der Wiederholung, z. B. dreimal, vierfach [<lat. *multiplicare* »vervielfachen«]

Mul|ti|pli|ka|tor ⟨m.; -s, -to|ren; Math.⟩ die multiplizierende Zahl, z. B. die »88« in 88 x 3; →*a.* Multiplikand [<lat. *multiplicare* »vervielfältigen«]

mul|ti|pli|zie|ren ⟨V.; Math.⟩ malnehmen [<lat. *multiplicare* »vervielfachen«]

Mul|ti|pli|zi|tät ⟨f.; -, -en⟩ mehrfaches Vorkommen, Vorhandensein [<lat. *multiplicitas* »Vielfalt«]

Mul|ti|plum ⟨n.; -s, -pla⟩ das Vielfache, ein Vielfaches [<lat. *multiplus* »vielfach«]

Mul|ti|pol ⟨m.; -(e)s, -e; Physik⟩ System mit mehr als einem elektrischen od. magnetischen Pol, z. B. Dipol

mul|ti|po|lar ⟨Adj.⟩ *Ggs* unipolar **1** ⟨Physik⟩ mehrpolig **2** ⟨fig.; Politik⟩ mehrere Mittelpunkte, Zentren besitzend; *die Welt ist ~ geworden*

Mul|ti|pro|gram|ming ⟨[mʌltɪprɔgræmɪŋ] n.; -s; unz.; EDV⟩ parallel stattfindendes, in zeitlicher Hinsicht auf den Ablauf hin koordiniertes Arbeiten von mehreren Programmen innerhalb eines einzelnen Computers [<*Multi…* + engl. *program* »Programm«]

mul|ti|sta|bil ⟨Adj.⟩ mehrere Gleichgewichtslagen besitzend; *~e Schaltung* ⟨El.⟩ Schaltung, die je nach äußerer Anregung mehrere stabile Zustände einnehmen kann; *Ggs* monostabil

Mul|ti|ta|lent ⟨n.; -(e)s, -e⟩ jmd. mit vielfältigen (oft künstlerischen) Begabungen; *sie war eine eigenwillige Frau und ein echtes ~*

Mul|ti|tas|king ⟨[mʌltɪ-] n.; - od. -s; unz.⟩ **1** ⟨EDV⟩ gleichzeitige Verarbeitung mehrerer Befehle **2** menschl. Fähigkeit, mehrere Tätigkeiten od. Aufgaben gleichzeitig auszuführen [<engl. *multitask* »Mehrfachaufgabe«]

Mul|ti-User-Be|trieb ⟨[-juːzə(r)-] m.; -(e)s; unz.⟩ Möglichkeit, dass mehrere Benutzer an verschiedenen Terminals gleichzeitig an einer EDV-Anlage arbeiten können [<*Multi…* + engl. *user* »Benutzer«]

mul|ti|va|lent ⟨[-va-] Adj.⟩ mehr-, vielwertig; *~er Test* T., der mehrere Lösungen zulässt

Mul|ti|va|lenz ⟨[-va-] f.; -, -en⟩ multivalente Beschaffenheit (von psych. Eigenschaften, Tests u. a.)

Mul|ti|vi|bra|tor *auch:* **Mul|ti|vib|ra|tor** ⟨[-vi-] m.; -s, -to|ren; El.⟩ in der Elektronik verwendete elektr. Schaltung zum Erzeugen von Kippschwingungen

Mul|ti|vi|si|on ⟨engl. [mʌltɪvɪʃən] f.; -; unz.⟩ bei Diavorträgen u. ä. Anlässen verwendete Technik, bei der gleichzeitig mehrere Dias projiziert werden u. entweder mehrere Motive zeigen od. gemeinsam ein größeres Motiv bilden [<*Multi…* + lat. *visio* »Sehen«]

mul|tum, non mul|ta ⟨geh.⟩ viel, (aber) nicht vielerlei, ein Ganzes, aber nicht viele Einzelheiten [lat.]

Mu|lus ⟨m.; -, Mu|li⟩ **1** Maulesel

M

2 ⟨scherzh.; veraltet⟩ angehender Student zwischen Reifeprüfung u. Studienbeginn [lat., »Maultier (Bastard)«]

Mu|mie ⟨[-mjə] f.; -, -n⟩ durch Austrocknen od. Einbalsamieren vor Verwesung geschützte Leiche [<ital. *mummia* <arab. *mumiya;* zu pers. *mum* »Wachs«]

Mu|mi|fi|ka|ti|on ⟨f.; -, -en⟩ das Mumifizieren [<*Mumie* + *...fikation*]

mu|mi|fi|zie|ren ⟨V.⟩ **1** trocken werden, ledern werden, absterben; *Gewebe mumifiziert* **2** durch Einbalsamieren, Austrocknen u. Ä. vor Verwesung schützen, zur Erhaltung behandeln; *eine Leiche ~* [<*Mumie* + *...fizieren*]

Mu|mi|fi|zie|rung ⟨f.; -, -en⟩ das Mumifizieren, Mumifiziertwerden

Mum|my ⟨[mʌmɪ] m.; -s, -s⟩ Auftraggeber eines Ghostwriters [engl., »Mumie«]

Mumps ⟨m.; -; unz.; Med.⟩ meist im Kindesalter auftretende Infektionskrankheit, Entzündung u. Anschwellung der Ohrspeicheldrüsen, Ziegenpeter: Parotitis epidemica [zu engl. *mump* »verdrießlich, schlecht gelaunt sein«]

Mun|da[1] ⟨m.; - od. -s, - od. -s⟩ Angehöriger eines vorderind. Volkes

Mun|da[2] ⟨n.; -; unz.⟩ zu den austroasiat. Sprachen gehörende Sprachgruppe

mun|dan ⟨Adj.; veraltet⟩ weltlich, die Welt betreffend, zu ihr gehörig [<lat. *mundanus;* zu *mundus* »Welt«]

Mun|di|um ⟨n.; -s, Mun|di|en od. Mun|dia; im alten dt. Recht⟩ die Pflicht, Frauen u. minderjährige Kinder zu schützen, u. das Recht, über sie zu verfügen [latinisiert; zu *Mund* »Schutz, Vormundschaft« (wie in *Vormund*)]

Mun|dus vult de|ci|pi ⟨[-vult-]⟩ die Welt will betrogen sein [lat.]

Mung|boh|ne ⟨f.; -, -n; Bot.⟩ = Mungobohne

Mun|go[1] ⟨m.; -s, -s; Zool.⟩ in Indien u. Sri Lanka (Ceylon) heimische Schleichkatze: Mungos mungo; *Sy* Manguste [<engl. *mungoose, mungo, mongoose* <Hindi *mugus* <Sanskrit *manguso,* vielleicht <drawid.]

Mun|go[2] ⟨m.; - od. -s, -s; Textilw.⟩ kurzfaserige Wolle aus Lumpen [engl.; weitere Herkunft unbekannt]

Mun|go|boh|ne ⟨f.; -, -n; Bot.⟩ eine Bohnenart, Grundnahrungsmittel in Asien, Afrika u. Mittelamerika; *oV* Mungbohne [→ *Mungo*[1]]

Mu|ni|ti|on ⟨f.; -; unz.⟩ Treibstoff u. Geschosse für Feuerwaffen; *scharfe ~; Übungs~* [frz., eigtl. *munition (de guerre)* »Kriegsmaterial« <lat. *munitio* »Befestigung, Schanze«]

mu|ni|ti|o|nie|ren ⟨V.⟩ mit Munition ausrüsten od. versorgen

mu|ni|zi|pal ⟨Adj.⟩ städtisch, die Gemeinde-, Stadtverwaltung betreffend [<lat. *municipalis* »zu einem Munizipium gehörig«]

mu|ni|zi|pa|li|sie|ren ⟨V.⟩ in Gemeindeeigentum überführen

Mu|ni|zi|pa|li|tät ⟨f.; -, -en⟩ Stadtobrigkeit, Gesamtheit der städt. Beamten (bes. in Frankreich) [<lat. *municipalis* »zu einem Munizipium gehörig«]

Mu|ni|zi|pi|um ⟨n.; -s, -pi|en⟩ **1** altröm. Landstadt **2** ⟨veraltet⟩ Stadtgemeinde, Stadtverwaltung [<lat. *municipium* »Landstadt, Provinzstadt«]

Mu|rä|ne ⟨f.; -, -n; Zool.⟩ **1** Familie aalartiger Fische ohne Brust- u. Bauchflossen: Muraenidae **2** ⟨i. e. S.⟩ im Mittelmeer u. im südlichen Atlantik beheimateter Fisch mit brauner, gelblich marmorierter Haut: Muraena helena [<lat. *muraena*]

mu|ri|a|tisch ⟨Adj.⟩ Kochsalz enthaltend (Heilquelle) [<lat. *muria* »Salzlake«]

Mu|ring ⟨f.; -, -e; Seew.⟩ Vorrichtung zum Auswerfen zweier Anker; *oV* Mooring [<engl. *moor* »verankern«]

Mus|a|get *auch:* **Mu|sa|get** ⟨m.; -en, -en; veraltet⟩ Freund der Musen, der schönen Künste [<grch. *mousagetes* »Musenführer«, ein Beiname *Apolls*]

Mus|ca|det ⟨[myskadeː] m.; - od. -s, -s⟩ trockener, würziger frz. Weißwein [frz.; <*muscade* »Muskat«]

Mus|ca|rin ⟨n.; -s; unz.; Biochemie⟩ = Muskarin

Mu|schik ⟨m.; -s, -s⟩ russ. Bauer [russ.]

Musch|ko|te ⟨m.; -, -n; abwertend⟩ Fußsoldat [→ *Musketier*]

Mu|se ⟨f.; -, -n⟩ jede der neun grch. Göttinnen der Künste u. Wissenschaften; *die ~ der Tanzkunst, der Musik usw.; die heitere, ernste ~* ⟨fig.⟩ heitere, ernste Kunst [<grch. *mousa* »Muse; Kunst, künstler. Tätigkeit«]

mu|se|al ⟨Adj.⟩ **1** Museums..., zum Museum gehörig **2** ⟨fig.; umg.⟩ veraltet, unmodern

mu|se|a|li|sie|ren ⟨V.⟩ **1** zu einem Museum machen, in einem Museum unterbringen u. bewahren **2** ⟨fig.; umg.⟩ veralten, verstauben, dem Zeitgeist nicht entsprechen; *die Stadt läuft Gefahr zu ~*

Mu|seo|lo|ge ⟨m.; -n, -n⟩ Wissenschaftler, Student der Museologie

Mu|seo|lo|gie ⟨f.; -; unz.⟩ Museumskunde [<*Museum* + *...logie*]

Mu|seo|lo|gin ⟨f.; -, -gin|nen⟩ Wissenschaftlerin, Studentin der Museologie

Mu|sette ⟨[myzɛt] f.; -, -s; Musik; 17. Jh.⟩ **1** verfeinerte französ. Form des Dudelsacks **2** ländl. französ. Tanz mit dudelsackähnl. Begleitung [frz., Verkleinerungsform zu *cornemuse* »Dudelsack«]

Mu|sette|or|ches|ter ⟨[myzɛtɔrkɛs-] n.; -s, -; Musik⟩ in Frankreich entstandenes, kleines Orchester ohne Streicher für Tanz- u. Unterhaltungsmusik

Mu|se|um ⟨n.; -s, -se|en⟩ **1** öffentl. Sammlung von Gegenständen der Kunst od. Wissenschaft **2** Gebäude hierfür [lat., »Ort für gelehrte Betätigung, Akademie; Bibliothek« <grch. *mouseion* »Musensitz, Musentempel«]

Mu|si|ca ⟨f.; -; unz.; lat. Form von⟩ Musik; *~ antiqua* alte Musik; *~ sacra* Kirchenmusik; *~ viva* moderne Musik [<lat. *musica* »Musik«]

Mu|si|cal ⟨[mjuːzɪkəl] n.; -s, -s⟩

M

bes. in Amerika verbreitete Form des Musiktheaters, das Merkmale der Operette, der Revue u. des Varietés verbindet [engl.; verkürzt <*musical comedy* »musikal. Lustspiel«]

Mu|sic|box ⟨[mju:zık-] f.; -, -en od. (engl.) -es [-bɔksız]⟩ = Musikbox [engl.]

mu|siert ⟨Adj.⟩ = musiv

Mu|sik ⟨f.; -, -en⟩ **1** ⟨unz.⟩ die Kunst, Töne in ästhet. befriedigender Form nacheinander (Melodie) u. nebeneinander (Harmonie) zu ordnen, rhythmisch zu gliedern u. zu einem geschlossenen Werk zusammenzufügen, Tonkunst; *~ studieren* **2** ⟨zählb.⟩ Werk(e) der Tonkunst; *Opern~; Unterhaltungs~; ~ hören, machen; die ~ zu einem Film, Theaterstück schreiben; leichte, schwere ~; einen Text in ~ setzen* **3** ⟨unz.⟩ Orchester, bes. Militärkapelle **4** ⟨unz.⟩ Gesamtheit der Tondichtungen eines Landes, Volkes od. einer Zeit; *Barock~; alte, moderne ~; klassische ~* [<lat. *(ars) musica* »Tonkunst; Tonwerk; musikal. Darbietung« <grch. *mousike (techne)* »Musenkunst«]

Mu|sik|aka|de|mie ⟨f.; -, -n⟩ Musikhochschule

Mu|si|ka|li|en ⟨Pl.⟩ Notenbücher u. -hefte

mu|si|ka|lisch ⟨Adj.⟩ **1** die Musik betreffend, zu ihr gehörig, auf ihr beruhend **2** begabt für das Aufnehmen u. Ausüben von Musik **3** ⟨fig.⟩ klangvoll, wie Musik klingend

mu|si|ka|li|sie|ren ⟨V.⟩ in Musik umsetzen, mit Musik unterlegen, vertonen; *Sprache ~*

Mu|si|ka|li|tät ⟨f.; -; unz.⟩ **1** Begabung für Musik **2** ⟨fig.⟩ Klangfülle

Mu|si|kant ⟨m.; -en, -en⟩ **1** Spielmann **2** Musiker, bes. für Unterhaltungs- u. Tanzmusik **3** von der Musik besessener, ganz besonders musikalischer Musiker, »geborener« Musiker

mu|si|kan|tisch ⟨Adj.⟩ musizierfreudig

Mu|sik|au|to|mat ⟨m.; -en, -en⟩ mechan. Musikinstrument, z. B. elektr. Klavier, Spieldose

Mu|sik|box ⟨f.; -, -en⟩ moderner Musikautomat, der nach Einwurf von Münzen Schallplatten spielt (bes. in Gaststätten); *oV* Musicbox [<engl. *music* »Musik« + *box* »Büchse«]

Mu|sik|bran|che ⟨[-brã:ʃə] f.; -, -n⟩ Gesamtheit der im Bereich der (unterhaltenden) Musik tätigen Unternehmen; *sie ist in der ~ tätig*

Mu|sik|dra|ma ⟨n.; -s, -dra|men⟩ **1** ⟨i. w. S.⟩ Oper **2** ⟨i. e. S.⟩ einheitlich durchkomponierte Oper im Sinne Richard Wagners

Mu|si|ker ⟨m.; -s, -⟩ **1** ⟨i. w. S.⟩ Mann, der beruflich ein Musikinstrument spielt **2** ⟨i. e. S.⟩ Mitglied eines Orchesters

Mu|si|ke|rin ⟨f.; -, -rin|nen⟩ **1** ⟨i. w. S.⟩ Frau, die beruflich ein Musikinstrument spielt **2** ⟨i. e. S.⟩ weibl. Mitglied eines Orchesters

Mu|sik|kas|set|te ⟨f.; -, -n; Abk.: MC⟩ mit Musik bespieltes Tonband für den Kassettenrekorder

Mu|sik|korps ⟨[-ko:r] n.; - [-ko:r] od. [-ko:rs], - [-ko:rs]⟩ Militärmusikkapelle

Mu|sik|kri|tik ⟨f.; -, -en⟩ **1** ⟨unz.⟩ krit. Betrachtung u. Bewertung von Musikwerken u. ihrer Darbietung **2** ⟨zählb.⟩ Besprechung einer öffentl. Musikaufführung in der Presse

Mu|si|ko|lo|ge ⟨m.; -n, -n⟩ Musikwissenschaftler

Mu|si|ko|lo|gie ⟨f.; -; unz.; selten⟩ Musikwissenschaft [<*Musik* + *...logie*]

Mu|si|ko|lo|gin ⟨f.; -, -gin|nen⟩ Musikwissenschaftlerin

mu|si|ko|lo|gisch ⟨Adj.; selten⟩ zur Musikologie gehörend, sie betreffend

Mu|sik|päd|a|go|ge *auch:* **Mu|sik|pä|da|go|ge** ⟨m.; -n, -n⟩ Musiklehrer, Wissenschaftler der Musikpädagogik

Mu|sik|päd|a|go|gik *auch:* **Mu|sik|pä|da|go|gik** ⟨f.; -; unz.⟩ (Lehre von) Erziehung u. Bildung im Bereich der Musik

Mu|sik|päd|a|go|gin *auch:* **Mu|sik|pä|da|go|gin** ⟨f.; -, -gin|nen⟩ Musiklehrerin, Wissenschaftlerin auf dem Gebiet der Musikpädagogik

Mu|sik|the|o|rie ⟨f.; -; unz.⟩ Lehre von der Musik, ihren Formen, Gattungen, ihrem Aufbau, Vortrag usw.

Mu|sik|the|ra|pie ⟨f.; -, -n⟩ Heilung von Kranken mit Hilfe der Musik

Mu|si|kus ⟨m.; -, -si|zi od. (umg.) -se; veraltet od. scherzh. für⟩ Musiker [<lat. *musicus* »Musiker, Tonkünstler«]

Mu|sik|vi|deo ⟨[-vi:-] n.; -s, -s⟩ = Videoclip

Mu|sique con|crète *auch:* **Mu|sique conc|rète** ⟨[myzık kɔ̃krɛ:t] f.; - -; unz.⟩ Stilrichtung der elektroakustischen Musik, die auf konkreten Klängen aus der Umwelt basiert [frz., »konkrete Musik«]

mu|sisch ⟨Adj.⟩ **1** die Musen betreffend, von ihnen stammend **2** künstlerisch, empfänglich für Kunst; *~ begabt; ~ talentiert; Ggs* amusisch

mu|siv ⟨Adj.⟩ mosaikartig, eingelegt; *Sy* musiert [<lat. *musivum* »Bildwerk mit bunten Steinen, Mosaik«]

Mu|siv|ar|beit ⟨f.; -, -en⟩ Mosaik, eingelegte Arbeit

Mu|siv|gold ⟨n.; -(e)s; unz.⟩ als Goldersatz verwendetes Zinnsulfid [→ *musiv*]

mu|si|visch ⟨[-vıʃ] Adj.⟩ mosaikartig, eingelegt [zu lat. *musivum* »Bildwerk mit bunten Steinen, Mosaik«]

Mu|siv|sil|ber ⟨n.; -s; unz.⟩ Zinn-Wismut-Amalgam als Silberersatz [→ *musiv*]

mu|si|zie|ren ⟨V.⟩ (gemeinsam) Musik machen

Mus|ka|rin ⟨n.; -s; unz.; Biochemie⟩ auf die Nervenzentren erregend wirkendes Gift des Fliegenpilzes, ein Alkaloid; *oV* Muscarin [nach dem wissenschaftlichen Namen für den Fliegenpilz, Amanita *muscaria* <lat. *muscarius;* zu *musca* »Fliege«]

Mus|kat ⟨m.; -s; unz.⟩ aus der Muskatnuss gewonnenes Gewürz [<mhd. *muscat, muschat(e)* »Muskatnuss« <afrz. *noizmuscate* <mlat. *(nux) muscata;* zu *muscatus* »nach Moschus duftend«; → *Moschus*]

Mus|kat|blü|te ⟨f.; -, -n; Bot.⟩ getrocknete Samenmäntel der Muskatnuss

M

Mus|ka|te ⟨f.; -, -n; Bot.⟩ = Muskatnuss

Mus|ka|tel|ler ⟨m.; -s, -⟩ **1** Traubensorte mit muskatartigem Geschmack **2** Wein daraus; *Sy* Muskatwein [<mhd. *muscatel* <mlat. *muscatellum,* ital. *moscatello* <*muscat, muschat(e)* »Muskatnuss«; → *Muskat*]

Mus|kat|fink ⟨m.; -en, -en; Zool.⟩ Prachtfink aus Vorder- u. Hinterindien mit heller, braun geschuppter Brust: Lonchura punctulata

Mus|kat|nuss ⟨f.; -, -nüs|se; Bot.⟩ als Gewürz gebrauchter getrockneter Same des Muskatnussbaumes; *Sy* Muskate

Mus|kat|nuss|baum ⟨m.; -(e)s, -bäu|me; Bot.⟩ tropisches Holzgewächs mit pfirsichähnlichen Früchten, deren getrocknete Samenmäntel als Muskatblüte u. deren Samen als Muskatnüsse verwendet werden: Myristica fragrans

Mus|kat|wein ⟨m.; -s, -e⟩ = Muskateller

Mus|kel ⟨m.; -s, -n; Anat.⟩ der Bewegung dienendes, zusammenziehbares Organ des tierischen u. menschl. Körpers [<lat. *musculus*]

M

Mus|kel|dys|tro|phie ⟨f.; -, -n; Med.⟩ erbliche, langsam fortschreitende Muskelerkrankung, Muskelschwund

Mus|kel|kon|trak|ti|on ⟨f.; -, -en; Med.⟩ Kontraktion des Muskels

Mus|ke|te ⟨f.; -, -n; früher⟩ Gewehr großen Kalibers [<frz. *mousquet* »Luntenflinte«]

Mus|ke|tier ⟨m.; -s, -e; früher⟩ mit einer Muskete bewaffneter Fußsoldat [<frz. *mousquetaire*]

Mus|ko|vit ⟨[-viːt] m.; -s, -e; Min.⟩ kalihaltiger Glimmer [<*Muskovia,* der lat. Bezeichnung der Stadt Moskau]

mus|ku|lär ⟨Adj.; Med.⟩ zu den Muskeln gehörig, von ihnen ausgehend

Mus|ku|la|tur ⟨f.; -, -en⟩ Gesamtheit der Muskeln (eines Körpers) [<neulat. *musculatura;* zu lat. *musculus;* → *Muskel*]

mus|ku|lös ⟨Adj.⟩ mit starken Muskeln versehen, kräftig

Mus|lim ⟨m.; -s, -li|me od. (umg.) -s⟩ Anhänger des Islams; *oV* Moslem; *Sy* Islamit, Mohammedaner; *Ggs* Kafir [arab.]

Mus|li|ma ⟨f.; -, -s⟩ = Muslimin

Mus|li|me ⟨f.; -, -n⟩ Anhängerin des Islams

Mus|li|min ⟨f.; -, -nen⟩ weibl. Muslim; *oV* Muslima

mus|li|misch ⟨Adj.⟩ zum Islam gehörend, auf ihm beruhend; *oV* moslemisch, mosleminisch; *Sy* mohammedanisch

Mus|se|lin ⟨m.; -s, -e; Textilw.⟩ feines, leichtes Gewebe in Leinwandbindung, meist für Damenkleider [<frz. *mousseline* <ital. *mussolina* <*Mussolo,* ital. Bezeichnung der Stadt *Mosul* im Irak]

Mus|tang ⟨m.; -s, -s⟩ verwildertes Hauspferd der nordamerikan. Prärien [<span. (mexikan.) *mesteño*]

Must-Have ⟨[mʌsthev] n.; -s, -s; bes. Mode; umg.⟩ Sache, die dem aktuellen Trend entspricht u. die man unbedingt haben muss, unabdingbares Muss; *Lackschuhe sind ein ~ der Saison* [<engl. *must* »müssen« + *have* »haben«]

Mu|ta ⟨f.; -, Mu|tä; Phon.⟩ stimmloser Explosivlaut [lat., Fem. zu *mutus* »stumm«]

mu|ta|bel ⟨Adj.⟩ veränderlich [<lat. *mutabilis;* → *mutieren*]

Mu|ta|bi|li|tät ⟨f.; -; unz.⟩ mutable Beschaffenheit, Veränderlichkeit [<lat. *mutabilitas*]

mu|ta|gen ⟨Adj.⟩ Mutationen auslösend [<*Mutation* + *...gen*]

Mu|ta|gen ⟨n.; -s, -e⟩ chem. od. physikal. Agens, das Mutationen auslöst

Mu|tant ⟨m.; -en, -en⟩ **1** Jugendlicher im Stimmwechsel **2** ⟨Genetik⟩ = Mutante

Mu|tan|te ⟨f.; -, -n; Genetik⟩ durch Mutation entstandene, vom ursprünglichen Typ abweichende Tier- bzw. Pflanzenform; *oV* Mutant (1) [<lat. *mutare* »ändern«]

Mu|ta|ti|on ⟨f.; -, -en⟩ **1** ⟨Biol.⟩ sprunghafte, plötzliche, ungerichtete, zufällige erbliche Abänderung der Eigenschaften eines Lebewesens; *Ggs* Modifikation (2) **2** ⟨Med.⟩ Stimmwechsel in der Pubertät, Stimmbruch [<lat. *mutatio* »Veränderung, Wechsel, Umtausch«]

mu|ta|tis mu|tan|dis ⟨Abk.: m. m.⟩ mit den notwendigen Abänderungen (bei Vergleichen) [lat.]

mu|ta|tiv ⟨Adj.; Biol.; Med.⟩ sich plötzlich ändernd, durch Mutation hervorgerufen; *eine ~ veränderte Zelle* [→ *Mutation*]

mu|tie|ren ⟨V.⟩ **1** ⟨Biol.⟩ sich plötzlich erblich verändern **2** ⟨Med.⟩ im Stimmbruch sein, Stimmwechsel haben [<lat. *mutare* »abändern, verwandeln, vertauschen«]

Mu|ti|la|ti|on ⟨f.; -, -en⟩ Verstümmelung [→ *mutilieren*]

mu|ti|lie|ren ⟨V.⟩ verstümmeln [<lat. *mutilare*]

Mu|tis|mus ⟨m.; -; unz.; Med.⟩ seelisch bedingte Stummheit, obwohl organisch keine Behinderung vorliegt (bei Depressionen, Schizophrenie u. psych. gestörten Kindern) [zu lat. *mutus* »stumm«]

Mu|tist ⟨m.; -en, -en; Med.⟩ jmdn., der an Mutismus leidet

Mu|ton ⟨n.; -s, -s; Genetik⟩ kleinster Strukturbereich innerhalb eines Gens, der mutieren kann [→ *mutieren*]

mu|tu|al ⟨Adj.⟩ wechselseitig, gegenseitig; *oV* mutuell [<lat. *mutuus* »wechselseitig«]

Mu|tu|a|lis|mus ⟨m.; -; unz.⟩ **1** einräumende Gegenseitigkeit, gegenseitige Anerkennung, Duldung **2** ⟨Biol.⟩ Wechselbeziehung zwischen zwei Lebewesen verschiedener Art, die für beide Seiten nutzbringend, aber nicht lebensnotwendig ist [<lat. *mutuus* »wechselseitig«]

Mu|tu|a|li|tät ⟨f.; -; unz.⟩ mutuale Beschaffenheit, Gegenseitigkeit, Wechselseitigkeit

mu|tu|ell ⟨Adj.⟩ = mutual

Mu|zin ⟨n.; -s, -e; Med.⟩ schleimiger, quellfähiger Eiweißkörper im Schleim der Drüsen, Hauptbestandteil des Speichels; *oV* Mucin [<lat. *mucus* »Schleim«]

m. v. ⟨Musik; Abk. für⟩ mezza voce

MW ⟨Zeichen für⟩ Megawatt

My[1] ⟨n.; - od. -s, -s; Zeichen: μ, M⟩ grch. Buchstabe

My[2] ⟨n.; -s, -; veraltet⟩ = Mikro... (vor Maßeinheiten)

my..., My... ⟨in Zus.⟩ = myo..., Myo...

My|al|gie ⟨f.; -, -n; Med.⟩ Muskelschmerz [<*Myo...* + *...algie*]
My|as|the|nie *auch:* **My|a|sthe|nie** ⟨f.; -, -n; Med.⟩ krankhafte Muskelschwäche [<*Myo...* + *Asthenie*]
My|dri|a|se *auch:* **Myd|ri|a|se** ⟨f.; -, -n; Med.⟩ Pupillenerweiterung [<grch. *mydriasis*]
My|dri|a|ti|kum *auch:* **Myd|ri|a|ti|kum** ⟨n.; -s, -ti|ka; Pharm.⟩ Mittel, das eine Pupillenerweiterung bewirkt
my|el..., My|el... ⟨in Zus.⟩ = myelo..., Myelo...
My|e|lin ⟨n.; -s; unz.; Med.⟩ Gemisch aus fettähnlichen Stoffen, wesentlicher Bestandteil des Nervenmarks, der die Isolierschicht um die Nervenzellen des Rückenmarks bildet [<grch. *myelos* »Mark«]
My|e|lin|schei|de ⟨f.; -, -n⟩ Markscheide markhaltiger Nervenfasern [→ *Myelo...*]
My|e|li|tis ⟨f.; -, -ti|den; Med.⟩ Rückenmarkentzündung [<grch. *myelos* »Rückenmark«]
my|e|lo..., My|e|lo... ⟨vor Vokalen⟩ myel..., Myel... ⟨in Zus.⟩ Rückenmark, Mark... [<grch. *myelos* »Mark«]
my|e|lo|gen ⟨Adj.; Med.⟩ im Knochenmark entstanden
My|e|lo|gra|fie ⟨f.; -, -n; Med.⟩ = Myelographie
My|e|lo|gra|phie ⟨f.; -, -n; Med.⟩ röntgenologische Darstellung des Wirbelkanals; *oV* Myelografie [<*Myelo...* + *...graphie*]
my|e|lo|id ⟨Adj.; Med.⟩ knochenmarkähnlich, markartig
My|e|lom ⟨n.; -s, -e; Med.⟩ vom Knochenmark ausgehende Geschwulst [→ *Myelo...*]
My|i|a|se ⟨f.; -, -n; Med.⟩ Madenkrankheit, Befall durch Fliegenlarven bei Wirbeltier u. Mensch [<grch. *myia* »Fliege«]
My|i|tis ⟨f.; -, -ti|den; Med.⟩ = Myositis [<*My...* + *...itis*]
my|ke|nisch ⟨Adj.⟩ die bronzezeitliche Kulturstufe Griechenlands betreffend, zu ihr gehörend; *~e Kultur* [nach der grch. Stadt *Mykene*, die ca. 1000 v. Chr. zerstört wurde]
My|ke|tis|mus ⟨m.; -, -men; Med.⟩ = Myzetismus
my|ko..., My|ko... ⟨vor Vokalen⟩ myk..., Myk... ⟨in Zus.⟩ Pilz..., pilzartig [<grch. *mykes* »Pilz«]
My|ko|bak|te|ri|um ⟨n.; -s, -ri|en; Med.⟩ unbeweglicher Mikroorganismus von stäbchenförmiger Gestalt, der im Jugendstadium echte Verzweigungen bilden kann: Mycobacterium
My|ko|lo|gie ⟨f.; -; unz.⟩ Lehre von den Pilzen; *Sy* Myzetologie [<*Myko...* + *...logie*]
my|ko|lo|gisch ⟨Adj.⟩ die Mykologie betreffend, zu ihr gehörig
My|ko|plas|ma ⟨n.; -s, -plas|men; Med.⟩ Gattung zellwandloser Mikroorganismen, die zwischen Bakterien u. Viren stehen
My|kor|rhi|za ⟨f.; -, -rhi|zen; Bot.⟩ Symbiose zwischen höheren Pflanzen u. Pilzen [<*Myko...* + grch. *rhiza* »Wurzel«]
My|ko|se ⟨f.; -, -n; Med.⟩ durch Pilze hervorgerufene Krankheit, Pilzkrankheit [<grch. *mykes* »Pilz«]
My|ko|to|xin ⟨n.; -s, -e; Med.⟩ von Schimmelpilzen produzierter Giftstoff [<*Myko...* + *Toxin*]
My|la|dy ⟨[mılɛıdı] f.; -, -s⟩ gnädige Frau (englische Anrede für eine Lady) [engl., »meine Dame«]
My|lo|nit ⟨m.; -s, -e; Min.⟩ durch Gebirgsdruck zermahlenes u. später wieder fest gewordenes Gestein verschiedener petrograph. Zusammensetzung [<grch. *myle* »Mühle«]
My|lord ⟨[mılɔ:rd] m.; -s, -s⟩ gnädiger Herr (englische Anrede für einen Lord) [engl., »mein Lord«]
Myn|heer ⟨[məne:r] m.; -s, -s⟩ = Mijnheer
my|o..., My|o... ⟨vor Vokalen⟩ my..., My... ⟨in Zus.⟩ muskel..., Muskel... [<grch. *mys*, Gen. *myos* »Muskel«]
Myo|blast ⟨m.; -en, -en; Med.⟩ Bildungszelle für die Muskelfasern [<*Myo...* + *...blast*]
My|o|dy|nie ⟨f.; -, -n; Med.⟩ Muskelschmerz [<*My...* + grch. *odyne* »Schmerz«]
Myo|fi|bril|le *auch:* **Myo|fib|ril|le** ⟨f.; -, -n; Anat.⟩ Muskelfibrille
myo|gen ⟨Adj.; Med.⟩ vom Muskel ausgehend, herrührend [<grch. *mys*, Gen. *myos* »Muskel« + *...gen*]
Myo|glo|bin ⟨n.; -s; unz.; Biochemie⟩ roter Muskelfarbstoff
Myo|kard ⟨n.; -s; unz.; Anat.⟩ Herzmuskel [<grch. *mys*, Gen. *myos* »Muskel« + grch. *kardia* »Herz«]
Myo|kard|in|farkt ⟨m.; -(e)s, -e; Med.⟩ Herzinfarkt
Myo|kar|di|tis ⟨f.; -, -ti|den; Med.⟩ Herzmuskelentzündung [→ *Myokard*]
Myo|klo|nie ⟨f.; -, -n; Med.⟩ Schüttelkrampf [<*Myo...* + *Klonus*]
Myo|lo|gie ⟨f.; -; unz.; Med.⟩ Wissenschaft von den Muskeln [<*Myo...* + *...logie*]
My|om ⟨n.; -s, -e; Med.⟩ Muskelgeschwulst [<grch. *mys*, Gen. *myos* »Muskel«]
My|on ⟨n.; -s, -o|nen; Physik⟩ ein Elementarteilchen aus der Gruppe der Leptonen
My|o|ni|um|atom ⟨n.; -(e)s, -e; Physik⟩ künstlich herstellbares Atom, dessen Kern aus einem Myon u. einem Elektron in der Außenschale besteht
my|op ⟨Adj.; Med.⟩ kurzsichtig; *Ggs* hypermetropisch
Myo|pa|ra|ly|se ⟨f.; -, -n; Med.⟩ Muskellähmung [<*Myo...* + *Paralyse*]
My|o|pie ⟨f.; -, -n; Med.⟩ Kurzsichtigkeit; *Ggs* Hypermetropie [<grch. *myein* »(die Augen) schließen, blinzeln« + *ops*, Gen. *opos* »Gesicht, Auge«]
my|o|pisch ⟨Adj.; Med.⟩ = myop
My|or|rhe|xis ⟨f.; -; unz.; Med.⟩ Muskelriss [<*Myo...* + grch. *rhexis* »Zerreißen, Zerbrechen«]
Myo|sin ⟨n.; -s; unz.; Biochemie⟩ Protein der quer gestreiften Muskulatur [<grch. *mys*, Gen. *myos* »Muskel«]
Myo|si|tis ⟨f.; -, -ti|den; Med.⟩ Muskelentzündung; *Sy* Myitis [<grch. *mys*, Gen. *myos* »Muskel«]
Myo|skle|ro|se ⟨f.; -, -n; Med.⟩ Muskelverhärtung [<grch. *mys*, Gen. *myos* »Muskel« + *Sklerose*]
Myo|spas|mus ⟨m.; -, -spas|men; Med.⟩ = Myotonie
Myo|to|mie ⟨f.; -, -n; Med.⟩ operative Muskeldurchtrennung [<grch. *mys*, Gen. *myos* »Muskel« + *...tomie*]

M

My|o|to|nie ⟨f.; -, -n; Med.⟩ tonischer Muskelkrampf, Muskelspannung; *Sy* Myospasmus [<*Myo...* + *...tonie*]

My|ri|a|de ⟨f.; -, -n⟩ **1** Menge von zehntausend **2** ⟨Pl.; fig.⟩ Unzahl, unzählige Menge [<grch. *myrias,* Gen. *myriados*]

My|ria|gramm ⟨n.; -s, -e od. (bei Zahlenangaben) -⟩ zehntausend Gramm [<grch. *myrias* »Menge von zehntausend« + *Gramm*]

My|ria|me|ter ⟨n.; -s, -⟩ zehntausend Meter [<grch. *myrias* »Menge von zehntausend« + *Meter*]

My|ria|po|de ⟨m.; -n, -n; Zool.⟩ Tausendfüßer; *oV* Myriopode [<grch. *myrioi* »zehntausend« + *pous,* Gen. *podos* »Fuß«]

My|rin|gi|tis ⟨f.; -, -ti|den; Med.⟩ Entzündung des Trommelfelles [<lat. *myrinx* »Trommelfell«]

My|rio|po|de ⟨m.; -n, -n; Zool.⟩ = Myriapode

My|ris|tin|säu|re ⟨f.; -, -n; Biochemie⟩ in verschiedenen pflanzlichen u. tierischen Fetten auftretende, höhermolekulare Fettsäure

Myr|me|ko|lo|gie ⟨f.; -; unz.; Zool.⟩ Ameisenkunde [<grch. *myrmex,* Gen. *myrmekos* »Ameise« + *...logie*]

Myr|rhe ⟨f.; -, -n⟩ nach Balsam riechende Mischung aus Harz, Gummi u. ätherischen Ölen verschiedener Arten [<ahd. *myrra* <lat. *myrrha* <grch. *myrrha* »Myrrhenbaum, Myrrhe« <altsemit. *murr* »bitter«; → *Myrte*]

Myr|te ⟨f.; -, -n; Bot.⟩ einer Gattung der Myrtengewächse angehörender, immergrüner Strauch mit weißen Blüten [<mhd. *mirtelboum* <ahd. *mirtilboum* <lat. *myrtus* »Myrte« <grch. *myrtos* »Myrtenbeere«; zu altsemit. *murr* »bitter«; → *Myrrhe*]

Myr|ten|hei|de ⟨f.; -, -n; Bot.⟩ = Kajeputbaum

Mys|te|ri|en ⟨Pl. von⟩ Mysterium

Mys|te|ri|en|spiel ⟨n.; -(e)s, -e; MA⟩ dramatische Aufführung biblischer Stoffe, bes. des Lebens Jesu

mys|te|ri|ös ⟨Adj.⟩ geheimnisvoll, rätselhaft; *unter ~en Umständen; ein ~er Mord* [<frz. *mystérieux;* → *Mysterium*]

Mys|te|ri|um ⟨n.; -s, -ri|en⟩ **1** Geheimnis **2** Geheimlehre **3** geheimer Kult **4** ⟨Pl.; kurz für⟩ Mysterienspiele [lat. <grch. *mysterion;* zu *mystes* »der (in die eleusinische Geheimlehre) Eingeweihte«]

Mys|te|ry ⟨[mịstəri] f.; -, -s od. n.; -s, -s; Lit.; Film; TV⟩ Roman od. Film, der von geheimnisvollen, unerklärlichen Dingen handelt u. in dem mysteriöse Phänomene u. Personen beschrieben od. gezeigt werden [<engl. *mystery* »Geheimnis«]

Mys|te|ry|se|rie ⟨[mịstəriseriə] f.; -, -n; TV⟩ Serie od. Fernsehreihe in der Art des Mystery; *in den USA erfreuen sich ~n großer Beliebtheit*

Mys|ti|fi|ka|ti|on ⟨f.; -, -en⟩ das Mystifizieren, Irreführung

mys|ti|fi|zie|ren ⟨V.⟩ **1** mit einem mystischen Gepräge versehen, mystisch, geheimnisvoll machen **2** täuschen, irreführen [<*mystisch* + *...fizieren*]

Mys|tik ⟨f.; -; unz.⟩ Form religiösen Erlebens, in der nach vorbereitender Askese durch Versenkung od. Ekstase innige Verbindung mit dem Göttlichen gesucht wird [<lat. *mysticus* »die Mysterien betreffend, geheimnisvoll; geheim« <grch. *mystikos;* zu *myein* »(Augen u. Lippen) schließen«]

Mys|ti|ker ⟨m.; -s, -⟩ Vertreter, Anhänger der Mystik

Mys|ti|ke|rin ⟨f.; -, -rin|nen⟩ Vertreterin, Anhängerin der Mystik

mys|tisch ⟨Adj.⟩ **1** zur Mystik gehörig, von ihr stammend **2** geheimnisvoll, dunkel

Mys|ti|zis|mus ⟨m.; -, -zis|men⟩ **1** ⟨unz.⟩ Glaube an Wunder, schwärmerische Religiosität **2** ⟨zählb.⟩ religiös-schwärmerische Idee [→ *Mystik*]

My|the ⟨f.; -, -n⟩ **1** = Mythos (2, 3) **2** ⟨umg.⟩ Dichtung, Erdichtetes

My|then ⟨Pl. von⟩ Mythos

my|thisch ⟨Adj.⟩ zu den Mythen gehörig, von ihnen stammend, durch sie überliefert, sagenhaft [<grch. *mythikos*]

My|tho|lo|gie ⟨f.; -, -n⟩ **1** Lehre von den Mythen **2** Gesamtheit der Mythen (eines Volkes) [<grch. *mythos* »Rede, Erzählung« + *...logie*]

my|tho|lo|gisch ⟨Adj.⟩ zur Mythologie gehörend, sie betreffend

my|tho|lo|gi|sie|ren ⟨V.⟩ zum Mythos machen od. als solchen behandeln; *eine Begebenheit ~*

My|thos ⟨m.; -, My|then; *oV* Mythus **1** Überlieferung eines Volkes von seinen Vorstellungen über die Entstehung der Welt, seine Götter, Dämonen usw. **2** Sage von Göttern, Helden, Dämonen **3** zur Legende gewordene Begebenheit od. Person von weltgeschichtlicher Bedeutung [<grch. *mythos* »Wort, Rede, Erzählung, Sage, Fabel«]

My|thus ⟨m.; -, My|then⟩ = Mythos

Myx|ödem ⟨n.; -s, -e; Med.⟩ auf Unterfunktion der Schilddrüse zurückzuführende Verdickung der Haut durch Vermehrung schleimigen Bindegewebes in der Unterhaut [<grch. *myxa* »Schleim« + *Ödem*]

My|xom ⟨n.; -s, -e; Med.⟩ gutartige Geschwulst aus schleimbildendem Gewebe [<grch. *myxa* »Schleim«]

my|xo|ma|tös ⟨Adj.; Biol.; Med.⟩ schleimig, Schleim bildend, schleimähnlich [zu grch. *myxa* »Schleim«]

My|xo|ma|to|se ⟨f.; -, -n; Vet.⟩ seuchenhaft auftretende, tödliche Viruskrankheit bei Kaninchen [→ *Myxom*]

My|xo|my|zet ⟨m.; -en, -en; Bot.⟩ Schleimpilz [<grch. *myxa* »Schleim« + *Myzet*]

My|zel ⟨n.; -s, -li|en; Bot.⟩ = Myzelium

My|ze|li|um ⟨n.; -s, -li|en; Bot.⟩ Gesamtheit der Hyphen, die zu einem Geflecht verschmelzen können; *Sy* Myzel [<grch. *mykes* »Pilz«]

My|zet ⟨m.; -en, -en; Bot.⟩ Pilz [<grch. *mykes* »Pilz«]

My|ze|tis|mus ⟨m.; -, -tis|men; Med.⟩ Pilzvergiftung; *oV* Myketismus [<grch. *mykes* »Pilz«]

My|ze|to|lo|gie ⟨f.; -; unz.; veraltet⟩ = Mykologie

n 1 ⟨Zeichen für⟩ Nano… 2 ⟨Physik; Zeichen für⟩ Neutron 3 ⟨Chemie; Zeichen für⟩ normal (4)

N 1 ⟨chem. Zeichen für⟩ Stickstoff (Nitrogen, Nitrogenium) 2 ⟨Physik; Zeichen für⟩ Newton, Neper

n., N. ⟨Abk. für⟩ Neutrum

Na ⟨chem. Zeichen für⟩ Natrium

Na|bob ⟨m.; -s, -s⟩ 1 ⟨urspr.⟩ islam. Gouverneur einer Provinz in Indien 2 ⟨dann⟩ in Indien reich gewordener Engländer od. Holländer 3 ⟨fig.⟩ schwerreicher Mann [<Hindi *nawwab, nabab* <arab. *nuwwab,* Pl. zu *naib* »Statthalter«]

Nach|rich|ten|sa|tel|lit ⟨m.; -en, -en⟩ für die Übertragung von Fernsprechverbindungen, Rundfunk- u. Fernsehprogrammen im Weltraum umlaufender Satellit; *Sy* Kommunikationssatellit

Na|dir ⟨a. ['--] m.; -s; unz.; Astron.⟩ nicht sichtbarer Schnittpunkt einer unter dem Beobachtungspunkt gedachten senkrechten Linie mit der Himmelskugel; *Ggs* Zenit (1) [arab.]

Nae|vus ⟨[nɛːvus] m.; -, Nae|vi [nɛːvi]; Med.⟩ = Nävus

NAFTA ⟨f.; -; unz.; Kurzwort; Wirtsch.⟩ Freihandelsabkommen zwischen den USA, Kanada u. Mexiko [<engl. *North American Free Trade Agreement* »Nordamerikanisches Freihandelsabkommen«]

Na|gai|ka ⟨f.; -, -s⟩ Peitsche (der Kosaken) aus geflochtenen Lederriemen [russ.]

Na|ga|na ⟨f.; -; unz.; Vet.⟩ eine afrikan. Viehseuche [Zuluspr.]

Na|hu|atl ⟨[nawatl] n.; -s od. -; unz.⟩ Sprachgruppe in Mittelamerika, zu der u. a. das Aztekische gehört

na|iv ⟨Adj.⟩ 1 ursprünglich, natürlich; *~e Malerei; ~er Dichter* (nach Schiller) Dichter, der nur der »einfachen Natur u. Empfindung« folgt; *Ggs* sentimentalischer Dichter 2 einfältig, kindlich, treuherzig [<frz. *naïf*]

Na|i|ve ⟨[-iːvə] f. 2Theat.⟩ Rollenfach der jugendl. Liebhaberin

Na|i|vi|tät ⟨[-vi-] f.; -; unz.⟩ Kindlichkeit, Unbefangenheit, Natürlichkeit, Ursprünglichkeit, Harmlosigkeit, Treuherzigkeit, Einfalt [<frz. *naïveté*]

Na|ja|de ⟨f.; -, -n⟩ 1 ⟨grch. Myth.⟩ in Quellen u. Flüssen lebende Nymphe 2 Familie von im Süßwasser lebenden Muscheln, Flussmuschel: Unionidae [<grch. *naiades*]

Name|drop|ping ⟨[nɛım-] n.; - od. -s, -s⟩ 1 Verwendung von Namen bekannter Persönlichkeiten als Produktbezeichnung (zur Verkaufssteigerung) 2 Erwähnung bekannter Persönlichkeiten, die man angeblich kennt (um andere zu beeindrucken) [<engl. *name* »Name« + *drop* »fallen lassen«]

Na|mu|ri|an ⟨n.; -s; unz.; Geol.⟩ Stufe des Karbons vor 325-350 Millionen Jahren, die das untere Oberkarbon einleitete [nach der belg. Provinz *Namur*]

Nan|dro|lon *auch:* **Nand|ro|lon** ⟨n.; -s; unz.; Pharm.⟩ ein anabol-androgenes Steroidhormon, das im Sport unerlaubt zu Dopingzwecken verwendet wird

Nan|du ⟨m.; -s, -s; Zool.⟩ 1 ⟨i. w. S.⟩ südamerikan. Laufvogel: Rheidae 2 ⟨i. e. S.⟩ Rhea americana [<portug. *nandu,* span. *ñandú* <südamerikan. Indianerspr.]

Nang|ka ⟨f.; -, -s; Bot.⟩ = Jackfrucht

Nä|nie ⟨[-njə] f.; -, -n⟩ altröm. Totenklage [<lat. *naenia*]

Nan|king ⟨m.; -s, -s od. -e; Textilw.⟩ gelbliches Baumwollgewebe für Kleider [nach der chines. Stadt *Nanking*]

Nan|no|plank|ton ⟨a. ['----] n.; -s; unz.; Biol.⟩ feinstes Plankton, das nur durch Zentrifugieren des Wassers herausgefiltert werden kann, Zwergplankton [<lat. *nanus* »Zwerg« + grch. *planktos* »Umherirrender«]

Na|no… ⟨in Zus. mit Maßeinheiten; Zeichen: n⟩ das 10^{-9}-fache (= 1 Milliardstel) der betreffenden Grundeinheit, z. B. 1 Nanometer (nm) = 10^{-9} Meter = 1 Milliardstel Meter [<lat. *nanus* »Zwerg«]

Na|no|fa|rad ⟨n.; - od. -s, -; Zeichen: nF⟩ ein Milliardstel Farad

Na|no|me|ter ⟨n.; -s, -; Zeichen: nm⟩ ein Milliardstel Meter

Na|no|par|ti|kel ⟨n.; -s, - od. f.; -, -n⟩ sehr kleines Teilchen, das in der Umwelt vorhanden ist (z. B. durch Waldbrände, Auspuffgase) od. synthetisch erzeugt u. bestimmten Werkstoffen od. Lebensmitteln zugesetzt wird [<*Nano…* + *Partikel*]

Na|no|tech|nik ⟨f.; -; unz.⟩ = Nanotechnologie

Na|no|tech|no|lo|gie ⟨f.; -; unz.⟩ Gebiet der Technik, das sich mit der Entwicklung u. Anwendung von Bauelementen im Nanometerbereich befasst; *Sy* Nanotechnik; →*a.* Mikrostrukturtechnik

na|no|tech|no|lo|gisch ⟨Adj.⟩ die Nanotechnologie betreffend, zu ihr gehörig

Na|palm ⟨n.; -s; unz.⟩ schwer zu löschende, klebrige Mischung von Benzin, Benzol, Dieselöl mit Naphthenen [engl.-amerikan.]

Na|palm|bom|be ⟨f.; -, -en⟩ mit Napalm gefüllte Bombe, die Flächenbrände mit Temperaturen über 2000 °C erzeugt

Naph|tha ⟨f.; -; unz. od. (österr. nur so) n.; -s; unz.⟩ 1 ⟨veraltet⟩ Roherdöl 2 russ. Erdöl [<russ. *nafta* <grch. *naphtha* »Bergöl«]

Naph|tha|lin ⟨n.; -s; unz.; Chemie⟩ in Steinkohlenteer vorkommender fester Kohlenwasserstoff [→ *Naphta*]

Naph|then ⟨n.; -s, -e; Chemie⟩ = alicyclische Verbindung [→ *Naphtha*]

Naph|thol ⟨n.; -s, -e; Chemie⟩ vom Benzol abgeleiteter aromat. Alkohol, Ausgangsstoff für die Gewinnung von Duftstoffen [<*Naphtha* + *…ol*]

Na|po|le|on|dor ⟨m.; -s, -e od. (bei Zahlenangaben) -⟩ frz. Goldmünze zur Zeit Napoleons I. u. III. [zu frz. *or* »Gold«]

Na|po|le|o|ni|de ⟨m.; -n, -n⟩ Abkömmling der Familie Napoleons

na|po|le|o|nisch ⟨Adj.⟩ **1** napoleonähnlich, wie Napoleon; *~er Unternehmungsgeist* **2** von Napoleon selbst ausgehend, stammend; *~e Kriege, Schriften*

Na|po|li|taine ⟨[-tɛːn] f.; -; unz.; Textilw.⟩ ein weiches Wollgewebe [nach der ital. Stadt *Neapel*]

Nap|pa ⟨n.; - od. -s; unz.; Textilw.; kurz für⟩ Nappaleder

Nap|pa|le|der ⟨n.; -s, -; Textilw.⟩ ein Glacéleder (Schaf-, Lamm- od. Ziegenleder) für Handschuhe u. andere Kleidungsstücke [nach der kaliforn. Stadt *Napa*]

Nar|de ⟨f.; -, -n; Bot.⟩ **1** ⟨i. w. S.⟩ eine wohlriechende Pflanze **2** ⟨i. e. S.⟩ *Indische ~* Pflanze, aus deren Wurzel Nardenöl hergestellt wird: Nardostachys jatamansi [<ahd. *narda* <lat. *nardus* <grch. *nardos*]

Nar|gi|leh ⟨a. [-'--] f.; -, - od. n.; -s, -s⟩ oriental. Wasserpfeife [türk.]

Nar|ko|ana|ly|se ⟨f.; -, -n; Psych.⟩ psychiatr. Befragung eines Kranken nach der Krankengeschichte, seel. Erlebnissen usw. während einer seel. Auflockerung nach Verabreichung eines Narkotikums [<grch. *narkosis* »Betäubung« + *Analyse*]

Nar|ko|lep|sie ⟨f.; -, -n; Med.⟩ anfallsweise, mehrmals täglich auftretende, unwiderstehliche Schlafsucht von einigen Minuten Dauer [<grch. *narkosis* »Betäubung« + *...lepsie*]

Nar|ko|se ⟨f.; -, -n; Med.⟩ künstlich herbeigeführter, schlafähnlicher Zustand mit Bewusstlosigkeit, also Schmerzunempfindlichkeit, Betäubung [<grch. *narkosis* »Betäubung, Erstarrung, Lähmung«]

Nar|ko|ti|kum ⟨n.; -s, -ti|ka; Pharm.⟩ eine Narkose herbeiführendes Mittel [zu grch. *narkotikos* »betäubend, erstarren machend«]

Nar|ko|tin ⟨n.; -s; unz.; Chemie⟩ Alkaloid des Opiums, wirkt selbst nicht narkotisch, verstärkt aber die Wirkung des Morphins

nar|ko|tisch ⟨Adj.; Med.⟩ eine Narkose herbeiführend, auf ihr beruhend [<grch. *narkotikos* »erstarren machend«]

nar|ko|ti|sie|ren ⟨V.; Med.⟩ in Narkose versetzen, betäuben, einschläfern

Na|rod|ni|ki ⟨Pl.; Politik⟩ Anhänger einer polit. u. literar. Bewegung in Russland in der zweiten Hälfte des 19. Jh., die über eine Agrarreform die sozialistische Erneuerung Russlands anstrebten [russ., »Volkstümler«; zu *narod* »Volk«]

nar|ra|tiv ⟨Adj.; Lit.⟩ erzählend, in erzählender Form; *~er Roman; ~e Dichtung, Dichtkunst* [<lat. *narrativus* »erzählend«; zu *narrare* »erzählen«]

Nar|ra|tor ⟨m.; -s, -to|ren; Lit.⟩ Erzähler [lat.]

nar|ra|to|risch ⟨Adj.; Lit.⟩ **1** den Erzähler, das Erzählen, die Erzählung betreffend **2** erzählerisch [zu lat. *narrare* »erzählen«]

Nar|thex ⟨m.; -es, -e; Arch. in der Basilika⟩ Vorhalle im Innern der Kirche [grch.]

Nar|wal ⟨m.; -s, -e; Zool.⟩ Zahnwal mit nur zwei nach vorn gerichteten, hohlen Zähnen im Oberkiefer, von denen beim Männchen der eine zu einem schraubenförmigen Stoßzahn wird, Einhornwal: Monodon monoceros [<dän., schwed. *narhval*, eigtl. »Leichenwal« (wohl wegen der schwarz u. weiß gefleckten Haut)]

> **Narziss** (*Laut-Buchstaben-Zuordnung*) Die im Deutschen übliche schriftliche Kennzeichnung eines kurzen Vokals durch Verdoppelung des Folgekonsonanten wird auch auf Fremdwörter angewendet. Nach kurzem Vokal wird daher auch bei Fremdwörtern der stimmlose s-Laut durch »*ss*« wiedergegeben (→*a.* Abszess, Kompass).

Nar|ziss ⟨m.; - od. -es, -e⟩ jmd., der nur sich selbst liebt u. bewundert [nach lat. *Narcissus*, dem schönen Jüngling der grch. Sage, der in sein Spiegelbild verliebt war]

Nar|zis|se ⟨f.; -, -n; Bot.⟩ Gattung der Amaryllisgewächse: Zwiebelgewächse mit schmalen linealischen Blättern, hohlem Blütenschaft u. ansehnlichen weißen od. gelben Blüten: Narcissus [<lat. *narcissus*; → *Narziss*]

Nar|ziss|mus ⟨m.; -; unz.; Psych.⟩ krankhafte Verliebtheit in sich selbst [→ *Narziss*]

Nar|zisst ⟨m.; -en, -en; Psych.⟩ jmd., dessen Verhalten vom Narzissmus geprägt ist

nar|ziss|tisch ⟨Adj.; Psych.⟩ in der Art des Narzissmus, ihn betreffend, auf ihm beruhend

NASA ⟨f.; -; unz.; Kurzwort für engl.⟩ National Aeronautics and Space Administration (Nationale Luft- u. Raumfahrtbehörde der USA)

na|sal ⟨Adj.⟩ **1** ⟨Phon.⟩ durch die Nase, als Nasal gesprochen **2** ⟨Anat.⟩ zur Nase gehörig, sie betreffend [<lat. *nasalis*]

Na|sal ⟨m.; -s, -e; Phon.⟩ *Sy* Nasallaut; *Ggs* Oral **1** stimmhafter Konsonant, bei dem die Luft durch die Nase entweicht, z. B. m, n, ng **2** Vokal, bei dem ein Teil der Luft durch die Nase entweicht, z. B. frz. ã, õ; *Sy* Nasalvokal

na|sa|lie|ren ⟨V.; Phon.⟩ durch die Nase, nasal sprechen; *nasalierter Laut* = Nasal

Na|sa|lie|rung ⟨f.; -, -en; Phon.⟩ nasale Aussprache

Na|sal|laut ⟨m.; -(e)s, -e; Phon.⟩ = Nasal

Na|sal|vo|kal ⟨[-vo-] m.; -(e)s, -e; Phon.⟩ = Nasal (2)

NASDAQ, Nas|daq ⟨[næsdɛk] m.; -; unz.; Abk. für engl. National Association of Securities Dealers Automated Quotations, US-amerikan. Börse für Unternehmen der Informationstechnologie

Na|si|go|reng ⟨n.; - od. -s, -s; Kochk.⟩ scharf gewürztes indonesisches Gericht aus gebratenem Reis, Hühner- u. Schweinefleisch, Krabben, Pilzen u. a. [indones., eigtl. »gebratener Reis«]

Nas|tie ⟨f.; -; unz.; Bot.⟩ durch einen Reiz ausgelöste Bewegung festgewachsener Pflanzen, bei denen die Richtung des Reizes

N

für die Richtung der Bewegung unerheblich ist; →*a.* Tropismus (1), Taxie [<grch. *nastos* »geknetet«]

nas|zie|rend ⟨Adj.⟩ im Entstehen, Werden begriffen; →*a.* Status Nascendi [<lat. *nasci* »geboren werden, entstehen«]

Na|ta|li|tät ⟨f.; -; unz.⟩ Zahl der jährlichen Lebendgeburten auf 1 000 Einwohner, Geburtenziffer; *Ggs* Mortalität (2) [<frz. *natalité;* zu *natal* »Geburts…« <lat. *natalis;* zu *nasci* »geboren werden«]

Na|tes ⟨[-te:s] Pl.; Med.⟩ Gesäß [<lat. *natis* »Hinterbacke, Gesäß«]

Na|ti|on ⟨f.; -, -en⟩ nach Abstammung, Sprache, Sitte, kultureller u. polit. Entwicklung zusammengehörige, innerhalb der gleichen Staatsgrenzen lebende polit. Gemeinschaft; *dieses Ereignis hat die ganze ~ bewegt* [<lat. *natio,* Gen. *nationis,* »das Geborenwerden; Geschlecht, Volksstamm, Volk«]

na|ti|o|nal ⟨Adj.⟩ einer Nation eigentümlich, ihr zugehörig, sie betonend; *Nationales Olympisches Komitee* ⟨Abk.: NOK⟩ [frz.]

na|ti|o|nal|de|mo|kra|tisch ⟨Adj.; Politik⟩ **1** die Nationaldemokratische Partei Deutschlands (NPD) betreffend, zu ihr gehörig **2** nationalistische u. demokratische Ziele verfolgend

Na|ti|o|na|le ⟨n.; -s, -; österr.⟩ = Personalien

Na|ti|o|nal|epos ⟨n.; -, -e|pen; Lit.⟩ Heldenepos, das in seiner Grundhaltung der Wesensart des Volkes, in dem es entstanden ist, bes. entspricht u. das deshalb allgemein beliebt ist

Na|ti|o|nal|far|ben ⟨Pl.⟩ auf Fahnen, Kokarden usw. als Kennzeichen geführte Farben einer Nation

Na|ti|o|nal|ga|le|rie ⟨f.; -, -n; Kunst⟩ meist staatliche Galerie, in der bedeutende Gemälde eines Landes zur Schau gestellt werden

Na|ti|o|nal|gar|de ⟨f.; -; unz.⟩ **1** ⟨urspr.⟩ französ. Bürgerwehr nach 1789 **2** ⟨dann⟩ in einigen Staaten (vor allem in den USA) übliche Schutztruppe mit teils militärischen, teils polizeilichen Aufgaben

Na|ti|o|nal|hym|ne ⟨f.; -, -n⟩ vaterländ., volkstüml., bei feierlichen Anlässen gespieltes od. gesungenes Lied als Ausdruck des Nationalbewusstseins eines Volkes

na|ti|o|na|li|sie|ren ⟨V.⟩ **1** einbürgern **2** verstaatlichen [<frz. *nationaliser*]

Na|ti|o|na|li|sie|rung ⟨f.; -, -en⟩ das Nationalisieren

Na|ti|o|na|lis|mus ⟨m.; -; unz.⟩ übersteigertes Nationalgefühl [<frz. *nationalisme*]

Na|ti|o|na|list ⟨m.; -en, -en⟩ Vertreter des Nationalismus

Na|ti|o|na|lis|tin ⟨f.; -, -tin|nen⟩ Vertreterin des Nationalismus

na|ti|o|na|lis|tisch ⟨Adj.⟩ auf Nationalismus beruhend, von ihm geprägt

Na|ti|o|na|li|tät ⟨f.; -, -en⟩ **1** ⟨unz.⟩ Zugehörigkeit zu einer Nation **2** ⟨zählb.⟩ nationale Minderheit, Volksgruppe in einem fremden Staat [<frz. *nationalité*]

Na|ti|o|na|li|tä|ten|staat ⟨m.; -(e)s, -en⟩ Staat, der mehrere Nationalitäten umfasst

Na|ti|o|nal|kir|che ⟨f.; -, -n⟩ auf den Bereich einer Nation beschränkte Kirchenorganisation, möglichst als Volkskirche in der Landessprache

Na|ti|o|nal|kom|mu|nis|mus ⟨m.; -; unz.; Politik⟩ Richtung des Kommunismus, bei dem die Interessen des internationalen Kommunismus dem kommunistischen System im eigenen Land untergeordnet werden

Na|ti|o|nal|kon|vent ⟨[-vɛnt] m.; -(e)s, -e⟩ **1** ⟨unz.; 1792-1795⟩ die französische Nationalversammlung **2** ⟨zählb.; heute⟩ Versammlung von Delegierten einer politischen Partei in den USA, um den Kandidaten für die Wahl des Präsidenten zu nominieren

na|ti|o|nal|li|be|ral ⟨Adj.; Politik⟩ **1** zur Nationalliberalen Partei (1867-1918) gehörig, einer aus der Fortschrittspartei hervorgegangenen Partei des liberalen u. nationalen Bürgertums **2** ihrem Programm entsprechend, ihre Ziele verfolgend

Na|ti|o|nal|öko|no|mie ⟨f.; -; unz.⟩ Volkswirtschaftslehre

Na|ti|o|nal|rat ⟨m.; -(e)s, -rä|te⟩ **1** ⟨unz.⟩ **1.1** ⟨österr.; schweiz.⟩ oberste Volksvertretung **1.2** ⟨früher; kurz für⟩ *~ der Nationalen Front der DDR* oberstes Gremium der Dachorganisation der Parteien u. sozialist. Massenorganisationen der DDR **2** ⟨zählb.⟩ Mitglied eines Nationalrats

Na|ti|o|nal|so|zi|a|lis|mus ⟨m.; -; unz.; Politik⟩ expansive nationalist. u. antidemokratische Bewegung nach dem 1. Weltkrieg, die 1933-1945 in Dtschld. die Macht ausübte; →*a.* Faschismus

Na|ti|o|nal|so|zi|a|list ⟨m.; -en, -en; Politik; Kurzwort: Nazi⟩ Anhänger des Nationalsozialismus

Na|ti|o|nal|so|zi|a|lis|tin ⟨f.; -, -tinnen; Politik⟩ Anhängerin des Nationalsozialismus

na|ti|o|nal|so|zi|a|lis|tisch ⟨Adj.; Politik⟩ auf dem Nationalsozialismus beruhend, zu ihm gehörig, von seiner Doktrin geprägt

Na|ti|o|nal|staat ⟨m.; -(e)s, -en; Politik⟩ Staat, in dem sich die Gesamtheit seiner Angehörigen als einheitliche Nation fühlt

Na|ti|o|nal|the|a|ter ⟨n.; -s, -; Theat.⟩ **1** die nationale Dramatik pflegendes Theater eines Landes **2** ⟨allg.⟩ repräsentatives Theater (einer Stadt od. eines Kreises)

Na|ti|o|nal|trai|ner ⟨[-trɛ:-] m.; -s, -; Sport⟩ Trainer einer Nationalmannschaft

na|tiv ⟨Adj.⟩ **1** natürlich entstanden **2** ⟨Med.⟩ angeboren [<lat. *nativus* »angeboren, durch Geburt entstanden«]

Na|tive[1] ⟨[nɛɪtɪv] m.; -s, -s⟩ Eingeborener (der brit. Kolonien) [engl.]

Na|tive[2] ⟨[nɛɪtɪv] f.; -, -s; meist. Pl.⟩ Auster, die nicht in Austernbänken gezüchtet wurde [engl.]

Na|tive Spea|ker ⟨[nɛɪtɪv spi:kə(r)] m.; - -s, - -; Sprachw.⟩ jmd., der die Sprache, in der eben gesprochen wird od. von der die Rede ist, als Muttersprache hat, Muttersprachler

N

[engl., »eingeborener, einheimischer Sprecher«]

Na|ti|vis|mus ⟨[-vɪs-] m.; -; unz.⟩ psycholog. Lehre, dass bestimmte Denk- u. Handlungsweisen eines Menschen od. Volkes angeboren sind [<lat. *nativus* »angeboren, durch Geburt entstanden«]

Na|ti|vist ⟨[-vɪst] m.; -en, -en⟩ Anhänger, Vertreter des Nativismus

na|ti|vis|tisch ⟨[-vɪs-] Adj.⟩ **1** auf Nativismus beruhend, zu ihm gehörig **2** angeboren, vererbt [→ *Nativismus*]

Na|ti|vi|tät ⟨[-vi-] f.; -, -en⟩ **1** ⟨veraltet⟩ Geburt **2** ⟨heute; Astrol.⟩ Stand der Gestirne bei der Geburt [<lat. *nativitas* »Geburt«]

NATO, Na|to ⟨f.; -; unz.; Kurzwort für engl.⟩ North Atlantic Treaty Organization, 1949 gegründetes westl. Verteidigungsbündnis; *Sy* Nordatlantikpakt [engl.]

> ◆ Die Buchstabenfolge **na|tr...** kann auch **nat|r...** getrennt werden.

◆ **Na|tri|um** ⟨n.; -s; unz.; chem. Zeichen: Na⟩ silberweißes, weiches Alkalimetall, Ordnungszahl 11

◆ **Na|tri|um|car|bo|nat** ⟨n.; -(e)s; unz.; Chemie⟩ Natriumsalz der Kohlensäure, bei dem beide Wasserstoffatome der Kohlensäure durch Natrium ersetzt wurden; *oV* Natriumkarbonat; *Sy* ⟨umg.⟩ Soda

◆ **Na|tri|um|chlo|rid** ⟨[-klo-] n.; -(e)s; unz.; Chemie⟩ in Wasser gut lösbares Salz mit farblosen, würfelförmigen Kristallen, Kochsalz; *Sy* Chlornatrium

◆ **Na|tri|um|dampf|lam|pe** ⟨f.; -, -n; Chemie⟩ gelb leuchtende Gasentladungslampe, die kleine Mengen Natrium enthält

◆ **Na|tri|um|hy|dro|gen|car|bo|nat** *auch:* **Na|tri|um|hyd|ro|gen|car|bo|nat** ⟨n.; -(e)s; unz.; Chemie⟩ = Natron; *oV* Natriumhydrogenkarbonat

◆ **Na|tri|um|hy|dro|gen|kar|bo|nat** *auch:* **Na|tri|um|hyd|ro|gen|kar|bo|nat** ⟨n.; -(e)s; unz.; Chemie⟩ = Natriumhydrogencarbonat

◆ **Na|tri|um|kar|bo|nat** ⟨n.; -(e)s; unz.; Chemie⟩ = Natriumcarbonat

◆ **Na|tri|um|ni|trat** *auch:* **Na|tri|um|nit|rat** ⟨n.; -(e)s; unz.; Chemie⟩ = Natronsalpeter

◆ **Na|tri|um|salz** ⟨n.; -es, -e; Chemie⟩ Salz des Natriums

◆ **Na|tri|um|sul|fat** ⟨n.; -(e)s; unz.; Chemie⟩ Natriumverbindung der Schwefelsäure zur Herstellung von Glas u. zum Appretieren von Gewebe

◆ **Na|tro|lith** ⟨m.; -s od. -en, -e od. -en; Min.⟩ rhombische Kristalle bildendes Mineral aus der Gruppe der Zeolithe

◆ **Na|tron** ⟨n.; -s; unz.; Chemie; umg. für⟩ doppeltkohlensaures Natrium, Bestandteil von Back-, Brausepulver, Pharmazeutika, Feuerlöschmitteln, Badepulver u. a.; *Sy* Natriumhydrogencarbonat [<arab. *natrun* <altägypt. *ntr(j)*]

◆ **Na|tron|feld|spat** ⟨m.; -(e)s, -e; Chemie⟩ Natrium enthaltender Feldspat

◆ **Na|tron|lau|ge** ⟨f.; -, -n; Chemie⟩ wässrige Lösung aus Natrium u. Wasser

◆ **Na|tron|sal|pe|ter** ⟨m.; -s; unz.; Chemie⟩ Dünge- u. Oxidationsmittel, chem. Natriumnitrat

Na|tschal|nik *auch:* **Nat|schal|nik** ⟨m.; -s, -s; ostdt.; scherzh. od. abwertend⟩ Chef [russ.]

Nat|té ⟨[-teː] m.; - od. -s, -s; Textilw.⟩ ein Gewebe aus Wolle, Zellwolle od. Seide, bei dem Kett- u. Schussfäden Gruppen bilden [frz., eigtl. »geflochten«]

Na|tur ⟨f.; -, -en⟩ **1** ⟨unz.⟩ **1.1** die uns umgebende, von Menschen nicht geschaffene Welt u. die ihr innewohnende Schöpferkraft **1.2** ursprünglicher, unverfälschter Zustand, Selbstgewachsenes **1.3** Wald u. Feld, freies Land **2** ⟨zählb.⟩ **2.1** Körperbeschaffenheit **2.2** Wesensart, Veranlagung, Charakter, Temperament **2.3** ⟨oberdt.⟩ Geschlechtsteile **2.4** ⟨österr. a.⟩ Sperma **2.5** Mensch mit einer bestimmten Wesensart; *die beiden sind einander widersprechende ~en* [<ahd. *natura* <lat. *natura* »Kraft, Trieb; Natur, Naturkraft; Welt, Weltordnung; Schöpfung«]

na|tu|ra → *in natura*

na|tu|ral..., Na|tu|ral... ⟨in Zus.⟩ zur Natur gehörend, auf ihr beruhend, natürlich [<lat. *naturalis* »natürlich, zur Natur gehörig«]

Na|tu|ra|li|en ⟨nur Pl.⟩ **1** Naturerzeugnisse, Lebensmittel; *etwas in ~ bezahlen* **2** Gegenstände einer naturkundlichen Sammlung, z. B. Mineralien, Pflanzen, ausgestopfte Tiere [<lat. *(corpora) naturalia*, Neutr. Pl. zu *naturalis* »von Natur; zur Natur gehörig; der Natur entsprechend«]

Na|tu|ra|li|en|ka|bi|nett ⟨n.; -s, -e⟩ naturkundliche Sammlung

Na|tu|ra|li|sa|ti|on ⟨f.; -, -en; veraltet⟩ Einbürgerung; *Ggs* Denaturalisation [frz.]

na|tu|ra|li|sie|ren ⟨V.; veraltet⟩ einbürgern; *Ggs* denaturalisieren [<frz. *naturaliser*]

Na|tu|ra|li|sie|rung ⟨f.; -, -en⟩ Einbürgerung

Na|tu|ra|lis|mus ⟨m.; -, -lis|men⟩ **1** ⟨unz.⟩ Kunstrichtung, die eine möglichst genaue Wiedergabe der Wirklichkeit (auch des Hässlichen) anstrebt; →*a.* Moderne (1) **2** ⟨zählb.⟩ naturalistischer Zug eines Kunstwerkes

Na|tu|ra|list ⟨m.; -en, -en⟩ Anhänger, Vertreter des Naturalismus [<frz. *naturaliste*]

na|tu|ra|lis|tisch ⟨Adj.⟩ auf dem Naturalismus beruhend, in der Art des Naturalismus

Na|tu|ral|lohn ⟨m.; -(e)s, -löh|ne⟩ (zum Teil) in Naturalien gezahlter Lohn, Naturalbezüge, Sachbezüge, Sachleistungen

Na|tu|ral|ob|li|ga|ti|on ⟨f.; -, -en; Rechtsw.⟩ nicht einklagbare Schuld, z. B. Spielschuld

Na|tu|ral|re|sti|tu|ti|on *auch:* **Na|tu|ral|res|ti|tu|ti|on** ⟨f.; -, -en⟩ Schadenersatz durch Wiederherstellung des ursprünglichen Zustandes

na|ture ⟨[-tyːr] Adj.; schweiz.⟩ unvermischt, ohne Zusatz, rein; *Kaffee, Tee ~* [frz.; eigtl. »Natur«]

na|tu|rell ⟨Adj.⟩ natürlich, ohne Zusätze, unbearbeitet, ungefärbt [<frz. *naturel*]

Na|tu|rell ⟨n.; -s, -e⟩ Naturanlage, Charakter, Temperament, Gemüts-, Wesensart; *er hat ein heiteres* ~ [<frz. *naturel*]

Na|tu|ris|mus ⟨m.; -; unz.⟩ = Nudismus

Na|tu|rist ⟨m.; -en, -en⟩ Anhänger des Naturismus

na|tu|ris|tisch ⟨Adj.⟩ zum Naturismus gehörend, auf ihm beruhend

Na|tur|kon|stan|ten *auch:* **Na|tur|kons|tan|ten** ⟨Pl.; Physik⟩ die wichtigsten Zahlengrößen der Physik, auf deren allgemeiner Gültigkeit sich alle zahlenmäßigen Angaben in der Physik gründen, vor allem Größen, die in der heutigen Physik nicht ableitbar sind u. auf die alle anderen Größen zurückgeführt werden (Lichtgeschwindigkeit, Planck'sches Wirkungsquantum, Elementarladung)

Na|tur|phi|lo|so|phie ⟨f.; -; unz.⟩ Gesamtheit der philos. Versuche, Wesen, Gesetze u. Formen der Natur zu deuten

Na|tur|raum ⟨m.; -(e)s, -räu|me⟩ Gebiet, das mit biotischen u. abiotischen Faktoren (Klima, Wasser, Boden usw.) ausgestattet ist, die vom Menschen mehr od. weniger intensiv genutzt werden (können)

Na|tur|raum|po|ten|ti|al ⟨n.; -s, -e⟩ = Naturraumpotenzial

Na|tur|raum|po|ten|zi|al ⟨n.; -s, -e⟩ = Adaptionspotenzial; *oV* Naturraumpotential

Na|tur|recht ⟨n.; -(e)s; unz.⟩ im Wesen des Menschen begründetes, von staatlichen u. gesellschaftlichen Verhältnissen unabhängiges Recht

Na|tur|ton ⟨m.; -(e)s, -tö|ne⟩ **1** Farbton, der in der Natur vorkommt (bes. braun) **2** ⟨Musik⟩ durch bloßes Anblasen eines Instruments hervorgebrachter Ton (ohne Klappen o. Ä. zu betätigen)

Naua[1] ⟨m.; - od. -s, - od. -s⟩ Angehöriger eines mittelamerikan. Indianerstammes

Naua[2] ⟨n.; -; unz.⟩ Sprache eines mittelamerikan. Indianerstammes

Nau|arch ⟨m.; -en, -en; im antiken Griechenland⟩ Befehlshaber eines Schiffes [<grch. *nauarchos;* zu *naus* »Schiff« + *archein* »befehlen«]

Nau|pli|us *auch:* **Naup|li|us** ⟨m.; -, -pli|en; Zool.⟩ Larve der niedrigen Krebse mit zwei Fühlern u. drei Beinpaaren u. einem unpaaren Auge [lat. <grch. *nauplios*]

Nau|sea ⟨f.; -; unz.; Med.⟩ Übelkeit, die vor allem durch die Seekrankheit hervorgerufen wird [<grch. *nausia* »Seekrankheit«]

...naut ⟨Nachsilbe; zur Bildung männl. Subst.; m.; -en, -en⟩ Fahrer, Teilnehmer einer Expedition; *Astronaut; Kosmonaut* [<grch. *nautes* »Schiffer, Seemann«; zu *naus* »Schiff«]

Nau|tik ⟨f.; -; unz.; Seew.⟩ Lehre von der Führung eines Schiffes, von der Schifffahrt u. ihren Hilfsmitteln, von den Gewässern u. Wetterverhältnissen, der Standortbestimmung usw., Schifffahrtskunde [<grch. *nautike (techne)* »Schifffahrtskunde«]

Nau|ti|ker ⟨m.; -s, -; Seew.⟩ Kenner der Nautik

Nau|ti|lus ⟨m.; -, - od. -se; Zool.⟩ Gattung der Kopffüßer mit spiraliger, in Kammern unterteilter Schale, Perlboot [neulat. <grch. *nautilos,* eigtl. »Seemann«; zu *naus* »Schiff«]

nau|tisch ⟨Adj.; Seew.⟩ die Nautik betreffend, auf ihr beruhend; *~e Karte* Karte mit geograf., ozeanograph. u. navigatorischen Hinweisen [<grch. *nautikos* »die Schiff- od. Seefahrt betreffend«]

Na|vel|oran|ge ⟨[nɛɪvəlorã:ʒə] od. [-oraŋʒə] f.; -, -n⟩ Apfelsinensorte ohne Kerne [<engl. *navel* »Nabel + *Orange*]

Na|vi ⟨[-vi] n.; -s, -s; umg.; kurz für⟩ Navigationssystem

Na|vi|cert ⟨[nɛɪvısœ:rt] n.; -s, -s⟩ engl. Geleitbrief für neutrale Handelsschiffe im Kriege [engl.; verkürzt <*navigation certificate* »Schifffahrtsbescheinigung«]

Na|vi|cu|la ⟨[-vi:] f.; -, -cu|lae⟩ **1** ⟨kath. Kirche⟩ Gefäß zum Aufbewahren von Weihrauch **2** ⟨Biol.⟩ Schiffchenalge, größte Gattung der Kieselalgen, im Süß-, Brack- u. Meerwasser vorkommend [lat. Verkleinerungsform von *navis* »Schiff«]

Na|vi|ga|ti|on ⟨[-vi-] f.; -; unz.; Seew.⟩ **1** Lehre von der Führung der Schiffe od. Flugzeuge **2** Orts- u. Kursbestimmung von Schiffen u. Flugzeugen [<lat. *navigatio* »Schifffahrt«]

Na|vi|ga|ti|ons|sys|tem ⟨[-vi-] n.; -s, -e⟩ **1** ⟨Seew.; Flugw.⟩ System zur Kursbestimmung u. -kontrolle bei Schiffen u. Flugzeugen **2** ⟨Kfz⟩ System für satelliten- bzw. computergesteuerte Verkehrsführung, die per Bordcomputer im Fahrzeug empfangen wird

Na|vi|ga|tor ⟨[-vi-] m.; -s, -to|ren; Seew.; Flugw.⟩ jmd., der für die Navigation eines Schiffes od. Flugzeuges zuständig ist [lat., »Schiffer«]

na|vi|ga|to|risch ⟨[-vi-] Adj.; Seew.; Flugw.⟩ die Navigation betreffend, zu ihr gehörend [zu lat. *navigare* »schiffen, zur See fahren«]

na|vi|gie|ren ⟨[-vi-] V.; Seew.; Flugw.⟩ den Standort od. Kurs eines Schiffes od. Flugzeuges bestimmen [<lat. *navigare* »schiffen, zur See fahren«]

Nä|vus ⟨[-vus] m.; -, Nä|vi; Med.⟩ Muttermal; *oV* Naevus [lat.]

Nay ⟨[naı] m.; -s, -s; Musik⟩ klassische arab. Rohrflöte mit einer Länge zwischen 30 u. 80 cm u. mit bis zu zehn Grifflöchern [arab.]

Na|za|rä|er ⟨m.; -s, -; Rel.⟩ **1** *der* ~ Jesus Christus **2** ⟨Pl.⟩ die ersten Christen, Urchristen

Na|za|re|ner ⟨m.; -s, -; Rel.⟩ **1** Einwohner von Nazareth; *der* ~ Jesus Christus **2** ⟨Pl.⟩ christliche Sekte **3** ⟨urspr. Spottname; später allg.⟩ Angehöriger des Lukasbundes, einer Malergruppe der Romantik, die eine Erneuerung der christlichen Kunst erstrebte [nach *Nazareth,* arab. *En Nasira,* Stadt in Palästina u. Heimatort Jesu]

na|za|re|nisch ⟨Adj.⟩ zu den Nazarenern (3) gehörend, sie betreffend, ihrem Stil gemäß

Na|zi ⟨m.; -s, -s; Kurzwort für⟩ Nationalsozialist

Na|zis|mus ⟨m.; -, -zis|men⟩ **1** ⟨unz.; Kurzwort für⟩ Nationalsozialismus **2** eine vom Nationalsozialismus geprägte sprachl. Wendung

na|zis|tisch ⟨Adj.; kurz für⟩ nationalsozialistisch

Nb ⟨chem. Zeichen für⟩ Niob

NB ⟨Abk. für⟩ notabene

NC ⟨Abk. für⟩ **1** Numerus clausus **2** ⟨EDV⟩ Numerical Control, numerische Kontrolle (von Werkzeugmaschinen); *Sy* numerische Steuerung

Nd ⟨chem. Zeichen für⟩ Neodym

Ne ⟨chem. Zeichen für⟩ Neon

ne..., Ne... ⟨in Zus.⟩ = neo..., Neo...

Ne|a|po|li|ta|ner ⟨m.; -s, -⟩ **1** Einwohner der ital. Stadt Neapel **2** ⟨österr.⟩ eine Art gefüllter Waffel **3** ⟨Musik⟩ = neapolitanischer Sextakkord

ne|a|po|li|ta|nisch ⟨Adj.⟩ **1** ⟨allg.⟩ Neapel betreffend, von dort stammend, dazu gehörig **2** ⟨Musik⟩ *~er Sextakkord* Dreiklang der Mollsubdominante, bei dem die kleine Sexte die Quinte ersetzt; *Sy* Neapolitaner (3)

Ne|ark|tis ⟨f.; -; unz.; Geogr.⟩ eine der beiden großen, gemäßigt kalten Zonen der Erde, die Nordamerika mit Grönland u. die Hochländer von Mexiko umfasst; →*a.* Paläarktis

ne|ark|tisch ⟨Adj.; Geogr.⟩ **1** westlich gemäßigt **2** *~e Region; ~e Zone* Grönland, Kanada, die USA u. Mexiko umfassender biogeograf. Bereich

Ne|ar|thro|se *auch:* **Ne|arth|ro|se** ⟨f.; -, -n; Med.⟩ (krankhafte) Gelenkneubildung [<*Neo...* + *Arthrose*]

Neb|bich ⟨m.; -s, -s; österr.⟩ unbedeutender Mensch

neb|bich! ⟨Adv.⟩ leider!, schade! [jidd.]

Ne|ben|schluss|ge|ne|ra|tor ⟨m.; -s, -en; El.⟩ elektr. Generator, bei dem Erregerwicklung u. Anker parallel geschaltet sind

Ne|bu|lar|hy|po|the|se ⟨f.; -; unz.⟩ von I. Kant aufgestellte Theorie über die Entstehung des Sonnensystems aus einem Gasnebel

ne|bu|los ⟨Adj.⟩ = nebulös

ne|bu|lös ⟨Adj.⟩ unklar, nebelhaft, verschwommen; *oV* nebulos

Ne|ces|saire ⟨[nesɛsɛːr] n.; -s, -s⟩ Behälter für kleine Gebrauchsgegenstände, z. B. für Nähzeug; *oV* Nessessär; *Reise~; Nagel~* [<frz. *nécessaire* »Behälter für notwendige Gebrauchsgegenstände«, eigtl. »notwendig«]

> **Necessaire / Nessessär** (*Laut-Buchstaben-Zuordnung*) Im Zuge der Integration fremdsprachiger Wörter in die deutsche Standardsprache kann neben die ursprüngliche, der Herkunftssprache folgenden Orthografie eine integrierte Schreibweise mit angepasster Laut-Buchstaben-Zuordnung treten (→*a.* Nougat / Nugat).

Neck ⟨m.; -en, -en; dt. Myth.⟩ männl. Wassergeist; *oV* Nöck [<schwed. *näck* »Nix, Wassergeist«]

Ne|cking ⟨n.; - od. -s; unz.; Jugendspr.⟩ Austausch von Liebkosungen unter Jugendlichen; →*a.* Petting [zu engl. *neck* »schmusen«]

Need ⟨[niːd] n.; -s; unz.; Psych.⟩ Menge aller subjektiven, an der Umwelt orientierten Bedürfnisse u. Verlangen [<engl. *need* »Bedürfnis«]

Ne|fas ⟨[-faːs] n.; -; unz.⟩ im antiken Rom die Gesamtheit des von den Göttern Verbotenen; *Ggs* Fas [lat., »Gottlosigkeit, Frevel, Unrecht« <*ne* »nicht« + *fas* »göttliches Recht«]

Ne|ga|ti|on ⟨f.; -, -en⟩ Verneinung; *Sy* Negierung; *Ggs* Position (8), Affirmation; *~ eines Urteils* [<lat. *negatio*]

Ne|ga|ti|ons|schal|tung ⟨f.; -, -en; EDV⟩ = Negator (2)

ne|ga|tiv ⟨a. [--'-] Adj.⟩ *Ggs* positiv, affirmativ **1** verneinend; *~er Befund* ⟨Med.⟩ B., dass keine Anzeichen einer Krankheit vorliegen **2** ablehnend; *~e Haltung* **3** ergebnislos; *alle Bemühungen blieben ~* **4** ⟨Math.; Zeichen: -⟩ kleiner als Null **5** ⟨Fot.⟩ in den Farben bzw. in der Helligkeit gegenüber dem Original vertauscht **6** ⟨Physik⟩ mehr Elektronen als Protonen aufweisend; *Sy* minus (2) **7** ⟨El.⟩ *~er Pol* Pol, an dem Elektronen aus einem Körper austreten [<lat. *negativus* »verneinend«]

Ne|ga|tiv ⟨n.; -s, -e [-və]; Fot.⟩ fotograf. aufgenommenes Bild nach dem Entwickeln, bei dem Licht u. Schatten gegenüber dem Original vertauscht sind; *Ggs* Positiv²

Ne|ga|ti|ve ⟨[-və] f.; -, -n⟩ **1** Verneinung **2** Ablehnung

Ne|ga|ti|vis|mus ⟨[-vɪs-] m.; -; unz.⟩ ablehnende, zurückweisende Grundhaltung

ne|ga|ti|vis|tisch ⟨[-vɪs-] Adj.⟩ den Negativismus betreffend

Ne|ga|ti|vi|tät ⟨[-vi-] f.; -; unz.⟩ verneinendes, ablehnendes Verhalten

Ne|ga|tiv|lis|te ⟨f.; -, -n; Med.; Pharm.⟩ Liste von Arzneimitteln, die von den gesetzlichen Krankenkassen nicht bezahlt werden; *Ggs* Positivliste

Ne|ga|ti|vum ⟨[-vum] n.; -s, -va [-va]⟩ etwas Negatives, etwas, was als negativ empfunden wird; *Ggs* Positivum

Ne|ga|tor ⟨m.; -s, -to|ren⟩ **1** ⟨Logik; Math.⟩ Wort od. Zeichen, das dem Ausdruck der aussagenlogischen Negation dient **2** ⟨EDV⟩ binäre Grundschaltung, bei der das Ausgangssignal den entgegengesetzten Wert des Eingangssignals hat; *Sy* Inverter, Negationsschaltung, NICHT-Glied

Ne|ga|tron *auch:* **Ne|gat|ron** ⟨n.; -s, -tro|nen; Physik; selten⟩ = Elektron

Ne|ger ⟨m.; -s, -; abwertende Bez. für⟩ **1** Negride(r) **2** Nachkomme der nach Amerika verschleppten Schwarzafrikaner, Schwarze(r) [<frz. *nègre* <span. *negro* <lat. *niger* »schwarz«]

ne|gie|ren ⟨V.⟩ *Ggs* affirmieren **1** verneinen, ablehnen **2** bestreiten [<lat. *negare*]

Ne|gie|rung ⟨f.; -, -en⟩ = Negation

> ◆ Die Buchstabenfolge **negli...** kann auch **neg|li...** getrennt werden.

◆ **Ne|gli|gé** ⟨[-ʒeː] n.; -s, -s⟩ über dem Nachthemd zu tragender, leichter, bequemer Morgenmantel für Damen; *oV* Negligee [<frz. *négligé* »Morgenrock,

Hauskleid«, eigtl. »nachlässige, lässig-intime Kleidung«; zu *négliger* »vernachlässigen«]

> **Negligé / Negligee** (*Laut-Buchstaben-Zuordnung*) Diakritische Zeichen in Fremdwörtern zur Kennzeichnung einer Betonung o. Ä. können auch durch unmarkierte Buchstaben ersetzt werden.
> Dies gilt auch für das aus dem Französischen entlehnte *»é«*, das eine Vokallänge kennzeichnet, die im Deutschen durch die Doppelung des entsprechenden Vokals gekennzeichnet wird (→*a.* Dekolleté / Dekolletee).

◆ **ne|gli|geant** ⟨[-ʒant] Adj.; veraltet⟩ nachlässig, unachtsam [<frz. *négligent* »nachlässig«]

◆ **Ne|gli|gee** ⟨[-ʒeː] n.; -s, -s⟩ = Negligé

◆ **ne|gli|gen|te** ⟨[-dʒɛntə] Adj.; Musik⟩ nachlässig, flüssig (zu spielen) [zu ital. *negligere* <lat. *neglegere* »vernachlässigen«]

◆ **ne|gli|gie|ren** ⟨[-ʒiːren] V.⟩ *jmdn. od. etwas* ~ vernachlässigen, nicht beachten [zu frz. *négliger* <lat. *neglegere* »vernachlässigen«]

ne|go|zi|a|bel ⟨Adj.; Wirtsch.; veraltet⟩ handelsfähig, umsetzbar (von Waren od. Dokumenten); *ein negoziabler Wechsel* [<frz. *négociable* »verkäuflich«]

Ne|go|zi|a|ti|on ⟨f.; -, -en; Wirtsch.⟩ Verkauf von Wertpapieren durch eine Bank [<frz. *négociation* »Verhandlung, Unterhandlung« <lat. *negotiatio* »Bankgeschäft, Großhandel«]

ne|go|zi|ie|ren ⟨V.; Wirtsch.; veraltet⟩ Handel treiben, Geschäfte abschließen, Wechsel begeben [zu frz. *négocier* <lat. *negotiari* »Handel treiben«]

> ◆Die Buchstabenfolge **ne|gr...** kann auch **neg|r...** getrennt werden.

◆ **ne|grid** ⟨Adj.⟩ zu den Negriden gehörig, ihre Rassenmerkmale zeigend [<*Neger* + ...*id*]

◆ **Ne|gri|de(r)** ⟨f. 2 (m. 1)⟩ Angehörige(r) der in Afrika südlich der Sahara beheimateten Menschenrasse, die durch dunkelbraune bis schwarze Haut u. schwarze, kurze, krause Haare gekennzeichnet ist; *Sy* ⟨abwertend⟩ Neger (1)

◆ **Ne|gri|to** ⟨m.; - od. -s, - od. -s⟩ Angehöriger eines kleinwüchsigen negriden Volkes auf den Andamanen, den Philippinen u. Malakka [span., Verkleinerungsform zu *negro;* → *Neger*]

◆ **Ne|gri|tude** ⟨[-tyːd] f.; -; unz.⟩ Rückbesinnung der Schwarzen auf ihre afrikan. Kulturtradition [frz., »Schwarzsein«]

◆ **ne|gro|id** ⟨Adj.⟩ den Negriden ähnlich

◆ **Ne|gro|i|de(r)** ⟨f. 2 (m. 1)⟩ Mensch mit Rassenmerkmalen, die denen der Negriden ähneln

◆ **Ne|gro|spi|ri|tu|al** ⟨[niːgroʊspɪrɪtjuəl] m. od. n.; -s, -s; Musik⟩ religiöses Lied der in den Südstaaten der USA lebenden amerikanischen Schwarzen [engl.-amerikan.]

Ne|gus ⟨m.; -, - od. -se; Titel für⟩ Kaiser von Äthiopien [amharisch, »König« <äthiop. *neguša nagašt* »König d. Könige«]

> ◆Die Buchstabenfolge **ne|kr...** kann auch **nek|r...** getrennt werden.

◆ **ne|kro..., Ne|kro...** ⟨in Zus.⟩ tot..., toten..., Toten..., Leichen... [<grch. *nekros* »tot, gestorben; Toter, Verstorbener«]

◆ **Ne|kro|bi|o|se** ⟨f.; -; unz.; Biol.⟩ langsames Absterben einzelner Zellen [<*Nekro...* + ...*biose*]

◆ **Ne|kro|hor|mon** ⟨n.; -s, -e; Biochemie⟩ Hormon, das in verletzten Pflanzenteilen die Wundheilung anregt

◆ **Ne|kro|log** ⟨m.; -(e)s, -e⟩ **1** Nachruf auf einen Verstorbenen **2** Verzeichnis der Todestage von Mitgliedern einer kirchl. Gemeinschaft; *oV* Nekrologium [<*Nekro...* + ...*log*]

◆ **Ne|kro|lo|gie** ⟨f.; -; unz.⟩ Lehre von den Ursachen der Sterblichkeit, Todesstatistik [<*Nekro...* + ...*logie*]

◆ **Ne|kro|lo|gi|um** ⟨n.; -s, -gi|en⟩ = Nekrolog (2)

◆ **Ne|kro|ma|nie** ⟨f.; -; unz.⟩ = Nekrophilie [<*Nekro...* + *Manie*]

◆ **Ne|kro|mant** ⟨m.; -en, -en; in der Antike⟩ Toten-, Geisterbeschwörer [<grch. *nekros* »Toter« + *mantis* »Seher«]

◆ **Ne|kro|man|tie** ⟨f.; -; unz.⟩ Weissagung durch Beschwörung der Geister von Toten; *Sy* Psychomantie [<*Nekro...* + ...*mantie*]

◆ **Ne|kro|pha|ge** ⟨m.; -n, -n; Biol.⟩ Tier, das sich ausschließlich von toten Organismen ernährt [<grch. *nekros* »tot« + *phagein* »essen«]

◆ **ne|kro|phil** ⟨Adj.⟩ die Nekrophilie betreffend, auf ihr beruhend

◆ **Ne|kro|phi|lie** ⟨f.; -; unz.⟩ Neigung, sexuelle Handlungen an Toten vorzunehmen; *Sy* Nekromanie [<grch. *nekros* »tot« + *philia* »Liebe«]

◆ **Ne|kro|pho|bie** ⟨f.; -; unz.⟩ krankhafte Angst vor dem Tod od. vor Toten [<grch. *nekros* »tot« + *Phobie*]

◆ **Ne|kro|po|le** ⟨f.; -, -n⟩ = Nekropolis

◆ **Ne|kro|po|lis** ⟨f.; -, -po|len⟩ ausgedehnte urgeschichtl. od. antike Begräbnisstätte, Totenstadt; *oV* Nekropole [<*Nekro...* + grch. *polis* »Stadt«]

◆ **Ne|krop|sie** ⟨f.; -, -n; Anat.⟩ Leichenschau mit Leichenöffnung; *Sy* Nekroskopie [<*Nekro...* + ...*opsie*]

◆ **Ne|kro|se** ⟨f.; -, -n; Med.⟩ Absterben von Organen, Organteilen od. Geweben, Gewebstod [<grch. *nekros* »tot, gestorben; Toter«]

◆ **Ne|kro|sko|pie** *auch:* **Ne|kros|ko|pie** ⟨f.; -, -n; Anat.⟩ = Nekropsie [<*Nekro...* + ...*skopie*]

◆ **ne|kro|tisch** ⟨Adj.; Med.⟩ auf Nekrose beruhend, abgestorben

◆ **Ne|kro|zoo|sper|mie** ⟨[-tsoːo-] f.; -; unz.; Med.⟩ Zeugungsunfähigkeit infolge von Unbeweglichkeit der Spermien

Nek|tar ⟨m.; -s; unz.⟩ **1** ⟨grch. Myth.⟩ Unsterblichkeit verleihender Göttertrank **2** ⟨Bot.⟩ eine zuckerhaltige Absonderung der Blüten [<grch. *nektar* »Göttertrank«]

Nek|ta|ri|en ⟨Pl. von⟩ Nektarium

Nek|ta|ri|ne ⟨f.; -, -n; Bot.⟩ glatthäutiger Pfirsich [→ *Nektar*]

N

nektarisch 〈Adj.〉 **1** süß wie Nektar **2** 〈fig.〉 göttlich

Nektarium 〈n.; -s, -rilen; Bot.〉 Honigdrüse

Nektion 〈f.; -, -en; Sprachw.〉 Verbindung mehrerer gleichartiger Satzteile od. Sätze durch koordinierende Konjunktionen [zu lat. *nectere* »knüpfen, verknüpfen«]

Nektiv 〈n.; -s, -e [-və]; Sprachw.〉 koordinierende Konjunktion, z. B. »oder«

Nekton 〈n.; -s; unz.; Zool.〉 die aus eigener Kraft sich fortbewegende Tierwelt des Wassers; *Ggs* Plankton [zu grch. *nektos* »schwimmend«]

nektonisch 〈Adj.; Zool.〉 das Nekton betreffend, dazu gehörig; *Ggs* planktonisch

Nelson 〈m.; - od. -s, - od. -s; Sport; Ringen〉 am Nacken des Gegners angesetzter Griff, Nackenhebel [engl.]

Nemathelminthen 〈Pl.; Zool.〉 Rundwürmer [<grch. *nema,* Gen. *nematos* »Faden« + *Helminthe*]

Nematizid 〈n.; -(e)s, -e; Chemie〉 Pflanzenschutzmittel zur Bekämpfung pflanzenschädigender Nematoden

Nematoden 〈Pl.; Zool.〉 Fadenwürmer [<grch. *nema,* Gen. *nematos* »Faden«]

Nematozid 〈n.; -s, -e; Chemie〉 Mittel zur Bekämpfung der Fadenwürmer [<grch. *nema,* Gen. *nematos* »Faden« + *…zid*[1]]

Nemesis 〈f.; -; unz.〉 strafende od. vergeltende Gerechtigkeit [nach der grch. Göttin der gerechten Vergeltung u. der Rache]

neo…, Neo… 〈vor Vokalen〉 ne…, Ne… 〈in Zus.〉 **1** neu…, Neu… **2** erneuert **3** jung [<grch. *neos* »neu«]

Neodym 〈n.; -s; unz.; chem. Zeichen: Nd〉 chem. Element aus der Gruppe der Lanthanoiden, Ordnungszahl 60 [<*Neo…* + grch. *didymos* »doppelt«]

Neofaschismus 〈m.; -; unz.; Politik; nach dem 2. Weltkrieg〉 Strömung, die den Faschismus wiederzubeleben versucht

Neofaschist 〈m.; -en, -en; Politik〉 Vertreter, Anhänger des Neofaschismus

Neofaschistin 〈f.; -, -tinlnen; Politik〉 Vertreterin, Anhängerin des Neofaschismus

neofaschistisch 〈Adj.; Politik〉 in der Art des Neofaschismus, auf ihm beruhend; *~e Tendenzen*

Neogaullismus 〈[-go-] m.; -; unz.; Politik〉 parteilich organisierte polit. Strömung in Frankreich, die auf den Prinzipien Charles de Gaulles basiert; →*a.* Gaullismus

neogaullistisch 〈[-go-] Adj.; Politik〉 den Neogaullismus betreffend, auf ihm beruhend

neogen 〈Adj.; Geol.〉 zum Neogen gehörig, daraus stammend

Neogen 〈n.; -s; unz.; Geol.〉 jüngere Abteilung des Tertiärs; *Sy* Jungtertiär [<*Neo…* + *…gen*[2]]

Neoklassizismus 〈m.; -; unz.; Kunst〉 an den Klassizismus anknüpfende Kunstrichtung

neoklassizistisch 〈Adj.; Kunst〉 zum Neoklassizismus gehörig, seinem Stil gemäß

Neokolonialismus 〈m.; -; unz.; Politik〉 Politik der Industrieländer gegenüber den Staaten der Dritten Welt, die indirekt auf die Aufrechterhaltung der wirtschaftlichen u. politischen Abhängigkeit dieser Länder abzielt [<*Neo…* + *Kolonialismus*]

neokom 〈Adj.; Geol.〉 zum Neokom gehörig, daraus stammend

Neokom 〈n.; -s; unz.; Geol.〉 eine Stufe der unteren Kreideformation [nach lat. *Neocomum* »Neuenburg«]

neoliberal 〈Adj.; Politik〉 den Neoliberalismus betreffend, zu ihm gehörig

Neoliberalismus 〈m.; -; unz.; Politik〉 wirtschafts- u. sozialpolitische Lehre, die an den Liberalismus, dem die individuelle Freiheit u. Selbstverantwortung des Einzelnen als Gestaltungsprinzip für die Wirtschaftsordnung zugrunde liegt, anknüpft, sie beinhaltet darüber hinaus die Beschränkung des staatlichen Einflusses auf die Garantie einer stabilen Währung, eines ausgeglichenen Haushaltes, Schaffung von Freihandelszonen u. der Privatisierung staatlicher Monopole u. des Sozialsystems

Neolinguistik 〈f.; -; unz.; Sprachw.; Anfang des 20. Jh.〉 Strömung innerhalb der Linguistik, die die Sprache als individuellen, kreativen Schöpfungsakt auffasste u. Sprachwissenschaft als Zweig der Ästhetik betrachtete; *Sy* idealistische Sprachwissenschaft

Neolithiker 〈m.; -s, -; Geol.〉 Mensch des Neolithikums

Neolithikum 〈n.; -s; unz.; Geol.〉 Jungsteinzeit [<*Neo…* + *…lithikum*]

neolithisch 〈Adj.; Geol.〉 jungsteinzeitlich

Neologie 〈f.; -, -n〉 **1** 〈zählb.; veraltet〉 Neuerung, sprachl. Neubildung, Neologismus **2** 〈unz.; Theol.〉 aufklärerische, rationalistische Richtung der evang. Theologie des 18. Jh., die die theol. Lehre den Erkenntnissen der damaligen Wissenschaften anzupassen suchte [<*Neo…* + *logos* »Wort, Rede, Kunde«]

neologisch 〈Adj.〉 **1** die Neologie betreffend, erneuernd **2** aufklärerisch (im Sinne der Neologie des 18. Jh.)

Neologismus 〈m.; -, -gismen; Sprachw.〉 neu gebildeter sprachlicher Ausdruck, Wortneubildung [<*Neo…* + grch. *logos* »Wort«]

Neomarxismus 〈m.; -; unz.; Politik〉 (nach dem 2.Weltkrieg entstandene) marxistische Strömung, die den Stalinismus ablehnt, an Frühschriften von Marx anknüpft u. seine Theorie durch psycholog. Aspekte erweitert

Neomortalität 〈f.; -; unz.; Med.〉 Frühsterblichkeit bei Säuglingen [<*Neo…* + *Mortalität*]

Neon 〈n.; -s; unz.; chem. Zeichen: Ne〉 Edelgas, chem. Element, Ordnungszahl 10 [<grch. *neos* »neu, jung«]

Neonatologie 〈f.; -; unz.; Med.〉 Teilgebiet der Medizin, das sich mit der Physiologie u. Pathologie Neugeborener befasst [<*Neo…* + lat. *natio* »Geburt« + *…logie*]

Neo|na|zi ⟨m.; -s, -s; Politik⟩ Anhänger, Verfechter des Neonazismus; *Sy* Neonazist

Neo|na|zis|mus ⟨m.; -; unz.; Politik⟩ Strömung (nach 1945), die den Nationalsozialismus wiederzubeleben versucht; →*a.* Neofaschismus

Neo|na|zist ⟨m.; -en, -en; Politik⟩ = Neonazi

Neo|na|zis|tin ⟨f.; -, -tin|nen; Politik⟩ Anhängerin, Verfechterin des Neonazismus

neo|na|zis|tisch ⟨Adj.; Politik⟩ zum Neonazismus gehörend, auf ihm beruhend, in seinem Geiste denkend, handelnd

Ne|on|fisch ⟨m.; -(e)s, -e; Zool.⟩ ca. 3 cm kleiner Salmler aus dem Amazonasgebiet mit einem von der Stirn bis zur Fettflosse strahlend blaugrün irisierenden Strich, beliebter Aquarienfisch: Paracheirodon innesi, Cheirodon axelrodi

Ne|on|röh|re ⟨f.; -, -n⟩ mit Neon gefüllte Leuchtröhre

Neo|pal|li|um ⟨n.; -s, -li|en; Anat.⟩ Großhirnrinde [<grch. *neos* »neu, jung« + lat. *pallium* »Mantel«]

Neo|phyt ⟨m.; -en, -en⟩ **1** ⟨in der urchristl. Gemeinde⟩ durch die Taufe neu Aufgenommener **2** ⟨Bot.⟩ Pflanzenart, die in historischer Zeit eingeschleppt wurde u. sich inzwischen eingebürgert hat [<*Neo…* + *…phyt*]

Neo|phy|ti|kum ⟨n.; -s; unz.; Geol.; Biol.⟩ = Känophytikum

Neo|plas|ma ⟨n.; -s, -plas|men; Med.⟩ Neubildung von Körpergewebe, Geschwulst

Neo|plas|ti|zis|mus ⟨m.; -; unz.; Mal.⟩ (vom Kubismus geprägte) Stilrichtung der modernen Malerei, die sich in der Bildgestaltung auf senkrechte u. waagerechte Linien sowie auf die Verwendung der Primärfarben beschränkt, vertreten durch P. Mondrian

Neo|pla|to|nis|mus ⟨m.; -; unz.; antike Philos.⟩ philos. Richtung des 3.-6. Jh. n. Chr., entstanden durch Verschmelzung platonischen, aristotelischen u. pythagoreischen Gedankenguts mit christlicher u. orientalischer Mystik u. Religion, Vertreter waren u. a. Plotin, Plutarch u. Boethius; *Sy* Neuplatonismus

Neo|po|si|ti|vis|mus ⟨[-vɪs-] m.; -; unz.⟩ philos. Strömung im 20. Jh., die auf den Positivismus zurückgeht

Neo|pren® *auch:* **Ne|op|ren**® ⟨n.; -s; unz.; Chem.⟩ ein synthet. Kautschuk mit hoher Beständigkeit gegen chem. Beanspruchungen, schwer entflammbar (für Dichtungen, Keilriemen, Schläuche verwendet) [<*Neo…* + *Propen*]

Neo|re|a|lis|mus ⟨m.; -; unz.; bes. Lit.; Film⟩ = Neoverismus

Neo|te|nie ⟨f.; -; unz.; Biol.⟩ Eintritt der Geschlechtsreife bei Tieren, die noch Merkmale einer Larve aufweisen [<*Neo…* + grch. *teinein* »sich ausdehnen«]

Neo|tro|pis ⟨f.; -; unz.; Geogr.⟩ einer der Tier- u. Pflanzengroßräume der Erde, der Süd- u. Mittelamerika mit den Antillen umfasst [<*Neo…* + grch. *tropos* »Wendung, Wechsel«]

neo|tro|pisch ⟨Adj.; Geogr.⟩ zu den Tropen der Neuen Welt gehörig; *~e Region* das biogeografische Gebiet Mittel- u. Südamerikas

Ne|ot|tia ⟨f.; -; unz.; Bot.⟩ Nestwurz (eine Orchideenart) [<grch. *neottia* »Nest«]

Neo|ve|ris|mus ⟨[-ve-] m.; -; unz.; bes. Lit. u. Film⟩ von Italien ausgehende, den Verismus weiterführende künstler. Stilrichtung; *Sy* Neorealismus

Neo|vi|ta|lis|mus ⟨[-vi-] m.; -; unz.; Philos.⟩ Erneuerung des Vitalismus

Neo|zo|i|kum ⟨n.; -s; unz.; Geol.⟩ = Känozoikum

Ne|per ⟨n.; -s, -; Physik; Zeichen: N⟩ elektrotechn. Maßeinheit der Dämpfung od. Verstärkung in Vierpolen, z. B. Filtern, Verstärkern [nach dem engl. Mathematiker John *Napier*, 1550-1617]

Ne|phe|lin ⟨m.; -s, -e; Min.⟩ Mineral aus der Gruppe der Feldspate, chem. ein Natrium-Aluminium-Silikat [<grch. *nephele* »Wolke«]

Ne|phe|lo|me|ter ⟨n.; -s, -; Chemie⟩ Gerät zur Nephelometrie [<grch. *nephele* »Wolke« + *…meter*]

Ne|phe|lo|me|trie *auch:* **Ne|phe|lo|met|rie** ⟨f.; -; unz.; Chemie⟩ Messung der Trübung von Flüssigkeiten od. Gasen zur Überwachung von industriellen Prozessen od. zur Analyse mit optischen Geräten [<grch. *nephele* »Wolke« + *…metrie*]

Ne|pho|skop *auch:* **Ne|phos|kop** ⟨n.; -s, -e; Meteor.⟩ Gerät zur Bestimmung der Richtung u. Geschwindigkeit des Wolkenzuges [<grch. *nephos* »Wolke« + *…skop*]

◆Die Buchstabenfolge **ne|phr…** kann auch **neph|r…** getrennt werden.

◆**ne|phr…, Ne|phr…** ⟨in Zus.⟩ = nephro…, Nephro…

◆**Ne|phral|gie** ⟨f.; -, -n; Med.⟩ Schmerzhaftigkeit der Nieren [<*Nephr…* + *…algie*]

◆**Ne|phrek|to|mie** ⟨f.; -, -n; Med.⟩ operative Entfernung der Niere [<*Nephro…* + *Ektomie*]

◆**Ne|phri|di|um** ⟨n.; -s, -di|en; Zool.⟩ im Tierreich weit verbreitetes Ausscheidungsorgan, das entweder blind geschlossen od. als Kanälchen ausgebildet ist [<grch. *nephros* »Niere«]

◆**Ne|phrit** ⟨m.; -s, -e; Min.⟩ Mineral aus der Gruppe der Amphibole, das in der Vorzeit für Werkzeuge verwendet wurde [<grch. *nephros* »Niere« (nach der Vorstellung, dass das Mineral gegen Nierenerkrankungen wirken sollte)]

◆**Ne|phri|tis** ⟨f.; -, -ti|den; Med.⟩ Entzündung der Nieren [<*Nephr…* + *…itis*]

◆**ne|phro…, Ne|phro…** ⟨vor Vokalen⟩ nephr…, Nephr… ⟨in Zus.⟩ nieren…, Nieren… [<grch. *nephros* »Niere«]

◆**ne|phro|gen** ⟨Adj.; Med.⟩ von den Nieren ausgehend [<*nephro…* + *…gen*[1]]

◆**Ne|phro|gra|fie** ⟨f.; -, -n; Med.⟩ = Nephrographie

◆**Ne|phro|gra|phie** ⟨f.; -, -n; Med.⟩ = Renographie; *oV* Nephrografie

◆**Ne|phro|lith** ⟨m.; -s, -e od. -en; Med.⟩ Nierenstein; →*a.* Nephrolithiase [<*Nephro…* + *…lith*]

N

◆**Ne|phro|li|thi|a|se** ⟨f.; -, -n; Med.⟩ Bildung von Nierensteinen [<*Nephro…* + *Lithiasis*]
◆**Ne|phro|li|tho|to|mie** ⟨f.; -, -n; Med.⟩ operative Entfernung von Nierensteinen
◆**Ne|phro|lo|ge** ⟨m.; -n, -n; Med.⟩ Facharzt für Nierenkrankheiten, Wissenschaftler im Bereich der Nephrologie [<*Nephro…* + *…loge*]
◆**Ne|phro|lo|gie** ⟨f.; -; unz.; Med.⟩ Lehre von den Nierenkrankheiten [<*Nephro…* + *…logie*]
◆**Ne|phro|lo|gin** ⟨f.; -, -gin|nen; Med.⟩ Fachärztin für Nierenkrankheiten, Wissenschaftlerin im Bereich der Nephrologie [<*Nephro…* + *…loge*]
◆**ne|phro|lo|gisch** ⟨Adj.; Med.⟩ die Nierenkrankheiten betreffend, zu ihnen gehörig
◆**Ne|phrom** ⟨n.; -s, -e; Med.⟩ Nierengeschwulst [<grch. *nephros* »Niere«]
◆**Ne|phron** ⟨n.; -s; unz.; Anat.⟩ Grundbauelement der Niere, bestehend aus Nierenkörperchen u. Nierenkanälchen [<grch. *nephros* »Niere«]
◆**Ne|phro|pa|thie** ⟨f.; -, -n; Med.⟩ Nierenleiden [<*Nephro…* + *…pathie*]
◆**Ne|phro|pto|se** *auch:* **Ne|phrop|to|se** ⟨f.; -, -n; Med.⟩ Senkniere [<*Nephro…* + grch. *ptosis* »Fall«]
◆**Ne|phro|se** ⟨f.; -, -n; Med.⟩ nichtentzündliche, degenerative Nierenkrankheit, zu deren Symptomen Wassersucht u. Eiweißharnen gehören [<grch. *nephros* »Niere«]
◆**Ne|phro|skle|ro|se** ⟨f.; -, -n; Med.⟩ Verhärtung u. Schrumpfung des Nierengewebes, Schrumpfniere
◆**Ne|phro|to|mie** ⟨f.; -, -n; Med.⟩ operativer Eingriff in die Niere [<*Nephro…* + *…tomie*]
Ne|po|te ⟨m.; -n, -n⟩ Neffe, Enkel, Vetter, Verwandter [neulat. <lat. *nepos* Gen. *nepotis* »Neffe, Enkel, Nachkomme«]
Ne|po|tis|mus ⟨m.; -; unz.⟩ Bevorzugung der eigenen Verwandten beim Verleihen von Ämtern, Würden usw., Vetternwirtschaft [<lat. *nepos,* Gen. *nepotis* »Neffe, Enkel, Nachkomme«]
ne|po|tis|tisch ⟨Adj.⟩ den Nepotismus betreffend, durch N. begünstigt
Nepp ⟨m.; -s; unz.; umg.⟩ Überhöhung der Preise, Gaunerei, Übervorteilung [→ *neppen*]
nep|pen ⟨V.; umg.⟩ *jmdn.* ~ jmdn. übervorteilen, von jmdm. überhöhte Preise verlangen [<rotw. *neppen* »Unzucht treiben«; vermutl. zu hebr. *na'ap(h)* »unkeusch sein, ehebrechen«; verwandt mit rotw. *Neppe* »Dirne«, *Nepper* »Gauner (der mit *Neppsore* »Betrugsware« Leichtgläubige betrügt)«]
Nep|tun ⟨m.; -s; unz.; Astron.⟩ achter Planet im Sonnensystem [nach *Neptun,* dem röm. Gott der Meere]
Nep|tu|nie ⟨[-njə] f.; -, -n; Bot.⟩ Sumpfpflanze mit mimosenähnlichen Blättern u. gelben Blüten: Neptunia oleracea
nep|tu|nisch ⟨Adj.⟩ **1** den Meeresgott od. Planeten Neptun betreffend, zu ihm gehörig **2** auf dem Neptunismus beruhend **3** durch Einwirkung des Wassers entstanden; *~e Gesteine* Ablagerungen aus dem Meerwasser
Nep|tu|nis|mus ⟨m.; -; unz.; Geol.⟩ veraltete Auffassung, dass alle Gesteine aus Ablagerungen aus dem Meerwasser entstanden seien [nach dem röm. Meeresgott *Neptunus*]
Nep|tu|nist ⟨m.; -en, -en⟩ Anhänger, Vertreter des Neptunismus
Nep|tu|ni|um ⟨n.; -s; unz.; chem. Zeichen: Np⟩ künstlich hergestelltes radioaktives Element, Ordnungszahl 93 [nach dem Planeten *Neptun*]
Nerd ⟨m.; -s, -s; umg.; abwertend⟩ **1** Dummkopf, einfältiger Kerl **2** jmd., der sich nur mit technischen u./od. wissenschaftlichen Themen beschäftigt u. weltfremd wirkt, Fachidiot; *Computer~* [engl.]
Ne|re|i|de ⟨f.; -, -n⟩ **1** ⟨grch. Myth.⟩ Meerjungfrau **2** ⟨Zool.⟩ Familie frei schwimmender Borstenwürmer des Meeres: Nereidae [<grch. *Nereis,* Gen. *Nereidos,* Tochter des grch. Meeresgottes *Nereus*]
ne rep. ⟨Abk. für⟩ ne repetatur: es werde nicht wiederholt (Hinweis auf ärztl. Rezepten, dass die Verordnung nicht wiederholt angefertigt werden darf); *Ggs* rep., Rep. [lat.]
ne|ri|tisch ⟨Adj.; Geogr.⟩ zum Küstengewässer gehörig, aus ihnen stammend; *Ggs* ozeanisch (1) [nach *Nerites,* dem Sohn des grch. Meeresgottes *Nereus*]
Ne|ro|li|öl ⟨n.; -(e)s; unz.⟩ in der Parfümerie verwendetes, aus den frischen Blüten der Nerolipomeranze (Citrus aurantium varneroli) gewonnenes äther. Öl [<frz. *Neroli* <ital. *Neroli,* angebl. Name einer Prinzessin]
Nerv ⟨m.; -s, -en⟩ **1** ⟨Anat.⟩ faser- od. strangartiges Gebilde zwischen Gehirn, Rückenmark u. Körperteilen zur Weiterleitung von Reizen u. Bewegungsimpulsen; *den ~ (im Zahn) töten* **2** ⟨fig.⟩ geistige u. seelische Spannkraft; *~en wie Bindfäden, Stricke; eiserne, schwache ~en; die ~en behalten, verlieren* die Ruhe, Fassung bewahren, verlieren; *der Lärm, dieser Mensch geht, fällt mir auf die ~en* macht mich nervös, reizt mich; *zum Zerreißen gespannte ~en* große Nervosität, Ungeduld; *mit den ~en herunter* ⟨umg.⟩ äußerst nervös, nahe am Zusammenbruch; *du tötest mir den letzten ~* ⟨umg.⟩ dein Verhalten quält mich; du belästigst mich; *der hat ~en!* ⟨umg.⟩ er verlangt zu viel!; was denkt er sich dabei? **3** ⟨Bot.⟩ Strang von Leitbündeln, die das Skelett eines Pflanzenblattes bilden **4** ⟨Zool.⟩ Ader in den Flügeln von Insekten **5** ⟨veraltet⟩ Sehne; *jeder ~ spannte sich* [<lat. *nervus* »Sehne, Flechse, Band«]
ner|val ⟨[-va:l] Adj.; Med.⟩ zur Nerventätigkeit gehörig, nervlich [→ *Nerv*]
Ner|va|tur ⟨[-va-] f.; -, -en; Biol.⟩ Gesamtheit der Nerven im Blatt od. in den Flügeln von Insekten
ner|ven ⟨V.; umg.⟩ sehr lästig sein, nervös machen
ner|vig ⟨Adj.⟩ **1** sehnig, kräftig, zäh **2** ⟨fig.; umg.⟩ entnervend, stressend, aufregend; *das war ein ~er Tag heute* [→ *Nerv*]

ner|vös ⟨[-vø:s] Adj.⟩ **1** zu den Nerven (1) gehörend, auf ihnen beruhend; *eine ~e Erschöpfung* **2** leicht reizbar, überempfindlich; *ein ~er Mensch* [<*nervos* (17. Jh.) »nervig« (<lat. *nervosus*) + frz. *nerveux* »nervös«]

Ner|vo|si|tät ⟨[-vo-] f.; -; unz.⟩ leichte Reizbarkeit, Überempfindlichkeit, Erregbarkeit [<frz. *nervosité*]

Ner|vus ⟨[-vus] m.; -; unz.⟩ **1** ~ *Probandi* der eigentl., entscheidende Beweisgrund **2** ~ *Rerum* **2.1** Triebfeder, Triebkraft, Hauptsache **2.2** ⟨fig.; scherzh.⟩ das Geld [<lat. *nervus* »Nerv, Kraft, Stärke«; lat. *probandi* »des zu Beweisenden«; zu *probare* »prüfen, beweisen«; lat. *rerum,* Gen. Pl. zu *res* »Ding, Sache«]

Nerz ⟨m.; -es, -e⟩ **1** ⟨Zool.⟩ zu den Mardern gehörendes, in sumpfigen Gebieten lebendes Raubtier mit tiefbraunem Fell, das für die Pelzmantelfertigung begehrt ist, Sumpfotter **2** dessen Fell [<spätmhd. *nerz, norz* <ukrain. *noryca* »Nerz«, eigtl. »Taucher«]

Nes|ca|fé® ⟨[-fe:] m.; -s; unz.⟩ von der schweiz. Firma Nestlé produzierter Pulverkaffee

Nes|chi ⟨[-çi] od. [-ki] n. od. f.; -; unz.⟩ arabische Kurrentschrift [arab.]

Nes|ses|sär ⟨n.; -s, -s⟩ = Necessaire

Nes|sus|ge|wand ⟨n.; -(e)s, -wänder⟩ *Sy* Nessushemd **1** ⟨grch. Myth.⟩ durch das Blut des Zentauren Nessus vergiftetes, verderbenbringendes Hemd **2** ⟨fig.⟩ verderbenbringendes Geschenk

Nes|sus|hemd ⟨n.; -(e)s, -en⟩ = Nessusgewand

Nes|tor ⟨m.; -s, -toren⟩ **1** ⟨fig.⟩ Ältester einer Gemeinschaft **2** alter, weiser Berater [nach *Nestor,* dem König von Pylos, dem ältesten u. weisesten grch. König im Trojan. Krieg]

Nes|to|ri|a|nis|mus ⟨m.; -; unz.; Theol.⟩ christologische Lehre von den zwei Naturen Jesu, nach der der göttliche Logos u. die Menschennatur in ihm unvermischt verbunden sind [nach dem Patriarchen von Konstantinopel *Nestorius,* 381-451 n. Chr.]

Net ⟨n.; -s, -s; EDV; kurz für⟩ Computernetz, bes. das Internet [engl., »Netz«]

Net|book ⟨[nɛtbuk] n.; -s, -s⟩ kleinformatiges Notebook, meist mit integriertem Internetanschluss [<*Net* + Note*book*]

Ne|ti|ket|te ⟨f.; -; unz.; EDV⟩ = Netiquette

Ne|ti|quet|te ⟨[-kɛtə] f.; -; unz.; EDV⟩ Regeln für die Umgangsformen im Internet, bes. bei dem Versenden von Nachrichten u. in den Internetforen, wonach Höflichkeit, Kürze u. Klarheit bei jeder Kommunikation beachtet werden sollten; *oV* Netikette [verkürzt <*Net* + frz. *etiquette* »Etikette«]

Ne|ti|zen ⟨[nɛtizən] m.; -s, -s; EDV⟩ Person, die das Internet häufig nutzt, Internetnutzer [verkürzt <engl. *net* »Netz, Internet« + *citizen* »Bürger«]

Net|su|ke ⟨a. [nɛtske] f.; -, - od. -s od. n.; - od. -s, - od. -s⟩ japanischer, zu Miniaturplastiken geschnitzter Gürtelknopf, an dem kleinere Gegenstände, z. B. Tabaksbeutel od. Geldtasche, befestigt wurden [jap.]

net|sur|fen ⟨[nɛtsœ:fən] V.; umg.; EDV⟩ ziellos im Internet nach Angeboten suchen u. Seiten betrachten; *Sy* surfen (2) [<engl. *surf the net*]

Net|sur|fing ⟨[nɛtsœ:fıŋ] n.; - od. -s; unz.; umg.; EDV⟩ das Netsurfen [→ *netsurfen*]

net|to ⟨Adv.; Wirtsch.⟩ *Ggs* brutto **1** ausschließlich der Verpackung **2** nach Abzug von Unkosten od. Steuern **3** ~ *Kasse* bar ohne jeden Abzug [<ital. *netto* »unvermischt, rein«]

Net|to|er|trag ⟨m.; -(e)s, -trä|ge; Wirtsch.⟩ nach Abzug sämtlicher Aufwendungen vom Verkaufspreis übrig bleibender Ertrag; *Sy* Nettogewinn

Net|to|ge|wicht ⟨n.; -(e)s, -e⟩ reines Gewicht (bes. einer Ware) nach Abzug der Verpackung; *Ggs* Bruttogewicht

Net|to|ge|winn ⟨m.; -(e)s, -e; Wirtsch.⟩ = Nettoertrag; *Ggs* Bruttogewinn

Net|to|preis ⟨m.; -es, -e⟩ niedrigster Preis, von dem kein Abzug mehr gewährt wird, Fabrikpreis; *Ggs* Bruttopreis

Net|to|re|gis|ter|ton|ne ⟨f.; -, -n; Abk.: NRT⟩ der für die Frachtzuladung eines Schiffes tatsächlich zur Verfügung stehende Raum; *Ggs* Bruttoregistertonne

Net|to|so|zi|al|pro|dukt ⟨n.; -(e)s, -e; Wirtsch.⟩ Summe der Wertschöpfungen aller Wirtschaftsbereiche in einer Volkswirtschaft; *Ggs* Bruttosozialprodukt

Net|work ⟨[nɛtwœ:k] n.; -s, -s; bes. EDV⟩ Netzwerk, Sendenetz [engl.]

net|wor|ken ⟨[nɛtwœ:kən] V.; bes. EDV⟩ sich mit einem Computernetzwerk, bes. dem Internet, beschäftigen bzw. darin recherchieren u. kommunizieren

neu|apo|sto|lisch *auch:* **neu|apos|to|lisch** ⟨Adj.; Rel.⟩ *~e Gemeinde* Religionsgemeinschaft mit streng hierarchischer Ordnung u. Apostelamt, die sich als Fortsetzung der Urkirche versteht

Neu|me ⟨f.; -, -n; meist Pl.; MA; Musik⟩ nur die ungefähre Tonhöhe u. -bewegung angebendes Notenzeichen [<grch. *neuma* »Wink«]

neu|mie|ren ⟨V.; Musik⟩ eine Melodie, einen Text mit Neumen versehen

Neu|mi|nu|te ⟨f.; -, -n; veraltet⟩ Einheit des ebenen Winkels, ein hundertstel Gon

Neu|phi|lo|lo|gie ⟨f.; -; unz.⟩ Sprach- u. Literaturwissenschaft auf dem Gebiet der lebenden, bes. der german., roman., slaw. Sprachen

Neu|pla|to|nis|mus ⟨m.; -; unz.; Philos.⟩ = Neoplatonismus

neur..., Neur... ⟨in Zus.⟩ = neuro..., Neuro...

neu|ral ⟨Adj.; Med.⟩ zu den Nerven, zum Nervensystem gehörend

Neur|al|gie *auch:* **Neu|ral|gie** ⟨f.; -, -n; Med.⟩ anfallsweise auftretende Schmerzhaftigkeit der Nerven, Nervenschmerz [<*Neuro...* + *...algie*]

Neur|al|gi|ker *auch:* **Neu|ral|gi|ker** ⟨m.; -s, -; Med.⟩ jmd., der an einer Neuralgie leidet

N

neur|al|gisch *auch:* **neu|ral|gisch** ⟨Adj.; Med.⟩ **1** auf einer Neuralgie beruhend **2** ⟨fig.⟩ Spannungen verursachend, sehr problematisch, kritisch; *~er Punkt*

Neu|ral|pa|tho|lo|gie ⟨f.; -; unz.; Med.⟩ Lehre, nach der Krankheiten als Folge von Reaktionen des Zentralnervensystems auf entsprechende Reize zu verstehen sind

Neu|ral|the|ra|pie ⟨f.; -, -n; Med.⟩ Methode zur Behandlung von Krankheiten durch Einwirken auf das örtliche Nervensystem

Neur|as|the|nie *auch:* **Neu|ra|sthe|nie** ⟨f.; -, -n; Med.⟩ nervöse Übererregbarkeit, Nervenschwäche

Neur|as|the|ni|ker *auch:* **Neu|ra|sthe|ni|ker** ⟨m.; -s, -; Med.⟩ an Neurasthenie Leidender

neur|as|the|nisch *auch:* **neu|ra|sthe|nisch** ⟨Adj.; Med.⟩ auf Neurasthenie beruhend, an N. leidend

Neur|ek|to|mie *auch:* **Neu|rek|to|mie** ⟨f.; -, -n; Med.⟩ Nervenschnitt, wobei ein Stück eines Nervs entfernt wird [<*Neuro...* + *Ektomie*]

Neu|ri|lem|ma ⟨n.; -s, -lem|men; Anat.⟩ = Neurolemma

N

Neu|ri|nom ⟨n.; -s, -e; Med.⟩ gutartiger Tumor, der von den Zellen der Nervenscheide ausgeht; *Sy* Schwannom [<*Neuro...* + grch. *inos* »Sehne, Faser«]

Neu|rit ⟨m.; -en, -en; Anat.⟩ langgestreckter Fortsatz einer Nervenzelle, der die Erregung von der Zelle wegleitet

Neu|ri|tis ⟨f.; -, -ti|den; Med.⟩ Nervenentzündung [<grch. *neuron* »Sehne, Nerv«]

neu|ri|tisch ⟨Adj.; Med.⟩ die Neuritis betreffend, dem Krankheitsbild der N. entsprechend

neu|ro..., Neu|ro... ⟨vor Vokalen⟩ neur..., Neur... ⟨in Zus.⟩ nervös, nerven..., Nerven... [<grch. *neuron* »Sehne, Flechte, Band, Nerv«]

Neu|ro|ana|to|mie ⟨f.; -; unz.; Anat.⟩ Anatomie des Nervensystems [<*Neuro...* + *Anatomie*]

Neu|ro|bio|lo|gie ⟨f.; -; unz.; Biol.⟩ Teilgebiet der Biologie, das sich mit Aufbau u. Funktion der Nerven u. des Nervensystems befasst [<*Neuro...* + *Biologie*]

neu|ro|bio|lo|gisch ⟨Adj.; Biol.⟩ die Neurobiologie betreffend, zu ihr gehörend

Neu|ro|bio|nik ⟨f.; -; unz.; Med.⟩ Forschungszweig, der sich zum Ziel setzt, mit Hilfe von Mikrochips defektes Nervengewebe des Menschen zu überbrücken u. so wieder funktionsfähig in das Nervensystem zu integrieren [<*Neuro...* + *Bionik*]

Neu|ro|blast ⟨m.; -en, -en; Anat.⟩ unausgereifte Nervenzelle [<*Neuro...* + *blastos* »Keim, Spross«]

Neu|ro|blas|tom ⟨n.; -s, -e; Med.⟩ Geschwulst aus Neuroblasten

Neu|ro|che|mie ⟨[-çe-] f.; -; unz.; Chemie⟩ Zweig der Chemie, der sich mit der Untersuchung der in Nervenzellen ablaufenden chem. Vorgänge befasst

Neu|ro|chir|urg *auch:* **Neu|ro|chi|rurg** ⟨a. ['--çir-] m.; -en, -en; Med.⟩ Facharzt für Neurochirurgie [<*Neuro...* + *Chirurgie*]

Neu|ro|chir|ur|gie *auch:* **Neu|ro|chi|rur|gie** ⟨a. ['--çir--] f.; -; unz.; Med.⟩ Fachgebiet der chirurg. Eingriffe an Gehirn, Rückenmark u. Nervensystem

neu|ro|chir|ur|gisch *auch:* **neu|ro|chi|rur|gisch** ⟨a. ['--çir--] Adj.; Med.⟩ zur Neurochirurgie gehörend, sie betreffend, mit ihrer Hilfe

Neu|ro|cra|ni|um ⟨n.; -s, -ni|en; Anat.⟩ Teil des Schädels, der das Gehirn umschließt; *oV* Neurokranium

Neu|ro|der|ma|to|se ⟨f.; -, -n; Med.⟩ nervöse Hauterkrankung

Neu|ro|der|mi|tis ⟨f.; -, -ti|den; Med.⟩ allergische Hauterkrankung mit starkem Juckreiz, die häufig in früher Kindheit auftritt [<*Neuro...* + grch. *derma* »Haut«]

neu|ro|en|do|krin ⟨Adj.; Med.⟩ die Sekretion von Neurohormonen betreffend [<*neuro...* + *endokrin*]

Neu|ro|fi|bril|le *auch:* **Neu|ro|fib|ril|le** ⟨f.; -, -n; Anat.⟩ feinste, leitende Faser in der Nervenzelle

neu|ro|gen ⟨Adj.; Med.⟩ von Nerven ausgehend [<*neuro...* + *...gen*[1]]

Neu|ro|ge|ne|tik ⟨f.; -; unz.; Med.⟩ Teilgebiet der Genetik, das sich mit der Vererbung neurologischer u. muskulärer Erkrankungen befasst

Neu|ro|glia ⟨f.; -; unz.; Anat.⟩ Stützgewebe im Nervensystem, bes. in Gehirn u. Rückenmark; *Sy* Glia

Neu|ro|hor|mon ⟨n.; -s, -e; Biochemie⟩ Wirkstoff, der von Nervenzellen bei der Nervenerregung freigesetzt wird [<*Neuro...* + *Hormon*]

Neu|ro|kra|ni|um ⟨n.; -s, -ni|en; Anat.⟩ = Neurocranium

Neu|ro|lem|ma ⟨n.; -s, -lem|men; Anat.⟩ Hüllschicht der Nervenfasern, Nervenscheide; *oV* Neurilemma [<*Neuro...* + grch. *lemma* »Hülle«]

Neu|ro|lep|ti|kum ⟨n.; -s, -ti|ka; Pharm.⟩ Psychopharmakon, das Ängste, Verwirrtheit u. Wahnideen eindämmt [<*Neuro...* + grch. *lepsis* »das Ergreifen, Fangen«]

Neu|ro|lin|gu|is|tik ⟨f.; -; unz.; Sprachw.⟩ Teilgebiet der Sprachwissenschaft, das sich (in Verbindung mit Neuropsychologie u. Neurologie) mit der Untersuchung von Sprachstörungen befasst, Sprachpathologie [<*Neuro...* + *Linguistik*]

neu|ro|lin|gu|is|tisch ⟨Adj.; Sprachw.⟩ die Neurolinguistik betreffend, zu ihr gehörend, mit ihrer Hilfe

Neu|ro|lo|ge ⟨m.; -n, -n; Med.⟩ Facharzt für Nervenkrankheiten

Neu|ro|lo|gie ⟨f.; -; unz.; Med.⟩ Lehre von den Nervenkrankheiten, Nervenheilkunde [<*Neuro...* + *...logie*]

Neu|ro|lo|gin ⟨f.; -, -gin|nen; Med.⟩ Fachärztin für Nervenkrankheiten

neu|ro|lo|gisch ⟨Adj.; Med.⟩ die Neurologie betreffend, auf ihr beruhend, mit ihrer Hilfe

Neu|rom ⟨n.; -s, -e; Med.⟩ Geschwulst, die Nervenzellen, Nervenfasern u. Bindegewebe enthält [<grch. *neuron* »Sehne, Band, Nerv«]

Neu|ron ⟨n.; -s, -ro|nen od. Neuren; Anat.⟩ Grundeinheit des Nervensystems, die aus einer Nervenzelle mit all ihren Fortsätzen besteht [<grch. *neuron* »Sehne, Nerv«]

Neu|ro|pa|thie ⟨f.; -, -n; Med.⟩ anlagebedingte Neigung zu Erkrankungen u. Störungen des Nervensystems

Neu|ro|pa|tho|lo|gie ⟨f.; -; unz.; Med.⟩ Lehre von den Krankheiten des vegetativen Nervensystems

neu|ro|pa|tho|lo|gisch ⟨Adj.; Med.⟩ die Neuropathologie betreffend, zu ihr gehörend, mit ihrer Hilfe

Neu|ro|pep|tid ⟨n.; -(e)s, -e; Biochem.⟩ Peptid, das im zentralen Nervensystem die Rolle eines Botenstoffes besitzt u. eine Zwischenstellung zwischen Hormon u. Neurotransmitter einnimmt

Neu|ro|phy|sio|lo|ge ⟨m.; -n, -n; Med.⟩ Facharzt, Wissenschaftler auf dem Gebiet der Neurophysiologie

Neu|ro|phy|sio|lo|gie ⟨f.; -; unz.; Med.⟩ Teilgebiet der Physiologie, das sich mit der Tätigkeit des Nervensystems befasst

Neu|ro|phy|sio|lo|gin ⟨f.; -, -gin|nen; Med.⟩ Fachärztin, Wissenschaftlerin auf dem Gebiet der Neurophysiologie

neu|ro|phy|sio|lo|gisch ⟨Adj.; Med.⟩ die Neurophysiologie betreffend, zu ihr gehörend, auf ihr beruhend

neu|ro|psy|chisch ⟨Adj.; Med.; Psych.⟩ die Zusammenhänge von Nervensystem u. Psyche betreffend

Neu|ro|psy|cho|lo|ge ⟨m.; -n, -n; Med.; Psych.⟩ Facharzt, Wissenschaftler auf dem Gebiet der Neuropsychologie

Neu|ro|psy|cho|lo|gie ⟨f.; -; unz.; Med.; Psych.⟩ Teilgebiet der Psychologie, das die Zusammenhänge von Nervensystem u. psychischen Vorgängen untersucht

Neu|ro|psy|cho|lo|gin ⟨f.; -, -gin|nen; Med.; Psych.⟩ Fachärztin, Wissenschaftlerin auf dem Gebiet der Neuropsychologie

neu|ro|psy|cho|lo|gisch ⟨Adj.; Psych.⟩ die Neuropsychologie betreffend, zu ihr gehörig

Neu|ro|pte|ren *auch:* **Neu|rop|te|ren** ⟨Pl.; Zool.⟩ Ordnung der Insekten mit kauenden Mundwerkzeugen u. vier aderreichen, durchsichtigen Flügeln, Netzflügler: Neuroptera

Neu|ro|se ⟨f.; -, -n; Psych.⟩ anlage- u. umweltbedingte Neigung, seelische Erlebnisse abnorm u. krankhaft zu verarbeiten, was zu einer dauernden körperl. u. seel. Erkrankung der Gesamtpersönlichkeit führt; *Sy* Psychoneurose [<grch. *neuron* »Sehne, Nerv«]

Neu|ro|se|kre|ti|on ⟨f.; -, -en; Biol.⟩ Produktion hormonaler Stoffe durch Nervenzellen

Neu|ro|ti|ker ⟨m.; -s, -; Psych.⟩ an einer Neurose Leidender

Neu|ro|ti|ke|rin ⟨f.; -, -rin|nen; Psych.⟩ an einer Neurose Leidende

neu|ro|tisch ⟨Adj.⟩ an einer Neurose leidend, auf ihr beruhend

neu|ro|ti|sie|ren ⟨V.; geh.⟩ eine Neurose verursachen, neurotisch machen

Neu|ro|to|mie ⟨f.; -, -n; Med.⟩ Nervenschnitt

Neu|ro|to|xin ⟨n.; -s, -e; Med.⟩ Nervengift

neu|ro|to|xisch ⟨Adj.; Med.⟩ das Nervensystem schädigend [<*neuro…* + *toxisch*]

Neu|ro|trans|mit|ter ⟨m.; -s, -; Med.⟩ Substanz, die an den Synapsen die Erregungsübertragung bewerkstelligt; *Sy* Transmitter [<grch. *neuron* »Nerv« + lat. *transmittere* »hinüberschicken«]

neu|ro|trop ⟨Adj.; Med.⟩ auf Nerven od. Nervengewebe einwirkend [<*neuro…* + *…trop*]

Neu|ro|wis|sen|schaft ⟨f.; -, -en; meist Pl.⟩ Wissenschaft von den neuronalen Vorgängen im Gehirn

Neus|ton ⟨n.; -s; unz.; Biol.⟩ aus Mikroorganismen bestehende Lebensgemeinschaft des Oberflächenhäutchens stehender Gewässer [zu grch. *neusteon* »schwimmfähig«]

◆Die Buchstabenfolge **neu|tr…** kann auch **neut|r…** getrennt werden.

◆**Neu|tra** ⟨Pl. von⟩ Neutrum

◆**neu|tral** ⟨Adj.⟩ **1** unbeteiligt, sich der Stellungnahme enthaltend, unparteiisch; *die Neutralen* die nicht am Kriege beteiligten Staaten; *sich bei einer Auseinandersetzung ~ verhalten* **2** ⟨Chemie⟩ in der Reaktion (2) weder sauer noch basisch; *eine ~e Flüssigkeit* **3** ⟨Gramm.⟩ sächlich [<mlat. *neutralis* »keiner Partei angehörend«]

◆**Neu|tra|li|sa|ti|on** ⟨f.; -, -en⟩ **1** das Aufheben einer Wirkung, das Unwirksammachen **2** ⟨Physik⟩ Aufhebung der Wirkung elektrischer Ladungen, Magnetfelder und Kräfte **3** ⟨Chemie⟩ Aufhebung der sauren od. basischen Reaktion **4** ⟨Politik⟩ Auferlegung der Pflicht, neutral zu bleiben, Abbau von Befestigungen u. Abzug von Truppen in bestimmtem Gebiet **5** ⟨Sport⟩ Unterbrechung der Wertung während des Wettkampfes [<frz. *neutralisation*]

◆**neu|tra|li|sie|ren** ⟨V.⟩ **1** die Wirkung aufheben von, unwirksam machen **2** ⟨Chemie⟩ Säure u. Base so mischen, dass die Mischung eine weder saure noch basische Reaktion aufweist **3** ⟨Physik⟩ *elektr. Ladungen, Kräfte ~* durch geeignete Maßnahmen in ihrer Wirkung aufheben **4** ⟨Politik⟩ *ein Gebiet ~* in einem G. Befestigungen abbauen u. Truppen abziehen, es von Kriegshandlungen ausnehmen, für neutral erklären; *einen Staat ~* zur Neutralität verpflichten **5** ⟨Sport⟩ die Wertung während des Wettkampfes unterbrechen [<frz. *neutraliser*]

◆**Neu|tra|li|sie|rung** ⟨f.; -, -en⟩ das Neutralisieren, Neutralisiertwerden

◆**Neu|tra|lis|mus** ⟨m.; -; unz.; Politik⟩ Grundsatz der Nichteinmischung

◆**Neu|tra|list** ⟨m.; -en, -en; Politik⟩ jmd., der auf Nichteinmischung besteht, dem Neutralismus zuneigt

◆**neu|tra|lis|tisch** ⟨Adj.; Politik⟩ auf Neutralismus beruhend, im Sinne des Neutralismus

◆**Neu|tra|li|tät** ⟨f.; -; unz.⟩ Unbeteiligtsein, Nichtbeteiligung, Nichteinmischung, unparteiisches Verhalten [<mlat. *neutralitas* »Parteilosigkeit«]

N

◆**Neu|tren** ⟨Pl. von⟩ Neutrum

◆**Neu|tri|no** ⟨n.; -s, -s; Physik; Zeichen: ν⟩ masseloses, elektronisch neutrales Elementarteilchen aus der Familie der Leptonen

◆**Neu|tron** ⟨n.; -s, -tro|nen; Physik; Zeichen: n⟩ ungeladenes Elementarteilchen mit geringfügig größerer Masse als das Proton [<lat. *neutro* »zu keiner Seite«]

◆**Neu|tro|nen|ak|ti|vie|rungs|ana|ly|se** ⟨[-viː-] f.; -, -n; Chemie⟩ chem. Untersuchungsverfahren, bei dem unbekannte Verbindungen mit Neutronen beschossen werden, aus den dabei entstehenden Anregungszuständen werden Rückschlüsse auf ihre Struktur gezogen; *Sy* Aktivierungsanalyse

◆**Neu|tro|nen|beu|gung** ⟨f.; -, -en; Mil.⟩ Interferenz- u. Beugungsvorgänge an einem Neutronenstrahl

◆**Neu|tro|nen|bom|be** ⟨f.; -, -n; Kernphysik⟩ Kernwaffe, die durch die von ihr freigesetzte Neutronenstrahlung zwar tödlich auf Lebewesen wirkt, wegen ihrer geringen Druck- u. Hitzewelle aber kaum Materialzerstörungen anrichtet; *Sy* Neutronenwaffe

◆**Neu|tro|nen|quel|le** ⟨f.; -, -n; Kernphysik⟩ kerntechnische Einrichtung, in der durch Kernreaktionen Neutronen für Bestrahlungszwecke oder wissenschaftliche Experimente erzeugt werden

◆**Neu|tro|nen|spek|tro|me|ter** *auch:* **Neu|tro|nen|spekt|ro|me|ter** ⟨n.; -s, -; Physik⟩ Apparatur zum Messen der Geschwindigkeiten in einem Neutronenstrahl od. zum Erzeugen von Neutronen einheitlicher Geschwindigkeit

◆**Neu|tro|nen|strahl** ⟨m.; -(e)s, -en; Kernphysik⟩ durch Kernreaktion freiwerdender Strahl, der sich in eine bestimmte Richtung bewegt

◆**Neu|tro|nen|waf|fe** ⟨f.; -, -n; Mil.⟩ = Neutronenbombe

◆**neu|tro|phil** ⟨Adj.; Med.⟩ durch chemisch neutrale Stoffe anfärbbar (z. B. von weißen Blutkörperchen)

◆**Neu|trum** ⟨n.; -s, Neu|tra od. Neu|tren; Abk.: n., N.; Gramm.⟩ **1** sächl. Geschlecht **2** sächl. Substantiv [<lat. *neutrum (genus)* »sächliches Geschlecht«; zu *neuter* »keiner von beiden«]

New Age ⟨[njuː ɛɪdʒ] n.; - -; unz.⟩ eine u. a. von Kalifornien seit den 1960er Jahren ausgehende Bewegung, die wegen der globalen ökol. u. sozialen Krisen in allen Lebensbereichen ein neues Denken u. Handeln, ein ganzheitl. u. spirituelles Selbst- u. Weltbewusstsein postuliert [engl., »neues Zeitalter«]

New|bie ⟨[njuːbɪ] m.; -s, -s; EDV⟩ neuer, unerfahrener Teilnehmer im Internet [zu engl. *new* »neu«]

New|co|mer ⟨[njuːkʌmə(r)] m.; -s, -; umg.⟩ Neuankömmling, Neuling [<engl. *new* »neu« + *come* »kommen«]

New Deal ⟨[njuː diːl] m.; - -; unz.⟩ die Wirtschaftspolitik Roosevelts nach 1933 zur Bekämpfung der Wirtschaftskrisen [engl., »neues Austeilen, Geben der Karten« (wobei jeder Mitspieler wieder Gewinnchancen erhält)]

New Eco|no|my ⟨[njuː ɪkɔnəmɪ] f.; - -; unz.; Wirtsch.⟩ Gesamtheit der in den neueren Wirtschaftsbereichen (Internet, Informationstechnologie, Telekommunikation, Multimedia, Biotechnologie, Hightech u. a.) angesiedelten Unternehmen [engl., »neue Wirtschaft«]

New Look ⟨[njuː lʊk] m. od. n.; - - od. - -s; unz.⟩ ungewohnter Anblick, ungewohnte Fragestellung [engl., »neues Aussehen«]

New-Or|leans-Jazz ⟨[njuːɔrliːnzdʒæz] m.; -; unz.; Musik⟩ früheste, improvisierende Stilform des Jazz [nach *New Orleans,* der größten Stadt des Staates Louisiana (USA), wo dieser Stil zuerst entwickelt wurde]

News ⟨[njuːz] nur Pl.⟩ Nachrichten, Neuigkeiten [engl.]

News|group ⟨[njuːzgruːp] f.; -, -s; EDV⟩ thematisch gegliederte Übersichtsseite für Neuigkeiten u. Informationen im Internet [engl., <*news* »Nachrichten, Neuigkeiten« + *group* »Gruppe, Gemeinschaft«]

News|let|ter ⟨[njuːz-] m.; - od. -s, -s; EDV⟩ (per E-Mail) verschickte Nachricht, Rundschreiben [engl., »Mitteilungsblatt, Rundschreiben«]

News|ti|cker ⟨[njuːz-] m.; -s, -⟩ **1** Ticker (1) für die Nachrichten der Presseagenturen **2** Spalte, Fenster auf einer Homepage od. dem Fernsehbildschirm mit aktuellen Informationen u. Kurznachrichten; *eine Sendung mit einem ständig eingeblendeten ~* [engl., »Nachrichtenticker«]

New|ton ⟨[njuːtən] n.; -s, -; Physik; Zeichen: N⟩ (allein noch zulässige) Maßeinheit der Kraft, 1 N = 1 kgm/s² = 10⁵ dyn = 0,101 kp [nach dem engl. Mathematiker u. Physiker Isaac *Newton,* 1643-1727]

New Wave ⟨[njuː wɛɪv] m. od. f.; - -; unz.; Musik⟩ Stilrichtung der Popmusik in den 1980er Jahren [engl., »neue Welle«]

Ne|xus ⟨m.; -, -; geh.⟩ Zusammenhang, Verbindung, Verknüpfung [lat.]

nF ⟨Zeichen für⟩ Nanofarad

NF ⟨Abk. für⟩ Niederfrequenz

NGO ⟨Abk. für engl.⟩ Non-Governmental Organization (regierungsunabhängige Organisation)

nib|beln ⟨V.; Technik⟩ mit kleinen Schnitten in die gewünschte Form bringen (Blech od. festen Kunststoff) [<engl. *nibble* »knabbern«]

Ni|blick *auch:* **Nib|lick** ⟨m.; -s, -s; Sport⟩ schwerer Golfschläger mit Eisenkopf [engl.]

NIC ⟨[enaɪsiː] Abk. für engl.⟩ **1** Newly Industrializing Countries, Schwellenländer **2** Network Information Center (Netzwerkinformationszentrum)

nicht|eu|kli|disch *auch:* **nicht euk|li|disch** ⟨Adj.; Math.⟩ *~e Geometrie* nicht dem von Euklid aufgestellten Parallelenaxiom gehorchende Geometrie; *Ggs* euklidische Geometrie

NICHT-Glied ⟨n.; -(e)s, -er; EDV⟩ = Negator (2)

N

nicht|li|ne|ar *auch:* **nicht li|ne|ar** ⟨Adj.⟩ *Ggs* linear **1** nicht gleichbleibend, nicht gleichmäßig **2** nicht aufeinanderfolgend **3** nicht geradlinig, nicht linienförmig, nicht durch Striche dargestellt **4** ⟨Math.⟩ nicht eindimensional, nicht nur Potenzen ersten Grades enthaltend

ni|col|sche(s) Pris|ma *auch:* **Ni|col'sche(s) Pris|ma** ⟨n.; -n -s, -n Pris|men⟩ Prisma zum Erzeugen von polarisiertem Licht mittels Doppelbrechung [nach dem engl. Physiker William *Nicol,* 1768-1851]

Ni|co|tin ⟨n.; -s; unz.⟩ = Nikotin

Ni|da|ti|on ⟨f.; -; unz.; Med.⟩ = Implantation (2) [<lat. *nidus* »Nest«]

Ni|da|ti|ons|hem|mer ⟨m.; -s, -; Med.⟩ Empfängnisverhütungsmittel, das die Einnistung des befruchteten Eies in die Gebärmutterschleimhaut verhindert

Nie|der|fre|quenz ⟨f.; -, -en; Abk.: NF⟩ **1** ⟨Schwachstromtechnik⟩ Frequenz zwischen 0 u. 100 Hz **2** ⟨Akustik⟩ Frequenzbereich der Schallwellen, 20 bis 20 000 Hz

Nie|der|fre|quenz|in|duk|ti|ons|ofen ⟨m.; -s, -öfen; Technik⟩ Industrieofen zum Schmelzen von Stahl u. Metallen aus einer feuerfesten ausgemauerten Rinne mit einem Eisenkern, auf den eine Spule aufgebracht ist, nach dem Prinzip des Transformators entsteht in der Rinne die gewünschte hohe Temperatur

ni|el|lie|ren ⟨V.; Kunst⟩ **1** ein Niello herstellen **2** mit einem Niello verzieren

Ni|el|lo ⟨n.; -s od. -, -s od. -el|len od. -el|li; Kunst⟩ Verzierung von metallenen, bes. silbernen Gegenständen durch eingeritzte, mit schwarzem Schmelz ausgefüllte Zeichnungen [ital.]

Niels|boh|ri|um ⟨n.; -s; unz.; nicht amtl. Bez.⟩ = Element 105 [nach dem dän. Physiker *Niels Bohr,* 1885-1962]

Ni|fe ⟨n.; -; unz.; Geol.⟩ aus Eisen u. Nickel bestehender Erdkern; *Sy* Nifekern [verkürzt <*Ni*ckel + lat. *fe*rrum »Eisen«]

Ni|fe|kern ⟨m.; -s, -e; Geol.⟩ = Nife

Night|club ⟨[naıtklʌb] m.; -s, -s⟩ Nachtbar [engl.]

Night|life ⟨[naıtlaıf] n.; - od. -s; unz.⟩ Gesamtheit der nächtlichen Vergnügungsstätten in einer Stadt, Nachtleben; *sich ins ~ stürzen* [engl.]

Night|show ⟨[naıtʃoʊ] f.; -, -s; kurz für⟩ Late-Night-Show

Ni|gro|sin *auch:* **Nig|ro|sin** ⟨n.; -s, -e; Chemie⟩ blauvioletter Farbstoff, in der Leder- u. Textilindustrie verwendet [zu lat. *niger* »schwarz«]

Ni|hi|lis|mus ⟨m.; -; unz.⟩ Überzeugung von der Nichtigkeit u. Sinnlosigkeit alles Seienden, Verneinung aller Werte u. Ziele [<lat. *nihil* »nichts«]

Ni|hi|list ⟨m.; -en, -en⟩ Anhänger, Vertreter des Nihilismus

ni|hi|lis|tisch ⟨Adj.⟩ in der Art des Nihilismus, auf ihm beruhend

Ni|ko|tin ⟨n.; -s; unz.⟩ giftiges Alkaloid des Tabaks, Reiz- u. Genussmittel; *oV* Nicotin [frz. *nicotine;* nach dem frz. Gesandten in Portugal J. *Nicot,* der 1560 den Tabak in Frankreich einführte]

Ni|ko|ti|nis|mus ⟨m.; -; unz.; Med.⟩ Nikotinvergiftung

Nik|ta|ti|on ⟨f.; -, -en; Med.⟩ Blinzelkrampf, krampfhafte Zuckungen des Augenlids [zu lat. *nictare* »blinzeln«]

Nil|gau ⟨m.; -(e)s, -e; Zool.⟩ zu den Rindern gehöriger Wiederkäuer Vorderindiens: Boselaphus trogocamelus [<Hindi]

Nim|bo|stra|tus ⟨m.; -, -stra|ti; Meteor.⟩ dunkle, gleichmäßig dichte, tief hängende Regenwolke; *oV* ⟨veraltet⟩ Nimbus[2] [<lat. *nimbus* »Wolke« + *Stratus*]

Nim|bus[1] ⟨m.; -, -se⟩ **1** Heiligenschein **2** ⟨fig.⟩ Ansehen, Glanz, der eine Person od. eine Sache umgibt; *jmdn. seines ~ entkleiden; das verleiht ihm od. der Sache noch einen zusätzlichen ~; im ~ der Heiligkeit, der Unfehlbarkeit stehen; er hüllt sich gern in einen gewissen ~* [mlat., »Heiligenschein, Strahlenglanz«]

Nim|bus[2] ⟨m.; -, -se; Meteor.⟩ = Nimbostratus [<lat. *nimbus* »Wolke«]

Nim|rod ⟨m.; -s, -e⟩ leidenschaftl. Jäger [nach dem alttestamentl. Gründer des babylon. Reiches]

Nin|ja ⟨m.; - od. -s, - od. -s⟩ Krieger im feudalen Japan, der sich besonderer Waffen u. Kampftechniken bediente [jap., »Spion, Kundschafter«]

Ni|no|flex® ⟨m. od. n.; -; unz.; Textilw.⟩ ein wasserdichtes, luftdurchlässiges Gewebe

Ni|ob ⟨n.; -s; unz.; chem. Zeichen: Nb⟩ seltenes, hellgrau glänzendes Metall, Ordnungszahl 41 [nach der grch. Sagengestalt *Niobe*]

Ni|o|bit ⟨m.; -s, -e; Min.⟩ Niob enthaltendes Mineral

Nip|pes ⟨Pl.; umg.⟩ = Nippsachen

Nipp|sa|chen ⟨Pl.⟩ kleine Figuren (für Vitrinen); *Sy* Nippes [<frz. *nippes* »Putzsachen«]

Nir|va|na ⟨[-vaː-] n.; -s od. -; unz.; Buddhismus⟩ *oV* Nirwana **1** die völlige Ruhe, das Erlöschen aller Lebenstriebe, von den Heiligen schon im Diesseits erreicht; *ins ~ eingehen* ⟨umg.; scherzh.⟩ sterben **2** Loslösung von dem Kreislauf der Wiedergeburten [zu altind. *nirvana* »erloschen, ausgeblasen«]

Nir|wa|na ⟨n.; -s od. -; unz.; Buddhismus⟩ = Nirvana

Ni|sche ⟨f.; -, -n⟩ **1** Vertiefung in der Mauer, Wand; *Mauer~;* →*a.* ökologisch **2** kleine Erweiterung eines Wohnraumes; *Küchen~* [<frz. *niche*]

◆ Die Buchstabenfolge **ni|tr...** kann auch **nit|r...** getrennt werden.

◆ **Ni|trat** ⟨n.; -(e)s, -e; Chemie⟩ Salz der Salpetersäure [<grch. *nitros* »Salpeter«]

◆ **Ni|trid** ⟨n.; -s, -e; Chemie⟩ **1** Metall-Stickstoff-Verbindung **2** ⟨selten⟩ Nichtmetall-Stickstoff-Verbindung

◆ **ni|trie|ren** ⟨V.; Chemie⟩ *organ. Verbindungen ~* die Nitrogruppe -NO_2 in organ. Verbindungen einfügen

◆ **ni|trier|här|ten** ⟨V.; Technik⟩ *Stahl ~* in Stickstoff abgebenden Mitteln glühen, um die Oberfläche zu härten

◆ **Ni|trier|säu|re** ⟨f.; -, -n; Chemie⟩ Gemisch aus konzentrierter Salpetersäure u. konzentrierter

Schwefelsäure zum Nitrieren organischer Verbindungen

◆ **Ni|tri|fi|ka|ti|on** ⟨f.; -, -en; Biochemie⟩ die Oxidation des bei der Zersetzung von Eiweiß entstehenden Ammoniaks durch nitrifizierende Bakterien [<grch. *nitros* »Salpeter« + *...fikation*]

◆ **ni|tri|fi|zie|ren** ⟨V.⟩ durch Bakterien im Boden Salpeter bilden; *~de Bakterien* [<grch. *nitros* »Salpeter« + *...fizieren*]

◆ **Ni|tril** ⟨n.; -s, -e; Chemie⟩ organ.-chem. Verbindung, die die Cyangruppe (-C≡N) an Alkyl- od. Arylreste gebunden enthält

◆ **Ni|trit** ⟨n.; -s, -e; Chemie⟩ Salz der salpetrigen Säure

◆ **ni|tro..., Ni|tro...** ⟨in Zus.; Chemie⟩ die Nitrogruppe enthaltend [<grch. *nitros* »Salpeter«]

◆ **Ni|tro|bak|te|ri|um** ⟨n.; -s, -ri|en; Biol.⟩ Bakterium, das das Ammoniak des Ackerbodens zu Nitrit u. das Nitrit zu Nitrat oxidieren kann

◆ **Ni|tro|ben|zol** ⟨n.; -s; unz.; Chemie⟩ durch Nitrierung von Benzol hergestellte, bittermandelölartig riechende, giftige organ. Verbindung

◆ **Ni|tro|cel|lu|lo|se** ⟨f.; -; unz.; Chemie⟩ = Nitrozellulose

◆ **Ni|tro|farb|stoff** ⟨m.; -(e)s; unz.; Chemie⟩ Farbstoff (gelb bis orange), der Nitrogruppen als farbgebenden Bestandteil enthält

◆ **Ni|tro|ge|la|ti|ne** ⟨[-ʒe-] f.; -; unz.; Chemie⟩ von Kieselgur absorbiertes Nitroglyzerin mit gegenüber diesem verminderter Stoßempfindlichkeit, ein Hauptbestandteil des Dynamits

◆ **Ni|tro|gen** ⟨n.; -s; unz.; veraltet; chem. Zeichen: N⟩ Stickstoff [lat.]

◆ **Ni|tro|gly|ce|rin** ⟨n.; -s; unz.; Chemie⟩ = Nitroglyzerin

◆ **Ni|tro|gly|ze|rin** ⟨n.; -s; unz.; Chemie⟩ hochempfindlicher Sprengstoff, Trisalpetersäureester des Glyzerins, gelbliche, ölige, stark giftige Flüssigkeit; *oV* Nitroglycerin

◆ **Ni|tro|grup|pe** ⟨f.; -, -n; Chemie⟩ in chem. Verbindungen enthaltene Gruppe -NO_2

◆ **Ni|tro|lack** ⟨m.; -(e)s, -e; Chemie⟩ rasch trocknender Lack auf der Basis von Nitrocellulose, vor allem verwendet für Metalle, z. B. Kfz-Karosserien; *Sy* Zaponlack

◆ **Ni|tro|pen|ta** ⟨n.; - od. -s; unz.⟩ hochexplosiver Sprengstoff für Sprengkapseln u. Sprengschnüre [<*Nitro...* + grch. *pente* »fünf«]

◆ **ni|tro|phil** ⟨Adj.; Biol.⟩ auf nitratreichem Boden gedeihend, Nitrate speichernd (von bestimmten Pflanzen) [<*nitro...* + *...phil*]

◆ **Ni|tro|phos|ka®** ⟨f.; -; unz.⟩ ein stickstoff-, phosphor- u. calciumhaltiges Düngemittel

◆ **Ni|tro|phos|phat** ⟨n.; -(e)s, -e; Chemie⟩ aus Rohphosphat u. Salpetersäure hergestelltes Düngemittel

◆ **ni|tros** ⟨Adj.; Chemie⟩ Stickstoffoxid enthaltend; *~e Gase* Gemische aus Stickstoffoxiden [<grch. *nitros* »Salpeter«]

◆ **Ni|tros|a|mi|ne** *auch:* **Ni|tro|sa|mi|ne** ⟨Pl.; Chemie⟩ durch Reaktion mit Salpetersäure entstandene Amine, die im Verdacht stehen, krebserregend zu sein [<*Nitro...* + *Amin*]

◆ **Ni|tro|zel|lu|lo|se** ⟨f.; -; unz.; Chemie⟩ Salpetersäureester der Zellulose, durch Nitrieren von Zellulose hergestellt, aus dem dann Waffenpulver od. Zelluloid u. Lacke hergestellt werden kann; *oV* Nitrocellulose; *Sy* Zellulosenitrat

ni|tsche|wo *auch:* **nit|sche|wo** ⟨umg.; scherzh.⟩ macht nichts! [russ., »(es hat) nichts (zu bedeuten)«]

ni|val ⟨[-va:l] Adj.; Geogr.⟩ vom Schnee beeinflusst, von ihm geprägt; *~es Klima; ~e Stufe* landschaftsökologische Höhenstufe der Vegetation, in der eine ganzjährige Schnee- u. Eisdecke den Pflanzenwuchs behindert [<lat. *nivalis* »beschneit, schneeig«]

Ni|val ⟨[-va:l] n.; -s, -e; Geogr.⟩ nivales Gebiet, Region mit dauernder Schnee- od. Eisbedeckung

Ni|val|or|ga|nis|mus ⟨[-va:l-] m.; -, -men; Geogr.⟩ Organismus, der in Schnee- u. Eisgebieten lebt [<lat. *nivalis* »schneeig, beschneit« + *Organismus*]

Ni|va|ti|on ⟨[-va-] f.; -, -en; Geol.⟩ Abtragung von Gesteinsmaterial durch Abgleiten von Firn u. Schnee

Ni|veau ⟨[-vo:] n.; -s, -s⟩ 1 waagerechte Ebene; *auf gleichem ~ mit der Erde* 2 Höhenlage; *das ~ liegt 150 m über dem Meeresspiegel* 3 Wasserspiegel bes. Meeresspiegel 4 ⟨Chemie⟩ Energiezustand eines Atoms, Moleküls od. Atomkerns; *Sy* Term (2) 5 ⟨fig.⟩ Rang, Stufe, geistige Höhe, Bildungsgrad; *das ~ halten, heben, senken, wahren; das geistige, kulturelle, wirtschaftliche ~; ein Unterricht hat ein hohes, niedriges, überdurchschnittliches ~; eine Zeitschrift mit (einem gewissen) ~; kein ~ haben* geistig anspruchslos sein, auf geringer geistiger Höhe stehen [frz., eigtl. »Wasserwaage«]

Ni|veau|flä|che ⟨[-vo:-] f.; -, -n⟩ Fläche, auf der alle Punkte eines elektrostat. Feldes liegen

ni|veau|frei ⟨[-vo:-] Adj.⟩ *~e Kreuzung* K. auf ungleichen Ebenen; *~e Straßen* S., die sich auf ungleichen Ebenen kreuzen

ni|veau|los ⟨[-vo:-] Adj.; fig.⟩ kein Niveau aufweisend, anspruchslos, dürftig

Ni|vel|le|ment ⟨[-vɛl(ə)mã:] n.; -s, -s⟩ 1 das Nivellieren, Einebnen, Gleichmachen 2 Ergebnis des Nivellierens 3 Messung von Höhenunterschieden 4 deren Ergebnis [frz., eigtl. »Abmessen mit der Wasserwaage«]

ni|vel|lie|ren ⟨[-vɛl-] V.⟩ 1 ebnen, einebnen, gleichmachen, auf gleiche Höhe bringen 2 Höhenunterschiede messen von [<frz. *niveler,* eigtl. »mit der Wasserwaage abmessen«]

Ni|vel|lier|in|stru|ment *auch:* **Ni|vel|lier|ins|tru|ment** *auch:* **Ni|vel|lier|inst|ru|ment** ⟨[-vɛl-] n.; -(e)s, -e⟩ Messgerät mit Fernrohr zum Feststellen von Höhenunterschieden, Nivelliergerät, Nivellierwaage

ni|vel|li|tisch ⟨[-vɛl-] Adj.⟩ das Nivellement (3) betreffend, auf ihm beruhend

nm ⟨Zeichen für⟩ Nanometer

N

NMR ⟨Abk. für engl.⟩ Nuclear Magnetic Resonance (magnetische Kernresonanz), = Kerninduktion

NN ⟨Abk. für⟩ Normalnull

N. N. ⟨Abk. für⟩ nomen nescio, Name unbekannt [lat., »den Namen weiß ich nicht«]

No[1] **1** ⟨chem. Zeichen für⟩ Nobelium **2** ⟨Abk. für⟩ Numero

No[2] ⟨n.; -, -; kurz für⟩ No-Spiel

no|bel ⟨Adj.⟩ **1** vornehm, adelig **2** edel, großzügig; *ein nobler Charakter, Mensch; noble Gesinnung* **3** freigiebig; *er hat sich stets ~ verhalten, gezeigt* **4** wie es einem reichen Adligen zukommt; *nobles Trinkgeld* hohes T.; *noble Passionen haben* teure P. [<frz. *noble* »vornehm, edel, adlig« <lat. *nobilis* »edel, adlig, kenntlich«; zu *noscere* »kennen«]

No|bel|gar|de ⟨f.; -; unz.⟩ Ehrenwache des Papstes aus ital. Adligen

No|bel|ho|tel ⟨n.; -s, -s⟩ = Luxushotel

No|be|li|um ⟨n.; -s; unz.; chem. Zeichen: No⟩ künstlich hergestelltes, radioaktives Element, Ordnungszahl 102 [nach Alfred *Nobel*, 1833-1896]

No|bel|ka|ros|se ⟨f.; -, -n; umg.⟩ bes. teures od. exklusives Automobil [< *nobel* + *Karosse*]

No|bel|preis ⟨[-bɛ̣l-] m.; -es, -e⟩ jährlich verliehener Preis für die besten Leistungen auf den Gebieten der Physik, Chemie, Medizin, Literatur, Wirtschaftswissenschaft u. zur Förderung des Weltfriedens [nach dem schwed. Chemiker Alfred *Nobel*, 1833-1896]

No|bi|les ⟨[-le:s] Pl.; im antiken Rom⟩ die Angehörigen der führenden Schicht der Senatsfamilien, die die höchsten Staatsämter bekleideten [<lat. *nobilis* »Adliger«]

No|bi|li ⟨Pl.; früher⟩ Adelsgeschlechter der ehemaligen italienischen Freistaaten [<ital. *nobile* »Herr, Adliger«]

No|bi|li|tät ⟨f.; -, -en⟩ **1** Adel **2** Berühmtheit [<lat. *nobilitas* »Adel, vornehme Geburt«]

no|bi|li|tie|ren ⟨V.⟩ adeln [<lat. *nobilitare* »bekannt-, berühmt machen«]

No|bi|li|ty ⟨f.; -, -s⟩ **1** ⟨unz.⟩ (hoher) Adel **2** Berühmtheit, bekannte Person des öffentl. Lebens [engl.]

No|bles|se *auch:* **Nob|les|se** ⟨[nɔblɛ̣s(ə)] f.; -; unz.⟩ **1** Adel, adlige, vornehme Welt **2** vornehmes Benehmen, Freigebigkeit [frz.]

No|blesse ob|lige *auch:* **Nob-lesse ob|lige** ⟨[nɔblɛ̣s ɔbli̱:ʒ]⟩ Adel verpflichtet (edel zu handeln) [frz.]

No|bo|dy ⟨[no̱ubɔdı] m.; -s, -s; umg.⟩ unbedeutende Person [engl., »Niemand«]

Nöck ⟨m.; -(e)s, -e⟩ = Neck

Noc|ti|lu|ca ⟨f.; -; unz.; Biol.⟩ Gattung von Geißelalgen, die im Oberflächenwasser der Meere verbreitet sind u. das Phänomen des Meeresleuchtens verursachen [lat., »bei Nacht leuchtend«]

> **Nocturne** (*Worttrennung am Zeilenende*) Die Trennung nach Sprechsilben richtet sich bei Fremdwörtern in der Regel nach der Aussprache in der Herkunftssprache. Wird, wie z. B. im Französischen, ein Vokal in Endstellung nicht gesprochen, so ist auch keine Silbenfuge zu setzen.
> Dies gilt auch für zahlreiche englische Wörter wie »*Juice*«.

Noc|turne ⟨[-ty̱rn] n.; -s, -s od. f.; -, -s; Musik⟩ schwermütiges Musikstück, Nachtstück; *Sy* Notturno [frz.]

No|da|li|tät ⟨f.; -; unz.; Geogr.⟩ ausgeprägte Kernstruktur eines Raumes, z. B. in Bezug auf die Bevölkerungsdichte od. die Wirtschaftskraft [zu lat. *nodus* »Knoten«]

No|di ⟨Pl. von⟩ Nodus

No|du|lus ⟨m.; -, -du|li; Med.⟩ Knötchen, Form eines Hautausschlags [Verkleinerungsform zu lat. *nodus* »Knoten«]

No|dus ⟨m.; -, No|di⟩ **1** ⟨Med.⟩ Knoten, z. B. Lymphknoten **2** ⟨Bot.⟩ knotig dicke Ansatzstelle am Pflanzenblatt **3** das Halten erleichternder Knauf am Schaft von Geräten, z. B. an Kelchen, Leuchtern u. Ä. [lat., »Knoten«]

No|ël ⟨[nɔɛ̣l] m.; -; unz.; Musik⟩ traditionelles frz. Weihnachtslied [frz., »Weihnachten«]

No|em ⟨n.; -s, -e; Sprachw.⟩ **1** kleinste bedeutungstragende sprachliche Einheit **2** Element eines Semems [<grch. *noema* »Gedanke«]

No|e|ma ⟨n.; -s, -ma|ta; Philos.⟩ Gedanke, Sinn, Begriff, Inhalt eines Gedankens [<grch. *noema* »Gedanke, Sinn, Verstand«]

No|e|ma|tik ⟨f.; -; unz.; Sprachw.⟩ Lehre von den Noemen

No|e|sis ⟨f.; -; unz.; Philos.⟩ der Akt des Denkens, das Denken [grch.]

No|e|tik ⟨f.; -; unz.; Philos.⟩ Erkenntnis-, Denklehre [<grch. *noetike (techne);* zu *noetikos* »das Denken betreffend«]

no|e|tisch ⟨Adj.⟩ **1** ⟨Philos.⟩ die Noetik betreffend **2** ⟨Psych.⟩ die Noesis, das Denken betreffend; *~e Gefühle; ~er Habitus*

no fu|ture! ⟨[nou fju̱:tʃə(r)]⟩ keine Zukunft! (Schlagwort der Jugendlichen in den 1980er u. 1990er Jahren); *die No-Future-Generation* Jugend ohne Berufschancen, ohne Zukunftsperspektiven [engl.]

No-Go ⟨[no̱ugou] m. od. n.; -; unz.; meist ohne Artikel⟩ kein Vorankommen, völliger Stillstand, keine Genehmigung; *in diesem Bereich gilt ein ~* [<engl. (umg.) *no go* »da ist nichts zu machen, das ist nicht drin« <*no* »kein« + *go* »gehen«]

No-Go-Area ⟨[no̱ugouɛ:rıə] f.; -, -s⟩ Sperrgebiet; *der Vorort wurde aus Sicherheitsgründen zur ~ erklärt* [<engl. *no-go area*]

noir ⟨[noa̱:r] Roulett⟩ schwarz; *Ggs* rouge [frz.]

no iron ⟨[nou a̱ıən]⟩ bügelfrei (Vermerk der Textilindustrie in Geweben) [engl., »kein Bügeln«]

noi|sette ⟨[noazɛ̣t] Adj.⟩ mit gemahlenen Haselnüssen [frz., »Haselnuss«]

Noi|sette ⟨[noazɛ̣t] f.; -, -s⟩ Milchschokolade mit gemahlenen Haselnüssen [→ *noisette*]

NOK ⟨Abk. für⟩ Nationales Olympisches Komitee

Nokt|am|bu|lis|mus *auch:* **Nok-tam|bu|lis|mus** ⟨m.; -; unz.;

Med.⟩ = Somnambulismus [<lat. *nox,* Gen. *noctis,* »Nacht« + *ambulare* »gehen«]

Nok|turne ⟨[-tyrn] n.; -s, -s od. f.; -, -s; Musik; eindeutschend für⟩ Nocturne

no|lens vo|lens ⟨[vo:-] geh.⟩ ob man will od. nicht, halb wider Willen, wohl od. übel [lat., »nicht wollend, wollend«]

No|li|me|tan|ge|re ⟨n.; -, -; Bot.⟩ einer Gattung der Balsaminengewächse angehörendes Kraut, aus dessen Frucht beim Berühren die Samen weggeschleudert werden, Rührmichnichtan, Springkraut: Impatiens [lat.]

...nom[1] ⟨Nachsilbe; zur Bildung von Adj.⟩ **1** best. Gesetzen gehorchend; *autonom* **2** ...wertig; *homonom; heteronom* [<grch. *nomos* »Gesetz«; zu *nemein* »verteilen«]

...nom[2] ⟨Nachsilbe; zur Bildung sächl. Subst.; n.; -s, -e⟩ **1** Messgerät, ...messer; *Metronom* **2** (mathemat.) Ausdruck; *Binom; Polynom* [→ *...nom*[1]]

...nom[3] ⟨Nachsilbe; zur Bildung männl. Subst.; m.; -en, -en⟩ Sachverständiger, Wissenschaftler; *Astronom; Ökonom* [→ *...nom*[1]]

Nom. ⟨Abk. für⟩ Nominativ

No|ma ⟨f.; -, -mae [-mɛ:]; Med.⟩ Wangenbrand, Erkrankung der Mundschleimhaut, die bes. bei unterernährten od. durch Infektionen geschwächten Kindern auftritt [zu grch. *nome* »Weide«]

No|ma|de ⟨m.; -n, -n⟩ Angehöriger eines wandernden Hirtenvolkes [<grch. *nomas,* Gen. *nomados* »der mit weidendem Vieh umherzieht«]

no|ma|disch ⟨Adj.⟩ **1** wie ein Nomade umherziehend **2** nicht sesshaft, unstet

no|ma|di|sie|ren ⟨V.⟩ **1** umherschweifen, nicht sesshaft sein **2** ⟨fig.⟩ oft den Wohnsitz wechseln

No|ma|dis|mus ⟨m.; -; unz.⟩ **1** mit der Suche nach neuem Weideland verbundenes Wandern **2** Form einer Gesellschaft, deren Mitglieder keinen festen Wohnsitz haben

Nom de Plume ⟨[nɔ̃dəplym] m.; - - -, -s [nɔ̃-]- -⟩ Deckname (eines Schriftstellers); →*a.* Pseudonym [frz., eigtl. »Federname«]

No|men ⟨n.; -s, No|mi|na; Gramm.⟩ **1** deklinierbare Wortart, Nennwort, z. B. Substantiv, Pronomen, Adjektiv; →*a.* Denominativ **2** ~ *est omen (eigtl.: ~ et omen)* der Name hat (ist) zugleich eine Vorbedeutung, dieser Name sagt alles (eigtl.: Name u. Zeichen) **3** ~ *Agentis* von einem Verb abgleitetes Substantiv, das den Träger eines Geschehens bezeichnet, z. B. Flieger **4** ~ *proprium* Eigenname [<lat. *nomen* »Name, Benennung«; lat. *omen* »Zeichen, Vorzeichen«; lat. *agentis*: Part. Präs. Gen. von *agere* »treiben, in Bewegung setzen«; lat. *proprium,* Neutr. zu *proprius* »eigen«]

No|men|kla|tor ⟨m.; -s, -to|ren⟩ **1** ⟨im antiken Rom⟩ Sklave, der seinem Herren im Haus die Namen von Besuchern u. der anderen Sklaven, außerhalb des Hauses die Namen der ihm Entgegenkommenden nennen musste **2** ⟨im MA⟩ Zeremonienmeister **3** = Nomenklatur [lat., »Namennenner«]

no|men|kla|to|risch ⟨Adj.⟩ in der Art einer Nomenklatur

No|men|kla|tur ⟨f.; -, -en⟩ Verzeichnis bzw. Gesamtheit der Fachausdrücke eines Gebietes der Kunst od. der Wissenschaft; *Sy* Nomenklator (3); →*a.* Nomenklatura [<lat. *nomenclatura* »Namensverzeichnis«]

No|men|kla|tu|ra ⟨f.; -; unz.; in der Sowjetunion⟩ führende Gesellschaftsschicht, Gruppe der polit. Machthaber; →*a.* Nomenklatur

...no|mie ⟨Nachsilbe; zur Bildung weibl. Subst.; f.; -, -n⟩ **1** Abhängigkeit von Gesetzen, ...gesetzlichkeit; *Autonomie* **2** Wissenschaft; *Astronomie* [<grch. *nomos;* → *...nom*[1]]

no|mi|nal ⟨Adj.; Gramm.⟩ **1** in der Art eines Nomens, auf ihm beruhend **2** ⟨selten für⟩ nominell **3** ⟨Bankw.⟩ zum Nennwert [<lat. *nominalis* »zum Namen gehörig«]

No|mi|nal|ab|strak|tum *auch:* **No|mi|nal|abs|trak|tum** ⟨n.; -s, -strak|ta; Gramm.⟩ von einem Nomen abgeleiteter abstrakter Begriff, z. B. Feindschaft, Kameradschaft

No|mi|nal|de|fi|ni|ti|on ⟨f.; -, -en; Sprachw.⟩ Definition eines Wortes, Begriffs, Worterklärung; *Ggs* Realdefinition

No|mi|nal|ein|kom|men ⟨n.; -s, -; Wirtsch.⟩ das Einkommen ohne Berücksichtigung der Kaufkraft des Geldes; *Ggs* Realeinkommen

No|mi|nal|form ⟨f.; -, -en; Gramm.⟩ nicht konjugierte Verbform, z. B. der Infinitiv; *Sy* infinites Verb

no|mi|na|li|sie|ren ⟨V.; Gramm.⟩ = substantivieren

No|mi|na|lis|mus ⟨m.; -; unz.; Scholastik; Sprachw.⟩ Lehre, dass die allg. Begriffe, z. B. die der Gattungen, nur Namen sind u. nichts Wirkliches bedeuten; *Ggs* Realismus (5); →*a.* Ockhamismus

No|mi|na|list ⟨m.; -en, -en; Sprachw.⟩ Anhänger, Vertreter des Nominalismus

no|mi|na|lis|tisch ⟨Adj.; Sprachw.⟩ zum Nominalismus gehörend, auf ihm beruhend

No|mi|nal|ka|pi|tal ⟨n.; -s; unz.; Wirtsch.⟩ ausgewiesenes Grundkapital einer AG bzw. Stammkapital einer GmbH

No|mi|nal|ka|ta|log ⟨m.; -(e)s, -e⟩ alphabetisch nach Namen geordneter Katalog, Verfasserkatalog; *Ggs* Realkatalog

No|mi|nal|kom|po|si|tum ⟨n.; -s, -si|ta; Gramm.⟩ ein aus mehreren nominalen Gliedern zusammengesetztes Wort, z. B. Haustür, Radiowecker

No|mi|nal|phra|se ⟨f.; -, -n; Abk.: NP; Gramm.⟩ Satz od. Wortgruppe mit einem Nomen u. von ihm abhängigen Satzgliedern; →*a.* Verbalphrase

No|mi|nal|prä|fix ⟨n.; -es, -e; Gramm.⟩ Präfix, das sich mit einem Nomen (1) verbindet, z. B. (un)schön, (Un)glaube

No|mi|nal|satz ⟨m.; -es, -sät|ze; Gramm.⟩ verbloser Satz, der aus Nominalausdrücken besteht, z.B »ohne Fleiß kein Preis«

No|mi|nal|stil ⟨m.; -(e)s; unz.; Stilistik⟩ vor allem Nomina bevorzugender Schreibstil; *Ggs* Verbalstil
No|mi|nal|wert ⟨m.; -(e)s, -e; Wirtsch.⟩ auf Münzen, Geldnoten, Wertpapieren o. Ä. angegebener Geldwert, Nennwert
No|mi|na|ti|on ⟨f.; -, -en⟩ **1** Nennung, Benennung **2** Ernennung [<lat. *nominatio* »Vorschlag, Nennung (für ein Amt)«]
No|mi|na|ti|ons|ste|reo|typ ⟨n.; -s, -en; Gramm⟩ feste Verbindung aus Adjektiv u. Substantiv, deren Bedeutung über den ursprünglich zugrundeliegenden Wortsinn der einzelnen Wortbestandteile hinausgehend in einem verallgemeinerten Sinn gebraucht werden kann, z. B. »runder/Runder Tisch« zur Bezeichnung einer Zusammenkunft gleichberechtigter Partner oder »schwarzes/Schwarzes Brett« für eine Anschlagtafel für Bekanntmachungen
No|mi|na|tiv ⟨m.; -s, -e [-və]; Abk.: Nom.; Gramm.⟩ erster Fall der Deklination, Werfall [<lat. *(casus) nominativus* »Nennfall«; → *Nomen*]
no|mi|na|ti|visch ⟨[-vɪʃ] Adj.; Gramm.⟩ den Nominativ betreffend, als N. gebildet
no|mi|nell ⟨Adj.⟩ **1** ⟨Gramm.⟩ zum Nomen gehörig **2** (nur) dem Namen nach, angeblich [<lat. *nominalis* »zum Namen gehörig, namentlich«]
no|mi|nie|ren ⟨V.⟩ **1** nennen, benennen, namhaft machen **2** ernennen [<lat. *nominare*]
No|mi|nie|rung ⟨f.; -, -en⟩ das Nominieren, Nominiertwerden; *die ~ zum Ehrenmitglied, zum Kanzlerkandidaten*
No|mo|gra|fie ⟨f.; -; unz.; Math.⟩ = Nomographie
no|mo|gra|fisch ⟨Adj.; Math.⟩ = nomographisch
No|mo|gramm ⟨n.; -s, -e; Math.⟩ graf. Darstellung funktionaler Zusammenhänge zwischen mehreren veränderlichen Größen [<grch. *nomos* »Zahl« + *...gramm*]
No|mo|gra|phie ⟨f.; -; unz.; Math.⟩ Gesamtheit der Verfahren, mit Nomogrammen mathemat., naturwissenschaftl. u. techn. Probleme zu lösen; *oV* Nomografie [<grch. *nomos* »Zahl« + *...graphie*]
no|mo|gra|phisch ⟨Adj.; Math.⟩ zur Nomographie gehörend, mit Hilfe der Nomographie; *oV* nomografisch
No|mos ⟨m.; -, No|moi⟩ **1** menschl. Gesetz, Ordnung **2** ⟨Musik⟩ antike Weise, Melodiemodell für solistischen Vortrag [grch., »Brauch, Gesetz, Sangweise«]
Non ⟨f.; -, -en; kath. Kirche⟩ kirchliches Stundengebet in der neunten Stunde (14-15 Uhr) [→ *None*]
non..., Non... ⟨in Zus.⟩ nicht, un... [<lat. *non* »nein« od. <frz. *non* »nein«]
No|na|gon ⟨n.; -s, -e; Geom.⟩ Neuneck [<lat. *nonus* »der Neunte« + *...gon*]
Non|align|ment ⟨[nɔnəlaɪnmənt] n.; -s; unz.; Politik⟩ (Politik der) Blockfreiheit, Nichtanbindung [<*Non...* + engl. *alignment* »Anordnung«]
No-Name-Pro|dukt ⟨[noʊnɛɪm-] n.; -(e)s, -e⟩ Produkt ohne Marken- od. Firmenbezeichnung auf der Verpackung [<engl. *no name* »namenlos«]
Non|book *auch:* **Non-Book** ⟨[-bʊk] n.; - od. -s, -s; Buchw.⟩ (in Buchhandlungen angebotenes) Produkt, das kein Buch ist [<*Non...* + engl. *book* »Buch«]
Non|book|ab|tei|lung *auch:* **Non-Book-Ab|tei|lung** ⟨[-bʊk-] f.; -, -en; Buchw.⟩ Abteilung, Bereich einer Buchhandlung, in der andere Medien (Kalender, Spiele, CDs u. a.) angeboten werden [→ *Nonbook*]
Non|book|ar|ti|kel *auch:* **Non-Book-Ar|ti|kel** ⟨[-bʊk-] m.; -s, -; Buchw.; meist Pl.⟩ in einer Buchhandlung erhältlicher Artikel, der nicht dem Buchmarkt, sondern benachbarten Bereichen zuzuordnen ist, z. B. Kalender, Spiele, CDs usw.; →*a.* Nonfoodartikel
Non|cha|lance ⟨[nɔ̃ʃalɑ̃:s] f.; -; unz.⟩ (liebenswürdige) Nachlässigkeit, Formlosigkeit, Ungezwungenheit [frz.]
non|cha|lant ⟨[nɔ̃ʃalɑ̃:] od. bei Dekl. u. Komparation [nɔ̃ʃalɑ̃:t] Adj.⟩ nachlässig, (liebenswürdig) formlos, ungezwungen [frz.]
Non|co|ope|ra|tion *auch:* **Non-Co-ope|ra|tion** ⟨[-ko:ɔpərɛɪʃən] f.; -; unz.; Politik⟩ Form des passiven Widerstands, bei der durch bewusste Boykottierung von Einrichtungen od. Produkten ein politisches Ziel durchgesetzt werden soll; *die Boykottierung der Tankstellen war eine moderne Form von ~* [<engl. *non* »nicht« + *cooperation* »Zusammenarbeit«; der Begriff wurde zuerst während des indischen Unabhängigkeitskampfes gebraucht]
No|ne ⟨f.; -, -n⟩ **1** neunte Tagesstunde (15 Uhr) **2** ⟨kath. Kirche⟩ Gebetsstunde um die Mittagszeit **3** ⟨Musik⟩ **3.1** neunter Ton der diatonischen Tonleiter **3.2** Intervall von neun Tonstufen **4** ⟨Pl.⟩ *~n* ⟨im altröm. Kalender⟩ im Allg. der fünfte Monatstag, im März, Mai, Juli, Oktober der siebente [<lat. *nona,* Fem. zu *nonus* »der Neunte«; zu *novem* »neun«]
No|nen|ak|kord ⟨m.; -(e)s, -e; Musik⟩ Fünfklang, aus vier übereinandergeschichteten Terzen
No|nett ⟨n.; -s, -e; Musik⟩ **1** Musikstück für neun Instrumente **2** Gruppe von neun Instrumentalisten [<ital. *nonetto* »Nonett«; zu *nove,* lat. *novem* »neun«]
Non|fic|tion *auch:* **Non-Fic|tion** ⟨[nɔnfɪkʃən] f.; -; unz.⟩ *Ggs* Fiction **1** Sach-, Fachbuch **2** Sach-, Fachbuchliteratur [<engl. *non* »nicht« + *fiction* »Erzähl-, Prosaliteratur, Belletristik«]
non|fi|gu|ra|tiv ⟨Adj.⟩ nicht figürlich, abstrakt; *Ggs* figurativ; *~e Malerei* [<lat. *non* »nicht« + *figurativ*]
Non|food... *auch:* **Non-Food...** ⟨[-fu:d] in Zus.⟩ nicht zu den Lebensmitteln gehörig; *die Nonfoodabteilung/Non-Food-Abteilung eines Supermarktes* [engl., »kein Essen«]
Non|food|ar|ti|kel *auch:* **Non-Food-Ar|ti|kel** ⟨[-fu:d-] m.; -s, -; meist Pl.⟩ (in einem hauptsächlich Lebensmittel führenden Geschäft zum Kauf angebote-

N

ner) Gegenstand bzw. Artikel, der nicht als Nahrungsmittel dient, z. B. Bekleidung, Haushaltswaren; →*a.* Nonbookartikel [<engl. *non* »nicht« + *food* »Lebensmittel, Speise«]

No|ni|us ⟨m.; -, -ni|en od. -se; Technik⟩ verschiebbarer, zusätzlicher Maßstab an Messgeräten zum Ablesen von Zehnteln der kleinsten Längeneinheit des Gerätes [nach dem portugies. Mathematiker P. *Nuñez,* 1492-1577, latinisiert *Nonius*]

non|kon|form ⟨Adj.⟩ mit der herrschenden od. mehrheitlichen Meinung (bes. in polit. od. sozialen Fragen) nicht übereinstimmend, sich (bewusst) gegen die allgemeingültige Meinung od. Mode stellend; *die alternative Szene versteht sich als ~*

Non|kon|for|mis|mus ⟨m.; -; unz.; bes. Politik⟩ individualist. Haltung in polit. u. sozialen Fragen; *Ggs* Konformismus

Non|kon|for|mist ⟨m.; -en, -en; bes. Politik⟩ **1** jmd., der sich nicht der herrschenden Meinung anschließt; *Ggs* Konformist (1) **2** = Dissenter

Non|kon|for|mis|tin ⟨f.; -, -tin|nen; bes. Politik⟩ weibl. Person, die sich nicht der herrschenden Meinung anschließt; *Ggs* Konformistin (1)

non|kon|for|mis|tisch ⟨Adj.; bes. Politik⟩ von der herrschenden Meinung abweichend, individualistisch; *Ggs* konformistisch (2)

Non|kon|for|mi|tät ⟨f.; -; unz.; bes. Politik⟩ *Ggs* Konformität **1** Ungleichgestimmtheit, Nichtübereinstimmung **2** Nonkonformismus

non li|quet ⟨geh.⟩ **1** es lässt sich nicht entscheiden **2** ⟨Rechtsw.⟩ der Sachverhalt ist ungeklärt u. kann auch nicht geklärt werden [lat., »es ist nicht klar«]

non mul|ta, sed mul|tum ⟨geh.⟩ nicht vielerlei, sondern viel [lat.]

non olet ⟨geh.⟩ es (das Geld) stinkt nicht [lat.]

Non|pa|per *auch:* **Non-Pa|per** ⟨[nɔnpɛɪpə(r)] n.; -s, -; Politik⟩ inoffizielles u. daher nicht zitierfähiges Schriftstück (im diplomatischen Dienst) [engl.]

Non|pa|reille ⟨[nɔ̃parɛj] f.; -; unz.⟩ **1** kleine, gefärbte Perlen aus Zucker, die zum Verzieren von Schokoladenplätzchen benutzt werden **2** ⟨Typ.⟩ kleiner Schriftgrad, sechs Punkt [frz., »unvergleichlich«]

Non|plus|ul|tra *auch:* **Non|plus|ul|tra** ⟨n.; -; unz.⟩ das Unübertreffbare [lat., »nicht darüber hinaus«]

non pos|su|mus ⟨geh.⟩ wir können nicht (Formel der Weigerung der kath. Kirche gegenüber der weltl. Macht) [lat.]

Non|pro|fit... *auch:* **Non-Pro|fit...** ⟨[-prɔfɪt] in Zus.⟩ ohne Gewinn(streben)

Non|pro|fit|ma|nage|ment *auch:* **Non-Pro|fit-Ma|nage|ment** ⟨[nonprɔfɪtmænɪdʒmənt] n.; -s, -s; Wirtsch.⟩ professionelle Führung von Nonprofitorganisationen, z. B. in kirchlichen u. sozialen Verbänden, Vereinen u. Stiftungen [<engl. *nonprofit* »nicht auf Gewinn ausgerichtet, gemeinnützig« + *Management*]

Non|pro|fit|or|ga|ni|sa|ti|on *auch:* **Non-Pro|fit-Or|ga|ni|sa|ti|on** ⟨[-prɔfɪt-] f.; -, -en; Wirtsch.; Abk.: NPO⟩ nicht erwerbswirtschaftlich ausgerichtete Organisation, die auf dem Gebiet der Wohlfahrt, der Interessenvertretung od. der kollektiven Selbsthilfe tätig ist, z. B. öffentl. Verwaltung, Wirtschaftsverband, Freizeitverein, politische Partei, Umweltschutzorganisation [→ *Nonprofit...*]

Non|pro|li|fe|ra|tion ⟨[-prɔlɪfərɛɪʃən] f.; -; unz.; Politik⟩ Nichtweitergabe von Kernwaffen an andere Länder, auch Nichtweitergabe von Kernbrennstoffen an Länder, die sich nicht der Kontrolle der Internationalen Atomenergie-Agentur unterwerfen; *Ggs* Proliferation (2) [<engl. *non* »nicht« + *proliferation* »Wachstum, Vermehrung«]

non scho|lae, sed vi|tae dis|ci|mus ⟨[- sko:lɛ: - vi:tɛ: -]⟩ nicht für die Schule, sondern fürs Leben lernen wir [lat.; nach Seneca, ca. 4 v. Chr.-65 n. Chr.]

Non|sens ⟨m.; -; unz.⟩ Unsinn, törichtes Gerede [<engl. *nonsense*]

non|stop ⟨Adv.⟩ durchgehend, ohne Unterbrechung; *~ fliegen*

Non|stop|flug *auch:* **Non|stop-Flug** ⟨m.; -(e)s, -flü|ge⟩ Flug ohne Zwischenlandung [<engl. *non stop* »ununterbrochen«]

Non|stop|ki|no *auch:* **Non|stop-Ki|no** ⟨n.; -s, -s⟩ Kino mit ununterbrochenen Vorführungen u. durchgehendem Einlass [<engl. *non stop* »keine Unterbrechung«]

non tan|to ⟨Musik⟩ nicht so sehr (zu spielen); *allegro ma ~* [ital.]

non trop|po ⟨Musik⟩ nicht zu sehr, zu viel (zu spielen); *allegro ma ~* [ital.]

Non|va|lenz ⟨[-va-] f.; -, -en; Wirtsch.⟩ Zahlungsunfähigkeit

Non|va|leur ⟨[nɔ̃valœ:r] m.; -s, -s⟩ **1** entwertetes Wertpapier **2** veraltete, unverkäufl. Ware [frz., »Wertloses«]

non|ver|bal ⟨[-vɛr-] Adj.⟩ nicht mündlich, nicht durch Worte mitgeteilt; *~e Verständigung* [<lat. *non* »nicht« + *verbal*]

noo|gen ⟨[no:o-] Adj.; Psych.⟩ durch ein geistiges Problem, einen sittlichen Konflikt od. eine existenzielle Krise hervorgerufen [<grch. *nous* »Geist« + *...gen*]

Noo|ge|ne|tik ⟨[no:o-] f.; -; unz.; Ökol.⟩ gezielte Einflussnahme des Menschen auf Fauna u. Flora, um das durch Zivilisation u. Industrialisierung gestörte ökolog. Gleichgewicht wiederherzustellen [<grch. *nous* »Geist, Verstand« + *Genetik*]

Noo|lo|gie ⟨[no:o-] f.; -; unz.; Philos.⟩ von R. Eucken (1846-1926) begründete Lehre, die den Geist in seinem Eigenleben untersucht [<grch. *nous* »Geist« + *...logie*]

noo|lo|gisch ⟨[no:o-] Adj.; Philos.⟩ **1** die Noologie betreffend, auf ihr beruhend **2** den Geist betreffend (nach Eucken)

Noo|lo|gist ⟨[no:o-] m.; -en, -en; Philos.⟩ Philosoph, der die Vernunft als Quelle aller Erkenntnis ansieht [<grch. *nous* »Geist, Verstand« + *logos* »Vernunft, Rede, Wort«]

N

Noopsyche ⟨[no:o-] f.; -; unz.; Psych.⟩ geistige, intellektuelle Seite od. Schicht des Seelenlebens; →*a.* Thymopsyche [<grch. *nous* »Geist, Verstand« + *Psyche*]

Noor ⟨n.; -(e)s, -e⟩ Haff [dän.]

Noosphäre ⟨[no:o-] f.; -; unz.; Geogr.; Ökol.⟩ Teil der Erdoberfläche, in dem menschl. Gesellschaften existieren u. bewussten Einfluss auf die Lebensumwelt nehmen [<grch. *nous* »Geist« + *Sphäre*]

Noradrenalin ⟨n.; -s; unz.; Biochemie⟩ ein dem Adrenalin verwandtes Nebennierenhormon, das den Blutdruck steigert u. die Pulsfrequenz senkt

Nordatlantikpakt ⟨m.; -(e)s; unz.⟩ = NATO, Nato

Nordic Walking ⟨[- wɔ:kıŋ] n.; - - od. - -s; unz.; Sport⟩ Walking mit Langlaufstöcken, als Fitnesstraining im Sommer für Spitzensportler aus den Bereichen Langlauf, Biathlon u. Nordische Kombination entwickelt [<engl. *nordic* »nordisch« + *walk* »gehen«]

Norm ⟨f.; -, -en⟩ **1** Richtschnur, Vorbild, Regel; *als ~ dienen, gelten; der ~ entsprechen* **2** Vorschrift für Größen, Qualitäten, Verfahren, Darstellungsweisen; →*a.* Standard **3** am Fuß der ersten Seite des Druckbogens stehende Bez. des Autors u. abgekürzten Buchtitels **4** ⟨DDR⟩ vorgeschriebene Arbeitsleistung [<lat. *norma* »Winkelmaß; Maßstab, Vorschrift«]

normacid ⟨[-tsi:t] Adj.; Med.⟩ = normazid

Normacidität ⟨[-tsi-] f.; -; unz.; Med.⟩ = Normazidität

normal ⟨Adj.⟩ **1** regelmäßig, regelrecht **2** gewöhnlich, üblich, landläufig; *~es Gewicht; ~e Größe; ~e Verhältnisse* **3** ⟨umg.⟩ geistig gesund; *er ist nicht ganz ~* **4** ⟨chem. Zeichen: n⟩ auf eine Normallösung bezogen [<lat. *normalis* »nach dem Winkelmaß gerecht; die Norm betreffend«]

normal..., Normal... ⟨in Zus.⟩ der Norm entsprechend, durchschnittlich, üblich

Normalbedingungen ⟨Pl.⟩ = Normbedingungen

Normale ⟨f. 2⟩ **1** Richtgröße **2** Lot zur Tangente [→ *normal, Norm*]

Normalien ⟨Pl.⟩ **1** Gesamtheit der Grundformen **2** Regeln, Vorschriften

normalisieren ⟨V.⟩ der Norm (wieder) angleichen, normal gestalten [<frz. *normaliser*]

Normalität ⟨f.; -; unz.⟩ normale Beschaffenheit, Vorschriftsmäßigkeit

Normallösung ⟨f.; -, -en⟩ Lösung, die in 1 l Flüssigkeit ein Grammäquivalent des wirksamen Stoffes enthält

Normalnull ⟨Abk.: NN⟩ die für alle deutschen Höhenmessungen verwendete Bezugsfläche in Höhe des mittleren Wasserstandes des Amsterdamer Pegels

Normalvolumen ⟨[-vo-] n.; -s; unz.; Physik⟩ = Normvolumen

Normalzeit ⟨f.; -, -en⟩ im Gegensatz zur Ortszeit für ein größeres Gebiet festgelegte Zeit; *Sy* Zonenzeit, Standardzeit

normativ ⟨Adj.⟩ als Norm geltend, maßgebend

Normativ ⟨n.; -s, -e [-və]; bes. Wirtsch.⟩ allgemeiner Richtwert bei der Festlegung von Arbeitsnormen

Normative ⟨[-və] f.; -, -n⟩ das Maßgebende, grundlegende Bestimmung

Normativismus ⟨[-vıs-] m.; -; unz.; Philos.⟩ Lehre vom Vorrang des »Sollens« gegenüber dem »Sein«

normazid ⟨Adj.; Med.⟩ die normalen Säurewerte betreffend (z. B. vom Magensaft); *oV* normacid [<*Norm* + lat. *acidus* »sauer«]

Normazidität ⟨f.; -; unz.; Med.⟩ normaler Säurewert, z. B. des Magensaftes; *oV* Normacidität [→ *normazid*]

Normbedingungen ⟨Pl.⟩ für Flüssigkeiten u. Gase festgelegte äußere Zustandsbedingungen, die einen Vergleich untereinander hinsichtlich Dichte, Dampfdruck usw. gestatten, in der Physik 0 °C u. 1013 mbar, in der Technik meist 20 °C u. 1013 mbar; *Sy* Normalbedingungen

Normblatt ⟨n.; -(e)s, -blätter⟩ vom Deutschen Institut für Normung (DIN) herausgegebenes Verzeichnis von Standards u. Normen für Industrieprodukte, Fertigungsverfahren u. Ä.

normen ⟨V.⟩ = normieren

Normenkontrollklage *auch:* **Normenkontrollklage** ⟨f.; -, -n; Rechtsw.; Politik⟩ Verfassungsbeschwerde, Klage der Bundes- od. der Landesregierung, aber auch der Bürger beim Bundesverfassungsgericht zur Prüfung der Gültigkeit einer Rechtsnorm

normieren ⟨V.⟩ als Norm (1, 2) od. nach einer Norm (einheitlich) festlegen; *oV* normen

Normierung ⟨f.; -, -en⟩ das Normen, Festlegen als Norm od. nach einer Norm, Vereinheitlichung; *Sy* Normung

Normoblast ⟨m.; -en, -en; Med.⟩ kernhaltige Vorstufe des roten Blutkörperchens [<lat. *norma* »Richtschnur« + grch. *blastos* »Keim«]

normoton ⟨Adj.; Med.⟩ normalen Blutdruck aufweisend [<*norm* + grch. *tonos* »Spannung«]

Normung ⟨f.; -, -en⟩ = Normierung

Normvolumen ⟨[-vo-] n.; -s; unz.; Physik⟩ das Volumen von 1 Mol eines Gases od. einer Flüssigkeit bei Normbedingungen; *Sy* Normalvolumen

Norne ⟨f.; -, -n⟩ eine der drei nord. Schicksalsgöttinnen [<anord. *norn* »Schicksalsgöttin«; verwandt mit schwed. (mundartl.) *norna, nyrna* »leise warnen, heimlich mitteilen«]

Norovirus ⟨[-vi:-] n. od. umg. m.; -, -viren [-vi:-]; Med.⟩ Virus, das heftiges Erbrechen u. starken Durchfall hervorruft [verkürzt <*Norwalk-Virus,* das 1968 erstmals in *Norwalk,* Ohio nachgewiesen wurde]

Norther ⟨[nɔ:ðə(r)] m.; -s, -; Meteor.⟩ **1** ein kalter Nordwind im Norden des amerikan. Kontinents **2** im südl. Teil des australischen Kontinents vorkommender, trockener Wüstenwind [<engl. *north* »Norden«]

Nortongetriebe *auch:* **Norton-Getriebe** ⟨n.; -s, -; Technik⟩

N

Zahnradgetriebe, das eine bes. feinfühlige Regelung der Übersetzungszahlen ermöglicht [nach dem Erfinder, dem Engländer W. P. *Norton*]

No|se|an ⟨m.; -s, -e; Min.⟩ braunes, zu den Feldspaten gehörendes Mineral [nach dem dt. Geologen K. W. *Nose,* 1753-1835]

No|se|ma|seu|che ⟨f.; -, -n; Zool.⟩ **1** von Protozoen (Nosema apis) verursachte Krankheit der Bienen **2** von Nosema bombycis verursachte Fleckenkrankheit der Seidenraupen; *Sy* Pebrine [<grch. *nosema* »Krankheit«]

no|so…, No|so… ⟨in Zus.⟩ krank, leidend, übel [<grch. *nosos* »Krankheit«]

No|so|de ⟨f.; -, -n; Med.⟩ homöopathisches Arzneimittel, das aus Gewebe u. Flüssigkeiten erkrankter Organe hergestellt wird u. in höheren Potenzen zur Behandlung des gleichen Leidens verabreicht wird [<grch. *nosos* »Krankheit«]

No|so|gra|fie ⟨f.; -, -n; Med.⟩ = Nosographie

No|so|gra|phie ⟨f.; -, -n; Med.⟩ (systemat.) Bezeichnung u. Beschreibung der Krankheiten; *oV* Nosografie [<*Noso…* + *…graphie*]

No|so|lo|gie ⟨f.; -, -n; Med.⟩ Zweiggebiet der Pathologie, das sich mit der systematischen Beschreibung der Krankheiten befasst, Krankheitslehre [<*Noso…* + *…logie*]

no|so|lo|gisch ⟨Adj.; Med.⟩ die Nosologie betreffend, zu ihr gehörend

No|so|pho|bie ⟨f.; -, -n; Med.⟩ krankhafte Angst vor Krankheiten; *Sy* Pathophobie [<*Noso…* + *Phobie*]

No-Spiel ⟨n.; -(e)s, -e; Kurzwort: No⟩ altjap. Singspiel mit historischen od. sagenhaften Stoffen [<jap. *no*]

Nost|al|gie *auch:* **Nos|tal|gie** ⟨f.; -; unz.⟩ **1** Sehnsucht nach Vergangenem **2** Sehnsucht nach Rückkehr, Heimweh [<grch. *nostos* »Heimkehr« + *…algie*]

Nost|al|gi|ker *auch:* **Nos|tal|gi|ker** ⟨m.; -s, -⟩ jmd., der sich der Nostalgie hingibt, der sich nach Vergangenem sehnt

Nost|al|gi|ke|rin *auch:* **Nos|tal|gi|ke|rin** ⟨f.; -, -rin|nen⟩ weibl. Person, die sich der Nostalgie hingibt, die sich nach Vergangenem sehnt

nost|al|gisch *auch:* **nos|tal|gisch** ⟨Adj.⟩ auf Nostalgie beruhend, wehmütig-sehnsüchtig

Nos|tri|fi|ka|ti|on *auch:* **Nost|ri|fi|ka|ti|on** ⟨f.; -, -en⟩ **1** Einbürgerung **2** staatl. Anerkennung (ausländischer Diplome)

nos|tri|fi|zie|ren *auch:* **nost|ri|fi|zie|ren** ⟨V.⟩ **1** einbürgern **2** staatl. anerkennen; *ausländische Diplome ~* [<lat. *noster* »unser« + *…fizieren*]

Nos|tro|kon|to *auch:* **Nost|ro|kon|to** ⟨n.; -s, -s od. -kon|ti od. -konten; Bankw.⟩ Konto einer Bank bei einer anderen; *Ggs* Lorokonto [ital., »unser Konto«]

No|ta ⟨f.; -, -s⟩ **1** Vormerkung, Aufzeichnung, Anmerkung; *in ~ geben* in Auftrag geben; *in ~ nehmen* vormerken; →*a.* ad notam **2** Rechnung [lat., »Zeichen, Merkmal«]

No|ta|beln ⟨Pl.; in Frankreich seit dem 15 Jh. bis zur Frz. Revolution⟩ die Oberschicht bildenden, führenden Persönlichkeiten [<frz. *notable* »bemerkenswert«]

no|ta|be|ne ⟨Abk.: NB⟩ wohlgemerkt!, übrigens, was ich noch sagen wollte [lat.]

No|ta|be|ne ⟨n.; - od. -s, - od. -s⟩ Merkzeichen, Merkzettel

No|ta|bi|li|tät ⟨f.; -; unz.; veraltet⟩ **1** Vornehmheit **2** Berühmtheit, Angesehenheit [<frz. *notabilité*]

No|tar ⟨m.; -s, -e; Rechtsw.⟩ ausgebildeter Jurist, der Unterschriften, Schriftstücke beglaubigt, Rechtsgeschäfte beurkundet u. Ä. [<lat. *notarius,* eigtl. »Geschwindschreiber«]

No|ta|ri|at ⟨n.; -(e)s, -e; Rechtsw.⟩ Büro, Kanzlei eines Notars [<mlat. *notariatus*]

no|ta|ri|ell ⟨Adj.; Rechtsw.⟩ vom, durch einen Notar; *eine ~ beglaubigte Abschrift, Bescheinigung, Kopie*

No|ta|rin ⟨f.; -, -rin|nen; Rechtsw.⟩ ausgebildete Juristin, die Unterschriften, Schriftstücke beglaubigt, Rechtsgeschäfte beurkundet u. Ä.

no|ta|risch ⟨Adj.; Rechtsw.⟩ = notariell

No|ta|ti|on ⟨f.; -, -en; Musik⟩ das Aufschreiben von Musik in Noten, Notenschrift; *Sy* Notierung (3) [<*notieren*]

Note|book ⟨[noutbuk] n.; -s, -s; EDV⟩ kleiner, tragbarer Computer; →*a.* Laptop, Notepad, Handheldcomputer [engl., eigtl. »Notizbuch«]

Note|pad ⟨[noutpæd] n.; -s, -s; EDV⟩ tragbarer Computer von sehr geringer Größe, der nicht mit einer Tastatur, sondern mit einem Sensorstift bedient wird; →*a.* Laptop, Notebook, Handheldcomputer [engl., eigtl. »Notizblock«]

Note sen|si|ble *auch:* **Note sen|sib|le** ⟨[nɔtsãsi:blə] f.; - -, -s -s [nɔtsãsi:blə]; Musik⟩ Leitton [frz., eigtl. »empfindliche Note«]

no|tie|ren ⟨V.⟩ **1** aufschreiben (um es sich zu merken); *(sich) ein Datum, eine Verabredung ~* **2** vormerken; *jmdn. für die Teilnahme an einem Lehrgang ~* **3** *einen Kurswert ~* festsetzen u. veröffentlichen; *zum notierten Kurs* [<lat. *notare* »kennzeichnen, bezeichnen; aufzeichnen, aufschreiben«]

No|tie|rung ⟨f.; -, -en⟩ **1** das Notieren, Aufzeichnen, Vormerken **2** ⟨Börse⟩ Festsetzung u. Veröffentlichung (von Kursen u. Preisen) **3** ⟨Musik⟩ = Notation

No|ti|fi|ka|ti|on ⟨f.; -, -en; veraltet⟩ **1** Anmeldung, Anzeige, Einbringung von Unterlagen **2** schriftliche Mitteilung, Dokumentation [zu lat. *notificare* »melden, anzeigen«]

no|ti|fi|zie|ren ⟨V.⟩ **1** anmelden, anzeigen, schriftlich dokumentieren; *eine Verordnung bei der Europäischen Union ~ lassen* **2** schriftlich mitteilen, in einer diplomatischen Note dokumentieren [<lat. *notificare* »bekanntmachen«]

No|tio ⟨f.; -, -ti|o|nes [-ne:s]; Philos.⟩ = Notion

No|ti|on ⟨f.; -, -en; Philos.⟩ Begriff, Gedanke; *Sy* Notio [lat., »Kenntnis, Begriff«]

No|tiz ⟨f.; -, -en⟩ **1** notierte Bemerkung, kurze Angabe, Ver-

N

merk; *Zeitungs~; sich ~en machen; eine kurze ~ bringen* **2** Kenntnis, Beachtung; *(keine) ~ von etwas od. jmdm. nehmen* [<lat. *notitia* »Kenntnis, Kunde; Aufzeichnung«; zu *notus* »bekannt«]

no|to|risch ⟨Adj.⟩ **1** offenkundig, allbekannt **2** gewohnheitsmäßig; *ein ~er Trinker* [<lat. *notorius* »anzeigend, kundtuend«; zu *noscere* »kennenlernen«]

No|tre-Dame *auch:* **Not|re-Dame** ⟨[nɔtrədam] f.; -; unz.⟩ **1** frz. Bezeichnung für die Jungfrau Maria **2** ⟨in Zus.⟩ Name vieler der Muttergottes geweihter Kirchen im französischsprachigen Raum; *~ de Paris* [frz.; »unsere Herrin, unsere Liebe Frau«]

Not|tur|no ⟨n.; -s, -s od. -tur|ni; Musik⟩ = Nocturne [ital.]

> **Nougat / Nugat** *(Laut-Buchstaben-Zuordnung)* Im Zuge der Integration fremdsprachiger Wörter in die deutsche Standardsprache kann neben die ursprüngliche, der Herkunftssprache folgenden Orthografie eine integrierte Schreibweise mit angepasster Laut-Buchstaben-Zuordnung treten (→*a.* Panther / Panter).

Nou|gat ⟨[nuː-] n. od. m.; -s, -s⟩ Konfekt aus fein zerkleinerten Nüssen od. Mandeln mit Zucker u. Kakao; *oV* Nugat [frz. <prov. *nogat;* zu *noga* »Nuss« <lat. *nux*]

Nou|veau Ro|man ⟨[nuvoː rɔmãː] m.; - -; unz.; Lit.⟩ in Frankreich entstandene Richtung des modernen Romans, in der völlige Subjektivität des Autors (im Gegensatz zur bisherigen »Allwissenheit«) angestrebt u. die Objekte des Geschehens, die Reaktionen auf (unterbewusste) Reize od. auf seel. Vorgänge betont werden [frz., »neuer Roman«]

Nou|veau|té ⟨[nuvoteː] f.; -, -s⟩ Neuheit, Neuigkeit [frz.]

Nou|velle Cu|i|sine ⟨[nuvɛl kyiziːn] f.; - -; unz.⟩ moderne frz. Kochkunst, die auch neuere ernährungswissenschaftliche Erkenntnisse berücksichtigt [frz., »neue Küche«]

Nov. ⟨Abk. für⟩ November

No|va[1] ⟨[-va] Pl. von⟩ Novum [lat., »die Neue«]

No|va[2] ⟨[-va] f.; -, No|vä; Astron.⟩ **1** Fixstern, dessen Helligkeit plötzlich sehr stark ansteigt **2** neuer Stern [lat., »die Neue«]

No|va|ti|on ⟨[-va-] f.; -, -en⟩ **1** Erneuerung **2** ⟨Rechtsw.⟩ Umwandlung einer Schuld [<lat. *novatio*]

No|ve|cen|to ⟨[nɔvətʃɛnto] n.; - od. -s; unz.; Kunst⟩ das 20. Jh. in der italien. Kunst; *Kunstwerke, Bauten des ~* [ital., »neunhundert« (nach Tausend)]

No|vel|food ⟨[nɔvəlfuːd]⟩ *auch:* **No|vel Food** ⟨n.; (-) - od. (-) -s; unz.⟩ mit Hilfe der Gentechnik verändertes Nahrungsmittel; *Sy* Genfood [<engl. *novel* »neu(artig)« + *food* »Essen, Speise«]

No|vel|le ⟨[-vɛl-] f.; -, -n⟩ **1** ⟨Rechtsw.⟩ ergänzender od. ändernder Nachtrag zu einem Gesetz; *Gesetzes~* **2** ⟨Lit.⟩ von einem einzelnen ungewöhnlichen Ereignis handelnde, kürzere, sich geradlinig bis zu einem Höhe- bzw. Wendepunkt steigernde, gedrängt berichtende Erzählung [<ital. *novella* »Novelle; kleine Neuigkeit« <lat. *novellus,* Verkleinerungsform zu *novus* »neu«]

No|vel|let|te ⟨[-vɛl-] f.; -, -n⟩ **1** ⟨Lit.⟩ kleine Novelle (2) **2** ⟨Musik⟩ kurzes (»erzählendes«) Musikstück [<ital. *novelleta* »Kurznovelle«]

no|vel|lie|ren ⟨[-vɛl-] V.; österr.⟩ neu formulieren od. ergänzen (Gesetz) [→ *Novelle*]

No|vel|lie|rung ⟨[-vɛl-] f.; -, -en⟩ das Novellieren, das Novelliertwerden

No|vel|list ⟨[-vɛl-] m.; -en, -en; Lit.⟩ Verfasser von Novellen (2)

No|vel|lis|tik ⟨[-vɛl-] f.; -; unz.; Lit.⟩ **1** Kunst der Novelle (2) **2** Gesamtheit der Novellen (eines Volkes od. einer Zeit)

no|vel|lis|tisch ⟨[-vɛl-] Adj.; Lit.⟩ in der Art einer Novelle (2)

No|vem|ber ⟨[-vɛm-] m.; - od. -s, -; Abk.: Nov.⟩ elfter Monat des Jahres [lat., »der neunte« Monat des mit dem März beginnenden altrömischen Jahres; zu lat. *novem* »neun«]

No|ve|mo|le ⟨[-ve-] f.; -, -n; Musik⟩ Gruppe von neun gleichen rhythmischen Werten; →*a.* Triole [zu ital. *nove* <lat. *novem* »neun«]

No|ve|ne ⟨[-veː-] f.; -, -n⟩ neuntägige kath. Andacht [<lat. *novem* »neun«]

No|vi|lu|ni|um ⟨[-vi-] n.; -s, -ni|en; Astron.⟩ erstes Sichtbarwerden der Mondsichel nach Neumond [<lat. *novus* »neu« + *luna* »Mond«]

No|vi|tät ⟨[-vi-] f.; -, -en⟩ **1** Neuheit, Neuigkeit **2** Neuerscheinung, z. B. ein Buch; *auf der Messe zeigten die Verlage ihre ~en* [<lat. *novitas* »Neuheit«]

No|vi|ze ⟨[-viː-] m.; -n, -n⟩ junger Mönch während der Probezeit vor dem Ablegen der Gelübde [<lat. *novicius* »Neuling«]

No|vi|zi|at ⟨[-vi-] n.; -(e)s, -e⟩ Probezeit im Kloster

No|vi|zin ⟨[-viː-] f.; -, -zin|nen⟩ junge Nonne während der Probezeit vor dem Ablegen der Gelübde

No|vo|ka|in ⟨[-vo-] n.; -s; unz.; Pharm.⟩ Anästhetikum, das anstelle des viel giftigeren Kokains heute vorwiegend für lokale od. oberflächl. Betäubungen verwendet wird [<lat. *novum* »neu«+ *Kokain*]

No|vo|tex® ⟨[-vo-] m.; - od. -es; unz.; Textilw.⟩ Kunststoff aus Baumwollgeweben u. Kunstharz, für Zahnräder u. als Isolationsmaterial verwendet [<lat. *novus* »neu« + *textil*]

No|vum ⟨[-vum] n.; -s, -va [-va]⟩ Neuheit, noch nicht Dagewesenes, neuer Gesichtspunkt [lat., Neutr. zu *novus* »neu«]

No|xe ⟨f.; -, -n; Med.⟩ **1** Schädlichkeit **2** Ursache einer Krankheit [<lat. *noxa* »Schaden, Vergehen, Schuld«]

Np ⟨chem. Zeichen für⟩ Neptunium

NP ⟨Abk. für⟩ Nominalphrase

Nr. ⟨Abk. für⟩ Nummer

NRT ⟨Abk. für⟩ Nettoregistertonne

Nu|an|ce ⟨[nyãːsə] f.; -, -n⟩ **1** Abstufung, feine Tönung; *eine ~ heller, dunkler* **2** winzige Klei-

N

nigkeit, Spur, Schimmer; *um eine ~ anders* [frz.]

nu|an|cie|ren ⟨[nyãsiː-] V.⟩ abstufen, kaum merklich ändern [<frz. *nuancer*]

nu|an|ciert ⟨[nyãsiːrt] Adj.⟩ differenziert, vielfach abgestuft; *eine ~e Darstellung*

Nu|buk ⟨n.; -s; unz.; Textilw.⟩ Rinds- od. Kalbsleder mit samtartiger Oberfläche

Nu|cel|lus ⟨m.; -, -cel|li; Bot.⟩ Teil der Samenanlage bei Blütenpflanzen, Gewebekern [Neubildung zu spätlat. *nucella* »Haselnuss«; zu lat. *nucleus* »Nusskern, Kern«]

◆Die Buchstabenfolge **nu|cl...** kann auch **nuc|l...** getrennt werden.

◆**Nu|cle|in** ⟨n.; -s, -e; Biochemie⟩ = Nuklein [<lat. *nucleus* »Kern«]

◆**Nu|cle|in|säu|re** ⟨f.; -, -n; Biochemie⟩ = Nukleinsäure

◆**Nu|cle|o|id** ⟨n.; -(e)s, -e; Biol.⟩ = Nukleoid

◆**Nu|cle|o|le** ⟨f.; -, -n; Biol.⟩ = Nukleole

◆**Nu|cle|o|lus** ⟨m.; -, -o|li od. -cle|o|len; Biol.⟩ = Nukleolus

◆**Nu|cle|on** ⟨n.; -s, -o|nen; Physik⟩ = Nukleon

◆**Nu|cleo|pro|te|id** ⟨n.; -(e)s, -e; Biochemie⟩ = Nukleoproteid

◆**Nu|cle|o|sid** ⟨n.; -s, -e; Biochemie⟩ = Nukleosid

◆**Nu|cle|o|som** ⟨n.; -s, -e; Biochemie⟩ = Nukleosom

◆**Nu|cle|o|tid** ⟨n.; -(e)s, -e; Biochemie⟩ = Nukleotid

◆**Nu|cle|us** ⟨m.; -, -clei [-kleːi]; Biol.⟩ = Nukleus

Nu|dis|mus ⟨m.; -; unz.⟩ Freikörperkultur, Nacktkultur; *Sy* Naturismus [<lat. *nudus* »nackt, bloß«]

Nu|dist ⟨m.; -en, -en⟩ Anhänger des Nudismus, der Freikörperkultur

Nu|dis|tin ⟨f.; -, -tin|nen⟩ Anhängerin des Nudismus, der Freikörperkultur

nu|dis|tisch ⟨Adj.⟩ den Nudismus betreffend, zu ihm gehörend, seinem Ideal gemäß

nu|dis ver|bis ⟨[-vɛr]⟩ mit nackten Worten [lat.]

Nu|di|tät ⟨f.; -, -en⟩ **1** ⟨unz.⟩ Nacktheit (oft im unzüchtigen Sinne) **2** ⟨meist Pl.⟩ sexuelle Anzüglichkeit, sexuell anzügliche Äußerung od. Darstellung [<lat. *nuditas* »Blöße«]

Nu|gat ⟨n. od. m.; -s, -s⟩ = Nougat

Nug|get ⟨[nʌgɪt] n.; -s, -s⟩ natürliches Goldklümpchen [engl.]

◆Die Buchstabenfolge **nu|kl...** kann auch **nuk|l...** getrennt werden.

◆**nu|kle|ar** ⟨Adj.⟩ **1** den Atomkern betreffend, von ihm ausgehend **2** auf Kernreaktion beruhend [→ *Nukleus*]

◆**Nu|kle|ar|me|di|zin** ⟨f.; -; unz.; Med.⟩ Teilgebiet der Medizin, das sich mit der Anwendung radioaktiver Stoffe im medizin. Bereich befasst

◆**Nu|kle|ar|waf|fe** ⟨f.; -, -n; Mil.⟩ auf explosiv verlaufenden Kernspaltungen od. Kernfusionen beruhende Waffe, Kernwaffe

◆**Nu|kle|a|se** ⟨f.; -, -n; Biochemie⟩ Enzym, das Nukleinsäuren spaltet

◆**Nu|kle|in** ⟨n.; -s, -e; Biochemie⟩ in Zellkernen vorkommende Eiweißverbindung; *oV* Nuclein [→ *Nukleus*]

◆**Nu|kle|in|säu|re** ⟨f.; -, -n; Biochemie⟩ kompliziert zusammengesetzte Verbindung der Zellkerne, die aus organ. Basen (Purin, Pyrimidin), Kohlenhydraten u. Phosphorsäure besteht; *oV* Nucleinsäure

◆**Nu|kle|o|id** ⟨n.; -(e)s, -e; Biol.⟩ dem Zellkern höherer Organismen entsprechende Zellstruktur der Bakterien; *oV* Nucleoid [zu lat. *nucleus* »Kern«]

◆**Nu|kle|o|le** ⟨f.; -, -n; Biol.⟩ = Nukleolus; *oV* Nucleolo

◆**Nu|kle|o|lus** ⟨m.; -, -o|li od. -kle|o|len; Biol.⟩ Kernkörperchen des Zellkerns; *oV* Nucleolus, Nukleole [<spätlat. *nucleolus;* zu lat. *nucleus* »Nusskern, Kern«]

◆**Nu|kle|on** ⟨n.; -s, -o|nen; Physik⟩ Baustein eines Atomkerns, z. B. Proton, Neutron; *oV* Nucleon

◆**Nu|kle|o|nik** ⟨f.; -; unz.; Physik⟩ Teilbereich der techn. Physik, der sich mit den Atomkernen befasst

◆**Nu|kleo|pro|te|id** ⟨n.; -(e)s, -e; Biochemie⟩ hochmolekulare Verbindung von Nukleinsäuren mit Eiweißstoffen, Hauptbestandteil der Zellkerne von Pflanzen u. Tieren; *oV* Nucleoproteid

◆**Nu|kle|o|sid** ⟨n.; -s, -e; Biochemie⟩ organischer Teil des Nukleotids; *oV* Nucleosid

◆**Nu|kle|o|som** ⟨n.; -s, -e; Biochemie⟩ kettenförmige Grundstruktur des Chromatins; *oV* Nucleosom; *die DNA bildet eine Kette aus vielen aufeinanderfolgenden ~en*

◆**Nu|kle|o|tid** ⟨n.; -(e)s, -e; Biochemie⟩ Grundbaustein der Nukleinsäure, aus einem Phosphat, Ribose u. einer Base zusammengesetzte Verbindung; *oV* Nucleotid

◆**Nu|kle|us** ⟨m.; -, -klei [-kleːi]⟩ *oV* Nucleus **1** ⟨Biol.⟩ Zellkern **2** Kern eines steinzeitl. Knollens aus Feuerstein **3** ⟨fachsprachl. Bez. für⟩ Atomkern [lat.]

◆**Nu|klid** ⟨n.; -s, -e; Physik⟩ ein Atomkern [<lat. *nucleus* »Kern« + grch. *eidos* »Gestalt«]

null ⟨Adj.; Zeichen: 0⟩ kein, nichts; *das Spiel steht zwei zu null (2:0); das Ergebnis der Sache ist ~; eine Temperatur von ~ Grad (0 °C)* am Anfang der Celsius-Skala, auf dem Gefrierpunkt; *zwei Grad über (unter) ~; in ~ Komma nichts* ⟨umg.⟩ im Nu

Null[1] ⟨f.; -, -en; Zeichen: 0⟩ **1** Ziffer ohne Wert **2** Ziffer, die einen Stellenwert im dekadischen Zahlensystem einnimmt; *einer Zahl eine ~ anhängen* sie mit 10 multiplizieren **3** *umg. ist eine ~* ein untüchtiger, bedeutungsloser Mensch [<ital. *nulla* »nichts« <lat. *nullus* »keiner«]

Null[2] ⟨m. od. n.; - od. -s, -s⟩ im Skat ein Spiel, bei dem der Spieler keinen Stich bekommen darf; *~ spielen;* →a. Null ouvert

Null|di|ät ⟨f.; -, -en⟩ Schlankheitsdiät mit vollständigem Verzicht auf Nahrung außer Wasser, Vitaminen u. Mineralstoffen; *auf ~ gehen*

nul|len ⟨V.; refl.; umg.; scherzh.⟩ *sich* ~ eine Null aufweisen; *sein Geburtstag nullt sich in diesem Jahr zum dritten Mal*

Nul|li|fi|ka|ti|on ⟨f.; -, -en⟩ Erklärung der Ungültigkeit, Nichtigmachung, Aufhebung

nul|li|fi|zie|ren ⟨V.⟩ für ungültig erklären, zunichtemachen, aufheben [<lat. *nullus* »keiner« + ...*fizieren*]

Null|in|stru|ment *auch:* **Null|ins|tru|ment** *auch:* **Null|inst|ru|ment** ⟨n.; -(e)s, -e; Physik⟩ physikal. Messinstrument zur Bestimmung der Größe unbekannter Widerstände od. Kapazitäten, das zu bestimmende Bauteil wird über eine Messbrücke so lange mit Bauteilen bekannter Größen abgestimmt, bis ein Amperemeter keinen Stromfluss in der Schaltung mehr anzeigt

Nul|li|pa|ra ⟨f.; -, -pa|ren; Med.⟩ Frau, die noch nicht geboren hat; →*a.* Multipara, Primipara [<lat. *nullus* »kein, nicht« + *parere* »hervorbringen, gebären«]

Nul|li|tät ⟨f.; -, -en; selten⟩ **1** Ungültigkeit, Nichtigkeit **2** bedeutungslose Person od. Sache [<frz. *nullité*]

Nulllösung (*Laut-Buchstaben-Zuordnung*) Beim Zusammentreffen von drei gleichen Buchstaben in Zusammensetzungen werden alle Buchstaben geschrieben. Möglich ist auch das Setzen eines Bindestrichs zur übersichtlichen Gliederung einer Zusammensetzung (*Null-Lösung*).

Null|lö|sung ⟨f.; -, -en; Politik; in den 1980er Jahren Schlagwort für⟩ Herstellung eines Ausgleichs bei der Aufstellung von atomaren Mittelstreckenwaffen; *doppelte* ~ Verschrottung der atomaren Mittelstreckenwaffen der mittleren u. längeren Reichweite

Null|me|ri|di|an ⟨m.; -s; unz.; Geogr.⟩ der durch die Sternwarte Greenwich in London verlaufende Längengrad, von dem aus die Längengrade jeweils von 0° bis 180° nach Osten u. Westen gezählt werden

Null|mor|phem ⟨n.; -s, -e; Sprachw.; Zeichen: Ø⟩ der Form nach nicht ausgedrücktes Wortbildungselement, leeres Morphem, z. B. die Pluralform von »Meister Ø«, dagegen »Person«, Pl. »Person*en*«

Null|ni|veau ⟨[-nivo:] n.; -s, -s; Kartogr.⟩ Höhenlage, von der aus kartographische Messungen durchgeführt werden

Null|num|mer ⟨f.; -, -n⟩ der ersten Ausgabe einer Zeitung od. Zeitschrift vorausgehende Probenummer

Null|o|de *auch:* **Nul|lo|de** ⟨f.; -, -n; El.⟩ elektrodenlose Gasentladungsröhre [verkürzt <*Null* + Elektr*ode*]

Null|ope|ra|ti|on ⟨f.; -; unz.; EDV⟩ dem Computer eingegebene Information, die keinen Rechenvorgang auslöst, sondern Speicherkapazität für die Erweiterung von Programmen freihält, Leerbefehl

Null ou|vert ⟨[- uvɛ:r] m. od. n.; - -, - -s; Kart.⟩ Nullspiel, bei dem der Spieler nach dem ersten Stich die Karten offen hinlegen muss [<*Null* + frz. *ouvert* »offen«]

Null|punkt ⟨m.; -(e)s; unz.⟩ Bezugspunkt einer Skala, z. B. bei Thermometern der Gefrierpunkt des Wassers als Ausgangspunkt der Celsius-Skala; *auf dem ~ angekommen sein* ⟨fig.⟩ den größten Tiefstand erreicht haben; *unsere Stimmung sank nach der neuerlichen Niederlage auf den ~*

Null|punkts|ener|gie ⟨f.; -; unz.; Physik⟩ auch am absoluten Nullpunkt der Temperatur noch vorhandene Schwingungsenergie von Atomen u. Molekülen; *die ~ von Kristallen*

Null|ta|rif ⟨m.; -(e)s, -e⟩ durch Verzicht auf Fahrgeld für die Beförderung in öffentl. Verkehrsmitteln auf Null gesenkter Tarif; *zum* ~ unentgeltlich

Nul|lum ⟨n.; -s; unz.; Rechtsw.⟩ etwas Gegenstandsloses, Unbegründetes, Hinfälliges, ein Nichts [zu lat. *nullum* »nichts«]

Nu|men ⟨n.; -s, -⟩ göttl. Wesen, Gottheit ohne persönliche Gestalt, aber mit Wirkkraft [lat.]

Nu|me|ra|le ⟨n.; -s, -lia od. -li|en; Gramm.⟩ Wort, das die Zahl der beteiligten Größen bezeichnet, Zahlwort, z. B. eins, zwei, dritter [<lat. *numeralis* »die Zahl betreffend«]

Nu|me|ri ⟨Pl. von⟩ **1** Numerus **2** viertes Buch Mose

Nu|me|ri|cal Cont|rol ⟨[njumɛrɪcəl contro:l] f.; - -; unz.⟩ = NC (2)

nu|me|risch ⟨Adj.⟩ der Zahl nach, die Zahl betreffend; *~e Exzentrizität* Kenngröße von Ellipsen u. Hyperbeln, bezeichnet das Verhältnis zwischen dem Abstand des Brennpunktes vom Scheitelpunkt u. dem Abstand vom Mittelpunkt der halben Hauptachse; *~e Steuerung* = NC (2) [→ *Numerus*]

Nu|me|ro ⟨n.; -s, -s; Abk.: No.; Zeichen: N°; veraltet⟩ Nummer (nur mit Zahlenangaben); ~ *eins, vier* [lat., Dat. zu *numerus* »Zahl«]

Nu|me|ro|lo|gie ⟨f.; -; unz.⟩ okkulte Wissenschaft, die aus dem Namen des Menschen seinen Charakter ableitet, indem sie die einzelnen Buchstaben in entsprechende Zahlenwerte umsetzt; →*a.* Kabbala

Nu|me|rus ⟨m.; -, -ri⟩ **1** ⟨Math.⟩ Zahl, zu der der Logarithmus gesucht wird **2** ⟨Gramm.⟩ grammatische Kategorie, die angibt, ob die durch Nomen, Pronomen od. Verbum ausgedrückten Begriffe einfach (zweifach usw.) od. mehrfach aufzufassen sind, z. B. Singular, Dual, Plural **3** ~ *clausus* ⟨Abk.: NC⟩ begrenzte Zahl für die Zulassung von Bewerbern zum Studium, zu einem Gewerbe usw. [lat., »Teil, (An-)Zahl«]

nu|mi|nos ⟨Adj.⟩ göttlich [→ *Numen*]

Nu|mis|ma|tik ⟨f.; -; unz.⟩ Münzkunde [<mlat. *numisma,* Gen. *numismatis* »Münze« <lat. *nummus*]

Nu|mis|ma|ti|ker ⟨m.; -s, -⟩ Kenner der Numismatik

Nu|mis|ma|ti|ke|rin ⟨f.; -, -rin|nen⟩ Kennerin der Numismatik

nu|mis|ma|tisch ⟨Adj.⟩ die Numismatik betreffend, zu ihr gehörig

Num|mer ⟨f.; -, -n; Abk.: Nr., No.⟩ **1** Glied in einer Reihe von

N

Ordnungszahlen; *Haus~; Los~; Telefon~; Zimmer~; er hat Zimmer ~ 10; laufende ~; in welcher ~ (Haus~) wohnen Sie?; wir sind unter ~ (Telefon~) 596775 zu erreichen; auf ~ Sicher/sicher gehen* nichts riskieren; *er sitzt auf ~ Sicher/sicher* ⟨umg.⟩ er ist im Gefängnis; *bei jmdm. eine gute ~ haben* von jmdm. geschätzt werden **2** Exemplar; *~ einer Zeitschrift* **3** einzelne Darbietung innerhalb einer Folge von Vorführungen; *eine hervorragende, komische ~* **4** Größe (eines Kleidungsstückes); *Handschuh~ 10; Anzug~ 56* **5** ⟨umg.⟩ Person; *er ist eine komische, ulkige ~; jmd. ist eine tolle ~* ⟨fig.⟩ ein lebenssprühender, allen Vergnügungen zugeneigter Mensch [<lat. *numerus* »Teil; Zahl, Anzahl«]

> **nummerieren** (*Laut-Buchstaben-Zuordnung*) Aufgrund des sogenannten Stammerhaltungsprinzips richtet sich die Schreibung abgeleiteter Wortarten nach dem Wortstamm. Folglich wird das Verb »*nummerieren*« wie das zugrundeliegende Substantiv »*Nummer*« mit doppeltem Konsonanten geschrieben.

num|me|rie|ren ⟨V.⟩ mit Nummern, mit fortlaufenden Zahlen versehen, beziffern; *Buchseiten ~* [<lat. *numerare* »zählen, rechnen«]

Num|me|rie|rung ⟨f.; -, -en⟩ Bezifferung, Bezeichnung mit Nummern

Num|mern|girl ⟨[-gœ:l] n.; -s, -s; Sport; bes. Boxen⟩ meist leicht bekleidete junge Frau, die jeweils vor Beginn einer neuen Runde eine Tafel mit der aktuellen Rundenzahl durch den Boxring trägt [<*Nummer* + engl. *girl* »Mädchen«]

Num|mern|kon|to ⟨n.; -s, -kon|ten od. -kon|ti od. -s⟩ anonymes Konto, das nur durch die Kontonummer bezeichnet ist

Num|mu|lit ⟨m.; -s od. -en, -e od. -en⟩ zu den Foraminiferen gehörendes Tier aus dem Tertiär mit gekammerten, kalkigen Schalen [<lat. *nummulus,* Verkleinerungsform zu *nummus* »Münze«]

Nu|na|tak ⟨m.; -s, -s od. -(e)r; Geogr.⟩ Berg, der über die Oberfläche von Gletschern od. des Inlandeises aufragt [eskim.]

Nun|ti|a|tur ⟨f.; -, -en⟩ Amt u. Sitz eines Nuntius

Nun|ti|us ⟨m.; -, -ti|en⟩ päpstl. Botschafter; *oV* ⟨österr.⟩ Nunzius [<lat. *nuntius* »Bote, Verkündiger«]

Nun|zi|us ⟨m.; -, -zi|en; österr.⟩ = Nuntius

Nu|ta|ti|on ⟨f.; -, -en⟩ **1** ⟨Bot.⟩ spiralförmige Bewegung bei Pflanzen, die durch unterschiedlich schnelles Wachstum der einzelnen Organe hervorgerufen wird **2** ⟨Astron.⟩ periodische Schwankung der Erdachse [<lat. *nutatio* »das Schwanken«; zu *nutare* »nicken, schwanken«]

Nu|tria *auch:* **Nut|ria** ⟨f.; -, -s; Zool.⟩ **1** Tier mit einem Fell aus braunen, steifen Grannen u. bläulich braunem Unterpelz, Biberratte, Sumpfbiber: Myocaster coypus **2** dessen Fell [<span. *nutr(i)a* <lat. *lutra*]

Nu|tri|ment *auch:* **Nut|ri|ment** ⟨n.; -(e)s, -e⟩ Nahrungsmittel [<lat. *nutrimentum;* zu *nutrire* »ernähren«]

Nu|tri|ti|on *auch:* **Nut|ri|ti|on** ⟨f.; -; unz.⟩ Ernährung [<lat. *nutrire* »ernähren«]

nu|tri|tiv *auch:* **nut|ri|tiv** ⟨Adj.⟩ nahrhaft, Nahrungsmittel betreffend [→ *Nutrition*]

Ny ⟨n.; - od. -s, -; Zeichen: ν, Ν⟩ grch. Buchstabe, n, N [grch.]

Nykt|al|gie *auch:* **Nyk|tal|gie** ⟨f.; -, -n; Med.⟩ in der Nacht auftretender Schmerz, Nachtschmerz [<grch. *nyx,* Gen. *nyktos* »Nacht« + *…algie*]

Nykt|al|o|pie *auch:* **Nyk|ta|lo|pie** ⟨f.; -; unz.; Med.⟩ Herabsetzung des Sehvermögens bei hellem Tageslicht wegen Überempfindlichkeit der Netzhaut, während bei der Dämmerung besser gesehen wird, Tagblindheit [<grch. *nyx,*Gen. *nyktos* »Nacht« + *alaos* »blind« + *…opie*]

Nyk|ti|nas|tie ⟨f.; -, -n; Bot.⟩ = Nyktitropismus

Nyk|ti|tro|pie ⟨f.; -, -n; Bot.⟩ = Nyktitropismus

Nyk|ti|tro|pis|mus ⟨m.; -, -pis|men; Bot.⟩ durch den Wechsel von Licht u. Temperatur bewirkte Bewegung der Pflanzen (Senken der Blätter o. Ä.); *oV* Nyktitropie; *Sy* Nyktinastie [<grch. *nyx,* Gen. *nyktos* »Nacht« + *Nastie, …tropie, Tropismus*]

Nykt|u|rie *auch:* **Nyk|tu|rie** ⟨f.; -, -n; Med.⟩ verstärkter nächtl. Harndrang [<grch. *nyx,* Gen. *nyktos* »Nacht« + *…urie*]

Ny|lon® ⟨[naɪ-] n.; -s, -s; Textilw.⟩ **1** ⟨unz.⟩ zu den Polyamiden gehörige synthet. Faser **2** ⟨nur Pl.; umg.; veraltet⟩ *~s* Strümpfe aus Nylon [engl.]

Nym|pha ⟨f.; -, -phae [-fɛ:] od. -phen; Anat.⟩ = Nymphe (3)

Nym|phäa ⟨f.; -, -phä|en; Bot.⟩ = Nymphäe

Nym|phäe ⟨f.; -, -phä|en; Bot.⟩ See-, Wasserrose; *oV* Nymphäa [→ *Nymphe*]

Nym|phä|um ⟨n.; -s, -phä|en⟩ **1** ⟨urspr.⟩ Heiligtum einer Nymphe **2** ⟨dann⟩ mit Figuren, Säulen, Nischen ausgestatteter Brunnen (als Blickfang od. Abschluss von Gartenwegen) [<lat. *nymphaeum* <grch. *nymphaion* <*nymphe*]

Nym|phe ⟨f.; -, -n⟩ **1** grch. weibl. Naturgottheit **2** ⟨Zool.⟩ Übergangsstadium in der Entwicklung bestimmter Insekten zwischen Larve u. Puppe **3** ⟨Anat.⟩ kleine Schamlippe: Labium minus; *oV* Nympha [<lat. *nympha* <grch. *nymphe* »Mädchen, Braut«]

nym|pho|man ⟨Adj.; Psych.⟩ an Nymphomanie leidend, mannstoll; *Sy* nymphomanisch

Nym|pho|ma|nie ⟨f.; -; unz.; Psych.⟩ krankhaft gesteigerter Geschlechtstrieb bei Frauen, Mannstollheit

Nym|pho|ma|nin ⟨f.; -, -nin|nen; Psych.⟩ an Nymphomanie leidende Frau

nym|pho|ma|nisch ⟨Adj.; Psych.⟩ = nymphoman

Ny|norsk ⟨n.; -; unz.; neuere Bez. für⟩ Landsmål [norweg. »Neunorwegisch«]

Nys|tag|mus ⟨m.; -; unz.; Med.⟩ Zittern der Augäpfel [<grch. *nystagmos* »Schläfrigkeit«]

O ⟨chem. Zeichen für⟩ Sauerstoff (Oxygenium)
o- ⟨Chemie; Zeichen für⟩ ortho-Stellung
O' ⟨vor irischen Eigennamen⟩ Sohn des ..., z. B. O'Connor
OAS ⟨Abk. für engl.⟩ Organization of American States (Organisation US-amerikan. Staaten)
Oa|se ⟨f.; -, -n⟩ **1** fruchtbare Stelle mit Quelle in der Wüste **2** ⟨fig.⟩ vom Lärm der Welt abgeschlossener Ort; *diese Kapelle ist eine ~ der Stille* [<lat. *oasis* <grch. *oasis* <ägypt. *owahe* »Kessel, Niederung«]
OAU ⟨Abk. für engl.⟩ Organization of African Unity (Organisation für die Einheit Afrikas)
ob..., Ob... ⟨vor f⟩ of..., Of..., ⟨vor k⟩ ok..., Ok..., ⟨vor p⟩ op..., Op... **1** auf ... hin **2** gegen, entgegen [lat.]
Ob|duk|ti|on ⟨f.; -, -en; Med.⟩ Leichenöffnung [<lat. *obducere* »vorführen, öffnen«]
Ob|du|ra|ti|on ⟨f.; -; unz.⟩ Verhärtung von Körpergewebe [<lat. *obdurare* »hart sein«]
ob|du|zie|ren ⟨V.; Med.⟩ eine Obduktion vornehmen an, bei; *eine Leiche ~*
Ob|e|di|enz ⟨f.; -; unz.; kath. Kirche⟩ **1** Gehorsam (gegenüber den geistl. Vorgesetzten) **2** Anhängerschaft eines Kandidaten für die Wahl zum Papst od. Bischof bei zwiespältiger Wahl [zu lat. *oboedire* »gehorchen«]
Obe|lisk ⟨m.; -en, -en⟩ vierkantige, in einer Spitze endende Säule [<lat. *obeliscus*]
Ober|li|ga ⟨f.; -, -li|gen⟩ **1** ⟨Sport⟩ höchste od. zweithöchste Spielklasse; *~ Nord* **2** ⟨Fußb.⟩ **2.1** ⟨BRD⟩ Spielklasse unter der Regionalliga **2.2** ⟨DDR⟩ höchste Spielklasse
Ober|li|gist ⟨m.; -en, -en; Sport⟩ Spieler od. Verein, der der Oberliga angehört
Obe|si|tät ⟨f.; -; unz.; Med.⟩ Fettleibigkeit [zu lat. *obesus* »fett, feist« <*ob* »zu hin« + *edere* »essen«]
Obi ⟨m.; -s, -s; Sport; Judo⟩ Gürtel der Kampfbekleidung [jap.]
obi|it ⟨veraltet; Abk.: ob.⟩ ist gestorben [lat.]
Obi|ter Dic|tum ⟨n.; - -, - Dic|ta; Rechtsw.⟩ juristische Kennzeichnung von Teilen einer gerichtlichen Urteilsbegründung, die über das zur Entscheidung Nötige hinausgehen u. damit für spätere vergleichbare Fälle von geringerer Bedeutung sind [lat., »das beiläufig Bemerkte«]
Ob|jekt ⟨n.; -(e)s, -e⟩ **1** Sache, Gegenstand (bes. einer Verhandlung), z. B. Grundstück; *das ~ einer Untersuchung* **2** ⟨Philos.⟩ Gegenstand des Wahrnehmens, Erkennens u. Denkens; *Ggs* Subjekt (1) **3** ⟨Gramm.⟩ Satzteil, der aus einer nominalen Ergänzung zum Verb besteht, Satzergänzung; *Ggs* Subjekt (4); *Akkusativ~; Dativ~; Genitiv~; die Tücke des ~s* ⟨fig.; umg.⟩ plötzlich auftretende, unvorhergesehene Schwierigkeit [<lat. *obiectum*, Part. Perf. zu *obicere* »entgegenwerfen«]
Ob|jekt|ero|tik ⟨f.; -; unz.; Psych.⟩ sexuelle Befriedigung mit Hilfe eines Gegenstandes; →*a.* Objektlibido
Ob|jek|ti|on ⟨f.; -, -en⟩ das Verlegen von Empfindungen in einen Gegenstand od. Vorstellungsinhalt, z. B. das Empfinden eines Lichtes als »freundlich«, einer dunklen Wolke als »drohend« [<lat. *obiectio*, Gen. *-onis* »das Entgegenwerfen«]
ob|jek|tiv ⟨Adj.⟩ **1** gegenständlich, tatsächlich; *ein ~er Tatbestand* **2** *Ggs* subjektiv (2) **2.1** sachlich, vorurteilsfrei, unparteiisch; *ein ~es Urteil; eine Sache ~ betrachten* **2.2** allgemeingültig [→ *Objekt*]
Ob|jek|tiv ⟨n.; -s, -e [-və]; Optik⟩ dem Gegenstand zugewandte Linse(ngruppe); *Ggs* Okular
Ob|jek|ti|va|ti|on ⟨[-va-] f.; -, -en⟩ das Objektivieren
Ob|jek|ti|ve ⟨[-və] n. 3; unz.; Philos.⟩ das vom einzelnen Subjekt u. seinem Bewusstsein Unabhängige; *Ggs* Subjektive
ob|jek|ti|vie|ren ⟨[-vi:-] V.⟩ **1** zum Objekt machen **2** vom Persönlichen absehen
Ob|jek|ti|vie|rung ⟨[-vi:-] f.; -, -en⟩ = Objektivation
Ob|jek|ti|vis|mus ⟨[-vɪs-] m.; -; unz.⟩ *Ggs* Subjektivismus **1** ⟨Philos.⟩ Lehre, dass es vom Subjekt unabhängige Wahrheiten u. Werte gibt **2** ⟨Ethik⟩ Streben nach objektiven Maßstäben für das sittliche Handeln
Ob|jek|ti|vist ⟨[-vɪst] m.; -en, -en⟩ Anhänger, Vertreter des Objektivismus
ob|jek|ti|vis|tisch ⟨[-vɪs-] Adj.⟩ zum Objektivismus gehörig, auf ihm beruhend
Ob|jek|ti|vi|tät ⟨[-vi-] f.; -; unz.⟩ objektive Beschaffenheit, Allgemeingültigkeit, objektive Betrachtungsweise, Sachlichkeit, Vorurteilslosigkeit; *Ggs* Subjektivität; *~ wahren* [→ *Objekt*]
Ob|jekt|kunst ⟨f.; -; unz.; Kunst⟩ Stilrichtung der modernen Kunst, die Produkte u. Fundstücke des Alltags für das Arrangement von Kunstwerken gebraucht
Ob|jekt|li|bi|do ⟨f.; -; unz.; Psych.⟩ auf Personen u. Dinge, nicht auf das eigene Ich gerichtete Libido; →*a.* Objekterotik
ob|jekt|ori|en|tiert ⟨Adj.⟩ **1** auf Objekte bezogen; *die Firma ist ~, nicht kundenorientiert* **2** ⟨EDV⟩ mit Objekten (Grafiken) als Grundelemente einer Programmiersprache oder einer Benutzeroberfläche ausgestattet; *~e Datenbank; ~e Programmierung*
Ob|jekt|satz ⟨m.; -es, -sät|ze; Gramm.⟩ Gliedsatz, der die Funktion eines Objektes zum Verb des übergeordneten Satzes übernimmt, Ergänzungssatz, z. B. ich weiß nicht, »ob du Recht hast«, wir helfen jetzt, »wem wir wollen«
Ob|jekt|schutz ⟨m.; -es; unz.⟩ polizeil. od. militär. Schutz für gefährdete Objekte, z. B. Gebäude, Industrieanlagen
Ob|jekt|spra|che ⟨f.; -, -n; Sprachw.⟩ *Ggs* Metasprache **1** Sprache bzw. Sprachebene, mit der außersprachliche Sach-

verhalte od. Gegenstände beschrieben werden **2** Sprache bzw. Sprachebene, die Gegenstand sprachwissenschaftl. Analysen ist

Ob|jekt|trä|ger ⟨m.; -s, -⟩ Objektglas, kleine Glasplatte, auf die das im Mikroskop zu untersuchende Präparat (Objekt) gelegt wird, im Gegensatz zum Deckglas

Ob|last ⟨f.; -, -e⟩ Verwaltungsbezirk in der UdSSR, dem ehemaligen Gouvernement entsprechend [<russ. *oblast* »Gebiet«]

Ob|la|te[1] ⟨f.; -, -n⟩ **1** noch nicht geweihte Hostie **2** dünne, aus Weizenmehl gebackene Scheibe (als Unterlage für Backwerk, bes. Lebkuchen) **3** rundes, scheibenförmiges, dünnes, waffelartiges Gebäck **4** Marke zum Versiegeln, z. B. von Briefen **5** Kapsel zum Umhüllen von schlecht schmeckender Arznei [<lat. *oblata (hostia)* »Abendmahlbrot«; → *Oblation*]

Ob|la|te[2] ⟨m.; -n, -n⟩ **1** für das Kloster bestimmtes u. dort erzogenes Kind **2** ⟨Pl.⟩ *~n* Angehörige mehrerer Kongregationen (2)

Ob|la|ti|on ⟨f.; -, -en⟩ **1** Darreichung, Opferung von Brot (u. Wein) durch den Priester **2** freiwillige Gabe (der Gemeinde an die Kirche) [<lat. *oblatus,* Perf. zu *offerre* »entgegenbringen, darbieten«]

ob|li|gat ⟨Adj.⟩ **1** verbindlich, unerlässlich, notwendig **2** ⟨Musik⟩ als Begleitstimme selbstständig geführt u. deshalb nicht dispensabel; *Ggs* ad libitum; *Sonate für zwei Flöten und ~es Cembalo* [<lat. *obligatus,* Part. Perf. zu *obligare* »anbinden, verbinden; verpflichten«]

Ob|li|ga|ti|on ⟨f.; -, -en⟩ **1** Haftung, Verbindlichkeit, Verpflichtung **2** Schuldverschreibung, festverzinsliches Wertpapier [<lat. *obligatio* »das Binden; Verbindlichkeit, Verpflichtung«]

Ob|li|ga|ti|o|när ⟨m.; -s, -e; schweiz.⟩ Inhaber einer Obligation

Ob|li|ga|ti|o|nen|recht ⟨n.; -(e)s; unz.; schweiz.; Rechtsw.; Abk.: OR⟩ Teil des Schweizerischen Zivilgesetzbuches, das die gesetzlichen Bestimmungen des Schuld-, Arbeits-, Gesellschafts- u. Wertpapierrechts enthält

ob|li|ga|to|risch ⟨Adj.⟩ verbindlich, verpflichtend, vorgeschrieben, Pflicht…; *Ggs* fakultativ; *die Vorlesung ist ~* [<lat. *obligatorius*]

Ob|li|ga|to|ri|um ⟨n.; -s, -ri|en; schweiz.⟩ Verpflichtung, Verbindlichkeit [→ *obligat*]

Ob|li|go ⟨n.; -s, -s⟩ Verbindlichkeit, Haftung; *ohne ~* ⟨Abk.: o. O.⟩ ohne Haftung, ohne Gewähr [ital.]

ob|lique ⟨[-liːk] Adj.⟩ **1** ⟨veraltet⟩ schräg **2** ⟨Gramm.⟩ abhängig; *~r Kasus* = Casus obliquus [frz.]

Ob|li|qui|tät ⟨f.; -; unz.⟩ **1** ⟨veraltet⟩ Unregelmäßigkeit **2** ⟨Med.⟩ Schrägstellung des Kopfes des Kindes während der Geburt beim Eintritt in das kleine Becken **3** ⟨Sprachw.⟩ syntaktische Abhängigkeit von Sätzen [<lat. *obliquitas* »Krümmung, schiefe Richtung«]

Ob|li|te|ra|ti|on ⟨f.; -, -en⟩ das Obliterieren

ob|li|te|rie|ren ⟨V.⟩ **1** *etwas Geschriebenes, eine Eintragung ~* löschen, tilgen **2** ⟨Med.⟩ *Sy* veröden **2.1** *ein Hohlraum obliteriert (infolge Entzündung)* verschwindet **2.2** *eine Ader (durch einen Eingriff) ~* stilllegen, verschwinden lassen [<lat. *obliterare* »(den Buchstaben) auslöschen«]

ob|long ⟨Adj.; veraltet⟩ länglich, rechteckig [<lat. *oblongus* »lang«]

Oboe ⟨[-boːə] f.; -, -n; Musik⟩ aus der Schalmei entwickeltes Holzblasinstrument mit doppeltem Rohrblatt im Mundstück u. näselndem Klang [<frz. *hautbois* <mlat. *altus buxus* »Hochholz« (d. h. bis zu hohen Tönen gehend)]

Oboe da Cac|cia ⟨[-boːə da katʃa] f.; - - -, -n - -; Musik⟩ gebogene Altoboe des frühen 18. Jh. in der Tonlage F [ital., »Jagdoboe«]

Oboe d'Amo|re ⟨[-boːə-] f.; - -, -n -; Musik⟩ Altoboe des 18. Jh. in der Tonlage A mit birnenförmigem Schalltrichter [ital., »Liebesoboe«]

Obo|ist ⟨m.; -en, -en; Musik⟩ die Oboe spielender Musiker

Obo|is|tin ⟨f.; -, -tin|nen; Musik⟩ die Oboe spielende Musikerin

Obo|lus ⟨m.; -, - od. -se⟩ kleine altgrch. Münze **2** kleiner Geldbetrag, Spende; *seinen ~ entrichten* [lat., <grch. *obolos*]

ob|oval ⟨[-vaːl] Adj.⟩ verkehrt eiförmig

ob|se|quent ⟨Adj.; Geol.⟩ entgegengesetzt zur Ausrichtung der Gesteinsschichten fließend; *~er Fluss; Ggs* resequent, subsequent [<lat. *ob* »entgegen« + *sequi* »folgen, eine Richtung einschlagen«]

Ob|se|qui|en ⟨Pl.⟩ Totenfeier [<mlat. *obsequiae* »Leichenfeier«]

ob|ser|va|bel ⟨[-vaː-] Adj.⟩ messbar, beobachtbar [<frz. *observabel* »wahrnehmbar«]

Ob|ser|va|ble *auch:* **Ob|ser|va|ble** ⟨[-vaː-] f. 2⟩ eine messbare physikalische Größe

ob|ser|vant ⟨[-vant] Adj.⟩ den Regeln streng nachfolgend [<lat. *observans,* Gen. *observantis* »beobachtend, befolgend«]

Ob|ser|vant ⟨[-vant] m.; -en, -en⟩ **1** Mönch, der der strengen Form einer Ordensregel folgt, z. B. bei den Franziskanern **2** ⟨allg.⟩ Anhänger, Vertreter einer strengeren Richtung (von zweien) [zu frz. *observer* »beobachten« <lat. *observare*]

Ob|ser|vanz ⟨[-vanz] f.; -, -en⟩ **1** Gewohnheitsrecht **2** strengere Form einer Ordensregel

Ob|ser|va|ti|on ⟨[-va-] f.; -, -en⟩ **1** wissenschaftl. Beobachtung **2** Wahrnehmung, Erfahrung [<lat. *observatio* »Beobachtung«]

Ob|ser|va|tor ⟨[-vaː-] m.; -s, -to|ren⟩ wissenschaftl. Beobachter an einem Observatorium [lat., »Beobachter«]

Ob|ser|va|to|ri|um ⟨[-va-] n.; -s, -ri|en⟩ Institut zur wissenschaftl. Beobachtung, z. B. Sternwarte, Wetterwarte

ob|ser|vie|ren ⟨[-viː-] V.⟩ (unauffällig) beobachten; *einen Verdächtigen ~* [<lat. *observare* »beobachten«]

O

Ob|ses|si|on ⟨f.; -, -en; bes. Psych.⟩ Zwangsvorstellung od. -handlung [<lat. *obsessio* »Besetztsein, Einschließung«]

ob|ses|siv ⟨Adj.; bes. Psych.⟩ zwanghaft, in der Art einer Obsession

Ob|si|di|an ⟨m.; -s, -e; Min.⟩ meist schwarzes, kieselsaures, glasiges Gestein, das beim Erstarren vulkan. Auswürfe entsteht, Lavaglas [<lat. *obsidianus, obsianus;* nach dem Römer *Obsius,* der (laut Plinius dem Älteren) der Entdecker des Gesteins gewesen sein soll]

ob|skur *auch:* **obs|kur** ⟨Adj.⟩ dunkel, unklar, verdächtig [<lat. *obscurus* »dunkel, undeutlich, trübe; verschlossen; unbekannt, unberühmt«]

Ob|sku|ran|tis|mus *auch:* **Obs|ku|ran|tis|mus** ⟨m.; -; unz.⟩ feindselige Haltung gegenüber jeder Art von Aufklärung

Ob|sku|ri|tät *auch:* **Obs|ku|ri|tät** ⟨f.; -, -en⟩ obskure Beschaffenheit, Unklarheit, Dunkelheit [<lat. *obscuritas*]

Ob|so|les|zenz ⟨f.; -; unz.⟩ **1** das Veralten **2** ⟨Wirtsch.⟩ Veralten von Gütern **2.1** gewollt verkürzte Lebensdauer von Gütern, z. B. von Wegwerfartikeln [→ *obsolet*]

ob|so|let ⟨Adj.⟩ ungebräuchlich, überholt, veraltet [<lat. *obsoletus*]

Ob|ste|trik *auch:* **Obs|tet|rik** ⟨f.; -; unz.⟩ Lehre von der Geburtshilfe [<lat. *obstetrix* »Hebamme«]

ob|sti|nat *auch:* **obs|ti|nat** ⟨Adj.⟩ eigensinnig, widerspenstig [<lat. *obstinatus* »beharrlich, fest; eigensinnig«]

Ob|sti|pa|ti|on *auch:* **Obs|ti|pa|ti|on** ⟨f.; -, -en; Med.⟩ Verstopfung [zu lat. *obstipare* »verstopfen«]

ob|sti|pie|ren *auch:* **obs|ti|pie|ren** ⟨V.; Med.⟩ eine Obstipation verursachen

◆ Die Buchstabenfolge **ob|str...** kann auch **obs|tr...**, **obst|r...** getrennt werden.

◆ **Ob|struc|tion|box** ⟨[ɔbstrʌkʃnbɔks] f.; -, -es [-sɪz]; Psych.⟩ Gerät, welches mittels Behinderung der Nahrungsaufnahme zur Messung des Futtertriebes bei Tieren verwendet wird [<engl. *obstruction* »Blockierung, Versperrung« + *box* »Kasten, Kiste, Schachtel«]

◆ **Ob|stru|ent** ⟨m.; -en, -en; Sprachw.⟩ Konsonant, der durch einen Verschluss (Verschlusslaut) od. eine Verengung (Reibelaut) der Atemorgane gebildet wird, Geräuschlaut, Geräuschkonsonant [zu lat. *obstruere* »versperren«]

◆ **ob|stru|ie|ren** ⟨V.⟩ **1** ⟨Politik⟩ hindern, hemmen, verhindern **2** ⟨Med.⟩ verstopfen [<lat. *obstruere* »aufbauen gegen«]

◆ **Ob|struk|ti|on** ⟨f.; -, -en⟩ **1** ⟨Politik⟩ das Obstruieren, Störung, Verschleppung, Verhinderung; *~ von Parlamentsbeschlüssen durch Dauerreden, aussichtslose Anträge u. Ä.* **2** ⟨Med.⟩ Verstopfung [<lat. *obstructio*]

◆ **ob|struk|tiv** ⟨Adj.⟩ hemmend

ob|szön *auch:* **obs|zön** ⟨Adj.⟩ unanständig, schamlos, anstößig; *er machte eine ~e Geste* [<lat. *obscoenus, obscenus,* eigtl. »das, was im Theater nicht gezeigt werden darf« <*ob scaenum* »außerhalb der Szene«]

Ob|szö|ni|tät *auch:* **Obs|zö|ni|tät** ⟨f.; -, -en⟩ **1** ⟨unz.⟩ obszöne Beschaffenheit **2** ⟨zählb.⟩ obszöne Äußerung od. Darstellung [<lat. *obscenitas* »Unanständigkeit, Schamlosigkeit«]

Ob|tu|ra|ti|on ⟨f.; -, -en; Med.⟩ Verschließen von Hohlorganen, z. B. des Darms [zu lat. *obturare* »verschließen«]

Ob|tu|ra|tor ⟨m.; -s, -to|ren; Med.⟩ Platte zum Verschließen abnormer Körperöffnungen, z. B. bei Oberkiefer-Gaumen-Spalten

Oc|ca|mis|mus ⟨[ɔkɛ-] m.; -; unz.⟩ = Ockhamismus

Oc|ca|si|on ⟨a. [ɔk-] f.; -, -en; schweiz.⟩ = Okkasion

Och|lo|kra|tie ⟨[ɔx-] f.; -, -n; Politik⟩ Herrschaft des Pöbels, entartete Demokratie [<grch. *ochlos* »Pöbel« + *...kratie*]

och|lo|kra|tisch ⟨[ɔx-] Adj.; Politik⟩ auf Ochlokratie beruhend, sie betreffend, zu ihr gehörend

Ock|ha|mis|mus ⟨[ɔkɛ-] m.; -; unz.⟩ Lehre des engl. scholastischen Theologen Wilhelm von Ockham (1270-1347), des Begründers des spätmittelalterl. Nominalismus; *oV* Occamismus

OCR ⟨Abk. für engl.⟩ Optical Character Recognition (optische Zeichenerkennung), Methode zur automatischen Erfassung u. Umwandlung von gedruckten Zeichen in Schrift (mit Hilfe eines Scanners)

Oc|tan ⟨n.; -s, -e; Chemie⟩ = Oktan

Oc|tan|zahl ⟨f.; -, -en⟩ = Oktanzahl

Oc|to|pus ⟨m.; -, -se; Zool⟩ = Oktopus

Od ⟨n.; -(e)s; unz.⟩ Mitte des 19. Jh. von dem dt. Chemiker u. Naturphilosophen C. L. von Reichenbach eingeführter Begriff, der eine alles durchdringende, dem Magnetismus ähnliche u. vom menschl. Körper ausstrahlende Lebenskraft bezeichnet

Odal ⟨n.; -s, -e⟩ in der Sippe vererbtes Eigentum an Grund u. Boden [<schwed. <norweg. *odel*]

Oda|lis|ke ⟨f.; -, -n⟩ weiße Sklavin in einem türk. Harem [<türk. *odalyk* »Zimmermagd«]

Odd|fel|lows ⟨[ɔdfɛloʊz]⟩ *auch:* **Odd Fel|lows** ⟨m.; Pl.⟩ **1** ⟨wörtlich⟩ *Independent Order of ~* unabhängiger Orden überzähliger (d. h. arbeitsloser) Gesellen **2** ⟨seit dem 18. Jh.⟩ engl. geheime Bruderschaft, die wohltätige Zwecke verfolgt [engl.]

Odds ⟨Pl.⟩ **1** Wette mit ungleichen Einsätzen **2** ⟨Sport⟩ Vorgabe [engl., »Gewinnquote; Chance«]

Odd|set® ⟨ohne Artikel⟩ staatlicher Anbieter von Sportwetten, bes. für Spielbegegnungen in den Bereichen Fußball u. Eishockey [engl.; → *Odds*]

Ode ⟨f.; -, -n; Lit.⟩ Form des lyr. Gedichts in freien Rhythmen von erhaben-feierlicher Stimmung; *pindarische ~* nach dem grch. Dichter Pindar benannte dreiteilige Form (Strophe, Antistrophe, Epoche) der Ode (bes. in der Renaissance- u. Barockdichtung) [<lat. *ode* <grch. *oide* »Gesang, Gedicht, Lied«; zu *aeidein* »singen«]

...o|de ⟨Nachsilbe; zur Bildung weibl. Subst.; f.; -, -n⟩ **1** Ein- od. Austrittsstelle von elektrischem Strom; *Anode; Katode* **2** Elektronenröhre mit einer bestimmten Anzahl von Polen od. Elektroden; *Diode; Triode* [<grch. *hodos* »Weg«]

Ödem ⟨n.; -s, -e; Med.⟩ **1** krankhafte Ansammlung von wasserähnlicher, aus dem Blut stammender Flüssigkeit in den Zellen od. Spalten des Gewebes, Wassersucht **2** *malignes* ~ = Gasphlegmone [<grch. *oidema* »Schwellung«]

öde|ma|tös ⟨Adj.; Med.⟩ in der Art eines Ödems, auf ihm beruhend

Ode|on ⟨n.; -s, -s; Theat.⟩ Gebäude für musikalische Aufführungen, Theater u. Tanz; →*a.* Odeum [<grch. *odeion*]

Ode|um ⟨n.; -s, -de|en; Theat.⟩ **1** ⟨Antike⟩ rundes Gebäude für künstler. Aufführungen, Theater **2** ⟨heute meist⟩ = Odeon [lat. <grch. *odeion;* → *Odeon*]

Odeur ⟨[-dø:r] n.; -s, -s od. -e⟩ Duft, Wohlgeruch [frz.]

odi|os ⟨Adj.⟩ gehässig, widerwärtig, verhasst; *oV* odiös [<lat. *odiosus*]

odi|ös ⟨Adj.⟩ = odios

ödi|pal ⟨Adj.; Psych.⟩ den Ödipuskomplex betreffend, auf ihm beruhend; *das Kind durchläuft die ~e Phase*

Ödi|pus|kom|plex ⟨m.; -es; unz.; Psych.⟩ in früher Kindheit (bei Jungen) sich entwickelnde, übersteigerte Bindung an den Elternteil des anderen Geschlechts; →*a.* Elektrakomplex [nach dem sagenhaften grch. König *Ödipus,* der unwissend seinen Vater erschlug u. seine Mutter heiratete]

Odi|um ⟨n.; -s; unz.⟩ **1** Hass, Feindschaft **2** Makel **3** übler Beigeschmack [lat., »Hass«]

...o|don ⟨Nachsilbe; zur Bildung sächl. Subst.⟩ Tier mit Zähnen; *Mastodon* [<grch. *odon,* Gen. *odontos* »Zahn«]

odont..., Odont... ⟨in Zus.⟩ = odonto..., Odonto...

Odont|al|gie *auch:* **Odon|tal|gie** ⟨f.; -, -n; Med.⟩ Zahnschmerz [<grch. *odon,* Gen. *odontos* »Zahn« + *...algie*]

Odon|ti|tis ⟨f.; -, -ti|ti|den; Med.⟩ Zahn- od. Zahnfleischentzündung [<*Odonto...* + *...itis*]

odon|to..., Odon|to... ⟨vor Vokalen⟩ odont..., Odont... ⟨in Zus.⟩ Zahn..., Kiefer... [<grch. *odous,* Gen. *odontos* »Zahn«]

odon|to|gen ⟨Adj.; Med.⟩ von den Zähnen ausgehend; *Sy* dentogen [<*odonto...* + *...gen*]

Odon|to|lo|gie ⟨f.; -; unz.; veraltet⟩ Zahnheilkunde [<grch. *odon,* Gen. *odontos* »Zahn« + *...logie*]

Odor ⟨m.; -s, -do|res; Med.⟩ Geruch [lat.]

odo|rie|ren ⟨V.; Chemie⟩ geruchlosen Gasen eine stark riechende Substanz zusetzen [<lat. *odorare* »riechend, duftend machend«]

Odo|rier|mit|tel ⟨n.; -s, -⟩ gasförmige Substanz mit starkem Eigengeruch (z. B. ein Mercaptan), die geruchlosen, aber giftigen od. explosiven Gasen zugesetzt wird, um deren unbeabsichtigtes Ausströmen anzuzeigen

Odo|rie|rung ⟨f.; -; unz.⟩ Zusetzen von Odoriermitteln

Odys|see ⟨f.; -, -n; fig.⟩ Irrfahrt [nach dem Helden *Odysseus* in der Dichtung Homers]

Oe ⟨Zeichen für⟩ Oersted

OECD ⟨Abk. für engl.⟩ Organization for Economic Cooperation and Development (Organisation für Zusammenarbeit und Entwicklung), 1960 aus der OEEC hervorgegangen

OEEC ⟨Abk. für engl.⟩ Organization for European Economic Cooperation (Organisation für europäische wirtschaftliche Zusammenarbeit), 1948 zur Durchführung des Marshallplanes gegründet, 1960 durch die OECD abgelöst

OEM ⟨Abk. für engl.⟩ Original Equipment Manufacturer (Hersteller originaler Geräte od. Einrichtungen), Verfahren, bei dem ein Hersteller Originalgeräte einer anderen Firma in seine Produkte integriert u. unter seinem eigenen Namen in den Handel bringt

Oe|no|the|ra ⟨f.; -, -the|ren; Bot.⟩ Nachtkerze [lat., <grch.]

Oers|ted ⟨n.; -, -; Physik; Zeichen: Oe⟩ nicht mehr zulässige Maßeinheit der magnet. Feldstärke, zu ersetzen durch die Einheit Ampere/Meter (A/m) 1 Oe = 79,57 A/m; *oV* Örsted [nach dem dän. Physiker H. Chr. *Oersted,* 1777-1851]

> **Œuvre** (*Worttrennung am Zeilenende*) In Fremdwörtern können Buchstabenverbindungen aus Konsonant (hier: *v*) + *l, n* oder *r* entweder (nach der konsonantischen Trennung) vor dem letzten Konsonantenbuchstaben getrennt werden oder sie kommen (nach der silbischen Trennung) ungetrennt auf die neue Zeile.

Œu|vre *auch:* **Œuv|re** ⟨[œ:vrə] n.; -, -s⟩ Gesamtwerk (eines Künstlers) [frz., »Werk«]

of..., Of... ⟨in Zus.⟩ = ob..., Ob...

Off ⟨n.; -s; unz.; Film; TV⟩ Bereich außerhalb des Bildes; *Stimme aus dem* ~ [<engl. *off* »weg, außerhalb«]

Off|beat ⟨[-bi:t] m.; - od. -s; unz.; Musik; bes. Jazz u. Rock⟩ gegen den rhythmischen Grundschlag gesetzte freie Betonung [engl., eigtl. »außerhalb des Schlages, weg vom Schlag«]

Off|brands ⟨[-brænds] Pl.⟩ (meist preiswert angebotene) Produkte, die keinen Markennamen bzw. keinen Herstellernachweis haben; →*a.* No-Name-Produkt [<engl. *off* »weg, außerhalb, ohne« + *brand* »Handelsmarke, Warenzeichen«]

Off|de|sign ⟨[-dizaın] n.; -s, -s; Technik⟩ Betriebspunkt außerhalb des eigentlichen Auslegungspunktes, z. B. bei der Konstruktion von Maschinenteilen [<engl. *off* »weg, außerhalb« + *Design*]

of|fen|siv ⟨Adj.⟩ **1** angreifend, angriffslustig; *Ggs* inoffensiv, defensiv **2** beleidigend [<lat. *offendere* »beschädigen; verletzen«]

Of|fen|si|ve ⟨[-və] f.; -, -n⟩ Angriff(sschlacht); *Ggs* Defensive

Of|fen|si|vi|tät ⟨[-vi-] f.; -; unz.⟩ entgegenkommendes, aktives Verhalten; *Ggs* Defensivität

Of|fe|rent ⟨m.; -en, -en⟩ jmd., der eine Offerte macht
of|fe|rie|ren ⟨V.⟩ anbieten [<lat. *offerre* »entgegentragen; anbieten«]
Of|fert ⟨n.; -(e)s, -e; österr.⟩ = Offerte
Of|fer|te ⟨f.; -, -n⟩ (kaufmänn.) Angebot (meist mit Angabe des Preises); *oV* ⟨österr.⟩ Offert [<frz. *offert,* Part. Perf. zu *offrir* »anbieten« <lat. *offerre*]
Of|fer|to|ri|um ⟨n.; -s, -ri|en; kath. Kirche⟩ Teil der Messe, Darbringung, Opferung von Brot u. Wein [lat.]
Of|fice[1] ⟨[ɔfis] n.; -, -s [-sɪz]⟩ Büro, Dienststelle [engl.]
Of|fice[2] ⟨[ɔfis] n.; -, -s [ɔfis]; schweiz.⟩ Anrichte (in Gaststätten) [frz.]
Of|fi|ci|um ⟨n.; -s, -cia⟩ = Offizium
Of|fi|zi|al ⟨m.; -s, -e; kath. Kirche⟩ bischöfl. Vertreter bei der Ausübung kirchl. Gerichtsbarkeit [<lat. *officialis* »zum Dienst gehörig; Beamter«]
Of|fi|zi|a|lat ⟨n.; -(e)s, -e; kath. Kirche⟩ bischöfl. Gerichtsbehörde
Of|fi|zi|al|de|likt ⟨n.; -(e)s, -e⟩ Vergehen, das gerichtlich verfolgt werden muss, ohne dass ein Antrag eines in seinen Rechten verletzten Bürgers vorliegt
Of|fi|zi|al|ma|xi|me ⟨f.; -; unz.; Rechtsw.⟩ amtlich angeordnete, gerichtliche Ermittlung, Verfolgung von Amts wegen; *Sy* Offizialprinzip [<lat. *officialis* »zum Amt gehörig« + *Maxime*]
Of|fi|zi|al|prin|zip ⟨n.; -s; unz.; Rechtsw.⟩ = Offizialmaxime
Of|fi|zi|al|ver|tei|di|ger ⟨m.; -s, -; Rechtsw.⟩ vom Gericht bestellter Verteidiger
of|fi|zi|ell ⟨Adj.⟩ *Ggs* inoffiziell **1** ⟨i. e. S.⟩ **1.1** *eine ~e Nachricht, Meldung* amtlich beglaubigte, verbürgte N., M.; *etwas ~ bekanntgeben* **1.2** *~er Anzug* vorgeschriebener (dunkler) A. **2** ⟨i. w. S.⟩ förmlich, feierlich; *eine ~e Einladung, Veranstaltung; ~es Benehmen; ein ~er Besuch, Empfang; er nahm wieder seinen ~en Ton an, wurde wieder ~; sie stehen sehr ~ miteinander* [<frz. *officiel*]
Of|fi|zier ⟨m.; -s, -e⟩ **1** militär. Rang vom Leutnant an aufwärts **2** Soldat in diesem Rang [<frz. *officier*]
Of|fi|zier|korps ⟨[-ko:r] n.; -s [-ko:r(s)], -s [-ko:rs]⟩ = Offizierskorps
Of|fi|ziers|korps ⟨[-ko:r] n.; - [-ko:r(s)], - [-ko:rs]; Mil.⟩ Gesamtheit der Offiziere einer Truppe od. eines Truppenteils; *oV* Offizierkorps
Of|fi|zin ⟨f.; -, -en⟩ **1** (Arbeitsraum einer) Apotheke **2** ⟨Typ.⟩ größere Druckerei [<lat. *officina* »Werkstätte«]
of|fi|zi|nell ⟨Adj.; Pharm.⟩ arzneilich, als Heilmittel anerkannt
of|fi|zi|ös ⟨Adj.⟩ halbamtlich; *Ggs* inoffiziös; *~e Nachricht, Presse* [<frz. *officieux*]
Of|fi|zi|um ⟨n.; -s, -zi|en⟩ Amtspflicht, Dienstpflicht, Obliegenheit; *oV* Officium [<lat. *officium* »Pflicht«]
off li|mits Zutritt verboten [engl.-amerikan., »außerhalb (der) Grenzen«]
off|line ⟨[-laɪn] Adj.; undekl.; EDV⟩ nicht mit einem Server verbunden, nicht in einem Netzwerk arbeitend; *Ggs* online [engl.; <*off* »außerhalb, weg« + *line* »Linie, Leitung«]
Off|line|be|trieb ⟨[-laɪn-] m.; -(e)s; unz.; EDV⟩ Art der elektron. Datenverarbeitung, bei der die Daten nicht unmittelbar in den verarbeitenden Computer gegeben werden, sondern in Zwischenspeichern für eine spätere Aufarbeitung gesammelt werden; *Ggs* Onlinebetrieb
Off-off-Büh|ne ⟨f.; -, -n; Theat.⟩ kleines, meist nicht öffentlich unterstütztes Theater, in dem wegen der geringeren Kosten verstärkt Stücke junger Autoren von wenig bekannten Schauspielern aufgeführt werden [engl.]
off|peak ⟨[-pi:k] Adj.; undekl.⟩ (aufgrund geringerer Nachfrage od. Nutzung) verbilligt, ermäßigt; *während der Offpeakphase telefonieren* [<engl. *offpeak* »außerhalb der Stoßzeiten« <*off* »von, weg« + *peak* »Spitze, Höhepunkt«]
off|road ⟨[-roʊd] Adj.; undekl.; umg.⟩ außerhalb normaler Straßen u. Verkehrswege, in schwierigem, unzugänglichem Terrain od. auf schwierig zu befahrendem Untergrund [<engl. *off* »weg, außerhalb« + *road* »Straße«]
Off|roa|der ⟨[-roʊdə(r)] m.; -s, -⟩ **1** = Offroadfahrzeug **2** ⟨umg.⟩ Besitzer bzw. Fahrer eines solchen Fahrzeugs [→ *offroad*]
Off|road|fahr|zeug ⟨[-roʊd-] n.; -(e)s, -e⟩ geländegängiges Fahrzeug; *Sy* Offroader (1)
Off|set|druck ⟨m.; -(e)s, -e⟩ **1** ⟨unz.⟩ indirektes Flachdruckverfahren, bei dem die Druckfarbe von der Druckplatte über einen mit einem Gummituch bespannten Zylinder auf das Papier übertragen wird **2** ⟨zählb.⟩ Erzeugnis dieses Druckverfahrens [<engl. *offset* »absetzen«]
off|shore ⟨[-ʃɔ:] Adj.; undekl.⟩ küstennah (im Meer), vor der Küste befindlich od. geschehend [engl.]
Off|shore|boh|rung ⟨[-ʃɔ:-] f.; -, -en⟩ von Bohrinseln od. Bohrschiffen aus in den Meeresboden eingebrachte Bohrung [→ *offshore*]
Off|shore|tech|nik ⟨[-ʃɔ:-] f.; -; unz.⟩ Teilgebiet der Technik, das sich mit der Erschließung von Erdöl-, Erdgas- u. Erzlagerstätten im Meer befasst [→ *offshore*]
Off|shore|zen|trum *auch:* **Off|shore|zent|rum** ⟨[-ʃɔ:-] n.; -s, -zen|tren; Wirtsch.⟩ Mittelpunkt des internationalen Bankgeschäfts, der jedoch keinerlei Einwirkung auf den nationalen Markt besitzt, Offshorefinanzplatz
off|side ⟨[-saɪd] Adj.; undekl.; österr. u. schweiz.; Sport; Fußb.⟩ abseits, im Abseits befindlich [<engl. *off* »weg, außerhalb« + *side* »Seite«]
Off|side ⟨[-saɪd] n.; -s, -s; österr. u. schweiz.; Sport; Fußb.⟩ Stellung, bei der ein eigener Angreifer beim Zuspiel näher am gegnerischen Tor steht als der letzte Spieler der gegnerischen Verteidiger, Abseits [→ *offside*]
Off|site|ver|fah|ren ⟨[-saɪt-] n.; -s; unz.⟩ Verfahren zur Reinigung

O

verseuchter Materialien außerhalb ihres ursprünglichen Ablagerungsortes; *Ggs* Onsiteverfahren [<engl. *off* »weg, außerhalb« + *site* »Stelle, Stätte«]

Off|spre|cher *auch:* **Off-Spre|cher** ⟨m.; -s, -; Film; TV⟩ Sprecher, Kommentator, der außerhalb des Bildes spricht; *Ggs* Onsprecher [→ *Off*]

Off|spre|che|rin *auch:* **Off-Spre|che|rin** ⟨f.; -, -rin|nen; Film; TV⟩ weibl. Offsprecher; *Ggs* Onsprecherin

Off|stim|me *auch:* **Off-Stim|me** ⟨f.; -, -n; Film; TV⟩ Stimme eines nicht sichtbaren Sprechers; *Ggs* Onstimme

Off|sze|ne *auch:* **Off-Sze|ne** ⟨f.; -, -n⟩ alternative Szene (4) [<engl. *off* »von, weg«]

Off|the|a|ter *auch:* **Off-The|a|ter** ⟨n.; -s, -⟩ privat geführtes, alternatives Theater, das keine staatlichen Subventionen erhält u. Stücke von weniger etablierten Autoren spielt

Off|to|pic ⟨n.; -s, -s; EDV; Abk.: OT⟩ Beitrag od. Kommentar, der nicht auf das eigentliche Thema bezogen ist (bes. zur Kennzeichnung von E-Mails) [<engl. *off* »weg, außerhalb« + *topic* »Thema«]

off|white ⟨[-waɪt] Adj.; undekl.⟩ gelblich od. gräulich weiß [<engl. *off* »weg, außerhalb« + *white* »weiß«]

Oger ⟨m.; -s, -; im frz. Märchen⟩ menschenfressendes Ungeheuer [<frz. *Ogre* <lat. *Orcus;* → *Orkus*]

Ogi|ven ⟨[-vən] od. [-ʒiːvən] nur Pl.; Geol.⟩ spitzbogenartige, durch Staubeinlagerungen entstandene Struktur auf der Gletscherzunge [<frz. *ogive* »Spitzbogen«]

Ohm ⟨n.; -s, -; Zeichen: Ω⟩ Maßeinheit des elektrischen Widerstandes [nach dem Physiker Georg Simon *Ohm*, 1789-1854]

...o|id[1] ⟨Nachsilbe; zur Bildung von Adj.⟩ ähnlich; *mongoloid; schizoid* [→ *...id*]

...oid[2] ⟨Nachsilbe; zur Bildung von sächl. Subst.; n.; -(e)s, -e⟩ (zur Bezeichnung von etwas, das dem zugrundeliegenden Substantiv ähnlich ist); *Kristalloid, Metalloid*

Oi|di|um ⟨n.; - od. -s, -di|en; Bot.⟩ **1** Gattungsname für Pilze, die sich durch Sporenbildung vermehren **2** ⟨Pl.⟩ fortpflanzungsfähige Zellen bestimmter Pilze **3** Entwicklungsphase des Echten Mehltaus [<grch. *oiidion* »kleines Ei«]

Oi|no|cho|e ⟨[-çoːə] f.; -, -n⟩ kleine altgrch. Weinkanne mit Henkel [<grch. *oinochoein* »Wein einschenken«]

ok..., Ok... ⟨Vorsilbe⟩ = ob..., Ob...

o. k., O. K. ⟨[ɔkɛɪ] od. [ɔkeː] Abk. für⟩ okay

Oka|pi ⟨n.; -s, -s; Zool.⟩ zur Familie der Giraffen gehörendes Tier Westafrikas mit etwas kürzerem Hals als andere Giraffen: Okapia johnstoni [<afrikan. Eingeborenensprache]

Oka|ri|na ⟨f.; -, -ri|nen; Musik⟩ kleines, flötenähnliches Musikinstrument aus Ton in Form eines längl., an einem Ende spitz zulaufenden Eies mit einem senkrecht dazu stehenden Mundstück u. acht Grifflöchern [ital., Verkleinerungsform zu *oca* »Gans«]

Okay ⟨[ɔkɛɪ] od. [ɔkeː] n.; -s, -s⟩ Einverständnis, Zustimmung, Erlaubnis; *sein ~ zu einer Angelegenheit geben* [engl.]

okay! ⟨[ɔkɛɪ] od. [ɔkeː] Abk.: o. k., O. K.⟩ in Ordnung [engl.; Herkunft umstritten]

Oke|a|ni|de ⟨f.; -, -n; grch. Myth.⟩ Meernymphe, eine der 3 000 Töchter des Meergottes Okeanos; *oV* Ozeanide

Ok|ka|si|on ⟨f.; -, -en⟩ *oV* Occasion **1** günstige Gelegenheit **2** günstiges Angebot, Gelegenheitskauf [<lat. *occasio* »Gelegenheit«]

Ok|ka|si|o|na|lis|mus ⟨m.; -; unz.; Philos.⟩ philosophische Lehre von der Zweiheit von Seele u. Körper, die nicht wechselseitig aufeinander wirken u. deren Übereinstimmung gelegentlich nur von Gott hergestellt wird

Ok|ka|si|o|na|list ⟨m.; -en, -en; Philos.⟩ Vertreter, Anhänger des Okkasionalismus

ok|ka|si|o|nell ⟨Adj.⟩ gelegentlich, Gelegenheits... [→ *Okkasion*]

Ok|ki|spit|ze ⟨f.; -, -n; Textilw.⟩ mit einem schiffchenförmigen Werkzeug hergestellte Spitze, Schiffchenarbeit [<ital. *occhi*, Pl. zu *occio* »Auge«]

ok|klu|die|ren ⟨V.⟩ **1** abschließen, versperren **2** hemmen [<lat. *occludere* »verschließen«]

Ok|klu|si|on ⟨f.; -, -en⟩ **1** Einschließung, Sperrung, Hemmung **2** ⟨Meteor.⟩ Zusammentreffen von Warm- u. Kaltfront **3** ⟨Med.⟩ **3.1** das Ineinandergreifen der oberen u. unteren Zähne beim Zusammenbeißen **3.2** Verschluss eines Hohlorgans [→ *okkludieren*]

ok|klu|siv ⟨Adj.⟩ abschließend, sperrend, hemmend [→ *okkludieren*]

Ok|klu|siv ⟨m.; -(e)s, -e [-və]; Phon.⟩ = Explosivlaut

Ok|klu|siv|pes|sar ⟨n.; -s, -e; Med.⟩ Einlage zur Empfängnisverhütung, das den Muttermund verschließt; → *a.* Pessar

ok|kult ⟨Adj.⟩ verborgen, heimlich, geheim; *~e Wissenschaften* [<lat. *occultus* »verborgen, versteckt«]

Ok|kul|tis|mus ⟨m.; -; unz.⟩ Lehre von übersinnl. Wahrnehmungen (z. B. Telepathie), übernatürl. Erscheinung u. Kräften [→ *okkult*]

Ok|kul|tist ⟨m.; -en, -en⟩ Vertreter, Anhänger des Okkultismus

Ok|kul|tis|tin ⟨f.; -, -tin|nen⟩ Vertreterin, Anhängerin des Okkultismus

ok|kul|tis|tisch ⟨Adj.⟩ zum Okkultismus gehörend, auf ihm beruhend

Ok|ku|pant ⟨m.; -en, -en⟩ Jmd., der etwas okkupiert

Ok|ku|pa|ti|on ⟨f.; -, -en⟩ Besetzung (fremden Staatsgebietes); *Sy* Okkupierung [<lat. *occupatio* »Besetzung«]

ok|ku|pie|ren ⟨V.⟩ besetzen, sich aneignen, einnehmen; *fremdes Staatsgebiet ~* [<lat. *occupare* »einnehmen, besetzen, an sich reißen«]

Ok|ku|pie|rung ⟨f.; -, -en⟩ = Okkupation

Ok|kur|renz ⟨f.; -, -en; Sprachw.⟩ das konkrete Vorkommen einer abstrakten sprachlichen Einheit in einer bestimmten Sprechsituation [<engl. *occurrence* »Ereignis, Vorfall« <lat.

O

occurrere »entgegenlaufen, begegnen«]

öko...[1], Öko...[1] ⟨in Zus.⟩ **1** den Lebensraum, die Natur betreffend **2** Haushalts..., Wirtschafts... [<grch. *oikos* »Haus, Haushaltung«]

öko...[2], Öko...[2] ⟨in Zus.; kurz für⟩ **1** ökologisch **2** naturnah, naturbelassen; *~milch; ~bauer; ~landwirtschaft*

Ökoaudit ⟨a. [-ɔdɪt] n. od. m.; -s, -s; Ökol.⟩ *Sy* Umweltaudit **1** Prüfung der Umweltverträglichkeit von Unternehmen **2** Auszeichnung für bes. Verdienste im Bereich des Umweltschutzes [<*Öko...[2]* + *Audit*]

Ökobilanz ⟨f.; -, -en; Ökol.⟩ Bilanz aller Folgen, die ein Produkt od. eine techn. Methode für die Umwelt hat

ökoeffizient ⟨Adj.⟩ ökologisch effizient, unter Berücksichtigung ökologischer Gesichtspunkte, umweltverträglich; *~ arbeiten, produzieren; ~e Technologien*

Ökokatastrophe *auch:* **Ökokatastrophe** *auch:* **Ökokatastrophe** ⟨f.; -, -n; Ökol.⟩ Umweltkatastrophe, die den natürlichen Lebensraum von Mensch u. Tier zerstört od. ihn langfristig unbewohnbar macht

Ökologe ⟨m.; -en, -en⟩ Wissenschaftler auf dem Gebiet der Ökologie

Ökologie ⟨f.; -; unz.⟩ Lehre von den Beziehungen der Lebewesen zu ihrer Umwelt; *im Sinne der ~ handeln* [<grch. *oikos* »Wohnung« + *...logie*]

Ökologin ⟨f.; -, -ginnen⟩ Wissenschaftlerin auf dem Gebiet der Ökologie

ökologisch ⟨Adj.⟩ zur Ökologie gehörend, auf ihr beruhend; *~es Gleichgewicht* labiles Gleichgewicht zwischen den verschiedenen Gliedern einer Lebensgemeinschaft (Biozönose), das die Fähigkeit besitzt, sich selbst zu regulieren; *~e Nische* Stellung einer Lebensform im Gefüge der ökologischen Beziehungen

Ökologisierung ⟨f.; -, -en⟩ Erhaltung , Schutz des natürlichen Lebensraumes, umweltgerechte Gestaltung (bes. bei polit. Entscheidungen für Planung u. Wirtschaft)

Ökonom ⟨m.; -en, -en⟩ **1** ⟨selten⟩ Landwirt, Verwalter größerer Güter **2** Hausverwalter **3** Wirtschaftswissenschaftler [<grch. *oikonomos* »Hausverwalter«]

Ökonometrie *auch:* **Ökonometrie** ⟨f.; -; unz.; Wirtsch.⟩ Teilgebiet der Wirtschaftswissenschaft, das ökonomische Forschung u. Theorie mit mathematisch-statistischen Daten zu untermauern sucht

Ökonometriker *auch:* **Ökonometriker** ⟨m.; -s, -; Wirtsch.⟩ Wissenschaftler auf dem Gebiet der Ökonometrie

ökonometrisch *auch:* **ökonometrisch** ⟨Adj.; Wirtsch.⟩ die Ökonometrie betreffend, zu ihr gehörend, auf ihr beruhend

Ökonomie ⟨f.; -, -n⟩ **1** Wirtschaft **2** ⟨veraltet⟩ Landwirtschaft **3** ⟨unz.⟩ Sparsamheit, Wirtschaftlichkeit [<lat. *oeconomia* »Einteilung, Ordnung, Verwaltung«]

Ökonomik ⟨f.; -; unz.⟩ Wirtschaftskunde, Wirtschaftswissenschaft

ökonomisch ⟨Adj.⟩ **1** die Ökonomie betreffend, auf ihr beruhend **2** wirtschaftlich, sparsam [<lat. *oeconomicus* »die Hauswirtschaft betreffend«]

ökonomisieren ⟨V.⟩ ökonomisch gestalten

Ökonomisierung ⟨f.; -, -en⟩ Steigerung der Wirtschaftlichkeit, Erhöhung der Effizienz

Ökonomismus ⟨m.; -; unz.⟩ Betrachtungsweise nur vom wirtschaftlichen Standpunkt aus [→ *Ökonomie*]

ökonomistisch ⟨Adj.⟩ den Ökonomismus betreffend, ihm gemäß denkend u. handelnd

Ökopartei ⟨f.; -, -en; Politik; umg.⟩ Partei, die für den Schutz der Umwelt eintritt, ökologisch orientierte Partei; *die Grünen verstehen sich immer noch als ~*

ökosozial ⟨Adj.; Politik⟩ ökologisch u. sozial (1, 3) ausgeglichen

Ökosystem ⟨n.; -s, -e; Ökol.⟩ natürliche Einheit, die aus einer Lebensgemeinschaft u. der sie umgebenden Umwelt besteht [<grch. *oikos* »Wohnung« + *System*]

Ökotop ⟨n.; -s, -e; Ökol.⟩ ökologisch einheitlicher Raum [<*Öko...* + grch. *topos* »Ort, Raum«]

Ökotrophologie ⟨f.; -; unz.⟩ Haushalts- u. Ernährungswissenschaft [<grch. *oikos* »Wohnung« + *Trophologie*]

Ökotypus ⟨m.; -, -typen⟩ an einem bestimmten Standort heimische u. an ihn angepasste Gruppe von Organismen [<grch. *oikos* »Wohnung« + *Typus*]

Ökozid ⟨m. od. n.; -s; unz.; Ökol.⟩ durch Umweltverschmutzung hervorgerufenes Absterben von Lebewesen eines bestimmten Lebensraums [<grch. *oikos* »Wohnung« + *...zid[1]*]

Okra ⟨f.; -, -s; Bot.⟩ längliche, als Gemüse genutzte Frucht eines strauchigen Malvengewächses: Hibiscus esculentus [westafrikan.]

Okt. ⟨Abk. für⟩ Oktober

Oktachord ⟨[-kɔrd] n.; -(e)s, -e; Musik⟩ Instrument mit acht Saiten [<lat. *octo* »acht« + *...chord*]

Oktaeder ⟨n.; -s, -; Geom.⟩ platon. Körper, der von acht gleichseitigen Dreiecken begrenzt wird, Achtflach, Achtflächner [<grch. *okto* »acht« + *...eder*]

oktaedrisch ⟨Adj.; Geom.⟩ in der Form eines Oktaeders

Oktagon ⟨n.; -s, -e; Geom.⟩ = Oktogon

Oktan ⟨n.; -s, -e; Chemie⟩ zu den Paraffinen gehörender, gesättigter Kohlenwasserstoff; *oV* Octan [<lat. *octo* »acht«]

Oktant ⟨m.; -en, -en⟩ **1** ⟨Geom.⟩ achter Teil einer Kreisfläche od. einer Kugel **2** ⟨Astron.⟩ Gerät zur Winkelmessung für die astronomische Navigation [<lat. *octo* »acht«]

Oktanzahl ⟨f.; -, -en; Abk.: OZ⟩ Maßzahl für die Klopffestigkeit eines Kraftstoffes; *oV* Octanzahl

Oktav ⟨n.; -s; unz.; Buchw.; Zeichen: 8°⟩ ein Buchformat, ⅛ Bogen, der Bogen zu 16 Seiten; *Sy* Oktavformat [<lat. *octa-*

O

va, Fem. zu *octavus* »der Achte«; zu *octo* »acht«]

Ok|ta|va ⟨[-va] f.; -, -ta|ven [-vən]; in Österreich⟩ achte Klasse des Gymnasiums [lat., »die achte«]

Ok|tav|band ⟨m.; -(e)s, -bän|de; Buchw.⟩ Buch in Oktavformat

Ok|ta|ve ⟨[-və] f.; -, -n⟩ **1** ⟨Musik⟩ **1.1** achter u. letzter Ton der diaton. Tonleiter **1.2** Intervall von acht Tönen **1.3** *kleine ~* unter der eingestrichenen Oktave liegende, mit kleinem Buchstaben gekennzeichnete Oktave **2** ⟨kath. Kirche⟩ achttägige Feier hoher Feste **3** = Ottaverime [<mlat. *octava (vox);* zu lat. *octavus* »der achte«]

Ok|tav|for|mat ⟨n.; -(e)s; unz.⟩ = Oktav

ok|ta|vie|ren ⟨[-vi:-] V.; Musik⟩ eine Oktave höher spielen als in den Noten angegeben

Ok|tett ⟨n.; -(e)s, -e; Musik⟩ **1** Musikstück für acht selbstständige Stimmen **2** Gruppe von acht Instrumentalisten od. Sängern **3** ⟨Physik⟩ die energetisch bes. stabile Anordnung von acht Elektronen in der Außenschale eines Atomkerns [<frz. *octette,* ital. *ottetto* <lat. *octo* »acht«]

ok|to..., Ok|to... ⟨in Zus.⟩ acht [<lat. *octo,* grch. *okto*]

Ok|to|ber ⟨m.; - od. -s, -; Abk.: Okt.⟩ 10. Monat des Jahres [<lat. *octavus* »der achte (Monat)« des mit dem Monat März beginnenden altröm. Jahres]

Okt|o|de *auch:* **Ok|to|de** ⟨f.; -, -n; El.⟩ Elektronenröhre mit acht Elektroden [<*Okto...* + *...ode*]

Ok|to|de|ka|gon ⟨n.; -s, -e; Geom.⟩ Achtzehneck [<*Okto...* + *deka...* + *...gon*]

Ok|to|dez ⟨n.; -es, -e; Buchw.; kurz für⟩ = Oktodezformat

Ok|to|dez|for|mat ⟨n.; -(e)s; unz.; Buchw.⟩ veraltetes Buchformat, $^1/_{18}$ Bogen; *Sy* Oktodez [<*Okto...* + lat. *decem* »zehn«]

Ok|to|gon ⟨n.; -s, -e; Geom.⟩ *oV* Oktagon **1** Achteck **2** achteckiger Bau [<*Okto...* + *...gon*]

ok|to|go|nal ⟨Adj.; Geom.⟩ achteckig

Ok|to|po|de ⟨m.; -n, -n; Zool.⟩ Achtfüßer [<*Okto...* + *...pode*]

Ok|to|pus ⟨m.; -, -se; Zool⟩ Krake, achtarmiger Tintenfisch: Octopoda; *oV* Octopus [→ *Oktopode*]

ok|troy|ie|ren *auch:* **okt|ro|yie|ren** ⟨[-troa-] V.⟩ *jmdm. etwas ~* (rechtswidrig) aufdrängen, auferlegen; *Sy* aufoktroyieren [<frz. *octroyer* »aufzwingen, aufnötigen«]

oku|lar ⟨Adj.; Optik⟩ das Auge betreffend, Augen...

Oku|lar ⟨n.; -s, -e; Optik⟩ dem Auge zugewandte Linse an optischen Geräten; *Ggs* Objektiv [zu lat. *ocularis* »zu den Augen gehörig«; zu *oculus* »Auge«]

Oku|la|ti|on ⟨f.; -, -en; Bot.⟩ das Einsetzen einzelner Augen des Pfropfreises in die eingeschnittene Rinde der Unterlage [→ *okultieren*]

Oku|li ⟨ohne Artikel⟩ dritter Passionssonntag [<lat. *oculi* »Augen«, nach Psalm 25,15, der zu Beginn des Gottesdienstes latein. gesungen wird: »Meine Augen sehen stets zu dem Herrn«]

oku|lie|ren ⟨V.; Bot.⟩ durch Einsetzen von Augen veredeln; *Obstbäume, Sträucher, Rosen ~* [<lat. *inoculare;* zu *oculus* »Auge, Knospe«]

Öku|me|ne ⟨f.; -; unz.⟩ die bewohnte Erde, die Erde als Lebensraum der Menschen [<kirchenlat. *oecumene* <grch. *oikoumene* »die bewohnte Erde«]

öku|me|nisch ⟨Adj.⟩ **1** zur Ökumene gehörig, auf ihr beruhend **2** ⟨seit dem 19. Jh.⟩ *~e Bewegung* Bewegung aller nichtkathol. christl. Kirchen zur Einigung in relig. Fragen **3** *~es Konzil* Konzil als Vertretung der gesamten kath. Kirche (einschließlich Ostkirche, wo das Konzil von Konstantinopel 879-880 als letztes ökumen. Konzil gilt)

Öku|me|nis|mus ⟨m.; -; unz.; kath. Kirche⟩ (seit dem 2. Vatikanischen Konzil, 1962-1965) angestrebte Überwindung der konfessionellen Trennung der christl. Religionen [→ *Ökumene*]

Ok|zi|dent ⟨m.; -s; unz.⟩ *Ggs* Orient **1** ⟨veraltet⟩ Westen, Abend **2** Abendland (Europa) [<mhd. *occident(e)* »Westen, Abendland« <lat. *occidens (sol)* »untergehende Sonne, Westen, Abendland (als der Teil der bewohnten Erde, der in Richtung der untergehenden Sonne liegt)«; zu *occidere* »niederfallen, hinfallen, untergehen«]

ok|zi|den|tal ⟨Adj.⟩ *Sy* okzidentalisch; *Ggs* orientalisch **1** zum Okzident gehörig **2** abendländisch [<lat. *occidentalis;* → *occidens;* → *Okzident*]

ok|zi|den|ta|lisch ⟨Adj.⟩ = okzidental

ok|zi|pi|tal ⟨Adj.; Med.⟩ das Hinterhaupt betreffend [<lat. *occipitium* »Hinterhaupt«; zu *caput* »Kopf, Haupt«]

ok|zi|ta|nisch ⟨Adj.⟩ *~e Sprache* zur westroman. (galloroman.) Sprachgruppe gehörige Sprache, die teilweise noch in Südfrankreich gesprochen wird; →*a.* provenzalisch

...ol ⟨Nachsilbe; zur Bildung sächl. Subst.⟩ chem. Verbindung, die zur Gruppe der Alkohole gehört; *Methanol* = *Methylalkohol* [zu lat. *oleum* »Öl«]

Ol|die ⟨[oul-] od. [o:l-] m.; -s, -s⟩ **1** ⟨Musik; Film⟩ alter Schlager od. Film **2** ⟨allg.⟩ etwas Altes, das wieder in Mode kommt **3** ⟨scherzh.⟩ Angehöriger der älteren Generation [engl., »alte Person, Sache«]

Old|red ⟨[ouldred] od. [o:ld-]⟩ *auch:* **Old Red** ⟨m.; (-) -s; unz.; Geol.⟩ (aus Ablagerungen des Devons entstandener) roter Sandstein [<engl. *old* »alt« + *red* »rot«]

Old School ⟨[ould sku:l] f.; - -; unz.⟩ traditionelle Stilrichtung (die als wegweisend gilt); *das ist Jazz, Hardrock aus der ~* [<engl. *old school* »alte Schule«]

Old|ti|mer ⟨[ouldtaı-] od. [o:ld-] m.; -s, -⟩ altes Auto, auch Flugzeug, Motorrad od. Schiff, mit Liebhaber- u. Sammlerwert [<engl. *old* »alt« + *time* »Zeit«]

olé! ⟨[-le:] Int.⟩ los!, auf!, bravo! [span.]

...o|le ⟨Nachsilbe; zur Bildung weibl. Subst.; f.; -, -n⟩ vom Takt abweichende musikal. Figur; *Triole* [<lat. *...olus, ...ola, ...olum* (Verkleinerungssilbe)]

Olea ⟨Pl. von⟩ Oleum

Ole|an|der ⟨m.; -s, -; Bot.⟩ zu einer Gattung der Hundsgiftgewächse gehörender giftiger Zierstrauch: Nerium [<ital. *oleandro* <lat. *olea* »Olivenbaum« + mlat. *lorandum* (<lat. *laurus* »Lorbeerbaum« nach den lorbeerähnlichen Blättern + grch. *rhododendron*)]
Ole|as|ter ⟨m.; -s, -; Bot.⟩ Wildform des Ölbaums [lat.; zu *olea* »Olive, Ölbaum«]
Ole|at ⟨n.; -(e)s, -e; Chemie⟩ Salz der Ölsäure [<lat. *oleum* »Öl«]
Ole|fi|ne ⟨Pl.; Chemie; Sammelbez. für⟩ kettenförmige Kohlenwasserstoffverbindungen mit einer Doppelbindung im Molekül; *Sy* Alkene [<lat. *oleum* »Öl«]
Ole|in ⟨n.; -s, -e; Chemie⟩ einfach ungesättigte aliphat. Carbonsäure, farbloses, dickflüssiges Öl, Ölsäure [→ *Oleum*]
Ole|kra|non *auch:* **Olek|ra|non** ⟨n.; - od. -s, -kra|na; Anat.⟩ Ellenbogen [grch.]
Ole|um ⟨n.; -s, Olea⟩ **1** ⟨Pharm.⟩ Öl, ölige Flüssigkeit **2** ⟨Chemie⟩ rauchende Schwefelsäure [lat., »Öl«]
Ol|fak|to|me|ter ⟨n.; -s, -; Med.⟩ Gerät, mit dem der Geruchssinn getestet wird [<lat. *olfacere* »riechen« + ...*meter*[2]]
Ol|fak|to|me|trie *auch:* **Ol|fak|to|met|rie** ⟨f.; -; unz.; Med.⟩ Messung der Geruchsempfindlichkeit [<lat. *olfacere* »riechen« + ...*metrie*]
ol|fak|to|risch ⟨Adj.; Med.⟩ den Olfaktorius betreffend, von ihm ausgehend
Ol|fak|to|ri|um ⟨n.; -s, -ri|en⟩ Riechstoff [→ *Olfaktorius*]
Ol|fak|to|ri|us ⟨m.; -; unz.; Anat.⟩ Riechnerv [zu lat. *olfacere* »riechen«]
Oli|ba|num ⟨n.; -s; unz.⟩ Weihrauch [lat. <arab. *al-lu ban*]
Oli|fant ⟨m.; -(e)s, -e⟩ mittelalterl. Jagd- u. Trinkhorn aus Elfenbein [afrz., »Elefant«]
olig..., Olig... ⟨in Zus.⟩ = oligo..., Oligo...
Olig|ä|mie *auch:* **Oli|gä|mie** ⟨f.; -, -n; Med.⟩ akute Verminderung der Gesamtblutmenge des Körpers [<*Oligo...* + ...*ämie*]
Olig|arch *auch:* **Oli|garch** ⟨m.; -en, -en; Politik⟩ **1** Mitglied einer Oligarchie **2** Anhänger der Oligarchie
Olig|ar|chie *auch:* **Oli|gar|chie** ⟨f.; -, -n; Politik⟩ **1** Herrschaft einer kleinen Gruppe, urspr. der Reichsten im Staat **2** Staatsform, bei der auch bei formeller Gleichberechtigung der Staatsbürger die tatsächliche Herrschaft in der Hand einer kleinen Gruppe liegt [<*Oligo...* + ...*archie*]
olig|ar|chisch *auch:* **oli|gar|chisch** ⟨Adj.; Politik⟩ die Oligarchie betreffend, auf ihr beruhend
oli|go..., Oli|go... ⟨vor Vokalen⟩ olig..., Olig... ⟨in Zus.⟩ wenig, klein, gering [<grch. *oligos*]
Oli|go|chä|ten ⟨[-çɛ:-] Pl.; Zool.⟩ Klasse der Ringelwürmer (Wenigborster) mit spindel- bis walzenförmigem, 1 mm bis 2 m langem Körper: Oligochaeta [<*Oligo...* + grch. *chaite* »langes Haar«]
Oli|go|cho|lie ⟨[-xo-] f.; -, -n; Med.⟩ Mangel an Galle (bei Erkrankungen der Leber u. der Galle) [<*Oligo...* + *chole* »Galle«]
Oli|go|dy|na|mie ⟨f.; -; unz.⟩ keimtötende Wirkung von Schwermetallionen in Flüssigkeiten, angewandt z. B. bei der Entkeimung des Wassers mit Silberionen im Katadynverfahren [<*Oligo...* + grch. *dynamos* »Kraft«]
oli|go|dy|na|misch ⟨Adj.⟩ **1** die Oligodynamie betreffend **2** in geringer Menge wirksam
Oli|go|klas ⟨m.; - od. -es, -e; Geol.⟩ farbloser, weißer od. grünlicher Feldspat [<*Oligo...* + grch. *klastazein* »(ab)brechen«]
oli|go|mer ⟨Adj.; Bot.⟩ eine verringerte Anzahl von Blütenkreisen besitzend [<*oligo...* + ...*mer*]
Oli|go|nu|cle|o|tid *auch:* **Oli|go|nuc|le|o|tid** ⟨n.; -s, -e; Biochemie⟩ = Oligonukleotid
Oli|go|nu|kle|o|tid *auch:* **Oli|go|nuk|le|o|tid** ⟨n.; -s, -e; Biochemie⟩ *oV* Oligonucleotid **1** aus mehreren einfachen Nukleotiden zusammengesetzte Nukleinsäure **2** kurze DNA-Sequenz [<*Oligo...* + *Nukleotid*]
Oli|go|pep|tid ⟨n.; -(e)s, -e; Chemie⟩ Verbindung, die zwei bis zehn Aminosäureeinheiten enthält
oli|go|phag ⟨Adj.; Biol.⟩ sich von (nur) einigen Futterpflanzen bzw. Tierarten ernährend; *Ggs* polyphag
Oli|go|pha|ge ⟨m.; -n, -n; Biol.⟩ oligophages Tier; *Ggs* Polyphage
Oli|go|pha|gie ⟨f.; -; unz.; Biol.⟩ Ernährungsweise oligophager Tiere; *Ggs* Polyphagie (1)
Oli|go|phre|nie ⟨f.; -, -n; Med.⟩ Schwachsinn [<*Oligo...* + ...*phrenie*]
Oli|go|pnoe ⟨[-pno:e] f.; -; unz.; Med.⟩ verminderte Atemfrequenz [<*Oligo...* + grch. *pnoe* »Hauch, Atem«]
Oli|go|pol ⟨n.; -s, -e; Wirtsch.⟩ Marktform, bei der wenige große Anbieter vielen kleinen Nachfragern gegenüberstehen u. somit eine den Markt beherrschende Stellung innehaben [<*Oligo...* + *Monopol*]
Oli|go|po|list ⟨m.; -en, -en; Wirtsch.⟩ Befürworter, Angehöriger, Vertreter eines Oligopols
oli|go|po|lis|tisch ⟨Adj.; Wirtsch.⟩ zur Marktform des Oligopols gehörend, auf ihr beruhend
Oli|go|sa|pro|bie *auch:* **Oli|go|sap|ro|bie** ⟨[-bjə] f.; -, -n; Zool.⟩ Lebewesen, das in schwach verschmutzten Gewässern lebt [<*Oligo...* + *Saprobie*]
oli|go|se|man|tisch ⟨Adj.; Sprachw.⟩ nur wenige Bedeutungen aufweisend
Oli|go|sper|mie ⟨f.; -, -n; Med.⟩ starke Verminderung der Spermienzahl in der Samenflüssigkeit [<*Oligo...* + *Sperma*]
Oli|go|tri|chie ⟨f.; -; unz.; Med.⟩ mangelnder Haarwuchs [<*Oligo...* + grch. *thrix*, Gen. *trichos* »Haar«]
oli|go|troph ⟨Adj.; Biol.⟩ arm an Nährstoffen; *Ggs* entroph; *~er Boden* [<*oligo...* + ...*troph*]
Oli|go|tro|phie ⟨f.; -; unz.; Biol.⟩ oligotrophe Beschaffenheit
oli|go|zän ⟨Adj.; Geol.⟩ aus dem Oligozän stammend
Oli|go|zän ⟨n.; -s; unz.; Geol.⟩ jüngste Stufe des Paläogens
Olig|u|rie *auch:* **Oli|gu|rie** ⟨f.; -; unz.; Med.⟩ verminderte Ausscheidung von Harn

O

Olim ⟨umg.; scherzh.; nur in den Wendungen⟩ *seit ~s Zeiten* seit undenklichen Zeiten, seit jeher; *zu ~s Zeiten* vor langer Zeit [zu lat. *olim* »ehemals«]

oliv ⟨Adj.⟩ olivenfarben, graugrün, braun-grün

Oli|ve ⟨[-və] f.; -, -n⟩ **1** ⟨Bot.⟩ **1.1** Frucht des Ölbaums; *eingelegte ~n* **1.2** Ölbaum **2** Drehgriff eines Fensterverschlusses **3** ⟨Anat.⟩ Teil des verlängerten Rückenmarks [mhd. *olive* <lat. *oliva* »Ölbaum, Olive«]

Oli|vin ⟨[-vi:n] m.; -s, -e; Min.⟩ olivfarbiges Mineral, Magnesium-Eisen-Silikat; *Sy* Chrysolith, Peridot [→ *Olive*]

Ol|la po|dri|da *auch:* **Ol|la pod|ri|da** ⟨f.; - -, - -; Kochk.⟩ traditionelles spanisches Eintopfgericht aus gekochtem Fleisch, geräucherter Wurst u. Gemüse; *oV* Olla potrida [<span. *olla podrida,* eigtl. »fauler, modriger Topf«]

Ol|la po|tri|da *auch:* **Ol|la pot|ri|da** ⟨f.; - -, - -; Kochk.⟩ = Olla podrida

Olymp ⟨m.; -s; unz.⟩ **1** ⟨grch. Myth.⟩ Wohnsitz der Götter **2** ⟨umg.; scherzh.⟩ oberster Rang im Theater [nach grch. *Olympos,* dem Berg *Olymp* in Nordgriechenland]

Olym|pi|a|de ⟨f.; -, -n⟩ **1** Zeitraum von vier Jahren zwischen den altgrch. Olympischen Spielen **2** Olympische Spiele [nach *Olympia,* der altgrch. Kultstätte u. dem Ort der Olymp. Spiele]

Olym|pia|qua|li|fi|ka|ti|on ⟨f.; -, -en; Sport⟩ Qualifikation für die Teilnahme an Olympischen Spielen; *die Mannschaft hat die ~ verpasst*

Olym|pia|sta|di|on ⟨n.; -s, -di|en⟩ Stadion, in dem Olympische Spiele abgehalten werden

Olym|pi|er ⟨m.; -s, -⟩ **1** Bewohner des Olymps; *der ~* Zeus **2** ⟨fig.⟩ Mann von erhabener Ruhe u. majestät. Überlegenheit

Olym|pi|o|ni|ke ⟨m.; -n, -n; Sport⟩ Teilnehmer bzw. Sieger bei den Olymp. Spielen

Olym|pi|o|ni|kin ⟨f.; -, -kin|nen; Sport⟩ Teilnehmerin bzw. Siegerin bei den Olymp. Spielen

olym|pisch ⟨Adj.⟩ **1** zum Olymp als Wohnsitz der altgrch. Götter gehörend **2** zu Olympia gehörend, von ihm ausgehend **3** zu den Olympischen Spielen gehörend **3.1** *Olympische Spiele* ⟨bis 394 n. Chr.⟩ im alten Griechenland alle vier Jahre stattfindende sportl. u. auch musikal. Wettkämpfe **3.2** ⟨seit 1894⟩ alle vier Jahre veranstaltete internationale Wettkämpfe im Sport **4** ⟨fig.⟩ majestätisch-überlegen [→ *Olympiade*]

om heilige Silbe des Hinduismus u. Buddhismus, die (mit befreiender Wirkung) während der Meditation gesprochen wird [Sanskrit]

...om ⟨Nachsilbe; zur Bildung sächl. Subst.; n.; -s, -e⟩ Endung an Substantiven, die bei Geweben eine Geschwulst, bei Flüssigkeiten einen Erguss bezeichnen; *Fibrom; Karzinom*

Om|ag|ra ⟨n.; -; unz.; Med.⟩ Gicht im Schultergelenk [<grch. *omos* »Schulter« + *agra* »Fang«]

Om|ar|thri|tis *auch:* **Om|arth|ri|tis** ⟨f.; -, -ti|den; Med.⟩ Schultergelenksentzündung [<grch. *omos* »Schulter« + *Arthritis*]

Oma|sus ⟨m.; -; unz.; Zool.⟩ Teil des Magens bei Wiederkäuern, Blättermagen [<lat. *omasum* »Rinderkaldaunen«]

> ◆ Die Buchstabenfolge **om|br...** kann auch **omb|r...** getrennt werden.

◆ **Om|bré** ⟨[ɔ̃bre:] m.; -s, -s; Textilw.⟩ Gewebe mit ineinander verlaufenden Farben [<frz. *ombré* »schattiert«]

◆ **om|briert** ⟨Adj.; Textilw.⟩ schattiert, Farbtöne ineinander verlaufen lassend [→ *Ombré*]

◆ **om|bro|gen** ⟨Adj.; Geogr.⟩ durch Niederschläge bzw. Nässe entstanden; *Ggs* topogen; *~es Moor* [<grch. *ombros* »Regen« + *...gen*]

◆ **Om|bro|graf** ⟨m.; -en, -en; Meteor.⟩ = Ombrograph

◆ **Om|bro|graph** ⟨m.; -en, -en; Meteor.⟩ = Pluviograph; *oV* Ombrograf [<grch. *ombros* »Regen« + *...graph*]

◆ **om|bro|phil** ⟨Adj.; Biol.⟩ Feuchtigkeit u. Regen liebend; *Ggs* ombrophob [<grch. *ombros* »Regen« + *...phil*]

◆ **om|bro|phob** ⟨Adj.; Biol.⟩ Feuchtigkeit u. Regen nicht vertragend; *Ggs* ombrophil [<grch. *ombros* »Regen« + *...phob*]

◆ **om|bro|troph** ⟨Adj.; Bot.⟩ Nährstoffe ausschließlich über Niederschläge beziehend (von Pflanzen in Hochmooren) [<grch. *ombros* »Regen« + *...troph*]

Om|buds|frau ⟨a. [-byds-] f.; -, -en⟩ **1** Frau, die für die Rechte des Bürgers eintritt u. ihn vor behördlicher Willkür schützt **2** ⟨allg.⟩ weibl. Vertrauensperson, z. B. in Schulen

Om|buds|mann ⟨a. [-byds-] m.; -(e)s, -männer⟩ **1** Person, die für die Rechte des Bürgers eintritt u. ihn vor behördlicher Willkür schützt **2** ⟨in einigen skandinav. Ländern⟩ Beauftragter des Parlaments, an den sich jeder Bürger zum Schutz gegen behördl. Willkür wenden kann **3** ⟨allg.⟩ unabhängige Vertrauensperson [<schwed. *ombudsman* »Schiedsmann«]

Ome|ga ⟨n.; - od. -s, -s; Zeichen: ω, Ω⟩ **1** letzter Buchstabe des grch. Alphabets **2** ⟨fig.⟩ Ende, Schluss; *Alpha und ~* [grch.]

> **Omelett / Omelette** (*Worttrennung am Zeilenende*) Die Trennung nach Sprechsilben richtet sich bei Fremdwörtern in der Regel nach der Aussprache in der Herkunftssprache. Wird, wie z. B. im Französischen, ein Vokal in Endstellung nicht gesprochen, so ist auch keine Trennung des Doppelkonsonanten zu empfehlen (→ *a.* Baguette).

Ome|lett ⟨[ɔm-] n.; -(e)s, -e od. -s; Kochk.⟩ in einer Pfanne zubereitete (Süß-)Speise aus Eiern; *oV* ⟨österr.⟩ Omelette [<frz. *omelette*]

Ome|lette ⟨[ɔmlɛt] f.; -, -s; Kochk.; österr.⟩ = Omelett; *~ aux Confitures* [-okɔ̃fity:r] mit Marmelade o. Ä. gefülltes Omelett; *~ soufflé* [-sufle:] mit Eierschaum aufgelockertes Omelett

Omen ⟨n.; -s, - od. Omi|na⟩ **1** Vorzeichen; *das ist ein böses,*

ein gutes ~ **2** Vorbedeutung; →*a.* Nomen est omen [lat.]
Omentum ⟨n.; -s, -menta; Med.⟩ Teil des Bauchfells, das aus dem schürzenförmigen großen Bauchnetz u. der Bauchfellfalte, dem kleinen Netz, besteht; *Sy* Epiploon [lat., »Netz«]
Omikron *auch:* **Omikron** ⟨n.; - od. -s, -s; Zeichen: o, O⟩ grch. Buchstabe, kurzes, geschlossenes o [grch.]
Omina ⟨Pl. von⟩ Omen
ominös ⟨Adj.⟩ **1** von schlimmer Vorbedeutung **2** bedenklich, verdächtig [<lat. *omen,* Pl. *omina* »Zeichen, Vorzeichen«]
Omissivdelikt ⟨n.; -(e)s, -e; Rechtsw.⟩ strafbare Unterlassung [<lat. *omissio* »Unterlassung«]

→ Hommage Der Buchstabe *h* am Anfang des französischen Fremdwortes *Hommage* wird, wie in der Herkunftssprache, zwar geschrieben, aber nicht gesprochen.

Ommatidium ⟨n.; -s, -dien; Zool.⟩ Einzelauge des Facettenauges [<grch. *omma* »Auge«]
omni..., Omni... ⟨in Zus.⟩ alles..., überall..., ganz [<lat. *omnie* »alles«]
omnia ad maiorem Dei gloriam ⟨kath. Kirche⟩ alles zur größeren Ehre Gottes (Wahlspruch der Jesuiten) [lat.]
Omnibus ⟨m.; -ses, -se; Kurzwort: Bus⟩ Kraftwagen zur Beförderung von mehr als acht Fahrgästen, Autobus [<frz. *voiture omnibus* »Wagen für alle«; zu lat. *omnibus* »für alle«; zu *omnes* »alle«]
omnipotent ⟨Adj.⟩ allmächtig; *~e Zellen* = totipotente Zellen [<lat. *omnia* »alles« + *potens,* Part. Präs. zu *posse* »können«]
Omnipotenz ⟨f.; -; unz.⟩ Allmacht
omnipräsent ⟨Adj.⟩ allgegenwärtig
Omnipräsenz ⟨f.; -; unz.; geh.⟩ (göttl.) Allgegenwart [<lat. *omnia* »alles« + *praesentia* »Gegenwart«]
Omnium ⟨n.; -s, -nien; Sport⟩ **1** ⟨Bahnradsport⟩ aus mehreren Wettbewerben bestehender Mehrkampf ohne feste Norm **2** ⟨Reitsport⟩ Rennen für alle Pferde ohne Beschränkung des Alters, der Herkunft u. des Geschlechts [lat., Gen. zu *omnes* »alle«]
omnivor ⟨[-vo:r] Adj.; Zool.⟩ sich von Pflanzen u. Tieren ernährend, allesfressend; *Sy* pantophag
Omnivore ⟨[-vo:-] m.; -n, -n; Zool.⟩ Tier, das sich von Pflanzen u. Tieren ernährt, Allesfresser; *Sy* Pantophage; →*a.* Herbivore, Karnivore [<lat. *omnia* »alles« + *...vore*]
Omnizid ⟨n.; -(e)s; unz.⟩ Vernichtung allen menschl. Lebens (z. B. durch Atomwaffen)
Omphalitis ⟨f.; -, -tiden; Med.⟩ Entzündung des Nabels [<grch. *omphalos* »Nabel« + *...itis*]
Omphazit ⟨m.; -s, -e; Min.⟩ in kristallinen Schiefern auftretendes Mineral [<grch. *omphax,* Gen. *omphakos* »unreife Traube«, wegen der grünen Farbe]
On ⟨n.; -s; unz.; Film; TV⟩ Bereich innerhalb des Bildes; *Sprecher im~* [<engl. *on* »auf, an«]
...on ⟨Nachsilbe; zur Bildung sächl. Subst.⟩ **1** chem. Verbindung, die zur Gruppe der Ketone gehört; *Aceton = Dimethylketon* **2** ⟨Biochemie⟩ zur Bezeichnung eines Hormons od. eines Pharmazeutikums; *Interferon* **3** ⟨Rhet.⟩ zur Bezeichnung einer Redefigur; *Hysteron-Proteron; Paradoxon* **4** ⟨Textilw.⟩ Kunstfaser; *Dralon; Nylon; Perlon* **5** ⟨El.; Physik⟩ Elementarteilchen; *Hyperon; Neutron*
Onager ⟨m.; -s, -; Zool.⟩ westasiatischer Halbesel [<grch. *onos* »Esel«]
Onanie ⟨f.; -; unz.⟩ = Masturbation [fälschlich nach der bibl. Gestalt *Onan,* der sich nicht selbst befriedigte, sondern den Coitus interruptus (unterbrochener Coitus) ausübte)]
onanieren ⟨V.⟩ = masturbieren
Onanist ⟨m.; -en, -en⟩ jmd., der onaniert
onanistisch ⟨Adj.⟩ die Onanie betreffend, zu ihr gehörig
on call ⟨[- kɔ:l]⟩ auf Abruf; *eine Bestellung ~* [engl.]
ondeggiamento ⟨[ɔndɛdʒa-] Musik⟩ bei Streichinstrumenten durch regelmäßige Druckveränderung mit dem Bogen den Ton an- u. abschwellen lassend (zu spielen); *oV* ondeggiante [ital., »wogend«]
ondeggiante ⟨[ɔndɛdʒi-] Musik⟩ = ondeggiamento
Ondes Martenot ⟨[ɔ̃:d martəno:] Pl.; Musik⟩ einstimmiges, elektron. Tasteninstrument mit einem Tonumfang von sieben Oktaven [frz., »Martenot-Wellen«; nach dem Erfinder M. *Martenot,* 1898-1980]
Ondit ⟨[ɔ̃di:] n.; -s od. -, -s⟩ Gerücht [<frz. *on dit* »man sagt«]
Ondulation ⟨f.; -, -en⟩ das Ondulieren
ondulieren ⟨V.⟩ (Haar) künstlich wellen, bes. mit der Brennschere [<frz. *onduler;* zu *onde* »Welle« <lat. *unda*]
Oneirismus ⟨m.; -; unz.; Med.⟩ bei Vergiftung durch Rauschmittel, Infektionskrankheiten od. nach seelischer Erschütterung als real empfundenes traumähnliches Halluzinieren [<grch. *oneiros* »Traum«]
One-Man-Show ⟨[wʌnmænʃoʊ] f.; -, -s⟩ **1** ⟨TV⟩ von nur einer moderierenden od. spielenden Person gestaltete Fernsehshow, Einmannshow **2** ⟨Wirtsch.; umg.⟩ Firmengründung mit anfangs nur einer Person [engl., »Einmannshow«]
One-Night-Stand ⟨[wʌnnaɪtstænd] m.; -s, -s; umg.⟩ **1** ⟨allg.⟩ auf eine einzige gemeinsame Nacht beschränktes sexuelles Abenteuer **2** ⟨Theat.⟩ Vorstellung, die nur an einem Abend gegeben wird [engl., eigtl. »einmalige Angelegenheit«]
Onestepp ⟨[wʌn-] m.; -s, -s; Musik⟩ aus Amerika stammender Gesellschaftstanz im $^2/_4$-Takt [engl., eigtl. »Einschritt«]
ongarese ⟨[ɔŋ-] Musik⟩ ungarisch (zu spielen); *oV* ongharese [ital.]
ongharese ⟨[ɔŋ-] Musik⟩ = ongarese
onko..., Onko... ⟨in Zus.; Med.⟩ geschwollen..., Geschwulst... [<grch. *onkos* »Masse«]

O

on|ko|gen ⟨Adj.; Med.⟩ eine Geschwulst erzeugend [<grch. *onkos* »Masse« + *...gen*[1]]

On|ko|ge|ne|se ⟨f.; -, -n; Med.⟩ Entstehung von Geschwülsten [<*Onko...* + *Genese*]

On|ko|lo|ge ⟨m.; -n, -n; Med.⟩ Kenner, Facharzt der Onkologie

On|ko|lo|gie ⟨f.; -; unz.; Med.⟩ Lehre von den Geschwülsten [<grch. *onkos* »Masse« + *...logie*]

On|ko|lo|gin ⟨f.; -, -gin|nen; Med.⟩ Kennerin, Fachärztin der Onkologie

on|ko|lo|gisch ⟨Adj.; Med.⟩ zur Onkologie gehörend, auf ihr beruhend, mit ihrer Hilfe

On|ko|ly|se ⟨f.; -, -n; Med.⟩ Abtötung von Tumorgewebe [<*Onko...* + *...lyse*]

on|ko|ly|tisch ⟨Adj.; Med.⟩ die Onkolyse betreffend, zu ihr gehörend, auf ihr beruhend

On|ko|sphae|ra *auch:* **On|kos|phae|ra** ⟨[-sfɛːra] f.; -, -ren; Biol.; Med.⟩ Sechshakenlarve, mit sechs Haken versehene kugelförmige Larve des ersten Entwicklungsstadiums der Bandwürmer [<*Onko...* + grch. *sphaira* »Kugel«]

on|ko|zid ⟨Adj.; Med.⟩ Tumorzellen tötend [<*onko...* + *...zid*]

on|line ⟨[-laın] Adj.; undekl.; EDV⟩ **1** direkt mit einer EDV-Anlage verbunden **2** direkte Verbindung zwischen zwei Geräten besitzend **3** eingegebene Daten sofort verarbeitend; ~ *gehen, sein; Ggs* offline [engl.; <*on* »auf« + *line* »Leitung«]

On|line|ban|king ⟨[-laınbæŋkıŋ] n.; - od. -s; unz.; EDV⟩ computergestützte Abwicklung des Zahlungsverkehrs im Bankwesen [<*online* + engl. *banking* »Bankgeschäfte«]

On|line|be|trieb ⟨[-laın-] m.; -(e)s; unz.; EDV⟩ Art der elektron. Datenverarbeitung, bei der Daten zur unmittelbaren Verarbeitung in einen angeschlossenen Computer eingespeist werden; *Ggs* Offlinebetrieb [→ *online*]

On|line|dienst ⟨[-laın-] m.; -(e)s, -e; EDV⟩ Dienstleistungsangebot im Bereich der Telekommunikation für Computeranwender (meist mit Verbindung zum Internet) [→ *online*]

On|line|pu|bli|shing ⟨[-laınpʌblıʃıŋ] n.; - od. -s; unz.; EDV⟩ Veröffentlichen von Verlagserzeugnissen wie Büchern, Zeitschriften u. a. im Internet [<*online* + engl. *publishing* »Veröffentlichen, Herausgeben«]

On|li|ner ⟨[-laı-] m.; -s, -; EDV; umg.⟩ jmd., der Onlinedienste bzw. das Internet nutzt, Internetnutzer

On|line|shop|ping ⟨[-laınʃɔpıŋ] n.; - od. -s; unz.; EDV⟩ Auswählen u. Einkaufen von Waren, die im Internet angeboten werden [<*online* + engl. *shopping* »Einkaufen«]

Öno|lo|ge ⟨m.; -n, -n⟩ Fachmann, Wissenschaftler auf dem Gebiet der Önologie

Öno|lo|gie ⟨f.; -; unz.⟩ Lehre vom Weinbau [<grch. *oinos* »Wein« + *...logie*]

Öno|lo|gin ⟨f.; -, -gin|nen⟩ Fachfrau, Wissenschaftlerin auf dem Gebiet der Önologie

öno|lo|gisch ⟨Adj.⟩ auf Önologie beruhend, zu ihr gehörend, sie betreffend

Ono|man|tie ⟨f.; -; unz.⟩ Wahrsagerei aus Namen [<grch. *onoma* »Name, Benennung« + *...mantie*]

Ono|ma|sio|lo|gie ⟨f.; -; unz.; Sprachw.⟩ Zweig der Semantik, der erforscht, welche Wörter für ein u. denselben Begriff gebraucht werden bzw. im Lauf der Sprachentwicklung gebraucht worden sind [<grch. *onomasia* »Benennung« + *...logie*]

ono|ma|sio|lo|gisch ⟨Adj.; Sprachw.⟩ zur Onomasiologie gehörend, auf ihr beruhend, mit ihrer Hilfe

Ono|mas|tik ⟨f.; -; unz.; Sprachw.⟩ Namenkunde; *Sy* Onomatologie [<grch. *onomastikos;* zu *onoma* »Name«]

Ono|mas|ti|kon ⟨n.; -, -ti|ken od. -ti|ka⟩ Namensverzeichnis

Ono|ma|to|lo|gie ⟨f.; -; unz.; Sprachw.⟩ = Onomastik [<grch. *onoma* »Name« + *...logie*]

Ono|ma|to|po|e|se ⟨f.; -, -n; selten⟩ = Onomatopöie

Ono|ma|to|po|e|ti|kum ⟨n.; -s, -ti|ka; Sprachw.⟩ lautnachahmendes, klangmalerisches Wort [<grch. *onoma* »Name« + *poietikos* »dichterisch«]

ono|ma|to|po|e|tisch ⟨Adj.; Sprachw.⟩ schall-, lautnachahmend, lautmalend; *~e Wörter* lautmalende Wörter, z. B. klirren, rasseln, zirpen

Ono|ma|to|pö|ie ⟨f.; -, -n; Sprachw.⟩ Nachahmung von natürl. Lauten, Geräuschen od. Klängen durch ähnliche sprachliche Laute, Lautmalerei; *Sy* Onomatopoese [<grch. *onoma,* Gen. *onomatos* »Name« + *...pöie*]

Öno|me|ter ⟨n.; -s, -⟩ Gerät zur Bestimmung des Alkoholgehalts von Wein [<grch. *oinos* »Wein« + *...meter*]

Ö-Norm ⟨Kurzwort für⟩ österreichische Norm (dem dt. DIN entsprechend)

on parle fran|çais ⟨[ɔ̃ paːr frãsɛ]⟩ man spricht (hier) französisch [frz.]

On|site|ver|fah|ren ⟨[-saıt-] n.; -s; unz.⟩ Verfahren zur Reinigung verseuchter Materialien direkt am Enstehungsort; *Ggs* Offsiteverfahren [<engl. *on* »an, in« + *site* »Stelle, Stätte«]

On|spre|cher *auch:* **On-Spre|cher** ⟨m.; -s, -; Film; TV⟩ Sprecher, der im Bild sichtbar ist; *Ggs* Offsprecher [→ *On*]

On|spre|che|rin *auch:* **On-Spre|che|rin** ⟨f.; -, -rin|nen; Film; TV⟩ Sprecherin, die im Bild sichtbar ist; *Ggs* Offsprecherin [→ *On*]

On|stim|me *auch:* **On-Stim|me** ⟨f.; -, -n; Film; TV⟩ Stimme eines im Bild sichtbaren Sprechers; *Ggs* Offstimme [→ *On*]

on the road ⟨[- ðə roud]⟩ auf Reisen, unterwegs [engl. »auf der Straße«; als Redewendung in Deutschland vermutlich durch den gleichnamigen Roman von Jack Kerouac (1922-1969) populär geworden]

on the rocks ⟨[- ðə rɔks]⟩ mit Eiswürfeln; *Whisky ~* [engl., »auf den Felsen«]

on|tisch ⟨Adj.; Philos.⟩ dem Sein nach, seiend [<grch. *on,* Gen. *ontos,* Part. Präs. zu *einai* »sein«]

O

On|to|ge|ne|se ⟨f.; -; unz.; Biol.⟩ Entwicklung des Lebewesens von der befruchteten Eizelle bis zur Geschlechtsreife; *oV* Ontogenie [<grch. *on,* Gen. *ontos* »seiend« + *Genese* <grch. *genesis* »Ursprung, Erzeugung«]

on|to|ge|ne|tisch ⟨Adj.; Biol.⟩ zur Ontogenese gehörend, auf ihr beruhend

On|to|ge|nie ⟨f.; -; unz.; Biol.⟩ = Ontogenese [<grch. *on,* Gen. *ontos* »seiend« + *...genie*]

On|to|lo|ge ⟨m.; -n, -n; Philos.⟩ Forscher, Philosoph auf dem Gebiet der Ontologie

On|to|lo|gie ⟨f.; -; unz.⟩ **1** ⟨Philos.⟩ Lehre vom Sein u. seinen Prinzipien **2** ⟨EDV⟩ formale Darstellung einer Gruppe von begrifflichen Konzepten u. der zwischen ihnen bestehenden Beziehungen [<grch. *on,* Gen. *ontos* »seiend« + *...logie*]

On|to|lo|gin ⟨f.; -, -gin|nen; Philos.⟩ Forscherin, Philosophin auf dem Gebiet der Ontologie

on|to|lo|gisch ⟨Adj.; Philos.⟩ zur Ontologie gehörend, auf ihr beruhend, sie betreffend

On|to|lo|gis|mus ⟨m.; -, -gis|men; Philos.⟩ **1** ⟨i. w. S.⟩ die Erkenntnis des Seins an sich **2** ⟨i. e. S.⟩ (im 19. Jh. von dem ital. Philosophen V. Gioberti begründete) theologische Lehre, nach der Gott in seinem Wesen unerkennbar ist, sich aber in dem von ihm Geschaffenen zeigt

on tour ⟨[- tu:r]⟩ auf Tournee (bes. von Musikern u. Ensembles); *die Band ist* ~ [engl.]

Ony|chie ⟨[-çi:] f.; -, -n; Med.⟩ Nagelbettentzündung [<grch. *onyx,* Gen. *onychos* »Nagel«]

Ony|cho|ly|se ⟨[-ço-] f.; -; unz.; Med.⟩ Ablösung der Nagelplatte vom Nagelbett [<grch. *onyx,* Gen. *onychos* »Nagel« + *...lyse*]

Ony|cho|my|ko|se ⟨[-ço-] f.; -, -n; Med.⟩ Pilzerkrankung der Nägel [<grch. *onyx,* Gen. *onychos* »Nagel« + *Mykose*]

Ony|cho|pha|gie ⟨[-ço-] f.; -, -n; Med.⟩ Nägelkauen [<grch. *onyx,* Gen. *onychos* »Nagel« + *...phagie*]

Ony|cho|se ⟨[-ço-] f.; -, -n; Med.⟩ Nagelkrankheit [<grch. *onyx,* Gen. *onychos* »Nagel«]

Onyx ⟨m.; -(e)s, -e; Min.⟩ Mineral, schwarz-weißer Quarz [lat. <grch. *onyx,* eigtl. »Klaue, Kralle, Fingernagel«]

oo..., Oo... ⟨[o:ɔ] in Zus.⟩ Ei..., eiförmig [<grch. *oon* »Ei«]

o. O. ⟨Abk. für⟩ ohne Obligo

Oo|ga|mie ⟨[o:ɔ-] f.; -, -n; Biol.⟩ Befruchtung einer großen, unbeweglichen Eizelle durch eine kleinere, männl. Geschlechtszelle [<*Oo...* + *...gamie*]

Oo|ge|ne|se ⟨[o:ɔ-] f.; -, -n; Biol.⟩ Bildung des Eis, Entwicklung der Eizelle; *Sy* Ovogenese [<*Oo...* + *Genese*]

oo|ge|ne|tisch ⟨[o:ɔ-] Adj.; Biol.⟩ auf Oogenese beruhend, aus dem Ei entstanden

Oo|go|ni|um ⟨[o:ɔ-] n.; -s, -ni|en; Biol.⟩ Bildungsstätte der Eizelle niederer Pflanzen [<*Oo...* + grch. *gone* »Erzeugung«]

Oo|ki|net ⟨m.; -en, -en; Med.⟩ Keimzelle von Malariaparasiten [<*Oo...* + grch. *kinetes* »Beweger«]

Oo|lem|ma ⟨[o:ɔ-] n.; -s, -ma|ta od. -lem|men; Biol.⟩ Zellmembran, die die Eizelle umgibt [<*Oo...* + grch. *lemma* »Hülle«]

Oo|lith ⟨[o:ɔ-] m.; -s od. -en, -e od. -en; Min.⟩ Gestein, das aus kleinen, runden, durch ein Bindemittel verkitteten Kügelchen besteht, Rogenstein [<*Oo...* + *...lith*]

oo|li|thisch ⟨[o:ɔ-] Adj.; Min.⟩ zum Oolith gehörend, aus ihm bestehend

Oo|lo|gie ⟨[o:ɔ-] f.; -; unz.; Biol.⟩ Lehre von den Eiern, bes. in der Vogelkunde

Oo|phor|ek|to|mie *auch:* **Oo|pho|rek|to|mie** ⟨f.; -, -n; Med.⟩ = Ovariotomie [<*Oophoron* + *Ektomie*]

Oo|pho|ri|tis ⟨[o:ɔ-] f.; -, -ti|den; Med.⟩ Eierstockentzündung [<*Oo...*+*...phor*[1] +*...itis*]

Oo|pho|ron ⟨[oɔ-] n.; -s, -pho|ra; Anat.⟩ = Ovarium [<*Oo...* + grch. *pherein, phorein* »tragen«]

Oo|plas|ma ⟨[o:ɔ-] n.; -s, -plas-men; Biol.⟩ Plasma der Eizelle; *Sy* Ovoplasma

Oo|zyt ⟨[o:ɔ-] m.; -en, -en; Biol.⟩ = Oozyte

Oo|zy|te ⟨[o:ɔ-] f.; -, -n; Biol.⟩ unreife Eizelle; *oV* Oozyt [<*Oo...* + *...zyt*]

OP ⟨Abk. für⟩ Operationssaal, Operation

op. ⟨Abk. für⟩ Opus

o. P. ⟨Abk. für⟩ ordentlicher Professor

O. P. ⟨Abk. für⟩ Ordo Fratrum Praedicatorum (offizieller Name der Dominikaner)

opak ⟨Adj.⟩ undurchsichtig; *oV* opaque [<lat. *opacus* »schattig, beschattet; dunkel«]

Opal ⟨m.; -s, -e⟩ **1** ⟨zählb.; Min.⟩ amorpher Quarz, wasserhaltiges Kieselsäuregel, ein Halbedelstein **2** ⟨unz.; Textilw.⟩ steif appretierter, geschrumpfter, milchähnlich durchscheinender, feinfädiger Batist aus Baumwolle [<lat. *opalus* <Sanskrit]

opa|len ⟨Adj.; Min.⟩ **1** aus Opal bestehend **2** wie Opal schimmernd

Opa|les|zenz ⟨f.; -; unz.⟩ Schimmern durch Beugung der Lichtstrahlen wie beim Opal

opa|les|zie|ren ⟨V.⟩ wie ein Opal schimmern

Opal|glas ⟨n.; -es; unz.⟩ milchig getrübtes Glas, das die Eigenschaft der Opaleszenz zeigt

opa|li|sie|ren ⟨V.⟩ = opaleszieren

Opan|ke ⟨f.; -, -n⟩ südslawischer Schuh mit aufgebogener Spitze u. ohne Absatz [serb., »Sandale«]

opaque ⟨Adj.⟩ = opak

Op-Art ⟨f.; -; unz.; Kunst⟩ zeitgenössische Richtung der bildenden Kunst, bei der (meist räumliche) optische Illusionen u. Effekte durch verschiedene Mittel (Beleuchtung, Bewegung) erzielt werden [engl.; verkürzt <*op*tical »optisch« + *art* »Kunst«]

Opa|zi|tät ⟨f.; -; unz.⟩ **1** Lichtundurchlässigkeit **2** ⟨Fot.⟩ Maß für die Schwärzung lichtempfindlicher Schichten [<lat. *opacus* »schattig, dunkel«; zu *opacites* »Schatten«]

OPEC ⟨f.; -; unz.; Abk. für engl.⟩ Organization of Petroleum-Exporting Countries (Organisation Erdöl exportierender Länder)

Open ⟨[oupən] n.; - od. -s, -; Sport⟩ offene Meisterschaft; *British* ~ (für Profis u. Amateure bzw. In- u. Ausländer) offene Britische Meisterschaft im Golf [engl., »offen«]

Open-Air-... ⟨[oʊpənɛ:(r)] in Zus.⟩ im Freien (stattfindend), z. B. ~Veranstaltung [engl., »offene (freie) Luft, im Freien«]

Open-Air-Fes|ti|val ⟨[oʊpənɛ:(r)-fɛstivəl] n.; -s, -s⟩ große (Musik-)Veranstaltung im Freien

open end ⟨[oʊpən ɛnd]⟩ ohne zeitliche Begrenzung, ohne zeitliches Limit (von Diskussionen, Veranstaltungen, Tagungen usw.) [engl., »offenes Ende«]

Open-End-Dis|kus|si|on ⟨[oʊpən-ɛnd-] f.; -, -en⟩ Diskussion mit nicht festgelegtem, offenem Ende [→ *open end*]

Ope|ner ⟨m.; -s, -⟩ **1** Eröffnung; *der ~ des Abends* **2** ⟨Musik⟩ das Eröffnungsstück eines Konzerts od. einer CD; *der ~ des Albums ist eher melancholisch gehalten* [engl., »Öffner«]

Open Field ⟨[oʊpən fi:ld] n.; - - od. - -s, - -s; Geogr.⟩ (Acker-)Feld, auf dem keinerlei Grenzmarkierungen wie Drähte, Hecken od. Steinmauern vorhanden sind [engl., »offene Feldflur«]

Ope|ning ⟨[oʊpənɪŋ] n.; - od. -s, -s⟩ **1** ⟨Lit.⟩ erste Szene eines Romans od. Dramas, in der die Hauptcharaktere sowie Ort u. Zeit der Handlung eingeführt werden **2** ⟨umg.⟩ Anfang, Beginn, Eröffnung; *das ~ seiner Rede war schwach* [<engl. *opening* »Öffnen, Beginn«]

Open Source ⟨[oʊpən sɔ:s] f.; - -; unz.; EDV⟩ Software, deren Quellcode allgemein zugänglich ist u. verändert werden kann [<engl. *open* »offen« + *source* »Quelle«]

Oper ⟨f.; -, -n; Musik⟩ **1** musikalisch gestaltetes Bühnenstück **2** Opernhaus [<ital. *opera (in musica)* »(Musik-)Werk«]

Ope|ra ⟨Pl. von⟩ Opus

ope|ra|bel ⟨Adj.; Med.⟩ so beschaffen, dass man es (noch) operieren kann; *Ggs* inoperabel; *ein operabler Tumor*

Ope|ra|bi|li|tät ⟨f.; -; unz.; Med.⟩ Möglichkeit, einen Patienten zu operieren od. eine Erkrankung operativ zu beheben

Ope|ra buf|fa ⟨f.; - -, -re buf|fe; Musik⟩ komische Oper; *Sy* Buffa, Buffaoper, Buffooper [ital.]

Opé|ra co|mique ⟨[-kɔmɪk] f.; - -, -s -s [ɔpera kɔmɪk]; Musik⟩ **1** ⟨unz.⟩ im 17. Jh. in Frankreich entstandene Operngattung mit vorwiegend heiterem od. satirischem Inhalt u. gesprochenen Dialogen **2** Werk aus dieser Gattung **3** Haus, Theater, in dem O. c. aufgeführt werden [frz., »komische Oper«]

Ope|rand ⟨m.; -en, -en; EDV⟩ Information, die mit Hilfe eines Befehls verarbeitet werden kann [zu lat. *operari* »beschäftigt sein«]

ope|rant ⟨Adj.; Psych.⟩ *~e Konditionierung* Form des Lernens, die durch die Konsequenzen einer Handlung (Erfolg od. Misserfolg) gesteuert wird [<lat. *operans*, Gen. *operantis* »wirksam, tätig«]

Ope|ra se|ria ⟨f.; - -, -re -rie [-rie]⟩ ernste Oper [ital.]

Ope|ra|teur ⟨[-tø:r] m.; -s, -e⟩ **1** Chirurg, der eine Operation vornimmt od. leitet **2** ⟨Film; veraltet⟩ Kameramann **3** Vorführer im Lichtspieltheater **4** = Operator (1) [<frz. *opérateur* »operierender Arzt«]

Ope|ra|ting ⟨[ɔpəreɪtɪŋ] n.; - od. -s; unz.⟩ Bedienen eines Computers od. einer Maschine [zu engl. *operate* »tätig sein, funktionieren«]

Ope|ra|ti|on ⟨f.; -, -en⟩ **1** ⟨Abk.: OP; Med.⟩ chirurgischer Eingriff **2** Ablauf einer Arbeit **3** ⟨Math.⟩ Ausführung einer Rechnung **4** ⟨Mil.⟩ Truppenbewegung, militär. Unternehmen [<lat. *operatio* »Arbeit, Verrichtung, Wirken«]

ope|ra|ti|o|na|bel ⟨Adj.⟩ operationalisierbar

ope|ra|ti|o|nal ⟨Adj.⟩ auf Handlungen, Arbeitsvorgängen beruhend, verfahrensbedingt; *oV* operationell

ope|ra|ti|o|na|li|sie|ren ⟨V.; Soziol.⟩ theoretische Begriffe anwendbar machen, indem präzise u. überprüfbare Anweisungen für Forschungsziele u. -schritte gegeben werden

Ope|ra|ti|o|na|lis|mus ⟨m.; -; unz.⟩ wissenschaftstheoretische Auffassung, nach der wissenschaftliche Ergebnisse nur gültig sind, wenn sie durch physikalische Operationen gewonnen wurden; →*a.* Operativismus

ope|ra|ti|o|nell ⟨Adj.⟩ = operational

Ope|ra|ti|ons|for|schung ⟨f.; -; unz.⟩ Erforschung von Problemen aus Bereichen, die herkömmlich nicht als wissenschaftl. Disziplinen gelten (z. B. Verwaltung, Militärwesen), mit wissenschaftl., bes. mathemat. Methoden; *Sy* Operationsresearch

Ope|ra|tions|re|search ⟨[ɔpəreɪʃənzrɪzœ:tʃ] n.; -s; unz.⟩ = Operationsforschung [engl.]

ope|ra|tiv ⟨Adj.⟩ **1** ⟨Med.⟩ auf chirurg. Wege, mit Hilfe einer Operation; *~er Eingriff; ein Geschwür ~ entfernen* **2** ⟨fig.⟩ weitschauend u. planvoll tätig; *~es Geschäft* ⟨Wirtsch.⟩ Tätigkeitsbereich eines Unternehmens, mit dem es die eigentlichen Gewinne, z. B. durch den Verkauf von Produkten erwirtschaftet (im Gegensatz zu Einnahmen aus Aktienverkäufen o. Ä.) **3** ⟨Mil.⟩ eine militärische Operation (4) betreffend

Ope|ra|ti|vis|mus ⟨[-vɪs-] m.; -; unz.⟩ wissenschaftstheoretische Auffassung, nach der wissenschaftl. Grundlagen u. Begriffe (z. B. in der Physik) allein durch messbare Operationen gewonnen werden können; →*a.* Operationalismus

Ope|ra|tor ⟨m.; -s, -to|ren⟩ **1** ⟨engl. [ɔpəreɪtə(r)] EDV⟩ jmd., der beruflich eine Datenverarbeitungsanlage bedient; *oV* Operateur **2** ⟨Math.⟩ Vorschrift, mit der auf eine mathemat. Gleichung od. Funktion eingewirkt wird

Ope|ret|te ⟨f.; -, -n; Musik⟩ leichtes, heiteres, unterhaltendes Bühnenstück mit Musik u. gesprochenen Dialogen [<ital. *operetta*, Verkleinerungsform zu *opera* »Oper«]

ope|rie|ren ⟨V.⟩ **1** ⟨Med.⟩ einen chirurg. Eingriff vornehmen an, bei; *sich ~ lassen; jmdn. am Magen ~* **2** eingreifen, handeln **3** ⟨Mil.⟩ eine militär. Operation durchführen [<lat. *operari* »be-

schäftigt sein, verfertigen; (den Göttern) opfern«]

Oper|ment ⟨n.; -(e)s, -e; Chemie⟩ giftige, gelbe Mineralfarbe aus einem Gemisch von Arsentrioxid u. Arsensulfid, Gelbglas [<lat. *auripigmentum* »Rauschgelb« <*aurum* »Gold« + *pigmentum* »Farbe«]

Ophi|klei|i|de *auch:* **Ophik|le|i|de** ⟨f.; -, -n; Musik⟩ Blechblasinstrument in Alt-, Bass- u. Kontrabasslage, Vorläuferin der Tuba im 19. Jh. [<grch. *ophis* »Schlange« + *kleis* »Schlüssel«]

Ophio|la|trie *auch:* **Ophio|lat|rie** ⟨f.; -; unz.⟩ relig. Verehrung der Schlange als Vermittlerin der Erkenntnis [<grch. *ophis* »Schlange« + ...*latrie*]

Ophir ⟨a. [-'-] n.; -s; unz.; im AT⟩ sagenhaftes Goldland

Ophit[1] ⟨m.; -en, -en⟩ Anbeter von Schlangen [<grch. *ophis* »Schlange«]

Ophit[2] ⟨m.; -(e)s, -e; Min.⟩ = Serpentin

ophi|tisch ⟨Adj.⟩ **1** zu den Ophiten gehörend, Schlangen anbetend **2** ⟨Min.⟩ zum Gefügetyp dunkler, magmatischer Gesteine gehörend

Ophi|u|ren ⟨Pl.; Zool.⟩ Schlangensterne, Stachelhäuter mit scharf vom zentralen Körper abgesetzten, dünnen u. sehr bewegl. Armen: Ophiuroidea [<grch. *ophis* »Schlange« + *oura* »Schwanz«]

Oph|thal|mi|a|trie *auch:* **Oph|thalm|i|at|rie** ⟨f.; -; unz.; Med.⟩ Augenheilkunde; *oV* Ophthalmiatrik [<grch. *ophthalmos* »Auge« + *iater* »Arzt«]

Oph|thal|mi|a|trik *auch:* **Oph|talm|i|at|rik** ⟨f.; -; unz.; Med.⟩ = Ophthalmiatrie

Oph|thal|mie ⟨f.; -, -n; Med.⟩ Entzündung des Auges [<grch. *ophthalmos* »Auge«]

Oph|thal|mi|kum ⟨n.; -s, -mi|ka; Pharm.⟩ in der Augenheilkunde verwendetes Mittel, wie Augentropfen, Augensalbe u. Ä. [<grch. *ophthalmos* »Auge«]

oph|thal|misch ⟨Adj.⟩ zum Auge gehörend

Oph|thal|mo|lo|ge ⟨m.; -n, -n; Med.⟩ Augenarzt [→ *Ophthalmologie*]

Oph|thal|mo|lo|gie ⟨f.; -; unz.; Med.⟩ Lehre von den Augenkrankheiten [<grch. *ophthalmos* »Auge« + ...*logie*]

Oph|thal|mo|lo|gin ⟨f.; -, -gin|nen; Med.⟩ Augenärztin [→ *Ophthalmologie*]

oph|thal|mo|lo|gisch ⟨Adj.; Med.⟩ die Augenheilkunde betreffend, zu ihr gehörig

Oph|thal|mo|ple|gie ⟨f.; -, -n; Med.⟩ Augenmuskellähmung [<grch. *ophthalmos* »Auge« + grch. *plege* »Schlag«]

Oph|thal|mo|skop *auch:* **Op|thal|mos|kop** ⟨n.; -s, -e; Med.⟩ Spiegel zur Untersuchung des Augenhintergrundes, Augenspiegel [<grch. *ophthalmos* »Auge« + *skopein* »sehen«]

Oph|thal|mo|sko|pie *auch:* **Oph|thal|mos|ko|pie** ⟨f.; -, -n; Med.⟩ Ausspiegelung des Augenhintergrundes

oph|thal|mo|sko|pisch *auch:* **oph|thal|mos|ko|pisch** ⟨Adj.; Med.⟩ die Ophthalmoskopie betreffend, den Augenspiegel verwendend

Oph|ti|o|le ⟨f.; -, -n; Pharm.⟩ Medikamentenfläschchen zum Einträufeln von Augentropfen [<grch. *ophtalmos* »Auge«]

Opi|at ⟨n.; -(e)s, -e; Pharm.⟩ Bestandteil des Opiums (Morphin u. Alkaloide) mit schmerzstillender Wirkung

...o|pie ⟨Nachsilbe; zur Bildung weibl. Subst.; f.; -, -n; Med.⟩ Sehen, Sehfehler, ...sichtigkeit; *Myopie* [<grch. *ops*, Gen. *opis* »Auge«]

Opi|ni|o com|mu|nis ⟨f.; - -; unz.; geh.⟩ allgemeine Meinung [lat.]

Opi|o|id ⟨n.; -s, -e; meist Pl.; Pharm.⟩ (von einem Opiat abgeleitetes) schmerzstillendes Arzneimittel [<*Opium* + ...*oid*]

Opis|tho|gna|thie *auch:* **Opis|thog|na|thie** ⟨f.; -, -n; Med.⟩ Zurücktreten des Unterkiefers, eine Kieferanomalie [<grch. *opisthen* »hinten« + *gnathos* »Kiefer«]

Opi|um ⟨n.; -s; unz.⟩ aus dem Saft des Schlafmohns gewonnenes Rauschmittel, auch als Heilmittel verwendet [lat., »Mohnsaft«]

Opo|del|dok ⟨m. od. n.; -s; unz.; Pharm.; heute nicht mehr verwendet⟩ Mischung aus Kampfer, Seifenspiritus u. Salmiakgeist zum Einreiben gegen Rheumatismus, zur Förderung der Durchblutung [von Paracelsus gebildeter Name <*Opo*panax + B*del*lium (Palmenharz) + Aris*to*lo*ch*ia (Zierpflanze aus der Familie der Osterluzei)]

Opos|sum ⟨n.; -s, -s; Zool.⟩ **1** auf Bäumen wohnende Beutelratte mit Greifschwanz: Didelphys virginiana **2** deren Fell; *australisches* ~ Fell des Fuchskusus [<Algonkin *apäsum*, eigtl. »weißes Tier«]

Op|pa|nol® ⟨n.; -s; unz.; Chemie⟩ thermoplast. Kunststoff aus Polyisobutylen, säure- u. laugenbeständig, als Imprägniermittel für wasserdichte Gewebe verwendet

Op|po|nent ⟨m.; -en, -en⟩ jmd., der opponiert, Gegner bei einem Disput

Op|po|nen|tin ⟨f.; -, -tin|nen⟩ weibl. Person, die opponiert, Gegnerin bei einem Disput

op|po|nie|ren ⟨V.⟩ sich widersetzen, widerstreben, eine gegenteilige Meinung vertreten; *gegen jmdn. od. etwas* ~ [<lat. *opponere* »entgegenhalten, entgegensetzen«]

op|por|tun ⟨Adj.⟩ *Ggs* inopportun **1** gelegen, nützlich, bequem **2** passend, angebracht [<lat. *opportunus* »günstig, bequem«]

Op|por|tu|nis|mus ⟨m.; -; unz.⟩ **1** Handeln allein unter dem Gesichtspunkt dessen, was Vorteile bringt **2** geschickte Anpassung an die jeweilige Lage [<frz. *opportunisme*]

Op|por|tu|nist ⟨m.; -en, -en⟩ jmd., der im Sinne des Opportunismus handelt [→ *opportun*]

op|por|tu|nis|tisch ⟨Adj.⟩ **1** auf Opportunismus beruhend **2** ⟨Med.⟩ *~e Infektion* infolge einer HIV-Infektion auftretender Pilz- od. Parasitenbefall, der von dem geschwächten menschlichen Immunsystem nicht mehr abgewehrt werden kann [→ *opportun*]

Op|por|tu|ni|tät ⟨f.; -; unz.⟩ passende Gelegenheit, Nützlich-

O

keit, Vorteil; *Ggs* Inopportunität [<lat. *opportunitas*]

Op|po|si|ti|on ⟨f.; -, -en⟩ **1** Gegensatz, Widerstand; ~ *machen* ⟨umg.⟩ widersprechen, eine gegenteilige Meinung verfechten **2** ⟨Politik⟩ der Regierung sich entgegensetzende Partei od. Gruppe der Bevölkerung **3** ⟨Astron.⟩ entgegengesetzte Konstellation; *Sy* Syzygium (2) [<lat. *oppositio* »Widerstand, Widerspruch«; → *opponieren*]

op|po|si|ti|o|nell ⟨Adj.⟩ zur Opposition gehörend, auf ihr beruhend

Op|po|si|ti|o|nel|le(r) ⟨f. 2 (m. 1)⟩ Angehörige(r) der Opposition (2)

Op|po|si|ti|ons|po|li|tik ⟨f.; -; unz.⟩ Politik der Opposition, Politik der nichtregierenden Partei(en)

op. post. ⟨Abk. für⟩ Opus postumum

op. posth. ⟨Abk. für⟩ Opus posthumum

Op|pres|si|on ⟨f.; -, -en⟩ **1** Bedrückung, Unterdrückung **2** Beklemmung [<lat. *oppressio* »Unterdrückung«]

op|pres|siv ⟨Adj.⟩ bedrückend, unterdrückend

op|pri|mie|ren ⟨V.; veraltet⟩ bedrücken, überwältigen [<lat. *opprimere* »niederdrücken«]

...op|sie ⟨Nachsilbe; zur Bildung weibl. Subst.; f.; -, -n⟩ Sehen, Schau, Beobachtung, Betrachtung; *Autopsie* [<grch. *opsis* »Sehen«; zu *ops*; → *...opie*]

Op|so|nin ⟨n.; -s, -e; Med.; meist Pl.⟩ körpereigener Stoff, der sich zur Infektionsabwehr an die eingedrungenen Bakterien, Pilze u. Ä. anlagert

Op|tant ⟨m.; -en, -en⟩ jmd., der optiert

op|ta|tiv ⟨a. [--'-] Adj.; Gramm.⟩ im Sinne des Optativs, den Wunsch ausdrückend

Op|ta|tiv ⟨a. [--'-] m.; -s, -e [-və]; Gramm.⟩ den Wunsch ausdrückende Form des Verbums (z. B. im Altgrch., im Deutschen durch den Konjunktiv wiedergegeben)

op|tie|ren ⟨V.⟩ *für jmdn. od. einen Staat* ~ sich für jmdn. od. einen bestimmten Staat u. die entsprechende Staatsangehörigkeit entscheiden [<lat. *optare* »wählen, wünschen«]

Op|tik ⟨f.; -, -en⟩ **1** ⟨unz.⟩ Lehre vom sichtbaren Licht u. diesem ähnlichen Strahlungen, Lichtlehre **2** ⟨zählb.⟩ Linsensystem (eines Instruments) [<lat. *optica (ars)* <grch. *optike (techne)* »Lehre vom Sehen«; zu *optikos* »das Sehen betreffend«]

Op|ti|ker ⟨m.; -s, -⟩ Hersteller von opt. Geräten, Händler mit opt. Geräten [→ *Optik*]

Op|ti|ke|rin ⟨f.; -, -rin|nen⟩ Herstellerin von opt. Geräten, Händlerin mit opt. Geräten

op|ti|ma fi|de ⟨geh.⟩ besten Glaubens, im besten Glauben [lat.]

op|ti|ma for|ma ⟨geh.⟩ in bester Form [lat.]

op|ti|mal ⟨Adj.⟩ bestmöglich, beste, Best... [zu lat. *optimus* »der Beste«]

op|ti|ma|li|sie|ren ⟨V.⟩ = optimieren (2)

Op|ti|mat ⟨m.; -en, -en; im antiken Rom⟩ Angehöriger der herrschenden Geschlechter u. Anhänger der Vorherrschaft des Senats

Op|ti|me|ter ⟨n.; -s, -⟩ Gerät zum Messen der Länge u. Dicke von Blechen, Papieren u. a.

op|ti|mie|ren ⟨V.⟩ **1** ⟨Math.⟩ *eine Funktion* ~ die Extremwerte einer F. bestimmen **2** ⟨allg.⟩ so gut wie möglich gestalten; *oV* optimalisieren

Op|ti|mie|rung ⟨f.; -, -en⟩ das Optimieren, Optimiertwerden

Op|ti|mis|mus ⟨m.; -; unz.⟩ *Ggs* Pessimismus **1** Lebensbejahung, Zuversichtlichkeit in allen Dingen, Lebenseinstellung, infolge derer man alle Dinge von der besten Seite sieht **2** ⟨Philos.⟩ Auffassung, dass diese Welt die beste aller möglichen Welten u. in stetem Fortschritt begriffen sei [<lat. *optimus* »der Beste, sehr gut«]

Op|ti|mist ⟨m.; -en, -en⟩ *Ggs* Pessimist **1** optimist. Mensch, lebensbejahender Mensch **2** Anhänger des philosoph. Optimismus

Op|ti|mis|tin ⟨f.; -, -tin|nen⟩ *Ggs* Pessimistin **1** optimistische, lebensbejahende weibl. Person **2** Anhängerin des philosoph. Optimismus

op|ti|mis|tisch ⟨Adj.⟩ auf Optimismus beruhend, im Sinne des Optimismus denkend, lebensbejahend, zuversichtlich; *Ggs* pessimistisch

Op|ti|mum ⟨n.; -s, Op|ti|ma⟩ *Ggs* Pessimum **1** Höchstmaß, günstigste Lage, günstigstes Verhältnis, günstigster Fall; *ein ~ an Lebensqualität erreichen* **2** Bereich der günstigsten Umweltbedingungen für ein Lebewesen [lat., Neutr. zu *optimus* »bester, der beste«]

Op|ti|on ⟨f.; -, -en⟩ das Optieren [<lat. *optio* »Wunsch, Wahl«]

op|ti|o|nal ⟨Adj.⟩ wahlfrei, nicht zwingend; *Sy* fakultativ [zu lat. *optio* »Wahl, freier Wille«]

op|tisch ⟨Adj.⟩ **1** die Optik betreffend, zu ihr gehörig, auf ihr beruhend **2** = visuell; *~er Eindruck; ~e Täuschung* auf der unvollkommenen Verarbeitung der opt. Wahrnehmungen durch die Augen beruhende Täuschung [<grch. *optikos* »das Sehen betreffend«]

Op|to|elek|tro|nik *auch:* **Op|to|elekt|ro|nik** ⟨f.; -; unz.; El.⟩ Technik, die das Gebiet der Glasfaseroptik mit dem von Halbleiterschaltungen kombiniert u. daraus äußerst leistungsfähige Bauelemente für die Nachrichtentechnik entwickelt

op|to|elek|tro|nisch *auch:* **op|to|elekt|ro|nisch** ⟨Adj.; El.⟩ zur Optoelektronik gehörend, auf ihr beruhend, sie betreffend

Op|to|me|ter ⟨n.; -s, -; Med.⟩ Gerät zum Messen der Sehkraft [<*Optik* + *...meter*]

Op|to|me|trie *auch:* **Op|to|met|rie** ⟨f.; -; unz.; Med.⟩ Messung der Sehkraft [<*Optik* + *...metrie*]

opu|lent ⟨Adj.⟩ üppig, reichlich, reichhaltig; *Ggs* frugal; *ein ~es Mahl* [<lat. *opulentus* »reich, üppig, reichhaltig«]

Opu|lenz ⟨f.; -; unz.⟩ opulente Beschaffenheit, Üppigkeit, Überfluss; *Ggs* Frugalität [<lat. *opulentia* »Reichtum«]

Opun|tie ⟨[-tsjə] f.; -, -n; Bot.⟩ Feigenkaktus, Gattung der Kaktusgewächse mit flachen, zuweilen rot od. bräunlich gefärbten Gliedern, von der einige Arten essbare Früchte tragen: Opuntia [nach der altgrch. Stadt *Opus*]

Opus ⟨n.; -, Opera; Abk.: op.⟩ 1 Werk, Kunstwerk 2 ⟨Musik⟩ einzelnes Werk in der Reihe der Werke eines Komponisten; *Konzert für Violine und Orchester, a-moll, op. 26; ~ post(h)umum* ⟨Abk.: op. post(h).⟩ nachgelassenes Werk 3 Gesamtwerk eines Künstlers [lat., »Werk«; → *postum*]

OR ⟨schweiz.; Abk. für⟩ Obligationenrecht

ora et labora! ⟨geh.⟩ bete und arbeite! (alte Mönchsregel) [lat.]

Orakel ⟨n.; -s, -⟩ 1 Deutung der Zukunft u. des Schicksals, Wahrsagung 2 rätselhafter Ausspruch [<lat. *oraculum* »Weissagungsstätte; Götter-, Schicksals-, Weisheitsspruch, geheimnisvoller Ausspruch«]

orakelhaft ⟨Adj.⟩ einem Orakel ähnlich, rätselhaft

orakeln ⟨V.⟩ weissagen, wie ein Orakel, in rätselhaften Andeutungen sprechen

oral ⟨Adj.; Med.; Phon.⟩ zum Mund gehörig, durch den Mund [<lat. *os*, Gen. *oris* »Mund«]

Oral ⟨m.; -s, -e; Phon.⟩ ein mit dem Mund artikulierter Laut; *Sy* Orallaut; *Ggs* Nasal

Oralerotik ⟨f.; -; unz.⟩ Lustempfindung im Bereich der Mundzone im frühkindl. Stadium

Orallaut ⟨m.; -(e)s, -e; Sprachw.⟩ = Oral

Oralsex ⟨m.; - od. -es; unz.⟩ Geschlechtsverkehr mit Hilfe des Mundes durch Saugen u. Lecken am Geschlechtsteil des Partners

orange ⟨[orã:ʒ(ə)] od. [oraŋʒ(ə)] Adj.⟩ rötlich gelb, von der Farbe der Orange [frz.]

Orange[1] ⟨[orã:ʒ(ə)] od. [oraŋʒ(ə)] n.; - od. -s; unz.⟩ orange Farbe [<mittel- u. süddt. *Orangenapfel* <frz. *pomme d'orange* »Apfelsine«]

Orange[2] ⟨[orã:ʒə] od. [oraŋʒə] f.; -, -n⟩ Apfelsine

Orangeade ⟨[orãʒa:də] od. [oraŋʒa:də] f.; -, -n⟩ erfrischendes Getränk aus dem Saft der Orangen u. Zitronen, Zucker u. (Sprudel-)Wasser [frz.]

Orangeat ⟨[orãʒa:t] od. [oraŋʒa:t] n.; -s, -e⟩ kandierte Schale von Apfelsinen [frz.]

Orange Pekoe ⟨[ɔrəndʒ pi:koʊ] m.; - -; unz.⟩ ind. Teesorte guter Qualität [<engl. *orange* »orange« + chines. *pek-ho* <*pek* »weiß« + *ho* »Flaum«]

Orangerie ⟨[orãʒəri:] od. [oraŋʒəri:] f.; -, -n; bes. im Barock⟩ 1 Gewächshaus zum Züchten von Orangen, meist künstlerisch gestaltet, mit Gartensaal usw. 2 Garten mit Apfelsinenbäumen (bes. bei Lustschlössern) [frz.]

Orang-Utan ⟨m.; -s, -s; Zool.⟩ auf Bäumen lebende Gattung der Menschenaffen mit rostrotem Fell: Pongo [<malai. *orang (h)utan* »Waldmensch«]

Orant ⟨m.; -en, -en; bildende Kunst⟩ betende Gestalt [<lat. *orans*, Part. Präs. zu *orare* »beten«]

ora pro nobis ⟨kath. Kirche⟩ bitte für uns (Antwort der Gemeinde beim Anrufen eines Heiligen) [kirchenlat.]

Oratio obliqua ⟨f.; - -; unz.; Gramm.⟩ = indirekte Rede; *Ggs* Oratio recta [<lat. *oratio* »Rede, Sprache« + *obliquus* »seitlich, schief; versteckt«]

Oratio recta ⟨f.; - -; unz.; Gramm.⟩ = direkte Rede; *Ggs* Oratio obliqua [<lat. *oratio* »Rede, Sprache« + *rectus* »gerade«]

Orator ⟨m.; -s, -toren⟩ begabter, erfolgreicher Redner

Oratorianer ⟨m.; -s, -; Rel.⟩ Angehöriger eines Oratoriums (3)

oratorisch ⟨Adj.⟩ 1 in der Art eines Orators, rednerisch 2 mitreißend, schwungvoll, phrasenhaft [<lat. *oratorius* »rednerisch«]

Oratorium ⟨n.; -s, -rien⟩ 1 Raum zum Beten, Hauskapelle 2 gemeinschaftl. Haus der Oratorianer 3 ⟨Rel.⟩ Kongregation für Priester u. Laien für seelsorger. u. erzieher. Tätigkeit 4 ⟨Musik⟩ mehrteilige, episch-dramatische, geistl. (auch weltl.) Komposition für Chor, Einzelstimmen u. Orchester [mlat., »Kapelle; Gebet«; zu mlat. *orare* »beten«]

orbikular ⟨Adj.⟩ kreisförmig, ringförmig [<lat. *orbicularis* »kreisförmig«]

Orbis ⟨m.; -; unz.⟩ 1 Kreis, Erdkreis 2 *~ pictus* ⟨Buchw.⟩ im 17./18. Jh. beliebtes, von Comenius 1658 herausgegebenes, bebildertes Buch zum Zwecke des synoptischen Lernens einer Sprache in mehrsprachigen Ländern [lat. *orbis* »Kreis, Erdkreis«; lat. *pictus*, Part. Perf. zu *pingere* »malen«]

Orbit ⟨m.; -s, -s⟩ Umlaufbahn eines künstl. Satelliten um Erde, Mond od. einen anderen Himmelskörper; *Sy* Orbitalbahn [<lat. *orbis* »Kreisbahn«]

Orbita ⟨f.; -, -tae [-tɛ:]; Anat.⟩ Augenhöhle [vielleicht zu lat. *orbis* »Kreis, Rundung«]

orbital ⟨Adj.⟩ im Orbit befindlich

Orbital ⟨n. od. m.; -s, -e⟩ aus energet. Gründen bevorzugte Umlaufbahn eines Elektrons od. eines Elektronenpaars um einen od. mehrere Atomkerne [→ *Orbit*]

Orbitalbahn ⟨f.; -, -en⟩ = Orbit

Orbitalrakete ⟨f.; -, -n⟩ Rakete, die eine Nutzlast in eine Erdumlaufbahn befördern kann

Orbitalstation ⟨f.; -, -en⟩ in eine Umlaufbahn um einen Himmelskörper gebrachte Forschungsstation [→ *Orbit*]

Orbiter ⟨m.; -s, -⟩ Raumflugkörper, der in eine Erdumlaufbahn od. in eine Umlaufbahn um einen anderen Himmelskörper gebracht worden ist

Orchester (*Worttrennung am Zeilenende*) Analog zur Worttrennung im Deutschen gilt auch für Fremdwörter, dass die Konsonantenverbindung *»st«* zu trennen ist, da sie nicht für einen Einzellaut steht.

Orchester ⟨[-kɛs-], österr. a. [-çɛs] n.; -s, -⟩ 1 ⟨urspr. im altgrch. Theater⟩ Raum für das Auftreten des Chores 2 ⟨ab 1600⟩ vertiefter Platz vor der Bühne für die Musiker 3 ⟨heute⟩ größere Zahl von Musikern zum Zusammenspiel unter einem Dirigenten; *Rundfunk~; Schul~; Symphonie~* [<grch. *orchestra* »Tanzplatz (für den

O

Chor)«; zu *orcheistai* »tanzen«]

Or|ches|tik ⟨[-çɛs-] f.; -; unz.; in der Antike⟩ das Zusammenwirken von Wort, Musik, Gebärde u. Tanz im lyrischen Drama [<grch. *orchestike (techne)* »Tanzkunst«]

◆ Die Buchstabenfolge **or|ches-tr...** kann auch **or|chest|r...** getrennt werden.

◆**Or|ches|tra** ⟨[-çɛs-] f.; -, -tren⟩ **1** ⟨im altgrch. Theater⟩ kreisrunder Platz, der bes. dem (singenden u. tanzenden) Chor vorbehalten war **2** ⟨hellenist. u. röm. Theater⟩ hufeisen- od. halbkreisförmiger Platz zwischen Spielhaus u. Zuschauerraum [grch.; → *Orchester*]

◆**or|ches|tral** ⟨[-kɛs-], österr. a. [-çɛs-] Adj.⟩ **1** zum Orchester gehörend, durch ein Orchester **2** wie ein Orchester, wie von einem Orchester

◆**Or|ches|tra|ti|on** ⟨[-kɛs-], österr. a. [-çɛs-] f.; -, -en⟩ = Instrumentation

◆**or|ches|trie|ren** ⟨[-kɛs-], österr. a. [-çɛs-] V.⟩ = instrumentieren

◆**Or|ches|tri|on** ⟨[-kɛs-], österr. a. [-çɛs-] n.; -s, -s od. -ri|en⟩ eins von mehreren, zwischen 1791 u. 1851 erfundenen mechan. Musikinstrumenten

Or|chi|da|ze|en ⟨[-çi-] Pl.; Bot.⟩ einkeimblättrige Pflanzenfamilie; →*a.* Orchidee

Or|chi|dee ⟨[-çideːə] f.; -, -n⟩ Vertreterin einer sehr umfangreichen Pflanzenfamilie, deren Blüten oft auffällige Farben u. ungewöhnliche Formen aufweisen: Orchidiaceae; →*a.* Orchidazeen [<frz. *orchidée* <grch. *orchis* »Hode« (nach der Form der Wurzelknollen)]

Or|chi|de|en|fach ⟨[-çideːən-] n.; -(e)s, -fä|cher; umg.⟩ ausgefallenes Studienfach mit einer geringen Studentenzahl; *Byzantinistik ist ein ~*

Or|chio|to|mie ⟨[-çi-] f.; -, -n; Med.⟩ operative Entfernung des Hodengewebes [<grch. *orchis* »Hode« + *...tomie*]

Or|chis[1] ⟨[-çɪs]⟩ ⟨m.; -, -; Anat.⟩ Hode [<grch. *orchis* »Hode«]

Or|chis[2] ⟨[-çɪs]⟩ ⟨f.; -, -; Bot.⟩ einheimische Gattung der Orchideen, Knabenkraut

Or|chi|tis ⟨[-çiː-] f.; -, -ti|den; Med.⟩ Hodenentzündung

Or|dal ⟨n.; -s, -li|en⟩ mittelalterl. Gottesurteil [<mlat. *ordalium* <asächs. *ordal*]

Or|der ⟨f.; -, -n⟩ **1** Anordnung, Auftrag **2** Verfügung, Befehl; *oV* Ordre **3** ⟨fig.; umg.; veraltet⟩ *~ parieren* gehorchen [<frz. *ordre*]

or|dern ⟨V.; Kaufmannsspr.⟩ bestellen, einen Auftrag (für etwas) erteilen; *Waren ~; Interessenten sollten rechtzeitig ~*

Or|der|pa|pier ⟨n.; -s, -e; Wirtsch.⟩ Wertpapier, das durch einen schriftl. Vermerk auf eine andere als die eigtl. berechtigte u. namentlich genannte Person übertragen werden kann

Or|der|scheck ⟨m.; -s, -s; Wirtsch.⟩ (bes. international verwendete) Scheckform, die durch eine schriftliche Abtretungserklärung auf dem Scheck übertragen wird [<*Order* + *Scheck*]

Or|di|na|le ⟨n.; -s, -lia; Gramm.⟩ = Ordinalzahl

Or|di|nal|zahl ⟨f.; -, -en; Gramm.⟩ (Ordnungs-)Zahl, die die Stellung eines Dinges in einer Reihe angibt, z. B. Erster, Zweiter; →*a.* Kardinalzahl [<lat. *ordo*, Gen. *ordinis* »Ordnung«]

or|di|när ⟨Adj.⟩ **1** ⟨urspr.⟩ landläufig, alltäglich, gebräuchlich **2** ⟨meist fig.⟩ gemein, gewöhnlich, unanständig **3** *das Buch kostet ~ 10 Euro* ⟨Buchhandel⟩ im Laden [<frz. *ordinaire* »ordnungsgemäß, gewöhnlich, mittelmäßig« <lat. *ordinarius* »ordentlich, in der Ordnung«]

Or|di|na|ri|at ⟨n.; -(e)s, -e⟩ **1** Amt eines Ordinarius, ordentl. Lehrstuhl; *ein ~ innehaben; Inhaber eines ~s* **2** bischöfl. Verwaltungsbehörde [→ *Ordinarius*]

Or|di|na|ri|um ⟨n.; -s, -na|ri|en⟩ **1** ordentlicher Staatshaushalt **2** ⟨kath. Kirche⟩ Gottesdienstordnung

Or|di|na|ri|us ⟨m.; -, -na|ri|en⟩ **1** ordentlicher Professor (an einer Hochschule) **2** ⟨veraltet⟩ Klassenlehrer (an einer höheren Schule) **3** Bischof od. dessen Stellvertreter in der geistlichen Rechtsprechung [verkürzt <*Professor ordinarius;* zu lat. *ordinarius* »ordentlich, in der Ordnung«]

Or|di|när|preis ⟨m.; -es, -e; Buchw.⟩ vom Verleger für den Buchhandel festgesetzter Preis (eines Buches), Ladenpreis

Or|di|na|te ⟨f.; -, -n; Math.⟩ parallel zur Ordinatenachse abgemessener Linienabschnitt; *Ggs* Abszisse [<lat. *ordinatus* »geordnet«; → *Ordination*]

Or|di|na|ten|ach|se ⟨[-ks-] f.; -, -n; Math.⟩ senkrechte Achse im Koordinatensystem; *Sy* y-Achse; *Ggs* Abszissenachse

Or|di|na|ti|on ⟨f.; -, -en⟩ **1** ⟨kath. Kirche⟩ Weihe zum geistl. Amt, Priesterweihe **2** ⟨evang. Kirche⟩ Einsetzung in das Amt des Pfarrers **3** ⟨österr.⟩ **3.1** ärztl. Sprechstunde **3.2** ärztl. Sprechzimmer [<lat. *ordinare* »ordnen, einrichten; in ein Amt einsetzen«]

or|di|nie|ren ⟨V.⟩ **1** ⟨kath. Kirche⟩ zum Priester weihen **2** ⟨evang. Kirche⟩ in das Amt des Pfarrers einsetzen **3** ⟨österr.⟩ ärztliche Sprechstunde halten [<lat. *ordinare;* → *Ordination*]

Or|do ⟨m.; -, Or|di|nes⟩ **1** ⟨im antiken Rom⟩ Stand, Körperschaft; *~ equestris* Ritterstand **2** ⟨unz.; im MA⟩ die gottgewollte, unveränderliche Gesellschafts- u. Werteordnung **3** ⟨kath. Kirche⟩ Stand des Priesters, Weihegrad; *Ordines minores* niedere Weihen (Ostarius, Lektor, Exorzist, Akoluth); *Ordines maiores* höhere Weihen (Subdiakon, Diakon, Presbyter) **3.1** *~ missae* formale Ordnung der Messe **4** ⟨Biol.⟩ größere Einheit in der Tier- u. Pflanzensystematik [lat., »Ordnung«]

Or|do|nanz ⟨f.; -, -en⟩ = Ordonnanz

Or|do|nanz|of|fi|zier ⟨m.; -s, -e⟩ = Ordonnanzoffizier

Or|don|nanz ⟨f.; -, -en⟩ *oV* Ordonanz **1** Befehl, Anweisung **2** für bestimmte Zwecke, bes. zum Überbringen von Befehlen, abkommandierter Soldat [<frz. *ordonnance* »Befehl, Anordnung«]

Or|don|nanz|of|fi|zier ⟨m.; -s, -e; Mil.⟩ den Stabsoffizieren zugeordneter Offizier; *oV* Ordonanzoffizier

or|do|vi|zisch ⟨[-viː-] Adj.; Geol.⟩ zum Ordovizium gehörend

Or|do|vi|zi|um ⟨[-viː-] n.; -s; unz.; Geol.⟩ Formation des Paläozoikums vor 460-410 Mill. Jahren mit beginnender kaledonischer Gebirgsbildung u. erstem Auftreten von Kephalopoden [nach den *Ordoviziern,* einem kelt. Volksstamm in Wales]

Or|dre *auch:* **Ord|re** ⟨f.; -, -s⟩ = Order (2)

Öre ⟨n.; -s, - od. f.; -, -⟩ kleinste Währungseinheit in Dänemark, Norwegen u. Schweden, $^1/_{100}$ Krone [dän., norweg. *øre,* schwed. *öre* <lat. *aureus* »Goldmünze«]

Ore|a|de ⟨f.; -, -n; grch. Myth.⟩ auf Bergen lebende Nymphe [<grch. *Oreades* »Bergnymphen«; zu *oros* »Berg«]

ore|al ⟨Adj.; Geogr.⟩ zum Gebirgswald gehörend, in ihm vorkommend

Ore|ga|no ⟨m.; - od. -s; unz.; Bot.⟩ Gewürz aus den getrockneten Blättern des Origanums; *oV* Origano

Oren|da ⟨n.; -s; unz.⟩ in der Religion der Irokesen übernatürlich wirkende, unpersönliche Kraft, die sich mit Menschen, Tieren u. Dingen verbinden kann [indian.]

Or|gan ⟨n.; -s, -e⟩ **1** Glied eines Ganzen **2** Werkzeug der Sinneswahrnehmung; *ein lautes, angenehmes, unangenehmes, sonores* ~ Stimme; *kein* ~ *für etwas haben* ⟨fig.; umg.⟩ keinen Sinn dafür haben, nicht empfänglich sein **3** ⟨Biol.⟩ funktionelle Einheit bestimmter Gestalt, die bestimmte Leistungen bringt **4** Aufträge od. Anordnungen ausführende Person od. Behörde; *beratendes, ausführendes* ~ **5** Zeitung od. Zeitschrift, die im Sinne einer Partei, für einen Fachbereich o. Ä. schreibt [<lat. *organum,* grch. *organon* »Werkzeug, Hilfsmittel«]

Or|gan|bank ⟨f.; -, -bän|ke; Med.; Path.⟩ Sammelstelle für entnommene u. konservierte Organe, die für Organverpflanzungen bereitgestellt werden

Or|gan|din ⟨m.; -s; unz.; Textilw.⟩ = Organdy

Or|gan|dy ⟨m.; -s; unz.; Textilw.⟩ mit Schwefelsäure u. Lauge behandelte Baumwolle, die dadurch einen gläsernen Charakter erhält, als Gewebe in Taftbindung; *oV* Organdin [<frz. *organdi*]

Or|ga|nell ⟨n.; -s, -en; Biol.⟩ = Organelle

Or|ga|nel|le ⟨f.; -, -n; Biol.⟩ Teil eines einzelligen Lebewesens, der wie ein Organ der mehrzelligen Lebewesen funktioniert; *oV* Organell [<neulat. *organella,* Verkleinerungsform zu lat. *organum* <grch. *organon* »Werkzeug«]

Or|ga|ni|gramm ⟨n.; -s, -e⟩ **1** ⟨Wirtsch.⟩ Hilfsmittel, Schaubild zur Darstellung von Organisationsstrukturen, vornehmlich im wirtschaftl. Bereich; *oV* Organogramm (2) **2** = Organogramm (1)

Or|ga|nik ⟨f.; -; unz.⟩ Wissenschaft von den Organen

Or|ga|ni|sa|ti|on ⟨f.; -, -en⟩ **1** ⟨unz.⟩ das Organisieren **2** planmäßiger Aufbau, Ordnung, Gliederung, Gestaltung **3** ⟨Biol.⟩ Aufbau u. Tätigkeit der Organe **4** ⟨zählb.⟩ Personengruppe, die sich zu einem bestimmten Zweck zusammengeschlossen hat, Verband [frz.]

Or|ga|ni|sa|ti|ons|ko|mi|tee ⟨n.; -s, -s⟩ Komitee, das für die Organisation (1) von etwas (bes. einer Veranstaltung) zuständig ist

Or|ga|ni|sa|ti|ons|struk|tur ⟨f.; -, -en⟩ Struktur, Aufbau einer Organisation, Organisationsform

Or|ga|ni|sa|tor ⟨m.; -s, -to|ren⟩ jmd., der etwas organisiert, Veranstalter

Or|ga|ni|sa|to|rin ⟨f.; -, -rin|nen⟩ weibl. Person, die etwas organisiert, Veranstalterin

or|ga|ni|sa|to|risch ⟨Adj.⟩ die Organisation betreffend, auf ihr beruhend, ordnend

or|ga|nisch ⟨Adj.⟩ **1** ⟨Anat.; Med.⟩ ein Organ (3) betreffend, zu ihm gehörig, von ihm ausgehend; *~es Leiden* auf Veränderungen der Organe beruhendes Leiden, Nervenleiden; *Ggs* psychisches Leiden **2** ⟨Biol.⟩ **2.1** der belebten Natur angehörend; *Ggs* anorganisch **2.2** tierisch-pflanzlich **3** ⟨Chemie⟩ Kohlenstoffverbindungen betreffend; *~e Chemie; ~e Verbindung; ~e Basen* Verbindungen des Kohlenstoffes, die außer Kohlenstoff u. Wasserstoff noch Stickstoff (bisweilen auch andere Atome) enthalten u. mit Säuren salzartige Anlagerungsverbindungen geben; *~e Säure* Verbindung, die die Carboxylgruppe (-COOH) ein- od. mehrfach enthält **4** gegliedert, gesetzmäßig geordnet; *Ggs* unorganisch; *ein ~es Ganzes*

or|ga|ni|sie|ren ⟨V.⟩ **1** einrichten, aufbauen, gestalten, planen; *eine Veranstaltung* ~ **2** ⟨umg.⟩ beschaffen, bes. auf nicht ganz einwandfreie Weise **3** *sich* ~ sich einer Gewerkschaft, Partei anschließen; *organisierter Arbeiter* [<frz. *organiser,* eigtl. »mit Organen versehen«; zu *organe* »Organ, Werkzeug«]

or|ga|ni|siert ⟨Adj.⟩ in einer Organisation (4) zusammengeschlossen, ihr angehörend; *~e Kriminalität* von einem festen, in sich strukturierten Personenkreis (z. B. Mafia) geplante u. verübte kriminelle Handlungen

Or|ga|ni|sie|rung ⟨f.; -, -en⟩ das Organisieren; *Ggs* Desorganisierung

or|ga|nis|misch ⟨Adj.⟩ zu einem Organismus gehörend, wie ein Organismus beschaffen

Or|ga|nis|mus ⟨m.; -, -nis|men⟩ **1** selbstständiges Lebewesen, lebendiger menschlichen, tierischen od. pflanzlichen Körper **2** sinnvoll gegliedertes Ganzes [→ *Organ*]

Or|ga|nist ⟨m.; -en, -en; Musik⟩ Musiker, dessen Hauptaufgabe das Spielen der Orgel während des Gottesdienstes ist, Orgelspieler [<mhd. *organiste* <mlat. *organista* <lat. *organista;* zu *organum* »Orgel«]

Or|ga|nis|tin ⟨f.; -, -tin|nen; Musik⟩ Musikerin, deren Hauptaufgabe das Spielen der Orgel während des Gottesdienstes ist, Orgelspielerin

O

Or|ga|ni|zer ⟨[ɔ:(r)gənaızə(r)] m.; -s, -⟩ kleiner Taschencomputer, der als elektronischer Terminkalender dient; *Sy* PDA [engl., »Organisator«]

Or|gan|kon|ser|ve ⟨[-və] f.; -, -n; Med.⟩ konserviertes Organ zur Organverpflanzung

or|ga|no|gen ⟨Adj.⟩ **1** ⟨Biol.⟩ von Organen od. Organismen gebildet, aus organ. Stoffen gebildet **2** ⟨Chemie⟩ aus organischen Stoffen zusammengesetzt [< *Organ* + *...gen*[1]]

Or|ga|no|ge|ne|se ⟨f.; -, -n; Biol.⟩ Organbildung

Or|ga|no|gra|fie ⟨f.; -, -n⟩ = Organographie

or|ga|no|gra|fisch ⟨Adj.⟩ = organographisch

Or|ga|no|gramm ⟨n.; -s, -e⟩ **1** ⟨Psych.⟩ Hilfsmittel, Schaubild zur Darstellung der Informationsverarbeitung im Organismus; *oV* Organigramm (2) **2** = Organigramm (1)

Or|ga|no|gra|phie ⟨f.; -, -n⟩ *oV* Organografie **1** ⟨Biol.⟩ Beschreibung von Bau u. Lage der Organe **2** = Organologie (2) [< *Organ* + *...graphie*]

or|ga|no|gra|phisch ⟨Adj.⟩ zur Organographie gehörig, auf ihr beruhend, mit ihrer Hilfe; *oV* organografisch

or|ga|no|id ⟨Adj.⟩ organähnlich; *~e Gewebekörper*

Or|ga|no|lo|gie ⟨f.; -; unz.⟩ **1** ⟨Biol.⟩ Lehre von den Organen **2** ⟨Musik⟩ Lehre vom Instrumentenbau; *Sy* Organographie [< *Organ* + *...logie*]

or|ga|no|lo|gisch ⟨Adj.⟩ zur Organologie gehörend, auf ihr beruhend, mit ihrer Hilfe

Or|ga|non ⟨n.; -s; unz.; Philos.⟩ **1** ⟨urspr.⟩ die logischen Schriften des Aristoteles als Hilfsmittel zur Erkenntnis der Wahrheit **2** ⟨danach allg.⟩ logische Schrift [grch., »Werkzeug, Hilfsmittel«]

Or|ga|no|sol ⟨n.; -s, -e; Chemie⟩ in einem organ. Lösungsmittel vorliegendes Kolloid

Or|ga|no|the|ra|pie ⟨f.; -, -n; Med.⟩ Verwendung menschlicher od. tierischer Organe, Zellen, Gewebsflüssigkeiten od. Ausscheidungen zur Behandlung von Krankheiten; *oV* Organtherapie [< *Organ* + *Therapie*]

or|ga|no|trop ⟨Adj.⟩ auf Organe einwirkend [< *Organ* + *...trop*[1]]

Or|ga|no|zo|on ⟨n.; -s, -zo|en; Biol.⟩ im Innern eines Organs lebender Parasit [< *Organ* + grch. *zoon* »Lebewesen«]

Or|gan|schaft ⟨f.; -, -en⟩ finanzielle, wirtschaftl. u. organisat. Einbindung eines selbstständigen Unternehmens in ein anderes

Or|gan|sin ⟨m. od. n.; -s; unz.; Textilw.⟩ als Kettgarn verwendbarer Zwirn aus Grège, der zunächst vorgedreht u. dann entgegengesetzt gedreht wird [nach *Urgenč*, Stadt in Usbekistan, wo *Organsin* zuerst hergestellt wurde]

Or|gan|spen|der ⟨m.; -s, -; Med.⟩ jmd, der ein gesundes, aber notfalls entbehrliches Organ für eine Organverpflanzung zur Verfügung stellt, od. der zu Lebzeiten schriftlich seine Bereitschaft erklärt, sich im Falle seines Todes Organe entnehmen zu lassen, die zur Rettung anderer Menschen verwendet werden können

Or|gan|spen|de|rin ⟨f.; -, -rin|nen; Med.⟩ weibl. Organspender

Or|gan|the|ra|pie ⟨f.; -, -n; Med.⟩ = Organotherapie

Or|gan|trans|plan|ta|ti|on ⟨f.; -, -en; Med.⟩ Organverpflanzung

Or|ga|num ⟨n.; -s, -ga|na; Musik⟩ **1** ⟨veraltet⟩ Orgel **2** ⟨MA⟩ früheste Form der Mehrstimmigkeit auf der Grundlage des Gregorianischen Chorals [lat., »Werkzeug, Hilfsmittel«]

Or|gan|za ⟨m.; -s; unz.; Textilw.⟩ sehr feines Gewebe aus Naturseide [→ *Organsin*]

Or|gas|mus ⟨m.; -, -gas|men⟩ Höhepunkt des Geschlechtsaktes od. anderer sexueller Handlungen [<grch. *orgasmos;* zu *organ* »reifen, schwellen«]

or|gas|tisch ⟨Adj.⟩ auf dem Orgasmus beruhend

Or|gel ⟨f.; -, -n; Musik⟩ größtes Musikinstrument, bei dem von einem Spieltisch aus durch Tasten u. Pedal sowie mechan. od. elektr. Luftzuführung Pfeifen in den verschiedensten Klangfarben zum Tönen gebracht werden [<ahd. *orgela, organa* <lat. *organa,* Pl. von *organum* »Werkzeug, Musikinstrument, Orgel«]

Or|gel|pro|spekt *auch:* **Or|gel|pros|pekt** ⟨m.; -(e)s, -e; Musik⟩ die sichtbare, oft künstlerisch gestaltete Vorderseite des Pfeifengehäuses der Orgel → *Prospekt*]

Or|gi|as|mus ⟨m.; -, -as|men⟩ **1** ausschweifende, ekstatische Kultfeier in den antiken Mysterien **2** Zügellosigkeit, Ausgelassenheit [<grch. *orgiasmos;* zu *orgiazein* »ein Fest orgiastisch feiern«]

Or|gi|ast ⟨m.; -en, -en⟩ jmd., der zügellos ist [<grch. *orgiastes* »der Orgien Feiernde«]

or|gi|as|tisch ⟨Adj.⟩ in der Art einer Orgie, zügellos, wild

Or|gie ⟨[-gjə] f.; -, -n⟩ **1** kultische Feier der Antike **2** Ausschweifung, wüstes Gelage [<lat. *orgia* »nächtliche Feier zu Ehren des Gottes Bacchus«]

Org|ware ⟨[-wɛ:(r)] f.; -, -s; EDV⟩ Programme, die der Steuerung von (untergeordneten) Abläufen dienen od. als Betriebssystem die Abläufe eines Rechensystems koordinieren [verkürzt <engl. *organizational* »organisierend« + *software* »Computerprogramm«]

Ori|ent ⟨m.; -s; unz.⟩ *Ggs* Okzident **1** ⟨veraltet⟩ Osten, Morgen **2** Morgenland; *der Vordere ~* Vorderasien [<mhd. *orient* »Osten; Land im Osten« <lat. *oriens (sol)* »aufgehende (Sonne); Orient (als der Teil der bewohnten Erde, der in der Richtung der aufgehenden Sonne liegt)«; zu *oriri* »sich erheben, aufsteigen«; → *Okzident*]

Ori|en|ta|le ⟨m.; -n, -n⟩ Bewohner des Orients

Ori|en|ta|lia ⟨Pl.⟩ den Orient betreffende Sammlung, Bücher über den Orient

Ori|en|ta|lin ⟨f.; -, -lin|nen⟩ Bewohnerin des Orients

ori|en|ta|lisch ⟨Adj.⟩ zum Orient gehörend, aus ihm stammend, morgenländisch; *Ggs* okzidental(isch) [<lat. *orientalis*]

ori|en|ta|li|sie|ren ⟨V.⟩ **1** einer Sache ein orientalisches Aussehen verleihen **2** ⟨bild. Kunst;

O

Lit.〉 orientalische Einflüsse, Traditionen aufnehmen, orientalische Stoffe, Themen u. Dichtformen verwenden

Ori|en|ta|list 〈m.; -en, -en〉 Wissenschaftler auf dem Gebiet der oriental. Sprachen u. Kulturen

Ori|en|ta|lis|tik 〈f.; -; unz.〉 Wissenschaft von den oriental. Sprachen u. Kulturen

Ori|en|ta|lis|tin 〈f.; -, -tin|nen〉 Wissenschaftlerin auf dem Gebiet der oriental. Sprachen u. Kulturen

ori|en|ta|lis|tisch 〈Adj.〉 zur Orientalistik gehörend, auf ihr beruhend

Ori|ent|beu|le 〈f.; -, -n; Med.〉 durch Infektion entstehendes, beulenartiges eitriges Geschwür, das nach einiger Zeit aufbricht u. vernarbt, in den Tropen u. Subtropen endemisch auftretend; *Sy* Aleppobeule

ori|en|tie|ren 〈V.〉 **1** *jmdn. od. sich* ~ (über etwas) unterrichten, in Kenntnis setzen, Auskunft geben, erteilen; *darüber bin ich leider nicht orientiert* **2** *sich* ~ 〈urspr.〉 den eigenen Standort nach der Himmelsrichtung feststellen **3** 〈allg.〉 den eigenen Standort bestimmen, sich zurechtfinden [<frz. *(s')orienter;* zu *orient* »Sonnenaufgang, Osten«]

Ori|en|tie|rung 〈f.; -, -en〉 das Orientieren, das Orientsein; *zu Ihrer* ~ damit Sie Bescheid wissen; *die* ~ *verlieren* die Richtung verlieren, nicht mehr wissen, wo man sich befindet; *Ggs* Desorientierung

Ori|en|tie|rungs|stu|fe 〈f.; -, -n; Schulw.〉 zwischen Grundschule u. weiterführenden Schulen eingeschaltete Förderstufe (5. u. 6. Schuljahr) mit Kurssystem, das die individuelle Begabung unterstützt u. eine Erprobung der gewählten Schulform ermöglichen soll

Ori|flam|me 〈f.; -, -n; früher〉 Kriegsfahne, Banner der französischen Könige [<mlat. *auriflamma* »Goldflamme«]

Ori|ga|mi 〈n.; - od. -s; unz.〉 japanische Kunst des Papierfaltens [jap.]

Ori|ga|no 〈m.; - od. -s; unz.; Bot.〉 = Oregano

Ori|ga|num 〈n.; -s; unz.; Bot.〉 wilder Majoran, Dost, eine Gewürzpflanze: Origanum vulgare [lat. <grch.]

ori|gi|nal 〈Adj.〉 **1** ursprünglich, echt, urschriftlich **2** schöpferisch, eigen [<lat. *originalis* »ursprünglich«]

Ori|gi|nal 〈n.; -s, -e〉 **1** Vorbild, Urbild **2** erste Niederschrift, ursprüngliche Fassung, Urtext; *Ggs* Kopie (1); *das ~ eines Briefes, Gemäldes; Kopie nach einem ~ von Raffael* **3** 〈fig.; umg.〉 bemerkenswerte, skurrile Person, (meist witziger) Sonderling [<mlat. *originale (exemplar)* »Urschrift«; zu *originalis* »ursprünglich«]

Ori|gi|na|li|tät 〈f.; -; unz.〉 originale Beschaffenheit, Ursprünglichkeit, Besonderheit, Eigenart [<frz. *originalité*]

Ori|gi|nal|ton 〈m.; -(e)s; unz.; Kurzwort: O-Ton〉 der ursprüngliche, unveränderte, direkte Ton, Klang einer CD-, Film-, Fernseh-, Radio- od. Schallplattenaufnahme; *eine Rede im ~ senden*

ori|gi|när 〈Adj.〉 **1** ursprünglich, echt, original **2** grundlegend; *eine ~ pädagogische Tätigkeit; die Partei verfolgt ~ umweltpolitische Ziele* [<frz. *originaire*]

ori|gi|nell 〈Adj.〉 **1** ursprünglich, eigen, neuartig u. treffend; *ein ~er Einfall, Gedanke* **2** eigenartig u. geistreich, witzig; *ein ~er Mensch* [<frz. *originel*]

Or|kan 〈m.; -s, -e; Meteor.〉 Sturm von größter Windstärke [<ndrl. *orkaan,* über frz. *ouragan,* ital. *uragano,* engl. *hurricane* <span. *huracán* »Wirbelsturm« <Taino *hurakán* <*hura* »Wind; wegblasen«]

Or|kus 〈m.; -; unz.; röm. Myth.〉 Unterwelt, Totenreich [<lat. *Orcus*]

Or|le|an 〈m.; -s; unz.; Chemie〉 organgegelber od. roter natürl. Farbstoff aus dem Samen des Orleanstrauchs zum Färben von Wolle, Seide u. Nahrungsmitteln (in Deutschland nicht mehr zugelassen) [<frz. *orléane,* nach dem span. Entdecker F. de *Orellana,* † 1549, mit volksetymolog. Anlehnung an die frz. Stadt *Orléans*]

Or|le|ans 〈[orleã:] m.; -; unz.; Textilw.〉 leichter Baumwollstoff mit lüsterähnl. Glanz [nach der frz. Stadt *Orléans*]

Or|le|an|strauch 〈m.; -es, -sträucher; Bot.〉 trop. kräftiger Strauch od. kleiner Baum mit blassrosa Blüten, der Orlean liefert: Bixa orellana

Or|lon 〈n.; -s; unz.; Textilw.〉 wollähnliche synthet. Faser aus Polyacrylnitril

Or|na|ment 〈n.; -(e)s, -e〉 Verzierung, Schmuck, schmückende Form [<lat. *ornamentum* »Ausrüstung, Ausschmückung, Schmuck«]

or|na|men|tal 〈Adj.〉 in der Art eines Ornaments, schmückend

or|na|men|tie|ren 〈V.〉 mit Ornamenten versehen, verzieren

Or|na|men|tik 〈f.; -; unz.〉 **1** Gesamtheit der Ornamente eines Stils, einer Epoche, eines Bauwerkes o. Ä. **2** Kunst der Verzierung

Or|nat 〈n.; -(e)s, -e〉 feierl. Amtstracht [<lat. *ornatus* »Ausstattung; Schmuck; Kleidung«]

or|na|tiv 〈Adj.; Gramm.〉 zum Ornativ gehörig, es betreffend

Or|na|tiv 〈n.; -s, -e [-və]; Gramm.〉 Klasse von Verben, die ausdrücken, dass das in ihnen mitgedachte Objekt mit etwas versehen, ihm etwas hinzugefügt wird, z. B. »bepflanzen«, »verwunden«; *oV* Ornativum [<lat. *ornativus* »zur Ausstattung dienlich«]

Or|na|ti|vum 〈[-vum] n.; -s, -va [-va]; Gramm.〉 = Ornativ

Or|nis 〈f.; -; unz.; Zool.〉 Gesamtheit der Vögel einer Landschaft [grch., »Vogel«]

or|ni|tho..., Or|ni|tho... 〈in Zus.; Zool.〉 vogel..., Vogel... [<grch. *ornis,* Gen. *ornithos* »Vogel«]

Or|ni|tho|ga|mie 〈f.; -; unz.; Biol.〉 = Ornithophilie [<*Ornitho...* + *...gamie*]

Or|ni|tho|lo|ge 〈m.; -n, -n; Zool.〉 Wissenschaftler auf dem Gebiet der Ornithologie, Vogelkundler

Or|ni|tho|lo|gie 〈f.; -; unz.; Zool.〉 Vogelkunde [<*Ornitho...* + *...logie*]

O

Or|ni|tho|lo|gin ⟨f.; -, -gin|nen; Zool.⟩ Wissenschaftlerin auf dem Gebiet der Ornithologie, Vogelkundlerin

or|ni|tho|lo|gisch ⟨Adj.; Zool.⟩ zur Ornithologie gehörend, sie betreffend, vogelkundlich

or|ni|tho|phil ⟨Adj.; Biol.⟩ die Bestäubung von bestimmten Pflanzen durch Vögel (z. B. Kolibris) vornehmen lassend (von best. Pflanzen) [< *ornitho...* + *...phil*]

Or|ni|tho|phi|lie ⟨f.; -; unz.; Biol.⟩ Bestäubung von Blüten durch Vögel; *Sy* Ornithogamie

Or|ni|tho|se ⟨f.; -, -n; Med.⟩ von Vögeln übertragene Infektionskrankheit [<grch. *ornis*, Gen. *ornithos* »Vogel«]

oro..., Oro... ⟨in Zus.; Geogr.⟩ Berg..., Gebirgs... [<grch. *oros* »Berg, Gebirge«]

oro|gen ⟨Adj.; Geogr.⟩ Gebirge bildend, durch Bildung von Gebirgen veränderlich od. entstanden; *oV* orogenetisch [< *oro...* + *...gen*[1]]

Oro|ge|ne|se ⟨f.; -, -n; Geogr.⟩ Bildung von Gebirgen; *Sy* Tektogenese; *Ggs* Epirogenese

oro|ge|ne|tisch ⟨Adj.; Geogr.⟩ = orogen

Oro|ge|nie ⟨f.; -; unz.; Geogr.⟩ Lehre von der Entstehung der Gebirge [< *Oro...* + *...genie*]

Oro|gra|fie ⟨f.; -, -n; Geogr.⟩ = Orographie

oro|gra|fisch ⟨Adj.; Geogr.⟩ = orographisch

Oro|gra|phie ⟨f.; -, -n; Geogr.⟩ Beschreibung der Erdoberfläche, Geomorphologie; *oV* Orografie [< *Oro...* + *...graphie*]

oro|gra|phisch ⟨Adj.; Geogr.⟩ zur Orographie gehörend, auf ihr beruhend; *oV* orografisch

Oro|hy|dro|gra|fie *auch:* **Oro|hyd|ro|gra|fie** ⟨f.; -, -n; Geogr.⟩ = Orohydrographie

oro|hy|dro|gra|fisch *auch:* **oro|hyd|ro|gra|fisch** ⟨Adj.; Geogr.⟩ = orohydrographisch

Oro|hy|dro|gra|phie *auch:* **Oro|hyd|ro|gra|phie** ⟨f.; -, -n; Geogr.⟩ Beschreibung der Gebirgszüge u. Wasserläufe; *oV* Orohydrografie [< *Oro...* + *hydro...* + *...graphie*]

oro|hy|dro|gra|phisch *auch:* **oro|hyd|ro|gra|phisch** ⟨Adj.; Geogr.⟩ zur Orohydrographie gehörend, auf ihr beruhend; *oV* orohydrografisch

Oro|me|trie *auch:* **Oro|met|rie** ⟨f.; -; unz.; Geogr.⟩ Ausmessung der Erdoberfläche [< *Oro...* + *...metrie*]

oro|me|trisch *auch:* **oro|met|risch** ⟨Adj.; Geogr.⟩ zur Orometrie gehörend, auf ihr beruhend

Or|phik ⟨f.; -; unz.⟩ altgrch. Geheimlehre über Reinigung u. Askese, Unsterblichkeit der Seele, Seelenwanderung, Entstehung der Welt u. Erlösung des Menschen [nach dem thrak. Gott *Orpheus*]

Or|phi|ker ⟨m.; -s, -⟩ Vertreter, Anhänger der Orphik

or|phisch ⟨Adj.⟩ **1** zur Orphik gehörend, von ihr stammend **2** geheimnisvoll, dunkel

Or|ping|ton[1] ⟨[-tən] f.; -, -s⟩ Rasse der Hausenten [nach der engl. Stadt *Orpington*]

Or|ping|ton[2] ⟨[-tən] n.; -s, -s⟩ Rasse des Haushuhns mit schwerem Körper

Or|plid *auch:* **Orp|lid** ⟨n.; -s; unz.; Kunstwort⟩ Land der Träume [von E. Mörike erfundener Name]

Örs|ted ⟨n.; -, -⟩ = Oersted

Or|the|se ⟨f.; -, -n; Med.⟩ orthopäd. Prothese, die die Extremitäten od. die Wirbelsäule stützt [< *ortho*pädisch + Pro*these*]

Or|the|tik ⟨f.; -; unz.; Med.⟩ Teilgebiet der Medizinaltechnik, das sich mit der Konstruktion von Orthesen befasst

or|the|tisch ⟨Adj.; Med.⟩ **1** die Orthese betreffend **2** zur Orthetik gehörend

or|tho..., Or|tho... ⟨in Zus.⟩ **1** gerade, aufrecht **2** richtig, recht [<grch. *orthos*]

Or|tho|chro|ma|sie ⟨[-kro-] f.; -; unz.; Fot.⟩ orthochromatische Beschaffenheit, Eigenschaft [< *Ortho...* + grch. *chroma* »Farbe«]

or|tho|chro|ma|tisch ⟨[-kro-] Adj.; Fot.⟩ die Helligkeitswerte aller Farben (außer Rot) in Grautönen wiedergend; *Ggs* panchromatisch

or|tho|dox ⟨Adj.; Rel.⟩ **1** rechtgläubig, strenggläubig **2** *~e Kirche* Ostkirche [<grch. *orthodoxein* »die richtige Meinung haben«]

Or|tho|do|xe(r) ⟨f. 2 (m. 1); Rel.⟩ jmd., der orthodox ist, Strenggläubiger

Or|tho|do|xie ⟨f.; -; unz.; Rel.⟩ Rechtgläubigkeit, Strenggläubigkeit

or|tho|drom ⟨Adj.; Kartogr.⟩ auf der Orthodrome gemessen, zu ihr gehörig; *oV* orthodromisch; *Ggs* antidrom

Or|tho|dro|me ⟨f.; -, -n; Kartogr.⟩ kürzeste Verbindungslinie zweier Punkte der Erdoberfläche, gegeben durch den Großkreis, auf dem beide Punkte liegen [< *Ortho...* + grch. *dromos* »Lauf«]

or|tho|dro|misch ⟨Adj.; Kartogr.⟩ = orthodrom; *Ggs* antidromisch

Or|tho|epie ⟨f.; -; unz.; Phon.⟩ = Orthoepik

Or|tho|epik ⟨f.; -; unz.; Phon.⟩ Lehre von der richtigen Aussprache der Wörter nach der Norm einer Hochsprache, Rechtslautung; *oV* Orthoepie [< *Ortho...* + grch. *epos* »Wort, Rede«]

or|tho|episch ⟨Adj.; Phon.⟩ zur Orthoepie gehörend, auf der Orthoepie beruhend, rechtlautend

Or|tho|ge|ne|se ⟨f.; -, -n; Biol.⟩ Lehre von der gradlinigen, gerichteten Entwicklung der Lebewesen, nach der nicht erfassbare äußere Faktoren, immer in gleicher Richtung wirkend, die Entwicklung der Lebewesen im stammesgeschichtlichen Ablauf steuern

Or|tho|ge|stein ⟨n.; -s, -e; Min.⟩ aus Eruptivgestein hervorgegangenes metamorphes Gestein

or|tho|gnath *auch:* **or|thog|nath** ⟨Adj.; Med.⟩ einen geraden Biss der Zähne bei normaler Kieferstellung aufweisend [< *ortho...* + grch. *gnathos* »Kiefer«]

Or|tho|gna|thie *auch:* **Or|thog|na|thie** ⟨f.; -; unz.; Med.⟩ gerader (senkrechter) Stand der Kiefer u. Zähne im Verhältnis zum Schädel; *Ggs* Progenie, Prognathie [< *Ortho...* + grch. *gnathos* »Kiefer«]

Or|tho|gneis ⟨m.; -es, -e; Geol.⟩ aus magmatischen Gesteinen entstandener kristalliner Schiefer

Or|tho|gon ⟨n.; -s, -e; Geom.⟩ Rechteck [< *Ortho...* + *...gon*]

or|tho|go|nal ⟨Adj.; Geom.⟩ **1** rechtwinklig **2** rechteckig

or|tho|grad ⟨Adj.; Med.⟩ **1** in der physiologischen Richtung voranschreitend (von Speisen auf dem Weg durch den Zwölffingerdarm) **2** beim Röntgen in der Strahlenrichtung liegend [< *ortho...* + lat. *gradus* »Schritt«]

Or|tho|gra|fie ⟨f.; -, -n; Sprachw.⟩ Lehre von der richtigen Schreibung der Wörter, Rechtschreibung; *oV* Orthographie [< *Ortho...* + *...grafie*]

or|tho|gra|fisch ⟨Adj.; Sprachw.⟩ die Orthografie betreffend, zu ihr gehörend, auf ihr beruhend, rechtschreiblich; *oV* orthographisch

Or|tho|gra|phie ⟨f.; -, -n; Sprachw.⟩ = Orthografie

or|tho|gra|phisch ⟨Adj.; Sprachw.⟩ = orthografisch

Or|tho|klas ⟨m.; -es, -e; Min.⟩ Kalifeldspat [< *Ortho...* + grch. *klasis* »Bruch«]

orth|o|nym *auch:* **or|tho|nym** ⟨Adj.⟩ unter Angabe des richtigen Autornamens verfasst; *Sy* autonym; *Ggs* pseudonym [< *ortho...* + grch. *onyma* »Name«]

Orth|o|nym *auch:* **Or|tho|nym** ⟨n.; -s, -e⟩ der richtige Name eines Verfassers

Or|tho|pä|de ⟨m.; -n, -n; Med.⟩ Facharzt für Orthopädie

Or|tho|pä|die ⟨f.; -; unz.; Med.⟩ Fachgebiet der Medizin, das sich mit der Behandlung der angeborenen u. erworbenen Fehler in dem zur Bewegung nötigen Apparat befasst [< *Ortho...* + *...pädie*]

Or|tho|pä|die|me|cha|ni|ker ⟨[-ça-] m.; -s, -; Med.⟩ jmd., der beruflich künstl. Gliedmaßen u. a. orthopädische Hilfsmittel anfertigt

Or|tho|pä|die|me|cha|ni|ke|rin ⟨[-ça-] f.; -, -rin|nen; Med.⟩ weibl. Person, die beruflich künstl. Gliedmaßen u. a. orthopädische Hilfsmittel anfertigt

Or|tho|pä|din ⟨f.; -, -din|nen; Med.⟩ Fachärztin für Orthopädie

or|tho|pä|disch ⟨Adj.; Med.⟩ zur Orthopädie gehörend, auf ihr beruhend

Or|tho|pä|dist ⟨m.; -en, -en; Med.⟩ Hersteller orthopädischer Geräte

Or|tho|pte|re *auch:* **Or|thop|te|re** ⟨m.; -n, -n; Zool.⟩ Geradflügler, Vertreter einer großen Gruppe von Insekten: Orthopteroidea [< *Ortho...* + *...ptere*]

Orth|op|tik *auch:* **Or|thop|tik** ⟨f.; -; unz.; Med.⟩ Behandlung des Schielens durch Training der Augenmuskeln [<grch. *orthos* »richtig, recht« + *optikos* »das Sehen betreffend«]

Orth|op|tist *auch:* **Or|thop|tist** ⟨m.; -en, -en; Med.⟩ Helfer des Augenarztes, der Sehprüfungen u. das Training der Augenmuskeln zur Behandlung des Schielens vornimmt

Orth|op|tis|tin *auch:* **Or|thop|tis|tin** ⟨f.; -, -tin|nen; Med.⟩ Helferin des Augenarztes, die Sehprüfungen u. das Training der Augenmuskeln zur Behandlung des Schielens vornimmt

Or|tho|skop *auch:* **Or|thos|kop** ⟨n.; -s, -e; Optik⟩ Mikroskop, durch dessen Objektiv parallele Lichtstrahlen gehen, zur Untersuchung von Kristallen u. zur Polarisation von Licht [< *Ortho...* + *...skop*]

Or|tho|sko|pie *auch:* **Or|thos|ko|pie** ⟨f.; -; unz.; Optik⟩ unverzerrte Wiedergabe durch Linsen

or|tho|sko|pisch *auch:* **or|thos|ko|pisch** ⟨Adj.; Optik⟩ zur Orthoskopie gehörend, auf ihr beruhend

Or|tho|sta|se *auch:* **Or|thos|ta|se** ⟨f.; -; unz.; Med.⟩ aufrechte Körperhaltung [< *Ortho...* + *...stase*]

Or|tho|stat *auch:* **Or|thos|tat** ⟨m.; -en, -en; meist Pl.; antike Arch.⟩ aufrecht stehender Quader, Steinblock

or|tho|sta|tisch *auch:* **or|thos|ta|tisch** ⟨Adj.; Med.⟩ die Orthostase betreffend, bei aufrechter Körperhaltung

or|tho-Stel|lung ⟨f.; -; unz.; Zeichen: o-; Chemie; Bez. für⟩ Anordnung zweier Substituenten in ringförmigen Kohlenstoffverbindungen, die einander unmittelbar benachbart sind

> **ortho-Stellung** (*Groß- und Kleinschreibung*) Die Schreibung wissenschaftlicher Begriffe ist teilweise in den jeweiligen Fachsprachen festgelegt und kann von den allgemein gültigen Regeln der Standardsprache abweichen.

or|tho|trop ⟨Adj.; Bot.⟩ unter dem Einfluss der Erdanziehungskraft senkrecht aufwärts- od. abwärtswachsend (von Pflanzen) [< *ortho...* + *...trop*]

Or|tho|ver|bin|dung ⟨f.; -, -en; Chemie⟩ **1** anorgan. Säure, die gegenüber der Methasäure mehr Wasser enthält, z. B. Orthokieselsäure **2** ein Benzolring, der zwei Substituenten in Nachbarstellung aufweist **3** Verbindung von Elementen mit gleichgerichtetem Kernspin, z. B. o-H_2 [zu grch. *orthos* »recht«]

Or|tho|zen|trum *auch:* **Or|tho|zent|rum** ⟨n.; -s, -zen|tren; Math.⟩ Punkt, in dem sich die Höhen eines Dreiecks schneiden

or|tho|ze|phal ⟨Adj.; Med.⟩ normale Kopfform habend [< *ortho...* + *...zephal*]

Or|tho|ze|ras ⟨m.; -, -ze|ren; Zool.⟩ ausgestorbener Kopffüßer mit stabförmigem Gehäuse: Orthoceras [< *Ortho...* + grch. *keras* »Horn«]

Or|to|lan ⟨m.; -s, -e; Zool.⟩ zu den Ammern gehörender, bunter Zugvogel: Emberiza hortulana [<ital. *ortolano* »Gärtner« <lat. *hortolanus*]

Oryx|an|ti|lo|pe ⟨f.; -, -n; Zool.⟩ Spießbock, Angehörige einer Gattung rinderartiger Antilopen mit spießartig geraden Hörnern: Oryx [<grch. *orys* »Tier mit Hörnern« + *Antilope*]

Os ⟨chem. Zeichen für⟩ Osmium

...os ⟨Nachsilbe; zur Bildung von Adj.⟩ = ...ös

...ös ⟨Nachsilbe; zur Bildung von Adj.⟩ *oV* ...os **1** die Existenz des im substantivischen Ausgangswort Bezeichneten anzeigend; *tuberkulös; kariös; muskulös* **2** gemäß dem im sub-

O

stantivischen Ausgangswortes Bezeichneten; *kapriziös; fabulös; mysteriös* [<frz. *-ieux, -ieuse* <lat. *-osus*]

Os|car ⟨m.; - od. -s, -s; seit 1928⟩ jährlich verliehener Preis für die Einzelleistungen im US-amerikan. Film in Gestalt einer kleinen, männl. Bronzestatue; *Sy* Academy Award [laut einer Anekdote nach einem Mr. *Oscar* Herrick, der dieser Statuette ähnlich gesehen haben soll]

...ose ⟨Nachsilbe; zur Bildung weibl. Subst.; f.; -, -n⟩ **1** ⟨Med.⟩ einen Krankheitsverlauf od. -zustand benennend; *Neurose; Sklerose; Dermatose* **2** ⟨Chemie⟩ ein Mono- od. Disaccharid benennend; *Laktose; Glukose* [grch.]

Os|ku|la|ti|on ⟨f.; -, -en; Math.⟩ Art der Berührung zweier Kurven [<lat. *osculatio* »das Küssen«]

os|ku|lie|ren ⟨V.; Math.⟩ eine Oskulation bilden

Os|ma|ne ⟨m.; -n, -n⟩ Türke im früheren Osmanischen Reich; *Sy* Ottomane[1] [nach dem Sultan *Osman I.*, 1288-1326]

Os|mi|um ⟨n.; -s; unz.; chem. Zeichen: Os⟩ Edelmetall aus der Gruppe des Platins, Ordnungszahl 76 [<grch. *osme* »Geruch«]

Os|mo|lo|gie ⟨f.; -; unz.⟩ Lehre von den Riechstoffen [<grch. *osme* »Geruch« + *...logie*]

os|mo|phor ⟨Adj.; Med.⟩ Geruchsempfindungen hervorrufend [<grch. *osme* »Geruch« + *pherein* »tragen«]

Os|mo|se ⟨f.; -; unz.; Chemie; Biol.⟩ Durchgang eines Lösungsmittels durch eine semipermeable Membran von der Seite der geringeren Konzentration zu der höheren Konzentration, wodurch die Konzentrationsunterschiede auf beiden Seiten ausgeglichen werden [<grch. *osmos* »das Stoßen, Schieben«]

Os|mo|the|ra|pie ⟨f.; -, -n; Med.⟩ intravenöse Injektion hochkonzentrierter Zucker- od. Salzlösungen, die den osmotischen Druck des Blutes erhöhen u. der Gewebeentwässerung u. Entgiftung dienen

os|mo|tisch ⟨Adj.; Chemie; Biol.⟩ **1** auf Osmose beruhend **2** *~er Druck; ~er Wert* der die Osmose bewirkende Unterschied in der Konzentration von Lösungsmitteln

öso|pha|gisch ⟨Adj.; Med.⟩ zum Ösophagus gehörend

Öso|pha|gi|tis ⟨f.; -, -ti|den; Med.⟩ Entzündung der Speiseröhre [<*Ösophagus* + *...itis*]

Öso|pha|go|skop *auch:* **Öso|pha|gos|kop** ⟨n.; -s, -e; Med.⟩ Spiegel zur Untersuchung der Speiseröhre

Öso|pha|go|to|mie ⟨f.; -, -n; Med.⟩ operative Öffnung der Speiseröhre, Speiseröhrenschnitt [<*Ösophagus* + *...tomie*]

Öso|pha|gus ⟨m.; -, -pha|gi; Anat.⟩ Speiseröhre [<grch. *oisophagos* <*oisai*, Futur zu *pherein* »tragen« + *phagein* »essen«]

Os|phre|sio|lo|gie ⟨f.; -; unz.⟩ Lehre vom Geruchssinn [<grch. *osphresis* »Geruchssinn« + *...logie*]

os|sal ⟨Adj.; Med.⟩ zu den Knochen gehörend; *oV* ossär [<lat. *os*, Gen. *ossis* »Knochen«]

os|sär ⟨Adj.; Med.⟩ = ossal

Os|sa|ri|um ⟨n.; -s, -ri|en⟩ *oV* Ossuarium **1** antike Urne zum Aufbewahren von Gebeinen **2** Beinhaus [<lat. *os*, Gen. *ossis* »Knochen«, Pl. *ossa* »Gebein«]

os|sia ⟨Musik⟩ auf eine andere Lesart des Notentextes hinweisend [ital., »oder (auch)«]

Os|si|fi|ka|ti|on ⟨f.; -, -en; Med.⟩ **1** Bildung von Knochen **2** Verknöcherung von anderen Gewebearten [<lat. *os*, Gen. *ossis* »Knochen« + *...fikation*]

os|si|fi|zie|ren ⟨V.; Med.⟩ verknöchern [<lat. *os*, Gen. *ossis* »Knochen« + *...fizieren*]

Os|su|a|ri|um ⟨n.; -s, -ri|en⟩ = Ossarium

os|te..., Os|te... ⟨Med.; in Zus.⟩ = osteo..., Osteo...

Os|te|al|gie ⟨f.; -, -n; Med.⟩ Schmerzhaftigkeit der Knochen [<*Osteo...* + *...algie*]

os|ten|ta|tiv ⟨Adj.⟩ **1** offensichtlich, augenfällig **2** prahlerisch, herausfordernd, provozierend, betont; *~ zu spät kommen; etwas ~ behaupten, fordern* [<lat. *ostentare* »zur Schau stellen, zeigen«]

os|teo..., Os|teo... ⟨vor Vokalen⟩ oste..., Oste... ⟨Med.; in Zus.⟩ Knochen... [<grch. *osteon* »Knochen«]

Os|teo|blast ⟨m.; -en, -en; Med.⟩ knochenbildende Zelle [<*Osteo...* + *...blast*]

Os|teo|blas|tom ⟨n.; -s, -e; Med.⟩ Knochengeschwulst; *Sy* Osteom

Os|teo|ek|to|mie ⟨f.; -, -n; Med.⟩ Ausmeißeln eines Knochenstücks

os|teo|gen ⟨Adj.; Med.⟩ von den Knochen ausgehend [<*osteo...* + *...gen*[1]]

Os|teo|ge|ne|se ⟨f.; -, -n; Med.⟩ Knochenbildung

os|teo|id ⟨Adj.; Med.⟩ knochenähnlich [<*osteo...* + *...id*]

Os|teo|kla|sie ⟨f.; -, -n⟩ **1** ⟨Med.⟩ chirurg. Geraderichten verkrümmter Knochen **2** ⟨Anat.⟩ vermehrte Tätigkeit der Osteoklasten [<*Osteo...* + grch. *klasis* »Zerbrechen, Bruch«]

Os|te|o|klast ⟨m.; -en, -en; meist Pl.; Med.⟩ Knochensubstanz abbauende Zelle

Os|teo|lo|gie ⟨f.; -; unz.; Med.⟩ Lehre von den Knochen

os|teo|lo|gisch ⟨Adj.; Med.⟩ die Osteologie betreffend, zu ihr gehörend, auf ihr beruhend

Os|teo|ly|se ⟨f.; -, -n; Med.⟩ Auflösung von Knochengewebe

Os|te|om ⟨n.; -s, -e; Med.⟩ = Osteoblastom

Os|teo|ma|la|zie ⟨f.; -, -n; Med.⟩ Knochenerweichung [<*Osteo...* + grch. *malakos* »weich«]

Os|teo|my|e|li|tis ⟨f.; -, -ti|den; Med.⟩ Entzündung des Knochenmarks

Os|te|on ⟨n.; -s; unz.; Anat.⟩ aus Knochenlamellen bestehende Baueinheit des Knochengewebes

Os|teo|path ⟨m.; -en, -en; Med.⟩ Arzt, Heilpraktiker od. Physiotherapeut, der durch Betasten der Wirbelsäule u. des Körpers Blockaden u. Verspannungen der Körpermuskulatur aufspürt u. sie mit Hilfe von Massage-, Zug- u. Verschiebetechniken zu lösen versucht

Os|teo|pa|thie ⟨f.; -, -n; Med.⟩ **1** nicht entzündliche Knochenerkrankung **2** ganzheitliche Lehre, die davon ausgeht, dass alle Körperfunktionen aufeinander abgestimmt sind u. Blockaden, bes. im Bereich des Bewegungsapparates, Erkrankungen auslösen können [<*Osteo...* + *...pathie*]

Os|teo|plas|tik ⟨f.; -, -en; Med.⟩ Ersatz von Knochen auf chirurg. Wege

os|teo|plas|tisch ⟨Adj.; Med.⟩ mit Hilfe der Osteoplastik

Os|te|o|po|ro|se ⟨f.; -, -n; Med.⟩ krankhaftes Poröswerden von Knochen [<*Osteo...* + grch. *poros* »Öffnung«]

os|teo|po|ro|tisch ⟨Adj.; Med.⟩ in der Art der Osteoporose, die Osteoporose betreffend; ~ *veränderte Knochen*

Os|teo|to|mie ⟨f.; -, -n; Med.⟩ chirurg. Durchschneidung eines Knochens [<*Osteo...* + *...tomie*]

Os|te|ria ⟨f.; -, -ri|as od. -ri|en⟩ Gaststätte, Schenke [ital.]

os|ti|nat ⟨Adj.; Musik⟩ ständig wiederholt (zu spielen); *~er Bass* = Basso ostinato

os|ti|na|to ⟨Adj.; Musik⟩ = ostinat

Os|ti|na|to ⟨m. od. n.; -s, -s od. -na|ti; Musik; kurz für⟩ Basso ostinato [ital. <lat. *obstinatus* »hartnäckig«]

Os|ti|tis ⟨f.; -, -ti|ti|den; Med.⟩ Knochenentzündung [<*Osteo...* + *...itis*]

◆ Die Buchstabenfolge **os|tr...** kann auch **ost|r...** getrennt werden.

◆ **Os|tra|ko|de** ⟨m.; -n, -n; Zool.⟩ Angehöriger einer Klasse der Krebse mit stark verkürztem Körper u. höchstens zwei Fühler- u. fünf Beinpaaren, von einer muschelähnlichen Schale umschlossen, Muschelkrebs [<grch. *ostrakodes*]

◆ **Os|tra|kon** ⟨n.; -s, -tra|ka⟩ Scherbe eines zerbrochenen Gefäßes, im alten Ägypten u. alten Griechenland als Schreibmaterial statt des kostbaren Papyrus u. Pergaments verwendet [grch., »Scherbe«]

◆ **Os|tra|zis|mus** ⟨m.; -; unz.; im antiken Athen⟩ Gericht, aufgrund dessen das Volk einen Bürger verbannen konnte, Scherbengericht [<grch. *ostrakon* »Scherbe« (Tonscherben wurden damals als »Stimmzettel« benutzt)]

◆ **ös|tro|gen** ⟨Adj.; Biochemie⟩ wie östrogen wirkend

◆ **Ös|tro|gen** ⟨n.; -s; unz.; Biochemie⟩ ein weibl. Geschlechtshormon [<grch. *oistron* »Stachel; Leidenschaft« + *gennan* »erzeugen«]

Os|zil|la|ti|on ⟨f.; -, -en; Physik⟩ Schwingung [zu lat. *oscillare* »schwingen«]

Os|zil|la|ti|ons|the|o|rie ⟨f.; -; unz.; Geol.⟩ Versuch, die Bildung von Gebirgsstöcken u. deren allmähliches Wiederversinken in der Erdkruste durch Schwingungsvorgänge des Erdmantels zu erklären

Os|zil|la|tor ⟨m.; -s, -to|ren; Physik⟩ **1** ein schwingendes physikal. System **2** Gerät zur Erzeugung elektrischer Schwingungen

os|zil|la|to|risch ⟨Adj.; Physik⟩ auf Oszillation beruhend, schwingend, schwankend, oszillierend

Os|zil|la|tor|röh|re ⟨f.; -, -n; El.⟩ **1** Elektronenröhre zum Erzeugen hochfrequenter Schwingungen **2** Elektronenröhre mit Sichtschirm, auf der Schwingungsvorgänge dargestellt werden können, in abgewandelter Form, z. B. als Bildschirm eines Fernsehgerätes

os|zil|lie|ren ⟨V.; Physik⟩ schwingen, sich mechanisch hin- u. herbewegen, pendeln

Os|zil|lo|graf ⟨m.; -en, -en; Physik⟩ = Oszillograph

Os|zil|lo|gramm ⟨n.; (e)s, -e; Physik⟩ aufgezeichnete Schwingung [<lat. *oscillare* »schwingen« + *...gramm*]

Os|zil|lo|graph ⟨m.; -en, -en; Physik⟩ Gerät zur (meist fotograf.) Aufzeichnung von Schwingungen; *oV* Oszillograf; *Sy* Oszilloskop [<lat. *oscillare* »schwingen« + *...graph*]

Os|zil|lo|skop *auch:* **Os|zil|los|kop** ⟨n.; -s, -e⟩ = Oszillograph [<lat. *oscillare* »schwingen« + *...skop*]

OT ⟨EDV; Abk. für⟩ Offtopic

ot..., Ot... ⟨in Zus.⟩ = oto..., Oto...

Ot|al|gie ⟨f.; -, -n; Med.⟩ Ohrenschmerzen

OTC ⟨Abk. für engl.⟩ Over-the-Counter(-Market)

Ot|i|a|trie ⟨f.; -; unz.; Med.⟩ = Otologie

Oti|tis ⟨f.; -, Oti|ti|den; Med.⟩ Entzündung des Ohres [<grch. *ous*, Gen. *otos* »Ohr« + *...itis*]

oti|tisch ⟨Adj.; Med.⟩ mit einer Ohrenerkrankung verbunden

oto..., Oto... ⟨vor Vokalen⟩ ot..., Ot... ⟨in Zus.⟩ das Ohr betreffend, ohr..., Ohr... [<grch. *ous*, Gen. *otos* »Ohr«]

oto|gen ⟨Adj.; Med.⟩ vom Ohr ausgehend [<*oto...* + *...gen*]

Oto|lith ⟨m.; -s od. -en, -e od. -en; Anat.⟩ Teil des Gleichgewichtsorgans [<*Oto...* + *...lith*]

Oto|lo|ge ⟨m.; -n, -n; Med.⟩ = Otiater

Oto|lo|gie ⟨f.; -; unz.; Med.⟩ *Sy* Otiatrie **1** Lehre vom Ohr **2** Ohrenheilkunde

oto|lo|gisch ⟨Adj.; Med.⟩ die Ohrenheilkunde betreffend, zu ihr gehörig; *Sy* otiatrisch

O-Ton ⟨m.; -(e)s; unz.; Kurzwort für⟩ Originalton

Oto|rhi|no|la|ryn|go|lo|gie ⟨f.; -; unz.; Med.⟩ Hals-Nasen-Ohren-Heilkunde [<*Oto...* + *rhino...* + *laryngo...* + *...logie*]

Otor|rhö ⟨f.; -, -en; Med.⟩ häufig wiederkehrende Absonderung aus dem Ohr, Ohrenfluss [<*Oto...* + *...rrhö*]

Oto|skle|ro|se ⟨f.; -, -n; Med.⟩ Verknöcherung des Mittelohres, die zu Schwerhörigkeit führt [<grch. *ous*, Gen. *otos* »Ohr« + *Sklerose*]

oto|skle|ro|tisch ⟨Adj.; Med.⟩ die Otosklerose betreffend, zu ihr gehörig

Oto|skop *auch:* **Otos|kop** ⟨n.; -s, -e; Med.⟩ Gerät zur Untersuchung des Innenohrs, Ohrenspiegel [<*Oto...* + *...skop*]

Oto|sko|pie *auch:* **Otos|ko|pie** ⟨f.; -, -n; Med.⟩ Untersuchung des äußeren Gehörganges einschließlich des Trommelfells mit dem Ohrenspekulum

ot|ta|va ⟨[-va] Adj.; Musik⟩ = all'ottava

Ot|ta|ve|ri|me ⟨[-ve-] f.; -, -n; Metrik⟩ Form der italien. Stanze; *Sy* Oktave (3) [<ital. *ottavo* »der Achte« + *rima* »Reim« (die 7. u. 8. Zeile reimen paarig)]

Ot|ta|vi|no ⟨[-viː-] m. od. n.; -s, -s od. -ni; Musik⟩ Piccoloflöte [ital.]

Ot|to|man ⟨m.; -s, -e; Textilw.⟩ geripptes Gewebe für Kleider, Mäntel u. zum Beziehen von Möbeln

Ot|to|ma|ne[1] ⟨m.; -n, -n⟩ = Osmane [<frz. *ottoman* »osmanisch, türkisch«]

Ot|to|ma|ne[2] ⟨f.; -, -n⟩ breites Sofa, Liegesofa

Ounce ⟨[auns] f.; -, -s [-sɪz]; Zeichen: oz⟩ in den USA u. Großbritannien gebräuchliche Gewichtseinheit, 1 oz = 28,35 g [engl., »Unze«]

out ⟨[aut]⟩ ~ *sein* ⟨umg.⟩ unmodern sein, nicht mehr aktuell sein; *Ggs* in; *Hosen mit Schlag sind bei Männern schon lange* ~ [engl., »aus«]

Out ⟨[aut] n.; - od. -s, -s; veraltet; noch österr., schweiz.⟩ **1** Raum außerhalb des Spielfeldes **2** Fehlschuss [engl., »Aus«]

out..., Out... ⟨[aut-] in Zus.⟩ aus, heraus, nach außen; *outside; Outback* [engl.]

Out|back ⟨[autbæk] n.; -s; unz.; Geogr.⟩ das nur dünn besiedelte Landesinnere des australischen Kontinents [engl., »Hinterland«]

Out|board ⟨[autbɔːd] m.; -s, -s⟩ Außenborder, Außenbordmotor [engl.]

Out|burst ⟨[autbœːst] m.; - od. -s, -s⟩ **1** Vulkanausbruch **2** Explosion eines Kernreaktors [engl., »Ausbruch«]

Out|cast ⟨[autkaːst] m.; -s, -s⟩ **1** (aus der Gesellschaft) Ausgestoßener; *Sy* Paria (3) **2** = Paria (2) [<engl. *out* »aus« + *cast* »Kaste«]

Out|come ⟨[autkʌm] m.; -s; unz.⟩ Ergebnis, Resultat, Auswirkung; *den ~ einer pädagogischen Studie beschreiben* [engl.]

out|door ⟨[autdɔː(r)] Adv.⟩ im Freien, draußen; *Ggs* indoor [engl.]

Out|door... ⟨[autdɔː(r)] in Zus.⟩ im Freien, unter freiem Himmel ausgetragen, veranstaltet; *Outdoorskating; Outdoorvolleyball; Ggs* Indoor... [<engl. *outdoor* »Außen..., Freiluft...«]

ou|ten ⟨[autən] V.⟩ öffentlich bekanntmachen, bekennen (bes. von Homosexualität); *sich ~; einen Sänger, Schauspieler, Politiker ~* [zu engl. *out* »öffentlich bekennen«]

Out|fit ⟨[autfɪt] n.; -s, -s⟩ Bekleidung, Ausstattung; *ein sportliches ~* [engl., »Ausrüstung, Ausstattung«]

Out|fit|ter ⟨[aut-] m.; -s, -⟩ Ausstatter, Ausrüster, Bekleidungshersteller [engl.]

Out|group ⟨[autgruːp] f.; -, -s⟩ Gruppe, der man sich nicht zugehörig, nicht verbunden fühlt, von der man sich distanziert; *Ggs* Ingroup [<engl. *out* »aus, außerhalb« + *group* »Gruppe«]

Ou|ting ⟨[autɪŋ] n.; - od. -s, -s⟩ das Outen, Bekennen, Bekanntmachen, Eingestehen, Bloßlegen in der Öffentlichkeit; *das ~ seiner homosexuellen Neigung* [engl.]

Out|law ⟨[autlɔː] m.; -s, -s⟩ **1** jmd., der außerhalb der Gesellschaft steht, Geächteter, Verfemter **2** jmd., der die Gesetze der Gesellschaft, in der er lebt, missachtet, Verbrecher [<engl. *out* »aus, außerhalb« + *law* »Gesetz«]

Out|let ⟨[autlɛt] n.; -s, -s; Wirtsch.; kurz für⟩ Factory-Outlet [engl., »Verkaufsstelle, Absatzmarkt«]

Out|pa|cing ⟨[autpɛɪsɪŋ] n.; - od. -s, -s; Pl. selten; Wirtsch.⟩ Strategieveränderung von Unternehmen bei bestimmten Produkten, deren Marktsituation aktuellen Schwankungen unterworfen ist, z. B. Preis- od. Qualitätsanpassung [<engl. *out* »außen, draußen, heraus« + *pacing* »Schritt halten, Schritt machen«]

out|per|for|men ⟨[autpə(r)fɔːmən] V.; Wirtsch.⟩ übertreffen; *den Index ~* [engl.]

Out|place|ment ⟨[autplɛɪsmənt] n.; -s, -s; Wirtsch.⟩ (von einem Unternehmen betriebenes) Programm zur Vermittlung von gekündigten Mitarbeitern (bes. von Führungskräften) an andere Betriebe [<engl. *out* »außen, draußen, heraus« + *placement* »Platzierung, Vermittlung«]

Out|put ⟨[aut-] m. od. n.; -s, -s⟩ **1** die Daten, die eine elektron. Datenverarbeitungsmaschine liefert; *Ggs* Input **2** Ausstoß (an Waren) [<engl. *out* »aus« + *put* »setzen, stellen«]

Ou|tra|ge *auch:* **Out|ra|ge** ⟨[utraːʒə] f.; -, -n⟩ Beschimpfung, schwere Beleidigung; *eine Mischung aus Klamauk u. ~* [frz.]

ou|trie|ren *auch:* **out|rie|ren** ⟨[u-] V.; geh.⟩ übertreiben [<frz. *outrer*]

ou|triert *auch:* **out|riert** ⟨[u-] Adj.; geh.⟩ übertrieben, gekünstelt

Outs ⟨[auts] Pl.⟩ *Ggs* Ins **1** Gesamtheit dessen, was out ist **2** Mitgliedsländer der EU, die nicht an der Währungsunion teilnehmen [→ *out*]

out|side ⟨[autsaɪd] schweiz.; Sport; Fußb.⟩ aus, außerhalb (des Spielfeldes) [engl., »außerhalb«]

Out|side ⟨[autsaɪd] m.; -s, -s; Sport⟩ Außenstürmer

Out|si|der ⟨[autsaɪdə(r)] m.; -s, -⟩ Außenseiter; *Ggs* Insider [engl.]

Out|si|de|rin ⟨[autsaɪdə-] f.; -, -rin|nen⟩ Außenseiterin; *Ggs* Insiderin

out|sour|cen ⟨[autsɔːsən] V.; Wirtsch.⟩ bestimmte Arbeitsgänge außerhalb der eigenen Firma durchführen lassen, bes. ins Ausland verlagern, im Ausland produzieren; *Produktionszweige ~*

Out|sour|cing ⟨[autsɔːsɪŋ] n.; - od. -s; unz.; Wirtsch.⟩ Verlagerung der Produktion eines Unternehmens ins Ausland (um Produktionskosten zu senken u. die Wettbewerbsfähigkeit zu erhalten); *Ggs* Insourcing [<engl. *out* »außen, draußen, heraus« + *source* »Quelle, Ursprung«]

Ou|ver|tü|re ⟨[uvɛr-] f.; -, -n; Musik⟩ **1** instrumentale Einleitung zu größeren, meist zyklischen Musikwerken, bes. Opern, Operetten, Suiten **2** ⟨bei Bach u. a.⟩ selbstständige Komposition, Suite [<frz. *ouverture* »Öffnung, Eröffnung; Einleitung«]

Ou|zo ⟨[uːzo] m.; -s, -s⟩ grch. Anislikör [grch.]

ov..., Ov... ⟨in Zus.⟩ = ovo..., Ovo...

oval ⟨[-vaːl] Adj.⟩ länglich rund, eiförmig; *~e Fläche* [<lat. *ovalis* »eiförmig«; zu *ovum* »Ei«]
Oval ⟨[-vaːl] n.; -s, -e⟩ ovale Form, Eiform
ova|ri|al ⟨[-va-] Adj.; Med.⟩ den Eierstock betreffend, zu ihm gehörig, in ihm entstehend; *oV* ovariell [→ *Ovarium*]
Ova|ri|al|gra|vi|di|tät ⟨[-va---vi--] f.; -, -en; Med.⟩ Eierstockschwangerschaft
Ova|ri|al|hor|mon ⟨[-va-] n.; -s, -e; Med.⟩ Geschlechtshormon, das im Eierstock gebildet wird
Ova|ri|ek|to|mie ⟨[-va-] f.; -, -n; Med.⟩ = Ovariotomie [<*Ovarium* + *Ektomie*]
ova|ri|ell ⟨[-va-] Adj.; Med.⟩ = ovarial
Ova|rio|to|mie ⟨[-va-] f.; -, -n; Med.⟩ operative Entfernung des Eierstocks; *Sy* Oophorektomie, Ovariektomie [<*Ovarium* + *...tomie*]
Ova|ri|um ⟨[-vaː-] n.; -s, -ri|en; Anat.⟩ Eierstock; *Sy* Oophoron [lat.; zu *ovum* »Ei«]
Ova|ti|on ⟨[-va-] f.; -, -en⟩ Huldigung, Beifallssturm [<lat. *ovatio* »kleiner Triumph«]
Over|all *auch:* **Ove|rall** ⟨[oʊvərɔːl] m.; -s, -s⟩ Schutzanzug aus Jacke u. Hose in einem Stück [<engl. *over* »über« + *all* »alle(s)«]
over|dressed ⟨[oʊvə(r)drɛsd] Adj.; undekl.⟩ zu vornehm, zu fein angezogen (für einen bestimmten Anlass); *für eine normale Party ist sie ~*; →*a.* overstyled [<engl. *over* »über(mäßig)« + *dressed* »gekleidet«]
Over|drive ⟨[oʊvə(r)draɪv] m.; -s, -s⟩ **1** ⟨Kfz⟩ zusätzlicher Gang im Getriebe, der beim Erreichen einer bestimmten Fahrgeschwindigkeit zugeschaltet wird und durch Herabsetzen der Motordrehzahl einen geringeren Kraftstoffverbrauch ermöglicht **2** Mikroprozessor höherer Leistung, durch den ein vorhandener Prozessor im PC ohne weitere Veränderungen ersetzt werden kann [engl., »übertreiben, übersteuern«; »Schnellgang«; »höhere Leistung bringen«]
Over|flow ⟨[oʊvə(r)floʊ] m.; -s, -s; EDV⟩ Überschreiten der Speicherkapazität einer EDV-Anlage; →*a.* Overrun [engl., »Überflutung«]
Over|head|pro|jek|tor ⟨[oʊvə(r)hɛd-] m.; -s, -en⟩ Gerät, das ein Bild od. einen Text mit Hilfe eines Spiegels vom Pult des Vortragenden aus an die Wand hinter diesem projiziert [<engl. *over* »über« + *head* »Kopf« + *Projektor*]
Over|kill ⟨[oʊvə(r)-] m.; -s, -s; Mil.⟩ Vorrat an Waffen, der über die Menge hinausgeht, die zur Vernichtung des Gegners notwendig wäre [<engl. *over* »über(mäßig)« + *kill* »töten«]
Over|run ⟨[oʊvər(r)ʌn] m.; -s, -s; EDV⟩ Fehler in der Datenverarbeitung, der dann entsteht, wenn das arithmetische Ergebnis einer Operation die Größe der zugeordneten Speicherstelle übersteigt; →*a.* Overflow [engl., »Überlauf«]
over|sized ⟨[oʊvə(r)saɪzd] Adj.; undekl.⟩ übergroß, größer als die erforderliche Kleidergröße; *einen Pullover ~ tragen* [engl., »übergroß«]
Over|spill|town ⟨[oʊvə(r)spɪltaʊn] f.; -, -s⟩ Trabanten- od. Satellitenstadt, die den zunehmenden Bevölkerungszuwachs eines Ballungsraumes aufnimmt [engl.]
Over|state|ment ⟨[oʊvə(r)steɪtmənt] n.; -s, -s; umg.⟩ (gelinde od. augenfällige) Übertreibung od. Überbewertung eines Sachverhalts; *Ggs* Understatement [engl., »Übertreibung«]
over|styled ⟨[oʊvə(r)staɪld] Adj.; undekl.⟩ zu festlich, zu auffällig zurechtgemacht (für einen bestimmten Anlass); *sie war für diese Veranstaltung etwas ~*; →*a.* overdressed [<engl. *over* »über(mäßig)« + *styled* »gestaltet«]
Over-the-Coun|ter-Mar|ket ⟨[oʊvə(r) ðə kaʊntə(r) maːkɪt] m.; -s; unz.; Abk.: OTC; Wirtsch.⟩ **1** ⟨in Großbritannien⟩ Handel von Wertpapieren u. Aktien am Bankschalter **2** ⟨in den USA⟩ telefonischer Wertpapieran- u. -verkauf von nicht offen gehandelten Werten zwischen einzelnen Bankunternehmen [<engl. *over* »über« + *counter* »Schalter, Tresen« + *market* »Markt«]
Over|time ⟨[oʊvə(r)taɪm] f. od. n.; -; unz.; Eishockey⟩ Spielverlängerung im Anschluss an die reguläre Spielzeit, wenn ein Unentschieden gespielt wurde; *beide Teams müssen in die ~ gehen* [engl., eigtl. »Überstunden«]

→ Ouvertüre Der Anlaut des französischen Fremdworts *Ouvertüre* wird eindeutschend oft [ov-] ausgesprochen. Standardsprachlich ist die Aussprache [uv-]. Der Laut [u] wird, wie in der Herkunftssprache auch, durch die Buchstabenkombination *ou* wiedergegeben.

Ovi|dukt ⟨[-vi-] m.; -(e)s, -e; Anat.⟩ Eileiter [<lat. *ovum* »Ei« + *ducere* »führen, leiten«]
ovi|par ⟨[-vi-] Adj.⟩ eierlegend; *Ggs* vivipar [<lat. *ovum* »Ei« + *...par*]
Ovi|pa|rie ⟨[-vi-] f.; -, -n; Biol.⟩ Ablage von Eiern, deren Befruchtung dann außerhalb des Mutterkörpers (z. B. bei Fischen u. Lurchen) od. während des Ablegens (z. B. bei Insekten u. Spinnen) erfolgt; *Ggs* Viviparie [→ *ovipar*]
Ovi|zid ⟨[-vi-] n.; -s, -e⟩ Mittel zur Abtötung von Insekteneiern [<lat. *ovum* »Ei« + *...zid*[1]]
ovo..., Ovo... ⟨[-vo] vor Vokalen⟩ ov..., Ov... ⟨ in Zus.⟩ ei..., Ei... [<lat. *ovum* »Ei«]
Ovo|ge|ne|se ⟨[-vo-] f.; -, -n; Biol.⟩ = Oogenese [<lat. *ovum* »Ei« + *Genese*]
ovo|id ⟨[-vo-] Adj.⟩ länglich rund, eiförmig; *~er Körper* [<lat. *ovum* »Ei« + *...id*]
Ovo|plas|ma ⟨[-vo-] n.; -s, -men⟩ = Ooplasma [<lat. *ovum* »Ei« + *Plasma*]
ovo|vi|vi|par ⟨[-vovivi-] Adj.; Biol.⟩ Eier mit entwickelten Embryonen legend [<*ovipar* + *vivipar*]
Ovu|la|ti|on ⟨[-vu-] f.; -, -en; Med.⟩ = Follikelsprung [<neulat. *ovulum*, Verkleinerungsform zu lat. *ovum* »Ei«]

O

Ovu|la|ti|ons|hem|mer ⟨[-vu-] m.; -s, -; Med.; Biol.⟩ hormonales Empfängnisverhütungsmittel, das die Ovulation verhindert
Ovu|lum ⟨[-vu-] n.; -s, -vu|la; Med.; Biol.⟩ = Ovum
Ovum ⟨[-vum] n.; -s, Ova; Med.; Biol.⟩ Ei, Eizelle; *oV* Ovulum [<lat. *ovum* »Ei«]
Owam|bo[1] ⟨m.; - od. -s, - od. -s⟩ Angehöriger eines den Herero nahestehenden südwestafrikanischen Eingeborenenvolkes
Owam|bo[2] ⟨n.; - od. -s; unz.⟩ zu den Bantusprachen gehörende Sprache der Owambo[1]
Ow|rag ⟨m.; - od. -s, -wra|gi; Geol.⟩ tiefe Erosionsschluchten in Tälern der ost- u. südosteurop. Steppengebiete [russ.]
Oxa|lat ⟨n.; -(e)s, -e; Chemie⟩ Salz der Oxalsäure; *Sy* Oxalsalz
Oxa|lat|stein ⟨m.; -(e)s, -e; Med.⟩ Harnstein [→ *Oxalsäure*]
Oxa|lit ⟨m.; -s, -e; Min.⟩ gelbes, erdiges Mineral
Oxal|salz ⟨n.; -es, -e; Chemie⟩ = Oxalat
Oxal|säu|re ⟨f.; -, -n; Chemie⟩ einfachste aliphat. Dicarbonsäure, in Form der Salze im Pflanzenreich weit verbreitet, so als saures Kalisalz im Rhabarber, Sauerklee u. Sauerampfer, Kleesäure [<lat. *oxalis* »Sauerklee«; zu grch. *oxys* »scharf, spitz«]
Oxer ⟨m.; -s, -⟩ **1** ⟨Reitsport⟩ Hindernis aus zwei hintereinander angebrachten Barrieren, die je aus mehreren waagerechten Stangen besteht **2** Sperre zwischen Weiden [engl.]
Ox|for|di|an ⟨[-fɔ:dıən] n.; -s; unz.; Geol.⟩ untere Stufe des weißen Jura, vor ca. 149-143 Millionen Jahren [nach der engl. Stadt *Oxford*]
oxi..., Oxi... ⟨Chemie; in Zus.⟩ **1** scharf, sauer, Sauerstoff enthaltend **2** eine od. mehrere Hydroxylgruppen aufweisend [<grch. *oxys* »scharf, sauer«]
Oxi|bio|se ⟨f.; -; unz.; Biol.⟩ Leben in einer Umgebung, die Sauerstoff enthält [<*Oxi...* + grch. *bios* »Leben«]
Oxid ⟨n.; -(e)s, -e; Chemie⟩ Verbindung eines chem. Elements mit Sauerstoff [<frz. *oxyde* <grch. *oxys* »scharf«]
Oxi|da|se ⟨f.; -, -n; Biochemie⟩ oxidierend wirkendes Enzym; *oV* Oxydase
Oxi|da|ti|on ⟨f.; -, -en; Chemie⟩ das Oxidieren (eines Stoffes); *Ggs* Reduktion (3)
Oxi|da|ti|ons|mit|tel ⟨n.; -s, -; Chemie⟩ Sauerstoff abgebende Substanz, die andere Stoffe oxidiert
Oxi|da|ti|ons|zo|ne ⟨f.; -, -n; Geol.⟩ Bereich der Erdkruste, in dem durch den von der Atmosphäre aus einwirkenden Sauerstoff vor allem Oxidationsvorgänge in Erzlagerstätten ablaufen
oxi|da|tiv ⟨Adj.; Chemie⟩ auf Oxidation beruhend, mit Hilfe der Oxidation
oxi|die|ren ⟨V.; Chemie⟩ sich mit Sauerstoff verbinden, Sauerstoff aufnehmen [<frz. *oxyder*]
Oxi|di|me|ter ⟨n.; -s, -; Chemie⟩ Gerät zur Oxidimetrie
Oxi|di|me|trie *auch:* **Oxi|di|met|rie** ⟨f.; -; unz.; Chemie⟩ Teilgebiet der chem. Analyse, das sich mit der quantitativen Bestimmung von Substanzen unter Ausnutzung von Oxidationsvorgängen befasst [<*oxidieren* + *...metrie*]
oxi|disch ⟨Adj.; Chemie⟩ auf Oxiden beruhend, durch Oxidationsvorgänge verursacht
Oxi|hä|mo|glo|bin ⟨n.; -s; unz.; Biochemie⟩ hellroter Blutfarbstoff, der in der Lunge entsteht, wenn die vier zweiwertigen Atome des Eisens im Hämoglobin durch Nebenvalenzen vier Moleküle Sauerstoff binden
oxi|phil ⟨Adj.; Chemie⟩ saure Farbstoffe bindend [<*oxi...* + *...phil*]
Oxi|säu|re ⟨f.; -, -n; Chemie⟩ organische Säure, die durch den gleichzeitigen Gehalt an Carboxyl- u. Hydroxidgruppen sowohl saure als auch basische Eigenschaften zeigt
oxy..., Oxy... ⟨Chemie; in Zus.; veraltet für⟩ oxi..., Oxi...
Oxyd ⟨n.; -(e)s, -e; Chemie; veraltet für⟩ Oxid
Oxy|da|se ⟨f.; -, -n; Biochemie⟩ = Oxidase
Oxy|dul ⟨n.; -s, -e; Chemie⟩ Oxid eines Elementes, in dem dieses in seiner niedrigsten Wertigkeit auftritt, z. B. Kupferoxydul, heutige Bez.: Kupfer(I)-oxid
Oxy|gen ⟨n.; -s; unz.; chem. Zeichen: O⟩ chem. Element, Sauerstoff; *oV* Oxygenium [<frz. *oxygène* »Sauerstoff«, eigtl. »Säurebildner«]
Oxy|ge|na|se ⟨f.; -, -n; meist Pl.; Biochemie⟩ Sauerstoff übertragendes Enzym
Oxy|ge|ni|um ⟨n.; -s; unz.; Chemie⟩ = Oxygen
Oxy|mo|ron ⟨n.; -s, -mo|ra; Rhet.; Philol.⟩ rhetorische Figur, bei der zwei sich widersprechende Begriffe verbunden sind, z. B. »beredtes Schweigen«, »alter Knabe« [<grch. *oxys* »scharf(sinnig)« + *moros* »dumm«]
Oxy|to|non ⟨n.; -s, -to|na; Metrik⟩ auf der letzten u. kurzen Silbe betontes Wort [grch.]
Oxy|u|re ⟨f.; -, -n; Zool.⟩ Madenwurm, zu den Fadenwürmern gehörender, im menschl. Dickdarm lebender Parasit: Enterobius (Oxyuris) vermicularis [<grch. *oxys* »scharf, spitz« + *oura* »Schwanz«]
Oxy|u|ri|a|sis ⟨f.; -, -ri|a|sen; Med.⟩ durch den Madenwurm Oxyuris hervorgerufene Krankheit, die bes. bei Kindern auftritt u. Juckreiz am After sowie Stuhldrang zur Folge hat
oz ⟨Zeichen für engl.⟩ Ounce
OZ ⟨Abk. für⟩ Oktanzahl
Ozä|na ⟨f.; -, -zä|nen; Med.⟩ Erkrankung der Nasenschleimhaut mit übelriechender Borkenbildung, kann zum Verlust des Geruchsvermögens führen, Stinknase [zu grch. *ozein* »riechen«]
Oze|an ⟨m.; -s, -e⟩ Weltmeer [<lat. *Oceanus*, grch. *Okeanos*, Name des myth., die Erde umschließenden, Weltstromes]
Oze|a|na|ri|um ⟨n.; -s, -na|ri|en⟩ großes Meerwasseraquarium [→ *Ozean*]
Oze|a|ni|de ⟨f.; -, -n; grch. Myth.⟩ = Okeanide
oze|a|nisch ⟨Adj.⟩ **1** zum Ozean gehörig, aus der Hochsee stammend; *Ggs* neritisch **2** zu Ozeanien gehörig, von dort stammend
Oze|a|nist ⟨m.; -en, -en⟩ Wissenschaftler, Erforscher der ozea-

nischen Völker u. ihrer Kulturen

Oze|a|nis|tik ⟨f.; -; unz.⟩ Wissenschaft von den Völkern des ozeanischen Raums u. ihrer Kultur

Oze|a|nis|tin ⟨f.; -, -tin|nen⟩ Wissenschaftlerin, Erforscherin der ozeanischen Völker u. ihrer Kulturen

Oze|a|no|graf ⟨m.; -en, -en⟩ = Ozeanograph

Oze|a|no|gra|fie ⟨f.; -; unz.⟩ = Ozeanographie

Oze|a|no|gra|fin ⟨f.; -, -fin|nen⟩ = Ozeanographin

oze|a|no|gra|fisch ⟨Adj.⟩ = ozeanographisch

Oze|a|no|graph ⟨m.; -en, -en⟩ Meeresforscher; *oV* Ozeanograf; *Sy* Ozeanologe

Oze|a|no|gra|phie ⟨f.; -; unz.⟩ Meereskunde; *oV* Ozeanografie [< *Ozean* + ...*graphie*]

Oze|a|no|gra|phin ⟨f.; -, -phin-nen⟩ Meeresforscherin; *oV* Ozeanografin; *Sy* Ozeanologin

oze|a|no|gra|phisch ⟨Adj.⟩ die Ozeanographie betreffend, meereskundlich; *oV* ozeanografisch; *Sy* ozeanologisch

Oze|a|no|lo|ge ⟨m.; -n, -n⟩ = Ozeanograph

Oze|a|no|lo|gie ⟨f.; -; unz.⟩ = Ozeanographie [< *Ozean* + ...*logie*]

Oze|a|no|lo|gin ⟨f.; -, -gin|nen⟩ = Ozeanographin

oze|a|no|lo|gisch ⟨Adj.⟩ = ozeanographisch

Ozel|le ⟨f.; -, -n; Zool.⟩ primitives Sinnesorgan bei niederen Tieren zur Wahrnehmung der Richtung des Lichtes, Punktauge [<lat. *ocellus* »Äuglein«]

Oze|lot ⟨a. [-zə-] m.; -s, -e od. -s; Zool.⟩ **1** gelblich braun gefleckte Raubkatze in Wald-, Fels- sowie Sumpfgebieten Amerikas von Nordmexiko bis Nordargentinien, Pardelkatze: Leopardus pardalis **2** Fell dieser Raubkatze [<Nahuatl *ocelotl* »Jaguar«]

Ozo|ke|rit ⟨m.; -s; unz.; Geol.⟩ = Ceresin [<grch. *ozein* »riechen« + *keros* »Wachs«]

Ozon ⟨n.; -s; unz.; chem. Zeichen: O_3⟩ Form des Sauerstoffs, dessen Moleküle aus drei statt zwei Atomen bestehen [grch., Part. Präs. zu *ozein* »riechen«]

Ozo|nid ⟨n.; -(e)s, -e; Chemie⟩ Verbindung des Ozons mit ungesättigten organischen Verbindungen

ozo|ni|sie|ren ⟨V.; Chemie⟩ mit Ozon versetzen

Ozon|kon|zen|tra|ti|on *auch:* **Ozon|kon|zent|ra|ti|on** ⟨f.; -, -en⟩ Anreicherung von Ozon in der Luft, entsteht bes. bei starker Sonneneinstrahlung und kann bei Menschen u. a. zu Atembeschwerden führen

Ozon|loch ⟨n.; -(e)s, -lö|cher⟩ (durch den weltweiten Einsatz von FCKW entstandenes) Loch in der Ozonschicht der Erdatmosphäre

Ozo|no|sphä|re ⟨f.; -; unz.⟩ obere Schicht der Erdatmosphäre, die durch bes. hohen Ozongehalt gekennzeichnet ist; *Sy* Ozonschicht

Ozon|schicht ⟨f.; -; unz.⟩ = Ozonosphäre

Ozon|the|ra|pie ⟨f.; -, -n; Med.⟩ therapeutische Behandlung mit einem Ozongemisch

p 1 ⟨Abk. für⟩ typographischer Punkt 2 ⟨Musik; Abk. für⟩ piano 3 ⟨Physik⟩ 3.1 ⟨veraltet; Zeichen für⟩ Pond 3.2 ⟨Zeichen für⟩ Proton 3.3 ⟨Formelzeichen für⟩ Druck u. Impuls 4 ⟨Chemie; Zeichen für⟩ para-Stellung 5 ⟨vor Maßeinheiten Zeichen für⟩ Piko

P 1 ⟨chem. Zeichen für⟩ Phosphor 2 ⟨veraltet; Zeichen für⟩ Poise 3 ⟨Physik; Formelzeichen für⟩ Leistung, Impuls u. Polstärke 4 ⟨Abk. für⟩ Peta…

p. 1 ⟨Abk. für⟩ Pagina 2 ⟨auf Gemälden Abk. für⟩ pinxit

P. ⟨Abk. für⟩ 1 Pater 2 Pastor 3 Pengö

Pa 1 ⟨chem. Zeichen für⟩ Protactinium 2 ⟨Physik; Zeichen für⟩ Pascal

pa. ⟨Abk. für⟩ prima

p. a. ⟨Abk. für⟩ 1 per annum 2 ⟨veraltet⟩ pro anno

p. A. ⟨Abk. für⟩ per Adresse

Pä|an ⟨m.; -s, -e⟩ an Apoll gerichteter Hymnus, der vor u. nach siegreicher Schlacht u. beim Symposium ertönte [<grch. *paian*]

Pace ⟨[pɛɪs] f.; -; unz.; Sport⟩ Geschwindigkeit, in der ein Pferderennen gelaufen wird [engl., »Schritt«]

Pace|ma|ker ⟨[pɛɪsmɛɪkə(r)] m.; -s, -⟩ 1 ⟨Sport⟩ Pferd, das bei einem Rennen das Tempo vorgibt 2 ⟨Med.⟩ Herzschrittmacher [engl., »Schrittmacher«]

Pa|cer ⟨[pɛɪsə(r)] m.; -s, -; Sport⟩ Pferd, das bei langsameren Gangarten (Schritt, Trab) jeweils mit beiden Beinen einer Körperhälfte zur gleichen Zeit aufsetzt, Passgänger [engl.]

Pa|chul|ke ⟨m.; -n, -n; umg.⟩ unkultivierter Knecht, Tölpel [<tschech. *pacholek* »Knecht«]

pa|chy…, Pa|chy… ⟨in Zus.⟩ dick…, Dick… [<grch. *pachys* »dick«]

Pa|chy|a|krie *auch:* **Pa|chy|ak|rie** ⟨f.; -, -n; Med.⟩ 1 Verdickung von Zehen u. Fingern; *Sy* Pachydaktylie 2 = Akromegalie [<*Pachy…* + grch. *akron* »Spitze«]

Pa|chy|dak|ty|lie ⟨f.; -, -n; Med.⟩ = Pachyakrie (1) [<*Pachy…* + grch. *daktylos* »Finger«]

Pa|chy|der|me ⟨m.; -n, -n; Zool.⟩ Tier mit dicker Haut, Dickhäuter [<*Pachy…* + *…derm*]

Pa|chy|der|mie ⟨f.; -, -n; Med.⟩ = Elephantiasis [<*Pachy…* + *…dermie*]

Pa|chy|ze|pha|lie ⟨f.; -, -n; Med.⟩ kurze, dicke Schädelform [<*Pachy…* + grch. *kephale* »Kopf«]

Pack ⟨[pæk] n. od. m.; -, -s⟩ 1 ⟨Handel⟩ spezielle Abgabeform von Waren im Einzelhandel; *Bonus~* 2 ⟨Großbritannien⟩ Gewichtseinheit für natürlich hergestellte Textilfaser (Leinen, Wolle usw.) [<engl. *pack* »(Ver-)Packung, Bündel«]

Pa|ckage ⟨[pækɪdʒ] n.; -, -s [-dʒɪz]⟩ 1 Pauschale, Pauschalangebot (bes. für Reisen); *die Reise wird im ~ mit Konzertkarten angeboten* 2 Gesamtheit mehrerer Angebote, Vorschläge, Produkte usw., die als Ganzes betrachtet werden; *etwas im ~ anbieten* 3 Paket (3), Schachtel, Bündel [engl.]

Pa|ckage|tour ⟨[pækɪdʒtu:r] f.; -, -en od. -s⟩ Reise im eigenen Auto, die durch ein Reisebüro detailliert geplant u. vorbereitet wurde [<engl. *package tour* »Pauschalreise«]

Pack|fong ⟨n.; -s; unz.⟩ aus Nickel u. Zink bestehende Legierung mit silberartigem Glanz für Schmuck u. Besteckwaren, Neusilber [chines.]

Pad ⟨[pæd] n.; -s, -s; kurz für⟩ Mauspad

päd…, Päd… ⟨in Zus.⟩ = pädo…, Pädo…

◆ Die Buchstabenfolge **päd|a…** kann auch **pä|da…** getrennt werden.

◆ **Päd|a|go|ge** ⟨m.; -n, -n⟩ 1 Erzieher, Lehrer 2 Wissenschaftler auf dem Gebiet der Pädagogik [<grch. *paidagogos* »Kinder-, Knabenführer« <*pais*, Gen. *paidos* »Kind, Knabe« + *agogos* »führend; Führer«]

Pädagogik (*Worttrennung am Zeilenende*) Bei fremdsprachigen Zusammensetzungen, deren einzelne Bestandteile für den deutschen Muttersprachler nicht unbedingt ersichtlich sind, kann zwischen den einzelnen Bestandteilen (Morphemen) *Päd-a-go-gik* oder nach Sprechsilben *Pä-da-go-gik* getrennt werden.

◆ **Päd|a|go|gik** ⟨f.; -; unz.⟩ praktische u. theoretische Lehre von Erziehung u. Bildung [→ *Pädagoge*]

◆ **Päd|a|go|gi|kum** ⟨n.; -s, -gi|ka⟩ (in einigen Bundesländern) Bestandteil der 1. Staatsexamensprüfung von Lehramtskandidaten, in dem allg. pädagogische u. fachdidaktische Kenntnisse nachgewiesen werden müssen

◆ **Päd|a|go|gin** ⟨f.; -, -gin|nen⟩ weibl. Pädagoge

◆ **päd|a|go|gisch** ⟨Adj.⟩ 1 die Pädagogik betreffend, zu ihr gehörend 2 in der Art eines Pädagogen, erzieherisch

◆ **päd|a|go|gi|sie|ren** ⟨V.⟩ aus pädagogischer Perspektive betrachten, für pädagogische Ziele nutzbar machen

Pad|del ⟨n.; -s, -⟩ frei (ohne Dolle) geführtes Ruder mit einem od. zwei gegeneinander verdrehten Blättern an den Enden des Schaftes [<engl. *paddle;* weitere Herkunft ungeklärt]

Pad|del|boot ⟨n.; -(e)s, -e⟩ mit Paddel bewegtes, kleines Boot

pad|deln ⟨V.⟩ 1 mit Paddel rudern, mit dem Paddelboot fahren 2 ⟨fig.⟩ wie ein Hund schwimmen

Pad|dock ⟨[pædɔk] m.; -s, -s⟩ eingezäuntes offenes Areal als Weide u. Auslauf für Pferde [engl. <aengl. *pearroc* »Gehege« <vulgärlat. *parricus* »Koppel«]

Pad|dy[1] ⟨[pædɪ] m.; -s; unz.⟩ 1 ungeschälter Reis 2 Gericht aus diesem Reis [engl. <malai. *padi* »Reis in der Hülse«]

Pad|dy[2] ⟨[pædɪ] m.; -s, -s; umg.; scherzh.⟩ Ire [nach St. *Patrick,* dem Schutzheiligen Irlands]

Päderast *auch:* **Päderast** ⟨m.; -en, -en⟩ jmd., der Päderastie treibt; *Sy* Kinäde

Päderastie *auch:* **Päderastie** ⟨f.; -; unz.⟩ geschlechtl. Beziehung zwischen Männern u. Knaben, Knabenliebe [<*Pädo…* + grch. *eraste* »Liebender«]

Pädiater *auch:* **Pädiater** ⟨m.; -s, -; Med.⟩ Facharzt der Pädiatrie, Kinderarzt [<*Pädo…* + *…iater*]

Pädiatrie *auch:* **Pädiatrie** ⟨f.; -; unz.; Med.⟩ Kinderheilkunde

pädiatrisch *auch:* **pädiatrisch** ⟨Adj.; Med.⟩ zur Pädiatrie gehörend, auf ihr beruhend

…pädie ⟨Nachsilbe; zur Bildung weibl. Subst.⟩ Erziehung, Heilkunde, Wissen; *Logopädie; Orthopädie* [<grch. *paideia* »Erziehung«]

Padischah ⟨m.; -s, -s; früher⟩ Großherr, islam. Fürst [pers.]

pädo…, Pädo… ⟨vor Vokalen⟩ päd…, Päd… ⟨in Zus.⟩ Knaben…, Kinder…, Jugend… [<grch. *pais,* Gen. *paidos* »Kind, Knabe«]

Pädogenese ⟨f.; -; unz.; Biol.⟩ die Eigenschaft bestimmter Insekten, bereits als Larve aus unbefruchteten Eiern Nachkommen zu entwickeln

pädogenetisch ⟨Adj.; Biol.⟩ sich bereits im Larvenstadium fortpflanzend

Pädolinguistik ⟨f.; -; unz.; Sprachw.⟩ Teilgebiet der Linguistik, das Spracherwerb u. Kindersprache erforscht [<*Pädo…* + *Linguistik*]

Pädologe ⟨m.; -n, -n; Med.⟩ Wissenschaftler auf dem Gebiet der Pädologie

Pädologie ⟨f.; -; unz.; Med.⟩ Lehre vom Kind, Kinder- u. Jugendpsychologie [<*Pädo…* + *…logie*]

Pädologin ⟨f.; -, -ginnen; Med.⟩ weibl. Pädologe

pädologisch ⟨Adj.; Med.⟩ die Pädologie betreffend, zu ihr gehörig

pädophil ⟨Adj.⟩ zur Pädophilie gehörig, zu ihr neigend [<*pädo…* + *…phil*]

Pädophile(r) ⟨f. 2 (m. 1)⟩ Frau bzw. Mann mit pädophilen Neigungen

Pädophilie ⟨f.; -; unz.⟩ zwanghafter, auf Kinder ausgerichteter Sexualtrieb [<*Pädo…* + *…philie*]

p. Adr. ⟨Abk. für⟩ per Adresse

Padre *auch:* **Padre** ⟨m.; -, Padri⟩ Vater (Anrede für ital. Ordenspriester) [ital.]

Padrona *auch:* **Padrona** ⟨f.; -, -drone⟩ Gebieterin, Wirtin, Hausfrau [ital.]

Padrone *auch:* **Padrone** ⟨m.; -s, -droni⟩ Herr, Wirt, Chef [ital.]

Paduana ⟨f.; -, -anen; Musik⟩ = Pavane

Paella ⟨[paɛlja] f.; -, -s; Kochk.⟩ spanisches Reisgericht mit verschiedenen Fleisch- u. Fischsorten usw. [katalan., eigtl. »Metalltopf, Bratpfanne« <lat. *patella* »kleine Pfanne«]

Pafese ⟨f.; -, -n; österr.⟩ in Schmalz gebackene Weißbrotschnitte; *oV* Pofese [ital.]

pag. ⟨Buchw.; Abk. für⟩ Pagina

Pagaie ⟨f.; -, -n⟩ Paddel mit breitem Blatt für den Kanadier (2) [frz. <malai. *pengajoeh*]

pagan ⟨Adj.⟩ heidnisch [<mlat. *paganus* »heidnisch«]

paganisieren ⟨V.⟩ mit heidnischen Elementen anreichern, heidnisch machen

Paganismus ⟨m.; -; unz.⟩ Heidentum

Pagat ⟨m.; -(e)s, -e; Kart.⟩ Trumpfkarte im Tarock [<ital. *bagata* »Kleinigkeit«]

pagatorisch ⟨Adj.; Wirtsch.⟩ Zahlungsvorgänge betreffend, auf ihnen beruhend [zu ital. *pagatura* »Bezahlung«]

Page¹ ⟨[pɛɪdʒ] f.; -, -s [-dʒɪz]; EDV; kurz für⟩ Homepage [engl., »Seite«]

Page² ⟨[-ʒə] m.; -n, -n⟩ **1** ⟨MA⟩ junger Adliger im fürstlichen Dienst, Edelknabe **2** ⟨heute⟩ junger (livrierter) Diener, z. B. in Hotels [frz., »Edelknabe«]

Pager ⟨[pɛɪdʒə(r)] m.; -s, -⟩ sehr kleines Funkempfangsgerät, das jmd. mit sich führt u. das Signaltöne aussendet, wenn der Träger gesucht wird, Piepser; *Sy* Beeper [engl.]

PageRank® *auch:* **Pagerank** ⟨[pɛɪdʒræŋk] m. od. n.; - od. -s, -s; EDV⟩ algorithm. Verfahren zur Bewertung der Wichtigkeit von Websites, wobei die Seiten nach der Anzahl der mit ihnen verknüpften Links bewertet werden, diese Berechnung bestimmt die Reihenfolge der gezeigten Ergebnisse bei Suchabfragen im Internet [nach Larry *Page,* einem der beiden Google®-Gründer + engl. *rank* »Rang«]

Pagina ⟨f.; -, -s; Buchw.; Abk.: p., pag.; veraltet⟩ Seite eines Buches, Seitenzahl [lat., »Blatt, Seite«]

Paging ⟨[pɛɪdʒɪŋ] n.; - od. -s; unz.; EDV⟩ Technik des Seitenaustausches bei der virtuellen Speicherverwaltung [zu engl. *page* »Seite«]

paginieren ⟨V.⟩ mit Seitenzahlen versehen [→ *Pagina*]

Pagode ⟨f.; -, -n⟩ **1** turmartiger jap. od. chines. Tempel mit mehreren Stockwerken **2** ⟨noch österr.⟩ **2.1** asiat. Götzenbild, meist aus Porzellan **2.2** ostind. Goldmünze, nach dem auf der einen Seite aufgeprägten Götterbild [portug.; zu Sanskrit *bhagavati* »selig, glücklich«]

Pahlewi ⟨n.; - od. -s; unz.⟩ = Pehlewi

paille ⟨[paːj(ə)] Adj.; undekl.; veraltet⟩ strohfarben, strohgelb [frz., »Stroh«]

Paillette ⟨[paɪjɛtə] f.; -, -n⟩ kleines, rundes Plättchen aus Metall (zum Aufnähen auf Kleider) [frz., »Goldkörnchen, Flitter«]

Paint-in ⟨[pɛɪntɪn] n.; -s, -s⟩ Ausstellung von Bildern, in der das Publikum (bes. Kinder) selbst mitmalen kann [<engl. *paint* »malen« + *in* »in, hinein]

pair ⟨[pɛːr] Adj.; Roulett⟩ gerade (von Zahlen); *Ggs* impair [frz.]

Pair ⟨[pɛːr] m.; -s, -s; im alten Frankreich⟩ Angehöriger des polit. bevorzugten Hochadels [frz. <lat. *paria* »Gleiches«]

Pairie ⟨[pɛ-] f.; -, -n⟩ Würde eines Pairs

Pairing ⟨[pɛːrɪŋ] n.; - od. -s; unz.⟩ partnerschaftl. bzw. freundschaftl. Umgang, z. B. mit Arbeitskollegen od. Geschäftspartnern [engl., »Paarung«; zu engl. *pair* »Paar«]

Paisley ⟨[pɛɪzlɪ] n.; - od. -s; unz.; Textilw.⟩ ein orientalisches Stoffmuster mit stilisierten Tropfen u. Federn [nach dem Ort *Paisley* in Schottland]

P

Pa|ka ⟨n.; -s, -s; Zool.⟩ = Aguti [<portug., span. *paca* <Tupi *páca*]

Pa|ket ⟨n.; -(e)s, -e⟩ **1** etwas Zusammengepacktes (bes. als Postsendung) **2** verschnürter Packen; *Akten~; Bücher~; Post~* **3** größere fabrikmäßig abgepackte Menge; *ein ~ Kerzen* **4** Gesamtheit mehrerer Angebote, Vorschläge usw., die als Ganzes betrachtet werden; *ein ~ von Forderungen; Renten~; Sozial~* [<frz. *paquet* <*paque* »Bündel, Ballen«]

Pa|ket|ad|res|se ⟨f.; -, -n⟩ gummiertes Blatt bzw. Papier mit Vordruck zum Ausfüllen der Anschrift für ein Postpaket

pa|ke|tie|ren ⟨V.⟩ in Pakete, als Paket verpacken

Pakt ⟨m.; -(e)s, -e⟩ Vertrag, Bündnis; *Freundschafts~; Nordatlantik~* [<lat. *pactum* »Vertrag, Vereinbarung«]

pak|tie|ren ⟨V.⟩ einen Pakt schließen, gemeinsame Sache machen (mit)

PAL ⟨Technik; Abk. für engl.⟩ Phase Alternation Line, Verfahren zum Farbfernsehen, das von Phasenfehlern bei der Übertragung u. bei örtlichen Empfangsstörungen unabhängig ist; *Sy* PAL-System [engl.]

pa|lä..., Pa|lä... ⟨in Zus.⟩ = paläo..., Paläo...

Pa|lä|an|thro|po|lo|ge *auch:* **Pa|lä|anth|ro|po|lo|ge** ⟨m.; -n, -n⟩ Wissenschaftler auf dem Gebiet der Paläanthropologie

Pa|lä|an|thro|po|lo|gie *auch:* **Pa|lä|anth|ro|po|lo|gie** ⟨f.; -; unz.⟩ Teilgebiet der Anthropologie, das sich mit der Abstammung u. Entwicklung des Menschen beschäftigt

Pa|lä|an|thro|po|lo|gin *auch:* **Pa|lä|anth|ro|po|lo|gin** ⟨f.; -, -gin|nen⟩ Wissenschaftlerin auf dem Gebiet der Paläanthropologie

pa|lä|an|thro|po|lo|gisch *auch:* **pa|lä|anth|ro|po|lo|gisch** ⟨Adj.⟩ die Paläanthropologie betreffend, zu ihr gehörig, auf ihr beruhend

Pa|lä|ark|tis ⟨f.; -; unz.; Geogr.⟩ eine der beiden großen tiergeografischen Zonen der Erde, die Europa, Nordafrika sowie das außertropische Asien nördl. des Himalaja umfasst; →*a.* Nearktis

pa|lä|ark|tisch ⟨Adj.; Geogr.⟩ zum altweltl. Teil der Arktis gehörend

Pa|la|din ⟨m.; -s, -e⟩ **1** ⟨urspr.⟩ einer der zwölf Begleiter Karls des Großen **2** ⟨danach⟩ Ritter, Gefolgsmann [<lat. *(comes) palatinus* »kaiserl. Begleiter«; zu *palatinus* »zum Palatium gehörend«; → *Palais*]

Pa|lais ⟨[-lɛːː] n.; - [-lɛːs], - [-lɛːs]⟩ Palast, Schloss [frz., <lat. *Palatium,* Name eines der sieben Hügel Roms]

Pa|lan|kin ⟨m.; -s od. -e, -s⟩ = Palanquin (2)

Pa|lan|quin ⟨m.; -s od. -e, -s⟩ **1** ⟨unz.; Textilw.⟩ leichtes, blickdichtes Gewebe mit Drucken od. Stickereien für Damenoberbekleidung **2** ⟨zählb.⟩ indische Sänfte, überdachter Tragsessel; *oV* Palankin [<portug. *palanquim* <Sanskrit *palyanka* »Bett, Sänfte«]

pa|läo..., Pa|läo... ⟨vor Vokalen⟩ palä..., Palä... ⟨in Zus.⟩ alt, ur..., Ur...; *oV* paleo..., Paleo... [<grch. *palaios* »alt«]

Pa|läo|bio|lo|gie ⟨f.; -; unz.⟩ = Paläontologie

Pa|läo|bo|ta|nik ⟨f.; -; unz.⟩ Lehre von den ausgestorbenen u. versteinerten Pflanzen; *Sy* Paläophytologie

pa|läo|bo|ta|nisch ⟨Adj.⟩ die Paläobotanik betreffend, zu ihr gehörig, auf ihr beruhend

Pa|läo|gen ⟨n.; -s; unz.; Geol.⟩ ältere Abteilung des Tertiärs; *Sy* Alttertiär [<*Paläo...* + *...gen*²]

Pa|läo|geo|gra|fie ⟨f.; -; unz.⟩ Lehre von den geograf. Verhältnissen der Vorzeit; *oV* Paläogeographie

Pa|läo|geo|gra|phie ⟨f.; -; unz.⟩ = Paläogeografie

Pa|läo|graf ⟨m.; -en, -en⟩ = Paläograph

Pa|läo|gra|fie ⟨f.; -; unz.⟩ = Paläographie

pa|läo|gra|fisch ⟨Adj.⟩ = paläographisch

Pa|läo|graph ⟨m.; -en, -en⟩ Erforscher, Kenner der Paläographie; *oV* Paläograf

Pa|läo|gra|phie ⟨f.; -; unz.⟩ Handschriftenkunde, Lehre von den Schriften u. Schreibmaterialien des Altertums u. MA; *oV* Paläografie [<*Paläo...* + *...graphie*]

pa|läo|gra|phisch ⟨Adj.⟩ die Paläographie betreffend, zu ihr gehörig, auf ihr beruhend; *oV* paläografisch

Pa|läo|kli|ma|to|lo|gie ⟨f.; -; unz.⟩ Teilgebiet der Klimatologie, das sich mit der Untersuchung des Klimas früherer Erdzeitalter befasst

Pa|läo|lith ⟨m.; -s od. -en, -e od. -en⟩ Steinwerkzeug des altsteinzeitlichen Menschen

Pa|läo|li|thi|ker ⟨m.; -s, -⟩ Mensch des Paläolithikums

Pa|lä|o|li|thi|kum ⟨n.; -s; unz.⟩ Altsteinzeit [<*Paläo...* + *...lithikum*]

pa|läo|li|thisch ⟨Adj.⟩ zum Paläolithikum gehörig, aus ihm stammend, altsteinzeitlich

pa|läo|ma|gne|tisch *auch:* **pa|läo|mag|ne|tisch** ⟨Adj.; Geol.⟩ den Paläomagnetismus betreffend, auf ihm beruhend; *~e Untersuchungen*

Pa|läo|ma|gne|tis|mus *auch:* **Pa|läo|mag|ne|tis|mus** ⟨m.; -; unz.⟩ magnet. Ausrichtung von Gesteinen entsprechend dem bei ihrer Entstehung vorherrschenden erdmagnet. Feld

Pa|lä|on|to|gra|fie ⟨f.; -; unz.⟩ = Paläontographie

Pa|lä|on|to|gra|phie ⟨f.; -; unz.⟩ Lehre von den Versteinerungen; *oV* Paläontografie [<*Paläo...* + grch. *on,* Gen. *ontos* »seiend« + *...graphie*]

Pa|lä|on|to|lo|ge ⟨m.; -n, -n⟩ Kenner, Erforscher der Paläontologie

Pa|lä|on|to|lo|gie ⟨f.; -; unz.⟩ Lehre von den ausgestorbenen Tieren u. Pflanzen vergangener Erdzeitalter; *Sy* Paläobiologie [<*Paläo...* + grch. *on,* Gen. *ontos* »seiend« + *...logie*]

Pa|lä|on|to|lo|gin ⟨f.; -, -gin|nen⟩ Kennerin, Erforscherin der Paläontologie

pa|lä|on|to|lo|gisch ⟨Adj.⟩ die Paläontologie betreffend, zu ihr gehörig, auf ihr beruhend

Pa|läo|phy|ti|kum ⟨n.; -s; unz.; Bot.⟩ die Pflanzenwelt im erdgeschichtlichen Altertum [<*Paläo...* + grch. *phyton* »Pflanze«]

Pa|läo|phy|to|lo|gie ⟨f.; -; unz.⟩ = Paläobotanik

Pa|läo|tro|pis ⟨f.; -; unz.; Bot.⟩ Flora der altweltlichen Tropen [<*Paläo...* + grch. *tropus* »Drehung, Wendung«]

Pa|läo|ty|pe ⟨f.; -, -n; Buchw.⟩ Inkunabel [<*Paläo...* + *Type*]

pa|läo|zän ⟨Adj.; Geol.⟩ zum Paläozän gehörend

Pa|läo|zän ⟨n.; -s; unz.; Geol.⟩ älteste Stufe des Paläogens [<*Paläo...* + *...zän*]

Pa|läo|zo|i|kum ⟨n.; -s; unz.; Geol.⟩ Zeitalter der Erdgeschichte vor 580-200 Mill. Jahren, in dem die ersten Spuren von Leben auftraten; *Sy* Archäozoikum

pa|läo|zo|isch ⟨Adj.; Geol.⟩ zum Paläozoikum gehörend

Pa|läo|zo|o|lo|gie ⟨[-tso:ɔ-] f.; -; unz.⟩ Lehre von den Versteinerungen ausgestorbener Tiere

pa|läo|zo|o|lo|gisch ⟨Adj.⟩ die Paläozoologie betreffend, zu ihr gehörend, auf ihr beruhend

Pa|las ⟨m.; -, -se⟩ Hauptgebäude der mittelalterl. Burg [<mhd. *palas* <frz. *palais* »Hauptgebäude einer Burg« <lat. *palatium,* dem Namen eines der sieben Hügel Roms u. der darauf befindlichen Kaiserburg]

Pa|last ⟨m.; -(e)s, -läs|te⟩ **1** Schloss **2** Prachtbau [<mhd. *palas* <frz. *palais;* → *Palas*]

Pa|läs|ti|nen|ser ⟨m.; -s, -⟩ Angehöriger od. Nachkomme der arabischstämmigen Bevölkerung Palästinas

Pa|läs|ti|nen|se|rin ⟨f.; -, -rin|nen⟩ weibl. Palästinenser

Pa|läs|tra *auch:* **Pa|läst|ra** ⟨f.; -, -läs|tren⟩ altgrch. Schule für Ringer [<grch. *palaiein* »kämpfen«]

pa|la|tal ⟨Adj.; Phon.⟩ zum Gaumen gehörend

Pa|la|tal ⟨m.; -s, -e; Phon.⟩ Gaumenlaut, mit der Zunge am harten Gaumen gebildeter Konsonant, z. B. ch (vor e u. i); *Sy* Palatallaut [<lat. *palatum* »Gaumen«]

pa|la|ta|li|sie|ren ⟨V.; Phon.⟩ = mouillieren

Pa|la|tal|laut ⟨m.; -(e)s, -e; Phon.⟩ = Palatal

Pa|la|tin ⟨m.; -s, -e⟩ **1** Pfalzgraf **2** ⟨in Ungarn bis 1848⟩ Stellvertreter des Königs [<lat. *(comes) palatinus* »kaiserl. Begleiter«; → *Paladin*]

Pa|la|ti|nat ⟨n.; -(e)s, -e⟩ Verwaltungsgebiet eines Pfalzgrafen

pa|la|ti|nisch ⟨Adj.⟩ **1** zum Palatinat gehörend **2** zum Pfalzgrafen gehörend

Pa|la|to|gra|fie ⟨f.; -, -n⟩ = Palatographie

Pa|la|to|gramm ⟨n.; -s, -e⟩ Aufzeichnung mit dem Palatographen [<lat. *palatum* »Gaumen« + *...gramm*]

Pa|la|to|gra|phie ⟨f.; -, -n⟩ Verfahren zur Analyse u. Abbildung der Berührungsstellen zwischen Zunge u. Gaumen beim Bilden sprachlicher Laute; *oV* Palatografie [<lat. *palatum* »Gaumen« + *...graphie*]

Pa|la|to|schi|sis ⟨[-sçi:-] f.; -; unz.; Path.; Med.⟩ anatomisch gestörte Gaumenbildung, die entsteht, wenn sich während der Fruchtentwicklung die harten, den Gaumen bildenden Knochen nicht vereinigen, Gaumenspalte [<lat. *palatum* »Gaumen« + grch. *schisis* »Spalten, Trennen«]

Pa|la|tschin|ke *auch:* **Pa|lat|schin|ke** ⟨f.; -, -n; meist Pl.; Kochk.; österr.⟩ gefüllter Eierkuchen [<rumän. *placinta*]

Pa|la|tum ⟨n.; -s, -la|ta; Anat.⟩ Gaumen [lat.]

Pa|la|ver ⟨[-vər] n.; -s, -⟩ **1** ⟨urspr.⟩ (Rats-)Versammlung von Schwarzen **2** ⟨umg.⟩ überflüssiges Gerede, nutzlose Verhandlung [<portug. *palavra* »Wort, Sprache«]

pa|la|vern ⟨[-vərn] V.; umg.⟩ **1** nutzlos, lange verhandeln **2** sich angeregt unterhalten

Pa|laz|zo ⟨m.; - od. -s, -laz|zi; ital. Bez. für⟩ **1** Palast **2** vornehmes Wohnhaus in der Stadt; *~ prozzo* ⟨scherzh.⟩ übertrieben prunkvolles, protziges Gebäude

pa|leo..., Pa|leo... ⟨in Zus.⟩ = paläo..., Paläo...

Pa|le|tot ⟨[-to:] m.; -s, -s; veraltet⟩ **1** doppelreihiger Mantel für Herren **2** dreiviertellanger Mantel für Damen od. Herren [frz. <mengl. *paltok* »Jacke«]

Pa|let|te ⟨f.; -, -n⟩ **1** Scheibe mit Loch für den Daumen zum Mischen der Farben beim Malen **2** Untersatz für Stapelwaren, die dadurch mit Gabelstaplern leicht u. in größerer Menge bewegt werden können **3** reiche Auswahl, große Menge (von Möglichkeiten) [<frz. *palette,* ital. *paletta* »kleine Schaufel« <lat. *pala* »Schaufel, Spaten«]

pa|let|ti ⟨Adj.; in der umg. Wendung⟩ *alles ~* alles in Ordnung; *oV* palletti [Herkunft nicht bekannt]

pa|let|tie|ren auf einer Palette (3) stapeln und verladen

Pa|li|la|lie ⟨f.; -, -n; Med.⟩ Sprachstörung, die eine mehrmalige Wiederholung desselben Wortes, Satzteils od. Satzes verursacht [<grch. *palin* »wiederum, erneut« + *lalein* »schwatzen, viel reden«]

Pa|lim|psest *auch:* **Pa|limp|sest** ⟨m. od. n.; -(e)s, -e⟩ antikes, urspr. beschriebenes, abgeschabtes u. wieder neu beschriebenes Pergament [<grch. *palin* »wieder« + *psestos,* Part. Perf. zu *psen* »abwischen«]

Pa|lin|drom ⟨n.; -s, -e⟩ Wort od. Vers, das bzw. der vorwärts wie rückwärts gelesen einen Sinn ergibt, z. B. Reittier, Rebe [zu grch. *palindromos* »rückläufig«]

pa|lin|gen ⟨Adj.; Geol.⟩ die Palingenese (3) betreffend, zu ihr gehörig, aus ihr stammend

Pa|lin|ge|ne|se ⟨f.; -, -n⟩ *oV* Palingenesis **1** ⟨Philos.⟩ Wiedergeburt durch Seelenwanderung **2** ⟨Biol.⟩ die bei der Entwicklung eines Individuums (bes. im embryonalen Stadium) beobachtbare Wiederholung der stammesgeschichtlichen Entwicklung entsprechend dem biogenet. Grundgesetz E. Haeckels **3** ⟨Geol.⟩ Entstehung von Magma durch Wiederaufschmelzen von Eruptivgesteinen u. Sedimenten [<grch. *palin* »wieder« + *Genese*]

Pa|lin|ge|ne|sis ⟨f.; -, -ne|sen⟩ = Palingenese

pa|lin|ge|ne|tisch ⟨Adj.⟩ die Palingenese (1, 2) betreffend, zu ihr gehörend, auf ihr beruhend

Pa|li|sa|de ⟨f.; -, -n⟩ **1** starker, oben zugespitzter Pfahl zur Befestigung **2** aus einer Reihe von Pfählen bestehendes Hindernis

P

[<frz. *palissade,* ital. *palizzata* <lat. *palus* »Pfahl«]

Pa|li|sa|den|ge|we|be ⟨n.; -s, -; Bot.⟩ an Chloroplasten reiches Assimilationsgewebe der grünen Blätter, das aus mehreren Schichten senkrecht zur Oberfläche stehender Zellen gebildet wird

Pa|li|san|der ⟨m.; -s, -⟩ sehr hartes, schweres südamerikan. Edelholz mehrerer tropischer Bäume; *~holz; Möbel aus ~* [<frz. *palissandre* <indian. (Guayana)]

Pa|li|san|der|holz ⟨n.; -(e)s, -hölzer⟩ sehr hartes, schweres südamerikan. Edelholz mehrerer trop. Bäume [<frz. *pallissandre* <indian. (Guayana)]

pa|li|san|dern ⟨Adj.⟩ aus Palisanderholz bestehend

Pal|la|di|a|nis|mus ⟨m.; -; unz.; Arch.⟩ (auf den ital. Baumeister Andrea Palladio (1508-1580) zurückgehender) Architekturstil, der sich im 17. u. 18. Jh. besonders in Holland, Frankreich u. England durchsetzte u. von einer strengen Ausgewogenheit der Formen gekennzeichnet war

Pal|la|di|um ⟨n.; -s, -di|en⟩ **1** ⟨zählb.⟩ **1.1** kultisches Bild der grch. Göttin Pallas Athene in Troja **1.2** ⟨fig.⟩ schützendes Heiligtum **2** ⟨unz.; chem. Zeichen: Pd⟩ chem. Element, platinähnliches Edelmetall, Ordnungszahl 46 [nach *Pallas* Athene, der grch. Göttin]

Pal|lasch ⟨m.; -es, -e⟩ schwerer Degen [ungar. <türk.]

Pal|la|watsch ⟨m.; -(e)s; unz.; österr.⟩ *oV* Ballawatsch **1** Durcheinander **2** Unsinn [ital.]

pal|let|ti ⟨Adj.⟩ = paletti

pal|li|a|tiv ⟨Adj.; Med.⟩ Schmerzen lindernd

Pal|li|a|tiv ⟨n.; -s, -e [-və]; Med.⟩ = Palliativum

Pal|li|a|tiv|me|di|zin ⟨f.; -; unz.; Med.⟩ Bereich der Medizin, der sich mit der Behandlung der Symptome u. nicht mit den Ursachen einer Krankheit befasst, um eine möglichst hohe Lebensqualität des Patienten zu erhalten, z. B. Schmerzlinderung bei unheilbar Kranken

Pal|li|a|ti|vum ⟨[-vum] n.; -s, -va [-va]; Med.⟩ Mittel zur Linderung von Schmerzen; *oV* Palliativ [zu lat. *palliare* »bedecken«]

Pal|li|um ⟨n.; -s, -li|en⟩ **1** altröm. mantelähnl. Umhang **2** ⟨MA⟩ kaiserl. Mantel **3** ⟨kath. Kirche⟩ mit Kreuzen verzierte, lange Binde über Schultern, Rücken u. Brust des päpstlichen u. erzbischöfl. Ornats [lat., »Mantel«]

Pal|ma|rum ⟨ohne Artikel⟩ Palmsonntag [<lat. *(dies) palmarum* »(Tag) der Palmen« (beim Einzug Christi in Jerusalem wurden Palmblätter auf seinen Weg gestreut)]

Pal|me ⟨f.; -, -n; Bot.⟩ Vertreter einer Familie meist tropischer einkeimblättriger Bäume mit schlankem Stamm u. gefiederten Blättern: Palmae; *jmdn. auf die ~ bringen* ⟨fig.: umg.⟩ jmdn. erbosen, jmdn. wütend machen [<lat. *palma* »Palme«, eigtl. »flache Hand« (wegen der Ähnlichkeit des Blattes mit einer ausgestreckten Hand)]

Pal|met|te ⟨f.; -, -n⟩ dem Blatt der Palme ähnliche, fächerförmige Verzierung [mit frz. Verkleinerungsendung zu *Palme*]

Pal|min® ⟨n.; -s; unz.⟩ Speisefett aus der Kokosnuss [→ *Palme*]

Pal|mi|tat ⟨n.; -(e)s, -e; Chemie⟩ Salz od. Ester der Palmitinsäure

Pal|mi|tin ⟨n.; -s; unz.; Chemie⟩ festes, weißl. Fett, Glyzerinester der Palmitinsäure [<frz. *palmite* »Mark der Palme«]

Pal|mi|tin|säu|re ⟨f.; -, -n; Chemie⟩ in den meisten tierischen Fetten, bes. aber im Palmöl u. im Japanwachs vorkommende höhere ungesättigte Fettsäure

Palm|top ⟨[pa:mtɔp] m.; -s, -s; EDV⟩ = Handheldcomputer [engl.; <*palm* »Handfläche« + *top* »oben«]

Pa|lo|lo|wurm ⟨m.; -(e)s, -würmer; Zool.⟩ im Meer lebender Ringelwurm der Südsee: Eunice [<samoanisch *palolo*]

pal|pa|bel ⟨Adj.; Med.⟩ so beschaffen, dass man es palpieren kann, fühlbar, tastbar, greifbar, z. B. der Puls

Pal|pa|ti|on ⟨f.; -, -en; Med.⟩ Untersuchung durch Palpieren

pal|pa|to|risch ⟨Adj.; Med.⟩ abtastend, abklopfend, durch Palpation [<neulat. *palpatorius*]

Pal|pe ⟨f.; -, -n; Zool.⟩ **1** fühlerförmiger, mit Sinnesorganen besetzter Anhang der Mundwerkzeuge von Insekten **2** das zweite Paar der Gliedmaßen am Kopf der Spinnentiere, Taster [<lat. *palpare* »tasten, streicheln«]

pal|pie|ren ⟨V.; Med.⟩ befühlen, betasten, beklopfen, durch Betasten untersuchen [<lat. *palpare* »tasten, streicheln«]

Pal|pi|ta|ti|on ⟨f.; -, -en; Med.⟩ Herzklopfen [→ *palpitieren*]

pal|pi|tie|ren ⟨V.; Med.⟩ (wie das Herz) klopfen, schlagen [<lat. *palpitare* »zucken«]

PAL-Sys|tem ⟨n.; -s; unz.⟩ = PAL; →*a.* SECAM-System

Pa|lu|da|ri|um ⟨n.; -s, -ri|en; Biol.⟩ Sumpfaquarium zur Haltung von Amphibien u. Reptilien mit einem Wasser- u. einem (bepflanzten) Landteil [zu lat. *palus,* Gen. *paludis* »Sumpf«]

Pa|ly|no|lo|gie ⟨f.; -; unz.; Bot.⟩ Teilgebiet der Botanik, das sich mit der Untersuchung von Blütenpollen u. Sporen befasst [<grch. *palynein* »(be)streuen« + *...logie*]

Pa|mir|schaf ⟨n.; -(e)s, -e; Zool.⟩ im Hochland von Pamir lebendes Wildschaf

Pam|pa ⟨f.; -, -s⟩ **1** argentinische Grassteppe **2** ⟨fig.; umg.⟩ abgelegene Gegend [Quechua, »Ebene«]

Pam|pel|mu|se ⟨f.; -, -n; Bot.⟩ Zitrusgewächs mit großen, gelben, säuerlich-bitter schmeckenden Früchten: Citrus aurantium decumana; *Sy* Grapefruit [<Afrikaans *pompelmoosje* <ndrl.]

Pam|phlet *auch:* **Pamph|let** ⟨n.; -(e)s, -e⟩ polit. Schmähschrift, Streitschrift [vielleicht <*Pamphilet, Pamphilus,* dem Titel eines Liebesliedes des 12. Jh.]

Pam|phle|tist *auch:* **Pamph|le|tist** ⟨m.; -en, -en; abwertend⟩ Verfasser von Pamphleten, Streitschriften

pam|phle|tis|tisch *auch:* **pamph|le|tis|tisch** ⟨Adj.; abwertend⟩ im Stil, in der Art eines Pamphlets

P

Pam|pu|sche ⟨f.; -, -n; norddt.⟩ = Babusche
Pan ⟨m.; - od. -s, -s od. -ni⟩ Herr (poln. Anrede mit Familiennamen) [poln. <alttschech.]
pan..., Pan... ⟨in Zus.⟩ all, ganz, gesamt [<grch. *pan* »ganz, all, jeder«; → *panto...*]
Pa|na|ché ⟨[-ʃeː] n.; -s, -s⟩ *oV* Panaschee **1** ⟨österr.⟩ eine Speise aus mehrfarbigen Kompotten, mehrfarbigem Eis o. Ä. **2** ⟨schweiz.⟩ Erfrischungsgetränk aus Limonade u. Bier, Alsterwasser **3** ⟨Bot.⟩ = Panaschierung [frz., »Gemisch«]
Pa|na|de ⟨f.; -, -n; Kochk.⟩ **1** zum Panieren verwendete Masse aus geschlagenem Ei u. Semmelbrösel od. Mehl **2** Brei aus Brot, Mehl, Reis o. Ä. für Farcen (5) od. Füllungen **3** ⟨österr.⟩ eine Suppeneinlage [<ital. *pane* »Brot« + frz. Endung ...*ade*]
Pa|na|del|sup|pe ⟨f.; -, -n; Kochk.; österr.⟩ eine Suppe mit Weißbroteinlage u. Ei [→ *Panade*]
pan|af|ri|ka|nisch ⟨Adj.⟩ auf dem Panafrikanismus beruhend, ihn betreffend
Pan|af|ri|ka|nis|mus ⟨m.; -; unz.; Politik⟩ Streben der Völker u. Staaten Afrikas nach wirtschaftlichem u. kulturellem Zusammenschluss
Pa|na|ma ⟨m.; -s, -s⟩ **1** ⟨Textilw.⟩ poröses Gewebe **2** ⟨kurz für⟩ Panamahut [nach dem mittelamerikan. Staat *Panama*]
Pa|na|ma|hut ⟨m.; -(e)s, -hü|te⟩ fein geflochtener, breitkrempiger Strohhut
Pa|na|ma|rin|de ⟨f.; -, -n⟩ = Quillajarinde
pan|ame|ri|ka|nisch ⟨Adj.; Politik⟩ den Panamerikanismus betreffend, auf ihm beruhend
Pan|ame|ri|ka|nis|mus ⟨m.; -; unz.; Politik⟩ Streben nach Zusammenarbeit aller amerikanischen Staaten [<*Pan...* + *Amerika*]
Pan|ara|bis|mus ⟨m.; -; unz.⟩ Bestrebung, alle Araber politisch zu vereinigen [→ *Pan...*]
Pa|na|ri|ti|um ⟨n.; -s, -ti|en; Med.⟩ Infektion eines Fingers durch Eitererreger, Fingerentzündung; *Sy* Daktylitis, Paronychie [lat.; vermutl. <lat., grch. *paronychia* (→ *Paronychie*), beeinflusst von lat. *panus*, grch. *penos* »eitrige Entzündung«]
Pa|nasch ⟨m.; -es, -e⟩ Federbusch, Helmbusch [<frz. *panache;* verwandt mit lat. *penna* »Feder«]
Pa|na|schee ⟨n.; -s, -s⟩ = Panaché
pa|na|schie|ren ⟨V.⟩ **1** mit bunten Streifen mustern **2** *mehrere Kandidaten ~* zugleich wählen [<frz. *panacher* »bunt machen, bunstreifig verzieren«]
Pa|na|schie|rung ⟨f.; -, -en⟩ **1** das Panaschieren **2** ⟨Bot.⟩ durch Fehlen von Blattgrün hervorgerufene weiße od. bunte Zeichnung des Laubes; *Sy* Panaché (3), Panaschee, Panaschüre
Pa|na|schü|re ⟨f.; -, -n; Bot.⟩ = Panaschierung (2)
Pan|athe|nä|en ⟨Pl.⟩ alle vier Jahre gefeiertes, größtes Fest aller Athener zu Ehren der Pallas Athene mit Wettkämpfen, Opfern, Prozessionen [<grch. *Panathenaia* <*pan* »alles, jedes« + *Athena*, grch. Göttin *Athene*]
Pan|a|zee *auch:* **Pa|na|zee** ⟨[-atseː(ə)] f.; -, -ze|en [-atseː(ə)n]⟩ Allheilmittel [<lat. *panacea* »Allheilkraut« <grch. *panakeia* »Allheilerin« <grch. *pan* »ganz, jeder« + *akos* »Heilmittel«]
pan|chro|ma|tisch ⟨[-kro-] Adj.⟩ für alle Farben empfindlich (Filmmaterial); *Ggs* orthochromatisch; *~er Film*
Pan|cre|as *auch:* **Panc|re|as** ⟨f.; -, -cre|a|ta od. -cre|a|ten; Anat.⟩ = Pankreas
Pan|da ⟨m.; -s, -s; Zool.⟩ Vertreter einer Unterfamilie der Kleinbären: Ailurinae; *Großer ~* im Dschungel zwischen Ost-Tibet u. Szetschuan lebender schwarz-weißer Kleinbär, der sich von Bambus ernährt, Bambusbär: Ailuropoda melanoleuca; *Kleiner ~* im östl. Himalaja lebender Kleinbär mit fuchsrotem Rücken, Katzenbär: Ailurus fulgens [<nepales.]
Pan|dä|mo|ni|um ⟨n.; -s, -ni|en; grch. Myth.⟩ **1** Versammlungsort aller bösen Geister **2** Gesamtheit aller bösen Geister [<*Pan...* + *Dämon*]
Pan|dek|ten ⟨Pl.⟩ Sammlung von Sprüchen aus dem röm. Recht [<lat. *Pandectes* <grch. *pandektes* »alles enthaltend«]
Pan|de|mie ⟨f.; -, -n; Med.⟩ über Länder u. Erdteile sich ausbreitende Seuche [<grch. *pandemia* »alle Leute«]
pan|de|misch ⟨Adj.⟩ in der Art einer Pandemie
Pan|de|ra ⟨f.; -, -s; Musik⟩ = Pandero
Pan|der|mit ⟨m.; -s, -e⟩ in feinkörnigen Knollen auftretendes Bormineral
Pan|de|ro ⟨m.; -s, -s; Musik⟩ Schellentrommel aus dem Baskenland; *oV* Pandera [span.]
Pan|dit ⟨m.; -s, -e; ind. Titel für⟩ Gelehrter [Hindi <Sanskrit *pandita* »klug, gelehrt«]
Pan|dscha|bi[1] *auch:* **Pand|scha|bi**[1] ⟨m.; -s, -s⟩ Einwohner des Pandschabs
Pan|dscha|bi[2] *auch:* **Pand|scha|bi**[2] ⟨n.; -s; unz.⟩ neuindische, im Pandschab gesprochene Sprache
Pan|dur ⟨m.; -en, -en⟩ **1** bewaffneter ungar. Diener **2** ⟨im 17./18. Jh.⟩ ungar. Fußsoldat [<ungar. *pandúr*]
Pa|neel ⟨n.; -s, -e⟩ **1** vertieftes Feld der Täfelung **2** Täfelung [<afrz. *panel*, frz. *panneau* »Tafel«]
pa|nee|lie|ren ⟨V.⟩ mit Paneel versehen, mit Holz täfeln
Pan|e|gy|ri|ker *auch:* **Pa|ne|gy|ri|ker** ⟨m.; -s, -⟩ Verfasser von Panegyriken, Festredner, Lobredner
Pan|e|gy|ri|kos *auch:* **Pa|ne|gy|ri|kos** ⟨m.; -, -koi⟩ = Panegyrikus
Pan|e|gy|ri|kus *auch:* **Pa|ne|gy|ri|kus** ⟨m.; -, -ri|ken⟩ Festrede, Lobrede; *oV* Panegyrikos [<grch. *panegyris* »Versammlung aller, Festversammlung«]
pan|e|gy|risch *auch:* **pa|ne|gy|risch** ⟨Adj.⟩ in der Art eines Panegyrikus, lobrednerisch
Pa|nel ⟨[pænəl] n.; -s, -s⟩ **1** ⟨Meinungsforschung⟩ für einen bestimmten Zweck ausgewählte, repräsentative Gruppe **2** typographisch umgrenzter Teil eines Werbemittels **3** Anzeige- und Regelungseinheit von Maschinen [engl. <mengl., eigtl. »Stück Stoff, Pergament« <vulgärlat. *panellus* »kleines Stück Stoff«; zu lat. *pannus* »Stück Stoff, Tuch«]

Pa|nel|ana|ly|se ⟨[pænəl-] f.; -, -n; Stat.⟩ Auswertung der durch Befragung eines Panels (1) erhobenen Daten [<*Panel* + *Analyse*]

pa|nem et cir|cen|ses ⟨geh.⟩ Brot u. Spiele (Forderung des altröm. Volkes) [lat.]

Pan|en|the|is|mus ⟨m.; -; unz.⟩ Lehre, dass das Weltall in Gott ruhe, in Gott eingeschlossen sei [<*Pan…* + *Theismus*]

pan|en|the|is|tisch ⟨Adj.⟩ zum Panentheismus gehörend, auf ihm beruhend

Pa|net|to|ne ⟨m.; -, -to|ni⟩ ital. Hefekuchen mit Rosinen u. kandierten Früchten (für die Weihnachtszeit) [ital.]

pan|eu|ro|pä|isch ⟨Adj.⟩ ganz Europa umfassend [<*pan…* + *europäisch*]

Pan|flö|te ⟨f.; -, -n; Musik⟩ antike Hirtenflöte aus mehreren, verschieden langen Pfeifen aus Bambus od. Schilfrohr ohne Grifflöcher; *Sy* Syrinx (2) [nach dem grch. Hirtengott *Pan*]

Pan|ger|ma|nis|mus ⟨m.; -; unz.; früher⟩ Bestreben, alle Deutschen in einem Staat zu vereinigen [<*Pan…* + *Germane*]

pan|hel|le|nisch ⟨Adj.⟩ die hellenischen Völker u. Staaten betreffend, zu ihnen gehörig [→ *Panhellenismus*]

Pan|hel|le|nis|mus ⟨m.; -; unz.⟩ Bestreben, alle Griechen in einem Staat zu vereinigen

Pa|ni ⟨m.; -s od. -, -s⟩ Angehöriger eines nordamerikanischen Prärie-Indianerstammes

Pa|nier ⟨n.; -s, -e⟩ **1** Banner, Feldzeichen **2** ⟨fig.⟩ Wahlspruch, Motto [<frz. *bannière* <afrz. *banière* <germ. **banda* »Feldzeichen, Fähnlein«; verwandt mit *Banner*]

pa|nie|ren ⟨V.⟩ in Ei u. Mehl od. geriebenem Brötchen wenden; *Fisch, ein Schnitzel, eine Scheibe Weißbrot ~* [<frz. *paner* »mit geriebenem Brot bestreuen«; zu *pain* »Brot«]

Pa|nik ⟨f.; -, -en⟩ allgemeine Verwirrung, plötzlich ausbrechende Angst (bes. bei Massenansammlungen) [<frz. *panique* <grch. *panikos;* → *panisch*]

pa|nisch ⟨Adj.⟩ **1** alles, das ganze Innere erfüllend **2** in der Art einer Panik, angsterfüllt; *~er Schrecken; ~e Angst; in ~er Flucht davonstürzen* [<frz. *panique* <grch. *panikos* »von Pan herrührend«; nach dem Wald- und Hirtengott *Pan,* dessen Erscheinen Schrecken auslöste]

Pan|is|la|mis|mus ⟨m.; -; unz.⟩ Bestreben, alle islam. Völker politisch u. religiös zu vereinigen [<*Pan…* + *Islam*]

Pan|je ⟨m.; -s, -s; scherzh.⟩ russ., poln. Bauer [<poln. *panie,* Vokativ zu *pan* »Herr«]

Pan|je|pferd ⟨n.; -(e)s, -e⟩ kleines russ. Pferd

Pan|je|wa|gen ⟨m.; -s, -⟩ kleiner, einfacher, von einem Pferd gezogener Wagen

Pan|kar|di|tis ⟨f.; -, -ti|den; Med.⟩ Entzündung aller Schichten der Herzwand [<*Pan…* + *Karditis*]

◆ Die Buchstabenfolge **pan|kr…** kann auch **pank|r…** getrennt werden.

◆ **Pan|kra|ti|on** ⟨n.; -s; unz.; im antiken Griechenland⟩ Verbindung von Ringkampf u. Faustkampf nach besonderen Regeln [<*Pan…* + grch. *kratos* »Kraft«]

◆ **Pan|kre|as** ⟨n.; -, -kre|a|ta od. -kre|a|ten; Anat.⟩ Bauchspeicheldrüse; *oV* Pancreas [<*Pan…* + grch. *kreas* »Fleisch«]

◆ **Pan|kre|at|ek|to|mie** ⟨f.; -, -n; Med.⟩ operatives Entfernen der Bauchspeicheldrüse

◆ **Pan|kre|a|tin** ⟨n.; -s; unz.; Biochemie⟩ Enzym der Bauchspeicheldrüse [→ *Pankreas*]

◆ **Pan|kre|a|ti|tis** ⟨f.; -, -ti|ti|den; Med.⟩ Entzündung der Bauchspeicheldrüse [<*Pankreas* + *…itis*]

Pan|lo|gis|mus ⟨m.; -; unz.⟩ **1** philosoph. Lehre, dass die Welt als Verwirklichung der Vernunft aufzufassen sei **2** Lehre vom log. Aufbau der Welt

Pan|mi|xie ⟨f.; -, -n; Biol.⟩ Möglichkeit der Kreuzung aller Tiere od. Pflanzen, die zu einer Population gehören [<*Pan…* + grch. *mixis* »Vermischung«]

Pan|ne ⟨f.; -, -n⟩ **1** Schaden, Betriebsstörung (bes. an Fahrzeugen); *Auto~; Rad~; Reifen~* **2** Störung im Arbeitsablauf, Fehler, Missgeschick; *da ist beim Abschreiben eine ~ passiert* [<frz. *panne,* eigtl. »Stellung der Segel, bei der sie keinen Wind bekommen«]

Pan|neau ⟨[pano:] m.; -s, -s⟩ **1** ⟨Textilw.⟩ lose hängende Stoffbahn, z. B. Gardine, Store **2** Holzplatte od. -tafel zum Bemalen **3** Platte aus Holz, Metall o. Ä. für Inschriften [frz.]

Pan|ni|ku|li|tis ⟨f.; -, -ti|den; Med.⟩ Entzündung des Unterhautfett- u. Bindegewebes [<lat. *panniculus* »Stückchen Stoff, Läppchen« + *…itis*]

pan|no|nisch ⟨Adj.; österr.⟩ die römische Provinz Pannonien des ungarischen Tieflandes zwischen Wienerwald, Donau u. Save betreffend; *~es Klima*

Pan|nus ⟨m.; -; unz.; Med.⟩ Hornhauttrübung infolge der Ausbildung eines gefäßreichen Bindegewebes [lat., »Lappen«]

◆ Die Buchstabenfolge **pan|o…** kann auch **pa|no…** getrennt werden.

◆ **Pan|op|ti|kum** ⟨n.; -s, -ti|ken⟩ **1** Wachsfigurenkabinett **2** Kuriositätenkabinett [<*Pan…* + grch. *optikos* »zum Sehen gehörend«]

◆ **pan|op|tisch** ⟨Adj.⟩ von allen Seiten einsehbar; *~es System* sternförmige Anordnung der Zellen in Strafanstalten zum Zweck zentraler Überschaubarkeit [<*pan…* + *optisch*]

◆ **Pan|o|ra|ma** ⟨n.; -s, -ra|men⟩ **1** Rundblick, Ausblick in die Landschaft **2** Rundbild, das einen weiten Horizont vortäuscht **3** ⟨Theat.⟩ im Halbkreis um die Bühne reichendes Rundbild einer Landschaft o. Ä. als Hintergrund, Vorläufer des Rundhorizonts [<*Pan…* + grch. *horama* »Anblick«]

◆ **Pan|o|ra|ma|fern|rohr** ⟨n.; -(e)s, -e⟩ Fernrohr mit beweglichen Prismen, durch deren Verschiebung sich bei feststehendem Okular der gesamte Horizont absuchen lässt

◆ **Pan|o|ra|ma|ver|fah|ren** ⟨n.; -s; unz.⟩ Aufnahme- u. Wiedergabeverfahren für Kinofilme

P

mit besonders großflächiger Wirkung

Pan|pho|bie ⟨f.; -, -n; Med.; Psych.⟩ Angst vor der Außenwelt, allgemeine Furchtstimmung [<grch. *pan* »alles« + *Phobie*]

Pan|ple|gie ⟨f.; -, -n; Med.⟩ völlige Lähmung des Körpers [<grch. *pan* »alles« + grch. *plege* »Schlag«]

Pan|psy|chis|mus ⟨m.; -; unz.; Philos.⟩ philosoph. Lehre, dass alle Dinge beseelt seien

Pan|sen ⟨m.; -s, -; Anat.⟩ **1** der erste Magen der Wiederkäuer **2** ⟨nddt.⟩ Magen [<ital. *pancia* »Bauch«]

Pan|sla|wis|mus ⟨m.; -; unz.⟩ Bestreben, alle slaw. Völker politisch u. kulturell zu vereinigen [<*Pan...* + *Slawe*]

Pan|sla|wist ⟨m.; -en, -en⟩ Verfechter des Panslawismus

pan|sla|wis|tisch ⟨Adj.⟩ die slawischen Völker, den Panslawismus betreffend, zu ihnen gehörend

Pan|so|phie ⟨f.; -; unz.; Philos.; 16.-18. Jh.⟩ philosophisch-religiöse Strömung mit dem Ziel, alle Wissenschaften zu einer Gesamtwissenschaft zusammenzufassen [<grch. *pan* »alles« + *sophia* »Weisheit«]

pan|so|phisch ⟨Adj.; Philos.⟩ die Pansophie betreffend, auf ihr beruhend, zu ihr gehörig

Pan|sper|mie ⟨f.; -; unz.; Biol.⟩ Besamung aus dem All (nach einer inzwischen allgemein abgelehnten Hypothese von Arrhenius sollen Keime das Leben von Himmelskörper zu Himmelskörper übertragen) [<*Pan...* + *Sperma*]

Pan|ta|le|on ⟨n.; -s, -s; Musik⟩ = Pantalon

Pan|ta|lon ⟨n.; -s, -s; Musik⟩ aus dem Hammerklavier weiterentwickelte Form des Hackbretts mit zwei Resonanzböden u. beidseitiger Saitenbespannung; *oV* Pantaleon [nach dem Erbauer *Pantaleon* Hebenstreit, 1667-1750]

Pan|ta|lo|ne ⟨m.; -s, -lo|ni⟩ Gestalt der Commedia dell'Arte, komischer Alter [<ital. *pantaloni* »lange Hosen«, die zum *Pantalone*kostüm gehörten]

Pan|ta|lons ⟨[pãtalɔ̃:s] Pl.⟩ während der Französ. Revolution modern gewordene lange Hosen [<ital. *pantaloni*]

pan|ta rhei ⟨geh.⟩ alles fließt (dem grch. Philosophen Heraklit zugeschriebener Ausspruch, der bedeuten soll, dass die Welt auf ewigem Werden u. Vergehen beruhe) [grch.]

Pan|ter ⟨m.; -s, -; Zool.⟩ = Panther

Pan|the|is|mus ⟨m.; -; unz.; Philos.⟩ philosoph. Lehre, dass Gott u. die Welt, die Natur eins seien, dass Gott überall in der Natur sei

Pan|the|ist ⟨m.; -en, -en; Philos.⟩ Vertreter, Anhänger des Pantheismus

Pan|the|is|tin ⟨f.; -, -tin|nen; Philos.⟩ Vertreterin, Anhängerin des Pantheismus

pan|the|is|tisch ⟨Adj.; Philos.⟩ zum Pantheismus gehörend, auf ihm beruhend

Pan|the|lis|mus ⟨m.; -; unz.; Philos.⟩ philosophische Auffassung, dass der Wille das Wesen aller Dinge sei

Pan|the|on ⟨n.; -s, -s⟩ **1** antiker Tempel aller Götter **2** ⟨fig.⟩ Ehrentempel **3** Gesamtheit aller Götter (eines Volkes) [<*Pan...* + grch. *theos* »Gott«]

Panther / Panter (*Laut-Buchstaben-Zuordnung*) Im Zuge der Integration fremdsprachiger Wörter in die deutsche Standardsprache kann neben die ursprüngliche, der Herkunftssprache folgenden Orthografie eine integrierte Schreibweise mit angepasster Laut-Buchstaben-Zuordnung treten.
Es bleibt dem Schreibenden überlassen, welche Schreibweise er vorzieht.

Pan|ther ⟨m.; -s, -; Zool.⟩ = Leopard; *oV* Panter [lat. <grch. *panther(os)*]

Pan|ti|ne ⟨f.; -, -n; norddt.⟩ = Pantoffel (1); *Holz~* [<frz. *patin* »Schuh mit Holzsohle«]

pan|to..., Pan|to... ⟨in Zus.⟩ all..., All..., alles [<grch. *pan*, Gen. *pantos* »ganz, all, jeder«; → *pan...*]

Pan|tof|fel ⟨m.; -s, -n⟩ **1** Hausschuh ohne Fersenteil; *Sy* Pantine; *Filz~* **2** Sinnbild des häusl. Regiments der Ehefrau; *sie hat ihn unter dem ~* ⟨fig.; umg.⟩ sie beherrscht ihren Ehemann, sie ordnet alles an; *unter dem ~ stehen* ⟨fig. umg.⟩ von seiner Ehefrau beherrscht werden, daheim nichts zu sagen haben [<frz. *pantoufle*]

Pan|to|graf ⟨m.; -en, -en⟩ = Pantograph

Pan|to|gra|fie ⟨f.; -, -n⟩ = Pantographie

Pan|to|graph ⟨m.; -en, -en⟩ Gerät zum Vergrößern od. Verkleinern von geometr. Figuren, Storchschnabel; *oV* Pantograf [<*Panto...* + *...graph*]

Pan|to|gra|phie ⟨f.; -, -n⟩ mit dem Pantographen verfertigte Umrisszeichnung; *oV* Pantografie

Pan|to|kra|tor ⟨m.; -s; unz.⟩ **1** Titel für Gott u. den auferstandenen Christus **2** ⟨(bes. byzantin.) Kunst⟩ Darstellung des thronenden Christus [<*Panto...* + grch. *kratein* »herrschen«]

Pan|to|let|te ⟨f.; -, -n⟩ leichter Schuh ohne Fersenteil u. meist mit Keilabsatz [<*Pantoffel* + Sanda*lette*]

Pan|to|me|ter ⟨n.; -s, -⟩ vielseitig verwendbares Winkelmessgerät [<*Panto...* + *...meter*]

Pan|to|mi|me[1] ⟨f.; -, -n⟩ Bühnenstück, das ohne Worte, nur durch Gebärden, Mienenspiel u. Bewegung od. Tanz dargestellt wird [<grch. *pantomimos* »alles nachahmend« <*pan*, Gen. *pantos* »alles« + *mimesthai* »nachahmen«]

Pan|to|mi|me[2] ⟨m.; -n, -n⟩ Künstler, der Pantomimen darstellt [→ *Pantomime*[1]]

Pan|to|mi|mik ⟨f.; -; unz.⟩ **1** Gebärdenspiel **2** Kunst der Pantomime

Pan|to|mi|min ⟨f.; -, -min|nen⟩ Künstlerin, die Pantomimen darstellt [→ *Pantomime*[1]]

pan|to|mi|misch ⟨Adj.⟩ die Pantomime betreffend, nur durch Gebärden (ausgedrückt); *etwas ~ darstellen*

pan|to|phag ⟨Adj.⟩ = omnivor; *Ggs* monophag [<*panto...* + *...phag*]

Pan|to|pha|ge ⟨m.; -n, -n⟩ = Omnivore; *Ggs* Monophage

P

Pan|to|pha|gie ⟨f.; -; unz.; Biol.⟩ Ernährungsweise ohne Wahl (bei Tieren); *Ggs* Monophagie

Pan|to|po|de ⟨m.; -n, -n; Zool.⟩ räuberisch lebende, meeresbewohnende Asselspinne, gehört zur Klasse der Gliederfüßer aus dem Unterstamm der Chelicerata [<*Panto...* + *...pode*]

Pan|to|then|säu|re ⟨f.; -, -n; Biochemie⟩ Vitamin aus der Gruppe der B_2-Vitamingruppe [grch. *pantothen* »von allen Seiten«; die Säure kommt in allen pflanzl. u. tier. Geweben vor]

Pan|try *auch:* **Pant|ry** ⟨[pæntrı] f.; -, -s⟩ Anrichte (auf Schiffen od. Flugzeugen) [engl., »Speisekammer, Anrichteraum«]

Pan|tschen-La|ma *auch:* **Pant|schen-La|ma** ⟨m.; - od. -s, -s⟩ zweites kirchliches Oberhaupt der Tibeter nach dem Dalai-Lama [tibet., »Juwel des großen Priesters«]

Pan|ty ⟨[pæntı] f.; -, -s; meist Pl.⟩ **1** Strumpfhose **2** von Frauen getragene Unterwäsche, Miederhöschen [engl.]

Pän|ul|ti|ma *auch:* **Pä|nul|ti|ma** ⟨f.; -, -ti|mä od. -ti|men; Gramm.⟩ vorletzte Silbe [<lat. *paenultima* <*paene* »fast, beinahe« + *ultimus* »der letzte«]

Pä|o|nie ⟨[-o:njə] f.; -, -n; Bot.⟩ Pfingstrose [<grch. *paionia*]

p. a. p. ⟨Abk. für⟩ poco a poco

Pa|pa ⟨[pa:-]⟩ **1** Papst **2** ⟨Ostkirche⟩ höherer Geistlicher [lat., »Papst«]

Pa|pa|gal|lo ⟨m.; -s, -s od. -gal|li; in Mittelmeerländern⟩ einheim., zu Liebesabenteuern mit Touristinnen bereiter junger Mann [ital., »Papagei«]

Pa|pa|gei ⟨m.; -(e)s, -e od. -en; Zool.⟩ in wärmeren Zonen der Erde verbreitete Ordnung von Vögeln mit meist farbenprächtigem Gefieder u. großem Kopf sowie stark gekrümmtem Schnabel u. Greiffüßen: Psittaci; *schwatzen wie ein ~* unaufhörlich reden [<mhd. *papegan* <frz. *papegai,* span. *papagayo,* ital. *pappagallo* <arab. *babagha,* westafrikan. Eingeborenenspr. *pampakei*]

Pa|pa|gei|en|krank|heit ⟨f.; -; unz.; Med.⟩ = Psittakose

Pa|pa|in ⟨n.; -s; unz.; Biochemie⟩ eiweißspaltendes Enzym, das aus den Früchten des Melonenbaumes gewonnen wird u. als Mittel gegen Verdauungsbeschwerden, bei der Klärung von Getränken u. als Zartmacher für Fleisch Verwendung findet [→ *Papaya*]

pa|pal ⟨Adj.; Theol.⟩ päpstlich [<lat. *pap* »Papst«]

Pa|pa|lis|mus ⟨m.; -; unz.; Theol.⟩ kirchenrechtliche Ordnung, nach der die höchste Kirchengewalt beim Papst, nicht bei den Bischöfen (Konzil) liegt; *Sy* Kurialismus, Papalsystem; *Ggs* Episkopalismus (2)

Pa|pa|list ⟨m.; -en, -en; Theol.⟩ Befürworter des Papalismus

pa|pa|lis|tisch ⟨Adj.; Theol.⟩ den Papalismus betreffen, zu ihm gehörig, auf ihm beruhend

Pa|pal|sys|tem ⟨n.; -s; unz.; Theol.⟩ = Papalismus

Pa|pa|raz|zo ⟨m.; -s, -raz|zi; meist Pl.; umg.; abwertend⟩ aufdringlicher Pressefotograf, Sensationsreporter [ital., abgeleitet von dem Beinamen eines Fotografen in dem Film »La dolce vita« (1959) von Federico Fellini]

Pa|pat ⟨n. od. m.; -(e)s; unz.⟩ Wesen, Würde, Herrschaft des Papstes, Papsttum [<lat. *papa* »Papst«]

Pa|pa|ve|ra|zee ⟨[-veratse:ə] f.; -, -n; Bot.⟩ Mohngewächs [<lat. *papaver* »Mohn«]

Pa|pa|ve|rin ⟨[-ve-] n.; -s; unz.⟩ im Opium vorkommendes Alkaloid, wegen seiner Fähigkeit, krampflösend zu wirken, als Mittel gegen Geisteskrankheiten, als Schlafmittel u. gegen erhöhten Blutdruck benutzt [<lat. *papaver* »Mohn«]

Pa|pa|ya ⟨f.; -, -pa|yen; Bot.⟩ *oV* Papaye **1** Melonenbaum **2** Frucht des Melonenbaums [karib.]

Pa|pa|ye ⟨f.; -, -n; Bot.⟩ = Papaya

Pa|pel ⟨f.; -, -n; Med.⟩ entzündliche, etwa reiskorn- bis linsengroße Erhebung auf der Haut bei vielen Hautkrankheiten; *oV* Papula [<lat. *papula* »Bläschen«]

Pa|per ⟨[pɛıpə(r)] n.; -s, -⟩ **1** Arbeitspapier (bei Konferenzen, Vorträgen) **2** Schriftstück, Dokument, schriftl. Unterlage [engl., »Papier«]

Pa|per|back ⟨[pɛıpə(r)bæk] n.; -s, -s; Buchw.⟩ broschiertes Buch mit dünnen Einbanddecken, Taschenbuch; *Ggs* Hardcover [engl.]

Pa|pe|te|rie ⟨f.; -, -n; schweiz.⟩ (Geschäft für) Papier, Schreibwaren [frz.]

Pa|pier ⟨n.; -s, -e⟩ **1** ⟨unz.⟩ durch Faserverfilzung entstandenes, blattartiges Gebilde zum Schreiben, Drucken, Einpacken **2** ⟨zählb.⟩ **2.1** Schriftstück, Urkunde **2.2** Resolution, Denkschrift o. Ä. **2.3** Zettel **2.4** kurze schriftliche Arbeit, Aufzeichnung **2.5** Wertpapier, Aktie, Pfandbrief **2.6** ⟨Pl.⟩ *~e* Ausweise [<mhd. (14.Jh.) *papier* <lat. *papyrum;* zu *papyrus* <grch. *papyros* »Papyrus«; das daraus hergestellte Schreibmaterial«]

Pa|pier|ma|ché ⟨[-maʃe:] n.; -s, -s⟩ formbare Masse aus eingeweichtem Papier u. Leim, Stärke u. Ton, die nach dem Trocknen mit Firnis überzogen wird; *oV* Papiermachee; *Sy* Pappmasché [frz., eigtl. »Papierteig«]

Pa|pier|ma|schee ⟨n.; -s, -s⟩ = Papiermasché

pa|pil|lar ⟨Adj.; Med.⟩ warzenförmig [→ *Papille*]

Pa|pil|lar|leis|ten ⟨Pl.; Med.⟩ feine, leistenartige Riffelung der Haut auf der Innenseite der Finger u. Zehen, der Handflächen u. Fußsohlen mancher Affen u. des Menschen, Hautleisten; *Sy* Papillarlinien

Pa|pil|lar|li|ni|en ⟨Pl.; Med.⟩ = Papillarleisten

Pa|pil|lar|schicht ⟨f.; -, -en; Anat.⟩ mit papillenförmigen Ausbuchtungen versehene obere Schicht der Lederhaut

Pa|pil|le ⟨f.; -, -n; Med.⟩ warzenförmige Erhebung [<lat. *papilla* »Brustwarze, Wärzchen«]

pa|pil|li|form ⟨Adj.; Anat.⟩ warzenförmig

Pa|pil|lom ⟨n.; -s, -e; Med.⟩ Geschwulst mit warzenartig zerklüfteter Oberfläche, Zotten-, Warzengeschwulst [→ *Papille*]

Pa|pil|lon ⟨[papijɔ̃:] m.; -s, -s⟩

P

1 ⟨Zool.⟩ Hunderasse, deren Ohren wie Schmetterlingsflügel geformt sind 2 ⟨Textilw.⟩ leichter Kleiderstoff aus Seide, Halbseide, Kammgarn od. Chemiefaser [frz., »Schmetterling«]

pa|pil|lös ⟨Adj.⟩ warzig [→ *Papille*]

Pa|pil|lo|te ⟨[-joːtə] f.; -, -n⟩ Lockenwickel aus Papier [frz.]

pa|pil|lo|tie|ren ⟨[papijoː-] V.⟩ *Haarsträhnen ~* zum Wellen auf Papilloten aufdrehen

pa|pin|sche(r) Topf *auch:* **Pa|pin'sche(r) Topf** ⟨[papɛ̃ː-] m.; -(e)s, -töp|fe⟩ geschlossener Topf, in dem Wasser erhitzt wird, wobei der Dampfdruck beliebig gewählt werden kann [nach dem frz. Physiker Denis *Papin*, 1647-1712 (?)]

Pa|pi|ros|sa ⟨f.; -, -ros|si od. -rossy⟩ russ. Zigarette mit langem, hohlem Pappmundstück [<russ. *papirosa* »Zigarette« <poln. *papieros* <dt. *Papier*]

Pa|pis|mus ⟨m.; -; unz.; abwertend⟩ Papsttum [<frz. *papisme* <lat. *papa* »Papst«]

Pa|pist ⟨m.; -en, -en; abwertend⟩ Anhänger des Papsttums

pa|pis|tisch ⟨Adj.⟩ zum Papismus gehörig, ihn betreffend

Pap|pa|ta|ci|fie|ber ⟨[-tʃi-] n.; -s, -; Med.⟩ in trop. u. subtrop. Ländern heimische Infektionskrankheit, deren Virus durch die Pappatacimücke übertragen wird, Hundskrankheit, Sandflohfieber, Dreitagefieber [→ *Pappatacimücke*]

Pap|pa|ta|ci|mü|cke ⟨[-tʃi-] f.; -, -en; Zool.⟩ etwa 2 mm große Stechmücke, die in den Mittelmeerländern sowie in Süd- u. Ostasien Überträger des Pappatacifiebers ist: Phlebotomus pappatasii [<ital. *pappataci* <*pappare* »essen«+ *tacito* »leise«]

Papp|ma|ché ⟨[-ʃeː] n.; -s, -s⟩ = Papiermaché; *oV* Pappmaschee

Papp|ma|schee ⟨n.; -s, -s⟩ = Pappmaché

Pap|pus ⟨m.; -, - od. -se; Bot.⟩ den fehlenden Kelch vieler Korbblütler ersetzender Kranz aus Haaren, der an der Frucht verbleibt u. ihrer Verbreitung dient, Federkrone [<grch. *pappos* »Großvater«]

Pa|pri|ka *auch:* **Pap|ri|ka** ⟨m.; -s, -s; Bot.⟩ zu einer Gattung der Nachtschattengewächse gehörende krautige Pflanze, die wegen ihrer Frucht angebaut wird, span. Pfeffer: Capsicum; *Sy* Kapsikum (1) [ungar. <serb. *paprika;* zu *papar* »Pfeffer« <lat. *piper* <grch. *peperi*]

Pa|pu|la ⟨f.; -, -lae [-lɛː]⟩ = Papel [lat.]

Pa|py|ri ⟨Pl. von⟩ Papyrus

Pa|py|rin ⟨n.; -s; unz.⟩ Pergamentpapier [→ *Papyrus*]

Pa|py|ro|lo|gie ⟨f.; -; unz.⟩ Lehre von den Papyri

pa|py|ro|lo|gisch ⟨Adj.⟩ die Papyrologie betreffend, auf ihr beruhend, zu ihr gehörend

Pa|py|rus ⟨m.; -, -py|ri⟩ 1 papierähnlicher Schreibstoff, der aus dem in Streifen geschnittenen u. kreuzweise übereinandergeklebten Mark der Stängel der Papyrusstaude gewonnen wird 2 Schriftstück daraus, Papyrusrolle [lat.<grch. *papyros*]

Par ⟨n.; - od. -s, -s; Sport; Golf⟩ vorgegebene Anzahl von Schlägen, mit denen ein Golfloch erreicht werden soll [engl., <lat. *par* »gleich (groß)«]

par..., Par... ⟨Vorsilbe⟩ = para..., Para...

...par ⟨Nachsilbe; zur Bildung von Adj.⟩ gebärend; *ovipar; vivipar* [<lat. *parere* »gebären«]

Pa|ra ⟨m.; -s, -s od. (bei Zahlenangaben) -⟩ kleinste Währungseinheit in Serbien, $^{1}/_{100}$ Dinar

pa|ra..., Pa|ra... ⟨vor Vokalen⟩ par..., Par... ⟨in Zus.⟩ 1 neben, bei 2 gegen, wider [grch.]

Pa|ra|ba|se ⟨f.; -, -n; in der altgrch. Komödie⟩ polit.-soziale, satir. Ansprache des Chors an die Zuschauer [<grch. *parabasis* »Vorbeimarsch«]

Pa|ra|bel ⟨f.; -, -n⟩ 1 lehrhafte Erzählung, die eine allg. Wahrheit beispielhaft veranschaulicht 2 Kegelschnitt, der dadurch gekennzeichnet ist, dass alle auf ihm liegenden Punkte von einem festen Punkt (dem Brennpunkt) u. einer Geraden den gleichen Abstand haben [<grch. *parabola, parabole*]

Pa|ra|bel|flug ⟨m.; -(e)s, -flü|ge⟩ Flugmanöver, bei dem ein Flugzeug eine Flugbewegung in Form einer Parabel macht, wodurch im Flugzeug ein Zustand der Schwerelosigkeit hervorgerufen wird

Pa|ra|bel|lum|pis|to|le ⟨f.; -, -n⟩ Selbstladepistole

Pa|ra|bi|ont ⟨m.; -en, -en; Biol.⟩ Lebewesen, das mit einem anderen der gleichen Art verwachsen ist [→ *Parabiose*]

Pa|ra|bi|o|se ⟨f.; -, -n; Biol.⟩ Zusammenleben zweier Lebewesen, die miteinander verwachsen sind, z. B. bei siamesischen Zwillingen [<*Para...* + *...biose*]

Pa|ra|blacks ⟨[pæːrəblæks] Pl.⟩ an den Skispitzen befestigte Klötze, die das Überkreuzen verhindern [engl.]

Pa|ra|bol|an|ten|ne ⟨f.; -, -n; El.⟩ Antenne zum Bündeln von Ultrakurzwellen mit einem Reflektor in Form eines Paraboloids [→ *Paraboloid*]

pa|ra|bo|lisch ⟨Adj.⟩ eine Parabel betreffend, auf ihr beruhend, in der Art einer Parabel

pa|ra|bo|li|sie|ren ⟨V.⟩ in der Art einer Parabel darstellen

Pa|ra|bo|lo|id ⟨n.; -(e)s, -e; Geom.⟩ Körper, der durch Drehen einer Parabel od. einer Hyperbel entsteht [<*Parabel* + *...id*]

Pa|ra|bol|spie|gel ⟨m.; -s, -; Optik⟩ als Paraboloid geformter Hohlspiegel zur Aussendung oder zum Empfang elektromagnetischer Strahlung

Pa|ra|ce|ta|mol ⟨n.; -s; unz.; Pharm.; internat. Freiname für⟩ Medikament zur Schmerzbekämpfung u. Fiebersenkung [Kunstwort]

Pa|ra|de ⟨f.; -, -n⟩ 1 ⟨Mil.⟩ Vorbeimarsch, Truppenschau 2 ⟨Boxen; Fechten⟩ Abwehrbewegung gegen einen Angriff 3 ⟨Reitsport⟩ 3.1 *ganze ~* Anhalten des Pferdes 3.2 *halbe ~* Verkürzen der Gangart [<ital. *parata,* beeinflusst von frz. *parade*]

Pa|ra|dei|ser ⟨m.; -s, -; österr.⟩ = Tomate [→ *Paradies*]

Pa|ra|den|to|se ⟨f.; -, -n; Med.⟩ = Parodontose [→ *Paradentitis*]

pa|ra|die|ren ⟨V.⟩ 1 ⟨Mil.⟩ vorbeimarschieren 2 *mit etwas ~*

P

⟨fig.; veraltet⟩ sich mit etwas brüsten, mit etwas prunken, Eindruck zu machen suchen

Pa|ra|dies ⟨n.; -es, -e⟩ **1** Garten Eden, Garten Gottes, Himmel **2** Vorhalle der altchristl. Basilika mit Brunnen **3** Ort der Freude, der Glückseligkeit, bes. schöner Ort; *dieses Fleckchen Erde ist wirklich ein ~* ⟨fig.⟩; *die Vertreibung aus dem ~; dieser Garten ist ein ~ für Kinder; im ~(e) sein* gestorben sein [<ahd. *paradis,* über kirchenlat. *paradisum* <grch. *paradeisos* »Garten Eden« (1. Buch Mosis); lautliche Anlehnung an das lat. Vorbild im Nhd.]

pa|ra|die|sisch ⟨Adj.⟩ wie im Paradies, herrlich, himmlisch, lieblich, bezaubernd; *ein ~er Ort; hier ist es ~; ich fühle mich ~ wohl* [→ *Paradies*]

Pa|ra|dig|ma ⟨n.; -s, -ma|ta od. -dig|men⟩ **1** ⟨Sprachw.⟩ **1.1** Flexionsmuster, Musterbeispiel **1.2** Gesamtheit an sprachlichen Einheiten, die in einem sprachlichen Kontext gegeneinander austauschbar sind (z. B. hier, oben, darüber); *Ggs* Syntagma **2** kurze Erzählung, die in Beispielen eine moral. Lehre erläutert [<grch. *paradeigma* »Beispiel«]

pa|ra|dig|ma|tisch ⟨Adj.⟩ in der Art eines Paradigmas, beispielhaft; *sein heutiges Verhalten ist ~ für ihn*

P

Pa|ra|dig|men|wech|sel ⟨[-ks-] m.; -s, -⟩ grundlegender Wechsel des Paradigmas, Wandel in der Grundauffassung einer Sache; *einen ~ anstreben, einleiten; die Einführung des Computers ist ein epochaler ~*

Pa|ra|dor ⟨m. od. n.; -s, -e⟩ staatliches span. Luxushotel [span., »Wirtshaus, Gasthaus«]

pa|ra|dox ⟨Adj.⟩ widersinnig; *~e Aussagen, Behauptungen* [<lat. *paradoxus*]

Pa|ra|do|xie ⟨f.; -, -n⟩ Widersinnigkeit

Pa|ra|do|xi|tät ⟨f.; -; unz.⟩ paradoxe Beschaffenheit

Pa|ra|do|xon ⟨n.; -s, -do|xa; Rhet.; Philos.⟩ paradoxe Aussage, paradoxe Behauptung

Par|af|fin *auch:* **Pa|raf|fin** ⟨n.; -s, -e; Chemie⟩ **1** farbloses Gemisch von gesättigten höheren aliphat. Kohlenwasserstoffen mit flüssiger, wachsartiger od. fester Konsistenz **2** ein Vertreter aus der Reihe der Paraffine **3** ⟨Pl.⟩ *~e* gesättigte, kettenförmige Kohlenwasserstoffe, die eine homologe Reihe der allgemeinen Formel C_nH_{2n+2} aufbauen; die einfachsten Vertreter sind Methan, Ethan u. Propan; *Sy* Alkane [<lat. *parum affinis* »wenig reaktionsfähig« (früher meinte man, die Paraffine gingen keine chem. Bindungen ein) <*parum* »wenig« + *affinis* »verwandt«]

par|af|fi|nie|ren *auch:* **pa|raf|fi|nie|ren** ⟨V.; Chemie⟩ mit Paraffin behandeln

par|af|fi|nisch *auch:* **pa|raf|fi|nisch** ⟨Adj.; Chemie⟩ das Paraffin betreffend, zu den Paraffinen gehörend, ihre Eigenschaften aufweisend

Pa|ra|fo|nie ⟨f.; -, -n⟩ = Paraphonie

Pa|ra|ge|ne|se ⟨f.; -, -n; Geol.⟩ typische, gesetzmäßige Kombination von bestimmten Mineralien od. Gesteinen nebeneinander

pa|ra|ge|ne|tisch ⟨Adj.; Geol.⟩ die Paragenese betreffend

Pa|ra|ge|stein ⟨n.; -s, -e; Geol.⟩ aus Sedimentgesteinen entstandenes, metamorphes Gestein

Pa|ra|gli|ding ⟨[-glaɪdɪŋ] n.; - od. -s; unz.; Sport⟩ das Fliegen mit einem Gleitsegler (als Sportart) [engl.; verkürzt <*parachute* »Fallschirm« + *glide* »gleiten«]

Pa|ra|gneis ⟨m.; -es, -e; Geol.⟩ aus Sedimentgestein, bes. aus Sandstein u. Tonschiefer entstandener Gneis

Pa|ra|graf ⟨m.; -en, -en⟩ *oV* Paragraph **1** Absatz in amtl. formellen Schriftstücken, z. B. Verträgen u. Gesetzbüchern **2** ⟨Zeichen: §⟩ das Zeichen dafür vor der laufenden Nummer [<mhd. *paragraf,* eigtl. »Buchstabe, Zeichen« <lat. *paragraphus* »dem S ähnliches grammatisches Zeichen für den Stoffeinschnitt« <grch. *paragraphos (gramme)* »Linie (Strich mit einem Punkt darüber) am Rand von Buchrollen, die die Vortragsteile des Chors im antiken Drama kennzeichnet« <grch. *paragraphein* »danebenschreiben«]

Pa|ra|gra|fen|rei|ter ⟨m.; -s, -; fig.; abwertend⟩ jmd., der sich kleinlich u. überkorrekt an Vorschriften hält; *oV* Paragraphenreiter

Pa|ra|gra|fie ⟨f.; -; unz.; Med.⟩ Störung der Fähigkeit, Buchstaben u. Wörter richtig zu schreiben; *oV* Paragraphie [<*Para...* + *...grafie*]

pa|ra|gra|fie|ren ⟨V.⟩ in Abschnitte unterteilen; *oV* paragraphieren; *einen Text ~*

Pa|ra|gramm ⟨n.; -s, -e; Lit.⟩ scherzhafte, verspottende Veränderung eines Namens od. Wortes durch den Austausch eines od. mehrerer Buchstaben [<grch. *paragramma* »Zusatz«]

Pa|ra|gram|ma|tis|mus ⟨m.; -; unz.; Med.⟩ Sprach- u. Schriftstörung, die zum Verlust der Fähigkeit führt, richtige grammatikalische Konstruktionen zu bilden, z. B. bei Schizophrenie [<*Para...* + *Grammatik* + *...ismus* <grch. *...isma*]

Pa|ra|graph ⟨m.; -en, -en⟩ = Paragraf

Pa|ra|gra|phen|rei|ter ⟨m.; -s, -; fig.; abwertend⟩ = Paragrafenreiter

Pa|ra|gra|phie ⟨f.; -; unz.; Med.⟩ = Paragrafie

pa|ra|gra|phie|ren ⟨V.⟩ = paragrafieren

Pa|ra|ki|ne|se ⟨f.; -; unz.; Med.; veraltet⟩ Störung im Ablauf der Bewegungen infolge mangelhafter Koordination [<*Para...* + *...kinese*]

Pa|ra|kla|se ⟨f.; -, -n; Geol.⟩ durch Auswittern von Klüften od. durch Erdbeben entstandene offene Spalte [<*Para...* + grch. *klasis* »Zerbrechen«]

Pa|ra|klet *auch:* **Pa|rak|let** ⟨m.; -(e)s od. -en, -e od. -en⟩ Helfer, Tröster, Fürsprecher, bes. der Hl. Geist [<grch. *parakletos*]

Pa|ra|ko|rol|la ⟨f.; -, -rol|len; Bot.⟩ Nebenkrone in manchen Blüten, z. B. bei Narzissen; *oV* Parakorolle

Pa|ra|ko|rol|le ⟨f.; -, -n; Bot.⟩ = Parakorolla

Par|a|ku|sis *auch:* **Pa|ra|ku|sis** ⟨f.; -, -ku|ses; Med.⟩ falsche akustische Wahrnehmung [<grch. *parakouein* »falsch hören, falsch verstehen«]

Pa|ra|la|lie ⟨f.; -, -n; Med.⟩ Sprechstörung, bei der es zu einer Vertauschung von Lauten u. Lautgruppen durch andere Laute kommt [<*Para...* + grch. *lalia* »Sprache, Redeweise«]

pa|ra|lin|gu|al ⟨Adj.; Sprachw.⟩ durch Artikulationsorgane erzeugt, jedoch ohne Funktion für die Artikulation von Wörtern [<*para...* + *lingual*]

Pa|ra|lin|gu|is|tik ⟨f.; -; unz.; Sprachw.⟩ Teilgebiet der Linguistik, das sprachbegleitende Erscheinungen (Mimik, Atmung u. a.) untersucht [<*Para... + Linguistik*]

pa|ra|lin|gu|is|tisch ⟨Adj.; Sprachw.⟩ die Paralinguistik betreffend, zu ihr gehörend, auf ihr beruhend

Pa|ra|li|po|me|non ⟨n.; -s, -me|na; Lit.⟩ Nachtrag, Randbemerkung od. Zusatz (zu einem Schriftwerk) [<grch. *paraleipein* »übergehen«]

pa|ra|lisch ⟨Adj.; Geol.⟩ in Meeresnähe entstanden; *Ggs* limnisch; *ein ~es Kohlenlager* [<grch. *paralia* »Meeresküste« <*para...* + grch. *hals* »Salzflut, Meer«]

◆ Die Buchstabenfolge **par|al|l...** kann auch **pa|ral|l...** getrennt werden.

◆ **par|al|lak|tisch** ⟨Adj.; Astron.; Fot.⟩ die Parallaxe betreffend, in der Art einer P., auf ihr beruhend

◆ **Par|al|la|xe** ⟨f.; -, -n⟩ **1** ⟨Astron.⟩ Winkel, der entsteht, wenn ein Punkt von zwei verschiedenen Punkten einer Geraden aus beobachtet wird **2** Entfernung eines Sterns, die aus dem Winkel zwischen zwei von verschiedenen Standorten ausgehenden Geraden bestimmt wird **3** ⟨Fot.⟩ Unterschied zwischen dem Bild im Sucher u. jenem, das dann tatsächl. auf dem Film erscheint [<grch. *parallaxis* »Abwechslung«]

◆ **Par|al|la|xen|aus|gleich** ⟨m.; -(e)s, -e; Fot.⟩ Einrichtung, um die Parallaxe für eine bestimmte Entfernung am Sucher einzustellen

◆ **Par|al|la|xen|se|kun|de** ⟨f.; -, -n; Astron.⟩ = Parsec

◆ **par|al|lel** ⟨Adj.⟩ in der Parallele, in gleicher Richtung u. gleichbleibendem Abstand zueinander verlaufend; *~e Linien; die Straßen laufen ~ (miteinander); der Weg läuft ~ zum Fluss* [<lat. *parallelus* <grch. *parallelos* <*para...* »neben(hin)« + *allelon* »einander«]

◆ **Par|al|lel|be|trieb** ⟨m.; -(e)s; unz.; EDV⟩ gleichzeitiger Ablauf mehrerer Programme auf einer EDV-Anlage; *Ggs* Batchprocessing

◆ **Par|al|le|le** ⟨f.; -, -n⟩ **1** ⟨Math.⟩ Gerade, die zu einer anderen Geraden in gleichem Abstand u. gleicher Richtung verläuft **2** ⟨fig.⟩ etwas Vergleichbares, etwas Ähnliches, ähnliche Begebenheit, Erscheinung; *eine ~ zu einem Ereignis ziehen* [→ *parallel;* beeinflusst von frz. *parallèle* »Parallele«]

◆ **Par|al|le|len|axi|om** ⟨n.; -s; unz.; Geom.⟩ Grundsatz der euklidischen Geometrie, nach dem es zu einer gegebenen Geraden durch einen nicht auf ihr liegenden Punkt nur eine Parallele zu dieser Geraden gibt

◆ **Par|al|lel|epi|pe|don** ⟨n.; -s, -peda od. -pe|den; Geom.⟩ geometr. Körper, der von sechs paarweise in parallelen Ebenen gelegenen Parallelogrammen begrenzt wird; *Sy* Parallelflach [<*parallel* + grch. *epipedon* »Ebene, Fläche«]

◆ **Par|al|lel|flach** ⟨n.; -s, -e; Geom.⟩ = Parallelepiped

◆ **Par|al|lel|ge|sell|schaft** ⟨f.; -, -en; Soziol.⟩ neben der allgemeinen Form der Gesellschaft eines Staates bestehende Gesellschaftsform, die von einer ethnischen, kulturellen od. religiösen Minderheit geprägt wird; *viele Menschen ziehen sich in eine ~ zurück; in den vergangenen Jahren hat sich in Deutschland zunehmend eine islamische ~ entwickelt*

◆ **Pa|ral|lel|im|port** ⟨m.; -(e)s, -e; bes. Pharm.⟩ Produkt (bes. Arzneimittel), das aus dem Ausland importiert wird u. die gleiche Zusammensetzung wie das im Inland vertriebene Originalprodukt hat

◆ **par|al|le|li|sie|ren** ⟨V.⟩ vergleichend nebeneinanderstellen [→ *parallel*]

◆ **Par|al|le|lis|mus** ⟨m.; -, -lis|men⟩ **1** Übereinstimmung (von Dingen, Vorgängen) **2** gleichmäßiger Bau (von Satzgliedern od. Sätzen) [→ *parallel*]

◆ **Par|al|le|li|tät** ⟨f.; -; unz.⟩ parallele Beschaffenheit, das Parallelsein

◆ **Par|al|lel|kreis** ⟨m.; -es, -e⟩ jeder der auf der Erdkugel parallel zum Äquator verlaufenden Breitenkreise

◆ **Par|al|le|lo|gramm** ⟨n.; -s, -e; Geom.⟩ Viereck, das von zwei Paaren paralleler Geraden begrenzt wird [<*parallel* + *...gramm*]

◆ **Par|al|lel|per|spek|ti|ve** *auch:* **Par|al|lel|pers|pek|ti|ve** ⟨[-və] f.; -, -n; Geom.⟩ = Parallelprojektion

◆ **Par|al|lel|pro|jek|ti|on** ⟨f.; -, -en; Geom.⟩ zeichner. Darstellung räuml. Gebilde, wobei alle Strahlen parallel laufen; *oV* Parallelperspektive

◆ **Par|al|lel|schal|tung** ⟨f.; -, -en; El.⟩ Schaltung mehrerer elektrischer Widerstände, Kondensatoren od. Stromquellen in der Weise, dass jedes Schaltelement an die gleiche Spannung angeschlossen ist, Nebeneinanderschaltung, Nebenschaltung, Nebenschluss

◆ **Par|al|lel|ton|art** ⟨f.; -, -en; Musik⟩ die zu einer Dur-Tonart gehörende Moll-Tonart bzw. die zu einer Moll-Tonart gehörende Dur-Tonart mit denselben Vorzeichen, z. B. C-Dur u. a-Moll

Pa|ra|lo|gie ⟨f.; -, -n; Med.⟩ sinnwidriger Gebrauch von Wörtern, Störung der grammatischen Sprachstruktur (bei Psychosen) [<*Para...* + grch. *logos* »Wort, Kunde«]

Pa|ra|lo|gis|mus ⟨m.; -, -gis|men; Philos.⟩ Fehlschluss [<*Para... + Logismus*]

Pa|ra|lo|gis|tik ⟨f.; -; unz.; Philos.⟩ Beweis mit Hilfe eines Trugschlusses [<*Para... + Logistik*]

Pa|ra|lym|pics ⟨Pl.; Sport⟩ seit

P

1960 nach einer Olympiade ausgetragene olympische Veranstaltung für Behindertensportler [<*Para...* + engl. *olympics* »Olympische Spiele«]

Pa|ra|ly|se ⟨f.; -, -n; Med.⟩ Gehirnerweichung, vollkommene Bewegungslähmung als Folge von Schädigungen in den motorischen Nervenbahnen; *progressive* ~ späte Form der Syphilis, die erst etwa 10 od. mehr Jahre nach der Infektion auftritt u. ohne Behandlung über körperl. u. geistigen Verfall zum Tode führt: Dementia paralytica; *oV* Paralysis [<grch. *paralysis* »Lähmung«]

pa|ra|ly|sie|ren ⟨V.⟩ **1** lähmen **2** ⟨fig.⟩ unwirksam machen, schwächen

Pa|ra|ly|sis ⟨f.; -, -ly|sen; Med.⟩ = Paralyse

Pa|ra|ly|ti|ker ⟨m.; -s, -; Med.⟩ jmd., der an Paralyse leidet

pa|ra|ly|tisch ⟨Adj.v⟩ an Paralyse leidend, gelähmt [<grch. *paralytikos* »gelähmt«]

Pa|ra|mae|ci|um ⟨[-mɛː-] n.; -s, -ci|en; Zool.⟩ = Paramecium

pa|ra|ma|gne|tisch *auch:* **pa|ra-mag|ne|tisch** ⟨Adj.⟩ die Eigenschaft des Paramagnetismus zeigend; *Ggs* diamagnetisch

Pa|ra|ma|gne|tis|mus *auch:* **Pa|ra-mag|ne|tis|mus** ⟨m.; -; unz.⟩ Verstärkung des einen Stoff durchdringenden magnet. Feldes durch teilweise Ausrichtung der magnet. Momente der einzelnen Atome in Richtung des Magnetfeldes; *Ggs* Diamagnetismus [<*Para...* + *Magnetismus*]

Pa|ra|me|ci|um ⟨n.; -s, -ci|en; Zool.⟩ zu den Wimpertierchen gehöriger Einzeller, Pantoffeltierchen; *oV* Paramaecium [lat.]

Pa|ra|me|di|zin ⟨f.; -; unz.; Med.⟩ Gesamtheit der medizinischen Systeme u. Auffassungen, die sich von der Schulmedizin in Bezug auf diagnostische u. therapeutische Methoden abheben [<*Para...* + *Medizin*]

Pa|ra|ment ⟨n.; -(e)s, -e⟩ textiler Gegenstand für gottesdienstl. Zwecke, z. B. Altardecke, Fahne [<lat. *parare* »bereiten«]

Pa|ra|me|ter ⟨m.; -s, -; Math.⟩ unbestimmte Konstante einer Funktion, Gleichung, Kurve od. Fläche, von der die Funktion usw. abhängt u. durch deren verschiedene Wahl sich die Gestalt der Funktion usw. ändert [<*Para...* + *...meter*]

Pa|ra|me|tri|um *auch:* **Pa|ra|met|ri-um** ⟨n.; -s, -tri|en; Anat.⟩ das Beckenbindegewebe, das die Gebärmutter umgibt u. hält [<*Para...* + grch. *metra* »Gebärmutter«]

Pa|ra|mi|li|tär[1] ⟨n.; -s; unz.⟩ militärähnliche Organisation; *der Einsatz von Militär u.* ~ [<*Para...* + *Militär*]

Pa|ra|mi|li|tär[2] ⟨m.; -s, -e⟩ Angehöriger des Paramilitärs[1]; *ein protestantischer* ~ *wurde erschossen* [→ *Paramilitär*[1]]

pa|ra|mi|li|tä|risch ⟨Adj.⟩ dem Militär vergleichbar

Par|a|mne|sie *auch:* **Par|am|ne|sie** ⟨f.; -, -n; Med.; Psych⟩ (vor allem bei häufigem Drogenkonsum auftretende) Gedächtnistäuschung, bei der man sich an etwas zu erinnern glaubt, was in Wirklichkeit nicht stattgefunden hat [<*Para...* + *Amnesie*]

Pa|ra|mo ⟨m.; - od. -s, -s; Geogr.⟩ Vegetationstyp in den feuchttropischen Hochanden Südamerikas oberhalb der Waldgrenze [span., »Ödland«]

Pa|ra|my|xo|vi|rus ⟨[-vi-] n.; -, -viren [-vi-]; Med.⟩ Angehöriges einer Gruppe von Viren, die bei Menschen u. Tieren auftreten u. Krankheiten wie Mumps u. Masern od. Hundestaupe, Geflügel- u. Rinderpest verursachen u. durch Tröpfcheninfektion übertragen werden [<*Para...* + grch. *myxa* »Schleim« + *Virus*]

Par|ä|ne|se *auch:* **Pa|rä|ne|se** ⟨f.; -, -n⟩ **1** ermahnende Schrift od. Rede **2** Nutzanwendung (einer Predigt) [<grch. *parainesis* »Ermahnung; Zuspruch«]

par|ä|ne|tisch *auch:* **pa|rä|ne|tisch** ⟨Adj.⟩ in der Art einer Paränese, ermahnend

Pa|ra|noia ⟨f.; -; unz.; Med.⟩ Geisteskrankheit, die sich in Wahnideen äußert; *Sy* Paranoismus [grch., »Schwachsinn«]

pa|ra|no|id ⟨Adj.; Med.⟩ der Paranoia ähnlich

Pa|ra|no|i|ker ⟨m.; -s, -; Med.⟩ jmd., der an Paranoia leidet

pa|ra|no|isch ⟨Adj.; Med.⟩ geistesgestört, in der Art der Paranoia

Pa|ra|no|is|mus ⟨m.; -; unz.; Med.⟩ = Paranoia

pa|ra|nor|mal ⟨Adj.; Parapsych.⟩ nicht auf natürliche Weise erklärbar, übersinnlich; *~e Wahrnehmungen; ~er Heiler*

Par|an|thro|pus *auch:* **Pa|ranth|ro-pus** ⟨m.; -, -thro|pi⟩ Angehöriger einer Gattung der Frühhominiden [<*Para...* + *Anthropus*]

Pa|ra|nuss ⟨f.; -, -nüs|se; Bot.⟩ fettreiche, wohlschmeckende Nuss mit dunkler, dreikantiger Schale [nach dem brasilian. Staat u. Ausfuhrhafen *Pará*]

Pa|ra|pha|ge ⟨m.; -n, -n⟩ Tier, das auf einem anderen lebt, ohne diesem zu nützen od. zu schaden, z. B. der Schiffshalter (Echeneiformes), der sich von großen Fischen transportieren lässt [<*Para...* + *phagein* »fressen«]

Pa|ra|pha|sie ⟨f.; -; unz.; Med.⟩ Sprachstörung, die durch Verwechslung von Wörtern, Silben od. Buchstaben gekennzeichnet ist [<*Para...* + grch. *phasis* »Äußerung, Feststellung«]

pa|ra|pha|sisch ⟨Adj.; Med.⟩ in der Art der Paraphasie, die Paraphasie betreffend; *Sätze* ~ *verändern*

Pa|ra|phe ⟨f.; -, -n⟩ **1** Namenszeichen **2** abgekürzter Namenszug **3** Stempel mit Namenszug [<mfrz. *paraffe* <lat. *paragraphus;* → *Paragraf*]

pa|ra|phie|ren ⟨V.⟩ mit der Paraphe versehen, abzeichnen; *einen Vertrag* ~ vorläufig anerkennen

Pa|ra|phi|mo|se ⟨f.; -, -n; Med.⟩ Abschnürung der Eichel des männl. Gliedes durch gewaltsames Zurückstreifen der zu engen Vorhaut, spanischer Kragen

Pa|ra|pho|nie ⟨f.; -, -n⟩ *oV* Parafonie **1** ⟨Musik⟩ **1.1** Parallelsingen in Quart- u. Quintintervallen **1.2** (in der altgrch. Musiklehre) Zusammenklang von Quinte u.

P

Quarte **2** ⟨Med.⟩ plötzliche Höhenveränderung der Stimme, z. B. während des Stimmbruchs

Pa|ra|phra|se ⟨f.; -, -n⟩ **1** ⟨Musik⟩ Ausschmücken, Verzieren (einer Melodie) **2** ⟨Sprachw.⟩ **2.1** verdeutlichende Umschreibung **2.2** freie Übertragung [<grch. *paraphrasis* »Umschreibung«]

pa|ra|phra|sie|ren ⟨V.⟩ **1** ⟨Musik⟩ ausschmücken, verzieren, umspielen **2** mit einer Paraphrase (2.1) erklären

pa|ra|phras|tisch ⟨Adj.; Sprachw.; Musik⟩ in der Art einer Paraphrase

Pa|ra|phre|nie ⟨f.; -, -n; Med.⟩ leichte Form der Schizophrenie mit paranoischen Elementen [<*Para…* + *…phrenie*]

Pa|ra|phy|se ⟨f.; -, -n; meist Pl.; Bot.⟩ steriler Saftfaden in den Fruchtkörpern bestimmter Pilze; →*a.* Hyphe [<*Para…* + *…physe*]

Pa|ra|plas|ma ⟨n.; -s, -plas|men⟩ klares, körnchenarmes Plasma [<*Para…* + *Plasma*]

Pa|ra|ple|gie ⟨f.; -, -n; Med.⟩ vollständige Lähmung der Gliedmaßen, die beide Seiten gleichermaßen betrifft [<*Para…* + grch. *plege* »Schlag«]

pa|ra|ple|gisch ⟨Adj.; Med.⟩ auf Paraplegie beruhend, sie betreffend

Pa|ra|pluie *auch:* **Pa|rap|luie** ⟨[-ply:] m. od. n.; -s, -s; veraltet⟩ Regenschirm [frz.]

Pa|ra|po|di|um ⟨n.; -s, -po|di|en⟩ **1** nur als Stummel vorhandener Fuß der Vielborster **2** seitlicher Fortsatz der Flossenfüßer [<*Para…* + *…podium*]

pa|ra|psy|chisch ⟨Adj.⟩ okkult, außersinnlich, spiritistisch [<*para…* + *psychisch*]

Pa|ra|psy|cho|lo|gie ⟨f.; -; unz.⟩ Teilgebiet der Psychologie, das die außersinnlichen (okkulten) Erscheinungen untersucht; *Sy* Metapsychik, Metapsychologie

pa|ra|psy|cho|lo|gisch ⟨Adj.⟩ die Parapsychologie betreffend, auf ihr beruhend

Pa|ra|schi ⟨m.; - od. -s; unz.⟩ = Paraski

Pa|ra|sit ⟨m.; -en, -en⟩ **1** ⟨Biol.⟩ Lebewesen (Tier od. Pflanze), das von einem anderen Lebewesen lebt, ohne dieses zu töten, Schmarotzer **2** ⟨fig.⟩ jmd., der von (einem) anderen lebt **3** kleiner, am Hang eines Vulkans gebildeter Krater [<lat. *parasitus* »Tischgenosse; Schmarotzer« <grch. *parasitos* »wer mitisst« <*para* »neben, bei« + *sitos* »Speise«]

pa|ra|si|tär ⟨Adj.⟩ = parasitisch

pa|ra|si|tie|ren ⟨V.⟩ als Parasit leben, schmarotzen

pa|ra|si|tisch ⟨Adj.⟩ in der Art eines Parasiten, schmarotzerhaft; *oV* parasitär

Pa|ra|si|tis|mus ⟨m.; -; unz.; Biol.⟩ Zusammenleben zweier Organismen zum einseitigen Vorteil des einen auf Kosten des anderen, Schmarotzertum; →*a.* Kommensalismus

Pa|ra|si|to|lo|ge ⟨m.; -n, -n; Biol.⟩ Wissenschaftler auf dem Gebiet der Parasitologie

Pa|ra|si|to|lo|gie ⟨f.; -; unz.; Biol.⟩ Lehre von den pflanzlichen u. tierischen Schmarotzern [<*Parasit* + *…logie*]

Pa|ra|si|to|lo|gin ⟨f.; -, -gin|nen; Biol.⟩ Wissenschaftlerin auf dem Gebiet der Parasitologie

pa|ra|si|to|lo|gisch ⟨Adj.; Biol.⟩ die Parasitologie betreffend, zu ihr gehörend, auf ihr beruhend

pa|ra|si|to|trop ⟨Adj.⟩ gegen Parasiten wirksam [<*Parasit* + *…trop*]

Pa|ra|ski ⟨[-ʃi:] m.; - od. -s; unz.; Sport⟩ sportl. Disziplin, die aus Fallschirmspringen u. aus einem Riesenslalom besteht; *oV* Paraschi [verkürzt <engl. *parachute* »Fallschirm« + *Ski*]

Pa|ra|sol ⟨m. od. n.; -s, -s; veraltet⟩ Sonnenschirm [frz.]

Pa|ra|sol|pilz ⟨m.; -es, -e; Bot.⟩ = Parasolschwamm

Pa|ra|sol|schwamm ⟨m.; -(e)s, -schwäm|me; Bot.⟩ Schirmpilz; *Sy* Parasolpilz

pa|ra-Stel|lung ⟨f.; -, -en; Zeichen: p; Bez. für⟩ die Anordnung zweier Substituenten in ringförmigen Kohlenstoffverbindungen, die sich genau gegenüberliegen

Par|äs|the|sie *auch:* **Pa|räs|the|sie** ⟨f.; -, -n; Med.⟩ abnorme Empfindung, die durch mangelhafte Durchblutung od. Druck auf einen Nerv hervorgerufen wird [<*Para…* + *…ästhesie*]

Pa|ra|sym|pa|thi|kus ⟨m.; -; unz.; Anat.⟩ Teil des Lebensnervensystems

pa|ra|sym|pa|thisch ⟨Adj.; Anat.⟩ zum Parasympathikus gehörend, auf ihm beruhend, von ihm ausgehend; *~es Nervensystem* = Parasympathikus

pa|rat ⟨Adj.⟩ bereit, gebrauchsfertig; *eine Antwort, Ausrede ~ haben* [<lat. *paratus,* Part. Perf. zu *parare* »bereiten, rüsten«]

pa|ra|tak|tisch ⟨Adj.; Sprachw.⟩ in der Art der Parataxe, nebenordnend; *Ggs* hypotaktisch

Pa|ra|ta|xe ⟨f.; -, -n; Sprachw.⟩ Nebeneinander gleichberechtigter Hauptsätze; *Ggs* Hypotaxe (1) [<*Para…* + *taxis* »Ordnung«]

Pa|ra|ta|xie ⟨f.; -, -n; Psych.⟩ Störung der sozialen Beziehungen durch falsche Urteile, Vorstellungen usw. [<*Para…* + *Taxie*]

Pa|ra|ta|xis ⟨f.; -, -ta|xen; Sprachw.; veraltet für⟩ Parataxe

pa|ra|to|nisch ⟨Adj.; Bot.⟩ durch Umweltreize wie Licht, Wind u. Ä. bewirkt (in Bezug auf Bewegungen von Pflanzen) [<*para…* + *tonisch*]

Pa|ra|ty|phus ⟨m.; -; unz.; Med.⟩ typhusähnliche Infektionskrankheit, die von Salmonellen hervorgerufen wird

Pa|ra|va|ri|a|ti|on ⟨[-va-] f.; -, -en; Biol.⟩ = Modifikation (2) [<*Para…* + *Variation*]

pa|ra|ve|nös ⟨[-ve-] Adj.; Med.⟩ neben einer Vene (gelegen)

Pa|ra|vent ⟨[-vã:] m. od. n.; -s, -s⟩ zusammenklappbare Wand aus mehreren, mit Stoff od. Papier bespannten, durch Scharniere verbundenen Holzrahmen, spanische Wand [frz., eigtl. »gegen den Wind«]

par avi|on ⟨[par avjɔ̃:]⟩ mit dem Flugzeug, durch Luftpost (Vermerk auf Postsendungen im Auslandsverkehr) [frz.]

Pa|ra|zen|te|se ⟨f.; -, -n; Med.⟩ **1** ⟨i. w. S.⟩ Stich, Einstich **2** ⟨i. e. S.⟩ Durchstechen des Trommelfells bei Mittelohrentzündung, um dem Eiter Abfluss zu verschaffen [<*Para…* + grch. *kentein* »stechen«]

P

pa|ra|zen|trisch *auch:* **pa|ra|zent|risch** ⟨Adj.; Med.⟩ mit Hilfe einer Parazentese

Pa|ra|zo|on ⟨n.; -s, -zo|en; Biol.⟩ Angehöriger einer Abteilung der Vielzeller, deren Zellen weder zu echtem Gewebe noch zu Organen verbunden sind [<*Para... + Zoon*]

par|bleu! ⟨[-blø:]⟩ Donnerwetter! [frz., entstellt <*par Dieu* »bei Gott«]

par|boiled ⟨[-bɔıld] Adj.; undekl.⟩ vorbehandelt, vorgekocht (von Reis) [engl.]

Par|cours ⟨[-ku:r] m.; - [-ku:rs], - [-ku:rs]; Reitsport⟩ die von den Pferden zu durchlaufende Strecke bei Springprüfungen [frz., »zu durchlaufende Strecke; Umlaufbahn«]

Pard ⟨m.; -en, -en; Zool.; veraltet⟩ = Leopard

Par|der ⟨m.; -s, -; Zool.; veraltet⟩ = Leopard [<lat. *pardus* »Leopard«]

par dis|tance ⟨[- distã:s] Adv.; veraltet⟩ aus der Entfernung; *mit jmdm. ~ verkehren* förmlich, nicht freundschaftlich [frz., »aus der Entfernung«]

Par|don ⟨[-dɔ̃:] od. [-dɔŋ] od. österr. a. [-do:n] m. od. n.; -s; unz.⟩ Verzeihung, Gnade, Begnadigung; *kein(en) ~ geben* gegen jmdn. schonungslos vorgehen [frz.]

par|don! ⟨[-dɔ̃:] od. [-dɔŋ] od. österr. a. [-do:n]⟩ (als Entschuldigung od. Bitte, Platz zu machen) Verzeihung! [frz.]

par|do|nie|ren ⟨V.; veraltet⟩ *jmdn. ~* jmdm. Pardon geben, gewähren, jmdn. begnadigen [<frz. *pardonner*]

Par|dun ⟨n.; -(e)s, -s; Seew.⟩ = Pardune

Par|du|ne ⟨f.; -, -n; Seew.⟩ Tau, das Masten od. Stangen von hinten hält; *oV* Pardun [<ndrl. *pardoen* <ital. *bardoni*]

Par|en|chym *auch:* **Pa|ren|chym** ⟨[-çy:m] n.; -s, -e; Biol.⟩ **1** dichtes Bindegewebe, in das bei den Platt- u. Schnurwürmern alle Organe eingebettet sind **2** Grundform des pflanzl. Gewebes aus dünnwandigen Zellen **3** ⟨bei Wirbeltieren⟩ Gewebe, das die eigentl. Substanz einiger Organe, vor allem der Drüsen ausmacht [<grch. *parenchyma* »Eingeweide«]

par|en|chy|ma|tös *auch:* **pa|ren|chy|ma|tös** ⟨[-çy:-] Adj.; Biol.; Med.⟩ zum Parenchym gehörend, es betreffend, reich an Parenchym

pa|ren|tal ⟨Adj.; Biol.⟩ die Generation der Eltern im genetischen Experiment betreffend, von ihr stammend [<lat. *parens*, Gen. *parentis* »Elternteil«]

Pa|ren|tal|ge|ne|ra|ti|on ⟨f.; -, -en; Biol.⟩ Generation der Eltern (im Hinblick auf die Nachkommen gesehen) [<*parental + Generation*]

Pa|ren|tel ⟨f.; -, -en; Rechtsw.⟩ Gesamtheit der Abkömmlinge eines Stammvaters, diesen eingeschlossen [<lat. *parentela* »Abstammung, Verwandtschaft«]

par|en|te|ral *auch:* **pa|ren|te|ral** ⟨Adj.; Med.⟩ unter Umgehung des Verdauungsapparates; *~e Aufnahme* Ernährungsweise, bei der die Nahrung nicht in den Darm gelangt, sondern durch die Körperoberfläche aufgenommen wird [<*para... + enteral*]

Par|en|the|se *auch:* **Pa|ren|the|se** ⟨f.; -, -n⟩ **1** Klammer (als Satzzeichen) **2** eingeschobener Teil einer Rede od. eines Satzes [<grch. *parenthesis* »Zusatz«]

par|en|the|tisch *auch:* **pa|ren|the|tisch** ⟨Adj.⟩ in der Art einer Parenthese, eingeschaltet, nebenbei (gesagt)

Pa|reo ⟨m.; -s, -s⟩ Wickeltuch, das um die Hüften getragen wird [polynesisch]

Par|er|gon *auch:* **Pa|rer|gon** ⟨m.; -s, -er|ga⟩ Anhang, Nachtrag, gesammelte kleine Schriften [grch., »Zugabe; Nebenwerk«]

Pa|re|se ⟨f.; -, -n; Med.⟩ unvollkommene Bewegungslähmung bei verminderter Funktion eines Nervs od. Muskels [<grch. *paresis* »Erschlaffung«]

pa|re|tisch ⟨Adj.; Med.⟩ in der Art einer Parese, halb gelähmt, schwach

par ex|cel|lence ⟨[- ɛksəlã:s]⟩ **1** vorzugsweise, vor allem **2** schlechthin [frz., »in vorzüglichem Maße«]

par ex|em|ple *auch:* **par ex|emp|le** ⟨[- ɛksã:p(ə)l] veraltet⟩ zum Beispiel [frz.]

Par|fait ⟨[-fɛ] n.; - od. -s, -s⟩ halbgefrorenes Speiseeis; *Erdbeer~* [frz., eigtl. »vollkommen, perfekt«]

par force ⟨[-fɔrs] Adv.; veraltet⟩ mit Gewalt, heftig, unbedingt, unter allen Umständen [frz., »mit Gewalt«]

Par|force ⟨[-fɔrs] f.; -, -n; kurz für⟩ Parforcejagd

Par|force|jagd ⟨[-fɔrs-] f.; -, -en⟩ Hetzjagd mit Pferden u. Hunden; *Sy* Parforce [<frz. *par force* »mit Gewalt«]

Par|force|ritt ⟨[-fɔrs-] m.; -(e)s, -e⟩ schneller Ritt über eine große Strecke

Par|fum ⟨[-fœ̃:] n.; -s, -s; frz. Schreibung von⟩ Parfüm [frz., eigtl. »Wohlgeruch«]

Par|füm ⟨n.; -s, -s od. -e⟩ *oV* Parfum **1** meist wässrig-alkoholische Lösung tierischer od. synthetischer, vorwiegend jedoch pflanzlicher Riechstoffe **2** Wohlgeruch [<frz. *parfum*; → *Parfum*]

Par|fü|me|rie ⟨f.; -, -n⟩ Geschäft, in dem Parfüms, Seifen u. verschiedene Kosmetika verkauft werden [→ *parfümieren* (mit frz. Endung)]

Par|fü|meur ⟨[-mø:r] m.; -s, -e⟩ Fachmann für Parfümherstellung

par|fü|mie|ren ⟨V.⟩ **1** mit Parfüm besprühen, betupfen **2** wohlriechend machen [<frz. *parfumer*]

pa|ri = al pari

Pa|ri ⟨m.; - od. -s; unz.; Börse⟩ Nennwert; *über ~ stehen* [ital.]

Pa|ria ⟨m.; -s, -s⟩ **1** Angehöriger einer Kaste von Landarbeitern, Tagelöhnern usw. in Südindien **2** kastenloser Inder; *Sy* Outcast (2) **3** = Outcast (1) [<engl. *pariah* »Paria, Rechtloser« <Tamil *paraiyan*, eigtl. »Trommler« <*parai* »Trommel«]

pa|rie|ren ⟨V.; Sport; Fechten⟩ **1** *einen Angriff ~* abwehren **2** ⟨Reitsport⟩ *ein Pferd ~* in eine langsamere Gangart, zum Stehen bringen **3** ⟨Kochk.⟩ *Fisch, Fleisch ~* zurechtschneiden **4** ⟨umg.⟩ gehorchen [<frz. *parer* »Pferd in eine mäßige Gangart bringen, es anhalten«]

pa|ri|e|tal ⟨[-rie:-] Adj.⟩ **1** ⟨Bot.⟩ so beschaffen, dass die Samenanlage an der Fruchtknotenwand steht **2** ⟨Anat.⟩ zum Scheitelbein gehörend [<lat. *parietalis* »zum Scheitelbein gehörend«; zu *paries* »Wand«]

Pa|ri|e|tal|au|ge ⟨[-rie:-] n.; -s, -n; Zool.⟩ = Parietalorgan

Pa|ri|e|tal|or|gan ⟨[-rie:-] n.; -s, -e; Zool.⟩ vom Zwischenhirn gebildetes, unpaares, lichtempfindliches Sinnesorgan niederer Wirbeltiere

Pa|ri|kurs ⟨m.; -es, -e; Börse⟩ dem Nennwert (eines Wertpapieres) entsprechender Kurs

Pa|ri|ser ⟨m.; -s, -; umg.⟩ = Kondom [zuerst aus *Paris* eingeführt]

Pa|ri|si|enne ⟨[-zjẹn] f.; -; unz.⟩ **1** ⟨Textilw.⟩ gemustertes, mit Metallfäden durchwirktes Gewebe aus Seide **2** frz. Revolutionslied von 1830 [frz., »Pariserin«]

pa|ri|syl|la|bisch ⟨Adj.; Gramm.⟩ in allen Kasus die gleiche Silbenzahl aufweisend [→ *Parisyllabum*]

Pa|ri|syl|la|bum ⟨n.; -s, -la|ba⟩ parisyllab. Substantiv [<lat. *par,* Gen. *paris* »gleich« + *syllaba* »Silbe«]

Pa|ri|tät ⟨f.; -; unz.⟩ **1** Gleichberechtigung, Gleichwertigkeit; *Ggs* Disparität, Imparität **2** Verhältnis des Wertes zweier Währungen **3** ⟨Math.⟩ Austauschbarkeit der Werte gewisser Funktionen der drei räumlichen Koordinaten von Punkten beim Vorzeichenwechsel aller drei Koordinaten (Spiegelung am Koordinatenursprung) [<lat. *paritas* »Gleichheit«]

pa|ri|tä|tisch ⟨Adj.⟩ gleichgestellt, gleichberechtigt, gleichwertig

Park ⟨m.; -s, -s⟩ **1** sehr großer, künstlich geschaffener Naturraum **2** der gesamte Bestand an Fahrzeugen **3** ⟨in Zus.⟩ Sammelplatz für Fahrzeuge; *Fuhr~; Wagen~* [<engl. *park,* frz. *parc,* eigtl. »eingeschlossener Raum« <mlat. *parricus*]

Par|ka ⟨m.; - od. -s, -s⟩ wattierter od. gesteppter Anorak mit Kapuze [aleüt., »Haut, Kleidung« <russ. *parka* »Hundefell, Rentierfell, Schaffell« <samojed.]

Park-and-ride-Sys|tem ⟨[pa:(r)k ənd raɪd-] n.; -s; unz.⟩ Verkehrssystem, bei dem Kraftfahrer ihre Fahrzeuge auf eigens geschaffenen Parkplätzen abstellen u. mit öffentl. Verkehrsmitteln weiterfahren [<engl. *park* »parken« + *ride* »fahren«]

par|ken ⟨V.⟩ *Sy* ⟨schweiz.⟩ parkieren **1** abgestellt sein **2** abstellen, stehen lassen [<engl. (US-amerikan.) *park*]

par|ke|ri|sie|ren ⟨V.⟩ *Eisenoberflächen ~* durch Bestreichen mit Phosphorverbindungen gegen Rost schützen; *Sy* phosphatieren [nach dem Erfinder *Parker*]

Par|kett ⟨n.; -(e)s, -e⟩ **1** Fußbodenbelag aus Holz, dessen einzelne Teile zu Mustern zusammengefügt sind; *sich auf dem ~ bewegen können* ⟨fig.⟩ sich sicher in guter Gesellschaft benehmen können **2** ⟨Theat.⟩ vorderer Teil des Zuschauerraums zu ebener Erde **3** ⟨an der Pariser Börse⟩ Raum, in dem die Geschäfte abgeschlossen werden **4** gesamter offizieller Börsenverkehr [<frz. *parquet,* eigtl. »kleiner, abgegrenzter Raum«]

Par|ket|te ⟨f.; -, -n; österr.⟩ einzelnes Brett des Parketts (1)

par|ket|tie|ren ⟨V.⟩ mit Parkett auslegen

par|kie|ren ⟨V.; schweiz.⟩ = parken

Par|kin|so|nis|mus ⟨m.; -; unz.; Med.⟩ = Parkinsonsyndrom

Par|kin|son|syn|drom *auch:* **Par|kin|son-Syn|drom** ⟨n.; -s; unz.; Med.⟩ aufgrund einer Erkrankung bestimmter Stammhirnregionen verursachte, durch erbliche u. Umweltfaktoren ausgelöste Schüttellähmung, die mit Muskelsteifheit, Zittern u. einem starren Gesichtsausdruck einhergeht (tritt vor allem im höheren Lebensalter auf); *Sy* Parkinsonismus [nach dem engl. Arzt James *Parkinson,* 1755-1824]

Par|kour ⟨[-ku:r] n. od. m.; - od. -s, -s; meist ohne Artikel⟩ sportl. Hindernislauf durch städtisches Gebiet, wobei alle Hindernisse, die sich auf einer bestimmten, selbst gewählten Strecke befinden, mit sportl. Technik überwunden werden [<frz. *Le Parkour;* → *Parcours*]

Par|la|ment ⟨n.; -(e)s, -e; Politik⟩ gewählte Volksvertretung aus einer od. zwei Kammern mit beratender u. gesetzgebender Funktion [<engl. *parliament*]

Par|la|men|tär ⟨m.; -s, -e; Politik⟩ Unterhändler (zwischen feindl. Heeren) [<frz. *parlementaire*]

Par|la|men|ta|ri|er ⟨m.; -s, -; Politik⟩ Angehöriger des Parlaments

Par|la|men|ta|ri|e|rin ⟨f.; -, -rinnen; Politik⟩ Angehörige des Parlaments

par|la|men|ta|risch ⟨Adj.; Politik⟩ zum Parlament gehörig, auf ihm beruhend, in ihm üblich [<engl. *parliamentary*]

Par|la|men|ta|ris|mus ⟨m.; -; unz.; Politik⟩ demokrat. Regierungsform, in der das Parlament an der Regierung teilhat

par|lan|do ⟨Musik⟩ im Sprechgesang (gesungen od. zu singen) [ital., »erzählend«]

Par|lan|do ⟨n.; -s, -s od. -lan|di; Musik⟩ Sprechgesang

Par|mä|ne ⟨f.; -, -n; Bot.⟩ zu den Renetten gehörige Sorte von Äpfeln [<engl. *pearmain*]

Par|me|lia ⟨f.; -, -li|en; Bot.⟩ auf Baumrinden u. Steinen vorkommende Flechte: Parmelia sulcata [lat.]

Par|me|san ⟨m.; - od. -s; unz.⟩ harter, fetter Käse aus Parma, bes. zum Reiben; *Sy* Parmesankäse [<ital. *parmigiano*]

Par|me|san|kä|se ⟨m.; -s; unz.⟩ = Parmesan

Par|nass ⟨m.; -es; unz.; Lit.; fig.⟩ Berg der Musen, Reich der Dichtkunst; *oV* Parnassos, Parnassus [<grch. *Parnassos,* Berg in Mittelgriechenland, Apollo und den Musen geweiht]

Par|nas|sien ⟨[-sjɛ̃:] m.; -s, -s; Lit.⟩ Mitglied einer Gruppe französ. Dichter in der 2. Hälfte des 19. Jh., die als Gegner der gefühlsbetonten Romantik eine gegenstandsbezogene, formvollendete Dichtung anstrebten [frz.; → *Parnass*]

par|nas|sisch ⟨Adj.; Lit.⟩ zum Parnass gehörig, von ihm ausgehend

Par|nas|sos ⟨m.; -; unz.; Lit.⟩ = Parnass

P

Par|nas|sus ⟨m.; -; unz.; Lit.⟩ = Parnass

> ◆Die Buchstabenfolge **par|o...** kann auch **pa|ro...** getrennt werden.
> Davon ausgenommen sind Zusammensetzungen, in denen *par...* sprachhistorisch nicht auf die aus dem Griechischen stammende Vorsilbe *para...* zurückgeht, z. B. bei *Parole* und *Paroli*.

◆**par|o|chi|al** ⟨[-xi-] Adj.⟩ zur Parochie gehörig

◆**Par|o|chi|al|kir|che** ⟨[-xi-] f.; -, -n⟩ Pfarrkirche

◆**Par|o|chie** ⟨[-xiː] f.; -, -n⟩ Amtsbezirk eines Pfarrers, Pfarrbezirk [<lat. *parochia* »Pfarrgemeinde, Kirchspiel«]

◆**Par|o|die** ⟨f.; -, -n⟩ **1** ⟨Lit.⟩ komisch-satirische, übertreibende Nachahmung eines literar. Werkes od. dichterischen Stils in gleicher Form, aber mit anderem, meist unpassendem Inhalt **2** ⟨Musik⟩ **2.1** Unterlegung einer Komposition mit anderem Text od. eines Textes mit anderer Melodie **2.2** Austausch von instrumentaler u. vokaler Musik **2.3** Austausch von geistl. u. weltl. Texten u. Kompositionen **2.4** ⟨bei Bach⟩ Austausch der Teile verschiedener Musikstücke innerhalb des eigenen Werkes [frz., eigtl. »Nebengesang«]

◆**Par|o|die|mes|se** ⟨f.; -, -n; Musik⟩ Messkomposition des 16. Jh., die Motive eines anderen Werkes (bes. Madrigal, Motette) aufgreift [<*Parodie* + *Messe*]

◆**par|o|die|ren** ⟨V.⟩ **1** als Parodie gestalten **2** mit einer Parodie verspotten [<frz. *parodier*]

◆**Par|o|dist** ⟨m.; -en, -en⟩ Verfasser von Parodien [<frz. *parodiste*]

◆**Par|o|dis|tik** ⟨f.; -; unz.⟩ Kunst des Parodierens

◆**par|o|dis|tisch** ⟨Adj.⟩ in der Art einer Parodie; *~er Sketch; ~e Nachahmung eines Politikers*

◆**Par|o|don|ti|tis** ⟨f.; -, -ti|ti|den; Med.⟩ Entzündung des Zahnfleisches u. der Wurzelhaut [<*Para...* + grch. *odon*, Gen. *odontos* »Zahn«]

◆**Par|o|don|ti|um** ⟨n.; -s, -ti|en; Med.⟩ Zahnbett, Zahnhalteapparat [→ *Parodontitis*]

◆**Par|o|don|to|se** ⟨f.; -, -n; Med.⟩ Rückbildungsvorgänge an Kieferknochen, Zahnfleisch u. am Zahnbettgewebe; *oV* Paradentose [→ *Parodontitis*]

Pa|ro|le[1] ⟨f.; -, -n⟩ **1** Kennwort **2** ⟨fig.⟩ Wort als Anweisung für eine Handlung, z. B. an eine politische Partei; *Wahl~* [frz., eigtl. »Wort, Spruch«]

Pa|role[2] ⟨[-rɔl] f.; -; unz.; Sprachw.⟩ nach Saussure der Akt des Sprechens; *Ggs* Langue [frz.; → *Parole*]

Pa|ro|li ⟨n.; -s, -s; im Pharaospiel⟩ Verdoppelung des ersten Einsatzes; *jmdm. ein ~ bieten* seine Karten gegen den anderen einsetzen; *(jmdm.) ~ bieten* ⟨fig.⟩ jmdm. widersprechen, sich jmdm. widersetzen [frz. <ital. (neapolitan.) *paroli*]

◆**Par|ö|mie** ⟨f.; -, -n⟩ altgriechisches Sprichwort, Denkspruch [<grch. *paroimia*]

◆**Par|ö|mio|graf** ⟨m.; -en, -en⟩ = Parömiograph

◆**Par|ö|mio|graph** ⟨m.; -en, -en⟩ jmd., der Sprichwörter sammelt u. aufzeichnet; *oV* Parömiograf [<*Parömie* + *...graph*]

◆**Par|ö|mio|lo|gie** ⟨f.; -; unz.⟩ Lehre von den Sprichwörtern [<grch. *paroimia* »Sprichwort, Denkspruch, Gleichnis« + *...logie*]

◆**Par|o|no|ma|sie** ⟨f.; -, -n; Rhet.⟩ Zusammenstellung gleicher od. ähnl. Wörter gleicher Herkunft [<grch. *paronomasia* <*para* »bei, neben« + *onomasia* »Benennung, Name«]

◆**par|o|no|mas|tisch** ⟨Adj.; Rhet.⟩ die Paronomasie betreffend, in der Art der Paronomasie

◆**Par|o|ny|chie** ⟨f.; -, -n; Med.⟩ = Panaritium [<lat., grch. *paronychi* <grch. *para* »neben« + *onyx* »Nagel«]

par or|dre *auch:* **par ord|re** ⟨[par ɔrdrə]⟩ auf Befehl [frz.]

◆**Par|o|re|xie** ⟨f.; -, -n; Med.⟩ Heißhunger auf bestimmte Speisen bei Schwangeren [<*Para...* + grch. *orexis* »Verlangen«]

◆**Par|os|mie** ⟨f.; -, -n; Med.⟩ Störung des Geruchssinns [<*Para...* + grch. *osme* »Geruch«]

◆**Par|o|tis** ⟨f.; -, -ti|den; Anat.⟩ Ohrspeicheldrüse [<*Para...* + grch. *ous*, Gen. *otos* »Ohr«]

◆**Par|o|ti|tis** ⟨f.; -, -ti|ti|den; Med.⟩ Entzündung der Ohrspeicheldrüse; *~ epidemica* = Mumps [→ *Parotis*]

◆**par|o|xys|mal** ⟨Adj.; Med.⟩ in der Art eines Paroxysmus, anfallsweise (auftretend)

◆**Par|o|xys|mus** ⟨m.; -, -xys|men⟩ **1** ⟨Med.⟩ Anfall, höchste Steigerung von Krankheitserscheinungen **2** ⟨Geol.⟩ gesteigerte tektonische Vorgänge verbunden mit vulkanischen Ergüssen [<grch. *paroxysmos* »Verschärfung«, *para* »neben« + *oxys* »scharf«]

◆**Par|o|xy|to|non** ⟨n.; -s, -to|na; Metrik⟩ Wort, das auf der vorletzten Silbe betont wird [<*Para...* + *Oxytonon*]

Par|se ⟨m.; -n, -n⟩ einer der Anhänger des Parsismus, die im 8. Jh. von Persien nach Indien auswanderten

Par|sec ⟨f.; -, -; Zeichen: pc; Astron.⟩ gelegentlich verwendete Längeneinheit, bezeichnet diejenige Strecke, aus der der Radius der Erdbahn um die Sonne unter einem Winkel von einer Bogensekunde ('1) erscheint, 1 pc = 3,262 Lichtjahre; heute meist durch die Einheit Lichtjahr ersetzt; *Sy* ⟨veraltet⟩ Parallaxensekunde

par|sen ⟨V.; EDV⟩ mit einem Parser analysieren, segmentieren (in Bezug auf Daten)

Par|ser ⟨m.; -s, -; EDV⟩ Bestandteil eines Compilers, Programm, das die syntaktische Analyse des Quellprogramms durchführt, um es in eine Maschinensprache zu übertragen [engl.; zu *parse* »(grammatisch) analysieren«]

Par|sing ⟨n.; - od. -s, -s; EDV⟩ Teil der Programmübersetzung durch einen Compiler, der sich mit der syntaktischen Analyse des Quellprogrammes befasst, um dessen formale Struktur zu ermitteln; *Sy* Syntaxanalyse [zu engl. *parse* »(grammatisch) analysieren«]

par|sisch ⟨Adj.⟩ zu den Parsen

P

gehörend, von ihnen stammend

Par|sis|mus ⟨m.; -; unz.⟩ die durch die Parsen ausgebildete Form der Lehre Zarathustras

Pars pro To|to ⟨n.; - - -, - - -; Rhet.⟩ Form der Synekdoche, bei der ein Ganzes durch ein Teil bezeichnet wird, z. B. »ein kluger Kopf« statt »ein kluger Mensch« [lat., »ein Teil für das Ganze«]

Part ⟨m.; -s, -e od. -s⟩ **1** Teil, Anteil **2** Anteil am Eigentum eines Schiffes **3** ⟨Theat.⟩ **3.1** Stimme (eines Gesangs- od. Instrumentalstücks) **3.2** Rolle (im Theaterstück) [<mhd. *part(e)* »Anteil; Abteilung; Partei« <frz., »Anteil«]

part. ⟨Abk. für⟩ parterre

Par|te ⟨f.; -, -n; österr.⟩ **1** Traueranzeige **2** ⟨landschaftlich⟩ Mieter, Mietpartei [umg. Verkürzung von *Partei*]

Par|tei ⟨f.; -, -en⟩ **1** ⟨Politik⟩ Vereinigung von Personen mit gleichen politischen, sozialen u. weltanschaulichen Überzeugungen, die sie im staatlichen Leben durchzusetzen suchen **2** ⟨Rechtsw.⟩ **2.1** Partner eines Vertrages **2.2** jeder der beiden Gegner im Rechtsstreit **3** jede von zwei oder mehreren gegeneinander spielenden oder miteinander streitenden Gruppen; *jmds. ~ ergreifen* sich auf jmds. Seite stellen; *für, gegen jmdn. ~ ergreifen* für, gegen einen Streitenden sprechen **4** Mieter (einer Wohnung im Mietshaus) [<mhd. *partie* »Abteilung, Gruppe, Personenverband« <frz. *partie* »Teil, Anteil; Gruppe; Beteiligung« <*partir* »teilen, trennen« <vulgärlat. *partire* (= lat. *partiri*)]

par|tei|isch ⟨Adj.⟩ für eine von mehreren streitenden Parteien eingestellt, voreingenommen

par|tei|lich ⟨Adj.⟩ bewusst auf der Seite einer Partei stehend

Par|tei|or|gan ⟨n.; -s, -e; Politik⟩ an eine Partei gebundene, im Sinne einer Partei schreibende Zeitung

par|terre ⟨[-tɛr] Adv.; Abk.: part.⟩ im Erdgeschoss; *wir wohnen ~* [<frz. *par terre* »zu ebener Erde«]

Par|terre ⟨[-tɛr] n.; -s, -s⟩ **1** Erdgeschoss **2** ⟨Theat.; veraltet⟩ mittlere u. hintere Reihen des Zuschauerraumes zu ebener Erde **3** kunstvoll angelegtes Blumenbeet in großem Ausmaß [frz., »Fußboden, Gartenbeet«; zu *par terre* » zu ebener Erde«]

Par|terre|ak|ro|ba|tik ⟨[-tɛr-] f.; -; unz.⟩ Akrobatik auf dem Fußboden ohne Geräte

Par|the|no|ge|ne|se ⟨f.; -; unz.⟩ **1** ⟨Myth.⟩ Geburt eines Gottes od. Helden durch eine Jungfrau **2** ⟨Biol.⟩ Entstehung der Eizelle ohne vorherige Befruchtung, Jungfernzeugung [<grch. *parthenos* »Jungfrau« + *Genese*]

par|the|no|ge|ne|tisch ⟨Adj.; Biol.⟩ auf Parthenogenese beruhend, aus unbefruchteten Keimzellen entstehend

par|the|no|karp ⟨Adj.; Biol.⟩ auf Parthenokarpie beruhend, ohne Befruchtung gebildet

Par|the|no|kar|pie ⟨f.; -; unz.; Biol.⟩ Bildung von Früchten ohne Samen [<grch. *parthenos* »Jungfrau« + *karpos* »Frucht«]

par|ti|al ⟨Adj.; veraltet⟩ = partiell [<spätlat. *partialis* »(an)teilig«]

Par|ti|al|bruch ⟨m.; -(e)s, -brü|che; Math.⟩ Bruch, dessen Nenner aus weiteren Brüchen besteht

Par|ti|al|druck ⟨m.; -(e)s, -e; Physik⟩ in einem Gasgemisch der Druck, der von einem Bestandteil dieses Gemisches erzeugt wird, addiert sich mit den Partialdrücken der anderen Bestandteile zum Gesamtdruck des Systems

Par|ti|al|kon|trol|le *auch:* **Par|ti|al|kont|rol|le** ⟨f.; -, -n; Wirtsch.⟩ statistische Qualitätskontrolle mit Hilfe von Stichproben

Par|ti|al|ob|li|ga|ti|on ⟨f.; -, -en; Bankw.⟩ Teilschuldverschreibung

Par|ti|al|schwin|gung ⟨f.; -, -en; Physik⟩ eine der sinusförmig mit bestimmter Frequenz verlaufenden Teilschwingungen bei der Überlagerung mehrerer Schwingungen mit verschiedenen Frequenzen

Par|ti|al|ton ⟨m.; -(e)s, -tö|ne; Musik⟩ Teilton eines Klanges

Par|ti|cell ⟨[-tʃɛl] n.; -s, -e; Musik⟩ Entwurf einer Komposition als verkürzte Partitur mit mehreren Stimmen in einer Notenzeile; *oV* Particella [ital. *particella* »Teilchen«]

Par|ti|cel|la ⟨[-tʃɛla] f.; -, -cel|le; Musik⟩ = Particell

Par|tie ⟨f.; -, -n⟩ **1** Teil, Stück, Abschnitt, Ausschnitt; *die obere, untere ~ des Bildes, des Gesichtes; die reizvollsten, schönsten ~n des Parks, des Gebirges* **2** Warenposten, Restwaren, die im Großen gekauft u. billig abgegeben werden; *eine ~ Bettwäsche, Schürzen* **3** einzelne Stimme eines Musikstückes; *Gesangs~, Klavier~* **4** einzelne Rolle eines Sängers od. einer Sängerin; *die ~ des Rigoletto* **5** Ausflug, kurze, kleine Reise; *Land~; Jagd~; mit von der ~ sein* ⟨a. fig.⟩ mitspielen, mitmachen, sich beteiligen; *eine ~ (Schach) spielen* Spiel als Einzelspiel **6** Heirat, Heiratsmöglichkeit; *eine gute ~ machen* eine reiche Frau, einen reichen Mann heiraten od. sonstige Vorteile bei der Heirat gewinnen; *er (sie) ist eine gute ~* [frz.]

Par|tie|füh|rer ⟨m.; -s, -; österr.⟩ Vorarbeiter

par|ti|ell ⟨Adj.⟩ **1** teilweise **2** anteilig; *oV* partial [<frz. *partiel*]

par|tie|ren ⟨V.⟩ **1** ⟨veraltet⟩ teilen **2** ⟨Musik⟩ *Stimmen ~* in einer Partitur zusammenstellen [<lat. *partire; → Part*]

Par|tie|wa|re ⟨f.; -, -n; Wirtsch.⟩ veraltete od. unansehnliche Ware, die zu reduziertem Preis abgestoßen wird [→ *Partie*]

Par|ti|kel[1] ⟨a. [-tɪ-] f.; -, -n; Gramm.⟩ unbeugbares Wort, z. B. Präposition, Konjunktion [<lat. *particula* »Teilchen«; zu *pars*, Gen. *partis* »Teil«]

Par|ti|kel[2] ⟨a. [-tɪ-] f.; -, -n od. n.; -s, -⟩ **1** ⟨Physik⟩ kleiner Bestandteil, atomares Teilchen **2** ⟨kath. Kirche⟩ **2.1** kleine Hostie **2.2** Teilchen einer (größeren) Reliquie [→ *Partikel*[1]]

Par|ti|kel|verb ⟨[-vɛrb] n.; -s, -en; Gramm.⟩ zusammengesetztes Verb, das aus einer Partikel bzw. einem Verbzusatz u. einem Wortstamm gebildet ist, z. B. anfangen, abgehen, aufhören, austrinken

par|ti|ku|lar ⟨Adj.⟩ einen Teil be-

P

treffend, (nur) in einem Teil vorhanden, einzeln; *oV* partikulär [<lat. *particularis;* → *Partikel*]

par|ti|ku|lär ⟨Adj.⟩ = partikular

Par|ti|ku|la|ris|mus ⟨m.; -; unz.; Politik⟩ **1** Bestrebung (von kleinen Ländern), die eigenen Interessen gegenüber dem Ganzen durchzusetzen **2** Vielstaaterei

Par|ti|ku|la|rist ⟨m.; -en, -en; Politik⟩ Anhänger, Vertreter des Partikularismus

par|ti|ku|la|ris|tisch ⟨Adj.; Politik⟩ zum Partikularismus gehörend, auf ihm beruhend

Par|ti|ku|lier ⟨m.; -s, -e; Binnenschifffahrt⟩ Schiffseigentümer, der selbst sein Schiff führt [<frz. *particulier* »besonders; privat« <lat. *particularis;* → *partikulär*]

Par|ti|men|to ⟨m.; - od. -s, -menti; Musik⟩ Generalbassstimme [ital., »Teilung«]

Par|ti|san ⟨m.; -s od. -en, -en⟩ bewaffneter Widerstandskämpfer im Hinterland; *Sy* Guerillero [frz., eigtl. »Parteigänger, Anhänger«]

Par|ti|sa|ne ⟨f.; -, -n; 15.-18. Jh.⟩ spießartige Stoßwaffe mit zweischneidiger, spitzer Klinge [<frz. *pertuisane* »Knebelspieß«]

Par|ti|ta ⟨f.; -, -ti|ten; Musik⟩ = Suite (1) [ital.]

P

Par|ti|te ⟨f.; -, -n⟩ **1** = Posten (4) **2** = Posten (5) [<lat. *partitus* »geteilt«]

Par|ti|ti|on ⟨f.; -, -en⟩ **1** Teilung, Einteilung **2** ⟨antike Rhet.⟩ Zerlegung des Begriffs in seine Teile [<lat. *partitio* »Teilung, Verteilung«]

par|ti|tiv ⟨Adj.; Gramm.⟩ die Teilung ausdrückend, teilend

Par|ti|tiv|zahl ⟨f.; -, -en; Math.⟩ Bruchzahl, z. B. zwei Drittel, ein Viertel

Par|ti|tur ⟨f.; -, -en; Musik⟩ zusammenfassende Niederschrift eines vielstimmigen Musikstückes, jeweils in Einzelstimmen Takt für Takt untereinander [<ital. *partitura*]

Par|ti|zip ⟨n.; -s, -pi|en; Gramm.⟩ infinite Form des Verbs, die die Funktion eines Adjektivs übernehmen u. dekliniert werden kann, Mittelwort; ~ *Präsens* Mittelwort der Gegenwart, z. B. gehend; ~ *Perfekt* Mittelwort der Vergangenheit, z. B. gegangen [→ *Partizipium*]

Par|ti|zi|pa|ti|on ⟨f.; -, -en⟩ das Partizipieren, Teilnahme [<lat. *participatio* »Teilnahme«]

Par|ti|zi|pa|ti|ons|ge|schäft ⟨n.; -(e)s, -e; Wirtsch.⟩ Handelsgeschäft, bei dessen Durchführung mehrere selbstständige Personen u. Unternehmen kooperieren [→ *Partizipation*]

par|ti|zi|pi|al ⟨Adj.; Gramm.⟩ mit Hilfe des Partizips (gebildet), in der Art eines Partizips

Par|ti|zi|pi|al|grup|pe ⟨f.; -, -n; Gramm.⟩ Partizip, das durch ein Objekt od. eine adverbiale Bestimmung erweitert ist (oft anstelle eines Relativ- od. Konjunktionalsatzes), z. B. früh am Morgen in Gütersloh eingetroffen, der Zuverlässigkeit ihrer Nachbarin vertrauend

Par|ti|zi|pi|al|satz ⟨m.; -es, -sät|ze; Gramm.⟩ mit einem Partizip gebildeter, verkürzter Nebensatz

par|ti|zi|pie|ren ⟨V.⟩ teilnehmen, Anteil haben [<lat. *participare* »teilhaben«]

Par|ti|zi|pi|um ⟨n.; -s, -pia; Gramm.⟩ = Partizip [<lat. *participium;* zu *particeps* »teilhabend« (wegen der Mittelstellung zwischen Verb u. Adj.) <*pars,* Gen. *partis* »Teil« + *capere* »nehmen«]

Part|ner ⟨m.; -s, -⟩ **1** jmd., der mit an etwas teilnimmt, teilhat, an derselben Sache beteiligt ist; *Ehe~; Geschäfts~; Gesprächs~; Tanz~; Vertrags~* **2** Mitspieler, der in einem Spiel auf derselben Seite steht; *Tennis~* [engl.]

Part|ne|rin ⟨f.; -, -rin|nen⟩ **1** Frau, die mit an etwas teilnimmt, an derselben Sache beteiligt ist **2** Mitspielerin, die in einem Spiel auf derselben Seite steht; *Mixed~*

Part|ner|look ⟨[-luk] m.; -s; unz.⟩ ähnliches Aussehen zweier Partner, bes. in Bezug auf die Kleidung [<*Partner* + *Look*]

Par|ton ⟨n.; -s, -to|nen; meist Pl.; Physik⟩ (nur angenommene) Komponente von Elementarteilchen u. Nukleonen [<lat. *pars,* Gen. *partis* »Teil« + ...*on*]

par|tout ⟨[-tu:] Adv.; umg.⟩ durchaus; *er will ~ (nicht) mitgehen* [<frz. »überall, allenthalben«]

part per bil|li|on → *ppb*

part per mil|li|on → *ppm*

Par|tus ⟨m.; -, -; Med.⟩ Geburt, Entbindung [lat., Part. Perf. zu *parere* »gebären«]

Part|work ⟨[pa:(r)twœ:k] n.; -s, -s⟩ in Teillieferungen erscheinende Buchreihe, Zeitschrift o. Ä. [<engl. *part* »Teil« + *work* »Arbeit«]

Par|ty ⟨[pa:(r)tı] f.; -, -s⟩ zwanglose Gesellschaft, geselliges Beisammensein; *Cocktail~, Garten~; eine ~ geben* [engl. <frz. *parti* »geteilt«; zu *partir* »teilen«]

Par|ty|dro|ge ⟨[pa:(r)tı-] f.; -, -n⟩ Droge, die bes. in Diskotheken u. auf Partys mit Technomusik eingenommen wird; *die ~ Ecstasy kann Gehirnschäden verursachen*

Par|ty|girl ⟨[pa:(r)tıgœ:l] n.; -s, -s; umg.⟩ Mädchen, das gern auf Partys geht; *Andrea ist ein echtes ~*

Par|ty|ser|vice ⟨[pa:(r)tısœ:vıs] m.; -, -s [-vısız]⟩ Service von Restaurants, Feinkostgeschäften u. a., die Speisen u. Getränke zubereiten, außer Haus liefern u. bei Bedarf Bedienungspersonal zur Verfügung stellen

Par|ty|sze|ne ⟨[pa:(r)tı-] f.; -, -n⟩ Szene, Bereich, in der bzw. dem Partys gefeiert werden (Discos, Technopartys); *in der Berliner ~ tobt der Kampf um prominente Gäste*

Par|u|lis *auch:* **Pa|ru|lis** ⟨f.; -; unz.; Med.⟩ Zahnfleischgranulom [<*Para...* + grch. *oulon* »Zahnfleisch«]

Pa|ru|sie ⟨f.; -; unz.⟩ **1** ⟨Rel.⟩ Wiederkunft Christi beim Jüngsten Gericht **2** ⟨Philos.; bei Plato⟩ Gegenwart der Ideen in den Dingen [<grch. *parusia* »Gegenwart, Anwesenheit«]

Par|ve|nü ⟨[-və-] m.; -s, -s⟩ Emporkömmling [<frz. *parvenu*]

Par|ze ⟨f.; -, -n; meist Pl.⟩ eine der drei altröm., urspr. grch. Schicksalsgöttinnen [<lat. *Parca,* eigtl. eine Geburtsgöttin]

Par|ze̱l|le ⟨f.; -, -n⟩ kleinste im Grundbuch eingetragene Einheit vermessenen Baulandes [<frz. *parcelle* »Stückchen; (vermessenes) Grundstück«]
par|zel|li̱e̱|ren ⟨V.⟩ *Land, Grund* ~ in Parzellen einteilen [<frz. *parceller* »in kleine Stücke teilen«]
Pas ⟨[pa̱] m.; -, -; Ballett⟩ **1** Tanzschritt **2** bestimmte Abfolge verschiedener Tanzschritte; →*a.* Pas de deux [frz. <lat. *passus* »Schritt«]
Pas|ca̱l ⟨n.; -s, -; Physik; Zeichen: Pa⟩ Maßeinheit des Drucks, 1 Pa = 1 N/m² [nach dem frz. Philosophen u. Mathematiker Blaise *Pascal,* 1623-1662]
PASCA̱L ⟨EDV⟩ höhere Programmiersprache für strukturierte Programmierung, Weiterentwicklung von ALGOL
Pa̱sch ⟨m.; -es, -e od. Pä̱|sche⟩ **1** Wurf mit gleicher Augenzahl auf mehreren Würfeln **2** Dominostein mit gleicher Punktzahl auf beiden Hälften [vermutl. <frz. *passedix* »überschreite zehn«, ein Würfelspiel, bei dem der gewinnt, der mehr als zehn Augen u. auf zwei von drei Würfeln die gleiche Augenzahl wirft]
Pa̱|scha ⟨m.; -s, -s⟩ **1** ⟨früher⟩ hoher türk. u. ägypt. Offizier od. Beamter **2** ⟨fig.⟩ anspruchsvoller Mensch, der sich gern bedienen lässt [<türk. *paša* »Exzellenz«]
Pa̱|scha|lik ⟨n.; -s, -e od. -s; früher⟩ Würde, Amt, Amtsbereich eines Paschas
pa̱|schen¹ ⟨V.⟩ einen Pasch (1) würfeln [→ *Pasch*]
pa̱|schen² ⟨V.; umg.⟩ schmuggeln [rotw., eigtl. »(unehrlich erworbenes Gut) kaufen und verkaufen«; vermutl. zu Zig. *paš* »Teil«]
Pa̱|scher ⟨m.; -s, -; umg.⟩ Schmuggler [→ *paschen²*]
Pa̱sch|to ⟨n.; - od. -s; unz.⟩ = Paschtu
Pa̱sch|tu ⟨n.; - od. -s; unz.⟩ in Afghanistan gesprochene Amtssprache; *oV* Paschto
Pasch|tu̱|ne ⟨m.; -n, -n⟩ Angehöriger eines überwiegend in Afghanistan u. Pakistan lebendes Volkes
Pas de deux ⟨[pa də dø̱:] m.; - - -, - - -; Ballett⟩ Tanz zu zweit, Tanz eines Solotänzers mit einer Solotänzerin [frz., »Tanzschritt zu zweit, von zweien«]
Pas de trois ⟨[pa də troa̱] m.; - - -, - - -; Ballett⟩ Tanz zu dritt, Tanz dreier Solotänzer(innen) [frz., »Tanzschritt zu dritt«]
Pa|so do̱|ble *auch:* **Pa|so do̱b|le** ⟨[-blə] m.; - -, - -⟩ Gesellschaftstanz in raschem ²/₄-Takt [span., »Doppelschritt«]
Pa̱s|pel ⟨f.; -, -n; Textilw.⟩ schmales Band zur Verzierung (an Nähten od. Rändern von Kleidungsstücken, bes. von Uniformen); *oV* ⟨österr.⟩ Passepoil [<frz. *passepoil*]
pas|pe|li̱e̱|ren ⟨V.; Textilw.⟩ mit einer Paspel versehen; *oV* ⟨österr.⟩ passepoilieren
Pas|qui̱ll ⟨n.; -s, -e⟩ (anonyme) Schmähschrift, Spottschrift [<ital. *pasquillo* <*pasquino* Name einer Statue, an die anonyme Schmähschriften geheftet wurden]
Pas|quil|la̱nt ⟨m.; -en, -en⟩ Verfasser eines Pasquills
Pa̱ss ⟨m.; -es, Pä̱s|se⟩ **1** Personalausweis zur Reise in fremde Länder **2** Durchgang, schmaler Weg quer durch ein Gebirge od. zwischen zwei Bergen hindurch **3** ⟨Jägerspr.⟩ Wechsel des niederen Haarwildes u. Raubwildes **4** aus mehreren Kreisbogen gleichen Durchmessers gebildete Figur des got. Maßwerks; *Drei~; Vier~; Viel~* **5** ⟨unz.; Zool.⟩ Gangart mancher Vierfüßer, bei der beide Beine einer Seite gleichzeitig vorgesetzt werden, Passgang [<frz. *pas,* ital. *passo,* ndrl. *pas* »Schritt«]
pass. ⟨Abk. für⟩ passim
pas|sa̱|bel ⟨Adj.⟩ leidlich, annehmbar; *das Hotel hat eine passable Ausstattung* [<frz. *passable*]
Pas|sa|ca̱|glia *auch:* **Pas|sa|ca̱g|lia** ⟨[-ka̱lja] f.; -, -gli|en [-ljən]; Musik⟩ **1** ⟨urspr.⟩ span.-ital. Tanz **2** ⟨dann⟩ Instrumentalstück im Dreiertakt mit ostinatem Bass [<frz. *passacaille* (beeinflusst von ital. *passagaglia*) <span. *pasacalle* »Gitarrenmelodie« <*paser* »(vorüber)gehen« + *calle* »Straße«]
Pas|sa̱|de ⟨f.; -, -n; Hohe Schule⟩ kurz ausgeführte Wendung im Galopp mit gleichzeitigem Fußwechsel [frz.]
Pas|sa̱|ge ⟨[-ʒə] f.; -, -n⟩ **1** Durchgang **2** Durchfahrt, Meerenge **3** überdachte Ladenstraße **4** Abschnitt eines Textes **5** Reise mit Schiff od. Flugzeug, bes. übers Meer, Überfahrt **6** ⟨Astron.⟩ Durchgang eines Gestirns durch den Meridian **7** ⟨Musik⟩ Lauf, schnelle Tonfolge **8** ⟨Dressurreiten; Hohe Schule⟩ Trab in höchster Versammlung, bei dem die Vorderbeine schwungvoll gehoben werden [frz.]
Pas|sa|gier ⟨[-ʒi̱:r] m.; -s, -e⟩ Reisender eines Schiffes, Flugzeugs, der Eisenbahn, Fahrgast, Fluggast [<ital. *passeggiere* »Reisender, Schiffsreisender«, unter Einwirkung von frz. *passager* »Reisender, Fahrgast«]
Pa̱s|sah ⟨n.; -s; unz.⟩ achttägiges, im März gefeiertes jüd. Fest, ursprüngl. altes Hirtenfest, an dem man dem Gott des Mondes die Erstgeburten der Tiere darbrachte, später umgedeutet, zum Andenken an den Auszug aus Ägypten [<grch. *passa* <aram. *peha,* hebr. *pesah*]
Pas|sa|me̱|ter ⟨n.; -s, -; Technik⟩ Gerät für Außenmessungen an Werkstücken; *Ggs* Passimeter [<lat. *passus* »Schritt« + …*meter*]
Pas|sa|me̱z|zo ⟨m.; -s, -me̱z|zi; Musik; 16./18. Jh.⟩ **1** altitalienischer, rascher Schreittanz in geradem Takt **2** Satz der Suite [<ital. *passo e mezzo* »anderthalb Schritt«]
Pas|sa̱nt ⟨m.; -en, -en⟩ vorübergehender Fußgänger [frz.; zu ital. *passare* »vorübergehen«]
Pas|sa̱n|tin ⟨f.; -, -tin|nen⟩ vorübergehende Fußgängerin
Pas|sa|re̱l|le ⟨f.; -, -n⟩ = Passerelle
Pas|sa̱t ⟨m.; -(e)s, -e; Meteor.⟩ beständiger Wind in den Tropen innerhalb der Wendekreise, infolge der Erdumdrehung wechselnd aus NO u. SO wehend; →*a.* Urpassat [<ndrl. *passaat(wind)*]
passe ⟨[pa̱s] Roulett⟩ die Zahlen

P

19-36 betreffend; *Ggs* manque [frz., »übertrifft, geht hinaus über«]

Pas|se ⟨f.; -, -n⟩ angesetztes Stück über beide Schultern (an Kleidern, Blusen, Hemden) [frz.]

pas|sé ⟨[-seː] Adj.; nur präd.⟩ vorbei, vergangen, nicht mehr modern; *oV* passee; *das ist (längst)* ~ [frz., Part. Perf. von *passer* »(vorüber)gehen«]

pas|see ⟨Adj.; nur präd.⟩ = passé

Passe|par|tout ⟨[paspartuː] n.; -s, -s⟩ **1** Rahmen aus Karton für ein Bild (Foto od. Zeichnung) **2** Schlüssel, der für sämtliche Türschlösser eines Hauses (z. B. eines Hotels) benutzbar ist [<frz. *passe partout* »passt überall«]

Passe|pied ⟨[paspjeː] m.; -s, -s; Musik⟩ **1** altfrz. Rundtanz in raschem Dreiertakt **2** Satz der Suite [frz.; <*passer* »vorbeigehen« + *pied* »Fuß«]

Passe|poil ⟨[paspoal] m.; -s, -s; Textilw.; österr.⟩ = Paspel [frz.]

passe|poi|lie|ren ⟨[paspoa-] V.; österr.⟩ = paspelieren [<frz. *passepoiler*]

Passe|port ⟨[paspɔː(r)] m.; -s, -s; frz. Bez. für⟩ Pass, Ausweis

Pas|se|rel|le ⟨f.; -, -n⟩ *oV* Passarelle **1** ⟨schweiz.⟩ Fußgängerüberweg **2** überdachte Ladenpassage, Fußgängertunnel mit Geschäften [frz., »Steg, schmale Brücke«]

pas|sie|ren ⟨V.⟩ **1** vorüberfahren, -gehen, hindurchfahren, -gehen, überfliegen, überqueren; *eine Brücke, Grenze ~; jmdn. ungehindert ~ lassen; die Zensur* ~ durch eine Z. gehen **2** durch ein Sieb streichen; *Quark, Gemüse, Suppe, Kartoffeln* ~ **3** geschehen, sich ereignen; *ist etwas passiert?* **4** zustoßen; *mir ist etwas Unangenehmes passiert; das kann auch nur ihm* ~ ⟨umg.⟩ er ist immer so ungeschickt [<frz. *passer* »gehen, vorbeigehen«]

Pas|sier|schlag ⟨m.; -(e)s, -schläge; Sport; Tennis⟩ Ball, der mit meist hartem Schlag an dem ans Netz vorgelaufenen Gegner (cross od. longline) vorbeigespielt wird [→ *passieren*]

pas|sim ⟨Adv.; Abk.: pass.⟩ hier und da (bei Angabe der Belegstellen für Zitate) [lat.]

Pas|si|me|ter ⟨n.; -s, -; Technik⟩ Gerät für Innenmessungen an Werkstücken; *Ggs* Passameter [<lat. *passus* »Schritt« + …*meter*]

Pas|si|on ⟨f.; -, -n⟩ **1** Leidenschaft **2** Leidensgeschichte (Christi) [<mhd. *passion, passie* <kirchenlat. *passio* »Leiden(sgeschichte) Christi«, eigtl. »Leiden, Erdulden«]

Pas|si|o|nal ⟨n.; -s, -e⟩ = Passionale

Pas|si|o|na|le ⟨n.; -s, -⟩ (in der Liturgie verwendetes) Buch mit Legenden von Heiligen u. Märtyrern; *oV* Passional, Passionar

Pas|si|o|nar ⟨n.; -s, -e⟩ = Passionale

pas|si|o|na|to ⟨Musik⟩ = appassionato [ital., »mit Leidenschaft«]

pas|si|o|niert ⟨Adj.⟩ begeistert, leidenschaftlich; *ein ~er Reiter, Schwimmer*

Pas|si|ons|blu|me ⟨f.; -, -n; Bot.⟩ die Kletterpflanze Passiflora, deren Seitensprosse zu Ranken umgebildet sind

Pas|si|ons|frucht ⟨f.; -, -früch|te; Bot.⟩ Frucht der Passionsblume; *Gelbe* ~ = Maracuja

Pas|si|ons|sonn|tag ⟨m.; -(e)s, -e⟩ jeder der sechs Sonntage in der Passionszeit [→ *Passion*]

Pas|si|ons|spiel ⟨n.; -(e)s, -e⟩ mittelalterliches geistliches Schauspiel, in dem an mehreren Tagen die Leidensgeschichte Jesu dargestellt wurde (vereinzelt noch heute aufgeführt, z. B. in Oberammergau) [→ *Passion*]

pas|siv ⟨a. [-ˈ-] Adj.⟩ *Ggs* aktiv **1** nicht tätig, nichts bewirkend, nichts verändernd; *~er Charakter, eine ~e Natur; sich ~ verhalten; ~e Handelsbilanz* H. eines Landes, bei der die Einfuhr die Ausfuhr übersteigt; *~e Immunisierung* I. durch Übertragung von Serum aktiv immunisierter Tiere; *~es Wahlrecht* das Recht, gewählt zu werden; *~er Widerstand, ~e Resistenz* W. durch Untätigkeit; *~er Wortschatz* W., den jmd. in einer Sprache zwar kennt, jedoch nicht von sich aus verwendet **2** ⟨Gramm.⟩ = passivisch **3** untätig, träge, teilnahmslos, still duldend [<lat. *passivus* »duldend«]

Pas|siv ⟨n.; -s, -e [-və]; Gramm.⟩ Ausdrucksform des Verbs, bei der das Subjekt syntaktisch das Ziel eines Geschehens ist, Leideform; *Ggs* Aktiv[1]

Pas|si|va ⟨[-va] Pl.; Bankw.⟩ Verbindlichkeiten, Schulden; *oV* Passiven; *Ggs* Aktiva

Pas|si|ven ⟨[-ven] Pl.; Bankw.⟩ = Passiva

Pas|siv|ge|schäft ⟨n.; -(e)s, -e; Wirtsch.⟩ Bankgeschäft (auf der Passivseite der Bankbilanz) zur Beschaffung von Geldkapital, z. B. Annahme von Spareinlagen; *Ggs* Aktivgeschäft [→ *passiv*]

pas|si|vie|ren ⟨[-viː-] V.⟩ *Posten* ~ vom Haben einer Bilanz auf das Soll setzen **2** ⟨Chemie⟩ *Metalle* ~ Metallen die Eigenschaft der Passivität (2) verleihen

pas|si|visch ⟨[-vɪʃ] Adj.; Gramm.⟩ im Passiv (stehend)

Pas|si|vi|tät ⟨[-vi-] f.; -; unz.⟩ **1** passives Wesen, Untätigkeit, Teilnahmslosigkeit, Trägheit **2** ⟨Chemie⟩ Widerstandsfähigkeit unedler Metalle gegen chem. Einflüsse nach Behandlung mit oxidierenden Säuren [<frz. *passivité*]

Pas|siv|rau|chen ⟨n.; -s; unz.⟩ das (ungewollte) Einatmen von Tabakrauch durch einen Nichtraucher, der sich in der Gesellschaft von Rauchern aufhält

Pas|so|me|ter ⟨n.; -s, -⟩ = Pedometer

Pas|sus ⟨m.; -, -⟩ **1** Abschnitt in einem Buch od. Text **2** altröm. Längenmaß, Doppelschritt, 147,9 cm [<mlat. *passus* »Schritt«]

Pass|word ⟨[paːswœːd] n.; -s, -s; bes. EDV⟩ = Passwort [engl.]

Pass|wort ⟨n.; -(e)s, -wörter; bes. EDV⟩ Wort od. Zeichenkette, das den Zugang zu einem geschlossenen System ermöglicht; *oV* Password; *die Identifikation der Teilnehmerin erfolgt über* ~ [zu frz. *passer* »gehen, vorbeigehen«]

Pas|ta ⟨f.; -, Pas|ten⟩ **1** streichbare Masse; *Zahn~* **2** Teigware, Gericht aus Teigwaren; ~ *asciutta* [-aʃuta] Spaghetti mit Tomatensoße u. geriebenem Käse (u. Hackfleisch) [ital., »Teig, Brei«; *asciutta* »getrocknet«]

Pas|te ⟨f.; -, -n⟩ **1** streichbare Masse; *Fleisch~* **2** Salbe-Pulver-Mischung; *Zink~* [<ital. *pasta* »Teig, Brei«]

pas|tell ⟨Adj.; undekl.⟩ = pastellen

Pas|tell ⟨n.; -(e)s, -e; Mal.⟩ Zeichnung mit Pastellfarben [<frz. *pastel* <ital. *pastello* »kleine Paste«; zu *pasta* »Teig, Brei«]

pas|tel|len ⟨Adj.⟩ mit Pastellfarben gemalt, im zarten, hellen Ton einer Pastellfarbe; *oV* pastell; *Sy* pastellfarben [→ *Pastell*]

Pas|tell|far|be ⟨f.; -, -n⟩ **1** Farbe aus Gips od. Kreide, der Farbe u. Bindemittel zugesetzt wurde **2** ⟨allg.⟩ zarte, helle Farbe

pas|tell|far|ben ⟨Adj.⟩ = pastellen

Pas|te|te ⟨f.; -, -n⟩ **1** mit Fleisch, Fisch, Gemüse od. anderem gefülltes Gebäck aus Blätterteig **2** streichbare Masse aus bes. feiner Kalbs- od. Gänseleber; *Leber~; Gänseleber~* [<roman. *pastata* <mlat. *pasta* »Teig«]

Pas|teu|ri|sa|ti|on ⟨[-tø-] f.; -; unz.⟩ = Pasteurisierung

pas|teu|ri|sie|ren ⟨[-tø-] V.⟩ *Nahrungsmittel ~* N., bes. Milch, auf Temperaturen von etwas weniger als 100 °C kurz erhitzen zur weitgehenden Vernichtung von krankheitserregenden Bakterien [nach dem frz. Mediziner Louis *Pasteur*, 1822-1895]

Pas|teu|ri|sie|rung ⟨[-tø-] f.; -; unz.⟩ das Pasteurisieren; *oV* Pasteurisation

Pas|tic|cio ⟨[-tɪtʃo] n.; -s, -s od. -tic|ci [-tɪtʃi]⟩ **1** zu betrüger. Zwecken in der Manier eines Künstlers gemaltes Bild **2** aus den Werken verschiedener Komponisten zusammengesetztes Musikstück, bes. Oper od. Singspiel (mit neuem Libretto) [ital., »Pastete; verwickelte Geschichte«]

Pas|tiche ⟨[pasti:ʃ] m.; - od. -s, -s; frz. Bez. für⟩ Pasticcio

Pas|til|le ⟨f.; -, -n; Pharm.⟩ Kügelchen, Plätzchen, Pille (in der Arzneimittelherstellung) [<lat. *pastillus*]

Pas|ti|nak ⟨m.; -s, -e; Bot.⟩ = Pastinake

Pas|ti|na|ke ⟨f.; -, -n; Bot.⟩ gelb blühendes Doldengewächs, dessen Pfahlwurzel wie Schwarzwurzel zubereitet wird: Pastinaca sativa; *oV* Pastinak [<lat. *pastinaca*]

Pas|tis ⟨m.; -; unz.⟩ frz. Anislikör

Pas|tor ⟨m.; -s, -to|ren; Abk.: P.⟩ Pfarrer, Geistlicher [<kirchenlat. *pastor* »Seelenhirt«, lat. »Hirt«; zu *pascere* »(Vieh) weiden, füttern, (er)nähren«]

pas|to|ral ⟨Adj.⟩ **1** ländlich, hirtenartig, idyllisch **2** den Pastor betreffend, zu ihm gehörend, ihm gemäß, ihm zustehend, pfarramtlich **3** ⟨fig.⟩ feierlich, würdig, getragen; *~er Ton* [<lat. *pastoralis* »hirtenartig, Hirten…«]

Pas|to|ra|le ⟨n.; -s, -s od. f.; -, -n⟩ **1** ⟨Musik⟩ **1.1** Hirtenmusik, ländl.-idyllisches Musikstück **1.2** musikal. Schäferspiel der Barockzeit **2** ⟨Mal.⟩ Darstellung einer Szene aus dem Leben der Hirten

Pas|to|ral|theo|lo|gie ⟨f.; -; unz.; kath. Bez. für⟩ prakt. Theologie, Seelsorge

Pas|to|rat ⟨n.; -(e)s, -e⟩ Amt, Wohnung eines Pastors

Pas|to|rel|le ⟨f.; -, -n; Musik⟩ kleines Hirtenlied (Zwiesprache zwischen Schäfer u. Schäferin); *oV* Pastourelle [→ *pastoral*]

Pas|to|rin ⟨f.; -, -rin|nen⟩ weibl. Pastor

pas|tos ⟨Adj.⟩ **1** dick, reliefartig aufgetragen; *~e Farbe* **2** teigig, dickflüssig [<ital. *pastoso* »teigig«; zu lat. *pasta* »Teig«]

pas|tös ⟨Adj.; Med.⟩ gedunsen, aufgeschwemmt

Pas|to|si|tät ⟨f.; -; unz.⟩ Schriftbild mit dicken, rundlichen Linien [→ *pastos*]

Pas|tou|rel|le ⟨[-tu-] f.; -, -n; Musik⟩ = Pastorelle [frz.]

Patch ⟨[pætʃ] m. od. n.; - od. s, -s⟩ **1** ⟨EDV⟩ (meist kostenlos zur Verfügung gestelltes) Softwareprogramm, das in einem vorhandenen Programm enthaltene Fehler od. Mängel beheben soll; →*a.* Bug, Update **2** ⟨Med.⟩ zur Transplantation operativ entnommenes Hautgewebe [<engl. *patch* »Flicken«]

Patch|work ⟨[pætʃwœ:k] n.; -s, -s; Textilw.⟩ Textilerzeugnis, das aus vielen kleinen Stücken unterschiedlicher Farbe und Form zusammengesetzt ist, z. B. Decke, Kleiderstoff, Wandbehang [engl., »Flickwerk«]

Patch|work|fa|mi|lie ⟨[pætʃwœ:k-] f.; -, -n; umg.⟩ Familie, in der Eltern mit gemeinsamen Kindern u./od. Kindern aus unterschiedlichen früheren Beziehungen zusammenleben; *Kinder in einer ~ großziehen*

Pa|te ⟨m.; -n, -n⟩ **1** Zeuge der Taufe bzw. Firmung, der die Mitverantwortung für die christl. Erziehung des Kindes (Täuflings bzw. Firmlings) übernimmt; *bei einem Kind ~ stehen* die Patenschaft eines K. übernehmen **2** Täufling, Firmling im Verhältnis zum Paten [<mlat. *pater spriritualis* »geistlicher Vater«]

Pa|tel|la ⟨f.; -, -tel|len; Anat.⟩ Kniescheibe [lat., »kleine Pfanne«]

pa|tel|lar ⟨Adj.; Med.⟩ zur Patella gehörend, von ihr ausgehend

Pa|tel|lar|re|flex ⟨m.; -es, -e; Med.⟩ Reflex beim Schlag unmittelbar unter die Kniescheibe, Kniesehnenreflex

Pa|tel|la|seh|ne ⟨f.; -, -n; Anat.⟩ Sehne, die die Kniescheibe u. das Schienbein verbindet, Kniescheibensehne; *sich einen Riss der ~ zuziehen*

Pa|te|ne ⟨f.; -, -n⟩ Teller zur Darreichung der Hostie beim Abendmahl [<lat. *patina* »flache Schüssel«]

pa|tent ⟨Adj.⟩ geschickt, praktisch, tüchtig, brauchbar [zunächst vorwiegend studentensprachlich; vermutl. nach *Patent…* als Bestimmungswort von Zusammensetzungen wie *Patent*waren]

Pa|tent ⟨n.; -(e)s, -e⟩ **1** ⟨allg.⟩ Urkunde **1.1** Urkunde über die Ernennung von Beamten u. Offizieren; *Offiziers~* **1.2** Urkunde über ein verliehenes Recht, z. B. zur alleinigen Benutzung einer Erfindung; *ein ~ verleihen, erhalten* **2** ⟨schweiz.⟩ Er-

P

laubnis zur Ausübung gewisser Berufe od. Betätigungen; *Fischer~, Gastwirtschafts~, Musizier~* [<lat. *(littera) patens* »(landesherrl.) offener Brief«; zu *patens* »offen stehend, offen«]

Pa|tent|amt ⟨n.; -(e)s, -äm|ter⟩ Behörde, die Anmeldungen von Patenten (1.2) prüft u. Patente erteilt

pa|ten|tie|ren ⟨V.⟩ **1** durch Patent (1.2) vor Nachahmung schützen; *eine Erfindung ~* **2** mit Wärme so behandeln, dass man für die Kaltformung ein günstiges Gefüge erhält; *Stahlband ~* [→ *Patent*]

Pa|tent|re|zept ⟨n.; -(e)s, -e; umg.⟩ einfacher Vorschlag zur Lösung einer Schwierigkeit

Pa|ter ⟨m.; -s, Pa|tres; Abk.: P.⟩ **1** Mönch, der die Priesterweihen erhalten hat **2** ~ *Patriae* Vater des Vaterlandes (Ehrentitel röm. Kaiser) [lat., »Vater«]

Pa|ter|fa|mi|li|as ⟨m.; -, -; altröm.; heute scherzh. Bez. für⟩ Familienvater, Familienoberhaupt, Haushaltsvorstand [lat.]

Pa|ter|na|lis|mus ⟨m.; -; unz.⟩ Bestreben (des Staates), den Bürger zu bevormunden [<lat. *pater* »Vater«]

pa|ter|na|lis|tisch ⟨Adj.⟩ in der Art des Paternalismus, bevormundend

Pa|ter|ni|tät ⟨f.; -; unz.⟩ Vaterschaft [<lat. *paternitas,* »Vaterwürde«]

Pa|ter|nos|ter[1] ⟨n.; -s, -⟩ Vaterunser [lat., »Vaterunser«; nach den Anfangsworten des Gebetes bei Matth. 6,9]

Pa|ter|nos|ter[2] ⟨m.; -s, -⟩ Aufzug ohne Tür, der dauernd fährt, ohne anzuhalten [→ *Paternoster*[1]]

Pa|ter|pec|ca|vi ⟨[-vi] n.; -, -⟩ reuiges Geständnis; ~ *machen, sagen* beichten, Verzeihung erflehen [lat., »Vater, ich habe gesündigt«, Lukas 15,18]

pa|te|ti|co ⟨Musik⟩ pathetisch, feierlich, erhaben (zu spielen) [ital.]

path..., Path... ⟨in Zus.⟩ = patho..., Patho...

...path ⟨Nachsilbe; zur Bildung männl. Subst.; m.; -en, -en⟩ **1** jmd., der ein bestimmtes Heilverfahren anwendet; *Allopath; Homöopath* **2** jmd., der unter einer bestimmten Krankheit leidet; *Psychopath* [<grch. *pathos* »Leiden«]

Pa|the|tik ⟨f.; -; unz.⟩ schwülstige, übertriebene Feierlichkeit [→ *pathetisch*]

pa|thé|tique ⟨[pateti:k] Musik⟩ leidenschaftlich (zu spielen) [frz.; → *pathetisch*]

pa|the|tisch ⟨Adj.⟩ *Ggs* unpathetisch **1** voller Pathos, erhaben, feierlich **2** ⟨fig.⟩ salbungsvoll, übertrieben feierlich [<lat. *patheticus* <grch. *pathetikos* »leidend; gefühlvoll; leidenschaftlich«]

Path|fin|der ⟨[pa:θfaındə(r)] m.; -s, -; Astron.⟩ Weltraumsonde, die unerforschte Gebiete auf dem Mars untersucht [engl., »Führer, Wegbereiter«]

...pa|thie ⟨Nachsilbe; zur Bildung weibl. Subst.; f.; -, -n⟩ **1** Leiden, Krankheit, besondere Fähigkeit; *Psychopathie* **2** Heilkunde, Heilverfahren; *Allopathie; Homöopathie* **3** Gefühl, Neigung, Anteilnahme; *Antipathie; Sympathie* [<grch. *pathos* »Leiden«]

pa|tho..., Pa|tho... ⟨vor Vokalen⟩ path..., Path... ⟨in Zus.⟩ krankhaft, krankheits..., Krankheits... [<grch. *pathos*]

pa|tho|gen ⟨Adj.; Med.⟩ Krankheit erzeugend [<*patho...* + *...gen*[1]]

Pa|tho|ge|ne|se ⟨f.; -, -n; Med.⟩ Entstehung, Entwicklung einer Krankheit [<*Patho...* + *Genese*]

pa|tho|ge|ne|tisch ⟨Adj.; Med.⟩ die Pathogenese betreffend, zu ihr gehörend

Pa|tho|ge|ni|tät ⟨f.; -; unz.; Med.⟩ pathogene Beschaffenheit, Fähigkeit, Krankheiten hervorzurufen

pa|tho|gno|mo|nisch *auch:* **pa|thog|no|mo|nisch** ⟨Adj.; Med.⟩ kennzeichnend für eine Krankheit, ein Krankheitsbild [<*patho...* + *Gnome*]

Pa|tho|lin|gu|is|tik ⟨f.; -; unz.; Sprachw.⟩ Bereich der angewandten Sprachwissenschaft, der die Diagnostik u. Therapie von Sprachstörungen zum Gegenstand hat u. psychologische, neurologische u. sprachwissenschaftliche Methoden anwendet [<*Patho...* + *Linguistik*]

Pa|tho|lo|ge ⟨m.; -n, -n; Med.⟩ Wissenschaftler, Arzt auf dem Gebiet der Pathologie

Pa|tho|lo|gie ⟨f.; -; unz.; Med.⟩ Lehre von den Krankheiten [<mlat. *pathologia* <grch. *pathos* »Leiden, Krankheit« + *...logie*]

Pa|tho|lo|gin ⟨f.; -, -gin|nen; Med.⟩ Wissenschaftlerin, Ärztin auf dem Gebiet der Pathologie

pa|tho|lo|gisch ⟨Adj.; Med.⟩ **1** zur Pathologie gehörend, auf ihr beruhend **2** krankhaft

pa|tho|lo|gi|sie|ren ⟨V.; Med.⟩ als Krankheit darstellen, als krankhaft auffassen

Pa|tho|pho|bie ⟨f.; -, -n; Psych.⟩ = Nosophobie

Pa|tho|phy|sio|lo|ge ⟨m.; -n, -n; Med.⟩ Wissenschaftler auf dem Gebiet der Pathophysiologie

Pa|tho|phy|sio|lo|gie ⟨f.; -; unz.; Med.⟩ Lehre von den Funktionsstörungen des menschlichen Organismus [verkürzt <*Patho*logie + *Physiologie*]

Pa|tho|phy|sio|lo|gin ⟨f.; -, -ginnen; Med.⟩ Wissenschaftlerin auf dem Gebiet der Pathophysiologie

pa|tho|phy|sio|lo|gisch ⟨Adj.; Med.⟩ die Pathophysiologie betreffend, zu ihr gehörig

Pa|tho|psy|cho|lo|gie ⟨f.; -; unz.; Psych.⟩ Lehre von den Krankheitserscheinungen im Seelenleben; *Sy* Psychopathologie [verkürzt <*Patho*logie + *Psychologie*]

Pa|thos ⟨n.; -; unz.⟩ erhabene Leidenschaft, leidenschaftl., gefühlvoller Nachdruck [grch., »Leid, Gemütsbewegung, Leidenschaft«]

Pa|ti|en|ce ⟨[pasjã:s] f.; -, -n⟩ Geduldspiel mit Karten, meist nur für eine Person [frz., eigtl. »Geduld«]

Pa|ti|ens ⟨n.; -, -; Sprachw.⟩ Ziel eines Geschehens innerhalb eines Satzes, Akkusativobjekt; *Ggs* Agens (4) [lat., Part. Präs. zu *pati* »leiden«]

Pa|ti|ent ⟨[patsjɛnt] m.; -en, -en⟩ Kranker in ärztl. Behandlung [<lat. *patiens,* Gen. *patientis,*

Part. Präs. zu *pati* »(er)dulden, leiden«]

Pa|ti|en|tin ⟨[patsjen-] f.; -, -tin-nen⟩ Kranke in ärztlicher Behandlung

Pa|ti|na[1] ⟨f.; -; unz.⟩ grüner Überzug auf Kupfer u. Kupferlegierungen, Edelrost [ital., eigtl. »Firnis; Glanzmittel für Felle«]

Pa|ti|na[2] ⟨f.; -, -ti|nen⟩ = Patine

Pa|ti|ne ⟨f.; -, -n⟩ (im Gottesdienst verwendete) Schüssel; *oV* Patina[2] [lat., »Schüssel«]

pa|ti|nie|ren ⟨V.⟩ mit künstlicher Patina versehen [→ *Patina*]

Pa|tio ⟨[-tsjo] m.; -s, -s⟩ gefliester u. gekachelter Innenhof des span. Hauses [span. <altspan. *patio* »ungepflügtes Land«; vermutl. <altprov. *patu, pati* »verpachtetes Land, Weide«, vielleicht <lat. *pactum* »Vertrag«]

Pa|tis|se|rie ⟨f.; -, -n; bes. schweiz.⟩ **1** feines Backwerk **2** Raum zur Herstellung von feinem Backwerk in Hotels **3** Feinbäckerei [<frz. *pâtisserie* <afrz. *pastis* »Kuchen« <lat. *pasta* »Teig«]

Pa|tis|si|er ⟨[-sje:] m.; -s, -s⟩ Konditor [<frz. *pâtissier* <afrz. *pastis;* → *Patisserie*]

Pat|na|reis ⟨m.; -es; unz. (bei Sorten Pl.: -e)⟩ Langkornreis [nach der indischen Stadt *Patna*]

Pa|tois ⟨[patoa] n.; -; unz.; Sprachw.⟩ **1** Mundart der französ. Landbevölkerung **2** ⟨allg.⟩ Mundart, unkorrekte Sprache [frz.]

◆ Die Buchstabenfolge **pa|tr...** kann auch **pat|r...** getrennt werden.

◆ **Pa|tres** ⟨Abk.: PP.; Pl. von⟩ Pater

◆ **Pa|tri|arch** ⟨m.; -en, -en⟩ **1** ⟨AT⟩ Stammvater der Israeliten, Erzvater (Abraham, Isaak, Jakob) **2** Bischof in bes. hervorgehobener Stellung, z. B. der P. von Rom, der Papst; ~ *des Abendlandes* der Papst **3** ⟨Titel für⟩ oberster Geistlicher in Moskau, Konstantinopel u. den christl. Ostkirchen [<grch. *patriarches* <*pater* »Vater« + *arche* »Herrschaft«]

◆ **pa|tri|ar|chal** ⟨[-ça:l] Adj.⟩ = patriarchalisch

◆ **pa|tri|ar|cha|lisch** ⟨[-ça:-] Adj.⟩ *oV* patriarchal; *Ggs* matriarchalisch **1** den Patriarchen betreffend, zu ihm gehörig, ihm gemäß **2** altväterlich **3** vaterrechtlich **4** ⟨fig.⟩ Rücksicht u. Gehorsam fordernd (wie es einem Patriarchen zukommt)

◆ **Pa|tri|ar|chat** ⟨[-ça:t] n.; -(e)s, -e⟩ **1** absoluter Vorrang des Vaters in der Familie, Vaterherrschaft; *Ggs* Matriarchat (1) **2** Gesellschaftsordnung, in der die Kinder verwandtschaftlich u. rechtlich zur Sippe des Vaters gerechnet werden, Vaterrecht; *Ggs* Matriarchat (2) **3** Würde, Amt, Amtsbereich eines kath. Patriarchen

◆ **pa|tri|ar|chisch** ⟨[-çɪʃ] Adj.⟩ in der Art eines Patriarchen, ehrwürdig, Ehrfurcht gebietend

◆ **pa|tri|mo|ni|al** ⟨Adj.⟩ zum Patrimonium gehörig, auf ihm beruhend

◆ **Pa|tri|mo|ni|um** ⟨n.; -s, -ni|en⟩ **1** ⟨röm. Recht⟩ väterl. Erbteil **2** ~ *Petri* **2.1** der alte Grundbesitz der röm. Kirche **2.2** ⟨danach⟩ Kirchenstaat [lat.; zu *pater,* Gen. *patris* »Vater«]

◆ **Pa|tri|ot** ⟨m.; -en, -en⟩ jmd., der vaterländisch gesinnt ist [<mlat. *patriota* »Landsmann« u. frz. *patriote* »Landsmann, vaterländisch Gesinnter«; zu lat. *patria* »Vaterland«]

◆ **Pa|tri|o|tin** ⟨f.; -, -tin|nen⟩ weibl. Person, die vaterländisch gesinnt ist

◆ **pa|tri|o|tisch** ⟨Adj.⟩ vaterländisch gesinnt, vaterlandsliebend; *Ggs* unpatriotisch [<lat. *patrioticus* »zum Patrioten gehörig«]

◆ **Pa|tri|o|tis|mus** ⟨m.; -; unz.⟩ Vaterlandsliebe [<frz. *patriotisme*]

◆ **Pa|tris|tik** ⟨f.; -; unz.⟩ Wissenschaft von den Schriften u. Lehren der Kirchenväter; *Sy* Patrologie [<lat. *pater,* Gen. *patris* »Vater«]

◆ **Pa|tris|ti|ker** ⟨m.; -s, -⟩ Kenner, Erforscher der Patristik; *Sy* Patrologe

◆ **pa|tris|tisch** ⟨Adj.⟩ zur Patristik gehörend, sie betreffend; *oV* patrologisch

◆ **Pa|tri|ze** ⟨f.; -, -n⟩ Prägestock, -stempel mit erhaben herausgearbeitetem Bild; *Ggs* Matrize (1) [<lat. *pater* »Vater«; nach dem Gegensatz *Matrize* gebildet]

◆ **pa|tri|zi|al** ⟨Adj.⟩ = patrizisch (1)

◆ **Pa|tri|zi|at** ⟨n.; -(e)s, -e⟩ Gesamtheit der Patrizier

◆ **Pa|tri|zi|er** ⟨m.; -s, -⟩ **1** Mitglied des altrömischen Adels **2** ⟨MA⟩ vornehmer, wohlhabender Bürger [<lat. *patricius;* zu *pater,* Gen. *patris* »Vater«]

◆ **pa|tri|zisch** ⟨Adj.⟩ **1** die Patrizier betreffend, zu ihnen gehörend, von ihnen stammend; *oV* patrizial **2** vornehm, wohlhabend

◆ **Pa|tro|lo|ge** ⟨m.; -n, -n⟩ = Patristiker

◆ **Pa|tro|lo|gie** ⟨f.; -; unz.⟩ = Patristik [<lat. *pater,* Gen. *patris* »Vater« + *...logie*]

◆ **pa|tro|lo|gisch** ⟨Adj.⟩ = patristisch

◆ **Pa|tron** ⟨m.; -s, -e⟩ **1** ⟨im antiken Rom⟩ Herr (seiner freigelassenen Sklaven) **2** Schutzheiliger, Schirmherr, Gönner **3** Stifter einer Kirche **4** Handelsherr, Schiffseigentümer **5** ⟨kath. Kirche⟩ Schutzheiliger (einer Kirche od. eines Berufsstandes) **6** ⟨umg.; meist abwertend⟩ Kerl, Bursche; *grober* ~ [<lat. *patronus* »Schutzherr«]

◆ **Pa|tro|na** ⟨f.; -, -tro|nä⟩ heilige Beschützerin

◆ **Pa|tro|na|ge** ⟨[-ʒə] f.; -; unz.⟩ Günstlingswirtschaft

◆ **Pa|tro|nat** ⟨n.; -(e)s, -e⟩ **1** ⟨im antiken Rom⟩ Würde, Amt, Stellung eines Patrons **2** ⟨kath. Kirche⟩ Rechte u. Pflichten des Stifters einer Kirche **3** ⟨allg.⟩ Schirmherrschaft

◆ **Pa|tro|ne** ⟨f.; -, -n⟩ **1** mit Sprengstoff u. Zünder versehener Behälter; *Spreng~* **2** als Munition für Handfeuerwaffen dienende Hülse mit Zünder, Treibladung u. aufgesetztem Geschoss; *Gewehr~* **3** ⟨Fot.⟩ lichtundurchlässiger Behälter für Filme einer Kleinbildkamera **4** ⟨Textilw.⟩ auf kariertes Papier gezeichnetes Muster für das Weben auf Jacquardwebstühlen [<frz. *patron* »Musterform«, eigtl. »Vaterform« <lat. *patronus* »Schutzherr«]

◆ **Pa|tro|neur** ⟨m.; -s, -e; Textilw.; Berufsbez.⟩ Musterzeichner

◆**pa|tro|nie|ren** ⟨V.⟩ **1** die Schirm- bzw. Schutzherrschaft, den Schutz übernehmen, beschützen, begünstigen **2** ⟨Textilw.⟩ ein Bindungsmuster auf ein kariertes Patronenpapier zeichnen **3** ⟨österr.⟩ mit Hilfe einer Schablone bemalen, schablonieren [<frz. *patronner* »beschützen; zurechtscheiden, schablonieren«]

◆**Pa|tro|nin** ⟨f.; -, -nin|nen⟩ Schutzheilige, Schirmherrin, Gönnerin [→ *Patron*]

◆**pa|tro|ni|sie|ren** ⟨V.⟩ **1** ⟨urspr.; veraltet⟩ beschützen; *jmdn.* ~ **2** ⟨heute⟩ jmdn. heimlich, auf unterschwellige Art u. Weise gegen dessen Willen bevormunden [→ *Patron*]

◆**Pa|tro|ny|mi|kon** ⟨n.; -s, -mi|ka⟩ = Patronymikum

◆**Pa|tro|ny|mi|kum** ⟨n.; -s, -mi|ka⟩ vom Namen des Vaters abgeleiteter Eigenname, z. B. Petersen, Nikolajewitsch; *oV* Patronymikon [<grch. *pater* »Vater« + *onyma* »Name«]

◆**pa|tro|ny|misch** ⟨Adj.⟩ in der Art eines Patronymikons, vom Namen des Vaters abgeleitet

◆**Pa|trouil|le** ⟨[-truljə] f.; -, -n⟩ **1** Spähtrupp **2** Streife; ~ *gehen* [frz.]

◆**pa|trouil|lie|ren** ⟨[-trul(j)i:-] V.⟩ auf Patrouille gehen od. fahren, als Posten, Wache auf u. ab gehen [<frz. *patrouiller*]

◆**Pa|tro|zi|ni|um** ⟨n.; -s, -zi|ni|en⟩ **1** ⟨im antiken Rom⟩ Vertretung durch einen Patron vor Gericht **2** ⟨MA⟩ Rechtsschutz des Gutsherrn für seine Untergebenen **3** Schutzherrschaft eines Heiligen (Patrons) über eine Kirche **4** Fest dieses Heiligen [→ *Patron*]

Pat|schu|li ⟨n.; -s, -s; Bot.⟩ Lippenblütler, dessen äther. Öl in der Parfümerie verwendet wird: Pogostemon patchouly [<Tamil *pacculi*]

patt ⟨Adj.⟩ im Patt befindlich; *ein Spieler ist* ~ [<frz. *pat*]

Patt ⟨n.; -s, -s; Schach; Damespiel⟩ **1** als unentschieden gewertete Stellung, in der kein Stein der am Zug befindlichen Partei ziehen kann u. ihr König nicht direkt bedroht ist **2** ⟨fig.⟩ polit.-militär. Stellung zweier Großmächte, in der keine von beiden im eigenen Interesse eine militärische Auseinandersetzung riskieren kann; *ein atomares* ~

Pat|tern ⟨[pætərn] n.; -s, -s⟩ Muster, Modell, als Muster verwendbares Schema, bes. Verhaltensmuster, Denkschema [engl.]

pat|tie|ren ⟨V.⟩ mit einem Raster, mit Notenlinien versehen [frz.]

Pau|ca|lis ⟨m.; -, -ca|les; Sprachw.⟩ = Paukal

Pau|kal ⟨m.; -s, -e; Sprachw.⟩ Numerus, der eine kleine Anzahl umfasst; *oV* Paucalis [zu lat. *paucus* »klein, gering, nur wenige«]

Pau|kant ⟨m.; -en, -en; Studentenspr.⟩ Fechter bei einer Mensur (2) [nach *pauken* »fechten, eine Mensur schlagen«]

pau|li|nisch ⟨Adj.⟩ der Theologie des Apostels Paulus gemäß, auf ihr beruhend, von Paulus herrührend; *die Paulinischen Briefe* 13 Briefe des Paulus im NT, u. a. Römerbrief, Korintherbrief [nach *Paulus*, dem bedeutendsten Missionar des Urchristentums, ca. 10-64]

Pau|li|nis|mus ⟨m.; -; unz.⟩ die Theologie des Apostels Paulus gemäß seinen Briefen im NT

pau|pe|rie|ren ⟨V.; Biol.⟩ gute Eigenschaften infolge von Inzucht verlieren [zu lat. *pauper* »arm«]

Pau|pe|ris|mus ⟨m.; -; unz.⟩ allgemeine Armut breiter Schichten der Bevölkerung [zu lat. *pauper* »arm«]

Pau|per|tät ⟨f.; -; unz.⟩ Armut, Dürftigkeit [<lat. *paupertas*, Gen. *paupertatis*]

pau|schal ⟨Adj.⟩ alles zusammen (gerechnet), rund

Pau|scha|le ⟨f.; -, -n od. (selten) n.; -s, -li|en⟩ Preis für alles zusammen, einmalige Bezahlung statt einzelner Zahlungen [latinisiert <*Pausch(e)* »Wulst (am Sattel)«; verwandt mit *in Bausch u. Bogen*]

pau|scha|lie|ren ⟨V.⟩ *einzelne Summen od. Leistungen* ~ zu einer Pauschale zusammenrechnen

pau|scha|li|sie|ren ⟨V.⟩ pauschal beurteilen, sehr stark verallgemeinern; *dieser Befund lässt sich nicht* ~

Pausch|be|trag ⟨m.; -(e)s, -trä|ge; Rechtsw.⟩ Steuerfreibetrag, der unabhängig von nachweisbaren Ausgaben vom zu versteuernden Einkommen abgezogen wird, z. B. für Werbeaufwendungen [→ *pauschal*]

Pausch|quan|tum ⟨n.; -s, -quanten⟩ geschätzte u. abgerundete Gesamtmenge; *oV* Bauschquantum [<*pauschal* + *Quantum*]

Pau|se ⟨f.; -, -n⟩ **1** Durchzeichnung, Kopie mit Hilfe von durchsichtigem, auf das Original gelegtem Papier **2** Kopie von Zeichnungen u. Ä. auf lichtempfindlichem Papier, Lichtpause [→ *pausen*]

pau|sen ⟨V.⟩ eine Pause (Kopie) machen von, durchzeichnen [<frz. *ébaucher* »entwerfen« + *poncer* »durchpausen«]

pau|sie|ren ⟨V.⟩ eine Pause machen, kurz ausruhen, rasten [<lat. *pausare* <grch. *pauein* »aufhören«]

Pa|va|ne ⟨[-va:-] f.; -, -n; Musik⟩ **1** ⟨bis 16. Jh.⟩ Satz der Suite **2** ⟨16./18. Jh.⟩ feierl. Schreittanz in geradem Takt; *oV* Paduana [<span. *pavana* »Pfauentanz«; zu *pavo* »Pfau«]

Pa|ve|se ⟨[-ve:-] f.; -, -n⟩ hoher mittelalterlicher Schild für Armbrustschützen, der mit einem eisernen Sporn in den Boden gerammt werden konnte [von der ital. Stadt *Pavia*]

Pa|vi|an ⟨[-vi-] m.; -s, -e; Zool.⟩ Gattung der Tieraffen mit langer Schnauze: Papio [<frühnhd. *bavian* <ndrl. *baviaan* <afrz. *babouin*]

Pa|vil|lon ⟨[-vıljɔ̃:] od. [-vıljɔŋ] m.; -s, -s⟩ **1** kleines, meist rundes, leicht gebautes, häufig offenes, frei stehendes Gebäude in Gärten od. auf Ausstellungen; *Garten*~ **2** orientalisches Gartenhäuschen; *Sy* Kiosk (1) **3** runder od. viereckiger Vorbau (bes. an Barockschlössern) **4** großes, viereckiges Zelt; *ein kleines Gartenfest im* ~ *feiern* [frz.]

Paw|lat|sche *auch:* **Paw|la|tsche** ⟨f.; -, -n; österr.⟩ der Hofseite zugekehrter offener Gang eines

P

Wiener Hauses, baufälliges Haus, Bretterbühne [<tschech. *pavlac* »offener Hausgang«]

Pax ⟨f.; -; unz.⟩ **1** Friede; ~ *Christi* 1944 von Lourdes ausgegangene kath. Friedensbewegung; ~ *Dei* Gottesfriede; ~ *Romana* Schlagwort für die Zeit des befriedeten Röm. Reiches etwa von Augustus bis zum Beginn der Völkerwanderung; ~ *vobiscum* Friede (sei) mit euch (Gruß des kathol. Bischofs) **2** 1921 in Freiburg (Schweiz) gegründete kath. Studentenbewegung [lat., »Friede«]

Pay-back / Payback (*Schreibung mit Bindestrich*) Aus dem Englischen stammende Substantivierungen aus Verb und Adverb werden mit Bindestrich geschrieben. Wenn die Lesbarkeit dadurch nicht beeinträchtigt wird, ist auch die Schreibung in einem Wort möglich (→*a.* Play-off / Playoff).

Pay-back *auch:* **Pay|back** ⟨[pɛɪbæk] n.; -s; unz.⟩ = Pay-out

Pay-back-Kar|te *auch:* **Pay|back-kar|te** ⟨[pɛɪbæk-] f.; -, -n⟩ Rabattkarte [<engl. *pay* »zahlen« + *back* »zurück«]

Pay|card ⟨[pɛɪka:d] f.; -, -s⟩ mit einem Chip (auf den ein best. Geldbetrag vom Konto des Karteninhabers gespeichert ist) ausgestattete Kreditkarte für den bargeldlosen Zahlungsverkehr ohne Eingabe einer Geheimnummer o. Ä. [<engl. *paycard* »(Be-)Zahlkarte«]

Pa|ying Guest ⟨[pɛɪɪŋ gɛst] m.; - -s, - -s⟩ Gast, der gegen Entgelt bei einer Familie wohnt u. verköstigt wird [engl., »zahlender Gast«]

Pay-out *auch:* **Pay|out** ⟨[pɛɪaʊt] n.; -s; unz.⟩ Rückgewinnung investierten Kapitals; *oV* Payback [engl., »zahle aus, zahle zurück«]

Pay-per-View ⟨[pɛɪpə(r)vju:] n.; -s; unz.; TV⟩ Sendeart, bei der der Zuschauer keine monatl. Pauschale zahlt, sondern für tatsächlich empfangene Beiträge Einzelgebühren entrichten muss [<engl. *pay* »zahlen« + *per* »pro« + *view* »Blick«]

Pay-TV ⟨[pɛɪti:vi:] n.; -; unz.⟩ Finanzierungssystem eines Fernsehsenders, orientiert an Gebühren für einzelne Sendungen od. an der Nutzung eines bestimmten Kanals [<engl. *pay* »bezahlen« + *TV*]

pa|zi|fisch ⟨Adj.⟩ zum Pazifik, zum Stillen Ozean gehörig

Pa|zi|fis|mus ⟨m.; -; unz.; Politik⟩ Bestreben, unter allen Umständen den Frieden zu erhalten, absolute Ablehnung des Krieges u. Kriegsdienstes aus ethischen u. praktischen Gründen; *Ggs* Bellizismus [<frz. *pacifisme*]

Pa|zi|fist ⟨m.; -en, -en; Politik⟩ Anhänger, Vertreter des Pazifismus; *Ggs* Bellizist [<frz. *pacifiste*]

Pa|zi|fis|tin ⟨f.; -, -tin|nen; Politik⟩ Anhängerin, Vertreterin des Pazifismus; *Ggs* Bellizistin

pa|zi|fis|tisch ⟨Adj.; Politik⟩ auf Pazifismus beruhend, allem Militärischen u. Kriegerischen abgeneigt

pa|zi|fi|zie|ren ⟨V.⟩ befrieden, in einen Friedenszustand bringen

Pb ⟨chem. Zeichen für⟩ Blei (Plumbum)

pc ⟨Abk. für⟩ Parsec

PC ⟨Abk. für engl.⟩ **1** Personal Computer **2** Political Correctness

p. c. ⟨Abk. für⟩ per centum, pro centum, Prozent

PCB ⟨Chemie; Abk. für⟩ polychlorierte Biphenyle, hochgiftige synthetische Verbindungen aus Chlor u. Biphenyl, die u. a. als Zusätze in Holzanstrichen verwendet werden

p. Chr. (n.) ⟨Abk. für⟩ post Christum (natum)

PCM-Tech|nik ⟨f.; -; unz.; Abk. für⟩ Pulse-Code-Modulations-Technik, ein neuartiges techn. Verfahren zur Übertragung elektromagnetischer Signale, bei dem diese als eine Folge digitaler Impulse übermittelt werden

Pd ⟨chem. Zeichen für⟩ Palladium (2)

PD ⟨Abk. für⟩ Privatdozent(in)

PDA ⟨m.; - od. -s, -s; EDV⟩ = Organizer [Abk. für engl. *Personal Digital Assistant* »persönlicher, digitaler Assistent«]

PDF ⟨EDV; Abk. für engl.⟩ Portable Document Format, ein Dateiformat für elektronische Dokumente

p. e. ⟨Abk. für lat.⟩ per exemplum

Peak ⟨[pi:k] m.; -s, -s; engl. Bez. für⟩ **1** Bergspitze, -gipfel (bes. in Namen) **2** Spitze, Höhepunkt, Spitzenwert [engl.]

Pea|nuts ⟨[pi:nʌts] Pl.; umg.; meist scherzh.⟩ Kleinigkeit, geringe Geldmenge; *die paar Euro sind für sie doch ~!* [engl., eigtl. »Erdnüsse«]

Pearl|in|dex *auch:* **Pearl-In|dex** ⟨[pœ:l-] m.; - od. -es, -e od. -di|zes od. -di|ces; Abk.: PI; Med.⟩ Maßstab für die Verlässlichkeit von Kontrazeptiva, ermittelt anhand der Ergebnisse von 100 Frauen, die die zu bewertende Methode ein Jahr lang anwenden [nach dem US-amerikan. Biologen R. *Pearl*, 1879-1940]

Pe|bri|ne *auch:* **Peb|ri|ne** ⟨f.; -; unz.⟩ = Nosemaseuche (2) [<frz. *pébrine* <prov. *pebrino* <*pebre* »Pfeffer« <lat. *piper*]

Pe|can|nuss ⟨f.; -, -nüs|se; Bot.⟩ = Pekannuss

Pe-Ce-Fa|ser ⟨f.; -, -n; Textilw.⟩ Kunstfaser aus Polyvinylchlorid für technische Gewebe, Dekorationen, Isolierstoffe, Seile, Netze [verkürzt <*Polyvinylchlorid*]

Pe|dal ⟨n.; -s, -e⟩ **1** mit dem Fuß zu betätigende Tretkurbel; *Fahrrad~* **2** ⟨Musik⟩ **2.1** ⟨Orgel⟩ Reihe der Tasten, die mit den Füßen bedient wird; *Ggs* Manual **2.2** ⟨Klavier⟩ Fußhebel zum Nachschwingenlassen der Saiten od. Dämpfen der Töne **2.3** ⟨Cembalo⟩ Fußhebel zum Mitschwingenlassen anderer Saiten **2.4** ⟨Harfe⟩ Fußhebel zum chromat. Umstimmen der Saiten [<lat. *pedalis* »zum Fuß gehörig«; zu *pes*, Gen. *pedis* »Fuß«]

pe|dant ⟨Adj.; abwertend; österr.⟩ = pedantisch

Pe|dant ⟨m.; -en, -en; abwertend⟩ pedantischer Mensch

Pe|dan|te|rie ⟨f.; -; unz.; abwertend⟩ pedant. Wesen, übertriebene Genauigkeit od. Ordnungsliebe [<frz. *pédanterie*]

P

Pe|dạn|tin ⟨f.; -, -tin|nen; abwertend⟩ pedantische Frau

pe|dạn|tisch ⟨Adj.; abwertend⟩ übertrieben genau, übertrieben gewissenhaft od. ordentlich [<frz. *pédantesque*]

Pẹd|dig|rohr ⟨n.; -(e)s; unz.⟩ Rohr aus dem Inneren des Stammes der Rotangpalme zum Flechten von Körben u. Stühlen, auch für Spazierstöcke; *Sy* Rattan

pe|dẹs|trisch *auch:* **pe|dẹst|risch** ⟨Adj.⟩ **1** zu Fuß, Fußgänger betreffend **2** ⟨veraltet⟩ niedrig, gewöhnlich, prosaisch [<lat. *pedester* <*pes,* Gen. *pedis* »Fuß«]

Pe|di|ca|tio ⟨f.; -, -ti|o|nes⟩ Analverkehr [zu lat. *paedicare* »(einen Knaben) schänden, widernatürliche Unzucht treiben«]

Pe|di|cu|re ⟨[-kyː-] f.; -; unz.; frz. Schreibung von⟩ Pediküre

Pe|di|gree *auch:* **Pe|dig|ree** ⟨[pẹdigriː] m.; -s, -s⟩ **1** Stammbaum von Tieren, bes. Pferden u. Hunden **2** ⟨österr.⟩ (militär.) Führungszeugnis [engl.]

Pe|di|ku|lo|se ⟨f.; -, -n; Med.⟩ Läusebefall beim Menschen [<lat. *pediculus* »Laus«]

Pe|di|kü|re ⟨f.; -, -n⟩ **1** ⟨unz.⟩ Fußpflege **2** ⟨zählb.⟩ Angestellte, deren Beruf die Fußpflege ist [<frz. *pédicure*]

pe|di|kü|ren ⟨V.⟩ *jmdn.* ~ bei jmdm. Fußpflege treiben; *sich die Füße* ~ sich die F. behandeln, Nägel u. Hornhaut beschneiden usw.

Pe|di|mẹnt ⟨n.; -s, -e; Geogr.⟩ durch Abtragung hervorgerufene, terrassenartige Fläche am Fuße von Gebirgen in Trockengebieten [<lat. *pes,* Gen. *pedis* »Fuß«]

Pe|di|skript ⟨n.; -s, -e⟩ mit den Füßen geschriebenes Schriftstück [<lat. *pes,* Gen. *pedis* »Fuß« + *scriptum* »Geschriebenes«]

pe|do..., Pe|do... ⟨in Zus.⟩ Boden [<grch. *pedos* »Boden«]

Pe|do|graf ⟨m.; -en, -en⟩ = Pedograph

Pe|do|graph ⟨m.; -en, -en⟩ = Pedometer; *oV* Pedograf [<lat. *pes,* Gen. *pedis* »Fuß« + *...graphie*]

Pe|do|lo|gie ⟨f.; -; unz.⟩ Bodenkunde [<*Pedo...* + *...logie*]

pe|do|lo|gisch ⟨Adj.⟩ zur Pedologie gehörend, auf ihr beruhend; *ein ~er Befund*

Pe|do|me|ter ⟨n.; -s, -⟩ Schrittzähler, der eine zurückgelegte Wegstrecke über die währenddessen von den Beinen ausgehenden Erschütterungen misst; *Sy* Passometer, Pedograph [<lat. *pes,* Gen. *pedis* »Fuß« + *...meter*]

pee|len ⟨[piː-] V.⟩ ein Peeling, eine Gesichtsmaske auftragen

Pee|ling ⟨[piː-] n.; - od. -s, -s⟩ kosmet. Creme zur Schälung u. Reinigung der Gesichtshaut [engl.; zu *peel* »schälen«]

Peep|show ⟨[piːpʃoʊ] f.; -, -s⟩ Zurschaustellung einer nackten Frau, die gegen Entgelt durch ein Fensterchen betrachtet werden kann [<engl. *peep* »(verstohlen) blicken« + *Show*]

Peer ⟨[piːr] m.; -s, -s⟩ **1** Mitglied des engl. Hochadels **2** Mitglied des Oberhauses im engl. Parlament [engl.]

Pee|ress ⟨[piːrɪs] f.; -, -res|ses [-rɪsɪz]⟩ **1** Ehefrau eines Peers **2** weibliches Mitglied des engl. Hochadels im Rang eines Peers [engl.]

Peer|group ⟨[piːrgruːp] f.; -, -s⟩ Gruppe von Jugendlichen, die sich gegenseitig bei der Loslösung vom Elternhaus unterstützen [<engl. *peer* »gleichrangig« + *group* »Gruppe«]

Peer-to-Peer ⟨[piːr tu piːr] ohne Artikel; EDV; Abk.: P2P⟩ **1** Kommunikation innerhalb eines Netzwerkes von Computern; *~-Netzwerk; ~-System* **2** Austausch von Dateien zwischen gleichberechtigten Nutzern, bes. als Tauschbörse für Bilder, Filme u. Musik [zu engl. *peer* »gleichrangig«]

Pe|ga|sos ⟨m.; -; unz.⟩ = Pegasus

Pe|ga|sus ⟨m.; -; unz.⟩ geflügeltes Pferd als Sinnbild der Dichtkunst, der dichter. Fantasie; *den ~ besteigen* ⟨poet.⟩ zu dichten beginnen, dichten; *oV* Pegasos [<grch. *Pegasos* »geflügeltes Pferd, dessen Hufschlag den Musenquell Hippokrene entspringen ließ«]

Pe|ge ⟨f.; -, -n⟩ kalte Quelle (unter 20 °C) [grch., »Quelle«]

Peg|ma|tit ⟨m.; -s, -e; Min.⟩ aus magmatischen Einschüben entstandenes, grobkörniges Gestein [<grch. *pegma* »das Festgewordene«]

Pe|ha|me|ter ⟨n.; -s, -; Chemie⟩ Gerät zur Bestimmung des pH-Wertes von Lösungen

Peh|le|wi ⟨[pɛx-] n.; - od. -s; unz.⟩ mittelpers. Sprache u. Schrift; *oV* Pahlewi [<pers. *pahlavi*]

Pei|es ⟨Pl.⟩ Schläfenlocken (der orthodoxen Juden) [jidd. <hebr. *peo*]

Pei|gneur *auch:* **Peig|neur** ⟨[pɛnjøːr] m.; -s, -e; Textilw.⟩ Walze an der Karde zum Abnehmen des Materials [frz., »Kämmer«]

Pe|jo|ra|ti|on ⟨f.; -, -en; Sprachw.⟩ Bedeutungswandel eines Wortes zum Schlechteren, z. B. gemein, Frauenzimmer, Weib; *Ggs* Melioration [<lat. *peior* »schlechter«, Komparativ zu *malus* »schlecht; böse, schlimm«]

pe|jo|ra|tiv ⟨Adj.; Sprachw.⟩ bedeutungsverschlechternd, in der Bedeutung sich negativ verändernd; *Ggs* meliorativ

Pe|jo|ra|ti|vum ⟨[-vum] n.; -s, -tiva [-va]; Sprachw.⟩ Wort, dessen Bedeutung sich im Lauf seiner Entwicklung verschlechtert hat, z. B. Frauenzimmer; *Ggs* Meliorativum

Pe|jus ⟨m.; -; unz.; Biol.⟩ Bereich der Umweltbedingungen eines Lebewesens, der zwischen dem günstigsten u. dem ungünstigsten Zustand liegt; →*a.* Optimum (2), Pessimum [<lat. *peius,* Neutr. zu *peior;* → *Pejoration*]

Pe|kan|nuss ⟨f.; -, -nüs|se; Bot.⟩ Nuss des Hickorybaumes; *oV* Pecannuss [<engl. *pecan* <Algonkin *paccan* »Nuss«]

Pe|ka|ri ⟨n.; -s, -s; Zool.⟩ US-amerikan. Wildschwein, Nabelschwein [karib.]

Pe|ki|ne|se ⟨m.; -n, -n; Zool.⟩ Angehöriger einer chines. Zwerghundrasse mit stark verkürzter Schnauze, kurzen Beinen u. langem Fell [nach der chines. Stadt *Peking*]

Pe|koe ⟨[piːko] m.; - od. -s; unz.⟩ gute Qualität des schwarzen Tees [<chines. *pek* »weiß« + *ho* »Flaum«]

pekt|an|gi|nös *auch:* **pek|tan|gi|nös**

P

⟨Adj.; Med.⟩ die Angina Pectoris betreffend, mit ihr vergleichbar, von Herzschmerzen u. Engegefühl in der Brust begleitet

Pek|ta|se ⟨f.; -; unz.; Biochemie⟩ Pektin abbauendes Enzym, das sich in Früchten, Pilzen u. Mohrrüben findet [→ *Pektin*]

Pek|ten|mu|schel ⟨f.; -, -n; Zool.⟩ mit vielen Augen am Mantelrand versehene Meeresmuschel, die sich festheften, aber auch durch Auf- u. Zuklappen der Schalen nach dem Rückstoßprinzip fortbewegen kann: Pectinidae [<lat. *pecten* »Kammmuschel«]

Pek|tin ⟨n.; -s, -e; Biochemie⟩ stark quellender, kohlenhydratähnlicher Stoff in saurem Obst, der zusammen mit Zucker u. Säure das Gelieren der Obstsäfte beim Kochen bewirkt [<grch. *pektos* »fest; geronnen«]

Pek|ti|na|se ⟨f.; -; unz.; Biochemie⟩ Pektin abbauendes Enzym, das sich in Pollenkörnern u. Malz findet [→ *Pektin*]

pek|to|ral ⟨Adj.; Med.⟩ zur Brust gehörend, von ihr ausgehend [<lat. *pectus*, Gen. *pectoris* »Brust«]

Pek|to|ra|le ⟨n.; - od. -s, -s od. -lien; Theol.⟩ kostbares Kreuz hoher Geistlicher, Brustkreuz [→ *pektoral*]

Pe|ku|li|ar|be|we|gung ⟨f.; -, -en; Astron.⟩ Eigenbewegung von Fixsternen gegenüber den sie umgebenden Sternen [<lat. *peculiaris* »eigen, eigentümlich, besonders«]

pe|ku|ni|är ⟨Adj.⟩ das Geld betreffend, geldlich, finanziell; *~e Schwierigkeiten; es geht ihm ~ gut, schlecht* [<frz. *pécuniaire* <lat. *pecunia* »Geld, Vermögen«]

pek|zie|ren ⟨V.; veraltet⟩ Böses verüben, eine Dummheit machen [<lat. *peccare* »sündigen, sich vergehen; einen Fehler machen«]

Pe|la|de ⟨f.; -, -n; Med.⟩ plötzlich auftretender, krankhafter Haarausfall auf kreisrunden Flächen der Kopfhaut sowie in der Bartregion; →*a.* Alopezie [frz.]

pe|la|gi|al ⟨Adj.; Biol.⟩ = pelagisch

Pe|la|gi|al ⟨n.; -s; unz.; Biol.⟩ Region des freien Wassers im Meer u. in Binnengewässern [<grch. *pelagos* »Meer«]

pe|la|gisch ⟨Adj.; Biol.⟩ im Meer u. in großen Binnengewässern lebend; *oV* pelagial; *~e Pflanze; ~es Tier* [<grch. *pelagios* »in der hohen See, im Meer«]

Pe|lar|go|nie ⟨[-njə] f.; -, -n; Bot.⟩ zu einer Gattung der Storchschnabelgewächse gehörende Zierpflanze mit oftmals leuchtenden Blüten: Pelargonium; *Sy* ⟨umg.⟩ Geranie (1) [<grch. *pelargos* »Storch« (wegen der Fruchtform)]

Pe|las|ger ⟨m.; -s, -⟩ Angehöriger der vorindogerman. sagenhaften Urbevölkerung Griechenlands [<grch. *Pelasgoi*]

Pele-mele ⟨[pɛlmɛl] n.; -; unz.⟩ **1** Durcheinander, Mischmasch **2** Süßspeise aus Früchten u. Vanillecreme [→ *pêle-mêle*]

pêle-mêle ⟨[pɛlmɛl] Adv.⟩ durcheinander, wie es gerade kommt [frz.]

Pe|le|ri|ne ⟨f.; -, -n⟩ weiter, ärmelloser Umhang [<frz. *pélerine*, eigtl. »Pilgerin; (von Pilgern getragener) Schulterumhang«]

Pel|ham ⟨[pɛləm] n.; -s, -s; Reitsport⟩ Zäumung mit einem Gebiss aus Kandare u. untergelegter Trense, das mit einem Zügel geführt wird (bes. für Springpferde) [engl.]

Pe|li|kan ⟨m.; -s, -e; Zool.⟩ sehr großer Ruderfüßer: Pelicanidae [<mhd. *pel(l)ican, pillecan* <kirchenlat. *pelicanus*]

Pe|lit ⟨m.; -s, -e; meist Pl.; Geol.⟩ feinkörniges Sedimentgestein mit versch. Korngrößen unter 0,02 mm [zu grch. *pelos* »Ton, Lehm«]

pe|li|tisch ⟨Adj.; Geol.⟩ die Pelite betreffend, zu ihnen gehörend

Pel|la|gra *auch:* **Pel|lag|ra** ⟨f.; -; unz.; Med.⟩ Hautkrankheit mit Durchfall u. Lähmungen infolge Mangels an Vitamin B_2 [<ital. *pella agra* »raue Haut«]

pel|le|tie|ren ⟨V.⟩ zu Pellets verarbeiten

Pel|lets ⟨Pl.⟩ aus feinkörnigem Material durch Anteigen mittels Wasser od. anderen Flüssigkeiten gewonnene gerundete Bröckchen, z. B. als Viehfutter [engl. *pellet* »Kügelchen, Pille, Schrotkugel«]

Pel|li|cu|la ⟨f.; -, -lae [-lɛ:]; Biol.⟩ elastische Zellmembran der Protozoen [<lat. *pellicula* »Fellchen«]

pel|lu|zid ⟨Adj.; Min.⟩ lichtdurchlässig; *~e Minerale* [<lat. *pellucidus* »durchsichtig«]

Pel|me|ni ⟨Pl.⟩ russisches Nationalgericht (in Salzwasser od. Brühe gekochte Teigtaschen, serviert mit Öl o. Ä.)

Pe|log ⟨n.; - od. -s; unz.; Musik⟩ siebentöniges Tonsystem in der javanischen u. balinesischen Musik; *oV* Pelok [javan.]

Pe|lok ⟨n.; - od. -s; unz.; Musik⟩ = Pelog

Pe|lo|rie ⟨[-riə] f.; -, -n; Bot.⟩ strahlige Ausbildung einer Blüte, die in der Regel zweiseitig-symmetrisch ist [<grch. *pelos* »Missgestalt«]

Pe|lo|ta ⟨f.; -; unz.; Sport⟩ baskisches Ballspiel zu vier Spielern (zwei gegen zwei), die mit Schlägern einen Ball gegen eine Wand schleudern, wobei jeder verfehlte Ball als Punkt für den Gegner gilt [span., »Ball«]

Pe|lo|ton ⟨[-tõ:] n.; -s, -s⟩ **1** ⟨veraltet⟩ Unterabteilung eines Bataillons, Gefechtseinheit der Lineartaktik des 18. Jh. (heute noch in »Exekutionspeloton«) **2** ⟨Radsport⟩ Hauptfeld der Fahrer beim Straßenrennen [frz., »Gruppe, Schar, Zug«]

Pe|lot|te ⟨f.; -, -n⟩ **1** ballenförmiges Polster, z. B. am Bruchband **2** Einlage in Schuhen [frz.]

Pel|sei|de ⟨f.; -, -n; Textilw.⟩ locker gedrehte Fäden aus minderwertigen Kokons [<ital. *pelo* »Haar« + *Seide*]

Pel|tier|ef|fekt *auch:* **Pel|tier-Ef|fekt** ⟨[pɛltje:-] m.; -(e)s, -e⟩ Erscheinung, dass bei Stromfluss durch eine Kontaktstelle zweier elektr. Leiter an dieser Stelle eine Erwärmung od. Abkühlung auftritt [nach dem frz. Physiker J. C. A. *Peltier*, 1785-1845]

Pe|lusch|ke ⟨f.; -, -n; Bot.⟩ Art der Felderbsen mit eckigen Samen: Pisum sativum var. arvensi [<tschech. *peluška*]

P

Pem|mi|kan ⟨m.; -s; unz.⟩ 1 zerstampftes, mit Fett übergossenes Dörrfleisch der nordamerikan. Indianer 2 ⟨heute⟩ Konserve aus Fleischpulver u. Fett [<Cree *pimikân* <*pimii* »Fett«]

Pem|phi|gus ⟨m.; -; unz.; Med.⟩ von Fieber begleitete Erkrankung, die durch schlaffe Blasen auf Haut u. Schleimhaut gekennzeichnet ist; ~ *neonatorum* ähnlich verlaufende, aber weniger gefährliche Erkrankung Neugeborener [<grch. *pemphix* »Blase«]

P. E. N., PEN → *P.E.N.-Club*

Pe|nal|ty ⟨[pɛnəltɪ] m.; - od. -s, - od. -s; Sport⟩ 1 ⟨Fußb.⟩ Strafstoß (Elfmeter) 2 ⟨Eishockey⟩ Strafschuss [engl., »Strafe«]

Pe|nal|ty|schie|ßen ⟨[pɛnəlti-] n.; -s; unz.; Sport⟩ Strafstoß (bes. beim Eishockey) [<engl. *penalty* »Strafe«]

Pe|na|ten ⟨Pl.⟩ 1 altröm. Götter des Hauses, urspr. Götter der Vorratskammer 2 ⟨fig.⟩ Haus u. Herd [<lat. *penates*]

Pence ⟨[pɛns] Pl. von⟩ Penny

P.E.N.-Club, PEN-Club, Pen-Club ⟨m.; -s; unz.⟩ 1921 gegründete internat. Dichter- u. Schriftstellervereinigung gegen Rassenhass u. Unterdrückung der Meinungsfreiheit [engl., gebildet aus den Anfangsbuchstaben von *poets, playwrights, essayists, editors, novelists* »Dichter, Dramatiker, Essayisten, Herausgeber, Romanschriftsteller«]

Pen|dant ⟨[pãdã:] n.; -s, -s⟩ 1 Gegenstück, inhaltl. od. formale Entsprechung 2 ⟨Pl.; veraltet⟩ ~*s* Ohrgehänge [frz., eigtl. »hängend«]

Pen|del ⟨n.; -s, -⟩ länglicher Körper, der unter der Wirkung der Schwerkraft um seine Ruhelage schwingt; *Uhr*~ [<mlat. *pendulum* »Schwinggewicht«; zu lat. *pendulus* »herabhängend«; zu *pendere* »hängen, herabhängen, schweben«]

pen|dent ⟨Adj.; schweiz.⟩ schwebend, unerledigt [<lat. *pendens*, Part. Präs. von *pendere* »hängen, herabhängen, schweben«]

Pen|den|tif ⟨[pãdãti:f] n.; -s, -s; Arch.⟩ Zwickel, der den quadrat. Unterbau mit einer Kuppel verbindet [frz.; zu *pendant* »hängend«]

Pen|denz ⟨f.; -, -en; meist Pl.; schweiz.⟩ unerledigte, schwebende Sache [→ *pendent*]

Pen|do|li|no ⟨m.; -s, -s⟩ Eisenbahnzug, der durch computergesteuerte Neigung des Wagens die Fliehkraft ausgleichen u. dadurch selbst auf kurvenreichen Strecken hohe Geschwindigkeiten beibehalten kann [zu ital. *pendolare* »pendeln, hin- u. herschwingen«]

Pen|dü|le ⟨[pã-] f.; -, -n⟩ Pendeluhr, Stutzuhr [<frz. *pendule*; zu *pendre* »an-, aufhängen, schweben«]

Pe|ne|plain ⟨[pi:nɪplɛɪn] f.; -, -s; Geogr.⟩ durch abtragende Kräfte nahezu ebenes Gelände mit flachen Erhebungen u. sehr breiten Tälern [engl.]

◆ Die Buchstabenfolge **pe|ne|tr...** kann auch **pe|net|r...** getrennt werden.

◆ **pe|ne|trant** ⟨Adj.⟩ 1 durchdringend; ~*er Geruch; es riecht, schmeckt ~ nach Fisch* 2 ⟨fig.; umg.⟩ aufdringlich; *ein ~er Kerl; ~e Musik* [<frz. *pénétrant*]

◆ **Pe|ne|tranz** ⟨f.; -; unz.⟩ penetrante Beschaffenheit

◆ **Pe|ne|tra|ti|on** ⟨f.; -; unz.⟩ das Penetrieren, Durchdringung, Durchsetzung

◆ **pe|ne|trie|ren** ⟨V.⟩ durchdringen, durchsetzen [<lat. *penetrare* »hinein-, durchdringen«]

◆ **Pe|ne|tro|me|ter** ⟨n.; -s, -⟩ Gerät zur Messung der Härte bzw. Konsistenz fester Stoffe aufgrund der Eindringtiefe genormter Körper in diese Stoffe [<lat. *penetrare* »hinein-, durchdringen« + ...*meter*]

Pen|gö ⟨m.; - od. -s, - od. -s; Abk.: P.; 1925-46⟩ ungar. Währungseinheit [ungar., eigtl. »klingend« <*pengeni* »klingen, klingeln«]

Pen|hol|der ⟨[pɛnhoʊldə(r)] m.; -s; unz.; Sport; Tischtennis⟩ Greifen des Schlägers in der Art, wie gewöhnlich ein Stift gehalten wird, wobei die Schlagfläche nach unten weist [<engl. *pen* »Stift« + *holder* »Griff, Halter«]

pe|ni|bel ⟨Adj.⟩ peinlich genau, sehr sorgfältig, sehr gewissenhaft; *eine penible Arbeit* [<frz. *pénible* »mühsam; schmerzlich«]

Pe|ni|bi|li|tät ⟨f.; -; unz.⟩ penible Beschaffenheit, penibles Wesen

Pe|ni|cil|lin ⟨n.; -s; unz.⟩ = Penizillin

Pe|ni|cil|li|na|se ⟨f.; -; unz.; Biochemie⟩ Penizillin abbauendes Enzym, das von einigen Bakterien gebildet wird [→ *Penizillin*]

Pe|ni|cil|li|um ⟨n.; -s; unz.; Biol.⟩ Angehöriger einer Gattung weit verbreiteter Schlauchpilze, von denen einige Arten Penizilline hervorbringen, Pinselschimmel [→ *Penizillin*]

Pen|in|su|la ⟨f.; -, -suln⟩ Halbinsel [<lat. *paene* »fast, beinahe« + *insula* »Insel«]

pen|in|su|la|risch ⟨Adj.⟩ wie eine Halbinsel, zu einer Halbinsel gehörend

Pe|nis ⟨m.; -, -se od. Pe|nes; Anat.⟩ schwellfähiges, männliches Begattungsorgan verschiedener Tiere u. des Menschen [lat., eigtl. »Schwanz«]

Pe|ni|zil|lin ⟨n.; -s; unz.; Pharm.⟩ Antibiotikum gegen viele Krankheitserreger, das von verschiedenen Arten des Pinselschimmels gewonnen wird; *oV* Penicillin [<lat. *penicillium notatum* »Pinselschimmelpilz«; zu *penicillum* »Pinsel«]

Pen|nal ⟨n.; -s, -e; Schülerspr.⟩ höhere Lehranstalt [<mlat. *pennale*; zu lat. *penna* »Feder«]

Pen|nä|ler ⟨m.; -s, -⟩ Schüler (eines Pennals)

Pen|ne[1] ⟨f.; -, -n; Schülerspr.⟩ Schule [→ *Pennal*]

Pen|ne[2] ⟨f.; -, -n; Gaunerspr.⟩ Kneipe, schlechte Herberge [rotw., urspr. *Bonne*; vermutl. <jidd. *binjan* »Gebäude«, *bono* »er hat gebaut«]

pen|nen ⟨V.; umg.⟩ schlafen [rotw.; vermutl. <jidd. *pannai* »müßig«; hebr. *penai* »Zeit (zur Muße)«, später Anlehnung an rotw. *Penne* »schlechte Herberge«]

Pen|ni ⟨m.; - od. -s, -nii; früher⟩ finn. Münze, $^1/_{100}$ Finnmark [finn.; vermutl. <dt. *Pfennig*]

P

Pẹn|ny ⟨m.; -s, Pence (bei Zahlenangabe) od. (bei einzelnen Stücken) -s⟩ engl. Münze, $^{1}/_{100}$ Pfund [engl.; verwandt mit dt. *Pfennig*]

Pẹn|ny|weight ⟨[-wɛɪt] n.; -, -; Abk.: pwt., dwt⟩ englische Gewichtseinheit für Münzen, Edelmetalle u. Edelsteine, 1,5552 g [engl., »Pfenniggewicht«]

Pẹn|sa ⟨Pl. von⟩ Pensum

pen|see ⟨[pãseː] Adj.; schweiz.⟩ = pensée

Pen|see ⟨[pãseː] n.; -s, -s; Bot.⟩ Stiefmütterchen [<frz. *pensée*]

pen|sée ⟨[pãseː] Adj.⟩ dunkellila; *oV* pensee

Pen|si|on ⟨[pã-], umg. [paŋ-] od. bair.-österr. [pɛn-] f.; -, -en⟩ **1** Ruhegehalt (für Beamte); ~ *beziehen* **2** Ruhestand (Beamter) **3** Fremdenheim **4** Unterkunft u. Verköstigung; *volle* ~ Unterkunft u. Komplettverköstigung *(Voll~); Halb~* Unterkunft mit Frühstück u. Mittag- od. Abendessen **5** = Pensionat [frz.]

Pen|si|o|när ⟨[pã-], umg. [paŋ-] od. bair.-österr. [pɛn-] m.; -s, -e⟩ **1** jmd., der eine Pension bezieht, im Ruhestand lebt **2** jmd., der in einer Pension wohnt, Gast in einer Pension **3** Schüler eines Pensionats [<frz. *pensionnaire*]

Pen|si|o|nat ⟨[pã-], umg. [paŋ-] od. bair.-österr. [pɛn-] n.; -(e)s, -e⟩ = Internat [<frz. *pensionnat*]

pen|si|o|nie|ren ⟨[pã-], umg. [paŋ-] od. bair.-österr. [pɛn-] V.⟩ mit Pension in den Ruhestand versetzen [<frz. *pensionner*]

Pen|si|o|nie|rung ⟨[pã-], umg. [paŋ-] od. bair.-österr. [pɛn-] f.; -, -en⟩ das Pensioniertwerden

Pen|si|ons|fonds ⟨[pã-fɔ̃], umg. [paŋ-fɔ̃] od. bair.-österr. [pɛn-fɔ̃] m.; -, - [-fɔ̃s]⟩ versicherungsähnl. Einrichtung bzw. Betriebskasse für eine betriebliche Altersvorsorge

Pẹn|sum ⟨n.; -s, Pẹn|sa od. Pẹn|sen⟩ **1** in einer bestimmten Zeit zu erledigende Arbeit, Aufgabe; *Arbeits~, Tages~* **2** Abschnitt (einer Arbeit od. Aufgabe), für eine bestimmte Zeit vorgeschriebener Lehrstoff; *Schul~* [lat., »Aufgabe, zugeteilte Tagesarbeit«, eigtl. »die einer Spinnerin zur täglichen Verarbeitung zugewogene Wollmenge«; zu *pensum* »zugewogen«; zu *pendere* »(an die Waage) hängen«]

pen|ta..., Pen|ta... ⟨vor Vokalen⟩ pent..., Pent... ⟨in Zus.⟩ fünf [<grch. *pente* »fünf«]

Pen|ta|chord ⟨[-kɔrd] n.; -s, -e; Musik⟩ Saiteninstrument mit fünf Saiten [<*Penta...* + grch. *chorde* »Darm(saite)«]

Pen|ta|de ⟨f.; -, -n⟩ Zeitraum von fünf Tagen [<grch. *pente* »fünf«]

Pen|ta|eder ⟨n.; -s, -; Geom.⟩ von fünf Flächen begrenzter Körper, Fünfflach, Fünfflächner [<*Penta...* + *...eder*]

Pen|ta|glot|te ⟨f.; -, -n⟩ ein Buch, das in fünf Sprachen geschrieben ist, vor allem eine fünfsprachige Bibel [<*Penta...* + grch. *glotta* »Zunge«]

Pen|ta|gon ⟨n.; -s, -e⟩ **1** ⟨Geom.⟩ Fünfeck **2** ⟨['---] unz.⟩ das auf einer fünfeckigen Fläche errichtete Verteidigungsministerium der USA [<*Penta...* + *...gon*]

pen|ta|go|nal ⟨Adj.; Geom.⟩ fünfeckig

Pen|ta|gon|do|de|ka|eder ⟨n.; -s, -; Geom.⟩ platon. Körper, der von zwölf regelmäßigen Fünfecken begrenzt wird, Zwölfflach, Zwölfflächner

Pen|ta|gon|iko|si|te|tra|eder *auch:* **Pen|ta|gon|iko|si|tet|ra|eder** ⟨n.; -s, -; Geom.⟩ aus untereinander gleichen Fünfecken aufgebauter, vierundzwanzigflächiger Körper [<*Pentagon* + grch. *eikosi* »zwanzig« + *Tetraeder*]

Pen|ta|gramm ⟨n.; -s, -e⟩ Stern mit fünf Zacken, der in einem Zug gezeichnet werden kann; *Sy* Pentalpha [<*Penta...* + *...gramm*]

Pent|al|pha *auch:* **Pen|tal|pha** ⟨n.; -, -s⟩ = Pentagramm [<*Penta...* + *Alpha*]

pen|ta|mer ⟨Adj.; bes. Bot.⟩ fünfgliedrig [<*penta...* + *...mer*]

Pent|a|me|ro|ne *auch:* **Pen|ta|me|ro|ne** ⟨n.; -s; unz.; Lit.⟩ Sammlung neapolitan. Märchen von Giambattista Basile († 1637), die an fünf Tagen erzählt werden [<*Penta...* + grch. *hemera* »Tag«]

Pen|ta|me|ter ⟨m.; -s, -; Metrik⟩ fünffüßiger daktylischer Vers [<*Penta...* + *...meter*]

Pen|tan ⟨n.; -s, -e; Chemie⟩ gesättigter aliphat. Kohlenwasserstoff, der in drei isomeren Formen vorkommt [zu grch. *pente* »fünf«]

Pen|ta|nol ⟨n.; -s; unz.; Chemie; fachsprachl. Bez. für⟩ Amylalkohol [<grch. *pente* »fünf«]

Pen|tan|säu|re ⟨f.; -; unz.; Chemie⟩ = Valeriansäure

Pẹn|ta|pris|ma ⟨n.; -s, -pris|men⟩ fünfkantiges Prisma mit besonderen Brechungseigenschaften, in optischen Instrumenten verwendet [<*Penta...* + *Prisma*]

Pent|ar|chie *auch:* **Pen|tar|chie** ⟨f.; -, -n; Politik⟩ Herrschaft von fünf Mächten (bes. von Russland, England, Frankreich, Österreich u. Preußen 1815-60) [<*Penta...* + *...archie*]

Pen|ta|sty|los *auch:* **Pen|tas|ty|los** ⟨m.; -, -sty|len; Arch.⟩ antiker Tempel mit fünf Säulen an jeder Schmalseite [<*Penta...* + grch. *stylos* »Säule«]

Pen|ta|teuch ⟨m.; -s; unz.⟩ die fünf Bücher Mosis im AT [<grch. *pentateuchos* »aus fünf Büchern bestehend«]

Pent|ath|lon *auch:* **Pen|tath|lon** ⟨n.; -s; unz.⟩ antiker Fünfkampf [<*Penta...* + grch. *athlon* »Wettkampf«]

Pen|ta|to|nik ⟨f.; -; unz.; Musik⟩ Skala, System von fünf Tönen als Grundtonleiter der oriental. u. mittelalterl. europäischen Musik sowie der Musik vieler Naturvölker [<*Penta...* + grch. *tonos* »Spannung, Ton«]

pen|ta|to|nisch ⟨Adj.; Musik⟩ auf der Pentatonik beruhend, in der Art der Pentatonik

Pen|te|kos|te ⟨f.; -; unz.⟩ Pfingsten als der 50. Tag nach Ostern [grch., »das am 50. Tage (nach Ostern) stattfindende Fest«]

Pen|ten ⟨n.; -s, -e; Chemie⟩ ungesättigter Kohlenwasserstoff aus der Gruppe der Olefine; *Sy* Pentylen [<grch. *pente* »fünf«]

Pen|te|re ⟨f.; -, -n⟩ antikes

P

Kriegsschiff mit etwa 300 Ruderern in fünf Reihen übereinander [<grch. *penteres* <*pente* »fünf« + *arein* »ausgerüstet sein mit«]
Pent|haus ⟨n.; -es, -häu|ser⟩ = Penthouse
Pent|house ⟨[-haʊs] n.; -, -s [-sɪz]⟩ Wohnung auf dem flachen Dach eines Hauses; *oV* Penthaus; *Sy* Attikawohnung [<engl. *penthouse*]
Pen|ti|um® ⟨m.; -s; unz.; EDV⟩ Mikroprozessor mit hoher Rechenleistung
Pent|lan|dit ⟨m.; -s; unz.; Min.⟩ Eisennickelkies, gelbes bis bronzefarbenes Mineral, chemisch Eisen-Nickel-Sulfid [nach dem engl. Naturforscher J. *Pentland*, † 1873]
Pent|o|de *auch:* **Pen|to|de** ⟨f.; -, -n; El.⟩ Elektronenröhre mit fünf Elektroden [<*Penta...* + *...ode*]
Pen|to|se ⟨f.; -, -n; Chemie⟩ aus fünf Kohlenstoffatomen bestehender Zucker, Vertreter der Monosaccharide, Vorkommen in vielen Nukleinen [<grch. *pente* »fünf«]
Pen|ty|len ⟨n.; -s, -e; Chemie⟩ = Penten
Pen|um|bra *auch:* **Pe|num|bra** ⟨f.; -; unz.; Astron.⟩ Randgebiet um den Kern eines Sonnenflecks [<lat. *paene* »fast, beinahe« + *umbra* »Schatten«]
Pe|nun|se ⟨f.; -; unz.; berlin.; nordostdt.⟩ Geld [vielleicht <poln. *pieniadze* od. frz. Argot *pécuniaux* »Geld«]
Pe|on ⟨m.; -en, -en⟩ eingeborener Tagelöhner in Mexiko u. Südamerika [<span. *peón*]
Pe|o|na|ge ⟨[-ʒə] f.; -; unz.⟩ von den span. Eroberern in Mittel- u. Südamerika eingeführtes System der Entlohnung, das durch Vorschüsse zur Verschuldung der Peonen führte
Pep[1] ⟨m.; - od. -s; unz.⟩ Elan, Schwung [engl.; verkürzt <*pepper* »Pfeffer«]
Pep[2] ⟨n.; -s; unz.; umg.; kurz für⟩ Peppers
Pe|pe|ro|ne ⟨m.; -s, -ni⟩ = Peperoni
Pe|pe|ro|ni ⟨f.; -, -; meist Pl.⟩ kleine, scharf schmeckende, meist in Essig eingelegte Paprikafrucht; *oV* Peperone, ⟨österr.⟩ Pfefferoni [<ital. *peperone* <*pepe* »Pfeffer«]
Pe|pi|no ⟨f.; -, -s; Bot.⟩ (aus Südamerika stammendes) Nachtschattengewächs mit melonenförmigen Früchten, Birnenmelone: Solanum muricatum [span.; »Gurke; unreife Melone«]
Pe|pi|ta ⟨m. od. n.; -s, -s; Textilw.⟩ **1** kleines Muster in Hahnentritt **2** Stoff in diesem Muster [nach einer span. Tänzerin aus der Zeit des Biedermeier]
Pe|plon *auch:* **Pep|lon** ⟨m.; -s, -s od. -plen⟩ = Peplos
Pe|plo|pau|se *auch:* **Pep|lo|pau|se** ⟨f.; -; unz.; Meteor.⟩ obere Grenze der Troposphäre in 1500-2500 m Höhe [<grch. *peplos* »Decke, Hülle« + *panein* »aufhören«]
Pe|plos *auch:* **Pep|los** ⟨m.; -, - od. -plen⟩ ärmelloses, oft reich verziertes, langes, weites altgrch. Gewand; *oV* Peplon [grch.]
Pep|pers ⟨Pl.; umg.⟩ über die Nasenschleimhäute aufgenommenes Amphetamin, eine stark belebend wirkende Droge; →*a.* Peppill [<engl. *pepper* »Pfeffer; lebendig machen, aufputschen«]
pep|pig ⟨Adj.; umg.⟩ Pep habend, schwungvoll, schmissig, flott, munter [→ *Pep*]
Pep|pill ⟨f.; -, -s⟩ = Peppille
Pep|pil|le ⟨f.; -, -n⟩ als Rauschmittel verwendetes Weckamin; *oV* Peppill [<*Pep* + engl. *pill* »Pille«]
Pep|sin ⟨n.; -s, -e; Biochemie⟩ Enzym des Magensaftes, das Eiweiß spaltet [<grch. *pepsis* »das Kochen«; zu *pessein* »kochen«, übertr. »verdauen«]
Pep|sin|wein ⟨m.; -(e)s, -e; Pharm.⟩ pepsinhaltiger medizinischer Wein, der die Magentätigkeit unterstützt [→ *Pepsin*]
Pep|tid ⟨n.; -(e)s, -e; Biochemie⟩ bei der Hydrolyse von Proteinen auftretende, aus gleichen od. verschiedenen Aminosäuren aufgebaute Verbindung [<grch. *peptos* »gekocht«]
Pep|ti|da|se ⟨f.; -, -n; Biochemie⟩ Enzym, das Peptide spaltet
Pep|tid|hor|mon ⟨n.; -s, -e; Biochemie⟩ Hormon, das seiner chemischen Natur nach ein Peptid ist, z. B. Insulin od. Glucagon [<*Peptid* + *Hormon*]
Pep|ti|sa|ti|on ⟨f.; -; unz.; Chemie⟩ Umwandlung eines Gels in ein Sol[2], d. h. Herstellung einer kolloidalen Lösung
pep|tisch ⟨Adj.; Biochemie⟩ in der Art des Pepsins
pep|ti|sie|ren ⟨V.; Chemie⟩ *ein Gel* ~ in ein Sol umwandeln [→ *Peptid*]
Pep|ton ⟨n.; -s, -e; Biochemie⟩ bei der Verdauung von Proteinen entstehendes, wasserlösl. Abbauprodukt, als Nährpräparat verwendbar [<grch. *peptein* »kochen«]
Pep|ton|u|rie *auch:* **Pep|to|nu|rie** ⟨f.; -; unz.; Med.⟩ Auftreten von Peptonen im Harn [<*Pepton* + *...urie*]
per ⟨Präp. mit Akk.⟩ **1** mittels, durch, mit; ~ *Bahn;* ~ *Flugzeug;* ~ *Post;* ~ *Eilboten* **2** ⟨zeitlich⟩ bis, am; ~ *1. April (zu liefern)* [lat. *per* »durch, für«]
PER ⟨Chemie; Abk. für⟩ Perchlorethylen
per..., Per... ⟨in Zus.; Med.⟩ **1** durch, hindurch **2** ringsum, völlig, sehr [lat., »durch, für«]
per ac|cla|ma|ti|o|nem ⟨veraltet⟩ durch Zuruf [lat.]
per Ad|res|se ⟨Abk.: p. A., p. Adr.; in Anschriften⟩ wohnhaft bei..., über die Adresse von... zu erreichen; *Herrn XY,* ~ *Familie Lang*
per an|num ⟨Abk.: p. a.⟩ im Jahr, jährlich [lat.]
per as|pe|ra ad as|tra *auch:* **per as|pe|ra ad ast|ra** ⟨geh.⟩ auf rauen (Wegen) zu den Sternen (durch Nacht zum Licht) [lat.]
Per|bo|rat ⟨n.; -(e)s, -e; Chemie⟩ Verbindung aus Wasserstoffperoxid u. Boraten, Wasch- u. Bleichmittel [<*PER* + *Borat*]
Per|bu|nan® ⟨n.; -s; unz.; Chemie⟩ gegen Benzin u. Öl bes. beständiger Synthesekautschuk [<*PER* + *Buna*]
per cas|sa gegen Barzahlung [ital., »durch Bargeld«]
per cen|tum ⟨Abk.: p. c.⟩ = pro centum
Per|che|ron ⟨[pɛrʃərɔ̃:] m.; - od. -s, -s; Zool.⟩ frz. Ackerpferderasse [frz.; nach der ehem. Grafschaft *Perche* zwischen der

Normandie u. dem Ostteil des Maine]

Per|chlo|rat ⟨[-klo-] n.; -(e)s, -e; Chemie⟩ Salz der Perchlorsäure [<*PER* + *Chlorat*]

Per|chlor|ethy|len ⟨[-klo:r-] n.; -s; unz.; Abk.: PER; Chemie⟩ giftiges chem. Lösungsmittel, das u. a. in chemischen Reinigungen verwendet wird

Per|chlor|säu|re ⟨[-klo:r-] f.; -, -n; Chemie⟩ Sauerstoffsäure des Chlors, tritt vor allem in Form ihrer Salze, der Perchlorate, auf

per con|to ⟨Wirtsch.⟩ auf Rechnung [ital., → *Konto*]

Per|cus|sion ⟨[pərkʌʃn] f.; -; unz.; Popmusik⟩ **1** alle Schlaginstrumente, ausgenommen das Schlagzeug; *oV* Perkussion (3.1) **2** Orgelregister an elektron. Orgeln; →*a.* Perkussion (3.2) [engl.]

Per|cus|si|o|nist ⟨m.; -en, -en; Musik⟩ Schlagzeuger [<engl. *percussion* »Schlagzeug«]

Per|cus|si|o|nis|tin ⟨f.; -, -tin|nen; Musik⟩ Schlagzeugerin

per de|fi|ni|ti|o|nem ⟨geh.⟩ wie es die Definition sagt, wie es sich im Wort ausdrückt, wie schon der Ausdruck besagt [lat., »durch die Definition«]

per|den|do|si ⟨Musik⟩ abnehmend, sich verlierend (zu spielen) [ital.]

per|du ⟨[-dy:] Adj.; nur präd.; veraltet⟩ verloren, weg; *das Geld ist* ~ [frz., Part. Perf. von *perdre* »verlieren«]

Per|emp|ti|on *auch:* **Pe|remp|ti|on** ⟨f.; -, -en; Rechtsw.⟩ *oV* Peremtion **1** Verfall **2** Verjährung [<lat. *peremptus,* Part. Perf. zu *perimere* »wegnehmen, zerstören, töten«]

per|emp|to|risch *auch:* **pe|remp|to|risch** ⟨Adj.⟩ *oV* peremtorisch; *Ggs* dilatorisch **1** ⟨Rechtsw.⟩ vernichtend, aufhebend **2** zwingend [→ *Peremption*]

Per|em|ti|on *auch:* **Pe|rem|ti|on** ⟨f.; -, -en⟩ = Peremption

per|em|to|risch *auch:* **pe|rem|to|risch** ⟨Adj.⟩ = peremptorisch

Per|en|ne *auch:* **Pe|ren|ne** ⟨f.; -, -n; Bot.⟩ mehrjährige, unterirdisch überwinternde Pflanze [zu lat. *perennis* »ausdauernd«]

per|en|nie|rend *auch:* **pe|ren|nie|rend** ⟨Adj.; Bot.⟩ wiederkommend, ausdauernd, überwinternd, mehrjährig blühend (Pflanze) [<lat. *perennis* »ausdauernd«]

Pe|res|tro|i|ka *auch:* **Pe|rest|ro|i|ka** ⟨f.; -; unz.; Politik; in der Sowjetunion⟩ Politik der wirtschaftlichen u. sozialen Umgestaltung [russ., »Umbau«]

per ex|em|plum *auch:* **per ex|emp|lum** ⟨geh.⟩ zum Beispiel [lat.]

per fas ⟨geh.⟩ auf redliche, erlaubte Weise; →*a.* per nefas [lat., »durch das Erlaubte, nach dem Gesetz«]

per|fekt ⟨Adj.⟩ **1** vollkommen (ausgebildet); ~ *Englisch, Französisch sprechen;* ~ *in Stenografie und Maschinenschreiben* **2** gültig, abgemacht, abgeschlossen; *ein Geschäft* ~ *machen* [<lat. *perfectus,* Part. Perf. zu *perficere* »vollenden«]

Per|fekt ⟨n.; -s, -e; Gramm.⟩ Zeitform des Verbums, die ein vergangenes, in die Gegenwart fortwirkendes Geschehen bezeichnet, zweite Vergangenheit, vollendete Gegenwart, z. B. ich habe Kuchen gebacken [<lat. *perfectum (tempus)* »vollendete (Zeit)«; → *perfekt*]

per|fek|ti|bel ⟨Adj.⟩ fähig, sich zu entwickeln u. zu vervollkommnen [→ *perfekt*]

Per|fek|ti|bi|lis|mus ⟨m.; -; unz.⟩ = Perfektionismus

Per|fek|ti|bi|li|tät ⟨f.; -; unz.⟩ Fähigkeit zur Vervollkommnung

Per|fek|ti|on ⟨f.; -, -en⟩ Vollkommenheit, Vollendung [frz.]

per|fek|ti|o|nie|ren ⟨V.⟩ vervollkommnen, vollenden

Per|fek|ti|o|nie|rung ⟨f.; -; unz.⟩ das Perfektionieren

Per|fek|ti|o|nis|mus ⟨m.; -; unz.⟩ **1** ⟨Philos.⟩ Lehre von der Vervollkommnung des Menschen als sittl. Ziel der Entwicklung der Menschheit u. Sinn der Geschichte **2** ⟨allg.⟩ übertriebenes Streben nach (bes. technischer) Vollkommenheit **3** Lehre der Perfektionisten (2) [<lat. *perfectio* »Vollkommenheit«]

Per|fek|ti|o|nist ⟨m.; -en, -en⟩ **1** Anhänger, Vertreter des philosoph. Perfektionismus **2** Angehöriger der nordamerikan. methodistischen Sekte der Perfektionisten, die nach Sündlosigkeit durch innere Wiedergeburt streben **3** ⟨allg.⟩ jmd., der übertrieben nach Perfektion strebt

Per|fek|ti|o|nis|tin ⟨f.; -, -tin|nen⟩ weibl. Perfektionist

per|fek|ti|o|nis|tisch ⟨Adj.⟩ auf Perfektionismus beruhend

per|fek|tisch ⟨Adj.; Gramm.⟩ im Perfekt stehend, das Perfekt betreffend

per|fek|tiv ⟨Adj.; Gramm.⟩ eine zeitl. Begrenzung des Geschehens ausdrückend; *~e Aktionsart des Verbums* [<lat. *perfectum (tempus)* »vollendete (Zeit)«]

Per|fek|tiv ⟨n.; -s, -e [-və]; Gramm.; in slaw. Sprachen⟩ Aspekt des Verbums, der das Ende einer Handlung od. eines Vorgangs ausdrückt

per|fek|ti|vie|ren ⟨[-vi:-] V.; Gramm.⟩ *ein Verb* ~ mit Hilfe von Partikeln in eine perfektive Aktionsart umformen, z. B. »blühen« in »verblühen« überführen

per|fek|ti|visch ⟨Adj.; Gramm.⟩ = perfektiv

per|fid ⟨Adj.⟩ = perfide

per|fi|de ⟨Adj.⟩ heimtückisch, treulos, niederträchtig; *oV* perfid [<frz. *perfide* »treulos«]

Per|fi|die ⟨f.; -, -n⟩ **1** ⟨unz.⟩ Treulosigkeit, Heimtücke, Hinterlist, Niedertracht **2** ⟨zählb.⟩ perfide Handlung

Per|fi|di|tät ⟨f.; -; unz.⟩ perfide Beschaffenheit (einer Tat)

Per|fo|ra|ti|on ⟨f.; -, -en⟩ **1** ⟨Med.⟩ Durchbohrung, Durchbruch, Durchlöcherung **2** durchlochte Linie (auf Papierblättern od. Filmen) zum Abtrennen eines Teils (des Blattes) od. zum Transportieren (des Films) über ein Zahnrad [<lat. *perforare* »durchbohren, durchlöchern«]

Per|fo|ra|tor ⟨m.; -s, -to|ren⟩ Gerät zum Perforieren von Papier u. anderen Materialien

per|fo|rie|ren ⟨V.⟩ durchlöchern, mit Löchern in gleichem Abstand u. gleicher Größe versehen [<lat. *perforare* »durchbohren«]

Per|for|mance ⟨[pə(r)fɔ:məns] f.; -, -s [-sɪz]⟩ **1** Vorstellung, Aufführung in der Art eines Happenings, bes. in den Bereichen

Theater, Tanz, Pantomime, Musik, Film od. Malerei; *eine gelungene* ~ **2** ⟨Techn.⟩ Betriebsverhalten **3** ⟨EDV⟩ Güte u. Schnelligkeit, mit der ein Computer einen Auftrag erledigt **4** ⟨Börse⟩ Weiterentwicklung einer Aktie od. eines Investmentfonds [engl., »Verrichtung, Vorführung«]

Per|for|mance|künst|ler ⟨[pə(r)fɔ:məns-] m.; -s, -⟩ Künstler, der Aktionskunst in der Art einer Performance (1) od. eines Happenings vorführt

Per|for|manz ⟨f.; -; unz.; Sprachw.⟩ Verwendung von Sprache in einer konkreten Situation [<engl. *performance* »Verrichtung, Vorführung«]

per|for|ma|tiv ⟨Adj.; Sprachw.⟩ die sprachl. Aussage im Moment ihrer Artikulation realisierend, z. B. ich danke Ihnen; *oV* performatorisch [→ *Performanz*]

per|for|ma|to|risch ⟨Adj.; Sprachw.⟩ = performativ

per|for|men ⟨V.⟩ **1** vorführen, aufführen, eine Performance veranstalten; *Gedichte auf der Bühne* ~ **2** ⟨Börse⟩ einen Wertzuwachs aufweisen, einer Kursentwicklung unterliegen; *die Aktie sollte besser ~ als Wertpapiere anderer Sektoren*

Per|for|mer ⟨[pə(r)fɔ:mə(r)] m.; -s, -⟩ jmd., der eine Performance veranstaltet, Performancekünstler [engl., »Vorführer«]

Per|fu|si|on ⟨f.; -, -en; Med.⟩ **1** Durchströmung von Gewebe mit Körperflüssigkeiten zur Ernährung u. Reinigung, z. B. durch Blut, Plasma u. Ä. **2** künstliche Durchströmung des Körpers, z. B. mit einer Herz-Lungen-Maschine [zu lat. *perfundere* »übergießen, begießen«]

Per|ga|ment ⟨n.; -(e)s, -e⟩ **1** bearbeitete, als Schreibstoff dienende Tierhaut **2** Schriftstück auf dieser Haut [<mlat. *pergamen(t)um* <lat. *(charta) Pergamena;* nach der antiken kleinasiat. Stadt *Pergamon*]

per|ga|men|ten ⟨Adj.⟩ aus Pergament bestehend; *ein ~er Einband*

per|ga|men|tie|ren ⟨V.⟩ **1** Papier herstellen, das in Konsistenz u. Aussehen dem Pergament gleicht **2** Baumwollgewebe mit Hilfe von Schwefelsäure pergamentartig machen

Per|ga|min ⟨n.; -s; unz.⟩ pergamentartiges, durchsichtiges Papier

Per|go|la ⟨f.; -, -go|len⟩ Laube, Laubengang aus Pfeilern u. Säulen, meist von Schlingpflanzen umrankt [ital.]

Pe|ri ⟨f.; -, -s; pers. Myth.⟩ feenhaftes Wesen

pe|ri..., Pe|ri... ⟨in Zus.⟩ um... herum, ringsum, über... hin, über... hinaus [<grch. *peri* »(rings)um, um... herum; über... hinaus, gegen«]

Pe|ri|anth ⟨n.; -(e)s, -e; Bot.⟩ *Sy* Perianthium **1** Hülle der Bedecktsamer, die die männl. u. weibl. Teile der Blüte schützt, Blütenhülle **2** blattartige Bildung zum Schutz der Fortpflanzungsorgane bei Moosen [<*Peri...* + grch. *anthos* »Blume«]

Pe|ri|an|thi|um ⟨n.; -s, -thi|en; Bot.⟩ = Perianth

Pe|ri|ar|thri|tis *auch:* **Pe|ri|arth|ri|tis** ⟨f.; -, -ti|den; Med.⟩ Entzündung der gelenkumgebenden Teile [<*Peri...* + *Arthritis*]

Pe|ri|as|tron *auch:* **Pe|ri|ast|ron** ⟨n.; -s, -tren; Astron.⟩ bei Doppelsternen der nächste Punkt, den der Begleitstern zum Hauptstern erreicht [<*Peri...* + grch. *astron* »Stern«]

Pe|ri|chon|dri|tis *auch:* **Pe|ri|chond|ri|tis** ⟨[-xɔn-] f.; -, -ti|den; Med.⟩ Knorpelhautentzündung [<*Peri...* + *Chondritis*]

Pe|ri|chon|dri|um *auch:* **Pe|ri|chond|ri|um** ⟨[-xɔn-] n.; -s, -dri|en⟩ Knorpelhaut [<*Peri...* + grch. *chondros* »Knorpel«]

pe|ri|cu|lum in mo|ra Gefahr (ist) im Verzug, das heißt: es ist gefährlich zu zögern [lat.]

Pe|ri|derm ⟨n.; -s, -e; Bot.⟩ sekundäres Abschlussgewebe, das die beim Dickenwachstum der pflanzl. Sprosse zersprengte Epidermis ersetzt [<*Peri...* + *...derm*]

Pe|ri|dot ⟨m.; -s, -e; Min.⟩ = Olivin [<frz. *péridot*]

Pe|ri|do|tit ⟨m.; -s, -e; Min.⟩ schwarzes, hauptsächlich aus Olivin bestehendes Tiefengestein

Pe|ri|du|ral|an|äs|the|sie ⟨f.; -, -n; Med.⟩ Betäubung der unteren Körperhälfte durch Einspritzung eines Anästhetikums im Lendenwirbelbereich [<*Peri...* + lat. *durus* »hart« + *Anästhesie*]

pe|ri|fo|kal ⟨Adj.; Med.⟩ um einen Krankheitsherd herum [<*peri...* + *fokal*]

Pe|ri|gä|um ⟨n.; -s, -gä|en; Astron.⟩ Punkt der geringsten Entfernung eines Himmelskörpers von der Erde, Erdnähe; *Ggs* Apogäum [<*Peri...* + grch. *gaia, ge* »Erde«]

pe|ri|gla|zi|al ⟨Adj.; Geogr.⟩ das Umfeld von Gletschern u. Inlandeisflächen betreffend [<*peri...* + *glazial*]

Pe|ri|gla|zi|al|ge|biet ⟨n.; -(e)s; unz.; Geogr.⟩ das pleistozäne Zwischeneisgebiet zwischen dem skandinavischen Inlandeis u. der alpinen Vergletscherungsregion [→ *periglazial*]

Pe|ri|gon ⟨n.; -s, -e; Bot.⟩ = Perigonium

Pe|ri|go|ni|um ⟨n.; -s, -ni|en; Bot.⟩ nicht in Kelch u. Krone gegliederte Blütenhülle; *oV* Perigon [<*Peri...* + grch. *gony* »Knoten«]

Pe|ri|gor|dien ⟨[-djɛ̃:] n.; - od. -s; unz.⟩ Kulturstufe der Altsteinzeit [nach der südwestfrz. Landschaft *Périgord*]

Pe|ri|gramm ⟨n.; -s, -e⟩ diagrammartige Darstellung von Größenverhältnissen als Sektoren eines Kreises [<*Peri...* + *...gramm*]

pe|ri|gyn ⟨Adj.; Bot.⟩ mit mittelständigem Fruchtknoten ausgestattet (in Bezug auf Blüten); →*a.* hypogyn [<*peri...* + grch. *gyne* »Weib«]

Pe|ri|hel ⟨n.; -s, -e; Astron.⟩ = Perihelium

Pe|ri|he|li|um ⟨n.; -s, -li|en; Astron.⟩ Punkt der geringsten Entfernung eines Himmelskörpers von der Sonne, Sonnennähe; *oV* Perihel; *Ggs* Aphel(ium) [<*Peri...* + grch. *helios* »Sonne«]

Pe|ri|kard ⟨n.; -(e)s, -e; Anat.⟩ Herzbeutel [<*Peri...* + grch. *kardia* »Herz«]

Pe|ri|kard|ek|to|mie *auch:* **Pe|ri|kar|dek|to|mie** ⟨f.; -, -n; Med.⟩ operative Entfernung des Herzbeutels

pe|ri|kar|di|al ⟨Adj.; Med.⟩ zum Herzbeutel gehörig [→ *Perikard*]

Pe|ri|kar|dio|to|mie ⟨f.; -, -n; Med.⟩ operatives Öffnen des Herzbeutels bei krankheitsbedingter Eiteransammlung [<*Perikard* + *…tomie*]

Pe|ri|kar|di|tis ⟨f.; -, -ti|den; Med.⟩ Entzündung des Herzbeutels [<*Perikard* + *…itis*]

Pe|ri|karp ⟨n.; -(e)s, -e; Bot.⟩ aus mehreren Schichten bestehende Wand einer Frucht, Fruchtwand [<*Peri…* + *…karp*[2]]

Pe|ri|klas ⟨m.; - od. -es, -e; Min.⟩ in Körnern od. kleinen Kugeln auftretendes, durchsichtiges bis grünliches Mineral, chemisch Magnesiumoxid [<*Peri…* + grch. *klasis* »Bruch«]

Pe|ri|ko|pe ⟨f.; -, -n⟩ **1** Abschnitt aus der Bibel (zum Vorlesen beim Gottesdienst) **2** ⟨Metrik⟩ Gruppe zusammengehöriger Strophen, größerer metrischer Abschnitt [<grch. *perikope* »Abschnitt«]

Pe|ri|ko|pen|buch ⟨n.; -(e)s, -bü|cher⟩ = Evangelistar

Pe|ri|kra|ni|um ⟨n.; -s, -ni|en; Anat.⟩ äußere Knochenhaut des Schädels [<*Peri…* + *kranion* »Schädel«]

Pe|ri|lun ⟨n.; -s, -e; Astron.⟩ mondnächster Punkt der Umlaufbahn eines den Erdtrabanten umkreisenden Objekts [<*Peri…* + lat. *luna* »Mond«]

pe|ri|mag|ma|tisch ⟨Adj.; Geol.⟩ im Umfeld eines Magmaherdes gebildet (von Erzlagerstätten) [<*peri…* + *magmatisch*]

Pe|ri|me|ter[1] ⟨m.; -s, -⟩ Umfang einer Figur [<*Peri…* + *…meter*]

Pe|ri|me|ter[2] ⟨n.; -s, -; Med.⟩ Gerät zum Bestimmen des Gesichtsfeldes [→ *Perimeter*[1]]

Pe|ri|me|trie *auch:* **Pe|ri|met|rie** ⟨f.; -, -n; Med.⟩ Gesichtsfeldbestimmung des Auges [<*Peri…* + *…metrie*]

pe|ri|me|trisch *auch:* **pe|ri|met|risch** ⟨Adj.⟩ die Grenzen des Gesichtsfelds betreffend

Pe|ri|me|tri|tis *auch:* **Pe|ri|met|ri|tis** ⟨f.; -, -ti|den; Med.⟩ Bauchfellentzündung [<*Perimetrium* + *…itis*]

Pe|ri|me|tri|um *auch:* **Pe|ri|met|ri|um** ⟨n.; -s, -tri|en; Anat.⟩ Bauchfellüberzug der Gebärmutter [<*Peri…* + grch. *metra* »Gebärmutter«]

pe|ri|na|tal ⟨Adj.; Med.⟩ in den Zeitraum der Geburt fallend, während der Geburt auftretend [<*peri…* + lat. *natalis* »zur Geburt gehörig«]

Pe|ri|ne|um ⟨n.; -s, -ne|en; Anat.⟩ Körperabschnitt zwischen After u. Geschlechtsteilen, Damm [neulat., <grch. *perinaion*]

Pe|ri|o|de ⟨f.; -, -n⟩ **1** ⟨allg.⟩ Zeitabschnitt **2** ⟨Astron.⟩ Umlaufzeit eines Sternes **3** ⟨Geol.⟩ Zeitabschnitt einer Formation der Erdgeschichte **4** Zeit, die vergeht, bis eine Schwingung wieder ihren Ausgangspunkt erreicht hat, Schwingungszeit **5** ⟨Med.⟩ = Menstruation **6** in bestimmter stilistischer Absicht mehrfach zusammengesetzter Satz **7** ⟨Musik⟩ musikal. Satz aus 8 od. 16 Takten, der sich aus zwei miteinander korrespondierenden Teilen zusammensetzt [<grch. *periodos* <*peri…* + *hodos* »Weg; Mittel u. Weg«]

Pe|ri|o|den|sys|tem ⟨n.; -s; unz.; Chemie⟩ System der Anordnung der chem. Elemente nach Eigenschaften, die sich in einer bestimmten Reihenfolge wiederholen

Pe|ri|o|dik ⟨f.; -; unz.⟩ = Periodizität

Pe|ri|o|di|kum ⟨n.; -s, -di|ka⟩ in gewissen Zeitabständen mehr od. weniger regelmäßig erscheinende Druckschrift

pe|ri|o|disch ⟨Adj.⟩ in gleichen Abständen wiederkehrend

pe|ri|o|di|sie|ren ⟨V.⟩ in Zeitabschnitte einteilen

Pe|ri|o|di|zi|tät ⟨f.; -; unz.⟩ periodische Beschaffenheit, regelmäßige Wiederkehr; *Sy* Periodik

Pe|ri|o|don|ti|tis ⟨f.; -, -ti|den; Med.⟩ Wurzelhautentzündung der Zähne [<*Peri…* + grch. *odon*, Gen. *odontos* »Zahn«]

Pe|ri|ö|ke ⟨m.; -n, -n⟩ freier Einwohner Spartas, der das Recht auf Grundbesitz, aber keine polit. Rechte hatte; →*a.* Spartiat [<grch. *perioikoi* »Nachbarn«]

pe|ri|oral ⟨Adj.; Med.⟩ im Umfeld des Mundes liegend [<*peri…* + *oral*]

Pe|ri|ost ⟨n.; -(e)s, -e; Anat.⟩ Knochenhaut [<*Peri…* + grch. *osteon* »Knochen«]

pe|ri|os|tal ⟨Adj.; Med.⟩ zum Periost gehörend, von ihm ausgehend

Pe|ri|os|ti|tis ⟨f.; -, -ti|ti|den; Med.⟩ Knochenhautentzündung [<*Periost* + *…itis*]

Pe|ri|pa|te|ti|ker ⟨m.; -s, -⟩ Schüler des Aristoteles [<grch. *peripatos* »Promenade, Säulengang; Säulenhalle der Schule, in der Aristoteles lehrte«]

pe|ri|pa|te|tisch ⟨Adj.⟩ zu den Peripatetikern gehörig, ihnen entsprechend, von ihnen stammend

Pe|ri|pa|tos ⟨m.; -; unz.⟩ athenische Säulenhalle, in der Aristoteles im Umherwandeln Lehrgespräche mit seinen Schülern führte [grch., »Wandelgang«]

Pe|ri|pe|tie ⟨f.; -, -n; Lit.⟩ Wendepunkt, Umschwung zum Guten od. Bösen (besonders im Drama) [<grch. *peripeteia* »Wendepunkt im Drama«, eigtl. »plötzlicher Umschwung des Schicksals«]

pe|ri|pher ⟨Adj.⟩ am Rand (befindlich), an der Peripherie (liegend), Rand…; *~e Fragen, Probleme* ⟨fig.⟩ (im Augenblick) nicht so wichtige Fragen, Probleme

Pe|ri|phe|rie ⟨f.; -, -n⟩ **1** ⟨Math.⟩ äußere Linie (bes. des Kreises) **2** Rand (bes. einer Stadt) [<lat. *peripheria* <grch. *periphereia*, eigtl. »das Herumtragen; der Umlauf«]

Pe|ri|phe|rie|ge|rät ⟨n.; -(e)s, -e; EDV⟩ an einen Computer angeschlossenes Gerät, z. B. Bildschirm, Drucker, Eingabegerät, Modem, Scanner etc.

Pe|ri|phe|rie|win|kel ⟨m.; -s, -; Geom.⟩ Winkel, dessen Scheitel auf der Peripherie eines Kreises liegt u. dessen Schenkel von Sehnen des Kreises gebildet werden

Pe|ri|phra|se ⟨f.; -, -n; Rhet.⟩ Um-

P

schreibung (eines Begriffes) [<grch. *periphrasis* <*peri…* + *phrasis* »Ausdruck«]

pe|ri|phra|sie|ren ⟨V.; Rhet.⟩ umschreiben

pe|ri|phras|tisch ⟨Adj.; Rhet.⟩ umschreibend

Pe|ri|pte|ral|tem|pel *auch:* **Pe|rip|te|ral|tem|pel** ⟨m.; -s, -⟩ = Peripteros

Pe|ri|pte|ros *auch:* **Pe|rip|te|ros** ⟨m.; -, - od. -pte|ren⟩ Antentempel mit ringförmig umgebender Säulenhalle; *Sy* Peripteraltempel [<grch. *peripteros* »ringsum beflügelt«]

Pe|ri|skop *auch:* **Pe|ris|kop** ⟨n.; -s, -e; Optik⟩ **1** aus Linsen u. totalreflektierenden Prismen bestehendes opt. Gerät, mit dessen Hilfe man über Hindernisse hinwegblicken kann **2** aus dem Kommandoturm eines U-Bootes ausfahrbares Fernrohr, mit dem man im getauchten Zustand noch die Oberfläche des Meeres beobachten kann [<*Peri…* + *…skop*]

pe|ri|sko|pisch *auch:* **pe|ris|ko|pisch** ⟨Adj.; Optik⟩ in der Art eines Periskops, mit Hilfe eines Periskops

Pe|ri|spo|me|non *auch:* **Pe|ris|po|me|non** ⟨n.; -s, -me|na; Phon.; im Griechischen⟩ Wort mit einem Dehnungszeichen auf der letzten Silbe [grch.]

Pe|ri|stal|tik *auch:* **Pe|ris|tal|tik** ⟨f.; -; unz.; Med.⟩ Bewegung von Hohlorganen, deren Wände Muskeln enthalten [<grch. *peristaltikos* »ringsum zusammendrückend«]

pe|ri|stal|tisch *auch:* **pe|ris|tal|tisch** ⟨Adj.; Med.⟩ in der Art der Peristaltik

Pe|ri|sta|se *auch:* **Pe|ris|ta|se** ⟨f.; -, -n; Biol.; Med.⟩ **1** Gesamtheit der Einflüsse, die von der Umwelt auf die Entwicklung eines Organismus ausgeübt werden **2** örtliche Kreislaufstörung, ein ungeordneter Blutstrom in den Gefäßen [<grch. *peristasis* »Umgebung«]

pe|ri|sta|tisch *auch:* **pe|ris|ta|tisch** ⟨Adj.; Biol.; Med.⟩ auf Peristase beruhend

Pe|ri|styl *auch:* **Pe|ris|tyl** ⟨n.; -s, -e⟩ von Säulen umgebener, oft bepflanzter Innenhof des altgriechischen Hauses [<grch. *peristylon* <*peri…* + *stylos* »Säule«]

Pe|ri|the|zi|um ⟨n.; -s, -zi|en; Bot.⟩ Fruchtkörper der Schlauchpilze [<*Peri…* + grch. *thekion* »kleiner Behälter«]

pe|ri|to|ne|al ⟨Adj.; Med.⟩ zum Peritoneum gehörig, von ihm ausgehend

Pe|ri|to|ne|um ⟨n.; -s, -ne|en; Med.⟩ Bauchfell [<grch. *peritonaion*]

Pe|ri|to|ni|tis ⟨f.; -, -ti|den; Anat.⟩ Bauchfellentzündung [<grch. *peritonaion* »Bauchfell« + *…itis*]

pe|ri|trich *auch:* **pe|rit|rich** ⟨Adj.; bei Mikroorganismen⟩ auf der Oberfläche mit Geißeln umgeben [<*peri…* + grch. *thrix*, Gen. *trichos* »Haar«]

Pe|ri|zy|kel ⟨m.; -s, -; Bot.⟩ Zellschicht, die den Zentralzylinder der Wurzel umgibt [<*Peri…* + grch. *kyklos* »Kreis«]

Per|jo|dat ⟨n.; -s, -e; Chemie⟩ Salz der Perjodsäure

Per|jod|säu|re ⟨f.; -, -n; Chemie⟩ Sauerstoffsäure des Jods, tritt vor allem in Form ihrer Salze, der Perjodate, auf

Per|kal ⟨m.; -s, -e; Textilw.⟩ sehr dichtes, feinfädiges Gewebe aus Baumwolle für Wäsche [<pers. *pargalah*]

Per|ka|lin ⟨n.; -s, -e⟩ gestreifter Perkal für Bucheinbände

Per|ko|lat ⟨n.; -(e)s, -e; Pharm.⟩ Ergebnis der Perkolation

Per|ko|la|ti|on ⟨f.; -, -en; Pharm.⟩ Gewinnung von Auszügen aus kleingeschnittenen Drogen mittels eines kontinuierlich fließenden Lösungsmittels (Alkohol, Ethanol, Wasser) [<lat. *percolare* »durchsickern lassen, durchseihen«]

Per|ko|la|tor ⟨m.; -s, -to|ren; Pharm.⟩ Gerät zur Gewinnung von Pflanzenauszügen durch deren Auslaugung mit Wasser od. Alkohol

per|ko|lie|ren ⟨V.; Pharm.⟩ durch Perkolation gewinnen

Per|kus|si|on ⟨f.; -, -en⟩ **1** Zündung durch Stoß od. Schlag auf ein Zündhütchen **2** ⟨Med.⟩ Untersuchung (eines Organs) durch Beklopfen der Körperoberfläche u. Deutung der Töne **3** ⟨Musik⟩ **3.1** = Percussion (1) **3.2** Einrichtung am Harmonium, durch die (zur Erzeugung präziserer Töne) Hämmerchen gegen die freischwingenden Zungen schlagen; →*a.* Percussion (2) [<lat. *percussio* »Schlagen«]

per|kus|siv ⟨Adj.; Musik⟩ vom Rhythmus dominiert, von Rhythmusinstrumenten erzeugt [→ *Perkussion*]

per|kus|so|risch ⟨Adj.⟩ mit Hilfe der Perkussion (nachweisbar); *oV* perkutorisch

per|ku|tan ⟨Adj.; Med.⟩ durch die Haut hindurch (wirkend) [<*per…* + *kutan*]

per|ku|tie|ren ⟨V.; Med.⟩ mittels Perkussion (2) untersuchen, mit Perkussionshammer od. Fingern beklopfen [<lat. *percutere* »schlagen«]

per|ku|to|risch ⟨Adj.; Med.⟩ = perkussorisch

per|lin|gu|al ⟨Adj.; Med.⟩ durch die Zungenschleimhaut hindurch wirkend (von Medikamenten, die über die Zunge ins Blut gelangen) [<*per…* + *lingual*]

Per|lit ⟨m.; -s, -e⟩ **1** feinkörniger Gefügebestandteil des Stahls **2** vulkanisches Glas

per|li|tisch ⟨Adj.⟩ **1** perlenähnlich (in Bezug auf den Aufbau glasiger Gesteine) **2** aus Perlit bestehend

Per|lo|ku|ti|on ⟨f.; -, -en; Sprachw.⟩ (in der Sprechakttheorie J. R. Searles) die Wirkung der Sprechhandlung auf die Gedanken, Gefühle u. nachfolgenden Handlungen des Kommunikationspartners [<*per…* + lat. *locutio* »das Reden, Redensart«; zu *loqui* »reden, sprechen«]

per|lo|ku|ti|o|när ⟨Adj.; Sprachw.⟩ die Perlokution betreffend; *oV* perlokutiv; *ein ~er Akt*

per|lo|ku|tiv ⟨Adj.; Sprachw.⟩ = perlokutionär

Per|lon® ⟨n.; -s; unz.; Textilw.⟩ aus Caprolactam hergestellte Kunstfaser

Per|lus|tra|ti|on *auch:* **Per|lust|ra|ti|on** ⟨f.; -, -en; veraltet; noch österr.⟩ Durchsicht, genaue Untersuchung (z. B. eines Verdächtigen) [<lat. *perlustrare* »durchmustern«]

per|lus|trie|ren *auch:* **per|lust|rie|ren** ⟨V.; veraltet; noch österr.⟩ durchsehen, durchsuchen, genau untersuchen (Verdächtige) [<lat. *perlustrare* »durchmustern«]

Perm ⟨n.; -s; unz.; Geol.⟩ geolog. Formation des Paläozoikums vor 230-200 Mill. Jahren mit kali- u. salzhaltigen Ablagerungen [nach der Stadt u. dem Gebiet *Perm* westl. des Urals]

Per|ma|frost ⟨m.; -(e)s; unz.; Geol.⟩ Dauerfrostboden [verkürzt <*perma*nent + *Frost*]

Per|mal|loy ⟨[-lɔɪ] od. [-loa̯] n.; -s; unz.⟩ aus Nickel u. Eisen bestehende Legierung mit sehr guten magnet. Eigenschaften

per|ma|nent ⟨Adj.⟩ ununterbrochen, dauernd, bleibend, ständig; *in der Schule ~ stören* [<lat. *permanens,* Part. präs. zu *permanere* »(ver)bleiben«]

Per|ma|nent|farb|stoff ⟨m.; -(e)s, -e⟩ lichtechter Pigmentfarbstoff

Per|ma|nent|ma|gnet *auch:* **Per|ma|nent|mag|net** ⟨m.; -en, -en; Physik⟩ Magnet, der nach einmaliger Magnetisierung seinen Magnetismus behält, Dauermagnet

Per|ma|nent|weiß ⟨n.; -; unz.; Chemie⟩ weißes Pigment hoher Lichtbeständigkeit, chemisch Bariumsulfat; *Sy* Barytweiß, Blanc fixe

Per|ma|nenz ⟨f.; -; unz.⟩ permanente Beschaffenheit, Dauer

Per|ma|nenz|the|o|rie ⟨f.; -; unz.⟩ heute widerlegte Annahme, dass die Anordnung von Kontinenten u. Meeren während der gesamten Erdgeschichte keinen wesentlichen Änderungen unterworfen gewesen sei

Per|man|ga|nat ⟨n.; -(e)s, -e; Chemie⟩ Salz der Permangansäure

Per|man|ga|no|me|trie *auch:* **Per|man|ga|no|met|rie** ⟨f.; -; unz.⟩ = Manganometrie

Per|man|gan|säu|re ⟨f.; -, -n; Chemie⟩ frei nicht existierende Sauerstoffsäure des Mangans der Formel $HMnO_4$, nur bekannt in Form ihrer Salze, der Permanganate, z. B. als Kaliumpermanganat

per|me|a|bel ⟨Adj.⟩ durchdringbar, durchlässig; *Ggs* impermeabel; *permeable Membran* [<lat. *permeare* »durchgehen, durchwandern«]

Per|me|a|bi|li|tät ⟨f.; -; unz.⟩ permeable Beschaffenheit, Durchlässigkeit; *Ggs* Impermeabilität

Per|me|at ⟨n.; -(e)s, -e⟩ einen Filter durchfließender Flüssigkeitsanteil [→ *permeabel*]

Per|mi|gra|ti|on *auch:* **Per|mig|ra|ti|on** ⟨f.; -, -en⟩ Durchzug von Auswanderern durch ein Land in das eigentliche Einwanderungsland [<*Per...* + *Migration*]

per|misch ⟨Adj.; Geol.⟩ zum Perm gehörend, es betreffend; *~e Gesteinsschichten*

per|mis|siv ⟨Adj.⟩ erlaubend; *~e Gesellschaft* auf Freizügigkeit (nicht auf Autorität u. Leistung) beruhende Gesellschaft [<lat. *permissio* »Erlaubnis«]

Per|mis|si|vi|tät ⟨[-vi-] f.; -; unz.⟩ Gewährenlassen, Freizügigkeit

Per|mit ⟨[pœːmɪt] n.; -s, -s⟩ Berechtigungs-, Erlaubnis-, Passier-, Zugangsschein [<engl. *permit* »Zulassung« <lat. *permittere* »erlauben, gestatten«]

per|mu|ta|bel ⟨Adj.; Math.⟩ vertauschbar, austauschbar; *permutable Größen* [<lat. *permutare* »vertauschen«]

Per|mu|ta|ti|on ⟨f.; -, -en; Math.⟩ Vertauschung, Umstellung in der Reihenfolge [<lat. *permutatio* »Wechsel, Tausch«]

per|mu|tie|ren ⟨V.; Math.⟩ die Reihenfolge (einer Zusammenstellung) ändern [<lat. *permutare* »vertauschen, verändern«]

Per|mu|tit ⟨m.; -s, -e; Chemie⟩ ein Natrium-Aluminium-Silikat, das die Fähigkeit hat, als Ionenaustauscher Natrium gegen Calcium, Mangan u. Eisen auszutauschen, u. dazu verwendet wird, Wasser, das diese Metalle in Form von Salzen gelöst enthält, zu enthärten [→ *permutieren*]

Per|nam|buk|holz ⟨n.; -es, -hölzer⟩ Edelholz aus Brasilien; *oV* Fernambukholz [nach dem brasilian. Staat *Pernambuco*]

per ne|fas ⟨geh.⟩ auf unerlaubte Weise, widerrechtlich [lat., »durch Unrecht«]

Per|nio ⟨m.; -, -ni|o|nes od. -ni|o|nen; meist Pl.; Med.⟩ chronische Hautschwellung infolge Frosteinwirkung [lat., »Frostbeule«]

Per|nod ⟨[pɛrnoː] m.; - od. -s, - od. -s⟩ frz. Anislikör [nach dem frz. Hersteller H.-L. *Pernod*]

Pe|ro|nis|mus ⟨m.; -; unz.; Politik⟩ politisch-soziale Bewegung in Argentinien [nach dem Begründer J. D. *Peron,* 1895-1975]

Pe|ro|nist ⟨m.; -en, -en; Politik⟩ Verfechter, Vertreter des Peronismus

pe|ro|nis|tisch ⟨Adj.; Politik⟩ den Peronismus betreffend, ihm entsprechend, auf ihm beruhend; *der ~e Regierungsstil*

Pe|ro|no|spo|ra *auch:* **Pe|ro|nos|po|ra** ⟨f.; -; unz.; Bot.⟩ Gattung der Algenpilze, deren Arten teilweise als Krankheitserreger an Nutzpflanzen auftreten [<grch. *perone* »Spitze« + *spora* »Saat«]

per|oral ⟨Adj.; Med.⟩ durch den Mund (einzunehmen, einzuführen); *Sy* per os

per os ⟨Med.⟩ = peroral [lat., »durch den Mund«]

Per|oxid ⟨n.; -(e)s, -e; Chemie⟩ chem. Verbindung, die mehr Sauerstoffatome aufweist als in der sonst vorherrschenden Oxidationsstufe gebunden werden, z. B. beim Wasserstoffperoxid, H_2O_2, gegenüber dem normalen Wasser, H_2O

Per|oxi|da|se ⟨f.; -, -n; Biochemie⟩ Peroxid spaltendes Enzym

per pe|des ⟨umg.; scherzh.⟩ zu Fuß [lat., eigtl. »durch die Füße, mit den Füßen«]

Per|pen|di|kel ⟨m.; -s, -⟩ **1** Abstand der (gedachten) Senkrechten durch Vorder- u. Achtersteven des Schiffes, der dessen Länge ergibt **2** Uhrpendel [<lat. *perpendiculum* »Bleilot«]

per|pen|di|ku|lar ⟨Adj.⟩ senkrecht; *oV* perpendikulär [<frz. *perpendiculaire*]

per|pen|di|ku|lär ⟨Adj.⟩ = perpendikular

Per|pen|di|ku|lar|stil ⟨m.; -(e)s; unz.; Arch.⟩ durch häufige Verwendung senkrechter Linien gekennzeichnete Art der engl. Gotik [→ *Perpendikel*]

P

per|pe|tu|ell ⟨Adj.; veraltet⟩ beständig, fortwährend [<frz. *perpétuel*]
per|pe|tu|ie|ren ⟨V.⟩ fortbestehen, andauern, in gleicher Weise fortfahren
Perpe|tu|um mo|bi|le ⟨[-le:] n.; - -, - - od. -tua -bi|lia⟩ **1** utopische Maschine, die, ohne Energie zu verbrauchen, dauernd in Bewegung bleibt **2** Musikstück mit ununterbrochener gleichmäßiger u. schneller Bewegung [lat., »etwas beständig Bewegtes«]
per|plex ⟨Adj.⟩ verblüfft, betroffen, bestürzt [<lat. *perplexus* »verschlungen, verworren«]
Per|ple|xi|tät ⟨f.; -; unz.⟩ Bestürztheit, Erstauntsein, Verblüffung [→ *perplex*]
per pro|cu|ra ⟨Abk.: p. p., ppa.; vor der Unterschrift des Prokuristen einer Firma⟩ bevollmächtigt [<*per* + ital. *procura;* → *Prokura*]
per rec|tum ⟨Med.⟩ = rektal [lat., »durch den Mastdarm«]
Per|ron ⟨[-rɔ̃:] m.; -s, -s⟩ Bahnsteig [frz. <afrz. *perron* »großer Steinblock«]
per sal|do ⟨Bankw.⟩ durch Ausgleich (der beiden Seiten eines Kontos) [lat.]
per se ⟨geh.⟩ von selbst, durch sich selbst; *das versteht sich ~* [lat.]
Per|se|i|den ⟨[-sei:-] Pl.⟩ regelmäßig in der ersten Augusthälfte des Jahres auftretender Meteorstrom, der seinen Ursprung scheinbar im Sternbild Perseus hat
Per|sen|ning ⟨f.; -, -e od. -en⟩ Segeltuch zum Schutz vor überkommendem Seewasser als Abdeckung von Luken od. als Reling; *oV* Presenning [<ndrl. *presenning* <frz. *préceinte* »Umhüllung«]
Per|se|ve|ra|ti|on ⟨[-və-] f.; -, -en; Psych.⟩ Beharren od. beharrl. Wiederkehr von Vorstellungen, Bildern, Gehörtem (Melodie) usw. im Bewusstsein
per|se|ve|rie|ren ⟨[-və-] V.; Psych.⟩ beharren, beharrlich wiederkehren (im Bewusstsein) [<lat. *perseverare* »beharren, bestehen«]
Per|shing ⟨[pœ:ʃiŋ] f.; -, -s; Mil.⟩ in den USA hergestellter Raketentyp mittlerer Reichweite, der Atomsprengköpfe transportieren kann [nach dem US-amerikan. General John Joseph *Pershing*]
Per|si|a|ner ⟨m.; -s, -⟩ **1** Fell der höchstens 14 Tage alten Lämmer des Karakulschafes **2** aus diesem Fell gearbeiteter Pelz
Per|si|fla|ge *auch:* **Per|sif|la|ge** ⟨[-ʒə] f.; -, -n⟩ (geistvolle, bes. literar.) Verspottung [frz.]
per|si|flie|ren *auch:* **per|sif|lie|ren** ⟨V.⟩ (geistvoll, bes. literar.) verspotten [<frz. *persifler*]
Per|si|ko ⟨m.; -s, -s⟩ Pfirsichlikör [<lat. *persicum,* eigtl. »persischer Apfel«]
Per|si|mo|ne ⟨f.; -, -n⟩ = Kakipflaume
Per|si|pan ⟨a. ['---] n.; -s, -e⟩ Marzipanersatz aus geschälten, entbitterten, feucht zerriebenen Pfirsich- od. Aprikosenkernen u. Zucker [verkürzt <lat. *persi*cus »Pfirsich« + Mar*zipan*]
per|sis|tent ⟨Adj.; Med.; Biol.⟩ anhaltend, dauernd [<lat. *persistens,* Part. Präs. zu *persistere* »verharren«]
Per|sis|tenz ⟨f.; -; unz.⟩ **1** ⟨Med.; Biol.⟩ persistente Beschaffenheit, Beharrlichkeit, Ausdauer **2** ⟨fig.⟩ Eigensinn
per|sis|tie|ren ⟨V.⟩ **1** ⟨veraltet⟩ (auf etwas) bestehen, insistieren, nicht (von etwas) ablassen **2** ⟨Med.⟩ fortdauern, anhalten (von Krankheiten) [<lat. *persistere*]
Per|son ⟨f.; -, -en⟩ **1** Mensch (als lebendes Wesen) im Gegensatz zu einer Sache; *das Fahrzeug fasst 20 ~en; bei einer Beurteilung die ~ von der Sache trennen* **2** Mensch besonderer Eigenart; *große, stattliche ~; unbekannte, geheimnisvolle ~; ich für meine ~; in ~* völlig, durch u. durch; *er ist die Gutmütigkeit, Geduld in ~;* gleichzeitig; *Hausmeister u. Gärtner in einer ~; in eigener ~* selbst **3** Mensch im Gefüge von Staat u. Gemeinschaft; *du nimmst deine ~ zu wichtig; er ist dort eine wichtige ~* **4** ⟨Lit.⟩ handelnde Figur, Gestalt **5** ⟨abwertend⟩ weibl. Wesen, Frau, Mädchen **6** Sprecher, Hörer od. etwas Drittes (einen Dritten) bezeichnende grammat. Kategorie; *erste, zweite, dritte ~* [<mhd. *persone* <lat. *persona* »Person, Rolle, Maske des Schauspielers«; vermutl. <etrusk. *phersu* »Maske«]
Per|so|na ⟨f.; -, -nae⟩ **1** *~ grata* gerngesehene Person **2** *~ gratissima* sehr willkommene Person **3** *~ ingrata, ~ non grata* in Ungnade gefallener, nicht mehr gern gesehener Mensch; in einem fremden Staat nicht mehr zum Dienst zugelassener Diplomat [lat. *persona* »Person« (→ *Person*); lat. *gratus,* Fem. *grata* »willkommen, angenehm«; lat. *gratissimus,* Fem. *gratissima,* Superlativ zu *gratus;* lat. *ingratus,* Fem. *ingrata* »nicht angenehm«]
per|so|nal ⟨Adj.⟩ = personell
Per|so|nal ⟨n.; -s; unz.⟩ Gesamtheit der besonders im Dienstleistungsbereich angestellten od. beschäftigen Personen (in Betrieben, Hotels, Haushalten); *Dienst~; Küchen~* [<mlat. *personale;* zu *personalis* »dienerhaft«; zu lat. *personalis* »persönlich«; → *Person*]
per|so|nal..., Per|so|nal... ⟨in Zus.⟩ die Person betreffend, persönlich, Persönlichkeits... [<lat. *personalis* »persönlich«]
Per|so|nal|ak|te ⟨f.; -, -n⟩ Akte, die über eine Person geführt wird u. Angaben über deren Leben enthält
Per|so|nal Com|pu|ter ⟨[pœ:sənəl kɔmpju:tə(r)] m.; - -s, - -; Abk.: PC⟩ Mikrocomputer für den häuslichen u. professionellen Einsatz [<engl. *personal* »persönlich« + *Computer*]
Per|so|nal|form ⟨f.; -, -en; Gramm.⟩ Flexionsform des Verbs, durch die die Person u. der Numerus des Subjekts bestimmt werden, z. B. (ich) singe, (du) singst, (wir) singen
Per|so|na|lia ⟨Pl.⟩ = Personalien
Per|so|na|li|en ⟨Pl.⟩ Angaben über Geburt, Ehestand, Beruf einer Person; *oV* Personalia; *Sy* ⟨österr.⟩ Nationale; *jmds. ~ aufnehmen; seine ~ angeben* [<lat. *personalia* »persönliche Dinge«]
per|so|nal|in|ten|siv ⟨Adj.⟩ Per-

sonen einsetzend, bevorzugend (anstatt Maschinen)

per|so|na|li|sie|ren ⟨V.⟩ ein Thema an einer einzelnen Person festmachen, eine Sachdiskussion in eine Diskussion über das Verhalten eines Einzelnen umlenken u. dadurch unsachlich führen [→ *Person*]

Per|so|na|lis|mus ⟨m.; -; unz.⟩ **1** Glaube an einen persönl. Gott **2** Lehre, dass der Mensch als wertendes, Stellung nehmendes Wesen aufzufassen sei [<lat. *persona* »Person«]

per|so|na|lis|tisch ⟨Adj.⟩ zum Personalismus gehörig, auf ihm beruhend

Per|so|na|li|tät ⟨f.; -, -en⟩ Persönlichkeit [<lat. *personalitas*]

per|so|na|li|ter ⟨Adv.; geh.⟩ persönlich, selbst, in Person

Per|so|na|li|ty|show ⟨[pəsənælıtıʃoʊ] f.; -, -s⟩ (Fernseh-)Show, die Lebensweg und Arbeit eines bekannten Künstlers in den Mittelpunkt stellt [<engl. *personality* »Persönlichkeit« + *Show*]

Per|so|nal|kre|dit ⟨m.; -(e)s, -e; Wirtsch.⟩ Bankkredit, der ohne jegliche materielle Absicherung allein auf Vertrauensbasis gewährt wird [<*Personal...* + *Kredit*]

Per|so|nal|pro|no|men ⟨n.; -s, - od. -mi|na; Gramm.⟩ Pronomen, das anstelle einer bestimmten Person od. Sache steht, z. B. ich, ihm, sie

Per|so|nal|uni|on ⟨f.; -, -en⟩ **1** Vereinigung zweier selbstständiger Staaten unter einem Monarchen; *Ggs* Realunion **2** Vereinigung von Ämtern in der Hand einer Person

per|so|nell ⟨Adj.⟩ *oV* personal **1** persönlich **2** das Personal, die Angestellten betreffend, zu ihm gehörend [<frz. *personnel*]

Per|so|nen|kult ⟨m.; -(e)s; unz.; abwertend⟩ übersteigerte Verehrung u. Mystifizierung einer Person, z. B. eines Politikers, Dichters, Wissenschaftlers; *der stalinistische ~; der nationalsozialistische ~*

Per|so|ni|fi|ka|ti|on ⟨f.; -, -en⟩ **1** Verkörperung **2** Vorstellung u. Darstellung von Dingen u. Kräften als Person; *Sy* Prosopopöie, Vermenschlichung [<frz. *personnification*]

per|so|ni|fi|zie|ren ⟨V.⟩ **1** verkörpern **2** als Person darstellen, vermenschlichen; *Götter, Begriffe, Eigenschaften ~* [<frz. *personnifier* <lat. *persona* »Person« + *facere* »machen«]

Per|so|ni|fi|zie|rung ⟨f.; -, -en⟩ = Personifikation

◆ Die Buchstabenfolge **per|sp...** kann auch **pers|p...** getrennt werden.

◆ **Per|spek|tiv** ⟨n.; -s, -e [-və]⟩ kleines Fernrohr

◆ **Per|spek|ti|ve** ⟨[-və] f.; -, -n⟩ **1** scheinbare Verkürzung u. scheinbares Zusammentreffen der in die Tiefe des Raumes laufenden parallelen Strecken in einem Punkt (Fluchtpunkt) **2** Darstellung des Raumes u. räumlicher Gegenstände auf einer ebenen Bildfläche mit räuml. Wirkung; *ein Gemälde ohne ~* **3** ⟨fig.⟩ Blick in die Zukunft, Aussicht; *hier öffnen sich neue, nicht geahnte ~n* **4** Blickwinkel [<mlat. *perspectiva (ars)* »hindurchblickende (Kunst)«; zu lat. *perspicere* »mit dem Blick durchdringen, deutlich sehen«]

◆ **per|spek|ti|visch** ⟨[-vıʃ] Adj.⟩ die Perspektive betreffend, mit ihrer Hilfe, auf Grund der Perspektive, nach ihren Gesetzen [<spätlat. *perspectivus* »durchblickend«]

◆ **Per|spek|ti|vis|mus** ⟨[-vıs-] m.; -; unz.; Philos.⟩ Lehre, dass die Erkenntnis der Welt durch die jeweilige Perspektive des Betrachters bedingt sei

◆ **Per|spek|ti|vi|tät** ⟨[-vi-] f.; -; unz.⟩ Verfahren der projektiven Abbildung, bei dem alle Geraden eines Punktes zu einem Bildpunkt sich in einem festen Punkt schneiden

◆ **Per|spi|ra|ti|on** ⟨f.; -; unz.; Med.⟩ Hautatmung [<*per* + lat. *spirare* »atmen, blasen, wehen«]

◆ **per|spi|ra|to|risch** ⟨Adj.; Med.⟩ auf Perspiration beruhend, sie betreffend

Per|sua|si|on ⟨f.; -, -en; geh.⟩ Überredung [zu lat. *persuasio* »Überredung, Überzeugung«]

Per|sua|sion|test ⟨[pə(r)sweıʒn-] m.; -(e)s, -e od. -s; Wirtsch.⟩ Testverfahren, das zur Ermittlung von Einstellungsveränderungen bei Konsumenten durch Werbung dient [<engl. *persuasion* »Überredung, Überzeugung« + *Test*]

per|sua|siv ⟨Adj.⟩ überredend, überzeugend [zu lat. *persuasio* »Überredung, Überzeugung«]

Per|sul|fat ⟨n.; -(e)s, -e; Chemie⟩ Salz der Überschwefelsäure, z. B. das als Bleich- u. Oxidationsmittel verwendete Kaliumper(oxodi)sulfat [<*PER* + *Sulfat*]

PERT ⟨EDV; Abk. für engl.⟩ Program Evaluation and Review Technique (Methode zur Bewertung u. Überprüfung von Programmen), grafisch-mathematisches Verfahren zur Abbildung komplexer Prozesse, das der Planung u. Kontrolle von Projekten dient

Per|thit ⟨m.; -s, -e; Min.⟩ Kalifeldspat mit Durchwachsungen von Albit [nach dem Ort *Perth*, Ontario (Kanada)]

Per|ti|nenz ⟨f.; -, -en; veraltet⟩ Zugehörigkeit, Zubehör [<lat. *pertinens*, Part. Präs. von *pertinere* »betreffen, sich erstrecken, sich ausdehnen«]

Per|ti|nenz|da|tiv ⟨m.; -s, -e [-və]; Gramm.⟩ die Zugehörigkeit anzeigender, durch ein Genitivattribut od. Possessivpronomen ersetzbarer Dativ, z. B. er klopfte »mir« auf die Schulter [<*Pertinenz* + *Dativ*]

Per|tu|ba|ti|on ⟨f.; -, -en; Med.⟩ Eileiterdurchblasung [<*per* + lat. *tuba* »Röhre«]

Per|tur|ba|ti|on ⟨f.; -, -en; Astron.⟩ Störung in der Bewegung eines Gestirns [<lat. *perturbatio* »Verwirrung, Störung«]

Per|tus|sis ⟨f.; -, -tus|ses; Med.⟩ Keuchhusten [<*per* + lat. *tussis* »Husten«]

Pe|ru|bal|sam ⟨a. ['----] m.; -s, -e⟩ zur Herstellung von Parfüm verwendete, zähe, braune Flüssigkeit, die vom Perubalsambaum gewonnen wird: Balsamum peruvianum

Pe|rü|cke ⟨f.; -, -n⟩ **1** künstl. Haartracht aus Haaren od. synthet.

P

Fasern, den ganzen Kopf bedeckender Haarersatz **2** ⟨Jagd⟩ durch Verletzung hervorgerufene, krankhafte Wucherung am Gehörn, seltener am Geweih [<frz. *perruque* <ital. *perrucca* »Haarschopf«]

per ul|ti|mo ⟨geh.⟩ am Letzten, zum Letzten (Tag des Monats, als Zahlungsfrist) [ital.]

per|vers ⟨[-vɛrs] Adj.⟩ **1** abartig (im geschlechtl. Verhalten) **2** widernatürlich, vom Normalen abweichend [<lat. *perversus* »verdreht, verkehrt, schlecht«; zu *pervertere* »umkehren«]

Per|ver|si|on ⟨[-vɛr-] f.; -, -en⟩ krankhafte Abweichung vom normalen geschlechtl. Verhalten [<lat. *perversio* »Verdrehung«; → *pervers*]

Per|ver|si|tät ⟨[-vɛr-] f.; -, -en⟩ perverse Veranlagung [<lat. *perversitas* »Verkehrtheit«]

per|ver|tie|ren ⟨[-vɛr-] V.⟩ **1** vom Normalen krankhaft abweichen **2** in sein Gegenteil verkehren, verdrehen, verfälschen [<lat. *pervertere* »umkehren«]

Per|ver|tiert|heit ⟨[-vɛr-] f.; -, -en⟩ pervertierte Beschaffenheit, Perversität

Per|ver|tie|rung ⟨[-vɛr-] f.; -, -en⟩ das Pervertieren, das Pervertiertwerden bzw. -sein

Per|zent ⟨n.; -(e)s, -e; österr.; veraltet⟩ = Prozent [<ital. *per cento* »für hundert«]

per|zep|ti|bel ⟨Adj.; Philos.⟩ wahrnehmbar, fassbar, erfassbar [<lat. *perceptibilis* »wahrnehmbar, begreiflich«; zu *percipere* »wahrnehmen«]

Per|zep|ti|bi|li|tät ⟨f.; -, -en; Philos.⟩ **1** perzeptible Beschaffenheit, Wahrnehmbarkeit **2** Wahrnehmungsfähigkeit

Per|zep|ti|on ⟨f.; -, -en⟩ **1** ⟨Biol.⟩ Reiz durch Sinneszellen **2** ⟨Philos.⟩ sinnliche Wahrnehmung als erste Stufe der Erkenntis; *Ggs* Apperzeption [<lat. *perceptio* »das Empfangen, das Begreifen«; zu *percipere* »in Besitz nehmen, wahrnehmen«]

Per|zep|ti|o|na|lis|mus ⟨m.; -; unz.; Philos.⟩ philosoph. Lehre, dass die Wahrnehmung die Grundlage allen Denkens sei

per|zep|tiv ⟨Adj.; Biol.; Psych.⟩ = perzeptorisch

Per|zep|ti|vi|tät ⟨[-vi-] f.; -; unz.⟩ Wahrnehmungs-, Aufnahmefähigkeit [→ *Perzeption*]

per|zep|to|risch ⟨Adj.; Biol.; Psych.⟩ auf Perzeption beruhend, mit ihrer Hilfe; *Sy* perzeptiv

Per|zi|pi|ent ⟨m.; -en, -en; veraltet⟩ Empfänger [<lat. *percipiens* »in Besitz nehmend«, Part. Präs. von *percipere*; → *perzipieren*]

per|zi|pie|ren ⟨V.⟩ sinnlich wahrnehmen [<lat. *percipere* »einnehmen, in Besitz nehmen, wahrnehmen«]

Pe|sa|de ⟨f.; -, -n; Hohe Schule⟩ kurzes Aufrichten des Pferdes auf der Hinterhand [frz. <ital. *posata* »Anhalten«; zu *posarsi* »innehalten«]

pe|san|te ⟨Musik⟩ schwer, schleppend, wuchtig (zu spielen) [ital.]

Pesch|mer|ga ⟨Pl.⟩ kurdische Freiheitskämpfer [arab., eigtl. »die dem Tod entgegensehen«]

Pe|se|te ⟨f.; -, -n⟩ frühere span. Währungseinheit, 100 Centimos [span., eigtl. »kleines Gewicht«]

Pe|so ⟨m.; - od. -s, - od. -s⟩ Währungseinheit in Argentinien, Chile, der Dominikanischen Republik, Kolumbien, Kuba, Mexiko, Uruguay, Guinea-Bissau u. auf den Philippinen [span., »Gewicht«; → *Pensum*]

Pes|sar ⟨n.; -s, -e; Med.⟩ Einlage in die Scheide, bes. zum Stützen der vorfallenden Gebärmutter od. zur Empfängnisverhütung, Mutterring [<lat. *pessarium* »Mutterkranz«]

Pes|si|mis|mus ⟨m.; -; unz.⟩ Neigung, in der Welt, im Leben od. bei einer Sache nur das Schlechte zu sehen, Schwarzseherei; *Ggs* Optimismus [<lat. *pessimus* »der Schlechteste, sehr schlecht«]

Pes|si|mist ⟨m.; -en, -en⟩ jmd., der zum Pessimismus neigt, Schwarzseher; *Ggs* Optimist

Pes|si|mis|tin ⟨f.; -, -tin|nen⟩ weibl. Pessimist; *Ggs* Optimistin

pes|si|mis|tisch ⟨Adj.⟩ in der Art eines Pessimisten, von allem nur die schlechten Seiten sehend, bei einer Sache od. im Leben nichts Gutes erwartend, schwarzseherisch; *Ggs* optimistisch

Pes|si|mum ⟨n.; -s, -si|ma⟩ Bereich der schlechtesten Umweltbedingungen für ein Lebewesen; *Ggs* Optimum (2) [lat., Neutr. zu *pessimus* »das Schlechteste, sehr schlecht«]

Pest ⟨f.; -; unz.; Med.⟩ durch Pestbakterien hervorgerufene epidem. Krankheit, Schwarzer Tod; *Sy* Pestilenz [<lat. *pestis* »ansteckende Krankheit, Seuche«]

Pes|ti|lenz ⟨f.; -, -en⟩ **1** ⟨Med.⟩ = Pest **2** ⟨allg.⟩ schwere Seuche [<lat. *pestilentia* »ansteckende Krankheit, Seuche, Pest«]

pes|ti|len|zi|a|lisch ⟨Adj.⟩ verpestet

Pes|ti|zid ⟨n.; -s, -e⟩ Mittel zur Bekämpfung von Schädlingen bei Tieren u. Pflanzen [<lat. *pestis* »Seuche« + …*zid*[1]]

Pes|to ⟨n.; -s; unz.; Kochk.⟩ Soße aus Öl, gehackten Kräutern u. Gewürzen (bes. Basilikum); *Spaghetti mit ~* [ital.]

Pe|ta… ⟨Abk.: P; vor Maßeinheiten⟩ das 10^{15}fache einer Grundeinheit, z. B. 1 PJ = 10^{15} Joule, 1 PB = 10^{15} Byte [grch.

Pe|tal ⟨n.; -s, -en; meist Pl.; Bot.⟩ Blüten-, Kronblatt; *od.* Petalum [<lat. <grch. *petalon* »Blatt, Platte«]

Pe|ta|lum ⟨n.; -s, -ta|len; meist Pl.; Bot.⟩ = Petal

Pe|tar|de ⟨f.; -, -n; früher⟩ ein mit Sprengstoff gefülltes, mörserartiges Gefäß, das an den Toren von Festungen angebracht wurde, um sie zu sprengen [<frz. *pétard* »Petarde, Sprengbüchse, Knallfrosch, Sprengschuss«]

Pe|te|chi|en ⟨[-çɪən] Pl.; Med.⟩ punktförmige Hautblutungen [<ital. *petechia*]

Pe|tent ⟨m.; -en, -en⟩ Bewerber, Bittsteller [<lat. *petens* »bittend«, Part. Präs. zu *petere* »bitten, nachsuchen«]

Pe|ter|si|lie ⟨[-ljə] f.; -, -n; Bot.⟩ zu den Doldenblütlern gehörende Gewürz- u. Gemüsepflanze [<lat. *petroselinum*]

Pe|tit ⟨[pəti:] f.; -; unz.; Typ.⟩ Schriftgrad, 8 Punkt; *Sy* Petitschrift [frz., »klein«]

Pe|ti|tes|se ⟨[pətitɛ̨s(ə)] f.; -, -n⟩ Geringfügigkeit, Unerheblichkeit, Kleinigkeit, Bagatelle; *das ist nur eine* ~ [frz., »Geringfügigkeit, Unerheblichkeit«]

Pe|ti|ti|on ⟨f.; -, -en⟩ Bittschrift, Eingabe [<lat. *petitio* »das Verlangen, das Bitten, Gesuch«; zu *petere* »zu erlangen suchen, bitten«]

pe|ti|ti|o|nie|ren ⟨V.⟩ *(um eine Sache)* ~ eine Bittschrift einreichen (wegen einer Sache)

Pe|ti|ti|ons|recht ⟨n.; -(e)s; unz.; Rechtsw.⟩ durch die Verfassung garantiertes Recht, sich mit einem Gesuch an die zuständigen Behörden od. die Volksvertretung zu wenden

pe|ti|to|risch ⟨Adj.; Rechtsw.⟩ sich auf das Recht berufend, eine Sache zu besitzen od. zu nutzen; *~e Ansprüche* [→ *Petition*]

Pe|tit|schrift ⟨[pəti:-] f.; -; unz.; Typ.⟩ = Petit

Pe|tits Fours ⟨[pəti fu:r] Pl.⟩ feines, mit farbiger Zuckerglasur überzogenes, würfelförmiges Gebäck [frz., »kleines Gebäck« <*petit* »klein« + *four* »Backofen«]

Pe|ti|tum ⟨n.; -s, -ti|ta⟩ Gesuch, Antrag [lat., »das Angestrebte«, Part. Perf. zu *petere* »anstreben, zu erlangen suchen«]

Pe|tong ⟨n.; -s; unz.⟩ aus China stammende harte Kupferlegierung

◆Die Buchstabenfolge **pe|tr...** kann auch **pet|r...** getrennt werden.

◆ **Pe|trar|kis|mus** ⟨m.; -; unz.; Lit.⟩ lyrischer Stil der Renaissance u. des Humanismus in der Art der Liebesgedichte Francesco Petrarcas, gekennzeichnet durch Form- u. Klangschönheit, Bilderreichtum u. Leidenschaftlichkeit

◆ **Pe|trar|kist** ⟨m.; -en, -en; Lit.⟩ Repräsentant des Petrarkismus

◆ **pe|tre..., Pe|tre...** ⟨in Zus.⟩ = petro..., Petro...

◆ **Pe|tre|fakt** ⟨n.; -(e)s, -e; Geol.⟩ Versteinerung [<grch. *petros* »Stein« + lat. *facere* »machen«]

◆ **pe|tri..., Pe|tri...** ⟨in Zus.⟩ = petro..., Petro...

◆ **Pe|tri|fi|ka|ti|on** ⟨f.; -, -en; Geol.⟩ das Versteinern [<grch. *petros* »Stein« + ...*fikation*]

◆ **pe|tri|fi|zie|ren** ⟨V.; Geol.⟩ versteinern [<grch. *petros* »Stein« + ...*fizieren*]

◆ **pe|tro..., Pe|tro...** ⟨vor Vokalen⟩ petr..., Petr... ⟨in Zus.⟩ stein..., Stein...; *oV* petre..., Petre..., petri..., Petri... [<grch. *petra, petros* »Fels, Felsblock, Stein«]

◆ **Pe|tro|che|mie** ⟨[-çe-] f.; -; unz.⟩ **1** Lehre von der Zusammensetzung der Gesteine **2** ⟨fälsch. für⟩ Petrolchemie [<grch. *petros* »Stein« + *Chemie*]

◆ **pe|tro|che|misch** ⟨[-çe:-] Adj.⟩ **1** die Petrochemie betreffend, zu ihr gehörend **2** ⟨fälschl. für⟩ petrolchemisch

◆ **Pe|tro|ge|ne|se** ⟨f.; -, -n; Geol.⟩ Bildung von Gesteinen [<*Petro...* + *Genese*]

◆ **pe|tro|ge|ne|tisch** ⟨Adj.; Geol.⟩ die Petrogenese betreffend, auf ihr beruhend

◆ **Pe|tro|gly|phe** ⟨f.; -, -n⟩ vorgeschichtliche Felszeichnung [<grch. *petros* »Stein« + *glyphein* »einschneiden, einritzen«]

◆ **Pe|tro|gra|fie** ⟨f.; -; unz.⟩ = Petrographie

◆ **Pe|tro|gra|phie** ⟨f.; -; unz.⟩ Zweig der Petrologie, der sich mit der Beschreibung u. Klassifizierung der Gesteine befasst; *oV* Petrografie [<grch. *petros* »Stein« + ...*graphie*]

◆ **Pe|trol** ⟨n.; -s; unz.; schweiz.⟩ = Petroleum

◆ **Pe|trol|äther** ⟨m.; -s; unz.; Chemie⟩ = Gasolin (1)

◆ **Pe|trol|che|mie** ⟨[-çe-] f.; -; unz.; Chemie⟩ Teilgebiet der Chemie, das sich mit der Förderung u. Verarbeitung von Erdöl befasst (heute meist als Petrochemie bezeichnet) [<*Petroleum* + *Chemie*]

◆ **pe|trol|che|misch** ⟨[-çe-] Adj.; Chemie⟩ die Petrolchemie betreffend, zu ihr gehörend; *oV* petrochemisch (2)

◆ **Pe|tro|le|um** ⟨n.; -s; unz.⟩ Destillationsprodukt des Erdöls; *Sy* Kerosin; *oV* ⟨schweiz.⟩ Petrol [<grch. *petros* »Stein« + lat. *oleum* »Öl«]

◆ **Pe|tro|lo|ge** ⟨m.; -n, -n⟩ Wissenschaftler auf dem Gebiet der Petrologie

◆ **Pe|tro|lo|gie** ⟨f.; -; unz.⟩ Teilgebiet der Mineralogie, das die Geschichte der Gesteine erforscht, Gesteinskunde [<grch. *petros* »Stein« + ...*logie*]

◆ **pe|tro|phil** ⟨Adj.; Biol.⟩ steinigen Untergrund liebend (von Pflanzen) [<*petro...* + ...*phil*]

Pet|schaft ⟨n.; -s, -e⟩ Stempel zum Siegeln [<mhd. *petschat* <tschech. *pečet* »Siegel, Petschaft«; angelehnt an *Schaft*]

pet|schiert ⟨Adj.; österr.⟩ in einer misslichen, unangenehmen Lage sein, erledigt sein [→ *Petschaft*]

Pet|ti|coat ⟨[-ko:t] m.; -s, -s; Mode⟩ weiter, steifer Unterrock [engl. *petty coat* »kleiner Rock«]

Pet|ting ⟨n.; -s, -s⟩ sexuell erregende körperliche Berührungen aller Art mit Ausnahme des Geschlechtsakts selbst; →*a.* Necking [engl.; zu *pet* »liebkosen«]

pet|to *etwas in ~ haben* etwas bereithalten [ital., »in der Brust«]

Pe|tu|nie ⟨[-njə] f.; -, -n; Bot.⟩ einer Gattung der Nachtschattengewächse angehörende Zierpflanze mit trichterförmigen Blüten: Petunia [wegen der Ähnlichkeit mit dem verwandten Tabak, der im 16./17. Jh. mit einem indian. Wort *Petum* genannt wurde]

peu à peu ⟨[pøapø:] Adv.⟩ allmählich, nach u. nach [frz.]

pe|xie|ren ⟨V.; veraltet⟩ anstellen, begehen, verüben; *Böses, Dummheiten* ~ [<*pekzieren* <lat. *peccare* »verkehrt machen, sich vergehen«]

pF ⟨Zeichen für⟩ Pikofarad

Pfd. ⟨Abk. für⟩ Pfund

Pfef|fe|ro|ni ⟨m.; -, -; meist Pl.; österr.⟩ = Peperoni

pg ⟨Zeichen für⟩ Pikogramm

PGP ⟨Abk. für engl.; EDV⟩ Pretty Good Privacy (ziemlich gute Privatsphäre), ein EDV-Programm zur Verschlüsselung von E-Mails u. Dateien

ph ⟨Zeichen für⟩ Phot

pH ⟨kurz für⟩ pH-Wert

PH ⟨Abk. für⟩ Pädagogische Hochschule

Phä|a|ke ⟨m.; -n, -n; bei Homer⟩

P

Angehöriger eines sorglos lebenden, genussfreudigen Volkes auf einer grch. Insel

pha|e|tho|nisch ⟨[fa:e-] Adj.⟩ unerschrocken, beherzt, waghalsig; *oV* phaethontisch [→ *Phaeton*]

pha|e|thon|tisch ⟨[fa:e-] Adj.⟩ = phaethonisch

Pha|e|ton ⟨[fa:e-] m.; -s, -s⟩ leichte, vierrädrige, offene Kutsche [nach *Phaethon,* dem Sohn des grch. Sonnengottes, der einmal den Sonnenwagen lenkte u. dabei die Erde in Brand steckte, eigtl. »der Leuchtende«; zu grch. *phaethein* »leuchten«]

...phag ⟨Nachsilbe; zur Bildung von Adj.⟩ fressend, sich ernährend von, sich hineinfressend in; *hämatophag; petrophag* [<grch. *phagein* »fressen«]

Pha|ge ⟨m.; -n, -n; kurz für⟩ Bakteriophage [→ *...phag*]

...pha|ge ⟨Nachsilbe; zur Bildung männl. Subst.; m.; -n, -n⟩ ...fresser, Lebewesen, das etwas frisst od. zerstört; *Bakteriophage; Oligophage* [→ *...phag*]

...pha|gie ⟨Nachsilbe; zur Bildung weibl. Subst.; f.; -, -n⟩ Ernährungsweise; *Oligophagie* [<grch. *phagein* »fressen«]

Pha|go|zyt ⟨m.; -en, -en; meist Pl.; Med.⟩ Zelle, die kleine Fremdkörper, bes. Bakterien, in sich aufnehmen u. vernichten kann, Fresszelle [<grch. *phagein* »essen, fressen« + *...zyt*]

pha|go|zy|tie|ren ⟨V.; Med.⟩ *Fremdstoffe, Abfallprodukte u. Feindorganismen ~* aufnehmen u. durch Verdauung unschädlich machen; *weiße Blutkörperchen ~ Krankheitserreger*

Pha|go|zy|to|se ⟨f.; -; unz.; Med.⟩ **1** Aufnahme fester Nahrungspartikelchen der Zelle durch Einstülpung der Zellmembran **2** Aufnahme u. Verdauung von Bakterien durch Phagozyten

Pha|ko|ma|to|sen ⟨Pl.; Med.⟩ erbliche, geschwulstartige Missbildungen an Haut, Zentralnervensystem u. Augen; *Sy* neurokutane Syndrome [zu grch. *phakos* »Linse«]

Pha|lanx ⟨f.; -, -lan|gen⟩ **1** ⟨Antike⟩ lange, geschlossene Schlachtreihe in mehreren Gliedern **2** ⟨fig.⟩ geschlossene Reihe, Front **3** ⟨Anat.⟩ Knochen der Finger bzw. Zehen [grch., »Baumstamm, Block, Schlachtreihe«]

phal|lisch ⟨Adj.⟩ den Phallus, Phalluskult betreffend, auf ihnen beruhend

Phal|lo|gra|fie ⟨f.; -, -n; Med.⟩ = Phallographie

Phal|lo|gra|phie ⟨f.; -, -n; Med.⟩ Messverfahren zur Bestimmung der Erektionsfähigkeit des Penis; *oV* Phallografie

Phal|lo|plas|tik ⟨f.; -, -en; Chir.⟩ chirurgische Umformung od. Nachbildung des männlichen Gliedes [<*Phallus* + *Plastik*]

Phal|lus ⟨m.; -, Phal|li od. Phal|len⟩ das (erigierte) männliche Glied [<grch. *phallos* »das männliche Glied als Sinnbild der Zeugungskraft«]

Phal|lus|kult ⟨m.; -(e)s, -e⟩ Kult, Verehrung des Phallus als Sinnbild der Fruchtbarkeit

Phän ⟨n.; -s, -e; Genetik⟩ einzelnes Erbmerkmal, das zusammen mit anderen den Phänotyp eines Lebewesens konstituiert [<grch. *phainestai* »erscheinen, sichtbar werden«]

Pha|ne|ro|ga|me ⟨f.; -, -n; Bot.⟩ Blütenpflanze; *Ggs* Kryptogame [<grch. *phaneros* »sichtbar« + *...game*]

Pha|ne|ro|phyt ⟨m.; -en, -en; meist Pl.; Bot.⟩ Pflanzen mit frei in die Luft ragenden Trieben, die Knospenspitzen haben, die die klimatisch ungünstige Jahreszeit ungeschützt überstehen (Sträucher u. Bäume) [<grch. *phaneros* »sichtbar« + *...phyt*]

Phä|no|lo|gie ⟨f.; -; unz.⟩ Lehre von den jahreszeitlich bedingten Erscheinungformen bei Tieren u. Pflanzen [<grch. *phainesthai* »erscheinen« + *...logie*]

phä|no|lo|gisch ⟨Adj.⟩ die Phänologie betreffend, zu ihr gehörig

Phä|no|men ⟨n.; -s, -e⟩ **1** Erscheinung, etwas sich den Sinnen Zeigendes **2** der sich der Erkenntnis zeigende Bewusstseinsinhalt **3** ⟨fig.⟩ Wunder, Wunderding, ungewöhnlicher Mensch [<grch. *phainomenon* »Erscheinendes, sinnlich Wahrnehmbares«; zu *phainein* »sichtbar machen«]

phä|no|me|nal ⟨Adj.⟩ großartig, erstaunlich; *einen ~en Rekord aufstellen*

Phä|no|me|na|lis|mus ⟨m.; -; unz.; Philos.⟩ Lehre, dass alle Gegenstände der Wahrnehmung od. Erfahrung nur Erscheinungsformen eines unerkennbaren »Dinges an sich« seien

Phä|no|me|no|lo|gie ⟨f.; -; unz.; Philos.⟩ Lehre von den Erscheinungen der Dinge (auch der nur vorgestellten, gedachten) ohne den Anspruch, ihre Individualität u. (od.) ihr Wesen zu erfassen [<grch. *phainomenon* »Erscheinendes, sinnlich Wahrnehmbares« + *...logie*]

phä|no|me|no|lo|gisch ⟨Adj.; Philos.⟩ die Phänomenologie betreffend, zu ihr gehörig, von ihr stammend

phä|no|ty|pisch ⟨Adj.⟩ zum Phänotypus gehörend, auf ihm beruhend

Phä|no|ty|pus ⟨m.; -, -ty|pen⟩ Erscheinungsbild eines Lebewesens; *Ggs* Genotypus [<grch. *phainesthai* »erscheinen« + *Typus*]

Phan|ta|sie ⟨f.; -, -n⟩ = Fantasie

phan|ta|sie|ren ⟨V.⟩ = fantasieren

Phan|tas|ma ⟨n.; -s, -tas|men⟩ **1** Sinnestäuschung, Trugbild **2** anschauliches, inneres Bild [grch., »Erscheinung, Gestalt, Trugbild«]

Phan|tas|ma|go|rie ⟨f.; -, -n⟩ Darstellung von Trugbildern, Geistererscheinungen auf der Bühne [<grch. *phantasma* »Erscheinung, Gestalt, Trugbild« + *agora* »Versammlung«]

phan|tas|ma|go|risch ⟨Adj.⟩ in der Art einer Phantasmagorie, spukhaft, täuschend, irreal

phan|tas|ma|tisch ⟨Adj.⟩ die Sinne täuschend, in der Art eines Phantasmas, auf ihm beruhend

Phan|tast ⟨m.; -en, -en⟩ = Fantast

Phan|tas|te|rei ⟨f.; -, -en; meist abwertend⟩ = Fantasterei

Phan|tas|tik ⟨f.; -; unz.⟩ = Fantastik

Phan|tas|tin ⟨f.; -, -tin|nen⟩ = Fantastin

P

phan|tas|tisch ⟨Adj.⟩ = fantastisch

Phan|tom ⟨n.; -s, -e⟩ **1** Trugbild, gespenstische Erscheinung **2** ⟨Med.⟩ Nachbildung eines Körperteils als Anschauungsmittel [<frz. *fantôme* »Gespenst, Trugbild« <vulgärlat. **fantauma* <grch. *phantasma* »Erscheinung, Gestalt, Trugbild«]

Phan|tom|bild ⟨n.; -(e)s, -er⟩ nach Beschreibungen von Zeugen gezeichnetes Bild (eines gesuchten Verbrechers)

Phan|tom|schmerz ⟨m.; -es, -en; Med.⟩ scheinbarer Schmerz in einem amputierten Glied

Phä|o|phy|zee ⟨[-tseːə] f.; -, -n; Bot.⟩ Braunalge [<grch. *phaios* »dunkelfarbig« + *...phyzee*]

Pha|rao ⟨m.; -s, -o|nen⟩ **1** altägyptischer König **2** ⟨n.; -s; unz.⟩ frz. Glücksspiel mit Karten; *oV* Pharo [grch. <altägypt. *per-a* »großes Haus, Palast, Hof« (Titel des Königs)]

pha|ra|o|nisch ⟨Adj.⟩ von den Pharaonen stammend, zu ihnen gehörend

Pha|ri|sä|er ⟨m.; -s, -⟩ **1** Angehöriger der führenden altjüd. religiös-polit. Partei seit dem 3. Jh. v. Chr., die sich streng an das mosaische Gesetz hielt **2** ⟨fig.⟩ selbstgerechter, engstirniger Mensch [<lat. *Pharisaeus* <grch. *Pharisaios;* zu aram. *perishaiya* »abgesondert«]

pha|ri|sä|isch ⟨Adj.⟩ **1** zu den Pharisäern (1) gehörend, in der Art der Pharisäer **2** ⟨fig.⟩ wie ein Pharisäer (2), selbstgefällig, heuchlerisch

Pha|ri|sä|is|mus ⟨m.; -; unz.⟩ **1** Lehre der Pharisäer **2** ⟨fig.⟩ engstirnige Selbstgerechtigkeit

phar|ma..., Phar|ma... ⟨in Zus.⟩ arzneimittel..., Arzneimittel...; *pharmazeutisch; Pharmaindustrie* [<grch. *pharmakon* »Heilmittel, Gift, Zaubermittel«]

Phar|ma|in|dus|trie *auch:* **Phar|ma|in|dust|rie** ⟨f.; -; unz.⟩ Industriezweig, der pharmazeutische Produkte herstellt

Phar|ma|keu|le ⟨f.; -, -n; umg.⟩ sehr hohe Dosis eines Medikaments, besonders stark wirkendes Medikament

phar|ma|ko..., Phar|ma|ko... ⟨in Zus.⟩ arzneimittel..., Arzneimittel...; *pharmakologisch; Pharmakogenetik* [<grch. *pharmakon* »Heilmittel, Gift, Zaubermittel«]

Phar|ma|ko|dy|na|mik ⟨f.; -; unz.⟩ **1** Lehre von der Wirkungsweise der Medikamente u. Gifte im Körper **2** Wirkungsweise der Arzneimittel selbst [<*Pharmakon* + *Dynamik*]

phar|ma|ko|dy|na|misch ⟨Adj.⟩ die Pharmakodynamik betreffend, auf ihr beruhend

Phar|ma|ko|ge|ne|tik ⟨f.; -; unz.⟩ pharmakologische Disziplin, die sich mit den genetischen Grundlagen irregulärer Reaktionsweisen auf Arzneimittelgaben befasst; *Sy* Pharmakogenomik

Phar|ma|ko|ge|no|mik ⟨f.; -; unz.⟩ = Pharmakogenetik

Phar|ma|ko|gno|sie *auch:* **Phar|ma|kog|no|sie** ⟨f.; -; unz.⟩ Lehre vom Erkennen der Medikamente u. ihrer Rohstoffe [<*Pharmakon* + *...gnosie*]

phar|ma|ko|gnos|tisch *auch:* **phar|ma|kog|nos|tisch** ⟨Adj.⟩ die Pharmakognosie betreffend, auf ihr beruhend

Phar|ma|ko|lo|ge ⟨m.; -n, -n⟩ Wissenschaftler, Student der Pharmakologie

Phar|ma|ko|lo|gie ⟨f.; -; unz.⟩ Lehre von den Wirkungen u. Anwendungen der Medikamente [<*Pharmakon* + *...logie*]

Phar|ma|ko|lo|gin ⟨f.; -, -gin|nen⟩ Wissenschaftlerin, Studentin der Pharmakologie; *Sy* Pharmazeutin (1)

phar|ma|ko|lo|gisch ⟨Adj.⟩ die Pharmakologie betreffend, zu ihr gehörig, auf ihr beruhend

Phar|ma|kon ⟨n.; -s, -ma|ka⟩ **1** = Medikament; *Sy* Pharmazeutikum **2** Gift [grch., »Heilmittel, Gift, Zaubermittel«]

Phar|ma|kon|zern ⟨m.; -(e)s, -e⟩ großes pharmazeutisches Unternehmen

Phar|ma|ko|pöe ⟨f.; -, -n⟩ amtl. Arzneibuch [<*Pharmakon* + *...pöe*]

Phar|ma|ko|the|ra|pie ⟨f.; -, -n⟩ Anwendung der Arzneimittel zu Heilzwecken

Phar|ma|re|fe|rent ⟨m.; -en, -en⟩ Repräsentant eines Arzneimittelherstellers, der Ärzte u. Krankenhäuser über die pharmazeutischen Produkte seines Auftraggebers informiert u. Bestellungen entgegennimmt [verkürzt <*pharmazeutischer Referent*]

Phar|ma|re|fe|ren|tin ⟨f.; -, -tin|nen⟩ Repräsentantin eines Arzneimittelherstellers

Phar|ma|zeut ⟨m.; -en, -en⟩ **1** = Pharmakologe **2** wissenschaftlich ausgebildeter Apotheker [<grch. *pharmakeutes* »Hersteller von Arzneimitteln, Giftmischer«; zu *pharmakon* »Heil-, Zaubermittel; Gift«]

Phar|ma|zeu|tik ⟨f.; -; unz.⟩ = Pharmazie

Phar|ma|zeu|ti|kum ⟨n.; -s, -ti|ka⟩ = Pharmakon (1)

Phar|ma|zeu|tin ⟨f.; -, -tin|nen⟩ **1** = Pharmakologin **2** Apothekerin

phar|ma|zeu|tisch ⟨Adj.⟩ zur Pharmazie gehörig, auf ihr beruhend [<grch. *pharmakeutikos* »die Kenntnis u. Herstellung von Arzneimitteln u. Giften betreffend«; zu *pharmakon* »Heil-, Zaubermittel; Gift«]

Phar|ma|zie ⟨f.; -; unz.⟩ Lehre von der Zubereitung der Medikamente; *Sy* Pharmazeutik [<lat. *pharmacia* <grch. *pharmakeia* »Gebrauch von Heilmitteln, Giften, Zaubermitteln; Arznei«; zu *pharmakon* »Heil-, Zaubermittel; Gift«]

Phar|ming ⟨n.; - od. -s; unz.; EDV⟩ unerlaubtes Abfangen der Daten von Internetnutzern, um sie auf eine andere als die aufgerufene Webseite umzuleiten, beruht auf der Manipulation der DNS (2) [Kunstwort]

Pha|ro ⟨n.; -s; unz.⟩ = Pharao (2)

pha|ryn|gal ⟨Adj.; Phon.⟩ den Pharynx betreffend, von ihm stammend, zu ihm gehörig; ~ *gebildete Konsonanten*

pha|ryn|ga|li|sie|ren ⟨V.; Phon.⟩ Laute mit verengtem Rachenraum erzeugen [→ *Pharynx*]

Pha|ryn|gis|mus ⟨m.; -, -gis|men; Med.⟩ Krampf der Schlundmuskeln infolge von Nervenleiden, Reizung od. organischen Erkrankungen; *Sy* Pharyngospasmus [→ *Pharynx*]

Pha|ryn|gi|tis ⟨f.; -, -ti|den; Med.⟩ Rachenkatarrh [<grch. *pharynx,* Gen. *pharyngis* »oberer Teil der Speiseröhre«]

pha|ryn|go..., Pha|ryn|go... ⟨in Zus.⟩ rachen..., Rachen... [<grch. *pharynx* »oberer Teil der Speiseröhre, Rachen«]

Pha|ryn|go|lo|gie ⟨f.; -; unz.; Med.⟩ Lehre von den Krankheiten des Rachens [<*Pharyngo...* + *...logie*]

pha|ryn|go|lo|gisch ⟨Adj.; Med.⟩ die Pharyngologie betreffend, zu ihr gehörig, auf ihr beruhend

Pha|ryn|go|skop *auch:* **Pha|ryn|gos|kop** ⟨n.; -s, -e; Med.⟩ Kehlkopfspiegel [<*Pharyngo...* + *...skop*]

Pha|ryn|go|sko|pie *auch:* **Pha|ryn|gos|ko|pie** ⟨f.; -, -n; Med.⟩ Untersuchung mit dem Pharyngoskop

Pha|ryn|go|spas|mus ⟨m.; -, -spasmen; Med.⟩ = Pharyngismus [<*Pharyngo...* + *Spasmus*]

Pha|ryn|go|to|mie ⟨f.; -, -n; Med.⟩ operative Öffnung des Schlundes [<*Pharyngo...* + *...tomie*]

Pha|rynx ⟨m.; -, -ryn|gen; Anat.⟩ Rachen [grch.]

Pha|se ⟨f.; -, -n⟩ **1** Abschnitt, Stufe einer Entwicklung; *in einer schwierigen ~ sein* **2** Zeit, in der ein Himmelskörper nur zum Teil erleuchtet ist; *Mond~* **3** ⟨Physik⟩ jeweiliger Zustand eines schwingenden Systems [frz. <grch. *phasis* »Erscheinung, Aufgang eines Gestirns«; zu *phainesthai* »erscheinen«]

pha|sisch ⟨Adj.⟩ periodisch wiederkehrend, in Phasen auftretend, ablaufend; *ein ~er Krankheitsverlauf*

pha|tisch ⟨Adj.; Sprachw.⟩ Kontakt herstellend u. sichernd; *die ~e Funktion einer Rede, eines Textes* [<grch. *phatizein* »sprechen, reden«]

Pha|ze|lie ⟨[-ljə] f.; -, -n; Bot.⟩ zu den Wasserblattgewächsen gehörende Pflanze mit lila Blüten, die als Bienenweide dient, Büschelschön [<grch. *phakelos* »Büschel«]

Phel|lo|den|dron *auch:* **Phel|lo|dend|ron** ⟨m. od. n.; -s, -dren; Bot.⟩ Korkbaum [<grch. *phellos* »Kork« + *dendron* »Baum«]

Phel|lo|derm ⟨n.; -s, -e; Bot.⟩ unverkorktes, blattgrünhaltiges Rindengewebe [<grch. *phellos* »Kork« + *derma* »Haut«]

Phel|lo|gen ⟨n.; -s, -e; Bot.⟩ Pflanzengewebe, das nach innen Phelloderm, nach außen Kork bildet [<grch. *phellos* »Kork« + *...gen*]

Phel|lo|id ⟨n.; -(e)s, -e; Bot.⟩ unverkorktes Gewebe innerhalb der Korkschicht des Periderms [<grch. *phellos* »Kork« + *...id*]

Phe|lo|ni|on ⟨n.; -s, -ni|en⟩ = Phelonium

Phe|lo|ni|um ⟨n.; -s, -ni|en⟩ liturgisches Gewand des Priesters in der orthodoxen Kirche, das dem Chormantel im lateinischen Ritus ähnelt; *oV* Phelonion [<spätgrch. *phelonion, phailonion;* zu grch. *phailones* »Reisemantel«]

Phen|a|ce|tin *auch:* **Phe|na|ce|tin** ⟨n.; -s; unz.; Pharm.; internat. Freiname für⟩ ein fiebersenkendes u. schmerzstillendes Medikament, das bei Überdosierung zu Nierenschäden führen kann [verkürzt <*Paraacetphenetidin*]

Phen|an|thren *auch:* **Phe|nanth|ren** ⟨n.; -s; unz.; Chemie⟩ im Steinkohlenteer auftretende, aus drei kondensierten Benzolkernen aufgebaute aromat. Verbindung, bildet das Grundgerüst der Sexualhormone u. vieler Vitamine [<*Phenol* + *Anthrazen*]

Phe|nol ⟨n.; -s, -e; Chemie⟩ **1** chemische Verbindung, die sich aus Benzol durch Ersatz eines Wasserstoffatoms gegen eine Hydroxidgruppe (-OH) ergibt, zeigt sowohl Eigenschaften einer Säure als auch einer Base, Grundkörper der Verbindungsklasse der Phenole; *Sy* Karbol, Karbolsäure **2** ⟨Pl.⟩ *~e* Gruppe chemischer Verbindungen, die sich vom Benzol durch Ersatz eines od. mehrerer Wasserstoffatome gegen Hydroxidgruppen ableiten, Grundkörper ist das Phenol [<grch. *phainein* »zeigen« + lat. *oleum* »Öl«]

Phe|nol|harz ⟨n.; -es, -e; Chemie⟩ Kunststoff, der durch Kondensation von Phenol mit Formaldehyd gewonnen wird; *Sy* Phenoplast

Phe|nol|phtha|le|in *auch:* **Phe|nolph|tha|le|in** ⟨n.; -s; unz.; Chemie⟩ zur Gruppe der Phthaleine zählender Farbstoff, der als Indikator in der analytischen Chemie verwendet wird

Phe|no|plast ⟨m.; -(e)s, -e; Chemie⟩ = Phenolharz [<*Phenol* + grch. *plassein* »bilden«]

Phe|nyl ⟨n.; -s, -e; Chemie⟩ das einwertige aromat. Radikal C_6H_5-, Bestandteil vieler chemischer Verbindungen [<grch. *phainein* »zeigen« + *...yl*]

Phe|nyl|amin ⟨n.; -s, -e; Chemie⟩ = Anilin

Phe|nyl|grup|pe ⟨f.; -, -n; Chemie⟩ = Phenyl

Phe|nyl|ke|ton|u|rie *auch:* **Phe|nyl|ke|to|nu|rie** ⟨f.; -, -n; Med.⟩ durch einen Enzymdefekt verursachte Stoffwechselkrankheit, die zu Gehirnschädigungen führt [verkürzt <*Phenylalanin (Enzym)* + *Keton* + *...urie*]

Phe|ro|mon ⟨n.; -s, -e; Biochemie⟩ Wirkstoff, der von einem Tier an die Umgebung abgegeben wird u. bei Individuen derselben Art spezifische Reaktionen auslöst (z. B. Sexuallockstoff) [<grch. *pherein* »tragen« + *Hormon*]

Phi ⟨n.; -s, -s; Zeichen: ϕ, Φ⟩ grch. Buchstabe

Phi|a|le ⟨f.; -, -n⟩ altgrch. flache Schale [grch., »Kessel, Urne, Schale«]

phil..., Phil... ⟨in Zus.⟩ = philo..., Philo...

...phil ⟨Nachsilbe; zur Bildung von Adj.⟩ liebend, jmdm. od. etwas wohlgesonnen; *anglophil* [<grch. *philos* »Freund«]

Phil|an|throp *auch:* **Phi|lanth|rop** ⟨m.; -en, -en⟩ Menschenfreund; *Ggs* Misanthrop [<*Phil...* + grch. *anthropos* »Mensch«]

Phil|an|thro|pie *auch:* **Phi|lanth|ro|pie** ⟨f.; -; unz.⟩ Menschenliebe; *Ggs* Misanthropie

phil|an|thro|pisch *auch:* **phi|lanth|ro|pisch** ⟨Adj.⟩ menschenfreundlich; *Ggs* misanthropisch [→ *Philanthrop*]

Phil|an|thro|pis|mus *auch:* **Phi|lanth|ro|pis|mus** ⟨m.; -; unz.⟩ von Basedow begründete, auf der Lehre Rousseaus beruhende, naturgemäße u. philanthrop. Erziehungsmethode

Phil|a|te|lie *auch:* **Phi|la|te|lie** ⟨f.; -; unz.⟩ Briefmarkenkunde [< *Phil...* + grch. *ateles* »abgabenfrei, steuerfrei«]

Phil|a|te|list *auch:* **Phi|la|te|list** ⟨m.; -en, -en⟩ Kenner der Philatelie, Briefmarkensammler

Phil|har|mo|nie ⟨f.; -, -n; Musik⟩ Name von musikal. Gesellschaften, Orchestern od. Konzertsälen [< *Phil...* + *Harmonie*]

Phil|har|mo|ni|ker ⟨m.; -s, -; Musik⟩ **1** Musiker in einem philharmon. Orchester **2** ⟨Pl.⟩ Gesamtheit dieser Musiker

Phil|har|mo|ni|ke|rin ⟨f.; -, -rinnen; Musik⟩ Musikerin in einem philharmonischen Orchester

phil|har|mo|nisch ⟨Adj.; Musik⟩ zur Philharmonie gehörend, auf ihr beruhend; *~es Orchester* ⟨urspr.⟩ die Musik liebendes O. (Name mancher Orchester)

Phil|hel|le|ne ⟨m.; -, -n⟩ Unterstützer des Freiheitskampfes der Griechen gegen die Türken [< *Phil...* + *Hellene*]

Phil|hel|le|nis|mus ⟨m.; -; unz.⟩ romantisch-polit. Bewegung zugunsten der Griechen in ihrem Kampf gegen die Türken

...phi|lie ⟨Nachsilbe; zur Bildung weibl. Subst.⟩ Liebhaberei, Vorliebe; *Homophilie* [<grch. *philos* »Freund«]

Phil|ip|pi|ka *auch:* **Phi|lip|pi|ka** ⟨f.; -, -pi|ken⟩ **1** eine der Reden des Demosthenes gegen Philipp von Mazedonien **2** ⟨allg.⟩ Strafrede, Kampfrede

Phi|lis|ter ⟨m.; -s, -⟩ **1** Angehöriger eines nichtsemit. Volkes an der Küste Palästinas, das in der Nachbarschaft der Israeliten angesiedelt wurde **2** ⟨fig.⟩ engstirniger Mensch, Spießbürger, kleinl. Besserwisser **3** ⟨Studentenspr.; veraltet⟩ **3.1** Nichtstudent **3.2** Alter Herr einer Verbindung [<hebr. *Pelistim,* eigtl. »Einwanderer«; zu *palasch* »wandern«]

phi|lis|trös *auch:* **phi|list|rös** ⟨Adj.⟩ philisterhaft

Phil|lu|me|nie ⟨f.; -; unz.⟩ das Sammeln von Streichholzschachteln u. deren Etiketten [< *Philo...* + lat. *lumen* »Licht«]

phi|lo..., Phi|lo... ⟨vor h u. vor Vokalen⟩ phil..., Phil... ⟨in Zus.⟩ ...freundlich, ...freund, freundlich gesinnt, ...liebend, ...liebhaber; *philharmonisch, Philosoph* [<grch. *philein* »lieben« u. *philos* »Freund; liebend«]

Phi|lo|den|dron *auch:* **Phi|lo|dend|ron** ⟨m. od. n.; -s, -den|dren; Bot.⟩ **1** zu einer Gattung der Aronstabgewächse gehörende tropische Kletterpflanze mit Luftwurzeln: Philodendron **2** ⟨fälschl.⟩ = Monstera [< *Philo...* + grch. *dendron* »Baum«]

Phi|lo|gyn ⟨m.; -en, -en⟩ den Frauen freundlich gesinnter Mann; *Ggs* Misogyn [< *Philo...* + grch. *gyne* »Weib«]

Phi|lo|lo|ge ⟨m.; -n, -n⟩ Wissenschaftler, Student der Philologie

Phi|lo|lo|gie ⟨f.; -; unz.⟩ Sprach- u. Literaturwissenschaft [< *Philo...* + *...logie*]

Phi|lo|lo|gin ⟨f.; -, -gin|nen⟩ Wissenschaftlerin, Studentin der Philologie

phi|lo|lo|gisch ⟨Adj.⟩ **1** zur Philologie gehörend, auf ihr beruhend **2** ⟨fig.⟩ trocken wissenschaftlich, übertrieben genau, unlebendig

Phi|lo|me|la ⟨f.; -, -me|len⟩ = Philomele

Phi|lo|me|le ⟨f.; -, -n; poet.⟩ Nachtigall; *oV* Philomela [nach *Philomela,* der Tochter König Pandions von Athen, die in eine Nachtigall verwandelt wurde]

Phi|lo|se|mit ⟨m.; -en, -en⟩ den Juden freundlich gesinnter Vertreter einer Gegenbewegung gegen den Antisemitismus; *Ggs* Antisemit

Phi|lo|se|mi|tis|mus ⟨m.; -; unz.⟩ freundliche, tolerante Haltung gegenüber dem Judentum; *Ggs* Antisemitismus

Phi|lo|soph ⟨m.; -en, -en⟩ **1** Erforscher der Ursprünge des Denkens u. Seins **2** jmd., der nach letzter Klarheit u. Wahrheit strebt, Denker **3** Begründer einer philosophischen Methode [< *Philo...* + grch. *sophos* »weise«]

Phi|lo|so|phas|ter ⟨m.; -s, -⟩ jmd., der sich oberflächlich mit Philosophie beschäftigt, philosoph. Schwätzer [< *Philosoph* + Pejorativendung *...aster*]

Phi|lo|so|phem ⟨n.; -s, -e⟩ **1** Ergebnis philosophischer Forschung, Ergebnis einer philosoph. Lehre **2** philosoph. Behauptung [< *Philosophie* + grch. *pheme* »Rede«]

Philosophie (*Laut-Buchstaben-Zuordnung*) Für die Silben »*-fon*«, »*-fot*« und »*-graf*« kann die eingedeutschte (integrierte) Lautschreibung generell verwendet werden.
Für andere griechische Silben wie »*philo-*«, die in vielen Fremdwörtern bzw. Fachbegriffen vorkommen, gilt jedoch ausschließlich die Schreibung mit »*ph*« (→*a.* Foto...).

Phi|lo|so|phie ⟨f.; -, -n⟩ Lehre vom Wissen, von den Ursprüngen u. vom Zusammenhang der Dinge in der Welt, vom Sein u. Denken [< *Philo...* + *...sophie*]

phi|lo|so|phie|ren ⟨V.⟩ **1** Philosophie betreiben, über die Ursprünge u. das Wesen der Dinge nachdenken **2** ⟨fig.⟩ nachdenklich über etwas sprechen, im Gespräch zu erkennen suchen; *über etwas ~*

Phi|lo|so|phi|kum ⟨n.; -s, -phi|ka⟩ (in einigen Bundesländern) Teilprüfung des 1. Staatsexamens für Lehramtskandidaten, in der der Nachweis philosophischer u. erziehungswissenschaftlicher Kenntnisse erbracht werden muss

Phi|lo|so|phin ⟨f.; -, -phin|nen⟩ weibl. Philosoph

phi|lo|so|phisch ⟨Adj.⟩ **1** zur Philosophie gehörend, auf ihr beruhend **2** ⟨fig.⟩ denkend, denkerisch, weise

Phil|trum *auch:* **Philt|rum** ⟨n.; -s, Phil|tra od. Phil|tren; Anat.⟩ Rinne in der Mitte der Oberlippe [lat.; zu grch. *philtron* »Liebestrank«]

Phi|mo|se ⟨f.; -, -n; Med.⟩ Verengung der Vorhaut am männl.

P

Glied [zu grch. *phimoun* »knebeln, schnüren«]
Phi|o|le ⟨f.; -, -n⟩ langhalsiges, birnenförmiges Glasfläschchen (bes. in der Alchimie) [<ahd. *fiala* <mlat. *fiole* <grch. *phiale* »Kessel, Urne, Schale«]
Phi|shing ⟨[fɪʃɪŋ] n.; - od. -s; unz.; EDV⟩ meist als offizielle E-Mail eines seriösen Anbieters getarntes Betrugsmanöver, bei dem Kriminelle von Internetnutzern vertrauliche Daten wie PIN-Codes, Passwörter od. Bankzugänge erfragen (häufig auch durch Umleiten auf gefälschte Webseiten) [engl., vermutl. <*phreak* »sich illegal in ein Telefonnetz einschleichen, um kostenlos telefonieren zu können« (verkürzt <*phone* »telefonieren« + *freak* »Freak; Laune«) + *fishing* »(Ab-)Fischen«]
Phle|bi|tis ⟨f.; -, -ti|den; Med.⟩ Venenentzündung [<grch. *phleps*, Gen. *phlebos* »Blutader«]
phle|bo|gen ⟨Adj.; Med.⟩ von den Venen ausgehend, z. B. Krampfaderschmerzen [<grch. *phleps*, Gen. *phlebos* »Blutader« + *...gen*]
Phle|bo|to|mie ⟨f.; -, -n; Med.⟩ Aderlass [<grch. *phleps*, Gen. *phlebos* »Blutader« + *...tomie*]
Phleg|ma ⟨n.; -s; unz.⟩ Trägheit, Schwerfälligkeit, träge Ruhe, Mangel an Erregbarkeit [grch., »Brand, Flamme, Hitze«]
Phleg|ma|sie ⟨f.; -, -n; Med.⟩ Entzündung [<grch. *phlegmasia*]
Phleg|ma|ti|ker ⟨m.; -s, -⟩ träger, nicht leicht erregbarer Mensch; *oV* Phlegmatikus
Phleg|ma|ti|kus ⟨m.; -, -se; umg.; scherzh.⟩ = Phlegmatiker
phleg|ma|tisch ⟨Adj.⟩ schwerfällig, träge, nicht leicht erregbar [→ *Phlegma*]
Phleg|mo|ne ⟨f.; -, -n; Med.⟩ Zellgewebsentzündung [<grch. *phlegmone* »Entzündung«; zu *phlegma* »Brand, Flamme«]
Phlo|em ⟨n.; -s, -e; Bot.⟩ Siebteil der Leitbündel bei Pflanzen; *Sy* Leptom [<grch. *phloios* »Bast«]
phlo|gis|tisch ⟨Adj.; Med.⟩ auf einer Entzündung beruhend, entzündlich [→ *Phlogose*]
Phlox ⟨m.; -es, -e od. f.; -, -e; Bot.⟩ zu einer Gattung der Sperrkrautgewächse gehörende Dauerpflanze mit leuchtenden, duftenden Blütenständen, Flammenblume: Phlox [grch., »Brand, Flamme, Feuer, Glut«]
Phlo|xin ⟨n.; -s; unz.⟩ für Farblacke u. Druckfarben verwendeter roter Teerfarbstoff [→ *Phlox*]
...phob ⟨Nachsilbe; zur Bildung von Adj.⟩ **1** jmdm. od. etwas abgeneigt; *anglophob; bibliophob* **2** ⟨Chemie⟩ eine andere Substanz abstoßend; *hydrophob* **3** ⟨Biol.⟩ etwas als Lebensraum meidend; *photophob* [<grch. *phobos* »Furcht«]
Pho|bie ⟨f.; -, -n; Psych.; Med.⟩ als Zwangserscheinung auftretende Angst vor bestimmten Objekten od. Situationen, z. B. Klaustrophobie [<grch. *phobos* »Furcht«]
pho|bisch ⟨Adj.; Psych.; Med.⟩ in der Art einer Phobie, auf ihr beruhend
Phon ⟨n.; -s, -; Zeichen: phon⟩ Maßeinheit der Lautstärke; *oV* Fon[2] [<grch. *phone* »Stimme, Laut, Ton«]
...phon[1] ⟨Nachsilbe; zur Bildung von Adj.⟩ klingend, ...stimmig; *oV* ...fon[1]; *homophon; polyphon* [<grch. *phone* »Stimme«]
...phon[2] ⟨Nachsilbe; zur Bildung sächl. Subst.; n.; -s, -e⟩ *oV* ...fon[2] **1** Musikinstrument; *Metallophon* **2** Gerät zur Wiedergabe von Tönen; *Grammophon*® [→ *...phon[1]*]
Pho|na|ti|on ⟨f.; -; unz.; Med.⟩ Stimm- u. Lautbildung; *oV* Fonation

Phonem / Fonem (*Laut-Buchstaben-Zuordnung*) Die aus dem Griechischen stammende Silbe »*-phon*« kann ebenso wie die Wortbestandteile »*-graph*« und »*-phot*« in jedem Fall auch mit »*f*« geschrieben werden.
In fachsprachlichen Texten ist jedoch die fremdsprachige ph-Schreibung üblicher.

Pho|nem ⟨n.; -s, -e⟩ *oV* Fonem **1** ⟨Sprachw.⟩ kleinste Einheit der Phonologie, Laut, der im Vergleich zu einem anderen Laut in derselben Stellung eine unterschiedl. Bedeutung ausdrückt, z. B. sind das i u. a in »ich« u. »ach« zwei Phoneme, das ch ein Phonem **2** ⟨Med.⟩ akustische Sinnestäuschung, insbes. bei Schizophrenie [<grch. *phone* »Stimme, Laut, Ton«]
Pho|ne|ma|tik ⟨f.; -; unz.; Sprachw.⟩ *oV* Fonematik **1** = Phonologie **2** Oberbegriff für Phonologie und Phonetik [<spätgrch. *phonema* »Stimme, Ton, Laut«]
pho|ne|ma|tisch ⟨Adj.; Sprachw.⟩ *oV* fonematisch; *Sy* phonemisch **1** ein Phonem betreffend **2** auf der Phonematik beruhend, zu ihr gehörend; *~e Untersuchung*
Pho|ne|mik ⟨f.; -; unz.; Sprachw.⟩ = Phonologie; *oV* Fonemik
pho|ne|misch ⟨Adj.; Sprachw.⟩ = phonematisch; *oV* fonemisch
Pho|ne|tik ⟨f.; -; unz.; Sprachw.⟩ Lehre von der Art u. Erzeugung der Laute, vom Vorgang des Sprechens, Stimmbildungslehre; *oV* Fonetik [<grch. *phonetikos* »zum Tönen, Sprechen gehörig«; zu *phone* »Stimme, Laut, Ton«]
Pho|ne|ti|ker ⟨m.; -s, -; Sprachw.⟩ Kenner, Wissenschaftler der Phonetik; *oV* Fonetiker
Pho|ne|ti|ke|rin ⟨f.; -, -rin|nen; Sprachw.⟩ Kennerin, Wissenschaftlerin der Phonetik; *oV* Fonetikerin
pho|ne|tisch ⟨Adj.; Sprachw.⟩ die Phonetik betreffend, zu ihr gehörend, auf ihr beruhend, lautlich; *oV* fonetisch
Phon|i|a|ter *auch:* **Pho|ni|a|ter** ⟨m.; -s, -; Med.⟩ Facharzt auf dem Gebiet der Phoniatrie; *oV* Foniater
Phon|i|a|trie *auch:* **Pho|ni|at|rie** ⟨f.; -; unz.; Med.⟩ Lehre von den Hör-, Stimm- u. Sprechkrankheiten; *oV* Foniatrie [<grch. *phone* »Stimme, Laut, Ton« + *iatreia* »ärztliche Behandlung, Heilung«]
...pho|nie ⟨Nachsilbe; zur Bildung weibl. Subst.⟩ Klingen, Klang, Musik; *oV* ...fonie; *Homophonie* [→ *...phon[1]*]
pho|nisch ⟨Adj.⟩ die Stimme

P

betreffend, auf ihr beruhend; *oV* fonisch [<grch. *phone* »Stimme, Laut, Ton«]

Pho|nis|mus ⟨m.; -, -nis|men; meist Pl.; Med.⟩ Wahrnehmung eines Tons bei Reizung anderer Sinne als des Gehörsinns, z. B. beim Sehen; *oV* Fonismus; →*a.* Synästhesie

Phö|nix ⟨m.; - od. -es, -e; ägypt. Myth.⟩ Vogel, der sich im Feuer verjüngt, Sinnbild der Unsterblichkeit [<grch. *phoinix* »Purpur« (kam bei den *Phöniziern* zuerst in Gebrauch)]

pho|no..., Pho|no... ⟨vor Vokalen⟩ phon..., Phon... ⟨in Zus.⟩ Schall, Laut, Ton; *oV* fono..., Fono... [<grch. *phone* »Stimme, Laut, Ton«]

Pho|no|dik|tat ⟨n.; -(e)s, -e⟩ Diktat, das auf ein Tonband gesprochen wird; *oV* Fonodiktat

pho|no|gen ⟨Adj.⟩ *~e Stimme* für Rundfunksendungen geeignete Stimme; *oV* fonogen [<grch. *phono... + ...gen*]

Pho|no|gramm ⟨n.; -(e)s, -e⟩ Aufzeichnung von Tönen auf Schallplatten od. Tonbändern; *oV* Fonogramm [<*Phono... + ...gramm*]

Pho|no|graph ⟨m.; -en, -en⟩ erstes, von Edison erfundenes Gerät zur Aufzeichnung von Schallwellen auf Platten aus Wachs; *oV* Fonograf [<*Phono... + ...graph*]

Pho|no|gra|phie ⟨f.; -, -n⟩ Aufzeichnung u. Wiedergabe von Tönen, Geräuschen, Musik u. Sprache; *oV* Fonografie [<*Phono... + ...graphie*]

pho|no|gra|phisch ⟨Adj.⟩ auf Phonographie beruhend, mit ihrer Hilfe; *oV* fonografisch

Pho|no|kof|fer ⟨m.; -s, -⟩ tragbarer Schallplattenspieler mit eingebautem Lautsprecher; *oV* Fonokoffer

Pho|no|la® ⟨n.; -s, -s od. f.; -, -s⟩ mechanisches Klavier, das von einem Lochstreifen gesteuert wird; *oV* Fonola [<grch. *phone* »Stimme, Laut, Ton«]

Pho|no|lith ⟨m.; -s od. -en, -e od. -en; Min.⟩ grünliches bis bräunliches tertiäres Ergussgestein aus Kalifeldspat u.ä. Mineralien; *oV* Fonolith [<*Phono... + ...lith*]

Pho|no|lo|ge ⟨m.; -n, -n; Sprachw.⟩ Wissenschaftler auf dem Gebiet der Phonologie; *oV* Fonologe

Pho|no|lo|gie ⟨f.; -; unz.; Sprachw.⟩ Lehre von den Lauten u. Lautgruppen im Hinblick auf ihre Bedeutung für die Wörter; *oV* Fonologie; *Sy* Phonematik (1), Phonemik [<*Phono... + ...logie*]

Pho|no|lo|gin ⟨f.; -, -gin|nen; Sprachw.⟩ Wissenschaftlerin auf dem Gebiet der Phonologie; *oV* Fonologin

pho|no|lo|gisch ⟨Adj.; Sprachw.⟩ zur Phonologie gehörend, mit ihrer Hilfe, auf ihr beruhend; *oV* fonologisch

Pho|no|me|ter ⟨n.; -s, -⟩ Gerät zur Messung der Hörschärfe; *oV* Fonometer

Pho|no|me|trie *auch:* **Pho|no|met|rie** ⟨f.; -; unz.⟩ **1** Teilgebiet der Akustik **2** ⟨Sprachw.⟩ anstelle von Phonetik u. Phonologie von E. Zwirner konzipierte Wissenschaft mit dem Ziel exakter statistischer Messung der Mittelwerte der Laute beim Sprechen; *oV* Fonometrie [<*Phono... + ...metrie*]

pho|no|me|trisch *auch:* **pho|no|met|risch** ⟨Adj.; Sprachw.⟩ die Phonometrie betreffend, zu ihr gehörend; *oV* fonometrisch

Pho|non ⟨n.; -s, -en; Physik⟩ hypothet. Elementarteilchen, das ähnlich wie das Foton bei der elektromagnet. Strahlung als Energieüberträger in festen od. flüssigen Stoffen wirkt, Gitterschwingungsquant; *oV* Fonon; *Sy* Schallquant [<grch. *phone* »Laut, Ton«]

Pho|no|thek ⟨f.; -, -en⟩ Archiv von Tonbandaufnahmen; *oV* Fonothek [<*Phono... + ...thek*]

Pho|no|ty|pis|tin ⟨f.; -, -tin|nen⟩ Angestellte, die nach Diktiergerät Schreiben auf einer Maschine erstellt; *oV* Fonotypistin

...phor[1] ⟨Nachsilbe; zur Bildung von Adj.⟩ tragend; *morbiphor* [<grch. *pherein* »tragen«]

...phor[2] ⟨Nachsilbe; zur Bildung männl. Subst.⟩ Träger; *Chromatophor; Elektrophor* [<grch. *pherein* »tragen«]

Pho|re|sie ⟨f.; -; unz.; Biol.⟩ vorübergehender Anschluss eines Tieres an ein anderes zum Zweck des Transports, ohne dass der Transportwirt geschädigt wird [zu grch. *pherein* »tragen«]

Phor|minx ⟨f.; -, -min|gen; Musik⟩ altgrch., leierähnliches Zupfinstrument mit einem halbkreisförmigen Korpus u. 3-5 Saiten, Vorläufer der Kithara [grch.]

Pho|ro|ni|den ⟨Pl.; Zool.⟩ ausschließlich im Meer vorkommende Klasse der Tentakeltiere mit wurmförmigem Körper, Hufeisenwürmer: Phoronidea [<grch. *pherein* »tragen«]

Pho|ro|no|mie ⟨f.; -; unz.⟩ = Kinematik [<grch. *pherein* »tragen« + *...nomie*]

Phos|gen ⟨n.; -s; unz.; Chemie⟩ giftiges, farbloses Gas, chem. Kohlensäuredichlorid, chem. Kampfstoff (wichtige Chemikalie für zahlreiche Synthesen) [<grch. *phos* »Licht« + *...gen*[2]]

Phos|phat ⟨n.; -(e)s, -e; Chemie⟩ Salz od. Ester der Phosphorsäure

Phos|pha|ta|se ⟨f.; -, -n; meist Pl.; Biochemie⟩ in der Natur häufig vorkommendes Enzym, das aus Nukleotiden, Phosphatiden u. Zuckerphosphaten den esterartig gebundenen Phosphatrest abspaltet [→ *Phosphor*]

Phos|pha|tid ⟨n.; -(e)s, -e; meist Pl.; Biochemie⟩ zum Aufbau des Nervengewebes wichtiger Stoff, der sich aus Glyzerin, Phosphorsäure u. Aminoverbindungen zusammensetzt [→ *Phosphor*]

phos|pha|tie|ren ⟨V.⟩ = parkerisieren

Phos|phen ⟨n.; -s, -e; Med.⟩ subjektiv sichtbare Lichterscheinungen wie Blitze od. helle Kreise infolge einer anormalen Reizung des Sehnervs od. der Netzhaut, z. B. durch elektrischen Strom, Druck, Gehirnverletzungen [<grch. *phos* »Licht« + *phainein* »zeigen«]

Phos|phid ⟨n.; -(e)s, -e; Chemie⟩ chem. Verbindung eines Metalls mit Phosphor

Phos|phin ⟨n.; -s; unz.; Chemie⟩ knoblauchartig riechende, gif-

P

tige Verbindung des Phosphors mit Wasserstoff; *Sy* Phosphorwasserstoff

Phos|phit ⟨n.; -s, -e; Chemie⟩ Salz der phosphorigen Säure

Phos|phor ⟨m.; -s; unz.; chem. Zeichen: P⟩ nichtmetall. chem. Element, Ordnungszahl 15

Phos|pho|re ⟨Pl.; Chemie⟩ Leuchtmassen, die die Eigenschaft der Phosphoreszenz aufweisen [<grch. *phosphoros* »Licht bringend« <*phos* »Licht« + *pherein* »tragen«]

Phos|pho|res|zenz ⟨f.; -; unz.⟩ Fähigkeit mancher Stoffe, nach einer Bestrahlung mit Lichtwellen selbst zu leuchten

phos|pho|res|zie|ren ⟨V.⟩ Phosphoreszenz zeigen

phos|pho|rig ⟨Adj.; Chemie⟩ *~e Säure* eine Phosphorsauerstoffsäure

Phos|pho|rit ⟨m.; -s, -e; Chemie⟩ Mineral, chem. Calciumphosphat

Phos|phor|säu|re ⟨f.; -, -n; Chemie⟩ wichtigste Sauerstoffsäure des Phosphors, deren Salze die Phosphate sind

Phos|phor|was|ser|stoff ⟨m.; -(e)s; unz.; Chemie⟩ = Phosphin

phos|pho|ry|lie|ren ⟨V.; Biochemie⟩ beim Stoffwechsel einen Phosphatrest übertragen

Phos|pho|ry|lie|rung ⟨f.; -, -en; Biochemie⟩ Stoffwechsel, bei dem ein Phosphatrest übertragen wird

P

Phot ⟨n.; -s, -; Physik; Zeichen: ph⟩ nicht mehr zulässige Maßeinheit der Beleuchtungsstärke, zu ersetzen durch die Einheit Lux (lx), 1 ph =10000 lx [<grch. *phos,* Gen. *photos* »Licht«]

pho|to..., Pho|to... ⟨in Zus.⟩ = foto..., Foto...

Pho|to|bio|lo|gie ⟨f.; -; unz.; Biol.⟩ Teilgebiet der Biologie, das sich mit den Wechselwirkungen zwischen Licht u. Organismus befasst, z. B. Photosynthese der Pflanzen; *oV* Fotobiologie

pho|to|bio|lo|gisch ⟨Adj.; Biol.⟩ zur Photobiologie gehörend, auf der Beziehung zwischen Licht u. Organismus beruhend; *oV* fotobiologisch

Pho|to|che|mie ⟨[-çe-] f.; -; unz.; Chemie⟩ Teilgebiet der Chemie, das die durch Licht ausgelösten Wirkungen untersucht; *oV* Fotochemie

Pho|to|che|mi|gra|phie ⟨[-çe-] f.; -; unz.⟩ Herstellung von Ätzungen aller Art auf fotograf. Wege; *oV* Fotochemigrafie

pho|to|che|misch ⟨[-çe:-] Adj.; Chemie⟩ zur Photochemie gehörend, sie betreffend; *oV* fotochemisch

pho|to|chrom ⟨[-kro:m] Adj.; Physik; Optik⟩ = phototrop; *oV* fotochrom

Pho|to|ef|fekt ⟨m.; -(e)s, -e⟩ = Fotoeffekt

pho|to|elek|trisch *auch:* **pho|to|elekt|risch** ⟨Adj.⟩ zur Photoelektrizität gehörend, auf ihr beruhend; *oV* fotoelektrisch; *~er Effekt* lichtelektrischer Effekt

Pho|to|elek|tri|zi|tät *auch:* **Pho|to|elekt|ri|zi|tät** ⟨f.; -; unz.⟩ durch Licht ausgelöste elektr. Vorgänge; *oV* Fotoelektrizität

Pho|to|elek|tron *auch:* **Pho|to|elekt|ron** ⟨n.; -s, -en⟩ durch Vorgänge der Photoelektrizität freigesetztes Elektron; *oV* Fotoelektron

Pho|to|ele|ment ⟨n.; -(e)s, -e⟩ *oV* Fotoelement **1** Halbleiterbauelement, dessen elektrischer Widerstand von der einwirkenden Helligkeit abhängig ist **2** = Photozelle (2)

pho|to|gen ⟨Adj.⟩ = fotogen

Pho|to|ge|ni|tät ⟨f.; -; unz.⟩ = Fotogenität

Pho|to|gramm ⟨n.; -s, -e⟩ = Fotogramm

Pho|to|gram|me|trie *auch:* **Pho|to|gram|met|rie** ⟨f.; -; unz.⟩ = Fotogrammetrie

pho|to|gram|me|trisch *auch:* **pho|to|gram|met|risch** ⟨Adj.⟩ = fotogrammetrisch

Pho|to|graph ⟨m.; -en, -en⟩ = Fotograf

Pho|to|gra|phie ⟨f.; -, -n⟩ = Fotografie

pho|to|gra|phie|ren ⟨V.⟩ = fotografieren

Pho|to|gra|phin ⟨f.; -, -phin|nen⟩ = Fotografin

pho|to|gra|phisch ⟨Adj.⟩ = fotografisch

Pho|to|gra|vü|re ⟨[-vy:-] f.; -, -n⟩ = Fotogravüre

pho|to|ki|na ⟨f.; -, -ki|nen; in Köln⟩ alle zwei Jahre veranstaltete internationale Fachmesse für Fotografie

Pho|to|ko|pie ⟨f.; -, -n⟩ = Fotokopie

pho|to|ko|pie|ren ⟨V.⟩ = fotokopieren

Pho|to|ly|se ⟨f.; -; unz.; Biol.⟩ Spaltung chemischer Verbindungen durch Lichteinwirkung; *oV* Fotolyse [<*Photo...* + grch. *lysis* »Auslösung, Auflösung«]

pho|to|me|cha|nisch ⟨[-ça-] Adj.⟩ = fotomechanisch

Pho|to|me|ter ⟨n.; -s, -⟩ Gerät, das die Lichtstärken zweier Lichtquellen vergleicht; *oV* Fotometer

Pho|to|me|trie *auch:* **Pho|to|met|rie** ⟨f.; -; unz.⟩ Lehre vom Messen der Lichtstärke; *oV* Fotometrie

pho|to|me|trisch *auch:* **pho|to|met|risch** ⟨Adj.⟩ auf Photometrie beruhend, mit ihrer Hilfe; *oV* fotometrisch

Pho|ton ⟨n.; -s, -to|nen⟩ Elementarteilchen der elektromagnet. Strahlung (bes. des Lichts), das je nach Wellenlänge der Strahlung eine bestimmte Energie überträgt, Lichtquant; *oV* Foton [<grch. *phos,* Gen. *photos* »Licht«]

Pho|to|nas|tie ⟨f.; -, -n; Bot.⟩ durch Licht ausgelöste Nastie; *oV* Fotonastie

pho|to|nisch ⟨Adj.⟩ das Photon betreffend, auf ihm beruhend, in der Art eines Photons; *oV* fotonisch

Pho|to|ob|jek|tiv ⟨n.; -s, -e [-və]⟩ = Fotoobjektiv

Pho|to|op|tik ⟨f.; -, -en; Pl. selten⟩ = Fotooptik

Pho|to|pe|ri|o|dis|mus ⟨m.; -; unz.⟩ Reaktionsfähigkeit von Organismen auf die täglichen Licht- u. Dunkelperioden; *oV* Fotoperiodismus [<grch. *phos,* Gen. *photos* »Licht« + *Periode*]

pho|to|phil ⟨Adj.; Biol.⟩ Licht bevorzugend, liebend (in Bezug auf Pflanzen u. Tiere); *oV* fotophil; *Sy* heliophil; *Ggs* photophob [<*photo...* + *...phil*]

pho|to|phob ⟨Adj.; Biol.⟩ das Licht scheuend, sich ihm fernhaltend (in Bezug auf Pflanzen u. Tiere); *oV* fotophob; *Sy* heliophob; *Ggs* photophil [<*pho*-*to…* + *…phob*]

Pho|to|pho|bie ⟨f.; -, -n; Biol.⟩ Lichtscheu; *oV* Fotophobie

Pho|to|re|a|lis|mus ⟨m.; -; unz.; Mal.⟩ = Fotorealismus

Pho|to|re|a|list ⟨m.; -en, -en⟩ = Fotorealist

pho|to|re|a|lis|tisch ⟨Adj.⟩ = fotorealistisch

Pho|to|sphä|re ⟨f.; -; unz.⟩ strahlende Gashülle der Sonne; *oV* Fotosphäre

Pho|to|syn|the|se ⟨f.; -; unz.; Biochemie⟩ Ausnutzung von Licht durch die grüne Pflanze für die Umwandlung von Kohlendioxid in Kohlenhydrate; *oV* Fotosynthese

pho|to|syn|the|tisch ⟨Adj.; Biochemie⟩ die Photosynthese betreffend, auf ihr beruhend; *oV* fotosynthetisch

pho|to|tak|tisch ⟨Adj.; Biol.⟩ Phototaxis aufweisend; *oV* fototaktisch

Pho|to|ta|xis ⟨f.; -, -xi|en; Biol.⟩ durch Licht ausgelöste Taxis; *oV* Fototaxis

Pho|to|thek ⟨f.; -, -en⟩ = Fotothek

Pho|to|the|ra|pie ⟨f.; -, -n⟩ Heilverfahren mit Licht; *oV* Fototherapie

pho|to|trop ⟨Adj.⟩ auf Phototropismus beruhend, durch ihn bewirkt; *oV* fototrop, phototropisch; *Sy* photochrom [<*pho*-*to…* + *trop*[1]]

Pho|to|tro|pie ⟨f.; -; unz.; Chemie⟩ Farbwechsel kristallisierter Substanzen unter Lichteinfluss; *oV* Fototropie

pho|to|tro|pisch ⟨Adj.⟩ = phototrop; *oV* fototropisch

Pho|to|tro|pis|mus ⟨m.; -; unz.; Bot.⟩ durch Licht ausgelöster Tropismus; *oV* Fototropismus

Pho|to|vol|ta|ik ⟨[-vɔl-] f.; -; unz.⟩ Gebiet der Technik, das sich mit der Gewinnung von elektr. Energie, bes. aus Sonnenenergie, befasst; *oV* Fotovoltaik

Pho|to|vol|ta|ik|an|la|ge ⟨[-vɔl-] f.; -, -n⟩ Anlage, die Sonnenstrahlung mit Hilfe von Solarzellen in elektrische Energie umwandelt; *oV* Fotovoltaikanlage

pho|to|vol|ta|isch ⟨[-vɔl-] Adj.⟩ die Photovoltaik betreffend, zu ihr gehörend; *oV* fotovoltaisch

Pho|to|zel|le ⟨f.; -, -n⟩ *oV* Fotozelle **1** ⟨früher⟩ Elektronenröhre mit einer lichtempfindlichen Kathode **2** ⟨heute meist⟩ Halbleiterbauelement, das beim Auftreffen von Licht durch Freisetzung von Elektronen einen Stromfluss einleitet; *Sy* Photoelement (2)

Pho|to|zin|ko|gra|phie ⟨f.; -, -n⟩ = Fotozinkografie

Phra|se ⟨f.; -, -n⟩ **1** ⟨Sprachw.⟩ Teil eines Satzes, Satzglied; *einen Satz in ~n teilen* **2** nichtssagende, abgegriffene Redensart **3** Versprechen, das nicht erfüllt wird; *jmdn. mit ~n abfertigen* **4** ⟨Musik⟩ kleinster Abschnitt eines Musikstückes, zusammengehörige Gruppe von Tönen [frz., »Satz, Phrase« <spätlat. *phrasis* »redner. Ausdruck« <grch. *phrasis* »das Sprechen, der Ausdruck«]

Phra|sen|struk|tur|gram|ma|tik ⟨f.; -; unz.; Abk.: PS-Grammatik; Sprachw.⟩ Grammatik, die die syntaktische Struktur von Sätzen anhand ihrer einzelnen, voneinander abgegrenzten u. hierarchisch geordneten Phrasen analysiert; *Sy* Konstituentenstrukturgrammatik

Phra|seo|le|xem ⟨n.; -s, -e; Sprachw.⟩ phraseolog. Verbindung von Lexemen, die zu einem festen u. formelhaften, nicht nach den gängigen syntakt. u. semant. Regeln erklärbaren Ausdruck geworden ist, z. B. er hat an ihr einen Narren gefressen [<*Phrase* + *Lexem*]

Phra|seo|lo|gie ⟨f.; -, -n; Sprachw.⟩ **1** ⟨unz.⟩ Lehre von den einer Sprache eigentüml. Redewendungen **2** ⟨zählb.⟩ Sammlung solcher Redewendungen [<*Phrase* + *…logie*]

phra|seo|lo|gisch ⟨Adj.; Sprachw.⟩ die Phraseologie betreffend, auf ihr beruhend; *~es Wörterbuch*

Phra|seo|lo|gis|mus ⟨m.; -, -gis|men; Sprachw.⟩ = Idiom (2)

Phra|seo|nym ⟨n.; -s, -e⟩ Redewendung, die als Deckname verwendet wird, z. B. »von einem Verehrer« [<grch. *phrasis* »Ausdruck« + *onyma* »Name«]

phra|sie|ren ⟨V.; Musik⟩ in sinnvolle Abschnitte einteilen, in melodisch-rhythmische, beim Wiederholen in verschieden zu spielende Gruppen von Tönen gliedern; *ein Musikstück gut ~*

Phra|sie|rung ⟨f.; -, -en; Musik⟩ das Phrasieren

Phra|trie *auch:* **Phrat|rie** ⟨f.; -, -n⟩ **1** ⟨Völkerk.⟩ Verband mehrerer Clans, die ihre Abstammung von einem gemeinsamen Ahnen herleiten **2** ⟨im antiken Griechenland⟩ Kultgemeinde meist blutsverwandter Bürger, die auch eine soziale, rechtliche u. militärische Funktion hatte [<grch. *phratria* »Brüderschaft«]

Phre|ne|sie ⟨f.; -; unz.; Med.; veraltet⟩ mit Irrereden verbundene seel. Störung [<grch. *phren* »Zwerchfell; Geist, Sinn, Gemüt, Verstand«]

phre|ne|tisch ⟨Adj.; Med.; veraltet⟩ seelisch gestört; →*a.* frenetisch

…phre|nie ⟨Nachsilbe; zur Bildung weibl. Subst.; f.; -, -n⟩ Geisteszustand, -krankheit; *Schizophrenie* [<grch. *phren* »Gemüt, Geist, Seele«]

Phre|ni|tis ⟨f.; -, -ti|den; Med.⟩ Entzündung des Zwerchfells [<grch. *phren* »Zwerchfell; Geist, Sinn, Gemüt, Verstand«]

Phre|no|lo|gie ⟨f.; -; unz.⟩ = Kraniologie [<*Phrenitis* + *…logie*]

phre|no|lo|gisch ⟨Adj.⟩ die Phrenologie betreffend, auf ihr beruhend, zu ihr gehörig; *Sy* kraniologisch

phry|gisch ⟨Adj.⟩ **1** Phrygien betreffend, zu ihm gehörend, aus ihm stammend **2** *~e Mütze* **2.1** über die Schultern reichende, kegelförmige Mütze mit nach vorn gebogener Spitze **2.2** ⟨Med.⟩ der phrygischen Mütze ähnliche Verformung der Gallenblase **3** ⟨Musik⟩ *~e Tonart* eine der altgrch. Tonarten, Kirchentonart mit dem Grundton e

Phtha|lat ⟨n.; -(e)s, -e; Chemie⟩ Salz bzw. Ester der Phthalsäure, bedeutsam u. a. als Weichmacher für Kunststoffe u. in der Kosmetikindustrie

Phtha|le|in ⟨n.; -s; unz.; Chemie⟩ aus Phthalsäureanhydrid u. Phenolen hergestellter Farb-

P

stoff, z. B. Phenolphthalein u. Fluoreszein [Kunstwort <*Naphthalin*]

Phthal|säu|re ⟨f.; -, -n; Chemie⟩ eine aromat. Dicarbonsäure, die aus Naphthalin durch Oxidation mit Luftsauerstoff hergestellt u. für Farbstoffe sowie als Weichmacher für PVC verwendet wird [→ *Naphthalin*]

Phthi|ri|a|se ⟨f.; -, -n; Med.⟩ = Phthiriasis

Phthi|ri|a|sis ⟨f.; -, -ri|a|sen; Med.⟩ Läusebefall; *oV* Phthiriase [zu grch. *phthirein* »verzehren«]

Phthi|se ⟨f.; -, -n; Med.⟩ = Phthisis

Phthi|sis ⟨f.; -, Phthi|sen; Med.; veraltet⟩ Auszehrung infolge einer Erkrankung an Lungentuberkulose; *oV* Phthise [grch.]

phthi|sisch ⟨Adj.; Med.⟩ auf Phthisis beruhend, auszehrend

pH-Wert ⟨m.; -(e)s, -e⟩ Maß für den Säure- od. Basengehalt einer Lösung [<lat. *p(otentia) h(ydrogenii)* »Wirksamkeit des Wassers«]

Phy|ko|e|ry|thrin *auch:* **Phy|ko|e|ryth|rin** ⟨n.; -s; unz.⟩ Farbstoff der Blau- u. Rotalgen [<grch. *phykos* »Tang« + *Erythrin*]

Phy|ko|lo|gie ⟨f.; -; unz.; veraltet⟩ = Algologie [<grch. *phykos* »Tang« + *...logie*]

Phy|ko|my|zet ⟨m.; -en, -en; Bot.⟩ Algenpilz [<grch. *phykos* »Tang« + *Myzet*]

Phy|le ⟨f.; -, -n⟩ Unterabteilung der altgrch., urspr. nach familiären, später nach territorialen Gesichtspunkten gegliederten Stadtstaaten bzw. Gemeinden [grch., »Volksstamm«]

phy|le|tisch ⟨Adj.; Biol.⟩ die Abstammung betreffend

Phyl|lit ⟨m.; -s, -e; Geol.⟩ aus Quarz u. Muskovit bestehendes, fein geschiefertes Gestein [<*Phyllo...* + *...lith*]

phyl|li|tisch ⟨Adj.; Geol.⟩ feinblättrig (von Gesteinen) [→ *Phyllit*]

phyl|lo..., Phyl|lo... ⟨in Zus.⟩ blatt..., Blatt... [<grch. *phyllon* »Blatt«]

Phyl|lo|kak|tus ⟨m.; - od. (österr.) -ses, -te|en od. (österr.) -se; Bot.⟩ Blattkaktus

Phyl|lo|kla|di|um ⟨n.; -s, -di|en; Bot.⟩ blattartig verbreiterte, die Funktion des Blattes ausübende Sprossachse [<*Phyllo...* + grch. *klados* »Sprössling«]

Phyl|lo|pha|ge ⟨m.; -n, -n; Biol.⟩ **1** Tier, das sich ausschließlich von Blättern ernährt **2** ⟨i. w. S.⟩ Pflanzenfresser [<*Phyllo...* + *...phage*]

Phyl|lo|po|de ⟨m.; -n, -n; Zool.⟩ Blattfußkrebs [<*Phyllo...* + *...pode*]

Phyl|lo|ta|xis ⟨f.; -, -ta|xen; Bot.⟩ Stellung der Blätter von Pflanzen

Phyl|lo|xe|ra ⟨f.; -, -xe|ren; Zool.⟩ Reblaus [<*Phyllo...* + grch. *xeros* »trocken«, eigtl. »Blattaustrocknerin«]

Phy|lo|ge|ne|se ⟨f.; -, -n; Biol.⟩ = Phylogenie [<grch. *phyle* »Volksstamm« + *Genese*]

phy|lo|ge|ne|tisch ⟨Adj.; Biol.⟩ zur Phylogenese, Phylogenie gehörend, auf ihr beruhend, stammesgeschichtlich

Phy|lo|ge|nie ⟨f.; -, -n; Biol.⟩ Stammesentwicklung der Lebewesen; *Sy* Phylogenese [<grch. *phyle* »Volksstamm« + *...genie*]

Phy|lum ⟨n.; -s, Phy|la; Biol.⟩ Stamm (in der Systematik der Lebewesen) [→ *Phyle*]

Phy|sa|lis ⟨f.; -, -; Bot.⟩ aus Peru stammende, bes. in Südafrika kultivierte kirschförmige Beere, die mit einer papierartigen Hülle versehen ist: Physalis peruviana, Ananaskirsche, Kap-Stachelbeere

...phy|se ⟨Nachsilbe; zur Bildung weibl. Subst.; f.; -, -n⟩ etwas Gewachsenes; *Apophyse; Hypophyse* [<grch. *phaein* »wachsen«]

Phys|i|a|ter *auch:* **Phy|si|a|ter** ⟨m.; -s, -⟩ Naturheilkundiger [<*Physis* + *...iater*]

Phys|i|a|trie *auch:* **Phy|si|at|rie** ⟨f.; -; unz.⟩ Naturheilkunde [<*Physis* + *...iatrie*]

Phy|sik ⟨f.; -; unz.⟩ Lehre von den unbelebten Dingen der Natur, ihrem Aufbau u. ihrer Bewegung, von den Strahlungen u. Kraftfeldern [<lat. *physica* »Naturlehre« <grch. *physike (theoria)* »Naturforschung«; zu *physis* »Natur«]

phy|si|ka|lisch ⟨Adj.⟩ die Physik betreffend, zu ihr gehörend, auf ihr beruhend; *~e Chemie* Lehre von den physikal. Erscheinungen chemischer Vorgänge; *~e Konstanten* wichtige Größen in der Physik, die universell einen festen Wert haben od. eine Eigenschaft eines Stoffes zahlenmäßig festlegen; *~e Therapie* Th. mit Wärme, Licht usw.; *Sy* Physiotherapie

Phy|si|ka|lis|mus ⟨m.; -; unz.; Philos.⟩ Lehre, die allein die physikalische Wirklichkeit anerkennt u. alles für nichtig erklärt, was sich nicht mit den Methoden der Physik erfassen lässt

phy|si|ka|lis|tisch ⟨Adj.; Philos.⟩ den Physikalismus betreffend, auf ihm beruhend, zu ihm gehörig

Phy|si|ker ⟨m.; -s, -⟩ Wissenschaftler der Physik

Phy|si|ke|rin ⟨f.; -, -rin|nen⟩ Wissenschaftlerin der Physik

Phy|si|ko|che|mie ⟨[-çe-] f.; -; unz.; gelegentlich verwendete Bez. für⟩ physikalische Chemie

Phy|si|ko|che|mi|ker ⟨[-çe:-] m.; -s, -⟩ Wissenschaftler auf dem Gebiet der physikalischen Chemie

phy|si|ko|che|misch ⟨[-çe:-] Adj.⟩ zur physikalischen Chemie gehörend, auf ihr beruhend

Phy|si|kum ⟨n.; -s, -si|ka⟩ medizin. Vorprüfung, meist nach dem 4. Semester [<lat. *(testamen) physicum* »Prüfung in den Naturwissenschaften«]

phy|si|o..., Phy|si|o... ⟨in Zus.⟩ natur..., körper..., Natur..., Körper...; *physiotherapeutisch; Physiognomie* [<grch. *physis* »Natur«]

phy|sio|gen ⟨Adj.; Med.⟩ körperlich bedingt; *Ggs* psychogen [<grch. *physis* »Natur« + *...gen*]

Phy|sio|geo|gra|fie ⟨f.; -; unz.; Geogr.⟩ Disziplin der Geografie, die den Systemzusammenhang der physischen Faktoren einer Landschaft, zu denen alle abiotischen u. biotischen Faktoren gehören, untersucht; *oV* Physiogeographie [<*Physis* + *Geografie*]

phy|sio|geo|gra|fisch ⟨Adj.; Geogr.⟩ den Zusammenhang der physischen Faktoren einer Landschaft betreffend, zur

Physiogeografie gehörend, auf ihr beruhend; *oV* physiogeographisch

Phy|sio|geo|gra|phie ⟨f.; -; unz.; Geogr.⟩ = Physiogeografie

phy|sio|geo|gra|phisch ⟨Adj.; Geogr.⟩ = physiogeografisch

◆ Die Buchstabenfolge **phy|si|o-gn...** kann auch **phy|si|og|n...** getrennt werden.

◆ **Phy|si|o|gnom** ⟨m.; -en, -en⟩ Forscher, Kenner auf dem Gebiet der Physiognomik; *Sy* Physiognomiker

◆ **Phy|si|o|gno|mie** ⟨f.; -, -n⟩ äußere Erscheinung eines Menschen, auch Tieres, bes. der Gesichtsausdruck [< *Physis* + grch. *gnonai* »erkennen«]

◆ **Phy|si|o|gno|mik** ⟨f.; -; unz.⟩ Lehre von den aus den Gesichtszügen zu erschließenden charakterl. Eigenschaften

◆ **Phy|si|o|gno|mi|ker** ⟨m.; -s, -⟩ = Physiognom

◆ **phy|si|o|gno|misch** ⟨Adj.⟩ zur Physiognomie gehörend, auf ihr beruhend

Phy|sio|gra|fie ⟨f.; -; unz.⟩ = Physiographie

phy|sio|gra|fisch ⟨Adj.⟩ = physiographisch

Phy|sio|gra|phie ⟨f.; -; unz.⟩ beschreibende Naturwissenschaft, Naturkunde z. B. Zoologie, Botanik; *oV* Physiografie [< *Physis* + ...*graphie*]

phy|sio|gra|phisch ⟨Adj.⟩ zur Physiographie gehörend, auf ihr beruhend; *oV* physiografisch

Phy|sio|kra|tie ⟨f.; -; unz.⟩ im 18. Jh. von François Quesnay begründete Volkswirtschaftslehre, nach der es dem Staat obliegt, die Gesellschaftsordnung durch Gesetze der natürl. Ordnung anzupassen u. dabei bes. das Eigentum zu schützen u. das Prinzip des Gewährenlassens u. der Nichteinmischung zu befolgen [< *Physis* + ...*kratie*]

phy|sio|kra|tisch ⟨Adj.⟩ die Physiokratie betreffend, auf ihr beruhend

Phy|sio|lo|ge ⟨m.; -n, -n⟩ Wissenschaftler der Physiologie

Phy|sio|lo|gie ⟨f.; -; unz.⟩ Lehre von den Lebensvorgängen, von den Vorgängen im (gesunden) Lebewesen [< *Physis* + ...*logie*]

Phy|sio|lo|gin ⟨f.; -, -gin|nen⟩ Wissenschaftlerin der Physiologie

phy|sio|lo|gisch ⟨Adj.⟩ die Physiologie betreffend, zu ihr gehörend, auf ihr beruhend; *~e Chemie* = Biochemie

Phy|sio|no|mie ⟨f.; -; unz.; veraltet⟩ Lehre von den Naturgesetzen [< *Physis* + ...*nomie*]

Phy|sio|the|ra|peut ⟨m.; -en, -en; Med.⟩ freiberuflich tätiger od. in Kliniken u. Rehabilitationszentren angestellter Therapeut, der durch Krankengymnastik die Behandlung von Kranken unterstützt [< *Physis* + *Therapeut*]

Phy|sio|the|ra|peu|tin ⟨f.; -, -tinnen; Med.⟩ weibl. Physiotherapeut

phy|sio|the|ra|peu|tisch ⟨Adj.; Med.⟩ die Physiotherapie betreffend, auf ihr beruhend

Phy|sio|the|ra|pie ⟨f.; -, -n; Med.⟩ = physikalische Therapie

Phy|sio|top ⟨n.; -s, -e; Geogr.⟩ durch eine bestimmte Konstellation abiotischer Faktoren (Relief, Boden, Klima, Wasser) gekennzeichnete, homogene Landschaftseinheit [< *Physis* + ...*top*]

Phy|sis ⟨f.; -; unz.⟩ Natur, natürl. Beschaffenheit des Körpers [grch., »Natur«]

phy|sisch ⟨Adj.⟩ die Physis betreffend, zur Physis gehörend, auf ihr beruhend, körperlich, natürlich, in der Natur begründet

Phy|so|stig|min *auch:* **Phy|sos|tig|min** ⟨n.; -s; unz.; Pharm.⟩ aus den Samen der Kalabarbohne gewonnenes Alkaloid, das als Gegenmittel bei Vergiftungen u. Überdosierungen verwendet wird [<grch. *physan* »einhauchen« + *stigma* »Stich, Punkt«]

...phyt ⟨Nachsilbe; zur Bildung männl. Subst.; m.; -en, -en⟩ Pflanze; *Halophyt; Hygrophyt* [<grch. *phyton* »Pflanze«]

phy|to..., Phy|to... ⟨in Zus.⟩ pflanzen..., Pflanzen... [<grch. *phyton* »Pflanze«]

Phy|to|che|mie ⟨[-çe-] f.; -; unz.⟩ Teilgebiet der Chemie, das sich mit der Zusammensetzung von Pflanzen u. mit den bei ihnen auftretenden chem. Vorgängen befasst

phy|to|gen ⟨Adj.; Bot.⟩ aus Pflanzen entstanden [< *phyto...* + ...*gen*[1]]

Phy|to|geo|gra|fie ⟨f.; -; unz.⟩ = Geobotanik; *oV* Phytogeographie

Phy|to|geo|gra|phie ⟨f.; -; unz.⟩ = Phytogeografie

Phy|to|hor|mon ⟨n.; -s, -e⟩ pflanzliches Hormon

Phy|to|kli|ma ⟨n.; -s, -s od. -ma|te od. -ma|ta⟩ Mikroklima, das sich innerhalb einer Pflanzengesellschaft einstellt u. von deren Zusammensetzung abhängig ist [< *Phyto...* + *Klima*]

Phy|to|lith ⟨m.; -s od. -en, -e od. -en; Min.⟩ aus pflanzl. Ablagerungen entstandenes Sedimentgestein

Phy|to|lo|gie ⟨f.; -; unz.⟩ Pflanzenkunde [< *Phyto...* + ...*logie*]

Phy|to|me|di|zin ⟨f.; -; unz.⟩ Lehre von den Pflanzenkrankheiten, Pflanzenmedizin [< *Phyto...* + *Medizin*]

phy|to|pa|tho|gen ⟨Adj.; Bot.⟩ Pflanzenkrankheiten verursachend [< *phyto...* + *pathogen*]

Phy|to|pa|tho|lo|gie ⟨f.; -; unz.; Bot.⟩ Lehre von den Krankheiten der Pflanzen

phy|to|pa|tho|lo|gisch ⟨Adj.; Bot.⟩ die Phytopathologie betreffend, zu ihr gehörend [< *phyto...* + *pathologisch*]

phy|to|phag ⟨Adj.; Biol.⟩ Pflanzen fressend

Phy|to|pha|ge ⟨m.; -n, -n; Biol.⟩ Pflanzenfresser [< *Phyto...* + ...*phage*]

Phy|to|phar|ma|kon ⟨n.; -s, -maka; Pharm.⟩ Arzneimittel, das ausschließlich od. überwiegend aus pflanzl. Substanzen besteht [< *Phyto...* + *Pharmakon*]

Phy|to|plank|ton ⟨n.; -s; unz.; Biol.⟩ pflanzliches Plankton

Phy|to|the|ra|pie ⟨f.; -, -n; Biol.⟩ Heilverfahren, das sich pflanzlicher Arzneimittel bedient, Pflanzenheilkunde

Phy|to|to|mie ⟨f.; -; unz.; Biol.⟩ Anatomie der Pflanzen [< *Phyto...* + ...*tomie*]

Phy|to|zo|on ⟨n.; -s, -zo|en; Biol.⟩ Meerestier mit pflanzenähnlicher Gestalt

P

...phy|zee ⟨[-tseːə] Nachsilbe; zur Bildung weibl. Subst.; f.; -, -n⟩ Alge [<grch. *phykos* »Tang, Seegras«]

Pi ⟨n.; - od. -s, -s; Zeichen: π, Π⟩ **1** grch. Buchstabe **2** ⟨Math.; Zeichen: π⟩ Verhältnis eines Kreisumfangs zum Kreisdurchmesser, ein unendlicher Dezimalbruch, Wert etwa 3,142…, Ludolf'sche Zahl [grch.]

Pi|af|fe ⟨f.; -, -n; Dressurreiten; Hohe Schule⟩ Trab auf der Stelle [frz., eigtl. »Großtuerei, Prunk«]

pi|af|fie|ren ⟨V.; Hohe Schule⟩ die Piaffe ausführen

Pia Ma|ter ⟨f.; - -; unz.; Anat.⟩ weiche Hirnhaut [lat.]

Pi|a|ni|no ⟨n.; -s, -s; Musik⟩ kleines Klavier [ital., Verkleinerungsform zu *piano* »Klavier«]

pi|a|nis|si|mo ⟨Abk.: pp; Musik⟩ sehr leise (zu spielen) [ital., »sehr leise«]

Pi|a|nis|si|mo ⟨n.; -s, -s od. -si|mi; Musik⟩ sehr leises Singen od. Spielen von Instrumenten [ital.]

Pi|a|nist ⟨m.; -en, -en; Musik⟩ Musiker, der (beruflich) Klavier spielt [→ *Piano*]

Pi|a|nis|tin ⟨f.; -, -tin|nen; Musik⟩ Musikerin, die (beruflich) Klavier spielt

pi|a|nis|tisch ⟨Adj.; Musik⟩ hinsichtlich des Klavierspiels, zum Klavierspielen gehörig

pi|a|no ⟨Abk.: p; Musik⟩ leise [ital., »leise«]

Pi|a|no ⟨n.; -s, -s; Musik⟩ **1** piano zu spielende Stelle **2** = Pianoforte [ital.; verkürzt <*Pianoforte*]

Pi|a|no|ak|kor|de|on ⟨n.; -s, -s; Musik⟩ Akkordeon, das auf der rechten (Melodie-)Seite über eine verkleinerte Klaviertastatur verfügt

Pi|a|no|for|te ⟨n.; -s, -s; Musik⟩ Klavier mit im Gegensatz zum Flügel senkrecht gespannten Saiten; *Sy* ⟨veraltet⟩ Fortepiano (2) [<ital. *piano* »leise« + *forte* »stark« (das Hammerklavier lässt sich im Unterschied zum Spinett und Klavichord leise u. laut anschlagen)]

Pi|a|no|la ⟨n.; -s, -s; Musik⟩ selbsttätig spielendes Klavier [→ *Piano*]

Pi|a|rist ⟨m.; -en, -en⟩ Mitglied des Piaristenordens

Pi|a|ris|ten|or|den ⟨m.; -s; unz.⟩ 1607 gestifteter Orden für unentgelt. Schulunterricht, bes. in Polen u. Österreich wirksam [<lat. *Ordo Clericorum Regularium Pauperum Matris Dei Scholarum Piarum* »Orden der armen Regularkleriker der Mutter Gottes für fromme Schulen«]

Pi|as|sa|va ⟨[-va] f.; -, -ven [-ven]; kurz für⟩ Piassavefaser

Pi|as|sa|ve|fa|ser ⟨[-və-] f.; -, -n⟩ Faser aus den Blattscheiden verschiedener Palmen; *Sy* Piassave [<portug. *piassaba, piasaba* <Tupi *piasaba*]

Pi|as|ter ⟨m.; -s, -⟩ **1** Währungseinheit in Indochina, 100 Centimes **2** Währungseinheit in Ägypten, Syrien u. Libanon, $^1/_{100}$ Pfund [<ital. *piastra* »Metallplatte«]

Pi|at|ti ⟨Pl.; Musik⟩ flachgewölbte Metallscheiben (Becken) an Schlaginstrumenten [ital.; zu *piatto* »Teller«]

Pi|az|za ⟨f.; -, -az|ze; in ital. Städten⟩ Marktplatz [ital., »Platz«]

Pi|az|zet|ta ⟨f.; -, -zet|te od. -zetten⟩ kleine Piazza [ital.]

Pi|broch *auch:* **Pib|roch** ⟨[-brɔk] m.; -s, -s; Musik⟩ altschottisches Musikstück für Dudelsack [engl.]

Pi|ca ⟨f.; -; unz.⟩ normierte Buchstabengröße bei Schreibmaschinen (2,6 mm Schrifthöhe) [engl.]

Pi|ca|dor ⟨m.; -s, -es⟩ berittener Stierkämpfer, der den Stier mit einer Lanze sticht, um Nacken- u. Schultermuskeln zu schwächen; *oV* Pikador [span.; zu *picado*, Part. Perf. zu *picar* »stechen«]

Pi|ca|ro ⟨m.; -s, -s⟩ tragisch-komische Hauptfigur des span. Schelmenromans (pikaresker Roman), bes. ab dem 16. Jh. [span.]

pic|co|lo ⟨Adj.; Musik⟩ sehr klein (als Zusatzbez. für Instrumente); *Flauto* ~ Piccoloflöte [ital., »klein«]

Pic|co|lo ⟨m.; -s, -s⟩ *oV* Pikkolo **1** junger Kellner als Lehrling **2** kleine Flasche Sekt [zu ital. *piccolo* »klein«]

Pic|co|lo|flö|te ⟨f.; -, -n⟩ kleine Querflöte in Diskant-Tonlage; *oV* Pikkoloflöte

Pi|cker ⟨m.; -s, -⟩ **1** Maschine für das Pflücken von Baumwolle **2** ⟨Textilw.⟩ Teil des Webstuhls [engl., »Pflücker«]

Pick|les *auch:* **Pi|ckles** ⟨[pɪklz] Pl.; kurz für⟩ Mixed Pickles

Pick|nick ⟨n.; -s, -s od. -e⟩ Essen im Freien während eines Ausflugs [<engl. *picnic* »Landpartie, Mahlzeit im Freien«]

pick|ni|cken ⟨V.⟩ ein Picknick abhalten

Pick-up *auch:* **Pick|up** ⟨[-ʌp] m.; -s, -s⟩ **1** Kleintransporter mit offener Ladefläche **2** Tonabnehmer **3** ⟨kurz für⟩ Pick-up-Shop [zu engl. *pick up* »aufnehmen«]

Pick-up-Shop *auch:* **Pick|up-Shop** ⟨[-ʌpʃɔp] m.; -s, -s⟩ Geschäft, dessen Angebote als reine Mitnahmepreise kalkuliert sind u. das über keine eigene Auslieferung verfügt [<*Pick-up* + engl. *shop* »Geschäft«]

Pi|co... = Piko

pi|co|bel|lo ⟨Adj.; undekl.; meist adv.; umg.⟩ sehr fein, tadellos, ausgezeichnet; *oV* pikobello; *~ angezogen; ~ sauber* [<ndrl. *pük* »auserlesen« + ital. *bello* »schön«]

Pi|cot ⟨[-koː] m.; -s, -s; Textilw.⟩ kleine Zacke am Rand von Spitzen [frz.]

Pic|to|fon ⟨n.; -s, -s; EDV⟩ = Pictophone

Pic|to|phone ⟨[-foːn] n.; -s, -s; EDV⟩ Gerät, das digital aufgenommene Bilder durch das Funktelefonnetz versendet; *oV* Pictofon [engl., <lat. *pictus* »gemalt« + *phone* »Telefon; telefonieren« <grch. *phone* »Stimme«]

PID ⟨Med.; Abk. für⟩ pränatale Implantationsdiagnostik

Pid|gin ⟨[pɪdʒɪn] n.; -; unz.; Sprachw.⟩ durch das Aufeinandertreffen zweier unterschiedlicher Sprachen entstandene, vereinfachte u. zumeist nicht verschriftete Verkehrssprache, z. B. in Überseehäfen u. Kolonien [engl., chines. Entstellung von engl. *business* »Geschäft«]

Pid|gin|eng|lish ⟨[pɪdʒɪnɪŋglɪʃ] n.; -; unz.; Sprachw.⟩ **1** Misch-

P

sprache aus engl. u. chines. Elementen als Verkehrssprache zwischen Engländern u. Ostasiaten **2** vereinfachtes Englisch als Verkehrssprache zwischen Engländern u. Afrikanern, auch dieser untereinander [<engl. *pidgin;* → *Pidgin*]

pid|gi|ni|sie|ren ⟨[pɪdʒɪ-] V.; Sprachw.⟩ *Sprachen ~* durch Vereinfachung u. morphologische Reduktion zum Pidgin machen

Pie ⟨[paɪ] f.; -, -s; Kochk.⟩ gefüllte Pastete od. Kuchen; *Apple~* Apfelkuchen [engl.]

Pi|ece ⟨[pjɛːs(ə)] f.; -, -n; Musik⟩ Stück, Tonstück, musikalisches Zwischenspiel, Theaterstück [<frz. *pièce* »Stück«]

Pi|e|des|tal ⟨[pieː-] n.; -s, -e⟩ Sockel, kleines Podest; *Sy* Postament [<frz. *piédestal* »Sockel, Postament«]

Piek ⟨f.; -, -en; Seew.⟩ unterster Raum im Schiff [<engl. *peak*]

pi|e|no ⟨Musik⟩ vollstimmig, mit starkem Ton (zu spielen) [ital. <lat. *plenus* »voll, reichlich«]

Pier[1] ⟨m.; -s, -e od. f.; -, -s⟩ Hafendamm (rechtwinklig od. schräg zum Ufer) als Anlegeplatz für Schiffe [engl., »Pfeiler, Brückenpfeiler, Hafendamm«]

Pier[2] ⟨m.; -s, -e; Zool.⟩ Köderwurm, Sandpier, auf Sandböden der Meeresküste lebender Ringelwurm, der als Köder zum Angeln benutzt wird: Arenicola marina [<ndrl. *pier,* mnddt. *pyr, pyer* »Regenwurm«]

pier|cen ⟨[piːr-] V.⟩ ein Piercing durchführen; *sich die Nase ~ lassen*

Pier|cing ⟨[piːrsɪŋ] n.; - od. -s, -s⟩ das Durchstechen von Haut (Ohren, Nase), um Schmuck anzubringen; *sich ein ~ machen, setzen lassen* [engl.; zu *pierce* »(durch)stechen«]

Pier|cing|stu|dio ⟨[piːrsɪŋ-] n.; -s, -s⟩ Geschäft, in dem man Schmuck u. Accessoires für das Piercing kaufen u. fachmännisch einsetzen lassen kann

Pi|er|ret|te ⟨[pjɛrɛtə] f.; -, -n⟩ weibl. Pierrot [frz.; → *Pierrot*]

Pi|er|rot ⟨[pjɛroː] m.; -s, -s⟩ aus der Commedia dell'Arte stammende, komische, melancholische Figur mit weiß gepudertem Gesicht in der französischen Pantomime [frz., Verkleinerungsform zu *Pierre* »Peter«]

Pi|e|tà *auch:* **Pi|e|ta** ⟨[pietaː] f.; -, -s⟩ Darstellung Marias mit dem Leichnam Christi auf dem Schoß [ital., »Frömmigkeit« <lat. *pietas* »Frömmigkeit«]

Pi|e|tät ⟨[piə-] od. [pie-] f.; -; unz.⟩ **1** Ehrfurcht vor der Religion, Achtung vor dem religiösen Empfinden anderer **2** Ehrfurcht, bes. vor Toten bzw. dem Gedenken an Tote **3** kindl. Liebe, Achtung, Rücksicht [<lat. *pietas* »Frömmigkeit«]

Pi|e|tis|mus ⟨[piə-] od. [pie-] m.; -; unz.⟩ protestant. Bewegung im 17./18. Jh. (als Reaktion auf die als erstarrt empfundene Orthodoxie), die eine gefühlsbetonte Frömmigkeit u. tätige Nächstenliebe erstrebte [<lat. *pietas* »Frömmigkeit«]

Pi|e|tist ⟨[piə-] od. [pie-] m.; -en, -en⟩ **1** Vertreter, Anhänger des Pietismus **2** ⟨leicht abwertend⟩ schwärmerisch-frommer Mensch

pi|e|tis|tisch ⟨[piə-] od. [pie-] Adj.⟩ zum Pietismus gehörend, auf ihm beruhend

pi|e|to|so ⟨[piə-] od. [pie-] Musik⟩ mitleids-, andachtsvoll (zu spielen) [ital.]

pi|e|zo... Pi|e|zo... ⟨[piɛ-] in Zus.⟩ druck..., Druck... [<grch. *piezein* »drücken«]

Pi|e|zo|che|mie ⟨[piɛtsoçe-] f.; -; unz.⟩ Teilgebiet der Chemie, das sich mit der Untersuchung piezoelektrischer Eigenschaften befasst

pi|e|zo|elek|trisch *auch:* **pi|e|zo|elekt|risch** ⟨[piɛ-] Adj.⟩ auf Piezoelektrizität beruhend, von ihr stammend, sie betreffend; *~er Effekt* elektr. Aufladung von Kristallen unter Druck; *inverser ~er Effekt* Änderung der Länge von Kristallen bei elektr. Aufladung

Pi|e|zo|elek|tri|zi|tät *auch:* **Pi|e|zo|elekt|ri|zi|tät** ⟨[piɛ-] f.; -; unz.⟩ durch Druck auf die Flächen mancher Kristalle entstehende Elektrizität

Pi|e|zo|me|ter ⟨[piɛ-] n.; -s, -⟩ Gerät zum Messen der Kompressibilität von Flüssigkeiten [<*Piezo...* + *...meter*]

Pi|e|zo|quarz ⟨[piɛ-] m.; -es, -e⟩ Quarzkristall, der piezoelektrische Eigenschaften zeigt

Pif|fe|ra|ri ⟨Pl. von⟩ Pifferaro

Pif|fe|ra|ro ⟨m.; -s, -ra|ri⟩ einer der nach Rom kommenden Hirten, die zur Erinnerung an die Hirten von Bethlehem zur Weihnachtszeit vor den Madonnenbildern spielen u. singen [ital.; zu *Piffero* »Schalmei«, eigtl. »Dudelsack« (der Dudelsack hat ein Schalmeienmundstück)]

Pif|fe|ro ⟨m.; -s, -fe|ri; Musik⟩ ital. Schalmei [ital.]

Pig|ment ⟨n.; -(e)s, -e⟩ **1** in einem Bindemittel angeriebener, praktisch unlösl. Stoff, der auf einen Körper aufgetragen wird, um diesem eine bestimmte Farbe zu geben **2** in menschl. u. tier. Zellen abgesetzter Farbstoff [<lat. *pigmentum* »Farbstoff«]

Pig|men|ta|ti|on ⟨f.; -, -en⟩ Färbung durch Ablagerung von Pigment

Pig|ment|bak|te|ri|en ⟨Pl.⟩ farbstoffbildende Bakterien

Pig|ment|druck ⟨m.; -(e)s; unz.⟩ Druckverfahren mittels einer lichtempfindlichen Schicht, der als Farbpigment Kohle od. Rötel zugesetzt worden ist

pig|men|tie|ren ⟨V.⟩ **1** *Farbstoff ~* in kleinste Teilchen zerteilen **2** sich durch Pigment färben, Pigment bilden

Pig|men|tie|rung ⟨f.; -, -en⟩ **1** das Pigmentieren **2** Bildung von Pigment

Pi|gno|lie *auch:* **Pig|no|lie** ⟨[-njoːliə] f.; -, -n; Bot.⟩ essbarer Samen der Pinie; *Sy* Piniole [ital., »Frucht der Pinie«]

Pik[1] ⟨m.; -s, -e od. -s⟩ Berggipfel (bes. in Namen von Bergen) [<engl. *peak* »Bergspitze, Gipfel«]

Pik[2] ⟨n.; -s, -s⟩ Farbe der frz. Spielkarten, die mit einer Schippe gekennzeichnet ist [<frz. *pique* »Lanze, Spieß, Groll«]

Pi|ka|dor ⟨m.; -s, -es⟩ = Picador

pi|kant ⟨Adj.⟩ **1** kräftig gewürzt; *~e Speisen* **2** ⟨fig.⟩ prickelnd,

P

schlüpfrig, anzüglich; ~*e Lektüre, Bemerkung, Anekdote* [<frz. *piquant* »stechend«, Part. Präs. zu *piquer* »stechen«]

Pi|kan|te|rie ⟨f.; -, -n⟩ **1** ⟨unz.⟩ pikante Beschaffenheit **2** ⟨zählb.⟩ pikante Bemerkung, Anzüglichkeit

pi|ka|resk ⟨Adj.⟩ vom Picaro handelnd, in der Art des Picaros; ~*er Roman* in der Ich-Form erzählter span. Schelmenroman

Pi|ka|zis|mus ⟨m.; -; unz.; Med.⟩ abnormales Verlangen, ungenießbare od. schädl. Dinge zu essen [<lat. *pica* »Elster«, ein Vogel, der »alle möglichen Dinge« in seinen Schnabel nimmt]

Pi|ke ⟨f.; -, -n⟩ Spieß (des Landsknechts); *von der ~ auf dienen* ⟨fig.⟩ von der untersten Stufe an [<frz. *pique* »Spieß, Lanze«]

Pi|kee ⟨m., österr. auch: n.; -s, -s; Textilw.⟩ Baumwollstoff mit erhabenem Muster; *oV* Piqué [<frz. *piqué* »Steppstich, Pikee«; zu *piquer* »stechen, durchlöchern, steppen«]

Pi|ke|nier ⟨m.; -s, -e⟩ Landsknecht mit Pike [zu frz. *piquer* »Pikenträger«]

Pi|kett[1] ⟨n.; -(e)s, -e⟩ **1** ⟨früher⟩ kleine Abteilung meist berittener Soldaten **2** ⟨schweiz.⟩ einsatzbereite Mannschaft im Heer u. bei der Feuerwehr [<frz. *piquet* »Absteckpfahl, kleine Abteilung Soldaten«; zu *pique* »Lanze, Spieß«]

Pi|kett[2] ⟨n.; -(e)s, -e⟩ frz. Kartenspiel zu zweien [<frz. *piquet* »Pikettspiel«; zu *pique* »Pik«; → *Pik*[2]]

pi|kie|ren ⟨V.; Bot.⟩ mit Hilfe eines Pflanzholzes auf größeren Abstand verpflanzen; *Stecklinge ~* [→ *Pike*]

pi|kiert ⟨Adj.⟩ verärgert, gereizt, etwas beleidigt [<frz. *piquer* »stechen, ärgern, reizen«]

Pik|ko|lo ⟨m.; -s, -s⟩ = Piccolo

Pik|ko|lo|flö|te ⟨f.; -, -n⟩ = Piccoloflöte

Pi|ko... ⟨Zeichen: p; vor Maßeinheiten⟩ ein Billionstel der betreffenden Grundeinheit, z. B. ein pF (8 Pikofarad) = 10^{-12} Farad = 1 Billionstel Farad; *oV* Pico... [<ital. <span. *picol* »ein bisschen«]

pi|ko|bel|lo ⟨Adj.; undekl.; meist adv.; umg.⟩ = picobello

Pi|ko|fa|rad ⟨n.; -s, -; Physik; Abk.: pF⟩ das 10^{-12}-fache eines Farads [<*Piko...* + *Farad*]

Pi|ko|gramm ⟨n.; -(e)s, -; Zeichen: pg⟩ das 10^{-12}-fache eines Gramms, ein billionstel Gramm

Pi|kör ⟨m.; -s, -e⟩ die Meute führender Reiter bei der Parforcejagd; *oV* Piqueur [<frz. *piqueur;* zu *piquer* »beaufsichtigen, zur Arbeit anhalten«]

Pi|krat *auch:* **Pik|rat** ⟨n.; -(e)s, -e; Chemie⟩ Salz der Pikrinsäure

Pi|krin|säu|re *auch:* **Pik|rin|säu|re** ⟨f.; -, -n; Chemie⟩ durch Nitrierung von Phenol darstellbare, hellgelbe, bitter schmeckende Verbindung; *Sy* Trinitrophenol [<grch. *pikros* »bitter«]

Pi|kro|lith *auch:* **Pik|ro|lith** ⟨m.; -(e)s, -e; Min.⟩ großfaseriges Serpentinmineral [<grch. *pikros* »bitter« + *lithos* »Stein«]

Pik|to|gra|fie ⟨f.; -, -n⟩ = Piktographie

pik|to|gra|fisch ⟨Adj.⟩ = piktographisch

Pik|to|gramm ⟨n.; -s, -e⟩ Bild od. Zeichen mit festgelegter, international verständlicher Bedeutung, z. B. Verkehrszeichen, Wegweiser [<lat. *pictus* »gemalt« + grch. *gramma* »Schriftzeichen«]

Pik|to|gra|phie ⟨f.; -, -n⟩ Bilderschrift; *oV* Piktografie [<lat. *pictus* »gemalt« (zu *pingere* »malen«) + ...*graphie*]

pik|to|gra|phisch ⟨Adj.⟩ die Piktographie betreffend, auf ihr beruhend; *oV* piktografisch

Pi|kul ⟨m. od. n.; -s, -⟩ ostasiat. Gewichtseinheit [<malai. *pikul* »ein schwere Last tragen«]

Pi|laf ⟨m.; -s; unz.⟩ = Pilaw

Pi|lar ⟨m.; -en, -en; Hohe Schule⟩ Vorrichtung aus zwei Pfosten, an denen das Pferd bei der Dressur mit dem Zügel festgebunden wird [span., »Säule, Pfeiler«]

Pi|las|ter ⟨m.; -s, -⟩ Wandpfeiler [<ital. *pilastro;* zu lat. *pila* »Pfeiler«]

Pi|la|tes ⟨n.; -; unz.⟩ ganzheitliches Körpertraining, das Übungen zur Stärkung der Muskulatur (bes. der Bauchmuskeln) u. Verbesserung der Körperhaltung sowie bewusstes Atmen u. Entspannen umfasst [nach dem deutschen Begründer Josef *Pilates,* 1880-1967]

Pi|lau ⟨m.; -s; unz.⟩ = Pilaw

Pi|law ⟨m.; -s; unz.; Kochk.⟩ oriental. Gericht aus geschrotetem Reis u. gedünstetem u. gewürfeltem Hammel- od. Geflügelfleisch; *oV* Pilaf, Pilau [<pers. u. türk. *pilau, palau*]

Pil|chard ⟨[pıltʃəd] m.; -s, -s; Zool.⟩ an den West- u. Südwestküsten Europas u. im Mittelmeer verbreiteter Heringsfisch, dessen Jungtiere als Sardinen bezeichnet werden, wichtiger Nutzfisch: Clupea (Sardina) pilchardus [engl.]

Pile ⟨[paıl] n.; -s, -s⟩ US-amerikan. Kernreaktor, in dem 1942 erstmals eine kontrollierte nukleare Kettenreaktion erfolgte; *Chicago ~* [engl., »galvan. Säule, elektr. Batterie, Atombatterie« <lat. *pila* »Pfeiler, Säule«]

pi|lie|ren ⟨V.⟩ *Seife ~* gehobelte Seife im Rohzustand auf Walzen weiterverarbeiten [<lat. *pila* »Mörser«]

Pil|ling|ef|fekt ⟨m.; -(e)s; unz.; Textilw.⟩ Hervortreten knötchenartiger Verflechtungen von Chemie- od. Wollfasern aus Geweben [zu engl. *pill* »Kügelchen«]

Pil|low|la|va ⟨[pıloʊ-] f.; -; unz.⟩ in charakteristisch kissenförmiger Form erstarrte Lava beim untermeerischen Austritt, Kissenlava [engl. *pillow* »Kissen«]

Pi|lo|car|pin ⟨n.; -s; unz.; Med.⟩ Alkaloid aus den Blättern des Rautengewächses Pilocarpus pennatifolius, wirkt schweißtreibend u. pupillenverengend [<grch. *pilos* »Filz« + *karpos* »Frucht«]

Pi|lo|se ⟨f.; -, -n; Med.⟩ = Pilosis

Pi|lo|sis ⟨f.; -, -lo|sen; Med.⟩ übermäßiger Haarwuchs; *oV* Pilosen [<lat. *pilus* »Haar«]

Pi|lot ⟨m.; -en, -en⟩ **1** Flugzeugführer **2** Lotse **3** strapazierfähiger Baumwollstoff für Berufskleidung [<frz. *pilote* <ital. *piloto, pedoto* <mgrch. **pedotes*

»Steuermann«; zu grch. *pedon* »Ruderblatt, Steuerruder«]
Pi|lot... ⟨in Zus.; zur Bildung von Subst.⟩ als Muster, Vorbild, Versuch dienend, probehalber; *Pilotfilm; Pilotprojekt* [→ *Pilot*]
Pi|lot|an|la|ge ⟨f.; -, -n⟩ Versuchsanlage mittlerer Größe, in der im Labor erarbeitete Verfahren von ihrer Umsetzung auf Großanlagen nochmals detailliert überprüft werden
Pi|lot|bal|lon ⟨[-lɔ̃] od. [-lɔŋ] m.; -s, -s od. österr. [-lo:n] m.; -s, -e⟩ kleiner, unbemannter Ballon zum Feststellen des Höhenwindes
Pi|lo|te ⟨f.; -, -n⟩ Pfahl, der in den Baugrund eingerammt wird [<frz. *pilot* »Grundpfahl«; zu *pile* »Pfeiler«]
Pi|lot|film ⟨m.; -(e)s, -e; TV⟩ einer neuen bzw. geplanten Fernsehserie vorausgehender Film, in dem die Hauptcharaktere eingeführt werden u. der Rückschlüsse über die Publikumsakzeptanz ermöglichen soll; *Sy* Pilotsendung
pi|lo|tie|ren ⟨V.⟩ Piloten einrammen
Pi|lo|tin ⟨f.; -, -tin|nen⟩ Flugzeugführerin
Pi|lot|pro|jekt ⟨n.; -(e)s, -e⟩ einem neuen bzw. geplanten Projekt vorausgehendes Projekt, in dem dessen Tragfähigkeit u. Realisierbarkeit getestet werden soll; *Sy* Pilotversuch
Pi|lot|sen|dung ⟨f.; -, -en; Rundfunk; TV⟩ Probesendung für eine Serie, von der man wissen möchte, wie sie von den Zuhörern (Zuschauern) aufgenommen wird; *Sy* Pilotfilm
Pi|lot|stu|die ⟨[-djə] f.; -, -n⟩ erste Untersuchung in ihrer Art, wegweisende Studie
Pi|lot|ton ⟨m.; -(e)s, -tö|ne; Film; TV⟩ **1** zur Steuerung von Bild u. Ton dienender hochfrequenter Ton, der bei Aufzeichnungen zunächst zusätzl. aufgezeichnet u. bei der Wiedergabe unterdrückt wird **2** hochfrequentes Begleitsignal bei Stereosendungen, das zur Trennung der Nachrichtensignale in die Stereokanäle dient [→ *Pilot*]
Pi|lot|ver|such ⟨m.; -(e)s, -e⟩ = Pilotprojekt
Pi|ment ⟨m. od. n.; -(e)s, -e; Bot.⟩ die als Gewürz gebrauchten, unreifen, getrockneten Beeren des Pimentbaumes, Gewürzkörner, Jamaikapfeffer, *österr.:* Neugewürz [<span. *pimentia* <lat. *pigmentum* »Kräutersaft, Gewürz«]
pim|pen ⟨V.; umg.⟩ *Sy* aufpimpen **1** auffallend gestalten, aufmotzen **2** tunen (von Autos); *mit einem gepimpten Auto fahren* [<engl. (umg.) *pimp* »aufmotzen«; zu *pimp* »Zuhälter«]
Pim|per|nell ⟨m.; -s, -e; Bot.⟩ = Pimpinelle
Pim|pi|nel|le ⟨f.; -, -n; Bot.⟩ einer Gattung der Rosengewächse angehörendes, aromatisch duftendes, auf trockenen Weiden vorkommendes Kraut: Sanguisorba minor; *oV* Pimpernell [<lat. *pimpinella* »kleines Ding« (nach den dunkelroten Blütenknöpfchen)]
Pin ⟨m.; -s, -s⟩ **1** ansteckbares Schildchen, Anstecknadel **2** ⟨Sport; Bowling⟩ Wertungspunkt für einen getroffenen Kegel [engl.]
PIN ⟨Abk. für⟩ Personal Identification Number, persönliche Identifikationsnummer (für Scheckkarten)
Pi|na|ko|id ⟨n.; -(e)s, -e⟩ zweiflächige Kristallform [<grch. *pinax,* Gen. *pinakos* »Tafel« + *...id*]
Pi|na|ko|thek ⟨f.; -, -en; Kunst⟩ **1** ⟨urspr.⟩ Sammlung von gemalten Tafeln als Weihgeschenke auf der Akropolis **2** ⟨danach⟩ Name für Sammlung von Gemälden; *Alte, Neue* ~ (Name zweier berühmter Gemäldesammlungen in München) [<grch. *pinax,* Gen. *pinakos* »Tafel« + *...thek*]
Pi|nas|se ⟨f.; -, -n; Seew.⟩ **1** ⟨im 17. Jh.⟩ dreimastiges Segelschiff **2** ⟨heute⟩ Beiboot auf Kriegsschiffen [frz., eigtl. »Boot aus Fichtenholz« <lat. **pinacia;* zu *pinus* »Fichte«]
Pin|board ⟨[-bɔ:d] n.; -s, -s⟩ an der Wand befestigte Tafel od. Brett zum Anheften von Merkzetteln, Mitteilungen u. Ä., Pinnwand [engl.]
Pince|nez ⟨[pɛ̃sne:] n.; - [-ne:s], - [-ne:s]⟩ Kneifer [<frz. *pince-nez* »Kneifer« <*pincer* »kneifen« + *nez* »Nase«]
Pinch|ef|fekt ⟨[pɪntʃ-] m.; -(e)s, -e⟩ Kontraktion eines Plasmas (3) durch ein von außen einwirkendes Magnetfeld [engl. *pinch* »Kneifen, Zwicken, Einklemmen, Druck«]
PIN-Code *auch:* **Pin|code** ⟨[-ko:d] m.; -s, -s⟩ PIN, z. B. als Geheimnummer für EC-Karten; *den ~ eingeben*
pin|da|ri|sche Ode ⟨f.; -n -, -n -n; Lit.⟩ → *Ode*
Pi|ne|al|au|ge ⟨n.; -s, -n; Zool.⟩ unpaares Auge, Scheitelauge, z. B. bei Reptilien [<lat. *pinea* »Fichtenzapfen« + *Auge*]
Pi|ne|al|or|gan ⟨n.; -s, -e; Zool.⟩ vom Zwischenhirn gebildetes, unpaares, lichtempfindl. Sinnesorgan niederer Wirbeltiere, das hinter dem Parietalorgan liegt [<lat. *pinea* »Fichtenzapfen«]
Pine|ap|ple ⟨[paɪnæpl] m.; - od. -s, -s; engl. Bez. für⟩ Ananas, vor allem in Produktbezeichnungen; *~saft*
Pi|nen ⟨n.; -s, -e; Chemie⟩ im Terpentinöl vorkommender natürlicher Kohlenwasserstoff mit charakteristischem Geruch [→ *Pinie*]
Ping|pong ⟨n.; -s; unz.; Sport; umg.⟩ Tischtennis [engl.]
Pin|gu|in ⟨m.; -s, -e; Zool.⟩ Angehöriger einer Ordnung am Meer lebender, flugunfähiger Vögel der Südhalbkugel mit starkem Fettpolster: Sphenisci [<frz. *pingouin,* vielleicht <lat. *pinguis* »fett, plump«]
Pin|holes ⟨[-ho:ls] Pl.⟩ kleine, langgestreckte Luftblasen unter der Oberfläche von Gussstücken [engl., »Nadellöcher«]
Pi|nie ⟨[-njə] f.; -, -n; Bot.⟩ Kiefer der Mittelmeerländer mit Schirmkrone u. essbaren Samen: Pinus pinea [<lat. *pinea;* zu *pinus* »Fichte«]
Pi|ni|o|le ⟨f.; -, -n⟩ = Pignolie
pink ⟨Adj.⟩ leuchtend rosa [engl.]
Pink ⟨n.; - od. -s, -s⟩ leuchtend rosa Farbe [engl.]
Pi|noc|chio ⟨[pinɔkjo] m.; -s, -s⟩ hölzerne Gliederpuppe mit einer langen Nase [Hauptfigur des gleichnamigen Kinder-

P

buches, das der Italiener C. Collodi 1880 verfasste]

Pi|no|le ⟨f.; -, -n⟩ Arbeitsspnidel an einer Drehbank, Hohlwelle [<ital. *pinola, pignola* »Pinienzapfen« <mlat. *piniola;* zu lat. *pinea;* → *Pinie*]

Pi|not ⟨[pino:] m.; - od. -s, -s⟩ eine Rebsorte; ~ *blanc* [- blã:] weißer Burgunder; ~ *grigio* [- gri:dʒɪo] ein ital. Weißwein; ~ *gris* [- gri] Grauburgunder; ~ *noir* [- noar] Spätburgunder [frz.]

Pi|no|zy|to|se ⟨f.; -; unz.; Biol.⟩ Aufnahme flüssiger Nährstoffe der Zelle durch Einstülpung der Zellmembran [<grch. *pinein* »trinken« + *...zyt*]

Pin|scher ⟨m.; -s, -; Zool.⟩ kleiner, zierlicher, glatthaariger Hund [engl., eigtl. »gestutzter Hund«; <engl. *pinch* »kneifen«]

Pint ⟨[paɪnt] n.; -s, -s; Abk.: pt.⟩ engl. u. nordamerikan. Hohlmaß, ca. 0,5 l [engl.]

Pin|te ⟨f.; -, -n⟩ **1** altes Hohlmaß, 0,9 l **2** ⟨umg.⟩ kleine, schlechte Gastwirtschaft, Kneipe [<frz. *pinte* <prov. *pinte,* eigtl. »die Gemalte«, nach den aufgemalten Eichzeichen <lat. *pingere* »malen«, od. <mndrl. *pinte* »Pflock; Kneipe« (nach dem Eichzeichen als Wirtshauszeichen)]

Pin-up ⟨[pɪnʌp] n.; -s, -s; kurz für⟩ Pin-up-Girl

Pin-up-Girl ⟨[pɪnʌpgœ:l] n.; -s, -s; umg.⟩ *Sy* Pin-up **1** aus einer Illustrierten ausgeschnittenes u. an die Wand geheftetes Bild eines attraktiven Mädchens **2** Mädchen, das einem solchen Bild gleicht [<engl. *pin up* »anheften« + *girl* »Mädchen«]

pinx. ⟨Abk. für⟩ pinxit

pin|xit ⟨Abk.: p., pinx.⟩ hat (es) gemalt (Vermerk auf Bildern vor od. nach dem Namen des Malers) [lat.; zu *pingere* »malen«]

Pin|zet|te ⟨f.; -, -n⟩ kleine Greifzange mit zwei federnden, geraden Schenkeln [<frz. *pincette,* Verkleinerungsform zu *pince* »Zange«; zu *pincer* »kneifen«]

pin|zie|ren ⟨V.; Obstbau⟩ den Endtrieb einer Pflanze abschneiden [<frz. *pincer* »abkneifen, abzwicken«]

Pi|on ⟨n.; -s, -o|nen; Physik⟩ Elementarteilchen aus der Gruppe der Mesonen [<*Pi* + *Meson*]

Pi|o|nier ⟨m.; -s, -e⟩ **1** Angehöriger einer für kriegstechn. Arbeiten an der Front (Brücken-, Wegebau) ausgebildeten Truppe **2** ⟨fig.⟩ Bahnbrecher, Wegbereiter **3** ⟨Pl.⟩ ~*e* ⟨in der DDR u. a. sozialist. Staaten⟩ Organisation für Kinder von 6 bis 10 *(Jung~e)* u. 10 bis 13 Jahren *(Thälmann~e)* [<frz. *pionnier* »Schanzarbeiter, Pionier, Bahnbrecher«]

Pi|pa ⟨f.; -, -s; Musik⟩ lautenähnliches chinesisches Zupfinstrument mit vier Saiten [<chines. *pi pa*]

Pipe ⟨[paɪp] n. od. f.; -, -s⟩ engl. u. nordamerikan. Hohlmaß für Wein u. Branntwein, 400-570 l [engl., eigtl. »Rohr, Röhre«]

Pipe|line ⟨[paɪplaɪn] f.; -, -s⟩ Rohrleitung (bes. für Erdöl od. Erdgas) [<engl. *pipe-line* »Röhrenleitung«]

Pi|pe|ri|din ⟨n.; -s; unz.; Biochemie⟩ Grundkörper einer Reihe von Alkaloiden (z. B. des Piperins), bildet in reiner Form eine farblose Flüssigkeit mit charakteristischem Geruch [<lat. *piper,* Gen. *piperis* »Pfeffer«]

Pi|pe|rin ⟨n.; -s; unz.; Biochemie⟩ Verbindung aus der Gruppe der Alkaloide, tritt vor allem als Hauptgeschmacksträger des Pfeffers auf [<lat. *piper* »Pfeffer«]

Pi|pet|te ⟨f.; -, -n⟩ Stechheber zum Abmessen kleiner Mengen von Flüssigkeiten [frz., »Pfeifchen, Röhrchen«, Verkleinerungsform zu *pipe* »Pfeife«]

pi|pet|tie|ren ⟨V.⟩ mit Hilfe einer Pipette arbeiten, kleine Mengen von Flüssigkeiten mit einer Pipette entnehmen od. abmessen

Pique ⟨[pi:k] n.; -s, -s; Geogr.; frz. Bez. für⟩ Bergspitze, -gipfel (bes. in Namen)

Pi|qué ⟨[-ke:] m., österr. a.: n.; -s, -s; Textilw.⟩ = Pikee

Pi|queur ⟨[-kø:r] m.; -s, -e⟩ = Pikör

Pi|ran|ha ⟨[-ranja] m.; -s, -s; Zool.⟩ Raubfisch in südamerikan. Flüssen: Pygocentrus piraya; *oV* Piraya [<portug. *Tupi*]

Pi|rat ⟨m.; -en, -en⟩ Seeräuber [<ital. *pirata* <lat. *pirata* <grch. *peirates*]

Pi|ra|te|rie ⟨f.; -; unz.⟩ Seeräuberei

Pi|ra|ya ⟨m.; -s, -s; Zool.⟩ = Piranha

Pi|ro|ge ⟨f.; -, -n⟩ indian. Einbaum mit seitlich aufgesetzten Planen [<engl. *pirogue* <frz. *pirogue* <span. *piragua* <karib.]

Pi|rog|ge ⟨f.; -, -n; Kochk.⟩ mit Fleisch, Fisch, Reis od. Kohl gefüllte Pastete aus Hefe- od. Blätterteig [<russ. *pirog* »Kuchen«]

Pi|rou|et|te ⟨[-ru-] f.; -, -n; Sport⟩ **1** ⟨Eiskunstlauf; Ballett⟩ mehrmalige, schnelle Drehung um die eigene Längsachse **2** ⟨Dressurreiten; Hohe Schule⟩ Drehung des Pferdes im Galopp um den inneren Hinterfuß **3** ⟨Ringen⟩ rasche Drehung, um sich aus einer schwierigen Lage zu befreien [frz., »Drehrädchen, Drehung auf dem Fuß«]

pi|rou|et|tie|ren ⟨[-ru-] V.⟩ eine Pirouette ausführen

PISA / Pisa (*Abkürzungen*)

Für die Schreibung von Abkürzungen, die aus Fremdsprachen übernommen sind, im Deutschen aber häufig wie ein eigenes Wort behandelt werden, gibt es keine eindeutige Regelung.

Daher ist in solchen Fällen die Schreibung in Großbuchstaben ebenso zulässig wie die Schreibung nach den für deutsche Wörter verbindlichen Regeln.

Bei mehrsilbigen Abkürzungen ist eine Worttrennung der Schreibung mit Großbuchstaben nicht üblich.

PISA *auch:* **Pi|sa** ⟨ohne Artikel; Schulw.; Abk. für engl. Programme for International Student Assessment (Programm für internationale Schülerbeurteilung); →*a.* PISA-Studie

Pi|sang ⟨m.; -s, -e; Bot.⟩ = Banane [malai.]

Pi|sang|fa|ser ⟨f.; -, -n⟩ aus den Blättern einiger Arten der Banane gewonnene Faser, Manilahanf

P

PISA-Studie *auch:* **Pisa-Studie** ⟨[-djə] f.; -, -n; Schulw.⟩ eine international vergleichende Studie über Schülerleistungen, in der Schüler bes. hinsichtlich ihrer Fähigkeiten in den Bereichen Leseverständnis, Mathematik u. Naturwissenschaften getestet werden

Piscina ⟨f.; -, -cinen⟩ **1** Taufbecken im Baptisterium **2** Becken an der Südwand des Chors neben dem Altar für das beim Händewaschen des Priesters u. Reinigen der sakramentalen Gefäße gebrauchte Wasser [lat., »Fischteich«]

Pisee ⟨m.; -s; unz.⟩ Erde od. Lehm als Baumaterial im Piseebau [<frz. *pisé* »Stampferde, Stampfbau«; zu *piser* »die Bauerde stampfen« <lat. *pisare* »zerstampfen«]

Piseebau ⟨m.; -(e)s; unz.⟩ veraltete Bauweise, bei der Erde od. Lehm zwischen Verschalungen aus Brettern gestampft wird

Pisolith ⟨m.; -en, -en; Min.⟩ konzentrisch-schaliger Aragonit, Erbsenstein [<grch. *pisos* »Erbse« + *...lith*]

Pissoir ⟨[-soa:r] n.; -s, -s od. -e⟩ öffentl. Toilette für Männer [frz.]

Pistazie ⟨[-tsjə] f.; -, -n; Bot.⟩ **1** ⟨i. w. S.⟩ einer Gattung der Anacardiengewächse angehörender immergrüner Strauch, die entweder trockene od. fleischige Steinfrüchten trägt: Pistacia **2** ⟨i. e. S.⟩ im Mittelmeergebiet heim. Art, deren mandelähnl. Samen als Gewürz verwendet werden: Pistacia vera [<lat. *pistacia* <grch. *pistake* <pers. *pistah* »Pistazienbaum, Pistazienfrucht«]

Piste ⟨f.; -, -n⟩ **1** Einfassung der Manege im Zirkus **2** Radrennbahn **3** Bahn, Hang zum Rodeln u. Skilaufen **4** ⟨Flugw.⟩ Rollbahn [frz., »Fußspur, Fährte, Rennbahn« <aital. *pista;* zu lat. *pistare* »stampfen«]

Pistill ⟨n.; -s, -e⟩ **1** Stößel, Mörserkeule **2** ⟨Bot.⟩ Stempel der Blüte der bedecktsamigen Pflanze: Pistillum [<lat. *pistillum* »Stampfer«; zu *pistare* »stampfen«]

Pistole[1] ⟨f.; -, -n⟩ kurze Handfeuerwaffe; *jmdm. die ~ auf die Brust setzen* ⟨fig.⟩ jmdn. unter Drohungen zu etwas zwingen, jmdn. zu einer Entscheidung drängen; *seine Antwort kam wie aus der ~ geschossen* ohne dass er lange überlegte, rasch [<tschech. *pístala* »Pfeife, Rohr, Pistole«]

Pistole[2] ⟨f.; -, -n; 17./19. Jh.⟩ urspr. span., dann auch frz. u. dt. Goldmünze, etwa 10 Francs [→ *Pistole*[1] od. <ital. *piastruola,* Verkleinerungsform zu *piastra;* → *Piaster*]

Pistolero ⟨m.; -s, -s; umg.⟩ Revolverheld [span.]

Piston ⟨[-stɔ̃:] n.; -s, -s⟩ **1** Pumpenkolben **2** ⟨Musik⟩ **2.1** Ventil der Blechblasinstrumente **2.2** = Kornett[1] [frz., »Kolben, Klapphorn«, als Musikinstrument eigtl. *cornet à pistons* »Klapphorn«]

Pit ⟨n.; -s, -s⟩ **1** ⟨im altenglischen Theat.⟩ der Bühne gegenüberliegender Hof mit billigen Stehplätzen **2** ⟨meist Pl.; El.⟩ Informationsträger auf CDs [engl., »Parkett; Grube, Vertiefung«]

Pita[1] ⟨f.; -, -s od. n.; -s, -s⟩ griechisches Fladenbrot aus Hefeteig; *Gyros ~* mit Gyros gefülltes Fladenbrot

Pita[2] ⟨f.; -; unz.; kurz für⟩ Pitahanf

Pitahanf ⟨m.; -(e)s; unz.⟩ aus verschiedenen Arten der Agave gewonnene Blattfaser; *Sy* Pita[2] [<span., portug. *pita*]

Pitaval ⟨[-val] m.; - od. -s, -s⟩ Sammlung bedeutender Fälle aus dem Strafrecht [nach dem frz. Rechtsgelehrten François Gayot de *Pitaval,* 1673-1743]

Pitbull ⟨m.; -s, -s; Zool.⟩ mit Terrier u. Dogge verwandte engl. Hunderasse, häufig als Kampfhund ausgebildet [<engl. *pit* »Grube« (als Austragungsort von Hundekämpfen) + *Bull*terrier]

Pitch ⟨[pɪtʃ]⟩ **1** ⟨m.; - od. -(e)s, -s; Sport⟩ **1.1** ⟨Baseball⟩ Wurf **1.2** ⟨Golf⟩ Annäherungsschlag auf das Green **1.3** ⟨Cricket⟩ Spielfeld **2** ⟨n.; -s, -s⟩ Werbekampagne [engl., »Wurf; werfen«]

pitchen ⟨[pɪtʃən] V.; Sport; Golf⟩ einen steilen Annäherungsschlag ausführen [<engl. *pitch*]

Pitcher ⟨[pɪtʃə(r)] m.; -s, -⟩ **1** ⟨Sport; Baseball⟩ Werfer **2** bauchiger (Wasser-)Krug

Pitchmarke ⟨[pɪtʃ-] f.; -, -n; Sport; Golf⟩ Einschlagloch (auf dem Grün) [→ *pitchen*]

Pitchpine ⟨[pɪtʃpaɪn] f.; -, -s⟩ Stammholz nordamerikan. Kiefern, meist: Pinus palustris [engl., »Pechtanne«]

Pithekanthropus *auch:* **Pithekanthropus** ⟨m.; -, -thropi⟩ auf Java u. in China gefundene Vorform des Menschen mit niedrigem, langem Schädeldach u. fliehender Stirn: Pithecanthropus [<grch. *pithekos* »Affe« + *anthropos* »Mensch«]

pithekoid ⟨Adj.⟩ dem Affen ähnlich [<grch. *pithekos* »Affe« + *...id*]

Pitotrohr *auch:* **Pitot-Rohr** ⟨[pito:-] n.; -(e)s, -e⟩ Gerät der Hydrodynamik zum Messen des Staudrucks von strömenden Flüssigkeiten sowie von Strömungsgeschwindigkeiten [nach dem frz. Physiker Henri *Pitot,* 1695-1771]

pitoyabel *auch:* **pitoyabel** ⟨Adj.; geh.⟩ **1** bedauernswert **2** miserabel, schlecht, erbärmlich; *das Haus befindet sich in einem pitoyablen Zustand* [<frz. *pitoyable*]

Pittings ⟨Pl.⟩ kleine Korrosionsstellen an Maschinenteilen, die durch Rost od. durch Einwirkung salzhaltiger Substanzen entstanden sind [engl. *pitting* »Körnung, Lochfraß, Angefressensein«]

pittoresk ⟨Adj.⟩ malerisch [<ital. *pittoresco* »malerisch« <lat. *pictor* »Maler«]

Pityriasis ⟨f.; -, -riasen; Med.⟩ schuppende Hauterkrankung [<grch. *pityra* »Kleie«]

più ⟨Musik⟩ mehr; *~ allegro* [ital.]

Piva ⟨[-va] f.; -, Piven [-vən]; Musik⟩ schneller altital. Volkstanz [ital., »Dudelsack«]

Pivot ⟨[-vo:] m. od. n.; -s, -s⟩ Zapfen, um den ein Geschütz od. ein Kran gedreht werden kann [frz.]

P

Pi|xel ⟨m.; -s, - od. n.; - od. -s, -; EDV; Kurzwort für engl.⟩ Picture Element, Bildpunkt, kleinstes, matrixartig angeordnetes Element auf dem Bildschirm einer EDV-Anlage

Piz ⟨m.; -es, -e; Geogr.⟩ Berggipfel (bes. in Namen von Bergen) [rätoroman.]

Piz|za ⟨f.; -, -s od. Piz|zen; Kochk.⟩ italien. Gericht, Fladen aus Hefeteig, der mit Käse u. Tomaten sowie nach Geschmack mit Sardellen, Salami, Pilzen, Oliven u. a. belegt u. gebacken wird [ital. <vulgärlat. *picea,* Fem. zu *piceus* »aus Pech« zu *pix,* Gen. *pictis* »Pech«, vielleicht angelehnt an mgrch. *pitta* »Kuchen, Pastete«]

Piz|ze|ria ⟨f.; -, -ri|en od. -s⟩ kleine italien. Gaststätte, in der bes. Pizzas zubereitet werden [ital.]

piz|zi|ca|to ⟨Musik; bei Streichinstrumenten⟩ mit den Fingern gezupft [ital., »gezupft, gezwickt«]

Piz|zi|ka|to ⟨n.; -s, -ti od. -s; Musik⟩ Vortrag, bei dem die Saiten gezupft werden

Pla|ce|bo ⟨[-tseː-] n.; -s, -s; Pharm.⟩ unwirksames Scheinmedikament (für Versuche) [<lat. *placere* »gefallen«]

Pla|ce|bo|ef|fekt ⟨m.; -(e)s, -e; Med.; Psych.⟩ psychisch bedingte Wirkung auf den (menschl.) Organismus, die durch die Einnahme eines Placebos erzielt wird; *einen heilenden ~ auslösen*

Pla|ce|ment ⟨[plas(ə)mãː] n.; -s, -s⟩ **1** Anlage, Unterbringung (von Kapital) **2** Absatz (von Waren) **3** = Platzierung [frz., »Unterbringung, Anlegung (des Geldes)«]

plä|die|ren ⟨V.⟩ **1** ein Plädoyer halten; *auf Freispruch ~* **2** *für etwas ~* für etwas sprechen, sich (mit Worten) für etwas einsetzen, (mit Worten) etwas unterstützen [<frz. *plaider* »gerichtlich vorgehen«]

Plä|doy|er *auch:* **Plä|do|yer** ⟨[-doajeː] n.; -s, -s⟩ **1** ⟨Rechtsw.⟩ zusammenfassende Rede vom Staatsanwalt od. Verteidiger vor Gericht **2** Rede, mit der jmd. für od. gegen etwas od. jmdn. eintritt; *ein ~ für die Gesamtschule* [<frz. *plaidoyer* »Verteidigungsrede (eines Advokaten)«]

Pla|fond ⟨[-fɔ̃ː] m.; -s, -s⟩ **1** Zimmerdecke **2** ⟨Wirtsch.⟩ **2.1** Spitzensteuersatz, der die progressive Steuerbelastung nach oben begrenzt **2.2** Betrag, bis zu dem sich der Staat am Kapitalmarkt od. bei der Zentralbank verschulden darf; *den ~ für staatliche Ausgaben erhöhen* [frz.]

pla|fo|nie|ren ⟨V.; schweiz.⟩ nach oben hin begrenzen [<frz. *plafonner* »eine Decke verschalen, vergipsen«]

pla|gal ⟨Adj.; Musik⟩ **1** *~e Kadenz* Kadenz mit der Harmoniefolge Subdominante-Tonika **2** *~e Kirchentöne* 2., 4., 6. u. 8. Kirchenton [<lat. *plagalis* <grch. *plagios* »seitlich; hergeleitet«]

Pla|gi|at ⟨n.; -(e)s, -e⟩ Diebstahl geistigen Eigentums, Veröffentlichung des geistigen Werkes (od. eines Teils davon) eines anderen als eigenes Werk [frz., »literar. Diebstahl« <lat. *plagium* »Menschendiebstahl, Seelenverkauf« <grch. *plagios* »unredlich«]

Pla|gi|a|tor ⟨m.; -s, -to|ren⟩ jmd., der ein Plagiat begeht od. begangen hat [→ *Plagiat*]

pla|gi|a|to|risch ⟨Adj.⟩ in der Art eines Plagiats oder Plagiators

pla|gi|ie|ren ⟨V.⟩ ein Plagiat begehen [nach lat. *plagiare* »Menschendiebstahl begehen«; zu *plagium* »Menschendiebstahl, Seelenverkauf«]

pla|gio|geo|trop ⟨Adj.; Bot.⟩ = plagiotrop

Pla|gi|o|klas ⟨m.; -es, -e; Min.⟩ die Minerale Kalifeldspat u. Natronfeldspat [<grch. *plagios* »quer, schief, schräg« + *klasis* »das Brechen«]

pla|gio|trop ⟨Adj.; Bot.⟩ schräg zur Richtung der Schwerkraft ausgerichtet (von Pflanzenteilen); *Sy* plagiogeotrop [<grch. *plagios* »quer, schief, schräg« + ...*trop*[1]]

Plaid ⟨[plɛɪd] n.; -s, -s⟩ **1** meist karierte Reisedecke **2** großes Umschlagtuch aus Wolle; *Sy* Tartan (1) [engl. <schott. *plaide*]

Pla|kat ⟨n.; -(e)s, -e⟩ öffentl. Aushang, Bekanntmachung in großem Format (bes. zu Werbezwecken, an Wänden, Litfaßsäulen usw.) [<ndrl. *plakkaat* <frz. *placard* »Wandschrank, Anschlagzettel«; zu *plaque* »Platte« <ndrl. *plak*]

pla|ka|tie|ren ⟨V.⟩ öffentlich anschlagen, durch ein Plakat bekanntmachen

Pla|ka|tie|rung ⟨f.; -, -en⟩ = Plakation

Pla|ka|ti|on ⟨f.; -, -en⟩ das Plakatieren, das Plakatiertwerden; *Sy* Plakatierung; *die ~ von Werbepostern*

pla|ka|tiv ⟨Adj.⟩ **1** so beschaffen wie ein Plakat; *~e Darstellung, Aufmachung* **2** oberflächlich

Pla|ket|te ⟨f.; -, -n⟩ **1** kleine Platte mit einer Reliefdarstellung als Anstecknadel od. Gedenkmünze **2** Schildchen zum Aufkleben; *Autobahn~* [<frz. *plaquette* »kleine Platte, Gedenktäfelchen«, Verkleinerungsform zu *plaque* »Tafel, Platte«]

Pla|ko|derm ⟨m.; -s, -en⟩ einer ausgestorbenen Ordnung angehörender Fisch mit mehr od. weniger geschlossenem Knochenpanzer, Panzerfisch [<grch. *plax,* Gen. *plakos* »Platte, Ebene« + ...*derm*]

Pla|ko|id|schup|pen ⟨Pl.; Zool.⟩ schuppenartige Körperbedeckung der Knorpelfische aus knochenähnl. Substanz, Hautzähne [<grch. *plax,* Gen. *plakos* »Platte« + *eidos* »Gestalt, Aussehen«]

plan ⟨Adj.; meist adv.⟩ eben, flach, platt, glatt; *das Papier liegt ~* [<mhd. *plan* »eben« <lat. *planus*]

Plan[1] ⟨m.; -(e)s, Plä|ne⟩ **1** Vorhaben, Absicht; *einen ~ ausführen, verwirklichen; jmds. Pläne durchkreuzen* **2** schematische Zeichnung aus der Vogelschau, Grundriss; *Stadt~; den ~ eines Gebäudes, Raumes, Grundstücks zeichnen* **3** Skizze für eine zu leistende Arbeit, ein Vorhaben, Einteilung einer Arbeit, eines Vorhabens; *Zeit~; einen ~ entwerfen* [<frz. *plan, plant* »Grundriss, Plan« <ital. *pianta* »Grundriss« <lat. *planta* »Fußsohle«]

P

Plan[2] ⟨m.; -(e)s, Plä|ne; Pl. selten⟩ **1** ebene Fläche, freier Platz; *Wiesen~* **2** Kampfplatz; *als Sieger auf dem ~ bleiben* **3** *auf dem ~ erscheinen, auf den ~ treten* ⟨fig.⟩ in Erscheinung treten [<mhd. *plan* <mlat. *planum,* »Ebene«; zu lat. *planus* »eben«; → *plan*]

pla|nar ⟨Adj.⟩ **1** ⟨Math.⟩ in einer Ebene zu zeichnen, ohne dass sich die Kanten kreuzen (von Graphen); *der Kartengraph einer Landkarte ist ~, wenn er keine Teilgraphen enthält* **2** ⟨Geogr.⟩ *~e Stufe* = kolline Stufe [→ *plan*]

Pla|nar ⟨n.; -s, -e; Fot.⟩ fotograf. Objektiv besonders flacher Bauweise bei großem Durchmesser [zu mhd. *plan* »eben« <lat. *planus*]

Pla|na|rie ⟨[-riə] f.; -, -n; Zool.⟩ Angehöriger einer Ordnung stark abgeplatteter Strudelwürmer im Süßwasser u. auf feuchten Böden [<lat. *planus* »eben, flach«]

Plan|che ⟨[plã:ʃ(ə)] f.; -, -n; Sport; Fechten⟩ Fechtbahn [frz., »Brett«]

Pla|net ⟨m.; -en, -en; Astron.⟩ Himmelskörper, der sich auf ellipt. Bahn um die Sonne bewegt, Wandelstern [<mhd. *planete* <lat. *planeta* <grch. *planetes;* zu *planus* »irrend, umherschweifend«]

pla|ne|ta|risch ⟨Adj.; Astron.⟩ zu den Planeten gehörend

Pla|ne|ta|ri|um ⟨n.; -s, -ri|en; Astron.⟩ **1** Vorrichtung zum Darstellen des Himmels, mit den Gestirnen u. ihrer Bahn **2** Raum mit halbkugelförmiger Kuppel für diese Darstellung [→ *Planet*]

Pla|ne|ten|ge|trie|be ⟨n.; -s, -⟩ Zahnradgetriebe aus drei Gliedern mit verschiedenen Übersetzungsmöglichkeiten

Pla|ne|ten|sys|tem ⟨n.; -s, -e; Astron.⟩ Gesamtheit der ein Zentralgestirn umlaufenden Planeten (z. B. der Planeten der Sonne) [<*Planet* + *System*]

Pla|ne|to|id ⟨m.; -en, -en; Astron.⟩ kleiner, planetenartiger Himmelskörper, der um die Sonne kreist; *Sy* Asteroid [<*Planet* + *...id*]

Plan|film ⟨m.; -(e)s, -e; Fot.⟩ im Gegensatz zum Rollfilm flach, eben in der Kamera gelagerter Film [<*plan* + *Film*]

Pla|nier|bank ⟨f.; -, -bän|ke⟩ Maschine zur spanlosen Verformung von Metallen

pla|nie|ren ⟨V.⟩ *Gelände, Boden ~* einebnen, glätten [<frz. *planer* <spätlat. *planare* <lat. *planus;* → *plan*]

Pla|nier|rau|pe ⟨f.; -, -n⟩ auf Raupenketten laufende Maschine mit vorgesetztem Schild zur großflächigen Erdbewegung

Pla|ni|fi|ca|tion ⟨[-kasjõ:] f.; -; unz; Wirtsch.⟩ (bes. in Frankreich angewandte) Methode staatlich bestimmter gesamtwirtschaftlicher Planung, die sich an bestimmten Größen (z. B. Wachstumsrate des Sozialproduktes, Arbeitsbeschaffungsprogramm, Teilzeitarbeit) orientiert [frz., »Planung«]

Pla|ni|glob ⟨n.; -s, -en⟩ Darstellung der Erdoberfläche in zwei Kreisflächen [<lat. *planus* »eben, flach« + *globus* »Kugel«]

Pla|ni|me|ter ⟨n.; -s, -; Geom.⟩ Gerät zum Messen des Flächeninhalts ebener Figuren [<lat. *planus* »eben, flach« + *...meter*]

Pla|ni|me|trie *auch:* **Pla|ni|met|rie** ⟨f.; -; unz.; Geom.⟩ Geometrie der Ebene

pla|ni|me|trie|ren *auch:* **pla|ni|met|rie|ren** ⟨V.; Geom.⟩ den Inhalt ebener Flächen mit dem Planimeter bestimmen

pla|ni|me|trisch *auch:* **pla|ni|met|risch** ⟨Adj.; Geom.⟩ auf Planimetrie beruhend, mit ihrer Hilfe

plan|kon|kav ⟨Adj.; Optik⟩ auf einer Seite plan, eben, auf der anderen konkav

plan|kon|vex ⟨[-vɛks] Adj.; Optik⟩ auf einer Seite plan, eben, auf der anderen konvex

Plank|ter ⟨m.; -s, -; Biol.⟩ = Planktont

Plank|ton ⟨n.; -s; unz.; Biol.⟩ Gesamtheit der im Wasser schwebenden u. durch die Bewegung des Wassers transportierten Pflanzen u. Tiere; *Ggs* Nekton [<grch. *planktos* »Umherirrender«]

plank|to|nisch ⟨Adj.; Biol.⟩ *~e Lebewesen* = Plankton; *Ggs* nektonisch

Plank|tont ⟨m.; -en, -en; Biol.⟩ einzelnes Lebewesen des Planktons; *Sy* Plankter

pla|no ⟨Adv.⟩ glatt, nicht gefalzt [<lat. *planus,* »eben, flach«]

plan|par|al|lel *auch:* **plan|pa|ral|lel** ⟨Adj.⟩ in parallelen Ebenen angeordnet; *~e Platte* ⟨Optik⟩ lichtdurchlässige Platte mit zwei parallelen Flächen, durch die ein Lichtstrahl beim Durchgang eine parallele Verschiebung erfährt

Plan|qua|drat *auch:* **Plan|quad|rat** ⟨n.; -(e)s, -e; Kartogr.⟩ auf Landkarten durch parallele Längs- u. Querlinien gebildetes Quadrat

Plan|ta|ge ⟨[-ʒə] f.; -, -n⟩ Pflanzung in großem Umfang, großes, bepflanztes Stück Land; *Baumwoll~, Erdbeer~, Kaffee~, Tabak~* [frz., »Pflanzung, Anpflanzung«; zu *planter* »(an)pflanzen«]

plan|tar ⟨Adj.; Anat.⟩ zur Fußsohle gehörend, von ihr ausgehend [<lat. *planta* »Fußsohle«]

Plan|ta|tion|song ⟨[plæntɛıʃnsɔŋ] m.; -s, -s; Musik⟩ von den afrikanischen Sklaven in den Südstaaten der USA entwickelter Gesangsstil, Arbeitslied [<engl. *plantation* »Plantage«, da diese Lieder vor allem von den in Baumwollplantagen eingesetzten Sklaven gesungen wurden + *song* »Lied«]

Pla|nu|la ⟨f.; -, -s; Zool.⟩ bewimperter Keim der Hohltiere, der Gastrula entsprechend [neulat., Fem. zu *planulus,* Verkleinerungsform zu lat. *planus* »eben, flach«]

Pla|num ⟨n.; -s; unz.⟩ für den Oberbau von Eisen- u. Straßenbahn vorgesehene u. hergerichtete Fläche des Bahnkörpers [Neutr. zu lat. *planus* »eben, flach«]

Plaque ⟨[plak] f.; -, -s; Med.⟩ **1** Zahnbelag **2** erhabener Hautfleck [frz., »Platte«]

...pla|sie ⟨Nachsilbe; zur Bildung weibl. Subst.; f.; -, -n⟩ Bildung, Entwicklung; *Hypoplasie* [<grch. *plassein* »bilden, gestalten«]

P

Plä|sier ⟨n.; -s, -e⟩ Vergnügen, Lust, Spaß [<frz. *plaisir*]

Plä|sier|chen ⟨n.; -s, -; umg.; scherzh.; Verkleinerungsform von⟩ Pläsier; *jedem Tierchen sein* ~ man soll jedem sein Vergnügen lassen, gönnen (auch wenn man es selbst nicht begreift)

Plas|ma ⟨n.; -s, Plas|men⟩ **1** ⟨Biol.; kurz für⟩ Protoplasma **2** ⟨Med.⟩ flüssiger Bestandteil von Blut u. Milch **3** ⟨Physik⟩ hoch erhitztes Gas, das aus freien Elektronen u. positiv geladenen Ionen besteht u. elektr. Leitfähigkeit aufweist **4** ⟨Min.⟩ grüner Chalcedon [grch., »Gebilde«; zu *plassein* »bilden, gestalten«]

Plas|ma|bren|ner ⟨m.; -s, -⟩ Vorrichtung zum Erzeugen von hohen Temperaturen (10 000 bis 30 000 °C) durch ein Plasma

Plas|ma|phe|re|se ⟨f.; -, -n; Med.⟩ apparative Trennung von Plasma u. Blutzellen nach Blutentnahme durch Zentrifugierung zum Zweck der Gewinnung von Spenderplasma bzw. der Behandlung z. B. schwerer Vergiftungen (nach erfolgter P. werden die übrigbleibenden Blutkörperchen in einer das Volumen des Plasmas ersetzenden physiol. Kochsalzlösung in den Blutkreislauf des Spenders zurückgeleitet) [<*Plasma* + grch. *pherein* »herbeibringen«]

Plas|ma|phy|sik ⟨f.; -; unz.; Physik⟩ Teilgebiet der Physik, das sich mit den Eigenschaften u. der Anwendung des Plasmas befasst [<*Plasma* + *Physik*]

plas|ma|tisch ⟨Adj.; Physik⟩ das Plasma betreffend, zu ihm gehörig

Plas|mid ⟨n.; -s, -e; Genetik⟩ in Bakterienzellen vorhandenes DNA-Molekül, das innerhalb od. getrennt vom Chromosomen liegen kann u. sich in das Genom einer Zelle integrieren lässt (wichtig für die Ausbildung der Resistenz); →*a.* Cosmid [<*Plasma* + …*id*]

Plas|mo|des|men ⟨Pl.; Biol.⟩ feine Plasmastränge, die als Verbindungsstücke benachbarter Zellen den Stofftransport gewährleisten [<*Plasma* + grch. *desma* »Band, Binde«]

Plas|mo|di|um ⟨n.; -s, -di|en; Biol.⟩ **1** vielkernige, nackte Protoplasmamasse der Schleimpilze **2** im Blut schmarotzendes, einzelliges Lebewesen, Erreger der Malaria; ~ *Malariae* [<*Plasma* + grch. *eidos* »Form«]

Plas|mo|go|nie ⟨f.; -; unz.⟩ nach einer Hypothese E. Haeckels (1834-1919) die Urzeugung aus dem Protoplasma [<*Plasma* + …*gonie*]

Plas|mo|ly|se ⟨f.; -, -n; Bot.⟩ Ablösung des Protoplasmas von der Zellwand durch Entzug von Wasser [<*Plasma* + …*lyse*]

Plas|mon ⟨n.; -s; unz.; Biol.⟩ Gesamtheit des im Zytoplasma vorhandenen Erbgutes

Plas|te ⟨Pl.; umg.; DDR⟩ Kunststoffe [→ *Plastik*]

Plas|tics ⟨[plæstɪks] Pl.; engl. Bez. für⟩ Kunststoffe

Plas|ti|de ⟨f.; -, -n; Biochemie⟩ Zellorganell im Dienst der Photosynthese [<grch. *plastes* »Bildner«; zu *plassein* »bilden, formen«]

Plas|tik[1] ⟨f.; -, -en⟩ **1** ⟨Kunst⟩ **1.1** ⟨unz.⟩ Bildhauerkunst **1.2** ⟨zählb.⟩ Erzeugnis der Bildhauerkunst **2** ⟨Chir.⟩ **2.1** ⟨unz.⟩ Ersatz, Wiederherstellung von Organen u. Lücken im Gewebe **2.2** ⟨zählb.⟩ auf chirurg. Wege wiederhergestelltes Teil eines Organs [<frz. *plastique* »Bildhauerkunst« <grch. *plastike (techne)* »Kunst des Gestaltens«; → *plastisch*]

Plas|tik[2] ⟨n.; -s, -s; meist ohne Artikel; Technik⟩ **1** Kunststoff **2** Gegenstand aus Kunststoff [<engl. *plastic(s); zu plastic* »weich, knetbar, verformbar«; zu lat. *plasticus;* → *plastisch*]

Plas|tik|bom|be ⟨f.; -, -n⟩ Sprengstoff, der durch chem. Zusätze knetbar gemacht wird

Plas|ti|ker ⟨m.; -s, -⟩ Bildhauer

Plas|ti|lin ⟨n.; -s; unz.⟩ (meist gefärbte) Knetmasse zum Modellieren aus Kalk, Paraffinen u. Schlämmkreide; *oV* Plastilina [<ital. *plastilina* <grch. *plassein* »formen, gestalten« + lat. *linere* »schmieren«]

Plas|ti|li|na ⟨f.; -; unz.⟩ = Plastilin

Plas|ti|nat ⟨n.; -(e)s, -e⟩ Erzeugnis der Plastination, anatomisches Präparat

Plas|ti|na|ti|on ⟨f.; -, -en⟩ das Plastinieren, Konservierungsverfahren für die Herstellung anatomischer Präparate

plas|ti|nie|ren ⟨V.⟩ zu Präparaten (2) machen, konservieren; *menschliche Körper ~; tierische Körper ~*

plas|tisch ⟨Adj.⟩ **1** die Plastik (1) betreffend, zu ihr gehörig **2** in der Art einer Plastik (2) **3** knetbar, modellierbar **4** ⟨fig.⟩ anschaulich, einprägsam, deutlich, bildhaft [<frz. *plastique* <grch. *plastikos* »zum Gestalten gehörig«; zu *plassein* »gestalten«]

Plas|ti|zi|tät ⟨f.; -; unz.⟩ **1** plast. Beschaffenheit, Körperlichkeit **2** Geschmeidigkeit, Form-, Knetbarkeit

Plas|tron *auch:* **Plast|ron** ⟨[-strɔ̃:] m. od. n.; -s, -s⟩ **1** ⟨urspr.⟩ Brustharnisch **2** ⟨Sport, Fechten⟩ Polster, das beim Üben Brust u. Arm schützt **3** breite Krawatte (aus Seide) zum festl. Anzug **4** ⟨Reitsport⟩ gebundene Krawatte für Turnierbekleidung **5** verzierter Brustlatz an Kleidern [frz., »Brustharnisch, Hemdbrust«]

Pla|ta|ne ⟨f.; -, -n; Bot.⟩ der einzigen Gattung der Platanengewächse angehörender Laubbaum mit glatter Rinde, die sich in Platten ablöst, u. kugeligen, borstigen Früchten: Platanus [<grch. *platanos;* zu *platys* »breit« (nach den breiten Blättern od. dem breiten Wuchs)]

Pla|teau ⟨[-to:] n.; -s, -s⟩ **1** Hochebene **2** obere ebene Fläche eines Felsens; *Fels~* [frz., »Tablett, Platte; Hochebene«]

Pla|teau|ba|salt ⟨[-to:-] m.; -(e)s, -e⟩ = Trapp

Pla|teau|schuh ⟨[-to:-] m.; -(e)s, -e⟩ modischer Schuh mit extrem dicker (Kunststoff-)Sohle

pla|te|resk ⟨Adj.⟩ wunderlich verziert [<span. *plateresco* »nach Art von Silberschmiedearbeit«; zu *platero* »Silberschmied«; zu *plata* »Silber«]

Pla|te|res|ken|stil ⟨m.; -(e)s; unz.; Arch.⟩ Stil in der span. Baukunst des 15./16. Jh., der beim Verzieren von Fassaden maur., spätgot. u. Renaissance-Elemente verwendete

Pla|tin ⟨n.; -s; unz.; chem. Zeichen: Pt⟩ chem. Element, weißes, glänzendes Edelmetall, Ordnungszahl 78 [<span. *platina* (heute *platino)* »Silberkörnchen«, Verkleinerungsform zu span. *plata* »Silber« <mlat. *platta* »Metallplatte«]

Pla|ti|ne ⟨f.; -, -n⟩ **1** ⟨Met.⟩ kleiner Metallblock, aus dem dünne Bleche ausgewalzt werden **2** ⟨Web.⟩ Haken zum Anheben der Kettfäden bei der Jacquardmaschine od. dünner Metallstreifen zum Bilden von Schleifen aus geraden Fäden [→ *Platin*]

pla|ti|nie|ren ⟨V.⟩ mit Platin überziehen

Pla|tin|mohr ⟨n.; -s; unz.; Chemie⟩ sehr fein pulverisiertes Platin, das in der Chemie vielfach als Katalysator verwendet wird

Pla|ti|tu|de ⟨[-ty:-] f.; -, -n⟩ = Plattitüde

Pla|to|ni|ker ⟨m.; -s, -; Philos.⟩ Anhänger, Vertreter der Philosophie Platos [nach dem grch. Philosophen *Plato,* grch. *Platon,* 427-347 v. Chr.]

pla|to|nisch ⟨Adj.⟩ zur Philosophie Platos gehörend, auf ihr beruhend; *~e Körper* ⟨Math.⟩ von lauter regelmäßigen, kongruenten Vielecken begrenzter Körper, regelmäßiger Körper; *~e Liebe* ⟨fig.⟩ nicht körperliche, rein seelische od. geistige Liebe

Pla|to|nis|mus ⟨m.; -; unz.; Philos.⟩ Weiterentwicklung der Lehre Platos

Plat|ten|kon|den|sa|tor ⟨m.; -s, -en; El.⟩ Kondensator aus zwei Metallplatten mit Luft, Öl od. Papier als Dielektrikum

Plat|ten|la|bel ⟨[-lɛɪb(ə)l] n.; -s, - od. -s⟩ **1** Label, Firmenzeichen einer Plattenfirma auf ihren Tonträgern **2** Plattenfirma; *er betreibt ein eigenes ~; ein ~ gründen*

plat|tie|ren ⟨V.⟩ *ein Metallstück ~* eine (edlere) Metallschicht darauf auftragen; *einen Faden ~* mit einem anderen Faden überdecken [<spätahd. *platta, blatta* »Steinplatte, Tonsur« <mlat. *platta* »Metallplatte«; zu vulgärlat. *plattus* »flach, eben«]

Plat|ti|tü|de ⟨f.; -, -n⟩ nichtssagende, geistlose Redensart, Plattheit; *oV* Platitude [<frz. *platitude* »Platt-, Seichtheit«]

pla|ty|ze|phal ⟨Adj.; Med.⟩ mit anomal flachem Schädel versehen [<grch. *platys* »flach« + *kephale* »Kopf«]

Pla|ty|ze|pha|lie ⟨f.; -; unz.; Med.⟩ Kopfform mit fast rechtwinkliger Absetzung der oberen Schädelfläche gegen die Seitenwände, Flachköpfigkeit

> **platzieren** (*Laut-Buchstaben-Zuordnung*) Aufgrund des Stammerhaltungsprinzips richtet sich die Schreibung abgeleiteter Wortarten nach dem Wortstamm.
> Folglich wird das Verb *»platzieren«* wie das zugrundeliegende Substantiv *»Platz«* mit *»tz«* geschrieben.

plat|zie|ren ⟨V.⟩ *etwas ~* an einen bestimmten Platz stellen, befördern, legen; *einen Ball (an eine bestimmte Stelle) ~* ⟨Tennis; Tischtennis⟩ so schlagen, dass er auf einer bestimmten Stelle auftrifft; *Kapital ~* anlegen; *jmdn. (auf einen bestimmten Platz) ~* jmdm. einen bestimmten Platz anweisen [<frz. *placer* »an seinen Platz stellen, unterbringen, (Geld) anlegen«]

Plat|zie|rung ⟨f.; -, -en⟩ **1** das Platzieren **2** ⟨Reitsport; Pferderennen⟩ Ehrung der besten Pferde eines Wettbewerbes

plau|si|bel ⟨Adj.⟩ einleuchtend; *jmdm. etwas ~ machen, erklären, zu verstehen geben; eine plausible Deutung* [<frz. *plausible* »glaubhaft« <lat. *plausibilis* »Beifall verdienend«; zu *plaudere* »(Beifall) klatschen«]

plau|si|bi|li|sie|ren ⟨V.⟩ plausibel machen, erklären

Plau|si|bi|li|tät ⟨f.; -; unz.⟩ plausible Beschaffenheit

Pla|ya ⟨f.; -, -s⟩ **1** ⟨Geogr.⟩ von salzhaltigen Tonen od. Mergeln gebildete, durch zeitweiligen Regen od. ansteigendes Grundwasser von einem See bedeckte Fläche (Salztonebene), z. B. in Trockenregionen Mexikos; *oV* Playe **2** Strand [span., »Strand, Ufer«]

Play-back *auch:* **Play|back** ⟨[plɛɪbæk] n.; -, -s⟩ **1** nachträgliche Abstimmung der Bildstreifen mit der bereits vorliegenden Tonaufzeichnung **2** bei Livesendungen in Fernsehen u. Hörfunk angewandtes Verfahren, bei dem der Sänger zu dem durch Tonband eingespielten, gesungenen Text nur noch synchron die Lippen bewegt; *~-Verfahren* [engl., eigtl. »spiel zurück«]

Play|board ⟨[plɛɪbɔ:(r)d] n.; -s, -s⟩ = Tin [engl.]

Play|boy ⟨[plɛɪbɔɪ] m.; -s, -s⟩ (meist reicher) junger Mann, der hauptsächlich nach seinem Vergnügen lebt [engl.; <*play* »spielen« + *boy* »Knabe«]

Pla|ye ⟨f.; -, -n; Geogr.⟩ = Playa (1)

Play|er *auch:* **Pla|yer** ⟨[plɛɪə(r)] m.; -s, -; kurz für⟩ **1** Globalplayer **2** CD-Player, DVD-Player

Play|girl ⟨[plɛɪgœ:l] n.; -s, -s⟩ dem Playboy entsprechendes, reiches, attraktives, junges Mädchen [engl.; <*play* »spielen« + *girl* »Mädchen«]

Play|mate ⟨[plɛɪmɛɪt] n.; -s, -s⟩ attraktive Freundin, Begleiterin eines Playboys, (auch verhüllend für) Prostituierte [engl., »Spielgefährte«]

Play-off *auch:* **Play|off** ⟨[plɛɪɔf] n.; -s, -s; Sport⟩ Verfahren der Qualifikation durch Ausscheidungsspiele; *in der ~-Runde spielen* [<engl. *play* »spielen« + *off* »fort, weg«]

Play|sta|tion® ⟨[plɛɪstɛɪʃn] f.; -; unz.⟩ Telespielkonsole [engl.]

> **→ Placebo** Das aus dem Lateinischen stammende Wort *Placebo* wird im Gegensatz zu dem bereits an die deutsche Rechtschreibung angepassten, ebenfalls lateinischen Fremdwort *Plazenta* (aus lat. *placenta*) wie in der Herkunftssprache mit *c* geschrieben.

Pla|zen|ta ⟨f.; -, -s od. -zen|ten⟩ **1** ⟨Med.; Biol.⟩ die Zottenhaut des Embryos mit der Wand der Gebärmutter verbindendes, gefäßreiches Organ, das für den Stoffwechsel zwischen Mutter

P

u. Kind sorgt, Mutterkuchen **2** ⟨Bot.⟩ Stelle des Fruchtblattes, an der die Samenanlage befestigt ist [<lat. *placenta* »Kuchen« <grch. *plakus* »flach; flacher Kuchen«]

pla|zen|tal ⟨Adj.; Med.⟩ = plazentar

pla|zen|tar ⟨Adj.; Med.⟩ zur Plazenta gehörend; *oV* plazental

Pla|zen|ta|ti|on ⟨f.; -; unz.⟩ Bildung der Plazenta

Pla|zen|ti|tis ⟨f.; -, -ti|den; Med.⟩ Entzündung der Plazenta [<*Plazenta* + *...itis*]

Pla|zet ⟨n.; -s, -s; geh.⟩ Bestätigung, Erlaubnis, Zustimmung [<lat. *placet* »es gefällt«]

Ple|be|jer ⟨m.; -s, -⟩ **1** ⟨im antiken Rom⟩ Angehöriger der Plebs **2** ⟨fig.⟩ ungehobelter, ungebildeter Mensch; *er benimmt sich wie ein ~* [<lat. *plebeius* »der Plebs, dem Bürgerstand angehörig«; → *Plebs*]

ple|be|jisch ⟨Adj.⟩ **1** zu den Plebejern gehörig **2** ⟨fig.⟩ ungebildet, ungehobelt

Ple|bis|zit ⟨n.; -(e)s, -e; Politik⟩ **1** Volksentscheid **2** Volksbefragung [<lat. *plebis scitum* »Beschluss der Plebs«; → *Plebs*]

ple|bis|zi|tär ⟨Adj.⟩ durch ein Plebiszit erfolgend

Plebs[1] ⟨f.; -; unz.; im antiken Rom⟩ das Volk [lat., »Bürgerstand, Gesamtheit der frei geborenen, aber nicht zum Adel (Patrizier) gehörenden Bürger im antiken Rom«]

Plebs[2] ⟨m.; -es; unz.; fig.: abwertend⟩ ungebildete Menge, die breite Masse [→ *Plebs*[1]]

Pléi|a|de *auch:* **Plé|ia|de** ⟨[pleja:də] f.; -; unz.; Lit.⟩ Kreis von sieben frz. Dichtern (u. a. Ronsard) um 1550, die eine Erneuerung der Dichtung nach antikem Vorbild anstrebten [nach der *Pleias,* sieben Tragikern am Hofe Ptolemaios' II. in Alexandria; → *Plejaden*]

Plein|air *auch:* **Plei|nair** ⟨[plɛnɛ:r] n.; -s; unz.; Mal.⟩ (Erzeugnis der) Freilichtmalerei [<frz. *plein air* »im Freien«]

Plein|ai|ris|mus *auch:* **Plei|nai|ris|mus** ⟨[plɛnɛ-] m.; -; unz.; Mal.⟩ Freilichtmalerei [<frz. *plein air* »im Freien«]

Plein|pou|voir ⟨[plɛ̃puvoa:r] n.; -s; unz.⟩ unbeschränkte Vollmacht [<frz. *plein pouvoir* »Vollmacht«]

pleis|to|zän ⟨Adj.; Geol.⟩ zum Pleistozän gehörig, aus ihm stammend, es betreffend

Pleis|to|zän ⟨n.; -s; unz.; Geol.⟩ älteste Abteilung des Quartärs mit Eiszeiten u. dazwischenliegenden Warmzeiten vor 700 000 bis 20 000 Jahren; *Sy* Diluvium [<grch. *pleistos* »am meisten« + *...zän*]

plei|te ⟨Adv.; umg.⟩ **1** *~ sein* = bankrott sein (Firma) **2** *ich bin (völlig) ~* ich habe kein Geld mehr, ich bin (vorübergehend) zahlungsunfähig

Plei|te ⟨f.; -, -n⟩ **1** Bankrott; *~ machen* **2** ⟨fig.; umg.⟩ Reinfall, Misserfolg; *die ganze Sache war eine ~* [<hebr. *peleta* »Entrinnen, Rettung; Flucht vor der Schuldhaft«]

plei|te|ge|hen ⟨V.; umg.⟩ zahlungsunfähig werden

Ple|ja|den ⟨Pl.⟩ die sieben Töchter des Atlas u. der Pleione, die von Zeus als Siebengestirn an den Himmel versetzt wurden [<grch. *Pleiades;* zu *plein* »fahren, segeln« (das Siebengestirn, mit dessen Aufgang im Mai bei den Griechen die Schifffahrt begann u. mit dessen Untergang im November sie eingestellt wurde)]

Plekt|en|chym *auch:* **Plek|ten|chym** ⟨n.; -s, -e; Bot.; bei Pilzen⟩ unechter Gewebeverband durch Verflechtung einzelner Zellfäden, Flechtgewebe [<lat. *plectere* »flechten« + *en...* + grch. *chymos* »Saft«]

Plek|tron *auch:* **Plekt|ron** ⟨n.; -s, Plek|tren od. Plek|tra; Musik⟩ = Plektrum

Plek|trum *auch:* **Plekt|rum** ⟨n.; -s, Plek|tren od. Plek|tra; Musik⟩ Plättchen aus Holz, Metall, Elfenbein o. Ä., mit dem die Saiten von Zupfinstrumenten angerissen werden; *oV* Plektron [<grch. *plektron;* zu *plessein* »schlagen«]

Ple|nar... ⟨in Zus.⟩ Voll..., Gesamt...; *~saal* [<lat. *plenarius* »vollständig«; zu *plenus* »voll«]

Ple|ni|lu|ni|um ⟨n.; -s; unz.; Astron.⟩ Vollmond [<lat. *plenus* »voll« + *luna* »Mond«]

ple|ni|po|tent ⟨Adj.; veraltet⟩ uneingeschränkt bevollmächtigt [zu lat. *plenus* »voll« + *potens* »mächtig«]

Ple|ni|po|tenz ⟨f.; -; unz.; veraltet⟩ uneingeschränkte Vollmacht [zu lat. *plenus* »voll« + *potentia* »Macht«]

Ple|num ⟨n.; -s, Ple|nen od. Ple|na⟩ Versammlung aller Mitglieder, Vollversammlung [lat., Neutr. von *plenus* »voll«]

Pleo|chro|is|mus ⟨[-kro-] m.; -; unz.⟩ die Eigenschaft vieler Kristalle, im polarisierten Licht nach ihren verschiedenen Richtungen unterschiedliche Farben zu zeigen [<grch. *pleon* »mehr« + *chros* »Farbe«]

pleo|morph ⟨Adj.⟩ = polymorph [<grch. *pleon* »mehr« + *...morph*]

Pleo|mor|phis|mus ⟨m.; -; unz.⟩ = Polymorphismus (2)

Pleo|nas|mus ⟨m.; -, -nas|men; Rhet.⟩ rhetor. Figur, bei der ein Wort hinzugefügt wird, dessen Bedeutung schon in dem Hauptwort enthalten ist, z. B. alter Greis; *Sy* Abundanz (3) [<grch. *pleon* »mehr«]

pleo|nas|tisch ⟨Adj.⟩ in der Art eines Pleonasmus

Ple|rem ⟨n.; -s, -e; Sprachw.⟩ kleinste (semantische) Einheit der Inhaltsebene; →*a.* Glossem, Kenem [zu grch. *pleres* »voll, reichlich vorhanden«]

Ple|re|ma|tik ⟨f.; -; unz.; Sprachw.⟩ = Pleremik

Ple|re|mik ⟨f.; -; unz.; Sprachw.⟩ Disziplin der Sprachwissenschaft, die sich mit der Beschreibung der Grundstrukturen der kleinsten (semantischen) Spracheinheiten befasst; *Sy* Plerematik [→ *Plerem*]

Ple|rom ⟨n.; -s, -e; Bot.⟩ in der Entwicklung befindliche zentrale Röhre der Pflanzenwurzel [<grch. *pleroma* »Vervollständigung, Ausfüllung«]

Ple|si|an|thro|pus *auch:* **Ple|si|anth|ro|pus** ⟨m.; -, -thro|pi⟩ in Südafrika gefundener fossiler Hominide des Pliozäns [<grch. *plesios* »nahe« + *anthropos* »Mensch«]

Ple|sio|sau|rus ⟨m.; -, -ri|er; Paläontol.⟩ Saurier mit kleinem Schädel, langem Hals, kurzem

P

Schwanz u. paddelartigen Gliedmaßen [<grch. *plesios* »nahe« + *sauros* »Eidechse«]

Pleu|ra ⟨f.; -, Pleu|ren; Anat.⟩ Brustfell, Rippenfell [grch. »Rippe, Seite«]

pleu|ral ⟨Adj.; Med.⟩ die Pleura betreffend, zu ihr gehörig

Pleur|al|gie *auch:* **Pleu|ral|gie** ⟨f.; -, -n; Med.⟩ = Pleurodynie [<*Pleura* + *...algie*]

Pleu|ri|tis ⟨f.; -, -ti|den; Med.⟩ Brustfellentzündung [<grch. *pleura* »Rippe, Seite«]

Pleur|o|dy|nie *auch:* **Pleu|ro|dy|nie** ⟨f.; -, -n; Med.⟩ Schmerz im seitlichen Brust- u. Rippenfell; *Sy* Pleuralgie [<*Pleura* + grch. *odyne* »Schmerz«]

Pleu|ro|pneu|mo|nie ⟨f.; -, -n; Med.⟩ Rippenfell- u. Lungenentzündung; *Sy* Pneumopleritis [<*Pleura* + *Pneumonie*]

Pleus|ton ⟨n.; -s; unz.; Biol.⟩ Lebensgemeinschaft der auf der Wasseroberfläche treibenden Organismen [<grch. *pleuston* »Segelndes«; zu *plein* »segeln«]

Ple|xi|glas® ⟨n.; -es; unz.⟩ sehr leicht zu bearbeitender, splitterfreier, glasartiger Kunststoff; *Sy* Acrylglas [<lat. *plexus* »Geflecht« + *Glas*]

Ple|xus ⟨m.; -, -; Med.⟩ die netzartige Vereinigung von Blut- od. Lymphgefäßen sowie von Nerven; *Solar~* [lat., »Geflecht«; zu *plectere* »flechten«]

Pli ⟨m.; -s; unz.; westdt.⟩ Gewandtheit, Mutterwitz, Schliff [frz., »Falte, Angewohnheit, Gewandtheit«]

Plin|se ⟨f.; -, -n; ostmdt.; Kochk.⟩ Eierkuchen, oft mit Hefe; *Hefe~* [<sorb. *blinc, mlinc* »dünner Buchweizenkuchen, in der Pfanne gebacken u. gerollt«; zu idg. **mel-* »mahlen«]

Plin|the ⟨f.; -, -n; Arch.⟩ quadrat. od. rechteckige Platte (unter Säule, Pfeiler od. Statue) [<grch. *plinthos* »Ziegel«]

plio|zän ⟨Adj.⟩ zum Pliozän gehörend, aus ihm stammend

Plio|zän ⟨n.; -s; unz.; Geol.⟩ jüngste Stufe des Neogens [<grch. *pleion* »mehr« + *...zän*]

Plis|see ⟨n.; -s, -s; Textilw.⟩ schmale, gepresste Falten (im Stoff) [<frz. *plissé* »Fältchen, Plissee«; zu *plisser* »fälteln«]

plis|sie|ren ⟨V.⟩ Stoff mit Plissee versehen

PLO ⟨Abk. für engl.⟩ Palestine Liberation Organization (Palästinensische Befreiungsorganisation)

Plom|be ⟨f.; -, -n⟩ **1** Siegel aus Metall zum Verschluss von Behältern od. Eisenbahnwagen **2** Zahnfüllung [→ *plombieren*]

plom|bie|ren ⟨V.⟩ mit einer Plombe versehen [<frz. *plomber* »mit Blei verschließen«; zu frz. *plomb* »Blei« <lat. *plumbum* »Blei«]

plop ⟨Int.⟩ (Nachahmung eines kurzen, leicht knallenden Geräusches wie es z. B. beim geräuschvollen Aufprallen von Wassertropfen od. beim Entkorken einer Sektflasche entsteht) [engl., lautmalend]

Plop ⟨m.; -s, -s; umg.⟩ Plumps, Geräusch eines leichten Knalls od. Aufpralls; *die Sektflasche wurde mit einem ~ geöffnet* [engl.]

plop|pen ⟨V.; umg.⟩ plumpsen, mit einem leichten Knall auftreffen; *die Filzbälle ~ auf das Spielfeld* [<engl. *plop*]

plo|siv ⟨Adj.; Phon.⟩ als Plosiv ausgesprochen

Plo|siv ⟨m.; -s, -e; Phon.⟩ = Plosivlaut

Plo|siv|laut ⟨m.; -s, -e [-və]; Phon.⟩ = Explosivlaut [zu lat. *plausus,* Part. Perf. von *plaudere* »klatschen«]

Plot ⟨n. od. m.; -s, -s; Lit.⟩ Entstehung u. Lösung des Konflikts im Drama, Ablauf der dramat. Handlung [engl., »Fabel, Handlung«]

plot|ten ⟨V.⟩ *etwas ~* einen Plot von etwas erstellen, mit einem Plotter darstellen [zu engl. *plot* »zeichnen«]

Plot|ter ⟨m.; -s, -⟩ Gerät zur unmittelbaren graf. Darstellung von Computerberechnungen, meist mit mehreren mehrfarbigen Stiften ausgerüstet, Zeichenmaschine [<engl. *plot* »eine Zeichnung machen, grafisch darstellen«]

Plug and play ⟨[plʌg ənd plɛɪ] n.; - - -; unz.; EDV⟩ automatisches Installieren der einzelnen Komponenten eines Systems, z. B. durch Einstecken einer Karte, deren Merkmale vom System erkannt u. in bereits vorhandenes Computersystem eingebaut werden; →*a.* Konfiguration (3) [engl., »einstecken und spielen«]

Plug-in ⟨[plʌgın] n.; -s, -s; EDV⟩ in ein bereits vorhandenes Computersystem einfügbares Programm od. ergänzende Komponente, z. B. um eine Leistungssteigerung zu erzielen [engl.; zu *plug in* »einstecken«]

Plum|bat ⟨n.; -(e)s, -e; Chemie⟩ Verbindung mit Blei als zentralem Atom [→ *Plumbum*]

Plum|bum ⟨n.; -s; unz.; chem. Zeichen: Pb⟩ Blei [lat.]

Plu|meau ⟨[plymo:] n.; -s, -s⟩ Federbett von der halben Größe des Deckbetts [frz., »Federbesen, Deckbett«; zu *plume* »Feder«]

Plum|me|rung ⟨[plʌm-] f.; -, -en; Med.⟩ = Strumektomie [nach dem US-amerikan. Arzt Henry St. *Plummer,* 1874-1937]

Plu|mo|sit ⟨n.; -s; unz.; Min.⟩ Federerz [<lat. *pluma* »Feder«]

Plum|pud|ding ⟨[plʌm-] m.; -s, -s; Kochk.⟩ in England zu Weihnachten bereiteter, gekochter od. gedämpfter Pudding aus Mehl od. Brot, Rosinen u. Gewürzen [<engl. *plumpudding* »Rosinenpudding«]

Plun|ger ⟨[plʌndʒə(r)] m.; -s, -⟩ langer Kolben ohne Kolbenringe an Arbeitsmaschinen, Tauchkolben; *oV* Plunscher [engl., »Taucher«]

Plun|scher ⟨m.; -s, -⟩ = Plunger

plu|ral ⟨Adj.; Gramm.⟩ = pluralistisch

Plu|ral ⟨m.; -s, -e; Gramm.⟩ Numerus, der eine Vielheit od. etwas mehrfach Vorkommendes ausdrückt, Mehrzahl; *Ggs* Singular; →*a.* Dual [<lat. *pluralis* »Mehrzahl«; zu *plus* »mehr«]

Plu|ra|le|tan|tum ⟨n.; -s, -s od. -ra|li|a|tan|tum; Gramm.⟩ Wort, das nur im Plural vorkommt, z. B. Leute, Kosten; *Ggs* Singularetantum [lat., »nur in der Mehrzahl vorkommend« <*pluralis* »Mehrzahl« + *tantum* »immer«]

plu|ra|lisch ⟨Adj.; Gramm.⟩ im Plural (gebraucht)

P

plu|ra|li|sie|ren ⟨V.; geh.⟩ **1** ⟨Gramm.⟩ in den Plural setzen, zu einer Mehrzahl werden, vervielfältigen **2** aus mehreren Komponenten bestehen; *die Lebensweisen ~ sich*

Plu|ra|lis Ma|jes|ta|tis ⟨m.; - -; unz.; Gramm.⟩ der Plural »wir« zur Bez. der eigenen Person (von Fürsten gebraucht od. vom Autor innerhalb seiner Schrift) [<lat. *pluralis maiestatis* »Plural der Majestät, der Erhabenheit«]

Plu|ra|lis|mus ⟨m.; -; unz.⟩ **1** philosoph. Lehre, nach der die Wirklichkeit aus vielen selbstständigen Wesen besteht, die insgesamt keine Einheit bilden; *Ggs* Monismus, Singularismus **2** Auffassung, dass der Staat aus vielen koexistierenden Interessengruppen besteht [<lat. *pluralis* »zu mehreren gehörig, aus mehreren bestehend, Mehrzahl«; zu *plus* »mehr«]

Plu|ra|list ⟨m.; -en, -en⟩ Anhänger, Vertreter des Pluralismus

plu|ra|lis|tisch ⟨Adj.⟩ zum Pluralismus gehörend, auf ihm beruhend; *Sy* plural; *~e Gesellschaft* aus vielen Gruppen mit unterschiedlichen Wertsystemen aufgebaute Gesellschaft

Plu|ra|li|tät ⟨f.; -, -en⟩ Mehrheit, Vielheit; *kulturelle ~* [→ *Pluralismus*]

Plu|ri|pa|ra ⟨f.; -, -pa|ren; Med.⟩ = Multipara [<lat. *pluri* »mehr« + *parere* »hervorbringen«]

plu|ri|po|tent ⟨Adj.; Genetik⟩ *~e Zellen* Z., die in der Entwicklung noch nicht festgelegt sind u. sich in alle Körpergewebe entwickeln können [<lat. *pluri* »mehr« + *potens* »mächtig«]

plus ⟨Adv.; Zeichen: +⟩ und, dazu, zuzüglich; *Ggs* minus [lat., »mehr«]

Plus ⟨n.; -, -⟩ *Ggs* Minus **1** Mehrbetrag, Überschuss **2** ⟨umg.⟩ Vorteil, Gewinn

Plüsch ⟨a. [ply:ʃ] m.; -(e)s, -e⟩ **1** Baumwollstoff mit langem Flor **2** Wirkware mit langem Flor [<frz. *peluche* »Wollsamt« <galloroman. **piluccare* »enthaaren« <lat. *pilus* »Haar«]

Plus|pol ⟨m.; -(e)s, -e; El.⟩ positiver Pol; *Ggs* Minuspol

Plus|quam|per|fekt ⟨n.; -(e)s, -e; Gramm.⟩ Tempus des Verbums, das ein im Präteritum bereits vollendetes Geschehen bezeichnet, Vorvergangenheit, z. B. als ich gegangen war … [<lat. *plus quam perfectum* »mehr als vollendet«]

Plu|te|us ⟨m.; -; unz.; Zool.⟩ Larve der Schlangensterne u. Seeigel [lat., »Schutzwand, Schirmdach«]

Plu|to|krat ⟨m.; -en, -en⟩ **1** Träger der Macht in der Plutokratie **2** ⟨fig.; umg.⟩ Angehöriger der reichen Oberschicht der Gesellschaft

Plu|to|kra|tie ⟨f.; -, -n⟩ Staatsform, in der die Macht auf dem Besitz, dem Reichtum beruht [<grch. *plutos* »Reichtum« + *…kratie*]

plu|to|kra|tisch ⟨Adj.⟩ zur Plutokratie gehörend, auf ihr beruhend

plu|to|nisch ⟨Adj.⟩ **1** zur Unterwelt gehörend **2** ⟨Geol.⟩ auf Plutonismus beruhend, durch ihn entstanden

Plu|to|nis|mus ⟨m.; -; unz.; Geol.⟩ **1** Vulkanismus der tieferen Zonen der Erdrinde **2** früher vertretene geolog. Lehre, dass die meisten Gesteine durch Erstarrung geschmolzener Massen entstanden seien [nach lat. *Pluto,* grch. *Pluton,* dem Gott der Unterwelt]

Plu|to|nist ⟨m.; -en, -en; Geol.⟩ Anhänger des Plutonismus

Plu|to|nit ⟨m.; -s, -e; Geol.; Min.⟩ in größeren Tiefen der Erdkruste erstarrtes Eruptivgestein von grobkörniger, vollkristalliner Konsistenz, z. B. Granit, Diorit, Gabbro [→ *Plutonismus*]

Plu|to|ni|um ⟨n.; -s; unz.; chem. Zeichen: Pu⟩ radioaktives, künstlich hergestelltes chem. Element, Ordnungszahl 96 [nach dem Planeten *Pluto*]

plu|vi|al ⟨[-vi-] Adj.; Meteor.⟩ als Regen fallend, Regen betreffend [<lat. *pluvia* »Regen«]

Plu|vi|a|le ⟨[-vi-] n.; -s, -s od. -⟩ **1** ⟨urspr.⟩ Regenmantel der kath. Geistlichen **2** ⟨seit dem 13. Jh.⟩ mantelähnl., ärmelloser Überwurf der kath. Geistlichen bei manchen gottesdienstl. Handlungen [mlat., »Regenmantel« <lat. *pluvia* »Regen«]

Plu|vi|al|zeit ⟨[-vi-] f.; -, -en; Meteor.⟩ Periode stärkerer Niederschläge in den Tropen u. Subtropen während der quartären Eiszeit [<lat. *pluvia* »Regen«]

plu|vio…, Plu|vio… ⟨[-vio] in Zus.⟩ regen…, Regen… [<lat. *pluvia* »Regen«]

Plu|vio|graf ⟨[-vio-] m.; -en, -en; Meteor.⟩ = Pluviograph

Plu|vio|graph ⟨[-vio-] m.; -en, -en; Meteor.⟩ Gerät zum Aufzeichnen der Niederschlagsmenge; *oV* Pluviograf; *Sy* Hyetograph, Ombrograph [<*Pluvio…* + *…graph*]

Plu|vio|me|ter ⟨[-vio-] n.; -s, -; Meteor.⟩ Niederschlagsmesser [<*Pluvio…* + *…meter*]

Plu|vio|ni|vo|me|ter ⟨[-vionivo-] n.; -s, -; Meteor.⟩ Niederschlagsmesser, der sowohl die Regenmenge als auch die Schneemenge registriert [<*Pluvio…* + lat. *nix,* Gen. *nivis* »Schnee« + *…meter*]

Pm ⟨chem. Zeichen für⟩ Promethium

PM ⟨Abk. für⟩ Public Management

p. m. ⟨Abk. für lat.⟩ **1** post meridiem **2** pro mille **3** pro memoria **4** post mortem

P-Mar|ker ⟨[pi:-] m.; -s, -; Sprachw.⟩ in der generativen Transformationsgrammatik verwendeter Begriff für einen semantischen Marker [<engl. *phrase* »Satzteil« + *Marker*]

PMS ⟨Abk. für⟩ prämenstruelles Syndrom

Pneu ⟨m.; -s, -s; kurz für⟩ **1** Pneumatik (1) **2** Pneumothorax

pneum…, Pneum… ⟨in Zus.⟩ = pneumo…, Pneumo…

Pneu|ma ⟨n.; -s; unz.⟩ **1** Hauch, Atem, luftartige Substanz **2** ⟨Philos.⟩ Seele, Lebenskraft, Geist [grch., »Hauch, Atem, Wind«]

Pneu|ma|tik **1** ⟨m.; -s, -s od. österr.: f.; -, -en⟩ Luftreifen **2** ⟨f.; -; unz.; Physik⟩ Lehre von der Luft u. anderen Gasen sowie deren Verhalten bei Druck- u. Temperaturänderungen [<grch. *pneuma* »Hauch, Atem, Wind«]

P

Pneu|ma|ti|ker ⟨m.; -s, -; Gnosis⟩ vom göttl. Geist Erleuchteter, aus göttl. Geist Wirkender, Prophet

pneu|ma|tisch ⟨Adj.⟩ **1** ⟨Philos.⟩ das Pneuma betreffend, auf ihm beruhend **2** vom Geist Gottes erfüllt; *~e Bibelauslegung* **3** ⟨Med.⟩ lufthaltig, die Atmung betreffend; *~e Kammer* luftdicht verschlossene Kammer zum Herstellen von Unter- od. Überdruck zur Behandlung von Erkrankungen der Lunge od. für Operationen, die die Öffnung der Brusthöhle erfordern, Klimakammer

pneu|ma|to..., Pneu|ma|to... ⟨Med.; in Zus.⟩ lunge..., Lunge... [<grch. *pneumon* »Lunge«]

Pneu|ma|to|ly|se ⟨f.; -, -n; Geol.⟩ Neubildung von Mineralien durch die Einwirkung von Gasen, die aus erstarrendem Magma austreten, auf bereits fest gewordenes Gestein [<*Pneuma* + *...lyse*]

pneu|ma|to|ly|tisch ⟨Adj.; Geol.⟩ durch Pneumatolyse hervorgerufen, auf ihr beruhend; *~e Erzlagerstätten*

Pneu|ma|to|me|ter ⟨n.; -s, -; Med.⟩ Gerät zum Messen der Ein- u. Ausatmung

Pneu|ma|to|phor ⟨n.; -s, -e; meist Pl.; Biol.⟩ aus dem Boden herausragende Atemwurzeln der Mangroven, die dazu dienen, dem im sauerstoffarmen Schlamm gründenden Wurzelwerk Sauerstoff zuzuführen [<*Pneuma* + *...phor*]

Pneum|ek|to|mie *auch:* **Pneu|mek|to|mie** ⟨f.; -, -n; Med.⟩ = Pneumonektomie

pneu|mo..., Pneu|mo... ⟨vor Vokalen⟩ pneum..., Pneum... ⟨in Zus.⟩ Lunge [<grch. *pneumon*]

Pneu|mo|graf ⟨m.; -en, -en; Med.⟩ = Pneumograph

Pneu|mo|graph ⟨m.; -en, -en; Med.⟩ Gerät zum Aufzeichnen der Bewegung des Brustkorbs beim Atmen sowie der Häufigkeit u. Tiefe der Atmungen; *oV* Pneumograf [<*Pneumo...* + *...graph*]

Pneu|mo|kok|kus ⟨m.; -, -kok|ken; Med.⟩ in mehreren Typen vorkommendes Bakterium, Erreger der Lungenentzündung [<*Pneumo...* + *Kokkus*]

Pneu|mo|ko|ni|o|se ⟨f.; -, -n; Med.⟩ durch ständiges Einatmen von bestimmten Staubarten hervorgerufene, chronisch entzündl. Erkrankung der Atemwege, Staublunge [<*Pneumo...* + grch. *komis* »Staub«]

Pneu|mo|lo|gie ⟨f.; -; unz.; Med.⟩ Lehre von den Lungenkrankheiten; *oV* Pneumonologie [<*Pneumo* + *...logie*]

Pneu|mon|ek|to|mie *auch:* **Pneu|mo|nek|to|mie** ⟨f.; -, -n; Med.⟩ operative Entfernung eines Lungenflügels; *oV* Pneumoektomie [<*Pneumo...* + *Ektomie*]

Pneu|mo|nie ⟨f.; -, -n; Med.⟩ Lungenentzündung [<grch. *pneumon* »Lunge«]

Pneu|mo|nik ⟨f.; -; unz.; Technik⟩ Steuerungstechnik mit Hilfe von Luftdruck [<*Pneuma* + Elektr*onik*]

pneu|mo|nisch ⟨Adj.; Med.⟩ die Pneumonie betreffend, mit ihr einhergehend, durch sie verursacht

Pneu|mo|no|lo|gie ⟨f.; -; unz.; Med.⟩ = Pneumologie

Pneu|mo|pleu|ri|tis ⟨f.; -, -ti|den; Med.⟩ = Pleuropneumonie [<*Pneumo...* + *Pleuritis*]

Pneu|mo|tho|rax ⟨m.; - od. -es, -e; Kurzwort: Pneu; Med.⟩ Füllung des Spaltes zwischen den beiden Blättern des Brustfells mit Luft od. Gasen, Gasbrust, Luftbrust, künstlich bes. bei Tuberkulose zur Ruhigstellung der Lunge

pneu|mo|trop ⟨Adj.; Med.⟩ auf die Lunge wirkend, sie beeinträchtigend (z. B. von Bakterien) [<*pneumo...* + *...trop*]

Po ⟨chem. Zeichen für⟩ Polonium

po|chie|ren ⟨[-ʃiː-] V.; Kochk.⟩ *oV* poschieren **1** *eine Speise ~* bei milder Hitze in wenig Flüssigkeit ziehen lassen bis sie gar ist **2** *Eier ~* in fast kochendes Essigwasser schlagen u. darin gar werden lassen; *pochierte Eier* verlorene Eier [<frz. *œufs pochés* »verlorene Eier«]

Po|cket|book ⟨[pɔkɪtbuk] n.; -s, -s; engl. Bez. für⟩ Taschenbuch

Po|cket|ka|me|ra ⟨[pɔkɪt-] f.; -, -s⟩ sehr kleiner, handlicher Fotoapparat [<engl. *pocket* »Tasche« + *Kamera*]

po|co ⟨Musik⟩ ein wenig, etwas; *~ adagio; ~ a ~* nach u. nach [ital., »wenig«]

Pod ⟨m.; -s, -s; Geol.⟩ flache, abflusslose Mulde im Lößboden osteuropäischer Steppenlandschaften, die sich infolge der Schneeschmelze im Frühling mit Wasser füllt [russ.]

Pod|a|gra *auch:* **Po|dag|ra** ⟨n.; -; unz.; Med.⟩ Gicht der großen Zehe [<grch. *pous,* Gen. *podos* »Fuß« + *agra* »Fang, Fessel«]

pod|a|grisch *auch:* **po|dag|risch** ⟨Adj.; Med.⟩ auf Podagra beruhend

Pod|al|gie *auch:* **Po|dal|gie** ⟨f.; -, -n; Med.⟩ Fußschmerz [<grch. *pous,* Gen. *podos* »Fuß« + *...algie*]

Pod|cast ⟨m.; -s, -s; EDV⟩ über das Internet verbreiteter Audio- od. Videobeitrag

Pod|cas|ting ⟨n.; -s; unz.; EDV⟩ Produktion u. Verbreitung von Audio- u. Videodateien über das Internet [verkürzt <*iPod Broadcasting*]

...po|de ⟨Nachsilbe; zur Bildung männl. Subst.⟩ Tier mit bestimmten Füßen, ...füßer, ...füßler [<grch. *pous,* Gen. *podos* »Fuß«]

Po|dest ⟨n. od. m.; -(e)s, -e⟩ **1** Treppenabsatz **2** schmales Podium **3** schmales Gestell mit einem Fuß [→ *Podium*]

Po|dex ⟨m.; - od. -es, -e; umg.⟩ Gesäß (bes. bei Kindern) [lat.]

Po|di|um ⟨n.; -s, -di|en⟩ gegenüber dem Fußboden erhöhte Fläche, z. B. für ein Rednerpult [lat., »Tritt, trittartige Erhöhung«; → *...pode*]

...po|di|um ⟨Nachsilbe; zur Bildung sächl. Subst.⟩ Fuß, Füßchen [lat. *podium* »Füßchen«; → *...pode*]

Po|di|ums|ge|spräch ⟨n.; -(e)s, -e⟩ Diskussion mehrerer Redner (nicht aus dem Publikum) vor Zuhörern

Po|do|me|ter ⟨n.; -s, -⟩ Messgerät zum Zählen der Schritte, Schrittmesser [<grch. *pous,* Gen. *podos* »Fuß« + *metrein* »messen«]

P

Pod|sol ⟨m.; -s; unz.; Geol.⟩ heller, sandiger, wenig fruchtbarer Boden über durchlässigen Gesteinen, Bleicherde [russ., »unter Asche«]

Po|em ⟨n.; -s, -e; manchmal abwertend⟩ Gedicht [<grch. *poiema* »Gedicht«, eigtl. »Erzeugnis«; zu *poiein* »schaffen«]

Po|e|sie ⟨f.; -, -n⟩ **1** ⟨i. w. S.⟩ Dichtkunst **2** ⟨i. e. S.⟩ Dichtung in Versen, in gebundener Rede; *Ggs* Prosa (1) **3** ⟨fig.⟩ Zauber, Stimmungsgehalt; *Ggs* Prosa (2); *die ~ des Alltags* [<frz. *poésie* <lat. *poesis* <grch. *poesis* »das Verfertigen, das Dichten, Dichtkunst«; zu *poiein* »machen, schaffen«]

Po|e|sie|al|bum ⟨n.; -s, -al|ben⟩ Album, in das man Freunde zur Erinnerung Gedichte od. Sprüche schreiben lässt, bes. bei Kindern u. jungen Mädchen beliebt

Po|et ⟨m.; -en, -en⟩ *Ggs* Prosaist **1** ⟨i. w. S.⟩ Dichter **2** ⟨i. e. S.⟩ = Lyriker [<mhd. *poete* <lat. *poeta* »Dichter« <grch. *poietes* »schöpfer. Mensch, Dichter«; → *Poesie*]

Po|e|ta doc|tus ⟨m.; - -, -tae -doc|ti; Lit.; veraltet⟩ gelehrter Dichter, der sein Wissen u. die Beherrschung poetischer Formen bei seiner literarischen Arbeit bewusst anwendet u. ausstellt (Idealbild des Dichters in alexandrinischer Zeit, im Humanismus u. während der Aufklärung) [lat., »gelehrter Dichter«]

Po|e|ta lau|re|a|tus ⟨m.; - -, -tae -re|a|ti⟩ **1** ⟨Antike⟩ mit dem Lorbeerkranz gekrönter Dichter **2** ⟨MA; in England noch heute⟩ mit gewissen Rechten verbundener Ehrentitel für den besten nationalen Dichter [lat., »mit Lorbeer geschmückter Dichter«]

Po|e|tas|ter ⟨m.; -s, -; abwertend⟩ Dichterling [<*Poet* + Pejorativendung *...aster*]

Po|e|tik ⟨f.; -, -en⟩ **1** Lehre von der Dichtkunst **2** Lehrbuch der Dichtkunst [<grch. *poietike (techne)* »Dichtkunst«; → *Poesie*]

po|e|tisch ⟨Adj.⟩ zur Poesie gehörend, in der Art der Poesie, dichterisch; *Ggs* prosaisch (1) [<frz. *poétique* <lat. *poeticus* <grch. *poietikos* »die Poesie betreffend«; → *Poesie*]

po|e|ti|sie|ren ⟨V.⟩ poetisch gestalten, mit Poesie durchdringen

Po|e|to|lo|gie ⟨f.; -; unz.; neuere Bez. für⟩ Poetik (1) [<*Poet* + *...logie*]

po|e|to|lo|gisch ⟨Adj.⟩ die Poetologie betreffend, auf ihr beruhend, zu ihr gehörig

Po|e|try|slam ⟨[po:ətrislæm] m.; - od. -s, -s; Lit.⟩ Wettkampf zwischen Nachwuchsschriftsteller(inne)n, die (meist in kleinen Kultureinrichtungen) eine Auswahl eigener Texte vortragen u. von einer Jury bewertet werden [engl., eigtl. »Poesieschlag« (parallel zu *Grand Slam* gebildet)]

Po|fe|se ⟨f.; -, -n⟩ = Pafese

Po|go ⟨m.; -s, -s; Musik⟩ (bes. in den 1970er Jahren) heftiger, wilder Tanz zum Punkrock [engl., verkürzt <*pogo stick* »Metallstange mit Federung u. Trittfläche für die Füße für Sprünge auf der Stelle«]

Po|grom *auch:* **Pog|rom** ⟨m. od. n.; -s, -e⟩ Hetze, Ausschreitung gegen nationale, religiöse od. rassische Gruppen; *Juden~* [russ., »Verheerung, Verwüstung«]

...pö|ie ⟨Nachsilbe; zur Bildung weibl. Subst.; f.; -, -n⟩ Machen, Nachahmen; *Onomatopöie* [<grch. *poiein* »machen«]

po|i|e|tisch ⟨Adj.⟩ mit dem Hervorbringen, Schaffen zu tun habend; *~e Philosophie* ⟨nach Plato⟩ Wissenschaft, die sich mit der Anfertigung, Erzeugung einer Sache befasst, z. B. Baukunst

po|i|ki|lo|therm ⟨Adj.; Biol.⟩ wechselwarm; *~e Tiere* Tiere, deren Körpertemperatur von der Temperatur ihrer Umgebung abhängt, Wechselwarmblüter [<grch. *poikilos* »bunt« + *...therm*]

Po|i|ki|lo|ther|mie ⟨f.; -, -n; Biol.⟩ Instabilität der Körpertemperatur durch ungenügende Wärmeregulationsfähigkeit des Organismus, z. B. bei zu früh geborenen Säuglingen [<grch. *poikilos* »bunt« + *therme* »Wärme«]

Poil ⟨[poa:l] m.; -s, -e⟩ = Pol[2] [frz., »Haar«]

Poi|lu ⟨[poaly:] m.; - od. -s, -s; Spitzname für⟩ frz. Soldat (im 1. Weltkrieg) [frz., eigtl. »behaart, haarig«; zu *poil* »Haar«]

Point ⟨[poɛ̃:] m.; -s, -s⟩ **1** Stich (beim Kartenspiel) **2** Auge (beim Würfelspiel) [frz., »Punkt« <lat. *punctum* »Punkt, Stich«]

Poin|te ⟨[poɛ̃:t(ə)] f.; -, -n⟩ geistreicher, überraschender Höhepunkt einer Erzählung od. Darstellung; *die ~ des Witzes* [frz., »Spitze, Stachel« <vulgärlat. *puncta* »Stich«]

Poin|ter ⟨[pɔintə(r)] m.; -s, -; Zool.⟩ gescheckter engl. Vorstehhund [engl., »Vorstehhund, Hühnerhund«; zu *point out* »zeigen, hinweisen«]

poin|tie|ren ⟨[poɛ̃-] V.⟩ nachdrücklich betonen, hervorheben, unterstreichen [<frz. *pointer* »auf etwas zielen, hervorheben, zuspitzen«; zu *pointe* »Spitze«]

poin|tiert ⟨[poɛ̃-] Adj.⟩ auf den Punkt gebracht, übersetzt, zugespitzt, das Wesentliche betonend, hervorhebend; *eine Geschichte ~ erzählen; etwas ~ darstellen*

Poin|til|lis|mus ⟨[poɛ̃-] m.; -; unz.; Mal.⟩ Richtung der Malerei am Ende des Impressionismus, die durch das dichte Nebeneinander von unvermischten Farbpunkten bestimmte opt. Wirkung (aus der Entfernung) erstrebte; →*a.* Divisionismus [<frz. *pointillisme;* zu *pointiller* »mit Punkten darstellen«; zu *point* »Punkt«]

Poin|til|list ⟨[poɛ̃-] m.; -en, -en; Mal.⟩ Vertreter des Pointillismus

poin|til|lis|tisch ⟨[poɛ̃-] Adj.; Mal.⟩ im Stil des Pointillismus

Point of no Re|turn ⟨[pɔint ɔf no: rıtø:n] m.; - - - -; unz.⟩ Stadium einer Entwicklung, von dem aus eine Änderung nicht mehr möglich ist [engl., »Punkt ohne Rückkehr(möglichkeit)«]

Poise ⟨[poa:z] n.; -, -; Zeichen: P⟩ nicht mehr zulässige Maßeinheit der Viskosität, zu ersetzen durch die Einheit Pascalsekunde (Pas), 1 P = 0,1 Pas [nach dem frz. Mediziner Jean-Louis-Marie *Poiseuille,* 1799-1869]

Po|kal ⟨m.; -s, -e⟩ Trinkgefäß aus Silber, Gold od. Kristall mit Fuß u. oft mit Deckel (auch als Siegespreis bei sportl. Wettkämpfen) [<ital. *boccale* »Krug, Becher« <lat. *baucalis* »tönernes Kühlgefäß« <grch. *baukalis* »enghalsiges Gefäß«; beeinflusst von lat. *poculum* »Becher«]

Po|ker ⟨n.; -s; unz.; Kart.⟩ Glücksspiel mit frz. Karten, bei dem der Spieler mit der besten Zusammenstellung der Karten (Pokerhand) gewinnt [engl.; zu *poke* »schlagen, stechen«]

Po|ker|face ⟨[-fɛɪs] n.; -, -s [-fɛɪsɪz]⟩ unbewegliches Gesicht, das die wahren Absichten einer Person nicht erkennen lässt [<engl. *Poker + face* »Gesicht«]

po|kern ⟨V.⟩ **1** Poker spielen **2** ⟨fig.⟩ bei einem Geschäft o. Ä. mit hohem Risiko verhandeln

po|ku|lie|ren ⟨V.⟩ bechern, zechen [<lat. *poculum* »Becher«]

Pol[1] ⟨m.; -s, -e⟩ **1** Dreh-, Mittelpunkt **2** nördlicher bzw. südlicher Endpunkt der Erdachse; *Nord~; Süd~* **3** ⟨Math.⟩ Punkt mit bes. Bedeutung **4** ⟨El.⟩ **4.1** Anschlussklemme von Stromquellen; *Minus~; Plus~* **4.2** Ein- od. Austrittsstelle magnetischer Feldstärkenlinien; *Magnet~; Minus~; Plus~; negativer ~, positiver ~* [<lat. *polus* »Drehpunkt, Achse, Erdpol« <grch. *polos*]

Pol[2] ⟨m.; -s, -e⟩ die mit Flor bedeckte Oberseite von Samt u. Plüsch; *oV* Poil [<lat. *poil* »Haar«]

po|lac|ca ⟨Musik⟩ in der Art der Polonaise; *Rondo alla ~* [ital., »polnisch«]

po|lar ⟨Adj.; Geogr.⟩ zu den Polen gehörend [<neulat. *polaris* »den Pol betreffend, am Pol befindlich«; zu lat. *polus;* → *Pol*[1]]

Po|lar|ach|se ⟨[-ks-] f.; -; unz.; Geogr.⟩ zwischen dem Nord- u. Südpol verlaufende gedachte Achse, um die sich die Erde dreht

Po|lar|ban|den ⟨Pl.⟩ hohe, in Nord-Süd-Richtung ausgerichtete, parallel verlaufende Wolkenstreifen

Po|la|re ⟨f.; -, -n; Math.⟩ durch einen außerhalb eines Kreises liegenden Punkt gezogene Tangente zu diesem Kreis

Po|lar|front ⟨f.; -, -en; Meteor.⟩ Region, in der Tropen- u. Polarluft zusammentreffen u. in der häufig Zyklone entstehen

Po|la|ri|me|ter ⟨n.; -s, -; Optik⟩ Gerät zum Messen der Polarisationsebene von Licht

Po|la|ri|me|trie *auch:* **Po|la|ri|met|rie** ⟨f.; -; unz.⟩ Verfahren der chem. Maßanalyse, das mit der Messung des Polarisationswinkels des Lichts beim Durchgang durch Lösungen arbeitet, dient vor allem zur Bestimmung von Lösungskonzentrationen [<*polar + ...metrie*]

po|la|ri|me|trisch *auch:* **po|la|ri|met|risch** ⟨Adj.; Physik⟩ durch Polarimetrie ermittelt, bestimmt

Po|la|ri|sa|ti|on ⟨f.; -, -en; Physik⟩ Beschränkung der Schwingungen des Lichtes od. anderer elektromagnetischer Wellen auf eine bestimmte Ebene

Po|la|ri|sa|ti|ons|fil|ter ⟨m.; -s, -; Fot.⟩ aus Spezialglas bestehender Filter, der nur Licht einer bestimmten Polarisationsebene durchtreten lässt u. so Lichtreflexe beseitigt

Po|la|ri|sa|ti|ons|mi|kro|skop *auch:* **Po|la|ri|sa|ti|ons|mik|ro|skop** ⟨n.; -(e)s, -e; Optik⟩ mit polarisiertem Licht arbeitendes Mikroskop

Po|la|ri|sa|tor ⟨m.; -s, -en; Optik⟩ Vorrichtung zur Erzeugung von linear polarisiertem Licht

po|la|ri|sie|ren ⟨V.; Chemie⟩ **1** der Polarisation unterwerfen **2** trennen (Meinungen usw.); *die Frage der doppelten Staatsangehörigkeit scheint die deutsche Gesellschaft zu ~*

Po|la|ri|sie|rung ⟨f.; -, -en⟩ das Polarisieren, das Sichpolarisieren

Po|la|ri|tät ⟨f.; -, -en⟩ **1** Gegensätzlichkeit **2** Verhältnis von Gegensätzen zueinander [→ *polar*]

Po|lar|ko|or|di|na|ten|sys|tem ⟨n.; -s, -e; Math.⟩ mathemat. Koordinatensystem, das die Lage eines Punktes durch Angabe seiner Entfernung von einem Nullpunkt des Systems u. den Winkel, den die Verbindungslinie zwischen Nullpunkt u. Punkt mit einer Achse bildet, angibt

Po|lar|kreis ⟨m.; -es, -e; Geogr.⟩ Breitenkreis von 66° 33' nördl. bzw. südl. Breite, der die Polarzonen von den gemäßigten Zonen abgrenzt

Po|la|ro|graf ⟨m.; -en, -en⟩ = Polarograph

Po|la|ro|gra|fie ⟨f.; -, -n⟩ = Polarographie

Po|la|ro|graph ⟨m.; -en, -en⟩ Gerät zur Polarographie; *oV* Polarograf

Po|la|ro|gra|phie ⟨f.; -, -n⟩ Verfahren der chem. Analyse, das mittels eines Polarographen die Änderungen von Spannung u. Strom während des Ablaufs bestimmter chemischer Reaktionen aufzeichnet; *oV* Polarografie [<*polar + ...graphie*]

Po|la|ro|id|ka|me|ra® ⟨a. [-rɔɪd-] f.; -, -s; Fot.⟩ (von Edwin H. Land 1947 erfundene) Sofortbildkamera, die in wenigen Sekunden fertige Bilder liefert [<engl.-amerikan. *polaroid* (Markenzeichen für ein Licht polarisierendes Material)]

Po|la|ro|id|ver|fah|ren ⟨a. [rɔɪd-] n.; -s; unz.⟩ ein fotograf. Verfahren, das kurze Zeit nach der Aufnahme positive fixierte Bilder liefert

Po|lar|stern ⟨m.; -s, -e; Astron.⟩ hellster Stern im Sternbild Kleiner Bär, der fast immer genau die Nordrichtung anzeigt (470 Lichtjahre von der Erde entfernt)

Pol|der ⟨m.; -s, -⟩ **1** eingedeichtes Marschland, Koog **2** Überflutungsfläche [ndrl.; vielleicht verwandt mit *Pfuhl* oder <ndrl. *(hoender) polder* »Hühnerbehälter« <frz. *poulailler* <mlat. *pullarium*]

Po|lei ⟨m.; -s, -e; Bot.⟩ an feuchten Orten wachsende Art der Minze: Mentha pulegium [<ahd. *polaia, poleige, pulei* <lat. *pulegium, puleium;* angelehnt an lat. *pulex* »Floh«, daher auch »Flohkraut«]

P

Po|le|mik ⟨f.; -, -en⟩ **1** wissenschaftl. od. literarischer, meist publizistisch ausgetragener Streit **2** unsachliche Auseinandersetzung [<frz. *polémique*, eigtl. »kriegerisch, streitbar« <grch. *polemikos* »den Krieg betreffend, kriegerisch«; zu *polemos* »Krieg«]

Po|le|mi|ker ⟨m.; -s, -⟩ jmd., der sich in einer polemischen Art u. Weise äußert, zu aggressiven u. unsachlichen Bemerkungen neigt

po|le|misch ⟨Adj.⟩ in der Art einer Polemik, streitbar, feindselig, unsachlich

po|le|mi|sie|ren ⟨V.⟩ wissenschaftlich od. literarisch, in der Art einer Polemik streiten

po|len ⟨V.; El.⟩ an einen elektr. Pol anschließen

Po|len|ta ⟨f.; -, -s od. -len|ten; Kochk.⟩ norditalien. Nationalgericht, dicker Brei aus Maismehl, der nach dem Erkalten in Stücke geschnitten u. gebraten wird [ital. <lat. *polenta* »Gerstengraupen«]

Pole|po|si|tion *auch:* **Pole-Po|si|tion** ⟨[poʊlpəzɪʃn] f.; -, -s⟩ **1** ⟨Motorsport⟩ (aufgrund der Trainingszeiten ermittelte) beste Startposition bei Motorrad- u. Autorennen **2** ⟨fig.⟩ vorderste, günstigste Start-, Ausgangsposition [engl.]

Po|li|ce ⟨[-liːs(ə)] f.; -, -n⟩ vom Versicherer ausgestellte Urkunde über eine abgeschlossene Versicherung; *Versicherungs~; oV* ⟨österr.⟩ Polizze [frz. <ital. *polizza* <mlat. *apodixa* »Nachweis, Quittung« <grch. *apodeixis* »Darlegung, Nachweis«]

Po|li|ci|nel|lo ⟨[-tʃi-] m.; -s, -nel|li⟩ = Pulcinella

Po|lier ⟨m.; -s, -e⟩ Vorarbeiter der Maurer u. Zimmerleute [<spätmhd. (im 14. Jh. bei den Bauhütten entstanden) *parlier* <afrz. *parlier* »Sprecher« (nfrz. *parleur*); zu frz. *parler* »sprechen«; vielleicht beeinflusst von *polieren*]

po|lie|ren ⟨V.⟩ **1** glänzend machen, putzen **2** die letzten Unebenheiten entfernen von, fein glätten; *Metall, Möbel ~* [<lat. *polire* »glätten«]

Po|li|kli|nik ⟨f.; -, -en; Med.⟩ **1** (organisatorische u. räumliche) Zusammenschluss mehrerer Ärzte verschiedener Fachrichtungen in einer Einrichtung **2** Abteilung eines Krankenhauses zur ambulanten Behandlung [<grch. *polis* »Stadt« + *Klinik*]

po|li|kli|nisch ⟨Adj.; Med.⟩ zur Poliklinik gehörend, sie betreffend, in ihr stattfindend; *die ~e Abteilung eines Krankenhauses*

Po|lio ⟨f.; -; unz.; Med.; kurz für⟩ Poliomyelitis

Po|lio|my|e|li|tis ⟨f.; -, -ti|den; Med.⟩ Kinderlähmung [<grch. *polios* »grau« + *Myelitis*]

Po|li|o|sis ⟨f.; -, -o|sen; Med.⟩ Ergrauen der Haare [zu grch. *polios* »grau«]

Po|lis ⟨f.; -, Po|le|is; im antiken Griechenland⟩ Stadtstaat

Po|li|sa|rio ⟨f.; -; unz.; Abk. für span.⟩ Frente Popular para la Liberación de Saguia el-Hamra y Río de Oro, Befreiungsbewegung in der Westsahara

Po|lit|bü|ro ⟨n.; -s, -s; Kurzwort für⟩ Politisches Büro, ständiges Gremium des Zentralkomitees einer kommunist. Partei

Po|li|tes|se ⟨f.; -, -n⟩ Angestellte zur Unterstützung der Polizei, die den ruhenden Verkehr überwacht [<*Poli*zist + Hos*tess*]

Po|li|ti|cal Cor|rect|ness ⟨[-kəl-] f.; - -; unz.; Abk.: PC⟩ in sprachlicher, sozialer u. gesellschaftlicher Hinsicht korrektes, gerechtes Verhalten, vorurteilsfreie Gesinnung, Vermeidung jeglicher Art von Diskriminierung [engl., eigtl. *politically correct*]

Po|li|tik ⟨f.; -, -en⟩ **1** alle Maßnahmen zur Führung eines Gemeinwesens hinsichtlich seiner inneren Verwaltung u. seines Verhältnisses zu anderen Gemeinwesen, Staatskunst; *Partei~; Kommunal~; Außen~; Innen~; eine (bestimmte) ~ treiben, verfolgen* **2** ⟨fig.⟩ berechnendes Verhalten; *mit dieser ~ kommt er nicht durch* [<frz. *politique* <grch. *politike (techne)* »Kunst der Staatsverwaltung«; zu *polites* »Stadtbürger, Staatsbürger«; zu *polis* »Stadt, Bürgerschaft, Staat«]

Po|li|ti|kas|ter ⟨m.; -s, -⟩ jmd., der über Politik spricht, ohne wirklich etwas davon zu verstehen [<*Politiker* + Pejorativendung *...aster*]

Po|li|ti|ker ⟨m.; -s, -⟩ jmd., der aktiv an der Politik teilnimmt, Staatsmann [<mlat. *politicus* <grch. *politikos* »Staatsmann«; → *Politik*]

Po|li|ti|ke|rin ⟨f.; -, -rin|nen⟩ weibl. Person, die aktiv an der Politik teilnimmt, Staatsfrau

Po|li|ti|kum ⟨n.; -s, -ti|ka⟩ Gegenstand der Politik, Sache, Ereignis von polit. Bedeutung

Po|li|ti|kus ⟨m.; -, -se; umg.; scherzh.⟩ jmd., der sich viel mit Politik beschäftigt [<mlat. *politicus*; → *Politiker*]

po|li|tisch ⟨Adj.⟩ die Politik betreffend, zu ihr gehörend, auf ihr beruhend; *im ~en Leben stehen; ~e Nachrichten; ~es Verbrechen* gegen Bestand u. Sicherheit eines (bes. totalitären) Staates gerichtetes Verbrechen; *~e Ökonomie* Volkswirtschaftslehre [<frz. *politique* <lat. *politicus* <grch. *politikos* »die Bürgerschaft betreffend«]

po|li|ti|sie|ren ⟨V.⟩ **1** über Politik reden **2** *ein Thema ~* zum Gegenstand politischer Analyse u. Diskussion machen

Po|li|ti|sie|rung ⟨f.; -, -en⟩ **1** das Politisieren, politische Betrachtungsweise, Analyse u. Diskussion; *er forderte eine ~ des Umweltschutzes* **2** das Initiieren politischen Engagements; *damit sich etwas verändert, bedarf es einer ~ breiter Bevölkerungsschichten*

Po|lit|öko|no|mie ⟨f.; -; unz.⟩ Volkswirtschaftslehre

Po|li|to|lo|ge ⟨m.; -n, -n⟩ Experte, Wissenschaftler auf dem Gebiet der Politologie

Po|li|to|lo|gie ⟨f.; -; unz.⟩ Wissenschaft von der Politik [<*Politik* + *...logie*]

Po|li|to|lo|gin ⟨f.; -, -gin|nen⟩ Expertin, Wissenschaftlerin auf dem Gebiet der Politologie

po|li|to|lo|gisch ⟨Adj.⟩ zur Politologie gehörend, auf ihr beruhend

Po|lit|pro|mi|nenz ⟨f.; -; unz.; umg.⟩ Gesamtheit der prominenten Politiker; *bei dem*

P

letzten deutschen Staatsempfang war die gesamte europäische ~ versammelt

Po|lit|thril|ler ⟨[-θrɪl-] m.; -s, -; umg.⟩ **1** Thriller, in dem es um kriminelle Verstrickungen von Politikern u. dubiose Hintergründe politischer Entscheidungen geht **2** ⟨fig.⟩ einem Thriller ähnlicher Vorfall im Bereich der Politik; *der Wahlverlauf glich einem ~*

Po|li|tur ⟨f.; -, -en⟩ **1** durch Polieren erzeugter Glanz **2** Poliermittel [<lat. *politura* »das Glätten«; zu *polire* »glätten«]

Po|li|zei ⟨f.; -; unz.⟩ **1** Behörde zur Aufrechterhaltung der öffentl. Ordnung u. Sicherheit **2** deren Amtsräume **3** Gesamtheit der Polizeibeamten [<mlat. *policia* <lat. *politia* »Staatsverwaltung« <grch. *politeia* »Bürgerrecht, Staatsverwaltung, Staatsverfassung«; zu *polites* »Stadtbürger, Staatsbürger«; zu *polis* »Stadt, Staat«]

Po|li|zei|staat ⟨m.; -(e)s, -en; abwertend⟩ Staat, der auf repressive Weise mit einem großen Polizeiapparat die öffentl. Ordnung aufrechterhält u. in dem die Bürger nicht verfassungsmäßig vor Übergriffen u. Schikanen der Staatsmacht geschützt sind

Po|li|zist ⟨m.; -en, -en⟩ Polizeibeamter

Po|li|zis|tin ⟨f.; -, -tin|nen⟩ Polizeibeamtin

Po|liz|ze ⟨f.; -, -n; österr.⟩ = Police [<ital. *polizza;* → *Police*]

Pol|je ⟨f.; -, -n od. n.; - od. -s, -n; Geol.⟩ periodisch mit Wasser gefülltes, wannen- od. kesselförmiges Becken mit steilen Hängen u. ebenem Boden in Karstlandschaften, das einen unterirdischen Zu- u. Abfluss besitzt [serbokr., »Feld«]

Pol|ka ⟨f.; -, -s; Musik⟩ Rundtanz im $^2/_4$-Takt u. Wechselschritt [tschech., »polnischer Tanz«]

Poll ⟨[poʊl] m. od. f.; -s od. -, -s⟩ **1** Umfrage, die der Meinungsforschung dient **2** ⟨USA⟩ Wählerverzeichnis [engl., »Abstimmung, Umfrage; Wahllokal«]

Pol|lack ⟨m.; -en, -en; Zool.⟩ Dorsch des östl. Atlantiks mit schmackhaftem Fleisch: Pollachius pollachius [engl. <skand. *podlok*]

Pol|la|kis|u|rie *auch:* **Pol|la|ki|su|rie** ⟨f.; -; unz.; Med.⟩ übermäßiger Harndrang [<grch. *pollakis* »oft« + *...urie*]

Pol|len ⟨m.; -s, -; Bot.⟩ Blütenstaub [lat., »sehr feines Mehl, Staubmehl«]

Pol|ling ⟨n.; - od. -s, -s; EDV⟩ an mehreren Geräten periodisch durchgeführte Statusabfrage; *Sy* Autopolling [engl., eigtl. »Umfrage, Abstimmung«]

Pol|li|no|se ⟨f.; -, -n; Med.⟩ Allergie, die auf einer Überempfindlichkeit gegen Eiweißbestandteile bestimmter Pollenarten beruht u. während der Gras- u. Baumblüte im Frühjahr u. Sommer durch das Einatmen pollenreicher Luft ausgelöst wird, geht mit einer Reizung der Nasenschleimhaut u. der Bindehaut der Augen einher (Heufieber) [<*Pollen* + grch. *-osis* »Erkrankung, krankhafter Zustand«]

Pol|lo|pas ⟨m.; -; unz.; Chemie⟩ **1** Kondensationsprodukt aus Formaldehyd u. Harnstoff **2** Glasersatz, den man leicht formen kann u. der kurzwellige Strahlen besser als Glas durchlässt

Pol|lu|ti|on ⟨f.; -, -en⟩ **1** ⟨Ökol.⟩ Umweltverschmutzung **2** unwillkürl. Samenerguss [<lat. *pollutio* »Befleckung«; zu *polluere* »verunreinigen«]

Po|lo ⟨n.; -s, -s; Sport⟩ dem Hockey ähnl. Ballspiel zu Pferde [engl. <Balti *polo* »Ball«]

Po|lo|hemd ⟨n.; -(e)s, -en⟩ Hemd aus Trikot mit kurzen Ärmeln

Po|lo|nai|se ⟨[-nɛːː-] f.; -, -n; Musik⟩ poln. Schreittanz im $^3/_4$-Takt, meist zur Eröffnung des Tanzes; *oV* Polonäse [<frz. *polonaise* »polnisch(er Tanz)«]

Po|lo|nä|se ⟨[-nɛːː-] f.; -, -n; Musik⟩ = Polonaise

po|lo|ni|sie|ren ⟨V.⟩ der polnischen Kultur u. Sprache angleichen, polnisch machen

Po|lo|nist ⟨m.; -en, -en⟩ Wissenschaftler, Student der Polonistik

Po|lo|nis|tik ⟨f.; -; unz.⟩ Wissenschaft von der polnischen Sprache, Literatur u. Kultur [nach *Polonia*, dem neulat. Namen für Polen]

Po|lo|nis|tin ⟨f.; -, -tin|nen⟩ Wissenschaftlerin, Studentin der Polonistik

po|lo|nis|tisch ⟨Adj.⟩ zur Polonistik gehörend, sie betreffend, auf ihr beruhend

Po|lo|ni|um ⟨n.; -; unz.; chem. Zeichen: Po⟩ radioaktives chem. Element, Ordnungszahl 84 [nach *Polonia,* dem lat. Namen für Polen, dem Heimatland von Marie Curie]

Pol|schuh ⟨m.; -s, -e; in elektr. Maschinen u. Geräten⟩ Teil eines Eisenkerns zur Konzentration des magnetischen Feldes

Pol|stär|ke ⟨f.; -; unz.⟩ *magnetische* ~ Größe der scheinbaren magnet. Ladung eines Magneten

Pol|tron *auch:* **Polt|ron** ⟨[-trɔ̃ː] m.; -s, -s; veraltet⟩ Feigling [frz.]

po|ly..., Po|ly... ⟨in Zus.⟩ viel..., Viel... [<grch. *polys*]

Po|ly|ac|ryl ⟨n.; -s; unz.; Textilw.⟩ synthetische Faser [<*Poly...* + *Acryl*]

Po|ly|ac|ryl|ni|tril *auch:* **Po|ly|ac|ryl-nit|ril** ⟨n.; -s; unz.⟩ durch Polymerisation von Acrylnitril gewonnener Kunststoff, aus dem Kunstfasern (Orlon, Dralon) hergestellt werden

Po|ly|ad|di|ti|on ⟨f.; -, -en; Chemie⟩ Verfahren zum Aufbau von hochpolymeren Stoffen aus kleinen Molekülen, wobei reaktionsfähige Gruppen der Moleküle ohne Abspaltung anderer Stoffe, aber unter innerer Umlagerung der Moleküle zusammentreten

Po|ly|ad|dukt ⟨n.; -(e)s, -e; Chemie⟩ Endprodukt einer Polyaddition

Po|ly|amid ⟨n.; -(e)s, -e; Textilw.⟩ durch Kondensation von organ. Säuren mit Aminen hergestellter thermoplast. Kunststoff (Nylon, Perlon)

Po|ly|an|drie *auch:* **Po|ly|and|rie** ⟨f.; -; unz.; bei einigen Naturvölkern⟩ Ehegemeinschaft einer Frau mit mehreren Männern, Vielmännerei; *Ggs* Polygynie [<*Poly...* + grch. *aner,* Gen. *andros* »Mann«]

po|ly|an|drisch *auch:* **po|ly|and-risch** ⟨Adj.⟩ die Polyandrie betreffend, auf ihr beruhend

P

Po|ly|ar|thri|tis *auch:* **Po|ly|arth|ri|tis** ⟨f.; -, -ti|den; Med.⟩ Entzündung mehrerer Gelenke; *Ggs* Monarthritis [<grch. *polys* »viel« + *arthron* »Glied«]
Po|ly|a|se ⟨f.; -, -n; meist Pl.; Biochemie⟩ Enzym, das hochmolekulare Polysaccharide abbaut, z. B. Zellulase u. Amylase
Po|ly|äthy|len ⟨n.; -s; unz.; Chemie⟩ = Polyethylen
Po|ly|car|bo|nat ⟨n.; -(e)s, -e; Chemie⟩ thermoplastischer Kunststoff, der aus Phenolen u. Kohlensäureestern unter Abspaltung von Alkohol hergestellt wird; *oV* Polykarbonat
Po|ly|chä|te ⟨[-çɛː-] m.; -n, -n; Zool.⟩ Klasse der Ringelwürmer mit seitlichen Anhängen an den Segmenten des Körpers, auf denen Borsten, Fühler u. Kiemen sitzen, Vielborster: Polychaeta [<grch. *polychaites* »viele Haare besitzend«]
po|ly|chrom ⟨[-kroːm] Adj.; Mal.; Fot.⟩ vielfarbig; *Ggs* monochrom [<*poly…* + *…chrom*]
Po|ly|chro|mie ⟨[-kro-] f.; -, -n; Mal.; Fot.⟩ Vielfarbigkeit, bunte Bemalung in kontrastierenden Farben
po|ly|chro|mie|ren ⟨[-kro-] V.; Mal.; Fot.⟩ bunt bemalen, bunt ausstatten, z. B. mit Mosaik
po|ly|cy|clisch *auch:* **po|ly|cyc|lisch** ⟨Adj.; Chemie⟩ *~e Verbindung* organisch-chem. Verbindung aus zwei oder mehr Ringen von Molekülen; *oV* polyzyklisch; *Ggs* monocyclisch
Po|ly|dip|sie ⟨f.; -; unz.; Med.⟩ krankhaft gesteigerter Durst (ein Symptom der Zuckerkrankheit) [<*Poly…* + grch. *dipsa* »Durst«]
Po|ly|eder ⟨n.; -s, -; Geom.⟩ von Vielecken begrenzter Körper, Vielflächner [<*Poly…* + *…eder*]
Po|ly|eder|pro|jek|ti|on ⟨f.; -, -en; Geom.⟩ Kartennetzentwurf, wobei jedes Blatt durch einen gerade gezeichneten Längen- u. Breitenkreis begrenzt u. die Krümmung der Erdoberfläche vernachlässigt wird
po|ly|ed|risch ⟨Adj.; Geom.⟩ in der Art eines Polyeders
Po|ly|em|bryo|nie *auch:* **Po|ly|emb|ryo|nie** ⟨f.; -; unz.; bei Tieren⟩ vegetative Vermehrung während der Embryonalentwicklung [<*Poly…* + *Embryo*]
Po|ly|es|ter ⟨m.; -s, -; Chemie; kurz für⟩ Polyesterharz
Po|ly|es|ter|harz ⟨n.; -es, -e; Chemie⟩ Kunstharz od. Kunststoff, der durch Polykondensation von Säuren u. Alkoholen hergestellt wird u. die Estergruppe -CO-O- enthält; *Sy* Esterharz, Polyester
Po|ly|ethy|len ⟨n.; -s; unz.; Chemie; fachsprachl.⟩ durch Polymerisation von Ethylen hergestellter Kunststoff; *oV* Polyäthylen [<*Poly…* + *Ethylen*]
Po|ly|fil ⟨n.; - od. -s; unz.; Textilw.⟩ ein mit Baumwollfasern umsponnenes Nähgarn aus Polyesterfasern [<*Poly…* + frz. *fil*, <lat. *filum* »Faden, Garn«]
po|ly|fon ⟨Adj.; Musik⟩ = polyphon
Po|ly|fo|nie ⟨f.; -; unz.; Musik⟩ = Polyphonie
Po|ly|fo|ni|ker ⟨m.; -s, -; Musik⟩ = Polyphoniker
po|ly|gam ⟨Adj.⟩ **1** *Ggs* monogam **1.1** in Polygamie lebend, vielehig **1.2** sich zu mehreren Frauen zugleich hingezogen fühlend **2** ein- u. zweigeschlechtige Blüten tragend [<*poly…* + *…gam*]
Po|ly|ga|mie ⟨f.; -; unz.; bei Naturvölkern u. im Orient⟩ Ehegemeinschaft mit mehreren Frauen, Vielweiberei; *Ggs* Monogamie
po|ly|gen ⟨Adj.⟩ *Sy* polygenetisch **1** durch mehrere Ursachen hervorgerufen **2** ⟨Biol.⟩ Polygenie aufweisend [<*poly…* + *…gen*[1]]
Po|ly|ge|ne|se ⟨f.; -; unz.; Biol.⟩ Auftreten eines neuen geo- od. biowissenschaftlichen Phänomens in verschiedenen Zeiträumen od. in unterschiedlichen Regionen
po|ly|ge|ne|tisch ⟨Adj.⟩ = polygen
Po|ly|ge|nie ⟨f.; -, -n⟩ Ausbildung eines Merkmals infolge Beteiligung mehrerer Gene; *Sy* Polymerie (2) [<*Poly…* + *…genie*]
po|ly|glott ⟨Adj.⟩ mehrsprachig [<*poly…* + grch. *glotta* »Zunge«]
Po|ly|glot|te ⟨f.; -, -n⟩ **1** mehrsprachiges Wörterbuch **2** Buch, bes. Bibel, mit Text in mehreren Sprachen [→ *polyglott*]
Po|ly|glot|te(r) ⟨f. 2 (m. 1)⟩ jmd., der viele Sprachen beherrscht
Po|ly|gon ⟨n.; -s, -e; Geom.⟩ geometr. Figur mit mehr als drei Ecken, Vieleck [<*Poly…* + *…gon*]
po|ly|go|nal ⟨Adj.; Geom.⟩ in der Art eines Polygons, vieleckig
Po|ly|gon|bo|den ⟨m.; -s, -bö|den; Geogr.⟩ vertikal u. horizontal in Polygone gegliederter Boden, z. B. in Frost- od. Trockengebieten [→ *Polygon*]
Po|ly|go|num ⟨n.; -s; unz.; Bot.⟩ Knöterichgewächs [lat. <grch. *polygonon* »vielsamig« <*poly* »viel« + *gone* »Same«]
Po|ly|graf ⟨m.; -en, -en; DDR⟩ Angehöriger des graf. Gewerbes; *oV* Polygraph
Po|ly|gra|fie ⟨f.; -; unz.; DDR⟩ alle Zweige des graf. Gewerbes; *oV* Polygraphie
Po|ly|graph ⟨m.; -en, -en; DDR⟩ = Polygraf
Po|ly|gra|phie ⟨f.; -; unz.; DDR⟩ = Polygrafie
po|ly|gyn ⟨Adj.⟩ die Polygynie betreffend, auf ihr beruhend
Po|ly|gy|nie ⟨f.; -; unz.; im Orient⟩ Ehegemeinschaft eines Mannes mit mehreren Frauen, Vielweiberei; *Ggs* Polyandrie [<*Poly…* + *gyne* »Frau«]
Po|ly|ha|lit ⟨m.; -s, -e; Chemie⟩ natürlich vorkommende Kalium-Magnesium-Verbindung, die in vielen Düngemitteln enthalten ist [<*Poly…* + grch. *hals*, Gen. *halos* »Salz«]
Po|ly|his|tor ⟨m.; -s, -to|ren⟩ jmd., der in vielen Fächern Kenntnisse besitzt, Vielwisser [<*Poly…* + grch. *histor* »kundig«]
po|ly|hy|brid *auch:* **po|ly|hyb|rid** ⟨Adj.; Biol.⟩ sich in mehreren erbl. Merkmalen unterscheidend
Po|ly|hy|bri|de *auch:* **Po|ly|hyb|ri|de** ⟨m.; -n, -n; Biol.⟩ Bastard, dessen Eltern sich in mehreren Merkmalen unterscheiden
Po|ly|kar|bo|nat ⟨n.; -(e)s, -e; Chemie⟩ = Polycarbonat
po|ly|karp ⟨Adj.; Bot.⟩ = polykarpisch
po|ly|kar|pisch ⟨Adj.; Bot.⟩ in einem best. Zeitraum mehrmals Früchte tragend; *oV* polykarp [<*poly…* + *…karp*[1]]
Po|ly|kon|den|sa|ti|on ⟨f.; -, -en;

P

Chemie⟩ Kondensation zwischen Verbindungen mit mindestens zwei reaktionsfähigen Gruppen, wobei kettenförmige od. vernetzte Makromoleküle entstehen, die die Reste der Moleküle der Ausgangsstoffe abwechselnd enthalten, u. kleinere Moleküle wie Wasser abgespalten werden

po|ly|kon|den|sie|ren ⟨V.; Chemie⟩ auf dem Weg der Polykondensation herstellen, eine Polykondensation durchführen

Po|ly|kra|tie ⟨f.; -, -n⟩ Staatsform, bei der es mehrere herrschende, miteinander konkurrierende Institutionen od. Interessensverbände gibt, kennzeichnend z. B. für den Nationalsozialismus, in dem es Machtkämpfe zwischen Parteiinstitutionen u. staatl. Einrichtungen gab [<*Poly...* + *...kratie*]

Po|ly|mas|tie ⟨f.; -, -n; Med.⟩ Ausbildung überzähliger Brustdrüsen bei Frauen; *Sy* Polythelie [<*Poly...* + grch. *mastos* »Brust«]

Po|ly|me|lie ⟨f.; -, -n; Med.⟩ Überzahl an Gliedmaßen [<*Poly...* + grch. *melos* »Glied«]

po|ly|mer ⟨Adj.⟩ durch Polymerisation entstanden, auf ihr beruhend, sie betreffend; *Ggs* monomer [<*poly...* + *...mer*]

Po|ly|mer ⟨n.; -s, -e; Chemie⟩ = Polymere(s)

Po|ly|me|ra|se ⟨f.; -, -n⟩ Enzym, das die Biosynthese der Nukleinsäuren steuert, indem es aus Neukleotiden neue DNA-Stränge baut [<*Poly...* + *...mer*]

Po|ly|me|re(s) ⟨n. 3; Chemie⟩ durch Polymerisation entstandener Stoff aus mehreren gleichartigen Molekülen; *oV* Polymer; *Sy* Polymerisat; *Ggs* Monomere(s)

Po|ly|me|rie ⟨f.; -, -n⟩ **1** ⟨Chemie⟩ Eigenschaft der Polymeren; *Ggs* Monomerie **2** ⟨Biol.⟩ = Polygenie

Po|ly|me|ri|sat ⟨n.; -(e)s, -e; Chemie⟩ = Polymere(s)

Po|ly|me|ri|sa|ti|on ⟨f.; -, -en; Chemie⟩ Zusammentritt mehrerer Moleküle eines Stoffes zu einer neuen Verbindung, deren Molekulargewicht ein ganzzahliges Vielfaches von dem des Ausgangsstoffes beträgt

po|ly|me|ri|sie|ren ⟨V.; Chemie⟩ zu größeren Molekülen vereinigen

Po|ly|me|ri|sie|rung ⟨f.; -, -en; Chemie⟩ = Polymerisation

Po|ly|me|ter ⟨n.; -s, -⟩ Messgerät zum Bestimmen von Temperatur, Luftfeuchtigkeit, Taupunkt u. Dampfdruck [<*Poly...* + *...meter*]

po|ly|morph ⟨Adj.⟩ in vielen Gestalten vorkommend, vielgestaltig; *Sy* pleomorph [<*poly...* + *...morph*]

Po|ly|mor|phie ⟨f.; -; unz.⟩ *Sy* Polymorphismus **1** Ausbildung verschiedener Kristallformen von Mineralen bei gleicher chem. Zusammensetzung **2** ⟨Biol.⟩ Vielgestaltigkeit ein u. derselben Art von Pflanzen od. Tieren, die je nach der Umgebung ihr Aussehen ändern; *Sy* Pleomorphismus

Po|ly|mor|phis|mus ⟨m.; -; unz.⟩ = Polymorphie

po|ly|ne|sisch ⟨Adj.⟩ Polynesien betreffend, von dort stammend; ~e Sprachen zu den ozean. Sprachen gehörende, in Polynesien gesprochene Sprachen, z. B. Hawaiisch, Maori

Po|ly|neu|ri|tis ⟨f.; -, -ti|den; Med.⟩ an mehreren Nerven zugleich auftretende Nervenentzündung

Po|ly|nom ⟨n.; -s, -e; Math.⟩ mathemat. Ausdruck, der aus mehr als zwei zu addierenden od. zu subtrahierenden Gliedern besteht [<*Poly...* + *...nom*[2]]

po|ly|no|misch ⟨Adj.; Math.⟩ in der Art eines Polynoms, vielgliedrig

po|ly|nu|kle|är *auch:* **po|ly|nuk|le|är** ⟨Adj.; Biol.⟩ vielkernig (von Zellen) [<*poly...* + *Nukleus*]

Po|ly|o|pie ⟨f.; -, -n; Med.⟩ durch Sehstörungen verursachtes Vielfachsehen, z. B. zu Beginn des grauen Stars [<*Poly...* + grch. *ops*, Gen. *opis* »Auge«]

Po|lyp ⟨m.; -en, -en⟩ **1** ⟨Med.⟩ gestielte Geschwulst, Nasenwucherung **2** ⟨Zool.⟩ **2.1** Kopffüßer **2.2** auf einer Unterlage festsitzendes einzelnes Nesseltier mit Tentakeln; *Süßwasser~* **3** ⟨umg.; scherzh.⟩ Polizist [<lat. *polypus* <grch. *polys* »viel« + *pous* »Fuß«]

Po|ly|pep|tid ⟨n.; -(e)s, -e; Chemie⟩ Verbindung, die aus vielen, miteinander verknüpften Aminosäuren besteht

po|ly|phag ⟨Adj.; Biol.⟩ sich von verschiedenartigen Futterpflanzen bzw. verschiedenen Tierarten ernährend; *Ggs* oligophag [<*poly...* + *...phag*]

Po|ly|pha|ge ⟨m.; -n, -n⟩ polyphages Tier; *Ggs* Oligophage

Po|ly|pha|gie ⟨f.; -; unz.; Biol.⟩ auf verschiedenartige Futterpflanzen bzw. verschiedene Tierarten eingestellte Ernährungsweise; *Ggs* Oligophagie

po|ly|phän ⟨Adj.; Biol.⟩ auf Polyphänie beruhend

Po|ly|phä|nie ⟨f.; -; unz.; Biol.⟩ Einfluss eines Gens auf die Ausbildung mehrerer Merkmale eines Organismus [<*Poly...* + grch. *phainesthai* »erscheinen«]

po|ly|phon ⟨Adj.; Musik⟩ in der Art der Polyphonie, aus mehreren selbstständigen Stimmen bestehend; *oV* polyfon; *Ggs* homophon [<*poly...* + *...phon*[1]]

Po|ly|pho|nie ⟨f.; -; unz.; Musik⟩ Mehrstimmigkeit, Musik mit mehreren, bis zu einem gewissen Grade selbstständigen Stimmen; *oV* Polyfonie; *Ggs* Homophonie

Po|ly|pho|ni|ker ⟨m.; -s, -; Musik⟩ Komponist polyphoner Musik; *oV* Polyfoniker

po|ly|phy|le|tisch ⟨Adj.; Biol.⟩ entwicklungsgeschichtlich von mehreren biolog. Stämmen abstammend; *Ggs* monophyletisch; →*a.* diphyletisch

Po|ly|phy|o|don|tie ⟨f.; -; unz.; Med.; Biol.⟩ mehrmalige Dentition; *Ggs* Monophydontie [<grch. *polyphyes* »mehrfach« + *odon*, Gen. *odontis* »Zahn«]

po|ly|plo|id ⟨Adj.; Genetik⟩ mehr als zwei Chromosomensätze aufweisend [<*poly...* + di*ploid*, ha*ploid*]

Po|ly|plo|i|die ⟨f.; -; unz.; Genetik⟩ Auftreten von mehr als zwei Chromosomensätzen in der Zelle [→ *polyploid*]

Po|ly|pol ⟨n.; -s, -e; Wirtsch.⟩ Form der Marktwirtschaft, bei der zahlreiche kleinere Anbie-

P

ter eines Rohstoffs od. einer Ware miteinander bei vielen Nachfragern konkurrieren; *Ggs* Monopol [<*Poly...* + grch. *polein* »verkaufen, Handel treiben«]

po|ly|po|lis|tisch ⟨Adj.; Wirtsch.⟩ auf vollkommenem Wettbewerb ohne Monopolbildung beruhend; *~e Preisbildung betreiben*

Po|ly|pro|py|len ⟨n.; -s, -e; Zeichen: PP; Chemie⟩ durch Polymerisation von Propylen hergestellter thermoplastischer Kunststoff, der vielseitige Verwendung im Apparatebau sowie in der Verpackungs- u. Textilindustrie findet

Po|ly|pto|ton *auch:* **Po|lyp|to|ton** ⟨n.; -s, -pto|ta; Rhet.⟩ Stilfigur, bei der dasselbe Wort in unterschiedlichen Kasus wieder aufgenommen wird, z. B. »homo homini lupus« [<*Poly...* + grch. *ptosis* »Kasus, Fall«]

Po|ly|pty|chon *auch:* **Po|lyp|ty|chon** ⟨[-çɔn] n.; -s, -chen od. -cha⟩ Altar mit mehr als zwei Flügeln [<*Poly...* + grch. *ptyx*, Gen. *ptychos* »Falte, Schicht«]

Po|ly|rhyth|mik ⟨f.; -; unz.; Musik⟩ Nebeneinander verschiedener Rhythmen in den einzelnen Stimmen eines Musikstücks

po|ly|rhyth|misch ⟨Adj.; Musik⟩ in der Art der Polyrhythmik, verschiedene Rhythmen zugleich aufweisend

Po|ly|sac|cha|rid ⟨[-xa-] n.; -(e)s, -e; Chemie⟩ Kohlenhydrat, das sich aus mehr als zehn einfachen Zuckermolekülen unter Bildung hochmolekularer Stoffe zusammensetzt, z. B. Stärke; *oV* Polysacharid

Po|ly|sa|cha|rid ⟨n.; -(e)s, -e; Chemie⟩ = Polysaccharid

po|ly|sem ⟨Adj.; Sprachw.⟩ = polysemantisch

po|ly|se|man|tisch ⟨Adj.; Sprachw.⟩ mehrdeutig (von Wörtern); *Sy* polysem

Po|ly|se|mie ⟨f.; -; unz.; Sprachw.⟩ Mehrdeutigkeit; *Ggs* Monosemie [<*Poly...* + *semasia* »Bezeichnung«]

Po|ly|sper|mie ⟨f.; -, -n; Biol.⟩ Eindringen mehrerer Spermien in das Ei bei der Befruchtung; *Ggs* Monospermie [<*Poly...* + *Sperma*]

Po|ly|sty|rol ⟨n.; -s, -e; Chemie⟩ durch Polymerisation von Styrol hergestellter Kunststoff

po|ly|syl|la|bisch ⟨Adj.; Sprachw.⟩ aus mehreren Silben bestehend; *Ggs* monosyllabisch

Po|ly|syl|la|bum ⟨n.; -s, -la|ba; Sprachw.⟩ aus mehreren Silben bestehendes Wort; *Ggs* Monosyllabum [<*Poly...* + grch. *syllabe* »Silbe«]

Po|ly|syl|lo|gis|mus ⟨m.; -, -gismen; Logik⟩ Schluss, bei dem jeweils die Folgerung zugleich die Prämisse für den nächsten Schluss ist, Schlusskette [<*Poly...* + *Syllogismus*]

po|ly|syn|de|tisch ⟨Adj.; Sprachw.⟩ in der Art eines Polysyndetons, durch Bindewörter verbunden; *Ggs* asyndetisch [→ *Polysyndeton*]

Po|ly|syn|de|ton ⟨n.; -s, -de|ta; Sprachw.⟩ durch Bindewörter verbundene Wortreihe, z. B. und es wallet und siedet und brauset und zischt (Schiller, Der Taucher); *Ggs* Asyndeton [<*Poly...* + *syn...* + grch. *deein* »binden«]

Po|ly|syn|the|se ⟨f.; -, -n⟩ Zusammenfassung vieler Teile

po|ly|syn|the|tisch ⟨Adj.⟩ vielfach zusammengesetzt; *~e Sprachen* »einverleibende« S., bei denen mehrere Satzteile zu einem einzigen Wort zusammengeschlossen werden, z. B. die nordamerikan. Indianersprachen, Bantusprachen, Grönländisch; *Sy* inkorporierende Sprachen

Po|ly|tech|nik ⟨f.; -; unz.; DDR⟩ polytechnische Ausbildung an allgemeinbildenden Schulen, die sowohl naturwissenschaftlich-technische als auch gesellschaftskundliche u. berufsorientierende Komponenten beinhaltete [<*Poly...* + *Technik*]

Po|ly|tech|ni|ker ⟨m.; -s, -⟩ Schüler am Polytechnikum

Po|ly|tech|ni|kum ⟨n.; -s, -ni|ka od. -ni|ken⟩ höhere technische Fachschule

po|ly|tech|nisch ⟨Adj.⟩ mehrere Zweige der Technik umfassend

Po|ly|te|tra|flu|or|äthy|len *auch:* **Po|ly|tet|ra|flu|or|äthy|len** ⟨n.; -s, -e; Chemie⟩ für die Raumfahrt entwickelter, auch in der Industrie vielseitig verwendeter, gegen Chemikalien u. hohe Temperatur beständiger Kunststoff, Teflon (USA), Hostaflon (BRD) [<*Poly...* + grch. *tetras* »vier« + *Fluor* + *Äthylen*]

Po|ly|tha|la|mie ⟨f.; -, -n; Zool.⟩ = Foraminifere [<*Poly...* + grch. *thalamos* »Lager«]

Po|ly|the|is|mus ⟨m.; -; unz.; Rel.⟩ Glaube an mehrere Götter zugleich, Vielgötterei; *Ggs* Monotheismus

Po|ly|the|ist ⟨m.; -en, -en; Rel.⟩ Anhänger des Polytheismus; *Ggs* Monotheist

po|ly|the|is|tisch ⟨Adj.; Rel.⟩ zum Polytheismus gehörend, auf ihm beruhend

Po|ly|the|lie ⟨f.; -, -n; Med.⟩ = Polymastie [<*Poly...* + grch. *thele* »Brustwarze«]

po|ly|to|nal ⟨Adj.; Musik⟩ gleichzeitig mehrere Tonarten in den verschiedenen Stimmen aufweisend

Po|ly|to|na|li|tät ⟨f.; -; unz.; Musik⟩ gleichzeitiges Verwenden mehrerer Tonarten in den Stimmen eines Musikstücks

po|ly|trop ⟨Adj.; Biol.⟩ sehr anpassungsfähig [<*poly...* + *...trop*[1]]

Po|ly|tro|pis|mus ⟨m.; -; unz.; Biol.⟩ große Anpassungsfähigkeit

Po|ly|ure|than ⟨n.; -s, -e; Chemie⟩ Kunststoff, der durch Polyaddition von Cyanaten an Verbindungen mit zwei od. mehreren reaktionsfähigen Wasserstoffatomen erzeugt wird [<*Poly...* + grch. *ouron* »Harn« + *Äthan*]

Po|ly|urie ⟨f.; -, -n; Med.⟩ Vermehrung der Ausscheidung von Harn bei zu großer Aufnahme von Flüssigkeit

po|ly|va|lent ⟨[-va-] Adj.; Chemie⟩ in mehrfacher Beziehung wirksam; *Ggs* monovalent [<*poly...* + *valent*]

Po|ly|vi|nyl... ⟨[-vi-] in Zus.; Chemie⟩ einen durch Polymerisation, Polyaddition od. Polykondensation meist aus Acetylen gewonnenen, vom Ethylen abgeleiteten Kunststoff betreffend

P

Po|ly|vi|nyl|ace|tal ⟨[-vi-] n.; -s, -e; Chemie⟩ aus Polyvinylalkohol durch Kondensation mit Aldehyden od. Ketonen hergestellter Kunststoff

Po|ly|vi|nyl|ace|tat ⟨[-vi-] n.; -s, -e; Chemie⟩ durch Polymerisation von Vinylacetat (aus Acetylen u. Essigsäure) hergestellter harzartiger Kunststoff, der sehr leicht zu erweichen ist; *oV* Polyvinylazetat

Po|ly|vi|nyl|al|ko|hol ⟨[-vi-] m.; -s, -e; Chemie⟩ durch Hydrolyse der Estergruppen aus Polyvinylacetat hergestellter Kunststoff

Po|ly|vi|nyl|äther ⟨[-vi-] m.; -s; unz.; Chemie⟩ durch Anlagerung von Alkoholen an Ethylen u. Polymerisation unter Druck hergestellter Kunststoff

Po|ly|vi|nyl|aze|tat ⟨[-vi-] n.; -s, -e; Chemie⟩ = Polyvinylacetat

Po|ly|vi|nyl|chlo|rid ⟨[-viny:lklo-] n.; -(e)s, -e; Abk.: PVC; Chemie⟩ durch Polymerisation von Vinylchlorid hergestellter Kunststoff, thermoplastisch, zäh u. hart (Hart-PVC), lässt sich durch Zusatz von Weichmachern biegsam u. elastisch machen (Weich-PVC)

po|ly|zy|klisch *auch:* **po|ly|zyk|lisch** ⟨Adj.⟩ = polycyclisch

Po|ly|zyt|hä|mie ⟨f.; -, -n; Med.⟩ krankhafte Vermehrung der Erythrozyten, Thrombozyten u. Leukozyten, die eine tiefrote Färbung von Haut u. Schleimhäuten hervorruft [<*Poly...* + *...zyt* + *...ämie*]

Po|ma|de ⟨f.; -, -n⟩ wohlriechendes Fett zur Pflege des Haars u. der Lippen; *Haar~* [frz. <ital. *pomata* <vulgärlat. **pomata;* zu lat. *pomum* »Baumfrucht«]

po|ma|dig[1] ⟨Adj.⟩ mit Pomade eingerieben

po|ma|dig[2] ⟨Adj.; fig.; umg.⟩ träge, langsam, bequem [<*pomale* <poln. *po malu* »allmählich«]

po|ma|di|sie|ren ⟨V.⟩ mit Pomade behandeln

Po|me|lo ⟨f.; -, -s⟩ große gelbe Zitrusfrucht mit gelbem, süßlich schmeckendem Fruchtfleisch, Rückkreuzung aus Pampelmuse u. Grapefruit [<engl. *pomelo,* viell. <ndrl. *pompelmoes* »Pampelmuse«]

Po|me|ran|ze ⟨f.; -, -n; Bot.⟩ Zitrusgewächs, dessen bittere Fruchtschale als Gewürz verwendet wird, Bitterorange: Citrus aurantium amara [<mlat., ital. *pomerancia* <ital. *pomo* »Apfel« (<lat. *pomum* »Baumfrucht«) + ital. *arancia* (<pers. *naräng* »bittere Apfelsine«; → *Orange)*]

Pom|mer ⟨m.; -s, -; Musik⟩ altes, schalmeiähnliches Holzblasinstrument, wahrscheinlich Vorläufer von Oboe u. Fagott; *Sy* Bombarde (2.2) [<frz. *bombarde,* ital. *bombardo,* span. *bombarda* <grch. *bombos* »das Brummen«]

Pommes Cro|quettes ⟨[pɔm krokɛt] Pl.; Kochk.⟩ Kroketten aus Kartoffelbrei [frz.; verkürzt <*pommes de terre* »Kartoffeln« + *croquettes* »Kroketten«]

Pommes Dau|phine ⟨[pɔm dofi:n] Pl.; Kochk.⟩ Kartoffelkroketten [frz.]

Pommes frites ⟨[pɔm frɪt] Pl.; Kochk.⟩ in Stäbchen geschnittene, rohe Kartoffeln, die schwimmend in heißem Fett ausgebacken werden [frz., »Röstkartoffeln« <*pomme de terre* »Kartoffel« + *frire* »braten, backen«]

Po|mo|lo|ge ⟨m.; -n, -n; Bot.⟩ Experte auf dem Gebiet der Pomologie

Po|mo|lo|gie ⟨f.; -; unz.; Bot.⟩ Lehre vom Obstanbau [<lat. *pomum* »Obst« + *...logie*]

po|mo|lo|gisch ⟨Adj.; Bot.⟩ die Pomologie betreffend, auf ihr beruhend, zu ihr gehörend

Pomp ⟨m.; -(e)s; unz.⟩ Prunk, übertriebene Pracht, Schaugepränge [<frz. *pompe,* mhd. *pomp(e)* <lat. *pompa* »festl. Aufzug« <grch. *pompe* »Sendung, Geleit, festl. Aufzug«]

Pom|pa|dour ⟨[-du:r] m.; -s, -e od. -s; früher⟩ **1** beutelartige Handtasche aus Stoff **2** breite Locke bei Damenfrisuren [nach der Marquise de *Pompadour,* 1721-1764]

Pom|pon ⟨[pɔ̃pɔ̃:] m.; -s, -s⟩ Quaste, Troddel, Bällchen aus Wolle od. Seide [frz.]

pom|pös ⟨Adj.⟩ pomphaft, prunkhaft [<frz. *pompeux* »prunkhaft«; → *Pomp*]

pö|nal ⟨Adj.; Rechtsw.⟩ mit dem Strafrecht, der Strafe zu tun habend [<lat. *poenalis* »zur Strafe gehörend, qualvoll«]

Pö|nal|ver|si|che|rung ⟨f.; -, -en; Rechtsw.⟩ Versicherung gegen Strafzahlungen, die ein Auftragnehmer dem Auftraggeber zu entrichten hat, wenn er die Vertragsbedingungen, z. B. Liefertermine od. eine bestimmte Qualität der vereinbarten Leistungen, nicht einhalten kann [→ *pönal*]

pon|ceau ⟨[pɔ̃so:] Adj.⟩ hochrot [frz., »Klatschmohn; hochrot«]

Pon|ceau ⟨[pɔ̃so:] n.; -s; unz.⟩ hochroter Farbstoff

Pon|cho ⟨[-tʃo] m.; -s, -s⟩ **1** von den Indianern Mittel- u. Südamerikas getragener, viereckiger Überwurf mit einem Loch in der Mitte für den Kopf **2** ⟨Mode⟩ weiter, mantelartiger Umhang [span.]

Pond ⟨n.; -s, -; Zeichen: p⟩ nicht mehr zulässige Maßeinheit für die Kraft, zu ersetzen durch die Einheit Newton (N), 1 p = 0,0098 N [<lat. *pondus* »Gewicht«]

pon|de|ra|bel ⟨Adj.; veraltet⟩ wägbar; *Ggs* imponderabel [<lat. *ponderabilis* »wägbar«; zu *pondus* »Gewicht«]

Pon|de|ra|bi|li|en ⟨Pl.⟩ fass- u. wägbare Dinge; *Ggs* Imponderabilien [<lat. *ponderabilis*]

Pon|de|ra|ti|on ⟨f.; -, -en; bildende Kunst⟩ Gleichgewicht der Massen, gleichmäßige Verteilung des Körpergewichts auf die Gliedmaßen (bei Statuen) [zu lat. *ponderare* »abwägen«]

Pon|gé ⟨[pɔ̃ʒe:] m.; - od. -s, -s; Textilw.⟩ leichtes Gewebe aus Seide in Leinwandbindung [frz. <engl. <chines.]

Pö|ni|tent ⟨m.; -en, -en; kath. Kirche⟩ Büßender, Beichtender [zu lat. *poenitens* »bereuend«, Part. Präs. zu *poenitere* »bereuen«]

Pö|ni|ten|ti|ar ⟨m.; -s, -e⟩ = Pönitenziar

Pö|ni|tenz ⟨f.; -, -en; kath. Kirche⟩ Bußübung, Buße [<lat. *poenitentia* »Reue«]

Pö|ni|ten|zi|ar ⟨m.; -s, -e; kath. Kirche⟩ Beichtvater; *oV* Pönitentiar [→ *Pönitenz*]

P

Po|nor ⟨m.; -s, -no|re; Geogr.⟩ Versickerungsstelle eines Flusses in einem Karstgebiet, durch die das Wasser in unterirdische Karsthohlräume abfließen kann [serbokr., »Abgrund«]

Pon|ti|cel|lo ⟨[-tʃɛl-] m.; -s, -s od. -li; Musik⟩ die Saitenschwingungen auf den Klangkörper übertragendes Plättchen aus Hartholz, Steg [ital., eigtl. »kleine Brücke«; zu *ponte* <lat. *pons,* Gen. *pontis* »Brücke«]

Pon|ti|fex ⟨m.; -, -ti|fi|zes od. -ti|fi|ces⟩ **1** ⟨im antiken Rom⟩ Oberpriester **2** ~ *maximus* **2.1** ⟨urspr.⟩ Titel des röm. Kaisers **2.2** ⟨danach⟩ Titel des Papstes [lat. *pontifex* »Priester, Oberpriester«; Herkunft umstritten; vielleicht zu *pons.* Gen. *pontis* »Brücke« + *feci,* 1. Pers. Perf. zu *facere* »machen« (die Pontifizes hatten für die Instandhaltung der den Römern heiligen Brücke, des Pons Sublicius, zu sorgen); lat. *pontifex maximus* »höchster Priester«; zu *maximus* »der Größte«]

pon|ti|fi|kal ⟨Adj.⟩ zum Bischof gehörend, ihm vorbehalten, entsprechend, gemäß [<lat. *pontificalis* »oberpriesterlich«; → *Pontifex*]

Pon|ti|fi|ka|le ⟨n.; -s, -li|en⟩ Buch mit den vorgeschriebenen Formeln für die Amtshandlungen des Bischofs

Pon|ti|fi|ka|li|en ⟨Pl.⟩ **1** Amtshandlungen des Bischofs, bei denen er seine bischöfl. Gewänder u. Abzeichen trägt **2** die liturgischen Gewänder u. Abzeichen selbst

Pon|ti|fi|kat ⟨n.; -(e)s, -e⟩ Amt, Amtszeit, Würde des Bischofs od. Papstes [<lat. *pontificatus* »Oberpriesterwürde«; → *Pontifex*]

pon|tisch ⟨Adj.⟩ steppenhaft [<grch. *pontos* »Meer« (nach den Steppen nördlich des Schwarzen Meeres)]

Pon|ton ⟨[pɔ̃tɔ̃:] od. [pɔntɔ̃:] m.; -s, -s⟩ **1** breiter, flacher Kahn als Teil einer schwimmenden Brücke; *~brücke* **2** geschlossener Schwimmkörper von Docks, schwimmenden Kränen u. a. [<frz. *pont* »Brücke«]

Po|ny[1] ⟨n.; -s, -s⟩ Pferd, dessen Widerrist nicht höher als 1,48 m ist [engl.]

Po|ny[2] ⟨m.; -s, -s; fig.⟩ in die Stirn gekämmtes, gleichmäßig geschnittenes Haar [engl.]

Pool[1] ⟨[pu:l] m.; -s, -s⟩ **1** Zusammenschluss von Firmen mit gemeinsamer Beteiligung am Gewinn **2** Zusammenfassung von Beteiligungen am gleichen Objekt **3** Einsatz beim Spiel [engl., »gemeinsame Kasse, gemeinsamer Fonds«]

Pool[2] ⟨[pu:l] m.; -s, -s; kurz für⟩ Swimmingpool

Pool[3] ⟨[pu:l] n.; -s; unz.; kurz für⟩ Poolbillard

Pool|bil|lard ⟨[pu:lbɪljart] n.; -s; unz.⟩ Billard, bei dem Kugeln in Löcher gespielt werden, Lochbillard [<engl. *pool* »Loch« + *Billard*]

poo|len ⟨[pu:lən] V.; Wirtsch.⟩ **1** Gewinne (z. B. aus Anlagen od. verschiedenen Unternehmensaktivitäten) nach einem Verteilungsschlüssel aufteilen **2** zusammenfassen (von Beteiligungen am gleichen Anlageobjekt) [→ *Pool*[1]]

Poo|ler ⟨[pu:lə(r)] m.; -s, -; EDV⟩ Gerät zur Vereinigung kleiner Datenmengen auf einem Datenträger mit hoher Speicherkapazität zur zweckmäßigen Dateneingabe [zu engl. *pool* »zusammenlegen, vereinen«]

Poo|na ⟨[pu:na] od. [pu:na] n.; -s; unz.; Sport⟩ indisches Rückschlagspiel, Vorform des Badminton [indisch, nach der Stadt *Poona* südöstl. von Bombay]

Pop ⟨m.; - od. -s; unz.⟩ **1** Kunstrichtung der 1960er u. 1970er Jahre des 20. Jh., die modern, auffallend u. farbenfroh gestaltet ist; →*a.* Pop-Art, Popmusik **2** ⟨umg.⟩ poppige Gestaltung, Art [<engl. *pop* »Klatsch, Knall« od. zu engl. *popular* »volkstümlich«]

pop..., Pop... ⟨in Zus.⟩ modern, auffallend, bes. Jugendliche ansprechend; *popfarben; Popmusik*

Po|panz ⟨m.; -es, -e⟩ **1** Schreckgespenst, Schreckgestalt **2** spaßige Figur, Strohpuppe **3** ⟨fig.⟩ willenloser, von anderen in seinen Handlungen abhängiger Mensch; *jmdn. zum ~ machen* [<ostmdt. *popenz* <tschech. *bubák* »Schreckgestalt«]

Pop-Art ⟨f.; -; unz.; Kunst⟩ Richtung der modernen Kunst, die banale Objekte (des Massenkonsums) durch die Art ihrer Darstellung (grelle Farbzusammenstellung, Collage, Montage von Gegenständen) zu verfremden, zu parodieren od. zu poetisieren sucht; →*a.* Combine Painting [<*Pop...* + engl. *art* »Kunst«]

Pop|corn ⟨n.; -s; unz.⟩ durch Erhitzen in heißem Fett aufgeplatzte Maiskörner, Puffmais [<engl.(-amerikan.) *pop* »Knall« + *corn* »Mais«]

Po|pe ⟨m.; -n, -n; russ. u. grch.-orthodoxe Kirche⟩ niederer Geistlicher [<russ. *pop* <neugrch. *papas* »Priester« <grch. *pappas* »Vater«]

Po|pe|lin ⟨m.; -s; unz.; Textilw.⟩ = Popeline

Po|pe|li|ne ⟨f.; -; unz.; Textilw.⟩ dichter, fester Baumwollstoff in Leinwandbindung für Oberbekleidung, bes. Hemden; *oV* Popelin [<frz. *popeline*]

Pop|far|be ⟨f.; -, -n⟩ auffallende, modische, kräftige Farbe [→ *Pop...*]

pop|far|ben ⟨Adj.⟩ von auffallender, modischer, kräftiger Farbe; *ein ~er Stoff* [<*Pop...*]

Pop|iko|ne ⟨f.; -, -n; umg.⟩ Star, Kultfigur der Popmusik; *die Medien machen sie zur ~*

Pop|kul|tur ⟨f.; -; unz.⟩ die vom Pop beeinflusste, auf ihn zurückgehende Kultur

Pop|mu|sik ⟨f.; -; unz.; Musik⟩ moderne, dem Beat u. Rock ähnliche Musik [<*Pop...*]

pop|mu|si|ka|lisch ⟨Adj.; Musik⟩ die Popmusik betreffend, zu ihr gehörend

pop|pen ⟨V.⟩ **1** ⟨umg.⟩ Popmusik hören od. spielen; *rockende u. ~de Stars* **2** ⟨derb⟩ koitieren [→ *Pop...*]

Pop|per ⟨m.; -s, -; bes. Ende der 1980er Jahre⟩ betont gepflegt u. modisch-teuer gekleideter u. frisierter, angepasster Jugendlicher [wohl in Anlehnung an *Pop...* <engl. *teeny-bopper* »Jugendlicher, der immer der neuesten Mode folgt«]

P

Pop|pers ⟨Pl.⟩ (bes. unter Homosexuellen verbreitete) gefäßerweiternde Droge, die aus Ampullen inhaliert wird [zu engl. *pop* »Knall« (beim Öffnen der Ampullen)]

pop|pig ⟨Adj.⟩ in der Art der Pop-Art, modern, auffallend, farbenfroh [< *Pop...*]

Pop|star ⟨m.; -s, -s⟩ eine Größe der Popmusik, z. B. ein bekannter Sänger od. eine bekannte Sängerin

Pop|sze|ne ⟨f.; -; unz.⟩ Szene, in der Vertreter u. Anhänger der Popmusik verkehren

po|pu|lär ⟨Adj.⟩ volkstümlich, beliebt [< frz. *populaire* »volkstümlich« < lat. *popularis* »zum Volke gehörig, volkstümlich«; zu *populus* »Volk«]

po|pu|la|ri|sie|ren ⟨V.⟩ populär machen, allgemeinverständlich machen [< frz. *populariser* »volkstümlich machen« < lat. *popularis;* → *populär*]

Po|pu|la|ri|tät ⟨f.; -; unz.⟩ populäre Beschaffenheit, Volkstümlichkeit, Beliebtheit [< frz. *popularité* »Volkstümlichkeit« < lat. *popularitas* »Gefälligkeit gegen das Volk«; zu *populus* »Volk«]

po|pu|lär|wis|sen|schaft|lich ⟨Adj.⟩ wissenschaftlich, aber allgemeinverständlich; *eine ~e Veröffentlichung*

Po|pu|la|ti|on ⟨f.; -, -en⟩ **1** Bevölkerung **2** ⟨Biol.⟩ Gesamtheit der Angehörigen einer Art in einem bestimmten Gebiet **3** ⟨Astron.⟩ Gesamtheit der Sterne mit ähnlicher chemischer Zusammensetzung, räumlicher Stellung u. gleichem Alter **4** ⟨Statistik⟩ Klasse von zu untersuchenden Gegenständen [frz., »Bevölkerung«, < lat. *populus* »Volk«]

Po|pu|la|ti|ons|dich|te ⟨f.; -; unz.; Ökol.⟩ durchschnittliche Zahl von Individuen einer Art (Menschen, Tiere od. Pflanzen), auf eine bestimmte Fläche bezogen; *eine hohe, geringe ~ aufweisen; die ~ der Kröten hat zugenommen*

Po|pu|lis|mus ⟨m.; -; unz.⟩ **1** Politik, die durch übertriebene Darstellung der polit. Lage die Volksmassen zu beeinflussen sucht; *Links~; Rechts~* **2** literar. Richtung, die das Leben des einfachen Volkes leicht verständlich darstellt [zu lat. *populus* »Volk«]

Po|pu|list ⟨m.; -en, -en; abwertend; Politik⟩ politischer Führer, der (ohne ein festes Programm zu vertreten) seine Haltungen u. Forderungen opportunistisch nach den Ängsten u. Bedürfnissen breiter Bevölkerungsschichten ausrichtet, um sich beliebt zu machen u. sich die Unterstützung der Wähler zu sichern [zu lat. *populus* »Volk«]

po|pu|lis|tisch ⟨Adj.; abwertend; Politik⟩ in der Art eines Populisten, auf Populismus beruhend; *der Kandidat geht mit ~en Äußerungen auf Stimmenfang*

Pop-up ⟨[-ʌp] n.; -s, -s; EDV; kurz für⟩ Pop-up-Fenster

Pop-up-Blo|cker ⟨[-ʌp-] m.; -s, -; EDV⟩ Programm, das nicht erwünschtes Aufklappen von Pop-up-Fenstern bei Webbrowsern unterbindet

Pop-up-Buch ⟨[-ʌp-] n.; -(e)s, -bü|cher; Buchw.⟩ Buch, bei dem sich beim Aufschlagen Bildteile aus Pappe aufstellen [zu engl. *pop-up* »aufspringend«]

Pop-up-Fens|ter ⟨[-ʌp-] n.; -s, -; EDV⟩ bei Anklicken aufspringendes kleines Fenster [zu engl. *pop-up* »aufspringend«]

Po|re ⟨f.; -, -n⟩ **1** feines Loch, kleine Öffnung, Vertiefung **2** Mündung der Schweißdrüsen in der Haut [< grch. *poros* »Durchgang«]

Po|ris|ma ⟨n.; -s, -ris|men; Logik⟩ Ableitung aus einem anderen Satz [grch., »das Herbeigeschaffte, Gewinn, Vorteil«; zu *porizein* »zustande bringen, herbeischaffen«]

po|ris|ma|tisch ⟨Adj.⟩ in der Art eines Porismas, abgeleitet, gefolgert

Pör|kel(t) ⟨n.; -s; unz.; Kochk.⟩ = Pörkol(t)

Pör|köl(t) ⟨n.; -s; unz.; Kochk.⟩ mit Paprika gewürztes, in wenig Saft gebratenes, gulaschähnl. Gericht; *oV* Pörkel(t) [< ungar.]

Por|no ⟨m.; -s, -s⟩ pornographischer Film, Roman usw.

Por|no|graf ⟨m.; -en, -en⟩ = Pornograph

Por|no|gra|fie ⟨f.; -; unz.⟩ = Pornographie

por|no|gra|fisch ⟨Adj.⟩ = pornographisch

Por|no|graph ⟨m.; -en, -en⟩ Verfasser pornographischer Schriften; *oV* Pornograf

Por|no|gra|phie ⟨f.; -; unz.⟩ obszöne Darstellung geschlechtlicher Vorgänge in Wort u. Bild; *oV* Pornografie [< grch. *porne* »Hure« + *...graphie*]

por|no|gra|phisch ⟨Adj.⟩ unzüchtig, die geschlechtl. Begierden anreizend; *oV* pornograpfisch; *~es Buch, Bild, ~er Film*

po|rös ⟨Adj.⟩ **1** durchlässig (für Flüssigkeit u. Luft) **2** mit feinsten Löchern versehen [< frz. *poreux* »porös, löcherig«; zu *pore* »Pore« < grch. *poros;* → *Pore*]

Po|ro|si|tät ⟨f.; -; unz.⟩ poröse Beschaffenheit [< frz. *porosité* »Porosität, Durchlässigkeit«; → *porös*]

Por|phyr ⟨m.; -s, -e; Geol.⟩ dichtes, feinkörniges Ergussgestein mit Einsprenglingen von Feldspat [< ital. *porfiro* < mlat. *porphyreum* »purpurfarbig« < grch. *porphyra* »Purpurschnecke«; → *Purpur*]

Por|phy|rie ⟨f.; -, -n; Med.⟩ Ausscheidung einer größeren Menge an Porphyrinen im Urin als Indikator für eine Störung des Blutbildungsprozesses [→ *Porphyr*]

Por|phy|rin ⟨n.; -s, -e; Chemie⟩ aus vier Pyrrol-Ringen bestehende, makromolekulare chemische Verbindung, deren metallorganische Verbindungen mit Eisen oder Magnesium das Grundgerüst des Blutfarbstoffs od. Chlorophylls bilden

por|phy|risch ⟨Adj.; Geol.⟩ entsprechend der dichten u. sehr feinkörnigen, mit Kristalleinsprengseln versehenen Grundmasse von Ergussgestein strukturiert [→ *Porphyr*]

Por|phy|rit ⟨m.; -s, -e; Geol.⟩ graues, rötliches od. grünliches Ergussgestein aus dem Paläozoikum

Por|ree ⟨m.; -s, -s; Bot.⟩ als Gemüse verwendeter, zweijähriger Lauch: Allium porrum [<westfrz. *porrée* (= frz. *poreau*) <vulgärlat. **porrata;* zu lat. *porrum* »Lauch«]

Por|ridge ⟨[-rɪdʒ] m.; -s; unz.; Kochk.⟩ dicker Brei aus Hafergrütze u. Milch, der in den angelsächs. Ländern zum Frühstück gegessen wird [engl.]

Port[1] ⟨m.; -(e)s, -e; poet.⟩ Hafen [<mhd. *port(e)* <afrz. *port* <lat. *portus*]

Port[2] ⟨m.; -s, -s; EDV⟩ Verbindungsstelle zwischen Computer u. Peripheriegeräten [engl., »Hafen; Pforte«]

por|ta|bel ⟨Adj.⟩ tragbar, leicht beförderbar; *portable Geräte* [zu lat. *portare* »tragen«]

Por|ta|ble *auch:* **Por|tab|le** ⟨[pɔː:təbl] m.; -s, -s⟩ **1** tragbarer Fernsehapparat **2** ⟨EDV⟩ tragbarer Mikrorechner von der Größe eines Koffers [engl., »tragbar«]

Por|tage ⟨[pɔː:tɪdʒ] f.; -, -s [-tɪdʒɪz]⟩ **1** Transport **2** Warenladung an Bord eines Schiffes **3** frachtfreies Gepäck der Seeleute auf einem Schiff [engl., »Transport«; zu lat. *portare* »tragen«]

Por|tal ⟨n.; -s, -e⟩ **1** architektonisch verziertes Tor; *Kirchen~* **2** ⟨EDV⟩ Startseite eines Internetanbieters [<mlat. *portale* »Vorhalle«; zu lat. *porta* »Tor«]

Por|ta|men|to ⟨n.; -s, -s od. -menti; musikal. Vortragsbezeichnung⟩ gleitende Verbindung aufeinanderfolgender Töne [ital., »das Tragen«; zu *portare* »tragen«]

Por|ta|tiv ⟨n.; -s, -e [-və]; Musik⟩ kleine, tragbare Orgel mit 14-28 Pfeifen u. mit der Hand zu bedienendem Blasebalg [<frz. *portatif* »tragbar«; zu *porter* »tragen«]

por|ta|to ⟨Musik⟩ breit, getragen (zu spielen), aber nicht gebunden [ital., Part. Perf. zu *portare* »tragen«]

Porte|feuille ⟨[pɔrtfœːj] n.; -s, -s⟩ *Sy* Portfolio (1) **1** ⟨veraltet⟩ **1.1** Brieftasche **1.2** Aktenmappe **2** Geschäftsbereich; *Minister ohne ~* M. ohne eigenen Amtsbereich **3** ⟨Börse⟩ Bestand an Wertpapieren **4** ⟨Wirtsch.⟩ Produktangebot eines Unternehmens; *ein breitgefächertes ~* [frz., »Brieftasche« <*porter* »tragen« + *feuille* »Blatt«]

> **Portemonnaie / Portmonee**
> (*Laut-Buchstaben-Zuordnung*) Im Zuge der Integration fremdsprachlicher Wörter in die deutsche Standardsprache kann neben die ursprüngliche, der Herkunftssprache folgenden Orthografie eine integrierte Schreibweise mit angepasster Laut-Buchstaben-Zuordnung treten (→*a.* Plattitüde / Platitude).

Porte|mon|naie ⟨[pɔrtmɔneː] od. ['---] n.; -s, -s⟩ Geldbeutel; *oV* Portmonee [<frz. *portemonnaie* »Geldbörse« <*porter* »tragen« + *monnaie* »Münze, Kleingeld«]

Port|e|pee *auch:* **Por|te|pee** ⟨n.; -s, -s⟩ Riemen od. Band mit Quaste am Degen od. Säbel (des Offiziers od. Unteroffiziers) [<frz. *porteépée* »Degengehenk« <*porter* »tragen« + *épée* »Degen, Schwert«]

Por|ter ⟨m.; -s, -; in Großbritannien⟩ starkes, dunkles, obergäriges Bier [engl.; zu *porter* »Lastenträger« (da es früher besonders von diesen getrunken wurde)]

Por|ter|house|steak ⟨[pɔː:tə(r)haussteːk] n.; -s, -s; Kochk.⟩ dickes Rinderlendensteak mit einem T-förmigen Knochen; →*a.* T-Bone-Steak [<engl. *porterhouse* »Bierlokal« + *Steak;* → *Porter*]

Port|fo|lio ⟨n.; -s, -s⟩ **1** = Portefeuille **2** ⟨Fot.⟩ (großformatiger) Bildband [engl., <ital. *portafoglio* <*portare* »tragen « + *foglio* »Blatt (Papier)«]

Por|ti ⟨Pl. von⟩ Porto

Por|ti|er ⟨[-tjeː] m.; -s, -s⟩ Pförtner [frz., »Hausmeister«; zu *porte* »Tür«]

Por|ti|e|re ⟨[-tjɛːrə] f.; -, -n⟩ schwerer Vorhang zu beiden Seiten der Tür [<frz. *portière* »Türvorhang«; zu *porte* »Tür«]

por|tie|ren ⟨V.; schweiz.⟩ zur Wahl vorschlagen [<frz. *porter*, ital. *portare* »tragen«]

Por|ti|kus ⟨m.; -, - od. fachsprachl. -ti|ken; Arch.⟩ von Säulen getragener Vorbau [<lat. *porticus* »Säulengang, Halle«; zu *porta* »Tor«]

Por|tio ⟨f.; -; unz.⟩ **1** Teil, Anteil **2** ⟨Med.⟩ *~ vaginalis* äußerer Gebärmuttermund mit dem dazugehörigen Teil der Scheide [lat., »Anteil«]

Por|tio|kap|pe ⟨f.; -, -n; Med.⟩ mechanisches Empfängnisverhütungsmittel, das aus einer Kunststoffkappe besteht, die dem äußeren Gebärmuttermund aufgestülpt wird [→ *Portio*]

Por|ti|on ⟨f.; -, -en⟩ abgemessene Menge (bes. von Speisen); *eine ~ Eis, Gemüse, Kartoffeln; er ist nur eine halbe ~* ⟨fig.; umg.⟩ er ist sehr dünn, klein; *er besitzt eine tüchtige ~ Frechheit* ⟨fig.; umg.⟩ ist sehr frech [<lat. *portio* »Anteil«]

por|ti|o|nie|ren ⟨V.⟩ in Portionen aufteilen; *Essen ~*

Por|ti|o|nie|rer ⟨m.; -s, -⟩ Gerät zum Aufteilen in Portionen (bes. von Speiseeis)

Por|ti|un|ku|la|ab|lass *auch:* **Por|ti|un|ku|la-Ab|lass** ⟨m.; -es, -läs|se⟩ vollkommener Ablass, der am 2. August, dem Tag der Weihe der Portiunkula, in Franziskanerkirchen gewonnen werden kann [nach *Portiuncula*, Muttergotteskapelle bei Assisi, Lieblingskirche des hl. Franziskus]

Port|land|ze|ment ⟨m.; -(e)s, -e; Bauw.⟩ der übliche, zum Bauen verwandte Zement aus gemahlenem Kalkstein u. Kalkmergel [nach der engl. Halbinsel *Portland*]

Port|mo|nee ⟨a. ['---] n.; -s, -s⟩ = Portemonnaie

Por|to ⟨n.; -s, -s od. Por|ti⟩ Gebühr für das Befördern von Postsendungen; *Brief~; Paket~* [ital., »Porto, Fracht«; zu *portare* »tragen«]

> ◆ Die Buchstabenfolge **por|tr...** kann auch **port|r...** getrennt werden.

◆ **Por|trait** ⟨[-treː] od. (selten) [-trɛː] n.; -s, -s⟩ = Porträt

◆ **por|trai|tie|ren** ⟨[-trɛ-] V.⟩ = porträtieren

P

◆ **Por|trät** ⟨[-trɛ:] od. (selten) [-trɛ:] n.; -s, -s⟩ Bildnis; *oV* Portrait [<frz. *portrait*]

◆ **por|trä|tie|ren** ⟨[-trɛ-] V.⟩ *jmdn.* ~ jmds. Bildnis malen; *oV* portraitieren

◆ **Por|trä|tist** ⟨[-trɛ-] m.; -en, -en⟩ auf Porträts spezialisierter Maler

Por|tu|gie|ser ⟨m.; -s, -; Weinbau⟩ eine rote Rebsorte [Herkunft unsicher; die Rebe wird nicht in Portugal angebaut]

Por|tu|lak ⟨m.; -s, -e od. -s; Bot.⟩ zu einer Gattung der Portulakgewächse gehörendes Kraut mit fleischigen Blättern, die als Salat dienen, Burzelkraut: Portulaca [<lat. *portulaca* »Portulak«]

Port|wein ⟨m.; -(e)s, -e⟩ dunkelroter od. weißer, süßer portugiesischer Dessertwein [nach dem portugies. Ausfuhrhafen *Porto,* portugies. *Oporto*]

Po|rus ⟨m.; -, Po|ri; Med.⟩ Körperöffnung [<grch. *poros* »Öffnung, Durchgang«]

Por|zel|lan ⟨n.; -s, -e⟩ **1** dichtes, weißes, durchscheinendes keramisches Erzeugnis **2** Tafelgeschirr daraus [<ital. *porcellana,* eigtl. eine Art weißer Meeresmuscheln]

Por|zel|lan|blu|me ⟨f.; -, -n; Bot.⟩ zur Familie der Schwalbenwurzgewächse gehörende Zierpflanze, deren weiße bis rosa Blütendolden wie aus Porzellan geformt bzw. aus Wachs gegossen aussehen, Wachsblume

Por|zel|lan|schne|cke ⟨f.; -, -n; Zool.⟩ = Kaurischnecke

POS ⟨Abk. für engl.⟩ Point of Sale (Ort des Verkaufs)

Pos. ⟨Abk. für⟩ Position (7)

Po|sa|ment ⟨n.; -(e)s, -en; meist Pl.⟩ Ware, die als Besatz für Kleidung verwendet wird, z. B. Borten, Schnüre, Quasten, Litzen, Bänder [<frz. *passement* »Borte, Besatz«]

po|sa|men|tie|ren ⟨V.⟩ mit Posamenten verzieren

Po|sau|ne ⟨f.; -, -n; Musik⟩ Blechblasinstrument mit zwei ineinanderliegenden U-förmigen Rohren, von denen das eine (der Zug) verschoben werden kann, Zugposaune; *die ~n des Jüngsten Gerichts* ⟨sinnbildl.⟩ Ankündigung des J. G. (nach 1. Korintherbrief 15,52) [<mhd. *busune* <afrz. *buisine* <lat. *bucina* »Jagdhorn, Signalhorn« <*bos* »Rind« + *canere* »singen, tönen, klingen«; also: »aus einem Rinderhorn hergestelltes Instrument«]

po|sau|nen ⟨V.⟩ **1** ⟨Musik⟩ die Posaune blasen **2** ⟨fig.; umg.⟩ laut rufen, laut verraten, verkünden; *etwas in alle Welt ~*

Po|sau|nist ⟨m.; -en, -en; Musik⟩ Musiker, der Posaune spielt

Po|sau|nis|tin ⟨f.; -, -tin|nen; Musik⟩ Musikerin, die Posaune spielt

po|schie|ren ⟨V.; Kochk.⟩ = pochieren

Po|se ⟨f.; -, -n⟩ **1** gekünstelte, gezierte Haltung; *eine ~ einnehmen* **2** ⟨bildende Kunst⟩ Stellung, Haltung (einer Person); *Figur in der ~ eines Schlafenden, Kämpfenden* [frz., »das Legen, Setzen, Stellen«]

Po|seur ⟨[-zø:r] m.; -s, -e⟩ jmd., der posiert [frz., »Angeber, Wichtigtuer«]

po|sie|ren ⟨V.⟩ **1** eine Pose einnehmen u. einhalten **2** ⟨fig.⟩ sich gekünstelt benehmen, sich wichtigmachen [<frz. *poser* »setzen, legen, stellen«]

Po|si|ti|on ⟨f.; -, -en⟩ **1** Haltung, Stellung; *sich jmdm. gegenüber in einer starken (schwachen) ~ befinden* **2** Stellung im Beruf; *eine gesicherte (unsichere), gute (schlechte) ~ haben* **3** Standort; *die ~ eines Schiffes ermitteln* **4** Lage **5** astronomischer Ort; *~ eines Gestirns* **6** Stelle in einem System; *~ einer Zahl, Ziffer* **7** ⟨Abk.: Pos.⟩ einzelner Posten (in einem Haushaltsplan, einer Liste) **8** ⟨Rechtsw.⟩ Bejahung; *Ggs* Negation; *~ eines Urteils* [<frz. *position* »Lage, Stellung« u. lat. *positio* »das Setzen, Stellen«; zu *ponere* »setzen, stellen«]

po|si|ti|o|nell ⟨Adj.⟩ hinsichtlich der Position, sie betreffend; *~ hat er sich in seiner Firma verbessert; eine ~e Umstellung*

po|si|ti|o|nie|ren ⟨V.⟩ **1** in eine bestimmte Position bringen **2** ⟨fig.⟩ in einen Zusammenhang bringen, ein-, zuordnen

Po|si|ti|o|nie|rung ⟨f.; -, -en⟩ das Positionieren, Positioniertwerden

Po|si|ti|ons|as|tro|no|mie *auch:* **Po|si|ti|ons|ast|ro|no|mie** ⟨f.; -; unz.⟩ = Astrometrie

Po|si|ti|ons|lam|pe ⟨f.; -, -n⟩ Lampe (eines Schiffes, Flugzeugs, einer Boje) zur Kennzeichnung der Fahrt-, Flugrichtung od. Lage, bes. bei Nacht, Positionslaterne

po|si|ti|ons|lang ⟨Adj.; antike Metrik⟩ *~e Silbe* kurze Silbe, die metrisch als lang gilt, wenn sie auf zwei od. mehreren Konsonanten endet

Po|si|ti|ons|win|kel ⟨m.; -s, -; Astron.⟩ Winkel zwischen den gedachten Verbindungslinien zweier Sterne zum Himmelsnordpol

po|si|tiv ⟨Adj.⟩ *Ggs* negativ **1** bejahend; *eine ~e Antwort; ~es Ergebnis, ~e Haltung, ~er Befund* B., dass tatsächlich Anzeichen einer Krankheit vorliegen **2** zustimmend; *sich zu einer Sache ~ äußern; ~e Kritik, ~es Urteil* **3** ⟨Math.⟩ größer als Null; *~e mathemat. Größe* **4** ⟨Philos.⟩ wirklich vorhanden, gegeben **5** ⟨El.⟩ *~er Pol* P., an dem Elektronen in einen Körper eintreten **6** ⟨umg.⟩ bestimmt, gewiss; *weißt du das ~?* **7** ⟨kurz für⟩ HIV-positiv [<frz. *positif* »positiv, bejahend, sicher« u. spätlat. *positivus* »gesetzt, gegeben«; zu lat. *ponere* »setzen, stellen, legen«]

Po|si|tiv[1] **1** ⟨m.; -s, -e; Gramm.⟩ Grundform der Adjektive, auf die sich die Komparation bezieht

Po|si|tiv[2] ⟨n.; -s, -e⟩ **1** ⟨Musik⟩ kleine Orgel ohne festen Standort mit Manual (ohne Pedal) **2** ⟨Fot.⟩ Bild in der richtigen Wiedergabe der Seiten u. von Licht u. Schatten; *Ggs* Negativ

po|si|tiv|elek|trisch *auch:* **po|si|tiv|elekt|risch** ⟨Adj.⟩ einen Mangel an Elektronen aufweisend

Po|si|ti|vis|mus ⟨[-vɪs-] m.; -; unz.; Philos.⟩ philos. Lehre, die nur auf dem Gegebenen, Tatsächlichen, dem »Positiven«, beruht u. metaphys. Erörterungen ablehnt

Po|si|ti|vist ⟨[-vɪst] m.; -en, -en;

P

Philos.⟩ Vertreter, Anhänger des Positivismus

po|si|ti|vis|tisch ⟨[-vɪs-] Adj.; Philos.⟩ **1** zum Positivismus gehörend, auf ihm beruhend **2** ⟨oft abwertend⟩ auf einer bloßen Materialsammlung ohne analytischen Anspruch beruhend (z. B. von wissenschaftlichen Untersuchungen); *diese Textinterpretation stellt lediglich eine ~e Datenerhebung dar*

Po|si|tiv|lis|te ⟨f.; -, -n; Med.; Pharm.⟩ Liste von Arzneimitteln, die von den gesetzlichen Krankenkassen bezahlt werden; *Ggs* Negativliste

Po|si|ti|vum ⟨[-vum] n.; -s, -ti|va [-va]⟩ etwas Positives, etwas, das als positiv empfunden wird; *Ggs* Negativum

Po|si|tiv|ver|fah|ren ⟨n.; -s; unz.; Fot.⟩ fotograf. Verfahren zur Herstellung von Positiven ohne Negative als Zwischenstufe

Po|si|tron *auch:* **Po|sit|ron** ⟨n.; -s, -tro|nen; Physik⟩ leichtes Elementarteilchen mit elektr. positiver Ladung [<*posi*tiv + Elek*tron;* → *elektrisch*]

Po|si|tur ⟨f.; -, -en⟩ *oV* ⟨schweiz.⟩ Postur **1** für eine bestimmte Situation gewählte Haltung; *sich in ~ setzen* **2** ⟨umg.⟩ Gestalt, Statur, Figur [<lat. *positura* »Stellung, Lage«; zu *ponere* »setzen, stellen, legen«]

Pos|se ⟨f.; -, -n; Theat.; meist abwertend⟩ anspruchslose, derbe Komödie, in der die Komik meist durch Übertreibung erreicht wird; *Sy* Farce (2) [<frühnhd. *bosse, posse* »Zierrat, Beiwerk an Kunstdenkmälern« <spätmhd. *possen* »Figur« <frz. *(ouvrage à) bosse* »erhabene Arbeit« <galloroman. **bottia* »Schwellung«, <altfränk. **botan* »ausschlagen, sprießen«, zuerst »Scherzfiguren an öffentl. Brunnen«]

pos|ses|siv ⟨a. ['---] Adj.; Gramm.⟩ auf die Zugehörigkeit einer Person od. Sache zu einer anderen Person od. Sache hinweisend, besitzanzeigend [<lat. *possessivus* »einen Besitz anzeigend«; zu *possidere* »besitzen«]

Pos|ses|siv ⟨a. ['---] n.; -s, -e [-və]⟩ = Possessivpronomen

Pos|ses|siv|kom|po|si|tum ⟨n.; -s, -si|ta od. -si|ten; Gramm.⟩ Kompositum, das eine in seinen Bestandteilen nicht erwähnte Sache od. Person nach der sie kennzeichnenden Eigenschaft benennt, z. B. Dickkopf, Grünschnabel, Großhals

Pos|ses|siv|pro|no|men ⟨n.; -s, - od. -mi|na; Gramm.⟩ Pronomen, das auf die Zugehörigkeit einer Person od. Sache zu einer anderen Person od. Sache hinweist, besitzanzeigendes Fürwort, z. B. mein, unser; *Sy* Possessiv, Possessivum

Pos|ses|si|vum ⟨[-vum] n.; -s, -si|va [-va]; Gramm.⟩ = Possessivpronomen [<lat. *(nomen) possessivum* »besitzanzeigende Benennung«; → *possessiv*]

pos|ses|so|risch ⟨Adj.; Rechtsw.⟩ den Besitz betreffend [<lat. *possessor* »Besitzer«; zu *possidere* »besitzen«]

pos|sier|lich ⟨Adj.⟩ (klein u.) lustig, drollig [→ *Posse*]

Post ⟨f.; -; unz.⟩ **1** (staatl.) Einrichtung zur Beförderung von Nachrichten (Briefen, Karten, Fernschreiben, Telefongesprächen), Geld, Gütern (Päckchen, Paketen); *er arbeitet, ist bei der ~* **2** die von der Post (1) beförderten Briefe u. a. Gegenstände; *ist ~ für mich da?; mit gleicher ~ senden wir Ihnen …* gleichzeitig, am selben Tage **3** ⟨umg.⟩ Postamt; *die ~ ist von 8-18 Uhr geöffnet; einen Brief, ein Päckchen, Paket auf die ~ bringen* **4** zur Post (1) gehörendes Kraftfahrzeug **5** ⟨veraltet⟩ **5.1** der Inhalt einer Nachricht; *gute, traurige ~* **5.2** Postkutsche [<frühnhd. *post* <ital. *posta* <lat. *posita (mansio)* »festgesetzter Aufenthaltsort«]

post…, Post… ⟨in Zus.⟩ nach…, Nach…, hinter…, Hinter… [<lat. *post* »nach, hinter«]

Pos|tage ⟨[poʊstɪdʒ] f. od. n.; -; unz.; engl. Bez. für⟩ Portogebühr

pos|ta|lisch ⟨Adj.⟩ die Post betreffend, zu ihr gehörend

Pos|ta|ment ⟨n.; -(e)s, -e⟩ = Piedestal [→ *Posto, postieren*]

post Chris|tum (na|tum) ⟨Abk.: p. Chr. (n.); nach Jahreszahlen⟩ nach Christi Geburt [lat.]

post|da|tie|ren ⟨V.⟩ nachdatieren, mit einem späteren Datum versehen

Post|de|bit ⟨m.; -s; unz.⟩ Vertrieb von Zeitungen durch die Post

post|em|bryo|nal *auch:* **post|emb|ryo|nal** ⟨Adj.; Biol.; Med.⟩ nach Abschluss der embryonalen Entwicklung auftretend

pos|ten ⟨[poʊs-] V.; EDV⟩ als E-Mail verschicken; *eine Nachricht ~; er hat die Info sofort gepostet* [<engl. *post* »versenden«]

Pos|ten ⟨m.; -s, -⟩ **1** jmd., der Wache hält, etwas beobachtet, bewacht; *Wacht~* **2** Wache; *auf ~ ziehen* den Dienst als Wache antreten; *~ stehen* Wache halten; *auf dem ~ sein* ⟨fig.⟩ wohlauf, gesund sein; *auf verlorenem ~ kämpfen* ⟨fig.⟩ für eine aussichtslose od. überholte Sache kämpfen **3** Anstellung, Stelle, Amt; *ein guter ~; einen ~ bei einer Partei haben* **4** bestimmte Menge von Waren (aus einem Sortiment); *Sy* Partite (1); *einen ~ Unterhemden kaufen* **5** einzelner Betrag (in einer Rechnung); *Sy* Partite (2); *dieser ~ stimmt nicht* **6** einzelne Ziffer in einem Haushalt **7** ⟨Jagd⟩ = Rehposten [<ital. *posto* <lat. *positus* »festgesetzt«, Part. Perf. zu *ponere* »setzen, stellen, legen«; in der Bedeutung »Betrag in einer Rechnung« <ital. *posta* »bestimmter Geldbetrag, Spieleinsatz«, eigtl. »die gesetzte (Summe)« <lat. *positus,* Part. Perf. zu *ponere* »setzen, stellen, legen«]

Pos|ter ⟨[poːs-] m. od. n.; -s, -⟩ künstlerisch gestaltetes Plakat, das dekorativen Zwecken dient [engl., »Plakat«]

pos|te res|tante ⟨a. [pɔst rɛstãːt]; Abk.: p. r.⟩ postlagernd [frz.]

Pos|te|ri|o|ra ⟨Pl.⟩ **1** nachfolgendes, Späteres **2** Gesäß [lat., »spätere Ereignisse«, Neutr. Pl. zu *posterior* »später folgend«]

Pos|te|ri|o|ri|tät ⟨f.; -; unz.⟩ Nachstehen (im Amt od. Rang) [<frz. *postériorité* »das Spätersein« <lat. *posterus* »(zeitlich) nachfolgend«]

Pos|te|ri|tät ⟨f.; -, -en⟩ **1** Nachkommenschaft **2** Nachwelt [<lat. *posteritas,* frz. *postérité* »Nachkommenschaft«]

P

post fes|tum ⟨geh.⟩ hinterher, zu spät [lat., »nach dem Fest«]
Post|gi|ro|kon|to ⟨[-ʒiː-] n.; -s, -s od. -kon|ten od. -kon|ti⟩ Girokonto, das bei der Deutschen Postbank AG geführt wird
post|gla|zi|al ⟨Adj.; Geol.⟩ nach der Eiszeit (auftretend); *Ggs* präglazial
Post|gla|zi|al ⟨n.; -s; unz.; Geol.⟩ Zeit nach der pleistozänen Vereisung, die den Rückgang des skandinavischen Inlandeises, die Entstehung von Ost- u. Nordsee sowie die Wiederbewaldung Mitteleuropas mit sich brachte; *Ggs* Präglazial [→ *postglazial*]
post|gra|du|al ⟨Adj.; DDR⟩ nach Beendigung eines Universitätsstudiums erfolgend [<*post...* + *gradual*]
post|gra|du|ell ⟨Adj.⟩ nach der Graduierung an einer Hochschule stattfindend, durchgeführt; *ein ~es Aufbaustudium* [<*post...* + *graduell*]
Pos|thi|tis ⟨f.; -, -ti|den; Med.⟩ Entzündung der Vorhaut [<grch. *posthe* »Vorhaut« + *...itis*]
post|hum ⟨Adj.⟩ = postum
pos|tie|ren ⟨V.⟩ *jmdn. od. sich an eine od. an einer Stelle ~* jmdn. od. sich an einer Stelle aufstellen; *jmdn. (als Wache) vor die od. vor der Tür, vor ein od. einem Gebäude ~* [<frz. *poster* »aufstellen«; zu *poste* »Stelle, Posten«]
Pos|til|le ⟨f.; -, -n⟩ **1** ⟨urspr.⟩ abschnittsweise Erklärung von Bibelstellen (bes. als Einleitung zu Hausandachten, Meditationen, Predigten) **2** ⟨danach⟩ religiöses Erbauungsbuch [<mlat. *post illa verba* »nach jenen Worten« (urspr. in der Erklärung eines bibl. Textes, dessen Wortlaut abschnittweise vorangestellt war)]
Pos|til|li|on ⟨m.; -s, -e⟩ **1** Fahrer der Postkutsche **2** ⟨Zool.⟩ zu den Weißlingen gehörender Falter mit dunkel gesäumten, gelben Flügeln, Posthörnchen: Colias croceus [<frz. *postillon* <ital. *postiglione* »Postknecht«; zu *posta* »Post«]
Post|im|pres|si|o|nis|mus ⟨m.; -; unz.; Mal.⟩ Stilrichtung der bildenden Kunst zu Beginn des 20. Jahrhunderts
post|in|dus|tri|ell *auch:* **post|in|dust|ri|ell** ⟨Adj.⟩ die Epoche betreffend, die auf das Zeitalter der Industrialisierung folgt, nachindustriell; *die ~e Gesellschaft; Übergang in das ~e Zeitalter*
Pos|ting ⟨[poʊstɪŋ] n.; - od. -s, -s; EDV⟩ **1** das Posten **2** Mitteilung od. Diskussionsbeitrag im Internet (innerhalb eines Internetforums) [zu engl. *post* »versenden«]
Post-it® ⟨[poʊst-] n.; - od. -s, -s⟩ kleiner (meist gelber) Notizzettel, der auf der Rückseite an einem Rand mit Klebstoff beschichtet ist u. dadurch an anderen Oberflächen haftet, Haftnotiz
post|kar|bo|nisch ⟨Adj.; Geol.⟩ nach dem Karbon (liegend, auftretend); *Ggs* präkarbonisch
post|ko|lo|ni|al ⟨Adj.⟩ die Nachkolonialzeit betreffend, zu ihr gehörend
post|kul|misch ⟨Adj.; Geol.⟩ nach dem Kulm (liegend, auftretend)
Post|lu|di|um ⟨n.; -s, -di|en; Musik⟩ Nachspiel (eines Klavierzyklus, als Orgelkomposition für den gottesdienstlichen Gebrauch); *Ggs* Präludium (1) [<*Post...* + *ludere* »spielen«]
post me|ri|di|em ⟨Abk.: p. m.⟩ nachmittags; *6 Uhr p. m.* [lat., »nach Mittag«]
post|mo|dern ⟨Adj.⟩ die Postmoderne betreffend, zu ihr gehörig
Post|mo|der|ne ⟨f.; -; unz.⟩ in den 1960er Jahren eingeführter Begriff der Kulturtheorie für Entwicklungen u. a. in Architektur, Kunst, Literatur u. Musik, auf die Moderne folgende Epoche, die durch Subjektivismus, Stilpluralismus u. spielerischen Umgang mit historischen Elementen gekennzeichnet ist [<lat. *post* »nach« + *modern*]
Post|mo|der|nist ⟨m.; -en, -en⟩ Vertreter, Anhänger der Postmoderne
Post|mo|lar ⟨m.; -en, -en; Med.⟩ hinterer Backenzahn [<*Post...* + *Molar*]
post|mor|tal ⟨Adj.; Med.⟩ nach dem Tod (eintretend); *Ggs* prämortal [<*post...* + lat. *mors*, Gen. *mortis* »Tod«]
post mor|tem ⟨Abk.: p. m.⟩ nach dem Tode [lat.]
post|na|tal ⟨Adj.; Med.⟩ nach der Geburt (eintretend); *Ggs* pränatal [<*post...* + lat. *natalis* »Geburtstag«]
post|nu|me|ran|do ⟨Adv.⟩ nachträglich, nach Empfang, nach der Leistung; *Ggs* pränumerando; *~ bezahlen* [<*post...* + lat. *numerare* »zählen«]
Post|nu|me|ra|ti|on ⟨f.; -, -en⟩ Nachzahlung; *Ggs* Pränumeration
post|ope|ra|tiv ⟨Adj.; Med.⟩ nach der Operation; *Ggs* präoperativ
post|pa|la|tal ⟨Adj.; Phon.⟩ hinter dem Gaumen artikuliert (von Lauten); *Ggs* präpalatal [<*post...* + *palatal*]
post|po|nie|rend ⟨Adj.; Med.⟩ mit Verspätung eintreffend (von Krankheitsanzeichen), z. B. Fieber bei Malaria [<*post...* + lat. *ponere* »setzen, legen«]
Post|po|si|ti|on ⟨f.; -, -en; Gramm.⟩ nachgestellte Präposition, z. B. »wegen« in »der Kinder wegen« [verkürzt <lat. *post* »nach« + Prä*position*]
post|po|si|tiv ⟨Adj.; Gramm.⟩ dem Substantiv nachgestellt [<*post...* + lat. *ponere* »setzen, stellen, legen«]
Post|scheck ⟨m.; -s, -s⟩ Anweisung an die Post auf Barauszahlung
Post|script ⟨n.; -s; unz.; EDV⟩ Programmiersprache zur Datenausgabe mit vielen grafischen Möglichkeiten, die eine systemunabhängige Übertragung von dem die Datei erstellenden System zu dem die Datei darstellenden System (z. B. Drucker) erlaubt
Post|skript ⟨n.; -(e)s, -e⟩ = Postskriptum
Post|skrip|tum ⟨n.; -s, -skrip|ta; Abk.: PS⟩ Nachschrift (im Brief); *oV* Postskript [<*Post...* + *Skriptum*]
post|so|zi|a|lis|tisch ⟨Adj.⟩ die Verhältnisse nach dem Zusammenbruch des Sozialismus (bes. in der früheren Sowjetunion) betreffend
Post|struk|tu|ra|lis|mus ⟨m.; -;

P

unz.⟩ Richtung der kritischen geistes- u. sozialwissenschaftlichen Analyse, die sich in den späten 1960er Jahren vom Strukturalismus absonderte

post|struk|tu|ra|lis|tisch ⟨Adj.⟩ den Poststrukturalismus betreffend, zum Poststrukturalismus gehörend

Post|sze|ni|um ⟨n.; -s, -ni|en; früher⟩ Raum hinter der Bühne (zum Umkleiden der Schauspieler); *Ggs* Proszenium [<*Post...* + lat. *scena* »Bühne« <grch. *skene* »Bühne«]

post|tek|to|nisch ⟨Adj.; Geol.⟩ im Anschluss an Bewegungen der Erdkruste; *~er Vulkanausbruch* [<*post...* + *tektonisch*]

post|ter|ti|är ⟨Adj.; Geol.⟩ nach dem Tertiär (liegend, auftretend)

post|trau|ma|tisch ⟨Adj.; Med.⟩ im Anschluss an ein Trauma, infolge eines Traumas sich einstellend, zeigend; *~es Syndrom* [<*post...* + *traumatisch*]

Pos|tu|lant ⟨m.; -en, -en⟩ **1** Bewerber **2** Mitglied eines kath. Ordens während der Probezeit [<lat. *postulans*, Part. Präs. zu *postulare* »fordern«]

Pos|tu|lat ⟨n.; -(e)s, -e⟩ **1** sittl. Forderung **2** ⟨Philos.⟩ Annahme, die unbeweisbar, aber glaubhaft ist **3** Probezeit beim Eintritt in einen kath. Orden [<lat. *postulatum* »Forderung«; zu *postulare* »fordern«]

Pos|tu|la|ti|on ⟨f.; -, -en; kath. Kirche⟩ Bitte an den Papst um nachsichtige Prüfung eines Vorschlags für die Ernennung zum Bischof, wenn der Kandidat die dafür notwendigen kirchenrechtlichen Voraussetzungen noch nicht erfüllt [<lat. *postulatio* »Forderung, Klage«]

pos|tu|lie|ren ⟨V.⟩ fordern, ein Postulat (2) aufstellen über [<lat. *postulare* »fordern«]

pos|tum ⟨Adj.⟩ *oV* posthum **1** nachgeboren **2** nach dem Tode des Verfassers od. Komponisten (erschienen), nachgelassen [<lat. *postumus* »nachgeboren, zuletzt geboren«]

Pos|tu|mus ⟨m.; -, -tu|mi; geh.⟩ jmd., der nachgeboren ist [lat., »nachgeboren, zuletzt geboren«]

Pos|tur ⟨f.; -, -en; schweiz.⟩ = Positur

post ur|bem con|di|tam ⟨Abk.: p. u. c.⟩ nach der Gründung der Stadt Rom (in der altröm. Jahreszählung) [lat.]

Post|ver|ba|le ⟨[-vɛr-] n.; - od. -s, -lia; Gramm.⟩ von einem Verb abgeleitetes Substantiv, z. B. »Jäger« nach »jagen«, »Band« nach »binden« [<*Post...* + lat. *verbalis*; → *Verbum*]

Pot[1] ⟨n.; -s; unz.⟩ = Marihuana [engl., eigtl. »Topf«]

Pot[2] ⟨m.; -s, -s⟩ Summe der Einsätze (beim Glücksspiel) [engl., eigtl. »Topf«]

po|ta|mo|gen ⟨Adj.; Geol.⟩ durch Einwirkung von Flüssen gebildet, z. B. Küstenformen [<grch. *potamos* »Fluss« + *...gen*]

Po|ta|mo|lo|gie ⟨f.; -; unz.⟩ Lehre von den Flüssen, Flusskunde [<grch. *potamos* »Fluss« + *...logie*]

Pot|as|si|um *auch:* **Po|tas|si|um** ⟨n.; -s; unz.; Chemie; engl. u. frz. Bez. für⟩ Kalium [<mlat. *potassa*, lat. Form von *Pottasche*]

Pot|au|feu *auch:* **Po|tau|feu** ⟨[potofø:] Kochk.⟩ **1** ⟨m. od. n.; - od. -s, -s⟩ Fleisch- u. Gemüseeintopf **2** ⟨m.; - od. -s, -s⟩ großer, hitzebeständiger Suppentopf [frz., eigtl. »Topf auf dem Feuer«]

po|tem|kin|sche Dör|fer *auch:* **Po|tem|kin'sche Dör|fer** ⟨[pʌtjɔm-] Pl.⟩ Vorspiegelungen, Blendwerk [nach dem russ. Feldherrn u. Staatsmann Grigorij Alexandrovič *Potemkin*, Fürst Tavričeskij, 1739-1791, der in Südrussland zum Schein Dörfer errichten u. bevölkern ließ, um Katharina II. Wohlstand des Landes vorzutäuschen]

po|tent ⟨Adj.⟩ **1** leistungsfähig **2** *Ggs* impotent **2.1** fähig zum Geschlechtsverkehr (vom Mann) **2.2** zeugungsfähig [<lat. *potens* »mächtig«]

Po|ten|tat ⟨m.; -en, -en⟩ Machthaber, regierender Fürst [<lat. *potentatus* »Macht, Oberherrschaft«; zu *potens* »mächtig«]

po|ten|ti|al ⟨Adj.⟩ = potenzial

Po|ten|ti|al ⟨n.; -s, -e; Adj.⟩ = Potenzial

Po|ten|ti|al|dif|fe|renz ⟨f.; -, -en; Physik⟩ = Potenzialdifferenz

Po|ten|ti|al|ge|fäl|le ⟨n.; -s, -⟩ = Potenzialgefälle

Po|ten|ti|a|lis ⟨m.; -, -a|les; Gramm.⟩ = Potenzialis

Po|ten|ti|a|li|tät ⟨f.; -, -en; Philos.⟩ = Potenzialität

po|ten|ti|ell ⟨Adj.⟩ = potenziell

Po|ten|til|la ⟨f.; -, -til|len; Bot.⟩ zu den Rosengewächsen gehörige Heilpflanze, Fingerkraut [<lat. *potentia* »Macht, Kraft« u. Verkleinerungsendung *-illa*]

Po|ten|tio|me|ter ⟨n.; -s, -; El.⟩ = Potenziometer

Po|ten|tio|me|trie *auch:* **Po|ten|tio|met|rie** ⟨f.; -; unz.; Chemie⟩ = Potenziometrie

Po|tenz ⟨f.; -, -en⟩ **1** ⟨unz.⟩ **1.1** Fähigkeit des Mannes, den Geschlechtsverkehr auszuüben; *Ggs* Impotenz (1) **1.2** Zeugungsfähigkeit; *Ggs* Impotenz (2) **2** ⟨zählb.⟩ **2.1** ⟨Homöopathie⟩ Grad der Verdünnung (eines Arzneimittels) **2.2** ⟨Math.⟩ Produkt mehrerer gleicher Faktoren; *eine Zahl in die zweite, dritte ~ erheben* zwei-, dreimal mit sich selbst multiplizieren [<lat. *potentia* »Macht«]

Po|tenz|ex|po|nent ⟨m.; -en, -en⟩ Hochzahl einer Potenz

po|ten|zi|al ⟨Adj.⟩ *oV* potential **1** eine Möglichkeit enthaltend, als Möglichkeit vorhanden; *Ggs* aktual (1) **2** eine Möglichkeit ausdrückend; *Ggs* aktual (2) [<lat. *potentialis* »nach Vermögen, tätig wirkend«]

Po|ten|zi|al ⟨n.; -s, -e⟩ *oV* Potential **1** Leistungsfähigkeit **1.1** unterschwelliges Vorhandensein; *Käufer~* **2** ⟨Physik⟩ **2.1** Maß für die Stärke eines Kraftfeldes an einem Punkt im Raum **2.2** = potenzielle Energie

Po|ten|zi|al|dif|fe|renz ⟨f.; -, -en; Physik⟩ *oV* Potentialdifferenz; *Sy* Potenzialgefälle **1** Unterschied zwischen den Werten der Potenziale an zwei verschiedenen Raumpunkten **2** ⟨i. e. S.⟩ Spannung zwischen zwei elektrisch geladenen Körpern

Po|ten|zi|al|ge|fäl|le ⟨n.; -s, -; Physik⟩ = Potenzialdifferenz; *oV* Potentialgefälle

Po|ten|zi|a|lis ⟨m.; -, -a|les; Gramm.⟩ Aussageweise der Möglichkeit (eine der Funktionen des Konjunktivs); *oV* Potentialis

Po|ten|zi|a|li|tät ⟨f.; -, -en; Philos.⟩ Möglichkeit, die zur Wirklichkeit werden kann; *oV* Potentialität

potenziell / potentiell (*Laut-Buchstaben-Zuordnung*) Lässt sich ein fremdsprachiges Adjektiv auf ein Substantiv zurückführen, das auf »z« endet, wie z. B. »*Potenz*«, so ist neben der herkunftssprachlichen Schreibung mit »*t*« auch die integrierte Schreibweise mit »*z*« möglich.

po|ten|zi|ell ⟨Adj.⟩ *oV* potentiell **1** möglich, denkbar **2** ⟨Physik⟩ *~e Energie* Energie der Lage [<frz. *potentiel* »möglich« <lat. *potentialis;* → *potential*]

po|ten|zie|ren ⟨V.⟩ **1** steigern, erhöhen **2** ⟨Math.⟩ in die Potenz erheben, mit sich selbst multiplizieren **3** ⟨Homöopathie⟩ *Arzneimittel ~* verdünnen

Po|ten|zio|me|ter ⟨n.; -s, -; El.⟩ Spannungsteiler, aus hintereinandergeschalteten Widerständen bestehendes Bauelement zum Teilen einer elektr. Spannung in Teilspannungen; *oV* Potentiometer

Po|ten|zio|me|trie *auch:* **Po|ten|zio|met|rie** ⟨f.; -; unz.; Chemie⟩ Verfahren der chem. Maßanalyse, das Leitfähigkeitsänderungen einer Lösung beim Ablauf bestimmter Reaktionen ausnützt; *oV* Potentiometrie [<*Potenz* + *...metrie*]

Pot|pour|ri ⟨[-pur-] n.; -s, -s⟩ **1** ⟨Musik⟩ aus verschiedenen, durch Übergänge verbundenen Melodien eines od. mehrerer Musikstücke zusammengesetztes Musikstück **2** ⟨fig.⟩ kunterbuntes Allerlei [<frz. *potpourri,* übersetzt <span. *olla podrida* »fauler Topf, buntes Allerlei; Melodienfolge«]

Pou|dret|te *auch:* **Poud|ret|te** ⟨[pu-] f.; -; unz.; veraltet⟩ Fäkaldünger [frz., »Staubdünger«; zu *poudre* »Pulver«]

Pou|lard ⟨[pula:r] n.; -s, -s⟩ = Poularde

Pou|lar|de ⟨[pu-] f.; -, -n⟩ junges, bereits vor der Geschlechtsreife geschlachtetes Masthuhn; *oV* Poulard [frz., »junges Masthuhn«; zu *poule* »Huhn«]

Pou|let ⟨[pule:] n.; -s, -s⟩ junges Huhn od. Hähnchen zum Braten [frz., »Hühnchen«]

Pound ⟨[paund] n.; -s, - od. -s; Zeichen: lb, Plural: lbs⟩ engl. Gewichtseinheit, 453,6 g

Pour le Mé|ri|te ⟨[pur lə meri:t(ə)] m.; - - -, - - -⟩ **1** 1740 von Friedrich dem Großen gestifteter hoher Verdienstorden (bis 1918, seit 1952 in der BRD wieder verliehen) **2** *Friedensklasse des ~* 1842 von Friedrich Wilhelm IV. gestifteter Orden für Verdienste in Wissenschaft u. Kunst [frz., »für das Verdienst«]

Pou|sa|da ⟨[pu-] f.; -, -s⟩ staatl. portug. Luxushotel, das in einem histor. Gebäude (Burg, Schloss, Kloster) untergebracht ist; →*a.* Parador [portug., »Gasthaus«; zu *pousar* »niederlegen, sich niederlassen«]

pous|sie|ren ⟨[pus-] V.; umg.⟩ *jmdn. ~* jmdn. umwerben, jmdm. schmeicheln (um etwas zu erreichen); *oV* pussieren [<frz. *pousser* »stoßen, treiben, fördern, unterstützen«]

Pou|voir ⟨[puvoa:r] n.; -s, -s; österr.⟩ Handlungs-, Vertretungsvollmacht; →*a.* Pleinpouvoir [frz., eigtl. »Macht, Herrschaft, Gewalt«]

pow|dern ⟨[pau-] V.; Sport⟩ mit Skiern od. Snowboards im Tiefschnee fahren [<engl. *powder* »Puder; pudern«]

◆ Die Buchstabenfolge **pow|er...** kann auch **po|wer...** getrennt werden.

◆ **Pow|er** ⟨[pauə(r)] f.; -; unz.; umg.⟩ Kraft, Stärke, Schwung [<engl. *power* »Kraft; Macht«]

◆ **Pow|er|frau** ⟨[pauə(r)-] f.; -, -en; umg.⟩ emanzipierte, energisch handelnde u. in vielen Lebensbereichen erfolgreiche Frau [→ *Power*]

◆ **pow|ern** ⟨[pauə(r)n] V.; umg.⟩ **1** mit großer Energie u. Leistungskraft arbeiten **2** Macht ausüben, selbstherrlich handeln, rücksichtslos vorgehen [→ *Power*]

◆ **Pow|er|nap|ping** ⟨[pauə(r)næpɪŋ] n.; - od. -s; unz.⟩ Kurzschlaf zur Steigerung der Konzentrations- u. Leistungsfähigkeit, bes. bei Büro- od. Computerarbeiten [<engl. *power* »Kraft, Stärke« + *nap* »ein Nickerchen machen«]

◆ **Pow|er|pack** ⟨[pauə(r)pæk] n.; -s, -s⟩ Transformator, mit dem die Voltstärke einer Energiequelle od. Batterie an die Voltstärke, die ein elektrisches Gerät benötigt, angeglichen werden kann [engl., »Netzteil«]

◆ **Pow|er|play** ⟨[pauə(r)plɛɪ] n.; -s, -s; Sport; bes. Eishockey⟩ verstärkter Ansturm auf den Gegner bzw. auf das gegnerische Tor, i. d. Regel bei Überzahlspiel praktiziert [engl.; zu *power* »Kraft« + *play* »Spiel«]

◆ **Pow|er|slide** ⟨[pauə(r)slaɪd] n.; -s, -s; Autorennen⟩ Wegschlittern des hinteren Wagenteils in Kurven [engl.; <*power* »Kraft« + *slide* »schlittern«]

Po|widl ⟨m.; -s, -; Kochk.; österr.⟩ Pflaumenmus [<tschech. *povidla*]

Poz|zo|lan ⟨n.; -s, -e⟩ = Puzzolan

pp ⟨Abk. für⟩ pianissimo

PP ⟨Zeichen für⟩ Polypropylen

P2P ⟨EDV; Abk. für⟩ Peer-to-Peer

pp. ⟨Abk. für lat.⟩ per procura

PP. ⟨Abk. für⟩ Patres

p. p. ⟨Abk. für⟩ per procura

P. P. ⟨Abk. für⟩ praemissis praemittendis

ppa. ⟨Abk. für⟩ per procura

ppb ⟨Physik; Abk. für engl.⟩ part per billion (engl. billion entspricht der dt. Milliarde), gibt an, dass auf eine Milliarde Teilchen einer Sorte ein Teilchen einer anderen Sorte kommt

ppm ⟨Physik; Abk. für engl.⟩ part per million, gibt an, dass auf eine Million Teilchen einer Sorte ein Teilchen einer anderen Sorte kommt

PPS ⟨Abk. für engl.⟩ Production Planning and Scheduling, Produktionsplanung u. -steuerung (per Computer)

Pr ⟨chem. Zeichen für⟩ Praseodym

PR ⟨Abk. für⟩ Public Relations

P & R ⟨Abk. für engl.⟩ Park and Ride (Parken u. Fahren), Par-

P

ken des Autos auf Parkplätzen am Stadtrand, von denen aus öffentl. Verkehrsmittel ins Stadtzentrum fahren (zur Entlastung der Innenstädte vom Autoverkehr)

p. r. ⟨Abk. für lat.⟩ poste restante

Prä ⟨n.; -s, -s; umg.⟩ **1** *das ~ haben* den Vorrang haben **2** *ein ~ jmdm. gegenüber haben* einen Vorteil [<lat. *prae* »vor«]

prä..., Prä... ⟨in Zus.⟩ vor..., Vor... [<lat. *prae...* »vor, vorher«]

Prä|am|bel ⟨f.; -, -n⟩ Einleitung (zu einer Urkunde, einem Staatsvertrag) [<lat. *praeambulum* »Vorangehendes, Vorrede« <*prae...* »vor« + *ambulare* »gehen«]

Prä|ben|dar ⟨m.; -s, -e⟩ Inhaber einer Präbende

Prä|ben|de ⟨f.; -, -n⟩ kirchliche Pfründe [<lat. *praebenda,* »der einem von Staats wegen zukommende Unterhalt«; zu *praebere* »darreichen«; verwandt mit *Pfründe*]

Prä|bio|ti|ka ⟨Pl.⟩ unverdauliche Ballaststoffe, die im Darm bestimmte Bakterien in ihrem Wachstum fördern u. damit die Darmflora günstig beeinflussen

prä|bio|tisch ⟨Adj.⟩ die Präbiotika betreffend, zu ihnen gehörend

Pra|cher ⟨m.; -s, -; norddt.⟩ zudringl. Bettler [<altpoln. mundartl. *pracharz* »Bettler«]

P

pra|chern ⟨V.⟩ zudringlich betteln

Prä|des|ti|na|ti|on ⟨f.; -; unz.⟩ die Vorbestimmung des Menschen zur Gnade od. Verdammnis durch den Willen Gottes [<lat. *praedestinatio* »Vorherbestimmung«; zu *praedestinare* »im Voraus bestimmen«]

prä|des|ti|nie|ren ⟨V.⟩ **1** vorausbestimmen (im Sinne der theolog. Prädestinationslehre) **2** *zu etwas prädestiniert sein* ⟨fig.; umg.⟩ für etwas bes. gut geeignet, veranlagt sein [<lat. *praedestinare* »im Voraus bestimmen«]

Prä|de|ter|mi|na|ti|on ⟨f.; -; unz.; Biol.⟩ Festlegung von Merkmalen des Nachkommen durch Umwelteinflüsse od. genetische Anlagen der Mutter, die die noch unbefruchtete Eizelle beeinflussen [<*Prä...* + *Determination*]

prä|de|ter|mi|nie|ren ⟨V.; Biol.⟩ durch Prädetermination festlegen, steuern

Prä|di|ka|ment ⟨n.; -(e)s, -e; Philos.; Scholastik⟩ Kategorie [<lat. *praedicamentum* »im Voraus erfolgende Hinweisung«]

Prä|di|kant ⟨m.; -en, -en⟩ Pfarrhelfer [<lat. *praedicans* »verkündigend«, Part. Präs. zu *praedicare* »verkündigen, predigen«]

Prä|di|kan|ten|or|den ⟨m.; -s; unz.⟩ Dominikanerorden [→ *Prädikant*]

Prä|di|kat ⟨n.; -(e)s, -e⟩ **1** Titel, Rangbezeichnung; *Adels~* **2** Ergebnis einer Bewertung; *eine Arbeit mit dem ~ »gut« bewerten; ein Wein mit dem ~ »Kabinett«* **3** ⟨Logik⟩ Glied eines Urteils, das die Aussage über ein Subjekt enthält **4** ⟨Gramm.⟩ Satzteil, der Tätigkeit, Zustand od. Eigenschaft eines Subjektes angibt, Satzaussage [<lat. *praedicatum* »Rangbezeichnung«]

Prä|di|ka|ten|lo|gik ⟨f.; -; unz.; Philos.⟩ Teilgebiet der mathematischen Logik, das sich mit der formalen Analyse von Aussagen befasst u. dabei die Aussageform als eine Funktion mit Konstanten u. Variablen betrachtet

Prä|di|ka|ti|on ⟨f.; -, -en; Logik; Philos.⟩ Aussage über etwas, Gebrauch von Prädikaten (3)

prä|di|ka|ti|sie|ren ⟨V.⟩ *etwas ~* prämieren, mit einem Prädikat auszeichnen; *ein Gesellschaftsspiel ~; ein Restaurant ~*

prä|di|ka|tiv ⟨Adj.; Gramm.⟩ als Prädikat (4) (verwendet), zum Prädikat (4) gehörend

Prä|di|ka|tiv ⟨n.; -s, -e [-və]; Gramm.⟩ den Sinn tragender Teil des zusammengesetzten Prädikats in Form eines Substantivs, Adjektivs, Pronomens, Adverbs od. Zahlwortes

Prä|di|ka|tiv|satz ⟨m.; -es, -sät|ze; Gramm.⟩ Nebensatz, der ein substantivisches Prädikativ ersetzt, z. B. er ist, »was man einen Intellektuellen nennt«

Prä|di|ka|tor ⟨m.; -s, -to|ren; Philos.; Logik⟩ Ausdruck, der die Eigenschaft einer Sache bestimmt u. sie so von anderen Sachen unterscheidbar macht

Prä|di|kats|no|men ⟨n.; -s - od. -mi|na; Gramm.⟩ aus einem Nomen bestehendes Prädikativ, z. B. der Wal ist »ein Säugetier«

Prä|di|kats|wein ⟨m.; -(e)s, -e⟩ Qualitätswein mit einem Prädikat, z. B. Kabinett, Spätlese, Beerenauslese

prä|dik|ta|bel ⟨Adj.⟩ durch wissenschaftlich fundierte Generalisierung vorhersagbar; *prädiktable Ereignisse* [zu lat. *praedicere* »vorhersagen«]

Prä|dik|ta|bi|li|tät ⟨f.; -; unz.⟩ Vorhersagbarkeit aufgrund wissenschaftlich fundierter Generalisierung [→ *prädiktabel*]

Prä|dik|ti|on ⟨f.; -, -en⟩ Vorhersage [<*Prä...* + *Diktion*]

prä|dis|po|nie|ren ⟨V.⟩ **1** vorausbestimmen **2** *für eine Krankheit prädisponiert sein* anfällig, empfänglich sein

Prä|dis|po|si|ti|on ⟨f.; -, -en; Med.⟩ Anlage, Empfänglichkeit (für eine Krankheit)

prä|di|zie|ren ⟨V.; Logik⟩ durch ein Prädikat (3) bestimmen [<lat. *praedicare* »vorausbestimmen; vorschreiben«]

Prä|do|mi|na|ti|on ⟨f.; -; unz.⟩ das Prädominieren, Vorherrschaft

prä|do|mi|nie|ren ⟨V.⟩ vorherrschen, überwiegen

prae|cox ⟨Med.⟩ verfrüht, vorzeitig; *Ejaculatio ~* [lat.]

prae|mis|sis prae|mit|ten|dis ⟨Abk.: P. P.; veraltet⟩ man nehme an, der gebührende Titel sei vorausgeschickt (Vermerk auf Rundschreiben statt der einzelnen Anreden) [lat., »nach Vorausschickung des Vorauszuschickenden«]

prä|emp|tiv ⟨Adj.⟩ **1** ⟨allg.⟩ vorbeugend, zuvorkommend **2** ⟨Mil.⟩ einem unmittelbar erwarteten militärischen Angriff zuvorkommend (Präemptivschlag) **3** ⟨EDV⟩ *~es Multitasking* Kontrolle des Betriebssystems über die Zuteilung od. den Entzug von Anwendungen [<engl. *preemptive*]

Prä|exis|tenz ⟨f.; -, -en⟩ **1** Dasein der Seele vor Eintritt in den

Körper **2** Dasein in einem früheren Leben
prä|fa|bri|zie|ren *auch:* **prä|fab|ri|zie|ren** ⟨V.; geh.⟩ im Voraus festlegen, vorfertigen; *eine präfabrizierte Meinung haben* [<*prä...* + *fabrizieren*]
Prä|fa|ti|on ⟨f.; -, -en; kath. Messe⟩ feierl. Gesang des Priesters vor der Wandlung [<lat. *praefatio* »Eingangsworte, Vorformel«]
Prä|fekt ⟨m.; -en, -en⟩ **1** ⟨im antiken Rom⟩ hoher ziviler od. militärischer Beamter **2** Beamter in der Verwaltung **3** ⟨in Frankreich seit 1800⟩ oberster Beamter in der Verwaltung eines Departements; *Sy* Intendant (3) **4** ⟨in engl. Internaten⟩ älterer Schüler, der die Aufsicht über die jüngeren Schüler eines Hauses hat **5** ⟨BRD⟩ älterer Schüler des Chors einer Schule, der den Kantor als Dirigent vertritt [<lat. *praefectus* »Vorgesetzter«]
Prä|fek|tur ⟨f.; -, -en⟩ Amt eines Präfekten
prä|fe|ren|ti|ell ⟨Adj.; bes. Wirtsch.⟩ = präferenziell
Prä|fe|renz ⟨f.; -, -en⟩ **1** Vorrang, Vorzug **2** ⟨Kart.⟩ Trumpfkarte [<lat. *praeferre* »vorziehen« u. frz. *préférence* »Bevorzugung, Vorzug«]
prä|fe|ren|zi|ell ⟨Adj.; bes. Wirtsch.⟩ auf Präferenzen beruhend, Präferenzen zeigend; *oV* präferentiell
prä|fe|rie|ren ⟨V.; geh.⟩ bevorzugen, vorziehen, favorisieren [<frz. *préférer* <lat. *praeferre* »vorziehen«]
prä|fi|gie|ren ⟨V.; Gramm.⟩ ein Präfix anfügen
Prä|fix ⟨a. ['--] n.; -es, -e; Gramm.⟩ Vorsilbe [<lat. *praefixum,* Part. Perf. zu lat. *praefigere* »vorn anheften, vorstecken«]
Prä|fi|xo|id ⟨n.; -(e)s, -e; Sprachw.⟩ dem Präfix verwandtes Wortbildungselement, das mit dem entsprechenden selbstständig vorkommenden Lexem nicht bedeutungsgleich ist, z. B. »Bomben«-erfolg, »Heiden«-lärm, »Affen«-hitze [<*Präfix* + *...oid*]
Prä|fix|verb ⟨[-vɛrb] n.; -s, -en; Gramm.⟩ präfigiertes Verb, z. B. behindern, entfalten, vertreiben
Prä|for|ma|ti|on ⟨f.; -, -en; Biol.⟩ ontogenet. Vorstellung, nach der die Lebewesen bereits im Keim vorgebildet sind [<lat. *praeformatio* »Vorherbildung«]
prä|for|mie|ren ⟨V.; Biol.⟩ im Keim vorbilden [<lat. *praeformare* »vorher bilden«]
prä|ge|ni|tal ⟨Adj.; Psych.⟩ *~e Phase* ⟨nach S. Freud⟩ psychosexueller Entwicklungsabschnitt bis zum 4.-5. Lebensjahr, der aus der oralen, analen u. phallischen Phase besteht
PR-Agen|tur ⟨[pe:ɛr-] f.; -, -en⟩ Werbeagentur
prä|gla|zi|al ⟨Adj.; Geol.⟩ vor der Eiszeit (vorhanden, auftretend); *Ggs* postglazial [<lat. *prae* »vor« + *glacies* »Eis«]
Prä|gla|zi|al ⟨n.; -s; unz.; Geol.⟩ Zeitraum vor der pleistozänen Vereisung, gekennzeichnet durch zunehmende Klimaverschlechterung; *Ggs* Postglazial [→ *präglazial*]
Prag|ma|lin|gu|is|tik ⟨a. ['------] f.; -; unz.; Sprachw.⟩ soziolog. ausgerichteter Teilbereich der Linguistik, der sprachl. Äußerungen im Zusammenhang mit sozialen, psychischen u. situativen Bedingungen untersucht; →*a.* Pragmatik
prag|ma|lin|gu|is|tisch ⟨a. ['------] Adj.; Sprachw.⟩ auf der Pragmalinguistik beruhend, zu ihr gehörend, sie betreffend
Prag|ma|tik ⟨f.; -; unz.⟩ **1** Orientierung auf den praktischen Nutzen, auf die praktische Umsetzung **2** pragmatisches Denken, Handeln **3** ⟨Sprachw.⟩ derjenige Aspekt der Semiotik, der die Beziehungen zwischen den Zeichen u. den Menschen, die sie vereinbaren u. anwenden, betrifft **4** ⟨österr.⟩ Ordnung des Staatsdienstes [<grch. *pragmatike (techne)* »Kunst, richtig zu handeln«]
Prag|ma|ti|ker ⟨m.; -s, -⟩ Anhänger, Vertreter des Pragmatismus; *Sy* Pragmatist
Prag|ma|ti|ke|rin ⟨f.; -, -rin|nen⟩ Anhängerin, Vertreterin des Pragmatismus; *Sy* Pragmatistin
prag|ma|tisch ⟨Adj.⟩ **1** im Sinne des Pragmatismus **2** zur Pragmatik (1) gehörig, auf der Pragmatik beruhend **3** sachlich, den Tatsachen, Erfahrungen, der Praxis des Lebens entsprechend, dem prakt. Nutzen dienend; *~e Geschichtsschreibung* G., die die Ursachen u. Wirkungen von histor. Ereignissen erforscht u. daraus Lehren zu ziehen sucht [<grch. *pragmatikos* »praktisch, tätig«; zu *pragma* »das Handeln«]
prag|ma|ti|sie|ren ⟨V.; österr.⟩ *jmdn. ~* jmdm. eine feste Anstellung auf Lebenszeit geben, jmdn. verbeamten [→ *Pragmatik*]
Prag|ma|tis|mus ⟨m.; -; unz.⟩ **1** Lehre, nach der sich das Wesen des Menschen in seinem Handeln ausdrückt u. nach der Handeln u. Denken dem prakt. Leben dienen sollen **2** = Praktizismus
Prag|ma|tist ⟨m.; -en, -en⟩ = Pragmatiker
Prag|ma|tis|tin ⟨f.; -, -tin|nen⟩ = Pragmatikerin
prä|gnant *auch:* **präg|nant** ⟨Adj.⟩ genau, kurz u. treffend; *~e Ausdruckweise; einen Sachverhalt ~ ausdrücken, bezeichnen* [<lat. *praegnans* »schwanger, trächtig, voll, strotzend«]
Prä|gnanz *auch:* **Präg|nanz** ⟨f.; -; unz.⟩ prägnante Beschaffenheit
Prä|his|to|rie ⟨[-riə] f.; -; unz.⟩ Vorgeschichte
Prä|his|to|ri|ker ⟨a. ['-----] m.; -s, -⟩ Erforscher der Prähistorie
Prä|his|to|ri|ke|rin ⟨a. ['------] f.; -, -rin|nen⟩ Erforscherin der Prähistorie
prä|his|to|risch ⟨Adj.⟩ vorgeschichtlich
Prahm ⟨m.; -(e)s, -e⟩ flacher, breiter, schwerer Lastkahn [<tschech. *prám* »Fahrzeug«]
Prai|ri|al ⟨[prɛ-] m.; -s, -s; Pl. selten; Gesch.⟩ neunter Monat des französ. Revolutionskalenders, 20. bzw. 21. Mai bis 18. bzw. 19. Juni [frz., »Wiesenmonat« <*prairie* »Wiese«]
Prai|rie|oys|ter ⟨[prɛ:rɪɔɪstə(r)] f.; -, -s⟩ Cocktail aus Eigelb, Gewürzen (u. Weinbrand); *Sy* Prärieauster [engl., »Prärieauster«]
Prä|ju|diz ⟨n.; -es, -e⟩ **1** im Vorhinein getroffene Entschei-

P

dung **2** ⟨Rechtsw.⟩ für spätere Fälle maßgebende richterliche Entscheidung [<lat. *praeiudicium* »Vorentscheidung«; zu *iudicare* »urteilen«]

prä|ju|di|zi|al ⟨Adj.; Rechtsw.⟩ = präjudiziell

prä|ju|di|zi|ell ⟨Adj.; Rechtsw.⟩ wichtig für die Entscheidung eines späteren Sachverhalts; *oV* präjudizial

prä|ju|di|zie|ren ⟨V.⟩ *eine Sache ~* der Entscheidung über eine Sache vorgreifen

prä|kam|brisch *auch:* **prä|kamb|risch** ⟨Adj.; Geol.⟩ = proterozoisch

Prä|kam|bri|um *auch:* **Prä|kamb|ri|um** ⟨n.; -s; unz.; Geol.⟩ = Proterozoikum

prä|kan|ze|rös ⟨Adj.; Med.⟩ potenziell in Krebs übergehend, Vorstufen von Krebs darstellend (von Gewebeveränderungen) [<*prä...* + *kanzerös*]

Prä|kan|ze|ro|se ⟨f.; -, -n; Med.⟩ potenziell maligne Gewebeveränderung, die als Krebsvorstufe anzusehen ist u. chirurgisch entfernt werden muss

prä|kar|bo|nisch ⟨Adj.⟩ vor dem Karbon (liegend, auftretend); *Ggs* postkarbonisch

prä|kar|di|al ⟨Adj.; Med.⟩ in der Herzgegend (liegend); *oV* präkordial

prä|kli|nisch ⟨Adj.; Med.⟩ **1** vor dem Klinikaufenthalt anzuwenden (von Medikamenten) **2** klinisch nicht manifestiert (von Krankheitssymptomen)

prä|klu|die|ren ⟨V.; Rechtsw.⟩ ausschließen, wegen Versäumnis einer Frist gerichtlich verweigern [<lat. *praecludere* »verschließen, versperren«; zu *claudere* »schließen«]

Prä|klu|si|on ⟨f.; -, -en; Rechtsw.⟩ Ausschließung, gerichtl. Verweigerung [<lat. *praeclusio* »Verschließung«; zu *claudere* »schließen«]

prä|klu|siv ⟨Adj.; Rechtsw.⟩ ausschließend, ein Recht verwirkend

Prä|klu|siv|frist ⟨f.; -, -en; Rechtsw.⟩ gerichtlich festgelegte Frist, nach deren Ablauf ein Recht nicht mehr geltend gemacht werden kann [→ *präkludieren*]

Prä|ko|gni|ti|on *auch:* **Prä|kog|ni|ti|on** ⟨f.; -; unz.; Parapsych.⟩ **1** Wahrnehmung außersinnlicher Vorgänge **2** angebliches Voraussehen der Zukunft, Hellsehen [<*Prä...* + lat. *cognitio* »Wahrnehmung«]

prä|ko|lum|bisch ⟨Adj.⟩ vor der Entdeckung durch Kolumbus; *das ~e Amerika; in ~er Zeit* [<*prä...* + Christoph *Kolumbus,* 1446 od. 1447-1506, Entdecker Amerikas]

Prä|ko|ma ⟨n.; -s, -s; Med.⟩ Vorstufe des Komas noch ohne Bewusstseinstrübung, z. B. bei Zuckerkrankheit [<*Prä...* + *Koma*]

Prä|ko|ni|sa|ti|on ⟨f.; -, -en⟩ feierl. Ernennung eines Bischofs durch den Papst vor den Kardinälen [<lat. *praeco* »Herold, Ausrufer, Verkündiger«]

prä|ko|ni|sie|ren ⟨V.⟩ vor den Kardinälen feierlich zum Bischof ernennen

prä|kor|di|al ⟨Adj.; Med.⟩ = präkardial [<*prä...* + lat. *cor,* Gen. *cordis* »Herz«]

Pra|krit *auch:* **Prak|rit** ⟨n.; -(e)s; unz.; Sprachw.⟩ mehrere mittelind. Dialekte zwischen 500 v. Chr. u. 1000 n. Chr., die (neben dem Sanskrit als Hochsprache) auch in der Literatur verwendet wurden [<Sanskrit *prakrita* »gemein, gewöhnlich«]

Prak|tik ⟨f.; -, -en⟩ **1** Ausübung (einer Tätigkeit) **2** Handhabung (eines Werkzeugs) **3** Verfahren **4** ⟨fig.⟩ Kunstgriff, Kniff **5** ⟨15./17. Jh.⟩ (Anhang an den) Kalender mit Bauernregeln [<mlat. *practica* <grch. *praktike (techne)* »Lehre vom Tun u. Handeln«]

Prak|ti|ka ⟨Pl. von⟩ Praktikum

prak|ti|ka|bel ⟨Adj.⟩ *Ggs* unpraktikabel **1** brauchbar, benutzbar, zweckmäßig; *praktikable Vorschläge* **2** anwendbar, durchführbar; *Ggs* impraktikabel **3** ⟨Theat.⟩ begehbar, fest, echt (nicht gemalt od. markiert); *praktikable Dekorationsteile* [<mlat. *practicabilis* »tunlich, ausführbar«; → *Praktik*]

Prak|ti|ka|bi|li|tät ⟨f.; -; unz.⟩ praktikable Beschaffenheit, Durchführbarkeit

Prak|ti|kant ⟨m.; -en, -en⟩ jmd., der in der prakt. Ausbildung, im Praktikum steht [<mlat. *practicans,* Part. Präs. von *practicare* »eine Tätigkeit ausüben«; → *Praktik*]

Prak|ti|kan|tin ⟨f.; -, -tin|nen⟩ weibl. Praktikant

Prak|ti|ker ⟨m.; -s, -⟩ praktischer Mensch, Mann mit praktischer Erfahrung; *Sy* ⟨umg.; scherzh.⟩ Praktikus; *Ggs* Theoretiker (1) [<mlat. *practicus* »tätig« <grch. *praktikos* »tätig, auf das Handeln gerichtet«]

Prak|ti|ke|rin ⟨f.; -, -rin|nen⟩ weibliche Person mit praktischer Erfahrung; *Ggs* Theoretikerin (1)

Prak|ti|kum ⟨n.; -s, -ti|ka⟩ **1** Übungen, Kurs zur prakt. Anwendung des in der Vorlesung Erlernten **2** zeitl. zusammenhängende Ausbildung in der praktischen Arbeit als Teil der gesamten Ausbildung

Prak|ti|kus ⟨m.; -, -kus|se; umg.; scherzh.⟩ = Praktiker [zu mlat. *practicus* »tätig«; → *Praktiker*]

prak|tisch ⟨Adj.⟩ **1** auf Praxis (1) beruhend, in der Praxis, in Wirklichkeit; *Ggs* theoretisch; *das lässt sich ~ kaum durchführen* **2** *Ggs* unpraktisch **2.1** gut zu handhaben, zweckmäßig; *~e Einrichtung* **2.2** geschickt, findig; *du machst das sehr ~* **3** *~er Arzt* A. für alle Krankheiten, im Gegensatz zum Facharzt nicht spezialisierter A. **4** *~es Jahr* Praktikum von einem Jahr Dauer [<mlat. *practicus* »tätig« <grch. *praktikos* »auf das Handeln gerichtet«]

prak|ti|zie|ren ⟨V.⟩ **1** in die Praxis umsetzen, in der Praxis anwenden, durchführen, ausführen **2** ⟨umg.⟩ *etwas an eine Stelle ~* geschickt an eine S. bringen **3** als Arzt tätig sein; *Dr. Ackermann praktiziert ab 10. wieder; ~der Arzt* in einer Praxis tätiger Arzt (im Unterschied zum Arzt an einer Behörde, Hochschule usw.) [<mlat. *practicare* »eine Tätigkeit ausüben«; → *Praktik*]

Prak|ti|zis|mus ⟨m.; -; unz.⟩ Neigung, in der Praxis aufzugehen u. die Ideologie außer Acht zu lassen; *Sy* Pragmatismus (2)

P

Prä|lat ⟨m.; -en, -en; Titel für⟩ **1** kath. geistl. Würdenträger, z. B. Bischof, Abt mit bes. Befugnissen **2** leitender evang. Geistlicher in einigen süddt. Landeskirchen [<mlat. *praelatus* »höherer geistl. Würdenträger«]

Prä|la|tur ⟨f.; -, -en⟩ Amt, Wohnung eines Prälaten

Prä|li|mi|na|re ⟨n.; -s, -ri|en; meist Pl.⟩ diplomat. Vorverhandlung [<*Prä...* + lat. *limen,* Gen. *liminis* »Schwelle«]

Prä|li|mi|nar|frie|den ⟨m.; -s, -⟩ vorläufiger Frieden, dessen Einzelheiten noch ausgearbeitet werden müssen

Prä|li|mi|na|ri|en ⟨Pl.⟩ diplomat. Vorverhandlungen [Neubildung <lat. *prae* »vor« + *limen,* Gen. *liminis* »Schwelle«]

prä|li|mi|nie|ren ⟨V.⟩ vorläufig festlegen, vorläufig bestimmen

Pra|li|ne ⟨f.; -, -n⟩ kleines Stück Konfekt mit einem Überzug aus Schokolade u. mit verschiedenen Füllungen; *oV* Praliné, Pralinee [frz., »gebrannte Mandel«, nach dem frz. Marschall du Plessin-*Praslin,* † 1675, dessen Koch diese Süßigkeit angeblich erfand]

Pra|li|né ⟨[-ne:] n.; -s, -s; oberdt.; schweiz.⟩ = Praline

Pra|li|nee ⟨m.; -s, -s; oberdt.⟩ = Praline

prä|lo|gisch ⟨Adj.⟩ vor der Logik liegend, noch nicht logisch; *~es Denken* in der Entwicklung des Menschen dem logischen Denken vorausgehendes Denken, z. B. magisches, mystisches od. mythologisches Denken [<*prä...* + *logisch*]

Prä|lo|gis|mus ⟨m.; -; unz.; Philos.⟩ Lehre von den naturgegebenen, prälog. Denkweisen

prä|lu|die|ren ⟨V.; Musik⟩ einleitend u. frei gestaltend spielen (auf Klavier od. Orgel) [<lat. *praeludere* »vorspielen, ein Vorspiel machen«; zu *ludere* »spielen«]

Prä|lu|di|um ⟨n.; -s, -di|en; Musik⟩ *oV* Prélude **1** Vorspiel; *Ggs* Postludium **2** frei gestaltetes, einleitendes Musikstück **3** ⟨fig.⟩ einem Vorgang od. Ereignis vorausgehender Vorgang [→ *präludieren*]

prä|ma|tur ⟨Adj.; Med.⟩ frühreif

Prä|ma|tu|ri|tät ⟨f.; -; unz.; Med.⟩ Frühreife [<lat. *praematurus* »frühreif«; zu *maturus* »reif«]

Prä|me|di|ta|ti|on ⟨f.; -, -en⟩ Vorüberlegung, Vorausdenken [<lat. *praemeditatio* »Vorherbedenken«; zu *meditari* »nachdenken«]

prä|mens|tru|al *auch:* **prä|menst|ru|al** ⟨Adj.; Med.⟩ = prämenstruell

prä|mens|tru|ell *auch:* **prä|menst|ru|ell** ⟨Adj.; Med.⟩ vor der Menstruation stattfindend; *oV* prämenstrual; *~es Syndrom* vor Beginn der eigtl. Regel auftretende, vermutlich hormonell bedingte Beschwerden wie Kopfschmerz, psych. Verstimmung, Spannen der Brust, Verdauungsstörungen u. Ä. [<lat. *prae* »vor« + *menstruell*]

Prä|mie ⟨[-mjə] f.; -, -n⟩ **1** Preis, Belohnung für gute Leistung; *Buch~, Geld~* **2** Betrag, den der Versicherte der Versicherung regelmäßig zu zahlen hat; *Versicherungs~* [<lat. *praemium* »Belohnung, Preis«]

prä|mie|ren ⟨V.⟩ mit einer Prämie belohnen, auszeichnen; *oV* prämiieren [<lat. *praemiare* »belohnen«; zu *praemium* »Belohnung«]

Prä|mie|rung ⟨f.; -, -en⟩ das Prämiieren, Preisverleihung; *oV* Prämiierung

prä|mi|ie|ren ⟨V.⟩ = prämieren

Prä|mi|ie|rung ⟨f.; -, -en⟩ = Prämierung

Prä|mis|se ⟨f.; -, -n⟩ **1** Voraussetzung, Bedingung; *eine Zustimmung geben unter der ~, dass ...* **2** ⟨Logik⟩ Voraussetzung (eines Schlusses) [<lat. *(propositio) praemissa* »vorausgeschickter (Satz)«]

Prä|mo|lar ⟨m.; -en, -en; Med.⟩ vorderer Backenzahn [<lat. *prä...* »vor, vorher« + *Molar*]

Prä|mons|tra|ten|ser *auch:* **Prä|monst|ra|ten|ser** ⟨m.; -s, -; Abk.: O.Pr., P. Praem.⟩ Angehöriger eines 1120 vom hl. Norbert gestifteten Ordens, der in Deutschland bes. in der Christianisierung der Ostgebiete wirkte [nach dem frz. Ort *Prémontré* <frz. *pré montré* <lat. *pratum monstratum* »gezeigte Wiese«; nach der Legende wurde dem hl. Norbert 1120 dort von Gott ein Wiesental zur Ordensgründung gezeigt]

prä|mor|tal ⟨Adj.; Med.⟩ dem Tod vorausgehend, vor dem Tod; *Ggs* postmortal [<*prä...* + lat. *mors,* Gen. *mortis* »Tod«]

prä|na|tal ⟨Adj.; Med.⟩ vor der Geburt eintretend; *Ggs* postnatal [<*prä* + lat. *natalis* »Geburtstag«]

Prä|no|men ⟨n.; -s, -mi|na⟩ Vorname (der alten Römer) [<lat. *praenomen* »Vorname«; zu *nomen* »Name«]

Prä|no|va ⟨[-va] f.; -, -no|vä; Astron.⟩ Zustand eines Sternes vor dem Ausbruch einer Nova [<*Prä...* + *Nova*]

prä|nu|me|ran|do ⟨Adv.⟩ im Voraus; *Ggs* postnumerando [<*prä...* + lat. *numerare* »zählen«]

Prä|nu|me|ra|ti|on ⟨f.; -, -en⟩ Vorauszahlung; *Ggs* Postnumeration

prä|nu|me|rie|ren ⟨V.⟩ vorauszahlen [<*prä...* + lat. *numerare* »zählen«]

Prä|ok|ku|pa|ti|on ⟨f.; -; unz.⟩ **1** Vorwegnahme **2** Voreingenommenheit [<lat. *praeoccupatio* »Voreinnahme, Vorwegnahme«; zu *occupare* »besetzen«]

prä|ok|ku|pie|ren ⟨V.⟩ *jmdn. ~* jmdm. zuvorkommen; jmdn. befangen machen [<lat. *praeoccupare* »vorwegnehmen«; zu *occupare* »besetzen«]

prä|ope|ra|tiv ⟨Adj.; Med.⟩ vor der Operation; *Ggs* postoperativ

prä|pa|la|tal ⟨Adj.; Phon.⟩ vor dem Gaumen artikuliert (von Lauten); *Ggs* postpalatal [<*prä...* + *palatal*]

Prä|pa|rat ⟨n.; -(e)s, -e⟩ **1** etwas kunstgerecht Vorbereitetes, Zubereitetes, z. B. Arzneimittel **2** getrocknete Pflanze od. ausgestopftes Tier als Lehrmittel **3** zum Mikroskopieren vorbereiteter Teil eines Gewebes [<lat. *praeparatus,* Part. Perf. zu *praeparare* »vorbereiten, zubereiten«]

Prä|pa|ra|ti|on ⟨f.; -, -en⟩ **1** das Präparieren **2** ⟨veraltet⟩ Vorbereitung, das Lernen der

P

Hausaufgaben [<lat. *praeparatio* »Vorbereitung«; zu *praeparare* »vorbereiten«]

prä|pa|ra|tiv ⟨Adj.⟩ die Anfertigung von Präparaten (2, 3) betreffend

Prä|pa|ra|tor ⟨m.; -s, -to|ren⟩ Hersteller von naturwissenschaftl. Präparaten [<lat. *praeparator* »Vorbereiter, Zubereiter«; zu *praeparare* »vor-, zubereiten«]

prä|pa|rie|ren ⟨V.⟩ **1** *Pflanzen, Tiere* ~ zur Aufbewahrung dauerhaft machen **2** *pflanzl., tier., menschl. Körper* ~ zerlegen, um daran zu lernen **3** *sich* ~ sich auf den Unterricht vorbereiten **4** *ein fremdsprachiges Lesestück* ~ vorbereitend lesen u. übersetzen [<lat. *praeparare* »vor-, zubereiten«]

prä|po|nie|ren ⟨V.⟩ voransetzen, voranstellen [<lat. *praeponere*]

Prä|po|si|ti|on ⟨f.; -, -en; Gramm.⟩ Verhältniswort, Klasse von Wörtern (Wortart), die vor einem Nomen od. Pronomen stehen u. die Relationen zwischen den übrigen Wortarten u. Gliedern eines Satzes ausdrücken [<lat. *praepositio* »Voransetzung«; zu *praeponere* »voranstellen«]

prä|po|si|ti|o|nal ⟨Adj.; Gramm.⟩ mit einer Präposition zusammenstehend

Prä|po|si|ti|o|nal|at|tri|but ⟨n.; -(e)s, -e; Gramm.⟩ mit Hilfe einer Präposition gebildeter Satzgliedteil, der ein Nomen näher bestimmt, z. B. die Reise »nach Italien«, das Wetter »in diesem Sommer«

Prä|po|si|ti|o|nal|ka|sus ⟨m.; -, -; Gramm.⟩ von einer Präposition festgelegter Kasus, z. B. gegen »ihn«, entlang »des Flusses«, »ihr« gemäß [<*präpositional* + *Kasus*]

Prä|po|si|ti|o|nal|ob|jekt ⟨n.; -(e)s, -e; Gramm.⟩ mit einer Präposition verbundenes Objekt, Verhältnisergänzung

Prä|po|si|tiv ⟨m.; -s, -e [-və]; Gramm.⟩ von einer Präposition abhängiger Beugungsfall, z. B. im Russischen

Prä|po|si|tur ⟨f.; -, -en⟩ Stelle eines Präpositus

Prä|po|si|tus ⟨m.; -, -si|ti⟩ Vorgesetzter, Propst [<lat. *praepositus,* Part. Perf. zu *praeponere* »vorsetzen, voranstellen«]

prä|po|tent ⟨Adj.; österr.; abwertend⟩ überheblich, aufdringlich, unverschämt [<lat. *praepotens* »sehr mächtig«; zu *potens* »mächtig«]

Prä|pu|ti|um ⟨n.; -s, -ti|en; Anat.⟩ Vorhaut [<lat. *praeputium* »Vorhaut«]

Prä|raf|fa|e|lis|mus ⟨m.; -; unz.; Mal.⟩ Kunstanschauung u. Malstil der Präraffaeliten

Prä|raf|fa|e|lit ⟨[-fa:e-] m.; -en, -en; Mal.⟩ Mitglied der von D. G. Rosetti gegründeten Vereinigung engl. Maler, die der Kunst einen neuen Gehalt im Sinne der Vorläufer Raffaels zu geben suchte [nach dem ital. Maler u. Baumeister *Raffaello* Santi, 1483-1520]

Prä|rie ⟨f.; -, -n⟩ nordamerikan. Grassteppe [<frz. *prairie* »Wiese«]

Prä|rie|aus|ter ⟨f.; -, -n⟩ = Prairieoyster

Prä|ro|ga|tiv ⟨n.; -s, -e [-və]⟩ = Prärogative

Prä|ro|ga|ti|ve ⟨f.; -, -n⟩ Vorrecht des Herrschers, z. B. Auflösung des Parlaments, Erlass von Gesetzen, Begnadigung; *oV* Prärogativ [<lat. *praerogativa* »Vorrang, Vorrecht«; zu *rogare* »verlangen«]

Prä|sa|pi|ens|mensch ⟨m.; -en, -en; Anthrop.⟩ unmittelbarer stammesgeschichtl. Vorfahre des Homo sapiens

Prä|sens ⟨n.; -, -sen|tia od. -sen|zi|en; Gramm.⟩ Tempus des Verbums, das ein gegenwärtiges od. zeitlich unbestimmtes Geschehen bezeichnet, Gegenwartsform, z. B. ich gehe; →*a.* Präsenz [<lat. *(tempus) praesens* »gegenwärtige (Zeit)«]

prä|sent ⟨Adj.⟩ anwesend, gegenwärtig; *Ggs* absent [<lat. *praesens* »gegenwärtig«]

Prä|sent ⟨n.; -(e)s, -e⟩ Geschenk, kleine Aufmerksamkeit [<frz. *présent* »Geschenk«; zu *présenter* »darbieten, vorstellen« <lat. *praesentare* »gegenwärtig machen, zeigen«]

prä|sen|ta|bel ⟨Adj.⟩ so beschaffen, dass man es vorzeigen kann, ansehnlich

Prä|sen|tant ⟨m.; -en, -en⟩ jmd., der eine Urkunde, bes. einen fälligen Wechsel, vorlegt [<lat. *praesentans,* Part. Präs. zu *praesentare* »gegenwärtig machen, zeigen«]

Prä|sen|ta|ti|on ⟨f.; -, -en⟩ **1** Vorlegung (bes. eines Wechsels zur Annahme) **2** Vorschlag (für ein Amt) **3** Vorführung (eines neuen Produktes); *die* ~ *eines neuen Autotyps* [<lat. *praesentatio* »Vorzeigung«; zu *praesentare* »gegenwärtig machen, zeigen«]

prä|sen|tie|ren ⟨V.⟩ **1** darreichen, darbieten, vorlegen **2** *jmdm. die Rechnung* ~ **2.1** zur Bezahlung vorlegen **2.2** ⟨fig.⟩ Vergeltung üben **3** *jmdm. einen Wechsel* ~ zur Einlösung vorlegen **4** *das Gewehr* ~ das G. senkrecht vor den Körper halten (als militär. Ehrenbezeigung); *präsentiert das Gewehr!* (militär. Kommando) [<lat. *praesentare* »gegenwärtig machen, zeigen«; zu *praesens* »gegenwärtig«]

Prä|sen|tie|rung ⟨f.; -, -en; Pl. selten⟩ das Präsentieren, Präsentiertwerden

prä|sen|tisch ⟨Adj.; Gramm.⟩ im Präsens stehend, das Präsens betreffend

Prä|senz ⟨f.; -; unz.⟩ **1** Anwesenheit **2** Anzahl der Anwesenden; →*a.* Präsens [<lat. *praesentia* »Gegenwart«]

Prä|senz|bi|bli|o|thek *auch:* **Prä|senz|bib|li|o|thek** ⟨f.; -, -en⟩ Bibliothek, deren Bücher im Gegensatz zu einer Ausleihbibliothek nicht ausgeliehen werden, sondern nur im Lesesaal benutzt werden dürfen

Prä|senz|lis|te ⟨f.; -, -n⟩ Anwesenheitsliste (in Konferenzen, Seminaren u. Ä.) [→ *Präsenz*]

Pra|se|o|dym ⟨n.; -s; unz.; chem. Zeichen: Pr⟩ chem. Element, Metall der seltenen Erden, Ordnungszahl 59 [<grch. *prasios* »grün« + *didymos* »Zwilling«]

Prä|ser ⟨m.; -s, -; umg.; kurz für⟩ Präservativ

Prä|ser|va|ti|on ⟨[-va-] f.; -, -en⟩ das Präservieren

prä|ser|va|tiv ⟨[-va-] Adj.⟩ verhütend, verhindernd, vorbeugend (z. B. in Bezug auf Krankheiten, Unfälle) [→ *präservieren*]

P

Prä|ser|va|tiv ⟨[-va-] n.; -s, -e [-və]⟩ Kondom, Empfängnisverhütungsmittel [→ *präservieren*]

Prä|ser|ve ⟨[-və] f.; -, -n⟩ nicht vollständig keimfreie Konserve, Halbkonserve [→ *präservieren*]

prä|ser|vie|ren ⟨[-viː-] V.⟩ **1** schützen, bewahren (vor) **2** haltbar machen [<neulat. *praeservare* <lat. *prae* »vor« + *servare* »retten, bewahren«]

Prä|ses ⟨m.; -, -si|des od. -si|den⟩ **1** ⟨kath. Kirche⟩ Vorstand (eines kirchl. Vereins) **2** ⟨evang. Kirche⟩ **2.1** Vorsitzender (einer Landessynode) **2.2** ⟨Rheinland; Westfalen⟩ Vorsitzender (der Kirchenleitung) [<lat. *praeses,* Gen. *praesidis* »vor etwas sitzend, leitend; Vorsteher«; zu *sedere* »sitzen«]

Prä|si|de ⟨m.; -n, -n⟩ Vorsitzender eines student. Kommerses [<lat. *praeses;* → *Präses*]

Prä|si|den ⟨Pl. von⟩ **1** Präses **2** Präside

Prä|si|dent ⟨m.; -en, -en⟩ **1** Vorsitzender (einer Versammlung) **2** Leiter (einer Behörde, eines Vereins); *~ eines Sportvereins; Ehren~* **3** republikanisches Staatsoberhaupt; *Bundes~; Reichs~; Staats~* [<lat. *praesidens,* Part. Präs. zu *praesidere* »voransitzen, vorsitzen, leiten«; zu *sedere* »sitzen«]

prä|si|den|ti|ell ⟨Adj.⟩ = präsidial

Prä|si|den|tin ⟨f.; -, -tin|nen⟩ **1** Vorsitzende (einer Versammlung) **2** Leiterin (einer Behörde, eines Vereins) **3** republikanisches Staatsoberhaupt

prä|si|di|al ⟨Adj.⟩ zum Präsidenten, Präsidium gehörend, von ihm ausgehend; *oV* präsidentiell [<lat. *praesidialis* »den Vorsitzer betreffend«; zu *praeses,* Gen. *praesidis* »Vorsitzer, Vorsteher«]

Prä|si|di|al|amt ⟨n.; -(e)s, -äm|ter⟩ Amt bzw. Ministerium, das sich mit den Angelegenheiten beschäftigt, die den Präsidenten u. das Präsidium betreffen

Prä|si|di|al|de|part|te|ment ⟨[-depart(ə)mɑ̃ː] od. [-departəmɛnt] n.; -s, -s; schweiz.⟩ Stadthaus (mit Behörden u. Verwaltung); *das ~ der Stadt Zürich*

Prä|si|di|al|sys|tem ⟨n.; -s, -e⟩ demokrat. Regierungssystem mit einem mit großen Vollmachten ausgestatteten, direkt gewählten Präsidenten an der Spitze, z. B. in den USA

prä|si|die|ren ⟨V.⟩ das Amt des Vorsitzenden ausüben, vorsitzen; *einer Versammlung ~* [<lat. *praesidere* »voransitzen, vorsitzen, leiten«; zu *sedere* »sitzen«]

Prä|si|di|um ⟨n.; -s, -di|en⟩ **1** Vorsitz, Leitung **2** Amtsgebäude eines Polizeipräsidenten; *Polizei~* [<lat. *praesidium* »Vorsitz«; zu *sedere* »sitzen«]

prä|si|lu|risch ⟨Adj.⟩ vor dem Silur (liegend)

prä|skri|bie|ren ⟨V.; veraltet⟩ **1** vorschreiben, verordnen **2** ⟨Rechtsw.⟩ für verjährt erklären [<lat. *praescribere* »voranschreiben, vorschreiben«; zu *scribere* »schreiben«]

Prä|skrip|ti|on ⟨f.; -, -en; veraltet⟩ **1** Vorschrift, Verordnung **2** ⟨Rechtsw.⟩ Verjährung [<lat. *praescriptio* »Vorschrift«; zu *scribere* »schreiben«]

prä|skrip|tiv ⟨Adj.⟩ auf Vorschriften beruhend; *Ggs* deskriptiv; *~e Sprachwissenschaft* diejenige Einstellung zur Sprache, die sogenannte Mängel im überlieferten Sprachsystem durch logisch begründete Vorschriften zu beseitigen sucht [<lat. *praescribere* »vorschreiben«]

prä|sta|bi|lie|ren ⟨V.⟩ vorher festsetzen, festlegen; *prästabilierte Harmonie* nach Leibniz die von Gott geschaffene harmonische Übereinstimmung der Dinge in der Welt, bes. die Übereinstimmung von Körper u. Seele [<*prä…* + lat. *stabilis* »feststehend«]

prä|su|mie|ren ⟨V.; Rechtsw.; Philos.⟩ annehmen, vermuten, voraussetzen [<lat. *praesumere* »vorwegnehmen, im Voraus annehmen, vermuten«; zu *sumere* »nehmen«]

Prä|sump|ti|on ⟨f.; -, -en; Rechtsw.; Philos.⟩ = Präsumtion

prä|sump|tiv ⟨Adj.; Rechtsw.; Philos.⟩ = präsumtiv

Prä|sum|ti|on ⟨f.; -, -en; Rechtsw.; Philos.⟩ Annahme, Vermutung, Voraussetzung; *oV* Präsumption [<lat. *praesumptio* »das Vorwegnehmen, Annahme, Vermutung«; zu *praesumere* »annehmen«]

prä|sum|tiv ⟨Adj.; Rechtsw.; Philos.⟩ vermutlich, voraussetzend; *oV* präsumptiv [<lat. *praesumptivus* »annehmend«; zu *praesumere* »annehmen«]

prä|sup|po|nie|ren ⟨V.⟩ unausgesprochen voraussetzen [<lat. *praesupponere* »zugrunde liegen«]

Prä|sup|po|si|ti|on ⟨f.; -, -en; geh.⟩ **1** Voraussetzung **2** ⟨Sprachw.⟩ einer Äußerung zugrundeliegende Voraussetzung (die jedoch nicht unmittelbar genannt ist) [→ *präsupponieren*]

Prä|ten|dent ⟨m.; -en, -en⟩ jmd., der Ansprüche erhebt; *Kron~* [<frz. *prétendant* »Bewerber«; zu *prétendre;* → *prätendieren*]

prä|ten|die|ren ⟨V.⟩ **1** behaupten, vortäuschen **2** fordern, beanspruchen [<frz. *prétendre* »behaupten, die Absicht haben, streben nach«, beeinflusst von lat. *praetendere* »hervorstrecken«]

Prä|ten|ti|on ⟨f.; -, -en; geh.⟩ Anspruch, Anmaßung [<frz. *prétention* »Behauptung, Forderung, Anmaßung«; → *prätendieren*]

prä|ten|ti|ös ⟨Adj.⟩ anspruchsvoll, anmaßend; *Ggs* unprätentiös [<frz. *prétentieux* »anspruchsvoll, anmaßend«; → *prätendieren*]

Prä|ter|i|to|prä|sens *auch:* **Prä|te|ri|to|prä|sens** ⟨n.; -, -sen|tia od. -sen|zi|en; Gramm.⟩ Zeitwort, dessen Präsens aus einem früheren Präteritum entstanden ist, z. B. wissen, können, mögen [<*Präteritum* + *Präsens*]

Prä|ter|i|tum *auch:* **Prä|te|ri|tum** ⟨n.; -s, -ri|ta; Gramm.⟩ Tempus des Verbums, das ein Geschehen in der Vergangenheit bezeichnet, welches nicht in die Gegenwart fortwirkt, Tempus der historischen Erzählung, erste Vergangenheit, z. B. »ich ging«; *Sy* Imperfekt [<lat. *(tempus) praeteritum* »vorübergegangene (Zeit)«]

prä|ter|prop|ter ⟨Adv.; veraltet⟩ etwa, ungefähr [<lat. *praeterpropter* »ungefähr«]

Prä|tor ⟨m.; -s, -to|ren; im antiken Rom⟩ Justizbeamter, höchster Beamter nach den Konsuln [<lat. *praetor* »Anführer, Prätor, Statthalter«]

Prä|to|ri|a|ner ⟨m.; -s, -⟩ Angehöriger der Leibwache der röm. Kaiser u. Feldherren [<lat. *praetorianus* »zur Leibwache gehörig«; → *Prätor*]

Prä|tur ⟨f.; -, -en⟩ Amt, Amtszeit des Prätors

Prau ⟨f.; -, -e⟩ malaiisches Segelboot mit Auslegern [<engl. *prow*, ndrl. *prauw* <malai. *peharu* »offenes Boot mit flachem Boden«]

prä|va|lent ⟨[-va-] Adj.⟩ **1** vorherrschend, überwiegend **2** überlegen [<lat. *praevalere;* → *prävalieren*]

Prä|va|lenz ⟨[-va-] f.; -; unz.⟩ prävalente Beschaffenheit

prä|va|lie|ren ⟨[-va-] V.⟩ vorherrschen, überwiegen [<lat. *praevalere* »sehr stark, überlegen sein«]

prä|ve|nie|ren ⟨[-vɛ-] V.⟩ zuvorkommen [<lat. *praevenire* »zuvorkommen«; zu *venire* »kommen«]

Prä|ven|ti|on ⟨[-vɛn-] f.; -, -en⟩ **1** das Zuvorkommen (z. B. mit einer Rechtshandlung) **2** Vorbeugung, Abschreckung [→ *prävenieren;* beeinflusst von frz. *prévention* »Vorbeugung«]

prä|ven|tiv ⟨[-vɛn-] Adj.⟩ vorbeugend [→ *prävenieren, Prävention;* beeinflusst von frz. *préventif* »vorbeugend«]

Prä|ven|tiv|me|di|zin ⟨[-vɛn-] f.; -; unz.; Med.⟩ vorbeugende Gesundheitsfürsorge

Prä|ven|tiv|mit|tel ⟨[-vɛn-] n.; -s, -; Med.⟩ dem Ausbruch einer Krankheit od. dem Eintritt einer Schwangerschaft vorbeugendes Medikament od. Hilfsmittel [→ *präventiv*]

Prä|ven|tiv|ver|kehr ⟨[-vɛn-] m.; -s; unz.; Med.⟩ Geschlechtsverkehr mit empfängnisverhütenden Mitteln [→ *präventiv*]

Prä|verb ⟨[-vɛrb] n.; -s, -bi|en; Gramm.⟩ Bestandteil eines zusammengesetzten Verbs, der nur im Infinitiv, im Partizip u. im Nebensatz bei Endstellung des Verbs nicht abgetrennt wird, z. B. »herunter«-laufen, »umher«-irren, »vorüber«-gehen [<*Prä…* + *Verb*]

prä|ver|bal ⟨[-vɛr-] Adj.; Med.⟩ die Zeit vor dem Spracherwerb betreffend; *~e Phase* [<*prä…* + *verbal*]

Pra|xis ⟨f.; -, Pra|xen⟩ **1** ⟨unz.⟩ **1.1** Ausübung, Anwendung, Tätigkeit; *Ggs* Theorie (1); *das ist in der Theorie richtig, sieht aber in der ~ anders aus* **1.2** Erfahrung in der Ausübung eines Berufes; *auf einem Gebiet ~ besitzen; sich eine gewisse ~ aneignen* **1.3** Sprechstunde eines Arztes; *Dr. A. hat (hält) heute ~* **2** ⟨zählb.⟩ Raum od. Räume zur Ausübung des Berufes (von Ärzten u. Rechtsanwälten); *Arzt~; Anwalts~; die ~ des Vaters übernehmen* [grch., »Tätigkeit, Handlungsweise, Unternehmen, Geschäft, Tatsächlichkeit«]

pra|xis|ori|en|tiert ⟨Adj.⟩ auf die praktische Erfahrung ausgerichtet, schwerpunktmäßig auf die Anwendung bezogen

Prä|ze|dens ⟨n.; -, -den|zi|en⟩ früherer Fall, früheres Beispiel [<lat. *praecedens,* Part. Präs. zu *praecedere* »vorausgehen«; zu *cedere* »gehen«]

Prä|ze|denz ⟨f.; -, -en⟩ Vorrang, Vortritt (bes. in der kirchlichen Rangordnung) [<lat. *praecedentia* »das Vorwärtsschreiten«; → *Präzedens*]

Prä|ze|denz|fall ⟨m.; -(e)s, -fäl|le⟩ Fall, der für künftige ähnliche Fälle beispielgebend ist; *einen ~ schaffen*

prä|ze|die|ren ⟨V.; Physik; Astron.⟩ eine Präzession ausführen; *Sy* präzessieren; *die Erde präzediert*

prä|zes|sie|ren ⟨V.; Physik; Astron.⟩ = präzedieren

Prä|zes|si|on ⟨f.; -, -en⟩ **1** ⟨Physik⟩ drehende Bewegung, die die Achse eines Kreisels um eine außerhalb des Kreisels liegende feste Achse ausführt **2** ⟨Astron.⟩ Verlagerung der Schnittpunkte des Himmelsäquators mit der Ekliptik längs der Ekliptik [<lat. *praecessio* »das Vorangehen«; → *Präzedens*]

Prä|zi|pi|tat ⟨n.; -(e)s, -e⟩ **1** durch Ausfällung gelöster Mineralien entstandenes Sediment **2** ⟨veraltet⟩ chemischer Niederschlag **3** ⟨veraltete Bez. für⟩ bestimmte, schwer lösliche Quecksilber-Ammoniak-Verbindungen [<lat. *praecipitatum,* Part. Perf. zu *praecipitare* »jählings herabstürzen«; zu *caput* »Kopf«]

Prä|zi|pi|ta|ti|on ⟨f.; -, -en; Chemie⟩ Fällung [<lat. *praecipitatio* »das Herabstürzen«; → *Präzipitat*]

prä|zi|pi|tie|ren ⟨V.; Chemie⟩ ausfällen [<lat. *praecipitare;* → *Präzipitat*]

Prä|zi|pi|tin ⟨n.; -s, -e; Med.⟩ Antikörper, der sich bei Mensch u. Tier nach Injektion mit artfremdem Blut bildet [<lat. *praecipitare;* → *Präzipitat*]

Prä|zi|pu|um ⟨n.; -s, -pua⟩ Betrag, der in einer Gesellschaft vor Ausschüttung des Gewinns einem Gesellschafter für bes. Leistungen gezahlt wird [<lat. *praecipuum* »das Vorausgenommene«, <*prae* »vor« + *capere* »nehmen«]

prä|zis ⟨Adj.⟩ = präzise

prä|zi|se ⟨Adj.⟩ genau, exakt; *oV* präzis; *~e Ausdrucksweise; 3 Uhr ~; absolut ~ arbeiten; etwas ~ formulieren* [<frz. *précis* »genau« <lat. *praecisus* »vorn abgeschnitten, abgekürzt«]

prä|zi|sie|ren ⟨V.⟩ genauer angeben, genauer ausdrücken

Prä|zi|sie|rung ⟨f.; -, -en⟩ das Präzisieren, das Präzisiertwerden, das Präzisiertsein

Prä|zi|si|on ⟨f.; -; unz.⟩ Genauigkeit, Feinheit, Exaktheit [<frz. *précision* »Genauigkeit« <lat. *praecisio* »das Abschneiden«]

Pre|can|cel ⟨[pri:kænsəl] f. od. n.; - od. -s, -s⟩ Briefmarke, die bereits vor dem Aufkleben auf eine zu befördernde Sendung entwertet wird [engl.; zu *precancel* »entwerten«]

pre|ci|pi|tan|do ⟨[pretʃi-] Musik⟩ beschleunigend, plötzlich eilend (zu spielen) [ital.]

Pre|del|la ⟨f.; -, -s od. -del|len⟩ meist verzierter Untersatz, Sockel des Flügelaltars [ital., »Stuhl; Sockel«; vermutl. <ahd. *bret* »Brett«]

Pre|em|pha|sis ⟨f.; -; unz.; Funkw.⟩ Übertragung der höheren Frequenzanteile eines

Funksignals mit vergrößerter Amplitude zur Verbesserung des Störabstandes bei Frequenzmodulation; *Ggs* Deemphasis [<*Prä… + Emphase*]

Pre|fe|ren|ce ⟨[-rã:s(ə)] f.; -, -n; Kart.⟩ frz. Kartenspiel für drei Personen mit 32 Karten [<frz. *préférence* »Bevorzugung, Vorzug«]

prei|en ⟨V.; Seew.⟩ *ein anderes Schiff ~* anrufen [<ndrl. *praaien* <mengl. *preien* »bitten, anrufen« (engl. *pray*) <afrz. *preier* (frz. *prier*) <lat. *precari* »bitten«]

Preis|in|dex ⟨m.; - od. -es, -e od. -di|zes od. -di|ces; Wirtsch.⟩ statistisch ermittelte Kennziffer für die durchschnittliche Veränderung von Preisen u. Dienstleistungen; *der ~ für Nahrungsmittel* [→ *Index*]

pre|kär ⟨Adj.⟩ **1** misslich, schwierig, bedenklich, peinlich, unangenehm; *eine ~e Frage, Situation* **2** das Prekariat betreffend, zu ihm gehörig; *~e Schichten* [<frz. *précaire* »durch Bitten erlangt; widerruflich, unsicher, heikel« <lat. *precarius;* zu *preces* »Bitten«]

Pre|ka|ri|at ⟨n.; -(e)s; unz.; Soziol.⟩ gesellschaftliche Schicht von Arbeitslosen u. Arbeitnehmern, die sozialrechtlich ungenügend abgesichert sind, z. B. Angestellte mit befristeten Arbeitsverträgen, Selbstständige, chronisch Kranke [verkürzt <*prekär* + Prolet*ariat*]

Pre-Launch-Mar|ke|ting ⟨[pri-lɔ:ntʃ-] n.; - od. -s; unz.⟩ Bewerben eines Produktes, bevor es auf den Markt gebracht wird [<engl. *pre* »bevor« + *launch* »auf den Markt bringen« + *Marketing*]

Pré|lude ⟨[prely:d] n.; -s, -s; Musik⟩ = Präludium [frz.]

Pre|mi|er ⟨[prəmje:] m.; -s, -s; kurz für⟩ Premierminister, Premierministerin [frz., »Erster«]

Pre|mi|e|re ⟨[prəmjɛ:rə] f.; -, -n; Theat.⟩ Ur- od. Erstaufführung [<frz. *première (représentation)* »erste (Aufführung)«]

Pre|mi|er|leut|nant ⟨[prəmje:-] m.; -s, -s od. -e; Mil.; im dt. Heer bis 1899⟩ Oberleutnant

Pre|mi|er|mi|nis|ter ⟨[prəmje:-] m.; -s, -; Politik; in Großbritannien u. einigen anderen Ländern⟩ oberster Leiter der Regierung; *Sy* Ministerpräsidentin, Premier

Pre|mi|er|mi|nis|te|rin ⟨[prəmje:-] f.; -, -rin|nen; Politik⟩ weibl. Premierminister; *Sy* Ministerpräsidentin, Premier

pre|mi|um ⟨engl. [pri:miəm] Adj.; undekl.⟩ ausgezeichnet, herausragend; *eine ~ Qualität; ein ~ Bier* [engl., »Prämie«]

Pren|o|nym *auch:* **Pre|no|nym** ⟨n.; -s, -e; Lit.⟩ aus den eigenen Vornamen gebildeter Deckname, z. B. Jean Paul aus Jean Paul Friedrich Richter [<*Prä…* + grch. *onyma* »Name«]

Prep|pie ⟨m.; -s, -s; in Amerika⟩ Absolvent einer privaten Oberschule [engl.; zu *prep*aratory school »Vorbereitungsschule (für das Studium)«]

Pre|press ⟨[pri:-] n.; -; unz.⟩ alle Tätigkeiten, die vor dem eigentlichen Druck anfallen, wie Satz, Reproduktionstechnik, Montage, Kopie, Andruck [<engl. *pre* »vor« + *press* »Druck«]

Pre|print ⟨[pri-] n.; -s, -s; Lit.; Buchw.⟩ Vorabdruck eines Werkes [<engl. *pre* »vor« + *print* »Druck«]

Pre|quel ⟨[pri:kwəl] n.; -s, -s⟩ Fortsetzung einer Geschichte, deren Handlung vor dem ursprünglichen Beginn einsetzt, bes. nachträglich gedrehte Folge einer Spielfilmreihe [<engl. *pre* »vor, bevor« + Se*quel*]

Pres|by|o|pie ⟨f.; -, -n; Med.⟩ Altersweitsichtigkeit durch Elastizitätsverlust der Linse [<grch. *presbys* »alt, bejahrt« + *ops,* Gen. *opis* »Auge«]

Pres|by|ter ⟨m.; -s, -⟩ **1** ⟨urspr.⟩ Ältester der urchristl. Gemeinde **2** ⟨kath. Kirche⟩ Priester **3** ⟨evang.-reformierte Kirche⟩ Mitglied des Presbyteriums [<grch. *presbyteros* »älter«]

pres|by|te|ri|al ⟨Adj.; evang. Kirche⟩ das Presbyterium betreffend, zu ihm gehörend, von ihm beschlossen

Pres|by|te|ri|al|ver|fas|sung ⟨f.; -; unz.; evang.-reformierte Kirche⟩ Kirchenverfassung, nach der die Gemeinde durch Geistliche u. (gleichberechtigte) Presbyter verwaltet wird

Pres|by|te|ri|a|ner ⟨m.; -s, -⟩ Angehöriger der evang.-reformierten Kirche in England u. den USA, die die bischöfl. Leitung der anglikan. Kirche ablehnt u. ihre Gemeinden durch Presbyter u. Geistliche verwalten lässt

pres|by|te|ri|a|nisch ⟨Adj.; evang. Kirche⟩ **1** die Presbyterialverfassung betreffend, presbyterial verwaltete Kirchen betreffend **2** zu den Presbyterianern gehörend

Pres|by|te|ri|a|nis|mus ⟨m.; -; unz.⟩ Verwaltung der Kirche durch Presbyter u. Geistliche

Pres|by|te|ri|um ⟨n.; -s, -ri|en⟩ **1** = Chor (5) **2** ⟨evang.-reformierte Kirche⟩ von der Gemeinde gewählter Kirchenvorstand, der mit den Geistlichen zusammen die Gemeinde verwaltet **3** kathol. Priesterschaft [→ *Presbyter*]

Pre|sen|ning ⟨f.; -, -e od. -en⟩ = Persenning

Pre|sen|ter ⟨[prisɛntə(r)] m.; -s, -⟩ Verkäufer, der eine Ware im Rahmen einer Verkaufsveranstaltung od. Werbesendung vorstellt [zu engl. *present* »präsentieren, vorführen«]

pres|sant ⟨Adj.; veraltet⟩ eilig, dringend [frz., »dringend, eilig«]

pres|san|te ⟨Musik⟩ eilig, drängend (zu spielen) [ital.]

pres|sie|ren ⟨V.; unpersönl.⟩ eilen; *es pressiert (mir); ich bin pressiert* ⟨umg.⟩ ich habe Eile [<frz. *presser* »pressen, drängen« <lat. *pressare* »drücken, pressen«]

Pres|sing ⟨n.; - od. -s; unz.; Sport; bes. Fußb.⟩ energisches Bedrängen der gegner. Mannschaft bereits in der eigenen Spielfeldhälfte mit dem Ziel, den Gegner an der Entwicklung einer systematischen Spieltaktik u. damit am Gegenangriff zu hindern [zu engl. *press* »bedrängen, unter Druck setzen«]

Pres|si|on ⟨f.; -, -en⟩ Druck, Nötigung, Zwang, Erpressung [<lat. *pressio* »Druck«; zu *premere* »drücken«]

P

Pres|sure|group ⟨[prɛʃəgru:p] f.; -, -s⟩ Gruppe von Personen, die (bes. durch Propaganda u. a. Druckmittel) Einfluss zu gewinnen u. ihre Interessen durchzusetzen sucht [<engl. *pressure* »Drängen, Druck« + *group* »Gruppe«]

Pres|tige ⟨[-ti:ʒ] n.; -s; unz.⟩ Ansehen, Geltung [frz., »Einfluss, Ansehen«]

Pres|tige|ob|jekt ⟨[-ti:ʒ-] n.; -(e)s, -e⟩ Objekt, das das Ansehen von jmdm. od. etwas steigern soll; *ein ~ der Stadt*

pres|tige|träch|tig ⟨[-ti:ʒ-] Adj.⟩ Prestige versprechend, einbringend; *die neue Ausstellung ist ein äußerst ~es Projekt*

pres|tis|si|mo ⟨Musik⟩ sehr schnell (zu spielen) [ital.; Superlativ zu *presto*]

pres|to ⟨Musik⟩ schnell (zu spielen) [ital.]

Pres|to ⟨n.; -s, -s od. Pres|ti; Musik⟩ schnell zu spielender Teil eines Musikstückes

Prêt-à-por|ter ⟨[prɛtapɔrte:] n.; -s, -s; Mode⟩ Konfektionskleidung eines Modeschöpfers [frz., eigtl. »fertig zum Tragen«]

Pre|test ⟨[pri:-] m.; -s, -s; Soziol.⟩ dem Haupttest vorangehender Test, z. B. zur Absicherung eines Fragebogens od. zur Auswahl geeigneter Testpersonen [engl., »Vortest«]

pre|ti|ös ⟨Adj.⟩ = preziös (1, 2)

Pre|ti|o|sen ⟨[-tsjo:-] Pl.⟩ = Preziosen

Pre|ti|o|si|tät ⟨f.; -; unz.⟩ = Preziosität

Pre|view ⟨[pri:vju:] m. od. f.; -, -s⟩ Voraufführung (vor allem von Filmen) vor einem meist selektierten bzw. geladenen Publikum [<engl. *preview* »Vorschau«]

pre|zi|ös ⟨Adj.⟩ **1** kostbar; *oV* pretiös **2** ⟨fig.⟩ geziert, geschraubt; *oV* pretiös **3** *die Preziösen* Mitglieder literar. Salons in Frankreich um 1650, die sich um die Verfeinerung des Gefühls, der Sitten u. des literar. Ausdrucks bemühten [<frz. *précieux* »geziert, kostbar, wertvoll«]

Pre|zi|o|sen ⟨Pl.⟩ Geschmeide, kostbarer Schmuck, Edelsteine; *oV* Pretiosen [<lat. *pretiosus* »kostbar«; zu *pretium* »Preis, Wert«]

Pre|zi|o|si|tät ⟨f.; -; unz.⟩ preziöses (2) Gebaren, gespreiztes Gehabe; *oV* Pretiosität

Pri|a|mel ⟨f.; -, -n od. n.; -s, -n⟩ meist scherzh. Spruchgedicht des späten MA mit einer überraschenden Schlusswendung [<spätmhd. *preambel* <mlat. *praeambulum* »das Vorangehende«; zu lat. *praeambulare* »vorangehen«; → *Präambel*]

Pri|a|pis|mus ⟨m.; -; unz.; Med.⟩ krankhafte, anhaltende, schmerzhafte Erektion des männlichen Gliedes ohne geschlechtl. Erregung [<grch. *Priapos,* dem Gott der Fruchtbarkeit]

Pri|a|pu|li|de ⟨m.; -n, -n; Zool.⟩ am Meer lebender Wurm von kurzer, gedrungener Gestalt mit vorstülpbarem Rüssel: Priapulida [<grch. *Priapos,* dem grch. Gott der Fruchtbarkeit]

Priem ⟨m.; -(e)s, -e⟩ **1** ein Stück Kautabak **2** ⟨nddt.⟩ Ahle, Pfriem [<ndrl. *pruim* »Pflaume«]

prim ⟨Adj.; Math.⟩ teilbar nur durch 1 u. sich selbst (von Zahlen) [→ *Primzahl*]

Prim ⟨f.; -, -en⟩ **1** ⟨kath. Kirche⟩ Zeit des morgendl. Stundengebets **2** ⟨Musik⟩ = Prime (2) **3** ⟨Sport; Fechten⟩ = Prime (3) [<lat. *primus* »der erste«]

Prim. ⟨Abk. für⟩ **1** Primar, Primararzt **2** Primarius

pri|ma ⟨Adj.⟩ **1** ⟨Kaufmannsspr.; Abk.: pa., Ia⟩ erstklassig, erster Güte, bester Qualität **2** ⟨umg.⟩ ausgezeichnet, hervorragend; *~ Qualität; das hast du ~ gemacht* **3** herrlich, großartig, sehr schön; *wie war es im Urlaub? ~!* **4** ⟨umg.⟩ tüchtig, prächtig; *ein ~ Kerl* [→ *Prima*]

Pri|ma ⟨f.; -, Pri|men; veraltet⟩ eine der beiden letzten Klassen der höheren Schule; *Ober~; Unter~* [lat., Fem. zu *primus*]

Pri|ma|bal|le|ri|na ⟨f.; -, -ri|nen⟩ erste Tänzerin eines Balletts [<ital. *prima ballerina* »erste Tänzerin«]

Pri|ma|don|na ⟨f.; -, -don|nen⟩ **1** ⟨urspr.⟩ Hauptdarstellerin (bes. in der Barockoper) **2** ⟨abwertend⟩ verwöhnter, sich selbst in den Mittelpunkt stellender Mensch; *sie benimmt sich wie eine ~* [<ital. *prima donna* »erste Dame«]

Pri|ma-fa|cie-Be|weis ⟨[-tsjə-] m.; -es, -e; Rechtsw.⟩ (bes. im Schadensrecht) Beweisführung auf der Grundlage allgemeiner u. begründbarer Erfahrungssätze, die die Rekonstruktion eines typischen Geschehensablaufs erlauben [lat., »der erste Anschein«]

Pri|ma|ge ⟨[-ʒə] f.; -, -n; Seew.⟩ Prämie, die dem Kapitän für die Fracht gewährt werden kann; *Sy* Primgeld [frz.; zu *prime* »Prämie« <lat. *praemium* »Belohnung, Preis«]

Pri|ma|ner ⟨m.; -s, -; veraltet⟩ Schüler der Prima

Pri|ma|no|ta ⟨f.; -; unz.⟩ Geschäftsbuch der Banken [<lat. *prima* »die erste«, Fem. zu *primus* »der erste« + *nota* »Schriftzeichen, Buchstabe«]

Pri|mar ⟨m.; -s, -e; Abk.: Prim.; österr.⟩ = Primararzt

pri|mär ⟨Adj.⟩ **1** unmittelbar entstanden, erst… **2** ursprünglich, Anfangs… **3** die Grundlage, Voraussetzung bildend; *Ggs* sekundär (1) [<frz. *primaire* »zuerst vorhanden, ursprünglich, vorrangig« <lat. *primarius* »zu den Ersten gehörend«; zu *primus* »der Erste«]

Pri|mär|af|fekt ⟨m.; -(e)s, -e; Med.⟩ erste krankhafte Veränderung des Gewebes nach einer Infektion bei Syphilis u. Lungentuberkulose

Pri|mar|arzt ⟨m.; -es, -ärz|te; Abk.: Prim.; österr.⟩ leitender Arzt einer Abteilung eines Krankenhauses; *Sy* Primarius; *Ggs* Sekundararzt [→ *Primarius*]

Pri|mar|ärz|tin ⟨f.; -, -tin|nen; österr.⟩ weiblicher Primararzt

Pri|mär|ener|gie ⟨f.; -, -n; Ökol.⟩ naturbelassene Energieträger unmittelbar nach der Gewinnung, z. B. Rohöl, Kohle, Erdgas

Pri|mär|ge|stein ⟨n.; -s, -e; Geol.⟩ aus dem flüssigen Magma auskristallisiertes Gestein, das keine weiteren Umwandlungen erfahren hat

Pri|ma|ria ⟨f.; -; unz.⟩ **1** ⟨österr.; kurz für⟩ Primarärztin **2** ⟨österr.⟩ Grund-, Volksschule **3** ⟨Musik⟩ Primgeigerin

Pri|ma|ri|us ⟨m.; -, -ri|en; Abk.: P., Prim.⟩ **1** oberster Pfarrer **2** ⟨Musik⟩ erster Geiger (in der Kammermusik); *Sy* Primgeiger **3** ⟨österr.⟩ = Primararzt [lat., »zu den Ersten gehörend«; zu *primus* »der Erste«]

Pri|mär|kreis ⟨m.; -es, -e; El.⟩ Stromkreis in der Primärwicklung eines Transformators

Pri|mär|li|te|ra|tur ⟨f.; -; unz.; Lit.⟩ die literaturwissenschaftlichen behandelten dichterischen Werke u. Quellen; *Ggs* Sekundärliteratur

Pri|mar|schu|le ⟨f.; -, -n; schweiz.⟩ Volksschule

Pri|mär|strah|lung ⟨f.; -, -en; Physik⟩ Teil der kosmischen Strahlung, der unmittelbar aus dem Weltraum stammt

Pri|mar|stu|fe ⟨f.; -, -n; Päd.⟩ Eingangsstufe des Schulsystems, Grundschule [→ *primär*]

Pri|mär|tu|mor ⟨m.; -s, -en; Med.⟩ Erstgeschwulst, von der Metastasen ausgehen

Pri|mär|wick|lung ⟨f.; -, -en; El.; bei Transformatoren⟩ Teil der Wicklung, der die Leistung mit der verfügbaren Spannung aufnimmt u. durch Induktion in der Sekundärwicklung eine meist höhere Spannung erzeugt; *Ggs* Sekundärwicklung

Pri|ma|ry ⟨[praımərı] f.; -, -s; Politik⟩ (in den USA übliches Wahlsystem) von Vorwahlen, bei denen die Endkandidaten für ein politisches Amt ermittelt werden [engl.]

Pri|mas ⟨m.; -, -se⟩ **1** oberster Bischof der röm.-kath. Kirche (eines Landes) **2** ⟨Musik⟩ Primgeiger einer Zigeunerkapelle, Zigeunerprimas [lat., kirchenlat., »der dem Range nach Erste, der Vornehmste«; zu lat. *primus* »der Erste«]

Pri|mat[1] ⟨m. od. n.; -(e)s, -e⟩ **1** Vorrang, Vorzug, Vorherrschaft **2** Erstgeburtsrecht **3** Vorrangstellung (des Papstes als Oberhaupt der kath. Kirche) [<lat. *primatus* »erste Stelle, erster Rang«; zu *primus* »der Erste«]

Pri|mat[2] ⟨m.; -en, -en; meist Pl.⟩ Angehöriger einer Reihe der Säugetiere, zu denen Halbaffen, Affen u. Menschen gerechnet werden, Herrentier [→ *Primat*[1]]

pri|ma vis|ta ⟨[-vıs-] Musik⟩ vom Blatt; *ein neues Musikstück ~ spielen* [ital., »beim ersten Blick«]

Pri|ma|wech|sel ⟨[-ks-] m.; -s, -; Börse⟩ Erstausfertigung eines Wechsels

Pri|me ⟨f.; -, -n⟩ **1** ⟨Typ.⟩ Signatur auf der ersten Seite des Druckbogens; *Ggs* Sekunde (5) **2** ⟨Musik⟩ erster Ton der diatonischen Tonleiter; *Sy* Primton; *oV* Prim (2) **3** ⟨Sport; Fechten⟩ den Kopf senkrecht von oben treffender Hieb; *Sy* Primhieb; *oV* Prim (3) [<lat. *prima*, Fem. zu *primus* »der Erste«]

Pri|mel ⟨f.; -, -n; Bot.⟩ gezüchtete Form der Schlüsselblume: Primula [<neulat. *primula veris* »erste (Blume) des Frühlings«; zu lat. *primulus*, Verkleinerungsform zu *primus* »der Erste«]

Pri|mer ⟨[praımə(r)] m.; -s, -⟩ **1** Fibel, Erstlesebuch **2** Grundierung, Grundanstrich [engl.]

Prime|rate ⟨[praımrɛıt]⟩ *auch:* **Prime Rate** ⟨f.; (-) -; unz.; in den USA⟩ Diskontsatz für Großbanken mit Leitzinsfunktion [<engl. *prime* »Haupt-, wesentlich« + *rate* »Rate«]

Prime|time ⟨[praımtaım]⟩ *auch:* **Prime Time** ⟨f.; (-) -, (-) -s; TV⟩ Hauptsendezeit mit der durchschnittlich höchsten Einschaltquote, in Deutschland z. B. die Zeit zwischen 20 u. 22 Uhr; *Sy* Primetime-TV [<engl. *prime time* »Spitzen-, Stoßzeit«]

Prime|time-TV *auch:* **Prime-Time-TV** ⟨[praımtaım ti:vi:] n.; -s; unz.; TV⟩ = Primetime

Pri|meur ⟨[primø:r] m.; - od. -s, -s⟩ junger Rotwein aus Frankreich; *Beaujolais ~* [frz.; eigtl. »Neuheit«]

Prim|gei|ger ⟨m.; -s, -; Musik⟩ = Primarius (2) [<lat. *primus* »der erste«]

Prim|geld ⟨n.; -(e)s, -er; Seew.⟩ = Primage [<frz. *prime* »Prämie« <lat. *praemium* »Belohnung, Preis«]

Prim|hieb ⟨m.; -(e)s, -e; Sport; Fechten⟩ = Prime (3)

Pri|mi|pa|ra ⟨f.; -, -pa|ren; Med.⟩ Frau, die zum ersten Male ein Kind bekommt, Erstgebärende; *Ggs* Multipara [<lat. *primus* »der Erste« + *parere* »hervorbringen«]

pri|mis|si|ma ⟨Adj.; meist adv.; umg.⟩ besser als prima, hervorragend, vorzüglich [→ *prima* (der ital. Steigerungsform nachgebildet)]

pri|mi|tiv ⟨Adj.⟩ **1** ursprünglich, dem Urzustand nahe; *~e Völker* Naturvölker **2** einfach, dürftig, unvollkommen; *~e Häuser, Geräte* **3** geistig anspruchslos, wenig entwickelt; *sie ist sehr ~; ein ~ geschriebenes Buch* [<frz. *primitiv* »ursprünglich« <lat. *primitivus* »der Erste in seiner Art«; zu *primus* »der Erste«]

pri|mi|ti|vie|ren ⟨[-vi:-] V.⟩ = primitivisieren

pri|mi|ti|vi|sie|ren ⟨[-vi-] V.⟩ *etwas ~* primitiver darstellen, umsetzen, abbilden, als es tatsächlich ist; *oV* primitivieren; *einen Sachverhalt ~* [→ *primitiv*]

Pri|mi|ti|vis|mus ⟨[-vıs-] m.; -; unz.⟩ Kunstrichtung, die sich an der Kunst der Naturvölker, der sogenannten primitiven Völker, orientiert

Pri|mi|ti|vi|tät ⟨[-vi-] f.; -; unz.⟩ primitive Beschaffenheit, primitives Wesen

Pri|miz ⟨f.; -, -en⟩ erste Messe (eines neu geweihten kath. Geistlichen) [<lat. *primitiae* »Erstlinge«; zu *primus* »der erste«]

Pri|mi|zi|ant ⟨m.; -en, -en⟩ neu geweihter kath. Geistlicher

Pri|mi|zi|en ⟨Pl.⟩ den röm. Göttern dargebrachte »Erstlinge«, d. h. die ersten Früchte od. jungen Tiere des Jahres [<lat. *primitiae*; → *Primiz*]

pri|mo ⟨Musik⟩ erste(r); *Ggs* secondo; *violino ~* erste Geige; *~ tempo* erstes (d. h. ursprüngliches) Tempo [ital.]

Pri|mo ⟨n.; - od. -s, Pri|mi; Musik; beim vierhändigen Klavierspiel⟩ erste Stimme, Diskant; *Ggs* Secondo

Pri|mo|ge|ni|tur ⟨f.; -, -en⟩ Erbfolge des Erstgeborenen; *Ggs* Sekundogenitur (1) [<lat. *primus* »der Erste« + *genitus* »gebo-

P

ren«, Part. Perf. zu *gignere* »erzeugen, gebären«]

pri|mor|di|al *auch:* **pri|mor|di|al** ⟨Adj.; Philos.⟩ ursprünglich, am Anfang seiend [<lat. *primordialis*]

Prim|ton ⟨m.; -(e)s, -tö|ne; Musik⟩ = Prime (2)

Pri|mus ⟨m.; -, -se od. Pri|mi⟩ Klassenerster; ~ *inter Pares* der Erste unter im Rang Gleichen [<lat. *primus* »der Erste«; lat. *inter pares* »unter Gleichen«]

Prim|zahl ⟨f.; -, -en⟩ nur durch 1 u. durch sich selbst teilbare ganze Zahl, z.B 5, 7, 11 [<lat. *primus* »der Erste«]

Prince of Wales ⟨[prɪns ɔf wɛɪlz] m.; - - -; unz.; Titel für⟩ engl. Kronprinz [engl., »Prinz von Wales«]

Print ⟨m.; -s, -s⟩ **1** Druck; *Qualität im ~ anstreben* **2** Druckerzeugnis, bes. Zeitung od. Zeitschrift; *etwas im ~ haben* **3** ⟨kurz für⟩ Printmedien; *die Besten aus ~, Radio u. TV; journalistisches Handwerk in Radio, Fernsehen u. in ~ lernen* [<engl. *print* »Druck; drucken«]

Prin|te ⟨f.; -, -n⟩ stark gewürzter, harter Pfefferkuchen, urspr. mit Heiligenbild [<ndrl. *prent; zu prenten* »drucken« (nach den urspr. aufgedruckten Heiligenfiguren)]

prin|ted in ... ⟨[prɪntɪd]⟩ gedruckt in ... (Angabe in Büchern); ~ *USA* [engl.]

P

Prin|ter ⟨m.; -s, -; bes. EDV⟩ Drucker [engl.; zu *print* »drucken«]

Prin|ting-on-De|mand ⟨[-dɪ-] n.; - od. -s; unz.; Buchw.⟩ = Print-on-Demand

Print|me|di|um ⟨n.; -s, -di|en⟩ Druckerzeugnis (als Medium), z. B. Buch, Zeitung [<engl. *print* »drucken« + *Medium*]

Print-on-De|mand ⟨[-dɪ-] n.; - od. -s; unz.; Buchw.⟩ das Drucken von Büchern in kleiner Stückzahl auf Bestellung; *oV* Printing-on-Demand [engl., »Drucken nach Bedarf«]

Prin|zeps ⟨m.; -, -zi|pes⟩ **1** altröm. Senator, der als Erster auf der Liste der Senatoren stand u. bei Abstimmungen zuerst gefragt wurde **2** ⟨seit Augustus Titel für⟩ röm. Kaiser [<lat. *princeps* »die erste Stelle einnehmend, Vornehmster; Führer, Fürst« <*primus* »der Erste« + *capere* »nehmen«]

Prin|zip ⟨n.; -s, -pi|en od. (selten) -e⟩ Grundsatz, Regel, Richtschnur; *~ien haben; etwas aus ~ tun od. nicht tun; im ~ habe ich nichts dagegen* [<lat. *principium* »Anfang, Ursprung, Grundlage«; → *Prinzeps*]

Prin|zi|pal[1] ⟨m.; -s, -e⟩ **1** Inhaber eines Geschäfts **2** Lehrherr (in kaufmänn. Berufen) [<lat. *principalis* »Erster, Vornehmster, Vorsteher; → *Prinzeps*]

Prin|zi|pal[2] ⟨n.; -s, -e⟩ Register der Orgel, die tiefste Stimme eines Manuals; *Sy* Vox principalis [→ *Prinzipal*[1]]

prin|zi|pi|ell ⟨Adj.⟩ **1** grundsätzlich, im Prinzip; *~ bin ich einverstanden* **2** aus Prinzip; *das tue ich ~ nicht* [<lat. *principialis* »anfänglich, ursprünglich«]

Prinz|re|gent ⟨m.; -en, -en⟩ stellvertretend regierendes Mitglied eines Fürstenhauses

Pri|on ⟨n.; -s, -o|nen; Med.⟩ kleines Proteinpartikel, das im Verdacht steht, Gehirnerkrankungen wie die Alzheimer-Krankheit od. BSE mit zu verursachen [<*Protein* + *infektiös* + *...on*]

Pri|or ⟨m.; -s, -o|ren⟩ **1** Vorsteher eines Klosters **2** Stellvertreter eines Abtes [mlat., »der Vordere, der dem Range nach höher Stehende« <lat. *prior* »eher, früher, vorzüglicher«]

Pri|o|rat ⟨n.; -(e)s, -e⟩ Amt, Würde eines Priors

pri|o|ri|sie|ren ⟨V.⟩ bevorzugen, den Vorrang einräumen, bestimmte Prioritäten setzen

pri|o|ri|tär ⟨Adj.; geh.⟩ höchste Priorität besitzend, sehr wichtig od. dringlich, vorrangig; *etwas ~ bearbeiten; etwas für ~ halten*

Pri|o|ri|tät ⟨f.; -, -en⟩ **1** Vorrang, Vorrecht (bes. eines älteren Rechts vor dem jüngeren) **2** *~en* Wertpapiere, die vor anderen gleicher Art bevorzugt sind [<frz. *priorité* »Vorrang, Vorrecht«, <lat. *prior* »eher, früher«]

Pri|o|ri|täts|ak|tie ⟨[-tsjə] f.; -, -n; Bankw.⟩ Wertpapier, das vor anderen, gleichartigen bevorzugt wird

Pri|se ⟨f.; -, -n⟩ **1** von einem kriegführenden Staat erobertes feindl. od. neutrales Handelsschiff od. Handelsgut **2** kleine Menge, die man mit zwei Fingern fassen kann; *eine ~ Salz, eine ~ Schnupftabak* [frz., »das Ergreifen, das Ergriffene, Beute, Fang«]

Pris|ma ⟨n.; -s, Pris|men⟩ **1** ⟨Math.⟩ Körper, der von zwei kongruenten n-Ecken (z. B. Drei- od. Vierecken) u. n-Rechtecken (z. B. drei od. vier) *(gerades ~)* od. Parallelogrammen *(schiefes ~)* begrenzt ist **2** ⟨Kristallographie⟩ Körper, dessen Flächen einer Koordinatenachse parallel sind, die übrigen Achsen aber schneiden **3** ⟨Optik⟩ durchsichtiger, keilförmiger Körper, der zur Totalreflexion von Lichtstrahlen od. zu ihrer Zerlegung in Spektralfarben dient [grch., eigtl. »das Zersägte, das Zerschnittene«; zu *priein* »sägen, zerschneiden«]

pris|ma|tisch ⟨Adj.⟩ in der Form eines Prismas, wie ein P.

Pris|ma|to|id ⟨n.; -(e)s, -e; Math.⟩ prismaähnlicher Körper [<*Prisma* + *...id*]

pris|ma|to|i|disch ⟨Adj.⟩ in der Art eines Prismatoids

Pris|men|kreis ⟨m.; -es, -e⟩ Winkelmessinstrument der Geodäsie u. Astronomie, das aus einem totalreflektierenden Prisma und einem in Grad unterteilten Kreis besteht

pri|vat ⟨[-vaːt] Adj.⟩ **1** nichtöffentlich, Einzelnen vorbehalten; *~e Angelegenheiten; ~er Eingang; ~e Meinung* M., die jmd. als Einzelner, nicht als Vertreter seiner Gruppe od. als Inhaber eines Amtes äußert **2** nichtöffentlich, persönlich, vertraulich; *jmdn. ~ sprechen wollen* **3** *~es Unternehmen* einer od. mehreren Personen, nicht dem Staat od. einer Genossenschaft gehörendes U. [<lat. *privatus* »(der Herrschaft) beraubt, gesondert«; zu *privare* »berauben, befreien, sondern«]

Pri|vat|au|di|enz ⟨[-vaːt-] f.; -, -en⟩ persönlicher Empfang ohne dienstlichen Anlass, z. B. beim Papst

Pri|vat|de|tek|tiv ⟨[-vaːt-] m.; -s, -e⟩ freiberuflich arbeitender Detektiv

Pri|vat|de|tek|ti|vin ⟨[-vaːt-] f.; -, -vin|nen⟩ freiberuflich arbeitende Detektivin

Pri|vat|do|zent ⟨[-vaːt-] m.; -en, -en; Abk.: PD⟩ habilitierter, jedoch nicht beamteter Hochschullehrer

Pri|vat|do|zen|tin ⟨[-vaːt-] f.; -, -tin|nen; Abk.: PD⟩ habilitierte, jedoch nicht beamtete Hochschullehrerin

Pri|vate Ban|king ⟨[praɪvət bæŋkɪŋ] n.; - - od. - -s; unz.⟩ privates Bankkundengeschäft [engl.]

Pri|va|ti|er ⟨[-vatjeː] m.; -s, -s; veraltet⟩ jmd., der privatisiert [französierende Bildung zu *privat*]

pri|va|tim ⟨[-vaː-] Adv.⟩ **1** nichtamtlich, nichtöffentlich **2** vertraulich, unter vier Augen, für sich allein [lat., »als Privatmann«]

Pri|vat|in|i|ti|a|ti|ve ⟨[-vaːt-] f.; -, -n⟩ Initiative, die von Privatpersonen (nicht von staatl. Seite) ausgeht

Pri|vat|in|ter|es|se *auch:* **Pri|vat|in|te|res|se** ⟨[-vaːt-] n.; -s, -n⟩ persönliches Interesse; *seine ~n vertreten*

Pri|va|ti|on ⟨[-va-] f.; -, -en⟩ **1** ⟨veraltet⟩ Beraubung, Entziehung **2** ⟨Logik⟩ Negation, bei der das Prädikat dem Subjekt das diesem Wesentliche nimmt, z. B. die Uhr geht nicht [<lat. *privatio* »Befreiung«; zu *privare* »berauben, befreien«]

pri|va|ti|sie|ren ⟨[-va-] V.⟩ **1** *staatliche Unternehmen ~* in Privateigentum umwandeln **2** ohne Ausübung eines Berufes leben, vom Vermögen od. von einer (nicht staatlichen) Rente leben [→ *privat*]

Pri|va|ti|sie|rung ⟨[-va-] f.; -, -en; Wirtsch.⟩ Überleitung staatlicher Unternehmen in Privateigentum

pri|va|tis|si|me ⟨[-va-] Adv.⟩ im engsten Kreis, vertraulich

Pri|va|tis|si|mum ⟨[-va-] n.; -s, -sima⟩ Vorlesung für eine kleine Hörerschaft [lat., »sehr privat, das Privateste«; zu *privatus* »gesondert, für sich, privat«]

pri|va|tis|tisch ⟨[-va-] Adj.⟩ von der Öffentlichkeit zurückgezogen, vorwiegend im Privaten lebend

Pri|va|tiv ⟨[-vatiːf] n.; -s, -e [-və]; Sprachw.⟩ Verb, das ein Wegnehmen, Beseitigen ausdrückt, z. B. enteignen, entfernen, enteilen [→ *privat*]

Pri|vat|jet ⟨[-vaːtdʒɛt] m.; -s, -s⟩ Jet in Privatbesitz

Pri|vat|pa|ti|ent ⟨[-vaːtpatsjɛnt] m.; -en, -en⟩ Patient, der das Honorar für den Arzt nicht über eine Pflichtkrankenkasse, sondern selbst bzw. über eine private Krankenversicherung bezahlt

Pri|vat|per|son ⟨[-vaːt-] f.; -, -en⟩ Person außerhalb des behördlichen od. staatlichen Lebens, nicht im Auftrag od. als Repräsentant einer Institution auftretende Person; *ist das Museum in Staatsbesitz oder gehört es einer ~?; als Beamter, als Soldat muss er sich so verhalten, als ~ braucht er das nicht*

Pri|vat|sek|tor ⟨[-vaːt-] m.; -s, -en⟩ Sektor der Wirtschaft, in dem die Privatwirtschaft angesiedelt ist; *Geldgeber aus dem ~ finanzieren den Bau von Krankenhäusern*

Pri|vat|sphä|re ⟨[-vaːt-] f.; -; unz.⟩ abgeschirmter Bereich des persönlichen Lebens; *die ~ von Prominenten nicht respektieren*

Pri|vi|leg ⟨[-vi-] n.; -s, -gi|en⟩ besonderes Recht Einzelner od. eines Einzelnen, Sonderrecht [<lat. *privilegium* »Vorrecht«]

pri|vi|le|gie|ren ⟨[-vi-] V.⟩ mit einem Privileg ausstatten, bevorzugen [<mlat. *privilegiare* »ein Vorrecht einräumen«; zu lat. *privilegium* »Vorrecht«]

Prix ⟨[priː] m.; -, -⟩ Preis; *Grand ~* [grã priː] Großer Preis [frz.]

pro ⟨Präp. mit Akk.⟩ **1** für; *Ggs* contra **2** je; *fünf Euro ~ Person, ~ Stunde, ~ Stück*

Pro[1] ⟨n.; -s; unz.⟩ Stellungnahme für etwas; *das ~ und (das) Contra gegeneinander abwägen* das Für u. (das) Wider (einer Sache); *Ggs* Contra (1) [<lat. *pro* »vor, für, gemäß, im Verhältnis zu«]

Pro[2] ⟨[proʊ] m.; -s, -s; Sport; bes. Golf; kurz für⟩ Professional (Berufsspieler u. z. B. Golftrainer)

pro..., Pro... ⟨Vorsilbe⟩ **1** vor, vorher, vorwärts, z. B. Progression **2** für, z. B. proarabisch [lat. »vor, vorwärts, hervor, vorher; für, eher, lieber«]

pro|ak|tiv ⟨Adj.⟩ vorausschauend, vorausplanend, Trends vorwegnehmend; *Kundenwünsche ~ erkennen*

pro an|no ⟨Abk.: p. a.; veraltet⟩ für ein Jahr, je Jahr, jährlich [lat.]

pro|ba|bel ⟨Adj.; geh.⟩ wahrscheinlich, glaubhaft, annehmbar [<lat. *probabilis* »beifallswert, gefällig, annehmbar, wahrscheinlich«]

Pro|ba|bi|lis|mus ⟨m.; -; unz.⟩ **1** Lehre, nach der alles Wissen nur auf Wahrscheinlichkeit beruht, da die Wahrheit nicht erkennbar ist **2** moralisches Prinzip, nach dem in Zweifelsfällen eine Handlung erlaubt werden kann, wenn stichhaltige Gründe dafür sprechen [zu lat. *probabilis* »gefällig, annehmbar«]

Pro|ba|bi|li|tät ⟨f.; -, -en⟩ Wahrscheinlichkeit [<lat. *probabilitas* »Glaubhaftigkeit, Wahrscheinlichkeit«; → *probabel*]

Pro|band ⟨m.; -en, -en⟩ **1** männl. Person, deren Ahnentafel aufgestellt wird **2** jmd., der zu wissenschaftl. Zwecken beobachtet wird, Versuchsperson [<lat. *probandus* »ein zu Erprobender, zu Prüfender«; zu *probare* »erproben, prüfen«]

Pro|ban|din ⟨f.; -, -din|nen⟩ **1** weibl. Person, deren Ahnentafel aufgestellt wird **2** weibl. Person, die zu wissenschaftl. Zwecken beobachtet wird, Versuchsperson

pro|bat ⟨Adj.⟩ erprobt, bewährt; *ein ~es Mittel* [<lat. *probatus* »erprobt«, Part. Perf. zu *probare* »erproben, prüfen«]

pro|bie|ren ⟨V.⟩ **1** versuchen; *den Kopfstand, das Radfahren ~; Probieren geht über Studieren* ⟨Sprichw.⟩ Praxis ist im Leben wichtiger als alle Theorie **2** *Essen, Speisen ~* ihren Geschmack prüfen, kosten; *ein Getränk, eine Soße ~* **3** ⟨Theat.⟩ proben

P

[<lat. *probare* »erproben, prüfen«]

Pro|bio|ti|ka ⟨Pl.⟩ widerstandsfähige Bakterienstämme, die den Verdauungsprozess überstehen, den Darm bevölkern u. vor Durchfallerkrankungen schützen [<*Pro…* + grch. *bios* »Leben«]

pro|bio|tisch ⟨Adj.⟩ Probiotika betreffend, zu ihnen gehörend, mit Probiotika angereicht; *~er Joghurt*

◆ Die Buchstabenfolge **pro|bl…** kann auch **prob|l…** getrennt werden.

◆ **Pro|blem** ⟨n.; -s, -e⟩ schwierige, ungelöste Aufgabe od. Frage [<grch. *problema* »das Vorgelegte, die gestellte Aufgabe, Streitfrage«]

◆ **Pro|ble|ma|tik** ⟨f.; -; unz.⟩ Schwierigkeit (einer Aufgabe, einer Frage)

◆ **pro|ble|ma|tisch** ⟨Adj.⟩ schwierig, schwer zu lösen [<grch. *problematikos;* → *Problem*]

◆ **pro|ble|ma|ti|sie|ren** ⟨V.⟩ **1** zum Problem machen, als problematisch darstellen; *wir sollten die Sache nicht unnötig ~* **2** die Problematik eines Sachverhalts darstellen, diskutieren; *du solltest diese Angelegenheit bei der nächsten Besprechung noch einmal ~*

P

◆ **pro|blem|ori|en|tiert** ⟨Adj.⟩ **1** auf ein bestimmtes Problem bezogen, konzentriert **2** ⟨EDV⟩ speziell auf die Problemstellung des Anwenders zugeschnitten (von Computerprogrammen)

◆ **Pro|blem|schach** ⟨n.; -s; unz.⟩ Variation des Schachspiels, bei der es um die Lösung konstruierter, mit bestimmten Forderungen verbundener Schachstellungen geht, z. B. Mattaufgaben, Märchenschach

Pro|ca|in ⟨n.; -s; unz.; Pharm.; internat. Freiname für⟩ ein häufig verwendetes Lokalanästhetikum; →*a.* Novokain

Pro|ce|de|re ⟨n.; -, -⟩ = Prozedere

Pro|ce|dure ⟨[prɔsiːdʒə(r)] n.; -, -s; EDV⟩ Baustein eines Programms [engl., »Prozedur«]

pro cen|tum ⟨Abk.: p. c.⟩ pro hundert [lat., »für hundert«]

Pro|ces|sor ⟨[-sɛs-] m.; -s, -; EDV⟩ = Prozessor

Pro|ces|sus ⟨m.; -; unz.; Med.⟩ vorspringender Teil eines Knochens, Fortsatz [lat., eigtl. »das Fortschreiten«]

Proc|tor|dich|te *auch:* **Proc|tor-Dich|te** ⟨[prɔktər-] f.; -; unz.⟩ höchste Dichte einer Bodenprobe bei günstigstem Wassergehalt [nach dem US-amerikan. Ingenieur R. R. *Proctor*]

Pro|de|kan ⟨m.; -s, -e⟩ Vertreter des Dekans

pro do|mo ⟨geh.⟩ in eigener Sache, zum eigenen Nutzen, für sich selbst; *~ sprechen* [lat., »für das (eigene) Haus«]

Pro|drom ⟨n.; -s, -e; Med.⟩ dem eigentl. Krankheitsausbruch vorangehende Erscheinung uncharakteristischer Natur [zu grch. *prodromos* »vorauslaufen«]

pro|dro|mal ⟨Adj.; Med.⟩ ankündigend, vorangehend

Pro|drug ⟨[-drʌg] f.; -, -s; Pharm.⟩ Arzneistoff, der als Vorstufe verabreicht u. im Organismus allmählich enzymat. in einen Wirkstoff transformiert wird, Langzeitpräparat [<*Pro…* + engl. *drug* »Medikament, Droge«]

Pro|du|cer ⟨[prɔdjuːsə(r)] m.; -s, -⟩ (Film-, Musik-)Produzent [engl.]

Pro|duct|ma|na|ger ⟨[prɔdʌktmænɪdʒə(r)] m.; -s, -⟩ jmd., der für die Planung u. Betreuung eines industriellen Produktes zuständig ist; *oV* Produktmanager [<engl. *product* »Produkt« + *Manager*]

Pro|duct|place|ment ⟨[prɔdʌktpleɪsmənt] n.; -s, -s⟩ deutlich sichtbare Verwendung eines Markennamens in Film u. Fernsehen (als verdeckte Werbemaßnahme) [<engl. *product* »Produkt« + *placement* »Platzierung«]

Pro|dukt ⟨n.; -(e)s, -e⟩ **1** mit Hilfe von menschlicher Arbeit hergestellter Gegenstand, Erzeugnis; *~ der Landwirtschaft; Industrie~; tierische, pflanzliche ~e; maschinelle ~e* **2** Ergebnis menschlischen Bemühens; *ein geistiges, künstlerisches ~; das ist das ~ unserer Erziehung* ⟨iron.⟩ **3** Ergebnis der Multiplikation; *das ~ aus (von) drei mal vier ist zwölf* [<lat. *productum*, Part. Perf. zu *producere* »hervorbringen«]

Pro|duk|ti|on ⟨f.; -, -en⟩ Herstellung, Erzeugung von Gütern, Waren mit Hilfe menschlicher Arbeit; *handwerkliche, landwirtschaftliche, literarische, maschinelle ~* [<frz. *production* »Erzeugung« <lat. *productio* »das Hervorführen«; beeinflusst von frz. *produire* »hervorbringen, erzeugen«; zu lat. *producere* »hervorbringen«]

pro|duk|tiv ⟨Adj.⟩ **1** Produkte hervorbringend **2** schöpferisch, fruchtbar; *~e Arbeit; ~ arbeiten; ~ tätig sein* [<frz. *productif* <lat. *productivus* »zur Verlängerung geeignet«; beeinflusst von frz. *produire* »hervorbringen, erzeugen«, <lat. *producere*]

Pro|duk|ti|vi|tät ⟨[-vi-] f.; -; unz.⟩ schöpfer. Leistung, Fruchtbarkeit, Ergiebigkeit

Pro|duk|tiv|kraft ⟨f.; -, -kräf|te⟩ Faktor, der die Produktivität einer Arbeit bestimmt (z. B. Arbeitskraft, Maschinen, Wissenschaft) [→ *produktiv*]

Pro|dukt|li|nie ⟨[-njə] f.; -, -n⟩ Markenprodukte eines Herstellers, die im Zusammenhang angeboten werden; *eine ~ von Körperpflege- u. Kosmetikartikeln*

Pro|dukt|ma|na|ger ⟨[-mænɪdʒə(r)] m.; -s, -⟩ = Productmanager

Pro|dukt|pi|ra|te|rie ⟨f.; -; unz.⟩ Imitation von Markenartikeln, die rechtswidrig unter ihrem echten Handelsnamen verkauft werden

Pro|du|zent ⟨m.; -en, -en⟩ *Ggs* Konsument **1** jmd., der Güter produziert, Erzeuger, Hersteller **2** ⟨Bot.⟩ grüne Pflanze, die organische Substanz aus anorganischer aufzubauen vermag [<lat. *producens*, Part. Präs. zu *producere* »hervorbringen«]

Pro|du|zen|tin ⟨f.; -, -tin|nen⟩ weibl. Person, die Güter produziert, Erzeugerin, Herstellerin; *Ggs* Konsumentin

pro|du|zie|ren ⟨V.⟩ **1** *Verbrauchsgüter ~* schaffen, hervorbringen, erzeugen **2** *sich ~* zeigen, was man kann (u. dabei die Aufmerksamkeit auf sich lenken) [<lat. *producere* »hervorführen, hervorbringen«]

Pro|en|zym ⟨n.; -s, -e; Biochemie⟩ Vorstufe, Grundkörper eines Enzyms

Prof. ⟨Abk. für⟩ Professor(in)

pro|fan ⟨Adj.⟩ **1** weltlich, unheilig, unkirchlich; *Ggs* sakral (2) **2** alltäglich [<lat. *profanus* »vor dem heiligen Bezirk liegend, ungeheiligt«; zu *fanum* »Heiligtum«; → *fanatisch*]

Pro|fa|na|ti|on ⟨f.; -, -en⟩ = Profanierung [<lat. *profanatio* »Entheiligung«; → *profan*]

Pro|fan|bau ⟨m.; -(e)s, -ten⟩ Bauwerk für weltliche Zwecke; *Ggs* Sakralbau

pro|fa|nie|ren ⟨V.⟩ entweihen, entwürdigen, ins Alltägliche herabziehen [<lat. *profanare* »entweihen«; → *profan*]

Pro|fa|nie|rung ⟨f.; -, -en⟩ das Profanieren; *Sy* Profanation

Pro|fa|ni|tät ⟨f.; -; unz.⟩ profane Beschaffenheit, Weltlichkeit, Unheiligkeit [<lat. *profanitas* »Unheiligkeit«; → *profan*]

pro|fa|schis|tisch ⟨Adj.; Politik⟩ dem Faschismus zugeneigt, ihn unterstützend

Pro|fess **1** ⟨f.; -, -e⟩ Ablegung der Klostergelübde **2** ⟨m.; -sen, -en⟩ Klostermitglied, das die Ordensgelübde abgelegt hat [<lat. *professio* »Bekenntnis«; <lat. *professus* »einer, der ein öffentl. Bekenntnis abgelegt hat«, Part. Perf. zu *profiteri* »öffentlich bekennen«]

Pro|fes|si|on ⟨f.; -, -en⟩ Beruf, Gewerbe, Handwerk [frz., »Beruf, Stand«]

Pro|fes|sio|nal ⟨m.; -s, -e od. engl. [prɔfɛʃənəl] m.; -s, -s⟩ Berufssportler; *Sy* Profi [engl., »beruflich, berufsmäßig«]

pro|fes|si|o|na|li|sie|ren ⟨V.⟩ zum Beruf, zur Erwerbsquelle machen [→ *Profession*]

Pro|fes|si|o|na|lis|mus ⟨m.; -; unz.⟩ Berufsmäßigkeit [<frz. *professionnel* »berufsmäßig«]

pro|fes|si|o|nell ⟨Adj.⟩ **1** berufsmäßig, als Beruf ausgeübt; *~er Sportler* **2** fachmännisch, mit großem Können ausgeführt; *ein ~er Einbruch* [<frz. *professionnel* »berufsmäßig« <lat. *professio* »Gewerbe, Geschäft«]

pro|fes|si|o|niert ⟨Adj.⟩ gewerbsmäßig

Pro|fes|si|o|nist ⟨m.; -en, -en; österr.⟩ gelernter Arbeiter, Fachmann

Pro|fes|sor ⟨m.; -s, -so|ren; Abk.: Prof.⟩ **1** beamteter Hochschullehrer; *Universitäts~; ~ der Germanistik, der Medizin; ordentlicher, außerordentlicher ~* **2** ⟨Ehrentitel für⟩ Gelehrter, Künstler **3** ⟨früher Titel für⟩ Lehrer an einer höheren Schule; *Studien~* [lat., »einer der sich öffentlich bekennt, erklärt; öffentlicher Lehrer«; zu *profiteri* »öffentlich bekennen, erklären«]

pro|fes|so|ral ⟨Adj.⟩ wie ein Professor; *~es Gehabe*

Pro|fes|so|rin ⟨f.; -, -rin|nen; Abk.: Prof.⟩ weibl. Professor

Pro|fes|sur ⟨f.; -, -en⟩ Lehrstuhl; *eine ~ innehaben; auf eine ~ berufen werden* [→ *Professor*]

Pro|fi ⟨m.; -s, -s; umg.; kurz für⟩ = Professional

Pro|fil ⟨n.; -s, -e⟩ **1** Seitenansicht; *das ~ eines Gesichts; er wandte mir das, sein ~ zu; jmdn. od. etwas im ~ darstellen, malen, zeichnen* **2** Umriss, Längs- od. Querschnitt; *das ~ eines Eisenbahnwagens, Gebäudes, Turmes* **3** vorspringendes Bauelement **4** senkrechter Schnitt durch die Erdoberfläche; *geologisches ~* **5** Oberfläche, die Erhebungen aufweisend; *~ von Reifen, Schuhsohlen* **6** Höhe u. (od.) Breite einer Durchfahrt; *Brücken~* **7** ⟨fig.⟩ **7.1** klare Richtung, Haltung; *der Politiker hat kein ~* **7.2** Beschreibung ausgeprägter Kennzeichen, Verhaltensweisen od. bes. Charakteristik; *ein persönl. Internet~ ermitteln; ein exaktes Täter~ erstellen* [<frz. *profil,* ital. *profilo* »Seitenansicht, Umriss«]

Pro|fil|ei|sen ⟨n.; -s, -; Met.; veraltet⟩ durch Walzen hergestellte Stahlstangen mit viereckigem, T- oder L-förmigem Querschnitt

Pro|fi|ler ⟨[-faɪ-] m.; -s, -⟩ **1** Ermittler in einem Kriminalfall **2** jmd., der Kriminalfälle analysiert u. Hinweise auf mögliche Täter geben kann, Kriminalpsychologe [<engl. *profile* »Profil«]

pro|fi|lie|ren ⟨V.⟩ **1** im Profil darstellen **2** ⟨fig.⟩ scharf umreißen; *eine profilierte Persönlichkeit* ⟨fig.⟩ scharf umrissene, markante, hervorstechende P. **3** ⟨fig.; häufig abwertend⟩ *sich ~* sich durch hervorstechende Leistungen hervortun, besondere Anerkennung, eine bedeutende Stellung erwerben

pro|fi|liert ⟨Adj.⟩ **1** mit einem Profil (5) versehen **2** mit ausgeprägten, hervorstechenden Eigenschaften ausgestattet, als kompetent ausgewiesen; *er ist ein ~er Politiker, Kunstkritiker, Wirtschaftsfachmann*

Pro|fi|lie|rung ⟨f.; -, -en⟩ **1** das Sichprofilieren **2** das Profilieren, das Profiliertwerden

Pro|fil|neu|ro|se ⟨f.; -, -n; abwertend⟩ verkrampft-übertriebenes Bestreben, sich vor anderen zu profilieren (3)

Pro|fit ⟨a. [-fɪt] m.; -(e)s, -e⟩ Gewinn, Vorteil, Nutzen; *viel ~ aus einer Sache schlagen, ziehen; mit, ohne ~ arbeiten* [frz., »Gewinn«]

pro|fi|ta|bel ⟨Adj.⟩ Gewinn bringend, vorteilhaft, einträglich; *Ggs* unprofitabel; *ein profitables Geschäft* [<frz. *profitable* »nutzbringend«]

Pro|fit|cen|ter ⟨[prɔfɪtsɛntə(r)] n.; -s, -; Wirtsch.⟩ (innerhalb eines größeren Unternehmens) abgetrennter Produktionsbereich mit eigener Verantwortlichkeit für den wirtschaftl. Erfolg; *Sy* Businessunit [<engl. *profit* »Gewinn, Profit« + *center* »Abteilung, Zentrum«]

Pro|fi|te|roles ⟨[-roːl] Pl.; frz. Kochk.⟩ mit Eis gefülltes Brandteiggebäck

Pro|fi|teur ⟨[-tøːr] m.; -s, -e⟩ jmd., der von etwas profitiert u. bes. Nutzen aus einer Sache zieht, Nutznießer

pro|fi|tie|ren ⟨V.⟩ Profit, Gewinn erzielen, Nutzen haben (von, bei) [<frz. *profiter* »ausnutzen«]

Pro|fit|ma|xi|mie|rung ⟨a. [-fɪt-] f.; -, -en; Wirtsch.⟩ (marxistischer Begriff für den) Erhalt hoher Gewinne

pro|fit|ori|en|tiert ⟨Adj.⟩ auf wirtschaftlichen Gewinn ausgerichtet, ausschließlich nach Gewinn strebend; *~e Unternehmen*

Pro-Form ⟨f.; -, -en; Sprachw.⟩ meist pronominales Satzelement, das einen vorausgegangenen Ausdruck wieder aufnimmt od. einen nachfolgenden vorwegnimmt, z. B. ich sah einen Mann auf der Straße, »er« ging gebückt, »das« war etwas, wogegen er sein Leben lang gekämpft hatte: die Einschränkung der Meinungsfreiheit [→ *Pro...*]

pro for|ma nur der Form wegen, nur zum Schein [lat.]

Pro|fos ⟨[-foːs] m.; -es od. -en, -e od. -en⟩ Ankläger u. Vollstrecker des Urteils (in mittelalterl. Söldnerheeren) [<afrz. *provost* <lat. *propositus* »vorgesetzt«]

pro|fund ⟨Adj.⟩ tief(gründig), gründlich; *~e Kenntnisse; ~es Wissen* [<lat. *profundus* »tief«]

Pro|fun|dal ⟨n.; -s, -e; Geogr.⟩ lichtarme Tiefenzone von Seen [zu lat. *profundum* »Abgrund«]

Pro|fun|di|tät ⟨f.; -; unz.⟩ Gründlichkeit, Tiefgründigkeit [→ *profund*]

pro|fus ⟨Adj.⟩ **1** ⟨geh.⟩ unmäßig, verschwenderisch **2** ⟨Med.⟩ übermäßig, stark, reichlich; *~e Schweißabsonderung* [<lat. *profusus* »unmäßig, verschwenderisch«]

P

Pro|ge|ne|se ⟨f.; -, -n; Med.⟩ vorzeitige Geschlechtsentwicklung [<*Pro...* + *Genese*]

Pro|ge|nie ⟨f.; -, -n; Med.⟩ das Vorstehen des Unterkiefers, eine Kieferanomalie; *Ggs* Prognathie, Orthognathie [<*Pro...* + grch. *genys* »Kinn«]

Pro|ge|ni|tur ⟨f.; -, -en⟩ Nachkommenschaft [<lat. *progenitus,* Part. Perf. zu *progignere* »erzeugen« u. *progenies* »Nachkommenschaft«]

Pro|ges|te|ron ⟨n.; -s; unz.; Biochemie⟩ Gelbkörperhormon, das der Vorbereitung der Gebärmutterschleimhaut zur Aufnahme des befruchteten Eies u. der Aufrechterhaltung der Schwangerschaft dient; *Sy* Gestagen [<*Pro...* + lat. *gestare* »tragen«]

Pro|glot|tid ⟨m.; -en, -en; Zool.⟩ Glied eines Bandwurms [<*Pro...* + grch. *glotta* »Zunge« + *...id*]

◆ Die Buchstabenfolge **pro|gn...** kann auch **prog|n...** getrennt werden.

◆ **Pro|gna|thie** ⟨f.; -, -n; Med.⟩ das Vorstehen des Oberkiefers, eine Kieferanomalie; *Ggs* Progenie, Orthognathie [<*Pro...* + grch. *gnathos* »Kiefer«]

◆ **pro|gna|thisch** ⟨Adj.; Med.⟩ auf Prognathie beruhend, sie betreffend

◆ **Pro|gno|se** ⟨f.; -, -n⟩ Vorhersage, z. B. des Ablaufs einer Krankheit od. des Wetters [<grch. *progignoskein* »im Voraus erkennen«]

◆ **Pro|gnos|tik** ⟨f.; -; unz.⟩ Lehre von den Prognosen

◆ **Pro|gnos|ti|ker** ⟨m.; -s, -⟩ jmd., der (wissenschaftlich fundierte) Prognosen erstellt, zukünftige Entwicklungen (aufgrund von Daten) vorausdeutet

◆ **Pro|gnos|ti|kon** ⟨n.; -s, -ti|ken od. -ti|ka; geh.⟩ = Prognostikum

◆ **Pro|gnos|ti|kum** ⟨n.; -s, -ti|ken od. -ti|ka; geh.⟩ Vorzeichen; *oV* Prognostikon [→ *Prognose*]

◆ **pro|gnos|tisch** ⟨Adj.⟩ vorhersagend, vorbedeutend [→ *Prognose*]

◆ **pro|gnos|ti|zie|ren** ⟨V.⟩ voraussagen

Pro|gramm ⟨n.; -s, -e⟩ **1** Folge der Darbietungen bei Veranstaltungen, Sendungen im Rundfunk; *Rundfunk~; Film~; Theater~; das ~ der Woche* **2** Blatt od. Heft mit dem Programm (1) **3** Angebot von Waren; *Sy* Sortiment; *Möbel~* **4** Plan, Pläne, Vorhaben; *hast du für heute Abend ein ~?; das steht nicht in unserem ~* ⟨a. fig.⟩ das beabsichtigen wir nicht **5** öffentl. verkündete Gesamtheit der Tätigkeit u. Ziele einer politischen Partei, einer literarischen Richtung o. Ä.; *Partei~; ein ~ aufstellen* **6** ⟨EDV; Kyb.⟩ eindeutige Anweisung an eine Maschine, bestimmte Aufgaben in einer bestimmten Reihenfolge zu erfüllen; *ein ~ für einen Computer entwickeln, in einen C. eingeben* **7** ⟨Mal.; bildende Kunst⟩ Gesamtheit der Szenen einer einen Ablauf schildernden künstlerischen Darstellung [<grch.-lat. *programma* »schriftl. Bekanntmachung, Aufruhr, Tagesordnung« <grch. *pro* »vor« + *graphein* »schreiben«]

Pro|gram|ma|tik ⟨f.; -; unz.⟩ Zielsetzung, Zielvorstellung

Pro|gram|ma|ti|ker ⟨m.; -s, -⟩ jmd., der ein Programm (5) entwickelt od. vertritt

pro|gram|ma|tisch ⟨Adj.⟩ einem Programm (5), einem Grundsatz entsprechend, richtungweisend, zielsetzend; *eine ~e Rede, Schrift verfassen*

Pro|gramm|di|rek|tor ⟨m.; -s, -en; Radio; TV⟩ Direktor, der für das Programm eines Senders verantwortlich ist

pro|gram|mie|ren ⟨V.⟩ **1** ⟨EDV⟩ *einen Computer ~* ein Programm für einen C. aufstellen **2** *programmierter Unterricht* durch Bücher od. Lernmaschinen vermittelter Unterricht, bei dem der Lehrstoff in kleinste Einheiten eingeteilt ist u. jeder Schritt des Lernens überprüft werden kann

Pro|gram|mie|rer ⟨m.; -s, -; EDV⟩ jmd., der Computer programmiert, Programme (6) schreibt

Pro|gram|mier|spra|che ⟨f.; -, -n; EDV⟩ formalisierbare Sprache mit eindeutigen Zeichen zum Programmieren von EDV-Anlagen, Maschinensprache

Pro|gram|mie|rung ⟨f.; -, -en⟩ das Programmieren

Pro|gramm|ki|no ⟨n.; -s, -s; Film⟩ kleineres Kino mit einem von den kommerziellen Verleihern unabhängigen Filmprogramm, das auch Produktionen unbekannterer Regisseure od. Filme über Themen enthält, die eher ein kleines Publikum ansprechen

Pro|gramm|mu|sik ⟨f.; -; unz.; Musik⟩ (Instrumental-)Musik, die ein Programm hat, d. h. außermusikalische Vorgänge, z. B. seelische Erlebnisse, Bilder od. Naturszenen, durch tonmalerische Mittel wiederzugeben versucht

Pro|gramm|steu|e|rung ⟨f.; -, -en; EDV⟩ Steuerung automatischer Arbeitsvorgänge mittels eines Programms

pro|gre|di|ent ⟨Adj.; Med.⟩ progressiv, fortschreitend (von Krankheiten) [zu lat. *progredi* »fortschreiten«]

Pro|gre|di|enz ⟨f.; -; unz.; Med.⟩ zunehmende Verschlimmerung, Progression einer Krankheit [<lat. *progredi* »fortschreiten«]

Pro|gress ⟨m.; -es, -e⟩ Fortgang, Fortschritt [<lat. *progressus* »das Vorwärtsschreiten, Fortschritt«; zu *progredi* »vorwärtsschreiten«]

Pro|gres|si|on ⟨f.; -, -en⟩ **1** Zunahme, Steigerung, z. B. in arithmet. Reihen **2** Zunahme des Steuersatzes bei der progressiven Steuer; *Steuer~* [<lat. *progressio* »Fortschritt«]

Pro|gres|sist ⟨m.; -en, -en⟩ Anhänger einer Fortschrittspartei; *oV* Progressivist

pro|gres|sis|tisch ⟨Adj.⟩ überzogen fortschrittsgläubig

pro|gres|siv ⟨a. ['---] Adj.⟩ **1** fortschrittlich **2** im Verhältnis zu einer Bezugsgröße mehr werdend, ansteigend; *~e Werte; ~e Steuer* S., bei der sich der prozentuale Steuersatz bei Zunahme der zu versteuernden Werte erhöht [<frz. *progressif* »vorwärtsschreitend«, <lat. *progressus;* → *Progress*]

Pro|gres|sive Jazz ⟨[-grɛsıv dʒæz] m.; - -; unz.⟩ Stilrichtung des modernen Jazz, die durch neuartige Instrumentierung u. konzertante Elemente gekennzeichnet ist [engl., »progressiver Jazz«]

Pro|gres|si|vist ⟨[-vıst] m.; -en, -en⟩ = Progressist

→ Pogrom Das aus dem Russischen stammende Fremdwort *Pogrom* wird gelegentlich irrtümlicherweise [progro:m] ausgesprochen.
Es spricht sich jedoch, wie es geschrieben wird (ohne *r* im Anlaut): [pogro:m].

pro|hi|bie|ren ⟨V.; veraltet⟩ verbieten, verhindern [<lat. *prohibere* »verhindern«]

Pro|hi|bi|ti|on ⟨f.; -; unz.⟩ Alkoholverbot [<lat. *prohibitio* »Verbot«]

Pro|hi|bi|ti|o|nist ⟨m.; -en, -en⟩ Anhänger der Prohibition

pro|hi|bi|tiv ⟨Adj.⟩ *Sy* prohibitorisch **1** verhindernd, verbietend **2** vorbeugend [<frz. *prohibitif* »prohibitiv, ausschließend« <lat. *prohibere* »hindern«]

Pro|hi|bi|tiv|preis ⟨m.; -es, -e; Wirtsch.⟩ Preishöhe, ab der jede Nachfrage erlischt [→ *prohibitiv*]

Pro|hi|bi|tiv|zoll ⟨m.; -s, -zöl|le⟩ im Rahmen des Protektionismus erhobener Schutzzoll [→ *prohibitiv*]

pro|hi|bi|to|risch ⟨Adj.⟩ = prohibitiv

Pro|jekt ⟨n.; -(e)s, -e⟩ **1** Plan, Vorhaben **2** Entwurf **3** Vorhaben im Schulunterricht, bei dem die Schüler aktiv an der Lösung eines Problems mitarbeiten [<lat. *proiectum,* Part. Perf. zu *proicere* »hinwerfen, vorwärtswerfen«; → *projizieren*]

pro|jek|tie|ren ⟨V.⟩ ein Projekt entwerfen für, planen, beabsichtigen

Pro|jek|til ⟨n.; -s, -e⟩ Geschoss [<frz. *projectile* »Geschoss«, <lat. *proicere* »vorwärtswerfen«]

Pro|jek|ti|on ⟨f.; -, -en⟩ **1** ⟨Math.⟩ Abbildung räumlicher Gebilde auf einer Ebene **2** ⟨Kartogr.⟩ Darstellung der gekrümmten Erdoberfläche auf einer Ebene **3** ⟨Optik⟩ vergrößerte Abbildung durchsichtiger od. undurchsichtiger Bilder mittels Lichtstrahlen auf einer hellen Fläche **4** ⟨Psych.⟩ das Übertragen unbewusster Vorgänge auf die Außenwelt [<lat. *proiectio* »das Hervorwerfen« → *projizieren*]

Pro|jek|ti|ons|ap|pa|rat ⟨m.; -(e)s, -e; Optik⟩ = Projektor

pro|jek|tiv ⟨Adj.⟩ in der Art einer Projektion, auf ihr beruhend

Pro|jekt|ma|nage|ment ⟨[-mænıdʒmənt] n.; - od. -s; unz.⟩ Gesamtheit der Maßnahmen zur Konzeption, Steuerung u. Durchführung eines (Industrie-)Projekts [<*Projekt* + engl. *management* »Führung, Leitung«]

Pro|jek|tor ⟨m.; -s, -en; Optik⟩ optisches Gerät, das zur Projektion von Bildern dient, Bildwerfer; *Sy* Projektionsapparat; *Dia~; Film~*

pro|ji|zie|ren ⟨V.⟩ **1** *einen Körper ~* auf einer Fläche zeichnerisch darstellen **2** *ein Lichtbild ~* auf eine Bildwand werfen [<lat. *proicere* »vorwärts werfen, hinwerfen«]

Pro|ka|ry|ont ⟨m.; -en, -en; Biol.⟩ Organismus, dessen Zellen keinen echten Zellkern besitzen; *Ggs* Eukaryont [<*Pro…* + grch. *karyon* »Kern«]

Pro|ka|ta|lep|sis ⟨f.; -, -lep|sen; Rhet.⟩ Vorwegnahme u. Widerlegung eines erwarteten Einwands; *Sy* Prolepse (1) [<*Pro…* + grch. *katalepsis* »Fassen, Ergreifung«]

Pro|kla|ma|ti|on ⟨f.; -, -en⟩ öffentl. Bekanntmachung, Aufruf [<lat. *proclamatio* »das Ausrufen«; zu *proclamare* »ausrufen«]

pro|kla|mie|ren ⟨V.⟩ öffentlich bekanntmachen, feierlich verkünden, einen Aufruf erlassen über; *einen großen Forschungserfolg ~* [<lat. *proclamare* »ausrufen«]

Pro|kla|mie|rung ⟨f.; -, -en; Pl. selten⟩ das Proklamieren, das Proklamiertwerden

Pro|kli|se ⟨f.; -, -n; Sprachw.⟩ = Proklisis

Pro|kli|sis ⟨f.; -, -kli|sen; Sprachw.⟩ die Anlehnung eines kaum betonten u. unwichtigen Wortes (Proklitikon) an das folgende, stärker betonte u. wichtigere, z. B. »'n Kind« statt »ein Kind«; *oV* Proklise; *Ggs* Enklise [<grch. *proklisis* »Vorwärtsneigung«]

Pro|kli|ti|kon ⟨n.; -s, -ti|ka; Sprachw.⟩ unbetontes Wort, das sich an das folgende, stärker betonte anlehnt; *Ggs* Enklitikon [→ *Proklise*]

pro|kli|tisch ⟨Adj.; Sprachw.⟩ in der Art einer Proklise, sich an ein folgendes, stärker betontes Wort anlehnend; *Ggs* enklitisch

Pro|kon|sul ⟨m.; -s, -n⟩ altrömischer ehemaliger Konsul, der als Statthalter in eine Provinz ging

P

Pro|kon|su|lat ⟨n.; -(e)s, -e⟩ Amt des Prokonsuls

Pro|kras|ti|na|ti|on ⟨f.; -; unz.⟩ andauerndes Aufschieben von Aufgaben, die erledigt werden müssen, obwohl dieses Verhalten nachteilige Folgen haben kann [<lat. *procrastinatio* »Vertagung, Aufschub«]

Pro|krus|tes|bett *auch:* **Prok|rus|tes|bett** ⟨n.; -(e)s; unz.; fig.⟩ Schema, in das etwas mit Gewalt hineingezwängt werden soll [nach *Prokrustes,* dem Unhold der grch. Sage, der bei ihm einkehrende Wanderer in ein Bett legte u. sie entweder streckte od. ihnen die Füße abschlug, bis sie hineinpassten]

Prokt|al|gie *auch:* **Prok|tal|gie** ⟨f.; -, -n; Med.⟩ Schmerzen in After u. Mastdarm [<grch. *proktos* »Mastdarm, After« + *algos* »Schmerz«]

Prok|ti|tis ⟨f.; -, -ti|ti|den; Med.⟩ Mastdarmentzündung [<grch. *proktos* »Mastdarm, After«]

Prok|to|lo|ge ⟨m.; -n, -n; Med.⟩ Facharzt für Proktologie

Prok|to|lo|gie ⟨f.; -; unz.; Med.⟩ Lehre von den Erkrankungen des Mastdarms [<grch. *proktos* »Mastdarm, After« + *...logie*]

Prok|to|lo|gin ⟨f.; -, -gin|nen; Med.⟩ weibl. Proktologe

prok|to|lo|gisch ⟨Adj.; Med.⟩ die Proktologie angehend, auf ihr beruhend

Prok|to|sko|pie *auch:* **Prok|tos|ko|pie** ⟨f.; -, -n; Med.⟩ Untersuchung des Mastdarms mittels eines Endoskops [<grch. *proktos* »Mastdarm« + *...skopie*]

Prok|to|to|mie ⟨f.; -, -n; Med.⟩ operatives Öffnen des Mastdarms [<grch. *proktos* »Mastdarm, After« + *...tomie*]

Pro|ku|ra ⟨f.; -, -ku|ren⟩ im Handelsregister eingetragene Vollmacht, alle Arten von Rechtsgeschäften u. -handlungen für einen Betrieb des Handelsgewerbes vorzunehmen; →*a.* per procura [<ital. *procura* »Vollmacht«; zu ital., lat. *procurare* »für etwas Sorge tragen«]

Pro|ku|ra|ti|on ⟨f.; -, -en⟩ Stellvertretung, Auftragsbesorgung durch einen Bevollmächtigten [<lat. *procuratio* »Besorgung, Verwaltung«; zu *cura* »Sorge«]

Pro|ku|ra|tor ⟨m.; -s, -to|ren⟩ **1** ⟨im antiken Rom⟩ Statthalter einer Provinz **2** ⟨in der Republik Venedig⟩ einer der neun höchsten Staatsbeamten, unter denen der Doge gewählt wurde **3** Verwalter der Finanzen eines Klosters **4** ⟨allg.⟩ Bevollmächtigter, Sachwalter, Geschäftsträger [<lat. *procurator* »Verwalter, Stellvertreter«]

Pro|ku|rist ⟨m.; -en, -en⟩ Inhaber der Prokura

Pro|lac|tin ⟨n.; -s, -e; Biochemie⟩ = Prolaktin

Pro|lak|tin ⟨n.; -s, -e; Biochemie⟩ Hormon, das die Milchbildung in Gang setzt; *oV* Prolactin [<lat. *pro* »für, gemäß« + *lac,* Gen. *lactis* »Milch«]

Pro|la|min ⟨n.; -s, -e; meist Pl.; Biol.⟩ Protein, das bes. in Getreidesamen vorkommt [nach den Bestandteilen *Prol*in + Glut*amin*säure]

Pro|laps ⟨m.; -es, -e; Med.⟩ Vorfall (eines inneren Organs) [<lat. *prolapsus,* Part. Perf. zu *prolabi* »vorwärts-, hinabgleiten«]

Pro|le|go|me|non ⟨n.; -s, -me|na⟩ einführende Worte, Vorbemerkung, Vorwort [<grch. *pro* »vor« + *legein* »sagen«]

Pro|lep|se ⟨f.; -, -n⟩ *oV* Prolepsis **1** ⟨Rhet.⟩ = Prokatalepsis **2** ⟨Gramm.⟩ Vorwegnahme des Subjekts des Nebensatzes in den vorhergehenden Hauptsatz, z. B. »hörst du den Bach, wie er rauscht« statt »hörst du, wie der Bach rauscht« [<grch. *prolepsis* »Vorwegnahme«]

Pro|lep|sis ⟨f.; -, -lep|sen; Rhet.; Gramm.⟩ = Prolepse

pro|lep|tisch ⟨Adj.; Rhet.⟩ in der Art einer Prolepse, vorgreifend

Pro|let ⟨m.; -en, -en; umg.; abwertend⟩ **1** = Proletarier (2) **2** ⟨fig.⟩ ungebildeter, ungehobelter Kerl [→ *Proletarier*]

Pro|le|ta|ri|at ⟨n.; -(e)s, -e⟩ die Klasse der Proletarier

Pro|le|ta|ri|er ⟨m.; -s, -⟩ **1** ⟨im antiken Rom⟩ Angehöriger der Klasse, die nicht besteuert wurde, da ihr Vermögen den Mindestsatz nicht erreichte **2** ⟨nach Marx u. Engels⟩ Lohnarbeiter ohne Besitz an Produktionsmitteln [<lat. *proletarius* »Bürger der untersten Klasse, der dem Staat nur mit seiner Nachkommenschaft dient«; zu *proles* »Nachkomme«]

pro|le|ta|risch ⟨Adj.⟩ **1** zu den Proletariern gehörend, von ihnen stammend **2** in der Art eines Proletariers

pro|le|ta|ri|sie|ren ⟨V.⟩ zu Proletariern machen

Pro|li|fe|ra|ti|on[1] ⟨f.; -, -en⟩ **1** ⟨Med.⟩ Vermehrung des Gewebes, Sprossung, Wucherung **2** ⟨Bot.⟩ Missbildung von Blüten [<lat. *proles* »Nachkommenschaft« + *ferre* »tragen«]

Pro|li|fe|ra|tion[2] ⟨[-fərɛɪʃən] f.; -; unz.; Politik⟩ Weitergabe von kerntechn. Material od. kerntechn. Verfahren an Länder, die sich nicht internationalen Kontrollen über deren Verwendung unterwerfen; *Ggs* Nonproliferation [engl., »Wucherung, üppiges Wachstum«]

pro|li|fe|ra|tiv ⟨Adj.; Med.; Bot.⟩ in der Art einer Proliferation (1), mit Proliferation einhergehend

pro|li|fe|rie|ren ⟨V.; Med.; Bot.⟩ Proliferation (1) zeigen, sprossen, wuchern

Pro|log ⟨m.; -(e)s, -e⟩ *Ggs* Epilog **1** Einleitung **2** Vorrede, Vorspiel [<*Pro...* + *...log*[1]]

Pro|lon|ga|ti|on ⟨f.; -, -en⟩ **1** Verlängerung (einer Frist) **2** Aufschub, Stundung (einer Forderung) [<lat. *prolongatio* »Verlängerung«; zu *longus* »lang«]

Pro|lon|ge|ment ⟨[prɔlɔ̃ʒ(ə)mã:] n.; -s, -s; Musik⟩ Einrichtung an Tasteninstrumenten, die es ermöglicht, den Ton nach Loslassen der Tasten nachhallen zu lassen [frz., »Verlängerung, Fortsetzung«]

pro|lon|gie|ren ⟨V.⟩ **1** verlängern **2** aufschieben, stunden [<lat. *prolongare* »verlängern«]

PROM ⟨EDV; Abk. für engl.⟩ Programmable Read Only Memory, Speicher, der nach einmaliger Programmierung nur noch ausgelesen werden kann

pro me|mo|ria ⟨Abk.: p. m.⟩ zum Gedächtnis, zur Erinnerung an [lat.]

Pro|me|mo|ria ⟨n.; -s, -ri|en⟩ Denkschrift

Pro|me|na|de ⟨f.; -, -n⟩ **1** Spazier-

gang 2 Spazierweg, meist mit Grünanlagen [frz., »Spaziergang«]
pro|me|nie|ren ⟨V.⟩ spazieren gehen [<frz. *se promener* »spazieren gehen«]
Pro|mes|se ⟨f.; -, -n⟩ 1 schriftliche Versprechen, schriftliche Zusage 2 Schuldschein [frz., »Versprechen«]
pro|me|the|isch ⟨Adj.⟩ an Stärke, Energie u. Größe alles überragend, himmelstürmend [nach dem Titanensohn *Prometheus,* der aus Lehm u. Wasser die ersten Menschen knetete u. ihnen das von Zeus gehütete Feuer brachte, wofür er zur Strafe an einen Felsen geschmiedet wurde, wo ein Adler bis zur Befreiung durch Herakles seine immer wieder nachwachsende Leber fraß]
Pro|me|thi|um ⟨n.; -s; unz.; chem. Zeichen: Pm⟩ zu den Metallen der seltenen Erden gehörendes chem. Element, Ordnungszahl 61 [nach dem grch. Titanen *Prometheus*]
Pro|mi ⟨m.; -s, -s; umg.; kurz für⟩ Prominente(r)
pro mil|le ⟨Abk.: p. m.; Zeichen: ‰⟩ 1 für tausend, für, auf 1000 (Stück) 2 vom Tausend [lat., »für tausend«]
Pro|mil|le ⟨n.; -s, -⟩ 1 ein Teil vom Tausend, Tausendstel 2 in Promille (1) gemessener Anteil des Alkohols am Blut [<lat. *pro mille* »für tausend«]
pro|mi|nent ⟨Adj.⟩ hervorragend, bedeutend, allgemein bekannt, maßgebend, tonangebend; *~e Persönlichkeit* [<lat. *prominens,* Part. Präs. zu *prominere* »hervorragen«]
Pro|mi|nen|te(r) ⟨f. 2 (m. 1)⟩ weibl. od. männl. Person, die prominent ist; *Sy* ⟨kurz⟩ Promi
Pro|mi|nenz ⟨f.; -, -en⟩ 1 ⟨zählb.⟩ prominente Personen 2 ⟨unz.⟩ Gesamtheit der prominenten Personen; *die gesamte ~ war auf dem Empfang* [<lat. *prominentia* »das Hervorragen«; zu *prominere* »hervorragen«]
pro|mis|cue ⟨[-kue:] Adv.; geh.⟩ vermengt, durcheinander [lat., »ohne Unterschied, gemeinschaftlich«; zu *miscere* »mischen«]
pro|misk ⟨Adj.⟩ häufig den Geschlechtspartner wechselnd, in Promiskuität lebend; *Sy* promiskuitiv
Pro|mis|ku|i|tät ⟨f.; -; unz.⟩ 1 Vermischung 2 Geschlechtsverkehr mit häufig wechselnden Partnern ohne eine gegenseitige Bindung auf längere Zeit 3 ⟨Zool.⟩ geschlechtliche Vermischung von Stämmen [<lat. *promiscuus* »gemischt, gemeinschaftlich«; zu *miscere* »mischen«]
pro|mis|ku|i|tiv ⟨Adj.⟩ = promisk
Pro|mon|to|ri|um ⟨n.; -s, -ri|en⟩ der am meisten in das kleine Becken vorspringende Punkt der Wirbelsäule [lat., »Vorgebirge«, <*pro* »vor« + *mons,* Gen. *montis* »Berg«]
pro|mo|ten ⟨V.⟩ *jmdn. ~* als Promotor für jmdn. auftreten, jmdn. managen, fördern; *einen Sportler ~*
Pro|mo|ter ⟨m.; -s, -; im Berufssport; bes. Boxen u. Ringen⟩ Veranstalter, Förderer; *oV* Promotor (2) [engl., »Förderer«; zu *promote* »fördern, begünstigen«]
Pro|mo|ti|on[1] ⟨f.; -, -en⟩ Erlangen, Verleihung der Doktorwürde [<lat. *promotio* »Beförderung«; zu lat. *movere* »bewegen«]
Pro|mo|tion[2] ⟨[prɔmoʊʃən] f.; -, -s⟩ Verkaufsförderung von Waren (durch Werbung); *die ~ für das neue Produkt war sehr erfolgreich* [engl.]
Pro|mo|tion|tour ⟨[-moʊʃəntu:r] f.; -, -en⟩ Rundfahrt, Tour zu werbe- od. verkaufsfördernden Zwecken (z. B. für ein Produkt od. für eine Person); *eine ~ planen; auf ~ sein*
Pro|mo|tor ⟨m.; -s, -to|ren⟩ 1 ⟨österr.⟩ Professor, der den Doktorgrad verleiht 2 = Promoter [lat.; → *promovieren*]
Pro|mo|vend ⟨[-vɛnd] m.; -en, -en⟩ jmd., der im Begriff steht, zu promovieren, Doktorand
pro|mo|vie|ren ⟨[-vi:-] V.⟩ 1 die Doktorarbeit schreiben; *über ein Thema ~; bei Professor X ~* 2 *jmdn. ~* jmdm. die Doktorwürde verleihen [<lat. *promovere* »vorwärtsbewegen«; zu *movere* »bewegen«]
prompt ⟨Adj.⟩ 1 rasch, unmittelbar, sofort; *~e Erledigung eines Auftrages; ich ließ ihn einen Augenblick los, und ~ fiel er herunter* 2 schlagfertig; *eine ~e Antwort* 3 ohne zu überlegen; *sie wollten mich veralbern, und ich bin auch ~ darauf hereingefallen* [frz., »bereit, geschwind« <lat. *promptus* »bereit, verfügbar«]
Pro|mul|ga|ti|on ⟨f.; -, -en⟩ Verbreitung, Bekanntgabe, Veröffentlichung, z. B. eines Gesetzes [<lat. *promulgatio* »Bekanntmachung«; zu *promulgare* »öffentlich anschlagen«]
pro|mul|gie|ren ⟨V.⟩ *ein Gesetz ~* verbreiten, bekanntgeben, veröffentlichen [<lat. *promulgare* »öffentlich anschlagen«]
Pro|na|ti|on ⟨f.; -, -en; Med.⟩ anomale Einwärtsdrehung des Handtellers bzw. Absenkung des inneren Fußrandes [<spätlat. *pronatio;* zu *pronare* »nach vorne beugen«]
Pro|no|men ⟨n.; -s, - od. -mi|na; Gramm.⟩ Fürwort, Vertreter einer Klasse von Wörtern, die entweder anstelle eines Namens stehen, der dem Sprecher u. Hörer bekannt ist u. in der Rede nicht wiederholt werden soll, od. die auf bestimmte Individuen der mit einem folgenden Namen benannten Klasse von Sachen hinweisen; *Personal~; Indefinit~; Possessiv~; Relativ~; Interrogativ~; Demonstrativ~*
pro|no|mi|nal ⟨Adj.; Gramm.⟩ als Pronomen (gebraucht), in der Form eines Pronomens, fürwörtlich
Pro|no|mi|nal|ad|jek|tiv ⟨n.; -s, -e; Gramm.⟩ wie ein Pronomen verwendetes Adjektiv, z. B. kein, viel
Pro|no|mi|nal|ad|verb ⟨n.; -s, -en od. -bi|en; Gramm.⟩ für ein Nomen stehendes Adverb, z. B. da, daran
pro|non|cie|ren ⟨[-nɔ̃si:-] V.⟩ 1 deutlich aussprechen 2 stark betonen, Nachdruck legen auf; *ein Wort prononciert aussprechen* [<frz. *prononcer* »aussprechen«]
pro|non|ciert ⟨[-nɔ̃si:rt] Adj.⟩ mit Nachdruck vorgebracht, scharf betont, deutlich ausgesprochen; *er war stets ein ~er Geg-*

P

ner dieses Plans; etwas ~ kritisieren

pro|ny|scher Zaum *auch:* **Pro-ny'scher Zaum** ⟨m.; -schen -(e)s, -schen Zäu|me⟩ Bremsdynamometer [nach dem frz. Ingenieur M. R. de *Prony,* 1755-1839]

Pro|ö|mi|on ⟨n.; -s, -mi|en; Antike⟩ = Proömium

Pro|ö|mi|um ⟨n.; -s, -mi|en⟩ *oV* Proömion **1** ⟨Antike⟩ Vorrede, Einleitung **2** homerische Hymne (da sie dem Vortrag der Rhapsoden vorangestellt wurde) [<grch. *prooimion* <*pro* »vor« + *oimos* »Gang, Weg«]

Pro|pä|deu|tik ⟨f.; -; unz.⟩ vorbereitende Einführung in eine Wissenschaft, Vorübung [<*Pro...* + grch. *paideuein* »erziehen, unterrichten«]

Pro|pä|deu|ti|kum ⟨n.; -s, -ti|ken od. -ti|ka; schweiz.⟩ medizin. Vorprüfung

pro|pä|deu|tisch ⟨Adj.⟩ in der Art der Propädeutik, vorbereitend, einführend

Pro|pa|gan|da ⟨f.; -; unz.⟩ werbende Tätigkeit für Ziele, bes. auf politischem Gebiet [verkürzt <*Congregatio de propaganda fide* »(päpstl.) Gesellschaft zur Verbreitung des Glaubens«, 1622 in Rom gegründet; zu lat. *propagare* »weiter ausbreiten, ausdehnen«; → *propagieren*]

Pro|pa|gan|dist ⟨m.; -en, -en⟩ jmd., der Propaganda treibt

pro|pa|gan|dis|tisch ⟨Adj.⟩ in der Art der Propaganda, auf ihr beruhend

Pro|pa|ga|ti|on ⟨f.; -, -en; Biol.⟩ **1** Ausbreitung **2** Vermehrung, Fortpflanzung [<lat. *propagatio* »Erweiterung«; zu *propagare* »weiter ausbreiten«]

pro|pa|gie|ren ⟨V.⟩ *etwas ~* für etwas Propaganda machen, für etwas werben [<lat. *propagare* »weiter ausbreiten, ausdehnen«]

Pro|pan ⟨n.; -s; unz.; Chemie⟩ aliphatischer, gasförmiger Kohlenwasserstoff, Nebenprodukt der Kokereien u. Erdölraffinerien, das als Heizgas verwendet wird [verkürzt <*Propylen* + *Methan*]

Pro|pa|non ⟨n.; -s; unz.; Chemie; fachsprachl. Bez. für⟩ Aceton [<*Propan* + *...on*]

pro pa|tria *auch:* **pro pat|ria** für das Vaterland [lat.]

Pro|pel|ler ⟨m.; -s, -⟩ **1** Luftschraube **2** Schiffsschraube [engl.; zu *propel* »vorwärtstreiben« <lat. *propellere*]

Pro|pen ⟨n.; -s; unz.; Chemie⟩ ungesättigter Kohlenwasserstoff mit drei Kohlenstoffatomen, als Brenngas verwendet; *Sy* ⟨veraltet⟩ Propylen

pro|per ⟨Adj.⟩ sauber, ordentlich; *oV* propre; *~ aussehen; ~ gekleidet sein; eine ~e Wohnung* [<frz. *propre* »sauber«]

Pro|per|han|del ⟨m.; -s; unz.; Wirtsch.⟩ *oV* Proprehandel **1** Eigenhandel, Handel auf eigene Rechnung u. Gefahr **2** die Ein- u. Ausfuhr eines Landes (ohne Durchfuhr) [<frz. *propre* »eigen«]

Pro|pe|ri|spo|me|non *auch:* **Pro|pe-ris|po|me|non** ⟨n.; -s, -me|na; Phon.⟩ grch. Wort mit Zirkumflex auf der vorletzten Silbe [<*Pro...* + *Perispomenon*]

Pro|pha|se ⟨f.; -, -n; Genetik⟩ einleitende Phase der Kernteilung, in der die Chromosomen sichtbar werden [<*Pro...* + *Phase*]

Pro|phet ⟨m.; -en, -en⟩ **1** jmd., der etwas Zukünftiges vorhersagt, Wahrsager, Seher **2** Verkünder u. Deuter einer göttl. Botschaft **3** ⟨im Islam Bez. für⟩ Mohammed **4** *der ~ gilt nichts in seinem Vaterlande (nach Matth. 13,57)* in der Heimat werden bedeutende Leistungen oft nicht anerkannt [<lat. *propheta* <grch. *prophetes* »Verkünder u. Deuter der Orakelsprüche, Wahrsager, Prophet«]

Pro|phe|tie ⟨f.; -, -n⟩ **1** Weissagung **2** Verkündung des Propheten (2) [<mhd. *prophetie, prophezie* <lat. *prophetia,* grch. *propheteia* »Weissagung«]

Pro|phe|tin ⟨f.; -, -tin|nen⟩ **1** weibl. Person, die etwas Zukünftiges vorhersagt, Wahrsagerin, Seherin **2** Verkünderin u. Deuterin einer göttlichen Botschaft

pro|phe|tisch ⟨Adj.⟩ **1** weissagend **2** in der Art eines Propheten (2) [<lat. *propheticus* <grch. *prophetikos* »weissagend«]

pro|phe|zei|en ⟨V.⟩ **1** weissagen **2** in der Art eines Propheten (2) verkünden [<mhd. *prophetien, prophezien;* → *Prophetie*]

Pro|phe|zei|ung ⟨f.; -, -en⟩ Weissagung

Pro|phy|lak|ti|kum ⟨n.; -s, -ti|ka; Med.⟩ vorbeugendes Mittel [<lat. *prophylacticum* <grch. *prophylaktikos* »schützend«]

pro|phy|lak|tisch ⟨Adj.; Med.⟩ vorbeugend, verhütend

Pro|phy|la|xe ⟨f.; -, -n; Med.⟩ Vorbeugung, Verhütung (von Krankheiten) [<grch. *prophylaxis* »Vorsicht«]

Pro|po|lis ⟨f.; -; unz.⟩ Kittharz, Baustoff der Bienenwabe mit antibakterieller Wirkung, Vorwachs [<*Pro...* + grch. *polis* »Stadt, Staat«]

Pro|po|nent ⟨m.; -en, -en⟩ Antragsteller [<lat. *proponens,* Part. Präs. von *proponere* »öffentlich hinstellen, vorlegen«]

pro|po|nie|ren ⟨V.⟩ vorschlagen, beantragen [<lat. *proponere* »öffentlich hinstellen«]

Pro|por|ti|on ⟨f.; -, -en⟩ **1** Größenverhältnis; *Ggs* Disproportion; *die Zeichnung ist in den ~en falsch, richtig* **2** ⟨Math.⟩ Verhältnisgleichung [<lat. *proportio* »entsprechendes Verhältnis, Ebenmaß«; zu *portio* »Anteil«]

pro|por|ti|o|nal ⟨Adj.⟩ **1** hinsichtl. der Proportion, eine Proportion ausdrückend, im gleichen Verhältnis stehend **2** *~e Konjunktion* ⟨Gramm.⟩ K., die in Verbindung mit einer anderen K. das Verhältnis eines Sachverhaltes zu einem anderen ausdrückt, z. B. je - desto [<lat. *proportionalis;* → *Proportion*]

Pro|por|ti|o|na|le ⟨f. 2; Math.⟩ Glied einer Verhältnisgleichung

Pro|por|ti|o|na|li|tät ⟨f.; -; unz.⟩ Beschaffenheit hinsichtlich der Proportionen, richtiges Verhältnis

Pro|por|ti|o|nal|wahl ⟨f.; -, -en; Politik⟩ Wahl, bei der die Sitze auf die Listen der Parteien im Verhältnis der abgegebenen Stimmen verteilt werden, Verhältniswahl; *Ggs* Majoritätswahl

pro|por|ti|o|nell ⟨Adj.; österr.⟩ = proporzionell

pro|por|ti|o|niert ⟨Adj.⟩ im richtigen Verhältnis stehend; *Ggs* disproportioniert

Pro|por|ti|ons|glei|chung ⟨f.; -, -en; Math.⟩ mathematische Gleichung, die mit der Gleichsetzung von Zahlenverhältnissen arbeitet, z. B. ist die Gleichung a : b = c : d erfüllt für die Werte 4 : 9 = 8 : 18

Pro|porz ⟨m.; -es, -e; Politik⟩ **1** ⟨österr.⟩ Verteilung der Mandate, Ämter usw. nach dem Verhältnis der Stimmen bei der Proportionalwahl **2** ⟨unz.; schweiz.; Kurzwort für⟩ Proportionalwahl; *Ggs* Majorz [<lat. *proportio;* → *Proportion*]

pro|por|zi|o|nell ⟨Adj.; Politik; österr.⟩ dem Proporz entsprechend; *oV* proportionell [<frz. *proportionel* <lat. *proportio;* → *Proportion*]

Pro|po|si|tio ⟨f.; -, -nes [-ne:s]; Logik⟩ Urteil, Lehrsatz [lat., »Thema, Vordersatz«]

Pro|po|si|ti|on ⟨f.; -, -en; Sprachw.; bes. in der Sprechakttheorie⟩ Inhalt, Wahrheitswert der Bedeutung einer sprachlichen Äußerung; → *a.* Illokution, Perlokution [<lat. *propositio* »Vorstellung, Vorsatz«; zu *proponere* »öffentlich vorlegen«]

pro|po|si|ti|o|nal ⟨Adj.; Sprachw.⟩ den Inhalt einer sprachlichen Äußerung betreffend [zu lat. *proponere* »öffentl. vorlegen«]

Pro|pos|ta ⟨f.; -, -pos|ten; Musik⟩ im Kanon die Stimme, die mit der Melodie beginnt; *Ggs* Risposta [ital., »Vordersatz«]

Pro|prä|tor ⟨m.; -s, -to|ren; im antiken Rom⟩ Statthalter einer Provinz, der vorher Prätor war [<*Pro...* + *Prätor*]

◆ Die Buchstabenfolge **pro|pr...** kann auch **prop|r...** getrennt werden.

◆ **pro|pre** ⟨Adj.⟩ = proper

◆ **Pro|pre|han|del** ⟨m.; -s; unz.; Wirtsch.⟩ = Properhandel

◆ **pro|pri|e|tär** ⟨Adj.⟩ **1** ⟨allg.⟩ zugehörig, eigen, eigenständig, in jmds. Besitz, jmdm. zugehörig **2** ⟨EDV⟩ **2.1** nicht frei zugänglich, urheberrechtlich geschützt; ~*e Software* **2.2** nicht kompatibel (von einer Technik, einem System, Dateiformat o. Ä.) [zu lat. *proprius* »eigen«]

◆ **Pro|pri|e|tär** ⟨[-priə-] m.; -s, -e; veraltet⟩ Eigentümer [<frz. *propriétaire,* <lat. *proprietarius*]

◆ **pro|prio mo|tu** ⟨geh.⟩ aus eigenem Antrieb [lat.]

◆ **Pro|pri|um** ⟨n.; -s, -pria; Gramm.⟩ Eigenname [<lat. *proprius* »eigen«]

Pro|pusk ⟨a. [-'-] m.; -es, -e⟩ Ausweis, Passierschein [russ., »Ausweis«]

Pro|py|lä|en ⟨Pl.⟩ **1** von Säulen getragene Vorhalle griechischer Tempel od. anderer monumentaler Gebäude **2** ⟨danach⟩ mit Säulen versehener Eingang od. Durchgang [<grch. *propylaia* »Vorhalle«, <*pro* »vor« + *pyle* »Tor«]

Pro|py|len ⟨n.; -s; unz.; Chemie⟩ = Propen [<grch. *protos* »der erste, erster« + *pion* »Fett« + *hyle* »Stoff«]

Pro|rek|tor ⟨m.; -s, -en⟩ Stellvertreter des Rektors

Pro|rek|to|rat ⟨n.; -(e)s, -e⟩ Amt, Büro des Prorektors

Pro|rek|to|rin ⟨f.; -, -rin|nen⟩ Stellvertreterin des Rektors bzw. der Rektorin

Pro|ro|ga|ti|on ⟨f.; -, -en⟩ **1** Verlängerung der Amtszeit **2** Aufschub, Vertagung [<lat. *prorogatio* »Verlängerung«]

pro|ro|ga|tiv ⟨Adj.; veraltet⟩ aufschiebend [<lat. *prorogativus* »Aufschub leidend«; zu *prorogare* »verlängern«]

pro|ro|gie|ren ⟨V.; veraltet⟩ **1** aufschieben, vertagen **2** verlängern [<lat. *prorogare* »verlängern«]

Pro|sa ⟨f.; -; unz.⟩ **1** ⟨Lit.⟩ nicht durch Verse, Rhythmus od. Reim gebundene Sprachform; *Ggs* Poesie (2); *er schreibt eine gute* ~ **2** ⟨fig.⟩ Nüchternheit, Nüchternes; *Ggs* Poesie (3) [<lat. *prosa (oratio)* »geradeaus gerichtete (= schlichte) Rede«]

Pro|sa|i|ker ⟨m.; -s, -⟩ **1** ⟨Lit.⟩ = Prosaist **2** ⟨fig.; umg.⟩ prosaischer Mensch, nüchterner Mensch

pro|sa|isch ⟨Adj.⟩ **1** ⟨Lit.⟩ in Prosa (geschrieben); *Ggs* poetisch **2** ⟨fig.⟩ nüchtern, alltäglich

Pro|sa|ist ⟨m.; -en, -en; Lit.⟩ Prosa schreibender Schriftsteller; *Sy* Prosaiker (1); *Ggs* Poet

pro|sa|is|tisch ⟨Adj.⟩ nüchtern, ohne Emotionen berichtend [→ *Prosa*]

Pro|sec|co ⟨m.; - od. -s, -s⟩ leicht moussierender, trockener ital. Weißwein [ital.; zu *secco* »trocken«]

Pro|sek|tor ⟨m.; -s, -to|ren; Med.⟩ **1** ⟨früher⟩ der Assistent eines patholog. Instituts, der die Sektionen durchführt **2** ⟨heute⟩ der das patholog. Institut leitende Facharzt für Pathologie [<lat. *prosector* »Zerschneider«; zu *secare* »schneiden«; → *sezieren*]

Pro|sek|tur ⟨f.; -, -en; Med.⟩ pathologische Abteilung eines Krankenhauses, pathologisches Institut

Pro|se|ku|ti|on ⟨f.; -, -en; Rechtsw.⟩ gerichtl. Verfolgung [<lat. *prosecutio* »Fortsetzung, Verfolgung«; zu *prosequi* »verfolgen«]

Pro|se|ku|tor ⟨m.; -s, -to|ren; Rechtsw.⟩ Verfolger, Ankläger [<lat. *prosecutor* »Verfolger«; zu *prosequi* »verfolgen«]

Pro|se|lyt ⟨m.; -en, -en⟩ jmd., der eben zu einem anderen Glauben übergetreten ist, Neubekehrter; ~*en machen* andere rasch bekehren, ohne sie schon wirklich überzeugt zu haben [<grch. *proselytos* »hinzugekommen«]

Pro|se|mi|nar ⟨n.; -s, -e⟩ einführendes Seminar, Vorstufe zum Hauptseminar

Pros|en|chym *auch:* **Pro|sen|chym** ⟨n.; -s, -e; Bot.⟩ Grundform des pflanzl. Gewebes mit langgestreckten Zellen [<grch. *pros* »zu« + *en...* + grch. *chein* »gießen«]

pros|en|chy|ma|tisch *auch:* **pro|sen|chy|ma|tisch** ⟨[-çy-] Adj.; Bot.⟩ aus Prosenchym gebildet, langgestreckt u. an den Enden zugespitzt (von pflanzl. Gewebezellen)

Pro|sit ⟨n.; -s; unz.⟩ Trinkspruch; *ein ~ ausbringen (auf); ein ~ dem Hausherrn!* [lat., »es möge (dir) nützen«]

pro|sit! wohl bekomm's, zum Wohl! (Zuruf beim Trinken, auch beim Niesen); *oV* prost;

P

~ *Neujahr!* ein glückliches neues Jahr!

pro|skri|bie|ren ⟨V.⟩ (urspr. durch öffentliche Bekanntmachung) ächten [<lat. *proscribere* »öffentlich anschlagen, durch öffentlichen Anschlag ächten«]

Pro|skrip|ti|on ⟨f.; -, -en⟩ Ächtung (urspr. im alten Rom durch öffentliche Bekanntmachung) [<lat. *proscriptio* »öffentl. Anschlag, Achterklärung«; → *proskribieren*]

Pros|o|dem *auch:* **Pro|so|dem** ⟨n.; -s, -e; Phon.⟩ Lautmerkmal eines sprachlichen Ausdrucks, das nicht durch die Phoneme geprägt wird, sondern durch das Zusammenwirken mehrerer phonolog. Faktoren wie Intonation, Dauer, Tonhöhe u. -stärke [→ *Prosodie*]

Pros|o|die *auch:* **Pro|so|die** ⟨f.; -, -n⟩ *Sy* Prosodik **1** ⟨Metrik⟩ Lehre von der Behandlung der Sprache im Vers **2** ⟨Musik⟩ Verhältnis zwischen Ton u. Wort, Betonung mit Hilfe von Musik u. Rhythmus [<grch. *prosodia,* eigtl. »Zugesang« <*pros* »zu« + *ode* »Gesang«]

Pros|o|dik *auch:* **Pro|so|dik** ⟨f.; -, -en; Metrik; Musik⟩ = Prosodie

pros|o|disch *auch:* **pro|so|disch** ⟨Adj.; Metrik; Musik⟩ auf Prosodie beruhend

Pros|o|po|pö|ie *auch:* **Pro|so|po|pö|ie** ⟨f.; -, -n⟩ = Personifikation (2) [<grch. *prosopon* »Gesicht, Person« + *…pöie*]

◆ Die Buchstabenfolge **pro|sp…** kann auch **pros|p…** getrennt werden. Davon ausgenommen sind Zusammensetzungen, in denen die fremdsprachigen bzw. sprachhistorischen Bestandteile deutlich als solche erkennbar sind, z. B. *-spermie.*

◆ **Pro|spekt** ⟨m.; -(e)s, -e⟩ **1** in der Form eines senkrecht halbierten Zylinders gespannte Leinwand als hinterer Abschluss des Bühnenraumes mit darauf gemalter od. projizierter Landschaft bei Szenen im Freien, Bühnenhimmel, Rundhorizont **2** meist perspektivisch übertriebene Ansicht, bildliche Darstellung (von Gebäuden, Straßen, Plätzen); →*a.* Vedute **3** meistens bebilderte Werbeschrift **4** Preisliste **5** das kunstvoll gestaltete Gehäuse des Pfeifenwerks der Orgel [<lat. *prospectus* »Hinblick, Aussicht«; zu *specere* »schauen«]

◆ **pro|spek|tie|ren** ⟨V.; Geol.⟩ durch geolog. Beobachtung ohne größeres Schürfen u. Bohren aufsuchen; *Lagerstätten nutzbarer Mineralien* ~

◆ **Pro|spek|tie|rung** ⟨f.; -, -en; Geol.; Bgb.⟩ das Prospektieren, Prospektiertwerden

◆ **Pro|spek|ti|on** ⟨f.; -, -en; Geol.⟩ das Prospektieren

◆ **pro|spek|tiv** ⟨Adj.⟩ **1** eine Aussicht, Möglichkeit betreffend **2** vorausschauend **3** die Weiterentwicklung betreffend [<lat. *prospectivus* »die Aussicht betreffend«; → *Prospekt*]

◆ **Pro|spek|tor** ⟨m.; -s, -to|ren; Geol.; Bgb.⟩ jmd., der Bodenschätze erkundet u. auf ihre Abbauwürdigkeit hin untersucht

◆ **pro|spe|rie|ren** ⟨V.⟩ gedeihen, blühen, gut vorankommen (bes. wirtschaftlich) [<frz. *prospérer* »gedeihen« <lat. *prosperare* »gedeihen lassen«]

◆ **Pro|spe|ri|tät** ⟨f.; -; unz.⟩ das Blühen, Gedeihen (bes. wirtschaftlich), Erfolg, Wohlstand; *Ggs* Depression (3) [<lat. *prosperitas,* frz. *prospérité* »Gedeihen, Glück«, <lat. *prosper(us)* »günstig, glücklich«]

Pro|sper|mie ⟨f.; -; unz.; Med.⟩ vorzeitiger Samenerguss

prost! ⟨umg.⟩ = prosit!

◆ Die Buchstabenfolge **pro|st…** kann auch **pros|t…** getrennt werden.

◆ **Pro|sta|glan|di|ne** *auch:* **Pro|stag|lan|di|ne** ⟨Pl.; Biochemie⟩ Wirkstoffe, die in den Zellen bestimmter Gewebe gebildet werden und u. a. blutdrucksenkend u. wehenerregend wirken [<grch. *prostates* »Vorsteher« + lat. *glandula* »Drüse« (sie wurden erstmals im menschl. Sperma gefunden)]

◆ **Pro|sta|ta** ⟨f.; -; unz.; Anat.⟩ beim männl. Säugetier u. beim Mann am Anfang der Harnröhre gelegene Drüse, Vorsteherdrüse [<*Pro…* + grch. *statos* »stehend«]

◆ **Pro|stat|ek|to|mie** *auch:* **Pro|sta|tek|to|mie** ⟨f.; -, -n; Med.⟩ chirurgische Entfernung der Prostata (bei Prostatakarzinomen) [<*Prostata* + *Ektomie*]

◆ **Pro|sta|ti|tis** ⟨f.; -, -ti|ti|den; Med.⟩ Entzündung der Prostata

◆ **pro|sti|tu|ie|ren** ⟨V.⟩ **1** bloßstellen, preisgeben **2** *sich* ~ **2.1** Prostitution betreiben **2.2** ⟨fig.⟩ sich unter Verletzung moralischer Wertmaßstäbe für etwas hergeben, um einen persönlichen Vorteil zu erzielen [<frz. *prostituer* »der Unzucht preisgeben« <lat. *prostituere* »vorn hinstellen, öffentlich preisgeben«]

◆ **Pro|sti|tu|ier|te(r)** ⟨f. 2 (m. 1)⟩ männl. od. weibl. Person, die sich gewerbsmäßig zum Geschlechtsverkehr zur Verfügung stellt; *als gewerbliche ~ arbeiten*

◆ **Pro|sti|tu|ti|on** ⟨f.; -; unz.⟩ gewerbsmäßige körperl. Hingabe zum bezahlten Geschlechtsverkehr; *der ~ nachgehen* [frz., »gewerbsmäßige Unzucht« <lat. *prostitutio* »Preisgebung zur Unzucht«; zu *prostituere;* → *prostituieren*]

◆ **pro|sti|tu|tiv** ⟨Adj.⟩ die Prostitution anbelangend, mit ihr zusammenhängend

◆ **Pro|stra|ti|on** *auch:* **Prost|ra|ti|on** ⟨f.; -, -en; geh.⟩ Kniefall [<lat. *prostratio* »das Niederwerfen«, <*pro* »für« + *status,* Part. Perf. zu *sternere* »hinbreiten, hinstreuen«]

◆ **Pro|sty|los** ⟨m.; -, -sty|loi⟩ grch. Tempel mit Säulenvorhalle [grch., »vorn mit Säulen versehen«]

Pro|sze|ni|um ⟨n.; -s, -ni|en; Theat.⟩ vorderster Teil der Bühne zwischen Vorhang u. Orchester; *Ggs* Postszenium [<*Pro…* + grch. *skene* »Bühne«]

Pro|sze|ni|ums|lo|ge ⟨[-ʒə] f.; -, -n; Theat.⟩ Bühnenloge rechts u. links neben dem Proszenium

prot…, Prot… ⟨in Zus.⟩ = proto…, Proto…

Prot|ac|ti|ni|um *auch:* **Pro|tac|ti|ni|um** ⟨n.; -s; unz.; Chemie; Zeichen: Pa⟩ radioaktives chem. Element, Ordnungszahl 91 [<*Proto... + Actinium*]

Prot|a|go|nist *auch:* **Pro|ta|go|nist** ⟨m.; -en, -en⟩ **1** ⟨Theat.⟩ der erste Schauspieler des altgrch. Theaters; →*a.* Deuteragonist, Tritagonist **2** ⟨fig.⟩ Vorkämpfer, Bahnbrecher (für eine Sache); ~ *für eine Reform des Schulwesens* [<*Proto...* + grch. *agon* »Wettkampf«]

Prot|a|min *auch:* **Pro|ta|min** ⟨n.; -s, -e; meist Pl.; Biochemie⟩ Polypeptid mit geringer Molekularmasse [<*Proto... + Amin*]

Prot|an|drie *auch:* **Pro|tand|rie** ⟨f.; -; unz.; Biol.⟩ Reifung der männl. Geschlechtsprodukte vor den weiblichen (bei zwittrigen Pflanzen u. Tieren); *Ggs* Protogynie [<*Proto...* + *aner,* Gen. *andros* »Mann«]

prot|an|drisch *auch:* **pro|tand|risch** ⟨Adj.; Biol.⟩ vor den weibl. Geschlechtsprodukten reifend (von den männl. Geschlechtsprodukten zwittriger Pflanzen u. Tiere); *Ggs* protogyn

Pro|ta|sis ⟨f.; -, -ta|sen; Gramm.⟩ Vordersatz, bes. der bedingende Nebensatz eines Konditionalsatzes; *Ggs* Apodosis [<grch. *protasis* »vorgelegte Frage«; zu *protassein* »voranstellen, vorn hinstellen«]

Pro|te|a|se ⟨f.; -, -n; Biochemie⟩ eiweißspaltendes Enzym [→ *Protein*]

Pro|te|gé ⟨[-ʒe:] m.; -s, -s⟩ jmd., der protegiert wird, Schützling [frz., »Schützling; beschützt«, Part. Perf. zu *protéger* »schützen, beschützen«]

pro|te|gie|ren ⟨[-ʒi:-] V.⟩ fördern, begünstigen [<frz. *protéger* »schützen, beschützen«]

Pro|te|id ⟨n.; -(e)s, -e; Biochemie⟩ Eiweiß, das mit nicht eiweißartigen Stoffen zusammengesetzt ist [<*Protein* + *...id*]

Pro|te|in ⟨n.; -s, -e; Biochemie⟩ chem. Verbindung aus einer Gruppe hochmolekularer organ. Stoffe, aus denen die lebende Substanz des pflanzl. u. tier. Körpers besteht, Eiweiß [<grch. *protos* »der erste«]

Pro|te|i|na|se ⟨f.; -, -n; Biochemie⟩ Proteine spaltendes Enzym, das bei der Verdauung mitwirkt [→ *Protein*]

Pro|tek|ti|on ⟨f.; -, -en⟩ Schutz, Förderung, Gönnerschaft [<frz. *protection* »Schutz« <lat. *protectio* »Schutz«]

Pro|tek|ti|o|nis|mus ⟨m.; -; unz.⟩ wirtschaftl. Abschirmung der Industrie eines Staates gegen ausländ. Konkurrenz

Pro|tek|ti|o|nist ⟨n.; -en, -en⟩ Vertreter, Anhänger des Protektionismus

pro|tek|ti|o|nis|tisch ⟨Adj.⟩ auf Protektionismus beruhend; *~e Wirtschaftspolitik* = Protektionismus

Pro|tek|tor ⟨m.; -s, -to|ren⟩ **1** Förderer, Gönner, Ehrenvorsitzender **2** Schutzherr, Schirmherr [<lat. *protector* »Beschützer«; zu *protegere* »schützen, beschützen«]

Pro|tek|to|rat ⟨n.; -(e)s, -e⟩ **1** Ehrenvorsitz, Gönnerschaft **2** Schutzherrschaft

pro tem|po|re ⟨Abk.: p. t.⟩ für jetzt, vorläufig [lat., »zur Zeit«]

Pro|te|o|ly|se ⟨f.; -, -n; Biochemie⟩ Aufspaltung von Proteinen durch proteolytische Enzyme, z. B. bei der Verdauung [<*Protein* + *...lyse*]

pro|te|o|ly|tisch ⟨Adj., Biochemie⟩ die Proteolyse betreffend, auf ihr beruhend, Proteine spaltend

Pro|te|ro|zo|i|kum ⟨[-tso:i-] n.; -s; unz.; Geol.⟩ Erdurzeit, ältestes Zeitalter der Erdgeschichte mit Archaikum u. Algonkium vor 2,7 Milliarden - 580 Millionen Jahren, Kryptozoikum, Präkambrium [<grch. *proteros* »früher« + *...kum*]

pro|te|ro|zo|isch ⟨Adj.; Geol.⟩ zum Proterozoikum gehörig; *Sy* präkambrisch

Pro|test ⟨m.; -(e)s-, -e⟩ **1** Einspruch, Widerspruch; *~ erheben (gegen); unter ~ den Saal verlassen* **2** Beurkundung der vergebl. Präsentation eines Wechsels auf diesem selbst od. auf einem angefügten Blatt; *Wechsel zu ~ gehen lassen* feststellen lassen, dass ein W. nicht angenommen od. nicht eingelöst worden ist [<ital. *protesto* »Widerspruch, Einspruch«; zu *protestare* <lat. *protestari* »öffentlich bezeugen, erklären, eine Gegenerklärung abgeben, missbilligen«]

Pro|test|ak|ti|on ⟨f.; -, -en⟩ meist öffentlich organisierte Aktion, um gegen etwas zu protestieren

Pro|tes|tant ⟨m.; -en, -en; Theol.⟩ Angehöriger der protestant. Kirche [<lat. *protestans,* Part. Präs. zu *protestari* »öffentlich bezeugen, eine Gegenerklärung abgeben, missbilligen« (nach dem Protest der evang. Stände auf dem Reichstag zu Speyer 1529 gegen die Wiederherstellung des Wormser Edikts, das alle kirchl. Reformen verbot)]

Pro|tes|tan|tin ⟨f.; -, -tin|nen; Theol.⟩ Angehörige der protestant. Kirche

pro|tes|tan|tisch ⟨Adj.; Theol.⟩ auf dem Protestantismus beruhend, ihm angehörend; →*a.* evangelisch (2)

Pro|tes|tan|tis|mus ⟨m.; -; unz.; Theol.⟩ Gesamtheit der aus der Reformation hervorgegangenen christl. Kirchen

pro|tes|tie|ren ⟨V.⟩ widersprechen, Einspruch erheben gegen, sich gegen etwas verwahren; *gegen etwas od. jmdn. ~* [<frz. *protester* »beteuern, versichern, Einspruch erheben« <lat. *protestari* »öffentlich als Zeuge auftreten, beweisen, dartun«]

Pro|test|no|te ⟨f.; -, -n; Politik⟩ offizieller schriftlicher Einspruch, Protest gegen die Verhaltensweise einer Partei od. Regierung; *eine ~ einreichen, verlesen* [→ *Protest*]

Pro|test|song ⟨m.; -s, -s; Musik⟩ gegen die bestehenden gesellschaftl. u. polit. Zustände protestierendes Lied, meist von einem einzelnen Sänger zur Gitarre vorgetragen

Pro|teus|na|tur ⟨f.; -, -en⟩ Person, die rasch ihre Gesinnung wechselt [nach dem grch. Meergreis *Proteus,* der sich in viele Gestalten verwandeln kann]

Pro|thal|li|um ⟨n.; -s, -thal|li|en; Biol.⟩ Vorkeim (der Farnpflanzen) [<grch. *pro* »vor« + *thallos* »grüner Spross«]

P

Pro|the|se ⟨f.; -, -n⟩ **1** ⟨Med.⟩ **1.1** künstlicher Ersatz für ein fehlendes Glied **1.2** Zahnersatz **2** ⟨Sprachw.⟩ Voransetzen eines Lautes vor den Anfang des Wortes, ohne die Bedeutung zu verändern, z. B. frz. »esprit« aus lat. »spiritus« [<*Prothesis, Prosthesis* <grch. *prosthesis* »das Hinzufügen, das Ansetzen«]

Pro|the|tik ⟨f.; -; unz.; Med.⟩ Wissenschaft von der Herstellung u. Eingliederung von Prothesen u. künstlichen Organen in den Organismus

pro|the|tisch ⟨Adj.; Med.⟩ mit Hilfe einer Prothese, ersetzend

Pro|tist ⟨m.; -en, -en; Biol.⟩ einzelliges Lebewesen tierischer od. pflanzlicher Art [<grch. *protos* »der erste«]

Pro|ti|um ⟨n.; -s; unz.; Chemie⟩ Wasserstoffisotop mit der Atommasse 1,008, dessen Atomkern aus einem Proton besteht [zu grch. *protos* »der erste«]

pro|to..., Pro|to... ⟨vor Vokalen⟩ prot..., Prot... ⟨in Zus.⟩ erster, vorderster, wichtigster, erst..., Erst..., ur..., Ur... [<grch. *protos* »erster, vorderster, wichtigster, Ur...«]

pro|to|gen ⟨Adj.; Geol.⟩ zuerst entstanden, urzeitlich, am Fundort entstanden [<*proto...* + *...gen*[1]]

pro|to|gyn ⟨Adj.; Biol.⟩ vor den männl. Geschlechtsprodukten reifend (von den weibl. Geschlechtsprodukten mancher zwittriger Pflanzen und Tiere); *Ggs* protandrisch [<*proto...* + grch. *gyne* »Weib«]

Pro|to|gy|nie ⟨f.; -; unz.; Biol.⟩ Reifung der weiblichen Geschlechtsprodukte vor den männlichen (bei zwittrigen Pflanzen u. Tieren); *Ggs* Protandrie

Pro|to|kla|se ⟨f.; -, -n; Geol.⟩ Zertrümmerung eines magmat. Gesteins infolge tektonischer Pressungen in noch nicht ganz verfestigtem Magma; *Ggs* Kataklase [<*Proto...* + grch. *klasis* »das Abbrechen«; zu *klan* »zerbrechen«]

Pro|to|koll ⟨n.; -s, -e⟩ **1** gleichzeitig erfolgende od. erfolgte (wortgetreue) Niederschrift einer Verhandlung od. eines Verhörs; *das ~ führen; eine Aussage zu ~ geben, zu ~ nehmen* **2** Gesamtheit der Regeln für Höflichkeit u. angemessene Form im diplomatischen Verkehr, diplomatische Etikette; *das ~ schreibt uns vor, dass ...* [<mlat. *protocollum* <mgrch. *protokollon,* eigtl. »ein den amtl. Papyrusrollen vorgeleimtes Blatt mit Angaben über Entstehung u. Verfasser des Papyrus« <grch. *protos* »der erste« + *kolla* »Leim«]

Pro|to|kol|lant ⟨m.; -en, -en⟩ Protokollführer

Pro|to|kol|lan|tin ⟨f.; -, -tin|nen⟩ Protokollführerin

pro|to|kol|la|risch ⟨Adj.⟩ aufgrund des Protokolls, mit Hilfe des Protokolls

pro|to|kol|lie|ren ⟨V.⟩ **1** zu Protokoll nehmen, urkundlich niederschreiben **2** das Protokoll führen [<mlat. *protocollare* »ein Protokoll anfertigen«]

Pro|to|ly|se ⟨f.; -, -n; Biochemie⟩ chem. Reaktion, bei der eine Säure an eine Base Protonen abgibt [<grch. *protos* »erster« + *lysis* »Lösung«]

Pro|ton ⟨n.; -s, -to|nen; Physik; Zeichen: p⟩ positiv geladenes Elementarteilchen, zusammen mit dem Neutron Baustein von Atomkernen [<grch. *proton* »das erste«]

Pro|to|nen|syn|chro|tron *auch:* **Pro|to|nen|syn|chrot|ron** ⟨[-kro-] n.; -s, -e; Physik⟩ Gerät zum Beschleunigen von Protonen

Pro|to|phyt ⟨m.; -en, -en; Biol.⟩ einzellige Pflanze

Pro|to|phy|to|lo|gie ⟨f.; -; unz.; Biol.⟩ Lehre von den einzelligen Pflanzen

Pro|to|plas|ma ⟨n.; -s; unz.; Biol.; veraltet für⟩ Zytoplasma

Pro|to|plast ⟨m.; -en, -en; Bot.⟩ Lebensträger der Zelle, Zellleib der Pflanzenzelle

Pro|to|sto|mi|er *auch:* **Pro|tos|to|mi|er** ⟨m.; -s, -; Zool.⟩ Tier, bei dem der Urmund in den endgültigen Mund übergeht, während der After neu gebildet wird [<*Proto...* + *Stoma*]

Pro|to|typ ⟨m.; -s, -en⟩ **1** Urbild, Vorbild, Muster **2** Normalmaß **3** erster Abdruck **4** erste Ausführung eines Flugzeugs, Fahrzeugs od. einer Maschine, die so weit entwickelt ist, dass danach der Serienbau erfolgen kann; *dies ist bereits der ~ des neuen Modells*

pro|to|ty|pisch ⟨Adj.⟩ in der Art eines Prototyps, vorbildlich, urbildlich

Pro|to|zoo|lo|gie ⟨[-tso:ɔ-] f.; -; unz.; Zool.⟩ Lehre von den einzelligen Tieren

Pro|to|zo|on ⟨n.; -s, -zo|en; Zool.⟩ einzelliges Tier; *Ggs* Metazoon [<*Proto...* + *Zoon*]

Pro|tu|be|ranz ⟨f.; -, -en⟩ **1** ⟨Astron.⟩ Eruption von Gasmassen (auf der Sonne) **2** ⟨Anat.⟩ natürl. Vorsprung (an Organen, Knochen) [<lat. *protuberare* »hervorschwellen«]

Prous|tit ⟨[pru-] m.; -(e)s, -e; Min.⟩ lichtes Rotgültigerz [nach dem frz. Chemiker J. J. *Proust,* 1754-1826]

Pro|ve|ni|enz ⟨[-ve-] f.; -, -en⟩ **1** Herkunft, Ursprung *Komposition u. Künstler jeglicher ~* **2** ⟨Wirtsch.⟩ Ware, mit der gleichzeitig eine bestimmte Güteklasse gekennzeichnet wird [<lat. *provenire* »hervorkommen«]

pro|ven|za|lisch ⟨[-vɛn-] Adj.⟩ zu der südfranzösischen Landschaft Provence gehörend, aus ihr stammend; *provenzalische Sprache* Langue d'oc, (früher: Limousinisch, im MA: lenga Romana), die noch heute in der Provence gesprochenen Mundarten; →*a.* okzitanisch

Pro|verb ⟨[-vɛrb] n.; -s, -en⟩ Sprichwort [<lat. *proverbium* »Sprichwort«]

pro|ver|bi|al ⟨[-vɛr-] Adj.⟩ sprichwörtlich; *oV* proverbiell [<lat. *proverbialis;* zu *proverbium* »Sprichwort«]

pro|ver|bi|ell ⟨[-vɛr-] Adj.⟩ = proverbial

Pro|vi|ant ⟨[-vi-] m.; -s; unz.⟩ Lebensmittel für einen begrenzten Zeitraum; *Reise~* [<mndrl. *provande* »Mundvorrat« (<afrz. *provende*) <ital. *provianda* »Mundvorrat« <vulgärlat. *probenda,* lat. *praebenda* »das Darzureichende«; zu *praebere* »darreichen«]

P

pro|vi|an|tie|ren ⟨[-vi-] V.⟩ mit Proviant, Mundvorrat versorgen

Pro|vi|denz ⟨[-vi-] f.; -; unz.⟩ Vorsehung [<lat. *providentia* »Voraussicht, Vorsehung«; zu *providere* »vorhersehen«]

Pro|vi|der ⟨[-vaɪdə(r)] m.; -s, -⟩ Anbieter (bes. von Onlinediensten) [engl., eigtl. »Ernährer«]

Pro|vinz ⟨[-vɪnts] f.; -, -en⟩ **1** Verwaltungsbezirk; *die ~ Sachsen* **2** ⟨fig.⟩ ländl. Gegend, im Unterschied zur Stadt; *aus der ~ kommen, stammen* [<lat. *provincia* »Herrschaftsbereich, unter röm. Oberherrschaft u. Verwaltung stehendes erobertes Gebiet außerhalb Italiens; Gegend, Bereich«]

pro|vin|zi|al ⟨[-vɪn-] Adj.⟩ eine Provinz betreffend, zu ihr gehörend

Pro|vin|zi|al ⟨[-vɪn-] m.; -s, -e⟩ Vorsteher mehrerer, zu einer Provinz zusammengefasster Klöster [<lat. *provincialis* »zur Provinz gehörig, die Provinz betreffend«]

Pro|vin|zi|a|lis|mus ⟨[-vɪn-] m.; -, -lis|men⟩ mundartl. Ausdruck, z. B. Stulle (berlin.), Gaudi (bair.-österr.)

Pro|vin|zi|a|li|tät ⟨[-vin-] f.; -; unz.; abwertend⟩ provinzielle Beschaffenheit, kleinbürgerliche Beschränktheit

pro|vin|zi|ell ⟨[-vɪn-] Adj.⟩ kleinstädtisch; *~e Ansichten haben*

Pro|vinz|ler ⟨[-vɪnts-] m.; -s, -; umg.; abwertend⟩ Bewohner der Provinz, Mensch mit engem Gesichtskreis

pro|vinz|le|risch ⟨[-vɪnts-] Adj.; umg.; abwertend⟩ provinziell; *ein allzu ~es Kulturangebot*

Pro|vi|si|on ⟨[-vi-] f.; -, -en⟩ **1** Vermittlungsgebühr **2** Vergütung durch prozentualen Gewinnanteil; *auf ~ arbeiten* [<ital. *provvigione* »Vorsorge; Vorrat, Erwerb, Vergütung« <lat. *provisio* »Vorausschau, Vorsorge«; zu *providere* »vorhersehen«]

Pro|vi|sor ⟨[-viː-] m.; -s, -so|ren⟩ Verwalter einer Apotheke [lat., »Voraussehér, Vorsorger«; zu *providere* »vorhersehen«]

pro|vi|so|risch ⟨[-vi-] Adj.⟩ vorübergehend, vorläufig, behelfsmäßig [<frz. *provisoire* »vorläufig, einstweilen«]

Pro|vi|so|ri|um ⟨[-vi-] n.; -s, -ri|en⟩ behelfsmäßige Einrichtung, vorläufiger Zustand [→ *provisorisch* (mit latinisierter Endung)]

Pro|vit|a|min *auch:* **Pro|vi|ta|min** ⟨[-vɪt-] n.; -s, -e; Biochemie⟩ Vorstufe eines Vitamins

Pro|vo ⟨[-voː] m.; -s, -s; in den 1960er Jahren⟩ Jugendlicher, der sich durch Verhalten, äußere Erscheinung u. Werturteile (Verachtung von Konventionen u. staatl. Autorität, Bedürfnislosigkeit) bewusst in Gegensatz zu seiner Umgebung setzt u. seine (nicht klar umrissenen) polit. Ziele mit den organisator. Methoden der bestehenden Gesellschaftsordnung durchzusetzen sucht [<ndrl. *provocatie* »Provokation«, *provoceren* »provozieren«]

pro|vo|kant ⟨[-vo-] Adj.⟩ herausfordernd

Pro|vo|ka|teur ⟨[-vokatøːr] m.; -s, -e⟩ jmd., der andere zu unbedachten Handlungen, Sabotage, Widerstand od. polit. Gewalttaten provoziert; *Sy* Agent Provocateur [<frz. *provocateur* »Aufwiegler, Hetzer«]

Pro|vo|ka|ti|on ⟨[-vo-] f.; -, -en⟩ das Provozieren, Provoziertwerden [<lat. *provocatio* »Herausforderung, Aufreizung«]

pro|vo|ka|tiv ⟨[-vo-] Adj.⟩ = provokatorisch

pro|vo|ka|to|risch ⟨[-vo-] Adj.⟩ provozierend, in der Art eines Provokateurs, herausfordernd, zu unbedachten Handlungen aufreizend; *Sy* provokativ

pro|vo|zie|ren ⟨[-vo-] V.⟩ **1** *etwas ~* heraufbeschwören, hervorrufen; *eine Krankheitserscheinung ~* **2** *jmdn. ~* jmdn. zu einer unbedachten Handlung veranlassen, jmdn. herausfordern; *Widerstand, Widerspruch ~; ein solches Verhalten wirkt ~d* herausfordernd [<lat. *provocare* »heraus-, hervorrufen«; zu *vocare* »rufen«]

pro|xi|mal ⟨Adj.⟩ nach dem Mittelpunkt des Körpers zu gelegen; *Ggs* distal [<lat. *proximus* »der nächste«]

Pro|ze|de|re ⟨n.; -, -; geh.⟩ Prozedur, Vorgehensweise; *oV* Procedere [→ *Prozedur*]

pro|ze|die|ren ⟨V.; veraltet⟩ verfahren, zu Werke gehen, vorgehen [<lat. *procedere* »vorrücken, fortschreiten, vor sich gehen« <*cedere* »einhergehen«]

Pro|ze|dur ⟨f.; -, -en⟩ **1** Behandlung, Verfahren **2** Rechtsgang [<lat. *procedere* »vorrücken, fortschreiten, vor sich gehen«; zu *cedere* »einhergehen«]

pro|ze|du|ral ⟨Adj.⟩ das Verfahren, den äußeren Ablauf betreffend [→ *Prozedur*]

Pro|zent ⟨n.; -(e)s, -e od. (bei Zahlenangaben) -; Abk.: p. c.; Zeichen: %⟩ **1** Hundertstel; *Sy* ⟨österr.; veraltet⟩ Perzent; *10 ~ Bedienungszuschlag; der Schnaps enthält 40 ~ Alkohol; es waren höchstens 75 ~ aller Mitglieder anwesend; das Kapital verzinst sich mit 4 ~* **2** *~e* nach Prozenten berechneter Gewinnanteil **3** *~e (beim Verkauf einer Ware)* = Rabatt [<*pro cento*, latinisiert <ital. *per cento* »für hundert«]

pro|zen|tisch ⟨Adj.; veraltet⟩ prozentual

Pro|zent|punkt ⟨m.; -(e)s, -e⟩ Differenzwert in Prozent beim Vergleich zweier Prozentzahlen; *eine Abweichung von vier ~*

Pro|zent|satz ⟨m.; -es, -sät|ze⟩ eine bestimmte Anzahl von Prozenten; *ein hoher ~ von Abiturienten nimmt ein Studium auf*

pro|zen|tu|al ⟨Adj.⟩ in Prozenten (ausgedrückt, gerechnet), im Verhältnis zum Ganzen (betrachtet); *Sy* ⟨österr.⟩ prozentuell

pro|zen|tu|a|li|ter ⟨Adv.⟩ in Prozenten berechnet, im Verhältnis zum Gesamten gesehen

pro|zen|tu|ell ⟨Adj.; österr.⟩ = prozentual

Pro|zess ⟨m.; -es, -e⟩ **1** Gerichtsverfahren, Rechtsstreit; *einen ~ gegen jmdn. anstrengen, führen; einen ~ gewinnen, verlieren; jmdm. den ~ machen* jmdn. verklagen; *jetzt mache ich (mit ihr) kurzen ~* jetzt greife ich energisch, kurz entschlossen ein **2** Vorgang, Verlauf; *Entwicklungs~; Fäulnis~; ein langwieriger, schwieriger, schneller ~;*

P

chemischer ~ Vorgang bei der Umwandlung von Stoffen [<lat. *processus* »Fortschreiten, Fortgang, Verlauf«, mlat. »Handlungsweise, Rechtsstreit«; zu lat. *procedere* »vorwärtsschreiten«]

> **Prozess** (*Laut-Buchstaben-Zuordnung*) Die im Deutschen übliche Kennzeichnung eines kurzen Vokals durch Verdoppelung des Folgekonsonanten wird auch auf Fremdwörter angewendet. Nach kurzem Vokal wird daher auch bei Fremdwörtern der stimmlose s-Laut durch *»ss«* wiedergegeben (→*a.* Showbusiness).

pro|zes|sie|ren ⟨V.; Rechtsw.⟩ einen Prozess anstrengen, führen; *gegen jmdn.* ~

Pro|zes|si|on ⟨f.; -, -en⟩ **1** ⟨kath. Kirche⟩ feierlicher Umzug der Geistlichen u. der Gemeinde; *Fronleichnams*~ **2** ⟨allg.⟩ feierl. Aufzug, Umzug [<lat. *processio* »das Vorrücken, feierl. Aufzug«; zu *procedere* »vorwärtsschreiten«]

Pro|zes|sor ⟨m.; -s, -so|ren; EDV⟩ Recheneinheit einer Datenverarbeitungsanlage; *oV* Processor

pro|zess|ori|en|tiert ⟨Adj.⟩ am Prozess bzw. Ablauf eines Prozesses orientiert; *~e Gestaltung*

Pro|zess|rech|ner ⟨m.; -s, -; EDV⟩ Großrechner einer Datenverarbeitungsanlage

P

pro|zes|su|al ⟨Adj.⟩ einen Prozess betreffend, zu ihm gehörend

pro|zöl ⟨Adj.; Anat.⟩ vorn ausgehöhlt (Wirbel) [<grch. *pro* »vorn« + *koilos* »hohl«]

prü|de ⟨Adj.⟩ übertrieben sittsam, zimperlich (in geschlechtlichen Dingen) [<frz. *prude* »prüde, geziert«]

Prü|de|rie ⟨f.; -, -n⟩ prüdes Wesen, Zimperlichkeit, Ziererei (in geschlechtl. Dingen) [<frz. *pruderie* »Prüderie, geheuchelte Sittsamkeit«]

Prü|nel|le ⟨f.; -, -n⟩ **1** vor der Reife geerntete, entsteinte, getrocknete u. gepresste Pflaume **2** daraus gewonnener Likör [<frz. *pruneau* »Backpflaume«, <lat. *prunum* »Pflaume«]

Pru|nus ⟨f.; -; unz.; Bot.⟩ Pflanzengattung der Pflaume mit den Arten Aprikose, Kirsche, Pfirsich u. Schlehe [lat., »Pflaumenbaum«]

pru|ri|gi|nös ⟨Adj.; Med.⟩ juckend (z. B. von Hautausschlag) [zu lat. *prurire* »jucken«]

Pru|ri|go ⟨f.; -; unz. od. m.; -s; unz.; Med.⟩ juckende Flechte [lat., »das Jucken«; zu *prurire* »jucken«]

Pru|ri|tus ⟨m.; -; unz.; Med.⟩ Hautjucken [lat., »das Jucken«; zu *prurire* »jucken«]

PS ⟨Abk. für⟩ Postskriptum

Psa|li|gra|fie ⟨f.; -; unz.⟩ = Psaligraphie

psa|li|gra|fisch ⟨Adj.⟩ = psaligraphisch

Psa|li|gra|phie ⟨f.; -; unz.⟩ Kunst des Scherenschnittes; *oV* Psaligrafie [<grch. *psalis* »Schere« + ...*graphie*]

psa|li|gra|phisch ⟨Adj.⟩ in der Art des Scherenschnitts; *oV* psaligrafisch

Psalm ⟨m.; -s, -en⟩ geistl. Lied aus dem Psalter; →*a.* Salm (2) [<ahd. *psalm(o)* <kirchenlat. *psalmus* <grch. *psalmos* »das Zupfen der Saiten eines Musikinstrumentes, Saitenspiel, zum Saitenspiel vorgetragenes Lied, Psalm«; zu *psallein* »berühren, betasten, die Saite zupfen«]

Psal|mist ⟨m.; -en, -en⟩ Dichter od. Sänger von Psalmen, bes. König David

Psalm|o|die *auch:* **Psal|mo|die** ⟨f.; -, -n; Musik⟩ Gesang von Psalmen im Rezitationston [<*Psalm* + grch. *ode* »Gesang«]

psalm|o|die|ren *auch:* **psal|mo|die|ren** ⟨V.; Musik⟩ in der Art der Psalmodie singen

psalm|o|disch *auch:* **psal|mo|disch** ⟨Adj.; Musik⟩ in der Art der Psalmodie

Psal|ter ⟨m.; -s, -⟩ **1** ⟨Rel.⟩ Buch der 150 geistlichen Lieder des AT **2** ⟨Musik⟩ = Psalterium **3** ⟨Zool.⟩ Blättermagen (der Wiederkäuer) [<kirchenlat. *psalterium* <grch. *psalterion*, (Name eines Saiteninstrumentes); → *Psalm*]

Psal|te|ri|um ⟨n.; -s, -ri|en; Musik⟩ mittelalterl. dreieckiges od. trapezförmiges Saiteninstrument, das mit kleinen Holzhämmern geschlagen wird, Hackbrett; *oV* Psalter (2) [lat. <grch. *psalterion;* → *Psalter*]

Psam|mit ⟨m.; -s, -e; Geol.⟩ klastisches Sedimentgestein aus Körnern von 2-0,02 mm Größe, z. B. Sandstein [zu grch. *psammos* »Sand«]

psam|mo|phil ⟨Adj.; Biol.⟩ sandige Lebensräume bevorzugend (von Tieren, Pflanzen) [<grch. *psammos* »Sand« + ...*phil*]

Psam|mo|phyt ⟨m.; -en, -en; Biol.⟩ Pflanze, die auf sandigem Boden gedeiht [<grch. *psammos* »Sand« + ...*phyt*]

Pse|phit ⟨m.; -s, -e; Geol.⟩ klastisches Gestein mit grober Körnung [zu grch. *psephos* »Steinchen«]

pseud..., Pseud... ⟨in Zus.⟩ = pseudo..., Pseudo...

Pseud|ar|thro|se *auch:* **Pseu|dar|thro|se** ⟨f.; -, -n; Med.⟩ nach schlecht verheilten Knochenbrüchen entstehendes Gelenk, falsches Gelenk

Pseud|epi|gra|fen ⟨Pl.⟩ = Pseudepigraphen

pseud|epi|gra|fisch ⟨Adj.⟩ = pseudepigraphisch

Pseud|epi|gra|phen ⟨Pl.⟩ unter falschem Namen bekannte Schriften (aufgrund von Fälschungen od. falscher Überlieferungen); *oV* Pseudepigrafen [<*Pseudo...* + grch. *epigraphein* »aufschreiben«]

pseud|epi|gra|phisch ⟨Adj.⟩ falsch überschrieben, untergeschoben, einem Verfasser fälschlich zugeschrieben; *oV* pseudepigrafisch

pseu|do..., Pseu|do... ⟨vor Vokalen⟩ pseud..., Pseud... ⟨in Zus.⟩ falsch, unecht, vorgetäuscht, schein..., Schein... [<grch. *pseudein* »belügen, täuschen«; zu *pseudos* »Lüge«]

pseu|do|gla|zi|al ⟨Adj.; Geol.⟩ eiszeitlichen Bildungen ähnlich, jedoch von anderen geologischen Faktoren hervorgerufen, z. B. bestimmte Schuttablagerungen in europ. Mittelgebirgen [<*pseudo...* + *glazial*]

Pseu|do|graf ⟨m.; -en, -en⟩ = Pseudograph

Pseu|do|graph ⟨m.; -en, -en⟩ Schriftfälscher; *oV* Pseudograf [<*Pseudo...* + ...*graph*]

Pseu|do|kon|kor|danz ⟨f.; -, -en;

Geol.⟩ gleichmäßige, ungestörte Lagerung von jüngeren Schichten auf älteren, wenn zwischen beiden ein Sediment lag

Pseu|do|krupp ⟨m.; -s; unz.; Med.⟩ (bes. bei Kindern) durch Luftverschmutzung verursachte Kehlkopfentzündung; →*a.* Krupp

Pseu|do|le|gie|rung ⟨f.; -, -en⟩ gesinterte Mischung zweier nicht legierbarer Metallpulver [<*Pseudo… + Legierung*]

Pseu|do|list ⟨m.; -en, -en; Psych.⟩ jmd., der eine krankhafte Neigung zum Lügen hat, bes. in Bezug auf sexuelle Erlebnisse [zu lat. *pseudolus* »Lügner«]

Pseu|do|lo|gie ⟨f.; -; unz.⟩ krankhaftes Lügen, das von dem Kranken selbst geglaubt wird u. mit dem sich entsprechende Handlungen verbinden [<*Pseudo… + …logie*]

pseu|do|lo|gisch ⟨Adj.; Psych.⟩ auf Pseudologie beruhend, sie betreffend

Pseu|do|mo|nas ⟨f.; -, -na|den; Med.⟩ Gattung begeißelter Stäbchenbakterien [<*Pseudo…* + grch. *monas* »Einheit«]

pseu|do|morph ⟨Adj.; Min.⟩ Pseudomorphose aufweisend, durch Pseudomorphose entstanden

Pseu|do|mor|pho|se ⟨f.; -, -n; Min.⟩ Umbildung eines Minerals durch chemische od. physikalische Mittel [<*pseudo… + …morph*]

pseud|o|nym *auch:* **pseu|do|nym** ⟨Adj.⟩ unter einem Pseudonym verfasst; *Ggs* orthonym

Pseud|o|nym *auch:* **Pseu|do|nym** ⟨n.; -s, -e⟩ Deckname (bes. von Schriftstellern); →*a.* Allonym, Nom de Plume [<*Pseudo…* + grch. *onyma* »Name«]

Pseu|do|po|di|um ⟨n.; -s, -di|en; Biol.⟩ vorübergehende Bildung eines Fortsatzes aus Plasma, der vielen Wurzelfüßern die Fortbewegung ermöglicht, Scheinfüßchen [<*Pseudo… + …podium*]

pseu|do|re|li|gi|ös ⟨Adj.⟩ Religiosität vortäuschend, nur scheinbar religiös

Pseu|do|säu|re ⟨f.; -, -n; Chemie⟩ chem. Verbindung, die sich je nach Umgebungsbedingungen als Säure oder neutrale Verbindung verhalten kann

PS-Gram|ma|tik ⟨f.; -; unz.; Sprachw.; Abk. für⟩ Phrasenstrukturgrammatik

Psi ⟨n.; - od. -s, -s; Zeichen: ψ, Ψ⟩ grch. Buchstabe

Psi|lo|me|lan ⟨n.; -s, -e; Min.⟩ schwarzes Mineral, das zapfen- u. krustenförmige Massen bilden kann, Hartmanganerz [<grch. *psilos* »kahl« + *melas* »schwarz«]

Psi|lo|se ⟨f.; -, -n; Med.⟩ Haarausfall, Kahlheit [<grch. *psilos* »kahl«]

Psit|ta|ko|se ⟨f.; -, -n; Med.⟩ durch ein Virus erregte, akute Infektionskrankheit, Papageienkrankheit [<grch. *psittakos* »Papagei«]

Pso|ri|a|sis ⟨f.; -, -ri|a|sen; Med.⟩ chron. Hautkrankheit, bei der sich scharf begrenzte, rötl. Flecken bilden, die mit matt-silbrigen Schuppen bedeckt sind, Schuppenflechte [<grch. *psora* »Krätze, Räude«]

Pso|ri|a|ti|ker ⟨m.; -s, -; Med.⟩ jmd., der an Psoriasis erkrankt ist

psych…, Psych… ⟨in Zus.⟩ = psycho…, Psycho…

◆ Die Buchstabenfolge **psych|a…** kann auch **psy|cha…** getrennt werden.

◆ **Psych|a|go|ge** ⟨m.; -n, -n; Med.; Psych.⟩ Heilpädagoge mit vierjähriger theoretischer u. praktischer Ausbildung [<grch. *psyche* »Seele« + *agogos* »führend; Führer«; zu *agein* »führen«]

◆ **Psych|a|go|gik** ⟨f.; -; unz.; Med.; Psych.⟩ Gesamtheit pädagogisch-therapeutischer Maßnahmen zur Behandlung von Verhaltensstörungen [→ *Psychagoge*]

◆ **Psych|a|go|gin** ⟨f.; -, -gin|nen; Med.; Psych.⟩ Heilpädagogin mit vierjähriger theoret. u. prakt. Ausbildung

◆ **psych|a|go|gisch** ⟨Adj.; Med.; Psych.⟩ die Psychagogik betreffend, zu ihr gehörend, auf ihr beruhend

◆ **Psych|al|gie** ⟨f.; -, -n; Med.; Psych.⟩ seelisch bedingte Schmerzen ohne organische Ursache, z. B. Kopf- od. Herzschmerzen [<*Psych… + …algie*]

Psy|che ⟨f.; -, -n⟩ **1** Seele, seelisch-geistiges Leben **2** ⟨österr. a.⟩ dreiteiliger Spiegel [grch., »Lebensodem, -kraft, Seele«]

psy|che|de|lisch ⟨Adj.⟩ *~e Droge* bewusstseinserweiternde Droge; *Sy* psychodelisch

Psych|i|a|ter *auch:* **Psy|chi|a|ter** ⟨m.; -s, -; Med.⟩ Facharzt für Psychiatrie [<*Psyche + …iater*]

Psych|i|a|te|rin *auch:* **Psy|chi|a|te|rin** ⟨f.; -, -rin|nen; Med.⟩ Fachärztin für Psychiatrie

Psych|i|a|trie *auch:* **Psy|chi|at|rie** ⟨f.; -; unz.; Med.⟩ **1** Lehre von den psychisch bedingten Krankheiten **2** ⟨umg. a.⟩ psychiatr. Klinik

psych|i|a|trie|ren *auch:* **psy|chi|at|rie|ren** ⟨V.; Med.; österr.⟩ *jmdn.* ~ jmdn. psychiatrisch untersuchen

psych|i|a|trisch *auch:* **psy|chi|at|risch** ⟨Adj.; Med.⟩ zur Psychiatrie gehörend, auf ihr beruhend, mit ihrer Hilfe

psy|chisch ⟨Adj.⟩ die Psyche betreffend, zu ihr gehörend, seelisch

psy|cho…, Psy|cho… ⟨vor Vokalen⟩ psych…, Psych… ⟨in Zus.⟩ seelisch, seelen…, Seelen… [<grch. *psyche;* → *Psyche*]

Psy|cho|ana|ly|se ⟨f.; -, -n; Psych.⟩ Methode zur Heilung psychischer Krankheiten, Störungen od. Fehlleistungen durch das Bewusstmachen der ins Unterbewusstsein verdrängten Komplexe, Ängste sowie Triebkonflikte

psy|cho|ana|ly|sie|ren ⟨V.⟩ mit dem Instrumentarium der Psychoanalyse therapieren, untersuchen

Psy|cho|ana|ly|ti|ker ⟨m.; -s, -⟩ Psychologe auf dem Gebiet der Psychoanalyse

Psy|cho|ana|ly|ti|ke|rin ⟨f.; -, -rin|nen⟩ Psychologin auf dem Gebiet der Psychoanalyse

psy|cho|ana|ly|tisch ⟨Adj.⟩ zur Psychoanalyse gehörend, mit ihrer Hilfe

Psy|cho|chir|ur|gie *auch:* **Psy|cho|chi|rur|gie** ⟨[-çir-] f.; -; unz.⟩ chirurg. Behandlung des Hirns

P

bei sonst nicht beeinflussbaren Geisteskrankheiten
psy|cho|de|lisch ⟨Adj.⟩ = psychedelisch
Psy|cho|di|a|gnos|tik *auch:* **Psy|cho|di|ag|nos|tik** ⟨f.; -; unz.⟩ psycholog. Verfahren zum Erkennen u. Beurteilen einer Persönlichkeit hinsichtl. ihrer Anlagen, Fähigkeiten, Verhaltensweisen usw.
Psy|cho|dra|ma ⟨n.; -s, -dra|men⟩ schauspielerische Darstellung von Konflikten (im Rahmen einer Therapie), die deren Bewältigung bezweckt
psy|cho|gal|va|nisch ⟨[-va:-] Adj.; in der Wendung⟩ *~e Reaktion* Verringerung des elektr. Widerstands der Haut bei seel. Erregung
psy|cho|gen ⟨Adj.⟩ seelisch bedingt; *Ggs* somatogen (1)
Psy|cho|ge|ne|se ⟨f.; -, -n⟩ Entwicklung der Seele, des Seelenlebens [<*Psycho...* + *Genese*]
Psy|cho|gra|fie ⟨f.; -, -n⟩ = Psychographie
Psy|cho|gramm ⟨n.; -s, -e; Psych.⟩ Versuch einer Persönlichkeitsbeschreibung anhand aller erfassbaren psychologischen Daten [<*Psycho...* + *...gramm*]
Psy|cho|gra|phie ⟨f.; -, -n⟩ psycholog. Beschreibung einer Person aufgrund ihrer Äußerungen, schriftl. u. a. Werke sowie der Äußerungen anderer; *oV* Psychografie [<*Psycho...* + *...graphie*]

P

Psy|cho|id ⟨n.; -(e)s; unz.⟩ seelenartige Kraft (bei niederen Lebewesen, die keine Seele i. e. S. besitzen) [<*Psycho...* + *...id*]
Psy|cho|ki|ne|se ⟨f.; -; unz.; Parapsych.⟩ physikalisch nicht erklärbare mechan. Einwirkung des Menschen auf Gegenstände [<*Psyche* + grch. *kinesis* »Bewegung«]
psy|cho|ki|ne|tisch ⟨Adj.; Parapsych.⟩ auf Psychokinese beruhend, sie betreffend
Psy|cho|kri|mi ⟨m.; -s, -s; umg.⟩ spannender, auf psychologischen Motiven aufbauender Kriminalroman od. -film [<*Psycho...* + *Krimi*]
Psy|cho|lin|gu|is|tik ⟨f.; -; unz.⟩ Teilgebiet der Linguistik, das die psychischen Vorgänge beim Sprachgebrauch u. beim Sprechenlernen untersucht
psy|cho|lin|gu|is|tisch ⟨Adj.⟩ die Psycholinguistik betreffend, zu ihr gehörend, auf ihren Ergebnissen beruhend
Psy|cho|lo|ge ⟨m.; -n, -n⟩ **1** Wissenschaftler auf dem Gebiet der Psychologie **2** ⟨umg.⟩ jmd., der Menschen zu beobachten u. entsprechend zu behandeln versteht
Psy|cho|lo|gie ⟨f.; -; unz.⟩ Wissenschaft vom Seelenleben [<*Psycho...* + *...logie*]
Psy|cho|lo|gin ⟨f.; -, -gin|nen⟩ Expertin, Wissenschaftlerin auf dem Gebiet der Psychologie
psy|cho|lo|gisch ⟨Adj.⟩ die Psychologie betreffend, auf ihr beruhend, mit ihrer Hilfe; *~e Kampfführung* K. durch psychologische Beeinflussung von Freund u. Feind; *das ist ~ richtig, falsch (gedacht, gehandelt, geurteilt); ein ~es Gutachten erstellen; ~e Tests durchführen; eine Romanfigur ~ sorgfältig anlegen; über ~en Scharfblick verfügen*
psy|cho|lo|gi|sie|ren ⟨V.⟩ unter psychologischen Gesichtspunkten darstellen, die psycholog. Hintergründe, Beweggründe usw. deutlich machen
Psy|cho|lo|gis|mus ⟨m.; -; unz.⟩ Überbewertung psycholog. Erkenntnisse
psy|cho|lo|gis|tisch ⟨Adj.⟩ im Sinne des Psychologismus (verfahrend)
Psy|cho|ly|se ⟨f.; -, -n⟩ Therapie psychischer Krankheiten mit einer Kombination aus Psychoanalyse u. der Verabreichung von Halluzinogenen [<*Psycho...* + *...lyse*]
Psy|cho|man|tie ⟨f.; -; unz.⟩ = Nekromantie [<*Psycho...* + *...mantie*]
Psy|cho|me|trie *auch:* **Psy|cho|met|rie** ⟨f.; -, -n⟩ **1** Messung der zeitl. Dauer psychischer Vorgänge **2** messendes Erfassen psychischer Fähigkeiten, Funktionen usw. **3** ⟨Parapsych.⟩ Verwendung von Gegenständen, die auf die hellseherische Aufgabe des Mediums hinweisen, z. B. Fotografien usw. [<*Psycho...* + *...metrie*]
psy|cho|me|trisch *auch:* **psy|cho|met|risch** ⟨Adj.⟩ auf Psychometrie beruhend, mit ihrer Hilfe
Psy|cho|mo|to|rik ⟨f.; -; unz.; Psych.; Med.⟩ Gesamtheit der psychisch bedingten u. vom Willen abhängigen Bewegungen, im Unterschied zu den vom Willen unabhängigen Bewegungen
psy|cho|mo|to|risch ⟨Adj.; Psych.; Med.⟩ auf Psychomotorik beruhend, durch Seele u. Willen bedingt
Psy|cho|neu|ro|se ⟨f.; -, -n; Psych.; Med.⟩ = Neurose
psy|cho|nom ⟨Adj.⟩ nach psychischen Gesetzen verlaufend, der Psyche, dem Bewusstsein u. Willen unterstehend [<*psycho...* + *...nom*[1]]
Psy|cho|path ⟨m.; -en, -en⟩ seelisch-charakterlich gestörte männl. Person
Psy|cho|pa|thie ⟨f.; -, -n⟩ seelisch-charakterliche Störung [<*Psycho...* + *...pathie*]
Psy|cho|pa|thin ⟨f.; -, -thin|nen⟩ seelisch-charakterlich gestörte weibl. Person
psy|cho|pa|thisch ⟨Adj.⟩ auf Psychopathie beruhend, durch sie bewirkt, seelisch-charakterlich gestört
Psy|cho|pa|tho|lo|gie ⟨f.; -; unz.⟩ Lehre vom kranken Seelenleben
Psy|cho|phar|ma|kon ⟨n.; -s, -maka⟩ auf die Psyche wirkendes Medikament
Psy|cho|phy|sik ⟨f.; -; unz.⟩ Lehre von den Wechselbeziehungen zwischen physischen Reizen u. den dadurch hervorgerufenen Empfindungen
psy|cho|phy|sisch ⟨Adj.⟩ zur Psychophysik gehörend, auf ihr beruhend; *~er Parallelismus* Theorie, nach der die physischen Reize von den Empfindungen unabhängig sind, aber mit ihnen parallel verlaufen
Psy|cho|se ⟨f.; -, -n; Med.⟩ seelische Krankheit [<grch. *psyche* »Seele«]
Psy|cho|so|ma|tik ⟨f.; -; unz.; Med.⟩ Lehre von den Beziehungen zwischen Körper u. Seele [<*Psycho...* + *Soma*]
Psy|cho|so|ma|ti|ker ⟨m.; -s, -;

Med.⟩ Fachmann, Forscher auf dem Gebiet der Psychosomatik

psy|cho|so|ma|tisch ⟨Adj.; Med.⟩ die Psychosomatik betreffend, auf den Beziehungen zwischen Körper u. Seele beruhend

psy|cho|so|zi|al ⟨Adj.⟩ durch soziale u. psychische Faktoren bedingt

Psy|cho|tech|nik ⟨f.; -; unz.⟩ Anwendung der Psychologie u. ihrer Methoden auf die Bereiche des prakt. Lebens

Psy|cho|ter|ror ⟨m.; -s; unz.⟩ Bedrohung mit psychologisch wirksamen Mitteln; ~ *auf jmdn. ausüben*

Psy|cho|test ⟨m.; -(e)s, -e od. -s⟩ psychologischer Test, der Daten über bestimmte psychische Befindlichkeiten od. Gesetzmäßigkeiten erhebt

Psy|cho|the|ra|peut ⟨m.; -en, -en; Psych.; Med.⟩ Arzt, der Kranke mit den Verfahren der Psychotherapie behandelt

Psy|cho|the|ra|peu|tik ⟨f.; -; unz.; Psych.; Med.⟩ Gesamtheit der bei seelischen Erkrankungen angewandten Behandlungsmethoden

Psy|cho|the|ra|peu|tin ⟨f.; -, -tin|nen; Psych.; Med.⟩ weibl. Psychotherapeut

psy|cho|the|ra|peu|tisch ⟨Adj.; Psych.; Med.⟩ auf der Psychotherapie beruhend, zu ihr gehörend

Psy|cho|the|ra|pie ⟨f.; -, -n; Psych.; Med.⟩ Behandlung von Kranken (bei Neurosen, psychischen Fehlleistungen usw.) durch seelische Beeinflussung

Psy|cho|thril|ler ⟨[-θrɪl-] m.; -s, -; bes. Film⟩ mit psycholog. Mitteln arbeitender Thriller

Psy|cho|ti|ker ⟨m.; -s, -; Psych.; Med.⟩ an einer Psychose Erkrankter

Psy|cho|ti|ke|rin ⟨f.; -, -rin|nen; Psych.; Med.⟩ an einer Psychose Erkrankte

psy|cho|tisch ⟨Adj.; Psych.; Med.⟩ **1** auf einer Psychose beruhend, zum Krankheitsbild einer Psychose gehörend **2** an einer Psychose erkrankt

psy|cho|trop ⟨Adj.; Psych.; Med.⟩ bewusstseinsverändernd, auf die Psyche wirkend [<*psycho…* + *…trop*]

Psy|chro|me|ter ⟨[-kro-] od. [-çro-] n.; -s, -⟩ aus zwei Thermometern kombinierter Luftfeuchtigkeitsmesser [<grch. *psychros* »kalt« + *…meter*]

psy|chro|phil ⟨[-kro-] od. [-çro-] Adj.; Biol.⟩ kälteliebend (von best. Organismen) [<grch. *psychros* »kalt« + *…phil*]

Psy|chro|phyt ⟨[-kro-] od. [-çro-] m.; -en, -en⟩ kälteliebende Pflanze [<grch. *psychros* »kalt« + *…phyt*]

Pt ⟨chem. Zeichen für⟩ Platin

pt. ⟨Abk. für⟩ Pint

p. t. ⟨Abk. für⟩ pro tempore

PTBS ⟨Abk. für⟩ posttraumat. Belastungsstörung, psychische Störung als Folge einer Traumatisierung durch extrem belastende Ereignisse wie Kriegseinsatz od. -gefangenschaft, Folter, Vergewaltigung u. a.

pter…, Pter… ⟨in Zus.⟩ = ptero…, Ptero…

Pte|ran|o|don *auch:* **Pte|ra|no|don** ⟨n.; -s, -no|don|ten⟩ ein Pterosaurier aus der geolog. Abteilung der oberen Kreide Nordamerikas [<*Ptero…* + grch. *anodos* »Aufstieg«]

…pte|re ⟨Nachsilbe; zur Bildung männl. u. weibl. Subst.⟩ Fliege, …flügler [<grch. *pteron* »Flügel«]

Pte|ri|do|phyt ⟨m.; -en, -en; Bot.⟩ Farnpflanze [<*Pter…* + *…phyt*]

Pte|ri|ne ⟨Pl.; Biochemie⟩ Gruppe stickstoffreicher organischer Verbindungen, die in vielen Enzymen u. Farbstoffen auftreten [<grch. *pteron* »Flügel« (sie kommen in Schmetterlingsflügeln vor)]

pte|ro…, Pte|ro… ⟨vor Vokalen⟩ pter…, Pter… ⟨in Zus.⟩ Flug, Flügel [<grch. *pteron* »Flügel«]

Pte|ro|dak|ty|lus ⟨m.; -, -ty|len⟩ ein Pterosaurier der Jura- u. der Kreidezeit [<*Ptero…* + grch. *daktylos* »Finger«]

Pte|ro|po|de ⟨f.; -, -n; Zool.⟩ Flossenfüßer, Flügelschnecke, ozeanische Schnecke mit flügelartigen Verbreiterungen am Schwimmfuß: Pteropoda [<*Ptero…* + *…pode*]

Pte|ro|sau|ri|er ⟨m.; -s, -⟩ Angehöriger einer Gruppe ausgestorbener Reptilien mit Flughäuten, Flugsaurier, Flugechse

Pte|ry|gi|um ⟨n.; -s, -gia; Zool.⟩ Wucherung der Bindehaut zwischen (meist) innerem Augenwinkel u. Hornhaut, Flügelfell [<grch. *pteron* »Flügel«]

pte|ry|got ⟨Adj.; Zool.⟩ geflügelt (von Insekten) [→ *ptero…*]

Pto|ma|in ⟨n.; -s; unz.⟩ Leichengift [<grch. *ptoma* »Fall, Gefallenes, Leichnam«]

Pto|sis ⟨f.; -, Pto|sen; Med.⟩ krankhaftes Herabhängen des Oberlids [grch., »Senkung«]

Pty|a|lin ⟨n.; -s; unz.; Biochemie⟩ stärkeabbauendes Enzym im Speichel des Menschen [<grch. *ptyalon* »Speichel«]

Pu ⟨chem. Zeichen für⟩ Plutonium

Pub ⟨[pʌb] n. od. m.; -s, -s⟩ kleine englische Gaststätte [engl., Kurzwort für *pub*lic house »öffentliches Haus«]

pu|be|ral ⟨Adj.; selten⟩ = pubertär

pu|ber|tär ⟨Adj.⟩ zur Pubertät gehörig; *Sy* puberal

Pu|ber|tät ⟨f.; -; unz.⟩ Zeit des Eintritts der Geschlechtsreife [<lat. *pubertas* »Mannbarkeit, Geschlechtsreife«; zu *pubes* »mannbar, erwachsen«]

pu|ber|tie|ren ⟨V.⟩ in die Pubertät eintreten, in der Pubertät sein

Pu|bes ⟨f.; -, -; Anat.⟩ **1** Schamhaare **2** Schambereich [lat.]

pu|bes|zent ⟨Adj.; Med.⟩ heranwachsend, geschlechtsreif

Pu|bes|zenz ⟨f.; -; unz.; Med.⟩ Ausbildung der sekundären Geschlechtsmerkmale [<lat. *pubescere* »mannbar werden«]

pu|bisch ⟨Adj.; Anat.⟩ zu der Schambehaarung, -gegend gehörig, sie betreffend [→ *Pubes*]

◆ Die Buchstabenfolge **pu|bl…** kann auch **pub|l…** getrennt werden.

◆ **Pu|blic-Do|main-Soft|ware** ⟨[pʌblɪkdomeɪnsɔftwɛ:(r)] f.; -; unz.⟩ Software, die jedem Computeranwender ohne eine Lizenz zugänglich ist [<engl. *public domain* »öffentlicher Zugang« + *Software*]

◆ **pu|bli|ce** ⟨[-tse:] Adv.⟩ öffentlich [lat., »öffentlich«]

◆ **Pu|bli|ci|ty** ⟨[pʌblɪsɪtɪ] f.; -; unz.⟩ Bekanntsein in der Öffentlichkeit, Werbung, die die Bekanntheit einer Person od. Sache sichern od. erhöhen soll [engl., »Öffentlichkeit«]

◆ **Pu|blic Ma|nage|ment** ⟨[pʌblık mænıdʒmənt] n.; -s; unz.; Abk.: PM⟩ organisatorische u. personelle Bewertung u. Einrichtung der öffentlichen Verwaltung unter Gesichtspunkten der Effizienz u. Wirtschaftlichkeit, z. B. bei Hochschulen, Einwohnermeldeämtern u. Ministerien [engl., »öffentliche Verwaltung«]

◆ **Pu|blic Re|la|tions** ⟨[pʌblık rıleıʃənz] Pl.; Abk.: PR⟩ Arbeit mit der Öffentlichkeit, Bemühen um das Vertrauen der Öffentlichkeit [engl., »öffentl. Beziehungen«]

◆ **Pu|blic View|ing** *auch:* **Pu|blic Vie|wing** ⟨[pʌblıc vju:ıŋ] n.; - -s; unz.⟩ Vorführen eines (sportlichen) Großereignisses auf einer Großbildleinwand auf öffentlichen Plätzen, in Arenen o. Ä.; *während der Fußball-WM wurde ~ in vielen Städten veranstaltet* [engl., »öffentliches Anschauen« <*public* »öffentlich, in der Öffentlichkeit« + *view* »sehen, anschauen«]

◆ **pu|blik** ⟨Adv.⟩ **1** öffentlich **2** allgemein bekannt [<frz. *public* <lat. *publicus* »öffentlich, staatlich, allgemein«]

◆ **Pu|bli|ka|ti|on** ⟨f.; -, -en⟩ Veröffentlichung, im Druck erschienene Schrift [<frz. *publication* »Veröffentlichung« <lat. *publicatio; zu publicare* »zum Staatseigentum machen, veröffentlichen«]

◆ **Pu|bli|kum** ⟨n.; -s; unz.⟩ **1** Allgemeinheit, Öffentlichkeit **2** Gesamtheit der an Kunst u. Wissenschaft interessierten Menschen; *er wendet sich mit seinen Büchern an ein großes, breites ~* **3** Gesamtheit der Zuhörer, Besucher; *das ~ lachte, schrie, tobte; er hat in den Kindern ein dankbares ~ für seine Späße; in diesem Lokal verkehrt gutes, schlechtes ~; vor einem großen ~ sprechen; er braucht immer ein ~* ⟨umg.⟩ er tut sich gern vor anderen hervor **4** ⟨veraltet⟩ öffentl., gebührenfreie Vorlesung an der Universität [<lat. *publicum (vulgus)* »das gemeine Volk, die Öffentlichkeit«]

◆ **pu|bli|zie|ren** ⟨V.⟩ veröffentlichen, bekanntmachen, bes. im Druck [<lat. *publicare* »zum Staatseigentum machen, veröffentlichen«]

◆ **Pu|bli|zie|rung** ⟨f.; -, -en⟩ das Publizieren, das Publiziertwerden

◆ **Pu|bli|zist** ⟨m.; -en, -en⟩ **1** Lehrer od. Student der Publizistik, Zeitungswissenschaftler **2** polit. Schriftsteller, der sich in der Presse äußert

◆ **Pu|bli|zis|tik** ⟨f.; -; unz.⟩ Lehre von der zwischenmenschl. Kommunikation (bes. in ihren öffentl. Funktionen der Information, Meinungsbildung u. Unterhaltung) u. ihrer Wirkung in der Gesellschaft, Zeitungswissenschaft [<frz. *publiciste* »Journalist« <lat. *publicus* »öffentlich«]

◆ **Pu|bli|zis|tin** ⟨f.; -, -tin|nen⟩ **1** Lehrerin od. Studentin der Publizistik, Zeitungswissenschaftlerin **2** polit. Schriftstellerin, die sich in der Presse äußert

◆ **pu|bli|zis|tisch** ⟨Adj.⟩ zur Publizistik gehörend, auf ihr beruhend, sie betreffend; *sich ~ betätigen* für die Presse schreiben

◆ **Pu|bli|zi|tät** ⟨f.; -; unz.⟩ Zugänglichkeit für die Öffentlichkeit, Offenkundigkeit [<frz. *publicité* »Öffentlichkeit«; zu lat. *publicus* »öffentlich«]

p. u. c. ⟨Abk. für lat.⟩ post urbem conditam

Puck ⟨m.; -s, -s; Sport; Eishockey⟩ Scheibe aus Hartgummi für Eishockey [engl.; <*poke* »stoßen, puffen«]

Pud ⟨n.; -, -⟩ altes russ. Gewicht, = 16,38 kg [russ.]

Pud|ding ⟨m.; -s, -e od. -s; Kochk.⟩ warme, gestürzte, salzige od. süße Speise, die im Wasserbad gegart wurde [engl., »feine, in einer Form gekochte Mehlspeise; Blutwurst« <lat. *botulus* »Wurst«]

pu|den|dal ⟨Adj.; Med.⟩ die Schamgegend betreffend, zu ihr gehörig [<lat. *pudendus*]

Pu|der ⟨m.; -s, -⟩ zur Körperpflege u. Heilung verwendetes, feines Pulver auf der Grundlage von Talkum, Stärke, Zinkoxid mit Zusätzen [<frz. *poudre* »Staub, Pulver, Puder« <lat. *pulvis* »Staub«]

Pu|e|blo[1] *auch:* **Pu|eb|lo**[1] ⟨m.; - od. -s, - od. -s⟩ Indianer, der einem der vier Stämme (Zuni u. a.) im Südwesten der USA angehört [span. »Volk, Dorf« <lat. *populus* »Volk«]

Pu|e|blo[2] *auch:* **Pu|eb|lo**[2] ⟨n.; -s, -s⟩ Dorf der Pueblo[1] mit kastenförmigen, neben- u. übereinandergeschachtelten Häusern aus Stein [→ *Pueblo*[1]]

pu|e|ril ⟨[puə-] Adj.; Psych.⟩ (noch) kindlich, kindisch, zurückgeblieben [<lat. *puerilis* »kindlich, knabenhaft«; zu *puer* »Knabe«]

Pu|e|ri|lis|mus ⟨[puə-] m.; -, -lis|men; Psych.⟩ situative od. altersbedingte, anormale kindische Verfasstheit von Intelligenz, Verhaltensäußerungen u. Gefühlsleben bei Erwachsenen [→ *pueril*]

Pu|e|ri|li|tät ⟨[puə-] f.; -; unz.⟩ (noch) kindl., kindisches Wesen [<lat. *puerilitas* »Knabenalter, kindl. Wesen«; zu *puer* »Knabe«]

pu|er|pe|ral ⟨[puər-] Adj.; Med.⟩ das Wochenbett betreffend, zu ihm gehörig, während des Wochenbetts [→ *Puerperium*]

Pu|er|pe|ral|fie|ber ⟨[puər-] n.; -s, -; Med.⟩ Kindbettfieber [<lat. *puer* »Knabe« + *parere* »gebären«]

Pu|er|pe|ri|um ⟨[puər-] n.; -s, -ri|en; Med.⟩ Wochenbett, 6-8 Wochen nach der Geburt des Kindes [lat., »Kindbett, Niederkunft«]

Pul|ci|nel|la ⟨[-tʃi-] m.; - od. -s, -nel|le⟩ Figur des gefräßigen u. listigen Dieners der neapolitan. Posse u. später der Commedia dell'Arte; *oV* Policinello [ital.; zu *pulcino* »Hühnchen«, <lat. *pullus* »Hühnchen« (nach der piependen Stimme u. der schnabelähnl. Nase der Maske des Pulcinella)]

Pulk ⟨m.; -s, -s od. -e⟩ Haufen, Trupp, Verband; *in einem ~ auftreten, erscheinen, randalieren* [<poln. *pułk,* russ. *polk* »Regiment, bes. leichter Reiter«]

P

Pull ⟨m.; -s, -s; Sport; Golf⟩ Schlag, der dem Ball einen Linksdrall verleiht [engl.]

pul|len ⟨V.⟩ **1** rudern **2** *das Pferd pullt* drängt vorwärts, legt sich aufs Gebiss [<engl. *pull* »ziehen«]

Pull|man|wa|gen *auch:* **Pull|man-Wa|gen** ⟨m.; -s, -⟩ bequem ausgestatteter Eisenbahnwagen [nach dem US-amerikan. Industriellen George Mortimer *Pullmann,* 1831-1897]

Pull|o|ver *auch:* **Pul|lo|ver** ⟨m.; -s, -⟩ über den Kopf zu ziehendes, gestricktes Stück der Oberbekleidung; *Sy* Jumper [engl., eigtl. »zieh über«]

Pull|un|der *auch:* **Pul|lun|der** ⟨m.; -s, -⟩ ärmelloser Pullover, unter dem man eine Bluse od. ein Hemd trägt [<engl. *pull* »ziehen« + *under* »unter«]

Pul|mo ⟨m.; - od. -s, -mo|nes [-ne:s]; Anat.⟩ Lunge [lat.]

Pul|mo|lo|gie ⟨f.; -; unz.; Med.⟩ Teilgebiet der Medizin, das sich mit der Lunge u. ihren Erkrankungen befasst [<lat. *pulmo* »Lunge« + *...logie*]

pul|mo|nal ⟨Adj.⟩ die Lunge betreffend, von der Lunge ausgehend, Lungen... [<lat. *pulmo* »Lunge«]

Pul|mo|na|te ⟨f.; -, -n; Zool.⟩ Lungenschnecke [<lat. *pulmo* »Lunge«]

Pulp ⟨m.; -s, -en⟩ Fruchtmark; *oV* Pulpe, Pülpe [<lat. *pulpa* »Fleisch«]

Pul|pa ⟨f.; -, Pul|pae⟩ **1** ⟨Anat.⟩ weiches, an Blutgefäßen u. Nerven reiches Gewebe in der Zahnhöhle, Zahnmark **2** ⟨Pharm.⟩ Fruchtmark, Mus aus Pflanzenteilen [lat., »Fleisch«]

Pul|pa|höh|le ⟨f.; -, -n; Anat.⟩ Zahnhöhle

Pul|pe ⟨f.; -, -n⟩ = Pulp

Pül|pe ⟨f.; -, -n⟩ = Pulp

Pulp|fic|tion ⟨[pʌlpfıkʃn]⟩ *auch:* **Pulp Fic|tion** ⟨f.; (-) -; unz.; Lit.⟩ (in Form von Heften od. Zeitschriften verbreitete) anspruchslose Massenliteratur [<engl. *pulp* »Schund; wertlos...« + *Fiction*]

Pul|pi|tis ⟨f.; -, -ti|den; Med.⟩ Entzündung der Pulpa

pul|pös ⟨Adj.; Med.⟩ fleischig, markig [<frz. *pulpeux,* lat. *pulposus* »fleischig«; zu *pulpa* »Fleisch«]

Pul|que ⟨[pulkə] m.; - od. -s; unz.⟩ in Mexiko beliebtes alkohol. Getränk aus dem Saft der Agave [span.]

Puls ⟨m.; -es, -e⟩ **1** ⟨Med.⟩ durch rhythm. Zusammenziehungen des Herzens u. dadurch stoßweises Einfließen des Blutes in die Arterien erzeugter, leichter, an manchen Stellen des Körpers (Hals, Innenseite des Handgelenks) fühlbarer Schlag der Arterien; *jmdm. den ~ fühlen (am Handgelenk, um die Tätigkeit des Herzens zu prüfen),* ⟨a. fig.⟩ jmdn. testen, ausforschen, seine Gesinnung prüfen; *der ~ geht ruhig, schnell, langsam;* ⟨fig.⟩ *am ~ der Zeit sein* auf der Höhe der Zeit, aktuell sein **2** regelmäßige Folge von gleichartigen Stößen [<mhd. *puls* <lat. *pulsus* »Schlag (der Ader)«; zu *pellere* »schlagen, stoßen, treiben«]

Pul|sar ⟨m.; -s, -e; Astron.⟩ Stern, der in regelmäßiger Folge Radiostrahlung aussendet [→ *Puls*]

Pul|sa|ti|on ⟨f.; -, -en⟩ **1** ⟨Med.⟩ **1.1** rhythm. Tätigkeit des Herzens **1.2** der dadurch erzeugte rhythm. Druck im arteriellen Gefäßsystem **2** sich periodisch wiederholende Änderung bestimmter Größen eines elektr. Systems, z. B. regelmäßige Ab- oder Zunahme einer Spannung oder eines Stromes [<lat. *pulsatio* »das Stoßen, Schlagen«; zu *pulsare* »stoßen, schlagen«]

Pul|sa|tor ⟨m.; -s, -to|ren⟩ Melkmaschine [lat., »Klopfer, Schläger«; zu *pulsare* »schlagen, klopfen«]

Pulse-Code-Mo|du|la|ti|ons-Tech|nik ⟨[pulsko:d-] f.; -; unz.⟩ = PCM-Technik

pul|sen ⟨V.⟩ durch Schlagen, Klopfen sein Leben, sein Vorhandensein zeigen; *das Blut pulst in den Adern* [→ *Puls*]

pul|sie|ren ⟨V.⟩ **1** durch Schlagen, Klopfen, Strömen sein Leben zeigen; *Sy* pulsen; *das Blut pulsiert in den Adern; ~de Vakuole* sich periodisch nach außen entleerendes, mit Flüssigkeit gefülltes Bläschen vieler Protozoen zur Ausscheidung u. zur Aufrechterhaltung des isoton. Gleichgewichts; *~der Gleichstrom* gleichgerichteter Wechselstrom, der keine weiteren Umwandlungen erfahren hat **2** ⟨fig.⟩ hin und her wogen; *das ~de Leben macht die Stadt so abwechslungsreich* [<lat. *pulsare* »schlagen, stoßen«]

Pul|si|on ⟨f.; -, -en⟩ **1** Stoß, Schlag **2** schwingende Bewegung [<lat. *pulsare* »schlagen, stoßen«]

Pul|so|me|ter ⟨n.; -s, -; Technik⟩ Pumpe ohne Kolben, die durch Kondensation von Dampf arbeitet [<lat. *pulsus* »Schlag, Stoß« + *...meter*]

Pul|ver ⟨[-fɛr] od. [-vɛr] n.; -s, -⟩ **1** in feinste Teilchen zerriebener, fester Stoff **2** Arznei in dieser Form; *Schlaf~* **3** explosive Mischung aus pulverförmigen Stoffen, die bei der Verbrennung Gas entwickeln, das sich plötzlich stark ausdehnt, Schießpulver **4** ⟨fig.; umg.⟩ Geld [<mhd. *pulver* »Pulver, Staub, Asche, Sand« <mlat. *pulver* <lat. *pulvis,* Gen. *pulveris* »Staub«]

Pul|ve|ri|sa|tor ⟨[-vɛ-] n.; -s, -to|ren⟩ Maschine zur Herstellung von Pulver [<frz. *pulvérisateur* »Zerstäuber« <lat. *pulvis* »Staub«]

pul|ve|ri|sie|ren ⟨[-vɛ-] V.⟩ zu Pulver zerkleinern [<frz. *pulvériser* »pulverisieren, zerstäuben« <lat. *pulvis* »Staub«]

Pul|ver|me|tall|ur|gie *auch:* **Pul|ver|me|tal|lur|gie** ⟨f.; -; unz.; Met.⟩ Herstellung von Metallpulvern u. ihre Verarbeitung zu Halbzeug u. Werkstücken durch Sintern; *Sy* Metallkeramik

Pu|ma ⟨m.; -s, -s; Zool.⟩ gelblich bis silbergrau gefärbte Raubkatze: Puma concolor; *Sy* Kuguar [span. <Quechua]

Pump|gun ⟨[pʌmpgʌn] f.; -, -s⟩ Repetiergewehr von großem Kaliber, bei dem das Repetieren manuell od. halbautomatisch durch Zurückziehen des Schaftes erfolgt, wodurch die verschossene Hülse ausgeworfen u. eine neue Patrone dem Lauf zugeführt wird [<engl.

P

pump »Pumpe« + *gun* »Feuerwaffe, Gewehr«]

Pumps ⟨[pœmps] m.; -, -; meist Pl.⟩ geschlossener Damenschuh mit hohem od. halbhohem Absatz [engl.: Herkunft unbekannt]

Pu|na ⟨f.; -; unz.; Geogr.⟩ steppenartiges Hochland zwischen 3 000 u. 4 500 m in den Anden Argentiniens, Nordchiles, Boliviens u. Perus mit großen tägl. Temperaturunterschieden u. jahreszeitl. Niederschlagsschwankungen u. einer Vegetation aus Gräsern, Zwergsträuchern u. Polsterpflanzen [span.]

Punch[1] ⟨[pʌntʃ] m.; -s, -s⟩ **1** Hanswurst im engl. Puppenspiel u. in der engl. Komödie des 18. Jh. **2** ⟨unz.⟩ Name eines 1841 von Ch. Dickens mitgegründeten engl. Witzblattes [engl.; verkürzt <*punchinello* <ital. *pulcino;* → *Pulcinella*]

Punch[2] ⟨[pʌntʃ] m.; -s, -s; Boxen⟩ harter Faustschlag [<engl. *punch* »mit der Faust schlagen; Faustschlag«]

pun|chen ⟨[pʌntʃən] V.; bes. Sport⟩ mit der Faust schlagen, boxen [<engl. *punch*]

Pun|cheon ⟨[pʌntʃən] n.; -, -⟩ **1** US-amerikan. Maß für Maismehl, 362,9 kg **2** engl. Hohlmaß für Wein, 381,6 l [<mengl. *poncion,* mfrz. *poinçon;* weitere Herkunft unbekannt]

Pun|cher ⟨[pʌntʃə(r)] m.; -s, -; Sport; Boxen⟩ schlagkräftiger Boxer [→ *Punch*[2]]

Pun|ching|ball ⟨[pʌntʃɪŋ-] m.; -(e)s, -bäl|le⟩ frei beweglich aufgehängter Ball in Höhe des Kopfes zum Trainieren der Schnelligkeit u. der Treffsicherheit beim Boxen [<engl. *punching ball* »Stoßball«, <*punch* »mit der Faust schlagen, stoßen« + *ball* »Ball«]

Punc|tum Punc|ti ⟨geh.⟩ der wesentliche Punkt, das Wesentliche, das Wichtigste (bes. bei finanziellen Angelegenheiten) [lat., »der Punkt des Punktes«]

Punc|tum sa|li|ens ⟨geh.⟩ der springende Punkt [lat.]

pu|ni|tiv ⟨Adj.; veraltet⟩ strafend [zu lat. *punire* »strafen«]

Punk ⟨[pʌŋk]⟩ **1** ⟨m.; -s; unz.⟩ Protestbewegung der Jugendlichen in den 1970er u. 1980er Jahren **2** ⟨m.; -s, -s⟩ = Punker (1) [<engl.-amerikan. *punk* »Landstreicher, junger Tunichtgut«; weitere Herkunft unsicher]

Pun|ker ⟨[pʌŋ-] m.; -s, -⟩ **1** Angehöriger einer von London ausgehenden Protestbewegung Jugendlicher gegen die Gesellschaft, die durch auffälliges Aussehen (z. B. grell gefärbte Haare, zerrissene Kleidung, Sicherheitsnadel im Gesicht, Metallketten als Schmuck) u. rüdes Benehmen provozieren wollen; *Sy* Punk (2) **2** Musiker des Punkrocks [→ *Punk*]

Pun|ke|rin ⟨[pʌŋ-] f.; -, -rin|nen⟩ weibl. Punker

pun|kig ⟨[pʌŋ-] Adj.⟩ in der Art des Punks, zu ihm gehörig, ihn betreffend

Punk|rock ⟨[pʌŋk-] m.; -s; unz.⟩ Rockmusik mit sehr schnellen, hämmernden Rhythmen

Punk|tal|glas® ⟨n.; -es, -glä|ser⟩ Brillenglas, das vorn konvex u. hinten konkav gewölbt ist, um eine scharfe Abbildung auch bei schrägem Durchblick zu ermöglichen

Punk|ta|ti|on ⟨f.; -, -en⟩ **1** vorläufige Festlegung (eines Vertrages) in den wichtigsten Punkten **2** Einsetzung von Punkten, die die Vokale ersetzen, unter od. über den Konsonanten der hebräischen Schrift [→ *Punkt*]

punk|tie|ren ⟨V.⟩ **1** *jmdn.* ~ ⟨Med.⟩ an jmdm. eine Punktion vornehmen **2** *etwas* ~ mit vielen Punkten versehen; *punktierte Linie* durch Punkte angedeutete L. [<mlat. *punctare* »Einstiche, Punkte machen«; zu lat. *pungere* »stechen«]

Punk|tier|ma|nier ⟨f.; -; unz.; Kunst⟩ Art des Kupferstiches, bei dem sich die Zeichnung aus feinen, mit der Punze gestochenen Punkten zusammensetzt

Punk|ti|on ⟨f.; -, -en; Med.⟩ Entnahme von Flüssigkeit od. Gewebe aus dem Körper mit einer Hohlnadel für diagnost. Zwecke [<lat. *punctio* »das Stechen«; zu *pungere* »stechen«]

Punkt|mu|ta|ti|on ⟨f.; -, -en; Genetik⟩ = Genmutation

punk|tu|ell ⟨Adj.⟩ an, in einzelnen Punkten, einzelne Punkte betreffend

Punk|tum! Schluss!; *und damit ~!; ~, so wird's gemacht (und nicht anders)!* [<lat. *punctum* »Punkt«]

Punk|tur ⟨f.; -, -en; Med.⟩ Einstich in Körpergewebe od. ein Organ zu therapeut. Zwecken

Punsch ⟨m.; -(e)s, -e⟩ Getränk aus Rum od. Arrak mit Wasser od. Tee, auch Wein, u. Zucker, meist heiß getrunken [<engl. *punch* <Hindi *pantsch* »fünf« (nach den fünf Zutaten)]

Punsch|glas ⟨n.; -es, -glä|ser⟩ Trinkglas mit Henkel ohne Fuß für Punsch

Pun|ze ⟨f.; -, -n⟩ **1** meißelartiger Stempel zum Anfertigen erhabener Muster in Metall od. Leder **2** ⟨österr.⟩ eingestanztes Zeichen zur Angabe des Goldgehalts **3** in Gegenstände aus Edelmetall vom amtl. Prüfer eingeschlagenes Zeichen als Bestätigung des Feingehaltes u. der Qualität, Beschauzeichen [<mhd. *punze* »Stichel« <ital. *punzone* »Stoß, Stempel« <lat. *punctio* »das Stechen«; zu *pungere* »stechen«]

pun|zen ⟨V.⟩ = punzieren

pun|zie|ren ⟨V.⟩ *Sy* punzen **1** mit der Punze stanzen, treiben (Metall, Leder) **2** mit dem Prüfungszeichen stempeln (Gold)

pu|pil|lar ⟨Adj.⟩ **1** ⟨Med.⟩ die Pupille betreffend, zu ihr gehörend **2** ⟨Rechtsw.⟩ = pupillarisch

pu|pil|la|risch ⟨Adj.; Rechtsw.⟩ das Mündel betreffend; *~ sicher* mündelsicher; *oV* pupillar (2) [<lat. *pupillus* »Waisenkind«; zu *pupus* »Bübchen«]

Pu|pil|le ⟨f.; -, -n; Anat.⟩ die Öffnung der Regenbogenhaut des Auges, Sehloch [<lat. *pupilla* »Pupille«, Verkleinerungsform zu *pupa* »Mädchen, Puppe« (nach dem Püppchen, als das sich der Betrachter im Auge seines Gegenübers abbildet)]

pu|pi|par ⟨Adj.; Zool.⟩ Larven gebärend, die sich sofort verpuppen [<lat. *pupa* »Mädchen, Puppe« + ...*par* <lat. *parere* »gebären«]

Pu|pi|pa|rie ⟨f.; -; unz.; Zool.⟩ Erscheinung, dass sich Insektenlarven sofort nach der Geburt verpuppen [→ *pupipar*]

Pup|pet ⟨[pʌpət] n.; -s, -s⟩ Marionette [engl., »Puppe, Marionette«]

pur ⟨Adj.⟩ rein, lauter, unverfälscht, unverdünnt; *~es Gold; aus ~er Neugierde* nur aus N.; *es war ~er Zufall; den Whisky ~ trinken* [<lat. *purus* »rein«]

Pü|ree ⟨n.; -s, -s; Kochk.⟩ Brei, Mus; *Erbs~; Kartoffel~* [<frz. *purée* »Brei aus Hülsenfrüchten«; zu *purer* »reinigen«; zu lat. *purus* »rein«]

Pur|gans ⟨n.; -, -gan|zi|en od. -gan|tia; Pharm.⟩ Abführmittel [→ *Purgation*]

Pur|ga|ti|on ⟨f.; -, -en; Rechtsw.⟩ (gerichtl.) Rechtfertigung [<lat. *purgatio* »Reinigung«; zu *purgare* »reinigen«]

pur|ga|tiv ⟨Adj.; Med.⟩ abführend [<lat. *purgativus* »reinigend«; zu *purgare* »reinigen«]

Pur|ga|tiv ⟨n.; -s, -e [-və]; Pharm.⟩ Abführmittel

Pur|ga|to|ri|um ⟨n.; -s; unz.⟩ Fegefeuer [<lat. *purgatorius* »reinigend«; zu *purgare* »reinigen«]

pur|gie|ren ⟨V.; Med.⟩ abführen [<lat. *purgare* »reinigen«]

pü|rie|ren ⟨V.⟩ zu Püree machen, fein zerkleinern

Pu|ri|fi|ka|ti|on ⟨f.; -, -en; kath. Kirche⟩ Reinigung (bes. des Kelches nach der Kommunion) [<lat. *purus* + *...fikation*]

pu|ri|fi|zie|ren ⟨V.; kath. Kirche⟩ reinigen, läutern [<lat. *purus* »rein« + *...fizieren*]

Pu|rim ⟨n.; -s; unz.; kurz für⟩ Purimfest

Pu|rim|fest ⟨n.; -(e)s; unz.⟩ jüd. Fest zur Erinnerung an die Abwendung eines pers. Pogroms gegen die Juden durch Esther; *Sy* Purim [hebr.; zu pers. *pur* »Los«]

Pu|rin ⟨n.; -s, -e; Biochemie⟩ organ.-chem. Verbindung, z. B. Koffein od. Theobromin, Bestandteil der Harnsäureverbindungen [<lat. *purus* »rein« + *urina* »Harn«]

Pu|ris|mus ⟨m.; -; unz.⟩ **1** ⟨allg.⟩ schlichter u. einfacher Stil, der bewusst auf zierendes Beiwerk verzichtet **2** ⟨Arch.⟩ Entfernen von stilfremden Elementen bei Bauwerken **3** ⟨Mal.⟩ Stilrichtung des 20. Jh., die rationale Gestaltungsprinzipien u. den Verzicht auf dekorative Elemente propagiert **4** ⟨Sprachw.⟩ (übertriebenes) Streben, die Sprache von Fremdwörtern zu reinigen [<lat. *purus* »rein«]

pu|ris|si|mum ⟨Adv.; Chemie⟩ von höchster Reinheit, so dass mit normalen chem. Analysemethoden keine Fremdstoffe mehr nachgewiesen werden können [→ *pur*]

Pu|rist ⟨m.; -en, -en⟩ Anhänger des Purismus

Pu|ris|tin ⟨f.; -, -tin|nen⟩ Anhängerin des Purismus

pu|ris|tisch ⟨Adj.⟩ auf Purismus beruhend, in der Art des Purismus

Pu|ri|ta|ner ⟨m.; -s, -⟩ **1** Vertreter, Anhänger des Puritanismus **2** ⟨fig.⟩ sittenstrenger Mensch

pu|ri|ta|nisch ⟨Adj.⟩ **1** zum Puritanismus gehörend, auf ihm beruhend, von ihm ausgehend **2** ⟨fig.⟩ sittenstreng

Pu|ri|ta|nis|mus ⟨m.; -; unz.⟩ seit etwa 1560 Bewegung in der engl. protestant. Kirche, die im Sinne Calvins die anglikan. Kirche von kath. Elementen reinigen, die bischöfliche durch eine Presbyterialverfassung ersetzen wollte u. ein sittenstrenges persönl. Leben erstrebte [<lat. *purus* »rein«]

Pu|ri|tät ⟨f.; -; unz.; veraltet⟩ Sittenreinheit, Unschuld [<lat. *puritas* »Reinheit«; zu *purus* »rein«]

Pur|pur ⟨m.; -s; unz.⟩ blaustichiger roter Farbstoff, ursprüngl. aus den im Mittelmeer lebenden Purpurschnecken gewonnen [<ahd. *purpura* <lat. *purpura* <grch. *porphyra* »Purpurschnecke, aus dem Saft der Purpurschnecke gewonnener Farbstoff«]

Pur|pur|bak|te|ri|en ⟨Pl.; Biol.⟩ photosynthetisch aktive Bakterien, deren Pigmente einen purpurnen Farbeindruck vermitteln

Pur|pu|rin ⟨n.; -s; unz.⟩ roter Farbstoff aus der Wurzel der Färberröte, Krappfarbstoff

Pur|ser ⟨[pœ:sə(r)] m.; -s, -; Flugw.⟩ Chefsteward, leitender Steward im Flugzeug [engl., eigtl. »Zahlmeister«]

Pur|se|ret|te ⟨[pœsərɛtə] f.; -, -n; Flugw.⟩ Chefstewardess, leitende Stewardess im Flugzeug [<*Purser* + engl. <frz. (fem.) Verkleinerungsendung *-ette*]

pu|schen ⟨V.⟩ = pushen

Pu|scher ⟨m.; -s, -; umg.⟩ = Pusher

Push ⟨[puʃ] m.; -(e)s, -es [-ʃiz]⟩ **1** ⟨umg.⟩ (nachdrückliche) Unterstützung eines Produktes od. einer Person durch Werbemaßnahmen, Sponsoring, Nutzen von Beziehungen usw. **2** ⟨Sport; Golf⟩ Schlag, der den Ball zu weit in die der Schlaghand entgegengesetzten Richtung treibt [<engl. push »Stoß; stoßen«]

Push-and-pull-The|o|rie ⟨[puʃ ænd pul-] f.; -; unz.; Geogr.⟩ Theorie zur Deutung von Bevölkerungswanderungen zwischen Gebieten mit unterschiedlichen Lebensstandards u. Arbeitsmöglichkeiten, z. B. Land u. Stadt [engl., eigtl. »Abstoßung und Anziehung«]

Push|ball ⟨[puʃbɔ:l] m.; -s; unz.; Sport⟩ nordamerikan. Spiel, bei dem ein hohler Ball von bis zu 180 cm Durchmesser durch das gegner. Tor getrieben, gestoßen od. gerollt wird [<engl. *push* »stoßen« + *ball* »Ball«]

pu|shen ⟨[puʃən] V.⟩ *oV* puschen **1** ⟨umg.⟩ mit »harten« Drogen handeln **2** vorantreiben, in Schwung bringen; *den Verkauf einer Ware ~* **3** ⟨umg.⟩ dazu beitragen, dass jmd. beruflich weiterkommt, in der Hierarchie aufsteigt; *jmdn. dadurch ~, dass man ihn für einen bestimmten Posten vorschlägt* [<engl. *push* »stoßen«]

Pu|sher ⟨[puʃə(r)] m.; -s, -; umg.⟩ Händler, der »harte« Drogen vertreibt, z. B. Heroin; *oV* Puscher; →*a.* Dealer [zu engl. *push* »stoßen«]

Push-up-BH ⟨[puʃʌp-] m.; -s, -s⟩ den Busen (scheinbar) vergrößernder BH mit gepolsterten Körbchen; *Sy* Wonderbra [<engl. *push up* »hinaufschieben«]

pus|sie|ren ⟨V.⟩ = poussieren

Pus|tel ⟨f.; -, -n; Med.⟩ Bläschen,

P

Pickel, Eiterblase auf der Haut [<lat. *pustula* »Hautbläschen«]

pus|tu|lös ⟨Adj.; Med.⟩ mit Pusteln einhergehend, mit Pusteln versehen [<frz. *pustuleux* »mit Pusteln behaftet«]

Pusz|ta ⟨f.; -; unz.; Geogr.⟩ ungar. Steppe [<ungar. *puszta* »Heide; öde, nackt, leer«]

pu|ta|tiv ⟨Adj.; Rechtsw.⟩ vermeintlich, irrtümlich [<lat. *putativus* »vermeintlich«; zu *putare* »vermuten, meinen«]

Pu|ta|tiv|ehe ⟨f.; -, -n; Rechtsw.; kath. Kirche⟩ ungültige Ehe, bei deren Zustandekommen jedoch wenigstens einer der Partner über das bestehende Ehehindernis nicht informiert war [→ *putativ*]

Pu|ta|tiv|not|wehr ⟨f.; -; unz.; Rechtsw.⟩ Notwehr, die auf der irrigen Annahme einer Bedrohung beruht

Pu|tre|fak|ti|on *auch:* **Put|re|fak|ti|on** ⟨f.; -, -en; Med.⟩ Verwesung, Fäulnis [<lat. *puter* »faul« + ...*faktion*]

Pu|tres|zenz *auch:* **Put|res|zenz** ⟨f.; -, -en; Med.⟩ = Putrefaktion [→ *putreszieren*]

pu|tres|zie|ren *auch:* **put|res|zie|ren** ⟨V.; Med.⟩ verwesen, verfaulen [<lat. *putrescere* »in Fäulnis übergehen«; zu *puter* »faul«]

Putt ⟨m.; - od. -s, -s; Sport; Golf⟩ leichter, kurzer Schlag auf dem Grün [engl.; → *putten*]

Put|te ⟨f.; -, -n⟩ = Putto

put|ten ⟨V.; Sport; Golf⟩ einlochen [<engl. *put, putt* »(Golfball) mit bes. Schläger kurz u. leicht über das Grün schlagen, einlochen«]

Put|ter ⟨m.; -s, -; Sport⟩ Golfschläger zum Putten

Put|to ⟨m.; -s, Put|ti od. Put|ten; Kunst⟩ kleiner Engel in Gestalt eines Knaben mit od. ohne Flügel; *oV* Putte [<ital. *putto* »Knäblein« <lat. *putus* »Knabe«]

puz|zeln ⟨[pʌzln] od. [puzln] V.⟩ ein Puzzlespiel zusammensetzen

Puz|zle *auch:* **Puzz|le** ⟨[pʌzl] od. [puzl] n.; -s, -s⟩ Geduldsspiel, bei dem viele kleine Teile zu einem Bild zusammengesetzt werden müssen [<engl. *puzzle* »Rätsel, Geduldspiel«, eigtl. »Verlegenheit«]

Puz|zo|lan ⟨n.; -s, -e⟩ natürlich vorkommende od. aus Hochofenschlacke gewonnene Tonerdeverbindung, die mit alkalisch reagierenden Anregern (Kalk, Zement, Gips) mit Wasser u. unter Wasser erhärtet; *oV* Pozzolan [nach dem urspr. Fundort *Pozzuolo* am Vesuv]

PVC ⟨Abk. für⟩ Polyvinylchlorid

pwt ⟨Abk. für⟩ Pennyweight

py..., Py... ⟨in Zus.⟩ = pyo..., Pyo...

Py|ä|mie ⟨f.; -, -n; Med.⟩ Blutvergiftung als Folge einer Verschleppung von Eiter erzeugenden Keimen [<*Pyo...* + ...*ämie*]

Py|ar|thro|se *auch:* **Py|arth|ro|se** ⟨f.; -, -n; Med.⟩ eitrige Gelenkentzündung [<*Pyo...* + *Arthrose*]

Py|e|li|tis ⟨f.; -, -ti|den; Med.⟩ Nierenbeckenentzündung [<grch. *pyelos* »Becken«]

Py|e|lo|gra|fie ⟨f.; -, -n; Med.⟩ = Pyelographie

Py|e|lo|gramm ⟨n.; -s, -e; Med.⟩ Röntgenaufnahme des Nierenbeckens u. der Harnwege [<grch. *pyelos* »Becken« + *gramma* »Schriftzeichen«]

Py|e|lo|gra|phie ⟨f.; -, -n; Med.⟩ Darstellung des Nierenbeckens, der Nierenkelche, des Harnleiters u. der Blase mit Hilfe eines Röntgenkontrastmittels; *oV* Pyelografie [<grch. *pyelos* »Becken« + ...*graphie*]

Pyg|mäe ⟨m.; -n, -n⟩ Angehöriger einer Gruppe verschiedener zwergwüchsiger Stämme in Afrika u. Südostasien [<lat. *pygmaeus* »Pygmäen betreffend« <grch. *pygmaios;* grch. *pygme* »Faust; Längenmaß«]

pyg|mä|isch ⟨Adj.⟩ **1** zu den Pygmäen gehörend, sie betreffend **2** zwergwüchsig

Py|ja|ma ⟨[pydʒaːma] m.; -s, -s od. österr. u. schweiz. n.; -s, -s⟩ Schlafanzug [engl. <Hindi *paejama* »lose, um die Hüften geknüpfte Hose«]

Pyk|ni|ker ⟨m.; -s, -⟩ gedrungener, zu Fettansatz neigender Konstitutionstyp; →*a.* Endomorphie [zu grch. *pyknos* »dicht, fest, stark, groß«]

pyk|nisch ⟨Adj.⟩ in der Art eines Pyknikers, untersetzt, gedrungen; →*a.* endomorph

Pyk|no|me|ter ⟨n.; -s, -⟩ Gerät zum Bestimmen der Dichte von Flüssigkeiten od. festen Stoffen mit eingesetztem Thermometer [<*pyknos* »dicht, fest« + ...*meter*]

Pyk|no|se ⟨f.; -, -n; Med.⟩ Verdichtung von Zellkernen mit vielen Chromatinkörnchen beim Absterben der Zelle [zu grch. *pyknos* »dicht, fest«]

Py|lon ⟨m.; -en, -en⟩ *oV* Pylone **1** ⟨ägypt. Arch.⟩ Eingangstor zum Tempel mit zwei festungsartigen Türmen **2** ⟨danach⟩ das Seil tragende Stütze einer Hängebrücke [<grch. *pylon* »Tor«]

Py|lo|ne ⟨f.; -, -n⟩ = Pylon

Py|lo|ro|spas|mus ⟨m.; -, -spasmen; Med.⟩ Krampf des Magenpförtners [<*Pylorus* + *Spasmus*]

Py|lo|rus ⟨m.; -, -lo|ren; Anat.⟩ Schließmuskel am Ausgang des Magens, Magenpförtner [neulat. <grch. *pyloros* »Torhüter«]

py|o..., Py|o... ⟨vor Vokalen⟩ py..., Py... ⟨in Zus.⟩ eitrig, eiter..., Eiter... [<grch. *pyon* »Eiter«]

py|o|gen ⟨Adj.; Med.⟩ Eiterung erregend [<*pyo...* + ...*gen*[1]]

Py|or|rhö ⟨f.; -, -en; Med.⟩ Eiterfluss [<*Pyo...* + ...*rrhö* <neulat. ...*rhoea;* zu *rheein* »fließen«]

py|or|rho|isch ⟨Adj.; Med.⟩ mit Pyorrhö einhergehend

pyr..., Pyr... ⟨in Zus.⟩ = pyro..., Pyro...

py|ra|mi|dal ⟨Adj.⟩ **1** pyramidenförmig **2** ⟨fig.; umg.⟩ riesenhaft, gewaltig, überwältigend

Py|ra|mi|de ⟨f.; -, -n⟩ **1** altägypt. Grabbau **2** Gebilde in Form einer Pyramide *(Weihnachts~)* od. aus pyramidenförmig aufrecht zusammengestellten Einzelteilen *(Gewehr~)* **3** ⟨Geom.⟩ geometr. Körper mit einem Viereck als Basis u. dreieckigen Seitenflächen, die in einer Spitze zusammenlaufen [<grch. *pyramis,* vermutl. <altägypt. *mr* »Pyramide«]

Pyr|a|no|me|ter *auch:* **Py|ra|no|me|ter** ⟨n.; -s, -; Meteor.⟩ Gerät zum Messen der Sonnen- u.

Himmelsstrahlung sowie des Streulichts bei bedecktem Himmel [<grch. *pyr* »Feuer« + …*meter*]

Py|rar|gy|rit ⟨m.; -(e)s, -e; Min.⟩ dunkles Rotgültigerz [<grch. *pyr* »Feuer« + *argyros* »Silber«]

Py|re|thrum *auch:* **Py|reth|rum** ⟨n.; -s, -re|thra; Bot.⟩ Chrysanthemenart [<grch. *pyrethron;* zu *pyr* »Feuer«]

Py|re|ti|kum ⟨n.; -s, -ti|ka; Pharm.⟩ fiebererzeugendes Mittel [<grch. *pyretos* »Fieber«; zu *pyr* »Feuer«]

py|re|tisch ⟨Adj.; Med.⟩ Fieber erzeugend [zu grch. *pyretos* »Fieber«]

Pyr|e|xie *auch:* **Py|re|xie** ⟨f.; -, -n; Med.⟩ Fieberanfall [<grch. *pyressein* »fiebern«; zu *pyr* »Feuer«]

Pyr|geo|me|ter ⟨n.; -s, -⟩ Messgerät zur Bestimmung der von der Erdoberfläche ausgehenden elektromagnet. Strahlung [<*Pyro…* + *geo…* + …*meter*]

Pyr|he|lio|me|ter ⟨n.; -s, -⟩ meteorolog. Gerät zum Messen der direkt einfallenden Sonnenstrahlung [<grch. *pyr* »Feuer« + *helios* »Sonne« + …*meter*]

Py|ri|din ⟨n.; -s; unz.; Chemie⟩ heterocyclische Verbindung, Derivat des Benzols, wobei ein Kohlenstoffatom durch ein Stickstoffatom ersetzt ist, Grundkörper vieler organischer Verbindungen, zur Herstellung von Arzneimitteln u. zum Vergällen von Alkohol verwendet [<grch. *pyr* »Feuer«]

Py|ri|mi|din ⟨n.; -s, -e; Chemie⟩ vom Pyridin abgeleitete heterocyclische Verbindung, die in Form zahlreicher Derivate als Bestandteil der Nukleinsäuren auftritt

Py|rit ⟨m.; -s, -e; Min.⟩ Schwefelkies, Eisenkies, im Volksmund Katzengold, gelbes, braun anlaufendes Mineral, dient zur Gewinnung von Schwefelsäure u. Eisenvitriol [<grch. *pyr* »Feuer«]

py|ro…, Py|ro… ⟨in Zus.⟩ durch Feuer, Hitze, Wärme bewirkt, feuer…, Feuer… [<grch. *pyr* »Feuer«]

py|ro|elek|trisch *auch:* **py|ro|elekt|risch** ⟨Adj.; Physik⟩ durch Pyroelektrizität bewirkt, auf ihr beruhend, sie betreffend

Py|ro|elek|tri|zi|tät *auch:* **Py|ro|elekt|ri|zi|tät** ⟨f.; -; unz.; Physik⟩ durch Temperaturänderungen bei manchen Kristallen auftretende elektrische Spannungen an den Kristalloberflächen

Py|ro|gal|lol ⟨n.; -s; unz.; Chemie⟩ = Pyrogallussäure

Py|ro|gal|lus|säu|re ⟨f.; -; unz.; Chemie⟩ zum Färben der Haare, früher auch als fotograf. Entwickler verwendetes Mittel zur Reduktion, das durch Erhitzen von Gallussäure entsteht, chem. Trioxibenzol; *Sy* Pyrogallol [<*Pyro…* + *Gallussäure*]

py|ro|gen ⟨Adj.⟩ **1** ⟨Med.⟩ Fieber erzeugend **2** ⟨Min.⟩ aus glühendem Magma entstanden [<*pyro…* + …*gen*[1]]

Py|ro|gen ⟨n.; -s, -e; Med.⟩ von Bakterien gewonnenes, Fieber hervorrufendes Protein [<*Pyro…* + …*gen*]

Py|ro|ly|se ⟨f.; -, -n; Chemie⟩ Zersetzung infolge Einwirkung höherer Temperaturen, z. B. zum Reinigen von Backöfen [<*Pyro…* + …*lyse*]

Py|ro|ly|se|an|la|ge ⟨f.; -, -n⟩ Anlage zum langsamen Verbrennen von Müll, wobei wiederverwertbare Gase u. Öle gewonnen werden

py|ro|ly|tisch ⟨Adj.; Chemie⟩ auf Pyrolyse beruhend, sie betreffend, mit ihrer Hilfe

Py|ro|ma|ne ⟨m.; -n, -n; Med.; Psych.⟩ jmd., der an Pyromanie leidet

Py|ro|ma|nie ⟨f.; -; unz.; Med.; Psych.⟩ krankhafter Trieb zur Brandstiftung [<*Pyro…* + *Manie*]

py|ro|ma|nisch ⟨Adj.; Med.; Psych.⟩ die Pyromanie betreffend, auf ihr beruhend, wie ein Pyromane

Py|ro|me|tall|ur|gie *auch:* **Py|ro|me|tal|lur|gie** ⟨f.; -; unz.; Met.⟩ Gewinnung von Metall bei höheren Temperaturen

Py|ro|me|ter ⟨n.; -s, -⟩ Gerät zum Messen hoher Temperaturen [<*Pyro…* + …*meter*]

Py|ro|mor|phit ⟨m.; -s, -e; Min.⟩ grünes, braunes, auch gelbes, leicht schmelzbares Mineral, Buntbleierz [<*Pyro…* + grch. *morphe* »Gestalt«]

Py|ro|my|zet ⟨m.; -en, -en; meist Pl.; Bot.⟩ Kernpilz, Angehöriger der formenreichen Gruppe der Schlauchpilze, der parasitisch in Pflanzen od. saprophytisch in faulem Holz od. Mist lebt: Pyromycetales [<*Pyro…* + *Myzet*]

Py|ron ⟨n.; -s, -e; Chemie⟩ vom Benzol abgeleitete heterocyclische Verbindung mit einem Sauerstoffatom im Ringgerüst [<grch. *pyr* »Feuer«]

Pyr|op *auch:* **Py|rop** ⟨m.; -(e)s, -e; Min.⟩ dunkelroter, bräunlicher Granat [zu grch. *pyropos* »feuerähnlich«]

Py|ro|pho|bie ⟨f.; -; unz.; Psych.⟩ krankhaft bedingte Furcht vor Feuer

py|ro|phor ⟨Adj.⟩ selbstentzündlich [<*pyro…* + …*phor*[1]]

Py|ro|phor ⟨m.; -s, -e; Chemie⟩ feinstes Metallpulver aus Eisen, Nickel od. Blei, das durch Reduktion von Oxiden im Wasserstoffstrom hergestellt wird u. bei Kontakt mit Luft umgehend verbrennt [<*Pyro…* + …*phor*]

Py|ro|sis ⟨f.; -; unz.; Med.⟩ Sodbrennen [<grch. *pyr,* Gen. *pyros* »Feuer«]

Py|ro|stilp|nit ⟨m.; -s, -e; Min.⟩ dunkles Silbererz, Feuerblende [<*Pyro…* + grch. *stilpnos* »glänzend, leuchtend«; zu *stilbein* »glänzen, leuchten«]

Py|ro|tech|nik ⟨f.; -; unz.⟩ Feuerwerkerei

Py|ro|tech|ni|ker ⟨m.; -s, -⟩ Feuerwerker

py|ro|tech|nisch ⟨Adj.⟩ zur Pyrotechnik gehörend, auf ihr beruhend, mit ihrer Hilfe [<*pyro…* + *technisch*]

Py|ro|xen ⟨m.; -s, -e; Min.⟩ = Augit [<*Pyro…* + grch. *xenos* »fremd«]

Py|ro|xe|nit ⟨m.; -s, -e; Min.⟩ ein Tiefengestein [<*Pyro…* + grch. *xenos* »fremd«]

Pyr|rhi|chi|us ⟨m.; -, -chii⟩ **1** (von Flötenmusik begleiteter) Waffentanz im antiken Griechenland **2** ⟨Metrik⟩ antiker Versfuß aus zwei Kürzen [<grch. *pyrrhichios* »zum Waffentanz gehörig«]

Pyr|rhus|sieg *auch:* **Pyr|rhus-Sieg** ⟨m.; -(e)s, -e; fig.⟩ mit zu großen Opfern erkaufter Sieg [nach dem Sieg des Königs *Pyrrhus* von Epirus über die Römer bei Asculum 279 v. Chr.]

Pyr|rol ⟨n.; -s; unz.; Chemie⟩ im Steinkohlenteer u. im Knochenfett vorkommende heterocyclische, organ. Base [<grch. *pyrros* »feuerartig, feuerfarben« + ...*ol*]

py|tha|go|rä|isch ⟨Adj.⟩ = pythagoreisch

py|tha|go|re|isch ⟨Adj.⟩ von dem grch. Mathematiker Pythagoras stammend, zu seiner Lehre gehörig; *oV* pythagoräisch; *~er Lehrsatz* angeblich von Pythagoras entdeckter, in Wirklichkeit bereits allen Kulturen des Altertums bekannter Lehrsatz über die Seitenverhältnisse in rechtwinkligen Dreiecken, nach dem die Summe der Fläche der Quadrate über den beiden Katheten a u. b gleich der Fläche des Quadrates über der Hypotenuse c ist: $a^2 + b^2 = c^2$

Py|thia ⟨f.; -, Py|thi|en; fig.; umg.⟩ angebliche Weissagerin, geheimnisvolle Andeutungen machende Frau [nach der grch. Priesterin *Pythia* in *Pytho,* heute Delphi]

py|thisch ⟨Adj.⟩ orakelhaft, dunkel, rätselhaft

Py|thon ⟨m.; -s, -s od. -tho|nen od. f.; -, -s od. -tho|nen; Zool.⟩ Angehöriger einer Unterfamilie eierlegender Riesenschlangen: Pythonidae; *Sy* Pythonschlange [nach *Python,* dem von Apollo getöteten Ungeheuer der grch. Sage]

Py|thon|schlan|ge ⟨f.; -, -n; Zool.⟩ = Python

Py|u|rie ⟨f.; -, -n; Med.⟩ Ausscheiden von eitrigem Harn

Py|xis ⟨f.; -, -xi|den⟩ Behälter im Tabernakel für Hostien u. andere liturgische Gegenstände [<grch. *pyxos* »Buchsbaum«]

P

q **1** ⟨nicht mehr zulässige Abk. für⟩ Flächen…, z. B. qm (= m^2), qkm (= km^2) **2** ⟨Abk. für⟩ Quintal

Q ⟨Zeichen für⟩ elektrische Ladung u. Wärmemenge

qcm ⟨nicht mehr zulässige Abk. für⟩ Quadratzentimeter

qdm ⟨nicht mehr zulässige Abk. für⟩ Quadratdezimeter

q. e. d. ⟨Abk. für lat.⟩ quod erat demonstrandum

Q-Fie|ber ⟨n.; -s, -; Med.⟩ gutartig verlaufende, akute, fieberhafte, grippeähnl. Infektionskrankheit [verkürzt <engl. *query* »Fragezeichen« od. zu *Queensland*]

qhm ⟨nicht mehr zulässige Abk. für⟩ Quadrathektometer

Qi|dusch ⟨m.; -, -im⟩ = Kiddusch

Qi|gong ⟨[tʃiguŋ] n.; - od. -s; unz.⟩ aus China stammende (Selbst-)Heilmethode, bei der Erkrankungen von Herz, Kreislauf od. Nervensystem über die Atmung, Bewegung u. Vorstellungskraft behandelt werden [nach dem philos. chines. Begriff *Qi* »Dunst, Äther, Stoff«]

Qi|gong|ku|gel ⟨[tʃiguŋ-] f.; -, -n⟩ Hohlkugel, in der eine innere Kugel durch bestimmte Bewegungen in der Hand in Drehungen versetzt wird, wodurch Vibrationen entstehen, die über die Hand- u. Armmuskulatur den Kreislauf anregen

Qind ⟨[kınt] m.; -s, -e od. (bei Zahlenangaben) -⟩ Währungseinheit in Albanien, $^1/_{100}$ Lek; *Sy* Qindar [alban.]

Qin|dar ⟨[kın-] m.; - od. -s, -darka⟩ = Qind

qkm ⟨nicht mehr zulässige Abk. für⟩ Quadratkilometer

qm ⟨nicht mehr zulässige Abk. für⟩ Quadratmeter

qmm ⟨nicht mehr zulässige Abk. für⟩ Quadratmillimeter

qr. ⟨Abk. für⟩ Quarter, Quarters

QR-Code ⟨[-ko:d] m.; -s, -s⟩ zweidimensionaler Barcode zur Verschlüsselung von Daten, die mit einem Fotohandy erfasst, abgespeichert u. weiterverarbeitet werden können [<engl. *quick response* »schnelle Antwort« + *Code*]

qrs. ⟨Abk. für⟩ Quarter, Quarters

qua als, in der Eigenschaft als … [lat.]

Quack|sal|ber ⟨m.; -s, -; abwertend⟩ Arzt, der von seinem Handwerk nichts versteht [<ndrl. *kwaksalver* »prahler. Salbenkrämer« <*kwakken* »prahlen« + *zalven* »salben«]

Qua|der ⟨m.; -s, -⟩ **1** rechteckig behauener Block **2** ⟨Math.⟩ Körper mit drei Paar kongruenten, in parallelen Ebenen liegenden Rechtecken als Oberfläche [<mhd. *quader* <mlat. *quadrus (lapis)* »viereckiger Stein«; zu lat. *quattuor* »vier«]

> ◆ Die Buchstabenfolge **qua|dr…** kann auch **quad|r…** getrennt werden.

◆ **Qua|dra|ge|si|ma** ⟨f.; -; unz.⟩ 40. Tag vor Karfreitag, Beginn der Fastenzeit [<lat. *quadragesima (dies)* »der 40. (Tag)«; zu *quadraginta* »vierzig«]

◆ **Qua|dran|gel** ⟨n.; -s, -⟩ **1** Viereck **2** Form der Paginierung, bei der die einzelnen Schriftstücke einer Akte fortlaufend durchnummeriert werden [<lat. *quadrangulum* »Viereck« <*quattuor* »vier« + *angulus* »Ecke«]

◆ **qua|dran|gu|lär** ⟨Adj.⟩ viereckig; *~e Resektion* ⟨Med.⟩ chirurgisches Entfernen von Segmenten bei Herzoperationen

◆ **Qua|drant** ⟨m.; -en, -en⟩ **1** Viertelkreis **2** Messgerät für Höhenwinkel **3** ⟨Astron.; Nautik⟩ Gerät zum Bestimmen von Höhen im Meridian [<lat. *quadrans* »der vierte Teil«, Part. Präs. zu *quadrare* »viereckig machen«]

◆ **Qua|drat** ⟨n.; -(e)s, -e⟩ **1** Viereck mit vier gleichen Seiten u. vier rechten Winkeln **2** ⟨Math.⟩ die 2. Potenz [<lat. *quadratum* »Viereck«; → *Quadrant*]

◆ **Qua|drat|de|zi|me|ter** ⟨m. od. n.; -s, -; Zeichen: dm^2⟩ Maßeinheit, Fläche eines Quadrates, dessen Seiten je 1 Dezimeter lang sind

◆ **Qua|drat|hek|to|me|ter** ⟨m. od. n.; -s, -; Zeichen: hm^2⟩ Maßeinheit, Fläche eines Quadrates, dessen Seiten je 1 Hektometer lang sind

◆ **qua|dra|tisch** ⟨Adj.⟩ **1** in der Form eines Quadrats **2** ⟨Math.⟩ in der zweiten Potenz; *~e Gleichung* algebraische Gleichung zweiten Grades nach der Formel $ax^2 + bx + c = 0$

◆ **Qua|drat|ki|lo|me|ter** ⟨m. od. n.; -s, -; Zeichen: km^2⟩ Maßeinheit, Fläche eines Quadrates, dessen Seiten je 1 Kilometer lang sind

◆ **Qua|drat|me|ter** ⟨m. od. n.; -s, -; Zeichen: m^2⟩ Maßeinheit, Fläche eines Quadrates, dessen Seiten je 1 Meter lang sind

◆ **Qua|drat|mil|li|me|ter** ⟨m. od. n.; -s, -; Zeichen: mm^2⟩ Maßeinheit, Fläche eines Quadrates, dessen Seiten je 1 Millimeter lang sind

◆ **Qua|dra|tur** ⟨f.; -, -en⟩ **1** ⟨Math.⟩ **1.1** Bestimmung einer von einer krummen Linie begrenzten ebenen Fläche durch Berechnung des Integrals **1.2** *~ des Kreises* ⟨fig.⟩ unlösbare Aufgabe (da ein Kreis nicht mit geometr. Mitteln in ein Quadrat gewandelt werden kann) **2** ⟨Astron.⟩ Stellung eines Planeten, bei dem der Winkel zwischen ihm u. der Sonne, von der Erde aus gesehen, 90° beträgt [<lat. *quadrare* »viereckig machen«]

◆ **Qua|drat|wur|zel** ⟨f.; -, -n; Math.⟩ die Zahl b, deren 2. Potenz (b^2) gleich a ist, $b = \sqrt{a}$

◆ **Qua|drat|zahl** ⟨f.; -, -en; Math.⟩ die 2. Potenz einer Zahl, z. B. 4 (= 2^2)

◆ **Qua|drat|zen|ti|me|ter** ⟨m. od. n.; -s, -; Zeichen: cm^2⟩ Maßeinheit, Fläche eines Quadrates, dessen Seiten je 1 Zentimeter lang sind

◆ **qua|dri…, Qua|dri…** ⟨in Zus.⟩ vier [<lat. *quattuor* »vier…«]

◆ **Qua|dri|en|na|le** ⟨f.; -, -n⟩ im Zyklus von vier Jahren stattfindende Ausstellung od. Veranstaltung im kulturellen Sektor [<*Quadri…* + lat. *analis* »die Jahre betreffend; Jahres…«]

Q

◆**Qua|dri|en|ni|um** ⟨n.; -s, -ni|en⟩ Zeitraum von vier Jahren [<*Quadri…* + lat. *annus* »Jahr«]

◆**qua|drie|ren** ⟨V.⟩ *eine Zahl ~* ins Quadrat erheben, mit sich selbst multiplizieren [<lat. *quadrare* »viereckig machen«]

◆**Qua|dri|ga** ⟨f.; -, -dri|gen⟩ **1** antikes zweirädriges Viergespann **2** ⟨fig.; bes. Politik⟩ Gruppe von vier Personen (als Führungsgremium) [lat., <*quattuor* »vier« + *iugum* »Joch«]

◆**Qua|dril|le** ⟨[-drıljə] od. [kadrıljə] od. österr. [kadrıl] f.; -, -n⟩ **1** ⟨18.-20. Jh.⟩ Tanz mit vier Tänzern od. vier Paaren, die sich im Karree gegenüberstehen, Form des Kontertanzes **2** ⟨Reitsport⟩ zu Musik gerittene (festliche) Dressurvorstellung von mindestens vier Reitern [<frz. *quadrille* <span. *cuadrilla* »Gruppe von vier Reitern, Quadrille« <lat. *cuadrus* »viereckig«]

◆**Qua|dril|li|ar|de** ⟨f.; -, -n; Math.⟩ dritte Potenz einer Milliarde, 10^{27}

◆**Qua|dril|li|on** ⟨f.; -, -en; Math.⟩ **1** 4. Potenz einer Million, 10^{24} **2** ⟨USA⟩ = Billiarde, 10^{15} [<lat. *quattuor* »vier« + *Million*]

◆**Qua|dri|nom** ⟨n.; -s, -e; Math.⟩ aus vier Gliedern bestehende Größe [<*Quadri…* + *…nom*^{2}]

◆**Qua|dri|vi|um** ⟨[-vi-] n.; -s; unz.⟩ der obere Lehrgang mittelalterlicher Universitäten, die vier höheren Wissensgebiete der sieben freien Künste: Arithmetik, Geometrie, Astronomie, Musik; →*a.* Trivium [lat., »Kreuzweg, Vierweg« <*quattuor* »vier« + *via* »Weg«]

◆**Qua|dro|cop|ter** ⟨m.; -s, -⟩ kleines Luftfahrzeug mit vier Rotoren, das wie ein Hubschrauber senkrecht starten u. landen kann [<lat. *quadro, quattuor* »vier« + *Helikopter*]

◆**qua|dro|fon** ⟨Adj.⟩ = quadrophon

◆**Qua|dro|fo|nie** ⟨f.; -; unz.⟩ = Quadrophonie

◆**qua|dro|fo|nisch** ⟨Adj.⟩ = quadrophonisch

◆**qua|dro|phon** ⟨Adj.⟩ auf Quadrophonie beruhend, zu ihr gehörend; *oV* quadrofon; *Sy* quadrophonisch

◆**Qua|dro|pho|nie** ⟨f.; -; unz.⟩ Stereophonie über vier Kanäle u. vier Lautsprecher (vorn links u. rechts, hinten links u. rechts); *oV* Quadrofonie [<lat. *quadro* »vier« + *phone* »Stimme«]

◆**qua|dro|pho|nisch** ⟨Adj.⟩ = quadrophon; *oV* quadrofonisch

◆**Qua|dro|sound** ⟨[-saʊnd] m.; -s; unz.⟩ durch Quadrophonie erzeugter Klang [verkürzt <*Quadro*phonie + *Sound*]

◆**Qua|dru|ma|ne** ⟨m.; -n, -n; Zool.; veraltet⟩ Vierhänder, Affe [<lat. *quadrumanis* »Vierhänder«]

◆**Qua|dru|pe|de** ⟨m.; -n, -n; Zool.⟩ Vierfüßer [<lat. *quadrupedus* »Vierfüßer« <*quattuor* »vier«+ *pes,* Gen. *pedis* »Fuß«]

◆**Qua|dru|pel** ⟨n.; -s, -; Math.⟩ **1** vier zusammengehörige Zahlen od. Größen **2** ⟨allg.⟩ Vierfaches [zu lat. *quadruplus* »vierfach«]

◆**Qua|dru|pol** ⟨m.; -s, -e; El.⟩ elektr. Schaltung mit vier Ein- od. Ausgängen, z. B. Zusammenschaltung von zwei Dipolen

Quaes|tio ⟨f.; -, -ti|o|nes⟩ **1** juristische Frage; *~ Facti* Frage nach den Tatsachen, Vorgängen; *~ Iuris* Frage nach der Strafbarkeit einer Handlung **2** ⟨Philos.⟩ scholastisches Disputationsverfahren zur Entscheidung von Streitfragen in der mündl. Diskussion u. in schriftl. Abhandlungen [<lat. *quaestio* »Frage, Untersuchung«; lat. *factum,* Gen. *facti* »Tat, Handlung«; lat. *ius,* Gen. *iuris* »Recht«]

Qua|g|ga ⟨n.; -s, -s; Zool.⟩ ausgerotteter, zu den Zebras gehörender Einhufer in den Steppen Südafrikas: Equus quagga quagga [<Afrikaans *quagga, kwagga,* vermutl. <Bantu]

Quai ⟨[kɛː] m.; -s, -s⟩ = Kai

Quä|ker ⟨m.; -s, -; Rel.⟩ Angehöriger einer evangel., aus der puritan. Bewegung hervorgegangenen, von George Fox 1649 in England gegründeten, von William Penn in den USA weiterentwickelten Gemeinschaft (eigener Name: Gesellschaft der Freunde) [<engl. *quaker* »Zitterer« (Spottname, nachdem G. Fox bei einer Gerichtsverhandlung dem Richter zugerufen hatte, er solle Gott verehren u. vor dem Jüngsten Gericht zittern, worauf der Richter ihn spöttisch »Zitterer« nannte)]

Qua|li|fi|er ⟨[kwɔlıfaıə(r)] m.; -s, -; Sport⟩ Spieler od. Mannschaft, der od. die sich in einem Wettkampf für die Teilnahme an der nächsten Runde qualifiziert hat [engl.; zu *qualify* »qualifizieren«]

Qua|li|fi|ka|ti|on ⟨f.; -, -en⟩ **1** das Qualifizieren, Ausbildung **2** Fähigkeit, Eignung, Befähigung **3** Befähigungsnachweis [<frz. *qualification* »Eignung, Befähigung« <mlat. *qualificatio* <lat. *qualis* »wie beschaffen« + *facere* »machen«]

qua|li|fi|zie|ren ⟨V.⟩ **1** *jmdn.* ~ befähigen, fähig machen (zu etwas), durch Unterricht u. Übung ausbilden u. entwickeln (für etwas) **2** *sich ~* sich ausbilden, sich durch Fleiß u. Übung entwickeln, sich als geeignet erweisen **3** *etwas ~* **3.1** als geeignet anerkennen **3.2** beurteilen, kennzeichnen [<mlat. *qualificare* »bezeichnen, befähigen«; → *Qualifikation*]

qua|li|fi|ziert ⟨Adj.⟩ durch Übung, Erfahrung geeignet, befähigt; *~e Arbeit leisten* sehr gute Arbeit; *~er Diebstahl* unter erschwerenden Umständen begangener u. deshalb strenger bestrafter Diebstahl; *~e Mehrheit* für bestimmte Parlamentsbeschlüsse notwendige Mehrheit (z. B. Zweidrittelmehrheit) [<mlat. *qualificare* »bezeichnen, befähigen«]

Qua|li|fi|zie|rung ⟨f.; -, -en⟩ das Qualifizieren, Qualifikation

Qua|li|tät ⟨f.; -, -en⟩ →*a.* Quantität **1** Art, Beschaffenheit **2** Eigenschaft, Fähigkeit; *auch er hat seine ~en; er hat besondere ~en* **3** ⟨Phon.⟩ Vokalfärbung, z. B. e gegenüber o **4** Sorte, Güte, Brauchbarkeit; *ausgezeichnete, gute ~; beste, mittlere ~* [<lat. *qualitas* »Beschaffenheit, Verhältnis, Eigenschaft« zu *qualis* »wie beschaffen«]

qua|li|ta|tiv ⟨Adj.⟩ die Qualität betreffend, der Güte, dem Werte nach [<mlat. *qualitati-*

Q

vus »der Beschaffenheit, dem Wert nach«]

qua|li|täts|ori|en|tiert ⟨Adj.⟩ auf die Güte u. hochwertige Beschaffenheit von Waren ausgerichtet; *~e Produktion*

Quant ⟨n.; -s, -en⟩ kleinster Wert physikalischer Größen, von denen nur ganz- od. halbzahlige Vielfache auftreten; *Energie~; Licht~; Wirkungs~* [<lat. *quantum,* Neutr. zu *quantus* »wie groß, wie viel«]

> **Quäntchen** (*Laut-Buchstaben-Zuordnung*) Aufgrund des Stammerhaltungsprinzips richtet sich die Schreibung abgeleiteter Wortarten nach dem Wortstamm. Deshalb wird das Substantiv »*Quäntchen*« wie das zugrundegelegte Substantiv »*Quantum*« mit (infolge des Diminutivs) umgelautetem »*a*« geschrieben.
> Diese Schreibung ist aus etymologischer Sicht umstritten, da der Diminutiv ebenso auf »*Quent*« zurückgeführt werden könnte.

Quänt|chen ⟨n.; -s, -⟩ *ein ~* ein wenig, eine kleine Menge [urspr. <*Quent;* heute: → *Quantum*]

quan|teln ⟨V.; Math.⟩ bei der mathemat. Beschreibung physikalischer Vorgänge od. Theorien von der Art der Beschreibung der klass. Physik auf die der Quantentheorie übergehen; *Sy* quantisieren [→ *Quant*]

Quan|te|lung ⟨f.; -; unz.; Physik; Math.⟩ das Quanteln; *Sy* Quantisierung

Quan|ten|bio|lo|gie ⟨f.; -; unz.⟩ Anschauung, die entsprechend der Quantentheorie in der Physik auch in der Biologie Vorgänge sieht, bei denen Entwicklungen im Großen durch Prozesse an einzelnen Atomen gesteuert werden

Quan|ten|bit ⟨n.; -s, -s; Physik⟩ kleinste Speichereinheit eines Quantencomputers, das den Wert null od. eins sowie jeden dazwischenliegenden Zustand annehmen kann; *ein fünf~ langer Kode* [<engl. *quantum bit;* → *Bit, Quant*]

Quan|ten|com|pu|ter ⟨[-pju:-] m.; -s, -; EDV; Physik⟩ Computer, der nach den Gesetzen der Quantentheorie nicht mit Stromimpulsen (Zustand an od. Zustand aus), sondern mit Überlagerungszuständen einzelner Atome (sog. verschränkte Atome) arbeitet u. dadurch Rechnungen effektiver u. schneller ausführen kann, anstelle von Bits werden Quantenbits verwendet

Quan|ten|ef|fekt ⟨m.; -(e)s, -e; Physik⟩ Effekt, der durch die Überlagerung zweier Zustände eines Atoms entsteht (u. a. für die Definition von Quantenbits maßgeblich); *~e in Halbleiterbauelementen nutzen*

Quan|ten|lo|gik ⟨f.; -; unz.⟩ Logik, die für den Bereich der Quantenmechanik u. Quantenphysik gültig ist

Quan|ten|me|cha|nik ⟨[-ça-] f.; -; unz.; Physik⟩ Mechanik atomarer Teilchen, die die zweifache Natur der Elektronen als Teilchen u. als Welle berücksichtigt

quan|ten|me|cha|nisch ⟨Adj.; Physik⟩ die Quantenmechanik betreffend, zu ihr gehörig

Quan|ten|phy|sik ⟨f.; -; unz.⟩ Teilgebiet der Physik, das sich mit der Entwicklung der Quantenmechanik u. Quantenstatistik befasst

quan|ten|phy|si|ka|lisch ⟨Adj.⟩ die Quantenphysik betreffend, auf ihr beruhend

Quan|ten|sprung ⟨m.; -(e)s, -sprün|ge⟩ **1** ⟨Physik⟩ Übergang, Veränderung eines Systems, das von einem Quantenzustand in einen anderen übergeht **2** ⟨fig.⟩ plötzlicher Aufschwung, sprunghafter Fortschritt; *den ~ vom Agrarstaat zum Industriestaat vollziehen*

Quan|ten|sta|tis|tik ⟨f.; -; unz.⟩ die statist. Behandlung sehr vieler Teilchen, die sich nach den Gesetzen der Quantentheorie bewegen

Quan|ten|the|o|rie ⟨f.; -; unz.; Physik⟩ Theorie, nach der die Energie der Strahlung nicht gleichmäßig, sondern sprunghaft in Portionen entsteht

Quan|ten|zahl ⟨f.; -, -en; Physik⟩ dimensionslose Zahl, die in der Quantenmechanik mögliche Energiezustände von Teilchen kennzeichnet

Quan|ten|zu|stand ⟨m.; -(e)s, -stän|de; Physik⟩ die im Rahmen einer Quantentheorie festgelegten Zustände eines Systems von Teilchen

quan|ti|fi|zier|bar ⟨Adj.⟩ so beschaffen, dass es sich quantifizieren lässt; *schwer ~e Faktoren*

quan|ti|fi|zie|ren ⟨V.⟩ mathematisch beschreibbar machen; *Eigenschaften ~* [<lat. *quantus* »wie groß, wie viel« + *facere* »machen«]

quan|ti|sie|ren ⟨V.; Math.⟩ = quanteln

Quan|ti|sie|rung ⟨f.; -, -en; Math.⟩ = Quantelung

Quan|ti|tät ⟨f.; -, -en⟩ →*a.* Qualität **1** Menge, Masse, Größe, Umfang; *die Qualität entspricht nicht der ~* **2** ⟨Phon.⟩ Dauer der Vokale (Länge bzw. Kürze) **3** Anzahl [<lat. *quantitas* »Größe, Menge, Zahl, Umfang«; zu *quantus* »wie groß, wie viel«]

quan|ti|ta|tiv ⟨Adj.⟩ hinsichtlich der Quantität, der Menge, Größe, dem Umfang nach; *~e Analyse* Gewichtsanalyse

Quan|ti|té né|gli|gea|ble *auch:* **Quan|ti|té nég|li|geab|le** ⟨[kãtite: negliʒa:bl(ə)] f.; - -; unz.⟩ wegen ihrer Geringfügigkeit nicht zu berücksichtigende Menge, Größe, Anzahl [frz., »belanglose Größe«]

quan|ti|tie|ren ⟨V.; Metrik⟩ *Silben ~* S. im Vers nach ihrer Quantität (Länge bzw. Kürze) messen (nicht nach der Betonung) [<lat. *quantitas* »Größe, Menge«]

Quan|tor ⟨m.; -s, -to|ren; Math.⟩ mathemat. Symbol der Mengenlehre u. der algebraischen Logik

Quan|tum ⟨n.; -s, Quan|ten⟩ bestimmte Menge, Anzahl; *ein großes, kleines ~* [lat., Neutr. zu *quantus* »wie groß, wie viel«]

quan|tum sa|tis ⟨geh.⟩ in ausreichender Menge [lat.]

quan|tum vis ⟨[-vi:s]⟩ nach Belieben (Hinweis auf Rezepten) [lat.]

Qua|ran|tä|ne ⟨[karã-] od. [karan-] f.; -, -n⟩ Isolierung (von

Q

Personen od. Tieren) als Schutzmaßnahme gegen das Einschleppen od. Verbreiten epidemischer Krankheiten [<frz. *quarantaine* »Zeitraum von 40 Tagen«; zu *quarante* »vierzig«]

Quark ⟨[kwɔːk] n.; -s, -s; Math.⟩ als kleinster unteilbarer Baustein der Materie angesehenes Elementarteilchen, das bisher nur in Form von Quark-Antiquark-Paaren nachgewiesen werden konnte, die Isolierung eines einzelnen Quarks erscheint nach heutiger Kenntnis nicht möglich [Phantasiename nach einem von James Joyce geprägten Wort]

Quart[1] ⟨n.; -s, -e od. (bei Zahlenangaben) -⟩ **1** veraltetes Maß für Flüssigkeiten, 0,24-1,1 l **2** = Quarter **3** ⟨unz.; Typ.; Zeichen: 4°⟩ Buchformat von der Größe eines Viertelbogens; *oV* ⟨ital.⟩ Quarto; *Sy* Quartformat [<lat. *quartus* »der vierte«]

Quart[2] ⟨f.; -, -en; Sport; Fechten⟩ Hieb von rechts nach links [→ *Quart*[1]]

Quar|ta ⟨f.; -, Quar|ten; veraltet⟩ dritte Klasse der höheren Schule [lat., Fem. zu *quartus* »der vierte«]

Quar|tal ⟨n.; -s, -e⟩ Vierteljahr; *erstes, zweites ~; zum ~ kündigen* zum Ende des Vierteljahres [<mlat. *quartale (anni)* »Viertel (eines Jahres)«]

Quar|tals|säu|fer ⟨m.; -s, -; umg.⟩ jmd., der an periodisch auftretender Trunksucht leidet

Quar|ta|na|fie|ber ⟨n.; -s, -; Med.⟩ Malaria mit Fieberanfällen an jedem vierten Tag [→ *Quart*[1]]

quar|tär ⟨Adj.⟩ **1** die vierte Stelle in einer Reihe einnehmend **2** ⟨Geol.⟩ zum Quartär gehörig [<frz. *quartaire* <lat. *quartus* »der vierte«]

Quar|tär ⟨n.; -s; unz.; Geol.⟩ jüngste Formation des Känozoikums mit den Eiszeiten, seit 700 000 Jahren [→ *quartär* (die vierte Stufe der Erdgeschichte nach alter Zählung)]

Quar|te ⟨f.; -, -n; Musik⟩ **1** vierte Stufe der diaton. Tonleiter **2** Intervall von vier Stufen [<lat. *quarta,* Fem. zu *quartus* »der Vierte«]

Quar|ter ⟨[kwɔːtə(r)] m.; -s, -; Abk.: qr., Pl.: qrs.⟩ englisches Hohlmaß, 2 Pint, 1,136 l; *oV* Quart[1] (2) [engl. <afrz. *quartier* <lat. *quartarius* »Viertel«]

Quar|ter|back ⟨[kwɔːtə(r)bæk] m.; -s, -s; Sport; American Football⟩ zentral defensiv spielender Feldspieler, der aus der Abwehr heraus Angriffe der eigenen Mannschaft einleitet u. insbesondere für das Passspiel zuständig ist [<engl. *quarter* »Viertel« + *back* »Verteidiger«, da der Quarterback aus dem eigenen Viertel des Spielfeldes heraus agiert]

Quar|ter|deck ⟨n.; -s, -e od. -s; Seew.⟩ hinteres Deck (des Schiffes) [<engl. *quarter-deck* »Quarterdeck, Achterdeck«]

Quar|ter|horse ⟨[kwɔːtə(r)hɔːs] n.; -, -s [-sɪz]; Zool.⟩ kleinere, leistungsfähige Pferderasse, die besonders in den USA eingesetzt wird [engl.; <*quarter-mile* »Viertelmeile«, da diese Pferde urspr. für Viertelmeilenrennen gezüchtet wurden + *horse* »Pferd«]

Quar|ter|meis|ter ⟨m.; -s, -; Seew.⟩ Steuermann auf einem Handelsschiff

Quar|tett ⟨n.; -(e)s, -e⟩ **1** ⟨Musik⟩ Musikstück für vier Stimmen *(Vokal~)* od. Instrumente *(Bläser~; Streich~)* **2** ⟨Musik⟩ Gruppe von vier Sängern od. Instrumentalisten **3** ⟨Kart.⟩ Kartenspiel, bei dem vier zusammengehörige Karten abgelegt werden, die man durch Fragen von den anderen Spielern zu erhalten sucht **4** ⟨Metrik⟩ vierzeilige Strophe eines Sonetts; *Sy* Quatrain (2) [<ital. *quartetto* <lat. *quattuor* »vier«]

Quart|for|mat ⟨n.; -(e)s; unz.⟩ = Quart[1] (3)

Quar|tier ⟨n.; -s, -e⟩ **1** Unterkunft; *Nacht~; Ferien~; Urlaubs~; Übergangs~* **2** ⟨Mil.⟩ Unterkunft von Truppen außerhalb einer Kaserne; *~e beziehen, nehmen; ~ machen* Unterkünfte für Truppen bestimmen; *bei einem Bauern im ~ liegen (von Soldaten)* **3** ⟨schweiz.; österr.⟩ Stadtviertel [<mhd. *quartier* <frz. *quartier* <lat. *quartarius* »Viertel«; zu *quattuor* »vier«]

quar|tie|ren ⟨V.⟩ in einem Quartier unterbringen

Quar|to ⟨n.; -; unz.⟩ = Quart[1] (3) [ital., »Viertel«]

Quar|to|le ⟨f.; -, -n; Musik⟩ Gruppe von vier zusammengehörigen Noten, die anstelle von drei Noten des gleichen Wertes treten [<lat. *quattuor* »vier« + *...ole*]

Quart|sext|ak|kord ⟨m.; -(e)s, -e; Musik⟩ zweite Umkehrung eines Dreiklangs aus der Grundstellung mit der Quinte als neuem Grundton u. darüber Quarte u. Sexte, z. B. g-c-e

Quarz ⟨m.; -es, -e; Min.⟩ eines der häufigsten Mineralien, besteht in reinem Zustand aus Siliziumdioxid, tritt aber meist als Bestandteil vieler Gesteine auf [vielleicht <slaw.]

quar|zen ⟨V.; umg.⟩ stark rauchen [vielleicht zu poln. *kurzyć* »rauchen«]

Quar|zit ⟨m.; -s, -e; Min.⟩ Gestein aus Quarz u. einem kieseligen Bindemittel

Quarz|uhr ⟨f.; -, -en⟩ mit einem Quarzkristall als Frequenzgeber betriebene Uhr hoher Ganggenauigkeit mit Abweichungen von höchstens einigen tausendstel Sekunden je Tag

Qua|sar ⟨m.; -s, -e; Astron.⟩ sternähnl. Objekt mit intensiver Radiostrahlung [verkürzt <*quasistellare Radioquelle*]

qua|si ⟨Adv.⟩ gewissermaßen, gleichsam [lat., »gleichsam«]

Qua|si|mo|do|ge|ni|ti ⟨ohne Artikel⟩ erster Sonntag nach Ostern [<lat. *quasi modo geniti* »wie eben erst Geborene« (Eingangsworte der Messe)]

qua|si|op|tisch ⟨Adj.; Physik⟩ sich geradlinig wie Licht ausbreitend; *~e elektromagnetische Wellen*

qua|si|re|li|gi|ös ⟨Adj.⟩ wie in einer Religion, einem religiösen Glauben nahe kommend; *~e Heilslehren; eine ~e Verehrung*

qua|si|stel|lar ⟨Adj.; Astron.⟩ ähnlich den Sternen, sternartig

Quas|sie ⟨[-sjə] f.; -, -n; Bot.⟩ **1** Bitterholzbaum **2** daraus gewonnenes Bittermittel, als Magenbitter u. zur Bekämpfung von Fliegen u. pflanzl. Parasiten verwendet [angebl. nach

Q

dem Entdecker, dem Eingeborenen *Coassi* in Surinam]

Quäs|ti|on ⟨f.; -, -en; geh.⟩ in der wissenschaftl. Diskussion entwickelte u. gelöste Frage [<lat. *quaestio* »das Suchen, Befragung«; zu *quaerere* »suchen, fragen«]

Quäs|tor ⟨m.; -s, -to|ren⟩ **1** ⟨im alten Rom⟩ hoher Finanzbeamter **2** ⟨an Hochschulen⟩ oberster, für die Kasse verantwortl. Beamter **3** ⟨schweiz. a.⟩ Kassierer eines Vereins [<lat. *quaestor;* zu *quaerere* »suchen, fragen«]

Quäs|tur ⟨f.; -, -en⟩ **1** Amt eines Quästors **2** ⟨an Hochschulen⟩ Kasse [<lat. *quaestura* »Amt u. Würde des Quästors«]

Qua|tem|ber ⟨m.; -s, -⟩ **1** erster Tag eines Vierteljahres **2** ⟨kath. Kirche⟩ einer der drei Festtage (Mittwoch, Freitag u. Samstag) zu Beginn des Vierteljahres, nach dem 3. Advent, dem 1. Fastensonntag, nach Pfingsten u. nach dem 14. September (Kreuzerhöhung) [<mhd. *quatember* <kirchenlat. *quattuor tempora* »vier Zeiten«]

qua|ter|när ⟨Adj.; Chemie⟩ aus vier Teilen bestehend [<lat. *quarternarius* »je aus vieren bestehend, je vier enthaltend«]

Qua|ter|ne ⟨f.; -, -n; Lotto⟩ vier gewinnende Nummern [<ital. *quaterna* »Vierertreffer im Lotto« <lat. *quaterni* »je vier«]

Qua|ter|nio ⟨m.; -s, -ni|o|nen⟩ **1** aus vier Einheiten bestehendes Ganzes; →*a.* Quaternion **2** zu vier Doppelbogen abgeheftete Lage mittelalterlicher Handschriften [lat., »die Vier, Vierzahl«]

Qua|ter|ni|on ⟨f.; -, -en; Math.⟩ Satz von vier Größen zur Beschreibung der Bewegungsgleichung von dreidimensionalen (starren) Körpern, insbesondere von deren Rotationen; →*a.* Quaternio (1)

Qua|train *auch:* **Quat|rain** ⟨[katrɛ̃ː] n. od. m.; -s, -s od. -en [-trɛ̃ːnən]⟩ **1** vierzeiliges Gedicht **2** = Quartett (4) [frz.]

Quat|tro|cen|tist *auch:* **Quatt|ro|cen|tist** ⟨[-tʃɛn-] m.; -en, -en; Kunst⟩ Künstler aus dem Quattrocento

Quat|tro|cen|to *auch:* **Quatt|ro|cen|to** ⟨[-tʃɛn-] n.; -s; unz.; Kunst⟩ die ital. Kunst im 15. Jh., frühe Renaissance [ital., »vierhundert (Jahre nach 1000 n. Chr.)«]

Qu|bit ⟨n.; -s, -s; Physik; kurz für⟩ Quantenbit

Que|bra|cho *auch:* **Queb|ra|cho** ⟨[kɛbratʃo] n.; -s; unz.⟩ **1** sehr hartes, schweres Holz des Quebrachobaumes **2** aus der Rinde des Quebrachobaumes gewonnener Gerbstoff [span. (amerikan.) <*quiebra(ha)cha* »Axtbrecher« <*quebrar* »brechen« + *hacha* »Axt«]

Que|chua[1] ⟨[-tʃua] m.; - od. -s, - od. -s⟩ Angehöriger eines Indianervolkes in den Anden; *oV* Ketschua[1]

Que|chua[2] ⟨[-tʃua] n.; -; unz.⟩ die Sprache der Quechua[1]; *oV* Ketschua[2]

Queen ⟨[kwiːn] f.; -, -s⟩ **1** die engl. Königin **2** ⟨umg.⟩ im Mittelpunkt stehende, attraktive Frau od. junges Mädchen **3** attraktiver, bes. femininer Homosexueller [engl., »Königin«]

Quell|code ⟨[-koːd] m.; -s, -s; EDV⟩ (in einfacher Maschinensprache verfassbare) Programmieranweisung, die mit Hilfe zweier Übersetzungsprogramme (Compiler u. Linker) zu einem Programmcode u. somit zu einer EDV-Anwendung umgesetzt wird; *oV* Quellkode; *Sy* Quellenprogramm

Quell|do|ku|ment ⟨n.; -(e)s, -e; EDV⟩ ursprüngliches Dokument, aus dem Daten entnommen sind

Quel|len|pro|gramm ⟨n.; -(e)s, -e; EDV⟩ = Quellcode

Quell|kode ⟨[-koːd] m.; -s, -s; EDV⟩ = Quellcode

Quem|pas ⟨m.; -; unz.; kurz für⟩ Quempaslieder

Quem|pas|lie|der ⟨Pl.; Musik⟩ Lieder im Wechselgesang über die Geschichte von Christi Geburt, die früher von Jugendlichen im Gottesdienst u. bei Umzügen von Haus zu Haus gesungen wurden; *Sy* Quempas [nach den Anfangssilben des Liedes *Quem pastores laudavere* (Den die Hirten lobeten sehre)]

quen|chen ⟨V.; Chemie; umg.⟩ die Lumineszenz durch eine chem. Verbindung od. Verunreinigung löschen [<engl. *quench* »löschen«]

Quent ⟨n.; -(e)s, -e od. (bei Zahlenangaben) -⟩ altes dt. Gewicht, $^1/_{10}$ Lot = 1,67 g [<lat. *quintus* »der fünfte (Teil)«]

Quer|ce|tin ⟨n.; -s; unz.⟩ = Querzetin

Que|re|le ⟨f.; -, -n⟩ Klage, Streit [<lat. *querela* »Beschwerde, Klage«; zu *queri* »klagen«]

Que|ru|lant ⟨m.; -en, -en; abwertend⟩ jmd., der ständig queruliert, Nörgler, Quengler

Que|ru|lan|tin ⟨f.; -, -tin|nen; abwertend⟩ Nörglerin, Quenglerin

Que|ru|lanz ⟨f.; -; unz.; abwertend⟩ auf einem extrem übertriebenen Rechtsgefühl basierendes, dauerndes Querulieren

que|ru|la|to|risch ⟨Adj.; abwertend⟩ wie ein Querulant, in der Art eines Querulanten

que|ru|lie|ren ⟨V.⟩ quengeln, nörgeln, ein eingebildetes Recht hartnäckig verteidigen [<lat. *querulus* »klagend«; zu *queri* »klagen«]

Que|ry ⟨[kwiːrɪ] f.; -, -s od. n.; -s, -s; EDV⟩ Datenbankabfrage, Anfrage an eine Datenbank [engl., »Nachfrage; Zweifel«]

Quer|ze|tin ⟨n.; -s; unz.⟩ in der Rinde der Eiche enthaltener gelber Farbstoff; *oV* Quercetin [<lat. *quercus* »Eiche« + frz. *citron* »Zitrone«]

Quer|zit ⟨m.; -s, -e⟩ in Eicheln enthaltener Zucker [<lat. *quercus* »Eiche«]

Quer|zi|tron *auch:* **Quer|zit|ron** ⟨n.; -s, -e⟩ Extrakt aus der Rinde der amerikanischen Färbereiche [<lat. *quercus* »Eiche« + frz. *citron* »Zitrone«]

Que|sal ⟨[kɛ-] m.; -s, -s⟩ = Quetzal

Quet|zal ⟨[kɛt-] m.; -s, -s od. (bei Zahlenangaben) -⟩ *oV* Quesal **1** mittelamerikan., zu den Trogons gehöriger Vogel mit langen, metallisch schimmernden, grünen Schwanzfedern: Pharomachrus mocinno; *oV* Quezal **2** Währungseinheit in Guatemala, 100 Centavos [<span. *quetzal(e)* <Nahuatl *quetzalli* »Schwanzfeder«]

Queue[1] ⟨[kø:] n.; -s, -s⟩ Billardstock [frz., »Schwanz, Stiel, Schlange (von Menschen), Billardstock«]

Queue[2] ⟨[kju:] f.; -, -s; EDV⟩ Speicherstruktur, die Daten nach dem zeitlichen Prioritätsprinzip (Warteschlange) aufnimmt u. abgibt [engl.]

Que|zal ⟨[kɛza:l] m.; -s, -s⟩ = Quetzal (1)

Quiche ⟨[kıʃ] f.; -, -s; Kochk.⟩ herzhafte Torte aus Mürbe- oder Blätterteig; ~ *Lorraine* [lɔrɛ:n] lothringische Torte mit einer Auflage aus Speck, Käse, Eiern u. Milch [frz.]

Qui|ckie ⟨m.; -s, -s; umg.⟩ **1** etwas, das schnell u. leicht zu machen od. zu erledigen ist **2** rasch vollzogener Sexualverkehr [zu engl. *quick* »schnell«]

Quick|out ⟨[-aut] n.; -s, -s⟩ Autoradio, das sich zum Schutz vor Diebstahl schnell ausbauen u. mitnehmen lässt [engl.; <*quick* »schnell« + *out* »heraus«]

> **Quickstepp** (*Laut-Buchstaben-Zuordnung*) Analog zum Verb *steppen* werden auch das Substantiv »*Stepp*« und alle davon abgeleiteten Wörter mit »*pp*« geschrieben (→*a.* Stopp).

Quick|stepp ⟨m.; -s, -s; Musik⟩ schneller Foxtrott [engl., eigtl. »schneller Schritt«]

Quick|wert *auch:* **Quick-Wert** ⟨m.; -(e)s, -e; Med.⟩ Blutgerinnungsfaktor [nach dem US-amerikan. Physiologen Armand James *Quick*, 1894-1978]

Q

Qui|dam ⟨m.; -; unz.; geh.⟩ ein gewisser Jemand, ein gewisser ... [lat.]

Quid|di|tas ⟨f.; -; unz.; Philos.⟩ = Quiddität

Quid|di|tät ⟨f.; -; unz.; Philos.⟩ das Wesen (eines Dinges), das Was-Sein; *Sy* Quidditas; *Ggs* Entität [<lat. *quid* »was«]

Quid|pro|quo ⟨n.; -s, -s⟩ **1** Verwechslung einer Sache mit einer andern, Missverständnis **2** gegenseitiger Austausch von Leistungen od. Dingen, das eine für das andere [lat., »was für was?«]

Qui|e|tis|mus ⟨[kviə-] m.; -; unz.⟩ **1** von der Welt abgewandte Lebenshaltung in völliger Ruhe des Gemüts **2** relig. Lehre, die die Verschmelzung mit Gott durch das wunsch- u. willenlose Ergeben in seinen Willen erstrebt [<lat. *quietus* »ruhig«]

Qui|e|tist ⟨[kviə-] m.; -en, -en⟩ Vertreter, Anhänger des Quietismus

qui|e|to ⟨[kvi-] Musik⟩ ruhig (zu spielen) [ital.]

Quil|la|ja ⟨f.; -, -s; Bot.⟩ in Südamerika heim. Baum, aus dem Quillajarinde gewonnen wird, Seifenbaum: Quillaja saponaria [<span.(-amerikan.) *quillai, quillay* <araukan.]

Quil|la|ja|rin|de ⟨f.; -, -n⟩ gelblich weiße Rinde des Seifenbaumes, die reinigende Saponine enthält u. deshalb zum Reinigen u. Entflecken dient, Seifenrinde; *Sy* Panamarinde

Quilt ⟨[kvılt] m.; -s, -s⟩ in Nordamerika hergestellte Steppdeckenart [engl.]

Qui|nar ⟨m.; -s, -e⟩ altröm. Silbermünze [<lat. *quinarius* »fünf enthaltend«; zu *quinque* »fünf«]

Quin|cunx ⟨m.; -; unz.⟩ **1** Anordnung von fünf Elementen in zwei sich schneidenden Diagonalen (wie die Fünf des Würfels, z. B. bei Säulen) **2** ⟨Astrol.⟩ Winkelabstand von 150° zwischen den Planeten [lat., »fünf Zwölftel«]

Qui|noa ⟨[ki:noa] f.; -, -s; Bot.⟩ bes. in den Anden kultivierte Pflanze (Chenopodium quinoa), deren getreideähnliche Körnerfrucht sehr eiweiß- u. mineralstoffreich ist [<indian.]

Quin|qua|ge|si|ma ⟨ohne Artikel⟩ 50. Tag vor Ostern [<lat. *quinquagesima (dies)* »der 50. (Tag)«]

Quin|quen|ni|um ⟨n.; -s, -ni|en⟩ Zeitraum von fünf Jahren [<lat. *quinque* »fünf« + *annus* »Jahr«]

Quin|quil|li|on ⟨f.; -, -en; Math.⟩ = Quintillion

Quint ⟨f.; -, -en⟩ **1** ⟨Musik⟩ = Quinte **2** ⟨Sport⟩ bestimmte Klingenlage, Haltung der Klinge beim Fechten [zu lat. *quintus* »der fünfte«]

Quin|ta ⟨f.; -, Quin|ten; veraltet⟩ zweite Klasse der höheren Schule [lat. Fem. zu *quintus* »der fünfte«; zu *quinque* »fünf«]

Quin|tal ⟨[kɛ̃-] m.; -s, -e od. (bei Zahlenangaben) -; Abk.: q; früher⟩ Maßeinheit für das Gewicht in roman., mittel- u. südamerikan. Ländern, 1 Zentner [frz., »Zentner« <mlat. *quintale* <arab. *quintar*]

Quin|ta|na|fie|ber ⟨n.; -s; unz.; Med.⟩ periodisch im Abstand von fünf Tagen wiederkehrendes Fieber aufgrund einer Infektion mit dem Krankheitserreger Rickettsia quintana; *Sy* Wolynisches Fieber [<lat. *quintana;* Fem. zu *quintanus* »der fünfte«]

Quin|te ⟨f.; -, -n; Musik⟩ *Sy* Quint (1) **1** fünfter Ton der diaton. Tonleiter **2** Intervall von fünf Stufen [<lat. *quinta,* Fem. zu *quintus* »der fünfte«; zu *quinque* »fünf«]

Quin|ten|zir|kel ⟨m.; -s, -; Musik⟩ kreisförmige Aufzeichnung sämtlicher Tonarten jeweils in Quinten fortschreitend, nach links die b-, nach rechts die Kreuz-Tonarten

Quin|ter|ne ⟨f.; -, -n; Lotto⟩ fünf gewinnende Nummern [<ital. *quinterna* <lat. *quinque* »fünf«]

Quint|es|senz ⟨f.; -, -en⟩ Wesen (einer Sache), Kern, Auszug [<mlat. *quinta essentia* »das fünfte Seiende«]

Quin|tett ⟨n.; -(e)s, -e; Musik⟩ **1** Musikstück für fünf Singstimmen od. fünf Instrumente **2** Gruppe von fünf Sängern od. Instrumentalisten [<ital. *quintetto;* zu *quinto* »der fünfte« <lat. *quintus*]

Quin|til|li|ar|de ⟨f.; -, -n; Math.⟩ 1000 Quintillionen (geschrieben als 1 mit 33 Nullen) = 10^{33} [<lat. *quinque* »fünf« + *Milliarde*]

Quin|til|li|on ⟨f.; -, -en; Math.⟩ fünfte Potenz einer Million (eine 1 mit 30 Nullen) = 10^{30}; *oV* Quinquillion [<lat. *quinque* »fünf« + *Million*]

Quin|to|le ⟨f.; -, -n; Musik⟩ Gruppe von fünf zusammengehörenden Noten, die an die Stelle von vier (drei od. sechs) Noten des gleichen Wertes treten [<lat. *quinque* »fünf« + *...ole*]

Quint|sext|ak|kord ⟨m.; -(e)s, -e;

Musik⟩ erste Umkehrung des Septimenakkords, bei der die Terz den Grundton bildet

Quip|pu ⟨[-kı̯-] n.; - od. -s, - od. -s⟩ = Quipu

Qui|pro|quo ⟨n.; -s, -s; bes. im Lustspiel⟩ Verwechslung von Personen [lat., »wer für wen?«]

Qui|pu ⟨[kı-] n.; - od. -s, - od. -s⟩ eine Reihe verschiedenfarbig geknoteter, an einem Stab befestigter Schnüre der Inkas (als Gedächtnisstütze, Schriftersatz, bes. für Zahlen); *oV* Quippu [<span. *quipo* <Quechua *quipu*]

Qui|ri|nal ⟨m.; -s; unz.⟩ **1** ⟨urspr.⟩ einer der sieben Hügel Roms mit einer der ältesten Siedlungen, aus denen die spätere Stadt zusammenwuchs **2** ⟨kurz für⟩ Palazzo del Quirinale (seit 1870 Residenz des ital. Königs, seit 1948 des ital. Staatspräsidenten) [zu lat. *Quirinalis mons* »Quirinischer Hügel«]

Qui|ri|te ⟨m.; -n, -n; Ehrentitel für⟩ röm. Bürger [<lat. *quiris,* Gen. *quiritis* »röm. Bürger in staatsbürgerl. Beziehung«]

Quis|ling ⟨m.; -s, -e; fig.; umg.⟩ Verräter, Kollaborateur [nach dem norweg. Faschistenführer Vidkun *Quisling,* 1887-1945, der mit der deutschen Besatzungsmacht im 2.Weltkrieg kollaborierte]

Quis|qui|li|en ⟨Pl.⟩ Kleinigkeiten, Nichtigkeiten, Abfall [<lat. *quisquiliae* »Ausschuss«]

Qui|to|oran|ge ⟨[ki:toorã:ʒə] od. [-oraŋʒə] f.; -, -n; Bot.⟩ = Lulo

quitt ⟨Adj.⟩ frei von allen Verbindlichkeiten, ausgeglichen, fertig, wett; *nun sind wir ~* [<afrz. *quite* »los, ledig, frei« <lat. *quietus* »ruhig«]

quit|tie|ren ⟨V.⟩ **1** *einen Betrag ~* den Empfang eines B. bescheinigen **2** *den Dienst ~* den D. aufgeben, das Amt niederlegen **3** *eine Rechnung ~* den Empfang des Betrages auf der R. bescheinigen **4** ⟨fig.; umg.⟩ *eine Bemerkung mit einem Lächeln ~* mit einem L. beantworten [<frz. *quitter* »frei machen, verlassen« <afrz. *quite;* → *quitt*]

Quit|tung ⟨f.; -, -en⟩ **1** Empfangsbescheinigung; *Sy* Acquit **2** ⟨fig.⟩ Antwort, bes. Strafe

Qui|vive ⟨[kivi:f] n.; -s, -s⟩ Ruf des frz. Postens, »Wer da?«; *auf dem ~ sein* ⟨fig.; umg.⟩ auf der Hut sein, aufpassen [<frz. *qui vive?* »wer lebe?«]

Quiz ⟨[kvıs] n.; -, -⟩ unterhaltsames Frage- u. Antwort-Spiel [engl., »Scherz, Neckerei, Prüfung«]

Quiz|fra|ge ⟨[kvıs-] f.; -, -n⟩ Frage, die in einem Quiz gestellt wird; *alle ~n richtig beantworten*

Quiz|mas|ter ⟨[kvıs-] m.; -s, -⟩ Leiter eines Quiz [<*Quiz* + engl. *master* »Herr, Meister«]

Quiz|show ⟨[kvısʃoʊ] f.; -, -s; TV⟩ Show, bei der ein Quiz gespielt wird; *an einer ~ teilnehmen*

quiz|zen ⟨[kvısən] V.⟩ Quiz spielen; *jmdn. ~* mit jmdm. ein Quiz veranstalten

Qum|ran|rol|le ⟨[kum-] f.; -, -n; Theol.⟩ eine der seit 1947 in den Höhlen in der Nähe von Qumran entdeckten Schriftrollen, die Texte des AT u. Kommentare enthalten, die Rückschlüsse über die Überlieferung des AT erlauben [<arab. *Qumran* »Ruine von Qum« (Siedlung am Nordwestufer des Toten Meeres)]

quod erat de|mons|tran|dum *auch:* **quod erat de|monst|ran|dum** ⟨Abk.: q. e. d.⟩ was zu beweisen war [lat., auf Euklid zurückgehende Redensart als Schlusssatz eines mathemat. od. philosoph. Beweises]

Quod|li|bet ⟨n.; -s, -s⟩ **1** buntes Durcheinander, willkürl. Auswahl **2** ⟨Musik⟩ mehrstimmiger, humorist. Gesang mit lustigen Texten u. wechselnden Melodien [<lat. *quod libet* »was gefällt«]

quod li|cet Jo|vi, non li|cet bo|vi ⟨geh.⟩ eines schickt sich nicht für alle, (eigtl.) was dem Jupiter erlaubt ist, ist (darum noch lange) nicht dem Ochsen erlaubt [lat.]

Quo|rum ⟨n.; -s; unz.⟩ beschlussfähige Anzahl, die für einen Beschluss einer Körperschaft erforderl. Zahl anwesender Mitglieder [engl., eigtl. *quorum of justices of the peace* »zur Bildung eines Gerichtshofes nötige Zahl von Friedensrichtern« <lat. *quorum,* Gen. Pl. zu *qui* »wer«]

Quo|ta|ti|on ⟨f.; -, -en⟩ Notierung des Kurses (an der Börse), Berechnung eines Anteils [→ *quotieren*]

Quo|te ⟨f.; -, -n⟩ **1** den Verhältnissen entsprechender Anteil, Teilbetrag **2** Zahl der Beteiligten [<mlat. *quota (pars)* »der wievielte (Teil)?«; zu *quot?* »wie viele?«]

Quo|ten|frau ⟨f.; -, -en; umg.⟩ Frau, die ihren Arbeitsplatz aufgrund der Quotenregelung erhalten hat

Quo|ten|me|tho|de ⟨f.; -, -n; Stat.⟩ Verfahren der Meinungsforschung, bei dem sowohl die Zahl als auch die Art der zu befragenden Personen (Stichprobe) durch statistische Berechnungen ermittelt wird

Quo|ten|re|ge|lung ⟨f.; -, -en⟩ Festschreibung einer bestimmten Anzahl von Arbeitsplätzen od. Positionen, die von Frauen besetzt werden sollen

quo|ti|di|an ⟨Adj.⟩ täglich [<lat. *quotidianus* »täglich«]

Quo|ti|di|a|na ⟨f.; -; unz.; Med.⟩ Form der Malaria mit unregelmäßigem Fieberverlauf [→ *quotidian*]

Quo|ti|ent ⟨m.; -en, -en; Math.⟩ Zähler u. Nenner eines Bruches [<lat. *quotiens?* »wie oft?«; zu *quot?* »wie viele?«]

quo|tie|ren ⟨V.; Börse⟩ *Kurse, Preise ~* angeben, mitteilen

Quo|tie|rung ⟨f.; -, -en; Börse⟩ das Quotieren

quo|ti|sie|ren ⟨V.⟩ *Betrag, Summe ~* in Quoten aufteilen, dem Anteil gemäß verteilen

quo|us|que tan|dem? ⟨geh.⟩ wie lange noch (soll es dauern)? [lat., eigtl. *quousque tandem, Catilina, abutere patientia nostra?* »Wie lange noch, Catilina, wirst du unsere Geduld missbrauchen?« (Anfang einer Rede Ciceros)]

Quo va|dis? ⟨[-va:-]⟩ Wohin gehst du? (Titel eines berühmten Romans von Sienkiewicz, 1896) [lat., eigtl. *Quo vadis, Domine?* »Wohin gehst du, Herr?« (Frage des aus dem Kerker entflohenen Petrus an den ihm erscheinenden Christus)]

Q

R r

r ⟨Zeichen für⟩ **1** ⟨veraltet⟩ Röntgen **2** ⟨Math.⟩ Radius (1)

R **1** ⟨Abk. für⟩ Reaumur, z. B. 20 °R **2** ⟨Math.; Zeichen für⟩ Radius (1) **3** ⟨Formelzeichen für⟩ elektr. Widerstand **4** ⟨Abk. für⟩ Röntgen **5** ⟨auf der Stellscheibe von Uhren Abk. für⟩ Retard; *Ggs* A (3), F (1) **6** ⟨in Bibliotheken Abk. für⟩ rarus (= selten) **7** ⟨Abk. für⟩ Rand

Ra ⟨chem. Zeichen für⟩ Radium

> **→ Rhabarber** Das Wort *Rhabarber* wird im Anlaut mit *rh* geschrieben, da es auf das Griechische zurückgeht. (Der 17. Buchstabe des griechischen Alphabets lautet *Rho.*) Die meisten Fremdwörter aus dem Griechischen haben die Schreibung mit *rh* bewahrt.

Ra|batt ⟨m.; -(e)s, -e⟩ prozentualer Nachlass des Preises; *Sy* Prozente (3) [<ital. *rabatto;* → *rabattieren*]

Ra|bat|te ⟨f.; -, -n⟩ **1** schmales Beet, bes. als Einfassung von Wegen u. Rasenflächen **2** Aufschlag an Ärmel od. Kragen, bes. von Uniformen [<ndrl. *rabar* »Randbeet« <frz. *rabat* »Umschlag an Kleid od. Tasche«]

ra|bat|tie|ren ⟨V.⟩ *eine Ware ~* für eine W. Rabatt gewähren [<ital. *rabattere* »niederschlagen, Preisnachlass gewähren«]

Ra|batz ⟨m.; -es; unz.; umg.⟩ **1** Krach u. Unfug, lautes Allotria **2** Getümmel, Tumult [vielleicht <poln. *rabac* »hauen«; zu *raz* »Schlag« od. Nebenform zu *Rapuse* (Küpper, Wörterbuch der Umgangssprache)]

Ra|bau ⟨m.; -s od. -en, -e od. -en⟩ **1** ⟨Bot.⟩ unechte Renette **2** = Rabauke [<ndrl. *rabauw* <frz. *ribaud* »ausschweifender Mensch«]

Ra|bau|ke ⟨m.; -n, -n⟩ Rüpel; *Sy* Rabau (2) [<ndrl. *rabauw* <frz. *ribaud* »ausschweifender Mensch«]

Rab|bi ⟨m.; - od. -s, -s od. Rab|bi|nen; Ehrentitel für⟩ jüdischer Schriftgelehrter [<grch. *rhabbi* <hebr. *rabbi,* Anredeform zu *robb* »Herr, Lehrer«]

Rab|bi|nat ⟨n.; -(e)s, -e⟩ Amt u. Würde eines Rabbiners

Rab|bi|ner ⟨m.; -s, -⟩ **1** Geistlicher der jüd. Gemeinde **2** Lehrer der jüd. Gesetze u. der jüd. Religion [<mlat. *rabbinus* <hebr. *rabbuni;* → *Rabbi*]

rab|bi|nisch ⟨Adj.⟩ zum Rabbiner gehörend, in der Art eines Rabbiners

ra|bi|at ⟨Adj.; umg.⟩ wild vor Zorn, sehr wütend [<lat. *rabies* »Wut, Tollheit«; → *Rabulist*]

Ra|bi|es ⟨f.; -; unz.; Vet.⟩ Tollwut, durch Biss übertragbare Viruskrankheit warmblütiger Säugetiere u. des Menschen; *Sy* Lyssa [<lat. *rabies* »Wut«]

Ra|bu|list ⟨m.; -en, -en⟩ Rechtsverdreher, Haarspalter [<lat. *rabula* »mit geläufiger Zunge tobender Sachwalter«; zu *rabere* »toben«; vermutl. nach dem 1688 erschienenen Buch »Rabulist oder Zungendrescher«]

Ra|bu|lis|tik ⟨f.; -, -en⟩ Rechtsverdrehung, Haarspalterei

ra|bu|lis|tisch ⟨Adj.⟩ rechtsverdrehend, haarspalterisch

Ra|ce|mat ⟨[-tse-] n.; -(e)s, -e; Chemie⟩ Substanz, die zu gleichen Teilen aus einer die Polarisationsebene des Lichts nach links drehenden u. einer nach rechts drehenden Molekülart aufgebaut ist u. daher nach außen optisch inaktiv wirkt; *oV* Razemat [<lat. *racemus* »Traube«]

ra|ce|misch ⟨[-tseː-] Adj.⟩ die Eigenschaft eines Racemats zeigend; *oV* razemisch

Ra|chi|tis ⟨[-xiː-] f.; -, -ti|den; Med.⟩ Stoffwechselkrankheit, die auf Vitamin-D-Mangel beruht u. zur Erweichung der Knochen führt, engl. Krankheit [<grch. *rhachis* »Rücken, Rückgrat, Wirbelsäule«]

ra|chi|tisch ⟨[-xiː-] Adj.; Med.⟩ an Rachitis leidend, durch Rachitis hervorgerufen

Ra|cing ⟨[rɛɪsɪŋ] n.; -s, -; Motorsport; engl. Bez. für⟩ Rennen

Ra|cing|rei|fen ⟨[rɛɪsɪŋ-] Pl.; Kfz⟩ für Rennautos verwendete Reifen mit bes. widerstandsfähiger Lauffläche [<engl. *racing* »zum Rennen gehörig, Renn…«]

Rack ⟨[ræk] n.; -s, -s⟩ Regal, Gestell (bes. für Stereoanlagen) [engl.]

Ra|cket[1] ⟨[rækət] n.; -s, -s⟩ Tennisschläger; *oV* Rakett [engl. <frz. *raquette* <arab. *raha* »Handfläche«]

Ra|cket[2] ⟨[rækət] n.; -s, -s⟩ Bande von Verbrechern, Erpressern [engl. (US-amerikan.) »Erpressung, Überfall«]

Ra|cke|teer ⟨[rækətiːr] m.; -s, -s⟩ Erpresser, Schieber, Gangster [→ *Racket*[2]]

Rack|job|ber ⟨[rækdʒɔbə r)] m.; -s, -; Wirtsch.⟩ Produzent od. Händler, der in Einzel- u. Großhandelsmärkten Verkaufs- u. Regalflächen anmietet, um dort seine eigenen Produkte anzubieten u. z. T. auch auf eigene Rechnung zu verkaufen [<engl. *rack* »Regal« + *jobber* »Händler]

Rack|job|bing ⟨[rækdʒɔbɪŋ] n.; -s, -s⟩ (das Sortiment ergänzender) Warenvertrieb in angemieteten Verkaufsflächen eines größeren Geschäftes; *Sy* Shop-in-Shop

Ra|clette[1] *auch:* **Rac|lette** ⟨[-klɛt]⟩ **1** ⟨m.; -s; unz.⟩ ein schweizer. Schnittkäse [frz.]

Ra|clette[2] *auch:* **Rac|lette** ⟨[-klɛt]⟩ **1** ⟨f.; -, -s od. m.; -s, -s; schweiz. Kochk.⟩ Gericht aus erhitztem R. mit Brot od. Kartoffeln u. a. Zutaten **2** kleines Gerät zum Herstellen des Gerichts [frz.]

rad **1** ⟨Math.; Abk. für⟩ Radiant (2) **2** ⟨Zeichen für⟩ Rad

Rad ⟨n.; - od. -s, -; Zeichen: rad⟩ (bis 31.12.1985 verwendete Bez. für) Strahlungseinheit, 1 rad entspricht einer absorbierten Energie von 100 erg je Gramm Substanz, ersetzt durch die Einheit Joule/Kilogramm (J/kg), 1 rad = 0,01 J/kg

Ra|dar ⟨m. od. n.; -s; unz.⟩ **1** Funkmesstechnik; *Sy* Radartechnik **2** Funkmessgerät [engl.; verkürzt <*radio detecting and ranging (durch Funk auffinden u. Entfernung messen)*]

Ra|dar|as|tro|no|mie *auch:* **Ra|dar|ast|ro|no|mie** ⟨f.; -; unz.; Astron.⟩ Untersuchung von Mond u. Planeten mittels Radarwellen

Ra|dar|ge|rät ⟨n.; -(e)s, -e; Technik⟩ Einrichtung zum Aussenden u. Empfangen von Radarwellen

Ra|dar|tech|nik ⟨f.; -; unz.⟩ = Radar (1)

Ra|dar|wel|len ⟨Pl.; Physik⟩ elektromagnet. Strahlung mit Wellenlängen im Zentimeterbereich

Rad|dop|pio ⟨m.; -s, -s; Sport⟩ eine Figur im Fechtsport [ital., »Verdoppeln, Verdoppelung«]

ra|di|al ⟨Adj.⟩ **1** in Richtung des Radius **2** strahlenförmig [<lat. *radius* »Strahl«]

Ra|di|al|ge|schwin|dig|keit ⟨f.; -, -en; Astron.⟩ Geschwindigkeit eines Gestirns in Richtung auf den Beobachter zu od. von ihm weg

Ra|di|a|li|tät ⟨f.; -; unz.⟩ Anordnung od. Aufstellung in radialer Form

Ra|di|al|li|nie ⟨[-njə] f.; -, -n; österr.⟩ Straßenbahn- od. Buslinie, die von der Stadtmitte zum Stadtrand führt

Ra|di|al|rei|fen ⟨m.; -s, -; Kfz⟩ **1** Gürtelreifen **2** Fahrzeugreifen, dessen Unterbau unter der Lauffläche durch kreisförmig angeordnete Stahl- od. Kunststofffäden verstärkt ist

Ra|di|al|sym|me|trie *auch:* **Ra|di|al|sym|met|rie** ⟨f.; -; unz.; Biol.⟩ Symmetrie, bei der die Symmetrieachsen vom Mittelpunkt ausgehende Strahlen sind, Strahlensymmetrie

Ra|di|al|tur|bi|ne ⟨f.; -, -n; Technik⟩ Wasserturbine, bei der das Wasser das Laufrad von innen nach außen durchströmt

Ra|di|ant ⟨m.; -en, -en⟩ **1** ⟨Astron.⟩ scheinbarer Ausgangspunkt eines Meteorstroms **2** ⟨Abk.: rad; Math.⟩ Winkel, zu dem das Bogenmaß = 1 ist [<lat. *radians,* Part Präs. zu *radiare* »Strahlen von sich geben, strahlen«]

ra|di|är ⟨Adj.⟩ strahlig [<frz. *radiaire* »strahlenförmig« <lat. *radius* »Strahl«]

Ra|di|äs|the|sie ⟨f.; -; unz.⟩ das Wahrnehmen von Wasseradern u. Ä. mit Hilfe von Pendeln od. Wünschelruten [<lat. *radius* »Strahl« + *Ästhesie*]

ra|di|äs|the|tisch ⟨Adj.⟩ die Radiästhesie betreffend, ihr zugehörig

Ra|di|a|ta ⟨Pl.; Zool.⟩ Tiere mit radiärsymmetrischem Bau, Hohltiere [→ *Radius*]

Ra|di|a|ti|on ⟨f.; -, -en⟩ **1** Strahlung **2** Ausstrahlung [<lat. *radiatio* »das Strahlen, Glanz«]

Ra|di|a|tor ⟨m.; -s, -to|ren⟩ Heizkörper, der die Luft in einem Raum vorwiegend durch Strahlung erwärmt; *Ggs* Konvektor [<lat. *radiare* »strahlen, Strahlen von sich geben«]

Ra|dic|chio ⟨[-dɪkjo] m.; -s, -chi [-ki]; Bot.⟩ als Salatpflanze genutzte Zichorienart mit rotweißen, bitter schmeckenden Blättern [ital. <lat. *radicula* »kleine Wurzel«]

Ra|di|en ⟨Pl. von⟩ Radius

ra|die|ren ⟨V.⟩ **1** mit einem Radiergummi od. Radiermesser entfernen **2** mit der Radiernadel in eine geätzte Kupferplatte ritzen; *eine Zeichnung ~* [<lat. *radere* »schaben, kratzen«]

Ra|die|rer ⟨m.; -s, -⟩ **1** Künstler, der Radierungen herstellt **2** ⟨umg.; salopp⟩ Radiergummi

Ra|die|rung ⟨f.; -, -en⟩ **1** ⟨unz.⟩ Art des Kupferstichs, bei der die Zeichnung mit der Radiernadel in eine mit einer säurefesten Masse überzogenen Kupferplatte eingeritzt wird, die Platte wird dann mit einer Säure übergossen, die in die eingeritzten Stellen eindringt **2** ⟨zählb.⟩ Abdruck davon

ra|di|kal ⟨Adj.⟩ **1** bis auf die Wurzel, bis zum Äußersten (gehend) **2** von Grund auf; *eine Sache ~ ändern* **3** gründlich; *sie haben alles ~ ausgeräumt* **4** rücksichtslos, scharf; *etwas ~ beseitigen* **5** politisch extrem [<frz. *radical* <lat. *radicalis* »an die Wurzel gehend, von Grund auf, gründlich«; → *Radix*]

Ra|di|kal ⟨n.; -s, -e⟩ **1** das zur Bezeichnung des Wurzelziehens verwendete Zeichen $\sqrt{x}$ **2** Resultat des Wurzelziehens **3** Gruppe von untereinander gebundenen Atomen mit einer nach außen hin ungesättigten Elektronenschale, die nur kurz beständig ist u. als Auslöser vieler chem. Reaktionen in Erscheinung tritt

Ra|di|ka|le(r) ⟨f. 2 (m. 1)⟩ Vertreter(in), Anhänger(in) des Radikalismus

Ra|di|ka|lins|ki ⟨m.; -s, -s; umg.; abwertend⟩ **1** politisch radikal eingestellter Mensch **2** rücksichtslos seine Forderungen durchsetzender, zu Gewalttaten neigender Mensch

ra|di|ka|li|sie|ren ⟨V.⟩ radikal machen

Ra|di|ka|li|sie|rung ⟨f.; -, -en⟩ das Radikalisieren

Ra|di|ka|lis|mus ⟨m.; -; unz.⟩ **1** bis zum Äußersten gehende Richtung in der Politik **2** radikales Denken, extreme Anschauungen

ra|di|ka|lis|tisch ⟨Adj.⟩ in der Art des Radikalismus, ihn betreffend, zu ihm gehörig

Ra|di|kand ⟨m.; -en, -en; Math.⟩ Zahl, aus der die Wurzel gezogen werden soll [<lat. *radicandus (numerus)* »die zu radizierende (Zahl)«; → *radizieren*]

Ra|di|ku|la ⟨f.; -; unz.; Bot.⟩ Keimwurzel der Samenpflanzen [→ *Radix*]

Ra|dio ⟨n.; -s, -s, schweiz. a. (bes. für das Gerät) m.; -s, -s⟩ **1** Rundfunkgerät **2** Rundfunk [engl.(-amerikan.); verkürzt <*radio*telegraphy »Übermittlung von Nachrichten durch Ausstrahlung elektromagnet. Wellen«, <lat. *radius* »Strahl«]

ra|dio..., Ra|dio... ⟨in Zus.⟩ **1** strahl(en)..., Strahl(en)... **2** Rundfunk... [<lat. *radius* »Strahl«]

ra|dio|ak|tiv ⟨Adj.; Physik; Chemie⟩ **1** unter Aussendung von Strahlen sich umwandelnd, Strahlen aussendend; *~e chem. Elemente, Isotope* **2** *~e Markierung* M. eines Moleküls mit einem radioaktiven Stoff **3** von Kernwaffen herrührend; *~er Niederschlag; ~e Verseuchung* = Kontamination (2) [<*radio...* + *aktiv*]

Ra|dio|ak|ti|vi|tät ⟨[-vi-] f.; -; unz.; Physik; Chemie⟩ radioaktive Beschaffenheit

Ra|dio|as|tro|no|mie *auch:* **Ra|dio|ast|ro|no|mie** ⟨f.; -; unz.; Astron.⟩ Messung u. Deutung der von Himmelskörpern u. aus dem Weltraum kommenden Strahlung

Ra|dio|bio|che|mie ⟨[-çe-] f.; -; unz.; Biochemie⟩ Arbeitsgebiet der Biologie u. Chemie, das sich sowohl mit der Untersuchung der Wirkung radioaktiver Strahlen auf lebende Gewebe befasst als auch Stoffwechselvorgänge durch die Verwendung von Radioindikatoren zu klären versucht

Ra|dio|bio|lo|gie ⟨f.; -; unz.; Biol.⟩ Teilgebiet der Biologie, das sich mit der Wirkung von Strahlung auf Lebewesen befasst, Strahlenbiologie

Ra|dio|che|mie ⟨[-çe-] f.; -; unz.; Chemie⟩ Chemie der radioaktiven Stoffe

Ra|dio|chro|no|lo|gie ⟨[-kro-] f.; -; unz.⟩ Wissenschaft von der Altersbestimmung eines Objekts mit Hilfe des radioaktiven Zerfalls

Ra|dio|ele|ment ⟨n.; -(e)s, -e; Chemie⟩ ein radioaktiv strahlendes Isotop eines chem. Elements

Ra|dio|fre|quenz|strah|lung ⟨f.; -, -en; Physik⟩ = Radiowellen

ra|dio|gen ⟨Adj.; Physik; Chemie⟩ durch den Zerfall eines radioaktiven Stoffes entstanden; *~es Blei in Uranerzen* [<*radio…* + *…gen*[1]]

R

Ra|dio|gen ⟨n.; -s, -e; Physik; Chemie⟩ Element, das durch den Zerfall eines radioaktiven Stoffes entstanden ist

Ra|dio|gra|fie ⟨f.; -, -n⟩ = Radiographie

Ra|dio|gramm ⟨n.; -s, -e; Fot.⟩ Schwärzung fotograf. Schichten durch radioaktive Stoffe, die in Organismen enthalten sind

Ra|dio|gra|phie ⟨f.; -, -n⟩ Durchstrahlen von Werkstoffen mittels Röntgen- od. Gammastrahlen zur Werkstoffprüfung; *oV* Radiografie [<*Radio…* + *…graphie*]

Ra|dio|im|mun|as|say ⟨[-əsɛɪ] n.; -s, -s; Chemie⟩ = Radioimmunoassay

Ra|dio|im|mu|no|as|say ⟨[-əsɛɪ] n.; -s, -s; Chemie⟩ Verfahren der analyt. Immunchemie, bei dem mit Hilfe eines radioaktiv markierten Antigens od. Antikörpers eine Immunreaktion erzeugt wird, die Schlüsse auf die Qualität u. Quantität der zu bestimmenden Stoffe zulässt; *oV* Radioimmunassay [verkürzt <*radio*aktiv + *Immuno*logie + engl. *assay* »Prüfung«]

Ra|dio|in|di|ka|tor ⟨m.; -s, -to|ren⟩ radioaktives Isotop eines von einem Lebewesen aufgenommenen chem. Elements, das anzeigt, an welcher Stelle eines Organismus das Element wirksam wird

Ra|dio|in|ter|fe|ro|me|ter ⟨n.; -s, -⟩ Gerät zur Erhöhung der Messgenauigkeit u. des Auflösungsvermögens von Radioteleskopen

Ra|dio|iso|top ⟨n.; -s, -e; Chemie⟩ radioaktiv strahlendes Isotop eines chemischen Elements; *Sy* Radionuklid

Ra|dio|kar|bon|me|tho|de ⟨f.; -; unz.⟩ Verfahren zur Altersbestimmung organischer Stoffe durch Feststellung des Gehaltes an radioaktivem Kohlenstoff (C 14), dessen Halbwertzeit 5500 Jahre beträgt, wichtige Untersuchungsmethode u. a. in der Archäologie

Ra|dio|la|rie ⟨[-riə] f.; -, -n; meist Pl.; Zool.⟩ Strahlentierchen, vom Plankton des Meerwassers lebender Wurzelfüßer mit strahlenförmigem Skelett aus Strontiumsulfat od. Kieselsäure: Radiolaria [<lat. *radiolus,* Verkleinerungsform zu *radius* »Strahl«]

Ra|dio|la|ri|en|schlamm ⟨m.; -(e)s; unz.; Geol.⟩ = Radiolarit

Ra|dio|la|rit ⟨m.; -s; unz.; Geol.⟩ rotes, toniges, an Skeletten von Radiolarien reiches Meeressediment; *Sy* Radiolarienschlamm [→ *Radiolarien*]

Ra|dio|lo|ge ⟨m.; -n, -n; Med.⟩ Facharzt für Radiologie [<*Radio…* + *…logie*]

Ra|dio|lo|gie ⟨f.; -; unz.; Med.⟩ Lehre von den Strahlen, bes. den Röntgen- u. radioaktiven Strahlen u. ihrer Anwendung; *Sy* Röntgenologie [<*Radio…* + *…logie*]

Ra|dio|lo|gin ⟨f.; -, -gin|nen; Med.⟩ Fachärztin für Radiologie

ra|dio|lo|gisch ⟨Adj.; Med.⟩ die Radiologie betreffend, zu ihr gehörig

Ra|dio|ly|se ⟨f.; -, -n; Chemie⟩ durch radioaktive Strahlung ausgelöste chem. Reaktionen [<*Radio* + *…lyse*]

Ra|dio|me|te|o|ro|lo|gie ⟨f.; -; unz.⟩ Erforschung von Vorgängen in der Atmosphäre mittels Rundfunkwellen

Ra|dio|me|ter ⟨n.; -s, -; Physik⟩ Lichtmühle, empfindl. Messgerät für Wärmestrahlung mit einem in einem evakuierten Gefäß befindlichen, leicht drehbaren Flügelrad, dessen Flügel auf einer Seite geschwärzt sind

Ra|dio|me|trie *auch:* **Ra|dio|met|rie** ⟨f.; -; unz.; Physik⟩ Untersuchung der Radioaktivität von Gesteinen in der Erdkruste [<*Radio…* + *…metrie*]

Ra|dio|nu|klid *auch:* **Ra|dio|nuk|lid** ⟨n.; -s, -e; Chemie⟩ = Radioisotop

Ra|dio|nu|klid|bat|te|rie *auch:* **Ra|dio|nuk|lid|bat|te|rie** ⟨f.; -, -n; Physik⟩ mit der Energie, die beim Zerfall radioaktiver Stoffe frei wird, arbeitende elektr. Batterie; *Sy* Atombatterie, Atomgenerator, Isotopenbatterie

Ra|dio|quel|le ⟨f.; -, -n; Astron.⟩ Ausgangspunkt einer starken Radiostrahlung im Kosmos; *Sy* Radiostrahler

Ra|dio|re|cor|der ⟨m.; -s, -⟩ = Radiorekorder

Ra|dio|re|kor|der ⟨m.; -s, -⟩ (tragbares) Radio mit eingebautem Kassettenrekorder; *oV* Radiorecorder

Ra|dio|son|de ⟨f.; -, -n; Meteor.⟩ Gerät zur meteorolog. Beobachtung, das aus einem Ballon, Messgeräten für Luftdruck, Temperatur u. Feuchtigkeit u. einem Sender besteht, der die ermittelten Werte zur Erde funkt

Ra|dio|sta|ti|on ⟨f.; -, -en⟩ Rundfunkstation

Ra|dio|stern ⟨m.; -s, -e; Astron.⟩ Stern, der Radiostrahlungen aussendet

Ra|dio|strah|ler ⟨m.; -s, -; Astron.⟩ = Radioquelle

Ra|dio|strah|lung ⟨f.; -, -en; Astron.⟩ von der Radioastronomie untersuchte Strahlung

Ra|dio|tech|nik ⟨f.; -; unz.⟩ Zweig der Technik, der sich mit Sendung u. Empfang von Rundfunksendungen befasst

Ra|dio|te|le|skop ⟨n.; -s, -e⟩ zum Empfang u. zur Auswertung von Radiostrahlung aus dem Weltraum errichtetes Teleskop, das nicht mit opt. Linsen arbeitet, sondern mit einem Empfangsschirm ähnlich einer großen Radioantenne

Ra|dio|the|ra|pie ⟨f.; -, -n; Med.⟩ Strahlenbehandlung

Ra|dio|tho|ri|um ⟨n.; -s; unz.; Chemie; veraltete Bez. für⟩ das radioaktiv strahlende Thoriumisotop 228

Ra|dio|was|ser|stoff ⟨m.; -(e)s; unz.; Chemie⟩ = Tritium

Ra|dio|wel|len ⟨Pl.⟩ der Übertragung von Rundfunksendungen dienende elektromagnet. Wellen; *Sy* Radiofrequenzstrahlung

Ra|di|um ⟨n.; -s; unz.; chem. Zeichen: Ra⟩ radioaktives chem. Element, Ordnungzahl 88 [<lat. *radius* »Strahl«]

Ra|di|um|the|ra|pie ⟨f.; -, -n; Med.⟩ Strahlenbehandlung mit Radium

Ra|di|us ⟨m.; -, Ra|di|en⟩ **1** ⟨Zeichen: r, R⟩ Halbmesser eines Kreises od. einer Kugel **2** ⟨Anat.⟩ einer der Knochen des Unterarms, Speiche [lat., »Stab, Speiche, Strahl«]

Ra|di|us|vek|tor ⟨[-vɛk-] m.; -s, -en; Math.⟩ Verbindungslinie zwischen einem Punkt eines Kegelschnitts u. seinem Brennpunkt, Fahrstrahl, Leitstrahl

Ra|dix ⟨f.; -, -di|zes⟩ **1** ⟨Bot.⟩ Wurzel **2** ⟨Anat.⟩ Wurzel eines Organs, Nerv [lat., »Wurzel«]

ra|di|zie|ren ⟨V.; Math.⟩ *eine Zahl ~* eine Wurzel aus einer Zahl ziehen [<lat. *radicari* »wurzeln, auf seinen Ursprung zurückführen, die Wurzel einer Zahl suchen«; zu *radix* »Wurzel«]

Ra|dja *auch:* **Rad|ja** ⟨[-dʒa] m.; -s, -s⟩ = Radscha

Ra|dom ⟨n.; -s, -s⟩ gegen Witterungseinflüsse schützende, aber für elektromagnet. Strahlung durchlässige Kunststoffkuppel für funktechnische Empfangs- od. Sendeeinrichtung [verkürzt <engl. *radar dome* »Radarkuppel«]

Ra|don ⟨a. [-'-] n.; -s; unz.; chem. Zeichen: Rn⟩ chem. Element, radioaktives Edelgas, Ordnungszahl 86 [<lat. *radius* »Strahl«]

Ra|dscha *auch:* **Rad|scha** ⟨m.; -s, -s⟩ eingeborener ind. Fürst; *oV* Radja, Rajah [<Hindi *raja* »Fürst«]

Ra|du|la ⟨f.; -, -lae [-lɛː]; Zool.⟩ mit vielen Zähnchen besetzte Reibplatte auf der Zunge von Schnecken u. anderen Weichtieren [zu lat. *radere* »kratzen, schaben«]

R. A. F. ⟨Abk. für⟩ Royal Air Force

Raf|fia ⟨f.; -, Raf|fi|en; Bot.⟩ = Raphia

Raf|fia|bast ⟨m.; -(e)s, -e; Bot.⟩ = Raphiabast

Raf|fi|na|de ⟨f.; -, -n⟩ reinster, durch Filtern u. Bleichen gereinigter Zucker; *Zucker~* [frz., »fein gemahlener, gereinigter Zucker«; → *raffinieren*]

Raf|fi|nat ⟨n.; -(e)s, -e⟩ durch Raffinieren Verfeinertes

Raf|fi|na|ti|on ⟨f.; -, -en⟩ **1** das Raffinieren, Verfeinerung **2** Reinigung (bes. von Zucker, Erdöl)

Raf|fi|ne|ment ⟨[rafinəmãː] n.; -s, -s; geh.⟩ **1** ⟨unz.⟩ Überfeinerung **2** Durchtriebenheit, Schlauheit **3** ⟨zählb.⟩ Feinheit, fein ausgedachte Sache; *mit allen ~s* [frz., »Verfeinerung; Durchtriebenheit«; → *raffinieren*]

Raf|fi|ne|rie ⟨f.; -, -n⟩ Fabrikanlage zur Reinigung von Zucker u. Erdöl; *Zucker~; Erdöl~* [frz.; → *raffinieren*]

Raf|fi|nes|se ⟨f.; -, -n; umg.⟩ **1** ⟨unz.⟩ = Raffinement (2) **2** ⟨zählb.⟩ = Raffinement (3); *mit allen ~n* mit allem prakt. u. bequemen Zubehör, mit allen Feinheiten [→ *raffiniert* (beeinflusst von *Finesse*)]

Raf|fi|neur ⟨[-nøːr] m.; -s, -e; Technik⟩ Maschine, in der Holzfasern zwischen Mühlsteinen zerkleinert werden [frz.; → *raffinieren*]

raf|fi|nie|ren ⟨V.⟩ *Zucker, Erdöl ~* reinigen, läutern [<frz. *raffiner* »verfeinern, läutern«; zu *fin* »fein«]

raf|fi|niert ⟨Adj.⟩ **1** schlau, durchtrieben; *er ist ~* **2** ausgeklügelt, fein ausgedacht; *~er Plan*

Raf|fi|niert|heit ⟨f.; -; unz.⟩ das Raffiniertsein, raffinierte Beschaffenheit, raffiniertes Wesen

Raf|fi|no|se ⟨f.; -, -n; Chemie⟩ in Melasse aus Zuckerrüben vorkommende Zuckerart, aus der Gruppe der Trisaccharide; *Sy* Melitose [→ *raffinieren*]

Raff|le|sie *auch:* **Raf|fle|sie** ⟨[-sjə] f.; -, -si|en; Bot.⟩ Riesenblume, zu einer Gattung der Schmarotzerblumengewächse gehörende Schmarotzerpflanze, die das Gewebe ihrer Wirtspflanze durchdringt u. Blüten mit einem Durchmesser bis zu 1 m bildet: Rafflesia [nach dem brit. Beamten H. S. *Raffles*, 1781-1826]

Raft ⟨n.; -s, -s⟩ schwimmende Insel [engl., »Floß«]

raf|ten ⟨V.; Sport⟩ Rafting betreiben; *auf der Salzach ~*

Raf|ter ⟨m.; -s, -; Sport⟩ jmd., der Rafting betreibt

Raf|ting ⟨n.; - od. -s; unz.; Sport⟩ Wildwasserfahren (als Sportart); →*a.* Snowrafting [<engl. *raft* »Floß«]

Rag ⟨[ræg] m.; - od. -s; unz.; Musik; kurz für⟩ Ragtime

Ra|ge ⟨[-ʒə] f.; -; unz.; umg.⟩ Wut, Raserei; *jmdn. in ~ bringen; in ~ geraten; in ~ kommen* [frz.]

Ra|gio|ne ⟨[-dʒoː-] f.; -, -n; schweiz.⟩ im Handelsregister eingetragene Firma [ital. <lat. *ratio*, Gen. *rationis* »Berechnung, Geschäftsverhältnis«]

Ra|glan|är|mel *auch:* **Rag|lan-Är|mel** ⟨m.; -s, -⟩ Ärmel, der bis an den Kragen bzw. Halsausschnitt reicht [<engl. *raglan sleeve;* nach Lord *Raglan*, 1788-1855, dem engl. Befehlshaber im Krimkrieg, der einen Mantel mit solchen Ärmeln trug]

Rag|na|rök ⟨f.; -; unz.; nord. Myth.⟩ Weltuntergang nach vergebl. Kampf der Götter mit

R

bösen Mächten, in dem Edda-Lied »Völupsa« geschildert [<anord. *regin, rögn* »Götter« + *rök* »Ursprung, Geschichte«]

Ra|gout ⟨[-guː] n.; -s, -s; Kochk.⟩ Gericht aus fein geschnittenem Fleisch mit stark gewürzter Soße; *~fin* [-fɛ̃ː] Ragout aus hellem Fleisch in einer hellen Soße [<frz. *ragoût* »Ragout«; zu frz. *fin* »fein«]

Rag|time ⟨[rægtaɪm] m.; - od. -s; unz.; seit 1850/1860; Musik⟩ stark synkopierte Frühform des Jazz, bes. für Klavier [engl., eigtl. »zerrissener Takt« <*rag* »reißen« + *time* »Zeit; Takt«]

Raid ⟨[rɛɪd] m.; -s, -s⟩ **1** Streifzug, bewaffneter Ein-, Überfall **2** ⟨Wirtsch.⟩ Aufkauf von Aktien, um die Kontrolle über ein Unternehmen zu erlangen, feindliche Übernahme [engl., »Beutezug, Überfall«]

Rai|der ⟨[rɛɪ-] m.; -s, -; abwertend⟩ jmd., der (gemeinsam mit finanzstarken Geldgebern) auf die feindliche Übernahme von Unternehmen spekuliert [engl., »Angreifer«]

Rai|gras ⟨n.; -es, -gräs|ser; Bot.⟩ = Raygras

Rai|son ⟨[rɛzɔ̃ː] f.; -; unz.⟩ = Räson

Ra|jah ⟨[-dʒa] m.; -s, -s⟩ = Radscha

ra|jo|len ⟨V.⟩ = rigolen

Ra|kel ⟨f.; -, -n⟩ **1** ⟨Siebdruck⟩ Gerät aus Gummi, mit dem die Druckfarbe durch das Sieb gequetscht wird **2** ⟨Tiefdruck⟩ scharfes, federndes Lineal aus Stahl, mit dem die überschüssige Druckfarbe von der Platte abgestrichen wird [<frz. *racle* »Schabeisen, Abstreichmesser«]

Ra|ke|te ⟨f.; -, -n⟩ durch Rückstoß angetriebener Flug- od. Feuerwerkskörper [<ital. *rocchetta,* eigtl. »kleine Spindel« (nach der Ähnlichkeit); zu *rocca* »Spinnrocken«]

Ra|ke|ten|ba|sis ⟨f.; -, -ba|sen; Mil.⟩ militär. Stützpunkt, von dem aus Raketen abgeschossen werden können

Ra|ke|ten|schlit|ten ⟨m.; -s, -⟩ auf Schienen laufender, durch Raketen beschleunigter Wagen zur Untersuchung von Vorgängen bei höchsten Geschwindigkeiten

Ra|kett ⟨n.; -(e)s, -e od. -s⟩ = Racket[1] [<engl. *racket;* → *Racket*]

Ra|ki ⟨m.; - od. -s; unz.⟩ Branntwein aus vergorenen Rosinen mit Anis [türk.]

rall. ⟨Musik; Abk. für⟩ rallentando

Ral|le ⟨f.; -, -n; Zool.⟩ Angehörige einer Familie kleiner Vögel mit kurzen Flügeln, langen Beinen u. großen Zehen: Rallidae [<frz. *râle*]

ral|len|tan|do ⟨Musik; Abk.: rall.⟩ langsamer werdend [ital., Part. Präs. zu *rallentare* »verlangsamen«]

Ral|ly ⟨[rælɪ] od. [ralɪ] n. od. f.; -, -s⟩ = Rallye

Ral|lye ⟨[rælɪ] od. [ralɪ] n. od. f.; -, -s⟩ sportl. Wettfahrt mit verschiedenen Etappen auf ein Ziel zu; *oV* Rally [frz., <engl. *rally* »Zusammenkunft, Treffen«]

Ral|lye|cross *auch:* **Ral|lye-Cross** ⟨[rælɪ-] od. [ralɪ-] n.; -, -; Motorsport⟩ Autorennen im Gelände [<*Rallye* + engl. *cross* »quer«]

RAM ⟨EDV; Abk. für engl.⟩ Random Access Memory, ein Direktzugriffsspeicher für EDV-Anlagen, bei dem die Daten in beliebiger Reihenfolge abgerufen od. eingegeben werden können

Ra|ma|dan ⟨m.; - od. -s; unz.⟩ **1** einen Monat dauernde Fastenzeit der Muslime **2** Monat des islam. Kalenders, Ende Febr./März [arab., eigtl. »der heiße Monat«; zu *ramida* »sehr heiß sein«]

Ra|ma|gé ⟨[-ʒeː] m.; -, -s; Textilw.⟩ halbseidenes Kreppgewebe mit Jacquardmuster [<frz. *ramages* »Rankenmuster«]

Ra|man|ef|fekt *auch:* **Ra|man-Effekt** ⟨m.; -(e)s, -e; Chemie⟩ bei der Streuung einfarbigen, zu einer einzigen Spektrallinie gehörigen Lichtes an Molekülen beobachtete Erscheinung, dass im gestreuten Licht außer der Frequenz des einfallenden Lichtes auch schwache Linien ein wenig verschobener Frequenzen auftreten [nach dem ind. Physiker S. V. *Raman,* 1888-1970]

Ra|man|spek|trum *auch:* **Ra|man-Spekt|rum** ⟨n.; -s, -tren; Chemie⟩ durch den Raman-Effekt erzeugtes Spektrum

Ra|mas|su|ri ⟨f.; -; unz.; bair.; österr.⟩ Wirbel, Durcheinander, Trubel [<ital. *ramazza* »Besen«]

Ram|bla *auch:* **Ramb|la** ⟨f.; -, -s; Geogr.⟩ junger Boden in Auegebieten, der nur einen geringen Anteil an abgestorbener organischer Substanz aufweist [span. »Trockenflussbett, Straße (zum Meer)«]

Ram|bo ⟨m.; -s, -s; umg.⟩ angriffslustiger Kämpfer, Rächer [nach dem Held des gleichnamigen US-amerikan. Spielfilms]

Ram|bouil|let|schaf ⟨[rɑ̃bujeː-] n.; -(e)s, -e; Zool.⟩ Schaf mit feiner Wolle [nach der nordfrz. Stadt *Rambouillet*]

Ram|bu|tan[1] ⟨m.; -s, -e; Bot.⟩ ein Seifenbaumgewächs, großer Baum mit gefiederten Blättern u. essbaren Früchten [malai.]

Ram|bu|tan[2] ⟨f.; -, -s⟩ in Südostasien verbreitete, der Litschi ähnliche Frucht des Rambutans[1] mit stacheliger Schale u. weißem Fruchtfleisch: Nephelium lappaceum [engl., frz. *ramboutan* <malai.]

Ra|mé ⟨[-meː] m.; - od. -s, -s; Textilw.⟩ weißes Gewebe aus Makobaumwolle in feinfädiger Batistqualität [zu frz. *ramer* »(Stoff) auf einen Rahmen ziehen«]

Ra|mie ⟨f.; -, -n; Bot.⟩ **1** ostasiat. Nesselpflanze, die wegen ihrer Fasern gezüchtet wird: Boehmeria nivea **2** Bastfaser dieser Pflanze, Chinagras [<engl. *rami(e)* <malai. *rami*]

Ra|mi|fi|ka|ti|on ⟨f.; -, -en; Biol.⟩ Verzweigung, Verästelung [<lat. *ramus* »Zweig, Ast« + *...fikation*]

ra|mi|fi|zie|ren ⟨V.; Biol.⟩ verästeln, verzweigen [<lat. *ramus* »Ast, Zweig« + *facere* »machen«]

Ram|ming ⟨[ræmɪŋ] n.; - od. -s, -s; Seew.⟩ das Zusammenstoßen, Kollidieren zweier Schiffe [engl.]

R

Ram|pe ⟨f.; -, -n⟩ **1** schiefe Ebene als Auffahrt für Wagen zum Verladen von Gütern; *Lade~* **2** vorderer, etwas erhöhter Rand der Bühne, an dem innen die Lampen zum Beleuchten der Bühne von unten angebracht sind [frz., »geneigte Fläche, Abhang, Verladerampe«]

ram|po|nie|ren ⟨V.; umg.⟩ beschädigen [Seemannsspr., eigtl. »mit eisernen Haken bearbeiten«; zu ital. *rampone* »Enterhaken«]

Ramsch[1] ⟨m.; -(e)s, (selten) -e⟩ Plunder, Ausschuss, billige, alte Ware [entweder <hebr. *ramma'uth* »Betrug«, od. zu spätmnddt. *im rampe kopen* »in Bausch u. Bogen kaufen« (zu *ramp* »Menge bunt zusammengewürftelter Sachen«) od. <frz. *ramas* »wirre Menge von Dingen«; zu *ramasser* »sammeln«]

Ramsch[2] ⟨m.; -(e)s, -e⟩ **1** Spiel beim Skat, wenn niemand reizt **2** ⟨Studentenspr.⟩ zu einer Forderung führender Streit [<frz. *ramas* »das Auflesen, das Sammeln«; zu *ramasser* »sammeln«]

ram|schen[1] ⟨V.⟩ zu Schleuderpreisen aufkaufen (Restbestände) [→ *Ramsch*[1]]

ram|schen[2] ⟨V.⟩ **1** Ramsch[2] (1) spielen **2** ⟨Studentenspr.⟩ jmdn. fordern [→ *Ramsch*[2]]

Ranch ⟨[ra:ntʃ] od. [ræntʃ] f.; -, -s od. -es [-ʃız]⟩ **1** landwirtschaftlicher Betrieb mit Viehzucht im nordamerikan. Westen **2** ⟨i. w. S.⟩ = Farm [engl.-amerikan. <span. *rancho*]

Ran|cher ⟨[ra:ntʃə(r)] od. [ræntʃə(r)] m.; -s, -⟩ Inhaber einer Ranch

Ran|ching ⟨[ra:ntʃıŋ] od. [ræntʃıŋ] n.; - od. -s; unz.⟩ die Arbeit auf einer Ranch, das Führen einer Ranch [<engl.-amerikan. *ranch* »(Vieh-)Farm«]

Ran|cho ⟨[rantʃo] m.; -s, -s; in Südamerika⟩ kleine Farm, Hütte [span.]

Rand ⟨[rænt] m.; -s, -s od. (bei Zahlenangaben) -; Abk.: R⟩ Währungseinheit der Republik Südafrika, 100 Cent

Ran|da|le ⟨f.; -; unz.; Jugendspr.⟩ Unfug, Lärm, Gejohle; *~ machen* randalieren [→ *randalieren*]

ran|da|lie|ren ⟨V.⟩ zügellos lärmend Unfug treiben, mutwillig beschädigen [<*Randal* »lärmender Unfug«, Vermischung <*Skandal* + *Rant* »Auflauf« (zu *rinnen*)]

Ran|da|lie|rer ⟨m.; -s, -⟩ jmd., der randaliert

Ran|do|mi|sie|rung ⟨[rændə-] f.; -, -en⟩ **1** zufällige Auswahl der Teilnehmer einer statistischen Erhebung **2** ⟨Wirtsch.⟩ auf dem Zufallsprinzip basierendes Verfahren zur Beseitigung von Störfaktoren im Rahmen der Markt- u. Meinungsforschung [zu engl. *randomise* »nach dem Zufallsprinzip auswählen«]

Rang ⟨m.; -(e)s, Rän|ge⟩ **1** Stellung, Stufe innerhalb einer Ordnung von Werten; *ein Mann ohne ~ u. Namen; ein Mann von hohem ~* **2** ⟨Mil.⟩ Gruppe von Dienstgraden; *Dienst~; Unteroffiziers~; Offiziers~; im ~ eines Stabsoffiziers* **3** ⟨Toto; Lotto⟩ Klasse von Gewinnen; *Gewinn im zweiten ~* **4** Stufe, Grad entsprechend der Leistung od. Qualität; *ein Lokal ersten (dritten) ~es; ein Dirigent ersten (minderen) ~es; jmdm. den ~ streitig machen* mit jmdm. in Wettbewerb treten **5** ⟨Theat.⟩ Stockwerk im Zuschauerraum; *Loge im ersten~; zweiter ~ Seite* [frz., »Reihe, Ordnung« <fränk. **(h)ring* »Kreis, Ring«]

Ran|ger ⟨[rɛındʒə(r)] m.; -s, -⟩ **1** ⟨England⟩ Aufseher eines königl. Forstes **2** ⟨USA⟩ Angehöriger einer berittenen Schutztruppe **3** für den Nahkampf ausgebildeter Soldat [engl.; zu *range* »Gebiet, Bereich, Weide-, Jagdgebiet«]

ran|gie|ren ⟨[rãʒi:-] od. [raŋʒi:-] V.⟩ **1** einen bestimmten Rang einnehmen, eine bestimmte Stellung innehaben; *er rangiert als Erster* **2** *Eisenbahnwagen ~* verschieben **3** ⟨umg.⟩ ordnen, (an eine bestimmte Stelle) bringen, setzen [<frz. *ranger* »ordnen, anordnen«; → *Rang*]

Ran|king ⟨[ræŋkıŋ] n.; - od. -s, -s; Wirtsch.⟩ Eingruppierung, Bewertung, Rangliste; *das hohe ~ der neuen Aktie war erstaunlich* [engl.]

Ran|kü|ne ⟨f.; -, -n; geh.⟩ Groll, heiml. Feindschaft [<frz. *rancune*]

Ra|nu|la ⟨f.; -, -lae [-lɛ:]; Med.⟩ kleine, kugelige, mit Flüssigkeit gefüllte Geschwulst unter der Zunge, Froschgeschwulst [<lat. *rana* »Frosch«]

Ra|nun|kel ⟨f.; -, -n; Bot.⟩ Hahnenfuß (Pflanzengattung) [<lat. *ranunculus* »Fröschchen«; zu *rana* »Frosch«]

Ra|nun|ku|la|zee ⟨[-tse:ə] f.; -, -n; Bot.⟩ Hahnenfußgewächs [→ *Ranunkel*]

Rap ⟨[ræp] m.; -s; unz.; Musik⟩ mechanischer Sprechgesang, der dem Rhythmus sich wiederholender Bass- u. Schlagzeugfiguren angepasst ist; *oV* Rapping [engl.]

Ra|phia ⟨f.; -, -phi|en; Bot.⟩ *oV* Raffia **1** einer afrikan. Gattung der Palmen angehörende Fiederpalme, deren Blätter Fasern liefern, Bambuspalme: Raphia **2** Bastfaser dieser Pflanze [<grch. *rhaphis* »Nadel«]

Ra|phia|bast ⟨m.; -(e)s, -e; Bot.⟩ aus den Raphiablättern gewonnener Bast; *oV* Raffiabast

Ra|phi|den ⟨nur Pl.; Bot.⟩ in Bündeln auftretende, nadelförmige Kristalle, die in manche Pflanzenzellen eingelagert sind [<grch. *rhaphis* »Nadel« + *...id*]

ra|pid ⟨Adj.⟩ = rapide

ra|pi|da|men|te ⟨Musik⟩ rasend, sehr schnell (zu spielen) [ital.]

ra|pi|de ⟨Adj.⟩ sehr schnell, blitzartig; *oV* rapid; *eine ~ Ausbreitung der Seuche; mit ihm geht es ~ abwärts* [<frz. *rapide* <lat. *rapidus* »schnell«]

Ra|pi|di|tät ⟨f.; -; unz.⟩ große Schnelligkeit [<frz. *rapidité* »Schnelligkeit« <lat. *rapiditas;* zu *rapidus* »schnell«]

ra|pi|do ⟨Musik⟩ reißend, schnell (zu spielen) [ital.]

Ra|pier ⟨n.; -s, -e⟩ Degen mit einer besonderen Art des Korbes [<frz. *rapière* »Rapier«]

rap|pen ⟨[ræp-] V.; Musik⟩ Rap spielen, sprechen [→ *Rap*]

Rap|per ⟨[ræp-] m.; -s, -; Musik⟩ jmd., der Rap spielt [→ *Rap*]

Rap|pe|rin ⟨[ræp-] f.; -, -rin|nen; Musik⟩ weibl. Rapper

Rap|ping ⟨[ræp-] n.; - od. -s; unz.⟩ = Rap

R

Rap|port ⟨m.; -(e)s, -e⟩ **1** Bericht, Meldung, regelmäßiger Bericht an eine übergeordnete Stelle od. Behörde **2** Verbindung, Zusammenhang, Wechselbeziehung (bes. bei der Hypnose zwischen Hypnotiseur u. Medium) **3** sich regelmäßig wiederholendes Muster (auf Geweben, Teppichen usw.) [frz., »Bericht«]

rap|por|tie|ren ⟨V.⟩ berichten, melden [<frz. *rapporter* »berichten«]

Rap|tus ⟨m.; -, - [-tu:s]⟩ **1** ⟨Psych.⟩ Ausbruch, plötzl. auftretender u. rasch abklingender Wutanfall **2** ⟨Pl. a.: -se; umg.⟩ Koller, Rappel, Wutanfall [mlat., »Verzückung, Unsinn«, eigtl. »Beraubung (des Verstandes)«]

Ra|pu|sche ⟨f.; -; unz.; mdt.⟩ *oV* Rapuse **1** Raub, Plünderung **2** Beute; *in die ~ geben* preisgeben; *in die ~ gehen, kommen* verlorengehen **3** Wirrwarr **4** ein Kartenspiel [<mhd. *rabusch* »Kerbholz, Schulden im Wirtshaus« <tschech. *rabuše* »Kerbholz«; beeinflusst von *rapschen* »eilig wegnehmen«]

Ra|pu|se ⟨f.; -; unz.⟩ = Rapusche

rar ⟨Adj.⟩ selten, knapp (u. daher) begehrt, kostbar; *ein ~er Artikel; sich ~machen* ⟨umg.⟩ sich selten blicken lassen [<lat. *rarus* »selten«]

Ra|ra ⟨Pl.; Abk.: RR; in Bibliotheken Bez. für⟩ seltene Bücher [lat., Neutr. Pl. zu *rarus* »selten«]

Ra|re|fi|ka|ti|on ⟨f.; -; unz.; Med.⟩ Gewebsschwund (bei Knochen) [<lat. *rarus* »locker, selten« + *facere* »machen«]

Ra|ri|tät ⟨f.; -, -en⟩ **1** Seltenheit **2** selten vorkommender, (u. daher) kostbarer Gegenstand [<lat. *raritas* »Seltenheit«]

ra|sant ⟨Adj.⟩ **1** flach verlaufend; *eine ~e Flugbahn eines Geschosses* **2** ⟨fig.; umg.⟩ rasend, schnell **3** ⟨umg.⟩ interessant, attraktiv [frz., »den Erdboden streifend, niedrig«; zu *raser* »über etwas hinstreichen«, volksetymologisch beeinflusst von *rasend*]

Ra|sanz ⟨f.; -; unz.⟩ **1** (möglichst) flacher Verlauf (der Flugbahn eines Geschosses) **2** ⟨fig.; umg.⟩ hohe Geschwindigkeit, große Schnelligkeit [→ *rasant*]

Ra|ser ⟨[rɛɪzə(r)] m.; -s, -; Physik⟩ Apparat, der kohärente Röntgenstrahlen erzeugt u. verstärkt [<engl. *r*atio *a*mplification by *s*timulated *e*mission of *r*adiation »proportionale Verstärkung durch stimulierte Röntgenstrahlung«]

Rash ⟨[ræʃ] m.; - od. -s, -s; Med.⟩ flüchtige Hautrötung an der Innenseite der Oberschenkel, die einem akuten Exanthem vorausgeht [<engl. *rash* »zu schnell, rasch«]

ra|sie|ren ⟨V.⟩ *jmdn. od. sich ~* jmdm. od. sich mit dem Rasierapparat od. -messer unmittelbar an der Haut die Barthaare abschneiden; *sich ~ lassen; frisch, glatt rasiert sein; sich die Beine ~* sich die Haare auf den Beine völlig abschneiden; *jmdm. den Kopf ~* jmdm. die Kopfhaare völlig abschneiden [<frz. *raser* »rasieren«; verwandt mit *radieren, Raster*]

Rä|son ⟨[-zɔ̃:] od. [-zɔŋ] f.; -; unz.⟩ Vernunft, Einsicht, Zucht; ⟨nur noch in der Wendung⟩ *jmdn. zur ~ bringen; oV* Raison [<frz. *raison* »Vernunft, Verstand«]

rä|so|nie|ren ⟨V.⟩ **1** sich unterhalten, lebhaft erörtern, urteilen **2** sich beklagen, nörgeln, meckern [<frz. *raisonner* »(vernünftig) denken, urteilen«]

Rä|son|ne|ment ⟨[-mã:] n.; -s, -s; veraltet⟩ vernünftige Beurteilung, vernünftige Erwägung, Vernunftschluss [<frz. *raisonnement* »Urteil, Urteilskraft, Schlussfolgerung«]

Ras|se ⟨f.; -, -n⟩ **1** Gesamtheit der Angehörigen einer Art, die sich durch bestimmte erbliche Merkmale voneinander unterscheiden, mit Angehörigen anderer Rassen dieser Art aber fruchtbare Nachkommen zeugen können **2** durch Züchtung ausgewählte Angehörige einer Art mit vom Menschen besonders geschätzten erblichen Eigenschaften; *Zucht~* **3** ⟨fig.⟩ ausgeprägtes, feuriges Wesen; *er hat ~* [<frz. *race* »Geschlecht, Stamm, Rasse« <ital. *razza;* zu arab. *ra's* »Kopf«]

ras|sig ⟨Adj.⟩ **1** von ausgeprägter, edler Rasse **2** ⟨fig.⟩ feurig, schwungvoll, temperamentvoll **3** mit ausgeprägten, edlen, schönen Zügen ausgestattet

ras|sisch ⟨Adj.⟩ die Rasse betreffend

Ras|sis|mus ⟨m.; -; unz.⟩ **1** Rassenhass **2** Unterdrückung von Menschen anderer Rasse

Ras|sist ⟨m.; -en, -en⟩ Vertreter, Anhänger des Rassismus

Ras|sis|tin ⟨f.; -, -tin|nen⟩ Vertreterin, Anhängerin des Rassismus

ras|sis|tisch ⟨Adj.⟩ auf Rassismus beruhend, zu ihm gehörend; *ein ~es Gesetz*

Ras|ta|fa|ri ⟨m.; - od. -s, - od. -s⟩ Anhänger einer afroamerikan. Religionsgemeinschaft (bes. auf Jamaika), die als Erlöser den äthiopischen König Haile Selassie verehrt u. in der das Kämmen u. Schneiden der Haare aufgrund eines religiösen Gebotes untersagt ist; *Sy* Rasti [<amharisch *Ras Tafari,* »Prinz, der zu fürchten ist« (Bez. für den König Haile Selassie)]

Ras|ta|fa|ri|lo|cken ⟨Pl.⟩ = Dreadlocks

Ras|ter[1] ⟨m.; -s, -⟩ zur Reproduktion von Halbtonbildern verwendetes Gerät aus zwei mit eingeätzten, geschwärzten Linien versehenen gläsernen Platten, die so zusammengekittet sind, dass sich die Linien kreuzen [lat., »Hacke, Karst«, mlat. auch »Rechen«; verwandt mit *radieren, rasieren*]

Ras|ter[2] ⟨n.; -s, -⟩ **1** genormte (punkt- oder strichförmige) Vorgabe **2** ⟨fig.⟩ vorgegebenes Schema; *er passt nicht in dieses ~* [→ *Raster*[1]]

Ras|ter|ät|zung ⟨f.; -, -en⟩ = Autotypie

Ras|ter|elek|tro|nen|mi|kro|skop *auch:* **Ras|ter|elekt|ro|nen|mik|ro|skop** ⟨n.; -s, -e⟩ Elektronenmikroskop, das durch eine spezielle Führung u. Bündelung der abbildenden Elektronenstrahlen eine räumliche Darstellung der untersuchten Objekte ermöglicht

Ras|ter|fahn|dung ⟨f.; -, -en⟩ polizeiliche Fahndung, bei der die

R

Daten einer größeren Personengruppe mittels Computers überprüft werden

ras|tern ⟨V.⟩ *ein Bild ~* mit Raster versehen, mit Raster aufnehmen, in Punkte zerlegen

Ras|ti ⟨m.; - od. -s, - od. -s; kurz für⟩ Rastafari

Ras|tral *auch:* **Rast|ral** ⟨n.; -s, -e⟩ Werkzeug mit fünf Zinken zum Ziehen der Notenlinien [→ *Raster*]

ras|trie|ren *auch:* **rast|rie|ren** ⟨V.⟩ **1** mit Hilfe des Rastrals mit Notenlinien versehen **2** ⟨österr.⟩ = karieren

Ra|sur ⟨f.; -, -en⟩ **1** das Rasieren **2** das Radieren **3** ausradierte Stelle [<lat. *rasura* »das Schaben, Kratzen, Abrasieren«; zu *radere* »schaben, kratzen«]

Ra|ta|touille ⟨[-tuːj] f. od. n.; - od. -s, -s; frz. Kochk.⟩ Gericht aus verschiedenen Gemüsesorten (Auberginen, Zucchini, Tomaten u. a.) [frz., »Gemüseeintopf, schlechtes Ragout« <*ratouiller + tatouiller; zu touiller* »umrühren, mischen«]

Ra|te ⟨f.; -, -n⟩ **1** Teilzahlung, Teilbetrag; *Monats~; etwas in ~n zahlen* **2** Anzahl, Durchschnittswert; *Todes~* [<ital. *rata* <mlat. *rata (pars)* »berechneter (Anteil)« <lat. *ratus* »berechnet, bestimmt«, Part. Perf. zu *reri* »(im Geiste) ordnen, schätzen, meinen«]

Ra|ti|fi|ka|ti|on ⟨f.; -, -en⟩ das Ratifizieren, Bestätigung, Genehmigung (bes. von Staatsverträgen durch das Parlament) [<mlat. *ratificatio* »Bestätigung, Genehmigung« <lat. *ratus* »berechnet, gültig« + *facere* »machen«]

ra|ti|fi|zie|ren ⟨V.⟩ bestätigen (bes. von Staatsverträgen durch das Parlament) [<mlat. *ratificare* »bestätigen, genehmigen« <lat. *ratus* »berechnet, gültig« + *facere* »machen«]

Ra|ti|fi|zie|rung ⟨f.; -, -en⟩ = Ratifikation

Ra|ti|né ⟨[-neː] m.; -s, -s; Textilw.⟩ flauschiges Gewebe od. Gewirke mit lockigem od. knotigem Flor [<frz. *ratine*]

Ra|ting ⟨[rɛɪtɪŋ] n.; - od. -s, -s⟩ ungefähre Berechnung, Beurteilung von Personen od. Sachverhalten anhand von Skalen [engl., »Schätzen, Einschätzen«]

Ra|ting|agen|tur ⟨[rɛɪtɪŋ-] f.; -, -en⟩ Agentur zur Bewertung von Personen od. Sachverhalten, Institut für Marktforschung

Ra|ting|ska|la ⟨[rɛɪtɪŋ-] f.; -, -skalen; Psych.; Soziol.⟩ Skala zur Bewertung von Personen od. Sachverhalten; *eine ~ über den Fernsehkonsum von Kindern*

ra|ti|nie|ren ⟨V.⟩ *Wollstoff ~* ⟨Textilw.⟩ auf der Oberseite kräuseln [<frz. *ratiner;* → *Ratiné*]

Ra|tio ⟨f.; -; unz.⟩ **1** Vernunft, logisches Denkvermögen **2** Grund [lat., »Berechnung, Vernunft, Beweisführung«]

Ra|ti|on ⟨f.; -, -en⟩ zugeteiltes Maß, tägl. Bedarf; *eine kleine ~ bekommen* [frz., »Zuteilung« <mlat. *ratio* »berechneter Anteil« <lat. *ratio;* → *Ratio*]

ra|ti|o|nal ⟨Adj.⟩ *Ggs* irrational **1** auf der Ratio beruhend **2** vernünftig **3** begrifflich (fassbar); *~es Denken* [<lat. *rationalis* »vernünftig«; zu *ratio* »Vernunft«]

Ra|ti|o|na|li|sa|tor ⟨m.; -s, -toren⟩ jmd., der ein Unternehmen, einen Betrieb rationalisiert

ra|ti|o|na|li|sie|ren ⟨V.⟩ **1** wirtschaftlich gestalten; *Arbeitsvorgänge ~* A. zweckmäßig gestalten zur Erhöhung der Wirtschaftlichkeit **2** im Sinne der Vernunft gestalten **3** ⟨Psych.⟩ Ereignisse, Handlungen (nachträglich) auf vernunftmäßige Gründe zurückführen

Ra|ti|o|na|li|sie|rung ⟨f.; -; unz.⟩ das Rationalisieren

Ra|ti|o|na|lis|mus ⟨m.; -; unz.; Philos.⟩ **1** Auffassung, dass die Welt von vernünftiger, d. h. logischer, logisch berechenbarer Beschaffenheit sei **2** Richtung der Philosophie, die das abstrakte begriffl. Denken als Hauptquelle der Erkenntnis ansieht; *Ggs* Empirismus **3** durch Vernunft bestätigter Standpunkt, rein vernunftgemäßes Denken; *Ggs* Irrationalismus

Ra|ti|o|na|list ⟨m.; -en, -en⟩ **1** Vertreter, Anhänger des Rationalismus **2** jmd., für den nur die Vernunft, das vernünftige Denken maßgebend ist

ra|ti|o|na|lis|tisch ⟨Adj.⟩ **1** zum Rationalismus gehörend, auf ihm beruhend **2** = rational

Ra|ti|o|na|li|tät ⟨f.; -; unz.⟩ rationale Beschaffenheit, rationale Denkweise; *Ggs* Irrationalität

ra|ti|o|nell ⟨Adj.⟩ zweckmäßig, wirtschaftlich, sparsam, haushälterisch [<frz. *rationnel* »rational, vernunftgemäß« <lat. *ratio* »Vernunft«]

ra|ti|o|nie|ren ⟨V.⟩ planmäßig einteilen; *Lebensmittel ~* [<frz. *rationner* »rationieren, auf Rationen setzen«]

Rat|tan ⟨n.; -s; unz.⟩ = Peddigrohr [<engl. *rat(t)an* <malai. *rotan*]

Rau|ke ⟨f.; -, -n; Bot.⟩ einer Gattung der Kreuzblütler angehörende krautige Pflanze mit gelben Blüten u. Schotenfrüchten: Sisymbrium [<lat. *eruca* »Senfkohl«]

Raum|son|de ⟨f.; -, -n⟩ unbemannter Flugkörper zur Erforschung von Monden u. Planeten des Sonnensystems

Rausch|ge|ne|ra|tor ⟨m.; -s, -en; El.⟩ Gerät der Elektrotechnik, das über einen weiten Frequenzbereich Schwingungen genau gleicher Leistung erzeugt u. deshalb für Messzwecke eingesetzt werden kann

Rave ⟨[rɛɪv] m. od. n.; -s, -s; Musik⟩ **1** ⟨unz.⟩ ein Ende der 1980er Jahre in England entstandener Musikstil, der klassischen Gitarrenpop mit schnellen Schlagzeugrhythmen u. Synthesizerklängen verbindet **2** große Tanzparty (vor allem mit Technomusik) [zu engl. *rave* »toben; begeistert, enthusiastisch sein«]

ra|ven ⟨[rɛɪvən] V.; Musik⟩ **1** Ravemusik spielen **2** an einem Rave teilnehmen

Ra|ver ⟨[rɛɪvə(r)] m.; -s, -; Musik⟩ **1** jmd., der Ravemusik spielt **2** jmd., der an einem Rave (2) teilnimmt [→ *Rave*]

Ra|vi|o|li ⟨[-vioː-] Pl.; Kochk.⟩ mit Fleisch gefüllte kleine Vierecke aus Nudelteig [ital.]

Ra|yé ⟨[rɛjeː] m.; -s, -s; Textilw.⟩ gestreiftes Gewebe [frz., »gestreift«]

R

Ray|gras ⟨n.; -es, -grä|ser; Bot.⟩ einer Gattung der Süßgräser angehörende Futterpflanze, Lolch: Lolium; *oV* Raigras [<engl. *raygrass* »Strahlengras«]

Rayon (*Worttrennung am Zeilenende*) Im Französischen wird das »*y*« verwendet, um einen vorausgehenden an einen folgenden Vokal zu binden.
Im Deutschen bleibt es dem Schreibenden überlassen, ob er vor dem Konsonanten trennt oder die Buchstabengruppe »ay« als eigenen Laut [ɛj] auffasst und dementsprechend hinter dem Konsonanten trennt (→*a.* Krayon).

Ray|on¹ *auch:* **Ra|yon**¹ ⟨[rɛjɔ̃:] m.; -s, -s⟩ **1** Bereich, Bezirk **2** Abteilung (im Warenhaus) [frz., »Lichtstrahl, Radius, Fach, Regal, Abteilung, Bezirk«]

Ray|on² *auch:* **Ra|yon**² ⟨[rɛjɔ̃:] m. od. n.; -; unz.; Textilw.⟩ *oV* Reyon **1** ⟨i. e. S.⟩ Kunstseide aus Viskose **2** ⟨i. w. S.⟩ Kunstseide aus Zellulose [<frz. *rayonne* »Kunstseide«]

Ray|on|chef *auch:* **Ra|yon|chef** ⟨[rɛjɔ̃:ʃɛf] m.; -s, -s⟩ Leiter einer Abteilung (im Warenhaus) [→ *Rayon¹*]

Ra|ze|mat ⟨n.; -(e)s, -e; Chemie⟩ = Racemat

ra|ze|misch ⟨Adj.; Chemie⟩ = racemisch

ra|ze|mos ⟨Adj.; Bot.⟩ = razemös [→ *Racemat*]

ra|ze|mös ⟨Adj.; Bot.⟩ traubenförmig; *oV* razemos; *~e Blüte*

R

Raz|zia ⟨f.; -, Raz|zi|en⟩ Streife der Polizei bei der Fahndung nach verdächtigen Personen [frz., »Beutezug, Strafexpedition, Razzia« <arab. *ghazija* »Kriegszug eines Stammes gegen einen anderen«]

Rb ⟨chem. Zeichen für⟩ Rubidium

Rbl. ⟨Abk. für⟩ Rubel

Rc. ⟨Abk. für lat.⟩ recipe

Re¹ ⟨chem. Zeichen für⟩ Rhenium

Re² ⟨n.; -s, -s; Kart.⟩ Erwiderung auf Contra [→ *re...*]

Re³ ⟨n.; -, -; Musik; ital. u. frz. Bez. für⟩ Ton D, in der Tonika-Do-Methode jeweils der zweite Ton einer Tonleiter; →*a.* Solmisation

re..., Re... ⟨Vorsilbe⟩ zurück, wieder, noch einmal [lat.]

Rea|der ⟨[ri:də(r)] m.; -s, -⟩ aus wissenschaftlichen Beiträgen zu einem Thema (od. aus Abschnitten daraus) zusammengestelltes Buch od. Heft [zu engl. *read* »lesen«]

rea|dy ⟨[rɛdı] Adj.⟩ fertig, bereit [engl.]

Rea|dy|made ⟨[rɛdımeıd] n.; - od. -s, -s⟩ als Kunstwerk betrachteter, industriell erzeugter, alltäglicher Gebrauchsgegenstand [engl., eigtl. »gebrauchsfertig«]

Rea|gens ⟨n.; -, -gen|zi|en; Chemie⟩ = Reagenz

Re|a|genz ⟨n.; -, -zi|en; Chemie⟩ Stoff, der mit einem anderen eine bestimmte Reaktion herbeiführt u. ihn so identifiziert; *oV* Reagens [→ *reagieren*]

Re|a|genz|glas ⟨n.; -es, -glä|ser⟩ schmales, röhrenförmiges Glas für chem. Untersuchungen

re|a|gie|ren ⟨V.⟩ eine Gegenwirkung zeigen; *auf einen Reiz ~; schnell, langsam, sofort ~; Chemikalien ~ miteinander* erfahren beim Zusammentreffen eine chem. Umwandlung; *sauer, basisch ~* ⟨Chemie⟩ die Eigenschaften einer Säure, Base zeigen [<lat. *re...* + *agieren* (<lat. *agere* »treiben, tun, handeln«)]

Re|akt ⟨m.; -(e)s, -e⟩ Handlung als Reaktion auf bestimmte Verhaltensweisen anderer

Re|ak|tant ⟨m.; -en, -en; Chemie⟩ Stoff, der mit einem anderen eine chem. Reaktion eingeht

Re|ak|tanz ⟨f.; -, -en; El.⟩ relativer Spannungsabfall an elektr. Maschinen [→ *Reaktion*]

Re|ak|ti|on ⟨f.; -, -en⟩ **1** Gegenwirkung, Rückwirkung **2** ⟨Physik; Chemie⟩ Vorgang, der eine stoffliche Umwandlung zur Folge hat; *chemische ~; Kern~* **3** das Streben, alte, nicht mehr zeitgemäße Einrichtungen, bes. auf polit. Gebiet, zu erhalten [<*Re...* + *Aktion*]

re|ak|ti|o|när ⟨Adj.; Politik⟩ rückschrittlich

Re|ak|ti|o|när ⟨m.; -s, -e; Politik⟩ jmd., der den (politischen od. sozialen) Rückschritt anstrebt [<frz. *réactionnaire* »Reaktionär; fortschrittsfeindlich«; → *Reaktion*]

Re|ak|ti|ons|ge|schwin|dig|keit ⟨f.; -, -en; Chemie⟩ die Geschwindigkeit, mit der eine chem. Reaktion abläuft, die von der Konzentration der Reaktionspartner, dem Aggregatzustand, vom Druck, von der Temperatur u. vom Katalysator abhängig ist

Re|ak|ti|ons|tur|bi|ne ⟨f.; -, -n; El.⟩ in zwei Stufen arbeitende Turbine, bei der die Energie des antreibenden Mediums zum Teil im Leitrad, zum Teil im Laufrad in Drehenergie umgesetzt wird

Re|ak|ti|ons|wär|me ⟨f.; -; unz.; Chemie⟩ Wärme, die bei chem. Reaktionen frei wird; Wärmetönung

re|ak|tiv ⟨Adj.⟩ als Reaktion auftretend, rückwirkend

re|ak|ti|vie|ren ⟨[-vi:-] V.⟩ **1** wieder in Tätigkeit setzen **2** wieder chemisch wirksam machen

Re|ak|ti|vi|tät ⟨[-vi-] f.; -; unz.⟩ Rückwirkung

Re|ak|tor ⟨m.; -s, -to|ren⟩ **1** ⟨allg.⟩ Gefäß od. Behälter, in dem großtechnische chemische Umsetzungen durchgeführt werden **2** ⟨kurz für⟩ Kernreaktor **3** ⟨Chemie⟩ Apparat, in dem chemische Reaktionen ablaufen [→ *Reaktion*]

Re|ak|tor|phy|sik ⟨f.; -; unz.; Physik⟩ Teilgebiet der Physik, das sich mit der Untersuchung physikalischer u. chemischer Gesetzmäßigkeiten in Kernreaktoren befasst

re|al ⟨Adj.⟩ *Ggs* irreal **1** sachlich, dinglich, stofflich **2** der Realität entsprechend, tatsächlich, wirklich; *~ denken* [<mlat. *realis* »sachlich, wesentlich«; zu lat. *res* »Sache, Ding«]

Re|al ⟨m.; -s, -en (span.) od. Reis (portug.)⟩ **1** brasilian. Währungseinheit (100 Centavos) **2** alte span., portug. u. mexikan. Silbermünze [span., »königlich« zu lat. *res* »König«]

Re|al|akt ⟨m.; -(e)s, -e⟩ **1** tatsächliche Handlung **2** ⟨österr.⟩ gerichtliche Handlung, die ein Grundstück betrifft

Re|a|l|de|fi|ni|ti|on ⟨f.; -, -en⟩ Definition des Wesens einer Sache, Sacherklärung; *Ggs* Nominaldefinition [<*real* + *Definition*]
Re|a|l|ein|kom|men ⟨n.; -s, -⟩ Einkommen mit Berücksichtigung der Kaufkraft des Geldes; *Ggs* Nominaleinkommen
Re|a|l|en|zy|klo|pä|die *auch:* **Re|al|en|zyk|lo|pä|die** ⟨f.; -, -n⟩ = Reallexikon
Re|al|gar ⟨m.; -s, -e; Chemie⟩ monoklin-prismat. Arsen-Schwefel-Mineral, Rauschrot [<frz. *réalgar* <arab. *rahj-alghar* »Höhlenpulver«]
Re|a|l|gym|na|si|um ⟨n.; -s, -si|en; früher⟩ Gymnasium, in dem entweder neue Sprachen od. Mathematik u. Naturwissenschaft stärker betont wurden [→ *Realien*]
Re|a|li|en ⟨Pl.⟩ **1** wirkliche Dinge, Tatsachen **2** Sachkenntnisse **3** die Wissenschaft von der Wirklichkeit, neusprachliche u. naturwissenschaftliche Fächer [→ *real*]
Re|align|ment ⟨[riəlaɪnmənt] n.; -s, -s⟩ neues Festlegen der Wechselkurse [<engl. *re...* »wieder« + *alignment* »Anordnung«]
Re|a|l|in|ju|rie ⟨[-riə] f.; -, -n; Rechtsw.⟩ tätliche Beleidigung
Re|a|li|sa|ti|on ⟨f.; -, -en⟩ = Realisierung
Re|a|li|sa|tor ⟨m.; -s, -to|ren⟩ jmd., der einen Film, ein Theaterstück o. Ä. herstellt, inszeniert [<frz. *réalisateur* »Filmregisseur, Sendeleiter, Moderator«]
re|a|li|sie|ren ⟨V.⟩ **1** in die Tat umsetzen, verwirklichen **2** in Geld umwandeln, gegen bares Geld verkaufen, zu Geld machen [<frz. *réaliser* »verwirklichen«]
Re|a|li|sie|rung ⟨f.; -, -en⟩ **1** Verwirklichung **2** Umwandlung in, Verkauf gegen bares Geld
Re|a|lis|mus ⟨m.; -; unz.⟩ **1** philosoph. Lehre, die die Wirklichkeit als außerhalb u. unabhängig vom Bewusstsein stehend betrachtet **2** Wirklichkeitssinn, Sachlichkeit; *Ggs* Idealismus (1) **3** ⟨allg.⟩ wirklichkeitsnahe Darstellung **4** ⟨Mal.⟩ Richtung der Kunst Mitte des 19. Jh., die diese Art der Darstellung vertrat **5** ⟨Scholastik⟩ Lehre, die besagt, dass die allgemeinen Begriffe die eigentlich realen Dinge sind; *Ggs* Nominalismus; →*a.* sozialistisch [→ *real*]
Re|a|list ⟨m.; -en, -en⟩ **1** Vertreter, Anhänger des Realismus **2** sachlich, nüchtern denkender u. entsprechend handelnder Mensch; *Ggs* Idealist
Re|a|lis|tik ⟨f.; -; unz.⟩ **1** Wirklichkeitsnähe **2** realist. Art der Darstellung
Re|a|lis|tin ⟨f.; -, -tin|nen⟩ **1** Vertreterin, Anhängerin des Realismus; *Ggs* Idealistin (1) **2** sachlich, nüchtern denkende u. handelnde weibl. Person; *Ggs* Idealistin (3)
re|a|lis|tisch ⟨Adj.⟩ **1** auf dem Realismus beruhend, in der Art, im Sinne des Realismus **2** naturgetreu, wirklichkeitsnah **3** sachlich, nüchtern (denkend); *Ggs* idealistisch
Re|a|li|tät ⟨f.; -, -en⟩ **1** reale Beschaffenheit; *Ggs* Idealität (1) **2** Gesamtheit dessen, was real ist; *Ggs* Idealität (2) **3** Wirklichkeit, Tatsache; *Ggs* Irrealität [<frz. *réalité* »Wirklichkeit, Tatsächlichkeit«]
Re|a|li|tä|ten ⟨Pl.; österr.⟩ Immobilien, Grundeigentum
re|a|li|ter ⟨Adv.⟩ in Wirklichkeit [lat.; zu *realis* »sachlich, wesentlich«]
Re|a|li|ty|show ⟨[riælıtıʃoʊ] f.; -, -s; TV⟩ Unterhaltungssendung, in der reale Begebenheiten gezeigt bzw. nachgespielt werden [<engl. *reality* »Realität, Wirklichkeit« + *show* »Schau, Aufführung«]
Re|a|li|ty-TV ⟨[riælıtıti:vi:] n.; -s; unz.⟩ Sparte des Fernsehprogramms, zu der die Realityshows zählen; →*a.* Realityshow
Re|a|l|ka|pi|tal ⟨n.; -s; unz.⟩ angelegtes Kapital
Re|a|l|ka|ta|log ⟨m.; -(e)s, -e; Bibliotheksw.⟩ alphabetisch nach Sachbegriffen geordneter Katalog, Sach-, Schlagwortkatalog; *Ggs* Nominalkatalog
Re|a|l|kon|kur|renz ⟨f.; -, -en; Rechtsw.⟩ Verletzung mehrerer Strafgesetze durch verschiedene Handlungen, Tatmehrheit; *Ggs* Idealkonkurrenz
Re|a|l|kon|trakt ⟨m.; -(e)s, -e⟩ Vertrag, bei dem zum Vertragsabschluss die Übergabe von Geld od. Sachen gehört
Re|a|l|le|xi|kon ⟨n.; -s, -xi|ka⟩ Lexikon, das (nur) die Sachbegriffe eines Wissensgebietes erklärt; *Sy* Realenzyklopädie
Re|a|lo ⟨m.; -s, -s; Politik; umg.; kurz für⟩ Realpolitiker
Re|a|l|po|li|tik ⟨f.; -; unz.; Politik⟩ Politik, die die realen Gegebenheiten u. Tatsachen als ihre Grundlage betrachtet
Re|a|l|po|li|ti|ker ⟨m.; -s, -; Politik⟩ Politiker (bes. der Grünen), der Realpolitik betreibt
Re|a|l|po|li|ti|ke|rin ⟨f.; -, -rin|nen; Politik⟩ Politikerin (bes. der Grünen), die Realpolitik betreibt
re|a|l|po|li|tisch ⟨Adj.; Politik⟩ die Realpolitik betreffend, zu ihr gehörend
Re|a|l|schu|le ⟨f.; -, -n; Schulw.⟩ Mittelschule
Real|time ⟨[ri:əltaım]⟩ *auch:* **Real Time** ⟨f.; (-) -; unz.; EDV⟩ Echtzeit, die vom Computer tatsächlich benötigte Zeit, um einen Rechenvorgang durchzuführen [engl.]
Real|time|pro|ces|sing *auch:* **Real-Time-Pro|ces|sing** ⟨[ri:əltaımprɔsɛsıŋ] n.; - od. -s; unz.; EDV⟩ Verfahren zur gleichzeitigen Dateneingabe u. -erfassung [engl., »Realzeitverfahren«]
Re|a|l|uni|on ⟨f.; -, -en⟩ Vereinigung zweier od. mehrerer Staaten (unter einem Herrscher u. mit gemeinsamen Einrichtungen), die völkerrechtl. als eine Einheit auftreten; *Ggs* Personalunion (1)
re|ama|teu|ri|sie|ren ⟨[-tø-] V.⟩ einen Berufssportler wieder in den Stand eines Amateursportlers zurückversetzen
Re|ama|teu|ri|sie|rung ⟨[-tø-] f.; -, -en⟩ das Reamateurisieren
Re|ani|ma|ti|on ⟨f.; -; unz.; Med.⟩ Wiederbelebung durch Maßnahmen wie Herzmassage, künstliche Beatmung o. Ä. [<*Re...* + lat. *animatio* »Belebung«; zu *animare* »beleben«]
re|ani|mie|ren ⟨V.; Med.⟩ wiederbeleben; *einen Patienten ~* [<*re...* + *animieren*]
Re|as|se|ku|ranz ⟨f.; -, -en⟩ Rückversicherung

R

Re|au|mur ⟨[reːomyːr] Abk.: R⟩ veraltete Gradeinteilung des Thermometers in °R [nach dem frz. Physiker R.-A. F. de *Réaumur*, 1683-1757]

Reb|bach ⟨m.; -s; unz.; Gaunerspr.⟩ = Reibach

Re|bell ⟨m.; -en, -en⟩ Anführer [<frz. *rebelle* »aufrührerisch; Rebell« <lat. *rebellis*, eigtl. »den Krieg erneuernd« <*re...* »zurück, wieder« + *bellum* »Krieg«]

re|bel|lie|ren ⟨V.⟩ sich empören, sich auflehnen [<lat. *rebellare* »sich auflehnen«]

Re|bel|li|on ⟨f.; -, -en⟩ Aufruhr [<lat. *rebellio* »Erneuerung des Krieges, Aufstand«; → *Rebell*]

re|bel|lisch ⟨Adj.⟩ aufrührerisch; ~ *werden* sich empören, sich auflehnen

Re|bir|thing ⟨[ribœːθɪŋ] n.; -s, -s; Psych.⟩ Therapie, mit der Ereignisse vor od. während der Geburt bewusstgemacht u. dadurch hervorgerufene Traumata bewältigt werden sollen [<engl. *rebirth* »Wiedergeburt«]

Re|bound ⟨[rɪbaʊnd] m.; -s, -s; Sport; Basketball⟩ Ball, der vom Brett od. Korb abprallt [engl., »Rückprall; zurückprallen«]

Re|break ⟨[riːbreɪk] m. od. n.; -s, -s; Sport; Tennis⟩ Gewinn des gegnerischen Aufschlagspiels direkt nach einem eigenen verlorenen Aufschlagspiel [→ *Break*[1]]

Re|bus ⟨m. od. n.; -, -se⟩ Bilderrätsel [<frz. *rébus* (de Picardie), in der Pikardie um 1600 von Studenten gezeichnete satir. Bilderrätsel <lat. *de rebus quae geruntur* »von Dingen, die sich ereignen«]

Rec. ⟨Abk. für⟩ recipe

Re|call ⟨[rɪkɔːl] m.; -s, -s⟩ **1** (schriftl.) Erinnerung, Mahnung **2** Rückruf (eines Firmenproduktes) wegen Fehlerhaftigkeit [engl., »Rückruf, Rückforderung«]

Re|call|test ⟨[rɪkɔːl-] m.; -s, -s od. -e⟩ Untersuchung der Einprägsamkeit von Werbebotschaften (mit Hilfe von Testpersonen) [<engl. *recall* »zurückrufen, erinnern; Zurücknahme, Widerruf« + *Test*]

Re|cei|ver ⟨[rɪsiːvə(r)] m.; -s, -⟩ **1** Behälter (in Verbunddampfmaschinen), der den Dampf aufnimmt, wenn er aus dem Zylinder mit hohem Druck in den mit niedrigem Druck strömt **2** Rundfunkempfänger mit Verstärker **3** ⟨kurz für⟩ Satellitenreceiver [engl., »Empfänger«]

Re|chaud ⟨[reʃoː] m. od. n.; -s, -s⟩ **1** ⟨österr.⟩ Gaskocher **2** Gerät, das die Speisen bei Tisch warm hält [<frz. *réchaud*; zu *réchauffer* »aufwärmen«]

Re|cher|che ⟨[reʃɛrʃə] f.; -, -n; meist Pl.⟩ Ermittlung, Nachforschung; ~*n anstellen; Internet*~ Material- od. Informationssuche bezüglich eines bestimmten Themas od. Begriffes im Internet [frz., »Suche«]

Re|cher|cheur ⟨[reʃɛrʃøːr] m.; -s, -e⟩ jmd., der recherchiert, Ermittler

re|cher|chie|ren ⟨[reʃɛrʃiː-] V.⟩ nachforschen, ermitteln [<frz. *rechercher* »erforschen«]

Rechts|ex|tre|mis|mus *auch:* **Rechts|ext|re|mis|mus** ⟨m.; -; unz.; Politik⟩ polit. Bewegung, die rechtsradikalen Positionen zuneigt; *Sy* Rechtsradikalismus; *Ggs* Linksextremismus

Rechts|ex|tre|mist *auch:* **Rechts|ext|re|mist** ⟨m.; -en, -en; Politik⟩ jmd., der politisch extrem rechts steht; *Ggs* Linksextremist

Rechts|ex|tre|mis|tin *auch:* **Rechts|ext|re|mis|tin** ⟨f.; -, -tin|nen; Politik⟩ weibl. Person, die politisch extrem rechts steht; *Ggs* Linksextremistin

rechts|ex|tre|mis|tisch *auch:* **rechts|ext|re|mis|tisch** ⟨Adj.; Politik⟩ dem Rechtsextremismus nahestehend, ihn betreffend, zu ihm gehörig; *Ggs* linksextremistisch

Rechts|ra|di|ka|lis|mus ⟨m.; -; unz.; Politik⟩ = Rechtsextremismus

re|ci|pe ⟨[-peː] Abk.: Rc., Rec. od. Rp.; auf ärztl. Rezepten⟩ nimm! [lat., »empfange!« zu *recipere* »empfangen«]

Re|ci|tal ⟨[rɪsaɪtl] n.; -s, -s; Musik⟩ *oV* Récital **1** von nur einem Künstler bestrittenes Programm, Solistenkonzert **2** Vortrag der Werke nur eines Komponisten [engl., »Vortrag«; zu engl. *recite* »vortragen«]

Ré|ci|tal ⟨[resital] n.; -s, -s; Musik⟩ = Recital [frz., »Vortrag«]

re|ci|tan|do ⟨[-tʃi-] Musik⟩ rezitierend, sprechend [ital.]

Re|con|quis|ta ⟨[rekɔŋkɪsta] f.; -; unz.⟩ Kämpfe der Christen gegen die Araber im 8.-15. Jh. auf der Iberischen Halbinsel [span., »Wiedereroberung«]

Re|cor|der ⟨m.; -s, -⟩ = Rekorder

Re|co|ve|ry ⟨[rikʌvərɪ] m.; -s, -s; Sport; Golf⟩ Schlag aus einem Hindernis heraus [engl.; zu *recover* »wiedererlangen«]

rec|te ⟨[-teː] Adv.⟩ mit Recht, zu Recht, recht [lat.]

rec|to fo|lio ⟨Buchw.⟩ auf der Vorderseite des Blattes stehend; *Ggs* verso folio [lat., »auf der richtigen Seite eines Blattes«]

Rec|tor ma|gni|fi|cen|tis|si|mus *auch:* **Rec|tor mag|ni|fi|cen|tis|si|mus** ⟨m.; - -, -to|res -si|mi; früher Titel für⟩ Landesherr als Rektor der Hochschule [lat., »der sehr erhabene Leiter«]

Rec|tor ma|gni|fi|cus *auch:* **Rec|tor mag|ni|fi|cus** ⟨m.; - -, -to|res -fi|ci; früher Titel für⟩ Rektor der Hochschule [lat., »der erhabene Leiter«]

re|cy|cel|bar ⟨[risaɪkəl-] Adj.⟩ wiederverwertbar; *oV* recyclebar

recyceln / recyclen (*Konjugation fremdsprachiger Verben*) Für dieses aus dem Englischen entlehnte Verb stehen im Deutschen zwei unterschiedlich stark integrierte Schreibweisen nebeneinander, woraus sich auch für die konjugierten Verbformen leichte orthografische Differenzen ergeben: *ich recyc(e)le / recycle, du recycelst / recyclest, er recycelt / recyclet, wir recyceln / recyclen, ihr recycelt / recyclet, sie recyceln / recyclen.*

re|cy|celn ⟨[risaɪkəln] V.⟩ wiederverwerten, aufarbeiten; *oV* recyclen; *Altglas* ~ [→ *Recycling*]

re|cyc|le|bar *auch:* **re|cyc|le|bar** ⟨[risaɪkəl-] Adj.⟩ = recycelbar

re|cy|clen *auch:* **re|cyc|len** ⟨[risaɪkəln] V.⟩ = recyceln

R

Recycling *auch:* **Recycling** ⟨[risaɪklɪŋ] n.; -s, -s⟩ Rückgewinnung u. Wiederverwendung von Stoffen aus Abfällen [<*Re...* + engl. *cycle* »Kreislauf«]

Recyclingpapier *auch:* **Recyclingpapier** ⟨[risaɪklɪŋ-] n.; -s, -e⟩ aus Altpapier hergestelltes Papier, Umweltschutzpapier

Redakteur ⟨[-tø:r] m.; -s, -e⟩ (wissenschaftl. ausgebildeter) Angestellter einer Zeitung, eines Verlages od. des Rundfunks, der Manuskripte beurteilt u. bearbeitet, mit Autoren verhandelt usw. [<frz. *rédacteur* »Verfasser, Schriftleiter«]

Redakteurin ⟨[-tø:-] f.; -, -rinnen⟩ weibl. Redakteur

Redaktion ⟨f.; -, -en⟩ **1** Bearbeitung des Manuskripts für ein Druckwerk **2** Gesamtheit der hierbei mitwirkenden Arbeitskräfte **3** die für diese Arbeit zur Verfügung stehenden Räume [<frz. *rédaction* »Abfassung, Ausarbeitung, Redaktion«]

redaktionell ⟨Adj.⟩ zur Redaktion gehörend, auf ihr beruhend, in der Redaktion (vor sich gehend)

Redaktor ⟨m.; -s, -toren; Sammelbez. für⟩ **1** Herausgeber, wissenschaftlicher Leiter **2** ⟨schweiz.⟩ = Redakteur

Redemptorist *auch:* **Redemptorist** ⟨m.; -en, -en⟩ Angehöriger eines 1732 gegründeten kath. Ordens für Seelsorge u. Volksmission [<lat. *Congregatio Sanctissimi Redemptoris* »Kongregation vom Allerheiligsten Erlöser«]

redesignen *auch:* **redesignen** ⟨[ri:dɪzaɪnən] V.⟩ neu gestalten, mit einem neuen Design versehen [engl.]

redigieren ⟨V.⟩ *ein Manuskript* ~ bearbeiten, fertig machen zum Setzen bzw. im Rundfunk zum Senden [<frz. *rédiger* »ausarbeiten, verfassen«]

Redingote ⟨[redɛ̃gɔt] f.; -, -n; 18. Jh.⟩ taillierter Damenmantel [<frz. »Gehrock« <engl. *riding-coat* »Reitrock«]

Rediskont ⟨m.; -s, -e; Wirtsch.⟩ erneuter Kauf od. Weiterverkauf (eines diskontierten Wechsels)

rediskontieren ⟨V.; Wirtsch.⟩ *einen diskontierten Wechsel* ~ erneut kaufen od. weiterverkaufen

Redistribution *auch:* **Redistribution** ⟨f.; -, -en; Wirtsch.⟩ Neuverteilung der Einkommen, z. B. durch eine veränderte Besteuerung [<lat. *re...* »wieder« + *Distribution*]

redivivus ⟨[-vi:vus] Adj.⟩ wiedererstanden, erneuert [lat., »wieder lebendig geworden«]

Redneck ⟨m.; -s, -s; umg.⟩ einfacher, ungeschliffener Mann aus ländlicher Gegend in den Vereinigten Staaten [engl., »Rothals«]

Redoute ⟨[rədu:t(ə)] f.; -, -n⟩ **1** ⟨veraltet⟩ geschlossene Veranstaltung (besonders Ball) für geladene Gäste **2** trapezförmige Festung [frz., »geschlossene Schanze; Festraum, Fest« <ital. *ridotto* »Zufluchtsort«]

Redoxpotential *auch:* **Redoxpotential** ⟨n.; -s; unz.; Chemie⟩ = Redoxpotenzial

Redoxpotenzial *auch:* **Redoxpotenzial** ⟨n.; -s; unz.; Chemie⟩ Maß für die Fähigkeit eines chem. Systems, auf andere Stoffe oxidierend od. reduzierend zu wirken; *oV* Redoxpotential

Redoxreaktion *auch:* **Redoxreaktion** ⟨f.; -, -en; Chemie⟩ chem. Reaktion, die durch den gleichzeitigen Ablauf einer Reduktion u. einer Oxidation gekennzeichnet ist

Redoxsystem *auch:* **Redoxsystem** ⟨n.; -s; unz.; Chemie⟩ chem. System, in dem Oxidations- u. Reduktionsreaktionen nebeneinander ablaufen u. miteinander im Gleichgewicht stehen [verkürzt <*Red*uktions-*Ox*idations-*System*]

Red Power *auch:* **Red Power** ⟨[rɛd pauə(r)] f.; - -; unz.⟩ Unabhängigkeitsbewegung nordamerikan. Indianer [<engl. *red* »rot« + *power* »Macht«]

Redressement ⟨[redrɛs(ə)mã:] n.; -s, -s; Med.⟩ = Redression [frz., »Berichtigung, Wiedergutmachung«]

redressieren ⟨V.; Med.⟩ **1** einrenken **2** geraderichten [<frz. *redresser* »(wieder)aufrichten, richtigstellen, wieder in Ordnung bringen«]

Redression ⟨f.; -, -en; Med.⟩ *Sy* Redressement **1** Einrenken (von Knochenbrüchen) **2** Korrektur von Knochendeformationen (z. B. Skoliose) [→ *redressieren*]

Reduktase ⟨f.; -, -n; Biochemie⟩ reduzierendes Enzym [→ *Reduktion*]

Reduktion ⟨f.; -, -en⟩ **1** das Reduzieren, Herabsetzung; *Preis*~ **1.1** Einschränkung **1.2** Minderung **2** das Zurückführen; ~ *eines komplizierten Sachverhalts od. Begriffes auf einen einfachen* **3** ⟨Chemie⟩ Entzug von Sauerstoff aus einer chem. Verbindung od. Anlagerung von Elektronen an Atome od. Moleküle; *Ggs* Oxidation **4** ⟨Biol.⟩ die rückschreitende Umwandlung von Organen im Laufe der Stammesgeschichte od. der Entwicklung eines Individuums [<lat. *reductio* »Zurückführung«; zu *reducere* »zurückführen«]

Reduktionismus ⟨m.; -; unz.; abwertend⟩ vereinfachende Analyse von einzelnen Elementen od. Strukturen eines Ganzen ohne die Komplexität des Gesamtzusammenhanges zu berücksichtigen (um etwas verständlicher zu machen od. aus der Auffassung heraus, dass alles auf einfache Begriffe reduziert werden kann) [→ *Reduktion*]

reduktionistisch ⟨Adj.⟩ in der Art des Reduktionismus, auf ihm beruhend, vereinfachend; *eine ~e These*

Reduktionsdiät ⟨f.; -; unz.⟩ Diät zur Gewichtsabnahme, zum Reduzieren des Körpergewichts

Reduktionsmittel ⟨n.; -s, -; Chemie⟩ Substanz, die eine andere Substanz reduziert, wobei sie selbst oxidiert wird

Reduktionsofen ⟨m.; -s, -öfen; Chemie⟩ chem. Vorrichtung zur Durchführung von Reduktionsvorgängen an Erzen od. anderen Rohstoffen

Reduktionsteilung ⟨f.; -, -en; Biol.⟩ Zellkernteilung, bei der der doppelte Chromosomen-

R

satz auf den einfachen verringert wird, Reifungsteilung, Reifeteilung; *Sy* Meiose

re|duk|tiv ⟨Adj.⟩ durch Reduktion bewirkt, von ihr stammend, sie betreffend

red|un|dant *auch:* **re|dun|dant** ⟨Adj.⟩ überflüssig, über das Notwendige (einer Information) hinausgehend

Red|un|danz *auch:* **Re|dun|danz** ⟨f.; -; unz.⟩ **1** Überflüssigkeit, über das Notwendige Hinausgehendes **2** derjenige Teil einer Nachricht, der keinen informativen Wert hat u. deshalb bei der Übermittlung weggelassen werden kann [<engl. *redundance* <lat. *redundare* »überfließen«]

Re|du|pli|ka|ti|on ⟨f.; -, -en⟩ **1** ⟨Sprachw.⟩ Wiederholung des anlautenden Buchstabens mit einem e-Laut (oft ai geschrieben) im Präteritum, z. B. got. haitan (heißen), Prät. haihait (hieß) **2** ⟨Genetik⟩ = Replikation [<lat. *reduplicatio* »Verdopplung«; zu *reduplicare* »verdoppeln«]

re|du|pli|zie|ren ⟨V.⟩ **1** ⟨Sprachw.⟩ verdoppeln, wiederholen; *~de Verben* V., die im Präteritum den anlautenden Buchstaben mit einem e-Laut wiederholen; →*a.* Reduplikation **2** ⟨Genetik⟩ = replizieren (3) [<lat. *reduplicare* »verdoppeln«; zu *duplex* »doppelt«]

Re|du|zent ⟨m.; -en, -en; Biol.⟩ Mikroorganismus, der organ. Stoffe in einfache, anorgan. Bestandteile zerlegt u. damit zur funktionellen Organismengruppe der Destruenten gehört [zu lat. *reducere* »zurückführen«]

re|du|zi|bel ⟨Adj.⟩ so beschaffen, dass man es reduzieren kann; *Ggs* irreduzibel

re|du|zie|ren ⟨V.⟩ **1** einschränken, herabsetzen; *die tägliche Dosis eines Arzneimittels (auf zehn Tropfen, drei Tabletten) ~; die Preise auf die Hälfte ~; Forderungen ~* **2** zurückführen **3** mindern, verkleinern; *die Zahl der Mitglieder, Teilnehmer ~; den Arbeitsaufwand auf ein Mindestmaß ~* **4** *eine Substanz ~* durch Entzug von Sauerstoff od. Anlagerung von Elektronen umwandeln; *Wasserstoff reduziert Kupferoxid zu reinem Kupfer* [<lat. *reducere* »zurückführen«; zu *ducere* »führen«]

Re|du|zie|rung ⟨f.; -, -en⟩ das Reduzieren, Reduktion (1)

Re|du|zier|walz|werk ⟨n.; -(e)s, -e; Technik⟩ Walzwerk mit mehreren hintereinander angeordneten, enger werdenden Kaliberwalzpaaren zur Verringerung des Durchmessers nahtloser Rohre

Red|wood ⟨[rẹdwud] n.; -s; unz.⟩ rotes Holz der Sequoie [engl., »Rotholz«]

re|ell ⟨Adj.⟩ **1** redlich, ehrlich, zuverlässig; *ein ~er Mensch; eine ~e Firma; er ist (sehr) ~; ~es Geschäft* anständiges G. ohne Übervorteilung des Käufers; *in diesem Geschäft wird man ~ bedient* **2** *~e Zahlen* rationale u. irrationale Zahlen [<frz. *réel* »tatsächlich, wirklich <mlat. *realis* »sachlich, wesentlich«; → *real*]

Re|el|li|tät ⟨f.; -; unz.; selten⟩ reelles Wesen, Redlichkeit, Zuverlässigkeit, Ehrlichkeit

Re|en|ga|ge|ment ⟨[-ãgaʒ(ə)mãː] n.; -s, -s⟩ Wiederverpflichtung, Wiederanstellung

re|en|ga|gie|ren ⟨[-ãgaːʒiːrən] V.⟩ erneut, wieder verpflichten od. einstellen [<*re...* + *engagieren*]

ref. ⟨Abk. für⟩ reformiert

Re|fait ⟨[rəfɛː] n.; -s, -s⟩ Unentschieden beim Spiel [frz.; zu *refaire* »noch einmal machen«]

Re|fak|tie ⟨[-tsjə] f.; -, -n⟩ Nachlass des Preises bei beschädigter od. fehlerhafter Ware [ndrl., eigtl. »Wiederherstellung (des angemessenen Preises)« <lat. *re...* »wieder« + *facere* »machen«]

re|fak|tie|ren ⟨V.⟩ Refaktie gewähren

Re|fek|to|ri|um ⟨n.; -s, -ri|en⟩ Speisesaal (in Klöstern); *Sy* Zönakel [<mlat. *refectorium;* zu *reficere* »wiederherstellen«]

Re|fe|rat ⟨n.; -(e)s, -e⟩ **1** Bericht, Vortrag in der Art eines Gutachtens, Berichterstattung eines Fachkundigen **2** Vortrag zur Übung (in der Schule u. im Hochschulseminar) **3** Arbeitsgebiet; *Presse~* [<lat. *referat* »es möge berichten...«; zu *referre* »berichten«; zu *ferre* »tragen«]

Re|fe|ree ⟨[rɛfəriː] m.; -s, -s; Sport⟩ Schiedsrichter, Kampf-, Ringrichter [engl.]

Re|fe|ren|dar ⟨m.; -s, -e⟩ Anwärter auf die höhere Beamtenlaufbahn im Vorbereitungsdienst nach der (ersten) Staatsprüfung; *Gerichts~; Studien~* [<mlat. *referendarius* »einer, der Bericht zu erstatten hat«; zu *referendum* »das zu Berichtende; → *Referendum*]

Re|fe|ren|da|ri|at ⟨n.; -(e)s, -e⟩ berufsvorbereitender Dienst für Referendare

Re|fe|ren|da|rin ⟨f.; -, -rin|nen⟩ Anwärterin auf die höhere Beamtenlaufbahn im Vorbereitungsdienst nach der (ersten) Staatsprüfung; *Gerichts~; Studien~*

Re|fe|ren|dum ⟨n.; -s, -ren|den od. -ren|da⟩ Volksentscheid [lat., »zu Berichtendes«, Gerundivum zu *referre* »berichten«]

Re|fe|rent ⟨m.; -en, -en⟩ **1** jmd., der ein Referat hält **2** jmd., der ein Referat bearbeitet, Sachbearbeiter [<lat. *referens*, Part. Präs. zu *referre* »berichten«]

re|fe|ren|ti|ell ⟨Adj.; Sprachw.⟩ = referenziell

Re|fe|ren|tin ⟨f.; -, -tin|nen⟩ **1** weibl. Person, die ein Referat hält **2** weibl. Person, die ein Referat bearbeitet, Sachbearbeiterin

Re|fe|renz ⟨f.; -, -en⟩ **1** Empfehlung **2** Person od. Stelle, auf die man sich berufen kann, bei der Auskünfte eingeholt werden können **3** ⟨unz.; Sprachw.⟩ Beziehung zwischen einem sprachlichen Ausdruck u. dem damit bezeichneten Inhalt [<frz. *référence* »Bezugnahme, Empfehlung« <lat. *referre;* → *referieren*]

Re|fe|renz|el|lip|so|id ⟨n.; -(e)s, -e; Geophysik⟩ Rotationsellipsoid, das statt des Geoides für Berechnungen auf der Erdoberfläche benutzt wird u. dessen Dimensionen je nach den zur Bestimmung benutzten Messungen verschieden sind; *Sy* Bezugsellipsoid

Re|fe|renz|iden|ti|tät ⟨f.; -, -en; Sprachw.⟩ = Koreferenz

re|fe|ren|zi|ell ⟨Adj.; Sprachw.⟩ die Referenz betreffend; *oV* referentiell; *~e Bedeutung*

Re|fe|renz|kurs ⟨m.; -es, -e; Bankw.⟩ festgelegter Kurs, der einen Vergleichswert bezogen auf andere Währungen darstellt; *der ~ für den Euro betrug 1,1382 Dollar*

re|fe|rie|ren ⟨V.⟩ *über etwas ~* über etwas ein Referat, einen Vortrag halten, über etwas berichten; *über neue Erkenntnisse der Forschung ~* [<frz. *référer* »Bericht erstatten, berichten« <lat. *referre* »zurücktragen, überbringen, berichten«; zu *ferre* »tragen«]

re|fi|nan|zie|ren ⟨V.⟩ *Kredite ~* durch Aufnahme von Krediten finanzieren

Re|fi|nan|zie|rung ⟨f.; -, -en⟩ Aufnahme von Krediten, um Kredite gewähren zu können

Re|fla|ti|on ⟨f.; -, -en; Wirtsch.⟩ die Erhöhung des Geldumlaufs als finanzpolit. Maßnahme [<*Re...* + lat. *flare* »blasen, blähen«; nach *Inflation* gebildet]

re|fla|ti|o|när ⟨Adj.; Wirtsch.⟩ die Reflation betreffend, auf ihr beruhend

Re|flek|tant ⟨m.; -en, -en⟩ jmd., der auf etwas, bes. auf einen Posten, reflektiert

re|flek|tie|ren ⟨V.⟩ **1** *auftretende Strahlen ~* zurückwerfen; *reflektierte Strahlen* **2** ⟨fig.⟩ nachdenken, bes. über die eigenen Handlungen, Gedanken, Empfindungen; *auf etwas ~* ⟨umg.⟩ etwas haben wollen, Interesse für etwas haben, bes. für eine Ware; *~ Sie noch auf das bestellte Buch?; auf einen Posten, eine Stelle ~* sich um einen P., eine S. bewerben [<lat. *reflectere* »zurückbiegen, umwenden«; zu *flectere* »beugen; auf etwas reflektieren«; nach lat. *animum reflectere* »seine Gedanken auf etwas hinwenden«]

Re|flek|tor ⟨m.; -s, -to|ren; Optik⟩ **1** Hohlspiegel hinter einer Lichtquelle **2** Spiegelfernrohr **3** Teil einer Richtantenne, der einfallende elektromagnet. Strahlen zur Sammlung nach einem Brennpunkt hin reflektiert [<frz. *réflecteur* »Reflektor«]

re|flek|to|risch ⟨Adj.⟩ durch einen Reflex bedingt, bewirkt

Re|flex ⟨m.; -es, -e⟩ **1** Widerschein; *Licht~* **2** ⟨Physiol.⟩ Ansprechen auf einen Reiz; *bedingter ~; unbedingter ~* [<frz. *réflexe* »unwillkürlich; Reflex« <lat. *reflexum* »das Zurückgeworfene«, Part. Perf. zu *reflectere;* → *reflektieren*]

Re|fle|xi|on ⟨f.; -, -en⟩ **1** ⟨Physik⟩ das Zurückwerfen von Strahlen an der Grenze zweier Medien **2** das prüfende, vergleichende Nachdenken, bes. über die eigenen Handlungen, Gedanken, Empfindungen; *etwas einer ~ unterziehen* [<frz. *réflexion* »Rückstrahlung; Überlegung« <lat. *reflexio* »Zurückbeugung«; → *reflektieren*]

Re|fle|xi|ons|win|kel ⟨m.; -s, -; Optik; Physik⟩ Winkel zwischen einem einfallenden u. einem reflektierten Strahl

re|fle|xiv ⟨Adj.; Gramm.⟩ **1** *~es Pronomen* = Reflexivpronomen **2** *~es Verbum* V., das mit einem Reflexivpronomen stehen muss (z. B. sich schämen) od. kann (z. B. waschen) [<lat. *reflexus*, Part. Perf. zu *reflectere* »zurückbiegen«; → *reflektieren*]

Re|fle|xiv ⟨n.; -s, -e; Gramm.⟩ **1** = Reflexivpronomen **2** = reflexives Verb

Re|fle|xi|vi|tät ⟨[-vi-] f.; -; unz.; Gramm.⟩ reflexive Beschaffenheit, Eigenschaft

Re|fle|xiv|pro|no|men ⟨n.; -s, - od. -mi|na; Gramm.⟩ Personalpronomen, das als Objekt mit dem Subjekt eines Satzes identisch ist, rückbezügliches Fürwort, z. B. sie beeilten sich

Re|fle|xi|vum ⟨[-vum] n.; -s, -xi|va [-va]; Gramm.⟩ = Reflexivpronomen

Re|fle|xo|lo|gie ⟨f.; -; unz.⟩ Wissenschaft von den Reflexen [<*Reflex* + *...logie*]

Re|flex|schal|tung ⟨f.; -, -en; El.⟩ Verwendung einer Elektronenröhre zur gleichzeitigen Verstärkung sowohl hoher als auch niederer Frequenzen

Re|flex|zo|nen|mas|sa|ge ⟨[-ʒə] f.; -, -n; Med.⟩ Massage bestimmter Hautbezirke, über die auf reflektorischem Weg therapeutisch auf die ihnen entsprechenden Organe eingewirkt werden kann

Re|flux ⟨m.; -es, -e; Med.⟩ Rückfluss (z. B. von Harn aus der Blase über die Harnleiter in die Nierenbecken od. von Magensaft in die Speiseröhre) [<lat. *refluxum* »das Zurückgeflossene«; zu *refluere* »zurückfließen«]

Re|form ⟨f.; -, -en⟩ verbessernde Umgestaltung, planmäßige Neugestaltung; *Renten~* [<frz. *réforme* »Umgestaltung, Neugestaltung«; → *reformieren*]

Re|for|ma|ti|on ⟨f.; -, -en; Theol.⟩ **1** ⟨unz.; i. e. S.⟩ die durch Luther, Zwingli u. Calvin ausgelöste Bewegung zur Erneuerung der Kirche, wodurch die abendländ. Kirche gespalten wurde u. neue, vom Papst unabhängige evang. Kirchen (protestant., reformierte Kirche) entstanden **2** ⟨zählb.; i. w. S.⟩ Erneuerung, Neugestaltung [<lat. *reformatio* »Umgestaltung, Erneuerung«; zu *reformare;* → *reformieren*]

Re|for|ma|tor ⟨m.; -s, -to|ren; Theol.⟩ **1** ⟨i. e. S.⟩ Begründer der Reformation (1) (Luther, Zwingli, Calvin) **2** ⟨i. w. S.⟩ = Reformer [<lat. *reformator* »Umgestalter, Erneuerer«; → *reformieren*]

re|for|ma|to|risch ⟨Adj.; Theol.⟩ in der Art einer Reformation, erneuernd, umgestaltend, verbessernd

Re|for|mer ⟨m.; -s, -⟩ jmd., der eine Reform anstrebt od. durchführt; *Sy* Reformator (2)

re|for|me|risch ⟨Adj.⟩ nach Reformen, Umgestaltungen strebend; *~e Ansprüche erheben*

Re|form|haus ⟨n.; -es, -häu|ser⟩ Fachgeschäft für Lebensmittel zur Reformkost

re|for|mie|ren ⟨V.⟩ **1** verbessern, erneuern, umgestalten **2** *hochsiedende Erdölfraktionen ~* zur Gewinnung niedrigsiedender Bestandteile (z. B. von Benzin od. Heizöl) mit Wasserstoff behandeln [<lat. *reformare* »umgestalten, umbilden, neu gestalten«; zu *forma* »Form, Gestalt«]

re|for|miert ⟨Adj.⟩ **1** verbessert, erneuert, umgestaltet; *die Zu-*

stände wurden ~ 2 ⟨Abk.: ref.⟩ der reformierten Kirche angehörend; *~e Kirche* die durch die Reformation Zwinglis u. Calvins entstandene Kirche

Re|for|mie|rung ⟨f.; -, -en⟩ Umgestaltung, Erneuerung, Verbesserung; *angestrebt wird eine ~ des Sozialsystems*

Re|for|mis|mus ⟨m.; -; unz.; Politik⟩ 1 ⟨i. w. S.⟩ Streben nach Umwandlung des Staates nicht durch Gewalt, sondern durch Reformen 2 ⟨i. e. S.⟩ gemäßigter Sozialismus 3 ⟨allg.⟩ Streben nach Reformen

Re|for|mist ⟨m.; -en, -en; Politik⟩ Vertreter, Anhänger des Reformismus

Re|for|mis|tin ⟨f.; -, -tin|nen; Politik⟩ Vertreterin, Anhängerin des Reformismus

re|for|mis|tisch ⟨Adj.; Politik⟩ in der Art des Reformismus, auf ihm beruhend

Re|form|ka|tho|li|zis|mus ⟨m.; -; unz.; Theol.⟩ dem Modernismus angehörende Richtung der röm.-kath. Kirche, die sich um 1900 der Kirche unterwarf

Re|form|kom|mu|nis|mus ⟨m.; -; unz.; bes. in der Sowjetunion⟩ gemäßigte Richtung des Kommunismus

Re|form|kon|zept ⟨n.; -(e)s, -e⟩ Konzept, Entwurf einer Reform; *ein ~ erarbeiten, vorlegen*

Re|form|kon|zil ⟨n.; -s, -e; Theol.⟩ eines der Konzile von Pisa (1409), Konstanz (1414-18), Basel (1431-49) od. Rom (1512-17), die das Schisma u. andere kirchl. Missstände beseitigen sollten

R

Re|form|kost ⟨f.; -; unz.⟩ natürliche, leichte, vitamin- u. mineralreiche Kost

Re|form|kurs ⟨m.; -es, -e; Politik⟩ auf Reformen hinarbeitende Richtung einer Politik; *einen ~ einschlagen*

re|form|ori|en|tiert ⟨Adj.⟩ Reformen anstrebend, auf Erneuerung u. Umgestaltung hinwirkend

Re|form|päd|a|go|gik *auch:* **Re|form|pä|da|go|gik** ⟨f.; -; unz.; Schulw.⟩ der reinen Lernschule entgegenwirkende Richtung der Pädagogik

Re|form|po|li|tik ⟨f.; -; unz.⟩ polit. Richtung, die auf eine Erneuerung u. Umgestaltung des Gemeinwesens hinwirkt

re|form|po|li|tisch ⟨Adj.⟩ die Reformpolitik betreffend, zu ihr gehörend

re|for|mu|lie|ren ⟨V.⟩ neu formulieren, in andere Worte fassen; *einen Vorschlag ~*

Re|frain *auch:* **Ref|rain** ⟨[rəfrɛ̃ː] m.; -s, -s; Musik⟩ am Schluss jeder Strophe eines Liedes od. Gedichtes regelmäßig wiederkehrende Worte od Sätze, Kehrreim [frz., eigtl. »Rückschlag der brandenden Wellen« <afrz. *refreindre* »brechen, zurückschlagen, unterbrechen«]

re|frak|tär ⟨Adj.; Med.⟩ unempfänglich, unempfindlich [<frz. *réfractaire* »aufsässig, widerspenstig« <lat. *refractarius* »halsstarrig«]

Re|frak|tär ⟨m.; -s, -s; schweiz.⟩ ausländ. Kriegsdienstverweigerer

Re|frak|ti|on ⟨f.; -, -en; Physik; Astron.⟩ 1 Brechung (von Lichtstrahlen) 2 Brechung des Lichts von Himmelskörpern durch die Atmosphäre der Erde

Re|frak|to|me|ter ⟨n.; -s, -; Physik⟩ optisches Messgerät zum Bestimmen des Brechungsindexes bei der Ablenkung von Lichtstrahlen [<*Refraktion* + *...meter*]

Re|frak|tor ⟨m.; -s, -to|ren; Optik⟩ hauptsächl. zu astronom. Beobachtungen verwendetes Fernrohr mit achromatischen Sammellinsen [<*Re...* + lat. *fractor* »Brecher«; zu *frangere* »brechen«]

re|frak|tu|rie|ren ⟨V.⟩ *einen gebrochenen u. schlecht verheilten Knochen ~* ⟨Med.⟩ wieder, nochmals zerbrechen [<*Re...* + lat. *fractura* »Bruch«]

Re|frak|tu|rie|rung ⟨f.; -, -en; Med.⟩ das Refrakturieren

Re|fri|ge|ra|ti|on *auch:* **Ref|ri|ge|ra|ti|on** ⟨f.; -, -en; Med.⟩ Abkühlung, Erkältung [<lat. *refrigeratio* »Abkühlung«; zu *refrigerare* »abkühlen«]

Re|fu|gi|al|ge|biet ⟨n.; -(e)s, -e; Biol.⟩ Rückzugsgebiet für vom Aussterben bedrohte Tier- u. Pflanzenarten, in dem diese bessere Lebensbedingungen als in ihrem angestammten Lebensraum vorfinden, Refugium; *Sy* Residualgebiet

Re|fu|gi|um ⟨n.; -s, -gi|en⟩ Zufluchtsort [lat.]

re|fun|die|ren ⟨V.⟩ 1 ⟨veraltet⟩ zurückzahlen, begleichen, ersetzen 2 ⟨Wirtsch.⟩ einen Bankkredit durch Emission von Aktien od. Obligationen zurückzahlen [<lat. *refundere* »zurückgießen, zurückgeben, erstatten«; zu *fundere* »gießen«]

re|fü|sie|ren ⟨V.; schweiz.⟩ ablehnen, blockieren, die Zustimmung verweigern [<frz. *refuser*]

reg. ⟨Abk. für⟩ registered

Reg. ⟨Abk. für⟩ Regiment (1)

Re|gal[1] ⟨n.; -s, -e⟩ 1 Gestell mit Fächern (für Bücher od. Waren); *Bücher~* 2 kleine, tragbare Orgel nur mit Zungenpfeifen u. leicht schnarrendem Ton 3 ⟨Typ.⟩ Gestell für Setzkästen [<nddt. *rijol, riole* »Bretterfach für Bücher, Waren, Küchengeschirr« <ital. *riga* »Zeile, Reihe« <ahd. *riga* »Reihe«]

Re|gal[2] ⟨n.; -s, -li|en⟩ = Regale

Re|ga|le ⟨n.; -s, -li|en; früher⟩ wirtschaftlich nutzbares Hoheitsrecht; *oV* Regal[2]; *Münz~; Post~* [<lat. *regalis* »königlich«; zu *rex* »König«]

Re|ga|li|tät ⟨f.; -, -en⟩ Anspruch (des Staates) auf ein Regale

Re|gat|ta ⟨f.; -, -gat|ten; Sport⟩ Wettfahrt von Booten; *Ruder~; Segel~* [venezian., »Wettfahrten der Gondeln in Venedig«; zu ital. *riga* »Reihe« <ahd. *riga* »Reihe«]

Re|ge|la|ti|on ⟨f.; -, -en; Geogr.⟩ Umwandlung von Wasser in Eis bei niedrigen Temperaturen u. einer plötzlichen Abnahme des Drucks, unter dem es vorher (wegen des gegenüber dem Eis geringeren Volumens) flüssig war, verantwortlich für das Fließen von Gletschern u. das Entstehen von Erosionstälern [<lat. *regelare* »erkalten«]

Re|gel|de|tri *auch:* **Re|gel|det|ri** ⟨f.; -; unz.; Math.⟩ Dreisatzrechnung, einfache Schlussrechnung zum Finden einer unbekannten Größe, wenn drei andere, davon abhängige Größen gegeben sind [<lat. *regula de tribus (numeris)* »Regel von den drei (Zahlen)«]

Re|gel|trans|for|ma|tor ⟨m.; -s, -en; El.⟩ Transformator mit angezapften Wicklungen, um verschiedene Spannungen einstellen zu können

Ré|gence ⟨[reʒɑ̃ːs] f.; -; unz.⟩ Richtung der frz. Kunst zur Zeit Philipps von Orléans (1715-1725), Übergang vom Louis-Quattorze- zum Louis-Quinze-Stil in lockeren, zierlichen Formen [frz., »Regentschaft« (des Philipp von Orléans)]

Re|ge|ne|rat ⟨n.; -(e)s, -e; Biol.⟩ **1** Produkt der Regeneration **2** aus altem Gummi unter Zusatz von Mineralöl gewonnene, schwammige, plastische Masse [<lat. *regeneratum,* Part. Perf. neutr. zu *regenerare* »wiedererzeugen«]

Re|ge|ne|ra|ti|on ⟨f.; -, -en⟩ **1** Wiederherstellung, Erneuerung; *Ggs* Degeneration **2** ⟨Biol.⟩ natürliches Ersetzen verlorengegangener organischer Teile **3** ⟨Geol.⟩ Zurückführung erstarrter, konsolidierter Teile der Erdkruste in einen mobilen, faltbaren Zustand [<lat. *regeneratio* »Wiedererzeugung«; zu *regenerare* »wiedererzeugen«]

re|ge|ne|ra|tiv ⟨Adj.⟩ durch Regeneration bewirkt, entstanden; *oV* regeneratorisch [<lat. *regenerare* »wiedererzeugen«; → *regenerieren*]

Re|ge|ne|ra|tiv|feu|e|rung ⟨f.; -, -en; Technik⟩ Feuerung metallurgischer Öfen, bei der die Frischluft u. das Heizgas erwärmt werden

Re|ge|ne|ra|tiv|ver|fah|ren ⟨n.; -s, -; Technik⟩ Verfahren zur Rückgewinnung u. Nutzung der bei techn. Prozessen entstehenden Abwärme

Re|ge|ne|ra|tor ⟨m.; -s, -to|ren⟩ Einrichtung zum Erwärmen der Frischluft u. der Heizgase bei Regenerativfeuerungen [→ *regenerieren*]

re|ge|ne|ra|to|risch ⟨Adj.⟩ = regenerativ

re|ge|ne|rie|ren ⟨V.; Biol.⟩ **1** neu bilden; *Ggs* degenerieren; *verlorengegangene Körperteile ~ sich* **2** auffrischen, wiedererzeugen, erneuern; *sich ~* sich von einer Anstrengung erholen [<lat. *regenerare* »wiedererzeugen«; zu *generare* »erzeugen«]

Re|gens ⟨m.; -, -gen|tes od. -genten⟩ Leiter (bes. eines kath. Priesterseminars); *Studien~* [lat., Part. Präs. zu *regere* »richten, lenken, leiten«]

Re|gens|cho|ri ⟨[-koː-] m.; -, -; österr.⟩ = Regens Chori

Re|gens Cho|ri ⟨[koː-] m.; - -, -gen|tes -⟩ Dirigent eines (kath.) Kirchenchores; *oV* Regenschori [lat., »Chorleiter«]

Re|gent ⟨m.; -en, -en⟩ regierender Fürst od. dessen Stellvertreter [<lat. *regens,* Part. Präs. zu *regere* »richten, lenken, leiten«]

Re|gen|tin ⟨f.; -, -tin|nen⟩ weibl. Regent

Re|gent|schaft ⟨f.; -; unz.⟩ Amt, Amtszeit eines Regenten; *die ~ antreten, übernehmen*

Re|ges|tum ⟨n.; -s, -ges|ten; meist Pl.⟩ Auszug von Urkunden [<lat. *regesta* »das Eingetragene«; zu *regerere* »zurückbringen, eintragen«]

Reg|gae ⟨[rɛgɛɪ] m.; - od. -s; unz.; Musik⟩ von der farbigen Bevölkerung Jamaikas entwickelte Stilrichtung der Popmusik mit starker Betonung des gleichbleibenden Rhythmus

Re|gie ⟨[-ʒiː] f.; -, -n⟩ **1** Leitung, Verwaltung; *ein Geschäft in eigener ~ führen; ein Unternehmen in fremde ~ geben* **2** Verwaltung der Betriebe, die Eigentum einer Gemeinde od. des Staates sind, durch Gemeinde od. Staat selbst; *die Arbeiten werden in städtischer ~ ausgeführt* **3** ⟨Theat.⟩ **3.1** Spielleitung **3.2** künstler. Gestaltung eines Dramas für die Aufführung auf der Bühne u. Leitung der Schauspieler bei den Proben **3.3** künstler. Gestaltung des Drehbuches für einen Film u. Leitung der Schauspieler u. des Kameramannes bei den Aufnahmen **3.4** künstler. Gestaltung einer Rundfunk- od. Fernsehsendung **4** ⟨österr.⟩ *~ fahren* (als Angestellter der Bahn) ermäßigt fahren [<frz. *régie* »verantwortl. Leitung, Verwaltung«]

Re|gie|as|sis|tenz ⟨[-ʒiː-] f.; -; unz.; Theat.; Film⟩ Assistenz bei der Regie (3)

re|gie|ren ⟨V.⟩ **1** lenken, leiten, beherrschen; *eine Gemeinschaft, ein Land, ein Volk, einen Staat ~; diese Maschine lässt sich leicht, schwer ~* **2** ⟨Gramm.⟩ fordern, nach sich ziehen; *die Präposition »mit« regiert den Dativ* [<mhd. *regieren* <afrz. *reger* »herrschen« <lat. *regere* »geraderichten, lenken, herrschen«; zu idg. **reg-* »aufrichten, richten, lenken«]

Re|gie|rung ⟨f.; -, -en⟩ Tätigkeit u. Dauer des Regierens, Ausübung der Staatsgewalt, Herrschaft, Regentschaft, oberste staatl. Behörde, deren Mitglieder den Staat leiten; *die ~ antreten, niederlegen; eine (neue) ~ bilden; eine ~ stürzen, umbilden; starke, schwache ~; unter, während seiner ~*

Re|gime ⟨[-ʒiːm] n.; - od. -s, - [-ʒiːmə]⟩ Form der Regierung eines Staates; *ein totalitäres ~* [<frz. *régime* »Regierungsform, Staatsform« <lat. *regimen* »Lenkung, Leitung, Regierung«; → *regieren*]

Re|gime|kri|tik ⟨[-ʒiːm-] f.; -; unz.; Politik⟩ Kritik am (diktatorischen od. totalitären) Regime des eigenen Staates

Re|gime|kri|ti|ker ⟨[-ʒiːm-] m.; -s, -⟩ jmd., der das Regime des eigenen Staates kritisiert, Systemkritiker; →*a.* Dissident

re|gime|kri|tisch ⟨[-ʒiːm-] Adj.; Politik⟩ das (diktatorische od. totalitäre) Regime des eigenen Staates kritisierend

Re|gi|ment ⟨n.; -(e)s, -e od. -er⟩ **1** ⟨Mil.; Abk.: Reg., Regt.⟩ Verband aus zwei bis vier Bataillonen unter einem Obersten od. Oberstleutnant **2** ⟨unz.⟩ Herrschaft, Leitung; *das ~ führen* herrschen, die Leitung haben [<lat. *regimentum* »Leitung, Oberbefehl«; → *regieren*]

Re|gio|lekt ⟨m.; -(e)s, -e; Sprachw.⟩ in einer Region übliche dialektale Ausdrucksweise [<*Region* + Dia*lekt*]

Re|gi|on ⟨f.; -, -en⟩ **1** Landstrich, Gebiet, Gegend **2** Bezirk [<lat.

R

regio »Richtung, Gegend, Bereich, Gebiet«; → *regieren*]

re|gi|o|nal ⟨Adj.⟩ die Region(en) betreffend, hinsichtlich der Region(en); *der Gebrauch dieses Wortes ist ~ verschieden* [<lat. *regionalis* »zu einer Landschaft gehörig«; → *Region*]

Re|gi|o|nal|ex|press® ⟨m.; -es, -züge⟩ schneller Personennahverkehrszug der Deutschen Bahn AG

re|gi|o|na|li|sie|ren ⟨V.⟩ auf eine bestimmte Region, eine Landschaft beziehen (u. begrenzen)

Re|gi|o|na|lis|mus ⟨m.; -; unz.⟩ **1** das Vertreten der eigenen Interessen einer Landschaft innerhalb des Staates **2** Bewegung der Heimatkunst Ende des 19. u. Anfang des 20. Jh.

Re|gi|o|na|list ⟨m.; -en, -en⟩ Vertreter, Anhänger des Regionalismus

re|gi|o|na|lis|tisch ⟨Adj.⟩ den Regionalismus betreffend, auf ihm beruhend

Re|gi|o|nal|jet ⟨[-dʒɛt] m.; -s, -s⟩ kleiner Jet für den regionalen (Linien-)Flugverkehr

Re|gi|o|nal|li|ga ⟨f.; -, -li|gen; Sport⟩ **1** ⟨früher; heute nur selten⟩ Spielklasse unter der Bundesliga **2** ⟨heute meist⟩ höchste Spielklasse des Amateurfußballs (unter der 2. Bundesliga)

Re|gi|o|nal|li|gist ⟨m.; -en, -en; Sport; Fußb.⟩ Ligist der Regionalliga

Re|gi|o|nal|par|la|ment ⟨n.; -(e)s, -e⟩ gewählte Volksvertretung auf regionaler Ebene

Re|gi|o|nal|po|li|tik ⟨f.; -; unz.⟩ Politik auf regionaler Ebene

R

re|gi|o|nal|po|li|tisch ⟨Adj.⟩ die Regionalpolitik betreffend, auf ihr beruhend

Re|gi|o|nal|pro|gramm ⟨n.; -s, -e; Rundfunk; TV⟩ Programm für ein bestimmtes Gebiet eines Sendebereichs; *die ~e des Bayerischen, Österreichischen Rundfunks*

Re|gi|o|nal|re|gie|rung ⟨f.; -, -en⟩ Regierung, die nur für eine bestimmte Region zuständig ist

re|gi|o|när ⟨Adj.⟩ einen bestimmten Bereich des Körpers betreffend [→ *Region*]

Re|gis|seur ⟨[reʒısøːr] m.; -s, -e; Theat.⟩ derjenige, der die Regie (3) führt, Spielleiter [<frz. *régisseur* »Gutsverwalter, Spielleiter«]

Re|gis|seu|rin ⟨[reʒısøː-] f.; -, -rin|nen; Theat.⟩ diejenige, die die Regie (3) führt, Spielleiterin

Re|gis|ter ⟨n.; -s, -⟩ **1** alphabet. Verzeichnis (der Namen od. Begriffe in einem Buch); *Namens~; Sach~* **2** amtl. Verzeichnis wichtiger Vorgänge; *Handels~; Standes~; etwas ins ~ eintragen* **3** durch Ausstanzen sichtbar gemachte Titel od. Buchstaben am Rande von Geschäfts-, Notiz-, Telefonbüchern zum schnellen Nachschlagen **4** ⟨EDV⟩ Anordnung zur vorübergehenden Speicherung kleiner Mengen von Informationen **5** genaues Aufeinanderpassen der Druckseiten u. des Satzspiegels auf Vorder- u. Rückseite; *~ halten* **6** genaues Aufeinanderpassen der einzelnen Farben beim Mehrfarbendruck **7** ⟨Musik⟩ **7.1** Stimme, Stimmlage, Klangfarbe **7.2** Bereich der mit gleicher Einstellung der Stimmbänder hervorgebrachten Töne, z. B. Brust-, Kopf-, Falsett-, gemischte Stimme **7.3** ⟨an der Orgel⟩ Gruppe von Tönen aus Pfeifen gleicher Klangfarbe u. Bauart, z. B. Stimmen der Labial- bzw. Zungenpfeifen **8** ⟨fig.⟩ *alle ~ ziehen* alle Mittel anwenden (um etwas zu erreichen) [<mlat. *registrum* »Verzeichnis« <lat. *regesta* »Verzeichnis«; → *Regesten*]

re|gis|tered ⟨[rɛdʒıstə(r)d] Abk.: reg.⟩ **1** in ein Register eingetragen *(Firma)* **2** gesetzlich geschützt *(Patent)* **3** eingetragen *(Warenzeichen)* **4** eingeschrieben *(Postsendung)* [engl.]

Re|gis|ter|ton|ne ⟨f.; -, -n; Abk.: RT⟩ Raummaß für Schiffe, 2,8 m³

Re|gis|tra|tor *auch:* **Re|gist|ra|tor** ⟨m.; -s, -en; veraltet⟩ Angestellter in einer Registratur (2), der die eingehenden Schriftstücke in Empfang nimmt u. registriert

Re|gis|tra|tur *auch:* **Re|gist|ra|tur** ⟨f.; -, -en⟩ **1** das Eintragen in ein Register **2** Arbeitsstätte des Registrators **3** Aufbewahrungsraum für Briefe usw. **4** Aktenschrank **5** ⟨Musik; an der Orgel⟩ Gesamtheit der Registerzüge [<mlat. *registrare;* → *registrieren*]

re|gis|trie|ren *auch:* **re|gist|rie|ren** ⟨V.⟩ **1** in ein Register eintragen **2** ⟨fig.; umg.⟩ zur Kenntnis nehmen (ohne sich zu äußern) **3** ⟨Orgel⟩ Register ziehen [<mlat. *registrare* »in ein Verzeichnis eintragen«]

◆ Die Buchstabenfolge **re|gl...** kann auch **reg|l...** getrennt werden.

◆ **Re|gle|ment** ⟨[-mãː] n.; -s, -s od. schweiz. [-mɛnt] n.; -s, -e⟩ Vorschriften, Bestimmungen, Satzung, z. B. bei Sportarten; *das ~ sieht vor; nach dem ~* [<frz. *règlement* »Regelung, Abwicklung, Erledigung«; zu *régler* »regulieren«]

◆ **re|gle|men|ta|risch** ⟨[-mɛn-] Adj.⟩ dem Reglement gemäß, aufgrund des Reglements

◆ **re|gle|men|tie|ren** ⟨[-mɛn-] V.⟩ durch ein Reglement, durch Vorschriften regeln

◆ **Re|gle|men|tie|rung** ⟨[-mɛn-] f.; -, -en⟩ behördl. Beaufsichtigung, Regelung, Anweisung

◆ **Re|glet|te** ⟨f.; -, -n; Typ.⟩ nichtdruckender Streifen aus Metall zwischen den Zeilen zur Herstellung von Zwischenräumen; *Sy* Durchschuss [<frz. *réglette* »Durchschuss, Reglette«; zu *régler* »regulieren«]

◆ **Re|gleur** ⟨[-gløːr] m.; -s, -e; in Uhren⟩ Spirale, die den Gang regelt [<frz. *régleur;* zu *régler* »regulieren«]

re|gre|die|ren ⟨V.⟩ **1** (auf Früheres) zurückgreifen, (auf die Ursache) zurückgehen **2** ⟨Rechtsw.⟩ (auf den Hauptschuldner od. einen Bürgen) zurückgreifen [<lat. *regredi* »zurückgehen«, Rechtsw.: »Ersatzansprüche stellen«]

Re|gress ⟨m.; -es, -e⟩ **1** ⟨Philos.⟩ das Zurückgehen von der Wirkung zur Ursache **2** ⟨Rechtsw.⟩ **2.1** Ersatz, Entschädigung **2.2** Ersatzanspruch an den Hauptschuldner, Rückgriff (auf Bürgen od. an zweiter

Stelle haftbar gemachte Personen); *auf jmdn. ~ nehmen* [<lat. *regressus* »Rückkehr, Rückhalt, Zuflucht«; zu *regredi* »zurückgehen«]

Re|gres|sat ⟨m.; -en, -en⟩ derjenige, auf den Regress genommen wird

Re|gres|sion ⟨f.; -, -en⟩ **1** Rückbildung **2** Rückbewegung [<lat. *regressio* »Rückgang«; zu *regredi* »zurückgehen«]

re|gres|siv ⟨Adj.⟩ **1** zurückgreifend (im Sinne eines Regresses) **2** ⟨Philos.⟩ von der Wirkung auf die Ursache zurückgehend [<lat. *regredi* »zurückgehen« u. *regressio* »Rückgang«]

Re|gres|si|vi|tät ⟨[-vi-] f.; -; unz.⟩ regressive Wesensart od. Beschaffenheit

re|gress|pflich|tig ⟨Adj.⟩ zum Regress (2) verpflichtet; *jmdn. ~ machen*

Regt. ⟨Abk. für⟩ Regiment (1)

Reg.-T. ⟨veraltet; Abk. für⟩ Registertonne

Re|gu|la Fal|si ⟨f.; - -; unz.; Math.⟩ mathematisches Näherungsverfahren zur Verbesserung der Lösungswerte einer mit normalen Mitteln nicht lösbaren mathematischen Gleichung [lat., »Regel des Falschen (= Vermeintlichen)«]

Re|gu|la Fi|dei ⟨[fi:dei] f.; - -; unz.; Theol.⟩ Glaubensbekenntnis, Glaubensregel [lat., »Regel des Glaubens«]

Re|gu|lar ⟨m.; -s, -e⟩ = Regulare

re|gu|lär ⟨Adj.⟩ der Regel entsprechend, üblich, gewöhnlich; *Ggs* irregulär (1) [<lat. *regularis* »einer Richtschnur gemäß, regelmäßig«]

Re|gu|la|re ⟨m.; -n, -n⟩ Mitglied eines Ordens nach Ablegung der Gelübde; *oV* Regular [<lat. *regularis* »einer Regel, Richtschnur gemäß«]

Re|gu|la|ri|en ⟨Pl.⟩ regelmäßig anfallende od. auf der Tagesordnung stehende Sachverhalte u. Angelegenheiten, die abgewickelt werden müssen; *die monatliche Versammlung gehört zu den ~ des Vereins; die ~ beachten*

re|gu|la|ri|sie|ren ⟨V.⟩ regulär werden, offiziell regeln, legal machen, in eine bestimmte Ordnung bringen; *die Lage von illegalen Einwanderern ~*

Re|gu|la|ri|tät ⟨f.; -, -en⟩ reguläre Beschaffenheit; *Ggs* Irregularität (1)

Re|gu|lar|kle|ri|ker ⟨m.; -s, -⟩ **1** ⟨i. w. S.⟩ Ordensgeistlicher **2** ⟨i. e. S.⟩ Angehöriger eines Klosters ohne räuml. Bindung an das Kloster, in das er urspr. eingetreten ist

Re|gu|la|ti|on ⟨f.; -, -en⟩ das Regulieren, Regelung, Ausgleich [zu lat. *regulare;* → *regulieren*]

re|gu|la|tiv ⟨Adj.⟩ als Regel dienend, regelnd, aufgrund einer Regel

Re|gu|la|tiv ⟨n.; -s, -e⟩ allgemeine Anweisung, Verfügung [zu lat. *regulare;* → *regulieren*]

Re|gu|la|tor ⟨m.; -s, -to|ren⟩ **1** ⟨i. e. S.⟩ Uhrpendel **2** ⟨i. w. S.⟩ Wanduhr mit Pendel in geschlossenem Gehäuse [<lat. *regulare;* → *regulieren*]

re|gu|la|to|risch ⟨Adj.⟩ regulierend, lenkend; *ein wichtiger ~er Eingriff in das System*

re|gu|lie|ren ⟨V.⟩ **1** regeln, ordnen, gleichmäßig machen; *Ggs* deregulieren **2** nach einer Norm, einem Maß einrichten **3** *regulierter Kleriker* = Regularkleriker [<lat. *regulare* »regeln, einrichten«; zu *regula* »Maßstab, Regel«]

Re|gu|lie|rung ⟨f.; -, -en⟩ das Regulieren; *Ggs* Deregulierung

Re|gu|lus ⟨m.; -, -se od. -gu|li⟩ **1** ⟨Alchimie⟩ die beim Schmelzen unter der Schlacke entstehende Metallschicht **2** ⟨Met.⟩ kleinere Abscheidung von Metall **3** ⟨Handelsbez. für⟩ metallisches Antimon **4** ⟨Zool.⟩ Angehöriger einer einheimischen Familie von Singvögeln, Goldhähnchen [lat. *regulus* »König eines kleines Landes, kleiner König«, Verkleinerungsform zu *rex* »König«]

Re|ha|bi|li|tand ⟨m.; -en, -en⟩ jmd., der rehabilitiert wird

Re|ha|bi|li|ta|ti|on ⟨f.; -, -en⟩ **1** Wiedereinsetzung in frühere Rechte, in den früheren Stand **2** Wiederherstellung der verletzten Ehre **3** Wiedereingliederung (von Kranken, Süchtigen usw.) in die Gesellschaft **4** Nachbehandlung, Wiederherstellung der Leistungsfähigkeit u. Gesundheit durch Bewegungstherapie, Gymnastik u. Ä. [→ *rehabilitieren*]

Re|ha|bi|li|ta|ti|ons|zen|trum *auch:* **Re|ha|bi|li|ta|ti|ons|zent|rum** ⟨n.; -s, -tren; Med.⟩ Einrichtung, die der Rehabilitation dient

re|ha|bi|li|ta|tiv ⟨Adj.⟩ der Rehabilitation dienend, sie betreffend; *~e Behandlung*

re|ha|bi|li|tie|ren ⟨V.⟩ **1** *jmdn. ~* **1.1** jmdn. in seinen früheren Stand, in seine früheren Rechte wiedereinsetzen **1.2** jmds. Ansehen wiederherstellen **1.3** jmdn. (nach Krankheit, Unfall o. Ä.) wieder ins gesellschaftliche Leben zurückführen **2** *sich ~* sich rechtfertigen u. seinen Ruf wiederherstellen [<*re...* + *habilitieren*]

Re|ha|bi|li|tie|rung ⟨f.; -, -en⟩ = Rehabilitation

Re|haut ⟨[rəo:] m.; -s, -s; Mal.⟩ lichte, hervorgehobene Stelle (auf Gemälden) [frz.; zu *haut* »hoch; hell, lebhaft« (Farbe)]

Re|ha|zen|trum *auch:* **Re|ha|zent|rum** ⟨n.; -s, -tren; Med.; kurz für⟩ Rehabilitationszentrum

Reh|pos|ten ⟨m.; -s, -⟩ grober Schrot; *Sy* Posten (7) [<*Reh* + frz. *poste* »Rehposten« <ital. *posta;* → *Posten*]

Rei|bach ⟨m.; -s; unz.⟩ Gewinn (bes. durch Betrug), Verdienst; *oV* Rebbach [<jidd. *rewach* »Zins«]

Rei|bungs|ko|ef|fi|zi|ent ⟨m.; -en, -en; Physik⟩ Konstante als Koeffizient des Verhältnisses der Reibungskräfte fester Körper

re|i|fi|zie|ren ⟨[re:i-] V.⟩ *etwas Abstraktes ~* so behandeln, als ob es real existierte, vergegenständlichen [<engl. *reify* »verdinglichen«; zu lat. *res* »Sache«]

Re|i|fi|zie|rung ⟨[re:i-] f.; -, -en⟩ das Reifizieren

Re|im|plan|ta|ti|on ⟨f.; -, -en; Med.⟩ = Replantation

re|im|plan|tie|ren ⟨V.; Med.⟩ = replantieren

Re|im|port ⟨m.; -(e)s, -e; Wirtsch.⟩ = Reimportation

Re|im|por|ta|ti|on ⟨f.; -, -en; Wirtsch.⟩ Wiedereinführung von exportierten Gütern; *Sy* Reimport

R

re|im|por|tie|ren ⟨V.⟩ *exportierte Güter* ~ wieder einführen

Rei|ne|clau|de ⟨[rɛnəkloːd] f.; -, -n; Bot.⟩ = Reneklode

Rei|net|te ⟨[rɛnɛtə] f.; -, -n; österr. u. schweiz. nur so; frz. Schreibung von⟩ Renette

Re|in|fek|ti|on ⟨f.; -, -en; Med.⟩ erneute Infektion

Re|in|force|ment ⟨[riːinfɔːsmənt] n.; - od. -s; unz.; Psych.⟩ Bekräftigung des Gewohnten, Erlernten, z. B. durch Belohnung [engl. »Verstärkung, Bestätigung«]

Re|in|fu|si|on ⟨f.; -, -en; Med.⟩ Zurückführung körpereigener Flüssigkeiten ins Gefäßsystem; *Sy* Retransfusion

Re|in|kar|na|ti|on ⟨f.; -, -en; Buddhismus; Anthrop.⟩ Wiedergeburt (der Seele in einem neuen Leben)

re|in|stal|lie|ren *auch:* **re|ins|tal|lie|ren** ⟨V.⟩ **1** wiedereinsetzen (in eine Position) **2** ⟨EDV⟩ erneut installieren, wieder aktivieren; *ein Programm* ~

Re|in|te|gra|ti|on *auch:* **Re|in|teg|ra|ti|on** ⟨f.; -, -en; Soziol.⟩ Wiedereingliederung (in die Gesellschaft); *die ~ von Strafgefangenen* [<lat. *re…* »wieder« + *Integration*]

re|in|ves|tie|ren ⟨[-vɛs-] V.; Wirtsch.⟩ erneut investieren; *erwirtschaftetes Kapital* ~

Re|is ⟨[rɛɪs] Pl. von⟩ Real

Reiz|ker ⟨m.; -s, -; Bot.⟩ Milchling, Milchblätterschwamm, Gattung der Blätterpilze mit milchigem Saft, der bei Verletzung des Fruchtkörpers austritt: Lactarius [<russ. *ryžik*, poln. *rydz*, tschech. *ryzec* »der Rötliche« (wegen seines roten Saftes)]

Re|jek|ti|on ⟨f.; -, -en; Rechtsw.⟩ Verwerfung, Abweisung [<lat. *reiectio* »das Zurückwerfen«; zu *reicere* »zurückwerfen«]

Re|jek|to|ri|um ⟨n.; -s, -ri|en; Rechtsw.⟩ abweisendes Urteil eines Gerichts höherer Instanz [→ *Rejektion*]

re|ji|zie|ren ⟨V.; Rechtsw.⟩ verwerfen, abweisen, nicht zulassen [<lat. *reicere* »zurückwerfen«; zu *iacere* »werfen«]

re|ka|pi|ta|li|sie|ren ⟨V.; Wirtsch.⟩ erneut mit Finanzmitteln ausstatten, erneut Kapital zuführen

Re|ka|pi|ta|li|sie|rung ⟨f.; -, -en; Wirtsch.⟩ das Rekapitalisieren, das Rekapitalisiertwerden

Re|ka|pi|tu|la|ti|on ⟨f.; -, -en⟩ zusammenfassende Wiederholung [<lat. *recapitulatio* »Zusammenfassung in den Hauptpunkten, Wiederholung«; → *rekapitulieren*]

re|ka|pi|tu|lie|ren ⟨V.⟩ zusammenfassend wiederholen [<lat. *recapitulare* »in den Hauptpunkten zusammenfassen, wiederholen«; zu *capitulum* »Köpfchen, Hauptabschnitt«; → *Kapitel*]

Re|kla|mant ⟨m.; -en, -en⟩ jmd., der eine Reklamation geltend macht, Beschwerdeführer [<lat. *reclamans*, Part. Präs. zu *reclamare*; → *reklamieren*]

Re|kla|ma|ti|on ⟨f.; -, -en⟩ Beschwerde, Beanstandung von Mängeln einer Sache od. eines Rechts [<lat. *reclamatio* »Gegenruf, das Neinrufen«; zu *reclamare*; → *reklamieren*]

Re|kla|me ⟨f.; -, -n⟩ Werbung für Waren durch Plakate, Zeitung, Film, Funk; *~ für etwas machen* [<frz. *réclame* <*ré* »zurück« + afrz. *clamer* <lat. *clamare* »rufen«]

Re|kla|me|chef ⟨[-ʃɛf] m.; -s, -s⟩ Werbeleiter

Re|kla|me|che|fin ⟨[-ʃɛ-] f.; -, -finnen⟩ Werbeleiterin

re|kla|mie|ren ⟨V.⟩ **1** beanstanden, zurückfordern **2** sich beschweren [<lat. *reclamare* »dagegen rufen, laut »nein« rufen«; zu *clamare* »laut rufen«]

Re|kli|na|ti|on ⟨f.; -, -en; Med.⟩ Zurückbiegen der verkrümmten Wirbelsäule [<lat. *reclinatio*, »das Zurückbeugen«; zu *reclinare* »zurücklehnen, zurückbeugen«]

re|ko|gnos|zie|ren *auch:* **re|kog|nos|zie|ren** ⟨V.; Mil.⟩ erkunden, erforschen, aufklären [<lat. *recognoscere* »wiedererkennen, prüfend besichtigen«; zu *cognoscere* »kennenlernen«]

Re|kom|bi|na|ti|on ⟨f.; -, -en⟩ **1** ⟨Chemie; Physik⟩ Wiedervereinigung abgespaltener Elektronen mit den ihnen zugehörigen Ionen **2** ⟨Genetik⟩ Umlagerung, neue Kombination von Erbgut im Rahmen der Zellteilungsvorgänge (Meiose)

re|kom|bi|nie|ren ⟨V.; Chemie; Physik; Genetik⟩ erneut vereinigen, neu kombinieren; *~ von Erbgut während der Zellteilung*

Re|kom|man|da|ti|on ⟨f.; -, -en; veraltet⟩ **1** Empfehlung, Fürsprache **2** Einschreiben (einer Postsendung) [<frz. *recommandation* »Empfehlung«]

re|kom|man|die|ren ⟨V.; veraltet⟩ **1** empfehlen, einschärfen **2** einschreiben lassen (Postsendung) [<frz. *recommander* »dringend raten, empfehlen«]

Re|kom|pen|sa|ti|on ⟨f.; -, -en⟩ Entschädigung [<lat. *recompensatio* »Wiederausgleich«]

re|kom|pen|sie|ren ⟨V.⟩ entschädigen [<lat. *recompensare* »wieder ausgleichen«; zu *compensare* »abwägen, ausgleichen«]

re|kon|sti|tu|ie|ren *auch:* **re|kons|ti|tu|ie|ren** ⟨V.⟩ wiederherstellen

Re|kon|sti|tu|ti|on *auch:* **Re|kons|ti|tu|ti|on** ⟨f.; -, -en⟩ Wiederherstellung [<frz. *reconstitution*]

re|kon|stru|ier|bar *auch:* **re|kons|tru|ier|bar** *auch:* **re|konst|ru|ier|bar** ⟨Adj.⟩ so beschaffen, dass man es rekonstruieren kann; *der Vorgang ist* ~

re|kon|stru|ie|ren *auch:* **re|kons|tru|ie|ren** *auch:* **re|konst|ru|ie|ren** ⟨V.⟩ **1** den ursprünglichen Zustand wiederherstellen **2** naturgetreu nachbilden **3** *einen Vorgang* ~ ihn nach der Erinnerung berichten

Re|kon|struk|ti|on *auch:* **Re|kons|truk|ti|on** *auch:* **Re|konst|ruk|ti|on** ⟨f.; -, -en⟩ **1** Wiederherstellung (des ursprünglichen Zustandes) **2** Wiederherstellung eines Kunstwerkes, dessen ursprünglicher Zustand nicht mehr erkennbar, nur noch erschließbar ist; → *a.* Restauration **3** das Ergebnis einer Wiederherstellung **4** Bericht eines Vorgangs nach der Erinnerung

re|kon|va|les|zent ⟨[-va-] Adj.; Med.⟩ genesend, auf dem Wege der Besserung befindlich

Re|kon|va|les|zent ⟨[-va-] m.; -en, -en; Med.⟩ Genesender [<lat. *reconvalescens*, Part. Präs. zu *reconvalescere* »wiedererstarken«;

zu *valere* »bei Kräften sein, stark sein«]

Re|kon|va|les|zenz ⟨[-va-] f.; -; unz.; Med.⟩ Genesung, Zeit der Genesung [→ *Rekonvaleszent*]

re|kon|va|les|zie|ren ⟨[-va-] V.; Med.⟩ genesen; *nach einer Krankheit* ~

Re|kon|zi|li|a|ti|on ⟨f.; -, -en; Rel.⟩ Wiederaufnahme eines (religiös) Schuldigen in die kirchl. Gemeinschaft nach der Buße [<*reconciliatio* »Versöhnung«; zu *reconciliare* »wieder vereinigen, versöhnen«]

Re|kord ⟨m.; -(e)s, -e⟩ **1** (offiziell anerkannte) sportl. Höchstleistung; *einen ~ aufstellen, brechen, halten* **2** ⟨allg.⟩ Höchstleistung **3** Verzeichnis der Kämpfe eines Boxers [engl., »Aufzeichnung, Beurkundung, Urkunde; urkundl. Bestätigung einer sportl. Leistung, sportl. Höchstleistung« <lat. *recordari* »sich erinnern«]

Re|kor|der ⟨m.; -s, -⟩ Gerät zur elektromagnet. Ton- u./od. Bildaufzeichnung u. deren Wiedergabe; *oV* Recorder; *Kassetten~; Video~* [zu engl. *record* »aufnehmen«]

Re|kord|ni|veau ⟨[-vo:] n.; -s, -s⟩ *eine Leistung auf ~* eine hervorragende Leistung, deren messbares Ergebnis im Bereich eines neuen Rekordes liegt (bes. im Sport)

◆ Die Buchstabenfolge **re|kr...** kann auch **rek|r...** getrennt werden. Davon ausgenommen sind Zusammensetzungen, in denen die fremdsprachigen bzw. sprachhistorischen Bestandteile deutlich als solche erkennbar sind, z. B. *-kret* (→*a.* Dekret, Sekret) od. *-kreation, -kreieren, -kristallisation.*

Re|kre|a|ti|on ⟨f.; -; unz.⟩ Erholung [<lat. *recreatio* »Erholung, Wiederherstellung«; zu *recreare* »kräftigen, sich erholen«]

re|kre|ie|ren ⟨V.⟩ *sich ~* sich erholen, ausspannen [<lat. *recreare* »neu beschaffen, neu beleben«; zu *creare* »erschaffen«]

Re|kret ⟨n.; -(e)s, -e; Bot.⟩ von einer Pflanze aufgenommener u. unverändert ausgeschiedener Stoff [<*Re...* + *...kret*]

Re|kre|ti|on ⟨f.; -, -en; Bot.⟩ Ablagerung von nicht mehr benötigten Stoffwechselprodukten bei Pflanzen [<*Re...* + *...kret* + *...ion*]

Re|kris|tal|li|sa|ti|on ⟨f.; -, -en⟩ **1** das Wiederauskristallisieren eines Stoffes aus einer Lösung **2** ⟨Met.⟩ durch Erwärmen bewirkte Gefügeänderung eines durch Kaltbearbeitung verformten Materials

◆ **Re|kru|des|zenz** ⟨f.; -; unz.; Med.⟩ Wiederverschlimmerung (bei Krankheiten) [<lat. *recrudescens,* Part. Präs. zu *recrudescere* »wieder ausbrechen«]

◆ **Re|krut** ⟨m.; -en, -en; Mil.⟩ Soldat in der ersten Ausbildung, eben ausgehobener Soldat [<frz. *recrue* »Nachwuchs, Rekrut«, Part. Perf. zu *recroître* »nachwachsen«]

◆ **re|kru|tie|ren** ⟨V.⟩ **1** ⟨Mil.⟩ Rekruten ausheben **2** *sich ~* sich zusammensetzen, sich ergänzen (aus) [<frz. *recruter* »ausheben, rekrutieren«; → *Rekrut*]

◆ **Re|kru|tie|rung** ⟨f.; -, -en⟩ das Rekrutieren, das Rekrutiertwerden

Rek|ta ⟨Anat.; Pl. von⟩ Rektum

Rek|ta|klau|sel ⟨f.; -, -n; Wirtsch.⟩ auf einem Orderpapier vermerkte Klausel, die eine Übertragung durch Indossament verbietet [<lat. *recta (via)* »auf geradem (Weg)«]

rek|tal ⟨Adj.; Med.⟩ zum Mastdarm gehörig, im Mastdarm, durch den M.; *Sy* per rectum; *Temperatur ~ messen* [→ *Rektum*]

rekt|an|gu|lär *auch:* **rek|tan|gu|lär** ⟨Adj.⟩ rechtwinklig [<frz. *rectangulaire* »rechtwinklig, rechteckig« <lat. *rectus* »gerade« + *angulus* »Winkel«]

Rek|ta|pa|pier ⟨n.; -s, -e; Wirtsch.⟩ auf den Namen des Berechtigten lautendes Wertpapier, Namenpapier [→ *Rektaklausel*]

Rek|ta|scheck ⟨m.; -s, -s; Wirtsch.⟩ auf den Namen des Empfängers lautender Scheck mit Rektaklausel [→ *Rektaklausel*]

Rekt|as|zen|si|on *auch:* **Rek|ta|szen|si|on** ⟨f.; -, -en; Astron.⟩ der Bogen des Himmelsäquators vom Frühlingspunkt in der Richtung der scheinbaren jährl. Sonnenbewegung bis zum Deklinationskreis des Sternes, »gerade Aufsteigung« [<lat. *rectus,* fem. *recta* »gerade« + *ascensio* »Aufstieg«]

Rek|ta|wech|sel ⟨[-ks-] m.; -s, -; Wirtsch.⟩ Wechsel mit Rektaklausel

Rek|ti|fi|ka|ti|on ⟨f.; -, -en⟩ **1** ⟨veraltet⟩ Berichtigung, Zurechtweisung **2** ⟨Chemie⟩ wiederholte Destillation **3** ⟨Math.⟩ Bestimmung der Bogenlänge einer Kurve [<lat. *rectus* »richtig, recht« + *...fikation*]

rek|ti|fi|zie|ren ⟨V.⟩ **1** berichtigen, zurechtweisen **2** einer Rektifikation unterwerfen **3** eine Rektifikation vornehmen [<lat. *rectus* »richtig, recht« + *...fizieren*]

Rek|ti|on ⟨f.; -, -en; Sprachw.⟩ Fähigkeit eines Wortes, den Kasus des von ihm abhängigen Wortes zu bestimmen, zu regieren, z. B. die Präposition »mit« hat als Rektion (regiert) den Dativ; →*a.* Valenz (3) [<lat. *rectio* »Lenkung, Leitung«; → *regieren*]

Rek|to ⟨n.; -s, -s⟩ Vorderseite, erste Seite (eines Blattes); *Ggs* Verso [<lat. *recto (folio)* »auf der rechten (Seite)«]

Rek|tor ⟨m.; -s, -to|ren⟩ **1** Leiter (einer Schule, Hochschule o. Ä.) **2** geistlicher Vorsteher einer Kirche od. eines Seminars [<kirchenlat. *rector scholae* »Leiter einer Schule«; → *regieren*]

Rek|to|rat ⟨n.; -(e)s, -e⟩ **1** Amt, Amtszeit eines Rektors **2** dessen Geschäftsstelle

Rek|to|ren|kon|fe|renz ⟨f.; -, -en⟩ Konferenz der Vertreter von Universitäten u. Hochschulen (sowie technischen Hochschulen u. wissenschaftl. Hochschulen)

Rek|to|rin ⟨f.; -, -rin|nen⟩ Leiterin (einer Schule, Hochschule)

Rek|to|skop *auch:* **Rek|tos|kop** ⟨n.; -s, -e; Med.⟩ ein etwa 30 cm langes, metallenes Rohr (mit einer elektrischen Lichtquelle,

R

einer Optik u. einem Gebläse), das durch den After eingeführt wird u. eine detaillierte Untersuchung der Wand des Mastdarms gestattet, Mastdarmspiegel [<*Rektum* + ...*skop*]

Rek|to|sko|pie *auch:* **Rek|tos|ko|pie** ⟨f.; -, -n; Med.⟩ Untersuchung des Mastdarms mit Hilfe des Rektoskops, Mastdarmspiegelung

rek|to|sko|pisch *auch:* **rek|tos|ko|pisch** ⟨Adj.; Med.⟩ die Rektoskopie betreffend, durch den Einsatz des Rektoskops ermittelt

Rek|to|ze|le ⟨f.; -, -n; Med.⟩ Mastdarmvorfall [<*Rektum* + grch. *kele* »Bruch«]

Rek|tum ⟨n.; -s, Rek|ta; Anat.⟩ letzter Abschnitt des Darmes, der sich an den Blinddarm anschließt u. mit dem After endet, Mastdarm [verkürzt <lat. *rectum intestinum* »gerade verlaufender Darm«]

re|kul|ti|vie|ren ⟨[-vi:-] V.; Ökol.⟩ für die landwirtschaftl. Nutzung wiedergewinnen; *Bodenflächen ~* [<*re...* + *kultivieren*]

Re|kul|ti|vie|rung ⟨[-vi:-] f.; -, -en; Ökol.⟩ Wiederherstellung der ursprünglichen ökologischen Verhältnisse in Landesteilen, die durch menschliche Aktivitäten beeinträchtigt wurden

Re|ku|pe|ra|tor ⟨m.; -s, -to|ren; Technik⟩ Anlage zum Vorwärmen von Gasen od. Flüssigkeiten an techn. Feuerungsanlagen [<lat. *recuperator* »Wiedererwerber«]

Re|kur|rens|fie|ber ⟨n.; -s, -; Med.⟩ Rückfallfieber [<lat. *recurrens*, Part. Präs. von *recurrere* »zurücklaufen«]

re|kur|rent ⟨Adj.⟩ = rekursiv

Re|kur|renz ⟨f.; -; unz.; Sprachw.⟩ = Rekursivität [zu lat. *recurrere* »zurücklaufen, wiederkehren«]

re|kur|rie|ren ⟨V.⟩ **1** Bezug nehmen, anknüpfen, aufgreifen **2** ⟨Rechtsw.; veraltet; noch österr.⟩ Einspruch erheben, Berufung einlegen **3** ⟨veraltet⟩ seine Zuflucht nehmen **4** *auf etwas ~* auf etwas Bezug nehmen [<lat. *recurrere* »zurücklaufen, seine Zuflucht nehmen«; zu *currere* »laufen«]

Re|kurs ⟨m.; -es, -e⟩ **1** Rückgriff, Bezugnahme **2** ⟨Rechtsw.⟩ Beschwerde, Einspruch, Berufung [<lat. *recursus* »Rücklauf, Berufung«; → *rekurrieren*]

re|kur|siv ⟨Adj.⟩ **1** ⟨Math.; EDV⟩ auf bekannte Werte zurückgehend, in der Art einer Rekursion **2** ⟨Sprachw.⟩ (bei der Bildung von Sätzen) auf Regeln, die für vorangegangene Sätze gelten, zurückgreifend; *Sy* rekurrent [→ *rekurrieren*]

Re|kur|si|vi|tät ⟨[-vi-] f.; -; unz.; Sprachw.⟩ Möglichkeit einer Grammatik, mit einer endlichen Anzahl von Regeln eine unendlichen Menge von Sätzen zu bilden; *Sy* Rekurrenz

Re|lais ⟨[rəlɛ:] n.; - [-lɛ:s], - [-lɛ:s]⟩ **1** ⟨früher⟩ Wechsel der Pferde, Stelle zum Auswechseln der Postpferde **2** ⟨Mil.⟩ Kette von Meldegängern **3** ⟨El.⟩ elektr. Schaltvorrichtung zum Steuern großer Strom- u. Spannungsstärken durch kleine Strom- u. Spannungsstärken [frz., »Staffel, Stafette, Relais«]

Re|lais|be|ben ⟨[rəlɛ:-] n.; -s, -; Geophysik⟩ Erdbeben, das von einem anderen, möglicherweise auch weit entfernten Beben ausgelöst wird; *Sy* Simultanbeben

Re|lais|sta|ti|on ⟨[rəlɛ:-] f.; -, -en; Funkw.⟩ auf der Erde befindliche Funkstation zum Auffangen u. Weiterleiten von Funk- u. Fernsehwellen, die bei ihrer Ausbreitung nicht der Erdkrümmung folgen

Re|laps ⟨m.; -es, -e; Med.⟩ Wiederausbrechen einer Krankheit, Rückfall [<lat. *relapsio* »das Zurückgleiten«; zu *relabi* »zurückgleiten, -fallen«]

Re|la|ti|on ⟨f.; -, -en⟩ **1** Beziehung, Verhältnis; *in ~ zur Qualität ist der Preis zu hoch* **2** Bericht, Mitteilung [<lat. *relatio* »Bericht, Berichterstattung; Beziehung, Verhältnis«]

re|la|ti|o|nal ⟨Adj.⟩ die Relation betreffend, in einer Beziehung, einem Verhältnis stehen

re|la|tiv ⟨Adj.⟩ **1** in einem Verhältnis zu etwas stehend, im Verhältnis zu etwas anderem zu betrachten, bedingt verhältnismäßig; *Ggs* absolut **1.1** *~e Bewegung* B. innerhalb eines Bezugssystems **1.2** *~es Gehör* Fähigkeit, einen Ton durch Intervalle zu bestimmen **1.3** *~e Feuchtigkeit* Feuchtigkeitsgehalt der Luft unter Berücksichtigung der Tatsache, dass warme Luft mehr Wasser aufnimmt als kalte **1.4** *~e Helligkeit* H. eines Sternes, wie sie sich dem Betrachter bietet, ohne Rücksicht auf die Entfernung, scheinbare Helligkeit **1.5** *~e Mehrheit* Abstimmungsergebnis, bei dem der Wahlkandidat mehr Stimmen als die anderen erhalten hat, ohne aber die absolute Mehrheit erreicht zu haben **1.6** *~e Zahl* mit einem negativen od. positiven Vorzeichen versehene Zahl **2** ⟨adv. u. präd.⟩ von den Umständen od. wechselnder Beurteilung abhängig; *er ist ~ groß; es ist ~ gut gegangen* [<frz. *relatif* <lat. *relativus* »sich beziehend, bezüglich«]

Re|la|tiv ⟨n.; -s, -e; Gramm.⟩ = Relativpronomen

re|la|ti|vie|ren ⟨[-vi:-] V.⟩ **1** in Beziehung, in ein Verhältnis setzen zu **2** in Zweifel ziehen, einschränken

re|la|ti|visch ⟨[-vɪʃ] Adj.; Gramm.⟩ das Relativpronomen betreffend, als Relativpronomen verwendet

Re|la|ti|vis|mus ⟨[-vɪs-] m.; -; unz.; Philos.⟩ Lehre, dass alle Dinge für uns nur in ihren Beziehungen zueinander, nicht aber als die Dinge selbst erkennbar sind

Re|la|ti|vist ⟨[-vɪst] m.; -en, -en⟩ **1** ⟨Philos.⟩ Vertreter, Anhänger des Relativismus **2** ⟨geh.⟩ jmd., der alle Erkenntnis als subjektiv einstuft

re|la|ti|vis|tisch ⟨[-vɪs-] Adj.⟩ den Relativismus od. die Relativitätstheorie betreffend, auf ihm od. ihr beruhend

Re|la|ti|vi|tät ⟨[-vi-] f.; -, -en⟩ auf eine bestimmte Sache bezogene, bedingte Geltung

Re|la|ti|vi|täts|the|o|rie ⟨[-vi-] f.; -; unz.⟩ von A. Einstein formulierte Theorie, nach der Zeit u. Raum nicht unveränderlich, sondern vom Bezugssystem des jeweiligen Beobachters abhän-

R

gig sind u. bes. bei Annäherung an die Lichtgeschwindigkeit starke Veränderungen erfahren (heute vielfach bewiesen)

Re|la|ti̱v|pro|no|men ⟨n.; -s, - od. -mi|na; Gramm.⟩ bezügliches Fürwort, Pronomen, das in einem untergeordneten Gliedsatz anstelle der Benennung einer Person od. Sache steht, z. B. der Mann, welcher … (der …)

Re|la|ti̱v|satz ⟨m.; -es, -sät|ze; Gramm.⟩ durch ein Relativpronomen an den Hauptsatz angeschlossener Nebensatz, Bezugssatz, z. B. ich kaufe mir das Buch, »von dem alle sprechen«

Re|la|ti̱|vum ⟨n.; -s, -ti̱|va; Gramm.⟩ = Relativpronomen [<lat. *(pronomen) relativum* »bezügliches (Fürwort)«]

Re|la|ti̱v|zahl ⟨f.; -, -en; Math.⟩ = Index (4)

Re|launch ⟨[rɪlɔ̱:ntʃ] m. od. n.; -(e)s, -(e)s⟩ neue Werbekampagne für ein Produkt, das bereits längere Zeit auf dem Markt ist [<engl. *re-* »wieder, erneut« + *launch* »auf den Markt bringen«]

re|laun|chen ⟨[rɪlɔ̱:ntʃən] V.⟩ einen Relaunch starten, neu bewerben; *ein Produkt ~*

Re|la|xans ⟨n.; -, -xa̱n|tia od. -xa̱n|zi|en; Pharm.⟩ Mittel zur Entspannung der Muskeln [<lat. *relaxans,* Part. Präs. zu *relaxare* »lockern, lösen«]

Re|la|xa|ti|o̱n ⟨f.; -, -en⟩ **1** ⟨Physik⟩ Verminderung der Elastizität **2** ⟨Chemie⟩ Wiederherstellung eines chem. Gleichgewichts **3** ⟨Physiol.⟩ Entspannung der Muskulatur **4** ⟨Math.⟩ Verfahren zur näherungsweisen Lösung von Gleichungen [<lat. *relaxatio* »Entspannung«]

re|laxed ⟨[rilæ̱kst] Adj.; umg.⟩ ungezwungen, gelöst, entspannt; →*a.* relaxen

re|la|xen ⟨[rilæ̱ksən] V.; umg.⟩ sich entspannen, erholen; →*a.* relaxed [<engl. *relax* »entspannen«]

Re|la|xing ⟨[rilæ̱ksɪŋ] n.; -s; unz.; umg.⟩ das Entspannen, Erholen [→ *relaxen*]

Re|lease ⟨[rili̱:s] n.; -, -s [-sɪs] od. [-sɪz]⟩ **1** ⟨kurz für⟩ Releasezentrum **2** ⟨EDV⟩ (mit einer neuen Versionsnummer gekennzeichnete) überarbeitete Programmversion bzw. deren Freigabe **3** ⟨Musik⟩ Zeitpunkt der Vermarktung eines neuen Produktes [engl., »freigeben, befreien; Freigabe, Befreiung«]

Re|lease|cen|ter ⟨[rili̱:ssɛntə(r)] n.; -s, -⟩ = Releasezentrum

Re|lea|ser ⟨[rili̱:zə(r)] m.; -s, -; umg.⟩ Betreuer von Drogenabhängigen [<engl. *release* »Befreiung, Erlösung«]

Re|lease|zen|trum *auch:* **Re|lease|zent|rum** ⟨[rili̱:s-] n.; -s, -zentren⟩ Einrichtung zur Heilung Drogenabhängiger; *Sy* Releasecenter [<engl. *release* »befreien«]

Re|le|ga|ti|o̱n ⟨f.; -, -en⟩ Verweisung eines Studenten bzw. Schülers von der Hochschule bzw. Schule [<lat. *relegatio* »Fortschickung, Verweisung«; zu *relegare* »fortschicken, entfernen«]

Re|le|ga|ti|o̱ns|spiel ⟨n.; -(e)s, -e; Sport⟩ entscheidendes Spiel einer schlechteren Mannschaft einer höheren Spielklasse gegen eine bessere Mannschaft der darunterliegenden Spielklasse um den Verbleib in derselben od. den Aufstieg in die höhere Spielklasse

re|le|gie̱|ren ⟨V.⟩ *einen Studenten, Schüler ~* von der Hochschule bzw. Schule verweisen [<lat. *relegare* »fortschicken, entfernen« <*re…* »zurück« + *legare* »entsenden«]

re|le|vant ⟨[-va̱nt] Adj.⟩ wichtig, erheblich, belangvoll; *Ggs* irrelevant [<lat. *relevans,* Part. Präs. zu *relevare* »erleichtern, mildern, abhelfen«]

Re|le|vanz ⟨[-va̱nts] f.; -, -en⟩ die Eigenschaft, relevant zu sein; *Ggs* Irrevelanz

Re|li|a|bi|li|tä̱t ⟨f.; -; unz.; Psych.⟩ Zuverlässigkeit (eines psycholog. Tests) [<engl. *reliability* »Zuverlässigkeit«]

Re|li|e̱f ⟨n.; -s, -s od. -e⟩ **1** aus einer Fläche mehr od. minder erhaben herausgearbeitetes, in der ägyptischen Kunst auch eingegrabenes Bild **2** Form der Erdoberfläche **3** verkleinerte Nachbildung der Erdoberfläche [frz., »Relief, erhabene Arbeit«]

Re|li|e̱f|druck ⟨m.; -(e)s, -e⟩ Präge- od. Blinddruck, die Prägung (von Platten, bes. von Buchdeckeln)

re|li|e|fie̱|ren ⟨[-ljɛ-] V.⟩ mit einem Relief versehen, verzieren, ein Relief herausarbeiten aus

Re|li|e̱f|um|kehr ⟨f.; -; unz.; Geol.⟩ Umkehrung der Übereinstimmung zwischen Relief u. Struktur eines Faltengebirges, wenn in diesem die zerklüfteten, höherliegenden u. leichter abzutragenden Schichten von Faltensätteln durch Abtragung so weit verringert werden, dass die Erdoberfläche schließlich tiefer liegt als in den tektonischen Mulden; *Sy* Inversion (9)

Re|li|gi|o̱n ⟨f.; -, -en⟩ **1** Glaube an u. Auseinandersetzung mit einer überirdischen Macht sowie deren kultische Verehrung **2** Gottesglaube, Gottesverehrung **3** Glaubensbekenntnis **4** Unterricht im Glaubensbekenntnis (als Schulfach) [<lat. *religio* »rücksichtsvolle, gewissenhafte Beachtung, Gewissensscheu«]

Re|li|gi|o̱ns|phi|lo|so|phie ⟨f.; -, -n⟩ Teil der Philosophie, der Inhalt u. Bedeutung der Religion erforscht, philosoph. Behandlung religiöser u. dogmat. Fragen vom Standpunkt der Theologie aus; *jüdische, katholische, protestantische ~*

re|li|gi|ö̱s ⟨Adj.⟩ *Ggs* irreligiös **1** zur Religion gehörend, auf ihr beruhend **2** gläubig, fromm [<lat. *religiosus* »gewissenhaft, gottesfürchtig, fromm«; → *Religion*]

Re|li|gi|o̱|se(r) ⟨f. 2 (m. 1)⟩ Mitglied einer relig. Genossenschaft mit einfachen Gelübden

Re|li|gi|o|si|tä̱t ⟨f.; -; unz.⟩ Gläubigkeit, Frömmigkeit; *Ggs* Irreligiosität

re|li|gio|so ⟨[-lɪdʒo̱:zo] Musik⟩ andachtsvoll, fromm [ital.]

re|li̱kt ⟨Adj.; Biol.⟩ als Relikt vorkommend (von Tieren u. Pflanzen)

Re|li̱kt ⟨n.; -(e)s, -e⟩ Überbleibsel, Rest [<lat. *relictum* Part. Perf. zu *relinquere* »zurücklassen«]

Re|li̱k|ten ⟨nur Pl.⟩ **1** Hinterbliebene **2** Hinterlassenschaft

Re|li̱k|ten|fau|na ⟨f.; -, -fau|nen;

R

Zool.⟩ letzte Exemplare einer vormals lebenden Tierwelt

Re|lik|ten|flo|ra ⟨f.; -, -flo|ren; Bot.⟩ letzte Exemplare einer vormals lebenden Pflanzenwelt

Re|li|qui|ar ⟨n.; -s, -e; Rel.⟩ oft kunstvoll gearbeiteter Behälter zur Aufnahme von Reliquien, Reliquienbehälter, Reliquienschrein, Heiligenschrein

Re|li|quie ⟨[-kvjə] f.; -, -n⟩ körperl. Überrest eines Heiligen od. Gegenstand, der ihm einst gehörte [<lat. *reliquiae* »Zurückgelassenes, Überrest«; zu *relinquere* »zurück-, übrig lassen«]

Re|lish ⟨[rɛlɪʃ] n.; -s, -s od. -es [-ʃɪz]⟩ würzige Soße mit kleinen Gemüsestückchen [engl., »Gewürz, Geschmack«]

Re|luk|tanz ⟨f.; -, -en; Physik⟩ magnetischer Widerstand, Kehrwert der magnet. Induktivität [<lat. *reluctari* »sich widersetzen«]

Re|lu|xa|ti|on ⟨f.; -, -en; Med.⟩ wiederholte Ausrenkung eines Gelenks [<*Re...* + *Luxation*]

rem ⟨Zeichen für⟩ Rem

Rem ⟨n.; -, -; Physik; Zeichen: rem⟩ bis zum 31.12.1985 verwendete Maßeinheit der Röntgenstrahlung od. radioaktiven Strahlung, ersetzt durch die Einheit Joule/Kilogramm (J/kg), 1 rem = 0,01 J/kg; → *a.* rep [engl.; verkürzt <*r*oentgen *e*quivalent *m*an]

Re|mai|ling ⟨[rimɛɪl-] n.; - od. -s; unz.; Wirtsch.⟩ Versand von Massenpost unter Ausnutzung der jeweils günstigsten Gebührenstruktur im In- u. Ausland (basiert darauf, dass Inlandspost unter Umständen ins Ausland transferiert wird, um von dort kostengünstiger wieder ins Inland geschickt zu werden) [<engl. *re* »zurück« + *mailing* »Postversand«]

Re|make ⟨[ri:mɛɪk], a. [-'-] n.; -s, -s; Film⟩ Neuverfilmung eines bereits verfilmten Stoffes [<engl. *remake* »erneuern« <*re...* »wieder...« + *make* »machen«]

re|ma|nent ⟨Adj.⟩ zurückbleibend; *~er Magnetismus* [<lat. *remanens,* Part. Präs. von *remanere* »zurückbleiben«]

Re|ma|nenz ⟨f.; -; unz.⟩ **1** ⟨Physik⟩ in Körpern aus Stahl od. Eisen zurückbleibender Magnetismus, Restmagnetismus **2** Weiterbestehen eines Reizes [zu lat. *remanere* »zurückbleiben«]

Re|ma|te|ri|a|li|sa|ti|on ⟨f.; -, -en⟩ **1** ⟨Physik⟩ Bildung von Materie aus einer entsprechend energiereichen Strahlung **2** ⟨Parapsych.⟩ Rückkehr eines dematerialisierten Gegenstandes in seinen ursprüngl. materiellen Zustand

re|ma|te|ri|a|li|sie|ren ⟨V.⟩ **1** Materie bilden; *es entsteht ein Energieblitz, aus dem Teilchen ~ können* **2** Wiederherstellung von dematerialisierter (aufgelöster) Materie in den ursprünglichen materiellen Zustand; *sich in Luft auflösen, um andernorts zu ~*

Rem|bours ⟨[rãbu:r] m.; -, -⟩ Deckung, Erstattung (von Auslagen) [verkürzt <frz. *remboursement* »Rückzahlung, Rückerstattung«; zu *rembourser* »zurückzahlen«]

Rem|bours|ge|schäft ⟨[rãbu:r-] n.; -(e)s, -e; Bankw.⟩ Geschäft, bei dem man sich durch Wechsel teilweise Deckung für die in Kommission gegebenen Waren verschafft

Rem|bours|kre|dit ⟨[rãbu:r-] m.; -s, -e; Bankw.⟩ kurzfristiger, durch Waren gesicherter Kredit einer Bank an einen Importeur im Überseehandel

re|me|die|ren ⟨V.⟩ heilen, helfen [<lat. *remediari* »heilen«; zu *remedium* »Heilmittel«]

Re|me|di|um ⟨n.; -s, -di|en od. -dia⟩ **1** Heil-, Hilfsmittel **2** die gesetzlich gestattete geringe Abweichung von der normalen Feinheit u. vom Normalgewicht einer Münze [lat., »Heilmittel, Arznei, Hilfsmittel«]

Re|mi|grant *auch:* **Re|mig|rant** ⟨m.; -en, -en⟩ männl. Person, die remigriert

Re|mi|gran|tin *auch:* **Re|mig|ran|tin** ⟨f.; -, -tin|nen⟩ weibl. Person, die remigriert

re|mi|grie|ren *auch:* **re|mig|rie|ren** ⟨V.⟩ aus dem Exil zurückkehren [<*re...* + lat. *migrare* »wandern«]

re|mi|li|ta|ri|sie|ren ⟨V.⟩ *ein Land ~* das Heerwesen eines Landes wiederherstellen, ein Land wiederbewaffnen

Re|mi|li|ta|ri|sie|rung ⟨f.; -; unz.⟩ das Remilitarisieren, die Wiederbewaffnung

Re|mi|nis|ce|re ⟨ohne Artikel⟩ zweiter Passionssonntag, fünfter Sonntag vor Ostern [lat., »gedenke«; nach dem Anfangswort des Messeingangs aus Psalm 24,6]

Re|mi|nis|zenz ⟨f.; -, -en⟩ Erinnerung, Anklang; *Kindheits~* [<lat. *reminiscentia* »Rückerinnerung«; zu *reminisci* »sich erinnern«]

Re|mi|nis|ze|re ⟨ohne Artikel⟩ zweiter Sonntag der Passionszeit, fünfter Sonntag vor Ostern [lat., »gedenke«; nach dem Anfangswort des Messeingangs aus Psalm 24,6]

re|mi|nis|zie|ren ⟨V.⟩ sich erinnern, eine Rückschau halten; *die Friedensbewegung ~* [→ *Reminiszenz*]

re|mis ⟨[rəmi:] Adj.; undekl.; nur präd. u. adv.⟩ unentschieden (bes. beim Schachspiel) [frz., »unentschieden«, eigtl. »aufgeschoben«, Part. Perf. zu *remettre* »aufschieben; einstellen«]

Re|mis ⟨[rəmi:] n.; -, - od. -en [-zən]⟩ unentschiedenes Spiel (bes. beim Schach)

Re|mi|se ⟨f.; -, -n⟩ **1** Einstellraum für Wagen u. Geräte **2** zum Schutz von Wild angelegtes, dichtes Gehölz [frz., »das Zurückstellen; das Einstellen«; zu *remettre;* → *remis*]

re|mi|sie|ren ⟨V.⟩ einen Wettkampf für unentschieden erklären (bes. beim Schachspiel)

Re|mis|si|on ⟨f.; -, -en⟩ **1** Rücksendung **2** Erlass, Vermittlung **3** Verminderung **4** vorübergehendes Zurückgehen von Krankheitserscheinungen [<lat. *remissio* »Zurücksendung, Unterbrechung, Erlassung«; zu *remittere* »zurückschicken, nachlassen«]

Re|mit|ten|de ⟨f.; -, -n; Buchw.⟩ vom Buchhändler dem Verlag zurückgeschicktes Buch [<lat. *remittenda* »Zurückzuschickende«, Gerundivum zu *remittere* »zurückschicken«]

Re|mit|tent ⟨m.; -en, -en⟩ jmd., an den od. an dessen Order ein Wechsel gezahlt werden soll [<lat. *remittens* »zurücksendend, (wieder)zustellend«, Part. Präs. zu *remittere* »zurücksenden, (wieder) zustellen«; zu *mittere* »senden«]

re|mit|tie|ren ⟨V.⟩ **1** zurücksenden **2** übersenden, überweisen **3** vermindern **4** ⟨Med.⟩ nachlassen, zurückgehen; *eine Krankheitserscheinung remittiert* [<lat. *remittere* »zurücksenden, (wieder) zustellen«]

Re|mix ⟨[ri:-], a. [-ˈ-] m.; -, -e; Musik⟩ **1** ⟨unz.⟩ die Neueinspielung, Neuabmischung alter Musikstücke **2** ⟨zählb.⟩ das neu eingespielte, abgemischte Musikstück selbst [engl.]

re|mi|xen ⟨[ri:-], a. [-ˈ--] V.; Musik⟩ alte Musikstücke neu gestalten u. einspielen; *ein Stück am Mischpult* ~ [<engl. *remix*]

Re|mons|trant *auch:* **Re|monst|rant** ⟨m.; -en, -en; Theol.⟩ Angehöriger der Partei der niederländ. reformierten Kirche [<*Re...* + lat. *monstrare* »zeigen«]

re|mon|tant ⟨a. [-mɔ̃:-] Adj.; Bot.⟩ wiederkehrend, zum zweiten Mal blühend [frz.; → *remontieren*]

Re|mon|te ⟨f.; -, -n⟩ junges (drei- bis fünfjähriges) Pferd, bes. für das Militär [frz., »Gesamtheit der Nachwuchspferde«]

re|mon|tie|ren ⟨V.⟩ **1** wiedereinrichten **2** ⟨veraltet⟩ den Bestand an Pferden auffrischen, junge Pferde kaufen **3** ⟨Bot.⟩ nach dem Hauptflor am jungen Trieb zum zweiten Mal blühen [<frz. *remonter* »wieder hinaufsteigen, auffrischen, ergänzen; zweimal (im Jahr) blühen«]

Re|mor|queur ⟨[-kø:r] m.; -s, -e; österr.⟩ kleiner Schleppdampfer [frz., »Schleppdampfer«]

re|mor|quie|ren ⟨[-ki:-] V.⟩ mit Schleppdampfer ziehen, schleppen [<frz. *remorquer* »schleppen, ins Schlepptau nehmen«]

Re|mote Sen|sing ⟨[rimout -] n.; - -s; unz.⟩ **1** Führung von Anlagen od. techn. Verfahren durch Fernsteuerungseinrichtungen **2** ⟨Raumfahrt⟩ Erkundung von Planeten od. Sternen aus großer Entfernung **3** Fernerkundung aus der Luft, Erkundung mit dem Flugzeug [<engl. *remote* »weit entfernt« + *sensing* »das Fühlen«]

Re|mou|la|de ⟨[rəmu-] f.; -, -n; Kochk.⟩ pikante, dicke Soße aus Öl, Ei u. Gewürzen [<frz. *rémoulade*]

REM-Pha|se ⟨f.; -, -n⟩ Traumphase des Schlafs, die durch schnelle Augenbewegungen u. eine auffallend starke Aktivität des Gehirns gekennzeichnet ist [Abk. für engl. *r*apid *e*ye *m*ovement »schnelle Augenbewegung«]

Re|mu|ne|ra|ti|on ⟨f.; -, -en; veraltet; noch österr.⟩ Vergütung, Entschädigung [<lat. *remuneratio* »Erkenntlichkeit, Belohnung«; zu *remunerari* »belohnen«]

Ren[1] ⟨n.; -s, -s od. -e; Zool.⟩ im Norden lebende Art der Hirsche, von denen beide Geschlechter ein Geweih tragen, Rentier: Rangifer tarandus [<norweg., dän., schwed. *ren* <germ. **hraina-* <idg. **kroino;* zur Wurzel **ker-* »Horn«]

Ren[2] ⟨m.; -, Re|nes; Anat.⟩ Niere [lat.]

Re|nais|san|ce ⟨[rənɛsɑ̃:s(ə)] f.; -, -n [-sən]⟩ **1** Wiedererweckung der antiken Kultur seit dem 14. Jh. in Europa **2** Wiedererweckung einer untergegangenen Kultur; *karolingische* ~ [frz., »Wiedergeburt«]

re|nal ⟨Adj.; Med.⟩ zu den Nieren gehörig [zu lat. *ren* »Niere«]

re|na|tu|rie|ren ⟨V.; Ökol.⟩ in einen naturnahen Zustand zurückführen; *Ackerland* ~

Re|na|tu|rie|rung ⟨f.; -, -en; Ökol.⟩ Wiederherstellung naturnaher Verhältnisse [<lat. *re...* »wieder« + *Natur*]

Ren|con|tre *auch:* **Ren|cont|re** ⟨[rɑ̃kɔ̃:trə] n.; -s, -s⟩ *oV* Renkontre **1** Zusammenstoß, feindl. Begegnung **2** sich daraus entwickelnder Kampf [<frz. *rencontre* »Begegnung, Zusammenstoß«]

Ren|dant ⟨m.; -en, -en⟩ Rechnungsführer, Kassenverwalter, Rentmeister [frz., »Rechnungsablegender«]

Ren|de|ment ⟨[rɑ̃dəmɑ̃:] n.; -s, -s⟩ Ausbeute, Ertrag (bes. von Fertigwaren aus einem Rohstoff) [frz., »Ertrag, Nutzen«]

Ren|de|ring ⟨n.; - od. -s, -s; EDV⟩ computerunterstützte Umwandlung von Inhalten in zwei- od. dreidimensionale Bilder [engl.; zu *render* »wiedergeben, übertragen«]

Ren|dez|vous ⟨[rɑ̃devu:] n.; - [-vu:s], - [-vu:s]⟩ *oV* ⟨schweiz.⟩ Rendez-vous **1** Verabredung, Treffen, Stelldichein; *ein* ~ *haben* **2** durch Änderung der Umlaufbahnen erreichte Begegnung bemannter od. unbemannter Satelliten oder Weltraumstationen [<frz. *rendez-vous* »Verabredung«]

Ren|dez-vous ⟨[rɑ̃devu:] n.; - [-vu:s], - [-vu:s]; schweiz.⟩ = Rendezvous

Ren|dez|vous|ma|nö|ver ⟨[rɑ̃devu:-] n.; -s, -⟩ Kurskorrektur von Satelliten zum Erreichen eines Rendezvous (2)

Ren|di|te ⟨f.; -, -n; Wirtsch.⟩ **1** Gewinn in der Zeiteinheit im Verhältnis zum eingesetzten Kapital **2** Ertrag im Verhältnis zum Kurs (eines Wertpapiers) [<ital. *rendita* »Einkünfte, Gewinn«]

Ren|di|ten|haus ⟨n.; -es, -häu|ser; schweiz.⟩ Mietshaus

Re|ne|gat ⟨m.; -en, -en⟩ Abtrünniger eines Glaubens od. einer polit. Ansicht [<*Re...* + lat. *negare* »verneinen, verleugnen«]

Re|ne|ga|ti|on ⟨f.; -, -en⟩ das Abweisen der bisherigen Überzeugung, Glaubensabfall

Re|ne|klo|de *auch:* **Re|nek|lo|de** ⟨f.; -, -n; Bot.⟩ feste, grüne Pflaume; *oV* Reineclaude, ⟨österr.⟩ Ringlotte [<frz. *reineclaude* = *Reine Claude* »Königin Claudia« (Gemahlin Franz' I. von Frankreich)]

Re|net|te ⟨f.; -, -n; Bot.⟩ fester, haltbarer grüner Apfel; *oV* Reinette [<frz. *reinette, rainette* »Laubfrosch« (wegen der gefleckten Schale)]

Ren|for|cé ⟨[rɑ̃fɔrse:] m. od. n.; -s, -s; Textilw.⟩ feiner, gebleichter Baumwollstoff für Wäsche u. Hemden in Leinwandbindung; *Sy* Madapolam [frz., »verstärkt«]

R

re|ni|tent ⟨Adj.⟩ widerspenstig, widersetzlich [<frz. *rénitent* »dem Druck widerstehend« <lat. *renitens* »sich entgegenstemmend«, Part. Präs. zu *reniti* »sich entgegenstemmen«]
Re|ni|tenz ⟨f.; -; unz.⟩ Widerspenstigkeit, Widersetzlichkeit [<frz. *rénitence* »Widerstand gegen Druck, Widersetzlichkeit«]
Ren|kon|tre *auch:* **Ren|kont|re** ⟨[rãkɔ̃:trə] n.; -s, -s⟩ = Rencontre
Re|no|gra|fie ⟨f.; -, -n; Med.⟩ = Renographie
Re|no|gra|phie ⟨f.; -, -n; Med.⟩ Röntgendarstellung der Nieren; *oV* Renografie; *Sy* Nephrographie [<*Ren*[2] + ...*graphie*]
Re|nom|mee ⟨n.; -s, -s⟩ Ruf, Leumund, Ansehen, Prestige [frz., »(guter) Ruf, Leumund, Ansehen«]
re|nom|mie|ren ⟨V.⟩ angeben, aufschneiden, prahlen [<frz. *renommer* »wieder ernennen, loben, rühmen«]
re|nom|miert ⟨Adj.⟩ angesehen, anerkannt, gelobt, berühmt; *ein ~es Unternehmen*
Re|non|ce ⟨[rənɔ̃:sə] f.; -, -n; Kart.⟩ **1** Fehlfarbe, Spielkarte, die nicht Trumpf ist **2** Spielkarte, die einem Spieler fehlt [frz.; zu *renoncer* »verzichten«]
Re|no|va|ti|on ⟨[-va-] f.; -, -en⟩ Erneuerung, Renovierung [<lat. *renovatio* »Erneuerung«; zu *renovare* »erneuern«]
re|no|vie|ren ⟨[-vi:-] V.⟩ neu herrichten, instand setzen, erneuern; *Gebäude ~* [<lat. *renovare* »erneuern«; zu *novus* »neu«]
Re|no|vie|rung ⟨[-vi:-] f.; -, -en⟩ Instandsetzung, Erneuerung (von Wohnungen, Häusern)
ren|ta|bel ⟨Adj.⟩ **1** so geartet, dass es sich rentiert **2** einträglich, Gewinn bringend, vorteilhaft; *rentable Geschäfte* [<frz. *rentable;* zu *rente;* → *Rente*]
Ren|ta|bi|li|tät ⟨f.; -; unz.⟩ rentable Beschaffenheit, Einträglichkeit, Verzinsung
Ren|te ⟨f.; -, -n⟩ regelmäßiges Einkommen aus Versicherung od. Vermögen; *Alters~; Invaliden~* [<mhd. *rente* <afrz. *rente* »Einkommen, Ertrag, Gewinn«]
Ren|tier[1] ⟨n.; -(e)s, -e; Zool.⟩ = Ren[1]
Ren|ti|er[2] ⟨[-tje:] m.; -s, -s⟩ Rentenempfänger, Renteninhaber [frz.]
ren|tie|ren ⟨V.⟩ *sich ~* **1** Gewinn bringen, Ertrag abwerfen; *diese Ausgabe, das Geschäft rentiert sich nicht* **2** ⟨fig.⟩ sich lohnen; *das rentiert sich nicht* ist zwecklos, sinnlos [→ *Rente*]
Re|nu|me|ra|ti|on ⟨f.; -, -en⟩ Rückzahlung [<lat. *renumerare;* → *renumerieren*]
re|nu|me|rie|ren ⟨V.⟩ zurückzahlen [<lat. *renumerare* »wiederauszahlen«; zu *numerus* »Zahl«]
Re|nun|ti|a|ti|on ⟨f.; -, -en⟩ = Renunziation
Re|nun|zi|a|ti|on ⟨f.; -, -en⟩ Verzicht, Abdankung; *oV* Renuntiation [<lat. *renuntiatio* »Verkündigung, Aufkündigung«; zu *renuntiare* »verkündigen, aufkündigen«]
re|nun|zie|ren ⟨V.⟩ verzichten [<lat. *renuntiare* »verkündigen, aufkündigen«; zu *nuntius* »Bote«]
Ren|vers ⟨[rãvɛ:r] n.; -; unz.; Reitsport⟩ Seitengang der Dressur, bei dem die Vorhand des Pferdes in das Bahninnere zeigt u. das Pferd dahin tritt, wohin es gestellt ist; *Ggs* Travers [frz.; zu *renverser* »umkehren«]
Re|ok|ku|pa|ti|on ⟨f.; -, -en; Mil.⟩ erneute Okkupation, Wiederbesetzung; *~ eines Landes od. Landesteiles durch Truppen*
re|ok|ku|pie|ren ⟨V.; Mil.⟩ erneut okkupieren, wiederbesetzen
Re|or|ga|ni|sa|ti|on ⟨f.; -, -en⟩ Neuordnung, Umgestaltung
Re|or|ga|ni|sa|tor ⟨m.; -s, -to|ren⟩ jmd., der etwas reorganisiert
re|or|ga|ni|sie|ren ⟨V.⟩ neu ordnen, umgestalten
rep bis zum 31.12.1985 verwendete Maßeinheit für eine absorbierte radioaktive Strahlung von 93 erg/g; →*a.* rem [engl.; verkürzt <*r*oentgen *e*quivalent *p*hysical]
rep. ⟨Abk. für⟩ repetatur, es werde wiederholt (Hinweis auf ärztl. Rezepten, dass die Verordnung wiederholt angefertigt werden darf); *Ggs* ne rep.
re|pa|ra|bel ⟨Adj.⟩ ersetzbar, wiederherstellbar, so geartet, dass es wiedergutzumachen, zu reparieren ist; *Ggs* irreparabel; *reparable Schäden* [<lat. *reparabilis* »ersetzbar«; zu *reparare* »wiederherstellen, ersetzen«]
Re|pa|ra|teur ⟨[-tø:r] m.; -s, -e⟩ jmd., der Reparaturen ausführt [<frz. réparateur]
Re|pa|ra|ti|on ⟨f.; -, -en⟩ dem Besiegten auferlegte Geld-, Sach- od. Arbeitsleistungen als Wiedergutmachung von Kriegsschäden [<lat. *reparatio* »Wiederherstellung«; zu *reparare* »wiederherstellen«]
Re|pa|ra|tur ⟨f.; -, -en⟩ Instandsetzung, Wiederherstellung, Ausbesserung [→ *reparieren*]
re|pa|rie|ren ⟨V.⟩ eine Reparatur ausführen an, instand setzen, wiederherstellen, ausbessern [<lat. *reparare* »wiederherstellen«; zu *parare* »bereiten«]
re|par|tie|ren ⟨V.⟩ *Kosten ~* berechnen u. auf die Beteiligten umlegen [<frz. *répartir* »aufteilen, verteilen«]
Re|par|ti|ti|on ⟨f.; -, -en⟩ das Repartieren [<frz. *répartition* »Aufteilung, Verteilung«]
re|pas|sie|ren ⟨V.⟩ **1** *Rechnungen ~* nochmals prüfen, wieder durchsehen **2** *eine Behandlung ~* wiederholen **3** *Laufmaschen ~* aufnehmen [<frz. *repasser* »wieder (vorbei)kommen, -gehen, nochmals nachsehen, überarbeiten«]
re|pa|tri|ie|ren *auch:* **re|pat|ri|ie|ren** ⟨V.⟩ **1** in den Heimatstaat zurückführen, dort aufnehmen **2** die frühere Staatsangehörigkeit wiedergeben [<frz. *repartrier, rapatrier* »in das Heimatland zurückführen«]
Re|peat ⟨[rɪpi:t] n.; -s, -s; Musik⟩ Register an elektron. Orgeln zur raschen Wiederholung des angeschlagenen Tones od. Akkordes [engl., »Wiederholung«]
Re|peat|per|kus|si|on ⟨[rɪpi:t-] f.; -, -en; Musik⟩ rasche Wiederholung des angeschlagenen Tones od. Akkordes bei einer elektronischen Orgel
Re|pel|lents ⟨[ri-] Pl.⟩ chemische Mittel, die der Abschreckung u. dem Fernhalten von Schäd-

R

lingen dienen, ohne sie zu töten [engl.; zu *repel* »abschrecken«]

Re|per|kus|si|on ⟨f.; -, -en⟩ **1** Rückprall **2** ⟨Musik⟩ **2.1** Durchführung des Themas durch alle Stimmen der Fugen **2.2** Tonwiederholung mit jeweils neuem Stimmansatz beim Vortrag bestimmter Neumen [<lat. *repercussio* »das Zurückschlagen«; zu *repercutere* »zurückschlagen«]

Re|per|kus|si|ons|ton ⟨m.; -(e)s, -tö|ne; Musik⟩ durchlaufend wiederholter Ton des Mittelteils der Sprech- od. Gesangsmelodie beim Vortrag von Psalmen

Re|per|toire ⟨[-toa:r] n.; -s, -s; Theat.⟩ **1** Gesamtheit der Bühnenstücke im Spielplan (eines Theaters) **2** Gesamtheit der einstudierten Rollen, Lieder (eines Künstlers) [<frz. *répertoire* »Verzeichnis, Textsammlung«]

Re|per|to|ri|um ⟨n.; -s, -ri|en⟩ Verzeichnis, Register, Nachschlagewerk [lat., »Verzeichnis«; zu *reperire* »wiederfinden, auffinden«]

Re|pe|tent ⟨m.; -en, -en⟩ **1** ⟨veraltet⟩ = Repetitor **2** ⟨geh.⟩ sitzengebliebener Schüler, der die Klasse wiederholt [<lat. *repetens,* Part. Präs. zu *repetere* »wiederholen«]

re|pe|tie|ren ⟨V.⟩ wiederholen, durch Wiederholen einüben [<lat. *repetere* »wiederholen«; zu *petere* »anstreben, zu erreichen suchen«]

Re|pe|tier|ge|wehr ⟨n.; -s, -e⟩ Mehrlader

Re|pe|tier|uhr ⟨f.; -, -en⟩ Taschenuhr mit Schlagwerk, das bei Druck auf einen Knopf die letzte volle Stunde u. die seitdem abgelaufenen Viertelstunden anzeigt

Re|pe|ti|ti|on ⟨f.; -, -en⟩ Wiederholung [<lat. *repetitio* »Wiederholung«; zu *repetere* »wiederholen«]

Re|pe|ti|ti|ons|me|cha|nik ⟨f.; -, -en; Musik⟩ die schnelle Wiederholung eines Tones ermöglichende Mechanik eines Klaviers, wobei der Hammer nach einem Tonanschlag abgefangen wird u. sofort wieder anschlagbereit ist

re|pe|ti|tiv ⟨Adj.⟩ sich wiederholend, einübend

Re|pe|ti|tor ⟨m.; -s, -to|ren⟩ jmd., der mit Schülern od. Studenten vor der Prüfung den Lehrstoff wiederholt u. einübt [lat., »Wiederholer«; zu *repetere* »wiederholen«]

Re|pe|ti|to|ri|um ⟨n.; -s, -ri|en⟩ Unterricht od. Lehrbuch zur Wiederholung u. Festigung eines bereits erarbeiteten Stoffes [→ *Repetitor, Repetition*]

Re|place|ment ⟨[rɪpl**eɪ**smənt] n.; -s, -s⟩ Ersatz, Vertretung, vor allem das Ersetzen von Arbeitskräften durch Maschinen [engl.]

Re|plan|ta|ti|on ⟨f.; -, -en; Med.⟩ Wiedereinpflanzung (eines vorher zur Behandlung entfernten Körperteils in den Organismus); *Sy* Reimplantation [<*Re...* + *plantare* »pflanzen«]

re|plan|tie|ren ⟨V.; Med.⟩ wiedereinpflanzen; *Sy* reimplantieren

Re|plik ⟨f.; -, -en⟩ **1** Entgegnung, Erwiderung **2** ⟨Rechtsw.⟩ Gegenrede (bes. des Klägers auf die Verteidigung des Beklagten) **3** ⟨Kunst⟩ genaue Wiederholung eines Kunstwerks durch den Künstler selbst, im Unterschied zur Kopie [<frz. *réplique* »Antwort, Gegenrede«]

Re|pli|kat ⟨n.; -(e)s, -e; Kunst⟩ genaue Nachbildung einer Skulptur [→ *Replikation*]

Re|pli|ka|ti|on ⟨f.; -, -en; Genetik⟩ Kopieren der in der DNS gespeicherten genetischen Information als Voraussetzung für die Eiweiß-Biosynthese; *Sy* Reduplikation (2) [<lat. *replicatio* »das Wiederaufrollen«; zu *replicare* »wieder aufrollen, entfalten«]

re|pli|zie|ren ⟨V.⟩ **1** antworten, entgegnen, erwidern **2** eine Replik herstellen **3** ⟨Genetik⟩ eine Replikation bilden, kopieren; *Sy* reduplizieren (2) [<lat. *replicare* »eine Replik machen«, eigtl. »wieder auseinanderfalten«; zu *plica* »Falte«]

Re|port[1] ⟨m.; -(e)s, -e od. -s⟩ Bericht, Mitteilung, ausführliche, oft wissenschaftliche Darstellung od. Studie zu einem aktuellen od. gesellschaftlichen Thema [<engl. *report* »Bericht, Studie«]

Re|port[2] ⟨m.; -(e)s, -e; Börse⟩ Kurszulage bei Prolongationsgeschäften [<frz. *report* »Kurszuschlag, Prolongation«]

Re|por|ta|ge ⟨[-ʒə] f.; -, -n⟩ Tatsachenbericht, anschauliche Schilderung eines Geschehens in Presse, Film, Funk [frz., »Berichterstattung« <engl. *reporter;* → *Reporter*]

Re|por|ter ⟨m.; -s, -⟩ Berichterstatter bei Presse, Film, Funk [engl., »Berichterstatter (einer Zeitung)«; zu lat. *reportare* »zurücktragen, überbringen«]

Re|por|te|rin ⟨f.; -, -rin|nen⟩ Berichterstatterin bei Presse, Film, Funk

re|por|tie|ren ⟨V.⟩ eine Reportage schreiben, Bericht erstatten; *von der Weltmeisterschaft ~ u. kommentieren die Sportredakteure live*

Re|pos ⟨[ri:-] Pl.; Wirtsch.⟩ Rückkaufgeschäfte, Wertpapierpensionsgeschäfte [verkürzt <engl. *repurchase agreements* »Rückkaufvereinbarungen«]

Re|po|si|ti|on ⟨f.; -, -en; Med.⟩ Wiedereinrichtung (eines verrenkten od. gebrochenen Gliedes) [<lat. *reponere* »zurücksetzen, -stellen«]

re|prä|sen|ta|bel ⟨Adj.⟩ würdig, stattlich, wirkungsvoll; *ein repräsentable Opernaufführung* [<frz. *représentable* »darstellbar« <lat. *representare;* → *repräsentieren*]

Re|prä|sen|tant ⟨m.; -en, -en⟩ **1** jmd., der etwas repräsentiert, Vertreter **2** Volksvertreter, Abgeordneter [<lat. *repraesentans,* Part. Präs. zu *repraesentare;* → *repräsentieren*]

Re|prä|sen|tan|ten|haus ⟨n.; -(e)s; unz.; USA⟩ eine der zwei Kammern des Kongresses

Re|prä|sen|tan|tin ⟨f.; -, -tin|nen⟩ **1** weibl. Person, die etwas repräsentiert, Vertreterin **2** Volksvertreterin, Abgeordnete

Re|prä|sen|tanz ⟨f.; -, -en⟩ geschäftl. Vertretung, das Repräsentativsein [→ *Repräsentant*]

Re|prä|sen|ta|ti|on ⟨f.; -, -en⟩

R

1 Vertretung, Stellvertretung **2** würdiges Auftreten **3** (gesellschaftlicher) Aufwand [<lat. *repraesentatio* »Vergegenwärtigung«; → *repräsentieren*]

re|prä|sen|ta|tiv ⟨Adj.⟩ **1** würdig vertretend, wirkungsvoll **2** ⟨Statistik⟩ eine Auswahl aus einer Population betreffend, die so getroffen wurde, dass das Ergebnis der Teiluntersuchung auf die übergeordnete Gesamtheit übertragen werden kann [<frz. *représentatif* »vor-, darstellen«; → *repräsentieren*]

re|prä|sen|tie|ren ⟨V.⟩ **1** vertreten **2** darstellen; *das Auto repräsentiert einen Wert von 3 000 Euro* **3** würdig auftreten, bes. gesellschaftlich, etwas darstellen [<lat. *representare* »vergegenwärtigen, vor-, darstellen«; zu *praesens* »gegenwärtig«]

Re|pres|sa|lie ⟨[-ljə] f.; -, -n; meist Pl.⟩ **1** Vergeltung, Gegenmaßnahme **2** Druckmittel [<mlat. *repre(n)salia* »gewaltsame Zurücknahme dessen, was einem widerrechtlich genommen wurde« <lat. *reprehendere* »zurücknehmen«]

Re|pres|si|on ⟨f.; -, -en⟩ **1** Abwehr, Hemmung **2** Unterdrückung [<lat. *repressio* »das Zurückdrängen«; zu *reprimere* »zurückdrängen«]

re|pres|siv ⟨Adj.⟩ **1** hemmend, unterdrückend; *~e Maßnahmen ergreifen* **2** entgegenwirkend [→ *Repression*]

re|pri|mie|ren ⟨V.⟩ hemmen, blockieren; *genetische Informationen ~* [→ *Repression*]

Re|print ⟨[ri:-] m.; -s, -s⟩ fotomechan. Nach-, Neudruck [engl., »Neudruck« <*re...* »wieder« + *print* »Druck«]

R

Re|pri|se ⟨f.; -, -n⟩ **1** ⟨Musik⟩ Wiederholung eines bes. bezeichneten Teils eines Musikstückes **2** ⟨Theat.⟩ Wiederaufnahme eines älteren (evtl. überarbeiteten) Bühnenstücks in den Spielplan **3** Wiederaufführung eines Films **4** ⟨Mil.⟩ Zurückeroberung einer Prise [frz., »Wiedereinnahme, -aufnahme«]

re|pri|va|ti|sie|ren ⟨[-va-] V.⟩ *verstaatlichte Unternehmen ~* in Privatbesitz zurückführen; *Sy* entnationalisieren

Re|pri|va|ti|sie|rung ⟨[-va-] f.; -, -en⟩ das Reprivatisieren; *Sy* Entnationalisierung

Re|pro ⟨n.; -s, -s⟩ **1** ⟨kurz für⟩ Reproduktion (1) **2** ⟨in Zus.⟩ eine drucktechn. Reproduktion betreffend [verkürzt <*Reproduktion*]

Re|pro|ba|ti|on ⟨f.; -, -en; veraltet⟩ **1** Zurückweisung, Missbilligung **2** Gegenbeweis [<lat. *reprobatio* »Verwerfung«; zu *reprobare* »verwerfen«]

Re|pro|duk|ti|on ⟨f.; -, -en⟩ **1** Wiedergabe, Nachbildung durch Fotografie od. Druck **2** ⟨Kunst⟩ Vervielfältigung **3** ⟨Biol.⟩ Fortpflanzung **4** ⟨Politik⟩ stete Erneuerung u. Wiederholung des gesellschaftl. Produktionsprozesses **5** ⟨Päd.⟩ Wiedergabe von gelerntem Wissen als Gedächtnisleistung **6** ⟨Psych.⟩ das Sicherinnern [<*Re...* + *Produktion*]

Re|pro|duk|ti|ons|ka|me|ra ⟨f.; -, -s⟩ Kamera zur Vorbereitung von Druckvorlagen mittels Fotografie

Re|pro|duk|ti|ons|me|di|zin ⟨f.; -; unz.; Med.⟩ Forschungsgebiet, das die medizinischen Grundlagen der menschlichen Fortpflanzung untersucht

re|pro|duk|tiv ⟨Adj.⟩ mittels Reproduktion, auf ihr beruhend

re|pro|du|zier|bar ⟨Adj.⟩ so beschaffen, dass man es reproduzieren kann

re|pro|du|zie|ren ⟨V.⟩ eine Reproduktion herstellen von, (durch Fotografie od. Druck) wiedergeben, vervielfältigen

Re|pro|gra|fie ⟨f.; -, -n⟩ = Reprographie

re|pro|gra|fie|ren ⟨V.⟩ = reprographieren

re|pro|gra|fisch ⟨Adj.⟩ = reprographisch

Re|pro|gra|phie ⟨f.; -, -n⟩ alle Verfahren der originalgetreuen Wiedergabe von Dokumenten aller Art (Fotokopie, Mikroskopie, Lichtpause u. Ä.); *oV* Reprografie

re|pro|gra|phie|ren ⟨V.⟩ eine Reprographie erstellen; *oV* reprografieren

re|pro|gra|phisch ⟨Adj.⟩ die Reprographie betreffend, auf ihr beruhend, aus ihr hervorgegangen; *oV* reprografisch

Rep|til ⟨n.; -s, -li|en od. (selten) -e; Zool.⟩ Kriechtier, eine Klasse durch Lungen atmender, wechselwarmer Wirbeltiere mit Schuppen od. Schilden u. meist vier Gliedmaßen, die den Körper bei der schlängelnd-kriechenden Bewegung nur unvollkommen vom Boden abheben: Reptilia [<lat. *reptilis* »kriechend«; zu *repere* »kriechen«]

Rep|ti|li|en|fonds ⟨[-fɔ̃:] m.; - [-fɔ̃:s], - [-fɔ̃:s]⟩ illegal erwirtschafteter Dispositionsfonds, der aus entwendeten Haushaltsgeldern od. vor der Steuer verstecktem Schwarzgeld besteht, das z. B. zur Bezahlung von Schmiergeldern zur polit. Einflussnahme verwendet wird

Re|pu|blik *auch:* **Re|pub|lik** ⟨f.; -, -en⟩ Staatsform, bei der die Regierung auf bestimmte Zeit gewählt wird [<frz. *république* <lat. *res publica* »Gemeinwesen, Staat«, eigtl. »öffentliche Angelegenheit«]

Re|pu|bli|ka|ner *auch:* **Re|pub|li|ka|ner** ⟨m.; -s, -⟩ Anhänger der republikan. Staatsform od. einer republikan. Partei; *er war schon sehr lange ~*

Re|pu|bli|ka|ne|rin *auch:* **Re|pub|li|ka|ne|rin** ⟨f.; -, -rin|nen⟩ weibl. Republikaner

re|pu|bli|ka|nisch *auch:* **re|pub|li|ka|nisch** ⟨Adj.⟩ zur Republik gehörig, auf ihr beruhend, für sie eintretend

Re|pu|gnanz *auch:* **Re|pug|nanz** ⟨f.; -, -en; Philos.⟩ Gegensatz, Widerstreit [<lat. *repugnantia* »Widerstand«; zu *repugnare* »dagegen kämpfen, widerstreben, Widerstand leisten«]

Re|puls ⟨m.; -es, -e; veraltet⟩ Zurückweisung (eines Gesuches), abschlägige Antwort [<lat. *repulsus* »das Zurückstoßen«; zu *repellere* »zurücktreiben, zurückstoßen«]

Re|pul|si|on ⟨f.; -, -en⟩ **1** ⟨Technik⟩ das Zurückstoßen, Abstoßen **2** ⟨veraltet⟩ Abweisung [<lat. *repulsio* »Zurücktreibung«; zu *repellere* »zurücktreiben, zurückstoßen«]

Re|pul|si|ons|mo|tor ⟨m.; -s, -en; Technik⟩ einfacher Elektromotor für geringe Leistungen

re|pul|siv ⟨Adj.⟩ zurückstoßend, abstoßend [→ *Repulsion* (nach frz. *répulsif* »zurückstoßend«)]

Re|pun|ze ⟨f.; -, -n⟩ Stempel, bes. zur Angabe des Feingehalts an Edelmetall [<*Re…* + *Punze*]

re|pun|zie|ren ⟨V.⟩ mit einer Repunze versehen

Re|pu|ta|ti|on ⟨f.; -; unz.⟩ Ruf, Ansehen [<lat. *reputatio* »Berechnung, Erwägung, Betrachtung«; zu *reputare* »rechnen, erwägen«]

re|pu|tier|lich ⟨Adj.⟩ achtbar, ehrbar, ansehnlich [<frz. *réputé* »geschätzt, angesehen« mit deutscher Endung]

Re|qui|em ⟨n.; -s, -s od. -qui|en⟩ Totenmesse [nach den Anfangsworten des Introitus, lat. *requiem aeternam dona eis, Domine* »gib ihnen die ewige Ruhe, o Herr«]

re|qui|es|cat in pa|ce! ⟨[-kat -tse] Abk.: R. I. P.⟩ er (sie, es) ruhe in Frieden! (Grabaufschrift) [lat.]

re|qui|rie|ren ⟨V.⟩ **1** beschlagnahmen, herbeischaffen, besorgen (für Truppen) **2** untersuchen, (um Rechtshilfe) ersuchen **3** anfordern [<lat. *requirere* »aufsuchen, nach etwas fragen, erstreben, verlangen«; zu *quaerere* »suchen, erstreben«]

Re|qui|sit ⟨n.; -(e)s, -en; meist Pl.⟩ **1** Rüstzeug, Zubehör **2** ⟨Theat.⟩ bei einer Aufführung im Theater od. bei einer Filmaufnahme benötigter Gegenstand [<lat. *requisitus,* Part. Perf. zu *requirere;* → *requirieren*]

Re|qui|si|te ⟨f.; -, -en; Theat.; umg.⟩ **1** Requisitenkammer **2** für Requisiten zuständige Stelle

Re|qui|si|teur ⟨[-tø:r] m.; -s, -e⟩ Verwalter der Requisiten

Re|qui|si|ti|on ⟨f.; -, -en⟩ **1** Beschlagnahme (für Truppen), Herbeischaffung **2** Ersuchen um Rechtshilfe **3** Anforderung [<lat. *requisitio* »Nachfrage, das Ansuchen«; → *requirieren*]

Res ⟨f.; -, -; Philos.⟩ Ding, Sache; ~ *cogitans* ⟨nach Descartes⟩ das denkende Ding; ~ *extensa* ⟨nach Descartes⟩ das ausgedehnte Ding [lat.]

RES ⟨Abk. für⟩ retikuloendotheliales System

Re|search ⟨[rızœ:tʃ] n.; - od. -s, -s⟩ **1** Meinungsforschung **2** Erforschung des Verhaltens von Verbrauchern, Marktforschung [engl., »Forschung, Untersuchung«]

Re|sear|cher ⟨[rızœ:tʃə(r)] m.; -s, -; Soziol.⟩ Meinungsforscher, Marktforscher [<engl. *research* »Forschung, Untersuchung«]

Re|se|da ⟨f.; -, -s; Bot.⟩ *oV* Resede **1** ⟨i. w. S.⟩ Gattung der Resedagewächse mit gelblichen od. weißlichen Ähren als Blütenstand **2** ⟨i. e. S.⟩ angenehm duftende Zierpflanze: Reseda odorata [verkürzt <der lat. Formel *reseda, morbos reseda* »heile, heile die Krankheiten wieder« (Formel, mit der die Pflanze zum Heilen von Entzündungen benutzt wurde)]

Re|se|de ⟨f.; -, -n; Bot.⟩ = Reseda

Re|sek|ti|on ⟨f.; -, -en; Med.⟩ chirurg. Entfernung (eines Organs od. eines Teiles davon) [<lat. *resectio* »das Abschneiden«; zu *resecare;* → *resezieren*]

re|ser|vat ⟨[-va:t] Adj.; österr.⟩ unter das Amtsgeheimnis fallend [<lat. *reservatus,* Part. Perf. zu *reservare* »aufsparen, aufbewahren, behalten, vorbehalten«]

Re|ser|vat ⟨[-va:t] n.; -(e)s, -e⟩ **1** Schutzbezirk als Lebensraum für Ureinwohner; *Indianer~* **2** ⟨Ökol.⟩ ausgewiesenes Schutzgebiet für Tiere u. Pflanzen **3** Vorkaufs-, Sonderrecht [<lat. *reservatus,* Part. Perf. zu *reservare* »aufsparen, aufbewahren, (vor)behalten«]

Re|ser|va|tio men|ta|lis ⟨[-va:-] f.; - -, -ti|o|nes -ta|les; geh.⟩ nur in Gedanken gemachter Vorbehalt [lat.]

Re|ser|va|ti|on ⟨[-va-] f.; -, -en⟩ **1** = Reservat **2** ⟨geh.⟩ Reservierung [<lat. *reservatio* »Vorbehalt«; zu *reservare* »aufsparen, aufbewahren, behalten«]

Re|ser|ve ⟨[-və] f.; -, -n⟩ **1** für den Notfall bestimmte Rücklage, Vorrat (Lebens-, Geldmittel); *Wasser~; Getreide~* **2** ⟨Mil.⟩ Gesamtheit der Reservisten; *Leutnant der ~* ⟨Abk.: d. R.⟩ **3** ⟨unz.; fig.⟩ Zurückhaltung, kühles Wesen; *ich versuchte vergebens, ihn aus der ~ herauszulocken* [<frz. *réserve* »Vorrat, Vorbehalt, Einschränkung«]

Re|ser|ve|fonds ⟨[-vəfɔ̃:] m.; - [-fɔ̃:s], - [-fɔ̃:s]; Wirtsch.; veraltet⟩ Rücklagenkonto; →*a.* Fonds

re|ser|vie|ren ⟨[-vi:-] V.⟩ **1** vormerken, freihalten; *einen Platz ~ lassen; für jmdn. einen Platz ~; dieser Tisch ist reserviert* **2** aufbewahren

re|ser|viert ⟨[-vi:rt] Adj.⟩ zurückhaltend, kühl, unnahbar; *er ist sehr ~; sich ~ verhalten* [<lat. *reservare* »aufsparen, aufbewahren, behalten«; zu *servare* »erhalten, bewahren«]

Re|ser|vie|rung ⟨[-vi:-] f.; -, -en⟩ das Reservieren, das Reserviertwerden

Re|ser|vist ⟨[-vıst] m.; -en, -en⟩ ausgebildeter u. entlassener Wehrpflichtiger, der außer zu Wehrübungen erst im Notfall zur Verstärkung der Streitkräfte herangezogen wird [<frz. *réserviste* »Reservist«]

Re|ser|voir ⟨[-voa:r] n.; -s, -e⟩ **1** Sammelbecken (bes. für Wasser), Speicher **2** Vorrat [<frz. *réservoir*]

Re|set ⟨[rısɛt] m. od. n.; -s, -s; EDV⟩ Neustart eines Computers nach vorheriger Beendigung einer Arbeitssitzung [engl.]

re|se|zie|ren ⟨V.⟩ *ein krankes Organ od. einen Teil davon ~* ⟨Med.⟩ chirurgisch entfernen [<lat. *resecare* »abschneiden«; zu *secare* »schneiden«; → *sezieren*]

Re|si|dent ⟨m.; -en, -en⟩ **1** Gesandter auf der dritten Rangstufe **2** Vertreter einer Kolonialmacht bei einem eingeborenen Fürsten [<lat. *residens,* Part. Präs. zu *residere;* → *residieren*]

Re|si|denz ⟨f.; -, -en⟩ **1** Sitz eines weltlichen od. kirchlichen Oberhauptes **2** Hauptstadt [<mlat. *residentia* »Wohnsitz«; → *residieren*]

re|si|die|ren ⟨V.⟩ seinen Wohn-, Regierungssitz haben (von regierenden od. anderen hochgestellten Personen) [<lat. *residere* »sitzend zurückbleiben; sitzen«; zu *sedere* »sitzen«]

re|si|du|al ⟨Adj.; Med.⟩ zurück-

R

bleibend, restlich [→ *Residuum*]

Re|si|du|al|ge|biet ⟨n.; -(e)s, -e⟩ = Refugialgebiet

Re|si|du|at ⟨n.; -(e)s, -e; Geol.⟩ nach Auswaschung od. Zersetzung der Begleitmineralien verbleibende Rückstandsmineralien

Re|si|du|um ⟨n.; -s, -du|en⟩ Rest, Rückstand [lat. zu *residere* »sitzen«]

Re|si|gna|ti|on *auch:* **Re|sig|na|ti|on** ⟨f.; -, -en⟩ Verzicht, Entsagung, Ergebung (in das Schicksal) [<lat. *resignatio* »Entsagung, Verzicht«; → *resignieren*]

re|si|gna|tiv *auch:* **re|sig|na|tiv** ⟨Adj.; geh.⟩ auf Resignation beruhend; *eine ~e Haltung*

re|si|gnie|ren *auch:* **re|sig|nie|ren** ⟨V.⟩ verzichten, entsagen, sich in sein Schicksal ergeben, sich abfinden [<lat. *resignare* »entsiegeln, eröffnen, entsagen«; zu *signare* »besiegeln«]

re|si|gniert *auch:* **re|sig|niert** ⟨Adj.⟩ niedergeschlagen, mutlos, sich fügend, kapitulierend, enttäuscht; *~ verließ er nach der Niederlage das Spielfeld*

Re|si|na ⟨f.; -, -nae [-nɛː]; Biol.⟩ Ausscheidungsprodukt des pflanzl. Stoffwechsels, bes. der Nadelhölzer, mit charakteristischem Geruch, kompliziertes Gemisch von organischen Stoffen mit glasartig-amorphen od. festflüssigen Eigenschaften, Harz [lat.]

Re|si|nat ⟨n.; -(e)s, -e; Chemie⟩ Salz einer Harzsäure [<lat. *resina* »Harz«]

R

Ré|sis|tan|ce ⟨[rezistãːs(ə)] f.; -; unz.⟩ französ. Widerstandsbewegung im Zweiten Weltkrieg [frz., »Widerstand«]

re|sis|tent ⟨Adj.⟩ widerstandsfähig (bes. von Krankheitserregern) [<lat. *resistens*, Part. Präs. zu *resistere* »stehen bleiben, sich widersetzen«]

Re|sis|tenz ⟨f.; -, -en⟩ **1** Widerstand **2** ⟨Biol.; Med.⟩ Widerstandsfähigkeit, Zählebigkeit (bes. von Krankheitserregern) **3** Wirkwiderstand einer elektr. Schaltung [<lat. *resistentia* »Widerstand«; → *resistieren*]

Re|sis|ten|za ⟨f.; -; unz.⟩ italienische Widerstandsbewegung im Zweiten Weltkrieg gegen die in Italien kämpfenden deutschen Truppen u. die faschistischen Kräfte unter Mussolini [ital., »Widerstand«]

re|sis|tie|ren ⟨V.⟩ **1** widerstehen **2** ausdauernd, zählebig sein [<lat. *resistere* »stehen bleiben, Widerstand leisten«; zu *sistere* »sich stellen«]

re|sis|tiv ⟨Adj.; Biol.⟩ resistierend, Widerstand leistend, zäh [→ *resistieren*]

Re|sis|ti|vi|tät ⟨[-vi-] f.; -; unz.; Biol.⟩ widerstandsfähige Beschaffenheit, Resistenz

re|skri|bie|ren ⟨V.⟩ schriftlich antworten [<lat. *rescribere* »wieder schreiben, zurückschreiben, eine rechtliche Antwort erteilen«; zu *scribere* »schreiben«]

Re|skript ⟨n.; -(e)s, -e⟩ schriftl. Bescheid, Verfügung [<lat. *rescriptum* »schriftl. Antwort des Landesherrn, Befehl, Erlass«; zu *rescribere;* → *reskribieren*]

re|so|lut ⟨Adj.⟩ beherzt, tatkräftig, entschlossen [<frz. *résolu* »entschlossen, beherzt«; in der Form beeinflusst von lat. *resolutus*, Part. Perf. zu *resolvere* »loslösen«]

Re|so|lu|ti|on ⟨f.; -, -en⟩ Entschließung, Beschluss [<frz. *résolution* »Beschluss, Entschließung«]

Re|sol|ven|te ⟨[-vɛn-] f.; -, -n; Math.⟩ Hilfsgleichung, die zur Ermittlung der Lösung einer anderen Gleichung aufgestellt wird [→ *resolvieren*]

re|sol|vie|ren ⟨[-viː-] V.; veraltet⟩ **1** eine Resolution über etwas fassen, beschließen **2** eine Größe mit einer kleineren Maßeinheit darstellen, z. B. 1 kg durch 1 000 g [<lat. *resolvere* »wiederauflösen, befreien«; zu *solvere* »lösen«]

Re|so|nanz ⟨f.; -, -en⟩ **1** ⟨Physik; Musik⟩ Erzeugung von Schwingungen in einem Körper, die mit einer seiner Resonanzschwingung entsprechenden Wellenlänge auf ihn einwirken, führt beim Auftreffen von Schallwellen zum Mittönen, kann beim ungebremsten Anwachsen zur Resonanzkatastrophe führen **2** ⟨fig.⟩ Widerhall, Anklang; *keine ~ finden (mit einem Bericht, Vorschlag usw.)* [<lat. *resonantia* »Widerhall«; zu *resonare* »einen Widerhall geben«]

Re|so|nanz|ab|sorp|ti|on ⟨f.; -, -en; Physik⟩ bes. starke Absorption einer Strahlung durch Atome od. Moleküle, wenn diese mit einer der Resonanzschwingung entsprechenden Wellenlänge auftreffen

Re|so|nanz|fre|quenz ⟨f.; -, -en; Physik⟩ Frequenz, bei der durch von außen einwirkende Schwingungen in einem Körper Resonanz auftritt

Re|so|nanz|ka|ta|stro|phe *auch:* **Re|so|nanz|ka|tas|tro|phe** *auch:* **Re|so|nanz|ka|tast|ro|phe** ⟨f.; -, -n⟩ Zerstörung eines Körpers durch immer stärker zunehmende, ungebremste Resonanzschwingungen

Re|so|nanz|kör|per ⟨m.; -s, -; bei Musikinstrumenten⟩ die Schwingungen verstärkender Körper

Re|so|nanz|schwin|gung ⟨f.; -, -en; Physik⟩ durch Schwingungen geeigneter Wellenlänge verursachtes Mitschwingen eines Körpers

Re|so|na|tor ⟨m.; -s, -to|ren; Physik⟩ **1** Resonanz gebender, mitschwingender Körper **2** auf Resonanz beruhendes Gerät zur Untersuchung des Klanges

Re|so|pal® ⟨n.; -s; unz.⟩ aus Kunstharz u. Papier aufgebauter Schichtstoff, der im Inneren Phenolharz enthält, während die Oberfläche durch Melaminharz gebildet wird

Re|sor|bens ⟨n.; -, -ben|tia od. -ben|zi|en⟩ die Resorption anregendes Mittel [zu lat. *resorbere* »wieder einschlürfen«]

re|sor|bie|ren ⟨V.⟩ **1** ⟨Vet.⟩ eine Fehlgeburt haben, verwerfen **2** *gelöste Stoffe ~* aufsaugen, aufnehmen [<lat. *resorbere* »wieder aufsaugen«]

Re|sor|cin ⟨n.; -s; unz.; Chemie⟩ zweiwertiges Phenol, zur Desinfektion u. zur Herstellung von Haarwasser u. Teerfarbstoffen [<lat. *resina* »Harz« + ital. *oricella* »Lackmusflechte«]

Re|sorp|ti|on ⟨f.; -, -en⟩ **1** ⟨Vet.⟩ das Resorbieren, Verwerfen

2 ⟨Chemie⟩ das Aufsaugen, Aufnahme (gelöster Stoffe) [<lat. *resorbere;* → *resorbieren*]

Re|sort ⟨[rizɔ:t] n.; -s, -s; geh.⟩ Urlaubsort, der den Bedürfnissen von Feriengästen entspricht; *Wintersport~* [engl.]

re|so|zi|a|li|sie|ren ⟨V.; Soziol.⟩ wieder in die Gesellschaft eingliedern; *Strafgefangene ~*

Re|so|zi|a|li|sie|rung ⟨f.; -, -en; Soziol.⟩ Wiedereingliederung (ehemaliger Strafgefangener) in die Gesellschaft

resp. ⟨Abk. für⟩ respektive

◆Die Buchstabenfolge **re|sp...** kann auch **res|p...** getrennt werden.

◆**Re|spekt** ⟨m.; -(e)s; unz.⟩ Achtung, Hochachtung, Ehrerbietung, Ehrfurcht, Scheu; *(allen) ~!* meine Anerkennung; *sich ~ verschaffen* [<frz. *respect* »Ehrfurcht, Hochachtung, Respekt« <lat. *respectus* »das Zurückblicken, Rücksicht«]

◆**re|spek|ta|bel** ⟨Adj.⟩ so geartet, dass man es respektieren muss, Achtung einflößend; *eine respektable Leistung* [<frz. *respectable* »achtbar, ehrwürdig«]

◆**Re|spek|ta|bi|li|tät** ⟨f.; -; unz.; geh.⟩ Achtbarkeit, Ansehen

◆**Re|spekt|blatt** ⟨n.; -(e)s, -blätter⟩ leeres Blatt am Anfang eines Buches, nicht beschriebene Seite eines Briefbogens

◆**re|spek|tie|ren** ⟨V.⟩ *jmdn. od. etwas ~* vor jmdm. od. etwas Respekt haben, jmdn. od. etwas achten [<frz. *respecter* »achten« <lat. *respectare* »zurücksehen, sich umsehen«]

◆**re|spek|ti|ve** ⟨[-və] Adv.; Abk.: resp.⟩ beziehungsweise

◆**Re|spekts|per|son** ⟨f.; -, -en⟩ jmd., der Respekt genießt od. beanspruchen kann

◆**Re|spi|ra|ti|on** ⟨f.; -; unz.; Med.⟩ Atmung [<lat. *respiratio* »das Atemholen«; zu *respirare* »Atem holen«]

◆**Re|spi|ra|tor** ⟨m.; -s, -to|ren; Med.⟩ Gerät zum Beatmen

◆**re|spi|ra|to|risch** ⟨Adj.; Med.⟩ auf Atmung beruhend, zu ihr gehörend [→ *Respiration*]

◆**re|spi|rie|ren** ⟨V.; Med.⟩ atmen [<lat. *respirare* »Atem holen«]

◆**Re|spi|ro** ⟨m.; -s; unz.⟩ Zahlungsfrist, Nachfrist, Aufschub [ital., eigtl. »das Atemholen«]

◆**re|spon|die|ren** ⟨V.⟩ 1 antworten 2 ⟨Musik⟩ (im Wechselgesang) den zweiten Part singen [<lat. *respondere* »erwidern, entsprechen«; zu *spondere* »geloben«]

◆**Re|spons** ⟨m.; -es, -e; geh.⟩ Reaktion auf eine Initiative, einen Vorschlag o. Ä. [<lat. *responsio* »Antwort, Entgegnung«]

◆**re|spon|sa|bel** ⟨Adj.⟩ verantwortlich; *Ggs* irresponsabel [<frz. *responsable*]

◆**Re|sponse** ⟨[rıspɔns] f.; -, -s [-sız]⟩ 1 ⟨Psych.⟩ durch einen Reiz hervorgerufene Reaktion 2 ⟨allg.⟩ Antwort, Reaktion; *eine gute ~ hervorrufen* [engl., eigtl. »Antwort«]

◆**Re|spon|si|on** ⟨f.; -, -en⟩ 1 ⟨Metrik⟩ Entsprechung zwischen einzelnen Teilen einer Dichtung in formaler (z. B. Vers- od. Strophenbau) od. motivischer Gestaltung 2 ⟨Rhet.⟩ antithetische Antwort, die ein Redner auf eine selbst gestellte Frage an einen Gegner selbst gibt [lat., »Antwort«]

◆**Re|spon|so|ri|um** ⟨n.; -s, -ri|en; Musik⟩ Wechselgesang zwischen Geistlichen u. Chor bzw. Gemeinde [<lat. *responsoria* »Wiederholungen beim Gottesdienst«]

Res|sen|ti|ment ⟨[rɛsãtimã:] n.; -s, -s⟩ 1 gefühlsmäßiges Vorurteil 2 ⟨Pl.⟩ *~s* negative Gefühle, wie Abneigung, Groll, Hass, Rachegefühl [frz., »heimlicher Groll«]

Res|sort ⟨[rɛso:r] n.; -s, -s⟩ 1 Geschäftsbereich einer Behörde, bes. eines Ministers 2 Aufgabenkreis [frz., »Zuständigkeit, Geschäftsbereich«]

Res|sort|chef ⟨[rɛso:rʃɛf] m.; -s, -s⟩ = Ressortleiter

res|sor|tie|ren ⟨V.⟩ ein Ressort haben, einem Ressort zugehören [<frz. *ressortir* »zur Zuständigkeit gehören, unterstehen«]

Res|sort|lei|ter ⟨[rɛso:r-] m.; -s, -⟩ Leiter eines Ressorts; *Sy* Ressortchef

Res|sour|ce ⟨[rəsursə] f.; -, -n; meist Pl.⟩ 1 Hilfs-, Geldmittel 2 Produktionsfaktor, Bestand an Bodenschätzen, Rohstoffen, Arbeitskraft [frz., »Hilfsquelle, Einnahmequelle«]

◆Die Buchstabenfolge **re|st...** kann auch **res|t...** getrennt werden. Davon ausgenommen sind Zusammensetzungen, in denen die fremdsprachigen bzw. sprachhistorischen Bestandteile deutlich als solche erkennbar sind, z. B. *-strukturieren, -strukturierung.*

◆**Re|stant** ⟨m.; -en, -en⟩ 1 rückständiger Schuldner 2 liegengebliebene Ware, Restposten, Ladenhüter 3 ausgelostes od. gekündigtes, aber nicht abgehobenes Wertpapier 4 ⟨fig.⟩ Nachzügler [<ital. *restante* »rückständig; zurückstehend«]

◆**Re|stanz** ⟨f.; -, -en; schweiz.⟩ Restbetrag [→ *Restant*]

◆**Re|stau|rant** ⟨[rɛstorã:] n.; -s, -s⟩ Gaststätte; *oV* ⟨österr.⟩ Restauration (3) [frz.]

◆**Re|stau|ra|teur** ⟨[rɛstoratø:r] m.; -s, -e⟩ Gastwirt, Restaurantbesitzer, Inhaber einer Gaststätte [frz., »Gastwirt«]

◆**Re|stau|ra|ti|on** ⟨[-stau-] f.; -, -en⟩ 1 ⟨Politik⟩ 1.1 Wiederherstellung eines früheren politischen od. wirtschaftlichen Zustandes 1.2 Wiedereinsetzung eines gestürzten Herrscherhauses 2 ⟨Kunst⟩ Wiederherstellung des ursprüngl. Zustandes eines Kunstwerkes; *→a.* Rekonstruktion 3 ⟨[-sto:-] veraltet; noch österr.⟩ = Restaurant; *Bahnhofs~* [<lat. *restauratio* »Erneuerung, Wiederherstelllung«; zu *restaurare* »wiederherstellen«]

◆**re|stau|ra|tiv** ⟨[-stau-] Adj.⟩ in der Art der Restauration; *~e und reaktionäre Tendenzen*

◆**Re|stau|ra|tor** ⟨[-stau-] m.; -s, -to|ren⟩ jmd., der Kunstwerke restauriert [lat., »Wiederhersteller (eines Bauwerkes u. a.)«; zu *restaurare* »wiederherstellen«]

◆**re|stau|rie|ren** ⟨[-stau-] V.⟩ 1 wiederherstellen, erneuern, ausbessern (bes. Kunstwerke) 2 *sich ~* ⟨umg.⟩ sich erholen, erfrischen [<lat. *restaurare* »wiederherstellen«]

◆**Re|stau|rie|rung** ⟨[-stau-] f.; -,

-en〉 das Restaurieren (von Kunstwerken)

◆ **re|sti|tu|ie|ren** 〈V.〉 **1** wiederherstellen; *einen früheren Zustand* ~ **2** wiedereinsetzen **3** ersetzen [<lat. *restituere* »wieder hinstellen, an seinen früheren Stand stellen«]

◆ **Re|sti|tu|ti|on** 〈f.; -, -en〉 **1** Wiederherstellung **2** Rückerstattung (beschlagnahmter od. geraubter Gegenstände) [<lat. *restitutio* »Wiederherstellung, Rückgabe«; zu *restituere* »wieder hinstellen«]

◆ **Re|sti|tu|ti|ons|kla|ge** 〈f.; -, -en; Rechtsw.〉 Klage auf Wiederaufnahme eines durch rechtskräftiges Urteil geschlossenen Verfahrens, Wiederaufnahmeverfahren

Rest|ma|gne|tis|mus *auch:* **Rest|mag|ne|tis|mus** 〈m.; -; unz.; Physik〉 = Remanenz

◆ **Re|strik|ti|on** *auch:* **Rest|rik|ti|on** 〈f.; -, -en〉 Beschränkung, Einschränkung, Vorbehalt [<lat. *restrictio* »Einschränkung«; zu *restringere* »zurückziehen, beschränken«]

◆ **Re|strik|ti|ons|en|zym** *auch:* **Rest|rik|ti|ons|en|zym** 〈n.; -s, -e; Biochemie〉 Enzym, das die DNA an bestimmten Stellen spalten kann (wird zur Fragmentierung u. Decodierung von Genomen genutzt)

◆ **re|strik|tiv** *auch:* **rest|rik|tiv** 〈Adj.〉 einengend, einschränkend; *Ggs* extensiv (2) [<frz. *restrictif* »einschränkend«; → *Restriktion*]

◆ **re|strin|gie|ren** *auch:* **rest|rin|gie|ren** 〈V.〉 einschränken, beschränken; *restringierter Code* 〈Sprachw.〉 wenig differenzierte Sprache (der Unterschicht einer Gesellschaft); *Ggs* elaborierter Code [<lat. *restringere* »zurückhalten, hemmen«]

re|struk|tu|rie|ren 〈V.〉 mit einer neuen Struktur versehen, neu ordnen, neu gestalten [<*re...* + *...strukturieren*]

Re|struk|tu|rie|rung 〈f.; -, -en〉 das Restrukturieren, Neuordnung, Neugestaltung

Re|sul|tan|te 〈f.; -, -n; Math.〉 die im Kräfteparallelogramm als Ergebnis zweier verschieden großer, in verschiedene Richtung wirkender Kräfte entstehende Kraft; *Sy* Resultierende

Re|sul|tat 〈n.; -(e)s, -e〉 **1** Ergebnis, z. B. einer Rechnung **2** Erfolg [<frz. *résultat* »Ergebnis« <mlat. *resultatum*, Part. Perf. neutr. zu lat. *resultare*; → *resultieren*]

re|sul|ta|tiv 〈Adj.〉 **1** ein Ergebnis herbeiführend **2** 〈Sprachw.〉 *~e Aktionsart* das Ende eines Geschehens od. einer Tätigkeit ausdrückende Aktionsart eines Verbs (z. B. entdecken) [→ *Resultat*]

re|sul|tie|ren 〈V.〉 sich (als Schlussfolgerung) ergeben, folgen [<frz. *résulter* »hervorgehen, sich ergeben« <lat. *resultare* »zurückspringen, zurückprallen«; zu *saltare* »springen«]

Re|sul|tie|ren|de 〈f. 2〉 = Resultante

Re|su|mé 〈[rezyme:] n.; -s, -s; österr.; schweiz.〉 = Resümee

Re|sü|mee 〈n.; -s, -s〉 Zusammenfassung, Übersicht; *oV* 〈österr.; schweiz.〉 Resumé [<frz. *résumé* »Zusammenfassung«]

re|sü|mie|ren 〈V.〉 zusammenfassen, zusammenfassend wiederholen [<frz. *résumer* »zusammenfassen, kurz wiederholen«]

Re|su|pi|na|ti|on 〈f.; -, -en; Bot.〉 Drehung der Blüten während ihrer Entwicklung um 180° (z. B. bei Orchideen) [<lat. *resupinare* »zurückbeugen«]

Re|sur|rek|ti|on 〈f.; -, -en〉 Auferstehung [<lat. *resurrectio* »Wiederauferstehung«; zu *resurgere* »wieder aufstehen«]

Re|ta|bel 〈n.; -s, -〉 rückseitig angefügter Aufbau des Altars [<frz. *retable* »Altaraufsatz«]

Re|tail 〈[rɪtɛɪl] n.; -s; unz.; Bankw.; kurz für〉 Retailbanking

Re|tail|ban|king 〈[rɪtɛɪlbæŋkɪŋ] n.; - od. -s; unz.; Bankw.〉 Gesamtheit der Tätigkeiten einer Bank im breiten Privatkundengeschäft, Massengeschäft der Banken; *Sy* Retail [<engl. *retail* »Kleinhandel« <afrz. *retaille* »abgeschnittenes Stück«, zu *taillier* »Schneider« + engl. *banking* »Bankgeschäft«]

Re|tail|ge|schäft 〈[rɪtɛɪl-] n.; -(e)s, -e; Bankw.〉 im Retailbanking getätigtes Geschäft einer Bank

Re|ta|ke 〈[ri:tɛɪk], a. [-'-] n.; - od. -s, -s〉 nochmalige Aufnahme (einer nicht gelungenen Filmaufnahme) [<engl., »Neuaufnahme«, eigtl. »wiedernehmen«]

re|tard 〈[rəta:r] Adj.; Pharm.〉 mit verzögernd einsetzendem Wirkstoff (als Zusatzbezeichnung bei Arzneimitteln) [→ *Retardform*]

Re|tard 〈[rəta:r] Abk.: R; Zeichen: -; auf der Stellscheibe von Uhren〉 Zeichen, dass man eine Schraube od. einen Hebel in der bezeichneten Richtung stellen muss, um ein Langsamergehen der Uhr zu bewirken; *Ggs* Avance [frz., »Verzögerung, Zurückbleiben«]

Re|tar|da|ti|on 〈f.; -, -en〉 **1** 〈Med.〉 Verzögerung der körperlichen u. geistigen Entwicklung **2** 〈Musik〉 Verzögerung der oberen Stimme gegenüber der unteren [<lat. *retardatio* »Verzögerung«; zu *retardare*; → *retardieren*]

Re|tard|form 〈[rəta:r-] f.; -, -en; Pharm.〉 Arzneimittelzubereitung, die den Wirkstoff mit Verzögerung abgibt, um eine Langzeitwirkung zu erzielen [<frz. *retard* »Verzögerung«]

re|tar|die|ren 〈V.〉 verzögern, zurückbleiben; *~des Moment* ein Stilmittel, eingeschobene Beschreibung, Schilderung, um die Handlung aufzuhalten u. die Spannung zu vergrößern [<lat. *retardare* »verzögern, zurückhalten«; zu *tardus* »langsam, säumig«]

re|tar|diert 〈Adj.; Med.; Psych.〉 in der geistigen u. körperlichen Entwicklung verzögert

Re|ten|ti|on 〈f.; -, -en〉 **1** 〈Med.〉 Zurückhaltung einer auszuscheidenden Stoffes im Körper **2** (zeitweiliges) Zurückbehalten einer geschuldeten Leistung **3** Fähigkeit, sich zu erinnern **4** 〈veraltet〉 Vorenthaltung [<lat. *retentio* »das Zurückhalten«; zu *retinere* »zurückhalten«]

Re|ten|ti|ons|recht 〈n.; -(e)s; unz.; Rechtsw.〉 Zurückbehaltungsrecht

Re|ti|kül 〈m. od. n.; -s, -e〉 = Ridikül

re|ti|ku|lar ⟨Adj.; Med.⟩ = retikulär

re|ti|ku|lär ⟨Adj.; Med.⟩ netzförmig, netzartig (gemustert); *oV* retikular; *Sy* retikuliert [<lat. *reticulum,* Verkleinerungsform zu *rete* »Netz«]

re|ti|ku|liert ⟨Adj.⟩ = retikulär

Re|ti|ku|lin|fa|sern ⟨Pl.; Anat.⟩ Netze bildende Fasern des Bindegewebes [→ *Retikulum*]

re|ti|ku|lo|en|do|the|li|al ⟨Adj.; Med.⟩ *~es System* ⟨Abk.: RES⟩ eine funktionelle Einheit bildende Zellen im Gerüst des Bindegewebes (Retikulum) der lymphatischen Organe u. in der inneren Wand (Endothel) der Kapillargefäße, die schädliche Stoffe aus dem Blut herauszunehmen vermögen [<*Retikulum* + *Endothel*]

Re|ti|ku|lo|se ⟨f.; -, -n; Med.; Sammelbez. für⟩ verschiedenartige Wucherungen im Bereich von Milz, Lymphknoten, Knochenmark u. Leber [→ *Retikulum*]

Re|ti|ku|lum ⟨n.; -s, -ku|la; Med.⟩ **1** ⟨i. e. S.⟩ der Netzmagen der Wiederkäuer **2** ⟨i. w. S.⟩ feines Netz, netzartige Struktur (z. B. im Bindegewebe) [<lat. *reticulum* »kleines Netz«]

Re|ti|na ⟨f.; -, -nae [-nɛ:]; Anat.⟩ Netzhaut [<mlat. *retina* »Netzhaut« <lat. *rete* »Netz«]

re|ti|nie|ren ⟨V.; Med.⟩ eine Retention aufweisen, zurückhalten [zu lat. *retinere* »zurückhalten«]

Re|ti|ni|tis ⟨f.; -, -ti|den; Med.⟩ Netzhautentzündung [→ *Retina*]

Re|ti|no|blas|tom ⟨n.; -s, -e; Med.⟩ Netzhautgeschwulst [<*Retina* + *Blastom*]

re|ti|rie|ren ⟨V.⟩ sich (eilig) zurückziehen, zurückwenden [<frz. *retirer* »zurückziehen«]

Re|tor|si|on ⟨f.; -, -en; Rechtsw.⟩ Gegenmaßnahme, Vergeltung [<lat. *retorsio* »Zurückdrehung«; zu *retorquere* »zurückdrehen«]

Re|tor|te ⟨f.; -, -n⟩ **1** ⟨Chemie⟩ birnenförmiges Gefäß aus Glas mit langem, abgebogenem Hals zum Destillieren **2** geschlossener, eiserner Kessel mit ableitendem Rohr zur trockenen Destillation von Kohle, Holz u. a. Stoffen **3** *aus der ~* ⟨fig.; umg.⟩ künstlich erzeugt, hergestellt [<lat. *retortus,* Part. Perf. zu *retorquere* »zurückdrehen, verdrehen«]

Re|tor|ten|ba|by ⟨[-be:bi] n.; -s, -s; umg.⟩ Kind, das mittels IVF (In-vitro-Fertilisation) gezeugt wurde

Re|tor|ten|koh|le ⟨f.; -; unz.⟩ fette Steinkohle, bes. zur Herstellung von Leuchtgas geeignet

re|tour ⟨[rətu:r] Adv.⟩ zurück [frz.]

Re|tour ⟨[rətu:r] f.; -, -en od. (österr. a.) -e; österr.⟩ **1** ⟨kurz für⟩ Retourkarte **2** ⟨meist Pl.⟩ Rücksendung [<frz. *retour* »Rückkehr, -fahrt«]

Re|tou|ren ⟨[rətu:-] Pl.⟩ **1** ⟨Wirtsch.⟩ Rücksendungen an den Verkäufer, die mangelhafte od. unverkäufliche Waren enthalten Warensendungen, die zum Ausgleich bereits erfolgter Exportsendungen dienen **2** ⟨Bankw.⟩ Wechsel od. Schecks, die nicht eingelöst wurden [→ *retour*]

Re|tour|kut|sche ⟨[rətu:r-] f.; -, -n; fig.; umg.⟩ das Zurückgeben eines Vorwurfs mit den gleichen Worten; *das war eine billige ~* ⟨fig.⟩ eine geistlose Erwiderung [→ *retour*]

re|tour|nie|ren ⟨[-tur-] V.⟩ zurücksenden, zurückgeben [<frz. *retourner* »zurücksenden«]

◆ Die Buchstabenfolge **re|tr...** kann auch **ret|r...** getrennt werden. Davon ausgenommen sind Zusammensetzungen, in denen die fremdsprachigen bzw. sprachhistorischen Bestandteile deutlich als solche erkennbar sind, z. B. *-traktion, -tribution* (→*a.* Kontraktion).

Re|trak|ti|on ⟨f.; -, -en⟩ Schrumpfung, Zusammenziehung (bes. von Narben) [<lat. *retractio* »das Zurückziehen, Verminderung«; zu *retrahere* »zurückziehen«]

Re|trans|fu|si|on ⟨f.; -, -en; Med.⟩ = Reinfusion [<*Re...* + *Transfusion*]

Re|tri|bu|ti|on ⟨f.; -, -en⟩ Rückgabe, Vergütung [<lat. *retributio* »Rückgabe, Vergeltung«; zu *retribuere* »wiedergeben, zurückgeben«]

re|tri|bu|tiv ⟨Adj.⟩ die Retribution betreffend, auf ihr beruhend

◆ **Re|trie|val|sys|tem** ⟨[rɪtri:vəl-] n.; -s, -e⟩ Verfahren zum Wiederfinden elektronisch gespeicherter Daten [zu engl. *retrieve* »wiedergewinnen«]

◆ **Re|trie|ver** ⟨[rɪtri:və(r)] m.; -s, -⟩ = Golden Retriever

◆ **re|tro** ⟨Adj.; undekl.; umg.⟩ rückwärtsgewandt, zurückblickend, vergangene Trends u. Moden nachahmend; *die neue Mode ist ~, aber gut; das neue Design wirkt ~*

◆ **Re|tro**[1] ⟨m. od. n.; - od. -s; unz.; umg.; meist in Zus.⟩ Stilrichtung od. Mode, die Trends vergangener Epochen aufgreift; *eine rosa Brille im ~design* [engl.]

◆ **Re|tro**[2] ⟨m. od. n.; - od. -s; unz.; meist ohne Artikel⟩ Art der Popmusik, die frühere Stilrichtungen od. überliefertes Liedgut neu interpretiert; *seine Songs klingen nach ~* [engl.]

◆ **Re|tro**[3] ⟨f.; -, -s; kurz für⟩ Retrospektive

◆ **re|tro..., Re|tro...** ⟨in Zus.⟩ **1** zurück..., rückwärts..., Rück..., Rückwärts... **2** ⟨Anat.; Med.⟩ hinten gelegen [<lat. *retro* »rückwärts, zurück«]

◆ **re|tro|ak|tiv** ⟨Adj.; fachsprachl.⟩ rückwirkend

◆ **re|tro|da|tie|ren** ⟨V.⟩ mit einem zurückliegenden Datum versehen, zurückdatieren

◆ **Re|tro|de|sign** ⟨[-dizaɪn] n.; -s, -s⟩ Design, das Farben, Formen u. modische Symbole vergangener Epochen aufgreift; *Möbel im ~*

◆ **re|tro|flex** ⟨Adj.; Phon.⟩ mit zurückgebogener Zungenspitze gesprochen; *~e Laute*

◆ **Re|tro|flex** ⟨m.; -es, -e; Phon.⟩ mit zurückgebogener Zungenspitze gesprochener Laut [<lat. *retroflexio* »Rückwärtsbiegung, -krümmung«]

◆ **re|tro|grad** ⟨Adj.; Astron.⟩ (vom Nordpol der Ekliptik aus betrachtet) im Uhrzeigersinn verlaufend, rückläufig [<lat. *retrogradis* »rückwärts-, zurückgehend«; zu *gradus* »Schritt«]

R

◆ **Re|tro|look** ⟨[-luk] m.; -s; unz.; Mode⟩ Stilrichtung, die Formen, Farben u. modische Symbole vergangener Epochen aufgreift; *ganz aktuell sind Plateauschuhe u. Schlaghosen im ~* [<*Retro* + *Look*]

◆ **Re|tro|spek|ti|on** *auch:* **Re|tros|pek|ti|on** ⟨f.; -, -en⟩ = Retrospektive

◆ **re|tro|spek|tiv** *auch:* **re|tros|pek|tiv** ⟨Adj.⟩ rückschauend, zurückblickend [<frz. *rétrospectif*]

◆ **Re|tro|spek|ti|ve** *auch:* **Re|tros|pek|ti|ve** ⟨f.; -, -n⟩ Rückblick, Rückschau; *Sy* Retro³, Retrospektion [<*Retro…* + lat. *specere* »schauen«]

◆ **Re|tro|spiel** ⟨n.; -(e)s, -e; Schach⟩ Spiel, bei dem durch die Zurücknahme einiger Züge eine bestimmte Ausgangskonstellation wiederhergestellt wird [<*Retro…* + *Spiel*]

◆ **Re|tro|ver|si|on** ⟨[-vɛr-] f.; -, -en⟩ **1** Rückwärtsbeugung **2** Rückübersetzung (in die Originalsprache) [<lat. *retroversio* »Zurückdrehung«; zu *retroversus* »zurück-, rückwärtsgedreht«]

◆ **re|tro|ver|tie|ren** ⟨[-vɛr-] V.⟩ **1** zurückbeugen **2** rückübersetzen (in die Originalsprache) [<*retro…* + lat. *vertere* »wenden«]

◆ **Re|tro|vi|rus** ⟨[-vi-] n., umg. auch m.; -, -vi|ren [-vi-]; Med.⟩ Virus, dessen Erbsubstanz aus RNS besteht (z. B. das HIV)

Ret|si|na ⟨m.; -; unz.⟩ weißer, harzig schmeckender grch. Wein [zu grch. *retsina* »Harz« (da dem Wein, urspr. der besseren Haltbarkeit wegen, vor der Gärung Harz der Aleppokiefer zugesetzt wird)]

Re|turn ⟨[rɪtœːn] m.; -s, -s; Sport; Tennis⟩ Rückschlag des gegnerischen Balles [engl.]

re|tur|nie|ren ⟨V.; Sport; Tennis⟩ einen Return ausführen, den gegnerischen Aufschlag zurückschlagen

Re|tu|sche ⟨f.; -, -n; Mal.; Fot.⟩ Überarbeitung von Bildern od. fotografischen Vorlagen, Verbesserung von Fehlern, Heraushebung od. Abschwächung von Einzelheiten usw. [<frz. *retouche*]

Re|tu|scheur ⟨[-ʃøːr] m.; -s, -e; Mal.; Fot.⟩ Facharbeiter für Retuschen [<frz. *retoucheur*]

re|tu|schie|ren ⟨V.; Mal.; Fot.⟩ Retuschen vornehmen an [<frz. *retoucher* »wieder berühren, retuschieren«]

Re|uni|on ⟨f.; -, -en; Politik⟩ Vereinigung, Wiedervereinigung [<frz. *réunion* »Wiedervereinigung«]

Re|uni|o|nen ⟨Pl.; Politik⟩ als Wiedervereinigung ausgegebene Annexionen Ludwigs XIV.

re|üs|sie|ren ⟨V.⟩ Erfolg haben [<frz. *réussir* »Erfolg haben, zum Ziel gelangen«]

Rev. ⟨Abk. für⟩ Reverend

Re|vak|zi|na|ti|on ⟨[-vak-] f.; -, -en; Med.⟩ Wiederimpfung

re|vak|zi|nie|ren ⟨[-vak-] V.; Med.⟩ wiederimpfen

re|va|li|die|ren ⟨[-va-] V.; Rechtsw.⟩ rechtskräftig, wieder gültig werdend; →*a.* validieren

re|va|lie|ren ⟨[-va-] V.; Rechtsw.⟩ **1** sich schadlos halten **2** *eine Schuld ~* decken [<*re…* + lat. *valere* »stark, kräftig sein«]

Re|va|lie|rung ⟨[-va-] f.; -, -en; Rechtsw.⟩ Deckung (einer Schuld)

Re|va|lo|ri|sa|ti|on ⟨[-va-] f.; -, -en; Wirtsch.⟩ = Revalorisierung

re|va|lo|ri|sie|ren ⟨[-va-] V.⟩ *eine Währung ~* ⟨Wirtsch.⟩ auf den ursprünglichen Wert bringen

Re|va|lo|ri|sie|rung ⟨[-va-] f.; -, -en; Wirtsch.⟩ das Revalorisieren; *oV* Revalorisation

Re|val|va|ti|on ⟨[-valva-] f.; -, -en; Wirtsch.⟩ das Revalvieren

re|val|vie|ren ⟨[-valviː-] V.⟩ *eine Währung ~* ⟨Wirtsch.⟩ durch Änderung des Wechselkurses aufwerten [<*re…* + *valvieren*]

Re|van|che ⟨[-vãːʃ(ə)] f.; -, -n⟩ Rache, Vergeltung; *~ geben* ⟨Sport⟩ dem Gegner die Möglichkeit geben, seine Niederlage in einem neuen Kampf wettzumachen [frz., »Vergeltung«]

re|van|chie|ren ⟨[-vãʃiː-] V.⟩ *sich (für etwas) ~, sich bei jmdm. ~* jmdm. etwas vergelten; *sich für eine Beleidigung ~* sich rächen; *sich für eine Einladung, ein Geschenk ~* sich erkenntlich zeigen [→ *Revanche*]

Re|van|chis|mus ⟨[-vãʃɪs-] m.; -; unz.; Politik⟩ **1** polit. Haltung, deren Ziel die Rache für militärische Niederlagen ist, z. B. Irredentismus **2** Streben nach Rückgewinnung verlorener Landesteile od. Wiederherstellung früherer gesellschaftlicher Zustände mit militärischen Mitteln [→ *Revanche*]

Re|van|chist ⟨[-vãʃɪst] m.; -en, -en; Politik⟩ Vertreter des Revanchismus (2)

re|van|chis|tisch ⟨[revãʃɪs-] Adj.; Politik⟩ den Revanchismus betreffend, zu ihm gehörig

Re|veil|le ⟨[rəvɛːjə] f.; -, -n; Mil.; früher⟩ Wecksignal, Weckruf; *die ~ blasen* [<frz. *réveil* »das Erwachen, Wecken«]

Re|ver|be|ra|ti|on ⟨[-vɛr-] f.; -, -en⟩ Rückstrahlung [<lat. *reverberatio* »das Zurückwerfen«; zu *reverberare* »zurückwerfen«]

re|ver|be|rie|ren ⟨[-vɛr-] V.⟩ zurückstrahlen [<lat. *reverberare* »zurückwerfen«; zu *verberare* »schlagen, treffen«]

Re|ve|rend ⟨[-ve-] m.; -; unz.; Abk.: Rev.⟩ Ehr-, Hochwürden (Titel für evangel. Geistliche in angelsächs. Ländern) [engl., »ehrwürdig«; zu lat. *revereri* »verehren«]

Re|ve|renz ⟨[-ve-] f.; -, -en⟩ **1** Ehrerbietung **2** Ehrerbezeigung [<lat. *reverentia* »Ehrfurcht«; zu *revereri* »verehren«]

Re|ve|rie ⟨[rɛvə-] f.; -, -n; Musik⟩ Träumerei, träumerisch-elegisches Musikstück [<frz. *rêverie* »Träumerei«]

Re|vers¹ ⟨[rəvɛːr] n.; - [-vɛːrs], - [-vɛːrs]⟩ Aufschlag (an Jacke, Kleid od. Mantel) [frz., »Rückseite«]

Re|vers² ⟨[rəvɛrs] m.; -, -⟩ Rückseite einer Münze od. Medaille; *Ggs* Avers [→ *Revers¹*]

Re|vers³ ⟨[rəvɛrs] m.; -es, -e; Rechtsw.⟩ schriftl. Erklärung rechtl. Inhalts, Verpflichtung [<lat. *reversio* »Umkehr, Rückkehr«]

Re|verse ⟨[rivœːs] n.; -; unz.⟩ = Autoreverse

re|ver|si|bel ⟨[-vɛr-] Adj.⟩ umkehrbar; *Ggs* irreversibel; *eine reversible Entscheidung* [<frz. *réversible* »umkehrbar«]

Re|ver|si|bi|li|tät ⟨[-vɛr-] f.; -; unz.⟩ reversible Beschaffenheit

R

Re|ver|si|ble *auch:* **Re|ver|sib|le** ⟨[-vɛrsiːbl] m.; -s, -s; Textilw.⟩ Gewebe mit einer matten u. einer glänzenden Seite [frz. *réversible* »auf beiden Seiten verwendbar, doppelseitig zu tragen«]

re|ver|sie|ren ⟨[-vɛr-] V.; österr.⟩ beim Autofahren im Rückwärtsgang wenden [<frz. *reverser* »umkehren« <lat. *reversare* »umdrehen, rückwärtswenden«]

Re|ver|sing ⟨[rɪvœːsɪŋ] n.; - od. -s; unz.; Wirtsch.⟩ Handelsform des englischen Baumwolltermingeschäfts [<engl. *reverse* »umkehren, wenden«]

Re|ver|si|on ⟨[-vɛr-] f.; -, -en⟩ Umkehrung [<lat. *reversio;* zu *reverti* »umkehren«]

Re|ver|si|ons|pen|del ⟨[-vɛr-] n.; -s, -; Physik⟩ Pendel zur Messung der Erdbeschleunigung mit zwei verstellbaren Punkten zur Aufhängung u. verstellbaren Massen

Re|vi|dent ⟨[-vi-] m.; -en, -en⟩ **1** jmd., der etwas revidiert, Prüfer **2** ⟨Rechtsw.⟩ jmd., der Revision einlegt **3** ⟨österr.⟩ Beamtentitel [<lat. *revidens,* Part. Präs. zu *revidere;* → *revidieren*]

re|vi|die|ren ⟨[-vi-] V.⟩ prüfen, überprüfen; *seine Meinung* ~ nach besserem Wissen ändern [<lat. *revidere* »wieder hinsehen«; zu *videre* »sehen«]

Re|vier ⟨[-viːr] n.; -s, -e⟩ **1** Bezirk, Gebiet **1.1** Gebiet, in dem Bodenschätze abgebaut werden; *Kohlen~* **1.2** Teilgebiet eines Forstamtes **1.3** Jagdgebiet; *Jagd~* **1.4** Tätigkeitsbereich; ~ *eines Kellners* **2** Polizeidienststelle, Meldestelle; *Polizei~* **3** ⟨Mil.⟩ **3.1** von einer Truppe (in Kaserne od. Lager) belegter Raum **3.2** Krankenstube (in der Kaserne) [<mndrl. *riviere* <afrz. *rivière* »ebenes Land entlang einem Wasserlauf, Fluss« <vulgärlat. *riparia* »das am Ufer Befindliche«; zu *ripa* »Ufer«]

re|vie|ren ⟨[-viː-] V.; Jagd⟩ **1** das Revier begehen (vom Förster) **2** im Revier nach Wild suchen (vom Hund)

Re|view ⟨[rivjuː] f.; -, -s⟩ Übersicht, Rundschau (oft Titel englischer Zeitschriften) [engl., »Rückblick, Überblick«]

Re|vin|di|ka|ti|on ⟨[-vɪn-] f.; -, -en⟩ Zurückforderung einer Sache [→ *revindizieren*]

re|vin|di|zie|ren ⟨[-vɪn-] V.⟩ zurückfordern [<*re...* + lat. *vindicare* »in Anspruch nehmen«]

Re|vi|re|ment ⟨[revirəmãː] n.; -s, -s⟩ **1** Umbesetzung (von staatl. Ämtern) **2** Abrechnung zwischen Schuldnern u. Gläubigern [frz., »Umschwung, Schwenkung, Wendung«]

re|vi|si|bel ⟨[-vi-] Adj.; Rechtsw.⟩ durch die Revision (4) anfechtbar; *revisible Rechtssprechung*

Re|vi|si|on ⟨[-vi-] f.; -, -en⟩ **1** (nochmalige) Durchsicht, Prüfung **2** Fahndung nach zollpflichtigen Gütern beim Grenzübertritt **3** ⟨Rechtsw.⟩ Anrufung einer höheren Instanz zur nochmaligen Entscheidung einer Rechtsfrage **4** Überprüfung der Druckbogen auf die Ausführung der Korrekturen [<mlat. *revisio* »prüfende Wiederdurchsicht« <lat. *revidere* »wieder hinsehen«]

Re|vi|si|o|nis|mus ⟨[-vi-] m.; -; unz.; Politik⟩ **1** Bestrebung zur Änderung eines polit. Zustands, einer Verfassung **2** diejenige Richtung des Marxismus, die den Übergang vom Kapitalismus zum Sozialismus ohne Gewalt (Revolution) erstrebt u. insofern die Lehre von Marx revidiert

Re|vi|si|o|nist ⟨[-vi-] m.; -en, -en; Politik⟩ Anhänger, Vertreter des Revisionismus

re|vi|si|o|nis|tisch ⟨[-vi-] Adj.; Politik⟩ den Revisionismus betreffend, auf ihm beruhend

Re|vi|sor ⟨[-viː-] m.; -s, -soren⟩ **1** jmd., der eine Revision vornimmt, Prüfer; *Bücher~* **2** erfahrener Korrektor, der die letzte Korrektur vor dem Druck liest

re|vi|ta|li|sie|ren ⟨[-vi-] V.⟩ wieder kräftigen, erholen, wieder in ein natürliches Gleichgewicht bringen; *den Organismus* ~

Re|vi|ta|li|sie|rung ⟨[-vi-] f.; -; unz.⟩ Erholung nach einer Erkrankung [<*Re...* + lat. *vita* »Leben«]

Re|vi|val ⟨[rɪvaɪvəl] n.; -s, -s⟩ Wiederbelebung, Wiedererweckung, Erneuerung [engl.]

Re|vo|ka|ti|on ⟨[-vo-] f.; -, -en⟩ Widerruf [<lat. *revocatio* »das Zurückrufen, das Abrufen«; zu *revocare* »zurück-, abrufen«]

Re|voke ⟨[rɪvoʊk] f.; - od. -s, -s⟩ (beim Kartenspiel) unabsichtliches Legen einer falschen Karte [engl., »Widerruf«]

Re|vol|te ⟨[-vɔl-] f.; -, -n⟩ Aufruhr, Aufstand, Empörung [<frz. *révolte* »Aufruhr«]

re|vol|tie|ren ⟨[-vɔl-] V.⟩ sich empören, auflehnen [<frz. *révolter* »aufwiegeln«]

Re|vo|lu|ti|on ⟨[-vo-] f.; -, -en⟩ **1** ⟨allg.⟩ Umwälzung, grundlegende Änderung; *eine wissenschaftliche, technische* ~ **2** ⟨Politik⟩ gewaltsamer Sturz einer Gesellschaftsordnung; *Oktober~* **3** ⟨Astron.; veraltet⟩ Umlauf eines Himmelskörpers um ein Zentralgestirn [<lat. *revolutio* »das Zurückwälzen, Umdrehung (der Gestirne)«; als »Volkserhebung« von frz. *révolution* beeinflusst]

re|vo|lu|ti|o|när ⟨[-vo-] Adj.⟩ eine Revolution herbeiführend, für sie eintretend, umwälzend

Re|vo|lu|ti|o|när ⟨[-vo-] m.; -s, -e; Politik⟩ jmd., der eine Revolution (2) herbeiführt, an ihr teilnimmt [<frz. *révolutionnaire*]

Re|vo|lu|ti|o|nä|rin ⟨[-vo-] f.; -, -rin|nen; Politik⟩ weibl. Person, die eine Revolution (2) herbeiführt od. an ihr teilnimmt

re|vo|lu|ti|o|nie|ren ⟨[-vo-] V.⟩ **1** (grundlegend) umwandeln **2** in Aufruhr bringen **3** ⟨Politik⟩ eine Revolution (2) herbeiführen [<frz. *révolutionner* »in Aufruhr versetzen, revolutionieren«]

Re|vo|luz|zer ⟨[-vo-] m.; -s, -; umg.; abwertend⟩ jmd. der sich für einen gesellschaftl. Umsturz einsetzt, Revolutionär [<ital. *rivoluzionario* »Revolutionär«]

Re|vol|ver ⟨[-vɔlvər] m.; -s, -⟩ **1** Pistole mit trommelförmigem Magazin; *Trommel~* **2** ⟨Technik⟩ = Revolverkopf [engl., »Revolver«; zu *revolve* »sich drehen« <lat. *revolvere* »zurückrollen«]

R

Re|vol|ver|dreh|ma|schi|ne ⟨[-vɔl-] f.; -, -n; Technik⟩ Drehmaschine mit verschiedenen Werkzeugen für mehrere Arbeitsgänge

Re|vol|ver|kopf ⟨[-vɔl-] m.; -(e)s, -köp|fe; Technik⟩ an Revolverdrehmaschinen drehbare Vorrichtung zum Einsetzen mehrerer Werkzeuge, die nacheinander gebraucht werden

Re|vol|ver|pres|se ⟨[-vɔlvər-] f.; -; unz.; Zeitungsw.; umg.; abwertend⟩ reißerische, unsachliche Presse

re|vol|vie|ren ⟨[-vɔlviː-] V.⟩ **1** ⟨Technik⟩ zurückdrehen **2** ⟨Bankw.⟩ *~der Kredit* kurzfristiger Kredit, der in einem bestimmten Rhythmus vom Kreditnehmer getilgt, aber gleichzeitig wieder erneuert wird [zu lat. *revolvere* »zurückrollen«]

Re|vol|ving|ge|schäft ⟨[rɪvɔlvɪŋ-] n.; -(e)s, -e; Wirtsch.⟩ (Bank-)Geschäft zur Finanzierung langfristiger Kredite mit Hilfe von aufeinanderfolgenden kurzfristigen Krediten [zu engl. *revolve* »sich drehen, sich erneuern«]

Re|vol|ving|kre|dit ⟨[rɪvɔlvɪŋ-] m.; -(e)s, -e; Wirtsch.⟩ **1** Kredit, der gemäß dem jährlichen Betriebsgewinn getilgt bzw. wiederholt in Anspruch genommen werden kann **2** langfristiger Kredit, der mit Hilfe von aufeinanderfolgenden kurzfristigen Krediten finanziert wird [<engl. *revolve* »sich drehen, sich erneuern«]

Re|vol|ving|sys|tem ⟨[rɪvɔlvɪŋ-] n.; -s, -e; Wirtsch.⟩ Finanzierungsverfahren für langfristige Geldanleihen durch aufeinanderfolgende kurzfristige Geldanleihen

re|vo|zie|ren ⟨[-vo-] V.; geh.⟩ widerrufen [<lat. *revocare* »zurückrufen, abrufen«; zu *vocare* »rufen«]

Re|vue ⟨[rəvyː] f.; -, -n⟩ **1** ⟨veraltet⟩ Heeres-, Truppenschau, Parade; *etwas ~ passieren lassen* (in Gedanken) an sich vorüberziehen lassen **2** ⟨heute⟩ musikal. Bühnenstück mit großer Ausstattung u. mit Ballett **3** bebilderte Zeitschrift mit allgemeinen Überblicken [frz., »Übersicht, Rundschau, Besichtigung«]

Re|wri|ter ⟨[riraɪtə(r)] m.; -s, -⟩ jmd., der Texte vor der Veröffentlichung überarbeitet [zu engl. *rewrite* »neu schreiben, umschreiben«]

Rex ⟨m.; -, Re|ges; im antiken Rom Titel für⟩ König [lat., »König«]

rey|nolds|sche Zahl *auch:* **Rey|nolds'sche Zahl** ⟨[reːnɔlds-] f.; -n -, -n -en; Physik⟩ eine dimensionslose Zahl, die den Strömungswiderstand in zähen Flüssigkeiten kennzeichnet u. als das Verhältnis der Trägheitskraft zur inneren Reibungskraft in der Flüssigkeit aufgefasst werden kann [nach dem engl. Physiker Osborne *Reynolds,* 1842-1912]

Rey|on *auch:* **Re|yon** ⟨[rɛjɔ̃ː] m. od. n.; -; unz.⟩ = Rayon[2]

Re|zen|sent ⟨m.; -en, -en⟩ Verfasser einer Rezension, Kritiker [<lat. *recensens* »musternd«, Part. Präs. zu *recensere*]

Re|zen|sen|tin ⟨f.; -, -tin|nen⟩ Verfasserin einer Rezension, Kritiker

re|zen|sie|ren ⟨V.⟩ *Bücher, Filme, Theateraufführungen, Fernsehspiele ~* in Zeitung od. Rundfunk kritisch besprechen [<lat. *recensere* »sorgfältig prüfen, mustern«; zu *censere* »begutachten, einschätzen«]

Re|zen|si|on ⟨f.; -, -en⟩ krit. Besprechung von Büchern, Filmen, Theateraufführungen, Fernsehsendungen u. Ä. in Zeitung od. Rundfunk [<lat. *recensio* »Musterung«; zu *recensere;* → *rezensieren*]

re|zent ⟨Adj.⟩ **1** neu, frisch, gegenwärtig **2** gegenwärtig noch lebend (von Tier- u. Pflanzenarten) [<lat. *recens* »frisch, neu, jung«]

Re|ze|pis|se ⟨n.; -s od. -s, - od. österr.: f.; -, -n⟩ Empfangsbescheinigung [<lat. *recepisse* »empfangen haben«]

Re|zept ⟨n.; -(e)s, -e⟩ **1** Vorschrift zum Zubereiten einer Speise; *Back~; Koch~* **2** ⟨Med.⟩ schriftl. Anweisung des Arztes an den Apotheker zur Abgabe eines Medikamentes **3** ⟨fig.; umg.⟩ Mittel; *das ist ein gutes ~ gegen deine Angst* [<lat. *receptum,* Part. Perf. zu *recipere* »zurück-, aufnehmen«; eigtl. »(es wurde) genommen«, Vermerk des Apothekers, dass er die Anordnung des Arztes, eingeleitet durch lat. *recipe …* »nimm …«, befolgt hat]

Re|zep|ta|ku|lum ⟨n.; -s, -ku|la; Biol.⟩ **1** die erheblich verkürzte u. verbreiterte Blütenachse (bei Blütenpflanzen) **2** Teil der Pflanze, an dem die Geschlechtsorgane aufsitzen (bei Moosen) **3** sackartige Ausstülpung zur Aufnahme der Samenzellen (bei Würmern u. Insekten) [<lat. *receptaculum* »Behältnis, Behälter«]

re|zep|tie|ren ⟨V.; Med.⟩ *ein Medikament ~* ein Rezept über ein M. ausschreiben

Re|zep|ti|on ⟨f.; -, -en⟩ **1** An-, Auf-, Übernahme; *die ~ einer Person; die ~ eines Gastes im Hotel, eines Kranken im Krankenhaus, eines Studenten in einer Verbindung* **2** ⟨Kunst; Lit.⟩ die Aufnahme, das Verstehen von Kunstwerken, bes. von literar. Werken beim Publikum bzw. Leser **3** Empfang, Stelle zur Aufnahme u. Weiterleitung von Kunden, Gästen od. Patienten [<lat. *receptio* »Aufnahme, Annahme«; zu *recipere* »aufnehmen«]

Re|zep|ti|ons|äs|the|tik ⟨f.; -; unz.; Lit.⟩ Erforschung der Wirkungsgeschichte von literarischen Werken

re|zep|ti|ons|äs|the|tisch ⟨Adj.; Lit.⟩ die Rezeptionsästhetik betreffend; *eine ~e Interpretation*

re|zep|tiv ⟨Adj.⟩ **1** (nur) aufnehmend, empfangend (Sinneseindrücke) **2** empfänglich [→ *Rezeption* (nach frz. *réseptif* »empfänglich«)]

Re|zep|ti|vi|tät ⟨[-vi-] f.; -; unz.⟩ Aufnahmefähigkeit, Empfänglichkeit (bes. für Sinneseindrücke)

Re|zep|tor ⟨m.; -s, -to|ren⟩ **1** ⟨veraltet⟩ Empfänger **2** Steuereinnehmer **3** ⟨Biol.⟩ Sinneszelle zur Aufnahme von mechanischen *(Mechano~),* chemischen *(Chemo~),* thermischen *(Ther-*

R

mo~) u. von Licht ausgehenden *(Foto~)* Reizen [<lat. *receptor* »Empfänger«; zu *recipere* »auf-, annehmen«]

re|zep|to|risch ⟨Adj.⟩ von Rezeptoren (3) aufgenommen

Re|zep|tur ⟨f.; -, -en; Pharm.⟩ **1** Herstellung einer Arznei nach einem Rezept **2** der dafür bestimmte Raum in der Apotheke

Re|zess ⟨m.; -es, -e; Rechtsw.⟩ **1** Auseinandersetzung **2** Vergleich **3** schriftlich fixiertes Ergebnis einer Verhandlung [<lat. *recessus* »Rückgang«; zu *recedere* »zurückgehen«]

Re|zes|si|on ⟨f.; -, -en; Wirtsch.⟩ Phase des konjunkturellen Rückgangs, bei der die Wachstumsrate des realen Bruttosozialproduktes sinkt [<lat. *recessio* »das Zurückgehen«]

re|zes|siv ⟨Adj.; Genetik⟩ von anderen Erbanlagen überdeckt; *Ggs* dominant (2) [<frz. *récessif* »rezessiv«; zu *Rezess*]

Re|zes|si|vi|tät ⟨[-vi-] f.; -; unz.; Genetik⟩ Zurücktreten bestimmter Merkmale; *Ggs* Dominanz

re|zi|div ⟨Adj.; Med.⟩ zeitweise wiederkehrend [<lat. *recidivus* »rückfällig«]

Re|zi|div ⟨n.; -s, -e; Med.⟩ Rückfall

re|zi|di|vie|ren ⟨[-vi:-] V.; Med.⟩ wiederkehren, im Rückfall auftreten [→ *rezidiv*]

Re|zi|pi|ent ⟨m.; -en, -en⟩ **1** ⟨Physik⟩ Glasglocke, die (fast) luftleer gepumpt werden kann, z. B. zur Destillation **2** Platte aus Metall als Grundlage für den Schmelz (beim Emaillieren) **3** Empfänger einer Aussage, Hörer, Leser, Betrachter [<lat. *recipiens* »aufnehmend«, Part. Präs. zu *recipere;* → *rezipieren*]

Re|zi|pi|en|tin ⟨f.; -, -tin|nen⟩ Empfängerin einer Aussage, Hörerin, Leserin, Betrachterin

re|zi|pie|ren ⟨V.⟩ auf-, an-, übernehmen; *den Inhalt eines Satzes* ~ [<lat. *recipere* »zurücknehmen, annehmen, aufnehmen«; zu *capere* »fassen, greifen«]

re|zi|prok *auch:* **re|zip|rok** ⟨Adj.⟩ **1** wechselseitig **2** in Wechselbeziehung stehend **3** ⟨Gramm.⟩ *~e Verben* V., bei denen das Reflexivpronomen eine wechselseitige Beziehung anzeigt, z. B. Anna und Michael begrüßen »sich«; →*a.* reflexives Verbum **4** ⟨Math.⟩ umgekehrt; *~er Wert* durch Vertauschen von Zähler u. Nenner eines Bruches entstandener Wert, z. B. $^2/_3$ u. $^3/_2$, Kehrwert [<lat. *reciprocus* »auf derselben Bahn zurückkehrend«]

Re|zi|pro|zi|tät *auch:* **Re|zip|ro|zi|tät** ⟨f.; -, -en⟩ Wechselseitigkeit [→ *reziprok*]

Re|zi|ta|ti|on ⟨f.; -, -en⟩ künstlerischer (gesprochener) Vortrag, z. B. eines Gedichtes [<lat. *recitatio* »das Vorlesen, Vortrag«; zu *recitare* »laut vortragen«]

Re|zi|ta|tiv ⟨n.; -s, -e; Musik⟩ Sprechgesang in Oper, Oratorium, Kantate, auch als Einleitung einer Arie [<ital. *recitativo* »Sprechgesang«]

re|zi|ta|ti|visch ⟨Adj.; Musik⟩ in der Art eines Rezitativs

Re|zi|ta|tor ⟨m.; -s, -to|ren⟩ jmd., der etwas rezitiert [<lat. *recitator* »Vorleser«]

re|zi|ta|to|risch ⟨Adj.⟩ in der Art einer Rezitation

re|zi|tie|ren ⟨V.⟩ künstlerisch vortragen; *Gedichte* ~ [<lat. *recitare* »laut vortragen«]

re|zy|klie|ren *auch:* **re|zyk|lie|ren** ⟨V.; schweiz.⟩ = recyceln

rf., rfz. ⟨Abk. für⟩ rinforzando

Rgt. ⟨Abk. für⟩ Regiment

Rh ⟨chem. Zeichen für⟩ Rhodium

Rha|bar|ber ⟨m.; -s; unz.; Bot.⟩ einer Gattung der Knöterichgewächse angehörende Nutzpflanze mit großen Blättern, deren Stiele für Kompott *(Pontischer ~)* od. als Abführmittel *(Gemeiner ~)* verwendet werden: Rheum [<ital. *rabarbaro* <lat. *rha barbarum* <*rha* »Rhabarber« (<grch. *rha, rheon,* vermutl. zu *Rha,* dem grch. Namen der Wolga) + *barbarus* »fremdländisch«]

rhab|do|i|disch ⟨Adj.; Biol.⟩ stabförmig [<grch. *rhabdos* »Stab« + ...*id*]

Rhab|dom ⟨n.; -s, -e; Zool.⟩ stabförmiges Organ in den Sehzellen von Facettenaugen [<grch. *rhabdos* »Stab«]

Rha|ga|de ⟨f.; -, -n; meist Pl.; Med.⟩ Hautriss [<grch. *rhagas,* Gen. *rhagados* »Hautriss«]

Rhap|so|de ⟨m.; -n, -n; im antiken Griechenland⟩ wandernder Sänger, der erzählende Gedichte vortrug [<grch. *rhaptein* »nähen, zusammenfügen« + *ode* »Gesang«]

Rhap|so|die ⟨f.; -, -n⟩ **1** ⟨urspr.⟩ von den Rhapsoden vorgetragene Dichtung **2** ⟨heute⟩ Gedicht in freier Form **3** ⟨Musik⟩ **3.1** balladenhaft-erzählender Gesang **3.2** instrumentale Komposition über Volksweisen

Rhap|so|dik ⟨f.; -; unz.; Lit.⟩ Rhapsodiendichtung

rhap|so|disch ⟨Adj.⟩ **1** die Rhapsodie betreffend, einer Rhapsodie ähnlich **2** bruchstückhaft

Rhe|ma ⟨n.; -s, -ma|ta; Sprachw.⟩ **1** Teil des Satzes, der die wesentl. (neue) Information, den Aussagekern enthält **2** Kommentar; *Sy* Fokus (3); *Ggs* Thema (4) [grch., »Ausspruch«]

rhe|ma|tisch ⟨Adj.; Sprachw.⟩ das Rhema betreffend, auf ihm beruhend

Rhe|ma|ti|sie|rung ⟨f.; -, -en; Sprachw.⟩ Etablierung eines Teils des Satzes zum rhematischen Teil des (nächsten) Satzes (mit Hilfe der Wortstellung od. der Betonung), z. B. »Hans putzt die Schuhe. Die Schuhe sind schmutzig.« (Wortstellung: *Hans* putzt die Schuhe; Betonung: Hans putzt die *Schuhe*); *Sy* Fokussierung (2)

rhe|na|nisch ⟨Adj.⟩ rheinisch [<lat. *Rhenanus* »rheinisch«; zu *Rhenus* »Rhein«]

Rhe|ni|um ⟨n.; -s; unz.; chem. Zeichen: Re⟩ chem. Element, edelmetallähnl. Schwermetall, Ordnungszahl 75 [<lat. *Rhenus* »Rhein«]

rheo..., Rheo... ⟨in Zus.⟩ Fluss, Strom, Wasser [<grch. *rheos* »Fluss«; zu *rheein* »fließen«]

Rheo|lo|gie ⟨f.; -; unz.; Physik⟩ Lehre vom Verhalten flüssiger bis plastischer Körper gegenüber von außen einwirkenden Kräften [<*Rheo*... + ...*logie*]

Rheo|me|ter ⟨n.; -s, -; Physik⟩ Gerät zum Messen der Fließeigenschaften flüssiger od. plastischer Substanzen

Rheo|me|trie *auch:* **Rheo|met|rie** ⟨f.; -; unz.; Physik⟩ Gebiet der Technik, das sich mit den Messverfahren zur Bestimmung der rheologischen Eigenschaften befasst [<*Rheo...* + *...metrie*]

rheo|phil ⟨Adj.; Ökol.⟩ strömendes Wasser bevorzugend [<*rheo...* + *...phil*]

Rhe|o|stat *auch:* **Rhe|os|tat** ⟨m.; -(e)s, -e; El.⟩ mittels Schleifkontakts regelbarer elektr. Drahtwiderstand, Regelwiderstand [<*Rheo...* + *...stat*]

Rheo|ta|xis ⟨f.; -, -ta|xen; Biol.⟩ Ausrichtung von Tieren zur Richtung der Strömung [<*Rheo...* + *Taxis*]

Rheo|tro|pis|mus ⟨m.; -, -pis|men; Bot.⟩ Beeinflussung der Wachstumsrichtung von Pflanzen durch strömendes Wasser [<*Rheo...* + *Tropismus*]

Rhe|sus|af|fe ⟨m.; -n, -n; Zool.⟩ meerkatzenartiger Affe von mittlerer Größe (in Laboratorien beliebtes Versuchstier): Macaca mulatta

Rhe|sus|fak|tor ⟨m.; -s; unz.; Med.⟩ von der Blutgruppe unabhängige erbliche Eigenschaft des Blutes, die bei Blutübertragung u. Schwangerschaft berücksichtigt werden muss; *Sy* Rh-Faktor

Rhe|tor ⟨m.; -s, -to|ren⟩ **1** ⟨im antiken Griechenland⟩ Lehrer der Beredsamkeit **2** ⟨danach⟩ = Rhetoriker [<grch. *rhetor* »Redner«]

Rhe|to|rik ⟨f.; -; unz.⟩ **1** Kunst der Beredsamkeit, Redekunst **2** Lehre von der Redekunst [<grch. *rhetorike (techne)* »Redekunst«]

Rhe|to|ri|ker ⟨m.; -s, -⟩ Kenner, Beherrscher der Rhetorik, gewandter Redner; *oV* Rhetor (2) [→ *Rhetorik*]

rhe|to|risch ⟨Adj.⟩ die Rhetorik betreffend, auf ihr beruhend, rednerisch; *~e Frage* Stilmittel in Form einer Frage, auf die keine Antwort erwartet wird

Rheu|ma ⟨n.; -s; unz.; Med.; kurz für⟩ Rheumatismus

Rheu|ma|ti|ker ⟨m.; -s, -; Med.⟩ jmd., der an Rheumatismus leidet

rheu|ma|tisch ⟨Adj.; Med.⟩ auf Rheumatismus beruhend [<grch. *rheumatikos* »den Rheumatismus betreffend«]

Rheu|ma|tis|mus ⟨m.; -, -tis|men; Med.⟩ schmerzhafte Entzündung von Gelenken, Muskeln u. serösen Häuten [<lat. *rheumatismus* <grch. *rheumatismos,* eigtl. »das Fließen«; zu *rheein* »fließen, strömen«]

Rheu|ma|to|lo|ge ⟨m.; -n, -n; Med.⟩ Facharzt od. Wissenschaftler der Rheumatologie

Rheu|ma|to|lo|gie ⟨f.; -; unz.; Med.⟩ Teilgebiet der Medizin, das sich mit den rheumatischen Erkrankungen befasst [verkürzt <*Rheuma*tismus + *...logie*]

Rheu|ma|to|lo|gin ⟨f.; -, -gin|nen; Med.⟩ Fachärztin, Wissenschaftlerin der Rheumatologie

rheu|ma|to|lo|gisch ⟨Adj.; Med.⟩ zur Rheumatologie gehörig, auf ihr beruhend

Rhe|xis ⟨f.; -; unz.; Med.⟩ Zerreißen (eines Gefäßes) [grch.]

Rh-Fak|tor ⟨m.; -s; unz.; Med.; kurz für⟩ Rhesusfaktor

rhin..., Rhin... ⟨in Zus.⟩ = rhino..., Rhino...

Rhi|ni|tis ⟨f.; -, -ti|den; Med.⟩ Entzündung der Nasenschleimhaut [<grch. *rhis,* Gen. *rhinos* »Nase«]

rhi|no..., Rhi|no... ⟨vor Vokalen⟩ rhin..., Rhin... ⟨in Zus.⟩ zur Nase gehörig, nasen..., Nasen... [<grch. *rhis,* Gen. *rhinos* »Nase«]

rhi|no|gen ⟨Adj.; Med.⟩ von der Nase ausgehend, in ihr entstanden [<grch. *rhis,* Gen. *rhinos* »Nase« + *gennan* »erzeugen«]

Rhi|no|lo|gie ⟨f.; -; unz.; Med.⟩ Lehre von den Krankheiten der Nase [<*Rhino...* + *...logie*]

Rhi|no|phym ⟨n.; -s, -e; Med.⟩ knollenartige Verdickung der Nase, Knollennase [<*Rhino...* + grch. *phyma* »Geschwür«]

Rhi|no|plas|tik ⟨f.; -, -en; Med.⟩ operativer Ersatz der äußeren Nase bzw. von Teilen davon bei Verletzungen od. Nasenkorrektur, Nasenplastik

Rhi|nor|rha|gie ⟨f.; -, -n; Med.⟩ heftiges Nasenbluten

Rhi|no|skop *auch:* **Rhi|nos|kop** ⟨n.; -s, -e; Med.⟩ durch den Mund eingeführter Spiegel zum Untersuchen des hinteren Nasenraumes, Nasenspiegel [<*Rhino...* + *skopein* »schauen«]

Rhi|no|sko|pie *auch:* **Rhi|nos|ko|pie** ⟨f.; -, -n; Med.⟩ Nasenspiegelung

Rhi|no|ze|ros ⟨n.; - od. -ses, -se; Zool.⟩ **1** Nashorn **2** ⟨fig.; umg.⟩ Dummkopf, Tölpel [<lat. *rhinoceros* <grch. *rhinokeros* <*rhis,* Gen. *rhinos* »Nase« + *keras* »Horn«]

Rhi|zo|der|mis ⟨f.; -, -der|men; Bot.⟩ der Stoffaufnahme dienende Wurzelzellschicht [<grch. *rhiza* »Wurzel« + *derma* »Haut«]

Rhi|zo|id ⟨n.; -(e)s, -e; Biol.⟩ wurzelartiges Gebilde (z. B. bei Algenpilzen) [zu grch. *rhiza* »Wurzel«]

Rhi|zom ⟨n.; -s, -e; Bot.⟩ unterirdischer Spross, mit dessen Hilfe die damit versehenen Pflanzen überwintern können, Wurzelstock, z. B. bei Schwertlilie u. Veilchen [<grch. *rhiza* »Wurzel«]

Rhi|zo|pho|re ⟨f.; -, -n; meist Pl.; Bot.⟩ = Mangrove [<grch. *rhiza* »Wurzel« + *...phor*[2]]

Rhi|zo|phyt ⟨m.; -en, -en; Bot.⟩ echte Wurzeln treibende Pflanze, z. B. Samen- od. Farnpflanzen [<grch. *rhiza* »Wurzel« + *...phyt*]

Rhi|zo|po|de ⟨m.; -n, -n; meist Pl.; Zool.⟩ Klasse einzelliger Tiere, die sich durch Scheinfüßchen fortbewegen, Wurzelfüßer [<grch. *rhiza* »Wurzel« + *...pode*]

Rhi|zo|sphä|re ⟨f.; -, -n; Ökol.⟩ mit Wurzeln durchsetzte Bodenschicht [<grch. *rhiza* »Wurzel« + *Sphäre*]

Rh-ne|ga|tiv ⟨Adj.; Med.⟩ den Rhesusfaktor nicht aufweisend; *Ggs* Rh-positiv

Rho ⟨n.; - od. -s, -s; Zeichen: ρ, P⟩ grch. Buchstabe

...rhö ⟨in Zus.⟩ = ...rrhö

Rhod|a|min *auch:* **Rho|da|min** ⟨n.; -s; unz.; Chemie⟩ lichtechter Triphenylmethanfarbstoff zum Färben von Wolle u. Seide, in der Kriminaltechnik zum Nachweis von Diebstählen, in der Papierindustrie u. zur Herstellung von Lippenstiften ver-

R

wendet; →*a.* Xanthen [<grch. *rhodon* »Rose« + *Amin*]

Rho|dan|grup|pe ⟨f.; -, -n; Chemie⟩ die Molekülgruppe -SCN, die als Bestandteil vieler anorganischer Verbindungen auftritt u. mit Metallen die als Rhodanide bezeichneten Salze bildet [<lat. *rhodon* »Rose«]

Rho|da|nid ⟨n.; -s, -e; Chemie⟩ = Rhodansalz

Rho|dan|salz ⟨n.; -es, -e; Chemie⟩ mit Metallen gebildetes Salz der Rhodangruppe; *Sy* Rhodanid

Rho|de|län|der ⟨[ro:d-] m.; -s, -; Zool.⟩ Angehöriger einer roten bis dunkelbraunen Rasse von Haushühnern [nach *Rhode Island* benannt]

rho|di|nie|ren ⟨V.; Chemie⟩ mit Rhodium überziehen

Rho|di|um ⟨n.; -s; unz.; chem. Zeichen: Rh⟩ chem. Element, sehr hartes, platinähnl. Metall, Ordnungszahl 45 [<grch. *rhodon* »Rose«]

Rho|do|chro|sit ⟨[-kro-] m.; -en, -en; Min.⟩ Mineral, Manganspat, Himbeerspat, chem. Mangancarbonat

Rho|do|den|dron *auch:* **Rho|do|dend|ron** ⟨n. od. m.; -s, -dendren; Bot.⟩ einer immergrünen Gattung der Heidekrautgewächse angehörender Strauch od. kleiner Baum mit prächtigen Blüten, Alpenrose [<grch. *rhodon* »Rose« + *dendron* »Baum«]

Rho|do|phy|ze|en ⟨Pl.; Bot.⟩ rot bis violett gefärbte, hoch entwickelte Algen des Meer- u. vereinzelt des Süßwassers, Purpuralgen, Rotalgen: Rhodophyceae [<grch. *rhodon* »Rose« + ...*phyzee*]

rhom|bisch ⟨Adj.; Geom.⟩ die Form eines Rhombus besitzend, in Form eines Rhombus (dargestellt)

Rhom|bo|eder ⟨n.; -s, -; Geom.⟩ von sechs Rhomben gebildeter Körper, von denen je zwei in parallelen Ebenen liegen

Rhom|bo|id ⟨n.; -(e)s, -e; Geom.⟩ ungleichseitiges, schiefwinkliges Parallelogramm [<*Rhombus* + ...*id*]

Rhom|bus ⟨m.; -, Rhom|ben; Geom.⟩ schiefwinkeliges Parallelogramm mit gleichen Seitenpaaren [<grch. *rhombos,* eigtl. »Umdrehung«]

Rho|ta|zis|mus ⟨m.; -, -zis|men; Sprachw.⟩ Wechsel zwischen stimmhaftem s u. r in Wörtern mit verwandter Wurzel, z. B. »gewesen« u. »waren« [<grch. *rhotakismos,* nach dem grch. Buchstaben *rho* »r«]

Rh-po|si|tiv ⟨Adj.; Med.⟩ den Rhesusfaktor besitzend; *Ggs* Rh-negativ

Rhyn|cho|te ⟨[-ço:-] m.; -n, -n; meist Pl.; Zool.⟩ Blut od. Pflanzensaft saugendes Insekt mit schnabelartigem Mundwerkzeug, Schnabelkerfe [<grch. *rhynchos* »Rüssel, Schnauze«]

Rhy|o|lith ⟨m.; -s od. -en, -e od. -en; Min.⟩ meist helles Gemenge von Alkali-Feldspat u. Quarz mit saurem Plagioklas, das zu Werksteinen, Pflastern, Schotter u. Splitt verarbeitet wird; *Sy* Liparit [<grch. *rhyax* »Lavastrom« + ...*lith*]

Rhythm and Blues ⟨[rɪðəm ənd blu:z] m.; - - -; unz.; Musik⟩ stark rhythmisierte Bluesmusik der US-amerikan. Schwarzen [engl., »Rhythmus und Blues«]

Rhyth|men ⟨Pl. von⟩ Rhythmus

Rhyth|mik ⟨f.; -; unz.⟩ **1** Lehre von Rhythmus u. rhythmischer Bewegung **2** = rhythmische Gymnastik

Rhyth|mi|ker ⟨m.; -s, -⟩ Kenner der Rhythmik, moderner Musiker, der das rhythm. Element bes. betont

rhyth|misch ⟨Adj.⟩ **1** den Rhythmus, die Rhythmik betreffend, auf ihnen beruhend, in gleichen zeitl. Abständen erfolgend **2** *~e Gymnastik* Umsetzung von musikal. Rhythmen in schwingende, natürl. Bewegungen zur harmon. Durchbildung des Körpers

rhyth|mi|sie|ren ⟨V.⟩ in einen Rhythmus bringen

Rhyth|mus ⟨m.; -, Rhyth|men⟩ **1** absichtlich gestaltete, in gleichen zeitlichen Abständen wiederkehrende Gliederung von Elementen der Tonstärke, -höhe u. Bewegung in Tanz, Musik u. Sprache; *~ eines Tangos, Verses; freie Rhythmen* reimlose, durch kein bestimmtes Versmaß u. nicht an eine Strophenform gebundene, stark rhythmisch bewegte Verszeilen **2** ⟨bildende Kunst⟩ Gliederung eines Kunstwerkes durch gleichmäßig wiederholte, gleiche od. ähnl. Formen **3** regelmäßige Wiederkehr von Vorgängen; *der ~ der Gezeiten, des Herzens* [<lat. *rhythmus* <grch. *rhythmos* »geregelte Bewegung, Zeitmaß, Gleichmaß«]

Rhyth|mus|gi|tar|re ⟨f.; -, -n; Musik⟩ Gitarre, die in einer Band den Beat erzeugt; →*a.* Leadgitarre

Rhyth|mus|gi|tar|rist ⟨m.; -en, -en; Musik⟩ Gitarrist, der die Rhythmusgitarre spielt; →*a.* Leadgitarrist

Rhyth|mus|grup|pe ⟨f.; -, -n; Musik⟩ aus Instrumenten bestehende Gruppe, die im Gegensatz zur melodieführenden Gruppe nur den Rhythmus eines Musikstückes erzeugen (z. B. bes. im Jazz das Schlagzeug, Percussion, Rhythmusgitarre, Bassgitarre u. Piano)

Rhy|tid|ek|to|mie *auch:* **Rhy|ti|dek|to|mie** ⟨f.; -, -n; Med.⟩ kosmetische Operation zur Beseitigung von Hautfalten im Gesicht [<grch. *rhytis* »Falte« + *Ektomie*]

Ria ⟨f.; -, -s; Geogr.⟩ = Riasküste

Rial ⟨m.; -, -s; Abk.: Rl⟩ iran. Münze, 100 Dinár [pers.]

Ri|as|küs|te ⟨f.; -, -n; Geogr.⟩ fjordähnliche, durch Senkung des Strandes entstandene Küste; *Sy* Ria [<span. *ria* »Flussmündung« + *Küste*]

Ri|bat|tu|ta ⟨f.; -, -tu|ten; Musik⟩ in ungleichem Rhythmus einsetzender trillerähnlicher Wechsel zwischen einer Note u. ihrer oberen Nebennote [<ital. *ribattuta(di gola)* »das Zurückschlagen (der Kehle)«]

Ri|bi|sel ⟨f.; -, -n; österr.⟩ Johannisbeere; *oV* Ribisl [<spätlat. *ribesium* <arab. *ribas* »sauer schmeckende Pflanze«, *Rheum ribes* (die man fälschlich für unseren Johannisbeerstrauch hielt)]

Ri|bisl ⟨f.; -, -n; österr.⟩ = Ribisel

Ri|bo|fla|vin ⟨[-vi:n] n.; -s, -e; Biochemie⟩ gelber organischer

R

Naturstoff, Faktor des Vitamin-B_2-Komplexes; *Sy* Laktoflavin [<*Ribose* + lat. *flavus* »gelb«]

Ri|bo|nu|cle|in|säu|re *auch:* **Ri|bo|nuc|le|in|säu|re** ⟨f.; -, -n; Abk.: RNA, RNS; Biochemie⟩ im Protoplasma der Zellen befindlicher Stoff, der wesentlich an der Synthese der Eiweiße beteiligt ist; *oV* Ribonukleinsäure

Ri|bo|nu|kle|in|säu|re *auch:* **Ri|bo|nuk|le|in|säu|re** ⟨f.; -, -n; Abk.: RNA, RNS; Biochemie⟩ = Ribonucleinsäure

Ri|bo|se ⟨f.; -, -n; Biochemie⟩ Zuckerart mit fünf Sauerstoffatomen, wichtiger Bestandteil der Nukleinsäuren [durch Buchstabenvertauschung <*Arabinose* (= ein einfacher Zucker) <*Arabin* »fester Bestandteil des Gummiarabikums«]

Ri|bo|som ⟨n.; -s, -en; meist Pl.; Biochemie⟩ nur mit dem Elektronenmikroskop sichtbare, aus Ribonucleinsäure u. Eiweiß bestehende Körnchen in den Zellen, Orte der Eiweiß-Biosynthese [<*Ribo*nukleinsäure + *Soma*]

Ri|cer|car ⟨[-tʃɛr-] n.; -s, -ca|ri; Musik⟩ = Ricercare

Ri|cer|ca|re ⟨[-tʃɛr-] n.; -s, -ca|ri; Musik⟩ Instrumentalstück im 16. Jh. mit einer Folge von Imitationen, Vorform der Fuge; *oV* Ricercar [ital., »aufsuchen«]

Ri|che|lieu|sti|cke|rei ⟨[rɪʃəljøː-] f.; -, -en⟩ Weißstickerei, bei der Muster ausgeschnitten u. durch Stäbchen verbunden werden [nach dem frz. Kardinal *Richelieu,* 1585-1642]

Rich|ter|ska|la *auch:* **Rich|ter-Ska|la** ⟨f.; -; unz.⟩ nach oben offene Skala zum Messen der Stärke von Erdbeben [nach dem amerikan. Seismologen C. F. *Richter,* 1900-1985]

Ri|cin ⟨n.; -s, -e; Biochemie⟩ = Rizin

Ri|ckett|sie ⟨[-sjə] f.; -, -n; Med.⟩ Angehörige einer Gruppe bakterienähnl., geißelloser, stäbchenförmiger Organismen, die nur in lebenden Zellen wachsen, Erreger von Fleckfieber u. a. Krankheiten [nach dem US-amerikan. Pathologen H. Taylor *Ricketts,* 1871-1910]

Ri|ckett|si|o|se ⟨f.; -, -n; Med.⟩ Infektionskrankheit, die durch Rickettsien hervorgerufen u. bes. durch Läuse, Zecken u. Milben übertragen wird

Ri|cot|ta ⟨m.; -s, -s⟩ italienischer Frischkäse auf Molkebasis, der aus Schafs- od. Kuhmilch hergestellt wird [ital.; <*ri...* »wieder« + *cotto* »gekocht«]

Ri|deau ⟨[ridoː] m.; -s, -s; schweiz.⟩ Vorhang [frz.]

ri|di|kül ⟨Adj.; veraltet⟩ lächerlich [<frz. *ridicule*]

Ri|di|kül ⟨m. od. n.; -s, -e; veraltet⟩ Handarbeitsbeutel, Handtäschchen; *oV* Retikül [<frz. *réticule* »Handtäschchen« <lat. *reticulum;* Verkleinerungsform zu *rete* »Netz«]

rien ne va plus ⟨[rjɛ̃ː nə va plyː]⟩ es geht nichts mehr, kann nichts mehr eingesetzt werden (beim Roulette) [frz.]

Rie|sen|sla|lom ⟨m.; -s, -s; Sport⟩ Riesentorlauf, Skirennen, bei dem die Wettkämpfer einer durch Kontrolltore bestimmten Strecke zu folgen haben, Höhenunterschied für Männer 400 m, Frauen 300 m

Riff ⟨m.; -; unz.; Musik⟩ Art des Drive, kurzes, mehrmals wiederholtes, rhythmisch betontes Motiv [engl., <*refrain* »Refrain« <mfrz. *refrain* <afrz. *refreindre;* → *Refrain*]

Ri|gau|don ⟨[rigodɔ̃ː] m.; -s, -s; Musik⟩ **1** heiterer provenzalischer Volkstanz des 16. Jh. im $^2/_4$- od. $^4/_4$-Takt **2** im 18. Jh. auch Satz der Suite [frz., »alter Tanz«, nach dem Tanzlehrer *Rigaud* (nach J. J. Rousseau)]

Rigg ⟨n.; -s, -s; Seew.⟩ = Riggung

Rig|gung ⟨f.; -, -en; Seew.⟩ Masten u. Takelung (eines Schiffes); *Sy* Rigg [engl.]

Right or wrong, my coun|try! *auch:* **Right or wrong, my count|ry!** ⟨[raɪt ɔːr rɔŋ maɪ kʌntrɪ]⟩ Recht od. Unrecht - mein Vaterland (geht über alles) [engl.]

ri|gid ⟨Adj.⟩ = rigide

ri|gi|de ⟨Adj.⟩ steif, starr, streng; *oV* rigid [<lat. *rigidus* »starr, steif«]

Ri|gi|di|tät ⟨f.; -; unz.⟩ Starrheit, Unnachgiebigkeit, Strenge

Ri|go|le ⟨f.; -, -n; Landw.⟩ Rinne, kleiner Graben zur Entwässerung [→ *rigolen*]

ri|go|len ⟨V.⟩ *Boden* ~ ⟨Landw.⟩ bis 1 m Tiefe lockern, umpflügen, umgraben; *oV* rajolen [<nddt. *riolen* »tief umpflügen, umgraben« <frz. *rigoler* »mit Rinnen, Furchen, Gräben durchziehen«]

Ri|go|ris|mus ⟨m.; -; unz.⟩ übertriebene Strenge, Härte, Unerbittlichkeit [<lat. *rigor* »Steifheit, Härte, Unbeugsamheit«]

ri|go|ris|tisch ⟨Adj.⟩ übertrieben streng, unerbittlich, hart

ri|go|ros ⟨Adj.⟩ **1** streng, hart, unerbittlich, ohne Nachsicht; *~ vorgehen; sich ~ durchsetzen* **2** scharf, rücksichtslos [<mlat. *rigorosus* »streng, hart« <lat. *rigor* »Steifheit, Härte«]

Ri|go|ro|si|tät ⟨f.; -; unz.⟩ Strenge, Härte, Rücksichtslosigkeit

ri|go|ro|so ⟨Musik⟩ streng (zu spielen) [ital.]

Ri|go|ro|sum ⟨n.; -s, -ro|sa⟩ mündl. Prüfung zur Erlangung des Doktorgrades, Doktorprüfung [<lat. *rigorosum (examen)* »strenge (Prüfung)«]

Rig|ve|da ⟨[-veː-] m.; - od. -s; unz.⟩ älteste Sammlung ind. Hymnen [<Sanskrit *Rgveda;* zu *veda* »Wissen«]

Ri|kam|bio ⟨m.; -s, -bi|en⟩ = Ritratte [ital.]

Rik|scha ⟨f.; -, -s; in Ostasien⟩ zweirädriger Wagen zur Beförderung von Personen, der von einem Mann zu Fuß od. mit Fahrrad gezogen wird; *Sy* Jinrikischa [<jap. *jinrikischa* »durch Menschen bewegter Wagen«]

Riks|mål ⟨[-moːl] n.; - od. -s; unz.⟩ norwegische, neben dem Landsmål gültige Schriftsprache auf dänischer Grundlage [norweg., »Reichssprache«]

ri|la|scian|do ⟨[-ʃando] Musik⟩ langsamer werdend, nachlassend (zu spielen) [ital.]

Ri|mes|sa ⟨f.; -, -mes|sen; Sport; Fechten⟩ Fortsetzung eines Angriffs aus der Ausfallstellung nach einer Parade des Gegners [zu ital. *rimettere* »wiederholen«]

Ri|mes|se ⟨f.; -, -n; Bankw.⟩ **1** Geldsendung **2** in Zahlung gegebener Wechsel [<ital. *rimessa* »Übersendung«]

R

Ri|na|sci|men|to ⟨[-naʃi-] n.; - od. -s; unz.; ital. Bez. für⟩ Renaissance [ital., »Wiedergeburt«]

rin|for|zan|do ⟨Abk.: rf., rfz.; Musik⟩ plötzlich stärker werdend (zu spielen) [ital., »verstärkend«]

rin|for|za|to ⟨Musik⟩ plötzlich verstärkt (zu spielen) [ital., »verstärkt«]

Rin|ger|lö|sung *auch:* **Rin|ger-Lö|sung** ⟨f.; -; unz.; Pharm.⟩ stark verdünnte Lösung von Kochsalz, Kaliumchlorid, Calziumchlorid u. Natriumhydrogencarbonat, die als Blutersatz verwendet werden kann [nach dem engl. Pharmakologen Sidney *Ringer,* 1835-1910]

Ring|git ⟨m.; -, -⟩ malaysische Währungseinheit [malai.]

Rin|glot|te *auch:* **Ring|lot|te** ⟨f.; -, -n; Bot.; österr.⟩ = Reneklode

Rio ⟨als Bestandteil geografischer Namen⟩ Fluss [span., portug.]

R. I. P. ⟨Abk. für⟩ requiescat in pace

Ri|pos|te ⟨f.; -, -n; Sport; Fechten⟩ sofort ausgeführter Nachstoß nach einer Parade des Gegners, Gegenstoß [zu ital. *ripore* <lat. *reponere* »dagegensetzen, dagegenstellen«]

ri|pos|tie|ren ⟨V.; Sport; Fechten⟩ eine Riposte ausführen

rip|pen ⟨V.; umg.⟩ **1** ⟨EDV⟩ *CDs, Musik- od. Filmdateien ~* auf die Festplatte eines Computers kopieren und anschließend (unter Umgehung des Kopierschutzes) am Computer in andere Formate, z. B. in das MP3-Format umwandeln **2** ⟨salopp⟩ *(jmdm.) etwas ~* sich etwas bei günstiger Gelegenheit aneignen, (jmdm.) etwas geschickt entwenden; *sie hat die Zeitschrift gerippt* [<engl. *rip,* eigtl. »Druckbilder rastern«; verkürzt <*Raster Image*]

Rip|per ⟨m.; -s, -; umg.⟩ Frauenmörder [engl., »Aufschlitzer«, nach Jack the *Ripper,* der Ende des 19. Jahrhunderts in London Prostituierte ermordete]

Ri|pre|sa *auch:* **Rip|re|sa** ⟨f.; -, -pre|sen⟩ **1** ⟨Musik⟩ Wiederholung, Wiederholungszeichen **2** ⟨Sport; Fechten⟩ *~ d'attacco* Wiederholung eines Angriffs aus der Fechtstellung [ital., »Wiederholung«]

Rips ⟨m.; -es, -e; Textilw.⟩ geripptes Gewebe mit feiner Kette u. starkem Schuss *(Quer~)* od. mit starker Kette u. feinem Schuss *(Längs~)* [<engl. *ribs* »Rippen, Schussfäden«]

ri|pu|a|risch ⟨Adj.⟩ am Rheinufer wohnend, bes. aus der Gegend um Köln; *~e Mundart* zu den mittelfränk. Mundarten gehörende M. um Köln u. Aachen [zu lat. *ripa* »Ufer«]

Ri|sa|lit ⟨m.; -s, -e; Arch.⟩ aus der Front eines Gebäudes senkrecht in ganzer Höhe (einschließlich Dach) vorspringender Teil [<ital. *risalto* »Vorsprung«; zu *risalire* »hervorspringen«]

RISC ⟨EDV; Abk. für engl.⟩ Reduced Instruction Set Computing, Prozessor, der über einen reduzierten Befehlssatz verfügt; →*a.* CISC

Ri|si|ko ⟨n.; -s, -s od. -si|ken od. österr. a.: Ris|ken⟩ **1** Gefahr; *etwas auf eigenes ~ hin tun* **2** Wagnis; *ein (kein) ~ eingehen; (k)ein ~ auf sich nehmen* [<ital. *risico, risco;* zu *riscare* »Gefahr laufen, wagen« <vulgärlat. zu *risicare* »Gefahr laufen, wagen« <vulgärlat. **risicare* »Klippen umschiffen« <grch. *riza* »Wurzel, Klippe«]

Ri|si|ko|ana|ly|se ⟨f.; -, -n⟩ Analyse des möglichen Risikos; *eine ~ erstellen*

Ri|si|ko|fak|tor ⟨m.; -s, -en⟩ Faktor, der ein Risiko mit sich bringt, der für jmdn. od. etwas ein Risiko bedeutet

Ri|si|ko|ka|pi|tal ⟨n.; -s; unz.⟩ Kapital, das risikoreich investiert bzw. angelegt wird, z. B. in kapitalschwache Unternehmen

Ri|si|ko|pa|ti|ent ⟨[-patsjɛnt] m.; -en, -en; Med.⟩ bes. gefährdeter Patient

Ri|si|ko|prä|mie ⟨[-mjə] f.; -, -n; Wirtsch.⟩ **1** im Unternehmergewinn enthaltener Gegenwert für das von einer Firma eingegangene allgemeine Unternehmerrisiko **2** Gefahrenzulage bei erhöhtem Risiko, z. B. beim Transport von Gefahrgut

Ri|si|ko|stu|die ⟨[-djə] f.; -, -n⟩ Untersuchung über die möglichen Gefahren, die von großtechnischen Anlagen für die Bevölkerung ausgehen, z. B. von großen Chemiekomplexen od. von Kernkraftwerken

Ri|si|pi|si *auch:* **Ri|si-Pi|si** ⟨n.; - od. -s; unz.; Kochk.⟩ venezianische Spezialität aus Reis, grünen Erbsen, kleingeschnittenem Schinken u. Fleischbrühe, gewürzt mit Knoblauch, Petersilie u. Parmesankäse [<ital. *riso* »Reis« + *piselli* »Erbsen«]

ris|kant ⟨Adj.⟩ mit einem Risiko verbunden, gewagt, gefährlich [<frz. *risquant* »wagend, Gefahr laufend«, Part. Präs. von *risquer* »wagen«]

ris|kie|ren ⟨V.⟩ *etwas ~* ein Risiko für etwas eingehen, auf sich nehmen, etwas wagen; *den Kopf, den Kragen, sein Leben ~* sich in große Gefahr begeben; ⟨fig.; umg.⟩ *eine (dicke) Lippe, ein Wort ~* eine Meinung offen aussprechen, auch wenn es einem schaden kann [<frz. *risquer* »wagen«; zu *risque* »Wagnis« <ital. *risco;* → *Risiko*]

Risk|ma|nage|ment ⟨[-mænɪdʒmənt] n.; - od. -s; unz.; Wirtsch.⟩ Form der Unternehmensführung, die schwere Unfälle od. Fehler vorherzusehen u. zu vermeiden sucht [<engl. *risk* »Risiko« + *Management*]

Ri|skon|tro *auch:* **Ris|kont|ro** ⟨n.; -s; unz.⟩ = Skontro [<ital. *riscontro* »gegenseitige Abrechnung«]

ri|so|lu|to ⟨Musik⟩ energisch, entschlossen (zu spielen) [ital.]

Ri|sor|gi|men|to ⟨[-dʒi-] n.; - od. -s; unz.⟩ **1** Wiederbelebung, Wiederauferstehung **2** ⟨unz.⟩ die Bestrebungen nach Einigung in Italien 1815-1870 *(nach dem Titel einer Zeitung)* [ital., »Wiedererhebung, Auferstehung«]

Ri|sot|to ⟨m.; - od. -s, -s od. österr. u. schweiz. umg. n.; -, - od. -s; Kochk.⟩ italien. Gericht aus Reis, der zusammen mit gehackten Zwiebeln in Öl angeröstet u. dann in Fleischbrühe gegart wird [ital., »Reisgericht mit Parmesankäse u. anderen Zutaten«; zu *riso* »Reis«]

Ris|pos|ta ⟨f.; -, -pos|ten; Musik⟩ die nachfolgende Stimme im

Kanon u. die antwortende Stimme in der Fuge; *Ggs* Proposta [ital., »Antwort«]
Ris|to|ran|te ⟨n.; -, -ran|ti; ital. Bez. für⟩ Restaurant
ri|stor|nie|ren ⟨V.⟩ *eine Buchung* ~ ⟨Bankw.⟩ rückgängig machen [→ *Ristorno*]
Ri|stor|no ⟨m. od. n.; -s, -s⟩ **1** ⟨Bankw.⟩ das Ristornieren **2** Vergütung (bei Seeversicherungen) [ital., »Zurückschreibung, Gegenbuchung«]
rit. ⟨Abk. für⟩ ritardando
Ri|ta|lin® ⟨n.; -s; unz.; Pharm.⟩ Medikament mit dem Wirkstoff Methylphenidat, das eine stimulierende Wirkung besitzt u. bei ADS (Aufmerksamkeitsdefizitsyndrom) bei Kindern u. häufig missbräuchlich als Aufputschmittel verwendet wird
ri|tar|dan|do ⟨Abk.: rit.; Musik⟩ langsamer werdend (zu spielen) [ital., »zögernd«]
ri|te ⟨Adv.⟩ **1** ordnungsgemäß, wie es sich gehört **2** genügend (geringstes Prädikat bei der Doktorprüfung) [lat., »den bestehenden Bräuchen gemäß«]
Ri|ten ⟨Pl. von⟩ Ritus
riten. ⟨Musik; Abk. für⟩ ritenuto
ri|te|nu|to ⟨Abk.: riten.; Musik⟩ zurückhaltend, zurückgehalten, verlangsamt (zu spielen) [ital., »zurückhaltend«]
Ri|tor|nell ⟨n.; -s, -e; Musik⟩ **1** Form des ital. Volksliedes in Strophen zu drei metrisch verschiedenen Zeilen, deren erste u. dritte sich reimen **2** ⟨17./18. Jh.⟩ wiederkehrendes instrumentales Zwischenspiel zwischen den Strophen eines Liedes od. einer Arie **3** ⟨im Instrumentalkonzert⟩ homophones Vor-, Zwischen- u. Nachspiel [<ital. *ritornello* »wiederholter Vers, wiederholte Strophe«]
Ri|trat|te ⟨f.; -, -n; Bankw.⟩ Rückwechsel, Wechsel, den der Gläubiger über den Betrag seiner Forderung auf den Regressaten ausstellt; *Sy* Rikambio [ital., »Zurückziehung«]
ri|tu|al ⟨Adj.⟩ = rituell
Ri|tu|al ⟨n.; -s, -e od. -li|en⟩ Gesamtheit der Riten (eines Kultes) [<lat. *ritualis* »dem religiösen Brauch entsprechend«; zu *ritus* »feierl. religiöser Brauch«]
Ri|tu|a|le Ro|ma|num ⟨n.; - -; unz.⟩ Buch, das die Vorschriften für die Riten der röm.-kath. Kirche enthält [lat., »röm. Ritual«]
ri|tu|a|li|sie|ren ⟨V.⟩ zum Ritual machen
Ri|tu|a|li|sie|rung ⟨f.; -, -en⟩ **1** das Ritualisieren **2** Übernahme von Instinkthandlungen eines Verhaltensbereichs in ein anderes Verhalten mit Signalfunktion bei artgleichen Tieren
Ri|tu|a|lis|mus ⟨m.; -; unz.; Rel.⟩ Bewegung in der anglikanischen Kirche mit dem Bestreben, den kath. Kult wieder einzuführen; →*a.* Ritus [→ *Ritual*]
Ri|tu|a|list ⟨m.; -en, -en⟩ Anhänger, Vertreter des Ritualismus
Ri|tu|al|mord ⟨m.; -(e)s, -e⟩ Tötung eines Menschen im Rahmen einer kult. Veranstaltung
ri|tu|ell ⟨Adj.⟩ zum Ritus gehörend, auf ihm beruhend; *oV* ritual [<frz. *rituel* »rituell« <lat. *ritualis* »dem religiösen Brauch entsprechend«; → *Ritual*]
Ri|tus ⟨m.; -, Ri|ten⟩ **1** religiöser Brauch, kult. Handlung **2** Gesamtheit der Bräuche bei einem Gottesdienst **3** regelmäßig sich wiederholender Ablauf, Brauch [→ *Ritual*]
Ri|va|le ⟨[-va:-] m.; -n, -n⟩ Nebenbuhler, Mitbewerber [<frz. *rival* <lat. *rivalis*, eigtl. »an der Nutzung des Wasserlaufs mitberechtigt, Bachnachbar«; zu *rivus* »Wasserrinne, Bach«]
Ri|va|lin ⟨[-va:-] f.; -, -lin|nen⟩ Nebenbuhlerin, Mitbewerberin
ri|va|li|sie|ren ⟨[-va-] V.⟩ sich mitbewerben, wetteifern; *mit jmdm.* ~ [<frz. *rivaliser* »rivalisieren«; → *Rivale*]
Ri|va|li|tät ⟨[-va-] f.; -, -en⟩ Nebenbuhlerschaft [<frz. *rivalité* »Rivalität«; → *Rivale*]
Ri|ver|boat|shuf|fle *auch:* **Ri|ver|boat|shuff|le** ⟨[rɪvə(r)boutʃʌfl] f.; -, -s⟩ Vergnügungsfahrt mit Musik auf einem Dampfer [<engl. *riverboat* »Flussboot« + *shuffle* »Tanz (mit schlurfenden Schritten)«]
Ri|vol|gi|men|to ⟨[-vɔldʒi-] n.; - od. -s; unz.; Musik⟩ Vertauschung od. Versetzung der Stimmen im doppelten Kontrapunkt [ital., »Umdrehung, Umkehrung«]
Ri|yal *auch:* **Riy|al** ⟨m.; -s, -s od. (bei Zahlenangaben) -⟩ Währungseinheit in Saudi-Arabien
Ri|zin ⟨n.; -s, -e; Biochemie⟩ stark giftiges Protein aus der Rizinusstaude; *oV* Ricin
Ri|zi|nus ⟨m.; -, - od. -se; Bot.⟩ tropisches, schnellwachsendes Wolfsmilchgewächs, Wunderbaum [<*ricinus* »Zecke« (weil der Same der Zecke ähnelt)]
Ri|zi|nus|öl ⟨n.; -s, -e⟩ aus den Rizinussamen gewonnenes Öl, das als starkes Abführmittel u. in der chem. Industrie verwendet wird
r.-k. ⟨österr.; Abk. für⟩ römisch-katholisch
Rl ⟨Abk. für⟩ Rial
Rn ⟨chem. Zeichen für⟩ Radon
RNA ⟨Biochemie; engl. Abk. für⟩ Ribonucleinsäure [<engl. *ribonucleic acid*]
RNS ⟨Biochemie; Abk. für⟩ Ribonucleinsäure
Road|blo|cking ⟨[roud-] n.; - od. -s, -s⟩ Verhinderung eines Vorhabens od. Plans [<engl. *roadblock*, eigtl. »Straßensperre«]
Roa|die ⟨[roudɪ] m.; -s, -s⟩ jmd., der berufsmäßig für den Transport, Auf- u. Abbau der technischen Ausrüstung einer Popgruppe zuständig ist [engl.]
Road|ma|na|ger ⟨[roudmænɪdʒə(r)] m.; -s, -⟩ jmd., der die Verantwortung für Transport, Auf- u. Abbau der techn. Ausrüstung während der Konzerttournee einer Popgruppe trägt [<engl. *road* »Straße« + *Manager*]
Road|mo|vie ⟨[roudmu:vi] m. od. n.; -s, -s; Film⟩ Filmgenre, in dem die Protagonisten Abenteuer od. Konflikte während einer (oft ziellosen) längeren Autofahrt durchleben [<engl. *road* »Straße« + *movie* »Film«]
Road|show ⟨[roudʃou] f.; -, -s⟩ Werbekampagne, die mit entsprechend ausgestatteten Fahrzeugen u. einem Werbeteam von Ort zu Ort zieht, um für ein bestimmtes Produkt, eine Partei o. Ä. zu werben [engl., »Straßenschau«]
Road|ster *auch:* **Roads|ter** ⟨[roudstə(r)] m.; -s, -; Kfz⟩ offener, zweisitziger Personenkraftwagen [engl., »offener

R

Tourenwagen, Sportzweisitzer«; zu *road* »Landstraße«]

roa|men ⟨[rou-] V.⟩ hin- u. hersenden, weiterleiten (innerhalb der Mobilfunknetze); *Anrufe von Handykunden über die Netze zurück nach Deutschland ~* [<engl. *roam* »umherstreifen, durchziehen«]

Roa|ming ⟨[roumıŋ] n.; - od. -s; unz.⟩ Nutzung eines Mobiltelefons in einem fremden, meist ausländischen Mobilfunknetz [zu engl. *roam* »umherstreifen, durchziehen«]

Roa|ring Twen|ties ⟨[ro:rıŋ twẹnti:z] Pl.⟩ = Golden Twenties

Roast|beef ⟨[roustbi:f] n.; -s, -s⟩ nicht ganz durchgebratenes Rindsfilet [<engl. *roast beef* »Rinderbraten«]

Rọb|ber ⟨m.; -s, -; Bridge u. Whist⟩ Spiel, zu dessen Abschluss der zweimalige Gewinn einer Partei gehört; *oV* Rubber [<engl. *rubber* »Robber«]

Ro|be ⟨f.; -, -n⟩ **1** Amtstracht der Richter, Anwälte, Professoren, Geistlichen **2** Gesellschafts-, Abendkleid; *in feierlicher, großer ~ erscheinen* **3** ⟨scherzh.⟩ (neues) Kleid; *sich in einer neuen ~ zeigen* [frz., »Gewand, Kleid« <fränk. **rauba,* »erbeutetes (Kleid)«]

Ro|bi|nie ⟨[-njə] f.; -, -n; Bot.⟩ falsche Akazie, einer Gattung der Schmetterlingsblütler angehörender Strauch od. Baum mit gefiederten Blättern u. weißen duftenden Blüten in Trauben: Robinia [nach dem frz. Botaniker J. *Robin,* † 1629]

Ro|bin|so|na|de ⟨f.; -, -n⟩ **1** Roman, Film o. Ä. in der Art des Robinson Crusoe **2** Abenteuer eines Schiffbrüchigen [nach dem Helden des Abenteuerromans *Robinson Crusoe* von dem Engländer Daniel Defoe, 1719]

ro|bo|rie|rend ⟨Adj.; Med.; selten⟩ stärkend, kräftigend (von Stoffen wie Vitaminen u. Traubenzucker) [<lat. *roborare* »kräftigen, stärken«]

ro|bo|ten ⟨[rọbɔtən] V.; umg.⟩ schwer arbeiten, schuften [<mhd. *robaten, roboten* <tschech., poln. *robota* »Fronarbeit, Zwangsdienst«]

Rọ|bo|ter ⟨m.; -s, -⟩ **1** künstlicher Mensch, Automat, der (ferngesteuert) bestimmte Tätigkeiten ausführt **2** ⟨fig.; umg.⟩ Schwerarbeiter [→ *roboten*]

rọ|bo|ter|haft ⟨Adj.⟩ in der Art eines Roboters, mechanisch ungelenk

ro|bo|te|ri|sie|ren ⟨V.⟩ Handlungen u. Vorgänge durch Roboter aus- u. durchführen lassen, automatisieren; *oV* robotisieren

Ro|bo|tik ⟨f.; -; unz.⟩ wissenschaftlicher Bereich, der die Konstruktion, die Programmierung u. den Einsatz von Robotern umfasst; *die Techniken der Automation und ~ nutzen*

ro|bo|ti|sie|ren ⟨V.⟩ = roboterisieren

ro|bust ⟨Adj.⟩ kräftig, derb, stark; *der Wagen ist äußerst ~; eine ~e Natur haben* [<lat. *robustus* »stark, kräftig«]

Ro|cail|le ⟨[rɔka:j(ə)] n. od. f.; -, -s; im Rokoko⟩ Ornament aus Muscheln u. Steinen [frz., »Muschelwerk, Muschelverzierung»; → *Rokoko*]

Ro|cha|de ⟨[-xa:-] od. [-ʃa:-] f.; -, -n⟩ **1** ⟨Schachspiel⟩ doppelter Zug von König u. einem Turm **2** ⟨Sport⟩ Stellungswechsel der Spieler [→ *rochieren*]

Ro|chett ⟨[rɔʃẹt] n.; -s, -s⟩ Chorhemd (höherer kath. Geistlicher) [<frz. *rochet* »Chorhemd«]

ro|chie|ren ⟨[-xi:-] od. [-ʃi:-] V.⟩ eine Rochade ausführen [<frz. *roquer*]

Rọ|chus ⟨m.; in der Wendung⟩ *auf jmdn. einen ~ haben* auf jmdn. sehr wütend, böse sein [rotw. <jidd. *roges* »Zorn«]

Rọck ⟨m.; -s od. -; unz.; Musik; kurz für⟩ Rock 'n' Roll, Rockmusik; *~ spielen, tanzen*

Ro|cka|bil|ly ⟨[rɔkəbılı] m.; -s; unz.; Musik⟩ amerikanischer Musikstil der 1950er Jahre, der durch die Kombination von Rock 'n' Roll u. Hillbillymusic geprägt ist [<*Rock* + *Hillbillymusic*]

Rock and Roll ⟨[rɔk ənd ro:l] m.; - - -; unz.; Musik⟩ = Rock 'n' Roll

rọ|cken ⟨V.; Musik⟩ Rock 'n' Roll tanzen od. spielen

Rọ|cker ⟨m.; -s, -⟩ Mitglied einer zu Gewalttätigkeiten neigenden Bande von Jugendlichen, die in Lederkleidung u. mit Motorrädern auftritt [engl., »Schaukelpferd«]

Rọ|cke|rin ⟨f.; -, -rin|nen⟩ weibl. Rocker

Rọck|kon|zert ⟨n.; -(e)s, -e; Musik⟩ Konzert, bei dem Rockbands spielen

Rock|mu|si|cal ⟨[rɔkmjuzıkəl] n.; -s, -; Musik⟩ Musical, das aus Stücken der Rockmusik besteht, z. B. Starlight Express

Rọck|mu|sik ⟨f.; -; unz.; Musik⟩ Musikstil, der sich aus Rock 'n' Roll, Rhythm and Blues u. Blues entwickelt hat

Rock 'n' Roll ⟨[rɔkn ro:l] m.; - - -; unz.; Musik⟩ *oV* Rock and Roll **1** in den 1950er Jahren in den USA aus Rhythm and Blues u. Country-Music entwickelter Musikstil mit schnellem Tempo u. starker Rhythmik **2** der Tanz dazu, stark synkopiert u. im $^4/_4$-Takt [engl., »wiegen und rollen«]

Rọck|sän|ger ⟨m.; -s, -⟩ Sänger von Rockmusik

Rọck|star ⟨m.; -s, -s⟩ berühmter Rockmusiker

Ro|den|ti|zid ⟨n.; -s, -e⟩ Mittel zur Bekämpfung schädlicher Nagetiere [<lat. *rodere* »(be)nagen« + ...*zid*[1]]

Ro|deo ⟨m. od. n.; -s, -s⟩ Wettkampf der Cowboys in den USA, bei dem es gilt, wilde Pferde zuzureiten [span., »Zusammentreiben (des Viehs)« <*rodear* »umzingeln, zusammentreiben« <*rueda* »Rad« <lat. *rota* »Rad«]

→ Rhododendron Das Wort *Rhododendron* wird im Anlaut mit *rh* geschrieben, da es auf das Griechische zurückgeht. (Der 17. Buchstabe des griechischen Alphabets lautet *Rho.*) Die meisten Fremdwörter aus dem Griechischen haben die Schreibung mit *rh* bewahrt.

Ro|do|mon|ta|de ⟨f.; -, -n; veraltet⟩ Aufschneiderei, Prahlerei [<ital. *rodomontata* nach *Rodomonte,* einem großtuenden rie-

R

senhaften Helden in den ital. Roland-Epen (z. B. in Ariosts »Rasendem Roland«), eigtl. »Bergwälzer« <lombard. *rodare* »wälzen« + ital. *monte* »Berg«]

Ro|don|ku|chen ⟨[-dɔ̃ː-] m.; -s, -; Kochk.⟩ Napfkuchen [<frz. *raton* »Art Käsekuchen«; zu mndrl. *rooste* »Rost«]

Ro|ga|te ⟨ohne Artikel⟩ fünfter Sonntag nach Ostern [lat., »bittet«, nach dem Eingangswort der Messe aus Joh. 16,24]

Ro|ga|ti|on ⟨f.; -, -en; veraltet⟩ Fürbitte [<lat. *rogatio* »Frage, Anfrage, Bitte«; zu *rogare* »fragen, ersuchen, bitten«]

ro|ger ⟨[rɔdʒə(r)] Adj.; bes. Funkw.⟩ verstanden!, in Ordnung! [engl.]

Ro|ko|ko ⟨a. [-'--] od. österr. [--'-] n. od. m.; -s; unz.; Kunst⟩ auf das Barock folgender Stil im 18. Jh., der durch zierliche, heitere, beschwingte Formen, bes. Rocailles (daher der Name), gekennzeichnet ist [<frz. *rococo* (Pariser Künstlerjargon des 19. Jh. zur Verspottung der Zierweise des 18. Jh.) <*rocaille* »Geröll, aufgehäufte Steine, Grotten, Muschelwerk«; zu *roc* »Felsen«]

Rol|la|tor ⟨m.; -s, -en; Med.⟩ Gehhilfe mit vier Rädern u. einem Einkaufskorb

Roll-back *auch:* **Roll|back** ⟨[roulbæk] n. od. m.; -s, -s⟩ das Zurückweichen, Rückzug, Rückfall [zu engl. *roll back* »zurückdrehen«]

Rol|ler|blade® ⟨[roulə(r)blɛɪd] m.; -s, -s; meist Pl.⟩ Rollschuh mit vier in einer Reihe hintereinander angeordneten Rollen; →*a.* Inlineskates [<engl. *roll* »Rolle; rollen« + *blade* »Klinge; Kufe«]

rol|ler|bla|den ⟨[roulə(r)blɛɪdən] V.⟩ mit Rollerblades fahren, Rollerblading betreiben

Rol|ler|bla|ding ⟨[roulə(r)blɛɪ-] n.; - od. -s; unz.⟩ Rollschuhlaufen mit Rollerblades

Rol|ler|skate ⟨[roulə(r)skɛɪt] m.; -s, -s⟩ Rollschuh mit (grellfarbigen) Schuhen, Discoroller [engl., »Rollschuh«]

Rol|ler|ska|ting ⟨[roulə(r)skɛɪ-] n.; - od. -s; unz.⟩ Rollschuhlaufen mit Rollerskates [engl.]

rol|lie|ren ⟨V.⟩ **1** = roulieren **2** nach einem bestimmten Schema regelmäßig wechseln, abwechseln [eindeutschende Bildung zu *roulieren*]

Rol|lo ⟨a. [-'-] n.; -s, -s⟩ aufrollbarer Vorhang; *oV* Rouleau [<frz. *rouleau* »Rolle«]

Roll-on-/Roll-off-Trans|port ⟨[roulɔnroulɔf-] m.; -(e)s, -e; Kurzwort: RoRo-Transport⟩ Beförderungsverfahren für sperrige od. schwere Güter, die auf Lkw geladen, mit diesen von Binnenschiffen aufgenommen u. weiterbefördert u. dann vom Lkw an das Ziel gebracht werden [<engl. *roll on* »roll an« + *roll off* »roll weg«]

Roll-over *auch:* **Roll|over** ⟨[-ouvə(r)] m.; -s od. -, -⟩ **1** Umschlagen ins Gegenteil, Umkehrung eines Ereignisses **2** doppelte Gewinnprämie bei Lotteriespielen **3** ⟨Wirtsch.⟩ **3.1** übergangsloser Transfer von Fonds aus einer Investition in eine andere **3.2** ⟨kurz für⟩ Roll-over-Kredit [zu engl. *roll over* »sich herumdrehen«]

Roll-over-Kre|dit ⟨[-ouvə(r)-] m.; -(e)s, -e; Wirtsch.⟩ ein mittel- bis langfristiger Kredit aus dem europäischen Geldmarkt, dessen Zinssatz periodisch an den Markt angepasst wird; *Sy* Roll-over (3.2)

Rolls-Royce® ⟨[roulzrɔɪs] m.; -, -; Kfz⟩ engl. Luxuslimousine [nach den Gründern der Automobilfabrik, Charles Stewart *Rolls* + Henry *Royce*]

Rom ⟨m.; -s, Ro|ma⟩ Angehöriger einer bes. in Südosteuropa beheimateten Gruppe eines aus Indien stammenden Volkes (ersetzt das als Diskriminierung empfundene Wort »Zigeuner« als Selbstbezeichnung) [Zigeunerspr., »Mensch«]

ROM ⟨EDV; Abk. für engl.⟩ Read Only Memory, ein Festwertspeicher für EDV-Anlagen, der nur über einen Reihenfolgenzugriff verfügt, eingegebene Daten können nur wieder gelesen, aber nicht mehr verändert werden [engl.]

Ro|ma|dur ⟨österr. [--'-] m.; - od. -s; unz.⟩ stangenförmiger, gereifter Weichkäse aus Schaf- od. Kuhmilch nach Limburger Art [<frz. *romatour*]

Ro|man ⟨m.; -s, -e; Lit.⟩ **1** literar. Großform, umfangreicher in Prosa abgefasster, meist fiktionaler Text; *historischer, satirischer, utopischer* ~ **2** ⟨fig.⟩ abenteuerliche od. ereignisreiche Begebenheit; *sein Leben war ein ~; erzähl doch keine ~e!* ⟨fig.; umg.⟩ fasse dich kürzer! [frz., »Roman« <afrz. *romanz* <vulgärlat. *romanice* »auf romanische Art, in romanischer (d. h. nicht klassisch-lat.) Sprache«; zu lat. *Romanus* »römisch, romanisch«]

Ro|man|ci|er ⟨[rɔmãsjeː] m.; -s, -s; Lit.⟩ Romanschriftsteller [frz.]

Ro|ma|ne ⟨m.; -n, -n⟩ Angehöriger eines Volkes mit einer roman. Sprache [<lat. *Romanus* »römisch«; zu *Roma* »Rom«]

ro|ma|nesk ⟨Adj.⟩ **1** in der Art des Romans in Sprache od. Schrift breit u. detailliert ausgeführt; *sein Bericht über den Ausflug war sehr* ~ **2** nicht ganz der Realität u. Wahrheit entsprechend; *der Zeitungsartikel hat ~e Züge*

Ro|ma|ni ⟨n.; -; unz.⟩ Zigeunersprache

Ro|ma|nia ⟨f.; -; unz.⟩ Gesamtheit der Gebiete, in denen roman. Sprachen gesprochen werden

Ro|ma|nik ⟨f.; -; unz.; Kunst; bes. Arch.⟩ Stil der europäischen Kunst (etwa 1000-1250) mit (in der Baukunst) römischen Elementen [→ *romanisch*]

ro|ma|nisch ⟨Adj.⟩ **1** die Romanen betreffend, zu ihnen gehörig **2** zur Romanik gehörend, aus ihr stammend; *~e Sprachen* aus dem Vulgärlateinischen entstandene Sprachen, z. B. Französisch, Italienisch, Spanisch, Rumänisch [<lat. *Romanus* »Römer, römisch«; zu *Roma* »Rom«]

ro|ma|ni|sie|ren ⟨V.⟩ mit romanischem Gedankengut durchsetzen, nach romanischer Art gestalten

Ro|ma|nis|mus ⟨m.; -; unz.; Mal.⟩ Richtung der niederländ. Malerei im 16. Jh., die sich bes. eng an die italien. Kunst anschloss

Ro|ma|nist ⟨m.; -en, -en⟩ **1** Ken-

R

ner, Lehrer, Student einer od. mehrerer roman. Sprachen u. Literaturen **2** Anhänger, Vertreter des Romanismus **3** Kenner, Lehrer des römischen Rechts

Ro|ma|nis|tik ⟨f.; -; unz.⟩ **1** Lehre von den roman. Sprachen u. Literaturen **2** Lehre des römischen Rechts

Ro|ma|nis|tin ⟨f.; -, -tin|nen⟩ weibl. Romanist

ro|ma|nis|tisch ⟨Adj.⟩ **1** zur Romanistik gehörend **2** zum römischen Recht gehörend

Ro|man|tik ⟨f.; -; unz.⟩ **1** ⟨Kunst; Lit.; Musik⟩ die geistigen Kräfte u. das Gefühl betonende künstler.-philosoph. Bewegung in Europa, bes. in Deutschland zwischen 1794 u. etwa 1830 **2** ⟨fig.⟩ Hang zum Träumerischen, Abenteuerlichen, Fantastischen; *die ~ eines Bildes, einer Landschaft, einer Schilderung* **3** das Träumerische, Abenteuerliche, Fantastische selbst; *er hat keinen Sinn für ~* [→ *romantisch*]

Ro|man|ti|ker ⟨m.; -s, -⟩ **1** Anhänger, Vertreter der Romantik **2** ⟨fig.⟩ träumerischer, fantasievoller, schwärmerischer Mensch

Ro|man|ti|ke|rin ⟨f.; -, -rin|nen⟩ **1** Anhängerin, Vertreterin der Romantik **2** ⟨fig.⟩ träumerische, fantasievolle, schwärmerische weibl. Person

ro|man|tisch ⟨Adj.⟩ **1** ⟨urspr.⟩ romanhaft **2** zur Romantik gehörend, aus ihr stammend **3** ⟨fig.⟩ träumerisch, schwärmerisch, fantastisch, unwirklich **4** malerisch, wild; *~e Landschaft* [<frz. *romantique,* zunächst »dem Geist der mittelalterl. Ritterdichtung gemäß, romanhaft«, beeinflusst von engl. *romantic* (frz. *romantique*) »poetisch, fantastisch, stimmungsvoll, malerisch«]

ro|man|ti|sie|ren ⟨V.⟩ mit romantischen Elementen durchsetzen, romantisch machen, im Sinne der Romantik (1) gestalten

Ro|man|ti|zis|mus ⟨m.; -; unz.⟩ Nachahmung der Romantik

ro|man|ti|zis|tisch ⟨Adj.⟩ den Romantizismus betreffend, auf ihm beruhend, aus ihm stammend

Ro|mantsch ⟨n.; -; unz.⟩ Mundart der rätoroman. Sprache; *oV* Romaunsch, Romauntsch [westrätoroman., »das Bündnerromanische« <lat. *Romanus* »römisch, romanisch«]

Ro|man|ze ⟨f.; -, -n⟩ **1** ⟨Lit.⟩ aus Spanien stammende (14. Jh.), volkstümliche, episch-lyrische Dichtung in vierzeiligen Strophen mit acht- od. später vierhebigem trochäischem Versmaß **2** ⟨Musik⟩ seit Ende des 18. Jh. zuerst in Frankreich aufkommendes strophisches Gesangsstück (für ein od. zwei Singstimmen u. Klavier), später stimmungsvolles Instrumentalstück **3** ⟨fig.; umg.⟩ Liebesabenteuer [<span. *romance* »episch-lyrisches Gesicht in frischem Volkston« <afrz. *romanz;* → *Roman*]

Ro|man|ze|ro ⟨m.; -s, -s⟩ span. Romanzensammlung [<span. *romancero* »Romanzensammlung«; → *Romanze*]

Ro|maunsch ⟨n.; -; unz.⟩ = Romantsch

Ro|mauntsch ⟨n.; -; unz.⟩ = Romantsch

Ro|meo ⟨m.; -s, -s⟩ (sentimentaler) Liebhaber; *er spielt heute wieder ganz den ~* ⟨scherzh.⟩ [nach dem Drama *»Romeo und Julia«* von W. Shakespeare]

rö|misch-ka|tho|lisch ⟨Adj.; Abk.: röm.-kath.; österr.: r.-k.; Theol.⟩ zur kath. Kirche des Abendlandes gehörig

röm.-kath. ⟨Theol.; Abk. für⟩ römisch-katholisch

> **Rommé / Rommee** (*Laut-Buchstaben-Zuordnung*) Diakritische Zeichen in Fremdwörtern können durch unmarkierte Buchstaben ersetzt werden. Dies gilt auch für das aus dem Französischen entlehnte *»é«*, das eine Vokallänge kennzeichnet, die im Deutschen durch die Doppelung des entsprechenden Vokals gekennzeichnet wird (→ *a.* Exposé / Exposee).

Rom|mé ⟨a. [-me:] n.; -s; unz.; Kart.⟩ ein Kartenspiel mit französ. Karten; *oV* Rommee, ⟨österr.⟩ Rummy [<engl. *rummy*]

Rom|mee ⟨a. [-me:] n.; -s; unz.; Kart.⟩ = Rommé

Ron|de ⟨a. [rɔ̃:də] f.; -, -n; veraltet⟩ **1** nächtl. Rundgang zur Überprüfung der Wachen **2** der diesen Rundgang ausführende Offizier mit seiner Gruppe [frz., »Runde, Kontrollgang«]

Ron|deau ⟨[rɔ̃do:] n.; -s, -s⟩ **1** ⟨Musik⟩ aus dem zum Rundtanz gesungenen Lied entwickeltes, auf zwei Reime gehendes Gedicht aus drei Versen mit je fünf Zeilen, wobei der Anfang der 1. Zeile des 1. Verses als Refrain für den 2. u. 3. Vers dient **2** ⟨österr.⟩ = Rondell [frz., »Ringelgedicht, Rondo«]

Ron|dell ⟨n.; -s, -e⟩ **1** rundes, mit Zierpflanzen besetztes Beet; *oV* Rundell **2** runder Turm (einer Festung) **3** kreisrunder Weg in einem Garten [<frz. *rondelle* »runder Gegenstand« <vulgärlat. **rotundella* »Kügelchen, runder Gegenstand« <lat. *rotundus* »rund«]

Ron|do ⟨n.; -s, -s; Musik⟩ aus dem Rundtanz entstandenes Instrumentalstück, bei dem das Kernstück immer wiederkehrt [ital., »Ringelgedicht, Rondo«]

rönt|gen ⟨V.; Med.⟩ mit Röntgenstrahlen durchleuchten, untersuchen; *Sy* ⟨österr.⟩ röntgenisieren [nach dem Physiker Wilhelm Conrad *Röntgen,* 1845-1923]

Rönt|gen ⟨n.; - od. -s, -; Physik; Zeichen: R (früher: r)⟩ bis zum 31.12.1985 verwendete Maßeinheit für Röntgenstrahlen, ersetzt durch die Einheit Coulomb/Kilogramm (C/kg), $1\ R = 2{,}58 \cdot 10^{-14}\ C/kg$

Rönt|gen|as|tro|no|mie *auch:* **Rönt|gen|ast|ro|no|mie** ⟨f.; -; unz.; Astron.⟩ Teilgebiet der Astronomie, das sich mit der Untersuchung von Sternen mittels Röntgenstrahlen befasst, nur durch außerhalb der Erdatmosphäre stationierte Satelliten möglich

Rönt|gen|auf|nah|me ⟨f.; -, -n; Med.⟩ **1** fotograf. Aufnahme eines Körpers bzw. Körperteils mit Röntgenstrahlen **2** das da-

R

bei hergestellte Negativbild; *Sy* Röntgenogramm

Rönt|gen|der|ma|ti|tis ⟨f.; -, -ti|den; Med.⟩ entzündl. Schädigung der Haut infolge Einwirkung von Röntgenstrahlen

Rönt|gen|di|a|gno|se *auch:* **Rönt|gen|di|ag|no|se** ⟨f.; -, -n; Med.⟩ Diagnose mit Hilfe von Röntgendurchleuchtung u. (od.) Röntgenaufnahme

rönt|ge|ni|sie|ren ⟨V.; Med.; österr.⟩ = röntgen

Rönt|ge|no|gra|fie ⟨f.; -, -n⟩ = Röntgenographie

Rönt|ge|no|gra|phie ⟨f.; -, -n⟩ = Röntgenuntersuchung; *oV* Röntgenografie

Rönt|gen|spek|tro|sko|pie *auch:* **Rönt|gen|spekt|ros|ko|pie** ⟨f.; -, -n; Chemie; Physik⟩ spektrograph. Untersuchung von Objekten mit Röntgenstrahlen zur Feststellung der Molekularstruktur

Rönt|gen|spek|trum *auch:* **Rönt|gen|spekt|rum** ⟨n.; -s, -spek|tren⟩ durch Einwirkung von Röntgenstrahlen auf Atome od. Moleküle erzeugtes Spektrum

Rönt|gen|strah|len ⟨m.; Pl.⟩ elektromagnet. Strahlen mit hohem Durchdringungsvermögen; *Sy* X-Strahlen

Rönt|gen|struk|tur|ana|ly|se ⟨f.; -, -n; Chemie⟩ Untersuchungsverfahren der analyt. Chemie, das den inneren Aufbau von Molekülen mit Hilfe von Röntgenstrahlen aufklärt

Rönt|gen|te|le|skop ⟨n.; -s, -e; Astron.⟩ Hilfsmittel der Röntgenastronomie, mit dem die von Sternen ausgehenden Röntgenstrahlen untersucht werden

Rönt|gen|un|ter|su|chung ⟨f.; -, -en; Med.⟩ Untersuchung von Stoffen, bes. des menschl. Körpers, mit Hilfe von Röntgendurchleuchtung u. -aufnahme; *Sy* Röntgenographie

Rooi|bos ⟨[rɔɪbəs] m.; -, -; Bot.⟩ in Südafrika beheimatete, zu den Hülsenfrüchten gehörende Pflanzenart, deren Blätter als Tee verwendet werden, Rotbusch [<Afrikaans, »roter Busch«]

Roo|ming-in *auch:* **Roo|ming|in** ⟨[ru:mɪŋ-] n.; -s; unz.; Med.⟩ (auf Entbindungsstationen von Krankenhäusern) das Unterbringen des Neugeborenen im Zimmer der Mutter, die das Kind auch selbst versorgt [<engl. *room* »wohnen« + *in* »in«]

Room|ser|vice ⟨[ru:msœ:vɪs] m.; -, -s [-vɪsɪz]⟩ **1** Zimmerservice im Hotel; *den ~ rufen* **2** Person, die Gäste im Hotelzimmer bedient [engl.]

Rope|skip|ping ⟨[roʊp-] n.; - od. -s; unz.; Sport⟩ sportlich betriebenes Seilspringen [<engl. *rope* »Seil« + *skip* »hüpfen, mit dem Seil springen«]

Ro|que|fort ⟨[rɔkfɔ:r] m.; -s, -s⟩ fetter, von künstlichem Schimmel durchzogener französ. Schafskäse [nach dem Ort *Roquefort-sur-Soulzon* in Südfrankreich]

Ro|Ro-Trans|port ⟨m.; -(e)s, -e; Kurzwort für⟩ Roll-on-/Roll-off-Transport

ro|sa ⟨Adj.; undekl.⟩ blass-, zartrot; *Sy* rosé; *ein ~ Kleid; eine ~ Bluse* [lat., »Rose«]

Ro|sa ⟨n.; -s, -s⟩ blass-, zartrote Farbe

Ro|sa|lie ⟨[-ljə] f.; -, -n; Musik; abwertend⟩ mehrmalige auf- u. absteigende Wiederholung eines musikal. Motivs, das um jeweils einen Ton höher transponiert ist, Schusterfleck, Vetter Michel [nach dem ital. Volkslied »Rosalia mia cara«]

Ro|sa|ri|um ⟨n.; -s, -ri|en⟩ **1** Rosengarten **2** Rosenkranz [lat., »Rosengarten«; zu *rosa* »Rose«]

Ro|sa|zee ⟨[-tseə] f.; -, -n; Bot.⟩ Rosengewächs [<lat. *rosa* »Rose«]

ro|sé ⟨[-se:] Adj.; undekl.⟩ = rosa [frz., »rosa«]

Ro|sé ⟨[-se:] m.; -s, -s⟩ = Roséwein

Ro|sel|la|sit|tich ⟨m.; -s, -e; Zool.⟩ Sittich Südostaustraliens mit hauptsächlich rot-gelber Färbung, Buntsittich: Platycercus eximius

Ro|se|no|bel ⟨m.; -s, -⟩ alte engl. Goldmünze [<mengl. *rose noble* »edle Rose«]

Ro|se|o|la ⟨f.; -, -o|len; Med.⟩ Hautausschlag mit kleinen, hellroten Flecken, z. B. bei Typhus [<lat. *rosa* »Rose«]

Ro|set|te ⟨f.; -, -n⟩ **1** kreisrundes Ornament mit von einem Mittelpunkt strahlenförmig ausgehenden, blattförmigen Gebilden, ähnlich einer stilisierten Rose, häufig als Fensteröffnung **2** kleine, kreisrunde Schleife aus Stoff **3** Schliff von Edelsteinen, der eine runde od. ovale Grundfläche mit meist dreiseitigen Facetten ergibt **4** ⟨Bot.⟩ Blattanordnung der grundständigen Blätter einer Pflanze an der gestauchten Sprossachse [frz., »rosenförmige Bandschleife«, eigtl. »Röschen«; zu *rose* »Rose«]

Ro|sé|wein ⟨[-se:-] m.; -(e)s, -e⟩ hellroter Wein aus roten Trauben, die fast ohne Schalen u. Stiele vergoren werden; *Sy* Rosé

Ro|si|nan|te ⟨f.; -, -n; fig.⟩ altes Pferd, Klepper [Name des Pferdes von Don Quichote <span. *Rocinante*]

Ro|si|ne ⟨f.; -, -n⟩ **1** getrocknete Weinbeere; *Sy* ⟨süddt.⟩ Zibebe **2** ⟨fig.; umg.⟩ etwas Gutes, das Beste; *die ~n aus dem Kuchen picken* sich das Beste nehmen; *~n im Kopf haben* große, unerfüllbare Pläne [<mhd. *rosin* <mnddt. *rosin(e)* <afrz. *(pineu) rosin* (= frz. *raisin*) »Weintraube« <lat. *racemus*]

Ros|ma|rin ⟨a. ['---] m.; -s; unz.; Bot.⟩ zu einer in den Mittelmeerländern heim. Gattung der Lippenblütler gehörender kleiner Strauch, dessen Blätter als Gewürz verwendet werden [<mlat. *ros marinus,* eigtl. »Meertau«]

Ros|tra *auch:* **Rost|ra** ⟨f.; -, -tren; im alten Rom⟩ Rednerbühne [lat., »Rednerbühne«]

ros|tral *auch:* **rost|ral** ⟨Adj.; Med.⟩ zum vorderen Körperende hin gelegen [<lat. *rostralis* »zum Schnabel gehörend«; zu *rostrum* »Schnabel«]

Ro|ta ⟨f.; -; unz.; kurz für⟩ Sacra Rota Romana (»Heilige Röm. Rad«), die höchste Gerichtsbehörde der kath. Kirche [nach der runden Bank der Richter]

Ro|tang ⟨m.; -s, -e; Bot.⟩ zu den Palmen gehörende Kletterpflanze, die das spanische Rohr

(Peddigrohr) liefert: Calamus [<mlat. *rotan*]

Ro|ta|print ⟨f.; -; unz.; Technik⟩ Druckmaschine, bei der der zu druckende Text mittels Fettfarbe aufgenommen u. dann auf Papier gedruckt wird [<lat. *rotare* »rotieren« + engl. *print* »drucken«]

Ro|ta|ri|er ⟨m.; -s, -⟩ Mitglied des Rotary Clubs

ro|ta|risch ⟨Adj.⟩ den Rotary Club betreffend, zu ihm gehörend

Ro|ta|ry Club ⟨engl. [ro:tərɪ klʌb] m.; - -s; unz.⟩ 1905 in Chicago gegründete, internationale, interkonfessionelle Vereinigung von Männern unter dem Ideal des sozialen Engagements [zu engl. *rotary* »rotierend, kreisend, abwechselnd«, da die Sitzungen urspr. reihum bei den Mitgliedern stattfanden]

Ro|ta|ry In|ter|na|ti|o|nal ⟨engl. [ro:tərɪ ıntə(r)næʃənəl] m.; - - od. - -s; unz.⟩ internationale Vereinigung der Rotary Clubs mit Hauptsitz in den USA

Ro|ta|ti|on ⟨f.; -, -en⟩ **1** Drehung, Umdrehung (eines Körpers od. einer Fläche) um eine Achse **2** Positionswechsel [<lat. *rotario* »kreisförmige Umdrehung«; zu *rotare* »wie ein Rad drehen«]

Ro|ta|ti|ons|ach|se ⟨[-ks-] f.; -, -n⟩ = Symmetrieachse

Ro|ta|ti|ons|druck ⟨m.; -s; unz.; Technik⟩ Druckverfahren für Hoch-, Flach- u. Tiefendruck, bei dem die rotierende Druckwalze über eine endlose Papierbahn läuft (bes. für billigen Zeitungs- u. Buchdruck in hohen Auflagen)

Ro|ta|ti|ons|el|lip|so|id ⟨n.; -(e)s, -e; Geom.⟩ der durch Rotation einer Ellipse entstehende Rotationskörper; *Sy* Sphäroid

Ro|ta|ti|ons|ge|schwin|dig|keit ⟨f.; -, -en⟩ = Kreisfrequenz

Ro|ta|ti|ons|kör|per ⟨m.; -s, -; Geom.⟩ durch Drehung einer begrenzten Fläche um eine Achse entstehender Körper, z. B. Rotationsellipsoid

Ro|ta|ti|ons|ma|schi|ne ⟨f.; -, -n; Technik⟩ Druckmaschine für Rotationsdruck

Ro|ta|ti|ons|pa|ra|bo|lo|id ⟨n.; -(e)s, -e; Geom.⟩ durch Drehung einer Parabel od. Hyperbel um ihre Mittelachse erzeugter Körper

Ro|ta|ti|ons|prin|zip ⟨n.; -s; unz.; Politik⟩ Prinzip, nach dem Ämter nach Ablauf einer bestimmten Zeitspanne umbesetzt werden müssen

Ro|ta|to|ri|en ⟨nur Pl.; Zool.⟩ Rädertiere [<lat. *rota* »Rad«]

Ro|tel ⟨n.; -s, -s⟩ Omnibus mit Anhänger, in den Schlafkojen für die Reisenden eingebaut sind, bes. für Reisen über weite Entfernungen [verkürzt <*rollendes Hotel*]

ro|tie|ren ⟨V.⟩ **1** sich gleichmäßig u. anhaltend um eine Achse drehen **2** ⟨bes. Politik⟩ Positionen, Ämter wechseln **3** ⟨umg.⟩ Arbeit, Erledigungen unter starker Anspannung u. Nervosität verrichten; *er hat viel zu tun, er rotiert schon* [<lat. *rotare* »wie ein Rad drehen«; zu *rota* »Rad«]

Ro|tis|se|rie ⟨f.; -, -n⟩ **1** Restaurant mit Straßenverkauf **2** Restaurant, in dem Fleischgerichte auf dem Grill vor den Gästen zubereitet werden [frz. *rôtisserie* »Garküche«; zu *rôtir* »braten, rösten«]

Ro|ton|de ⟨f.; -, -n; Arch.⟩ = Rotunde

Ro|tor ⟨m.; -s, -to|ren; Technik⟩ **1** rotierender Teil elektrischer Maschinen, Läufer; *Ggs* Stator **2** rotierender Flügel (des Hubschraubers) [→ *rotieren*]

Ro|tun|de ⟨f.; -, -n; Arch.⟩ *oV* Rotonde **1** Rundbau **2** runder Raum [<lat. *rotunda*, Fem. zu *rotundus* »rund«]

Roué ⟨[rue:] m.; -, -s; veraltet⟩ vornehmer Wüstling, Lebemann [frz.]

rouge ⟨[ru:ʒ] Roulett⟩ rot; *Ggs* noir [frz.]

Rouge ⟨[ru:ʒ] n.; - od. -s, -s⟩ rote Schminke [frz., »rot«]

Rouge et noir ⟨[ru:ʒ e: noa:r] n.; - - -; unz.⟩ ein Glücksspiel mit sechs Kartenspielen zu 52 Blatt [<frz. *rouge et noir* »rot u. schwarz«]

Rough ⟨[rʌf] n.; -s, -s; Sport; Golf⟩ hohes Gras, Gestrüpp als Begrenzung des Grüns [<engl. *rough* »rau«]

Rou|la|de ⟨[ru-] f.; -, -n; Kochk.⟩ **1** dünne Scheibe Fleisch, die mit Speck u. Zwiebeln gefüllt, zusammengerollt u. geschmort wird **2** ⟨Musik⟩ schnell rollender, virtuoser Lauf [frz.]

Rou|leau ⟨[rulo:] n.; -s, -s⟩ = Rollo [frz., »Rolle«]

Rou|lett ⟨[ru-] n.; -(e)s, -e od. -s⟩ = Roulette

Rou|lette ⟨[rulɛt] n.; -(e)s, -e od. -s⟩ ein Glücksspiel, bei dem eine Kugel in einem Apparat mit einer drehbaren Scheibe mit schwarzen u. roten nummerierten Feldern über den Gewinn entscheidet; *oV* Roulett [<frz. *roulette* »Rollrädchen, Roulett(spiel)«]

rou|lie|ren ⟨[ru-] V.⟩ *oV* rollieren (1) **1** ⟨veraltet⟩ umlaufen, von einer Hand in die andere gehen **2** ⟨schweiz.; Textilw.⟩ den Rand einrollen; *handroulierte Tücher* [<frz. *rouler* »rollen«]

Round|head ⟨[raundhɛd] m.; - od. -s, -s⟩ Spitzname für die Anhänger des engl. Parlaments im Bürgerkrieg 1642-1644 (wegen ihres kurzgeschorenen Haars), Rundkopf [engl.]

Round Ta|ble *auch:* **Round Tab|le** ⟨[raund tɛɪb(ə)l] m.; - -; unz.; kurz für⟩ Round-Table-Konferenz [<engl. *round table* »runder Tisch«]

Round-Tab|le-Kon|fe|renz ⟨[raundtɛɪb(ə)l-] f.; -, -en⟩ Konferenz am runden Tisch, d. h. Konferenz gleichberechtigter Partner; *Sy* Round Table

Round-up *auch:* **Round|up** ⟨[raundʌp] n.; - od. -s; unz.⟩ alljährl. Zusammentreiben der amerikan. Viehherden, um den Jungtieren die Brandmale ihrer Farmen einzubrennen [engl., »Zusammentreiben«]

Rou|te ⟨[ru:tə] f.; -, -n⟩ (vorgeschriebener od. geplanter) Reiseweg [frz., »Landstraße, Reiseweg« <vulgärlat. *(via-)rupta* »gebrochener (= gebahnter) Weg«; zu lat. *rumpere* »brechen«]

Rou|ten|pla|ner ⟨[ru:-] m.; -s, -⟩ System zur Onlineermittlung u. Berechnung von Reiserouten mit einer Wegbeschreibung

Rou|ter ⟨[rau-] m.; -s, -; Technik⟩ Fräser, der die nicht zu druckenden Partien aus den

R

Druckplatten entfernt [<engl. *rout out* eigtl. »(heraus)jagen«]

Rou|ti|ne ⟨[ru-] f.; -; unz.⟩ Übung, Geschicklichkeit, Erfahrung; *(keine) ~ in einer Sache haben* [frz., »Gewohnheit, Routine«; → *Route*]

Rou|ti|ne... ⟨[ru-] in Zus.⟩ regelmäßig stattfindend, zur Gewohnheit gehörend, Reihen...; *Routinemaßnahme; Routineuntersuchung*

Rou|ti|ni|er ⟨[rutinje:] m.; -s, -s⟩ jmd., der Routine hat, in einer Arbeit od. Kunst gewandter, geübter, erfahrener Mensch [frz., »Gewohnheitsmensch«]

rou|ti|niert ⟨[ru-] Adj.⟩ geschickt, gewandt, geübt, erfahren [<frz. *routiné* »gewöhnt, durch Gewöhnung geschickt erfahren«; → *Routine*]

Row|dy ⟨[raudı] m.; -s, -s⟩ Streit suchender Mensch, Raufbold [engl.]

Row|land|git|ter *auch:* **Row|land-Git|ter** ⟨[roulənd-] n.; -s, -⟩ ein Beugungsgitter für Lichtwellen [nach dem US-amerikan. Physiker *Rowland,* 1848-1901]

◆ Die Buchstabenfolge **roy|al...** kann auch **ro|yal...** getrennt werden.

◆ **roy|al** ⟨[roaja:l] Adj.⟩ **1** königlich **2** königstreu [frz., »königlich«]

◆ **Roy|al Air Force** ⟨[rɔıəl ɛ:r fɔ:rs] f.; - - -; unz.; Abk.: R. A. F.⟩ brit. Luftwaffe [engl., »königliche Luftwaffe«]

◆ **Roy|a|lis|mus** ⟨[roaja-] m.; -; unz.⟩ königstreue Gesinnung, Befürwortung der Monarchie [<frz. *royalisme* »Königstreue«]

◆ **Roy|a|list** ⟨[roaja-] m.; -en, -en⟩ Vertreter des Royalismus, Anhänger der Monarchie

◆ **roy|a|lis|tisch** ⟨[roaja-] Adj.⟩ auf Royalismus beruhend, königstreu

◆ **Roy|als** ⟨[rɔıəls] Pl.⟩ **1** Mitglieder der königlichen Familie **2** Königstreue, Royalisten [engl.; zu *royal* »königlich«]

◆ **Roy|al|ty** ⟨[rɔıəltı] f. od. n.; -, -s⟩ **1** Abgabe einer Erdölgesellschaft an das Land, in dem sie Erdöl fördert **2** Zahlungen an einen Autoren od. Komponisten, Tantiemen **3** Vergütung für die Abgabe bzw. Überlassung des Verlagsrechtes, Lizenzgebühr [engl.]

Rp ⟨Abk. für⟩ **1** Rupiah **2** recipe

Rp. **1** ⟨Abk. für⟩ Rappen **2** ⟨Abk. für lat.⟩ recipe

RR ⟨Abk. für⟩ Rara

...rrha|gie ⟨Nachsilbe; zur Bildung weibl. Subst.; f.; -, -n⟩ Blutung (durch Reißen); *Hämorrhagie* [<grch. *rhegnynai* »brechen, zerreißen«]

...rrhö ⟨Nachsilbe; zur Bildung weibl. Subst.; f.; -, -en; Med.⟩ Fließen; *Diarrhö; Menorrhö* [<neulat. *...rrhoea* <grch. *...rrhoia;* zu *rheein* »fließen«]

RSI ⟨Abk. für engl.⟩ Repetitive Strain Injury, Krankheit aufgrund sich wiederholender Belastungen, tritt bes. als Folge einseitiger Bewegung u. Belastung am Arbeitsplatz auf

RT ⟨Abk. für⟩ Registertonne

Ru ⟨chem. Zeichen für⟩ Ruthenium

ru|ba|to ⟨Musik⟩ frei im Tempo, nicht streng an den Takt gebunden (zu spielen) [ital., »hingerissen, fortgerissen«]

Ru|ba|to ⟨n.; -s, -s od. -ba|ti; Musik⟩ freie Veränderung des Tempos

Rub|ber[1] ⟨[rʌbə(r)] m.; -s, -⟩ ein Kautschuk [engl.]

Rub|ber[2] ⟨[rʌbə(r)] m.; -s, -; Bridge u. Whist⟩ = Robber

Ru|bel ⟨m.; -s, -; Abk.: Rbl.⟩ Währungseinheit in Russland, Weißrussland u. Tadschikistan, 100 Kopeken [<russ. *rubl;* zu *rubitj* »abschneiden, abhauen«]

Ru|be|o|la ⟨f.; -; unz.; Med.⟩ Röteln [lat.]

Ru|bi|di|um ⟨n.; -s; unz.; chem. Zeichen: Rb⟩ chem. Element, silberweißes Alkalimetall, Ordnungszahl 37 [<lat. *rubidus* »rot«]

Ru|bi|kon ⟨m.; -s; unz.⟩ *den ~ überschreiten* ⟨Sprichw.⟩ eine wichtige Entscheidung unwiderruflich treffen [nach dem gleichnamigen Fluss in Italien, den Cäsar 49 v. Chr. überschritt, wodurch er den Bürgerkrieg auslöste]

Ru|bin ⟨m.; -s, -e; Min.⟩ roter Korund, sehr wertvoller Edelstein von einem satten Rot [<mlat. *rubinus* <lat. *rubeus* »rot«]

Ru|bin|glas ⟨n.; -es; unz.⟩ Glas, das seinen tiefroten Farbton durch Beimischung von feinst verteiltem (kolloidalem) Goldstaub zur Glasschmelze erhält

Ru|bor ⟨m.; -s; unz.; Med.⟩ entzündliche Hautrötung [<lat. *rubor* »Röte«]

Ru|bren *auch:* **Rub|ren** ⟨Pl. von⟩ Rubrum

Ru|brik *auch:* **Rub|rik** ⟨f.; -, -en⟩ **1** Titel, Überschrift **2** ⟨fig.⟩ Spalte, Abschnitt **3** Klasse, Abteilung [<mhd. *rubrik(e)* »roter Schreibstoff; in Rot gehaltene Überschrift, die in mittelalterl. Handschriften die einzelnen Abschnitte trennte« <lat. *rubica (terra)* »rote (Erde), roter (Farbstoff)«; zu *ruber* »rot«]

ru|bri|zie|ren *auch:* **rub|ri|zie|ren** ⟨V.⟩ **1** ⟨urspr.⟩ mit Überschriften u. Initialen versehen **2** ⟨danach fig.⟩ einordnen (unter) [→ *Rubrik*]

Ru|brum *auch:* **Rub|rum** ⟨n.; -s, -bra od. -bren⟩ Aufschrift auf Akten, kurze Inhaltsangabe [lat., Neutr. zu *ruber* »rot«]

Ru|co|la ⟨f.; -; unz.; Bot.⟩ als Salatpflanze genutztes einjähriges Kraut; *oV* Rukola [ital.]

Rud|be|ckie ⟨[-kjə] f.; -, -n; Bot.⟩ Sonnenhut, zu einer Gattung der Korbblütler gehörende Gartenpflanze mit rauen Blättern u. goldgelben Blütenköpfen an langen Stielen, Rudbeckia [nach dem schwed. Botaniker Olaf *Rudbeck,* 1630-1702]

rü|de ⟨Adj.⟩ rau, ungeschliffen, roh [<frz. *rude* »roh, grob«]

Ru|de|ral|pflan|ze ⟨f.; -, -n; Bot.⟩ Pflanze, die auf stickstoffreichen Schuttplätzen wächst [<lat. *rudus,* Pl. *rudera* »Schutt«]

Ru|di|ment ⟨n.; -(e)s, -e⟩ **1** Rest, Überbleibsel, Bruchstück **2** ⟨Biol.⟩ verkümmertes Organ [<lat. *rudimentum* »der erste Anfang, der erste Versuch«]

ru|di|men|tär ⟨Adj.⟩ rückgebildet, verkümmert

Ru|fe ⟨f.; -, -n; schweiz.⟩ = Rüfe

Rü|fe ⟨f.; -, -n; schweiz.⟩ Bergrutsch; *oV* Rufe [<lat*in*., ital. *rovina* »Einsturz« <lat. *ruina* »Sturz, Niederlage«]

Rug|by ⟨[rʌgbɪ] n.; -s; unz.; Sport⟩ Spiel zwischen zwei Mannschaften mit einem eiförmigen Ball aus Leder, der mit Händen u. Füßen gespielt werden darf [nach dem engl. Ort *Rugby* bei Birmingham]

Ru|in ⟨m.; -s; unz.⟩ Zusammenbruch, Untergang, Verfall, völliger Verlust des Vermögens; *wirtschaftlicher* ~ [→ *Ruine*]

Ruine (*Abtrennung von Einzelvokalen*) Im Wortinneren ist die Abtrennung eines Einzelvokals erlaubt, sofern es sich dabei nicht um den ersten oder den letzten Buchstaben eines Kompositums handelt. Demzufolge ist es zulässig, »*Ru-i-ne*« zu trennen, während Trennungen wie »*Feuera-larm*« nicht korrekt sind.

Ru|i|ne ⟨f.; -, -n⟩ Reste eines zerstörten Bauwerks; *er ist nur noch eine* ~ ⟨fig.; umg.⟩ ein körperlich völlig verfallener Mensch [<frz. *ruine* <lat. *ruina* »Einsturz, Zusammenbruch«]

ru|i|nie|ren ⟨V.⟩ **1** zerstören, (wirtschaftlich) zugrunde richten, vernichten; *du wirst noch deine Gesundheit* ~; *ich bin ruiniert* ich habe mein Vermögen, mein Ansehen verloren; *jmdn.* ~ jmds. Ruin verursachen, ihm wirtschaftlich schweren Schaden zufügen, seine soziale Stellung untergraben **2** verwüsten, schwer beschädigen [<frz. *ruiner* »zerstören, vernichten«]

ru|i|nös ⟨Adj.⟩ zum Ruin führend [<frz. *ruineux* »verderblich, zum Ruin führend«]

Ru|ko|la ⟨f.; -; unz.; Bot.⟩ = Rucola

Ruk|ta|ti|on ⟨f.; -, -en; Med.⟩ = Eruktation

Rum ⟨m.; -s, -s⟩ Branntwein aus Rohrzucker [<engl. (Siedlersprache auf Barbados) *rum* »Zuckerbranntwein«]

Rum|ba ⟨m.; -s, -s od. fachsprachl. f.; -, -s; Musik⟩ aus einem kubanischen Volkstanz hervorgegangener Gesellschaftstanz im $^4/_4$-Takt [kuban.-span., eigtl. »herausfordernder Tanz«]

Ru|mi|nan|tia ⟨Pl.; Zool.⟩ (Unterordnung der) Wiederkäuer [zu lat. *ruminare* »wiederkäuen«]

Rum|my ⟨[rʌmɪ] n.; -s, -s; Kart.; österr.⟩ = Rommé

ru|mo|ren ⟨V.⟩ lärmen, poltern, dumpf tönen; *es rumort mir im Bauch* [zu mlat. *rumor* »Lärm«]

Rump|steak ⟨[rumpste:k] n.; -s, -s; Kochk.⟩ kurzgebratene Scheibe von der Rindslende [<engl. *rump* »Hinterteil« + *Steak*]

Run ⟨[rʌn] m.; -s, -s; umg.⟩ **1** Ansturm (z. B. auf die Kasse, auf Banken) **2** ⟨Sport⟩ Abfahrtslauf, Hindernislauf **3** ⟨Drogenszene⟩ Sucht [engl., »Lauf, laufen«]

Run|dell ⟨n.; -s, -e; Arch.⟩ = Rondell (1)

Rund|mail ⟨[-mɛɪl] f.; -, -s; EDV⟩ Rundschreiben in Form einer E-Mail

Run|ning Gag ⟨[rʌnɪŋ gæg] m.; - -s, - -s⟩ oft wiederholter Ulk, der beim Publikum zum beliebten Selbstläufer wird, z. B. in Sketchen od. Filmen [<engl. *run* »laufen« + *Gag*]

Ru|no|lo|ge ⟨m.; -n, -n⟩ Erforscher der Runen

Ru|no|lo|gie ⟨f.; -; unz.⟩ Lehre von den Runen u. Runeninschriften [<*Rune* + grch. *logos* »Lehre, Kunde«]

Ru|no|lo|gin ⟨f.; -, -gin|nen⟩ Erforscherin der Runen

Run|way ⟨[rʌnwɛɪ] m.; -s, -s⟩ Start- u. Landebahn für Flugzeuge [engl.]

Ru|pi|ah ⟨f.; -, -; Abk.: Rp⟩ Währungseinheit in Indonesien, 100 Sen [<ind. *rupijah* <Sanskrit *rupja* »Silber, Geld«]

Ru|pie ⟨[-pjə] f.; -, -n⟩ Währungseinheit in Indien, Pakistan u. auf Sri Lanka, 100 Cent [→ *Rupiah*]

Rup|tur ⟨f.; -, -en; Med.⟩ das Zerreißen von Gefäßen, Sehnen, Muskeln od. inneren Organen; *Herz*~ [<lat. *ruptura* »Bruch«; zu *rumpere* »brechen«]

ru|ral ⟨Adj.⟩ ländlich, bäuerlich [<lat. *ruralis* »ländlich«; zu *rus* »Land«]

Rush ⟨[rʌʃ] m.; - od. -s, -s⟩ **1** ⟨Sport⟩ plötzl. Vorstoßen eines Läufers od. Pferdes **2** ⟨Drogenszene⟩ plötzliches Wirken der Drogen nach der Injektion [engl., »Ansturm«]

Rush|hour ⟨[rʌʃauə(r)] f.; -, -s; Pl. selten⟩ (bes. in Großstädten) Zeit des größten Straßenverkehrs morgens u. nachmittags, Hauptverkehrszeit [<engl. *rush* »dahineilen; Ansturm« + *hour* »Stunde«]

Rus|ti|ka ⟨f.; -; unz.⟩ Mauerwerk aus roh, aber gleichmäßig behauenen Quadern [<lat. *rustica*, Fem. zu *rusticus* »ländlich, bäurisch«; zu *rus* »Land«]

rus|ti|kal ⟨Adj.⟩ ländlich, bäuerlich

Ru|the|ni|um ⟨n.; -s; unz.; chem. Zeichen: Ru⟩ silberweißes, platinähnliches Metall, chem. Element, Ordnungszahl 44 [<mlat. *Ruthenia* »Russland«]

Ru|ther|for|di|um ⟨[rʌðər-] n.; -s; unz.; chem. Zeichen: Rf⟩ Transuran 104; *Sy* ⟨früher⟩ Kurtschatovium [nach dem engl. Physiker Ernest *Rutherford*, 1871-1937]

Ru|til ⟨n.; -s, -e⟩ Mineral, chem. Titandioxid [<lat. *rutilis* »rötlich«]

Ru|ti|lis|mus ⟨m.; -; unz.; Med.⟩ Neigung zu erröten [→ *Rutil*]

Ru|tin ⟨n.; -s; unz.; Biochemie⟩ in zahlreichen Pflanzen vorkommender Naturstoff, der zur Behandlung von Venenerkrankungen u. Durchblutungsstörungen eingesetzt wird; *Sy* Rutosid, Sophorin [nach der Gartenraute, *Ruta graveolens*, aus der der Stoff erstmals isoliert wurde]

Ru|to|sid ⟨n.; -s; unz.; Biochemie⟩ = Rutin

Rye ⟨[raɪ] m.; -; unz.⟩ amerikanischer Whiskey, dessen Getreidemaische zu mindestens 50 % aus Roggen besteht [engl., »Roggen, Roggenwhiskey«]

→ Rhythmus Das Wort *Rhythmus* wird im Anlaut mit *rh* geschrieben, da es auf das Griechische zurückgeht. (Der 17. Buchstabe des griechischen Alphabets lautet *Rho.*) Die meisten Fremdwörter aus dem Griechischen haben die Schreibung mit *rh* bewahrt.

R

s ⟨Abk. für⟩ **1** Shilling **2** Sekunde
S ⟨chem. Zeichen für⟩ Schwefel (Sulfur)
$ ⟨Zeichen für⟩ Dollar
S. ⟨Abk. für⟩ San, Sant', Santa, Santo, São
sa. ⟨Abk. für lat.⟩ sine anno
Sa. ⟨veraltet; Abk. für⟩ Summa (1) (vor das Endergebnis einer Rechnung gesetzt)
Sa|ba|dil|le ⟨f.; -, -n; Bot.⟩ Gattung der Liliengewächse mit zwiebelförmiger Knolle, grasähnlichen Blättern u. langen, mit kleinen Blüten besetzten Ähren, deren Samen ein Mittel zur Bekämpfung von Läusen u. Flöhen liefern: Sabadilla [<span. *cebadilla,* Verkleinerungsform zu *cebada* »Gerste«]
Sa|ba|oth ⟨im AT⟩ = Zebaoth
Sab|bat ⟨m.; -s, -e⟩ der jüd. Samstag (Freitag- bis Samstagabend), an dem alle Arbeit ruht; *Sy* Schabbes [<lat. *sabbatum* <grch. *sabbaton* <hebr. *schabbath* »Feiertag«]
Sab|ba|ta|ri|er ⟨m.; -s, -⟩ = Sabbatist
Sab|ba|ti|cal ⟨[səbætıkəl] n.; -s, -s⟩ zeitlich begrenzte Freistellung von der Arbeit mit der Garantie des Arbeitsplatzes, die im Einvernehmen mit dem Arbeitgeber vertraglich geregelt ist; *Sy* Sabbatjahr (2); *ein ~ für Forschungsreisen nutzen* [engl. <lat. *sabbaticus* <grch. *sabbatikos* »den Sabbat betreffend, in der Art des Sabbats«]
Sab|ba|tist ⟨m.; -en, -en⟩ Angehöriger einer christl. Sekte, die das Gebot des Sabbats befolgt; *Sy* Sabbatarier
Sab|bat|jahr ⟨n.; -(e)s, -e⟩ **1** jedes 7. Jahr des jüd. Kalenders, in dem man das Land nicht bebaute u. alle Schulden erließ, Ruhejahr **2** = Sabbatical
Sä|bel ⟨m.; -s, -⟩ Hiebwaffe mit einschneidiger, spitzer, gekrümmter Klinge [<poln. *szabla* <magyar. *szablya* »Säbel«]
Sab|ka ⟨[zapxa] f.; -, -s⟩ = Sebka
Sa|bot ⟨[-bo:] m.; -s, -s; meist Pl.⟩ **1** ⟨früher⟩ Holzschuh **2** lederne Herren- od. Damenpantolette [frz., »Holzschuh«]
Sa|bo|ta|ge ⟨[-ʒə] f.; -, -n⟩ planmäßige Vereitelung eines Zieles anderer, bes. durch Zerstören od. Beschädigen von Maschinen usw., meist zu politischen Zwecken [frz.; → *sabotieren*]
Sa|bo|teur ⟨[-tø:r] m.; -s, -e⟩ jmd., der Sabotage verübt
sa|bo|tie|ren ⟨V.⟩ planmäßig vereiteln, behindern [<frz. *saboter* »mit Holzschuhen klappern od. treten; pfuschen, sabotieren«; zu *sabot* »Holzschuh«]
Sac|cha|ra|se ⟨[-xa-] f.; -, -n; Biochemie⟩ Enzym, das Rohrzucker in Traubenzucker u. Fruchtzucker zerlegt; *oV* Sacharase [<grch. *sakcharon* »Zuckerrohrsaft«]
Sac|cha|rat ⟨[-xa-] n.; -(e)s, -e; Chemie⟩ Verbindung des Rohrzuckers mit Metallen; *oV* Sacharat
Sac|cha|rid ⟨[-xa-] n.; -s, -e; Chemie⟩ = Kohlenhydrat; *oV* Sacharid
Sac|cha|ri|me|ter ⟨[-xa-] n.; -s, -; Chemie⟩ Gerät zum Bestimmen des Anteils an Rohrzucker in einer Lösung; *oV* Sacharimeter
Sac|cha|ri|me|trie *auch:* **Sac|cha|ri|met|rie** ⟨[-xa-] f.; -; unz.; Chemie⟩ Bestimmung des Anteils an Rohrzucker in einer Lösung; *oV* Sacharimetrie
Sac|cha|rin ⟨[-xa-] n.; -s; unz.; Chemie⟩ künstl. Süßstoff, chemisch ein Benzolsäuresulfimid; *oV* Sacharin
Sac|cha|ro|my|ze|ten ⟨[-xa-] Pl.⟩ bestimmte Hefen; *oV* Sacharomyzeten
Sac|cha|ro|se ⟨[-xa-] f.; -; unz.⟩ Rohrzucker; *oV* Sacharose
Sac|cha|rum ⟨[-xa-] n.; -s, -chara⟩ Zucker; *oV* Sacharum
Sa|cha|ra|se ⟨[-xa-] f.; -, -n; Biochemie⟩ = Saccharase
Sa|cha|rat ⟨[-xa-] n.; -(e)s, -e; Chemie⟩ = Saccharat
Sa|cha|rid ⟨[-xa-] n.; -s, -e; Chemie⟩ = Saccharid
Sa|cha|ri|me|ter ⟨[-xa-] n.; -s, -; Chemie⟩ = Saccharimeter [<grch. *sakcharon* »Zucker« + ...*meter*]
Sa|cha|ri|me|trie *auch:* **Sa|cha|ri|met|rie** ⟨[-xa-] f.; -; unz.; Chemie⟩ = Saccharimetrie
Sa|cha|rin ⟨[-xa-] n.; -s; unz.; Chemie⟩ = Saccharin [<grch. *sakcharon* »Zucker«]
Sa|cha|ro|my|ze|ten ⟨[-xa-] Pl.; systemat. Sammelbez. für⟩ = Saccharomyzeten [<grch. *sakcharon* »Zucker« + *Myzet*]
Sa|cha|ro|se ⟨[zaxa-] f.; -; unz.; Chemie⟩ = Saccharose [<grch. *sakcharon* »Zucker«]
Sa|cha|rum ⟨[-xa-] n.; -s, -cha|ra⟩ = Saccharum [lat. <grch. *sakcharon* »Zucker«]
sa|cker|lot! ⟨umg.⟩ (Ausruf der Überraschung od. des Zorns); *oV* sapperlot! [<frz. *sacrelote* (<*sacre nom (de Dieu)* »heiliger Name (Gottes)«) od. <frz. *sacre lot* »verfluchtes Schicksal«, eigtl. »heiliges Schicksal«]
sa|cker|ment ⟨umg.⟩ (Ausruf der Überraschung od. des Zorns); *oV* sapperment! [→ *Sakrament*]
Sa|cra Ro|ma|na Ro|ta *auch:* **Sac|ra Ro|ma|na Ro|ta** ⟨f.; -, -; unz.; kurz: Rota, Sacra Rota⟩ oberste Gerichtsbehörde der kath. Kirche [lat., »heiliges römisches Rad«, wahrscheinl. nach der kreisförmigen Richterbank]
Sad|du|zä|er ⟨m.; -s, -⟩ Angehöriger einer altjüd. Partei, Gegner der Pharisäer [<hebr. *saddukim,* nach dem Hohenpriester *Sadduk*]
Sa|de|baum ⟨m.; -(e)s, -bäu|me; Bot.⟩ in den Gebirgen Südeuropas bis Zentralasien vorkommendes, giftiges Zypressengewächs: Juniperus sabina [entstellt <*Sebenbaum,* <lat. *herba sabina*]
Sa|dis|mus ⟨m.; -; unz.⟩ **1** ⟨i. e. S.⟩ Perversion, bei der durch Zufügen von Misshandlungen geschlechtl. Befriedigung gefunden wird; *Ggs* Masochismus **2** ⟨i. w. S.⟩ Lust an Grausamkeiten [nach dem frz. Schriftsteller Donatien-Alphonse-François Marquis de *Sade,* 1740–1814]
Sa|dist ⟨m.; -en, -en⟩ jmd., der geschlechtl. Befriedigung darin

findet, andere Menschen zu quälen; *Ggs* Masochist

Sa|dis|tin ⟨f.; -, -tin|nen⟩ weibl. Sadist

sa|dis|tisch ⟨Adj.⟩ auf Sadismus beruhend, grausam, Freude an Quälereien empfindend; *Ggs* masochistisch

Sa|do|ma|so|chis|mus ⟨[-xɪs-] m.; -; unz.⟩ Triebbefriedigung durch Zufügen u. Empfangen von Misshandlungen [<*Sadismus* + *Masochismus*]

Sa|do|ma|so|chist ⟨[-xɪst] m.; -en, -en⟩ jmd., der Sadomasochismus betreibt

sa|do|ma|so|chis|tisch ⟨[-xɪs-] Adj.⟩ auf dem Sadomasochismus beruhend, ihn betreffend

s. a. e. l. ⟨Abk. für⟩ sine anno et loco = sine loco et anno

Sa|fa|ri ⟨f.; -, -s⟩ **1** mehrtägiger Marsch mit Trägern in Afrika **2** mehrtägige Fahrt zur Jagd od. Beobachtung von Tieren in Afrika; *auf ~ gehen* [Suaheli, »Reise« <arab. *safar*]

Sa|fa|ri|park ⟨m.; -s, -s⟩ Gelände, auf dem exotische Wildtiere gehalten werden u. die vom Auto aus beobachtet werden können

Safe ⟨[sɛɪf] m.; -s, -s⟩ **1** feuerfester, stark gesicherter Behälter aus Stahl zum Aufbewahren von Geld od. Wertgegenständen; *Sy* Tresor (1) **2** (mietbares) Fach im Tresor einer Bank [engl., »sicher, geschützt; Geldschrank«]

Sa|fer Sex ⟨[sɛɪfə(r) -] m.; - -; unz.⟩ Vorsichtsmaßnahmen beim Geschlechtsverkehr zum Schutz vor der Ansteckung mit AIDS, z. B. die Verwendung von Kondomen [<engl. *safer sex* »sichererer Sex«]

Saf|fi|an ⟨m.; -s; unz.⟩ feines, mit Sumach gegerbtes Ziegenleder [<poln. *safian* <türk. *sahtjan* <pers. *sachtijan* »Ziegenleder«; zu *sacht* »hart, stark«]

Saf|fi|an|le|der ⟨n.; -s; unz.⟩ feines, mit Sumach gegerbtes Ziegenleder [<poln. *safian* <türk. *sahtjan* <pers. *sachtijan* »Ziegenleder«]

Saf|flor *auch:* **Saff|lor** ⟨m.; -s, -e; Bot.⟩ = Saflor

Sa|flor *auch:* **Saf|lor** ⟨m.; -s, -e; Bot.⟩ stacheliger Korbblütler mit längl. Blättern u. safrangelben, später roten Blüten, die früher zum Färben benutzt wurden, Färberdistel: Carthamus tinctorius; *oV* Safflor [<ital. *asf(i)ori* <arab., beeinflusst von lat. *flos*, Gen. *floris* »Blume«]

Sa|fran *auch:* **Saf|ran** ⟨m.; -s, -e; Bot.⟩ Gewürz u. gelber Farbstoff aus den getrockneten Narben des Safrankrokus [<mhd. *saffran, sapharan* <afrz. *Safran* <arab. *za'faran* »aus Blütennarben von Crocus sativus hergestellter Farb- u. Würzstoff«]

Sa|fra|nin *auch:* **Saf|ra|nin** ⟨m.; -s, -e⟩ organ. Farbstoff zum Färben von Leder u. Papier, zur Herabsetzung der Empfindlichkeit fotograf. Platten gegen Tageslicht beim Entwickeln verwendet [→ *Safran*]

Sa|ga ⟨f.; -, -s⟩ isländ., in Prosa abgefasste Erzählung des 11./14. Jh. [anord., »(dargestellte od. erlebte) Geschichte«]

Sa|ga|zi|tät ⟨f.; -; unz.⟩ Scharfsinn [zu lat. *sagacitas* »Spürkraft, Scharfsinn«]

sa|git|tal ⟨Adj.; Biol.⟩ parallel zur Mittelachse (liegend) [zu lat. *sagitta* »Pfeil«]

Sa|git|tal|ebe|ne ⟨f.; -, -n⟩ **1** ⟨Anat.⟩ **1.1** ⟨i. w. S.⟩ parallel zur Mittelachse durch den Körper gelegte Ebene **1.2** ⟨i. e. S.⟩ der Pfeilnaht des Schädels parallele Ebene **2** ⟨Bot.⟩ der Mittellinie parallele Ebene

Sa|go ⟨m., österr. a.: n.; -s; unz.⟩ gekörnte Stärke aus dem Mark der Sagopalmen od. aus Kartoffelstärke (für Pudding od. Suppen) [<engl., ndrl. *Sago* <malai. *sagu*]

Sa|go|pal|me ⟨f.; -, -n; Bot.⟩ **1** ⟨i. w. S.⟩ Gattung hochstämmiger Fiederpalmen des Malaiischen Archipels u. Neuguineas: Metroxylon **2** ⟨i. e. S.⟩ Art dieser Gattung, aus deren Mark der Sago gewonnen wird: Metroxylon rumphii

Sa|hib ⟨m.; - od. -s, -s⟩ Herr (in Indien u. Pakistan Anrede für Europäer) [Hindi <arab. *sahib* »Herr«]

saint ⟨[sɛ̃:] Adj.; vor frz. Heiligennamen⟩ der heilige …; ~ *François* der heilige Franz; *aber von Heiligennamen abgeleitete Ortsnamen:* →*a.* Saint[2] [frz., »heilig« <lat. *sanctus*]

Saint[1] **1** ⟨[sʌnt] Abk.: St.; vor engl. u. US-amerikan. Heiligennamen u. davon abgeleiteten Ortsnamen u. Ä.⟩ der (od. die) heilige …; ~ *Paul* [engl. <mfrz. *saint* »heilig« <lat. *sanctus*]

Saint[2] ⟨[sɛ̃:] Abk.: St; vor frz. Ortsnamen, die auf Heiligennamen zurückgehen⟩ der heilige …; ~-*Bernard;* aber die Heiligennamen selbst: →*a.* saint; Sainte [→ *Saint*[1]]

sain|te ⟨[sɛ̃:t(ə)] Adj.; vor frz. Heiligennamen⟩ die heilige …; ~ *Claire* die heilige Klara; aber von Heiligennamen abgeleitete Ortsnamen: →*a.* Sainte [frz.; Fem. zu *saint*]

Sain|te ⟨[sɛ̃:t(ə)] Abk.: Ste; vor frz. Ortsnamen, die auf Heiligennamen zurückgehen⟩ die heilige …; ~-*Hélène* die Insel Sankt Helena [→ *sainte*]

Saint-Si|mo|nis|mus ⟨[sɛ̃:-] m.; -; unz.⟩ relig. Sozialismus in Frankreich im 19. Jh. [nach dem Begründer, Claude Henri Graf von *Saint-Simon,* 1760-1825]

Sai|son ⟨[sɛzɔ̃ŋ] od. österr., süddt. [sɛzo:n] f.; -, -s od. (österr., süddt.) -en⟩ **1** (die richtige) Jahreszeit **2** jahreszeitlich bedingte Hauptgeschäftszeit, z. B. in Kurorten; →*a.* Season **3** Spielzeit des Theaters [frz., »Jahreszeit«]

sai|so|nal ⟨[sɛ-] Adj.⟩ zur Saison gehörig, während der Saison; *ein ~ bedingter Urlauberstrom*

Sai|son|be|trieb ⟨[sɛzɔ̃:-], [sɛzɔŋ-] od. [sɛzo:n-] m.; -(e)s, -e⟩ **1** Betrieb, der aus saisonbedingten Gründen nicht das ganze Jahr über seine Produktion, seinen Absatz od. sein Dienstleistungsangebot betreibt, z. B. bei landwirtschaftl. Produkten, Eisdielen, Hotels **2** durch die laufende Saison entstehender Zulauf, Andrang; *an den Skiliften herrscht reger ~*

Sai|so|ni|er ⟨[sɛzɔnje:] m.; -s, -s⟩ = Saisonnier

Sai|son|ni|er ⟨[sɛzɔnje:] m.; -s, -s; schweiz.⟩ Saisonarbeiter;

S

oV Saisonier [<frz. *(travailleur) saisonnier*]

Sa|ke ⟨m.; -; unz.⟩ stark alkohol. Getränk aus Reis, das meist heiß getrunken wird [jap.]

Sak|ko ⟨m. od. fachsprachl. meist, österr. nur n.; -s, -s⟩ Jacke zum Straßenanzug des Mannes [italienisierende Bildung zu *Sack* in der Bedeutung »kurzer modischer Männerrock ohne Taille, gleichsam sackförmig«, nach dem Vorbild von amerikan.-engl. *sack* »lose sitzender Rock«]

> ◆ Die Buchstabenfolge **sa|kr...** kann auch **sak|r...** getrennt werden.

◆ **sa|kra!** ⟨derb⟩ verdammt! [verkürzt <*Sakrament*]

◆ **sa|kral** ⟨Adj.⟩ **1** ⟨Med.⟩ zum Kreuzbein gehörig, in der Gegend des Kreuzbeins gelegen **2** heilig, zum Gottesdienst, zur Kirche gehörig, kirchlich, der Kirche dienend; *Ggs* profan (1) [<lat. *os sacrum* »Kreuzbein«, eigtl. »heiliger Knochen«]

◆ **Sa|kral|bau** ⟨m.; -(e)s, -ten; Arch.⟩ dem Gottesdienst dienender Bau; *Ggs* Profanbau

◆ **Sa|kra|ment** ⟨n.; -(e)s, -e; Theol.⟩ **1** (auf Christus zurückgeführte) religiöse Handlung, bei der besondere Gnaden vermittelt werden **2** Symbol dieser Gnaden (Wasser, Wein, Brot, Öl); *ein ~ austeilen, empfangen; die sieben ~e der kath. Kirche* Taufe, Firmung, Altarsakrament, Buße, Krankensalbung, Priesterweihe, Ehe; *die zwei ~e der evang. Kirche* Taufe u. Abendmahl [<kirchenlat. *sacramentum* »religiöses Geheimnis« <lat. »Weihe, Verpflichtung (zum Kriegsdienst), Treueid«; zu *sacrare* »der Gottheit weihen, heilig machen«]

◆ **sa|kra|men|tal** ⟨Adj.; Theol.⟩ zu den Sakramenten gehörig

◆ **Sa|kra|men|ta|li|en** ⟨Pl.; kath. Kirche⟩ **1** den Sakramenten ähnl. kultische Handlungen, z. B. Besprengung mit Weihwasser **2** die geweihten Dinge selbst

◆ **Sa|kra|men|tar** ⟨n.; -s, -e⟩ = Sakramentarium

◆ **Sa|kra|men|ta|ri|um** ⟨n.; -s, -ri|en⟩ bis zum 10. Jh. verwendetes liturg. Buch des kath. Priesters mit den bei der Messe zu sprechenden Gebeten; *Sy* Sakramentar

◆ **Sa|kra|ments|häus|chen** ⟨n.; -s, -; Theol.⟩ Behälter für das Gefäß mit der geweihten Hostie, häufig turmartig u. bildhauerisch reich verziert

◆ **Sa|kri|fi|zi|um** ⟨n.; -s, -zi|en; Theol.⟩ Opfer, bes. Messopfer [<lat. *sacrificium* »Opfer«]

◆ **Sa|kri|leg** ⟨n.; -s, -e⟩ = Sakrilegium

◆ **sa|kri|le|gisch** ⟨Adj.⟩ in der Art eines Sakrilegs, frevelhaft, gotteslästerlich

◆ **Sa|kri|le|gi|um** ⟨n.; -s, -gi|en⟩ religiöser Frevel, Entweihung, Vergehen gegen Heiliges, z. B. Kirchenraub, Gotteslästerung; *Sy* Sakrileg [<lat. *sacrilegium* »Entweihung, Verletzung des Heiligen«]

◆ **Sa|kris|tan** ⟨m.; -s, -e; kath. Kirche⟩ Küster [<mlat. *sacristanus* »Küster, Messner«; → *Sakristei*]

◆ **Sa|kris|tei** ⟨f.; -, -en⟩ Nebenraum in der Kirche für den Geistlichen u. die gottesdienstlichen Geräte [<mhd. *sacristie* <mlat. *sacristia* »Nebenraum der Kirche«; zu lat. *sacer* »heilig, geweiht«]

◆ **sa|kro|sankt** ⟨Adj.⟩ heilig, geheiligt, unverletzlich, unantastbar [<lat. *sacrosanctus* »hochheilig, unverletzlich« <*sacer* »geweiht, heilig« + *sanctus* »heilig«]

sä|ku|lar ⟨Adj.⟩ **1** alle hundert Jahre wiederkehrend **2** weltlich; *~e Staaten; ~e Werte* [<lat. *saecularis* »dem Zeitalter, dem irdischen Leben zugehörig«; → *Säkulum*]

Sä|ku|lar|fei|er ⟨f.; -, -n; geh.⟩ Feier zum hunderjährigen Bestehen od. zur 100. Wiederkehr eines Tages, Hundertjahrfeier; *Sy* Zentenarium

Sä|ku|la|ri|sa|ti|on ⟨f.; -, -en⟩ das Säkularisieren, die Säkularisierung [→ *säkular*]

sä|ku|la|ri|sie|ren ⟨V.⟩ **1** *kirchl. Besitz ~* in weltl. Besitz überführen **2** ⟨fig.⟩ von der Kirche lösen u. weltlichen Einflüssen öffnen

Sä|ku|la|ri|sie|rung ⟨f.; -, -en⟩ das Säkularisieren, Säkularisiertwerden

Sä|ku|la|ris|mus ⟨m.; -; unz.⟩ **1** Bestreben, staatl. u. kirchl. Macht zu trennen **2** Toleranz gegenüber anderen Religionen; *einige Religionen kennen keinen ~*

sä|ku|la|ris|tisch ⟨Adj.⟩ in der Art des Säkularismus, den Säkularismus betreffend, zu ihm gehörig

Sä|ku|lar|kle|ri|ker ⟨m.; -s, -⟩ Geistlicher, der nicht im Kloster lebt, Weltgeistlicher

Sä|ku|lum ⟨n.; -s, -ku|la⟩ **1** Jahrhundert **2** Zeitalter [<lat. *saeculum* »Menschenalter, Zeitalter, Jahrhundert, die Welt, das irdische Leben«]

Sa|lam! ⟨Grußwort⟩ Friede! (arabischer Gruß); *oV* Salem!; →*a.* Selam [<arab. *salam* »Friede«]

Sa|la|man|der ⟨m.; -s, -⟩ **1** ⟨Zool.⟩ **1.1** ⟨i. w. S.⟩ Unterordnung der Schwanzlurche: Salamandroidae **1.2** ⟨i. e. S.⟩ Familie der Molche, die als Larven durch Kiemen atmen: Salamandridae **2** ⟨Studentenspr.; veraltet⟩ *den ~ reiben* zu Ehren einer Persönlichkeit die gefüllten Trinkgläser auf dem Tisch reiben [<mhd. *salamander* <lat. *salamandra* <grch. *salamandra*]

Sa|la|mi ⟨f.; -, -s od. -⟩ harte, geräucherte Wurst, meist aus Schweinefleisch (mit weißer Schutzhülle) [<ital. *salame* »Pökelfleisch, Schlackwurst«; zu *sale* »Salz« <lat. *sal*]

Sa|la|mi|tak|tik ⟨f.; -; unz.; umg.⟩ Taktik, (politische) Ziele in kleinen Schritten zu erreichen [nach einer in dünne Scheiben geschnittenen *Salami*]

Sa|lan|ga|ne ⟨f.; -, -n; Zool.⟩ Angehörige einer Gattung südasiat. Segler, die aus ihrem Speichel essbare Vogelnester herstellen: Collocalia [<malai.]

Sa|lär ⟨n.; -s, -e; schweiz.⟩ Gehalt, Lohn [<frz. *salaire* »Lohn« <lat. *salarium* »im alten Rom die den Soldaten gelieferte Salzmenge; Salzzuteilung für reisende Beamte; Besoldung des Offiziers, Tagegelder des Beamten, Jahresgehalt«; zu *sal* »Salz«]

sa|la|rie|ren ⟨V.; schweiz.⟩ besolden, entlohnen [→ *Salär*]

Sa|lat ⟨m.; -(e)s, -e⟩ kaltes Gericht aus kleingeschnittenen, rohen od. gekochten Gemüsen, Obst, Fleisch, Fisch u. a., mit Essig, Öl, Salz u. Gewürzen od. mit Mayonnaise angerichtet [<spätmhd. *salat* <ital. *insalata* »Eingesalzenes, Gewürztes, Salat«; zu *sale* <lat. *sal* »Salz«]

Sal|chow ⟨[-ço:] m.; -s, -s; Eiskunstlauf; Rollkunstlauf⟩ rückwärts eingeleiteter Kürsprung; *einen einfachen, doppelten ~ springen* [nach dem schwed. Eiskunstläufer U. *Salchow,* 1877-1949]

Sal|den|bi|lanz ⟨f.; -, -en; Wirtsch.⟩ als Teil einer Abschlussübersicht am Ende einer Rechnungsperiode aus den Salden der einzelnen Konten zusammengefügte Aufstellung

sal|die|ren ⟨V.; Wirtsch.⟩ **1** den Saldo ermitteln von, ausgleichen; *ein Konto, eine Rechnung ~* **2** *eine Rechnung ~* ⟨österr.⟩ die Bezahlung einer Rechnung bestätigen [<ital. *saldare* »(Rechnung) abschließen, ausgleichen«; zu lat. *solidus* »fest«]

Sal|do ⟨m.; -s, -s od. Sal|den od. Sal|di⟩ Betrag, um den sich die eine Seite eines Kontos von der anderen unterscheidet, Restbetrag der Soll- od. Habenseite beim Abschluss [ital., »Rechnungsabschluss«; → *saldieren*]

Sale ⟨[sɛɪl] m.; -s; unz.⟩ Verkauf, Ausverkauf [engl.]

Sa|lem! ⟨Grußwort⟩ = Salam!; *~ aleikum* Friede sei mit euch [arab.]

Sa|lep ⟨m.; -s, -s⟩ aus den Knollen verschiedener Orchideen gewonnene Droge [<arab. *sahlab*]

Sales|ma|na|ger ⟨[sɛɪlzmænɪdʒə(r)] m.; -s, -⟩ Verkaufsleiter [engl.]

Sales|man|ship ⟨[sɛɪlzmænʃɪp] n.; -s; unz.⟩ Kunst des erfolgreichen Verkaufens [engl.]

Sales|pro|mo|ter ⟨[sɛɪlz-] m.; -s, -⟩ (in großen Betrieben) kaufmänn. Angestellter, der durch Schulung des Verkaufspersonals u. Beratung der Händler den Absatz steigern soll, Verkaufsförderer [<engl. *sale* »Verkauf« + *promote* »fördern, begünstigen«]

Sales|pro|mo|tion ⟨[sɛɪlzprɔmoʊʃn] f.; -, -s; Wirtsch.⟩ Absatz-, Verkaufsförderung [engl.]

Sa|let|tl ⟨n.; -s, -n; bair.; österr.; umg.⟩ Laube, Pavillon, kleines Gartenhaus [<ital. *saletta* »kleiner Saal«; Verkleinerungsform zu *sala* »Saal«]

Sa|li|cyl ⟨n.; -s; unz.; Chemie⟩ = Salicylsäure; *oV* Salizyl

Sa|li|cy|lat ⟨n.; -(e)s, -e; Chemie⟩ Salz der Salicylsäure; *oV* Salizylat

Sa|li|cyl|säu|re ⟨f.; -, -n; Chemie⟩ aromatische, in Pflanzen vorkommende Säure, als Konservierungsstoff u. Heilmittel verwendet; *oV* Salizylsäure [<lat. *salix* »Weide«]

Sa|li|ne ⟨f.; -, -n⟩ Anlage zur Gewinnung von Kochsalz aus Salzlösungen durch Verdunstung [<lat. *salinae* »Salzwerk, Salzgrube«; zu *sal* »Salz«]

sa|li|nisch ⟨Adj.⟩ **1** salzartig; *~e Kristalle* **2** salzhaltig; *~er Trunk*

sa|lisch ⟨Adj.; Geol.; Min.⟩ von hohem Kieselsäure- u. Tonerdegehalt (von Mineralien); *Ggs* femisch [<lat. *silex* »Kiesel, Feuerstein« + *Aluminium*]

Sa|li|va|ti|on ⟨[-va-] f.; -, -en; Med.⟩ Speichelfluss [<lat. *saliva* »Speichel]

Sa|li|zyl ⟨n.; -s; unz.; Chemie⟩ = Salicyl

Sa|li|zy|lat ⟨n.; -(e)s, -e; Chemie⟩ = Salicylat

Sa|li|zyl|säu|re ⟨f.; -, -n; Chemie⟩ = Salicylsäure

Sa|ljut *auch:* **Sal|jut** ⟨[saju:t]⟩ Name sowjetischer Weltraumstationen, die seit 1973 in erdnahe Umlaufbahnen gebracht u. von mehreren wechselnden Besatzungen bewohnt werden bzw. wurden; *oV* Salut (2) [russ., »(Ehren-)Gruß, Salut«]

Salk|impf|ung *auch:* **Salk-Impfung** ⟨engl. [sɔ:k-] f.; -; unz.; Med.⟩ eine 1954 entwickelte Injektionsschutzimpfung gegen epidem. Kinderlähmung mit abgetöteten Polioviren [nach dem US-amerikan. Bakteriologen u. Serologen J. E. *Salk,* 1914-1995]

Salm[1] ⟨m.; -(e)s, -e; Zool.⟩ Lachs [<ahd. *salmo* <lat.-gall. *salmo* »Lachs«]

Salm[2] ⟨m.; -(e)s, -e; Pl. selten; umg.; abwertend⟩ Gerede; →*a.* Psalm; *einen langen ~ machen* [<nddt.; zu ahd. *salmo,* grch.-lat. *psalmus*]

Sal|mi|ak ⟨a. [--'-] m.; -s; unz.; Chemie⟩ aus Ammoniak u. Salzsäure entstehende Ammoniumverbindung, dient als Düngemittel u. ist in galvan. Trockenelementen enthalten, chemisch Ammoniumchlorid [<lat. *sal ammoniacus* »bei dem Tempel des *Jupiter Ammon* gefundenes Salz«]

Sal|mi|ak|geist ⟨a. ['----] m.; -(e)s; unz.⟩ wässrige Lösung von Ammoniak (als Reinigungsmittel); *Sy* Ammoniumhydroxid

Sal|mo|nel|la ⟨f.; -, -nel|len; meist Pl.; Med.⟩ infektiöse Krankheiten des Darms (z. B. Paratyphus, Fleischvergiftung) erregendes Bakterium [nach dem US-amerikan. Bakteriologen D. E. *Salmon,* 1850-1914]

Sal|mo|nel|lo|se ⟨f.; -, -n; Med.⟩ durch Salmonellen hervorgerufene Erkrankung

Sal|mo|ni|den ⟨Pl.; Zool.⟩ Lachsartige, Angehöriger einer Unterordnung der Heringsfische: Salmonoidei [<lat.-gall. *salmo* »Lachs« + grch. *eidos* »Gestalt, Aussehen«]

sa|lo|mo|nisch ⟨Adj.⟩ dem jüd. König Salomo (ca. 950 v. Chr.) ähnlich; *ein ~es Urteil* ein weises Urteil; *~e Weisheit besitzen*

Sa|lo|mon|loop *auch:* **Sa|lo|mon-Loop** ⟨[sæləmənlu:p] f.; -; unz.; Physik⟩ Verfahren zur selbstreplikativen Energiegewinnung aus Antipoden [nach dem engl. Physiker A. *Salomon* (*1969) + engl. *loop* »Schleife«]

Sa|lon ⟨[-lɔ̃:] od. [-lɔŋ], österr. a. [-lo:n] m.; -s, -s⟩ **1** Empfangszimmer **2** ⟨17.-19. Jh.⟩ regelmäßige Empfänge für einen kleinen literar. u. künstler. interessierten, geselligen Kreis; *literarischer ~* **3** Modegeschäft od. Friseur; *Frisier~; Kosmetik~; Mode~* **4** Kunstausstellung [frz. <ital. *salone,* eigtl. »großer Saal«; zu *sala* »Saal«]

Sa|lon|mu|sik ⟨[-lɔ̃:-] od. [-lɔŋ-],

S

österr. a. [-lo:n-] f.; -; unz.⟩ gefällige, leicht süßliche Unterhaltungsmusik

Sa|loon ⟨[səlu:n] m.; -s, -s⟩ im Stil der Wildwestfilme eingerichtetes Lokal [engl.-amerikan., »Kneipe, Saal«]

sa|lopp ⟨Adj.⟩ **1** ungezwungen **2** nachlässig, schlampig [<frz. *salope* »schmierig, dreckig«]

Sal|pe ⟨f.; -, -n; meist Pl.; Zool.⟩ Klasse glasartig durchsichtiger, freischwimmender Manteltiere mit walzenförmigem Körperbau: Thaliacea [<lat. *salpa* <grch. *salpe* »Doppelreiher«]

Sal|pe|ter ⟨m.; -s; unz.; Chemie⟩ Salz der Salpetersäure; *Chile~; Natron~; Kali~* [<mhd. *salpeter* <*salniter* <lat. *sal nitrum* <*sal* »Salz« + *nitrum* »Natron« (<grch. *nitron* <ägypt. *ntr*)]

Sal|pe|ter|säu|re ⟨f.; -; unz.; Chemie⟩ farblose Säure des Stickstoffs

sal|pe|trig *auch:* **sal|pet|rig** ⟨Adj.; Chemie⟩ *~e Säure* eine Stickstoffsauerstoffsäure

Sal|pin|gi|tis ⟨f.; -, -ti|den; Med.⟩ Eileiterentzündung [zu grch. *salpigx* »Trompete«]

Sal|pin|go|gra|fie ⟨f.; -, -n; Med.⟩ = Salpingographie

Sal|pin|go|gra|phie ⟨f.; -, -n; Med.⟩ röntgenolog. Darstellung des Eileiters; *oV* Salpingografie [<*Salpinx* + *…gramm*]

Sal|pinx ⟨f.; -, -pin|gen⟩ **1** altgrch. trichterförmige Trompete aus Bronze od. Eisen **2** ⟨Anat.⟩ **2.1** Eileiter **2.2** Ohrtrompete [<grch. *salpigx* »Trompete«]

Sal|sa[1] ⟨m.; -s, -s; Musik⟩ (paarweise getanzter) moderner lateinamerikanischer Gesellschaftstanz mit Jazz- u. Rockelementen [span.]

Sal|sa[2] ⟨f.; -, -s; texikan.-mexikan. Kochk.⟩ scharfe, dickflüssige Tomatensoße, Ketchup [span., »Soße«]

Sal|se ⟨f.; -, -n; Geogr.⟩ (in Sumpf- od. Erdölgebieten) kraterähnliches, aber nicht vulkan. Gebilde, das durch ausströmendes Gas Schlamm emporsprudelt, Schlammsprudel [<mhd. *salse* <afrz. *salse* »gesalzene Brühe«; zu lat. *sal* »Salz«]

SALT ⟨[sɔ:lt] Abk. für engl.⟩ Strategic Arms Limitation Talks, Verhandlungen (zwischen den USA u. Russland) über Vereinbarungen zur Begrenzung strategischer Waffen

Sal|ta ⟨n.; -s; unz.⟩ Brettspiel für zwei Personen mit je 15 Steinen auf dem frz. Damebrett, die auf die gegnerische Seite gebracht werden müssen [<ital., lat. *salta!* »spring!«; zu ital. *saltare* »springen«]

Sal|ta|rel|lo ⟨m.; -s, -rel|li⟩ schneller italienischer Tanz im Dreiertakt, der bis ins 14. Jh. zurückgeht [ital., »Hüpftanz«; zu *saltare* »springen«]

sal|ta|to ⟨bei Streichinstrumenten; Musik⟩ mit springendem Bogen (zu spielen) [ital., »gesprungen«; zu *saltare* »springen«]

Sal|ta|to ⟨n.; -s, -s od. -ta|ti; bei Streichinstrumenten; Musik⟩ Spiel mit springendem Bogen

sal|ta|to|risch ⟨Adj.; Med.⟩ sprunghaft; *~e Erregungsleitung* Erregungsleitung, bei der ein Reiz nicht kontinuierlich fortgeleitet wird, sondern in bestimmten Abständen weiterspringt [zu lat. *saltare* »springen«]

Sal|tim|boc|ca ⟨f.; -, -s; Kochk.⟩ zwei aufeinandergelegte Kalbfleischscheiben mit rohem Schinken u. Salbei dazwischen, paniert u. gebraten, mit Weißweinsoße serviert [<ital. *salta in bocca* »Spring in den Mund«]

Sal|to ⟨m.; -s, -s od. Sal|ti; Sport⟩ Sprung mit Überschlag in der Luft, Sprung mit Drehung um die waagerechte Achse [ital., »Sprung«]

Sal|to mor|ta|le ⟨m.; - -, - - od. Sal|ti -ta|li⟩ mehrfacher Salto [ital., »Todessprung«]

sa|lü! ⟨umg.; bes. schweiz.⟩ Guten Tag!, Auf Wiedersehen! (als Grußwort) [<frz. *salut* »Gruß; Heil, Wohl«]

Sa|lut ⟨m.; -(e)s, -e⟩ **1** militär. Ehrung durch eine Salve von Schüssen; *~ schießen* **2** = Saljut [<lat. *salus,* Gen. *salutis* »Heil, Wohl, Gedeihen«]

sa|lu|tie|ren ⟨V.⟩ militär. grüßen [<lat. *salutare* »grüßen, begrüßen«]

Sa|lu|tist ⟨m.; -en, -en; schweiz.⟩ Angehöriger der Heilsarmee [<frz. *salutiste* »Angehöriger der Heilsarmee«; zu *Armée du Salut* »Heilsarmee«]

Sal|va|ti|on ⟨[-va-] f.; -, -en⟩ **1** Rettung **2** Verteidigung [<lat. *salvatio* »Rettung«; zu *salvare* »retten«]

Sal|va|ti|on Ar|my ⟨[sælveıʃən a:(r)mı] f.; - -; unz.⟩ Heilsarmee, eine 1878 durch W. Booth in London gegr., straff organisierte christl. Bewegung, die sich seelsorgerisch u. karitativ um die Großstadtbevölkerung kümmert [engl.]

Sal|va|tor ⟨[-va:-] m.; -s, -to|ren⟩ **1** ⟨unz.⟩ Jesus als Retter, Erlöser, Heiland **2** ⟨zählb.; allg.⟩ Retter, Erlöser [lat., »Erretter«, kirchenlat. »Erlöser«; zu *salvare* »retten«]

Sal|va|to|ri|a|ner ⟨[-va-] m.; -s, -⟩ Mitglieder einer 1881 in Rom gegründeten Ordensgemeinschaft, die sich die Seelsorge u. die Mission zur Aufgabe macht [zu lat. *Societas Divini Salvatoris* »Gesellschaft vom göttlichen Heiland«, dem Namen des Ordens; → *Salvator*]

sal|va|to|risch ⟨[-va-] Adj.⟩ **1** nur stellvertretend, ergänzend von Gültigkeit **2** ⟨Rechtsw.⟩ *~e Klausel* Gesetzes- u. Vertragsbestimmung, die nur gilt, wenn nicht andere Rechtsnormen vorrangig zu behandeln sind

sal|va ve|nia ⟨[-va ve:-] Abk.: s. v.⟩ mit Verlaub (zu sagen) [lat., »mit Vorbehalt der Verzeihung«]

Sal|ve ⟨[-və] f.; -, -n⟩ das gleichzeitige Abfeuern mehrerer Schusswaffen [frz., eigtl. »Begrüßungsschießen« <lat. *salve!* »sei gegrüßt«!; zu *salvere* »sich gesund, wohl befinden«]

sal|ve! ⟨[-və]⟩ sei gegrüßt!, heil! [lat.; zu *salvere* »gesund, wohlbehalten sein«]

sal|vie|ren ⟨[-vi:] V.; veraltet⟩ retten; *sich ~* sich in Sicherheit bringen, retten, sich von einem Verdacht reinigen, sich entlasten [<ital. *salvare*]

sal|vis omis|sis ⟨[-vıs -] Abk.: s. o.; geh.⟩ unter Vorbehalt von Auslassungen [lat.]

sal|vo er|ro|re ⟨[-vo -] Abk.: s. e.; geh.⟩ Irrtum vorbehalten [lat.]

sal|vo er|ro|re cal|cu|li ⟨[-vo -]

S

Abk.: s. e. c.⟩ Rechenfehler vorbehalten [lat.]
sal|vo er|ro|re et omis|si|o|ne ⟨[-vo -] Abk.: s. e. e. o. od. s. e. et o.⟩ Irrtum u. Auslassung vorbehalten [lat.]
sal|vo ti|tu|lo ⟨[-vo -] Abk.: S. T.⟩ mit Vorbehalt des richtigen Titels [lat.]
SAM ⟨EDV; Abk. für engl.⟩ Sequential Access Method, serieller Zugriff (auf Dateien)
Sa|ma|ri|ter ⟨m.; -s, -⟩ freiwilliger Krankenpfleger, in selbstloser Weise helfender Mensch [nach dem barmherzigen Mann aus *Samaria,* Luk. 10,33]
Sa|ma|ri|um ⟨n.; -s; unz.; chem. Zeichen: Sm⟩ zu den Metallen der seltenen Erden gehörendes chem. Element, Ordnungszahl 62 [nach dem Mineral *Samarskit,* das nach dem russ. Mineralogen *Samarski* benannt ist]
Sa|mar|kand ⟨m.; -s, -s⟩ aus Ostturkestan stammender Knüpfteppich mit chinesisch beeinflusstem Muster aus Medaillons, quadrat. Feldern u. mit Blütenstauden ausgefüllten Nischen [fälschlich nach der Stadt *Samarkand*]
Sam|ba[1] ⟨m.; -s, -s od. fachsprachl. f.; -, -s⟩ urspr. aus dem Reigentanz brasilianischer Schwarzer hervorgegangener Gesellschaftstanz im $^2/_4$-Takt, um 1950 Modetanz, heute Turniertanz [portug. <afrikan.]
Sam|ba[2] ⟨f.; -, -s⟩ = Zamba
Sam|bal ⟨n.; -s, -s; Kochk.⟩ zur Reistafel gereichte, scharfe indones. Würzsoße [<indones.]
Sam|bo ⟨m.; -s, -s⟩ = Zambo
Sam|bu|ca ⟨m.; -s, -s od. f.; -, -s⟩ italienischer Anislikör
Sa|mi|el ⟨m.; -(e)s; unz.⟩ (in der dt. Sage u. in der jüd. Legende) Teufel, böser Geist [<aram. *sam-el* »Gift Gottes«]
sä|misch ⟨Adj.⟩ mit Öl od. Tran gegerbt [<türk. *semis* »fett« od. zu *Samland*]
Sa|mi|sen ⟨f.; -, -; Musik⟩ dreisaitige jap. Gitarre; *oV* Schamisen [jap.]
Sa|mo|je|de ⟨m.; -n, -n⟩ Angehöriger eines ural., mongol. Volkes, *eigener Name:* Nenze
Sa|mos ⟨m.; -; unz.⟩ Wein von der grch. Insel Samos
Sa|mo|war ⟨a. ['---] m.; -s, -s⟩ russ. Teemaschine aus Kupfer od. Messing [<russ. *samovar* <*samo...* »selbst« + *varit* »kochen«]
Sam|pan ⟨m.; -s, -s⟩ chinesisches Hausboot [<chines. *san pan* <*san* »drei« + *pan* »Brett«]
sam|peln ⟨[sa:mpəln] V.; Kunst; bes. Musik⟩ mischen, mixen u. neu zusammenstellen (von Klängen, Trends, Techniken usw.); *sie ~ das Ganze u. bringen es als Remix neu heraus; der Künstler sampelt Ölmalerei u. Siebdruck*
Sam|ple *auch:* **Samp|le** ⟨[sa:mpl] n.; -s, -s⟩ **1** ⟨Markt- u. Meinungsforschung⟩ repräsentative Auswahl von Gegenständen od. Personen **2** Warenmuster **3** = Sampler [engl., »Probe, Muster«]
Sam|pler *auch:* **Samp|ler** ⟨[sa:mplə(r)] m.; -s, -⟩ Sammlung erfolgreicher Musiktitel einer bestimmten Stilrichtung, eines Zeitabschnitts, eines Sängers od. einer Gruppe (auf Tonträgern); *oV* Sample (3) [engl., »Auswahlplatte, -CD«]
Sam|pling *auch:* **Samp|ling** ⟨[sa:mplıŋ] n.; -s; unz.; Musik⟩ **1** das Sampeln **2** Aufnahmetechnik, bei der verschiedene Tonquellen wie z. B. Musikstücke, Alltagslärm, Kommentare usw. mittels eines Mischpultes auf einem Tonband zusammengeführt u. zu einem neuen Musikstück verarbeitet werden [<engl. *sample* »probieren; sammeln«]
Sa|mum ⟨a. [-'-] m.; -s, -s od. -e; Geogr.⟩ heißer u. trockener Sandsturm in den Wüsten Vorderasiens u. Nordafrikas [arab.]
Sa|mu|rai ⟨m.; -s od. -, -s od. -; früher⟩ Angehöriger des jap. Kriegerstandes [jap., »die Dienenden«]
San ⟨vor ital. männl. Namen, die mit einem Konsonanten beginnen, außer vor Sp... u. St..., u. vor span. männl. Namen, die mit einem Konsonanten beginnen, außer vor Do... u. To...; Abk.: S.⟩ der heilige ..., z. B. San Bernardo; →*a.* Sant', Santa, Sante, Santi, Santo, São [ital., span., portug. <lat. *sanctus* »heilig«]
sa|na|bel ⟨Adj.; Med.⟩ heilbar [<lat. *sanabilis* »heilbar«]
Sa|na|to|ri|um ⟨n.; -s, -ri|en⟩ klimatisch günstig gelegene Heilstätte für Kranke, die der Pflege, aber keiner Behandlung im Krankenhaus bedürfen [<lat. *sanare* »heilen«]
Sanc|ta Se|des ⟨f.; - -; unz.⟩ **1** der Heilige Stuhl **2** ⟨fig.⟩ Papst u. päpstl. Gewalt [lat.]
sanc|ta sim|pli|ci|tas! ⟨geh.⟩ heilige Einfalt! (Ausruf des Unwillens angesichts einer von einem törichten Menschen begangenen Dummheit) [lat.]
Sanc|tus ⟨n.; -; unz.⟩ Lobgesang der kath. Messe (nach dem Wort des Anfangs) [lat., »heilig«]
San|da|le ⟨f.; -, -n⟩ leichter Schuh mit einem Oberteil aus Riemen od. durchbrochenem Leder [<lat. *sandalium* <grch. *sandalion*]
San|da|let|te ⟨f.; -, -n⟩ leichte, elegante Sandale [französ. Verkleinerungsform zu *Sandale*]
San|da|rak ⟨m.; -s; unz.⟩ zu fotograf. Lacken verwendetes Harz der Sandarakzypresse [<frz. *sandaraque* <lat. *sandaraca* <grch. *sandarake*]
San|del|holz ⟨n.; -es, -höl|zer⟩ wohlriechendes Holz der Sandelbaumgewächse [Herkunft unsicher, vielleicht <grch.]
San|dhi ⟨m. od. n.; - od. -s; unz.; Sprachw.⟩ lautliche Veränderung aufgrund des Zusammentreffens zweier Wörter od. Morpheme, z. B. »ist's« anstelle von »ist es« [zu Sanskrit *samdhi* »zusammenstellen«]
San|di|nis|mus ⟨m.; -; unz.; Politik; in den 1970er u. 1980er Jahren⟩ am Marxismus-Leninismus orientierte Befreiungsbewegung in Nicaragua, die die Bekämpfung des nordamerikan. Imperialismus u. der Oligarchie unterstützte [nach dem Guerillakämpfer A. C. *Sandino,* 1895-1934]
San|di|nist ⟨m.; -en, -en; Politik⟩ Vertreter des Sandinismus, Angehöriger der sozialist. Partei Nicaraguas
san|di|nis|tisch ⟨Adj.; Politik⟩ den

S

Sandinismus betreffend, auf ihm beruhend

San|dschak *auch:* **Sand|schak** ⟨m.; -s, -s⟩ **1** türkische Standarte als Symbol der Souveränität **2** türkischer Verwaltungsbezirk [<türk. *sancàk,* eigtl. »Fahne, Standarte«]

Sand|wich ⟨[sændwɪtʃ] n. od. m.; -s od. -es [-tʃɪz], -s od. -es [-tʃɪz]⟩ **1** zwei mit Butter bestrichene, aufeinandergelegte Scheiben Weißbrot mit einer Einlage von Wurst, Käse, Ei usw. **2** ⟨umg.; fig.⟩ über Brust u. Rücken gehängtes Schild od. Plakat, z. B. bei Demonstrationen [nach dem 4. Earl of *Sandwich,* 1718-1792, der solche Brotscheiben zubereiten ließ]

Sand|wich|bau|wei|se ⟨[sændwɪtʃ-] f.; -; unz.⟩ Bauweise bes. beim Bau von Flugzeugen, bei der Platten verschiedener Stärke u. aus verschiedenem Material zusammengefügt werden

Sand|wich|board ⟨[sændwɪtʃbɔ:d] n.; -s, -s⟩ zwei mit Tragebändern verbundene, auf Holzbrettern befestigte Reklameplakate (die von einem Sandwichman getragen werden) [engl.]

Sand|wich|man ⟨[sændwɪtʃmæn] m.; -s, -men [-mən]⟩ Person, die zu Werbezwecken zwei miteinander verbundene Reklameschilder auf Brust u. Rücken trägt [engl.]

Sand|wich|mon|ta|ge ⟨[sændwɪtʃmɔnta:ʒə] f.; -, -n⟩ eine durch zwei aufeinandergelegte Negative gebildete Fotomontage

san|fo|ri|sie|ren ⟨V.; Textilw.⟩ *Gewebe* ~ durch trockene Hitze einschrumpfen lassen, damit es später beim Waschen nicht mehr einläuft [nach dem Erfinder, *Sanford* L. Cluett]

San|gria *auch:* **Sang|ria** ⟨a. [saŋ-] f.; -, -s⟩ in Spanien beliebtes Getränk aus eisgekühltem Rotwein mit Fruchtstücken [span.; zu *sangre* »Blut«]

San|gri|ta® *auch:* **Sang|ri|ta®** ⟨f.; -; unz.⟩ scharfes Getränk aus Tomaten-, Orangen- u. Zwiebelsaft [span.; zu *sangre* »Blut« mit Verkleinerungsendung]

San|gu|i|ni|ker ⟨m.; -s, -⟩ nach der antiken Temperamentenlehre Mensch von heiterem, lebhaftem Temperament

san|gu|i|nisch ⟨Adj.⟩ lebhaft, heiter [<lat. *sanguineus* »aus Blut bestehend, blutvoll«; zu *sanguis* »Blut«]

San|he|drin *auch:* **San|hed|rin** ⟨m.; -s; unz.; hebr. Form von⟩ Synedrium

Sa|ni ⟨m.; -s, -s; umg.; kurz für⟩ Sanitäter

Sa|ni|din ⟨m.; -s, -e; Min.⟩ farbloser Feldspat, Eisspat [<grch. *sanis,* Gen. *sanidos* »Brettchen«]

sa|nie|ren ⟨V.⟩ **1** gesunde Verhältnisse (zum Leben u. Wohnen) schaffen **2** wieder leistungsfähig machen **3** den Herd einer Krankheit beseitigen [<lat. *sanare* »heilen, gesundmachen«; zu *sanus* »gesund«]

Sa|nie|rung ⟨f.; -, -en⟩ das Sanieren

sa|ni|tär ⟨Adj.⟩ **1** das Gesundheitswesen betreffend **2** der Gesundheit, Hygiene dienend **3** gesundheitlich, hygienisch [<frz. *sanitaire* »gesundheitlich, sanitär«; zu lat. *sanitas* »Gesundheit«]

sa|ni|ta|risch ⟨Adj.; schweiz. für⟩ sanitär

Sa|ni|tät ⟨f.; -; unz.⟩ **1** (Zustand der) Gesundheit **2** Krankendienst, -pflege **3** ⟨schweiz.⟩ Dienst an Kranken, Sanitätswesen **4** ⟨österr.⟩ militär. Sanitätswaren [<lat. *sanitas* »Gesundheit«; zu *sanus* »gesund«]

Sa|ni|tä|ter ⟨m.; -s, -⟩ **1** Sanitätssoldat **2** Krankenpfleger **3** jmd., der in der Ersten Hilfe ausgebildet ist [→ *Sanität*]

sa|ni|tized ⟨[sænɪtaɪzd] Adj.; undekl.⟩ keimfrei [engl.]

Sankt ⟨Abk.: St.; vor dt. Namen⟩ der od. die heilige …; ~ *Elisabeth;* ~ *Gallen;* ~*-Elisabeth-Kirche od. St.-Elisabeth-Kirche* [<lat. *sanctus* »heilig«]

Sank|ti|on ⟨f.; -, -en⟩ **1** Bestätigung, Anerkennung **2** Erhebung zum verbindl. Gesetz **3** ⟨Pl.⟩ ~*en* Strafmaßnahmen, Zwangsmaßnahmen mehrerer Staaten gegen die Verletzung völkerrechtlicher Pflichten seitens eines anderen Staates; ~*en verhängen (gegen)* [<frz. *sanctio* »Genehmigung, Zustimmung, natürl. Folge, Strafmaßnahme« <lat. *sanctio* »Billigung, geschärfte Verordnung, Strafgesetz, Vertragsklausel«; zu *sancire* »heiligen, als heilig u. unverbrüchlich festsetzen«]

sank|ti|o|nie|ren ⟨V.⟩ **1** bestätigen, gutheißen, anerkennen **2** zum verbindl. Gesetz erheben [<frz. *sanctionner* »billigen, Gesetzeskraft verleihen«; → *Sanktion*]

Sank|tis|si|mum ⟨n.; -s; unz.; kath. Kirche⟩ Allerheiligstes, geweihte Hostie [<lat. *sanctissimum* »das Heiligste«; zu *sanctus* »heilig«]

Sank|tu|ar ⟨n.; -s, -e⟩ *Sy* Sanktuarium **1** Heiligtum **2** Raum mit dem Heiligtum, bei christl. Kirchen der Chor mit dem Hochaltar **3** Raum, in dem Reliquien aufbewahrt werden [<lat. *sanctuarium* »Heiligtum«; zu *sanctus* »heilig«]

Sank|tu|a|ri|um ⟨n.; -s, -rien⟩ = Sanktuar

Sans|cu|lot|te ⟨[sãky-] m.; -n, -n; Politik⟩ während der Französ. Revolution Spottname für die proletar. Revolutionäre, weil sie keine Kniehosen wie die höheren Stände, sondern lange Hosen trugen [<frz. *sans-culotte* »ohne Kniehose«]

San|se|vi|e|ria ⟨[-vi-] f.; -, -ri|en; Bot.⟩ Gattung trop. Liliengewächse mit fleischigen, langen Blättern, auch Zierpflanze, Bogenhanf: Sansevieria [nach dem Fürstentum *San Severo* in Süditalien]

Sans|krit *auch:* **Sansk|rit** ⟨a. [-'-] n.; -s; unz.; Sprachw.⟩ die altind., bis heute lebendig gebliebene Sprache der Literatur u. Wissenschaft; → *a.* Prakrit [zu aind. *sanskrta* »zusammengeordnet, vollendet«]

sans|kri|tisch *auch:* **sansk|ri|tisch** ⟨Adj.; Sprachw.⟩ in Sanskrit abgefasst

Sans|kri|tist *auch:* **Sansk|ri|tist** ⟨m.; -en, -en; Sprachw.⟩ Kenner u. Erforscher des Sanskrits

Sans|kri|tis|tik *auch:* **Sansk|ri|tis|tik** ⟨f.; -; unz.; Sprachw.⟩ Wissenschaft, die das Sanskrit, die sanskrit. Literatur u. die altind. Kultur erforscht

Sans|kri|tis|tin *auch:* **Sansk|ri|tis|tin** ⟨f.; -, -tin|nen; Sprachw.⟩ Ken-

S

nerin u. Erforscherin des Sanskrits

Sans|sou|ci ⟨[sãsusiː] n.; -; unz.⟩ Name für Schlösser, bes. für das auf Veranlassung u. nach Plänen Friedrichs des Großen im Stil des Rokoko erbaute Schloss in Potsdam; *Schloss ~* [<frz. *sans souci* »ohne Sorge«]

Sant ⟨Abk.: S.; vor ital. männl. u. weibl. Namen, die mit einem Vokal beginnen⟩ der heilige … od. die heilige …; *~ Antonio; ~ Agata;* →*a.* San, Santa, Sante, Santi, Santo, São [→ *San*]

San|ta ⟨Abk.: S.; vor ital., span. u. portug. weibl. Namen, die mit einem Konsonanten beginnen; Abk.: Sta.; italien. span. u. portug.⟩ die heilige …; *~ Maria;* →*a.* San, Sant', Sante, Santi, Santo, São [→ *San*]

San|ta Claus ⟨[sæntə klɔːz] m.; -; unz.⟩ Nikolaus, Weihnachtsmann [engl., »heiliger Klaus«]

San|te ⟨Pl.; Abk.: SS.; vor ital. weibl. Namen⟩ die heiligen …, z. B. ~ Maria e Maddalena; →*a.* San, Sant', Santa, Santi, Santo, São [→ *San*]

San|ti ⟨Pl.; Abk.: SS.; vor ital. männl. Namen⟩ die heiligen …, z. B. ~ Pietro e Paolo; →*a.* San, Sant', Santa, Sante, Santo, São [→ *San*]

San|to ⟨Abk.: S.; vor ital. männl. Namen, die mit Sp… od. St… beginnen, vor span. männl. Namen, die mit Do… od. To… beginnen, u. ausnahmslos vor portug. männl. Namen⟩ der heilige …; *~ Spirito; ~ Stefano; ~ Domingo;* →*a.* San, Sant', Santa, Sante, Santi, São [→ *San*]

São ⟨[sãːu] Abk.: S; vor portug. männl. Namen, die mit einem Konsonanten beginnen⟩ der heilige …; *~ Paulo;* →*a.* San, Sant', Santa, Sante, Santi, Santo [→ *San*]

Sa|phir ⟨a. [-'-] m.; -s, -e; Min.⟩ Mineral u. Edelstein, hellblauer Korund [<mhd. *saphir(e)* <lat. *sapp(h)irus* <grch. *sappheiros* <hebr. *sappir* <Sanskrit *sanipriya,* eigtl. »dem Planeten Saturn teuer« <*Sani* »Saturn« + *priya* »lieb, wert, teuer«]

sa|phi|ren ⟨Adj.⟩ aus Saphiren bestehend

sa|pi|en|ti sat! ⟨geh.⟩ genug für den Eingeweihten, es ist keine weitere Erläuterung nötig [lat., »dem Weisen (ist es) genug«]

Sa|pin ⟨m.; -s, -e; österr.⟩ = Sapine

Sa|pi|ne ⟨f.; -, -n; österr.⟩ Werkzeug zum Wegziehen gefällter Bäume, Sappel; *oV* Sapin [frz., »Tannenholzbrett, Hebebaum«; zu *sapin* »Tanne«]

Sa|po|dil|la ⟨f.; -, -s; Bot.⟩ Westindische Mispel, eiförmige Frucht des Sapotillbaumes: Manilkara zapota; *oV* Sapote; →*a.* Sapotillbaum [engl., <frz. *sapotille*]

Sa|po|na|ria ⟨f.; -; unz.; Bot.⟩ Seifenkraut [<lat. *sapo* »Seife«]

Sa|po|nin ⟨n.; -s, -e; Biochemie⟩ medizin. verwendeter, giftiger, organischer Stoff verschiedener Zusammensetzung (Glukosid), der in wässriger Lösung schäumt, ohne reinigende Wirkung zu besitzen [<lat. *sapo* »Seife«]

Sa|po|te ⟨f.; -, -n; Bot.⟩ = Sapodilla [<span. *zapote* <aztek.]

Sa|po|till|baum ⟨m.; -(e)s, -bäume; Bot.⟩ in Südamerika kultivierter, immergrüner, bis 20 m hoher Laubbaum mit essbaren Früchten, das aus dem Baumstoff gewonnene Latex dient als Grundstoff für die Herstellung von Kaugummi; →*a.* Sapodilla

sap|per|lot! ⟨umg.⟩ = sackerlot!

sap|per|ment! ⟨umg.⟩ = sackerment!

sap|phisch ⟨[zapfıʃ] od. [zafıʃ] Adj.⟩ **1** *~e Liebe* Homosexualität unter Frauen; *Sy* Sapphismus **2** *~e Strophe* von Sappho verwendete Strophenform aus drei elfsilbigen Versen u. einem Schlussvers [nach der grch. Dichterin *Sappho,* um 600 v. Chr.]

Sap|phis|mus ⟨[-fıs-] m.; -; unz.⟩ = sapphische Liebe

> ◆ Die Buchstabenfolge **sa|pr…** kann auch **sap|r…** getrennt werden.

◆ **Sa|prä|mie** ⟨f.; -, -n; Med.⟩ schwere Blutvergiftung [<*Sapro…* + *…ämie*]

◆ **sa|pro…, Sa|pro…** ⟨in Zus.⟩ faul, Fäulnis… [<grch. *sapros* »faul«]

◆ **Sa|pro|bie** ⟨[-bjə] f.; -, -n; Biol.⟩ = Saprobiont

◆ **Sa|pro|bi|ont** ⟨m.; -en, -en; Biol.⟩ von faulenden Stoffen lebender tier. od. pflanzl. Organismus (Amöben, Infusorien); *Sy* Saprobie; *Ggs* Katharobie [<*Sapro…* + grch. *bios* »Leben«]

◆ **sa|pro|bisch** ⟨Adj.; Biol.⟩ **1** auf Fäulnis beruhend **2** in faulenden Stoffen lebend [<grch. *sapros* »faul«]

◆ **sa|pro|gen** ⟨Adj.; Biol.⟩ Fäulnis erregend [<*sapro…* + *…gen*[1]]

◆ **Sa|pro|pel** ⟨n.; -s, -e; Geol.⟩ aus abgestorbenen Pflanzen u. Tieren bestehender, schlammiger Bodensatz stehender Gewässer, Faulschlamm [<*Sapro…* + grch. *pelein* »sich bewegen«]

◆ **Sa|pro|pe|lit** ⟨m.; -s, -e; Geol.⟩ Gestein, das sich aus Faulschlamm gebildet hat

◆ **sa|pro|pe|li|tisch** ⟨Adj.; Geol.⟩ in der Art des Faulschlamms, wie er beschaffen

◆ **Sa|pro|pha|ge** ⟨m.; -n, -n; Biol.⟩ Tier, das sich von faulenden Stoffen ernährt [<*Sapro…* + grch. *phagein* »essen«]

◆ **sa|pro|phil** ⟨Adj.; Biol.⟩ von faulenden, verwesenden Stoffen lebend [<*sapro…* + *…phil*]

◆ **Sa|pro|phyt** ⟨m.; -en, -en; Biol.⟩ auf faulenden Stoffen lebender pflanzl. Organismus [<*Sapro…* + *…phyt*]

◆ **Sa|pro|zo|on** ⟨n.; -s, -zoen; Biol.⟩ von faulenden Stoffen lebendes Tier [<*Sapro…* + *Zoon*]

Sa|ra|ban|de ⟨a. [-bãːd] f.; -, -n; Musik⟩ **1** aus einem altspan. Volkstanz entwickelter, ernst-ruhiger französ. Gesellschaftstanz im 17. u. 18. Jh. **2** Satz der Suite [frz. <span. *zarabanda*]

Sa|ra|fan ⟨m.; -s, -e⟩ zur russ. weibl. Tracht des 18. u. 19. Jh. gehörendes, ärmelloses Kleid mit tiefem Ausschnitt, das über einer weißen Bluse getragen wurde [russ. <pers. *serapa* »vom Kopf bis zu den Füßen«]

Sa|ra|ze|ne ⟨m.; -n, -n⟩ **1** ⟨im MA Name für⟩ Araber **2** ⟨später für⟩ Mohammedaner

Sar|del|le ⟨f.; -, -n; Zool.⟩ Familie bis 15 cm langer, meist einge-

S

salzen verwendeter, heringsartiger Knochenfische: Engraulidae [<ital. *sardella,* Verkleinerungsform zu *sardina;* → *Sardine*]

Sar|di|ne ⟨f.; -, -n; Zool.⟩ bis 26 cm langer Heringsfisch der subtrop. u. gemäßigten Gebiete des Ostatlantiks u. Mittelmeers: Sardina pilchardus [<mhd. *sardien* <ital., lat. *sardina* <grch. *sardine*]

sar|do|nisch ⟨Adj.⟩ *~es Lachen* grimmiges, höhnisches Lachen ohne Freude od. Humor [nach dem Giftkraut *Sardonia,* das Gesichtsverzerrungen hervorrufen soll]

Sard|o|nyx *auch:* **Sar|do|nyx** ⟨m.; - od. -es, -e; Min.⟩ fleischfarbener Onyx [lat., <grch. *sardonyx* »Mineral von Fingernagelfarbe«; zu *Sardes,* der Hauptstadt Lydiens (nach dem ersten Fundort bei *Sardes*) + *onyx* »Fingernagel«]

Sa|ri ⟨m.; - od. -s, -s⟩ kunstvoll gewickeltes Gewand der indischen Frau [<Hindi *sāri* <Sanskrit *śati*]

Sar|kas|mus ⟨m.; -, -kas|men⟩ **1** ⟨unz.⟩ beißender Spott, bitterer Hohn **2** ⟨zählb.⟩ sarkast. Äußerung [<grch. *sarkasmos;* zu *sarkazein* »zerfleischen, hohnsprechen«]

sar|kas|tisch ⟨Adj.⟩ beißend-spöttisch, bissig-höhnisch

sar|ko|id ⟨Adj.; Med.⟩ sarkomähnlich [zu grch. *sarx,* Gen. *sarkos* »Fleisch« + *…id*[1]]

Sar|ko|lemm ⟨n.; -s, -en; Anat.⟩ bindegewebige Umhüllung der Muskelfaser [<grch. *sarx,* Gen. *sarkos* »Fleisch« + *lemma* »Hülle«]

Sar|kom ⟨n.; -s, -e; Med.⟩ sich aus dem Bindegewebe bildende, bösartige Fleischgeschwulst [<grch. *sarx,* Gen. *sarkos* »Fleisch«]

sar|ko|ma|tös ⟨Adj.; Med.⟩ in der Art eines Sarkoms

Sar|ko|ma|to|se ⟨f.; -, -n; Med.⟩ Bildung von Sarkomen

Sar|ko|phag ⟨m.; -s, -e⟩ prunkvoller, steinerner Sarg [<grch. *sarkophagos* »Fleischfresser«, urspr. Sarg aus dem Stein von Assos in Kleinasien, der das Fleisch der darin beigesetzten Leichen allmählich vernichtete; <grch. *sarx,* Gen. *sarkos* »Fleisch« + *phagein* »essen, fressen«]

Sa|rong ⟨m.; - od. -s, -s⟩ rockartig um den Körper gewickeltes buntes Tuch der indones. Frau [<malai. *saron*]

Sar|rass ⟨m.; -es, -e⟩ Säbel mit schwerer Klinge [<poln. *za* »für« + *raz* »Hieb, Stoß«]

Sar|ru|so|fon ⟨[sary-] n.; -s, -e; Musik⟩ = Sarrusophon

Sar|ru|so|phon ⟨[sary-] n.; -s, -e; Musik⟩ mit doppeltem Rohrblatt u. 18 Klappen ausgestattetes, in Militärkapellen verwendetes Blechblasinstrument; *oV* Sarrusofon [nach dem frz. Militärkapellmeister M. *Sarrus,* der das Instrument 1856 konstruierte]

SARS ⟨Med.; Abk. für⟩ Schweres Akutes Respiratorisches Syndrom, eine hochgradig ansteckende Viruskrankheit, die mit einer schweren Lungenentzündung einhergehen kann [<engl. *Severe Acute Respiratory Syndrom*]

Sar|sa|pa|ril|le ⟨f.; -, -n; Bot.⟩ verschiedene trop. Stechwinden (Smilax utilis, Smilax medica u. Smilax papyracea) aus Mittel- u. Südamerika, deren Wurzeln zum Anregen der Ausscheidung von Schweiß u. Harn u. als Mittel zur Blutreinigung verwendet werden; *oV* Sassaparille [<span. *zarzaparrilla*]

Sar|se|nett ⟨n.; -(e)s, -e; Textilw.⟩ dichter Futterstoff aus Baumwolle [<engl. *sarcenet;* zu mlat. *Saracenicus* »sarazenisch«]

Sar|zi|nen ⟨Pl.; Med.⟩ unbewegliche Rundkokken, Paketkokken [<lat. *sarcina* »Last, Gepäck«]

Sas|sa|fras *auch:* **Sas|saf|ras** ⟨m.; -, -; Bot.⟩ Nelkenzimtbaum, einer Gattung der Lorbeergewächse angehörender Baum mit blauen, ovalen od. dreilappigen Blättern, aus dessen Wurzeln ein äther. Öl gewonnen wird: Sassafras [<span. *sassafrás* <lat. *saxifraga* »Steinbrech« <*saxum* »Fels« + *frangere* »zerbrechen«]

Sas|sa|pa|ril|le ⟨f.; -, -n⟩ = Sarsaparille

Sa|tan ⟨m.; -s, -e⟩ **1** ⟨unz.⟩ Teufel, Widersacher Gottes; *oV* Satanas **2** ⟨zählb.⟩ böser, teuflischer Mensch [<ahd. *satanas* <kirchenlat. *satanas* <grch. *Satan,* Gen. *Satanas* <hebr. *satan* »Widersacher«]

Sa|ta|nas ⟨m.; -; unz.⟩ = Satan (1)

Sa|tang ⟨m.; - od. -s, - od. -s⟩ kleine Währungseinheit in Thailand, $1/100$ Baht [<Thai *satan*]

Sa|ta|nie ⟨f.; -, -n; geh.⟩ teuflische Grausamkeit u. Bestialität

sa|ta|nisch ⟨Adj.⟩ in der Art des Satans, teuflisch, böse

Sa|ta|nis|mus ⟨m.; -; unz.⟩ **1** eingeborene Grausamkeit, Bösartigkeit u. Verderbtheit; *Sy* Dämonismus **2** Besessenheit vom, Neigung zum Bösen **3** Verehrung des Teufels als Travestie christlicher Riten, soweit ihnen ein Dualismus von Gut u. Böse zugrunde liegt

Sa|ta|nist ⟨m.; -en, -en⟩ jmd., der Satanismus betreibt, Anhänger des Satanismus

sa|ta|nis|tisch ⟨Adj.⟩ den Satanismus betreffend, auf ihm beruhend

Sa|tans|pilz ⟨m.; -es, -e; Bot.⟩ Giftpilz mit dickfleischigem, grauweißem od. gelbem bis grünlichem Hut: Boletus satanas

Sa|tel|lit ⟨m.; -en, -en⟩ **1** ⟨Astron.⟩ Himmelskörper, der einen Planeten umkreist, Mond; *Sy* Trabant (3) **2** künstl. Erdsatellit **3** = Trabant (2) [<frz. *satellite* <lat. *satelles,* Gen. *satellitis* »Leibwächter, Trabant«; vermutl. <etrusk.]

Sa|tel|li|ten|box ⟨f.; -, -en⟩ kleinere Lautsprecherbox, die die hohen u. mittleren Frequenzen eines Kanals übermittelt, während gleichzeitig eine große Box die tiefen Frequenzen beider Kanäle ausstrahlt, wodurch eine stereophone Wiedergabe erzielt wird

Sa|tel|li|ten|fern|se|hen ⟨n.; -s; unz.; TV⟩ mit Hilfe von Nachrichtensatelliten übermitteltes Fernsehen

Sa|tel|li|ten|flug|ha|fen ⟨m.; -s, -hä|fen; Flugw.⟩ an einen großen Flughafen angeschlossener kleiner Flughafen, der oft nur für bestimmte Fluggesellschaften reserviert ist

Sa|tel|li|ten|fo|to ⟨n.; -s, -s; Fot.⟩ von einem Satelliten aufgenommenes u. zur Erde übermitteltes Foto (z. B. der Erdoberfläche)

Sa|tel|li|ten|me|te|o|ro|lo|gie ⟨f.; -; unz.; Meteor.⟩ Meteorologie, die auf der Grundlage von Daten, die von Wettersatelliten erfasst werden, arbeitet

Sa|tel|li|ten|pro|gramm ⟨n.; -s, -e; TV⟩ Fernsehprogramm, das über einen Satelliten ausgestrahlt u. von einen Satellitenreceiver empfangen wird

Sa|tel|li|ten|re|cei|ver ⟨[-rɪsi:və(r)] m.; -s, -; TV⟩ Empfangsgerät von TV-Programmen, die über Satellit ausgestrahlt werden

Sa|tel|li|ten|rech|ner ⟨m.; -s, -; EDV⟩ kleine Rechenanlage, die für eine größere vorbereitende Aufgaben ausführt

Sa|tel|li|ten|staat ⟨m.; -(e)s, -en; Politik⟩ formalrechtlich unabhängiger, tatsächlich aber von einer Großmacht abhängiger Staat

Sa|tel|li|ten|stadt ⟨f.; -, -städ|te⟩ = Trabantenstadt

Sa|tel|li|ten|über|tra|gung ⟨f.; -, -en⟩ über einen Fernsehsatelliten geleitete Übertragung

Sa|tem|spra|chen ⟨Pl.; Sprachw.⟩ (nach früherer Unterscheidung) die östl. große Gruppe der indogerman. Sprachen, bei denen das Wort »hundert« (iran. *satem*) mit spirantischem Anlaut beginnt: die iran.-indischen, slawischen, baltischen Sprachen sowie das Albanische, Armenische u. Thrakische; *Ggs* Kentumsprachen [zu avest. *satem* »hundert«]

Sa|tin ⟨[satɛ̃:] m.; -s, -s; Textilw.⟩ atlasartiger Stoff aus Baumwolle, Wolle, Seide od. Chemiefasern mit glatter, glänzender Oberfläche [<afrz. *satin* <arab. *atlas zaituni* »glattes Gewebe aus Zaitun« (arab. Bezeichnung des chines. Hafens *Tsau-tung*)]

Sa|ti|na|ge ⟨[-ʒə] f.; -, -n⟩ Glättung; *Stoff~* [frz.; → *Satin*]

sa|ti|nie|ren ⟨V.⟩ glätten; *Papier, Stoff ~* [frz.; → *Satin*]

Sa|ti|nier|wal|ze ⟨f.; -, -n⟩ = Kalander

Sa|ti|re ⟨f.; -, -n⟩ literar. Gattung, die durch Ironie u. spöttische Übertreibung menschl. Schwächen, polit. Ereignisse u. Ä. kritisiert [<lat. *satira* »Satire« <*satura* »Fruchtschüssel als Gabe an die Götter, bunte Mischung, Gemengsel«]

Sa|ti|ri|ker ⟨m.; -s, -⟩ **1** Verfasser von Satiren **2** ⟨allg.⟩ jmd., der in satirischer Weise Kritik übt, Spötter

sa|ti|risch ⟨Adj.⟩ in der Art einer Satire, spöttisch

Sa|tis|fak|ti|on ⟨f.; -, -en⟩ Genugtuung (durch Duell od. Ehrenerklärung) [<lat. *satisfactio* »Genugtuung, Befriedigung«]

Sa|trap *auch:* **Sat|rap** ⟨m.; -en, -en; im antiken Persien⟩ Statthalter einer Provinz [<grch. *satrapes* »(pers.) Statthalter« <pers. *xshatrapāvan*]

Sat|su|ma ⟨f.; -, -s; Bot.⟩ saftige Mandarinenart [jap.]

Sa|tu|ra|ti|on ⟨f.; -, -en; Chemie⟩ **1** Sättigung **2** Verfahren bei der Produktion von Zucker, wobei der zugesetzte Kalk durch schwefelige Säure od. andere Mittel wieder ausgefällt wird [<lat. *saturatio* »Sättigung«]

sa|tu|rie|ren ⟨V.⟩ **1** ⟨Chemie⟩ sättigen **2** ⟨fig.⟩ *jmdn.* ~ jmds. Ansprüche befriedigen [<lat. *saturare* »sättigen«; zu *satur* »satt«]

sa|tu|riert ⟨Adj.⟩ **1** befriedigt, ohne weitere Ansprüche **2** ⟨abwertend⟩ übersättigt, ohne geistige Ansprüche

Sa|tur|na|li|en ⟨nur Pl.⟩ altröm. Volksfest zu Ehren des Gottes Saturn, Mitte Dezember, später mit dem Neujahrsfest verbunden [<lat. *Saturnalia,* nach dem röm. Gott *Saturnus*]

sa|tur|nisch ⟨Adj.⟩ **1** uralt, altertümlich **2** groß u. schrecklich **3** *~er Vers* ältestes röm. Versmaß mit sechs Hebungen **4** *Saturnisches Zeitalter* Goldenes Zeitalter [nach dem röm. Gott *Saturnus*]

Sa|tur|nis|mus ⟨m.; -; unz.; Med.⟩ Bleivergiftung [nach dem Planetennamen *Saturn,* mit dem das Metall Blei früher belegt wurde]

Sa|tyr ⟨m.; -s od. -n, -n od. -ty|re⟩ **1** ⟨grch. Myth.⟩ ein lüsterner Dämon im Gefolge des Dionysos mit Schwanz u. Beinen eines Pferdes **2** ⟨fig.⟩ wollüstiger Mensch [<grch. *Satyros*]

Sa|ty|ri|a|sis ⟨f.; -; unz.; Med.⟩ krankhaft gesteigerter Geschlechtstrieb beim Mann [→ *Satyr*]

Sa|tyr|spiel ⟨n.; -(e)s, -e; Theat.⟩ Gattung des grch. Dramas, Posse, bei der Satyrn den Chor bilden, als lustiger Schluss einer trag. Trilogie

Sau|ce ⟨[so:sə] f.; -, -n⟩ = Soße; ~ *béarnaise* [so:s bearnɛ:z] dickflüssige Soße aus Weißwein, Weinessig, Estragon, Kerbel, Butter, Eigelb, Salz u. Pfeffer; ~ *hollandaise* [so:s ɔlãdɛ:z] dickflüssige Soße aus Weißwein, Eigelb, Butter, Zitronensaft, Salz u. Pfeffer [<frz. *sauce* »Soße« u. *béarnaise* »aus (der südfrz. Landschaft) Béarn« u. *hollandaise* »holländisch«]

Sau|ci|e|re ⟨[sosje:rə] f.; -, -n⟩ Soßenschüssel [<frz. *sauciére*]

sau|cie|ren ⟨[sosi:rən] V.⟩ *Tabak* ~ mit einer Soße behandeln

Sau|na ⟨f.; -, -s od. Sau|nen⟩ finn. Heißluft- u. Dampfbad, bei dem durch period. Übergießen heißer Steine Dampf entsteht [finn.]

sau|nen ⟨V.⟩ ein Bad in der Sauna nehmen; *Sy* saunieren

sau|nie|ren ⟨V.⟩ = saunen

Sau|ri|er ⟨m.; -s, -; meist Pl.⟩ ausgestorbenes, oft riesiges Reptil [<grch. *sauros* »Eidechse«]

Sau|ro|lith ⟨m.; -s od. -en, -e od. -en⟩ Versteinerung eines Sauriers [<grch. *sauros* »Eidechse« + *...lith*]

Sau|ro|po|de ⟨m.; -en, -en; Zool.⟩ pflanzenfressender Riesensaurier [<grch. *sauros* »Eidechse« + *pous,* Gen. *podos* »Fuß«]

Saur|op|si|den *auch:* **Sau|rop|si|den** ⟨Pl.; Zool.; Sammelbez. für⟩ die beiden Wirbeltierklassen der Vögel u. Reptilien [<grch. *sauros* »Eidechse« + *opsis* »das Sehen, Aussehen«]

Sau|ternes ⟨[sotɛrn] m.; -, -⟩ ein französ. Weißwein [nach der Gemeinde *Sauternes* in der Gironde]

sau|tie|ren ⟨[so-] V.; Kochk.⟩ *Fleisch* ~ in Fett schwenken od. leicht braten [<frz. *sauter* »in

S

Butter schwenken od. schmoren«]

sauve qui peut! ⟨[so:v ki pø:]⟩ rette sich, wer kann! [frz.]

Sa|van|ne ⟨[-van-] f.; -, -n; Geogr.⟩ Grasland mit Buschwerk u. Baumgruppen [<span. *zavana* <Taino *zabana*]

Sa|vant|syn|drom ⟨[savã:-] n.; -s, -e⟩ Form der geistigen Behinderung, bei der jedoch in einem einzelnen, abgegrenzten Fachgebiet herausragende Leistungen gezeigt werden, z. B. bei Autismus, Inselbegabung [<frz. *savant* »Wissender, Gelehrter« + *Syndrom*]

Sa|va|rin ⟨[-varɛ̃:] m.; -s, -s; frz. Kochk.⟩ mit Alkohol getränkter, weicher Hefekuchen [nach dem frz. Feinschmecker *Brillat-Savarin*, 1755-1826]

Sa|voir-vi|vre *auch:* **Sa|voir-viv|re** ⟨[savoa:vi:vrə] n.; -; unz.⟩ Lebensart [frz., eigtl. »zu leben wissen«]

sa|voy|isch *auch:* **sa|vo|yisch** ⟨[-vɔı-] Adj.⟩ die historische frz. Region Savoyen betreffend, zu ihr gehörig

Sa|xi|fra|ga *auch:* **Sa|xif|ra|ga** ⟨f.; -, -fra|gen; Bot.⟩ Gattung der Steinbrechgewächse mit rötlich weißen Blüten: Saxifraga [→ *Sassafras*]

Sa|xi|fra|ga|zee *auch:* **Sa|xif|ra|ga|zee** ⟨[-tse:ə] f.; -, -n; Bot.⟩ Steinbrechgewächs [<lat. *saxum*, Gen. *saxi* »Stein, Klippe, Fels« + *frangere* »brechen«]

Sa|xo|fon ⟨n.; -s, -e; Musik⟩ = Saxophon

Sa|xo|fo|nist ⟨n.; -en, -en; Musik⟩ = Saxophonist

Sa|xo|fo|nis|tin ⟨f.; -, -tin|nen; Musik⟩ = Saxophonistin

S

Sa|xo|phon ⟨n.; -s, -e; Musik⟩ Blasinstrument aus einem metallenen, am Ende nach oben gebogenen Rohr mit dem Mundstück einer Klarinette u. weichem Klang; *oV* Saxofon [nach dem belgischen Instrumentenbauer Adolph *Sax*, 1814-1894, + ...*phon*[2]]

Sa|xo|pho|nist ⟨m.; -en, -en; Musik⟩ Saxophon spielender Musiker; *oV* Saxofonist

Sa|xo|pho|nis|tin ⟨f.; -, -tin|nen; Musik⟩ Saxophon spielende Musikerin; *oV* Saxofonistin

sa|zer|do|tal ⟨Adj.⟩ zum Sazerdotium gehörend [<lat. *sacerdotalis*]

Sa|zer|do|ti|um ⟨n.; -s; unz.⟩ **1** Amt des Priesters **2** geistl. Gewalt des Papstes [<lat. *sacerdotium* »Priesteramt«]

sb ⟨Zeichen für die nicht mehr zulässige Einheit⟩ Stilb

Sb ⟨chem. Zeichen für⟩ Antimon (Stibium)

Sbir|re ⟨m.; -n, -n; bis 1809⟩ ital. Vollstreckungsbeamter des Gerichts u. der Polizei [<ital. *sbirro*]

Sc ⟨chem. Zeichen für⟩ Scandium

sc. ⟨Abk. für⟩ **1** scilicet **2** sculpsit

s. c. ⟨Abk. für⟩ subkutan

Scaf|fol|ding ⟨[skæf-] n.; - od. -s; unz.⟩ **1** ⟨Päd.⟩ Lehrmethode, die den Lernprozess unterstützt, indem der Lehrende eine Hilfestellung nur für die Aufgaben gibt, die der Lernende noch nicht allein lösen kann, der Rückzug des Lehrers erfolgt schrittweise u. der Lernende kann zunehmend selbständig die Aufgaben lösen **2** ⟨EDV⟩ System, das die rasche Bearbeitung von Daten für eine Datei od. Datenbank ermöglicht [<engl. *scaffold, scaffolding* »Gerüst«]

Sca|la ⟨f.; -; unz.⟩ Opernhaus in Mailand; → *a.* Skala

Sca|ling ⟨[skɛılıŋ] n.; - od. -s; unz.⟩ Veränderung des Größenmaßstabes von Druckvorlagen (z. B. Bilder, Grafiken) entsprechend der in Verwendung genommenen Druckmaterialien (z. B. Prospekte) [<engl. *scale* »Maßstab«]

Scal|ping Ope|ra|tions ⟨[skælpıŋ ɔpərɛıʃənz] Pl.⟩ Börsentransaktionen, die sehr kleine Kursschwankungen auszunutzen suchen [engl.]

Scam|pi ⟨Pl.; ital. Bez. für⟩ eine Krebsart, die als Speise dient

Scan ⟨[skæn] m. od. n.; -s, -s; kurz für⟩ Scanning

Scan|di|um ⟨n.; -s; unz.; chem. Zeichen: Sc⟩ chem. Element, hellgraues, glänzendes Metall der seltenen Erden, Ordnungszahl 21; *oV* Skandium [neulat.; nach *Scandia*, der lat. Bezeichnung für *Südskandinavien*]

scan|nen ⟨[skæn-] V.⟩ mit einem Scanner abtasten, einlesen [zu engl. *scan* »abtasten«]

Scan|ner ⟨[skænə(r)] m.; -s, -⟩ Gerät, das ein Objekt (z. B. ein Foto) mit einem feinen Elektronenstrahl punkt- od. zeilenweise abtastet u. die dabei anfallenden Messwerte in Schwarz-Weiß- od. Farbkontraste zur weiteren Verarbeitung umsetzt [→ *scannen*]

Scan|ner|kas|se ⟨[skænə(r)-] f.; -, -n⟩ elektronische Kasse, die mit Hilfe eines Scanners die auf den Waren verschlüsselten Daten (z. B. Preise) abliest [zu engl. *scan* »abtasten«]

Scan|ning ⟨[skænıŋ] n.; - od. -s; unz.⟩ Bearbeitung mit Hilfe eines Scanners; *Sy* Scan

Sca|ra|mouche ⟨[-muʃ] m.; -s, -s; Theat.⟩ = Skaramuz [frz. <ital. *scaramuccia* »Scharmützel«; → *Scharmützel, Skaramuz*]

Scart|ka|bel ⟨n.; -s, -; El.⟩ besondere Steckverbindung, z. B. zum Anschluss von Videogeräten u. DVD-Spielern

Scat ⟨[skæt] m.; -s; unz.; Musik; Jazz⟩ improvisierender Gesang mit einzelnen, unzusammenhängenden Silben [→ *scatten*]

scat|ten ⟨[skæt-] V.; Musik⟩ Scat singen, Sprechgesang improvisieren [zu engl. *scat* »Schlag«]

Scat|te|ring|ver|fah|ren ⟨[skætə-] n.; -s; unz.⟩ nachrichtentechnisches Verfahren zur Erhöhung der Reichweite von Kurz- u. Ultrakurzwellen [zu engl. *scatter* »ausbreiten, verteilen«]

Sce|na|rio ⟨[ʃɛ-] n.; -s, -s⟩ **1** ⟨in der Commedia dell'Arte⟩ in großen Zügen festgelegte, durch Improvisation weitergestaltete Handlung eines Theaterstücks mit angedeuteten Dialogen **2** ⟨Film⟩ = Szenarium (2) [ital.; zu *scena* »Szene«]

Scene ⟨[si:n] f.; -; unz.; Jugendspr.⟩ = Szene (4) [engl.]

Schab|bes ⟨m.; -, -⟩ = Sabbat [jidd. <hebr. *sabbath* »Sabbat«]

Scha|blo|ne *auch:* **Schab|lo|ne** ⟨f.; -, -n⟩ **1** ausgeschnittene od. ausgestanzte Vorlage; *Zeichen~* **2** Muster **3** ⟨fig.⟩ übliche, herkömmliche, erstarrte Form; *nach der ~ arbeiten, handeln* [<mnddt. *schampelion, scham-*

plun, schaplun »Vorbild, Muster«, von unklarer Herkunft, beeinflusst von *schaben*]

scha|blo|nie|ren *auch:* **schab|lo|nie|ren** ⟨V.⟩ *oV* schablonisieren **1** mit, nach einer Schablone bearbeiten, behandeln, formen **2** jmdn. od. etwas in eine Schablone zwängen, in eine Schublade stecken

scha|blo|ni|sie|ren *auch:* **schab|lo|ni|sie|ren** ⟨V.⟩ = schablonieren

Scha|bot|te ⟨f.; -, -n; Technik⟩ Unterbau aus Stahl od. Beton für Maschinenhämmer [<frz. *chabotte* »Pflock aus Gusseisen, Unterbau für den Amboss«]

Scha|bra|cke *auch:* **Schab|ra|cke** ⟨f.; -, -n⟩ **1** (reich verzierte) lange Decke unter dem Sattel **2** ⟨danach umg.⟩ altes Pferd **3** ⟨salopp; abwertend⟩ abgenutzte Sache, baufälliger alter Gegenstand [<ungar. *csáprág* »Satteldecke« <türk. *caprak*]

Scha|bra|cken|hy|ä|ne *auch:* **Schab|ra|cken|hy|ä|ne** ⟨f.; -, -n; Zool.⟩ südafrikan. Hyäne mit langer, seitl. am Rücken herabhängender Mähne, Strandwolf: Hyaena brunnea

Scha|brun|ke *auch:* **Schab|run|ke** ⟨f.; -, -n; Mil.; veraltet⟩ Decke über den Packtaschen der Kavallerie [→ *Schabracke*]

Schach ⟨n.; - od. -s; unz.⟩ sehr altes, ursprüngl. oriental. Brettspiel für zwei Spieler mit je 16 teils verschiedenen Steinen; *jmdn. in od. im ~ halten* ⟨fig.⟩ jmdn. unter Druck setzen, in Furcht halten, ihn nicht gefährlich werden lassen [mhd., »Schachbrett, schachbietender Zug, König im Schachspiel« <mndrl. *scaec* <afrz. *eschec* <pers. *šah* »König«; → *Schah*]

Scha|fi|it ⟨m.; -en, -en⟩ Angehöriger einer islamischen Schule der Rechtswissenschaft [nach dem Gründer *Al Schafi'i*, 767-820]

Scha|fott ⟨n.; -(e)s, -e⟩ erhöhtes Gerüst für Hinrichtungen, Richtbühne, Blutgerüst [vermutl. <ndrl. *schavot* <mndrl. *scafaut, scafot* <afrz. *chafaud, chafout* »erhöhte Stätte für Hinrichtungen, Blutgerüst«, urspr. »Bau-, Schaugerüst«]

Schah ⟨m.; -s, -s; im Iran Titel für⟩ Herrscher [<pers. *šah* »König«]

Scha|kal ⟨a. ['--] m.; -s, -e; Zool.⟩ Angehöriger einer Gruppe gelblich grauer, hundeartiger Raubtiere, die im Körperbau zwischen Füchsen u. Wölfen stehen [<türk. *čakal* <pers. *šägāl* <Sanskrit *srgāla*]

Schal ⟨m.; -s, -s od. -e⟩ **1** langes, rechteckiges Halstuch **2** an der Seite des Fensters herabhängender Teil der Übergardine [<engl. *shawl*]

Schall|quant ⟨n.; -s, -en; Physik⟩ = Phonon

Schal|mei ⟨f.; -, -en; Musik⟩ **1** Holzblasinstrument der Hirten mit einem Rohr u. Doppelrohrblatt, Vorform der Oboe **2** Blechblasinstrument mit mehreren Rohren **3** Pfeife des Dudelsacks [<mhd. *schal(e)mile* <afrz. *chalomie* <grch. *kala maia* »Rohrpfeife«; zu *kalamos* »Rohr«]

Scha|lom! Frieden! (hebräisches Grußwort) [hebr., eigtl. »Frieden«]

Scha|lot|te ⟨f.; -, -n; Bot.⟩ Lauch mit kleinen, eiförmigen Brutzwiebeln, die zusammen mit den Blättern als Gemüse dienen: Allium ascalonicum [<frz. *échalote*]

Scha|lup|pe ⟨f.; -, -n; Seew.⟩ **1** (bis 40 t großes) Fahrzeug der Fischerei od. Küstenschifffahrt **2** auf größeren Schiffen mitgeführtes Beiboot [<frz. *chaloupe*]

Scha|ma|ne ⟨m.; -n, -n; bei Naturvölkern⟩ Person, die in Ekstase Verbindung mit Geistern u. den Seelen Verstorbener aufnimmt, um etwas zum Wohle der Gemeinschaft zu bewirken, z. B. Heilung von Kranken, Abwendung von Unglücksfällen, Glück bei der Jagd [<tungus. *šaman* »Schamane; buddhist. Mönch« <Pali *samana* »buddhist. Mönch« <Sanskrit *śramana* »buddhist. Mönch, Asket« <*śrama* »Strapaze, Anstrengung, religiöse Übung«]

Scha|ma|nis|mus ⟨m.; -; unz.; bei Naturvölkern⟩ Glaube an die Fähigkeit mancher Menschen, Geister zu beschwören [→ *Schamane*]

scha|ma|nis|tisch ⟨Adj.⟩ den Schamanismus betreffend, auf ihm beruhend

Scha|mi|sen ⟨f.; -, -⟩ = Samisen

Scha|mot|te ⟨f.; -; unz.⟩ feuerfester Ton (bes. für Feuerungsanlagen verwendet) [<ital. *sc(i)armotti*]

scha|mot|tie|ren ⟨V.; österr.⟩ mit Schamotte auskleiden

Scham|pus ⟨m.; -; unz.; umg.; scherzh. für⟩ Champagner; ~ *trinken* [österr.]

schang|hai|en ⟨V.; Seemannsspr.⟩ *Matrosen ~* gewaltsam heuern; *oV* shanghaien [nach der chines. Stadt *Schanghai*]

Schan|ker ⟨m.; -s, -; Med.⟩ venerisches Geschwür an den Geschlechtsteilen; *harter ~* Primäraffekt der Syphilis; *weicher ~* durch eine Infektion hervorgerufene Geschwüre an den Geschlechtsteilen mit einer schmerzhaften Entzündung der Lymphknoten der Leisten, die in eitrigen Zerfall übergehen können [<frz. *chancre*]

Schan|tung|sei|de ⟨f.; -, -n; Textilw.⟩ = Shantungseide

Schap|pe ⟨f.; -, -n; Textilw.⟩ *Sy* Schappseide **1** Abfall bei der Seidenverarbeitung **2** daraus hergestelltes Seidengarn

Schapp|sei|de ⟨f.; -, -n; Textilw.⟩ = Schappe

Scha|ra|de ⟨f.; -, -n⟩ Form des Silbenrätsels, bei der die Lösung der Silben u. des ganzen Wortes aus einem von Personen dargestellten lebenden Bild od. einer kurzen gespielten Szene erraten werden muss [<frz. *charade*]

Schä|re ⟨f.; -, -n; meist Pl.; Geogr.⟩ kleine Felseninsel, bes. vor den skandinavischen Ostseeküsten gelegen, die durch die Eiszeitgletscher abgerundet wurde [<mhd. *scherre* <ahd. *scerra* <anord. *sker*, schwed. *skär* »Klippe« <germ. *skarja* »Zerschnittenes«]

Scha|ria ⟨f.; -; unz.⟩ von Mohammed begründete Rechtsordnung der Moslems, die auch rituelle Vorschriften enthält; *oV* Scheria [<arab. *shari'ah* »heiliges Gesetz«]

Schar|lach ⟨m.; -s; unz.⟩ **1** leuchtend rote Farbe **2** ⟨Med.⟩ meldepflichtige, fieberige Infektionskrankheit mit rotem, fleckigem Ausschlag [<mlat. *scarlatum* »roter Stoff, rote Seide; roter Farbstoff« <pers. *sagalāt* »ein kostbarer Stoff«]

Schar|la|tan ⟨a. [--'-] m.; -s, -e⟩ Schwindler, der Kenntnisse u. Fähigkeiten auf einem Gebiet vortäuscht [<frz. *charlatan* <ital. *ciarlatano* »Marktschreier, Schaumschläger«; zu *ciarlare* »schwatzen«]

Schar|la|ta|ne|rie ⟨f.; -, -n⟩ Betrug, Schwindel, List eines Scharlatans

Schar|müt|zel ⟨n.; -s, -⟩ kleines Gefecht, Geplänkel [<mhd. *scharmutzel, -mützel* <ital. *scaramuccia;* → *Skaramuz*]

schar|müt|zeln ⟨V.⟩ ein kleines Gefecht liefern

Schar|nier ⟨n.; -s, -e⟩ Gelenk aus zwei Platten mit eingerollten Ösen, die mit einem Stift verbunden werden, zur bewegl. Befestigung von Türen, Fenstern usw. [<frz. *charnière*]

Schär|pe ⟨f.; -, -n⟩ **1** breites, um die Hüften od. schräg über Schulter u. Brust getragenes Band (als Teil einer Uniform od. Band bestimmter Orden) **2** breites, um die Taille od. Hüften getragenes u. zur Schleife geschlungenes Band (als Kleiderschmuck) [<frz. *écharpe,* eigtl. »Armbinde«]

Schar|pie ⟨f.; -; unz.⟩ gezupfte Leinwand (früher anstelle von Watte benutzt); ~ *zupfen* [<frz. *charpie*]

Schar|rier|ei|sen ⟨n.; -s, -⟩ zum Handwerkszeug des Steinmetzen gehörender Steinmeißel

schar|rie|ren ⟨V.⟩ *Stein* ~ parallele Rillen in Stein schlagen [<frz. *charrue* »Pflug«]

Schar|wen|zel ⟨m.; -s, -⟩ *oV* Scherwenzel **1** ⟨Kart.⟩ Bube, Unter; *Sy* Wenzel **2** ⟨fig.⟩ Liebediener, Schmeichler, Schöntuer **3** ⟨Jägerspr.⟩ Fehlschuss

schar|wen|zeln ⟨V.; umg.⟩ diensteifrig sein, liebedienern, sich übereifrig um jmdn. bemühen, den Hof machen; *oV* scherwenzeln; ⟨meist⟩ *herum~* [<tschech. *červen* »rot« + *Vencl* »Wenzel (tschech. Vorname); Bube (im Kartenspiel)«; fälschlich (Volksetymologie) zu *červenec* »Juli«]

Schasch|lik ⟨m. od. n.; -s od. -; unz.; Kochk.⟩ (auf dem Grill) am Spieß mit Zwiebeln gebratene Würfel von Fleisch u. Speck [<russ. *šašlyk* <turktatar.]

schas|sen ⟨V.; umg.⟩ *jmdn.* ~ schimpflich, schmähvoll entlassen; *oV* ⟨schweiz.⟩ chassen [<frz. *chasser* <vulgärlat. *capitare* »zum Gefangenen machen; jagen«]

schas|sie|ren ⟨V.⟩ mit kurzen, gleitenden Schritten geradlinig tanzen [<frz. *chasser* »jagen«]

Scha|tul|le ⟨f.; -, -n⟩ **1** Kästchen, bes. für Geld od. Schmuck **2** private Kasse (eines Fürsten od. Staatsoberhauptes) [<mlat. *scatula* »Geldschein«, beeinflusst von frz. *chatouille* »Geldkassette, Schmuckkästchen«]

Scheck ⟨m.; -s, -s od. (selten) -e⟩ an eine bestimmte Form gebundene Zahlungsanweisung auf das Guthaben des Ausstellers [<engl. *cheque,* beeinflusst von US-amerikan. *check*]

Sched|dach ⟨n.; -(e)s, -dä|cher⟩ = Sheddach

Schee|lit ⟨m.; -s; unz.; Min.⟩ Mineral, chem. Calciumwolframit; *Sy* Tungstein [nach dem schwed. Chemiker C. W. *Scheele,* 1742-1786]

Scheich ⟨m.; -s, -e od. -s⟩ *oV* Scheik **1** Häuptling eines arab. Nomadenstammes **2** islam. Prediger einer Moschee **3** Ehrentitel im Vorderen Orient **4** ⟨fig.; umg.⟩ weichl., unangenehmer Kerl **5** ⟨scherzh.⟩ Bräutigam, ständiger Freund (eines Mädchens) [<arab. *shaykh,* eigtl. »Greis«]

Scheik ⟨m.; -s, -e od. -s⟩ = Scheich

Sche|kel ⟨m.; -s, -⟩ **1** israelische Währungseinheit **2** altes hebr., phöniz. u. babylon. Gewicht, bes. für Gold u. Silber, 14 bis 16 g; *oV* Sekel [<lat. *siclus* <grch. *siklos* <hebr. *sekel* »Gewicht; Silbermünze«; zu *sakal* »wägen«]

Schelf ⟨m. od. n.; -s, -e; Geogr.⟩ der vom Meer bis zu einer Tiefe von 200 m bedeckte Rand der Kontinente, Festlandsockel, Kontinentalsockel [<engl. *shelf*]

Schel|lack ⟨m.; -(e)s, -e⟩ harzige Ausscheidungen von Schildläusen auf den Zweigen verschiedener Bäume, die für die Herstellung von Lacken, Firnissen, Polituren, Kitten, Appreturen u. Kunststoffen verwendet werden [<ndrl. *schellak;* zu *schel* »Schuppe (des Fisches)«]

Sche|ma ⟨n.; -s, -s od. -ma|ta⟩ **1** Plan, Muster, Vorschrift; *etwas nach ~ F behandeln* (gedankenlos) auf stets dieselbe Weise, nach der üblichen Ordnung; *sich an ein festes ~ halten* **2** Übersicht, zeichnerische Darstellung; *einen Sachverhalt durch ein ~ verdeutlichen* [grch., »Haltung, Stellung; Gestalt, Figur, Form«]

Sche|ma|ta ⟨Pl. von⟩ Schema

sche|ma|tisch ⟨Adj.⟩ **1** nach einem bestimmten Schema (1), an ein S. gebunden; *etwas (rein) ~ behandeln, betrachten, tun; das ist eine ganz ~e Arbeit, Tätigkeit* **2** gleichmacherisch **3** in der Art eines Schemas (2), durch, mit Hilfe eines S. (verdeutlicht, dargestellt); *~e Darstellung, Zeichnung; einen Vorgang ~ darstellen*

sche|ma|ti|sie|ren ⟨V.⟩ **1** nach einem Schema (1), einem Muster behandeln, in ein Schema (1) bringen **2** durch ein Schema (2), eine Übersicht, Zeichnung darstellen

Sche|ma|tis|mus ⟨m.; -; unz.⟩ **1** übertrieben schematische Betrachtungsweise, Behandlung **2** gedankenlose Arbeit nach einem Schema, Gleichmacherei **3** ⟨österr.⟩ Rangliste für Amtspersonen **4** ⟨kath. Kirche⟩ Verzeichnis der Mitarbeiter einer Diözese

Schen ⟨n.; -s, -s; Musik⟩ = Sheng [chines.]

Scheng ⟨n.; -s, -s; Musik⟩ = Sheng

Sche|ria ⟨f.; -; unz.⟩ = Scharia

Sche|rif ⟨m.; -s od. -en, -s od. -e od. -en; Titel für⟩ Nachkomme Mohammeds [zu arab. *sharif* »adlig, edel, erhaben«]

Sche|riff ⟨m.; -s, -s⟩ = Sheriff

Scher|wen|zel ⟨m.; -s, -⟩ = Scharwenzel

S

scher|wen|zeln ⟨V.⟩ = scharwenzeln
scher|zan|do ⟨[skɛr-] Musik⟩ heiter (zu spielen) [ital.]
Scher|zan|do ⟨[skɛr-] n.; -s, -s od. -zan|di; Musik⟩ heiterer Satz eines Musikstückes
Scher|zo ⟨[skɛr-] n.; -s, -s od. Scher|zi; Musik⟩ **1** heiterer, bewegter Satz der Sonate, auch der Symphonie, im $^{3}/_{4}$-Takt **2** kurzes, heiteres Musikstück [ital., eigtl. »Spaß, Scherz«; zu *scherzare* »spaßen, scherzen«]
scher|zo|so ⟨[skɛr-] Musik⟩ scherzhaft [ital.]
Schi ⟨m.; -s, Schi|er⟩ = Ski
Schia ⟨f.; -; unz.; Rel.⟩ iranische Staatsreligion; →*a.* Schiit [arab., »Partei«]
Schib|bo|leth ⟨n.; -s, -s⟩ Erkennungszeichen, -wort, Losung [hebr., »Ähre«]
Schi|board ⟨n.; -s, -s; Sport⟩ = Skiboard
Schi|bob ⟨m.; -s, -s⟩ = Skibob
schick ⟨Adj.⟩ *oV* ⟨bei unflektierten Formen⟩ chic **1** elegant, modisch, geschmackvoll; *ein ~es Kleid* **2** ⟨umg.⟩ großartig, sehr erfreulich [<frz. *chic,* im 16. Jh. <dt. *Schick*]
Schick ⟨m.; -s; unz.⟩ Eleganz, modische Feinheit; *oV* Chic [<mnddt. *schick* »was sich schickt, richtige Ordnung«; zu *schicken* »etwas in Ordnung bringen«, seit 1850 beeinflusst von frz. *chic* »Eleganz, verfeinerte Lebensart; Geschick« (im 16. Jh. <dt. *Schick*)]
Schi|cke|ria ⟨f.; -; unz.; meist abwertend⟩ reiche, sich extravagant gebärdende, übertrieben schick gekleidete Gesellschaftsschicht [→ *schick*]
Schi|cki|mi|cki ⟨m.; -s, -s od. f.; -, -s; umg.; meist abwertend⟩ **1** Angehörige(r) der Schickeria; ⟨häufig in Zus.⟩ *ein ~-Typ; eine ~-Frau* **2** ⟨unz.; umg.; abwertend⟩ modischer Kleinkram, unnützes Beiwerk [→ *schick*]
Schick|se ⟨f.; -, -n; umg.⟩ lästige, unangenehme weibliche Person [<rotw. *Schickse* »Weibsperson«, Schimpfwort für Mädchen, Frau <jidd. *skizo* »Christenmädchen«; in den dt. Mundarten wurde *Schickse* zu »Judenmädchen«]
Schi|er ⟨Pl. von⟩ Schi
schif|ten ⟨V.; Seemannsspr.⟩ **1** ein Segel vor dem Wind von der einen Seite auf die andere bringen **2** die Lage verändern, wechseln; *die Ladung schiftet* verrutscht bei Seegang [<engl. *shift* »verschieben, versetzen, (Lage) verändern«]
Schi|fu|ni ⟨m.; -, -s; schweiz.⟩ = Skifuni
Schi|gym|nas|tik ⟨f.; -; unz.⟩ = Skigymnastik
Schi|is|mus ⟨m.; -; unz.; Rel.⟩ eine der beiden wesentlichen Glaubensrichtungen des Islams [→ *Schiit*]
Schi|it ⟨m.; -en, -en⟩ Mohammedaner, der Ali, den Schwiegersohn Mohammeds, als dessen rechtmäßigen Nachfolger anerkennt u. die drei ersten Propheten u. deren Sunna verwirft; *Ggs* Sunnit; →*a.* Schia [<arab. *schi'at' Ali* »Partei Alis«]
schi|i|tisch ⟨Adj.; Rel.⟩ zu den Schiiten gehörig, von den Schiiten stammend
Schi|ka|ne ⟨f.; -, -n⟩ **1** böswillig bereitete Schwierigkeit (meistens unter Ausnutzung einer Machtstellung) **2** *mit allen ~n* ⟨fig.; umg.⟩ mit allen Annehmlichkeiten, Feinheiten, technischen Extras; *sein Fahrrad ist mit allen ~n ausgestattet* [<frz. *chicane*]
Schi|ka|neur ⟨[-nøːr] m.; -s, -e⟩ jmd., der andere schikaniert [<frz. *chicaneur*]
schi|ka|nie|ren ⟨V.⟩ *jmdn. ~* jmdm. Schwierigkeiten in den Weg legen, jmdn. böswillig plagen [<frz. *chicaner*]
schi|ka|nös ⟨Adj.; umg.⟩ boshaft, Schikanen bereitend
Schi|kjö|ring ⟨[-jøː-] n.; -s, -s⟩ = Skikjöring
Schi|lift ⟨m.; -(e)s, -e⟩ = Skilift
Schill ⟨m.; -(e)s, -e; Zool.; österr.⟩ Hechtfisch, Zander, im Süßwasser lebender Barsch, der sich von Stinten u. Ukeleis ernährt, wertvoller Speisefisch: Lucioperca lucioperco [vermutl. <ungar. *süllö* <türk. *šêla* <*šêl* »Zahn«]
Schi|ma|ra|thon ⟨m.; -s, -e⟩ = Skimarathon
Schi|mä|re ⟨f.; -, -n⟩ = Chimäre (3)
schi|mä|risch ⟨Adj.⟩ = chimärisch
Schim|pan|se ⟨m.; -n, -n; Zool.⟩ der am weitesten verbreitete große Menschenaffe, der gesellig in den Wäldern West- u. Zentralafrikas lebt: Pan troglodytes [<Kongosprache *chimpenzi, Kimpenzi*]
Schi|na|kel ⟨n.; -s, -n; österr.; umg.⟩ kleines Boot [<ungar. *csónak*]
Schin|to|is|mus ⟨m.; -; unz.; Rel.⟩ = Shintoismus
Schin|to|ist ⟨m.; -en, -en; Rel.⟩ = Shintoist
schin|to|is|tisch ⟨Adj.; Rel.⟩ = shintoistisch
Schi|rok|ko ⟨m.; -s, -s; Meteor.⟩ warmer Wind im Mittelmeergebiet aus der nordafrikanischen Wüste, der oft Sand od. Staub mit sich führt [<ital. *scirocco*]
Schir|ting ⟨m.; - od. -s, -e od. -s; Textilw.⟩ locker gewebter, stark appretierter, leichter Baumwollstoff, der für Dekorationen u. Bucheinbände verwendet wird [<engl. *shirting;* zu *shirt* »Hemd«]
Schir|wan ⟨m.; -s, -s⟩ feiner kaukas. Knüpfteppich mit vielfältigem Muster, bes. Rautenfeldern [nach der kaukas. Landschaft *Schirwan*]
Schis|ma ⟨[ʃɪs-] od. [sçɪs-] n.; -s, -ma|ta od. Schis|men⟩ Kirchenspaltung, Spaltung der kirchlichen Einheit (in der grch.-orthodoxen u. röm.-kath. Kirche 1054 u. innerhalb der abendländischen Kirche 1378-1417) [grch., »Spaltung«]
Schis|ma|ti|ker ⟨[ʃɪs-] od. [sçɪs-] m.; -s, -⟩ **1** jmd., der ein Schisma verursacht **2** Anhänger einer von der allg. kirchl. Lehre abweichenden Richtung, Abtrünniger
schis|ma|tisch ⟨[ʃɪs-] od. [sçɪs-] Adj.⟩ in der Art eines Schismas, auf ihm beruhend
Schis|to|so|ma ⟨[ʃɪs-] od. [sçɪs-] n.; -s, -ma|ta; Biol.⟩ Pärchenegel, der in den Eingeweide- u. Blasenvenen des Menschen schmarotzt [<grch. *schistos* »gespalten« + *soma* »Körper«]
Schis|to|so|mi|a|se ⟨[ʃɪs-] od. [sçɪs-] f.; -, -n; Med.⟩ durch den Pärchenegel Schistosoma hervorgerufene Wurmkrank-

heit [<grch. *schistos* »gespalten« + *soma* »Körper«]

Schi|wa ⟨m.; -s; unz.⟩ = Shiva

Schi|zir|kus ⟨m.; -; unz.; salopp⟩ = Skizirkus

schi|zo…, Schi|zo… ⟨[ʃi-] od. [sçi-] in Zus.⟩ durch Spaltung, gespalten, Spalt… [<grch. *schizein* »spalten«]

schi|zo|gen ⟨Adj.; Biol.⟩ durch Spaltung entstanden [<*schizo…* + *…gen*[1]]

Schi|zo|go|nie ⟨f.; -; unz.; Biol.⟩ ungeschlecht. Vermehrung (bes. der Sporentierchen) durch Teilung einer Zelle in mehr als zwei Zellen [<*Schizo…* + *…gonie*]

schi|zo|id ⟨Adj.; Psych.⟩ seelisch gespalten, zerrissen

Schi|zo|my|zet ⟨m.; -en, -en; meist Pl.; Biol.⟩ Bakterium, das sich durch Querteilung vermehrt, Spaltpilz [<*Schizo…* + *Myzet*]

schi|zo|phren ⟨Adj.⟩ **1** ⟨Psych.⟩ an Schizophrenie leidend **2** ⟨fig.; umg.⟩ zwiespältig

Schi|zo|phre|nie ⟨f.; -, -n; Psych.⟩ endogene Psychose mit Auseinanderfallen der inneren seel. Zusammenhänge von Wollen, Fühlen u. Denken u. mit einer Entfremdung des eigenen Ichs [<*Schizo…* + *…phrenie*]

Schi|zo|phyt ⟨m.; -en, -en; meist Pl.⟩ Pflanze aus den Abteilungen Bakterien u. Blaualgen, Spaltpflanze: Bacteriphyta od. Cyanophyta [<*Schizo…* + *…phyt*]

Schi|zo|phy|zee ⟨[-tse:ə] f.; -, -zeen; meist Pl.; Bot.⟩ Blaualge, Pflanze aus einer Abteilung autotropher, blau- od. olivgrüner Algen ohne Zellkern: Cyanophyta [<*Schizo…* + *…phyzee*]

schi|zo|thym ⟨Adj.⟩ auf Schizothymie beruhend

Schlach|ta ⟨f.; -; unz.⟩ poln. Adel [<poln. *szlachta* <ahd. *slahta* »Geschlecht«]

Schla|mas|sel ⟨m.; -s, -; umg.⟩ **1** Missgeschick, lästige Angelegenheit **2** unangenehmes Durcheinander [<jidd. *schlimasel* <*schlimm mazol* »Missgeschick« <*schlimm* + neuhebr. *masol* »Stern, Schicksal«]

Schla|wi|ner ⟨m.; -s, -; umg.⟩ pfiffiger, durchtriebener Kerl [<*Slowene* (nach den slowen. Hausierern, die als sehr geschäftstüchtig galten)]

Schle|mihl ⟨m.; -s, -e⟩ **1** Pechvogel **2** durchtriebener Kerl [hebr.]

Schleu|se ⟨f.; -, -n⟩ **1** Anlage in Flüssen u. Kanälen für Schiffe zur Überwindung von Höhenunterschieden **2** Klappe zum Stauen u. Freigeben eines Wasserlaufs; *die ~n des Himmels öffneten sich* ⟨fig.; poet.⟩ es begann heftig zu regnen; *die ~n seiner Beredsamkeit öffnen* ⟨fig.⟩ schnell u. viel zu reden beginnen u. lange nicht mehr aufhören **3** Vorrichtung zum Ableiten von Wasserläufen od. Abwässern in Kanälen od. Rohren **4** Kammer mit zwei Türen, in der der Luftdruck langsam erhöht od. gesenkt werden kann, zur Überwindung von Druckunterschieden zwischen zwei Räumen; *Luft~* [<ndrl. *sluis* <mndrl. *sluse, sluise* <afrz. *escluse* <mlat. *exclusa, sclusa*]

Schlipp ⟨m.; -s, -e; Seew.⟩ = Slip (1)

schlip|pen ⟨V.; Seew.⟩ = slippen (1)

Schlot|te ⟨f.; -, -n; Bot.⟩ Schlauchblatt von Lauchgewächsen [<frz. *échalote*]

Schlup ⟨f.; -, -en⟩ = Slup

Schmack ⟨m.; -(e)s, -e; Bot.⟩ **1** Gerberstrauch **2** aus dessen Blättern u. Zweigen hergestelltes Pulver zum Gerben u. Färben **3** = Sumach [<mnddt. *smacke,* vermutl. <ndrl., frz. *sumac*]

Schmalt ⟨m.; -s, -e⟩ = Email [<ital. *smalto*]

Schmal|te ⟨f.; -, -n; Chemie⟩ blaues Glas, chemisch Kobalt(II)-Kalium-Silikat, das als Schmelze für Glasuren verwendet wird; *oV* Smalte

schmal|ten ⟨V.; Chemie⟩ mit Schmalte überziehen; *oV* smalten

Schmet|ten ⟨m.; -s; unz.; österr.; schles.⟩ Sahne [<tschech. *smetana*]

Schmie|re ⟨f.; umg.; nur in der Wendung⟩ *~ stehen* Wache stehen (bei Verbrechen od. bösen Streichen) [rotw. <jidd. *schmiro* »Bewachung« <hebr. *šamár* »bewachen«]

Schmir|gel ⟨m.; -s; unz.⟩ das Mineral Korund, das als Poliermittel verwendet wird [<ital. *smeriglio;* verwandt mit *schmieren*]

schmir|geln ⟨V.⟩ mit Schmirgel abreiben, schleifen, glätten

Schmock ⟨m.; -(e)s, -e od. -s⟩ gesinnungsloser Journalist [nach einer Gestalt aus Gustav Freytags »Journalisten«; eigtl. Scheltwort aus dem Prager Ghetto für den »verschrobenen jüdischen Fantasten« <slowen. *šmok* »Narr, Spaßmacher«]

Schmon|zes ⟨m.; -, -; umg.⟩ leeres albernes Geschwätz [wohl Weiterbildung von *Schmu(s)*]

Schmon|zet|te ⟨f.; -, -n; Theat.; Film; umg.; abwertend⟩ geistloses, albernes Theater- od. Fernsehstück od. ebensolche Geschichte [→ *Schmonzes*]

Schmu ⟨m.; -s; unz.; umg.⟩ leichter Betrug, unlauterer Vorteil; *~ machen* auf unlautere Weise einen Vorteil erlangen, (im Spiel) gewinnen [rotw. <hebr. *semu'a* »Gerede«; zu *sama* »hören«, eigtl. »leere Versprechung«]

Schmug|gel ⟨m.; -s; unz.⟩ gesetzeswidrige Ein- od. Ausfuhr, Schleichhandel [→ *schmuggeln*]

schmug|geln ⟨V.⟩ Schmuggel treiben (mit); *etwas über die Grenze ~* [<nddt. *smuggeln,* engl. *smuggle,* eigtl. »sich ducken«; verwandt mit norweg. *smokla* »lauern, sich versteckt halten«]

Schmugg|ler ⟨m.; -s, -⟩ jmd., der Schmuggel betreibt

Schmus ⟨m.; -es; unz.; umg.⟩ Geschwätz, Schöntun, Schmeicheleien; *~ machen* schöntun, mit vielen Worten (zu einem Kauf) zureden [rotw. <hebr. *semu'oth* »Gerede«; verwandt mit *Schmu*]

schmu|sen ⟨V.; umg.⟩ **1** Komplimente machen, sich anbiedern **2** zärtlich sein [→ *Schmus*]

schna|bu|lie|ren ⟨V.; umg.; veraltet⟩ mit Behagen essen, schmausen [latinisiert <*Schnabel*]

Schnee|frä|se ⟨f.; -, -n⟩ Fahrzeug mit vorgespannter rotierender Schaufeltrommel zum Räumen von Schnee

S

Schnee|ka|no|ne ⟨f.; -, -n⟩ Vorrichtung zum Erzeugen von künstlichem Schnee für Skiabfahrten

Schnee|mo|bil ⟨n.; -s, -e⟩ kleines Fahrzeug mit Kettenantrieb zur Fortbewegung auf Eis- u. Schneeflächen; *Sy* Snowmobil

Scho|ah ⟨f.; -; unz.⟩ = Shoah

Schock ⟨m.; -s, -s⟩ **1** plötzl. gewaltsame Erschütterung, die den Organismus trifft u. ihn an die äußerste Grenze seiner Anpassungsfähigkeit bringt **2** großer, nachhaltiger Schreck [<frz. *choc;* zu *choquer* »anstoßen, beleidigen«; vermutl. <mndrl. *schokken* »stoßen«]

scho|cken ⟨V.⟩ **1** *jmdn.* ~ jmdm. einen Schock (2) versetzen; *geschockt sein* ⟨umg.⟩ bestürzt, erschrocken, verstört sein **2** ⟨Sport⟩ *Ball, Kugel* ~ mit gestrecktem Arm aus dem Stand od. nach kurzem Anlauf mit u. ohne Drehung werfen **3** ⟨Med.⟩ mit künstl. (meist elektr.) Schock behandeln [<mndrl. *schocken;* → *Schock*]

Scho|cker ⟨m.; -s, -; bes. Film u. TV⟩ etwas, das schockt, z. B. Gruselfilm, Psychothriller

scho|ckie|ren ⟨V.⟩ **1** in moralische Empörung, sittl. Entrüstung versetzen; *das war ein ~der Auftritt* **2** zutiefst erschrecken; *die Nachricht hat ihn schockiert* [<frz. *choquer;* → *Schock*]

Schock|the|ra|pie ⟨f.; -, -n; Psych.⟩ Schockbehandlung, künstl. Erzeugung eines (meist elektr.) Schocks zur Behandlung bestimmter Geisteskrankheiten (bes. bei Schizophrenie u. Paranoia)

Scho|far ⟨m.; - od. -s, -fa|roth⟩ Horn eines Widders, das im jüd. Kult am Neujahrstag geblasen wird [hebr.]

scho|fel ⟨Adj.; umg.⟩ erbärmlich, schäbig, geizig, knauserig [rotw. <jidd. *schophol,* hebr. *safal* »niedrig«]

Scho|fel ⟨m.; -s, -; umg.⟩ schlechte Ware, wertloses Zeug

Schof|för ⟨m.; -s, -e; eindeutschend für⟩ Chauffeur

Scho|gun ⟨m.; -s, -e; eindeutschend für⟩ Shogun

Scho|ko|la|de ⟨f.; -, -n⟩ Nahrungs- u. Genussmittel aus Kakao, Milch(pulver) od. Sahne, Gewürzen, meist Kakaobutter u. bis zu 60 % Zucker, in Tafeln gewalzt od. in Figuren gegossen [<span. *chocolate* <Nahuatl *chocolatl* »Kakaogetränk«, vielleicht <*xococ* »sauer, bitter« + *atl* »Wasser, Getränk«]

scho|ko|lie|ren ⟨V.⟩ etwas mit Schokolade überziehen

Scho|la ⟨[sko:-] f.; -, Scho|lae; Abk. für: Schola cantorum⟩ im 7. Jh. am Hof des Papstes gegründeter Sängerchor, der sich bes. den liturgischen Gesängen widmete [lat., »Sängerschule«]

Scho|lar ⟨m.; -en, -en; im MA⟩ fahrender Schüler, Student; *Sy* Scholast [<mlat. *scholaris* »zur Schule gehörig, Student«]

Schol|arch *auch:* **Scho|larch** ⟨m.; -en, -en; im MA⟩ Vorsteher, Aufseher an Klosterschulen [<lat. *schola* »Schule« + ... *arch*]

Schol|ar|chat *auch:* **Scho|lar|chat** ⟨n.; -(e)s, -e; im MA⟩ Amt eines Scholarchen

Scho|last ⟨m.; -en, -en⟩ = Scholar [<lat. *scholasticus* »Schüler«]

Scho|las|tik ⟨f.; -; unz.⟩ **1** die auf die antike Philosophie gestützte, christl. Dogmen verarbeitende Philosophie u. Wissenschaft des MA **2** ⟨fig.⟩ engstirnige Schulweisheit [<lat. *scholasticus* »zur Schule gehörig«]

Scho|las|ti|ker ⟨m.; -s, -⟩ **1** Anhänger der Scholastik **2** junger Ordensgeistlicher während des Studiums, bes. bei den Jesuiten **3** ⟨fig.⟩ Haarspalter, Buchstabengelehrter

scho|las|tisch ⟨Adj.⟩ **1** zur Scholastik gehörend, auf ihr beruhend, ihre Methode anwendend **2** ⟨fig.⟩ schulmäßig, schulmeisterlich, spitzfindig

Scho|las|ti|zis|mus ⟨m.; -; unz.⟩ **1** Überbewertung der Scholastik **2** Spitzfindigkeit, Wortklauberei

Scho|li|ast ⟨m.; -en, -en⟩ Verfasser von Scholien

Scho|lie ⟨[-ljə] f.; -, -n⟩ = Scholion

Scho|li|on ⟨n.; -s, -li|en⟩ erklärende Randbemerkung, textkrit. Anmerkung in der Literatur der Antike; *oV* Scholie [<grch. *scholion* »Auslegung«]

Scho|ner ⟨m.; -s, -; Seew.⟩ Segelschiff mit mehreren Masten [<engl. *schooner*]

Scho|re ⟨f.; -; unz.⟩ **1** = Sore **2** ⟨Drogenszene⟩ Heroin

schraf|fie|ren ⟨V.⟩ mit feinen, parallel zueinander liegenden Strichen bedecken [<mndrl. *schraeffeeren* <ital. *sgraffiare* »kratzen, stricheln«]

Schraf|fur ⟨f.; -, -en⟩ schraffierte Fläche

Schrap|nell ⟨n.; -s, -e od. -s⟩ mit Bleikugeln u. einer Sprengladung gefülltes Geschoss der Artillerie, das kurz vor dem Ziel zerspringt; *das ~ laden* [nach dem Erfinder, dem engl. General H. *Shrapnel,* 1761-1842]

Schred|der ⟨m.; -s, -; Technik⟩ Maschine zum Zerkleinern (u. Zusammenpressen) von Abfällen, z. B. Kunststoff, Schrott, Papier, Äste u. Zweige; *oV* Shredder [engl.]

schred|dern ⟨V.⟩ *etwas* ~ mit Hilfe eines Schredders zerkleinern; *oV* shreddern; *Kunststoffe, Gartenabfälle* ~

Schrimp ⟨m.; -s, -s; meist Pl.⟩ = Shrimp

schrin|ken ⟨V.; Textilw.⟩ Stoffe durch Anfeuchten weicher u. krumpfecht machen; *oV* shrinken [<engl. *shrink* »Stoff krumpfen, einlaufen lassen«]

Schu|bi|ack ⟨m.; -s, -s; norddt.⟩ **1** Schuft, Lump **2** ⟨urspr.⟩ Bettler, der sich unter der Jacke schubbt (kratzt) [<ndrl. *schobbejak;* zu *schobben,* nddt. *schubben* »reiben, sich kratzen« + *Jack* (<*Jakob*)]

Schwa ⟨n.; - od. -s, - od. -s; Zeichen: ə; Sprachw.; in den idg. Sprachen⟩ Schwundstufe (von Vokalen), z. B. das unbetonte »e« in »Vase« [<hebr. *šwa* »Leere«]

Schwa|dron *auch:* **Schwad|ron** ⟨f.; -, -en; Mil.⟩ unterste takt. Einheit der Kavallerie; *Sy* Eskadron [<ital. *squadrone* »großes Viereck«; zu *squadra* »Geschwader«]

Schwa|dro|neur *auch:* **Schwad|roneur** ⟨[-nø:r] m.; -s, -e⟩ jmd., der schwadroniert

schwa|dro|nie|ren *auch:* **schwad|ro|nie|ren** ⟨V.⟩ wortreich prahlen, schwatzen

S

Schwarm|in|tel|li|genz ⟨f.; -; unz.; Soziol.⟩ intelligentes Verhalten eines Kollektivs, das aus der Kommunikation der teilhabenden Individuen heraus entsteht, kollektive Intelligenz (z. B. Ameisenstaat) [<engl. *swarm intelligence*]

Schwer|ath|let ⟨m.; -en, -en; Sport⟩ Sportler, der Schwerathletik betreibt

Schwer|ath|le|tik ⟨f.; -; unz.; Sport; Sammelbez. für⟩ Boxen, Ringen, Judo u. Gewichtheben

> **Sciencefiction** (*Getrennt- und Zusammenschreibung*) Aus anderen Sprachen stammende Verbindungen aus Substantiv und Substantiv, die sich im Deutschen grammatisch wie Zusammensetzungen verhalten, werden zusammengeschrieben. Zur Verdeutlichung ist jedoch auch die Schreibung mit Bindestrich möglich: »*Science-Fiction*« (→*a.* Shoppingcenter).

Sci|ence|fic|tion *auch:* **Sci|ence-Fic|tion** ⟨[saıənsfıkʃn] f.; -; unz.⟩ utopische, fantast. Prosadichtung auf naturwissenschaftlich-techn. Grundlage [<engl. *science* »Wissenschaft« + *fiction* »Erfindung; Erzählung«]

Sci|en|to|lo|ge ⟨[saıən-] m.; -n, -n⟩ Anhänger, Vertreter der Scientology

Sci|en|to|lo|gin ⟨[saıən-] f.; -, -gin|nen⟩ Anhängerin, Vertreterin der Scientology

Sci|en|to|lo|gy ⟨[saıəntɔlədʒı] f.; -; unz.; Rel.⟩ Religionsgemeinschaft mit dem wissenschaftl. Anspruch einer geistigen u. seelischen Gesundung ihrer Anhänger [engl.]

scil. ⟨Abk. für⟩ scilicet

sci|li|cet ⟨Abk.: sc. od. scil.⟩ nämlich [<lat. *scire licet* »man kann wissen; selbstverständlich, freilich, nämlich«]

sciol|to ⟨[ʃɔlto] Musik⟩ ungebunden, frei im Vortrag (zu spielen) [ital.]

Sclaf|fing ⟨[sklæfıŋ] n.; - od. -s, -s; Sport; Golf⟩ das Berühren des Bodens mit dem Golfschläger, bevor dieser den Ball trifft; *Sy* Duffing, Fluffing [engl. <schott. *sclaf* »schieben, schlürfen«]

Scoop ⟨[sku:p] m.; -s, -s; Presse⟩ aufreißerischer Bericht, aktuelle Nachricht, deren Meldungsrechte exklusiv bei einer Zeitung liegen [engl.]

Scoo|ter ⟨[sku:-] m.; -s, -⟩ Segelboot mit Stahlkufen, das zum Eissegeln genutzt wird [→ *Skooter*]

Sco|ping ⟨[skoʊpıŋ] n.; - od. -s; unz.; Ökol.⟩ Methode zur Ermittlung u. Einschätzung von Projektauswirkungen (auf die Umwelt) [<engl. *scope* »Umfang, Reichweite«]

Scor|da|tu|ra ⟨f.; -; unz.; Musik⟩ = Skordatur

Score ⟨[skɔ:(r)] n.; -, -s⟩ *oV* Skore **1** ⟨Sport⟩ Punktzahl, Spielstand **2** in Zahlen ausgedrücktes Ergebnis (bei Experimenten od. Tests) **3** ⟨Lotto⟩ Zahl der erreichten Treffer [engl., »Kerbe, Spielergebnis, Spielstand«]

Score|board ⟨[skɔ:(r)bɔ:(r)d] n.; -s, -s; bes. Sport⟩ Anzeigetafel; *das elektronische ~ zeigte den Spielstand an* [engl.]

Score|kar|te ⟨[skɔ:(r)-] f.; -, -n⟩ Karte, auf der die Punktzahl für die von den Mitspielern gemachten Schläge (z. B. beim Minigolf) eingetragen werden; *oV* Skorekarte [<engl. *score* »Spielstand, Punktzahl«]

sco|ren ⟨[skɔ:-] V.⟩ Treffer, Punkt o. Ä. erzielen; *oV* skoren [engl.]

Sco|rer ⟨[skɔ:-] m.; -s, -; Sport⟩ *oV* Skorer **1** ⟨bes. Fußb.⟩ Torschütze **2** Aufschreiber od. Aufschreiberin der erzielten Punkte (z. B. beim Minigolf) [engl.]

Sco|ring ⟨[skɔ:-] n.; - od. -s; unz.⟩ **1** ⟨Sport⟩ **1.1** Punktezählung, Punktestand **1.2** Erzielen von Treffern, Toren **2** ⟨Wirtsch.⟩ Verfahren, um die Zahlungssicherheit von Kunden zu ermitteln **3** ⟨Musik⟩ Instrumentierung [→ *Score*]

Scotch ⟨[skɔtʃ] m.; -; unz.⟩ aus Gerste hergestellter schottischer Whisky [engl., Kurzwort für *Scotch Whisky* »schottischer Whisky«]

Scotch|ter|ri|er ⟨[skɔtʃ-] m.; -s, -; Zool.⟩ schwarzer schottischer Terrier mit kurzen Beinen [<engl. *scotch* »schottisch« + *terrier* »Terrier«]

Scot|land Yard ⟨[skɔtlənd ja:d] m.; - -; unz.⟩ (Hauptdienststelle der) Londoner Kriminalpolizei [engl., »schottischer Platz« (nach dem Sitz des Dienstgebäudes in London)]

Scout ⟨[skaʊt] m.; -s, -s⟩ Pfadfinder [engl., »Weggefährte« <mengl. *scouten* <afrz. *escouter* »zuhören« <lat. *auscultare*]

scou|ten ⟨[skaʊ-] V.⟩ auskundschaften, spähen, Ausschau halten nach; *einige Unternehmen ~ weltweit* [<engl. *scout*]

Scrab|ble® *auch:* **Scrabb|le®** ⟨[skræbl] n.; -s, -s⟩ Gesellschaftsspiel, bei dem Buchstaben zu Wörtern verbunden werden müssen [zu engl. *scrabble* »kritzeln«]

Scra|pie ⟨[skrɛıpı] f.; -; unz.; Vet.⟩ der BSE ähnliche, vor allem bei Schafen auftretende Tierseuche, bei der das Zentralnervensystem mit tödlicher Folge erkrankt, Traberkrankheit [engl.; vielleicht zu *scrappy* »kratzen, schaben; sich (gerade noch) durchschlagen«]

Scraps ⟨[skræps] Pl.⟩ aus den unteren Blättern der Tabakpflanze gewonnener Tabak [<engl. »Überbleibsel«]

scratch ⟨[skrætʃ] Adj. ; undekl.; Sport⟩ ohne Vorgabe (beim Golf) [engl.]

scrat|chen ⟨[skrætʃən] V.; Musik⟩ verschiedene Musikstücke mittels Scratchings zusammenmischen [<engl. *scratch* »kratzen«]

Scrat|ching ⟨[skrætʃıŋ] n.; - od. -s, -s; Musik⟩ das Erzielen bestimmter Klangeffekte durch rhythmisches Hin- u. Herbewegen einer laufenden Schallplatte [engl., »Kratzen«]

Scratch|spie|ler ⟨[skrætʃ-] m.; -s, -; Sport; Golf⟩ sehr guter Golfspieler von konstanter Form, nach dessen Leistung der Standard (4) festgelegt wird [engl.; zu *scratch* »Startlinie, Normalklasse«]

Screen ⟨[skri:n] m.; -s, -s; EDV⟩ Bildschirm [engl.]

scree|nen ⟨[skri:-] V.; Med.⟩ ein Screening durchführen

S

Scree|ning ⟨[skri:-] n.; -s, -s⟩ Verfahren zur Reihenuntersuchung od. -befragung; *Massen~* [engl., »Durchsiebung«]

Screen|shot ⟨[skri:nʃɔt] m.; -s, -s; EDV⟩ Direktausdruck einer kompletten Bildschirmmaske, z. B. zur Dokumentation bei Fehlermeldungen od. Programmabstürzen; *Sy* Hardcopy [<engl. *screen* »Bildschirm« + *shot* »Schuss, Schnappschuss«]

Screw|ball|ko|mö|die ⟨[skru:bɔ:l-komø:djə] f.; -, -n⟩ (aus den USA stammende) Form der Komödie, in der die Schauspieler verrückte, exzentrische Rollen spielen [<engl. *screwball* »Spinner« + *Komödie*]

scri|b|beln ⟨V.⟩ eine Idee bildhaft darstellen, einen Entwurf grob skizzieren; *an einem Layout ~* [<engl. *scribble* »kritzeln« <lat. *scribere* »schreiben«]

Scrip ⟨m.; -s, -s; Wirtsch.⟩ **1** Gut- od. Zwischenschein für neu ausgegebene Wertpapiere (in England u. USA); *Dividenden~* ein Schuldschein für vorübergehend nicht ausgezahlte Dividende (in den USA) **2** Bescheinigung, die kurzzeitig Schuldschreibungszinsen ausgleicht [<engl. *script* »Manuskript«]

Script ⟨n.; -(e)s, -en od. -s⟩ Drehbuch; *oV* Skript (2) [engl.]

Script|girl ⟨[-gœ:l] n.; -s, -s⟩ Sekretärin im Filmatelier, die für jede Aufnahme die Einstellung, Änderung des Textes usw. einträgt; *oV* Skriptgirl [<*Script* + *Girl*]

scrol|len ⟨[skroulən] V.; EDV⟩ verschieben, durchblättern bzw. durchrollen (von Dokumenten auf dem Bildschirm) [<engl. *scroll;* verkürzt <*screen* »Bildschirm« + *roll* »rollen«]

Scrol|ling ⟨[skroulıŋ] n.; - od. -s, -s; EDV⟩ das Scrollen, Bildlauf [→ *scrollen*]

Scro|tum ⟨n.; -s, Scro|ta⟩ = Skrotum

Scrub ⟨[skrʌb] m.; - od. -s, -s; Geogr.⟩ Strauchformation aus immergrünen, oft undurchdringlich dichten, hartlaubigen Dornbüschen in den austral. Trockengebieten [engl.]

SCSI ⟨EDV; Abk. für engl.⟩ Small Computer System Interface, eine genormte Hochgeschwindigkeits-Parallelschnittstelle

Scu|do ⟨m.; -, Scu|di⟩ alte italien. Münze [ital., »Schild, Schildtaler« <lat. *scutum* »lederbezogener Langschild«]

sculps. ⟨Abk. für⟩ sculpsit

sculp|sit ⟨Abk.: sc. od. sculps.⟩ der hat (es) gestochen (Zusatz zum Namen des Stechers auf Kupfer- u. Stahlstichen) [lat.]

Scyl|la ⟨[stsyla] f.; -; unz.; grch. Myth.⟩ = Skylla

SDI ⟨a. engl. [ɛsdiaı] Mil.; Abk. für engl.⟩ Strategic Defense Initiative, Strateg. Verteidigungsinitiative der USA (Verteidigung aus dem Weltraum)

Se ⟨chem. Zeichen für⟩ Selen

s. e. ⟨Abk. für⟩ salvo errore

Seal ⟨[si:l] m. od. n.; -s, -s⟩ Fell der Robbe; *Sy* Sealskin (1) [engl., »Robbe«]

Sea|lab ⟨[si:læb] n.; -s, -s⟩ (in den USA entwickeltes) Unterwasserlaboratorium [engl.; verkürzt <*sea* »Meer« + *lab*oratory »Laboratorium«]

Seal|skin ⟨[si:l-] m. od. n.; -s, -s; Textilw.⟩ **1** = Seal **2** glänzender Plüsch [<engl. *seal* »Robbe« + *skin* »Haut«]

Séan|ce ⟨[seã:s(ə)] f.; -, -n⟩ spiritistische Sitzung [frz., »Sitz, Sitzung«; zu *seoir* »sitzen«]

Sea|son ⟨[si:zn] f.; -, -s⟩ = Saison (2) [engl.]

Seb|ka ⟨[zɛpxa] f.; -, -s; Geogr.⟩ mit Salz u. Ton bedeckte Niederung, die in der Regel ausgetrocknet ist, Salzsumpf; *oV* Sabka; *~-Oasen* [arab.]

Se|bor|rhö ⟨f.; -, -en; Med.⟩ krankhaft vermehrte Absonderung der Talgdrüsen, führt zu fettig glänzender Haut, Mitessern u. Schuppen auf der Kopfhaut

Se|bo|sta|se *auch:* **Se|bos|ta|se** ⟨f.; -, -n; Med.⟩ trockene Haut infolge Talgmangels [<lat. *sebum* »Talg« + *…stase*]

sec[1] ⟨Adj.⟩ herb (Wein) [frz., »trocken«]

sec[2] ⟨Zeichen für⟩ **1** Sekans **2** ⟨nicht mehr zulässige Abk. für⟩ Sekunde (1)

s. e. c. ⟨Abk. für⟩ salvo errore calculi

SECAM-Sys|tem ⟨n.; -s; unz.; Abk. für frz.⟩ Séquentielle à Mémoire(-System), System zeitlicher Aufeinanderfolge mit Speicherung (eine Technik des Farbfernsehens); →*a.* PAL-System

sec|co ⟨Adj.⟩ trocken, herb (von Wein) [ital.]

Sec|co|ma|le|rei ⟨f.; -, -en; Mal.⟩ = al secco; *oV* Sekkomalerei

Sec|co|re|zi|ta|tiv ⟨n.; -s, -e [-və]; Musik⟩ nur mit einem bezifferten Bass versehenes Rezitativ; *oV* Sekkorezitativ; *Ggs* Accompagnato [<ital. *secco* »trocken« + *Rezitativ*]

Se|cen|tis|mus ⟨[-tʃɛn-] m.; -; unz.; Lit.⟩ der schwülstige Stil in der ital. Literatur des 17. Jh.

Se|cen|tist ⟨[-tʃɛn-] m.; -en, -en; Lit.⟩ Dichter des Secentismus

Se|cen|to ⟨[-tʃɛn-] n.; - od. -s; unz.; Kunst⟩ das 17. Jh. in der ital. Kunst; *oV* Seicento [ital., »sechshundert (Jahre nach 1000 n. Chr.)«]

Se|con|da ⟨f.; -, -s; schweiz.⟩ weibl. Secondo[2] [ital.; <lat. *secunda* »die zweite«]

se|cond|hand ⟨[sɛkəndhæ:nd] Adj.⟩ gebraucht, aus zweiter Hand [<engl. *second-hand*]

Se|cond|hand|shop ⟨[sɛkəndhæ:ndʃɔp] m.; -s, -s⟩ Geschäft, das gebrauchte Waren (bes. Kleidung) verkauft [<*second-hand* + *Shop*]

Se|cond Life® ⟨[sɛkənd laıf] n.; - -; unz.; EDV⟩ von den Nutzern mitgestaltete Online-Simulation einer realen Gesellschaft, in der die Teilnehmer interagieren, kommunizieren u. Handel betreiben [engl., »zweites Leben«]

se|con|do ⟨Musik⟩ zweite(r); *Ggs* primo; *violino ~* zweite Geige [ital.]

Se|con|do[1] ⟨m.; -s, -s; schweiz.⟩ (in der Schweiz geborener) Ausländer in der zweiten Generation [ital.; <lat. *secundus* »der zweite«]

Se|con|do[2] ⟨n.; - od. -s, -con|di; Musik⟩ zweite Stimme (beim vierhändigen Klavierspiel); *Ggs* Primo [→ *Secondo*[1]]

Se|cret Ser|vice *auch:* **Sec|ret Ser|vice** ⟨[si:krıt sœ:vıs] m.; - -; unz.⟩ britischer Geheimdienst [engl.]

Sec|tio cae|sa|rea ⟨f.; - -; unz.; Med.⟩ Schnittentbindung, Kai-

S

serschnitt [mlat.; nach Plinius' Naturgeschichte kam *Cäsar* durch Kaiserschnitt zur Welt]

Se|da ⟨Pl. von⟩ Sedum

se|dat ⟨Adj.⟩ ruhig, gesetzt, von gesetztem Wesen [<lat. *sedatus* »gelassen, still«; zu *sedere* »sich setzen lassen, beruhigen«]

se|da|tiv ⟨Adj.; Med.⟩ beruhigend, einschläfernd [<lat. *sedatus* »ruhig, gelassen, still«]

Se|da|tiv ⟨n.; -s, -e [-və]⟩ = Sedativum

Se|da|ti|vum ⟨[-vum] n.; -s, -tiva [-va]; Pharm.⟩ Beruhigungsmittel, z. B. Baldrian; *oV* Sedativ

se|den|tär ⟨Adj.⟩ **1** sitzend **2** sesshaft **3** ansässig [<lat. *sedentarius* »im Sitzen arbeitend«]

Se|dez ⟨n.; -es, -e; Buchw.; Zeichen: 16°⟩ **1** ⟨unz.⟩ Buchformat mit 16 Blättern (32 Seiten) je Bogen **2** ⟨zählb.⟩ Buch in diesem Format [<lat. *sedecim* »sechzehn«]

se|die|ren ⟨V.; Med.⟩ mit Hilfe von Schlafmitteln beruhigen [zu lat. *sedare* »beschwichtigen, beruhigen«]

Se|die|rung ⟨f.; -, -en; Med.⟩ Beruhigung, Dämpfung von Schmerzen

Se|di|ment ⟨n.; -(e)s, -e⟩ **1** ⟨Geol.⟩ Ablagerung von mechanisch im bewegten Wasser getragenen Teilen od. gelöst gewesenen Stoffen **2** ⟨Chemie; Med.⟩ Bodensatz, z. B. in der Harnblase [<lat. *sedimentum* »Bodensatz«; zu *sedere* »sitzen«]

se|di|men|tär ⟨Adj.; Geol.⟩ durch Ablagerung entstanden

Se|di|men|ta|ti|on ⟨f.; -, -en⟩ **1** ⟨Geol.⟩ Bildung von Sedimenten **2** Bildung von Bodensatz

se|di|men|tie|ren ⟨V.⟩ **1** *ein Feststoff-Flüssigkeitsgemisch ~* durch Bildung eines Bodensatzes in seine Bestandteile trennen **2** sich durch Wind, Wasser od. Eis ablagern

Se|dis|va|kanz ⟨[-va-] f.; -, -en⟩ Zeitraum, während dessen das Amt des Papstes od. eines Bischofs nicht besetzt ist [<lat. *sedes* »Sitz« + *Vakanz*]

Se|duk|ti|on ⟨f.; -, -en⟩ Verführung [<lat. *seductio;* zu *seducere* »verführen«]

Se|dum ⟨n.; -s, Seda; Bot.⟩ Gattung der Dickblattgewächse, Fetthenne [lat., »Hauswurz«]

s. e. e. o. ⟨Abk. für lat.⟩ salvo errore et omissione

Seer|su|cker ⟨ [siːə(r)sʌkə(r)] m.; -s, -; Textilw.⟩ leichter Leinenstoff aus abwechselnd flachen u. gekräuselten Bereichen [engl., »Crêpe«]

s. e. et o. ⟨Abk. für lat.⟩ salvo errore et omissione

Seg|ment ⟨n.; -(e)s, -e⟩ **1** ⟨allg.⟩ Abschnitt, Teilstück **2** ⟨Math.⟩ Kreisabschnitt, Kugelabschnitt **3** jeder der hintereinandergelegenen Abschnitte, aus denen (entwicklungsgeschichtl.) der Körper zusammengesetzt ist, bes. bei Wirbelsäule u. Rückenmark **4** Teil, aus dem der Körper von Lebewesen aufgebaut ist [<lat. *segmentum* »Schnitt; Ein-, Abschnitt«; zu *secare* »(ab)schneiden«; → *sezieren*]

seg|men|tal ⟨Adj.⟩ als Segment, in Form eines Segments bestehend

seg|men|tar ⟨Adj.⟩ = segmentär

seg|men|tär ⟨Adj.⟩ aus Segmenten gebildet; *oV* segmentar

Seg|men|ta|ti|on ⟨f.; -, -en⟩ Gliederung, Einteilung in einzelne Segmente (3); →*a.* Metamerie

seg|men|tie|ren ⟨V.⟩ in Abschnitte einteilen

Seg|men|tie|rung ⟨f.; -; unz.⟩ **1** das Segmentieren **2** ⟨Biol.⟩ Gliederung in einzelne Körperabschnitte

Se|gno *auch:* **Seg|no** ⟨[sɛnjo] n.; -s, -s od. -gni [-nji]; Musik⟩ Zeichen im Notentext zur Kennzeichnung der Stellen für die Wiederholung; *al ~* bis zum Zeichen (spielen); *dal ~* vom Zeichen an [<ital. <lat. *signum;* → *Signum*]

Se|gre|gat ⟨n.; -(e)s, -e⟩ das, was ausgeschieden wird [<lat. *segregatus,* Part. Perf. zu *segregare* »absondern, entfernen«]

Se|gre|ga|ti|on ⟨f.; -, -en⟩ **1** Ausscheidung **2** Trennung bestimmter gesellschaftl. Gruppen (nach Rasse, Sprache, Religion) von einer größeren sozialen Einheit **3** Trennung ungleicher Allele u. ihre Verteilung auf verschiedene Zellen bei Zellteilungsvorgängen

se|gre|gie|ren ⟨V.⟩ aufspalten, absondern [→ *Segregat*]

Se|gui|dil|la ⟨[-gidɪlja] f.; -; unz.; Musik⟩ lebhafter span. Reigentanz im 3/4-Takt mit gesungener Einleitung [span.]

Sei|cen|to ⟨[sɛɪtʃɛnto] n.; - od. -s; unz.; Kunst⟩ = Secento

Seiches ⟨[sɛːʃ] Pl.⟩ Schwankungen des Wasserspiegels in Binnenseen [<frz. *seiche,* eigtl. »Tintenfisch«]

Sei|gnette|salz *auch:* **Sei|gnette|salz** ⟨[sɛnjɛt-] n.; -es, -e; umg.⟩ Kalium-Natrium-Salz der Weinsäure

Sei|gneur *auch:* **Seig|neur** ⟨[sɛnjœːr] m.; -s, -s⟩ **1** ⟨im feudalen Frankreich⟩ Grund-, Lehnsherr (auch als Titel) **2** ⟨heute fig.⟩ vornehmer Weltmann [frz. <lat. *senior* »der Ältere«]

Sei|sing ⟨n.; -s, -e; Seew.⟩ = Zeising

Seis|mik ⟨f.; -; unz.; Geophysik⟩ = Seismologie

Seis|mi|ker ⟨m.; -s, -; Geophysik⟩ = Seismologe

Seis|mi|ke|rin ⟨f.; -, -rin|nen; Geophysik⟩ = Seismologin

seis|misch ⟨Adj.; Geophysik⟩ auf einem Erdbeben beruhend [<grch. *seismos* »Erderschütterung«]

Seis|mi|zi|tät ⟨f.; -; unz.; Geophysik⟩ über einen Zeitraum beobachtete Erdbebentätigkeit eines Ortes

seis|mo..., Seis|mo... ⟨Geophysik; in Zus.⟩ Erdbeben [<grch. *seismos* »Erderschütterung«]

Seis|mo|graf ⟨m.; -en, -en; Geophysik⟩ = Seismograph

seis|mo|gra|fisch ⟨Adj.; Geophysik⟩ = seismographisch

Seis|mo|gramm ⟨n.; -s, -e; Geophysik⟩ Aufzeichnung eines Erdbebens durch einen Seismographen

Seis|mo|graph ⟨m.; -en, -en; Geophysik⟩ Gerät zum Aufzeichnen von Erdbeben; *oV* Seismograf [<*Seismo...* + *...graph*]

seis|mo|gra|phisch ⟨Adj.; Geophysik⟩ die Seismographie betreffend, mit Hilfe eines Seismographen festgehalten; *oV* seismografisch

Seis|mo|lo|ge ⟨m.; -n, -n; Geophysik⟩ Wissenschaftler der Seismologie; *Sy* Seismiker

Seis|mo|lo|gie ⟨f.; -; unz.; Geophysik⟩ Lehre von den Erdbeben [< *Seismo…* + *…logie*]
Seis|mo|lo|gin ⟨f.; -, -gin|nen; Geophysik⟩ Wissenschaftlerin auf dem Gebiet der Seismologie; *Sy* Seismikerin
seis|mo|lo|gisch ⟨Adj.; Geophysik⟩ die Seismologie betreffend, auf ihr beruhend
Seis|mo|me|ter ⟨n.; -s, -; Geophysik⟩ Gerät zum Messen der durch Erdbeben hervorgerufenen Schwingungen des Erdbodens; *Sy* Seismoskop
Seis|mo|nas|tie ⟨f.; -; unz.; Bot.⟩ durch Erschütterungen ausgelöste Bewegungserscheinungen bei Pflanzen, z. B. bei Mimosen [< *Seismo…* + *Nastie*]
Seis|mo|skop *auch:* **Seis|mos|kop** ⟨n.; -s, -e; Geophysik⟩ = Seismometer [< *Seismo…* + *…skop*]
Sejm ⟨[sɛːjm] od. [zaɪm] m.; -s, -e⟩ **1** ⟨im Königreich Polen⟩ Reichstag **2** ⟨heute⟩ polnische Volksvertretung [poln., »Versammlung«]
Sek. ⟨nicht mehr zulässige Abk. für⟩ Sekunde (1)
Se|kans ⟨m.; -, Se|kan|ten; Abk.: sec; Math.⟩ *oV* Sekante **1** Gerade, die eine Kurve schneidet **2** Winkelfunktion im Dreieck, Kehrwert des Kosinus eines Winkels [<lat. *secans,* Part. Präs. zu *secare* »schneiden«]
Se|kan|te ⟨f.; -, -n; Abk.: sec; Math.⟩ = Sekans
Se|kel ⟨m.; -s, -⟩ = Schekel (2)
sek|kant ⟨Adj.; österr.⟩ **1** lästig, aufdringlich **2** ärgerlich, Ärgernis erregend [<ital. *seccante;* zu *seccare* »trocknen; belästigen, plagen«]
sek|kie|ren ⟨V.; veraltet; noch österr.⟩ belästigen, plagen [<ital. *seccare;* → *sekkant*]
Sek|ko|ma|le|rei ⟨f.; -, -en; Mal.⟩ = Seccomalerei
Sek|ko|re|zi|ta|tiv ⟨n.; -s, -e [-və]; Musik⟩ = Seccorezitativ
Se|kond ⟨f.; -, -en; Sport; Fechten⟩ bestimmte Klingenlage beim Fechten [zu ital. *secondo* »der zweite« <lat. *secundus*]
se|kret ⟨Adj.; veraltet⟩ **1** geheim **2** abgesondert
Se|kret[1] ⟨n.; -(e)s, -e⟩ **1** ⟨Med.⟩ Absonderung, abgesonderte Flüssigkeit, bes. einer Drüse mit Ausführungsgang; →*a.* Inkret **2** ⟨Min.⟩ kristallisierte Bestandteile von Gesteinen, die einen Hohlraum ausfüllen [zu lat. *secretus* »abgesondert«, Part. Perf. zu *secernere* »absondern, ausscheiden«]
Se|kret[2] ⟨f.; -, -e; kath. Kirche⟩ stilles Gebet des Priesters während der Messe [→ *Sekret*[1]]
Se|kre|tar ⟨m.; -s, -e⟩ Abteilungsleiter (wissenschaftlicher Gesellschaften)
Se|kre|tär ⟨m.; -s, -e⟩ **1** ⟨veraltet⟩ Titel für Kanzlei- u. höhere Staatsbeamte **2** Schriftführer, qualifizierter kaufmännischer Angestellter für Korrespondenz, Verhandlungen, Organisation bei einer leitenden Persönlichkeit **3** ⟨Politik⟩ **3.1** leitender Funktionär einer Partei od. Organisation; ~ *des Zentralkomitees* **3.2** Dienstbezeichnung für Beamte; *Staats~* **4** Schrank, dessen Unterteil durch Türen u. dessen Oberteil durch eine Platte verschließbar ist, die heruntergeklappt als Unterlage zum Schreiben dient **5** ⟨Zool.⟩ Kranichgeier, afrikan. Raubvogel mit langen Läufen, langem Hals, Verlängerung des Gefieders am Hinterkopf zu einem Schopf: Sagittarius serpentarius [<mhd. *secretari* »Geheimschreiber« <mlat. *secretarius;* zu lat. *secretus;* beeinflusst von frz. *secrétaire* »Sekretär«; → *Sekret*]
Se|kre|ta|ri|at ⟨n.; -(e)s, -e⟩ **1** Amt, Dienststelle eines Sekretärs **2** Kanzlei, Geschäftsstelle [<mlat. *secretariatus* »Amt eines Geheimschreibers«; → *Sekretär*]
Se|kre|tä|rin ⟨f.; -, -rin|nen⟩ weibl. Sekretär (2, 3)
se|kre|tie|ren ⟨V.⟩ **1** ⟨Biol.⟩ absondern **2** verschließen, abschließen **3** der Geheimhaltung unterwerfen
Se|kre|tin ⟨n.; -s; unz.; Biochemie⟩ Gewebshormon des Zwölffingerdarms, das die Sekretionstätigkeit der Bauchspeicheldrüse anregt [→ *Sekret*]
Se|kre|ti|on ⟨f.; -, -en⟩ **1** ⟨Med.⟩ das Absondern, Absonderung, bes. von Sekret durch Drüsen **2** ⟨Min.⟩ von außen nach innen gewachsene mineral. Ausfüllung eines Hohlraumes im Gestein [→ *Sekret*]
se|kre|to|risch ⟨Adj.⟩ auf Sekretion beruhend
Sekt ⟨m.; -(e)s, -e⟩ Kohlensäure enthaltender Wein, der beim Öffnen der Flasche stärker schäumt als Schaumwein; *französischer ~* = Champagner [<frz. *vin sec* <ital. *vino secco* »süßer, schwerer Wein aus Beeren, am Stock getrocknet«, eigtl. »trockener Wein«; zu ital. *secco* »trocken« <lat. *siccus*]
Sek|te ⟨f.; -, -n; Rel.⟩ kleine relig. Gemeinschaft, die sich von einer großen Glaubensgemeinschaft losgelöst hat [<mlat. *secta* »befolgter Grundsatz; Denkweise; Partei; philosoph. Lehre«; zu lat. *sequi* »folgen«; beeinflusst von *secare* »schneiden«]
Sek|tie|rer ⟨m.; -s, -⟩ **1** Angehöriger einer Sekte **2** polit. Eigenbrötler, durch den sich eine Partei geschädigt fühlt
sek|tie|re|risch ⟨Adj.⟩ in der Art des Sektierertums, eigenbrötlerisch, von der allgemeinen politischen Haltung abweichend [→ *Sekte*]
Sek|ti|on ⟨f.; -, -en⟩ **1** ⟨Med.⟩ Leichenöffnung **2** Abteilung, Unterabteilung, Gruppe [<lat. *sectio* »Abschnitt«]
Sek|ti|ons|chef ⟨[-ʃɛf] m.; -s, -s⟩ **1** Leiter einer Sektion (2) **2** ⟨österr.⟩ Leiter einer Abteilung in einem Ministerium **3** ⟨schweiz. a.⟩ militär. Aufsichtsbeamter der Gemeinde
Sek|tor ⟨m.; -s, -to|ren⟩ **1** Sachgebiet, Teilgebiet, Abschnitt, Bezirk, Bereich **2** ⟨Math.⟩ Kreisausschnitt, Kugelausschnitt **3** ⟨nach 1945⟩ jede der vier Besatzungszonen in Berlin u. (bis 1955) Wien [<lat. *sector* »Kreisausschnitt; Schneider, Abschneider«; zu *secare* »abschneiden«]
sek|to|ral ⟨Adj.⟩ einen Sektor, einen bestimmten Bereich betreffend, zu ihm gehörig; *oV* ⟨schweiz.⟩ sektoriell
sek|to|ri|ell ⟨Adj.; schweiz.⟩ = sektoral
Se|kun|da ⟨f.; -, -kun|den; veraltet⟩ **1** die sechste *(Unter~)* u.

S

siebente *(Ober~)* Klasse eines Gymnasiums **2** ⟨Österreich⟩ die zweite Klasse des Gymnasiums [<lat. *secunda,* Fem. zu *secundus* »folgend, zweiter«; zu *sequi* »folgen«]

Se|kund|ak|kord ⟨m.; -(e)s, -e; Musik⟩ dritte Umkehrung des Septimenakkords

Se|kun|da|ner ⟨m.; -s, -; veraltet⟩ Schüler der Sekunda

Se|kun|dant ⟨m.; -en, -en⟩ **1** Betreuer, Beschützer **2** ⟨früher⟩ Beistand, Zeuge beim Duell **3** ⟨Sport⟩ Betreuer beim Boxkampf [<lat. *secundans* »der Unterstützende«; zu *secundare* »begleiten, begünstigen«; → *sekundieren*]

Se|kun|danz ⟨f.; -, -en⟩ das Sekundieren

se|kun|där ⟨Adj.⟩ **1** zur zweiten Ordnung gehörig, zweitrangig, in zweiter Linie in Betracht kommend, nachträglich hinzukommend; *Ggs* primär (3) **2** auf der Seite des Ausgangs eines Transformators liegend [<frz. *secondaire* <lat. *secundarius* »von der zweiten Sorte, Neben…«; → *Sekunda*]

Se|kun|dar|arzt ⟨m.; -(e)s, -ärz|te; österr.⟩ Arzt im Krankenhaus ohne eigene Abteilung; *Ggs* Primararzt

Se|kun|där|elek|tron *auch:* **Se|kun|där|elekt|ron** ⟨n.; -s, -en; El.⟩ durch eine Sekundäremission freigesetztes Elektron

Se|kun|där|elek|tro|nen|ver|viel|fa|cher *auch:* **Se|kun|där|elekt|ro|nen|ver|viel|fa|cher** ⟨m.; -s, -; El.⟩ elektr. Schaltung, die eine auftreffende schwache Strahlung od. einen eintretenden schwachen Strom um ein Millionenfaches verstärkt

Se|kun|där|emis|si|on ⟨f.; -, -en; Physik⟩ durch eine Primärstrahlung bewirkte Freisetzung von Strahlung od. Elektronen aus einem Atom; *Sy* Sekundärstrahlung

Se|kun|där|ener|gie ⟨f.; -, -n⟩ die durch techn. Prozesse aus einem Primärenergieträger erzeugte Energie

Se|kun|där|ge|stein ⟨n.; -s, -; Min.⟩ durch Umwandlungsvorgänge aus einem Urgestein hervorgegangenes Gestein

Se|kun|där|in|fek|ti|on ⟨f.; -, -en; Med.⟩ zweite, andere Infektion (eines schon infizierten Organismus)

Se|kun|där|li|te|ra|tur ⟨f.; -; unz.; Lit.⟩ die Literatur über ein literarisches Werk; *Ggs* Primärliteratur

Se|kun|där|roh|stoff ⟨m.; -(e)s, -e⟩ durch Wiederverwertung von Abfallstoffen gewonnener Rohstoff; ~ *aus Altglas, Altpapier*

Se|kun|dar|schu|le ⟨f.; -, -en; schweiz.⟩ höhere Stufe der Volksschule

Se|kun|där|spei|cher ⟨m.; -s, -; EDV⟩ durch Platten- u. Magnetbandspeicherung in einer Zentraleinheit realisierte zusätzliche Aufnahme von Daten u. Programmen, auf die aber nur durch Operationen im Primärspeicher zugegriffen werden kann, Hintergrundspeicher

Se|kun|där|strah|lung ⟨f.; -, -en; Physik⟩ = Sekundäremission

Se|kun|där|strom ⟨m.; -(e)s; unz.; El.⟩ in der Sekundärwicklung eines Transformators fließender Strom

Se|kun|dar|stu|fe ⟨f.; -, -n; Schulw.⟩ ~ *I* die Klassen 5-10; ~ *II* die Klassen 11-13

Se|kun|där|wick|lung ⟨f.; -, -en; El.⟩ äußere Wicklung eines Transformators, die Strom abgibt; *Ggs* Primärwicklung

Se|kun|de ⟨f.; -, -n⟩ **1** ⟨Physik; Abk.: s, früher: sec od. Sek.⟩ SI-Einheit der Zeit, seit 1968 definiert als das 9192631770-fache der Periodendauer zwischen zwei Elektronensprüngen beim Caesiumatom 133, 1 Minute = 60 s, 1 Stunde = 3600 s **2** ⟨Math.; Zeichen: "⟩ 60. Teil einer Winkelminute **3** ⟨fig.; umg.⟩ sehr kurze Zeitspanne, Augenblick **4** ⟨Musik⟩ zweite Tonstufe der diaton. Tonleiter; zweistufiges Intervall **5** ⟨Typ.⟩ Signatur auf der dritten Seite eines Druckbogens; *Ggs* Prime (1) **6** ⟨Fechten⟩ von unten nach oben geführter Hieb [<lat. *secunda;* → *Sekunda*; 2: <lat. *pars minuta secunda* »der kleinste Teil zweiter Ordnung, einer durch 60 teilbaren Größe« (im Sexagesimalsystem des Ptolemäus)]

Se|kun|den|pen|del ⟨n.; -s, -⟩ Pendel, dessen Schwingungsdauer genau eine Sekunde beträgt

se|kun|die|ren ⟨V.⟩ **1** *jmdm.* ~ beistehen; *jmdm. beim Boxkampf* ~ **2** ⟨veraltet⟩ helfen, (mit Worten) unterstützen, beispringen [<lat. *secundare* »begünstigen«; zu *secundus* »folgend, zweiter; günstig« (→ *Sekunda*), beeinflusst von frz. *seconder* »beim Duell Beistand leisten«]

se|kund|lich ⟨Adj.⟩ = sekündlich

se|künd|lich ⟨Adj.⟩ in jeder Sekunde; *oV* sekundlich; *die Produktion beträgt ~ 20 Teile; er will ~ hier sein*

Se|kun|do|ge|ni|tur ⟨f.; -, -en⟩ **1** Erbfolge des zweitgeborenen Sohnes; *Ggs* Primogenitur **2** Gebiet u. Besitztum, für die dieses Recht galt, als Ersatz für das Stammgut [<lat. *secundus* »folgend, zweiter« + *genitus* »geboren«, Part. Perf. zu *gignere* »erzeugen, gebären«]

Se|ku|rit ⟨n.; -s; unz.⟩ nicht splitterndes Glas

Se|la ⟨n.; -s, -s⟩ Musikzeichen in den Psalmen des AT [hebr., »Finale«]

se|la! ⟨umg.⟩ abgemacht!, in Ordnung!, Schluss!

Se|la|chi|er ⟨[-xjər] m.; -s, -; Zool.⟩ = Hai [<neulat. <grch. *selachos* »Knorpelfisch«; zu *selas* »Licht, Helligkeit«]

Se|la|don ⟨[-dɔ̃:] m.; -s, -s⟩ sentimentaler, schmachtender Liebhaber [nach dem Helden eines frz. Schäferromans]

Se|la|don|por|zel|lan ⟨[-dɔ̃:-] n.; -s; unz.⟩ chines. Porzellan mit zartgrüner Glasur [→ *Seladon* (nach dessen grüner Kleiderfarbe)]

Se|la|gi|nel|le ⟨f.; -, -n; Bot.⟩ Moosfarn, Gattung bärlappähnlicher, tropischer Pflanzen, die wie Moos aussehen: Selaginella [<lat. *selago*]

Se|lam ⟨m.; -(e)s; unz.; Grußwort⟩ Wohlbefinden, Heil; →*a.* Salam [arab., »Friede«]

Se|lam|lik ⟨m.; -s, -s⟩ Empfangszimmer in mohammedan. Häusern [arab.]

se|lek|tie|ren ⟨V.⟩ aussuchen, aus-

S

wählen (bes. zur Zucht von Pflanzen od. Tieren); *Sy* selektionieren

Se|lek|ti|on ⟨f.; -, -en⟩ Auslese, Auswahl, Zuchtwahl [<lat. *selectio* »Auswahl«]

se|lek|ti|o|nie|ren ⟨V.⟩ = selektieren

Se|lek|ti|ons|the|o|rie ⟨f.; -; unz.; Bot.⟩ Lehre von der natürl. u. künstl. Zuchtwahl

se|lek|tiv ⟨Adj.⟩ **1** auf Selektion beruhend, auswählend **2** trennscharf (vom Rundfunkempfänger)

Se|lek|ti|vi|tät ⟨[-vi-] f.; -; unz.⟩ Fähigkeit von Rundfunkempfängern, im Wellenbereich dicht nebeneinanderliegende Rundfunksender zu trennen, Trennschärfe

Se|len ⟨n.; -s; unz.; chem. Zeichen: Se⟩ chem. Element, graues Nichtmetall, Ordnungszahl 34 [<grch. *selene* »Mond«]

Se|le|nat ⟨n.; -(e)s, -e; Chemie⟩ Salz der Selensäure

Se|le|nit¹ ⟨m.; -s, -e; Min.⟩ Gips [<grch. *selenites (lithos)* »Mondschein«]

Se|le|nit² ⟨n.; -s, -e; Chemie⟩ Salz der selenigen Säure [→ *Selenit¹*]

Se|le|no|gra|fie ⟨f.; -, -n⟩ = Selenographie

Se|le|no|gra|phie ⟨f.; -, -n⟩ Beschreibung u. Kartographie des Mondes; *oV* Selenografie [<grch. *selene* »Mond« + *...graphie*]

Se|le|no|lo|ge ⟨m.; -n, -n⟩ Wissenschaftler auf dem Gebiet der Selenologie, Mondforscher [<grch. *selene* »Mond« + *...loge*]

Se|le|no|lo|gie ⟨f.; -; unz.⟩ Wissenschaft vom Gesteinsaufbau des Mondes sowie der Entstehung der Formen seiner Oberfläche [<grch. *selene* »Mond« + *logos* »Wort, Vernunft«]

Se|len|zel|le ⟨f.; -, -n; Physik⟩ zur selbsttätigen Steuerung verwendete Photozelle mit Selen, die bei einfallendem Licht dem Strom geringeren Widerstand entgegensetzt [→ *Selen*]

Self|ak|tor ⟨[-æktə(r)] m.; -s, -s; Technik⟩ automat. Spinnmaschine [zu engl. *self-acting* »automatisch«]

Self|ap|peal ⟨[-əpi:l] m.; -s; unz.⟩ Anziehungskraft, die ein Produkt durch sein bloßes Erscheinungsbild ausübt u. den Kunden zum Kauf anregen soll [<engl. *self* »selbst« + *appeal* »Anziehung«]

Self|ful|fil|ling Pro|phe|cy ⟨[- prɔ̣fəsı] f.; - -; unz.; Psych.; Soziol.⟩ Phänomen, dass Entwicklungsprognosen durch ihr Bekanntwerden die vorhergesagte Wirkung noch verstärken [engl., »(sich) selbst erfüllende Prophezeiung«]

Self|go|vern|ment ⟨[-gʌvərnmənt] n.; -s, -s⟩ Selbstverwaltung [<engl. *self* »selbst« + *government* »Herrschaft«]

Self|ma|de|man ⟨[-mɛıdmæn] m.; -s, -men [-mən]⟩ jmd., der sich aus eigener Kraft zu einer bedeutenden Stellung hochgearbeitet hat; *er hat das Unternehmen als ~ aufgebaut* [<engl. *self* »selbst« + *made* »gemacht« + *man* »Mann, Mensch«]

Self|ser|vice ⟨[-sœ:vıs] m.; -; unz.⟩ Selbstbedienung (im Restaurant) [engl.]

Sel|ler ⟨[sẹlə(r)] m.; -s, -⟩ **1** ⟨kurz für⟩ Bestseller **2** Verkäufer(in) [engl.]

Sel|le|rie ⟨m.; -s, - od. -s od. (österr. nur) f.; -, - od. -n; Bot.⟩ Doldengewächs, dessen Knollen als Gewürz, Salat u. Gemüse verwendet werden: Apium [<ital. *selleri*, Pl. zu *sellero*, frz. *céleri* <lat. *selinum* <grch. *selinon* »Eppich«]

Sem ⟨[ze:m] n.; -s, -e; Sprachw.⟩ kleinstes Bedeutungsmerkmal, Bedeutungskomponente; *die ~e »männlich« und »Knabe« bestimmen die Bedeutung von »Knabe«* [<grch. *sema* »Zeichen«]

Se|man|tem ⟨n.; -s, -e; Sprachw.⟩ = Lexem [<grch. *sema* »Zeichen«]

Se|man|tik ⟨f.; -; unz.; Sprachw.⟩ **1** Lehre von der Bedeutung von Zeichensystemen im Hinblick auf das durch die Zeichen Gemeinte **2** Lehre von der Bedeutung sprachlicher Zeichen (Wörter, Vor- u. Nachsilben u. a.) u. der Benennung von Begriffen; →*a.* Semasiologie, Onomasiologie [<grch. *semantikos* »bezeichnend, bedeutend«; zu *semainein* »Zeichen geben, zeigen«; zu *sema* »Zeichen«]

se|man|tisch ⟨Adj.; Sprachw.⟩ die Semantik betreffend, auf ihr beruhend

se|man|ti|sie|ren ⟨V.; Sprachw.⟩ Sinn u. Inhalt von sprachl. Zeichen bzw. Wörtern umschreiben u. bestimmen; →*a.* paraphrasieren [<grch. *semainein* »Zeichen geben, zeigen«; zu *sema* »Zeichen«]

Se|ma|phor ⟨n. od. m.; -s, -e; Eisenb.; Seew.⟩ Signalmast mit verstellbaren Flügeln, im 19. Jh. weit verbreitet [<grch. *sema* »Zeichen« + *...phor²*]

Se|ma|sio|lo|gie ⟨f.; -; unz.; Sprachw.⟩ **1** ⟨veraltet⟩ = Semantik **2** als Teil der Semantik (2) Lehre von der Bedeutung sprachlicher Ausdrücke [<grch. *semasia* »Bezeichnen, Zeichengeben« (zu *sema* »Zeichen«) + *...logie*]

Se|meio|gra|fie ⟨f.; -, -n⟩ = Semeiographie

Se|meio|gra|phie ⟨f.; -, -n⟩ *oV* Semeiografie **1** Zeichenschrift **2** Lehre von den musikal. Zeichen **3** Notenschrift [<grch. *semeion* (= *sema*) »Zeichen« + *...graphie*]

Se|mei|o|tik ⟨f.; -; unz.; Sprachw.; veraltet⟩ = Semantik [<grch. *semeiotikos* »zum Zeichen, Bezeichnen, Andeuten geschickt«; zu *semeion, sema* »Zeichen«]

Se|mem ⟨n.; -s, -e; Sprachw.⟩ (aus Semen zusammengesetzte) Bedeutungseinheit des Wortschatzes, Lexem [<grch. *sema* »Zeichen«]

Se|men ⟨n.; -s, -mi|na⟩ **1** ⟨Med.⟩ Sperma **2** ⟨Bot.⟩ Samen der Pflanzen [lat.]

Se|mes|ter ⟨n.; -s, -⟩ **1** die Hälfte eines Studienjahres od. Schuljahres; *Sommer~; Winter~* **2** ⟨fig.; umg.⟩ Student, Studentin; *älteres, jüngeres ~* [<lat. *semestris* <*sexmenstris* »sechsmonatig«, <*sex* »sechs« + *mensis* »Monat«]

Se|mi ⟨n.; -s, -s; Sport; kurz für⟩ Semifinale

se|mi..., Se|mi... ⟨in Zus.⟩ halb [lat.]

se|mi|arid ⟨Adj.; Geogr.⟩ halbtro-

S

cken (von Gebieten) [<lat. *semi* »halb« + *arid*]

se|mi|au|tark ⟨Adj.⟩ sich zu großen Teilen autonom versorgend; *eine ~e Wirtschaft* [<*semi… + autark*]

Se|mi|fi|na|le ⟨n.; -s, -; Sport⟩ Spielserie, in der die Teilnehmer am Endkampf ermittelt werden, Vorschlussrunde, Halbfinale; *Sy* Semi

Se|mi|ko|lon ⟨n.; -s, -s od. -ko|la; Gramm.; Zeichen: ;⟩ zwei Hauptsätze trennendes Satzzeichen, das stärker als das Komma, aber weniger stark als der Punkt trennt, Strichpunkt [<*Semi…* + grch. *kolon* »Glied (einer Satzperiode)«]

se|mi|la|te|ral ⟨Adj.; Med.⟩ einseitig, halbseitig

se|mi|lu|nar ⟨Adj.⟩ in der Form eines Halbmondes [<*semi…* + *luna* »Mond«]

Se|mi|lu|nar|klap|pe ⟨f.; -, -n; Anat.⟩ Taschenklappe, halbmondförmige Membran, die am Übergang zwischen den Herzkammern u. den großen Arterien sitzt u. mit deren Wand Taschen bildet, in die das zurückströmende Blut fließt [<*Semi…* + lat. *luna* »Mond«]

Se|mi|mi|ni|ma ⟨f.; -, -e; Musik⟩ Viertelnote [ital. <lat., »halbe kleinste (Note)«]

Se|mi|nar ⟨n.; -s, -e⟩ **1** Bildungsstätte für Geistliche; *evang. Prediger~; kath. Priester~* **2** ⟨veraltet; noch schweiz.⟩ Bildungsstätte für Volksschullehrer **3** Kurs für Studierende innerhalb eines Fachgebietes unter Leitung eines Dozenten während eines Semesters **3.1** begleitender Lehrgang für Studienreferendare **4** die Räume hierfür (meist mit Handbibliothek) [<lat. *seminarium* »Pflanzenschule, Baumschule; Keim«; zu *semen* »Samen«]

Se|mi|na|rist ⟨m.; -en, -en⟩ Angehöriger eines Priester- od. Lehrerseminars

se|mi|na|ris|tisch ⟨Adj.⟩ auf einem Seminar beruhend, in Form eines Seminars stattfindend

Se|mio|lo|gie ⟨f.; -; unz.⟩ = Symptomatologie [<grch. *semeion* (= *sema*) »Zeichen« + *…logie*]

Se|mio|tik ⟨f.; -; unz.⟩ **1** Lehre von den Zeichensystemen (z. B. Verkehrszeichen, Bilderschrift, Formeln, Sprache), ihren Strukturen u. den Beziehungen zu den dargestellten Gegenständen **2** = Symptomatologie

se|mio|tisch ⟨Adj.⟩ zur Semiotik gehörend, auf ihr beruhend

se|mi|per|me|a|bel ⟨Adj.; Biol.; Chemie⟩ (halb)durchlässig, einseitig durchlässig

Se|mi|per|me|a|bi|li|tät ⟨f.; -; unz.; Biol.; Chemie⟩ Halbdurchlässigkeit

se|misch ⟨Adj.; Sprachw.⟩ das Sem betreffend, auf ihm beruhend

Se|mit ⟨m.; -en, -en⟩ Angehöriger einer vorderasiat. u. nordafrikan. Sprach- u. Völkergruppe

se|mi|tisch ⟨Adj.⟩ die Semiten betreffend, zu ihnen gehörig, von ihnen stammend; *~e Sprachen* Sprachfamilie in Vorderasien u. Nordafrika, z. B. die arab., hebräische Sprache

Se|mi|tist ⟨m.; -en, -en⟩ Wissenschaftler der Semitistik

Se|mi|tis|tik ⟨f.; -; unz.⟩ Lehre von den semit. Sprachen u. Literaturen

Se|mi|tis|tin ⟨f.; -, -tin|nen⟩ Wissenschaftlerin der Semitistik

se|mi|tis|tisch ⟨Adj.⟩ zur Semitistik gehörend, auf ihr beruhend

Se|mi|to|ni|um ⟨n.; -s, -to|nia od. -to|ni|en; Musik⟩ Halbton [<*Semi… + Tonus*]

Se|mi|vo|kal ⟨[-vo-] m.; -(e)s, -e; Phon.⟩ Halbvokal, Sprachlaut mit Merkmalen eines Vokals, der keinen Akzent trägt, z. B. dt. »j«, engl. »w«

sem|per ali|quid hae|ret ⟨geh.⟩ es bleibt immer etwas hängen (von bösem Gerede) [lat.]

sem|per idem ⟨geh.⟩ immer derselbe [lat.]

Sem|per|vi|vum ⟨[-vi:vum] n.; -s, -vi|va [-vi:va]; Bot.⟩ Hauswurz (Dickblattgewächs) [lat., »das immer Lebende«]

sem|pli|ce *auch:* **semp|li|ce** ⟨[-tʃə] Musik⟩ einfach, schlicht, ohne Verzierung (zu spielen) [ital.]

sem|pre *auch:* **semp|re** ⟨Musik⟩ immer [ital.]

Sem|stwo *auch:* **Semst|wo** ⟨m.; -s, -s; 1864-1917⟩ Form der Selbstverwaltung der Kreise u. Gouvernements in Russland [russ., »Landstände, lokale Selbstverwaltung«; zu *semlja* »Erde, Land, Boden«]

Sen ⟨m.; -s od. -, -s od. -⟩ kleine jap. Münze, 1/100 Rupiah [jap. <chines. *chi'en* »Münze, Geld«]

sen. ⟨Abk. für⟩ senior

Se|na|na ⟨f.; -, -s⟩ = Zenana

Se|nat ⟨m.; -(e)s, -e; im antiken Rom⟩ **1** oberste Regierungsbehörde **2** ⟨Politik⟩ **2.1** ⟨in verschiedenen Staaten⟩ eine Kammer des Parlaments **2.2** städt. Regierungsbehörde von Berlin, Bremen u. Hamburg **3** Verwaltungsbehörde an Hochschulen; *Universitäts~* **4** ⟨Rechtsw.⟩ Entscheidungsgremium höherer deutscher Gerichte; *Straf~* [<lat. *senatus* »Staatsrat, (erfahrener) Alter«; zu *senex* »Greis«]

Se|na|tor ⟨m.; -s, -to|ren⟩ Mitglied des Senats, Ratsherr

Se|na|to|rin ⟨f.; -, -rin|nen⟩ weibl. Mitglied des Senats

se|na|to|risch ⟨Adj.⟩ zum Senat gehörig, von ihm stammend

Se|na|tus Po|pu|lus|que Ro|ma|nus ⟨Abk.: S. P. Q. R.⟩ Senat u. Volk von Rom [lat.]

Se|nes|zenz ⟨f.; -; unz.; Med.⟩ das Altern, Altersschwäche [<lat. *senescere* »alt werden«]

Se|nhor *auch:* **Sen|hor** ⟨[sɛnjɔ:r] m.; -s, -es⟩ Herr (portugies. Anrede) [portug. <lat. *senior* »der Ältere«]

Se|nho|ra *auch:* **Sen|ho|ra** ⟨[sɛnjɔ:ra] f.; -, -s⟩ Herrin, Dame, Frau (portugies. Anrede)

Se|nho|ri|ta *auch:* **Sen|ho|ri|ta** ⟨[sɛnjɔ-] f.; -, -s⟩ Fräulein (portugies. Anrede) [portug.; Verkleinerungsform zu *Senhora*]

se|nil ⟨Adj.⟩ greisenhaft, altersschwach; *Ggs* juvenil (1) [<lat. *senilis* »greisenhaft«; zu *senes* »alt; Greis«]

Se|ni|li|tät ⟨f.; -; unz.⟩ Altersschwäche, Greisenhaftigkeit; *Ggs* Juvenilität

se|ni|or ⟨Adj.; Abk.: sen.; hinter Personennamen⟩ der Ältere; *Ggs* junior [lat., »älter«]

Se|ni|or ⟨m.; -s, -o|ren⟩ **1** der Ältere, Ältester; *Ggs* Junior (1) **2** ⟨Sport⟩ Angehöriger der Altersklasse von etwa 18-35 Jahren **3** Vorsitzender, Sprecher

S

Se|ni|o|rat ⟨n.; -(e)s, -e⟩ **1** ⟨veraltet⟩ Ansehen des Ältesten **2** Amt des Vorsitzenden **3** Ältestenrecht ohne Rücksicht auf den Grad der Verwandtschaft; *Ggs* Juniorat; →*a.* Majorat

Se|ni|or|chef ⟨[-ʃɛf] m.; -s, -s⟩ der ältere von zwei Chefs einer Firma; *Ggs* Juniorchef

Se|ni|o|rin ⟨f.; -, -rin|nen⟩ **1** ältere Frau **2** ⟨Sport⟩ Angehörige der Altersklasse von etwa 18-35 Jahren

Se|ni|um ⟨n.; -s; unz.; Med.; Psych.⟩ Greisenalter [lat.]

Sen|na ⟨f.; -; unz.; Bot.⟩ = Kassie [arab.]

Se|non ⟨n.; -s; unz.; Geol.⟩ Stufe der oberen Kreide [nach der frz. Stadt *Sens* im Departement Yonne]

se|no|nisch ⟨Adj.; Geol.⟩ zum Senon gehörig, aus ihm stammend die Senonen betreffend

Se|ñor ⟨[sɛnjɔːr] m.; -s, -es⟩ Herr (span. Anrede) [span. <lat. *senior* »der Ältere«]

Se|ño|ra ⟨[sɛnjɔː-] f.; -, -s⟩ Herrin, Dame, Frau (span. Anrede)

Se|ño|ri|ta ⟨[sɛnjɔ-] f.; -, -s⟩ Fräulein (span. Anrede) [span., Verkleinerungsform zu *Señora*]

Sen|sa|ti|on ⟨f.; -, -en⟩ **1** Aufsehen **2** aufsehenerregendes Ereignis [<frz. *sensation* »Empfindung, Sinneseindruck« <mlat. *sensatio* »Empfinden; Verstehen«; zu lat. *sensus* »Gefühl; Verstand«; zu *sentire* »fühlen, empfinden, wahrnehmen«]

sen|sa|ti|o|nell ⟨Adj.⟩ aufsehenerregend

sen|si|bel ⟨Adj.⟩ *Ggs* unsensibel **1** reizempfänglich **2** empfindsam, feinfühlig; *ein sensibles Kind* [<frz. *sensible* <lat. *sensibilis* »sinnlich wahrnehmbar«; zu *sentire* »fühlen, empfinden, wahrnehmen«; → *Sensation*]

Sen|si|bi|li|sa|tor ⟨m.; -s, -to|ren; Fot.⟩ der fotograf. Schicht zugesetzter Farbstoff, der ihre Lichtempfindlichkeit erhöht

sen|si|bi|li|sie|ren ⟨V.⟩ **1** empfindlich(er) machen (bes. fotograf. Schichten für bestimmte Lichtwellen) **2** Empfindlichkeit gegenüber bestimmten Stoffen bei Mensch u. Tier hervorrufen

Sen|si|bi|li|sie|rung ⟨f.; -; unz.⟩ **1** ⟨bes. Biol.⟩ Befähigung des Organismus zur Bildung von Antikörpern **2** Empfindlich-, Empfänglichmachen (z. B. für die Tragweite polit. Entscheidungen)

Sen|si|bi|lis|mus ⟨m.; -; unz.⟩ große Empfindlichkeit für äußere Reize u. Eindrücke

Sen|si|bi|li|tät ⟨f.; -; unz.⟩ **1** *Ggs* Insensibilität **1.1** Fähigkeit, Reize wahrzunehmen **1.2** Feinfühligkeit, Empfindsamkeit **2** Lichtempfindlichkeit (von fotograf. Filmen od. Platten) **3** ⟨Rundf.⟩ Empfindlichkeit eines Empfangsgerätes

Sen|sil|le ⟨f.; -, -n; Biol.⟩ tier. Zelle, die auf die Aufnahme von Erregungsreizen spezialisiert ist, Sinneszelle [<lat. *sensus* »Gefühl, Verstand«]

sen|si|tiv ⟨Adj.⟩ **1** leicht reizbar, überempfindlich **2** feinnervig

Sen|si|ti|vi|tät ⟨[-vi-] f.; -; unz.⟩ **1** Überempfindlichkeit **2** Feinfühligkeit

Sen|si|ti|vi|ty|trai|ning ⟨[sɛnsıtıvıtitre:nıŋ] n.; -s; unz.; Psych.⟩ gruppendynamisches Schulungsverfahren, das die Fähigkeit des adäquaten Aufnehmens u. Beantwortens von Kommunikationssignalen schult, um so durch Selbstkonfrontation zu reifen, die Sozialwahrnehmung zu verbessern u. das Kooperationsvermögen zu fundieren [<engl. *sensitivity* »Sensibilität, Empfindsamkeit« + *training* »Ausbildung, Schulung«]

Sen|si|to|me|ter ⟨n.; -s, -; Fot.⟩ Gerät zum Messen der Lichtempfindlichkeit fotograf. Filme u. Platten [<lat. *sensus* »Empfindung« + *...meter*]

Sen|si|to|me|trie *auch:* **Sen|si|to|met|rie** ⟨f.; -; unz.; Fot.⟩ Messung der Empfindlichkeit fotograf. Schichten [<*sensibel* + *...metrie*]

Sen|so|mo|to|rik ⟨f.; -; unz.; Med.⟩ Zusammenwirken von Sinneswahrnehmungen u. Bewegungen

sen|so|mo|to|risch ⟨Adj.; Med.⟩ die Sensomotorik betreffend, auf ihr beruhend

Sen|sor ⟨m.; -s, -so|ren; Technik⟩ Messfühler, Gerät zum Messen physikalischer Größen (z. B. in der Atmosphäre, im Weltraum), die als Zahlenwerk über Funk weitergeleitet werden [<lat. *sensus* »Gefühl«]

sen|so|ri|ell ⟨Adj.; Med.⟩ = sensorisch

sen|so|risch ⟨Adj.; Med.⟩ zu den Sinnen, Sinnesorganen gehörend, auf ihnen beruhend; *oV* sensoriell

Sen|so|ri|um ⟨n.; -s; unz.⟩ Bewusstsein [lat.]

Sen|su|a|lis|mus ⟨m.; -; unz.; Philos.⟩ Lehre, nach der alle Erkenntnis nur auf den Sinneswahrnehmungen beruht [<lat. *sensualis* »sinnlich«; zu *sensus* »Gefühl, Verstand«; → *Sensation*]

sen|su|a|lis|tisch ⟨Adj.; Philos.⟩ den Sensualismus betreffend, auf ihm beruhend

Sen|su|a|li|tät ⟨f.; -; unz.; Med.⟩ Empfindungsvermögen, Sinnlichkeit

sen|su|ell ⟨Adj.; Med.⟩ die Sinne betreffend, auf ihnen beruhend, sinnlich, Sinnes...

Sen|sus com|mu|nis ⟨m.; - -; unz.; geh.⟩ gesunder Menschenverstand; →*a.* Commonsense [<lat. *sensus* »Empfindung; Geduld; Verstand« + *communis* »gemeinsam; allgemein üblich«]

sen|ten|ti|ös ⟨Adj.⟩ = sentenziös

Sen|tenz ⟨f.; -, -en⟩ **1** knapp formulierter Satz mit allgemeingültigem Sinn, Ausspruch, Denkspruch **2** ⟨Rechtsw.⟩ Urteilsspruch [<lat. *sententia* »Meinung, Urteil; Sinn-, Denkspruch«; zu *sentire* »fühlen, wahrnehmen«]

sen|ten|zi|ös ⟨Adj.⟩ in der Art einer Sentenz formuliert, knapp, zugespitzt; *oV* sententiös

Sen|ti|ment ⟨[sãtimãː] n.; -s, -s; veraltet⟩ Gefühl [frz.]

sen|ti|men|tal ⟨Adj.⟩ gefühlsbetont, gefühlsselig, rührselig [engl., »(übertrieben) gefühlvoll, rührselig«; zu *sentiment* »Gefühl, Empfindung«]

Sen|ti|men|ta|le ⟨f. 2; Theat.⟩ Rollenfach des jungen, empfindsamen Mädchens

sen|ti|men|ta|lisch ⟨Adj.; Lit.⟩ *~er Dichter* ⟨nach Schiller⟩ Dichter, der die durch Kultur u. Zivili-

S

sation verlorene ursprüngl. Natürlichkeit durch Reflexion auf höherer Ebene wiederzugewinnen sucht; *Ggs* naiver Dichter

sen|ti|men|ta|li|sie|ren ⟨V.⟩ sentimental, gefühlsselig machen, rührselig werden, verklären; *ihm widerstrebte es, die Geschichte zu ~*

Sen|ti|men|ta|li|tät ⟨f.; -, -en⟩ **1** ⟨unz.⟩ Gefühlsseligkeit, Rührseligkeit **2** ⟨zählb.⟩ gefühlsbetonte Äußerung

Se|nus|si ⟨m.; -, - od. -nus|sen; Rel.⟩ Anhänger des von Mohammed Ibn Ali es Senussi 1833 in Mekka gegründeten islam. Ordens

sen|za ⟨Musik⟩ ohne; ~ *misura* ohne Takt, rhythmisch frei; ~ *pedale* ohne Pedal; ~ *sordino* ohne Dämpfer [ital.]

Se|pa|lum ⟨n.; -s, -pa|len; Bot.⟩ Kelchblatt [<frz. *sépale* »Kelchblatt«]

se|pa|rat ⟨Adj.⟩ getrennt, abgesondert, einzeln, privat [<lat. *separatus* »abgesondert, getrennt«, Part. Perf. zu *separare* »trennen«]

Se|pa|rate ⟨[sɛpərət] n.; -s, -s; Mode⟩ zu einer mehrteiligen Kombination gehörendes Kleidungsstück (z. B. Jackett), das auch unabhängig von dieser getragen werden kann [zu engl. *separate* »getrennt, gesondert«]

Se|pa|ra|ti|on ⟨f.; -, -en⟩ **1** Trennung, Absonderung **2** ⟨früher⟩ Flurbereinigung

Se|pa|ra|tis|mus ⟨m.; -; unz.; bes. Politik⟩ Streben nach staatl., religiöser od. geistiger Absonderung

Se|pa|ra|tist ⟨m.; -en, -en; bes. Politik⟩ Anhänger, Vertreter des Separatismus

se|pa|ra|tis|tisch ⟨Adj.; bes. Politik⟩ den Separatismus betreffend, auf ihm beruhend; *~e Auseinandersetzungen, Kämpfe*

Se|pa|ra|tor ⟨m.; -s, -to|ren; Technik⟩ Zentrifuge zum Trennen fester u. flüssiger Stoffe, z. B. Milchzentrifuge

Se|pa|ra|tum ⟨n.; -s, -ra|ta⟩ Sonderdruck einer wissenschaftl. Abhandlung [→ *separat*]

Sé|pa|rée *auch:* **Se|pa|ree** ⟨[separe:] n.; -s, -s⟩ abgetrennter Raum, Nische in Lokalen; →*a.* Chambre séparée [<frz. *chambre séparée;* zu *séparer* »trennen« <lat. *separare*]

se|pa|rie|ren ⟨V.⟩ trennen, absondern [<frz. *séparer*]

Se|phar|dim ⟨Pl.⟩ Angehörige einer Gruppe von Juden, die sich erst in Spanien u. Portugal niederließen u. sich dann nach Griechenland, in die Levante, nach England, den Niederlanden u. den USA ausbreiteten; *Sy* Spaniole [<hebr. *Sepharadh* »Spanien«; urspr. Bez. für ein Gebiet, wohl in Nordkleinasien, wo die Juden früher in Gefangenschaft gehalten wurden]

se|pia ⟨Adj.⟩ dunkelbraun

Se|pia ⟨f.; -, -pi|en⟩ **1** ⟨zählb.; Zool.⟩ = Sepie **2** ⟨unz.⟩ brauner Farbstoff der Sepien [<grch. *sepia* »Tintenfisch«; verwandt mit *Sepsis*]

Se|pia|zeich|nung ⟨f.; -, -en; Mal.⟩ Feder- od. Tuschzeichnung mit Sepia

Se|pie ⟨[-pjə] f.; -, -n; Zool.⟩ Kuttelfisch, Angehörige einer Gattung der Tintenfische, die Sepia produziert: Sepia; *oV* Sepia (1)

Se|pi|o|lith ⟨m.; -en, -en; Min.⟩ Meerschaum, für Tabakspfeifen u. Zigarettenspitzen verwendetes, in Kleinasien vorkommendes, weißes od. graues Mineral, chemisch wasserhaltiges Magnesiumsilikat [<grch. *sepion* »Rückenknochen des Tintenfisches, Meerschaum« + *...lith*]

Se|poy ⟨[si:pɔı] m.; -s, -s; früher⟩ Eingeborener als Soldat in den britischen Kolonialtruppen in Indien [engl. <portug. *sipae, sipaio* <Hindi, pers. *sipahi;* zu *sipah* »Armee«]

Sep|pu|ku ⟨n.; - od. -s, -s⟩ = Harakiri [jap.]

Sep|sis ⟨f.; -, Sep|sen; Med.⟩ Blutvergiftung [grch., »Fäulnis«]

Sept. ⟨Abk. für⟩ September

Sep|ta ⟨Pl. von⟩ Septum

Sept|ak|kord ⟨m.; -(e)s, -e; Musik⟩ = Septimenakkord

Sep|ta|rie ⟨[-riə] f.; -, -n; Geol.⟩ Ansammlung von Kalk in Mergel mit kammerartigen Hohlräumen [<lat. *saeptum* »Umzäunung«; → *Septum*]

Sep|te ⟨f.; -, -n; Musik⟩ = Septime

Sep|tem|ber ⟨m.; - od. -, -; Abk.: Sept.⟩ neunter Monat des Jahres, Herbstmonat [lat., »der siebente (Monat)« des mit dem März beginnenden altröm. Jahres; zu *septem* »sieben«]

Sep|ten|nat ⟨n.; -(e)s, -e; veraltet⟩ = Septennium

Sep|ten|ni|um ⟨n.; -s, -ni|en; veraltet⟩ Zeitraum von sieben Jahren; *oV* Septennat [<lat. *septem* »sieben« + *annus* »Jahr«]

Sep|tett ⟨n.; -(e)s, -e; Musik⟩ **1** Stück für sieben Stimmen od. Instrumente **2** Gruppe von sieben Sängern od. Instrumentalisten [<lat. *septem* »sieben«]

Sep|tik|ä|mie *auch:* **Sep|ti|kä|mie** ⟨f.; -, -n; Med.⟩ Blutvergiftung [<grch. *septikos* »faulend« + *...hämie* <grch. *haima* »Blut«]

Sep|tim ⟨f.; -, -en; Sport⟩ bestimmte Klingenlage beim Fechten [zu lat. *septimus* »der siebente«]

Sep|ti|ma ⟨f.; -; unz.; österr.; veraltet⟩ siebente Klasse der Mittelschule [lat., Fem. zu *septimus* »der siebente«]

Sep|ti|me ⟨f.; -, -n; Musik⟩ *Sy* Septe **1** siebenter Ton der diaton. Tonleiter **2** Intervall von sieben Stufen [<lat. *septima,* Fem. zu *septimus* »der siebente«; zu *septem* »sieben«]

Sep|ti|men|ak|kord ⟨m.; -(e)s, -e; Musik⟩ Akkord aus Grundton, Terz, Quinte, Septime; *oV* Septakkord

sep|tisch ⟨Adj.; Med.⟩ **1** auf Sepsis beruhend **2** Krankheitserreger enthaltend, eine Blutvergiftung hervorrufend **3** *~er Schock* lebensbedrohliche Reaktion des menschl. Organismus auf eine toxische Infektion (Sepsis)

sep|ti|zid ⟨Adj.; Bot.⟩ entlang der Verwachsungsnähte aufspaltend (bei den Fruchtblättern von Kapselfrüchten) [<*septum* + *...zid*]

Sep|to|le ⟨f.; -, -n; Musik⟩ Gruppe von sieben Noten mit dem Taktwert von sechs od. acht Noten [<lat. *septem* »sieben«]

Sep|tu|a|ge|si|ma ⟨ohne Artikel⟩ 70. Tag (9. Sonntag) vor Ostern [lat., »die siebzigste«]

Sep|tu|a|gin|ta ⟨f.; -; unz.⟩ die

grch. Bibelübersetzung aus dem 3. Jh. v. Chr. [lat., »siebzig« (nach den angebl. siebzig Übersetzern)]

Sep|tum ⟨n.; -s, Sep|ta od. Sep|ten; Anat.⟩ Scheidewand in einem Organ, z. B. im Herzen, in der Nase [<lat. *saeptum* »Gehege, Stall«, Pl. *saepta* »Mauern; Schranken«]

se|pul|kral *auch:* **se|pulk|ral** ⟨Adj.⟩ zum Begräbnis od. Grabmal gehörend [<lat. *sepulcralis;* zu *sepulcrum* »Grab«]

seq. ⟨Abk. für⟩ sequens

seqq. ⟨Abk. für⟩ sequentes

Se|quel ⟨[si:kwəl] n.; -s, -s⟩ Film, Roman od. Theaterstück, der bzw. das die Fortsetzung eines bereits vorhandenen Werkes ist [engl., »Folge«; zu <lat. *sequor* »folgen«]

se|quens ⟨Adj.; Abk.: seq., sq.; veraltet⟩ folgend, (die) folgende (Seite) [lat., Part. Präs. zu *sequi* »folgen«]

se|quen|tes ⟨Abk.: seqq., sqq.; veraltet⟩ (die) folgenden (Seiten) [lat., Pl. zu → *sequens*]

se|quen|ti|ell ⟨Adj.⟩ = sequenziell

Se|quenz ⟨f.; -, -en⟩ **1** Reihe, Folge **2** ⟨in der mittelalterl. Liturgie⟩ eingefügter, hymnusähnl. Gesang **3** ⟨Musik⟩ auf anderer Tonstufe wiederholte kleine Tonfolge **4** ⟨Film⟩ Reihe von Einstellungen, die im Ablauf der Handlung unmittelbar aufeinanderfolgen **5** ⟨Kart.⟩ mindestens drei aufeinanderfolgende Karten gleicher Farbe **6** ⟨Biochemie⟩ Aufeinanderfolge (von Nukleotiden in einer Nukleinsäure od. von Nukleinsäuren in einem Protein) **7** ⟨EDV⟩ Reihenfolge, Befehlsfolge [<lat. *sequentia*]

Se|quenz|ana|ly|tik ⟨f.; -; unz.; Biochemie⟩ Erforschung der Reihenfolge der Aminosäuren in Eiweißverbindungen

Se|quen|zer ⟨engl. [si:kwənzə(r)] m.; -s, -; Musik⟩ kleiner, häufig mit einem Synthesizer genutzter Computer, der eingegebene Tonsequenzen speichert u. jederzeit (auch z. B. in einer anderen Tonstufe) wiedergeben kann [<engl. *sequencer*]

se|quen|zi|ell ⟨Adj.⟩ *oV* sequentiell **1** eine Sequenz betreffend, nacheinander folgend **2** ⟨EDV⟩ *~e Datei* D., in der die Daten in einer der Eingabe entsprechenden Reihenfolge gespeichert werden u. somit nur in einer bestimmten Reihenfolge ausgelesen werden können

se|quen|zie|ren ⟨V.⟩ **1** ⟨Musik⟩ eine Sequenz (3) wiederholen; *eine Tonfolge ~* **2** ⟨Genetik⟩ *ein Genom ~* die Abfolge der Nukleotide innerhalb eines Genoms bestimmen

Se|ques|ter[1] ⟨n.; -s, -; Med.⟩ abgestorbener Teil eines Gewebes, meist vom Knochen [lat., »vermittelnd«]

Se|ques|ter[2] ⟨m.; -s, -⟩ von einer Behörde eingesetzter Verwalter [lat., »vermittelnd«]

Se|ques|tra|ti|on *auch:* **Se|quest|ra|ti|on** ⟨f.; -, -en⟩ Verwahrung od. Verwaltung von Sachen durch einen Sequester[2]

se|ques|trie|ren *auch:* **se|quest|rie|ren** ⟨V.⟩ durch einen Sequester[2] verwahren, verwalten (lassen)

Se|ques|tro|to|mie *auch:* **Se|quest|ro|to|mie** ⟨f.; -, -n; Med.⟩ operative Entfernung eines Sequesters[1] [<*Sequester* + *...tomie*]

Se|quo|ie ⟨[-jə] f.; -, -n; Bot.⟩ Mammutbaum, bes. in Kalifornien heimische Gattung von Nadelhölzern, die riesige Bäume hervorbringt: Sequoia [nach dem amerikan.-indian. Gelehrten *Sequoya* (engl. Name: George Guess), † 1843]

Se|ra ⟨Pl. von⟩ Serum

Se|rac ⟨m.; -s, -s; Geogr.⟩ durch Aufbrechen der Oberfläche eines Gletschers entstandene bizarre Blöcke, Zacken u. Türme, bes. im Bereich von Querspalten [frz.]

Se|rail ⟨[-ra:j] n.; -s, -s⟩ Palast, Schloss des türk. Sultans [<frz. *sérail* <türk. *seraj* <pers. *saraj*]

Se|ra|pei|on ⟨n.; -s, -peia⟩ = Serapeum

Se|ra|pe|um ⟨n.; -s, -pe|en⟩ Tempel des ägypt. Gottes der Unterwelt Serapis; *oV* Serapeion [<grch. *Serapeion;* zu *Sarapis*]

Se|raph ⟨m.; -s, -e od. -phim; AT⟩ Gott anbetend umschwebender, sechsflügeliger Engel [<grch. *serapheim* <hebr. *seraphim* »Läuternde«; zu *saraph* »verbrennen«]

se|ra|phisch ⟨Adj.⟩ in der Art eines Seraphs, engelsgleich, erhaben

se|ren ⟨Adj.⟩ heiter [<lat. *serenus*]

Se|ren ⟨Pl. von⟩ Serum

Se|re|na|de ⟨f.; -, -n; Musik⟩ **1** freies Instrumentalstück, meist mit mehreren Sätzen **2** Ständchen [<ital. *serenata* »Abendständchen«; zu *sera* »Abend«]

Se|re|ni|tät ⟨f.; -; unz.; veraltet⟩ Heiterkeit [<lat. *serenitas*]

Serge ⟨[zɛrʒ] f. od. m.; -, -n; Textilw.⟩ Kleider- od. Futterstoff aus Seide, Kunstseide, Baumwolle od. Wolle; *oV* Serche [frz. <afrz. *sarge* <lat. *serica* »Seidenstoffe«]

Ser|geant ⟨[-ʒant] m.; -en, -en od. engl. [sa:dʒənt] m.; -s, -s⟩ erster Dienstgrad in der Hierarchie der Unteroffiziere, z. B. im engl. od. US-amerikan. Heer [<mhd. *serjant* (<afrz. *serjant* »Fußknecht«) od. <engl. *sergeant* (<lat. *serviens,* Part. Präs. zu *servire* »dienen«)]

Se|ri|al ⟨[si:rɪəl] n.; -s, -s⟩ **1** ⟨Radio; TV⟩ in bestimmten Abständen ausgestrahlte Radio- od. Fernsehsendung **2** Fortsetzungsroman, der in einzelnen Bänden als Serie veröffentlicht wird [engl.]

Se|rie ⟨[-riə] f.; -, -n⟩ Reihe, Folge, zusammengehörige Gruppe von Gegenständen in einer Sammlung; *Fernseh~* [<mhd. *serje* »Reihe(nfolge); Streifen; Zeitlauf« <lat. *series* »Reihe(nfolge)«; zu *serere* »fügen, reihen, knüpfen«]

se|ri|ell ⟨Adj.⟩ **1** ⟨allg.⟩ in Serien **2** ⟨EDV⟩ zeitlich u. logisch aufeinander folgend; *~e Daten* **3** *~e Musik* Musik einer Kompositionstechnik, bei der alle od. mehrere Toneigenschaften (Tonhöhe, -dauer, -stärke, Klangfarbe, Rhythmus) vom Komponisten stufenweise gegliedert u. in Zahlen- bzw. Proportionsreihen festgelegt werden, deren einzelne Elemente dann in Reihen geordnet u. in Beziehung zueinander gesetzt werden

Se|ri|fe ⟨f.; -, -n⟩ kleiner Querstrich an den Buchstaben der

S

Antiquaschriften, z. B. an den Füßen des »m«, der Querstrich des »t« [vermutl. <ndrl. *schreef* »Strich« <lat. *scribere* »schreiben«]

Se|ri|gra|fie ⟨f.; -, -n⟩ = Serigraphie

Se|ri|gra|phie ⟨f.; -, -n⟩ *oV* Serigrafie **1** ⟨unz.⟩ Siebdruck **2** ⟨zählb.⟩ auf diese Weise hergestelltes Erzeugnis [<lat. *sericus* »seiden« + *...graphie*]

se|rio ⟨Musik⟩ ernst [ital.]

se|ri|ös ⟨Adj.⟩ *Ggs* unseriös **1** ernst, ernsthaft, ernst gemeint **2** feierlich **3** gediegen, anständig [<frz. *sérieux* <mlat. *seriosus;* zu lat. *serius* »ernst«]

Se|ri|o|si|tät ⟨f.; -; unz.⟩ seriöses Wesen, Ernsthaftigkeit, Würde

Se|rir ⟨f.; -, -e; Geogr.⟩ flache, weite Aufschüttungssenke, die eine Sand- od. Kiesdecke trägt (bei Kiesbedeckung auch Kies- od. Geröllwüste); *oV* Sserir [arab., »flache Senke«]

Ser|mon ⟨m.; -s, -e⟩ **1** ⟨veraltet⟩ Rede, Predigt **2** ⟨heute meist⟩ Strafpredigt, langweilige Rede [<lat. *sermo* »Gespräch, Vortrag«]

Se|ro|di|a|gnos|tik *auch:* **Se|ro|di|ag|nos|tik** ⟨f.; -; unz.; Med.⟩ Erkennung von Krankheiten aus dem Blutserum od. der Rückenmarks-Gehirn-Flüssigkeit; *oV* Serumdiagnostik

se|ro|fi|bri|nös *auch:* **se|ro|fib|ri|nös** ⟨Adj.; Med.⟩ aus Blutserum u. Fibrin bestehend

Se|ro|lo|ge ⟨m.; -n, -n; Med.⟩ Wissenschaftler, Facharzt auf dem Gebiet der Serologie

Se|ro|lo|gie ⟨f.; -; unz.; Med.⟩ Lehre von den Eigenschaften u. Reaktionen des Blutserums [<*Serum* + *...logie*]

Se|ro|lo|gin ⟨f.; -, -gin|nen; Med.⟩ Wissenschaftlerin, Fachärztin auf dem Gebiet der Serologie

se|ro|lo|gisch ⟨Adj.; Med.⟩ zur Serologie gehörend, mit ihrer Hilfe; *durch ~e Tests*

Se|rom ⟨n.; -s, -e; Med.⟩ Ansammlung einer serösen Flüssigkeit unter Narben u. verschlossenen Wunden [<*Serum* + *...om*]

se|rös ⟨Adj.; Med.⟩ aus Blutserum bestehend, serumartig

Se|ro|si|tis ⟨f.; -, -ti|den; Med.⟩ (häufig bei rheumatischen Erkrankungen auftretende) Entzündung seröser Häute [<*Serum* + *...itis*]

Ser|pent ⟨m.; -(e)s, -e; Musik⟩ schlangenförmig gebogenes Blechblasinstrument [frz., »Schlange«]

Ser|pen|tin ⟨m.; -s, -e; Min.⟩ dunkelgrünes Mineral, chem. ein Magnesium-Eisen-Silikat; *Sy* Ophit (2) [<lat. *serpens* »Schlange«]

Ser|pen|ti|ne ⟨f.; -, -n⟩ **1** in Schlangenlinien ansteigender Weg an Berghängen **2** Kurve, Kehre, Windung [<lat. *serpens* »Schlange«]

Ser|pu|li|den ⟨Pl.; Zool.⟩ Familie der Ringelwürmer [zu lat. *serpere* »kriechen«]

Ser|ra|del|la ⟨f.; -, -del|len; Bot.⟩ = Serradelle

Ser|ra|del|le ⟨f.; -, -n; Bot.⟩ Futterpflanze aus der Familie der Schmetterlingsblütler, Vogelfuß: Ornithopus sativus; *oV* Serradella [<portug. *serradela*]

Ser|sche ⟨f.; -, -n; Textilw.⟩ = Serge

Se|rum ⟨n.; -s, Se|ren od. Se|ra; Med.⟩ **1** der wässrige, nicht gerinnende, von Blutkörperchen u. Fibrin freie Bestandteil von Körperflüssigkeiten, bes. des Blutes **2** Immunkörper enthaltendes, als Impfstoff verwendetes Blutserum [lat., »Molke«]

Se|rum|di|a|gnos|tik *auch:* **Se|rum|di|ag|nos|tik** ⟨f.; -; unz.; Med.⟩ = Serodiagnostik

Ser|val ⟨[-val] m.; -s, -e od. -s; Zool.⟩ hochbeinige Raubkatze, in den Savannen u. Feldgebieten Afrikas: Leptailurus serval [frz. <portug. *cerval* »Luchs«]

Ser|van|te ⟨[-van-] f.; -, -n; veraltet⟩ **1** Anrichte **2** Glasschränkchen [frz.]

Serve-and-Vol|ley ⟨[sœ:v ənd vɔlı] n.; -s; unz.; Sport; Tennis⟩ Spielweise, bei der der Spieler unmittelbar nach dem eigenen Aufschlag ans Netz läuft, um den Gegner unter Druck zu setzen [engl., »Aufschlag u. Flugball«]

Ser|ve|la ⟨[-və-] f.; -, -s od. schweiz. m.; -s, -s; mundartl.; bes. schweiz.⟩ Zervelatwurst

Ser|ve|lat|wurst ⟨[-və-] f.; -, -würs|te⟩ = Zervelatwurst

Ser|ver ⟨[sœ:və(r)] m.; -s, -⟩ **1** ⟨EDV⟩ Rechner für bestimmte Funktionen in einem EDV-System, z. B. für die Steuerung eines Druckers **2** ⟨Sport; Tennis⟩ Spieler, der aufschlägt [engl.; zu *serve* »dienen, servieren«]

Ser|vice[1] ⟨[-vi:s] n.; - od. -s [-vi:səs], - [-vi:s] od. [-vi:sə]⟩ zusammengehöriges Geschirr; *Speise~* [frz., »Dienst(leistung); Tafelgeschirr« <lat. *servitium* »Sklavendienst«; zu *servire* »dienen«; zu *servus* »Sklave«]

Ser|vice[2] ⟨[sœ:vıs] m.; -, -s [-vısız]⟩ **1** Kundendienst, z. B. an Tankstellen **2** Bedienung in Gaststätten **3** ⟨Sport; Tennis⟩ Aufschlag; *First ~* [fœ:st -] erster Aufschlag (von zwei möglichen) [engl. <frz. *service;* → *Service*[1]]

Ser|vice|point ⟨[sœ:vıspɔınt] m.; -s, -s; bes. in Bahnhöfen⟩ Informationsschalter, Auskunftsstelle; *wir treffen uns am ~* [engl.]

ser|vie|ren ⟨[-vi:-] V.⟩ **1** *Speisen ~* auftragen **2** bei Tisch bedienen **3** ⟨fig.; umg.⟩ vortragen, erklären (bes. etwas Unangenehmes) [<frz. *servir* »dienen« <lat. *servire* »Sklave sein; dienen«; zu *servus* »Sklave, Diener«]

Ser|vie|re|rin ⟨[-vi:-] f.; -, -rin|nen⟩ Kellnerin, Bedienerin in einem Speiselokal

Ser|vi|et|te ⟨[-vi-] f.; -, -n⟩ zum Schutz der Kleider beim Essen benutztes Tuch, Mundtuch [frz.; zu *servir* »aufwarten«; → *servieren*]

ser|vil ⟨[-vi:l] Adj.⟩ unterwürfig, kriecherisch, ergeben [<lat. *servilis*]

Ser|vi|lis|mus ⟨[-vi-] m.; -; unz.⟩ *Sy* Servilität **1** Unterwürfigkeit, Kriecherei **2** unterwürfige Gesinnung, Ergebenheit

Ser|vi|li|tät ⟨[-vi-] f.; -; unz.⟩ = Servilismus

Ser|vit ⟨[-vi:t] m.; -en, -en⟩ Diener Mariens, Angehöriger des 1233 in Florenz gegründeten, nach der Augustinerregel lebenden Bettelordens, missionarisch u. wissenschaftlich tä-

S

tig [<lat. Ordo *servorum* beatae Mariae Virginis »Orden der Diener der seligen Jungfrau Maria«]
Ser|vi|tin ⟨[-viː-] f.; -, -tin|nen⟩ Dienerin der Maria, Angehörige des Servitenordens
Ser|vi|tut ⟨[-vi-] n.; -(e)s, -e; Rechtw.⟩ Nutzungsrecht [<lat. *servitus* »Stand des Sklaven«]
Ser|vo... ⟨[-vo] in Zus.⟩ die Einleitung von geringen Kräften in entsprechend gebaute Mechanismen zur Regelung u. Steuerung großer Kräfte; *Servobremse; Servolenkung* [<lat. *servus* »Diener«]
Ser|vo|an|trieb ⟨[-vo-] m.; -(e)s, -e⟩ zusätzlicher Antrieb, der die Leistungsstärke von Motoren verbessert
Ser|vo|brem|se ⟨[-vo-] f.; -, -n⟩ mit einem Bremskraftverstärker versehene Fahrzeugbremse
Ser|vo|ge|rät ⟨[-vo-] n.; -(e)s, -e⟩ Hilfsgerät, das großen Kraftaufwand erfordernde Maschinenbewegungen durch Zuschaltung entsprechender hydraulischer od. elektr. Aggregate erleichtert
Ser|vo|len|kung ⟨[-vo-] f.; -, -en; Kfz⟩ Fahrzeuglenkung, die durch ein hydraulisches od. elektrisches Hilfsaggregat unterstützt wird
Ser|vo|mo|tor ⟨[-vo-] m.; -s, -en⟩ Hilfsmotor zur Erleichterung von Steuerungsvorgängen
Ser|vus! ⟨[-vus] bair.; österr.⟩ Guten Tag!, Auf Wiedersehen! (freundschaftl. Grußformel) [lat., eigtl. »(dein, Ihr) Diener!«]
Se|sam ⟨m.; -s, -s⟩ **1** ⟨Bot.⟩ zur Familie der Sesamgewächse gehörende Gattung krautiger Pflanzen mit oben aufspringenden Kapselfrüchten: Sesamum **2** *~, öffne dich!* ⟨fig.⟩ Zauberwort, wirkungsvolles Wort (um etwas zu erreichen) [<lat. *sesamum* <grch. *sesame, sesamon* <semit.]
Se|sam|bein ⟨n.; -(e)s, -e; Anat.⟩ rundes Knöchelchen im Bereich der Sehnen von Hand- u. Fußgelenken
Se|sam|öl ⟨n.; -s; unz.⟩ aus den Samen der Sesamgewächse gewonnenes Öl
Se|schel|len|nuss ⟨f.; -, -nüs|se; Bot.⟩ = Seychellennuss
ses|sil ⟨Adj.; Biol.⟩ festsitzend, fest angewachsen [<lat. *sessilis* »zum Sitzen geeignet«]
Ses|si|li|tät ⟨f.; -; unz.; Biol.⟩ Sesshaftigkeit, Lebensweise vieler Wassertiere (Muscheln, Korallen, Schwämme), die fest auf einer Unterlage angewachsen sind [<lat. *sessilis* »zum Sitzen geeignet«]
Ses|si|on[1] ⟨f.; -, -en⟩ in regelmäßigen Abständen stattfindende Sitzung [<lat. *sessio*]
Ses|sion[2] ⟨[sɛʃn] f.; -, -s⟩ **1** ⟨Musik⟩ Musikveranstaltung (von Jazzmusikern) **2** ⟨umg.⟩ Zeitspanne eines Drogenrausches [engl., <lat. *sessio* »Sitzung«]
Ses|terz ⟨m.; -es, -e⟩ kleine altröm. Silbermünze, ¹/₄ Denar [<lat. *sestertium*]
Ses|ti|ne ⟨f.; -, -n⟩ **1** sechszeilige Strophe **2** Gedichtform aus sechs Strophen zu je sechs Zeilen mit meist fünffüßigen Jamben mit festgelegter Ordnung der Schlusswörter, die in bestimmter Weise wiederkehren [<ital. *sestina*]
Set[1] ⟨n.; - od. -s, Set|ein|hei|ten od. (bei Zahlenangaben) -; Typ.⟩ Maßeinheit für die Dickten der Monotype [engl.; zu *set* »setzen«]
Set[2] ⟨n. od. m.; - od. -s, -s⟩ **1** mehrere zusammengehörige Gebrauchsgegenstände, Kleidungsstücke *(Twin~)*, Teppiche usw. **2** eins von mehreren, farblich aufeinander abgestimmten kleinen Unterlagen für ein Gedeck **3** ⟨Sport; Tennis⟩ Satz [engl., »Satz«]
Set[3] ⟨m.; - od. -s, -s⟩ Bühnenbild, Kulissenaufbau (bei Film u. Fernsehen) [engl., »Gruppe (von Personen)«]
Set|te|cen|to ⟨[-tʃɛnto] n.; - od. -s; unz.; Kunst⟩ das 18. Jahrhundert in der ital. Kunst [ital., »siebenhundert« (nach 1000)]
Set|ter ⟨m.; -s, -; Zool.⟩ hochbeiniger Spürhund mit glänzend rotbraunem od. schwarz-weißem, langhaarigem Fell [engl., »Setzer«]
Set|ting ⟨n.; - od. -s, -s⟩ **1** äußere Umgebung, Räumlichkeit, Atmosphäre **2** Umgebung eines Drogenabhängigen während des Rausches [engl., »Lage, Umgebung, Milieu«]
Set|tle|ment *auch:* **Sett|le|ment** ⟨[sɛtlmənt] n.; -s, -s⟩ Ansiedlung, Niederlassung, Kolonie [engl.]
Set-Top-Box ⟨f.; -, -en; TV⟩ = Set-Top-Decoder
Set-Top-De|co|der ⟨m.; -s, -; TV⟩ Entschlüsselungsgerät, das dazu dient, digitale Fernsehprogamme auf analogen Fernsehapparaten zu empfangen; *Sy* Set-Top-Box [engl.]
Set-up *auch:* **Set|up** ⟨[sɛtʌp] n.; -s, -s; Golf⟩ Aufstellung zur Ausführung eines Schlages [engl., eigtl. »Aufbau, Anlage«]
Sè|vres|por|zel|lan *auch:* **Sèv|res-por|zel|lan** ⟨[sɛvrə-] n.; -s; unz.⟩ Porzellan aus der französ. Stadt Sèvres
Sex ⟨m.; -es; unz.; kurz für⟩ **1** Sexus **2** Sexualität **3** ⟨umg.⟩ Sexappeal [→ *Sexus*]
Se|xa|ge|si|ma ⟨ohne Artikel⟩ achter Sonntag vor Ostern [<lat. *(dies) sexagesima* »60. Tag (vor Ostern)«]
se|xa|ge|si|mal ⟨Adj.⟩ sechzigteilig [<lat. *sexagesima* »der sechzigste (Teil)«]
Se|xa|ge|si|mal|sys|tem ⟨n.; -s; unz.⟩ auf der Zahl 60 aufgebautes Zahlensystem
Se|xa|gon ⟨n.; -s, -e; Geom.⟩ geometr. Figur mit sechs Ecken, Sechseck [<lat. *sex* »sechs« + grch. *gonia* »Winkel«]
Sex and Crime ⟨[- ænd kraɪm] ohne Artikel⟩ vorrangige Darstellung von Sexualität und Kriminalität in Filmen u. Zeitschriften [engl., »Sexualität und Verbrechen«]
Sex|ap|peal *auch:* **Sex-Ap|peal** ⟨[-əpiːl] m.; -s; unz.⟩ körperl. Anziehungskraft [<engl. *sex* »Sex, Sexus« + *appeal* »Appell, Anziehungskraft, Reiz«]
Sex|idol ⟨n.; -s, -e⟩ jmd., der aufgrund seiner starken körperlichen Ausstrahlung u. Anziehungskraft zum Idol wurde, z. B. James Dean u. Marilyn Monroe in den 1950er Jahren
Se|xis|mus ⟨m.; -; unz.⟩ Überbewertung der geschlechtlichen Unterschiede zwischen Mann u. Frau (die zur Benach-

teiligung der Frau im gesellschaftl. Leben führt)

Se|xist ⟨m.; -en, -en⟩ Anhänger, Vertreter des Sexismus

se|xis|tisch ⟨Adj.⟩ in der Art des Sexismus, ihn betreffend, auf ihm beruhend

Se|xo|lo|gie ⟨f.; -; unz.⟩ Sexualwissenschaft [<lat. *sexus* »Geschlecht« + ...*logie*]

Sex|shop ⟨[-ʃɔp] m.; -s, -s⟩ Laden, in dem Gegenstände zur sexuellen Betätigung u. Bücher erot. Inhalts verkauft werden [<*Sex* + engl. *shop* »Geschäft«]

Sex|sym|bol ⟨n.; -s, -e⟩ bekannte Person, die sexuell anziehend wirkt u. ein bestimmtes sexuelles Ideal (z. B. großer Busen, schmale Taille u. lange Beine bei Frauen, breite Schultern u. starke Muskeln bei Männern) verkörpert; *zum ~ werden*

Sext ⟨f.; -, -en; Musik⟩ = Sexte

Sex|ta ⟨f.; -, Sex|ten; veraltet⟩ erste Klasse der höheren Schule [<lat. *sexta,* Fem. zu *sextus* »der sechste« (früher begann die Zählung der Klassen des Gymnasiums mit der höchsten Zahl)]

Sext|ak|kord ⟨m.; -(e)s, -e; Musik⟩ Umkehrung eines Dreiklangs, Dreiklang aus Terz u. Sexte [<*Sexte* + *Akkord*]

Sex|ta|ner ⟨m.; -s, -; Astron.⟩ Schüler der Sexta

Sex|tant ⟨m.; -en, -en⟩ astronom. Instrument zur Winkelmessung [<lat. *sextans* »Sechstel«]

Sex|te ⟨f.; -, -n; Musik⟩ *oV* Sext **1** sechster Ton der diaton. Tonleiter **2** Intervall aus sechs Tönen [<lat. *sexta,* Fem. zu *sextus* »der sechste«; zu *sex* »sechs«]

Sex|tett ⟨n.; -(e)s, -e; Musik⟩ **1** Musikstück für sechs Stimmen od. Instrumentalisten **2** Gruppe von sechs Sängern od. Instrumentalisten [<frz. *sextetto,* ital. *sestetto* <lat. *sex* »sechs«]

Sex|to|le ⟨f.; -, -n; Musik⟩ Figur von sechs gleichwertigen Noten mit dem Zeitwert von vier Noten [<lat. *sex* »sechs« + ...*ole*]

Sex|tou|ris|mus ⟨[-tu-] m.; -; unz.⟩ Tourismus mit dem vorrangigen Ziel, sexuelle Beziehungen zu knüpfen

se|xu|al ⟨Adj.⟩ = sexuell

se|xu|al... ⟨in Zus.⟩ geschlechtlich, geschlechts..., Geschlechts... [<lat. *sexus* »Geschlecht«]

Se|xu|al|de|likt ⟨n.; -(e)s, -e⟩ Delikt auf sexuellem Gebiet, z. B. Unzucht mit Minderjährigen, Vergewaltigung

Se|xu|al|ethik ⟨f.; -; unz.⟩ die Ethik im Geschlechtsleben, Verhältnis des Geschlechtslebens zur Sittlichkeit

Se|xu|al|hor|mon ⟨n.; -s, -e; Biochemie⟩ in den Keimdrüsen gebildetes Geschlechtshormon

Se|xu|al|hy|gi|e|ne ⟨f.; -; unz.⟩ Gesundheitslehre auf dem Gebiet der menschlichen Sexualität

se|xu|a|li|sie|ren ⟨V.⟩ *etwas ~* bei etwas die Sexualität in den Vordergrund rücken

Se|xu|a|li|tät ⟨f.; -; unz.⟩ Geschlechtlichkeit

Se|xu|al|neu|ro|se ⟨f.; -, -n; Psych.⟩ aus Störungen des Geschlechtslebens entstandener seelischer Konflikt

Se|xu|al|ob|jekt ⟨n.; -(e)s, -e⟩ jmd., der jmdm. nur zur Befriedigung sexueller Wünsche dient, Lustobjekt

Se|xu|al|or|gan ⟨n.; -s, -e⟩ Geschlechtsorgan

Se|xu|al|päd|a|go|gik *auch:* **Se|xu|al|pä|da|go|gik** ⟨f.; -; unz.⟩ Belehrung über die sexuellen Vorgänge, ihre biolog. Hintergründe u. die mit ihnen verbundenen ethischen u. gesundheitl. Fragen

Se|xu|al|pa|tho|lo|gie ⟨f.; -; unz.; Med.⟩ Lehre von den krankhaften Störungen u. Abarten des Geschlechtslebens

Se|xu|al|psy|cho|lo|gie ⟨f.; -; unz.; Psych.⟩ Teil der Psychologie, die das Verhalten im Geschlechtsleben erforscht

Se|xu|al|zy|klus *auch:* **Se|xu|al|zyk|lus** ⟨m.; -, -zy|klen; Biol.⟩ regelmäßiger period. Ablauf der Bereitschaft zur Fortpflanzung bei allen höheren Tierarten u. beim Menschen

se|xu|ell ⟨Adj.⟩ geschlechtlich, das Geschlecht betreffend, auf ihm beruhend; *oV* sexual [<lat. *sexus* »Geschlecht«]

Se|xus ⟨m.; -; unz.⟩ Geschlecht [<engl. *sex,* frz. *sexe* <lat. *sexus* »(männliches od. weibliches) Geschlecht«]

se|xy ⟨Adj.; undekl.⟩ sexuell anziehend, körperlich reizvoll, das Geschlecht betonend; *~ aussehen* [engl., »erotisch«]

Sey|chel|len|nuss ⟨[zeʃɛlən-] f.; -, -nüs|se; Bot.⟩ Nuss einer Gattung der Fächerpalme (Lodoicea), die auf den Seychellen wächst; *oV* Seschellennuss

se|zer|nie|ren ⟨V.; Med.⟩ absondern, abtrennen [<lat. *secernere* »ausschneiden; abtrennen«; zu *cernere* »schneiden«]

Se|zes|si|on ⟨f.; -, -en⟩ **1** Abfall, Loslösung; *~ eines Staates* **2** ⟨Mal.⟩ Name für eine Gruppe von Künstlern, die sich von einer bestehenden Künstlervereinigung loslösen, weil sie sich anderen Zielen zugewendet haben; *Berliner ~ (1899); Münchner ~ (1892); Wiener ~ (1897)* [<lat. *secessio* »Abseitsgehen, Absonderung«; zu *secedere* »beiseite-/weggehen«]

Se|zes|si|o|nist ⟨m.; -en, -en; Mal.⟩ Angehöriger einer Sezession

se|zes|si|o|nis|tisch ⟨Adj.; Mal.⟩ zu einer Sezession gehörend, von ihr ausgehend

Se|zes|si|ons|krieg ⟨m.; -(e)s, -e; Politik⟩ **1** ⟨allg.⟩ Krieg mit dem Ziel der Sezession (1) **2** ⟨unz.; i. e. S.⟩ Krieg zwischen den nördl. Staaten Nordamerikas 1861-1865

Se|zes|si|ons|stil ⟨m.; -(e)s; unz.⟩ Stil der Wiener Sezession, österr. Form des Jugendstils

se|zie|ren ⟨V.⟩ **1** ⟨Med.⟩ *eine Leiche ~* anatomisch zerlegen, untersuchen **2** ⟨fig.⟩ auseinandernehmen, genau untersuchen [<lat. *secare* »(ab)schneiden, zerlegen, operieren«]

sf ⟨Musik; Abk. für⟩ sforzando, sforzato

SFOR, Sfor ⟨f.; -; unz.; Kurzwort für engl.⟩ Stabilization Force (Truppe zur Stabilisierung), multinationale Einsatztruppe unter UN-Mandat zur Verhinderung militärischer Konfrontationen u. zur Stabilisierung des Friedensprozesses durch ständige militärische Präsenz in Bosnien-Herzegowina; →*a.* IFOR

sfor|zan|do ⟨Musik⟩ = sforzato [ital., »zwingend«]
sfor|za|to ⟨Musik; Abk.: sf; Zeichen: ʌ, <⟩ mit starkem Ton, betont, akzentuiert (zu spielen); *oV* forzando, forzato
Sfor|za|to ⟨n.; -s, -s od. -za|ti; Musik⟩ Betonung, Akzentuierung (eines Tons od. einer Tonfolge) [ital. *sforzato* »gezwungen«; zu *sforzare* »zwingen«]
sfu|ma|to ⟨Adj.; Mal.⟩ mit weichen Umrissen, wie durch einen Schleier gesehen (gemalt) [ital., Part. Perf. zu *sfumare* »schattieren, tönen«; zu *fumo* »Rauch«]
SGML ⟨EDV; Abk. für engl.⟩ Standard(ized) Generalized Markup Language, zur strukturierten Darstellung von gegliederten Texten genormte Auszeichnungssprache [engl.]
Sgraf|fi|to ⟨n.; -s, -s od. -fi|ti; Mal.⟩ wetterbeständige Wandmalerei, wobei die Zeichnung in die noch feuchte Tünche eingeritzt wird; →*a.* Graffito [<ital. *sgraffiere* »einritzen« <grch. *graphein* »einritzen«]
sh ⟨Abk. für⟩ Shilling
Shag ⟨[ʃæg] m.; -s, -s⟩ fein geschnittener Pfeifentabak [engl., »Zottel«]
Shake[1] ⟨[ʃɛɪk] m.; -s, -s⟩ **1** Gesellschaftstanz mit schüttelnden Körperbewegungen **2** Mixgetränk; *Milch~* **3** Zittern, Schüttelfrost (als Folge häufigen Drogenkonsums) [<engl. *shake* »schütteln«]
Shake[2] ⟨[ʃɛɪk] n.; -s, -s; Musik; Jazz⟩ Vibrato, Triller über einer Note [→ *Shake*[1]]
Shake|hands ⟨[ʃɛɪkhændz] n.; -; unz.⟩ Händedruck, Händeschütteln; *~ machen* [engl.]
Sha|ker ⟨[ʃɛɪkə(r)] m.; -s, -⟩ Mischbecher für alkohol. Getränke [zu engl. *shake* »schütteln«]
sha|kern ⟨[ʃɛɪke(r)n] V.⟩ im Mischbecher durch Schüttelbewegungen mixen, vermengen [<engl. *shake* »schütteln«]
Sham|poo ⟨[ʃampu:] n.; -s, -s⟩ Mittel zur Haarwäsche; *oV* Shampoon
Sham|poon ⟨[ʃampu:n] od. [ʃampo:n] n.; -s, -s⟩ = Shampoo
sham|poo|nie|ren ⟨[ʃampu-] od. [ʃampo-] V.⟩ mit Shampoo waschen; *jmdm. das Haar ~* [<engl. *shampoo* »Shampoo; Haare (mit Shampoo) waschen«, eigtl. »massieren« <Hindi *champna* »kneten«]
Sham|rock ⟨[ʃæmrɔk] m.; - od. -s, -s⟩ irisches Nationalsymbol, das Blatt des Weißklees, anhand dessen der heilige Patrick die Dreieinigkeit erklärt haben soll [engl., »Kleeblatt«]
shang|hai|en ⟨V.⟩ = schanghaien
Shan|tung|sei|de ⟨[ʃan-] f.; -, -n; Textilw.⟩ genoppte Seide aus der chines. Provinz Shantung; *oV* Schantungseide
Shan|ty ⟨[ʃæntɪ] n.; -s, -s; Musik⟩ von Seeleuten gesungenes u. für sie typisches Lied, Seemannslied [<engl. *shanty, shantey* <frz. *chanter* »singen«]
Sha|ping[1] ⟨[ʃɛɪpɪŋ] f.; -, -s; kurz für⟩ Shapingmaschine [<engl. *shaping,* Part. Präs. zu *shape* »eine Form geben, formen«]
Sha|ping[2] ⟨[ʃɛɪpɪŋ] n.; - od. -s; unz.; Psych.⟩ durch Verstärkung (z. B. Lob) nach u. nach erzielte Reaktionen, die zum gewünschten Verhalten führen [→ *Shaping*[1]]
Sha|ping|ma|schi|ne ⟨[ʃɛɪpɪŋ-] f.; -, -n; Technik⟩ Stoßmaschine mit waagerecht geführtem Meißel, Waagerechtstoßmaschine; *Sy* Shaping[1]
Share ⟨[ʃɛ:(r)] m.; - od. -s, -s; Wirtsch.⟩ Aktie [engl.]
Share|hol|der ⟨[ʃɛ:(r)hoʊldə(r)] m.; -s, -; Wirtsch.⟩ Anteilseigner, Aktionär [<engl. *share* »Anteil, Anteilsschein« + *holder* »Eigner, Halter, Inhaber«]
Share|hol|der|va|lue ⟨[ʃɛ:(r)-hoʊldə(r)vælju:] m.; -s, -s; Wirtsch.⟩ Kapitalanteil von Aktionären, Unternehmenswert [< *Shareholder* + engl. *value* »Wert«]
Share|ware ⟨[ʃɛ:(r)wɛ:(r)] f.; -; unz.; EDV⟩ kostenlos od. preisgünstig angebotene Software mit eingeschränkter Funktionalität, die dem potenziellen Käufer die Möglichkeit geben soll, das Produkt vor Erwerb zu testen [<engl. *share* »Anteil« + Soft*ware*]
Sha|ring ⟨[ʃɛ:rɪŋ] n.; - od. -s; unz.; kurz für⟩ **1** Carsharing **2** Jobsharing [engl., »(das) Teilen«]
Sha|ron|frucht ⟨[ʃa-] f.; -, -früchte⟩ = Kakipflaume [nach dem Anbauort, der Region *Sharon* in Israel]
sharp ⟨[ʃa:(r)p] Musik⟩ um einen halben Ton erhöht; *Ggs* flat [engl.]
Shed|dach ⟨[ʃɛd-] n.; -(e)s, -dächer⟩ Sägedach, Dachkonstruktion mit sägezahnartig gegeneinandergestellten Dachflächen; *oV* Scheddach [<engl. *shed* »Schuppen, Wetterdach«]
Sheng ⟨[ʃɛng] n.; -s, -s; Musik⟩ chines. Blasinstrument aus einer Kürbisschale mit seitl. Mundstück u. verschieden langen Bambuspfeifen, in denen durch freischwingende Zungen der Ton hervorgebracht wird, Mundorgel; *oV* Schen, Scheng [chines.]
She|riff ⟨[ʃɛrɪf] m.; -s, -s; in England u. den USA⟩ höchster Vollstreckungsbeamter einer Grafschaft, in den USA auch mit richterlichen Befugnissen; *oV* Scheriff [<engl. *sheriff* »Landrat, Bezirksdirektor, Polizeichef« <mengl. *shereva* <aengl. *scir* »Grafschaft« + *gerefa* »Statthalter«]
Sher|pa ⟨[ʃɛr-] m.; -s, -s⟩ tibetanischer Lastenträger u. Bergführer im Himalaya [Name eines tibet. Volksstammes]
Sher|ry ⟨[ʃɛrɪ] m.; -s, -s⟩ würziger Süßwein; *Sy* Jerez [nach *Sherry,* der engl. Bez. der span. Stadt *Jerez* de la Fontera]
Shet|land|po|ny ⟨[ʃɛt-] n.; -s, -s; Zool.⟩ kleines, gedrungenes Pony mit relativ großem Kopf u. kleinen, spitzen Ohren [nach den *Shetlandinseln* bei Schottland]
Shet|land|wol|le ⟨[ʃɛt-] f.; -; unz.⟩ Wolle von Shetlandschafen
Shi|at|su ⟨n.; - od. -s; unz.⟩ Entspannungsmassage durch Druck mit den Fingern, jap. Form der Akupressur [jap., »Fingerdruck«]
Shift ⟨[ʃɪft] m. od. n.; -s, -s⟩ **1** (plötzliche) Verschiebung, Verlagerung; *es gibt einen ~ im Wertesystem* **2** ⟨EDV⟩ Umschalttaste auf der Computertastatur für die Schreibung in

Großbuchstaben bzw. für die obere Belegung der Tastaturreihen **3** ⟨Med.⟩ plötzliche Veränderung eines Virus, die zur Entstehung neuer Erregertypen führt [engl., »Verschiebung, Wechsel«]

Shift|ana|ly|se ⟨[ʃɪft-] f.; -, -n⟩ auf das wirtschaftl. Wachstum eines Gesamtraumes bezogene Analyse der Unterschiede in den Entwicklungen in Teilräumen, die auch Rückschlüsse über die Ursachen für fort- od. rückschreitende Wachstumstendenzen geben soll [<engl. *shift* »schieben; Verschiebung, Wechsel« + *Analyse*]

Shi|gel|le ⟨[ʃɪ-] f.; -, -n; Med.⟩ zu den Salmonellen gehörende Bakterie, die die Shigellose hervorruft [nach dem jap. Bakteriologen Kiyoshi *Shiga,* 1870–1957]

Shi|gel|lo|se ⟨[ʃɪ-] f.; -, -n; Med.⟩ durch Shigelle-Bakterien hervorgerufene Bakterienruhr [→ *Shigelle*]

Shi|i|ta|ke|pilz ⟨[ʃɪ-] m.; -es, -e; Bot.⟩ Blätterpilz mit rundem od. nierenförmigem Hut u. weißlichem Fleisch, der in Ostasien gewerbemäßig als Speisepilz angebaut wird [jap.]

Shil|ling ⟨[ʃɪl-] m.; -s, -s od. (bei Zahlenangaben) -; Abk.: s, sh; früher⟩ Währungseinheit in England, $^1/_{20}$, 12 Pence [engl. <dt. *Schilling*]

Shim|my ⟨[ʃɪmɪ] m.; -s, -s⟩ nordamerikan. Gesellschaftstanz der 1920er Jahre im $^2/_4$-Takt [verkürzt <*shimmyshake* »Tanz mit Schüttelbewegungen«]

Shin|to|is|mus ⟨[ʃɪn-] m.; -; unz.; Rel.⟩ die urspr. Religion der Japaner, Glaube an Naturgottheiten, später mit Ahnenkult verbunden; *oV* Schintoismus [<jap. *shinto* »Weg der Götter« <*shin* »Gott« + *to* »Weg«]

Shin|to|ist ⟨[ʃɪn-] m.; -en, -en; Rel.⟩ Anhänger, Vertreter des Shintoismus; *oV* Schintoist

shin|to|is|tisch ⟨[ʃɪn-] Adj.; Rel.⟩ den Shintoismus betreffend, zu ihm gehörend, auf ihm beruhend; *oV* schintoistisch

Shirt ⟨[ʃœ:t] n.; -s, -s⟩ (kurzärmeliges) Hemd aus weichem Baumwollstoff [engl.]

Shi|sha ⟨[ʃi:ʃa] f.; -, -s⟩ Wasserpfeife, die mit einem feuchten, häufig aromatisierten Tabak geraucht wird [<pers. *shishe* »Glas«]

shi|shen ⟨[ʃi:ʃən] V.⟩ Wasserpfeife rauchen

Shit ⟨[ʃɪt] n.; - od. -s; unz.; umg.⟩ Haschisch [engl.]

Shi|va ⟨[ʃi:va] m.; -s; unz.⟩ Gott der Fruchtbarkeit, der Zerstörung u. des Todes in der hinduistischen Götterdreiheit (Trimurti), als Herrscher über den Kosmos oft als Tänzer dargestellt u. für die ihn als einzigen Gott verehrenden Gläubigen auch ein Gott erlösender Gnade; *oV* Schiwa [Sanskrit, »der Gnädige«]

Sho|ah ⟨[ʃo:a] f.; -; unz.⟩ = Holocaust; *oV* Schoah

sho|cking ⟨[ʃɔkɪŋ] Adj.; undekl.⟩ anstößig, schockierend [engl.; zu *shock* »schockieren«]

Shod|dy ⟨[ʃɔdɪ] n.; -s, -s; Textilw.⟩ durch Reißen gewonnenes Garn aus wollenen Lumpen [Herkunft unbekannt]

Sho|gun ⟨[ʃo:-] m.; -s, -e; früher Bez. für⟩ japanischer Feldherr; *oV* Schogun [jap., »Heerführer«]

Shoo|ting ⟨[ʃu:tɪŋ] n.; -s, -s; Mode⟩ Fotoproduktion [zu engl. *shoot* »schießen«]

Shoo|ting|star ⟨[ʃu:tɪŋ-] m.; -s, -s⟩ Person, die schnell bekanntgeworden ist, eine steile Karriere gemacht hat, Senkrechtstarter [<engl. *shoot* »schießen« + *Star*]

Shoot-out *auch:* **Shoot|out** ⟨[ʃu:taʊt] n. od. m.; -s, -s⟩ **1** ⟨Sport⟩ Spielentscheidung eines unentschieden beendeten Wettkampfes durch zusätzliches Toreschießen, z. B. beim Penalty u. Elfmeterschießen **2** ⟨bes. Film; TV⟩ abschließende Schießerei, entscheidender Schusswechsel [engl.]

Shop ⟨[ʃɔp] m.; -s, -s⟩ Laden, Geschäft; *Sex*~ [engl.]

Shop-in-Shop ⟨[ʃɔp ɪn ʃɔp] m.; -s, -s⟩ = Rackjobbing

shop|pen ⟨[ʃɔp-] V.; umg.⟩ einen Einkaufsbummel machen [→ *Shop*]

Shop|ping ⟨[ʃɔpɪŋ] n.; - od. -s, -s; Pl. selten⟩ ~ *gehen* einen Einkaufsbummel machen [engl., »Einkaufen«]

Shop|ping|cen|ter *auch:* **Shop|ping-Cen|ter** ⟨[ʃɔpɪŋsɛntə(r)] n.; -s, -⟩ Einkaufs-, Geschäftezentrum [engl.]

Shore|här|te *auch:* **Shore-Här|te** ⟨[ʃɔ:(r)-] f.; -; unz.⟩ für bes. harte Werkstoffe angewandtes Härteprüfverfahren, bei dem die Rückprallhöhe einer aus einer bestimmten Höhe auf den Werkstoff fallenden Kugel das Maß für die Härte ist nach dem Briten *Shore*]

Short|drink ⟨[ʃɔ:(r)t-]⟩ *auch:* **Short Drink** ⟨m.; (-) -s, (-) -s⟩ viel Alkohol enthaltendes Getränk; *Ggs* Longdrink [<engl. *short* »kurz; in einem kleinen Glas serviert« + *Drink*]

Shorts ⟨[ʃɔ:(r)ts] Pl.⟩ kurze, leichte Hose [engl.; zu *short* »kurz«]

Short|sel|ler ⟨[ʃɔ:tsɛlə(r)]⟩ *auch:* **Short Sel|ler** ⟨m.; (-) -s, (-) -; Wirtsch.⟩ jmd., der Aktien verkauft, die er zum Zeitpunkt eines Geschäftsabschlusses nicht besitzt, wobei er auf fallende Kurse der von ihm später am Markt einzukaufenden Aktien spekuliert, Leerverkäufer [zu engl. *sell short* »ohne Deckung verkaufen«]

Short|sto|ry ⟨[ʃɔ:(r)tstɔrɪ]⟩ *auch:* **Short Sto|ry** ⟨f.; (-) -, (-) -s; Lit.⟩ Kurzgeschichte (bes. engl. u. US-amerikan. Literatur) [engl.]

Short|track ⟨[ʃɔ:(r)ttræk] m.; -s; unz.; Sport⟩ auf einer kurzen Bahn ablaufender Eisschnelllauf [<engl. *short* »kurz« + *track* »Bahn«]

Shor|ty ⟨[ʃɔ:(r)tɪ] n. od. m.; -s, -s⟩ Damenschlafanzug mit sehr kurzen Ärmeln u. Höschen [engl.; zu *short* »kurz«]

Shot ⟨[ʃɔt] m.; -s, -s; Sport; Ballspiele⟩ Schuss [engl.]

Show ⟨[ʃoʊ] f.; -, -s⟩ Schau [zu engl. *show* »zeigen«]

Show|biz ⟨[ʃoʊbɪz] n.; -; unz.; umg.; kurz für⟩ Showbusiness

Show|block ⟨[ʃoʊ-] m.; -s, -blöcke⟩ kurze, unterhaltsame Zwischeneinlage (z. B. Gesangsauftritt, Sketch), die bei längeren Fernsehsendungen eingeschoben wird

Show|busi|ness ⟨[ʃoʊbɪsnɪs] n.; -; unz.⟩ = Showgeschäft [<engl. *show-business* »Unterhaltungsindustrie«]

Show-down *auch:* **Show|down** ⟨[ʃoʊdaʊn] n.; -s, -s⟩ **1** ⟨Film; bes. Western⟩ abschließende, entscheidende (meist blutige) Auseinandersetzung zwischen den Haupthelden **2** ⟨Poker⟩ Aufdecken der Karten **3** ⟨allg.⟩ Kraft-, Machtprobe [<engl. *show* »zeigen« + *down* »nieder«]

Show|er... *auch:* **Sho|wer...** ⟨[ʃaʊə(r)] in Zus.⟩ Dusche..., Dusch...; *~gel; ~cream* [engl.]

Show|ge|schäft ⟨[ʃoʊ-] n.; -(e)s; unz.⟩ die mit öffentl. Darbietungen verbundene Vergnügungsindustrie, Film, Fernsehen, Varieté, Zirkus; *Sy* Showbusiness

Show|girl ⟨[ʃoʊgœ:l] n.; -s, -s⟩ Tänzerin od. Sängerin, die bei einer Show mitwirkt [<engl. *show* »Schau« + *girl* »Mädchen«]

Show|man ⟨[ʃoʊmæn] m.; -s, -men [-mən]⟩ jmd., der im Showgeschäft tätig ist [<engl. *show* »Schau« + *man* »Mann, Mensch«]

Show|mas|ter ⟨[ʃoʊ-] m.; -s, -⟩ Conférencier, Moderator bei einer Show [<engl. *show* »Schau« + *master* »Meister«]

Show|view® ⟨[ʃoʊvju:] n.; -s; unz.; TV⟩ Programm, das durch eine verschlüsselte Ziffernfolge die einfache Programmierung von Videogeräten ermöglicht [<engl. *show* »Schau; zeigen« + *view* »Sicht; betrachten«]

Shred|der ⟨[ʃrɛd-] m.; -s, -⟩ = Schredder

shred|dern ⟨[ʃrɛd-] V.⟩ = schreddern

Shrimp ⟨[ʃrɪmp] m.; -s, -s; meist Pl.⟩ Krabbe; *oV* Schrimp [engl.]

shrin|ken ⟨[ʃrɪŋ-] V.⟩ = schrinken

Shuf|fle|board *auch:* **Shuff|le-board** ⟨[ʃʌflbɔ:d] n.; -s; unz.⟩ Spiel, bei dem Scheiben mit Holzstöcken in das dem Start gegenüberliegende Ziel geschoben werden müssen [<engl. *shuffle* »schlurfen, scharren« + *board* »Brett«]

Shunt ⟨[ʃʌnt] m.; -s, -s; El.⟩ elektr. Widerstand in Parallelschaltungen, z. B. zur Erweiterung des Messbereiches von Zählern u. Instrumenten [engl., »Nebengleis, elektr. Nebenschluss«]

shun|ten ⟨[ʃʌntən] V.; El.⟩ elektr. Widerstand in Parallelschaltungen zur Regulierung der Stromstärke einstellen

Shut-out *auch:* **Shut|out** ⟨[ʃʌtaʊt] n.; - od. -s, -s; Sport⟩ Spiel, bei dem kein Gegentor kassiert wurde, Zu-Null-Spiel; *der Torwart schaffte sein sechstes ~ der Saison* [zu engl. *shut out* »aussperren, nicht hereinlassen«]

Shut|ter ⟨[ʃʌt-] m.; -s, -⟩ **1** Steckdosenschutz **2** Kameraverschluss [engl., »Fensterladen; Schließklappe, Verschluss«]

Shut|tle *auch:* **Shutt|le** ⟨[ʃʌtl] n.; -s, -s; kurz für⟩ **1** Spaceshuttle **2** Fahrzeug für den Pendelverkehr [engl., eigtl. »Weberschiffchen«]

Shy|lock ⟨[ʃaɪlɔk] m.; - od. -s, -s⟩ hartherziger Gläubiger (nach dem jüd. Geldverleiher in Shakespeares »Kaufmann von Venedig«) [engl.]

Si[1] ⟨chem. Zeichen für⟩ Silizium

Si[2] ⟨n.; -, -; Musik⟩ Ton H, in der Tonika-Do-Methode der jeweils siebte Ton einer Tonleiter; →*a.* Solmisation [ital.; frz.]

SI → *SI-System*

Si|al ⟨n.; -s od. -; unz.; Geol.⟩ oberster Teil der Erdkruste (10-25 km) [nach den Hauptbestandteilen *Si*lizium + *Al*uminium]

Si|al|ade|ni|tis ⟨f.; -, -ti|den; Med.⟩ Speicheldrüsenentzündung [<grch. *sialon* »Speichel« + *Adenitis*]

si|a|lisch ⟨Adj.; Geol.; Min.⟩ Gestein, das zum größten Teil aus Silizium u. Aluminium besteht, zum Sial gehörig

si|al|li|tisch ⟨Adj.; Geol.⟩ *~e Verwitterung* in eher feuchteren Klimagebieten auftretende Verwitterungsform, bei der tonige Erde entsteht [nach dem hohen Anteil von *Si*lizium u. *Al*uminium + grch. *lithos* »Stein«]

si|a|me|sisch ⟨Adj.⟩ zu Siam gehörig, aus Siam stammend; *~e Zwillinge* zusammengewachsene Zwillinge [nach den Zwillingen Chang u. Eng aus *Siam*, 1811-1874]

Si|am|kat|ze ⟨f.; -, -n; Zool.⟩ cremefarbene Hauskatzenrasse mit hellblauen Augen [vermutlich aus *Siam* (heute Thailand) eingeführt]

Si|bi|lant ⟨m.; -en, -en; Phon.⟩ Zischlaut, z. B. »s«, »sch« [zu lat. *sibilare* »zischen, pfeifen«]

si|bi|lie|ren ⟨V.; Phon.⟩ Laute zischend aussprechen, sie zu Sibilanten machen

Si|byl|le ⟨f.; -, -n; im antiken Griechenland⟩ weissagende Frau [<grch. *Sibylla* <*sios boulle* »Gottesraterin«]

si|byl|li|nisch ⟨Adj.⟩ **1** in der Art einer Sybille, von ihr stammend **2** *~e Bücher* verschollene Sammlung von Orakeln der Sibylle von Erithrai **3** Sammlung jüd., auf heidn. Grundlage beruhender, von Christen bearbeiteter Orakel

sic! ⟨[sɪk]⟩ (wirklich) so! (als Randbemerkung bei ungewöhnl. Schreibung eines Wortes od. beim Zitieren eines ungewöhnl. od. unpassenden Ausdrucks) [lat.]

Si|ci|li|a|na ⟨[-tʃɪlja:-] f.; -, -nen; Musik⟩ langsamer Satz eines Musikstückes in wiegendem Rhythmus; *oV* Siziliana [ital., Fem. zu *siciliano* »sizilianisch«]

Si|ci|li|a|no ⟨[-tʃɪlja:-] m.; -s, -s od. -a|ni; Musik⟩ langsamer sizilianischer Tanz im 6/8- od. 12/8-Takt aus der Folklore der Hirten; *oV* Siziliano [ital., »sizilianisch«]

Si|ci|li|enne ⟨[-tʃɪljɛn] f.; -, -s; frz. Bez. für⟩ Siciliana

Sick-out *auch:* **Sick|out** ⟨[sɪkaʊt] od. [-'-] n.; -s, -s⟩ Krankmeldung [engl.]

sic tran|sit glo|ria mun|di ⟨[sɪk-]⟩ so vergeht der Ruhm der Welt [lat.]

Side|board ⟨[saɪdbɔ:(r)d] n.; -s, -s⟩ Anrichte, niedriger Geschirrschrank [engl.; <*side* »Seite« + *board* »Brett, Tafel«]

si|de|risch[1] ⟨Adj.; Astron.⟩ auf die Fixsterne bezüglich, zu den Fixsternen gehörig; *~e Umlaufzeit* [<lat. *sidus*, Gen. *sideris* »Stern, Gestirn«]

si|de|risch[2] ⟨Adj.⟩ **1** ⟨Chemie⟩ auf

S

Eisen reagierend, aus Eisen bestehend **2** *~es Pendel* P., das bei manchen Menschen über einer Wasser- od. Metallader im Boden ausschlägt [<grch. *sideros* »Eisen«]

Si|de|rit ⟨m.; -s, -e; Min.⟩ Eisenspat, Spateisenstein, ein Mineral, chemisch Eisencarbonat [<grch. *siderites* »zum Eisen gehörig«]

si|de|ro..., Si|de|ro... ⟨in Zus.⟩ eisen..., Eisen... [<grch. *sideros* »Eisen«]

Si|de|ro|lith ⟨m.; -s od. -en, -e od. -en; Min.⟩ Meteorit, der aus Silikaten, Nickel u. Eisen besteht [<*Sidero...* + *...lith*]

Si|de|ro|lo|gie ⟨f.; -; unz.⟩ Lehre vom Eisen u. seiner Gewinnung [<*Sidero...* + *...logie*]

Si|de|ro|pe|nie ⟨f.; -; unz.; Med.⟩ Mangel an Eisen im Körpergewebe [<*Sidero...* + *penia* »Armut, Mangel«]

si|de|ro|phil ⟨Adj.; Chemie⟩ Eisen an sich ziehend, mit Eisen leicht zu chemischen Verbindungen reagierend [<grch. *sideros* »Eisen« + *...phil*]

Si|de|ro|phi|lin ⟨n.; -s; unz.; Med.⟩ im Blutserum enthaltenes Eiweiß, das sich mit Eisen verbinden kann [<*Sidero...* + grch. *philia* »Liebe«]

Si|de|ro|se ⟨f.; -, -n; Med.⟩ Eisenablagerung im Körpergewebe [<grch. *sideros* »Eisen«]

Si|de|ro|sphä|re ⟨f.; -; unz.; Geol.⟩ Kern der Erde, von 2900 km Tiefe bis zum Erdmittelpunkt, wahrscheinlich aus Eisen u. Nickel, Platinmetallen, Cobalt u. Gold; *Sy* Nife [<*Sidero...* + *Sphäre*]

SI-Ein|heit ⟨f.; -, -en; Physik⟩ Maßeinheit des SI-Systems

S

si|e|na ⟨Adj.⟩ rotbraun [<ital. *(terra di) Siena* »(Erde von) Siena« (durch Eisenoxide braun gefärbte Erde um die ital. Stadt *Siena*)]

Si|e|na|er|de ⟨f.; -; unz.⟩ brauner Bolus, der zur Herstellung von sienafarbener Malerfarbe verwendet wird

Si|er|ra ⟨f.; -, -s od. -er|ren; Geogr.⟩ Gebirge, Bergkette, z. B. die ~ Nevada in Spanien [span.]

Si|es|ta ⟨[siẹsta] f.; -, -s od. -ẹsten⟩ Mittagsruhe [span., <lat. *(hora) sexta* »sechste Stunde (nach Sonnenaufgang), heiße Mittagszeit«]

Sif|flö|te ⟨f.; -, -n; Musik⟩ kleine Orgelpfeife, Flötenregister [<frz. *sifflet* »Pfeifchen«; zu *siffloter* »halblaut pfeifen« <ital. *zufolo* »Pfeife«]

Si|gel ⟨n.; -s, -⟩ = Sigle

si|geln ⟨V.⟩ mit einem bestimmten Abkürzungszeichen kennzeichnen

Sight|see|ing ⟨[saɪtsi:ɪŋ] n.; - od. -s; unz.⟩ Besichtigung von Sehenswürdigkeiten [<engl. *sight* »Ansicht; Sehenswürdigkeit« + *seeing*, Part. Präs. zu *see* »sehen«]

Sight|see|ing|tour ⟨[saɪtsi:ɪŋtu:r] f.; -, -s⟩ Ausflug zur Besichtigung von Sehenswürdigkeiten, Stadtrundfahrt

Si|gil|la|rie ⟨[-riə] f.; -, -n; Bot.⟩ im Devon, Karbon u. Perm vorkommender Bärlappbaum, Siegelbaum: Sigillaria [<lat. *sigillom, *signolom* »kleine Figur, kleines Bildnis, Siegel(ring)abdruck«; → *Sigel*]

Si|gle *auch:* **Sig|le** ⟨f.; -, -n⟩ *oV* Sigel **1** festgelegte Abkürzung, Abkürzungszeichen **2** ⟨Stenografie⟩ Kürzel [<lat. *sigillom, *siglom* »kleines Zeichen«, Verkleinerungsform zu *signum* »Zeichen, Kennzeichen«]

Sig|ma ⟨n.; - od. -s, -s; Zeichen: σ, ς, Σ⟩ grch. Buchstabe

Sig|ma|tis|mus ⟨m.; -; unz.; Med.⟩ Lispeln, gestörte Aussprache der s-Laute [<*Sigma* + *...ismus*]

sign. ⟨Abk. für⟩ signatum

◆ Die Buchstabenfolge **si|gn...** kann auch **sig|n...** getrennt werden.

◆ **Si|gna** ⟨Pl. von⟩ Signum

◆ **Si|gnal** ⟨n.; -s, -e⟩ opt. od. akust. Zeichen mit festgelegter Bedeutung zur Übermittlung einer Nachricht, eines Befehls; *Horn~; Licht~; Warnungs~* [<lat. *signalis* »bestimmt, ein Zeichen zu geben«; zu *signum* »Zeichen, Siegel, Unterschrift in Form einer Abkürzung«]

◆ **Si|gnal|horn** ⟨n.; -(e)s, -hör|ner⟩ Horn zum Zeichengeben, Bügelhorn, Jagdhorn, Posthorn

◆ **si|gna|li|sie|ren** ⟨V.⟩ **1** durch Signal(e) übermitteln **2** ⟨fig.⟩ anzeigen, ankündigen [<frz. *signaler* »signalisieren« u. *signalisation* »Anbringen von Signalen«]

◆ **si|gna|tum** ⟨Abk.: sign.⟩ unterzeichnet [lat., Part. Perf. zu *signare* »unterzeichnen«]

◆ **Si|gna|tur** ⟨f.; -, -en⟩ **1** Kennzeichen in einem Ordnungssystem, meist Buchstaben u. Zahlen **2** auf Karten verwendetes Zeichen für die Darstellung wichtiger Gegenstände, Kartenzeichen **3** abgekürzte Unterschrift, Namenszeichen **4** ⟨Typ.⟩ **4.1** laufende Nummer eines Druckbogens auf dessen erster Seite links unten **4.2** abgerundeter Einschnitt, Kerbe am Fuß einer Letter [<mlat. *signatura* »Siegelzeichen, Unterschrift« <lat. *signum* »Zeichen«, *signare* »mit einem Zeichen versehen, siegeln, unterzeichnen«]

◆ **Si|gnet** ⟨[zɪgne:t] od. [zɪnje:] od. [zɪgnẹt] n.; -s, -s⟩ **1** Zeichen von Buchdrucker od. Verleger **2** Schutzmarke, (immer wiederkehrendes) Markenzeichen **3** ⟨veraltet⟩ Petschaft (Stempel zum Siegeln) [engl., »Siegel, Petschaft, Stempel« <lat. *signum* »Zeichen, Kennzeichen«]

◆ **si|gnie|ren** ⟨V.⟩ **1** mit dem Signum, der Signatur versehen **2** unterzeichnen [<lat. *signare* »mit einem Zeichen versehen«]

◆ **si|gni|fi|kant** ⟨Adj.⟩ bezeichnend, typisch, bedeutsam; *oV* signifikativ [<lat. *significans*, Part. Präs. zu *significare* »ein Zeichen geben, etwas anzeigen«]

◆ **Si|gni|fi|kant** ⟨m.; -en, -en; Sprachw.⟩ Ausdruck eines sprachl. Zeichens; *Ggs* Signifikat [→ *signifikant*]

◆ **Si|gni|fi|kanz** ⟨f.; -; unz.⟩ Bedeutsamkeit, Wichtigkeit, Tragweite; *die ~ einer Sache*

◆ **Si|gni|fi|kat** ⟨n.; -(e)s, -e; Sprachw.⟩ Inhalt, Bedeutung eines sprachliches Zeichens; *Ggs* Signifikant

◆ **si|gni|fi|ka|tiv** ⟨Adj.; selten für⟩ signifikant

◆ **Si|gnor** ⟨[zɪnjo:r] m.; -, -ri; nur vor dem Namen⟩ = Signore

◆**Si|gno|ra** ⟨[zınjo:ra] f.; -, -re od. -s⟩ Frau (italien. Anrede mit od. ohne Nachnamen) [ital., Fem. zu *signor;* → *Signor*]

◆**Si|gno|re** ⟨[zınjo:rə] m.; -, -ri; vor dem Namen⟩ Herr (italien. Anrede ohne Nachnamen) [ital. <lat. *senior* »der Ältere«]

◆**Si|gno|ria** ⟨[zınjori:a] f.; -, -ri-en⟩ oberste Behörde der ital. Stadtstaaten, Rat der Stadt [→ *Signor*]

◆**Si|gno|ri|na** ⟨[zınjo-] f.; -, -s od. -ne⟩ Fräulein (ital. Anrede mit od. ohne Nachnamen) [ital., Verkleinerungsform zu *signora;* → *Signora*]

◆**Si|gno|ri|no** ⟨[zınjo-] m.; -, -ni; veraltet⟩ junger Herr (ital. Anrede mit od. ohne Nachnamen) [ital., Verkleinerungsform zu *Signor*]

◆**Si|gnum** ⟨n.; -s, Signa⟩ **1** Marke, Zeichen **2** abgekürzte Unterschrift, Namenszeichen [lat., »Kennzeichen, Merkmal«]

Si|grist *auch:* **Sig|rist** ⟨m.; -en, -en; veraltet; noch schweiz.⟩ Küster [<mhd. *sigrist(e)* <ahd. *sig(i)risto,* ital. *sagrestano,* frz. *sacristain* <mlat. *sacrista* »Kirchendiener«; zu lat. *sacrum* »das Heilige, Gottesdienst«; → *Sakristei*]

Sikh ⟨m.; - od. -s, -s; Rel.⟩ Vertreter, Anhänger des Sikhismus [Sanskrit, »Schüler«]

Si|khis|mus ⟨m.; -; unz.; Rel.⟩ von Nanak im 15. Jh. begründete ind. Religionsgemeinschaft, die versuchte, Hinduismus u. Islam zu vereinigen, u. sich später militärisch organisierte

Sik|ka|tiv ⟨n.; -s, -e [-və]; Chemie⟩ **1** Stoff, der als Katalysator das Trocknen von Ölfarben beschleunigt, Trockenstoff **2** Trockenmittel [<engl. *siccative* »trocknend« <lat. *siccare* »trocknen«]

Si|la|ge ⟨[-ʒə] f.; -; unz.; Landw.⟩ **1** ⟨zählb.⟩ Einsäuern von Futter **2** ⟨unz.⟩ eingesäuertes Futter [verkürzt <engl. *ensilage* »Gärfutter«; → *Silo*]

Si|lan ⟨n.; -s, -e; Chemie⟩ ein Siliziumwasserstoff [verkürzt <*Sil*icon + Meth*an*]

Sild ⟨m.; -(e)s, - od. -e; Kochk.⟩ eingelegter, junger Hering; *oV* Sill [norweg., »Sardine«]

Si|len ⟨m.; -s, -e; grch. Myth.⟩ **1** dicker, glatzköpfiger, trunkener Begleiter des Bacchus **2** alter Satyr mit stumpfer Nase, wulstigen Lippen u. Glatze (mit starker Behaarung des Körpers) [<grch. *silenos* »Stumpfnasiger«]

Si|len|ti|um! ⟨geh.⟩ Still!, Schweigen!, Ruhe! (Aufforderung an die Gäste, bes. vor Trinksprüchen) [lat.]

Si|lent Mee|ting ⟨[saılənt mi:tıŋ] n.; - - od. - -s; unz.; Rel.⟩ Treffen der Quäker zu einem ruhigen Gottesdienst [engl., »stilles Treffen«]

Sil|hou|et|te ⟨[ziluɛtə] f.; -, -n⟩ **1** von einem helleren Hintergrund sich abhebender Umriss **2** Schattenriss **3** Scherenschnitt [nach dem frz. Finanzminister Etienne de *Silhouette,* 1709-1767, der die Mode der Porträtierung durch Schattenrisse einführte u. damit aus Sparsamkeitsgründen die kostspieligen Gemälde u. Miniaturen zu verdrängen suchte]

Si|li|cat ⟨n.; -(e)s, -e; Chemie⟩ = Silikat

Si|li|ci|um ⟨n.; -s; unz.; Chemie⟩ = Silizium

Si|li|con ⟨n.; -s, -e; Chemie⟩ = Silikon

Si|li|con Val|ley ⟨[sılıkən vælı] n.; - -s; unz.⟩ bedeutende Produktionsstätte für Mikroelektronik in Kalifornien [<engl. *silicon* »Silizium« + *valley* »Tal«]

si|lie|ren ⟨V.; Landw.⟩ *Grünfutter* ~ ins Silo einbringen [zu span. *ensilar* »im Silo verwahren«]

Si|li|fi|ka|ti|on ⟨f.; -, -en; Min.; Technik⟩ Verkieselung

si|li|fi|zie|ren ⟨V.; Min.; Technik⟩ verkieseln [<lat. *silex* »Kieselstein« + ...*fizieren*]

Si|li|ka|gel® ⟨n.; -s, -e; Chemie⟩ kolloidale Lösung von Kieselsäure als Trockenmittel u. Träger von Katalysatoren, Kieselgel [<lat. *silex* »Kieselstein« + *Gel*]

Si|li|kat ⟨n.; -(e)s, -e; Chemie⟩ Salz der Kieselsäure; *oV* Silicat [<lat. *silex* »Kieselstein«]

Si|li|ka|to|se ⟨f.; -, -n; Med.⟩ = Silikose

Si|li|kon ⟨n.; -s, -e; Chemie⟩ eine der polymeren Verbindungen des Siliziums mit Kohlenstoff u. Wasserstoff; *oV* Silicon

Si|li|ko|se ⟨f.; -, -n; Med.⟩ entzündl. Erkrankung der Atemwege durch Einatmen kieselsäurehaltigen Staubes, Quarzstaublunge; *Sy* Silikatose

Si|li|zi|um ⟨n.; -s; unz.; chem. Zeichen: Si⟩ chem. Element, Halbmetall, Ordnungszahl 14, häufigstes chem. Element der Erde, zeigt halbleitende Eigenschaften; *oV* Silicium [<lat. *silex* »Kieselstein«]

Si|li|zi|um|chip ⟨[-tʃıp] m.; -s, -s; EDV; Genetik⟩ aus Silizium gefertigter Chip

Silk[1] ⟨m.; -s, -s; Textilw.⟩ glänzender Kleiderstoff [engl., »Seide«]

Silk[2] ⟨m.; -(e)s; unz.; Bot.⟩ Petersilie [<lat. *selinum;* → *Sellerie*]

Silk|gras ⟨n.; -es; unz.; Bot.⟩ robuste Blattfasern der Ananaspflanze

Silk|screen ⟨[sılkskri:n] n.; -s; unz.; Textilw.⟩ Siebdruck [engl.]

Silk|worm ⟨[sılkwœ:m] m.; -s, -s; Med.⟩ chirurg. Nähfaser aus der Spinnflüssigkeit der Seidenraupe [engl.]

Sill ⟨m.; -s, -e; Kochk.⟩ = Sild

Sil|li|ma|nit ⟨m.; -s; unz.; Chemie⟩ **1** natürlich vorkommendes Aluminiumsilikat mit einer dem Asbest ähnlichen faserigen Struktur **2** durch Zusammenschmelzen von Aluminium- u. Siliziumverbindungen gewonnener Kunststein hoher Feuerbeständigkeit [nach dem US-amerikan. Chemiker B. *Silliman,* † 1864]

Si|lo ⟨n.; -s, -s; Landw.⟩ **1** Behälter für Gärfutter **2** Getreidespeicher [span., »Getreidegrube«]

→ Silhouette Entgegen der Aussprache im Deutschen wird die Silbe [lu] in der Wortmitte des aus dem Französischen stammenden Fremdwortes *Silhouette* der französischen Orthografie entsprechend durch die Buchstabenfolge *lhou* wiedergegeben.

Si|lu|min ⟨n.; -s; unz.; Chemie⟩ zum Schweißen u. Gießen ver-

S

wendbare Legierung aus Silizium u. Aluminium

Si|lur ⟨n.; -s; unz.; Geol.⟩ Formation des Paläozoikums vor 410-360 Mill. Jahren mit kaledonischer Gebirgsbildung u. ersten Landpflanzen; *Sy* Gotlandium [nach den *Silurern,* einem vorkelt. Volksstamm in Wales]

Sil|va|ner ⟨[-va:-] m.; -s, -⟩ Rebensorte für Weißweine [<lat. *silvanus* »Wald…«]

Sil|ves|ter ⟨[-vɛs-] n.; -s, -⟩ letzter Tag des Jahres, 31. Dezember [Todes- u. Namenstag des Papstes *Silvester I.,* 314-335]

s'il vous plaît! ⟨[sıl vu plɛ]⟩ bitte!, bitteschön! [frz., eigtl. »wenn es Ihnen gefällt«]

Si|ma ⟨f.; -, -s od. Si|men⟩ Traufe (am antiken Tempel) [lat., »Rinnleiste«]

Si|mi|la|ri|tät ⟨f.; -, -en⟩ Ähnlichkeit, Gleichartigkeit [zu lat. *similis* »ähnlich«]

si|mi|le ⟨[-le:] Adv.; Musik⟩ ebenso, in gleicher Weise [ital.]

Si|mi|li ⟨n. od. m.; -s, -s⟩ **1** Nachahmung (von Edelsteinen) **2** unechter Golddraht [zu lat. *similis* »ähnlich«]

SIM-Kar|te ⟨f.; -, -n; EDV⟩ kleine Chipkarte, die für den Betrieb von Mobiltelefonen benötigt wird u. den Nutzer im Mobilfunknetz identifiziert [verkürzt <engl. *subscriber* »Teilnehmer«, *identity* »Identifikation« + *module* »Modul«]

sim|mern ⟨V.; Kochk.⟩ bei niedriger Temperatur kochen, unterhalb des Siedepunktes köcheln; *Tomatenwürfel im Kochtopf ~ lassen* [<engl. *simmer*]

Si|mo|nie ⟨f.; -, -n⟩ **1** Kauf u. Verkauf von geistl. Ämtern **2** ⟨fig.⟩ Erschleichung eines Amtes um des eigenen Vorteils willen [nach *Simon Magus,* der im 1. Jh. n. Chr. als angebl. Wundertäter durch Palästina u. Italien zog]

si|mo|nisch ⟨Adj.⟩ auf Simonie beruhend

sim|pel ⟨Adj.⟩ **1** einfach **2** einfältig [<frz. *simple* <lat. *simplex* »einfach«]

Sim|pel ⟨m.; -s, -; umg.; abwertend⟩ Einfaltspinsel, Dummkopf

Sim|plex ⟨n.; -, -e od. -pli|zia; Sprachw.⟩ einfaches, nicht zusammengesetztes Wort; *Ggs* Kompositum [→ *simpel*]

Sim|plex|über|tra|gung ⟨f.; -, -en; EDV⟩ auf einem Datenweg in nur eine Richtung erfolgende Datenübertragung (gebräuchlich bei Datenverteilsystemen); *Ggs* Duplexübertragung

Sim|pli|fi|ka|ti|on ⟨f.; -, -en⟩ Vereinfachung, Vergröberung [<lat. *simplex* »einfach« + …*fikation*]

sim|pli|fi|zie|ren ⟨V.⟩ vereinfachen [<lat. *simplex* »einfach« + …*fizieren*]

Sim|pli|zi|a|de ⟨f.; -, -n⟩ Abart des Schelmen- u. Abenteuerromans mit einem einfältigen Helden, der das Treiben der Welt kennenlernt [nach Grimmelshausens Roman *Simplicissimus* (1668)]

Sim|pli|zi|tät ⟨f.; -; unz.⟩ **1** Einfachheit **2** Einfalt [<lat. *simplicitas* »Einfachheit, Natürlichkeit«]

Sim|sa|la|bim ⟨n.; -s; unz.⟩ Zauberwort; →*a.* Abrakadabra

sim|sen ⟨V.; EDV⟩ eine SMS verschicken; *sie lässt sich eine Nachricht auf das Handy ~; das Simsen ist eine Lieblingsbeschäftigung der mobilen Generation* [Ableitung von *SMS*]

Si|mu|la|kren *auch:* **Si|mu|lak|ren** ⟨Pl.⟩ virtuelle Scheinbilder, die der Wirklichkeit nachempfunden sind; *~ triumphieren über die Wirklichkeit* [<engl. *simulacrum,* Pl. *simulacra* »Abbilder, Scheinbilder, hohle Formen« <lat. *simulacrum* »Abbild, Götterbild«]

Si|mu|lant ⟨m.; -en, -en⟩ jmd., der simuliert, sich verstellt

Si|mu|la|ti|on ⟨f.; -; unz.⟩ **1** Verstellung, Vortäuschung; *Ggs* Dissimulation; *~ einer Krankheit* **2** Nachahmung von Vorgängen mit Hilfe von Simulatoren [<lat. *simulatio* »Nachahmung, falscher Schein«]

Si|mu|la|tor ⟨m.; -s, -to|ren⟩ Vorrichtung, durch die wirklichkeitsgetreue Bedingungen u. Verhältnisse künstlich hergestellt werden können, z. B. zum Testen von Fahr- od. Flugzeugen [→ *simulieren*]

si|mu|lie|ren ⟨V.⟩ **1** sich verstellen **2** *eine Krankheit ~* vortäuschen; *Ggs* dissimulieren **3** *Vorgänge ~* wirklichkeitsgetreu nachahmen [<lat. *simulare* »ähnlich machen; sich verstellen«]

si|mul|tan ⟨Adj.⟩ **1** gleichzeitig **2** gemeinsam [<mlat. *simultaneus* »gemeinsam, gleichzeitig« <lat. *simul* »zugleich« <*similis* »gleich, ähnlich«]

Si|mul|tan|be|ben ⟨n.; -s, -; Geophysik⟩ = Relaisbeben

Si|mul|tan|büh|ne ⟨f.; -, -n; Theat.⟩ Bühne, auf der alle Schauplätze eines Stückes nebeneinander aufgebaut sind u. während der ganzen Spieldauer sichtbar bleiben, z. B. bei Passionsspielen

Si|mul|tan|dol|met|scher ⟨m.; -s, -⟩ Dolmetscher, der einen Text (meist durch Kopfhörer übertragen) zur gleichen Zeit übersetzt, während dieser noch gesprochen wird

Si|mul|tan|dol|met|sche|rin ⟨f.; -, -rin|nen⟩ weibl. Simultandolmetscher

Si|mul|ta|ne|i|tät ⟨[-ne:i-] f.; -; unz.⟩ = Simultanität

Si|mul|ta|ne|ous En|gi|nee|ring ⟨[sıməltɛınıəs ɛndʒını:rıŋ] n.; - - od. - -s; unz.; Wirtsch.⟩ zur Erreichung möglichst kurzer Innovationszeiten angewandte Arbeitsmethode, bei der alle Produktionsabläufe gleichzeitig entwickelt werden [<engl. *simultaneous* »gleichzeitig, simultan« + *engineering* »Maschinenbau«]

Si|mul|ta|ne|um ⟨n.; -s; unz.⟩ gleichzeitige Nutzung kirchlicher Einrichtungen durch Angehörige verschiedener Bekenntnisse [<mlat. *simultaneus;* → *simultan*]

Si|mul|ta|ni|tät ⟨f.; -; unz.; *oV* Simultaneität⟩ **1** Gleichzeitigkeit **2** Gemeinsamkeit **3** gleichzeitige Darstellung von zeitlich u. räumlich auseinanderliegenden Ereignissen [→ *simultan*]

Si|mul|tan|kir|che ⟨f.; -, -n⟩ Kirche, die für Gottesdienste mehrerer Konfessionen benutzt wird

Si|mul|tan|pla|nung ⟨f.; -, -en; Wirtsch.⟩ mit dem Ziel einer optimalen Gesamtplanung

S

(unter Berücksichtigung verschiedener Zielvorstellungen u. gegenseitiger Beeinflussungen) gleichzeitig erfolgende Aufstellung aller Teilpläne

Si|mul|tan|schu|le ⟨f.; -, -n⟩ Schule für Kinder unterschiedlicher Konfessionen, Gemeinschaftsschule

Si|mul|tan|spiel ⟨n.; -(e)s, -e⟩ Schachspiel eines Spielers gegen mehrere Partner zugleich

sin ⟨Zeichen für⟩ Sinus (2)

Sin|an|thro|pus *auch:* **Si|nanth|ro|pus** ⟨m.; -; unz.⟩ in China gefundene, ausgestorbene, eiszeitl. Spezies des Menschen, Pekingmensch: Sinanthropus pekinensis [<lat. *Sinae* »Chinesen« + grch. *anthropos* »Mensch«]

si|ne an|no ⟨Abk.: s. a.; veraltet⟩ ohne Jahr (Vermerk in Bibliografien, wenn im Buch kein Erscheinungsjahr angegeben ist) [lat.]

si|ne an|no et lo|co ⟨Abk.: s. a. e. l.⟩ = sine loco et anno

si|ne ira et stu|dio ohne Zorn u. Eifer (Vorliebe), unparteiisch, objektiv u. sachlich [lat., (nach Tacitus, der seine Annalen (I,1) in diesem Sinne schreiben wollte)]

Si|ne|ku|re ⟨f.; -, -n⟩ **1** Pfründe ohne Amtspflichten **2** ⟨fig.⟩ müheloses, aber einträgl. Amt [<lat. *sine cura,* »ohne Sorge«]

si|ne lo|co ⟨Abk.: s. l.; veraltet⟩ ohne Ort (Vermerk in Bibliografien, wenn im Buch kein Erscheinungsort angegeben ist) [lat.]

si|ne lo|co et an|no ⟨Abk.: s. l. e. a.; veraltet⟩ ohne Ort u. Jahr (Vermerk in Bibliografien, wenn im Buch weder Erscheinungsort noch -jahr angegeben sind) [lat.]

si|ne ob|li|go ⟨Abk.: s. o.⟩ ohne Obligo

si|ne tem|po|re ⟨[-re:] Abk.: s. t.⟩ ohne das akadem. Viertel, pünktlich; *Ggs* cum tempore [lat., »ohne Zeit, sofort«]

Sin|fo|nie ⟨f.; -, -n; Musik⟩ = Symphonie

Sin|fo|ni|et|ta ⟨f.; -, -et|ten; Musik⟩ kleine Symphonie

Sin|fo|nik ⟨f.; -; unz.; Musik⟩ = Symphonik

Sin|fo|ni|ker ⟨m.; -s, -; Musik⟩ = Symphoniker

Sin|fo|ni|ke|rin ⟨f.; -, -rin|nen; Musik⟩ = Symphonikerin

sin|fo|nisch ⟨Adj.; Musik⟩ = symphonisch

sin|gha|le|sisch ⟨Adj.⟩ die Singhalesen betreffend, zu ihnen gehörend, von ihnen stammend; *~e Sprache* neuindische, von den Singhalesen gesprochene Sprache

Sin|gle[1] *auch:* **Sing|le**[1] ⟨[sɪŋgəl] n.; -s, -s; Sport⟩ **1** ⟨Tennis⟩ Einzelspiel (zweier Spieler) **2** ⟨Golf⟩ Zweierspiel (Loch- od. Zählspiel) [engl., »einzig, nur einer, eine(s)«]

Sin|gle[2] *auch:* **Sing|le**[2] ⟨[sɪŋgəl] m.; - od. -s, -s od. f.; -, -s⟩ allein u. selbstständig lebende Person, Alleinstehende(r); *als ~ leben* [→ *Single*[1]]

Sin|gle[3] *auch:* **Sing|le**[3] ⟨[sɪŋgəl] f.; -, -s; Musik⟩ CD od. kleine Schallplatte mit nur wenigen Titeln [→ *Single*[1]]

Sin|gle|ton *auch:* **Sing|le|ton** ⟨[sɪŋgəltən] m.; -, -s⟩ Trumpfkarte(n) im Kartenspiel [engl.]

Sing-out *auch:* **Sing|out** ⟨[sɪŋaʊt] n.; -s, -s; Musik⟩ lautes Singen von Protestliedern [<engl. *sing out* »aus voller Kehle singen«]

Sing-Sing ⟨n.; -s; unz.; umg.⟩ Gefängnis [nach dem ehemaligen New Yorker Staatsgefängnis]

Sin|gu|lar ⟨m.; -s, -e; Gramm.⟩ Numerus, der eine Einheit, etwas einmal Vorkommendes ausdrückt, Einzahl; *Ggs* Plural [<lat. *singularis* »einzeln«]

sin|gu|lär ⟨Adj.⟩ vereinzelt, einzeln auftretend, selten; *ein ~es Phänomen* [<lat. *singularis* »einzeln«]

Sin|gu|la|re|tan|tum ⟨n.; -s, -s od. -la|ri|a|tan|tum; Gramm.⟩ Substantiv, das nur im Singular vorkommt, z. B. Durst, Dank; *Ggs* Pluraletantum [<lat. *singularis* »Einzahl« + *tantum* »nur«]

sin|gu|la|risch ⟨Adj.; Gramm.⟩ im Singular (gebraucht, stehend)

Sin|gu|la|ris|mus ⟨m.; -; unz.; Philos.⟩ Lehre, nach der die Welt als Einheit aufzufassen ist, dass alle Erscheinungen der Welt auf ein einziges Prinzip zurückzuführen sind; *Ggs* Dualismus (2), Pluralismus (1)

Sin|gu|la|ri|tät ⟨f.; -; unz.⟩ **1** singuläre Beschaffenheit **2** ⟨Physik⟩ einer unserer normalen Anschauung widersprechende Erscheinungsform der Materie, die mit herkömmlichen physikal. Gesetzmäßigkeiten nicht mehr beschreibbar ist **3** vereinzelte Erscheinung, Seltenheit

Sin|gu|lar|suk|zes|si|on ⟨f.; -, -en; Rechtsw.⟩ Antritt einer Rechtsnachfolge hinsichtlich eines einzelnen Rechtes, z. B. durch Übereignung einer Sache [<*singulär* + *Sukzession*]

Sin|gul|tus ⟨m.; -, -; Med.⟩ Schluckauf [zu lat. *singultare* »schluchzen«]

si|nis|ter ⟨Adj.⟩ böse, unheilvoll, unselig; *eine sinistre Angelegenheit* [lat.]

Sinn Fein ⟨[ʃɪn fɛɪn] f.; - -; unz.⟩ 1905 gegründete nationalist. Partei u. Bewegung in Irland [irisch, »wir allein«]

Si|no|lo|ge ⟨m.; -n, -n; Sprachw.⟩ Wissenschaftler der Sinologie

Si|no|lo|gie ⟨f.; -; unz.; Sprachw.⟩ Lehre von der chines. Sprache u. Kultur [<lat. *Sinae* »Chinesen« + *...logie*]

Si|no|lo|gin ⟨f.; -, -gin|nen; Sprachw.⟩ Wissenschaftlerin der Sinologie

sin|tern ⟨V.⟩ **1** *ein feuerfester Stoff sintert* backt beim Erhitzen auf hohe Temperaturen zusammen u. verfestigt sich; *ein im Wasser gelöster Stoff sintert* bildet Mineralien **2** ⟨V.⟩ *etwas ~* durch starkes Erhitzen verfestigen; *ein Gemisch keramischer Stoffe ~* [<engl. *sinter* »Tropfstein« <germ. **sendra-* »geronnene, sich verdichtende Flüssigkeit«]

Sin|ti ⟨Pl. von⟩ Sinto

Sin|to ⟨m.; -s, Sin|ti od. f.; -, Sin|ti⟩ Angehörige(r) eines Volkes deutschstämmiger Zigeuner

Si|nus ⟨m.; -, - od. -se⟩ **1** ⟨Med.⟩ Vertiefung, Höhlung, Ausbuchtung an einem Organ **2** ⟨Geom.; Zeichen: sin⟩ eine Winkelfunktion, das Verhältnis zwischen der einem Winkel im rechtwinkeligen Dreieck gegenüberliegenden Kathete u. der Hypotenuse [lat., »bauschige Rundung, Krümmung«]

Si|nu|si|tis ⟨f.; -, -ti|den; Med.⟩ Entzündung im Bereich der

S

Nasennebenhöhlen [<*Sinus* + …*itis*]

Si|nus|kur|ve ⟨f.; -, -n; Geom.⟩ zeichnerische Darstellung des Sinus (2)

Si|nus|schwin|gung ⟨f.; -, -en; Physik⟩ Schwingung, die in ihrem Verlauf einer Sinuskurve entspricht, die häufigste Erscheinungsform von Wellen

Si|pho ⟨m.; -s, -pho|nen; Zool.⟩ im Hohlraum der Kopffüßer befindliche verkalkte Röhre, durch deren Öffnung Wasser ein- u. ausströmt [<lat. *sipho*, grch. *siphon* »Röhre, hohler Körper«]

Si|phon ⟨[-fɔ̃:] österr. [-fo:n] m.; -s, -s⟩ **1** Ausguss, Abfluss **2** Geruchsverschluss **3** Gefäß zum Ausschank von Getränken, die durch zugefügte Kohlensäure beim Öffnen eines Ventils herausgedrückt werden [frz. <lat. *sipho*, grch. *siphon* »Wasserröhre, Saugröhre«]

Si|pho|no|pho|re ⟨f.; -, -n; Zool.⟩ Staatsqualle [<*Siphon* + …*phor*[1]]

Sir ⟨[sœ:] m.; -s, -s⟩ **1** ⟨i. w. S.⟩ Herr (engl. Anrede ohne Namen) **2** ⟨i. e. S.⟩ engl. Titel für Adlige, meist nur mit dem Vornamen gebraucht; →*a.* Lady [engl.]

Sire ⟨[si:r] m.; -s, -s⟩ Majestät (frz. Anrede) [<frz. *Sieur*, verkürzt <*Seigneur* »Herr«]

Si|re|ne ⟨f.; -, -n⟩ **1** ⟨grch. Myth.⟩ eins von mehreren auf einer Insel lebenden Mädchen mit dem Körper eines Vogels, die die Vorbeifahrenden durch ihren Gesang anlockten u. dann töteten **2** Warnanlage, die einen rhythmisch unterbrochenen Ton erzeugt **3** Dampfpfeife **4** ⟨Zool.⟩ an Meeresküsten u. Flussmündungen lebende Angehörige einer Ordnung der Säugetiere von plumpem Körperbau, Seekuh: Sirenia [<mhd. *siren(e)* <afrz. *syren(e)* <mlat. *sirena* <grch. *seiren*]

Si|rio|me|ter ⟨n.; -s, -; Astron.⟩ keine gesetzliche, aber in der Astronomie verwendete Längeneinheit, 1 S. = $1{,}495 \cdot 10^{14}$ km [nach dem Fixstern *Sirius*]

Sir|ta|ki ⟨m.; - od. -s, -s; Musik⟩ ein grch. Tanz [grch.]

Si|rup ⟨m.; -s, -e; Pl. selten⟩ **1** konzentrierte, zähflüssige, bei der Gewinnung von Zucker entstehende Lösung, die überwiegend aus Rohr-, Rüben-, Invert- od. Stärkezucker besteht **2** eingedickter Fruchtsaft; *Himbeer~* [<mhd. *sirup, syrop* <mlat. *siropus, -upus* <arab. *šárab* »Trank«]

Si|sal ⟨m.; -s; unz.; Textilw.⟩ **1** Blattfaser der Sisalagave **2** daraus hergestelltes Garn od. Gewebe [nach der mexikan. Hafenstadt *Sisal*]

Si|sal|aga|ve ⟨[-və] f.; -, -n; Bot.⟩ zu den Amaryllisgewächsen gehörende tropische Pflanze, deren Blätter Sisal liefern: Agave sisalana

sis|tie|ren ⟨V.⟩ **1** *Verfahren, Verordnung* ~ aufheben, einstellen, unterbrechen **2** *jmdn.* ~ festhalten u. zur Polizeiwache bringen (zur Überprüfung der Personalien) [<lat. *sistere* »zum Stehen bringen« <grch. *histanai* »zum Halten bringen«]

Sis|tie|rung ⟨f.; -, -en⟩ das Sistieren

Sis|trum *auch:* **Sist|rum** ⟨n.; -s, Sis|tren⟩ Rassel aus dem alten Ägypten [lat., »Klapperinstrument« <grch. *seistron*]

Si|sy|phus|ar|beit *auch:* **Si|sy|phus-Ar|beit** ⟨f.; -, -en⟩ sinnlose Anstrengung, schwere, vergebl. Arbeit [nach dem sagenhaften König von Korinth, *Sisyphos*, der von Zeus dazu verurteilt wurde, in der Unterwelt einen Felsbrocken einen Berg hinaufzurollen, der jedes Mal, wenn er oben ankam, wieder hinunterrollte]

SI-Sys|tem ⟨n.; -s; unz.; Physik; kurz für frz.⟩ Système International, ein international empfohlenes u. seit 1970 in der Bundesrepublik Deutschland allein zulässiges Einheitensystem, das auf wenigen Grundeinheiten aufbaut (u. a. Meter, Kilogramm, Sekunde, Ampere) u. aus dem alle anderen Maßeinheiten abgeleitet werden können

Si|tar ⟨m.; - od. -s, - od. -s od. f.; -, -s; Musik⟩ einer Laute ähnliches indisches Zupfinstrument [pers.]

SITC ⟨[es aı ti: si:] Abk. für engl.⟩ Standard International Trade Classification (Internationales Warenverzeichnis für den Außenhandel) [engl.]

Sit|com ⟨f.; -, -s; TV⟩ Fernsehserie, die wenig Handlung od. Ortswechsel bietet, sondern von der Komik der dargestellten Situationen u. Gespräche lebt, Situationskomödie [<engl. *sit*uation »Situation« + *com*edy »Komödie«]

Site ⟨[saıt] f.; -, -s; EDV⟩ Bildschirmseite (im Internet); *Web~* [engl., eigtl. »Stelle, Stätte«]

Sit-in *auch:* **Sit|in** ⟨n.; - od. -s, -s⟩ Sitzstreik von Akademikern; →*a.* Go-in, Love-in, Teach-in [<engl. *sit* »sitzen« + *in* »in«]

Sit|tich ⟨m.; -s, -e; Zool.⟩ Angehöriger einer Gruppe von Papageien mit meist langen Schwänzen: Psittacinae [<lat. *psittacus* <grch. *psittakos, sittakos* »Papagei«]

Si|tu|a|ti|on ⟨f.; -, -en⟩ **1** ⟨augenblickl.⟩ Lage, Zustand **2** ⟨Kartogr.⟩ die durch Signaturen in Form von Punkten, Linien od. Flächen dargestellten Gegebenheiten der Erdoberfläche im Grundriss [<frz. *situation*; zu *situer* »in die richtige Lage bringen«, <lat. *situs* »Lage, Stellung«]

Si|tu|a|ti|ons|ko|mik ⟨f.; -; unz.⟩ Komik, die durch eine lächerl. Situation (nicht durch Worte od. Handlungen) entsteht

Si|tu|a|ti|ons|ko|mö|die ⟨[-djə] f.; -, -n⟩ Komödie, die ihre Komik durch die turbulente Verkettung von ungewöhnlichen Ereignissen (Verwechselung, Intrige, Missverständnis) gewinnt; →*a.* Sitcom

si|tu|a|tiv ⟨Adj.⟩ durch eine Situation hervorgerufen

si|tu|ie|ren ⟨V.⟩ legen, platzieren, in die richtige Lage bringen

si|tu|iert ⟨Adj.⟩ in einer bestimmten Lebensstellung befindlich, in bestimmten wirtschaftlichen Verhältnissen lebend; *gut~; wohl~* [<frz. *situé*, Part. Perf. zu *situer* »in die richtige Lage bringen«; zu lat. *situs* »Lage«]

Si|tu|ie|rung ⟨f.; -, -en⟩ räumliche Anordnung, Lage [→ *situiert*]

Si|tu|la ⟨f.; -, -tu|len⟩ eimerartiges Gefäß der Bronzezeit [lat., »Eimer«]

Sit-up ⟨[-ʌp] n.; -s, -s; meist Pl.; Sport⟩ Turnübung, bei der die Beine auf dem Boden liegen bleiben u. der Oberkörper in die Senkrechte aufgerichtet wird [<engl. *sit* »sitzen« + *up* »oben, hinauf«]

Si|tus ⟨m.; -, -; Med.⟩ natürl. Lage (der Körperorgane od. des Fötus in der Gebärmutter) [lat., »Lage, Stellung«]

sit ve|nia ver|bo ⟨[- veː-- vɛr-] Abk.: s. v. v.⟩ das (harte) Wort sei verziehen [lat., »es sei Verzeihung (gegeben) dem Wort«]

Six|days ⟨[sɪksdɛɪz]⟩ *auch:* **Six Days** ⟨Pl.; Radsport⟩ Sechstagerennen

Six|pack ⟨[sɪkspæk] m. od. n.; -s, -s⟩ Verpackungseinheit mit sechs Dosen od. Flaschen (bes.) Bier [engl., »Sechserpack«]

Sixt ⟨f.; -, -en; Fechten⟩ bestimmte Klingenlage [zu lat. *sextus* »der sechste«]

Six|ties ⟨Pl.; salopp; engl. Bez. für⟩ Sechzigerjahre; *ein neuer Sound im Stil der ~*

Six|ty-nine ⟨[sɪkstɪnaɪn] n.; - od. -s; unz.⟩ von zwei Partnern gleichzeitig ausgeübter oraler Geschlechtsverkehr; *Sy* Soixante-neuf [engl., eigtl. »neunundsechzig« (nach der Stellung der beiden Partner, die einer 69 gleicht)]

Si|zi|li|a|na ⟨f.; -, -nen; Musik⟩ = Siciliana

Si|zi|li|a|ne ⟨f.; -, -n; Metrik⟩ = Sizilienne

Si|zi|li|a|no ⟨m.; -s, -s od. -a|ni⟩ = Siciliano

Si|zi|li|enne ⟨[-ljɛn] f.; -, -n; Metrik⟩ aus Sizilien stammende Form der Stanze, bei der sich auch die letzten beiden Zeilen wechselnd (nicht paarig) reimen; *oV* Siziliane [→ *Siciliana* (mit frz. Endung)]

SJ ⟨Abk. für⟩ Societas Jesu (Zusatz hinter dem Namen von Angehörigen des Jesuitenordens); →*a.* Jesuit

Ska|bi|es ⟨f.; -; unz.; Med.⟩ durch die Krätzemilbe hervorgerufene, juckende Hautkrankheit, Krätze [<lat. *scabies* »Unreinheit, Aussatz«]

ska|bi|ös ⟨Adj.; Med.⟩ an Skabies erkrankt, mit Skabies einhergehend

Ska|bi|o|se ⟨f.; -, -n; Bot.⟩ Grindkraut, eine der Gattung der Kardengewächse angehörende, krautige Pflanze mit meist blauen Blütenköpfchen: Scabiosa [<lat. *scabies* »Rauheit, Aussatz«]

Skai® ⟨n.; -s; unz.⟩ ein Kunstleder

skål! ⟨[skɔl] skand. für⟩ Prost!, zum Wohl! [schwed.]

Ska|la ⟨f.; -, Ska|len⟩ **1** Einteilung in Maßeinheiten bei Messinstrumenten, Rechengeräten, Abstimmanzeigern **2** ⟨bes. Fot.⟩ Angaben der zu einem Druck od. einer fotograf. Wiedergabe verwendeten Farben; *Farb~* **3** Reihe, Folge zusammengehöriger Dinge [<ital. *scala* »Treppe, Leiter« <lat. *scala;* zu *scandere* »steigen«]

ska|lar ⟨Adj.⟩ an einer Skala abgelesen; *~e Größe* mathemat. od. physikal. G., die nur durch einen Zahlenwert gekennzeichnet ist; *Ggs* vektorielle Größe [<lat. *scalaris* »zur Leiter gehörig«]

Ska|lar ⟨m.; -s, -e⟩ **1** ⟨Math.⟩ = skalare Größe **2** ⟨Zool.⟩ hochrückiger Süßwasserfisch aus dem Amazonasgebiet, gehört zur Gattung der Segelflosser: Pterophyllum skalare [→ *skalar*]

Skal|de ⟨m.; -n, -n; Lit.⟩ altnord. Dichter u. Sänger im Gefolge eines Fürsten, den er auch auf Kriegszügen begleitete [<anord. *skald* »Dichter«; vermutl. <germ. **skaepla* »Dichtung« <idg. *seku-* »sagen«]

ska|lie|ren ⟨V.⟩ **1** ⟨Psych.; Soziol.⟩ (in eine Wertskala) Verhaltensweisen od. Leistungen für eine spätere statistische Auswertung einordnen **2** ⟨EDV⟩ vergrößern od. verkleinern (die Schriftgröße auf dem Bildschirm) [→ *Skala*]

Skalp ⟨m.; -s, -e; bei den nordamerikan. Indianern⟩ die abgezogene Kopfhaut des besiegten Gegners als Trophäe [<engl. *scalp* »abgezogene Kopfhaut« <mengl. *scalp* »Schädel« <idg. **skel-* »schneiden«]

Skal|pell ⟨n.; -s, -e; Med.⟩ kleines chirurgisches Messer mit feststehender Klinge [<lat. *scalpellum,* Verkleinerungsform zu lat. *scalprum* »scharfes Messer«]

skal|pie|ren ⟨V.⟩ *jmdn.* ~ jmdm. die Kopfhaut abziehen

Skan|dal ⟨m.; -s, -e⟩ **1** aufsehenerregendes Ärgernis, unerhörtes Vorkommnis **2** etwas Unerhörtes, Empörendes [<grch. *skandalon* »das losschnellende Stellholz in der Falle«]

skan|da|li|sie|ren ⟨V.⟩ zu einem Skandal machen, aufbauschen

skan|da|lös ⟨Adj.⟩ **1** einen Skandal verursachend, ein Ärgernis bedeutend, großes Ärgernis erregend **2** unerhört, empörend

skan|die|ren ⟨V.; Metrik⟩ mit starker Betonung der Hebungen (Verse) lesen od. sprechen [<lat. *scandere* »sich erheben, emporsteigen«]

Skan|di|um ⟨n.; -s; unz.; Chemie⟩ = Scandium

Ska|po|lith ⟨m.; -s od. -en, -e od. -en; Min.⟩ farbloses od. weißes Mineral, chem. Aluminiumsilikat [<lat. *scapus* »Schaft« + *...lith*]

Ska|pu|lier ⟨n.; -s, -e⟩ meist bis an die Füße reichender Überwurf über Brust u. Rücken in der Tracht mancher Mönchsorden [<mlat. *scalpula* »Schulter«, *scapulare* »Schulterkleid«]

Ska|ra|bä|us ⟨m.; -, -bä|en⟩ **1** ⟨Zool.⟩ **1.1** ⟨i. w. S.⟩ Angehöriger einer Gruppe der Blatthornkäfer: Scarabaeidae **1.2** ⟨i. e. S.⟩ Pillendreher, dunkelbrauner bis schwarzer Käfer, der aus Kot von Huftieren Kugeln formt, die er unter die Erdoberfläche befördert u. in denen er seine Eier ablegt: Scarabaeus **2** ⟨im alten Ägypten⟩ als Siegel, später als Amulett benutzte Nachbildung des Käfers aus Stein, Ton od. Metall [<lat. *scarabaeus,* grch. *skarabos* »Pillendreher«]

Ska|ra|muz ⟨m.; -es, -e; Theat.⟩ typische Figur der Commedia dell'Arte u. des französ. Lustspiels, prahlerischer Soldat; *oV* Scaramouche [<ital. *scaramuccia* »Scharmützel«; → *Scaramouche, Scharmützel*]

S

Ska|ri|fi|ka|ti|on ⟨f.; -, -en; Med.⟩ kleiner Einschnitt in die Haut, z. B. für Blutentnahme [<lat. *scarificare* »einritzen«]
Skarn ⟨m.; -s, -e; Min.⟩ metamorphes Gestein, vorwiegend aus Kalk-Eisen-Silikaten [schwed.]
skar|tie|ren ⟨V.; österr.⟩ aussortieren, ablegen [<ital. *scartare* »aussondern, wegwerfen«; verwandt mit *Skat*]
Skat ⟨m.; -(e)s, -e od. -s⟩ **1** deutsches Kartenspiel für drei Spieler **2** die zwei beiseitegelegten Karten [<ital. *scarto* »das Wegwerfen der Karten« (nach den zwei beiseitegelegten Karten); zu *carta* »Papier, Karte« <lat. *charta;* → *Charta*]
Skate|board ⟨[skɛɪtbɔ:d] n.; -s, -s⟩ kleines, ovales, auf vier Rollen laufendes Brett, auf dem der Fahrer frei steht, u. das durch Gewichtsverlagerung fortbewegt wird [<engl. *skate* »gleiten« + *board* »Brett«]
skate|boar|den ⟨[skɛɪtbɔ:dn] V.⟩ mit dem Skateboard fahren
Skate|boar|der ⟨[skɛɪtbɔ:də(r)] m.; -s, -⟩ jmd., der mit einem Skateboard fährt
skaten[1] ⟨V.; umg.⟩ Skat spielen
ska|ten[2] ⟨[skɛɪ-] V.⟩ Rollschuh, Eiskunst laufen [<engl. *skate*]
Skater[1] ⟨m.; -s, -; umg.⟩ Skatspieler
Ska|ter[2] ⟨[skɛɪ-] m.; -s, -⟩ Rollschuh-, Eiskunstläufer [engl.]
Skates ⟨[skɛɪts] Pl.; kurz für⟩ Inlineskates
Ska|ting ⟨[skɛɪ-] n.; - od. -s; unz.⟩ **1** Rollschuhlauf, Eiskunstlauf **2** ⟨kurz für⟩ Skatingeffekt, Skatingkraft [engl.]
Ska|ting|ef|fekt ⟨[skɛɪ-] m.; -(e)s, -e⟩ durch die Skatingkraft hervorgerufener Effekt beim Abspielen einer Schallplatte; *Sy* Skating (2)
Ska|ting|kraft ⟨[skɛɪ-] f.; -, -kräfte⟩ Kraft, die der Tonkopf eines Schallplattenspielers auf die innere Seite einer Schallplattenritze beim Abspielen einer Platte ausübt; *Sy* Skating (2)
Ska|ting|ring ⟨[skɛɪ-] m.; -s, -e; Sport⟩ Bahn für den Rollsport [engl.]
Ska|tol ⟨n.; -s; unz.; Chemie⟩ organische Verbindung (im Kot), die übel riecht [grch. *skor,* Gen. *skatos* »menschl. Kot« + *...ol*]
Ska|to|lo|gie ⟨f.; -; unz.⟩ **1** ⟨Med.⟩ die Wissenschaft vom Kot **2** ⟨Psych.⟩ Vorliebe für Ausdrücke aus dem Fäkalbereich **3** Fäkalsprache [<grch. *skor, skatos* »Kot« + *logos* »Wort, Rede«]
ska|to|lo|gisch ⟨Adj.⟩ **1** ⟨Med.⟩ die Skatologie (1) betreffend **2** ⟨Psych.⟩ Ausdrücke der Fäkalsprache bevorzugend
ska|to|phag ⟨Adj.; Biol.⟩ = koprophag [<grch. *skor,* Gen. *skatos* »Kot« + *...phag*]
Ska|to|pha|ge ⟨m.; -n, -n; Biol.⟩ = Koprophage
Skeet|schie|ßen ⟨[ski:t-] n.; -s; unz.; Sport⟩ Wettbewerbsart des Wurftauben- bzw. Tontaubenschießens, bei dem von 8 Positionen aus mit einem Schuss auf zwei gleichzeitig ausgeschleuderte, sich entgegenfliegende Tauben geschossen wird [<engl. *skeet shooting*]
Ske|le|ton ⟨[skɛlətn] m.; -s, -s; Sport⟩ niedriger Sportschlitten [engl.]
Ske|lett ⟨n.; -(e)s, -e; Anat.⟩ **1** Knochengerüst der Wirbeltiere **2** ⟨allg.⟩ inneres *(Knochen~; Knorpel~)* u. äußeres Gerüst *(Chitin~)* des tierischen od. menschl. Körpers [<grch. *skeletos* »ausgetrocknet«]
ske|let|tie|ren ⟨V.⟩ **1** *Menschen, Wirbeltiere ~* ihr Skelett bloßlegen **2** *Blätter ~* bis auf die Rippen fressen (von Schädlingen)
Ske|ne ⟨[-ne:] f.; -, -n; im altgrch. Theater⟩ Bühnenhaus, aus dem die Schauspieler heraustraten, sowie die erhöhte Spielfläche davor für die Schauspieler [grch., »Zelt, Hütte«]
Skep|sis ⟨f.; -; unz.⟩ Zweifel, Ungläubigkeit [grch., »*Bedenken, Untersuchung*«; zu *skeptesthai* »schauen, spähen«]
Skep|ti|ker ⟨m.; -s, -⟩ **1** jmd., der stets skeptisch ist, Zweifler **2** Vertreter, Anhänger des Skeptizismus
skep|tisch ⟨Adj.⟩ **1** misstrauisch, ungläubig **2** zum Zweifel neigend
Skep|ti|zis|mus ⟨m.; -; unz.; Philos.⟩ philosophische Richtung, die den Zweifel, vor allem an einer allgemeingültigen Wahrheit, zum Prinzip des Denkens erhebt, die Möglichkeit wirklicher Erkenntnis infrage stellt u. sich auf die Erkenntnis von Tatsachen beschränkt
Sketch ⟨m.; - od. -es, -e od. -s; Theat.⟩ kurzes Bühnenstück mit meist witziger Pointe, bes. im Kabarett; *einen ~ aufführen* [engl., »Skizze, Entwurf«; → *Skizze*]
Ski ⟨[ʃi:] m.; -s, Ski|er; Sport⟩ an den Schuhen befestigtes, langes, schmales Brett zur Fortbewegung auf Schneeflächen (als Sportgerät 1,8-2,5 m lang u. 6-10 cm breit), elastisch, vorn aufgebogen, aus Holz, Metall od. Kunststoff; *oV* Schi; *~ fahren; ~ laufen* [<norweg. *ski* »Schneeschuh« <anord. *skiot* »Scheit«]
Ski|a|sko|pie *auch:* **Ski|as|ko|pie** ⟨f.; -, -n; Med.⟩ Schattenprobe zur Beurteilung der Brechkraft des Auges [<grch. *skia* »Schatten« + *skopein* »schauen, sehen«]
Ski|board ⟨[ʃi:bɔ:(r)d] n.; -s, -s; Sport⟩ 70 bis 120 cm langer Ski zum Fahren bzw. Gleiten auf Schneeflächen, Kreuzung aus Ski u. Snowboard; *oV* Schiboard; *Sy* Snowblade
Ski|bob ⟨[ʃi:-] m.; -s, -s; Sport⟩ fahrradähnliches Wintersportgerät mit zwei hintereinanderlaufenden kurzen Skiern; *oV* Schibob [<*Ski* + *Bob*]
Ski|er ⟨[ʃi:-] Pl. von⟩ Ski
Skiff ⟨n.; -(e)s, -e; Seew.⟩ einsitziges nord. Ruderboot [engl., »schmales, leichtes Segelschiff, leichtes Ruderboot« <aengl. *scip*]
Skif|fle *auch:* **Skiff|le** ⟨[skɪfl] m. od. n.; -s; unz.; Musik⟩ auf einfachen Instrumenten (z. B. Mundharmonika u. Waschbrett) gespielter, volkstümlicher Jazz [engl.]
Ski|fu|ni ⟨[ʃi:-] m.; -, -s; schweiz.⟩ Schlitten am Drahtseil im Pendelverkehr zum Befördern von Skiläufern; *oV* Schifuni [<*Ski* + ital. *funi*colare »Drahtseilbahn«]
Ski|gym|nas|tik ⟨[ʃi:-] f.; -; unz.⟩ gymnastisches Training, das

S

den Körper auf das Skilaufen vorbereitet; *oV* Schigymnastik

Ski|kjö|ring ⟨[ʃiːjøː-] n.; - od. -s, -s⟩ Skilauf mit Vorspann von Pferden od. Motorfahrzeugen; *oV* Schikjöring [norweg., »Skifahren«]

Ski|lift ⟨[ʃiː-] m.; -(e)s, -e⟩ Seilbahn, mit der sich Skiläufer mit angeschnallten Skiern die Berge hinaufbefördern lassen können, Schlepplift, Sessellift; *oV* Schilift

Ski|ma|ra|thon ⟨[ʃiː-] m.; -s, -s; Sport⟩ Skilanglaufwettbewerb auf einer Strecke von 42,2 bis 110 km; *oV* Schimarathon

Skin ⟨m.; -s, -s; kurz für⟩ Skinhead

Skin|ef|fekt ⟨m.; -(e)s, -e; El.⟩ die Erscheinung, dass Wechselströme hoher Frequenz in einem Leiter im Wesentlichen nur in einer dünnen Schicht an der Oberfläche des Leiters fließen [<engl. *skin* »Haut« + *Effekt*]

Skin|head ⟨[-hɛd] m.; -s, -s⟩ Angehöriger einer Gruppe gewaltbereiter, dem Rechtsextremismus nahestehender Jugendlicher mit kahlgeschorenem Kopf u. meist schwarzer Kleidung; *Sy* Skin [engl., »Kahlkopf« <*skin* »Haut« + *head* »Kopf«]

Skink ⟨m.; -(e)s, -e; Zool.⟩ Familie lebendgebärender Echsen, Glattechse: Scincidae [<lat. *scincus* <grch. *skinkos*]

Skin|ner|box *auch:* **Skin|ner-Box** ⟨f.; -, -en; Psych.⟩ Versuchsanordnung zur Erforschung von Lernvorgängen bei Tieren [nach dem US-amerikan. Verhaltensforscher B. F. *Skinner,* 1904-1990 + engl. *box* »Schachtel«]

Skip ⟨m.; -s, -s⟩ **1** ⟨kurz für⟩ Skipper **2** ⟨Sport; bes. Curling⟩ Mannschaftskapitän, Chef

Skip|per ⟨m.; -s, -; Seew.⟩ Kapitän einer Jacht [engl.]

Ski|zir|kus ⟨[ʃiː-] m.; -; unz.; salopp⟩ *oV* Schizirkus **1** Gruppe der besten Skifahrer und ihre Begleiter, die im Winterhalbjahr ständig unterwegs sind, um an internationalen Skiwettkämpfen teilzunehmen **2** breit angelegtes System untereinander verbundener Skilifte in einem bestimmten Gebiet

Skiz|ze ⟨f.; -, -n⟩ **1** Entwurf, flüchtige Zeichnung, Studie **2** kurze Aufzeichnung in Andeutung, in Stichworten **3** kurze, fragmentarische Erzählung [<ital. *schizzo* »Spritzer«; → *Sketch*]

skiz|zie|ren ⟨V.⟩ in einer Skizze andeuten, darstellen

Skla|ve ⟨[-və] m.; -n, -n⟩ **1** unfreier, entrechteter Mensch im Besitz eines anderen **2** ⟨fig.⟩ jmd., der von einer anderen Person, einem Laster, einer Gewohnheit abhängig ist [<spätmhd. *sclave,* mhd. *slave* <mlat. *slavus, sclavus* <mgrch. *sklabos* »Slawe, Sklave«]

Skla|ve|rei ⟨[-və-] f.; -; unz.⟩ Zustand des Sklaveseins, Knechtschaft, Leibeigenschaft; *jmdn. aus der ~ befreien; in ~ geraten*

Skla|vin ⟨[-vɪn] m.; -n, -vin|nen [-vɪn-]⟩ **1** unfreie, entrechtete weibl. Person im Besitz eines anderen **2** ⟨fig.⟩ weibl. Person, die von einer anderen Person, einem Laster, einer Gewohnheit abhängig ist

skla|visch ⟨[-vɪʃ] Adj.⟩ **1** wie ein Sklave, unterwürfig, blind gehorchend, willenlos **2** ⟨fig.⟩ ohne eigene Erfindungsgabe, unselbstständig; *~e Nachahmung; sich ~ an eine Anordnung haltend*

Skle|ra ⟨f.; -, Skle|ren; Anat.⟩ Lederhaut des Auges: Sclera [<grch. *skleros* »hart«]

Skler|a|de|ni|tis *auch:* **Skle|ra|de|ni|tis** ⟨f.; -, -ti|den; Med.⟩ Lymphknotenverhärtung [<grch. *skleros* »hart« + *Adenitis*]

Skle|re|i|de ⟨f.; -, -n; Bot.⟩ = Sklerenchymzelle

Skle|rem ⟨n.; -s, -e; Med.⟩ = Sklerodermie

Skler|en|chym *auch:* **Skle|ren|chym** ⟨n.; -s, -e; Bot.⟩ nicht mehr wachstumsfähiges, totes Gewebe ausgewachsener Pflanzenteile, das der Festigung dient [<grch. *skleros* »hart« + *en…* + grch. *chymos* »Saft, Flüssigkeit«]

Skler|en|chym|zel|le *auch:* **Skle|ren|chym|zel|le** ⟨f.; -, -n; Bot.⟩ stark verholzte Pflanzenzelle von hoher Druckfestigkeit, z. B. in den Schalen von Nüssen u. Steinfrüchten; *Sy* Sklereide

Skle|ri|tis ⟨f.; -, -ti|den; Med.⟩ Lederhautenzündung [→ *Sklera*]

Skle|ro|der|mie ⟨f.; -, -n; Med.⟩ Erkrankung des Bindegewebes, die zu einer allmählichen Verhärtung der Haut führt, Darrsucht; *Sy* Sklerem, Sklerom [<grch. *skleros* »hart« + *…dermie*]

Skle|rom ⟨n.; -s, -e; Med.⟩ = Sklerodermie

Skle|ro|me|ter ⟨n.; -s, -⟩ Gerät zur Bestimmung der Härte von Kristallen [<grch. *skleros* »hart, trocken« + *…meter*]

Skle|ro|phyl|len ⟨Pl.; Bot.⟩ Pflanzen, die harte, ledrige Blätter besitzen, Hartlaubgewächse, z. B. Lorbeer [<grch. *skleros* »hart« + *phyllon* »Blatt«]

Skle|ro|se ⟨f.; -, -n; Med.⟩ krankhafte Verhärtung od. Verkalkung eines Organs [<grch. *sklerosis* »Verhärtung«]

Skle|ro|ti|ker ⟨m.; -s, -; Med.⟩ jmd., der an Sklerose erkrankt ist

skle|ro|tisch ⟨Adj.; Med.⟩ an Sklerose erkrankt

Skle|ro|ti|um ⟨n.; -s, -ti|en; Bot.⟩ bei einigen Pilzen (z. B. Mutterkorn) regelmäßig auftretender, fester Verband von Hyphen [<neulat. *sclerotium* <grch. *sklerotes* »Härte«; zu *skleros* »hart«]

Sko|lex ⟨m.; -, -li|zes⟩ das vordere Ende eines Bandwurms, das mit Haftorganen zum Verankern in der Darmwand des Wirtes ausgerüstet ist [grch., »Wurm, Made«]

Sko|li|on ⟨n.; -s, -li|en⟩ altgrch. Trinklied mit vaterländ. od. relig. Inhalt, als Preis- od. Liebeslied, von den Gästen abwechselnd im Wettstreit gedichtet u. gesungen [<grch. *skolios* »krumm« (der Rundgesang wurde kreuz u. quer in beliebiger Reihenfolge gesungen)]

Sko|li|o|se ⟨f.; -, -n; Med.⟩ seitliche Rückgratverkrümmung [<grch. *skolios* »krumm«]

Sko|lo|pen|der ⟨m.; -s, -; Zool.⟩ einer Gruppe der Hundertfüßer angehörendes, gelbbraunes Tier mit 21-23 Beinpaaren

S

u. großen, Gift enthaltenden Klauen: Scolopendra [<lat. *scolopendra* »Tausendfuß«]

skon|tie|ren ⟨V.; Wirtsch.⟩ *eine Rechnung, einen Betrag ~* von einer R., einem B. das Skonto abziehen [<ital. *scontare* »abziehen«]

Skon|to ⟨n.; -s, -s od. Skon|ti od. m.; -s, -s od. Skon|ti; Wirtsch.⟩ Abzug vom Rechnungsbetrag bei sofortiger Zahlung; *2 % ~ gewähren* [<ital. *sconto* »Abzug«]

Skon|tra|ti|on *auch:* **Skont|ra|ti|on** ⟨f.; -, -en; Wirtsch.⟩ Vorgang, Ergebnis des Skontrierens

skon|trie|ren *auch:* **skont|rie|ren** ⟨V.; Wirtsch.⟩ **1** fortschreiben **2** einen neuen Bestand ermitteln, indem Zu- u. Abgänge mit dem alten Bestand verrechnet werden [<ital. *scontrare* »zusammenstoßen«]

Skon|tro *auch:* **Skont|ro** ⟨n.; -s; unz.; Wirtsch.⟩ Bestandsliste, in die die skontrierten Bestände eingetragen werden; *Sy* Riskontro [<ital. *scontro* »Zusammenstoß«]

Skoo|ter ⟨[skuː-] m.; -s, -; auf Jahrmärkten⟩ *Sy* Autoskooter **1** Kleinauto **2** Fahrbahn dafür [<engl. *scooter;* zu *scoot* »schnell gehen«]

...skop ⟨Nachsilbe; zur Bildung sächl. Subst.; n.; -s, -e⟩ **1** Beobachtungs-, Untersuchungsinstrument, Messgerät; *Mikroskop* **2** Gerät zur Aufnahme od. Wiedergabe von Bildern; *Diaskop; Episkop* [<grch. *skopein* »sehen«]

...sko|pie ⟨Nachsilbe; zur Bildung weibl. Subst.; f.; -, -n⟩ Untersuchung, Erforschung, Abbildung; *Demoskopie; Endoskopie* [<grch. *skopein* »sehen«]

Sko|po|la|min ⟨n.; -s; unz.; Biochemie⟩ Alkaloid des Bilsenkrautes, das am Auge pupillenerweiternd u. narkotisch auf das Großhirn wirkt [<neulat. *Scopolia,* wissenschaftl. Name für »Tollkraut«; nach dem Trienter Abt A. *Scopoli* di Cavallese, 1723-1788]

Sko|pus ⟨m.; -, Sko|pen⟩ **1** ⟨Sprachw.⟩ Wirkungsbereich von Wörtern, die der näheren Bestimmung von Aussagen dienen **2** ⟨Theol.⟩ zentrale Aussage eines Bibeltextes [<grch. *skopos* »Ziel«]

Skor|but ⟨m.; -(e)s; unz.; Med.⟩ Krankheit infolge Mangels an Vitamin C (Blutungen am Zahnfleisch, in den Verdauungsorganen u. a.) [<*Scharbock* (mndrl. *schorbuck*), ndrl. *scheurbuik,* eigtl. »rissiger Mund«]

Skor|da|tur ⟨f.; -, -en; Musik⟩ abweichende Stimmung, Umstimmen von Saiten, z. B. zum Erzielen von Klangeffekten; *oV* Scordatura [<ital. *scordatura* »Verstimmung«, <lat. *dis-* »ver-« + *chorda* »Darm, Saite«]

Skore ⟨[skɔː(r)] m.; -s, -s⟩ = Score

Skore|kar|te ⟨[skɔː(r)-] f.; -, -n⟩ = Scorekarte

sko|ren ⟨[skɔː-] V.⟩ = scoren

Sko|rer ⟨[skɔː-] m.; -s, -⟩ = Scorer

Skor|pi|on ⟨m.; -s, -e⟩ **1** ⟨Zool.⟩ Ordnung der Spinnentiere mit langem, gegliedertem Hinterleib, der eine Giftblase mit beweglichem Endstachel trägt: Scorpiones **2** ⟨Astron.; Astrol.⟩ ein Sternbild, Tierkreiszeichen [<mhd. *sc(h)orpion* <ahd. *scorpion* <lat. *scorpio* <grch. *skorpios*]

Sko|tom ⟨n.; -s, -e; Med.⟩ **1** blinder Fleck **2** krankhafter Ausfall eines Teils des Gesichtsfeldes [<grch. *skotos* »Dunkelheit«]

Sko|to|mi|sa|ti|on ⟨f.; -, -en; Psych.⟩ auf Abwehrmechanismen beruhende Leugnung von realen Gegebenheiten, da Bewältigung nicht mehr möglich erscheint [<grch. *skotos* »Dunkelheit« + *misein* »hassen«]

sko|to|mi|sie|ren ⟨V.⟩ Teile der Realität leugnen, verdrängen

Skri|bent ⟨m.; -en, -en; abwertend⟩ Vielschreiber, Schreiberling [<lat. *scribens,* Part. Präs. zu *scribere* »schreiben«]

Skri|bi|fax ⟨m.; - od. -es, -e; abwertend⟩ Vielschreiber, Schmierer [scherzh. (17. Jh.) <lat. *scribere* »schreiben« + *facere* »machen, tun«]

Skript ⟨n.; -(e)s, -en od. -s⟩ **1** Schriftstück, schriftliche Ausarbeitung **2** = Script [verkürzt <*Skriptum*]

Skript|girl ⟨[-gœːl] n.; -s, -s⟩ = Scriptgirl

Skrip|to|ri|um ⟨n.; -s, -ri|en; im MA⟩ Schreibstube eines Klosters [<lat. *scriptorium*]

Skrip|tum ⟨n.; -s, Skrip|ten od. Skrip|ta; veraltet⟩ = Skript [<lat. *scriptum* »das Geschriebene«]

skrip|tu|ral ⟨Adj.; geh.⟩ **1** die Schrift betreffend **2** ⟨Kunst⟩ an Schriftzeichen erinnernd

Skro|fel ⟨f.; -, -n; Med.⟩ **1** verdickte Lymphknoten des Halses **2** *~n* = Skrofulose [<lat. *scrofula* »Ferkel«; zu *scrofa* »trächtige Sau«]

skro|fu|lös ⟨Adj.; Med.⟩ an Skrofulose leidend

Skro|fu|lo|se ⟨f.; -; unz.; Med.⟩ allergische Reaktion im Kindesalter mit Schwellungen der Lymphknoten u. Katarrhen der oberen Luftwege; *Sy* Skrofeln [→ *Skrofel*]

skro|tal ⟨Adj.; Med.⟩ zum Skrotum gehörend, von ihm ausgehend

Skro|tum ⟨n.; -s, Skro|ta; Anat.⟩ Hodensack; *oV* Scrotum [<lat. *scrotum* »Hodensack«]

Skrub|ber ⟨[skrʌbə(r)] m.; -s, -; Technik⟩ technische Anlage, die zur Reinigung von Gasen benutzt wird [engl.]

Skrubs ⟨[skrʌbs] Pl.⟩ minderwertige Blätter des Tabaks [<engl. *scrub* »Gestrüpp, Buschwerk«]

Skru|pel ⟨m.; -s, -; meist Pl.⟩ Zweifel, Bedenken, Gewissensbisse; *~ haben* [<lat. *scrupulus* »spitzes Steinchen; Ängstlichkeit«, Verkleinerungsform zu *scrupus* »spitzer, scharfer Stein«]

skru|pu|lös ⟨Adj.⟩ **1** voller Skrupel, ängstlich **2** peinlich genau

Skru|ti|ni|um ⟨n.; -s, -ni|en⟩ **1** Sammlung u. Prüfung der Stimmen, bes. bei einer kirchl. Wahl **2** Prüfung der Bewerber um ein geistl. Amt auf Fähigkeit u. Würdigkeit [<lat. *scrutinium* »Untersuchung, Visitation«]

Skua ⟨f.; -, -s; Zool.⟩ Raubmöwenart des Nordatlantiks [färöisch]

Skull|boot ⟨n.; -(e)s, -e; Seew.⟩ Sportboot mit je zwei Rudern (Skulls) für einen Ruderer; *Sy* Skuller (1) [<engl. *scull, skull* »kurzes Ruder«]

S

skul|len ⟨V.; Seew.⟩ im Skullboot rudern

Skul|ler ⟨m.; -s, -; Seew.⟩ **1** = Skullboot **2** Ruderer im Skullboot [<engl. *sculler* »Boot mit zwei Rudern«]

skulp|tie|ren ⟨V.; Kunst⟩ = skulpturieren

Skulp|tur ⟨f.; -, -en; Kunst⟩ **1** ⟨unz.⟩ Bildhauerkunst **2** ⟨zählb.⟩ Werk der Bildhauerkunst; *Holz~; Stein~* [<lat. *sculptura;* zu *sculpere* »etwas herausmeißeln, -schnitzen, -schneiden«]

skulp|tu|ral ⟨Adj.; Kunst⟩ in der Art einer Skulptur, die Form einer Skulptur betreffend; *ein ~ gestaltetes Glas*

skulp|tu|rie|ren ⟨V.; Kunst⟩ in der Art einer Skulptur darstellen, bearbeiten; *oV* skulptieren

Skunk ⟨m.; -s, -s; Zool.⟩ **1** Marder, der bei Gefahr das widerlich riechende Sekret seiner Afterdrüse verspritzt, Stinktier: Memphitis memphitis **2** Pelz des Skunks [engl. <Algonkin]

Skup|schti|na *auch:* **Skupsch|ti|na** ⟨f.; -, -s⟩ das serbische Parlament [<serbokr. *skupština* »Versammlung«]

skur|ril ⟨Adj.⟩ merkwürdig, verschroben; *ein ~er Mensch* [<lat. *scurrilis* »possenhaft«; vermutl. zu *scurra* »Witzereißer, Spaßmacher«]

Skur|ri|li|tät ⟨f.; -; unz.⟩ skurrile Beschaffenheit, skurriles Wesen, Verschrobenheit

Sküs ⟨m.; -, -⟩ dem Joker entsprechende Karte im Tarock [<frz. *excuse* »Entschuldigung«]

Skye|ter|ri|er ⟨[skaɪ-] m.; -s, -; Zool.⟩ kleine, raubeinige Terrierrasse [nach der schott. Insel *Skye*]

Sky|ja|cker ⟨[skaɪdʒækə(r)] m.; -s, -⟩ Flugzeugentführer [<engl. *sky* »Himmel«; Herkunft von *jacker* unsicher]

Sky|lab ⟨[skaɪlæb] n.; -s, -s⟩ US-amerikan. Weltraumstation, die ab 1973 von mehreren Besatzungen für längere Zeit bewohnt wurde, am 11.7.1979 in der Erdatmosphäre verglüht [verkürzt <engl. *sky laboratory* »Himmelslaboratorium«]

Sky|light ⟨[skaɪlaɪt] n.; -s, -s; Seemannsspr.⟩ Oberlicht, Luke auf Schiffen [engl.]

Sky|light|fil|ter ⟨[skaɪlaɪt-] m. od. (fachsprachl. meist) n.; -s, -; Fot.⟩ fotograf. Aufnahmefilter, der eine zu hohe Farbtemperatur des Lichtes ausgleicht u. auf diese Weise unangenehmen Blaustich verhindert

Sky|line ⟨[skaɪlaɪn] f.; -, -s⟩ Horizontlinie, Silhouette (einer Stadt) [engl., »Horizont« <*sky* »Himmel« + *line* »Linie«]

Skyl|la ⟨f.; -; unz.; grch. Myth.⟩ Meerungeheuer, das die Vorüberfahrenden verschlingt; *zwischen ~ und Charybdis* zwischen zwei gleich großen Gefahren od. Schwierigkeiten; *oV* Scylla, Szylla [<lat. *Scylla* <grch. *Skylla;* antiker Name für eine gefährl. Felsklippe gegenüber der Charybdis in der Straße von Messina]

Skype® ⟨[skaɪp] ohne Artikel; EDV; Tel.⟩ frei erhältliches Softwareprogramm, das ein kostenloses Telefonieren per Internet von Computer zu Computer ermöglicht

sky|pen ⟨[skaɪ-] V.; EDV; Tel.⟩ mit Hilfe des Softwareprogramms Skype® online telefonieren; *lass uns mal wieder ~*

Sky|phos ⟨m.; -, -phoi⟩ altgrch. Trinkgefäß mit waagerechten Henkeln am Rand [grch.]

Sky|se|gel ⟨[skaɪ-] n.; -s, -; Seew.⟩ das oberste Rahsegel bei Schiffen

Sky|sur|fer ⟨[skaɪsœ:fə(r)] m.; -s, -⟩ Drachenflieger, Segelflieger mit einem Fluggerät aus Segeltuch, das durch Gewichtsverlagerung gelenkt wird [<engl. *sky* »Himmel« + *surf* »wellenreiten«, nach dem Muster von *Surfen* gebildet]

Skyth ⟨n.; - od. -s; unz.; Geol.⟩ untere Stufe der Trias, die dem Buntsandstein entspricht; *oV* Skythian [nach den *Skythen,* Nomadenstämmen im 1. Jahrtausend v. Chr.]

Sky|the ⟨m.; -n, -n; in der Antike⟩ Bewohner der südruss. Steppe; *oV* Szythe

Sky|thi|an ⟨n.; - od. -s; unz.; Geol.⟩ = Skyth

sky|thisch ⟨Adj.⟩ die Skythen betreffend, zu ihnen gehörend, von ihnen stammend [<lat. *Scythae,* grch. *Skythes* »Nomaden nördl. des Schwarzen Meeres«]

s. l. ⟨Abk. für lat.⟩ sine loco

Sla|lom ⟨m.; -s, -s; Sport⟩ Skilauf bzw. Fahrt im Kanu durch von Fähnchen gebildete Tore, Torlauf [<norweg. *slalåm,* eigtl. »leicht abfallende Skispur«]

Slang ⟨[slæŋ] m.; -s, -s⟩ **1** nachlässige Umgangssprache **2** = Jargon [engl.]

Slap|stick ⟨[slæp-] m.; -s, -s; bes. im Stummfilm⟩ grotesker (absurder) Einfall; *ein Film voller ~s* [engl. »Holzklapper« (mit der ein Schauspieler einen Schlag vortäuscht) <*slap* »Schlag, Klaps« + *stick* »Stock«]

Slash ⟨[slæʃ] m.; -s, -s; Zeichen: /⟩ Schrägstrich von links unten nach rechts oben; *Ggs* Backslash [engl., »Schrägstrich«]

Sla|we ⟨m.; -n, -n⟩ Angehöriger einer ost- u. südosteuropäischen Völkergruppe [Herkunft unsicher; vielleicht zu den Flüssen *Slawutitsch* u. *Sluja* in der südlichen Ukraine, Siedlungsgebiet der *Slawen* im MA; verwandt mit mhd. *slave* »Slawe; Knecht«; → *Sklave*]

sla|wisch ⟨Adj.⟩ die Slawen betreffend, zu ihnen gehörend, von ihnen stammend; *~e Sprachen* zu den idg. Sprachen gehörende Sprachfamilie, umfasst u. a. die russ., bulgar., tschech., poln. Sprache

sla|wi|sie|ren ⟨V.⟩ nach slawischem Vorbild gestalten, der slaw. Kultur angleichen

Sla|wis|mus ⟨m.; -, -wis|men; Sprachw.⟩ in eine andere Sprache übernommene slawische Spracheigentümlichkeit

Sla|wist ⟨m.; -en, -en; Sprachw.⟩ Wissenschaftler auf dem Gebiet der Slawistik

Sla|wis|tik ⟨f.; -; unz.; Sprachw.⟩ Wissenschaft von den slaw. Sprachen u. Kulturen

Sla|wis|tin ⟨f.; -, -tin|nen; Sprachw.⟩ Wissenschaftlerin auf dem Gebiet der Slawistik

sla|wo|phil ⟨Adj.⟩ allem Slawischen zugeneigt [<*slawisch* + *...phil*]

Sla|wo|phi|lie ⟨f.; -; unz.⟩ Vorliebe für alles Slawische [<*slawisch* + *...philie*]

s. l. e. a. ⟨Abk. für⟩ sine loco et anno

Slee|per ⟨[sli:pə(r)] m.; -s, -⟩ 1 ⟨umg.⟩ vorderster, in der ersten Flugzeugklasse befindl. Flugsessel, der durch seine gut zurückklappbare Rückenlehne großen Komfort bietet 2 Spion, der sich zunächst als unauffälliger Bürger an irgendeinem Ort aufhält u. auf seinen Einsatz wartet [engl.]

Sli|bo|witz ⟨m.; - od. -es, -e⟩ = Sliwowitz

Slice ⟨[slaɪs] m.; -, -s [-sɪz]; Sport; Tennis; Golf⟩ Schlag, bei dem der Ball angeschnitten wird [engl., »schneiden«]

sli|den ⟨[slaɪ-] V.⟩ gleiten, rutschen, schlittern; *mit dem Skateboard ~* [<engl. *slide*]

Sli|ding Stop ⟨[slaɪdɪŋ stɔp] m.; - -s, - -s; Reitsport⟩ plötzliches Abbremsen des Pferdes aus dem Galopp (beim Westernreiten) [<engl. *slide* »schlittern« + *stop* »(an)halten«]

Sli|ding Tack|ling ⟨[slaɪdɪŋ tæklɪŋ] n.; - -s, - -s; Sport; Fußb.⟩ takt. Fußschritt des Abwehrspielers schräg zwischen die Beine des Angreifers, um so an den Ball zu gelangen [engl.]

slim ⟨Adj.⟩ schmal, schlank, mager [engl.]

Slip ⟨m.; -s, -s⟩ 1 ⟨Seew.⟩ schiefe Ebene in der Werft; *oV* Schlipp 2 kurze, anliegende Unterhose 3 ⟨Bankw.⟩ 3.1 Buchungs- u. Ausführungsbeleg von Bankaufträgen 3.2 Formularstreifen, aufgrund dessen Buchungen im Börsengeschäft erfolgen [<engl. *slip* »Schlüpfer; gleiten, rutschen, schlüpfen; Helling«]

slip|pen ⟨V.⟩ 1 ⟨Seew.⟩ eine Verbindungsleine absichtlich lösen u. loslassen; *oV* schlippen 2 beim Fallschirmspringen eine andere Fallrichtung einnehmen 3 ⟨Flugw.⟩ zur Seite gleitend fliegen

Slip|per ⟨m.; -s, -⟩ 1 bequemer flacher Schuh ohne Schnürung 2 ⟨österr.⟩ leichter, lockerer Mantel [engl., »Hausschuh«]

Sli|wo|witz ⟨m.; - od. -es, -e⟩ Pflaumenbranntwein; *oV* Slibowitz [<serb. *sliva* »Pflaume«]

Slo|gan ⟨[sloʊgən] m.; -s, -s⟩ Schlagwort, bes. in der Werbung; *Werbe~* [engl., »Werbeschlagwort« <gälisch *sluaghghairm* »Kriegsgeschrei«]

Sloop ⟨[slu:p] f.; -, -en⟩ = Slup

Slot ⟨[slɔt] m.; -s, -s⟩ 1 ⟨TV⟩ Zeitspanne, Zeittakt, Sendezeit 2 ⟨Flugw.⟩ Starterlaubnis auf einem Flughafen zu einer bestimmten Zeit 3 ⟨EDV⟩ Steckplatz, Einsteckschacht auf der Leiterplatte eines Mikrocomputers 4 ⟨Eishockey⟩ Angriffsraum vor dem gegnerischen Tor [engl., eigtl. »Schlitz«]

slow ⟨[slo:] od. engl. [sloʊ] Adj.; Musik⟩ langsam zu spielen (Tonpassagen beim Jazz) [<engl. *slow* »langsam«]

Slow|food ⟨[slo:fu:d] od. engl. [sloʊfu:d]⟩ *auch:* **Slow Food** ⟨n.; (-) - od. (-) -s; unz.⟩ bewusst u. genussvoll zubereitetes Essen, häufig aus der regionalen Küche unter Verwendung von lokalen Produkten; *Ggs* Fastfood [<engl. *slow* »langsam« + *food* »Essen«]

Slow|fox ⟨[slo:-] od. engl. [sloʊ-] m.; - od. -es, -e⟩ langsamer Foxtrott [<engl. *slow* »langsam« + *Fox(trott)*]

Slow|mo|tion ⟨[slo:moʊʃən] od. engl. [sloʊ-]⟩ *auch:* **Slow Motion** ⟨f.; (-) -; unz.⟩ in Zeitlupe abgespielter Film(ausschnitt) [engl.]

Slow-Scan|ning-Ver|fah|ren ⟨[slo:skænɪŋ-] od. engl. [sloʊ-] n.; -s; unz.; Technik⟩ techn. Verfahren, das den Anschein erweckt, als sei das Fernsehbild in Momentaufnahmen aufgeteilt [<engl. *slow* »langsam« + *scan* »abtasten, rastern«]

Slum ⟨[slʌm] m.; -s, -s; meist Pl.⟩ Elendsviertel [engl.]

Slump ⟨[slʌmp] m.; - od. -s, -s⟩ unerwartete Baisse an der Börse; *Ggs* Boom [engl., »Sturz«]

Slup ⟨f.; -, -en; Seew.⟩ einmastiger (Fisch-)Kutter; *oV* Schlup, Sloop [<engl. *sloop*]

Sm ⟨chem. Zeichen für⟩ Samarium

small ⟨[smɔ:l] Adj.; Abk.: S⟩ klein (als Kennzeichnung der Konfektionsgröße) [engl.]

Small|talk ⟨[smɔ:ltɔ:k]⟩ *auch:* **Small Talk** ⟨n.; (-) -s, (-) -s⟩ 1 ⟨EDV⟩ objektorientierte Programiersprache 2 leichte, belanglose Unterhaltung [<engl. *small* »klein« + *talk* »Gespräch, Plauderei«]

> **Smalltalk / Small Talk** (*Getrennt- und Zusammenschreibung*) Aus dem Englischen stammende Verbindungen aus Adjektiv und Substantiv schreibt man zusammen, wenn der Hauptakzent auf dem ersten Bestandteil liegt. Liegt er auf dem zweiten Bestandteil oder werden beide Wörter betont, wird getrennt geschrieben (→*a.* Wildcard / Wild Card).

Smal|te ⟨f.; -, -n⟩ = Schmalte

smal|ten ⟨V.⟩ = schmalten

Sma|ragd ⟨m.; -(e)s, -e; Min.⟩ ein Mineral, grüner Edelstein [<mhd. *smaragt, smarât* <ahd. *smaragdus* <lat. *smaragdus* <grch. *smaragdos*]

sma|rag|den ⟨Adj.⟩ 1 aus Smaragd, mit Smaragden besetzt; *ein ~es Armband* 2 grün wie ein Smaragd; *Sy* smaragdfarben

sma|ragd|far|ben ⟨Adj.⟩ = smaragden (2)

smart ⟨Adj.⟩ 1 elegant, attraktiv u. charmant 2 geschäftstüchtig, durchtrieben u. gewandt 3 ⟨EDV⟩ intelligent [engl., »beißend, scharf; pfiffig, schlau« (im negativen Sinne)]

Smart|board ⟨[-bɔ:d] n.; -s, -s⟩ = Whiteboard

Smart|card ⟨[-ka:(r)d]⟩ *auch:* **Smart Card** ⟨f.; (-) -, (-) -s; EDV⟩ = Chipkarte [<*smart* + engl. *card* »Karte«]

Smart|phone ⟨[-foʊn] n.; -s, -s; EDV⟩ Mobiltelefon, das zusätzlich die Funktionen eines Handheldcomputers besitzt [<engl. *smart* »intelligent« + *phone* »Telefon«]

Smart Ter|mi|nal ⟨[- tœ:mɪnəl] n.; - -s, - -s; EDV⟩ intelligentes Terminal, das mit zusätzlichen Eigenschaften, wie einem Bildschirmspeicher, ausgestattet ist

Smash ⟨[smæʃ] m.; -s, -s; Sport; bes. Tennis od. Badminton⟩ Schmetterball [zu engl. *smash* »(zer)schmettern«]

Smeg|ma ⟨n.; - od. -s; unz.⟩ talghaltige Absonderung der Eichel- u. Vorhautdrüsen [grch., »Schmiere«]

Smi|ley ⟨[smaɪlɪ] m.; -s, -s; Zeichen: ☺⟩ gesichtsähnliches (urspr. gelbes) Symbol für Fröhlichkeit u. gute Laune; →*a.* Emoticon; *er grinst wie ein ~* [engl.; zu *smile* »lächeln«]
Smith|so|nit ⟨[smɪθ-] m.; -s, -en; Min.⟩ = Zinkspat
Smog ⟨m.; - od. -s; unz.⟩ dicker, mit Rauch vermischter Nebel, bes. über Industriestädten [<engl. *smoke* »Rauch« + *fog* »Nebel«]
smo|ken ⟨V.; Textilw.⟩ mit einem Zierstich nähen, bei dem der Stoff zugleich in kleine Fältchen gerafft wird [<slowen. *smok* »Hemd«]
Smo|king ⟨m.; -s, -s, österr. auch: -e⟩ Gesellschaftsanzug für Herren mit tief ausgeschnittener Jacke, deren Revers mit Seide belegt sind [verkürzt <engl. *smoking-suit* od. *smoking-jacket* »Rauchjackett, Rauchanzug«; zu *smoke* »rauchen«]
Smör|gås|bord ⟨[smøːrgɔːs-] m.; -s, -s; schwed. Kochk.⟩ kaltes Buffet [schwed.]
Smør|re|brød ⟨n.; -s, -s; Kochk.⟩ gut belegtes Butterbrot [<dän. *smørrebrød* »Butterbrot«]
smor|zan|do ⟨Musik⟩ ersterbend, verklingend, erlöschend (zu spielen) [ital., Part. Präs. zu *smorzare* »dämpfen, löschen«]
SMS ⟨f.; -, -; EDV; Abk. für engl.⟩ Short Message Service, Kurznachricht, die per Handy od. Internet gesendet u. empfangen wird; →*a.* simsen
Smyr|na ⟨m.; -s, -s⟩ Handelsname für mehrere Arten türkischer Knüpfteppiche mit hohem Flor [nach der türk. Stadt *Smyrna*, heute Izmir]
Sn ⟨chem. Zeichen für⟩ Zinn (Stannum)
Snack ⟨[snæk] m.; -s, -s⟩ kleiner Imbiss, Kleinigkeit zu essen [engl.]
Snack|bar ⟨[snæk-] f.; -, -s⟩ Imbissstube [<engl. *snack* »kleiner Imbiss« + *Bar*]
sna|cken ⟨[snækən] V.⟩ Snacks zu sich nehmen, Kleinigkeiten (bes. zwischen den Mahlzeiten) essen, naschen; *in einer Bar trinken u. ~* [<engl. *snack*]
Snake|board ⟨[snɛɪkbɔː(r)d] n.; -s, -s⟩ Skateboard mit einem Gelenk in der Mitte, das extremen Slalom ermöglicht [<engl. *snake* »Schlange« + *board* »Brett«]
Snea|ker ⟨[sniːkə(r)] m.; -s, -s⟩ **1** ⟨scherzh.⟩ Schleicher, Leisetreter **2** ⟨Pl.; Mode⟩ sportlicher, dem Turnschuh ähnlicher modischer Laufschuh [engl.-amerikan.]
Sneak|pre|view *auch:* **Sneak-Preview** ⟨[sniːkprɪvjuː] m. od. f.; -, -s⟩ Vorschau, Probeaufführung [engl.]
Sniff ⟨m.; -s, -s; umg.⟩ das Sniffen; →*a.* Sniffing
snif|fen ⟨V.; Drogenszene⟩ schnüffeln, schnupfen; *Klebstoffe ~* [<engl. *sniff* »schnüffeln, schnuppern«]
Snif|fing ⟨n.; - od. -s; unz.⟩ Einatmen der Dämpfe bestimmter Stoffe (z. B. Lösungsmittel, Klebstoffe), um einen Rauschzustand herbeizuführen, Schnüffeln [engl., »Schnüffeln«]
Snob ⟨[snɔb] m.; -s, -s; abwertend⟩ vornehm tuender Mensch, der nach gesellschaftl. Ansehen strebt, das Extravagante, Exklusive liebt u. auf andere hinabblickt [<engl. *snob*, Ursprung unsicher, vielleicht urspr. Kurzform von lat. *s*ine *nob*ilitate »ohne Adel« (angeblich wurden im 18. Jh. die nicht adeligen, bürgerl. Studenten an der Universität Cambridge mit diesem Vermerk in die Matrikel eingetragen)]
Sno|bi|e|ty ⟨[snɔbaɪətɪ] f.; -; unz.; kurz für⟩ = High Snobiety
Sno|bis|mus ⟨m.; -; unz.⟩ Verhalten wie ein Snob
sno|bis|tisch ⟨Adj.⟩ wie ein Snob
Snoe|ze|len ⟨[snuːzə-] n.; - od. -s; unz.; Päd.⟩ Konzept zur Gestaltung von Innenräumen zum Wohlfühlen u. Entspannen, das z. B. zur Therapie psychischer, physischer, sozialer u. a. Beeinträchtigungen mit Hilfe der Unterstützung der Sinne (riechen, tasten, hören, sehen, schmecken) verwendet wird [ndrl.; verkürzt <*sn*uffeln »schnuppern« + d*oezelen* »schlummern, dösen«]
Snoo|ker ⟨[snuːkə(r)] n.; -s, -s; kurz für⟩ Snookerpool
Snoo|ker|pool ⟨[snuːkə(r)puːl] n.; -s, -s⟩ (bes. in Großbritannien beliebte) Variante des Billards, bei der farbige Kugeln nach bestimmten Regeln in die 6 Löcher des Billardtisches eingespielt werden müssen; *Sy* Snooker [engl.]
Snow ⟨[snoʊ] m.; - od. -s; unz.; Drogenszene⟩ Kokain [engl., »Schnee«]
Snow|blade ⟨[snoʊblɛɪd] m.; -s, -s; meist Pl.; Sport⟩ = Skiboard
Snow|board ⟨[snoʊbɔːd] n.; -s, -s; Sport⟩ Brett zum Fahren bzw. Gleiten auf dem Schnee [engl., »Schneebrett«]
snow|boar|den ⟨[snoʊbɔːdən] V.; Sport⟩ Snowboard fahren
Snow|boar|der ⟨[snoʊbɔːdə(r)] m.; -s, -; Sport⟩ jmd., der Snowboard fährt
Snow|boar|de|rin ⟨[snoʊbɔː-] f.; -, -rin|nen; Sport⟩ weibl. Person, die Snowboard fährt
Snow|boar|ding ⟨[snoʊbɔːdɪŋ] n.; -s, -s; Sport⟩ das Fahren bzw. Gleiten auf dem Schnee mit einem Snowboard [engl., »Schneebrettfahren«]
Snow|mo|bil ⟨[snoʊ-] n.; -s, -e⟩ = Schneemobil [<engl. *snowmobile*]
Snow|raf|ting ⟨[snoʊraːftɪŋ] n.; - od. -s; unz.; Sport⟩ mit einem Schlauchboot die Schneeberge hinabgleiten; →*a.* Rafting
s. o. ⟨Abk. für lat.⟩ **1** sine obligo **2** salvis omissis
Soap ⟨[soʊp] f.; -, -s; TV; kurz für⟩ Soapopera
Soap|ope|ra ⟨[soʊpɔpəra] f.; -, -s; TV⟩ tägl. od. wöchentlich ausgestrahlte TV-Serie mit fortlaufender Handlung, Seifenoper; *Sy* Soap; *mit der »Lindenstraße« begann der Siegeszug der ~s im deutschen Fernsehen* [engl., »Seifenoper«]

> **→ Soiree** Obwohl das aus dem Französischen stammende Fremdwort *Soiree* am Wortanfang [soa-] ausgesprochen wird, schreibt man es wie in der Herkunftssprache: *Soiree*.

so|a|ve ⟨[-və] Musik⟩ zart, mild, lieblich (zu spielen) [ital.]
So|a|ve ⟨[-və] m.; -; unz.⟩ trockener ital. Weißwein [aus den

S

Bergen um den Ort *Soave* östlich von Verona]

So|ca ⟨m.; -s, -s⟩ lateinamerikan. Modetanz, eine Mischung aus Soul u. Calypso, aus dem karib. Karnevalcalypso entstanden

Soc|cer ⟨m.; -s; unz.; Sport; US-amerikan. Bez. für⟩ Fußball(spiel) [<engl. as*soc*iation football »Fußballverband«]

So|cial|costs ⟨[soʊʃəlkɔsts]⟩ *auch:* **So|cial Costs** ⟨Pl.; Wirtsch.⟩ von der Gesellschaft getragene Kosten (für Wasser-, Luftverschmutzung usw.), die aufgrund industrieller Produktion entstanden sind

So|cial En|gi|nee|ring ⟨[soʊʃəl ɛndʒıni:rıŋ] n.; - - od. - -s; unz.⟩ = Human Engineering [<engl. *social* »sozial« + *engineering* »Maschinenbau«]

So|cial Mar|ke|ting ⟨[soʊʃəl -] n.; - - od. - -s; unz.⟩ sozial ausgerichtetes, die Interessen der Gesellschaft berücksichtigendes Marketing [<engl. *social* »sozial« + *Marketing*]

So|cial Net|work ⟨[soʊʒəl nɛtwœ:k] n.; - - od. - -s, - -s; EDV⟩ soziales Netzwerk, das Gruppen mit gemeinsamen Interessen auf einer Internetplattform zusammenführt [<engl. *social* »sozial« + *network* »Netzwerk«]

So|cial Net|wor|king ⟨[soʊʒəl nɛtwœ:kıŋ] n.; - - od. - -s; unz.; EDV⟩ **1** das Betreiben von sozialen Netzen im Internet auf einer Website od. einem Internetportal (bes. durch eine Firma) **2** aktive Teilnahme am Aufbau sozialer Netzwerke zur Pflege persönlicher u. beruflicher Kontakte, z. B. auf Facebook [→ *Social Network*]

So|cial Soft|ware ⟨[soʊʃəl sɔftwɛ:r] f.; - -; unz.; EDV⟩ Software, die die zwischenmenschl. Kommunikation im Internet ermöglicht, bes. in Form von sozialen Diensten od. Netzwerken, Internetforen usw. [<engl. *social* »sozial« + *Software*]

So|cial Spon|so|ring ⟨[soʊʃəl spɔnsərıŋ] n.; - - od. - -s; unz.⟩ Maßnahmen zur finanziellen Unterstützung von sozialen Einrichtungen [<engl. *social* »sozial« + *Sponsoring*]

So|ci|e|tas Je|su ⟨[-tsi:ə-] f.; - -; unz.; Abk.: SJ⟩ die Gesellschaft Jesu, der Jesuitenorden [lat.]

So|ci|e|ty ⟨[səsaıəti] f.; -; unz.; kurz für⟩ High Society [engl., »Gesellschaft«]

So|cket ⟨[sɔkıt] m.; -s, -s; Sport; Golf⟩ Fehlschlag, bei dem nur die Schlägerspitze den Ball trifft [engl., eigtl. »Hülse«]

So|da ⟨f.; -; unz. od. n.; -s; unz.⟩ **1** in wässriger Lösung alkalisch regierendes Salz; *Sy* Natriumcarbonat **2** ⟨kurz für⟩ Sodawasser [ital., »Soda, Salzkraut« <arab. *suwwād*]

So|da|le ⟨m.; -n, -n⟩ Genosse, Mitglied einer kath. Sodalität [<lat. *sodalis* »Gefährte, Genosse, Tischgenosse; Mitglied des Priesterkollegiums«]

So|da|was|ser ⟨n.; -s; unz.⟩ Wasser mit Kohlensäuregehalt, Selterswasser; *Sy* Soda (2)

So|di|um ⟨n.; -s; unz.; engl. u. frz. Bez. für⟩ Natrium [→ *Soda*]

So|dom ⟨n.; -; unz.⟩ ~ *und Gomorr(h)a* ⟨sinnbildl. für⟩ Sünde u. Lasterhaftigkeit, Sündenpfuhl [nach der bibl. Stadt *Sodom,* die nach dem 1. Buch Mose 18-19 von Gott wegen ihrer Sünden vernichtet wurde]

So|do|mie ⟨f.; -; unz.⟩ Geschlechtsverkehr mit Tieren [<frz. *sodomie;* → *Sodom*]

So|do|mit ⟨m.; -en, -en⟩ jmd., der Sodomie treibt [<mlat. *sodomita* »einer, der so lasterhaft lebt, wie man es in Sodom tat«]

so|do|mi|tisch ⟨Adj.⟩ auf Sodomie beruhend

So|fa ⟨n.; -s, -s⟩ gepolstertes Sitzmöbel für mehrere Personen mit Rückenlehne u. Armlehnen; *Sy* Kanapee (1) [<frz. *sofa* <arab. *suffa* »Kissen auf dem Kamelsattel«]

Sof|fit|te ⟨f.; -, -n⟩ **1** vom Schnürboden herabhängende, bemalte Stoffbahnen zum Abschluss des Bühnenbildes **2** zum Anbringen hinter Abdeckungen geeignete, röhrenförmige Glühlampe [frz. <ital. *soffitta* <vulgärlat. *suffictus,* Part. Perf. zu *suffigere* »darunterheften«]

soft ⟨[sɔft] Musik; Jazz⟩ weich (zu spielen) [engl.]

Soft|ball ⟨[sɔftbɔ:l] m.; -s; unz.; Sport⟩ ein aus dem Baseball vor allem für das Spiel in Hallen entwickeltes Schlagballspiel [engl., »weicher Ball«]

Soft|co|py ⟨[sɔftkɔpı]⟩ *auch:* **Soft Co|py** ⟨f.; (-) -, (-) -s; EDV⟩ Kopie von Texten od. Daten, die nicht ausgedruckt, sondern auf dem Bildschirm des Computers abgebildet wird; *Ggs* Hardcopy [engl., »weiche Kopie«]

Soft|co|ver ⟨[sɔftkʌvə(r)] n.; -s, -⟩ Buch mit weichem Bucheinband, Paperback; *Ggs* Hardcover [engl., »weicher Deckel od. Einband«]

Soft|drink ⟨[sɔft-]⟩ *auch:* **Soft Drink** ⟨m.; (-) -s, (-) -s⟩ leicht alkohol. Getränk, z. B. Likör; *Ggs* Harddrink [engl., »weiches Getränk«]

Soft Drug ⟨[sɔft drʌg] f.; -, -s⟩ weiche Droge; *Ggs* Hard Drug, Hard Stuff [engl.]

Soft|eis ⟨[sɔft-] n.; -es, -⟩ sahniges Milchspeiseeis

sof|ten ⟨[sɔf-] V.; Fot.⟩ weichzeichnen von Bildern mit opt. Hilfsmitteln (z. B. Weichzeichner), die vor die Linse gebracht werden [engl., »weich machen]

Sof|te|ner ⟨[sɔf-] m.; -s, -; Textilw.⟩ Maschine, die die Faserbündel von Textilien zusammenquetscht, um das Fasergewebe weicher zu machen [engl., »Weichmacher«]

Sof|tie ⟨[sɔfti] m.; -s, -s; umg.⟩ sanfter, empfindsamer (junger) Mann [zu engl. *soft* »weich«]

Soft|por|no ⟨[sɔft-] m.; -s, -s⟩ Film mit gemäßigter Darstellung pornographischer Szenen [<engl. *soft* »weich« + *Porno*]

Soft|rock ⟨[sɔft-]⟩ *auch:* **Soft Rock** ⟨m.; (-) - od. (-) -s; unz.⟩ ruhigere, weniger rhythmisierte Variante der Rockmusik; →*a.* Hardrock [<engl. *soft* »weich« + *Rock*]

Soft|ware ⟨[sɔftwɛ:r] f.; -; unz.; EDV⟩ Gesamtheit der nicht materiellen Bestandteile eines EDV-Systems; *Ggs* Hardware [<engl. *soft* »weich« + *ware* »Ware«]

Soft|ware|en|gi|nee|ring ⟨[sɔftwɛ:rɛndʒıni:rıŋ] n.; - od. -s; unz.; EDV⟩ Gesamtheit aller Verfahren zur Entwicklung u. Einsetzung von Programmen [<engl. *software* + *Engineering*]

S

Soft|ware|fir|ma ⟨[sɔftwɛːr-] f.; -, -fir|men; EDV⟩ Unternehmen, das Datenverarbeitungsprogramme entwickelt u. vertreibt

Soil|ero|sion ⟨[sɔɪlɪroʊʒn] f.; -; unz.; Geogr.⟩ Bodenerosion [engl.]

Soi|ree ⟨[soa-] f.; -, -n⟩ **1** Abendgesellschaft **2** Abendvorstellung, Abendveranstaltung [frz., »Abendzeit, Abendgesellschaft«; zu *soir* »Abend«]

Soi|xante-neuf ⟨[soasɑ̃tnœf] n.; - od. -s; unz.⟩ = Sixty-nine [frz., »neunundsechzig«]

So|ja ⟨f.; -, So|jen; kurz für⟩ Sojabohne [<jap. *shj* <chines. *chiang-yu,* eigtl. »Sojaöl«]

So|ja|boh|ne ⟨f.; -, -n; Bot.⟩ aus Ostasien stammende einjährige Nutzpflanze, deren ölhaltiger Samen bei uns seit dem 18. Jh. eingeführt wird: Glycine soja [→ *Soja*]

So|ja|sau|ce ⟨[-zoːsə] f.; -, -n; Kochk.⟩ = Sojasoße

So|ja|so|ße ⟨f.; -, -n; Kochk.⟩ aus Sojabohnen gewonnene ostasiatische Würzsoße (gilt als älteste Würzsoße der Welt); *oV* Sojasauce

So|jus ⟨m.; -; unz.⟩ sowjet. Weltraumfahrzeug, früher als bemannte Weltraumstation genutzt, heute nur noch als Personen- u. Materialtransporter für Weltraumstationen verwendet [russ., »Union«]

So|kra|tik *auch:* **Sok|ra|tik** ⟨f.; -; unz.; Philos.⟩ = Mäeutik

So|kra|ti|ker *auch:* **Sok|ra|ti|ker** ⟨m.; -s, -; Philos.⟩ Vertreter, Anhänger des Sokrates u. seiner Lehre

so|kra|tisch *auch:* **sok|ra|tisch** ⟨Adj.⟩ **1** ⟨Philos.⟩ auf Sokrates u. seiner Lehre beruhend, von ihm ausgehend **2** ⟨fig.⟩ weise

Sol[1] ⟨m.; - od. -s, -s od. (bei Zahlenangaben) -⟩ Währungseinheit in Peru, 100 Centavos [span., »Sonne«]

Sol[2] ⟨n.; -s, -e⟩ kolloide Lösung [→ *Solutio*]

Sol[3] ⟨n.; -, -; Musik⟩ Ton G, in der Tonika-Do-Methode der jeweils fünfte Ton einer Tonleiter; →*a.* Solmisation [ital.]

So|la|nin ⟨n.; -s, -e; Biochemie⟩ giftiges Alkaloid verschiedener Nachtschattengewächse [<frz. *solanine* <lat. *solanum* »Nachtschatten«]

So|la|num ⟨n.; -s, -la|nen; Bot.⟩ Nachtschatten [lat.]

so|lar ⟨Adj.; Physik; Astron.; Ökol.; Med.⟩ auf die Sonne bezüglich, von ihr ausgehend, zu ihr gehörend; *oV* solarisch [<lat. *solaris* »zur Sonne gehörig«; zu *sol* »Sonne«]

So|lar ⟨n.; -s, -e; kurz für⟩ Solarjahr

So|lar|an|la|ge ⟨f.; -, -n; Ökol.⟩ mit Sonnenenergie betriebenes Kraftwerk od. Heizungssystem, Sonnenkraftwerk; *Sy* Solarkraftwerk

So|lar|bat|te|rie ⟨f.; -, -n; Ökol.⟩ = Solargenerator

So|lar|ener|gie ⟨f.; -; unz.; Ökol.⟩ Sonnenenergie

So|lar|farm ⟨f.; -, -en; Ökol.⟩ bes. Bauart einer Solaranlage

So|lar|ge|ne|ra|tor ⟨m.; -s, -en; Ökol.⟩ Sonnengenerator, Zusammenschaltung mehrerer Solarzellen zur Stromerzeugung; *Sy* Solarbatterie

So|lar|hei|zung ⟨f.; -, -en; Ökol.⟩ mit Sonnenenergie betriebene Heizung, Sonnenheizung

So|la|ri|me|ter ⟨n.; -s, -; Astron.⟩ Gerät zur Messung der von der Sonne u. anderen Himmelskörpern einfallenden Strahlung

So|la|ri|sa|ti|on ⟨f.; -, -en; Fot.⟩ Umkehr einer stark überbelichteten negativen fotografischen Schicht in eine positive [<engl. *solarization;* zu *solarize* »dem Sonnenlicht aussetzen«]

so|la|risch ⟨Adj.⟩ = solar

So|la|ri|um ⟨n.; -s, -ri|en⟩ **1** Einrichtung zur Bestrahlung des Körpers mit einem dem Sonnenspektrum weitgehend ähnelnden, künstlichen Lichtquelle **2** Raum, in dem man mittels UV-Lichts eine Körperbräunung erreichen kann [Neutr. zu lat. *solarius* »zur Sonne gehörig«; zu *sol* »Sonne«]

So|lar|jahr ⟨n.; -(e)s, -e⟩ Sonnenjahr, Zeitspanne, die die Erde für einen vollen Umlauf um die Sonne benötigt, etwa 365,25 Tage; *Sy* Solar

So|lar|kol|lek|tor ⟨m.; -s, -en; Ökol.⟩ Vorrichtung zur Nutzung der Sonnenenergie für die Erzeugung heißen Wassers, z. B. als Zusatzheizung od. in Schwimmbädern; *Sy* Sonnenkollektor

So|lar|kon|stan|te *auch:* **So|lar|kons|tan|te** ⟨f.; -, -n; Physik⟩ diejenige Energie, die in einer bestimmten Zeit von der Sonne auf einem Quadratzentimeter der Obergrenze der Atmosphäre auftritt

So|lar|kraft|werk ⟨n.; -(e)s, -e; Ökol.⟩ = Solaranlage

So|lar|öl ⟨n.; -s, -e⟩ aus Braunkohle gewonnenes Öl, das zwischen 130 u. 240 °C siedet u. als Lösungsmittel u. Treibstoff für Motoren verwendet wird

So|lar|ple|xus ⟨a. [--'--] m.; -, -; Anat.⟩ auf der Hauptschlagader dicht unter dem Zwerchfell aufliegendes Geflecht aus Fasern des vegetativen Nervensystems, von dem aus alle Eingeweide der oberen Bauchhöhle mit Nerven versorgt werden, Sonnengeflecht: Plexus solaris

So|lar|tech|nik ⟨f.; -; unz.⟩ neu entstandener Industriezweig, der sich mit der Nutzung der Sonnenenergie für Heizzwecke u. zur Stromerzeugung befasst

So|lar|ther|mie ⟨f.; -; unz.⟩ Wärmegewinnung aus Sonnenenergie, bes. zur Warmwasserbereitung od. unterstützend für Heizungen

So|lar|zel|le ⟨f.; -, -n; Physik⟩ Halbleiterbauelement zur Umwandlung von Strahlungsenergie (der Sonne) in elektrische Energie auf fotoelekt. Wege durch Freisetzen von Elektronen im Innern, Sonnenzelle

So|la|wech|sel ⟨[-ks-] m.; -s, -; Bankw.⟩ Wechsel, in dem sich der Aussteller zur Zahlung einer Geldsumme verpflichtet, Eigenwechsel [<lat. *solus* »allein«]

Sol|da|nel|le ⟨f.; -, -n; Bot.⟩ Troddelblume, Alpenglöckchen, einer in den Alpen od. höheren Mittelgebirgen heimischen Gattung der Primelgewächse angehörende Frühlingsblume mit münzenförmigen Blättern u. zerschlitzten Kronblättern der bläul. od. rötl. violetten Blüten: Soldanella [<neulat., ital. *soldanella*]

Sol|dat ⟨m.; -en, -en⟩ **1** ⟨Mil.⟩

Angehöriger einer Streitkraft eines Staates; *Ggs* Zivilist **2** ⟨Schach⟩ Bauer **3** ⟨Zool.⟩ **3.1** auf die Verteidigung spezialisiertes Individuum eines Insektenstaates **3.2** Feuerwanze [<ital. *soldato,* frz. *soldat,* span. *soldado* »der Besoldete«]

Sol|da|tes|ka ⟨f.; -; unz.⟩ Horde wilder, roher Soldaten [<ital. *soldatesca* »Kriegervolk«, 1792 durch Schiller zum negativen Schlagwort geworden]

Sol|da|tin ⟨f.; -, -tin|nen; Mil.⟩ Angehörige einer Streitkraft eines Staates; *Ggs* Zivilistin [→ *Soldat*]

sol|da|tisch ⟨Adj.; Mil.⟩ wie ein Soldat, wie bei den Soldaten, straff; *~e Disziplin*

Sol|do ⟨m.; -s, Sol|di⟩ frühere ital. Münze [→ *solidus*]

So|leil ⟨[sɔlɛj] m.; - od. -s; unz.; Textilw.⟩ glänzendes, zartgeripptes Kammgarngewebe mit hoher Kettdichte [frz., »Sonne«]

so|lenn ⟨Adj.⟩ feierlich, festlich [<lat. *sollemnis, solennis* »festlich«]

So|len|ni|tät ⟨f.; -; unz.⟩ solenne Beschaffenheit, Festlichkeit, Feierlichkeit

So|le|no|id ⟨n.; -(e)s, -e; Physik⟩ langgestreckte, zylindr. Spule, in deren Innerem bei Stromdurchfluss ein nahezu homogenes Magnetfeld entsteht [<grch. *solen* »Röhre« + *eidos* »Gestalt«]

Sol|fa|ta|re ⟨f.; -, -n; Geogr.⟩ vulkanisches Ausströmen von schwefeligen Gasen u. Wasserdampf [<ital. *solfatara;* zu *solfo* »Schwefel« <lat. *sulfur*]

sol|feg|gie|ren ⟨[-dʒi:-] V.; Musik⟩ ein Solfeggio singen

Sol|feg|gio ⟨[-dʒo] n.; -s, -feg|gien [-dʒən]; Musik⟩ virtuose Stimmübung auf Vokalen [<ital. *sol,* Tonname für *g,* + *fare* »machen«]

So|li **1** ⟨Pl. von⟩ Solo **2** ⟨umg.; kurz für⟩ Solidaritätszuschlag

so|lid ⟨Adj.⟩ = solide

So|li|dar|haf|tung ⟨f.; -; unz.; Rechtsw.⟩ Haftung mehrerer Personen, die als Gesamtschuldner gelten

so|li|da|risch ⟨Adj.⟩ **1** füreinander einstehend, fest verbunden; *ein ~es Verhalten* **2** gemeinsam, geschlossen **3** einig, übereinstimmend [<frz. *solidaire* »miteinander verbunden, füreinander haftend« <lat. *solidus* »echt, ganz und gar«]

so|li|da|ri|sie|ren ⟨V.⟩ *sich ~* sich verbinden, sich solidarisch erklären

So|li|da|ris|mus ⟨m.; -; unz.; bes. kath. Kirche⟩ Lehre von der Verbundenheit des Einzelnen mit der Gemeinschaft für das allgemeine Wohl

So|li|da|ri|tät ⟨f.; -; unz.⟩ Zusammengehörigkeit, Verbundenheit, Gleichgesinntheit [→ *solidarisch*]

So|li|da|ri|täts|zu|schlag ⟨m.; -(e)s; unz.; Politik⟩ Zuschlag zur Einkommens- u. Körperschaftssteuer, der wegen der zusätzlichen finanziellen Belastung durch die deutsche Wiedervereinigung erhoben wird

So|li|dar|ność ⟨[-nɔʃ] f.; -; unz.; Politik⟩ polnischer Gewerkschaftsverband [poln., »Solidarität«]

So|li|dar|schuld|ner ⟨m.; -s, -; Rechtsw.⟩ Gesamtschuldner [→ *solidarisch*]

so|li|de ⟨Adj.⟩ *oV* solid **1** charakterfest, zuverlässig, maßvoll, einwandfrei **2** nicht ausschweifend, häuslich; *~ leben* **3** anständig, ordentlich, geordnet, gutbürgerlich; *ein ~s Mittagessen; in ~n Verhältnissen leben* **4** dauerhaft, haltbar, gut gebaut, fest; *ein ~s Paar Schuhe; ~ Arbeit leisten* [frz. <lat. *solidus* »echt, gediegen, haltbar«]

So|li|di|tät ⟨f.; -; unz.⟩ solide Beschaffenheit, solides Wesen

So|li|dus ⟨m.; -, -li|di⟩ altröm. Goldmünze [zu lat. *solidus* »echt«]

so|lie|ren ⟨V.; Musik⟩ **1** ein Solo singen od. spielen **2** ohne Begleitung singen od. spielen

so|li|flu|i|dal ⟨Adj.; Geogr.⟩ die Solifluktion betreffend, auf ihr beruhend

So|li|fluk|ti|on ⟨f.; -, -en⟩ Bodenfließen, durch wechselndes Gefrieren u. Abtauen der über einem Frostboden liegenden Bodenschichten werden diese mit Wasser durchtränkt u. in ihrer Struktur verlagert [<lat. *solidus* »echt, gediegen, haltbar« + *fluctuatio* »das Schwanken, Wogen«]

So|ling ⟨f.; -, -s od. m. od. n.; -s, -s; Segeln⟩ Kielboot für drei Personen

So|lip|sis|mus *auch:* **So|li|psis|mus** ⟨m.; -; unz.; Philos.⟩ Lehre, dass das subjektive Ich das allein wirkliche sei u. alle anderen Ichs nur dessen Vorstellungen [<lat. *solus* »allein« + *ipse* »selbst«]

So|lip|sist *auch:* **So|lip|sis|t** ⟨m.; -en, -en⟩ Anhänger, Vertreter des Solipsismus

so|lip|sis|tisch *auch:* **so|li|psis|tisch** ⟨Adj.⟩ auf dem Solipsismus beruhend

So|list ⟨m.; -en, -en; Musik⟩ (von Orchester od. Chor begleiteter) einzeln hervortretender Instrumentalist od. Sänger; *Violin~* [<ital. *solista,* frz. *soliste* <lat. *solus* »allein«]

So|lis|tin ⟨f.; -, -tin|nen; Musik⟩ (von Orchester od. Chor begleitete) einzeln hervortretende Instrumentalistin od. Sängerin; *Violin~*

so|lis|tisch ⟨Adj.; Musik⟩ **1** einen Solisten betreffend **2** als Solist auftretend; *eine ~e Einlage; ein ~er Auftritt*

so|li|tär ⟨Adj.⟩ einsam, allein, abgesondert (lebend); *~es Tier* allein lebendes Tier, das aber normalerweise gesellig lebt [<frz. *solitaire* <lat. *solitarius* »allein, abgesondert«]

So|li|tär ⟨m.; -s, -e⟩ **1** sehr großer, einzeln gefasster Diamant **2** Geduldspiel für eine Person [→ *solitär*]

So|li|tü|de ⟨f.; -, -n⟩ Einsamkeit (Name von Schlössern); *Schloss ~ bei Stuttgart* [<frz. *solitude* <lat. *solitudo*]

Sol|lux|lam|pe ⟨f.; -, -n⟩ Bestrahlungslampe zur örtlichen Wärmebehandlung [<lat. *sol* »Sonne« + *lux* »Licht« + *Lampe*]

Sol|mi|sa|ti|on ⟨f.; -; unz.; Musik⟩ **1** System von Silben, mit denen die Töne der diaton. Tonleiter bezeichnet werden; →*a* Ut[1] **2** Verfahren, mit diesen Silben die Vorstellung von Tönen zu bilden u. zu festigen [<*sol* + *mi,* den beiden Tonsilben der Reihe: ut (später do), re, mi, fa, sol, la, si]

sol|mi|sie|ren ⟨V.; Musik⟩ das Verfahren der Solmisation anwenden

so|lo ⟨Adj.; Musik⟩ allein, einzeln; ~ *singen, spielen; ich bin wieder* ~ ⟨umg.; scherzh.⟩ ohne Partner, nicht mehr in einer Beziehung lebend [ital., »allein, einzig« <lat. *solus*]

So|lo ⟨n.; -s, -s od. So|li⟩ **1** ⟨Musik⟩ Vortrag eines einzelnen Sängers od. Instrumentalisten; *Ggs* Tutti **2** ⟨Kart.⟩ Spiel eines Einzelnen gegen mehrere Mitspieler [ital., »allein, einzig« <lat. *solus*]

So|lo|al|bum ⟨n.; -s, -al|ben⟩ Album (2) eines einzelnen Künstlers od. eines ansonsten fest in einer Band spielenden einzelnen Musikers

So|lö|zis|mus ⟨m.; -, -zis|men; Sprachw.⟩ grober sprachlicher, bes. syntaktischer Fehler [<grch. *soloikismos* »sprachlich falscher Ausdruck«; zu *soloikos* »fehlerhaft sprechend«; zu *Soloi,* einer grch. Kolonie in Kilikien, in der sehr fehlerhaftes Griechisch gesprochen wurde]

Sol|sti|ti|um ⟨n.; -s, -ti|en⟩ Sonnenwende [lat., eigtl. »Sonnenstand« <*sol* »Sonne« + *sistere* »stehen bleiben«]

so|lu|bel ⟨Adj.; Chemie⟩ löslich; *soluble Stoffe* [<frz. *soluble* <lat. *solubilis;* zu *solvere* »lösen«]

So|lu|bi|li|sa|ti|on ⟨f.; -, -en; Chemie⟩ Lösung eines Stoffes in einem Lösungsmittel, in dem er unter normalen Umständen nicht löslich ist, verursacht durch übermäßige Druck- od. Temperaturverhältnisse od. durch Substanzen, die die Lösung begünstigen

So|lu|tio ⟨f.; -, -ti|o|nen; Pharm.; Chemie⟩ = Solution

So|lu|ti|on ⟨f.; -, -en; Pharm.; Chemie⟩ Lösung; *oV* Solutio [<frz. *solution* <lat. *solutio* »die Auflösung«]

So|lu|tré|en *auch:* **So|lut|ré|en** ⟨[solytreɛ̃:] n.; -s od. -; unz.; Geol.⟩ Kulturstufe des Jungpaläolithikums [nach dem Fundort *Solutré,* im frz. Departement Saône-et-Loire]

sol|va|bel ⟨[-va:-] Adj.⟩ auflösbar; *eine solvable Mischung* [<frz. *solvable* »zahlungsfähig« <lat. *solvere* »auflösen; abzahlen«]

Sol|va|ta|ti|on ⟨[-va-] f.; -, -en; Chemie⟩ Anlagerung von Lösungsmittelmolekülen an gelöste Teilchen wie Ionen, Moleküle und Elektronen [zu lat. *solvere* »lösen, auflösen«]

Sol|vens ⟨[-vɛns] n.; -, -ven|zi|en; Pharm.⟩ den Schleim lösendes Mittel [lat., Part. Präs. zu *solvere* »lösen, auflösen«]

sol|vent ⟨[-vɛnt] Adj.; Wirtsch.⟩ zahlungsfähig; *Ggs* insolvent [<lat. *solvere* »(Schuld, Lohn) (ab)zahlen«]

Sol|venz ⟨[-vɛnts] f.; -; unz.; Wirtsch.⟩ Zahlungsfähigkeit; *Ggs* Insolvenz [→ *solvent*]

sol|vie|ren ⟨[-vi:-] V.; Wirtsch.⟩ **1** lösen, auflösen **2** zahlen, abzahlen (Schuld) [<lat. *solvere;* → *Solvens*]

So|ma ⟨m.; -s, -ma|ta; Med.⟩ Leib, Körper [neulat. <grch. *soma* »Körper«]

so|ma|tisch ⟨Adj.; Med.⟩ leiblich, körperlich [<grch. *somatikos* »den Körper betreffend«]

so|ma|to..., So|ma|to... ⟨in Zus.⟩ körper..., Körper... [<grch. *soma,* Gen. *somatos* »Körper«]

so|ma|to|gen ⟨Adj.; Med.⟩ **1** körperlich bedingt; *Ggs* psychogen **2** neu erworben, nicht vererbbar; *~e Eigenschaft* E., die vom Körper neu erworben u. nicht erblich ist [<*somato...* + *...gen*[1]]

So|ma|to|gramm ⟨n.; -s, -e; Med.⟩ Grafik od. Tabelle, die auf der Grundlage von physischen Werten (Alter, Gewicht, Größe) die Entwicklung von Säuglingen u. Kindern bis zur Pubertät veranschaulicht [<*Somato...* + *...gramm*]

So|ma|to|tro|pin ⟨n.; -s; unz.; Biochemie⟩ im Vorderlappen der Hypophyse gebildetes, das Längenwachstum förderndes Hormon [<*Somato...* + *...trop*[1]]

So|ma|zel|le ⟨f.; -, -n; Genetik⟩ mit dem doppelten Chromosomensatz ausgestattete Zelle (jede Körperzelle mit Ausnahme der Keimzellen)

Som|bre|ro *auch:* **Somb|re|ro** ⟨m.; -s, -s⟩ breitrandiger mexikan. Hut [span., »Schattenspender«; zu *sombra* »Schatten«]

Som|me|li|er ⟨[-lje:] m.; -s, -s; Berufsbez. für⟩ Weinberater bzw. Weinkellner in einer Vinothek od. einem Restaurant [<frz. *sommelière* »Weinkellner, Kellermeister« <altprov. *saumalier* »Führer von Saumtieren«]

Som|me|li|è|re ⟨[-lje:rə] f.; -, -n⟩ weibl. Sommelier

som|nam|bul ⟨Adj.; Med.⟩ an Somnambulismus leidend, mondsüchtig; *Sy* lunatisch [frz. <lat. *somnus* »Schlaf« + *ambulare* »gehen«]

Som|nam|bu|le ⟨m. od. f.; -n, -n; Med.⟩ jmd., der an Somnambulismus leidet, Schlafwandler(in); *Sy* Lunatiker

som|nam|bu|lie|ren ⟨V.; Med.⟩ schlafwandeln

Som|nam|bu|lis|mus ⟨m.; -; unz.; Med.⟩ Ausführung, geordneter Handlungen u. Bewegungen in tiefem Schlaf, an die keine Erinnerung bleibt, Mondsüchtigkeit, Schlafwandeln; *Sy* Lunatismus, Noktambulismus [→ *somnambul*]

som|no|lent ⟨Adj.; Med.⟩ **1** benommen **2** schlafsüchtig, -trunken [frz., »schlaftrunken«; zu *somnus* »Schlaf«]

Som|no|lenz ⟨f.; -; unz.; Med.⟩ krankhafte Schläfrigkeit [→ *somnolent*]

So|na|graf ⟨m.; -en, -en; Technik⟩ = Sonagraph

so|na|gra|fisch ⟨Adj.; Technik⟩ = sonagraphisch

So|na|gramm ⟨n.; -s, -e; Technik⟩ mit dem Sonar gewonnene Aufzeichnung eines akustischen Vorganges

So|na|graph ⟨m.; -en, -en; Technik⟩ Gerät zur Aufzeichnung u. Sichtbarmachung von akustischen Vorgängen; *oV* Sonagraf [<lat. *sonare* »tönen« + *...graph*]

so|na|gra|phisch ⟨Adj.; Technik⟩ mit Hilfe eines Sonagraphen festgehalten, festgestellt; *oV* sonagrafisch

So|nant ⟨m.; -en, -en; Phon.; Sprachw.⟩ silbenbildender Laut; →*a.* Vokal [<lat. *sonans,* Part. Präs. zu *sonare* »tönen«]

so|nan|tisch ⟨Adj.; Sprachw.; Phon.⟩ **1** silbenbildend **2** den

S

Sonanten betreffend, zu ihm gehörig
So|nar ⟨n.; -s, -e; Technik; kurz für⟩ = Sonargerät
So|nar|ge|rät ⟨n.; -(e)s, -e; Technik⟩ Gerät zur Ortung von getauchten U-Booten od. Unterwasserhindernissen mittels Schallwellen, die von dem betreffenden Gegenstand reflektiert werden; *Sy* Sonar [<lat. *sonare* »tönen«]
So|na|te ⟨f.; -, -n; Musik⟩ Musikstück für ein od. mehrere Instrumente aus drei od. vier Sätzen [<ital. *sonata;* zu ital., lat. *sonare* »tönen, klingen«]
So|na|ti|ne ⟨f.; -, -n; Musik⟩ kleine Sonate [<ital. *sonatina,* Verkleinerungsform zu *sonata;* → *Sonate*]
so|na|tisch ⟨Adj.; Musik⟩ **1** in der Art der Sonate **2** die Sonate (u. ihre Form) betreffend
Son|de ⟨f.; -, -n⟩ **1** ⟨Med.⟩ stab- od. schlauchförmiges Instrument zur Untersuchung von Körperhöhlen u. -gängen od. zum Entnehmen bzw. Einbringen von Flüssigkeiten; *Blasen~* **2** ⟨Bgb.⟩ Bohrung geringen Durchmessers zur Entnahme einer Probe **3** ⟨kurz für⟩ Weltraumsonde **4** ⟨Biochemie⟩ markiertes, einzelsträngiges DNA- od. RNA-Molekül [<frz. *sonde* »Lot, Senkblei«]
son|die|ren ⟨V.⟩ **1** ⟨Med.⟩ mit einer Sonde untersuchen **2** ⟨fig.⟩ vorsichtig erkunden, erforschen; *die Lage, das Gelände ~* [<frz. *sonder;* → *Sonde*]
So|ne ⟨f.; -, -; Physik; Zeichen: sone⟩ Maßeinheit der Lautheit, dem Lautstärkepegel von 40 phon entspricht 1 sone [zu lat. *sonare, sonere* »klingen«]
So|nett ⟨n.; -(e)s, -e; Metrik⟩ Gedichtform fester Bauart aus 14 variierend gereimten Versen, die in zwei vierzeilige (Quartette) u. zwei dreizeilige (Terzette) Strophen eingeteilt sind [<ital. *sonetto* <*sono* »Klang, Ton«; zu lat. *sonare* »klingen«]
Song ⟨m.; -s, -s; Musik⟩ **1** ⟨allg.⟩ Schlager, Lied **2** ⟨bes. bei B. Brecht u. K. Weill⟩ scharf satir. Lied im Stil des Bänkelsangs mit Elementen der Jazzmusik [engl., »Lied«]
Song|book ⟨[-buk] n.; -s, -s; Musik⟩ Schlager-, Liederbuch (eines Sängers) [engl.]
Song|con|test ⟨m.; -s, -s⟩ (internationaler) Schlagerwettbewerb [<engl. *song* »Lied« + *contest* »Wettbewerb«]
Song|wri|ter ⟨[-raɪtə(r)] m.; -s, -; Musik⟩ jmd., der die Musik u. manchmal auch Texte für (populäre) Songs komponiert [engl.]
Son|nen|kol|lek|tor ⟨m.; -s, -en; Ökol.⟩ = Solarkollektor
Son|ny|boy ⟨[-bɔɪ] m.; -s, -s⟩ überall beliebter, fröhlicher, charmanter junger Mann [<engl. *sonny* »Kleiner« (als Anrede), Koseform zu *son* »Sohn« + *boy* »Junge«]
So|no|graf ⟨m.; -en, -en; Med.⟩ = Sonograph
So|no|gra|fie ⟨f.; -, -n; Med.⟩ = Sonographie
So|no|graph ⟨m.; -en, -en; Med.⟩ Gerät zur Aufzeichnung u. Sichtbarmachung von akustischen Vorgängen; *oV* Sonograf [<lat. *sonor* »Ton, Klang« + *...graph*]
So|no|gra|phie ⟨f.; -, -n; Med.⟩ Untersuchung mit Ultraschall; *oV* Sonografie [<lat. *sonor* »Ton, Klang« + *...graphie*]
So|no|lu|mi|nes|zenz ⟨f.; -, -en; Physik⟩ durch Schallwellen hervorgerufene Leuchterscheinungen [<lat. *sonor* »Ton, Klang« + *Lumineszenz*]
So|no|me|ter ⟨n.; -s, -⟩ Gerät zur Messung von Schallstärken [<lat. *sonor* »Ton, Klang« + *...meter*]
so|nor ⟨Adj.⟩ tief. u. klangvoll, voll tönend (Stimme); *~e Laute* ⟨Phon.⟩ Nasale u. Liquiden [<lat. *sonorus* »tönend«; zu *sonor* »Ton, Klang«]
So|nor ⟨m.; -s, -e; Phon.⟩ Laut, der sehr stimmhaft gesprochen wird; *Sy* Sonorlaut [→ *sonor*]
So|no|ri|tät ⟨f.; -; unz.⟩ sonore Beschaffenheit
So|nor|laut ⟨m.; -(e)s, -e; Phon.⟩ = Sonor
Soor ⟨m.; -(e)s, -e; Med.⟩ Pilzinfektion (bes. in der Mundhöhle bei Kindern) [<nddt.; Herkunft unsicher]
So|phia ⟨f.; -; unz.⟩ **1** ⟨Philos.⟩ das Wissen von den göttlichen Ideen (bei Plato) **2** ⟨Rel.⟩ im späten Judentum u. im Christentum die personifizierte Weisheit Gottes [grch., »Weisheit«]
...so|phie ⟨Nachsilbe; zur Bildung weibl. Subst.; f.; -; unz.⟩ Weisheit, Lehre; *Anthroposophie; Philosophie* [<grch. *sophia* »Weisheit«]
So|phis|ma ⟨n.; -s, -phismen; geh.⟩ = Sophismus
So|phis|mus ⟨m.; -, -phismen; geh.⟩ Trugschluss, Scheinbeweis; *oV* Sophisma [<grch. *sophisma* »das klug Erdachte«; zu *sophos* »geschickt, klug, weise«]
So|phist ⟨m.; -en, -en⟩ **1** ⟨urspr.⟩ Denker, Weiser **2** ⟨dann⟩ Lehrer der Redekunst u. Philosophie **3** ⟨Philos.; seit Sokrates⟩ spitzfindiger Philosoph, der es für unmöglich hält, die Wahrheit zu finden **4** ⟨abwertend⟩ Wortklauber, Wortverdreher [<grch. *sophistes* »Mensch, der im Besitz einer besonderen Geschicklichkeit od. Kunst ist«; zu *sophos* »geschickt, klug«]
So|phis|te|rei ⟨f.; -, -en⟩ Klügelei, Wortklauberei, Spiegelfechterei, spitzfindiges Philosophieren [<grch. *sophisteia* »Kniff, Verschlagenheit«]
so|phis|ti|ca|ted ⟨[səfɪstɪkeɪtɪd] Adj.⟩ **1** kultiviert, gepflegt, anspruchsvoll **2** hoch entwickelt, ausgeklügelt (Technik usw.) **3** intellektuell, weise [engl.]
So|phis|tik ⟨f.; -; unz.⟩ **1** ⟨Philos.⟩ Lehre der Sophisten **2** scheinbare, spitzfindige Weisheit, Spitzfindigkeit [<grch. *sophistike (techne)* »die Kunst des eleganten Stils u. des Wortverdrehens«; zu *sophos* »geschickt, klug, weise«]
So|phis|ti|ka|ti|on ⟨f.; -, -en; Philos.; nach I. Kant⟩ Schluss von etwas, was wir kennen, auf etwas, was wir nicht kennen u. nicht beweisen können
so|phis|tisch ⟨Adj.⟩ **1** in der Art eines Sophisten **2** spitzfindig
So|por ⟨m.; -s; unz.; Med.⟩ starke Benommenheit, Betäubung, Schlaftrunkenheit [lat. »tiefer Schlaf; Betäubung«]
so|po|rös ⟨Adj.; Med.⟩ stark benommen, schlaftrunken, be-

S

täubt [<lat. *soporus* »schlaftrunken; schlafbringend«; zu *sopor* »Schlaf«]

> ◆ Die Buchstabenfolge **so|pr...** kann auch **sop|r...** getrennt werden.

◆ **so|pra** ⟨Adv.; Musik⟩ oben, über (der anderen Hand zu spielen); *Ggs* sotto [ital.]

◆ **So|pran** ⟨m.; -s, -e; Musik⟩ **1** höchste Stimmlage (von Knaben u. Frauen); *Sy* Diskant (1) **2** = Sopranist(in) **3** Gesamtheit der Sopranstimmen im Chor [<ital. *soprano* <lat. *supremus* »der höchste«]

◆ **So|pra|nist** ⟨m.; -en, -en; Musik⟩ Knabe, der Sopran singt, eine Sopranstimme besitzt

◆ **So|pra|nis|tin** ⟨f.; -, -tin|nen; Musik⟩ weibl. Sopran

◆ **So|pra|por|te** ⟨f.; -, -n; bes. im Barock u. Rokoko⟩ Verzierung (Bild, Relief) über der Tür; *oV* Superport, Supraport, Supraporte [<ital. *sopra* »über, oberhalb« (<lat. *supra*) + *porta* »Tür« (<lat. *porta*)]

Sor|bet ⟨[zɔrbeː] n. od. m.; -s, -s⟩ halbgefrorenes Speiseeis; *oV* Sorbett; *Erdbeer~* [frz., <ital. *sorbetto* <türk.-pers. *scherbet* »süßer Kühltrunk«]

Sor|bett ⟨[zɔrbeː] n. od. m.; -s, -s⟩ = Sorbet

Sor|bin|säu|re ⟨f.; -, -n; Chemie⟩ zweifach ungesättigte, aliphatische Carbonsäure, die zum Konservieren von Lebens- u. Genussmitteln u. als Zusatz zu Kunststoffen u. Kautschuk verwendet wird [<lat. *sorbus* »Eberesche«]

Sor|bit ⟨m.; -s; unz.; Chemie⟩ sechswertiger, aliphat., kristalliner, süßer Alkohol [<lat. *sorbus* »Eberesche«]

Sor|bonne ⟨[sɔrbɔn] f.; -; unz.⟩ bedeutende Pariser Universität [nach dem Gründer Robert de *Sorbon*, 1201-1274]

Sor|bo|se ⟨f.; -; unz.; Biochemie⟩ durch Oxidation von Sorbit gebildeter Zucker

Sor|di|ne ⟨f.; -, -n; Musik⟩ *oV* Sordino **1** ⟨allg.⟩ Dämpfer **2** ⟨an Musikinstrumenten⟩ Vorrichtung zum Abschwächen des Tons **2.1** ⟨Klavier⟩ die Hämmer verschiebendes Pedal **2.2** ⟨Blasinstrumente⟩ durchbohrter hölzerner Kegel **2.3** ⟨Streichinstrumente⟩ auf die Saiten zu setzender hölzerner Bügel [<ital. *sordino* »Dämpfer«]

Sor|di|no ⟨m.; -s, -s; Musik⟩ = Sordine

sor|do ⟨Adj.; Musik⟩ dumpf, gedämpft (zu spielen) [ital.]

Sor|dun ⟨m. od. n.; -s, -e; Musik⟩ **1** Holzblasinstrument des 17. Jh., Vorläufer des Fagotts **2** ein Orgelregister [<ital. *sordo* »gedämpft« <lat. *surdus* »taub«]

So|re ⟨f.; -; unz.; Gaunerspr.⟩ Diebesgut, Diebesbeute [<jidd. *sechoro* »Ware«]

Sor|gho ⟨m.; -s, -s; Bot.⟩ Mohrenhirse, einer Gattung der Gräser angehörende Dauerpflanze mit einer breiten Rispe; *oV* Sorghum [<ital. *sorgo* »Hirse«]

Sor|ghum ⟨n.; -s, -s; Bot.⟩ = Sorgho [<ital. *sorgo* »Hirse«]

Sorp|ti|on ⟨f.; -, -en; Chemie⟩ Aufnahme eines Stoffes durch Adsorption u. (od.) Absorption [zu lat. *sorbere* »hinunterschlucken«]

sor|ry! ⟨[sɔrɪ]⟩ Entschuldigung, es tut mir leid! [engl., »Entschuldigung; traurig«]

Sor|te ⟨f.; -, -n⟩ **1** Art, Gattung, Güteklasse (bes. von Waren); *beste, feinste, mittlere ~; er ist eine merkwürdige ~ von Mensch* ⟨umg.⟩ **2** ⟨nur Pl.; Bankw.⟩ *~n* ausländ. Banknoten u. Münzen u. in fremder Währung ausgestellte Coupons ausländischer Effekten [<ital. *sorta*, frz. *sorte* »Art, Qualität« <lat. *sors* »Los; Art u. Weise«]

Sor|ter ⟨[sɔːtə(r)] m.; -s, -; Technik⟩ (Kopiergerät mit) Sortiermaschine [engl.]

sor|tie|ren ⟨V.⟩ (nach Sorten) ordnen, auslesen; *Gegenstände in verschiedene Fächer, Kästen ~; Gegenstände nach ihrer Farbe, Größe, Form ~; gut sortiert* reichhaltig, ein reichhaltiges Angebot aufweisend; *ein gut sortiertes Angebot; ein gut sortiertes Geschäft* [<ital. *sortire* <lat. *sortiri* »auswählen, auslosen«; → *Sorte*]

Sor|tie|rer ⟨m.; -s, -⟩ **1** Arbeiter, der etwas (Waren, Produkte) sortiert **2** jmd., der an einer Sortiermaschine arbeitet **3** Sortiermaschine; →*a.* Sorter

sor|tiert ⟨Adj.⟩ **1** eine bestimmte Auswahl (an Waren, Lebensmitteln) besitzend; *das Geschäft, Kaufhaus ist gut ~* **2** hochwertig, von erlesener Qualität; *~e Ware*

Sor|ti|le|gi|um ⟨n.; -s, -gi|en⟩ Weissagung durch Lose [<lat. *sors* »Los, Geschick« + *legere* »lesen«]

Sor|ti|ment ⟨n.; -(e)s, -e⟩ **1** Gesamtheit der vorhandenen Sorten, Angebot an Waren; *ein ~ an Wäsche* **2** ⟨Buchw.; kurz für⟩ Sortimentsbuchhandel [<ital. *sortimento* »Warenangebot«; → *Sorte*]

Sor|ti|men|ter ⟨m.; -s, -; Buchw.⟩ Buchhändler im Sortimentsbuchhandel

Sor|ti|ments|buch|han|del ⟨m.; -s; unz.; Buchw.⟩ Buchhandel in Ladengeschäften, die Bücher verschiedenster Arten u. Verlage vorrätig haben; *Sy* Sortiment (2)

SOS ⟨n.; -; unz.⟩ Hilferuf in Not, bes. von Schiffen u. Flugzeugen; *~ funken* [die Buchstaben sind wegen der Auffälligkeit der entsprechenden Morsezeichen (abwechselnd drei Punkte u. drei Striche) gewählt worden; danach gedeutet als engl. *save our souls* »rettet unsere Seelen«]

> **Soße / Sauce** (*Laut-Buchstaben-Zuordnung*) In die Alltagssprache eingegangene Fremdwörter können in vielen Fällen neben der in der Herkunftssprache üblichen Schreibung auch eine integrierte Schreibung aufweisen, die sich an der deutschen Laut-Buchstaben-Zuordnung orientiert. Häufig sind integrierte Schreibweisen schon seit längerem Bestandteil des Deutschen (→*a.* Bravour / Bravur).

So|ße ⟨f.; -, -n⟩ *oV* Sauce **1** angedickte Flüssigkeit (aus den verschiedensten Zutaten) zur Ergänzung bestimmter Gerichte; *holländische ~* **2** Geschmacks- u. Duftstoff zum Aromatisieren von Tabakblättern; *Tabak~* **3** ⟨scherzh.; umg.⟩ schmutzige Brühe, flüssiger Schmutz [<frz. *sauce* »Tunke, Brühe« <neulat. *salsa* <mhd. *salse* »die gesalzene (Brühe)« <lat. *salsus* »gesalzen«]

sost. ⟨Musik; Abk. für lat.⟩ sostenuto

sos|te|nu|to ⟨Abk.: sost.; Musik⟩ gehalten, breit, getragen, mit vollen, gebundenen Tönen (zu spielen) [ital., Part. Perf. zu *sostenere* »halten«]

So|ter ⟨m.; -, -e⟩ **1** ⟨im antiken Griechenland⟩ Retter, Erretter (Beiname von Göttern u. später Fürsten) **2** ⟨Rel.; im NT⟩ Erlöser, Heiland (Beiname Christi) [grch., »Erretter, Erlöser«]

So|te|rio|lo|gie ⟨f.; -; unz.; Rel.⟩ Lehre vom Erlösungswerk Christi [<*Soter* + *...logie*]

so|te|rio|lo|gisch ⟨Adj.; Rel.⟩ die Soteriologie betreffend, auf ihr beruhend

sot|to ⟨Adv.; Musik⟩ unten, unter (der anderen Hand zu spielen); *Ggs* sopra [ital.]

sot|to vo|ce ⟨[-vo:tʃə] Musik⟩ gedämpft, halblaut, mit gedämpftem Ton (zu spielen) [<ital. *sotto* »unter, unterhalb« + *voce* »Stimme«]

Sou ⟨[su:] m.; -, -s [su:]; früher; umg.⟩ französ. Münze, 5 Centimes [frz.]

Sou|bret|te *auch:* **Soub|ret|te** ⟨[su-] f.; -, -n; Musik⟩ Sopranistin in Oper u. Operette für heitere Rollen [frz., »Kammermädchen«]

Sou|che ⟨[su:ʃə] f.; -, -n; Bankw.⟩ Teil eines Wertpapiers, das zum späteren Nachweis seiner Echtheit zurückbehalten wird [frz., »Grundstock«]

S

Sou|chong ⟨[sutʃɔŋ] m.; -s, -s⟩ eine Sorte Tee mittlerer Qualität [<chines. *hsiao chung* »kleine Sorte«]

Souf|flé *auch:* **Souff|lé** ⟨[sufle:] n.; -s, -s; Kochk.⟩ lockerer Auflauf mit Eierschnee; *oV* Soufflee [frz., »Auflauf«; zu *souffler* »blasen«]

Souf|flee *auch:* **Souff|lee** ⟨[sufle:] n.; -s, -s; Kochk.⟩ = Soufflé

Souf|fleur *auch:* **Souff|leur** ⟨[suflø:r] m.; -s, -e; Theat.⟩ jmd., der während des Spiels die Rollen flüsternd mitliest, um die Schauspieler vor dem Steckenbleiben zu bewahren, Einsager [frz., »Vorsager (durch Zuhauchen, Zuflüstern), Bläser«]

Souf|fleu|se *auch:* **Souff|leu|se** ⟨[suflø:zə] f.; -, -n; Theat.⟩ weibl. Souffleur

souf|flie|ren *auch:* **souff|lie|ren** ⟨[suf-] V.; Theat.⟩ **1** *jmdm. ~* jmdm. einsagen, vorsagen **2** als Souffleur bzw. Souffleuse tätig sein [<frz. *souffler* »hauchen, blasen; flüstern« <lat. *sufflare* »hinblasen«; zu *flare* »wehen«]

Souf|la|ki *auch:* **Souf|la|ki** ⟨[su-] m.; - od. -s, - od. -s; grch. Kochk.⟩ Fleischspießchen

Soul ⟨[soul] m.; -s; unz.; Musik⟩ gefühlsbetonter, ausdrucksstarker Jazz od. Beat [engl., »Seele«]

soul|ig ⟨[sou-] Adj.⟩ in der Art des Souls; *eine ~e Ballade*

Sound ⟨[saund] m.; -s, -s; Musik; meist in Zus.⟩ Klang, Klangqualität; *im ~ der Rockmusik* [engl., »Ton, Klang«]

Sound|check ⟨[saundtʃɛk] m.; -s, -s; Musik⟩ Zusammenspiel einer Band vor dem Auftritt zur Überprüfung der technischen Anlagen [engl., »Tonüberprüfung«]

Sound|kar|te ⟨[saund-] f.; -, -n; EDV⟩ Steckkarte, die in einem PC installiert wird u. das Abspielen von digitalisierten Tönen u. anderen Tondatenträgern ermöglicht [<engl. *sound* »Ton, Musik«]

Sound|track ⟨[saundtræk] m.; -s, -s; Musik⟩ **1** Filmstreifen mit Ton **2** Musik zu einem Film [engl., »Tonspur«]

Sou|per ⟨[supe:] n.; -s, -s⟩ festl. Abendessen [frz., »Abendessen«]

sou|pie|ren ⟨[su-] V.⟩ festlich zu Abend essen [<frz. *souper* »zu Abend essen«; zu *soupe* »Brühe, Suppe«]

Sour ⟨[sauər] m.; - od. -s, -⟩ alkohol. Mixgetränk mit Zitronen- od. Limonensaft; *Whisky-~* [<engl. *sour* »sauer«]

Sou|sa|fon ⟨[su:-] n.; -s, -e; Musik⟩ = Sousaphon

Sou|sa|phon ⟨[su:-] n.; -s, -e; Musik⟩ (im Jazz verwendete) Art der Basstuba; *oV* Sousafon [nach dem US-amerikan. Komponisten J. Ph. *Sousa,* 1854-1932 + grch. *phone* »Stimme, Ton, Klang«]

Sous|chef ⟨[su:ʃɛf] m.; -s, -s⟩ **1** dem Chef unmittelbar unterstellter Vertreter, z. B. in Großküchen **2** ⟨Schweiz⟩ Vertreter des Bahnhofvorstehers [<frz. *sous* »unter« + *Chef*]

Sou|ta|che ⟨[suta:ʃə] f.; -, -n; Textilw.⟩ schmale (geflochtene) Schnur (als Besatz an Kleidern) [frz.]

sou|ta|chie|ren ⟨[sutaʃi:-] V.; Textilw.⟩ mit einer Soutache besetzen

Sou|ta|ne ⟨[su-] f.; -, -n; Rel.⟩ langer Rock der kath. Geistlichen [frz. <ital. *sottana* »Untergewand«; zu *sotto* »unter, unterhalb« <lat. *subtus* »unten, unterhalb«]

Sou|ta|nel|le ⟨[su-] f.; -, -n; Rel.⟩ kurze Soutane der kath. Geistlichen [<*Soutane* + ital. Verkleinerungssuffix *...ella*]

Sou|ter|rain ⟨[sutərɛ̃:] n.; -s, -s⟩ etwa zur Hälfte unter dem Niveau der Straße liegendes Geschoss [frz., »unterirdisches Gewölbe« <frz. *sous* »unter, unterhalb« + *terrain* »Erde, Boden«]

Sou|ve|nir ⟨[suvəni:r] n.; -s, -s⟩ Andenken [<frz. *se souvenir* »sich an etwas erinnern«, <lat. *subvenire* »in die Gedanken kommen, einfallen«]

sou|ve|rän ⟨[suvə-] Adj.⟩ **1** unumschränkt herrschend, die Herrschergewalt, Oberherrschaft ausübend **2** ⟨fig.⟩ überlegen [<frz. *souverain* <mlat. *superanus* »überlegen«]

Sou|ve|rän ⟨[suvə-] m.; -s, -e⟩ Herrscher

Sou|ve|rä|ni|tät ⟨[suvə-] f.; -; unz.⟩ **1** höchste herrschaftliche Gewalt (eines Staates) **2** Hoheitsrechte **3** Unabhängigkeit [<frz. *souveraineté* »höchste Gewalt, Staatshoheit«]

So|ve|reign ⟨[sʌvərɪn] m.; -s, -s od. (bei Zahlenangaben) -⟩ ehemalige englische Goldmünze im Wert von 20 Schilling (1 Pfund) [engl., »Landesherr, Herrscher« (da der erste geprägte S. das Bildnis des Königs Heinrich VIII. trug)]

Sow|chos ⟨[sɔfçɔs] m.; -, -e⟩ = Sowchose

Sow|cho|se ⟨[sɔfçoː-] f.; -, -n; in der UdSSR⟩ Staatsgut; *oV* Sowchos [russ.; verkürzt <*sowjetskoje chosjaistwo* »sowjet. Landwirtschaft«]

> ◆ Die Buchstabenfolge **so|wj...** kann auch **sow|j...** getrennt werden.

◆ **So|wjet** ⟨m.; -s, -s⟩ **1** ⟨urspr.⟩ Arbeiter- u. Soldatenrat **2** ⟨dann⟩ staatl. Behörden u. Organe in der ehem. Sowjetunion **3** ⟨['--] umg.⟩ die Sowjetrussen **4** *Oberster ~* Volksvertretung in der ehem. Sowjetunion [<russ. *sowjet*]

◆ **so|wje|tisch** ⟨Adj.⟩ die Sowjetunion betreffend, zu ihr gehörend, aus ihr stammend

◆ **so|wje|ti|sie|ren** ⟨V.⟩ nach sowjet. Muster organisieren

◆ **So|wjet|re|pu|blik** *auch:* **So|wjet|re|pub|lik** ⟨f.; -, -en⟩ Republik der ehem. Sowjetunion

◆ **So|wjet|rus|se** ⟨m.; -n, -n; seit der Oktoberrevolution 1917-1990 Bez. für⟩ Russe, Einwohner der ehem. Sowjetunion

◆ **So|wjet|uni|on** ⟨f.; -; unz.; 1922-1991; Abk.: SU⟩ Staatenbund in Osteuropa u. Nordasien

So|zi ⟨m.; -s, -s; umg.; häufig abwertend⟩ = Sozialdemokrat

so|zi|a|bel ⟨Adj.; Soziol.⟩ gesellig, umgänglich [<engl. *sociable* »gesellig«]

So|zi|a|bi|li|tät ⟨f.; -; unz.⟩ soziables Wesen, Verhalten, Geselligkeit, Umgänglichkeit

so|zi|al ⟨Adj.⟩ **1** die Gemeinschaft, Gesellschaft betreffend, dazu gehörend; *~e Lasten; ~e Verhältnisse; ~e Indikation* Veranlassung für einen Schwangerschaftsabbruch aus sozialen Gründen **2** die Normen einer Gesellschaft respektierend; *Ggs* asozial; *~ denken, empfinden, sich ~ verhalten* **3** der Gemeinschaft, Gesellschaft dienend; *~e Fürsorge; in der ~en Arbeit stehen; ~e Berufe; ~er Wohnungsbau* W. zur Linderung der Wohnungsnot mit staatl. Zuschüssen u. Steuerbegünstigungen **4** in Gemeinschaft, gesellig lebend; *~e Tiere* T., die die Gesellschaft anderer Tiere aus innerem Antrieb heraus suchen; *~e Bienen* Stechimmen aus der Familie der Bienen, die in Staaten leben, in denen ein befruchtetes Weibchen, die Königin, Eier legt, während kleine Weibchen mit unterentwickelten Geschlechtsorganen die Aufzucht der Brut u. alle Bau- u. Versorgungsarbeiten ausführen **5** die gesellschaftl. Stellung betreffend, auf ihr beruhend; *~es Ansehen, ~ aufsteigen, sinken* [<frz. *social* <lat. *socius* »Genosse, Gefährte; gemeinsam«; zu *sequi* »folgen«]

So|zi|al|char|ta ⟨[-kar-] f.; -; unz.; Politik⟩ Gemeinschaftscharta der sozialen Grundrechte der Arbeitnehmer, die 1989 von der EU beschlossen wurde u. lediglich als Absichtserklärung das sozialpolitische Anliegen der Gemeinschaft festschreibt [<*sozial* + *Charta*]

So|zi|al|de|mo|krat ⟨m.; -en, -en; Politik⟩ männl. Mitglied einer Sozialdemokrat. Partei

So|zi|al|de|mo|kra|tie ⟨f.; -; unz.; Politik⟩ **1** polit. Richtung, die die Grundsätze des Sozialismus u. der Demokratie zu verbinden sucht **2** Gesamtheit aller sozialdemokrat. Parteien

So|zi|al|de|mo|kra|tin ⟨f.; -, -tinnen; Politik⟩ weibl. Mitglied einer sozialdemokratischen Partei

so|zi|al|de|mo|kra|tisch ⟨Adj.; Politik⟩ zur Sozialdemokratie gehörend, ihre Ziele verfolgend

So|zi|al|ethik ⟨f.; -; unz.; Soziol.⟩ **1** das sittl. Wollen auf der Grundlage des Solidaritätsgefühls **2** Lehre von den ethischen Pflichten des Einzelnen gegenüber der Gemeinschaft

So|zi|al|geo|gra|fie ⟨f.; -, -n; Geogr.⟩ Teilgebiet der Geografie, das sich mit den wechselseitigen Beziehungen sozialer Gruppen u. den von ihnen bewohnten Lebensräumen befasst; *oV* Sozialgeographie; *Sy* Soziogeografie

So|zi|al|geo|gra|phie ⟨f.; -; unz.; Geogr.⟩ = Sozialgeografie

So|zi|al|ge|schich|te ⟨f.; -; unz.⟩ Zweig der Geschichtswissenschaft, der sich bes. mit der Entwicklung der sozialen Verhältnisse befasst

So|zi|a|li|sa|ti|on ⟨f.; -; unz.; Soziol.⟩ Hineinwachsen des Menschen in die Gesellschaft; *Sy* Sozialisierung

so|zi|a|li|sie|ren ⟨V.⟩ **1** ⟨Soziol.⟩ vergesellschaften **2** ⟨Politik⟩ verstaatlichen (in Staaten mit sozialistischer Gesellschaftsordnung)

So|zi|a|li|sie|rung ⟨f.; -; unz.⟩ **1** das Sozialisieren **2** ⟨Soziol.⟩ = Sozialisation

So|zi|a|lis|mus ⟨m.; -; unz.; Politik⟩ Bewegung gegen den wirtschaftl. u. politischen Liberalismus, die dem Arbeitnehmer mehr Einfluss auf die Verwendung der Produktionsmittel u. damit eine größere persönl. Unabhängigkeit u. soziale Sicherheit geben will

So|zi|a|list ⟨m.; -en, -en; Politik⟩ Vertreter, Anhänger des Sozialismus

So|zi|a|lis|tin ⟨f.; -, -tin|nen; Politik⟩ Vertreterin, Anhängerin des Sozialismus

so|zi|a|lis|tisch ⟨Adj.; Politik⟩ zum Sozialismus gehörend, auf ihm beruhend; *~er Realismus* ⟨in kommunist. regierten Staaten⟩ realist. Kunstrichtung auf marxist. Grundlage

So|zi|al|kri|tik ⟨f.; -; unz.; Politik⟩ Gesellschaftskritik

so|zi|al|kri|tisch ⟨Adj.; Politik⟩ die Sozialkritik betreffend, auf ihr beruhend, gesellschaftskritisch

So|zi|al|kun|de ⟨f.; -; unz.; Politik⟩ Unterrichtsfach, das polit. u. soziale Zusammenhänge der Gesellschaft behandelt

so|zi|al|li|be|ral ⟨Adj.; Politik⟩ soziale u. liberale Aspekte betreffend; *~e Regierungskoalition* Regierungskoalition aus einer sozialdemokratischen u. einer liberalen Partei

So|zi|al|me|di|zin ⟨f.; -; unz.; Med.⟩ Zweig der Medizin, der sich mit den Beziehungen zwischen Häufigkeit u. Verlauf von Krankheiten u. den sozialen Verhältnissen der Betroffenen befasst

So|zi|al|mi|nis|ter ⟨m.; -s, -⟩ Minister, der für die Sozialpolitik zuständig ist

S

So|zi|al|mi|nis|te|ri|um ⟨n.; -s, -rien⟩ Ministerium, das für die Sozialpolitik zuständig ist
So|zi|al|öko|lo|gie ⟨f.; -; unz.; Ökol.⟩ Teilgebiet der Ökologie, das sich mit den Wechselbeziehungen zwischen dem sozialen Verhalten des Menschen u. seiner Umwelt befasst
So|zi|al|öko|no|mie ⟨f.; -; unz.; Wirtsch.⟩ Volkswirtschaftslehre
So|zi|al|päd|a|go|ge *auch:* **So|zi|al|pä|da|go|ge** ⟨m.; -n, -n; Päd.⟩ jmd., der beruflich in der Sozialpädagogik tätig ist
So|zi|al|päd|a|go|gik *auch:* **So|zi|al|pä|da|go|gik** ⟨f.; -; unz.; Päd.⟩ in den Bundesländern unterschiedlich geregelter Berufszweig für die außerschul. Erziehung von Kindern u. Jugendlichen (Erziehung im Kindergarten, Erziehungsberatung, Bewährungshilfe usw.) mit drei- bis vierjähriger Ausbildung an einer Fachhochschule
So|zi|al|päd|a|go|gin *auch:* **So|zi|al|pä|da|go|gin** ⟨f.; -, -gin|nen; Päd.⟩ Frau, die beruflich in der Sozialpädagogik tätig ist
So|zi|al|part|ner ⟨Pl.; Politik; Gesamtbez. für⟩ Arbeitgeberverbände u. Gewerkschaften
So|zi|al|po|li|tik ⟨f.; -; unz.; Politik⟩ alle Maßnahmen (des Staates) zur Verbesserung der sozialen Verhältnisse, zur Unterstützung wirtschaftl. schwacher Schichten der Bevölkerung
so|zi|al|po|li|tisch ⟨Adj.⟩ die Sozialpolitik betreffend, zu ihr gehörend
So|zi|al|pres|tige ⟨[-ti:ʒ] n.; -s; unz.⟩ Prestige aufgrund der sozialen Stellung
So|zi|al|pro|dukt ⟨n.; -(e)s, -e; Wirtsch.⟩ volkswirtschaftl. Nettoprodukt, das sich aus der Summe aller produzierten Güter ergibt, Nationaleinkommen, Volkseinkommen
So|zi|al|psy|cho|lo|gie ⟨f.; -; unz.; Psych.⟩ Teil der Psychologie, der das Verhalten des Einzelnen gegenüber bzw. innerhalb der Gemeinschaft erforscht
So|zi|al|staat ⟨m.; -(e)s, -en; Politik⟩ Staat, der versucht, soziale Ungleichheiten zu verringern bzw. abzubauen
So|zi|al|sta|ti|on ⟨f.; -, -en⟩ Einrichtung zur ambulanten Pflege von alten u. kranken Menschen
So|zi|al|struk|tur ⟨f.; -, -en; Soziol.⟩ soziale Struktur, Gliederung der Gesellschaft bzw. ihrer unterschiedlichen Gruppen u. Schichten, Gesellschaftsstruktur
So|zi|al|sys|tem ⟨n.; -s, -e⟩ sozialstaatliches System
so|zi|al|the|ra|peu|tisch ⟨Adj.⟩ die Sozialtherapie betreffend, zu ihr gehörend
So|zi|al|the|ra|pie ⟨f.; -, -n⟩ Behandlung von psychisch od. physisch Kranken zum Zwecke ihrer Wiedereingliederung in Familie u. Beruf
So|zi|al|wis|sen|schaft ⟨f.; -, -en⟩ = Soziologie
So|zi|e|tär ⟨m.; -s, -e⟩ Mitteilhaber, Mitglied einer Sozietät
So|zi|e|tät ⟨f.; -, -en⟩ **1** Gemeinschaft, Zusammenschluss, Teilhaberschaft (z. B. von Ärzten in einer gemeinsamen Praxis) **2** ⟨Biol.⟩ Form der Vergesellschaftung von Tieren, die für die beteiligten Tiere u. zur Erhaltung der Art notwendig ist [<lat. *societas* »Gemeinschaft, Bündnis«]
so|zi|ie|ren ⟨V.⟩ sich wirtschaftlich zusammenschließen, eine Sozietät bilden; *die beiden Anbieter wollen ~*
so|zio..., So|zio... ⟨in Zus.⟩ gesellschaftlich..., Gesellschafts..., auf eine soziale Gruppe bezogen [<lat. *socius* »Genosse, Gefährte«]
So|zio|ge|ne|se ⟨f.; -, -n; Biol.; Med.⟩ Entstehung u. Entwicklung von Krankheiten unter Berücksichtigung des sozialen Umfeldes, der Lebensumstände usw. [<lat. *socius* »Genosse, Gefährte« + *Genese*]
So|zio|geo|gra|fie ⟨f.; -; unz.; Geogr.⟩ = Sozialgeografie; *oV* Soziogeographie
So|zio|geo|gra|phie ⟨f.; -; unz.; Geogr.⟩ = Soziogeografie
So|zio|gra|fie ⟨f.; -, -n; Soziol.⟩ = Soziographie
So|zio|gramm ⟨n.; -s, -e; Soziol.⟩ graf. Darstellung der Beziehungen von Angehörigen einer Gruppe zueinander hinsichtl. Art u. Häufigkeit ihrer Kommunikation [<lat. *socius* »Genosse, Gefährte« + *...gramm*]
So|zio|gra|phie ⟨f.; -, -n; Soziol.⟩ statist. od. andere Beschreibung gesellschaftlicher Erscheinungen, Bewegungen od. Zustände; *oV* Soziografie [<lat. *socius* »Genosse, der mit einer Gesellschaft Verbundene« + *...graphie*]
so|zio|kul|tu|rell ⟨Adj.; Soziol.⟩ das soziale Gefüge u. die Kultur (einer Gruppe, Schicht, Gesellschaft) betreffend, dazu gehörend
So|zio|lekt ⟨m.; -(e)s, -e; Sprachw.⟩ Sprachgebrauch einer sozialen Gruppe od. Schicht [<lat. *socius* »Genosse, Gefährte« + grch. *dialektos* »Redeweise«; gebildet nach *Dialekt*]
So|zio|lin|gu|is|tik ⟨f.; -; unz.; Sprachw.⟩ Zweig der Linguistik, der sich mit den Unterschieden im Sprachgebrauch verschiedener sozialer Schichten od. Gruppen befasst
So|zio|lo|ge ⟨m.; -n, -n; Soziol.⟩ Wissenschaftler, Student der Soziologie
So|zio|lo|gie ⟨f.; -; unz.; Soziol.⟩ *Sy* Sozialwissenschaft **1** ⟨i. e. S.⟩ Wissenschaft von den Formen des menschlichen Zusammenlebens u. den dadurch hervorgerufenen Verhaltensweisen, Gesellschaftslehre **2** ⟨i. w. S.⟩ Lehre von den Formen u. Veränderungen im Zusammenleben von Lebewesen; *Tier~* [<lat. *socius* »Genosse, Gefährte, der mit einer Gesellschaft Verbundene« + *...logie*]
So|zio|lo|gin ⟨f.; -, -gin|nen; Soziol.⟩ Wissenschaftlerin, Studentin der Soziologie
so|zio|lo|gisch ⟨Adj.; Soziol.⟩ die Soziologie betreffend, zu ihr gehörend, mit ihrer Hilfe
So|zio|me|trie *auch:* **So|zio|met|rie** ⟨f.; -; unz.; Soziol.⟩ Untersuchung der sozialen Beziehungen innerhalb einer Gruppe hinsichtlich Art u. Häufigkeit [<lat. *socius* »Genosse, Gefährte« + grch. *metron* »Maß«]

S

So|zio|öko|no|mie ⟨f.; -; unz.⟩ die Volkswirtschaft unter dem Aspekt der ihr zugrundeliegenden sozialen u. gesellschaftlichen Strukturen; *die Auswirkungen des Tourismus auf die ~ eines Landes* [<*Soziologie* + *Ökonomie*]

so|zio|öko|no|misch ⟨Adj.⟩ die Sozioökonomie betreffend, zu ihr gehörig

So|zio|the|ra|pie ⟨f.; -, -n; Med.⟩ Behandlung der Krankheit eines Patienten mit dem gleichzeitigen Streben nach seiner Wiedereingliederung in die Gesellschaft [<lat. *socius* »Gefährte, Genosse« + *Therapie*]

So|zi|us ⟨m.; -, -se⟩ **1** Teilhaber (an einem Geschäft od. einer Praxis) **2** Beifahrer (auf dem Motorrad) [<lat. *socius* »Genosse, Gefährte«]

Spa ⟨n. od. m.; - od. -s, -s⟩ Heilbad, Bade- u. Fitnessbereich eines Hotels [nach dem belg. Badeort *Spa*]

Space|lab ⟨[spɛɪslæb] n.; -s, -s⟩ europäisches Raumlabor, bemannte Raumstation für wissenschaftl. Untersuchungen, die im Spaceshuttle eingesetzt wird [engl.; verkürzt <*space laboratory*]

Space|shut|tle *auch:* **Space|shutt|le** ⟨[spɛɪsʃʌtl] n. od. m.; -s, -s⟩ wiederverwendbares Raumfahrzeug der USA, Raumtransporter [<engl. *space* »Weltraum« + *shuttle* »rasch hin- u. herbefördern«]

spa|cig ⟨[spɛɪsɪg] Adj.; Jugendspr.⟩ **1** sehr gut, außergewöhnlich, begeisternd; *ein ~er Sound* **2** auffallend bunt, modern, im Trend liegend; *eine echt ~e Sonnenbrille* [zu engl. *space* »Weltraum«]

Spa|da ⟨f.; -, -s⟩ degenähnl. Waffe zum Fechten [<span. *espada* <lat. *spatha* »Säbel« <grch. *spathe* »Klinge«]

Spa|dil|le ⟨[-ljə] f.; -, -n; Kart.⟩ höchste Trumpfkarte im Lomber [frz., »Pikass« im Lomberspiel; zu lat. *spatha* »Spaten«]

Spa|dix ⟨m.; -; unz.; Bot.⟩ kolbenartiger Blütenstand [<grch., »Dattelpalmzweig«]

Spa|gat ⟨m.; -(e)s, -e⟩ **1** ⟨Sport⟩ Figur beim Ballett u. Turnen, völliges Spreizen der Beine nach vor- u. rückwärts, so dass sie eine gerade Linie bilden **2** ⟨bair.; österr.⟩ Bindfaden [<ital. *spago* »Bindfaden«]

Spa|get|ti ⟨Pl.⟩ = Spaghetti

Spa|get|ti|trä|ger ⟨m.; -s, -⟩ = Spaghettiträger

> **Spaghetti / Spagetti** (*Laut-Buchstaben-Zuordnung*) Im Zuge der Integration fremdsprachiger Wörter in die deutsche Standardsprache kann neben die ursprüngliche, der Herkunftssprache folgenden Orthografie eine integrierte Schreibweise mit angepasster Laut-Buchstaben-Zuordnung treten. Es bleibt dem Schreibenden überlassen, welche Schreibvariante er vorzieht (→*a.* Thunfisch / Tunfisch).

Spa|ghet|ti ⟨Pl.⟩ lange, dünne Nudeln; *oV* Spagetti; *~ (alla) Carbonara* S. mit einer Soße aus Speckwürfeln, Sahne u. Eiern; →*a.* Bolognese [<ital. *spaghetti*, Verkleinerungsform zu ital. *spago*, Pl. *spaghi* »dünne Schnur«]

Spa|ghet|ti|trä|ger ⟨m.; -s, -; Mode⟩ schmaler Träger an ärmellosen Damenoberteilen; *oV* Spagettiträger; *modische Tops mit ~n*

Spa|gi|rik ⟨f.; -; unz.; früher⟩ alchimistisches Verfahren bei der Zubereitung von Arzneimitteln [<neulat. *spagiricus* »Alchimist«, dazu frz. *spagirie* »Scheidekunst, Chemie«]

spa|gi|risch ⟨Adj.⟩ auf Spagirik beruhend; *~e Arzneimittel* mit Hilfe der Spagirik hergestellte Arzneimittel

Spa|gno|lette *auch:* **Spag|no|lette** ⟨[ʃpanjolɛt] m.; -s; unz.; Textilw.⟩ weiches, beidseitig angerautes Baumwollgewebe mit mehrfarbiger Musterung [zu span. *espagnol* »spanisch«]

Spa|hi ⟨m.; -s, -s⟩ **1** ⟨urspr. in Mittelasien⟩ dem Fürsten zu Kriegsdiensten als berittener Soldat verpflichteter Adliger **2** ⟨danach⟩ berittener türk. Soldat **3** ⟨dann⟩ Angehöriger eines aus nordafrikan. Eingeborenen gebildeten französ. Reiterregiments [<türk., pers. *sipahi* »Krieger«; → *Sepoy*]

Spa|lier ⟨n.; -s, -e⟩ **1** Gitter an einer Mauer, an dem junge Obstbäume, Reben od. Kletterpflanzen hochgezogen werden **2** doppelte Reihe von Personen, die sich zu jmds. ehrenvollem Empfang so aufgestellt haben, dass der Betreffende zwischen ihnen hindurchschreiten kann; *ein ~ bilden; ~ stehen* [<ital. *spalliera* »Spalier; Rückenlehne«; zu *spalla* »Schulter«]

Spam ⟨[spæm] n. od. m.; -s, -s; EDV⟩ als E-Mail verschickte, unerwünschte Werbung od. unwichtige Nachricht, Datenmüll [verkürzt <engl. *spiced pork and ham* »gewürztes Schweinefleisch u. Schinken« (ein in den USA verbreitetes Dosenfleisch)]

Spam|ming ⟨[spæm-] n.; - od. -s; unz.; EDV⟩ Versenden von unerwünschter Werbung od. unwichtigen Nachrichten per E-Mail [→ *Spam*]

Span|dril|le *auch:* **Spand|ril|le** ⟨f.; -, -n; Arch.⟩ Fläche zwischen einem Bogen u. seiner rechteckigen Umrahmung [<anglonormann. *spaundre* <afrz. *espandre* <lat. *expandere* »auseinanderspannen«]

Spa|ni|el ⟨m.; -s, -s; Zool.⟩ kleiner, langhaariger Jagdhund mit hängenden Ohren u. kupiertem Schwanz [engl. <span. *español* <lat. *hispaniolus* »Spanier; spanischer Hund«]

Spa|ni|ol ⟨m.; -s, -e⟩ spanischer Schnupftabak

Spa|ni|o|le ⟨m.; -n, -n⟩ = Sephardim [<frz. *Espagnol* »Spanier«]

Span|king ⟨[spæŋkɪŋ] n.; - od. -s; unz.⟩ Peitschen als erotische Spielart, bei der audiovisuelle Reize eine große Rolle spielen [engl., »Tracht Prügel«]

spar|ren ⟨V.; Sport⟩ boxen (als Training)

Spar|ring ⟨n.; -s; unz.; Sport⟩ Boxtraining [engl.; zu *spar* »boxen, Scheinhiebe austeilen«]

Spar|ring|part|ner ⟨m.; -s, -; Sport⟩ (leichterer) Gegner im Boxtraining [→ *Sparring*]

Spart ⟨m.; -(e)s, -e od. n.; -(e)s, -e; Bot.⟩ = Espartogras [<span. *esparto*]

S

Spar|ta|ki|a|de ⟨f.; -, -n; Sport; früher in den kommunistischen Ländern⟩ Veranstaltung von Wettkämpfen in verschiedenen Sportarten [nach dem Thrakier *Spartacus,* dem Führer des Sklavenaufstandes von 73-71 v. Chr. in Italien]
Spar|ta|kist ⟨m.; -en, -en; Politik⟩ Angehöriger des Spartakusbundes
Spar|ta|kus|bund ⟨m.; -es; unz.; Politik⟩ Zusammenschluss linksstehender Sozialisten 1917 unter der Führung von K. Liebknecht u. R. Luxemburg, aus dem 1918 die Kommunistische Partei hervorging [→ *Spartakiade*]
spar|ta|nisch ⟨Adj.⟩ **1** Sparta betreffend, zu ihm gehörend, von ihm stammend **2** ⟨fig.⟩ anspruchslos, streng, genügsam
Spar|te ⟨f.; -, -n⟩ **1** Abteilung, Fach, Gebiet **2** Geschäfts-, Wissenszweig, Sportart **3** Zeitungsspalte [<ital. *spartizione* »Abteilung, Geschäftszweig, Fach«; zu *sparire* »teilen«]
Spar|te|in ⟨n.; -s; unz.; Pharm.⟩ in Schmetterlingsblütlern (Besen- u. Binsenginster) vorkommendes Alkaloid, das medizinisch z. B. zur Anregung des Atemzentrums u. zur Behandlung von Herzrhythmusstörungen genutzt wird [<lat. *spartum* <grch. *sparton* »Espartogras«]
Spar|te|rie ⟨f.; -, -n⟩ Flechtwerk aus Span od. Bast [frz., »Mattenfabrik«; → *Spartein*]
Spar|ti|at ⟨m.; -en, -en⟩ Bürger von Sparta mit allen polit. Rechten
spar|tie|ren ⟨V.; Musik⟩ in Partitur setzen; *ein Musikwerk ~, von dem nur einzelne Stimmen vorhanden sind* [<ital. *spartire* »in Partitur setzen«]
spas|ma|tisch ⟨Adj.; Med.⟩ = spastisch
spas|mo|disch ⟨Adj.; Med.⟩ = spastisch
spas|mo|gen ⟨Adj.; Pharm.⟩ krampferzeugend [<grch. *spasmos* »Krampf« + *gennan* »erzeugen«]
Spas|mo|ly|ti|kum ⟨n.; -s, -ti|ka; Pharm.⟩ = Antispasmodikum [<grch. *spasmos* »Krampf« + *lytikos* »lösend«]
spas|mo|ly|tisch ⟨Adj.; Med.⟩ krampflösend [→ *Spasmolytikum*]
Spas|mo|phi|lie ⟨f.; -; unz.; Med.⟩ = Tetanie [<grch. *spasmos* »Krampf« + ...*philie*]
Spas|mus ⟨m.; -, Spas|men; Med.⟩ Krampf [<grch. *spasmos*]
Spas|ti|ker ⟨m.; -s, -⟩ **1** ⟨Med.⟩ spastisch gelähmter Mensch **2** ⟨umg.; abwertend⟩ Dummkopf, hirnloser Mensch
spas|tisch ⟨Adj.; Med.⟩ krampfhaft; *Sy* spasmatisch, spasmodisch [<neulat. *spasmodicus,* frz. *spasmodique* <grch. *spasmodes* »krampfig, örtl. Krämpfen ausgesetzt«; zu *spaein* »ziehen, zucken«]
Spa|tha ⟨f.; -, Spa|then⟩ **1** großes Hochblatt an der Basis von Blütenständen (bes. bei Aronstabgewächsen u. Palmen) **2** zweischneidiges Langschwert [<grch. *spathe* »Stiel der Palmblätter u. der männl. Blüte des Palmbaums«]
Spa|ti|en ⟨Pl. von⟩ Spatium
spa|ti|o|nie|ren ⟨V.; Typ.⟩ *Schriftsatz, Wörter ~* mit Spatium, Spatien versehen, sperren
spa|ti|ös ⟨Adj.; Typ.⟩ geräumig, weit
Spa|ti|um ⟨n.; -s, -ti|en; Typ.⟩ Zwischenraum (zwischen den Druckbuchstaben) [lat., »Strecke, Weite, Zwischenraum«]
spa|zie|ren ⟨V.⟩ **1** zur Erholung im Freien (umher)gehen **2** fröhlich, behaglich (umher)gehen **3** dreist, unbekümmert (umher)gehen [<ital. *spaziare* »umherwandern, sich ergehen« <lat. *spatiari* »lustwandeln, einherschreiten«; zu *spatium* »Raum, Zwischenraum; Spaziergang, Promenade«]
Spea|ker ⟨[spiːkə(r)] m.; -s; unz.; Politik⟩ **1** Präsident des brit. Unterhauses **2** Präsident des Repräsentantenhauses der USA [engl., »Sprecher«]
Spe|cial ⟨[spɛʃəl] n.; -s, -s; Radio; TV⟩ Radio- od. Fernsehsendung über ein bestimmtes (bes. aktuelles) Thema [engl.; zu *special* »Sonder..., Etxra...«]
Spe|cial|ef|fect ⟨[spɛʃəlɪfɛkt]⟩ *auch:* **Spe|cial Ef|fect** ⟨ m.; (-) -s, (-) -s⟩ Technik zur effektvollen Dramatisierung von Kino- u. Fernsehfilmen, z. B. durch Computersimulation, Toneffekte, Make-up [engl., »besonderer Effekt«]
Spe|ci|es ⟨f.; -, -⟩ = Spezies
spe|die|ren ⟨V.⟩ **1** *Waren ~* abschicken, versenden **2** *Güter, Möbel ~* mit Lastwagen befördern [<ital. *spedire* »abfertigen, versenden« <lat. *expedire* »losmachen; erledigen, besorgen«]
Spe|di|teur ⟨[-tøːr] m.; -s, -e⟩ jmd., der gewerblich Waren od. Möbel befördert [→ *spedieren* (mit frz. Endung)]
Spe|di|ti|on ⟨f.; -, -en⟩ **1** das Spedieren **2** Versandabteilung (eines Betriebes) **3** Speditionsfirma [<ital. *spedizione* »Beförderung, Abfertigung«]
spe|di|tiv ⟨Adj.; schweiz.⟩ rasch (vorankommend), zügig [<ital. *speditivo,* »beschleunigend«; zu *spedire* »absenden«]
Speech ⟨[spiːtʃ] f.; -, -es; umg.; salopp⟩ Rede, Ansprache [engl., »Sprache, Rede«; zu *speak* »sprechen«]
Speed[1] ⟨[spiːd] m.; -s, -s⟩ **1** Geschwindigkeit, (hohes) Tempo **2** Geschwindigkeitssteigerung [engl., »Geschwindigkeit, Eile«]
Speed[2] ⟨[spiːd] n.; -s, -s; Drogenszene⟩ Aufputschmittel, z. B. Amphetamin [→ *Speed*[1]]
Speed|ball ⟨[spiːdbɔːl] m.; -s, -s; Drogenszene; umg.⟩ Drogenmischung aus Kokain u. Morphium od. aus Kokain u. Heroin [engl.]
Speed|da|ting ⟨[spiːddeɪtɪŋ] n.; - od. -s, -s⟩ Veranstaltung, die ein rasches Kontaktieren u. Kennenlernen von Singles, die auf Partnersuche sind, ermöglicht [< *Speed*[1] + engl. *date* »ausgehen, sich verabreden«]
Speed|ska|ting ⟨[spiːdskeɪtɪŋ] n.; -s; unz.; Sport⟩ Rollschnelllauf als sportl. Disziplin [< *Speed*[1] + engl. *skating* »Roll-, Schlittschuh (fahren)«]
Speeds|ter ⟨[spiːds-] m.; -s, -; Kfz⟩ **1** schnelles Auto **2** rasanter Fahrer [engl.]
Speed|way ⟨[spiːdweɪ] m.; -s, -s⟩ Rennbahn beim Speedwayrennen [engl.]
Speed|way|ren|nen ⟨[spiːdweɪ-] n.; -s, -; neuere Bez. für⟩ Dirt-

S

Track-Rennen [<*Speed*[1] + engl. *way* »Weg«]

Spek|ta|kel[1] ⟨n.; -s, -; veraltet⟩ Schauspiel [<lat. *spectaculum* »Schauspiel«; zu *spectare* »schauen«]

Spek|ta|kel[2] ⟨m.; -s, -; fig.; umg.⟩ **1** Lärm, Krach **2** Aufregung, Aufsehen **3** lauter Auftritt, Szene; *mach keinen (solchen) ~!* [<lat. *spectaculum* »Schauspiel«; zu *spectare* »schauen«]

spek|ta|keln ⟨V.⟩ ein Spektakel[2] veranstalten

spek|ta|ku|lär ⟨Adj.⟩ **1** großes Aufsehen erregend **2** als Sensation herausgestellt; *ein ~es Ereignis* [→ *Spektakel*]

Spek|ta|ku|lum ⟨n.; -s, -ku|la; scherzh.⟩ Spektakel, aufsehenerregendes Ereignis; *ein ~ veranstalten* [<lat. *spectaculum* »Schauplatz, Theater«]

◆ Die Buchstabenfolge **spek|tr...** kann auch **spekt|r...** getrennt werden.

◆ **spek|tral** ⟨Adj.⟩ zum Spektrum gehörend, auf ihm beruhend [<lat. *spectralis*]

◆ **Spek|tral|ana|ly|se** ⟨f.; -, -n; Chemie⟩ chem. Analyse durch Untersuchung der von einem Stoff ausgestrahlten Spektralfarben

◆ **Spek|tral|ap|pa|rat** ⟨m.; -(e)s, -e⟩ Gerät zur Durchführung einer Spektralanalyse

◆ **Spek|tral|far|be** ⟨f.; -, -n⟩ **1** Licht einer einzigen Wellenlänge **2** ⟨Pl.⟩ *~n* die durch Zerlegung von weißem Licht entstehenden Farben

◆ **Spek|tral|klas|se** ⟨f.; -, -n; Astron.⟩ Einteilungsmerkmal der Sterne nach dem Aussehen ihres Spektrums; *Sy* Spektraltyp

◆ **Spek|tral|li|nie** ⟨[-njə] f.; -, -n⟩ Linie bestimmter Farbe, die für eine bestimmte Lichtwellenlänge charakteristisch ist

◆ **Spek|tral|typ** ⟨m.; -s, -en; Astron.⟩ = Spektralklasse

◆ **Spek|tro|fo|to|me|trie** *auch:* **Spek|tro|fo|to|met|rie** ⟨f.; -, -n; Physik⟩ = Spektrophotometrie

◆ **Spek|tro|graf** ⟨m.; -en, -en; Technik⟩ = Spektrograph

◆ **Spek|tro|gra|fie** ⟨f.; -, -n; Technik⟩ = Spektrographie

◆ **Spek|tro|graph** ⟨m.; -en, -en; Technik⟩ Gerät zum Zerlegen von Licht in die einzelnen Spektralfarben; *oV* Spektrograf; *Sy* Spektroskop, Spektrometer (3)

◆ **Spek|tro|gra|phie** ⟨f.; -, -n; Technik⟩ Zerlegung von Licht in die einzelnen Spektralfarben; *oV* Spektrografie; *Sy* Spektrometrie, Spektroskopie [<*Spektrum* + *...graphie*]

◆ **Spek|tro|he|lio|graf** ⟨m.; -en, -en; Astron.⟩ = Spektroheliograph

◆ **Spek|tro|he|lio|graph** ⟨m.; -en, -en; Physik⟩ Gerät zur fotograf. Aufnahme der Sonne, mit dem jeweils nur ein kleiner Teil des Sonnenspektrums erfasst wird; *oV* Spektroheliograf

◆ **Spek|tro|he|li|o|skop** *auch:* **Spek|tro|he|li|os|kop** ⟨n.; -s, -e; Physik⟩ Gerät zur Beobachtung der Sonne in einem sehr eng begrenzten Wellenbereich

◆ **Spek|tro|me|ter** ⟨n.; -s, -⟩ **1** ⟨El.⟩ elektr. Gerät zum Ermitteln der Wellenlängen von Schwingungen **2** ⟨Kernphysik⟩ Gerät zur Feststellung von Spektren ionisierter Strahlung **3** ⟨Optik⟩ = Spektrograph [<*Spektrum* + *...meter*]

◆ **Spek|tro|me|trie** *auch:* **Spek|tro|met|rie** ⟨f.; -, -n; Physik⟩ = Spektrographie

◆ **Spek|tro|pho|to|me|trie** *auch:* **Spek|tro|pho|to|met|rie** ⟨f.; -, -n; Physik⟩ Gebiet der Spektroskopie, das sich besonders mit der Messung der Intensität der spektralen Bestandteile befasst; *oV* Spektrofotometrie

◆ **Spek|tro|skop** *auch:* **Spek|tros|kop** ⟨n.; -s, -e; Technik⟩ = Spektrograph

◆ **Spek|tro|sko|pie** *auch:* **Spek|tros|ko|pie** ⟨f.; -, -n; Technik⟩ = Spektrographie

◆ **Spek|trum** ⟨n.; -s, Spek|tren od. Spek|tra⟩ **1** ⟨i. e. S.⟩ Aufspaltung von weißem Licht in verschiedene Farben **2** ⟨i. w. S.⟩ Gesamtheit der elektromagnetischen Strahlung verschiedener Wellenlänge **3** ⟨fig.⟩ Vielfalt, Buntheit; *das ganze ~ der modernen Literatur, Kunst* [<lat. *spectrum* »Abbild«; zu *spectare* »schauen«]

Spe|ku|lant ⟨m.; -en, -en⟩ **1** jmd., der spekuliert; *Börsen~* **2** jmd., der um hoher Gewinne willen sich in unsichere Geschäfte einlässt [<lat. *speculans,* Part. Präs. zu *speculari;* → *spekulieren*]

Spe|ku|la|ti|on ⟨f.; -, -en⟩ **1** Betrachtung **2** das Denken, das über die reine Erfahrung hinaus durch Überlegung Erkenntnis zu gewinnen sucht **3** nur auf Überlegung beruhende Erkenntnis **4** Kauf (bzw. Verkauf) von Gütern in der Erwartung, sie zu einem späteren Zeitpunkt mit Gewinn verkaufen (bzw. kaufen) zu können **5** auf Vermutungen beruhende Überlegung [<lat. *speculatio;* → *spekulieren*]

Spe|ku|la|ti|us ⟨m.; -, -⟩ knuspriges, flaches, mit Modeln geformtes, kleines Gebäck [vielleicht zu lat. *speculum* »Spiegelbild, Abbild« od. nach dem hl. Nikolaus, der den Beinamen *Speculator* (lat., »der Schauende«; → *spekulieren*) führte]

spe|ku|la|tiv ⟨Adj.⟩ **1** ⟨Philos.⟩ im Sinne der philosoph. Spekulation, die reine Erfahrung überschreitend, gedanklich; *~es Denken* **2** grübelnd, grüblerisch, nachdenkend [→ *spekulieren*]

spe|ku|lie|ren ⟨V.⟩ **1** ⟨Wirtsch.⟩ Handel aufgrund von Spekulationen treiben; *an der Börse ~; auf Hausse, auf Baisse ~* die H., B. für Spekulationen ausnützen; *auf eine Stellung ~* ⟨umg.⟩ nach einer S. streben **2** grübeln, nachsinnen, überlegen [<lat. *speculari* »Ausschau halten, belauern«; zu *specula* »Wartturm«; zu *specere* »sehen«]

Spe|ku|lum ⟨n.; -s, -ku|la; Med.⟩ meist röhren- od. trichterförmiges Instrument mit Spiegel zum Einblick in Hohlräume des Körpers [<lat. *speculum* »Spiegel«]

Spe|läo|lo|gie ⟨f.; -; unz.⟩ Lehre von den natürlich entstandenen Höhlen, ihren Erscheinungsformen u. den in ihnen stattfindenden Vorgängen, Höhlenkunde [<lat. *spelaeum* »Höhle« (<grch. *spelaion*) + *...logie*]

Spe|lun|ke ⟨f.; -, -n⟩ **1** schlechte, verrufene Kneipe, Spielhölle **2** elender, schmutziger Wohnraum [<lat. *spelunca* »Höhle« <grch. *spelygx*]

spen|da|bel ⟨Adj.; umg.⟩ freigebig, großzügig; *eine spendable Gastgeberin* [→ *spendieren* (mit frz. Endung)]

spen|die|ren ⟨V.; umg.⟩ spenden, geben, ausgeben; *er hat den Kindern fünf Euro für das Sommerfest spendiert; eine Runde ~* [→ *spenden*]

Spen|ser ⟨m.; -s, -⟩ = Spenzer

Spen|zer ⟨m.; -s, -⟩ kurze, enge Jacke (mit Schoß); *oV* Spenser [nach dem engl. Minister George John *Spencer*, 1758-1834]

Spe|renz|chen ⟨Pl.; umg.⟩ Umstände, Ausflüchte, Schwierigkeiten; *oV* Sperenzien; *~ machen* [<mlat. *sperentia* »Hoffnung«; zu lat. *sperare* »hoffen«; in der Bedeutung beeinflusst von *sperren*]

Spe|ren|zi|en ⟨Pl.; umg.⟩ = Sperenzchen

Sper|ma ⟨n.; -s, -ma|ta od. Sper|men; Biol.; Med.⟩ Samen (von Mensch u. Tier), Samenflüssigkeit [grch., »Same«; zu *speirein* »säen«]

Sper|ma|ti|de ⟨f.; -, -n; Biol.; Med.⟩ unreife männliche Keimzelle [→ *Sperma*]

Sper|ma|ti|tis ⟨f.; -, -ti|ti|den; Med.⟩ = Funikulitis

sper|ma|to..., Sper|ma|to... ⟨in Zus.⟩ samen..., Samen... [<grch. *sperma*, Gen. *spermatos*; → *Sperma*]

sper|ma|to|gen ⟨Adj.; Biol.; Med.⟩ Samenzellen bildend

Sper|ma|to|ge|ne|se ⟨f.; -, -n; Biol.; Med.⟩ = Spermiogenese

Sper|ma|to|pho|re ⟨f.; -, -n; Biol.⟩ durch Kittmasse zusammengefügter Haufen von Samenzellen, der bei manchen niederen Tieren der Samenübertragung dient [<*Spermato...* + *...phor*[1]]

Sper|ma|to|phyt ⟨m.; -en, -en; Bot.⟩ Blüten-, Samenpflanze (Angiospermen u. Gymnospermen) [<*Sperma* + grch. *phyton* »Pflanze«]

Sper|ma|tor|rhö ⟨f.; -, -en; Med.⟩ Samenfluss ohne geschlechtl. Erregung [<*Spermato...* + *...rrhö*]

Sper|ma|to|zo|on ⟨n.; -s, -zo|en; Biol.; Med.⟩ = Spermium [<*Spermato...* + *Zoon*]

Sper|ma|zet ⟨n.; -(e)s; unz.⟩ = Walrat

Sper|ma|ze|ti ⟨n.; -s; unz.⟩ = Walrat [<*Spermato...* + lat. *cetus* »großes Seetier« <grch. *ketos* »großes Seetier, Wal«]

Sper|min ⟨n.; -s; unz.; Med.⟩ Bestandteil des Spermas mit charakteristischem Geruch

Sper|mio|ge|ne|se ⟨f.; -, -n; Biol.; Med.⟩ Entwicklung von Spermien, die durch die Hormone der Hypophyse angeregt wird; *Sy* Spermatogenese [<*Spermium* + *Genese*]

Sper|mio|gramm ⟨n.; -s, -e; Med.⟩ Gesamtschau aller bei der Untersuchung von Sperma angefallenen Befunde [<*Spermium* + *...gramm*]

Sper|mi|um ⟨n.; -s, -mi|en; Biol.; Med.⟩ reife männl. Keimzelle, Samenzelle, Spermatozoon [neulat. <grch. *sperma*; → *Sperma*]

sper|mi|zid ⟨Adj.; Biol.; Med.⟩ samenabtötend (von der Beschichtung mechanischer Verhütungsmittel) [→ *Spermizid*]

Sper|mi|zid ⟨n.; -s, -e; Biol.; Med.⟩ samentötendes Mittel zur Empfängnisverhütung [<*Sperma* + *...zid*[1]]

Spe|sen ⟨Pl.⟩ Nebenausgaben bei der Besorgung eines Geschäftes, die von den Auftraggebern zu erstatten sind; *außer ~ nichts gewesen* ⟨scherzh.⟩ es gab nur Unkosten [<ital. *spese* »Aufwand« <mlat. *spesa* <lat. *expensa*; zu *expendere* »aufwenden«]

Spe|ze|rei ⟨f.; -, -en; meist Pl.⟩ **1** feines Gewürz **2** feine überseeische Essware [<ital. *spezierie* »Gewürzwaren«, <lat. *species* »Art; Gewürz«]

Spe|zi[1] ⟨m.; -s, -s; bair.-österr.⟩ vertrauter Freund, Kumpan [Kurzform von *speziell(er Freund)*]

Spe|zi[2] ⟨n.; -s, -s; umg.⟩ erfrischendes Mischgetränk aus Cola u. Orangenlimonade

spe|zi|al ⟨Adj.; fast nur in Zus. mit Substantiv⟩ = speziell [<lat. *specialis*, »einer bes. Art entsprechend, besonders«; zu *species* »Art (einer Gattung)«]

Spe|zi|al ⟨m.; -s, -e⟩ **1** guter Fasswein **2** ⟨in Zus.⟩ Einzel..., Sonder..., Fach...; *~karte; ~werkzeug*

Spe|zi|a|li|en ⟨Pl.⟩ Besonderheiten, Einzelheiten

Spe|zi|a|li|sa|ti|on ⟨f.; -; unz.⟩ = Spezialisierung

spe|zi|a|li|sie|ren ⟨V.⟩ gliedern, bestimmen, unterscheiden, sondern; *sich auf etwas ~* sich auf etwas (ein Teilgebiet) beschränken u. dieses bes. eingehend studieren [→ *spezial*]

Spe|zi|a|li|sie|rung ⟨f.; -, -en⟩ *Sy* Spezialisation **1** das Spezialisieren **2** Beschränkung auf ein Fachgebiet u. dessen eingehendes Studium

Spe|zi|a|list ⟨m.; -en, -en⟩ jmd., der sich auf ein Gebiet spezialisiert hat; *Ggs* Generalist [→ *spezial*]

Spe|zi|a|lis|tin ⟨f.; -, -tin|nen⟩ Frau, die sich auf ein Gebiet spezialisiert hat

Spe|zi|a|li|tät ⟨f.; -, -en⟩ **1** Besonderheit **2** bes. eingehend studiertes Fachgebiet **3** das, wovon man bes. viel versteht, was man bes. gut beherrscht **4** Liebhaberei, das, was man bes. gern hat od. tut **5** bes. kulinarischer Genuss, Delikatesse [<lat. *specialitas*; → *spezial*]

spe|zi|ell ⟨Adj.⟩ einzeln, besonders, eigens; *Ggs* generell; *ein ganz ~er Freund; ein ~er Abend* [→ *spezial*]

Spe|zi|es ⟨f.; -, -⟩ *oV* Species **1** Art, Gattung **2** ⟨Biol.⟩ Art **3** Gestalt, Erscheinung, Erscheinungsform **4** ⟨Math.⟩ Grundrechenart **5** Mischung aus mehreren Sorten Tee [<lat. *species* »Blick, äußere Erscheinung, Art (einer Gattung)«; zu *specere* »sehen«]

Spe|zi|es|kauf ⟨m.; -(e)s, -käu|fe⟩ Stückkauf, im Gegensatz zum Gattungskauf Erwerb einer genau bestimmten Sache, z. B. von 100 Flaschen Rüdesheimer Wein, Jahrgang 1959

Spe|zi|fik ⟨f.; -; unz.⟩ das Spezifische, Eigentümliche von etwas; *die ~ dieser Sache, dieses Problems*

Spe|zi|fi|ka|ti|on ⟨f.; -, -en⟩ = Spezifizierung

Spe|zi|fi|kum ⟨n.; -s, -fi|ka⟩ **1** etwas Besonderes, Eigentümliches 2 besonderes Merkmal, Kennzeichen 3 Mittel gegen eine bestimmte Krankheit [→ *spezifisch*]

spe|zi|fisch ⟨Adj.⟩ 1 (art)eigen, eigentümlich 2 ~*es Gewicht* Verhältnis zwischen dem Gewicht eines Körpers u. seinem Volumen; *Sy* Volumgewicht 3 ~*e Wärme* die W., die benötigt wird, um 1 g (od. 1 kg) eines Stoffes um 1 °C zu erwärmen [<mlat. *specificus* »der Art entsprechend, besonders«; zu lat. *species* »Art«; → *Spezies*]

Spe|zi|fi|tät ⟨f.; -, -en; geh.⟩ spezifische Eigenschaft, Art u. Weise, Beschaffenheit; *diese Skulptur besitzt eine extravagante* ~

spe|zi|fi|zie|ren ⟨V.⟩ 1 gliedern, unterscheiden 2 einzeln anführen, im Einzelnen darlegen; *eine Rechnung* ~ [<lat. *species* »Art« + ...*fizieren*]

Spe|zi|fi|zie|rung ⟨f.; -, -en⟩ *Sy* Spezifikation 1 das Spezifizieren, genaue Gliederung 2 Aufzählung, Bezeichnung im Einzelnen

Spe|zi|men ⟨n.; -s, -zi|mi|na⟩ Muster, Probe, Probearbeit [<lat. *specimen* »Beweis, Vorbild«; zu *specere* »sehen«]

Sphä|re ⟨f.; -, -n⟩ 1 Kugel, Kreis 2 Himmelskugel 3 Bereich 4 Machtbereich, Wirkungskreis [<grch. *sphaira* »Kugel, Ball«]

Sphä|ren|har|mo|nie ⟨f.; -; unz.⟩ = Sphärenmusik

Sphä|ren|mu|sik ⟨f.; -; unz.⟩ nach Pythagoras dem Ohr nicht hörbare, durch die Bewegung der Himmelskörper verursachte Töne; *Sy* Sphärenharmonie

Sphä|rik ⟨f.; -; unz.; Math.⟩ Übertragung geometr. Gesetzmäßigkeiten von der Ebene auf eine Kugeloberfläche [→ *Sphäre*]

sphä|risch ⟨Adj.⟩ 1 zur Sphäre (2) gehörend 2 ⟨Math.⟩ kugelförmig; ~*e Trigonometrie* T. auf der Oberfläche einer Kugel

Sphä|ro|guss ⟨m.; -es; unz.⟩ sehr dehnbares, zug- u. verschleißfestes Gusseisen, bei dem der Graphit im Gefüge in Kugelform eingelagert ist

Sphä|ro|id ⟨n.; -(e)s, -e; Geom.⟩ = Rotationsellipsoid [<*Sphäre* + ...*id*]

sphä|ro|i|disch ⟨Adj.; Geom.⟩ wie ein Rotationsellipsoid geformt

Sphä|ro|lith ⟨m.; -s od. -en, -e od. -en⟩ 1 ⟨Geol.⟩ kugelförmige Bildung mit radialem Aufbau in Eruptionsgesteinen 2 kugelförmiges Gebilde aus Kristallen [<*Sphäre* + ...*lith*]

Sphä|ro|lo|gie ⟨f.; -; unz.⟩ Lehre von der Kugel [<*Sphäre* + ...*logie*]

Sphä|ro|me|ter ⟨n.; -s, -; Technik⟩ Gerät zum Messen der Krümmung von Kugelflächen [<*Sphäre* + ...*meter*]

Sphä|ro|si|de|rit ⟨m.; -(e)s, -e; Min.⟩ Konkretion von Toneisenstein in Form von Knollen [<*Sphäre* + *Siderit*]

Sphen ⟨m.; -s, -e; Min.⟩ = Titanit [<grch. *sphen* »Keil« (nach der Form der Kristalle)]

sphe|no|id ⟨Adj.⟩ keilförmig; *oV* sphenoidal [<grch. *sphen* »Keil« + ...*id*]

Sphe|no|id ⟨n.; -(e)s, -e; Anat.⟩ mittlerer Knochen der Schädelbasis, Keilbein: Os sphenoides

sphe|no|i|dal ⟨Adj.⟩ = sphenoid

Sphink|ter ⟨m.; -s, -te|re; Anat.⟩ Schließmuskel [<grch. *sphinkter;* zu *sphingein* »fest zusammenbinden«]

Sphinx[1] 1 ⟨fachsprachl.: m.; - od. -es, Sphin|gen od. umg.: f.; -, -e⟩ ägypt. Fabelwesen mit dem Leib eines Löwen u. dem Kopf eines Menschen, meist eines Mannes [grch.]

Sphinx[2] ⟨f.; -, Sphin|gen⟩ 1 ⟨unz.; grch. Myth.⟩ weibl. Ungeheuer mit Flügeln, dem Leib eines Löwen u. dem Kopf einer Frau 2 ⟨zählb.; Zool.⟩ Abendpfauenauge [grch.]

Sphra|gis|tik ⟨f.; -; unz.⟩ Siegelkunde [<grch. *sphragistikos;* zu *sphragis* »Siegel«]

sphra|gis|tisch ⟨Adj.⟩ die Sphragistik betreffend, zu ihr gehörend

Sphyg|mo|graf ⟨m.; -en, -en; Med.⟩ = Sphygmograph

Sphyg|mo|gra|fie ⟨f.; -, -n; Med.⟩ = Sphygmographie

Sphyg|mo|gramm ⟨n.; -s, -e; Med.⟩ vom Sphygmographen aufgezeichnete Pulskurve [<grch. *sphygmos* »Puls« + ...*gramm*]

Sphyg|mo|graph ⟨m.; -en, -en; Med.⟩ Gerät zum Aufzeichnen des Pulses; *oV* Sphygmograf [<grch. *sphygmos* »Puls« + ...*graph*]

Sphyg|mo|gra|phie ⟨f.; -, -n; Med.⟩ Aufzeichnung einer Pulskurve durch einen Sphygmographen; *oV* Sphygmografie

Sphyg|mo|ma|no|me|ter ⟨n.; -s, -; Med.⟩ Gerät zum Messen des Blutdrucks [<grch. *sphygmos* »Puls« + *Manometer*]

spic|ca|to ⟨Musik⟩ in deutlich voneinander getrennten Tönen, (bei Streichinstrumenten) mit Springbogen (zu spielen) [ital., »abgebrochen, deutlich«]

Spi|der ⟨[spaɪ-] m.; -s, -; Kfz⟩ offener (Renn-)Sportwagen [engl., »hoher, zweirädriger Wagen«, eigtl. »Spinne«]

Spiel|kon|so|le ⟨f.; -, -n⟩ Grundgerät, Konsole (3) für elektronische Spiele

Spie|lo|thek ⟨f.; -, -en⟩ Räumlichkeit mit großem Angebot an Spielen u. Spielautomaten

Spike ⟨[spaɪk] m.; -s, -s⟩ 1 Nagel aus Stahl an der Sohle von Rennschuhen u. Autoreifen 2 ⟨Pl.⟩ ~*s* Rennschuhe mit herausstehenden Nägeln an der Sohle [engl., »langer Nagel«]

Spikes|rei|fen ⟨[spaɪks-] Pl.⟩ Autoreifen mit Spikes zum Fahren auf verschneiten od. vereisten Straßen

Spil|la|ge ⟨[spɪla:ʒə] od. [ʃpɪ-] f.; -, -n⟩ Verlust von Waren infolge schlechter Verpackung [engl.; zu *spill* »verschütten«]

Spill-over *auch:* **Spill|over** ⟨[spɪlouvə(r)] m.; -s, -s; Wirtsch.⟩ auf die Umgebung, Umwelt ausstrahlender, externer Effekt, der eine ökonomische Wirkung ausübt (z. B. Autobahnlärm senkt die Immobilienpreise in der näheren Umgebung) [zu engl. *spill over* »überlaufen, überquellen«]

Spin ⟨[spɪn] m.; -s, -s⟩ 1 ⟨Physik⟩ innerer Freiheitsgrad eines Elementarteilchens od. Atomkerns, der als Impuls einer drehenden Eigenbewegung des Teilchens angesehen werden kann 2 ⟨Sport; bes. Tennis⟩ Drall, Rotation des Balls [engl., »Drehung«]

S

Spi|na ⟨[spiː-] od. [ʃpiː-] f.; -, Spi|nen; Anat.⟩ Dorn, Stachel, z. B. an den Wirbeln [lat., »Dorn; Rückgrat«]

spi|nal ⟨Adj.; Med.⟩ die Wirbelsäule betreffend; *~e Kinderlähmung* [<lat. *spinalis;* → *Spina*]

Spi|nal|an|äs|the|sie ⟨f.; -, -n; Med.⟩ Rückenmarkanästhesie

Spi|nal|pa|ra|ly|se ⟨f.; -, -n; Med.⟩ Lähmung durch Entzündung od. Entartung der Bahnen im Rückenmark

Spi|nal|punk|ti|on ⟨f.; -, -en; Med.⟩ Rückenmarkpunktion

Spi|nat ⟨m.; -(e)s, -e; Bot.⟩ einer Gattung der Gänsefußgewächse angehörende, eisenhaltige Gemüsepflanze: Spinacia oleracea [<arab. *isfinag* <pers. *äspänah;* volksetymolog. beeinflusst von lat. *spina* »Dorn« (wegen der spitzen Samenkörner)]

Spi|nell ⟨m.; -s, -e; Min.⟩ isomorphes Mineral, das kubisch kristallisiert [<ital. *spinelle* <lat. *spina* »Dorn« (nach der Form der Kristalle)]

Spi|nett ⟨n.; -(e)s, -e; Musik⟩ Vorläufer des Klaviers, bei dem die quer od. schräg zu den Tasten stehenden Saiten mit einem Keil angerissen werden [<ital. *spinetta;* nach dem Venezianer Giovanni *Spinetti* (um 1500) od. zu lat. *spina* »Dorn«]

Spin|na|ker ⟨m.; -s, -; Seew.⟩ leichtes, dreieckiges Segel, das vor dem Wind gesetzt wird [vermutl. nach *Sphinx,* dem Namen einer Segeljacht (1866)]

Spin|ning® ⟨n.; - od. -s; unz.; Sport⟩ in Gruppen mit einem Trainer als Fitnesssport betriebenes Radfahren auf speziellen Trimmrädern [zu engl. *spin* »spinnen; drehen, wirbeln«]

Spin-off *auch:* **Spin|off** ⟨[spɪn-] n.; -s, -s⟩ Weiterentwicklung eines vorhandenen Produktes od. Aufbau eines weiteren Produktes aus Bestandteilen eines vorhandenen Produktes, Nebenprodukt [engl.]

Spi|nor ⟨m.; -s, -no|ren; Physik⟩ mathemat. Größe, die zur Beschreibung des Spins von Elementarteilchen dient [<engl. *spin* »Drehung«]

spi|nös ⟨Adj.⟩ **1** schwierig, knifflig, heikel **2** spitzfindig [<lat. *spinosus* »dornig«; zu *spina* »Dorn«]

Spi|no|zis|mus ⟨m.; -; unz.; Philos.⟩ Lehre des jüd.-portug. Philosophen Spinoza, 1632-1677

Spi|no|zist ⟨m.; -en, -en; Philos.⟩ Anhänger, Vertreter des Spinozismus

Spin|tha|ri|skop *auch:* **Spin|tha|ris|kop** ⟨n.; -(e)s, -e; Physik⟩ = Spintheriskop

Spin|the|ri|skop *auch:* **Spin|the|ris|kop** ⟨n.; -(e)s, -e; Physik⟩ Vorrichtung zum Beobachten von Blitzen, die beim Auftreten von einzelnen Alphateilchen auf bestimmte Substanzen ausgelöst werden; *oV* Spinthariskop; *Sy* Spintherometer [<grch. *spinther* »Funke« + ...*skop*]

Spin|the|ro|me|ter ⟨n.; -s, -; Physik⟩ = Spintheriskop [<grch. *spinther* »Funke« + ...*meter*]

spin|ti|sie|ren ⟨V.⟩ grübeln, nachdenken [<*spinnen,* beeinflusst von *sinnieren* + *simulieren* »grübelnd nachdenken«]

Spi|on ⟨m.; -s, -e⟩ **1** jmd., der Spionage treibt **2** ⟨fig.⟩ außen am Fenster angebrachter Spiegel, in dem man vom Zimmer aus die Straße überblicken kann **3** in Gefängniszellen- bzw. Haustüren befindliches Spähloch [<frz. *espion* <ital. *spione;* zu *spia* <got. **spaiha* »Späher«; zu germ. **spehon* »spähen«]

Spi|o|na|ge ⟨[-ʒə] f.; -; unz.⟩ das heiml. (u. strafbare) Auskundschaften von militär., polit. od. wirtschaftl. Geheimnissen eines Staates im Auftrag eines anderen [<frz. *espionnage;* → *Spion*]

spi|o|nie|ren ⟨V.⟩ Spionage treiben, etwas auskundschaften, zu erkunden suchen

Spi|räe ⟨f.; -, -n; Bot.⟩ Spierstrauch, einer Gattung der Rosengewächse angehörender Zierstrauch: Spiraea [<lat. *spiraea, spirea;* zu grch. *speira* »Windung, Schlinge«]

Spi|ra|le ⟨f.; -, -n⟩ **1** ⟨Math.⟩ ebene, sich unendlich um einen Punkt windende Kurve, die sich immer weiter von diesem Punkt entfernt, Schneckenlinie **2** ⟨allg.⟩ sich um eine Achse windende, räumliche Kurve, Schraubenlinie [<neulat. *spiralis;* zu lat. *spira* »Windung« <grch. *speira* »Windung, Schlinge«]

Spi|ral|ne|bel ⟨m.; -s, -; Astron.⟩ Sternsystem mit spiralig aus dem Innern herauslaufenden Armen

Spi|ral|tur|bi|ne ⟨f.; -, -n; Technik⟩ Wasserturbine mit spiralig geformtem Läufer

Spi|rans ⟨f.; -, -ran|ten; Phon.⟩ = Spirant

Spi|rant ⟨m.; -en, -en; Phon.⟩ Konsonant, der durch ein reibendes Geräusch an einer Verengung entsteht, Engelaut, Reibelaut, z. B. f, w, s, sch, j, ch; *oV* Spirans; *Sy* Frikativlaut [<lat. *spirans,* Part. Präs. zu *spirare* »hauchen, atmen«]

spi|ran|tisch ⟨Adj.; Phon.⟩ mit einem Spirans (gebildet)

Spi|ril|le ⟨f.; -, -n; Med.⟩ Bakterium in der Form eines Korkenziehers, Schraubenbakterie [<lat. *spirilla,* Verkleinerungsform zu lat. *spira* »Windung« <grch. *speira* »Windung«]

Spi|ril|lo|se ⟨f.; -, -n; Med.⟩ durch Spirillen hervorgerufene Infektionskrankheit

Spi|rit ⟨[spɪ-] m.; -s, -s⟩ Geist (eines Verstorbenen) [engl. <lat. *spiritus* »Hauch, Atem, Seele, Geist«; zu *spirare* »hauchen, atmen«]

Spi|ri|tis|mus ⟨m.; -; unz.⟩ Glaube an Geister u. an den möglichen Kontakt mit ihnen

Spi|ri|tist ⟨m.; -en, -en⟩ Anhänger, Vertreter des Spiritismus

Spi|ri|tis|tin ⟨f.; -, -tin|nen⟩ Anhängerin, Vertreterin des Spiritismus

spi|ri|tis|tisch ⟨Adj.⟩ zum Spiritismus gehörig, auf ihm beruhend

spi|ri|tu|al ⟨Adj.⟩ = spirituell

Spi|ri|tu|al[1] ⟨m.; -s od. -en, -en; in Klöstern u. kath. Seminaren⟩ Seelsorger, Beichtvater [→ *spirituell*]

Spi|ri|tu|al[2] ⟨[spɪrɪtjuəl] m. od. n.; -s, -s; Musik⟩ geistliches Lied der nordamerikan. Schwarzen mit synkopiertem Rhythmus [engl.]

Spi|ri|tu|a|li|en ⟨Pl.⟩ geistl. Dinge

spi|ri|tu|a|li|sie|ren ⟨V.⟩ vergeistigen [→ *spirituell*]

Spi|ri|tu|a|lis|mus ⟨m.; -; unz.⟩ Lehre, dass der Geist das einzig Wirkliche u. der Körper nur eine Erscheinungsform des Geistes sei [→ *spirituell*]

Spi|ri|tu|a|list ⟨m.; -en, -en⟩ Anhänger, Vertreter des Spiritualismus

spi|ri|tu|a|lis|tisch ⟨Adj.⟩ zum Spiritualismus gehörig, auf ihm beruhend

Spi|ri|tu|a|li|tät ⟨f.; -; unz.⟩ Geistigkeit; *Ggs* Materialität [<mlat. *spiritualitas;* → *spirituell*]

spi|ri|tu|ell ⟨Adj.⟩ geistig, übersinnlich; *oV* spiritual; *Ggs* materiell (1) [<mlat. *spiritualis* »geistlich«, <lat. *spiritus;* → *Spiritus*]

spi|ri|tu|os ⟨Adj.⟩ Weingeist enthaltend; *oV* spirituös (1)

spi|ri|tu|ös ⟨Adj.⟩ **1** = spirituos **2** geistig [neulat. *spirituosus* <lat. *spiritus* in der Bedeutung »Weingeist«]

Spi|ri|tu|o|sen ⟨Pl.⟩ alkohol. Getränke

spi|ri|tu|o|so ⟨Musik⟩ geistvoll-lebhaft [ital., <lat. *spiritus*]

Spi|ri|tus[1] ⟨[spiː-] m.; -, -⟩ **1** Atem, Hauch **2** Leben **3** Geist **4** Zeichen für die Behauchung in der grch. Schrift; ~ *asper* ⟨Zeichen: ‛⟩ Zeichen auf einem Vokal zur Aussprache mit anlautendem h; ~ *lenis* ⟨Zeichen: '⟩ Zeichen zur Aussprache ohne h; ~ *Rector* führender, belebender Geist, treibende Kraft (eines Unternehmens); ~ *sanctus* der Heilige Geist [<lat. *spiritus* »(Luft-)Hauch, Wind, Atem, Seele, Geist, Gesinnung; Weingeist«; zu *spirare* »hauchen«; lat. *asper* »hart, rau«; lat. *lenis* »weich, sanft«; lat. *rector* »Lenker«; zu *regere* »richten, lenken«; lat. *sanctus* »heilig, unverletzlich«]

Spi|ri|tus[2] ⟨[ʃpiː-] m.; -, -se⟩ **1** = Ethylalkohol **2** Grundlage von Branntwein; *Sy* Sprit (1) **3** Weingeist [→ *Spiritus*[1]]

Spi|ro|chä|te ⟨[-çɛːtə] f.; -, -n; Zool.⟩ Angehörige einer Gruppe schraubenförmiger, bewegl. Mikroorganismen: Spirochaetales [<grch. *speira* (lat. *spira*) »Windung, Schlinge« + *chaite* »langes Haar«]

Spi|ro|me|ter ⟨[spi-] od. [ʃpi-] n.; -s, -; Med.⟩ Apparat zur Messung der Lungenkapazität bzw. des geatmeten Gasvolumens bei der Atmung [<lat. *spirare* »hauchen, atmen« + *...meter*]

Spi|ro|me|trie *auch:* **Spi|ro|met|rie** ⟨[spi-] od. [ʃpi-] f.; -, -n; Med.⟩ Aufzeichnung der Atmung bzw. der Lungenkapazität mittels eines Spirometers

Splanch|no|lo|gie ⟨[splanç-] f.; -; unz.; Med.⟩ Lehre von den Eingeweiden [<grch. *splanchnon* »Eingeweide« + *...logie*]

Splat|ter ⟨[splætə(r)] m.; - od. -s, -; umg.⟩ Horrorfilm od. Roman, in dem blutrünstige Gewalt im Vordergrund steht [engl., (umg.), eigtl. »plantschen, plätschern, platschen«]

Spleen ⟨[ʃpliːn] od. [spliːn] m.; -s, -e od. -s⟩ **1** ein wenig sonderbares, schrulliges, verschrobenes Wesen **2** überspannte, sonderbare Idee [engl. <grch. *splen* »Milz; Milzsucht; durch die Milzsucht hervorgerufener Geisteszustand«]

splee|nig ⟨[ʃpliː-] od. [spliː-] Adj.⟩ mit einem Spleen behaftet, verschroben, schrullig

Splen ⟨m.; -; unz.; Med.⟩ Milz [grch.]

splen|did ⟨Adj.; veraltet⟩ **1** freigebig, großzügig **2** prächtig **3** ⟨Typ.⟩ weitläufig, mit großen Zwischenräumen [<lat. *splendidus* »herrlich, prächtig«; zu *splendere* »glänzen«]

Splen|did Iso|la|tion ⟨[splɛndɪd aɪsəlɛɪʃən] f.; - -; unz.⟩ (von dem engl. Minister G. J. Göschen geprägtes Schlagwort für die) polit. Unabhängigkeit Englands von Europa [engl., »glänzende Isolierung«]

Splen|di|di|tät ⟨f.; -; unz.; veraltet⟩ **1** splendides Wesen, Verhalten, Freigebigkeit, Großzügigkeit **2** Weiträumigkeit, splendide Beschaffenheit **3** Pracht [<neulat. *splendiditas;* → *splendid*]

Splen|ek|to|mie *auch:* **Sple|nek|to|mie** ⟨f.; -, -n; Med.⟩ operative Entfernung der Milz [<*Splen* + *Ektomie*]

Sple|ni|tis ⟨f.; -, -ti|den⟩ Milzentzündung [<*Splen* + *...itis*]

sple|no|gen ⟨Adj.; Med.⟩ von der Milz herrührend [<*Splen* + grch. *gennan* »erzeugen«]

Sple|nom ⟨n.; -s, -e; Med.⟩ gutartige Geschwulstform, die sich in der Milz bildet

Spline ⟨[splaɪn] f.; -, -s; EDV⟩ durch Kontrollpunkte bestimmte, mit minimaler Krümmung verlaufende Kurve, die mathematisch beschreibbar ist [engl., »Kurvenlineal«, eigtl. »Keil; Metall-, Holzfeder«]

Splint ⟨m.; -(e)s, -e⟩ **1** gebogener, zweischenkliger Stift (zur Sicherung von Schraubenmuttern u. Bolzen) **2** Splintholz [engl.; mit eingeschobenem *n* zu *Splitt(er)*]

Split|bu|chung ⟨[splɪt-] f.; -, -en; EDV; Wirtsch.⟩ gleichzeitige Buchung mehrerer Beträge im Soll u. Haben durch die automatisch separierte Buchung der Mehrwertsteuer in der EDV [zu engl. *split* »spalten«]

split|ten ⟨[splɪt-] V.⟩ aufspalten, aufteilen [→ *Splitting*]

Split|ting ⟨[splɪt-] n.; -s; unz.⟩ Form der Besteuerung von Ehegatten, wobei zur Berechnung der Steuer beider Einkommen zusammengezählt u. durch zwei geteilt wird [engl.; zu *split* »spalten«]

Spo|di|um ⟨n.; -s; unz.; Chemie⟩ Aktivkohle aus Knochen [<grch. *spodos* »Asche«]

Spo|du|men ⟨m.; -s, -e; Min.⟩ hellgraues bis grünes Augit [<grch. *spodoumenos,* Part. Perf. zu *spodoun* »verbrennen«; zu *spodos* »Asche«]

Spoi|ler ⟨m.; -s, -⟩ **1** ⟨Kfz⟩ Luftleitblech am Heck von Autos zur Verbesserung der Bodenhaftung **2** zur Änderung der Strömungsverhältnisse an Flugzeugtragflächen dienende Klappe [engl., eigtl. »Plünderer«; zu *spoil* »rauben«]

Spoils|sys|tem ⟨[spɔɪlzsɪstəm] n.; - od. -s; unz.; Politik⟩ (in den USA) Besetzung von Beamtenstellen nach Parlamentswahlen mit Anhängern der siegreichen Partei [engl., »Beutesystem«]

Spo|li|um ⟨n.; -s, -li|en; meist Pl.⟩ **1** ⟨im alten Rom⟩ erbeutete

S

Waffen **2** ⟨MA⟩ Nachlass (eines Geistlichen) **3** ⟨Arch.⟩ Teile eines Kunstwerks, die nicht für dieses geschaffen, sondern einem anderen entnommen worden sind [<lat. *spolium* »Beute«; zu *spoliare* »plündern«]

spon|de|isch ⟨Adj.; Metrik⟩ in Spondeen gedichtet

Spon|de|us ⟨m.; -, -de|en; Metrik⟩ Versfuß aus zwei langen Silben [lat. <grch. *spondeios (pous); zu sponde* »Trankopfer« (nach der urspr. Verwendung für feierl. Opfergesänge)]

Spon|di|a|kus ⟨m.; -; unz.; Metrik⟩ Hexameter, in dem statt des normalen Daktylus ein Spondeus im fünften Fuß gesetzt ist [zu lat. *spondiacus* »spondeisch«]

Spon|dyl|ar|thri|tis *auch:* **Spon|dyl-arth|ri|tis** ⟨f.; -, -ti|den; Med.⟩ = Spondylitis [<grch. *spondylos* »Rückgrat« + *Arthritis*]

Spon|dy|li|tis ⟨f.; -, -li|ti|den; Med.⟩ (meist bakteriell bedingte) Entzündung eines od. mehrerer Wirbel; *Sy* Spondylarthritis [→ *Spondylose*]

Spon|dy|lo|se ⟨f.; -, -n; Med.⟩ Zermürbung od. Abfaserung der Bandscheiben, Wirbelsäulenleiden [<grch. *spondylos* »Rückgrat«]

spon|dy|lo|tisch ⟨Adj.; Med.⟩ auf Spondylose beruhend

Spon|gia ⟨[spɔŋ-] f.; -, -gi|ae od. -gi|en; Zool.⟩ einfachst gebauter Angehöriger eines Stammes der vielzelligen Tiere, Schwamm [lat. <grch. *spoggos*]

spon|gi|form ⟨[spɔŋ-] Adj.⟩ schwammförmig [→ *Spongia*]

Spon|gin ⟨[spɔŋ-] n.; -s; unz.; Zool.⟩ hornige Substanz, aus der das Skelett der Hornschwämme gebildet ist [lat. <grch. *spoggos*]

Spon|gio|lo|gie ⟨[spɔŋ-] f.; -; unz.; Zool.⟩ Wissenschaft von den Schwämmen, Erforschung der Schwämme [<*Spongia* + grch. *logos* »Lehre, Kunde«]

spon|gi|ös ⟨[spɔŋ-] Adj.; Zool.⟩ schwammig, schwammartig [→ *Spongia*]

Spon|gi|o|sa ⟨[spɔŋ-] f.; -; unz.; Zool.⟩ das schwammige Innengewebe der Knochen

spon|sern ⟨V.⟩ finanziell ermöglichen od. fördern; *einen Sportler ~* [→ *Sponsor*]

Spon|si|on ⟨f.; -, -en; österr.⟩ akadem. Feier zur Verleihung des Magistertitels [<lat. *sponsio* »Gelöbnis«]

Spon|sor ⟨m.; -s, -s od. -so|ren⟩ jmd., der eine Sache finanziell ermöglicht od. fördert, Geldgeber [lat., »Bürge«]

Spon|so|rin ⟨f.; -, -rin|nen⟩ weibl. Sponsor, Geldgeberin

Spon|so|ring ⟨n.; - od. -s; unz.⟩ das Sponsern [engl.]

Spon|sor|ship ⟨[-ʃɪp] f.; -; unz.⟩ Sponsorentum, (finanzielle) Unterstützung [engl.]

spon|tan ⟨Adj.⟩ **1** von selbst, aus eigenem Antrieb, von innen heraus (kommend) **2** plötzlich, aus plötzl. Eingebung, plötzl. Entschluss [<lat. *spontaneus; zu sponte* »aus eigenem Willen«]

Spon|ta|ne|i|tät ⟨[-ne:i-] f.; -; unz.⟩ = Spontanität

Spon|ta|ni|tät ⟨f.; -; unz.⟩ spontanes Handeln, Geschehen, Handeln aus eigenem Antrieb; *oV* Spontaneität [<frz. *spontanéité;* → *spontan*]

Spon|ti ⟨m.; -s, -s; umg.; bes. Ende der 1970er u. Anfang der 1980er Jahre⟩ Angehöriger einer spontan handelnden, politisch linksgerichteten Gruppe von Jugendlichen [→ *spontan*]

Spoo|fing ⟨[spu:-] n.; - od. -s; unz.; EDV⟩ Manipulation von Daten im Internet unter Verwendung der Absenderadresse eines anderen Hosts (2) zur Verschleierung der eigenen Identität; →*a.* Phishing [engl.; zu *spoof* »verulken«]

Spoo|ling ⟨[spu:-] n.; - od. -s; unz.; EDV; Abk. für engl.⟩ Simultaneous Peripheral Operations on Line, Zwischenspeicherung von Ein- u. Ausgabedaten bei simultaner Bearbeitung mehrerer Anwendungen [engl., das »Spulen«]

Spoon ⟨[spu:n] m.; -s, -s; Sport; Golf⟩ hölzerner Schläger für lange u. hohe Schläge [engl., eigtl. »Löffel«]

spo|ra|disch ⟨Adj.⟩ **1** vereinzelt, verstreut (vorkommend) **2** hin und wieder, nicht oft, unregelmäßig [<grch. *sporadikos* »verstreut«; zu *speirein* »aussäen«]

Spor|an|gi|um *auch:* **Spo|ran|gi|um** ⟨[spɔr-] n.; -s, -gi|en; Bot.⟩ Behälter, in dem bei vielen Algen u. Pilzen die Sporen gebildet werden [neulat., <*Spore* + grch. *aggeion* »Gefäß«]

Spo|re ⟨f.; -, -n; Biol.⟩ **1** ungeschlechtl. Zelle zur Fortpflanzung vieler Algen u. Pilze **2** Dauerform von Bakterien [<neulat. *spora* <grch. *spora* »Same«; zu *speirein* »säen«]

spo|ro|gen ⟨Adj.; Biol.⟩ sporenbildend [<grch. *sporos* »Same« + *gennan* »erzeugen«]

Spo|ro|go|nie ⟨f.; -; unz.; Biol.⟩ **1** Erzeugung von Sporen **2** Fortpflanzung durch Sporen [<*Spore* + …*gonie*]

Spo|ro|phyt ⟨m.; -en, -en; Biol.⟩ sporenbildende, ungeschlechtliche Generation bei Pflanzen mit Generationswechsel [<*Spore* + …*phyt*]

Spo|ro|zo|on ⟨n.; -s, -zo|en; Biol.; meist Pl.⟩ Sporentierchen, Protozoon, das parasitisch lebt u. sich durch eine besondere Dauerform, die Spore, auszeichnet [<*Spore* + *Zoon*]

Spo|ro|zys|te ⟨f.; -, -n; Biol.⟩ Larvenstadium der Saugwürmer

Sport ⟨m.; -(e)s, -e⟩ **1** körperl. Betätigung nach bestimmten Regeln aus Freude daran od. zur Erhaltung der Gesundheit; *~ treiben* **2** Gesamtheit der Leibesübungen **3** Leibesübung, im Unterschied zum Geräte- u. Bodenturnen u. zur Gymnastik; *Wasser~* **4** ⟨fig.; umg.⟩ Liebhaberei, Steckenpferd [engl. <afrz. *desport* »Belustigung« <mlat. *disportare* »sich zerstreuen« <lat. *dis…* »auseinander« + *portare* »tragen«]

Spor|tel ⟨f.; -, -n; MA⟩ Gebühr für Amtshandlungen, bes. Gerichtskosten [<lat. *sportula* »Körbchen, kleines Geschenk«; Verkleinerungsform zu *sporta* »Korb« <grch. *spyris*]

spor|tiv ⟨Adj.⟩ sportlich [engl.]

Sports|wear ⟨[spɔ:tswɛ:(r)] f.; -; unz.⟩ legere, sportliche Kleidung; →*a.* Streetwear [engl.]

Spot ⟨[spɔt] m.; -s, -s⟩ **1** ⟨Rundfunk; TV⟩ kurze Sendung im Rundfunk od. Fernsehen, meist zur Werbung; *Fernseh~; einen Werbe~ schalten* **2** ⟨kurz für⟩

S

Spotlight **3** ⟨Sport⟩ zum Surfen geeigneter Küstenabschnitt [engl. »Punkt, Stelle«]

Spot|ge|schäft ⟨[spɔt-] n.; -(e)s, -e; Börse⟩ Geschäft gegen Barzahlung u. sofortige Lieferung

Spot|light ⟨[spɔtlaɪt] n.; -s, -s⟩ stark konzentriertes Licht zur Beleuchtung nur einer Stelle, Punktlicht, z. B. im Theater, in Ausstellungsvitrinen [<engl. *spot* »Fleck« + *light* »Licht«]

Spot|markt ⟨m.; -(e)s, -märk|te; Börse⟩ Markt für die im Spotgeschäft gehandelte Ware

spot|ten ⟨[spɔt-] V.; umg.⟩ ausmachen, entdecken (u. beobachten); *sie hat einen netten Typ gespottet* [<engl. *spot*]

S. P. Q. R. ⟨Abk. für⟩ Senatus Populusque Romanus

Sprach|bar|ri|e|re ⟨f.; -, -n; Sprachw.; Soziol.⟩ **1** Behinderung der sprachl. Entwicklung von Kindern aus Elternhäusern mit niedrigem Bildungsstand **2** Behinderung im gesellschaftl. Aufstieg von Angehörigen sozial niedriger Schichten infolge einer Ausdrucksweise, die nicht der Sprachnorm der Hochsprache entspricht

Sprach|geo|gra|fie ⟨f.; -; unz.; Sprachw.⟩ Wissenschaft von der geografischen Verbreitung von Sprachen, Mundarten u. sprachlichen Erscheinungen; *oV* Sprachgeographie; *Sy* Areallinguistik

Sprach|geo|gra|phie ⟨f.; -; unz.; Sprachw.⟩ = Sprachgeografie

Sprach|la|bor ⟨n.; -s, -e⟩ elektron. Anlage zum individuellen Lernen im fremdsprachl. Unterricht, in dem die Schüler über Kopfhörer, Tonband, Mikrofon das Lehrprogramm aufnehmen u. wiedergeben

Spray ⟨engl. [spreɪ] od. [ʃpreː] od. [spreː] m. od. n.; -s, -s⟩ **1** Gerät zum Zerstäuben von Flüssigkeiten **2** Flüssigkeit zum Zerstäuben; *Haar~; Insekten~* **3** der dadurch erzeugte Sprühregen [zu engl. *spray* »sprühen, (be)spritzen«]

spray|en *auch:* **spra|yen** ⟨engl. [spreɪ-] od. [ʃpreː-] od. [spreː-] V.⟩ (Flüssigkeit) zerstäuben (auf) [→ *Spray*]

Spray|er *auch:* **Spra|yer** ⟨engl. [spreɪ-] od. [ʃpreː-] od. [spreː-] m.; -s, -⟩ jmd., der mittels eines Farbsprays Wände (mit Graffiti) besprüht [engl.]

Spread ⟨[sprɛd] m. od. n.; -s, -s; Bankw.⟩ Zinsaufschlag auf einen Basiszinssatz, der mit sinkender Bonität des Kreditnehmers u. sinkendem Wettbewerb aufseiten des Kreditgebers steigt [engl., »Verbreitung, Verteilung, Streuung«]

Sprea|der ⟨[sprɛdə(r)] m.; -s, -; Technik⟩ in der Flachsspinnerei benötigte Anlegemaschine

Sprink|ler ⟨m.; -s, -⟩ Beriesellungsanlage für größere Flächen [zu engl. *sprinkle* »besprengen«]

Sprint ⟨m.; -s, -s; Sport⟩ Rennen mit größtmöglicher Geschwindigkeit über eine kurze Strecke [zu engl. *sprint* »schnell rennen«]

sprin|ten ⟨V.; Sport⟩ eine kurze Strecke mit größtmöglicher Geschwindigkeit zurücklegen [→ *Sprint*]

Sprin|ter ⟨m.; -s, -; Sport⟩ Kurzstreckenläufer [engl.; → *Sprint*]

Sprin|te|rin ⟨f.; -, -rin|nen; Sport⟩ Kurzstreckenläuferin [engl.; → *Sprint*]

Sprit ⟨m.; -(e)s, -e⟩ **1** = Spiritus² (2) **2** ⟨umg.⟩ Benzin, Treibstoff [→ *Spiritus*; angelehnt an frz. *esprit* »Geist, Weingeist«]

Spu|man|te ⟨[spu-] m.; -s, -s⟩ ital. Schaumwein [ital., <lat. *spumare* »schäumen«]

Spunk ⟨[spʌŋk] m.; -s, -s; Jugendspr.⟩ Mut, Courage [engl., »Mut, Mumm«]

spun|ky ⟨[spʌŋkɪ] Adj.; Jugendspr.⟩ mutig, couragiert [engl.]

Spurt ⟨m.; -(e)s, -s od. (selten) -e; Sport⟩ plötzliche kurzfristige Beschleunigung des Tempos während od. gegen Ende eines Rennens; *End~* [engl.; zu *spirt, spurt* »hervorspritzen«]

spur|ten ⟨V.; Sport⟩ das Tempo kurzfristig steigern [→ *Spurt*]

Spu|ta ⟨Med.; Pl. von⟩ Sputum

Sput|nik ⟨m.; -s, -s⟩ Name des ersten (russ.) künstlichen Erdsatelliten [russ., »Begleiter«]

sput|tern ⟨[spʌt-] V.; Technik⟩ Oberflächenmaterial eines Festkörpers durch Ionenbestrahlung zerstäuben, abspalten [<engl. *sputter,* eigtl. »zischen, brutzeln«]

Spu|tum ⟨[spuː-] n.; -s, Spu|ta; Med.⟩ = Expektoration (2) [lat., »das Ausgespiene«; zu *spuere* »ausspeien«]

Spy|ware ⟨[spaɪwɛː(r)] f.; -; unz.; EDV⟩ Programm, das persönl. Daten von PC-Nutzern ausspioniert u. weiterleitet, Schnüffelprogramm [<engl. *spy* »Spion« + *ware* »Ware«]

sq. ⟨Abk. für⟩ sequens

sqq. ⟨Abk. für⟩ sequentes

Square ⟨[skwɛː(r)] m. od. n.; - od. -s, -s; engl. Bez. für⟩ **1** Quadrat, Platz; *Trafalgar ~* berühmter Platz in London **2** ⟨Golf⟩ Fuß- u. Körperhaltung beim Schlagen, die parallel zur Balllinie eingenommen wird

Square|dance ⟨[skwɛː(r)dæns] od. [-daːns] m.; -, -s [-sɪz]⟩ in Formationen getanzter US-amerikan. Volkstanz [<engl. *square* »Quadrat« + *dance* »Tanz«]

Squash ⟨[skwɔʃ] n.; - od. -s; unz.; Sport⟩ Rückschlagspiel zwischen zwei Spielern auf einer 6,40 × 9,75 m großen, von vier Wänden begrenzten Fläche [engl., »pressen« <vulgärlat. *exquassare* <lat. *ex* »aus, heraus« + *quassare* »schleudern«]

squa|shen ⟨[skwɔʃən] V.; Sport⟩ Squash spielen

Squaw ⟨[skwɔː] f.; -, -s⟩ indianische Frau, Indianerin [Algonkin]

Squire ⟨[skwaɪə(r)] m.; - od. -s, -s⟩ engl. Gutsherr (auch als Titel) [engl. <afrz. *esquier, escuier* <lat. *scutarius* »Schildträger«; zu *scutum* »Schild«]

sr ⟨Abk. für⟩ Steradiant

Sr ⟨chem. Zeichen für⟩ Strontium

ss ⟨Abk. für lat.⟩ sequentes

SS ⟨Abk. für⟩ Sante, Santi

Sse|rir ⟨f.; -, -e⟩ = Serir

ssp. ⟨Biol.; Abk. für⟩ Subspezies

St ⟨Abk. für⟩ **1** Saint **2** ⟨Zeichen für⟩ Stokes

St. ⟨Abk. für⟩ Sankt, Saint

s. t. ⟨Abk. für⟩ sine tempore

S. T. ⟨Abk. für⟩ salvo titulo

Sta. ⟨span. u. portug. Abk. für⟩ Santa

Staats|ka|pi|ta|lis|mus ⟨m.; -; unz.; Politik⟩ Wirtschaftsordnung, in der der Staat als Hauptunternehmer auftritt, bes. in kommunistisch regierten Staaten

Staats|rä|son ⟨[-zɔ̃:] od. [-zɔ:ŋ] f.; -; unz.; Politik⟩ Grundsatz, nach dem das staatliche Handeln sich nach dem Befinden u. der Interessenlage des Staates unter Hintanstellung der Interessen Einzelner zu richten hat

Staats|se|kre|tär ⟨m.; -s, -e; Politik⟩ **1** ⟨allg.⟩ hoher Staatsbeamter **2** ⟨in Deutschland seit 1919 bzw. in der BRD⟩ höchster Beamter eines Ministeriums unter dem Minister **3** ⟨DDR⟩ dem Minister gleichgestellter Staatsfunktionär mit eigenem Geschäftsbereich

Staats|se|kre|tä|rin ⟨f.; -, -rin|nen; Politik⟩ weibl. Staatssekretär

Sta|bat Ma|ter (do|lo|ro|sa) ⟨n.; - - (-); unz.; Musik⟩ Marienlied aus dem 13. Jh., in die kath. Liturgie eingegangen, häufig vertont [lat., »Es stand die Mutter (schmerzerfüllt)«]

Sta|bel|le ⟨f.; -, -n; schweiz.⟩ Schemel [<lat. *scabellum* »Schemel«]

sta|bil ⟨Adj.⟩ *Ggs* instabil **1** dauerhaft, widerstandsfähig; *Ggs* labil; *~e Gesundheit* **2** fest, standfest; *~er Gegenstand* [<lat. *stabilis* »standfest«; zu *stare* »stehen«]

Sta|bi|le ⟨[-le:] n.; -s, -s; Kunst⟩ Metallplastik aus unbewegl. Elementen; *Ggs* Mobile

Sta|bi|li|sa|tor ⟨m.; -s, -to|ren⟩ **1** ⟨Techn.⟩ Einrichtung zum Konstanthalten bestimmter Größen u. zur Unterdrückung unerwünschter Fremdeinflüsse **2** ⟨Chemie⟩ Stoff zur Unterdrückung unerwünschter Reaktionen bzw. zum Haltbarmachen bestimmter Verbindungen

sta|bi|li|sie|ren ⟨V.⟩ stabil machen, befestigen

Sta|bi|li|sie|rung ⟨f.; -, -en⟩ das Stabilisieren; *Ggs* Destabilisierung, Labilisierung

Sta|bi|li|tät ⟨f.; -; unz.⟩ *Ggs* Instabilität **1** stabile Beschaffenheit, Festigkeit, Standfestigkeit **2** Beständigkeit, Dauerhaftigkeit [<lat. *stabilitas;* → *stabil*]

stac|ca|to ⟨[stak-] Musik⟩ jeder Ton einzeln kurz abgestoßen (zu spielen); *oV* stakkato [ital., »abgesondert«]

Stac|ca|to ⟨n.; - od. -s, -ca|ti; Musik⟩ (musikalischer) Vortrag mit kurzgestoßenen Tönen; *oV* Stakkato

sta|di|al ⟨Adj.⟩ abschnittweise, stufenweise [→ *Stadium*]

Sta|di|en ⟨Pl. von⟩ Stadion, Stadium

Sta|di|on ⟨n.; -s, Sta|di|en⟩ **1** Kampfbahn **2** gesamte Anlage von Sportplätzen; *Sport~* [grch., »Längenmaß (185 m); Rennbahn von Olympia, Kampfplatz«]

Sta|di|um ⟨n.; -s, Sta|di|en⟩ **1** Stand, Zustand **2** Entwicklungsstufe, Abschnitt [lat., »Rennbahn« (in der medizin. Fachsprache des 18./19. Jh. in der Bedeutung »Abschnitt im Verlauf einer Krankheit« gebraucht) <grch. *stadion;* → *Stadion*]

Sta|fet|te ⟨f.; -, -n⟩ **1** ⟨früher⟩ reitender Bote **2** Gruppe von Fahrzeugen, Reitern o. Ä., bes. als Begleitung **3** ⟨Sport⟩ **3.1** Stab für den Staffellauf **3.2** ⟨veraltet für⟩ Staffellauf [<ital. *staffetta* »reitender Eilbote«; zu *staffa* »Steigbügel«]

Staf|fa|ge ⟨[-ʒə] f.; -, -n⟩ (schmückendes) Beiwerk, Nebensächliches [→ *staffieren*]

staf|fie|ren ⟨V.⟩ **1** ausstatten, ausrüsten **2** ⟨österr.⟩ *Hüte ~* verzieren **3** Futter einnähen in [<mnddt. *stafferen, stofferen* »ausschmücken« <afrz. *estoffer* (<frz. *étoffer*) »mit Stoff versehen«]

Stage ⟨[stɛɪdʒ] f.; -, -s [-dʒɪz]; meist Sg.; Jugendspr.; Musik⟩ Konzert- od. Veranstaltungsbühne (vor allem bei Rockkonzerten) [engl.]

Stage|di|ving ⟨[stɛɪdʒdaɪvɪŋ] n.; - od. -s; unz.⟩ während eines Konzertes das Springen eines Musikers od. Zuschauers von der Bühne in das Publikum [<engl. *stage* »Bühne« + *dive* »springen; tauchen«]

Stag|fla|ti|on ⟨f.; -, -en; Wirtsch.⟩ wirtschaftl. Baisse, verbunden mit allmählicher Geldentwertung [<*Stagnation* + *Inflation*]

Sta|gio|ne ⟨[stadʒo:-] f.; -, -n; Theat.⟩ Spielzeit beim ital. Theater [ital., »Saison«]

Sta|gna|ti|on *auch:* **Stag|na|ti|on** ⟨f.; -, -en; Wirtsch.⟩ das Stagnieren, Stockung, Stillstand; *die Wirtschaft befindet sich in einer Phase der ~*

sta|gnie|ren *auch:* **stag|nie|ren** ⟨V.; Wirtsch.⟩ stocken, stillstehen, beharren [<lat. *stagnare* »überschwemmt, gestaut sein«; zu *stagnum* »stehendes Gewässer«]

Sta|gnie|rung *auch:* **Stag|nie|rung** ⟨f.; -; unz.; Wirtsch.⟩ = Stagnation

Stain|less Steel ⟨[stɛɪnləs sti:l] m.; - -; unz.⟩ rostfreier Stahl [engl.]

Stake|hol|der ⟨[stɛɪkhoʊldə(r)] m.; -s, -; Wirtsch.⟩ Anspruchsberechtigte(r), Person(engruppe) außer den Unternehmenseignern, für die ein Unternehmen einen bestimmten Wert besitzt, z. B. für Lieferanten, Anwohner, Gemeindeverwaltung [engl., »Verwalter von Wetteinsätzen«]

Stake|hol|der|va|lue ⟨[stɛɪkhoʊldə(r)vælju:] m.; -s, -s; Wirtsch.⟩ Wert eines Unternehmens für alle anderen Personen außer den Unternehmenseignern [<*Stakeholder* + engl. *value* »Wert«]

Stakes ⟨[stɛɪks] Pl.; Sport⟩ Einsätze (beim Pferderennen) [engl.]

Sta|ket ⟨n.; -(e)s, -e⟩ Lattenzaun, Lattenwerk [<ital. *stacchetta* »Pfahlwerk«; zu ital. *stacca* »Pfahl«]

Sta|ke|te ⟨f.; -, -n; österr.⟩ Holzlatte [→ *Staket*]

stak|ka|to ⟨[stak-] Musik⟩ = staccato

Stak|ka|to ⟨n.; - od. -s, -ka|ti; Musik⟩ = Staccato

Sta|lag|mit ⟨m.; -s od. -en, -e od. -en⟩ von unten nach oben wachsender, stehender Tropfstein; *Ggs* Stalaktit [<grch. *stalagmos* »Getröpfel, Tropfen«; zu *stalattein* »tropfen«]

sta|lag|mi|tisch ⟨Adj.⟩ aus Stalagmiten, wie Stalagmiten

Sta|lak|tit ⟨m.; -s - od. -en, -e od. -en⟩ von oben nach unten wachsender, hängender Tropf-

S

stein; *Ggs* Stalagmit [zu grch. *stalaktos* »tropfend«]

Sta|lak|ti|ten|ge|wöl|be ⟨n.; -s, -; islam. Arch.⟩ Gewölbe mit stalaktitenähnl. Verzierungen

sta|lak|ti|tisch ⟨Adj.⟩ aus Stalaktiten, wie Stalaktiten

Sta|li|nis|mus ⟨m.; -; unz.; Politik⟩ der von J. W. Stalin (1879-1953) weitergebildete Marxismus

Sta|li|nist ⟨m.; -en, -en; Politik⟩ Vertreter, Anhänger des Stalinismus

Sta|li|nis|tin ⟨f.; -, -tin|nen; Politik⟩ Vertreterin, Anhängerin des Stalinismus

sta|li|nis|tisch ⟨Adj.; Politik⟩ zum Stalinismus gehörend, auf ihm beruhend

Sta|lin|or|gel ⟨f.; -, -n; Mil.⟩ von den Sowjettruppen im 2. Weltkrieg (also zur Zeit Stalins) eingesetzte Vorrichtung zum gleichzeitigen Abfeuern mehrerer Raketengeschosse, die ihrem Aussehen u. dem Geräusch der abgefeuerten Raketen nach an eine Orgel erinnert

Stal|ker ⟨[stɔ:-] m.; -s, -⟩ jmd., der Stalking betreibt

Stal|king ⟨[stɔ:kıŋ] n.; - od. -s; unz.⟩ auf einer seel. Krankheit beruhendes, zwanghaftes Verfolgen u. Terrorisieren von bestimmten Personen (aus Rachegründen od. aufgrund unerwiderter Liebe) [zu engl. *stalk* »nachstellen, verfolgen«]

Sta|men ⟨n.; -s, Sta|mi|na; Bot.⟩ Staubblatt [lat.]

Sta|mi|no|di|um ⟨n.; -s, -di|en; Bot.⟩ umgebildetes od. rückgebildetes Staubblatt [→ *Stamen*]

Stam|pe|de ⟨engl. [stæmpi:d] f.; -, -n od. engl.: -s⟩ gemeinsame, stürmische Flucht einer Herde (aus Wildtieren od. z. B. Rindern) in eine Richtung [engl.]

Stam|pi|glie *auch:* **Stam|pig|lie** ⟨[-ljə] f.; -, -n; österr.⟩ **1** Gerät zum Stempeln **2** Abdruck davon [<ital. *stampiglia* »Stempel«]

Stan|dard ⟨m.; -s, -s⟩ **1** Richt-, Eichmaß **2** Norm, Qualität; *Lebens~* **3** Feingehalt (der Münzen) **4** ⟨Sport; Golf⟩ für das Spielen einer Golfplatzrunde festgelegte Anzahl von Schlägen [<engl. *standard*, urspr. »Standarte, Fahne« <afrz. *estandart*]

stan|dar|di|sie|ren ⟨V.⟩ vereinheitlichen, normen

Stan|dar|di|sie|rung ⟨f.; -, -en⟩ das Standardisieren

Stan|dard|soft|ware ⟨[-wɛ:(r)] f.; -; unz.; EDV⟩ Softwareprodukt, das ein Anbieter im Hinblick auf die Bedürfnisstruktur einer breiten Nachfrage produziert u. anbietet

Stan|dard|spra|che ⟨f.; -, -n; Sprachw.⟩ allgemeingültige Form einer Sprache, Hochsprache

Stan|dard|zeit ⟨f.; -, -en⟩ = Normalzeit

Stan|dar|te ⟨f.; -, -n⟩ **1** kleine, viereckige Fahne **2** Flagge, die von Fürsten od. Staatsoberhäuptern geführt wird **3** Reiterfahne **4** ⟨Jägerspr.⟩ Schwanz (von Wolf u. Fuchs) [<mhd., mndrl. *stanthart* <afrz. *estandart* <afränk. *standord* »Sammelplatz der Soldaten«, dann »die um eine Fahne sich sammelnden Soldaten«, dann »Fahne, Fähnlein«]

Stand-by *auch:* **Stand|by** ⟨[stændbaı] m.; -s, -s⟩ Fluggast ohne Reservierung, der auf einen freien Platz im Flugzeug wartet [engl., »Ersatz«]

Stand-by-Be|trieb *auch:* **Stand|by-Be|trieb** ⟨[stændbaı-] m.; -(e)s; unz.⟩ Betriebsart eines elektr. Gerätes (z. B. Fernseher), bei der es eigentlich ausgeschaltet ist, aber durch die Fernbedienung jederzeit aktiviert werden kann [zu engl. *stand-by* »einsatzbereit«]

Stan|ding ⟨[stændıŋ] n.; - od. -s; unz.⟩ (gesellschaftliches) Ansehen, Rang, Position [engl.]

> **Standing Ovations** (*Getrennt- und Zusammenschreibung*) Aus dem Englischen stammende Verbindungen aus Adjektiv und Substantiv werden getrennt geschrieben, wenn der Hauptakzent auf dem zweiten Bestandteil liegt (→*a.* Happy Hour).

Stan|ding Ova|tions ⟨[stændıŋ ovεıʃnz] Pl.⟩ Beifallssturm, heftiges Beifallklatschen im Stehen; *für seine mitreißende Rede erhielt er ~* [<engl. *standing* »stehend« + *ovations* »Ovationen«]

Sta|ni|za ⟨f.; -, -ni|zen od. -s⟩ Siedlung von Kosaken [<russ. *stanica* »großes Kosakendorf«; zu *stan* »Lager«]

Stan|nat ⟨n.; -s, -e; Chemie⟩ Salz der Zinnsäure [→ *Stannum*]

Stan|ni... ⟨Chemie; veraltet⟩ Vorsilbe zur Kennzeichnung von Verbindungen, in denen Zinn im vierwertigen Oxidationszustand auftritt, zu ersetzen durch die Kennzeichnung Zinn(IV)-

Stan|nin ⟨n.; -s; unz.; Min.⟩ metallisch glänzendes Mineral, ein Zinn-, Kupfer-Erz, Zinnkies [→ *Stanniol*]

Stan|ni|ol ⟨n.; -s, -e⟩ sehr dünn ausgewalzte Folie aus Zinn, (umg. auch) aus Aluminium [<neulat. *stanniolum* <lat. *stagnum, stannum* »Zinn« <kelt. *stagno*]

stan|ni|o|liert ⟨Adj.; österr.⟩ in Stanniol verpackt

Stan|num ⟨n.; -s; unz.; chem. Zeichen: Sn⟩ Zinn [lat.]

stan|te pe|de ⟨[stan-] geh.⟩ stehenden Fußes, sofort, umgehend [lat.; <*stare* »stehen« + *pes*, Gen. *pedis* »Fuß«]

Stan|ze ⟨f.; -, -n; Metrik⟩ achtzeilige Strophe, in Jamben u. meist in den letzten beiden Zeilen paarig reimend [<ital. *stanza* »Zimmer; Strophe« <mlat. *stantia* »Aufenthalt, Wohnung« <arab. *bait* »Zimmer; Vers«]

Sta|pe|lie ⟨[-ljə] f.; -, -n; Bot.⟩ Aasblume, Ekelblume, Ordensstern, einer Gattung der Schwalbenwurzgewächse angehörende, parasitäre südafrikanische Pflanze mit strahligen Blüten, die nach Aas riecht u. dadurch Insekten, besonders Schmeißfliegen, anzieht: Stapelia [nach dem niederländ. Arzt Jan Bode van *Stapel*]

Sta|phy|le ⟨f.; -, -n; Anat.⟩ = Uvula [<grch. *staphyle* »Weintraube«]

Sta|phy|li|tis ⟨f.; -, -ti|den; Med.⟩ schmerzhafte Entzündung des Gaumenzäpfchens [<*Staphyle* + ...*itis*]

S

Sta|phy|lo|kok|kus ⟨m.; -, -kokken; Biol.; Med.⟩ traubenförmiger Kokkus, der zu den gewöhnl. Eitererregern zählt, Traubenkokkus [<grch. *staphyle* »Weintraube« + *Kokkus*]

Sta|phy|lom ⟨n.; -s, -e; Med.⟩ **1** Beerengeschwulst **2** Hervorwölbung des Auges [grch.]

Star ⟨[sta:(r)] od. [ʃta:(r)] m.; -s, -s⟩ gefeierte Persönlichkeit (von Film, Bühne od. Sport); *Film~; Fußball~; Opern~* [engl., »Stern«]

Star|figh|ter ⟨[sta:(r)faɪtə(r)] m.; -s, -; Mil.⟩ US-amerikan. Jagdflugzeug [engl., »Sternenkämpfer«]

Star|let ⟨[sta:(r)lɛt] n.; -s, -s⟩ angehender Filmstar, Filmsternchen; *oV* Starlett [engl., »Sternchen«; → *Star*]

Star|lett ⟨[sta:(r)lɛt] n.; -s, -s⟩ = Starlet

Sta|rost ⟨m.; -en, -en⟩ **1** ⟨früher in Polen⟩ Inhaber eines vom König verliehenen Lehens **2** ⟨seit dem 14. Jh.⟩ Statthalter des Königs, dem die Gerichtsbarkeit übertragen war **3** ⟨in Russland⟩ Gemeindevorsteher [<russ. *starosta* »Ältester, Führer, Sprecher eines Kollektivs«; zu *star* »alt«]

Stars and Stri|pes ⟨[sta:(r)z ənd straɪps] Pl.⟩ Sternenbanner, Staatsflagge der USA [engl., »Sterne und Streifen« (die die Mitgliedsstaaten symbolisieren)]

Start ⟨m.; -(e)s, -s od. (selten) -e⟩ **1** Beginn einer Fortbewegung von einem bestimmten Ausgangspunkt **1.1** Beginn eines Wettlaufs od. Rennens; *einen guten, einen schlechten ~ haben* **1.2** Abflug (von Flugzeugen, Raketen, Raumschiffen) **2** Startplatz **3** ⟨fig.⟩ Anfang, Beginn [<engl. *start* »loslaufen«]

Start|au|to|ma|tik ⟨f.; -; unz.; Kfz⟩ automatische Regelung des Choke in der Kfz-Technik

star|ten ⟨V.⟩ **1** eine Fortbewegung beginnen **1.1** bei einem Rennen, Wettkampf ablaufen, abfahren, abschwimmen, abspringen **1.2** abfliegen (Flugzeug) **1.3** ⟨umg.⟩ abreisen (bes. mit dem Auto) **2** *etwas ~* beginnen lassen **2.1** in Bewegung setzen; *ein Flugzeug, eine Rakete ~* **2.2** ⟨fig.; umg.⟩ *eine Rede ~* mit einer R. beginnen **2.3** ⟨fig.; umg.⟩ *eine Veranstaltung ~* stattfinden lassen [→ *Start*]

Star|ter ⟨m.; -s, -⟩ **1** jmd., der zum Rennbeginn das Startzeichen gibt **2** ⟨Kfz⟩ Anlasser **3** ⟨Kochk.⟩ Vorspeise, erster Gang eines Menüs

Star|ter|kit ⟨n.; -s, -s⟩ Erstausstattung, Grundausrüstung für den Beginn; *das ~ besteht aus der passenden Software, einer CD u. einer Kurzanleitung* [<*Starter* + engl. *kit* »Ausrüstung«]

Start-up *auch:* **Start|up** ⟨[-ʌp] m. od. n.; -s, -s; Wirtsch.⟩ neu gegründetes, aufstrebendes Unternehmen; *das ~-Unternehmen wurde von der Muttergesellschaft finanziert* [zu engl. *start up* »aufspringen; entstehen«]

Sta|se ⟨f.; -, -n⟩ Stauung; *oV* Stasis [<grch. *stasis* »Stehen, Feststehen«]

...sta|se ⟨Nachsilbe; zur Bildung weibl. Subst.; f.; -, -n⟩ Stehen, Stillstand; *Diastase* [<grch. *stasis* »Stehen, Feststehen«]

Sta|si|mor|phie ⟨f.; -, -n; Bot.⟩ Hemmung der Entwicklung bei Pflanzen [<*Stasis* + ...*morphie*]

Sta|sis ⟨f.; -, Sta|sen⟩ = Stase

...stat ⟨Nachsilbe; zur Bildung männl. Subst.; m.; -(e)s od. -en, -e od. -en⟩ **1** Feststehendes, Unveränderliches **2** Mess-, Beobachtungsgerät; *Thermostat* [<grch. *statos* »stehend, feststehend«]

sta|ta|risch ⟨Adj.⟩ stehend, verweilend, langsam fortschreitend [<lat. *statarius* »feststehend; ruhig«; zu *stare* »stehen«]

State De|parte|ment ⟨[stɛɪt dipa:tmənt] n.; - -s; unz.; Politik⟩ Außenministerium der USA [amerikan., offiziell: *Department of State* »Außenministerium«]

State|ment ⟨[stɛɪt-] n.; -s, -s⟩ öffentl. Feststellung, Erklärung; *ein ~ abgeben* [engl.]

state-of-the-art ⟨[stɛɪt ɔf ði: a:t] Adj.; undekl.⟩ modern, dem höchsten (technischen, methodischen, medizinischen usw.) Wissensstand entsprechend [engl., »Stand der Wissenschaft«]

Sta|tik ⟨f.; -; unz.⟩ Lehre von den Kräften, die an ruhenden Körpern auftreten; *Ggs* Dynamik (1) [<grch. *statikos* »stellend, wägend, stehen machend«]

Sta|ti|ker ⟨m.; -s, -⟩ Kenner, Fachmann auf dem Gebiet der Statik

Sta|ti|ke|rin ⟨f.; -, -rin|nen⟩ Kennerin, Fachfrau auf dem Gebiet der Statik

Sta|ti|on ⟨f.; -, -en⟩ **1** Ort, an dem öffentl. Verkehrsmittel halten, Haltestelle, Bahnhof **2** Ort, an dem sich eine techn. Anlage befindet; *Funk~; Sende~; Wetter~* **3** ⟨Med.⟩ Abteilung eines Krankenhauses; *der Patient liegt auf ~ 4; Unfall~* **4** ⟨fig.⟩ Aufenthalt, Halt, Rast; *an einem Ort, bei jmdm. ~ machen; freie ~ haben* freie Kost u. Unterkunft haben [<lat. *statio* »Stillstand; Standort; Aufenthalt(sort)«]

sta|ti|o|när ⟨Adj.⟩ **1** in Ruhe befindlich, ruhend **2** bleibend **3** ortsfest; *Ggs* ambulant (1) **4** ⟨Med.⟩ zur Behandlung jeweils ein Krankenhaus aufsuchend, die Behandlung im Krankenhaus erhaltend; *Ggs* ambulant (3) [<frz. *stationnaire* <lat. *stationarius* »stillstehend; zum Standort gehörig«]

sta|ti|o|nie|ren ⟨V.⟩ **1** *etwas ~* an einen Standort stellen, an einer Stelle aufstellen **2** *jmdn. ~* jmdm. einen Standort zuweisen (bes. Truppen)

sta|ti|ös ⟨Adj.; veraltet, noch regional⟩ stattlich, prunkend

sta|tisch ⟨Adj.⟩ *Ggs* dynamisch (1) **1** die Statik betreffend, auf ihr beruhend **2** das Stehen od. das Gleichgewicht betreffend, ruhend; *~es Organ* Gleichgewichtsorgan **3** stillstehend, ruhend [<grch. *statikos*; → *Statik*]

Sta|tist ⟨m.; -en, -en; Theat.; Film⟩ **1** ungenannter Darsteller einer stummen Nebenrolle **2** ⟨fig.⟩ Nebenperson, unbedeutende, unwichtige Person [zu lat. *stare* »stehen«]

Sta|tis|te|rie ⟨f.; -, -n; Theat.; Film⟩ Gesamtheit der Statisten

S

Sta|tis|tik ⟨f.; -, -en⟩ **1** Wissenschaft, die aus dem massenhaften Auftreten bestimmter Erscheinungen auf empirische Gesetze schließt **2** Zusammenstellung der Ergebnisse von breit angelegten Untersuchungen [<lat. *status* »Stand«]

Sta|tis|ti|ker ⟨m.; -s, -⟩ Kenner, Fachmann auf dem Gebiet der Statistik

Sta|tis|ti|ke|rin ⟨f.; -, -rin|nen⟩ Kennerin, Fachfrau auf dem Gebiet der Statistik

Sta|tis|tin ⟨f.; -, -tin|nen; Theat.; Film⟩ weibl. Statist

sta|tis|tisch ⟨Adj.⟩ **1** die Statistik betreffend, auf ihr beruhend, mit ihrer Hilfe; *man hat ~ festgestellt, dass …* **2** durch Zahlen (belegt)

Sta|tiv ⟨n.; -s, -e [-və]; Fot.⟩ dreibeiniges Gestell zum Aufstellen u. Festhalten von Geräten, z. B. einer Kamera [zu lat. *stativus* »fest stehend«]

Sta|to|blast ⟨m.; -en, -en; Biol.⟩ Hibernakel von Moostierchen des Süßwassers [<grch. *statos* »stehend« + *…blast*]

Sta|to|lith ⟨m.; -s od. -en, -e od. -en⟩ Kristall od. ähnl. Körper, der auf den Haaren von Sinneszellen aufliegt u. Bestandteil von statischen Organen ist [<grch. *statos* »stehend« + *…lith*]

Sta|tor ⟨m.; -s, -to|ren; Technik⟩ fest stehender Teil einer elektr. Maschine, Ständer; *Ggs* Rotor (1) [lat., eigtl. »Erhalter des Bestehenden«; zu *stare* »stehen«]

Sta|to|skop *auch:* **Sta|tos|kop** ⟨n.; -s, -e; Technik⟩ Gerät zum Messen von Höhendifferenzen während eines Fluges [<grch. *statos* »stehend« + *…skop*]

sta|tu|a|risch ⟨Adj.⟩ statuenhaft [nach lat. *statuarius* »Bildgießer«; → *Statue*]

Sta|tue ⟨[-tuə] f.; -, -n⟩ vollplastisch gestaltete, einzelne Figur, Standbild [<lat. *statua;* zu *stare* »stehen«]

Sta|tu|et|te ⟨f.; -, -n⟩ kleine Statue

sta|tu|ie|ren ⟨V.⟩ feststellen, festsetzen, bestimmen; *ein Exempel ~* ein warnendes Beispiel geben [<lat. *statuere* »festsetzen«]

Sta|tur ⟨f.; -, -en⟩ Wuchs, Gestalt; *von kräftiger ~* [<lat. *statura;* zu *stare* »stehen«]

Sta|tus ⟨m.; -, -⟩ **1** Zustand, Stand (der Dinge), Lage; *~ quo* gegenwärtiger Zustand; *~ quo ante* Zustand, in dem sich etwas vor einem bestimmten Ereignis od. bis zu einem bestimmten Zeitpunkt befunden hat; *~ Nascendi* Zustand, Augenblick des Entstehens **2** soziale Stellung [tu:s]

Sta|tus|sym|bol ⟨n.; -s, -e⟩ Gegenstand, der den Status einer Person im Ansehen der Mitmenschen anzeigen soll, z. B. Auto, teure Kleidung, Segeljacht o. Ä.

Sta|tut ⟨n.; -(e)s, -en⟩ Satzung, Gesetz, Ordnung; *Vereins~* [<lat. *statutum,* Part. Perf. zu *statuere* »festsetzen«]

sta|tu|ta|risch ⟨Adj.⟩ dem Statut, den Statuten entsprechend

Stau|pe ⟨f.; -, -n; Vet.⟩ durch ein Virus hervorgerufene Seuche der Hunde, Füchse u. Frettchen [<ndrl. *stuip* »Krampf; Grille, Laune« <mndrl. *stuype* »Zuckung, Schüttelanfall«]

Stau|ro|lith ⟨m.; -s, -e; Min.⟩ in Tonschiefern u. Gneisen vorkommendes Mineral, chemisch ein Aluminium-Eisen-Silikat [<grch. *stauros* »Pfahl, Kreuz« + *lithos* »Stein« (nach der Form der Kristalle)]

Ste ⟨Abk. für frz.⟩ Sainte

Stea|dy|sel|ler ⟨[stɛdısɛlə(r)] m.; -s, -⟩ = Longseller

Stea|dy State ⟨[stɛdı stɛıt] m.; - - od. - -s, - -s⟩ **1** ⟨Physik⟩ Gleichbleiben der Materiedichte im Raum trotz der Expansion des Weltalls, d. h. dass fortlaufend eine bestimmte Menge an Materie neu entstehen muss, (nach dem engl. Astrophysiker F. Hoyle) **2** ⟨Sportmed.⟩ ein Zustand, bei dem Energieentwicklung u. Energieausgabe bei Arbeit im Gleichgewicht sind, Stoffwechselgleichgewicht **3** ⟨Wirtsch.⟩ konstanter Wirtschaftszustand [engl., »stationärer (kosmischer) Zustand«]

Steak ⟨[ste:k] n.; -s, -s⟩ (gegrillte od. kurzgebratene) Scheibe Fleisch von Filet, Lende od. Keule; *Beef~; Rump~* [<engl., altisl. *steik* »Braten«; zu altisl. *steikja* »braten, an den Bratspieß stecken«]

Steak|house ⟨[ste:k-] n.; -, -es [-sız]⟩ Restaurant, in dem hauptsächl. mehrere Arten von unterschiedlich zubereiteten Steaks angeboten werden [<*Steak* + engl. *house* »Haus«]

Steak|let ⟨[ste:klət] n.; -s, -s⟩ Hacksteak [<engl. *steak* »Steak« + Verkleinerungsendung *-let*]

Stealth|bom|ber ⟨[stɛlθ-] m.; -s, -; Mil.⟩ US-amerikan. Kampfflugzeug, das vom Radar nicht geortet werden kann [zu engl. *stealth* »List, Heimtücke«]

Stea|mer ⟨[sti:-] m.; -s, -; Seew.⟩ Dampfer [engl.; <*steam* »Dampf, Rauch«]

Ste|a|rat ⟨n.; -(e)s, -e; Chemie⟩ Salz der Stearinsäure, kommt in tierischen u. pflanzlichen Fetten vor

Ste|a|rin ⟨n.; -s, -e⟩ weiße Masse aus Stearin- u. Palmitinsäure, die für Kerzen, Lippenstifte u. kosmetische Salben verwendet wird [<grch. *stear,* Gen. *steatos* »stehendes Fett, Talg«]

Ste|a|rin|säu|re ⟨f.; -, -n; Chemie⟩ langkettige Fettsäure, die sich mit Glyzerin verestert in allen festen u. halbfesten Fetten findet

Ste|a|tit ⟨m.; -s, -e⟩ keramischer Werkstoff, der aus 80-85 % Speckstein, 5-15 % Ton u. bis 5 % Feldspat bei einer Temperatur um 1400 °C gebrannt wird [<grch. *stear,* Gen. *steatos* »Fett, Talg«]

Ste|a|tom ⟨n.; -s, -e; Med.⟩ Talggeschwulst, Lipom [→ *Steatose*]

Ste|a|to|se ⟨f.; -, -n; Med.⟩ Verfettung [<grch. *stear,* Gen. *steatos* »Fett«]

Steel|band ⟨[sti:lbænd] f.; -, -s; Musik⟩ bes. auf den karib. Inseln auftretende Form einer Musikgruppe, die alte Ölfässer als Schlaginstrumente für ihre Musik verwendet [<engl. *steel* »Stahl« + *Band*]

Steel|gui|tar ⟨[sti:lgıta:r] f.; -, -s; Musik⟩ Gitarre ohne Korpus, die elektrisch verstärkt werden muss [<engl. *steel* »Stahl« + *guitar* »Gitarre«]

S

Stee|ple *auch:* **Steep|le** ⟨[stiːpl] f.; -, -s; kurz für⟩ Steeplechase
Stee|ple|chase *auch:* **Steep|le-chase** ⟨[stiːpltʃɛıs] f.; -, -n⟩ *Sy* Steeple **1** ⟨Reitsport⟩ Hindernisrennen **2** ⟨Leichtathletik⟩ Laufdisziplin, bei der Hindernisse u. Wassergräben zu überwinden sind [<engl. *steeple* »Spitzturm« + *chase* »Jagd« (<frz. *chasse* <lat. *capere* »fangen«)]
Steep|ler ⟨[stiːp-] m.; -s, -; Reitsport⟩ bes. geeignetes Pferd für Hindernisrennen
Ste|ga|no|gra|fie ⟨f.; -; unz.; EDV⟩ = Steganographie
Ste|ga|no|gra|phie ⟨f.; -; unz.; EDV⟩ Verschlüsselungstechnik, bei der versteckte Mitteilungen in anderen Texten od. Bildern untergebracht werden; *oV* Steganografie [<grch. *steganographia* »Geheimschrift«]
Steg|o|don *auch:* **Ste|go|don** ⟨m.; -s, -o|don|ten⟩ ausgestorbener Vorgänger der heutigen Elefanten, dessen Zähne bis zu 14 niedrige, dachförmige Joche besaßen [<grch. *stegos* »Dach« + *…odon*]
Ste|go|ke|pha|le ⟨m.; -n, -n⟩ = Stegozephale
Ste|go|sau|ri|er ⟨m.; -s, -⟩ 6-9 m langer Saurier, dessen stark gekrümmter Rücken zwei Reihen knöcherner Zacken trug [<grch. *stegos* »Dach« + *Saurier*]
Ste|go|ze|pha|le ⟨m.; -n, -n⟩ ein ausgestorbener Lurch; *oV* Stegokephale [<grch. *stegos* »Dach« + *kephale* »Kopf«]
Ste|le ⟨f.; -, -n⟩ **1** frei stehender Pfeiler, als Grab- od. Gedenkstein, oft mit Bildnis des Toten **2** ⟨Bot.⟩ Gesamtheit der Leitbündelsysteme (Zentralzylinder) einer Pflanze [grch.]
Stel|la|ge ⟨[-ʒə] f.; -, -n⟩ **1** Gestell **2** ⟨Börse; kurz für⟩ Stellagegeschäft [<*stellen* + roman. Endung *-age*]
Stel|la|ge|ge|schäft ⟨[-ʒə-] n.; -(e)s, -e; Börse⟩ Börsentermingeschäft
stel|lar ⟨Adj.; Astron.⟩ die Fixsterne betreffend, zu ihnen gehörend [<lat. *stella* »Stern«]
Stel|lar|as|tro|no|mie *auch:* **Stel|lar-ast|ro|no|mie** ⟨f.; -; unz.; Astron.⟩ Teilgebiet der Astronomie, das sich mit den Fixsternen beschäftigt
Stel|la|ra|tor ⟨m.; -s, -to|ren; Kernphysik⟩ Apparatur, mit der durch Erzeugung u. Einschluss sehr heißer Plasmen eine kontrollierte Kernfusion erzeugt wird; *oV* Stellerator
Stel|lar|dy|na|mik ⟨f.; -; unz.; Astron.⟩ Teilgebiet der Astronomie, das sich mit der Abteilung der den Fixsternbewegungen zugrundeliegenden Gesetze befasst
Stel|la|rie ⟨[-riə] f.; -, -n; Bot.⟩ Sternkraut, Sternniere, einer Gattung der Nelkengewächse angehörende Pflanze mit sternförmigen weißen Blüten: Stellaria [<lat. *stella* »Stern«]
Stel|le|ra|tor ⟨m.; -s, -to|ren; Kernphysik⟩ = Stellarator
Stel|lit ⟨n.; -(e)s, -e⟩ Hartmetall aus Kohlenstoff, Wolfram, Chrom u. Eisen [<lat. *stellans* »blitzend, schimmernd«]
Stem|ma ⟨n.; -s, -ma|ta; bes. Sprachw.⟩ **1** ⟨i. e. S.⟩ Stammbaum **2** ⟨i. w. S.⟩ endlicher, zusammenhängender Graph, der keinen Kreis enthält, z. B. zur Darstellung einer mehrgliedrigen (hierarchischen) Struktur, die durch Ableitung aus einer einzelnen Einheit entstanden ist [lat., »Stammbaum; Girlande« <grch.; zu *stephein* »krönen; bekränzen«]
sten…, Sten… ⟨in Zus.⟩ = steno…, Steno…
Ste|no ⟨f.; umg.; Kurzwort für⟩ Stenografie
ste|no…, Ste|no… ⟨in Zus.⟩ eng…, Eng…, kurz…, Kurz…; *oV* sten…, Sten… [<grch. *stenos* »eng, schmal«]
Ste|no|dak|ty|lo ⟨f.; -, -s; schweiz.; kurz für⟩ Stenodaktylographin
Ste|no|dak|ty|lo|gra|fin ⟨f.; -, -finnen; schweiz.⟩ = Stenodaktylographin
Ste|no|dak|ty|lo|gra|phin ⟨f.; -, -phin|nen⟩ = Stenotypistin; *oV* Stenodaktylografin [<*Steno…* + *daktylo…* + *…graph*]
Ste|no|graf ⟨m.; -en, -en⟩ jmd., der beruflich Verhandlungen, Debatten usw. stenografiert; *oV* Stenograph; *Landtags~*
Ste|no|gra|fie ⟨f.; -, -n⟩ Kurzschrift, Schrift mit verkürzten Schriftzeichen zur schnellen Niederschrift, bes. von Diktaten, Reden usw.; *oV* Stenographie [<*Steno…* + *…graphie*]
ste|no|gra|fie|ren ⟨V.⟩ *oV* stenographieren **1** Kurzschrift schreiben; *können Sie ~?* **2** in Kurzschrift nachschreiben, mitschreiben; *eine Rede, eine Gerichtsverhandlung ~* [→ *Stenografie*]
Ste|no|gra|fin ⟨f.; -, -fin|nen⟩ Frau, die beruflich Verhandlungen, Debatten usw. stenografiert; *oV* Stenographin
ste|no|gra|fisch ⟨Adj.⟩ in Stenografie geschrieben; *oV* stenographisch
Ste|no|gramm ⟨n.; -s, -e⟩ Niederschrift in Stenografie [<*Steno…* + *…gramm*]
Ste|no|graph ⟨m.; -en, -en⟩ = Stenograf
Ste|no|gra|phie ⟨f.; -, -n⟩ = Stenografie
ste|no|gra|phie|ren ⟨V.⟩ = stenografieren
Ste|no|graphin ⟨f.; -, -phin|nen⟩ = Stenografin
ste|no|gra|phisch ⟨Adj.⟩ = stenografisch
sten|ök *auch:* **ste|nök** ⟨Adj.; Biol.⟩ auf Stenökie beruhend; *Ggs* euryök [<*steno…* + grch. *oikos* »Haus«]
Ste|no|kar|die ⟨f.; -, -n; Med.⟩ = Angina Pectoris [<*Steno…* + grch. *kardia* »Herz, Inneres«]
Sten|ö|kie *auch:* **Ste|nö|kie** ⟨f.; -; unz.; Biol.⟩ Eigenschaft von Lebewesen, die an ihre Umwelt in engen Grenzen angepasst sind; *Ggs* Euryökie [→ *stenök*]
Ste|no|se ⟨f.; -, -n; Med.⟩ Enge od. Verengung von Gängen od. Öffnungen des Körpers [zu grch. *stenos* »eng, schmal«]
ste|no|therm ⟨Adj.; Ökol.⟩ nur bei bestimmten Temperaturen lebensfähig; *Ggs* eurytherm [<*steno…* + *…therm*]
Ste|no|tho|rax ⟨m.; - od. -es, -e; Med.⟩ enger Brustkorb [<*Steno…* + *Thorax*]
ste|no|top ⟨Adj.; Biol.⟩ nur in einem od. wenigen Lebensräumen vorkommend; *Ggs* eurytop [<*steno…* + grch. *topos* »Ort, Stelle, Platz, Gegend«]
Ste|no|ty|pie ⟨f.; -, -n⟩ Druck von

S

stenografischer Schrift [<*Steno... + ...typie*]
ste|no|ty|pie|ren ⟨V.⟩ in Kurzschrift aufnehmen u. dann in Maschinenschrift übertragen [<*steno...* + grch. *typos* »Schlag, Abdruck«]
Ste|no|ty|pist ⟨m.; -en, -en⟩ Angestellter, der Diktate in Kurzschrift aufnimmt u. in Maschinenschrift überträgt [→ *stenotypieren*]
Ste|no|ty|pis|tin ⟨f.; -, -tin|nen⟩ Angestellte, die Diktate in Kurzschrift aufnimmt u. in Maschinenschrift überträgt; *Sy* ⟨schweiz.⟩ Stenodaktylographin
Sten|tor ⟨m.; -s, -en; Zool.⟩ Wimpertierchen des Süßwassers von trichterförmiger Gestalt, Trompetentierchen [nach *Stentor,* einem Griechen vor Troja, der nach Homer (Ilias 5,785) so laut rufen konnte wie 50 Männer zusammen]
Sten|tor|stim|me ⟨f.; -, -n⟩ sehr laute Stimme
Ste|pha|nit ⟨m.; -s; unz.; Min.⟩ eisenschwarzes Mineral, Sprödglaserz [nach dem Erzherzog *Stephan* von Österreich]
Stepp ⟨m.; -s, -s⟩ **1** Tanz in Schuhen mit Steppeisen in lockeren, schnellen Fußbewegungen, bei denen mit Spitzen u. Fersen der Rhythmus geschlagen wird; *Sy* Stepptanz **2** ⟨Sport; Leichtathletik⟩ der mittlere Sprung beim Dreisprung, der einem Schritt in der Luft ähnelt; →*a.* Hop, Jump (2) [engl., »Schritt, Tritt, Tanzschritt«]
Step|pe ⟨f.; -, -n; Geogr.⟩ baumlose Formation, zumeist mit Gräsern, die zusammen mit Stauden eine mehr od. minder geschlossene Pflanzendecke bilden, Grasland [<russ. *step*]
step|pen ⟨V.⟩ Stepp tanzen
Step|per ⟨m.; -s, -⟩ **1** jmd., der Stepp (1) tanzt **2** Fitnessgerät mit pedalartigen Platten, die abwechselnd wie beim Treppensteigen getreten werden **3** Anlage, die mit Hilfe der Fotolithographie mikrofeine Strukturen auf Halbleiter aufbringt
Stepp|tanz ⟨m.; -es, -tän|ze⟩ = Stepp (1)
Ster ⟨n.; -s, -⟩ Raummaß in der Holzwirtschaft, 1 S = 1 m^3 aufgeschichtetes Holz [<frz. *stère* <grch. *stereos* »fest, massiv«]
Ste|ra|di|ant ⟨m.; -en, -en; Zeichen: sr⟩ Maßeinheit des räumlichen Winkels [<*Stereo...* + *Radiant*]
ste|reo ⟨Adj.; undekl.; kurz für⟩ stereophon; *ein Lied ~ hören*
Ste|reo ⟨n.; -s, -s; kurz für⟩ Stereophonie
ste|reo..., Ste|reo... ⟨in Zus.⟩ **1** starr, fest **2** Raum..., Körper... [<grch. *stereos* »fest, starr«]
Ste|reo|akus|tik ⟨f.; -; unz.⟩ Erforschung des räumlichen Hörens
Ste|reo|auf|nah|me ⟨f.; -, -n⟩ Aufnahme (z. B. Musik auf CD, Schallplatte od. Kassette), die stereophonisch abgespielt werden kann
Ste|reo|au|to|graf ⟨m.; -en, -en⟩ = Stereoautograph
Ste|reo|au|to|graph ⟨m.; -en, -en⟩ Gerät zum Auswerten von Fotogrammen; *oV* Stereoautograf
Ste|reo|che|mie ⟨[-çe-] f.; -; unz.; Chemie⟩ Zweig der Chemie, der den räumlichen Aufbau von Molekülen untersucht
Ste|reo|de|co|der ⟨m.; -s, -⟩ Gerät, das das Signal stereophoner Radiosendungen in die zwei unterschiedl. zur stereophonen Wiedergabe benötigten Signale entschlüsselt [<*Stereo...* + *Decoder*]
Ste|reo|fern|seh|ap|pa|rat ⟨m.; -(e)s, -e⟩ Fernsehapparat mit stereophoner Tonwiedergabe
Ste|reo|film ⟨m.; -s, -e; Kurzwort für⟩ stereoskop. Film
ste|reo|fon ⟨Adj.⟩ = stereophon
Ste|reo|fo|nie ⟨f.; -; unz.⟩ = Stereophonie
Ste|reo|fo|to|gra|fie ⟨f.; -, -n⟩ *oV* Stereophotographie **1** ⟨unz.⟩ fotografisches Verfahren zur Erzeugung dreidimensionaler Bilder **2** ⟨zählb.⟩ Aufnahme zweier Halbbilder, die zusammen betrachtet einen plastischen Eindruck vermitteln, Raumbild
Ste|reo|fo|to|gramm|me|trie *auch:* **Ste|reo|fo|to|gramm|met|rie** ⟨f.; -; unz.⟩ Verfahren zur Auswertung räumlich aufgenommener Landschaftsbilder für die Anfertigung von Landkarten; *oV* Stereophotogrammmetrie
Ste|re|o|gnos|tik *auch:* **Ste|re|og|nos|tik** ⟨f.; -; unz.⟩ Fähigkeit, durch Betasten die Beschaffenheit eines Gebildes festzustellen, Fähigkeit zum Formerkennen [<*Stereo...* + *Gnostik*]
ste|reo|gra|fisch ⟨Adj.⟩ = stereographisch
ste|reo|gra|phisch ⟨Adj.⟩ räumlich (gezeichnet); *oV* stereografisch [<*stereo...* + *...graphisch*]
Ste|reo|iso|me|rie ⟨f.; -; unz.; Biochemie⟩ Form der Isomerie, die aufgrund der unterschiedlichen Anordnung von Atomen od. Atomgruppen im Molekül bedingt ist
Ste|reo|ka|me|ra ⟨f.; -, -s; Fot.⟩ Kamera mit zwei Objektiven im Augenabstand zur Belichtung zweier Halbbilder
Ste|re|om ⟨n.; -s, -e; Bot.⟩ Festigungsgewebe der Pflanzen [zu grch. *stereos* »fest, starr«]
Ste|reo|me|ter ⟨n.; -s, -; Geom.⟩ Gerät zur Auswertung stereometrischer Aufnahmen [<*Stereo...* + *...meter*]
Ste|reo|me|trie *auch:* **Ste|reo|met|rie** ⟨f.; -; unz.; Geom.⟩ Lehre von der Berechnung der Oberflächen, Rauminhalte usw. von Körpern [<*Stereo...* + *...metrie*]
ste|reo|phon ⟨Adj.⟩ auf Stereophonie beruhend, mit ihrer Hilfe; *oV* stereofon

> **Stereophonie / Stereofonie**
> (*Laut-Buchstaben-Zuordnung*) Für die Silben »*-fon*«, »*-fot*«, »*-graf*« kann in jedem Fall die eingedeutschte (integrierte) Lautschreibung verwendet werden. Die Schreibung mit »*ph*« ist jedoch ebenso, vor allem in fachsprachlichen Texten, zulässig (→*a.* Quadrophonie / Quadrofonie).

Ste|reo|pho|nie ⟨f.; -; unz.⟩ *oV* Stereofonie; *Sy* ⟨kurz⟩ Stereo **1** räumliches Hören **2** elektroakustische Technik der räumlich wirkenden Wiedergabe von Tönen
Ste|reo|pho|to|gramm|me|trie *auch:* **Ste|reo|pho|to|gramm|met|rie** ⟨f.; -; unz.⟩ = Stereofotogrammmetrie

S

Ste|reo|pho|to|gra|phie ⟨f.; -, -n⟩ = Stereofotografie

Ste|reo|skop ⟨n.; -s, -e; Optik; Fot.⟩ optisches Gerät, durch das zwei Halbbilder durch Linsen od. Spiegel so dargeboten werden, dass mit jedem Auge nur das ihm entsprechende Bild gesehen wird, wodurch der Eindruck eines einheitlichen, dreidimensionalen Bildes entsteht

Ste|reo|sko|pie ⟨f.; -; unz.; Optik; Fot.⟩ Technik zur fotograf. Wiedergabe räuml. wirkender Bilder

ste|reo|sko|pisch ⟨Adj.; Optik; Fot.⟩ räumlich wirkend, körperlich erscheinend (Bild); *~er Film* Film, der räumlich wirkende Bilder vermittelt, Raumfilm

Ste|reo|tu|ner ⟨[-tju:nə(r)] m.; -s, -⟩ zur Stereoanlage gehörendes Abstimmgerät für den Stereoempfang

ste|reo|typ ⟨Adj.⟩ *oV* stereotypisch **1** mit feststehender Schrift (gedruckt) **2** feststehend, unveränderlich **3** ⟨fig.⟩ ständig wiederkehrend, immer wieder gleich, formelhaft; *~e Antwort, Redewendung* [→ *Stereotypie*]

Ste|reo|typ ⟨n.; -s, -e⟩ eingewurzeltes Vorurteil

Ste|reo|ty|peur ⟨[-pøːr] m.; -s, -e⟩ Facharbeiter, der Stereotypien (2) herstellt

Ste|reo|ty|pie ⟨f.; -, -n⟩ **1** ⟨unz.⟩ Verfahren zum Abformen von Schriftsatz in Matern **2** ⟨zählb.⟩ aus einer Blei-Antimon-Zinn-Legierung bestehender Abguss einer Mater **3** ⟨nur Pl.⟩ *~n* krankhafte, dauernde Wiederholung bzw. Beibehaltung immer derselben Bewegungen, Handlungen u. Gedanken [<*Stereo...* + *...typie*]

ste|reo|ty|pie|ren ⟨V.⟩ Matern von Schriftsatz u. Druckplatten herstellen

ste|reo|ty|pisch ⟨Adj.⟩ = stereotyp

ste|ril ⟨Adj.⟩ **1** ⟨Med.⟩ keimfrei **2** ⟨Biol.; Med.⟩ unfruchtbar; *Ggs* fertil **3** ⟨fig.⟩ übertrieben geistig, allzu intellektuell, nicht (mehr) natürlich empfindend [<frz. *stérile* <lat. *sterilis* »unfruchtbar, ertraglos«]

Ste|ri|li|sa|ti|on ⟨f.; -, -en⟩ **1** ⟨Med.⟩ Entkeimung, Vernichtung schädlicher Keime, z. B. an ärztl. Instrumenten **2** ⟨Biol.; Med.⟩ Unfruchtbarmachung durch Unterbrechung der Ausführungsgänge der Geschlechtsdrüsen

Ste|ri|li|sa|tor ⟨m.; -s, -to|ren; Med.⟩ Apparat zum Sterilisieren ärztlicher Instrumente u. a.

ste|ri|li|sie|ren ⟨V.⟩ **1** ⟨Med.⟩ keimfrei machen, entkeimen durch Erhitzen auf 100-130 °C **2** ⟨Biol.; Med.⟩ zeugungsunfähig machen bei Erhaltung der Keimdrüsen [<frz. *stériliser* <*stérile;* → *steril*]

Ste|ri|li|sie|rung ⟨f.; -, -en; Biol.; Med.⟩ = Sterilisation

Ste|ri|li|tät ⟨f.; -; unz.⟩ **1** ⟨Med.⟩ sterile Beschaffenheit, keimfreier Zustand **2** ⟨Biol.; Med.⟩ Unfruchtbarkeit; *Ggs* Fertilität **2.1** Unfähigkeit, zu zeugen **2.2** Unfähigkeit, schwanger zu werden; →*a.* Infertilität **3** ⟨fig.⟩ Fehlen des natürl. Empfindens bei übertriebener Betonung des Geistigen

Ste|rin ⟨n.; -s, -e⟩ im Tierreich *(Zoo~)* u. im Pflanzenreich *(Phyto~)* vorkommende chem. Verbindung mit einem Gerüst aus Kohlenstoffatomen, das aus mehreren kondensierten Ringen besteht [zu grch. *stereos* »starr, hart«]

ster|ko|ral ⟨Adj.; Med.⟩ kothaltig [<lat. *stercus* »Kot«]

Ster|let ⟨m.; -s, -e; Zool.⟩ kleiner Stör: Acipenser ruthenus; *oV* Sterlett [<russ. *sterljad* »Stör«]

Ster|lett ⟨m.; -s, -e; Zool.⟩ = Sterlet

Ster|ling ⟨[stœ:-] m.; -s, -e⟩ **1** altengl. Münze **2** *Pfund ~* ⟨Abk.: Pf. St.; Zeichen: £⟩ Währungseinheit in Großbritannien [engl., »Penny« <afrz. *esterlin, estrelin, estellin,* mhd. *sterlinc* <mlat. *sterlingus* <lat. *statera* <grch. *stater* »Stater, Goldmünze«]

ster|nal ⟨Adj.; Med.⟩ zum Brustbein gehörend, von ihm ausgehend [→ *Sternum*]

Ster|num ⟨n.; -s, Ster|na; Anat.⟩ Brustbein [lat., »Brustbein« <grch. *sternon* »Brust, Herz«]

Ste|ro|i|de ⟨Pl.⟩ biologisch bedeutende Klasse von chemischen Verbindungen, deren Grundgerüst aus vier kondensierten Ringen besteht (z. B. Hormone) [<grch. *stereos* »räumlich (ausgedehnt)« + *eidos* »Form«]

Ste|ro|id|hor|mon ⟨n.; -s, -e; Biochem.⟩ Hormon mit dem Grundgerüst der Steroide, z. B. Östrogen, Gestagen, Androgen

Ste|tho|skop *auch:* **Ste|thos|kop** ⟨n.; -s, -e; Med.⟩ ärztliches Untersuchungsgerät zum Abhören von Herz u. Lunge [<grch. *stethos* »Brust« + *...skop*]

Stet|son ⟨[-sən] m.; - od. -s, -s⟩ hoher, breitkrempiger Filzhut, Texashut [engl.]

Ste|ward ⟨[stjuːə(r)t] m.; -s, -s⟩ Betreuer der Fahrgäste (auf Schiffen u. in Flugzeugen) [engl., »Verwalter, Aufwärter« <aengl. *stigweard* »Hauswart«]

Ste|war|dess ⟨[stjuːə(r)dɛs] f.; -, -en⟩ Betreuerin der Fahrgäste (auf Schiffen u. in Flugzeugen)

Sthe|nie ⟨f.; -; unz.; Med.⟩ Vollkraft [<grch. *sthenos* »Stärke, Kraft, Macht, Gewalt«]

sthe|nisch ⟨Adj.; Med.⟩ in Vollkraft befindlich, kraftvoll

Sti|bi|um ⟨n.; -s; unz.; chem. Zeichen: Sb⟩ = Antimon

Stib|nit ⟨m.; -s, -e; Min.⟩ = Antimonglanz [→ *Stibium*]

Sti|cho|man|tie ⟨[-ço-] f.; -; unz.⟩ **1** ⟨urspr.⟩ Wahrsagung aus Versen od. Zeilen (bei den Römern oft aus Virgil), die auf Zettel geschrieben, in einer Urne gemischt u. dann gezogen wurden **2** ⟨danach⟩ Wahrsagung aus willkürlich mit der Nadel aufgeschlagenen Stellen in Büchern [<grch. *stichos* »Vers, Zeile, Reihe« + *...mantie*]

Sti|cho|my|thie ⟨[-ço-] f.; -, -n; Lit.⟩ dramat. Dialog, der mit jedem Vers zwischen Rede u. Gegenrede wechselt [<grch. *stichos* »Vers, Zeile« + *mythos* »Rede, Wort, Erzählung«]

Stick ⟨m.; -s, -s⟩ **1** dünne Salzstange **2** Stäbchen **3** ⟨Kosmetik⟩ Stift [engl., »Stange«]

Sti|cker ⟨m.; -s, -; umg.; Jugendspr.⟩ Aufkleber [zu engl. *stick* »kleben«]

Stick|oxi|dul ⟨n.; -s; unz.; Chemie⟩ Stickstoff-Sauerstoff-Ver-

S

bindung, die in der Medizin als leichtes Betäubungsmittel verwendet wird, Lachgas

stie|kum ⟨Adv.; umg.⟩ unbemerkt, heimlich, leise, sang- u. klanglos [<jidd. *schtiko* »Stillschweigen«]

Stig|ma ⟨n.; -s, -ma|ta od. Stigmen⟩ **1** Zeichen, Mal **2** Wundmal (Christi) **3** ⟨Zool.⟩ eine der seitlich am Körper liegenden Öffnungen der Tracheen (bei Insekten, Tausendfüßern u. Spinnen) **4** Augenfleck der Einzeller **5** ⟨Bot.⟩ Narbe (der Blütenpflanzen) [<grch. *stigma* »Stich, Punkt, Brandmal«]

Stig|ma|ti|sa|ti|on ⟨f.; -, -en⟩ Erscheinen der Wundmale Christi am Leib mancher Personen

stig|ma|tisch ⟨Adj.⟩ das Stigma betreffend; *~e Abbildung* ⟨Optik⟩ eine sehr geringe Aberration aufweisende optische Abbildung

stig|ma|ti|sie|ren ⟨V.; fast nur im Passiv gebraucht⟩ mit (den) Wundmalen (Christi) zeichnen jmdn. brandmarken; *seine Vorstrafen ~ ihn* [→ *Stigma*]

stig|ma|ti|siert ⟨Adj.⟩ mit Wundmalen (Christi) gezeichnet

Stig|ma|ti|sie|rung ⟨f.; -, -en⟩ das Stigmatisieren

Stil ⟨m.; -(e)s, -e⟩ **1** ⟨urspr.⟩ Schreibweise eines Dichters; *einen guten, schlechten ~ schreiben* **2** ⟨danach⟩ einheitl. Gepräge der künstler. Erzeugnisse einer Zeit, einer Persönlichkeit; *Bau~; Mal~; gotischer, romanischer ~* **3** ⟨fig.⟩ bes. Gepräge einer menschl. Lebensweise; *Lebens~; der ~ einer Zeit; er hat ~* seine Lebensart hat ein besonderes Gepräge (nur im positiven Sinn); *eine Feier großen ~s* eine in jeder Beziehung großzügige Feier; *im großen ~ leben* in finanziell großzügiger Weise leben **4** ⟨Sport⟩ Art, Technik der Ausübung einer Sportart; *Schwimm~* [<ital. *stile,* frz. *style* <lat. *stilus* »spitzer Pfahl, Stiel, Stängel; Schreibgerät, Griffel«]

Stilb ⟨n.; -s, -; chem. Zeichen: sb⟩ nicht mehr zulässige Maßeinheit der Leuchtdichte selbst nicht leuchtender Körper, zu ersetzen durch die Einheit Candela/Quadratmeter (Cd/m^2), 1 sb = 10^4 cd/m^2 [zu grch. *stilbein* »glänzen, leuchten«]

Sti|lett ⟨n.; -s, -e⟩ Dolch mit kurzer, schmaler, dreikantiger Klinge; *oV* Stiletto (1) [<ital. *stiletto,* Verkleinerungsform zu *stilo* »Pfriem, Dolch« <lat. *stilus* »Stiel, Stängel, Schreibgriffel«]

Sti|let|to ⟨m.; -s, -s⟩ **1** = Stilett **2** (offener) Damenschuh mit hohem, dünnem Absatz, Stöckelschuh [ital.]

Stil|fi|gur ⟨f.; -, -en; Rhet.⟩ sprachliche Form, die sich vom normalen Sprachgebrauch abhebt u. so als rhetorisches Stilmittel eingesetzt wird

sti|li|sie|ren ⟨V.⟩ **1** stilvoll gestalten, formen **2** künstlerisch vereinfachen

Sti|li|sie|rung ⟨f.; -, -en⟩ das Stilisieren

Sti|list ⟨m.; -en, -en⟩ jmd., der die Formen des sprachl. Ausdrucks gut beherrscht

Sti|lis|tik ⟨f.; -; unz.⟩ Lehre von den Gesetzen des sprachl. Stils [<frz. *stylistique* »Stilkunde«]

Sti|lis|tin ⟨f.; -, -tin|nen⟩ weibl. Person, die die Formen des sprachl. Ausdrucks gut beherrscht

sti|lis|tisch ⟨Adj.⟩ den Stil (1) betreffend

Stil|mix ⟨m.; -, -e⟩ Mischung mehrerer unterschiedlicher Stilrichtungen; *ein gekonnter ~ aus Jazz, Blues, Soul und Pop*

Sti|lus ⟨m.; -, Sti|li⟩ antikes Schreibgerät, Griffel zum Schreiben auf der Wachstafel [lat.]

Sti|mu|lans ⟨n.; -, -lan|tia od. -lan|zi|en; Med.⟩ Anregungsmittel [zu lat. *stimulare* »stacheln, antreiben, reizen«]

Sti|mu|lanz ⟨f.; -, -en⟩ Antrieb, Anreiz, Anregung [→ *Stimulans*]

Sti|mu|la|ti|on ⟨f.; -, -en⟩ Anregung [<lat. *stimulatio* »Anreizung, Sporn«; → *Stimulans*]

Sti|mu|la|tor ⟨m.; -s, -to|ren⟩ einen Reiz hervorrufende Vorrichtung

sti|mu|lie|ren ⟨V.⟩ anregen [<lat. *stimulare;* → *Stimulans*]

Sti|mu|lie|rung ⟨f.; -, -en⟩ das Stimulieren

Sti|mu|lus ⟨m.; -, -mu|li⟩ **1** Stachel, Sporn **2** Antrieb, Reiz [lat., »Stachel, Treibstecken; Qual, Unruhe«; → *Stimulans*]

Stint ⟨m.; -(e)s, -e; nddt.⟩ dummer Kerl [<schwed. (mundartl.) *stinta* »halbwüchsiges Mädchen« <germ. **stenta* »gestutzt, kurz«]

Sti|pel ⟨f.; -, -n; Bot.⟩ Nebenblatt [<lat. *stipula* »Halm«]

Sti|pen|di|at ⟨m.; -en, -en⟩ Empfänger eines Stipendiums [<lat. *stipendiarius* »steuertributpflichtig, um Sold dienend«]

Sti|pen|di|a|tin ⟨f.; -, -tin|nen⟩ Empfängerin eines Stipendiums

Sti|pen|di|um ⟨n.; -s, -di|en⟩ finanzielle Unterstützung für Studierende [lat., »Steuer, Löhnung« <*stips* »Geldbeitrag, Spende« + *pendere* »wägen, zahlen«]

Sti|pu|la|ti|on ⟨f.; -, -en⟩ **1** mündl. Vertrag zwischen Gläubiger u. Schuldner **2** Übereinkunft, Vereinbarung [<lat. *stipulatio* »Zusage, Handgelöbnis, Kontrakt«]

sti|pu|lie|ren ⟨V.⟩ vereinbaren, sich ausbedingen, übereinkommen über [<lat. *stipulari* »sich ausbedingen«; → *Stipulation*]

Sti|pu|lie|rung ⟨f.; -, -en⟩ = Stipulation

Stoa ⟨f.; -; unz.; Philos.⟩ auf der Lehre Zenos beruhende grch. Schule der Philosophie um 300 v. Chr., die ein Leben im Einklang mit der Natur u. der göttl. Macht der »Weltseele« od. »Weltvernunft« erstrebte [<grch. *stoa poikile* »bunte Halle« (wo sich die Anhänger Zenos trafen); zu *stoa* »(Säulen-) Halle, Galerie«]

Sto|chas|tik ⟨[-xas-] f.; -; unz.; Math.⟩ Verfahren zur Ermittlung von Wahrscheinlichkeiten

sto|chas|tisch ⟨[-xas-] Adj.; Math.⟩ dem Zufall unterworfen, ihn betreffend, von ihm abhängig; *~er Prozess* P., der sich mittels der Wahrscheinlichkeitsrechnung berechnen lässt, Zufallsprozess; *~er Automat* ⟨Kyb.⟩ A., dessen Verhalten nicht genau vorhersagbar ist, sondern auf einer gewissen Wahrscheinlichkeit beruht

[<grch. *stochastikos* »im Erraten geschickt«; zu *stochazesthai* »nach etwas zielen«]

Stö|chio|me|trie *auch:* **Stö|chio|met|rie** ⟨[-çio-] f.; -; unz.; Chemie⟩ Arbeitsgebiet der Chemie, das sich mit der quantitativen rechnerischen Behandlung chemischer Vorgänge befasst [<grch. *stoichos, stichos* »Abteilung, Ordnung« + ...*metrie*]

stö|chio|me|trisch *auch:* **stö|chio|met|risch** ⟨[-çio-] Adj.; Chemie⟩ zur Stöchiometrie gehörend, die Stöchiometrie betreffend, auf Stöchiometrie beruhend

Stock ⟨[stɔk] m.; -s, -s; Wirtsch.⟩ **1** Warenvorrat **2** Geldvorrat, Grundkapital [engl.]

Stock|car ⟨[stɔkka:(r)] m.; -s, -s⟩ als Rennwagen umgebautes Serienfahrzeug [engl., »Serienwagen«]

Stock|ex|change ⟨[stɔkıkstʃɛındʒ] m.; -; unz.; Börse⟩ Effektenbörse [engl.]

Stock|job|ber ⟨[stɔkdjɔbə(r)] m.; -s, -; Börse⟩ Börsenspekulant, Aktienhändler [engl.]

Sto|i|ker ⟨[ʃto:i-] m.; -s, -⟩ **1** ⟨Philos.⟩ Angehöriger der Stoa, Vertreter des Stoizismus **2** ⟨fig.⟩ Mensch von unerschütterlichem Gleichmut [→ *Stoa*]

sto|isch ⟨[ʃto:-] Adj.⟩ **1** ⟨Philos.⟩ zur Stoa, dem Stoizismus gehörend, auf ihr bzw. ihm beruhend, ihn betreffend **2** ⟨fig.⟩ gleichmütig, unerschütterlich; *mit einer ~en Ruhe*

Sto|i|zis|mus ⟨[ʃto:i-] m.; -; unz.⟩ **1** ⟨Philos.⟩ Lehre der Stoa **2** ⟨fig.⟩ beständige Ruhe, Gleichmut

S

Stokes ⟨[stouks] n.; -, -; Physik; Zeichen: St⟩ nicht mehr zulässige Einheit der Viskosität, zu ersetzen durch die Einheit Quadratmeter/Sekunde (m^2/s), 1 St = 10^{-4} m^2/s [nach dem engl. Physiker George Gabriel *Stokes*, 1819-1903]

Sto|la ⟨f.; -, Sto|len⟩ **1** altröm. langes, weißes mit Borten verziertes Gewand mit Ärmeln für Frauen **2** lose umgehängter, breiter Schal **3** langer, schmaler, über beide Schultern hängender Teil des priesterl. Messgewandes [lat., »langes Frauenoberkleid, Stola« <grch. *stole* »Kleidung«]

Sto|le ⟨f.; -, -n; selten⟩ = Stola

Stol|ge|büh|ren ⟨Pl.⟩ Gebühren für bestimmte Amtshandlungen eines Geistlichen, z. B. Taufe, Trauung [→ *Stola*]

Sto|lo ⟨m.; -s, -lo|nen; meist Pl.⟩ *oV* Stolon **1** ⟨Bot.⟩ ober- od. unterirdischer Ausläufer bei Pflanzen **2** ⟨Zool.⟩ wurzelähnl. Auswuchs bei festsitzenden Tieren (z. B. Polypen), aus dem durch Knospung neue Tiere entstehen [<lat. *stolo*, Gen. *stolonis* »Wurzelspross«]

Sto|lon ⟨m.; -s, -lo|nen; meist Pl.; Bot.; Zool.⟩ = Stolo

Sto|ma ⟨n.; -s, -ma|ta; Biol.⟩ Mund, Öffnung [grch.]

Sto|ma|chi|kum ⟨[-xi-] n.; -, -chika; Med.⟩ Appetit u. Verdauung anregendes Mittel [<lat. *stomachus* »Magen« <grch. *stomachos* »Mündung, Öffnung«]

Sto|ma|ti|tis ⟨f.; -, -ti|ti|den; Med.⟩ Entzündung der Schleimhaut des Mundes [<grch. *stoma*, Gen. *stomatos* »Mund, Öffnung«]

Sto|ma|to|lo|ge ⟨m.; -n, -n; Med.⟩ Facharzt auf dem Gebiet der Stomatologie

Sto|ma|to|lo|gie ⟨f.; -; unz.⟩ Lehre von den Krankheiten der Mundhöhle [<grch. *stoma* »Mund, Öffnung« + ...*logie*]

Sto|ma|to|lo|gin ⟨f.; -, -gin|nen; Med.⟩ Fachärztin auf dem Gebiet der Stomatologie

sto|ma|to|lo|gisch ⟨Adj.; Med.⟩ die Stomatologie betreffend, zu ihr gehörig

Stomp ⟨m.; - od. -s; unz.; Musik⟩ **1** ⟨urspr.⟩ afroamerikan. Tanzform (mit ständiger Wiederholung bestimmter Rhythmen) **2** ⟨Jazz⟩ rhythmische Formel, die der Melodie zugrunde liegt [engl., eigtl. »stampfen«]

stoned ⟨[stound] Adj.; umg.⟩ im Rauschzustand [engl.]

stone|washed ⟨[stounwɔʃd] Adj.⟩ mit Steinen vorgewaschen (um dem Stoff ein gebrauchtes Aussehen zu geben); *~ Jeans* [engl., »mit Steinen gewaschen«]

stop ⟨[stɔp]⟩ **1** ⟨in Telegrammen⟩ Punkt **2** *~!* halt! [engl., »halten, anhalten«]

stop-and-go ⟨[stɔp ənd goʊ] Adj.; im Straßenverkehr⟩ (aufgrund eines Staus) häufiges Anhalten u. Anfahren erforderlich machend; *Stop-and-go-Verkehr* [engl., »halten und gehen, fahren«]

Stop-over *auch:* **Stop|over** ⟨[stɔpouvə(r)], a. [-'--] m.; -s, -s⟩ Zwischenaufenthalt bei einer Reise [<engl. *stopover*]

Stopp ⟨m.; -s, -s⟩ **1** ⟨kurz für⟩ Stoppball **2** das Anhalten von Kraftwagen, um mitgenommen zu werden **3** Pause während einer Fahrt; *einen ~ einlegen* [→ *stoppen*]

Stopp|ball ⟨m.; -(e)s, -bäl|le; Sport; Badminton; Tennis⟩ kurz hinter das Netz geschlagener Ball; *Sy* Stopp (1) [zu engl. *stop* »halten, anhalten«]

stop|pen ⟨V.⟩ **1** anhalten, stehenbleiben **2** *jmdn. od. etwas ~* aufhalten, anhalten, am Weiterfahren hindern **3** mit der Stoppuhr messen; *Laufzeit, Fahrzeit ~; Geschwindigkeit (beim Laufen) ~* [<engl. *stop*; → *stop*]

Stop|per ⟨m.; -s, -⟩ **1** ⟨Seew.⟩ Vorrichtung zum Befestigen eines Taus od. der Ankerkette **2** ⟨Sport; bes. Fußb.⟩ Mittelläufer, der mit der Bewachung eines bes. gefährlichen Stürmers beauftragt ist **3** Gummiplatte zum Stoppen am Rollschuh **4** Gummipfropfen zum Begrenzen geöffneter Türen

Stop|ping ⟨[stɔpıŋ] n.; - od. -s, -s⟩ unerlaubte Anwendung von leistungsmindernden Medikamenten vor Wettkämpfen; *Ggs* Doping [engl.; zu *stop* »anhalten«]

Stop|time ⟨[stɔptaım] f.; -; unz.; Musik; Jazz⟩ plötzliche Pause des Metrums, die durch kurze Soli od. von der ganzen Band ausgeführte Akkordschläge nach rhythmischen Mustern ausgefüllt wird [engl.; <*stop* »anhalten« + *time* »Zeit«]

Sto|rage ⟨[stɔrıdʒ] n.; -, -s [-dʒız]; EDV⟩ Speicher [engl.]

Sto|rax|baum ⟨m.; -(e)s, -bäu|me; Bot.⟩ = Styrax

Store[1] ⟨[stɔ:(r)] m.; -s, -s; meist Pl.⟩ weiße, durchsichtige Gardine [frz.]

Store[2] ⟨[stɔ:(r)] m.; -s, -s⟩ **1** Laden **2** Lager, Vorrat [engl., »Lager, Vorrat«]

Sto|re[3] ⟨f.; -, -n⟩ = Storen

Store|kee|per ⟨[stɔ:(r)ki:pə(r)] m.; -s, -s; Seew.⟩ Lagerhalter, Lagerverwalter [<engl. *store* »Vorrat« + *keeper* »Verwalter«]

Sto|ren ⟨m.; -s, -⟩ Sonnenvorhang, der von außen od. von innen an das Fenster angebracht wird (z. B. Rouleau, Markise); *oV* Store[3] [→ *Store*[1]]

Stor|nel|lo ⟨m.; -s, -s od. -nel|li; Musik⟩ dreizeiliges italien. Volksliedchen, bes. für dichter. Wettbewerbe auf dem Lande [Verkleinerungsform von prov. *estorn* »Kampf«]

stor|nie|ren ⟨V.⟩ **1** *eine Buchung, einen Betrag* ~ berichtigen, ungültig machen, durch Gegenbuchung ausgleichen **2** ⟨österr.⟩ *einen Auftrag* ~ rückgängig machen [<ital. *stornare* »zum Weichen bringen, ablenken; rückgängig machen«]

Stor|nie|rung ⟨f.; -, -en⟩ das Stornieren, das Storniertwerden

Stor|no ⟨m.; -s, Stor|ni⟩ **1** Rückbuchung, Löschung **2** ⟨österr.⟩ das Rückgängigmachen; ~ *eines Auftrages* [→ *stornieren*]

Stor|ting ⟨n.; - od. -s, -e od. -s⟩ Volksvertretung (in Norwegen) [norweg., »großes Thing« (german. Volks- u. Gerichtsversammlung)]

Sto|ry ⟨[stɔri] od. [stɔ:rı] f.; -, -s⟩ kurze Erzählung, Kurzgeschichte [engl., »Geschichte, Erzählung«; verkürzt <*history* »Geschichte, Historie« <lat. *historia*]

Sto|ry|board ⟨[stɔ:rıbɔ:d] n.; -s, -s; Film; TV⟩ Serie von Bildern, Sketchen usw., die als Anweisung bzw. Erklärung zum Drehen eines Fernseh- od. Kinofilms dient [engl.]

Sto|ry|tel|ler ⟨[stɔ:rı-] m.; -s, -⟩ jmd., der (öffentl.) Geschichten erzählt bzw. vorträgt [engl., »Geschichtenerzähler«]

Sto|tin|ka ⟨[sto-] f.; -, -tin|ki⟩ bulgarische Münze, $^1/_{100}$ Lew [bulg.]

Stout ⟨[staut] m. od. n.; -s, -s⟩ dunkles, bitteres engl. Bier [engl. <afrz. *estout* »keck, stolz«]

Stra|bis|mus ⟨m.; -; unz.; Med.⟩ das Schielen, Abweichung der Achsen des Augenpaares aus der parallelen Stellung beim Blick in die Ferne [<grch. *strabizein* »schielen«; zu *strabos* »scheel«]

Stra|bo|to|mie ⟨f.; -, -n; Med.⟩ Operation zur Behebung des Schielens [< *Strabismus* + ...*tomie*]

Strac|chi|no ⟨[straki:no] m.; - od. -s; unz.⟩ Weichkäse aus der Gegend von Mailand [ital., <*vacche stracche* »(aus den Bergen zurückgekehrte) ermüdete Kühe« (zu *straccare* »ermüden«); die Milch dieser Kühe wird zu *Stracchino* verarbeitet]

Strac|cia|tel|la ⟨[stratʃa-] n.; - od. -s; unz.⟩ Vanilleeiscreme mit kleinen Schokoladestückchen [ital.]

Strad|dle *auch:* **Strad|dle** ⟨[stræ-dəl] m.; -s, -s; Sport⟩ (Hoch-)Sprung seitlich über die Latte mit dem Kopf zuerst u. gespreizten Beinen [zu engl. *straddle* »die Beine spreizen«]

Stra|di|va|ri ⟨[-va:-] f.; -, -s; Musik⟩ in der Werkstatt des italienischen Geigenbauers A. Stradivari, 1644-1737, angefertigte Geige

Stra|gu|la® ⟨m.; -s; unz.⟩ linoleumähnl. Fußbodenbelag [<lat. *stragula vestis* »Decke, Teppich«; zu *stragulus* »zum Ausbreiten dienend«]

Strah|len|che|mie ⟨[-çe-] f.; -; unz.⟩ Teilgebiet der Chemie, das sich mit der Untersuchung der Eigenschaften radioaktiver Elemente u. Verbindungen befasst

Strah|len|the|ra|pie ⟨f.; -, -n; Med.⟩ Heilbehandlung mit Hilfe von radioaktiven Strahlen, z. B. bei Krebserkrankungen

straight ⟨[strεıt] Adj.; umg.⟩ **1** konsequent **2** ⟨abwertend⟩ lässig **3** ⟨Sexualität⟩ heterosexuell; *Ggs* gay **4** ⟨Drogenszene⟩ in Ordnung, sauber (von Drogen) [engl., »gerade, aufrecht, direkt«]

Straight|flush ⟨[strεıtflʌʃ] m.; - od. -s, -es [-ʃız]; Kart.⟩ beim Pokerspiel eine Sequenz mit fünf Karten der gleichen Farbe [<engl. *straight* »aufrecht, direkt« + *flush* »Sequenz«]

Stra|min ⟨m.; -s, -e; Textilw.⟩ = Kanevas (1) [<ndrl. *stramijn* <afrz. *estamin(e)* <**estameigne* <prov. *estamente* (frz. *étamine* »leichter Wollstoff«) <lat. *stamineus* »woll(fäd)ig«; zu *stamen* »Faden, Gewebe«]

Strange|ness ⟨[strεındʒnεs] f.; -; unz.; Physik⟩ Eigenschaft, die die als Quarks bezeichneten Elementarteilchen aufweisen [engl., »Merkwürdigkeit«]

Stran|gu|la|ti|on ⟨f.; -, -en⟩ *Sy* Strangulierung **1** (Töten bzw. Hinrichten durch) Erhängen, Erdrosseln, Erwürgen **2** ⟨Med.⟩ Einschnürung, Abschnürung, z. B. einer Darmschlinge [<engl. *strangle,* afrz. *estrangler* »erdrosseln« <lat. *strangulare* <grch. *straggaloein;* zu *straggale* »Strang, Strick«]

stran|gu|lie|ren ⟨V.⟩ erhängen, erwürgen, erdrosseln

Stran|gu|lie|rung ⟨f.; -, -en⟩ = Strangulation

Strang|u|rie *auch:* **Stran|gu|rie** ⟨f.; -, -n; Med.⟩ Zwang zu häufigem Wasserlassen, das nur tropfenweise erfolgt u. außerordentlich schmerzhaft ist, Harnstrenge, Harnzwang [<lat. *stranguria* <grch. *straggouria* <*stranx* »Tropfen« + *ouron* »Urin«]

Stra|pa|ze ⟨f.; -, -n⟩ (große) Anstrengung, Beschwerlichkeit [<frühnhd. *strapatz* <ital. *strapazzo* »Abarbeitung«; zu *strapazare* »überanstrengen«; → *strapazieren*]

stra|pa|zie|ren ⟨V.⟩ **1** überanstrengen; *sich bei einer Arbeit* ~ **2** stark in Anspruch nehmen, beanspruchen; *jmdn. mit einer Arbeit* ~ **3** abnutzen, viel benutzen; *Kleider* ~ [<ital. *strapazzare* »überanstrengen« <lat. *extra* »außerdem, über... hinaus« + **patiare* »leiden« (zu *pati* »leiden«) od. <ital. *strappare* »zerreißen, zerbrechen«]

stra|pa|zi|ös ⟨Adj.; umg.⟩ mit Strapazen verbunden, anstrengend; *eine ~e Arbeit*

Straps ⟨m.; -es, -e⟩ Strumpfhalter [Pl. zu engl. *strap* »Riemen, Gurt, Band«]

stra|sci|nan|do ⟨[straʃı-] Musik⟩

langsamer werdend, verschleppend (zu spielen) [ital.]

Strass ⟨m.; -es, - od. -e⟩ Nachbildung von Edelsteinen aus stark lichtbrechendem Bleiglas [nach dem Juwelier Joseph *Straßer* im 18. Jahrhundert]

Stra|te|ge ⟨m.; -n, -n⟩ **1** jmd., der sich auf Strategie versteht **2** Feldherr [<grch. *strategos* »Feldherr«, <*stratos* »Herr« + *agein* »führen«]

Stra|te|gem ⟨n.; -s, -e⟩ Kriegslist [<frz. *stratagème* <grch. *strategema* »Kriegslist«]

Stra|te|gie ⟨f.; -, -n⟩ **1** ⟨allg.⟩ Planung u. Führung in großem Rahmen **2** Kunst der militär. Kriegsführung, Feldherrnkunst **3** ⟨Kyb.⟩ Plan, der aufgestellt wird, um mittels aufeinander einwirkender dynamischer Systeme ein Ziel zu erreichen [<frz. *stratégie* <grch. *strategia* <*stratos* »Heer« + *agein* »führen«]

Stra|te|gin ⟨f.; -, -gin|nen⟩ weibl. Person, die sich auf Strategie versteht

stra|te|gisch ⟨Adj.⟩ die Strategie betreffend, auf ihr beruhend; *~e Waffen* W. von großer Reichweite u. Wirkung; *~es Controlling* die vorausschauende Sicherung der Unternehmensexistenz durch die Erarbeitung neuer Erfolgspotenziale vor dem Hintergrund einer sich stets verändernden Umwelt (z. B. durch die Globalisierung); *~es Management* langfristige Zielfestlegung u. entsprechende Koordinierung der Unternehmenspolitik; →*a.* taktisch

Stra|ti|fi|ka|ti|on ⟨f.; -, -en⟩ **1** ⟨Geol.⟩ Schichtenbildung, Ablagerung (von Gesteinen) in Schichten **2** ⟨Landw.⟩ das Vorkeimen [<lat. *stratum* »Decke« + ...*fikation*]

Stra|ti|fi|ka|ti|ons|gram|ma|tik ⟨f.; -; unz.; Sprachw.⟩ Theorie der Grammatik, die Sprache als ein System hierachisch geordneter Schichten betrachtet

stra|ti|fi|zie|ren ⟨V.⟩ **1** ⟨Geol.⟩ in Schichten ablagern **2** ⟨Landw.⟩ vorkeimen

Stra|ti|gra|fie ⟨f.; -; unz.; Geol.⟩ = Stratigraphie

stra|ti|gra|fisch ⟨Adj.; Geol.⟩ = stratigraphisch

Stra|ti|gra|phie ⟨f.; -; unz.; Geol.⟩ Lehre von der Schichtung der Gesteine; *oV* Stratigrafie [<lat. *stratum* »Decke« + ...*graphie*]

stra|ti|gra|phisch ⟨Adj.; Geol.⟩ die Stratigraphie betreffend, auf ihr beruhend, zu ihr gehörig; *oV* stratigrafisch

Stra|to|ku|mu|lus ⟨m.; -, -mu|li; Meteor.⟩ Schichtwolke, die aus flachen, unscharf begrenzten Ballen besteht [<*Stratus* + *Kumulus*]

Stra|to|pau|se ⟨f.; -; unz.; Meteor.⟩ atmosphärische Schicht, die zwischen der Stratosphäre u. der Mesosphäre liegt [<lat. *stratum* »Decke« +Pause]

Stra|to|skop *auch:* **Stra|tos|kop** ⟨n.; -s, -e⟩ von einem unbemannten Ballon in die obere Atmosphäre getragenes Spiegelteleskop zur ferngesteuerten Beobachtung der Sonne; *Sy* Ballonteleskop [<lat. *stratum* »Decke« + ...*skop*]

Stra|to|sphä|re ⟨f.; -; unz.; Meteor.⟩ die mittlere Schicht der Lufthülle der Erde von etwa 10-80 km über der Erdoberfläche [<lat. *stratum* »Decke« + *Sphäre*]

Stra|to|sphä|ren|bal|lon ⟨[-lɔ̃:] od. [-lɔŋ] od. österr. [-lo:n] m.; -s, -s⟩ unbemannter Ballon, der durch die Stratosphäre fliegen kann; →*a.* Ballonastronomie, Ballonteleskop

Stra|tum ⟨n.; -s, Stra|ta⟩ **1** ⟨Soziol.⟩ Gesellschaftsschicht **2** ⟨Sprachw.; bes. in der Stratifikationsgrammatik⟩ Strukturebene, z. B. Phonetik, Morphologie, Semantik, Syntax **3** ⟨Biol.⟩ ausgebreitete Zellschicht, Lebensraum in Form einer Schicht, Wurzel-, Moos-, Kraut-, Strauch-, Baumschicht [<lat. *stratum* »Decke, Polster; Lager«]

Stra|tus ⟨m.; -, Stra|ti; Meteor.; kurz für⟩ Stratuswolke

Stra|tus|wol|ke ⟨f.; -, -n; Meteor.⟩ eine ungegliederte Schicht bildende, tief hängende, graue Wolke, Schichtwolke; *Sy* Stratus [<lat. *stratum* »Decke«]

Straz|za ⟨f.; -, Straz|zen; Textilw.⟩ Abfall bei der Bearbeitung von Seide [<ital. *stracciare* »zerreißen«]

Straz|ze ⟨f.; -, -n; bes. Kaufmannsspr.⟩ Buch für tägl. Eintragungen, geschäftliche Notizen, Kladde [<frühnhd. *stratzobuechlin* <ital. *stracciafoglio* »Bogen Papier zum Beschmutzen«, <*stracciare* »zerreißen, beschmutzen« (<mlat. *extractiare* »herauszerren«) + *foglio* »Blatt«]

Strea|mer ⟨[stri:mə(r)] m.; -s, -; EDV⟩ Speichermedium, mit dessen Hilfe Datensicherungen größerer Datenmengen (z. B. einer ganzen Festplatte) vorgenommen werden können [<engl. *stream* »Strom, Flut«]

Strea|ming ⟨[stri:-] n.; - od. -s, -s; EDV⟩ Technik, mit deren Hilfe Multimediadaten in Echtzeitverarbeitung (unmittelbare Weiterverarbeitung der Daten) übertragen werden können [engl.; → *Streamer*]

Stream of Con|scious|ness ⟨[stri:m ɔf kɔnʃəsnɪs] m.; - - -; unz.; Lit.⟩ (von J. Joyce u. V. Woolf entwickelte) Erzähltechnik, durch die Gedanken u. Gefühle einer literarischen Figur deutlich gemacht werden, indem der Gedankengang ohne zusätzl. Kommentar dargestellt wird [engl., »Bewusstseinsstrom«]

Street|ball ⟨[stri:tbɔ:l] m.; -s; unz.; Sport⟩ Form des Basketballs, die mit einer verkleinerten Mannschaft auf Plätzen, Schulhöfen o. Ä. gespielt wird [<engl. *street* »Straße« + Basket*ball*]

Street|wear ⟨[stri:twɛ:(r)] f.; -; unz.⟩ betont lockere u. stabile Alltagskleidung für Jugendliche; →*a.* Sportswear, Wear [<engl. *street* »Straße« + *wear* »Kleidung«]

Street|work ⟨[stri:twœ:k] f.; -; unz.⟩ Aufklärung, Beratung u. Hilfe für Drogenabhängige, die ein Sozialarbeiter vor Ort (innerhalb des Drogenmilieus) anbietet [engl., »Straßenarbeit«]

Street|wor|ker ⟨[stri:twœ:kə(r)] m.; -s, -⟩ Sozialarbeiter, Angestellter des Jugendamtes, der gefährdete Jugendliche betreut

S

u. berät [engl., »Straßenarbeiter«]

Streik ⟨m.; -(e)s, -s⟩ meist organisierte u. mit bestimmten Forderungen verknüpfte, vorübergehende Arbeitsniederlegung von Arbeitnehmern od. Angehörigen des Dienstleistungsgewerbes; *in (den) ~ treten* [→ *streiken*]

strei|ken ⟨V.⟩ **1** in Streik treten, die Arbeit niederlegen **2** nicht mitmachen, sich weigern **3** ⟨umg.; fig.⟩ aufhören zu funktionieren, plötzlich aussetzen, versagen; *die Maschine, der Fernseher, mein Magen streikt* [<engl. *strike* »streichen; schlagen«; zu *strike work* »die Arbeit einstellen«]

Strep|to|ki|na|se ⟨f.; -, -n; Biochemie⟩ aus Streptokokken gebildetes Enzym, das aufgrund seiner fibrinlösenden Eigenschaft zur Auflösung von Blutgerinnseln angewendet wird [<grch. *streptos* »gekrümmt« + *kinesis* »Bewegung«]

Strep|to|kok|kus ⟨m.; -, -kok|ken; meist Pl.; Med.⟩ kugelförmiges, Ketten bildendes Bakterium, das zu den häufigsten Eitererregern gehört [<grch. *streptos* »gekrümmt« + *Kokkus*]

Strep|to|my|cin ⟨n.; -s; unz.; Med.⟩ = Streptomyzin

Strep|to|my|zin ⟨n.; -s; unz.; Med.⟩ aus dem Strahlenpilz Streptomyces griseus gewonnenes antibiot. Heilmittel, u. a. gegen Tuberkulose; *oV* Streptomycin [<grch. *streptos* »gekrümmt« + *mykes* »Pilz«]

Stress (*Laut-Buchstaben-Zuordnung*) Die im Deutschen übliche Kennzeichnung eines kurzen Vokals durch Verdoppelung des Folgekonsonanten wird auch auf Fremdwörter angewendet. Nach kurzem Vokal wird daher auch bei Fremdwörtern der stimmlose s-Laut durch »*ss*« wiedergegeben (→*a.* Strass).

Stress ⟨m.; -es, -e; Pl. selten⟩ Belastung des Körpers durch zu lang andauernde od. ihm unangemessene Reize u. schädigende Einflüsse [<engl. *stress* <*distress* »Not, Bedrängnis, Erschöpfung«, <lat. *strictus* »zusammengeschnürt«]

stres|sen ⟨V.⟩ körperlich (u. geistig) stark beanspruchen, erschöpfen [→ *Stress*]

Stress|fak|tor ⟨m.; -s, -en⟩ = Stressor

stres|sig ⟨Adj.; umg.⟩ anstrengend, aufreibend, erschöpfend; *der Tag war heute sehr ~*

Stres|sor ⟨m.; -s, -so|ren⟩ Stress herbeiführender Vorgang, Zustand, Einfluss o. Ä.; *Sy* Stressfaktor

Stretch ⟨[strɛtʃ] m. od. n.; - od. -es, -es [-tʃɪs]; meist ohne Artikel; Textilw.⟩ elastisches Gewebe, das aus Stretchgarn gefertigt ist; *ein Kleid aus ~* [zu engl. *stretch* »dehnen, spannen«]

stret|chen ⟨[strɛtʃən] V.⟩ **1** ⟨allg.⟩ auseinanderziehen, dehnen **2** ⟨Sport⟩ Dehnungsübungen machen, Stretching betreiben [<engl. *stretch* »dehnen, spannen«]

Stretch|garn ⟨[strɛtʃ-] n.; -s, -e; Textilw.⟩ durch besonderes Herstellungsverfahren (Kräuseln und Schrumpfen) gewonnener Faden mit elastischen Eigenschaften

Stret|ching ⟨[strɛtʃɪŋ] n.; - od. -s, -s; Sport⟩ Streck-, Dehnungsübung zum Muskeltraining [engl., »das Strecken«]

Stretch|li|mou|si|ne ⟨[strɛtʃlimu-] f.; -, -n⟩ hochwertiger, luxuriös ausgestatteter geschlossener Personenkraftwagen mit stark verlängertem Mittelteil, das viel Platz für die Fahrgäste bietet

Stret|ta ⟨n.; -s, -s; Musik⟩ wirkungsvolle Steigerung od. Beschleunigung am Schluss eines Musikstücks, bes. einer Arie [ital., »Druck, Zusammenpressung« <lat. *stroctus*]

stret|to ⟨Musik⟩ eilig, schneller werdend (zu spielen) [ital.]

Stria ⟨a. [ʃtriːa] f.; -, Stri|ae; Med.⟩ Streifen (z. B. Schwangerschaftsstreifen) [lat.]

Stri|dor ⟨a. [ʃtriː-] m.; -s; unz.; Med.⟩ durch Verengung der Luftwege entstehendes pfeifendes Atemgeräusch [<lat. *stridor* »das Pfeifen«]

Stri|du|la|ti|on ⟨f.; -; unz.; Zool.⟩ Erzeugung zirpender Töne (bei Insekten) [<lat. *stridulus* »zischend, sausend, schwirrend, knarrend«; zu *stridere* »zischen, schwirren«]

stri|du|lie|ren ⟨V.⟩ zirpen

Strike ⟨[straɪk] m.; -s, -s; Sport⟩ **1** ⟨Bowling⟩ vollständiges Abräumen mit dem ersten od. zweiten Wurf **2** ⟨Baseball⟩ verfehlter Schlag **3** ⟨umg.⟩ Glücksfall, Treffer (oft als Ausruf der Freude [<engl. *strike* »Treffer«]

strikt ⟨Adj.⟩ streng, genau; *ein ~er Befehl;* →*a.* strikte [<lat. *strictus* »zusammengeschnürt; straff, eng, streng«; zu *stringere* »schnüren, straffen«]

strik|te ⟨Adv.; selten⟩ streng, genau; *sich ~ an die Vorschriften halten* [→ *strikt*]

Strik|ti|on ⟨f.; -, -en⟩ Zusammenziehung [<lat. *strictus,* Part. Perf. zu *stringere* »schnüren«]

Strik|tur ⟨f.; -, -en; Med.⟩ starke Verengung eines Kanals, z. B. der Harnröhre, durch Entzündung o. Ä. [<lat. *strictura;* zu *stringere* »schnüren«]

String ⟨[strɪŋ] m.; -s, -s; EDV⟩ aus mehreren alphanumerischen Zeichen bestehende Folge od. Feld [engl., »Zeichenfolge, Zeichenkette«]

string. ⟨Musik; Abk. für⟩ stringendo

strin|gen|do ⟨[strɪndʒɛn-] Abk.: string.; Musik⟩ schneller werdend, drängend [ital., <lat. *stringere* »schnüren«]

strin|gent ⟨Adj.⟩ bündig, zwingend [<lat. *stringens,* Part. Präs. zu *stringere* »schnüren«]

Strin|genz ⟨f.; -; unz.⟩ Schlüssigkeit, beweiskräftiger Zusammenhang [→ *stringent*]

Strin|ger ⟨m.; -s, -⟩ an Schiffs- bzw. Flugkörpern längsseits angebrachte Versteifung aus Winkeleisen u. Platten [engl., »Tragbalken«; zu lat. *stringere* »schnüren«]

String|tan|ga ⟨m.; -s, -s⟩ knapper Slip, der das Gesäß nur in der Mitte mit einem schmalen, schnurförmigen Stück Stoff bedeckt; →*a.* G-String [<engl. *string* »Schnur« + *Tanga*]

Strip ⟨m.; -s, -s⟩ **1** ⟨kurz für⟩ Striptease **2** zugeschnittener

S

u. steril verpackter Streifen Heftpflaster **3** Bildergeschichte [zu engl., *strip* »abstreifen«]

Strip|film ⟨m.; -(e)s, -e; Kurzwort für⟩ Strippingfilm

strip|pen ⟨V.⟩ **1** einen Striptease vorführen **2** *einen Stripfilm ~* abziehen u. auf eine grafische Vorlage montieren [<engl. *strip* »abziehen«]

Strip|per ⟨m.; -s, -; Kurzwort für⟩ Stripteasetänzer

Strip|pe|rin ⟨f.; -, -rin|nen; umg.; kurz für⟩ Stripteasetänzerin

Strip|ping ⟨n.; - od. -s, -s⟩ **1** ⟨Kernphysik⟩ eine Kernreaktion, bei der vom stoßenden od. gestoßenen Atomkern ein Nukleon abgestreift wird **2** ⟨Med.⟩ operatives Entfernen von Krampfadern [engl.; zu *strip* »abstreifen«]

Strip|ping|film ⟨m.; -(e)s, -e; Kurzwort: Stripfilm⟩ Spezialfilm, dessen belichtete Schicht sich als feines Häutchen von einer Kunststoffunterlage abziehen lässt u. so die Montage unterschiedlicher Bildteile wie Schrift od. Zeichen auf einer grafischen Vorlage gestattet

Strips ⟨Pl.⟩ **1** ⟨Textilw.⟩ durch Arbeitswalzen in einer Spinnereimaschine abgetrennte Textilfasern **2** ⟨Lit.; kurz für⟩ Comicstrips [→ *Strip*]

Strip|tease ⟨[strıpti:z] n. od. m.; -; unz.⟩ erotische, tänzerische Entkleidung vor Publikum (in Nachtlokalen u. Ä.); *Sy* Strip (1) [<engl. *strip* »abstreifen« + *tease* »necken«]

Strip|tease|tän|zer ⟨[strıpti:z-] m.; -s, -; Kurzwort: Stripper⟩ Mann, der Striptease tanzt, sich vor Publikum erotisch-tänzerisch entkleidet

Strip|tease|tän|ze|rin ⟨[strıpti:z-] f.; -, -rin|nen; Kurzwort: Stripperin⟩ Frau, die Striptease tanzt, sich vor Publikum erotisch-tänzerisch entkleidet

stri|scian|do ⟨[strıʃan-] Musik⟩ schleifend, gleitend (zu spielen) [<ital. *strisciare* »vorbeistreichen, streifen«]

Striz|zi ⟨m.; -s, -s; österr.; umg.⟩ **1** leichtsinniger Mensch, Strolch **2** Zuhälter

Stro|bo|light ⟨[strɔ:b(ɔ)laıt] n.; -s, -s⟩ in schnellen Abständen kurz aufleuchtende Lichtblitze, die den Eindruck von ruckartigen Bewegungen erwecken (z. B. in Discos) [<engl. *stroboscopic light* »stroboskopisches Licht«]

Stro|bo|skop *auch:* **Stro|bos|kop** ⟨n.; -s, -e; Optik; Technik⟩ **1** sich drehender Zylinder, auf dessen innere Fläche Figuren in verschiedenen Phasen der Bewegung gezeichnet sind, die beim Betrachten durch einen fest stehenden Schlitz den Eindruck einer Bewegung vermitteln, Lebensrad **2** Gerät zum Messen schnell ablaufender Bewegungen [<grch. *strobos* »Wirbel, Drehung« + *...skop*]

stro|bo|sko|pisch *auch:* **stro|bos|ko|pisch** ⟨Adj.; Optik; Technik⟩ auf dem Stroboskop, auf dessen Wirkung beruhend, mit dem Stroboskop erfolgend; *~er Effekt* Verschmelzung von rasch hintereinander aufgenommenen Bildern auf der Netzhaut zu einer fortlaufenden Bewegung

Stroke|play ⟨[stroukpleı] n.; -s, -s; Sport; Golf⟩ Spielweise, bei der die für sämtliche Löcher benötigten Schläge zusammengezählt werden, Zählspiel [engl., »Schlagspiel«]

Stro|ma ⟨n.; -s, -ma|ta⟩ **1** ⟨zählb.; Bot.⟩ farbloser Grundstoff der das Blattgrün enthaltenden Plastiden **2** ⟨unz.; Biol.⟩ Stützgewebe von Organen od. von Geschwülsten [lat., grch., »Lager, Bett«]

Stron|ti|a|nit ⟨m.; -s, -e; Min.⟩ Mineral, chemisch Strontiumcarbonat [nach dem Fundort *Strontian* in Schottland]

Stron|ti|um ⟨n.; -s; unz.; chem. Zeichen: Sr⟩ silberweißes Leichtmetall, Ordnungszahl 38; *~ 90* radioaktives Isotop des Strontiums [→ *Strontianit*]

Stroph|an|thin *auch:* **Stro|phan|thin** ⟨n.; -s; unz.; Pharm.⟩ Glykosid verschiedener Arten der Hundsgiftgewächse, das als Arzneimittel gegen Herzinsuffizienz verwendet wird [→ *Strophantus*]

Stroph|an|thus *auch:* **Stro|phan|thus** ⟨m.; -, -; Bot.⟩ einer Gattung der Hundsgiftgewächse angehörende Liane mit glockenförmigen Blüten: Strophantus [<grch. *strophe* »Wendung« + *anthos* »Blume«]

Stro|phe ⟨f.; -, -n⟩ **1** ⟨urspr.; in der grch. Tragödie⟩ Wendung des singenden u. tanzenden Chors zum Altar u. der dazu gesungene Abschnitt des Chorgesangs **2** ⟨dann; Metrik⟩ aus mehreren Versen bestehender, durch Länge der Zeilen, Rhythmus u. (meist) Reim bestimmter, sich in gleicher Form wiederholender Abschnitt eines Liedes od. Gedichtes; *ein Lied mit vier ~n* [<lat. *stropha* »List, Kunstgriff« <grch. *strophe* »Wendung«; zu *strephein* »drehen, wenden«]

...stro|phig ⟨Nachsilbe; zur Bildung von Adj.⟩ in einer bestimmten Art od. Zahl von Strophen gedichtet; *dreistrophig; langstrophig*

Stro|phik ⟨f.; -; unz.; Metrik⟩ Kunst des Strophenbaus, Lehre von der Strophengliederung u. -einteilung

stro|phisch ⟨Adj.; Metrik⟩ in Strophen (gegliedert)

Struck ⟨m. od. n.; -s; unz.; Textilw.⟩ dem Cord ähnliches, wollenes Gewebe [Herkunft unbekannt]

Struk|to|gramm ⟨n.; -s, -e; EDV⟩ grafische Darstellungsform für Computerprogrammentwürfe, Nassi-Shneiderman-Diagramm (nach I. Nassi u. B. Shneiderman, die 1973 diese Form entwickelten)

Struk|tur ⟨f.; -, -en⟩ **1** Gefüge **2** Bau, Aufbau; *Gewebe~* **3** innere Gliederung, Anordnung der Teile **4** Menge der Relationen, die die Elemente eines Systems miteinander verbinden [<lat. *structura* »Zusammenfügung, Schichtung, Gefüge; Bau(werk)«; zu *struere* »schichten, neben-, übereinanderlegen, zusammenfügen«]

struk|tu|ral ⟨Adj.⟩ = strukturell

Struk|tu|ra|lis|mus ⟨m.; -; unz.⟩ **1** ⟨Philol.⟩ mehreren Humanwissenschaften gemeinsame Richtung, die darauf abzielt, eine die Menschen betreffende Tatsache in Abhängigkeit von einem organisierten Ganzen zu bestimmen u. diese Beziehung durch math. Modelle darzustellen **2** ⟨Sprachw.⟩ synchron. Betrachtung von Sprachen unter dem Gesichtspunkt, dass sie Systeme sind, bei denen alle Einheiten u. Regeln als Ganzes voneinander abhängen

Struk|tu|ra|list ⟨m.; -en, -en⟩ Anhänger, Vertreter des Strukturalismus

struk|tu|ra|lis|tisch ⟨Adj.⟩ zum Strukturalismus gehörend, auf ihm beruhend

Struk|tur|ana|ly|se ⟨f.; -, -n⟩ Untersuchung des Aufbaus von Körpern, z. B. Kristallen

Struk|tur|bo|den ⟨m.; -s, -bö|den⟩ durch Sonderung grober u. feiner Bestandteile charakterisierter Boden in Bereichen periodisch auftretenden, stark wirksamen Bodenfrostes

struk|tu|rell ⟨Adj.⟩ die Struktur betreffend, der Struktur nach; *Sy* struktural

Struk|tur|for|mel ⟨f.; -, -n; Chemie⟩ chem. Formel, die angibt, in welcher räuml. Anordnung sich die Atome in einem Molekül befinden

struk|tu|rie|ren ⟨V.⟩ *etwas* ~ die Struktur von etwas maßgeblich bestimmen

Struk|tur|the|o|rie ⟨f.; -; unz.; Geol.⟩ geolog. Theorie, nach der das Erdöl sich in erhöhten Strukturen der Erdrinde anreichert

Stru|ma ⟨f.; -, Stru|men od. Strumae; Med.⟩ Vergrößerung der Schilddrüse, Kropf [lat., »angeschwollene Drüse; Kropf«]

Strum|ek|to|mie *auch:* **Stru|mek|to|mie** ⟨f.; -, -n; Med.⟩ Kropfoperation; *Sy* Plummerung

Stru|mi|tis ⟨f.; -, -ti|den; Med.⟩ Kropfentzündung

stru|mös ⟨Adj.; Med.⟩ mit einer Struma versehen, kropfartig

Strych|nin ⟨n.; -s; unz.; Pharm.⟩ Alkaloid der Brechnuss, das erregend auf Nervensystem, Atmung, Muskeln u. Kreislauf wirkt (u. Gegengift bei Schlafmittelvergiftungen) [<grch. *strychnos* »Nachtschatten«]

Stu|art|kra|gen ⟨[stju:ə(r)t-] m.; -s, -; im 16./17. Jh.⟩ steifer, hochgestellter Kragen aus Spitzen an Frauenkleidern [nach der schott. Hochadelsfamilie *Stuart*]

Stuck ⟨m.; -(e)s; unz.⟩ schnell härtende Masse aus Gips, Sand, Leim u. Wasser zum halbplastischen Verzieren von Decken u. Wänden [<ital. *stucco* »Gips« <ahd. *stukki* »etwas Abgehauenes; Rinde«]

Stuckateur (*Laut-Buchstaben-Zuordnung*) Die Schreibung von abgeleiteten Wörtern richtet sich nach der Schreibung des zugrundeliegenden Substantivs. Nach dem Stammerhaltungsprinzip sind demzufolge alle Wörter eines Wortfeldes mit gleichem Stamm zu schreiben. Folglich wird das Substantiv »*Stuckateur*« wie das Substantiv »*Stuck*« mit »*ck*« geschrieben.

Stu|cka|teur ⟨[-tø:r] m.; -s, -e⟩ Fachmann für Stuckaturen

Stu|cka|tur ⟨f.; -, -en⟩ dekorative Arbeit aus Stuck

stu|ckie|ren ⟨V.⟩ mit Stuck versehen

stud. ⟨Abk. für lat.⟩ Studiosus; ~ *iur. (iuris)* Student(in) der Rechtswissenschaften; ~ *med. (medicinae)* Student(in) der Medizin; ~ *phil. (philosophiae)* Student der Philosophie

Stu|dent ⟨m.; -en, -en⟩ **1** jmd., der an einer Hochschule studiert **2** ⟨österr.; schweiz. a.⟩ Schüler einer höheren Schule [<lat. *studens*, Part. Präs. zu *studere* »eifrig betreiben«]

Stu|den|tin ⟨f.; -, -tin|nen⟩ **1** Frau, die an der Hochschule studiert **2** ⟨österr.; schweiz. a.⟩ Schülerin einer höheren Schule

stu|den|tisch ⟨Adj.⟩ zu den Studenten gehörig, in der Art der Studenten; *~e Bräuche, Lebensweise*

Stu|die ⟨[-djə] f.; -, -n⟩ **1** (wissenschaftl.) Arbeit, Übung, Untersuchung **2** Vorarbeit zu einem wissenschaftl. Werk **3** Entwurf zu einem Kunstwerk, bes. der Malerei [→ *Studium*]

Stu|di|en|as|ses|sor ⟨m.; -s, -en; Schulw.; Amtsbez. für⟩ ausgebildeter, aber noch nicht planmäßig angestellter Lehrer an einer höheren Schule

Stu|di|en|as|ses|so|rin ⟨f.; -, -rinnen; Schulw.; Amtsbez. für⟩ ausgebildete, aber noch nicht planmäßig angestellte Lehrerin an einer höheren Schule

Stu|di|en|di|rek|tor ⟨m.; -s, -en; Schulw.⟩ **1** Leiter einer Fachschule **2** ⟨Amtsbez. für⟩ festangestellter Lehrer an einer höheren Schule (Besoldungsstufe zw. Oberstudienrat u. -direktor)

Stu|di|en|di|rek|to|rin ⟨f.; -, -rinnen; Schulw.⟩ weibl. Studiendirektor

Stu|di|en|kol|leg ⟨n.; -s, -s; Schulw.⟩ Kurs zur Vorbereitung auf ein Studium an der Hochschule (bes. für ausländ. Studenten)

Stu|di|en|pro|fes|sor ⟨m.; -s, -en; Schulw.; früher u. seit 1951 in Bayern wieder üblicher Titel für⟩ Studienrat nach einer gewissen Anzahl von Dienstjahren

Stu|di|en|rat ⟨m.; -(e)s, -rä|te; Schulw.; Amtsbez. für⟩ fest angestellter (beamteter) Lehrer an einer höheren Schule

Stu|di|en|rä|tin ⟨f.; -, -tin|nen; Schulw.; Amtsbez. für⟩ fest angestellte (beamtete) Lehrerin an einer höheren Schule

Stu|di|en|re|fe|ren|dar ⟨m.; -s, -e; Schulw.; Amtsbez. für⟩ an der Hochschule ausgebildeter, im prakt. Dienst stehender Lehrer an einer höheren Schule vor der zweiten Staatsprüfung

Stu|di|en|re|fe|ren|da|rin ⟨f.; -, -rin|nen; Schulw.; Amtsbez. für⟩ Lehrerin vor der zweiten Staatsprüfung

stu|die|ren ⟨V.⟩ **1** etwas aufnehmen u. geistig verarbeiten **2** eine Hochschule besuchen; *er studiert in Hamburg* **3** sich durch geistige Arbeit Wissen, Kenntnisse auf einem best. Gebiet aneignen; *Biologie, Germanistik, Jura* ~ **4** etwas eingehend beobachten u. sich damit gründlich beschäftigen, eingehend erforschen u. sich damit wissenschaftl. auseinandersetzen; *ein Problem* ~ **5** ⟨umg.; scherzh.⟩ eingehend betrachten, aufmerksam lesen; *die Speisekarte, Zeitung* ~ [<lat. *studere* »eifrig betreiben«]

S

Stu|di|ker ⟨m.; -s, -; umg.; scherzh. für⟩ Student (1)
Stu|dio ⟨n.; -s, -s⟩ **1** Werkstatt eines Künstlers, Arbeitszimmer **2** ⟨Film; Funk; Fernsehen⟩ Raum für Bild- u. Tonaufnahmen **3** Experimentiertheater **4** Einzimmerwohnung [<ital. *studio* »Arbeitszimmer, Atelier«]
Stu|dio|mu|si|ker ⟨m.; -s, -; Musik⟩ bei Aufnahmen in einem Tonstudio mitwirkender Musiker
Stu|dio|qua|li|tät ⟨f.; -; unz.; Musik⟩ aufgrund der technischen Ausstattung eigentlich nur in einem Tonstudio zu erzielende Qualität bei Einspielung u. Aufnahme; *die Liveaufnahme bietet nahezu ~*
Stu|di|o|sus ⟨m.; -, -o|si od. -o|sen; Abk.: stud.⟩ = Student (1) [lat., »eifrig«]
Stu|di|um ⟨n.; -s, Stu|di|en⟩ **1** Aufnahme von Fakten od. vorgegebenem Wissen u. deren geistige Verarbeitung, wissenschaftl. Betrachtung, Untersuchung, Erforschung von Sachverhalten; *das ~ der menschlichen Verhaltensweisen* **2** zur Ausbildung dienende Beschäftigung mit bestimmten (wissenschaftl.) Gebieten; *Hochschul~; ~ der Mathematik; während meines ~s in Oldenburg* [lat., »Eifer, Streben«]
Stu|di|um ge|ne|ra|le ⟨n.; - -; unz.⟩ allgemeinbildende Vorlesungen, die an keine bestimmte Fakultät od. einen bestimmten Studiengang gebunden sind [<*Studium* + lat. *generalis* »allgemein«]
Stunt ⟨[stʌnt] m.; -s, -s⟩ gefährliche Filmszene, die von einem Stuntman dargestellt wird; *einen ~ drehen, spielen* [zu engl. *stunt* »Kunststück«]
Stunt|frau ⟨[stʌnt-] f.; -, -en⟩ = Stuntwoman
Stunt|girl ⟨[stʌntgœ:l] n.; -s, -s⟩ = Stuntwoman
Stunt|man ⟨[stʌntmæn] m.; -s, -men [-mən]⟩ Ersatzmann für den Hauptdarsteller in gefährlichen Szenen im Film, die besonderes akrobat. Können verlangen, z. B. Autokollisionen, Stürze aus großer Höhe [<engl. *stunt* »Kunststück« + *man* »Mann«]
Stunt|wo|man ⟨[stʌntwumən] f.; -, -men [-mɪn]⟩ Ersatzfrau für die Hauptdarstellerin in gefährlichen Filmszenen, die besonderes akrobat. Können erfordern; *Sy* Stuntfrau, Stuntgirl [<engl. *stunt* »Kunststück« + *woman* »Frau«]
Stu|pa ⟨m.; -s, -s; Rel.⟩ buddhist., indischer Sakralbau (für Reliquien); *Sy* Tope [Sanskrit]
stu|pend ⟨Adj.⟩ erstaunlich, ungeheuer; *ein ~es Können, Wissen* [<lat. *stupere* »starr, steif sein, staunen«]
stu|pid ⟨Adj.⟩ = stupide
stu|pi|de ⟨Adj.⟩ *oV* stupid **1** beschränkt, dumm (Person) **2** stumpfsinnig, eintönig, langweilig (Arbeit) [<frz. *stupide* <lat. *stupidos* »betäubt, verdutzt, borniert«; zu *stupere* »starr sein«]
Stu|pi|di|tät ⟨f.; -; unz.⟩ **1** stupides Wesen, stupide Beschaffenheit, Dummheit, Beschränktheit **2** Stumpfsinn, Eintönigkeit
Stu|por ⟨m.; -s; unz.; Med.⟩ Zustand völliger Unbeweglichkeit, Stummheit u. Unempfindlichkeit gegenüber jeglichem Reiz bei erhaltenem Bewusstsein [<lat. *stupor* »Starrheit, Schwerfälligkeit, Stumpfsinn; Tölpel«; zu *stupere* »starr sein«]
Stuss ⟨m.; -es; unz.; umg.⟩ Unsinn, dummes, törichtes Zeug [<jidd. *schtuss* <hebr. *schtuth* »Dummheit, Torheit«]
sty|gisch ⟨Adj.⟩ **1** an den Styx erinnernd **2** schauerlich
Style ⟨[staɪl] m.; -s, -s; engl. Bez. für⟩ Stil
sty|len ⟨[sta̱ɪ-] V.⟩ (modisch) gestalten, entwerfen; *sich, jmdn. ~* sich, jmdn. aufwendig zurechtmachen [<engl. *style* »benennen; gestalten, entwerfen«]
Sty|li ⟨Pl. von⟩ Stylus
Sty|ling ⟨[sta̱ɪ-] n.; - od. -s, -s⟩ Entwurf, modische Gestaltung, Design; *~ eines Industrieproduktes; das ~ einer Dekoration* [<engl. *style* »Stil« <lat.; → *Stylus*]
Sty|list ⟨[staɪ-] m.; -en, -en⟩ jmd., der Stylings entwirft, bearbeitet
Sty|lis|tin ⟨[staɪ-] f.; -, -tin|nen⟩ Frau, die Stylings entwirft, bearbeitet
Sty|lit ⟨m.; -en, -en⟩ Säulenheiliger [<grch. *stylos* »Säule«]
Sty|lo|gra|fie ⟨f.; -; unz.⟩ = Stylographie
Sty|lo|gra|phie ⟨f.; -; unz.⟩ Herstellung von Druckplatten aus Kupfer; *oV* Stylografie [<lat. *stilus* (fälschl. *stylus*) »Griffel« + *...graphie*]
Sty|lus ⟨m.; -, Sty|li; meist Pl.⟩ **1** Arzneimittel in Form eines Stiftes, z. B. Ätzstift **2** Griffel (am Fruchtknoten) **3** Fortsatz am Hinterleib mancher Insekten [<lat. *stilus* (fälschl. *stylus*) »Griffel«]
Styp|ti|kum ⟨a. [ʃtyp-] n.; -s, -tika; Pharm.⟩ Mittel zur Blutstillung [zu grch. *styptikos* »verdichtend, zusammenziehend«]
Sty|rax ⟨m.; - od. -es, -e; Bot.⟩ einer Gattung der Styraxgewächse angehörender, kleiner Baum, der duftendes Harz liefert; *Sy* Storaxbaum [lat., grch.]
Sty|rol ⟨n.; -s; unz.; Chemie⟩ farblose Flüssigkeit, Grundstoff zur Herstellung von Polystyrol; *Sy* Vinylbenzol [<lat., grch. *styrax* »Styrax« + *...ol*]
Sty|ro|por® ⟨n.; -s; unz.⟩ aus Styrol u. Treibmittel gewonnener Kunststoff mir sehr geringer Dichte, als Schaumstoff, Verpackungs- u. Isoliermittel verwendet [<*Styrol* + *porös*]
Styx ⟨m.; -; unz.; in der grch. Mythologie⟩ Fluss der Unterwelt
Su|a|da ⟨f.; -, -a|den⟩ = Suade
Su|a|de ⟨f.; -, -n⟩ Rede-, Wortschwall; *oV* Suada [<lat. *suadere* »Rat geben«]
Su|a|he|li¹ ⟨m.; -s od. -s, -s od. -⟩ Volksstamm an der ostafrikanischen Küste [<arab. *sawahil* »Küste«]
Su|a|he|li² ⟨n.; - od. -s; unz.⟩ Sprache der Suaheli, Handels- u. Verkehrssprache in Ostafrika
su|a|so|risch ⟨Adj.; geh.⟩ überredend, zur Überredung geeignet [zu lat. *(oratio) suasoria;* zu *suasor* »Ratgebender«; zu *suadere* »Rat geben, überreden«]
su|a|ve ⟨[-və] Musik⟩ süß, lieblich (zu spielen) [ital.]
sub..., Sub... ⟨in Zus.⟩ unten,

S

unter, niedriger als [lat., »unter(halb), von unten«]

sub|akut ⟨Adj.; Med.⟩ gemäßigter, weniger heftiger Verlauf von Krankheitsprozessen [<*sub…* + *akut*]

sub|al|pin ⟨Adj.; Geogr.⟩ unter der alpinen Höhe liegend

sub|al|tern ⟨Adj.⟩ untergeordnet; *ein ~er Beamter; eine ~e Stellung; ~es Benehmen* unterwürfiges B. [<mlat. *subalternus* <lat. *sub* »unter« + *alternus* »abwechselnd«]

Sub|al|ter|na|ti|on ⟨f.; -; unz.; Logik⟩ Unterordnung eines Begriffs unter einen anderen von weiterem Umfang od. eines Teilurteils unter ein allgemeines Urteil (z. B. ist der Begriff »Mensch« dem Begriff »Säugetier« untergeordnet)

sub|al|ter|nie|ren ⟨V.; Logik⟩ ein spezielleres Urteil unter ein allgemeineres Urteil unterordnen [→ *subaltern*]

sub|ant|ark|tisch ⟨Adj.; Geogr.⟩ zwischen der südlich gemäßigten Zone u. dem Südpolargebiet liegend

sub|ark|tisch ⟨Adj.; Geogr.⟩ zwischen der nördlich gemäßigten Zone u. dem Nordpolargebiet liegend

sub|ato|mar ⟨Adj.; Physik⟩ **1** kleiner als ein Atom **2** auf Atomkerne u. Elementarteilchen bezogen [<*sub…* + *atomar*]

Sub|bot|nik ⟨m.; -s, -s; DDR⟩ (meist an Sonnabenden geleisteter) freiwilliger Arbeitseinsatz [zu russ. *subbota* »Sonnabend«]

sub|cu|tan ⟨Adj.; Med.⟩ = subkutan

Sub|cu|tis ⟨f.; -; unz.; Anat.⟩ = Subkutis

sub|der|mal ⟨Adj.⟩ = subkutan [<*sub…* + *dermal*]

Sub|do|mi|nan|te ⟨f.; -, -n; Musik⟩ **1** vierte Stufe (Quarte) einer Tonart **2** Dreiklang auf diesem Ton [<*Sub…* + *Dominante*]

Sub|duk|ti|on ⟨f.; -, -en; Geol.⟩ Vorgang, bei dem sich eine Platte der Erdkruste unter eine andere schiebt [<lat. *subducere* »wegziehen«]

sub|du|zie|ren ⟨V.; Geol.⟩ der Subduktion unterliegen, sich darunterschieben; *die ozeanische Platte begann unter die kontinentalen Platten zu ~* [<lat. *subducere* »wegziehen«]

Su|be|rin ⟨n.; -s, -e; Biol.⟩ Korksubstanz [<lat. *suber,* Gen. *suberis* »Korkeiche«]

sub|fe|bril *auch:* **sub|feb|ril** ⟨Adj.; Med.⟩ noch nicht fieberhaft, aber leicht erhöht (Körpertemperatur) [<*sub…* + *febril*]

sub|fos|sil ⟨Adj.; Biol.⟩ erst in histor. Zeit ausgestorben

sub|gla|zi|al ⟨Adj.; Geol.⟩ unter dem Eis befindlich [<*sub…* + *glazial*]

su|bi|to ⟨Musik⟩ sofort, plötzlich (in musikal. Vortragsanweisungen); *~ piano* [ital.]

Sub|jekt ⟨n.; -(e)s, -e⟩ **1** wahrnehmendes, denkendes, wollendes Wesen; *Ggs* Objekt (2) **2** ⟨fig.; umg.; abwertend⟩ Person; *er ist ein verdächtiges, verkommenes ~* **3** ⟨Logik⟩ Begriff, dem ein anderer beigelegt od. abgesprochen wird **4** ⟨Gramm.⟩ Satzteil, von dem etwas ausgesagt wird, Satzgegenstand; *Ggs* Objekt (3) **5** ⟨Musik; veraltete Bez. für⟩ Thema (bes. der Fuge) [<lat. *subiectum* »daruntergelegt; was der Aussage zugrunde liegt«, Part. Perf. zu *subicere* »darunterwerfen, -legen, zugrunde legen«]

Sub|jek|ti|on ⟨f.; -, -en; Rhet.⟩ das Aufwerfen einer Frage, die der Redner selbst beantwortet [<lat. *subiectio* »das Darunterlegen«; → *Subjekt*]

sub|jek|tiv ⟨a. ['---] Adj.⟩ **1** ⟨Gramm.⟩ zum Subjekt gehörig, auf ihm beruhend, von ihm ausgehend, ihm entsprechend, gemäß **2** persönlich, nicht sachlich, unsachlich; *Ggs* objektiv (2); *ein ~es Urteil; etwas ~ betrachten, beurteilen*

sub|jek|ti|vie|ren ⟨[-viː-] V.⟩ subjektivisch, aus persönlicher Sicht darstellen, beurteilen; *ein subjektivierter Bericht, Kommentar*

Sub|jek|ti|vis|mus ⟨[-vɪs-] m.; -; unz.⟩ *Ggs* Objektivismus **1** ⟨Philos.⟩ **1.1** Lehre, dass alle Erkenntnisse, Werte usw. nur für das Subjekt, nicht aber allgemeingültig sind **1.2** Auffassung, dass das Subjekt das Maß aller Dinge sei **2** ⟨allg.⟩ übertriebene Betonung der eigenen Persönlichkeit [→ *Subjekt*]

sub|jek|ti|vis|tisch ⟨[-vɪs-] Adj.⟩ in der Art des Subjektivismus, auf ihm beruhend

Sub|jek|ti|vi|tät ⟨[-vi-] f.; -; unz.⟩ persönl. Auffassung, Einstellung, Voreingenommenheit, Unsachlichkeit; *Ggs* Objektivität [→ *Subjekt*]

Sub|jekt|satz ⟨m.; -es, -sät|ze; Gramm.⟩ Nebensatz, der anstelle des Subjekts eines Satzes steht, Gegenstandssatz

Sub|junk|ti|on ⟨f.; -, -en; Gramm.⟩ **1** = Implikation (2) **2** = Hypotaxe **3** unterordnende Konjunktion, z. B. »damit«, »weil« [<lat. *subiunctio* »Anfügung«]

Sub|junk|tiv ⟨m.; -(e)s, -e; Gramm.; selten⟩ Konjunktiv [<neulat. *subiunctivus;* zu lat. *subiungere* »unten anfügen«]

Sub|kon|ti|nent ⟨m.; -(e)s, -e; Geogr.⟩ durch seine Größe u. geograf. Lage hervorgehobener Teil eines Kontinents; *der indische ~* Vorderindien

sub|kri|tisch ⟨Adj.; Kernphys.⟩ *~er Test* T., bei dem konventionelle Sprengstoffe mit atomaren Materialien gekoppelt werden, ohne dass eine kritische Masse spaltbaren Materials entsteht, d. h. die Gefahr einer Kettenreaktion atomaren Materials ist hierbei ausgeschlossen; *Ggs* superkritisch (1); *~e Atomwaffentests; ~e Experimente durchführen*

sub|krus|tal ⟨Adj.; Geol.⟩ unter der Erdkruste gebildet od. liegend; *Ggs* superkrustal [<*sub…* + lat. *crusta* »Rinde«]

Sub|kul|tur ⟨f.; -, -en⟩ Kultur einer Gruppe innerhalb eines größeren Kulturbereichs, die oft in bewusstem Gegensatz zu diesem entstanden ist

sub|kul|tu|rell ⟨Adj.⟩ zu einer Subkultur gehörend, sie betreffend, aus ihr hervorgehend; *eine ~e Sprache*

sub|ku|tan ⟨Adj.; Abk.: s. c.; Mal.⟩ unter der Haut, unter die Haut; *oV* subcutan; *Sy* subdermal; *~e Einspritzung* [<*sub…* + lat. *cutis* »Haut«]

Sub|ku|tis ⟨f.; -; unz.; Anat.⟩ Unterhautfettgewebe; *oV* Subcu-

S

tis; *Sy* Hypoderm [<*sub...* + lat. *cutis* »Haut«]

◆ Die Buchstabenfolge **sub|l...** kann auch **su|bl...** getrennt werden. Davon ausgenommen sind Zusammensetzungen, in denen die fremdsprachigen bzw. sprachhistorischen Bestandteile deutlich als solche erkennbar sind, z. B. *-lunarisch*.

◆ **sub|lim** ⟨Adj.⟩ erhaben, verfeinert, nur einem feineren Verständnis od. Empfinden zugänglich [<lat. *sublimis* »in der Luft befindlich, erhaben«]

◆ **Sub|li|mat** ⟨n.; -(e)s, -e; Chemie⟩ **1** der nach einer Sublimation aus dem Dampf zurückerhaltene feste Niederschlag **2** eine chem. Verbindung des Quecksilbers [<lat. *sublimatus,* Part. Perf. zu *sublimare* »emporheben«]

◆ **Sub|li|ma|ti|on** ⟨f.; -, -en⟩ **1** = Sublimierung (1) **2** ⟨Chemie⟩ unmittelbarer Übergang eines Stoffes aus dem festen in den gasförmigen Aggregatzustand u. umgekehrt, ohne dass die Stufe des flüssigen Aggregatzustandes durchlaufen wird; *Sy* Sublimierung (2) [→ *sublimieren*]

◆ **sub|li|mie|ren** ⟨V.⟩ **1** ins Erhabene steigern, läutern, verfeinern **2** ⟨Chemie⟩ durch Sublimation trennen u. reinigen [<lat. *sublimare* »emporheben«]

◆ **Sub|li|mie|rung** ⟨f.; -, -en⟩ **1** Steigerung ins Erhabene, Verfeinerung, Läuterung; *Sy* Sublimation (1) **2** ⟨Chemie⟩ = Sublimation (2)

◆ **Sub|li|mi|tät** ⟨f.; -; unz.⟩ Erhabenheit, Feinheit, Verfeinerung [<lat. *sublimitas*]

sub|lu|na|risch ⟨Adj.; Meteor.⟩ irdisch, (eigtl.) unter dem Mond befindlich [<*sub...* + lat. *luna* »Mond«]

sub|ma|rin ⟨Adj.; Biol.⟩ unter dem Meeresspiegel befindlich, vorkommend, lebend

sub|mers ⟨Adj.; Biol.⟩ unter Wasser lebend; *Ggs* emers [<lat. *submergere,* Perf. *submersus* »versenken«]

Sub|mer|si|on ⟨f.; -, -en; Geophysik⟩ Untertauchung, Überschwemmung; *Ggs* Emersion [<neulat. *submersio* <lat. *submergere* »untertauchen«]

sub|mi|kro|sko|pisch *auch:* **sub|mi|kro|sko|pisch** ⟨Adj.⟩ unterhalb der Beobachtungsgrenze eines Mikroskops liegend; *~e Teilchen*

Sub|mis|si|on ⟨f.; -, -en⟩ Vergebung von Arbeiten (an den, der die geringsten Forderungen stellt) durch Ausschreibung einer Aufforderung zum Angebot [<lat. *sub* »unter« + *missio* »Herabsetzung, Senkung«]

Sub|mit|tend ⟨m.; -en, -en; Wirtsch.⟩ Bewerber bei einer Submission, Kaufmann, der sich um ausgeschriebene Aufträge bewirbt [zu lat. *submittere* »niederlassen, senken«]

Sub|mit|tent ⟨m.; -en, -en; Wirtsch.⟩ Bietender bei einer Submission, jmd., der ausgeschriebene Aufträge vergibt [<lat. *submittens,* Part. Präs. zu *submittere* »niederlassen, senken«]

sub|mon|tan ⟨Adj.; Geogr.⟩ in der unteren montanen Stufe der Vegetation liegend

sub|ni|val ⟨[-va:l] Adj.; Geogr.⟩ **1** unter dem Schnee od. durch ihn entstanden, unter dem Schnee gelegen **2** unterhalb der Schneegrenze liegend; *~e Pflanzenart* [<*sub...* + lat. *nivalis* »schneereich«]

sub|op|ti|mal ⟨Adj.; geh.⟩ nicht optimal, nicht so gut, wie es möglich od. wünschenswert wäre; *eine ~e Lösung; eine ~e Organisation*

sub|or|bi|tal ⟨Adj.; Raumf.⟩ nicht zu einer Umlaufbahn führend, nicht in eine Umlaufbahn gelangend

Sub|or|di|na|ti|on ⟨f.; -; unz.⟩ **1** ⟨veraltet⟩ Unterordnung, Gehorsam; *Ggs* Insubordination **2** ⟨Gramm.⟩ das Unterordnen von Satzgliedern od. Sätzen durch subordinierende Konjunktionen; *Ggs* Koordination (4) [→ *subordinieren*]

sub|or|di|na|tiv ⟨Adj.; Gramm.⟩ das Unterordnen von Satzgliedern od. Sätzen betreffend

sub|or|di|nie|ren ⟨V.⟩ unterordnen; *Ggs* koordinieren (3); *~de Konjunktion* K., die einen Nebensatz mit einem Hauptsatz verbindet [<mlat. *subordinare* <lat. *sub* »unter« + *ordinare* »(an)ordnen«]

Sub|oxid ⟨n.; -(e)s, -e; Chemie⟩ Sauerstoffverbindung eines Elements, die weniger Sauerstoffatome aufweist als das normalerweise auftretende Oxid; *oV* Suboxyd

Sub|oxyd ⟨n.; -(e)s, -e; Chemie⟩ = Suboxid

sub|po|lar ⟨Adj.; Geogr.⟩ zwischen Polargebiet u. gemäßigter Zone liegend

sub ro|sa unter dem Siegel der Verschwiegenheit [lat., »unter der Rose« (als einem Siegel)]

sub|se|quent ⟨Adj.; Geol.⟩ den durchlässigen, weniger widerstandsfähigen Gesteinsschichten folgend (besonders auf den Lauf von Wasser bezogen); *~er Fluss* [<lat. *subsequi* »unmittelbar (nach)folgen«]

sub|si|di|är ⟨Adj.⟩ hilfsweise, unterstützend, behelfsmäßig, zur Aushilfe dienend; *Sy* subsidiarisch [<lat. *subsidiarius* »zur Reserve gehörend«; → *Subsidium*]

sub|si|di|a|risch ⟨Adj.⟩ = subsidiär

Sub|si|di|a|ris|mus ⟨m.; -; unz.; Politik⟩ Ablehung staatl. Zentralismus u. Kollektivismus

Sub|si|di|a|ri|tät ⟨f.; -; unz.⟩ **1** ⟨Politik; Soziol.; kurz für⟩ Subsidiaritätsprinzip **2** ⟨kath. Kirche⟩ auf die Kirchenverfassung übertragener Subsidiarismus **3** ⟨Rechtsw.⟩ konkurrierender Zusammenprall von Rechtsnormen in Bezug auf Straftaten [→ *subsidiär*]

Sub|si|di|a|ri|täts|prin|zip ⟨n.; -s; unz.; Politik; Soziol.⟩ **1** Prinzip, nach dem eine übergeordnete Gruppe (z. B. der Staat) nur für den Aufgabenbereich zuständig sein soll, den eine nachgeordnete Gruppe (z. B. ein Bundesland) nicht bewältigen kann **2** staatliche Unterstützung, die aber nur auf eine Ergänzung der Eigenverantwortung abzielt

Sub|sis|tenz ⟨f.; -, -en⟩ **1** ⟨Philos.⟩ das Bestehen durch sich selbst **2** ⟨veraltet⟩ Lebensunterhalt [→ *subsistieren*]

S

sub|sis|tie|ren ⟨V.⟩ **1** ⟨Philos.⟩ durch sich selbst, unabhängig bestehen **2** ⟨veraltet⟩ seinen Lebensunterhalt haben [<lat. *subsistere* »stillstehen, standhalten«]

Sub|skri|bent ⟨m.; -en, -en; Buchw.⟩ jmd., der (auf) etwas subkribiert [<lat. *subscribens,* Part. Präs. zu *subscribere* »unterschreiben«]

sub|skri|bie|ren ⟨V.⟩ **1** ⟨Buchw.⟩ ein noch nicht erschienenes Werk zu einem niedrigeren Preis vorbestellen u. sich zur Abnahme verpflichten; *ein Werk od. auf ein Werk ~* **2** Anleihen zeichnen [<lat. *subscribere* »unterschreiben«]

Sub|skrip|ti|on ⟨f.; -, -en⟩ **1** ⟨Buchw.⟩ Vorbestellung u. Verpflichtung zur Abnahme bei Neuerscheinungen, z. B. bei größeren, in mehreren Bänden erscheinenden Werken der Literatur; *das Werk steht zur ~* **2** Zeichnung von Anleihen [<lat. *subscriptio* »Unterschreibung«; zu *subscribere* »unterschreiben«]

sub|so|nisch ⟨Adj.; Physik⟩ unterhalb der Schallgeschwindigkeit liegend; *Ggs* supersonisch [<*sub...* + lat. *sonus* »Schall, Ton«]

sub spe|cie ae|ter|ni|ta|tis ⟨[-spe:tsje:-]⟩ **1** im Lichte der Ewigkeit **2** unter der Voraussetzung unbeschränkter Dauer [lat., »unter dem Anschein der Ewigkeit«]

Sub|spe|zi|es ⟨[-tsje:s] f.; -, -; Abk.: ssp; Biol.⟩ Unterart

◆ Die Buchstabenfolge **sub|st...** kann auch **subs|t...** getrennt werden. Davon ausgenommen sind Zusammensetzungen, in denen die fremdsprachigen bzw. sprachhistorischen Bestandteile deutlich als solche erkennbar sind, z. B. *-standard* (→*a.* Standard).

Sub|stan|dard ⟨m.; -s; unz.; bes. österr.⟩ **1** sehr niedriger Standard, schlechte Qualität; *das ist sicherlich eher eine ~wohnung* **2** ⟨Sprachw.⟩ unterhalb der Hochsprache einzuordnende Sprachebene

◆ **sub|stan|ti|al** ⟨Adj.⟩ = substanzial

◆ **Sub|stan|ti|a|lis|mus** ⟨m.; -; unz.⟩ = Substanzialismus

◆ **Sub|stan|ti|a|li|tät** ⟨f.; -; unz.⟩ = Substanzialität

◆ **sub|stan|ti|ell** ⟨Adj.⟩ = substanziell

◆ **sub|stan|ti|ie|ren** ⟨V.⟩ = substanziieren

◆ **sub|stan|tiv** ⟨Adj.⟩ *~e Farbstoffe* Gruppe von Textilfarbstoffen, die direkt aus der Farbstofflösung auf das Gewebe aufgetragen werden u. keine Hilfsmittel wie Beizen u. a. benötigen

◆ **Sub|stan|tiv** ⟨n.; -s, -e [-və]; Gramm.⟩ Wort, das einen Gegenstand od. Begriff bezeichnet, Hauptwort, Dingwort [<lat. *(verbum) substantivum* »für sich selbst bestehendes (Wort)«; → *Substanz*]

◆ **sub|stan|ti|vie|ren** ⟨[-vi:-] V.; Gramm.⟩ zum Substantiv machen, als Substantiv gebrauchen; *Sy* nominalisieren; *substantiviertes Verbum*

◆ **Sub|stan|ti|vie|rung** ⟨[-vi:-] f.; -, -en; Gramm.⟩ Verwandlung in ein Substantiv, Gebrauch als Substantiv

◆ **sub|stan|ti|visch** ⟨a. [--'-vɪʃ] Adj.; Gramm.⟩ wie ein Substantiv gebraucht, hauptwörtlich

◆ **Sub|stanz** ⟨f.; -, -en⟩ **1** ⟨Philos.⟩ das Ding **1.1** das allen Dingen innewohnende Wesen **1.2** der Urgrund alles Seins **2** ⟨Physik⟩ = Materie (2) **3** ⟨allg.⟩ Stoff, das Stoffliche **4** das Bleibende **5** ⟨fig.⟩ innerstes Wesen, Kern (einer Sache), das Wesentliche **6** ⟨fig.; umg.⟩ das Vorhandene, Besitz, Vorrat, Kapital, Vermögen [<lat. *substantia* »Bestand, Beschaffenheit, Wesen«; zu *substare* »standhalten«]

◆ **sub|stan|zi|al** ⟨Adj.; selten⟩ = substanziell; *oV* substantial [→ *Substanz*]

◆ **Sub|stan|zi|a|lis|mus** ⟨m.; -; unz.; Philos.⟩ Lehre, nach der das Sein in der Substanz besteht; *oV* Substantialismus [<*substanzial* + *...ismus*]

◆ **Sub|stan|zi|a|li|tät** ⟨f.; -; unz.⟩ Eigenschaft, Wesen einer Substanz; *oV* Substantialität

◆ **sub|stan|zi|ell** ⟨Adj.⟩ *oV* substantiell, substanzial **1** wesentlich, wesenhaft **2** stofflich [<lat. *substantialis* »wesentlich«; → *Substanz*]

◆ **sub|stan|zi|ie|ren** ⟨V.⟩ *oV* substantiieren **1** mit Vollmacht ausstatten **2** ⟨bes. Rechtsw.⟩ durch Tatsachen belegen; *einen Fall ausführlich ~* [→ *Substanz*]

◆ **Sub|sti|tu|ent** ⟨m.; -en, -en; Chemie⟩ Atom, das ein anderes in dem Molekül einer Verbindung ersetzen kann, ohne dieses zu zerstören

◆ **sub|sti|tu|ie|ren** ⟨V.⟩ **1** ersetzen, austauschen, erneuern **2** (als Stellvertreter) einsetzen [<lat. *substituere* »dahinterstellen, ersetzen«]

◆ **Sub|sti|tu|ie|rung** ⟨f.; -, -en⟩ = Substitution (1)

◆ **Sub|sti|tut**[1] ⟨m.; -en, -en⟩ **1** Ersatzmann, Stellvertreter **2** Verkaufsleiter [→ *substituieren*]

◆ **Sub|sti|tut**[2] ⟨n.; -s, -e⟩ etwas, das als Ersatz dient, Ersatzmittel; →*a.* Surrogat [→ *substituieren*]

◆ **Sub|sti|tu|ti|on** ⟨f.; -, -en⟩ **1** Ersatz, Austausch; *Sy* Substituierung (1) **2** Stellvertretung [→ *substituieren*]

◆ **Sub|strat** *auch:* **Subst|rat** ⟨n.; -(e)s, -e⟩ **1** Grundlage, Unterlage **2** ⟨Biol.⟩ **2.1** Nährboden **2.2** Substanz, die bei enzymatischen Vorgängen abgebaut wird **3** ⟨Sprachw.⟩ Sprache eines unterworfenen Volkes, das seine Sprache der des Eroberers angleicht; *Ggs* Superstrat [<lat. *substratus,* Part. Perf. zu *substernere* »darunterlegen«]

◆ **Sub|struk|ti|on** *auch:* **Subst|ruk|ti|on** ⟨f.; -, -en⟩ Unterbau, Grundbau [<lat. *substructio;* zu *substruere* »den Grund legen«]

sub|su|mie|ren ⟨V.⟩ **1** einordnen, (einem allg. Begriff) unterordnen, z. B. »Taschenuhr«, unter »bewegliche Sache« **2** zusammenfassen [<neulat. *subsumere* <lat. *sub* »unter« + *sumere* »nehmen«]

Sub|sum|ti|on ⟨f.; -, -en⟩ **1** Unterordnung (unter einen allgemeinen Begriff) **2** Zusammenfassung [→ *subsumieren*]

sub|sum|tiv ⟨Adj.⟩ **1** (einem allgemeinen Begriff) unterord-

S

nend **2** zusammenfassend [→ *subsumieren*]

Sub|sys|tem ⟨n.; -s, -e⟩ System innerhalb eines Systems

Sub|tan|gen|te ⟨f.; -, -n; Math.⟩ Projektion einer Tangente auf die x-Achse

Sub|teen ⟨[sʌbti:n] m.; -s, -s; umg.⟩ 10-12 Jahre altes Kind [engl.-amerikan.]

sub|ter|ran ⟨Adj.; Geogr.; Geol.⟩ unter der Erdoberfläche gelegen, unterirdisch; *~e Höhlen* [<*sub...* + lat. *terra* »Erde«]

Sub|text ⟨engl. [sʌb-] m.; -(e)s, -e od. (engl.) -s⟩ zugrundeliegender Text, unterschwellig mitgeteilte Meinung od. Botschaft [<*Sub...* + *Text*]

sub|til ⟨Adj.⟩ **1** zart, fein **2** spitzfindig, scharfsinnig **3** schwierig [<lat. *subtilis,* eigtl. »fein gewebt«]

Sub|ti|li|tät ⟨f.; -; unz.⟩ **1** Zartheit, Feinheit **2** Schwierigkeit **3** Spitzfindigkeit, Scharfsinn

Sub|tra|hend ⟨m.; -en, -en; Math.⟩ von einer anderen abzuziehende Zahl; →*a.* Minuend [→ *subtrahieren*]

sub|tra|hie|ren ⟨V.; Math.⟩ *eine Zahl von einer anderen ~* abziehen [<lat. *subtrahere* »unten wegziehen«]

Sub|trak|ti|on ⟨f.; -, -en; Math.⟩ eine der vier Grundrechenarten, das Abziehen [→ *subtrahieren*]

Sub|tro|pen ⟨Pl.; Geogr.⟩ Zonen zwischen den Tropen u. den beiderseitig liegenden gemäßigten Zonen

sub|tro|pisch ⟨Adj.; Geogr.⟩ zu den Subtropen gehörig, in ihnen befindlich, vorkommend

Sub|urb *auch:* **Su|burb** ⟨[sʌbœ:b] f.; -, -s⟩ Vorstadt, Randbezirk [engl.]

Sub|ur|ba|ni|sie|rung ⟨f.; -; unz.⟩ Verstädterung, Eingliederung der Vororte u. des Umlandes einer Stadt, die sich dadurch vergrößert [→ *Suburb*]

Sub|ur|bia *auch:* **Su|bur|bia** ⟨[səbœ:bɪə] f.; -; unz.⟩ **1** Gesamtheit der städtischen Randbezirke, Vororte **2** ⟨meist abwertend für⟩ (spießbürgerl.) Lebensweise, die für die Bewohner der Suburbia typisch sein soll [engl., »die Vororte«]

sub|ur|bi|ka|risch ⟨Adj.; kath. Kirche⟩ zu Rom gehörend; *~es Bistum* [<lat. *suburbanus* »in der Nähe der Stadt (Rom)«]

Sub|ven|ti|on ⟨[-vɛn-] f.; -, -en⟩ (finanzielle) Hilfe, zweckgebundene Unterstützung, besonders aus öffentlichen Mitteln [<lat. *subvenire* »zu Hilfe kommen«]

sub|ven|ti|o|nie|ren ⟨[-vɛn-] V.⟩ durch Subventionen unterstützen

Sub|ven|ti|o|nie|rung ⟨[-vɛn-] f.; -, -en⟩ das Subventionieren, das Subventioniertwerden

Sub|ver|si|on ⟨[-vɛr-] f.; -, -en⟩ polit. Umsturz [<lat. *subvertere* »umstürzen«]

sub|ver|siv ⟨[-vɛr-] Adj.⟩ umstürzend, umstürzlerisch, zerstörend [→ *Subversion*]

sub|vo|ce ⟨[-vo:tsə] Abk.: s. v.⟩ unter dem Wort, Stichwort [lat.]

Sub|way ⟨[sʌbwɛɪ] m.; -s, -s⟩ **1** Untergrundbahn **2** Unterführung [engl.]

Sub|woo|fer ⟨[sʌbwu:fə(r)] m.; -s, -s; Musik⟩ großer Lautsprecher zur Bassverstärkung [engl.]

Suc|cu|bus ⟨m.; -, -cu|ben⟩ = Sukkubus

Su|cre *auch:* **Suc|re** ⟨m.; -, -⟩ Währungseinheit in Ecuador, 100 Centavos [nach dem südamerikan. Freiheitskämpfer Antonio José *Sucre* y de Alcala, 1795-1830]

Su|cus ⟨m.; -, Su|ci; Bot.⟩ Pflanzensaft [lat.]

Su|da|to|ri|um ⟨n.; -s, -ri|en⟩ **1** Schwitzbad **2** Schwitzkasten [lat.; zu *sudare* »schwitzen«]

Sud|den Death ⟨[sʌdən dɛθ] m.; - - od. - -s, - -s; Pl. selten; Sport; Eishockey⟩ Regelung nach der ein in der regulären Spielzeit unentschiedenes Match durch das erste in der Verlängerung erzielte Tor entschieden wird; →*a.* Golden Goal [<engl. *sudden death* »plötzliches Ende«, eigtl. »plötzlicher Tod«]

Su|do|ku ⟨n.; -s, -s⟩ Zahlenrätsel, das aus dreimal drei Quadraten bzw. insgesamt 81 Feldern für Ziffern besteht, einige Ziffern sind vorgegeben u. in jeder Zeile bzw. Spalte müssen die Ziffern von eins bis neun jeweils einmal vorkommen [<jap. *su* »Ziffer« + *doku* »einzeln«]

Su|dor ⟨m.; -s; unz.; Med.⟩ Schweiß [lat.]

suf..., Suf... ⟨in Zus. vor f⟩ = sub..., Sub...

suf|fi|gie|ren ⟨V.; Sprachw.⟩ ein Suffix anfügen [<lat. *suffigere* »anheften«]

Suf|fi|san|ce ⟨[zyfizã:s(ə)] f.; -; unz.⟩ = Süffisanz

Süf|fi|san|ce ⟨[-zã:s(ə)] f.; -; unz.; österr.; schweiz.⟩ = Süffisanz

süf|fi|sant ⟨Adj.⟩ selbstgefällig, dünkelhaft; *ein ~es Lächeln* [<frz. *suffisant;* zu *suffire* »genügen«]

Süf|fi|sanz ⟨f.; -; unz.⟩ Dünkel, Selbstgefälligkeit, Spottsucht; *oV* Suffisance, Süffisance [<frz. *suffisance;* zu *suffire* »genügen«]

Suf|fix ⟨a. ['--] n.; -s, -e; Gramm.⟩ Nachsilbe [<lat. *suffixus,* Part. Perf. zu *suffigere* »anheften«]

suf|fi|xal ⟨Adj.; Gramm.⟩ durch Hinzunahme eines Suffixes gebildet, entstanden

suf|fi|xo|id ⟨Adj.; Gramm.⟩ in der Art eines Suffixes, einem Suffix ähnlich [<*Suffix* + *...oid*]

Suf|fi|xo|id ⟨n.; -(e)s, -e; Gramm.⟩ eine Art Halbsuffix, das sich aus einem autonomen Lexem entwickelt hat u. gegenüber diesem in der neuen Wortbildung einen veränderten Bedeutungscharakter erhält, z. B. »verdächtig« in »rekordverdächtig« [<*Suffix* + *...oid*]

suf|fi|zi|ent ⟨Adj.⟩ ausreichend, genügend, hinlänglich; *Ggs* insuffizient [<lat. *sufficiens,* Part. Präs. zu *sufficere* »darreichen, genügen«]

Suf|fi|zi|enz ⟨f.; -; unz.⟩ ausreichende Fähigkeit, Hinlänglichkeit; *Ggs* Insuffizienz [→ *suffizient*]

Suf|fo|ka|ti|on ⟨f.; -, -en; Med.⟩ Erstickung, Erstickungsanfall [<lat. *suffocatio* »das Ersticken«]

Suf|fra|gan *auch:* **Suff|ra|gan** ⟨m.; -s, -e; kath. Kirche⟩ einem Erzbischof unterstehender Bischof [<mlat. *suffraganeus episcopus* <lat. *suffragari* »zu einem Amt empfehlen«]

Suf|fra|get|te *auch:* **Suff|ra|get|te** ⟨f.; -, -n; in England u. Amerika; 1903-1914⟩ Frauenrechtlerin, die bes. für das Stimmrecht der Frauen kämpfte [<lat. *suffragium* »Stimmrecht«]
Suf|fu|si|on ⟨f.; -, -en; Med.⟩ unter der Haut liegender, flächenhafter Bluterguss; →*a.* Sugillation [<lat. *suffusio;* zu *suffundere* »benetzen, bedecken«]
Su|fi ⟨m.; - od. -s, -s; Rel.⟩ Vertreter, Anhänger des Sufismus; *Sy* Sufist [arab., »Mann im Wollkleid«]
Su|fis|mus ⟨m.; -; unz.; Rel.⟩ asket.-myst. Richtung des Islams, die nach Wiedervereinigung mit Gott strebt
Su|fist ⟨m.; -en, -en; Rel.⟩ = Sufi
Su|gar ⟨[ʃugə(r)] m.; -s; unz.; Drogenszene⟩ Rauschmittel in Pulverform [engl., »Zucker«]
sug|ge|rie|ren ⟨V.⟩ *jmdm. etwas ~* jmdn. so beeinflussen, dass er etwas tut od. denkt, ihm etwas einreden, ihn zu etwas veranlassen [<lat. *suggerere* »von unten herantragen«]
sug|ges|ti|bel ⟨Adj.⟩ (leicht) beeinflussbar; *suggestible Menschen* [→ *suggerieren*]
Sug|ges|ti|bi|li|tät ⟨f.; -; unz.⟩ Beeinflussbarkeit, Empfänglichkeit für Beeinflussung [→ *suggestibel*]
Sug|ges|ti|on ⟨f.; -, -en⟩ seelische Beeinflussung, Übertragung des eigenen Willens auf eine andere Person [<lat. *suggestio;* zu *suggerere* »von unten herantragen«]
sug|ges|tiv ⟨Adj.⟩ seelisch beeinflussend; *eine ~e Wirkung auf jmdn. ausüben* [→ *Suggestion*]
Sug|ges|tiv|fra|ge ⟨f.; -, -n⟩ Frage, die dem Gefragten die Antwort bereits in den Mund legt
Sug|ges|ti|vi|tät ⟨[-vi-] f.; -; unz.⟩ Fähigkeit, Potenzial zur Beeinflussung; *seine ~ steigt mit dem Wachstum seiner Selbstsicherheit*
Sug|ges|to|pä|die ⟨f.; -; unz.; Päd.⟩ spielerisch-kreative Lernmethode für Fremdsprachen, mit der ein erhöhtes Lernpensum erzielt werden soll; →*a.* Superlearning [<*Suggestion* + grch. *peideia* »Erziehung, Übung«]
Su|gil|la|ti|on ⟨f.; -, -en; Med.⟩ unter der Haut liegender, schwacher Bluterguss, oberflächlich blutunterlaufene Stelle; →*a.* Suffusion [<lat. *sugillatio;* zu *sugillare* »grün u. blau schlagen«]
su|i|ci|dal ⟨Adj.⟩ = suizidal
Su|i|ci|da|li|tät ⟨f.; -; unz.⟩ = Suizidalität
sui ge|ne|ris ⟨geh.⟩ von eigener Art, nur durch sich selbst eine Klasse bildend, einzig, besonders [lat., »von seiner eigenen Art«]
Suit|case ⟨[sju:tkɛɪs] m. od. n.; -, -s [-sɪz]; bes. Flugw.⟩ kleiner Koffer (als Handgepäck) [engl., »Koffer«]
Sui|te ⟨[svi:t(ə)] f.; -, -n⟩ **1** ⟨Musik⟩ Folge von langsamen u. schnellen Sätzen gleicher Tonart; *Sy* Partita; *Tanz~* **2** militär. od. fürstl. Gefolge, Begleitung **3** ⟨in Hotels⟩ **3.1** Zimmerflucht **3.2** zwei Einzelzimmer mit gemeinsamem Bad [frz., »Folge, Reihenfolge, Gefolge«; zu *suivre* »folgen«]
Su|i|zid ⟨m. od. n.; -s, -e⟩ Selbstmord [<lat. *sui* »seiner selbst« + *caedes* »das Töten«]
su|i|zi|dal ⟨Adj.⟩ den Selbstmord betreffend, zu ihm gehörig, zu ihm neigend; *oV* suicidal; *Sy* suizidär
Su|i|zi|da|li|tät ⟨f.; -; unz.⟩ generell vorhandene Neigung, Bereitschaft zum Selbstmord; *oV* Suicidalität
Su|i|zi|dant ⟨m.; -en, -en⟩ jmd., der einen Selbstmordversuch unternommen hat; *oV* Suizident [→ *Suizid*]
su|i|zi|där ⟨Adj.⟩ = suizidal
Su|i|zi|dent ⟨m.; -en, -en⟩ = Suizidant
su|i|zid|ge|fähr|det ⟨Adj.; geh.⟩ selbstmordgefährdet
Su|i|zi|do|lo|gie ⟨f.; -; unz.⟩ mit der wissenschaftlichen Erforschung u. der möglichen Verhütung des Suizids befasstes Teilgebiet der Psychiatrie [<*Suizid* + *...logie*]
Su|jet ⟨[syʒe:] od. [syʒɛ] n.; -s, -s⟩ Thema (einer künstler. Darstellung) [frz., »Subjekt«]
suk..., Suk... ⟨in Zus. vor k⟩ = sub..., Sub...
Suk|ka|de ⟨f.; -, -n⟩ kandierte Schale von Früchten, z. B. Zitronat [<mfrz. *succade,sucrade;* zu *sucre* »Zucker«]
Su|k|ku|bus ⟨m.; -, -ku|ben; mittelalterl. Volksglauben⟩ mit einem Mann buhlender weibl. Teufel; *oV* Succubus; *Ggs* Inkubus (2) [<lat. *succumbere* »unten liegen«]
suk|ku|lent ⟨Adj.; Biol.⟩ saftig, fleischig, kräftig [<lat. *suc(c)ulentus;* zu *suc(c)us* »Saft«]
Suk|ku|len|te ⟨f.; -, -n; Bot.⟩ Pflanze in Trockengebieten, deren Blätter, Achsen od. Wurzeln mit einem wasserspeichernden Gewebe ausgestattet sind, Fettpflanze [→ *sukkulent*]
Suk|ku|lenz ⟨f.; -; unz.⟩ **1** Saftigkeit **2** ⟨Bot.⟩ Fähigkeit der Sukkulenten, Wasser in ihrem Gewebe zu speichern [→ *sukkulent*]
suk|ze|dan ⟨Adj.⟩ nachfolgend, nacheinanderfolgend [zu lat. *succedere* »nachfolgen«]
suk|ze|die|ren ⟨V.⟩ (in einem Amt) nachfolgen, die Rechtsnachfolge antreten [<lat. *succedere* »nachfolgen, gelingen«]
Suk|zes|si|on ⟨f.; -, -en⟩ **1** Rechtsnachfolge **2** Thronfolge **3** gesetzmäßige Folge von Pflanzengesellschaften [<lat. *successio* »Nachfolge«; zu *succedere* »nachfolgen, gelingen«]
suk|zes|siv ⟨Adj.⟩ allmählich (eintretend) [<lat. *successivus;* zu *succedere* »nachfolgen, gelingen«]
suk|zes|si|ve ⟨[-və] Adv.⟩ allmählich, nach u. nach
Suk|zes|sor ⟨m.; -s, -so|ren⟩ Amts-, Rechtsnachfolger [<lat. *successor* »Nachfolger«; zu *succedere* »nachfolgen, gelingen«]
Suk|zi|nat ⟨n.; -(e)s, -e; Chemie⟩ Salz der Bernsteinsäure [<lat. *sucinum, succinum* »Bernstein«]
Sul|fa|nil|säu|re ⟨f.; -, -n; Chemie⟩ Säure, die durch Erhitzen von Anilin mit Schwefelsäure entsteht, Grundstoff zur Synthese von Azofarbstoffen u. Heilmitteln (Sulfonamiden) [→ *Sulfur*]
Sul|fat ⟨n.; -(e)s, -e; Chemie⟩ Salz der Schwefelsäure [→ *Sulfur*]
Sul|fid ⟨n.; -(e)s, -e; Chemie⟩ Salz des Schwefelwasserstoffes [→ *Sulfur*]
sul|fi|disch ⟨Adj.; Chemie⟩ Schwefel enthaltend

S

Sul|fit ⟨n.; -(e)s, -e; Chemie⟩ Salz der schwefligen Säure

Sul|fon|a|mid *auch:* **Sul|fo|na|mid** ⟨n.; -(e)s, -e; Pharm.⟩ chemotherapeutisches Heilmittel, das die Sulfonamidgruppe $-SO_2NH_2$ enthält, zur Bekämpfung bakterieller Infektionen [→ *Sulfur*]

Sul|fo|nat ⟨n.; -(e)s, -e; Chemie⟩ Salz u. Ester organischer Verbindungen der Schwefelsäure, wichtiger Waschmittelrohstoff

sul|fo|nie|ren ⟨V.; Chemie⟩ *Schwefelatome* ~ in organische od. anorganische Verbindungen einbauen; *Sy* sulfurieren

Sul|fur ⟨n.; -s; unz.; chem. Zeichen: S⟩ Schwefel [‹lat. *sulfur, sulphur, sulpur;* vermutlich ‹oskisch]

sul|fu|rie|ren ⟨V.; Chemie⟩ = sulfonieren

Sul|fur|öl ⟨n.; -s, -e; Chemie⟩ Olivenöl, das durch Extraktion mit Schwefelkohlenstoff gewonnen worden ist

Sul|ky ⟨[sʌlkı] n.; -s, -s; Sport⟩ zweirädriger Einspänner (bes. für Trabrennen) [engl.]

Sul|tan ⟨m.; -s, -e; Titel für⟩ mohammedan. Herrscher [arab., »Herrschaft; Herrscher«]

Sul|ta|nat ⟨n.; -(e)s, -e⟩ Bereich der Herrschaft eines Sultans

Sul|ta|ni|ne ⟨f.; -, -n⟩ helle, große, kernlose Rosine [→ *Sultan* (da sie als fürstlich gilt)]

Su|mach ⟨m.; -s, -e; Bot.⟩ einer Gattung der Anacardiengewächse angehörendes Holzgewächs mit gefiederten Blättern u. harzhaltigen Steinfrüchten: Rhus; *Provenzalischer*~ Myrtenblättriger Gerberstrauch; *Sy* Schmack (3) [‹arab. *summaq*]

Sum|ma ⟨f.; -, Sum|men⟩ **1** ⟨veraltet; Abk.: Sa.⟩ = Summe (1) **2** ⟨Scholastik⟩ zusammenfassende systemat. Darstellung von Theologie u. Philosophie [→ *Summe*]

sum|ma cum lau|de mit höchstem Lob (höchste Auszeichnung bei akadem. Prüfungen) [lat.]

Sum|mand ⟨m.; -en, -en; Math.⟩ Zahl, die zu einer anderen hinzugezählt werden soll; *Sy* Addend [‹lat. *summare* »hinzuzählen«; zu *summa* »oberste (Zahl); Gesamtzahl; Summe«]

sum|ma|risch ⟨Adj.⟩ **1** kurz zusammengefasst, kurzgefasst, bündig **2** oberflächlich; *ein Thema ~ behandeln*

Sum|ma|ri|um ⟨n.; -s, -ri|en od. -ria⟩ **1** kurze Inhaltsangabe **2** Inbegriff [‹lat. *summarium* »Hauptinhalt« ‹*summa* »Summe, Gesamtzahl«]

Sum|mary ⟨[sʌmərı] n.; -s, -s⟩ Zusammenfassung, kurzer Abriss, Übersicht; *ein ~ schreiben* [engl.]

sum|ma sum|ma|rum ⟨geh.⟩ insgesamt, alles in allem [lat., »die Summe der Summen«]

Sum|ma|ti|on ⟨f.; -, -en; veraltet⟩ Bildung einer Summe, Aufrechnung [→ *summieren*]

sum|ma|tiv ⟨Adj.; veraltet⟩ durch Summation erfolgend, sie betreffend; *~ betrachtet*

Sum|me ⟨f.; -, -n⟩ **1** ⟨Math.⟩ Ergebnis einer Addition **2** bestimmter Betrag an Geld; *eine beträchtliche, große, hohe, kleine ~; die runde ~ von 5.000 Euro* **3** ⟨fig.⟩ Gesamtheit, das Ganze; *~ aller Erkenntnis, des Wissens* [‹lat. *summa* »oberste (Zahl); Gesamtzahl; Summe« (in der Antike wurde von unten nach oben addiert)]

sum|mie|ren ⟨V.⟩ **1** eine Summe bilden von, zusammenzählen, vereinigen **2** *sich* ~ anwachsen, sich häufen, immer mehr werden [‹lat. *summare;* → *Summand*]

Sum|mist ⟨m.; -en, -en⟩ scholastischer Schriftsteller, der seine Schriften in Form der Summa (2) abfasste u. publizierte

Sum|mum Bo|num ⟨n.; - -; unz.⟩ höchstes Gut [lat.]

Sum|mus Epi|sco|pus *auch:* **Sum|mus Epis|co|pus** ⟨m.; - -; unz.⟩ **1** höchster Bischof (= Papst) **2** ⟨bis 1918⟩ der Landesherr als Oberhaupt seiner (evang.) Landeskirche [lat.]

Su|mo ⟨n.; - od. -s; unz.; Sport⟩ eine jap. Form des Ringkampfs [jap.]

Su|mo|rin|ger ⟨m.; -s, -; Sport⟩ Ringer, der Sumo betreibt

Sun|blo|cker ⟨[sʌn-] m.; - od. -s, -; Kosmetik; umg.⟩ Sonnenschutzmittel; *wir cremten uns dick mit ~ ein* [engl., »Sonnenschutzcreme«]

Sun|na ⟨f.; -; unz.; Rel.⟩ Sammlung von Aussprüchen u. Vorschriften Mohammeds u. der ersten vier Kalifen als Richtschnur islamischen Lebens [‹arab. *sunnah*]

Sun|nit ⟨m.; -en, -en; Rel.⟩ Anhänger der orthodoxen Sunna, zu der über 90 % der Muslime gehören; *Ggs* Schiit [→ *Sunna*]

sun|ni|tisch ⟨Adj.; Rel.⟩ die Sunna, die Sunniten betreffend, aus ihnen hervorgehend

Sun|spots ⟨[sʌnspɔts] Pl.; Wirtsch.⟩ Phänomene, die fälschlicherweise als einflussreich für die Wirtschaft betrachtet werden u. durch die auf sie reagierenden Teilnehmer des Wirtschaftsgeschehens zu Einflussgrößen werden [engl., »Sonnenflecken«]

sup..., Sup... ⟨in Zus. vor p⟩ = sub..., Sub...

su|per ⟨Adj.; undekl.; umg.⟩ großartig, hervorragend, bestens; *das ist ~; ein ~ Mittagessen; er hat es ~ gemacht* [lat., »oben, zuoberst, darüber«]

Su|per[1] ⟨m.; -s, -; kurz für⟩ Superheterodynempfänger [→ *super..., Super...*]

Su|per[2] ⟨n.; -; unz.; kurz für⟩ Superbenzin [→ *super..., Super...*]

su|per..., Su|per... ⟨in Zus.⟩ **1** ober..., Ober..., über..., Über... **2** ⟨umg.⟩ sehr, besonders, höchst; *~klug* [lat., »oben, auf, darüber (hinaus)«]

Su|per|aci|di|tät ⟨f.; -, -n; Med.⟩ = Superazidität

su|per|ar|bi|trie|ren *auch:* **su|per|ar|bit|rie|ren** ⟨V.; österr.⟩ **1** eine endgültige Entscheidung treffen **2** für dienstuntauglich erklären

Su|per|ar|bi|tri|um *auch:* **Su|per|ar|bit|ri|um** ⟨n.; -s, -tri|en; österr.⟩ endgültige Entscheidung

Su|per|azi|di|tät ⟨f.; -, -n; Med.⟩ Absonderung von Magensaft mit übermäßig hohem Säuregehalt, z. B. bei Magengeschwüren; *oV* Superacidität

su|perb ⟨[sy-] Adj.⟩ vorzüglich, prächtig; *oV* süperb; *dieses Essen schmeckt ~* [‹frz. *superbe* »stolz, prächtig« ‹lat. *superbus*]

S

süperb ⟨Adj.⟩ = superb

Superbenzin ⟨n.; -s, -e⟩ Benzin mit einer Oktanzahl von über 96; *Sy* Super (2); →*a.* Normalbenzin

Superbowl ⟨[sjuːpə(r)boʊl] m.; -s; unz.; Sport⟩ Endspiel um die nordamerikan. Meisterschaft der Berufsspieler im American Football [< *Super...* + engl. *bowl* »Schale«]

Superchip ⟨[-tʃɪp] m.; -s, -s; EDV⟩ leistungsstarker Chip mit vielen Schaltelementen

Supercomputer ⟨[-pjuː-] m.; -s, -; EDV⟩ Computer, der dem höchsten Wissensstand entspricht u. mit der schnellsten Prozessorgeschwindigkeit arbeitet

supercool ⟨[-kuːl] Adj.; Jugendspr.; verstärkend⟩ sehr cool

Supercup ⟨[s(j)uːpə(r)kʌp] m.; -s, -s; Sport; Fußb.⟩ (seit 1972) zwischen den Europapokalgewinnern im Landesmeisterwettbewerb u. Pokalmeisterwettbewerb zur Ermittlung eines Gesamtsiegers ausgetragene Spiele [< *Super...* + *Cup*]

Superdividende ⟨[-vi-] f.; -, -n; Wirtsch.⟩ neben der Dividende gewährte besondere Vergünstigung für Aktionäre

Superfekundation ⟨f.; -, -en; Biol.⟩ Befruchtung der Eier eines weibl. Tieres durch verschiedene männl. Tiere (z. B. beim Hund) [< *Super...* + lat. *fecunditas* »Fruchtbarkeit«]

Superfetation ⟨f.; -, -en; Biol.; Med.⟩ Befruchtung von Eiern aus zwei aufeinanderfolgenden Zyklen, was zum Heranreifen von Embryonen unterschiedlichen Alters im Muttertier führt; *Sy* Superfötation [< *Super...* + lat. *foetus* »Leibesfrucht«]

superfiziell ⟨Adj.; Med.⟩ oberflächlich [<lat. *superficialis;* zu *superficies* »Oberfläche«]

Superfluidität ⟨f.; -; unz.; Physik⟩ bisher nur vom Helium her bekannte Erscheinung, bei Temperaturen nahe dem absoluten Nullpunkt ohne jede innere Reibung zu fließen u. damit keinerlei Viskosität mehr aufzuweisen; *Sy* Suprafluidität

Superfötation ⟨f.; -, -en; Biol.; Med.⟩ = Superfetation

Super-G ⟨[-dʒiː] m.; - od. -s, - od. -s; Sport⟩ Skirennen, eine Kombination aus Abfahrtslauf u. Riesenslalom

Superhet ⟨m.; -s, -s; kurz für⟩ Superheterodynempfänger

Superheterodynempfänger ⟨m.; -s, -; kurz: Super od. Superhet⟩ Rundfunkempfänger, bei dem im Gegensatz zum Geradeausempfänger die aufgenommenen hochfrequenten Wellen vor ihrer Umwandlung in Niederfrequenz von Wellen einer konstanten Frequenz überlagert werden, Überlagerungsempfänger [< *Super* + grch. *heteros* »verschieden« + grch. *dynamis* »Kraft« + *Empfänger*]

Superhit ⟨m.; -s, -s; umg.; verstärkend⟩ außerordentlich erfolgreicher Hit; *einen ~ landen*

Superinfektion ⟨f.; -, -en; Med.⟩ wiederholte Infektion mit den gleichen Krankheitserregern

Superintendent ⟨m.; -en, -en; Theol.⟩ evangelischer Geistlicher, der einem Bezirk vorsteht; *Sy* Ephorus [<kirchenlat. *superintendens,* Part. Präs. zu *superintendere* »die Aufsicht haben«]

Superintendentur ⟨f.; -, -en; Theol.⟩ Amtszimmer des Superintendenten

Superior ⟨m.; -(e)s, -oren; Theol.⟩ Vorsteher eines Klosters od. Ordens [lat., »höher«]

Superiorität ⟨f.; -; unz.⟩ *Ggs* Inferiorität **1** Überlegenheit **2** Übergewicht [<lat. *superior* »höher«]

Superkargo ⟨m.; -s, -s; Wirtsch.⟩ vom Versender ermächtigter Kontrolleur einer Fracht im Hafen

superkritisch ⟨Adj.⟩ **1** ⟨Kernphysik⟩ eine Kettenreaktion auslösend; *Ggs* subkritisch; *~e Flüssigkeiten; eine ~e Masse* **2** ⟨umg.; verstärkend⟩ sehr kritisch; *eine ~e Auseinandersetzung über die Menschenrechte führen*

superkrustal ⟨Adj.; Geol.⟩ über bzw. auf der Erdkruste gebildet od. befindlich; *Sy* suprakrustal; *Ggs* interkrustal, subkrustal [< *super...* + lat. *crusta* »Rinde«]

Superlativ ⟨m.; -s, -e [-və]⟩ **1** ⟨Gramm.⟩ Stufe der Komparation, die angibt, dass eine Eigenschaft einer Sache in größtem Maße zukommt, zweite Steigerungsstufe, Meiststufe; →*a.* Elativ **2** ⟨allg.⟩ übertriebener Ausdruck, übermäßiges Lob; *in (lauter) ~en reden; eine Ware in ~en anpreisen* [<lat. *superlativus* »darüber hinausgetragen«, < *super* »oben, auf, (darüber) hinaus« + *latus,* Part. Perf. zu *ferre* »tragen«]

superlativisch ⟨[-vɪʃ] Adj.⟩ **1** ⟨Gramm.⟩ in Form eines Superlativs **2** übertrieben

Superlativismus ⟨[-vɪs-] m.; -; unz.⟩ übertriebene Verwendung von Superlativen

Superlearning ⟨[sjuːpe(r)lœːnɪŋ] n.; - od. -s; unz.; Päd.⟩ Methode zur Aneignung von Fremdsprachen mit Hilfe von gezielten Entspannungsübungen, die die Aufnahmebereitschaft des Lernenden steigern; →*a.* Suggestopädie [< *Super...* + engl. *learn* »lernen«]

Superleiter ⟨m.; -s, -; Physik⟩ = Supraleiter

Superleitfähigkeit ⟨f.; -; unz.; Physik⟩ = Supraleitfähigkeit

Supermarkt ⟨m.; -(e)s, -märkte⟩ großes Geschäft mit Selbstbedienung, umfangreichem Sortiment u. günstigen Preisen nach US-amerikan. Vorbild

Supernaturalismus ⟨m.; -; unz.; Philos.⟩ = Supranaturalismus

supernaturalistisch ⟨Adj.; Philos.⟩ = supranaturalistisch

Supernova ⟨[-va] f.; -, -vä [-vɛː]; Astron.⟩ durch millionenfache Erhöhung der normalen Helligkeit gekennzeichnete Sternexplosion [< *Super...* + lat. *nova,* Fem. zu *novus* »neu«]

Superoxid ⟨n.; -(e)s, -e; Chemie⟩ Sauerstoffverbindung eines Elements, die mehr Sauerstoffatome aufweist als das normalerweise auftretende Oxid; *oV* Superoxyd

Superoxyd ⟨n.; -(e)s, -e; Chemie⟩ = Superoxid

Superphosphat ⟨n.; -(e)s; unz.; Chemie⟩ phosphathaltiges Düngemittel

S

Su|per|port ⟨n.; -(e)s, -e⟩ = Sopraporte

Su|per|po|si|ti|on ⟨f.; -, -en⟩ **1** ⟨Physik⟩ Überlagerung von Kräften od. von Wellen **2** Überlagerung von Strukturen auf zweidimensionalen Röntgenbildern [< *Super...* + *Position*]

Su|per|po|si|ti|ons|au|ge ⟨n.; -s, -n; Zool.⟩ Einzelauge des Facettenauges, bei dem im Falle geringerer Lichtintensität die Isolierung durch Pigmentwanderung aufgehoben wird

su|per|pro|vi|so|risch ⟨[-vi-] Adj.; schweiz.; Rechtsw.⟩ (bei einem gerichtlichen Verfahren) die vorherige Anhörung der Gegenpartei ausschließend; *eine ~e Verfügung*

Su|per|re|vi|si|on ⟨[-vi-] f.; -, -en; Wirtsch.⟩ nochmalige Nachprüfung [< *Super...* + *Revision*]

su|per|so|nisch ⟨Adj.; Physik⟩ über der Schallgeschwindigkeit liegend; *Sy* transsonisch; *Ggs* subsonisch [<engl. *supersonic* <lat. *super* »darüber« + *sonus* »Ton, Schall«]

Su|per|star ⟨m.; -s, -s; umg.⟩ herausragender Star

Su|per|sti|ti|on ⟨f.; -; unz.⟩ Aberglaube [<lat. *superstitio*]

Su|per|strat ⟨n.; -(e)s, -e; Sprachw.⟩ Sprache eines erobernden Volkes, das seine Sprache dem des eroberten angleicht; *Ggs* Substrat (3) [<lat. *superstratus,* Part. Perf. zu *supersternere* »darüberlegen«]

Su|per|sym|me|trie *auch:* **Su|per|sym|met|rie** ⟨f.; -, -n; Kernphysik⟩ Theorie der Elementarteilchenphysik, die davon ausgeht, dass zu jedem Teilchen ein Antiteilchen vorhanden ist bzw. ursprünglich vorhanden war u. Materie erst durch das Brechen dieser Symmetrie entstehen konnte

su|per|sym|me|trisch *auch:* **su|per|sym|met|risch** ⟨Adj.; Kernphysik⟩ die Supersymmetrie betreffend, zu ihr gehörig

Su|per|vi|si|on ⟨[-vi-] od. engl. [sjupə(r)vɪʃn] f.; -, -en⟩ **1** ⟨unz.; bes. Wirtsch.⟩ Überwachung, Aufsicht, Leistungskontrolle **2** ⟨zählb.; Psych.⟩ psychotherapeutische Betreuung, Sitzung [engl.]

Su|per|vi|sor ⟨[sjupə(r)vaɪzə(r)] m.; -s, -⟩ **1** ⟨EDV⟩ den Ablauf eines Betriebssystems lenkendes Hauptsteuerprogramm **2** ⟨Wirtsch.⟩ jmd., der Leistungskontrollen durchführt, Aufsichtführender **3** jmd., der eine Supervision (2) leitet [engl., eigtl. »Aufseher«]

Su|per|vi|so|rin ⟨f.; -, -rin|nen⟩ **1** ⟨Wirtsch.⟩ weibliche Person, die Leistungskontrollen durchführt, Aufsichtführende **2** weibliche Person, die eine Supervision (2) leitet [→ *Supervisor*]

Su|pi|num ⟨n.; -s, -pi|na; Gramm.⟩ Verbalsubstantiv des Lateinischen, z. B. lectum »um zu lesen« [<lat. *supinus* »nach oben gekehrt«]

Sup|pe|da|ne|um ⟨n.; -s, -nea⟩ Stütze unter den Füßen des Gekreuzigten [< *Sub...* + lat. *pes.,* Gen. *pedis* »Fuß«]

Sup|per ⟨[sʌpə(r)] n.; -s, -; engl. Bez. für⟩ Abendessen, Nachtmahl

Sup|ple|ant ⟨m.; -en, -en; schweiz.⟩ **1** Stellvertreter **2** Ersatzmann (in Behörden) [<frz. *suppléant;* zu *suppléer* »ergänzen«]

Sup|ple|ment ⟨n.; -(e)s, -e⟩ Ergänzung, Nachtrag (zu einem Werk); *oV* ⟨schweiz.⟩ Supplément [<frz. *supplément;* zu *suppléer* »ergänzen«]

Sup|plé|ment ⟨[-plemã:] n.; -s, -s; schweiz.⟩ = Supplement

sup|ple|men|tär ⟨Adj.⟩ ergänzend, nachträglich (hinzugefügt)

Sup|ple|ment|win|kel ⟨m.; -s, -; Math.⟩ Winkel, der einen anderen Winkel zu 180° ergänzt; → *a.* Komplementwinkel

sup|ple|tiv ⟨Adj.; Sprachw.⟩ ergänzend, stellvertretend; *~er Kasus* [zu lat. *suppletivus* »ergänzend«]

Sup|ple|tiv ⟨m.; -s, -e [-və]; Gramm.; kurz für⟩ Suppletivform

Sup|ple|tiv|form ⟨f.; -, -en; Gramm.⟩ den Suppletivismus komplettierende grammatische Form eines Wortes; *Sy* Suppletiv [→ *supplement*]

Sup|ple|ti|vis|mus ⟨[-vɪs-] m.; -; unz.; Sprachw.⟩ Ergänzung von Flexionsformen durch Stämme anderer etymologischer Herkunft, z. B. bin, ist, war [<lat. *suppletivus* »ergänzend«]

sup|plie|ren ⟨V.⟩ **1** ergänzen, hinzufügen **2** vertreten [<lat. *supplere* »ergänzen«]

Sup|pli|ka|ti|on ⟨f.; -, -en; veraltet⟩ Bittgesuch [<lat. *supplicium;* zu *supplicare* »anflehen«]

sup|pli|zie|ren ⟨V.; veraltet⟩ ein Bittgesuch einreichen, (flehentlich) um etwas bitten [<lat. *supplicare* »anflehen«]

sup|po|nie|ren ⟨V.⟩ voraussetzen, unterstellen [<lat. *supponere* »darunterlegen«]

Sup|port ⟨m.; -(e)s, -e⟩ Vorrichtung zur festen Führung des Werkzeuges od. Werkstückes an Werkzeugmaschinen [zu lat. *supportare* »nachführen«]

Sup|po|si|ti|on ⟨f.; -, -en⟩ **1** Voraussetzung, Annahme **2** Unterstellung [→ *supponieren*]

Sup|po|si|to|ri|um ⟨n.; -s, -ri|en; Pharm.⟩ in den Darm einzuführendes, zäpfchenförmiges Heilmittel, Zäpfchen [→ *supponieren*]

Sup|po|si|tum ⟨n.; -s, -si|ta⟩ Voraussetzung, Annahme [→ *supponieren*]

Sup|pres|si|on ⟨f.; -, -en⟩ Unterdrückung, Zurückdrängung, Verheimlichung [<lat. *suppressio;* zu *supprimere* »unterdrücken«]

sup|pres|siv ⟨Adj.⟩ unterdrückend, zurückdrängend

Sup|pres|sor ⟨m.; -s, -so|ren; Biol.⟩ die Mutationswirkung eines anderen Gens (nicht des Allels) unterdrückendes Gen [→ *Suppression*]

sup|pri|mie|ren ⟨V.⟩ unterdrücken, zurückdrängen [→ *Suppression*]

Sup|pu|ra|ti|on ⟨f.; -, -en; Med.⟩ Eiterung [< *Sub...* + lat. *pus* »Eiter«]

sup|pu|ra|tiv ⟨Adj.; Med.⟩ eitrig, eiternd

◆ Die Buchstabenfolge **su|pr...** kann auch **sup|r...** getrennt werden.

◆ **su|pra..., Su|pra...** ⟨in Zus.⟩ ober..., Ober..., über..., Über... [lat.]

◆**Su|pra|flu|i|di|tät** ⟨f.; -; unz.; Physik⟩ = Superfluidität
◆**su|pra|krus|tal** ⟨Adj.; Geol.⟩ = superkrustal
◆**su|pra|lei|tend** ⟨Adj.; Physik⟩ die Eigenschaft der Supraleitfähigkeit besitzend
◆**Su|pra|lei|ter** ⟨m.; -s, -; Physik⟩ Stoff, der die Eigenschaft der Supraleitfähigkeit besitzt od. unter bestimmten Bedingungen besitzen kann; *Sy* Superleiter
◆**sup|ra|na|ti|o|nal** ⟨Adj.⟩ überstaatlich
◆**su|pra|na|tu|ral** ⟨Adj.; Philos.⟩ übernatürlich [<*supra... + natural*]
◆**Su|pra|na|tu|ra|lis|mus** ⟨m.; -; unz.; Philos.⟩ eine Richtung des Denkens, die ein übernatürl. Sein annimmt; *Sy* Supernaturalismus
◆**su|pra|na|tu|ra|lis|tisch** ⟨Adj.; Philos.⟩ auf dem Supranaturalismus beruhend, ihn betreffend; *oV* supernaturalistisch
◆**Su|pra|port** ⟨n.; -(e)s, -e⟩ = Sopraporte
◆**Su|pra|por|te** ⟨f.; -, -n⟩ = Sopraporte
◆**su|pra|re|nal** ⟨Adj.; Med.⟩ die Nebenniere betreffend, oberhalb der Niere liegend [<*supra... + renal*]
◆**Su|pra|re|nin®** ⟨n.; -s; unz.; Pharm.⟩ synthet. Adrenalin [<*supra* + lat. *ren* »Niere«]
◆**Su|pra|strom** ⟨m.; -s; unz.; El.⟩ in einem Supraleiter fließender Strom
◆**su|pra|va|gi|nal** ⟨[-va-] Adj.; Med.⟩ oberhalb der Scheide gelegen [<*supra... + vaginal*]
◆**Su|pre|mat** ⟨m. od. n.; -(e)s, -e⟩ *Sy* Suprematie **1** Oberherrschaft (des Papstes) **2** Überordnung, Vorrang [<lat. *supremus* »oberster«; Superlativ zu *superus* »obere(r, s)«]
◆**Su|pre|ma|tie** ⟨f.; -, -n⟩ = Supremat
◆**Su|pre|mats|eid** ⟨m.; -(e)s, -e; 1534-1829⟩ Eid der engl. Beamten, den König auch als obersten geistlichen Herrn anzuerkennen
Sur|di|tas ⟨f.; -; unz.; Med.⟩ Taubheit [lat.]
Sur|do|mu|ti|tas ⟨f.; -; unz.; Med.⟩ Taubstummheit [<lat. *surditas* »Taubheit« + *mutitas* »Stummheit«]
Su|re ⟨f.; -, -n; Rel.⟩ Abschnitt des Korans [<arab. *surah* »Stufe, Grad«]
Surf|board ⟨[sœ:fbɔ:d] n.; -s, -s; Sport⟩ = Surfbrett
Surf|brett ⟨[sœ:f-] n.; -(e)s, -er; Sport⟩ Brett zum Surfen; *Sy* Surfboard; →*a.* Windsurfer (2)
sur|fen ⟨[sœ:-] V.⟩ **1** ⟨Sport⟩ Surfing betreiben, auf dem Surfbrett segeln; *er ist über den See gesurft* **2** *im Internet ~* im Internet ein Angebot nach dem anderen anwählen **3** *durch Fernsehprogramme ~* alle möglichen Fernsehkanäle durchschalten; →*a.* zappen [<engl. *surf*]
Sur|fer ⟨[sœ:-] m.; -s, -; Sport⟩ jmd., der das Surfen betreibt; →*a.* Windsurfer
Sur|fe|rin ⟨[sœ:-] f.; -, -rin|nen⟩ weibl. Surfer
Sur|fing ⟨[sœ:-] n.; - od. -s; unz.; Sport⟩ Wassersport, bei dem man sich, auf einem Brett kniend od. stehend, von einer Welle über die Brandung tragen lässt; *Sy* Surfriding [→ *surfen*]
Surf|ri|ding ⟨[sœ:fraɪ-] n.; - od. -s; unz.; Sport⟩ = Surfing [<engl. *surf* »Brandung« + *riding* »das Reiten«]
Su|ri|mo|no ⟨n.; -s, -s; seit Ende des 18. Jh.⟩ Glückwunschblatt zu Neujahr, das oft in luxuriösem Privatdruck für den Tausch im Freundeskreis u. in literarischen Zirkeln entstanden ist [jap.]
Sur|jek|ti|on ⟨f.; -, -en⟩ Eigenschaft einer Abbildung, Funktion, die besagt, dass jedes Element der Menge, in der die Funktionswerte liegen, auch ein zugeordneter Wert der Funktion ist
sur|jek|tiv ⟨Adj.; Math.⟩ die Eigenschaft der Surjektion aufweisend, sie betreffend [frz. <lat. *iactare* »werfen«]
Sur|plus ⟨[sœ:pləs] n.; -, -; Kaufmannsspr.⟩ Überschuss, Gewinn [engl. <frz. *surplus*]
sur|re|al ⟨a. [zyr-] Adj.⟩ überwirklich, traumhaft [<frz. *sur* »über« + *real*]
Sur|re|a|lis|mus ⟨a. [zyr-] m.; -; unz.; seit Anfang des 20. Jh.⟩ moderne Strömung in bildender Kunst u. Literatur, die das Übernatürliche u. Traumhafte u. seine Verschmelzung mit der Wirklichkeit darzustellen sucht [<frz. *sur* »über« + *Realismus*]
Sur|re|a|list ⟨a. [zyr-] m.; -en, -en⟩ Anhänger, Vertreter des Surrealismus
sur|re|a|lis|tisch ⟨a. [zyr-] Adj.⟩ in der Art des Surrealismus
Sur|ro|gat ⟨n.; -(e)s, -e⟩ Ersatz (bes. wenn er nicht vollwertig ist), Behelf; →*a.* Substitut (3) [<lat. *surrogare* »nachwählen lassen, ersetzen«]
Sur|ro|ga|ti|on ⟨f.; -, -en; Rechtsw.⟩ Einsetzung od. Nachrücken eines neuen Berechtigten od. eines zum Vermögen gehörenden Gegenstandes anstelle eines alten [→ *Surrogat*]
sur|sum cor|da ⟨geh.⟩ empor die Herzen! (Beginn der Präfation in der kath. Liturgie) [lat.]
Sur|tax ⟨[sœ:tæks] f.; -, -es [-sɪz]⟩ = Surtaxe [engl.]
Sur|taxe ⟨[zyrtaks] f.; -, -n [-sən]; Wirtsch.⟩ bei Überschreitung einer bestimmten Einkommensgrenze in Frankreich, Großbritannien u. den USA zu entrichtende Zusatzsteuer; *oV* Surtax [<frz. *sur* »über« + *taxe* »Steuer(betrag)«]
Sur|veil|lance ⟨[syrvɛjã:s] f.; -; unz.; Wirtsch.⟩ Überwachung, Beobachtung [frz.]
Sur|vey ⟨[sœ:veɪ] m.; - od. -s, -s; Wirtsch.⟩ **1** Untersuchung, Erhebung im Bereich der Markt- u. Meinungsforschung **2** Streitfragen auflösendes Sachverständigen-Gutachten im Warenhandel [engl., »Überblick«]
Sur|vey|or *auch:* **Sur|ve|yor** ⟨[sœ:veɪə(r)] m.; -s, -; Name für⟩ US-amerikan. unbemannte Mondsonde [<engl. *survey* »überblicken, prüfen, begutachten«]
Sur|vi|val ⟨[sœ:vaɪvəl] n.; -s, -s⟩ **1** aus einer älteren Kulturschicht erhaltenes Kulturelement **2** ⟨kurz für⟩ Survivaltraining [engl., »Überbleibsel, Überleben«]

S

Sur|vi|val|kit ⟨[sœ:vaɪvəl-] n. od. m.; -s, -s⟩ Ausrüstung, Werkzeugkasten für das Überleben in extremen Notsituationen [<engl. *survival* »Überleben« + *kit* »Ausrüstung, Werkzeugkasten«]

Sur|vi|val|trai|ning ⟨[sœ:vaɪvəl-tre:nɪŋ] n.; - od. -s, -s⟩ Training zum Überleben in extremen Notsituationen; *Sy* Survival (2) [engl., »Überlebenstraining«]

Su|shi ⟨[zu:ʃi] n.; - od. -s, -; jap. Kochk.⟩ kleines Gericht, Snack aus Reis, rohem Fisch, Seetangblättern, Gemüse u. Ä.

Su|si|ne ⟨f.; -, -n; Bot.⟩ gelbe od. rote Pflaume [<ital. *susina* »Pflaume«]

su|spekt *auch:* **sus|pekt** ⟨Adj.⟩ verdächtig, fragwürdig; *diese Angelegenheit erscheint (mir)* ~ [<lat. *suspectus;* zu *suspicere* »emporblicken, argwöhnen«]

sus|pen|die|ren ⟨V.⟩ **1** bis auf weiteres des Amtes entheben **2** (zeitweilig) aufheben **3** aufschieben, in der Schwebe lassen **4** ⟨Med.⟩ schwebend aufhängen **5** ⟨Chemie⟩ *feste Teilchen* ~ in einer Flüssigkeit fein verteilen, so dass sie schweben [<lat. *suspendere* »aufhängen, schweben lassen, unterbrechen«]

Sus|pen|die|rung ⟨f.; -, -en⟩ das Suspendieren, das Suspendiertwerden

Sus|pen|si|on ⟨f.; -, -en⟩ **1** (zeitweilige) Entlassung aus einem Amt **2** ⟨Med.⟩ schwebende Aufhängung **3** ⟨Chemie⟩ Aufschwemmung feinster Teilchen in einer Flüssigkeit [→ *suspendieren*]

sus|pen|siv ⟨Adj.⟩ **1** (bis auf weiteres) aufhebend **2** aufschiebend [→ *suspendieren*]

Sus|pen|so|ri|um ⟨n.; -s, -ri|en; Med.⟩ beutelartiger, tragender Verband, z. B. Armschlinge, Genitalienschoner

Sus|tain ⟨[səstɛɪn] n.; -s, -s; Musik⟩ Zeit, in der mit dem Synthesizer ein Ton ohne Abweichung gehalten wird, Abklingeffektschaltung [engl., »Ton halten«]

sus|zep|ti|bel ⟨Adj.⟩ empfänglich, empfindlich, reizbar [<lat. *suscipere* »aufnehmen«]

Sus|zep|ti|bi|li|tät ⟨f.; -; unz.⟩ Empfänglichkeit, Empfindlichkeit, Reizbarkeit; *elektrische (magnetische)* ~ ⟨El.⟩ das Verhältnis der Elektrisierung (Magnetisierung) zu elektrischer (magnetischer) Feldstärke [→ *suszeptibel*]

sus|zi|pie|ren ⟨V.; veraltet⟩ **1** an-, übernehmen **2** ⟨Bot.⟩ *einen Reiz* ~ aufnehmen [<lat. *suscipere* »aufnehmen«]

Su|tra *auch:* **Sut|ra** ⟨n.; -, -s⟩ kurzer, einprägsamer Lehrsatz der altind. Literatur [Sanskrit, eigtl. »Faden«]

Su|tur ⟨f.; -, -en; Anat.⟩ Naht, die Knochen, bes. die des Schädels, miteinander verbindet [<lat. *suere* »zusammennähen«]

su|um cu|i|que ⟨[-kui:-] geh.⟩ jedem das Seine (Wahlspruch Friedrichs I. von Preußen u. des preuß. Schwarzen Adlerordens) [lat.]

SUV ⟨[ɛsjuvi:] n. od. m.; - od. -s, - od. -s; Kfz; Abk. für engl.⟩ Sport Utility Vehicle (sportlicher Gebrauchswagen), komfortabel ausgestatteter Geländewagen, der sich auch für den Stadtverkehr eignet

su|ze|rän ⟨Adj.; Politik⟩ **1** den Suzerän betreffend **2** auf Suzeränität beruhend [<frz. *suzerain* <lat. *sursum* »in der Höhe«]

Su|ze|rän ⟨m.; -s, -e; Politik⟩ **1** Herrscher, bes. über einen halbsouveränen Staat, Oberherr **2** die Suzeränität ausübender Staat [→ *suzerän*]

Su|ze|rä|ni|tät ⟨f.; -; unz.; Politik⟩ **1** Herrschaft einer Person über einen halbsouveränen Staat, Oberherrschaft **2** Oberherrschaft eines Staates über einen halbsouveränen [→ *suzerän*]

s. v. ⟨Abk. für⟩ sub voce

sve|gli|a|to *auch:* **sveg|li|a|to** ⟨[svɛlja:to] Musik⟩ kühn, frisch, frei (zu spielen) [ital.]

s. v. v. ⟨Abk. für⟩ sit venia verbo

Swa|mi ⟨m.; -s, -s; Rel.⟩ hinduist. Lehrer, Mönch (als Anrede) [<Hindi *svami* »Inhaber, Gebieter«]

Swamps ⟨[swɔmps] Pl.; Geogr.⟩ **1** durch Bewässerung gewonnenes Fruchtland **2** Zypressensümpfe (am Golf von Mexiko) [<engl. *swamp* »Sumpf«]

Swan|boy ⟨[swɔnbɔɪ] m.; -s; unz.; Textilw.⟩ ein Moltongewebe [<engl. *swan* »Schwan« + *boy* »Junge«]

Swap ⟨[swɔp] m.; -s, -s; Bankw.⟩ **1** Differenz zwischen Kassa- u. Terminkurs **2** Tauschhandel [engl., »Tausch«]

Swap|ge|schäft ⟨[swɔp-] n.; -(e)s, -e; Wirtsch.⟩ Prolongationsgeschäft in Devisen; → *a.* Devisenswap [<engl. *swap* »austauschen, tauschen«]

SWAPO ⟨f.; -; unz.; Abk. für engl.⟩ South West African People's Organization (Unabhängigkeitsbewegung in Namibia), seit 1990 Regierungspartei

swap|pen ⟨[swɔp-] V.⟩ **1** umwandeln, verschieben, (aus)tauschen (von Rechten, Pflichten u. Ä.); *die meisten Kommunen u. Bundesländer* ~ **2** ⟨EDV⟩ *Daten* ~ umwandeln, verschieben [<engl. *swap* »(aus)tauschen«]

Swap|per ⟨[swɔpə(r)] m.; -s, -; umg.⟩ jmd., der (für sexuelle Beziehungen) den Partner wechselt [zu engl. *swap* »tauschen«]

Swap|ping ⟨[swɔp-] n.; - od. -s; unz.⟩ **1** das Swappen **2** ⟨EDV⟩ Verfahren zur Speicherverwaltung, bei dem Dateien zwischen Speicher u. Datenträger verschoben werden [engl.; zu *swap* »austauschen, auslegen«]

Swas|ti|ka ⟨f.; -, -ti|ken⟩ altind. Symbol der Sonne in Form eines Hakenkreuzes [<Sanskrit *svastika* <*su* »gut« + *asti* »seiend«]

Swatch® ⟨[swɔtʃ] f.; -, -s od. -es [-tʃɪz]⟩ modische schweizer. Armbanduhr [<engl. *swiss* »schweizerisch« + *watch* »Uhr«]

Swea|ter ⟨[swɛtə(r)] m.; -s, -⟩ sportl. Pullover aus Baumwolltrikot [zu engl. *sweat* »schwitzen«]

Sweat|shirt ⟨[swɛtʃœ:t] n.; -s, -s⟩ Sportpullover aus Baumwolltrikot [<engl. *sweat* »schwitzen« + *shirt* »Hemd«]

Sweat|shop ⟨[swɛtʃɔp] m.; -s, -s; umg.; bes. Textilw.⟩ kleine Fabrik, in der die Arbeiter für we-

S

nig Geld unter schlechten Bedingungen viel arbeiten müssen, Ausbeuterbetrieb [<engl. *sweat* »schwitzen« + *Shop*]

Sweep|stake ⟨[swi:pstɛɪk] n.; -s, -s⟩ Verlosung, bei der die Gewinnnummern u. Gewinne vorher festgesetzt worden sind [engl.]

Sweet ⟨[swi:t] m.; -; unz.; Musik⟩ jazzähnl. Tanz- u. Unterhaltungsmusik [engl., »süß«]

Sweet|heart ⟨[swi:tha:(r)t] n.; - od. -s, -s⟩ Liebste(r), Schatz, Liebling [engl.]

SWIFT-Code ⟨[-ko:d] m.; -s, -s⟩ = BIC [<engl. *SWIFT,* Abk. für *Society for Worldwide Interbank Financial Telecommunication* »Gesellschaft für weltweite finanzielle Telekommunition innerhalb der Banken« + *Code*]

Swim|ming|pool ⟨[-pu:l] m.; -s, -s⟩ Schwimmbecken (im Garten od. Haus) [<engl. *swim* »schwimmen« + *pool* »Teich«]

Swing ⟨m.; - od. -s; unz.⟩ **1** ⟨Musik⟩ ruhig schwingender Stil im Jazz; →*a.* Chicagojazz **2** Tanz in diesem Stil **3** ⟨Wirtsch.⟩ höchste Grenze des Kredits, die sich zwei Staaten bei bilateralen Handelsverträgen gegenseitig einräumen [engl., »Schwingen, Rhythmus«]

Swing|bo ⟨n.; -s, -s; Sport⟩ **1** ⟨zählb.⟩ dem Skateboard ähnliches Gerät (auf zwei Kufen befestigtes Brett mit Schlaufen für die Füße) zum Skifahren **2** ⟨unz.⟩ mit diesem Gerät betriebener Sport [zu engl. *swing* »schwingen«]

Swing-by *auch:* **Swing|by** ⟨[swɪŋbaɪ] n.; -s, -s; Raumf.⟩ = Fly-by [<engl. *swing by,* umg. »(kurz) vorbeischauen«]

swin|gen ⟨V.⟩ Swing (2) tanzen

Swin|ger ⟨m.; -s, -⟩ **1** ⟨Mode⟩ schwingender, nach unten weit fallender, kurzer Mantel **2** ⟨umg.⟩ jmd., der Gruppensex betreibt [engl.]

Swing|fox ⟨m.; - od. -es, -e; Musik⟩ Tanz, der in Anlehnung an den Foxtrott entstanden ist [engl.]

Swin|ging ⟨n.; - od. -s; unz.⟩ Gruppensex [engl.]

swit|chen ⟨[svɪtʃən] V.; TV⟩ **1** umschalten, (hin u. her) wechseln **2** mit der Fernbedienung von einem Fernsehprogramm zum nächsten schalten; →*a.* zappen **3** ⟨Skating⟩ von einem Fuß auf den anderen wechseln **4** ⟨Wirtsch.⟩ ein Switchgeschäft abschließen [<engl. *switch*]

Swit|cher ⟨[svɪtʃə(r)] m.; -s, -; TV; umg.⟩ jmd., der beim Fernsehen ständig von Kanal zu Kanal schaltet; *Sy* Zapper [engl., »Umschalter«]

Switch|ge|schäft ⟨[svɪtʃ-] n.; -(e)s, -e; Wirtsch.⟩ Im- od. Exportgeschäft, das zum Zweck der Ausnutzung von Kursdifferenzen über ein drittes Land geleitet wird [→ *switch*]

sy..., Sy... ⟨in Zus. vor s⟩ = syn..., Syn...

Sy|ba|rit ⟨m.; -en, -en⟩ **1** Einwohner der Stadt Sybaris im Altertum **2** ⟨fig.; veraltet⟩ Schlemmer, Schwelger [die Sybariten waren für ihre aufwendige Lebensführung bekannt]

sy|ba|ri|tisch ⟨Adj.; fig.; veraltet⟩ genusssüchtig, verweichlicht

Sy|e|nit ⟨m.; -s, -e; Min.⟩ gut zu polierendes, granitähnliches Tiefengestein [nach *Syene,* dem grch. Namen der Stadt Assuan]

Sy|ko|mo|re ⟨f.; -, -n; Bot.⟩ Maulbeerfeige, ostafrikan. Feigenbaum, der wertvolles Holz liefert: Ficus sykomorus [<grch. *sykon* »Feige« + *moron* »Brombeere«]

Sy|ko|phant ⟨m.; -en, -en⟩ **1** ⟨im antiken Athen⟩ gewerbsmäßiger Ankläger **2** ⟨fig.; veraltet⟩ Verleumder, Verräter [<grch. *sykophantes,* eigtl. »Feigenanzeiger« (jmd., der Übertretungen des Verbots, Feigen aus Attika auszuführen, aufspürt u. vor Gericht bringt) <*sykon* »Feige« + *phainein* »anzeigen«]

syl..., Syl... ⟨in Zus. vor l⟩ = syn..., Syn...

syl|la|bie|ren ⟨V.⟩ **1** in Einzelsilben aussprechen; *Wörter* ~ **2** ⟨veraltet⟩ buchstabieren [→ *syllabisch*]

syl|la|bisch ⟨Adj.⟩ **1** ⟨Sprachw.⟩ silbenweise **2** ⟨Musik⟩ mit einer Silbe auf einer Note (gesungen); *Ggs* melismatisch [<lat. *syllaba* »Silbe«]

Syl|la|bus ⟨m.; -, - od. -la|bi⟩ 1864 durch Papst Pius IX. veröffentlichtes Verzeichnis aller abzulehnenden modernen theolog. Lehren [neulat. <lat. *sittybas* (»an die Schriftrolle angehängter) Pergamentstreifen, Buchtitel« <grch. *sittabe*]

Syl|lep|se ⟨f.; -, -n; Rhet.⟩ Beziehung eines Attributs od. Prädikats auf mehrere, in Person, Numerus od. Genus verschiedene Subjekte; *oV* Syllepsis (1) [<grch. *syllepsis* »das Zusammenfassen«]

Syl|lep|sis ⟨f.; -, -lep|sen; Rhet.⟩ **1** = Syllepse **2** spezielle Methode der Statistik

syl|lep|tisch ⟨Adj.⟩ in der Art einer Syllepse

Syl|lo|gis|mus ⟨m.; -, -gis|men; Philos.⟩ logischer Schluss vom Allgemeinen aufs Besondere [<grch. *syllogismos* »das Zusammenrechnen« <*syn...* + *logizesthai* »rechnen«]

Syl|lo|gis|tik ⟨f.; -; unz.; Philos.⟩ Lehre von den Syllogismen (u. ihrer Anwendung)

syl|lo|gis|tisch ⟨Adj.; Philos.⟩ in der Art des Syllogismus

Syl|phe ⟨m.; -n, -n od. f.; -, -n; in der Myth. des MA⟩ Luftgeist [nach Paracelsus]

Syl|phi|de ⟨f.; -, -n⟩ **1** weibl. Luftgeist **2** ⟨a. fig.⟩ anmutiges, schlankes Mädchen [→ *Sylphe*]

Syl|va|nit ⟨[-va-] m.; -s, -e; Min.⟩ stahlgraues bis silberweißes, metallisch glänzendes Mineral, chemisch ein Gold-Silber-Tellurid, wichtig zur Gewinnung von Gold u. Silber [nach *Transsylvanien,* dem lat. Namen für Siebenbürgen]

> **→ Silvester** Anders als beim männlichen Vornamen *Silvester*, der auch *Sylvester* geschrieben werden kann, ist für den letzten Tag des Jahres nur die Schreibung *Silvester* zulässig.

Syl|vin ⟨[-vi:n] n.; -s, -e; Min.⟩ farbloses bis weißes od. rötliches Mineral, chemisch Kaliumchlorid, wichtiges Kaliumsalz [nach dem dt. Arzt Franz *Sylvius,* eigtl. de la Boë, 1614-1672]

Syl|vi|nit ⟨[-vi-] n.; -s, -e; Chemie⟩ Gemenge aus Sylvin u. anderen Kalium-Natrium-Salzen, wird als Düngemittel verwendet

sym…, Sym… ⟨in Zus. vor b, p, m⟩ = syn…, Syn…

Sym|bi|ont ⟨m.; -en, -en; Biol.⟩ Lebewesen, das mit einem anderen in Symbiose lebt [zu grch. *symbion* »zusammenlebend«]

sym|bi|on|tisch ⟨Adj.; Biol.⟩ = symbiotisch

Sym|bio|se ⟨f.; -, -n; Biol.⟩ dauerndes Zusammenleben zweier Lebewesen (Tiere, Pflanzen od. Tier u. Pflanze) zum beiderseitigen Nutzen [< *Syn…* + *…biose*]

sym|bio|tisch ⟨Adj.; Biol.⟩ in Symbiose (lebend); *Sy* symbiontisch

Sym|bol ⟨n.; -s, -e⟩ **1** einen tieferen Sinn andeutendes Zeichen, Sinnbild **2** ⟨Chemie; Physik⟩ für ein chem. Element od. einen physikal. Begriff stehendes Zeichen **3** ⟨Semiotik⟩ ein Ding od. ein Bild als Zeichen, das für ein Ding, eine Vorstellung od. ein Gefühl usw. steht **4** ⟨bildende Kunst; Dichtung⟩ bildhaftes, visuell wirkungsvolles Zeichen für einen Begriff od. Vorgang, oft ohne erkennbaren Zusammenhang mit diesem; *Ggs* Allegorie; *die blaue Blume als ~ für die Romantik* [<grch. *symbolon* »Erkennungszeichen«; zu *symballein* »zusammenwerfen, -halten«]

Sym|bol|fi|gur ⟨f.; -, -en⟩ Figur, Person, die symbolisch für etwas steht; *Elvis Presley als ~ des Rock 'n' Roll*

Sym|bo|lik ⟨f.; -; unz.⟩ **1** Sprache, Ausdruckskraft, Bedeutung der Symbole **2** Anwendung von Symbolen **3** ⟨veraltet⟩ Lehre von den verschiedenen christl. Bekenntnissen u. ihren dogmat. Unterschieden

sym|bo|lisch ⟨Adj.⟩ in der Art eines Symbols, dadurch ausgedrückt

sym|bo|li|sie|ren ⟨V.⟩ durch ein Symbol darstellen

Sym|bo|li|sie|rung ⟨f.; -, -en⟩ symbolische Darstellung

Sym|bo|lis|mus ⟨m.; -; unz.; Lit.⟩ Strömung des 19. Jh., die ihre Aussagen durch symbolische Darstellung zu vermitteln suchte

Sym|bo|list ⟨m.; -en, -en; Lit.⟩ Anhänger, Vertreter des Symbolismus

sym|bo|lis|tisch ⟨Adj.; Lit.⟩ den Symbolismus betreffend, ihm entsprechend

Sym|bol|leis|te ⟨f.; -, -n; EDV⟩ waagerechte od. senkrechte Leiste mit bildhaften Zeichen auf dem Bildschirm, die per Mausklick Funktionen aufrufen od. Befehle ausführen

Sym|me|trie *auch:* **Sym|met|rie** ⟨f.; -, -n⟩ spiegelbildliches Gleichmaß, Spiegelgleichheit [<grch. *symmetria* »Ebenmaß«; zu *symmetros* »gleichmäßig«]

Sym|me|trie|ach|se *auch:* **Sym|met|rie|ach|se** ⟨[-ks-] f.; -, -n⟩ gedachte Linie durch die Mitte eines Körpers, Drehachse; *Sy* Rotationsachse

Sym|me|trie|ebe|ne *auch:* **Sym|met|rie|ebe|ne** ⟨f.; -, -n; Geom.⟩ Ebene, auf deren beiden Seiten sich spiegelbildlich gleiche Körper befinden

sym|me|trisch *auch:* **sym|met|risch** ⟨Adj.⟩ in Bezug auf eine Achse gleich, spiegelgleich [→ *Symmetrie*]

Sym|path|ek|to|mie *auch:* **Sym|pa|thek|to|mie** ⟨f.; -, -n; Med.⟩ chirurgische Entfernung des Sympathikus [< *Sympathicus* + *Ektomie*]

sym|pa|the|tisch ⟨Adj.⟩ **1** mitfühlend **2** geheimnisvoll wirkend; *~e Kur* Heilverfahren durch sympathetische Mittel (Besprechen, Gesundbeten usw.); *~e Tinte* unsichtbar schreibende Tinte, die erst nach besonderer Behandlung die Schriftzüge zeigt [→ *Sympathie*]

Sym|pa|thie ⟨f.; -, -n⟩ *Ggs* Antipathie **1** Zuneigung **2** gefühlsmäßige Übereinstimmung, Seelenverwandtschaft [<grch. *sympathein* »mitleiden, mitempfinden« <*syn* »zusammen« + *pathos* »Leiden«]

Sym|pa|thie|streik ⟨m.; -(e)s, -s⟩ Streik zur Unterstützung einer anderen (ebenfalls streikenden) Gruppe

Sym|pa|thi|ko|to|nie ⟨f.; -, -n; Med.⟩ erhöhte Erregbarkeit des Sympathikus [< *Sympathikus* + *…tonie*]

Sym|pa|thi|kus ⟨m.; -, -thi|zi; Anat.⟩ einer der Lebensnerven der Säugetiere u. des Menschen: Nervus sympathicus [→ *Sympathie*]

Sym|pa|thi|sant ⟨m.; -en, -en⟩ jmd., der mit etwas od. jmdm. sympathisiert

Sym|pa|thi|san|tin ⟨f.; -, -tin|nen⟩ weibl. Person, die mit etwas od. jmdm. sympathisiert

sym|pa|thisch ⟨Adj.⟩ **1** auf Sympathie beruhend, von angenehmem, liebenswertem Wesen; *Ggs* unsympathisch; *ein ~er Mensch; er ist mir nicht ~* **2** den Sympathikus betreffend, mit ihm verbunden

sym|pa|thi|sie|ren ⟨V.⟩ übereinstimmen, gleich gestimmt sein; *mit jmdm. od. etwas ~* Neigung haben, geneigt sein zu jmdm. od. etwas [→ *Sympathie*]

Sym|pe|ta|len ⟨Pl.; Bot.⟩ Blütenpflanzen mit verwachsenen Kronblättern [<grch. *syn* »zusammen« + *petalon* »Blatt«]

Sym|pho|nie ⟨f.; -, -n; Musik⟩ großes Musikstück aus vier bis fünf Sätzen für Orchester; *oV* Sinfonie [<grch. *symphonia* »Einklang« <*syn* »zusammen« + *phone* »Laut, Klang«]

Sym|pho|nik ⟨f.; -; unz.; Musik⟩ *oV* Sinfonik **1** Lehre von der symphon. Gestaltung **2** symphon. Schaffen

Sym|pho|ni|ker ⟨m.; -s, -; Musik⟩ Mitglied eines Symphonieorchesters; *oV* Sinfoniker

Sym|pho|ni|ke|rin ⟨f.; -, -rin|nen; Musik⟩ weibl. Mitglied eines Symphonieorchesters; *oV* Sinfonikerin

sym|pho|nisch ⟨Adj.; Musik⟩ in der Art einer Symphonie; *oV* sinfonisch; *~e Dichtung* Instrumentalmusik für Orchester in einem Satz über eine Dichtung in der Art der Programmmusik

Sym|phy|se ⟨f.; -, -n; Med.⟩ Verwachsung von Knochen (bes. der Schambeine) [< *Syn…* »mit, zusammen« + *…physe* <grch. *phaein* »wachsen«]

sym|phy|tisch ⟨Adj.; Med.⟩ zusammengewachsen [→ *Symphyse*]

S

Sym|po|si|on ⟨n.; -s, -si|en⟩ = Symposium

Sym|po|si|um ⟨n.; -s, -si|en⟩ *oV* Symposion **1** altgrch. Trinkgelage **2** (dabei geführtes) wissenschaftl. Gespräch **3** wissenschaftl. Tagung [<grch. *symposion;* zu *sympinein* »zusammen trinken«]

◆ Die Buchstabenfolge **sym|pt...** kann auch **symp|t...** getrennt werden.

◆ **Symp|tom** ⟨n.; -s, -e; bes. Med.⟩ Zeichen, Kennzeichen, Merkmal (bes. einer Krankheit, Entwicklung); *das ~ für Scharlach, Röteln* [<grch. *symptoma* »Zufall, Eigenschaft«; zu *sympiptein* »zusammenfallen, zusammentreffen«]

◆ **Sym|pto|ma|tik** ⟨f.; -; unz.⟩ **1** Gesamtheit der Symptome **2** Art der Symptome

◆ **sym|pto|ma|tisch** ⟨Adj.⟩ auf bestimmten Symptomen beruhend, kennzeichnend, typisch; *das ist ~ für unsere Zeit*

◆ **Sym|pto|ma|to|lo|gie** ⟨f.; -; unz.⟩ Lehre von den Krankheitszeichen; *Sy* Semiotik (2), Semiologie [<*Symptom* + *...logie*]

◆ **Sym|pto|men|kom|plex** ⟨m.; -es, -e; Med.⟩ mehrere, zu einem Krankheitsbild gehörende Symptome

syn..., Syn... ⟨vor b, p, m⟩ sym..., Sym... ⟨vor l⟩ syl..., Syl... ⟨vor s⟩ sy..., Sy... ⟨Vorsilbe⟩ mit..., zusammen..., Mit..., Zusammen... [grch.]

Syn|a|go|ge *auch:* **Sy|na|go|ge** ⟨f.; -, -n; Rel.⟩ Gotteshaus der Juden [grch., »Versammlung, Versammlungsort«; zu *synagein* »zusammenführen«]

Syn|al|gie *auch:* **Sy|nal|gie** ⟨f.; -, -n; Med.⟩ Empfinden von Schmerzen in nicht erkrankten Körpergliedern [<*Syn...* + *...algie*]

Syn|al|la|ge ⟨[-ge:] f.; -, -la|gen; Rechtsw.⟩ gegenseitiger Vertrag [<grch. *synallage* »Verkehr, Vermittlung« <*syn* »zusammen« + *allos* »der andere«]

Syn|a|lö|phe *auch:* **Sy|na|lö|phe** ⟨f.; -, -n; antike Metrik⟩ Verschmelzung eines auslautenden Vokals mit dem anlautenden des folgenden Wortes [<grch. *synaloiphe* »das Zusammenschmelzen«]

syn|an|drisch *auch:* **sy|nand|risch** ⟨Adj.; Bot.⟩ mit verwachsenen Staubblättern versehen (Blüten) [<*syn...* + neulat. *androecium* »Gesamtheit der Staubblätter einer Blüte«, <grch. *aner,* Gen. *andros* »Mann« + *oikos* »Haus«]

Syn|an|dri|um *auch:* **Sy|nand|ri|um** ⟨n.; -s, -dri|en; Bot.⟩ durch die Verwachsung von Staubgefäßen entstehender Pflanzenteil (z. B. bei Glockenblumen- od. Lobeliengewächsen) [<*Syn...* + neulat. *androecium* »Gesamtheit der Staubblätter einer Blüte«]

Syn|an|thro|pie *auch:* **Sy|nanth|ro|pie** ⟨f.; -, -n⟩ Vergesellschaftung von Organismen mit dem Menschen (z. B. durch das unmittelbare Zusammenleben in Siedlungsgebieten) [<*Syn...* + grch. *anthropos* »Mensch«]

Syn|ap|se *auch:* **Sy|nap|se** ⟨f.; -, -n; Anat.⟩ Kontaktstelle der Neuronen [zu grch. *synapsis* »eng verbunden«]

Syn|ap|sis *auch:* **Sy|nap|sis** ⟨f.; -; unz.; Biol.⟩ während der ersten Phase der Reduktionsteilung sich vollziehende Paarung der sich entsprechenden Chromosomen [<*Syn...* + grch. *hapsis* »Verbindung, Führung, Rundung, Wölbung«]

syn|ap|tisch *auch:* **sy|nap|tisch** ⟨Adj.; Biochem.⟩ die Synapse betreffend, zu ihr gehörig, von ihr stammend

Syn|ä|re|se *auch:* **Sy|nä|re|se** ⟨f.; -, -n⟩ Zusammenziehung der Vokale zweier Silben zu einem, z. B. »sehen« - »sehn« [<grch. *synairesis;* zu *synairein* »zusammennehmen«]

Syn|ar|thro|se *auch:* **Sy|narth|ro|se** ⟨f.; -, -n; Med.⟩ unbewegliche Knochenverbindung; *Sy* Synostose

Syn|äs|the|sie *auch:* **Sy|näs|the|sie** ⟨f.; -, -n; Med.⟩ Verknüpfung verschiedener Empfindungen, Erregung eines Sinnesorgans, die sich einem anderen Sinnesorgan mitteilt [zu grch. *synaisthanesthai* »zugleich wahrnehmen«]

syn|äs|the|tisch *auch:* **sy|näs|the|tisch** ⟨Adj.⟩ auf Synästhesie beruhend

Syn|cho|ro|lo|gie ⟨[-ço-] od. [-ko-] f.; -; unz.; Biol.⟩ **1** Wissenschaft von der Verbreitung der Lebewesen auf der Erde **2** Bereich der Pflanzensoziologie, der die räuml. Verbreitung von Pflanzengesellschaften beschreibt [<*Syn...* + grch. *chora* »Gegend, Boden« + *...logie*]

syn|chron ⟨[-kro:n] Adj.⟩ gleichlaufend, gleichzeitig, zeitlich übereinstimmend; *Ggs* asynchron [<*syn...* + grch. *chronos* »Zeit«]

Syn|chro|nie ⟨[-kro-] f.; -; unz.; Sprachw.⟩ **1** Sprachzustand zu einem bestimmten Zeitpunkt **2** Beschreibung, Untersuchung eines Sprachzustands; →*a.* Diachronie [→ *synchron*]

Syn|chro|ni|sa|ti|on ⟨[-kro-] f.; -, -en⟩ **1** ⟨Technik⟩ Vorgang u. Ergebnis des Synchronisierens **2** ⟨Film⟩ das Abstimmen von Bild u. Ton im Tonfilm, insbes. das akustische Einkopieren eines anderssprachl. Textes od. einer fremden Gesangsstimme [→ *synchronisieren*]

syn|chro|nisch ⟨[-kro:-] Adj.; Sprachw.⟩ Vorgänge, Zustände eines bestimmten Zeitabschnitts zusammenstellend, betreffend; *Sy* synchronistisch; *~e Sprachforschung*; →*a.* diachronisch

syn|chro|ni|sie|ren ⟨[-kro-] V.⟩ **1** zwei Vorgänge, Abläufe in gleichen Takt bringen **2** ⟨Film⟩ **2.1** Bild u. Ton zeitlich zusammenbringen, in Übereinstimmung bringen **2.2** einen fremdsprachigen Film mit Ton in der Landessprache unterlegen, der auf die Mundbewegungen u. den Ausdruck der Schauspieler abgestimmt ist; *Sy* doubeln (2); *einen Film ~; ein Tonband ~* **3** ⟨Technik⟩ *ein Getriebe ~* die Drehzahlen des Getriebes genau aufeinander abstimmen [→ *synchron*]

Syn|chro|ni|sie|rung ⟨[-kro-] f.; -, -en⟩ das Synchronisieren

Syn|chro|nis|mus ⟨[-kro-] m.; -, -nis|men⟩ **1** Gleichlauf **2** zeitliche Übereinstimmung [→ *synchron*]

S

syn|chro|nis|tisch ⟨[-kro-] Adj.⟩ = synchronisch

Syn|chron|mo|tor ⟨[-kro:n-] m.; -s, -to|ren; Technik⟩ elektrische Maschine, bei der sich der Läufer (synchron) mit dem Drehfeld dreht; *Ggs* Asynchronmotor

Syn|chron|op|se *auch:* **Syn|chro|nop|se** ⟨[-kro:n-] f.; -, -n⟩ Überblick über eine historische Entwicklung, Gegenüberstellung von Ereignissen (in tabellarischer Form); *eine ~ der Ereignisse in Wissenschaft u. Gesellschaft* [<*synchron* + grch. *opsis* »Sehen«]

Syn|chron|uhr ⟨[-kro:n-] f.; -, -en⟩ elektr. Uhr, deren Drehzahl von der Frequenz des Netzes (meist 50 Hz) abhängt

Syn|chro|tron *auch:* **Syn|chrot|ron** ⟨[-kro-] n.; -s, -e⟩ Gerät zur Beschleunigung von geladenen Elementarteilchen auf sehr große Geschwindigkeiten

Syn|dak|ty|lie ⟨f.; -, -n; Med.⟩ erbliche, angeborene Verwachsung an Fingern od. Zehen [<*Syn...* + grch. *daktylos* »Finger«]

Syn|des|mo|se ⟨f.; -, -n; Med.⟩ bindegewebsartige Verbindung zwischen Wadenbein (Tibula) u. Schienbein (Tibia) [<*Syn...* + grch. *desmos* »Band«]

Syn|des|mo|se|riss ⟨m.; -es, -e; Med.⟩ Riss der Syndesmose (häufig durch Umknicken beim Sport verursacht)

Syn|det ⟨n.; -s, -e; Chemie⟩ synthetisches Tensid [<engl. *synthetic detergens*]

Syn|de|ti|kon® ⟨n.; -s; unz.; Chemie⟩ dickflüssiger Klebstoff aus Essigsäure u. gelöster Gelatine [grch., »Bindendes«; zu *syndein* »zusammenbinden«]

syn|de|tisch ⟨Adj.; Sprachw.⟩ mit Hilfe einer Konjunktion; *~ verbundene Wörter* [<grch. *syndetos* »zusammengebunden«]

Syn|di|ka|lis|mus ⟨m.; -; unz.; Politik⟩ sozialist. Arbeiterbewegung mit genossenschaftlich-gewerkschaftlicher Charakter [→ *Syndikus*]

Syn|di|ka|list ⟨m.; -en, -en; Politik⟩ Anhänger, Vertreter des Syndikalismus

syn|di|ka|lis|tisch ⟨Adj.; Politik⟩ auf Syndikalismus beruhend, von ihm ausgehend

Syn|di|kat ⟨n.; -(e)s, -e⟩ **1** Amt eines Syndikus **2** Form des Kartells mit festen Preisbestimmungen u. eigener Verkaufsorganisation **3** in roman. Ländern verbandsartiger Zusammenschluss von Arbeitgebern u. -nehmern nach Branchen [→ *Syndikus*]

Syn|di|kus ⟨m.; -, -se od. -di|zi⟩ ständiger Rechtsbeistand von Unternehmen der Wirtschaft, Verbänden, Vereinen usw. [<grch. *syndikos* »gerichtl. Beistand« <*syn...* + *dike* »Recht«]

syn|di|zie|ren ⟨V.⟩ zu einem Syndikat zusammenschließen

syn|di|ziert ⟨V.⟩ in bzw. zu einem Syndikat zusammengeschlossen; *es handelt sich dabei um mehrere ~e Unternehmen*

Syn|drom ⟨n.; -s, -e⟩ Zusammentreffen einzelner, für sich allein uncharakteristischer Symptome zu einem kennzeichnenden Krankheitsbild [<grch. *syndrome* »Zusammenlauf«; zu *syndramein* »zusammenlaufen«]

◆ Die Buchstabenfolge **syn|e...** kann auch **sy|ne...** getrennt werden.

◆ **Syn|e|chie** ⟨[-ɛçi:] f.; -, -n; Med.⟩ Verklebung, Verwachsung der Regenbogenhaut des Auges mit der Linse *(hintere ~)* od. der Hornhaut *(vordere ~)* [<grch. *synecheia* »das Zusammenhalten«; zu *synechein* »zusammenhalten«]

◆ **Syn|e|dri|on** *auch:* **Syn|ed|ri|on** ⟨n.; -s, -dri|en⟩ **1** altgrch. Ratsversammlung **2** = Synedrium

◆ **Syn|e|dri|um** *auch:* **Syn|ed|ri|um** ⟨n.; -s, -dri|en; im alten Jerusalem⟩ oberstes Gericht; *Sy* Synedrion (2) [<grch. *synedrion* <*syn* »zusammen« + *hedra* »Sitz«]

◆ **Syn|ek|do|che** ⟨[-dɔxe:] f.; -, -n; Rhet.⟩ Stilmittel, bei dem etwas Allgemeines durch etwas Besonderes (Abstraktes durch Konkretes, die Gattung durch ein Einzelwesen) od. umgekehrt ersetzt wird, z. B. »der Römer« statt »alle Römer« oder »das Schwert« statt »die Waffen« [<grch. *synekdechesthai* »mit verstehen«]

◆ **syn|er|ge|tisch** ⟨Adj.⟩ zusammenwirkend [→ *Synergie*]

◆ **Syn|er|gie** ⟨f.; -, -n⟩ das Zusammenwirken [<*Syn...* + grch. *ergon* »Werk«]

◆ **Syn|er|gie|ef|fekt** ⟨m.; -(e)s, -e⟩ die sich aus der Zusammenarbeit zweier Unternehmen ergebenden positiven Auswirkungen wie z. B. eventuelle Kostenersparnisse

◆ **Syn|er|gis|mus** ⟨m.; -; unz.⟩ **1** ⟨Rel.⟩ Lehre von der Mitwirkung des Menschen bei seiner Erlösung durch Gottes Gnade (bes. bei den Anhängern Melanchthons) **2** die gleichgerichtete u. sich gegenseitig verstärkende Wirkung zweier od. mehrerer Kräfte, Lebewesen

◆ **Syn|er|gist** ⟨m.; -en, -en⟩ **1** ⟨Rel.⟩ Anhänger, Vertreter des Synergismus (1) **2** ⟨nur Pl.⟩ *~en* **2.1** ⟨Med.⟩ Organe, die zusammenwirken, z. B. Muskeln **2.2** ⟨Chemie⟩ sich in ihrer Wirkung ergänzende od. steigernde Substanzen [→ *Synergie*]

◆ **syn|er|gis|tisch** ⟨Adj.⟩ auf Synergismus beruhend, zusammenwirkend

◆ **Syn|e|sis** ⟨f.; -, -e|sen; Sprachw.⟩ grammatisch falsche Bezeichnung, die aber der Bedeutung entspricht, z. B. »die kleine Mariechen« [grch., »Einsicht«]

Syn|i|ze|se *auch:* **Sy|ni|ze|se** ⟨f.; -, -n; antike Metrik⟩ = Kontraktion (2) [zu grch. *synizein* »zusammensitzen«]

syn|karp ⟨Adj.; Bot.⟩ durch Synkarpie entstanden

Syn|kar|pie ⟨f.; -, -n; Bot.⟩ Verwachsung der Fruchtblätter einer Blüte zu einem einzigen Fruchtknoten [<neulat. *syncarpium* <grch. *syn* »zusammen« + *karpos* »Frucht«]

Syn|ki|ne|se ⟨f.; -, -n; Med.⟩ Mitbewegung (von Muskeln)

syn|kli|nal ⟨Adj.; Geol.⟩ muldenförmig [<grch. *synklinein* »zusammenneigen«]

Syn|kli|na|le ⟨f.; -, -n; Geol.⟩ = Synkline

Syn|kli|ne ⟨f.; -, -n; Geol.⟩ Mulde, Senke; *oV* Synklinale [→ *synklinal*]

Syn|ko|pe ⟨f.; -, -n⟩ **1** ⟨[zynkɔpe:]⟩ **1.1** ⟨Gramm.⟩ Ausfall eines unbetonten Vokals im Innern des Wortes, z. B. »ew'ger« statt »ewiger« **1.2** ⟨Metrik⟩ Ausfall einer Senkung **2** ⟨[zynko:pə] Musik⟩ Verlagerung des Akzentes von einem betonten auf einen unbetonten Teil des Taktes durch Zusammenziehung beider (gleicher) Noten zu einer [<grch. *synkoptein* »zusammenschlagen«]

syn|ko|pie|ren ⟨V.⟩ **1** durch Auslassen eines Lautes od. einer Senkung zusammenziehen; *Wörter* ~ **2** ⟨Musik⟩ den Akzent verlagern von; *synkopierter Rhythmus* [→ *Synkope*]

syn|ko|pisch ⟨Adj.⟩ in der Art einer Synkope

Syn|kre|tis|mus ⟨m.; -; unz.⟩ **1** ⟨Rel.⟩ Verschmelzung mehrerer Religionen, verschiedener Auffassungen, Standpunkte usw. **2** ⟨Sprachw.⟩ Zusammenfall von mehreren ursprünglich unterschiedlichen Formen; *Kasus*~ [<grch. *synkretizein* »verbinden«]

Syn|kre|tist ⟨m.; -en, -en⟩ Anhänger, Vertreter eines Synkretismus

syn|kre|tis|tisch ⟨Adj.⟩ in der Art eines Synkretismus, auf ihm beruhend

Syn|kri|se ⟨f.; -, -n; Philos.⟩ Vergleichung, Verbindung; *oV* Synkrisis; *Ggs* Diakrise, Diakrisis [<grch. *synkrisis; zu synkrinein* »verbinden, vergleichen«]

Syn|kri|sis ⟨f.; -, -kri|sen; Philos.⟩ = Synkrise

syn|kri|tisch ⟨Adj.⟩ vergleichend, verbindend, in der Art einer Synkrise

> ◆ Die Buchstabenfolge **syn|o...** kann auch **sy|no...** getrennt werden. Davon ausgenommen sind Zusammensetzungen, in denen die fremdsprachigen bzw. sprachhistorischen Bestandteile deutlich als solche erkennbar sind, z. B. *-ökologie*.

◆ **Syn|od** ⟨m.; -(e)s, -e; bis 1917 in Russland⟩ höchste kirchl. Behörde; *der Heilige* ~ [→ *Synode*]

◆ **syn|o|dal** ⟨Adj.; Theol.⟩ in der Art einer Synode, auf ihr beruhend; *Sy* ⟨selten⟩ synodisch (2)

◆ **Syn|o|da|le** ⟨f. 2 (m. 1); Theol.⟩ Mitglied einer Synode

◆ **Syn|o|dal|ver|fas|sung** ⟨f.; -; unz.; Theol.⟩ Verfassung evang. Kirchen, nach der eine aus Theologen u. Laien bestehende Synode die Kirche leitet

◆ **Syn|o|de** ⟨f.; -, -n; Theol.⟩ **1** Kirchenversammlung, bes. die evangelische, als Trägerin der Gesetzgebung **2** ⟨kath. Kirche⟩ = Konzil **3** die Körperschaft der evang. kirchl. Selbstverwaltung [<grch. *synodos* »Zusammenkunft« <*syn* »zusammen« + *hodos* »Weg«]

◆ **syn|o|disch** ⟨Adj.⟩ **1** ⟨Astron.⟩ auf die Stellung zu Sonne u. Erde bezogen, auf ihr beruhend **2** ⟨selten⟩ = synodal [→ *Synode*]

Syn|öko|lo|gie ⟨f.; -; unz.; Ökol.⟩ Lehre von den Lebensgemeinschaften u. ihren Wechselbeziehungen zur Umwelt

◆ **syn|o|nym** ⟨Adj.; Sprachw.⟩ sinnverwandt, von gleicher Bedeutung; *~e Wörter* [<grch. *synonymos* »gleichnamig« <*syn* »zusammen« + *onoma, onyma* »Name«]

◆ **Syn|o|nym** ⟨n.; -s, -e; Sprachw.⟩ sinnverwandtes Wort, Wort von gleicher od. ähnl. Bedeutung [→ *synonym*]

◆ **Syn|o|ny|mie** ⟨f.; -; unz.; Sprachw.⟩ Sinnverwandtschaft von Wörtern [→ *synonym*]

◆ **Syn|o|ny|mik** ⟨f.; -; unz.; Sprachw.⟩ **1** Sinnverwandtschaft **2** Lehre von der Sinnverwandtschaft der Wörter **3** Sammlung von Synonymen [→ *synonym*]

◆ **syn|o|ny|misch** ⟨Adj.; Sprachw.⟩ die Synonymie betreffend, zu ihr gehörig

◆ **Syn|op|se** ⟨f.; -, -n⟩ *oV* Synopsis **1** Zusammenstellung der Berichte gleichen Inhalts aus den Evangelien von Markus, Matthäus u. Lukas **2** Zusammenstellung von Schriften od. Stellen über den gleichen Gegenstand [<grch. *synopsis* »Übersicht« <*syn* »zusammen« + *opsis* »das Sehen«]

◆ **Syn|op|sis** ⟨f.; -, -op|sen⟩ = Synopse

◆ **Syn|op|tik** ⟨f.; -; unz.; Meteor.⟩ Teilgebiet der Meteorologie, das sich mit der Beschreibung des aktuellen Wetters, dessen Analyse u. den sich daraus ergebenden Prognosen befasst [→ *Synopse, Synopsis*]

◆ **Syn|op|ti|ker** ⟨nur Pl.; Theol.⟩ die Evangelisten Matthäus, Markus u. Lukas [→ *Synopse*]

◆ **syn|op|tisch** ⟨Adj.⟩ in der Art einer Synopse, zusammenstellend, zusammenschauend, nebeneinanderstellend

◆ **Syn|os|to|se** ⟨f.; -, -n; Med.⟩ = Synarthrose [<*Syn...* + grch. *ostoun* »Knochen«]

◆ **Syn|o|via** ⟨[-via] f.; -; unz.; Med.⟩ Gelenkschmiere [<*Syn...* + lat. *ovum* »Eistoff«]

◆ **Syn|ö|zie** ⟨f.; -, -n; Biol.⟩ das Zusammenleben zweier verschiedenartiger Organismen, wobei nur einer von ihnen Nutzen davon hat [<*Syn...* + *oikos* »Haus«]

◆ **syn|ö|zisch** ⟨Adj.⟩ auf Synözie beruhend

Syn|se|man|ti|kon ⟨n.; -s, -ti|ka; Sprachw.⟩ = Synsemantikum

Syn|se|man|ti|kum ⟨n.; -s, -ti|ka; Sprachw.⟩ erst in der Zusammenfügung mit anderen Wörtern Bedeutung gewinnendes Wort, z. B. eine Präposition; *oV* Synsemantikon; *Ggs* Autosemantikum [<*Syn...* + *Semantik*]

Syn|tag|ma ⟨n.; -s, -ma|ta od. -tag|men⟩ **1** ⟨veraltet⟩ Sammlung von Schriften verwandten Inhalts **2** ⟨Sprachw.⟩ syntaktisch gefügte Gruppe von Wörtern, wobei jedes einzelne Wort erst durch die Fügung seinen Wert bekommt [grch., »Zusammenstellung«]

syn|tag|ma|tisch ⟨Adj.⟩ in der Art eines Syntagmas, auf ihm beruhend

Syn|tak|tik ⟨f.; -; unz.; Sprachw.⟩ derjenige Aspekt der Semiotik, der die Beziehung zwischen den Zeichen, ihre Anreihung usw. betrifft; →*a.* Syntax (2)

syn|tak|tisch ⟨Adj.; Sprachw.⟩ die Syntax betreffend, auf ihr beruhend

Syn|tax ⟨f.; -; unz.; Sprachw.⟩ **1** Lehre vom Satzbau, Satzlehre **2** ⟨Semiotik⟩ = Syntaktik [<grch. *syntaxis* »Anordnung«]

Syn|tax|ana|ly|se ⟨f.; -, -n; Sprachw.⟩ = Parsing

Syn|the|se ⟨f.; -, -n⟩ *Ggs* Analyse **1** ⟨allg.⟩ der Aufbau eines Ganzen aus seinen Teilen; *oV* Synthesis **2** ⟨Philos.⟩ *oV* Synthesis **2.1** Verbindung zweier gegensätzlicher Begriffe (These u. Antithese) zu einem höheren dritten **2.2** dieser höhere (dritte) Begriff selbst **3** ⟨Chemie⟩ Aufbau einer chem. Verbindung aus ihren Bestandteilen [<grch. *synthesis* »Zusammensetzung«; zu *syntithenai* »zusammensetzen«]

Syn|the|sis ⟨f.; -, -the|sen⟩ = Synthese (1, 2)

Syn|the|si|zer ⟨[-saɪzə(r)] m.; -s, -; Musik⟩ Gerät zur Erzeugung künstlicher Töne mittels elektronischer Schaltungen, ermöglicht völlig neue Wege der musikalischen Komposition [zu engl. *synthesize* »verbinden, verschmelzen«]

Syn|the|tics ⟨Pl.; Textilw.⟩ Gewebe, Textilien aus Kunstfasern [zu engl. *synthetic* »künstlich, synthetisch«]

Syn|the|tik ⟨f.; -; unz.⟩ ganzheitliche, nicht zergliedernde Betrachtungsweise von Problemen; *Ggs* Analytik (1)

syn|the|tisch ⟨Adj.⟩ *Ggs* analytisch **1** auf Synthese beruhend, mittels Synthese **2** ⟨Sprachw.⟩ ganzheitlich; *~e Sprachen* S., in denen die Flexion durch an den Wortstamm angefügte Silben ausgedrückt wird, z. B. lat. »legi« im Unterschied zu dt. »ich habe gelesen«, oder lat. »patris« im Unterschied zu dt. »des Vaters«; *Ggs* analytische Sprachen **3** ⟨Chemie⟩ aus einfachsten Stoffen chem. hergestellt, künstlich hergestellt **4** ⟨Philos.⟩ *~es Urteil* U., in dem von einem Gegenstand etwas Neues ausgesagt wird, das nicht bereits in seinem Begriff enthalten ist

syn|the|ti|sie|ren ⟨V.; Chemie⟩ aus einfacheren Stoffen chemisch herstellen

Syn|tro|pie ⟨f.; -, -n⟩ **1** ⟨Med.⟩ Auftreten von zwei verschiedenen Krankheiten bei einem Kranken **2** Zustandsgröße der Thermodynamik, die den Grad von freier Energie angibt, die sich in einem physikalischen System befindet; →*a.* Entropie [<*Syn…* + *…tropie*]

Syn|u|rie *auch:* **Sy|nu|rie** ⟨f.; -, -n; Med.⟩ Ausscheiden von Fremdstoffen mit dem Harn [<*Syn…* + *…urie*]

Syn|zy|ti|um ⟨n.; -s, -ti|en; Biol.⟩ durch Verschmelzung vieler Zellen entstandenes, vielkerniges Plasma [<neulat. *syncytium* <grch. *syn* »zusammen« + *kytos* »Hohlgefäß«]

Sy|phi|lis ⟨f.; -; unz.; Med.⟩ aufgrund ihrer sehr spät auftretenden Folgen besonders gefährliche Geschlechtskrankheit; *Sy* Lues [nach dem Schäfer *Syphilus* in Fracastoros Gedicht »Syphilis sive Morbus Gallicus« (1530)]

Sy|phi|li|ti|ker ⟨m.; -s, -; Med.⟩ an Syphilis Erkrankter; *Sy* Luiker

sy|phi|li|tisch ⟨Adj.; Med.⟩ an Syphilis leidend, durch sie hervorgerufen; *Sy* luisch

Sy|rin|ge ⟨f.; -, -n; Bot.⟩ Flieder [<*Syrinx* (da aus den Zweigen Flöten geschnitten wurden)]

Sy|rin|gen ⟨Pl. von⟩ Syringe, Syrinx

Sy|rin|gi|tis ⟨f.; -, -ti|den; Med.⟩ Entzündung der Ohrtrompete [<grch. *syrinx* »Röhre« + *…itis*]

Sy|rinx ⟨f.; -, Sy|rin|gen⟩ **1** ⟨Zool.⟩ die Stimme erzeugendes Organ der Vögel **2** ⟨Musik⟩ = Panflöte [grch., eigtl. »Röhre«]

Sy|ro|lo|gie ⟨f.; -; unz.⟩ Lehre von der Geschichte, Kultur u. den Sprachen Syriens [<*Syrien* + *…logie*]

sys|tal|tisch ⟨Adj.; Med.⟩ sich zusammenziehend [→ *Systole*]

Sys|tem ⟨n.; -s, -e⟩ **1** ein in sich geschlossenes, geordnetes u. gegliedertes Ganzes **2** Gesamtheit, Gefüge von Teilen, die voneinander abhängig sind, ineinandergreifen od. zusammenwirken, z. B. von Straßen, Flüssen, Lauten (einer Sprache); *das ~ einer Wissenschaft* **3** ⟨Physik⟩ Gesamtheit von Körpern, Feldern usw., die voneinander abhängig sind u. als Ganzes betrachtet werden **4** Ordnung; *etwas (Ungeordnetes) in ein ~ bringen* **5** Gesellschaftsordnung, Staatsform; *das herrschende ~ ablehnen, bekämpfen, unterstützen* **6** Einteilung von Tieren u. Pflanzen in übersichtliche Gruppen, die entwicklungsgeschichtlich verwandt sind **7** Methode, Prinzip; *in seinem Verhalten liegt ~; nach einem bestimmten ~ arbeiten, aussortieren, verwandeln, vorgehen* [<grch. *systema* »Gebilde«, <*syn* »zusammen« + *histanai* »stellen«]

Sys|tem|ad|mi|nis|tra|tor *auch:* **Sys|tem|ad|mi|nist|ra|tor** ⟨m.; -s, -en; EDV⟩ Netzwerktechniker, der als Systemverwalter in einem Computernetzwerk uneingeschränkte Zugriffsrechte hat u. für die Pflege u. Verwaltung des Netzwerkes zuständig ist

Sys|tem|ana|ly|se ⟨f.; -, -n; EDV⟩ **1** Zerlegung einer gestellten Aufgabe in zahlreiche Einzelschritte u. deren computergerechte Programmierung **2** Untersuchung der Eignungsmöglichkeiten eines Computers für die Lösung eines speziellen Problems

Sys|tem|ana|ly|ti|ker ⟨m.; -s, -; EDV⟩ jmd., der Systemanalysen durchführt

Sys|te|ma|tik ⟨f.; -, -en⟩ **1** Aufbau eines Systems **2** Kunst, ein System aufzubauen **3** Lehre vom System einer Wissenschaft

Sys|te|ma|ti|ker ⟨m.; -s, -⟩ jmd., der ein System beherrscht, der systematisch verfährt, arbeitet

sys|te|ma|tisch ⟨Adj.⟩ **1** auf einem System beruhend, in ein System gebracht **2** nach einem bestimmten System geordnet, gegliedert **3** sinnvoll, folgerichtig

sys|te|ma|ti|sie|ren ⟨V.⟩ in ein System bringen, nach einem System ordnen, aufbauen, gliedern

Sys|tem|for|schung ⟨f.; -; unz.⟩ (mathematisch exakte) Erforschung von Strukturen u. Funktionen komplexer Erscheinungen aus unterschiedl. Gebieten von Wissenschaft, Technik u. ihren Anwendungsbereichen

sys|tem|im|ma|nent ⟨Adj.⟩ zu einem System gehörend, sich innerhalb eines Systems bewe-

S

gend, abspielend, in ein System eingebaut

sys|te|misch ⟨Adj.; Med.⟩ den ganzen Organismus, das ganze Organsystem betreffend; *ein ~ wirksames Medikament* [→ *System*]

sys|tem|kon|form ⟨Adj.; Politik⟩ mit einem polit. System in Übereinstimmung

Sys|tem|kri|tik ⟨f.; -; unz.; Politik⟩ Kritik am polit. Systems des eigenen Staates; *~ üben*

Sys|tem|kri|ti|ker ⟨m.; -s, -; Politik⟩ Kritiker des polit. Systems des eigenen Staates

sys|tem|kri|tisch ⟨Adj.⟩ die Systemkritik betreffend, zu ihr gehörig, auf Systemkritik beruhend

sys|tem|ori|en|tiert ⟨Adj.⟩ auf ein bestimmtes System ausgerichtet, auf einem bestimmten Bezugssystem basierend; *die weiteren Schritte wurden ~ festgelegt*

Sys|tem|soft|ware ⟨[-sɔftwɛ:(r)] f.; -; unz.; EDV⟩ speziell auf ein EDV-System u. dessen Aufgabenbereich zugeschnittene Software

Sy|sto|le *auch:* **Sys|to|le** ⟨[systɔle:] od. [-sto:lə] f.; -, -n [-sto:lən]; Med.⟩ Zusammenziehung des Herzmuskels; *Ggs* Diastole (1) [grch., »Einschränkung«; zu *systellein* »zusammenziehen«]

sy|sto|lisch *auch:* **sys|to|lisch** ⟨Adj.; Med.⟩ auf der Systole beruhend; *Ggs* diastolisch

Sy|zy|gie ⟨f.; -, -n; Astron.⟩ = Syzygium

Sy|zy|gi|um ⟨n.; -s, -gi|en; Astron.⟩ *oV* Syzygie **1** = Konjunktion (3) **2** = Opposition (3) [<*Syn...* + grch. *zeugnynai* »verbinden«]

Sze|nar ⟨n.; -s, -e⟩ **1** = Szenarium **2** = Szenario [<ital. *scenario*]

Sze|na|rio ⟨n.; -s, -s⟩ *oV* Szenar (2) **1** Beschreibung einer möglichen Abfolge von Ereignissen, Zukunftsmodell, Plan dafür, wie etwas ablaufen soll **2** Landschaft, Schauplatz [<ital. *scenario*]

Sze|na|ri|um ⟨n.; -s, -ri|en⟩ *oV* Szenar (1) **1** ⟨Theat.⟩ Verzeichnis aller zu einer Aufführung notwendigen Requisiten, Dekorationen, über die technischen Vorgänge usw. **2** ⟨Film⟩ literarischer Teil eines Drehbuches; *oV* Scenario (2) [→ *Szene*]

Sze|ne ⟨f.; -, -n⟩ **1** Schauplatz, Bühne; *Applaus auf, bei offener ~; das spielt sich alles hinter der ~ ab* im Verborgenen, nicht öffentlich; *sie beherrscht stets die ~* ⟨fig.; umg.⟩ sie steht immer im Mittelpunkt **2** Teil eines Aktes, Auftritt, Bild; *eine ~ filmen, proben; erster Akt, dritte ~; ein Stück in ~setzen* zur Aufführung vorbereiten, inszenieren; *etwas in ~ setzen* ⟨fig.; umg.⟩ effektvoll ablaufen lassen; *sich in ~ setzen* ⟨fig.; umg.⟩ sich zur Geltung bringen, Eindruck machen **3** Vorgang, Anblick; *unseren Blicken bot sich eine hübsche, herzzerreißende, rührende ~* **4** Bereich, innerhalb dessen sich etwas abspielt; *Sy* Scene; *Musik~; Drogen~* **5** ⟨fig.; umg.⟩ *jmdm. eine ~ machen* heftige, laute Vorwürfe machen [<frz. *scène* »Szene« <grch. *skene* »Schattenraum, Zelt; Zelt hinter der Bühne; Bühnengerüst«]

Sze|ne|rie ⟨f.; -, -n⟩ **1** ⟨Theat.⟩ Bühnendekoration **2** ⟨bes. Mal.⟩ landschaftlich. Hintergrund, Gegend

sze|nisch ⟨Adj.⟩ **1** zu einer Szene gehörig od. notwendig **2** in der Art einer Szene, als Szene dargestellt

Szep|ter ⟨n.; -s, -⟩ = Zepter

szi|en|ti|fisch ⟨[stsiɛn-] Adj.⟩ wissenschaftlich [<lat. *scientificus;* zu *scientia* »Wissen(schaft)«]

Szi|en|ti|fis|mus ⟨[stsiɛn-] m.; -; unz.⟩ = Szientismus (1)

Szi|en|tis|mus ⟨[stsiɛn-] m.; -; unz.⟩ **1** nur auf Wissen u. Wissenschaft, nicht auf Glauben gegründete Anschauungsweise; *Ggs* Fideismus (2) **2** Lehre der Christian Science [→ *szientifisch*]

Szi|en|tist ⟨[stsiɛn-] m.; -en, -en⟩ **1** Anhänger des Szientismus (1) **2** Anhänger der Christian Science

Szi|en|tis|tin ⟨[stsiɛn-] f.; -, -tinnen⟩ **1** Anhängerin des Szientismus (1) **2** Anhängerin der Christian Science

szi|en|tis|tisch ⟨[stsiɛn-] Adj.⟩ auf dem Szientismus beruhend

Szil|la ⟨f.; -, Szil|len; Bot.⟩ einer Gattung der Liliengewächse angehörende kleine Pflanze mit blauen, sternförmigen Blüten, Blaustern: Scilla; *oV* Zille [<neulat. *scilla* <grch. *skilla*]

Szin|ti|graf ⟨f.; -en, -en; Med.⟩ = Szintigraph

Szin|ti|gramm ⟨n.; -s, -e; Med.⟩ durch die Einwirkung radioaktiver Strahlung auf eine fluoreszierende Schicht erzeugtes Bild zur Untersuchung von Körpergeweben [<lat. *scintillare* »Funken sprühen« + grch. *gramma* »Schriftzeichen«]

Szin|ti|graph ⟨m.; -en, -en; Med.⟩ Gerät zur Herstellung von Szintigrammen; *oV* Szintigraf [<lat. *scintillare* »Funken sprühen, flackern« + grch. *graphein* »schreiben«]

Szin|til|la|ti|on ⟨f.; -, -en; Physik; Technik⟩ **1** das Aufblitzen, Schwanken von Lichtern, z. B. das Funkeln der Sterne **2** das Aufblitzen mineralischer Stoffe beim Auftreffen radioaktiver Strahlen [zu lat. *scintillare* »Funken sprühen, flackern«]

szin|til|lie|ren ⟨V.⟩ aufleuchten, aufblitzen, flimmern, funkeln [<lat. *scintillare* »Funken sprühen, flackern«]

Szin|til|lo|me|ter ⟨n.; -s, -⟩ **1** ⟨Physik⟩ Gerät zur Suche uranhaltiger Lagerstätten, das ähnlich wie ein Geigerzähler arbeitet **2** Gerät zur Beobachtung u. Auswertung der Szintillation von Sternen

Szir|rhus ⟨m.; -; unz.; Med.⟩ harte Krebsgeschwulst (hauptsächlich bei weiblichen Brustdrüsen) [zu grch. *skirros* »hart«]

Szis|si|on ⟨f.; -, -en⟩ Spaltung, Trennung [zu lat. *scindere* »zerspalten«]

Szyl|la ⟨f.; -; unz.⟩ = Skylla

Szy|the ⟨m.; -n, -n⟩ = Skythe

t ⟨Zeichen für⟩ Zeit

T **1** ⟨chem. Zeichen für⟩ Tritium **2** ⟨Abk. für⟩ Tara **3** ⟨Zeichen für⟩ **3.1** Tesla **3.2** Temperatur, Zeit **3.3** Tera…

Ta **1** ⟨chem. Zeichen für⟩ Tantal **2** ⟨Abk. für⟩ Tara

Tab ⟨[ta:b] od. engl. [tæb] m.; -s, -s⟩ **1** ⟨Abk. für⟩ Tabulator **2** Vorrichtung an Schreibmaschinen **3** vorspringender Teil einer Karteikarte zur Kennzeichnung [engl.]

Ta|bak ⟨a. [-'-] m.; -s, -e⟩ **1** ⟨unz.⟩ einer Gattung der Nachtschattengewächse angehörendes nikotinhaltiges Kraut: Nicitiana; *~ bauen* **2** ⟨zählb.⟩ aus dem Tabak (1) hergestelltes Genussmittel; *oV* Toback, Tobak; *Zigaretten~; Pfeifen~; Kau~; ~ kauen, rauchen, schnupfen* [<frz. *tabac, tobaco* <span. *tabaco,* vermutl. <Taino]

Ta|bak|mo|sa|ik|krank|heit ⟨f.; -, -en; Bot.⟩ Viruskrankheit der Tabakpflanze

Ta|bas|co® ⟨n.; -; unz.⟩ Chiligewürz [nach dem mexikan. Bundesstaat *Tabasco*]

Ta|bas|co|sau|ce ⟨[-so:sə] f.; -, -n⟩ = Tabascosoße

Ta|bas|co|so|ße ⟨f.; -, -n⟩ besonders aus Chili hergestellte, scharfe Würzsoße; *oV* Tabascosauce [→ *Tabasco®*]

Ta|ba|ti|e|re ⟨[-tje:rə] f.; -, -n⟩ Tabaksdose, Schnupftabaksdose [<frz. *tabatière*]

ta|bel|la|risch ⟨Adj.⟩ in Form einer Tabelle, in Tabellen angeordnet

ta|bel|la|ri|sie|ren ⟨V.⟩ in Tabellen aufzeichnen, anordnen

Ta|bel|le ⟨f.; -, -n⟩ Übersicht von Zahlen, Begriffen o. Ä. in der Form von Spalten od. Listen; *Sy* ⟨österr.⟩ Tableau (3) [<lat. *tabella* »Täfelchen«]

ta|bel|lie|ren ⟨V.⟩ *Daten, Werte od. Begriffe ~* in Form einer Tabelle darstellen; *tabellierte Werte der Untersuchung*

Ta|ber|na|kel ⟨n. od. m.; -s, -; kath. Kirche⟩ Schrein auf dem Altar zur Aufbewahrung der geweihten Hostie [<lat. *tabernaculum,* Verkleinerungsform zu *taberna* »Hütte«]

Ta|ber|ne ⟨f.; -, -n⟩ = Taverne

Ta|bes ⟨f.; -; unz.; Med.⟩ Auszehrung, Schwund; *~ dorsalis* Rückenmarksschwindsucht [lat., »Fäulnis«]

ta|be|tisch ⟨Adj.; Med.⟩ = tabisch

ta|bisch ⟨Adj.; Med.⟩ an Tabes (dorsalis) leidend; *Sy* tabetisch

◆Die Buchstabenfolge **ta|bl…** kann auch **tab|l…** getrennt werden.

◆**Ta|blar** ⟨n.; -s, -e; schweiz.⟩ Brett in Regalen u. Gestellen [<lat. *tabularium* »Archiv«; zu *tabula* »Brett«]

◆**Ta|bleau** ⟨[-blo:] n.; -s, -s⟩ **1** ⟨Theat.⟩ wirkungsvoll gruppiertes Bild **2** ⟨El.⟩ Tafel, auf der Ergebnisse angezeigt werden **3** ⟨österr.⟩ = Tabelle [frz. <lat. *tabula* »Tafel«]

◆**Ta|ble|top** ⟨[tɛıbltɔp] n.; -s, -s⟩ Arrangement diverser Objekte als Stillleben für Fotografien od. Trickfilmaufnahmen [engl., »Tischplatte«]

◆**Ta|blett** ⟨n.; -(e)s, -e⟩ kleines Brett mit erhöhtem Rand zum Auftragen von Geschirr, Speisen usw. [<frz. *tablette* »Täfelchen«, Verkleinerungsform zu *table* »Tisch«; → *Tableau*]

◆**Ta|blet|te** ⟨f.; -, -n⟩ in eine runde, flache Form gepresstes Arzneimittel [<frz. *tablette;* → *Tablett*]

◆**ta|blet|tie|ren** ⟨V.⟩ in die Form von Tabletten bringen

◆**Ta|ble|wa|ter** ⟨[tɛıblwɔ:tə(r)] n.; -s, -s; geh.⟩ Mineralwasser [engl., »Tafelwasser«]

◆**Ta|bloid** ⟨[tæblɔıd] n.; -s, -s; umg.⟩ (kleinformatige) Boulevardzeitung, Publikationsorgan der Revolverpresse [engl., »Tablette; (umg.) Sensationsblatt«; zu (Adj.) *tabloid* »knapp, konzentriert«]

Ta|bo|rit ⟨m.; -en, -en⟩ Angehöriger einer radikalen Strömung innerhalb der Hussiten [nach der Stadt *Tabor* (südlich von Prag), die 1420 als Lager der Hussiten gegründet wurde; zu türk.-slaw. *tabor* »Heerhaufen, Heerlager«]

Tä|bris *auch:* **Täb|ris** ⟨m.; -, -⟩ nordpers. Knüpfteppich mit Medaillon und feinem, elegantem Muster aus Ranken, Zweigen u. Blumen in großer Fülle [nach der pers. Stadt *Täbris*]

ta|bu ⟨Adj.⟩ **1** unantastbar, heilig, geheiligt **2** verboten; *etwas für ~ erklären* [<polynes. (Tonga-Inseln)]

Ta|bu ⟨n.; -s, -s⟩ **1** ⟨bei Naturvölkern⟩ Vorschrift, gewisse Gegenstände, Personen, Tiere, Pflanzen, Handlungen usw. zu meiden; *ein ~ verletzen* **2** ⟨allg.⟩ herkömmliche, übernommene Vorschrift, etwas nicht zu tun od. über etwas nicht zu sprechen; *ein ~ überschreiten* [→ *tabu*]

ta|bu|ie|ren ⟨V.⟩ für tabu erklären; *oV* tabuisieren

Ta|bu|ie|rung ⟨f.; -, -en⟩ = Tabuisierung

ta|bu|i|sie|ren ⟨V.⟩ = tabuieren

Ta|bu|i|sie|rung ⟨f.; -, -en⟩ das Tabuisieren; *oV* Tabuierung

ta|bu|is|tisch ⟨Adj.⟩ das Tabu betreffend, wie ein solches beschaffen; *diese ~e Regel verbietet das Halten dieser Tiere*

Ta|bu|la gra|tu|la|to|ria ⟨f.; - -, -lae -ri|ae⟩ Liste der Gratulanten (bes. in Festschriften für Hochschullehrer) [lat.]

Ta|bu|la ra|sa ⟨f.; - -; unz.⟩ **1** ⟨urspr.⟩ Tafel, von der die Schrift entfernt wurde **2** ⟨Philos.⟩ Seele ohne jede Erfahrung **3** *mit etwas ~ machen* reinen Tisch machen, grundlegend Ordnung schaffen [lat.]

Ta|bu|la|tor ⟨m.; -s, -to|ren; Abk.: Tab⟩ Einstelltaste an Schreibmaschinen od. EDV-Anlagen, die ein sprunghaftes Weiterrücken des Wagens od. Cursors bewirkt [<lat. *tabula* »Brett, Tafel«]

Ta|bu|la|tur ⟨f.; -, -en⟩ **1** ⟨14.–16. Jh.⟩ Tafel mit den Regeln für den Meistergesang **2** ⟨14.–18. Jh.⟩ System von Notenschriften für Instrumentalmusik [<lat. *tabula* »Brett, Tafel«]

Ta|bu|rett ⟨n.; -(e)s, -e; veraltet⟩

niedriger Stuhl ohne Lehne [<frz. *tabouret;* Verkleinerungsform zu *ta(m)bour* <arab. *tanbur* »Trommel«]
Ta|bu|the|ma ⟨n.; -s, -the|men⟩ Thema, das mit einem Tabu (2) belegt ist, Gegenstand od. Sachverhalt, über den nicht gesprochen wird
tac. ⟨Musik; Abk. für lat.⟩ tacet
ta|cet ⟨Musik⟩ »es schweigt«, d. h. ein Instrument od. eine Stimme hat Pause [lat.]
Ta|che|les ⟨[-xə-] nur in der Fügung⟩ ~ *reden* zur Sache kommen, von geschäftl. Dingen reden, offen miteinander reden [<jidd. *tachlis* »Endzwecke«]
ta|chi|nie|ren ⟨[-xi-] V.; österr.; umg.⟩ faulenzen
Ta|chis|mus ⟨[-ʃɪs-] m.; -; unz.; Mal.⟩ Richtung der Malerei nach dem 2. Weltkrieg, die Bilder nicht bewusst, sondern durch spontan aufgetragene Farbflecken gestaltet; *oV* Taschismus [zu frz. *tache* »Fleck«]
Ta|chist ⟨[-ʃɪst] m.; -en, -en; Mal.⟩ Vertreter, Anhänger des Tachismus; *oV* Taschist
ta|chis|tisch ⟨[-ʃɪs-] Adj.; Mal.⟩ in der Art des Tachismus; *oV* taschistisch
Ta|cho ⟨m.; -s, -s; kurz für⟩ Tachometer
ta|cho..., Ta|cho... ⟨in Zus.⟩ geschwindigkeits..., Geschwindigkeits... [<grch. *tachos* »Geschwindigkeit«]
Ta|cho|graf ⟨m.; -en, -en⟩ = Tachograph
Ta|cho|graph ⟨m.; -en, -en⟩ Gerät zum Aufzeichnen von Geschwindigkeiten; *oV* Tachograf, Tachygraph (2) [< *Tacho...* + *...graph*]
Ta|cho|me|ter ⟨n.; -s, -⟩ Geschwindigkeitsmesser [< *Tacho...* + *...meter*]
ta|chy..., Ta|chy... ⟨in Zus.⟩ schnell..., Schnell... [<grch. *tachys* »schnell«]
Ta|chy|graf ⟨m.; -en, -en⟩ = Tachygraph
Ta|chy|gra|fie ⟨f.; -, -n⟩ = Tachygraphie
Ta|chy|graph ⟨m.; -en, -en⟩ *oV* Tachygraf **1** ⟨Antike⟩ Schreiber, der die Schnell- od. Kurzschrift beherrschte **2** = Tachograph
Ta|chy|gra|phie ⟨f.; -, -n⟩ Schnell-, Kurzschrift (bes. im Altertum); *oV* Tachygrafie [< *Tachy...* + *...graphie*]
Ta|chy|kar|die ⟨f.; -, -n; Med.⟩ übermäßige Steigerung der Herztätigkeit [< *Tachy...* + grch. *kardia* »Herz«]
Ta|chy|me|ter ⟨n.; -s, -⟩ Messgerät zum Festlegen von Punkten im Gelände nach Richtung, Entfernung u. Höhenunterschied mit nur einer Einstellung
Ta|chy|me|trie *auch:* **Ta|chy|met|rie** ⟨f.; -; unz.⟩ geodät. Messverfahren mit Hilfe des Tachymeters [< *Tachy...* + *...metrie*]
Ta|chy|o|nen ⟨Pl.; Physik⟩ theoretisch mögliche, aber noch nicht nachgewiesene Elementarteilchen, die sich stets mit Überlichtgeschwindigkeit bewegen [< *Tachy...* + *Ion*]
Ta|cker ⟨m.; -s, -⟩ kleines Gerät zum Befestigen von Heftklammern [zu engl. *tack* »anheften«]
ta|ckern ⟨V.; umg.⟩ mit dem Tacker arbeiten, etwas anheften
Tack|ling ⟨[tæk-] n.; - od. -s, -s; Sport; Fußb.⟩ Versuch, dem Gegner den Ball zwischen den Füßen hindurch wegzutreten [engl., »Angreifen«]
Tacks ⟨[tæks] n.; -es, -e⟩ metallener od. hölzerner Stift für Schuhe zum Verbinden von Oberleder u. Brandsohle; *oV* Täcks [<engl. *tacks* (Pl.); zu *tack* »anheften«]
Täcks ⟨m.; -es, -e⟩ = Tacks
Tac|tus ⟨m.; -; unz.; Med.⟩ Tastsinn [<lat., »Berührung«]
Tae-Bo® ⟨n.; -; unz.; Sport⟩ Fitnessprogramm mit Musik, das auf den asiatischen Kampfsportarten Taekwondo u. Karate basiert
Tae|kwon|do *auch:* **Taek|won|do** ⟨[tɛ-] n.; -; unz.; Sport⟩ korean. Form der waffenlosen Selbstverteidigung [<jap.-korean. *tae* »springen, schlagen« + *kwon* »Faust« + *do* »Weg«]
Tael ⟨[tɛːl] n.; -s, -s od. -⟩ alte chines. Münze u. Gewichtseinheit [portug. <malai. *tahil* »Gewicht, Tael«; vermutl. <Hindi]
taff ⟨Adj.; eindeutschend für⟩ tough
Taft ⟨m.; -(e)s, -e⟩ steifer, glänzender Stoff aus reiner od. mit einem anderen Material gemischter Seide für Kleider u. als Futter [zu mlat. *taffeta* <pers. *taftah* »gewebt«]
taf|ten ⟨Adj.; selten⟩ aus Taft
Tag ⟨[tæg] m. od. n.; -s, -s⟩ **1** ⟨EDV⟩ strukturierendes Zeichen innerhalb eines Textes (um bestimmte Textteile zu kennzeichnen u. deren automatische Sortierung o. Ä. zu ermöglichen) **2** gemaltes od. gespraytes Schriftzeichen, Kürzel als Graffitibestandteil [engl., »Schild, Etikett«]
Tag|cloud ⟨[tægklaʊd] f.; -, -s; EDV⟩ Liste alphabet. sortierter Stichwörter, die flächig angeordnet sind, wobei stärker gewichtete Wörter hervorgehoben sind, Schlagwortwolke; → *a.* Tag [<engl. *tag* »strukturiertes Zeichen«, eigtl. »Etikett, Schild« + *cloud* »Wolke«]
Ta|ge|tes ⟨f.; -; unz.; Bot.⟩ zu den Korbblütlern gehörende Zierpflanze [nach *Tages,* Gen. *Tagetis,* einem etrusk. Gott]
tag|gen ⟨[tægən] V.; EDV⟩ mit einem Tag versehen, eindeutig kennzeichnen [→ *Tag*]
Tag|ger ⟨[tæg-] m.; -s, -⟩ jmd., der Tags od. Graffiti sprüht
Tag|ging ⟨[tægɪŋ] n.; - od. -s, -s; EDV⟩ das Taggen
Ta|gli|a|tel|le *auch:* **Tag|li|a|tel|le** ⟨[taljatɛlə] Pl.; Kochk.⟩ ital. Bandnudeln [ital.]
Tag|mem ⟨n.; -s, -e; Sprachw.⟩ in einer grammatikal. Struktur die kleinste bedeutungstragende Einheit; → *a.* Episem, Grammem [zu grch. *tagma* »Ordnung«]
Tag|me|mik ⟨f.; -; unz.; Sprachw.⟩ Richtung des US-amerikan. Strukturalismus, die die Sprache auf der phonolog., lexikal. u. syntakt. Ebene in Einheiten einteilt, die jeweils durch eine Einheit der gleichen Form- bzw. Wortklasse ersetzt werden können [→ *Tagmem*]
Tai-Chi ⟨[-tʃiː] n.; - od. -s; unz.⟩ **1** ⟨Philos.⟩ der Urgrund des Seins, aus dem alles hervorgeht **2** ⟨Sport⟩ Übungen mit langsamem, ruhigem Bewegungsablauf, Schattenboxen [chines., »das höchste Prinzip, der große Balken«]

Tai|fun ⟨m.; -s, -e; Meteor.⟩ Wirbelsturm, bes. an den Küsten Südostasiens [<chines. *tai fung* »großer Wind«, beeinflusst von engl. *typhoon* »Wirbelsturm« <grch. *typhon*]

Tai|ga ⟨f.; -; unz.; Geogr.⟩ waldiges u. sumpfiges Gebiet, bes. in Sibirien [<russ. *tajga* <türk. *dag* »Gebirge«]

Tai|ko|naut ⟨m.; -en, -en⟩ chinesischer Raumfahrer [verkürzt <chines. *taik*ong »Weltraum« + Astro*naut*]

Tail|gate ⟨[tɛɪlgɛɪt] m.; - od. -s; unz.; Musik⟩ Spielweise der Posaune im New-Orleans-Jazz [amerikan., eigtl. »Hecktür; schieben«]

Tail|le ⟨[taljə] f.; -, -n⟩ **1** schmalste Stelle des Rumpfes zwischen dem unteren Bogen der Rippen u. der Hüfte **2** ⟨Kart.⟩ das Aufdecken der Blätter für Gewinn od. Verlust **3** ⟨in Frankreich vom 15. Jh. bis zur Frz. Revolution⟩ Einkommens- u. Vermögenssteuer der nichtprivilegierten Stände (Bürger, Bauern) [frz., »Einschnitt«; zu *tailler* »schneidern«]

Tail|leur[1] ⟨[tajøːr] m.; -s, -s⟩ **1** Schneider **2** Bankhalter (bei Glücksspielen) [frz.; zu *tailler* »schneidern«]

Tail|leur[2] ⟨[tajøːr] n.; -s, -s; schweiz.⟩ Schneiderkostüm [→ *Tailleur*[1]]

tail|lie|ren ⟨[tajiːrən] V.⟩ **1** in der Taille eng anliegend arbeiten (Anzug, Kostüm) **2** ⟨Kart.⟩ die Karten aufdecken [→ *Taille*]

tai|lor|ma|de ⟨[tɛɪləmɛɪd] Adj.⟩ vom Schneider gearbeitet [engl.]

Tai|pan[1] ⟨m.; -s, -s; Zool.⟩ bis zu 4 m lang werdende Giftnatter Australiens: Oxyuranus scutellatus [einheimischer Name in Australien]

Tai|pan[2] ⟨m.; -s, -e; Wirtsch.⟩ Geschäftsführer eines ausländischen Unternehmens in China [chines.]

Ta|ke ⟨[tɛɪk] n.; -s, -s; Film⟩ zur Schleife geklebtes Band eines Tonfilms mit einer kleinen Szene, das bei der Synchronisation immer wieder abläuft, bis die Übersetzung den Bewegungen der Lippen entspricht [engl., »Aufnahme; nehmen, aufnehmen«]

Take-away *auch:* **Take|away** ⟨[tɛɪkəwɛɪ] m. od. n.; -s, -s⟩ *Sy* Takeout (2) **1** in einem Restaurant od. Imbiss zubereitete Mahlzeit zum Mitnehmen; *~ macht das Kochen überflüssig* **2** Restaurant od. Imbiss mit Straßenverkauf; *eine Bar mit ~* [zu engl. *take away* »weg-, fortnehmen«]

Ta|ke|la|ge ⟨[-ʒə] f.; -, -n; bei Segelschiffen⟩ die gesamte Segeleinrichtung einschließlich Masten, Segelwerk; *Sy* Takelung, Takelwerk [zu mnddt. *takel;* verwandt mit *Zacken*]

Ta|ke|lung ⟨f.; -, -en⟩ = Takelage

Ta|kel|werk ⟨n.; -es; unz.⟩ = Takelage

Take-off *auch:* **Take|off** ⟨[tɛɪkɔf] m. od. n.; -s, -s⟩ Start (einer Rakete od. eines Flugzeuges) [engl., »abnehmen, von Bord bringen«]

Take-out *auch:* **Take|out** ⟨[tɛɪkaʊt] n. od. m.; - od. -s, -s⟩ **1** ⟨Sport; Curling⟩ Treffen des gegner. Spielsteins, so dass er vom Mittelpunkt des Zielkreises entfernt wird **2** = Take-away [zu engl. *take out* »entfernen, wegnehmen«]

Take-over *auch:* **Take|over** ⟨[tɛɪkoʊvə(r)] m.; -s, -s; Wirtsch.⟩ Kauf eines Unternehmens durch ein anderes mit dem Ziel, dessen Leistungskomponenten in den eigenen Besitz zu bringen u. Kontrolle über dessen Ressourceneinsatz zu gewinnen [engl., »Übernahme, Ablösung«]

Takt ⟨m.; -(e)s, -e⟩ **1** ⟨Musik⟩ rhythm. Maßeinheit eines Musikstücks, am Anfang durch Bruchzahlen ($3/4$, $4/4$, $6/8$), innerhalb des Stückes durch senkrechte Taktstriche gekennzeichnet; *Sy* Metrum (2), Misura; *den ~ halten; den ~ schlagen; ich bin aus dem ~ gekommen; jmdn. aus dem ~ bringen* ⟨a. fig.⟩ verwirren **2** der zwischen den Taktstrichen eingeschlossene kleinste Teil eines aufgezeichneten Musikstücks; *ein paar ~e des Liedes* **3** regelmäßiger Schlag, regelmäßige Bewegung; *der ~ von Maschinen; gegen den ~ marschieren; im ~ marschieren, turnen* **4** Abschnitt bei der Arbeit am Fließband **5** ⟨EDV⟩ Zeit zwischen zwei Steuerungs- od. Arbeitsschritten einer EDV-Anlage **6** ⟨unz.⟩ Gefühl für richtiges Verhalten, Einfühlungsvermögen u. entsprechende Handlungsweise; *viel, wenig ~ haben; eine Angelegenheit mit ~ behandeln* [<lat. *tactus* »Berührung«; zu *tangere* »berühren«]

tak|ten ⟨V.⟩ **1** einen Takt schlagen; *die Herzen ~ still* **2** einem bestimmten Takt unterwerfen, in Takten arbeiten, laufen lassen; *den wachsenden Zugverkehr ~; die Chips sind mit [illegible]00 MHz getaktet*

tak|tie|ren[1] ⟨V.; Musik⟩ den Takt schlagen, durch Handbewegungen angeben [→ *Takt*]

tak|tie|ren[2] ⟨V.⟩ taktisch vorgehen, eine bestimmte Taktik verfolgen [→ *Taktik*]

Tak|tik ⟨f.; -, -en⟩ **1** ⟨Mil.⟩ Theorie u. Praxis des Einsatzes von Einheiten, Truppenteilen u. Verbänden in Gefechten **2** ⟨allg.⟩ geschicktes Vorgehen, planvolles Ausnützen der Gegebenheiten zur Erreichung eines bestimmten Zieles [<grch. *taktike (techne)* »Kunst der Anordnung«; zu *tattein* »aufstellen«]

Tak|ti|ker ⟨m.; -s, -⟩ jmd., der die Taktik beherrscht

tak|til ⟨Adj.⟩ den Tastsinn betreffend, darauf beruhend; *~er Typ* = motorischer Typ [<lat. *tactilis;* zu *tactus,* Part. Perf. zu *tangere* »berühren«]

tak|tisch ⟨Adj.⟩ die Taktik betreffend, auf ihr beruhend, mit ihrer Hilfe geplant; → a. strategisch

Ta|kyr ⟨m.; -s, -e; Geogr.⟩ aus austrocknenden Seen u. Niederungen entstehende Art der Salztonebene in Turkmenistan

Ta|lar ⟨m.; -s, -e⟩ mantelartiges, weites, bis zu den Knöcheln reichendes schwarzes Gewand, Amtstracht von Geistlichen, Richtern usw. [<lat. *talaris (ornatus)* »bis zum Knöchel reichendes (Gewand)«; zu *talus* »Knöchel«]

Ta|lent ⟨n.; -(e)s, -e⟩ **1** antikes Gewicht (60 Minen = 36 kg) u.

ihm entsprechende Geldeinheit (6000 Drachmen) **2** ⟨fig.⟩ angeborene Begabung, Fähigkeit, doch keine schöpferische wie beim Genie **3** talentvoller Mensch [<lat. *talentum* <grch. *talaton,* eigtl. »Waage, das Gewogene«, im NT (Matth. 25,15 ff.) »anvertrautes Gut«]

ta|len|tiert ⟨Adj.⟩ Talent besitzend, talentvoll, begabt; *ein ~er Musiker, Pianist*

Ta|li|ban ⟨m.; -s, - od. -e⟩ Angehöriger einer Gruppe von radikalen islamischen Milizen (bes. in Pakistan u. Afghanistan) [<arab. *talib* »Student, Schüler«]

Ta|li|on ⟨f.; -, -en; in älteren Rechtsformen⟩ Vergeltung durch eine gleichartige, gleichwertige Handlung [<lat. *talio* »Wiedervergeltung«; Herkunft nicht geklärt]

Ta|lis|man ⟨m.; -s, -e⟩ kleiner, meist am Körper getragener, vermeintlich schützender od. glückbringender Gegenstand [<ital. *talismano* <arab. *tilasm,* Pl. *tilisman* »Zauberbild«]

> **→ Taille** Das aus dem Französischen stammende Wort *Taille* wird im Deutschen nicht [taj], sondern [taljə] ausgesprochen. Die beibehaltene Schreibung orientiert sich aber an der französischen Aussprache, wo der Laut [j] durch die Buchstabenfolge *ill* wiedergegeben wird und das auslautende *e* ungesprochen bleibt.

Tal|je ⟨f.; -, -n; Seew.⟩ Winde zum Straffen von Tauen, Takel [<lat. *talea* »abgeschnittenes Stück«]

tal|jen ⟨V.; Seew.⟩ aufwinden, straffen [→ *Talje*]

Talk[1] ⟨m.; -(e)s; unz.; Min.⟩ Speckstein, sehr weiches, blättriges od. schuppiges Mineral, das sich fettig anfühlt, Bestandteil von Schminken u. Pudern [<arab. *tal(a)q*]

Talk[2] ⟨[tɔ:k] m.; -s, -s; umg.⟩ Gespräch, Plauderei (in einer Talkshow) [engl.]

tal|ken ⟨[tɔ:kən] V.; umg.⟩ **1** in einer Talkshow über ein Thema diskutieren, reden **2** sich unterhalten, Konversation betreiben **3** ⟨abwertend⟩ oberflächlich über etwas reden, plappern [zu engl. *talk* »reden«]

Tal|ker ⟨[tɔ:kə(r)] m.; - od. -s, -; TV; umg.⟩ = Talkmaster

Talk|mas|ter ⟨[tɔ:k-] m.; -s, -; TV⟩ Leiter einer Talkshow; *Sy* ⟨umg.⟩ Talker [< *Talk*[2] + engl. *master* »Leiter«]

Talk|show ⟨[tɔ:kʃoʊ] f.; -, -s; TV⟩ Fernsehsendung, in der ein Moderator einen Gast od. mehrere Gäste gesprächsweise dem Publikum vorstellt [<engl. *talk* »Gespräch« + *Show*]

Tal|kum ⟨n.; -s; unz.⟩ fein gemahlener Talk, als Streumittel u. zum Glätten von Oberflächen verwendet

Tall|öl ⟨n.; -s, -e; Chemie⟩ bei der Herstellung von Zellstoff aus dem Holz von Kiefern entstehendes Nebenprodukt aus Harz- u. Fettsäuren, das u. a. zur Herstellung von Lacken verwendet wird [<schwed. *tallolja* »Fichtenöl«]

tal|mi ⟨Adj.; österr.⟩ = talmin

Tal|mi ⟨n.; -s; unz.⟩ **1** goldfarbige Legierung aus Kupfer, Zink u. 1% Gold für Schmuck **2** ⟨fig.⟩ Unechtes, Wertloses [verkürzt <frz. *Tallois-demi-or* »Tallois-Halbgold«; nach dem Erfinder *Tallois*]

tal|min ⟨Adj.⟩ **1** aus Talmi bestehend **2** ⟨fig.⟩ unecht, wertlos

Tal|mud ⟨m.; -s; unz.; Rel.⟩ Aufzeichnung (6. Jh. v. Chr. bis 9. Jh. n. Chr.) der jüd. Lehren, Vorschriften, Überlieferungen [hebr., »Gelerntes, Lehre«]

tal|mu|disch ⟨Adj.; Rel.⟩ den Talmud betreffend, auf ihm beruhend

Tal|mu|dis|mus ⟨m.; -; unz.; Rel.⟩ Weltanschauung u. Lehre, die aus dem Talmud hervorgeht bzw. aus ihm gewonnen wird

Tal|mu|dist ⟨n.; -en, -en; Rel.⟩ Kenner des Talmuds

tal|mu|dis|tisch ⟨Adj.⟩ **1** ⟨Rel.⟩ den Talmudismus betreffend, aus ihm hervorgehend **2** ⟨abwertend⟩ engstirnig am genauen Wortlaut festhaltend

Ta|lon ⟨[-lɔ̃:] m.; -s, -s⟩ **1** ⟨Kaufmannsspr.⟩ **1.1** Gutschein **1.2** Erneuerungsschein (bei Wertpapieren) **1.3** Zinsleiste **2** ⟨Kart.⟩ der nach dem Geben übrig bleibende Stoß von Karten **3** Rest der Dominosteine nach dem Geben **4** ⟨Musik⟩ Ende des Griffs eines Bogens bei Streichinstrumenten [frz., eigtl. »Stamm, Rest« <lat. *talus* »Ferse«]

Ta|ma|got|chi® ⟨[-ʃi] n.; -s, -s⟩ das Verhalten eines Babys simulierendes elektronisches Spielzeug in Form u. Größe eines Hühnereis, das bei unzureichender Versorgung per Tastatur sein digitales Leben beendet [<jap. *tamago* »Ei« + engl. *watch* + Verkleinerungssuffix *-i* »kleine Uhr«]

Ta|ma|ril|lo ⟨[-ri:jo] f.; -, -s; Bot.⟩ Baumtomate, aus Peru stammendes Nachtschattengewächs mit leicht bitter schmeckenden Beerenfrüchten: Cyphomandra betacea [span.]

Ta|ma|rin|de ⟨f.; -, -n; Bot.⟩ **1** in Indien heimischer Baum mit gefiederten, immergrünen Blättern: Tamarindus indica **2** Frucht des gleichnamigen Baumes, liefert das Tamarindenmus, ein leichtes Abführmittel [<arab. *tamr hindi* »indische Dattel«]

Ta|ma|ris|ke ⟨f.; -, -n; Bot.⟩ einer Gattung der Tamariskengewächse angehörender Strauch der Salzsteppen mit kleinen, nadel- od. schuppenförmigen Blättern: Tamarix [<lat. *tamariscus* <arab. *tamr* »Dattel«]

Tam|bour ⟨[-bu:r] m.; -s, -e od. (schweiz.) -bou|ren [-bu:rən]⟩ **1** Trommler **2** ⟨Arch.⟩ von Fenstern durchbrochener Sockel einer Kuppel [<mhd. *tambur* <afrz. *ta(m)bo(u)r* <arab. *tanbur* »Trommel«]

Tam|bour|ma|jor ⟨[-bu:r-] m.; -s, -e; Mil.; veraltet⟩ Anführer u. Ausbilder der Spielleute [< *Tambour* + *Major*]

Tam|bur ⟨m.; -s, -e⟩ **1** Stickrahmen **2** = Tambour **3** = Tanbur

tam|bu|rie|ren ⟨V.⟩ **1** Kettenstiche im Rahmen sticken **2** für den Scheitel einer Perücke zwischen Tüll u. Gaze Haare einknüpfen

Tam|bu|rin ⟨a. [-ri:n] n.; -s, -e⟩ **1** ⟨Musik⟩ **1.1** ⟨im Orient u. in

T

Südeuropa (bes. Spanien)⟩ kleine, flache Handtrommel mit am Rand befestigten Schellen **1.2** kleines, flaches, trommelartiges, unten offenes Gerät zum Ballspiel u. zum Schlagen des Taktes bei der Gymnastik **2** Stickrahmen [<frz. *tambourin,* Verkleinerungsform zu *tambour* »Handtrommel« <afrz. *ta(m)bo(u)r*]

Tam|bu|ri|za ⟨f.; -, -s; Musik⟩ mandolinenähnliches Saiten-(Zupf-)Instrument der Südslawen [<serbokr. *tamburica* »kleine Mandoline« <*tambur* »Trommel« <ital. *tamburo* <arab. *tanbur;* → *Tambour*]

Ta|mil ⟨n.; -s od. -; unz.⟩ zu den drawid. Sprachen gehörende Sprache der Tamilen

Ta|mi|le ⟨m.; -n, -n⟩ Angehöriger eines drawid. Volksstammes in Südvorderindien u. im Norden von Sri Lanka

Tamp ⟨m.; -(e)s, -e; Seew.⟩ = Tampen

Tam|pen ⟨m.; -s, -; Seew.⟩ Tauende; *oV* Tamp [ndrl., »Tauende«]

Tam|pon ⟨[tạmpɔŋ] od. [tampo:n] m. od. n.; -s, -s⟩ **1** mit Gaze, Mull o. Ä. überzogener Bausch aus Watte od. Zellstoff zum Aufsaugen von Flüssigkeiten, zur Blutstillung usw. **2** Ballen zum Einschwärzen der Druckplatte [frz., »Pfropfen«]

Tam|po|na|de ⟨f.; -, -n; Med.⟩ das Ausstopfen von Hohlräumen des Körpers mit Tampons

Tam|po|na|ge ⟨[-ʒə] f.; -, -n; Technik⟩ z. B. durch Zementieren erzielte Abdichtung eines Bohrlochs, um das Eindringen von Gas od. Wasser zu vermeiden [→ *Tampon*]

tam|po|nie|ren ⟨V.; Med.⟩ mit Tampons ausstopfen

T

Tam|tam ⟨n.; -s, -s⟩ **1** ⟨a. ['--] zählb.; Musik⟩ ostasiat. Musikinstrument, mit Klöppel geschlagenes, flaches Metallbecken, Gong **2** ⟨unz.; umg.⟩ Lärm, Aufhebens, Aufwand, aufdringl. Reklame; *jmdn. mit großem ~ empfangen; viel ~ um etwas machen* [Hindi]

tan ⟨Musik; Abk. für⟩ Tangens

Ta|na|gra|fi|gu|ren *auch:* **Ta|nag|ra|fi|gu|ren** ⟨Pl.⟩ in der altgrch. Stadt Tanagra gefundene, zierliche, bemalte, tönerne Figuren aus dem 4. bis 3. Jh. v. Chr.

Tan|bur ⟨m.; -s, -e od. -s; Musik⟩ arab.-pers. lautenartiges Zupfinstrument mit 3 od. 4 Saiten aus Stahl; *oV* Tambur (3) [→ *Tambour*]

Tan|dem ⟨n.; -s, -s⟩ **1** Fahrrad mit zwei Sitzen hintereinander **2** Wagen mit zwei hintereinandergespannten Pferden [lat., »schließlich, endlich; der Länge nach«]

Tan|dem|ma|schi|ne ⟨f.; -, -n; Technik⟩ Maschine mit zwei hintereinandergeschalteten Antrieben

tang ⟨Musik; Zeichen für⟩ Tangens

Tan|ga ⟨m.; -s, -s; Mode⟩ sehr knappgeschnittener Bikini [portug., »Lendenschurz«]

Tan|ga|re ⟨f.; -, -n; meist Pl.; Zool.⟩ in Mittel- u. Südamerika heimischer, bunter Singvogel, der den Finken ähnelt: Thraupidae [<portug. *tangara* <Tupi]

Tan|gens ⟨m.; -, -; Math.; Zeichen: tan, tang, tg⟩ eine Winkelfunktion, das Verhältnis von dem Winkel gegenüberliegender u. anliegender Kathete; *Ggs* Kotangens [lat., Part. Präs. zu *tangere* »berühren«]

Tan|gent ⟨m.; -en, -en⟩ = Tangente (2)

Tan|gen|te ⟨f.; -, -n⟩ **1** ⟨Math.⟩ Gerade, die eine Kurve in einem Punkt berührt **2** ⟨Musik⟩ Plättchen aus Messing am Ende einer Taste, das beim Klavichord die Saiten anschlägt u. sie so zum Klingen bringt; *oV* Tangent [<lat. *tangens,* Part. Präs. zu *tangere* »berühren«]

Tan|gen|ten|bus|so|le ⟨f.; -, -n; El.⟩ Strommesser, mit dem die Stromstärke durch Abweichung einer Magnetnadel von der Nord-Süd-Richtung gemessen wird

tan|gen|ti|al ⟨Adj.; Math.⟩ eine Kurve od. gekrümmte Fläche berührend [→ *Tangente*]

Tan|gen|ti|al|ebe|ne ⟨f.; -, -n; Math.⟩ Ebene, die einen Körper in einem Punkt berührt

Tan|ge|ri|ne ⟨f.; -, -n; Bot.⟩ Manderine [nach der marokkan. Stadt *Tanger*]

tan|gie|ren ⟨V.⟩ **1** ⟨Math.⟩ eine Kurve od. gekrümmte Fläche berühren **2** ⟨fig.⟩ **2.1** berühren, beeindrucken **2.2** betreffen, angehen; *das tangiert mich überhaupt nicht* [<lat. *tangere* »berühren«]

Tan|go ⟨m.; -s, -s; Musik⟩ aus einem argentinischen Volkstanz hervorgegangener europäischer Gesellschaftstanz im langsamen $^2/_4$-Takt [span. (südamerikan.); vermutl. <kongoles.]

Tan|gram *auch:* **Tang|ram** ⟨n.; -s; unz.⟩ aus sieben Teilen (Dreiecke, Quadrate) bestehendes Puzzle, das in verschiedenen Formen zusammengelegt werden kann [chines.-engl.; Herkunft unsicher]

Tä|nie ⟨[-njə] f.; -, -n; Biol.; Med.⟩ Gattung der Bandwürmer mit zahlreichen im Darm von Säugetieren schmarotzenden Arten: Taenia

Tank ⟨m.; -(e)s, -s od. -e⟩ **1** großer Behälter für (besonders feuergefährliche) Flüssigkeiten **2** ⟨Mil.; veraltet⟩ Panzer [vermutl. zu Hindi *tankh* »Wasserbehälter« (1915 in England als Deckname für die ersten Panzer gebraucht)]

Tan|ka ⟨f.; -, -s; Metrik⟩ aus zusammen 31 Silben bestehende japanische Kurzgedichtform mit einer dreizeiligen Strophe u. einer zweizeiligen Strophe [jap.]

Tank|top ⟨[tæŋk-] n.; -s, -s; Mode⟩ eng anliegendes, ärmelloses T-Shirt [<engl. *tank top* <*tank* »Panzer« (wegen der geraden Form) + *Top*]

Tan|nat ⟨n.; -(e)s, -e; Chemie⟩ Salz einer Gerbsäure [→ *Tannin*]

tan|nie|ren ⟨V.; Chemie⟩ mit Tannin behandeln, beizen

Tan|nin ⟨n.; -s, -e; Chemie⟩ in den Galläpfeln verschiedener Eichen- u. Sumacharten vorkommende organische Verbindung, die zum Gerben u. Beizen sowie für Tinten, Arzneimittel u. Klebstoffe verwendet wird [<frz. *tanin* »Gerbstoff«]

Tan|rek ⟨m.; -s, -s; Zool.⟩ Borstenigel, Madagaskarigel, in Erdhöhlen der Bergwälder Madagaskars lebender Angehöriger einer Familie von Insektenfressern: Teurecidae [madagassisch]

Tan|tal ⟨n.; -s; unz.; chem. Zeichen: Ta⟩ chem. Element, hartes, widerstandsfähiges Metall, Ordnungszahl 73, wird u. a. für die Herstellung von Chips u. Kondensatoren in Computern u. Handys sowie für die Produktion von Linsen für optische Geräte benötigt; →*a.* Coltan [nach *Tantalus,* der grch. Sagengestalt (wegen der Schwierigkeiten bei der Herstellung)]

Tan|ta|lus|qua|len ⟨Pl.⟩ nach der Gestalt aus der grch. Mythologie benannte Qualen, die man aussteht, wenn man etwas Ersehntes unmittelbar vor sich sieht u. doch nicht erreicht

Tan|ti|e|me ⟨a. [tã-] f.; -, -n; meist Pl.⟩ **1** prozentuale Gewinnbeteiligung von Autoren u. Komponisten bei der Veröffentlichung od. Aufführung ihrer Werke **2** Anteil am Gewinn eines Unternehmens, der den Vorstandsmitgliedern einer Aktiengesellschaft u. dem Aufsichtsrat zukommt [<frz. *tantième* »der sovielte Teil« <lat. *tantus* »so groß«]

tan|to ⟨Musik⟩ sehr; *allegro ma non* ~ lebhaft, rasch, aber nicht (zu) sehr (zu spielen) [ital.]

Tan|tra *auch:* **Tant|ra** ⟨n.; -s; unz.; Rel.⟩ Schrifttum der ind. Religion [Sanskrit]

Tan|tri|ker *auch:* **Tant|ri|ker** ⟨m.; -s, -; Rel.⟩ Vertreter, Anhänger des Tantrismus

tan|trisch *auch:* **tant|risch** ⟨Adj.; Rel.⟩ zur Tantra gehörend, auf ihr beruhend

Tan|tris|mus *auch:* **Tant|ris|mus** ⟨m.; -; unz.; Rel.⟩ in Indien entstandene Heilslehre, die von der mystischen Verflechtung aller existierenden Dinge ausgeht u. die rituelle Handlung als günstigen Einfluss auf Wohlergehen u. Seelenwanderung betrachtet [→ *Tantra*]

Tao ⟨a. [tau] n.; -; unz.; chines. Rel.⟩ **1** der Urgrund des Seins **2** der in mystischer Versenkung zu beschreitende Weg dorthin [chines., »Weg«]

Tao|is|mus ⟨a. [taʊ-] m.; -; unz.; Rel.⟩ wahrscheinlich von dem altchinesischen Philosophen Laotse begründete Lehre vom Tao

Tao|ist ⟨a. [taʊ-] m.; -en, -en; Rel.⟩ Vertreter, Anhänger des Taoismus

tao|is|tisch ⟨a. [taʊ-] Adj.; Rel.⟩ zum Taoismus gehörend, auf ihm beruhend

Ta|pa ⟨f.; -, -s; Textilw.; in Polynesien⟩ aus Baumrinde gewonnener Stoff für Kleidung [polynes., »Rindenstoff«]

Ta|pas ⟨Pl.; span. Kochk.⟩ (bes. in Bars angebotene) pikante Vorspeisen, Appetithäppchen

Tape ⟨[tɛɪp] n.; -s, -s⟩ **1** Papierstreifen zum Aufzeichnen von Signalen, z. B. Morsezeichen **2** Tonband, Kassette [engl., »(Ton-, Magnet-)Band, Streifen«]

Tape|deck ⟨[tɛɪp-] n.; -s, -s⟩ = Kassettendeck

Ta|pei|no|sis ⟨f.; -; unz.; Rhet.; Stilistik⟩ einer Sache die Wichtigkeit nehmender, abschwächender Begriff [grch., »Abschwächung«]

ta|pen ⟨[tɛɪpən] V.; Med.⟩ einen Tapeverband anbringen [<engl. *tape* »zu-, zusammenkleben«]

Ta|pe|na|de ⟨f.; -, -n; frz. Kochk.⟩ eine Würzpaste aus schwarzen Oliven, Kapern, Sardellen, Olivenöl u. a. Zutaten [frz., <prov. *tapenado* <*tapeno* »Kaper«]

Ta|pet ⟨n.; -(e)s, -e⟩ Bespannung von Konferenztischen; *etwas aufs* ~ *bringen* ⟨fig.⟩ zur Sprache bringen [<frz. *tapis* <mlat. *tapetum* »Wandteppich«]

Ta|pe|te ⟨f.; -, -n⟩ Wandverkleidung aus Gewebe, Leder od. (meist) Papier, häufig künstlerisch gestaltet [<mlat. *tapeta;* zu *tapetum* »Wandteppich«]

Ta|pe|tum ⟨n.; -s; unz.⟩ **1** ⟨Bot.⟩ das Archespor umgebende Zellschicht, die der Ernährung der Pollenkörner dient **2** ⟨Zool.⟩ stark reflektierende Schicht hinter dem lichtempfindlichen Teil des Auges von Nachtraubtieren u. Fischen, die Lichtstrahlen auf die davorliegenden Sehzellen zurückwirft [<lat. *tapetum* »Wandteppich«]

Tape|ver|band ⟨[tɛɪp-] m.; -(e)s, -bän|de; Med.⟩ selbstklebender Druckverband, der kurativ u. vorbeugend zur Einschränkung der Bewegungsmöglichkeit z. B. von Gelenken angelegt wird [→ *tapen*]

Ta|pe|zier ⟨m.; -s, -e⟩ = Tapezierer

ta|pe|zie|ren ⟨V.⟩ mit Tapete bekleben, verkleiden [<ital. *tappezzare,* frz. *tapisser* »tapezieren«]

Ta|pe|zie|rer ⟨m.; -s, -⟩ Handwerker, der Zimmer tapeziert; *oV* Tapezier

Ta|pi|o|ka ⟨f.; -; unz.⟩ Stärke aus den Wurzeln des südamerikan. Manioks [portug., span. <Tupi *typyoca, tapioca, tipioca*]

Ta|pir ⟨m.; -s, -e; Zool.⟩ Angehöriger einer Familie von Pflanzenfressern, die den Schweinen ähneln: Tapiridae [<Tupi *tapira*]

Ta|pis|se|rie ⟨f.; -, -n⟩ **1** Werkstatt, in der Teppiche u. Tapeten gewirkt werden **2** Geschäft für Handarbeiten **3** gewirkte Tapete, Wandteppich **4** Kreuzstichstickerei auf gitterartigem Gewebe [<frz. *tapis* »Teppich«]

Ta|ra ⟨f.; -, Ta|ren; Abk.: T, Ta⟩ **1** Gewicht der Verpackung **2** Verpackung (einer Ware) [ital. <arab. *tarh* »Abzug«]

Ta|ran|tel ⟨f.; -, -n; Zool.⟩ in Südeuropa vorkommende Wolfsspinne, deren Biss entgegen dem Volksglauben für den Menschen harmlos ist: Lycosa tarantula; *wie von der* ~ *gestochen aufspringen, davonrennen* ⟨fig.⟩ wie besessen, plötzlich u. heftig [<frühnhd. *tarantula,* ital. *tarantola;* zu *Taranto,* dem ital. Namen von *Tarent*]

Ta|ran|tel|la ⟨f.; -, -tel|len od. -s; Musik⟩ süditalien. Volkstanz im 3/4- od. 6/8-Takt [<ital. *tarantola* »Tarantel« od. <*Taranto;* → *Tarantel*]

Ta|rar ⟨m.; -s, -e; Landw.⟩ Maschine zum Reinigen von Getreide, bei der durch ein Flügelrad Wind erzeugt wird, der Staub u. Stroh aus dem Korn bläst [<frz. *tarare* »Getreidereinigungsmaschine«]

Tar|busch ⟨m.; -(e)s, -e; arab. Bez. für⟩ Fes [<arab. *tarbuš*

»Schweißkappe« <türk. *ter* »Schweiß« + pers. *puš* »bedecken«]

tar|dan|do ⟨Musik⟩ zögernd (zu spielen) [zu ital. *tardare* »zögern, verzögern«]

Tar|de|noi|si|en ⟨[-noazjẽ:] n.; -s; unz.; Geol.⟩ Kulturstufe der Mittelsteinzeit [nach dem Fundort *Fère-en-Tardenois* im frz. Dep. Aisne]

tar|div ⟨Adj.; Med.⟩ sich langsam entwickelnd, erst später eintretend (von Krankheiten) [<lat. *tardare* »verzögern, säumen«]

tar|do ⟨Adj.; Musik⟩ langsam, schwerfällig (zu spielen) [ital.]

Tar|get ⟨n.; -s, -s; Kernphysik⟩ Material, auf das ein Teilchen od. ein Gammastrahl gelenkt wird, um z. B. Kernreaktionen in ihm zu erzeugen [engl., »Zielscheibe«]

ta|rie|ren ⟨V.⟩ **1** durch Gegengewichte das Reingewicht einer Ware auf der Waage ausgleichen **2** Gewicht der Tara feststellen von [→ *Tara*]

Ta|rier|waa|ge ⟨f.; -, -n⟩ Feinwaage, deren Nullpunkt vor Beginn des Wiegevorgangs durch Hinzufügen oder Wegnehmen von Tarierschrot (kleine Metallkugeln od. -plättchen) genau eingestellt wird

Ta|rif ⟨m.; -(e)s, -e⟩ **1** vertraglich od. gesetzlich festgelegte Summe für Preise, Löhne, Gehälter, Steuern usw. **2** amtl. Verzeichnis von Preisen, Löhnen, Steuern usw.; *Steuer~; Fracht~; Zoll~* [<ital. *tariffa*, span., portug. *tarifa*, arab. *ta'rif(a)*; zu *'arafa* »wissen«]

Ta|rif|au|to|no|mie ⟨f.; -; unz.⟩ **1** Berechtigung, in eigener Verantwortung Tarifverträge zu schließen **2** Berechtigung, Tarife im öffentl. Verkehr selbstständig festzusetzen

Ta|ri|feur ⟨[-fø:r] m.; -s, -e⟩ jmd., der Tarife einschätzt, bestimmt

ta|ri|fie|ren ⟨V.⟩ **1** in einen Tarif aufnehmen **2** den Tarif einschätzen, bestimmen von

Ta|rif|kom|mis|si|on ⟨f.; -, -en⟩ Kommission aus Vertretern der Gewerkschaften u. der Arbeitgeber, die über den Abschluss von Tarifverträgen verhandelt

Ta|rif|kon|flikt ⟨m.; -(e)s, -e⟩ Konflikt zwischen zwei Tarifpartnern bezüglich der Tarife

ta|rif|lich ⟨Adj.⟩ dem Tarif gemäß

Ta|rif|par|tei ⟨f.; -, -en; meist Pl.⟩ Partei, Partner eines Tarifvertrages; *die ~en haben sich geeinigt*

Ta|rif|part|ner ⟨Pl.⟩ an einem Tarifvertrag beteiligte Vertreter von Arbeitgebern u. Arbeitnehmern

Ta|rif|po|li|tik ⟨f.; -; unz.⟩ das Verhandeln u. Regeln der Einkommens- u. Arbeitsbedingungen zwischen gewerkschaftlich organisierten Arbeitnehmern u. den Arbeitgebern bzw. den Arbeitgeberverbänden, bes. bezüglich der Tarifverträge

ta|rif|po|li|tisch ⟨Adj.⟩ die Tarifpolitik betreffend, auf ihr beruhend

Ta|rif|ver|trag ⟨m.; -(e)s, -trä|ge⟩ schriftl. Vereinbarung zwischen Gewerkschaft u. Arbeitgeber od. Arbeitgeberverband über die Arbeitsbedingungen zwischen Arbeitgeber u. -nehmer bezüglich des Tarifs

Tar|la|tan ⟨m.; -s, -e; Textilw.⟩ steifes, durchsichtiges Gewebe aus Baumwolle [<frz. *tarlatane*]

Ta|ro ⟨m.; -s, -s; Bot.⟩ Wasserbrotwurzel, Wurzelstock eines trop. Aronstabgewächses (Colocasia), der als Nahrungsmittel (Kartoffelersatz u. Mehl) dient [<polynes.]

Ta|rock ⟨n. od. m.; -s, -s; Kart.⟩ Kartenspiel für drei Spieler mit bes. Karten; →*a.* Tarot [<ital. *tarocco* <arab. *taraha*]

ta|ro|ckie|ren ⟨V.; Kart.⟩ **1** Tarock spielen **2** Trumpf ausspielen (im Tarock)

Ta|ro|ga|tó ⟨[ta:rogɔto:] n.; -s, -s; Musik⟩ ungarisches Holzblasinstrument mit konischem Korpus [ungar.]

Ta|rot ⟨[-ro:] n. od. m.; -s, -s⟩ zu spekulativen Aussagen über die Zukunft verwendetes Kartenspiel; →*a.* Tarock [frz.]

Tar|pan ⟨m.; -s, -e; Zool.⟩ in freier Wildbahn ausgestorbenes Wildpferd [russ., <kirgis. *tarpan*]

Tar|pon ⟨m.; -s, -s; Zool.⟩ Gattung großer, zu den Heringen gehörender Fische: Megalops [Herkunft unbekannt]

Tar|ra|go|na ⟨m.; -s, -s⟩ ein span. Süßwein [nach der gleichnamigen nordostspan. Stadt]

tar|sal ⟨Adj.; Med.⟩ **1** zur Fußwurzel gehörend **2** zum Lidknorpel gehörend [→ *Tarsus*]

Tars|al|gie *auch:* **Tar|sal|gie** ⟨f.; -, -n; Med.⟩ Schmerz, der durch Plattfußbildung verursacht wird

Tar|si|tis ⟨f.; -, -ti|den; Med.⟩ Entzündung des Lidknorpels [<grch. *tarsos* »Fußblatt, Sohle, breite Fläche« + ...*itis*]

Tar|sus ⟨m.; -, Tar|sen⟩ **1** ⟨Zool.⟩ als Fuß dienendes Glied von Gliederfüßern **2** ⟨Anat.⟩ **2.1** Fußwurzel (der hinteren Gliedmaßen der vierfüßigen Wirbeltiere u. der Beine des Menschen) **2.2** im oberen Lid eingelassene Platte aus Fasern [<grch. *tarsos* »Fußblatt, Sohle, breite Fläche«]

Tar|tan ⟨a. [ta:rtən] m.; - od. -s, -s⟩ **1** = Plaid (2) **2** ⟨Textilw.⟩ bunt karierter Stoff, bunt kariertes Muster **3** bes. elastischer Belag für Laufbahnen [engl.-schott.]

Tar|ta|ne ⟨f.; -, -n; Seew.⟩ einmastiges Fischerboot im Mittelmeer [<ital. *tartana* »kleines Schiff« <arab.]

Tar|ta|ros ⟨m.; -; unz.; grch. Myth.⟩ Abgrund der Unterwelt, in den Zeus seine Feinde stürzte [grch.]

Tar|ta|rus[1] ⟨m.; -; unz.; lat. Form von⟩ Tartaros [→ *Tartaros*]

Tar|ta|rus[2] ⟨m.; -; unz.⟩ Weinstein [lat.]

Tar|trat *auch:* **Tart|rat** ⟨n.; -(e)s, -e; Chemie⟩ Salz der Weinsäure [→ *Tartarus*[2]]

Tar|tüff ⟨m.; -s, -e⟩ Heuchler, Scheinheiliger [nach der Komödienfigur *Tartuffe* von Molière]

Ta|schis|mus ⟨m.; -; unz.; Mal.⟩ = Tachismus

Ta|schist ⟨m.; -en, -en; Mal.⟩ = Tachist

ta|schis|tisch ⟨Adj.; Mal.⟩ = tachistisch

TASER® *auch:* **Ta|ser** ⟨[tɛɪzə(r)] m.; -s, -⟩ Pistole, die mit Nadeln u. Widerhaken versehene Projektile verschießt, durch die

Elektroschocks auf die Zielperson übertragen werden (wird auch als Polizeiwaffe eingesetzt u. ist in Deutschland waffenscheinpflichtig), Elektroschockwaffe [engl., nach dem Buch »Tom Swift and His Electric Rifle« von Victor Appleton]

ta|sern ⟨[tɛɪ-] V.⟩ mit einem Taser beschießen; *der Flüchtige wurde getasert*

Task[1] ⟨m.; -s, -s; EDV⟩ selbstständige, abgeschlossene Anwendung od. ein Unterprogramm als Teil eines Programms; *die ~leiste auf dem Computerbildschirm* [engl., »Aufgabe«]

Task[2] ⟨f.; -, -s; allg.; umg.⟩ zu bewältigende Arbeit, zur Erledigung anstehende Aufgabe [engl., »Aufgabe«]

Task|force ⟨[-fɔːs] f.; -, -s [-sɪz]⟩ Gruppe, die für einen begrenzten Zeitraum zur Bewältigung einer bestimmten Aufgabe zusammengestellt wird; *~ für die Einführung des Euros* [engl., »Sondereinheit, Spezialeinheit«]

TASS ⟨f.; -; unz.; Abk. für russ.⟩ Telegrafnoje Agenstwo Sowjetskowo Sojusa (Nachrichtenagentur der früheren UdSSR, seit 1992 ITAR-TASS)

Tas|ta|tur ⟨f.; -, -en⟩ die Gesamtheit der Tasten

Tas|te ⟨f.; -, -n⟩ mit dem Finger herabzudrückender Hebel, z. B. am Klavier, an der Schreibmaschine [<ital. *tasto* »Taste«]

Tas|ter ⟨m.; -s, -⟩ **1** Zirkel zum Ausmessen von Innen- od. Außenweiten **2** der Schreibmaschine ähnlicher Teil von Setzmaschinen bzw. Dateneingabegeräten, mit dem der Text gesetzt bzw. eingegeben wird **3** Setzer, der den Taster (2) bedient [→ *Taste*]

Ta|tar ⟨n.; - od. -s; unz.; Kochk.⟩ rohes, gehacktes, mit Pfeffer u. Salz, Essig u. Öl, Zwiebeln u. evtl. rohem Ei angemachtes Rindfleisch [nach dem mongol. Volksstamm der *Tataren*]

ta|tau|ie|ren ⟨V.⟩ = tätowieren

tä|to|wie|ren ⟨V.⟩ *jmdn. ~* Farbstoff durch Nadelstiche in jmds. Haut bringen u. diese dadurch mit (nicht mehr entfernbaren) Figuren od. Mustern versehen; *oV* tatauieren [<tahit. *tatau* »Zeichen, Malerei«]

Tä|to|wie|rung ⟨f.; -, -en⟩ **1** ⟨unz.⟩ das Tätowieren **2** ⟨zählb.⟩ die durch Tätowieren entstandenen Figuren od. Muster auf der Haut; *Sy* Tattoo (2)

Tat|ter|sall ⟨m.; -s, -s⟩ Reitschule [nach dem engl. Trainer *Tattersall*, † 1795]

Tat|too[1] ⟨[tatuː], engl. [tətuː] n.; - od. -s, -s⟩ Musikparade, Zapfenstreich [engl.]

Tat|too[2] ⟨[tatuː], engl. [tətuː] m. od. n.; -s, -s⟩ = Tätowierung (2) [engl.]

Tau ⟨n.; - od. -s, -s; Zeichen: τ, Τ⟩ grch. Buchstabe

taupe ⟨[toːp] Adj.; undekl.⟩ von maulwurfgrauem Farbton [frz., »Maulwurf«]

Tau|rin ⟨n.; -s, -e; Biochemie⟩ Neurotransmitterhemmstoff, der beim Abbau der Aminosäure Cystein entsteht [<grch. *tauros* »Stier«, weil es erstmals 1824 aus der Ochsengalle isoliert wurde]

tau|schie|ren ⟨V.⟩ *Metall ~* mit anderem, meist edlerem u. farbigem Metall einlegen [<ital. *tausia* »Einlegearbeit« <arab. *taušija* »Färbung; Verzierung«]

Tau|ta|zis|mus ⟨m.; -, -zis|men; Rhet.; Stilistik⟩ unschöne Häufung ähnlicher Laute, bes. am Anfang aufeinanderfolgender Wörter [<grch. *ta auta* »das Gleiche«]

Tau|to|lo|gie ⟨f.; -, -n; Rhet.⟩ rhetor. Figur, bei der das bereits Gesagte durch ein sinnverwandtes Wort wiederholt wird, z. B. nackt u. bloß, alter Greis [<grch. *to auto* »das Gleiche« + *...logie*]

tau|to|lo|gisch ⟨Adj.; Rhet.⟩ in der Art einer Tautologie, auf ihr beruhend

tau|to|mer ⟨Adj.; Chemie⟩ auf Tautomerie beruhend, durch sie entstanden [<grch. *to auto* »das Gleiche« + *...mer*]

Tau|to|me|rie ⟨f.; -, -n; Chemie⟩ umkehrbare Umwandlung von miteinander im Gleichgewicht stehenden Isomeren

Ta|ver|ne ⟨[-vɛr-] f.; -, -n⟩ Schenke, Kneipe; *oV* Taberne [<lat. *taberna* »Hütte, Laden, Wirtshaus, Schaubude«]

Ta|xa|me|ter ⟨m. od. n.; -s, -⟩ Zählwerk im Taxi, Fahrpreisanzeiger [<frz. *taxerd* »taxieren« + *...meter*]

Ta|xa|ti|on ⟨f.; -, -en⟩ das Taxieren, Schätzung, Ermittlung (eines Wertes)

Ta|xa|tor ⟨m.; -s, -to|ren⟩ jmd., der etwas taxiert, Schätzer

Tax|card ⟨f.; -, -s; schweiz.⟩ = Telefonkarte

Ta|xe ⟨f.; -, -n⟩ **1** Schätzung (eines Wertes) **2** festgesetzter Preis **3** Gebühr, Abgabe; *Kur~* **4** = Taxi [<frz. *taxe* <mlat. *taxa* »Schätzung, Anschlag, Satz«]

Ta|xem ⟨n.; -s, -e; Sprachw.⟩ in einer grammatikalischen Struktur die kleinste Einheit, die im Gegensatz zum Tagmem keine Bedeutung besitzt [zu grch. *taxis* »das Anordnen, Festsetzen«]

ta|xen ⟨V.⟩ = taxieren

Ta|xi ⟨n. od. (schweiz.) m.; -s, -s⟩ Personenkraftwagen, dessen Fahrer gegen Bezahlung Fahrgäste befördert; *oV* Taxe (4) [verkürzt < *Taxameter*]

Ta|xi|der|mie ⟨f.; -; unz.⟩ das Ausstopfen (von Tieren) [<grch. *taxis* »Anordnung, Aufstellung« + *...dermie*]

Ta|xie ⟨f.; -, -n; Bot.⟩ durch einen Reiz ausgelöste Bewegung von Pflanzen in Richtung auf den Reiz zu *(positive ~)* od. vom Reiz weg *(negative ~)*; *oV* Taxis (1); →*a.* Tropismus, Nastie [<grch. *taxis* »Anordnung, Aufstellung«]

ta|xie|ren ⟨V.⟩ *Sy* taxen **1** *den Wert ~* schätzen; *jmdn. ~* anschauen u. einschätzen **2** *einen Gegenstand ~* den Wert eines Gegenstandes (durch Begutachtung) ermitteln [<frz. *taxer* <lat. *taxare* »berühren, antasten, im Wert abschätzen«]

Ta|xis ⟨f.; -, -xi|en⟩ **1** ⟨Bot.⟩ = Taxie **2** das Wiedereinrichten von Knochen- u. Eingeweidebrüchen

Ta|xo|die ⟨[-djə] f.; -, -n; Bot.⟩ in Nordamerika beheimatete Gattung von Sumpfzypressen [<grch. *taxos* »Eibe«]

Ta|xon ⟨n.; -s, Ta|xa; Biol.⟩ systematische Kategorie wie z. B.

T

Stamm, Klasse, Ordnung, Familie, Gattung, Art [zu grch. *taxis* »Anordnung«]

ta|xo|nom ⟨Adj.; Biol.⟩ die Taxonomie betreffend, systematisch; *Sy* taxonomisch

Ta|xo|no|mie ⟨f.; -, -n; Biol.⟩ Einordnung in ein biolog. System; *die ~ der Pflanzen u. Tiere* [<grch. *taxis* »Anordnung« + *...nomie*]

ta|xo|no|misch ⟨Adj.; Biol.⟩ = taxonom

Ta|xus ⟨m.; -, -; Bot.⟩ Baum mittlerer Größe mit immergrünen Nadeln, Eibe: Taxus baccata [lat.]

Tay|lo|ris|mus ⟨[tɛɪ-] m.; -; unz.; Wirtsch.⟩ auf wissenschaftlichen Ergebnissen beruhende Betriebsführung mit dem Ziel, den Betriebsablauf möglichst wirtschaftlich zu gestalten; →*a.* Fordismus [nach dem US-amerikan. Ingenieur F. W. *Taylor*, 1856-1915]

Ta|zet|te ⟨f.; -, -n; Bot.⟩ in den Mittelmeerländern heim. Narzisse: Narcissus tazetta [<ital. *tazetta*]

Tb **1** ⟨chem. Zeichen für⟩ Terbium **2** = Tbc

TB ⟨Zeichen für⟩ Terabyte

Tbc ⟨Med.; Abk. für⟩ Tuberkulose

T-Bone-Steak ⟨[tiːbounstɛɪk] n.; -s, -s⟩ dünnes Rinderlendensteak mit einem T-förmigen Knochen; →*a.* Porterhousesteak [<engl. *t-bone* »T(-förmiger)-Knochen« + *Steak*]

Tc ⟨chem. Zeichen für⟩ Technetium

Te ⟨chem. Zeichen für⟩ Tellur

Teach-in *auch:* **Teach|in** ⟨[tiːtʃɪn] n.; - od. -s, -s⟩ polit. Diskussionsversammlung, bei der durch Aufklärung Missstände aufgedeckt werden sollen; →*a.* Go-in, Love-in, Sit-in [<engl. *teach* »lehren« + *in* »in, innen«]

Teak ⟨[tiːk] n.; -s; unz.; kurz für⟩ Teakholz

Teak|baum ⟨[tiːk-] m.; -(e)s, -bäu|me; Bot.⟩ trop. Baum, der ein gelblich braunes, sehr dauerhaftes Holz liefert: Textona grandis [<engl. *teak* <portug. *teca* <malai. *tekka*]

tea|ken ⟨[tiːken] Adj.⟩ aus Teakholz

Teak|holz ⟨[tiːk-] n.; -es, -höl|zer⟩ Holz des Teakbaumes

Team ⟨[tiːm] n.; -s, -s⟩ **1** ⟨Sport⟩ Mannschaft **2** Arbeitsgemeinschaft [engl., »Arbeitsgruppe, Mannschaft« <aengl. *team* »Nachkommenschaft, Familie; Gespann«]

Team|chef ⟨[tiːmʃɛf] m.; -s, -s; Sport⟩ Trainer einer Mannschaft, der keine offizielle Trainerausbildung absolviert hat; *Franz Beckenbauer wurde 1990 als ~ Weltmeister mit der deutschen Fußballnationalmannschaft*

Team|che|fin ⟨[tiːmʃɛ-] f.; -, -finnen⟩ Trainerin einer Mannschaft; →*a.* Teamchef

Team|geist ⟨[tiːm-] m.; -(e)s; unz.⟩ gleichgerichtetes Bestreben, guter Zusammenhalt eines Teams od. einer (Arbeits-) Gruppe, Mannschaftsgeist

Team|kol|le|ge ⟨[tiːm-] m.; -n, -n⟩ **1** ⟨Sport⟩ Kollege, Mitstreiter in einer Mannschaft **2** ⟨allg.⟩ Kollege, Partner in einer Gruppe, einer Abteilung

Team|kol|le|gin ⟨[tiːm-] f.; -, -ginnen⟩ weibl. Teamkollege

Team|tea|ching ⟨[tiːmtiːtʃɪŋ] n.; - od. -s; unz.; Päd.⟩ Form der Unterrichtsplanung u. -durchführung, die von einem Lehrerkollegium gemeinsam u. arbeitsteilig realisiert wird [<*Team* + engl. *teaching* »Unterrichten«]

Team|the|o|rie ⟨[tiːm-] f.; -, -n; Wirtsch.⟩ Theorie zur Verbesserung von Entscheidungsprozessen innerhalb eines Teams, nach der einzelne Teammitglieder aufgrund spezieller Informationen Teilhandlungen durchführen u. das Gesamtergebnis die Summe dieser Teilhandlungen ist

Team|work ⟨[tiːmwœːk] n.; -s; unz.⟩ Arbeit eines gut aufeinander abgestimmten Teams [<engl. *team* + *work* »Arbeit«]

Tea|room ⟨[tiːruːm] m.; -s, -s⟩ Raum in Hotels u. Restaurants, in dem Tee ausgeschenkt wird [<engl. *tea* »Tee« + *room* »Raum«]

Tea|ser ⟨[tiːsə(r)] m.; -s, -⟩ Werbemittel, das die Aufmerksamkeit des Kunden auf das Produkt lenken u. die Kaufbereitschaft erhöhen soll (z. B. eine neue Verpackung) [engl., »Schelm, Schäker«; zu *tease* »reizen«]

Tech|ne|ti|um ⟨n.; -s; unz.; chem. Zeichen: Tc⟩ künstlich hergestelltes, radioaktives chem. Element, Ordnungszahl 43 [<grch. *technetos* »künstlich«]

Tech|ni|co|lor® ⟨n.; -s; unz.; TV⟩ früheres Verfahren zur Erstellung von Farbfilmen, bei dem drei Schwarz-Weiß-Filme gleichzeitig belichtet werden u. aus denen über Farbfilter der eigentliche Farbfilm hergestellt wird

tech|ni|fi|zie|ren ⟨V.⟩ = technisieren

Tech|nik ⟨f.; -, -en⟩ **1** ⟨unz.; i. w. S.⟩ die Kunst, mit den zweckmäßigsten u. sparsamsten Mitteln ein bestimmtes Ziel od. die beste Leistung zu erreichen **2** ⟨unz.; i. e. S.⟩ **2.1** Gesamtheit aller Mittel, die Natur aufgrund der Kenntnis u. Anwendung ihrer Gesetze dem Menschen nutzbar zu machen **2.2** Gesamtheit der Kunstgriffe, Regeln, maschinellen Verfahren auf einem Gebiet; *Dramen~; Bühnen~; Bau~* **3** ⟨zählb.⟩ Art u. Weise der Herstellung, Verfahren **4** ⟨zählb.⟩ ausgebildete Fähigkeit, Kunstfertigkeit; *Fahr~; Schwimm~; Mal~* **5** ⟨zählb.; österr.⟩ = technische Hochschule [<frz. *technique* <grch. *technikos* »kunstvoll, kunstgemäß, sachverständig, fachmännisch«]

Tech|ni|ker ⟨m.; -s, -⟩ **1** Facharbeiter auf einem Gebiet der Technik (2.1) **2** wissenschaftlich ausgebildeter Fachmann auf einem Gebiet der Technik; →*a.* Ingenieur **3** auf techn. Gebiet bes. begabter Mensch, im Unterschied zum Künstler od. Geisteswissenschaftler

Tech|ni|ke|rin ⟨f.; -, -rin|nen⟩ weibl. Techniker

Tech|ni|kum ⟨n.; -s, -s od. -ni|ken⟩ technische Fachschule

tech|nisch ⟨Adj.⟩ die Technik betreffend, auf ihr beruhend, mit ihrer Hilfe, in der Technik gebräuchlich; *~e Hochschule* ⟨Abk.: TH⟩ der Universität

T

gleichgestellte Ausbildungs- u. Forschungsstätte der Technik; *~e Universität* ⟨Abk.: TU⟩ technische Hochschule mit auch nichttechn. Fakultäten

tech|ni|sie|ren ⟨V.⟩ auf techn. Betrieb umstellen, für techn. Betrieb einrichten

Tech|ni|zis|mus ⟨m.; -, -zis|men⟩ 1 ⟨zählb.⟩ techn. Ausdruck, techn. Redewendung 2 ⟨unz.⟩ Auffassung, die technischen Fortschritt als die wesentliche Grundlage für gesellschaftliche Fortentwicklung ansieht

tech|ni|zis|tisch ⟨Adj.⟩ in der Art des Technizismus, vom Technizismus bestimmt, die technische Gestaltung (übermäßig) stark betonend; *eine architektonisch u. ~ kühne Bauweise*

Tech|no ⟨[tɛkno:] m.; - od. -s; unz.; Musik⟩ (bes. in Diskotheken verbreitete) schnelle, stark rhythmisierte elektronische Popmusik; *Sy* Technomusik; →*a.* Acidhouse [engl.]

tech|no|id ⟨Adj.⟩ stark durch die Technik (2.1) beeinflusst, durch sie bestimmt, aus ihr hervorgegangen [< *technisch* + ... *id*]

Tech|no|krat ⟨m.; -en, -en⟩ Vertreter, Anhänger der Technokratie

Tech|no|kra|tie ⟨f.; -; unz.⟩ 1 aus den USA stammende Strömung, die die Vorherrschaft der Technik über das polit. u. wirtschaftl. Leben u. ihre größtmögliche Ausnutzung für den Wohlstand der Menschheit fordert 2 ⟨abwertend⟩ Herrschaft der Technik [< *Technik* + ... *kratie*]

Tech|no|kra|tin ⟨f.; -, -tin|nen⟩ Vertreterin, Anhängerin der Technokratie

tech|no|kra|tisch ⟨Adj.⟩ zur Technokratie gehörend, auf ihr beruhend

Tech|no|lekt ⟨m.; -s, -e; Sprachw.⟩ Fachsprache [< *Technik* + Dia*lekt*]

Tech|no|lo|ge ⟨m.; -n, -n⟩ wissenschaftlich ausgebildeter Fachmann auf dem Gebiet der Technik, der Technologie

Tech|no|lo|gie ⟨f.; -, -n⟩ 1 Lehre von den in der Technik angewendeten u. anwendbaren Produktionsverfahren 2 Gesamtheit der technolog. Prozesse u. Arbeitsvorgänge 3 Gesamtheit der Fachkenntnisse u. -methoden 4 Technik; *die Entwicklung u. Einführung neuer ~n* [< *Technik* + ... *logie*]

Tech|no|lo|gie|park ⟨m.; -s, -s⟩ Gelände innerhalb einer Stadt, auf dem verschiedene technische Unternehmen angesiedelt werden (zur Förderung u. zum Austausch techn. Wissens)

Tech|no|lo|gie|sek|tor ⟨m.; -s; unz.; Wirtsch.⟩ Gesamtheit der Absatzmärkte im Bereich neuer Technologien; *den ~ ausbauen; sich auf den ~ konzentrieren; in den ~ investieren*

Tech|no|lo|gie|trans|fer ⟨m.; -s; unz.⟩ Weitergabe technischer u. wissenschaftlicher Kenntnisse u. Verfahren an andere (z. B. an Länder der Dritten Welt)

Tech|no|lo|gie|zen|trum *auch:* **Tech|no|lo|gie|zent|rum** ⟨n.; -s, -zen|tren; Wirtsch.⟩ Ballung technologieorientierter Unternehmen an einem Standort mit der Absicht, das Innovationspotenzial zu steigern u. Synergieeffekte auszulösen

Tech|no|lo|gin ⟨f.; -, -gin|nen⟩ wissenschaftlich ausgebildete Fachfrau auf dem Gebiet der Technik, der Technologie

tech|no|lo|gisch ⟨Adj.⟩ die Technologie betreffend, auf ihr beruhend

Tech|no|mu|sik ⟨[tɛk-] f.; -; unz.⟩ = Techno

Tech|tel|mech|tel ⟨n.; -s, -⟩ Liebelei, Liebschaft [vielleicht < ital. *teco meco* »ich mit dir, du mit mir; unter vier Augen«]

Ted ⟨m.; -s, -s; kurz für⟩ Teddyboy

TED ⟨m.; -s; unz.⟩ Hochrechnung von telefonischen Stimmabgaben od. Meinungsumfragen bei Fernsehsendungen per Computer [verkürzt < *Te*le*d*ialog]

Ted|dy ⟨m.; -s, -s⟩ = Teddybär [engl., nach dem Spitznamen des US-amerikan. Präsidenten Theodore *(Teddy)* Roosevelt, 1858-1919]

Ted|dy|bär ⟨m.; -en, -en⟩ Bär aus Stoff (als Kinderspielzeug) [< engl. *teddy bear* < *Teddy* + *bear* »Bär«]

Ted|dy|boy ⟨[-bɔɪ] m.; -s, -s⟩ 1 Jugendlicher, der die Mode der 1950er Jahre nachahmt 2 ⟨urspr.⟩ junger Mann, der die Mode der Zeit Edwards VII. (1901-1910) nachahmt [< engl. *Teddy* als Kosename für *Edward* + *boy* »Junge«]

Te|de|um ⟨n.; -s, -s; Musik⟩ 1 frühchristlicher Lobgesang 2 Chorwerk über diese Worte [lat., nach den Anfangsworten des Hymnus *Te Deum laudamus* »Dich, Gott, loben wir«]

Tee[1] ⟨m.; -s, -s⟩ 1 die aufbereiteten jungen Blätter des Teestrauches 2 Aufguss daraus 3 Aufguss von getrockneten Teilen einer Pflanze als Heilmittel; *Kamillen~, Pfefferminz~* [< engl. *tea,* frz. *thé,* ndrl. *thee,* ital. *té* < chines. *tscha,* südchines. Dialekt *te*]

Tee[2] ⟨[ti:] n.; -s, -s; Sport; Golf⟩ 1 Abschlagplatz für ein zu spielendes Loch 2 Holz- od. Plastikstift, auf den der Golfball zum Abschlag gelegt wird [engl., eigtl. »(Buchstabe) T«]

TEE ⟨Abk. für⟩ Trans-Europa-Express

Teen ⟨[ti:n] m.; -s, -s; meist Pl.; umg.; kurz für⟩ Teenager

Teen|ager ⟨[ti:nɛɪdʒə(r)] m.; -s, -⟩ Junge od. Mädchen zwischen 13 u. 19 Jahren [< engl. thir*teen* »dreizehn« bis nine*teen* »neunzehn«, also alle Zahlen, die mit der Endsilbe ... *teen* gebildet werden + *age* »Alter«]

Tee|ner ⟨[ti:-] m.; -s, -; umg.; kurz für⟩ Teenager

Tee|nie ⟨[ti:ni:] m.; -s, -s; umg.; kurz für⟩ Teenager; *oV* Teeny

Tee|ny ⟨[ti:ni:] m.; -s, -s; umg.⟩ = Teenie

Teer ⟨m.; -(e)s, -e⟩ bei der trockenen Destillation von Stein- u. Braunkohle, Torf u. Holz entstehende, braune bis schwarze, zähe Masse; *Holz~; Holzkohlen~; Braunkohlen~; Steinkohlen~* [< ndrl. *teer,* engl. *tar;* zu got. *triu* »Baum«, *trin* »Holz«]

tee|ren ⟨V.⟩ mit Teer bestreichen

Te|fil|la ⟨f.; -; unz.; Rel.⟩ jüd. Gebetbuch [< hebr. *tefillah, thefillah* »Gebet; Gebetbuch«; verkürzt < *siddur hatefilla* »Gebetordnung«]

T

Te|fil|lin ⟨Pl.; Rel.⟩ mit Bibelstellen beschriebene Streifen von Pergament, die in Kapseln gelegt u. beim Morgengebet mit Lederriemen an Stirn u. Arm gebunden werden [hebr., »Gebetsriemen«; → *Tefilla*]

Tef|lon® *auch:* **Te|flon®** ⟨a. [-'-] n.; -s; unz.⟩ Polytetrafluorethylen, ein hitzebeständiger Kunststoff

Teg|ment ⟨n.; -(e)s, -e; Bot.⟩ Knospenschuppe der Gehölze [<lat. *tegmentum* »Bedeckung, Schutz«]

Tei|cho|sko|pie *auch:* **Tei|chos|ko|pie** ⟨f.; -, -n; Theat.⟩ mündl. Bericht einer Figur in einem Schauspiel, die von einer erhöhten Position aus Vorgänge schildert, die auf der Bühne nicht zu sehen sind, Mauerschau [<grch. *teichos* »Mauer« + *skopein* »sehen«]

Te|in ⟨n.; -s; unz.; Bot.⟩ in den Blättern des Teestrauchs enthaltenes Koffein; *oV* Thein [< *Tee*[1], beeinflusst von *Koffein*]

Teint ⟨[tɛ̃ː] m.; -s, -s⟩ **1** Gesichtsfarbe **2** Gesichtshaut [frz., »gefärbter Stoff, Färbung, Tönung < *teindre* »färben« <lat. *tingere*]

Teis|te ⟨f.; -, -n; Zool.⟩ = Lumme

tek|tie|ren ⟨V.⟩ *Gedrucktes ~* durch Überkleben unkenntlich machen [<ahd. *decchiu* »Decke« <lat. *tectum* »Dach« <grch. *stegein* »decken«]

tek|tisch ⟨Adj.; Geol.⟩ die Absonderung von Kristallen aus Schmelzen betreffend [→ *Tektit*]

Tek|tit ⟨m.; -s, -en; Geol.⟩ rundlicher, birnen- od. flaschenförmiger, grüner (selten brauner), glasartiger Körper mit über 70 % Kieselsäure-Gehalt, Glasmeteorit [zu grch. *tektos* »geschmolzen«]

tek|to|gen ⟨Adj.; Geol.⟩ auf Tektogenese beruhend, sie betreffend, durch sie entstanden

Tek|to|ge|ne|se ⟨f.; -, -n; Geol.⟩ = Orogenese [<grch. *tekton* »Baumeister« + *Genese*]

Tek|to|nik ⟨f.; -; unz.⟩ **1** ⟨Geol.⟩ Lehre vom Bau u. von den Bewegungen der Erdkruste **2** ⟨Kunst⟩ Lehre vom inneren Aufbau eines Kunstwerkes **3** ⟨bes. Arch.⟩ Lehre vom harmonischen Zusammenfügen von Einzelteilen zu einem Ganzen [<grch. *tektonikos* »die Baukunst betreffend«]

tek|to|nisch ⟨Adj.⟩ die Tektonik betreffend, auf ihr beruhend; *Ggs* atektonisch

Tek|to|nit ⟨n.; -s, -e; Geol.⟩ durch tektonische Vorgänge in seiner Struktur stark verändertes Gestein

Tek|tur ⟨f.; -, -en⟩ **1** Decke, Umschlag, Deckblatt **2** Berichtigung des Textes durch Überkleben [→ *tektieren*]

Te|la ⟨f.; -, Te|len; Anat.⟩ Gewebe, Bindegewebe [lat.]

Tel|an|thro|pus *auch:* **Te|lanth|ro|pus** ⟨m.; -, -pi⟩ in Südafrika gefundener fossiler Frühmenschentypus [<grch. *tele* »weit, fern« + *anthropos* »Mensch«]

te|le..., Te|le... ⟨in Zus.⟩ fern, weit [grch.]

Te|le|ban|king ⟨[-bæŋkıŋ] n.; - od. -s; unz.⟩ = Electronic Banking; →*a.* Homebanking

Te|le|brief ⟨m.; -(e)s, -e⟩ Brief, bei dem der Text am Aufgabeort über Nachrichtenkabel zu einem dem Empfänger nahe gelegenen Postamt geleitet, dort ausgedruckt u. als normaler Brief zugestellt wird

Te|le|disc ⟨f.; -, -s⟩ eine Bildplatte zum Abspielen von Spielfilmen über das Fernsehgerät [< *Tele...* + *Disc*]

Te|le|fax ⟨n.; -, - od. -e⟩ **1** ⟨unz.⟩ Übertragungsdienst zur (Fern-)Kopie von Schriftbildern u. Zeichnungen durch spezielle Abtastgeräte über das Fernsprechnetz **2** ⟨zählb.⟩ per Telefax (1) übermittelte Fernkopie; *Sy* Fax **3** = Telekopierer [verkürzt < *Telefon* + engl. *exchange* »Austausch« (analog zu *Telex* gebildet)]

te|le|fa|xen ⟨V.⟩ per Telefax übermitteln, fernkopieren; *Sy* faxen; *einen Brief ~*

Te|le|fon ⟨a. ['---] n.; -s, -e⟩ Fernsprecher; *oV* Telephon [<grch. *tele* »weit« + *phone* »Stimme«]

Te|le|fon... ⟨in Zus.⟩ = Fernsprech...

Te|le|fo|nat ⟨n.; -(e)s, -e⟩ Telefongespräch, Anruf; *ein ~ führen*

Te|le|fon|ban|king ⟨[-bæŋkıŋ] n.; - od. -s; unz.; Bankw.⟩ Anlageberatung u. Abwicklung von persönlichen Bankangelegenheiten per Telefon

Te|le|fo|nie ⟨f.; -; unz.⟩ **1** elektromagnet. Übertragung des Schalls **2** Fernsprechwesen [< *Tele...* + *...phonie*]

te|le|fo|nie|ren ⟨V.⟩ durch das Telefon (mit jmdm.) sprechen, fernsprechen; *mit jmdm. ~*

te|le|fo|nisch ⟨Adj.⟩ mit Hilfe des Telefons, fernmündlich

Te|le|fo|nist ⟨m.; -en, -en⟩ Angestellter im Fernsprechwesen, in Betrieben o. Ä., der ein Telefon bedient, Telefongespräche vermittelt

Te|le|fo|nis|tin ⟨f.; -, -tin|nen⟩ weibl. Telefonist

Te|le|fon|kar|te ⟨f.; -, -n⟩ Karte in der Größe einer Scheckkarte, auf der je nach Kaufpreis Gebühreneinheiten gespeichert sind, die beim Telefonieren mit einem Kartentelefon abgebucht werden; *Sy* ⟨schweiz.⟩ Taxcard

Te|le|fon|kon|fe|renz ⟨f.; -, -en⟩ Konferenz, bei der mehrere Personen durch vernetzte Telefone miteinander in Verbindung treten können

Te|le|fon|sex ⟨m.; -; unz.⟩ der sexuellen Erregung dienende Unterhaltung am Telefon

Te|le|fo|to ⟨n.; -s, -s; kurz für⟩ Telefotografie

Te|le|fo|to|gra|fie ⟨f.; -; unz.⟩ Fernfotografie; *Sy* Telefoto

te|le|gen ⟨Adj.⟩ wirkungsvoll im Fernsehen; *jmd. ist ~* [< *tele...* + *...gen*[1]]

Te|le|graf ⟨m.; -en, -en⟩ Gerät zur elektr., akust. od. opt. Übermittlung von Nachrichten in bestimmten Zeichen, z. B. der Morseapparat; *oV* Telegraph [< *Tele...* + *...graph*]

Te|le|gra|fie ⟨f.; -; unz.⟩ Übermittlung von Nachrichten durch akust., elektr. od. opt. Geräte in bestimmten Zeichen, z. B. Morsezeichen; *oV* Telegraphie; *drahtlose ~*

te|le|gra|fie|ren ⟨V.⟩ *eine Nachricht ~* telegrafisch übermitteln, weiterleiten; *oV* telegraphieren [→ *Telegraf*]

te|le|gra|fisch ⟨Adj.⟩ auf Telegrafie beruhend, mit ihrer Hilfe; *oV* telegraphisch

T

Te|le|gra|fist ⟨m.; -en, -en⟩ Angestellter, der Telegrafen bedient; *oV* Telegraphist

Te|le|gramm ⟨n.; -s, -e⟩ mittels Telegrafie weitergeleitete Mitteilung; *ein ~ aufgeben* [< *Tele...* + *...gramm*]

Te|le|graph ⟨m.; -en, -en⟩ = Telegraf

Te|le|gra|phie ⟨f.; -; unz.⟩ = Telegrafie

te|le|gra|phie|ren ⟨V.⟩ = telegrafieren

te|le|gra|phisch ⟨Adj.⟩ = telegrafisch

Te|le|gra|phist ⟨m.; -en, -en⟩ = Telegrafist

Te|le|ka|me|ra ⟨f.; -, -s; Fot.⟩ Kamera, die mit einem Teleobjektiv ausgerüstet ist

Te|le|ki|ne|se ⟨f.; -; unz.; Parapsych.⟩ angebl. Bewegung von Gegenständen durch übersinnliche Kräfte ohne Berührung [< *Tele...* + *...kinese*]

te|le|ki|ne|tisch ⟨Adj.; Parapsych.⟩ die Telekinese betreffend, auf ihr beruhend, durch sie verursacht

Te|le|kol|leg ⟨n.; -s, -e; TV⟩ von schriftl. Texten begleitetes Unterrichtsprogramm im Fernsehen, das in der Art eines Kollegs bestimmte Wissensgebiete behandelt u. eine Abschlussprüfung ermöglicht

Te|le|kom ⟨f.; -; unz.⟩ Teilbereich der Dt. Post AG, der für die Nachrichtentechnik (Telefon, Telefax usw.) zuständig ist [verkürzt < *Telekom*munikation]

Te|le|kom|mu|ni|ka|ti|on ⟨f.; -; unz.⟩ Nachrichten- u. Informationsaustausch zwischen Menschen, Maschinen u. anderen Systemen mit Hilfe nachrichtentechnischer Übermittlungsverfahren

te|le|kom|mu|ni|ka|tiv ⟨Adj.⟩ die Telekommunikation betreffend, zu ihr gehörig, mittels Telekommunikation

te|le|kom|mu|ni|zie|ren ⟨V.⟩ mittels Telekommunikation Nachrichten bzw. Informationen austauschen

Te|le|kon|fe|renz ⟨f.; -, -en⟩ = Videokonferenz

Te|le|kon|ver|ter ⟨[-vɛr-] m.; -s, -; Fot.⟩ Zwischenring mit Linsensystem zur Veränderung der Brennweite

te|le|ko|pie|ren ⟨V.⟩ mit einem Telekopierer Fernkopien anfertigen, fernkopieren

Te|le|ko|pie|rer ⟨m.; -s, -⟩ Fernkopierer, an die Fernsprechleitung angeschlossenes Kopiergerät zur Übermittlung von Fernkopien; *Sy* Telefax

Te|le|lear|ning ⟨[-lœːnɪŋ] n.; - od. -s; unz.⟩ = Electronic Learning

Te|le|mark ⟨m.; -s, -s; Skisport; kurz für⟩ Telemarkschwung

Te|le|mar|ke|ting ⟨n.; - od. -s; unz.; Wirtsch.⟩ Waren- u. Dienstleistungsangebot z. B. über Telefon od. Fernsehen; →*a.* Teleshopping

Te|le|mark|schwung ⟨m.; -s, -schwün|ge; Skisport⟩ plötzlicher Schwung quer zum Hang; *Sy* Telemark [nach der norweg. Landschaft]

Te|le|ma|tik ⟨f.; -; unz.; EDV⟩ Verschmelzung der Datenverarbeitung mit der Nachrichtentechnik [< *Tele...* + Auto*matik*]

te|le|ma|tisch ⟨Adj.⟩ die Telematik betreffend, auf ihr beruhend

Te|le|me|ter ⟨a. ['----] n.; -s, -; Technik⟩ Entfernungsmesser [< *Tele...* + *...meter*]

Te|le|me|trie *auch:* **Te|le|met|rie** ⟨f.; -; unz.; Technik⟩ Messung von Entfernungen

Te|le|no|ve|la ⟨[-vɛ-] f.; -, -s; TV⟩ rührselige Unterhaltungsserie brasilianischer Herkunft bzw. Machart [portug., »Fernsehroman« < *Tele*vision + *novela* »Roman«]

Tel|en|ze|pha|lon *auch:* **Te|len|ze|pha|lon** ⟨n.; -s, -pha|la; Anat.⟩ das die beiden Großhirnhälften umfassende Endhirn; *Sy* Akrenzephalon [< *Tele...* + *Encephalon*]

Te|le|ob|jek|tiv ⟨n.; -s, -e; Fot.⟩ Objektiv zur Aufnahme weit entfernter Gegenstände, Fernobjektiv

Te|leo|lo|gie ⟨f.; -; unz.; Philos.⟩ Lehre, dass die Entwicklung von vornherein zweckmäßig u. zielgerichtet angelegt sei; *Ggs* Dysteleologie [< grch. *telos* »Ziel, Zweck« + *...logie*]

te|leo|lo|gisch ⟨Adj.; Philos.⟩ auf Teleologie beruhend

Te|le|os|ti|er ⟨m.; -s, -; meist Pl.; Zool.⟩ Fisch mit knöchernem Skelett, Knochenfisch: Teleostei [< grch. *teleos* »ganz, gänzlich« + *osty* »Knochen«]

Te|le|path ⟨m.; -en, -en; Parapsych.⟩ für Telepathie empfänglicher Mensch

Te|le|pa|thie ⟨f.; -; unz.; Parapsych.⟩ Übertragung von geistigen u. seelischen Inhalten ohne Hilfe der Sinnesorgane, Gedankenlesen [< *Tele...* + *...pathie*]

te|le|pa|thisch ⟨Adj.⟩ auf Telepathie beruhend, durch sie bewirkt

Te|le|phon ⟨n.; -s, -e; veraltet⟩ = Telefon

Te|le|por|ta|ti|on ⟨f.; -, -en⟩ Vorgang des Teleportierens

te|le|por|tie|ren ⟨V.⟩ **1** an einem Ort verschwinden u. an einem anderen wieder erscheinen lassen, beamen; *ein Photon ~* **2** mit Hilfe magischer od. übersinnlicher Kräfte bewegen; *sie würde sich gern auf die Malediven ~ lassen* [< *tele...* + lat. *portare* »tragen«]

Te|le|pro|ces|sing ⟨[-prosɛsɪŋ] n.; - od. -s, -s; EDV⟩ Datenfernübertragung [engl.]

Te|le|promp|ter® ⟨[-prɔmptə(r)] m.; -s, -; TV⟩ elektrische Vorrichtung, von der ein Redner (z. B. vor einer Fernsehkamera) für den Zuschauer unbemerkt den dort ablaufenden Text ablesen kann; *Sy* Autocue [< *Tele...* + engl. *prompter* »Souffleur, Souffleuse«]

Te|le|ran ⟨n.; -s; unz.; Flugw.⟩ Navigationsverfahren für Luftfahrzeuge, eine Kombination aus Radar u. Fernsehen

Te|le|satz ⟨m.; -es; unz.⟩ Herstellung des Satzes auf Setzmaschinen, die von einer örtlich getrenntliegenden Zentrale gesteuert werden, Fernsatz [< *Tele...* + *Satz*]

Te|le|shop|ping ⟨[-ʃɔpɪŋ] n.; - od. -s; unz.⟩ Einkaufen durch Bestellung von Artikeln, die im Fernsehen od. anderen elektronischen Medien angeboten werden; *Sy* Homeshopping; →*a.* Telemarketing [< *Tele...* + *Shopping*]

Te|le|skop ⟨n.; -s, -e⟩ Fernrohr

T

[< *Tele...* + grch. *skopein* »sehen«]

Te|le|skop|an|ten|ne ⟨f.; -, -n⟩ Antenne, die aus mehreren ineinanderschiebbaren Metallrohren besteht

Te|le|skop|au|ge ⟨n.; -s, -n; Zool.⟩ bei manchen Fischen (bes. der Tiefsee) wie auf einem Hügel stehendes, vorgeschobenes Auge

Te|le|skop|fisch ⟨m.; -(e)s, -e; Zool.⟩ Goldfischrasse mit Teleskopaugen

Te|le|sko|pie ⟨f.; -; unz.; TV⟩ Technik zur Ermittlung von Einschaltquoten bei Fernsehsendungen [< *Tele*vision + grch. *skopein* »schauen, blicken«]

te|le|sko|pisch ⟨Adj.⟩ mit Hilfe eines Teleskops

Te|le|skop|kran ⟨m.; -s, -krä|ne⟩ Autokran mit ineinanderschiebbaren Tragröhren

Te|le|spot ⟨m.; -s, -s; TV⟩ kurzer Werbefilm [< *Tele*vision + engl. *spot* »Fleck; Stückchen«]

Te|le|sti|chon *auch:* **Te|les|ti|chon** ⟨n.; -s, -sti|chen od. -sti|cha; Metrik⟩ aus den Endbuchstaben od. -wörtern eines Gedichts o. Ä. gebildetes Wort od. Satz [<grch. *telos* »Ende« + *stichos* »Vers«]

Te|le|test ⟨m.; -(e)s, -e od. -s; TV⟩ Befragung von Fernsehzuschauern, welche Sendungen sie in einer bestimmten Zeit eingeschaltet haben [< *Tele*vision + *Test*]

Te|le|tex ⟨n.; -; unz.⟩ von der Deutschen Telekom entwickelter Übertragungsdienst, wodurch an elektron. Speicherschreibmaschinen erfasste Nachrichten über das Fernsprechnetz zu einer entsprechenden Empfangsstation übertragen werden können, auch eine Umsetzung in das Telexnetz ist möglich

Te|le|text ⟨m.; - od. -(e)s; unz.⟩ Oberbegriff für alle Verfahren elektronischer Textübermittlung wie Videotext, Bildschirmtext

Te|le|type|set|ter ⟨[-taıp-] m.; -s, -⟩ durch Lochstreifen od. Magnetband automatisch gesteuerte Setzmaschine [< *Tele...* + engl. *type-setter* »Setzer(in)«]

Te|le|vi|si|on ⟨[-vi-] f.; -; unz.; Abk.: TV⟩ Fernsehen [< *Tele...* + *Vision*]

Te|le|wor|king ⟨[-wœ:kıŋ] n.; - od. -s; unz.⟩ aufgrund entsprechender elektron. Ausstattung, z. B. in Form eines mit dem Arbeitgeber verbundenen Computers, ermöglichtes Arbeiten von zu Hause aus [< *Tele...* + engl. *work* »arbeiten«]

Te|lex ⟨n.; -; unz.⟩ Fernschreiben [verkürzt <engl. *tele*printer *ex*change »Austausch über Fernschreiber«]

te|le|xen ⟨V.⟩ mit Hilfe von Telex übermitteln; *einen Brief ~*

Te|lex|netz ⟨n.; -es; unz.⟩ Fernschreibenetz (in der Bundesrepublik Deutschland)

Tel|lur ⟨n.; -s; unz.; chem. Zeichen: Te⟩ braunschwarzes, nichtmetallisches chem. Element, Ordnungszahl 52 [<lat. *tellus* »Erde, Erdreich, Boden«]

Tel|lu|rat ⟨n.; -(e)s, -e; Chemie⟩ dem Sulfat entsprechendes Salz des Tellurs

tel|lu|rig ⟨Adj.⟩ *~e Säure* Sauerstoffsäure des Tellurs

tel|lu|risch ⟨Adj.⟩ die Erde betreffend, aus ihr hervorgehend [→ *Tellur*]

Tel|lu|rit ⟨n.; -s, -e; Chemie⟩ dem Sulfit entsprechendes Salz des Tellurs

Tel|lu|ri|um ⟨n.; -s, -ri|en; Astron.⟩ Modell als Lehrmittel, das die Bewegungen von Erde, Sonne u. Mond veranschaulicht [<lat. *tellus* »Erde«]

Te|lo|mer ⟨n.; -s, -e; Biochem.⟩ Abschnitt der DNA am Ende eines Chromosoms, der das Chromosom bei der Verdoppelung vor dem Ausfransen bewahrt [<grch. *telos* »Ende« + *...mer*]

Te|lo|me|ra|se ⟨f.; -, -n; Biochem.⟩ Enzym, das bei der Zellteilung bewirkt, dass an das Ende von Chromosomen wieder Teile der DNA, die Telomere, angefügt werden [<grch. *telos* »Ende« + *meros* »Teil«]

Te|lo|pha|se ⟨f.; -, -n; Genetik⟩ Endphase der Kernteilung [<grch. *telos* »Ende« + *Phase*]

Te|los ⟨n.; -; unz.; Philos.⟩ Ziel, Zweck [grch.]

Temp ⟨m.; -s, -s⟩ **1** ⟨Abk. für⟩ Temperatur **2** ⟨Meteor.⟩ Kennwort für verschlüsselte Meldungen einer Landstation

Tem|pel ⟨m.; -s, -⟩ **1** ⟨urspr.⟩ als heilig geltende, kult. Zwecken dienende Stätte **2** ⟨dann⟩ einer Gottheit geweihter (nichtchristl.) Bau; *jüdischer, heidnischer ~* **3** ⟨fig.⟩ heiliger, verehrenswürdiger Ort; *ein ~ der Kunst* **4** *jmdn. zum ~ hinausjagen* ⟨fig.; umg.⟩ jmdn. hinauswerfen [<mhd., ahd. *tempal* <lat. *templum* »ausgeschnittenes Stück (von den Auguren abgegrenzter Bezirk zum Beobachten des Vogelfluges); geweihte Stätte«; vielleicht zu grch. *temnein* »schneiden«, *temenos* »abgegrenztes Gut«]

Tem|pel|herr ⟨m.; -en, -en⟩ = Templer

tem|peln ⟨V.; Kart.⟩ das Tempeln spielen

Tem|peln ⟨n.; -s; unz.; Kart.⟩ ein Kartenglücksspiel

Tem|pe|ra|far|be ⟨f.; -, -n⟩ Farbe, deren mit Wasser verdünnte Bindemittel (Eigelb, Leim, Honig u. a.) nach dem (sehr raschen) Trocknen wasserfest werden [<ital. *tempera* »Auflösungsmittel (für Farben)« <lat. *temperare* »richtig mischen«]

Tem|pe|ra|ma|le|rei ⟨f.; -, -en; Mal.⟩ Malerei mit Temperafarben, ohne die weichen Übergänge der Ölmalerei, aber von großer Leuchtkraft

Tem|pe|ra|ment ⟨n.; -(e)s, -e⟩ **1** Gemütsart, Wesensart; *ein feuriges, sprühendes, ruhiges ~ haben* **2** die vorherrschende Art u. die individuelle Eigenart des Ablaufs seelischer Vorgänge; *cholerisches, melancholisches, phlegmatisches, sanguinisches ~* **3** ⟨fig.⟩ Erregbarkeit, Lebhaftigkeit, Munterkeit; *(kein) ~ haben; sich von seinem ~ hinreißen lassen; sein ~ ist mit ihm durchgegangen* er hat die Beherrschung verloren [<frz. *tempérament* »Wesensart, Gemütsart, Lebhaftigkeit, Schwung, Feuer« <lat. *temperamentum* »das richtige Verhältnis gemischter Dinge, das rechte Maß«; zu *temperare* »in das gehörige Maß setzen, in das rich-

tige Mischungsverhältnis bringen«]

Tem|pe|ra|tur ⟨f.; -, -en⟩ **1** Grad der Wärme (eines Gases, einer Flüssigkeit, eines Körpers) **2** ⟨Med.⟩ Körperwärme; *die ~ messen; die ~ ist gestiegen, gesunken, gefallen; erhöhte ~ haben* **3** ⟨Musik⟩ = temperierte Stimmung [<lat. *temperatura* »gehörige Mischung, Beschaffenheit«; zu *temperare* »in das gehörige Maß bringen, richtig leiten, maßhalten«]

Tem|pe|renz ⟨f.; -; unz.; geh.⟩ Mäßigkeit (im Alkoholgenuss) [<lat. *temperantia* »Mäßigung, Maßhalten«; → *Temperatur*]

Tem|per|guss ⟨m.; -es, -güs|se⟩ Verfahren zur Gewinnung eines kohlenstoffarmen, schmiedbaren Eisens [→ *tempern*]

tem|pe|rie|ren ⟨V.⟩ **1** gleichmäßige, gemäßigte Temperatur herbeiführen; *einen Raum ~; der Raum ist gut, angenehm temperiert* **1.1** die Wärme ausgleichen **1.2** die Temperatur u. die Feuchtigkeit der Luft regeln **2** ⟨fig.⟩ mäßigen, mildern **3** ⟨Musik⟩ *temperierte Stimmung* S. aufgrund der in 12 gleiche Halbtöne eingeteilten Oktave; *Sy* Temperatur (3) [<lat. *temperare* »mäßigen, in das rechte Maß bringen«]

tem|pern ⟨V.⟩ *Gussstahl ~* durch Glühen bei Temperaturen von 850-1000 °C leichter bearbeitbar machen [<engl. *temper* »richtig mischen; mäßigen, mildern; (Metall) härten«]

tem|pie|ren ⟨V.⟩ *ein Geschoss ~* den Zeitzünder eines Geschosses einstellen [<lat. *tempus* »Zeit«]

Tem|pi pas|sa|ti ⟨geh.⟩ vergangene Zeiten [ital., <*tempo* »Zeit« + *passare* »vorbeigehen, vorübergehen«]

Tem|plate ⟨[-plɛɪt] od. [-plət] n.; -s, -s⟩ Vorlage od. Schablone, durch die Teile des Inhalts bzw. der Struktur eines Dokuments od. einer Software vorgegeben werden [engl.]

Tem|plei|se *auch:* **Temp|lei|se** ⟨m.; -n, -n⟩ Gralsritter aus der Parzivalsage [<mhd. *tempelære* <afrz. *tempeleise, templeise* <mlat. *templarii* »Templer, Tempelherren, Tempelbrüder«; von W. von Eschenbach auf die Ritter des Grals in der Parzivalsage übertragen]

Temp|ler ⟨m.; -s, -⟩ Angehöriger des Templerordens; *Sy* Tempelherr

Temp|ler|or|den ⟨m.; -s; unz.⟩ 1119 in Palästina gegründeter geistl. Ritterorden zum Schutz des Heiligen Grabes gegen Ungläubige [nach ihrem Wohnsitz, dem *Tempel* Salomons, einem Palast, der angeblich auf der Stätte dieses Tempels stand]

tem|po ⟨Musik; in den Fügungen⟩ *~ di marcia* [-martʃa] Marschtempo; *~ di valsa* Walzertempo; *~ giusto* [-dʒusto] in angemessener Bewegung; *~ primo* erstes, früheres Zeitmaß; *~ rubato* im willkürlichen Zeitmaß; →*a.* Tempo, a tempo [→ *Tempo*]

Tem|po ⟨n.; -s, Tem|pi⟩ **1** Grad der Geschwindigkeit; *das ~ angeben, beschleunigen, verringern; ein schnelles, langsames ~* **2** ⟨unz.; fig.⟩ Schnelligkeit; *~!* (eine Anfeuerung zu größerer Schnelligkeit); *mach ein bisschen ~!* ⟨umg.⟩ beschleunige die Sache ein bisschen **3** ⟨Musik⟩ Zeitmaß; →*a.* tempo, a tempo; *~ di marcia, di valsa* Marschtempo, Walzertempo [ital., »Zeit« <lat. *tempus*]

Tem|po|li|mit ⟨n.; -s, -s⟩ Geschwindigkeitsbegrenzung (bes. auf Autobahnen)

Tem|po|ra ⟨Pl. von⟩ Tempus

tem|po|ral[1] ⟨Adj.⟩ das Tempus, die Zeit betreffend, zeitlich [<lat. *tempus* »Zeit«]

tem|po|ral[2] ⟨Adj.⟩ zur Temporalis gehörend, von ihr ausgehend

Tem|po|ra|li|en ⟨Pl.⟩ mit einem kirchl. Amt verbundene Rechte u. Einnahmen [<lat. *(bona) temporalia* »weltl. Vorteile«]

Tem|po|ra|lis ⟨f.; -, -ra|les; Anat.⟩ Schlagader der Schläfe [<lat. *tempus,* Pl. *tempora* »Schläfe«]

Tem|po|ral|satz ⟨m.; -es, -sät|ze; Gramm.⟩ Umstandssatz der Zeit (z. B. eingeleitet durch als, bevor od. während)

tem|po|ra mu|tan|tur ⟨geh.⟩ die Zeiten ändern sich [<lat. *Tempora mutantur, nos et mutamur in illis* »Die Zeiten ändern sich, und wir ändern uns mit ihnen« (nach einem Ausspruch des dt. Kaisers Lothar I.)]

tem|po|rär ⟨Adj.⟩ zeitweise, zeitweilig, vorübergehend; *das ist nur eine ~e Entscheidung*

tem|po|rell ⟨Adj.⟩ **1** zeitlich, vergänglich **2** irdisch [<frz. *temporel(le)* »zeitlich, vergänglich, irdisch, weltlich«; zu lat. *tempus* »Zeit«]

tem|po|ri|sie|ren ⟨V.; veraltet⟩ **1** hinhalten, verzögern, zögern **2** sich den Zeitumständen fügen [<frz. *temporiser* »zögern, zaudern, die Zeit abwarten«; zu lat. *tempus* »Zeit«]

Tem|pus ⟨n.; -, -po|ra; Gramm.⟩ Zeitform des Verbums, z. B. Präsens, Perfekt [lat., »Zeit«]

ten. ⟨Musik; Abk. für⟩ tenuto

Te|na|kel ⟨n.; -s, -⟩ Gerät zum Halten des Manuskripts beim Setzen [<lat. *tenax* »festhaltend«; zu *tenere* »halten«]

Ten|al|gie *auch:* **Te|nal|gie** ⟨f.; -, -n; Med.⟩ Sehnenschmerz [<grch. *tenon* »Sehne« + *...algie*]

Te|na|zi|tät ⟨f.; -; unz.⟩ **1** Zähigkeit **2** Hartnäckigkeit [zu lat. *tenax* »festhaltend, zäh«]

Ten|denz ⟨f.; -, -en⟩ **1** Neigung, Hang, Streben **2** erkennbare Absicht (eines Buches, Theaterstücks) **3** ⟨Börse⟩ Entwicklung der Kurse u. Umsätze im Geschäft mit Wertpapieren [<frz. *tendance* »Richtung, Trachten, Streben, Hang« <neulat. **tendentia;* zu *tendere* »spannen, ausstrecken, sich hinneigen«]

ten|den|zi|ell ⟨Adj.⟩ der Tendenz nach

ten|den|zi|ös ⟨Adj.⟩ **1** eine Tendenz erkennen lassend **2** (partei-)politisch gefärbt [<frz. *tendancieux* »tendenziös«; → *Tendenz*]

Ten|der ⟨m.; -s, -⟩ **1** mit der Lokomotive gekoppelter Wagen für Kohle od. Wasser **2** ⟨Seew.⟩ Begleitschiff eines Schiffes od. eines Verbandes von Schiffen für Kohle, Wasser, Proviant usw. [engl., »Begleitboot, Tender«]

ten|die|ren ⟨V.⟩ streben (nach), neigen (zu) [<*Tendenz* u. lat.

T

tendere »spannen, ausstrecken, abzielen«]

Ten|di|ni|tis ⟨f.; -, -ti|den; Med.⟩ Sehnenentzündung [<neulat. *tendo,* Gen. *tendinis* »Sehne« (zu lat. *tendere* »spannen«) + ...*itis*]

Ten|do|va|gi|ni|tis ⟨[-va-] f.; -, -ti|den; Med.⟩ Sehnenscheidenentzündung [<neulat. *tendo* »Sehne« (zu lat. *tendere* »spannen«) + *Vaginitis*]

te|ne|ra|men|te ⟨Musik⟩ zärtlich, schmeichelnd (zu spielen) [ital.]

Te|nes|mus ⟨m.; -; unz.; Med.⟩ fortwährender, schmerzhafter Stuhl- od. Harndrang [<grch. *teinein* »spannen«]

Ten|nis ⟨n.; -; unz.; Sport⟩ Ballspiel zwischen zwei od. vier Spielern, die mit einem Schläger den Ball über ein etwa 1 m hohes Netz hin u. zurück schlagen; →*a.* Tiebreak, Deuce [<afrz. *tenez* »nehmt, haltet«; zu *tenere* »halten«]

Ten|no ⟨m.; -s, -s; Titel für⟩ jap. Kaiser [jap., »Erhabener, Herrscher des Himmels«]

Te|nor[1] ⟨m.; -s; unz.⟩ **1** Inhalt, Wortlaut, Sinn **2** Haltung, Einstellung **3** ⟨Rechtsw.⟩ entscheidender Teil eines Urteils [lat., »ununterbrochener Lauf, Fortgang, Sinn, Inhalt«]

Te|nor[2] ⟨m.; -s, -nö|re; Musik.⟩ **1** hohe Stimmlage der Männer **2** Sänger mit hoher Stimmlage **3** Gesamtheit dieser Sänger im Chor [<ital. *tenore* »Stimme, die die anderen Stimmen hält«; zu *tenere* »halten«]

Te|no|ra ⟨f.; -, -s; Musik⟩ katalanische Tenorschalmei mit stark nasalem Klang [→ *Tenor*[2]]

te|no|ral ⟨Adj.; Musik.⟩ in der Art einer Tenorstimme, in Tenorlage

Te|nor|buf|fo ⟨m.; -s, -s od. -buf|fi; Musik.⟩ Rollenfach des komischen Tenors

Te|no|rist ⟨m.; -en, -en; Musik.; selten⟩ Sänger, der Tenor singt

Te|no|to|mie ⟨f.; -, -n; Med..⟩ Sehnendurchschneidung [<grch. *tenon* »Sehne« + ...*tomie*]

Ten|sid ⟨n.; -(e)s, -e; meist Pl.; Chemie⟩ die Oberflächenspannung von Flüssigkeiten herabsetzende Substanz, Bestandteil vieler Wasch- u. Reinigungsmittel [→ *Tension*]

Ten|si|on ⟨f.; -, -en⟩ Spannung, Druck (von Gasen, Dämpfen) [<ital. *tensione* »Spannung« <lat. *tendere* »halten, spannen«]

Ten|sor ⟨m.; -s, -so|ren⟩ **1** ⟨Math.⟩ ein mathematischer Vektor **2** ⟨Anat.⟩ Spannmuskel [<lat. *tendere,* Perf. *tensus* »(an)spannen«]

Ten|ta|kel ⟨m. od. n.; -s, -; meist Pl.; Zool.⟩ zum Ertasten u. Ergreifen der Beute u. zur Abwehr von Feinden dienender, schlauchförmiger Körperteil der Hohltiere, Fangarm [<neulat. *tentaculum* <lat. *temptare, tentare* »angreifen, betasten, berühren]

Ten|ta|ku|lat ⟨m.; -en, -en; Zool.⟩ Tentakeltier, Angehöriger eines Stammes von im Wasser lebenden, meist festsitzenden Urleibeshöhlentieren, die mit einem Kranz von Tentakeln ausgestattet sind: Tentaculata [<neulat. *tentaculum;* → *Tentakel*]

Ten|ta|ku|lit ⟨m.; -en, -en; Arch.⟩ ausgestorbenes, vermutlich zu den Mollusken gehöriges, marines Tier des Obersilurs u. Devons mit schlankem, konischem, ungekammertem Kalkgehäuse

ten|ta|tiv ⟨Adj.; geh.⟩ versuchsweise, probeweise [<frz. *tentatif*]

te|nu|is ⟨Adj.; Med.⟩ dünn, zart, fein [→ *Tenuis*]

Te|nu|is ⟨f.; -, -nu|es; Phon.⟩ stimmloser Explosivlaut, z. B. p, t, k; *Ggs* Media (1) [lat., »dünn, fein, zart«]

te|nu|to ⟨Abk.: ten.; Musik⟩ ausgehalten, getragen (zu spielen) [ital., Part. Perf. zu *tenere* »halten«]

Te|pa|len ⟨Pl.; Bot.⟩ gleichgestaltete Blütenblätter, die nicht in Kelch- u. Kronblätter differenziert sind

Te|phrit *auch:* **Teph|rit** ⟨m.; -s, -e; Geol.⟩ Basalt aus Nephelin, Plagioklas u. Augit [<grch. *tephra* »Asche«]

Te|pi|da|ri|um ⟨n.; -s, -ri|en⟩ **1** lauwarmer Raum im römischen Bad **2** ⟨veraltet⟩ Gewächshaus mit mittlerer Temperatur [zu lat. *tepere* »lau, warm sein«]

Te|qui|la ⟨[-ki:la] m.; - od. -s, -s⟩ aus Pulque hergestellter mexikan. Branntwein [nach der mexikan. Stadt *Tequila*]

Te|ra... ⟨in Zus.; Zeichen: T⟩ Vorsilbe vor Maßeinheiten, bezeichnet das 10^{12}-fache (Billionenfache) der betreffenden Grundeinheit, z. B. 1 TW = 10^{12} Watt [<grch. *teras* »Zeichen, Vorzeichen«]

Te|ra|byte ⟨a. [-baıt] n.; -s, -s; Zeichen: TB⟩ 1024 Gigabyte

te|ra|to|gen ⟨Adj.; Med.; Biol.⟩ Missbildungen hervorrufend; *~e Stoffe, Mittel* [<grch. *teras,* Gen. *teratos* »Zeichen, Vorzeichen, Schreckbild« + ...*gen*[1]]

Te|ra|to|ge|ne|se ⟨f.; -, -n; Med.; Biol.⟩ Entstehung von Missbildungen [<grch. *teras,* Gen. *teratos* »Zeichen, Vorzeichen, Schreckbild« + *Genese*]

Te|ra|to|lo|gie ⟨f.; -; unz.; Med.; Biol.⟩ Lehre von den Missbildungen der Lebewesen [<grch. *teras,* Gen. *teratos* »Zeichen, Vorzeichen, Schreckbild« + ...*logie*]

te|ra|to|lo|gisch ⟨Adj.; Med.; Biol.⟩ die Teratologie betreffend, zu ihr gehörig

Te|ra|tom ⟨n.; -s, -e; Med.⟩ Geschwulst aus verschiedenartigen Geweben [<grch. *teras* »Zeichen«]

Te|ra|watt ⟨n.; -s, -; Zeichen: TW⟩ 10^{12} Watt, eine Billion Watt

Ter|bi|um ⟨n.; -s; unz.; chem. Zeichen: Tb⟩ chem. Element, Metall der seltenen Erden, Ordnungszahl 65 [<neulat., nach dem schwed. Ort *Ytterby*]

Te|re|bin|the ⟨f.; -, -n; Bot.⟩ in den Mittelmeerländern heim. Pistazie, aus der Terpentin gewonnen wird: Pistacia terebinthus [<mhd. *terebint* <mlat. *terebintina (resina)* »Harz der Terebinthe«; zu *terebinthus* »Terpentinbaum«]

Term ⟨m.; -s, -e⟩ **1** ⟨Math.⟩ Glied einer Summe od. Reihe od. eines Produktes **2** ⟨Atomphysik⟩ = Niveau (4) **3** = Terminus (2) [<frz. *terme,* engl. *term* »Ziel« <lat. *terminus* »Grenze, Grenzstein, Ziel«]

T

Ter|min ⟨m.; -s, -e⟩ **1** bestimmter Zeitpunkt; *Fälligkeits~; Liefer~; Start~; einen ~ anberaumen, vereinbaren, versäumen* **2** ⟨Rechtsw.⟩ (vom Gericht festgesetzter Zeitpunkt für eine) Verhandlung; *am 20. ist ~; einen ~ haben* [<lat. *terminus* »Grenzzeichen, Grenzstein, Grenze« <grch. *terma* »Ende, Ziel«]

ter|mi|nal ⟨Adj.⟩ die Grenze, das Ende betreffend [→ *Termin, Terminus*]

Ter|mi|nal 1 ⟨[tœːmɪnəl] m. od. n.; -s, -s⟩ meist von der Zentraleinheit räumlich getrennte Ein- u. Ausgabeeinheit einer Datenverarbeitungsanlage **2** Zielbahnhof, Endstation **3** ⟨auf Flughäfen⟩ Halle, in der die Flugreisenden abgefertigt werden [engl., »Endstation«]

Ter|mi|na|ti|on ⟨f.; -, -en⟩ Begrenzung

ter|mi|na|tiv ⟨Adj.; Gramm.⟩ den Endpunkt einer Handlung ausdrückend (bei Verben) [zu lat. *terminatum,* Part. Perf. zu *terminare* »begrenzen, abgrenzen, beenden«; → *Termin*]

Ter|mi|na|tor ⟨m.; -s, -to|ren; Astron.⟩ Grenzlinie zwischen Licht u. Dunkelheit auf dem Mond od. einem Planeten [spätlat., »Abgrenzer«; zu *terminare* »begrenzen«]

Ter|mi|ner ⟨m.; -s, -; Wirtsch.⟩ für die Koordination von Lieferterminen u. Produktionsablauf verantwortlicher Angestellter eines Industriebetriebes [→ *Termin*]

Ter|mi|ne|rin ⟨f.; -, -rin|nen; Wirtsch.⟩ weibl. Terminer [→ *Termin*]

Ter|min|ge|schäft ⟨n.; -(e)s, -e; Wirtsch.⟩ Geschäft, das nicht bei Vertragsabschluss, sondern zu einem späteren Termin, aber zum gleichen Kurs erfolgen soll, Zeitgeschäft

ter|mi|nie|ren ⟨V.⟩ *eine Sache ~* einer S. einen Termin setzen, eine S. befristen

Ter|mi|nis|mus ⟨m.; -; unz.; Philos.⟩ Lehre, dass alles Denken nur in Begriffen (Termini) vor sich gehe, die ihrerseits nur Zeichen der wirklichen Dinge seien [→ *Terminus*]

Ter|mi|no|lo|ge ⟨m.; -n, -n⟩ **1** Bearbeiter einer Terminologie **2** Angestellter, der damit beschäftigt ist, die Terminologie für bestimmte Fachgebiete nach sprachwissenschaftl. u. sachl. Gesichtspunkten zu bearbeiten

Ter|mi|no|lo|gie ⟨f.; -, -n⟩ Gesamtheit der Fachausdrücke (eines Kunst- od. Wissensgebietes) [<mlat. *terminus* »Grenze, Ziel, Ende« + *...logie*]

ter|mi|no|lo|gisch ⟨Adj.⟩ die Terminologie betreffend, auf ihr beruhend, ihr entsprechend

Ter|mi|nus ⟨m.; -, -mi|ni⟩ **1** Grenze, Stichtag **2** *~ (technicus)* Fachausdruck; *Sy* Term (3) [<mlat. *terminus* »inhaltlich abgegrenzter, festumrissener Begriff« <lat. *terminus* »Grenze, Grenzzeichen, Ziel, Ende« <grch. *terma* »Ende, Ziel«]

Ter|mi|te ⟨f.; -, -n; Zool.⟩ Angehörige einer den Schaben nahe stehenden Ordnung der Insekten, die in hoch entwickelten Staaten leben: Isoptera [<lat. *termes* »abgeschnittener Zweig« (vermutl. wegen ihrer Gestalt)]

Ter|mon ⟨n.; -s, -e; Biochemie⟩ das Geschlecht bestimmender Wirkstoff bei Pflanzen [<*terminieren* + *Hormon*]

ter|när ⟨Adj.⟩ dreifach, dreigliedrig, aus drei Einheiten, Stoffen bestehend [<frz. *ternaire* »dreimal« <lat. *ternarius*]

Ter|ne ⟨f.; -, -n; Lotto⟩ *oV* ⟨österr.⟩ Terno **1** Zusammenstellung von drei Nummern **2** dreifacher Treffer [<ital. *terno* <lat. *terni* »je drei«]

Ter|no ⟨m.; -s, -s; österr.⟩ = Terne [ital.]

Ter|pen ⟨n.; -s, -e; Chemie⟩ hydroaromatische Verbindung, die sich aus einer zehngliedrigen Kohlenstoff-Grundstruktur ableitet [zu grch. *terpein* »sättigen«]

Ter|pen|tin ⟨n.; -s; unz.; Chemie⟩ dickflüssiges Harz bestimmter Kiefern, das feste Anteile an Harz u. Terpentinöl enthält [<mhd. *terebint* <mlat. *terebintina (resina)* »Harz der Terebinthe«]

Ter|pen|tin|öl ⟨n.; -s; unz.; Chemie⟩ aus dem Terpentin gewonnene, scharf riechende Flüssigkeit, Lösungsmittel für Farbanstriche u. Reinigungsmittel

Ter|ra ⟨f.; -; unz.; Geogr.⟩ Land, Erde [lat.]

Ter|ra|cot|ta ⟨f.; -, -cot|ten⟩ *oV* Terrakotta **1** ⟨unz.⟩ gebrannter Ton **2** ⟨zählb.⟩ kleine Figur aus gebranntem Ton; *oV* Terrakotte [ital.; zu ital., lat. *terra* »Erde« u. ital. *cotta,* Part. Perf. Fem. zu *cuocere* »kochen« (<lat. *coquere* »brennen«)]

Ter|rain ⟨[-rɛ̃ː] n.; -s, -s⟩ **1** Gebiet, Gelände; *das ~ sondieren, erkunden* **2** Grundstück, Baugrundstück [frz., »Gebiet, Gelände, Boden« <lat. *terrenum* »Erde, Acker«; zu *terra* »Erde, Sand«, eigtl. »die Trockene«]

Ter|ra in|co|gni|ta *auch:* **Ter|ra in|cog|ni|ta** ⟨f.; - -; unz.⟩ **1** unbekanntes Land **2** ⟨fig.⟩ etwas Unbekanntes, Unerforschtes [lat., »unbekanntes Land« <*terra* »Erde, Land« + *incognita* »unbekannt« (zu *cognoscere* »kennen, erkennen«)]

Ter|ra|kot|ta ⟨f.; -, -kot|ten⟩ = Terracotta

Ter|ra|kot|te ⟨f.; -, -n⟩ = Terracotta (2)

Ter|ra|my|cin ⟨n.; -s; unz.; Pharm.; fachsprachl.⟩ = Terramyzin

Ter|ra|my|zin ⟨n.; -s; unz.; Pharm.⟩ bei Bakterien- u. Virusinfektionen verwendetes Antibiotikum aus dem Strahlenpilz Streptomyces rimosus; *oV* ⟨fachsprachl.⟩ Terramycin [<lat. *terra* »Erde, Land« + *mykes* »Pilz«]

Ter|ra|ri|um ⟨n.; -s, -ri|en; Zool.⟩ Behälter zur Pflege u. Zucht von Amphibien u. Reptilien [<lat. *terra* »Erde, Land«]

Ter|ra ros|sa ⟨f.; -, Ter|re ros|se; Geol.⟩ in wärmeren Klimagebieten, bes. im Mittelmeerraum zu findender roter Tonboden, der sehr eisenoxidreich ist, Kalksteinrotlehm [ital., »rote Erde«]

Ter|ras|se ⟨f.; -, -n⟩ **1** Absatz, waagerechte Stufe im Gelände **2** nicht überdachter, gepflasterter, an das hintere Ende des Erdgeschosses eines Hauses angebauter Platz **3** großer, offener Balkon [<frz. *terrasse* »Stufe, Absatz« <galloroman. **terracea* »Erdaufhäufung« <lat. *terra* »Erde«]

ter|ras|sie|ren ⟨V.⟩ stufenförmig anlegen (Gebäude, Garten) [<frz. *terrasser* »niederwerfen, mit Erde um-, beschütten«]

Ter|raz|zo ⟨m.; - od. -s, -raz|zi⟩ mosaikartiger Fußboden aus kleinen, farbigen Steinen aus Marmor od. Zement [ital., »Terrasse, Altan« <lat. *terra* »Erde, Boden«; → *Terrasse*]

terre des hommes ⟨[tɛrdezɔm] f.; - - -; unz.⟩ internationale Kinderhilfsorganisation [frz., »Erde der Menschen«]

ter|res|trisch *auch:* **ter|rest|risch** ⟨Adj.⟩ **1** zum Festland gehörend, auf dem Festland entstanden **2** zur Erde gehörend, Erd… [<frz. *terrestre* »erdig, Erd…« <lat. *terrestris;* zu *terra* »Erde, Land«]

Ter|ri|er ⟨m.; -s, -; Zool.⟩ meist stichelhaarige, kleine bis mittelgroße Rasse von Hunden; *Airedale~; Fox~; Scotch~; Welsh~* [<engl. *terrier (dog)* »Erdhund« (wegen seiner Eignung für die Erdwildjagd) <lat. *terrarius;* zu *terra* »Erde«]

ter|ri|gen ⟨Adj.; Biol.; Geol.⟩ vom Festland stammend [<lat. *terra* »Erde, Land« + …*gen*[1]]

ter|ri|kol ⟨Adj.; Biol.⟩ erdbewohnend; *~e Lebewesen* [lat.]

Ter|ri|ne ⟨f.; -, -n⟩ **1** Schüssel, bes. Suppenschüssel mit Deckel; *Suppen~* **2** ⟨Kochk.⟩ (in einer Kastenform zubereitete) Pastete aus Fleisch, Fisch od. Gemüse [<frz. *terrine* »Schüssel« <afrz. *terrin* »irden« <vulgärlat. **terrinus* »irden« <lat. *terra* »Erde«]

ter|ri|to|ri|al ⟨Adj.⟩ zu einem Territorium gehörig, es beherrschend [<frz. *territorial* »zu einem (Staats-)Gebiet gehörig« <*territoire* »Territorium« <lat. *territorium;* → *Territorium*]

Ter|ri|to|ri|a|lis|mus ⟨m.; -; unz.⟩ = Territorialsystem

Ter|ri|to|ri|a|li|tät ⟨f.; -; unz.⟩ Zugehörigkeit zu einem Territorium

Ter|ri|to|ri|a|li|täts|prin|zip ⟨n.; -(e)s, -e⟩ **1** Grundsatz, dass ein erworbenes Staatsgebiet in die Gewalt des erwerbenden Staates übergeht **2** Grundsatz, dass jeder, der sich in einem Staat aufhält, dessen Gewalt untersteht **3** Anwendung der Rechtsordnung eines Staates auf Vorgänge u. Handlungen, die sich in seinem Territorium abgespielt haben

Ter|ri|to|ri|al|sys|tem ⟨n.; -s; unz.; im Zeitalter des Absolutismus⟩ Abhängigkeit der Kirche vom Staatsoberhaupt; *Sy* Territorialismus

Ter|ri|to|ri|um ⟨n.; -s, -ri|en⟩ **1** Gebiet, Land **2** Herrschafts-, Hoheitsgebiet [lat., »zu einer Stadt gehörendes Ackerland, Stadtgebiet«; zu *terra* »Erde, Land«]

Ter|ror ⟨m.; -s; unz.⟩ **1** gewalttätiges, rücksichtsloses Vorgehen, das die Betroffenen in Angst u. Schrecken versetzen soll **2** ⟨umg.⟩ aufgeregtes Gehabe; *mach nicht solchen ~!* [lat.; zu *terrere* »schrecken, erschrecken«]

ter|ro|ri|sie|ren ⟨V.⟩ durch Anwendung von Gewalt einschüchtern, in Schrecken u. Furcht versetzen [<frz. *terroriser* <lat. *terrere* »schrecken, erschrecken«; → *Terror*]

Ter|ro|ris|mus ⟨m.; -; unz.⟩ **1** Ausübung von Terror **2** System der Schreckensherrschaft [<frz. *terrorisme* »Schreckensherrschaft« <lat. *terrere* »schrecken, erschrecken«]

Ter|ro|rist ⟨m.; -en, -en⟩ männl. Person, die Terror ausübt, Terroranschläge verübt usw.

Ter|ro|ris|tin ⟨f.; -, -tin|nen⟩ weibl. Terrorist

ter|ro|ris|tisch ⟨Adj.⟩ **1** auf Terrorismus beruhend, mit seiner Hilfe **2** Terror ausübend, verbreitend

Ter|ror|or|ga|ni|sa|ti|on ⟨f.; -, -en⟩ terroristische Organisation

Ter|tia ⟨[-tsja] f.; -, -ti|en; veraltet⟩ **1** vierte *(Unter~)* u. fünfte *(Ober~)* Klasse eines Gymnasiums **2** ⟨österr.⟩ dritte Klasse des Gymnasiums [lat., Fem. zu *tertius* »der dritte«; zu *tres* »drei«]

Ter|ti|al ⟨[-tsja:l] n.; -s, -e⟩ Drittel eines Jahres [<lat. *tertius* »der dritte«]

ter|ti|an ⟨[-tsja:n] Adj.; Med.⟩ dreitägig, alle drei Tage auftretend (z. B. von Fieberanfällen) [<lat. *tertianus* »dreitägig«]

Ter|ti|a|na ⟨[-tsja:-] f.; -; unz.; Med.; kurz für⟩ Tertianafieber

Ter|ti|a|na|fie|ber ⟨[-tsja:-] n.; -s; unz.; Med.⟩ Malaria mit Fieberanfällen an jedem dritten Tag [<lat. *tertiana febris;* zu *tertianus* »dreitägig«]

Ter|ti|a|ner ⟨[-tsja:-] m.; -s, -; veraltet⟩ Schüler der Tertia

ter|ti|är ⟨[-tsjɛ:r] Adj.⟩ **1** die dritte Stelle in einer Reihe einnehmend **2** ⟨Geol.⟩ zum Tertiär gehörig [<frz. *tertiaire* »von einer dritten Epoche herrührend« <lat. *tertius* »der dritte«]

Ter|ti|är ⟨[-tsjɛ:r] n.; -s; unz.; Geol.⟩ Formation des Känozoikums vor 60 Mill. bis 700 000 Jahren mit alpinischer Gebirgsbildung, Entstehung von Braunkohle [→ *tertiär*]

Ter|ti|a|ri|er ⟨[-tsja:-] m.; -s, -⟩ Angehöriger eines Ordens, dessen Mitglieder nach einer sog. dritten, nicht so streng bindenden Regel leben [<lat. *tertius* »der dritte«]

Ter|tia|wech|sel ⟨[-tsja-] m.; -s, -⟩ dritte Ausfertigung eines Wechsels [<lat. *tertius* »der dritte«]

Ter|ti|um Com|pa|ra|ti|o|nis ⟨[-tsjum -] n.; - -, -tia -⟩ das zum Vergleich herangezogene Dritte, der Vergleichspunkt [<lat. *tertium* »das dritte« + *comparationis,* Gen. zu *comparatio* »Vergleich«]

Ter|ti|us gau|dens ⟨[-tsjus -] m.; - -; unz.⟩ der lachende Dritte [lat., eigentlich: *tertius gaudens duobus litigantibus* »der Dritte freut sich, wenn zwei sich streiten« <*tertius* »der Dritte« + *gaudens,* Part. Präs. von *gaudere* »sich freuen«]

Te|ry|len® ⟨[-le:n] n.; -s; unz.; Textilw.⟩ aus Ethylenglykol u. Terephthalsäure hergestellte, wetterfeste, gegen Säuren, Bleichmittel, Motten u. Pilze resistente Kunstfaser

Terz ⟨f.; -, -en⟩ **1** ⟨Musik⟩ dritter Ton der diaton. Tonleiter **2** Intervall von drei Stufen **3** ⟨Sport; Fechten⟩ Hieb vom rechten Ohr des Gegners zu dessen linker Hüfte **4** Stunde des Gebets (9 Uhr), dritter Teil des Stundengebets [<ital. *terza* <lat. *tertia,* Fem. zu *tertius* »der dritte«]

Ter|zel ⟨m.; -s, -⟩ zum Jagen abgerichteter (männl.) Falke [<ital. *terzuolo* »Männchen einiger Raubvögel«]

Ter|ze|rol ⟨n.; -s, -e⟩ kleine Pistole mit zwei Läufen [<ital. *terzeruolo*]

Ter|zett ⟨n.; -(e)s, -e; Musik⟩ **1** Musikstück für drei Singstimmen od. drei gleiche Instrumente **2** Gruppe von drei Sängern od. drei Instrumentalisten [<ital. *terzetto* <lat. *tertius* »der dritte«]

Ter|zi|ne ⟨f.; -, -n; Metrik⟩ italien. Strophenform aus drei elfsilbigen jambischen Zeilen, von denen sich die 1. u. 3. reimen u. die 2. Zeile jeweils mit der 1. u. 3. Zeile der folgenden Strophe [<ital. *terzina* »dreizeiliger Vers«; zu *terzo* »dritter« <lat. *tertius* »der dritte«]

Ter|zo ⟨Wirtsch.; Abk. für⟩ *Geschäft a terzo* ein Gelegenheitsgeschäft, für dessen Durchführung sich drei Rechtspersonen kurzfristig zusammenschließen (bes. im Wertpapierbereich) [→ *Terz*]

Te|sching ⟨n.; -s, -e od. -s⟩ Kleinkalibergewehr bzw. -pistole [vielleicht nach *Tesching,* einem Deutschböhmen, nach dem eine Handfeuerwaffe (Zimmerpistole, Salonflinte) benannt ist]

Tes|la ⟨n.; -, -; Physik; Zeichen: T⟩ SI-Einheit der magnetischen Flussdichte, 1 T = 1 Weber/Quadratmeter (Wb/m^2) [nach dem serb. Physiker Nicola *Tesla,* 1856-1943, dem Erfinder des Tesla-Transformators]

Tes|la|strom *auch:* **Tes|la-Strom** ⟨m.; -(e)s; unz.; Physik⟩ hochfrequenter elektr. Strom hoher Spannung

Tes|sar® ⟨n.; -s, -e; Fot.⟩ sehr scharfzeichnendes u. lichtstarkes Fotoobjektiv

tes|sel|la|risch ⟨Adj.; Kunst⟩ gewürfelt (bei Mosaiken) [zu lat. *tessera, tesserula* »Würfel(chen), Mosaikstein(chen)«]

Tes|se|ra ⟨f.; -, -rae⟩ **1** ⟨Geol.⟩ kleiner, begrenzter Raum, dessen Dreidimensionalität hinsichtlich seines vertikalen Metabolismus untersucht wird **2** antike Wertmarke aus Bronze od. Blei, die als Eintrittsmarke zu Theater, Zirkus od. Gasthäusern diente u. somit oft einen Geldcharakter besaß [lat., »Viereck«]

Test ⟨m.; -(e)s, -e od. -s⟩ experimentelle Untersuchung zur Feststellung bestimmter Eigenschaften, Leistungen u. Ä. [engl., »Probe, Prüfung« <afrz. *test* »irdener Topf, Tiegel (für alchimist. Experimente)« <lat. *testum* »Geschirr, Schüssel«]

Test|all|er|gen *auch:* **Test|al|ler|gen** ⟨n.; -s, -e; meist Pl.; Pharm.⟩ Antigene enthaltendes Arzneimittel zur Erkennung spezifischer Abwehr- od. Schutzstoffe bei Menschen od. Tieren

Tes|ta|ment ⟨n.; -(e)s, -e⟩ **1** eine schriftl. Erklärung, mit der jmd. für den Fall seines Todes die Verteilung seines Vermögens festlegt, letzter Wille, letztwillige Verfügung; *ein ~ anfechten; sein ~ machen* **2** Teil der Bibel; *das Alte, Neue ~* [<kirchenlat. *testamentum* »Ordnung Gottes, Bund Gottes mit den Menschen« <lat. *testari* »bezeugen, als Zeugen nehmen; ein Testament machen«; zu *testis* »Zeuge«]

tes|ta|men|ta|risch ⟨Adj.⟩ durch Testament; *jmdn. ~ als seinen Erben einsetzen; etwas ~ verfügen*

Tes|tat ⟨n.; -(e)s, -e⟩ Bescheinigung, Beglaubigung, schriftliche Bestätigung (bes. des Besuchs einer Vorlesung) [<lat. *testatus,* Perf. zu *testari* »bezeugen«; zu *testis* »Zeuge, Mitwisser«]

Tes|ta|tor ⟨m.; -s, -to|ren⟩ **1** jmd., der ein Testament macht od. gemacht hat **2** jmd., der ein Testat gibt od. gegeben hat

Tes|ta|zee ⟨[-tseːə] f.; -, -n; Zool.⟩ einer Ordnung der Wurzelfüßer angehörende Amöbe mit einer Schale, in der oft Fremdkörper eingelagert sind: Testacea [<lat. *testaceus* »aus Backsteinen«; zu *testa* »Schale, Muschel, Backstein«]

tes|ten ⟨V.⟩ mit Hilfe eines Tests prüfen [<engl. *test* »prüfen, erproben, ausprobieren«]

Tes|ter ⟨m.; -s, -⟩ **1** jmd., der jmdn. od. etwas testet (bes. Waren, Material) **2** Warenprobe zum Testen für Kunden [engl.]

Tes|te|rin ⟨f.; -, -rin|nen⟩ weibl. Person, die jmdn. od. etwas testet (bes. Waren, Material) [engl.]

tes|tie|ren ⟨V.⟩ **1** durch Testament, letztwillig verfügen **2** ein Testat geben über, bescheinigen, schriftlich bestätigen [<lat. *testari* »bezeugen«]

Tes|ti|kel ⟨m.; -s, -; Anat.⟩ Hoden [<lat. *testiculus,* Verkleinerungsform zu *testes,* Gen. *testis* »Hoden«]

Tes|ti|mo|ni|al ⟨[-moːnjəl] n.; -s, -s⟩ in Werbeanzeigen u. -spots eingefügtes Empfehlungsschreiben eines zufriedenen Kunden od. eines Prominenten, das die Wertschätzung eines Produktes od. eines Unternehmens zum Ausdruck bringt [<engl. *testimonial* »Referenz, Wertschätzung« <lat. *testimonium* »Zeugenaussage, Beweis«]

Tes|ti|mo|ni|um ⟨n.; -s, -ni|en⟩ Zeugnis; *~ Paupertatis* Bescheinigung über die Mittellosigkeit von Prozessführenden, das Gerichtsverfahren zu bezahlen, Armutszeugnis [lat.]

Tes|to ⟨m.; -, Tes|ti; Musik⟩ seit dem 17. Jh. im ital. Oratorium der erzählende Text od. die Rolle des Erzählers, die zumeist solistisch gestaltet ist [ital., »Text«]

Tes|to|ste|ron *auch:* **Tes|tos|te|ron** ⟨n.; -s; unz.; Med.⟩ Geschlechtshormon des Mannes [<lat. *testis* »Hoden« + grch. *stereos* »starr, hart, fest«]

Test|per|son ⟨f.; -, -en⟩ Person, mit der od. an der ein Test durchgeführt wird

Test|pi|lot ⟨m.; -en, -en⟩ Flugzeugführer, der ein Flugzeug in der Erprobung fliegt

Test|se|rie ⟨[-riə] f.; -, -n⟩ **1** Serie von Tests; *eine ~ starten* **2** eine bestimmte Anzahl eines Produktes, die nur zu qualitativen Testzwecken hergestellt wur-

T

de; *bei den Autos der ~ A traten gravierende Mängel auf*

Tes|tu|do ⟨f.; -, -tu|di|nes⟩ **1** ⟨Antike⟩ Schutzdach (bei Belagerungen) **2** dachziegelartig gewickelter Verband [lat., »Wölbung, Schutzdach (für den Rammbock bei Belagerungen)«; zu *testa* »Dachziegel«]

Te|ta|nie ⟨f.; -, -n; Med.⟩ durch Krämpfe in den Extremitäten u. Überempfindlichkeit des Nervensystems gekennzeichnete Krankheit; *Sy* Spasmophilie [→ *Tetanus*]

te|ta|nisch ⟨Adj.; Med.⟩ in der Art des Tetanus, starrkrampfartig

Te|ta|nus ⟨m.; -; unz.; Med.⟩ Wundstarrkrampf [<grch. *tetanos;* zu *teinein* »strecken, spannen«]

Te|te ⟨frz. [tɛ:t] f.; -, -n; bes. Mil.⟩ Spitze (einer Kolonne); *an der ~ marschieren, reiten* [<frz. *tête* »Kopf, Haupt« <vulgärlat. *testa* »Kopf« <lat. *testa* »Scherbe«]

Tête-à-tête *auch:* **Tete-a-tete** ⟨[tɛtatɛ:t] n.; -, -s⟩ trauliches, vertrautes Beisammensein [frz., eigtl. »Kopf an (bei) Kopf«]

Te|thys ⟨f.; -; unz.⟩ **1** ⟨Astron.⟩ dritter Saturnmond **2** ⟨Geol.⟩ vom Paläozoikum bis zum Alttertiär bestehendes Mittelmeer, von dem das heutige europäische Mittelmeer sowie das Schwarze u. Kaspische Meer Reste sind [nach der grch. Göttin des Titanengeschlechts, der Urmutter aller Gewässer]

◆Die Buchstabenfolge **te|tr...** kann auch **tet|r...** getrennt werden.

◆**te|tra..., Te|tra...** ⟨vor Vokalen⟩ tetr..., Tetr... ⟨in Zus.⟩ vier..., Vier... [<grch. *tessares, tettares* »vier«]

◆**Te|tra|chlor|ethan** ⟨[-klo:r-] n.; -s; unz.; Chemie⟩ farblose, unbrennbare, giftige Flüssigkeit, die aus Acetylen u. Chlorgas gewonnen wird, löst Harze, Fette, Lacke, Phosphor, Halogene u. Schwefel, chemisch Acetylentetrachlorid

◆**Te|tra|chlor|ethy|len** ⟨[-klo:r-] n.; -s; unz.⟩ = Perchlorethylen

◆**Te|tra|chlor|koh|len|stoff** ⟨[-klo:r-] m.; -(e)s; unz.; Chemie⟩ farblose, giftige, süßlich riechende Flüssigkeit, als Lösungsmittel u. zum Feuerlöschen verwendet; *Sy* Tetrachlormethan

◆**Te|tra|chlor|me|than** ⟨[-klo:r-] n.; -s; unz.; Chemie⟩ = Tetrachlorkohlenstoff

◆**Te|tra|chord** ⟨[-kɔrd] m. od. n.; -(e)s, -e; Musik⟩ Hälfte einer Oktave [<*Tetra...* + *...chord*]

◆**Te|tra|chro|mie** ⟨[-kro:-] f.; -, -n⟩ Vierfarbendruck [<*Tetra...* + *...chromie*]

◆**Te|tra|de** ⟨f.; -, -n⟩ aus vier Teilen bestehendes Ganzes [zu grch. *tessares, tettares* »vier«]

◆**Te|tra|eder** ⟨n.; -s, -; Geom.⟩ platonischer Körper, begrenzt von vier gleichseitigen Dreiecken, Vierflach, Vierflächner [<*Tetra...* + *...eder*]

◆**Te|tra|ed|rit** ⟨m.; -s, -e; Min.⟩ graues bis schwarzes, metallisch glänzendes Mineral, Silber- u. Kupfererz, Fahlerz [→ *Tetraeder*]

◆**Te|tra|gon** ⟨n.; -s, -e; Geom.⟩ Viereck [<*Tetra...* + *...gon*]

◆**te|tra|go|nal** ⟨Adj.; Geom.⟩ in der Art eines Tetragons, viereckig

◆**Te|tra|lin** ⟨n.; -s; unz.; Chemie⟩ farbloses Mittel zum Lösen u. Verdünnen, chemisch Tetrahydronaphthalin [zu grch. *tessares, tettares* »vier«]

◆**Te|tra|lo|gie** ⟨f.; -, -n⟩ **1** ⟨im altgrch. Theater⟩ Folge von vier Dramen (drei Tragödien u. ein Satyrspiel) **2** aus vier selbstständigen Teilen bestehendes literar. Werk od. Musikdrama [<*Tetra...* + *...logie*]

◆**te|tra|mer** ⟨Adj.; Bot.⟩ vierzählig [<*tetra...* + *...mer*]

◆**Te|tra|me|ter** ⟨m.; -s, -; Metrik⟩ altgrch. Vers aus vier Versfüßen [<*Tetra...* + *...meter*]

◆**Te|tra Pak®** ⟨m.; - -s, - -s⟩ meist quaderförmiger Verpackungskarton, bes. für Milch u. Getränke

◆**Te|tra|ple|gie** ⟨f.; -, -n; Med.⟩ Lähmung aller vier Gliedmaßen [<*Tetra...* + grch. *plege* »Schlag«]

◆**Te|tra|po|de** ⟨m.; -n, -n; Zool.⟩ Vierfüßer [<*Tetra...* + *...pode*]

◆**Te|trarch** ⟨m.; -en, -en; Antike⟩ Herrscher über ein Viertel des Landes [<*Tetra...* + *...arch*]

◆**Te|trar|chie** ⟨f.; -, -n; Antike⟩ einem Tetrarchen unterstelltes Viertel eines Landes

◆**Te|tro|de** ⟨f.; -, -n; El.⟩ Elektronenröhre mit den vier Polen Anode, Kathode, Steuergitter u. Schirmgitter [<*Tetra...* + *...ode*]

◆**Te|tryl** ⟨n.; -s, -e; Chemie⟩ am Licht hellgelbe, ansonsten farblose u. giftige kristalline Substanz, die als Sprengstoff verwendet wird [verkürzt <*Tetr*anitro-N-methylanilin]

Teu|ro ⟨m.; - od. -s, -s; umg.⟩ scherzhafter Ausdruck für den Euro, dessen Einführung (im Vergleich zur D-Mark) aus der Sicht vieler zu unverhältnismäßigen Teuerungen geführt hat

Teu|to|nis|mus ⟨m.; -, -nis|men⟩ **1** ⟨allg.; meist abwertend/iron.⟩ typisch deutsches Verhalten od. Wesen, Zeichen der deutschen Eigenart **2** ⟨Sprachw.⟩ deutsche Spracheigentümlichkeit; →*a.* Austriazismus, Helvetismus

Tex ⟨n.; -, -; Textilw.; Zeichen: tex⟩ nicht gesetzliche, aber in der Textilindustrie übliche Maßeinheit für die längenbezogene Masse von Garnen, 1 tex = 1 g/km [→ *Textil*]

Text ⟨m.; -(e)s, -e⟩ **1** Folge von Wörtern, die eine sprachl. Äußerung in einer aktuellen (geschichtl.) Situation darstellt **2** genauer Wortlaut einer Aufzeichnung **3** genauer Wortlaut eines Werkes als Grundlage der Literaturwissenschaft **4** inhaltl. Hauptteil eines Buches im Unterschied zu Vor- u. Nachwort **5** zusammenhängendes Schriftbild einer bedruckten od. beschriebenen Seite im Unterschied zu Überschrift, Fußnote, Illustration **6** die begleitenden Worte zu einer musikalischen Komposition; *Opern~; Lied~* **7** (erklärende) Beschriftung von Abbildungen, Karten usw. **8** Bibelstelle als Thema einer Predigt; *über einen ~ predi-*

gen, sprechen [<lat. *textus* »Gewebe, Geflecht«; zu *texere* »weben, flechten, fügen, kunstvoll zusammenfügen«]

Text|edi|tor ⟨[-ɛdıtə(r)] m.; -s, -s; EDV⟩ = Editor² [engl.]

Tex|tem ⟨n.; -s, -e; Sprachw.⟩ noch nicht realisierte sprachliche Struktur, aus der ein Text hervorgeht [→ *Text*]

tex|ten ⟨V.⟩ einen Werbe- od. Liedtext verfassen

Tex|ter ⟨m.; -s, -⟩ Verfasser von Werbe- od. Liedtexten

Tex|te|rin ⟨f.; -, -rin|nen⟩ Verfasserin von Werbe- od. Liedtexten

tex|til ⟨Adj.⟩ zu Textiltechnik od. -industrie gehörend

Tex|ti|li|en ⟨Pl.⟩ **1** Stoffe, Tuche, Gewebe, Gewirke, Faserstoffe **2** Kleidung, Wäsche [<frz. *textile* »gewebt, gewirkt« <lat. *textilis;* → *Text*]

Text|kor|pus ⟨n.; -, -kor|po|ra; Sprachw.⟩ Korpus, das aus zahlreichen (meist elektronisch aufbereiteten) Texten besteht u. als Basis für sprachwissenschaftliche Auswertungen genutzt wird

Text|kri|tik ⟨f.; -; unz.⟩ Prüfung eines schriftlich überlieferten Literaturwerkes, um seine ursprüngliche Fassung wiederherzustellen

Text|lin|gu|is|tik ⟨f.; -; unz.⟩ Sprachwissenschaft, die sich mit der Analyse von Texten beschäftigt

text|lin|gu|is|tisch ⟨Adj.⟩ die Textlinguistik betreffend, auf ihr beruhend

Tex|tur ⟨f.; -, -en⟩ **1** Gewebe, Faserung **2** Zusammenfügung, Anordnung [<lat. *texere* »weben, flechten, fügen«]

tg ⟨Zeichen für⟩ Tangens

Th ⟨chem. Zeichen für⟩ Thorium

TH ⟨Abk. für⟩ Technische Hochschule

Tha|la|mo|phor ⟨m.; -s, -e; Zool.⟩ Foraminifere [<grch. *thalamos* »Schlafgemach, Höhle« + *pherein* »tragen«]

Tha|la|mus ⟨m.; -, -la|mi; Anat.⟩ Ansammlung grauer Substanz im Gehirn, durch die alle zur Großhirnrinde ziehenden Nervenstränge verlaufen, Sehhügel [<grch. *thalamos*]

tha|las|so|gen ⟨Adj.⟩ durch die Tätigkeit des Meeres entstanden [<grch. *thalassa* »Meer« + *...gen¹*]

Tha|las|so|gra|fie ⟨f.; -; unz.⟩ = Thalassographie

Tha|las|so|gra|phie ⟨f.; -; unz.⟩ Meereskunde; *oV* Thalassografie [<grch. *thalassa* »Meer« + *...graphie*]

Tha|las|so|me|ter ⟨n.; -s, -⟩ Gerät zum Messen des Wasserstandes des Meeres [<grch. *thalassa* »Meer« + *...meter*]

Tha|las|so|the|ra|pie ⟨f.; -; unz.; Med.⟩ Teilgebiet der Medizin, das sich mit den Heilwirkungen von Seeluft u. Bädern im Meerwasser befasst [<grch. *thalassa* »Meer« + *Therapie*]

Tha|lat|ta, Tha|lat|ta! »das Meer, das Meer!« [grch. *thalassa, thalatta* »Meer« (nach Xenophon Freudenruf der Griechen, als sie 401 v. Chr. das heimatliche Meer wiedererblickten)]

Tha|li|do|mid ⟨n.; -s; unz.; Pharm.; wissenschaftl. Bez. für⟩ Contergan

Thal|li|um ⟨n.; -s; unz.; chem. Zeichen: Tl⟩ chem. Element, weißes, giftiges Metall, Ordnungszahl 81 [neulat. <grch. *thallos* »grüner Zweig« (nach der grünen Spektrallinie)]

Thal|lo|phyt ⟨m.; -en, -en; Bot.⟩ Lagerpflanze, vielzellige, niedere Pflanze, die nicht in Wurzel u. Spross gegliedert ist, sondern einen Thallus als Pflanzenkörper besitzt, z. B. Alge, Pilz, Flechte: Thallophyta; *Ggs* Kormophyt [<grch. *thallos* »Spross« + *...phyt*]

Thal|lus ⟨m.; -, Thal|li; Bot.⟩ Pflanzenkörper der Lagerpflanzen, Lager; *Ggs* Kormus [<grch. *thallos* »Spross«]

Tha|na|to|lo|gie ⟨f.; -; unz.⟩ Lehre vom Tod [<grch. *thanatos* »Tod« + *logos* »Wort, Lehre, Kunde«]

Tha|na|to|ma|nie ⟨f.; -, -n; Med.; Psych.⟩ krankhafte Neigung zum Selbstmord [<grch. *thanatos* »Tod« + *Manie*]

Tha|na|to|pho|bie ⟨f.; -, -n⟩ krankhafte Furcht vor dem Tode [<grch. *thanatos* »Tod, Todesgott« + *Phobie*]

Thanks|gi|ving Day ⟨[θæŋksgıvıŋ dɛı] m.; - -s, - -s⟩ amerikanischer Feiertag im November, an dem Gott für die Ernte gedankt wird [<engl. *thanksgiving* »Dankbarkeit« + *day* »Tag«]

Thau|ma|to|lo|gie ⟨f.; -; unz.; Theol.⟩ Lehre von den Wundern [<grch. *thauma* »Wunder« + *...logie*]

Thau|ma|turg ⟨m.; -en, -en⟩ Wundertäter [<grch. *thauma* »Wunder« + *ergein* »machen«]

The|a|ter ⟨n.; -s, -⟩ **1** jede vor Zuschauern vorgeführte (künstler.) Darstellung äußerer od. innerer Vorgänge (mit Hilfe von Figuren od.) durch Menschen selbst **2** Aufführung eines Bühnenstückes; *das ~ beginnt um 20 Uhr; wir treffen uns nach dem ~* **3** ⟨fig.⟩ Schauspielerei, Getue, Aufregung; *das ist doch alles nur ~!; mach nicht so ein, so viel ~!; ~ spielen* ⟨a. fig.; umg.⟩ heucheln, etwas vortäuschen **4** Gesamtheit aller Einrichtungen, die mit der Schauspielkunst zusammenhängen u. der Aufführung eines Bühnenstückes vor Zuschauern dienen **5** Institution für die Aufführung von Bühnenstücken; *beim ~ (angestellt) sein; zum ~ gehen* Schauspieler(in) werden **6** Ort, an dem Bühnenstücke aufgeführt werden; *was wird heute im ~ gegeben?; ins ~ gehen* **7** Gesamtheit der Zuschauer bei der Aufführung eines Bühnenstückes; *das ganze ~ lachte* **8** Gesamtheit der dramat. Werke eines Volkes od. einer Epoche; *griechisches, römisches, deutsches, englisches, französisches ~; Barock~* [<frz. *théâtre* <lat. *theatrum* »Zuschauerraum, Theater« <grch. *theatron* »Schauplatz, Theater«; zu *thea* »das Anschauen, die Schau; Schauspiel«]

The|a|ter|re|gis|seur ⟨[-reʒisø:r] m.; -s, -e⟩ Spielleiter bei der Theateraufführung eines Bühnenstückes

The|a|ti|ner ⟨m.; -s, -⟩ Angehöriger eines 1524 in Rom gegründeten Ordens von Chorherren [nach *Teate,* dem lat. Namen der Stadt *Chieti*]

T

the|a|tral *auch:* **the|at|ral** ⟨Adj.⟩ = theatralisch

The|a|tra|lik *auch:* **The|at|ra|lik** ⟨f.; -; unz.⟩ theatral. Wesen, Gespreiztheit, Unnatürlichkeit

the|a|tra|lisch *auch:* **the|at|ra|lisch** ⟨Adj.⟩ *oV* theatral **1** zum Theater gehörig, ihm entsprechend, bühnengerecht, Bühnen…, Theater… **2** ⟨fig.⟩ gespreizt, unnatürlich, geziert [<lat. *theatralis* »das Theater betreffend«]

the|a|tra|li|sie|ren *auch:* **the|at|ra|li|sie|ren** ⟨V.⟩ **1** bühnengerecht gestalten **2** ⟨fig.⟩ aufbauschen, übertreiben; *ein Missgeschick, Versehen ~*

The|a|trum Mun|di *auch:* **The|at|rum Mun|di** ⟨n.; - -; unz.; 17./18. Jh.⟩ Titel von Geschichtswerken [<lat. *theatrum* »Theater« + *mundi,* Gen. zu *mundus* »Welt«]

The|in ⟨n.; -s; unz.⟩ = Tein

The|is|mus ⟨m.; -; unz.; Rel.⟩ Lehre von einem höchsten, überweltl., persönl. Gott, der die Welt erschaffen hat u. noch lenkt; →*a.* Deismus [<grch. *theos* »Gott«]

The|ist ⟨m.; -en, -en; Rel.⟩ Anhänger, Vertreter des Theismus

the|is|tisch ⟨Adj.; Rel.⟩ auf dem Theismus beruhend

…thek ⟨Nachsilbe; zur Bildung weibl. Subst.; f.; -, -en⟩ Sammlung; *Phonothek; Videothek* [<grch. *theke* »Behältnis, Kasten«]

The|ka ⟨f.; -, The|ken⟩ **1** ⟨Biol.⟩ **1.1** (bei Hydrozoen) die chitinartige Decke des Ektoderms **1.2** Kalkskelett der Steinkoralle **1.3** Knochenpanzer der Schildkröte **1.4** Becher der Graptolithen aus Chitin **2** ⟨Bot.⟩ Teil des Staubbeutels, der zwei Pollensäcke enthält **3** ⟨Med.⟩ Hülle eines Organes, die aus Bindegewebe besteht [<lat. *theca;* → *Theke*]

The|ke ⟨f.; -, -n⟩ **1** Schanktisch **2** Ladentisch [<lat. *theca* »Hülle, Decke, Kästchen, Schachtel« <grch. *theke* »Behältnis, Aufbewahrungsort; Kasten, Kiste«; zu *tithenai* »setzen, stellen, legen«]

The|ken|dis|play ⟨[-plɛı] n.; -s, -s⟩ Thekenaufsteller, Werbematerial, das auf einer Ladentheke aufgestellt werden kann; *Sy* Counterdisplay [<*Theke* + *Display*]

The|l|al|gie *auch:* **The|lal|gie** ⟨f.; -, -n; Med.⟩ Schmerzen in den Brustwarzen [<grch. *thele* »Brustwarze« + …*algie*]

The|le|ma ⟨n.; -s, -le|ma|ta; Philos.⟩ Wille, Eigenwille [grch.; zu *thelesthai* »wollen, bereit sein, wünschen«]

The|le|ma|tis|mus ⟨m.; -; unz.; Philos.⟩ = Voluntarismus

The|le|ma|to|lo|gie ⟨f.; -; unz.; Philos.⟩ = Voluntarismus [<*Thelema* + …*logie*]

the|le|ma|to|lo|gisch ⟨Adj.; Philos.⟩ die Thelematologie betreffend, auf ihr beruhend

The|lis|mus ⟨m.; -; unz.; Philos.⟩ = Voluntarismus [<grch. *thelesthai* »wollen« → *Thelema*]

the|lis|tisch ⟨Adj.; Philos.⟩ den Thelismus betreffend, zu ihm gehörend, auf ihm beruhend

The|li|tis ⟨f.; -, -ti|den; Med.⟩ Brustwarzenentzündung [<grch. *thele* »Brustwarze« + …*itis*]

The|ly|ge|nie ⟨f.; -; unz.; Biol.⟩ = Thelytokie

The|ly|to|kie ⟨f.; -; unz.; Biol.⟩ Erzeugung ausschließlich weiblicher Nachkommen; *Sy* Thelygenie; *Ggs* Arrhenogenie, Arrhenotokie [<grch. *thelys* »weiblich« + *tokos* »Geburt«)]

the|ly|to|kisch ⟨Adj.; Biol.⟩ nur weibliche Nachkommen besitzend [<grch. *thelys* »weiblich« + *tokos* »Geburt«]

The|ma ⟨n.; -s, The|men od. The|ma|ta⟩ **1** behandelter od. zu behandelnder Gegenstand, Stoff (bes. einer wissenschaftl. Arbeit, eines Vortrags usw.); *Aufsatz~, Gesprächs~; ein ~ behandeln* **2** ⟨Musik⟩ aus mehreren Motiven bestehender wesentl. Inhalt eines Musikstücks od. eines Teils davon, bei Variationen die zugrundeliegende Melodie, die abgewandelt wird; *musikalisches ~* **3** ⟨allg.⟩ Leit-, Grundgedanke **4** ⟨Sprachw.⟩ *Ggs* Rhema (2) **4.1** Teil des Satzes, der die bereits bekannte, geringste Information enthält **4.2** Gesprächsgegenstand [lat. <grch. *thema* »das Aufgestellte, Satz; zu behandelnder Gegenstand«; zu *tithenai* »setzen, stellen, legen«]

The|ma-Rhe|ma-Glie|de|rung ⟨f.; -; unz.; Sprachw.⟩ die enge Verknüpfung von Thema (Bekanntes od. den Gegenstand benennender Teil) u. Rhema (etwas zum Thema aussagender Teil) im Satz

The|ma|tik ⟨f.; -; unz.⟩ **1** Gruppe, Auswahl von Themen **2** Formulierung eines Themas **3** ⟨Musik⟩ Kunst der Behandlung u. Ausführung eines musikalischen Themas

the|ma|tisch ⟨Adj.⟩ *Ggs* athematisch **1** das Thema betreffend, auf ihm beruhend, ihm entsprechend **2** *~es Verb* Verb mit Themavokal

the|ma|ti|sie|ren ⟨V.⟩ zum Thema machen, diskutieren, erörtern; *Probleme ~*

The|ma|vo|kal ⟨[-vo-] m.; -s, -e; Sprachw.⟩ Vokal, der bei der Verbflexion zwischen Wurzel u. Flexionsendung steht, z. B. das e in »er schneidet«

theo…, Theo… ⟨in Zus.⟩ gott…, Gottes…, Götter… [<grch. *theos* »Gott«]

Theo|bro|ma ⟨n.; -s od. -; unz.; Bot.⟩ Kakaobaum [<grch. *theos* »Gott« + *broma* »Speise, Nahrung«]

Theo|bro|min ⟨n.; -s; unz.; Pharm.⟩ Alkaloid der Kakaobohne, Mittel gegen Ödeme, Angina pectoris u. Kopfweh [→ *Theobroma*]

Theo|di|zee ⟨f.; -, -n; Rel.⟩ Rechtfertigung Gottes, Versuch, den Glauben an die Gerechtigkeit, Güte u. Weisheit Gottes mit dem Bösen in der Welt in Einklang zu bringen [<*Theo…* + grch. *dikazein* »Recht sprechen, richten«]

Theo|do|lit ⟨m.; -(e)s, -e⟩ Gerät zur Winkelmessung [<engl. *theodolite,* vielleicht <*the alidade* »die Alhidade« <mlat. *alhidada* <arab. *al-hidada*]

The|o|gno|sie *auch:* **The|og|no|sie** ⟨f.; -; unz.; Rel.⟩ = Theognosis

The|o|gno|sis *auch:* **The|og|no|sis** ⟨f.; -; unz.; Rel.⟩ Erkenntnis Gottes; *oV* Theognosie [<*Theo…* + grch. *gnosis*]

Theo|go|nie ⟨f.; -, -n; grch. Phi-

T

los.⟩ Lehre von der Abstammung der Götter

Theo|krat ⟨m.; -en, -en⟩ Vertreter, Anhänger der Theokratie

Theo|kra|tie ⟨f.; -, -n⟩ Staatsform, in der staatl. u. kirchl. Gewalt vereinigt sind, wobei die Regierungsgewalt meist von Priestern ausgeübt (Lamaismus) od. der Herrscher als Vertreter Gottes betrachtet wird (altes Ägypten, altes China) [< *Theo...* + *...kratie*]

theo|kra|tisch ⟨Adj.⟩ in der Art einer Theokratie

Theo|la|trie *auch:* **Theo|lat|rie** ⟨f.; -, -n; Rel.⟩ Gottesverehrung [< *Theo...* + *...latrie*]

Theo|lo|ge ⟨m.; -n, -n⟩ Vertreter der Theologie, Religionswissenschaftler

Theo|lo|gie ⟨f.; -; unz.⟩ Lehre von der Religion, besonders von der christlichen [< *Theo...* + *...logie*]

Theo|lo|gin ⟨f.; -, -gin|nen⟩ Vertreterin der Theologie, Religionswissenschaftlerin

theo|lo|gisch ⟨Adj.⟩ die Theologie betreffend, zu ihr gehörend, auf ihr beruhend

theo|lo|gi|sie|ren ⟨V.⟩ sich mit Fragen der Theologie beschäftigen, Theologie betreiben, aus theologischer Sicht betrachten

Theo|lo|gu|me|non ⟨n.; -s, -me|na⟩ theologischer Lehrsatz, der allerdings noch nicht von allgemeiner Verbindlichkeit ist [grch., »was von Gott gesagt wird«]

Theo|ma|nie ⟨f.; -; unz.⟩ religiöser Wahnsinn [<grch. *theomanes* »von den Göttern rasend gemacht, gottverblendet« < *Theo...* + *Manie*]

Theo|man|tie ⟨f.; -, -n⟩ vermeintl. Weissagung durch göttliche Eingebung [< *Theo...* + *...mantie*]

theo|morph ⟨Adj.⟩ in göttl. Gestalt auftretend od. dargestellt [< *theo...* + *...morph*]

Theo|no|mie ⟨f.; -; unz.; Philos.⟩ Ausrichtung des sittl. Handelns nach dem Willen u. den Geboten Gottes; → *a.* Autonomie [grch., »Gottgesetzlichkeit«; < *Theo...* + *...nomie*]

Theo|pha|nie ⟨f.; -, -n⟩ = Epiphanie [< *Theo...* + *...phanie*]

Theo|phyl|lin ⟨n.; -s; unz.; Pharm.⟩ im Tee vorkommendes Alkaloid, als Heilmittel zur Ausscheidung von Wasser bei Ödemen u. als Antispasmodikum verwendet [< *Thein* + grch. *phyllon* »Laub, Blatt, Kraut«]

The|o|pneus|tie *auch:* **The|op|neus|tie** ⟨f.; -, -n⟩ göttl. Eingebung [< *Theo...* + grch. *pneuma* »Hauch, Wind, Atem, Leben, Seele, Geist; Ekstase«]

The|or|be ⟨f.; -, -n; Musik⟩ größere Form der Basslaute mit 14 bis 24 Saiten [<frz. *théorbe* <ital. *tiorba, tuorba* »eine Art Basslaute«]

The|o|rem ⟨n.; -s, -e⟩ Lehrsatz [<grch. *theorema* »das Angeschaute; Lehrsatz, Grundsatz, Regel«]

The|o|re|ti|ker ⟨m.; -s, -⟩ **1** jmd., bes. Wissenschaftler, der eine Sache od. ein Wissensgebiet gedanklich, betrachtend bearbeitet; *Ggs* Praktiker **2** ⟨fig.⟩ männl. Person, die die Dinge nur gedanklich, begrifflich erfasst u. der die Einsicht in die Praxis, ins praktische Leben fehlt [zu grch. *theoretikos* »beschauend, beschaulich«; → *Theorie*]

The|o|re|ti|ke|rin ⟨f.; -s, -⟩ weibl. Theoretiker; *Ggs* Praktikerin

the|o|re|tisch ⟨Adj.⟩ nur auf dem Denken, auf der Theorie beruhend, (rein) gedanklich, begrifflich; *Ggs* praktisch (1); *rein ~es (kein praktisches) Wissen haben*

the|o|re|ti|sie|ren ⟨V.⟩ Theorie treiben, die Dinge nur gedanklich betrachten, ohne sie praktisch anzuwenden od. sie so zu erkennen, wie sie in Wirklichkeit sind

The|o|rie ⟨f.; -, -n⟩ **1** wissenschaftliche, rein gedankl. Betrachtungsweise, wissenschaftliches Denken; *Ggs* Praxis (1.1) **2** System von Hypothesen; *eine (neue) ~ aufstellen* **3** ⟨Naturwissenschaft⟩ Erkenntnis von gesetzl. Zusammenhängen, Erklärung von Tatsachen; *Relativitäts~* [<grch. *theoria* »das Anschauen, Untersuchung, Forschung«; zu *theorein* »schauen, überlegen, untersuchen«]

Theo|soph ⟨m.; -en, -en⟩ Vertreter, Anhänger der Theosophie

Theo|so|phie ⟨f.; -, -n⟩ Lehre vom unmittelbaren Erschauen u. Erkennen des Göttlichen, Absoluten als des ewigen Urgrunds allen Seins, Werdens u. Vergehens, bes. in der Mystik [< *Theo...* + *...sophie*]

Theo|so|phin ⟨f.; -, -phin|nen⟩ Vertreterin, Anhängerin der Theosophie

theo|so|phisch ⟨Adj.⟩ auf Theosopie beruhend

The|ra|peut ⟨m.; -en, -en; Med.⟩ Wissenschaftler, der eine Therapie anwendet, behandelnder Arzt; *Physio~; Psycho~* [<grch. *therapeutes* »Diener, Wärter, Pfleger; Waffengefährte«; zu *therapeuein* »dienen, behandeln«]

The|ra|peu|tik ⟨f.; -; unz.; Med.⟩ Lehre von der Behandlung der Krankheiten [<grch. *therapeutikos* »dienstwillig, heilend«]

The|ra|peu|ti|kum ⟨n.; -s, -ti|ka; Med.⟩ Heilmittel

The|ra|peu|tin ⟨f.; -, -tin|nen; Med.⟩ Wissenschaftlerin, die eine Therapie anwendet, behandelnde Ärztin

the|ra|peu|tisch ⟨Adj.; Med.⟩ zu einer Therapie gehörend, auf ihr beruhend

The|ra|pie ⟨f.; -, -n; Med.⟩ heilende Behandlung von Kranken; *Radium~; Stoß~* [<grch. *therapeia* »Dienst, Behandlung, Pflege, Heilung«]

the|ra|pier|bar ⟨Adj.; Med.⟩ so beschaffen, dass man es therapieren kann; *eine ~e Krankheit*

the|ra|pie|ren ⟨V.; Med.⟩ mit jmdm. eine Therapie machen, ihn therapeutisch behandeln

the|ra|pie|re|sis|tent ⟨Adj.; Med.⟩ eine Resistenz gegenüber jeglicher Therapie aufweisend, auf keine Therapie ansprechend

...therm ⟨Nachsilbe; zur Bildung von Adj.⟩ ...warm, Wärme betreffend; *isotherm* [<grch. *therme* »Wärme«]

therm|ak|tin *auch:* **ther|mak|tin** ⟨Adj.; Physik⟩ sich im thermodynamischen Gleichgewicht befindend; *~er Strahlungsvorgang* [< *thermo...* + grch. *aktinos* »Strahl«]

ther|mal ⟨Adj.⟩ **1** durch Wärme

T

bewirkt, Wärme… **2** mit Hilfe warmer Quellen [<grch. *thermos* »warm, heiß«; → *Therme*]

Ther|mal|quel|le ⟨f.; -, -n⟩ warme Quelle

Ther|me ⟨f.; -, -n⟩ **1** warme Quelle (u. Bad) **2** ⟨Pl.⟩ *~n* die warmen Bäder im antiken Rom für jedermann **3** Heizung; *Gas~* [grch., »Wärme, Hitze, warme Quelle«]

Ther|mik ⟨f.; -; unz.; Meteor.⟩ durch unregelmäßige Erwärmung der Luft entstandener Aufwind [<grch. *thermos* »warm, heiß«]

Therm|io|nen ⟨Pl.; Physik⟩ aus glühenden Metallen freigesetzte Ionen (vor allem Elektronen) [<*Thermo…* + *Ion*]

Therm|io|nik|ge|ne|ra|tor ⟨m.; -s, -en; Physik⟩ Apparatur zur Erzeugung elektrischen Stroms mittels Thermionen

therm|io|nisch ⟨Adj.; Physik⟩ die Thermionen betreffend, von ihnen ausgehend

ther|misch ⟨Adj.⟩ auf Wärme beruhend [→ *thermal, Therme*]

Ther|mis|tor ⟨m.; -s, -to|ren; El.⟩ Stoff, der den elektr. Strom in heißem Zustand wesentlich besser leitet als in kaltem, Heißleiter [<*Thermo…* + neulat. *resistor* »Widerstand«]

Ther|mit® ⟨n.; -s, -e; Chemie⟩ Gemisch aus Aluminiumpulver u. Eisenoxid, zum Verschweißen von Eisenteilen (vor allem Gleisen) u. als Füllung für Brandbomben verwendet [→ *Therme*]

ther|mo…, Ther|mo… ⟨in Zus.⟩ wärme…, Wärme… [<grch. *thermos* »warm, heiß«]

Ther|mo|che|mie ⟨[-çe-] f.; -; unz.; Chemie⟩ Zweig der Chemie, der sich mit der bei chem. Reaktionen auftretenden Wärme befasst

Ther|mo|chro|mie ⟨[-kro-] f.; -; unz.⟩ Änderung der Farbe eines Stoffes bei Änderung der Temperatur [<*Thermo…* + *…chromie*]

Ther|mo|chro|se ⟨[-kro:-] f.; -, -n⟩ bei Wärme entstandene Färbung [<*Thermo…* + grch. *chroxein* »berühren, färben«]

Ther|mo|dru|cker ⟨m.; -s, -⟩ Drucker, der durch punktförmiges Erwärmen die Zeichen auf Spezialpapier ausdruckt

Ther|mo|dy|na|mik ⟨f.; -; unz.⟩ theoret. Wärmelehre, die sich mit den Beziehungen zwischen Wärme u. Kraft befasst

ther|mo|dy|na|misch ⟨Adj.⟩ auf Thermodynamik beruhend; *~es Gleichgewicht*

Ther|mo|ef|fekt ⟨m.; -(e)s, -e; El.⟩ Auftreten einer elektrischen Spannung in einem Thermoelement

ther|mo|elek|trisch *auch:* **ther|mo|elekt|risch** ⟨Adj.; El.⟩ auf Thermoelektrizität beruhend, durch sie bewirkt, aus ihr entstanden

Ther|mo|elek|tri|zi|tät *auch:* **Ther|mo|elekt|ri|zi|tät** ⟨f.; -; unz.; El.⟩ Elektrizität, die durch Erhitzen der Lötstelle, mit der zwei Drähte aus verschiedenen Metallen verbunden sind, entsteht

Ther|mo|ele|ment ⟨n.; -(e)s, -e; El.⟩ elektr. Element, in dem Thermoelektrizität erzeugt wird

ther|mo|fi|xie|ren ⟨V.⟩ *synthetische Faserstoffe ~* durch Behandlung mit Wärme an einer späteren Verformung hindern

Ther|mo|gal|va|no|me|ter ⟨[-va-] n.; -s, -⟩ auf Thermoelektrizität beruhendes Galvanometer

Ther|mo|graf ⟨m.; -en, -en; Meteor.⟩ = Thermograph

Ther|mo|gra|fie ⟨f.; -; unz.⟩ = Thermographie

Ther|mo|gramm ⟨n.; -s, -e⟩ durch Infrarotstrahlen erzeugtes Wärmebild eines Körpers [<*Thermo…* + *…gramm*]

Ther|mo|graph ⟨m.; -en, -en; Meteor.⟩ Temperaturschreiben; *oV* Thermograf [<*Thermo…* + *…graph*]

Ther|mo|gra|phie ⟨f.; -; unz.⟩ *oV* Thermografie **1** Verfahren zum Sichtbarmachen der Wärmestrahlung von Körpern **2** Methode zur Untersuchung von Patienten, bei der die Wärmestrahlung von Körpergeweben ausgenutzt wird [<*Thermo…* + *…graphie*]

Ther|mo|ho|se ⟨f.; -, -n⟩ mit Wollstoff gefütterte Baumwollhose

Ther|mo|kaus|tik ⟨f.; -; unz.; Med.⟩ Verschorfen von Gewebe durch Hitze

Ther|mo|kau|ter ⟨m.; -s, -; Med.⟩ Gerät zum Verschorfen von Gewebe durch Hitze

Ther|mo|kraft ⟨f.; -; unz.; El.⟩ durch den Thermoeffekt bewirkte elektrische Kraft

ther|mo|la|bil ⟨Adj.⟩ nicht wärmebeständig; *Ggs* thermostabil [<*thermo…* + *labil*]

Ther|mo|lu|mi|nes|zenz ⟨f.; -, -en; Physik⟩ durch Erwärmen bewirktes Leuchten einer Substanz

Ther|mo|ly|se ⟨f.; -, -n; Chemie⟩ durch Erwärmen bewirkte Zersetzung einer Substanz [<*Thermo…* + *…lyse*]

Ther|mo|ma|gne|tis|mus *auch:* **Ther|mo|mag|ne|tis|mus** ⟨m.; -; unz.; El.⟩ in elektr. Leitern bei Wärme auftretender Magnetismus

Ther|mo|me|ta|mor|pho|se ⟨f.; -, -n; Geol.⟩ durch Erwärmung bewirkte Umwandlung eines Gesteins

Ther|mo|me|ter ⟨n.; -s, -⟩ Gerät zum Messen der Temperatur; *Fieber~; Zimmer~; das ~ fällt, steigt* [<*Thermo…* + *…meter*]

Ther|mo|me|trie *auch:* **Ther|mo|met|rie** ⟨f.; -, -n; Meteor.⟩ Messung der Temperatur

ther|mo|me|trisch *auch:* **ther|mo|met|risch** ⟨Adj.; Meteor.⟩ zur Thermometrie gehörend, auf ihr beruhend

Ther|mo|nas|tie ⟨f.; -; unz.; Bot.⟩ durch Wärme ausgelöste Nastie

ther|mo|nu|kle|ar *auch:* **ther|mo|nuk|le|ar** ⟨Adj.; Kernphysik⟩ auf der durch eine Kernreaktion hervorgerufenen Wärme beruhend

Ther|mo|nu|kle|ar|waf|fe *auch:* **Ther|mo|nuk|le|ar|waf|fe** ⟨f.; -, -n; Kernphysik⟩ Kernwaffe, die ihre Wärmeenergie aus dem raschen Ablauf einer kernspaltenden Kettenreaktion bezieht

Ther|mo|pane® ⟨[-pe:n] od. engl. [-pɛɪn] n.; -; unz.⟩ Fensterglas mit isolierender Wirkung [<*Thermo…* + engl. *pane* »Glas-, Fensterscheibe«]

Ther|mo|pa|pier ⟨n.; -s, -e⟩ Spezialpapier mit einer sich unter Wärmeeinwirkung verfärbenden Schicht für bestimmte Druckverfahren (auch für Faxgeräte)

T

ther|mo|phil ⟨Adj.; Biol.⟩ Wärme bevorzugend [<*thermo...* + *...phil*]

Ther|mo|phi|lie ⟨f.; -; unz.; Biol.⟩ Vorliebe für warme Lebensräume [→ *thermophil*]

Ther|mo|phor ⟨m.; -s, -e⟩ Körper, der Wärme speichert; *Sy* Kalorifer [<*Thermo...* + *...phor*[2]]

Ther|mo|plast ⟨m.; -(e)s, -e⟩ Kunststoff, der in der Wärme formbar ist, ohne dabei seine Eigenschaften zu verändern

ther|mo|plas|tisch ⟨Adj.⟩ aus Thermoplast bestehend

Ther|mo|re|zep|tor ⟨m.; -s, -to|ren; Biol.⟩ Organ zur Aufnahme von thermischen Reizen

Ther|mo|schal|ter ⟨m.; -s, -⟩ elektrischer Schalter mit einer temperaturabhängigen Schalterstellung

Ther|mos|fla|sche ⟨f.; -, -n⟩ Gefäß mit doppelten Wänden, in dem Speisen od. Getränke ihre Temperatur lange behalten [<grch. *thermos* »warm, heiß«]

Ther|mo|skop *auch:* **Ther|mos|kop** ⟨n.; -s, -e⟩ ein meist zu Demonstrationszwecken verwendetes Gerät zur Darstellung von Temperaturunterschieden, das nicht zur quantitiven Messung dient [<*Thermo...* + *...skop*]

ther|mo|sta|bil ⟨Adj.; Physik; Technik⟩ gegenüber extremen Temperaturen od. Temperaturschwankungen unempfindlich, sich nicht wesentlich verändernd, temperaturbeständig; *Ggs* thermolabil

Ther|mo|stat *auch:* **Ther|mos|tat** ⟨m.; -(e)s od. -en, -e od. -en⟩ Regler, der die Temperatur in einem Raum auf einem bestimmten, einstellbaren Wert hält [<*Thermo...* + *...stat*]

Ther|mo|strom ⟨m.; -s; unz.; El.⟩ als Thermoelektrizität entstandener elektr. Strom

Ther|mo|the|ra|pie ⟨f.; -, -n; Med.⟩ heilende Behandlung mit Wärme

The|ro|phyt ⟨m.; -en, -en; Bot.⟩ einjährige Pflanze, die den Winter in Form von Samen überdauert [<grch. *theros* »Sommer, Wärme« + *...phyt*]

the|sau|rie|ren ⟨V.⟩ ansammeln, aufhäufen, horten; *Geld, Edelmetall ~* [<grch. *thesaurizein* »ansammeln, aufhäufen, speichern, aufbewahren, aufheben«; → *Thesaurus*]

The|sau|rus ⟨m.; -, -sau|ri od. -sau|ren⟩ Wissensschatz, wissenschaftl. Sammlung, z. B. umfassendes Wörterverzeichnis einer Sprache mit Redewendungen usw.; *~ linguae Latinae* seit 1894 in München bearbeitetes u. herausgegebenes, umfassendes Wörterbuch der lat. Sprache [lat. <grch. *thesauros* »Schatzhaus; Schatz, Vorrat«]

The|se ⟨f.; -, -n⟩ Behauptung, Lehrsatz, Leitsatz; *~ u. Antithese; eine ~ aufstellen* [<grch. *thesis* »das Setzen, Lehrsatz, Behauptung«]

The|sis ⟨f.; -, The|sen⟩ **1** ⟨altgrch. Metrik⟩ betonter, langer Teil des Versfußes; *Ggs* Arsis (2) **2** ⟨röm. Metrik⟩ unbetonter, kurzer Teil des Versfußes **3** ⟨moderne Metrik⟩ betonte Silbe im Vers, Hebung **4** ⟨Musik⟩ betonter, vom Senken der Hand begleiteter Teil eines Taktes [grch.; → *These*]

Thes|pis|kar|ren ⟨m.; -s; unz.; scherzh.⟩ Wanderbühne [nach *Thespis,* dem Begründer des attischen Dramas; »Anlass zu dieser Bez. gab die irrtüml. Auffassung des Horaz (Ars poetica, 275 ff.), Thespis habe sich zur Darstellung eines Karrens als erhöhter Bühne bedient, mit dem er u. seine Gehilfen später als Wanderschauspieler im Lande herumzogen.« (Wilpert, Sachwörterbuch der Literatur)]

The|ta ⟨n.; - od. -s, -s; Zeichen: Θ, θ⟩ grch. Buchstabe

The|tik ⟨f.; -; unz.⟩ Lehre von den Thesen od. dogmat. Lehren [<grch. *thesis* »Lehrsatz, Behauptung«; zu *tithesthai* »setzen, stellen, legen«]

the|tisch ⟨Adj.⟩ in der Art einer These, behauptend

The|urg ⟨m.; -en, -en⟩ jmd., der die Theurgie beherrscht, Zauberer

The|ur|gie ⟨f.; -; unz.⟩ vermeintl. Fähigkeit, sich durch Magie mit Göttern u. Geistern in Verbindung zu setzen [<grch. *theos* »Gott, Gottheit« + *ergon* »Arbeit, Werk«]

the|ur|gisch ⟨Adj.⟩ die Theurgie betreffend, auf ihr beruhend; *er besitzt ~e Kräfte*

Thi|a|min ⟨n.; -s, -e; Biochemie; internat. Freiname für⟩ Vitamin B_1 [<*Thio...* + *Amin*]

Thi|a|mi|na|se ⟨n.; -n, -n; Biochemie⟩ Vitamin B_1 spaltendes Enzym

Thi|a|zin|farb|stoff ⟨m.; -(e)s, -e⟩ organ. Farbstoff zum Färben von Textilien [<*Thio...* + *Azogruppe*]

Thig|mo|ta|xis ⟨f.; -, -ta|xen; Bot.⟩ durch Berührung ausgelöste Taxie [<grch. *thigma* »Berührung« (zu *thigganein* »berühren, anfassen, verletzen«) + *Taxis*]

Think|tank ⟨[θɪŋktæŋk] m.; -s, -s; umg.⟩ Forschungsinstitut od. Expertengremium, das neue wirtschaftliche, politische od. wissenschaftliche Konzepte u. Ideen entwickelt [<engl. *thinktank* »Denkfabrik, Ideenfabrik« <*think* »denken« + *tank* »Tank«]

thio..., thio... ⟨in Zus.⟩ schwefel..., Schwefel... [<grch. *theion* »Schwefel, Schwefelgeruch«]

Thio|al|ko|hol ⟨m.; -(e)s, -e; Chemie⟩ = Thiol

Thio|äther ⟨m.; -s, -; Chemie⟩ zwei Alkylgruppen enthaltender Abkömmling des Schwefelwasserstoffes, der einen unangenehmen Geruch hat [<*Thio...* + *Äther*]

Thio|harn|stoff ⟨m.; -(e)s, -e; Chemie⟩ weiße, wasserlösliche Kristalle aus Calciumcyanamid u. Sulfiden zur Herstellung von Kunststoffen u. Arzneimitteln

Thi|ol ⟨n.; -s, -e; Chemie⟩ organisch-chem. Schwefelverbindung, bei der das Sauerstoffatom der Hydroxylgruppe eines Alkohols durch ein Schwefelatom ersetzt wurde; *Sy* Mercaptan, Merkaptan, Thioalkohol [<grch. *thio* »Schwefel« + *...ol*]

Thio|phen ⟨n.; -s; unz.; Chemie⟩ heterocyclische Verbindung des Schwefels, farblose Flüssigkeit, die im Steinkohlenteer vorkommt u. als Schädlingsbekämpfungsmittel u. Anästhetikum verwendet wird [< *Thio...* + grch. *phainein* »zeigen«]

Thio|plast ⟨m.; -(e)s, -e; Chemie⟩ kautschukähnl., schwefelhaltiger Kunststoff, der bes. unempfindlich gegen organ. Lösungsmittel ist

Thio|salz ⟨n.; -es, -e; Chemie⟩ Salz einer Thiosäure

Thio|säu|re ⟨f.; -, -n; Chemie⟩ Säure, bei der Sauerstoffatome durch Schwefelatome ersetzt sind

Thio|sul|fat ⟨n.; -(e)s, -e; Chemie⟩ Sulfat, bei dem ein od. zwei Sauerstoffatome durch Schwefelatome ausgetauscht sind

thi|xo|trop ⟨Adj.; Chemie⟩ auf Thixotropie beruhend

Thi|xo|tro|pie ⟨f.; -; unz.; Chemie⟩ die Eigenschaft mancher verfestigter Kolloide, unter dem Einfluss mechanischer Kräfte vorübergehend flüssig zu werden [<grch. *thixis* »Berührung« (zu *thigganein* »berühren«) + *...tropie*]

Tho|los ⟨m. od. f.; -, Tho|loi⟩ von Säulen umgebener altgrch. Rundbau [grch., »Wölbung, Kuppeldach, Rundbau«]

Tho|mas|stahl *auch:* **Tho|mas-Stahl** ⟨m.; -s; unz.; Met.⟩ aus phosphorreichem Roheisen im Thomas-Verfahren gewonnener Stahl [nach dem engl. Metallurgen Sidney Gilchrist *Thomas,* 1850-1885]

Tho|mas|ver|fah|ren *auch:* **Tho|mas-Ver|fah|ren** ⟨n.; -s; unz.⟩ Verfahren zur Stahlgewinnung in einem mit gebranntem Dolomit ausgekleideten Konverter [→ *Thomasstahl*]

Tho|mis|mus ⟨m.; -; unz.; Philos.⟩ Lehre des Thomas von Aquin

Tho|mist ⟨m.; -en, -en; Philos.⟩ Vertreter, Anhänger des Thomismus

tho|mis|tisch ⟨Adj.; Philos.⟩ zum Thomismus gehörend, auf ihm beruhend

Thon ⟨m.; -s; unz.; schweiz.⟩ = Thunfisch (1) [frz.]

Tho|ra ⟨f.; -; unz.; hebr. Bez. für⟩ die fünf Bücher Mose [hebr., »Lehre«]

tho|ra|kal ⟨Adj.; Med.⟩ zum Thorax gehörend

tho|ra|ko..., Tho|ra|ko... ⟨Med.; in Zus.⟩ Brust, Brustkorb [<grch. *thorax,* Gen. *thorakos* »Brustkorb«]

Tho|ra|ko|skop *auch:* **Tho|ra|kos|kop** ⟨n.; -s, -e; Med.⟩ Gerät zum Ausleuchten der Brustfellhöhle [< *Thorako...* + *...skop*]

Tho|ra|ko|to|mie ⟨f.; -, -n; Med.⟩ operative Öffnung der Brusthöhle [< *Thorako...* + *Plastik*]

Tho|ra|ko|zen|te|se ⟨f.; -, -n; Med.⟩ Punktion der Brusthöhle [< *Thorako...* + grch. *kentein* »durchbohren, stechen, martern«]

Tho|rax ⟨m.; - od. -es, -e⟩ **1** ⟨Anat.⟩ Brustkasten **2** ⟨Biol.⟩ mittlerer Abschnitt des Körpers von Gliederfüßern [grch., »Rumpf, Brustkorb, Panzer«]

Tho|ri|um ⟨n.; -s; unz.; chem. Zeichen: Th⟩ chem. Element, weißglänzendes, radioaktives Metall, Ordnungszahl 90 [nach dem nord. Gott *Thor*]

Tho|ron ⟨n.; -s; unz.; Chemie⟩ beim radioaktiven Zerfall des Thoriums auftretendes Isotop des Radons

Thre|no|die ⟨f.; -, -n⟩ = Threnos

Thre|nos ⟨m.; -, Thre|noi⟩ altgrch. Totenklage; *Sy* Threnodie [<grch. *threnodia* »Anstimmen des Klageliedes, Klagelied«; zu *threnos* »Wehklage, Klagelied, Totenklage«]

Thrill ⟨[θrɪl] m.; -s, -s; umg.⟩ Nervenkitzel, packende Hochspannung; →*a.* Kick (2); *Freeclimbing bringt einen tollen ~* [→ *Thriller*]

Thril|ler ⟨[θrɪlə(r)] m.; -s, -; Film; Theat.; Lit.⟩ auf Spannung u. Nervenkitzel hin angelegtes Werk [engl.; zu *thrill* »durchbohren, durchdringen, zittern machen«]

Thrips ⟨m.; -, -; Zool.⟩ einer Ordnung der Insekten angehörende Fliege mit ringsum gefransten Flügeln, Fransenflügler: Thysanoptera [grch.]

Throm|bin ⟨n.; -s; unz.; Biochemie⟩ Gerinnungsenzym im Blutplasma, das die Umwandlung von Fibrinogen in Fibrin bewirkt [→ *Thrombose*]

Throm|bo|pe|nie ⟨f.; -; unz.; Med.⟩ Mangel an Blutplättchen [<grch. *thrombos* »geronnene Masse, Klumpen« + *penia* »Armut, Mangel«]

Throm|bo|se ⟨f.; -, -n; Med.⟩ Blutgerinnung innerhalb der Venen [<grch. *thrombos* »geronnene Masse, Klumpen (bes. vom Blut«)]

throm|bo|tisch ⟨Adj.; Med.⟩ die Thrombose betreffend, zu ihr gehörig

Throm|bo|zyt ⟨m.; -en, -en; Med.⟩ zur Eigenbewegung befähigtes Blutkörperchen, dessen Zerfall die Blutgerinnung einleitet, Blutplättchen [< *Thrombose* + *...zyt*]

Throm|bo|zy|to|ly|se ⟨f.; -, -n; Med.⟩ Auflösung von Blutplättchen [< *Thrombozyt* + *...lyse*]

Throm|bo|zy|to|se ⟨f.; -, -n; Med.⟩ Vermehrung der Thrombozyten

Throm|bus ⟨m.; -, Throm|ben; Med.⟩ Pfropf aus geronnenem Blut innerhalb eines Blutgefäßes [lat. <grch. *thrombos;* → *Thrombose*]

Thu|ja ⟨f.; -, Thu|jen; Bot.⟩ = Thuje

Thu|ja|öl ⟨n.; -(e)s, -e⟩ ätherisches Öl, das aus den Blättern u. Zweigen des Lebensbaumes gewonnen wird [→ *Thuja*]

Thu|je ⟨f.; -, -n; Bot.; österr.⟩ Lebensbaum, einer Gattung der Zypressengewächse angehörender Baum mit schuppigen Blättern: Thuja; *oV* Thuja [<grch. *thyon* »Lebensbaum, afrikan. Thujabaum« <grch. *thyos* »Räucherwerk; etwas, das Duft ausströmt«]

Thu|li|um ⟨n.; -s; unz.; chem. Zeichen: Tm⟩ chem. Element, Metall der seltenen Erden, Ordnungszahl 69 [nach dem nordländ. Sagenland *Thule*]

Thun|fisch ⟨m.; -(e)s, -e; Zool.⟩ *oV* Tunfisch **1** großer Fisch warmer Meere mit sehr schmackhaftem Fleisch: Thunnus thynnus; *Sy* ⟨schweiz.⟩ Thon **2** ⟨i. w. S.⟩ Angehöriger einer Unterordnung der Knochenfische: Thunnidae [<ital. *tonno,* frz. *thon,* engl. *tunny* <lat. *thunnus* <grch. *thynnos* <phön.-arab. *tannin* <aram.-hebr. *tannin* »großer Fisch«]

Thu|rin|git ⟨m.; -s, -e; Min.⟩ stark

eisenhaltiges, schwärzlich grünes Mineral, das zu den Chloriten gehört [<lat. *Thuringia* »Thüringen«]

Thyl|le ⟨f.; -, -n; Bot.⟩ in die Tracheen von Hölzern wachsende, sackartige Wucherung, die die wasserleitenden Gefäße ganz od. teilweise verschließt [<grch. *thyllis* »Sack, Beutelstoff«]

Thy|mi|an ⟨m.; -s, -e; Bot.⟩ **1** einer Gattung der Lippenblütler angehörende kleine Dauerpflanze, deren Blätter äther. Öl enthalten: Thymus **2** die als Gewürz verwendeten Blätter dieser Pflanze [→ *Thymus*]

Thy|min ⟨n.; -s, -e; Biochemie⟩ Purinbase, wichtiger Bestandteil des genetischen Codes der Nukleinsäuren; →*a.* Adenin [<lat. *thymus,* grch. *thymos* »Lebenskraft, Gemüt«]

Thy|mi|tis ⟨f.; -, -ti|den; Med.⟩ Entzündung der Thymusdrüse

thy|mo|gen ⟨Adj.⟩ **1** ⟨Med.⟩ von der Thymusdrüse ausgehend **2** ⟨Psych.⟩ durch eine Veränderung der Befindlichkeit ausgelöst od. veranlasst [<*Thymus* + ...*gen*[1]]

Thy|mol ⟨n.; -s; unz.⟩ als Aromastoff u. Antiseptikum verwendetes äther. Öl des Thymians [<*Thymian* + ...*ol*]

Thy|mom ⟨n.; -s, -e; Med.⟩ Tumor, der von der Thymusdrüse ausgeht [→ *Thymus*]

Thy|mo|pa|thie ⟨f.; -, -n; Med.; Psych.⟩ das Gefühlsleben betreffende Störung [<grch. *thymos* »Lebenskraft, Gemüt« + ...*pathie*]

Thy|mo|se ⟨f.; -, -n; Psych.⟩ durch Gereiztheit u. gesteigerte Empfindlichkeit charakterisierter Zustand in der Pubertät [zu grch. *thymosis* »Zornmütigkeit«; zu *thymos* »Lebenskraft, Gemüt, Seele«]

Thy|mus ⟨m.; -, Thy|mi; Anat.⟩ = Thymusdrüse

Thy|mus|drü|se ⟨f.; -, -n; Anat.⟩ Drüse innerer Sekretion von Menschen u. Wirbeltieren im vorderen Teil der Brusthöhle: Glandula thymus; *Sy* Thymus [<grch. *thymos* »Lebenskraft« (deren Sitz man im Zwerchfell vermutete)]

Thy|ra|tron *auch:* **Thy|rat|ron** ⟨n.; -s, -tro|ne; El.⟩ elektrische Schaltung zur Erzeugung von Kippschwingungen [<grch. *thyra* »Tür«]

thy|reo..., Thy|reo... ⟨in Zus.⟩ schild..., Schild... [<grch. *thyreos* »Schild«]

thy|reo|gen ⟨Adj.; Med.⟩ von der Schilddrüse herrührend [<grch. *thyreos* »großer Schild« + *gennan* »erzeugen«]

Thy|re|o|i|dea ⟨f.; -; unz.; Anat.⟩ Schilddrüse [grch.]

Thy|re|o|id|ek|to|mie *auch:* **Thy|re|o|i|dek|to|mie** ⟨f.; -, -n; Med.⟩ operative Entfernung der Schilddrüse [<grch. *thyreos* »Schild« + *Ektomie*]

Thy|re|o|sta|ti|kum *auch:* **Thy|re|os|ta|ti|kum** ⟨n.; -s, -ti|ka; Pharm.⟩ Stoff, der die Thyroxinbildung hemmt; *oV* Thyrostatikum [<*Thyreo...* + grch. *stasis* »Stehen, Stillstand«]

Thy|reo|to|xi|ko|se ⟨f.; -, -n; Med.⟩ Überfunktion der Schilddrüse [<grch. *thyreos* »Schild« + *Toxikose*]

thy|reo|to|xisch ⟨Adj.; Med.⟩ durch Überfunktion der Schilddrüse bedingt [<*thyreo...* + *toxisch*]

thy|reo|trop ⟨Adj.; Med.⟩ die Schilddrüsentätigkeit steuernd [<*thyreo...* + grch. *trepein* »wenden«]

Thy|ris|tor ⟨m.; -s, -to|ren; El.⟩ elektron. Schaltelement aus einer vierschichtigen Siliziumscheibe [<grch. *thyra* »Tür, Tor, Eingang« + lat. *resistor* »Widerstand«]

Thy|ro|sta|ti|kum *auch:* **Thy|ros|ta|ti|kum** ⟨n.; -s, -ti|ka; Pharm.⟩ = Thyreostatikum

Thyr|o|xin *auch:* **Thy|ro|xin** ⟨n.; -s; unz.; Biochemie⟩ Schilddrüsenhormon [<grch. *thyra* »Tor, Eingang« + *oxys* »scharf, hell«]

Thyr|sos ⟨m.; -, Thyr|soi; kurz für⟩ Thyrsosstab

Thyr|sos|stab ⟨m.; -(e)s, -stä|be⟩ von Efeu od. Weinlaub umwundener Stab der Bacchantinnen; *oV* Thyrsusstab; *Sy* Thyrsos [<grch. *thyrsos*]

Thyr|sus ⟨m.; -, Thyr|si; kurz für⟩ Thyrsusstab

Thyr|sus|stab ⟨m.; -(e)s, -stä|be⟩ = Thyrsosstab

Ti ⟨chem. Zeichen für⟩ Titan

Ti|a|ra ⟨f.; -, Ti|a|ren⟩ **1** hohe, spitze Kopfbedeckung der altpers. Könige **2** außerliturgische Kopfbedeckung des Papstes, eine dreifache Krone [grch., »Kopfbund, Turban, kegelförmige Kopfbedeckung (der Perser)« <pers.]

Ti|bet ⟨m.; -(e)s, -e⟩ **1** Fell eines in Nordchina lebenden Fettsteißschafes **2** Reißwolle aus Lumpen von Kammgarn [nach dem asiat. Land *Tibet*]

Ti|bia ⟨f.; -, Ti|bi|ae⟩ **1** ⟨Anat.⟩ Schienbein **2** ⟨Musik⟩ **2.1** urspr. eine Knochenflöte, später altröm. Doppelrohrblattinstrument **2.2** Flötenregister der Orgel [lat., »Schienbein; Flöte«]

Tic ⟨m.; -s, -s⟩ in kurzen Abständen zwanghaft wiederholte Bewegung; *oV* Tick (1) [frz., »Zucken der Glieder, wunderl. Gewohnheit« <ital. *ticchio* »fehlerhafte Gewohnheit, bes. der Pferde, ungewöhnl. Bewegungen zu machen«]

Tick ⟨m.; -s, -s⟩ **1** = Tic **2** ⟨fig.⟩ Angewohnheit, Schrulle, Klaps, kleine Verrücktheit; *einen ~ haben* **3** ⟨EDV⟩ periodisches Signal [<frz. *tic*]

Ti|cker ⟨m.; -s, -; umg.⟩ Nachrichten u. Börsenkurse empfangender vollautomatischer Fernschreiber; *diese Nachricht ist gerade über den ~ reingekommen* [engl., »Fernschreiber; Pumpe (Herz)«]

ti|ckern ⟨V.⟩ **1** mit Hilfe eines Tickers übermitteln bzw. übermittelt werden; *über den Bildschirm ~ die Infoprogramme der Nachrichtenagenturen* **2** tickende, klopfende Geräusche erzeugen; *die Nähmaschine tickert über den Stoff*

Ti|cket ⟨n.; -s, -s⟩ Eintritts-, Fahrkarte [engl.]

Tie|break *auch:* **Tie-Break** ⟨[taɪbreɪk] m. od. n.; -s, -s; Sport; Tennis⟩ bes. Zählweise zur Entscheidung eines Satzes bei Punktegleichstand (6:6) [<engl. *tie* »punktgleich sein« + *break* »Bruch«]

Tiers-état ⟨[tjɛrzeta] m.; -; unz.⟩ der dritte Stand, Teil des frz. Volkes, der unter dem Ancien Régime weder dem Adel noch

T

dem Klerus angehörte [frz.; <*tiers* »dritte(r, -s)« + *état* »Stand«]

Tif|fa|ny|lam|pe *auch:* **Tif|fa|ny-Lam|pe** ⟨[tıfənı-] f.; -, -n⟩ Lampe mit einem Glasschirm, der aus vielen, kunstvoll zusammengesetzten, buntfarbigen Glasstückchen besteht [nach dem US-amerikan. Kunsthandwerker Louis Comfort *Tiffany,* 1848-1933]

Ti|ki ⟨m.; - od. -s, -s⟩ monumentale menschliche Figur aus Holz od. Stein in Polynesien, die einen vergöttlichten Ahnen darstellt u. ursprünglich zu dessen Repräsentation diente [polynes.]

Ti|la|pia ⟨m.; -s, -s; Zool.⟩ Angehöriger einer ursprünglich nur in Afrika u. Asien verbreiteten Gattung der Buntbarsche [lat.]

Til|bu|ry ⟨[-bərı] m.; -s, -s⟩ leichter, zweirädriger, einspänniger Wagen mit Verdeck zum Aufklappen [nach dem engl. Wagenbauer *Tilbury*]

Til|de ⟨f.; -, -n; Zeichen: ~⟩ **1** Aussprachebezeichnung, im Span. über dem n zur mouillierten Aussprache [nj], z. B. in Señor, im Portugies. über a, e, o zur nasalen Aussprache, z. B. in São Paulo **2** ⟨in Wörterbüchern⟩ Wiederholungszeichen für ein Wort od. den Teil eines Wortes [span. <lat. *titulus* »Überschrift«]

Ti|li|a|zee ⟨[-tseːə] f.; -, -n; Bot.⟩ Lindengewächs [<lat. *tilia* »Linde«]

Til|lit ⟨m.; -s, -e; Geol.⟩ aus vorpleistozänen Eiszeiten stammende verfestigte Moränenablagerung [zu engl. *till* »Geschiebelehm«]

Tim|bal ⟨f.; -, -es; meist Pl.; Musik⟩ Trommel eines aus Mittelamerika stammenden Trommelpaares, das auf einem Ständer befestigt ist u. besonders in Tanzorchestern verwendet wird [span., »Pauke«]

Tim|bre *auch:* **Timb|re** ⟨[tɛ̃ːbr(ə)] n.; - od. -s, - od. -s⟩ Klangfarbe (der Singstimme) [frz., »Klang, Schall, Schmelz«]

tim|brie|ren *auch:* **timb|rie|ren** ⟨[tɛ̃-] V.⟩ mit einem bestimmten Timbre ausstatten

tim|briert *auch:* **timb|riert** ⟨[tɛ̃-] Adj.⟩ mit einem bestimmten Timbre ausgestattet; *dunkel ~e Stimme; schön ~er Bariton*

Time|lag ⟨[taımlæg] n.; -s, -s; Wirtsch.⟩ Zeitdifferenz zwischen dem Auftreten einer wirtschaftlichen Veränderung u. ihren Auswirkungen; *das ~ zwischen der Einführung des Euros u. seiner Auswirkung auf die Preise* [engl., »Zeitverzögerung«]

ti|men ⟨[taı-] V.⟩ mit der Stoppuhr messen; *Abläufe ~* aufeinander abstimmen, um den günstigsten Zeitpunkt für eine Unternehmung festlegen zu können [zu engl. *time* »Zeit«]

Time-out *auch:* **Time|out** ⟨[taımaut] n.; -, -s; Sport⟩ (bes. im Hand- u. Basketball übliche) Auszeit, kurze Spielunterbrechung [engl.]

Ti|mer ⟨[taımə(r)] m.; -s, -⟩ **1** Zeitmesser, Zeitschaltuhr; *der ~ eines Videorekorders* **2** Terminkalender, Zeitplaner [engl.]

Time|sha|ring ⟨[taımʃæ-] n.; - od. -s; unz.; EDV⟩ Methode der Zeitzuteilung für die verschiedenen Benutzer einer großen Rechenanlage, die eine optimale Ausnutzung der Anlage gewährleisten soll [<engl. *time* »Zeit« + *sharing* »das Teilen«]

ti|mid ⟨Adj.⟩ = timide [frz.]

ti|mi|de ⟨Adj.⟩ schüchtern, zaghaft; *oV* timid [frz.]

Ti|ming ⟨[taı-] n.; - od. -s, -s⟩ das Timen

Ti|mo|kra|tie ⟨f.; -, -n; Politik⟩ Staatsform, in der die Rechte u. Pflichten des Bürgers nach seinem Vermögen bemessen werden [<grch. *time* »Preis, Wert, Ehre« + ...*kratie*]

ti|mo|kra|tisch ⟨Adj.; Politik⟩ in der Art einer Timokratie, auf ihr beruhend

Ti|mo|the|us|gras ⟨n.; -es, -gräser; Bot.⟩ Heuschnupfen u.ä. Allergien hervorrufendes Gras, Wiesenlieschgras: Phleum pratense [nach dem Amerikaner *Timothy* Hanson]

Tim|pa|no ⟨m.; -s, -pa|ni; meist Pl.; Musik⟩ Pauke [ital. <grch. *tympanon* »Handpauke, Handtrommel«]

Tin ⟨n.; -s, -s; Sport; Squash⟩ mit Blech verkleidete, 48 cm hohe Fehlerzone an der unteren Frontwand; *Sy* Playboard [engl., »Blech«]

tin|gie|ren ⟨V.⟩ färben, eintauchen [<lat. *tingere* <grch. *teggein* »benetzen, fließen lassen, vergießen«]

tin|giert ⟨Adj.⟩ **1** ⟨Chemie⟩ gefärbt **2** ⟨Med.⟩ blutig gefärbt, mit geringem Blutzusatz **3** mit einer dünnen Silberschicht überzogen (bei Münzen) [→ *tingieren*]

Tink|ti|on ⟨f.; -, -en; Chemie⟩ Färbung [→ *tingieren*]

Tink|tur ⟨f.; -, -en⟩ **1** Auszug aus pflanzl. od. tier. Stoffen **2** Färbemittel [→ *tingieren*]

Tin|nef ⟨m.; -s; unz.; umg.⟩ **1** wertloses Zeug, Plunder **2** Unsinn, dummes Gerede [<aram. *tinnuf* »Schmutz«]

Tin|ni|tus ⟨m.; -, -; Med.⟩ *~ Aurium* Ohrklingeln, Ohrpfeifen [<lat. *tinnitus* »Klingeln, Geklingel« + *auris* »Ohr«]

Tins ⟨Pl.; Kurzwort; umg.⟩ beruflich erfolgreiche Ehepartner, die sexuell wenig aktiv sind [<engl. *t*wo *i*ncomes, *n*o *s*ex »zwei Einkommen, kein Sex«]

Tin|ten|kil|ler ⟨m.; -s, -; umg.⟩ Faserschreiber, mit dem Tintenschrift mit der einen Mine gelöscht u. mit der anderen, blauen Mine wieder überschrieben werden kann, Tintenlöschstift

...ti|on → ...*ion*

Ti|pi ⟨n.; -s, -s⟩ spitzes Zelt der Indianer der nordamerikan. Prärie; →*a.* Wigwam [Dakota, <*ti* »wohnen« + *pi* »benutzen«]

Ti|pi|ta|ka ⟨n.; -; unz.⟩ = Tripitaka

Tipp (*Laut-Buchstaben-Zuordnung*)
Analog zum Verb *»tippen«* wird auch das Substantiv mit *»pp«* geschrieben (→*a.* Stepp).

Tipp ⟨m.; -s, -s⟩ **1** ⟨allg.⟩ Wink, Hinweis, Rat; *jmdm. einen ~ geben; das war ein guter ~* **2** ⟨Toto; Lotto⟩ Wette auf den Sieger od. die zu ziehende Zahl [<engl. *tip* »Anstoß, Hinweis«]

tip|pen ⟨V.⟩ **1** mit dem Finger od. auch mit der Zehe, dem Fuß leicht berühren **2** auf der Maschine schreiben **3** ⟨Sport; Toto; Lotto⟩ wetten **4** etwas erraten, voraussagen [<engl. *tip* »leicht berühren, anstoßen«]

Tipp-Ex® ⟨n.; -, -⟩ weiße Flüssigkeit od. beschichteter Zettel für die Korrektur von Tippfehlern

tipp|topp ⟨Adj.; undekl.; umg.⟩ tadellos, völlig zufriedenstellend, absolut brillant [<engl. *tiptop* »Spitze der Spitze« <*tip* »Spitze« + *top* »Spitze«]

Tips|ter ⟨m.; -s, -⟩ jmd., der bei Sportwetten (bes. Pferderennen) Wetttipps verkauft [engl.]

T. I. R. ⟨Abk. für frz.⟩ Transport International Routier (Internationaler Ferntransport), Kennzeichen an Lastkraftwagen für schnellere Zollabfertigung beim Durchfahren mehrerer Länder

Ti|ra|de ⟨f.; -, -n⟩ **1** ⟨Gesangskunst⟩ Lauf schnell aufeinanderfolgender Töne **2** ⟨allg.⟩ Wortschwall [frz., »länger anhaltendes Ziehen; langgezogener Vortrag« <*tirer* »ziehen« od. <ital. *tirata* »Ziehung, Zug, Strecke, Schluck« (zu *tirare* »ziehen, sich hinziehen«)]

Ti|ra|mi|su ⟨n.; -s, -s; ital. Kochk.⟩ aus mehreren (mit Alkohol u. Kaffee verfeinerten) Sahne- u. Biskuitschichten bestehende cremige Süßspeise [ital., eigtl. »zieh mich hoch«]

Ti|ro|li|enne ⟨[tiroljęn] f.; -, -n⟩ = Tyrolienne [frz.]

Ti|ro|lit ⟨m.; -s, -e; Min.⟩ rhombisches Kupfer-Arsen-Mineral, das durch Verwitterung von Fahlerzen entsteht; *Sy* Kupferschaum [nach dem Land *Tirol*]

ti|ro|ni|sche No|ten ⟨Pl.⟩ Kurzschrift des Römers u. Sekretärs von Cicero, Marcus Tullius Tiro, 103-4 v. Chr.

Ti|tan[1] ⟨m.; -en, -en⟩ **1** ⟨grch. Myth.⟩ Angehöriger eines göttl. Geschlechts von Riesen, das sich gegen Zeus erhob u. von ihm in den Tartaros gestürzt wurde **2** ⟨allg.⟩ Riese [grch.; zu *titainein* »spannen, ausspannen, ausstrecken«]

Ti|tan[2] ⟨n.; -s; unz.; chem. Zeichen: Ti⟩ chem. Element, weißes, hartes, glänzendes Metall, Ordnungszahl 22 [→ *Titan*[1]]

Ti|tan|ei|sen ⟨n.; -s; unz.; Min.⟩ = Ilmenit

Ti|ta|ni|de ⟨m.; -n, -n; grch. Myth.⟩ Nachkomme der Titanen

ti|ta|nisch ⟨Adj.⟩ **1** zu den Titanen gehörend, in der Art eines Titanen **2** riesenhaft, von großer Stärke

Ti|ta|nit ⟨m.; -s, -e; Min.⟩ Mineral, chemisch Calcium-Titan-Silikat; *Sy* Sphen [→ *Titan*]

Ti|ta|no|ma|chie ⟨[-xiː] f.; -; unz.; grch. Myth.⟩ Kampf der Titanen gegen Zeus [<*Titan* + grch. *mache* »Kampf, Streit«]

Ti|tan|stahl ⟨m.; -s; unz.; Met.⟩ Stahllegierung mit Titanzusatz zur Erhöhung der Korrosionsbeständigkeit

Ti|tel ⟨m.; -s, -⟩ **1** Bezeichnung des Ranges einer Person; *einen ~ führen; jmdn. mit seinem ~ anreden* **1.1** ehrenvoller, durch eine Prüfung erworbener od. für Verdienste verliehener Zusatz zum Namen; *Doktor~; akademischer ~* **1.2** durch Geburt erworbene Bezeichnung des Ranges als Zusatz zum Namen; *Grafen~; Herzogs~* **1.3** Amtsbezeichnung, z. B. Regierender Bürgermeister **1.4** in sportl. Wettkämpfen errungene Bezeichnung des Ranges; *~ des Europameisters im Boxen* **2** kennzeichnender Name eines Buches od. Kunstwerkes; *Buch~; Film~; Opern~* **3** Name od. Ziffer des Abschnitts eines Gesetzes od. einer Verordnung; *diese Mittel sind unter ~ 5 des Haushaltsplanes ausgewiesen* [<mhd. *tit(t)el* <ahd. *titul(o)* »Überschrift, Name eines Buches; Ehrenbezeichnung« <lat. *titulus* »der an die Schriftrolle angehängte Zettel« <grch. *titlos* »Aufschrift«]

Ti|te|lei ⟨f.; -, -en; Buchw.⟩ die dem Text vorausgehenden Seiten mit Titelblatt, Schmutztitel usw.

ti|teln ⟨V.⟩ *einen Zeitungsartikel, ein Buch, einen Film ~* einen Titel geben

Ti|tel|part ⟨m.; -s, -s⟩ Titelrolle, Rolle (meist die Hauptrolle), deren Name mit dem Titel des Schauspiels übereinstimmt, z. B. Don Carlos, Iphigenie

Ti|tel|song ⟨[-sɔŋ] m.; -s, -s; Musik⟩ Lied, das in einem Film, einer CD o. Ä. vorkommt u. nach dessen Titel der Film, die CD o. Ä. benannt ist

Ti|ter ⟨m.; -s, -⟩ **1** ⟨Chemie⟩ Feingehalt an gelöstem Stoff in Grammäquivalenten **2** ⟨Textilw.⟩ Maß für die Feinheit von Fasern u. Verbänden von Fasern als Verhältnis zwischen Gewicht u. Länge [<frz. *titre* »Feingehalt, Korn, Feinheitsgrad«]

Ti|thon ⟨n.; -s; unz.; Geol.⟩ oberste Stufe des Malms, die den Übergang zur Kreide bildet [nach *Tithonos*, dem unsterblichen Greis der grch. Sage]

Ti|tra|ti|on *auch:* **Tit|ra|ti|on** ⟨f.; -, -en; Chemie⟩ Bestimmung des Titers

Ti|tre *auch:* **Tit|re** ⟨m.; -s, -s⟩ = Titer

Ti|trier|ana|ly|se *auch:* **Tit|rier|ana|ly|se** ⟨f.; -, -n⟩ = Maßanalyse; *Sy* Volumetrie [→ *Titer*]

ti|trie|ren *auch:* **tit|rie|ren** ⟨V.⟩ den Titer bestimmen von

Ti|tri|me|trie *auch:* **Tit|ri|met|rie** ⟨f.; -, -n⟩ = Maßanalyse [<frz. *titre* »Feingehalt« + *...metrie*]

Ti|tu|lar ⟨m.; -s, -e⟩ jmd., der ein Amt nur dem Titel nach innehat, es aber nicht wirklich ausübt, z. B. Titularbischof [<neulat. *titularis* <lat. *titulus* »Titel«]

Ti|tu|la|tur ⟨f.; -, -en⟩ das Titulieren, Anrede mit sämtlichen Titeln [<neulat. *titulatura*]

ti|tu|lie|ren ⟨V.⟩ **1** mit einem Titel versehen, benennen (Buch) **2** mit einem Titel anreden (Person) **3** ⟨umg.; scherzh.⟩ bezeichnen, nennen [<spätmhd. *titelen* »einen Titel geben, mit einem Titel versehen« <lat. *titulare*]

Ti|tu|lus ⟨m.; -, -tu|li⟩ **1** ⟨MA⟩ Text zu einem Bild, meist in der Form eines Verses **2** ⟨veraltet⟩ Amtsbezeichnung, Ehrenname [lat.]

Ti|vo|li[1] ⟨[-vo-] n.; -s, -s⟩ italien. Kugelspiel [nach dem Ort *Tivoli*, dem antiken *Tibur*, an den Wasserfällen des Anio (Sommerfrische der Römer)]

Ti|vo|li[2] ⟨[-vo-] m. od. n.; -s, -s⟩ Vergnügungspark, Freiluft-

T

theater; *der ~ in Kopenhagen* [→ *Tivoli*[1]]

ti|zi|an|rot ⟨Adj.⟩ goldrot, golden purpurrot [nach dem ital. Maler *Tizian*]

Tjä|le ⟨f.; -, -; Geol.⟩ in sehr kalten Regionen der Erde entstehender Dauerfrostboden [schwed.]

Tjalk ⟨f.; -, -en; Seew.⟩ einmastiges Küstenfahrzeug [ndrl. <nord.]

Tjost ⟨f.; -, -en; MA⟩ Zweikampf beim Turnier mit scharfen Waffen [<afrz. *jouste* »Turnier«]

tkm ⟨Zeichen für⟩ Tonnenkilometer

Tl ⟨chem. Zeichen für⟩ Thallium

Tm ⟨chem. Zeichen für⟩ Thulium

Tme|sis ⟨f.; -, Tme|sen; Sprachw.⟩ Trennung eines zusammengesetzten Wortes durch dazwischentretende Wörter, z. B. »ich behalte es bei« [<grch. *tmesis* »Schnitt«; zu *temnein* »schneiden«]

TNT ⟨Abk. für⟩ Trinitrotoluol (ein Sprengstoff)

Toast ⟨[to:st] m.; -(e)s, -e⟩ **1** geröstete Scheibe Weißbrot **2** Trinkspruch; *einen ~ auf jmdn. ausbringen* [engl. <afrz. *toster* »rösten« <lat. *tostus* »gedörrt, getrocknet«]

Toast|brot ⟨[to:st-] n.; -(e)s, -e⟩ weiche, meist weiße Brotscheiben zum Toasten

toas|ten ⟨[to:-] V.⟩ **1** jmdm. zutrinken, einen Trinkspruch ausbringen **2** *Brot ~* rösten

Toas|ter ⟨[to:-] m.; -s, -⟩ elektr. Gerät zum Toasten (2)

To|back ⟨m.; -s, -e; umg.; scherzh.⟩ = Tabak

To|bak ⟨m.; -s, -e; umg.; scherzh.⟩ = Tabak; →*a.* Anno Tobak

To|bog|gan ⟨[təbɔgən] m.; -s, -s⟩ länglicher, flacher Schlitten der kanadischen Indianer, vorn mit aufgebogenem Brett od. einem Paar von Brettern [engl. <frz. (kanad.) *tobogan* <Algonkin]

Toc|ca|ta ⟨f.; -, -ca|ten; Musik⟩ stark bewegtes, der Fantasie ähnliches Musikstück, besonders für Tasteninstrumente; *oV* Tokkata [<ital. *toccata* »Berührung, Vorspiel«]

to|cha|risch ⟨Adj.⟩ zu den Tocharern gehörig, von ihnen stammend; *~e Sprache* ⟨fälschl. Bez. für⟩ eine isoliert stehende, ausgestorbene indogerman. Sprache, in der einige in Turkestan gefundene Handschriftenreste buddhistischen Inhalts aus dem 6./8. Jh. abgefasst sind; →*a.* Tocharisch

To|cha|risch ⟨n.; - od. -s; unz.; Sprachw.⟩ ausgestorbene indogerman. Sprache; →*a.* tocharisch

to|ckie|ren ⟨V.⟩ = tokkieren

Tod|dy ⟨m.; - od. -s, -s⟩ **1** Palmwein **2** grog- od. punschartiges Getränk [<Hindi *tari* »Saft aus der Palmyrapalme«; zu *tar* »Palmyra«]

To-do-Lis|te ⟨[tudu:-] f.; -, -n; umg.⟩ Liste zu erledigender Aufgaben od. Tätigkeiten; *eine ~ aufstellen, abarbeiten; der Punkt steht ganz oben auf meiner ~* [<engl. *to* »zu« + *do* »tun« (engl. *to-do* bedeutet eigtl. »Aufhebens, Getue«)]

Toe|loop *auch:* **Toe-Loop** ⟨[tu:lu:p] od. engl. [toʊlu:p] m.; -s, -s; Sport; Roll-, Eiskunstlauf⟩ vorwärts eingeleiteter Drehsprung beim Kürlauf [<engl. *toe* »Zehe« + *loop* »Schleife, Windung«]

Tof|fee ⟨[tɔfı] n.; -s, -s⟩ weiche Karamelle [engl., Nebenform zu *taffy*]

To|fu ⟨m.; - od. -s; unz.⟩ Käse aus Sojabohnenmilch [jap.]

To|ga ⟨f.; -, To|gen⟩ weites altröm. Gewand für Männer [lat.; zu *tegere* »decken, verhüllen« <grch. *stegein* »decken«]

To|hu|wa|bo|hu ⟨n.; - od. -s, -s⟩ Durcheinander, Wirrwarr, Verwüstung; *ein ~ veranstalten* [<hebr. *tohu w'a-bohu* »(die Erde war) wüst und leer«]

Toile ⟨[toa:l] m.; -s, -s; Textilw.⟩ weicher, seidener Stoff für Wäsche, Kleider u. Blusen in Leinwandbindung [frz., »Leinwand, Tuch«]

To|i|let|te ⟨a. [toa-] f.; -, -n⟩ **1** (Waschraum mit) Abort; *auf die ~ gehen* **2** ⟨unz.⟩ Körperpflege, Ankleiden u. Frisieren (bes. für festl. Gelegenheiten); *bei der ~ sein; ~ machen* sich sorgfältig anziehen u. zurechtmachen **3** Möbelstück, das mit allen für die Körperpflege u. zum Frisieren benötigten Gegenständen versehen ist; *Frisier~* **4** Damenkleidung samt Zubehör (bes. für festl. Gelegenheiten); *die Damen erschienen in großer ~* [frz., Verkleinerungsform zu frz. *toile* »Tuch« <lat. *tela* »Tuch«]

To|kai|er ⟨a. [tɔ-] m.; -s, -⟩ ungar. naturreiner Südwein; *oV* Tokajer [nach *Tokaj,* einem Ort im ungar. Komitat Zemplen]

To|ka|jer ⟨a. [tɔ-] m.; -s, -⟩ = Tokaier

To|ka|mak ⟨m. od. n.; -s, -s; Kernphysik⟩ Apparatur, mit der eine kontrollierte künstliche Kernfusion erreicht werden soll; →*a.* Stellerator

To|ken ⟨[toukən] n.; -s, -s⟩ **1** ⟨EDV⟩ **1.1** Wort eines Textes od. Zeichenfolge, das bzw. die zwischen zwei Wortbegrenzungszeichen steht; →*a.* String **1.2** Chipkarte für Computer, die bei Netzwerken als Erkennungs- u. Berechtigungsmarke dient **2** Wertmarke, Gutschein od. Bon (z. B. für Leergut) [engl., »Zeichen«]

Tok|ka|ta ⟨f.; -, -ka|ten; Musik⟩ = Toccata

tok|kie|ren ⟨V.; selten⟩ in kurzen Pinselstrichen skizzenhaft malen; *oV* tockieren [<ital. *toccare* »berühren«]

To|ko|ge|nie ⟨f.; -, -n; Biol.⟩ Erzeugung von Individuen durch Eltern, geschlechtliche Fortpflanzung, Elternzeugung [<grch. *tokos* »Geburt, Nachkommenschaft« + *...genie*]

To|ko|lo|gie ⟨f.; -, -n; Med.⟩ Lehre von der Geburt, Geburtshilfe [<grch. *tokos* »Geburt« + *...logie*]

to|le|ra|bel ⟨Adj.⟩ = tolerierbar; *tolerable Grenzwerte, Belastungen*

to|le|rant ⟨Adj.⟩ duldsam, nachsichtig, weitherzig, großzügig; *Ggs* intolerant [<frz. *tolérant* »duldsam, nachsichtig, großzügig« <lat. *tolerare* »ertragen«]

To|le|ranz ⟨f.; -, -en⟩ **1** ⟨unz.⟩ tolerantes Wesen, Duldsamkeit; *Ggs* Intoleranz **2** ⟨zählb.⟩ zulässige Abweichung von Maßen [<lat. *tolerantia* »das Ertragen,

das Erdulden, Geduld, Duldsamkeit«]

To|le|ranz|do|sis ⟨f.; -, -do|sen⟩ international festgelegte, zulässige Dosis an (radioaktiven) Strahlen, denen Personen ausgesetzt werden dürfen

to|le|rier|bar ⟨Adj.⟩ so beschaffen, dass es toleriert werden kann; *oV* tolerabel; *eine ~e Abweichung*

to|le|rie|ren ⟨V.⟩ mit Toleranz behandeln, nachsichtig dulden, großzügig ertragen [<lat. *tolerare* »ertragen, erdulden«]

To|lu|bal|sam ⟨m.; -s; unz.⟩ Balsam des Perubalsambaumes, der pharmazeutisch, kosmetisch u. als Räuchermittel verwendet wird [nach der Stadt *Tolú* in Kolumbien]

To|lu|i|din ⟨n.; -s; unz.; Chemie⟩ aromat. Amin, kristalline Substanz, zur Herstellung von Farbstoffen verwendet

To|lu|ol ⟨n.; -s; unz.; Chemie⟩ durch Destillation von Steinkohlenteer u. Erdöl gewonnene, farblose, stark lichtbrechende Flüssigkeit, die zur Herstellung von Sacharin u. des Sprengstoffs Trinitrotoluol, außerdem als Lösungsmittel für Lacke verwendet wird

Tom. ⟨Abk. für⟩ Tomus

To|ma|hawk ⟨[tɔməhɔ:k] m.; -s, -s⟩ Streitaxt der nordamerikan. Indianer [engl. <Algonkin (nordamerikan. Indianersprache) *tomahack*]

To|ma|te ⟨f.; -, -n; Bot.⟩ *Sy* Paradeiser **1** Nachtschattengewächs mit roten, auch gelben Früchten: Lycopersicum esculentum **2** Frucht dieses Gewächses [<span. *tomate* <mexikan. Indianerspr. Nahuatl *tomatl*]

To|ma|ten|ketch|up *auch:* **To|ma|ten|ket|chup** ⟨[-tʃʌp] m. od. n.; -s, -s⟩ Ketchup aus Tomaten; *oV* Tomatenketschup

To|ma|ten|ketsch|up *auch:* **To|ma|ten|ket|schup** ⟨[-tʃʌp] m. od. n.; -s, -s⟩ = Tomatenketchup

Tom|bak ⟨m.; -s; unz.⟩ Kupfer-Zink-Legierung für unechten Schmuck [<frz. *tombac* »Tombak, Rotguss, Prinzmetall« <span. *tumbaga* <Philippinenspr. *tumbaga* »Mischung aus Gold u. Kupfer«]

Tom|bo|la ⟨f.; -, -s od. -bo|len⟩ Verlosung von Gegenständen (bei Festen u. Wohltätigkeitsveranstaltungen) [ital., »Warenlotterie, Lottospiel«; zu *tombolare* »hinkullern«]

...to|mie ⟨Nachsilbe; zur Bildung weibl. Subst.; f.; -, -n⟩ **1** Schneiden, Schnitt; *Gastrotomie* **2** Zerlegung, Zergliederung, Verstümmelung; *Anatomie* [<grch. *tome* »Schnitt«; zu *temnein* »schneiden«]

Tom|my ⟨m.; -s, -s; umg.; scherzh.⟩ engl. Soldat [Kurzform zu *Thomas* (nach dem Unterschriftenbeispiel in engl. Soldbüchern »Thomas Atkins« gebildeter Spitzname)]

To|mo|gra|fie ⟨f.; -, -n; Med.⟩ = Tomographie

To|mo|gra|phie ⟨f.; -, -n; Med.⟩ Gesamtheit mehrerer (Röntgen-)Aufnahmen, bei denen ein Organ in mehreren, unterschiedlich tiefen Schichten aufgenommen wird; *oV* Tomografie [<grch. *tome* »Schnitt« + *...graphie*]

To|mus ⟨m.; -, To|mi; Abk.: Tom.⟩ Teil eines Schriftwerkes, Abschnitt, Band [<grch. *tomos* »Teil, abgeschnittenes Stück«]

to|nal ⟨Adj.; Musik⟩ auf der Tonalität beruhend; *Ggs* atonal; *~e Musik* [frz., »dem Tone gemäß«]

To|na|li|tät ⟨f.; -; unz.; Musik⟩ Bezogenheit der Töne auf die Tonika der Tonart, in der sie stehen; *Ggs* Atonalität [<frz. *tonalité* »Tonart, Klangfähigkeit«]

Ton|do ⟨n.; -s, -s od. Ton|di; Mal.⟩ kreisrundes Gemälde od. Relief [ital., »Kugel, Teller« <lat. *rotundus* »rund«]

To|ner ⟨m.; -s, -⟩ **1** elektrisch geladener, farbabgebender Bestandteil in elektrofotograf. Entwicklern **2** Druckfarbe (für Bürokopierer, Laserdrucker u. Ä.) [engl.]

Ton|fre|quenz ⟨f.; -, -en⟩ Frequenz von Schallwellen zwischen 16 u. 20000 Hz, die für das menschliche Ohr wahrnehmbar sind

To|nic ⟨[tɔnɪk] n.; - od. -s, -s; kurz für⟩ Tonicwater

To|nic|wa|ter ⟨[tɔnɪkwɔ:tə(r)]⟩ *auch:* **To|nic Wa|ter** ⟨n.; (-) - od. (-) -s, (-) -s⟩ chininhaltige Limonade; *Sy* Tonic [engl., »Selterswasser« <*tonic* »stärkend« + *water* »Wasser«]

...to|nie ⟨Nachsilbe; zur Bildung weibl. Subst.; f.; -, -n⟩ **1** Spannung; *Myotonie* **2** Blutdruck; *Hypertonie* [<grch. *tonos* »Spannung«]

To|ni|ka ⟨f.; -, -ni|ken; Musik⟩ Grundton einer Tonleiter [<ital. *tonica* »Grundton«]

To|ni|ka-Do-Me|tho|de ⟨f.; -; unz.; Musik⟩ Methode für den Gesangsunterricht, bei der nach den Solmisationssilben gesungen wird, zum Schulen des Gehörs für Töne u. Intervalle

To|ni|kum ⟨n.; -s, -ni|ka; Med.⟩ stärkendes Mittel [<grch. *tonos* »Spannung, Spannkraft«]

to|nisch ⟨Adj.⟩ **1** ⟨Musik⟩ auf dem Grundton (der Tonika) aufgebaut (Dreiklang) **2** ⟨Med.⟩ **2.1** kräftigend, stärkend **2.2** durch anhaltende Muskelspannung gekennzeichnet [→ *Tonus*]

to|ni|sie|ren ⟨V.; Med.⟩ kräftigen [→ *Tonus*]

Ton|ka|baum ⟨m.; -(e)s, -bäu|me; Bot.⟩ südamerikan. Baum, dessen Samen in der Parfümerie- u. Tabakindustrie verwendet werden: Dipteryx odorato [vermutl. <Tupi *tonka*]

Ton|na|ge ⟨[-ʒə] f.; -, -n⟩ in Registertonnen gemessener Rauminhalt (eines Schiffes) [frz.]

Ton|nen|ki|lo|me|ter ⟨m. od. n.; -s, -; Zeichen: tkm⟩ Produkt aus befördertem Gut in Tonnen u. Weg in Kilometern, Maß für die Arbeitsleistung im Güterverkehr

To|no|me|ter ⟨n.; -s, -; Med.⟩ **1** Blutdruckmesser **2** Gerät zum Messen des Augeninnendrucks [<grch. *tonos* »Spannung« + *...meter*]

ton|sil|lar ⟨Adj.; Med.⟩ = tonsillär

ton|sil|lär ⟨Adj.; Med.⟩ von den Tonsillen ausgehend, zu ihnen gehörend; *oV* tonsillar

Ton|sil|le ⟨f.; -, -n; Anat.⟩ mandelförmiges (paariges) Organ aus Bindegewebe in den Nischen der Gaumenbögen (Gaumenmandel) u. am Dach des Rachens (Rachenmandel), Man-

T

del [<neulat. *tonsilla* »Mandel« <lat. *tonsillae*]
Ton|sil|lek|to|mie *auch:* **Ton|sil|lek|to|mie** ⟨f.; -, -n; Med.⟩ operative Entfernung der Tonsillen [<neulat. *tonsilla* »Mandel« + *Ektomie*]
Ton|sil|li|tis ⟨f.; -, -ti|den; Med.⟩ Mandelentzündung [<*Tonsille* + *...itis*]
Ton|sil|lo|to|mie ⟨f.; -, -n; Med.⟩ das Kappen der Tonsillen [<neulat. *tonsilla* »Mandel« + *...tomie*]
Ton|sur ⟨f.; -, -en⟩ kreisrund geschorene Stelle auf dem Scheitel kath. Mönche [<lat. *tonsura* »das Scheren, Schur«; zu *tondere* »scheren, den Bart scheren«]
ton|su|rie|ren ⟨V.⟩ jmdm. die Tonsur schneiden [zu lat. *tondere* »scheren, den Bart scheren«]
To|nus ⟨m.; -, To|ni⟩ **1** ⟨Med.⟩ Zustand der Spannung od. Aktivität **2** ⟨Musik⟩ Ganzton, große Sekunde [<grch. *tonos* »Seil, Tau, Saite; Spannung, Spannkraft«]
Tool ⟨[tu:l] n.; -s, -s; EDV⟩ Programm, mit dessen Hilfe das Programmieren bestimmter Abläufe erleichtert wird, Hilfsprogramm [engl., eigtl. »Werkzeug«]
Tool|box ⟨[tu:l-] f.; -, -en; EDV⟩ **1** = Toolkit **2** Symbolleiste [engl., eigtl. »Werkzeugkasten«]
Tool|kit ⟨[tu:l-] m. od. n.; - od. -s, -s; EDV⟩ ergänzende Programmeinheit (z. B. in Form einer Sammlung von mehreren Programmroutinen); *Sy* Toolbox (1) [engl., eigtl. »Werkzeug(ausrüstung)«]
top ⟨Adj.; undekl.; salopp⟩ sehr gut, herausragend, spitzenmäßig; *diese Idee ist ~; du siehst ~ aus* [engl., »oberst, höchst«; zu *top* »Spitze«]
Top ⟨n.; -s, -s⟩ ärmelloses Damenoberteil für festliche od. sommerliche Kleidung (meist mit Spaghettiträgern) [engl., eigtl. »Spitze«]
top..., Top... ⟨in Zus.⟩ höchst, oberst, Spitzen..., z. B. Topmanager [engl., »Spitze«]
...top ⟨Nachsilbe; zur Bildung sächl. Subst.; n.; -s, -e⟩ den Ort, die Gegend betreffend, ...orts; *Biotop; Isotop* [<grch. *topos* »Ort«]
Top|act ⟨[-ækt] m.; -s, -s; bes. Musik⟩ Hauptnummer einer Veranstaltung; *als ~ spielten R. E. M.* [engl.]
top|ak|tu|ell ⟨Adj.; umg.; verstärkend⟩ sehr aktuell, hochaktuell; *ein ~es Outfit*
To|pas ⟨m.; -es, -e; Min.⟩ Edelstein, Halbedelstein, chemisch Aluminium-Fluor-Silikat [<lat. *toparus, topazius* <grch. *topazos, topazios, topazion* »Topas, Chrysolith«]
to|pa|sen ⟨Adj.; Min.⟩ aus (einem) Topas bestehend, mit Topas(en) besetzt
Top|class ⟨[-kla:s] f.; -; unz.⟩ Spitzenklasse; *ein Sportler der ~* [engl.]
To|pe ⟨f.; -, -n⟩ = Stupa [Hindi, vielleicht <Sanskrit *stupa*]
Top|fa|vo|rit ⟨[-vo-] m.; -en, -en; Sport⟩ voraussichtlicher Sieger, an der Spitze stehender Favorit bei einem Wettkampf; *seinen Ruf als ~ bestätigen; er gilt als ~ auf den Titel*
top|fit ⟨Adj.; undekl.; umg.⟩ in bester körperlicher Verfassung; *~ sein; sich ~ fühlen* [<*top...* + *fit*]
To|pik ⟨a. [tɔ-] f.; -; unz.⟩ **1** ⟨antike Rhetorik⟩ Lehre von der Zusammenstellung von Gesichtspunkten (»Gemeinplätzen«), die zur Erörterung eines Themas dienen sollen **2** ⟨veraltet⟩ Lehre von der Stellung von Worten u. Sätzen **3** Lehre von der Lage der einzelnen Organe zueinander [<grch. *topos* »Ort, Stelle, Platz, Gegend, Örtlichkeit; Gemeinplatz; Kapitel (einer Wissenschaft)«]
to|pi|kal ⟨Adj.; Sprachw.⟩ themen- bzw. sachbezogen [→ *Topik*]
To|pi|ka|li|sie|rung ⟨f.; -, -en; Sprachw.⟩ durch eine bestimmte Anordnung im Satz (z. B. an den Satzanfang) erzielte Akzentuierung einzelner Wörter od. Satzglieder [→ *Topik*]
To|pi|nam|bur ⟨a. [---'-] m.; -s, -s od. -e od. f.; -, -en; Bot.⟩ violette, essbare Knolle einer Sonnenblume, die wie die Kartoffel verwendet u. zubereitet wird, Erdapfel [frz., portug. *tupinambor, (babuta) tupinamba;* nach den Indianerstämmen der *Tupinambá*]
to|pisch ⟨Adj.; Med.⟩ örtlich, äußerlich wirkend [<grch. *topos;* → *Topik*]
Top|la|der ⟨m.; -s, -⟩ Waschmaschine, die von oben mit Wäsche gefüllt wird; →*a* Frontlader [<*Top...* + *Lader*]
top|less ⟨Adj.; nur adv.⟩ mit entblößtem Oberkörper, oben ohne (bei Frauen) [engl. »oben ohne«]
Top|ma|nage|ment ⟨[-mænıdʒmənt] n.; - od. -s, -s⟩ oberste Leitung (eines Unternehmens) [<engl. *top* »Spitze« + *Management*]
Top|ma|na|ger ⟨[-mænıdʒə(r)] m.; -s, -⟩ Angehöriger des Topmanagements
to|po..., To|po... ⟨in Zus.⟩ orts..., Orts... [<grch. *topos* »Ort«]
To|po|graf ⟨m.; -en, -en; Geogr.⟩ = Topograph
To|po|gra|fie ⟨f.; -, -n; Geogr.⟩ = Topographie
to|po|gra|fisch ⟨Adj.⟩ = topographisch
To|po|graph ⟨m.; -en, -en; Geogr.⟩ Vermessungsingenieur; *oV* Topograf [<*Topo...* + *...graph*]
To|po|gra|phie ⟨f.; -, -n; Geogr.⟩ *oV* Topografie **1** Beschreibung einer geografischen Örtlichkeit **2** Landesaufnahme [→ *Topograph*]
to|po|gra|phisch ⟨Adj.; Geogr.⟩ die Topographie betreffend, auf Topographie beruhend; *oV* topografisch; *~e Karte* Landkarte in den Maßstäben bis etwa 1:200 000, die vorwiegend Ergebnisse von Forschung u. Beobachtung der Topographie enthält
To|poi ⟨Pl. von⟩ Topos
To|po|lo|gie ⟨f.; -; unz.; Math.⟩ Lehre von der Anordnung geometrischer Gebilde im Raum [<*Topo...* + *...logie*]
to|po|lo|gisch ⟨Adj.; Math.⟩ die Topologie betreffend, zu ihr gehörig
To|po|no|mas|tik *auch:* **To|po|no|mas|tik** ⟨f.; -; unz.; Sprachw.; Geogr.⟩ = Toponymik [<*To-*

T

po... + grch. *onomazein* »nennen, benennen«]

Toponymie *auch:* **Toponymie** ⟨f.; -; unz.; Sprachw.; Geogr.⟩ Gruppe aller Ortsnamen einer bestimmten Region [→ *Toponymik*]

Toponymik *auch:* **Toponymik** ⟨f.; -; unz.; Sprachw.; Geogr.⟩ Kunde von den Ortsnamen; *Sy* Toponomastik [< *Topo...* + grch. *onoma, onyma* »Name, Benennung«]

Topophobie ⟨f.; -, -n; Psych.⟩ Unbehagen gegenüber bestimmten Plätzen, Platzangst [< *Topo...* + *Phobie*]

Topos ⟨m.; -, Topoi⟩ **1** ⟨Antike⟩ allgemein anerkannter Gesichtspunkt, Redewendung **2** ⟨Lit.⟩ feste Formel, traditionelles Motiv [grch., »Ort, Stelle; Gemeinplatz«]

toppen ⟨V.⟩ **1** Benzin durch Destillation von Rohöl scheiden **2** ⟨Sport⟩ *den Golfball ~* oberhalb der Mitte treffen **3** ⟨umg.⟩ übertreffen, verbessern; *diese Leistung ist nicht zu ~* [<engl. *top* »zu hoch treffen, übertreffen; zu *top* »Spitze«]

topsecret *auch:* **topsecret** ⟨[-siːkrıt] Adj.; undekl.; umg.⟩ streng geheim; *die Angelegenheit ist ~* [engl.]

Topspin ⟨m.; -s, -s; Sport; Tennis⟩ überschnittener Ball [<engl. *top* »Spitze« + *spin* »sich drehen«]

Topstar ⟨m.; -s, -s⟩ ganz bes. beliebter Star, Spitzenstar [engl.]

Top Ten ⟨[- tɛn] Pl.⟩ die ersten zehn Titel einer Erfolgsliste (Hitparade, Bestsellerliste o. Ä.); *zu den ~ gehören; unter den ~ sein* [engl. <*top* »Spitze« + *ten* »zehn«]

Toque ⟨[tɔk] f.; -, -s⟩ **1** ⟨16. Jh.⟩ kleiner, barettartiger Hut **2** ⟨um 1900⟩ Damenhut ohne Krempe [frz., »Mütze, Barett, Samthut«]

Tordalk *auch:* **Tordalk** ⟨m.; -(e)s od. -en, -e od. -en; Zool.⟩ zu den Alken gehörender arktischer Seevogel mit schwarzer Oberseite u. weißem Bauch: Alca torda [schwed.]

tordieren ⟨V.; Physik⟩ verdrehen, eine Torsion durchführen, erleiden

Torero ⟨m.; -s, -e⟩ berittener Stierkämpfer [<span. *torear* »mit dem Stier kämpfen«; zu *toro* »Stier« <lat. *taurus* <grch. *tauros* »Stier, Ochse«]

Torera ⟨f.; -, -s⟩ Stierkämpferin, die zu Fuß kämpft [→ *Torero*]

Torero ⟨m.; -s, -s⟩ Stierkämpfer, der zu Fuß kämpft [span. <lat. *taurarius* »Stierkämpfer«]

Toreut ⟨m.; -en, -en; Met.⟩ Künstler, der Metalle ziseliert, hämmert, treibt [<grch. *toreutes* »Graveur«; zu *toreuein* »ziselieren, gravieren«]

Toreutik ⟨f.; -; unz.; Met.⟩ Kunst der Metallbearbeitung auf kaltem Wege [<grch. *toreutikos* »die Gravierkunst betreffend«; → *Toreut*]

Torii ⟨n.; - od. -s, - od. -s⟩ aus zwei leicht gegeneinandergeneigten Trägern u. zwei Querbalken gebildeter Torbogen vor Schinto-Schreinen u. a. Heiligtümern [jap., »Ruhestätte der Vögel«]

Torkret ⟨m.; -s; unz.⟩ als Verputz verwendeter flüssiger Beton [verkürzt <lat. *tectorium concretum* »verdichtete Tünche«]

torkretieren ⟨V.⟩ mit Torkret verputzen

Tormentill ⟨n.; -s; unz.⟩ in der Wurzel der Blutwurz enthaltener Gerbstoff [<lat. *tormentum* »Folter, Qual, Pein« (wegen ihrer adstringierenden Wirkung)]

Törn ⟨m.; -s, -s⟩ Fahrt, Ausflug mit dem Segelboot; *Segel~* [<engl. *turn* »Drehung, Wendung, Spaziergang, -fahrt«]

Tornado ⟨m.; -s, -s⟩ **1** ⟨Meteor.⟩ nordamerikan. Wirbelsturm **2** ⟨Typenbezeichnung für⟩ seit 1982 eingeführtes Kampfflugzeug der Bundeswehr [<span. *tronada* »Gewitter, Donner«]

Tornister ⟨m.; -s, -⟩ **1** Ranzen aus Segeltuch od. Fell **2** Schulranzen [<tschech. *tanystra,* slowak. *tanistra* »Ranzen« <ungar. *tágistron* »Futtersack (der Reitpferde)«]

Toro ⟨m.; -s, -s⟩ Stier [span.]

torpedieren ⟨V.⟩ **1** ⟨Mil.⟩ mit einem Torpedo beschießen **2** ⟨fig.; umg.⟩ zu verhindern suchen, stören; *Maßnahmen, Pläne ~*

Torpedo ⟨m.; -s, -s; Mil.⟩ durch eigene Kraft sich fortbewegendes, unter Wasser eingesetztes Geschoss gegen Schiffe, das von Schiffen u. von U-Booten aus einem Rohr durch Pressluft ausgestoßen wird [lat., span., »Zitterrochen« (da dieser Fisch seine Gegner durch elektrische Schläge lähmt); zu *torpere* »erstarren«]

torpid ⟨Adj.; Med.⟩ regungslos, schlaff, träge [<lat. *torpidus* »starr, erstarrt, betäubt«; zu *torpere* »erstarren«]

Torpor ⟨m.; -s; unz.; Med.⟩ Benommenheit, Regungslosigkeit [lat., »Erstarrung, Lähmung, Untätigkeit, Schlaffheit«]

torquieren ⟨V.; veraltet⟩ quälen, foltern [<lat. *torquere*]

Torr ⟨n.; -s, -; Physik⟩ nicht mehr zulässige Maßeinheit des Luftdrucks, zu ersetzen durch die Einheit Millibar (mbar), 1 Torr = 1,333 mbar [nach dem ital. Mathematiker u. Erfinder des Barometers Evangelista *Torricelli,* 1608-1647]

Torrente ⟨m.; -, -n; Geogr.⟩ Trockenfluss im Mittelmeergebiet, der aufgrund seiner tendenziell flachen Schottersohle im Sommer komplett ausdörrt; →*a.* Bajado [ital., »Sturzbach, Wildbach«]

Torsion ⟨f.; -, -en⟩ Drehung eines eingespannten Stabes um seine Längsachse [<lat. *torsio* »Drehung«; zu *torquere* »drehen, winden«]

Torsionsmodul ⟨m.; -s, -n⟩ Materialkonstante, die bei der Torsion auftritt, Drillsteife

Torsionswaage ⟨f.; -, -n⟩ hoch empfindliche Waage zur Messung kleinster Kräfte, misst die Verdrillung eines Fadens durch auf ihn einwirkende Kräfte

Torso ⟨m.; -s, -s; Kunst⟩ *Sy* Fragment (3) **1** nicht vollendete od. nicht vollendet erhaltene Statue, die (meist) nur aus Rumpf u. Kopf besteht **2** ⟨fig.⟩ unvollendetes Werk [ital., »Strunk (vom Obst), Rumpf (einer verstümmelten Bildsäule)« <lat. *tursus* <*thyrsus* »Stängel (eines Gewächses), Strunk« <grch. *thyrsos* »Bacchusstab, Thyrsusstab«]

Tort ⟨m.; -(e)s; unz.⟩ Kränkung, etwas Unrechtes, Unangenehmes; *jmdm. einen ~ antun* [frz., »Unrecht« <lat. *torquere* »drehen, winden; martern«]

Tor|te ⟨f.; -, -n⟩ kreisrunder, gefüllter od. mit Obst belegter Kuchen; *Buttercreme~; Obst~* [<ital. *torta* »Torte, Feingebäck« <lat. *torta* »rundes Brot, Brotgebäck« <*tortus,* Part. Perf. zu *torquere* »drehen, winden«]

Tor|te|lett ⟨[-lɛt] n.; -s, -s⟩ Törtchen mit einem Belag von Obst od. Käse; *oV* Tortelette [<ital. *tortelletta,* Verkleinerungsform zu *torta;* → *Torte*]

Tor|te|lette ⟨[-lɛt] n.; -s, -s⟩ = Tortelett

Tor|tel|li|ni ⟨Pl.; ital. Kochk.⟩ Gericht aus kleinen Nudelteigringen, die mit Fleisch, Käse od. Gemüse gefüllt sind [ital.]

Tor|til|la ⟨[-tiːja] od. [-tɪlja] f.; -, -s; Kochk.⟩ **1** mit Kartoffeln od. anderen Zutaten gefülltes Omelette **2** ⟨lateinamerikan.⟩ dünner, runder Pfannkuchen aus Maismehl

Tor|tur ⟨f.; -, -en⟩ **1** Folter **2** ⟨fig.⟩ Qual, Quälerei, Plage [<mlat. *tortura* »Folterung, Marter, Peinigung« <lat. *tortura* »Krümmung, Verrenkung«; zu *tortus,* Part. Perf. zu »drehen, winden; martern, quälen«]

To|rus ⟨m.; -, To|ri⟩ **1** Rotationsfläche, die durch die Drehung eines Kreises um eine außerhalb von ihm verlaufende, mit ihm in einer Ebene liegenden Achse entsteht, Kreiswulst **2** Wulst, z. B. Hautwulst [lat., »Polster, Wulst«]

To|ry ⟨m.; -s, -s; in England⟩ *Ggs* Whig **1** ⟨seit 1679⟩ Mitglied der Königspartei **2** ⟨seit Mitte 19. Jh.⟩ Partei mit konservativer Tradition im britischen Oberhaus [engl. <irisch *toraidhe* »Verfolger, Räuber« (Name der seit 1646 von ihrem Besitz vertriebenen kath. Iren, die von Straßenraub lebten u. bes. die Besitzungen der protestant. Engländer plünderten)]

tos|to ⟨Musik⟩ eilig, sofort, hurtig (zu spielen) [ital.]

to|tal ⟨Adj.⟩ ganz, gänzlich, vollständig [frz., »ganz u. gar, vollständig, Gesamt…« <mlat. *totalis* »gänzlich« <lat. *totus* »ganz, in vollem Umfang«]

To|tal ⟨n.; -s, -e; schweiz.⟩ Gesamtheit, Summe

To|ta|le ⟨f.; -, -n; Film; TV⟩ Aufnahme der gesamten Szene

To|ta|li|sa|tor ⟨m.; -s, -to|ren⟩ **1** Einrichtung zum Wetten bei Rennen u. Turnieren; *der ~ gibt folgende Quoten aus* **2** ⟨Meteor.⟩ an schwer zugänglichen Orten aufgestellter Niederschlagsmesser [<frz. *totalisateur* »amtl. Wettstelle auf Pferderennplätzen«]

to|ta|li|sie|ren ⟨V.⟩ zusammenzählen [<frz. *totaliser* »alles zusammenzählen, addieren«]

to|ta|li|tär ⟨Adj.⟩ **1** die Gesamtheit umfassend **2** ⟨Politik⟩ sich alles unterwerfend; *~er Staat; ~es Regime; ~ regieren* [→ *total* (mit frz. Endung)]

To|ta|li|ta|ris|mus ⟨m.; -, -ris|men; Politik⟩ Streben nach totalitärer Regierung [<mlat. *totalis* »gänzlich«]

To|ta|li|tät ⟨f.; -, -en⟩ Gesamtheit, Vollständigkeit, Ganzheit [<frz. *totalité* »Gesamtheit«]

to|ta|li|ter ⟨Adv.; geh.⟩ ganz u. gar, insgesamt; *das ergibt ~ ein Umsatzplus von 5 %* [lat., »gänzlich«]

To|tal|re|fle|xi|on ⟨f.; -, -en; Physik⟩ vollständiges Zurückwerfen des Lichtes an der Fläche, die ein optisch dichteres von einem optisch dünneren Medium abgrenzt

To|tal|re|vi|si|on ⟨[-vi-] f.; -, -en; schweiz.⟩ vollständige Überprüfung od. Überarbeitung einer Sache, eines Dokumentes od. eines Verfahrens

To|tem ⟨n.; -s, -s; bei Naturvölkern⟩ Wesen (Pflanze, Tier) od. Ding, das als Ahne eines Menschen od. Clans verehrt wird, als zauberischer Helfer dient u. nicht verletzt werden darf [engl. <Algonkin (nordamerikan. Indianersprache) *ototeman;* zu *ote* »Sippe, Clan«]

To|te|mis|mus ⟨m.; -; unz.⟩ **1** Glaube an die übernatürliche Kraft eines Totems **2** Verehrung von Totems

to|te|mis|tisch ⟨Adj.⟩ in der Art des Totemismus, zu ihm gehörend, auf ihm beruhend

To|tem|pfahl ⟨m.; -s, -pfäh|le⟩ großer Holzpfosten, in den das Abbild eines Totems geschnitzt u. anschließend bemalt wird

to|ti|po|tent ⟨Adj.⟩ *~e Zellen* ⟨Genetik; Med.⟩ noch nicht differenzierte Zellen, die zu einem ganzen Organismus heranwachsen können; *Sy* omnipotent; *die befruchtete Eizelle ist in ihrer ersten Entwicklungsphase ~* [<lat. *totus* »ganz, völlig« + *potent*]

To|to ⟨n. od. m.; -s, -s⟩ Wette im Fußball [engl.; verkürzt <*Totalisator*]

Touch ⟨[tʌtʃ] m.; -s, -s⟩ Anflug, Hauch, besondere Note; *mit dem ~ eines Weltmannes* [engl., »Berührung«]

Touch|down ⟨[tʌtʃdaʊn] m.; -s, -s; Sport⟩ **1** ⟨Rugby⟩ Niederlegen des Balles im eigenen Malfeld, Handauf **2** ⟨American Football⟩ Ball, der auf den Boden hinter der Torraumlinie geht u. Punkte bringt [engl.; *touch* »berühren« + *down* »unten, herunter«]

tou|ché ⟨[tuʃeː] Adj.; präd.; Sport; Fechten⟩ vom Gegner berührt, getroffen [<frz. *toucher* »berühren«]

tou|chie|ren ⟨[tuʃiː-] V.⟩ **1** ⟨Sport⟩ leicht berühren; *ein Pferd mit der Gerte ~* **2** ⟨Med.⟩ mit dem Finger untersuchen **3** mittels Ätzstiftes entfernen [<frz. *toucher* »berühren«]

Touch|pad ⟨[tʌtʃpæd] n.; -s, -s; EDV⟩ Tastfeld in Laptops u. Notebooks unterhalb der Tastatur zur Steuerung des Cursors mit der Fingerspitze, es ersetzt Eingabegeräte wie die Maus od. den Trackball [<engl. *touch* »berühren« + *pad* »Polster; Schreibunterlage«]

Touch|screen ⟨[tʌtʃskriːn] m.; -s, -s; EDV⟩ berührungsempfindlicher Computerbildschirm, auf dem durch das Berühren bestimmter Sensorfelder auf der Oberfläche die Programmfunktionen gesteuert werden [<engl. *touch* »berühren« + *screen* »Bildschirm«]

tough ⟨[tʌf] Adj.; umg.⟩ hart, streng, tüchtig, selbstsicher, bestimmt; *oV* taff; *die Verhand-*

T

lungen waren sehr ~; ihr Auftreten ist ~ [engl., »hart, zäh«]
Tou|pet ⟨[tupe:] n.; -s, -s⟩ Haarersatz zum Abdecken od. Verstärken [frz., »Büschel, Schopf; Haube«]
tou|pie|ren ⟨[tu-] V.⟩ *das Haar ~* mit dem Kamm aufbauschen [→ *Toupet*]
Tour ⟨[tu:r] f.; -, -en⟩ **1** kreisförmige Bewegung; *in einer ~* ⟨fig.; umg.⟩ immer wieder, unaufhörlich **2** ⟨Techn.⟩ Umdrehung einer Welle; *der Motor läuft auf vollen ~en* mit voller Leistung; *auf ~en kommen* ⟨fig.; umg.⟩ in Schwung kommen **3** Rundgang, -fahrt; *Auto~* **4** Runde **5** in sich geschlossener Abschnitt eines Tanzes **6** Reihe (beim Stricken od. Häkeln) **7** ⟨fig.; umg.⟩ Art u. Weise (im sozialen Verhalten); *es auf die krumme ~ versuchen* **8** anfallweise auffälliges Benehmen; *er hat wieder mal seine ~* [frz., »Umfang, Kreislauf, Fahrt, Reihe« <lat. *tornus* »Dreheisen, Drechseleisen« <grch. *tornos* »Achse einer sich drehenden Kugel, Dreheisen, Zirkel«]
Tour de Force ⟨[tu:r də fɔrs] f.; - - -, -s [tu:r] - -⟩ mit einer enormen (Kraft-)Anstrengung verbundenes Handeln, Gewaltakt [frz.]
Tour de France ⟨[tu:r də frã:s] f.; - - -, -s [tu:r] - -; Radsport⟩ Radrennen von Berufssportlern in mehreren Etappen durch Frankreich [frz.]
Tour de Suisse ⟨[tu:r də svɪs] f.; - - -, -s [tu:r] - -; Radsport⟩ Radrennen von Berufsfahrern durch die Schweiz [frz.]
Tour d'Ho|ri|zon ⟨[turdɔrizɔ̃:] f.; - -, -s [tur-] -⟩ informativer Gesamtüberblick, übersichtliche Zusammenfassung [frz.]
tou|ren ⟨[tu:-] V.; umg.⟩ **1** als Tourist reisen; *durch Afrika, Europa ~* **2** eine Tournee machen, auf Tournee gehen
Tou|rer ⟨[tu:-] m.; -s, -; Kfz⟩ Auto od. Motorrad, das bes. für Langstreckenfahrten ausgestattet ist [engl.]
Tou|rette|syn|drom *auch:* **Tou|rette-Syn|drom** ⟨[turɛt-] n.; -s; unz.; Med.⟩ Erkrankung, die durch unkontrollierte Bewegungen od. Lautäußerungen, sog. Tics, wie Augenzwinkern, Mundverzerren, Zungenschnalzen, Grimassieren od. Wiederholen von Wörtern gekennzeichnet ist [nach dem frz. Neurologen Gilles de la *Tourette,* 1857-1904]
Tou|ris|mus ⟨[tu-] m.; -; unz.⟩ Fremdenverkehr, das Reisen der Touristen [→ *Tourist*]
Tou|rist ⟨[tu-] m.; -en, -en⟩ jmd., der eine Vergnügungsreise macht, bes. im Ausland [engl.; zu *tour* »Ausflug«; → *Tour*]
Tou|rist|class ⟨[tu:rɪstkla:s] f.; -; unz.⟩ = Touristenklasse [engl.]
Tou|ris|ten|klas|se ⟨[tu-] f.; -; unz.⟩ billige Klasse (auf Dampfern, in Zügen u. in Flugzeugen); *oV* Touristclass
Tou|ris|tik ⟨[tu-] f.; -; unz.⟩ Gesamtheit der touristischen Einrichtungen u. Veranstaltungen
Tou|ris|tin ⟨[tu-] f.; -, -tin|nen⟩ weibl. Person, die eine Vergnügungsreise macht
tou|ris|tisch ⟨[tu-] Adj.⟩ zur Touristik, zum Tourismus gehörend, auf Touristik bzw. Tourismus beruhend
Tour|nai ⟨[turnɛ] m.; -s, -s⟩ auf der Jacquardmaschine hergestellter Teppich [nach der belg. Stadt *Tournai*]
Tour|né ⟨[turne:] n.; -s, -s; Kart.⟩ als Trumpf umgeschlagene Karte [frz., »umgedreht, umgeschlagen«; → *tournieren*]
Tour|ne|dos ⟨[turnədo:] n.; - [-do:s], - [-do:s]; Kochk.⟩ kleine, runde, kurzgebratene Rinderfilet- od. Lendenschnitte (auf Toast) [frz., eigtl. »dreh dich um, dreh mir den Rücken zu« <*tourner* »drehen« + *dos* »Rücken«]
Tour|nee ⟨[turne:] f.; -, -s od. -n⟩ Rundreise (von Künstlern), Gastspielreise [frz., »Rund-, Amtsreise; Ausflug«]
tour|nie|ren ⟨[tur-] V.⟩ **1** ⟨Kart.⟩ die Spielkarte(n) wenden, aufdecken **2** ⟨Kochk.⟩ **2.1** *Kartoffeln, Butter ~* in Formen ausstechen **2.2** *Gemüse ~* G. eine bestimmte Form (zum Garnieren) geben [<frz. *tourner* »sich drehen, verdrehen, lenken; drechseln; umkehren« <lat. *tornare* »drechseln, runden«]
Tour|ni|quet ⟨[turnike:] n.; -s, -s⟩ **1** Instrument zum zeitweiligen Abklemmen von Blutgefäßen **2** ⟨veraltet⟩ Drehkreuz (an Eingängen, Bahnübergängen) [frz., »Drehscheibe, Hebewinde«; zu *tourner* »sich drehen«]
To|wa|rischtsch ⟨m.; -, - od. -i; russ. Bez. für⟩ Genosse [<russ. *tovarišč*]

Tower (*Worttrennung am Zeilenende*) Im Englischen wird das »*w*« verwendet, um einen vorausgehenden an einen folgenden Vokal zu binden.
Im Deutschen bleibt es dem Schreibenden überlassen, ob er vor dem Konsonant trennt oder die Buchstabengruppe »*ow*« als eigenen Laut [aʊ] auffasst und dementsprechend hinter dem Konsonanten trennt (→*a.* Power).

Tow|er *auch:* **To|wer** ⟨[taʊə(r)] m.; -s, -; Flugw.⟩ Kontrollturm eines Flughafens [engl., »Turm«]
Town|ship ⟨[taʊnʃɪp] n.; -s, -s; in Südafrika⟩ Stadtteil, in dem ausschließlich Schwarze wohnen [<engl. *town* »Stadt« + *...ship* »...schaft«]
tox..., Tox... ⟨in Zus.⟩ = toxi..., Toxi...
Tox|al|bu|min *auch:* **To|xal|bu|min** ⟨n.; -s, -e; Biochemie⟩ giftiger Eiweißstoff [<*Tox...* + *Albumin*]
Tox|ä|mie *auch:* **To|xä|mie** ⟨f.; -, -n; Med.⟩ Blutvergiftung; *oV* Toxikämie; →*a.* Toxinämie [<*Tox...* + *...(h)ämie*]
to|xi..., To|xi... ⟨vor Vokalen u. h⟩ tox..., Tox... ⟨in Zus.⟩ gift..., Gift... [<lat. *toxikum* <grch. *toxikon* »Pfeilgift«]
To|xi|der|mie ⟨f.; -, -n; Med.⟩ durch Gifteinwirkung hervorgerufene Hauterkrankung [<*Toxi...* + *...dermie*]
to|xi|gen ⟨Adj.; Med.⟩ **1** Giftstoffe erzeugend **2** durch Vergiftung entstanden; *oV* toxogen [<*toxi...* + *...gen*[1]]
To|xik|ä|mie *auch:* **To|xi|kä|mie** ⟨f.; -, -n; Med.⟩ = Toxämie [<*Toxiko...* + *...ämie*]
to|xi|ko..., To|xi|ko... ⟨in Zus.⟩ = toxi... Toxi...
To|xi|ko|lo|ge ⟨m.; -n, -n; Med.⟩

T

Wissenschaftler auf dem Gebiet der Toxikologie

To|xi|ko|lo|gie ⟨f.; -; unz.; Med.⟩ Lehre von den Giften u. Vergiftungen, ihrer Erkennung u. Behandlung [< *Toxikum* + *...logie*]

To|xi|ko|lo|gin ⟨f.; -, -gin|nen; Med.⟩ Wissenschaftlerin auf dem Gebiet der Toxikologie

to|xi|ko|lo|gisch ⟨Adj.; Med.⟩ zur Toxikologie gehörend, auf ihr beruhend

To|xi|ko|se ⟨f.; -, -n; Med.⟩ Vergiftung [< *Toxikum*]

To|xi|kum ⟨n.; -s, -xi|ka; Med.⟩ Gift [< lat. *toxicum* »Pfeilgift« < grch. *toxikon (pharmakon)* »zum Pfeil gehöriges Gift«; zu *toxon* »Bogen, Pfeil«]

To|xi|me|ter ⟨n.; -s, -; Technik⟩ Gerät zur Messung der gasförmigen Luftverschmutzung [< *Toxi...* + *...meter*]

To|xin ⟨n.; -s, -e; Biol.; Med.⟩ organischer Giftstoff von Bakterien, Pilzen, Tieren od. Pflanzen [< grch. *toxon* »Bogen, Pfeil«; → *Toxikum*]

To|xin|ä|mie *auch:* **To|xi|nä|mie** ⟨f.; -, -n; Med.⟩ Durchsetzung des Blutes mit Toxinen; → *a.* Toxämie, Toxhämie

to|xisch ⟨Adj.⟩ **1** ⟨Med.⟩ durch Toxine verursacht (Krankheit) **2** giftig

To|xi|zi|tät ⟨f.; -; unz.; Med.⟩ Giftigkeit

to|xo..., To|xo... ⟨in Zus.⟩ = toxi..., Toxi...

to|xo|gen ⟨Adj.; Med.⟩ = toxigen

To|xo|id ⟨n.; -(e)s, -e; Med.⟩ entgiftetes Toxin, das im menschlichen Körper keine Schäden, aber die Bildung von Antitoxinen bewirkt [< *Toxo...* + *...id*]

To|xo|plas|mo|se ⟨f.; -, -n; Med.⟩ von Tieren auf den Menschen übertragbare Seuche, deren Erreger das Toxoplasma gondii ist [< *Toxikum* + *Plasma*]

Toy ⟨[tɔɪ] n.; -s, -s⟩ **1** Spielzeug **2** Gegenstand zur sexuellen Stimulierung [engl., »Spielzeug«]

Tra|bant ⟨m.; -en, -en⟩ **1** ⟨veraltet⟩ Leibwächter **2** ⟨heute⟩ von jmdm. abhängiger, bevormundeter Begleiter; *Sy* Satellit (3) **3** ⟨Astron.⟩ = Satellit (1) [< frühnhd. *drabant* »Krieger zu Fuß, Landsknecht, Leibwächter«; vermutl. < tschech. *drabant;* zu *dráb* »Krieger zu Fuß«]

Tra|ban|ten|stadt ⟨f.; -, -städ|te⟩ in der Nähe einer Großstadt entstandene Siedlung mit Geschäften usw.; *Sy* Satellitenstadt

Tra|cer ⟨[trɛɪsə(r)] m.; -s, -⟩ radioaktiver Markierungsstoff, mit dem biochemische, im Organismus ablaufende Vorgänge verfolgt werden können [< engl. *trace* »nachspüren, verfolgen«]

Tra|chea ⟨[-xe:a] f.; -, -che|en [-xe:ən]; Anat.⟩ Luftröhre [lat. < grch. *tracheia* »Luftröhre«]

tra|che|al ⟨[-xe-] Adj.; Med.⟩ zur Luftröhre gehörig [→ *Trachea*]

Tra|chee ⟨[-xe:ə] f.; -, -n⟩ **1** ⟨Zool.⟩ Atmungsorgan von Insekten, Tausendfüßern u. manchen Spinnen **2** ⟨Bot.⟩ röhrenförmige Zelle, deren Querwände aufgelöst sind (im Leitgewebe der Pflanzen) [< lat. *trachea;* → *Trachea*]

Tra|che|i|de ⟨[-xei:-] f.; -, -n; Bot.⟩ röhrenförmige Zelle, deren Querwände mit Tüpfeln versehen sind (im Leitgewebe der Pflanzen) [< *Trachea* + *...id*]

Tra|che|i|tis ⟨[-xei:-] f.; -, -ti|den; Med.⟩ Luftröhrenentzündung

Tra|che|o|skop *auch:* **Tra|che|os|kop** ⟨[-xe-] n.; -s, -e; Med.⟩ Gerät mit Spiegel zur Untersuchung der Luftröhre [< *Trachea* + *...skop*]

Tra|che|o|sko|pie *auch:* **Tra|che|os|ko|pie** ⟨[-xe-] f.; -, -n; Med.⟩ Spiegelung der Luftröhre mit dem Tracheo- od. Bronchoskop [< *Trachea* + *...skopie*]

tra|che|o|sko|pie|ren *auch:* **tra|che|os|ko|pie|ren** ⟨[-xe-] V.; Med.⟩ eine Tracheoskopie durchführen

Tra|cheo|ste|no|se ⟨[-xe-] f.; -, -n; Med.⟩ Luftröhrenverengung [< *Trachea* + *Stenose*]

Tra|cheo|to|mie ⟨[-xe-] f.; -, -n; Med.⟩ Luftröhrenschnitt [< grch. *tracheia* »Luftröhre« + *...tomie*]

Tra|chom ⟨[-xo:m] n.; -s, -e; Med.⟩ ägyptische Augenkrankheit, Körnerkrankheit [< grch. *trachoma* »Rauheit«; zu *trachys* »rau«]

Tra|chyt ⟨[-xy:t] m.; -s, -e; Geol.⟩ tertiäres, rötl. bis graues Ergussgestein [< grch. *trachys* »rau«]

Track ⟨[træk] m.; -s, -s; Technik⟩ **1** Zugelement, z. B. Kette, Riementrieb od. Seil bei Maschinen **2** Reiseroute eines Schiffes **3** ⟨Musik⟩ Titel, Stück (auf einer CD od. Platte); → *a.* Soundtrack **4** ⟨EDV⟩ Spur [engl., »Spur, Weg, Fährte«]

Track|ball ⟨[trækbɔ:l] m.; -s, -s; EDV⟩ Bedienungsgerät mit ähnlichen Funktionen wie eine Maus, das jedoch nicht insgesamt bewegt, sondern durch Rollen einer Kugel bedient wird, Rollkugel [< engl. *track* »Spur, Weg« + *ball* »Ball«]

Trac|tus ⟨m.; -, -; Med.⟩ Strang, Zug, (Nerven-)Bahn; → *a.* Traktus [< lat. *tractus,* Part. Perf. zu *trahere* »ziehen, schleppen«]

Trade|mark ⟨[trɛɪdma:k] f.; -, -s; engl. Bez. für⟩ Markenzeichen [engl., »Handelsmarke«]

Tra|des|kan|tie ⟨[-tsjə] f.; -, -n; Bot.⟩ einer Gattung der Commelinengewächse angehörende Dauerpflanze mit langen, lanzettförmigen Blättern: Tradescantia [nach dem engl. Gärtner John *Tradescant,* † 1638]

Trade|uni|on ⟨[trɛɪdju:njən] f.; -, -s⟩ engl. Gewerkschaft [< engl. *trade* »Handel, Geschäft, Gewerbe« + *union* »Vereinigung«]

tra|die|ren ⟨V.⟩ überliefern, weitergeben [< lat. *tradere* »überliefern, mitteilen, berichten«]

Tra|ding-up ⟨[trɛɪdɪŋʌp] n.; - od. -s; unz.; Marketing⟩ Ausbau u. Aufwertung des Produktangebotes eines Handelsunternehmens; *die Firma konnte ihren Umsatz durch ein konsequentes ~ verdoppeln* [< engl. *trade* »handeln« + *up* »hinauf, nach oben«]

Tra|di|ti|on ⟨f.; -, -en⟩ Überlieferung, Herkommen, Gewohnheit, Brauch, Gepflogenheit; *eine ~ fortsetzen, bewahren* [< lat. *traditio* »Übergabe, Bericht«; → *tradieren*]

Tra|di|ti|o|na|lis|mus ⟨m.; -; unz.⟩ geistige Haltung, die bewusst an der Tradition festhält u. Neuem abgeneigt ist

Tra|di|ti|o|na|list ⟨m.; -en, -en⟩ Vertreter, Anhänger des Traditionalismus

Tra|di|ti|o|na|lis|tin ⟨f.; -, -tin|nen⟩ Vertreterin, Anhängerin des Traditionalismus

tra|di|ti|o|na|lis|tisch ⟨Adj.⟩ den Traditionalismus betreffend, auf ihm beruhend

Tra|di|tio|nal Jazz ⟨[trədıʃənəl dʒæz] m.; - -; unz.; Musik⟩ Sammelbezeichnung für die Stile des Jazz bis etwa 1930 (New Orleans, Dixieland, Chicago) [engl., »traditioneller Jazz«]

tra|di|ti|o|nell ⟨Adj.⟩ der Tradition entsprechend [<frz. *traditionnel* »überliefert, herkömmlich, üblich, dem Brauch entsprechend«; zu *tradition* »Tradition«; → *Tradition*]

Traf|fic ⟨[træfık] m.; -s; unz.; EDV⟩ **1** Gesamtheit des Datenaufkommens innerhalb eines Computernetzwerkes **2** Datenverkehr auf einer Homepage od. Webseite [engl., »Verkehr«]

Traf|fic-Mes|sage-Chan|nel ⟨[træfık mɛsıdʒ tʃænəl] m.; -s, -s⟩ Verkehrsfunkkanal, der an bestimmte Empfangssysteme gekoppelt ist [<engl. *traffic* »Verkehr« + *message* »Mitteilung, Nachricht« + *channel* »Kanal, Programm«]

Tra|fik ⟨m.; -s, -s od. (österr.) f.; -, -en⟩ **1** Handel mit Tabak **2** Laden, in dem Tabak verkauft wird [<ital. *traffico,* frz. *trafic* »Handel« <arab. *tafriq* »das Verteilen, Kleinverkauf«, beeinflusst von lat. *traficere* »übermachen«]

Tra|fi|kant ⟨m.; -en, -en; österr.⟩ Besitzer einer Trafik

Tra|fo ⟨m.; -s, -s; Kurzwort für⟩ Transformator

Tra|gant ⟨m.; -(e)s, -e; Bot.⟩ einer Gattung der Schmetterlingsblütler angehörendes Kraut od. niederer Strauch: Astragalus [<ahd. *dragant* »Bocksdorn, Bockshorn« <mlat. *tragantum* <lat. *tragacanthum* <grch. *tragos* »Bock, Ziegenbock« + *akantha* »Dorn(strauch)«]

Trag|e|laph *auch:* **Tra|ge|laph** ⟨m.; -en, -en⟩ **1** altgrch. Fabeltier mit Eigenschaften mehrerer Tiere **2** ⟨Lit.⟩ literar. Werk, das mehreren Gattungen zugeordnet werden kann [<grch. *tragelaphos* »Bockhirsch« <*tragos* »Bock, Ziegenbock« + *elaphos* »Hirsch«]

tra|gie|ren ⟨V.⟩ (eine Rolle) tragisch spielen [→ *Tragik, Tragödie*]

Tra|gik ⟨f.; -; unz.⟩ **1** schweres, schicksalhaftes Leid **2** erschütterndes, unausweichl. Geschehen [<lat. *tragicus* »tragisch, aus dem Trauerspiel« <grch. *tragikos* »tragisch, der Tragödie eigen; (eigtl.) bocksartig«; zu *tragos* »Bock«; → *Tragödie*]

Tra|gi|ker ⟨m.; -s, -⟩ Dichter von Tragödien

Tra|gi|ko|mik ⟨a. ['----] f.; -; unz.⟩ **1** Komik, die auf einem im Grunde tragischen Geschehen beruht, bzw. Tragik, die auch eine komische Seite hat **2** halb tragische, halb komische Beschaffenheit

tra|gi|ko|misch ⟨a. ['----] Adj.⟩ halb tragisch, halb komisch

Tra|gi|ko|mö|die ⟨[-djə] od. ['-----] f.; -, -n; Theat.⟩ Schauspiel, das Tragisches mit Komischem verbindet

tra|gisch ⟨Adj.⟩ **1** auf Tragik beruhend **2** unabwendbaren, bes. unverschuldeten Untergang bringend **3** erschütternd, ergreifend [<lat. *tragicus;* → *Tragik*]

Tra|gö|de ⟨m.; -n, -n; Theat.⟩ tragische Rollen spielender Schauspieler [zu grch. *tragodein* »eine Tragödie aufführen; etwas als Schauspieler mit tragischem Pathos darstellen«]

Tra|gö|die ⟨[-djə] f.; -, -n⟩ **1** ⟨Theat.⟩ ein tragisches Geschehen schilderndes Schauspiel, Schauspiel vom tragischen Untergang eines Menschen, Trauerspiel **2** ⟨fig.⟩ herzzerreißendes Unglück [<lat. *tragoedia* »Trauerspiel« <grch. *tragodia* »Tragödie, Trauerspiel, tragisches Ereignis«, eigtl. »Bocksgesang, Lied beim Opfer eines Bockes am Dionysosfest« <*tragos* »Bock« + *ode* »Gesang«]

Tra|gö|din ⟨f.; -, -din|nen; Theat.⟩ tragische Rollen spielende Schauspielerin

Trai|ler ⟨[trɛılə(r)] m.; -s, -⟩ **1** nicht belichtetes Ende eines Filmstreifens **2** einige Szenen eines Films als Werbung od. Voranzeige, die vor einem anderen Film gezeigt werden **3** Autoanhänger für den Transport von kleinen Sportbooten [engl., »Anhänger, Voranzeige«; zu *trail* »nachschleppen, hinter sich herziehen«]

Train ⟨[trɛ̃:], österr. a. [trɛın] m.; -s, -s⟩ = Tross (1) [frz. <lat. *trahere* »ziehen, schleppen«]

Trai|nee ⟨[trɛıni:] m.; -s, -s; Wirtsch.⟩ jmd., der (nach abgeschlossenem Hochschulstudium) in einem Unternehmen alle Abteilungen durchläuft u. so auf seinen späteren Beruf vorbereitet wird [engl.; zu *train* »ausbilden, trainieren«]

Trai|ner ⟨[trɛ:-] od. [tre:-] m.; -s, -; Sport⟩ jmd., der Sportler, auch Pferde, auf einen Wettkampf vorbereitet [engl., »Sportlehrer«; → *trainieren*]

Trai|ne|rin ⟨[trɛ:-] od. [tre:-] f.; -, -rin|nen; Sport⟩ weibl. Trainer [engl., »Sportlehrer«; → *trainieren*]

trai|nie|ren ⟨[trɛ-] od. [tre-] V.; Sport⟩ **1** sich auf einen Wettkampf vorbereiten, sich üben **2** *jmdn.* ~ jmdn. auf einen Wettkampf vorbereiten, mit ihm üben [<engl. *train* <frz. *traîner* »ziehen, nachziehen, nachschleppen« <lat. *trahere* »ziehen, schleppen«]

Trai|ning ⟨[trɛ:-] od. [tre:-] n.; -s, -s; Sport⟩ systemat. Vorbereitung auf einen Wettkampf [engl., »Ausbildung«]

Trai|ning on the Job ⟨[trɛı- ɔn ðə dʒɔb] n.; -s - - -, -s - - -⟩ gezielt praktische Aus- od. Weiterbildung direkt am Arbeitsplatz [engl.]

Tra|jek|to|rie ⟨[-riə] f.; -, -n; Math.⟩ Kurve, die sämtl. Kurven einer Schar schneidet [<lat. *traiectus* »Überfahrt, -gang«; zu *traicere* »hinüberwerfen, -bringen; überschreiten«]

Trakt ⟨m.; -(e)s, -e⟩ **1** größerer Teil eines Gebäudes, Flügel; *Seiten*~ **2** Strecke, Längsausdehnung [<lat. *tractus* »Ausdehnung, Reihe, Zug«; zu *trahere* »ziehen«]

trak|ta|bel ⟨Adj.; veraltet⟩ fügsam, leicht zu behandeln [<lat. *tractabilis* »behandelbar« zu *tractare;* → *traktieren*]

Trak|tan|den|lis|te ⟨f.; -, -n; schweiz.⟩ Liste der zu behandelnden Themen, Tagesordnung

trak|tan|die|ren ⟨V.; schweiz.⟩ verhandeln, besprechen; *eine vertragliche Vereinbarung in einer Sitzung ~* [<lat. *tractare* »behandeln, verhandeln«]

Trak|tan|dum ⟨n.; -s, -tan|den; schweiz.⟩ Gegenstand der Verhandlung [<lat. *tractandum;* zu *tractare* »behandeln«]

Trak|tat ⟨n.; -(e)s, -e⟩ **1** Abhandlung **2** (religiöse od. polit.) Flugschrift [<lat. *tractare* »erörtern, besprechen, behandeln«]

Trak|tät|chen ⟨n.; -s, -; abwertend⟩ relig. Erbauungsschrift

trak|tie|ren ⟨V.⟩ schlecht behandeln, plagen, quälen; *jmdn. mit Vorwürfen ~* ⟨umg.⟩ ihm ständig bis zum Überdruss Vorwürfe machen; *jmdn. mit Fragen ~* ⟨umg.⟩ ihn mit Fragen quälen [<lat. *tractare* »behandeln«]

Trak|ti|on ⟨f.; -, -en; Geburtshilfe; schweiz. a.: Eisenb.⟩ Zug, Ziehen [zu lat. *tractus,* Part. Perf. von *trahere* »ziehen«]

Trak|tor ⟨m.; -s, -en⟩ meist durch Dieselmotor angetriebenes Fahrzeug zum Schleppen [<lat. *tractus;* → *Traktion*]

Trak|to|rist ⟨m.; -en, -en; DDR⟩ Fahrer eines Traktors

Trak|trix *auch:* **Trakt|rix** ⟨f.; -, -trizes; Math.⟩ Kurve, die der Bewegung eines am Ende eines Fadens befindl. schweren Punktes entspricht, wenn der Anfang des Fadens horizontal auf einer Geraden bewegt wird [<neulat. *tractrix* <*tractus;* → *Traktion*]

Trak|tur ⟨f.; -, -en; Musik; an der Orgel⟩ Zug, Vorrichtung, die den Tastendruck vom Manual bzw. Pedal weiterleitet [<lat. *tractus;* → *Traktion*]

Trak|tus ⟨m.; -, -; Musik⟩ im Solo gesungener (nicht vom Chor unterbrochener) Teil der Messe; →*a.* Tractus [lat., eigtl. *cantus tractus,* »gezogener Gesang«; zu *trahere* »ziehen«]

Tral|je ⟨f.; -, -n⟩ Gitterstab (an Fenstern, Geländern) [<nddt. *trallie* »Gitter« <mlat. *tralia* »Gitterwerk«]

Tram ⟨f.; -, -s, schweiz.: n.; -s, -s; kurz für⟩ Trambahn

Tram|bahn ⟨f.; -, -en⟩ Straßenbahn [<engl. *tramway* »Straßenbahn«, eigtl. »Schienenweg«]

Trame ⟨[tra:m] f.; -; unz.; Textilw.⟩ dublierte Fäden aus Rohseide, die als Schuss verwendet werden [<lat. *trama* »Kette des Gewebes«]

Tra|mi|ner ⟨m.; -s, -⟩ **1** Rebsorte für edle Weißweine **2** Südtiroler Rotwein [nach dem Ort *Tramin* in Südtirol]

Tra|mon|ta|na ⟨f.; -, -ta|nen; Meteor.⟩ = Tramontane

Tra|mon|ta|ne ⟨f.; -, -n; Meteor.⟩ über die Alpen einbrechender Nordwind in Oberitalien; *oV* Tramontana [ital., »Nordwind« <*tra* »zwischen« + *montagna* »Gebirge«]

Tramp ⟨a. [træmp] m.; -s, -s⟩ Landstreicher, umherziehender Gelegenheitsarbeiter [<engl. *tramp* »Landstreicher«; zu engl. *trampen* »spazieren gehen«]

tram|pen ⟨[træm-] V.⟩ reisen, indem man auf den Landstraßen Autos anhält u. sich von ihnen mitnehmen lässt, per Anhalter reisen [→ *Tramp*]

Tram|per ⟨[træm-] m.; -s, -⟩ männl. Person, die trampt, per Anhalter fährt; *Sy* Hitchhiker

Tram|pe|rin ⟨[træm-] f.; -, -rinnen⟩ weibl. Person, die trampt, per Anhalter fährt

Tram|po|lin ⟨a. ['---] n.; -s, -e; Sport⟩ federndes Sprungtuch für sportl. Übungen [span., »Sprungbrett« <ital. *trampolino*]

Tramp|ree|de|rei ⟨f.; -, -en; Seew.⟩ Reederei, die Trampschifffahrt betreibt

Tramp|schiff|fahrt ⟨f.; -; unz.; Seew.⟩ nicht nach festen Verkehrsplänen verkehrende Schifffahrt, bei der nur solche Häfen angelaufen werden, an denen das betreffende Schiff Waren abzuliefern od. abzuholen hat

Tram|way ⟨[tramvaı] od. engl. [træmweı] f.; -, -s; österr.⟩ Straßenbahn, Straßenbahnwagen [engl., eigtl. »Schienenweg«]

Tran|ce ⟨[trã:s(ə)] f.; -, -n⟩ **1** schlafähnl. Dämmerzustand **2** schlafähnl. Zustand der Entrückung (von Medien) [engl. <afrz. *transe* »Hinübergehen; Angstzustand«; zu *transir* »hinübergehen« <lat. *transire*]

Tran|che ⟨[trã:ʃ(ə)] f.; -, -n⟩ **1** fingerdicke Scheibe von Fleisch od. Fisch **2** Teil einer Anleihe [frz.; → *tranchieren*]

Tran|cheur ⟨[trãʃø:r] m.; -s, -e⟩ jmd., der Fleisch tranchiert

tran|chie|ren ⟨[trãʃi:-] V.⟩ in Scheiben schneiden (Fleisch), zerlegen (gebratenes Geflügel) [<frz. *trancher* »abschneiden, zerschneiden« <lat. *truncare* »beschneiden«]

Tran|qui|li|zer ⟨[træŋkılaızə(r)] m.; -s, -⟩ beruhigendes Arzneimittel [<engl. *tranquilize* »beruhigen«]

Tran|quil|li|tät ⟨f.; -; unz.; veraltet⟩ Ruhe, Gelassenheit [<lat. *tranquilitas* »Windstille«; zu *tranquillare* »beruhigen«]

tran|quil|lo ⟨Musik⟩ ruhig (zu spielen) [ital.]

trans…, Trans… ⟨in Zus.⟩ hindurch, (hin)über, jenseits des, von [lat., »über, über … hin(aus), jenseits«]

trans-…, Trans-… ⟨in Zus.; Chemie; Med.⟩ jenseits…, sich gegenüberstehend; Trans-Form; *Ggs* cis-…, Cis-…

Trans|ak|ti|on ⟨f.; -, -en⟩ **1** Unternehmung **2** großes Geld- od. Bankgeschäft; *Börsen~; Geld~* [<lat. *transactio* »Vermittlung«]

trans|al|pin ⟨Adj.⟩ jenseits der Alpen (von Rom aus gesehen)

Trans|ami|na|se ⟨f.; -, -n; Biochemie⟩ Enzym, das die Aminogruppe - NH_2 einer Aminosäure auf andere Säuren überträgt [<*Trans…* + *Amin*]

trans|at|lan|tisch ⟨Adj.⟩ den Atlantischen Ozean überquerend

Trans|duk|ti|on ⟨f.; -, -en; Genetik⟩ das Erbgut verändernder Prozess bei Bakterien, bei dem genetische Merkmale durch Bakteriophagen übertragen

T

werden [zu lat. *transductus,* Part. Perf. von *transducere* »hinüberführen«]

Trans|duk|tor ⟨m.; -s, -to|ren; Technik⟩ = Magnetverstärker [<lat. *transductus,* Part. Perf. zu *transducere* »hinüberführen«]

Tran|sept ⟨m. od. n.; -(e)s, -e⟩ Querschiff (einer Kirche) [frz., <lat. *trans* »über ...hin« + *septum* »Umzäunung, Schranke«]

Trans|fer ⟨m.; -s, -s⟩ **1** Beförderung im Reiseverkehr; *der ~ vom Flughafen zum Hotel ist im Preis inbegriffen* **2** ⟨allg.⟩ Übertragung, Übermittlung; *~ von Daten, von Wissen*; →*a.* Technologietransfer **3** Übertragung von Geld ins Ausland in der fremden Währung **4** ⟨Sport⟩ Wechsel eines Berufsspielers zu einem anderen Verein (nach Zahlung einer Ablösesumme) [engl., <lat. *transferre* »hinübertragen«]

trans|fe|ra|bel ⟨Adj.⟩ so beschaffen, dass man es transferieren kann

Trans|fe|ra|se ⟨f.; -, -n; Biochemie⟩ chem. Stoff aus einer umfangreichen Klasse von Enzymen, die chem. Gruppen einer Verbindung auf eine andere übertragen, nach der allg. Gleichung: AX + B → A + BX

Trans|fe|renz ⟨f.; -, -en; Sprachw.⟩ Entlehnung aus einer anderen Sprache [→ *Transfer*]

trans|fe|rie|ren ⟨V.⟩ in fremde Währung umwechseln, ins Ausland zahlen, übertragen

Trans|fer|stra|ße ⟨f.; -, -n⟩ automatische Fertigungsstraße der Serienfertigung, bei der das Werkstück auf einem Förderband an verschiedenen Werkzeugmaschinen vorbeigeführt wird

Trans|fi|gu|ra|ti|on ⟨f.; -, -en⟩ Verklärung Christi u. ihre Darstellung in der Kunst [<lat. *transfigurare* »verwandeln«]

trans|fi|nit ⟨Adj.; Math.; Philos.⟩ unendlich [<*trans...* + lat. *finitus* »begrenzt«]

Trans|flu|enz ⟨f.; -; unz.; Geol.⟩ das Übertreten eines Gletschers in ein benachbartes Tal [<lat. *transfluere* »hinüberfließen«]

Trans|flu|xor ⟨m.; -s, -xo|ren; El.⟩ Speicherelement, dessen zentraler Bestandteil ein ringförmiger Ferritkern ist [<*Trans...* + lat. *fluxus* »fließend, wallend«]

Trans|fo|ka|tor ⟨m.; -s, -to|ren; Fot.⟩ fotograf. Objektiv mit veränderlicher Brennweite [<*Trans...* + *Fokus*]

Trans-Form ⟨f.; -, -en; Chemie; Med.⟩ eine der beiden möglichen isomeren Formen bei der Cis-trans-Isomerie; *Sy* Antiform [<*Trans-...*]

Trans|for|ma|ti|on ⟨f.; -, -en⟩ Tätigkeit od. Ergebnis des Transformierens

trans|for|ma|ti|o|nell ⟨Adj.; Sprachw.⟩ die Transformationsgrammatik betreffend, auf ihr beruhend

Trans|for|ma|ti|ons|gram|ma|tik ⟨f.; -, -en; Sprachw.⟩ Grammatik, die Transformationen anwendet; →*a.* transformieren (5)

Trans|for|ma|tor ⟨m.; -s, -to|ren; El.; Kurzwort: Trafo⟩ aus zwei Wicklungen mit Eisenkernen bestehendes elektr. Gerät zum Erhöhen od. Herabsetzen der Spannung bei Dreh- od. Wechselstrom [<frz. *transformateur* <lat. *transformare* »umgestalten«]

trans|for|mie|ren ⟨V.⟩ **1** umwandeln, umgestalten, umformen **2** in einen anderen mathemat. Ausdruck umwandeln **3** *Dreh-, Wechselstrom ~* ⟨El.⟩ seine Spannung erhöhen od. verringern **4** in seelische Regungen umwandeln; *sexuelle Triebe ~* **5** ⟨Sprachw.⟩ *einen grammat. Ausdruck ~* nach bestimmten Regeln in einen anderen Ausdruck mit demselben Inhalt verwandeln, z. B. »das schöne Buch« → »das Buch ist schön« **6** ⟨Genetik⟩ das Übertragen der genetischen Information von einer Zelle auf die andere durch die extrahierte DNS [<lat. *transformare* »umwandeln, umgestalten«]

trans|fun|die|ren ⟨V.⟩ *Blut ~* ⟨Med.⟩ übertragen [<lat. *transfundere* »umgießen«]

Trans|fu|si|on ⟨f.; -, -en; Med.⟩ intravenöses Einbringen (von Blut u. Ä.) in den Körper, Übertragung; *Blut~* [<lat. *transfusio* »Vermischung«]

trans|ga|lak|tisch ⟨Adj.; Astron.⟩ außerhalb des Milchstraßensystems befindlich

trans|gen ⟨Adj.⟩ *~es Tier* ⟨Med.⟩ Tier, dessen Zellen genetisches Material anderer Lebewesen enthalten

trans|gre|di|ent ⟨Adj.; Philos.⟩ über etwas hinausgehen, eine Grenze überschreitend [→ *transgredieren*]

trans|gre|die|ren ⟨V.; Geogr.⟩ weite Teile des Festlandes überfluten [zu lat. *transgredior* »hinübergehen; übergehen«]

Trans|gres|si|on ⟨f.; -, -en⟩ **1** ⟨Geogr.⟩ langsame Überflutung sich senkender Teile des Festlands durch das Meer **2** ⟨Genetik⟩ Erscheinung, dass Genotypen vorkommen, die bezüglich ihrer Leistungsfähigkeit die Eltern- u. Tochtergeneration übertreffen [<lat. *transgressus* »Übergang«]

trans|hu|mant ⟨Adj.⟩ mit Viehherden wandernd [→ *Transhumanz*]

Trans|hu|manz ⟨f.; -, -en⟩ Schäferei mit jahreszeitlichem Wechsel der Weide zwischen Hochland u. Ebene [<frz. *transhumer* »auf die Gebirgsweide führen, wandern« (von Herden) <*trans...* + lat. *humus* »Boden«]

Tran|sis|tor ⟨m.; -s, -to|ren; El.⟩ aus drei verschiedenen Halbleiterschichten bestehendes Bauelement der Elektronik zum Verstärken von Spannungen u. Strömen [<engl. *transfer* »umwandeln« + *resistor* »elektr. Widerstand« (<lat. *resistere* »sich widersetzen«)]

Tran|sis|tor|ge|rät ⟨n.; -(e)s, -e; El.⟩ mit Transistoren statt Elektronenröhren bestücktes Rundfunk- od. Fernsehgerät

tran|sis|to|rie|ren ⟨V.; El.⟩ = transistorisieren

tran|sis|to|ri|sie|ren ⟨V.; El.⟩ mit Transistor (statt mit Röhren) ausstatten; *oV* transistorieren; *ein voll transistorisierter Fernsehempfänger*

Tran|sit ⟨a. ['--] m.; -s, -e⟩ **1** Durchfuhr (von Waren durch ein Land); *im ~* **2** Durchfahrt von Personen [<lat. *transitus,*

T

Part. Perf. zu *transire* »hinübergehen«]

Tran|sit|han|del ⟨a. ['----] m.; -s; unz.⟩ Handelsbeziehung zwischen zwei Ländern, wobei Güter durch ein drittes Land befördert werden müssen

tran|si|tie|ren ⟨V.⟩ hindurchführen; *Waren (durch ein Land)* ~ [→ *Transit*]

Tran|si|ti|on ⟨f.; -, -en⟩ Übergang [<lat. *transitus,* Part. Perf. zu *transire* »hinübergehen«]

tran|si|tiv ⟨Adj.; Gramm.⟩ zielend; *Ggs* intransitiv; *~e Verben* Verben, die ein Akkusativobjekt verlangen [<lat. *transitus,* Part. Perf. zu *transire* »(hin)übergehen« (auf das Objekt)]

Tran|si|tiv ⟨n.; -s, -e; Gramm.⟩ transitives Verb; *oV* Transitivum; *Ggs* Intransitiv, Intransitivum

tran|si|ti|vie|ren ⟨[-vi:-] V.; Gramm.⟩ *ein intransitives Verb* ~ in ein transitives Verb umwandeln (z. B. werfen in bewerfen); *Ggs* intransitivieren

Tran|si|ti|vi|tät ⟨[-vi-] f.; -; unz.; Gramm.⟩ das Transitivsein, transitive Beschaffenheit (von Verben); *Ggs* Intransitivität

Tran|si|ti|vum ⟨n.; -s, -ti|va; Gramm.⟩ = Transitiv

tran|si|to|risch ⟨Adj.⟩ vorübergehend, später wegfallend [<lat. *transitus,* Part. Perf. zu *transire* »(hin)übergehen«]

Tran|si|to|ri|um ⟨n.; -s, -ri|en⟩ einmalige Bewilligung von Ausgaben im Staatshaushalt

Tran|si|tron *auch:* **Tran|sit|ron** ⟨n.; -s, -tro|ne; El.⟩ elektrische Schaltung zur Erzeugung von Sägezahn- u. Kippschwingungen

Tran|sit|vi|sum ⟨[-vi-] n.; -s, -vi|sa od. -vi|sen⟩ zur Durchreise durch bestimmte Länder benötigtes Visum

trans|kon|ti|nen|tal ⟨Adj.⟩ den Kontinent überquerend

tran|skri|bie|ren *auch:* **trans|kri|bie|ren** ⟨V.⟩ **1** einer Transkription unterziehen, lautgetreu in eine andere Schrift übertragen **2** für ein anderes Instrument umschreiben (Tonstück) [<*trans...* + lat. *scribere* »schreiben«]

Tran|skript *auch:* **Trans|kript** ⟨n.; -(e)s, -e⟩ das Resultat einer Transkription

Tran|skrip|ti|on *auch:* **Trans|krip|ti|on** ⟨f.; -, -en⟩ **1** das Transkribieren, Umwandlung einer Schrift in eine andere, wobei die ursprüngl. Sprache möglichst lautgetreu wiedergegeben werden soll, im Unterschied zur Transliteration **2** die andere Schrift selbst, Umschrift; *internationale* ~ **3** ⟨Musik⟩ Umschreibung für ein (anderes) Instrument möglichst ohne Veränderung des klanglichen Bildes

trans|ku|tan ⟨Adj.; Med.⟩ durch die Haut hindurch (wirkend)

Trans|la|ti|on ⟨f.; -, -en⟩ **1** Übertragung, Übersetzung **2** parallele Verschiebung [<lat. *translatio* »Übertragung«]

Trans|la|tiv ⟨m.; -s, -e; Sprachw.⟩ Kasus in einigen Sprachen (z. B. im Finnischen), der eine bestimmte Bewegungsrichtung zum Ausdruck bringt [<lat. *casus translativus*]

Trans|li|te|ra|ti|on ⟨f.; -, -en; Sprachw.⟩ Umwandlung einer Buchstabenschrift in eine andere, so dass die ursprüngliche Sprache (im Unterschied zur Transkription) buchstabengetreu wiedergegeben wird [<*trans...* + lat. *littera* »Buchstabe«]

trans|li|te|rie|ren ⟨V.; Sprachw.⟩ einer Transliteration unterziehen, buchstabengetreu in eine andere Schrift übertragen

Trans|lo|ka|ti|on ⟨f.; -, -en⟩ **1** ⟨veraltet⟩ Veränderung des Aufenthaltsortes **2** ⟨Genetik⟩ Verlagerung eines Bruchstücks von einem Chromosom in das Gefüge eines anderen [<*trans...* + lat. *locare* »stellen, legen«; zu *locus* »Ort«]

trans|lo|zie|ren ⟨V.; Genetik⟩ eine Translokation vornehmen mit, verlagern

trans|lu|nar ⟨Adj.; Astron.⟩ = translunarisch

trans|lu|na|risch ⟨Adj.; Astron.⟩ jenseits des Mondes, der Mondumlaufbahn gelegen, dorthin gelangend; *oV* translunar [<*trans...* + *lunar*]

trans|ma|rin ⟨Adj.⟩ überseeisch

Trans|mis|si|on ⟨f.; -, -en⟩ **1** ⟨allg.⟩ Übertragung **2** ⟨Tech.⟩ veraltete Vorrichtung zur Übertragung der Antriebsenergie von einer Maschine auf mehrere andere **3** ⟨Phys.⟩ Durchgang von Lichtstrahlen durch eine Materie ohne Änderung der Wellenlänge [<lat. *transmissio* »Überfahrt«]

Trans|mis|si|ons|wel|le ⟨f.; -, -n; Technik⟩ Welle zur Kraftübertragung in Transmissionen

Trans|mis|si|vi|tät ⟨[-vi-] f.; -; unz.⟩ Faktor für die Durchlässigkeit einer nicht homogenen Bodenschicht [→ *Transmission*]

Trans|mit|ter ⟨m.; -s, -⟩ **1** ⟨El.⟩ Überträger od. Umformer, der z. B. einen mechanischen Druck in eine elektrische Größe umsetzt **2** ⟨Biochemie⟩ Überträgersubstanz, Stoff für die Erregungsübertragung an den Synapsen; *Sy* Transmittersubstanz

trans|mit|tie|ren ⟨V.⟩ übertragen, übersenden [<lat. *transmittere* »hinüberschicken«]

trans|mon|tan ⟨Adj.⟩ jenseits der Berge liegend [<*trans...* + *montan*]

Trans|mu|ta|ti|on ⟨f.; -, -en; Genetik⟩ = Genmutation

trans|na|ti|o|nal ⟨Adj.⟩ länder-, nationenübergreifend

trans|neu|ro|nal ⟨Adj.; Med.; Biol.⟩ seinen Verlauf durch das Neuron nehmend

trans|ob|jek|tiv ⟨Adj.; Philos.⟩ über das bloße Objektsein eines Gegenstandes hinausgehend [<*trans...* + *objektiv*]

trans|oze|a|nisch ⟨Adj.⟩ jenseits des Ozeans liegend, über den Ozean hinweg

trans|pa|rent ⟨Adj.⟩ durchsichtig, durchscheinend [<frz. »durchsichtig« <mlat. *transparere* »durchscheinen«]

Trans|pa|rent ⟨n.; -(e)s, -e⟩ **1** Spruchband, das aufgespannt od. auf Demonstrationen mitgeführt wird **2** Bild auf durchsichtigem Material (Glas, Pergament, Stoff), das von hinten beleuchtet wird

Trans|pa|renz ⟨f.; -; unz.⟩ transparente Beschaffenheit, Durchsichtigkeit

Trans|phras|tik ⟨f.; -; unz.; Sprachw.⟩ satzübergreifende Analyse sprachl. Strukturen [<*Trans…* + grch. *phrastikos* »dem Ausdruck dienend«]

trans|phras|tisch ⟨Adj.; Sprachw.⟩ die Transphrastik betreffend, auf ihr beruhend

Tran|spi|ra|ti|on *auch:* **Trans|pi|ra|ti|on** ⟨f.; -; unz.⟩ **1** ⟨Med.⟩ Absonderung von Schweiß **2** ⟨Biol.⟩ Abgabe von Wasserdampf (von Pflanzen u. Tieren) [<lat. *Trans…* + lat. *spirare* »hauchen«]

tran|spi|rie|ren *auch:* **trans|pi|rie|ren** ⟨V.⟩ **1** ⟨Med.⟩ schwitzen, Schweiß absondern (Person) **2** ⟨Biol.⟩ Wasserdampf abgeben (Pflanze, Tier)

Trans|plan|tat ⟨n.; -(e)s, -e; Med.⟩ verpflanztes Gewebestück od. Organ

Trans|plan|ta|ti|on ⟨f.; -, -en; Med.⟩ Gewebs- od. Organverpflanzung, Ersetzung von fehlendem Körpergewebe od. Organen; *Herz~; Haut~; Drüsen~* [<neulat. *transplantatio* »Überpflanzung«, <lat. *trans* »hinüber« + *planta* »Steckling, Pflanze«]

trans|plan|tie|ren ⟨V.; Med.⟩ verpflanzen (Gewebe od. Organe)

Trans|pon|der ⟨m.; -s, -; Technik⟩ **1** Gerät, das eingehende Signale empfängt u. beantwortet, z. B. für die Navigation von Flugzeugen **2** ⟨TV⟩ Anlage eines Fernsehsatelliten, die auf einer bestimmten Frequenz empfangene Signale auf einer anderen Frequenz zurückstrahlt [verkürzt <engl. *transmitter* »Übermittler« + *responder* »Antworter«]

trans|po|nie|ren ⟨V.; Musik⟩ in eine andere Tonart setzen [<lat. *transponere* »hinüberbringen, hinübersetzen«]

Trans|po|nie|rung ⟨f.; -, -en; Musik⟩ das Transponieren; *Sy* Transposition

Trans|port ⟨m.; -(e)s, -e⟩ **1** Beförderung (von Menschen, Tieren, Gegenständen) **2** die beförderten Menschen, Tiere, Gegenstände selbst [<frz. *transport;* → *transportieren*]

trans|por|ta|bel ⟨Adj.⟩ so beschaffen, dass es transportiert werden kann, beweglich; *transportabler Ofen*

Trans|por|ter ⟨m.; -s, -⟩ Kraftfahrzeug, Flugzeug od. Schiff, das große Mengen von Gütern transportiert

Trans|por|teur ⟨[-tøːr] m.; -s, -e⟩ **1** jmd., der etwas befördert **2** mit Gradeinteilung versehenes Gerät zum Messen u. Übertragen von Winkeln, Winkelmesser **3** Vorrichtung an der Nähmaschine, die den Stoff schrittweise unter der Nadel hindurchbefördert [→ *transportieren*]

trans|por|tie|ren ⟨V.⟩ befördern [<frz. *transporter* <lat. *transportare* »hinüberbringen«]

Trans|por|tie|rung ⟨f.; -, -en⟩ das Transportieren, Beförderung

Trans|po|si|ti|on ⟨f.; -, -en; Musik⟩ = Transponierung

Trans|ra|pid ⟨m.; -(e)s, -e⟩ Magnetschwebezug, der Spitzengeschwindigkeiten bis zu 400 km/h erreicht

Trans|se|xu|a|lis|mus ⟨m.; -; unz.; Psych.; Med.⟩ Bedürfnis nach operativer Umwandlung des eigenen Geschlechts [<*Trans…* + lat. *sexus* »Geschlecht«]

trans|se|xu|ell ⟨Adj.; Psych.; Med.⟩ auf Transsexualismus beruhend

Trans|se|xu|el|le(r) ⟨f. 2 (m. 1); Psych.; Med.⟩ Frau bzw. Mann mit transsexuellen Neigungen

trans|so|nisch ⟨Adj.; Physik⟩ = supersonisch [<*trans…* + lat. *sonus* »Klang, Laut, Schall«]

Trans|sub|stan|ti|a|ti|on *auch:* **Trans|subs|tan|ti|a|ti|on** ⟨f.; -, -en; Theol.⟩ die Wandlung der Substanz von Brot u. Wein in Leib u. Blut Christi beim Abendmahl [<*Trans…* + lat. *substantia* »Vorhandensein; Körper«]

Trans|uran ⟨n.; -s; unz.; Chemie⟩ eines der radioaktiven Elemente, die eine höhere Ordnungszahl als Uran haben u. zum Teil künstlich hergestellt worden sind

trans|ura|nisch ⟨Adj.; Chemie⟩ im periodischen System der chemischen Elemente nach dem Uran stehend

trans|ver|sal ⟨[-vɛr-] Adj.⟩ **1** quer zur Längsachse eines Organismus verlaufend **2** ⟨Physik⟩ senkrecht zu der Richtung verlaufend, in der sich eine Welle ausbreitet [<*trans…* + lat. *versus,* Part. Perf. zu *vertere* »drehen, wenden«]

Trans|ver|sa|le ⟨[-vɛr-] f.; -, -n; Geom.⟩ Dreieck od. Gerade, das bzw. die eine mathemat. Figur schneidet

Trans|ver|sal|schwin|gung ⟨[-vɛr-] f.; -, -en; Physik⟩ = Transversalwelle

Trans|ver|sal|wel|le ⟨[-vɛr-] f.; -, -n; Physik⟩ Querwelle, Welle, die sich transversal ausbreitet; *Sy* Transversalschwingung

trans|ves|tie|ren ⟨[-vɛs-] V.⟩ sich wie ein Transvestit kleiden od. benehmen

Trans|ves|tis|mus ⟨[-vɛs-] m.; -; unz.⟩ Bedürfnis, sich wie ein Angehöriger des anderen Geschlechts zu kleiden und zu benehmen; *oV* Transvestitismus

Trans|ves|tit ⟨[-vɛs-] m.; -en, -en⟩ Mann, der sich wie eine Frau kleidet, schminkt u. benimmt

Trans|ves|ti|tis|mus ⟨[-vɛs-] m.; -; unz.⟩ = Transvestismus

◆ Die Buchenstabenfolge **transz…** kann auch **trans|z…** getrennt werden.

◆**tran|szen|dent** ⟨Adj.⟩ **1** ⟨Philos.⟩ die Grenzen der Erfahrung u. des sinnlich Wahrnehmbaren überschreitend; *Ggs* immanent (1) **2** *~e Zahl* ⟨Math.⟩ Z., die sich nicht als ganze Zahl, Wurzel od. Bruch ausdrücken lässt, z. B. π [<lat. *transcendens,* Part. Präs. zu *transcendere* »hinübersteigen«]

◆**tran|szen|den|tal** ⟨Adj.; Philos.⟩ **1** ⟨Scholastik⟩ alle Kategorien u. Gattungsbegriffe übersteigend **2** ⟨bei I. Kant⟩ vor aller Erfahrung liegend

◆**Tran|szen|den|ta|lis|mus** ⟨m.; -; unz.; Philos.⟩ gegen Rationalismus u. Puritanismus gerichtete, vom dt. Idealismus beeinflusste, philosoph. u. literar. Strömung in Nordamerika um 1835-60, die von Emerson, Hawthorne, Thoreau u. a. getragen wurde

◆**Tran|szen|den|tal|phi|lo|so|phie** ⟨f.; -; unz.; Philos.; nach

T

I. Kant⟩ auf apriorischen Grundbegriffen u. Prinzipien der reinsten Vernunft basierende philosophische Erkenntniskritik

◆**Tran|szen|denz** ⟨f.; -; unz.; Philos.⟩ **1** transzendente Beschaffenheit; *Ggs* Immanenz **2** das Transzendieren

◆**tran|szen|die|ren** ⟨V.; Philos.⟩ **1** über Erfahrung u. sinnliche Wahrnehmung hinausgehen **2** aus einem philosophischen Bereich in einen anderen übergehen

Tra|pez ⟨n.; -es, -e⟩ **1** ⟨Math.⟩ Viereck mit zwei parallelen Seiten **2** (im Turnen u. in der Artistik verwendete) kurze, an Seilen hängende Stange aus Holz, Schwebereck, Schaukelreck [<lat. *trapezium* »ungleichseitiges Viereck, Tischchen« <grch. *trapezion,* Verkleinerungsform zu *trapeza* »Vierfuß, Tisch«]

Tra|pez|akt ⟨m.; -(e)s, -e; Artistik⟩ Übung am Trapez

Tra|pe|zo|eder ⟨n.; -s, -; Geom.⟩ von Trapezen begrenzter geometr. Körper

Tra|pe|zo|id ⟨n.; -(e)s, -e; Geom.⟩ Viereck, dessen ungleich lange Seiten nicht parallel sind [<lat. *trapezium* »ungleichseitiges Viereck, Tischchen« + ...*id;* → *Trapez*]

Trapp ⟨m.; -s, -e; Geol.⟩ hauptsächlich Basalte enthaltendes, dunkles Eruptivgestein, das in terrassenförmigen Schichten vorkommt; *Sy* Plateaubasalt [schwed., »Treppe«]

Trap|per ⟨m.; -s, -⟩ nordamerikan. Fallensteller, der Pelztiere jagt [engl., »Fallensteller«; zu *trap* »Falle«]

Trap|pist ⟨m.; -en, -en⟩ Angehöriger des Trappistenordens

Trap|pis|ten|or|den ⟨m.; -s; unz.⟩ 1664 innerhalb des Zisterzienserordens gegründeter Orden mit strenger Regel (Verbot zu reden, vegetar. Nahrung, Feldarbeit) [nach dem Gründungsort, der Abtei *La Trappe* im französ. Departement Orne]

Traps ⟨m.; -es, -e; Technik⟩ U-förmig gekrümmtes, mit Wasser gefülltes Rohrstück in Abwasserleitungen, das den Durchtritt von Gasen aus der Kanalisation verhindert, Geruchverschluss; *Sy* Siphon [<engl., Pl. zu *trap* »Falle«]

tra|sci|nan|do ⟨[-ʃi-] Musik⟩ nachlassend, schleppend (zu spielen) [ital.]

Trash ⟨[træʃ] m.; - od. -s; unz.; abwertend⟩ **1** minderwertige Ware, Massenprodukt **2** minderwertige, seichte Unterhaltung, Literatur od. Kunst; *im Fernsehen wurde unterhaltsamer ~ geboten* **3** (US-amerikan.) Unterschicht **4** ⟨Musik⟩ Stilrichtung der Popmusik; *ein Vorreiter des deutschen ~* [engl., »Abfall, Schund«]

tra|shen ⟨[træʃən] V.; umg.⟩ Trash produzieren

tra|shig ⟨[træʃɪg] Adj.; umg.⟩ billig, minderwertig, geschmacklos, der Unterschicht entstammend [<engl. *trashy;* → *Trash*]

Tra|shing ⟨[træʃɪŋ] n.; - od. -s, -s; EDV⟩ Systemüberlastung durch eine zu hohe Anzahl der simultan bearbeiteten Programme [zu engl. *trash* »Abfall, Schund«]

Trash|kul|tur ⟨[træʃ-] f.; -; unz.; umg.⟩ Trend zu billigen, kitschigen u. geschmacklosen Dingen, zu seichter Unterhaltung u. Ä.

Trass ⟨m.; -es, -e; Min.⟩ verfestigter Tuff aus Bimsstein, der fein gemahlen als hydraul. Zuschlag zu Beton verwendet wird [<ital. *terrazzo* »Terrasse, Altan«]

Tras|sant ⟨m.; -en, -en; Bankw.⟩ Aussteller eines gezogenen Wechsels [→ *Trassat*]

Tras|sat ⟨m.; -en, -en; Bankw.⟩ Akzeptant eines Wechsels, Bezogener [<ital. *trattario, trassato* »Bezogener«; → *Tratte*]

Tras|se ⟨f.; -, -n⟩ durch Trassieren festgelegte Linie für Straßen- u. Eisenbahnen; *oV* ⟨schweiz.⟩ Trassee [<ital. *trassare* »trassieren« <frz. *trace* »Spur, Fährte, Fluchtlinie«, <lat. *tractus,* Part. Perf. zu *trahere* »ziehen«]

Tras|see ⟨n.; -s, -s; schweiz.⟩ = Trasse

tras|sie|ren ⟨V.⟩ **1** *Straßenbahnen, Eisenbahnen ~* ihre Linienführung im Gelände vermessen, markieren u. in Lagepläne eintragen **2** *einen Wechsel ~* auf jmdn. ziehen od. ausstellen [→ *Trasse*]

Tras|sie|rung ⟨f.; -, -en⟩ **1** das Trassieren **2** = Trasse

Trat|te ⟨f.; -, -n; Bankw.⟩ auf eine andere Person gezogener Wechsel [<ital. *tratta* »Zug, Riss, gezogener Wechsel« <lat. *tractus,* Part. Perf. zu *trahere* »ziehen«]

Trat|to|ria ⟨f.; -, -ri|en⟩ kleines ital. Speisehaus, Gastwirtschaft [ital., <lat. *tractare* »bewirten«]

Trau|ma ⟨n.; -s, Trau|men od. -ma|ta⟩ **1** Wunde, Verletzung durch Einwirkung von Gewalt **2** Schock, seelische Erschütterung [grch., »Wunde«]

Trau|ma|tin ⟨n.; -s; unz.; Biochemie⟩ pflanzl. Hormon, das Regeneration bei Verletzungen bewirkt [zu grch. *trauma* »Wunde«]

trau|ma|tisch ⟨Adj.⟩ in der Art eines Traumas

trau|ma|ti|sie|ren ⟨V.⟩ **1** ⟨Med.⟩ durch Einwirkung von Gewalt verletzen **2** ⟨Psych.⟩ ein Trauma verursachen, seelisch verletzen

Trau|ma|ti|zin ⟨n.; -s; unz.⟩ Lösung aus Guttapercha u. antiseptischen Bestandteilen zum Verschließen kleiner Wunden [→ *Trauma*]

Trau|ma|to|lo|ge ⟨m.; -n, -n; Med.⟩ Facharzt, Wissenschaftler auf dem Gebiet der Traumatologie

Trau|ma|to|lo|gie ⟨f.; -; unz.; Med.⟩ Zweig der Medizin, der sich mit Unfällen befasst [<grch. *trauma* »Wunde« + ...*logie*]

Trau|ma|to|lo|gin ⟨f.; -, -gin|nen; Med.⟩ Fachärztin, Wissenschaftlerin auf dem Gebiet der Traumatologie

trau|ma|to|lo|gisch ⟨Adj.; Med.⟩ die Traumatologie betreffend, auf ihr beruhend, zu ihr gehörend

Trau|to|ni|um ⟨n.; -s, -ni|en; Musik⟩ elektron. Musikinstrument [nach dem Erfinder, Friedrich *Trautwein,* 1888-1956]

Tra|vel|ler ⟨[trævələ(r)] m.; -s, -⟩ **1** Reisende(r) **2** ⟨Segeln⟩ Vorrichtung, durch die die Schote des Großsegels läuft [engl.]

T

Tra|vel|ler|scheck ⟨[trævələ(r)-] m.; -s, -s⟩ Reisescheck [<engl. *traveller* »Reisender« + *Scheck*]
tra|vers ⟨[-vɛrs] Adj.⟩ quer, quer gestreift [frz. <lat. *transversarius* »quer liegend«]
Tra|vers ⟨[travɛːr] n.; -; unz.; Reitsport⟩ Seitengang in der Dressur, bei dem die Hinterhand des Pferdes in das Bahninnere zeigt u. das Pferd dahin tritt, wohin es gestellt ist; *Ggs* Renvers [→ *travers*]
Tra|ver|sa|le ⟨[-vɛr-] f.; -, -n; Reitsport⟩ Seitwärtsgang in der Dressur, bei dem das Pferd in die Bewegungsrichtung gestellt ist; →*a.* Travers [→ *travers*]
Tra|ver|se ⟨[-vɛr-] f.; -, -n⟩ **1** Schutzwall auf Schießständen **2** ⟨Arch.⟩ Querbalken, Ausleger **3** ⟨Maschinenbau⟩ Querverbindung von Ständern, Querhaupt **4** ⟨Flussbau⟩ quer angeordnete Buhne [→ *travers*]
Tra|vers|flö|te ⟨[-vɛrs-] f.; -, -n; Musik⟩ Querflöte
tra|ver|sie|ren ⟨[-vɛr-] V.⟩ **1** quer durchschreiten **1.1** ⟨Reitsport⟩ eine Traversale reiten **1.2** sich waagerecht an einer Felswand vorwärts bewegen **2** durchkreuzen, hindern **3** ⟨Fechten⟩ dem Hieb des Gegners seitlich ausweichen [→ *travers*]
Tra|ver|tin ⟨[-vɛr-] m.; -s, -e; Min.⟩ poröse Kalksteinabscheidung bei Quellen u. Bächen, Kalksinter [<ital. *travertino*]
Tra|ves|tie ⟨[-vɛs-] f.; -, -n⟩ satir. Verspottung eines literar. Werkes, bei der (im Unterschied zur Parodie) der Inhalt beibehalten u. die Form verändert wird [<frz. *travesti* »Verkleidung« <lat. *trans* »hinüber« + *vestire* »kleiden«]
tra|ves|tie|ren ⟨[-vɛs-] V.⟩ in einer Travestie verspotten
Trawl ⟨[trɔːl] n.; -s, -s; Fischerei⟩ Grundschleppnetz [engl., »Schleppnetz« <afrz. *trôler* »mit einem Schleppnetz fischen«]
Traw|ler ⟨[trɔːlə(r)] m.; -s, -; Seew.⟩ Fischdampfer, der mit einem Trawl arbeitet
Trax® ⟨m.; - od. -es, - od. -e; schweiz.⟩ Bagger, Schaufellader [verkürzt <engl. *Traxcavator*]
Trea|su|ry ⟨[trɛʒərɪ] f. od. n.; -; unz.; Wirtsch.⟩ **1** Finanzmanagement einer Firma **2** Schatzamt, Finanzministerium eines Staates [engl., eigtl. »Schatzkammer« <*treasure* <afrz. *trésor* <lat. *thesaurus;* → *Thesaurus*]
Treat|ment ⟨[triːt-] n.; -s, -s; Film; TV⟩ literar. Vorstufe des Drehbuchs, in der die Handlung in großen Zügen u. die wichtigsten Szenen in Dialogen ausgearbeitet sind [engl., »Behandlung«; zu *treat* <lat. *tractare* »behandeln«]
Tre|cen|tist ⟨[-tʃɛn-] m.; -en, -en; Kunst⟩ Maler des Trecento
Tre|cen|to ⟨[-tʃɛn-] n.; - od. -s; unz.; Kunst⟩ künstler. Stil in Italien im 14. Jh. [ital., »dreihundert (Jahre nach 1000 n. Chr.)«]
Tre|cking ⟨n.; - od. -s; unz.⟩ = Trekking
Treff ⟨n.; -s, -s⟩ frz. Spielkartenfarbe, Kleeblatt [Rückbildung von schweiz. *Treffle* <frz. *trèfle* »Klee, Dreiblatt (im Kartenspiel)« <lat. *trifolium*]
trei|fe ⟨Adj.⟩ unrein (von Speisen); *Ggs* koscher (1) [hebr.]
trek|ken ⟨V.⟩ Trekking betreiben, im Hochgebirge wandern; *sie sind mit Pferden durch die Anden getrekkt*
Trek|ker ⟨m.; -s, -⟩ **1** jmd., der Trekking betreibt **2** = Trekkie
Trek|kie ⟨m.; -s, -s; umg.; salopp⟩ Anhänger, Fan der Science-Fiction-Filme bzw. -Serie »Star Trek«; *Sy* Trekker (2)

Trekking / Trecking (*Laut-Buchstaben-Zuordnung*) Viele aus Fremdsprachen übernommene Begriffe weisen im Laufe der sprachlichen Entwicklung neben der normierten Schreibung auf der Grundlage der Herkunftssprache eine standardsprachliche, integrierte Schreibung nach deutschen Lautungsregeln auf.
Es bleibt dem Schreibenden überlassen, welche Schreibweise er vorzieht.

Trek|king ⟨n.; - od. -s; unz.⟩ mehrtägiges Wandern im Hochgebirge (bes. in Asien); *oV* Trecking [ndrl.]
Trek|king|bike ⟨[-baɪk] n.; -s, -s⟩ Tourenfahrrad mit stabilem Rahmen u. geländetauglichen Reifen [<engl. *trek* »trecken, wandern; anstrengender Weg od. Marsch« + *bike* »Fahrrad«]
Tre|ma ⟨n.; -s, -s od. -ma|ta⟩ **1** aus zwei Punkten bestehendes Zeichen über einem von zwei Vokalen, die nebeneinanderstehen u. eine getrennte Aussprache (= Diärese) fordern, z. B. Aleüten **2** ⟨Pl. nur: -s; Med.⟩ (nicht angeborene) Zahnlücke [grch., »Loch, Öffnung«; zu *tetrainein* »durchbohren«]
Tre|ma|to|de ⟨f.; -, -n; Zool.⟩ als Schmarotzer lebender Plattwurm, Saugwurm [<grch. *trema*, Gen. *trematos* »Loch, Öffnung«]
tre|mo|lan|do ⟨Musik⟩ zitternd, bebend (zu spielen) [ital.; zu *tremolare;* → *tremolieren*]
tre|mo|lie|ren ⟨V.; Musik⟩ (technisch falsch) bebend singen od. spielen [<ital. *tremolare* »zittern« <lat. *tremere*]
Tre|mo|lo ⟨n.; -s, -s od. -mo|li; Musik⟩ **1** Beben, schnelle Wiederholung desselben Tones, um Erregung darzustellen **2** fehlerhaftes Beben der Singstimme, im Unterschied zum natürl. Vibrato [ital., »ich bebe, zittere«; zu *tremolare* »beben, zittern«]
Tre|mor ⟨m.; -s, -mo|res; Med.⟩ Zittern, Wackeln infolge unwillkürl. abwechselnden Zusammenziehens u. Erschlaffens antagonistisch wirkender Muskeln [lat., »das Zittern, Beben«; zu *tremere* »zittern«]
Tre|mu|lant ⟨m.; -en, -en; Musik; an der Orgel⟩ Vorrichtung, um einen vibrierenden Ton (Schwebung) hervorzubringen
Trench|coat ⟨[trɛntʃkoːt] m.; -s, -s; Mode⟩ Regenmantel aus Gabardine od. Popeline, oft mit warmem Futter [engl., »Schützengrabenmantel« <*trench* »Grube, Rinne, Schützengraben« + *coat* »Mantel«]
Trend ⟨[trɛnd] m.; -s, -s⟩ **1** Richtung einer neuen, modischen (statistisch erfassbaren) Entwicklung; *der ~ der 1990er Jahre; mit dieser Frisur liegt sie voll im ~* ⟨umg.⟩ stimmt sie genau

T

mit der neuesten Mode überein **2** ⟨Biol.⟩ Tendenz in der Entwicklung [engl., »Richtung, Neigung; sich neigen, richten, erstrecken«]

trend|be|wusst ⟨Adj.⟩ dem aktuellen (modischen) Trend folgend; *sie kleidet sich zumeist stilsicher u.* ~

tren|dig ⟨Adj.; umg.⟩ = trendy

Trend|scout ⟨[-skaut] m.; -s, -s; umg.⟩ Person, die aktuelle Trends, insbes. bei Jugendlichen, aufspürt; *er ist ~ in Sachen Schuhe, Mäntel* [< *Trend* + engl. *scout* »Späher, Beobachter«]

Trend|set|ter ⟨[trend-] m.; -s, -⟩ Person od. Sache, die das Entstehen einer neuen Mode, eines neuen Trends anregt [< engl. *trend* »Richtung, Mode« + *set* »setzen«]

tren|dy ⟨[trendi] Adj.; umg.⟩ im Trend liegend; *oV* trendig [engl.]

Tren|se ⟨f.; -, -n; Reitsport⟩ Mundstück des Pferdezaumes, bestehend aus zwei beweglichen, durch ein Gelenk miteinander verbundenen Metallstangen u. zwei an den Enden befestigten Ringen zum Einschnallen der Zügel [< ndrl. *trens(se)* »Seil, Fessel« < span. *trenza* »Flechte, Seil« < lat. **trinicare* »aus drei Strängen flechten«]

Trente-et-qua|rante ⟨[trãtekarã:t] n.; -; unz.; Kart.⟩ Glücksspiel mit Karten [frz., »dreißig und vierzig«]

Tre|pan ⟨m.; -s, -e; Med.⟩ chirurg. Gerät zum Anbohren des Schädels [< frz. *trèpan* < mlat. *trepanum* < grch. *trypanon* »Drillbohrer«]

Tre|pa|na|ti|on ⟨f.; -, -en; Med.⟩ das Trepanieren

Tre|pang ⟨m.; -s, -s od. -e; Kochk.⟩ gekochte u. getrocknete essbare Seewalzen [< frz. *trépang* < malai. *tripang, taripan*]

tre|pa|nie|ren ⟨V.; Med.⟩ mit einem Trepan den Schädel öffnen

Tre|sor ⟨m.; -s, -e⟩ **1** = Safe (1) **2** ⟨in Banken⟩ gepanzerter unterirdischer Raum mit Schränken u. Fächern aus Stahl zum sicheren Aufbewahren von Geld, Schmuck u. Wertpapieren, Stahlkammer [< frz. *trésor* »Schatz, Tresor« < lat. *thesaurus* < grch. *thesauros* »Schatz«]

Tres|se ⟨f.; -, -n⟩ Besatz, Borte an Kleidungsstücken, bes. Livreen u. (als Rangabzeichen) Uniformen [frz., »Schnur, Borte« < ital. *treccia* »Flechte«, span. *trenza* »Trense« < grch. *tricha* »dreifach«]

tres|sie|ren ⟨V.⟩ *Haare* ~ Haare für eine Perücke mit Fäden aneinanderknüpfen

très vite ⟨[trɛ vit] Musik⟩ sehr rasch, schnell (zu spielen) [frz.]

Treu|ga Dei ⟨[de:i] f.; - -; unz.; MA⟩ Gottesfriede [< mlat. *treuga* »Landfrieden« (< germ. **trewwa* »treu«) + lat. *Dei,* Gen. zu *Deus* »Gott«]

Tre|vi|ra® ⟨[-vi:-] n.; -s; unz.; Textilw.⟩ Faserstoff aus Polyester

Tri ⟨n.; -; unz.; kurz für⟩ Trichloräthen

tri..., Tri... ⟨in Zus.⟩ drei..., Drei..., dreimalig, dreifach [< grch. *treis, tria* »drei« bzw. lat. *tres, tria* »drei«]

Tri|a|de ⟨f.; -, -n⟩ **1** drei zusammengehörige, gleichartige Dinge **2** ⟨Philos.; nach Hegels Auffassung⟩ Form der histor. Entwicklung in drei Stufen (in These, Antithese, Synthese) [< grch. *trias* »Dreiheit«]

tri|a|disch ⟨Adj.; selten⟩ die Triade betreffend, auf ihr beruhend

Tri|a|ge ⟨[-a:ʒ(ə)] f.; -, -n; Textilw.⟩ Ware, aus der das Beste ausgesondert worden ist [zu frz. *trier* »auslesen«]

Tri|a|kis|do|de|ka|eder ⟨n.; -s, -; Geom.⟩ Kristallform, von 36 Flächen begrenzter Körper, von Pyramiden begrenztes Dodekaeder, Sechsunddreißigflächner [< grch. *tiralis dodeka* »dreimal zwölf« + *...eder*]

Tri|a|kis|ok|ta|eder ⟨n.; -s, -; Geom.⟩ von 24 Flächen begrenzter Körper, von acht Pyramiden begrenzter Oktaeder, Vierundzwanzigflach, Vierundzwanzigflächner [< grch. *tiralis okta* »dreimal acht« + *...eder*]

Tri|al ⟨[traɪəl] n.; -s, -s⟩ **1** ⟨Motorsport⟩ Geschicklichkeitsprüfung **2** ⟨Pferderennen⟩ Proberennen [engl., »Probe«]

Tri|al-and-Er|ror-Me|tho|de ⟨[traɪəl ənd ɛrə(r)-] f.; -; unz.⟩ Methode, um die Arbeitsweise einer Blackbox zu testen, indem man Eingabewerte so lange verändert, bis ein gewünschtes Ziel erreicht ist

Trial-and-Error-Methode (*Schreibung mit Bindestrich*) In mehrteiligen Zusammensetzungen, die eine Wortgruppe enthalten, setzt man zwischen jeden einzelnen Bestandteil einen Bindestrich (→*a.* Cash-and-carry-Klausel).

Tri|an|gel ⟨m. od. n.; -s, -; Musik⟩ **1** Schlaginstrument aus einem zum Dreieck gebogenen Stab aus Stahl, der mit einem metallenen Stäbchen geschlagen wird **2** ⟨umg.⟩ Dreieck [< *Tri...* + lat. *angulus* »Winkel, Ecke«]

tri|an|gu|lär ⟨Adj.⟩ in der Art eines Triangels, dreieckig

Tri|an|gu|la|ti|on ⟨f.; -, -en; Geodäsie⟩ Landvermessung größerer Gebiete mit Hilfe einer Grundlinie u. eines Netzes von Dreiecken, deren Eckpunkte trigonometr. Punkte darstellen [< *Tri...* + lat. *angulus* »Winkel, Ecke«]

Tri|an|gu|la|ti|ons|punkt ⟨m.; -(e)s, -e; Geom.⟩ = trigonometrischer Punkt

tri|an|gu|lie|ren ⟨V.; Geodäsie⟩ mit Hilfe von Dreiecken vermessen

Tri|a|ri|er ⟨m.; -s, -; meist Pl.⟩ schwer bewaffneter Veteran im dritten Glied der altröm. Legion [< lat. *triarii* (Pl.) »drittes Treffen, die Kämpfer im dritten Treffen«]

Tri|as ⟨f.; -, -; Geol.⟩ älteste Formation des Mesozoikums vor 200-160 Mill. Jahren mit wüstenartigem Festland u. ersten Säugetieren [lat., »Dreiheit« (nach den drei Abteilungen Buntsandstein, Muschelkalk u. Keuper)]

Tri|as|for|ma|ti|on ⟨f.; -; unz.⟩ **1** ⟨Geol.⟩ geolog. Formation zwischen Perm u. Jura, älteste Formation des Erdmittelalters **2** ⟨Sprachw.⟩ Satz, der aus einem dreiteiligen Gefüge besteht, z. B. alles rennt, rettet,

T

flüchtet (Schiller, »Die Glocke«) [<grch. *trias* »Dreizahl, Dreiheit«]

tri|as|sisch ⟨Adj.; Geol.⟩ zur Trias gehörend, aus ihr stammend

Tri|ätha|nol|amin ⟨n.; -s; unz.; Chemie⟩ = Triethanolamin

Tri|ath|let ⟨m.; -en, -en; Sport⟩ Triathlon betreibender Mann

Tri|ath|le|tin ⟨f.; -, -tin|nen; Sport⟩ Triathlon betreibende Frau

Tri|ath|lon ⟨m.; -s; unz.; Sport⟩ Mehrkampfdisziplin, die aus Schwimmen, Radfahren u. Laufen besteht [< *Tri...* + grch. *athlon* »Kampf«]

Tri|ba|de ⟨f.; -, -n⟩ = Lesbierin [<lat. *tribas,* Gen. *tribadis* »Lesbierin«; zu grch. *tribein* »reiben«]

Tri|ba|die ⟨f.; -; unz.⟩ = lesbische Liebe; *Sy* Tribadismus

Tri|ba|dis|mus ⟨m.; -; unz.⟩ = Tribadie [zu lat. *tribas,* Gen. *tribadis* »Lesbierin«; zu grch. *tribein* »reiben«]

Tri|ba|lis|mus ⟨m.; -; unz.⟩ Stammesbewusstsein, Gefühl der Stammeszugehörigkeit [<engl. *tribalism;* zu *tribe* (<lat. *tribus*) »Volksstamm«]

tri|ba|lis|tisch ⟨Adj.⟩ den Tribalismus betreffend, zu ihm gehörig, auf ihm beruhend

Tri|bo|elek|tri|zi|tät *auch:* **Tri|bo|elekt|ri|zi|tät** ⟨f.; -; unz.; Physik⟩ durch das Berühren od. Aneinanderreiben zweier verschiedener Isolierstoffe entstehende elektrische Ladung auf der Oberfläche dieser Stoffe, Reibungselektrizität [<grch. *tribein* »reiben« + *Elektrizität*]

Tri|bo|lo|gie ⟨f.; -; unz.; Technik⟩ Wissenschaft, die sich mit der Reibung, Schmierung u. dem Verschleiß gegeneinander bewegter Teile beschäftigt [<grch. *tribein* »reiben« + *...logie*]

Tri|bo|lu|mi|nes|zenz ⟨f.; -, -en; Physik⟩ durch Reibungsvorgänge verursachte Leuchterscheinungen von Substanzen [<grch. *tribein* »reiben« + *Lumineszenz*]

Tri|bra|chys *auch:* **Trib|ra|chys** ⟨[-xys] m.; -, -; Metrik⟩ aus drei Kürzen bestehender Vers [<grch. *treis, tria* »drei« + *brachys* »kurz«]

Tri|bun ⟨m.; -s od. -en, -e od. -en⟩ **1** von der Volksversammlung gewählter altrömischer Beamter zum Schutz des Volkes gegen Willkür von Beamten; *Volks~* **2** der zweithöchste Offizier der röm. Legion; *Militär~* [<lat. *tribunus* »Vorsteher eines Tribus«; zu *tribus* »Gau, Bezirk«]

Tri|bu|nal ⟨n.; -s, -e⟩ **1** ⟨im antiken Rom⟩ erhöhter Platz für den Richterstuhl **2** Gerichtshof [lat.]

Tri|bu|nat ⟨n.; -(e)s, -e⟩ Amt, Würde eines Tribuns

Tri|bü|ne ⟨f.; -, -n⟩ **1** erhöhter Platz für den Redner; *Redner~* **2** Gerüst mit Sitzplätzen für Zuschauer; *Zuschauer~* **3** die Zuschauer selbst [<frz. *tribune,* ital. *tribuna* »Rednerbühne, Galerie« <lat. *tribunal;* → *Tribunal*]

Tri|but ⟨m.; -(e)s, -e⟩ **1** Steuer, Beitrag; *jmdm. einen ~ auferlegen; ~ zahlen* **2** Entschädigung an den Sieger **3** ⟨fig.⟩ Hochachtung, Ehrerbietung, Bewunderung; *jmds. Leistung, Arbeit, Kunst den schuldigen ~ zollen* [<mhd. *tribut* »öffentliche Abgabe« <lat. *tributum;* zu *tribus* »Gau, Bezirk« + *tribuere* »zu-, einteilen«]

Tri|ce|ra|tops ⟨m.; -, -; Zool.⟩ Angehöriger einer Gattung der Dinosaurier, die bis acht Meter lang, 2,50 Meter hoch u. 10 Tonnen schwer waren [< *Tri...* + grch. *keras* »Horn« + *ops* »Gesicht, Auge«]

trich..., Trich... ⟨in Zus.⟩ = tricho..., Tricho...

Trich|al|gie *auch:* **Tri|chal|gie** ⟨f.; -, -n; Med.⟩ Berührungsschmerz im Bereich der Kopfhaare [< *Tricho...* + *...algie*]

Tri|chi|a|sis ⟨f.; -; unz.; Med.⟩ Einwärtskehrung der Wimpern, was ein Reiben auf der Hornhaut hervorruft [<grch. *thrix,* Gen. *trichos* »Haar«]

Tri|chi|ne ⟨f.; -, -n; Zool.⟩ parasitärer Fadenwurm, den Bär, Schwein, Dachs, Ratte, Hund, Katze, Fuchs, Marder u. a. Tiere in eingekapseltem Zustand in ihrer Muskulatur beherbergen: Trichinella spiralis [<grch. *trichinos* »aus Haaren bestehend, haarartig«; zu *thrix,* Gen. *trichos* »Haar«]

tri|chi|nös ⟨Adj.⟩ Trichinen enthaltend (Fleisch)

Tri|chi|no|se ⟨f.; -, -n; Med.⟩ durch Trichinen verursachte Krankheit bei Tieren u. Menschen, mit Magen-Darm-Beschwerden, Fieber, Steifheit, Herzbeschwerden

Tri|chit ⟨m.; -s u. -en, -e od. -en; Geol.⟩ kleines, haarförmiges Mineralindividuum, dessen Natur auch mikroskopisch kaum zu bestimmen ist [→ *Tricho...*]

Tri|chlor|äthen ⟨[-klo:r-] n.; -s; unz.; Chemie⟩ = Trichlorethen

Tri|chlor|äthy|len ⟨[-klo:r-] n.; -s; unz.; Chemie; Kurzwort: Tri⟩ = Trichlorethylen

Tri|chlor|ethen ⟨[-klo:r-] n.; -s; unz.; Chemie⟩ = Trichlorethylen; *oV* Trichloräthen

Tri|chlor|ethy|len ⟨[-klo:r-] n.; -s; unz.; Chemie; Kurzwort: Tri⟩ Halogenkohlenwasserstoff mit drei Atomen Chlor im Molekül, Flüssigkeit mit chloroformartigem Geruch, die u. a. als Lösungsmittel für Fette u. Öle sowie zum Zwecke der Extraktion verwendet wird; *oV* Trichloräthylen; *Sy* Trichlorethen

tri|cho..., Tri|cho... ⟨vor Vokalen⟩ trich..., Trich... ⟨in Zus.⟩ haar..., Haar... [<grch. *thrix,* Gen. *trichos* »Haar«]

Tri|cho|gram|ma ⟨Pl.; Zool.⟩ einer Gattung der Zehrwespen angehörender, sehr kleiner Hautflügler, dessen Eier in den Larven anderer Insekten schmarotzen u. der zur biolog. Bekämpfung von Schadinsekten eingesetzt wird [< *Tricho...* + grch. *gramma* »Zeichnung«]

Tri|chom ⟨[-ço:m] n.; -s, -e⟩ **1** ⟨Med.⟩ Verfilzung der Kopfhaare durch Läuse **2** ⟨Bot.⟩ haarförmiger Anhang der pflanzl. Oberhaut [<grch. *trichoma* »Behaarung, Haarwuchs«]

Tri|cho|phy|tie ⟨f.; -, -n; Med.⟩ Pilzerkrankung der Haare, der Haut u. der Nägel [< *tricho...* + grch. *phyton* »Pflanze«]

Tri|cho|pte|re *auch:* **Tri|chop|te|re** ⟨m.; -n, -n; Zool.⟩ Köcherflie-

T

ge, Frühlingsfliege, Angehöriger einer Ordnung kleiner bis mittelgroßer, schmetterlingsähnlicher Insekten mit vier dicht behaarten Flügeln, langen, fadenförmigen Fühlern u. saugend-leckenden Mundwerkzeugen [< *Tricho...* + *...ptere*]

Tri|cho|pti|lo|se *auch:* **Tri|chop|ti|lo|se** ⟨f.; -, -n; Med.⟩ Brüchigkeit, Aufspaltung der Haare [< *Tricho...* + grch. *ptilon* »Feder«]

Tri|cho|se ⟨f.; -, -n; Med.⟩ Haarerkrankung, Erkrankung, die sich durch zu starke Haarentwicklung an Stellen, wo sonst kein od. nur geringer Haarwuchs normal ist, od. durch zu geringe Behaarung u. Haarausfall bemerkbar macht, Haarkrankheit [<grch. *thrix*, Gen. *trichos* »Haar«]

Tri|cho|spo|rie *auch:* **Tri|chos|po|rie** ⟨f.; -, -n; Med.⟩ durch einen Pilz hervorgerufene Haarkrankheit [< *Tricho...* + *Spore*]

Tri|cho|to|mie ⟨f.; -, -n⟩ **1** ⟨unz.; Theol.⟩ Dreiteilung des Menschen in Leib, Seele u. Geist **2** ⟨Rechtsw.⟩ Einteilung von Straftaten in Übertretung, Vergehen, Verbrechen **3** ⟨zählb.; fig.⟩ Haarspalterei [< *Tricho...* + *...tomie*]

tri|cho|to|misch ⟨Adj.⟩ auf Trichotomie beruhend

Tri|cho|ze|pha|lus ⟨m.; -, -pha|len; Zool.⟩ zu den Nematoden gehörender Peitschenwurm [< *Tricho...* + *...zephal*]

Trich|u|ri|a|sis *auch:* **Tri|chu|ri|a|sis** ⟨f.; -; unz.; Med.⟩ Wurmkrankheit des Menschen, hervorgerufen durch Würmer der Gattung Trichuris [< *Tricho...* + grch. *oura* »Schwanz«]

Tri|ci|ni|um ⟨n.; -s, -nia od. -ni|en; Musik; 15./16. Jh.⟩ kurzes Tonstück für drei Singstimmen a cappella od. für drei Instrumente, dem heutigen Trio bzw. Terzett entsprechend [< *Tri...* + lat. *canere* »singen, spielen, tönen«]

Trick ⟨m.; -s, -s⟩ **1** Kunstgriff, List **2** ⟨Kart.⟩ höherer Stich beim Whist [engl. <frz. (picard.) *trique* »Stock«; zu *estriquer* <ndrl. *striken* »aufeinanderlegen«]

Trick|schi[1] ⟨m.; -s, -schi|er⟩ = Trickski[1]

Trick|schi[2] ⟨n.; -s; unz.⟩ = Trickski[2]

trick|sen ⟨V.⟩ **1** Tricks (1) anwenden **2** ⟨Sport, bes. Fußb.⟩ *den Gegner ~* geschickt umspielen

Trick|ser ⟨m.; -s, -; umg.⟩ jmd., der sehr listenreich vorgeht u. sich dabei einiger Tricks bedient [→ *Trick*]

Trick|ski[1] ⟨[-ʃi:] m.; -s, -ski|er; Sport⟩ breiter, bes. elastischer Ski; *oV* Trickschi[1]

Trick|ski[2] ⟨[-ʃi:] n.; -s; unz.; Sport⟩ das Laufen mit Trickskiern; *oV* Trickschi[2]

Tricks|ter ⟨m.; -s, -⟩ mythologisches Wesen, das einen betrügerischen Charakter besitzt u. in Volkserzählungen vor allem als schelmischer Geist erscheint

Trick|track ⟨n.; -s; unz.⟩ ein Brett- u. Würfelspiel, Puff [<frz. *trictrac*, lautmalend]

tri|cky ⟨Adj.; undekl.; umg.⟩ **1** listig, raffiniert, trickreich; *er ist sehr ~* **2** heikel, schwierig; *die derzeitige Situation ist sehr ~* [engl.]

Tri|dent ⟨m.; -(e)s, -e⟩ Dreizack (Waffe Poseidons) [< *Tri...* + lat. *dens*, Gen. *dentis* »Zahn«]

tri|den|ti|nisch ⟨Adj.⟩ Trient betreffend, zu ihm gehörend, aus ihm stammend

Tri|du|um ⟨n.; -s, -du|en⟩ Zeitraum von drei Tagen [< *Tri...* + lat. *dies* »Tag«]

Tri|dy|mit ⟨m.; -s, -e; Min.⟩ ein bei hoher Temperatur hexagonal, später rhombisch umkristallisiertes Mineral [< *Tri...* + grch. *didymos* »doppelt«]

tri|en|nal ⟨Adj.⟩ alle drei Jahre stattfindend [→ *Triennium*]

Tri|en|na|le ⟨f.; -, -n⟩ alle drei Jahre stattfindende Veranstaltung [→ *Triennium*]

Tri|en|ni|um ⟨n.; -s, -ni|en⟩ Zeitraum von drei Jahren [< *Tri...* + lat. *annus* »Jahr«]

Tri|e|re ⟨f.; -, -n⟩ Kriegsschiff der alten Griechen mit drei übereinanderliegenden Ruderbänken; *Sy* Trireme [<grch. *trieres* »dreifach versehen«]

Tri|etha|nol|amin ⟨n.; -s; unz.; Chemie⟩ aliphatischer Aminoalkohol, dickes, farbloses Öl, das aus Ammoniak u. Ethylenoxid hergestellt u. wegen seiner guten emulgierenden Wirkung als Wasch- u. Reinigungsmittel, in der Kosmetik, für Lacke, Polituren, Schmiermittel u. Ä. verwendet wird; *oV* Triäthanolamin

Tri|eur ⟨[triø:r] m.; -s, -e; Landw.⟩ Maschine zum Trennen der Körnerfrucht vom Samen des Unkrautes, zum Reinigen von Saatgut [frz.; zu *trier* »auslesen, sortieren«]

Tri|fle *auch:* **Trif|le** ⟨[traɪf(ə)l] m.; -s, -s; engl. Kochk.⟩ Nachspeise, die aus drei Schichten besteht, z. B. Götterspeise, Vanillesauce u. Sahne

Tri|fo|kal|glä|ser ⟨Pl.; Optik⟩ durch besonderen Schliff für drei verschiedene Entfernungen verwendbare Brillengläser; → *a.* Bifokalgläser [< *Tri...* + *fokal*]

Tri|fo|li|um ⟨n.; -s, -li|en; Bot.⟩ Klee [< *Tri...* + lat. *folium* »Blatt«]

Tri|fo|ri|um ⟨n.; -s, -ri|en; in roman. u. got. Kirchen⟩ Galerie mit dreifachen Bogenstellungen unter den Fenstern des Mittel-, Querschiffs od. Chores [< *Tri...* + lat. *foris* »Türflügel«]

Tri|ga ⟨f.; -, -s od. Tri|gen⟩ **1** Dreigespann **2** mit drei Pferden bespannter Wagen [< *Tri...* + lat. *iugum* »Joch, Gespann«]

Tri|ge|mi|nus ⟨m.; -; unz.; Anat.⟩ der 5. Hirnnerv des Menschen u. der Wirbeltiere, der das Gesicht u. die Kaumuskeln versorgt: Nervus trigeminus [<lat. *trigeminis* »Drillings...«]

Trig|ger ⟨m.; -s, -; El.⟩ eine elektr. od. elektron. Schaltung auslösender Impuls [engl. »Abzug einer Feuerwaffe«]

Tri|glyph ⟨m.; -s, -e⟩ = Triglyphe

Tri|gly|phe ⟨f.; -, -n⟩ schlitzförmig senkrecht dreigeteiltes Feld, das mit den Metopen am dorischen Fries abwechselt, Dreischlitz; *oV* Triglyph [< *Tri...* + grch. *glyhis* »Kerbe«; zu *glyphein* »eingravieren, einschneiden«]

Tri|gon ⟨n.; -s, -e; Geom.⟩ Dreieck [< *Tri...* + *...gon*]

tri|go|nal ⟨Adj.; Geom.⟩ dreieckig

T

Tri|go|no|me|trie *auch:* **Tri|go|no|met|rie** ⟨f.; -; unz.; Math.⟩ Berechnung u. Messung von Dreiecken [<*Trigon* + *...metrie*]

tri|go|no|me|trisch *auch:* **tri|go|no|met|risch** ⟨Adj.; Math.⟩ auf der Trigonometrie beruhend, mit ihrer Hilfe; *~er Punkt* für Zwecke der Triangulation festgelegter Punkt; *Sy* Triangulationspunkt

tri|klin ⟨Adj.⟩ drei ungleich lange Achsen aufweisend, die nicht im Winkel von 90° zueinander stehen (Kristallsystem) [<*tri...* + grch. *klinein* »neigen, beugen, lehnen«]

Tri|kli|ni|um ⟨n.; -s, -ni|en⟩ **1** altröm. Speisezimmer mit dem an drei Seiten von Polstern zum Liegen umgebenen Esstisch **2** der Esstisch selbst [lat.; → *triklin*]

Tri|ko|li|ne ⟨f.; -; unz.; Textilw.⟩ feines, meist geripptes Gewebe aus Baumwolle in Leinwandbindung, wobei die Kette doppelt so dicht ist wie der Schuss [→ *Trikot*]

tri|ko|lor ⟨Adj.⟩ dreifarbig [<frz. *tricolore* »dreifarbig« <lat. *tri...* »drei« + *color* »Farbe«]

Tri|ko|lo|re ⟨f.; -, -n⟩ die dreifarbige Fahne (blau, weiß, rot) der französ. Republik

Tri|kom|po|si|tum ⟨n.; -s, -si|ta; Sprachw.⟩ aus drei selbstständigen Teilen zusammengesetztes Wort (z. B. Einbahnstraße) [<*Tri...* + *Kompositum*]

Tri|kot ⟨[-koː] n.; -s, -s; Textilw.⟩ **1** Gewebe, das die Eigenschaften von Wirkwaren hat **2** dehnbare Wirkware zur Herstellung von Trikotagen **3** fest anliegendes, dehnbares Kleidungsstück; *Bade~* [<frz. *tricot* »gestrickter Stoff«; nach dem nordfrz. Ort *Tricot*]

Tri|ko|ta|ge ⟨[-ʒə] f.; -, -n; meist Pl.⟩ Kleidungsstück aus Strick- u. Wirkware [<frz. *tricotage* »gestrickte Arbeit«; → *Trikot*]

tri|la|te|ral ⟨a. [---'-] Adj.; Politik⟩ von drei Seiten ausgehend, drei Seiten betreffend, berührend [<*tri...* + *lateral*]

Tri|lem|ma ⟨n.; -s, -s od. -ma|ta; Logik⟩ Urteil, das einem Gegenstand od. Sachverhalt drei sich ausschließende Eigenschaften zuschreibt; →*a.* Dilemma [<*Tri...* + *Lemma*]

tri|lin|gu|isch ⟨Adj.; Sprachw.⟩ dreisprachig [verkürzt <*tri...* + *linguistisch*]

Tril|ler ⟨m.; -s, -⟩ **1** ⟨Abk.: tr; Musik; Zeichen: tr~⟩ rascher mehrmaliger Wechsel eines Tones mit dem nächsthöheren halben od. ganzen Ton **2** dem Triller ähnl. Vogelruf [<ital. *trillo* »Triller«, urspr. »Vibrato«; lautmalend]

Tril|li|ar|de ⟨f.; -, -n⟩ 1000 Trillionen [<ital. *Tri...* + *Milliarde*]

Tril|li|on ⟨f.; -, -en⟩ **1** eine Million Billionen, 10^{18} **2** ⟨Frankreich bis 1948; Sowjetunion; USA⟩ = Billion [<*Tri...* + *Million*]

Tri|lo|bit ⟨m.; -en, -en⟩ Angehöriger einer ausgestorbenen Klasse der Gliederfüßer, deren Panzer aus Chitin dreigeteilt ist [<*Tri...* + grch. *lobos* »Lappen, Schotenhülse«]

Tri|lo|gie ⟨f.; -, -n⟩ literarisches Werk aus drei selbstständigen, gleichartigen, stofflich zusammengehörigen Teilen; *Dramen~; Roman~* [<*Tri...* + *...logie*]

Tri|ma|ran ⟨m.; -s, -e; Seew.⟩ Segelboot mit drei Rümpfen [<*Tri...* + Kata*maran*]

tri|mer ⟨Adj.; Bot.⟩ dreiteilig [<*tri...* + *...mer*]

Tri|mes|ter ⟨n.; -s, -⟩ dritter Teil eines Studienjahres [<lat. *trimestris, trimenstris* »dreimonatig« <*tri...* »drei...« + *mensis* »Monat«]

Tri|me|ter ⟨m.; -s, -; Metrik⟩ Vers aus drei Metren, bes. Vers aus drei jambischen Dipodien [<*Tri...* + *...meter*]

Trimm ⟨m.; -(e)s; unz.; Seew.⟩ **1** gepflegter Zustand eines Schiffes **2** Lage eines Schiffes in Bezug auf Tiefgang u. Schwerpunkt [<engl. *trim* »Schwimmlage«; → *trimmen*]

trim|men ⟨V.⟩ **1** *einen Hund ~* einem Hund das Fell scheren **2** *Kohlen ~* ⟨Seew.⟩ K. aus den Bunkern zu den Kesseln bringen **3** *das Ruder ~* ⟨Flugw.⟩ das R. so einstellen, dass eine günstige Lage entsteht **4** *ein Schiff, ein Flugzeug ~* die Gewichte so verteilen, dass eine günstige Lage erreicht wird **5** *einen Schwingkreis ~* einen S. genau auf die gewünschte Frequenz einstellen **6** *sich ~* sich körperlich fit halten [<engl. *trim* »putzen« <asächs. *trymman* »fest, stark machen, in Ordnung bringen«; zu *trum* »fest, sicher«]

Trim|mer ⟨m.; -s, -⟩ **1** Arbeiter, der Kohlen trimmt **2** verstellbarer Kondensator zum Trimmen von Schwingkreisen

tri|morph ⟨Adj.; Bot.⟩ dreigestaltig (Blüten) [<*tri...* + *morph*]

Tri|mor|phie ⟨f.; -; unz.; Bot.⟩ = Trimorphismus

Tri|mor|phis|mus ⟨m.; -; unz.; Bot.⟩ Dreigestaltigkeit (von Blüten); *Sy* Trimorphie

tri|när ⟨Adj.; fachsprachl.⟩ dreifach, aus drei Teilen bzw. Gliedern bestehend [zu lat. *trinarius* »aus (je) dreien bestehend«]

tri|na|ti|o|nal ⟨a. ['-----] Adj.⟩ drei Nationen betreffend; *ein ~es Abkommen* [<*tri...* + *national*]

Tri|ni|ta|ri|er ⟨m.; -s, -⟩ Angehöriger des 1198 zum Loskauf christlicher Sklaven gegründeten Ordens [<Ordo SS. *Trinitatis* de redemptione captivorum »Trinitarierorden, Dreifaltigkeitsorden«]

tri|ni|ta|risch ⟨Adj.⟩ zur Trinität gehörig

Tri|ni|tät ⟨f.; -; unz.⟩ Dreieinigkeit (Einheit von Vater, Sohn u. Heiligem Geist) [<lat. *trinitas* »Dreiheit«]

Tri|ni|ta|tis ⟨ohne Artikel⟩ Sonntag nach Pfingsten, Dreifaltigkeitsfest [<lat. *trinitas;* → *Trinität*]

Tri|ni|tro|phe|nol *auch:* **Tri|nit|ro|phe|nol** ⟨n.; -s, -e; Chemie⟩ = Pikrinsäure [<*Tri...* + *nitro...* + *Phenol*]

Tri|ni|tro|to|lu|ol *auch:* **Tri|nit|ro|to|lu|ol** ⟨n.; -s; unz.; Abk.: TNT; Chemie⟩ stoßsicherer Sprengstoff für Granaten, Bomben u. Torpedos; *Sy* Trotyl [<*Tri...* +*nitro...* + *Toluol*]

Tri|nom ⟨n.; -s, -e⟩ **1** dreigliedriger Ausdruck **2** ⟨Biol.⟩ Bezeichnung einer Rasse durch drei Wörter aus der biolog. Systematik **3** ⟨Math.⟩ dreigliedriger, durch Addition od. Subtraktion verbundener Ausdruck [< *Tri...* + *nom²*]

tri|no|misch ⟨Adj.⟩ aus drei Gliedern bestehend

Trio ⟨n.; -s, -s⟩ **1** ⟨Musik⟩ **1.1** Musikstück für drei verschiedene Instrumente **1.2** Gruppe von drei Sängern od. Instrumentalisten **1.3** ruhiges Mittelstück eines musikal. Satzes **2** ⟨umg.; oft abwertend⟩ drei zusammengehörige Personen; *die drei sind ein anstrengendes* ~ [ital.; zu *tre* »drei«]

Tri|o|de ⟨f.; -, -n; El.⟩ Elektronenröhre mit den drei Elektroden Anode, Kathode u. Gitter [< *Tri...* + *...ode*]

Tri|o|le ⟨f.; -, -n; Musik⟩ Gruppe von drei Noten in der Einheit eines Taktes von regulär zwei (od. vier) Noten [vermutl. <ital. *trio;* → *Trio*]

Tri|o|le|in ⟨n.; -s; unz.; Chemie⟩ Triolsäureester des Glycerins, ölige Flüssigkeit, die in Fetten sowie in fetten Ölen vorkommt

Tri|o|lett ⟨n.; -(e)s, -e; Metrik⟩ achtzeiliges Gedicht mit nur zwei Reimen, in dem die 1. Zeile als 4. u. die ersten beiden Zeilen als 7. u. 8. wiederholt werden [<frz. *triolet;* mit frz. Verkleinerungsendung zu ital. *trio;* → *Trio*]

Tri|o|lett|so|na|te ⟨f.; -, -n; Musik⟩ Sonate für zwei Melodie-Instrumente u. Continuo

Trio|lis|mus ⟨m.; -; unz.⟩ Geschlechtsverkehr zwischen drei Partnern

trio|lis|tisch ⟨Adj.⟩ den Triolismus betreffend, auf ihm beruhend, zu ihm gehörig

Tri|ö|zie ⟨f.; -; unz.; Bot.⟩ Dreihäusigkeit, Vorkommen von zwittrigen, männlichen u. weiblichen Blüten auf drei Pflanzen derselben Art [< *Tri...* + grch. *oikein* »wohnen, bewohnen«]

T

tri|ö|zisch ⟨Adj.; Bot.⟩ in der Art einer Triözie, dreihäusig

Trip ⟨m.; -s, -s⟩ **1** Ausflug, kleine Reise, Abstecher; *einen* ~ *in die Berge machen* **2** Zustand des Rausches nach dem Genuss von Drogen [engl.]

Tri|pal|mi|tin ⟨n.; -s; unz.; Biochemie⟩ mit drei Palmitinsäureresten verestertes Glycerin, Bestandteil vieler tierischer u. pflanzlicher Fette u. Öle

Tri|pel ⟨m.; -s; unz.; Geol.⟩ sehr leichtes, aus den kieselsäurehaltigen Panzern von Diatomeen bestehendes Pulver, das zum Isolieren gegen Wärme u. Schall verwendet wird, Kieselgur [nach der Stadt *Tripolis* in Libyen]

tri|pel..., Tri|pel... ⟨in Zus.⟩ drei..., Drei..., dreifach; *oV* triple..., Triple [<frz. *triple...* »dreifach« <lat. *triplex*]

Tri|pel|al|li|anz ⟨f.; -, -en; Politik⟩ Bündnis dreier Staaten; *Sy* Tripelentente

Tri|pel|en|ten|te ⟨[-ãtã:t(ə)] f.; -, -n; Politik⟩ = Tripelallianz

Tri|pel|fu|ge ⟨f.; -, -n; Musik⟩ Fuge mit drei zuerst nacheinander, dann miteinander erklingenden Themen

Tri|pel|kon|zert ⟨n.; -(e)s, -e; Musik⟩ Konzert für drei verschiedene Instrumente, z. B. Klavier, Violine u. Violoncello

Tri|pel|punkt ⟨m.; -(e)s, -e; Physik; Chemie⟩ im Zustandsdiagramm eines Stoffes der Temperaturpunkt, an dem die feste, flüssige u. gasförmige Phase des Stoffes miteinander im thermodynamischen Gleichgewicht stehen

Tri|pel|takt ⟨m.; -(e)s, -e; Musik⟩ dreiteiliger Takt, z. B. 3/2, 3/4, 9/6

Tri|pep|tid ⟨n.; -(e)s, -e; Chemie⟩ Verbindung aus drei Aminosäuren [< *Tri...* + *Peptid*]

Tri|phthong *auch:* **Triph|thong** ⟨m.; -s, -e; Phon.⟩ Dreilaut, drei nebeneinanderstehende Vokale mit der Funktion eines einzigen, z. B. in Mundarten [< *Tri...* + grch. *phthoggos* »Ton, Klang, Laut«]

Tri|pi|ta|ka ⟨n.; -; unz.⟩ der aus drei Teilen (»Körben«) bestehende buddhist. Kanon; *oV* Tipitaka [Pali, »Dreikorb«]

tri|ple..., Tri|ple... *auch:* **trip|le..., Trip|le...** ⟨[trɪpl]⟩ = tripel..., Tripel...

Tri|plett ⟨n.; -s, -e⟩ **1** ⟨Physik⟩ aus drei eng benachbarten Spektrallinien bestehende Linie im Spektrum eines Stoffes **2** ⟨Genetik⟩ Aufeinanderfolge von drei Basen einer Nukleinsäure, die den Aufbau einer Aminosäure bestimmt [<frz. *triple* »dreifach«]

Tri|plik ⟨f.; -, -en⟩ Antwort des Klägers auf eine Duplik des Beklagten [<frz. *triplique* <neulat.; zu lat. *triplicare* »dreimal sagen«]

Tri|pli|kat ⟨n.; -(e)s, -e⟩ dritte Ausfertigung

Tri|pli|ka|ti|on ⟨f.; -, -en⟩ dreimaliges Anführen eines Wortes od. einer Gruppe von Wörtern

Tri|pli|zi|tät ⟨f.; -, -en⟩ dreifaches Vorkommen, dreifaches Vorhandensein

tri|plo|id *auch:* **trip|lo|id** ⟨Adj.; Genetik⟩ mit einem dreifachen Satz von Chromosomen versehen [<grch. *triploos* »dreifach« + *...id*]

Trip|ma|dam ⟨f.; -, -en; Bot.⟩ als Gewürz od. Gemüse verwendete Art der Fetthenne: Sedum reflexum [<frz. *trip-madame, trique-madame* »Hauswurz« <*tétin(e)-madame* »weibliche Brustwarze« <*tétin* »Brustwarze« (<fränk. **titto;* verwandt mit *Zitze*) + *Madame*]

Tri|po|den ⟨Pl. von⟩ Tripus

Tri|po|die ⟨f.; -, -n; Metrik⟩ Einheit aus drei gleichen Versfüßen; →*a.* Monopodie, Dipodie [< *Tri...* + grch. *pous,* Gen. *podos* »Fuß«]

Tri|pty|chon *auch:* **Trip|ty|chon** ⟨[-çɔn] n.; -s, -chen od. -cha⟩ drei beweglich miteinander verbundene Tafelbilder, meist als Altarbild [< *Tri...* + grch. *ptyche, ptyx* »Schicht«]

Tri|pus ⟨m.; -, Tri|po|den⟩ altgrch. dreifüßiges Gestell für Gefäße [< *Tri...* + grch. *pous* »Fuß«]

Tri|re|me ⟨f.; -, -n⟩ = Triere [<lat. *triremis* <*tri* »drei« + *remus* »Ruder«]

Tri|sac|cha|rid ⟨[-xa-] n.; -(e)s, -e; Biochemie⟩ Art des Zuckers, die aus drei Monosacchariden aufgebaut ist, z. B. die Raffinose; *oV* Trisacharid [< *Tri...* + grch. *sakcharon* »Zucker« + *...id*]

Tri|sa|cha|rid ⟨n.; -(e)s, -e; Biochemie⟩ = Trisaccharid

Tri|sek|ti|on ⟨f.; -, -en; Math.⟩ Dreiteilung (des Winkels)

Tri|set ⟨n. od. m.; - od. -s, -s⟩ **1** aus drei zusammengehörenden Dingen bestehendes Set (2.1) **2** drei zusammengehörende Ringe, von denen zwei die Eheringe eines Paares sind u. der dritte ein dazu passender Diamantring für die Ehefrau [<*Tri…* + *Set*]

Tris|mus ⟨m.; -, Tris|men; Med.⟩ Kaumuskelkrampf, Kiefersperre [<grch. *trizein* »knirschen, knacken«]

Tri|so|mie ⟨f.; -, -n; Med.⟩ anormale Überzahl an Chromosomen, die Missbildungen verursacht; ~ *21* = Downsydrom [<*Tri…* + grch. *soma* »Körper«]

trist ⟨Adj.⟩ traurig, öde, grau in grau; *eine ~e Gegend; ~es Wetter* [<frz. *triste* »traurig« <lat. *tristis*]

Tris|tesse ⟨[-tɛs] f.; -; unz.; geh.⟩ Traurigkeit, Schwermut [frz.]

Tri|sti|chon *auch:* **Tris|ti|chon** ⟨[-çɔn] n.; -s, -sti|chen [-çən]; Metrik⟩ Vers od. Gedicht aus drei Zeilen [<*Tri…* + grch. *stichos* »Vers«]

tri|syl|la|bisch ⟨Adj.; Sprachw.⟩ dreisilbig

Tri|syl|la|bum ⟨n.; -s, -ba od. -laben; Sprachw.⟩ dreisilbiges Wort [<*Tri…* + grch. *syllabe* »Silbe«]

Trit|a|go|nist *auch:* **Tri|ta|go|nist** ⟨m.; -en, -en; Theat.⟩ dritter Schauspieler des altgrch. Theaters [<grch. *tritagonistes* »Schauspieler, der die 3. Rolle spielt« <*tritos* »der dritte« + *agonistes* »Wettkämpfer«]

Tri|the|is|mus ⟨m.; -; unz.⟩ Glaube an die Dreieinigkeit als drei getrennte göttliche Personen [<*Tri…* + *Theismus*]

Tri|ti|cum ⟨n.; -s; unz.; Bot.⟩ die Pflanzengattung Weizen mit zahlreichen Arten [lat.]

Tri|ti|um ⟨n.; -s; unz.; chem. Zeichen: T⟩ Radiowasserstoff, schwerstes Isotop des Wasserstoffs, enthält einen Atomkern, der aus einem Proton u. zwei Neutronen besteht [nlat; zu grch. *tritos* »der dritte«]

Tri|ton[1] ⟨m.; -to|nen, -to|nen; grch. Myth.⟩ Meergott, halb Mensch, halb Fisch [nach grch. *Triton,* Sohn des Poseidon]

Tri|ton[2] ⟨n.; -s; unz.; Physik⟩ Atomkern des Tritiums [grch., Neutr. zu *tritos* »der dritte«]

Tri|tons|horn ⟨n.; -s, -hör|ner; Zool.⟩ im Meer lebende große, räuberische Schnecke, Trompetenschnecke: Tritonium [→ *Triton*[1]]

Tri|to|nus ⟨m.; -; unz.; Musik⟩ aus drei ganzen Tönen bestehendes Intervall, übermäßige Quarte [lat., »Dreiklang«]

Tri|tu|ra|ti|on ⟨f.; -, -en; Pharm.⟩ Pulverisieren eines Feststoffes [zu lat. *tritus* »abgerieben«; zu *terre* »reiben«]

Tri|umph ⟨m.; -(e)s, -e⟩ **1** ⟨urspr.⟩ festlicher Einzug römischer Feldherren nach erfolgreicher Schlacht **2** ⟨allg.⟩ Freude, Genugtuung über einen Sieg od. Erfolg **3** mit Jubel gefeierter Sieg od. Erfolg [<lat. *triumphus,* vermutl. <etrusk.]

tri|um|phal ⟨Adj.⟩ Triumph bereitend, herrlich, großartig

Tri|um|pha|tor ⟨m.; -s, -to|ren; im antiken Rom⟩ **1** der feierlich einziehende siegreiche Feldherr **2** ⟨fig.⟩ strahlender, überlegener Sieger

Tri|umph|bo|gen ⟨m.; -s, -bö|gen⟩ **1** ⟨im antiken Rom⟩ steinernes Tor für den Einzug des siegreichen Feldherrn **2** ⟨Arch.; in der Basilika⟩ das Kirchenschiff vom Chor trennender Bogen, oft mit der Darstellung des Triumphes Christi

tri|um|phie|ren ⟨V.⟩ über einen Sieg od. Erfolg frohlocken, jubeln

Tri|umph|kreuz ⟨n.; -es, -e⟩ unter dem Triumphbogen angebrachtes Kruzifix

Tri|um|vir ⟨[-vir] m.; -s od. -n, -n⟩ Mitglied eines Triumvirats [<lat. *trium,* Gen. zu *tres* »drei« + *vir* »Mann«]

Tri|um|vi|rat ⟨[-vi-] n.; -(e)s, -e; im antiken Rom⟩ Kollegium von drei Männern zur Lenkung des Staates

tri|va|lent ⟨[-va-] Adj.; Chemie⟩ dreiwertig [<*tri…* + *valent*]

tri|vi|al ⟨[-vi-] Adj.⟩ **1** gewöhnlich, ohne wertvollen Gehalt **2** platt, abgedroschen, bis zum Überdruss bekannt, seicht [frz. <lat. *trivialis* »gewöhnlich, allbekannt, jedem zugänglich, Gassen…«; zu *trivium* »Ort, an dem drei Wege zusammenstoßen, Kreuzung; öffentlich viel begangener Weg« <*tri…* »drei…« + *via* »Weg«]

tri|vi|a|li|sie|ren ⟨[-vi-] V.⟩ etwas trivial machen, mit einer trivialen Beschaffenheit versehen; *die Schauspieler ~ bewusst ihre Darstellung*

Tri|vi|a|li|tät ⟨[-vi-] f.; -, -en⟩ **1** triviale Beschaffenheit **2** triviale Äußerung, Redensart, Schilderung

Tri|vi|al|li|te|ra|tur ⟨[-vi-] f.; -; unz.; Lit.⟩ Literatur, die keinen künstlerischen Anspruch erhebt u. sich an ein breites Publikum richtet

Tri|vi|um ⟨[-vi-] n.; -s; unz.⟩ der untere Lehrgang mittelalterlicher Universitäten, die ersten drei der sieben freien Künste: Grammatik, Dialektik u. Rhetorik; →*a.* Quadrivium [lat., »Ort, an dem drei Wege zusammenstoßen« <*tri…* »drei…« + *via* »Weg, Straße«]

Tri|zeps ⟨m.; -, -e; Anat.⟩ **1** ⟨i. w. S.⟩ dreiköpfiger Muskel: Triceps **2** ⟨i. e. S.⟩ der dreiköpfige Streckmuskel des Oberarms: Triceps brachii [<lat. *triceps* »dreiköpfig« <*tri…* »drei…« + *caput*]

tro|chä|isch ⟨[-xɛː-] Adj.; Metrik⟩ in der Art eines Trochäus, aus Trochäen bestehend

Tro|chan|ter ⟨[-xan-] m.; -s, -; Anat.⟩ knöcherner Vorsprung am Oberschenkelknochen, Rollhügel [<grch. *trochazein* »laufen, drehen«]

Tro|chä|us ⟨[-xɛː-] m.; -, -chä|en; Metrik⟩ Versfuß aus einer langen, betonten u. einer kurzen, unbetonten Silbe; *Sy* Choreus [<grch. *trochaios* »laufend, schnell«]

Tro|chit ⟨[-xiːt] m.; -s od. -en, -en⟩ versteinerter Teil des Stieles einer Seelilie [<grch. *trochos* »Rad, runde Scheibe«]

Tro|chi|ten|kalk ⟨[-xiː-] m.; -s; unz.; Geol.⟩ eine der oberen Schichten des Muschelkalks mit darin enthaltenen Trochiten

Tro|cho|i|de ⟨[-xo-] f.; -, -n; Math.⟩ besondere Form einer Zykloide [<grch. *trochos* »Rad, runde Scheibe« + *…id*]

Tro|cho|pho|ra ⟨[-xoːfo-] f.; -, -pho|ren; Zool.⟩ Wimpern-

T

schopflarve, Typ von Larven, der vor allem unter den Ringelwürmern verbreitet ist, mit einem Schopf aus Wimpern auf dem Scheitel [<grch. *trochos* »Rad, runde Scheibe« + *pherein, phorein* »tragen«]

Tro|cho|ze|pha|lie ⟨[-xo-] f.; -, -n; Med.⟩ runde, breite Schädelform [<grch. *trochos* »Rad, runde Scheibe« + *...zephal*]

Tro|glo|dyt *auch:* **Trog|lo|dyt** ⟨m.; -en, -en⟩ Höhlenbewohner [<grch. *troglodytes* <*trogle* »Höhle« + *duesthai* »untertauchen, sich verkriechen«]

Tro|gon ⟨m.; -s, -s od. -go|ni|ten; Zool.⟩ prächtig bunter Vogel der trop. u. subtrop. Urwälder Amerikas, Asiens u. Afrikas: Trogonidae [<grch. *trogein* »nagen«]

Troi|cart ⟨[troaka:r] m.; -s, -s od. -e⟩ = Trokar

Troi|ka *auch:* **Tro|i|ka** ⟨[trɔı-] od. [tro:i-] f.; -, -s⟩ **1** russ. Dreigespann **2** mit drei Pferden bespannter Wagen **3** ⟨fig.; bes. Politik⟩ Gruppe von drei Personen (als Führungsgremium); →*a.* Quadriga [russ., »Dreier«; zu *tri* »drei«]

Tro|ja|ner ⟨m.; -, -⟩ **1** Einwohner des antiken Troja **2** ⟨EDV⟩ schädliches Programm, Computervirus; *Bundes~* ⟨umg.⟩ Programm, das eine Onlineüberwachung der Bürger durch den Staat ermöglicht

tro|ja|nisch ⟨Adj.⟩ **1** die antike Stadt Troja betreffend, zu ihr gehörend, aus ihr stammend **2** ⟨in der grch. Sage⟩ **2.1** *Trojanischer Krieg* zehn Jahre währender Krieg der Griechen um Troja zur Befreiung der von Paris geraubten Helena **2.2** *Trojanisches Pferd* hölzernes Pferd, in dessen Bauch sich im Trojanischen Krieg mehrere grch. Krieger verbargen u. in dem sie sich von den Trojanern in die Stadt bringen ließen [nach der grch. Stadt *Troja*]

Tro|kar ⟨m.; -s, -s od. -e; Med.⟩ dreikantige chirurg. Nadel mit Hülse zur Entfernung von Flüssigkeit od. Eiter aus dem Körper; *oV* Troicart [<frz. *trois* »drei« + *carre* »Winkel«]

tro|kie|ren ⟨V.⟩ *Waren ~* austauschen [<frz. *troquer* »tauschen, vertauschen, umtauschen« <lat. *torquere* »drehen, wenden«]

Trok|to|lith ⟨m.; -(e)s od. -en, -e od. -en; Min.⟩ wie die Haut einer Forelle schimmernder Gabbro aus Plagioklas u. Olivin, Forellenstein [<grch. *troktes* »Forelle« + *...lith*]

Tro|li|tul® ⟨n.; -s; unz.⟩ ein aus Polystyrol bestehender, hauptsächlich in der Elektrotechnik verwendeter Kunststoff

Trol|ley|bus ⟨[trɔlı-] m.; -ses, -se⟩ elektr. Oberleitungsomnibus [zu eng. *troll* »rollen«]

Trom|be ⟨f.; -, -n; Meteor.⟩ Windhose, Wirbelwind, der um eine senkrechte Achse kreist u. dabei Staub, kleinere Gegenstände od. Wasser mitführt [frz. <ital. *tromba* od. frz. *trompe* »Trompete«]

Trom|bi|ku|lo|se ⟨f.; -, -n; Med.⟩ durch Milbenlarven der Gattung Trombicula hervorgerufene, juckende Hautkrankheit, Ernte-, Heukrätze

Trom|pe ⟨f.; -, -n; Arch.⟩ von einem Bogen überwölbte Nische im Winkel zweier rechtwinklig aneinanderstoßender Mauern

Trompe-l'Œil ⟨[trɔ̃plœ:j] m. od. n.; -s, -s; Mal.⟩ naturgetreue Wiedergabe eines Objektes mit Hilfe perspektiv. Mittel, so dass zwischen Wirklichkeit u. gemaltem Objekt nicht mehr unterschieden werden kann [frz., »Augentäuschung«]

Trom|pe|te ⟨f.; -, -n; Musik⟩ Blechblasinstrument mit oval gebogenem Rohr [<mhd. *trum(b)et* <frz. *trompette,* ital. *trombetta* <frz. *trompe* <ahd. *trumba*]

trom|pe|ten ⟨V.⟩ **1** ⟨Musik⟩ auf der Trompete blasen **2** ⟨fig.⟩ Laut geben (vom Elefanten) **3** ⟨fig.; umg.⟩ laut u. triumphierend od. fröhlich rufen **4** ⟨fig.; umg.; scherzh.⟩ sich laut die Nase schnäuzen

Trom|pe|ter ⟨m.; -s, -; Musik⟩ Musiker, der die Trompete bläst

Trom|pe|te|rin ⟨f.; -, -rin|nen; Musik⟩ Musikerin, die die Trompete bläst

...tron ⟨Nachsilbe; zur Bildung sächl. Subst.; n.; -s, -tronen⟩ **1** Elektron; *Klystron; Magnetron* **2** Beschleuniger von Elektronen od. Elementarteilchen; *Betatron; Synchrotron* [<grch. *...tron* »Werkzeug« (z. B. *arotron* »Pflug«)]

...trop[1] ⟨Nachsilbe; zur Bildung von Adj.⟩ bestimmte Eigenschaften aufweisend, in bestimmten Modifikationen vorkommend, sich wendend; *heliotrop; laktotrop* [<grch. *trepein* »wenden«]

...trop[2] ⟨Nachsilbe; zur Bildung sächl. Subst.; ; n.; -s, -e⟩ Lebewesen od. Gegenstand, das (der) sich zu etwas hinwendet; *Heliotrop* [→ *...trop*[1]]

Tro|pa|ri|on ⟨n.; -s, -ri|en od. -ria; Musik⟩ einstrophiger Liedhymnus mit freier Metrik im orthodoxen Gottesdienst [zu grch. *tropos* »Ton, Tonart«]

Tro|pa|ri|um ⟨n.; -s, -ri|en; Biol.⟩ Gebäude mit tropischem Klima zur Haltung bestimmter Tiere u. Pflanzen [→ *Tropen*; analog zu *Aquarium* gebildet]

Tro|pe ⟨f.; -, -n; Rhet.; Stilistik⟩ bildl. Ausdruck, poet. Wendung, poet. Bild; *oV* Tropos [<grch. *tropos* »Drehung, Wendung«]

Tro|pen ⟨Pl.; Geogr.⟩ heiße Zone auf beiden Seiten des Äquators zwischen den Wendekreisen [<grch. *tropos* »Drehung, Wendung«]

...troph ⟨Nachsilbe; zur Bildung von Adj.⟩ sich ernährend von, ernährt, gewachsen, Nährstoffe enthaltend; *dystroph; eutroph; oligotroph* [<grch. *trophe* »Nahrung«; zu *trephein* »ernähren, aufziehen«]

Tro|phäe ⟨f.; -, -n⟩ **1** Gegenstand als Zeichen des Siegs, z. B. Waffe, Fahne, Pokal **2** Teil der Jagdbeute als Zeichen der erfolgreichen Jagd, z. B. Geweih, Fell; *Jagd~* [<grch. *tropaion* »Siegeszeichen«]

...tro|phie ⟨Nachsilbe; zur Bildung weibl. Subst.; f.; -, -n⟩ **1** Ernährung, Wachstum, Vergrößerung, Vorhandensein von Nahrung od. Nährstoffen; *Atrophie; Dystrophie; Eutrophie* [→ *...troph*]

T

tro|phisch ⟨Adj.⟩ die Ernährung von Gewebe betreffend, auf ihr beruhend, sie bewirkend [<grch. *trophikos* »nährend«]
tro|pho..., Tro|pho... ⟨in Zus.⟩ ernährungs..., Ernährungs... [<grch. *trephein* »ernähren«]
Tro|pho|bio|se ⟨f.; -, -n; Biol.⟩ Symbiose, bei der ein Tier einem anderen Nahrung liefert u. dafür von diesem geschützt wird, z. B. Ameisen u. Blattläuse [<*Tropho...* + *... biose*]
Tro|pho|blast ⟨m.; -en, -en; Med.; Biol.⟩ äußere Schicht der Keimblase, über die die Ernährung des Embryos erfolgt
Tro|pho|lo|ge ⟨m.; -n, -n⟩ Wissenschaftler auf dem Gebiet der Ernährung
Tro|pho|lo|gie ⟨f.; -; unz.⟩ Ernährungswissenschaft [<*Tropho...* + *...logie*]
Tro|pho|lo|gin ⟨f.; -, -gin|nen⟩ Wissenschaftlerin auf dem Gebiet der Ernährung
tro|pho|lo|gisch ⟨Adj.⟩ die Trophologie betreffend, zu ihr gehörig [<*tropho...* + *...logisch*]
Tro|phy ⟨[troʊfi] f.; -s, -s; engl. Bez. für⟩ Trophäe
Tro|pi|cal ⟨[trɔpikəl] m.; -s, -s; Textilw.⟩ (als Sommerstoff verwendetes) poröses Gewebe aus hartgedrehten Zwirnen mit freskenartiger Oberfläche [zu engl. *tropical* »tropisch«]
...tro|pie ⟨Nachsilbe; zur Bildung weibl. Subst.; f.; -, -n⟩ Veränderung, Verschiedenheit; *Phototropie* [→ *...trop*]
Tro|pi|ka ⟨f.; -; unz.; Med.⟩ schwere Form der Malaria [→ *Tropen*]
tro|pisch ⟨Adj.; Geogr.⟩ zu den Tropen gehörend, aus ihnen stammend, wie in den Tropen
Tro|pis|mus ⟨m.; -, -pis|men⟩ **1** ⟨Bot.⟩ durch einen Reiz ausgelöste Bewegung festgewachsener Pflanzen, z. B. Krümmung von Organen, bei der die Richtung des Reizes die Richtung der Bewegung bestimmt; →*a.* Taxie, Nastie; *Chemo~; Foto~* **2** ⟨Lit.⟩ Schilderung seelischer, durch Reize der Außenwelt hervorgerufener Vorgänge od. Zustände, so dass der Leser die Außenwelt durch das Medium der (anonym bleibenden) Gestalten sieht, z. B. im Nouveau Roman [<grch. *tropos* »Drehung, Wendung«]
Tro|po|pau|se ⟨f.; -; unz.; Meteor.⟩ Grenze zwischen Troposphäre u. Stratosphäre [<grch. *tropos* »Drehung, Wendung« + *pauein* »aufhören«]
Tro|po|phyt ⟨m.; -en, -en; Bot.⟩ an einen periodischen Wechsel zwischen Trockenheit u. Feuchtigkeit angepasste Pflanze [<grch. *tropos* »Drehung, Wendung« + *...phyt*]
Tro|pos ⟨m.; -, Tro|poi; Rhet.; Stilistik⟩ = Trope
Tro|po|sphä|re ⟨f.; -; unz.; Meteor.⟩ untere Schicht der Erdatmosphäre, in der sich das Wetter abspielt, bis zur Höhe von 9-12 km [<grch. *tropos* »Drehung, Wendung« + *Sphäre*]
trop|po ⟨Musik⟩ zu viel, zu sehr; *allegro ma non ~* schnell, lebhaft (zu spielen), aber nicht zu sehr [ital.]
Tro|pus ⟨m.; -, Tro|pen; Musik⟩ **1** ⟨urspr.⟩ Erweiterung der Melodie od. des Textes im gregorian. Kirchengesang **2** ⟨dann⟩ Erweiterung des Textes der Liturgie [<grch. *tropos* »Drehung, Wendung, Weise, Melodie«]
Tross ⟨m.; -es, -e⟩ **1** die Gepäck, Verpflegung u. Ausrüstung der Truppe mitführenden Fahrzeuge; *Sy* Train **2** ⟨fig.⟩ Gefolge, Gesamtheit der Anhänger [<spätmhd., mnddt. *trosse* »Heeresgepäck« <frz. *trousse* »Bündel«]
Tros|se ⟨f.; -, -n⟩ starkes Tau aus Hanf od. Draht [<mnddt. *trosse*, ndrl. *tros* »Tau« <frz. *trousse* »Bündel«]
Trot|teur ⟨[-tøːr] m.; -s, - od. -s; Mode⟩ bequemer Schuh mit flachem Absatz, Laufschuh [frz., »Traber«]
Trot|ti|nett ⟨n.; -s, -e; schweiz.⟩ Roller (Kinderspielzeug) [<frz. *trotter* »traben« + frz. Verkleinerungsendung *-et, -ette*]
Trot|toir ⟨[-toaːr] n.; -s, -s od. -e⟩ Bürgersteig, erhöhter Fußweg neben der Fahrstraße [frz., <*trotter* »traben, trippeln«]
Tro|tyl ⟨n.; -s; unz.; Chemie⟩ = Trinitrotoluol [verkürzt <*Trinitrotoluol* + *...yl*]
Trotz|kis|mus ⟨m.; -; unz.; Politik⟩ auf der polit. Anschauung Trotzkis beruhende Richtung der marxist.-leninist. Ideologie [nach L. D. *Trotzki*, 1879-1940]
Trotz|kist ⟨m.; -en, -en; Politik⟩ Anhänger des Trotzkismus
Trotz|kis|tin ⟨f.; -, -tin|nen; Politik⟩ Anhängerin des Trotzkismus
trotz|kis|tisch ⟨Adj.; Politik⟩ den Trotzkismus betreffend, auf ihm beruhend
Trou|ba|dour ⟨[trubaduːr] m.; -s, -e od. -s⟩ prov. höfischer Minnesänger u. Dichter des 11. bis 14. Jh.; →*a.* Trouvère [<prov. *trobador;* zu *trobar* (frz. *trouver* »finden«) »(Verse) finden, erfinden«]
Trou|ble *auch:* **Troub|le** ⟨[trʌbl] m.; -s; unz.; umg.⟩ Schwierigkeiten, mühevolle Umstände; *viel ~ mit etwas haben* [engl., »Sorge, Verdruss«]
Trou|ble|ma|ker *auch:* **Troub|le|ma|ker** ⟨[trʌblmɛıkə(r)] m.; -s, -; umg.⟩ jmd., der vorsätzlich Ärger u. Probleme verursacht, Störenfried [engl., »Tunichtgut, Unruhestifter«]
Trou|ble|shoo|ter *auch:* **Troub|le|shoo|ter** ⟨[trʌblʃuːtə(r)] m.; -s, -⟩ jmd., der versucht, Probleme (z. B. bei Maschinen) zu lösen od. in Konfliktsituationen zu vermitteln [engl., »Störungssucher«]
Trou|pi|er ⟨[trupjeː] m.; -s, -s; Mil.; veraltet⟩ **1** Offizier, der lange in der Truppe Dienst getan hat **2** altgedienter Soldat [frz.; <*troupe* »Truppe«]
Trou|vail|le ⟨[truvaːjə] f.; -, -n; veraltet⟩ glücklicher Fund, Glücksfund [frz.]
Trou|vère ⟨[truvɛːr] m.; -s, -s; Musik⟩ nordfrz. Minnesänger des 12.-14. Jh.; →*a.* Troubadour [frz.; <*trouver* »finden«]
Troy|er *auch:* **Tro|yer** ⟨[trɔıə(r)] m.; -s, -; Mode⟩ **1** wollenes Unterhemd **2** wollene Weste der Seeleute mit Ärmeln [vermutl. nach der frz. Stadt *Troyes*]
Troy|ge|wicht ⟨[trɔı-] n.; -(e)s, -e⟩ engl. u. nordamerikan. Gewicht für Edelmetalle u. Edelsteine [nach der frz. Stadt *Troyes*]
Tru|bel ⟨m.; -s; unz.⟩ lebhaftes,

T

lärmendes Durcheinander, geschäftiges od. lustiges Treiben vieler Personen [<frz. *trouble;* zu *troubler* »verwirren« <mlat. **turbulare,* lat. *turbare;* zu *turba* »Verwirrung«; → *turbulent*]

Truck ⟨[trʌk] m.; -s, -s; Kfz⟩ schwerer Lastwagen

Tru|cker ⟨[trʌkə(r)] m.; -s, -; Kfz⟩ Fahrer eines Trucks

Tru|cke|rin ⟨[trʌkə-] f.; -, -rin|nen; Kfz⟩ Fahrerin eines Trucks [engl.-amerikan.]

Truck|sys|tem ⟨[trʌk-] n.; -s; unz.; Wirtsch.⟩ Bezahlung des Arbeitnehmers durch Waren, die er selbst hergestellt hat, od. durch Gutscheine, die zum Kauf von Waren berechtigen, die der Arbeitgeber verkauft [<engl. *truck* »Tauschhandel«]

Trüf|fel ⟨f.; -, -n od. umg. m.; -s, -; Bot.⟩ **1** unter der Erdoberfläche wachsender, fleischiger, knolliger Pilz: Tuberales **2** Praline, die mit einer festen, aber geschmeidigen Masse gefüllt ist [<ndrl. *truffel,* frz. *truffe,* engl. *truffle* <lat. *tuber* »Höcker, Beule«]

Trul|lo ⟨m.; -s, Trul|li; Arch.⟩ besonders in Apulien verbreiteter Rundbau aus mörtellosem Mauerwerk, ohne Fenster, mit kuppelförmigem, spitz zulaufendem Scheingewölbe [ital.]

Tru|meau ⟨[trymo:] m.; -s, -s⟩ **1** Fensterpfeiler **2** Pfeilerspiegel [frz.]

Trupp ⟨m.; -s, -s⟩ **1** zusammengehörige Gruppe, kleine Schar **2** ⟨Mil.⟩ kleinere militär. Einheit, die für besondere Aufgaben herangezogen wird; *Stoß~* [→ *Truppe*]

Trup|pe ⟨f.; -, -n⟩ **1** ⟨Mil.⟩ **1.1** Gesamtheit der Soldaten, die für die Durchführung von Kampfhandlungen vorgesehen sind **1.2** ⟨Pl.⟩ *~n* größere Anzahl von militär. Einheiten, Heeresteil **2** ⟨Theat.⟩ Gruppe von Schauspielern (aller Rollenfächer) od. Artisten; *Wander~* [<frz. *troupe* <afrz. *trope* <galloroman. *troppus* »Herde«]

Trust ⟨[trʌst] m.; -(e)s, -e od. -s; Wirtsch.⟩ Zusammenschluss, Fusion mehrerer Unternehmungen od. Firmen zu einem Großunternehmen unter Verlust ihrer Selbstständigkeit [engl. <mengl. *trust, trost* »Vertrauen« <anord. *traust*]

Trus|tee ⟨[trʌsti:] m.; -s, -s; angelsächs. Recht⟩ Bevollmächtigter, Treuhänder [engl.]

Try|pa|no|so|ma ⟨n.; -s, -so|men; Zool.⟩ Gattung der Geißeltierchen, die im Blut von Wirbeltieren schmarotzen, Erreger ansteckender Krankheiten bei Mensch u. Tier: Trypanosomida [<grch. *trypanon* »Drillbohrer« + *soma* »Körper«]

Try|pa|no|so|mi|a|sis ⟨f.; -; unz.; Med.⟩ Schlafkrankheit, hervorgerufen durch Trypanosomen

Tryp|sin ⟨n.; -s; unz.; Biochemie⟩ Enzym der Bauchspeicheldrüse, das Eiweiß spaltet [<grch. *tryein* »aufreiben« + *Pepsin*]

Tsan|tsa *auch:* **Tsant|sa** ⟨f.; -, -s⟩ Schrumpfkopf, nach Entfernung der Knochen eingetrockneter u. geschrumpfter Kopf als Trophäe bei den südamerikan. Indianern [Jivaro]

Tsa|tsi|ki *auch:* **Tsat|si|ki** ⟨m. od. n.; -s, -s; grch. Kochk.⟩ = Zaziki

Tscha|ko ⟨m.; -s, -s⟩ milit. Kopfbedeckung mit Schild u. zylinderförmigem Oberteil [<ungar. *csákr* »Husarenhelm«]

Tscha|ma|ra ⟨f.; -, -s od. -ma|ren⟩ geschnürter Rock der tschech. u. poln. Volkstracht mit niedrigem Stehkragen [tschech.]

Tschan|du ⟨n.; -s; unz.⟩ Opium, das bes. für das Rauchen zubereitet ist [Hindi]

Tschap|ka ⟨f.; -, -s⟩ Kopfbedeckung der Ulanen mit viereckigem Oberteil [<poln. *czapka* »Mütze, Kappe«]

Tschar|dasch ⟨m.; - od. -es, -e⟩ = Csárdás

tschau! ⟨Grußwort⟩ = ciao! [<ital.]

Tsche|ka ⟨f.; -; unz.; 1917-1922⟩ die politische Polizei der Sowjetunion [russ. verkürzt < *Wserossiskaja Tschrewytschainaja Komissija po borbe s Kontrrewoljuzijei i sabotaschem* »Allrussische Kommission zur Bekämpfung der Konterrevolution u. der Sabotage«]

Tsche|kist ⟨m.; -en, -en⟩ **1** ⟨i. e. S.⟩ Mitarbeiter der Tscheka **2** ⟨i. w. S.⟩ Mitarbeiter eines Staatssicherheitsdienstes in einem sozialistischen Land des ehemaligen Ostblocks

Tsche|ren|kow|ef|fekt *auch:* **Tsche|ren|kow-Ef|fekt** ⟨m.; -(e)s; unz.; Physik⟩ Leuchterscheinung an wassergekühlten Kernreaktoren, die durch den Austritt von Elektronen aus dem Reaktorkern mit einer über der Lichtgeschwindigkeit im Wasser liegenden Geschwindigkeit verursacht wird [nach dem russ. Physiker P. A. Tscherenkow, 1904-1990]

Tscher|kess|ka ⟨f.; -, -s⟩ langer, mit Patronentaschen besetzter Überrock der Tscherkessen

Tscher|no|sem ⟨[-zjɔm] n.; -s; unz.⟩ = Tschernosjom

Tscher|no|sjom *auch:* **Tscher|nos|jom** ⟨n.; -s; unz.⟩ dunkler, fruchtbarer Humusboden, Schwarzerde; *oV* Tschernosem [russ.]

Tscher|wo|nez ⟨m.; -, -won|zen⟩ **1** ⟨urspr.⟩ russ. Goldmünze **2** ⟨1922-47⟩ durch Gold gedeckte Banknote von zehn Rubel [<russ. *červonez;* zu *červonnyj* »hellrot«]

Tschi|buk ⟨m.; -s, -s⟩ lange türk. Tabakspfeife mit einem kleinen Kopf aus Ton od. Meerschaum [türk.]

Tschi|kosch ⟨m.; -, -⟩ = Csikós

Tschis|men ⟨Pl.⟩ niedrige, farbige ungar. Stiefel [<ungar. *csizma* »Stiefel«]

Tschi|tra|ka *auch:* **Tschit|ra|ka** ⟨n.; - od. -s, -s; Rel.⟩ Sektenzeichen auf der Stirn der Hindus, das täglich erneuert wird u. die Erinnerung an Gott u. all sein Tun symbolisiert

Tschusch ⟨m.; -en, -en; österr.; umg.; abwertend⟩ Ausländer (bes. Gastarbeiter aus dem ehemaligen Jugoslawien) [Herkunft unsicher; vielleicht <serb./kroat. *čuješ* »hörst du?« od. dem Wort für »fremd« in verschiedenen slawischen Sprachen]

Tse|tse|flie|ge ⟨f.; -, -n; Zool.⟩ in Zentralafrika vorkommende, blutsaugende Stechfliege, die die Erreger der Schlafkrankheit überträgt: Glossina [Bantu]

T-Shirt ⟨[ti:ʃœ:t] n.; -s, -s; Mode⟩ kurzärmeliges, meist kragenloses Oberhemd aus Trikot [vermutl. wegen der *T*-Form des Kleidungsstücks + engl. *shirt* »Hemd«]

Tsu|ga ⟨f.; -, -s od. Tsu|gen; Bot.⟩ einer Gattung der Kieferngewächse angehörende Tanne mit lichter Krone u. zimtfarbenem Stamm, Schierlingstanne, Hemlocktanne: Tsuga [jap.]

Tsu|na|mi ⟨m.; -, -s⟩ durch Seebeben erzeugte, plötzlich auftretende Flutwelle im Pazifik, die an den Küsten oft große Verwüstungen anrichten kann [<jap. *tsu* »Hafen« + *nami* »lange Welle«]

TTL ⟨Fot.; Abk. für engl.⟩ through the lense (durch die Linse); *eine Kamera mit ~-Messung*

TU ⟨Abk. für⟩ Technische Universität

tua res agi|tur ⟨geh.⟩ dich geht es an [lat., »deine Sache wird behandelt, betrieben, es handelt sich um deine Sache«]

Tub ⟨[tʌb] n.; -s, -s od. (bei Zahlenangaben) -⟩ engl. Gewichtseinheit für Tee (27,216 kg) u. Butter (38,102 kg) [engl., »Fass, Bütte«]

Tu|ba ⟨f.; -, Tu|ben⟩ **1** ⟨Anat.⟩ *oV* Tube (2) **1.1** gewundener, trompetenförmiger Gang im Ohr **1.2** Eileiter **2** ⟨Musik⟩ tiefstes Blechblasinstrument mit weitem, oval gewundenem Rohr, nach oben gerichtetem Trichter u. seitlich hervorragendem Mundstück [lat., »Röhre«]

Tu|bar|gra|vi|di|tät ⟨[-vi-] f.; -, -en; Med.⟩ Eileiterschwangerschaft [< *Tuba* + *Gravidität*]

Tüb|bing ⟨m.; -s, -s⟩ stählerner Bogen zum Abstützen von Vortriebsstrecken im Berg- u. Tunnelbau [ndrl.]

Tu|be ⟨f.; -, -n⟩ **1** röhrenförmiger, biegsamer, an einem Ende flach auslaufender Behälter aus Aluminium, Zinn od. Kunststoff mit Schraubverschluss für teigige Stoffe, z. B. Farbe, Zahnpasta, Salbe; *auf die ~ drücken* ⟨fig.; umg.⟩ Gas geben **2** ⟨Anat.⟩ = Tuba (1) [engl., frz. <lat. *tubus* »Röhre«]

Tu|ber ⟨m.; -s, -⟩ **1** ⟨Anat.⟩ Höcker, Vorsprung, Knoten **2** ⟨Pharm.⟩ Knolle [lat., »Höcker, Beule«]

Tu|ber|kel ⟨m.; -s, -, österr. a. f.; -, -n; Med.⟩ Geschwulst, Knötchen [<lat. *tuberculum* »kleiner Höcker«, Verkleinerungsform zu *tuber* »Höcker, Beule«]

Tu|ber|kel|bak|te|ri|um ⟨n.; -s, -rien; Med.⟩ Erreger der Tuberkulose: Mycobacterium tuberculosis

tu|ber|ku|lar ⟨Adj.; Med.⟩ knotig

Tu|ber|ku|lid ⟨n.; -(e)s, -e; Med.⟩ gutartige Tuberkulose der Haut, die auf dem Blutweg entsteht

Tu|ber|ku|lin ⟨n.; -s; unz.⟩ gelöste Gifte u. Zerfallsprodukte der Tuberkelbakterien, die zum Nachweis der Tuberkulose verwendet werden können

Tu|ber|ku|lom ⟨n.; -s, -e; Med.⟩ Geschwulst aus tuberkulösem Gewebe

tu|ber|ku|los ⟨Adj.; Med.; österr.; umg.⟩ = tuberkulös

tu|ber|ku|lös ⟨Adj.; Med.⟩ *oV* tuberkulos **1** an Tuberkulose erkrankt **2** mit Tuberkeln durchsetzt

Tu|ber|ku|lo|se ⟨f.; -, -n; Abk.: Tb, Tbc; Med.⟩ mit Bildung von Knötchen verbundene, von Tuberkelbakterien hervorgerufene Krankheit

Tu|ber|ku|lo|sta|ti|kum *auch:* **Tu|ber|ku|los|ta|ti|kum** ⟨n.; -s, -ti|ka; Med.⟩ das Wachstum der Tuberkelbakterien hemmendes Heilmittel, z. B. Streptomyzin [< *Tuberkel* + grch. *statikos* »stehen machend«]

tu|be|ros ⟨Adj.; Med.⟩ = tuberös

tu|be|rös ⟨Adj.; Med.⟩ knötchenartig, geschwulstartig; *oV* tuberos [zu lat. *tuber* »Höcker, Beule«]

Tu|be|ro|se ⟨f.; -, -n; Bot.⟩ einer Gattung der Agavengewächse angehörende Pflanze mit weißen, stark duftenden Blüten: Polianthes [<lat. *tuberosus* »knötchenreich«; zu *tuber* »Höcker, Beule«]

Tu|bi|fex ⟨m.; -, -fi|ces; Zool.⟩ 3-8 cm langer, rot gefärbter Ringelwurm aus der Gruppe der im Wasser lebenden Oligochäten, Brunnenwurm [<lat. *tubus* »Röhre« + *facere* »machen«]

tu|bu|lär ⟨Adj.; Anat.⟩ = tubulös

tu|bu|lös ⟨Adj.; Anat.⟩ von der Form eines Tubus, röhren-, schlauchförmig; *Sy* tubulär [<lat. *tubulus* »kleine Röhre, Schlauch«]

Tu|bus ⟨m.; -, -se od. Tu|ben⟩ **1** ⟨i. w. S.⟩ Röhre **2** ⟨i. e. S.⟩ die innen geschwärzte Röhre optischer Instrumente **3** ⟨Anat.⟩ Hohlorgan in Form einer Röhre [lat., »Röhre«]

Tu|dor|bo|gen ⟨[tju:də(r)-] m.; -s, -bö|gen; Arch.⟩ sehr flacher Spitzbogen der späten englischen Gotik [→ *Tudorstil*]

Tu|dor|stil ⟨[tju:də(r)-] m.; -(e)s; unz.; Arch.⟩ aus Elementen der späten Gotik u. der deutschen u. italien. Renaissance gemischter Baustil in England von etwa 1530 bis zum Anfang des 17. Jh. [nach dem Königsgeschlecht *Tudor*, 1485-1604]

Tuff[1] ⟨m.; -s, -e; Min.⟩ Sediment aus vulkanischen Auswürfen [<ahd. *tuf-*, *tubstein* <altital. *tufo* <lat. *tophus*, *tofus*, vermutl. <oskisch]

Tuff[2] ⟨m.; -s, -s⟩ **1** fest gebundener, dekorativer Strauß aus kurzstieligen Blumen **2** in mehreren Lagen gebundene, dekorative Schleife, z. B. an Geschenkpackungen [<frz. *touffe* <alemann.; verwandt mit *Zopf*]

Tuf|ting|tep|pich ⟨[tʌf-] m.; -s, -e⟩ Teppich, bei dem in ein Gewebe Schlingen eingenäht werden [<engl. *tuft* »Büschel« <afrz. *tufe* (frz. *touffe*) »Büschel«]

Tu|kan ⟨m.; -s, -e; Zool.⟩ Pfefferfresser, zu den Spechten gehörender, häher- bis rabengroßer Vogel, der sich hauptsächlich von saftigen Früchten ernährt: Rhamphastidae [<Tupi]

Tu|lar|ä|mie *auch:* **Tu|la|rä|mie** ⟨f.; -, -n; Vet.⟩ ähnlich der Pest verlaufende, durch Tularienbakterien hervorgerufene Krankheit der Nagetiere, Hasenpest [nach der kaliforn. Landschaft *Tulare* + …*ämie*]

Tul|pe ⟨f.; -, -n⟩ **1** ⟨Bot.⟩ **1.1** ⟨i. w. S.⟩ zu einer Gattung der Liliengewächse gehörende Zierpflanze der Alten Welt mit aufrechten u. einzelnen Blüten: Tulipa **1.2** ⟨i. e. S.⟩ *Garten~* T.

T

gesneriana **2** ⟨fig.⟩ Bierglas mit Stiel; *Bier~* [<nhd. *tulipan* <*tulipant, tulipane, tulipe(n)* <frz. *tulipe,* ital. *tulipano* <türk. *tülbant, dülbent* »Turban«]

Tụm|ba ⟨f.; -, Tụm|ben⟩ sarkophagartiges, verziertes Grabdenkmal, meist mit der liegenden, halbplastischen od. als Relief gestalteten Figur des Toten auf der Oberseite [lat.; zu grch. *tymbos* »Grabhügel«]

Tu|mes|zẹnz ⟨f.; -, -en; Med.⟩ nichtbegrenzte Anschwellung (von Geweben u. Körperteilen) [<lat. *tumescere* »anschwellen«]

Tụ̈mm|ler ⟨m.; -s, -; Zool.⟩ **1** Zahnwal in den Küstengewässern von Nordatlantik u. Nordpazifik, wandert oft bis in die Flussmündungen, Meerschwein, Braunfisch: Phocaena phocaena; *Großer ~* zu den Delphinen gehörender, 4 m langer Zahnwal: Tursiops truncatus **2** Rasse der Haustauben [<ndrl. *tuimelaar,* engl. *dumbler,* dän. *tumler* »Taumler«]

Tu|mor ⟨m.; -s, -mo|ren; Med.⟩ Geschwulst [lat., »Geschwulst, Anschwellung«]

Tu|mor|mar|ker ⟨m.; -s, -; Med.⟩ Substanz, die sich an Krebszellen heftet, um sie besser erkennbar zu machen [< *Tumor* + *Marker*]

Tu|mu|li ⟨Pl. von⟩ Tumulus

Tu|mụlt ⟨m.; -(e)s, -e⟩ Aufruhr, lärmendes Durcheinander erregter Menschen, Getümmel [<lat. *tumultus* »Lärm, Aufruhr«]

Tu|mul|tu|ạnt ⟨m.; -en, -en⟩ jmd., der an einem Tumult beteiligt ist

tu|mul|tu|a|risch ⟨Adj.⟩ in der Art eines Tumults, erregt u. lärmend; *Sy* tumultuös

tu|mul|tu|ie|ren ⟨V.⟩ einen Tumult verursachen, anzetteln, auslösen

tu|mul|tu|ös ⟨Adj.⟩ = tumultuarisch

tu|mul|tu|o|so ⟨Musik⟩ stürmisch, äußerst lebhaft (zu spielen) [ital.]

Tu|mu|lus ⟨m.; -, -mu|li⟩ vorgeschichtl. Hügelgrab [lat., »Erdhügel, Grabhügel«]

Tụn|dra *auch:* **Tụnd|ra** ⟨f.; -, Tụn|dren; Geogr.⟩ jenseits der polaren Baumgrenze gelegene, baumlose Formation (4), häufig auf Dauerfrostboden, Kältesteppe [russ. <finn.-ugr.]

Tu|nẹll ⟨n.; -s, -e; bair.-österr.⟩ = Tunnel

tu|nen ⟨[tju:-] V.; Kfz⟩ *ein Kraftfahrzeug ~* nachträglich seine Leistung durch Umbau des Motors steigern [<engl. *tune* »abstimmen, einstellen«]

Tu|ner ⟨[tju:nə(r)] m.; -s, -; Radio; TV⟩ **1** Teil von Rundfunk- u. Fernsehempfängern zur Einstellung der Wellenlänge (Frequenz) **2** Teil der Stereoanlage, die den Rundfunkempfänger enthält [engl., »Abstimmgerät«]

Tun|fisch ⟨m.; -(e)s, -e; Zool.⟩ = Thunfisch

Tụng|baum ⟨m.; -(e)s, -bäu|me; Bot.⟩ chines. Baum, aus dem Holzöl gewonnen wird

Tụng|öl ⟨n.; -s, -e⟩ sehr schnell trocknendes, fettes Öl aus den Früchten des Tungbaumes, für Firnisse, Lacke u. Kitt, Holzöl [<chines. *t'ung* »Tungbaum«]

Tụng|stein ⟨m.; -s; unz.; Min.⟩ = Scheelit

Tụng|sten *auch:* **Tụngs|ten** ⟨m.; -; unz.; Chemie; engl. u. skand. Bez. für⟩ Wolfram [<engl. <schwed. *tungsten* »Wolfram« <*tung* »schwer« + *sten* »Stein«]

Tu|ni|ka ⟨f.; -, -ni|ken; im antiken Rom⟩ langes Gewand aus weißer Wolle für Männer u. Frauen, im Hause ungegürtet, auf der Straße gegürtet getragen [<lat. *tunica*]

Tu|ni|ka|te ⟨f.; -, -n; Zool.⟩ Manteltier, im Meer lebende Klasse meist festsitzender Wirbeltiere mit sackähnlicher, gallert- oder knorpelartiger Umhüllung des Körpers: Tunicata [<lat. *tunicatus* »mit einer Tunika bekleidet«]

Tu|ning ⟨[tju:-] n.; - od. -s; unz.; Kfz⟩ das Tunen

Tụn|nel ⟨m.; -s, - od. -s⟩ unterirdisches Bauwerk zur Führung von Straßen, Bahnen od. Kanälen; *oV* Tunell [engl., »unterirdischer Gang, Stollen« <afrz. *tonnel* (frz. *tonelle*) »Tonnengewölbe, Fass«; zu *tonneau* »Fass, Tonne«]

tun|ne|lie|ren ⟨V.⟩ einen Tunnel durch etwas (hindurch)bauen; *einen Berg ~*

Tu|pa|ma|ro ⟨m.; - od. -s, -s; Politik⟩ Angehöriger einer radikalen, gewalttätigen, oppositionellen Gruppe in Montevideo (Uruguay), Vorbild der Stadtguerilla [nach *Tupac Amarú,* einem Nachkommen der Inkas, Führer eines Aufstandes gegen die Spanier im 18. Jh.]

Tu|pan ⟨m.; -s, -e; Musik⟩ zweifellige Röhrentrommel in den Balkanländern

Tu|pi[1] ⟨m.; - od. -s, -s⟩ Angehöriger eines südamerikanischen Indianervolkes

Tu|pi[2] ⟨n.; -; unz.⟩ die Sprache der Tupi[1]

Tụp|per|par|ty ⟨f.; -, -s⟩ privates Beisammensein von Hausfrauen, bei dem Tupperware vorgeführt u. verkauft wird

Tụp|per|wa|re® ⟨engl. [tʌpə(r)-wɛ:r] f.; -, -n od. engl. n.; -, -s⟩ Dose, Schüssel o. Ä. aus Kunststoff mit Deckel für den Gebrauch im Haushalt, bes. zum (luftdichten) Aufbewahren von Nahrungsmitteln [nach dem US-amerikan. Erfinder Earl *Tupper,* 1907-1983, der die *Tupperware* 1948 zum Patent anmeldete]

Tu|ra|ko ⟨m.; -s, -s; Zool.⟩ mit dem Kuckuck verwandte Familie farbenprächtiger afrikan. Vögel, die sich von Früchten ernähren: Musophagidae [aus einer westafrikan. Sprache]

Tụr|ban ⟨m.; -s, -e⟩ **1** Kopfbedeckung der Mohammedaner (nicht mehr in der Türkei) aus einem kappenartigen Mittelteil u. (od.) aus einem breiten, langen, um den Kopf geschlungenen Streifen aus Stoff **2** um den Kopf geschlungener Schal als modische Kopfbedeckung für Frauen [<rumän. *turban* <türk. *tülbend, dülbend* <pers. *dulband;* zu *dil* »Herz« (wegen der roten Farbe des kappenartigen Teils) + *bästän* »binden«]

Tur|bel|la|rie ⟨[-riə] f.; -, -n; Zool.⟩ Strudelwurm, freilebender Plattwurm, der sich ähnlich den Schnecken kriechend od. mit Hilfe von Wimpern am Bauch vorwärts bewegt: Turbellaria [<lat. *turbellae* »Lärm,

T

Unfug«; zu *turba* »sich drehendes Gewimmel«]

Tur|bi|ne ⟨f.; -, -n; Technik⟩ Kraftmaschine mit einem in ständig drehender Bewegung befindlichen, mit gekrümmten Schaufeln besetzten Laufrad, angetrieben durch Dampf, durch Verbrennung erzeugtes Gas, Wasser od. Wind; *Gas~; Dampf~; Wasser~; Wind~* [<lat. *turbo, Gen. turbinis* »Wirbel, Wirbelwind, Windung, Kreisel«]

tur|bo..., Tur|bo... ⟨in Zus.⟩ durch Turbinen angetrieben [<lat. *turbo;* → *Turbine*]

tur|bo|elek|trisch *auch:* **tur|bo-elekt|risch** ⟨Adj.⟩ *~er Antrieb* ⟨El.⟩ A. durch Elektromotoren, deren Strom von Turbogeneratoren erzeugt wird

Tur|bo|ge|ne|ra|tor ⟨m.; -s, -en; Technik⟩ von einer Dampfturbine angetriebener Generator meist hoher Leistung, der Drehstrom erzeugt

Tur|bo|ka|pi|ta|lis|mus ⟨m.; -; unz.; Wirtsch.⟩ zeitlich sehr schnelle Umstellung von vorher sozialistischen Wirtschaftssystemen auf eine kapitalistische Ausrichtung (z. B. in der Endphase der DDR) [< *Turbo...* + *Kapitalismus*]

Tur|bo|kom|pres|sor ⟨m.; -s, -en; Technik⟩ mit einer Turbine gekoppelter Luftverdichter

Tur|bo|la|der ⟨m.; -s, -; Technik; bes. Kfz⟩ Einrichtung zur Vorverdichtung des Benzin-Luft-Gemisches vor dem Eintritt in den Verbrennungsraum unter Verwendung des Drucks der Abgase

Tur|bo|mo|tor ⟨m.; -s, -en; Technik; bes. Kfz⟩ mit einem Turbolader ausgerüsteter Verbrennungsmotor

Tur|bo|prop ⟨m.; - od. -s, -s; kurz für⟩ Propellerturbine

tur|bu|lent ⟨Adj.⟩ **1** wirbelnd; *~e Strömung* durch Wirbelbildung gekennzeichnete Strömung; *Ggs* laminare Strömung **2** ⟨fig.⟩ durcheinanderwirbelnd, stürmisch, sehr unruhig; *eine ~e Jahreshauptversammlung* [<lat. *turbulentus* »unruhig, aufgeregt, stürmisch«; zu *turburare* »aufwühlen, verwirren«]

Tur|bu|lenz ⟨f.; -, -en⟩ **1** Bildung von Wirbeln in Strömungen von Gasen u. Flüssigkeiten **2** ⟨fig.⟩ Unruhe, Durcheinander [<mlat. *turbulentia* »Verwirkung«]

Turf ⟨m.; -s; unz.⟩ **1** Pferderennbahn **2** Pferderennen **3** ⟨Golf⟩ Rasenfläche der Golfbahn [engl., »Rasen«]

Tur|ges|zenz ⟨f.; -, -en; Bot.⟩ durch den Turgor bewirkte Straffheit der pflanzl. Zellen

tur|ges|zie|ren ⟨V.; Bot.⟩ anschwellen (von pflanzl. Zellen) [<lat. *turgescere* »anschwellen«]

Tur|gor ⟨m.; -s; unz.; Bot.⟩ Spannungszustand von Geweben, der durch den Wasser- u. Elektrolythaushalt der Zellen aufrechterhalten wird [zu lat. *turgere* »schwellen«]

Tu|ring|ma|schi|ne *auch:* **Tu|ring-Ma|schi|ne** ⟨[tju:-] f.; -, -n; Math.⟩ idealisierte Rechenmaschine mit unendlich großem Speicher [nach dem engl. Mathematiker Alan Mathison *Turing,* 1912-1952]

Tu|ring|test *auch:* **Tu|ring-Test** ⟨[tju:-] m.; -(e)s, -e od. -s; Math.⟩ Test zur Beurteilung maschineller Intelligenz [entwickelt von dem engl. Mathematiker Alan Mathison *Turing,* 1912-1952]

Tu|ri|o|ne ⟨f.; -, -n; Bot.⟩ Wasserpflanzenknospe, die überwintern kann u. im Frühjahr zu einer neuen Pflanze heranwächst [zu lat. *turio* »Spross«]

Tur|key ⟨[tœ:kı] m.; -s, -s; Drogenszene⟩ Zustand eines Drogenabhängigen, in dem er Entzugserscheinungen hat; *auf ~ sein* Entzugserscheinungen haben [engl., »Truthahn«, amerikan. (umg.) »Pleite«]

Tür|kis ⟨m.; -es, -e; Min.⟩ heller, blaugrüner, undurchsichtiger Edelstein, chem. wasserhaltiges Kupfer-Aluminium-Phosphat [<mhd. *turkis, turkoys* <frz. *turquoise* »türkischer (Edelstein)«; zu *turquois* »türkisch«]

tür|ki|sen ⟨Adj.⟩ **1** aus Türkisen bestehend **2** türkisfarbig

tur|ki|sie|ren ⟨V.⟩ nach türkischem Muster gestalten

Turk|me|ne ⟨m.; -n, -n⟩ **1** Angehöriger eines Turkvolkes in Mittelasien **2** ein Orientteppich

Turk|me|nin ⟨f.; -, -nin|nen⟩ Angehörige eines Turkvolkes in Mittelasien

Tur|ko ⟨m.; -s, -s; früher⟩ farbiger Fußsoldat des französ. kolonialen Heeres in Algerien [<frz. *turco* <*turc* »türkisch; Türke«]

Tur|ko|lo|ge ⟨m.; -n, -n; Sprachw.⟩ Wissenschaftler auf dem Gebiet der Turkologie

Tur|ko|lo|gie ⟨f.; -; unz.; Sprachw.⟩ Lehre von den Turksprachen u. türkischen Kulturen [<mlat. *Turcus* »Türke« + *...logie*]

Tur|ko|lo|gin ⟨f.; -, -gin|nen; Sprachw.⟩ Wissenschaftlerin auf dem Gebiet der Turkologie

tur|ko|lo|gisch ⟨Adj.; Sprachw.⟩ die Turkologie betreffend, auf ihr beruhend, zu ihr gehörig

Tur|ma|lin ⟨m.; -s, -e; Min.⟩ **1** Mineral, das Gesteine bildet, chemisch ein bor- u. fluorhaltiges Silikat **2** Edelstein von unterschiedlicher Farbe [<frz., engl. *tourmaline* <singhales. *turmale, turamali*]

Turn ⟨[tœ:n] m.; -s, -s⟩ **1** ⟨Kunstflug⟩ hochgezogene, gewendete Kurve **2** Drogenrausch; *Fünf-Minuten-~* **3** ⟨umg.⟩ Dransein, an der Reihe sein; *das ist jetzt dein ~* [engl., »Drehung«]

Turn|around ⟨[tœ:nəraʊnd] m.; -s, -s; Wirtsch.⟩ **1** Regenerierung eines Unternehmens, das der Existenzbedrohung ausgesetzt war u. nun wieder überlebensfähig ist, Ende einer wirtschaftlichen Verlustperiode **2** Umlaufzeit, Umschaltzeit [<engl. *turn around* »umdrehen, wenden«]

tur|nen ⟨[tœ:-] V.; umg.⟩ Spaß bringen, machen, berauschen, anregen; *die Musik turnt ungeheuer an;* →*a.* anturnen [<engl. *turn on* »antörnen«, eigtl. »andrehen«]

Tur|nier ⟨n.; -s, -e⟩ **1** mittelalterl. Kampfspiel der Ritter nach festen Regeln mit stumpfen (selten auch scharfen) Waffen zum Erproben der Kampffähigkeit **2** ⟨Sport⟩ neuzeitlicher sportl. Wettkampf mit einer großen

T

Teilnehmerzahl; *Schach~; Reit- u. Fahr~; Tanz~; Tennis~* [<mhd. *turnier, turnir* <afrz. *torn(e)ier* »Drehungen machen, Rosse tummeln«; zu *torn* »Dreheisen; Wendung« <lat. *tornus* »Zirkel, Dreheisen, Kreisbewegung«]

Turn|ta|ble *auch:* **Turn|tab|le** ⟨[tœ:ntεıbəl] m.; - od. -s, -⟩ Teil des CD-Spielers bzw. Schallplattenspielers, der die CD bzw. Schallplatte trägt [engl., »Plattenteller, Drehscheibe«]

Tur|nü|re ⟨f.; -, -n; Ende 19. Jh.⟩ unter dem Rock getragene Gesäßauflage zum Hochraffen des Kleides [<frz. *tournure*]

Tur|nus ⟨m.; -, -nus|se⟩ **1** festgelegte Wiederkehr, Reihenfolge **2** regelmäßiger Wechsel, regelmäßig sich wiederholender Ablauf einer Tätigkeit [<mlat. *turnus* »Wechsel, Reihenfolge« <lat. *tornus* »Zirkel, Dreheisen, Kreisbewegung«]

Tu|ron ⟨n.; -s; unz.; Geol.⟩ zweitälteste Stufe der oberen Kreide [nach der frz. Landschaft *Touraine*]

tu|ro|nisch ⟨Adj.; Geol.⟩ zum Turon gehörend, aus ihm stammend

Tur|ri|ze|pha|lie ⟨f.; -; unz.; Med.⟩ abnorm hohe Schädelform, Turmschädel [<lat. *turris* »Turm« + *...zephal*]

Tur|tle *auch:* **Turt|le** ⟨[tœ:tl] f.; -, -s; EDV⟩ kleiner fahrbarer Zeichenroboter mit Tastsensoren, der häufig im computerunterstützten Schulunterricht eingesetzt wird [engl., »Schildkröte«]

Tur|zis|mus ⟨m.; -, -zis|men; Sprachw.⟩ türkische Spracheigentümlichkeit, die in einer anderen Sprache nachgebildet wird

Tu|sche ⟨f.; -, -n; Mal.⟩ farbige, schwarze od. weiße Flüssigkeit mit Bindemitteln (z. B. Gummiarabikum) u. fein verteiltem Farbstoff [→ *tuschieren*]

tu|schie|ren ⟨V.⟩ *Metall ~* unebene Stellen auf Metall durch Aufdrücken einer mit Tusche bestrichenen Platte sichtbar machen u. dann durch Abschaben glätten [<frz. *toucher* »(schwarze) Farbe auftragen« <ital. *toccare* »berühren«]

Tus|ku|lum ⟨n.; -s, -ku|la⟩ ruhiger, behaglicher Wohnsitz od. Landsitz [nach der altröm. Stadt *Tusculum* in Latium]

Tus|sah|sei|de ⟨f.; -, -n; Textilw.⟩ vom Tussahspinner gewonnene, grobe, bräunliche Seide, Eichenseide [<Hindi *tasar* <Sanskrit *tasara, trasara* »Weberschiffchen; hin und her fahren«]

Tus|sah|sei|den|spin|ner ⟨m.; -s, -; Zool.⟩ Augenspinner, der die Eichenseide erzeugt, Eichenspinner: Lasiocampa quercus

Tus|sis ⟨f.; -; unz.; Med.⟩ Husten [lat.]

Tu|tand ⟨m.; -en, -en⟩ Schüler od. Student, der von einem Tutor (2) betreut wird [<lat. *tutatus* »beschützt«]

Tu|tan|din ⟨f.; -, -din|nen⟩ Schülerin od. Studentin, die von einem Tutor (2) betreut wird

Tu|tel ⟨f.; -, -en⟩ Vormundschaft [<lat. *tutela* »Fürsorge, Vormundschaft«]

tu|te|la|risch ⟨Adj.⟩ vormundschaftlich

Tu|ti|o|ris|mus ⟨m.; -; unz.⟩ religiöse od. philosoph. Einstellung, die sich immer für die sichere von zwei Möglichkeiten entscheidet [<lat. *tutior,* Komparativ zu *tutus* »sicher«]

Tu|tor ⟨m.; -s, -to|ren⟩ **1** ⟨röm. Recht⟩ Vormund, Erzieher **2** ⟨allg.⟩ Lehrer, Betreuer, der Schüler od. Studierende während ihrer Ausbildung berät u. ihnen Hilfestellung leistet [engl. <lat. *tutor* »Vormund«]

Tu|to|ri|al ⟨[tju:tɔrıəl] n.; - od. -s, -s⟩ **1** Betreuung einer Gruppe von Studenten (zur Einführung in neue Studienfächer od. -inhalte) **2** ⟨EDV⟩ Dokumentation für Endbenutzer eines Softwaresystems, in der im Sinne einer Einführung die wichtigsten Systemfunktionen erläutert werden [engl., »Tutorium« <lat. *tutor* »Vormund, Beschützer«]

Tu|to|rin ⟨f.; -, -rin|nen⟩ Lehrerin, Ratgeberin (von Schülern, Studierenden)

Tu|to|ri|um ⟨n.; -s, -ri|en; an Hochschulen⟩ von einem Tutor (2) geleitete (zusätzliche) Übung od. Seminar

tut|ta la for|za ⟨Musik⟩ die ganze Kraft [ital.]

tut|ti ⟨Musik⟩ alle (Instrumente zusammen) [ital., »alle«]

Tut|ti ⟨n.; - od. -s, - od. -s; Musik⟩ Spiel des ganzen Orchesters; *Ggs* Solo (1)

Tut|ti|frut|ti ⟨n.; - od. -s, - od. -s; Kochk.⟩ **1** Süßspeise aus verschiedenen Früchten **2** Gefrorenes mit verschiedenen Früchten [ital., »alle Früchte«]

TV ⟨[tefau] Abk. für⟩ Television

TV-Show ⟨[tefauʃoʊ] f.; -, -s⟩ im Fernsehen gezeigte Show

TW ⟨Zeichen für⟩ Terawatt

Tweed ⟨[twi:d] m.; - od. -s, -s; Textilw.⟩ **1** ⟨urspr.⟩ Gewebe aus mit der Hand gesponnener schott. Schafwolle **2** ⟨heute⟩ kleingemusterter, locker gewebter Stoff aus Streichgarn [nach dem schottisch-nordengl. Fluss *Tweed*]

Twen ⟨m.; - od. -s, -s⟩ junger Mann od. junge Frau zwischen 20 u. 29 Jahren [nur im Dt. vorhandene Ableitung von engl. *twenty* »zwanzig«]

Twill ⟨m.; -s, -s od. -e; Textilw.⟩ Stoff aus Baumwolle od. Seide in doppelter Köperbindung [engl., <mengl. *twylle;* zu altengl. *twi* »zwei«]

Twin|set ⟨m.; - od. -s, -s; Mode⟩ meist kurzärmeliger Pullover mit dazu passender Jacke [<engl. *twin* »Zwilling, Doppel-« + *set* »Garnitur«]

Twist¹ ⟨m.; -(e)s, -e; Textilw.⟩ locker gedrehtes Garn aus mehreren Fäden [engl., »drehen, flechten«]

Twist² ⟨m.; -s, -s⟩ **1** ⟨Musik⟩ in den 1960er Jahren in den USA entstandener Modetanz im $^4/_4$-Takt **2** ⟨Sport; Tennis⟩ mit Seiten- u. Vorwärtsdrall geschlagener (Aufschlag-)Ball [engl., »drehen, flechten«]

twis|ten ⟨V.⟩ Twist² (1) tanzen

Twist-off-De|ckel ⟨[-ɔf-] m.; -s, -⟩ Deckel mit Schraubverschluss [zu engl. *twist off* »abschrauben«]

Twit|ter® ⟨ohne Artikel; EDV⟩ Internetforum für öffentlich zugängige Weblogs

twit|tern ⟨V.; EDV⟩ über ein In-

T

ternetforum (bes. über Twitter®) kurze Blogs austauschen

Two|beat ⟨[tuːbiːt] m.; - od. -s; unz.; Musik⟩ Jazzmusik mit Betonung auf zwei Schlägen des Vierertaktes [engl., »Zweischlag«]

Two|stepp ⟨[tuːstɛp] m.; -s, -s; um 1920⟩ ruhiger nordamerikan. Tanz im $^2/_4$-Takt [<engl. *two* »zwei« + *step* »Schritt«]

Ty|che ⟨[-çə] f.; -; unz.; geh.⟩ Schicksal, Vorsehung, glücklicher Zufall [grch.]

Ty|chis|mus ⟨[-çɪs-] m.; -; unz.; Philos.⟩ philos. Lehre, nach der die Welt vom Zufall beherrscht wird [<grch. *tyche* »Zufall«]

Ty|coon ⟨[taɪkuːn] m.; -s, -s⟩ **1** mächtiger, einflussreicher Geschäftsmann **2** eigenmächtiger Parteiführer [engl. <jap. *taikun* <chines. *ta* »groß« + *chün* »Führer«]

Ty|lom ⟨n.; -s, -e; Med.⟩ Schwiele [<grch. *tylos* »Wulst«]

Tym|pa|nal|or|gan ⟨n.; -s, -e; Zool.⟩ Gehörorgan von Insekten aus einem den Schall leitenden Apparat einer dünnen Haut (Trommelfell) mit einer angrenzenden Tracheenblase u. dem Sinnesorgan [→ *Tympanum*]

Tym|pa|nie ⟨f.; -; unz.; Vet.⟩ durch ungeeignetes Futter hervorgerufenes Aufblähen des Bauches von Wiederkäuern u. Nagetieren, die als Haustiere gehalten werden, Blähsucht, Trommelsucht [→ *Tympanum*]

Tym|pa|non ⟨n.; -s, -pa|na; mittelalterl. Kirchenarchitektur⟩ kunstvoll gestaltete Fläche zwischen dem Bogen über der Tür u. dem Türsturz, bes. über den Portalen, Bogenfeld [→ *Tympanum*]

Tym|pa|num ⟨n.; -s, -pa|na⟩ **1** ⟨Anat.⟩ Trommelfell **2** ⟨Musik⟩ Pauke [<lat. *tympanum*, grch. *tympanon* »Trommelfell, Pauke«]

Tyn|dall|ef|fekt *auch:* **Tyn|dall-Effekt** ⟨[tɪndəl-] m.; -(e)s; unz.; Physik⟩ Erscheinung, dass Licht zerstreut wird, wenn es durch ein (trübes) Medium geht [nach dem irischen Physiker J. *Tyndall*, 1820-1893]

Typ ⟨m.; -s, -en⟩ *oV* Typus **1** Urbild, Grundform **2** Gattung, Schlag; *blonder, dunkler, brünetter ~; norddeutscher, südländischer ~; er ist ein kräftiger, zarter ~* **3** Muster, Modell, Bauart; *ein BMW vom ~ »Z3«* **4** Gepräge, das eine Person mit anderen gemeinsam hat; *fröhlicher, melancholischer ~* **5** die Person selbst, die in ihrem Gepräge, in einer Reihe von Eigenarten od. Merkmalen mit anderen Personen übereinstimmt; *sie ist (nicht) mein ~* ⟨umg.⟩ sie gefällt mir (nicht), passt (nicht) zu mir **6** ⟨umg.⟩ männliche Person, Kerl, Bursche [<grch. *typos* »Schlag; Gestalt; Muster, Vorbild«]

Typ|be|ra|tung ⟨f.; -, -en⟩ individuelle Beratung zur besseren modischen Gestaltung der äußeren Erscheinung; *eine Farbu. ~ für Frauen; eine ~ bei der Wahl der Frisur anbieten*

Ty|pe ⟨f.; -, -n⟩ **1** gegossener Druckbuchstabe, Letter **2** Buchstabe od. Zeichen auf Büromaschinen **3** Grad der Ausmahlung des Mehls **4** ⟨fig.; umg.⟩ komische, ulkige Person; *das ist ja eine ganz besondere ~!* [→ *Typ*]

ty|pen ⟨V.⟩ nur in bestimmten Größen herstellen (Industriewaren); *Sy* typisieren (3)

Ty|pen|dru|cker ⟨m.; -s, -; kurz für⟩ Typenraddrucker

Ty|pen|leh|re ⟨f.; -; unz.⟩ Lehre von den Konstitutionstypen; *Sy* Typik (2)

Ty|pen|psy|cho|lo|gie ⟨f.; -; unz.; Psych.⟩ Zweig der Psychologie, der sich mit der Einteilung der Menschen nach typischen Merkmalen des Charakters u. der Konstitution beschäftigt; *Sy* Typik (1)

Ty|pen|rad|dru|cker ⟨m.; -s, -⟩ Schreibmaschine, bei der die Buchstaben am äußeren Rand eines Rades angeordnet sind und durch entsprechende Drehung des Rades zum Anschlag gebracht werden

Ty|phli|tis *auch:* **Typh|li|tis** ⟨f.; -, -ti|den; Med.⟩ Entzündung des Typhlons (nicht dessen Appendix)

Ty|phlon *auch:* **Typh|lon** ⟨n.; -s, -e; Anat.⟩ blind endender Teil des Dickdarms, Blinddarm; →*a.* Appendix [grch., »Blinddarm«; zu *typhlos* »dunkel, geheim, unsichtbar«]

Ty|phon[1] ⟨n.; -s, -e; Seew.⟩ Sirene von Schiffen, Leuchttürmen od. Fabriken mit bewegter Membran [grch., »Wirbelwind«]

Ty|phon[2] ⟨m.; -s, -e⟩ Wirbelwind [grch., »Wirbelwind«]

ty|phös ⟨Adj.; Med.⟩ typhusartig, zum Typhus gehörend

Ty|phus ⟨m.; -; unz. Med.⟩ **1** vom Typhusbakterium (Salmonella typhi) hervorgerufene Infektionskrankheit mit Störungen der Verdauung u. des Bewusstseins, Fieber u. Entwicklung roter Flecken, Bauchtyphus: Typhus abdominalis **2** schwere, sehr ansteckende Infektionskrankheit mit Zuständen der Verwirrung, Fieber u. fleckigem Hautausschlag, Fleckfieber [<grch. *typhos* »Dampf, Nebel, Rauch«]

...ty|pie ⟨Nachsilbe; zur Bildung weibl. Subst.; f.; -, -n⟩ Druck, Druckverfahren; *Monotypie; Stenotypie* [<grch. *typos* »Druck«]

Ty|pik ⟨f.; -, -en⟩ **1** = Typenpsychologie **2** = Typenlehre

ty|pisch ⟨Adj.⟩ **1** einen Typus darstellend, mustergültig, vorbildlich **2** zu einem bestimmten Typ gehörig, kennzeichnend, bezeichnend, eigentümlich, unverkennbar

ty|pi|sie|ren ⟨V.⟩ **1** typisch, als Typ (nicht als individuelle Persönlichkeit) darstellen, z. B. Gestalten im Roman od. Drama **2** nach Typen einteilen **3** = typen

Ty|pi|zi|tät ⟨f.; -; unz.⟩ das Typischsein, typische Beschaffenheit

ty|po..., Ty|po... ⟨in Zus.⟩ Druck [<grch. *typos* »Druck«]

Ty|po|ge|ne|se ⟨f.; -, -n; Biol.⟩ Formenbildung im Verlauf der Stammesgeschichte [< *Typo...* + *Genese*]

Ty|po|graf ⟨m.; -en, -en⟩ = Typograph

Ty|po|gra|fie ⟨f.; -, -n⟩ = Typographie

ty|po|gra|fisch ⟨Adj.⟩ = typographisch

T

Ty|po|graph ⟨m.; -en, -en; in Druckereien u. Verlagen⟩ *oV* Typograf **1** Gestalter des Schriftsatzes **2** ⟨veraltet⟩ Zeilensetzmaschine

Ty|po|gra|phie ⟨f.; -, -n⟩ *oV* Typografie **1** Buchdruck **2** Buchdruckerkunst [< *Typo...* + *...grafie*]

ty|po|gra|phisch ⟨Adj.⟩ die Typographie betreffend, zur Typographie gehörend, auf ihr beruhend; *oV* typografisch; *~es Maßsystem* auf dem typograph. Punkt beruhendes M.; *~er Punkt* kleinste Maßeinheit in der Typographie, 0,3759 mm

Ty|po|lo|gie ⟨f.; -, -n⟩ Lehre von den menschl. Typen hinsichtlich ihrer Lebensform, Konstitution, Weltanschauung u. a. [< *Typ* + *...logie*]

ty|po|lo|gisch ⟨Adj.⟩ die Typologie betreffend, zu ihr gehörend, auf ihr beruhend

Ty|po|me|ter ⟨a. ['----] n.; -s, -⟩ Maßstab für typograph. Maßsystem [< *Type* + *...meter*]

Ty|po|skrịpt ⟨n.; -(e)s, -e⟩ Manuskript, das mit der Schreibmaschine geschrieben ist [<grch. *typos* »Druck« + *Skript*]

Ty|pung ⟨f.; -, -en⟩ das Typen

Ty|pus ⟨m.; -, Ty|pen⟩ = Typ (1-5)

Ty|rạnn ⟨m.; -en, -en⟩ **1** ⟨urspr.; im antiken Griechenland⟩ Herrscher, dessen Machtanspruch sich nicht auf die Herkunft aus einer Dynastie gründet **2** Gewaltherrscher **3** ⟨fig.⟩ strenger, herrschbegieriger Mensch **4** ⟨Zool.⟩ Angehöriger einer artenreichen u. vielgestaltigen Familie amerikan. Sperlingsvögel: Tyrannidae [<grch. *tyrannos* »Gewaltherrscher«]

Ty|ran|nei ⟨f.; -, -en⟩ **1** Herrschaft eines Tyrannen **2** Gewaltherrschaft

Ty|rạn|nis ⟨f.; -; unz.; bes. im alten Griechenland⟩ Gewaltherrschaft [→ *Tyrann*]

ty|rạn|nisch ⟨Adj.⟩ **1** in der Art eines Tyrannen, herrschbegierig, selbstherrlich **2** gewaltsam, durch Gewalt wirkend; *er übt zu Hause eine ~e Herrschaft aus*

ty|ran|ni|sie|ren ⟨V.⟩ *jmdn. ~* jmdm. den eigenen Willen aufzwingen, jmdn. beherrschen, unterdrücken

Ty|ran|no|sau|rus Rẹx ⟨m.; - -; unz.⟩ bis zu 10 m langer u. 5 m hoher Angehöriger einer räuberischen Gattung der Dinosaurier aus der Oberkreide [< *Tyrann* + grch. *sauros* »Eidechse« + lat. *Rex* »König« (als Titel)]

Ty|ro|li|enne ⟨[-ljẹn] f.; -, -n; Musik⟩ dem Ländler ähnlicher Rundtanz nach Tiroler Liedern im ³/₄-Takt; *oV* Tirolienne [frz., Fem. zu *tyrolien* »tirolisch«]

Ty|ro|sin ⟨n.; -s; unz.; Abk.: Tyr; Biochemie⟩ eine aromatische Aminosäure, die Bestandteil fast aller Eiweißkörper ist (bes. in Käse) [zu grch. *tyros* »Käse«]

Ty|ro|sis ⟨f.; -; unz.; Med.⟩ Verkäsung [zu grch. *tyros* »Käse«]

T

U **1** ⟨chem. Zeichen für⟩ Uran **2** ⟨Zeichen für⟩ elektr. Spannung

Über|mi|kro|skop *auch:* **Über|mik|ro|skop** ⟨n.; -s, -e⟩ Elektronenmikroskop

ubi be|ne, ibi pa|tria *auch:* **ubi be|ne, ibi pat|ria** ⟨geh.⟩ Wo (es mir) gut (geht), dort (ist mein) Vaterland [lat.]

Ubi|ka|ti|on ⟨f.; -, -en; österr.⟩ Militärunterkunft, Kaserne [zu lat. *ubi* »wo«]

Ubi|quist ⟨m.; -en, -en; Biol.⟩ über die ganze Erde verbreitete Pflanzen- od. Tierart [zu lat. *ubique* »überall«]

ubi|qui|tär ⟨Adj.; Biol.⟩ überall vorkommend (Pflanzen, Tiere) [<lat. *ubique* »überall«]

Ubi|qui|tät ⟨f.; -, -en⟩ **1** ⟨unz.⟩ Allgegenwart (Gottes) **2** ⟨zählb.⟩ Wirtschaftsartikel, der überall u. in jeder Menge zu haben ist [zu lat. *ubique* »überall«]

Ubi|qui|tin ⟨n.; -s, -e; Biochem.⟩ Protein, das als Signalfaktor wirkt u. die kurzfristige Steuerung enzymatischer Reaktionen bewirkt [zu lat. *ubique* »überall«]

Ucha ⟨[-xa] f.; -; unz.; Kochk.⟩ russische Fischsuppe [russ.]

Ud ⟨m. od. f.; -s od. -, -s; Musik⟩ arabische Laute mit kurzem Hals [arab., eigtl. »Holz«]

Udi|to|re ⟨m.; - od. -n, -n od. -to|ri⟩ **1** Richter an der päpstlichen Gerichtsbehörde **2** Geistlicher im diplomat. Dienst [ital., »Hörer, Zuhörer«; zu *udire* »zuhören«]

Ud|mur|te ⟨m.; -n, -n⟩ Angehöriger eines ostfinnischen Volkes westl. des Urals (früher: Wotjake) [<udmurt. *udmurdi* »Menschen«]

ud|mur|tisch ⟨Adj.⟩ die Udmurten betreffend, zu ihnen gehörend, von ihnen stammend; *~e Sprache* zur finn. Gruppe der finn.-ugr. Sprachen gehörende Sprache der Udmurten (früher: wotjak. Sprache)

Udo|me|ter ⟨n.; -s, -⟩ Regenmesser [<grch. *hydor* »Wasser« + *...meter*]

UEFA, Ue|fa ⟨f.; -; unz.; Sport; Abk. für frz.⟩ Union Européenne de Football Associations, (od. engl.) Union of European Football Associations (Europäischer Fußballverband)

UFO, Ufo ⟨n.; -s, -s; Kurzwort für⟩ unbekanntes Flugobjekt [verkürzt <engl. *unidentified flying object*]

Ufo|lo|ge ⟨m.; -n, -n⟩ jmd., der sich mit Ufologie befasst

Ufo|lo|gie ⟨f.; -; unz.⟩ (wissenschaftliche) Beschäftigung mit UFOs

UGC ⟨EDV; Abk. für engl.⟩ User Generated Content (von Nutzern erzeugte Inhalte); *Bilder, Videos, Texte oder Lexika sind im Internet häufig kostenlos als ~ nutzbar*

u. i. ⟨Abk. für lat.⟩ ut infra

Ukas ⟨m.; -es od. -ses, -e od. -se⟩ **1** ⟨früher⟩ Erlass des Zaren **2** ⟨allg.⟩ Verordnung, Befehl, Anordnung [zu russ. *ukazat'* »befehlen«]

Uke|lei ⟨m.; -s, -s od. -e; Zool.⟩ länglicher Karpfenfisch, Laube: Alburnus alburnus [<poln. *ukleja*]

Uku|le|le ⟨f.; -, -n; Musik⟩ kleine Gitarre portug. Ursprungs mit vier Saiten [<hawaiisch *ukulele* <*uku* »Floh; kleine Person« + *lele* »springend«; vermutl. nach einem Spitznamen des britischen Offiziers Edward Purvis, der das Instrument im 19. Jh. in Hawaii popularisierte]

UKW ⟨Abk. für⟩ Ultrakurzwelle

Ulan ⟨m.; -en, -en; Mil.⟩ **1** ⟨urspr.⟩ Angehöriger der in Polen aufgestellten leichten, mit Lanzen bewaffneten Kavallerie **2** ⟨in Preußen u. Dtschld. bis zum 2. Weltkrieg⟩ Angehöriger der schweren Kavallerie [<türk. *oghlan* »junger Mann«]

Ulan|ka ⟨f.; -, -s; Mil.⟩ kurzer, zweireihiger Waffenrock des Ulanen

Ul|cus ⟨n.; -, Ul|ce|ra; Med.⟩ = Ulkus

Ule|ma ⟨m.; -s, -s⟩ islam. Rechts- od. Gottesgelehrter [arab., Pl. zu *alim* »Gelehrter, Wissender«]

Ul|kus ⟨n.; -, Ul|ze|ra; Med.⟩ Geschwür; *oV* Ulcus [<lat. *ulcus*, Gen. *ulceris*]

Ul|na ⟨f.; -, -nae [-nɛ:]; Anat.⟩ Elle, den Ellenbogen bildender Vorderarmknochen [lat]

ul|nar ⟨Adj.; Anat.⟩ zur Elle gehörend [<lat. *ulna* »Elle, Ellenbogen«]

Ul|na|ris ⟨m.; -; unz.; Anat.⟩ Ellennerv [zu lat. *ulna* »Elle, Ellenbogen«]

Uls|ter ⟨engl. [ʌlstə(r)] m.; -s, -⟩ **1** zweireihiger Herrenmantel **2** ⟨Textilw.⟩ (oft doppelt gewebter) schwerer Stoff für Mäntel [nach dem alten Namen Nordirlands]

ult. ⟨Abk. für⟩ ultimo

Ul|ti|ma ⟨f.; -, -ti|mä od. -ti|men⟩ letzte Silbe (eines Wortes) [lat., Fem. zu *ultimus* »der Letzte«]

> **Ultima Ratio** (*Groß- und Kleinschreibung*) In fremdsprachigen Fügungen, die als Ganzes die Funktion eines Substantivs haben, werden alle substantivischen Bestandteile großgeschrieben (→*a.* Corpus Delicti).

Ul|ti|ma Ra|tio ⟨[-tsjo] f.; - -; unz.⟩ letztes Mittel, letzter Ausweg; *eine ~ finden* [<lat. *ultimus* »letzte(r, -s)« + *ratio* »Berechnung; Erwägung; Denken, Vernunft«]

ul|ti|ma|tiv[1] ⟨Adj.⟩ **1** in Form eines Ultimatums **2** ⟨fig.⟩ nachdrücklich, als Ultimatum ausgesprochen; *~e Forderung, Warnung* [→ *Ultima*]

ul|ti|ma|tiv[2] ⟨Adj.; umg.⟩ unerlässlich, perfekt; *der ~e Film* [<engl. *ultimate* »vollendet, perfekt«]

Ul|ti|ma|tum ⟨n.; -s, -s od. -ma|ten⟩ mit der Androhung von repressiven Maßnahmen verbundene, befristete Forderung; *ein ~ setzen* [<lat. *ultimus* »der letzte«]

ul|ti|mo ⟨Adv.; Abk.: ult.⟩ am Letzten (des Monats); *~ April* [ital., »der Letzte, letzt«; zu lat. *ultimus*]

Ul|ti|mo ⟨m.; -s, -s⟩ der Letzte (des Monats); *bis ~ April* bis zum 30. April; *per* ~ zum Letzten des Monats

◆ Die Buchenstabenfolge **ul|tr...** kann auch **ult|r...** getrennt werden.

◆ **Ụl|tra** ⟨m.; -s, -s⟩ Anhänger, Vertreter einer extremen polit. Richtung [zu lat. *ultra* »jenseits, über … hinaus«]
◆ **ul|tra..., Ul|tra...** ⟨in Zus.⟩ jenseits (von), über … hinaus [lat.]
◆ **ụl|tra|cool** ⟨[-ku:l] Adj.; umg.; salopp; verstärkend⟩ überaus cool, hervorragend; *eine ~e Sonnenbrille*
◆ **Ụl|tra|fiche** ⟨[-fɪʃ] m.; -s, -s⟩ im Rahmen der Mikrodokumentation angefertigte, stark verkleinerte Vorlage [< *Ultra…* + frz. *fiche* »Zettel«]
◆ **Ụl|tra|fil|ter** ⟨m.; -s, -⟩ für die Ultrafiltration geeigneter Filter
◆ **Ụl|tra|fil|tra|ti|on** *auch:* **Ụl|tra|filt|ra|ti|on** ⟨f.; -, -en⟩ Filtrierverfahren mit Filtern sehr kleiner Porenweite, die auch Bakterien u. andere Kleinstlebewesen zurückhalten
◆ **Ụl|tra|fo|to|me|trie** *auch:* **Ụl|tra|fo|to|met|rie** ⟨f.; -; unz.⟩ = Ultraphotometrie
◆ **ụl|tra|kon|ser|va|tiv** ⟨Adj.⟩ äußerst konservativ [< *ultra…* + *konservativ*]
◆ **ụl|tra|kurz** ⟨Adj.⟩ im Wellenbereich kürzer als elektromagnetische Kurzwellen
◆ **Ul|tra|kụrz|wel|le** ⟨f.; -, -n; Abk.: UKW⟩ elektromagnetische Welle mit einer Wellenlänge unter 10 m [< *Ultra…* + *Kurzwelle*]
◆ **ul|tra|ma|rin** ⟨Adj.⟩ kornblumenblau, lasurblau; *Sy* ultramarinblau
◆ **Ul|tra|ma|rin** ⟨n.; -s; unz.⟩ **1** kornblumenblaue Farbe **2** ⟨Chemie⟩ Farbstoff aus schwefelhaltigem Natriumaluminiumsilikat, natürl. vorkommend als Lapislazuli, künstlich durch Erhitzung von Kaolin mit Natriumcarbonat sowie Schwefel hergestellt
◆ **ul|tra|ma|rin|blau** ⟨Adj.⟩ = ultramarin
◆ **Ụl|tra|mi|kro|skop** *auch:* **Ụl|tra|mik|ro|skop** ⟨n.; -s, -e; Technik⟩ Mikroskop zum Erkennen kleinster Teilchen, die das gewöhnliche Mikroskop nicht sichtbar machen kann
◆ **Ụl|tra|mi|kro|sko|pie** *auch:* **Ụl|tra|mik|ro|sko|pie** ⟨f.; -; unz.; Technik⟩ Betrachtung, Untersuchung mit dem Ultramikroskop
◆ **ul|tra|mo|dern** ⟨Adj.⟩ sehr, extrem modern; *ein ~es Bauwerk*
◆ **ul|tra|mon|tan** ⟨Adj.⟩ streng katholisch, streng päpstlich gesinnt [< *ultra…* + lat. *mons,* Gen. *montis* »Berg« (gemeint sind die Alpen)]
◆ **Ul|tra|mon|ta|nis|mus** ⟨m.; -; unz.; Bez. für den⟩ päpstlichen Absolutismus, streng katholische, streng päpstliche Einstellung [→ *ultramontan*]
◆ **ul|tra|mun|dan** ⟨Adj.⟩ außerhalb der Welt, überweltlich, jenseitig
◆ **Ụl|tra|pho|to|me|trie** *auch:* **Ụl|tra|pho|to|met|rie** ⟨f.; -; unz.⟩ *oV* Ultrafotometrie **1** ⟨Chemie⟩ Messung der Infrarotabsorption von chemischen Verbindungen zur Klärung ihres molekularen Aufbaus **2** Messung von Sternhelligkeiten im roten u. infraroten Wellenbreich
◆ **ụl|tra|rot** ⟨Adj.⟩ = infrarot
◆ **Ụl|tra|rot** ⟨n.; -s; unz.⟩ = Infrarot
◆ **Ụl|tra|schall** ⟨m.; -s; unz.⟩ **1** ⟨Physik⟩ Schwingungen des Schalls, die oberhalb der Grenze der Hörbarkeit liegen **2** ⟨Med.⟩ = Ultrasonographie
◆ **Ụl|tra|so|no|gra|fie** ⟨f.; -, -n⟩ = Ultrasonographie
◆ **Ụl|tra|so|no|gra|phie** ⟨f.; -, -n; Med.⟩ Einsatz von Ultraschallwellen (zu diagnostischen Zwecken); *oV* Ultrasonografie; *Sy* Ultraschall (2) [< *Ultra…* + lat. *sonus* »Ton, Klang« + *…graphie*]
◆ **Ụl|tra|strah|lung** ⟨f.; -; unz.⟩ Höhenstrahlung
◆ **ụl|tra|vi|o|lett** ⟨[-vi-] Adj.; Abk.: UV⟩ im Spektrum jenseits des sichtbaren Violetts liegend; *~e Strahlen*
◆ **Ụl|tra|vi|o|lett** ⟨[-vi-] n.; -s; unz.⟩ Bereich des elektromagnet. Spektrums mit Wellenlängen unterhalb des sichtbaren Violetts
Ụl|ze|ra ⟨Med.; Pl. von⟩ Ulkus
Ul|ze|ra|ti|on ⟨f.; -, -en; Med.⟩ Geschwürbildung [→ *Ulkus*]
ul|ze|rie|ren ⟨V.; Med.⟩ geschwürig werden, Geschwür bilden [→ *Ulkus*]
ul|ze|rös ⟨Adj.; Med.⟩ in der Art eines Ulkus, geschwürig
Um|bel|li|fe|re ⟨f.; -, -n; Bot.⟩ Doldengewächs [< lat. *umbella* »Sonnenschirm« (Verkleinerungsform zu *umbra* »Schatten«) + *ferre* »tragen«]
Ụm|ber ⟨m.; -s; unz.⟩ = Umbra (2)
Ụm|bra *auch:* **Ụmb|ra** ⟨f.; -; unz.⟩ **1** Zentrum der Sonnenflecke **2** dunkelbraune Farbe, entstanden durch Verwitterung manganhaltiger Eisenerze; *oV* Umber [lat., »Schatten«]
Ụm|bra|er|de *auch:* **Ụmb|ra|er|de** ⟨f.; -; unz.⟩ eisen- od. manganhaltiger Ton
Um|bral|glas *auch:* **Umb|ral|glas** ⟨n.; -es, -glä|ser⟩ Glas für Sonnenbrillen, das vor dem ultravioletten Licht der Sonnenstrahlen schützt
ụm|de|ko|rie|ren ⟨V.⟩ umgestalten, mit einer neuen Dekoration versehen; *einen Saal ~*
ụm|fir|mie|ren ⟨V.⟩ den Firmennamen verändern, unter einem neuen Geschäftsnamen firmieren als vorher
ụm|for|mu|lie|ren ⟨V.⟩ neu, anders formulieren als vorher; *ein Bewerbungsschreiben ~*
ụm|funk|ti|o|nie|ren ⟨V.⟩ *eine Sache ~* einer Sache eine andere Funktion geben, einer anderen Funktionen zuführen
ụm|ori|en|tie|ren ⟨V.⟩ *sich ~* den eigenen Standpunkt neu festlegen, sich neu, anders orientieren als vorher
umo|ris|ti|co ⟨Musik⟩ humoristisch, lustig [ital.]
Um|pi|re ⟨[ʌmpaɪə(r)] m.; -, -s; Sport⟩ Schiedsrichter, Unparteiischer [zu engl. *nompere* »nicht gleich« < altfrz. < lat. *non* »nicht« + *par* »gleich«]
ụm|po|len ⟨V.⟩ *eine elektrische Schaltung ~* ihren Plus- u. Minuspol austauschen
ụm|quar|tie|ren ⟨V.⟩ *jmdn. ~* jmdm. ein anderes Quartier geben, jmdn. in ein anderes Quartier legen
UMTS ⟨Abk. für engl.⟩ Universal

U

Mobile Telecommunication System (universelles mobiles Telekommunikationssystem mit direktem Zugang zum Internet)

Um|welt|au|dit ⟨a. [-ɔ:dɪt] m. od. n.; -s, -s⟩ = Ökoaudit

UN ⟨Abk. für engl.⟩ United Nations

una cor|da ⟨Musik⟩ Anweisung beim Betätigen des linken Pedals am Klavier od. Flügel, wodurch der Klang (durch verschobenen Anschlag der Saiten) gedämpft wird [ital., »eine Saite«]

Un|ani|mi|tät ⟨f.; -; unz.; geh.⟩ Einmütigkeit, Einhelligkeit [<frz. *unanimité* <lat. *unanimitas* <*unus* »eins« + *animus* »Geist«]

unär ⟨Adj.; Math.⟩ einen einzelnen Operanden betreffend; *Sy* monadisch [zu lat. *unus* »ein, einer«]

un|ar|ti|ku|liert ⟨Adj.⟩ nicht artikuliert, undeutlich; *~e Laute ausstoßen*

Una Sanc|ta ⟨f.; - -; unz.⟩ die eine heilige (christliche Kirche) [lat.]

un|äs|the|tisch ⟨Adj.⟩ **1** nicht ästhetisch, unschön, nicht angenehm anzusehen **2** unappetitlich, Widerwillen erregend; *ein ~er Anblick*

un|at|trak|tiv ⟨Adj.⟩ nicht attraktiv, nicht anziehend, ohne Anziehungskraft; *Ggs* attraktiv; *ein ~es Angebot*

Un|cle Sam *auch:* **Unc|le Sam** ⟨[ʌnk(ə)l sæm] ohne Artikel; scherzh. Bez. für⟩ die USA [nach *US*-Amerikaner]

un|cool ⟨[-ku:l] Adj.; umg.⟩ *Ggs* cool **1** nicht cool, verkrampft; *~es Verhalten* **2** nicht toll, langweilig; *ein ~er Film* **3** nicht in Mode, nicht auf der Höhe der Zeit; *~e Klamotten* [engl., »nicht kühl« (Wetter od. Stimmung)]

UNCTAD ⟨Abk. für engl.⟩ United Nations Conference on Trade and Development (Konferenz der Vereinten Nationen über Handel u. Entwicklung)

Un|da|ti|on ⟨f.; -, -en; Geol.⟩ großräumige, vertikale Krustenbewegung, die eine Verbiegung der Erdkruste in Schwellen u. Senken zur Folge hat [zu lat. *unda* »Welle«]

un|de|fi|nier|bar ⟨Adj.⟩ so beschaffen, dass man es nicht definieren kann; *Ggs* definierbar

un|de|mo|kra|tisch ⟨Adj.⟩ nicht demokratisch, den Grundsätzen der Demokratie nicht entsprechend; *Ggs* demokratisch

Un|der|co|ver... ⟨[ʌndə(r)kʌvə(r)] in Zus.⟩ Geheim..., Spitzel... [engl.]

Un|der|co|ver|agent ⟨[ʌndə(r)kʌvə(r)-] m.; -en, -en⟩ verdeckt, mit einer falschen Identität observierender Ermittler [<*Undercover...* + *Agent*]

Un|der|dog ⟨[ʌndə(r)dɔg] m.; -s, -s; umg.⟩ Unterprivilegierter, z. B. Obdachloser [engl.-amerikan., eigtl. »Benachteiligter, Zukurzgekommener«]

Un|der|flow ⟨[ʌndə(r)flou] m.; -s, -s; EDV⟩ Fehlermeldung beim Auftritt eines Zahlenwertes, der kleiner ist als der kleinste von der EDV-Anlage noch darstellbare Wert [engl., <*under* »unter, darunter« + *flow* »fließen«]

Un|der|ground ⟨[ʌndə(r)graʊnd] m.; -s; unz.⟩ **1** Unterwelt, Verbrecherwelt, Bereich außerhalb der Legalität u. Konvention **2** literar. Richtung in den USA, die sich mit aktuellen sozialen sowie als tabu geltenden Themen (Schwarzenproblem, Sex) befasst [engl., »Untergrund«]

Un|der|ground|li|te|ra|tur ⟨[ʌndə(r)graʊnd-] f.; -, -en; Lit.⟩ subkulturelle Literatur, für die eine provokatorische Ablehnung bürgerlicher Normen charakteristisch ist

Un|der|state|ment ⟨[ʌndə(r)steɪtmənt] n.; -s, -s⟩ Untertreibung, Nüchternheit; *Ggs* Overstatement [engl.]

Un|der|wri|ter ⟨[ʌndəraɪtə(r)] m.; -s, -; Wirtsch.⟩ ein Unternehmen (Finanzinstitut, Makler) in Großbritannien, das sich verpflichtet, bei nicht vollständiger Absetzung einer Emission den Restbestand selbst zu übernehmen [engl., eigtl. »Unterzeichner«]

Un|de|zi|me ⟨f.; -, -n; Musik⟩ **1** der elfte Ton vom Grundton aus **2** Intervall von elf Tönen [<lat. *undecima*, Fem. zu *undecimus* »der elfte« <*unus* »der erste« + *decimus* »der zehnte«]

un|dis|zi|pli|niert *auch:* **un|dis|zip|li|niert** ⟨Adj.⟩ nicht diszipliniert, unbeherrscht, zuchtlos

un|dog|ma|tisch ⟨Adj.⟩ nicht dogmatisch, nicht starr an einem Dogma festhaltend; *Ggs* dogmatisch

un|do|tiert ⟨Adj.⟩ nicht dotiert, ohne Bezahlung, nicht mit Einkünften versehen; *ein ~er Kunstpreis*

Un|du|la|ti|on ⟨f.; -, -en⟩ **1** wellenförmige Bewegung **2** ⟨Physik⟩ Bewegung von Wellen [<neulat. **undulatio* <lat. *undula*, Verkleinerungsform zu *unda* »Welle«]

Un|du|la|ti|ons|the|o|rie ⟨f.; -; unz.; Physik⟩ Wellenmechanik

un|du|la|to|risch ⟨Adj.; Physik⟩ wellenförmig

un|du|lie|ren ⟨V.⟩ wellenartig verlaufen, sich wellenartig bewegen, hin u. her wogen [→ *Undulation*]

un|ero|tisch ⟨Adj.⟩ nicht sinnlich, nicht erotisch, das Liebes- und Geschlechtsleben nicht betreffend; *Ggs* erotisch

UNESCO ⟨f.; -; unz.; Abk. für engl.⟩ United Nations Educational, Scientific and Cultural Organization (Organisation der Vereinten Nationen für Erziehung, Wissenschaft u. Kultur)

un|fair ⟨[-fɛ:r] Adj.⟩ nicht anständig, nicht ehrlich (bes. im Sport), bewusst gegen die sportl. Regeln u. Sitten verstoßend; *Ggs* fair; *~es Spiel; ~ handeln; ~ spielen*

un|ghe|re|se ⟨Musik⟩ ungarisch; →*a.* all'ungherese [ital.]

Un|gu|en|tum ⟨n.; -s, -en|ta; Pharm.; Med.⟩ Salbe [zu lat. *unguere* »salben, bestreichen«]

Un|gu|lat ⟨m.; -en, -en; Zool.⟩ Huftier [<lat. *ungula* »Pferdehuf; Kralle«]

uni ⟨[yni:] Adj.⟩ einfarbig (Stoffe) [frz., »einig, gleich«]

uni..., Uni... ⟨in Zus.⟩ ein..., Ein... [<lat. *unus* »ein«]

UNICEF ⟨[u:nitsɛf] f.; -; unz.; Abk. für engl.⟩ United Nations International Children's Emergency Fund (Internationales

Kinderhilfswerk der Vereinten Nationen)

UNIDO ⟨f.; -; unz.; Abk. für engl.⟩ United Nations Industrial Development Organisation (Organisation der Vereinten Nationen für industrielle Entwicklung)

unie|ren ⟨V.⟩ vereinigen [<lat. *unire;* zu *unus* »ein«]

Uni|fi|ka|ti|on ⟨f.; -, -en⟩ Vereinigung, Vereinheitlichung; *Sy* Unifizierung [<lat. *unus* »ein« + *…fikation*]

uni|fi|zie|ren ⟨V.⟩ vereinigen, vereinheitlichen [<lat. *unus* »ein« + *…fizieren*]

Uni|fi|zie|rung ⟨f.; -, -en⟩ = Unifikation

uni|form ⟨Adj.⟩ einheitlich, einförmig [<frz. *uniforme* <lat. *uniformis* <*unus* »ein« + *forma* »Gestalt«]

Uni|form ⟨a. ['---] f.; -, -en⟩ einheitl. Dienstkleidung, z. B. der Soldaten, Eisenbahn- u. Postbeamten, Polizisten usw.; *Ggs* Zivil

uni|for|mie|ren ⟨V.⟩ in Uniform kleiden, einheitlich machen, einheitlich kleiden

uni|for|miert ⟨Adj.⟩ in Uniform, eine Uniform tragend, einheitlich gekleidet

Uni|for|mis|mus ⟨m.; -; unz.⟩ Tendenz, Streben nach Einheitlichkeit, Gleichförmigkeit

Uni|for|mist ⟨m.; -en, -en⟩ Mann, der zum Uniformismus neigt od. durch ihn geprägt ist

Uni|for|mis|tin ⟨f.; -, -tin|nen⟩ Frau, die zum Uniformismus neigt od. durch ihn geprägt ist

Uni|for|mi|tät ⟨f.; -; unz.⟩ Einheitlichkeit, Gleichmäßigkeit, Einförmigkeit [<neulat. *uniformitas* <lat. *uniformis* »einheitlich«]

uni|kal ⟨Adj.⟩ nur einmal vorhanden, einmalig existierend; *~es Kleid* [→ *Unikum*]

Uni|kat ⟨n.; -(e)s, -e⟩ Urschrift, einzige Ausfertigung (eines Schriftstückes) [zu lat. *unicus* »einzig«; analog zu *Duplikat* gebildet]

Uni|kum ⟨n.; -s, -s od. -ni|ka⟩ **1** etwas in seiner Art Einmaliges, Seltenes, etwas Einzigartiges **2** nur einmal hergestelltes Buch **3** ⟨fig.; umg.⟩ Sonderling [zu lat. *unicus* »einzig, allein«; zu *unus* »ein«]

uni|la|te|ral ⟨Adj.⟩ einseitig, nur auf einer Seite befindlich [<*uni…* + *lateral*]

un|in|spi|riert *auch:* **un|ins|pi|riert** ⟨Adj.⟩ ohne jede Inspiration, nicht anregend, langweilig; *der Kinofilm wirkte ziemlich ~*

Unio mys|ti|ca ⟨f.; - -; unz.; Mystik⟩ die geheimnisvolle Vereinigung (der Seele mit Gott) [lat.]

Uni|on ⟨f.; -, -en⟩ Vereinigung, Verbindung, Zusammenschluss [<lat. *unio;* zu *unire* »vereinigen«; zu *unus* »ein«]

Uni|o|nist ⟨m.; -en, -en⟩ Anhänger, Vertreter einer Union

uni|o|nis|tisch ⟨Adj.⟩ eine Union betreffend, einer Union angehörend, in der Art einer Union

Uni|on Jack ⟨[juːnjən dʒæk] m.; - -s, - -s; volkstüml. Bez. für⟩ die britische Nationalflagge [engl.]

Uni|ons|par|tei ⟨f.; -, -en; meist Pl.; Politik⟩ eine der beiden Parteien CDU od. CSU; *die ~en stiegen in der Gunst der Wähler*

uni|pe|tal ⟨Adj.; Bot.⟩ einblättrig [<*uni…* + grch. *petalon* »Blatt«]

uni|po|lar ⟨Adj.; El.⟩ einpolig; *Ggs* multipolar

Uni|po|lar|ma|schi|ne ⟨f.; -, -n; El.⟩ elektr. Generator zur Erzeugung starker Gleichströme bei kleinen Spannungen

Uni|sex ⟨a. [juːni-] m.; - od. -es; unz.⟩ Aufhebung der Unterschiede zwischen dem männlichen u. dem weiblichen Erscheinungsbild (z. B. lange Hosen bei Frauen od. Röcke bei Männern) [<engl. *unisex* <lat. *unus* »ein« + *sexus* (männl. od. weibl.) Geschlecht]

uni|se|xu|ell ⟨Adj.⟩ **1** den Unisex betreffend, auf ihm beruhend **2** eingeschlechtlich

uni|son ⟨Adv.; Musik⟩ einstimmig od. in Oktaven singend, tönend; *oV* all'unisono

uni|so|no ⟨Adv.; Musik⟩ im Einklang, einstimmig od. in Oktaven singend, tönend [ital., »einstimmig« <lat. *unus* »ein« + *sonus* »Ton«]

Uni|so|no ⟨n.; -s, -s od. -so|ni; Musik⟩ einstimmiger Gesang, einstimmiges Spiel od. Gesang, Spiel in Oktaven [ital., »einstimmig« <lat. *unus* »ein« + *sonus* »Ton«]

Unit ⟨[juːnɪt] f.; -, -s⟩ **1** Lerneinheit, Lernschritt (in Unterrichtsprogrammen) **2** (bei techn. Geräten) fertige Einheit **3** ⟨allg.⟩ Arbeitsgruppe, Team [engl., »Einheit«]

uni|tär ⟨Adj.⟩ Einigung bezweckend, Einheit erstrebend; *Sy* unitarisch [→ *Unität*]

Uni|ta|ri|er ⟨m.; -s, -⟩ Anhänger einer protestant. Gruppe, die die Lehre der Trinität ablehnt u. die Einheit Gottes betont [<neulat. *unitarius;* zu lat. *unitus,* Part. Perf. zu *unire* »vereinigen«]

uni|ta|risch ⟨Adj.⟩ = unitär

Uni|ta|ri|sie|rung ⟨f.; -; unz.⟩ Erweiterung der Befugnisse eines Bundesstaates auf Kosten der Autonomie der Gliedstaaten (Bundesländer); *Ggs* Föderalisierung [→ *Unität*]

Uni|ta|ris|mus ⟨m.; -; unz.⟩ Streben nach einem Einheitsstaat od. einem Bundesstaat auf Kosten der Selbstständigkeit der Gliedstaaten; *Ggs* Föderalismus

Uni|ta|rist ⟨m.; -en, -en⟩ Vertreter, Anhänger des Unitarismus [→ *Unität*]

uni|ta|ris|tisch ⟨Adj.⟩ zum Unitarismus gehörend, darauf beruhend

Uni|tät ⟨f.; -; unz.⟩ Einheit, Einigkeit, Übereinstimmung [<lat. *unitas;* zu *unus* »ein«]

Uni|ted Na|tions ⟨[junaɪtɪd nɛɪʃənz] Pl.; Abk.: UN; kurz für⟩ United Nations Organization (Vereinte Nationen) [engl.]

Uni|ted Na|tions Or|ga|ni|za|tion ⟨[junaɪtɪd nɛɪʃənz ɔː(r)gənaɪzɛɪʃən] f.; - - -; unz.; Abk.: UNO⟩ Organisation der Vereinten Nationen, 1945 gegründete internationale Organisation zur Erhaltung des Weltfriedens, mit kollektiven Maßnahmen bei Bruch od. Bedrohung des Friedens [engl.]

uni|va|lent ⟨[-va-] Adj.; Chemie⟩ einwertig

Uni|ver|bie|rung ⟨[-vɛr-] f.; -, -en; Sprachw.⟩ das Zusammen-

U

wachsen zweier od. mehrerer Wörter zu einem Wort, z. B. »ob« und »wohl« zu »obwohl« [<*Uni...* + *Verb*]

uni|ver|sal ⟨[-vɛr-] Adj.⟩ gesamt, umfassend, allgemein; *oV* universell (1); *~er Frieden; eine ~e Ordnung* [<lat. *universalis* »allgemein«]

Uni|ver|sal|emp|fän|ger ⟨[-vɛr-] m.; -s, -; Med.⟩ Person mit der Blutgruppe AB, auf die Blut jeder Gruppe übertragen werden kann; →*a.* Universalspender

Uni|ver|sal|er|be ⟨[-vɛr-] m.; -en, -en; Rechtsw.⟩ alleiniger Erbe

Uni|ver|sal|ge|nie ⟨[-vɛrsa:lʒe-] n.; -s, -s⟩ jmd., der auf den verschiedensten Gebieten überragend begabt ist

Uni|ver|sal|ge|schich|te ⟨[-vɛr-] f.; -; unz.⟩ Weltgeschichte

Uni|ver|sa|li|en ⟨[-vɛr-] Pl.⟩ **1** ⟨Philos.⟩ allgemeine Begriffe, Gattungsbegriffe **2** ⟨Sprachw.⟩ Merkmale, die allen natürliche Sprachen eigen sind, z. B. Vokale [<mlat. *universalia* <lat. *universalis* »allgemein«]

Uni|ver|sal|in|stru|ment *auch:* **Uni|ver|sal|ins|tru|ment** *auch:* **Uni|ver|sal|inst|ru|ment** ⟨[-vɛr-] n.; -(e)s, -e; Technik⟩ **1** elektr. Messinstrument, mit dem sich Spannungen, Stromstärken, Widerstände u. Kapazitäten messen lassen **2** kleines, transportables astronomisches u. geodätisches Instrument zum Messen von Höhe u. Azimut eines Sterns

uni|ver|sa|li|sie|ren ⟨[-vɛr-] V.⟩ allgemein verbreiten, für allgemeingültig erklären, universelle Gültigkeit besitzen, verallgemeinern; *eine Erscheinung, die sich weiter ~ u. globalisieren sollte*

Uni|ver|sa|lis|mus ⟨[-vɛr-] m.; -; unz.⟩ **1** Vielseitigkeit, Betätigung od. Wissen auf sehr vielen Gebieten **2** Lehre, dass das Ganze, das Allgemeine dem Einzelnen übergeordnet sei od. sein müsse [→ *universal*]

uni|ver|sa|lis|tisch ⟨[-vɛr-] Adj.⟩ in der Art des Universalismus, auf dem Universalismus beruhend, verallgemeinernd, generalisierend; *ein ~er Anspruch*

Uni|ver|sa|li|tät ⟨[-vɛr-] f.; -; unz.⟩ Vielseitigkeit, vielseitiges, umfassendes Wissen

Uni|ver|sal|spen|der ⟨[-vɛr-] m.; -s, -; Med.⟩ Person mit der Blutgruppe 0, die für jede andere Person Blut spenden kann; →*a.* Universalempfänger

uni|ver|sell ⟨[-vɛr-] Adj.⟩ **1** = universal **2** *~e Konstante* Naturkonstante

Uni|ver|si|a|de ⟨[-vɛr-] f.; -, -n; Sport; seit 1959 Bez. für⟩ internationale Wettkämpfe der Studenten [verkürzt <*Univers*ität + *Olymp*iade]

uni|ver|si|tär ⟨[-vɛr-] Adj.⟩ die Universität betreffend, zu ihr gehörig; *~e Angelegenheiten*

Uni|ver|si|tas Lit|te|ra|rum ⟨[-vɛr-] lat. Bez. für⟩ Universität [mlat., »Körperschaft der Wissenschaften«]

Uni|ver|si|tät ⟨[-vɛr-] f.; -, -en⟩ **1** Hochschule für alle Wissensgebiete **2** Gesamtheit der Lehrer, Angestellten u. Studenten einer Universität [<mlat. *universitas* »Körperschaft (der Lehrenden u. Lernenden)«]

Uni|ver|sum ⟨[-vɛr-] n.; -s; unz.⟩ Weltall [lat.; zu *universus* »sämtlich«]

uni|vok ⟨[-vo:k] Adj.; geh.; Philos.⟩ einstimmig, eindeutig [<*uni...* + lat. *vox,* Gen. *vocis* »Stimme, Sprache«]

Uni|vo|zi|tät ⟨[-vo-] f.; -; unz.; Philos.⟩ Einstimmigkeit, Eindeutigkeit [→ *univok*]

UNIX ⟨[ju:nɪx] EDV⟩ Betriebssystem für Computer, das zum großen Teil in der Programmiersprache C geschrieben ist [engl.]

un|kal|ku|lier|bar ⟨Adj.⟩ nicht zu kalkulieren, unberechenbar; *Ggs* kalkulierbar; *ein ~es Risiko eingehen*

un|kom|for|ta|bel ⟨Adj.⟩ nicht komfortabel, unbequem, unpraktisch; *Ggs* komfortabel; *eine beengte u. unkomfortable Wohnung*

un|kom|men|tiert ⟨Adj.⟩ ohne Kommentar, kommentarlos, nicht erläutert; *etwas ~ zur Diskussion stellen; ~e Gesamtausgabe eines Schriftstellers*

un|kon|zen|triert *auch:* **un|kon|zent|riert** ⟨Adj.⟩ ohne Konzentration, nicht aufmerksam; *Ggs* konzentriert; *~e Schüler u. Schülerinnen*

un|ko|or|di|niert ⟨Adj.⟩ **1** nicht koordiniert, nicht aufeinander abgestimmt **2** ungleichmäßig; *~er Herzschlag*

un|kor|rekt ⟨Adj.⟩ = inkorrekt

un|kre|a|tiv ⟨Adj.⟩ nicht kreativ, nicht schöpferisch, einfallslos, fantasielos; *Ggs* kreativ

Unk|ti|on ⟨f.; -, -en; Med.⟩ Salbung, Ölung [<lat. *unctio;* zu *ungre* »salben«]

un|mo|ra|lisch ⟨Adj.⟩ nicht moralisch, unsittlich; *Ggs* moralisch (1, 2); *~ handeln*

UNO ⟨f.; -; unz.; Abk. für⟩ United Nations Organization; →*a.* UN

un|or|ga|nisch ⟨Adj.⟩ nicht organisch, ungegliedert; *Ggs* organisch (4)

un|pa|the|tisch ⟨Adj.⟩ nicht pathetisch, ohne Pathos, schlicht, unspektakulär; *Ggs* pathetisch; *die Inszenierung war sehr kühl, routiniert u. ~*

un|pa|tri|o|tisch *auch:* **un|pat|ri|o|tisch** ⟨Adj.⟩ nicht patriotisch, nicht national od. vaterländisch gesinnt; *Ggs* patriotisch

un|plugged ⟨[ʌnplʌgd] Adj.; undekl.; Popmusik⟩ mit unverfälschtem Klang, ohne elektrische Instrumente u. aufwendige Studiotechnik (produziert) [<engl. *unplug,* eigtl. »den Stecker herausziehen«]

un po|co ⟨Musik⟩ ein wenig (im Sinne einer Spielanweisung) [ital.]

un|po|pu|lär ⟨Adj.⟩ nicht populär; *~e Maßnahmen; eine ~e Meinung äußern*

un|prak|ti|ka|bel ⟨Adj.⟩ nicht praktikabel, unbrauchbar, undurchführbar; *Ggs* praktikabel; *ein unpraktikabler Vorschlag*

un|prak|tisch ⟨Adj.⟩ nicht praktisch, unzweckmäßig, ungeschickt; *Ggs* praktisch (2)

un|prä|ten|ti|ös ⟨Adj.⟩ nicht prätentiös, anspruchslos, sachlich, schlicht; *Ggs* prätentiös; *eine ~ erzählte Geschichte*

un|pro|duk|tiv ⟨Adj.⟩ nicht produktiv, nicht schöpferisch; *~e Arbeit; er hat eine ~e Phase*

un|pro|fi|ta|bel ⟨Adj.⟩ keinen Profit, Gewinn, Nutzen bringend, unrentabel; *Ggs* profitabel; *ein unprofitables Geschäft*

un|sen|si|bel ⟨Adj.⟩ unempfindlich, unempfänglich; *oV* insensibel; *Ggs* sensibel
un|se|ri|ös ⟨Adj.⟩ nicht seriös, nicht ernsthaft, unanständig; *Ggs* seriös; *ein ~er Geschäftspartner*
un|sym|pa|thisch ⟨Adj.⟩ nicht sympathisch, Abneigung hervorrufend, nicht auf Sympathie beruhend; *Sy* antipathisch; *Ggs* sympathisch (1); *er ist mir extrem ~*
un|ter|mi|nie|ren ⟨V.⟩ **1** zur Sprengung vorbereiten; *feindliche Stellungen ~* **2** ⟨fig.⟩ langsam, unmerklich zerstören; *jmds. Ansehen, Stellung ~* [→ *Mine*[1]]
Un|ze ⟨f.; -, -n; Zool.⟩ = Irbis [<frz. *once* <ital. *lonza* <lat. *lyncea* »Luchs«]
un|zen|siert ⟨Adj.⟩ **1** nicht zensiert, ohne Zensur; *Ggs* zensiert **2** tabulos
Un|zi|a|le ⟨f.; -, -n⟩ abgerundete, grch. (seit dem 3. Jh. v. Chr.) u. röm. (seit dem 3. Jh. n. Chr.) Schrift aus großen Buchstaben [<lat. *uncialis* »ein Zoll hoch«; zu *uncia* »Zoll«]
UP ⟨[jupiː] Abk. für engl.⟩ United Press, Nachrichtenagentur der USA
Upa|ni|schad ⟨f.; -, -scha|den; meist Pl.⟩ altindische philosophisch-religiöse Schrift [Sanskrit, »Geheimlehre, Geheimsitzung«]
Up|date ⟨[ʌpdɛɪt] n.; -s, -s; EDV⟩ neue, überarbeitete Fassung, Ausgabe (eines EDV-Programmes); *ein ~ erarbeiten, verschicken* [<engl. *update* »auf den neuesten Stand bringen, modernisieren«]
up|da|ten ⟨[ʌpdɛɪtən] V.⟩ **1** ⟨EDV⟩ ein Update installieren, ein Programm aufrüsten, auf einen verbesserten Stand bringen, aktualisieren **2** ⟨fig.⟩ aktualisieren, auf den neuesten Stand bringen; *die Hits der 1990er Jahre ~* [→ *Update*]
Upe|ri|sa|ti|on ⟨f.; -, -en⟩ Konservierungsverfahren für Milch, bei dem Bakterien durch kurzfristiges Einleiten von Dampf abgetötet werden [Kurzwort <*Ultrapasteurisation*]
upe|ri|sie|ren ⟨V.⟩ durch Uperisation keimfrei machen
Up|grade ⟨[ʌpgrɛɪd] n.; -s, -s; EDV⟩ verbesserte, leistungsfähigere Version eines Produkts (besonders eines Computerprogramms) [<engl. *upgrade* »verbessern, nachrüsten«]
up|gra|den ⟨[ʌpgrɛɪ-] V.⟩ **1** ⟨EDV⟩ ein Upgrade, eine verbesserte Version installieren; *Hardware modernisieren und Software ~* **2** ⟨allg.⟩ hochstufen, qualitativ verbessern; *in die nächsthöhere Klasse upgegradet werden*
UPI ⟨[juːpiaɪ] Abk. für engl.⟩ United Press International, ein US-amerikan. Nachrichtendienst
Up|load ⟨[ʌploʊd] n.; -s, -s; EDV⟩ Programm, das ein Aufladen von Dateien auf die Festplatte ermöglicht; *Ggs* Download [engl.; <*up* »auf, hinauf« + *load* »laden«]
up|loa|den ⟨[ʌploʊdən] V.; EDV⟩ ein Upload durchführen, eine Datei auf die zentrale Festplatte laden; *Ggs* downloaden [→ *Upload*]
Up|mar|ket ⟨[ʌp-] m.; -s; unz.; Wirtsch.⟩ Markt für Waren von hohem Preis- u. Qualitätsniveau; *Ggs* Downmarket [engl.]
Up|per|class ⟨[ʌpə(r)klaːs]⟩ *auch:* **Up|per Class** ⟨f.; (-) -, (-) -es [-sɪz]; geh.⟩ Oberschicht [<engl. *upper* »obere(r, -s)« + *class* »Klasse, Schicht, Stand«]
Up|per|cut ⟨[ʌpə(r)kʌt] m.; -s, -s; Sport; Boxen⟩ Aufwärtshaken gegen das Kinn des Gegners [<engl. *upper* »obere(r, -s) + *cut* (eigtl.) »Schnitt«]
Up|pers ⟨[ʌp-] Pl.⟩ = Ups
Up|per Ten ⟨[ʌpə(r) tɛn] Pl.; geh.⟩ die oberen Zehntausend, die oberste Gesellschaftsschicht [<engl. *upper ten (thousand)* »die oberen Zehn(tausend)«]
Ups ⟨[ʌps] Pl.⟩ anregende Drogen; *Sy* Uppers [zu engl. *up* »auf, hinauf«]
UPS ⟨[juːpiɛs] EDV; Abk. für engl.⟩ Uninterruptible Power Supplies (unterbrechungsfreie Stromversorgung), Gerät, das zwischen Computer u. Steckdose geschaltet wird
UPS® ⟨[juːpiɛs] Abk. für engl.⟩ United Parcel Service (Vereinigter Paketdienst)
up to date ⟨[ʌp tu dɛɪt]⟩ zeitgemäß, auf dem Laufenden, modisch; *sie ist in der Mode immer ~* [engl.]
Ura|cil ⟨n.; -s, -e; Biochemie⟩ Purinbase, wichtiger Bestandteil der Ribonukleinsäure
Ur|ä|mie ⟨f.; -, -n; Med.⟩ Erkrankung, die durch mangelhafte Ausscheidung des Harns verursacht wird, Harnvergiftung [<*Urin* + ...*ämie*]
ur|ä|misch ⟨Adj.; Med.⟩ mit Urämie einhergehend
Uran ⟨n.; -s; unz.; chem. Zeichen: U⟩ chem. Element, radioaktives, silberweißes Metall, Ordnungszahl 92 [im 18. Jh. *Uranium;* zum Namen des entdeckten Planeten *Uranus* <grch. *ouranos* »Himmel«]
Ura|ni|nit ⟨n.; -s; unz.; Chemie⟩ pechschwarzes Mineral, chemisch Urandioxid, Pechblende; *Sy* Uranpecherz [→ *Uran*]
Ura|nis|mus ⟨m.; -; unz.; Med.; veraltet⟩ männliche Homosexualität; →*a.* Urlinde [nach *Uranos,* Vater der aus dem Meeresschaum geborenen Aphrodite]
Ura|nist ⟨m.; -en, -en; Med.⟩ homosexuell veranlagter Mensch
ura|no..., Ura|no... ⟨in Zus.⟩ himmels..., Himmels... [<grch. *ouranos* »Himmel«]
Ura|no|gra|fie ⟨f.; -, -n; Astron.⟩ = Uranographie
Ura|no|gra|phie ⟨f.; -, -n; Astron.⟩ Beschreibung des Himmels; *oV* Uranografie [<*Urano...* + ...*graphie*]
Ura|no|lo|gie ⟨f.; -; unz.; Astron.⟩ Astronomie [<*Urano...* + ...*logie*]
Ura|no|me|trie *auch:* **Ura|no|met|rie** ⟨f.; -; unz.; Astron.⟩ Bestimmung von Sternörtern u. ihre Erfassung in Katalogen [<*Urano...* + ...*metrie*]
Ura|no|skop *auch:* **Ura|nos|kop** ⟨n.; -s, -e; Astron.⟩ Fernrohr zum Beobachten des Sternhimmels [<*Urano...* + ...*skop*]
Ura|no|sko|pie *auch:* **Ura|nos|ko|pie** ⟨f.; -; unz.; Astron.⟩ Beobachtung des Sternhimmels
Uran|pech|erz ⟨n.; -es; unz.; Min.⟩ = Uraninit

U

Ura|nus ⟨m.; -; unz.; Astron.⟩ von der Sonne aus der siebte der neun Planeten unseres Sonnensystems [nach *Uranos,* dem grch. Gott des Himmels]

Urat ⟨n.; -(e)s, -e; Chemie⟩ Salz der Harnsäure, z. B. Natriumurat [<grch. *ouron* »Harn«]

Uräus|schlan|ge ⟨f.; -, -n; Zool.⟩ zu den Kobras gehörende afrikanische Giftschlange, Sonnensymbol der altägyptischen Kultur [<grch. *Ouraios* <*oura* »Schwanz«]

ur|ban ⟨Adj.⟩ **1** höflich, weltmännisch **2** gebildet, fein **3** städtisch, städtebaulich erschlossen; *eine Region ~ machen* [<lat. *urbanus* »städtisch«; zu *urbs* »Stadt«]

Ur|ba|ni|sa|ti|on ⟨f.; -, -en⟩ **1** die Zunahme der Zahl städtischer Siedlungen u. des Anteils der in Städten lebenden Bevölkerung **2** die Ausbreitung städtischer Lebens- u. Siedlungsformen in ländliche Räume [→ *urban*]

ur|ba|ni|sie|ren ⟨V.⟩ urban machen

Ur|ba|ni|sie|rung ⟨f.; -, -en⟩ das Urbanisieren

Ur|ba|nis|tik ⟨f.; -; unz.⟩ Wissenschaft vom Städtebau u. von der Stadtplanung [→ *urban*]

ur|ba|nis|tisch ⟨Adj.; bes. schweiz.⟩ städtebaulich; *ein architektonisch u. ~ sehr problematisches Projekt*

Ur|ba|ni|tät ⟨f.; -; unz.⟩ urbanes Benehmen, Bildung, Höflichkeit

ur|ba|ri|sie|ren ⟨V.; schweiz.⟩ urbar machen; *das Moor ~*

ur|bi et or|bi der Stadt (Rom) u. dem Erdkreis; *den päpstl. Segen ~ erteilen; etwas ~ verkünden* allen, aller Welt [lat.]

Ur|du ⟨n.; - od. -s; unz.⟩ neuind.-pers. Mischsprache, Amtssprache Pakistans; →*a.* Hindustani

Urea ⟨f.; -; unz.; Biochemie⟩ Harnstoff [zu grch. *ouron* »Harn«]

Ure|a|se ⟨f.; -, -n; Biochemie⟩ harnstoffspaltendes Enzym [zu grch. *ouron* »Harn«]

Ure|id ⟨n.; -(e)s, -e; Chemie⟩ ein durch Kondensation von Harnstoff mit meist alkylierten zweibasischen Carbonsäuren gewonnenes Säurederivat des Harnstoffes [<*Urin* + *...id*]

Ure|se ⟨f.; -; unz.; Med.⟩ das Harnen [zu grch. *ourein* »harnen«]

Ure|ter ⟨m.; -s, -te|ren; Anat.⟩ Harnleiter [<grch. *oureter* »Harnleiter«; zu *ouron* »Harn«]

Ure|te|ri|tis ⟨f.; -, -ti|den; Med.⟩ Harnleiterentzündung [<*Ureter* + *...itis*]

Ure|than ⟨n.; -s, -e; Chemie⟩ stabiler Ester der instabilen Carbamidsäure, Schlaf- u. Beruhigungsmittel [→ *Ureter*]

◆ Die Buchstabenfolge **ure|thr...** kann auch **ureth|r...** getrennt werden.

◆ **Ure|thra** ⟨f.; -, -re|thren; Anat.⟩ Harnröhre [<grch. *ourethra* »Harnröhre«]

◆ **ure|thral** ⟨Adj.; Anat.⟩ zur Harnröhre gehörend

◆ **Ure|thri|tis** ⟨f.; -, -thri|ti|den; Med.⟩ Enzündung der Harnröhre [→ *Urethra*]

◆ **Ure|thro|skop** *auch:* **Ure|thros|kop** ⟨n.; -s, -e; Med.⟩ Gerät zur Untersuchung der Harnröhre [<*Urethra* + *...skop*]

◆ **Ure|thro|to|mie** ⟨f.; -, -n; Med.⟩ Harnröhrenschnitt [<*Urethra* + *...tomie*]

ur|gent ⟨Adj.; veraltet⟩ dringend, unaufschiebbar [<lat. *urgens,* Part. Präs. zu *urgere* »drängen«]

Ur|genz ⟨f.; -; unz.; veraltet⟩ Dringlichkeit, Unaufschiebbarkeit [→ *urgent*]

ur|gie|ren ⟨V.; selten; noch österr.⟩ dringlich machen, beschleunigen (Gesuch, Lieferung) [<lat. *urgere* »drängen«]

Ur|hi|dro|se *auch:* **Ur|hid|ro|se** ⟨f.; -, -n; Med.⟩ Absonderung von harnstoffhaltigem Schweiß; *oV* Uridrose [<grch. *ouron* »Harn« + *hidros* »Schweiß«]

Uri|an ⟨m.; -s, -e⟩ **1** ⟨unz.⟩ der Teufel **2** ⟨zählb.⟩ unwillkommener Gast [vermutl. Personenname]

Uri|as|brief *auch:* **Uri|as-Brief** ⟨m.; -(e)s, -e⟩ Brief, der den Überbringer ins Verderben schickt [nach *Uria* (dem Heerführer Davids), der einen solchen Brief erhielt]

Uri|ca|se ⟨f.; -, -n; Biochemie⟩ Enzym, das in Anwesenheit von Sauerstoff aus Harnsäure Allantoin u. Wasserstoffperoxid bildet [→ *Urin*]

Uri|din ⟨n.; -s, -e; Biochemie⟩ in der Ribonucleinsäure enthaltenes Nukleosid [→ *Urin*]

Uri|dro|se *auch:* **Urid|ro|se** ⟨f.; -, -n; Med.⟩ = Urhidrose

...u|rie ⟨Nachsilbe; zur Bildung weibl. Subst.; f.; -, -n; Med.⟩ Harnlassen, Ausscheidung von bestimmten Stoffen im Harn; *Hämaturie* [<grch. *ouron* »Harn«]

Uri|ko|sta|ti|kum *auch:* **Uri|kos|ta|ti|kum** ⟨n.; -s, -ti|ka; Pharm.⟩ Präparat, das der Bildung von Harnsäure im Blut entgegenwirkt

Uri|kos|u|ri|kum *auch:* **Uri|ko|su|ri|kum** ⟨n.; -s, -ti|ka; Pharm.⟩ Präparat, das die Ausscheidung von Harnsäure mit dem Harn verbessert [<neulat. *uricus* »Harn...« + *...urie*]

Urin ⟨m.; -s, -e⟩ Harn [<lat. *urina* <grch. *ouron* »Harn«]

uri|nal ⟨Adj.⟩ zum Urin gehörend

Uri|nal ⟨n.; -s, -e⟩ Gefäß zum Aufnehmen des Urins

uri|nie|ren ⟨V.⟩ Wasser lassen, harnen

uri|nös ⟨Adj.⟩ harnstoffhaltig, harnähnlich [→ *Urin*]

URL ⟨f.; -, -s; EDV; Abk. für engl.⟩ Uniform Resource Locator (Anzeiger für gleichförmige Dokumente), Standard für Adressen im Internet

Ur|lin|de ⟨f.; -, -; geh.; selten⟩ Lesbierin, die im (sexuellen) Verhältnis der Partnerinnen die aktive Rolle spielt [grch., eigtl. *Urninde;* → *Uranismus*]

Ur|me|ter ⟨n.; -s; unz.⟩ Normmaß für das Meter (in Paris aufbewahrt)

Ur|ne ⟨f.; -, -n⟩ **1** Gefäß mit Deckel zur Aufnahme der Asche nach der Verbrennung des Toten **2** Kasten zum Einwerfen des Stimmzettels bei Wahlen; *Wahl~* [<lat. *urna* »Krug, Topf, Gefäß«]

uro..., Uro... ⟨in Zus.⟩ harn..., Harn... [<grch. *ouron* »Harn«]

Uro|bi|lin ⟨n.; -s; unz.; Biochemie⟩ bei Gelbsucht im Harn ausgeschiedenes Abbauprodukt des Hämoglobins [<*Urin* + lat. *bilis* »Galle«]

Uro|chrom ⟨[-kro:m] n.; -s; unz.; Med.⟩ natürlicher gelber Harnfarbstoff [< *Urin* + ...*chrom*]

uro|ge|ni|tal ⟨Adj.; Anat.⟩ zu den Harn- u. Geschlechtsorganen gehörend [< *Urin* + *genital*]

Uro|ge|ni|tal|sys|tem ⟨n.; -s, -e; Anat.⟩ die (in engem Zusammenhang stehenden) Harn- u. Geschlechtsorgane

Uro|lith ⟨m.; -s od. -en, -e od. -en; Med.⟩ Harnstein [< *Urin* + ...*lith*]

Uro|li|thi|a|sis ⟨f.; -, -a|sen; Med.⟩ Harnsteinkrankheit, Harnsteinbildung [< *Urin*... + ...*lith*]

Uro|lo|ge ⟨m.; -n, -n; Med.⟩ Facharzt für Erkrankungen der Harnorgane [< *Uro*... + ...*loge*]

Uro|lo|gie ⟨f.; -; unz.; Med.⟩ Lehre von den Erkrankungen der Harnorgane [< *Urin* + ...*logie*]

uro|lo|gisch ⟨Adj.; Med.⟩ die Urologie betreffend, zu ihr gehörend, mit ihrer Hilfe

Uro|me|ter ⟨n.; -s, -; Med.⟩ Gerät zum Messen des spezif. Gewichts von Harn [< *Urin* + ...*meter*]

Uro|sep|sis ⟨f.; -, -sep|sen; Med.⟩ Harnfäule, die durch die bakterielle Zersetzung des Harns in der Blase entsteht [< *Uro*... + *Sepsis*]

Uro|sko|pie *auch:* **Uros|ko|pie** ⟨f.; -, -n; Med.⟩ Untersuchung des Harns [< *Urin* + ...*skopie*]

Ur|o|tro|pin *auch:* **Ur|ot|ro|pin** ⟨n.; -s; unz.; Pharm.⟩ Medikament zur Behandlung bakterieller Infektionen der Harnwege u. zur Lösung von Harnsäure, z. B. bei Gicht, chem. Hexamethylentetramin [< *Urin* + *Atropin*]

Ur|pas|sat ⟨m.; -(e)s; unz.; Meteor.⟩ konstante Ostwindzone, die an beiden Seiten des Äquators maximal bis zum 30. Breitengrad reicht [→ *Passat*]

Ur|su|li|ne ⟨f.; -, -n⟩ = Ursulinerin

Ur|su|li|ne|rin ⟨f.; -, -rin|nen⟩ Angehörige des nach der hl. Ursula benannten, 1535 gegründeten weibl. Ordens nach der Augustinerregel; *oV* Ursuline

Ur|ti|ka|ria ⟨f.; -; unz.; Med.⟩ Nesselausschlag [<lat. *urtica* »Nessel«]

US(A) ⟨Abk. für⟩ United States (of America), Vereinigte Staaten (von Amerika) [engl.]

u. s. ⟨Abk. für lat.⟩ ut supra

Usam|ba|ra|veil|chen ⟨n.; -s, -; Bot.⟩ äußerlich einem Veilchen ähnelnde, aus Ostafrika stammende Zierpflanze: Saintpaulia ionantha [nach der Landschaft *Usambara* im Nordosten von Tansania]

US-Ame|ri|ka|ner ⟨m.; -s, -⟩ Einwohner der USA

US-Ame|ri|ka|ne|rin ⟨f.; -, -rinnen⟩ Einwohnerin der USA

US-ame|ri|ka|nisch ⟨Adj.⟩ die USA u. ihre Einwohner betreffend, zu ihnen gehörig

Usan|ce ⟨[yzã:s(ə)] f.; -, -n; bes. Kaufmannsspr.⟩ Brauch, bes. Handelsbrauch, Herkommen, Gewohnheit; *oV* Usanz [frz. <lat. *usus* »Gebrauch«]

Usan|cen|han|del ⟨[yzã:sən-] m.; -s; unz.; Wirtsch.⟩ Devisenhandel in fremder Währung

Usanz ⟨f.; -, -en; schweiz.⟩ = Usance

USB ⟨EDV; Abk. für engl.⟩ Universal Serial Bus (universelle serielle Schnittstelle), standardisierte Verbindung an Computern für den Anschluss von externen Geräten zwecks Datenaustausches; *~-Gerät; ~-Stick*

USB-Stick ⟨m.; -s, -s; EDV⟩ kleines, in den Computer einsteckbares USB-Gerät, das als externes Speichermedium genutzt wird

User ⟨[ju:zə(r)] m.; -s, -; umg.⟩ **1** jmd., der regelmäßig Rauschmittel nimmt **2** ⟨EDV⟩ Benutzer, Bediener (eines Computers) [engl. »Benutzer«; zu *use* »benutzen, gebrauchen«]

Uso ⟨m.; -s, -s; Kaufmannsspr.⟩ Brauch, Gewohnheit, Sitte [→ *Usus*]

Uso|wech|sel ⟨[-ks-] m.; -s, -; Bankw.⟩ Wechsel, dessen Fälligkeit sich nach dem am Ort der Zahlung üblichen Brauch richtet [→ *Usus*]

usu|ell ⟨Adj.⟩ gebräuchlich, üblich, herkömmlich [<lat. *usualis*]

Usu|ka|pi|on ⟨f.; -, -en; im röm. Recht⟩ Erwerb von Eigentum durch langen Gebrauch, durch langen Eigenbesitz [<lat. *usucapio*]

Usur ⟨f.; -, -en; Med.⟩ Abnutzung, Schwund [<frz. *usure* <lat. *usura* »Gebrauch«]

Usur|pa|ti|on ⟨f.; -, -en⟩ widerrechtl. Aneignung (bes. des Thrones), widerrechtl. Macht-, Besitzergreifung [<lat. *usurpatio* »Gebrauch«]

Usur|pa|tor ⟨m.; -s, -to|ren⟩ jmd., der etwas usurpiert, Thronräuber

usur|pa|to|risch ⟨Adj.⟩ aufgrund, mit Hilfe einer Usurpation

usur|pie|ren ⟨V.⟩ durch Usurpation in Besitz nehmen, gewaltsam nehmen, rauben [→ *Usurpation*]

Usus ⟨m.; -; unz.⟩ Brauch, Sitte, Gewohnheit, Herkommen; *es ist so ~; es ist ~, dass ...* [<lat. *usus*, Part. Perf. von *uti* »gebrauchen, brauchen«]

Usus|fruk|tus ⟨m.; -; unz.; Rechtsw.⟩ Nießbrauch [< *Usus* + lat. *fructus* »Frucht«]

Ut[1] ⟨n.; -, -; Musik; im MA ital. u. frz. Bez. für⟩ Ton C, in der Tonika-Do-Methode jeweils der Grundton einer Tonleiter, wurde im 17. Jh. durch do ersetzt; →*a.* Solmisation (1)

Ut[2] ⟨[yt] m.; -, -; Musik⟩ der Ton c [frz.]

Ut[3] ⟨n.; -(e)s, -e⟩ Urschrift, einzige Ausfertigung (eines Schriftstückes) [<lat. *unicare* »einzig machen« <lat. *unicus* »einzig«]

Uten|si|li|en ⟨Pl.⟩ (kleine, notwendige) Geräte, Gegenstände, Werkzeuge; *Schreib~* [<lat. *utensilia* »Werkzeuge«]

ute|rin ⟨Adj.; Anat.⟩ zum Uterus gehörend, von ihm ausgehend

Ute|rus ⟨m.; -, -te|ri; Anat.⟩ Gebärmutter [lat., »Bauch, Unterleib«]

uti|li|sie|ren ⟨V.; veraltet⟩ Nutzen ziehen aus, gebrauchen [<frz. *utiliser;* zu *utile* »nützlich« <lat. *utilis*]

Uti|lis|mus ⟨m.; -; unz.⟩ = Utilitarismus

uti|li|tär ⟨Adj.; veraltet⟩ auf den Nutzen ausgerichtet

Uti|li|ta|ri|er ⟨m.; -s, -; Philos.⟩ = Utilitarist

Uti|li|ta|ris|mus ⟨m.; -; unz.; Philos.⟩ Lehre, dass der Zweck des menschlichen Handelns der Nutzen des Einzelnen u. der Gemeinschaft sei od. sein sollte; *oV* Utilismus [→ *utilisieren*]

Uti|li|ta|rist ⟨m.; -en, -en; Philos.⟩ Anhänger, Vertreter des Utilitarismus; *Sy* Utilitarier

uti|li|ta|ris|tisch ⟨Adj.; Philos.⟩ auf dem Utilitarismus beruhend, ihn betreffend

Uti|li|tät ⟨f.; -; unz.; veraltet⟩ Nützlichkeit

Uti|li|ty ⟨[jutılıtı] m. od. n.; -s, -s; EDV⟩ Computerprogramm für die Ausführung von Wartungsarbeiten [engl., eigtl. »Nutzen, Nützlichkeit«]

ut in|fra *auch:* **ut inf|ra** ⟨Abk.: u. i.; Musik⟩ wie unten (angegeben) [lat.]

Uto|pia ⟨n.; -s; unz.⟩ erdachtes ideales Land, Wunsch-, Traumland; *oV* Utopien [nach dem Roman *Utopia* des Engländers Th. Morus, 1516, eigtl. »nirgendwo« <grch. *ou* »nicht« + *topos* »Ort«]

Uto|pie ⟨f.; -, -n⟩ **1** Schilderung eines künftigen gesellschaftl. Zustandes **2** ⟨allg.⟩ Wunschtraum, Hirngespinst, Schwärmerei [→ *Utopia*]

Uto|pi|en ⟨n.; -s; unz.⟩ = Utopia

uto|pisch ⟨Adj.⟩ **1** nur in der Vorstellung möglich oder befindlich, erträumt, erhofft **2** nach Unmöglichem strebend; *~e Forderungen stellen*

Uto|pis|mus ⟨m.; -, -pis|men⟩ **1** ⟨unz.⟩ Hang zu Utopien **2** ⟨zählb.⟩ utop. Vorstellung

Uto|pist ⟨m.; -en, -en⟩ **1** Verkünder, Anhänger einer Utopie **2** jmd., der zu Utopien neigt, Schwärmer [→ *Utopia*]

Ut|ra|quis|mus ⟨m.; -; unz.⟩ gemäßigte Richtung der Hussiten, die das Abendmahl in beiderlei Gestalt (Brot u. Wein) forderten [zu lat. *utraque* »jede von beiden«]

Ut|ra|quist ⟨m.; -en, -en⟩ Anhänger, Vertreter des Utraquismus; *Sy* Kalixtiner

ut|ra|quis|tisch ⟨Adj.⟩ auf dem Utraquismus beruhend, ihn betreffend

ut|ri|us|que iu|ris doc|tor Doktor des römischen u. kanonischen Rechts [lat.]

Ut|rum ⟨n.; -s, Ut|ra; Sprachw.⟩ gemeinsames grammatisches Genus von Maskulinum u. Femininum, z. B. im Dänischen u. Niederländischen [lat., »eines von beiden«]

ut su|pra *auch:* **ut sup|ra** ⟨Musik; Abk.: u. s.⟩ wie oben (angegeben) [lat.]

Ut|te|rance ⟨[ʌtərəns] f.; -, -s [-sız]; Sprachw.⟩ Umsetzung eines gedachten od. hypothetischen Satzes in der wirklichen Rede [engl., »Äußerung«]

UV ⟨Abk. für⟩ Ultraviolett

Uva|la ⟨[-va:-] f.; -, -s; Geol.⟩ durch Vereinigung mehrerer Dolinen entstehende wannenartige, manchmal talartig gewundene Vertiefung mit unebener Sohle [serbokr.]

UV-be|strahlt ⟨[u:faʊ-] Adj.⟩ ultravioletten Strahlen ausgesetzt; *~e Haut*

Uvi|ol|glas® ⟨[-vi-] n.; -es; unz.⟩ Glas, das ultraviolette Strahlen durchlässt [verkürzt <*Ultraviolett*]

UV-Strah|len ⟨[u:faʊ-] Pl.; kurz für⟩ ultraviolette Strahlen; *~-geschädigt* durch das Bestrahlen mit ultravioletten Strahlen (gesundheitlich) geschädigt

Uvu|la ⟨[-vu-] f.; -, -lae [-lɛ:]; Anat.⟩ Gaumenzäpfchen; *Sy* Staphyle [mlat., Verkleinerungsform zu lat. *uva* »Traube«]

uvu|lar ⟨[-vu-] Adj.; Phon.⟩ mit Hilfe des Gaumenzäpfchens gebildet [→ *Uvula*]

Uvu|lar ⟨[-vu-] m.; -s, -e; Phon.⟩ mit Hilfe des Gaumenzäpfchens gebildeter Konsonant, z. B. das Zäpfchen-r [→ *Uvula*]

Uvu|la|ria ⟨[-vu-] f.; -, -ri|en; Bot.⟩ Angehörige einer Gattung der Liliengewächse mit kriechendem Erdstamm, nur oben beblättertem Stängel u. gelben Blüten, Goldsiegel [→ *Uvula*]

Uwa|ro|wit ⟨m.; -s, -e; Min.⟩ smaragdgrünes Mineral aus der Gruppe der Granate [nach dem russ. Staatsmann *Uwarow*, 1785-1855]

v 1 ⟨Abk. für lat.⟩ 1.1 verte! 1.2 vide! 2 ⟨Physik; Zeichen für⟩ Geschwindigkeit

V 1 ⟨röm. Zahlzeichen für⟩ 5
2 ⟨Zeichen für⟩ Volt, Volumen
3 ⟨chem. Zeichen für⟩ Vanadin
4 ⟨Abk. für lat.⟩ vertatur!

V. ⟨Abk. für⟩ Vers

VA ⟨Zeichen für⟩ Voltampere

> **Vabanque / va banque (spielen)** (*Getrennt- und Zusammenschreibung*) Fremdsprachige Zusammensetzungen mit Substantiven werden wie deutsche Komposita zusammengeschrieben. In Anlehnung an die Herkunftssprache kann dieses Gefüge auch getrennt geschrieben werden. Es bleibt dem Schreibenden überlassen, welche Variante er bevorzugt.

Va|banque *auch:* **va banque** ⟨[vabã:k]⟩ 1 es gilt die Bank (beim Glückspiel) 2 ~ *spielen* 2.1 um den gesamten Einsatz der Bank spielen 2.2 ⟨fig.⟩ ein Wagnis eingehen [frz.]

Va|banque|spiel ⟨[vabã:k-] n.; -(e)s; unz.; fig.⟩ gefährl. Spiel, Wagnis, bei dem alles aufs Spiel gesetzt wird

va|cat ⟨[va:-]⟩ es fehlt, ist nicht vorhanden, leer; → *a.* Vakat [lat.]

Vac|ci|na|ti|on ⟨[vaktsi-] f.; -, -en; Med.⟩ = Vakzination

Vac|ci|ne ⟨[vaktsi:-] f.; -, -n; Med.⟩ = Vakzine

Va|che|le|der ⟨[va:ʃ-] n.; -s, -⟩ Rindleder für Schuhsohlen [<frz. *vache* »Kuh«]

Va|de|me|cum ⟨[va-] n.; -s, -s⟩ = Vademekum

Va|de|me|kum ⟨[va-] n.; -s, -s⟩ kleines Lehrbuch, Taschenbuch, Leitfaden; *oV* Vademecum [<lat. *vade mecum* »geh mit mir«]

Va|di|um ⟨[va:-] n.; -s, -di|en; im alten dt. Recht⟩ 1 Gegenstand, der dem Gläubiger als symbol. Pfand vom Schuldner überreicht wird; *oV* Wadium 2 Anzahlung [mlat. <germ.]

va|dos ⟨[va-] Adj.⟩ in der Erdkruste zirkulierend; ~*es Wasser* [<lat. *vadosus* »flach«]

Vae vic|tis! ⟨[vɛ: vɪkti:s]⟩ Wehe den Besiegten! (Ausruf des gallischen Feldherrn Brennus nach dem Sieg über die Römer 390 v. Chr.) [lat.]

vag ⟨[va:g] Adj.⟩ = vage

Va|ga|bon|da|ge ⟨[vagabõda:ʒə] f.; -; unz.; österr.⟩ = Vagabundage [frz.]

Va|ga|bund ⟨[va-] m.; -en, -en⟩ 1 ⟨veraltet⟩ Landstreicher 2 ⟨fig.⟩ rast-, ruheloser, umhergetriebener Mensch [<frz. *vagabond;* verwandt mit *vage*]

Va|ga|bun|da|ge ⟨[vagabunda:ʒə] f.; -; unz.; veraltet⟩ *oV* ⟨österr.⟩ Vagabondage 1 Landstreicherei 2 Vagabundenleben [→ *Vagabund*]

va|ga|bun|die|ren ⟨[va-] V.⟩ 1 als Vagabund leben, umherziehen 2 ⟨fig.⟩ ruhelos, rastlos leben

Va|gant ⟨[va-] m.; -en, -en; im MA⟩ fahrender Spielmann, fahrender Schüler [frz.; verwandt mit *vage*]

va|ge ⟨[va:-] Adj.⟩ unbestimmt, ungenau, verschwommen; *oV* vag; ~ *Vorstellung* [<frz. *vague* <lat. *vagus;* zu *vagari* »umherschweifen«]

va|gie|ren ⟨[va-] V.; veraltet⟩ umherziehen, -schweifen, -streifen [→ *vage*]

va|gil ⟨[va-] Adj.; Biol.⟩ fähig, sich frei zu bewegen; ~*e Tierart* [<lat. *vagilis;* → *vage*]

Va|gi|li|tät ⟨[va-] f.; -; unz.; Biol.⟩ 1 Fähigkeit zur freien Bewegung 2 Zustand freier Beweglichkeit (einer Tierart)

Va|gi|na ⟨a. [va-] f.; -, -gi|nen; Anat.⟩ Teil des weibl. Geschlechtsorgans bei Mensch u. Tier, Verbindung zwischen Gebärmutter u. äußerem Geschlechtsteil, Scheide [lat.]

va|gi|nal ⟨[va-] Adj.; Anat.⟩ zur Vagina gehörig

Va|gi|nis|mus ⟨[va-] m.; -; unz.; Med.⟩ Scheidenkrampf

Va|gi|ni|tis ⟨f.; -, -ti|den; Med.⟩ Scheidenentzündung

Va|go|to|mie ⟨[va-] f.; -, -n; Anat.⟩ Durchtrennung des Vagus [< *Vagus* + ...*tomie*]

Va|go|to|nie ⟨[va-] f.; -, -n; Med.⟩ erhöhte Erregbarkeit des parasympathischen Nervensystems [< *Vagus* + grch. *teinein* »spannen«]

Va|go|to|ni|ker ⟨[va-] m.; -s, -; Med.⟩ an Vagotonie Leidender

Va|go|to|ni|ke|rin ⟨[va-] f.; -, -rin|nen; Med.⟩ an Vagotonie Leidende

va|go|trop ⟨[va-] Adj.; Med.⟩ auf den Vagus einwirkend [< *Vagus* + ...*trop*[1]]

Va|gus ⟨[va:-] m.; -, Va|gi [va:-]⟩ Hauptnerv des parasympathischen Nervensystems: Nervus vagus [lat., »wandernder (Nerv)«]

va|kant ⟨[va-] Adj.⟩ offen, unbesetzt; ~*e Stelle* [<lat. *vacans,* Part. Präs. zu *vacare* »leer sein«]

Va|kanz ⟨[va-] f.; -, -en⟩ 1 offene, unbesetzte Stelle 2 ⟨veraltet; noch mundartl.⟩ Ferien

Va|kat ⟨[va:-] n.; - od. -s, -s⟩ leere Seite in einem Druckbogen [<lat. *vacatus,* Part. Perf. zu *vacare* »leer sein«]

Va|ku|o|le ⟨[va-] f.; -, -n; Biol.⟩ mit Flüssigkeit gefülltes Bläschen im Zellplasma [<frz. <lat. *vacuum;* → *Vakuum*]

Va|ku|um ⟨[va:-] n.; -s, -kua od. -ku|en; Physik⟩ Raum, der (nahezu) luftleer ist, luftleerer Raum [<lat. *vacuus* »leer«]

Va|ku|um|ap|pa|rat ⟨[va:-] m.; -(e)s, -e; Technik⟩ Apparat, der mit Vakuum arbeitet, z. B. beim Filtern einer Flüssigkeit od. beim Destillieren, Herabsetzen des Siedepunktes

Va|ku|um|brem|se ⟨[va:-] f.; -, -n; Technik⟩ Bremsanlage, deren Wirkung auf der Erzeugung eines Unterdruckes im Bremszylinder beruht

Va|ku|um|de|stil|la|ti|on *auch:* **Va|ku|um|des|til|la|ti|on** ⟨[va:-] f.; -, -en; Chemie⟩ Destillation im luftverdünnten Raum

Va|ku|um|me|ter ⟨[va:-] n.; -s, -; Technik⟩ Manometer für niedrigen Druck

Va|ku|um|pum|pe ⟨[va:-] f.; -, -n; Technik⟩ Pumpe zum Erzeugen eines Vakuums

Va|ku|um|spek|tro|graf *auch:* **Va|ku|um|spekt|ro|graf** ⟨[va:-] m.; -en, -en; Technik⟩ = Vakuumspektrograph

Va|ku|um|spek|tro|graph *auch:* **Va|ku|um|spekt|ro|graph** ⟨[va:-] m.; -en, -en; Technik⟩ in ein Vakuum eingebauter Apparat zum Messen des Spektrums ultravioletter Strahlungen; *oV* Vakuumspektrograf

Va|ku|um|stahl ⟨[va:-] m.; -s; unz.⟩ Stahl, dessen Sauerstoff- u. Wasserstoffgehalt im Vakuum in flüssigem Zustand stark herabgesetzt wurde

Vak|zin ⟨[vak-] n.; -s, -e; Med.⟩ = Vakzine

Vak|zi|na|ti|on ⟨f.; -, -en; Med.⟩ Impfung mit Vakzinen; *oV* Vaccination; *Sy* Vakzinierung

Vak|zi|ne ⟨[vak-] f.; -, -n; Med.⟩ *oV* Vakzin, Vaccine **1** = Lymphe (2) **2** Impfstoff [<lat. *vaccinus* »von Kühen stammend«]

vak|zi|nie|ren ⟨[vak-] V.; Med.⟩ mit einer Vakzine impfen

Vak|zi|nie|rung ⟨[vak-] f.; -, -en; Med.⟩ = Vakzination

Val ⟨[va:l] Chemie; Zeichen für⟩ Grammäquivalent [→ *äquivalent*]

va|la|bel ⟨[va-] Adj.; schweiz.⟩ **1** von hoher Wertigkeit, wertvoll; *ein valabler Künstler* **2** seriös, gültig, rechtskräftig [<frz. *valable*]

va|le! ⟨[va:le]⟩ lebe wohl [lat.]

Va|len|ci|ennes|spit|ze *auch:* **Va|len|ci|ennes-Spit|ze** ⟨[valã:sjɛn-] f.; -, -n; Textilw.⟩ sehr feine Spitze mit zierlichen Blumenmustern [nach der nordfrz. Industriestadt *Valenciennes*]

va|lent ⟨[va-] Adj.Chemie; Biol.; Sprachw.⟩ mit einer od. mehreren Valenzen ausgestattet [<lat. *valere* »stark, wert sein«]

Va|lenz ⟨[va-] f.; -, -en⟩ **1** ⟨Chemie⟩ Wertigkeit **2** ⟨Biol.⟩ Stärke, Tüchtigkeit **3** ⟨Sprachw.⟩ die Eigenschaft von Wörtern od. Morphemen, andere Einheiten zu verlangen, z. B. müssen bei vielen Verben bestimmte Arten von Objekten stehen; →*a.* Rektion [<lat. *valentia* »Kraft, Fähigkeit«; → *valent*]

Va|lenz|elek|tron *auch:* **Va|lenz|elekt|ron** ⟨[va-] n.; -s, -en; meist Pl.; Physik⟩ das Elektron der äußersten Schale des Atoms, das die chem. Eigenschaften des Atoms bestimmt

Va|lenz|zahl ⟨[va-] f.; -, -en; Chemie⟩ die Wertigkeit, die den Atomen bzw. Ionen in chemischen Verbindungen zugeordnet ist

Va|le|ri|a|na ⟨[va-] f.; -; unz.; Bot.⟩ Baldrian [<lat. *valerianus* »aus der Provinz Valeria«]

Va|le|ri|an|säu|re ⟨[va-] f.; -, -n; Chemie⟩ aliphat. Carbonsäure, farbloses Öl, das nach Baldrian riecht u. z. B. in der Baldrianwurzel vorkommt; *Sy* Pentansäure

Va|let[1] ⟨[valɛt] od. [-le:t] n.; -s, -s⟩ Gruß zum Abschied, Lebewohl [lat.]

Va|let[2] ⟨[vale:] m.; -s, -s; frz. Kart.⟩ Bube [frz., »Vasall«]

va|le|te! ⟨[vale:tə]⟩ Lebt wohl! [lat.]

va|le|tie|ren ⟨[valɛ-] V.; schweiz.⟩ aufbügeln [<frz. *valet* »Vasall, Diener«]

Va|leur ⟨[valø:r] m.; -s, -s⟩ **1** ⟨Kaufmannsspr.⟩ Wert, Wertpapier **2** ⟨nur Pl.; Mal.⟩ *~s* Wert eines Farbtons, Abstufungen von Licht u. Schatten [frz., »Wert«]

va|lid ⟨[va-] Adj.⟩ = valide

Va|li|da|ti|on ⟨[va-] f.; -, -en⟩ **1** ⟨veraltet⟩ Gültigkeitserklärung **2** das Validieren (2)

va|li|de ⟨[va-] Adj.⟩ *oV* valid **1** ⟨veraltet⟩ rechtskräftig **2** gültig, zuverlässig; *~e Daten, Ergebnisse* [<lat. *validus;* zu *valere* »stark sein«]

va|li|die|ren ⟨[va-] V.⟩ **1** ⟨veraltet⟩ gültig, rechtskräftig machen **2** *eine wissenschaftliche Methode ~* ihren Wert (für einen bestimmten Zweck) bestimmen

Va|li|di|tät ⟨[va-] f.; -; unz.⟩ Gültigkeit, Rechtskraft

Va|lin ⟨n.; -s; unz.; Biochemie⟩ eine lebenswichtige Aminosäure [→ *Valeriansäure*]

Val|lis|ne|ria ⟨[val-] f.; -, -ri|en; Bot.⟩ Sumpfschraube, eine Aquarienpflanze, die zur Gattung der Froschbissgewächse gehört [nach dem ital. Arzt u. Naturforscher A. *Vallisnieri,* 1661-1730]

Va|lor ⟨[va:lɔr] m.; -s, -lo|ren; veraltet⟩ **1** ⟨unz.; Kaufmannsspr.⟩ Wert, Gehalt **2** ⟨nur Pl.⟩ *~en* Wertgegenstände, Wertpapiere [lat., »Wert«]

Va|lo|ri|sa|ti|on ⟨[va-] f.; -, -en⟩ Aufwertung, Hebung des Preises einer Ware (durch Aufkaufen, Stapeln, Einschränkung der Produktion); *Sy* Valorisierung [→ *Valor*]

va|lo|ri|sie|ren ⟨[va-] V.⟩ aufwerten, den Wert, Preis heben von

Va|lo|ri|sie|rung ⟨[va-] f.; -, -en⟩ = Valorisation

Val|po|li|cel|la ⟨[valpolitʃɛla] m.; - od. -s; unz.⟩ ital. Rotwein, der besonders aus dem gleichnamigen Tal nördlich von Verona stammt

Va|lu|ta ⟨[va-] f.; -, -lu|ten; Bankw.⟩ **1** Wert einer Währung, Ware (an einem bestimmten Tag) **2** (ausländ.) Währung **3** Termin, an dem eine Verzinsung od. Frist einer Zahlung beginnt [ital.; zu *valere* »gelten, wert sein« <lat. *valere* »stark sein«]

Va|lu|ta|klau|sel ⟨[va-] f.; -, -n; Bankw.⟩ Vereinbarung, dass eine Schuld gemäß dem Kurs in einer bestimmten ausländ. Währung zu zahlen ist

Va|lu|ta|ver|si|che|rung ⟨[va-] f.; -, -en; Bankw.⟩ Form der Versicherung, bei der zum Schutz vor Schwankungen der Inlandswährung die Prämien u. Leistungen für den Versicherten an eine Auslandswährung gebunden werden, Fremdwährungsversicherung

va|lu|tie|ren ⟨[va-] V.; Bankw.⟩ **1** bewerten, den Wert angeben **2** einen Termin festsetzen, an dem eine Verzinsung od. Zahlungsfrist beginnt

Val|va|ti|on ⟨[valva-] f.; -, -en; Bankw.⟩ Bestimmung des Wertes, bes. von fremden Münzen [<mfrz. *valuation* »Bewertung«; zu *valuer* <lat. *valere;* → *Valuta*]

Vamp ⟨[vɛmp] m.; -s, -s; abwertend⟩ erotisch stark anziehende, kalt berechnende Frau [engl.; zu *Vampir*]

Vam|pir ⟨a. [vam-] m.; -s, -pi|re⟩ **1** ⟨Zool.⟩ Angehöriger einer Familie der Fledermäuse, der kein Blut saugt, sondern es nur

V

aufleckt: Desmodontidae **2** ⟨Volksglaube⟩ blutsaugendes Nachtgespenst **3** ⟨fig.⟩ jmd., der sich auf Kosten anderer rücksichtslos bereichert [<slaw.]

Van ⟨[væn] m.; -s, -s; Kfz⟩ großer PKW mit erhöhter Karosserie (u. fünf bis acht Sitzplätzen) [<engl. *van* »Transporter«]

Va|na|dat ⟨[va-] n.; -(e)s, -e; Chemie⟩ Salz der Vanadinsäure

Va|na|din ⟨[va-] n.; -s; unz.; chem. Zeichen: V⟩ sprödes graues, korrosionsbeständiges Metall, Ordnungszahl 23; *oV* Vanadium [nach *Vanadis,* einem Beinamen der germ. Göttin Freia]

Va|na|di|nit ⟨[va-] n.; -s; unz.⟩ zusammen mit Apatit auftretendes, vanadinhaltiges Mineral, chemisch ein Bleivanadat, das zur Gewinnung von Vanadin abgebaut wird

Va|na|din|stahl ⟨m.; -s; unz.⟩ mit Vanadin legierter Stahl zur Erhöhung der Härte u. Korrosionsbeständigkeit

Va|na|di|um ⟨[va-] n.; -s; unz.; Chemie⟩ = Vanadin

Van-Al|len-Gür|tel ⟨[vænælən-] Pl.⟩ von den ersten US-amerikan. Erdsatelliten entdeckte Strahlungsgürtel um die Erde in Höhen zwischen 2000 u. 4000 bzw. 10 000 u. 20 000 km [nach dem amerikan. Physiker J. A. *van Allen,* 1914-2006]

Van|car|ri|er ⟨[vænkærıə(r)] m.; -s, -; Technik⟩ Steuermaschine zum Transport bzw. Umladen von Containern (z. B. im Hafen); *Sy* Carrier [< *Van* + engl. *carrier* »Beförderer«]

Van|da|le ⟨[van-] m.; -n, -n⟩ **1** Angehöriger eines ostgermanischen Volkes in Schlesien u. Westpolen **2** ⟨fig.; abwertend⟩ grobe, zerstörungswütige Person; *sie hausen wie die ~n; oV* Wandale; →*a.* Vandalismus

van|da|lisch ⟨[van-] Adj.⟩ die Vandalen betreffend, zu ihnen gehörend, von ihnen stammend; *~e Sprache* ausgestorbene, zu den ostgerman. Sprachen gehörende Sprache der Vandalen; *oV* wandalisch

Van|da|lis|mus ⟨[van-] m.; -; unz.⟩ rohe Zerstörungswut; *oV* Wandalismus [nach der Plünderung Roms durch die *Vandalen* im Jahre 454 n. Chr.]

va|nil|la ⟨[vənılə] Adj.; undekl.⟩ in einfacher, schlicht gehaltener Grundausstattung [engl., »einfach, schlicht; langweilig«]

va|nil|le ⟨[vanıl(j)ə] Adj.⟩ hellgelb

Va|nil|le ⟨[vanıl(j)ə] f.; -; unz.; Bot.⟩ Gattung der Orchideen: Vanilla; *echte ~* Pflanze mit zylindrischen Früchten, die nach dem Fermentieren ein charakterist. Aroma erhalten, das für Süßspeisen beliebt ist: Vanilla planifolia [frz., <span. *vanilla* »kleine Schote« <lat. *vagina* »Scheide; Schote«]

Va|nil|lin ⟨[va-] n.; -s; unz.⟩ in der echten Vanille enthaltener od. künstlich hergestellter Aromastoff, chemisch ein Phenolätheraldehyd

va|ni|tas va|ni|ta|tum ⟨[va:- va-] geh.⟩ Eitelkeit der Eitelkeiten, alles ist eitel [lat.; nach den Anfangsworten des »Predigers Salomo« im Alten Testament]

Va|peur ⟨[vapø:r] m.; -s, -s⟩ **1** ⟨unz.; Textilw.⟩ feines Gewebe aus Baumwolle **2** ⟨nur Pl.; veraltet⟩ *~s* **2.1** Blähungen **2.2** ⟨fig.⟩ (angeblich dadurch verursachte) üble Laune [frz., »Dampf«]

Va|po|ri|me|ter ⟨[va-] n.; -s, -; Technik⟩ Gerät, mit dem man den Gehalt an Alkohol in Flüssigkeiten aus dem Dampfdruck beim Siedepunkt bestimmt [<lat. *vapor* »Dampf« + *...meter*]

Va|po|ri|sa|ti|on ⟨[va-] f.; -; unz.⟩ **1** Verdampfung **2** Bestimmung des Gehalts an Alkohol einer Flüssigkeit **3** altes Heilverfahren, mit Wasserdampf Blutungen zu stillen [<lat. *vapor* »Dampf«]

va|po|ri|sie|ren ⟨[va-] V.⟩ **1** ⟨veraltet⟩ verdunsten, verdampfen; *eine Flüssigkeit ~ lassen* **2** den Alkoholgehalt einer Flüssigkeit ermitteln

Va|que|ro ⟨[vake:ro], span. [bake:ro] m.; - od.-s, -s⟩ berittener Rinderhirt in Spanien, Mexiko u. im Südwesten der USA; →*a.* Cowboy [span.; zu lat. *vacca* »Kuh«]

var. ⟨Bot.; Zool.; Abk. für⟩ varietas; →*a.* Varietät (2)

Va|ria ⟨[va:-] Pl.⟩ Allerlei, Verschiedenes, Mannigfaltiges [lat.]

va|ri|a|bel ⟨[va-] Adj.⟩ wandelbar, flexibel; *Ggs* konstant, invariabel; *variable Größen* [<frz. *variable* <lat. *variabilis;* zu *variare* »sich verändern«]

Va|ri|a|bi|li|tät ⟨[va-] f.; -, -en⟩ **1** Veränderlichkeit, Wandelbarkeit **2** (Fähigkeit zur) Abweichung vom Typus (bei Lebewesen)

Va|ri|a|ble *auch:* **Va|ri|ab|le** ⟨[va-] f.; -n, -n⟩ *Ggs* Konstante **1** ⟨Math.⟩ veränderliche Größe **2** ⟨Logik⟩ Symbol, das stellvertretend für Zahlen, Quantitäten, Aussagen u. Werte eines Objektbereichs steht, der diesen zugeordnet werden kann

va|ri|ant ⟨[va-] Adj.⟩ bei bestimmten Vorgängen veränderlich; *Ggs* invariant

Va|ri|an|te ⟨[va-] f.; -, -n⟩ veränderte Form, Abart, Spielart [→ *Varianz*]

Va|ri|anz ⟨[va-] f.; -; unz.; Stat.⟩ Größenmaß für die durchschnittl. Abweichung eines Einzelwertes von einem Mittelwert [<lat. *varians,* Part. Präs. zu *variare* »sich verändern«]

Va|ri|a|ti|on ⟨[va-] f.; -, -en⟩ **1** Veränderung, Abwandlung **2** ⟨Biol.⟩ Abweichung von der Art **3** ⟨Musik⟩ melod., harmon. od. rhythm. Veränderung, Abwandlung eines Themas

Va|ri|a|ti|ons|rech|nung ⟨[va-] f.; -; unz.; Math.⟩ mathemat. Verfahren zur Berechnung von Maximal- u. Minimalwerten einer Funktion, Teilgebiet der Analysis

Va|ri|cel|len ⟨[va-] Pl.; Med.⟩ = Varizellen

Va|ri|e|tät ⟨[varie-] f.; -, -en⟩ **1** ⟨allg.⟩ Verschiedenheit, andersartige Beschaffenheit **2** ⟨Bot.; Zool.; Abk.: var.⟩ in einem od. mehreren Merkmalen von einem Standardtyp abweichende Form eines Lebewesens **3** ⟨Sprachw.⟩ (vom Standard) abweichende sprachl. Form, sprachliche Variante [<lat. *varietas* »Verschiedenheit«]

V

Va|ri|e|té ⟨[variete:] n.; -s, -s⟩ Theater, Bühne für akrobat., tänzer., musikal. u. a. Vorführungen; *oV* Varietee [frz.]

Varieté / Varietee (*Laut-Buchstaben-Zuordnung*) Diakritische Zeichen in Fremdwörtern können durch markierte Buchstaben ersetzt werden. Dies gilt auch für das aus dem Französischen entlehnte »*é*«, das eine Vokallänge kennzeichnet, die im Deutschen durch die Doppelung des entsprechenden Vokals gekennzeichnet wird. Es bleibt dem Schreibenden überlassen, welche Variante er bevorzugt (→*a.* Séparée / Separee, Soufflé / Soufflee).

Va|ri|e|tee ⟨[variete:] n.; -s, -s⟩ = Varieté

va|ri|ie|ren ⟨[va-] V.⟩ **1** verschieden, anders sein, abweichen **2** verändern, abwandeln, abwechslungsreich gestalten **3** ⟨Musik⟩ melodisch, harmonisch od. rhythmisch abwandeln (Thema) [<frz. *varier* <lat. *variare* »sich verändern«]

va|ri|kös ⟨[va-] Adj.; Med.⟩ in Form von Varizen, mit Varizen behaftet [<lat. *varicosus;* zu *varix* »Krampfader«]

Va|ri|ko|se ⟨[va-] f.; -, -n; Med.⟩ Krampfaderleiden [zu lat. *varix* »Krampfader]

Va|ri|ko|si|tät ⟨[va-] f.; -, -en; Med.⟩ Bildung von Varizen

Va|ri|ko|ze|le ⟨[va-] f.; -, -n; Med.⟩ krankhafte Erweiterung u. Schlängelung der Blutadern des Samenstranges, Krampfaderbruch [<lat. *varix* »Krampfader« + *cela* »Geschwulst« <grch. *kele*]

Va|rio|graf ⟨[va-] m.; -en, -en⟩ = Variograph

Va|rio|graph ⟨[va-] m.; -en, -en⟩ Gerät zur automat. Aufzeichnung der Werte eines Variometers; *oV* Variograf [<lat. *varius* »verschieden« + …*graph*]

Va|ri|o|la ⟨[va-] f.; -, -lae [-lɛ:] od. -rio|len; Med.⟩ Pocken [mlat., Verkleinerungsform zu lat. *varus* »Knoten«]

Va|ri|o|la|ti|on ⟨[va-] f.; -, -en; Med.⟩ Impfung gegen Pocken

Va|rio|me|ter ⟨[va-] n.; -s, -⟩ **1** ⟨Meteor.⟩ Messgerät, das angezeigt, mit welcher Geschwindigkeit ein Luftfahrzeug steigt od. sinkt **2** ⟨El.⟩ Spule mit verschiebbarem Kern **3** Spule, in die eine andere beweglich eingebracht werden kann [<lat. *varius* »verschieden« + …*meter*]

Va|rio|ob|jek|tiv ⟨[va:-] n.; -s, -e; Fot.⟩ = Zoomobjetiv [<lat. *varius* »verschieden« + *Objektiv*]

va|ris|kisch ⟨[va-] Adj.; Geol.⟩ = variszisch

va|ris|tisch ⟨[va-] Adj.; Geol.⟩ = variszisch

Va|ris|tor ⟨[va-] m.; -s, -to|ren; Physik⟩ spannungsabhängiger Widerstand, der zur Stabilisierung der Spannung eingesetzt wird [<lat. *varius* »mannigfaltig« + engl. *resistor* »Widerstand«]

va|ris|zisch ⟨[va-] Adj.⟩ *~e Gebirgsbildung* ⟨Geol.⟩ im Karbon erfolgte, großflächige Bildung von Hochgebirgen, die heute durch Abtragung u. tekton. Veränderungen einen großen Teil unserer Mittelgebirge bilden; *oV* variskisch, varistisch [nach dem Volksstamm der *Varisker* im Vogtland]

Va|ris|zit ⟨[va-] m.; -s, -e; Min.⟩ aus Aluminiumphosphat bestehendes farbloses, rhombisches Mineral; *Sy* Callainit [→ *variszisch*]

Va|rix ⟨[va:-] f.; -, Va|ri|zen; Med.⟩ = Varize

Va|ri|ze ⟨[va-] f.; -, -n; Med.⟩ Krampfader; *oV* Varix [<lat. *varix,* Gen. *varicis*]

Va|ri|zel|len ⟨[va-] Pl.; Med.⟩ Windpocken; *oV* Varicellen [<lat. *varicella,* Verkleinerungsform zu *varus* »Knoten«]

Var|so|vi|enne ⟨[varsɔvjɛn] f.; -, -n; Musik⟩ polnischer Gesellschaftstanz des 19. Jh.; →*a.* Masurka [frz.; zum lat. Namen *Varsovia* der poln. Stadt Warschau]

vas…, Vas… ⟨in Zus.⟩ = vaso…, Vaso…

va|sal ⟨[va-] Adj.; Med.⟩ zu den Blutgefäßen gehörend [<lat. *vas* »Gefäß«]

Va|sall ⟨[va-] m.; -en, -en⟩ **1** Gefolgsmann **2** Lehnsmann [mlat. *vasallus* <kelt.]

Va|sal|len|staat ⟨[va-] m.; -(e)s, -en⟩ formell selbstständiger, in Wirklichkeit aber von einer Großmacht abhängiger Staat

va|sal|lisch ⟨[va-] Adj.⟩ **1** einem Vasallen gemäß, für ihn bezeichnend **2** auf Vasallendienst beruhend

Va|sal|li|tät ⟨[va-] f.; -; unz.; im MA⟩ die vertraglich begründete persönliche Bindung des Vasallen an seinen Lehnsherrn

Va|se ⟨[va:-] f.; -, -n⟩ kunstvoll gearbeitetes Gefäß aus Ton, Porzellan od. Glas für Schnittblumen [<frz. *vase* <lat. *vas* »Gefäß«]

Vas|ek|to|mie *auch:* **Va|sek|to|mie** ⟨[vas-] f.; -, -n; Med.⟩ *Sy* Vasoresektion, Vasotomie **1** ⟨i. w. S.⟩ operative Entfernung von Teilen der Gefäße **2** ⟨i. e. S.⟩ operative Entfernung eines Teiles des Samenleiters zur Unfruchtbarmachung des Mannes [<*Vaso…* + *Ektomie*]

Va|se|lin ⟨[va-] n.; -s; unz.; Pharm.⟩ = Vaseline

Va|se|li|ne ⟨[va-] f.; -; unz.; Pharm.⟩ halbfestes, salbenartiges Gemisch gesättigter aliphatischer Kohlenwasserstoffe von gelber od. (gebleicht) weißer Farbe, das hauptsächlich in der pharmazeut. u. kosmet. Industrie verarbeitet wird; *oV* Vaselin [Kunstwort <dt. *Wasser* + grch. *elaton* »Öl«]

Va|se|nol ⟨[va-] n.; -s; unz.; Pharm.⟩ eine Mischung von Vaseline mit Fettalkoholen, die ein Mehrfaches ihres Gewichtes an Wasser aufnehmen kann u. deshalb als Grundlage für Salben dient [verkürzt <*Vaselin* + La*nol*in]

vas|ku|lar ⟨[vas-] Adj.; Med.⟩ die (kleinen) Blutgefäße betreffend, zu ihnen gehörig, mit ihnen versehen; *oV* vaskulär [<lat. *vascularis;* zu *vasculum* »kleines Gefäß«]

vas|ku|lär ⟨[vas-] Adj.; Med.⟩ = vaskular

Vas|ku|la|ri|sa|ti|on ⟨[vas-] f.; -; unz.; Med.⟩ Versorgung mit kleinen Blutgefäßen

va|so…, Va|so… ⟨[va-] vor Vokalen⟩ vas…, Vas… ⟨in Zus.⟩ gefäß…, Gefäß… [<lat. *vas* »Gefäß«]

V

Va|so|di|la|ta|tor ⟨[va-] m.; -s, -to|ren; Pharm.⟩ Arzneimittel, das die Erweiterung u. damit die bessere Durchblutung verengter Gefäße bewirkt; *Ggs* Vasokonstriktor [< *Vaso...* + lat. *dilatare* »erweitern«]

Va|so|kon|strik|tor *auch:* **Va|so|kons|trik|tor** *auch:* **Va|so|konst|rik|tor** ⟨[va-] m.; -s, -to|ren; Pharm.⟩ Arzneimittel, das die Zusammenziehung von Blutgefäßen bewirkt u. damit den Blutdruck erhöht; *Ggs* Vasodilatator [< *Vaso...* + lat. *constringere* »zusammenziehen«]

Va|so|li|ga|tur ⟨[va-] f.; -, -en; Med.⟩ Abschnüren eines Gefäßes

Va|so|mo|to|ren ⟨[va-] Pl.; Anat.⟩ Gefäßnerven [< *Vaso...* + lat. *motor* »Beweger«]

va|so|mo|to|risch ⟨[va-] Adj.⟩ zu den Vasomotoren gehörig, auf ihnen beruhend; *~e Reaktionen* Erweiterung od. Verengung der Blutgefäße durch verschiedene Spannungszustände der glatten Gefäßmuskeln unter der Wirkung der Gefäßnerven

Va|so|pres|sin ⟨[va-] n.; -s, -e; Abk.: ADH; Biochemie⟩ ein Peptidhormon des Hypophysenhinterlappens, das die Rückresoption von Wasser (tägl. zwischen 15-30 l) in den Nieren bewirkt; *Sy* antidiuretisches Hormon, Adiuretin

Va|so|re|sek|ti|on ⟨[va-] f.; -, -en; Med.⟩ = Vasektomie

Va|so|to|mie ⟨[va-] f.; -, -n; Med.⟩ = Vasektomie [< *Vaso...* + *...tomie*]

Va|ti|kan ⟨[va-] m.; -s; unz.; kath. Kirche⟩ **1** Palast, Residenz des Papstes in Rom **2** die päpstliche Regierung

va|ti|ka|nisch ⟨[va-] Adj.⟩ zum Vatikan gehörig, auf ihm beruhend, aus ihm stammend

Va|ti|kan|stadt ⟨[va-] f.; -; unz.⟩ Stadtstaat innerhalb Roms mit den Gebäuden der päpstlichen Regierung, der Bibliothek u. der Peterskirche

Vau|de|ville ⟨[vo:dəvi:l] n.; -s, -s; Musik⟩ **1** possenhaftes Singspiel, im 18. Jh. in Frankreich aufgekommen **2** Lied, Schlager eines Vaudevilles (1) [<frz. *vau-de-Vire,* nach der Stadt *Vire* in Westfrankreich, mit späterer volksetymolog. Angleichung an *ville* »Stadt«]

Ve|da ⟨[ve:-] f.; - od. -s, -s od. Ve|den [ve:-]⟩ eine der vier ältesten religiösen Schriften der Inder; *Rig~* Veda der Verse; *Sama~* Veda der Lieder; *Jadschur~* Veda der Sprüche; *Atharwa~* Veda des Priesters; *oV* Weda [<Sanskrit *veda* »Wissen«]

Ve|den ⟨[ve:-] Pl. von⟩ Veda; *oV* Weden

Ve|det|te ⟨[ve-] f.; -, -n⟩ **1** Vortrupp von Reitern, berittener Vorposten **2** Wache [<ital. *vedetta*]

ve|disch ⟨Adj.⟩ zu den Veden gehörend, auf ihnen beruhend; *oV* wedisch

Ve|du|te ⟨[ve-] f.; -, -n⟩ **1** ⟨Mal.⟩ getreue Wiedergabe der Ansicht einer Stadt od. Landschaft mit geringer perspektivischer Wirkung; →*a.* Prospekt (2) **2** ⟨im Festungsbau des 15.-18. Jh.⟩ hoch gelegener od. vorgeschobener Beobachtungsposten [ital.]

ve|gan ⟨[ve-] Adj.⟩ den Veganismus betreffend, auf ihm beruhend

Ve|ga|ner ⟨[ve-] m.; -s, -⟩ Vegetarier, der zusätzlich auf alle tierischen Produkte verzichtet

Ve|ga|ne|rin ⟨[ve-] f.; -, -rin|nen⟩ Vegetarierin, die zusätzlich auf alle tierischen Produkte verzichtet

Ve|ga|nis|mus ⟨[ve-] m.; -; unz.⟩ Form des Vegetarismus, die ausdrücklich auch den Verzicht auf jede Art von tierischen Produkten (z. B. Milch, Eier) einschließt

ve|ge|ta|bil ⟨[ve-] Adj.; Bot.⟩ = vegetabilisch

Ve|ge|ta|bi|li|en ⟨[ve-] nur Pl.; Bot.⟩ pflanzl. Stoffe, pflanzl. Nahrungsmittel

ve|ge|ta|bi|lisch ⟨[ve-] Adj.; Bot.⟩ pflanzlich, von Pflanzen stammend; *oV* vegetabil [<mlat. *vegetabilis;* zu *vegetari* »wachsen, gedeihen« <lat. *vegetus* »belebt«; zu *vegere* »züchten, erregen, beleben, tätig sein«]

Ve|ge|ta|ri|a|nis|mus ⟨[ve-] m.; -; unz.⟩ = Vegetarismus

Ve|ge|ta|ri|er ⟨[ve-] m.; -s, -⟩ Mann, der bei seiner Ernährung auf Fleisch verzichtet

Ve|ge|ta|ri|e|rin ⟨[ve-] f.; -, -rin|nen⟩ Frau, die bei ihrer Ernährung auf Fleisch verzichtet

ve|ge|ta|risch ⟨[ve-] Adj.⟩ auf dem Vegetarismus beruhend; *~ leben* in der Ernährung auf Fleisch verzichten

Ve|ge|ta|ris|mus ⟨[ve-] m.; -; unz.⟩ fleischfreie Ernährung

Ve|ge|ta|ti|on ⟨[ve-] f.; -, -en; Bot.⟩ **1** Leben, Wachstum der Pflanzen **2** Gesamtheit der in einem Gebiet vorkommenden Pflanzen [<mlat. *vegetatio;* → *vegetabilisch*]

Ve|ge|ta|ti|ons|ke|gel ⟨[ve-] m.; -s, -; Bot.⟩ Wachstumszone der Spross- u. Wurzelspitze einer Pflanze

Ve|ge|ta|ti|ons|or|gan ⟨[ve-] n.; -s, -e; Bot.⟩ der Erhaltung des Organismus u. nicht der Fortpflanzung dienendes Pflanzenorgan

Ve|ge|ta|ti|ons|pe|ri|o|de ⟨[ve-] f.; -, -n; Bot.⟩ Zeitraum, in dem die Pflanze am kräftigsten wächst

Ve|ge|ta|ti|ons|punkt ⟨[ve-] m.; -(e)s, -e; Bot.⟩ Ende einer Pflanzenachse od. Wurzel, von der das Wachstum hauptsächlich ausgeht

ve|ge|ta|tiv ⟨[ve-] Adj.⟩ **1** ⟨Bot.⟩ pflanzlich **2** ⟨Physiol.⟩ unbewusst, nicht dem Willen unterliegend (von Nerven); *~es Nervensystem* alle Nerven, die bewusst nicht beeinflusst werden können, autonomes, unwillkürliches Nervensystem, Lebensnervensystem **3** ⟨Biol.⟩ ungeschlechtlich [<mlat. *vegetativus;* → *vegetabilisch*]

ve|ge|tie|ren ⟨[ve-] V.⟩ (kümmerlich) dahinleben

ve|he|ment ⟨[ve-] Adj.⟩ heftig, ungestüm [<lat. *vemens, vehemens* »stürmisch, leidenschaftlich«, eigtl. »nicht besonnen« <*ve...* »zu wenig« + *mens* »Verstand«]

Ve|he|menz ⟨[ve-] f.; -; unz.⟩ Heftigkeit, Ungestüm

Ve|hi|kel ⟨[ve-] n.; -s, -⟩ **1** (altes, altmodisches, schlechtes) Fahrzeug **2** ⟨fig.⟩ Mittel (zu einem Zweck) [<lat. *vehiculum* »Fahrzeug«; zu *vehi* »fahren«]

V

Vei|ling ⟨[vɛɪ-] n.; - od. -s, -s⟩ Methode der Versteigerung von Obst, Gemüse u. Blumen, bei der auf einer Versteigerungsuhr ein Zeiger langsam über eine fallende Preisskala läuft, bis er durch das erste (u. damit höchste) Käuferangebot angehalten wird [engl., »Verschleierung«; zu *veil* »verschleiern, verhüllen«]

Vek|tor ⟨[vẹk-] m.; -s, -to|ren⟩ 1 ⟨Math.⟩ math. Größe, die als Strecke bestimmter Länge u. Richtung definiert ist 2 ⟨Genetik⟩ Träger (z. B. Plasmid) für die Einführung neuer Gene in eine Zelle [<lat. *vector* »Träger«; zu *vehere* »tragen«]

Vek|tor|feld ⟨[vẹk-] n.; -(e)s, -er; Math.⟩ durch einheitliche Ausrichtung aller Vektoren gekennzeichneter Teil eines Raumes

vek|to|ri|ell ⟨[vɛk-] Adj.; Math.⟩ Vektoren betreffend, auf Vektoren bezogen, zu ihnen gehörig; *~e Größe* auf Vektoren bezogene G.; *Ggs* skalare Größe

Vek|tor|kar|dio|gra|fie ⟨[vɛk-] f.; -, -n; Med.; Abk.: VKG⟩ = Vektorkardiographie

Vek|tor|kar|dio|gra|phie ⟨[vɛk-] f.; -, -n; Abk.: VKG; Med.⟩ kontinuierliche Aufzeichnung der Bewegungsabläufe der Herzmuskelfasern; *oV* Vektorkardiografie [< *Vektor* + *kardio...* + *...graphie*]

Vek|tor|rech|ner ⟨[vẹk-] m.; -s, -; Math.⟩ in Form von Vektoren operierender Rechner, der mit mehreren Rechenwerken parallele Operationen vornehmen kann

Vek|tor|rech|nung ⟨[vẹk-] f.; -, -en⟩ Rechnung mit Vektoren

Ve|la ⟨[ve:-] Pl. von⟩ Velum

ve|lar ⟨[ve-] Adj.; Phon.⟩ am Gaumensegel gebildet, gesprochen (Laute) [<lat. *velaris* »das Tuch, Segel betreffend«; zu *velum* »Tuch, Segel«]

Ve|lar ⟨[ve-] m.; -s, -e; Phon.⟩ Hintergaumenlaut, Kehllaut, Gaumensegellaut, mit der hinteren Zunge am Gaumensegel gebildeter Konsonant, z. B. g, k, ng, ch (nach a, o, u)

Ve|li|ger|lar|ve ⟨[ve:-] f.; -, -n; Zool.⟩ Larve mariner Muscheln u. zahlreicher Schnecken, die mit einem Segel frei umherschwimmt [<lat. *velum* »Tuch, Segel« + *Larve*]

Ve|lin ⟨[vəli:n] n.; -s; unz.; Buchw.⟩ weiches, weißes, pergamentartiges Papier für kostbare Bucheinbände [<frz. *vélin* <afrz. *veel* »Kalb« <lat. *vitellus*]

Vel|le|i|tät ⟨[vele:i-] f.; -; unz.⟩ unwirksame Regung des Willens, kraftloses Wünschen [<lat. *velle* »wünschen«]

Ve|lo ⟨[ve:-] n.; -s, -s; schweiz.⟩ Fahrrad [verkürzt <*Velo*ziped]

ve|lo|ce ⟨[velo:tʃə] Musik⟩ schnell (zu spielen) [ital.]

Ve|lo|ci|rap|tor ⟨[ve-] m.; -s, -s od. -en; Zool.⟩ Angehöriger einer kleinen, fleischfressenden Gattung der Dinosaurier mit großen Krallen an den Hinterfüßen [<lat. *velox*, Gen. *velocis* »schnell«]

Ve|lo|drom ⟨[ve-] n.; -s, -e; Sport⟩ Radrennbahn in einer Halle [<frz. *vélodrome* <*Velo* + grch. *dromos* »Lauf«]

Ve|lo|helm ⟨[ve:lo-] m.; -s, -e⟩ Fahrradhelm

Ve|lours[1] ⟨[vəlu:r] m.; - [-lu:rs], - [-lu:rs]; Textilw.⟩ samtartiges Gewebe aus Streichgarn [frz. <lat. *villosus* »behaart«]

Ve|lours[2] ⟨[vəlu:r] n.; - [-lu:rs], - [-lu:rs]; Textilw.⟩ auf der Fleischseite bearbeitetes Leder mit samtartiger Oberfläche; *Sy* Veloursleder [→ *Velours*[1]]

Ve|lours|le|der ⟨[vəlu:r-] n.; -s; unz.; Textilw.⟩ = Velours[2]

Ve|lours|tep|pich ⟨[vəlu:r-] m.; -(e)s, -e; Textilw.⟩ gewebter Teppich mit samtartigem Flor

Ve|lou|tine ⟨[vəluti:n] m.; - od. -s, -s; Textilw.⟩ halbseidener, ripsartiger Kleiderstoff in Leinwandbindung [zu frz. *velout* »samtartig«]

Ve|lo|zi|ped ⟨[ve-] n.; -s, -s; kurz: Velo⟩ Fahrrad [<frz. *vélocipède* <lat. *velos* »schnell« + *pedis*, Gen. zu *pes* »Fuß«]

Velt|li|ner ⟨[vɛlt-] m.; -s, -⟩ 1 ⟨Bot.⟩ eine Rebsorte (Sammelbez. für die Rebsorten roter V., grüner V. u. frühroter V.) 2 Weinsorte von meist nur mittlerer Qualität [nach der ital. Landschaft *Veltlin*]

Ve|lum ⟨[ve:-] n.; -s, Ve|la [ve:-]⟩ 1 ⟨Rel.⟩ 1.1 rechteckiges Tuch, das dem Priester beim Sakrament die Schultern u. Hände verhüllt 1.2 Tuch zum Bedecken der Abendmahlsgeräte 2 ⟨Anat.⟩ 2.1 weicher Gaumen, Gaumensegel *(~ palatinum)* 2.2 halbmondförmiges Segel der Herzklappen 3 ⟨Zool.⟩ schirmartiger Rand mancher Medusen [lat., »Tuch, Segel«]

Vel|vet ⟨[vẹlvət] m.; -s, -s⟩ 1 ⟨Textilw.⟩ Samt aus Baumwolle 2 ⟨Fot.⟩ fotografisches Papier mit samtartiger Oberfläche [engl.]

Vel|ve|ton ⟨[vɛlvətɔ̃:] m.; -s, -s; Textilw.⟩ durch Rauen eines kräftigen, in Atlasbindung gewebten Baumwollstoffes erzielte Imitation von Samt [frz., <engl. *velvet* »Samt«]

Ven|det|ta ⟨[vɛn-] f.; -, -dẹt|ten⟩ Blutrache [ital., »Rache«]

Ve|ne ⟨[ve:-] f.; -, -n; Anat.⟩ zum Herzen führendes Blutgefäß, Blutader; *Ggs* Arterie [<lat. *vena* »Ader«]

Ven|ek|ta|sie *auch:* **Ve|nek|ta|sie** ⟨[ve-] f.; -, -n; Med.⟩ Venenerweiterung durch Erschlaffen der Gefäßwände [< *Vene* + *Ektasie*]

Ve|ne|num ⟨[ve-] n.; -s, -ne|na; Med.⟩ Gift [lat.]

ve|ne|ra|bel ⟨[ve-] Adj.; geh.⟩ ehrwürdig, verehrungswürdig; *sie ist eine venerable Frau* [<lat. *venerabilis; zu venerari* »verehren«]

Ve|ne|ra|bi|le ⟨[ve---le:] n.; - od. -s; unz.; kath. Kirche⟩ Allerheiligstes [→ *venerabilis*]

ve|ne|ra|bi|lis ⟨[ve-] Adj.⟩ hoch-, ehrwürdig (bes. im Titel kath. Geistlicher) [lat.]

ve|ne|risch ⟨[ve-] Adj.; Med.⟩ eine Geschlechtskrankheit betreffend, auf ihr beruhend; *~es Leiden* [nach der Liebesgöttin *Venus*, Gen. *Veneris*]

Ve|ne|ro|lo|ge ⟨[ve-] m.; -n, -n; Med.⟩ Facharzt auf dem Gebiet der Venerologie

Ve|ne|ro|lo|gie ⟨[ve-] f.; -; unz.; Med.⟩ Lehre von den Geschlechtskrankheiten [<*venerisch* + grch. *logos* »Lehre«]

ve|ne|ro|lo|gisch ⟨[ve-] Adj.; Med.⟩ die Venerologie betreffend, zu ihr gehörig

Ve|ne|zi|a|nisch|rot ⟨[ve-] n.; -(e)s; unz.⟩ = Caput mortuum

Ve|nia Le|gen|di ⟨[veː-] f.; - -; unz.⟩ Berechtigung, an Hochschulen Vorlesungen zu halten [lat., *venia* »Erlaubnis« + *legendi,* Gerundium zu *legere* »lesen«]

ve|ni, vi|di, vi|ci ⟨[veːni viːdi viːtsi]⟩ ich kam, ich sah, ich siegte [lat., Cäsars Meldung nach Rom nach der Schlacht bei Zela 47 v. Chr.]

Venn|dia|gramm *auch:* **Venn-Diagramm** ⟨[vɛn-] n.; -(e)s, -e; EDV⟩ Diagramm, das Mengen u. ihre Überschneidungen bildlich darstellt [nach dem engl. Logiker J. *Venn,* 1834-1923]

Ve|no|le ⟨[ve-] f.; -, -n; Anat.⟩ kleinste Vene

ve|nös ⟨[ve-] Adj.; Anat.⟩ zu den Venen gehörend, auf ihnen beruhend, von ihnen getragen [→ *Vene*]

Ven|til ⟨[vɛn-] n.; -s, -e⟩ **1** Vorrichtung zum Absperren von Flüssigkeiten u. Gasen; *Kugel~; Kegel~; Nadel~; ein ~ öffnen, schließen* **2** ⟨bei Blechblasinstrumenten⟩ Mechanismus, der die urspr. Stimmung verändert **3** ⟨bei der Orgel⟩ die Luftzufuhr regelnde Klappe **4** ⟨El.⟩ Gleichrichter **5** ⟨fig.⟩ Möglichkeit, einer Gefühlsaufwallung Ausdruck zu verleihen; *er braucht, sucht ein ~ für seinen aufgestauten Zorn* [<mlat. *ventile* »Kanalschleuse« <lat. *ventus* »Wind«]

Ven|ti|la|ti|on ⟨[vɛn-] f.; -, -en⟩ **1** Bewegung von Luft od. von Gasen **2** Lüftung **3** ⟨Zool.⟩ der Atmung dienende Bewegung [→ *Ventil*]

Ven|ti|la|tor ⟨[vɛn-] m.; -s, -to|ren⟩ Vorrichtung zur Lüftung von Räumen, Bewetterung von Bergwerken, zur Kühlung von Motoren usw. [→ *Ventil*]

ven|ti|lie|ren ⟨[vɛn-] V.⟩ **1** Wind erzeugen **2** lüften **3** ⟨fig.⟩ überlegen, sorgfältig erwägen [<frz. *ventiler* <lat. *ventilare;* zu *ventus* »Wind«]

Ven|ti|lie|rung ⟨[vɛn-] f.; -, -en⟩ das Ventilieren

ven|tral *auch:* **vent|ral** ⟨[vɛn-] Adj.; Med.⟩ zum Bauch gehörig, in seiner Gegend gelegen [<lat. *ventralis;* zu *venter* »Bauch, Unterleib«]

Ven|tri|kel *auch:* **Vent|ri|kel** ⟨[vɛn-] m.; -s, -; Anat.⟩ Hohlraum, Kammer, z. B. Herzkammer, Hirnkammer, Magen [<lat. *ventriculus;* zu *venter* »Bauch, Unterleib«]

ven|tri|ku|lär *auch:* **vent|ri|ku|lär** ⟨[vɛn-] Adj.; Med.⟩ zum Ventrikel gehörig, auf ihm beruhend

Ven|tri|lo|quis|mus *auch:* **Vent|ri|lo|quis|mus** ⟨[vɛn-] m.; -; unz.⟩ das Bauchreden [→ *Ventriloquist*]

Ven|tri|lo|quist *auch:* **Vent|ri|lo|quist** ⟨[vɛn-] m.; -en, -en⟩ Bauchredner [<lat. *venter* »Bauch« + *loqui* »reden«]

Ven|ture|ca|pi|tal ⟨[vɛntʃə(r)kæpɪtəl] n.; -s; unz.; Wirtsch.⟩ Finanzierungsform, die Investoren haftendes Kapital zur Verfügung stellt, um Gewinne für Kapitalnehmer u. -geber zu erwirtschaften [engl., »Risikokapital«]

ver|ab|so|lu|tie|ren ⟨V.⟩ als absolut gültig betrachten od. hinstellen; *jmds. Meinung ~*

Ve|ran|da ⟨[ve-] f.; -, -ran|den; Arch.⟩ vor- od. eingebauter, überdachter, meist mit Glaswänden versehener Raum an einem Haus [<engl. <portug. *varanda*]

Ve|ra|trin *auch:* **Ve|rat|rin** ⟨[ve-] n.; -s; unz.; Chemie⟩ Gift, das den systolischen Stillstand des Herzens bewirkt, Mischung von Alkaloiden, die im Samen der Sabadille enthalten sind [<lat. *veratrum* »Nieswurz«]

Verb ⟨[vɛrb] n.; -s, -en; Gramm.⟩ flektierbares Wort, das Tätigkeiten, Vorgänge u. Zustände bezeichnet, z. B. gehen; *oV* Verbum; *Sy* Tätigkeitswort, Zeitwort [<lat. *verbum* »Wort«]

ver|bal ⟨[vɛr-] Adj.⟩ **1** ⟨Gramm.⟩ zum Verb gehörig, auf ihm beruhend **2** mündlich, durch Worte mitgeteilt [<lat. *verbalis;* zu *verbum* »Wort«]

Ver|bal ⟨[vɛr-] n.; -s, -e; schweiz.⟩ Bericht

Ver|bal|ab|strak|tum *auch:* **Ver|bal|abs|trak|tum** ⟨[vɛr-] n.; -s, -strak|ta; Gramm.⟩ = Verbalsubstantiv

Ver|bal|ad|jek|tiv ⟨[vɛr-] n.; -s, -e [-və]; Gramm.⟩ aus einem Verb gebildetes Adjektiv, z. B. das »weinende« Kind

Ver|ba|le ⟨[vɛr-] n.; -s, -li|en; meist Pl.⟩ **1** ⟨veraltet⟩ wörtl. Äußerung **2** ⟨Gramm.⟩ von einem Verbum abgeleitetes Wort (z. B. Redner von reden)

Ver|bal|ero|ti|ker ⟨[vɛr-] m.; -s, -; Psych.⟩ jmd., der ständig über sexuelle Handlungen u. Erlebnisse redet, die er allerdings in den meisten Fällen nicht vollzieht u. erlebt

Ver|bal|in|ju|rie ⟨[-riə] f.; -, -n⟩ Beleidigung durch Worte

Ver|bal|in|spi|ra|ti|on *auch:* **Ver|bal|ins|pi|ra|ti|on** ⟨[vɛr-] f.; -; unz.⟩ die wörtl. Eingebung des biblischen Textes durch Gott in das Bewusstsein eines Bibelautors

ver|ba|li|sie|ren ⟨[vɛr-] V.⟩ **1** ⟨Gramm.⟩ zu einem Verb umbilden; *ein Substantiv ~* z. B. »Luft« zu »lüften« **2** in Worte fassen, mit Worten ausdrücken; *ein Gefühl ~*

Ver|ba|lis|mus ⟨[vɛr-] m.; -; unz.⟩ Neigung zur Wortemacherei, Übergewicht der Worte über die Sache

Ver|ba|list ⟨[vɛr-] m.; -en, -en⟩ jmd., der viele Worte macht, der mehr Wert auf Wort u. Formulierung als auf die Sache legt

ver|ba|lis|tisch ⟨[vɛr-] Adj.⟩ in der Art des Verbalismus, auf ihm beruhend, durch Worte

ver|ba|li|ter ⟨[vɛr-] Adv.⟩ wörtlich [lat.]

Ver|bal|kom|po|si|tum ⟨[vɛr-] n.; -s, -si|ta; Gramm.⟩ komplexes Verb, das sich aus einem einfachen Verb u. einem Adjektiv, Adverb, Substantiv od. einem weiteren Verb zusammensetzt (z. B. standhalten)

Ver|bal|kon|kor|danz ⟨[vɛr-] f.; -, -en; Buchw.⟩ alphabet. Verzeichnis von Ausdrücken od. Redewendungen, die in den Werken eines od. mehrerer Schriftsteller verwendet werden

Ver|bal|no|men ⟨[vɛr-] n.; -s, -no|mi|na; Gramm.⟩ Verb, das als Nomen gebraucht wird, z. B. das Können, das Gehen

V

Ver|bal|no|te ⟨[vɛr-] f.; -, -n⟩ mündlich vorgetragene, meist vertrauliche diplomatische Note

Ver|bal|phra|se ⟨[vɛr-] f.; -, -n; Abk.: VP; Gramm.⟩ von einem Verb bestimmte Wortgruppe im Satz; →*a.* Nominalphrase

Ver|bal|stil ⟨[vɛr-] m.; -s; unz.⟩ Verben bevorzugender Schreibstil; *Ggs* Nominalstil

Ver|bal|sub|stan|tiv *auch:* **Ver|bal|subs|tan|tiv** ⟨[vɛr-] n.; -(e)s, -e [-və]; Gramm.⟩ aus einem Verb gebildetes Substantiv, z. B. das Gehen; *Sy* Verbalabstraktum

ver|bar|ri|ka|die|ren ⟨V.⟩ mit Barrikaden sperren, verrammeln; *die Straße, die Tür ~; sich ~* sich durch eine Barrikade schützen; *sich hinter Stühlen, Tischen ~*

Ver|bas|kum ⟨[vɛr-] n.; -s, -bas|ken; Bot.⟩ Königskerze [<lat. *verbascum*]

Ver|be|ne ⟨[vɛr-] f.; -, -n; Bot.⟩ Eisenkraut [<lat. *verbena* »heiliger Oliven-, Lorbeer- od. Myrtenzweig«]

ver|bos ⟨[vɛr-] Adj.; geh.⟩ wortreich [<lat. *verbosus* »wortreich, weitläufig, weitschweifig«; zu *verbum* »Wort«]

Ver|bum ⟨[vɛr-] n.; -s, Ver|ba [vɛr-]; Gramm.⟩ = Verb; *~ finitum* = finites Verb; *~ infinitum* = infinites Verb [lat., »Wort«]

ver|char|tern ⟨[-tʃa:r-] V.⟩ *ein Flugzeug, ein Schiff ~* für eine gewisse Zeitspanne vermieten [→ *chartern*]

Ver|dikt ⟨[vɛr-] n.; -(e)s, -e⟩ Entscheidung, Urteil [<engl. *verdict* »Urteil (der Geschworenen), Wahrspruch« <lat. *vere dictum* »Wahrspruch« <*verus* »wahr« + *dictum* »Äußerung, Spruch, Befehl, Versprechen«]

Ver|dü|re ⟨[vɛr-] f.; -, -n; MA bis 18. Jh.⟩ gewirkter Wandteppich in überwiegend grünen Farben mit Darstellungen von Pflanzen, gelegentlich auch Tieren [<frz. *(tapis de) verdure* »Rasenteppich, Teppich mit Ranken- u. Blütenmustern«; zu *verdure* »grünes Laub, Rasen; Kräuter«; zu *vert* »grün«]

Ver|genz ⟨[vɛr-] f.; -, -en; Geol.⟩ die Richtung der Faltenlagerung in Faltengebirgen [zu lat. *vergere* »sich wohin neigen«]

Ve|ri|fi|ka|ti|on ⟨[ve-] f.; -, -en⟩ das Verifizieren, Nachweis der Wahrheit, Bestätigung; *Ggs* Falsifikation (2) [<lat. *verus* »wahr, wirklich, echt« + *...fikation*]

ve|ri|fi|zier|bar ⟨[ve-] Adj.⟩ so beschaffen, dass man es verifizieren kann, nachprüfbar

Ve|ri|fi|zier|bar|keit ⟨[ve-] f.; -; unz.⟩ Nachprüfbarkeit; *dieser Fall ist in seiner ~ sehr undurchsichtig*

ve|ri|fi|zie|ren ⟨[ve-] V.⟩ die Wahrheit nachweisen, bestätigen; *eine Hypothese ~* bei Überprüfung als richtig erkennen; *Ggs* falsifizieren (2) [<lat. *verus* »wahr, wirklich, echt« + *...fizieren*]

Ve|ris|mo ⟨[ve-] m.; -; unz.; Kunst; Lit.⟩ italien., vom französ. Naturalismus beeinflusste Richtung in Literatur u. Film, die sich bes. mit sozialen Problemen auseinandersetzt [ital.; → *Verismus*]

Ve|ris|mus ⟨[ve-] m.; -; unz.; Kunst; Lit.⟩ Strömung in Literatur, bildender Kunst, Malerei u. Schauspiel, die die Wirklichkeit krass naturalistisch u. unreflektiert darstellt [<lat. *verus* »wahr, wirklich, echt«]

Ve|rist ⟨[ve-] m.; -en, -en; Kunst; Lit.⟩ Vertreter, Anhänger des Verismus

Ve|ris|tin ⟨[ve-] f.; -, -tin|nen; Kunst; Lit.⟩ Vertreterin, Anhängerin des Verismus

ve|ris|tisch ⟨[ve-] Adj.; Kunst; Lit.⟩ zum Verismus gehörend, auf ihm beruhend, in der Art des Verismus

ve|ri|ta|bel ⟨[ve-] Adj.⟩ **1** wahrhaft, echt, aufrichtig; *ein veritabler Freund* **2** die eigentliche Bedeutung (eines Wortes) betreffend [<frz. *véritable* »echt, wahr, wahrhaft, wirklich« <lat. *veritas* »Wahrheit, Wirklichkeit, Aufrichtigkeit«]

ver|jaz|zen ⟨V.; Musik⟩ mit Elementen des Jazz verändern; *klassische Musik ~*

ver|kad|men ⟨V.; Chemie⟩ = cadmieren

ver|kit|schen[1] ⟨V.⟩ künstlerisch verderben, kitschig gestalten; *verkitscht* kitschig, ins Kitschige abgeglitten [→ *Kitsch*]

ver|kit|schen[2] ⟨V.; umg.⟩ verkaufen, bes. billig verkaufen, verschleudern [<rotw. *verklitschen* »verkaufen« <mhd. *verkiuten, verkuten* »vertauschen«]

ver|klau|su|lie|ren ⟨V.⟩ **1** durch Klauseln, Vorbehalte einschränken **2** ⟨fig.; umg.⟩ in schwierigem Satzbau darstellen, verwickelt, schwierig formulieren; *eine verklausulierte Erklärung* [→ *Klausel*]

ver|ko|ken ⟨V.⟩ = koken

ver|lea|sen ⟨[-li:-] V.⟩ vermieten (von Nutzungs- u. Gebrauchsgütern); →*a.* leasen; *Nutzfahrzeuge ~; das Unternehmen verleast Flugzeuge*

ver|lin|ken ⟨V.; EDV⟩ mit Hilfe eines Links verknüpfen, verbinden; *Internetseiten miteinander ~*

Ver|lin|kung ⟨f.; -, -en; EDV⟩ das Verlinken (von Internetseiten)

ver|ma|le|dei|en ⟨V.⟩ verfluchen; ⟨noch erhalten in partizipialen Wendungen wie⟩ *wo ist der vermaledeite Schuhanzieher geblieben?* [<mhd. *(ver)maledien* »(ver)fluchen« <afrz. *maldire* »verfluchen« <lat. *maledicere* »lästern, schmähen« <*male* (Adv. zu *malus*) »schlecht, übel, schlimm« + *dicere* »reden, sprechen, sagen«]

ver|meil ⟨[vɛrme:j] Adj.⟩ hochrot [frz., »hochrot, blühend, frisch; vergoldet« <ital. *vermigliare* »rot färben« <lat. *vermiculus* »Scharlachfarbe«]

Ver|meil ⟨[vɛrme:j] n.; -s; unz.⟩ vergoldetes Silber

Ver|mi|cu|lit ⟨[vɛr-] n.; -s, -e; Min.⟩ durch Verwitterung von Glimmern entstehendes Tonmineral, das aufgrund seiner hohen Absorptionsfähigkeit auch als Wärmeisoliermaterial eingesetzt wird [zu lat. *vermiculus* »Würmchen« (aufgrund des wurmartigen Krümmens beim Erhitzen)]

Ver|mi|fu|gum ⟨[vɛr-] n.; -s, -fu|ga; Pharm.⟩ wurmabtreibendes Arzneimittel [<lat. *vermis* »Wurm« + *fugare* »in die Flucht schlagen, vertreiben«]

Ver|mil|lon ⟨[vɛrmijɔ̃:] n.; -s; unz.⟩ sehr fein gemahlener Zinnober [frz., »Zinnober« <ital. *vermiglio* »rot, korallen-

farbig«, *vermiglione* »Karmesinfarbe, gemahlener Zinnober« <lat. *vermiculus* »Scharlachfarbe«]

ver|mi|zid ⟨[vɛr-] Adj.; Pharm.⟩ wurmtötend (z. B. bei Arzneimitteln) [→ *Vermizid*]

Ver|mi|zid ⟨[vɛr-] n.; -s, -e; Pharm.⟩ wurmtötendes Arzneimittel [<lat. *vermis* »Wurm« + ...*zid*[1]]

ver|mu|ren ⟨V.; Seew.⟩ vor zwei Anker legen; *ein Schiff ~* [<engl. *moor* »vertäuen, festmachen«]

Ver|na|li|sa|ti|on ⟨[vɛr-] f.; -, -en; Landw.⟩ = Jarowisation [<lat. *ver,* Gen. *veris* »Frühling« (Adj. *vernus*); zu *vernare* »sich verjüngen«]

ver|na|li|sie|ren ⟨[vɛr-] V.; Landw.⟩ = jarowisieren

Ver|na|ti|on ⟨[vɛr-] f.; -, -en, Bot.⟩ Lage der einzelnen Knospenblätter [<lat. *vernare* »sich verjüngen«]

Ver|nis|sa|ge ⟨[vɛrnisaːʒə] f.; -, -n; Mal.⟩ **1** Eröffnung einer Ausstellung neuer Bilder eines lebenden Malers **2** ⟨allg.⟩ das Vorstellen (eines Künstlers) vor einem Publikum [<frz. *vernis* »Firnis«, also die »frisch gefirnissten Bilder«]

Ve|ro|ni|ka ⟨[ve-] f.; -, -ni|ken; Bot.⟩ einer Gattung der Rachenblütler angehörendes Kraut mit in der Regel blauen Blüten, Männertreu, Ehrenpreis: Veronica [<grch. *berenikion* <*Berenike, Bherenike* (weibl. Vorname)]

ver|pönt ⟨Adj.⟩ nach herrschender Sitte untersagt, nicht gern gesehen [Part. Perf. zum veralteten *verpönen* »verbieten, untersagen« <mhd. *verpenen* »mit einer Geldstrafe bedrohen, bei Strafe verbieten, missbilligen«; zu mhd. *pen(e)* »Strafe« <lat. *poena* »Buße, Sühnegeld; Strafe, Kummer«]

Ver|ril|lon ⟨[vɛrijɔ̃ː] n.; - od. -s, -s⟩ Glasspiel [frz.]

Ver|ru|ca ⟨[vɛr-] f.; -, -cae [-tsɛː]; Med.⟩ Warze [lat.]

Ver|ru|ca|no ⟨[vɛr-] m.; -s; unz.; Min.⟩ buntes Quarzkonglomerat im Perm der Alpen u. des Apennin [nach dem Berg *Verruca* bei Pisa]

ver|ru|kös ⟨[vɛr-] Adj.; Med.⟩ warzenförmig [zu lat. *verruca* »Warze«]

Vers ⟨[fɛrs] m.; -es, -e; Abk.: V.⟩ **1** ⟨Metrik⟩ durch das Metrum gegliederte, oft mit Reim versehene Einheit einer Dichtung in gebundener Rede, Zeile einer Strophe; *Roman, Epos in ~en; einen Gedanken, einen Text in ~e bringen; darauf kann ich mir keinen ~ machen* ⟨fig.; umg.⟩ das begreife ich nicht, das kann ich mir nicht erklären **2** ⟨umg.; fälschlich für⟩ Strophe, Gedicht **3** Abschnitt in der Bibel [<lat. *versus* »das Umwenden; gepflügte Furche; Reihe, Linie, Vers«; zu *vertere* »kehren, wenden, drehen«]

Ver|sal ⟨[vɛr-] m.; -s, -li|en⟩ groß geschriebener Buchstabe, Großbuchstabe [<*Vers* »Zeile«]

Ver|sal|schrift ⟨[vɛr-] f.; -; unz.⟩ nur aus Versalien, Ziffern u. Interpunktionszeichen bestehende Schriftart, Großschreibung

ver|sa|til ⟨[vɛr-] Adj.; veraltet⟩ beweglich, geschmeidig, wandelbar [<lat. *versatilis* »beweglich, gewandt, vielseitig«]

Ver|sa|ti|li|tät ⟨[vɛr-] f.; -; unz.; veraltet⟩ versatile Beschaffenheit, versatiles Wesen

Ver|sett ⟨[vɛr-] n.; -s, -e; Musik⟩ = Versetto

Ver|set|to ⟨[vɛr-] n.; -s, -s od. -set|ti; Musik⟩ kurzes Orgelzwischenspiel, das einen gesungenen liturgischen Melodieabschnitt ersetzt; *oV* Versett [ital., »kleiner Vers«]

Vers|fuß ⟨m.; -(e)s, -fü|ße; Metrik⟩ aus mindestens je einer Hebung u. Senkung bestehende, kleinste rhythm. Einheit eines Verses

ver|siert ⟨[vɛr-] Adj.⟩ in einer Sache bewandert, erfahren, gut unterrichtet; *ein ~er Fachmann* [Part. Perf. vom veralteten Verb *versieren* »sich mit etwas beschäftigen« <frz. *versé* <lat. *versatus* »vertraut«; zu *versari* »verweilen, sich mit etwas befassen«, eigtl. »sich herumdrehen«]

Ver|si|fi|ka|ti|on ⟨[vɛr-] f.; -, -en; Metrik⟩ das Versifizieren [<*Vers* + ...*fikation*]

ver|si|fi|zie|ren ⟨[vɛr-] V.; Metrik⟩ in Verse bringen [<*Vers* + ...*fizieren*]

Ver|si|on ⟨[vɛr-] f.; -, -en⟩ Fassung, Lesart [<frz. *version* »Übersetzung, Lesart, Darstellung«; zu lat. *vertere* »wenden, drehen«]

ver|slu|men ⟨[-slʌ-] V.⟩ zunehmend Slums aufweisen, verwahrlosen; *diese Stadt verslumt zunehmend*

ver|snobt ⟨Adj.⟩ zum Snob geworden

Ver|so ⟨[vɛr-] n.; -s, -s⟩ *Ggs* Rekto **1** Rückseite (eines Blattes) **2** auf der Rückseite Stehendes (bei Handschriften, Papyri) [<lat. *verso folio* »auf der Rückseite des Blattes« <*folium* »Blatt« + *vertere* »wenden«]

ver|sus ⟨[vɛr-] Präp. mit Akk.; Abk.: vs.⟩ gegen, gegenüber, im Gegensatz zu, im Vergleich mit [lat., »gegen ... hin«]

vert. ⟨Abk. für⟩ vertatur

ver|ta|tur ⟨[vɛr-] Abk.: vert.; Typ.; Zeichen: V⟩ man wende! (bei auf dem Kopf stehenden Buchstaben) [lat.; zu *vertere* »wenden«]

ver|te ⟨[vɛr-] Abk.: v.⟩ wende (um)!, (bitte) wenden [lat., Imperativ zu *vertere* »wenden, drehen«]

ver|te|bra|gen *auch:* **ver|teb|ra|gen** ⟨[vɛr-] Adj.; Med.⟩ wirbelsäulenbedingt [<lat. *vertebra* »Wirbel« + grch. *gennan* »erzeugen«]

ver|te|bral *auch:* **ver|teb|ral** ⟨[vɛr-] Adj.; Anat.⟩ zu den Wirbeln (der Wirbelsäule) gehörend [<lat. *vertebralis* »zum Wirbel gehörig«; zu *vertebra* »Wirbel«; zu *vertere* »drehen, wenden«]

Ver|te|brat *auch:* **Ver|teb|rat** ⟨[vɛr-] m.; -en, -en; meist Pl.; Zool.⟩ Wirbeltier; *Ggs* Invertebrat, Invertebrat [<lat. *vertebra;* → *vertebral*]

Ver|tex ⟨[vɛr-] m.; -, -ti|ces [-tseːs]⟩ **1** ⟨Anat.⟩ Scheitel, der höchstgelegene Teil des Schädeldachs **2** ⟨unz.; Astron.⟩ Punkt der Sphäre, auf den sich die Mitglieder eines Sternstromes scheinbar zubewegen [lat., »Wirbel, Drehpunkt«]

ver|ti|gi|nös ⟨[vɛr-] Adj.; Med.⟩ schwindelig [zu lat. *vertere* »drehen«]

ver|ti|kal ⟨[vɛr-] Adj.⟩ senkrecht; *Ggs* horizontal [<ital. *verticale* »senkrecht« <lat. *vertex* »Wirbel, Drehpunkt«]
Ver|ti|ka|le ⟨[vɛr-] f. 2⟩ Senkrechte, senkrechte Linie, senkrechte Stellung; *Ggs* Horizontale
Ver|ti|kal|ebe|ne ⟨[vɛr-] f.; -, -n⟩ zu einer gegebenen Ebene senkrecht verlaufende Ebene
Ver|ti|kal|in|ten|si|tät ⟨[vɛr-] f.; -; unz.; Geophysik⟩ Komponente des erdmagnetischen Feldes, die senkrecht zur Erdoberfläche wirkt; *Ggs* Horizontalintensität
Ver|ti|ka|lis|mus ⟨[vɛr-] m.; -; unz.; Arch.⟩ Bestreben, die Vertikale gegenüber der Horizontalen zu betonen, z. B. in der Gotik
Ver|ti|kal|kreis ⟨[vɛr-] m.; -es, -e; Astron.⟩ **1** durch den Fußpunkt des Beobachters u. den Scheitelpunkt des Himmels verlaufender Kreis **2** Instrument zum Messen der Höhe eines Gestirns
Ver|ti|kal|schnitt ⟨[vɛr-] m.; -(e)s, -e⟩ Schnitt senkrecht zu einer gegebenen Ebene
Ver|ti|ko ⟨[vẹr-] n.; -s, -s; früher⟩ kleiner Schrank mit Aufsatz [angeblich nach seinem ersten Verfertiger, einem Berliner Tischler namens *Vertikow*]
ver|ti|ku|lie|ren ⟨[vɛr-] V.; Gartenbau⟩ = vertikutieren
ver|ti|ku|tie|ren ⟨[vɛr-] V.; Gartenbau⟩ den Boden von Grasflächen (mit Hilfe eines speziellen Gerätes) lockern, lüften u. von Unkraut reinigen, so dass Wasser u. Nährstoffe vordringen; *oV* vertikulieren [<lat. *vertikale* »senkrecht« + frz. *coutre* »Pflugeisen«]
Ver|ti|ku|tie|rer ⟨[vɛr-] m.; -s, -; Gartenbau⟩ Rechen, Gerät zum Vertikutieren
ver|trus|ten ⟨[-trʌs-] V.; bes. Wirtsch.⟩ zum Trust vereinigen
Ver|tum|na|li|en ⟨[vɛr-] Pl.⟩ altröm. Fest zu Ehren des Vertumnus, des Gottes der Jahreszeiten (auch der Veränderlichkeit u. des Handelsverkehrs) [zu lat. *vertere* »wenden, drehen, kehren«]
Ver|ve ⟨[vẹrvə] f.; -; unz.⟩ Feuer, Schwung, Begeisterung; *etwas mit großer ~ vortragen* [<frz. *verve* »Schwung, Begeisterung, Sprühen (des Witzes)«]
Ve|si|ca ⟨[veː-] f.; -, -cae [-tsɛː]; Anat.⟩ Blase, bes. Harnblase [lat.]
ve|si|kal ⟨[ve-] Adj.; Anat.⟩ die Harnblase betreffend, zu ihr gehörig [→ *Vesica*]
ve|si|ku|lär ⟨[ve-] Adj.; Med.⟩ bläschenartig, Bläschen… [→ *Vesica*]
Ves|pa® ⟨[vẹs-] f.; -, -s⟩ ein Motorroller [<ital. *vespa* »Wespe«]
Ves|per ⟨[fẹs-] f.; -, -n⟩ **1** ⟨urspr.⟩ die vorletzte der kath. Gebetsstunden am späten Nachmittag od. frühen Abend **2** ⟨danach⟩ Gottesdienst am frühen Abend *(Christ~)* **3** Vesperbrot, Nachmittagsmahlzeit **4** nachmittägl. Arbeitspause, Feierabend [<mhd. *vesper* <ahd., kirchenlat. *vespera* »die vorletzte kanon. Stunde (6 Uhr abends)« <lat. *vesper* »Abend, Abendstern, Westen«; entspricht grch. *hesperos* »Abendstern, Abend, Westen«]
Ves|per|bild ⟨[fẹs-] n.; -(e)s, -er⟩ Darstellung der Maria mit Christi Leichnam auf dem Schoß, Pietà
Ves|per|brot ⟨[fẹs-] n.; -(e)s, -e⟩ Brot für die Vesper, für die Nachmittagsmahlzeit
ves|pern ⟨[fẹs-] V.⟩ die Vesper, die Nachmittagsmahlzeit einnehmen
Ves|ta|lin ⟨[vɛs-] f.; -, -lin|nen⟩ Priesterin der Vesta, der altröm. Göttin des Herdfeuers [<lat. *Vestalis* »der Vesta geweiht, Vestapriesterin«; zu *Vesta* »Göttin Vesta, heiliger Herd, heiliges Herdfeuer«]
Ves|ti|bül ⟨[vɛs-] n.; -s, -e⟩ **1** Vorhalle **2** Halle, durch die man ein Theater betritt (u. in der sich die Kasse befindet) [<frz. *vestibule* »Hausflur, Diele, Vorhof« <lat. *vestibulum* »Vorplatz«]
Ves|ti|bu|lar|ap|pa|rat ⟨[vɛs-] m.; -(e)s, -e; Anat.⟩ Gleichgewichtsorgan im Ohr [<*Vestibulum* + *Apparat*]
Ves|ti|bu|lum ⟨[vɛs-] n.; -s, -bu|la⟩ **1** Flur im altrömischen Haus, der Eingang u. Atrium verbindet **2** ⟨Anat.⟩ Eingang in einen Hohlraum [lat., »Vorplatz, Vorhof«]
Ves|ti|tur ⟨[vɛs-] f.; -, -en⟩ = Investitur
Ves|ton ⟨[vɛstɔ̃ː] m.; -s, -s; Mode; schweiz.⟩ Herrenjackett, Sakko [<frz. *veste* »ärmelloser Pullover« <ital. *veste* »Kleid, Gewand«<lat. *vestis* »Kleid, Gewand«; zu *vestire* »bekleiden«]
Ve|su|vi|an ⟨[vezuvi-] n.; -s, -e; Min.⟩ zumeist grünes od. braunes Calcium-Tonerde-Silikat; *Sy* Idokras [nach dem *Vesuv,* in dessen Auswürflingen das Vesuvian vorkommt]
Ve|te|ran ⟨[ve-] m.; -en, -en; Mil.⟩ altgedienter Soldat, Teilnehmer an einem früheren Feldzug [<frz. *vétéran* »Veteran, ausgedienter Soldat od. Beamter« <lat. *veteranus* »altgedient, ausgedienter Soldat«; zu *vetus* »alt, ehemalig«]
ve|te|ri|när ⟨[ve-] Adj.⟩ zur Veterinärmedizin gehörend, tierärztlich [<frz. *vétérinaire* »zur Tierarzneikunst gehörig, Tierarzneikunst, Tierarzt« <lat. *veterina animalia* »Last-, Zugvieh«; zu *veterinus* »tragend, ziehend« + *animalia* (Pl.) »Vieh, Lebewesen, Tiere«]
Ve|te|ri|när ⟨[ve-] m.; -s, -e⟩ Tierarzt
Ve|te|ri|nä|rin ⟨[ve-] f.; -, -rin|nen⟩ Tierärztin
Ve|te|ri|när|me|di|zin ⟨[ve-] f.; -; unz.⟩ Tiermedizin, Tierheilkunde; →*a.* Humanmedizin
Ve|te|ri|när|me|di|zi|ner ⟨[ve-] m.; -s, -⟩ Tierarzt, Student der Veterinärmedizin
Ve|te|ri|när|me|di|zi|ne|rin ⟨[ve-] f.; -, -rin|nen⟩ Tierärztin, Studentin der Veterinärmedizin
ve|te|ri|när|me|di|zi|nisch ⟨[ve-] Adj.⟩ tiermedizinisch
Ve|to ⟨[veː-] n.; -s, -s⟩ **1** Einspruch **2** Einspruchsrecht; *sein ~ einlegen* Einspruch erheben, von seinem Einspruchsrecht Gebrauch machen [frz., »Weigerung, Einspruchsrecht, Verbot« <lat. *veto* »ich verbiete« (Formel der Tribunen in Rom bei Amtshandlungen); zu *vetare* »verbieten«]
Ve|to|recht ⟨[veː-] n.; -(e)s; unz.⟩ = Veto (2)

V

Ve|xa|ti|on ⟨[vɛ-] f.; -, -en; veraltet⟩ **1** Quälerei **2** Neckerei [<frz. *vexation* »Bedrückung, Neckerei, Schererei« <lat. *vexatio* »Beschwerde, Strapaze, Misshandlung, Plage«; → *vexieren*]

Ve|xier|bild ⟨[vɛ-] n.; -(e)s, -er⟩ Bilderrätsel

ve|xie|ren ⟨[vɛ-] V.⟩ *jmdn.* ~ necken, hänseln, ärgern, quälen [<frz. *vexer* <lat. *vexare* »plagen, quälen«]

Ve|xier|glas ⟨[vɛ-] n.; -es, -glä|ser⟩ absonderlich geformtes Glas, aus dem zu trinken Geschicklichkeit erfordert

Ve|xier|rät|sel ⟨[vɛ-] n.; -s, -⟩ Bilderrätsel

Ve|xier|schloss ⟨[vɛ-] n.; -es, -schlös|ser⟩ **1** Buchstabenschloss **2** Zahlenschloss

Ve|xier|spie|gel ⟨[vɛ-] m.; -s, -⟩ verzerrender Spiegel, Zerrspiegel

Ve|xil|lo|lo|gie ⟨[vɛ-] f.; -; unz.⟩ die historische u. soziale Hilfswissenschaft der Fahnen- u. Flaggenkunde [< *Vexillum* + *...logie*]

Ve|xil|lum ⟨[vɛ-] n.; -s, -xil|la od. -xil|len⟩ altröm. Fahne [lat. *vexillum* »Fahne, Signalflagge«; zu *velum*, **vexlum* »Segel, Tuch«]

Ve|zier ⟨[veziːr] m.; -s, -e⟩ = Wesir

vez|zo|so ⟨Musik⟩ lieblich (zu spielen) [ital.]

VGA ⟨Abk. für engl.⟩ Video Graphics Array, ein Videoadapter mit hoher Auflösung

VHS ⟨Abk. für⟩ **1** Volkshochschule **2** Verhandlungssache **3** Video Home System (Videoheimsystem), ein Videoaufzeichnungssystem

via ⟨[viːa] Adv.⟩ (auf dem Wege) über; *nach Hamburg ~ Hannover fahren* [<lat. *via* »Weg, Straße«]

Via ⟨[viːa] f.; -; unz.; Philos.⟩ Methode, Vorgehensweise [→ *via*]

Via|dukt ⟨[via-] m.; -(e)s, -e⟩ **1** Brücke, die über ein Tal führt **2** Überführung [<frz. *viaduc* »Landbrücke, Viadukt, Bahnbrücke« <lat. *via* »Weg, Straße« + *ductum* Part. Perf. zu *ducere* »führen, leiten«]

Vi|a|gra® *auch:* **Vi|ag|ra®** ⟨[vi-] n.; -s; unz.; Pharm.⟩ Medikament zur Behandlung von Potenzstörungen u. zur Steigerung der männl. Potenz

Vi|a|ti|kum ⟨[vi-] n.; -s, -ti|ka od. -ti|ken⟩ **1** Zehrgeld **2** letzte Kommunion für Sterbende, Wegzehrung [<lat. *viaticum* »Reisegeld, Reisekasse, Sparpfennig«; zu *via* »Weg, Straße«]

Vibes ⟨[vaɪbs] Pl.; Kurzwort für⟩ Vibrations (2)

◆ Die Buchstabenfolge **vi|br...** kann auch **vib|r...** getrennt werden.

◆**Vi|bra|fon** ⟨[vi-] n.; -s, -e; Musik⟩ = Vibraphon

◆**Vi|bra|fo|nist** ⟨[vi-] m.; -en, -en; Musik⟩ = Vibraphonist

◆**Vi|bra|fo|nis|tin** ⟨[vi-] f.; -, -tinnen; Musik⟩ = Vibraphonistin

◆**Vi|brant** ⟨[vi-] m.; -en, -en; Phon.⟩ Laut, bei dem Zungenspitze u. Gaumen schwingen, Zitterlaut, z. B. r [<lat. *vibrare* »schwingen«]

◆**Vi|bra|phon** ⟨[vi-] n.; -s, -e; Musik⟩ Musikinstrument aus metallenen Stäben, die mit Hämmerchen geschlagen werden u. unter denen sich Schallbecher befinden, die elektromotorisch geöffnet u. geschlossen werden, wodurch ein Vibrato entsteht; *oV* Vibrafon [<lat. *vibrare* »schwingen, zittern« + *...phon*[2]]

◆**Vi|bra|pho|nist** ⟨[vi-] m.; -en, -en; Musik⟩ Musiker, der das Vibraphon spielt; *oV* Vibrafonist

◆**Vi|bra|pho|nis|tin** ⟨[vi-] f.; -, -tin|nen; Musik⟩ Musikerin, die das Vibraphon spielt; *oV* Vibrafonistin

◆**Vi|bra|ti|on** ⟨[vi-] f.; -, -en⟩ das Vibrieren, Schwingung, Zittern, leichte Erschütterung; →*a.* Vibrations [<frz. *vibration* »Vibrieren, Schwingung, Zittern, Klang«; zu lat. *vibrare* »schwingen, zittern«]

◆**Vi|bra|tions** ⟨[vaɪbrɛɪʃəns] Pl.⟩ **1** ⟨Drogenszene⟩ körperliche Empfindung, Gefühlsempfindung während des Drogenrausches **2** ⟨Musik; umg.; Kurzwort: Vibes [vaɪbs]⟩ von etwas od. jmdm. ausgehende Ausstrahlung, Schwingungen, Atmosphäre; *der Song hat gute ~*; →*a.* Vibration [engl., »Schwingungen«]

◆**vi|bra|to** ⟨[vi-] Musik⟩ bebend

◆**Vi|bra|to** ⟨[vi-] n.; -s, -s od. -bra|ti; Musik⟩ leichtes Beben des Tons der Singstimme u. der Streich- u. Holzblasinstrumente [ital., Pert. Perf. zu *vibrare* »schwingen, zittern« <lat. *vibrare*]

◆**Vi|bra|tor** ⟨[vi-] m.; -s, -to|ren⟩ Erzeuger von Schwingungen [→ *Vibration, vibrieren*]

◆**vi|brie|ren** ⟨[vi-] V.⟩ beben, schwingen (Saite, Stimme, Ton) [<lat. *vibrare* »schwingen, zittern«]

◆**Vi|brio** ⟨[viː-] m.; -, -onen; Med.⟩ in Süß- u. Salzwasser vorkommende Kommabakterie (Erreger der Cholera) [zu lat. *vibrare* »schwingen, zittern«]

◆**Vi|bro|graf** ⟨[vi-] m.; -en, -en⟩ = Vibrograph

◆**Vi|bro|graph** ⟨[vi-] m.; -en, -en⟩ Gerät zum Messen der Schwingungen von Bauwerken, Brücken u. Schiffen bei deren Belastung; *oV* Vibrograf [< *vibrieren* + *...graph*]

Vi|bur|num ⟨[vi-] n.; -s; unz.; Bot.⟩ einer Gattung der Geißblattgewächse angehörender Strauch mit weißen Blüten u. roten Beerenfrüchten, Schneeball [lat.]

vi|ce ver|sa ⟨[viːtsə vɛrsa] Abk.: v. v.⟩ umgekehrt [lat., < *vicis* (Gen.) »Wechsel« + *versus*, Perf. zu *vertere* »wenden, umkehren«]

Vi|chy ⟨[viʃiː] m.; - od. -s, -s; Textilw.⟩ klein karierter Baumwollstoff in Leinwandbindung [nach der gleichnamigen frz. Stadt]

Vi|ckers|här|te *auch:* **Vi|ckers-Här|te** ⟨[vɪ-] f.; -; unz.; Abk.: HV⟩ Kennwert für die Härte von Stoffen, der durch die Eindringtiefe eines belasteten Diamantkegels in den betreffenden Werkstoff bestimmt wird [nach dem engl. Maschinenbaukonzern *Vickers*]

Vi|comte ⟨[vikɔ̃ːt] m.; -s, -s; frz. Titel für⟩ Adliger zwischen Ba-

V

ron u. Graf [frz., »Vizegraf« <afrz. *visconte* <lat. *vice* »anstelle, wie, für, um« + *comes* »Begleiter, Gefährte«]
Vi|com|tes|se ⟨[vikɔ̃tɛ̣s(ə)] f.; -, -n⟩ weibl. Vicomte
Vi|co|sol ⟨[viko-] m.; -s; unz.; Geol.⟩ durch Aufschichtung von organischem Abfall in frühgeschichtlichen Siedlungen entstandener schwarzer Humusboden mit einer dünnen jüngeren Sedimentschicht
vid. ⟨Abk. für⟩ videatur
vi|de! ⟨[vi:-] Abk.: v.⟩ siehe! [lat.]
vi|de|a|tur ⟨[vi-] Abk.: vid.⟩ man sehe nach [lat., »es werde (nach)gesehen«; zu *videre* »sehen«]
Vi|deo ⟨[vi:-]⟩ **1** ⟨n.; -s, -s; kurz für⟩ Videotechnik **2** ⟨m.; -s, -s; kurz für⟩ Videorekorder, Videofilm
vi|deo..., Vi|deo... ⟨[vi:-] in Zus.⟩ fernseh..., Fernseh..., bild..., Bild... [<engl. *video...* <lat. *videre* »sehen«]
Vi|deo|band ⟨[vi:-] n.; -(e)s, -bänder⟩ Magnetband für die Videotechnik
Vi|deo|bea|mer ⟨[vi:deobi:mə(r)] m.; -s, -⟩ Beamer für Videoprojektionen
Vi|deo|cas|set|te ⟨[vi:-] f.; -, -n⟩ = Videokassette
Vi|deo|clip ⟨[vi:-] m.; -s, -s; Musik⟩ mit Musik unterlegter, kurzer Videofilm, z. B. von einem Popsänger od. einer Popgruppe [< *Video* + engl. *clip* »beschneiden, stutzen«]
Vi|deo|de|co|der ⟨[vi:-] m.; -s, -; TV⟩ Zusatzteil für Fernsehgeräte, das den Empfang von Videotext ermöglicht
Vi|deo|film ⟨[vi:-] m.; -(e)s, -e⟩ Film, der mit einer Videokamera aufgenommen wurde
vi|deo|gra|fie|ren ⟨[vi-] V.⟩ = videographieren
vi|deo|gra|phie|ren ⟨[vi-] V.⟩ Filme mit einer Videokamera aufnehmen, herstellen; *oV* videografieren
Vi|deo|in|stal|la|ti|on *auch:* **Vi|deo-ins|tal|la|ti|on** ⟨[vi:-] f.; -, -en; Kunst; Musik⟩ künstlerisch gestaltete Veranstaltung od. Happening mittels Videotechnik
Vi|deo|jo|ckey ⟨[vi:deodʒɔkı] od. [-dʒɔke] m.; -s, -s; Abk.: VJ; TV⟩ Ansager von Videoclips u. Musikbeiträgen
Vi|deo|ka|me|ra ⟨[vi:-] f.; -, -s⟩ kleine, tragbare Fernsehkamera zur Anfertigung eigener Filme, die auf Videokassetten gespeichert werden
Vi|deo|kas|set|te ⟨[vi:-] f.; -, -n⟩ auf eine Spule gewickeltes Magnetband zur Aufzeichnung und Wiedergabe von Bild u. Ton; *oV* Videocassette; *Sy* Videotape
Vi|deo|kon|fe|renz ⟨[vi:-] f.; -, -en⟩ Konferenz, bei der mehrere Personen durch vernetzte Computer miteinander in Verbindung treten können, Telekonferenz
Vi|deo|me|ter ⟨[vi:-] n.; -s, -; Wirtsch.⟩ Gerät der Werbemittelforschung, das zur stückweisen Präsentation z. B. von Werbefilmen (Bild- u. Tonpräsentation werden z. T. voneinander getrennt) gegenüber den später befragten Personen dient [< *Video...* + *...meter*]
Vi|deo-on-De|mand ⟨[vi:deo ɔn dima:nd] n.; - od. -s; unz.; meist ohne Artikel⟩ gebührenpflichtiges Angebot von Fernsehsendern, Spielfilme od. andere Sendungen per Video an Privatpersonen zu liefern [engl., »Video auf Abruf«]
Vi|deo|pro|jek|ti|on ⟨[vi:-] f.; -, -en⟩ Projektion von Videofilmen; *eine ~ zeigen*
Vi|deo|re|cor|der ⟨[vi:-] m.; -s, -⟩ = Videorekorder
Vi|deo|re|kor|der ⟨[vi:-] m.; -s, -⟩ Gerät zur Aufzeichnung u. Wiedergabe von Bild u. Ton durch Videokassetten od. Videoplatten; *oV* Videorecorder
Vi|deo|si|gnal *auch:* **Vi|deo|sig|nal** ⟨[vi:-] n.; -s, -e⟩ ein Fernsehsignal zur exakten Steuerung von Bild u. Ton
Vi|deo|tape ⟨[vi:deotɛıp] n.; -s, -s; engl. Bez. für⟩ Videokassette
Vi|deo|tech|nik ⟨[vi:-] f.; -; unz.; Sammelbez. für⟩ alle Verfahren zur Aufzeichnung u. Wiedergabe von Bild u. Ton auf Videokassetten sowie deren Wiedergabe über Videorekorder
Vi|deo|te|le|fon ⟨[vi:-] n.; -s, -e⟩ Telefon, bei dem der Gesprächspartner auch bildlich zu sehen ist, Bildtelefon
Vi|deo|text ⟨[vi:-] m.; -(e)s, -e⟩ von den Fernsehanstalten angebotenes Zusatzprogramm, das nur mit einem entsprechenden Videorekorder empfangen werden kann u. zur Übermittlung von Hintergrundinformationen über Fernsehsendungen sowie zur Übertragung von Textteilen für Hörgeschädigte dient
Vi|deo|thek ⟨[vi:-] f.; -, -en⟩ Sammlung von Filmen u. Fernsehaufzeichnungen, die auch (gegen Gebühr) ausgeliehen werden [< *Video...* + *...thek*]
Vi|di ⟨[vi:-] n.; - od. -s, - od. -s⟩ Bescheinigung, Zeichen der Kenntnisnahme u. des Einverständnisses [lat., »ich habe gesehen«]
Vi|di|kon ⟨[vi:-] n.; -s, -s od. -e; El.⟩ spezielle Elektronenröhre mit lichtempfindlicher Halbleiterschicht, die zur Bildaufnahme in Fernsehkameras verwendet wird [< *Video* + *Konus*]
Vi|di|ma|ti|on ⟨[vi-] f.; -, -en⟩ **1** Bestätigung durch das Vidi **2** Zustimmung **3** Beglaubigung [<neulat. *vidimatio* »Beglaubigung«; zu *vidimare* »mit dem Vidi versehen, beglaubigen«; → *Vidi*]
Vi|en|na|le ⟨[vi:-] f.; -, -n; Film⟩ in Wien veranstaltete internationale Filmfestwochen [nach *Vienna*, der engl. Bez. für Wien]
vif ⟨[vi:f] Adj.⟩ lebhaft, aufgeweckt [frz. <lat. *vivus* »lebend, lebendig, am Leben«]
vi|gil ⟨[vi-] Adj.⟩ wachend, schlaflos [lat. *vigil* »wachend, munter«]
Vi|gil ⟨[vi-] f.; -, -gi|li|en⟩ Vorabend hoher katholischer Feste; *oV* Vigilie (1) [<lat. *vigilia* »das Wachen, Nachtwache, Viertel der Nacht«; zu *vigil* »Wächter; wachsam, munter«]
vi|gi|lant ⟨[vi-] Adj.; Med.⟩ wach [<lat. *vigilans*, Part. Präs. zu *vigilare* »wachen«; → *Vigil*]
Vi|gi|lanz ⟨[vi-] f.; -; unz.; Med.⟩ Wachheit (bezogen auf die Bewusstseinslage) [→ *vigilant*]
Vi|gi|lie ⟨[vigi:liə] f.; -, -n⟩ **1** = Vigil **2** ⟨beim altröm. Heer⟩

Nachtwache [<lat. *vigilia;* → *Vigil*]

Vi|gnet|te *auch:* **Vig|net|te** ⟨[vɪnjɛtə] f.; -, -n⟩ **1** ⟨schweiz.⟩ Bescheinigung über eine pauschal abgegoltene jährliche Autobahngebühr für Kraftfahrzeuge (selbstklebend auf der Windschutzscheibe) **2** ⟨Fot.⟩ Schablone als Vorsatz vor ein Kameraobjektiv od. ein Negativ **3** ⟨Buchw.⟩ kleine Verzierung auf dem Titelblatt, am Ende des Kapitels u. a. **4** Fallstudie, Beobachtungsprotokoll [<frz. *vignette* »Verzierungsbildchen, Buchdruckerleiste, Waldrebe«, Verkleinerungsform zu *vigne* »Rebe, Weingarten, Weinstock« <lat. *vinea, vinetum* »Weinstock«; zu *vinum* »Wein«]

Vi|gnet|tie|rung *auch:* **Vig|net|tie|rung** ⟨[vɪnjɛt-] f.; -, -en; Fot.⟩ Effekt bei mehrlinsigen opt. Systemen, der bewirkt, dass der Bildrand des Fotos unterbelichtet wird [→ *Vignette*]

Vi|go|gne *auch:* **Vi|gog|ne** ⟨[vɪgɔnjə] f.; -, -n; Textilw.⟩ Garn für Strümpfe aus Baumwolle u. Wolle [<frz. *vigogne* »Schafkamel«; → *Vikunja*]

Vi|gor ⟨[viːgɔr] m.; -s; unz.; veraltet⟩ Lebenskraft, Frische [lat., »Leben, Frische, Kraft«; zu *vigere* »stark, mächtig sein«]

vi|go|rös ⟨[vi-] Adj.; veraltet⟩ kräftig, rüstig [<frz. *vigoureux* <lat. *vigere* »stark, lebhaft sein«; → *Vigor*]

vi|go|ro|so ⟨[vi-] Musik⟩ kraftvoll, stark (zu spielen) [ital.]

Vi|kar ⟨[vi-] m.; -s, -e; Theol.⟩ **1** Stellvertreter im weltl. od. kirchl. Amt, bes. junger Geistlicher als Gehilfe des Pfarrers; *Pfarr~* **2** ⟨schweiz.⟩ stellvertretender Lehrer [<mhd. *vikar(i)* »Stellvertreter, Verweser« <lat. *vicarius* »stellvertretend; Stellvertreter«; zu *vicis* (Gen.) »Stelle, Wechsel, Platz«; → *Vize...*]

Vi|ka|ri|at ⟨[vi-] n.; -(e)s, -e⟩ **1** Stellvertretung **2** ⟨Theol.⟩ Amt eines Vikars

vi|ka|ri|ie|ren ⟨[vi-] V.; selten⟩ *für etwas ~* stellvertretend für etwas stehen [<lat. *vicarius* »stellvertretend; Stellvertreter«]

Vi|ka|rin ⟨[vi-] f.; -, -rin|nen⟩ weibl. Vikar

Vik|ti|mo|lo|gie ⟨[vɪk-] f.; -; unz.⟩ Teilgebiet der Kriminologie, das die Beziehungen zwischen Opfer u. Verbrecher untersucht [<engl. *victim* »Opfer« (<lat. *victima* »Opfer, Opfertier«) + *...logie*]

Vik|to|ria ⟨[vɪk-] f.; -, -s⟩ Sieg; ~ *rufen, schießen (als Zeichen des Sieges)* [<lat. *victoria*]

vik|to|ri|a|nisch ⟨[vɪk-] Adj.⟩ zur Regierungszeit der englischen Königin Viktoria (1837-1901) gehörend; *die ~e Mode, Literatur; (aber) das Viktorianische Zeitalter*

Vik|to|ri|a|nis|mus ⟨[vɪk-] m.; -; unz.⟩ Zeitalter der engl. Königin Viktoria, 1819-1901; *im Stil des ~*

Vik|tu|a|li|en ⟨[vɪk-] Pl.; veraltet⟩ Lebensmittel [<frz. *victuaille* »Esswaren, Lebensmittel, Mundvorrat« <lat. *victus* »Unterhalt, Nahrung, Lebensart«; zu *vivere* »leben«]

Vik|tu|a|li|en|brü|der ⟨[vɪk-] Pl.⟩ = Vitalienbrüder

Vi|kun|ja ⟨[vi-] f.; -, -kun|jen; Zool.⟩ Art des Lamas mit feinem, seidigem Haar, das wertvolle Wolle liefert: Lama vicugna [<span. *vicuña*]

Vil|la ⟨[vɪl-] f.; -, Vil|len [vɪl-]⟩ **1** Landhaus **2** größeres Einfamilienhaus [ital., »Landhaus« <lat. *villa* »Landhaus, Landgut, Meierei«]

Vil|la|nel|la ⟨[vil-] f.; -, -nel|len; Musik; 16. Jh.⟩ = Villanelle

Vil|la|nel|le ⟨[vil-] f.; -, -n; Musik; 16. Jh.⟩ Liedchen, das aus den Tänzen ital. Bauern u. Hirten hervorgegangen ist; *oV* Villanella [<ital. *villanella* »junges Hirten-, Bauernmädchen« (Verkleinerungsform zu *villano* »Bauer«), frz. *villanelle* »Hirtenliedchen, Bauerntanz mit Gesang« <lat. *villa* »Landhaus«]

vil|lös ⟨[vɪl-] Adj.; Med.⟩ zottenreich (z. B. Darmschleimhaut) [<lat. *villus* »Zotte«]

Vin|ai|gret|te *auch:* **Vi|naig|ret|te** ⟨[vinɛgrɛt(ə)] f.; -, -n; Kochk.⟩ mit Essig bereitete, würzige Soße [<frz. *vinaigre* »Essig, Säure« <*vin* »Wein« (lat. *vinum*) + *aigre* »sauer, scharf« (<lat. *acidus*)]

Vin|di|ka|ti|on ⟨[vɪn-] f.; -, -en; Rechtsw.⟩ Anspruch auf Herausgabe von Eigentum gegenüber dem Besitzer [<lat. *vindicatio* »Inanspruchnahme, Rechtsanspruch«; zu *vindicare* »beanspruchen, befreien, bestrafen, rächen«]

Vin|di|ka|ti|ons|le|gat ⟨[vɪn-] n.; -(e)s, -e; Rechtsw.⟩ Vermächtnisform, bei der der Bedachte im Todesfall des Vermachenden Inhaber des vermachten Gegenstandes wird

Vin|di|ka|ti|ons|zes|si|on ⟨[vɪn-] f.; -, -en; Rechtsw.⟩ Abtretung des Herausgabeanspruchs (bei Übereignung beweglicher Sachen)

vin|di|zie|ren ⟨[vɪn-] V.⟩ eine Vindikation geltend machen [<lat. *vindicare;* → *Vindikation*]

Vin|di|zie|rung ⟨[vɪn-] f.; -, -en⟩ = Vindikation

Vingt-et-un ⟨[vɛ̃ːteœ̃ː] n.; -; unz.; Kart.⟩ = Vingt-un

Vingt-un ⟨[vɛ̃ːtœ̃ː] n.; -; unz.; Kart.⟩ Glücksspiel mit Karten, bei dem derjenige, der mehr als 21 Punkte hat, verliert; *Sy* Vingt-et-un [frz., »einundzwanzig«]

Vi|ni|dur® ⟨[vi-] n.; -s; unz.; Chemie⟩ ein Kunststoff aus Polyvinylchlorid ohne Zusatz von Weichmachern

vi|ni|fi|zie|ren ⟨[vi-] V.; schweiz.⟩ keltern u. zu Wein verarbeiten [<frz. *vinifier*]

Vin|ku|la|ti|on ⟨[vɪŋ-] f.; -, -en; Wirtsch.⟩ Verpflichtung, Aktien nur mit Genehmigung der Aktiengesellschaft zu veräußern [<lat. *vinculum* »Band, Fessel«]

Vin|ku|la|ti|ons|ge|schäft ⟨[vɪŋ-] n.; -(e)s, -e; Wirtsch.⟩ Art der Bevorschussung bzw. Kreditgewährung, bei der das Duplikat des Frachtbriefes einer sich auf dem Transport befindenden Ware als Sicherung dient

vin|ku|lie|ren ⟨[vɪŋ-] V.; Wirtsch.⟩ der Vinkulation unterwerfen; *vinkulierte Namensaktien* [<lat. *vinculare* »binden, fesseln«]

Vin|ku|lie|rung ⟨[vɪŋ-] f.; -, -en; Wirtsch.⟩ = Vinkulation

Vi|no|thek ⟨[vi-] f.; -, -en⟩ **1** Sammlung wertvoller Weine **2** Weinkeller, in dem auch Wein ausgeschenkt wird [<lat. *vinum* »Wein« + *Theke*]
Vin|tage ⟨[vɪntɪdʒ] m.; -; unz.⟩ Reproduktion, originalgetreue Herstellung od. Vertrieb eines in der Vergangenheit erfolgreichen od. traditionellen Produktes (Fotos, Kleidung, Musik, Uhren, Wein) [<engl. *vintage* »Jahrgang«]
Vin|tage|mo|del|le ⟨[vɪntɪdʒ-] Pl.; Wirtsch.⟩ Modelle des investitionsgebundenen technischen Fortschritts, nach denen sich ein Produktivitätswachstum nur in dem jeweiligen Investitionsjahr festmachen lässt [<engl. *vintage* »Jahrgang« + *Modell*]
Vin|tage|print ⟨[vɪntɪdʒ-] m.; -s, -s; Fot.⟩ Originalabzug aus der Zeit der Aufnahmeherstellung [<engl. *vintage* »Jahrgang« + *print* »Druck«]
Vi|nyl ⟨[vi-] n.; -s; unz.; Musik; umg.⟩ Schallplatte; *das Lied habe ich auf* ~ [verkürzt <Poly*vinyl*chlorid (PVC), dem Kunststoff, aus dem Schallplatten hergestellt werden]
Vi|nyl... ⟨[vi-] Chemie; in Zus.⟩ einen vom Ethylen abgeleiteten Kohlenwasserstoffrest CH_2 = CH- (Vinylgruppe) enthaltend [<lat. *vinum* »Wein« + grch. *hyle* »Stoff«]
Vi|nyl|ben|zol ⟨[vi-] n.; -s; unz.; Chemie⟩ = Styrol
Vi|nyl|chlo|rid ⟨[viny:lklo:-] n.; -s, -e; Chemie⟩ aus Acetylen u. Chlorwasserstoff entstehendes Gas, das, zu Polyvinylchlorid polymerisiert, Ausgangsstoff für viele Kunststoffe ist
Vi|nyl|grup|pe ⟨[vi-] f.; -, -n; Chemie⟩ vom Ethylen abgeleitete Molekülgruppe der Zusammensetzung -Ch = CH_2, Bestandteil vieler Kunststoffe [<lat. *vinum* »Wein« + *...yl*]
Vin|zen|ti|ner ⟨[vɪn-] m.; -s, -⟩ = Lazarist
Vi|o|la[1] ⟨[vi-] f.; -, -o|len; Bot.⟩ zu einer über die ganze Erde verbreiteten Gattung der Veilchengewächse gehörende, frühblühende, meist kleine Blume, Veilchen; *oV* Viole [<ital. *viola* »Viole, Veilchen, Levkoje«]
Vi|o|la[2] ⟨[vi-] f.; -, -s od. -o|len; Musik⟩ **1** ⟨i. e. S.⟩ = Bratsche **2** ⟨i. w. S.⟩ aus der Fidel entwickelte Art von Streichinstrumenten **2.1** ~ *d'Amore* Geige mit 6-7 Darmsaiten, die gestrichen werden, u. je einer Saite aus Messing, die nur mitklingt **2.2** ~ *da Braccio* = Bratsche **2.3** ~ *da Gamba* = Gambe [<ital. *viola* »Viole, Veilchen, Levkoje« (wohl der Form wegen auf das Musikinstrument übertragen); ital. *amore* »Liebe« (wohl wegen des lieblichen Tones), *da* »für, zu«; *braccio* »Arm«; *gamba* »Bein«]
Vi|o|la tri|co|lor ⟨[vi-] f.; - -; unz.; Bot.⟩ Stiefmütterchen [<*Viola*[1] + lat. *tricolor* »dreifarbig«]
Vi|o|la|ze|en ⟨[vi-] Pl.; Bot.⟩ Veilchengewächse [→ *Viola*[1]]
Vi|o|le ⟨[vio:lə] f.; -, -n; Bot.⟩ = Viola[1]
vi|o|len|to ⟨[vi-] Musik⟩ heftig, gewaltsam (zu spielen) [ital.]
vi|o|lett ⟨[vi-] Adj.⟩ blaurot, veilchenblau [<mhd. *fiolet* »veilchenblau« <frz. *violet,* Fem. *violette;* zu *violette,* Verkleinerungsform zu frz. *viole* »Veilchen« <lat. *viola* »Veilchen, Levkoje«]
Vi|o|lett ⟨[vi-] n.; -s; unz.⟩ Veilchenfarbe
Vi|o|let|ta ⟨[vi-] f.; -, -let|ten; Musik⟩ kleine Bratsche [ital. Verkleinerungsform von *viola*]
Vi|o|li|ne ⟨[vi-] f.; -, -n; Musik⟩ Geige [<ital. *violino,* Verkleinerungsform zu ital. *viola* »Bratsche«; → *Viola*[2]]
Vi|o|li|nist ⟨[vi-] m.; -en, -en; Musik⟩ Geiger
Vi|o|li|nis|tin ⟨[vi-] f.; -, -tin|nen; Musik⟩ Geigerin
Vi|o|li|no ⟨[vi-] m.; -s, -li|ni; Musik⟩ Geige [ital.]
Vi|o|lon|cel|list ⟨[violontʃɛl-] m.; -en, -en; Musik⟩ = Cellist
Vi|o|lon|cel|lo ⟨[violontʃɛlo] n.; -s, -s od. -cel|li; Musik⟩ = Cello [ital., Verkleinerungsform zu *violone;* → *Violone*]
Vi|o|lo|ne ⟨[vi-] m.; - od. -s, -s od. -lo|ni; Musik⟩ = Kontrabass [ital., »große Viola«, Vergrößerungsform zu *viola;* → *Viola*[2]]
VIP ⟨[vɪp] Abk. für⟩ very important person (sehr wichtige Person); *die ~s treffen sich in der ~-Lounge; seit ihrem letzten Erfolg ist auch sie ein ~* [engl.]
Vi|per ⟨[vi:-] f.; -, -n; Zool.⟩ **1** Familie der Schlangen mit Giftzähnen, Otter: Viperidae **2** ⟨Drogenszene⟩ Drogensüchtiger im fortgeschrittenen Stadium der Abhängigkeit [<lat. *vipera* »Schlange, Natter« <*vivipara* »lebendige Junge gebärend« (Volksglaube) <*vivus* »lebend« + *parere* »gebären, hervorbringen«]
vi|ral ⟨[vi-] Adj.; Med.⟩ durch ein Virus entstanden
Vi|re|ment ⟨[vir(ə)mã:] n.; -s, -s⟩ Übertragung eines Titels im Staatshaushalt auf einen anderen od. in ein anderes Jahr [frz., »Wendung, Abrechnung«]
Vi|ren ⟨[vi:-] Pl. von⟩ Virus
Vi|ren|scan|ner ⟨[vi:rənskænə(r)] m.; -s, -; EDV⟩ Programm, das zur Abwehr von Computerviren eingesetzt wird; →*a.* Virus (2)
Vi|renz|pe|ri|o|de ⟨[vi-] f.; -, -n⟩ von einer beschleunigten Evolution der Organismen gekennzeichneter Zeitabschnitt [<lat. *virens* »grünend, blühend« + *Periode*]
Vir|ga|ti|on ⟨[vɪr-] f.; -, -en; Geol.⟩ in Faltengebirgen das Auseinanderstreben gebündelter Faltenketten in mehrere Gebirgszüge (z. B. Ostalpen); *Ggs* Scharung [<lat. *virga* »Zweig«]
Vir|gel ⟨[vɪr-] f.; -, -n; Schriftw.; Zeichen: /⟩ Schrägstrich [<spätlat. *virgula* »Aktenzeichen, Zweiglein« <*virga* »Zweig«]
Vir|gi|nal ⟨[vir-] n.; -s, -e; Musik⟩ rechteckiges, dunkel klingendes Klavier, dessen Saiten durch Kiele angerissen werden (bes. in England u. den Niederlanden vom 16.-18. Jh.) [<lat. *virga* »Stab, Reißstock«]
Vir|gi|nia ⟨[vɪrgi:-] od. [vədʒɪ-] f.; -, -s⟩ lange, dünne Zigarre mit Mundstück aus Stroh [nach dem Herkunftsland, dem amerikan. Bundesstaat *Virginia*]
Vir|gi|ni|tät ⟨[vir-] f.; -; unz.; Med.⟩ Jungfräulichkeit [<lat.

V

virginatis; zu *virgo,* Gen. *virginis* »Jungfrau«]

vi|ril ⟨[vi-] Adj.; Med.⟩ männlich [<frz. *viril* »männlich« <lat. *virilis;* zu *vir* »Mann«]

Vi|ri|lis|mus ⟨[vi-] m.; -; unz.; Med.⟩ hormonell bedingte Vermännlichung der Frau [zu lat. *virilis* »männlich«; zu *vir* »Mann«]

Vi|ri|li|tät ⟨[vi-] f.; -; unz.; Med.⟩ **1** Männlichkeit **2** Manneskraft, männl. Zeugungskraft **3** Mannbarkeit [<lat. *virilitas* »Mannheit«; zu *vir* »Mann«]

Vi|ril|stim|me ⟨[vi-] f.; -, -n⟩ einzelne Stimme der Fürsten (im Reichstag bis 1806 u. im Bundestag 1815-1866); *Ggs* Kuriatstimme

Vi|ri|pro|ba|ti ⟨[viri-] kath. Kirche⟩ Weihe verheirateter Männer zu Priestern [<lat. *viri,* Pl. von *vir* »Mann«+ *probatus* »erprobt« ; → *probat*]

Vi|ro|lo|ge ⟨[vi-] m.; -n, -n; Med.⟩ Wissenschaftler auf dem Gebiet der Virologie

Vi|ro|lo|gie ⟨[vi-] f.; -; unz.; Med.⟩ Lehre von den Viren u. den durch sie hervorgerufenen Krankheiten [<*Virus* + ...*logie*]

Vi|ro|lo|gin ⟨[vi-] f.; -, -gin|nen; Med.⟩ Wissenschaftlerin auf dem Gebiet der Virologie

vi|ro|lo|gisch ⟨[vi-] Adj.; Med.⟩ die Virologie betreffend, zu ihr gehörig

Vi|ro|se ⟨[vi-] f.; -, -n; Med.⟩ durch einen Virus hervorgerufene Krankheit

vir|tu|a|li|sie|ren ⟨[vir-] V.⟩ **1** ⟨EDV⟩ mit Hilfe der Computertechnik die Realität nachbilden; *Computer ~ die Welt* **2** bildhaft simulieren u. damit anschaulich machen; *ein Beratungsangebot ~* [→ *Virtualität*]

Vir|tu|a|li|tät ⟨[vir-] f.; -; unz.⟩ (innewohnende) Kraft od. Möglichkeit [<frz. *virtualité* »Wirkungskraft, Wirkungsvermögen« <lat. *virtus* »Mannhaftigkeit, Tüchtigkeit, Tapferkeit, Tugend«; zu *vir* »Mann«]

Vir|tu|al Re|a|li|ty ⟨[vœ:tʃuəl rıælıtı] f.; - -; unz.; Abk.: VR⟩ durch Computertechnik simulierte Realität, in die jmd. mit Hilfe von techn. Geräten (z. B. Joystick, Datenhandschuh) interaktiv eingebunden wird [engl., »virtuelle Wirklichkeit«]

vir|tu|ell ⟨[vır-] Adj.⟩ **1** der Kraft od. Möglichkeit nach (vorhanden) **2** ⟨Optik⟩ *~es Bild* scheinbares Bild **3** ⟨EDV⟩ *~er Speicher* scheinbare Vergrößerung des Primärspeichers durch die Verschmelzung mit dem Sekundärspeicher zu einem homogenen Speicher **4** ⟨Wirtsch.⟩ *~e Unternehmung* aus mehreren Unternehmenseinheiten zusammengesetztes künstliches Unternehmen, bei dem sich das Kernunternehmen auf einige wenige Unternehmensaspekte (z. B. Entwicklung u. Marketing) konzentriert, die restlichen Aspekte (z. B. Produktion u. Vertrieb) aber kontrolliert an Partnerfirmen weiterleitet [<frz. *virtuel* »wirkungsfähig, unerforscht wirkend«; zu lat. *virtus* »Tugend, Tapferkeit, Mannhaftigkeit«; zu *vir* »Mann«]

vir|tu|os ⟨[vır-] Adj.; bes. Musik⟩ meisterhaft, kunstfertig; *ihr Geigenspiel ist ~* [→ *Virtuose*]

Vir|tu|o|se ⟨[vır-] m.; -n, -n; bes. Musik⟩ Meister (in einer Kunst), bes. Musiker mit glänzender Technik [<ital. *virtuoso* »ausübender Künstler (bes. Musiker), der seine Kunst mit vollendeter Meisterschaft beherrscht; tüchtig«; zu *virtù* »Mannhaftigkeit, Tugend« <lat. *virtus;* zu *vir* »Mann«]

Vir|tu|o|sin ⟨[vır-] f.; -, -sin|nen; bes. Musik⟩ hervorragende Vertreterin (einer Kunst), bes. Musikerin

Vir|tu|o|si|tät ⟨[vır-] f.; -; unz.; bes. Musik⟩ meisterhafte Beherrschung der Technik (einer Kunst, bes. in der Musik)

vi|ru|lent ⟨[vi-] Adj.; Med.⟩ *Ggs* avirulent **1** Krankheit erregend **2** ansteckend **3** giftig **4** ⟨fig.⟩ dringlich [<lat. *virulentus* »giftig«; zu *virus* »Schleim, Gift«]

Vi|ru|lenz ⟨[vi-] f.; -; unz.; Med.⟩ **1** Fähigkeit zur Ansteckung **2** ⟨bei Bakterien⟩ Fähigkeit, eine Krankheit hervorzurufen [→ *virulent*]

Vi|rus ⟨[vi:-] n. od. umg. a. m.; -, Vi|ren [vi:-]⟩ **1** ⟨Med.⟩ kleinster, nichtzelliger Erreger einer übertragbaren Krankheit, dessen Vermehrung nur in lebenden Wirtszellen erfolgt **2** ⟨EDV⟩ ein sich in andere Programme einpflanzendes Computerprogramm, das diese durch falsche Befehle behindern u. zerstören kann [lat., »Geifer, Schleim, Gift«]

Vi|rus|in|fek|ti|on ⟨[vi:-] f.; -, -en; Med.⟩ durch Viren hervorgerufene Infektion

vi|ru|zid ⟨[vi-] Adj.; Med.⟩ Viren abtötend

Vi|sa ⟨[vi:-]⟩ **1** ⟨Pl. von⟩ Visum **2** ⟨EDV; Bankw.⟩ internationale Interbankvereinigung, die Kreditkarteninstituten Dienstleistungen bezügl. der Abwicklung des Zahlungsverkehrs mit Visa-Zahlungskarten anbietet

Vi|sa|ge ⟨[viza:ʒə] f.; -, -n; umg.; abwertend⟩ Gesicht [frz., »Gesicht, Aussehen« <lat. *visus* »Sehen, Anblick, Erscheinung, Gesicht«; zu *videre* »sehen«]

Vi|sa|gist ⟨[vizaʒıst] m.; -en, -en⟩ Kosmetiker für vorteilhaftes Schminken u. Gestalten des Gesichts (z. B. für Fernsehauftritte) [<frz. *visage* »Gesicht«]

Vi|sa|gis|tin ⟨[vizaʒıs-] f.; -, -tin|nen⟩ Gesichtskosmetikerin [→ *Visagist*]

Vis|a|vis *auch:* **Vi|sa|vis** ⟨[vizavi:] n.; - [-vi:] od. [-vi:s], - [-vi:] od. [-vi:s]⟩ Gegenüber

vis-à-vis *auch:* **vis-a-vis** ⟨[vizavi:] Adv.⟩ gegenüber; *~ unserem Haus* [<afrz. *vis* »Antlitz« + *à* »zu« <lat. *visus* »Sehen, Anblick, Erscheinung, Gesicht«; zu *videre* »sehen«]

Vis|ce|ra ⟨[vıstsera] Pl.; Anat.⟩ = Viszera [lat.]

Vis|con|te ⟨[vıskɔntə] m.; -, -conti [-kɔn-]; ital. Titel für⟩ Adliger zwischen Graf u. Baron [ital.; <*vece* »Stellvertretung« + *conte* »Graf« <lat. *vice* + *comes;* → *Vicomte*]

Vis|con|tes|sa ⟨[vıs-] f.; -, -tes|se⟩ weibl. Visconte

Vis|co|se ⟨[vıs-] f.; -; unz.; Textilw.⟩ = Viskose

Vis|count ⟨[vaıkaunt] m.; -s, -s; engl. Titel für⟩ Adliger zwischen Graf u. Baron [engl., »Vicomte, Vizegraf« <afrz. *visconte;* → *Visconte*]

V

Vis|coun|tess ⟨[vaıkaʊntıs] f.; -, -es [-tısız]⟩ weibl. Viscount [→ *Viscount*]
Vi|sen ⟨[viː-] Pl. von⟩ Visum
vi|si|bel ⟨[vi-] Adj.⟩ sichtbar; *Ggs* invisibel [<frz. *visible* »offenbar« <lat. *visibilis* »sichtbar, wahrnehmbar«; zu *videre* »sehen, wahrnehmen«]
Vi|sier ⟨[vi-] n.; -s, -e⟩ **1** Teil des mittelalterl. Helms zum Schutz des Gesichtes **2** Vorrichtung bei Feuerwaffen zum Zielen [<frz. *visière* »Helmgitter, Augenschirm, Zielvorrichtung an Handfeuerwaffen«; zu *viser* »zielen, ins Auge fassen« <afrz. *vis* »Antlitz, Gesicht« <lat. *videre* »sehen«]
vi|sie|ren ⟨[vi-] V.⟩ **1** zielen, in eine bestimmte Richtung sehen **2** eichen **3** mit einem Visum versehen; *einen Pass* ~ **4** ⟨veraltet⟩ beglaubigen [<frz. *viser* »zielen, ins Auge fassen« <vulgärlat. *visare* <lat. *videre* »sehen«]
Vi|sier|li|nie ⟨[vi--njə] f.; -, -n⟩ gedachte Linie zwischen Kimme u. Korn, die beim Zielen genau ineinandergreifen müssen
Vi|sie|rung ⟨[vi-] f.; -, -en; MA u. Renaissance⟩ Entwurf, Riss
Vi|si|on ⟨[vi-] f.; -, -en⟩ **1** Traumgesicht, Erscheinung, Trugbild **2** eine (schwärmerisch entworfene) Idee oder Vorstellung für die Zukunft, Zukunftsperspektive; *eine ~ für das nächste Jahrtausend entwerfen* [<mhd. *vision* »Traumgesicht« <lat. *visio* »das Sehen, Anblick, Erscheinung«]
vi|si|o|när ⟨[vi-] Adj.⟩ **1** in der Art einer Vision, als Vision erschaut, traumhaft **2** seherisch
Vi|si|o|när ⟨[vi-] m.; -s, -e⟩ **1** jmd., der visionäre Fähigkeiten besitzt **2** jmd., der zukunftsweisende, großangelegte Pläne u. Ideen hat
Vi|si|o|nä|rin ⟨[vi-] f.; -, -rin|nen⟩ weibl. Visionär
vi|si|o|nie|ren ⟨[vi-] V.⟩ **1** als Vision entwerfen, Zukunftsperspektiven entwickeln; *Computerwissenschaftler ~ über neuartige Automodelle* **2** vorhersehen **3** *Filme od. Videoaufzeichnungen* ~ anschauen (u. begutachten) [→ *Vision*]
Vi|sit ⟨[vı-] m.; -s, -s; EDV⟩ Besuch einer Internetadresse, Seitenzugriff; *mehr als 1,5 Millionen ~s im Monat* [engl., »Besuch«]
Vi|si|ta|ti|on ⟨[vi-] f.; -, -en⟩ **1** Durchsuchung; *Leibes~* **2** Besichtigung, Untersuchung, Nachprüfung durch Besuch; *Schul~* [frz., »Heimsuchung, Durchsuchung« <lat. *visitatio* »Besichtigung«; zu *visitare* »häufig besuchen, besichtigen«; zu *videre* »sehen, wahrnehmen«]
Vi|si|ta|tor ⟨[vi-] m.; -s, -to|ren⟩ jmd., der eine Visitation vornimmt
Vi|si|te ⟨[vi-] f.; -, -n; Med.⟩ Besuch zwecks Untersuchung, bes. von Kranken; *Kranken~* [frz., »Besuch, Krankenbesuch des Arztes«; zu *visiter* »besuchen, besichtigen, durchsuchen« <lat. *visitare* »oft sehen, besichtigen«; zu *videre* »sehen«]
Vi|si|ten|kar|te ⟨[vi-] f.; -, -n⟩ Karte mit Aufdruck des Namens (sowie der Adresse, der Firma usw.), die man bei einem offiziellen Besuch abgibt
vi|si|tie|ren ⟨[vi-] V.; veraltet⟩ **1** durch Visite nachprüfen **2** prüfend besichtigen, durchsuchen, untersuchen
Vi|sit|kar|te ⟨[vi-] f.; -, -n; österr.⟩ Visitenkarte
vis|kos ⟨[vıs-] Adj.⟩ = viskös
vis|kös ⟨[vıs-] Adj.⟩ leimartig, zähflüssig; *oV* viskos [<lat. *viscum* »Mistel, Vogelleim«]
Vis|ko|se ⟨[vıs-] f.; -; unz.; Textilw.⟩ Faser aus Zellstoff; *oV* Viscose [→ *viskos*]
Vis|ko|si|me|ter ⟨[vıs-] n.; -s, -; Technik⟩ Gerät zum Messen der Zähigkeit von Flüssigkeiten [< *Viskose* + *...meter*]
Vis|ko|si|me|trie *auch:* **Vis|ko|si|met|rie** ⟨[vıs-] f.; -; unz.⟩ Verfahren zur Bestimmung der Viskosität von Stoffen [<*viskos* + *...metrie*]
Vis|ko|si|tät ⟨[vıs-] f.; -; unz.; Chemie⟩ Zähigkeit (von Flüssigkeiten) [<frz. *viscosité* »Klebrigkeit, Zähigkeit« <lat. *viscum* »Mistel, Vogelleim«]
Vis ma|jor ⟨[vıs -] f.; - -; unz.; geh.⟩ höhere Gewalt [<lat. *vis* »Macht, Gewalt« + *major*, Komp. von *magnus* »groß, hoch«]
Vis|ta ⟨[vıs-] f.; -; unz.⟩ **1** Ansicht, Sicht **2** Vorzeigen (eines Wechsels); →*a.* a vista, a prima vista [<ital. *vista* »Gesicht, Anblick«; zu *vedere* <lat. *videre* »sehen«]
Vis|ta|wech|sel ⟨[vıs-] m.; -s, -; Bankw.⟩ Sichtwechsel
Vis|tra *auch:* **Vist|ra** ⟨[vıs-] f.; -; unz.; Textilw.⟩ Zellwolle aus Viskose
vi|su|a|li|sie|ren ⟨[vi-] V.⟩ *etwas* ~ sichtbar machen, groß herausstellen, um Aufmerksamkeit zu erregen [<engl. *visualize* »sichtbar machen«]
Vi|su|a|li|sie|rung ⟨[vi-] f.; -, -en⟩ das Visualisieren, das Visualisiertwerden
Vi|su|a|li|zer ⟨[vızjuəlaızə(r)] m.; -s, -⟩ Werbegrafiker [engl.]
vi|su|ell ⟨[vi-] Adj.⟩ das Sehen od. den Gesichtssinn betreffend, durch Sehen hervorgerufen, optisch (2); *~er Eindruck; ~er Typ* jmd., der Gesehenes leichter im Gedächtnis behält als Gehörtes; *Ggs* akustischer Typ; →*a.* motorischer Typ [<frz. *visuel*, Fem. *visuelle* »auf das Sehen bezüglich, Gesichts...« <lat. *videre* »sehen, schauen, wahrnehmen«]
Vi|sum ⟨[viː-] n.; -s, Vi|sa od. Vi|sen [viː-]⟩ **1** Erlaubnis zur Ein- u. Ausreise in einen bzw. aus einem fremden Staat **2** Sichtvermerk (auf dem Pass für den Aufenthalt in einem fremden Staat) [<lat. *visum* »gesehen«, Perf. zu *videre* »sehen«]
Vi|sus ⟨[viː-] m.; -; unz.; Med.⟩ **1** Sehschärfe **2** Gesichtssinn [zu lat. *videre* »sehen«]
Vis|ze|ra ⟨[vıs-] Pl.; Anat.⟩ Eingeweide; *oV* Viscera
vis|ze|ral ⟨[vıs-] Adj.; Anat.⟩ zu den Eingeweiden gehörend, Eingeweide... [<frz. Adj. *viscéral* <lat. *viscera* »Eingeweide«]
Vis|ze|ro|pto|se *auch:* **Vis|ze|rop|to|se** ⟨[vıs-] f.; -, -n; Med.⟩ Senkung der Baucheingeweide [< *Viscera* + grch. *ptosis* »Fall«]
Vi|ta ⟨[viː-] f.; -, Vi|ten od. Vi|tae [-tɛː]⟩ **1** ⟨allg.⟩ Lebensbeschreibung, Lebenslauf; *seine ~ erzählen* **2** ⟨im MA⟩ Lebens-

V

beschreibung von Heiligen, Märtyrern od. weltlichen Herrschern [lat., »Leben«]

vi|tae, non scho|lae dis|ci|mus ⟨[viːtɛː - skoːlɛː -] geh.⟩ für das Leben, nicht für die Schule lernen wir; →*a.* non scholae, sed vitae discimus [lat.]

vi|tal ⟨[vi-] Adj.⟩ **1** zum Leben gehörend, lebens... **2** lebenswichtig; *~e Körperfunktionen* **3** lebenskräftig; *er wirkt sehr ~* [<frz. *vital* »lebenskräftig, munter, lebenswichtig« <lat. *vitalis* »zum Leben gehörig«; zu *vita* »Leben«]

Vi|tal|funk|ti|on ⟨[vi-] f.; -, -en; Med.⟩ lebenswichtige Kreislauffunktion (z. B. Atmung, Kreislauf)

Vi|ta|li|en|brü|der ⟨[vi-] Pl.⟩ eine Gruppe von Seeräubern um 1400, die urspr. im Auftrag der Hanse das von den Dänen belagerte Stockholm (1389-92) mit Lebensmitteln versorgten, dann aber (bes. unter Klaus Störtebeker) eigenmächtig Handelsschiffe kaperten u. 1401 von der Hanse überwältigt wurden; *oV* Viktualienbrüder [nach *Vitalien*, Nebenform zu *Viktualien*]

vi|ta|li|sie|ren ⟨[vi-] V.; geh.⟩ beleben, kräftigen; *gymnastische Übungen ~ den Organismus* [→ *vital*]

Vi|ta|lis|mus ⟨[vi-] m.; -; unz.; Philos.⟩ Lehre, dass allem organischen Leben eine besondere, über die physikal.-chem. Vorgänge hinausgehende Lebenskraft innewohne [<frz. *vitalisme* <lat. *vitalis* »Leben spendend, Lebens...«; zu *vita* »Leben«]

Vi|ta|list ⟨[vi-] m.; -en, -en; Philos.⟩ Vertreter, Anhänger des Vitalismus

Vi|ta|lis|tin ⟨[vi-] f.; -, -tin|nen; Philos.⟩ Vertreterin, Anhängerin des Vitalismus

vi|ta|lis|tisch ⟨[vi-] Adj.; Philos.⟩ auf dem Vitalismus beruhend

Vi|ta|li|tät ⟨[vi-] f.; -; unz.⟩ Lebenskraft, Lebensfähigkeit [<frz. *vitalité* »Lebenskraft, Lebendigkeit« <lat. *vitalitas* »Lebenskraft«; zu *vita* »Leben«]

Vi|tal|ka|pa|zi|tät ⟨[vi-] f.; -, -en; Med.⟩ *~ der Lunge* Volumenunterschied zwischen tiefster Ein- u. Ausatmung

> **Vitamin** (*Worttrennung am Zeilenende*) Bei fremdsprachigen Zusammensetzungen, deren einzelne Bestandteile für den deutschen Muttersprachler nicht unbedingt ersichtlich sind, kann zwischen den einzelnen Bestandteilen (Morphemen) *Vit-a-min* oder nach Sprechsilben *Vi-ta-min* getrennt werden.

Vit|a|min *auch:* **Vi|ta|min** ⟨[vɪt-] n.; -s, -e; Biochemie⟩ meist von Pflanzen gebildeter Wirkstoff, der für Tiere u. Menschen zur Steuerung bestimmter organ. Prozesse benötigt wird [<lat. *vita* »Leben« + *Amin*]

vit|a|mi|nie|ren *auch:* **vi|ta|mi|nie|ren** ⟨[vɪt-] V.; Biochemie⟩ mit Vitaminen anreichern; *Lebensmittel, Arzneimittel ~*

Vi|ti|li|go ⟨[vi-] f.; -, -li|gi|nes; Med.⟩ durch das Fehlen von Pigmenten hell erscheinender, scharf umgrenzter Hautbezirk, Scheckhaut [<lat. *vitiligo* »Hautausschlag«; zu *vitium* »Fehler, Mangel«]

vi|ti|ös ⟨[vɪtsjøːs] Adj.⟩ **1** ⟨veraltet⟩ fehlerhaft, lasterhaft **2** bösartig [<lat. *vitiosus* »fehlerhaft, krankhaft, lasterhaft«; zu *vitium* »Fehler, Mangel, Laster«]

Vi|ti|um ⟨[viː-] n.; -s, Vi|tia [viː-]; Med.⟩ Fehler, Übel [lat., »Fehler, Laster, Mangel«]

> ◆ Die Buchstabenfolge **vi|tr...** kann auch **vit|r...** getrennt werden.

◆**Vi|tra|ge** ⟨[vɪtraːʒə] f.; -, -n; früher⟩ undurchsichtiger, meist weißer Vorhang [<frz. *vitrage* »Glaswand, Glasarbeit«; zu *vitre* »Glasscheibe« <lat. *vitrum* »Glas, Kristall«]

◆**Vi|tri|ne** ⟨[vi-] f.; -, -n⟩ **1** Glasschrank **2** Schaukasten [<frz. *vitrine;* zu *vitre* »Glasscheibe« <lat. *vitrinus* »gläsern«; zu *vitrum* »Glas«]

◆**Vi|tri|ol** ⟨[vi-] n.; -s, -e; Chemie; veraltete Bez. für⟩ die kristallwasserhaltigen Sulfate der Schwefelsäure mit zweiwertigen Metallen, z. B. Kupfervitriol = Kupfersulfat [frz. <mlat. *vitriolum*]

◆**Vi|trit** ⟨[vi-] m.; -(e)s, -e; Geol.⟩ als glänzende Streifen in die Steinkohle eingelagerte verkokbare Masse, verbrennt mit sehr geringer Aschebildung, Glanzkohle [evtl. <lat. *vitreus* »gläsern, kristallhell, klar, gleißend«; zu *vitrum* »Glas«]

◆**Vi|tro|id** ⟨[vi-] n.; -(e)s, -e; meist Pl.; Geol.⟩ glasartig durchsichtigen Schmelzfluss bildender Stoff [<lat. *vitrum* »Glas« + *...id*]

◆**Vi|tro|phyr** ⟨[vi-] m.; -s, -e; Geol.⟩ mit Einsprenglingen in einer glasartigen Grundmasse durchsetztes vulkanisches Ergussgestein [<lat. *vitrum* »Glas« + grch. *phyrein* »vermengen«]

◆**Vi|trum** ⟨[viː-] n.; -s, Vitra [viː-]⟩ Arzneiflasche [<lat. *vitrum* »Glas«]

Vitz|li|putz|li ⟨[vɪts-] m.; - od. -s; unz.⟩ **1** Schreckgestalt, Kinderschreck **2** ⟨volkstüml. a.⟩ Teufel [verstümmelt aus dem Namen des Aztekengottes *Huitzilopochtli*]

vi|va|ce ⟨[vivaːtʃə] Musik⟩ lebhaft (zu spielen) [ital., »lebhaft, munter, stark« <lat. *vivax* »langlebig, lebenskräftig«]

Vi|va|ce ⟨[vivaːtʃə] n.; -, -; Musik⟩ **1** Musikstück od. Teil eines Musikstückes im lebhaften Tempo **2** lebhaftes Tempo

vi|va|cis|si|mo ⟨[vivatʃɪs-] Musik⟩ sehr lebhaft (zu spielen) [Superlativ zu ital. *vivace;* → *vivace*]

vi|vant! ⟨[viː-]⟩ sie sollen leben!; *~ sequentes!* die Folgenden (die nach uns Lebenden) sollen leben! [lat.]

Vi|va|ri|um ⟨[vivaː-] n.; -s, -ri|en; Zool.⟩ Behälter für kleine Tiere, z. B. Aquarium, Terrarium [<lat. *vivarium* »Tierpark, Pferch (in dem Schwarzwild gemästet wurde)«; zu *vivus* »lebend, frisch«]

Vi|vat ⟨[viːvat] n.; -s, -s⟩ Hochruf

vi|vat! ⟨[viːvat]⟩ er lebe!; *~ crescat, floreat!* er (sie, es) lebe, wachse u. blühe! [lat.]

Vi|vi|a|nit ⟨[vivi-] n.; -s, -e; Min.⟩ Blaueisenerz [nach dem engl. Mineralogen J. G. *Vivian,* 19. Jh.]
vi|vi|par ⟨[vivi-] Adj.; Biol.⟩ lebend gebärend; *Ggs* ovipar [<lat. *vivus* »lebend, lebendig« + …*par*]
Vi|vi|pa|rie ⟨[vivi-] f.; -, -n; Biol.⟩ Lebendgeburt nach vollendeter embryonaler Entwicklung im Mutterleib; *Ggs* Oviparie [→ *vivipar*]
Vi|vi|sek|ti|on ⟨[vivi-] f.; -, -en; Biol.⟩ Eingriff am lebenden Tier (zu Zwecken der Forschung) [<lat. *vivus* »lebend, lebendig« + *Sektion*]
vi|vi|se|zie|ren ⟨[vivi-] V.; Biol.⟩ *ein Tier ~* an einem Tier eine Vivisektion vornehmen
Vi|ze ⟨[fiː-] od. [viː-] m.; - od. -s, -s; umg.⟩ Stellvertreter [<lat. *vices,* Ablativ *vice* »Wechsel; Platz; Stelle«]
Vi|ze… ⟨[fiː] od. [viː-] in Zus.⟩ stellvertretende(r) …, z. B. Vizekanzler [<lat. *vicis* »Wechsel, Platz, Stelle«]
Vi|ze|kanz|ler ⟨[fiː-] od. [viː-] m.; -s, -⟩ Stellvertreter des Kanzlers/der Kanzlerin
Vi|ze|kanz|le|rin ⟨[fiː-] od. [viː-] f.; -, -rin|nen⟩ Stellvertreterin des Kanzlers/der Kanzlerin
Vi|ze|prä|si|dent ⟨[fiː-] od. [viː-] m.; -en, -en⟩ Stellvertreter des Präsidenten/der Präsidentin
Vi|ze|prä|si|den|tin ⟨[fiː-] od. [viː-] f.; -, -tin|nen⟩ Stellvertreterin des Präsidenten/der Präsidentin
vi|zi|nal ⟨[vi-] Adj.⟩ **1** nachbarlich **2** die Gemeinde betreffend [<lat. *vicinalis* »nachbarlich«; zu *vicinus* »benachbart, nahe«; zu *vicus* »Hof, Gehöft, Dorf«]
Viz|tum ⟨[fɪts-] od. [viːts-] m.; -s, -e⟩ Verwalter (von kirchl., später auch weltl. Besitz) [<lat. *vicedominus* »Stellvertreter des Herrn, des Fürsten«]
VJ ⟨Abk. für engl.⟩ Videojockey
Vlies ⟨[fliːs] n.; -es, -e⟩ *oV* Vließ **1** Schaffell **2** Rohwolle vom Schaf **3** ⟨Textilw.⟩ eine weiche Stoffart; *~pullover* [<mhd. *vlius, vlus,* ndrl. *vlies* »Schaffell«]
Vlie|se|li|ne® ⟨f.; -; unz.; Textilw.⟩ anstelle von Steifleinen verwendete, vliesartige Mischung verschiedener Fasern mit Kunstharzen u. Kautschuk [→ *Vlies*]
Vließ ⟨[fliːs] n.; -es, -e⟩ = Vlies
Vo|cals ⟨[voʊkəlz] Pl.; Musik⟩ Gesangspart eines Musikstückes; *die Schlichtheit ihrer Musik unterstützen die zarten ~* [engl.]
vo|ce ⟨[voːtʃə] Musik⟩ Stimme [ital.]
Vo|co|der ⟨[vo-] m.; -s, -; El.; EDV⟩ Gerät zur Erzeugung einer künstlichen Sprache, eingesetzt in Computern [<*vokal* + *Code*]
Vogue ⟨[voːg] f.; -; unz.⟩ **1** Bewegung, Antrieb **2** Beliebtheit; *→a.* en vogue [<frz. *vogue* »Zulauf, Schwung; Ansehen, Beifall; Glück, Ruf«; zu *voguer* »fahren, schwimmen, rudern«]
Voice|mail ⟨[vɔɪsmɛɪl] f.; -, -s; Tel.; EDV⟩ elektronisches System zur Übermittlung u. Aufzeichnung von gesprochenen Nachrichten (in Form einer digitalisierten Sprachaufzeichnung), das in ein Telefon od. einen Computer integriert ist [<engl. *voice* »Stimme« + *mail* »Post«]
Voice|re|cor|der ⟨[vɔɪsrikɔː(r)də(r)] m.; -s, -; Tel.; EDV⟩ **1** Gerät zur Aufzeichnung von Voicemails **2** digitales Diktiergerät [<engl. *voice* »Stimme« + *record* »aufnehmen«]
voi|là! ⟨[voala]⟩ sieh da! da ist es ja! da haben wir es ja! [<frz. *voir* »sehen« + *là* »dort, da«]
Voile ⟨[voaːl] m.; -, -s; Textilw.⟩ dünnes, schleierartiges Gewebe [frz., »Schleier«]
VOIP *auch:* **Voip** ⟨[vɔɪp] Tel.; EDV; Abk. für engl.⟩ Voice over Internet Protocol (Telefonie per Internet)
voi|pen ⟨[vɔɪ-] V.; Tel.; EDV⟩ per Internet telefonieren; *wir haben heute ausführlich gevoipt* [→ *Voip*]
Vo|ka|bel ⟨[vo-] f.; -, -n⟩ einzelnes Wort (bes. aus einer fremden Sprache); *~n lernen* [<lat. *vocabulum* »Name, Wort«; zu *vocare* »nennen, rufen«; → *Vokal*]
Vo|ka|bu|lar ⟨[vo-] n.; -s, -e⟩ **1** Wörterverzeichnis **2** Wortschatz; *das ~ einer Sprache, eines Dichters*
vo|kal ⟨[vo-] Adj.; Musik⟩ für Singstimme(n) geschrieben, Gesangs… [zu lat. *vocalis* »tönend, redend«]
Vo|kal ⟨[vo-] m.; -s, -e; Phon.⟩ Laut, bei dem der Atemstrom ungehindert aus dem Mund entweicht, Selbstlaut; *Ggs* Konsonant [<lat. *vocalis* »tönend, klangreich«; zu *vox,* Gen. *vocis* »Laut, Ton, Stimme«]
Vo|kal|har|mo|nie ⟨[vo-] f.; -; unz.; Phonol.⟩ in manchen Sprachen, z. B. in den ural.-altaischen u. finn.-ugr., die Einheitlichkeit der Vokale von Stammsilben u. Ableitungs- bzw. Flexionssilben hinsichtlich ihrer Qualität, so dass in ihnen nur solche Vokale vorkommen dürfen, die vorn im Mund (i, e, ö, ü) bzw. hinten (a, o, u) gesprochen werden, z. B. türkisch ekmekler (aus ekmek »Brot« u. Pluralmorphem »-ler«
Vo|ka|li|sa|ti|on ⟨[vo-] f.; -, -en⟩ **1** ⟨Musik⟩ Bildung u. Aussprache der Vokale **2** ⟨Sprachw.⟩ Bezeichnung der Vokale durch Punkte od. Striche unter den zugehörigen Konsonanten, z. B. in hebräischen od. arab. Schriften [<frz. *vocalisation* »Vokalisierung, Stimmübung« <lat. *vocalis;* → *Vokal*]
vo|ka|lisch ⟨[vo-] Adj.; Phon.⟩ *Ggs* konsonantisch **1** in der Art eines Vokals, selbstlautend **2** mit einem Vokal; *~er Anlaut, Auslaut eines Wortes*
Vo|ka|li|se ⟨[vo-] f.; -, -n; Musik⟩ Stimmübung nur auf Vokalen [<frz. *vocalise* »Singstück, Stimmübung« <lat. *vocalise;* → *Vokal*]
vo|ka|li|sie|ren ⟨[vo-] V.⟩ **1** ⟨Musik⟩ als Vokal bilden, aussprechen **2** ⟨Sprachw.⟩ *Texte ~* mit Vokalisation (2) versehen
Vo|ka|li|sie|rung ⟨[vo-] f.; -, -en; Musik; Sprachw.⟩ das Vokalisieren
Vo|ka|lis|mus ⟨[vo-] m.; -; unz.; Phon.⟩ **1** Bestand an Vokalen; *~ einer Sprache od. Sprachstufe* **2** Bildung u. Entwicklung der Vokale; *der ~ einer Sprache;* *→a.* Konsonantismus

V

Vo|kal|mu|sik ⟨[vo-] f.; -; unz.; Musik⟩ Musik für Singstimme(n) mit od. ohne Instrumentalbegleitung; *Ggs* Instrumentalmusik

Vo|ka|ti|on ⟨[vo-] f.; -, -en⟩ Berufung (bes. in ein Amt) [<lat. *vocatus* »das Rufen, Ruf, Einladung«; zu *vocare* »(be)rufen«]

Vo|ka|tiv ⟨[vo:-] m.; -s, -e; Gramm.⟩ für die Anrede bestimmter Beugungsfall, z. B. im Lateinischen u. in einigen slawischen Sprachen, Anredefall [<lat. *(casus) vocativus;* zu *vocare* »rufen, anreden«]

Vol. ⟨Abk. für⟩ Volumen (2)

Vol.-% ⟨Abk. für⟩ Volumprozent

Vo|lant ⟨[vɔlã:] m.; -s, -s⟩ **1** ⟨Textilw.⟩ gefältelter Besatz an Kleidungsstücken; *Sy* Falbel **2** Lenkrad [frz.]

Vo|la|pük ⟨[vo-] n.; -s; unz.; Sprachw.⟩ von dem Konstanzer Pfarrer M. Schleyer (1831-1912) erfundene Welthilfssprache [<engl. *world* »Welt« + *speak* »sprechen«]

vo|lar ⟨[vo-] Adj.; Anat.⟩ auf der Innenseite der Hand liegend [<lat. *volaris* »zur Hand gehörig«]

Vo|la|ta ⟨[vo-] f.; -, -la|te; Musik⟩ kleiner, verzierender Teil od. Lauf im Gesang [ital., »Lauf, Läufer, Roulade«]

vo|la|til ⟨[vo-] Adj.⟩ **1** ⟨Wirtsch.⟩ schwankend (von Kursen); →*a.* Volatilität **2** ⟨Chem.⟩ flüchtig, verdunstend [<lat. *volatilis* »fliegend; flüchtig«; zu *volare* »fliegen«]

Vo|la|ti|li|tät ⟨[vo-] f.; -, -en; Bankw.; Börse⟩ Schwankungsrisiko von Aktien- u. Devisenkursen sowie von Handelsmärkten, Kursschwankung; *Aktien mit hohen ~en sind teurer als solche mit geringen ~en* [zu lat. *volatil* »flüchtig«]

Vol-au-Vent ⟨[vɔlovã:] m.; -s, -s; Kochk.⟩ Fleischpastete aus Blätterteig [frz.; <*vol* »Flug« + *au* »im« + *vent* »Wind«]

Vo|li|e|re ⟨[vɔljɛ:rə] f.; -, -n; Zool.⟩ Vogelhaus, großes Vogelbauer [<frz. *volière;* zu *voler* »fliegen, segeln« <lat. *volare* »fliegen«]

vol|ley ⟨[vɔle:] od. engl. [vɔlı] Adj.; Sport⟩ aus der Luft geschlagen od. geschossen, ohne dass der Ball zuvor Bodenkontakt hatte [engl.]

Vol|ley ⟨[vɔle:] od. engl. [vɔlı] m.; -s, -s; Sport; bes. Tennis⟩ aus dem Flug zurückgeschlagener Ball, der vorher nicht den Boden berührt hat, Flugball [<engl. *volley* »Flugschlag; im Fluge schlagen«]

Vol|ley|ball ⟨[vɔle:-] od. engl. [vɔlı-] m.; -s, -bäl|le; Sport⟩ **1** ⟨unz.⟩ Ballspiel zwischen zwei Mannschaften zu je sechs Spielern, die versuchen, den Ball so über ein in etwa 2,40 m Höhe gespanntes, 1 m breites Netz zu schlagen, dass er den Boden im Spielfeld der gegnerischen Mannschaft berührt **2** ⟨zählb.⟩ ein für dieses Spiel verwendeter Ball [→ *Volley*]

vol|lie|ren ⟨[vɔl-] V.; Sport; bes. Tennis⟩ *einen Ball ~* im Flug schlagen, einen Volley spielen

Vo|lon|tär ⟨[vɔlɔn-] od. [-lɔ̃:-] m.; -s, -e⟩ jmd., der unentgeltlich od. gegen geringes Gehalt zur Ausbildung in einem Betrieb arbeitet, ohne im Lehrverhältnis zu stehen [<frz. *volontaire* »freiwillig« <lat. *voluntarius* »freiwillig«; zu *voluntas* »(freier) Wille«]

Vo|lon|ta|ri|at ⟨[vɔlɔn-] od. [-lɔ̃:-] n.; -(e)s, -e⟩ **1** Zeit der Ausbildung eines Volontärs **2** Stelle eines Volontärs

Vo|lon|tä|rin ⟨[vɔlɔn-] od. [-lɔ̃:-] f.; -, -rin|nen⟩ weibl. Volontär

vo|lon|tie|ren ⟨[vɔlɔn-] od. [-lɔ̃:-] V.⟩ als Volontär bzw. Volontärin arbeiten

Volt ⟨[vɔlt] n.; - od. -(e)s, -; El.; Physik; Zeichen: V⟩ SI-Einheit der elektr. Spannung, definiert als diejenige Spannung zwischen zwei Punkten eines Leiters, in der bei einer Stromstärke von 1 Ampere (A) die Leistung von 1 Watt (W) umgesetzt wird, 1 V = 1 W/1 A [nach dem italien. Physiker A. Graf *Volta,* 1745-1827]

vol|ta ⟨[vɔl-] Musik⟩ Mal (bei Wiederholungen); *prima ~* das erste Mal; *seconda ~* das zweite Mal [ital., »Wendung, Drehung, Richtung; Mal«; zu *voltare* »wenden, drehen«]

Vol|ta ⟨[vɔl-] f.; -, Vol|ten [vɔl-]; 16./17. Jh.⟩ schneller höfischer Tanz aus der Provence in dreiteiligem Takt mit Springen [→ *volta*]

Vol|ta|ele|ment ⟨[vɔl-] n.; -(e)s, -e⟩ galvanisches Element aus Kupfer- u. Zinkblechen in einem wässerigen Elektrolyten; *Sy* voltasche Säule [→ *Volt*]

Vol|ta|me|ter ⟨[vɔl-] n.; -s, -; El.; Physik⟩ Gerät zur Bestimmung der Stromstärke; →*a.* Voltmeter [<*Volt* + ...*meter*]

Volt|am|pere ⟨[vɔltampɛ:r] n.; - od. -s, -; El.; Physik; Zeichen: VA⟩ Produkt aus Spannung u. Stromstärke, Einheit der elektrischen Arbeit

vol|ta|sche Säu|le *auch:* **Vol|ta'sche Säu|le** ⟨[vɔl-] f.; -n -, -n -n⟩ = Voltaelement

Vol|te ⟨[vɔl-] f.; -, -n⟩ **1** ⟨Kart.⟩ Kunstgriff beim Mischen der Karten, durch den eine Karte an eine bestimmte Stelle zu liegen kommt; *die ~ schlagen* **2** ⟨Reitsport⟩ kreisförmige Figur; *eine ~ reiten* **3** ⟨Fechten⟩ das Voltieren [<ital. *volta* »Wendung, Umlauf«]

vol|tie|ren ⟨[vɔl-] V.; Sport; Fechten⟩ vor einem gegner. Hieb od. Stoß dadurch ausweichen, dass man einen Fuß aus der Gefechtslinie ausscheren lässt

Vol|ti|geur ⟨[vɔltiʒø:r] m.; -s, -e; Reitsport⟩ = Voltigierer [<frz. *voltigeur;* zu *voltiger* »Schwünge, Sprünge ausführen, herumflattern«]

vol|ti|gie|ren ⟨[vɔltiʒi:-] V.; Reitsport⟩ auf dem (galoppierenden) Pferd turnen

Vol|ti|gie|rer ⟨[vɔltiʒi:-] m.; -s, -; Reitsport⟩ jmd., der voltigiert; *Sy* Voltigeur

Volt|me|ter ⟨[vɔlt-] n.; -s, -; El.; Physik⟩ Gerät zur Bestimmung der elektr. Spannung; →*a.* Voltameter

Volt|se|kun|de ⟨[vɔlt-] f.; -, -n; El.; Physik; Zeichen: Vs⟩ SI-Einheit des magnetischen Flusses, Weber

Vo|lu|men ⟨[vo-] n.; -s, - od. -lu|mi|na⟩ **1** ⟨Physik; Zeichen: V⟩ Rauminhalt **2** ⟨Abk.: Vol.⟩ Band (eines mehrbändigen Schriftwerkes) **3** Gesamtmenge, Umfang, Ausmaß von etwas; *Auftrags~; Handels~* [<lat.

V

volumen »Krümmung, Windung, Schriftrolle, Buch«; zu *volvere* »rollen, drehen, wälzen, wirbeln«]

Vo|lu|men|ein|heit ⟨[vo-] f.; -, -en; Physik⟩ Maßeinheit für das Volumen, Raumeinheit

Vo|lu|men|ge|wicht ⟨[vo-] n.; -(e)s, -e; Physik⟩ = Volumgewicht

Vo|lu|me|trie *auch:* **Vo|lu|met|rie** ⟨[vo-] f.; -; unz.; Chemie⟩ = Titrieranalyse [< *Volumen* + *...metrie*]

vo|lu|me|trisch *auch:* **vo|lu|met|risch** ⟨[vo-] Adj.; Chemie⟩ **1** das Volumen eines Körpers betreffend **2** die Bestimmung des Volumens betreffend, darauf beruhend

Vo|lum|ge|wicht ⟨[vo-] n.; -(e)s, -e; Physik⟩ spezifisches Gewicht, Raumgewicht; *oV* Volumengewicht

Vo|lu|mi|na ⟨[vo-] Pl. von⟩ Volumen

vo|lu|mi|nös ⟨[vo-] Adj.⟩ umfangreich [→ *Volumen*]

Vo|lum|pro|zent ⟨[vo-] n.; -(e)s, -e; Abk.: Vol.-%⟩ Prozent, bezogen auf den Rauminhalt; *Ggs* Gewichtsprozent

Vo|lun|ta|ris|mus ⟨[vo-] m.; -; unz.; Philos.⟩ Lehre, dass der Wille das Grundprinzip des Seins u. des seelischen Lebens sei; *Sy* Thelematismus, Thelematologie, Thelismus; →*a.* Intellektualismus (1) [<lat. *voluntas* »Wille, Wunsch, Absicht«; zu *velle* »wollen, wünschen, beabsichtigen«]

Vo|lun|ta|rist ⟨[vo-] m.; -en, -en; Philos.⟩ Anhänger, Vertreter des Voluntarismus

Vo|lun|ta|ris|tin ⟨[vo-] f.; -, -tinnen; Philos.⟩ Anhängerin, Vertreterin des Voluntarismus

vo|lun|ta|ris|tisch ⟨[vo-] Adj.; Philos.⟩ zum Voluntarismus gehörend, auf ihm beruhend

vo|lun|ta|tiv ⟨[vo-] Adj.⟩ **1** ⟨Philos.⟩ den Willen betreffend **2** ⟨Gramm.⟩ den Modus (2) des Wunsches zum Ausdruck bringend

vo|lup|tu|ös ⟨[vo-] Adj.⟩ Begierde erregend [<lat. *voluptuosus* »voll Wonne, voll Vergnügen«; zu *voluptas* »Vergnügen, Lust, Genuss«]

Vo|lu|te ⟨[vo-] f.; -, -n; Arch.⟩ Bauornament in Form einer Spirale; *Sy* Konvolute [<lat. *volutare* »herumwälzen, drehen«; zu *volvere* »wälzen, rollen«]

vol|vie|ren ⟨[vɔlviːrən] V.; geh.⟩ **1** rollen, wälzen; *etwas* ~ **2** abwägen, durchdenken, überlegen; *einen Sachverhalt* ~ [zu lat. *volvere* »rollen, drehen«]

Vol|vox ⟨[vɔlvɔks] f.; -; unz.; Bot.⟩ Kugelalge [<lat. *volvere* »wälzen, rollen«]

Vol|vu|lus ⟨[vɔlvu-] m.; -, -vu|li [-vu-]; Med.⟩ Darmverschlingung [<lat. *volvere* »wälzen, rollen«]

vo|mie|ren ⟨[vo-] V.; Med.⟩ sich erbrechen, speien [<lat. *vomere*]

Vo|mi|tiv ⟨[vo-] n.; -s, -e; Pharm.⟩ = Vomitorium

Vo|mi|to|ri|um ⟨n.; -s, -ri|en; Pharm.⟩ Brechmittel; *Sy* Vomitiv [<lat. *vomitio* od. *vomitus* »das Erbrechen«]

Vo|mi|tus ⟨[voː-] m.; -; unz.; Med.⟩ das Erbrechen [lat.]

Voo|doo ⟨[vuduː] od. ['--] m.; -s; unz.; bes. auf Haiti⟩ westafrikan. religiöser Kult, für den u. a. der Opferritus u. das Erlangen eines Trancezustandes kennzeichnend sind; *Sy* Voudou, Wodu [<westafrikan. *vodu* »schützende Gottheit, Dämon«]

...vor ⟨[-voːr] Nachsilbe; zur Bildung von Adj.⟩ fressend; *herbivor; omnivor* [<lat. *vorare* »verschlingen«]

Vo|ra|zi|tät ⟨[vo-] f.; -; unz.⟩ Gier, Gefräßigkeit [<lat. *vorax,* Gen. *voraxis* »gefräßig«; zu *vorare* »hinunterschlingen, fressen«]

...vo|re ⟨[-voːrə] Nachsilbe; zur Bildung männl. Subst.; m.; -n, -n⟩ Lebewesen, das bestimmte Stoffe frisst; *Herbivore; Omnivore* [→ *...vor*]

Vor|ti|zis|mus ⟨[vɔr-] m.; -; unz.; Mal.; ca. 1912-1915⟩ kurzlebige künstlerische u. literatrische Bewegung in England, die an den ital. Futurismus anknüpfte u. sich als Gegenbewegung gegen die Neuromantik verstand [<engl. *vorticism* <lat. *vortex* »Wirbel, Strudel«]

Vos|tro|kon|to *auch:* **Vost|ro|kon|to** ⟨[vɔs-] n.; -s, -s od. -kon|ten od. -kon|ti; Bankw.⟩ = Lorokonto [<ital. *vostro* »euer« + *Konto*]

Vo|tant ⟨[vo-] m.; -en, -en⟩ **1** jmd., der votiert, Wähler **2** ⟨österr. a.⟩ Schöffe [<lat. *votans,* Part. Präs. zu *votare;* → *votieren*]

Vo|ta|ti|on ⟨[vo-] f.; -, -en⟩ das Votieren, Abstimmung [<neulat. *votatio;* → *votieren*]

vo|tie|ren ⟨[vo-] V.⟩ **1** abstimmen, sich entscheiden; *der Abgeordnete votierte für die Vorlage* **2** ⟨österr.⟩ eine Meinung äußern [<lat. *votare;* → *Votum*]

Vo|tiv ⟨[vo-] n.; -s, -e; kath. Kirche; kurz für⟩ Votivbild, Votivgabe [<lat. *votivus* »versprochen, geweiht«; → *Votum*]

Vo|tiv|bild ⟨[vo-] n.; -(e)s, -er⟩ einem Heiligen aufgrund eines Gelübdes geweihtes Bild [<lat. *votivus* »geweiht, versprochen«; → *Votum*]

Vo|tiv|ga|be ⟨[vo-] f.; -, -n⟩ als Weihgeschenk für Götter od. Heilige dargebrachte Gabe, z. B. Bild, Darstellung eines Tieres, Schmuckgegenstand [→ *Votivbild*]

Vo|tiv|ka|pel|le ⟨[vo-] f.; -, -n⟩ Kapelle, die einem Heiligen aufgrund eines Gelübdes gestiftet wurde [→ *Votivbild*]

Vo|tiv|mes|se ⟨[vo-] f.; -, -n⟩ Messe, die für ein bestimmtes Anliegen od. eine bestimmte Person gelesen wird [→ *Votivbild*]

Vo|tum ⟨[voː-] n.; -s, Vo|ten od. Vo|ta [voː-]⟩ **1** Gelübde **2** Abgabe der Stimme **3** Äußerung einer Meinung **4** Gutachten, Urteil; *sein ~ abgeben* [lat., eigtl. »das Versprochene, feierlich abgegebene Stimme«; zu *vovere* »versprechen, wünschen«]

Vou|cher ⟨[vaʊtʃə(r)] n. od. m.; -s, -s⟩ Buchungsbestätigung [engl., »Beleg, Zeugnis«; zu *vouch* »bezeugen, belegen«]

Vou|dou ⟨[vuduː] m.; -s; unz.⟩ = Voodoo

Vou|te ⟨[vuːt(ə)] f.; -, -n; Arch.⟩ **1** Gewölbe **2** Hohlkehle zwischen Decke u. Wand [<frz. *voûte* <lat. *volutus,* Perf. zu *volvere;* → *Volute*]

Vox ⟨[vɔks] f.; -, Vo|ces [voːtseːs]⟩ **1** ⟨allg.⟩ menschliche od. tierische Stimme **2** ⟨Musik⟩

2.1 Gesangsstimme **2.2** Klang von Instrumenten **2.3** einzelner Ton in einer Tonfolge **2.4** Einzelstimme in mehrstimmiger Musik **2.5** unterschiedliche Register der Orgel [lat., »Stimme«]

Vox ni|hi|li ⟨[vɔks -] f.; - -; unz.; geh.⟩ = Ghostword [lat., »Wort des Nichts«]

vox po|pu|li, vox Dei ⟨[vɔks - vɔks de:i]⟩ Volkes Stimme (ist) Gottes Stimme [lat.; von Seneca, nach Hesiod]

Vox prin|ci|pa|lis ⟨[vɔks -] f.; - -; unz.; Musik⟩ = Prinzipal[2]

Voy|a|ger *auch:* **Vo|ya|ger** ⟨[vɔɪədʒə(r)] m.; -s, -⟩ US-amerikan. Raumsonde, die die Planeten Jupiter, Saturn u. Uranus erforschte [<engl. *voyage* »Reise«]

Voy|a|geur *auch:* **Vo|ya|geur** ⟨[voajaʒø:r] m.; -s, -s od. -e; veraltet⟩ Reisender, Handelsreisender [frz.]

Voy|eur *auch:* **Vo|yeur** ⟨[voajø:r] m.; -s, -e⟩ jmd., der aus einem Versteck andere bei deren geschlechtlicher Betätigung beobachtet u. dabei Befriedigung erfährt [frz., urspr. »Augenzeuge«; zu *voir* »sehen« <lat. *videre*]

Voy|eu|ris|mus *auch:* **Vo|yeu|ris|mus** ⟨[voajø-] m.; -; unz.⟩ Verhalten, Empfindungsweise eines Voyeurs

voy|eu|ris|tisch *auch:* **vo|yeu|ris|tisch** ⟨[voajø-] Adj.⟩ zum Voyeurismus neigend, ihn betreffend

vo|zie|ren ⟨[vo-] V.; Rechtsw.⟩ berufen, vorladen [<lat. *vocare* »rufen«]

VR 1 ⟨Abk. für⟩ Volksrepublik **2** ⟨Abk. für engl.⟩ Virtual Reality

Vs ⟨Zeichen für⟩ Voltsekunde

vs. ⟨Abk. für⟩ versus

V. S. O. P. ⟨auf Weinbrandflaschen Abk. für⟩ Very Superior Old Product, ausgezeichnetes altes Erzeugnis (Gütezeichen)

V

VTOL-Flug|zeug ⟨n.; -(e)s, -e; Flugw.⟩ Senkrechtstarter [verkürzt <engl. *vertical take-off and landing* »senkrechtes Starten und Landen«]

vul|gär ⟨[vul-] Adj.⟩ gemein, gewöhnlich, ordinär [<lat. *vulgaris* »(all)gemein«; zu *vulgus* »Menge, Volk«]

vul|ga|ri|sie|ren ⟨[vul-] V.⟩ **1** ⟨veraltet⟩ allgemein zugänglich u. bekannt machen **2** ⟨geh.⟩ oberflächlich, nicht wissenschaftlich darstellen, stark vereinfachen; *eine ~de Analyse* [zu frz. *vulgariser*]

Vul|ga|ris|mus ⟨[vul-] m.; -, -rismen; Sprachw.⟩ vulgärer Ausdruck, vulgäre Wendung

Vul|ga|ri|tät ⟨[vul-] f.; -, -en⟩ **1** vulgäre Beschaffenheit, Gewöhnlichkeit **2** vulgäre Äußerung

Vul|gär|la|tein ⟨[vul-] n.; -s; unz.; Sprachw.⟩ die umgangssprachl. Form der latein. Sprache als Vorstufe der roman. Sprachen

Vul|gär|spra|che ⟨[vul-] f.; -, -n⟩ **1** vulgäre, gewöhnliche Sprache **2** ⟨Sprachw.⟩ nicht lateinische Umgangssprache eines europ. Volkes im MA

Vul|ga|ta ⟨[vul-] f.; -; unz.⟩ in der kath. Kirche maßgeb. Bibelübersetzung des Kirchenvaters Hieronymus (um 400) aus dem Hebräischen u. Griechischen ins Lateinische [<mlat. *versio vulgata* »allgemein gebräuchl. Ausgabe« <lat. *vulgare* »unter das Volk bringen«; zu *vulgus* »Volk«]

vul|go ⟨[vul-] Adv.; geh.⟩ **1** gemeinhin, gewöhnlich **2** ⟨vor Personennamen⟩ genannt; *X, ~ Y* [lat.; zu *vulgus* »Volk«]

Vul|kan ⟨[vul-] m.; -s, -e; Geol.⟩ **1** Berg, durch den heiße Dämpfe u. glühende Lava an die Oberfläche dringen; *auf einem ~ tanzen* ein gefährliches Spiel treiben **2** durch Vulkanismus entstandener Berg [nach dem italienischen Feuergott *Vulcanus (Volcanus)*]

Vul|kan|fi|ber ⟨[vul-] f.; -, -n⟩ durch Behandeln von Papierbahnen mit Zinkchlorid u. anschließendes Zusammenpressen mehrerer Bahnen gewonnener, hornartiger Kunststoff für Koffer, Verkleidungen u. Isoliermaterialien; *Sy* Fiber (2)

Vul|ka|ni|sat ⟨[vul-] n.; -(e)s, -e⟩ vulkanisierter Kautschuk

Vul|ka|ni|sa|ti|on ⟨[vul-] f.; -, -en⟩ das Vulkanisieren

vul|ka|nisch ⟨[vul-] Adj.; Geol.⟩ von einem Vulkan (herrührend); *~es Gestein*

Vul|ka|ni|seur ⟨[vul--sø:r] m.; -s, -e⟩ jmd., der Gummireifen u. andere Gummierzeugnisse repariert u. erneuert

vul|ka|ni|sie|ren ⟨[vul-] V.⟩ *Naturkautschuk ~* zur Herstellung elastischen Kautschuks mit Schwefel o. ä. chem. Verbindungen behandeln [→ *Vulkan*]

Vul|ka|ni|sie|rung ⟨[vul-] f.; -, -en⟩ das Vulkanisieren

Vul|ka|nis|mus ⟨[vul-] m.; -; unz.; Geol.⟩ alle mit dem Empordringen von Stoffen aus dem Erdinneren zusammenhängenden Kräfte u. Erscheinungen [→ *Vulkan*]

Vul|ka|nit ⟨[vul-] m.; -s, -e; Geol.⟩ an der Erdoberfläche verhältnismäßig schnell abgekühltes u. erstarrtes Magma (Basalt, Porphyr u. a.), Effusivgestein, Ergussgestein [→ *Vulkan*]

Vul|ka|no|lo|ge ⟨[vul-] m.; -n, -n; Geol.⟩ Wissenschaftler auf dem Gebiet der Vulkanologie

Vul|ka|no|lo|gie ⟨[vul-] f.; -; unz.; Geol.⟩ Lehre von den Vulkanen, Erforschung der Vulkane [< *Vulkan* + *...logie*]

Vul|ka|no|lo|gin ⟨[vul-] f.; -, -ginnen; Geol.⟩ Wissenschaftlerin auf dem Gebiet der Vulkanologie

vul|ka|no|lo|gisch ⟨[vul-] Adj.; Geol.⟩ die Vulkanologie betreffend, auf ihr beruhend

vul|ne|ra|bel ⟨[vul-] Adj.; Med.⟩ verletzbar, verletzlich [<lat. *vulnerare* »verwunden«]

Vul|ne|ra|bi|li|tät ⟨[vul-] f.; -; unz.; Med.⟩ vulnerable Beschaffenheit, Verletzbarkeit

Vul|va ⟨[vulva] f.; -, Vul|ven [vulvən]; Anat.⟩ äußere weibl. Geschlechtsteile: Introitus vaginae [lat.; zu *volvere* »sich drehen, wölben«]

Vul|vi|tis ⟨[vulvi:-] f.; -, -ti|den; Med.⟩ Entzündung der Vulva

Vul|vo|va|gi|ni|tis ⟨[vulvova-] f.; -, -ti|den; Med.⟩ Entzündung der Vulva u. der Vagina

vu|o|ta ⟨[vu-] Musik⟩ auf der leeren Saite, ohne Fingerberührung des Griffbretts, zu spielen [ital., »leer«]

v. v. ⟨Abk. für lat.⟩ vice versa

W ⟨Zeichen für⟩ Watt

Wad ⟨n.; -s; unz.; Geol.⟩ weiches, erdiges Psilomelan [engl.; Herkunft unbekannt]

Wa|di ⟨n.; -s, -s; Geogr.⟩ nur bei heftigem Regen wasserführendes, sonst trockenes Flussbett in der Wüste [arab.]

Wa|di|um ⟨n.; -s, -di|en⟩ = Vadium (1)

Wa|fer ⟨[wɛɪfə(r)] m.; -s, -; EDV⟩ elektron. Halbleiterschaltung [engl.]

Wag|gon ⟨[vagɔ̃ː] od. [-gɔŋ] m.; -s, -s od. österr. [vagoːn] m.; -s, -e⟩ Eisenbahnwagen; *oV* Wagon [engl. (mit frz. Aussprache); verwandt mit *Wagen*]

Wa|gon ⟨[vagɔ̃ː] od. [-gɔŋ] m.; -s, -s od. österr. [vagoːn] m.; -s, -e⟩ = Waggon

Wake|board ⟨[wɛɪkbɔːd] n.; -s, -s; Sport⟩ Brett zum Wasserskifahren, Wellenreiten u. Springen auf dem Wasser [<engl. *wake* »Kielwasser« + *Board*]

wake|boar|den ⟨[wɛɪkbɔː-] V.; Sport⟩ mit dem Wakeboard fahren u. gleiten

Wake|boar|ding ⟨[wɛɪkbɔː-] n.; - od. -s; unz.; Sport⟩ Wasserskifahren mit dem Wakeboard

wal|ken ⟨[wɔː-] V.; Sport⟩ Walking betreiben; *sie ist im Park gewalkt; er walkt jeden Tag* [zu engl. *walk* »gehen«]

Walkie-Talkie (*Schreibung mit Bindestrich*) Zwischen den Bestandteilen substantivisch gebrauchter Zusammensetzungen (Aneinanderreihungen) wird ein Bindestrich gesetzt (→*a.* Go-go-Girl).

Wal|kie-Tal|kie ⟨[wɔːkɪtɔːkɪ] n.; -s, -s⟩ kleines tragbares Funksprechgerät, das man bei sich trägt [<engl. Verkleinerungsform zu *walk* »gehen« + *talk* »sprechen«]

Wal|king ⟨[wɔːkɪŋ] n.; - od. -s; unz.; Sport⟩ schnelles Gehen, Vorstufe des Joggings [zu engl. *walk* »gehen«]

Wal|king|bass ⟨[wɔːkɪŋbɛɪs]⟩ *auch:* **Wal|king Bass** ⟨m.; (-) -; unz.; Musik⟩ gleichförmig modulierte, fortlaufende Basslinie [<*Walking* + engl. *bass* »Bass«]

Walk|man® ⟨[wɔːkmæn] m.; -s, -men [-mən]⟩ kleiner Kassettenrekorder mit Kopfhörern [<engl. *walk* »gehen, spazieren gehen« + *man* »Mensch, Mann«]

Wal|kü|re ⟨a. [-'--] f.; -, -n; germ. Myth.⟩ Jungfrau, die in einer Schlacht diejenigen auswählt, die sterben u. nach Walhall eingehen sollen [nach anord. *Valkyrja;* zu germ. **wala-* »tot, gefallen«, a. zu mhd. *walstat* <ahd. *wal* »Schlachtfeld« + *kiesen* »küren, auswählen«]

Wall ⟨m.; -(e)s, Wäl|le⟩ **1** langgestreckte Aufschüttung von Erde zur Befestigung u. Einfriedigung **2** ⟨fig.⟩ Bollwerk [<lat. *vallum* »Lagerwall, Lagerzaun«; zu *vallus* »Pfahl«]

Wal|la|by ⟨[wɔləbɪ] n.; - od. -s, -s; Zool.⟩ **1** Gattung mittelgroßer Kängurus: Wallabia **2** deren Fell [engl. <austral. Eingeborenenspr. in Neusüdwales]

Wall|pa|per ⟨[wɔːlpɛɪpə(r)] f.; -, - od. -s; EDV⟩ Bildschirmhintergrund [engl., »Tapete«]

Wall|street ⟨[wɔːlstriːt]⟩ *auch:* **Wall Street** ⟨f.; (-) -; unz.; Bankw.⟩ Banken- u. Finanzzentrum der USA [nach der gleichnamigen Straße in New York]

Wa|lo|ne ⟨f.; -, -n; Bot.⟩ Gerbstoff enthaltender Fruchtbecher der Eiche [<ital. *vallonia* <grch. *balanos* »Eichel«]

Wal|rat ⟨m. od. n.; -(e)s; unz.; Zool.⟩ ölige, weiße Masse aus Stirnhöhle u. einem vom Kopf bis zum Schwanz der Pottwale verlaufenden Kanal: Cetaceum; *Sy* Spermazet [<nord. *hvalrav* <*Wal* + anord. *raf* »Bernstein« (aufgrund der Farbe); wegen der Verwendung als Heilmittel zu *-rat* (mhd. »Hilfe«) umgedeutet]

Wam|pum ⟨m.; -s, -e⟩ Gürtel od. Kette aus Muscheln u. Schnecken als Zahlungsmittel u. Schmuck der nordamerikan. Indianer [<Algonkin *wanpanpiag* <*wab* »weiß« + *umpe* »Schnur«]

Wan|da|le ⟨m.; -n, -n⟩ = Vandale

wan|da|lisch ⟨Adj.⟩ = vandalisch

Wan|da|lis|mus ⟨m.; -; unz.⟩ = Vandalismus

WAP ⟨a. [wɔp] Abk. für engl.⟩ Wireless Application Protocol, Einrichtung, mit der über Mobiltelefone Internetseiten abrufbar sind

Wa|pi|ti ⟨m.; - od. -s, -s; Zool.⟩ in den Rocky Mountains heimischer Rothirsch mit mächtigem Geweih: Cervus canadensis [Algonkin <*wapitiu, wapiti* »blass, weiß«]

Wa|ran ⟨m.; -s, -e; Zool.⟩ Familie großer Echsen mit langer Schnauze, starken Krallen u. kräftigem Schwanz: Varanidae [<arab. *uaran*]

War|dein ⟨m.; -(e)s, -e; früher⟩ jmd., der den Metallgehalt von Erzen od. Münzen prüft; *Berg~; Münz~* [<mlat. *guardianus* »Aufsichtführender«]

war|die|ren ⟨V.; nordwestdt.⟩ *Münzen, Erze ~* prüfen, bewerten [→ *Wardein*]

War|lord ⟨[wɔːlɔːd] m.; -s, -s⟩ militärischer Machthaber, der (bes. in einem Bürger- od. Guerillakrieg) außerhalb der offiziellen Regierungsmacht agiert; *er lebt wie ein ~ im Dschungel* [engl.]

War|ming-up *auch:* **War|ming|up** ⟨[wɔːmɪŋʌp] n.; -, -s⟩ *Sy* Warm-up **1** ⟨TV⟩ einleitender Teil eines Werbespots od. einer Fernsehsendung, der das Interesse u. die Aufmerksamkeit bei dem Zuschauer bzw. Zuhörer wecken soll **2** ⟨Sport⟩ **2.1** Phase kurz vor einem Autorennen, die zum Warmlaufenlassen der Motoren dient **2.2** Phase des Warmlaufens [engl., »das Warmlaufen«]

Warm-up *auch:* **Warm|up** ⟨[wɔːmʌp] n.; -, -s⟩ = Warming-up

Warp ⟨m.; -s, -e⟩ **1** Kettfaden **2** ⟨Seew.⟩ leichte Trosse [engl., »Weberkette, Aufzug«]

Warp|an|ker ⟨m.; -s, -; Seew.⟩ kleiner Anker

War|rant ⟨m.; -s, -s⟩ Empfangsbescheinigung, Lagerschein [engl., »Vollmacht, Bürgschaft, Lagerschein«]

War|ve ⟨[-və] f.; -, -n; Geol.⟩ eine dünne, innerhalb eines Jahres abgelagerte Sedimentschicht, aus einer hellen Sommer- u. einer dunklen Winterlage, Bänderton; *oV* Warwe [<schwed.]

War|ven|schie|fer ⟨[-vən-] m.; -s; unz.; Geol.⟩ = Warvit

War|vit ⟨[-viːt] m.; -s, -e; Geol.⟩ dem Bänderton ähnliches Gestein, das in den Eiszeiten vor dem Quatär gebildet wurde; *oV* Warwit, Warvenschiefer [schwed.-neulat.; → *Warve*]

War|we ⟨f.; -, -n; Geol.⟩ = Warve

War|wit ⟨m.; -s, -e; Geol.⟩ = Warvit

> **wash and wear** (*Groß- und Kleinschreibung*) Aus einer Fremdsprache übernommene Zitate oder feste Redewendungen werden in der Regel den orthografischen Vorgaben der Herkunftssprache entsprechend geschrieben.

wash and wear ⟨[wɔʃ ənd wɛː(r)] Textilw.⟩ Vermerk in Kleidungsstücken aus knitterarmen, pflegeleichten Baumwollgeweben, die leicht zu waschen u. ohne Bügeln zu tragen sind [engl., »waschen und tragen«]

Wash|board ⟨[wɔʃbɔːd] n.; -s, -s; Musik⟩ in der Jazzmusik als Hintergrund- und Rhythmusinstrument verwendetes Waschbrett, auf dem mittels eines Löffels o. Ä. ein scheuernder Takt erzeugt wird [engl., »Waschbrett«]

Wash|pri|mer ⟨[wɔʃpraımə(r)] m.; -s, -⟩ Untergrundanstrich für Metalle, der vor der eigentlichen Lackierung aufgetragen wird u. als Korrosionsschutz wirkt [<engl. *wash* »waschen« + *primer* »Grundiermasse«]

Was|ser|stoff|per|oxid ⟨n.; -(e)s, -e; Chemie⟩ farblose, stark oxidierende, besonders zum Bleichen verwendete Flüssigkeit; *Sy* Wasserstoffsuperoxid

Was|ser|stoff|su|per|oxid ⟨n.; -(e)s, -e; Chemie⟩ = Wasserstoffperoxid

Wa|ter|boar|ding ⟨[wɔːtə(r)bɔːdıŋ] n.; - od. -s; unz.⟩ Foltermethode, bei der dem liegenden Opfer das Gefühl des Ertrinkens gegeben wird, indem Mund u. Nase mit einem Tuch abgedeckt u. mit Wasser übergossen werden [<engl. *water* »Wasser« + *board* »Brett«]

Wa|ter|gate ⟨[wɔːtə(r)gεıt] n.; -s; unz.; kurz für⟩ Watergate-Affäre

Wa|ter|gate-Af|fä|re ⟨[wɔːtə(r)gεıt-] f.; -; unz.⟩ innenpolit. Skandal (1972 in den USA), der zum Rücktritt des Präsidenten Richard Nixon führte; *Sy* Watergate [nach dem *Watergate Building,* dem Sitz der Demokratischen Partei, in dem während des Wahlkampfes Abhörgeräte installiert wurden]

Wa|ter|loo ⟨[-loː] od. engl. [wɔːtə(r)luː] n.; -s; unz.⟩ vernichtende Niederlage, Fiasko, Debakel; *der Verein erlebte ein sportliches ~* [nach der Schlacht bei *Waterloo,* wo die Armee Napoleons am 18.06.1815 vernichtend geschlagen wurde]

wa|ter|proof ⟨[wɔːtə(r)pruːf] Adj.; undekl.⟩ wasserdicht (von Uhren) [engl.]

Wa|ter|proof ⟨[wɔːtə(r)pruːf] m.; -s, -s; Textilw.⟩ wasserdichter Stoff für Jacken u. Mäntel [engl.; <*water* »Wasser« + *proof* »Stärke«]

Watt ⟨n.; -s, -; Physik; Zeichen: W⟩ SI-Einheit der elektr. Leistung, definiert als diejenige Leistung, die bei einer Spannung von 1 Volt (V) u. einem Stromfluss von 1 Ampere (A) zwischen zwei Punkten eines Leiters umgesetzt wird, 1 W = 1 V · 1 A

wat|tie|ren ⟨V.⟩ mit Watte füttern, polstern; *wattierter Mantel*

Watt|me|ter ⟨n.; -s, -; El.⟩ Gerät zum Messen der von Maschinen erzeugten Leistung

Watt|se|kun|de ⟨f.; -, -n; Physik; Zeichen: Ws⟩ Maßeinheit der Energie, gibt die in einer Sekunde übertragene Leistung in Watt an

Watt|stun|de ⟨f.; -, -n; Physik; Zeichen: Wh⟩ Maßeinheit der Energie, gibt die in einer Stunde übertragene Leistung in Watt an, 1 Wh = 3600 Wattsekunden (Ws), wird meist in der Größe von Kilowattstunden (kWh) angegeben, 1 kWh = 1000 Wh [nach dem engl. Ingenieur James *Watt,* 1736-1819]

Way of Life ⟨[wεı ɔf laıf] m.; - - -; unz.⟩ Art u. Weise zu leben, Lebensstil; →*a.* American Way of Life [engl.]

WC ⟨Abk. für⟩ Wasserklosett [<engl. *watercloset*]

Weal|den ⟨[wiːl-] n.; -s; unz.; Geol.⟩ limnisch-terrestrische Ablagerung mit Kohlenflözen in der Unteren Kreide [nach *Weald,* einer Landschaft in Südostengland]

Wear ⟨[wεː(r)] f.; -; unz.; meist in Zus.⟩ Kleidung; *Home~; Sports~; Street~* [engl.]

Web ⟨n.; -s; unz.; umg.; häufig in Zus.; Abk. für engl.⟩ World Wide Web; *~phone; ~site* [engl., »Netz(-werk)«]

Web 2.0 ⟨n.; -; unz.; EDV; Schlagwort für⟩ eine qualitative Änderung der Wahrnehmung u. der Nutzung des Internets, die insbes. aus dem Zusammenwirken der von den Nutzern mitgestalteten neuen interaktiven Techniken u. Dienste entstanden ist [→ *Web*]

Web|brow|ser ⟨[-braʊ-] m.; -s, -; EDV⟩ = Browser

Web|cam ⟨[-kæm] f.; -, -s; EDV⟩ digitale Kamera, deren Bilder direkt ins Internet eingespeist werden; *er berichtet live mit einer ~ von der Messe* [<*Web* + engl. *camera* »Kamera«]

Web|de|sign ⟨[-dızaın] n.; -s, -s; EDV⟩ werbewirksame Gestaltung von Websites [<*Web* + *Design*]

Web|hos|ter ⟨[-hoʊs-] m.; -s, -; EDV⟩ Firma, die mit Hilfe von Computersystemen Internetadressen u. -auftritte verwaltet u. auf ihrem Webserver präsentiert, Internetprovider [<*Web* + *Host*]

Web|hos|ting ⟨[-hoʊs-] n.; -s, -s; EDV⟩ Verwaltung u. Präsentation von Internetadressen u. Internetauftritten auf einem Webserver

Web|log ⟨m. od. n.; -s, -s; EDV⟩ **1** ⟨urspr.⟩ Archiv aller Aktivitä-

W

ten auf einem Webserver **2** regelmäßig aktualisiertes, im Internet öffentlich zugängliches Tagebuch; *Sy* ⟨kurz⟩ Blog; *eine Reportage in, auf einem ~ publizieren* [<engl. *web* »Netz« + *log* »Logbuch, Tagebuch«]

Web|mas|ter ⟨m.; -s, -; EDV; Berufsbez.⟩ jmd., der Websites gestaltet, organisiert u. wartet [< *Web* + engl. *master* »Herr, Meister«]

Web|sei|te ⟨f.; -, -n; EDV⟩ eine im Internet anwählbare Einzelseite (als Teil einer Website); →*a.* Homepage

Web|ser|ver ⟨[-sœ:və(r)] m.; -s, -; EDV⟩ vom Internet aus zugänglicher Server, der abrufbare Informationen für Internetnutzer bereithält u. verwaltet; *Sy* Internetserver; *auf einen ~ zugreifen; Unternehmen können ihren ~ in ein zentrales Rechenzentrum auslagern*

Web|site ⟨[-saıt] f.; -, -s; EDV⟩ Gruppe mehrere zusammengehöriger Dokumente (Webseiten) im WWW mit Informationen zu einem bestimmten Thema; →*a.* Homepage [< *Web* + engl. *site* »Ansicht; Ort, Stätte«]

Web|space ⟨[-spɛıs] m.; -, -s [-spɛısız]; EDV⟩ Speicherplatz für Dateien im Internet [< *Web* + engl. *space* »Platz«]

Weck|a|min *auch:* **We|cka|min** ⟨n.; -s, -e; Pharm.⟩ den Kreislauf anregendes Mittel [Kunstwort <*wecken* + *Amin*]

We|da ⟨m.; - od. -s, -s od. We|den⟩ = Veda

We|den ⟨Pl.⟩ = Veden

Wedge ⟨[wɛdʒ] m.; - od. -s, -s; Sport; Golf⟩ Schläger, dessen Schlagfläche wesentlich breiter als die normaler Golfschläger ist [<engl. *wedge* »Keil«]

Wedg|wood ⟨[wɛdʒwud] n.; - od. -s; unz.⟩ feines, (meistens einfarbig) verziertes Steingut [nach dem engl. Kunsttöpfer J. *Wedgwood*, 1730-1795]

we|disch ⟨Adj.⟩ = vedisch

Week|end ⟨[wi:k-] n.; - od. -s, -s⟩ Wochenende [engl.]

Weft ⟨n.; -s, -e; Textilw.⟩ Schussgarn, hartgedrehtes Kammgarn für Möbelstoffe [engl., »Gewebe; Einschlag«]

Weight Wat|chers® ⟨[wɛıt wɔtʃə(r)s] Pl.⟩ Unternehmen, das Methoden u. Ernährungsprogramme zur Reduzierung des Körpergewichts vermittelt, wobei Erfahrungen der Mitglieder auch bei Gruppentreffen ausgetauscht werden können [<engl. *weight* »Gewicht« + *watch* »beobachten«]

Wei|muts|kie|fer ⟨f.; -, -n; Bot.⟩ = Weymouthskiefer

Well|ness ⟨f.; -; unz.⟩ Gesundheit, Fitness (durch wohltuende körperliche Betätigung u. gesunde Lebensführung); *~hotel; ~programm* [engl.; zu *well* »gut«]

Welsh Cor|gi ⟨[wɛlʃ kɔ:gı] m.; - - od. - -s, - -s; Zool.⟩ Angehöriger einer aus Wales stammenden Rasse von Zwergschäferhunden [<engl. *welsh* »walisisch« + walisisch *cor* »Zwerg« + *ci* »Hund«]

Welsh Rab|bit ⟨[wɛlʃ ræbıt] m.; - - od. - -s, - -s⟩ = Welsh Rarebit

Welsh Rare|bit ⟨[wɛlʃ rɛ:(r)bıt] m.; - - od. - -s, - -s⟩ mit einer Mischung aus geriebenem Chesterkäse, Cayennepfeffer u. Bier belegte u. überbackene Weißbrotscheibe; *oV* Welsh Rabbit [<engl. *welsh* »walisisch« + *rabbit* »Hase« bzw. *rare* »selten« + *bit* »Bissen«]

Wen|zel ⟨m.; -s, -⟩ = Scharwenzel (2)

Wer|be|gag ⟨[-gæg] m.; -s, -s⟩ werbewirksame Maßnahme, die sehr witzig u. effektvoll ist; *die Aktion war ein geschickter ~*

Wer|be|spot ⟨[-spɔt] m.; -s, -s⟩ durchschnittlich 10-30 Sekunden langer Werbebeitrag in einem extra dafür vorbehaltenen Teil des Fernseh- od. Rundfunkprogramms

Wer|din|git ⟨n.; -s; unz.; Min.⟩ Mineral, eine Magnesium/Eisen-Aluminium-Borsilikat-Verbindung [nach dem Wissenschaftler Günter *Werding*]

Werst ⟨f.; -, -en od. (bei Zahlenangaben) -⟩ russ. Längenmaß, etwa 1 km [<russ. *versta*, Gen. Pl. *verst*]

We|sir ⟨m.; -s, -e; früher⟩ Minister islamischer Staaten; *oV* Vezier [frz. *vizir* <türk. *wezir* <arab. *wazir* »Träger, Stütze« <arab. *wazara* »tragen, überwinden«]

We|si|rat ⟨n.; -(e)s, -e⟩ Amt, Würde eines Wesirs

Wes|ley|a|ner *auch:* **Wes|le|ya|ner** ⟨[vɛslia:-] m.; -s, -⟩ = Methodist [nach dem engl. Theologen John *Wesley*, 1703-1791, u. seinem Bruder Charles *Wesley*, 1707-1788]

West|end ⟨n.; -s, -s⟩ Stadtteil od. Bezirk einer Großstadt, in dem besonders viele Angehörige der höheren gesellschaftlichen Schichten leben [nach dem Londoner Stadtteil *Westend*, der früher die bevorzugte Wohnlage der höheren Gesellschaftsschichten war]

Wes|tern ⟨m.; - od. -s, -; Film⟩ Wildwestfilm [amerikan.-engl., »Westlicher«]

Wes|ting|house|brem|se *auch:* **Wes|ting|house-Brem|se** ⟨[-tıŋhaʊs-] f.; -, -n⟩ über Druckluft wirkende Eisenbahnbremse [nach dem US-amerikan. Ingenieur G. *Westinghouse*, 1846-1914]

Wes|ton|ele|ment *auch:* **Wes|ton-Ele|ment** ⟨[-tən-] n.; -(e)s, -e; Physik⟩ ein galvanisches Normalelement, das wegen seiner konstanten Spannung für Eichzwecke verwendet wird [nach dem US-amerikan. Physiker E. *Weston*, 1850-1936]

Wey|mouths|kie|fer ⟨[wɛıməθs-] f.; -, -n; bot.⟩ nordamerikan. Kiefer mit weichen, langen Nadeln: Pinus strobus; *oV* Weimutskiefer [nach Thomas Thynne, Viscount of *Weymouth*, † 1714]

Wh ⟨Zeichen für⟩ Wattstunde

wheat|stone|sche Brü|cke *auch:* **Wheat|stone'sche Brü|cke** ⟨[wi:tstən-] f.; -n -, -n -n; Physik⟩ Messbrücke zur Messung von Widerständen, Strömen od. Spannungen [nach dem engl. Physiker Sir C. *Wheatstone*, † 1875]

Whig ⟨[vık] od. engl. [wıg] m.; -s, -s; Politik⟩ Angehöriger der Partei mit liberaler Tradition (von den beiden Parteien des brit. Oberhauses); *Ggs* Tory [engl., eigtl. Bez. für Vieh- u. Pferdediebe in England, später

W

wurden die schott. Gegner der Königspartei so genannt u. im 18./19. Jh. die Angehörigen englischer politischer Gruppen, die die königl. Gewalt einschränken u. die Macht des Parlaments stärken wollten; schließlich übernahmen sie die Bez. für sich selbst]

Whip ⟨[vɪp] od. engl. [wɪp] m.; -s, -s⟩ **1** ⟨im engl. Parlament⟩ Abgeordneter, der für die Anwesenheit der Mitglieder seiner Partei u. für Ruhe u. Ordnung bei Sitzungen zu sorgen hat, Einpeitscher **2** ⟨allg.⟩ polit. Hetzredner **3** ⟨süddt. u. österr.⟩ Einpauker [engl., »Peitsche; peitschen«]

Whip|cord ⟨[vɪpkɔ:(r)t] od. engl. [wɪpkɔ:(r)d] m.; -(e)s, -e; Textilw.⟩ garbadineähnliches Gewebe aus Kammgarn [engl., »Peitschenschnur« <*whip* »Peitsche« + *cord* »Seil, Tau, Strick«]

Whip|pet ⟨[wɪpət] m.; -s, -s; Zool.⟩ engl. Windhunderasse (für Hunderennen)

Whirl|pool® ⟨[wœ:lpu:l] m.; -s, -s⟩ kleines Wasserbecken mit sprudelndem Wasser (für Massage) [<engl. *whirl* »Strudel« + *pool* »Bassin«]

Whis|ker ⟨m.; -s, -⟩ aus Schmelzen gezogener, dünner Kristall mit einem völlig geordneten Kristallgitter, dient zur Herstellung von Werkstoffen höchster Festigkeit [<engl. *whiskers* »Backenbart, Schnurrhaare«]

Whis|key ⟨[vɪski] od. engl. [wɪskɪ] m.; -s, -s⟩ irischer od. amerikanischer Whisky; →*a.* Whisky

Whis|ky ⟨[vɪski] od. engl. [wɪskɪ] m.; -s, -s⟩ engl. od. schott. Kornbranntwein; →*a.* Whiskey [<engl., *whisky,* Kurzform von *whiskybae* <gälisch *uisge-beatha* »Lebenswasser«]

Whist ⟨n.; -(e)s; unz.; Kart.⟩ urspr. engl. Kartenspiel für vier Spieler mit französ. Karten, Vorläufer des Bridge [engl., Nebenform zu älterem *whisk* »schnell wegnehmen« (nämlich den Stich)]

Whist|ler ⟨[wɪslə(r)] m.; -s, -; El.⟩ durch Blitze verursachte elektromagnetische Wellen großer Wellenlänge, die sich durch Pfeifgeräusche in Rundfunkgeräten bemerkbar machen [zu engl. *whistle* »pfeifen«]

White|board ⟨[waɪtbɔ:d] n.; -s, -s; EDV⟩ elektron. Schultafel, die mit einem Computer verbunden ist u. deren Bilder mit einem Beamer an die Tafel projiziert werden; *Sy* Smartboard [<engl. *white* »weiß« + *board* »Brett, Tafel«]

White|col|lar|kri|mi|na|li|tät *auch:* **White-Col|lar-Kri|mi|na|li|tät** ⟨[waɪtkɔlə(r)-] f.; -, -en⟩ Kriminalität innerhalb der gehobenen Schichten, bes. im Bereich der Wirtschaft [<engl. *white collar* »weißer Kragen« (als Zeichen einer gehobenen berufl. Stellung)]

White|list ⟨[waɪt-] f.; -, -s; EDV⟩ Liste von erwünschten E-Mails (im Gegensatz zu unerwünschten Spams), deren Adressen od. Domains in einer Datei hinterlegt sind, so dass deren Annahme automatisch mit Hilfe eines Filters ausgeführt wird; *Ggs* Blacklist [<engl. *white* »weiß« + *list* »Liste«]

Whit|worth|ge|win|de *auch:* **Whit-worth-Ge|win|de** ⟨[wɪtwœ:θ-] n.; -s, -; Technik⟩ Schraubengewinde, das auf der Maßeinheit Zoll beruht [nach dem Erfinder Sir Joseph *Witworth,* 1803-1887]

WHO ⟨Abk. für engl.⟩ World Health Organization (Weltgesundheitsorganisation)

Who|dun|it *auch:* **Who|du|nit** ⟨[hudʌnɪt] n.; -s, -s ; umg.⟩ Roman, Film od. Theaterstück, in dem die Lösung eines Kriminalfalles (meistens eines Mordes) im Vordergrund steht; *der Roman entspricht dem klassischen* ~ [engl. (umg.); verkürzt <*who (has) done it?* »wer hat es getan?«]

Who's Who ⟨[hu:s hu:] n.; - -, - -⟩ jährlich erscheinendes Verzeichnis der wichtigsten Personen des öffentl. Lebens [engl., »Wer ist wer?«]

Wig|wam ⟨m.; -s, -s⟩ kuppelförmige Behausung der nordamerikan. Indianer; →*a.* Tipi [engl., »Indianerhütte« <Algonkin *wikiwam* »Haus, Hütte«]

Wi|ki ⟨n.; -s, -s; EDV⟩ Sammlung von Texten auf Webseiten, die von den Benutzern gelesen u. auch selbst online bearbeitet werden können, z. B. die Enzyklopädie Wikipedia® [zu hawaiianisch *wiki* »schnell«]

wi|ki|fi|zie|ren ⟨V.; EDV⟩ einen unfertigen Artikel für Wikipedia® entsprechend den vorgegebenen Konventionen u. Formaten bearbeiten [<engl. *wikify*]

Wi|ki|pe|dia® ⟨f.; -; unz.; EDV⟩ im Internet frei zugängliches Nachschlagewerk in unterschiedlichen Sprachen, das von den Benutzern als freiwilligen Autoren ohne Bezahlung verfasst u. ergänzt wird [verkürzt <hawaiianisch *wiki* »schnell« + engl. encyclo*pedia* »Enzyklopädie, Lexikon«]

Wi|la|jet ⟨n.; -(e)s, -s⟩ türk. Provinz, türk. Verwaltungbezirk [türk., »Provinz« <türk., arab. *wali* (Titel des Generalgouverneurs für eine Provinz)]

Wild|card ⟨[waɪldka:(r)d]⟩ *auch:* **Wild Card** ⟨f.; (-) -, (-) -s; Sport; Tennis⟩ vom Veranstalter eines Tennisturnieres frei vergebener Platz an einen Spieler, der sich nicht über die Tennisrangliste qualifiziert hat [engl., »Ersatzzeichen, Jokerzeichen«]

Wild|life ⟨[waɪldlaɪf] n.; -s; unz.; Biol.⟩ das Leben von Tieren u. Pflanzen in einer vom Menschen unberührten u. freien Wildbahn [engl., »Tierwelt«]

Wil|liams Christ ⟨[wɪljəmz krɪst] m.; - -, - -⟩ Branntwein, der aus Williams Christbirnen hergestellt wird

Wil|liams Christ|bir|ne ⟨[wɪljəmz krɪst-] f.; - -, - -n; Bot.⟩ große, aromatische Birnensorte

Wimp ⟨m.; -s, -s; umg.; salopp; abwertend⟩ Schwächling, Feigling, Waschlappen [engl.]

WIMP[1] ⟨Physik; Abk. für engl.⟩ Weakly Interacting Massive Particle (schwach wechselwirkendes schweres Teilchen), hypothetisch angenommenes subatomares Teilchen

WIMP[2] ⟨EDV; Abk. für engl.⟩ Windows, Icons, Mice, and

W

Pull-down-Menus, eine benutzerfreundlich gestaltete graf. Oberfläche für Computer

Wind|jam|mer ⟨m.; -s, - od. f.; -, -n; Seew.⟩ großes Segelschiff [zu engl. *jam* »pressen«]

Win|dow|co|lor ⟨[wındoʊkʌlə(r)]⟩ *auch:* **Win|dow Co|lor®** ⟨f.; (-) -, (-) -s; meist ohne Artikel⟩ aus Tuben aufmalbare Farbe für Fensterbilder, die in getrocknetem Zustand zu abziehbaren Folien wird [engl., »Fensterfarbe«]

WINDOWS®, Win|dows® ⟨[wındoʊz] ohne Artikel; EDV⟩ weit verbreitetes Betriebssystem für Computer mit einer in Form von Fenstern gestalteten Benutzeroberfläche [<engl. *window* »Fenster«]

wind|sur|fen ⟨[-sœ:-] V.⟩ Windsurfing betreiben

Wind|sur|fer ⟨[-sœ:-] m.; -s, -; Sport⟩ **1** jmd., der Windsurfing betreibt **2** für das Windsurfing verwendetes stromlinienförmiges Kunststoffbrett mit Segel; →*a.* Surfbrett

Wind|sur|fing ⟨[-sœ:-] n.; - od. -s; unz.; Sport⟩ Wassersport für eine Person mit einem Kunststoffbrett als Schwimmkörper u. Segel; →*a.* Surfing

Win|ner ⟨[wınə(r)] m.; -s, -; Sport; Tennis⟩ den Punkt u. den Sieg einbringender Schlag; *der Aufschlag ist sein ~* [engl., »Sieger«]

wob|beln ⟨V.; Physik⟩ *eine Frequenz ~* geringfügig um einen Mittelwert schwanken lassen [<engl. *wobble* »wanken, wackeln«]

Wob|bler ⟨m.; -s, -; Physik⟩ Gerät, mit dem eine Frequenz gewobbelt wird [→ *wobbeln*]

Wod|ka ⟨m.; -s, -s⟩ russ. Branntwein [<russ. *vodka* »Wässerchen«; zu *voda* »Wasser«]

Wo|du ⟨a. [-'-] m.; -s; unz.⟩ = Voodoo

Wog|ging ⟨n.; - od. -s; unz.; Sport⟩ als Sportart betriebenes Gehen [verkürzt <*Walking* + *Jogging*]

Woi|lach ⟨m.; -s, -e⟩ Pferdedecke [<russ. *voilak* »Filz«, poln. *wojlok* »Filzdecke unter dem Sattel«]

Woi|wo|de ⟨m.; -n, -n⟩ **1** ⟨früher in Polen, Siebenbürgen, der Moldau u. Walachei u. im Banat⟩ Herzog **2** ⟨dann⟩ gewählter Fürst **3** ⟨in Polen 1918-50⟩ oberster Beamter einer Provinz [<poln. *wojewoda* »Anführer im Krieg, Gouverneur« <*wojna* »Krieg« + *wodzic* »führen«]

Woi|wod|schaft ⟨f.; -, -en⟩ polnischer Verwaltungsbezirk [→ *Woiwode*]

Wok ⟨m.; -s, -s; chines. Kochkunst⟩ schalenförmiger Kochtopf zum Anbraten u. Garen von Gerichten

Wolf|ra|mat ⟨n.; -(e)s, -e; Chemie⟩ Salz der Wolframsäure

Wolf|ra|mit ⟨n.; -s; unz.; Min.⟩ dunkelbraunes bis schwarzes, fettig metallglänzendes Wolframmineral

Wol|las|to|nit ⟨n.; -s, -e; Min.⟩ weißes od. leicht gelblich gefärbtes Mineral, chemisch ein Calciumsilikat [nach dem engl. Chemiker W. H. *Wollaston,* 1766-1828]

wo|ly|nisch ⟨Adj.; Med.⟩ aus der ukrainischen Landschaft Wolynien stammend; *Wolynisches Fieber* = Quintanafieber [die Krankheit wurde während der beiden Weltkriege besonders in *Wolynien* beobachtet]

Wo|ma|ni|zer ⟨[wʊmənaızə(r)] m.; -s, -; umg.; salopp⟩ Frauenheld, Schürzenjäger [engl.]

Wom|bat ⟨m.; -s, -s; Zool.⟩ in Australien u. Tasmanien verbreitete Familie der Beuteltiere, die mit ihren starken Krallen unterirdische Baue anlegen: Phascolomidae [engl. <austral. Eingeborenenspr.]

Wo|men's Lib ⟨[wımənz lıb] f.; - -; unz.⟩ (in den USA entstandene) Frauenrechtsbewegung [verkürzt <engl. *Women's Liberation Movement* »Befreiungsbewegung der Frauen«]

Won|der|bra ⟨[wʌndə(r)bra:] m.; -s, -s⟩ = Push-up-BH [engl., »Wunderbüstenhalter«]

Woods ⟨[wʊdz] Pl.; Sport; Golf⟩ Holzschläger; *Ggs* Irons [<engl. *wood* »Holz«]

Wood|stock ⟨[wʊdstɔk] ohne Artikel⟩ 1969 veranstaltetes, legendäres Musik- u. Rockfestival [nach der gleichnamigen Stadt in den USA]

Woo|fer ⟨[wu:-] m.; -s, -; Musik; kurz für⟩ Subwoofer

Worces|ter|sau|ce ⟨[wʊstə(r)so:sə] f.; -, -n⟩ = Worcestersoße

Worces|ter|so|ße ⟨[wʊstə(r)-] f.; -, -n⟩ scharfe Soße zum Würzen; *oV* Worcestersauce [nach der urspr. in Nordamerika u. *Worcester* hergestellten Speisewürze]

WORD®, Word® ⟨[wœ:d] ohne Artikel; EDV; kurz für⟩ MS-WORD

Work|aho|lic ⟨[wœ:kəhɔlık] m.; -s, -s⟩ **1** jmd., der unter Arbeitszwang steht **2** ⟨scherzh. für⟩ jmd., der gern u. viel arbeitet; *er ist ein echter ~ geworden* [engl.; verkürzt <*work* »Arbeit« + alc*oholic* »Alkoholiker«]

Work|camp ⟨[wœ:kkæmp] n.; -s, -s⟩ Ferienlager, in dem bes. Jugendliche mit ihrem Arbeitseinsatz soziale u. politische Projekte unterstützen [<engl. *work* »Arbeit« + *camp* »Lager«]

Work-Fac|tor-Ver|fah|ren ⟨[wœ:kfæktə(r)-] n.; -s, -; Wirtsch.⟩ System vorbestimmter Zeiten, bei dem sich die Vorgabezeit aus der Summe der Arbeitszeiten für die einzelnen Abläufe ergibt [<engl. *work* »Arbeit« + *factor* »Faktor«]

Work|flow ⟨[wœ:kfloʊ] m.; -s, -s; Wirtsch.⟩ (Verwaltung der) Arbeitsabläufe, -organisation; *den ~ beschleunigen, optimieren* [<engl. *work* »Arbeit; arbeiten« + *flow* »Fluss; fließen«]

Work-Life-Ba|lance ⟨[wœ:klaıfbæləns] f.; -; unz.⟩ Vereinbarkeit u. Ausgeglichenheit von Berufs- u. Privatleben [<engl. *work* »Arbeit« + *life* »Leben« + *Balance*]

> **Work-out / Workout** (*Schreibung mit Bindestrich*) Aus dem Englischen stammende Substantivierungen aus Verb und Adverb werden mit Bindestrich geschrieben. Wenn die Lesbarkeit dadurch nicht beeinträchtigt wird, ist auch die Schreibung in einem Wort möglich (→*a.* Sit-in / Sitin).

Work-out *auch:* **Work|out** ⟨[wœ:kaʊt] n.; -s, -s; Sport⟩ die körperliche Konstitution u. Leis-

W

tungsfähigkeit verbessernde sportliche Übung [<engl. *work out* »trainieren«]

Work|shop ⟨[wœ:kʃɔp] m.; -s, -s⟩ **1** Seminar, in dem durch Diskussion u. praktische Vorführungen Kenntnisse vermittelt u. erarbeitet werden **2** Ort, an dem ein solches Seminar stattfindet [<engl. *work* »Arbeit« + *shop* »Laden, Geschäft«]

Work|sta|tion ⟨[wœ:kstɛɪʃən] f.; -, -s; EDV⟩ (an ein Netz angeschlossener) eigenständiger Computer zur individuellen Arbeit am Arbeitsplatz [engl., »Arbeitsplatz«]

World|cup ⟨[wœ:ldkʌp] m.; -s, -s; Sport; bes. Fußb.⟩ internationale (Welt-)Meisterschaft [<engl. *world* »Welt« + *cup* »Pokal«]

World Wide Web ⟨[wœ:ld waɪd wɛb] Abk.: WWW⟩ weltweit verbreitetes Computernetz, Internet [<engl. *worldwide* »weltweit« + *web* »Netz«]

WORM ⟨[wɔ:(r)m] f.; -, -s; EDV; Abk. für engl.⟩ Write Once Read Many Times (schreib einmal, lies mehrfach), optische Speicherplatte mit hohem Speichervolumen

Worst Case ⟨[wœ:st kɛɪs] m.; - -s; unz.⟩ die am wenigsten erwünschte, schlimmste Entwicklung, die denkbar schlechteste Lage, Situation [<engl. *worst* »schlimmste(r, -s)« + *case* »Lage, Fall«]

wow! ⟨[waʊ] Int.; umg.⟩ (Bewunderung od. Überraschung ausdrückender Ausruf) [engl., »klasse! super! spitze!«]

Wrap ⟨[ræp] m.; - od. -s, -s⟩ mit verschiedenen Zutaten gefüllte u. zusammengerollte Tortilla (2) [<engl. *wrap* »einwickeln«]

Wrest|ler ⟨[rɛslə(r)] m.; -s, -; Sport⟩ Ringer, der Wrestling betreibt

Wrest|ling ⟨[rɛslɪŋ] n.; - od. -s; unz.; Sport⟩ Abart des Freistilringens, die showmäßig veranstaltet wird [zu engl. *wrestle* »ringen«]

Wru|cke ⟨f.; -, -n⟩ = Wruke

Wru|ke ⟨f.; -, -n⟩ Kohlrübe; *oV* Wrucke [vielleicht entlehnt <poln. *brukier* »Kohlrübe«]

Ws ⟨Zeichen für⟩ Wattsekunde

WTO ⟨Abk. für engl.⟩ World Trade Organisation (Welthandelsorganisation)

Wuh|ling ⟨n.; - od. -s, -s od. f.; -, -s⟩ = Wuling

Wul|fe|nit ⟨n.; -s; unz.; Min.⟩ gelbes, selten orangerotes, glänzendes Mineral, Gelbbleierz [nach dem österr. Mineralogen F. X. von *Wulfen*, † 1805]

Wu|ling ⟨n.; - od. -s, -s od. f.; -, -s⟩ *oV* Wuhling **1** ⟨Seew.⟩ **1.1** ⟨urspr.⟩ Tau für das Umwickeln u. Stabilisieren von Schiffsmasten **1.2** unordentlich aufgerolltes Tauwerk, Haufen ungeordneter Leinen **2** ⟨n.; - od. -s, -s; fig.⟩ Durcheinander, Gedränge von Personen; *ein lautes ~ in einem Kaufhaus* [<engl. *woold* »mit einem Tau umwickeln«]

Wur|lit|zer|or|gel ⟨f.; -, -n; Musik⟩ = Kinoorgel

WWF ⟨Abk. für engl.⟩ World Wide Fund for Nature (weltweite Naturschutzorganisation)

WWW ⟨Abk. für engl.⟩ World Wide Web

Wy|an|dot|te ⟨[vaɪən-] n.; -, -s od. f.; -, -n; Zool.⟩ Angehöriges einer Rasse der Haushühner [engl., nach dem nordamerikan. Indianerstamm der *Wyandots*]

WYSIWYG, Wysiwyg ⟨[vɪsivɪk] EDV; Abk. für engl.⟩ what you see is what you get (was Sie sehen ist das, was Sie bekommen), exakte Darstellung der Druckvorlage auf dem Bildschirm

X x

x ⟨in algebraischen Gleichungen Zeichen für⟩ eine Unbekannte

X ⟨röm. Zahlzeichen für⟩ zehn

x-Ach|se ⟨[-ks-] f.; -, -n; Math.⟩ = Abszissenachse

xanth…, Xanth… ⟨in Zus.; vor Vokalen⟩ = xantho…, Xantho…

Xanth|e|las|ma *auch:* **Xan|the|las|ma** ⟨n.; -s, -ma|ta od. -las|men; Med.⟩ Bildung gelber Knötchen an den Augenlidern infolge von Cholesterinablagerungen [<grch. *xanthos* »gelb« + grch. *elasma* »Platte«]

Xan|then ⟨n.; -s; unz.; Chemie⟩ chem. Stoff aus farblosen Blättchen, die in Wasser schwer, in Äther, Chloroform u. Benzol leicht löslich sind, der gleichzeitig das Grundgerüst für die Rhodamine bildet [→ *Xanthin*]

Xan|thin ⟨n.; -s; unz.; Biochemie⟩ pflanzl. u. tierisches Alkaloid [<grch. *xanthos* »gelb, gelbrot«]

Xan|thin|u|rie *auch:* **Xan|thi|nu|rie** ⟨f.; -, -n; Med.⟩ vermehrte Ausscheidung von Xanthin im Harn [<*Xanthin* + *…urie*]

Xan|thip|pe ⟨f.; -, -n; umg.⟩ zänkisches Weib [wohl fälschlich nach *Xanthippe,* der Frau des Sokrates]

xan|tho…, Xan|tho… ⟨vor Vokalen⟩ xanth…, Xanth… ⟨in Zus.⟩ gelb…, Gelb… [<grch. *xanthos* »gelb, gelblich«]

xan|tho|chrom ⟨[-kro:m] Adj.⟩ gelbfarbig [<*xantho…* + grch. *chroma* »Farbe«]

xan|tho|derm ⟨Adj.; Med.⟩ gelbhäutig [<grch. *xanthos* »gelb« + *derma* »Haut«]

Xan|tho|der|mie ⟨f.; -, -n; Med.⟩ Gelbfärbung der Haut [<grch. *xanthos* »gelb« + *…dermie*]

Xan|tho|ge|nat ⟨n.; -(e)s, -e; Chemie⟩ Salz der Xanthogensäure

Xan|tho|gen|säu|re ⟨f.; -, -n⟩ organ. Verbindung, chem. ein Ester der Dithiokohlensäure, zeigt schwache Säureeigenschaften, Ausgangsstoff für viele Synthesen [<grch. *xanthos* »gelb, gelbrot« + *…gen*[2]]

Xan|thom ⟨n.; -s, -e; Med.⟩ infolge von Cholesterin- u. Lipoidspeicherung gelb gefärbte Hautgeschwulst [zu grch. *xanthos* »gelb«]

Xan|tho|ma|to|se ⟨f.; -, -n; Med.⟩ ausgedehnte Bildung von Xanthomen

Xan|tho|phyll ⟨n.; -s; unz.; Biochemie⟩ gelber Farbstoff von Pflanzen [<grch. *xanthos* »gelb, gelbrot« + *phyllon* »Blatt, Laub, Kraut«]

Xbox® ⟨[ıksbɔks] f.; -, -es [-bɔksız] od. -en; EDV⟩ Konsole für Videospiele, die von der Firma Microsoft entwickelt wurde [verkürzt <*Xenon* + *Box*]

X-Chro|mo|som ⟨[-kro-] n.; -s, -en; Genetik⟩ eines der beiden Geschlechtschromosome; *Ggs* Y-Chromosom

Xe ⟨chem. Zeichen für⟩ Xenon

XE ⟨Zeichen für⟩ X-Einheit

X-Ein|heit ⟨f.; -, -en; Physik; Zeichen: XE⟩ nicht mehr zulässige Längeneinheit für Röntgenstrahlen, 1 XE entspricht $1{,}002 \cdot 10^{-13}$ cm

Xe|nie ⟨[-njə] f.; -, -n⟩ **1** ⟨Antike⟩ Geschenk für einen Gast **2** ⟨Rhet.⟩ Sinnspruch; *Sy* Xenion **3** Spottgedicht [<grch. *xenion* »Gastgeschenk; Gastfreundschaft«]

Xe|ni|on ⟨n.; -s, -ni|en; Rhet.⟩ = Xenie (2)

xe|no…, Xe|no… ⟨in Zus.⟩ fremd…, fremden…, Fremd…, Fremden…, z. B. *Xenokratie* [<grch. *xenos* »fremd, Fremder«]

Xe|no|bio|ti|kum ⟨n.; -s, -ti|ka; Biol.⟩ Stoff, der in einem bestimmten Ökosystem natürlich nicht vorkommt [<grch. *xenon* »das Fremde« + *bios* »Leben«]

Xe|no|blast ⟨m.; -en, -en; Min.⟩ neu- od. umkristallisiertes Mineral ohne charakteristische Form; *Ggs* Idioblast [<*Xeno…* + *…blast*]

xe|no|blas|tisch ⟨Adj.; Min.⟩ den Xenoblasten betreffend, in seiner Form; *Ggs* idioblastisch; *von ~er Form*

Xe|no|ga|mie ⟨f.; -, -n; Bot.⟩ Fremd- od. Kreuzbestäubung (von Blüten) [<*Xeno…* + *…gamie*]

Xe|no|kra|tie ⟨f.; -, -n⟩ Fremdherrschaft [<*Xeno…* + *…kratie*]

Xe|no|lith ⟨m.; -(e)s od. -en, -e od. -en; Geol.⟩ in magmatischem Gestein eingeschlossenes Fremdgestein [<*Xeno…* + *…lith*]

xe|no|morph ⟨Adj.; Geol.⟩ durch Xenomorphie betroffen, sie aufweisend; *Ggs* idiomorph [<*xeno…* + *…morphie*]

Xe|no|mor|phie ⟨f.; -; unz.; Geol.⟩ untypische Erscheinungsform von Mineralen, die in ihrem Wachstum Behinderungen ausgesetzt waren [<*Xeno…* + *…morphie*]

Xe|non ⟨n.; -s; unz.; chem. Zeichen: Xe⟩ chem. Grundstoff, Edelgas, Ordnungszahl 54 [<grch. *xenos* »fremd«]

xe|no|phil ⟨Adj.⟩ allem Fremden gegenüber aufgeschlossen [<*xeno…* + *…phil*]

Xe|no|phi|lie ⟨f.; -; unz.⟩ Vorliebe für Fremdes, Fremdartiges [<*Xeno…* + *…philie*]

xe|no|phob ⟨Adj.⟩ Fremdes ablehnend, fürchtend [<*xeno…* + *…phob*]

Xe|no|pho|bie ⟨f.; -; unz.⟩ Furcht vor allem Fremden, Ablehnung von Fremdem [<*Xeno…* + *Phobie*]

Xe|no|plas|tik ⟨f.; -, -en; Med.⟩ = Heteroplastik

Xe|no|tim ⟨m.; -s, -e; Min.⟩ gelblich bis hellgraues, fettglänzendes Mineral, das durch Spuren von Uran od. Thorium radioaktiv ist, chemisch Yttriumphosphat; *Sy* Ytterspat [zu grch. *xenotimos* »gastfreundlich, Fremde ehrend«]

Xe|no|trans|plan|ta|ti|on ⟨f.; -, -en; Med.⟩ artfremde Transplantation, Transplantieren von Organen od. Geweben von einer Spezies auf die andere (z. B. bei Herztransplantationen) [<grch. *xenos* »fremd« + *Transplantation*]

xer…, Xer… ⟨in Zus.; vor Vokalen⟩ = xero…, Xero…

Xe|res ⟨[xe:rɛθ] od. [çe:rɛs] m.; -; unz.⟩ = Jerez; →*a.* Sherry

X

xe|ro..., Xe|ro... ⟨in Zus.⟩ trocken..., Trockenheit; *oV* xer..., Xer... [<grch. *xeros* »trocken«]

Xe|ro|der|ma ⟨n.; -s, -ma|ta od. -der|men; Med.⟩ ~ *pigmentosum* erblich bedingte, meist schon im Kindesalter tödlich verlaufende Hautkrankheit mit anfänglicher Flecken- u. späterer Warzen- u. Karzinombildung [<*Xero...* + *Derma*]

Xe|ro|der|mie ⟨f.; -; unz.; Med.⟩ Trockenheit der Haut

Xe|ro|gra|fie ⟨f.; -; unz.; Technik⟩ = Xerographie

xe|ro|gra|fie|ren ⟨V.; Technik⟩ = xerographieren

xe|ro|gra|fisch ⟨Adj.; Technik⟩ = xerographisch

Xe|ro|gra|phie ⟨f.; -; unz.; Technik⟩ elektrostatisches Verfahren zum Vervielfältigen u. Drucken; *oV* Xerografie

xe|ro|gra|phie|ren ⟨V.; Technik⟩ mit Hilfe der Xerographie vervielfältigen; *oV* xerografieren

xe|ro|gra|phisch ⟨Adj.; Technik⟩ die Xerographie betreffend, mit ihrer Hilfe; *oV* xerografisch

Xe|ro|ko|pie ⟨f.; -, -n; Technik⟩ durch Xerographie hergestellte Kopie

xe|ro|morph ⟨Adj.; Bot.⟩ Schutzvorrichtungen gegen Austrocknung besitzend (von Pflanzen) [<grch. *xeros* »trocken« + *morphe* »Gestalt«]

xe|ro|phil ⟨Adj.; Bot.⟩ die Trockenheit liebend; *Ggs* hygrophil; *~e Pflanzen* [<*xero...* + *...phil*]

Xe|ro|phi|lie ⟨f.; -; unz.; Bot.⟩ Vorliebe für trockene Standorte (von Pflanzen); *Ggs* Hygrophilie [<*Xero...* + *...philie*]

Xe|ro|phthal|mie *auch:* **Xe|roph|thal|mie** ⟨f.; -, -n; Med.⟩ = Xerophthalmus

Xe|ro|phthal|mus *auch:* **Xe|roph|thal|mus** ⟨m.; -, -phthal|men; Med.⟩ Austrocknung der Binde- u. Hornhaut des Auges; *oV* Xerophthalmie, Augendarre [<*Xero...* + *Ophthalmie*]

Xe|ro|phyt ⟨m.; -en, -en; Bot.⟩ Trockenheit liebende Pflanze; *Ggs* Hygrophyt [<*Xero...* + *...phyt*]

Xe|ro|se ⟨f.; -, -n; Med.⟩ Trockenheit, Aus- bzw. Vertrocknung von Geweben od. Schleimhäuten [<grch. *xeros* »trocken« + *...ose*]

xe|ro|tisch ⟨Adj.; Med.⟩ trocken [<grch. *xeros* »trocken«]

X-Games ⟨[ɪksgeɪms] Pl.; Abk. für engl.⟩ Extreme Games (extreme Spiele), in den USA veranstaltete internationale Wettbewerbe in den Fun- u. Extremsportarten

Xi ⟨Zeichen: ξ, Ξ⟩ grch. Buchstabe [grch.]

XL ⟨Abk. für engl.⟩ extra large, sehr groß (als Konfektionsgröße)

XS ⟨Abk. für engl.⟩ extra small, sehr klein (als Konfektionsgröße)

X-Strah|len ⟨Pl.; Physik⟩ = Röntgenstrahlen [die ihrem Wesen nach zunächst unbekannten Strahlen wurden von Röntgen *X-Strahlen* genannt]

XXL ⟨Abk. für engl.⟩ extra extra large, übermäßig groß (als Konfektionsgröße)

XXS ⟨Abk. für engl.⟩ extra extra small, besonders klein (als Konfektionsgröße)

Xy|lan ⟨n.; -s; unz.; Biochemie⟩ aus Xylose u. Pentose aufgebaute Zellulose, natürliches Vorkommen in Bäumen, Stroh u. Kleie [<grch. *xylon* »Holz«]

Xy|lem ⟨n.; -s, -e; Bot.⟩ Holz-, Gefäßteil der Leitbündel von Pflanzen; *Sy* Hadrom [<grch. *xylon* »Holz«]

Xy|lit ⟨m.; -(e)s, -e; Chemie⟩ = Xylitol [zu grch. *xylon* »Holz«]

Xy|li|tol ⟨n.; -s, -e; Chem.⟩ natürlicher Zuckeralkohol, der als Zuckeraustauschstoff in Lebensmitteln, vor allem in Kaugummis, verwendet wird u. vorbeugend gegen Karies wirkt; *Sy* Xylit [zu grch. *xylon* »Holz«]

xy|lo..., Xy|lo... ⟨in Zus.⟩ holz..., Holz... [<grch. *xylon* »Holz«]

Xy|lo|fon ⟨n.; -s, -e; Musik⟩ = Xylophon

Xy|lo|graf ⟨m.; -en, -en⟩ = Xylograph

Xy|lo|gra|fie ⟨f.; -, -n⟩ = Xylographie

Xy|lo|gra|fin ⟨f.; -, -fin|nen⟩ = Xylographin

xy|lo|gra|fisch ⟨Adj.⟩ = xylographisch

Xy|lo|graph ⟨m.; -en, -en⟩ Künstler, der Holzschnitte herstellt, Holzschneider; *oV* Xylograf [<*Xylo...* + *Graph*]

Xy|lo|gra|phie ⟨f.; -, -n⟩ *oV* Xylografie **1** ⟨unz.⟩ Holzschneidekunst **2** ⟨zählb.⟩ Holzschnitt [<*Xylo...* + *...graphie*]

Xy|lo|gra|phin ⟨f.; -, -phin|nen⟩ Künstlerin, die Holzschnitte herstellt, Holzschneiderin; *oV* Xylografin [→ *Xylograph*]

xy|lo|gra|phisch ⟨Adj.⟩ auf der Xylographie beruhend, mit ihrer Hilfe; *oV* xylografisch

Xy|lol ⟨n.; -s; unz.; Chemie⟩ im Steinkohlenteer u. im Erdöl vorkommende aromat. Verbindung [<grch. *xylon* »Holz« + *...ol*]

Xy|lo|lith ⟨m.; -s od. -en, -e od. -en⟩ Kunststoff für Fußböden [<*Xylo...* + *...lith*]

Xy|lo|me|ter ⟨n.; -s, -⟩ Gerät zur Bestimmung des Rauminhalts unregelmäßig geformter Holzstücke [<grch. *xylon* »Holz« + *...meter*]

Xy|lo|pha|ge ⟨m.; -n, -n; Zool.⟩ = Lignivore [<*Xylo...* + grch. *phagein* »fressen«]

Xy|lo|phon ⟨n.; -s, -e; Musik⟩ Musikinstrument, bei dem kleine, nach Tonleitern angeordnete, auf einem Rahmen ruhende Holzstäbe mit hölzernen Klöppeln angeschlagen werden; *oV* Xylofon [<*Xylo...* + *...phon*[2]]

Xy|lo|se ⟨f.; -; unz.; Biochemie⟩ Zucker mit fünf Atomen Kohlenstoff, Holzzucker [<grch. *xylon* »Holz«]

y ⟨in algebraischen Gleichungen Zeichen für⟩ eine zweite, neben der Unbekannten x auftretende Unbekannte

Y ⟨chem. Zeichen für⟩ Yttrium

YAC ⟨Abk. für engl.⟩ Yeast Artficial Chromosome, künstliches Hefechromosom, das für die DNA-Verdoppelung verwendet wird [engl.]

y-Ach|se ⟨[-ks-] f.; -, -n; Math.⟩ = Ordinatenachse

Ya|gi|an|ten|ne *auch:* **Ya|gi-An|ten|ne** ⟨f.; -, -n; Technik⟩ für UKW- und Kurzwellenempfang besonders geeignete Antenne mit speziellen Dipolen [nach dem jap. Erfinder *Yagi*]

Ya|hoo!® ⟨[jəhu:] ohne Artikel⟩ eine 1994 gegründete Suchmaschine im Internet [engl.]

Yak ⟨m.; -s, -s; Zool.⟩ langhaariges Rind der zentralasiat. Hochländer, Grunzochse, gezähmt bes. in Tibet als Reit-, Last- u. Milchtier: Bos grunniens; *oV* Jak [<tibet. *gyag*]

Ya|ki|mo|no ⟨n.; -s, -s⟩ ein keramisches Produkt [jap., »Gebranntes«]

Ya|ku|za ⟨[-za] f.; -, -⟩ Gruppe, die der organisierten Kriminalität in Japan angehört [jap.]

Ya|ma|shi|ta ⟨[-ʃi:ta] m.; -s, -s; Sport⟩ Sprung am Pferd [nach dem jap. Kunstturner H. *Yamashita,* 1938]

Yams|wur|zel ⟨f.; -, -n; Bot.⟩ Wurzel einer Gattung der Kulturpflanzen, die in den Tropen als Nahrungsmittel dient: Dioscorea; *oV* Jamswurzel [<senegales. *nyami* »essen«]

Yan|kee ⟨[jæŋkı] m.; -s, -s; Spottname für⟩ Nordamerikaner [engl., Verkleinerungsform des ndrl. Vornamens *Jan,* urspr. Spitzname der holländischen Siedler]

Yan|kee Doo|dle *auch:* **Yan|kee Dood|le** ⟨[jæŋkı du:dəl] m.; - - od. - -s; unz.; Musik⟩ volkstüml. vaterländ. Lied der USA aus dem 18. Jh. [<*Yankee* + engl. *doodle* »Dudelsack spielen« (<dt. *dudeln*)]

Yard ⟨n.; -s, -s od. (bei Zahlenangaben) -; Abk.: yd.⟩ englisches u. nordamerikanisches Längenmaß, entspricht 0,91 m [engl., »Gerte, Messrute«]

Yawl ⟨[jɔ:l] f.; -, -e od. -s; Seew.⟩ Segelboot mit einem großen u. einem kleinen, hinter dem Ruder befindlichen Mast [engl.]

Yb ⟨chem. Zeichen für⟩ Ytterbium

Y-Chro|mo|som ⟨[-kro-] n.; -s, -en; Genetik⟩ eines der beiden Geschlechtschromosome; *Ggs* X-Chromosom

yd. ⟨Abk. für⟩ Yard

Yel|low Press ⟨[jɛlou -] f.; - -; unz.⟩ Boulevardpresse [engl.]

Yen ⟨m.; - od. -s, - od. -s (bei Zahlenangaben Pl.: -)⟩ japanische Währungseinheit, 100 Sen; *oV* Jen [jap. <chines. *yuan;* → *Yuan*]

Yeo|man ⟨[joumæn] m.; -s, -men [-mən]; in England⟩ **1** ⟨früher⟩ freier, nicht adeliger Bauer od. Landeigner **2** ⟨danach⟩ Leibgardist, dem u. a. die Bewachung der britischen Kronjuwelen obliegt; ~ *of the Guard* [engl.]

Yer|ba ⟨f.; -; unz.⟩ = Mate [span.]

Ye|ti ⟨m.; -s, -s⟩ angeblich im Himalaja lebender, urtümlicher Mensch [nepales.]

Ygg|dra|sil ⟨[yk-] m.; -s; unz.; nord. Myth.⟩ Weltesche, ein immergrüner Baum im Mittelpunkt der Welt, unter dessen Wurzeln die Welten der Menschen verborgen begraben liegen [anord., eigtl. »Pferd des Schrecklichen« <*yggr* »schrecklich« + *drasill* »Pferd«]

Yin und Yang ⟨n.; - - -; unz.⟩ die beiden Weltprinzipien der altchines. Naturphilosophie, das dunkle weibliche u. das helle männliche; *oV* Jin und Jang [<chines. *yin, yang*]

Yip|pie ⟨[jıpı] m.; -s, -s⟩ radikaler, politisch engagierter Hippie [<*Y. I. P.* (Abk. für engl. *Y*outh *I*nternational *P*arty) + Diminutivsuffix *-ie*]

...yl ⟨Nachsilbe; zur Bildung sächl. Subst.; n.; -s, -e⟩ chem. Verbindung; *Methyl; Phenyl* [<grch. *hyle* »Stoff«]

Ylang-Ylang ⟨[i:- i:-] n.; -s, -s⟩ zur Familie der Anonengewächse gehörender Baum, aus dessen Blüten aromatisches Öl gewonnen wird: Cananga; *oV* Ilang-Ilang [malai.]

YMCA ⟨[waıɛmsi:ɛı] Abk. für engl.⟩ Young Men's Christian Association (Christlicher Verein junger Männer) [engl.]

Yoga / Joga (*Laut-Buchstaben-Zuordnung*) Im Zuge der Integration fremdsprachiger Wörter in die deutsche Standardsprache kann neben die ursprüngliche, der Herkunftssprache folgenden Orthografie eine integrierte Schreibweise mit angepasster Laut-Buchstaben-Zuordnung treten. Es bleibt dem Schreibenden überlassen, welche Schreibweise er vorzieht (→*a.* Yak / Jak).

Yo|ga ⟨m. od. n.; -s; unz.⟩ *oV* Joga **1** ⟨in der altind. Philosophie u. im Buddhismus⟩ Meditation u. Askese zur Selbsterlösung **2** danach entwickeltes Verfahren der körperl. Übung u. geistigen Konzentration [<aind. *yuga-m* »Joch (in welches der Körper gleichsam eingespannt wird)«]

Yo|gi ⟨m.; - od. -s, -s⟩ ind. Asket, Anhänger des Yoga; *oV* Jogi

Yo|him|bin ⟨n.; -s; unz.; Pharm.⟩ ein gefäßerweiterndes Alkaloid [<Bantu]

York|shire|ter|ri|er *auch:* **York|shire-Ter|ri|er** ⟨[jɔ:kʃə(r)-] m.; -s, -; Zool.⟩ englische langhaarige Zwergterrierrasse [nach der nordostengl. Grafschaft *Yorkshire*]

Youngs|ter ⟨[jʌŋs-] m.; -s, - od. -s⟩ **1** Jugendlicher **2** junger Sportler **3** ⟨Reitsport⟩ zweijähriges Pferd [engl., »Kind, Jugendlicher«; zu *young* »jung«]

Yo-Yo ⟨n.; -s, -s⟩ = Jo-Jo

Yp|si|lon ⟨n.; -s, -s; Zeichen: ε, E⟩ grch. Buchstabe [grch.]

Ysop ⟨[i:-] m.; -s, -e; Bot.⟩ in Südeuropa heimische Gattung der Lippenblütler: Hyssopus [<grch. *hyssopus* <hebr. *ezob*]

Ytong® ⟨[iː-] m.; -s, -s⟩ durch Zusatz von Blähmitteln zu normalem Beton gewonnener Leichtbeton, der unter Druck u. bei etwa 180 °C in Formen ausgehärtet u. z. B. als Mauerstein verwendet wird

Yt|ter|bi|um ⟨n.; -s; unz.; chem. Zeichen: Yb⟩ zu den Metallen der seltenen Erden gehörendes chem. Element, Ordnungszahl 70 [nach dem schwedischen Fundort *Ytterby*]

Yt|ter|er|de ⟨f.; -; unz.; Chemie⟩ natürlich vorkommendes Gemisch aus Oxiden der Metalle der seltenen Erden, das als Ausgangsstoff für die Isolierung der einzelnen Elemente dient [nach dem schwedischen Fundort *Ytterby*]

Yt|ter|spat ⟨m.; -(e)s, -e; Min.⟩ = Xenotim

Yt|tri|um *auch:* **Ytt|ri|um** ⟨n.; -s; unz.; Chemie; Zeichen: Y⟩ metallisches chemisches Element, Ordnungszahl 39 [→ *Ytterbium*]

Yu|an ⟨m.; - od. -s, -s od. (bei Zahlenangaben) -⟩ Währungseinheit der Volksrepublik China [chines., »rund, Kreis«]

Yuc|ca ⟨f.; -, -s; Bot.⟩ Palmlilie [neulat. <span. *yuca*]

You|Tube® ⟨[juːtjuːb] ohne Artikel⟩ Internetportal für das Anschauen u. Austauschen von Videoclips [<engl. *you* »du, ihr« + *tube,* umg. »Fernseher«, eigtl. »Röhre«]

Yup|pie ⟨m.; -s, -s⟩ junger, gewandter, gepflegter Mensch, der bes. im Management Karriere gemacht hat [engl., Verkleinerungsform zu *yup,* Abk. für young *u*rban *p*rofessional »junger städt. Fachmann«]

Yu|sho|krank|heit ⟨[juːʃoː] f.; -; unz.; Med.⟩ in Japan infolge von Vergiftung mit PCB auftretende Krankheit mit Hautveränderungen u. Tumorbildungen

YWCA ⟨[waɪdʌbljuːsiːɛɪ] Abk. für engl.⟩ Young Women's Christian Association (Christlicher Verein junger Frauen) <engl.]

Y

Za|ba|gli|o|ne *auch:* **Za|bag|li|o|ne** ⟨[-baɪjoː-] f.; -, -s; ital. Kochk.⟩ = Zabaione

Za|ba|io|ne ⟨[-joː-] f.; -, -s; ital. Kochk.⟩ schaumige Weincreme (besonders mit Marsala); *oV* Zabaglione

Zad|dik ⟨m.; -es, -di|kim; jüd. Mystik⟩ im Judentum urspr. der Fromme, im Chassidismus als wundertätiger Meister u. Lehrer verehrt [hebr., »Gerechter, Vollkommener«]

Zä|kum ⟨n.; -s, Zä|ka; Med.⟩ = Caecum

Za|mak® ⟨n.; -s; unz.⟩ für Haushaltswaren u. technische Artikel vielfach verwendete Legierung aus Zink, Aluminium, Magnesium u. Kupfer [Kunstwort aus den Anfangsbuchstaben *Z, A, Ma, K*]

Zam|ba ⟨a. [θam-] f.; -, -s⟩ weiblicher Nachkomme von einem Schwarzen u. einer Indianerin in Brasilien; *oV* Samba[2]

Zam|bo ⟨a. [θam-] m.; -s, -s⟩ männl. Nachkomme von einem Schwarzen u. einer Indianerin in Brasilien; *oV* Sambo

Zam|pa|no ⟨m.; -s, -s⟩ Anführer (einer Gruppe), jmd., der sich wichtigtut, Erfolg hat [nach der gleichnamigen Figur in Fellinis Film »La Strada«]

...zän ⟨Nachsilbe; zur Bildung sächl. Subst.; n.; -s; unz.⟩ Abteilung des Tertiärs od. Quartärs (Erdneuzeit), z. B. *Holozän* [<grch. *kainos* »neu, jung«]

Za|nel|la ⟨m.; -s; unz.; Textilw.⟩ haltbares Gewebe in Atlasbindung mit glänzender Oberfläche, Futtersatin [ital.]

Zä|no|ge|ne|se ⟨f.; -, -n; Biol.⟩ durch die Anpassung an spezielle Umweltbedingungen auftretende Veränderung der normalen Stammesentwicklung bei Tieren [<grch. *kainos* »neu« + *Genese*]

zä|no|ge|ne|tisch ⟨Adj.; Biol.⟩ die Zänogenese betreffend, zu ihr gehörig, auf sie bezogen

Zä|no|zo|i|kum ⟨n.; -s; unz.; Geol.⟩ = Känozoikum

Zan|te|des|chia ⟨[-dɛskja] f.; -, -chi|en; Bot.⟩ als Zier- u. Zimmerpflanze gezogene Gattung der Aronstabgewächse; *Sy* Kalla (3) [nach dem ital. Physiker F. *Zantedeschi*, † 1846]

Za|pa|te|a|do ⟨[sa-] m.; - od. -s, -s; Musik⟩ flotter spanischer Solotanz im 6/8-Takt, dessen Rhythmus mit der Hacke gestampft wird [span.]

Za|pa|tist ⟨m.; -en, -en⟩ Angehöriger einer revolutionären Befreiungsorganisation der Indios im südlichen Teil Mexikos [nach dem mexikan. Revolutionsführer E. *Zapata*, 1883-1919]

za|pa|tis|tisch ⟨Adj.⟩ den mexikanischen Revolutionär Emiliano Zapata betreffend, von ihm stammend, von ihm geprägt

za|po|nie|ren ⟨V.⟩ mit Zaponlack behandeln

Za|pon|lack® ⟨m.; -s, -e⟩ farbloser Schutzlack für Metalle aus Nitro- od. Acetylcellulose; →*a.* Nitrolack

zap|pen ⟨[zæp-] V.; TV⟩ zwischen verschiedenen Fernsehsendern u. -programmen schnell u. häufig hin- u. herschalten; →*a.* switchen [<engl. *zap* »schnellen; schnell, zackig erledigen«]

Zap|per ⟨[zæp-] m.; -s, -; TV⟩ = Switcher [engl.]

Zap|ping ⟨[zæpɪŋ] n.; - od. -s, -s; TV⟩ häufiges Hin- u. Herschalten zwischen verschiedenen Fernsehsendern u. -programmen; →*a.* Channelsurfing

Zar ⟨m.; -en, -en; in Russland bis 1917⟩ Herrscher [<russ. *car* <altruss. *tsisari, tsesari* <got. *kaiser*, grch., lat. *Caesar*]

Za|re|witsch ⟨m.; - od. -(e)s, -e⟩ Sohn des Zaren; *Sy* Zessarewitsch

Za|rew|na ⟨f.; -, -s⟩ Tochter des Zaren

Za|ris|mus ⟨m.; -; unz.⟩ Herrschaft eines Zaren, Zarenherrschaft

za|ris|tisch ⟨Adj.⟩ zum Zarismus gehörend, in der Zeit des Zarismus (bestehend); *das ~e Russland*

Za|ri|za ⟨f.; -, -s⟩ Gemahlin bzw. Witwe eines Zaren

zä|sie|ren ⟨V.⟩ eine Zäsur, einen Einschnitt machen, in einzelne Abschnitte, Bereiche o. Ä. unterteilen; *einen Text mit Hilfe von Zeichnungen ~*

Zä|si|um ⟨n.; -s; unz.; Chemie⟩ = Caesium

Zas|ter ⟨m.; -s; unz.; umg.⟩ Geld [<Gaunerspr. <Zig. *saster* »Eisen« <altind. *sastra* »Wurfgeschoss«]

Zä|sur ⟨f.; -, -en⟩ Einschnitt, Ruhepunkt, z. B. im Vers, in der musikalischen Tonfolge; *an dieser Stelle machte er eine ~* [<lat. *caesura*, eigtl. »Hieb, Schnitt«; zu *caedere* »hauen, schneiden«]

Za|zi|ki ⟨m. od. n.; -s, -s; grch. Kochk.⟩ (meist als Vorspeise gereichte) Speise aus Joghurt, geriebener Gurke u. Knoblauch; *oV* Tsatsiki

z. D. ⟨Abk. für⟩ zur Disposition

Zea ⟨f.; -; unz.; Bot.⟩ Mais [grch.]

Zea|xan|thin ⟨n.; -s; unz.; Biochemie⟩ gelber Farbstoff des Maiskorns [<*Zea* + *Xanthin*]

Ze|ba|ot ⟨im AT⟩ = Zebaoth

Ze|ba|oth ⟨im AT⟩ (bes. in den Prophetenbüchern) Beiname Gottes als »Herr der Heerscharen«; *oV* Sabaoth, Zebaot [hebr., »Heerscharen«]

Ze|bra *auch:* **Zeb|ra** ⟨n.; -s, -s; Zool.⟩ Angehöriges einer Gruppe schwarz-weiß gestreifter, in Steppen od. Bergen Afrikas heimischer Wildpferde, Tigerpferd [ital. <span. *cebra* <altspan. *zebra, zebro, enzebro* »wilder Esel«]

Ze|bra|holz *auch:* **Zeb|ra|holz** ⟨n.; -es, -höl|zer⟩ dunkel gestreiftes Holz der Dattel- u. Kokospalme; *Sy* Zebrano

Ze|bra|no *auch:* **Zeb|ra|no** ⟨n.; -s; unz.⟩ = Zebraholz

Ze|bri|ne *auch:* **Zeb|ri|ne** ⟨f.; -, -n; Bot.⟩ Gattung der Scheibenblumengewächse, mexikan. Pflanze mit gestreiften Blättern: Zebra-Tradescantia

Ze|bro|id *auch:* **Zeb|ro|id** ⟨n.; -s, -e; Zool.⟩ Kreuzung zwischen Zebra u. Pferd bzw. Esel

Ze|bu ⟨n.; -s, -s; Zool.⟩ Buckelrind, indisches u. ostafrikanisches Hausrind mit einem fetten Höcker über den Schultern: Bos indicus; → *a.* Kips [<frz. *zébu,* vermutlich <tibet. *zen, zeba* »Höcker von Zebu od. Kamel«]

Ze|chi|ne ⟨f.; -, -n⟩ alte venezian. Goldmünze, in Europa (= Dukaten) u. dem Vorderen u. Mittleren Orient [<mhd. *zesin* <ital. *zecchono;* zu *zecca* »Münzstätte (von Venedig)« <arab. *dar assikka* »Münzstätte«; zu *sikka* »Münze; Prägestock«]

Ze|dent ⟨m.; -en, -en⟩ Gläubiger, der eine Forderung an jmdn. abtritt [<lat. *cedens,* Part. Präs. zu *cedere;* → *zedieren*]

Ze|der ⟨f.; -, -n; Bot.⟩ Gattung von Nadelhölzern des Mittelmeergebietes: Cedrus [<mhd. *zeder, ceder* <ahd. *cedarboum* <lat. *cedrus* <grch. *kedros* »Zeder; Wacholder« <hebr. *katar* »räuchern«]

ze|die|ren ⟨V.⟩ *Ansprüche, Forderungen ~* abtreten [<lat. *cedere* »(zurück)geben; abtreten; verzichten«]

Ze|dre|la|holz *auch:* **Zed|re|la|holz** ⟨n.; -es, -höl|zer⟩ rotes, aromatisches, für Zigarrenkisten verwendetes Holz der Zedrele

Ze|dre|le *auch:* **Zed|re|le** ⟨f.; -, -n; Bot.⟩ zu einer Gattung der Zedrachgewächse gehörender Baum im tropischen Amerika: Cedrela [<grch. *kedros* »Zeder«]

Zee|man|ef|fekt *auch:* **Zee|man-Effekt** ⟨[ze:-] m.; -(e)s, -e; Physik⟩ die Erscheinung, dass sich eine Spektrallinie unter Einwirkung eines starken magnetischen Feldes in mehrere Einzellinien aufspaltet [nach dem niederländ. Physiker P. *Zeeman,* 1865-1943]

Ze|in ⟨n.; -s; unz.; Biochemie⟩ Protein im Mais [<neulat. *zea* »Mais« <grch. *zea, zeia* »einkörniger Weizen«]

Zei|sing ⟨n.; -s, -e; Seew.⟩ kurzes Tau zum Befestigen der Segel an den Rahen; *oV* Seising [<ndrl. *seizing* »Zusammenbinden zweier nebeneinanderliegender Taue mit einem Faden«]

Zeit|ma|nage|ment ⟨[-mænıdʒmənt] n.; -s; unz.⟩ Methode der optimalen zeitlichen Planung von Terminen, Aufgaben u. Vorhaben; *an einem Kurs für ~ teilnehmen; Arbeitsabläufe mit Hilfe eines exakten ~s besser strukturieren*

◆ Die Buchstabenfolge **ze|le|br...** kann auch **ze|leb|r...** getrennt werden.

◆ **Ze|le|brant** ⟨m.; -en, -en; kath. Kirche⟩ die Messe lesender kath. Priester [<lat. *celebrans,* Part. Präs. zu *celebrare;* → *zelebrieren*]

◆ **Ze|le|bra|ti|on** ⟨f.; -, -en; kath. Kirche⟩ Feier (des Messopfers) [<lat. *celebratio* »Heiligung; Feier«]

◆ **Ze|le|bret** ⟨n.; -s, -s; kath. Kirche⟩ die Genehmigung, dass ein Priester in fremden Kirchen die Messe halten darf; *oV* Celebret [<lat. *celebret* »er möge zelebrieren«]

◆ **ze|le|brie|ren** ⟨V.⟩ feiern; *die Messe ~* die Messe lesen [<lat. *celebrare* »heiligen; feiern«]

◆ **Ze|le|bri|tät** ⟨f.; -, -en⟩ **1** Feierlichkeit **2** ⟨selten⟩ Berühmtheit [<lat. *celebritas* »Belebtheit eines Ortes; Häufigkeit; Berühmtheit«]

Zel|la ⟨f.; -, -lae [-lɛ:]⟩ = Cella

Zell|hy|bri|di|sie|rung *auch:* **Zell|hyb|ri|di|sie|rung** ⟨f.; -, -en; Biochemie⟩ Verschmelzen von Zellen zweier unterschiedlicher Organismen [<lat. *cella* »Zelle« + *Hybride(r)*]

Zell|mem|bran *auch:* **Zell|memb|ran** ⟨f.; -, -en; Biol.⟩ die das Zytoplasma umgebende, dünne Grenzschicht der Zelle [<lat. *cella* »Zelle« + *Membran*]

Zel|lo|bio|se ⟨f.; -; unz.; Biochemie⟩ beim Abbau von Cellulose entstehender Doppelzucker [<*Cellulose* + *Biose*]

Zel|lo|phan ⟨n.; -s; unz.⟩ durchsichtige, glasklare Folie aus Viskose; *oV* Cellophan®

zel|lu|lar ⟨Adj.⟩ = zellulär

zel|lu|lär ⟨Adj.⟩ *oV* zellular **1** aus Zellen bestehend **2** in der Form von Zellen [<lat. *cellularis* »zellenförmig«; zu *cellula* »kleine Zelle«; zu *cella* »Zelle«]

Zel|lu|lar|pa|tho|lo|gie ⟨f.; -; unz.; Med.⟩ medizin. Lehre, nach der Krankheiten Störungen des normalen Lebens von Zellen sind

Zel|lu|lar|the|ra|pie ⟨f.; -, -n; Med.⟩ Behandlung von Krankheiten durch Einspritzen von lebenden Organzellen, Frischzellentherapie

Zel|lu|la|se ⟨f.; -, -n; Biochemie⟩ zellulosespaltendes Enzym

Zel|lu|li|tis ⟨f.; -, -ti|den; Med.⟩ = Cellulitis [<lat. *cellula* »kleine Zelle« + *...itis*]

Zel|lu|loid *auch:* **Zel|lu|lo|id** ⟨n.; -(e)s; unz.⟩ durchsichtiger, elastischer Kunststoff aus Dinitrocellulose u. Kampfer, Zellhorn; *oV* Celluloid [<lat. *cellula* »kleine Zelle« + *...id*]

Zel|lu|lo|se ⟨f.; -; unz.; Biochemie⟩ Hauptbestandteil der Wände pflanzl. Zellen, chem. ein aus Glukose aufgebautes Polysaccharid; *oV* Cellulose [<lat. *cellula* »kleine Zelle«]

Zel|lu|lo|se|ni|trat *auch:* **Zel|lu|lo|se|nit|rat** ⟨n.; -(e)s, -e⟩ = Nitrozellulose; *oV* Cellulosenitrat

ze|lo|so ⟨Adj.; Musik⟩ eifrig, feurig (zu spielen) [grch.]

Ze|lot ⟨m.; -en, -en⟩ **1** Angehöriger einer von 6 bis 70 n. Chr. bestehenden jüdischen Partei, die mit Waffengewalt gegen die römische Herrschaft kämpfte **2** ⟨fig.⟩ jmd., der sich von übertriebenem Glaubenseifer leiten lässt [<grch. *zelotes* »Nacheiferer, Bewunderer, Anhänger«; zu *zelos* »Eifer, Eifersucht, Neid«]

ze|lo|tisch ⟨Adj.⟩ **1** zu den Zeloten (1) gehörend, von ihnen stammend **2** ⟨fig.⟩ in der Art eines Zeloten (2), fanatisch

Ze|lo|tis|mus ⟨m.; -; unz.⟩ übersteigerter Glaubenseifer

Ze|ment ⟨m.; -(e)s, -e⟩ **1** an der Luft od. im Wasser erhärtendes, nach dem Erhärten wasserfestes Bindemittel aus Mörtel u. Beton **2** die Zahnwurzel umgebende harte Substanz **3** Masse für Zahnfüllungen [<frz. *cément* »Zement, Kitt« <lat. *caementum* »Bruchstein, Mörtel«; zu *caedere* »schlagen«]

Ze|men|ta|ti|on ⟨f.; -; unz.⟩ *Sy* Zementierung **1** Ausgießen mit

Z

Zement (1) **2** Härtung der Oberfläche von Stahl durch Erhitzen in einem Kohlenstoff abgebenden Material **3** Ausfällen von Kupfer aus kupferhaltigen Lösungen durch Zugabe von Eisenschrott

ze|men|tie|ren ⟨V.⟩ **1** der Zementation unterwerfen **2** ⟨fig.⟩ endgültig u. unwiderruflich festlegen, starr, unveränderbar machen; *einen Standpunkt, Zustand ~*

Ze|men|tie|rung ⟨f.; -; unz.⟩ = Zementation

Ze|men|tit ⟨m.; -s; unz.; Min.⟩ harte, kristalline Gefügebestandteile des Gusseisens u. des Stahls, chem. Eisencarbid

Zen ⟨a. [zen] n.; - od. -s; unz.⟩ auf Meditation beruhende japanische Form des Buddhismus [<Sanskrit *dhyana* »Meditation«]

Ze|na|kel ⟨n.; -s, -⟩ = Zönakel

Ze|na|na ⟨[ze-] f.; -, -s⟩ der Wohnbereich der moslemischen u. hinduistischen Frauen in Indien, zu dem Fremde keinen Zutritt haben; *oV* Senana [Hindi]

Ze|ner|di|o|de *auch:* **Ze|ner-Di|o|de** ⟨f.; -, -n; Min.⟩ ein Halbleiterbauelement, das bei Übersteigen einer bestimmten Spannung einen sehr starken Stromabfall zeigt, verwendet in Regelstrecken u. zur Konstanthaltung von Gleichspannungen [nach dem US-amerikan. Physiker C. *Zener*, 1905-1993]

Ze|nit ⟨m.; -(e)s; unz.⟩ **1** ⟨Astron.⟩ Schnittpunkt einer über dem Beobachtungspunkt gedachten senkrechten Linie mit der Himmelskugel, Scheitelpunkt; *Ggs* Nadir **2** ⟨fig.⟩ Höhepunkt, Klimax; *im ~ des Lebens stehen; den ~ bereits überschritten haben* [<ital. *zenit*, durch einen Schreibfehler fälschlich für *zemt* <arab. *(as-)samt* »Richtung der Köpfe«]

ze|ni|tal ⟨Adj.⟩ auf den Zenit bezogen

Ze|ni|tal|re|gen ⟨m.; -s, -; Geogr.⟩ starker tropischer Regen, der nach dem (halb-)jährlichen Sonnenhöchststand beginnt od. seine größte Intensität erreicht [→ *zenital*]

Ze|nit|di|stanz *auch:* **Ze|nit|dis|tanz** ⟨f.; -; unz.; Astron.⟩ Winkelabstand eines Sterns vom Zenit

Ze|no|taph ⟨m.; -s, -e⟩ = Kenotaph

zen|sie|ren ⟨V.⟩ **1** mit einer Zensur (3) versehen; *die Arbeit mit »gut«, mit einer Zwei ~* **2** der Zensur (2) unterwerfen; *einen Roman, Briefe ~* [<lat. *censere* »zählen, schätzen«]

zen|siert ⟨Adj.⟩ mit einer Zensur versehen, der Zensur unterworfen; *Ggs* unzensiert; *eine ~e Berichterstattung*

Zen|sor ⟨m.; -s, -so|ren⟩ **1** ⟨im antiken Rom⟩ für den Zensus (1) zuständiger Beamter **2** ⟨heute⟩ jmd., der die Zensur (2) ausübt [<lat. *censor;* zu *censere* »zählen, schätzen«]

zen|so|risch ⟨Adj.⟩ den Zensor (2) betreffend

Zen|sur ⟨f.; -, -en⟩ **1** ⟨unz.; im antiken Rom⟩ Amt des Zensors **2** ⟨heute⟩ staatl. Kontrolle von Kunstwerken u. Schriftstücken; *die Briefe gehen durch eine strenge ~* **3** ⟨zählb.⟩ Note, mit der eine Leistung beurteilt wird; *gute, schlechte ~en schreiben* [<lat. *censura;* zu *censere* »zählen, schätzen«]

zen|su|rie|ren ⟨V.; schweiz.; österr.⟩ zensieren (2) [→ *Zensur*]

Zen|sus ⟨m.; -, -⟩ **1** ⟨im alten Rom⟩ Schätzung der Bürger nach ihrem Vermögen **2** Volkszählung [<lat. *census* »Schätzung; Steuerliste; Vermögen«; zu *censere* »zählen, schätzen«]

Zent ⟨f.; -, -en⟩ **1** Hundertschaft **2** ⟨im fränk. Reich⟩ Bezirk einer Grafschaft, dessen Vorsteher zugleich Vorsitzender des Gerichtes war [<mhd. *zente* <mlat. *centa* <lat. *centena* »Hundertschaft«; zu *centum* »hundert«]

Zen|taur ⟨m.; -en, -en; grch. Myth.⟩ Fabelwesen mit Kopf u. Brust eines Menschen u. dem Leib eines Pferdes; *oV* Kentaur [<grch. *Kentauros*, vielleicht <*kentor* »Reiter« (zu *kentein* »spornen«), beeinflusst von *tauros* »Stier«, od. <Sanskrit *Gandharwar* »Halbgötter der Fruchtbarkeit, des Gesangs u. der Musik«]

Zen|te|nar ⟨m.; -s, -e⟩ hundert Jahre alter Mensch; *oV* Centenar [<lat. *centenarius* »Hundert…«; zu *centum* »hundert«]

Zen|te|nar|fei|er ⟨f.; -, -n⟩ = Säkularfeier; *oV* Centenarfeier [→ *Zentenar*]

Zen|te|na|ri|um ⟨n.; -s, -ri|en⟩ = Säkularfeier [<lat. *centenarius;* → *Zentenar*]

zen|tern ⟨V.; Sport; Fußb.; österr.⟩ *den Ball ~* zur Mitte spielen, zur Mitte schießen [zu lat. *centrum* <grch. *kentron* »Stachel«, (fig.) »Einstich des Zirkels, Kreismittelpunkt«]

zen|te|si|mal ⟨Adj.⟩ aus hundert Teilen bestehend [zu lat. *centesimus* »der hundertste«; zu *centum* »hundert«]

Zen|te|si|mal|waa|ge ⟨f.; -, -n⟩ Brückenwaage, bei der ein Gewicht des hundertsten Teils der Last das Gleichgewicht hält

Zent|ge|richt ⟨n.; -(e)s, -e⟩ Gericht der Zent

Zent|graf ⟨m.; -en, -en⟩ Vorsteher der Zent u. Vorsitzender des Zentgerichts

zen|ti..., Zen|ti... ⟨in Zus.; Zeichen: c; vor Maßeinheiten⟩ 100. Teil der betreffenden Grundeinheit, z. B. 1 Zentimeter (cm) = $^1/_{100}$ Meter [<lat. *centum* »hundert«]

Zen|ti|fo|lie ⟨[-ljə] f.; -, -n; Bot.⟩ eine stark gefüllte Rose aus dem Kaukasus [<lat. *centifolia* »hundertblättrig(e Rose)« <*centum* »hundert« + *folium* »Blatt«]

Zen|ti|grad ⟨a. ['---] n.; -(e)s, -e⟩ hundertster Teil eines Winkelgrades [<*Zenti...* + *Grad*]

Zen|ti|gramm ⟨a. ['---] n.; -s, -e; Zeichen: cg⟩ $^1/_{100}$ Gramm

Zen|ti|li|ter ⟨a. ['----] m. od. n.; -s, -; Zeichen: cl⟩ $^1/_{100}$ Liter = 10 cm^3

Zen|ti|me|ter ⟨a. ['----] m. od. n.; -s, -; Zeichen: cm⟩ $^1/_{100}$ Meter

Zen|ti|me|ter-Gramm-Se|kun|den-Sys|tem ⟨n.; -s; unz.⟩ = CGS-System

◆ Die Buchstabenfolge **zen|tr...** kann auch **zent|r...** getrennt werden.

◆ **zen|tral** ⟨Adj.⟩ **1** im Mittelpunkt (gelegen); *Ggs* dezentral

Z

2 hauptsächlich, wesentlich, im Mittelpunkt stehend, äußerst wichtig; *das ~e Problem ist ...; sich zu einem ~en Punkt, Thema äußern* [<lat. *centralis;* zu *centrum* »Mittelpunkt«; → *Zentrum*]

◆**zen|tral..., Zen|tral...** ⟨in Zus.⟩ **1** in der Mitte liegend, mittel..., Mittel... **2** haupt..., Haupt...

◆**Zen|tral|ab|i|tur** ⟨n.; -s, -e⟩ zentral durchgeführtes, einheitliches Abitur

◆**Zen|tral|be|we|gung** ⟨f.; -, -en; Astron.; Physik⟩ Bewegung eines Körpers um einen anderen Körper auf einer immer wiederholten Bahn, z. B. die Bewegung der Erde um die Sonne

◆**Zen|tra|le** ⟨f.; -, -n⟩ **1** ⟨a. fig.⟩ Mittelpunkt, Ausgangspunkt **2** Hauptgeschäftsstelle **3** Teil eines Unternehmens, in dem bestimmte Arbeitsgänge zusammengeführt werden; *in der ~ laufen alle Fäden zusammen* **4** Fernsprechvermittlung; *Telefon~* [→ *zentral*]

◆**Zen|tral|hei|zung** ⟨f.; -, -en⟩ für das ganze Haus von einer Stelle aus betriebene Heizung

◆**Zen|tra|li|sa|ti|on** ⟨f.; -, -en⟩ *Sy* Zentralisierung; *Ggs* Dezentralisation **1** das Zentralisieren, Zusammenziehung, Vereinigung in einem Punkt (bes. im Mittelpunkt) **2** planmäßig zusammengefasste Leitung von einer übergeordneten Stelle aus

◆**zen|tra|li|sie|ren** ⟨V.⟩ *Ggs* dezentralisieren **1** zusammenziehen, in einem Punkt (bes. im Mittelpunkt) vereinigen **2** planmäßig zusammenfassen u. von einer Stelle aus leiten lassen; *die Verwaltung ~* [→ *zentral*]

◆**Zen|tra|li|sie|rung** ⟨f.; -, -en⟩ = Zentralisation

◆**Zen|tra|lis|mus** ⟨m.; -; unz.; Politik⟩ Streben nach Einheitlichkeit, nach zentraler Lenkung des Staates, der Verwaltung usw.; *Ggs* Föderalismus

◆**zen|tra|lis|tisch** ⟨Adj.; Politik⟩ in der Art des Zentralismus, ihm entsprechend

◆**Zen|tra|li|tät** ⟨f.; -; unz.⟩ das Sichbefinden, Lage im Mittelpunkt [→ *zentral*]

◆**Zen|tral|ko|mi|tee** ⟨n.; -s, -s; Abk.: ZK; Politik⟩ führendes Gremium, meist in kommunistischen u. manchen sozialistischen Parteien

◆**Zen|tral|kraft** ⟨f.; -, -kräf|te; Physik⟩ von einem Körper ausgehende Anziehungskraft, die einen anderen Körper zu einer Zentralbewegung zwingt

◆**Zen|tral|ner|ven|sys|tem** ⟨n.; -s; unz.; Abk.: ZNS; Anat.⟩ aus Gehirn u. Rückenmark bestehender Teil des Nervensystems

◆**Zen|tral|or|gan** ⟨n.; -s, -e; DDR⟩ offizielles Presseorgan (Zeitung, Zeitschrift) der machthabenden Partei

◆**Zen|tral|per|spek|ti|ve** *auch:* **Zen|tral|pers|pek|ti|ve** ⟨[-və] f.; -; unz.⟩ Verfahren zur Darstellung räumlicher Gebilde mittels Zentralprojektion

◆**Zen|tral|pro|jek|ti|on** ⟨f.; -, -en⟩ Abbildung eines Gegenstandes auf einer Ebene eines Bildes mittels Strahlen, die von einem Mittelpunkt ausgehen

◆**Zen|tral|ver|schluss** ⟨m.; -es, -schlüs|se; Fot.⟩ Verschluss an Kameras, der im Mittelpunkt des Objektivs angeordnet ist, Schlitzverschluss

◆**Zen|tren** ⟨Pl. von⟩ Zentrum

◆**zen|trie|ren** ⟨V.⟩ auf die Mitte, den Mittelpunkt einstellen, darauf ausrichten; *Ggs* dezentrieren [→ *Zentrum*]

◆**zen|tri|fu|gal** ⟨Adj.⟩ *Ggs* zentripetal **1** auf der Wirkung der Zentrifugalkraft beruhend **2** ⟨Med.⟩ vom Mittelpunkt wegstrebend [<*Zentrum* + lat. *fugere* »fliehen«]

◆**Zen|tri|fu|gal|kraft** ⟨f.; -, -kräf|te; Physik⟩ die bei drehender Bewegung nach außen wirkende Kraft, Fliehkraft; *Ggs* Zentripetalkraft

◆**Zen|tri|fu|gal|pum|pe** ⟨f.; -, -n⟩ aus einem mit Schaufeln besetzten Rotor bestehende Pumpe, die die Fliehkraft zur Förderung von Gasen u. Flüssigkeiten nutzt

◆**Zen|tri|fu|ge** ⟨f.; -, -n⟩ zylindrisches Gerät, das um seine Mittelachse in Bewegung gesetzt wird, um Stoffe verschiedener Dichte voneinander zu trennen; *Milch~* [→ *zentrifugal*]

◆**zen|tri|fu|gie|ren** ⟨V.⟩ mit Hilfe der Zentrifuge voneinander trennen

◆**Zen|tri|ol** ⟨n.; -s, -e; Biol.⟩ Zellorganell, das im Dienste der Kernteilung steht; *Sy* Zentrosom [→ *Zentrum*]

◆**zen|tri|pe|tal** ⟨Adj.⟩ *Ggs* zentrifugal **1** ⟨Adj.⟩ auf der Wirkung der Zentripetalkraft beruhend **2** ⟨Med.⟩ zum Mittelpunkt hinstrebend [<*Zentrum* + lat. *petere* »nach etwas streben«]

◆**Zen|tri|pe|tal|kraft** ⟨f.; -, -kräf|te; Physik⟩ nach einem Mittelpunkt hin wirkende Kraft; *Ggs* Zentrifugalkraft

◆**zen|trisch** ⟨Adj.⟩ im Mittelpunkt gelegen, zum Mittelpunkt hin (gelegen) [→ *Zentrum*]

◆**Zen|tris|mus** ⟨m.; -; unz.; Politik⟩ gemäßigt linkssozialistische Bewegung innerhalb der Arbeiterschaft

◆**zen|tris|tisch** ⟨Adj.⟩ den Zentrismus betreffend, zu ihm gehörig, in der Art des Zentrismus

◆**Zen|tri|win|kel** ⟨m.; -s, -; Geom.⟩ durch zwei Halbmesser eines Kreises gebildeter Winkel, dessen Scheitel im Mittelpunkt liegt [<*Zentrum* + *Winkel*]

◆**Zen|tro|mer** ⟨n.; -s, -e; Biol.⟩ Ansatzstelle der bei der Kernteilung entstehenden Spindelfasern am Chromosom [<*Zentrum* + *...mer*]

◆**Zen|tro|som** ⟨n.; -s, -e⟩ = Zentriol; *oV* Centrosom [<*Zentrum* + grch. *soma* »Körper«]

◆**Zen|trum** ⟨n.; -s, Zen|tren⟩ **1** Mitte, Mittelpunkt **2** ⟨kurz für⟩ Zentrumspartei **3** Stadtmitte, Innenstadt [<lat. *centrum* <grch. *kentron* »Stachel«, (fig.) »Einstich des Zirkels, Kreismittelpunkt«]

◆**Zen|trums|par|tei** ⟨f.; -, -en; Politik⟩ polit. kath. Partei [nach ihren mittleren Plätzen im Parlament]

Zen|tu|rie ⟨[-riə] f.; -, -n; im antiken Rom⟩ Hundertschaft; *oV* Centurie [<lat. *centuria;* zu *centum* »hundert«]

Zen|tu|rio ⟨m.; -s, -ri|o|nen; im antiken Rom⟩ Befehlshaber einer Zenturie

Zen|tu|ri|um ⟨n.; -s; unz.; Chemie⟩ = Fermium [<lat. *centum* »hundert« (nach der Ordnungszahl des Elementes)]

Zeo|lith ⟨m.; -s od. -en, -e od. -en; Min.⟩ kristallisiertes, wasserreiches, farbloses od. hell gefärbtes Mineral, z. B. Natrolith [<grch. *zein* »sieden, kochen« + ...*lith*]

...ze|phal ⟨Nachsilbe; zur Bildung von Adj.⟩ den Kopf betreffend, zu ihm gehörig, mit einer bestimmten Kopfform; *oV* ...kephal [zu grch. *kephale* »Kopf«]

...ze|pha|le ⟨Nachsilbe; zur Bildung männl. Subst.⟩ Mensch mit bestimmter Kopfform; *oV* ...kephale [→ ...*zephal*]

...ze|pha|lie ⟨Nachsilbe; zur Bildung weibl. Subst.⟩ Eigenschaft von Menschen mit bestimmter Kopfform; *oV* ...kephalie [→ ...*zephal*]

ze|pha|lo..., Ze|pha|lo... ⟨in Zus.⟩ = kephalo..., Kephalo...; *oV* cephalo..., Cephalo...

Ze|pha|lo|po|de ⟨m.; -n, -n; Zool.⟩ = Kephalopode

Ze|phir ⟨m.; -s, -e⟩ *oV* Zephyr **1** ⟨unz.; Meteor.⟩ **1.1** ⟨in der Antike⟩ warmer Westwind **1.2** ⟨allg.⟩ milder, warmer Wind **2** ⟨zählb.; Textilw.⟩ leichter, feiner Baumwollstoff [<grch. *zephyros* »Westwind, Westen«]

Ze|phir|garn ⟨n.; -(e)s, -e; Textilw.⟩ weich gedrehtes Kammgarn aus Merinowolle; *oV* Zephyrgarn; *Sy* Zephirwolle [→ *Zephir*]

ze|phi|risch ⟨Adj.; veraltet⟩ lieblich, säuselnd, mild; *~e Lyrik*

Ze|phir|wol|le ⟨f.; -; unz.; Textilw.⟩ = Zephirgarn; *Sy* Zephyrgarn

Ze|phyr ⟨[-fir] m.; -s, -e⟩ = Zephir

Ze|phyr|garn ⟨[-fir-] n.; -(e)s, -e⟩ = Zephirgarn; *Sy* Zephirwolle

Zep|ter ⟨n.; -s, -⟩ *oV* Szepter **1** verzierter Stab als Sinnbild der kaiserl. od. königl. Macht u. Würde; *das ~ führen, schwingen* ⟨fig.⟩ bestimmen, zu bestimmen haben **2** ⟨fig.⟩ höchste Gewalt, Herrschaft [<lat. *sceptrum* <grch. *skeptron* »Stab«; zu *skeptein* »stützen«]

Zer ⟨n.; -s; unz.; Chemie⟩ = Cer

Ze|rat ⟨n.; -(e)s, -e; Pharm.⟩ mit Wachs zubereitetes Arzneimittel [<lat. *ceratus* »mit Wachs überzogen«; zu *cera* »Wachs«]

Zer|be|rus ⟨m.; -, -se⟩ strenger Wächter; *oV* Cerberus, Kerberos [nach *Kerberos,* dem Höllenhund am Eingang der Unterwelt in der grch. Sage]

Ze|re|a|li|en ⟨Pl.⟩ = Cerealien

ze|re|bel|lar ⟨Adj.; Anat.⟩ zum Zerebellum gehörend, von ihm ausgehend

Ze|re|bel|lum ⟨n.; -s, -bel|la; Anat.⟩ Kleinhirn; *oV* Cerebellum [<lat. *cerebellum,* Verkleinerungsform zu *cerebrum* »Gehirn«]

◆ Die Buchstabenfolge **ze|re|br...** kann auch **ze|reb|r...** getrennt werden.

◆ **ze|re|bral** ⟨Adj.⟩ zum Zerebrum gehörend, von ihm ausgehend; *oV* cerebral [<neulat. *cerebralis* <lat. *cerebrum* »Gehirn«]

◆ **Ze|re|bra|li|sa|ti|on** ⟨f.; -, -en⟩ Ausbildung u. Differenzierung des Gehirns in der Embryonalentwicklung [→ *Zerebrum*]

◆ **Ze|re|bral|laut** ⟨m.; -(e)s, -e; Phon.⟩ mit der Zungenspitze am Gaumen gebildeter Laut

◆ **Ze|re|bral|skle|ro|se** ⟨f.; -, -n; Med.⟩ Verhärtung der Gehirnsubstanz

◆ **ze|re|bro|spi|nal** ⟨Adj.; Anat.⟩ zum Hirn u. Rückenmark gehörend, von ihnen ausgehend [<*Zerebrum* + *spinal*]

◆ **Ze|re|brum** ⟨n.; -s, -re|bra; Anat.⟩ Großhirn; *oV* Cerebrum [<lat. *cerebrum* »Großhirn«]

Ze|re|mo|nie ⟨a. [-mo:njə] f.; -, -n⟩ feierliche, an bestimmte Regeln od. Vorschriften gebundene Handlung; *Begrüßungs~* [<lat. *caerimonia, caeremonia* »Verehrung, Ehrfurcht; Heiligkeit; Religionsbrauch«]

ze|re|mo|ni|ell ⟨Adj.⟩ **1** in der Art einer Zeremonie, nach einer bestimmten Zeremonie (verlaufend) **2** förmlich, feierlich, gemessen

Ze|re|mo|ni|ell ⟨n.; -s, -e⟩ Gesamtheit der Zeremonien bei feierlichen Anlässen, Förmlichkeiten, die eingehalten werden müssen; *Hof~; ein diplomatisches ~; ein höfisches ~*

Ze|re|mo|ni|en|meis|ter ⟨m.; -s, -; früher⟩ bei Hof angestellter Beamter, der für die Einhaltung des Zeremoniells zu sorgen hat

ze|re|mo|ni|ös ⟨Adj.⟩ gemessen, steif, förmlich [<frz. *cérémonieux;* → *Zeremonie*]

Ze|re|sin ⟨n.; -s; unz.⟩ = Ceresin

Ze|re|vis ⟨[-vi:s] n.; -, -; veraltet⟩ kleine, schirmlose Mütze der Verbindungsstudenten [<lat. *cer(e)visia,* eigtl. eine Bierart]

Ze|rit ⟨m.; -s, -e; Min.⟩ = Cerit

Ze|ri|um ⟨n.; -s; unz.; Chemie⟩ = Cer

Zer|ka|rie ⟨[-riə] f.; -, -n; Zool.⟩ Larve des Leberegels mit einem gegabelten Ruderschwanz [<lat. *cercaria* <grch. *kerkos* »Schwanz«]

Ze|ro ⟨[ze:-] f.; -, -s od. n.; -s, -s⟩ **1** Null, Nichts **2** ⟨Roulett⟩ Null, Feld, auf dem der Bankhalter im Vorteil ist [<frz. *zéro* <ital. *zero* <arab. *sifr* »leer«]

Ze|ro|graf ⟨m.; -en, -en⟩ = Zerograph

Ze|ro|gra|fie ⟨f.; -, -n⟩ = Zerographie

Ze|ro|graph ⟨m.; -en, -en⟩ Wachsgravierer; *oV* Zerograf [<grch. *keros* (lat. *cera*) »Wachs« + ...*graph*]

Ze|ro|gra|phie ⟨f.; -, -n⟩ Wachsgravierung; *oV* Zerografie [<grch. *keros* (lat. *cera*) »Wachs« + ...*graphie*]

Ze|ro|plas|tik ⟨f.; -, -en⟩ *oV* Keroplastik **1** ⟨unz.⟩ Wachsbildnerei **2** ⟨zählb.⟩ Wachsfigur [<grch. *keros* »Wachs« + *Plastik*]

Ze|ro|tin|säu|re ⟨f.; -; unz.; Chemie⟩ organische Säure, die u. a. in Bienenwachs enthalten ist; *oV* Cerotinsäure [<grch. *keros* (lat. *cera*) »Wachs«]

Zer|ti|fi|kat ⟨n.; -(e)s, -e⟩ **1** amtliche Bescheinigung, Bestätigung; *ein ~ ausstellen, erhalten* **2** Anteilschein an Investmenttrusts [→ *zertifizieren*]

Zer|ti|fi|ka|ti|on ⟨f.; -; unz.⟩ das Zertifizieren, Ausstellung eines Zertifikats (1)

zer|ti|fi|zie|ren ⟨V.⟩ ein Zertifikat (1) ausstellen über, amtlich bescheinigen, bestätigen, beglaubigen [<lat. *certus* »sicher« + ...*fizieren*]

Z

Zer|ti|fi|zie|rung ⟨f.; -; unz.⟩ = Zertifikation
Ze|ru|men ⟨n.; -s; unz.; Med.⟩ Ohrenschmalz; *oV* Cerumen [lat.]
Ze|rus|sit ⟨m.; -s, -e; Min.⟩ = Cerussit
Zer|ve|lat|wurst ⟨[sɛrvə-] f.; -; unz.⟩ Dauerwurst aus Speck, Rind- u. Schweinefleisch; *oV* Servelatwurst; → *a.* Cervelat [<ital. *cervellata* »Hirnwurst«; zu *cervello* »Gehirn« <lat. *cerebellum,* Verkleinerungsform zu *cerebrum* »Gehirn«]
zer|vi|kal ⟨[-vi-] Adj.; Anat.⟩ **1** zum Hals, Nacken gehörend **2** zum Gebärmutterhals gehörend, am Gebärmutterhals liegend [<neulat. *cervicalis;* zu *cervix* »Hals, Nacken«]
Zes|sa|li|en ⟨Pl.⟩ = Zissalien
Zes|sa|re|witsch ⟨m.; -(e)s, -e⟩ = Zarewitsch
zes|si|bel ⟨Adj.; Rechtsw.⟩ übertragbar, abtretbar; *zessible Ansprüche* [→ *zessieren*]
Zes|si|bi|li|tät ⟨f.; -; unz.; Rechtsw.⟩ Übertragbarkeit, Abtretbarkeit; ~ *einer Forderung, eines Anspruches* [→ *zessieren*]
zes|sie|ren ⟨V.⟩ aufhören, wegfallen [<lat. *cessare,* Intensivbildung zu *cedere;* → *zedieren*]
Zes|si|on ⟨f.; -, -en⟩ Abtretung, Übertragung; ~ *eines Anspruchs* [<lat. *cessio;* zu *cedere;* → *zedieren*]
Zes|si|o|nar ⟨m.; -s, -e⟩ jmd., der durch Zession einen Anspruch erwirbt
Zes|to|de ⟨f.; -, -n; Zool.⟩ Bandwurm [<grch. *kestos* »Band, gestickter Gürtel«; zu *kentein* »sticken«]
Ze|ta ⟨neugrch. [zi:ta] n.; -s, -s; Zeichen: ζ, Z⟩ griechischer Buchstabe
Ze|ta|zee ⟨[-tse:ə] f.; -, -n; Zool.⟩ Wal [<lat. *cetus* »Wal« <grch. *ketos* »Seeungeheuer, Wal«]
Ze|ta|zis|mus ⟨m.; -, -zis|men; Sprachw.⟩ = Assibilation [→ *Zeta*]
Ze|tin ⟨n.; -s; unz.; Biochemie⟩ Bestandteil des Walrats [<lat. *cetus;* → *Zetazee*]
Zeug|ma ⟨n.; -s, -s od. -ma|ta⟩ Redefigur, Verbindung zweier Sätze, in der ein Satzteil (meist das Prädikat) nur einmal gesetzt wird, z. B. »Der See kann sich, der Landvogt nicht erbarmen« *(Schiller, Wilhelm Tell)* [grch., »Joch«; zu *zeugnynai* »verbinden«]
Ze|zi|die ⟨[-djə] f.; -, -n; Bot.⟩ von tierischen (seltenen pflanzl.) Parasiten verursachte Anomalie in Wachstum u. Gestalt von Pflanzen, Galle; *oV* Cecidie [grch. *kekidion* »Galläpfelchen«; wahrscheinlich zu *kekis;* Gen. *kekidos* »das Hervorquellende, Saft«; zu *kekiein* »hervorquellen«]
Zi|be|be ⟨f.; -, -n; südostdt.⟩ = Rosine (1) [<arab. *zibiba* »Rosine«]
Zi|be|li|ne ⟨f.; -; unz.; Textilw.⟩ Wollstoff für Damenkleider aus Kamm- od. Streichgarn mit weißer, fellartiger Faserdecke auf dunklem Grund [frz., eigtl. »Zobel…, den Zobel betreffend« <russ. *sobol* »Zobel«; → *Zobel*]
Zi|bet ⟨m.; -s; unz.⟩ Sekret der Afterdrüse der Zibetkatze [<ital. *zibetto* <arab. *zabad* »Schaum«]
Zi|bet|kat|ze ⟨f.; -, -n; Zool.⟩ Schleichkatze mit wertvollem Fell; *Afrikanische ~:* Viverra civetta; *Sy* Zivette; *Asiatische ~:* Viverra zibetha
Zi|be|ton ⟨n.; -s; unz.⟩ stark riechendes Drüsensekret der Zibetkatze, als Duftstoff verwendet [→ *Zibet*]
Zi|bo|ri|um ⟨n.; -s, -ri|en⟩ *oV* Ciborium **1** Gefäß, in dem die Hostie aufbewahrt wird, in Form eines Kelches, Türmchens od. einer Taube **2** baldachinähnlicher Überbau auf vier Säulen über dem Altar [<lat. *ciborium* »Gefäß« <grch. *kiborion* »Hülse einer Bohnenart«, die als Trinkgefäß benutzt wurde]
Zi|cho|rie ⟨[tsiço:riə] f.; -, -n; Bot.⟩ als Kaffee-Ersatz u. als Chicorée verwendete gezüchtete Form der Wegwarte: Cichorium intybus [<mlat. *cichorea* <grch. *kichorion;* weitere Herkunft ungeklärt]
…zid[1] ⟨Nachsilbe; zur Bildung von Adj.⟩ (ab)tötend; *bakterizid* [<lat. *caedere* »fällen, töten«]
…zid[2] ⟨Nachsilbe; zur Bildung männl. od. sächl. Subst.⟩ abtötendes Mittel, Tötung; *Genozid; Insektizid* [→ …*zid*[1]]
Zi|der ⟨m.; -s; unz.⟩ Obstwein, bes. Apfelwein; → *a.* Cidre
Ziff. ⟨Abk. für⟩ Ziffer (2)
Zif|fer ⟨f.; -, -n⟩ **1** schriftliches Zahlzeichen; *arabische ~; römische ~* **2** ⟨Abk.: Ziff.⟩ mit einer Ziffer (1) versehener Teil eines Paragrafen od. Absatzes [<mlat. *cifra* »Null« <arab. *sifr* »leer«]
Zif|fern|rech|ner ⟨m.; -s, -⟩ = Digitalrechner
Zi|ga|ret|te ⟨f.; -, -n⟩ Papierhülse mit fein geschnittenem, leicht gepresstem Tabak [<frz. *cigarette,* Verkleinerungsform zu *cigare* »Zigarre«]
Zi|ga|ril|lo ⟨n. od. m.; -s, -s⟩ kleine Zigarre [<span. *cigarillo,* Verkleinerungsform zu *cigarro* »Zigarre«]
Zi|gar|re ⟨f.; -, -n⟩ **1** stabförmig gewickelte Tabakblätter **2** ⟨fig.; umg.; veraltet⟩ Verweis, Rüge, Anpfiff; *eine ~ bekommen* [<span. *cigarro* <Maya *sigar* »gerollte Tabakblätter rauchen«]
Zig|gu|rat ⟨a. [--'-] f.; -, -s⟩ = Zikkurat
Zi|ka|de ⟨f.; -, -n; Zool.⟩ Zirpe, Untergruppe der Pflanzensauger, deren Männchen mit einem Stridulationsorgan ausgerüstet sind: Cicadina [<lat. *cicada*]
Zik|ku|rat ⟨a. [--'-] f.; -, -s⟩ stufenförmiger Tempel der sumer., babylon. u. assyr. Baukunst; *oV* Ziggurat, Zikkurrat [<akkad. *ziqqurratu* »Spitze, Tempelturm«; zu *zaqaru* »erhöhen« (das Bauwerk stammt urspr. von den Sumerern, die es *e-kur* »Berghaus« nannten)]
Zik|kur|rat ⟨a. [--'-] f.; -, -s⟩ = Zikkurat
zi|li|ar ⟨Adj.; Med.⟩ die Wimpern betreffend, an den Wimpern befindlich [<neulat. *ciliaris;* zu lat. *cilium* »Augenlid«, Pl. »Wimpern«]
Zi|li|ar|kör|per ⟨m.; -s, -; Anat.⟩ Aufhängeapparat der Augenlinse, Strahlenkörper
Zi|li|ar|mus|kel ⟨m.; -s, -; Anat.⟩ im Ziliarkörper enthaltener

Muskel, der die Augenlinse zur Naheinstellung wölbt

Zi|li|at ⟨m.; -en, -en; meist Pl.; Biol.⟩ Wimpertierchen [→ *Zilie*]

Zi|lie ⟨[-ljə] f.; -, -n⟩ feines Haar, z. B. Augenwimper [<lat. *cilium* »Augenlid«, Pl. »Wimpern«]

Zi|li|zi|um ⟨n.; -s, -zi|en⟩ Büßerhemd der Israeliten [nach der antiken kleinasiat. Landschaft *Zilizien*]

Zil|le ⟨f.; -, -n⟩ = Szilla

Zim|bal ⟨n.; -s, -e od. -s; Musik⟩ *oV* Zymbal (1) **1** ⟨im MA⟩ Glockenspiel **2** dem Glockenspiel ähnliches Register der Orgel [<lat. *cymbala;* → *Zimbel*]

Zim|bel ⟨f.; -, -n; Musik⟩ kleines Becken; *oV* Zymbal (2) [<lat. *cymbala* »gegeneinanderzuschlagende Holz- od. Metallteller« <grch. *kymbalon* <*kymbe* »Topf, Becken« + *ballein* »werfen, schlagen«]

Zi|me|lie ⟨[-ljə] f.; -, -n⟩ *oV* Zimelium **1** Kleinod, Wertgegenstand (eines Kirchenschatzes) **2** wertvolle antike Handschrift, Papyrus o. Ä. (in einer Bibliothek) [<grch. *keimelion* »Kleinod«]

Zi|me|li|um ⟨n.; -s, -li|en⟩ = Zimelie

Zi|ment ⟨n.; -(e)s, -e; bair.-österr.⟩ geeichtes, metallenes, zylindr. Hohlmaß (der Gastwirte) [<ital. *cimento* »Probe«; zu *cimentare* »auf die Probe stellen«]

zi|men|tie|ren ⟨V.; bair.-österr.⟩ mit dem Ziment messen

Zi|mier ⟨n.; -s, -e⟩ Helmschmuck [<frz. *cimier* »Helmstutz, Rückenstück des Wildes«]

Zin|der ⟨m.; -s, -⟩ ausgeglühte Steinkohle [<engl. *cinder;* verwandt mit *Sinter*]

Zine ⟨[ziːn] n.; -s, -s; umg.; kurz für⟩ Magazin [engl.]

Zi|ne|ra|ria ⟨f.; -, -ri|en; Bot.⟩ = Zinerarie

Zi|ne|ra|rie ⟨[-riə] f.; -, -n; Bot.⟩ zur Gattung Kreuzkraut gehörende, im Frühjahr blühende Zimmerpflanze: Cineraria; *oV* Zineraria [<lat. *cinis,* Gen. *cineris* »Asche« (wegen des häufigen Befalls mit Blattläusen, die ein ascheartiges Aussehen hervorrufen)]

Zin|ga|res|ca ⟨f.; -, -s; Musik⟩ Tanzlied der Zigeuner [ital.]

zin|ga|re|se ⟨Adj.; Musik⟩ die Zingaresca betreffend, in der Art u. Weise der Zigeunermusik

Zin|gel ⟨m.; -s, -⟩ Ringmauer einer Burg [<lat. *cingulum, cingulus* »Gürtel«]

Zin|gu|lum ⟨n.; -s, -s od. -gu|la⟩ *oV* Cingulum **1** Schnur zum Gürten der Alba **2** schärpenartiger Gürtel der Soutane [<lat. *cingulum;* → *Zingel*]

Zink ⟨n.; -(e)s; unz.; chem. Zeichen: Zn⟩ bläulich weißes Metall, chem. Element mit der Ordnungszahl 30 [<neulat. *zincum,* von Paracelsus so benannt]

Zink|blen|de ⟨f.; -; unz.; Min.⟩ braunes, metallisch glänzendes Mineral

Zin|kit ⟨m.; -s; unz.; Min.⟩ rotes, hexagonales Zinkoxidmineral, Rotzinkerz [→ *Zink*]

Zin|ko ⟨n.; -s, -s; kurz für⟩ Zinkographie

Zin|ko|gra|fie ⟨f.; -, -n⟩ = Zinkographie

Zin|ko|gra|phie ⟨f.; -, -n⟩ Zinkdruck; *oV* Zinkografie [<*Zink* + *...graphie*]

Zink|oxid ⟨n.; -(e)s; unz.; Chemie⟩ chemische Verbindung des Zinks mit Sauerstoff, Zinkweiß, wird zur Herstellung von Farben u. Lacken sowie in der Gummiindustrie verwendet

Zink|spat ⟨m.; -(e)s; unz.; Min.⟩ meist gelbl. Mineral, chem. Zinkcarbonat

Zink|spi|nell ⟨m.; -s, -e; Min.⟩ = Gahnit

Zink|sul|fat ⟨n.; -(e)s, -e; Chemie⟩ = Zinkvitriol

Zink|vi|tri|ol *auch:* **Zink|vit|ri|ol** ⟨[-vi-] n.; -s; unz.; Chemie⟩ als medizinisches Ätzmittel verwendete chem. Verbindung, Zinksulfat

Zin|na|mom ⟨n.; -s; unz.⟩ Zimt (Gewürz) [<mlat. *cinnamomum* <lat. *cinnamum* »Zimt, Zimtrinde«]

Zin|nie ⟨[-njə] f.; -, -n; Bot.⟩ aus Mexiko stammender Korbblütler mit weißen od. farbigen, oft zungenförmigen Blüten: Zinnia elegans [nach dem Botaniker J. G. *Zinn,* 1727-1759]

Zin|no|ber ⟨m.; -s, -⟩ **1** ⟨Min.⟩ diamanten glänzendes Erz, chemisch Quecksilbersulfid **2** gelbliches Rot **3** ⟨fig.; umg.⟩ **3.1** Kram, dummes, wertloses Zeug **3.2** Umstände, Redensarten, Getue [<lat. *cinnabaris* <grch. *kinnabari* <pers. *šängärf* »Mennig«]

Zio|nis|mus ⟨m.; -; unz.; Rel.; Politik⟩ **1** ⟨urspr.⟩ jüd. Bewegung zum Aufbau eines selbstständigen jüd. Staates Israel **2** ⟨heute⟩ (partei)polit. Strömung in Israel u. innerhalb des Judentums in aller Welt, die eine Stärkung u. Vergrößerung des Staates Israels befürwortet [nach *Zion,* Tempelberg in Jerusalem, auch Jerusalem selbst]

Zio|nist ⟨m.; -en, -en; Rel.; Politik⟩ Vertreter, Anhänger des Zionismus

Zio|nis|tin ⟨f.; -, -tin|nen; Rel.; Politik⟩ Vertreterin, Anhängerin des Zionismus

zio|nis|tisch ⟨Adj.; Rel.; Politik⟩ den Zionismus betreffend, zu ihm gehörend, auf ihm beruhend

ZIP, Zip ⟨[zɪp] n.; -s, -s; häufig in Zus.; EDV⟩ Programm zur Komprimierung von Daten; *~-Datei;* [→ *zippen*]

Zi|pol|le ⟨f.; -, -n; Bot.⟩ Zwiebel [<ital. *cipolla* »Zwiebel«]

Zipp® ⟨engl. [zɪp] m.; -s, -s; österr.⟩ Reißverschluss [zu engl. *zip* »mit einem Reißverschluss schließen«]

zip|pen ⟨[zɪp-] V.; EDV⟩ *Daten ~* mit Hilfe eines ZIP-Programms komprimieren; *gezippte Dateien versenden* [<engl. *zip* »komprimieren«]

Zip|per ⟨engl. [zɪp-] m.; -s, -; Mode⟩ Reißverschluss; *taillierte Jacken mit aufwendigem ~* [engl.]

Zipp|ver|schluss ⟨m.; -es, -schlüsse; bes. österr.⟩ Reißverschluss

zir|ka ⟨Adv.; Abk.: ca.⟩ ungefähr, (in) etwa; *oV* circa [<lat. *circa* »um ... herum«]

Zir|kel ⟨m.; -s, -⟩ **1** Gerät aus zwei an einem Ende beweglich verbundenen Schenkeln, deren einer in eine scharfe Spitze (zum Einstechen ins Papier) ausläuft u. deren anderer eine Mine trägt, zum Zeichnen von Krei-

Z

sen **2** ⟨Geom.⟩ ähnliches Gerät mit zwei Spitzen zum genauen Messen von Entfernungen (in geometrischen Figuren, auf Landkarten usw.), Stechzirkel **3** ⟨fig.⟩ Kreisform, Bewegung; *der ~ schließt sich* **4** durch gemeinsame Interessen verbundene Gruppe von Personen; *literarischer ~; spiritueller ~* **5** ⟨Reitsport⟩ kreisförmige Strecke; *auf dem ~ reiten* **6** monogrammartig verschlungener Schriftzug (als Abzeichen einer studentischen Verbindung) [<ahd. *zirkil* <lat. *circulus,* Verkleinerungsform zu *circus* »Kreis«, grch. *kirkos;* in der Bedeutung »Gerät zum Kreiszeichnen« <lat. *circinus,* grch. *kirkinos* »Zirkel«]

Zir|kel|de|fi|ni|ti|on ⟨f.; -, -en; Philos.⟩ Definition, die den Gegenstand, der definiert werden soll, mit in der Erklärung benutzt

Zir|kel|ka|non ⟨m.; -s, -s; Musik⟩ häufigste Form des Kanons, bei der die Stimmen immer wieder einsetzen u. der Text beliebig oft wiederholt werden kann

zir|keln ⟨V.⟩ **1** genau (ab)messen **2** tüfteln, austüfteln [→ *Zirkel*]

Zir|kel|schluss ⟨m.; -es, -schlüs|se⟩ = Circulus vitiosus (1)

Zir|kel|trai|ning ⟨[-tre:-] n.; -s, -s; Sport⟩ = Circuittraining

Zir|kon ⟨m.; -s, -e; Min.⟩ Zirkonium enthaltendes, diamanten glänzendes Mineral; *Sy* Hyazinth [<pers. *zargun* »goldfarben«]

Zir|ko|ni|um ⟨n.; -s; unz.; chem. Zeichen: Zr⟩ stahlgraues bis silberweißes Metall, chem. Element, Ordnungszahl 40 [neulat.; → *Zirkon*]

zir|ku|lar ⟨Adj.⟩ = zirkulär

Zir|ku|lar ⟨n.; -s, -e⟩ Rundbrief

zir|ku|lär ⟨Adj.⟩ *oV* zirkular **1** in der Art eines Zirkels, kreisförmig **2** periodisch wiederkehrend

Zir|ku|lar|no|te ⟨f.; -, -n⟩ an mehrere Empfänger gerichtete diplomatische Nachricht [zu lat. *circulus;* Verkleinerungsform zu *circus* »Kreis«]

Zir|ku|la|ti|on ⟨f.; -, -en⟩ das Zirkulieren, Umlauf, Kreislauf; *Blut~*

zir|ku|lie|ren ⟨V.⟩ **1** sich ständig im Kreis bewegen, umlaufen; *sein Blut zirkuliert* **2** herumgehen, kursieren; *es ~ neue Gerüchte um sie* [→ *Zirkel*]

zir|kum..., Zir|kum... ⟨in Zus.⟩ um..., herum..., Um..., Herum... [<lat. *circum* <*in circum* »im Kreise, umher«]

Zir|kum|fe|renz ⟨f.; -, -en; geh.⟩ Umfang, Ausbreitung [<lat. *circumferre* »herumtragen, verbreiten«]

zir|kum|flek|tie|ren ⟨V.; Phon.⟩ mit Zirkumflex versehen

Zir|kum|flex ⟨m.; -es, -e; Zeichen: ˆ; Phon.⟩ Dehnungszeichen über einem Vokal, z. B. im Französ.: fenêtre; *Sy* Accent circonflexe [<lat. *circumflexus* »Wölbung«; zu *circumflectere* »umbiegen«]

zir|kum|po|lar ⟨Adj.⟩ **1** um den Pol herum (bis zur Baumgrenze) gelegen **2** *~e Sterne* Sterne, die für einen bestimmten Beobachtungsort nicht untergehen

Zir|kum|po|si|ti|on ⟨f.; -, -en; Gramm.⟩ umklammernde Präposition

zir|kum|skript ⟨Adj.; Med.⟩ umschrieben, (scharf) abgegrenzt; *der Hautausschlag ist ~* [<*zirkum...* + lat. *scriptus,* Part. Perf. zu *scribere* »schreiben«]

Zir|kum|skrip|ti|on ⟨f.; -, -en⟩ Umschreibung, Beschränkung, Umgrenzung [<*Zirkum...* + lat. *scriptio* »das Schreiben« (zu *scribere* »schreiben«)]

Zir|kum|zi|si|on ⟨f.; -, -en; bei manchen Völkern⟩ Kürzen od. Einschneiden der Vorhaut des männl. Gliedes, Beschneidung [<lat. *circumcisio;* zu *circumcidere* »rundherum abschneiden«; zu *caedere* »abschlagen«]

Zir|kus ⟨m.; -, -se⟩ **1** ⟨im antiken Rom⟩ Rennbahn in der Form eines Ovals (für Wagen- u. Pferderennen) **2** ⟨heute⟩ Unternehmen, das Dressurakte, Artistik u. a. Darbietungen zeigt; *oV* Circus; *Wander~* **3** Zelt od. Halle für diese Darbietungen **4** ⟨fig.; umg.⟩ Aufregung, Aufhebens, große Umstände; *mach doch hier bitte keinen solchen ~!* [<lat. *circus* »Kreis, Arena« <grch. *kirkos*]

Zir|rho|se ⟨f.; -, -n; Med.⟩ auf Entzündung beruhende Wucherung des Bindegewebes, die drüsiges Gewebe angreift: Zirrhosis; *Leber~* [<neulat. *cirrhosis* <grch. *kirrhos* »orangefarben«]

zir|rho|tisch ⟨Adj.⟩ durch Zirrhose hervorgerufen, sie betreffend

Zir|ro|ku|mu|lus ⟨m.; -, -mu|li; Meteor.⟩ kleine Haufenwolke in großer Höhe, Schäfchenwolke [<*Zirrus* + *Kumulus*]

Zir|ro|stra|tus ⟨m.; -, -stra|ti; Meteor.⟩ Schichtwolke in großer Höhe [<*Zirrus* + *Stratus*]

Zir|rus ⟨m.; -, - od. Zir|ren⟩ **1** ⟨Zool.⟩ **1.1** rankenartiger Körperfortsatz bestimmter Wassertiere, z. B. der Rankenfüßer **1.2** Begattungsorgan der Plattwürmer **2** ⟨Bot.⟩ Ranke **3** ⟨Meteor.; kurz für⟩ Zirruswolke [<lat. *cirrus* »Haarlocke«]

Zir|rus|wol|ke ⟨f.; -, -n; Meteor.⟩ feine, weiße Wolke in großer Höhe von faserigem od. federartigem Aufbau, Federwolke; *oV* Cirruswolke

zir|zen|sisch ⟨Adj.; im antiken Rom⟩ den Zirkus betreffend, im Zirkus stattfindend; *oV* circensisch; *~e Spiele* Wagen- u. Pferderennen im altröm. Zirkus [<lat. *circensis;* → *Zirkus*]

zis|al|pin ⟨Adj.⟩ = zisalpinisch

zis|al|pi|nisch ⟨Adj.⟩ diesseits der Alpen (von Rom her gesehen), südlich der Alpen; *oV* zisalpin [<lat. *Cicalpinus* <*cis* »diesseits« + *alpinus* »die Alpen betreffend«]

Zi|se|leur ⟨[-lø:r] m.; -s, -e⟩ Künstler, der Ornamente in Metall sticht; *Sy* Ziselierer [<frz. *ciseleur;* → *ziselieren*]

zi|se|lie|ren ⟨V.⟩ mit Meißel, Stichel, Punze verzieren, Ornamente einstechen; *Metall~* [<frz. *ciseler* »ausmeißeln, ziselieren«; zu *ciselet* »kleiner Meißel«; zu *ciseau* »Meißel«]

Zi|se|lie|rer ⟨m.; -s, -⟩ = Ziseleur

Zis|sa|li|en ⟨Pl.⟩ *oV* Zessalien **1** fehlerhafte od. mangelhaft geprägte Münzen; *er sammelt ~* **2** missglückte Münzen, die wieder eingeschmolzen werden [<lat. *cessare* »aussetzen, nachlassen«]

Zis|so|i|de ⟨f.; -, -n; Geom.⟩ ebene Kurve dritter Ordnung, geometr. Ort für die Fußpunkte aller Lote, die vom Scheitel einer Parabel auf die Tangenten gefällt werden, Efeublattkurve [<grch. *kissos* »Efeu«]
Zis|ta ⟨f.; -, Zis|ten⟩ *oV* Ziste **1** etruskisches zylindrisches Gefäß aus Bronze mit Deckel im 4./3. Jh. v. Chr. **2** etruskische Urne aus Alabaster, Marmor od. Ton im 3. bis 1. Jh. v. Chr. [<lat. *cista* <grch. *kiste* »Kiste, Korb«]
Zis|te ⟨f.; -, -n⟩ = Zista
Zis|ter|ne ⟨f.; -, -n⟩ unterird., gemauerter Behälter zum Speichern von Regenwasser [<lat. *cisterna*]
Zis|ter|zi|en|ser ⟨m.; -s, -⟩ Angehöriger eines 1098 gegründeten benediktin. Mönchsordens, heute bes. in Seelsorge u. Unterricht tätig [nach dem Gründungskloster in *Citeaux* <mlat. *Cistercium*]
Zist|ro|se ⟨f.; -, -n; Bot.⟩ zur Familie der Zistrosengewächse gehörender Strauch: Cistus [<neulat. *cystacea* <grch. *kystis* »Blase«]
Zi|ta|del|le ⟨f.; -, -n⟩ (Kern einer) Festung od. befestigten Stadt [<ital. *cittadella* »Stadtfestung«, Verkleinerungsform zu *città* »Stadt« <lat. *civitas* »Bürgerschaft, Stadt«; zu *civis* »Bürger«]
Zi|tat ⟨n.; -(e)s, -e⟩ **1** wörtlich angeführte Stelle aus einem Buch **2** oft zitierter Ausspruch [<lat. *citatus,* Part. Perf. zu *citare;* → *zitieren*]
Zi|ta|ti|on ⟨f.; -, -en; veraltet⟩ Vorladung vor Gericht, vor eine Behörde [<spätlat. *citatio* »das Herbeirufen«]
Zi|ther ⟨f.; -, -n; Musik⟩ Zupfinstrument mit einem flachen Resonanzkörper u. fünf Saiten, auf denen die Melodie gespielt wird, sowie 24-42 Saiten zur Begleitung [<lat. *cithara* <grch. *kithara* <pers. *sihtar* »Instrument mit drei Saiten«; verwandt mit *Gitarre*]
zi|tie|ren ⟨V.⟩ **1** wörtlich wiedergeben, anführen; *Ausspruch, Stelle aus einem Buch* ~ **2** herbeirufen, vorladen, zum Erscheinen auffordern; *jmdn. vor Gericht* ~ [<lat. *citare* »in Bewegung setzen, herbeirufen«; zu *citus* »schnell«; zu *ciere* »bewegen«]

◆ Die Buchstabenfolge **zi|tr...** kann auch **zit|r...** getrennt werden.

◆ **Zi|trat** ⟨n.; -(e)s, -e; Chemie⟩ Salz der Zitronensäure; *oV* Citrat
◆ **Zi|trin** ⟨m.; -s, -e; Min.⟩ gelber Bergkristall; *oV* Citrin [<frz. *citrin* »zitronenfarben«]
◆ **Zi|tro|nat** ⟨n.; -(e)s; unz.⟩ kandierte Schale der Zitronatzitrone
◆ **Zi|tro|nat|zi|tro|ne** *auch:* **Zi|tro|nat|zit|ro|ne** ⟨f.; -, -n; Bot.⟩ aus Ostindien stammende Zitrusfrucht: Citrus medica
◆ **Zi|tro|ne** ⟨f.; -, -n; Bot.⟩ **1** zu den Zitrusgewächsen gehörender mittelgroßer Baum mit weißen Blüten: Citrus limonium **2** gelbe, eiförmige, saure Frucht des Zitronenbaumes mit hohem Gehalt an Vitamin C [<ital. *citrone* <lat. *citrus* »Zitronenbaum« (verwandt mit grch. *kedros* »Zeder«)]
◆ **Zi|trul|le** ⟨f.; -, -n; Bot.⟩ Wassermelone, einjähriges Kürbisgewächs, dessen essbare Früchte eine grüne Schale u. schwarze Kerne haben: Citrullus vulgaris [<vulgärlat. *citriolum* »kleine Zitronengurke«; zu lat. *citrus* »Zitronenbaum«]
◆ **Zi|trus|frucht** ⟨f.; -, -früch|te; Bot.⟩ Frucht der Pflanzengattung Citrus, zu der Zitrone, Apfelsine, Mandarine, Pampelmuse u. a. gehören; *oV* Citrusfrucht [<lat. *citrus* »Zitronenbaum«]
Zit|wer ⟨m.; -s, -; Bot.⟩ die Wurzel des Kurkuma; *Deutscher* ~ Wurzel des Gemeinen Kalmus [<arab. *zidwar* <pers. *žädwar*]
Zitz ⟨m.; -es, -e; Textilw.⟩ eine Art des Kattuns, Chintz [<ndrl. *sits* <bengal. *chits* »bunter Kattun« <aind. *citra* »bunt«]
Zi|vet|te ⟨[-vɛtə] f.; -, -n; Zool.⟩ = Afrikanische Zibetkatze
Zi|vi ⟨[-vi] m.; -s, -s; umg.; kurz für⟩ **1** Zivildienstleistende(r) **2** Polizist in Zivil
zi|vil ⟨[-viːl] Adj.⟩ **1** bürgerlich; *Ggs* militärisch **2** ⟨fig.⟩ angemessen, mäßig; *~e Preise* [<lat. *civilis* »bürgerlich«; zu *civis* »Bürger«]
Zi|vil ⟨[-viːl] n.; -s; unz.⟩ bürgerl. Kleidung; *Ggs* Uniform
Zi|vil|cou|ra|ge ⟨[-viːlkuraːʒə] f.; -; unz.⟩ Mut, die eigene Überzeugung zu vertreten
Zi|vil|dienst ⟨[-viːl-] m.; -(e)s; unz.⟩ Wehrersatzdienst, waffenloser, meist sozialer Dienst für Kriegsdienstverweigerer
Zi|vil|ehe ⟨[-viːl-] f.; -, -n; Rechtsw.⟩ auf dem Standesamt, nicht in der Kirche geschlossene Ehe
Zi|vi|li|sa|ti|on ⟨[-vi-] f.; -, -en⟩ die technisch fortgeschrittenen, verfeinerten äußeren Formen des Lebens u. der Lebensweise eines Volkes, im Unterschied zur Kultur [→ *zivil*]
Zi|vi|li|sa|ti|ons|krank|heit ⟨[-vi-] f.; -, -en⟩ Krankheit, die infolge der Zivilisation u. der daraus folgenden geringeren Widerstandsfähigkeit stärker hervortritt, z. B. Erkältung, Verdauungs-, Kreislaufstörungen
zi|vi|li|sa|to|risch ⟨[-vi-] Adj.⟩ zur Zivilisation gehörend, sie fördernd
zi|vi|li|sie|ren ⟨[-vi-] V.⟩ die Zivilisation einführen bei, in; *ein Volk* ~
zi|vi|li|siert ⟨[-vi-] Adj.⟩ die Errungenschaften der Zivilisation besitzend, technisch u. in den äußeren Lebensformen fortgeschritten, entwickelt
Zi|vi|li|sie|rung ⟨[-vi-] f.; -; unz.⟩ das Zivilisieren
Zi|vi|list ⟨[-vi-] m.; -en, -en⟩ Angehöriger des bürgerlichen Standes; *Ggs* Soldat (1) [zu lat. *civilis* »bürgerlich«]
Zi|vi|lis|tin ⟨[-vi-] f.; -, -tin|nen⟩ Angehörige des bürgerlichen Standes; *Ggs* Soldatin [zu lat. *civilis* »bürgerlich«]
Zi|vil|kam|mer ⟨[-viːl] f.; -, -n; Rechtsw.⟩ Kammer der ordentlichen Gerichtsbarkeit für Zivilsachen beim Landgericht; *Ggs* Strafkammer [→ *zivil*]
Zi|vil|pro|zess ⟨[-viːl-] m.; -es, -e; Rechtsw.⟩ Prozess zur Entscheidung über Fragen des Privatrechts; *Ggs* Strafprozess

Z

Zi|vil|stand ⟨[-viːl-] m.; -es; unz.⟩ 1 Stand der nicht dem Militär angehörenden Personen, der Zivilisten 2 ⟨schweiz. a.⟩ Familien-, Personenstand

Zi|vil|stands|amt ⟨[-viːl-] n.; -(e)s, -äm|ter; schweiz.⟩ Standesamt [→ *Zivilstand*]

ZK ⟨Abk. für⟩ Zentralkomitee

Zł ⟨Abk. für⟩ Złoty

Zło|ty ⟨[zwɔti] m.; -s, -s od. (bei Zahlenangaben) -; Abk.: Zł⟩ poln. Währungseinheit, 100 Groszy [poln., »golden«]

Zn ⟨chem. Zeichen für⟩ Zink

ZNS ⟨Abk. für⟩ Zentralnervensystem

Zo|bel ⟨m.; -s, -; Zool.⟩ 1 Marder mit wertvollem Fell (Martes zibellina) sowie dessen Pelz 2 mit dem Blei verwandter Knochenfisch: Abramis sapa [<russ. *sobol*]

zo|cken ⟨V.; umg.⟩ um Geld spielen, Glücksspiele machen; *er hat schon wieder gezockt* [jidd.]

Zo|cker ⟨m.; -s, -; umg.⟩ jmd., der zockt [jidd.]

zo|di|a|kal ⟨Adj.⟩ zum Zodiakus gehörend, von ihm ausgehend

Zo|di|a|kal|licht ⟨n.; -(e)s, -er⟩ von der Sonne ausgehender, kegelförmiger Lichtkegel längs des Tierkreises, Tierkreislicht

Zo|di|a|kal|zei|chen ⟨n.; -s, -⟩ Tierkreiszeichen

Zo|di|a|kus ⟨m.; -; unz.⟩ Tierkreis [<lat. *zodiacus* <grch. *zodiakos(kyklos)* »tierischer (Kreis)«; zu *zoon* »Lebewesen, Tier«]

Zoff ⟨m.; -s; unz.; Jugendspr.⟩ Ärger, Streit; *er hat zu Hause immer ~* [<rotw. *Zoof, Sof* »Ende (einer Sache); Ende einer Freundschaft« <hebr.]

...zo|i|kum ⟨Nachsilbe; zur Bildung sächl. Subst.⟩ Gruppe, Ära der Erdgeschichte; *Paläozoikum* [<grch. *zoon* »Lebewesen«]

Zö|kum ⟨n.; -s, Zö|ka; Med.⟩ = Caecum; *oV* Coecum, Zäkum

Zö|len|te|rat *auch:* **Zö|len|te|rat** ⟨m.; -en, -en; Zool.⟩ Hohltier [<grch. *koilos* »hohl« + *enteron* »das Innere, Eingeweide«]

Zö|les|tin ⟨m.; -s, -e; Min.⟩ farbloses, perlmuttartig glänzendes Mineral, dient zur Darstellung von Verbindungen des Strontiums [→ *zölestisch*]

zö|les|tisch ⟨Adj.⟩ himmlisch [<lat. *caelestis;* zu *caelum* »Himmel«]

Zö|li|a|kie ⟨f.; -, -n; Med.⟩ Verdauungsstörung infolge einer Allergie gegen das im Getreide vorhandene Klebereiweiß [<grch. *koilia* »Bauch(höhle), Magen«]

Zö|li|bat ⟨n. od. m.; -(e)s; unz.⟩ Ehelosigkeit der kath. Geistlichen [<lat. *caelibatus;* zu *caelebs* »ehelos«]

zö|li|ba|tär ⟨Adj.⟩ im Zölibat; *~es Leben; ~ leben*

Zö|li|ba|tär ⟨m.; -s, -e⟩ jmd., der im Zölibat lebt

Zö|lom ⟨n.; -s, -e; Biol.⟩ Leibeshöhle der Tiere [<grch. *koiloma* »Höhle«; zu *koilos* »hohl«]

Zö|lo|stat *auch:* **Zö|los|tat** ⟨m.; -s od. -en, -en; Astron.⟩ astronom. Beobachtungsgerät, mit dem das von einem Stern einfallende Licht unabhängig von der Erddrehung immer in die gleiche Richtung, z. B. in ein fest montiertes Fernrohr, gelenkt wird [<grch. *koilos* »hohl« + *...stat*]

Zom|bie ⟨m.; -s, -s⟩ 1 ⟨Wodukult⟩ 1.1 Gottheit 1.2 willenloses Individuum, ein angeblich wiederbelebter Toter 2 ⟨urspr.; Jugendspr.⟩ (durch Drogen) zerstörter willenloser Mensch 3 ⟨danach allg.⟩ willensschwacher, schlaffer, energieloser Mensch; *diese ~s lassen sich für nichts mehr begeistern* [<westafrikan. *zumbi* »schönes Götzenbild«; zu *nzambi* »Gott«]

Zö|me|te|ri|um ⟨n.; -s, -ri|en⟩ 1 Ruhestätte, Kirchhof 2 = Katakombe [<lat. *coemeterium* <grch. *koimeterion;* zu *koiman* »zur Ruhe bringen«]

Zö|na|kel ⟨n.; -s, -; in Klöstern⟩ Speisesaal; *oV* Zenakel; *Sy* Refektorium [<lat. *cenaculum* »Speisezimmer«; zu *cenare* »essen«]

zo|nal ⟨Adj.⟩ zu einer Zone gehörend

Zo|ne ⟨f.; -, -n⟩ 1 nach bestimmten Gesichtspunkten eingeteiltes Gebiet; *Gefahren~; raucherfreie ~* 2 Teilgebiet eines nicht souveränen Staates; *Besatzungs~* 3 Stufe der Entfernung, nach der die Preise für die Beförderung von Gütern u. die Fernsprechgebühren berechnet werden; *erste, zweite ~; Nahverkehrs~; Orts~* 4 ⟨Geogr.⟩ von zwei parallelen Kreisen begrenzter Streifen der Erdoberfläche; *gemäßigte ~* Gebiet zwischen Wendekreis u. Polarkreis; *heiße ~* Gebiet zwischen beiden Wendekreisen; *kalte ~* Gebiet zwischen Polarkreis u. Pol 5 ⟨Geol.⟩ kleinste Unterabteilung einer Formation [grch., »Gürtel, Gebiet«]

Zo|nen|zeit ⟨f.; -; unz.⟩ = Normalzeit

zonked ⟨[zɔŋkt] Adj.; Drogenszene⟩ von Drogen berauscht [engl.]

Zö|no|bit ⟨m.; -en, -en⟩ im Kloster lebender Mönch; *oV* Coenobit; *Ggs* Eremit (1) [<lat. *coenobita;* → *Zönobium*]

zö|no|bi|tisch ⟨Adj.⟩ in der Klostergemeinschaft lebend

Zö|no|bi|um ⟨n.; -s, -bi|en⟩ *oV* Coenobium 1 Kloster 2 Vereinigung einzelliger Pflanzen od. Tiere [<lat. *coenobium* <grch. *koinos* »gemeinsam« + *bios* »Leben«]

Zö|no|karp ⟨n.; -s, -e; Bot.⟩ aus mehreren Fruchtblättern zusammengewachsener Fruchtknoten [<grch. *koinos* »gemeinsam« + *...karp*[1]]

Zon|ta In|ter|na|ti|o|nal ⟨ohne Artikel⟩ (1919 in den USA gegründeter) internationaler Zusammenschluss von Wohltätigkeitsclubs, deren Mitglieder Frauen in beruflich leitenden od. selbstständigen Positionen sind, mit dem Ziel, den beruflichen, wirtschaftlichen u. rechtlichen Status von Mädchen u. Frauen weltweit zu verbessern [<Sprache der Sioux-Indianer *zonta* »ehrenhaft, vertrauensvoll u. integer handeln«]

Zoo ⟨[tsoː] m.; - od. -s, -s; kurz für⟩ zoologischer Garten, Einrichtung zur Haltung u. Schaustellung von einheimischen u. exotischen Tieren zu belehrenden u. wissenschaftl. Zwecken

zoo..., Zoo... ⟨[tso:o] in Zus.⟩ tier..., Tier... [<grch. *zo(i)on* »Lebewesen, Tier«]

Zoo|chlo|rel|le ⟨[tso:oklo-] f.; -, -n; Biol.⟩ in Lebensgemein-

Z

schaft mit niederen Tieren lebende Grünalge [< *Zoo...* + *Chorella*]

Zoo|cho|rie ⟨[tso:oko-] f.; -; unz.; Biol.⟩ Verbreitung von Samen u. Früchten durch Tiere [< *Zoo...* + grch. *chora* »Land, Gegend«]

zoo|gen ⟨[tso:o-] Adj.; Biol.⟩ aus tierischen Resten gebildet; *~es Gestein* [< *zoon...* + *...gen*[1]]

Zoo|geo|gra|fie ⟨[tso:o-] f.; -s; unz.; Zool.⟩ = Geozoologie; *oV* Zoogeographie

zoo|geo|gra|fisch ⟨[tso:o-] Adj.; Zool.⟩ die Zoogeografie betreffend, dazu gehörend, darauf beruhend; *oV* zoogeographisch

Zoo|geo|gra|phie ⟨[tso:o-] f.; -; unz.; Zool.⟩ = Zoogeografie

zoo|geo|gra|phisch ⟨[tso:o-] Adj.; Zool.⟩ = zoogeografisch

Zoo|gra|fie ⟨[tso:o-] f.; -, -n; Zool.⟩ = Zoographie

Zoo|gra|phie ⟨[tso:o-] f.; -, -n; Zool.⟩ Benennung u. Einordnung der Tiere in eine biolog. Systematik; *oV* Zoografie [< *Zoo...* + *...graphie*]

Zoo|la|trie *auch:* **Zoo|lat|rie** ⟨[tso:o-] f.; -, -n⟩ **1** religiöse Verehrung von Tieren, Tierkult **2** Verehrung von Göttern in tierischer Gestalt

Zoo|lith ⟨[tso:o-] m.; -s od. -en, -e od. -en⟩ aus Tieren entstandene Versteinerung [< *Zoo...* + *...lith*]

Zoo|lo|ge ⟨[tso:o-] m.; -n, -n⟩ Wissenschaftler, Student der Zoologie

Zoo|lo|gie ⟨[tso:o-] f.; -; unz.⟩ Lehre von den Tieren, Tierkunde [< *Zoo...* + *...logie*]

Zoo|lo|gin ⟨[tso:o-] f.; -, -gin|nen⟩ Wissenschaftlerin, Studentin der Zoologie

zoo|lo|gisch ⟨[tso:o-] Adj.⟩ **1** die Zoologie betreffend, zu ihr gehörend, auf ihr beruhend **2** *~er Garten* = Zoo

Zoom ⟨[zu:m] n.; -s, -s; Fot.⟩ = Zoomobjektiv

zoo|men ⟨[zu:-] V.; Fot.⟩ mit einem Zoomobjektiv den Betrachtungspunkt dichter heranholen od. weiter entfernen [→ *Zoomobjektiv*]

Zoom|ob|jek|tiv ⟨[zu:m-] n.; -s, -e; Fot.⟩ Objektiv mit einer stufenlos verstellbaren Brennweite; *Sy* Varioobjektiv, Zoom [< engl. *zoom* »schnell ansteigen (vom Flugzeug); sich mit der Kamera zum Objekt bewegen od. sich davon entfernen« + *Objektiv*]

zoo|morph ⟨[tso:o-] Adj.; Biol.⟩ die Gestalt eines Tieres aufweisend [< *zoo...* + *...morph*]

Zo|on ⟨[tso:on] n.; -, (nur in Zus. üblich) ...zo|en⟩ Lebewesen; *~ politikon* ⟨bei Aristoteles⟩ (der Mensch als) geselliges Wesen [grch. *zoon* »Lebewesen«; grch. *politikon* »gesellig, Gemeinschafts...«]

Zoo|no|se ⟨[tso:o-] f.; -, -n; Med.⟩ von Tieren auf Menschen übertragbare Krankheit [< *Zoo...* + grch. *nosos* »Krankheit«]

Zoo|pa|ra|sit ⟨[tso:o-] m.; -en, -en; Biol.⟩ Schmarotzer, der in od. auf Tieren lebt [< *Zoo...* + *Parasit*]

zoo|phag ⟨[tso:o-] Adj.; Biol.⟩ fleischfressend [< *zoo...* + *...phag*]

Zoo|pha|ge ⟨[tso:o-] m.; -n, -n; Biol.⟩ fleischfressendes Lebewesen

Zoo|pho|bie ⟨[tso:o-] f.; -, -n; Psych.⟩ Angst vor Tieren [< *Zoo...* + *Phobie*]

Zoo|phyt ⟨[tso:o-] m.; -en, -en; veraltet⟩ festsitzendes Hohltier [< *Zoo...* + grch. *phyton* »Pflanze«]

Zoo|plank|ton ⟨[tso:o-] n.; -s; unz.; Zool.⟩ Gesamtheit der im Wasser schwebenden Tiere

Zoo|sper|mie ⟨[tso:o-] f.; -; unz.; Med.⟩ das Vorhandensein beweglicher Samenzellen im Ejakulat [< *Zoo...* + *Sperma*]

Zoo|spo|re ⟨[tso:o-] f.; -, -n; Bot.⟩ frei bewegliche Zelle zur Fortpflanzung bei Algen u. einigen Pilzen

Zoo|tech|nik ⟨[tso:-] f.; -; unz.; DDR⟩ Sammelbegriff für die Methoden der Tierhaltung

Zoo|to|mie ⟨[tso:o-] f.; -; unz.; Zool.⟩ Zerlegen u. Zerschneiden von tierischen Körpern zum Studium ihres inneren Baus [< *Zoo...* + *...tomie*]

Zoo|to|xin ⟨[tso:o-] n.; -s, -e; Biol.⟩ tierisches Gift [< *Zoo...* + *Toxin*]

Zoo|zö|no|lo|gie ⟨[tso:o-] f.; -; unz.; Zool.⟩ Tiersoziologie, Wissenschaft vom Zusammenleben der Tiere [< *Zoo...* + grch. *koinos* »gemeinsam« + *...logie*]

Zo|pho|ros ⟨m.; -, -pho|ren; Arch.⟩ Fries in der altgriechischen Baukunst, der mit Reliefs geschmückt ist; *oV* Zophorus [grch.]

Zo|pho|rus ⟨m.; -, -pho|ren; Arch.⟩ = Zophoros [lat.]

zop|po ⟨Musik⟩ lahm, schleppend (zu spielen) [ital.]

Zo|res ⟨m.; -; unz.⟩ **1** ⟨jidd.⟩ Not, Bedrängnis **2** ⟨umg.; bes. südwestdt.⟩ Ärger, Durcheinander, Wirrwarr [< hebr. *zarah* »Not«]

Zo|ril|la ⟨m.; -s, -s; Zool.⟩ mit dem Marder verwandtes Tier, das bei Gefahr ein übelriechendes Sekret verspritzt: Ictonyx striatus [< span. *zorilla,* Verkleinerungsform zu *zorra* »Fuchs«]

zo|ro|as|trisch *auch:* **zo|ro|ast|risch** ⟨Adj.; Philos.⟩ zur Lehre des Zoroaster gehörend, auf ihr gründend [nach *Zoroaster,* der grch. Form von *Zarathustra* (altpersischer Philosoph, gestorben um 630 v. Chr.)]

Zo|te ⟨f.; -, -n⟩ grob unanständiger Witz, unanständige Redensart [vielleicht < frz. *sotie* »(unflätiges) Narrenspiel« od. nach *Zotte* in der Bedeutung »Schamhaare«]

Zr ⟨chem. Zeichen für⟩ Zirkonium

Zu|a|ve ⟨[tsua:və] m.; -n, -n⟩ **1** ⟨urspr.⟩ Angehöriger eines Kabylenstammes in Algerien **2** ⟨nach 1831⟩ Angehöriger einer aus Zuaven bestehenden, ehemaligen französischen Infanteriegruppe in Algerien [< frz. *zouave*]

Zuc|chet|to ⟨[tsukẹto] m.; -s, -chet|ti; Bot.⟩ = Zucchini [ital.]

Zuc|chi|ni ⟨[tsuki:-] Pl.; Bot.⟩ gurkenähnliche Früchte, die als Gemüse verwendet werden; *Sy* Zucchetto [ital.]

Zu|fo|lo ⟨m.; -s, -s od. -fo|li; Musik⟩ Hirtenflöte mit sehr hohen Tönen [ital.]

Zy|an ⟨n.; -s; unz.; Chemie⟩ giftiges, nach bitteren Mandeln riechendes Gas; *oV* ⟨fachsprachl.⟩ Cyan [< lat. *cyanus* »dunkelblau« < grch. *kyaneos*]

Z

Zy|a|nat ⟨n.; -(e)s, -e; Chemie⟩ = Cyanat

Zy|a|ne ⟨f.; -, -n; Bot.⟩ Kornblume [<lat. *cyanus* <grch. *kyaneos* »dunkelblau«]

Zy|an|grup|pe ⟨f.; -, -n; Chemie⟩ = Cyangruppe

Zy|a|nid ⟨n.; -s, -e; Chemie⟩ = Cyanid

Zy|a|nin ⟨n.; -s, -e; Chemie⟩ blauer Farbstoff [<lat. *cyanus* <grch. *kyaneos* »dunkelblau«]

Zy|a|nit ⟨m.; -(e)s; unz.; Chemie⟩ = Disthen [→ *Zyan*]

Zy|an|ka|li ⟨n.; -s; unz.; Chemie⟩ sehr giftiger Stoff, der aus farblosen, hygroskopischen Kristallen besteht; *oV* Cyankali; *Sy* Kaliumcyanid, Zyankalium [< *Zyan* + *Kalium*]

Zy|an|ka|li|um ⟨n.; -s; unz.; Chemie⟩ = Zyankali

Zy|a|no|phy|zee ⟨[-tseːə] f.; -, -n; Bot.⟩ Blaualge [<grch. *kyaneos* »dunkelblau« + ...*phyzee*]

Zy|a|no|se ⟨f.; -, -n; Med.⟩ blaurote Färbung infolge mangelnder Sauerstoff-Sättigung des Blutes, die bes. deutlich an den Lippen u. den Fingernägeln hervortritt, Blausucht [<grch. *kyaneos* »dunkelblau« + *nosos* »Krankheit«]

zy|a|no|tisch ⟨Adj.; Med.⟩ die Zyanose betreffend, auf ihr beruhend, mit ihr verbunden

Zy|a|no|ty|pie ⟨f.; -, -n⟩ bläuliche Kopie einer durchsichtigen Vorlage auf lichtempfindl. Papier, Blaupause [<grch. *kyaneos* »dunkelblau« + ...*typie*]

Zy|an|säu|re ⟨f.; -; unz.; Chemie⟩ = Cyansäure

Zy|an|was|ser|stoff ⟨m.; -(e)s; unz.; Chemie⟩ = Cyanwasserstoff

Zy|a|thus ⟨m.; -, -⟩ = Kyathos

Zy|gä|ne ⟨f.; -, -n; Zool.⟩ **1** mittelgroßer, dickleibiger Schmetterling, dessen stahlblaue Flügel rote Flecken aufweisen, Blutströpfchen **2** Hammerhai [<grch. *zygaina* »Hammerfisch«]

Zy|go|ma ⟨n.; -s, -ma|ta; Anat.⟩ knöcherner Bogen des Gesichtsschädels der Säugetiere u. des Menschen, der von Oberkiefer, Schläfenbein u. Keilbein mit Hilfe des Jochbeins gebildet wird, Jochbogen [<grch. *zygoun* »verbinden«; zu *zygon* »Joch«]

zy|go|morph ⟨Adj.; Biol.⟩ eine Symmetrieachse besitzend, die in Richtung der Längsachse liegt, zweiseitig symmetrisch [<grch. *zygoun* »verbinden« + ...*morph*]

Zy|go|te ⟨f.; -, -n; Biochemie⟩ bei der Verschmelzung von Keimzellen entstehender organischer Verband [<grch. *zygotos* »verbunden«; zu *zygoun* »verbinden«; zu *zygon* »Joch«]

Zy|ka|da|zee ⟨[-tseːə] f.; -, -n; Bot.⟩ = Zykadee

Zy|ka|dee ⟨[-deːə] f.; -, -n; Bot.⟩ einer Familie der Nacktsamer angehörende tropische od. subtropische Pflanze mit großen, gefiederten Blättern, Palmfarn: Cycadaceae; *oV* Zykadazee [neulat., vielleicht <grch. *kykas, koikas,* Akk. Pl. zu *koix* »Ägyptische Palmenart (Hyphaene thebaica)«]

Zy|kas ⟨f.; -, -; Bot.⟩ Angehörige einer Gattung der Palmfarne [<neulat. *cyca*]

◆ Die Buchstabenfolge **zy|kl...** kann auch **zyk|l...** getrennt werden.

◆**zy|klam** ⟨Adj.; undekl.⟩ von kräftiger, leuchtend rosavioletter Farbe; *oV* cyclam [→ *Zyklamen*]

◆**Zy|kla|mat** ⟨n.; -(e)s, -e; meist Pl.; Chemie⟩ = Cyclamat

◆**Zy|kla|me** ⟨f.; -, -n; Bot.; österr.; schweiz.⟩ = Zyklamen

◆**Zy|kla|men** ⟨n.; -s, -; Bot.⟩ Alpenveilchen; *oV* Cyclame, Cyclamen, ⟨österr.; schweiz.⟩ Zyklame [<neulat. *cyclamen* <grch. *kyklaminos*]

◆**Zy|klen** ⟨Pl. von⟩ Zyklus

◆**Zy|kli|ker** ⟨m.; -s, -; meist Pl.⟩ Angehöriger einer Gruppe von altgrch. epischen Dichtern, die nach Homer ähnlicher Stoffe bearbeiteten u. deren Werke zu einem Zyklus zusammengefasst wurden; *oV* Kykliker [zu lat. *cyclicus* <grch. *kyklikos;* zu *kyklos* »Kreis, Zyklus«]

◆**zy|klisch** ⟨Adj.⟩ in der Art eines Zyklus, im Kreislauf regelmäßig wiederkehrend; *~e Verbindung* = cyclische Verbindung [<lat. *cyclicus* <grch. *kyklikos;* zu *kyklos* »Kreis, Zyklus«]

◆**Zy|kli|tis** ⟨f.; -, -ti|den; Med.⟩ Entzündung des Ziliarkörpers [<lat. *cyclus* <grch. *kyklos* »Kreis« + ...*itis*]

◆**zy|klo..., Zy|klo...** ⟨in Zus.⟩ kreis..., Kreis..., zyklisch [<lat. *cyclus,* grch. *kyklos* »Kreis«]

◆**Zy|klo|al|ka|ne** ⟨Pl.; Chemie⟩ = Cycloalkane

◆**Zy|klo|ge|ne|se** ⟨f.; -, -n; Meteor.⟩ Entstehung eines Tiefdruckgebiets [< *Zyklo...* + *Genese*]

◆**zy|klo|id** ⟨Adj.⟩ einem Kreis ähnlich [< *zyklo...* + ...*id*]

◆**Zy|klo|i|de** ⟨f.; -, -n; Math.⟩ Radkurve, Kurve, die ein Punkt eines Kreises beschreibt, der auf einer Geraden abrollt; *oV* Kykloide [→ *zykloid*]

◆**Zy|klo|ly|se** ⟨f.; -, -n; Meteor.⟩ Auflösung eines Tiefdruckgebiets [< *Zyklo...* + ...*lyse*]

◆**Zy|klo|me|ter** ⟨n.; -s, -; veraltet⟩ Gerät, das die Anzahl der Drehungen eines rollenden Rades feststellt [<grch. *kyklos* (lat. *cyclus*) »Kreis« + *metron* »Maß«]

◆**Zy|klo|me|trie** *auch:* **Zyk|lo|met|rie** ⟨f.; -; unz.; veraltet⟩ Winkelbestimmungen an Kreisbögen [< *Zyklo...* + ...*metrie*]

◆**zy|klo|me|trisch** *auch:* **zyk|lo|met|risch** ⟨Adj.; veraltet⟩ zur Zyklometrie gehörend, auf ihr beruhend; *~e Funktion* eine Umkehrfunktion der trigonometrischen Funktionen

◆**Zy|klon** ⟨m.; -s, -e⟩ **1** ⟨Meteor.⟩ Wirbelsturm in trop. Gebieten; *oV* Kyklon **2** ⟨Technik⟩ Gerät zum Trennen feinkörniger Gemische mit Hilfe der Fliehkraft [<lat. *cyclus* <grch. *kyklos* »Kreis«]

◆**zy|klo|nal** ⟨Adj.; Meteor.⟩ durch eine Zyklone bestimmt, niedrigen Luftdruck verursachend

◆**Zy|klo|ne** ⟨f.; -, -n; Meteor.⟩ Gebiet niedrigen Luftdrucks, Depression (4), Tiefdruckgebiet; *Ggs* Antizyklone

◆**Zy|klo|no|pa|thie** ⟨f.; -, -n; Med.⟩ = Zyklonose

◆**Zy|klo|no|se** ⟨f.; -, -n; Med.; Psych.⟩ durch Wetterfühligkeit bedingte Krankheit; *Sy* Zyklonopathie [< *Zyklo...* + grch. *nosos* »Krankheit«]

Z

◆**Zy|klop** ⟨m.; -en, -en; grch. Myth.⟩ einäugiger Riese; *oV* Kyklop [<lat. *Cyclops* <grch. *Kyklops* <*kyklos* »Kreis« + *opsis* »Auge«]

◆**Zy|klo|pen|mau|er** ⟨f.; -, -n⟩ frühgeschichtl. Mauer aus unbehauenen, unterschiedlich großen, aber fugenlos zusammengefügten Steinen, z. B. bei den Bauten der Inka in Peru [der Sage nach von *Zyklopen* erbaut]

◆**zy|klo|pisch** ⟨Adj.⟩ in der Art eines Zyklopen, riesenhaft

◆**Zy|klo|sto|me** *auch:* **Zy|klos|to|me** ⟨f.; -, -n; Zool.⟩ fischähnliches Wirbeltier, Rundmaul [<lat. *cyclus* <grch. *kyklos* »Kreis« + *Stoma*]

◆**zy|klo|thym** ⟨Adj.; Med.; Psych.⟩ aufgeschlossen, umgänglich u. zu wechselnden Stimmungen neigend [<*zyklo…* + grch. *thymos* »Lebenskraft, Stimmung«]

◆**Zy|klo|thy|mie** ⟨f.; -; unz.; Med.; Psych.⟩ aufgeschlossenes, geselliges Temperament, verbunden mit einer Neigung zu abwechselnd niedergeschlagener u. freudig erregter Stimmung

◆**Zy|klo|tron** *auch:* **Zy|klot|ron** ⟨n.; -s, -e; Physik⟩ kreisförmiger Beschleuniger für Elementarteilchen [<*Zyklo…* + *…tron*]

◆**zy|klo|tro|nisch** *auch:* **zy|klot|ro|nisch** ⟨Adj.; Physik⟩ auf das Zyklotron bezogen, mit ihm beschleunigt

◆**Zy|klus** ⟨m.; -, Zy|klen⟩ **1** sich regelmäßig wiederholender Ablauf **2** Folge inhaltlich zusammenhängender Schrift- od. Musikwerke **3** ⟨Med.⟩ Regelblutungen der Frau u. die zwischen ihnen liegenden Zeiträume [<lat. *cyclus* <grch. *kyklos* »Kreis«]

Zy|lin|der ⟨m.; -s, -⟩ **1** walzenförmiger Körper mit kreisförmigem Querschnitt **2** in Dampfmaschinen u. Verbrennungskraftmaschinen der Raum, in dem Dampf od. verbrannte Gase einen Kolben hin u. her bewegen **3** beiderseits offener, walzenförmiger Körper aus Glas, der über eine brennende Flamme gestülpt wird **4** hoher, röhrenförmiger, meist schwarzer Hut für Herren [<lat. *cylindrus* <grch. *kylindros* »Walze«; zu *kylindein* »wälzen«]

Zy|lin|der|glas ⟨n.; -es, -glä|ser; Optik⟩ nur auf einer Seite gekrümmtes Brillenglas

Zy|lin|der|pro|jek|ti|on ⟨f.; -, -en; Kartogr.⟩ Kartenprojektion, bei der die Erdoberfläche auf die Innenfläche eines Zylinders projiziert u. so in einer Ebene dargestellt wird

…zy|lin|drig *auch:* **…zy|lind|rig** ⟨Nachsilbe; zur Bildung von Adj.⟩ mit einer bestimmten Zahl von Zylindern versehen (Kraftwagen); *achtzylindrig*

zy|lin|drisch *auch:* **zy|lind|risch** ⟨Adj.⟩ in der Form eines Zylinders

Zy|lin|drom ⟨n.; -s, -e; Med.⟩ Tumor an Speichel- u. Schleimdrüsen der Mundhöhle mit zylindrischen Hohlräumen, in denen sich eine schleimig-glasartige Masse sammelt [zu grch. *kylindros* »Walze«]

Zy|ma|se ⟨f.; -, -n; Biochemie⟩ aus Hefe gewonnenes Gemisch von Enzymen, das eine alkoholische Gärung verursacht [<grch. *zyme* »Sauerteig, Gärungsstoff«]

Zym|bal ⟨n.; -, -s od. -e; Musik⟩ **1** = Zimbal (1) **2** = Zimbel

zy|misch ⟨Adj.⟩ auf Gärung beruhend [→ *Zymase*]

Zy|mo|gen ⟨n.; -s, -e; Biochemie⟩ die enzymatisch noch inaktive Vorstufe eines eiweißspaltenden Enzyms [<*Zymase* + grch. *gennan* »erzeugen«]

Zy|mo|lo|gie ⟨f.; -; unz.; Biochemie⟩ Lehre von der Gärung [<*Zymase* + *…logie*]

zy|mös ⟨Adj.; Bot.⟩ *~e Verzweigung* V., bei der der verkümmernde Hauptspross durch Nebensprosse übergipfelt wird, die das Wachstum fortsetzen

Zy|mo|tech|nik ⟨f.; -; unz.; Biochemie⟩ Technik der Gärung [<*Zymase* + *Technik*]

zy|mo|tisch ⟨Adj.; Biochemie⟩ Gärung bewirkend [<grch. *zymotikos;* zu *zymosis* »Gärung«; zu *zyme* »Sauerteig, Gärungsstoff«]

Zyn|e|ge|tik *auch:* **Zy|ne|ge|tik** ⟨f.; -; unz.⟩ Kunst, Hunde zu dressieren; *oV* Kynegetik [<grch. *kyon,* Gen. *kynos* »Hund« + *hegeisthai* »führen«]

zyn|e|ge|tisch *auch:* **zy|ne|ge|tisch** ⟨Adj.⟩ die Zynegetik betreffend, zu ihr gehörend, auf ihr beruhend

Zy|ni|ker ⟨m.; -s, -⟩ **1** = Kyniker **2** ⟨fig.⟩ zynischer Mensch [zu lat. *cynicus* <grch. *kynikos* »hündisch, bissig, schamlos«]

Zy|ni|ke|rin ⟨f.; -, -rin|nen⟩ weibl. Zyniker (2)

zy|nisch ⟨Adj.⟩ bissig-pietätlos, schamlos-spöttisch; *ein ~er Kommentar; eine ~e Bemerkung machen;* →*a.* kynisch [<lat. *cynicus* <grch. *kynikos* »hündisch, bissig, schamlos«; zu *kyon,* Gen. *kynos* »Hund«]

Zy|nis|mus ⟨m.; -, -nis|men⟩ Art eines Zynikers, bissig-pietätlose Haltung; *sein ganzes Handeln ist von seinem ~ geprägt*

Zy|per|gras ⟨n.; -es, -grä|ser; Bot.⟩ einer Gattung der Riedgräser angehörende Sumpfpflanze in tropischen u. subtropischen Gegenden: Cyperus [<grch. *kypeiros* »Schilfgras«]

Zy|per|kat|ze ⟨f.; -, -n; Zool.⟩ gestreifte Hauskatze

Zy|pres|se *auch:* **Zyp|res|se** ⟨f.; -, -n; Bot.⟩ einer Gattung der Zypressengewächse angehörender, kegelförmiger Baum mit kleinen, sehr dichten Blättern: Cupressus [<mhd. *cipres(se)* <lat. *cupressus,* grch. *kyparissos* <kleinasiat. Spr.]

zy|pres|sen *auch:* **zyp|res|sen** ⟨Adj.⟩ aus Zypressenholz bestehend

zy|ril|lisch ⟨Adj.⟩ = kyrillisch

Zyst|al|gie *auch:* **Zys|tal|gie** ⟨f.; -, -n; Med.⟩ Schmerzhaftigkeit der Blase [<*Zyste* + *…algie*]

Zys|te ⟨f.; -, -n⟩ **1** ⟨Med.⟩ durch eine Membran abgeschlossener Hohlraum im Gewebe mit flüssigem Inhalt **2** ⟨Zool.⟩ oft mit derber Haut umgebene Hülle niederer Tiere [<neulat. *cystis* »Harnblase« <grch. *kystis*]

Zys|te|in ⟨n.; -s; unz.; Biochemie⟩ eine Aminosäure

Zys|tin ⟨n.; -s; unz.; Biochemie⟩ in den Keratinen enthaltene, schwefelhaltige Aminosäure [→ *Zyste*]

Zys|tis ⟨f.; -, Zys|ten; Med.⟩ Blase, Harnblase [<grch. *kystis*]

Zys|tisch ⟨Adj.; Med.⟩ blasenartig

Zys|ti|tis ⟨f.; -, -ti|ti|den; Med.⟩ katarrhalische Entzündung der Schleimhaut der Blase, Blasenentzündung [<neulat. *cystis* »Harnblase« <grch. *kystis*]

Zys|to|skop *auch:* **Zys|tos|kop** ⟨n.; -s, -e; Med.⟩ Gerät zur Untersuchung der Harnblase, Blasenspiegel [<grch. *kystis* (neulat. *cystis*) »Harnblase« + *skopein* »schauen«]

Zys|to|sko|pie *auch:* **Zys|tos|ko|pie** ⟨f.; -, -n; Med.⟩ Untersuchung der Harnblase mit dem Zystoskop

Zys|to|spas|mus ⟨m.; -, -spas|men; Med.⟩ Blasenkrampf [<neulat. *cystis* »Harnblase« + *Spasmus*]

Zys|to|sto|mie *auch:* **Zys|tos|to|mie** ⟨f.; -, -n; Med.⟩ Anlegen einer Blasenfistel [<neulat. *cystis* »Harnblase« + *Stoma*]

Zys|to|to|mie ⟨f.; -, -n; Med.⟩ operative Öffnung der Harnblase, Blasenschnitt [<neulat. *cystis* »Harnblase« + *…tomie*]

Zys|to|ze|le ⟨f.; -, -n; Med.⟩ Blasenbruch [<neulat. *cystis* »Harnblase« + grch. *kele* »Bruch«]

…zyt ⟨Nachsilbe; zur Bildung männl. Subst.; m.; -en, -en⟩ Zelle, Blutkörperchen; *Leukozyt* [<neulat. *cytus* »Zelle« <grch. *kytos* »Höhlung, Urne«]

Zy|ti|sin ⟨n.; -s, -e; Biochemie⟩ giftiges Alkaloid, das im Goldregen enthalten ist u. eine dem Nikotin ähnliche Wirkung hat [<lat. *cytisus* »Geißklee« (zu dem auch der Goldregen gezählt wurde) <grch. *kytisos* »Schneckenklee«]

Zy|ti|sus ⟨m.; -, -; Bot.⟩ zu den Schmetterlingsblütlern gehörender Zierstrauch, Goldregen [grch.]

zy|to…, Zy|to… ⟨in Zus.⟩ Zelle [<neulat. *cytus;* → *…zyt*]

Zy|to|blast ⟨m.; -en, -en; Biol.⟩ Zellkern [<neulat. *cytus* »Zelle« + grch. *blastos* »Spross, Keim«]

Zy|to|blas|tom ⟨n.; -s, -e; Med.⟩ bösartige Geschwulst aus unreifen Zellen [<*Zyto…* + *Blastom*]

Zy|to|chrom ⟨[-kro:m] n.; -s, -e; Biochemie⟩ in allen Zellen vorkommender Farbstoff, der für die Atmungskette von Bedeutung ist [<neulat. *cytus* »Zelle« + *…chrom*]

Zy|to|de ⟨f.; -, -n; Biol.⟩ Zelle ohne Kern [<neulat. *cytus* »Zelle« <grch. *kytos* »Höhlung, Urne«]

Zy|to|di|a|gnos|tik *auch:* **Zy|to|di|ag|nos|tik** ⟨f.; -, -en; Med.⟩ mikroskopische Untersuchung von Zellen zur (frühzeitigen) Erkennung von Krankheiten [<neulat. *cytus* »Zelle« + *Diagnostik*]

zy|to|gen ⟨Adj.; Biol.⟩ von einer Zelle gebildet [<*zyto…* + *…gen[1]*]

Zy|to|ge|ne|tik ⟨f.; -; unz.; Biol.⟩ Teilgebiet der Genetik, das die Zusammenhänge zwischen Feinbau der Zelle u. Vererbung erforscht

Zy|to|ki|ne|se ⟨f.; -; unz.; Med.⟩ Lehre vom Wachstumsverhalten der Zellen [<*Zyto…* + *…kinese*]

Zy|to|lo|ge ⟨m.; -n, -n; Med.⟩ Wissenschaftler, der sich mit der Zytologie befasst

Zy|to|lo|gie ⟨f.; -; unz.; Med.⟩ Bereich der Biologie, der die Struktur u. Erscheinungsvarianten der Zelle untersucht; →*a.* Exfoliativzytologie [<neulat. *cytus* »Zelle« + *…logie*]

Zy|to|lo|gin ⟨f.; -, -gin|nen; Med.⟩ weibl. Zytologe

zy|to|lo|gisch ⟨Adj.; Med.⟩ zur Zytologie gehörend, auf ihr beruhend

Zy|to|ly|se ⟨f.; -, -n; Biol.⟩ Auflösung, Abbau von Zellen

Zy|to|ly|sin ⟨n.; -s, -e; Med.⟩ Substanz, die Zellen auflösen kann [<*Zyto…* + *…lysin*]

Zy|to|plas|ma ⟨n.; -s, -plas|men; Biol.⟩ das in der Zelle enthaltene Plasma ohne den Zellkern, Zellplasma

Zy|to|som ⟨n.; -s, -en; Biol.⟩ Bestandteil der Zelle [<*Zyto…* + *Soma*]

Zy|to|sta|ti|kum *auch:* **Zy|tos|ta|ti|kum** ⟨n.; -s, -ti|ka; Pharm.⟩ zytostatisch wirkendes Arzneimittel [→ *zytostatisch*]

zy|to|sta|tisch *auch:* **zy|tos|ta|tisch** ⟨Adj.; Pharm.⟩ das Zellwachstum (bes. der Krebszellen) hemmend [<*zyto…* + *statisch*]

Zy|to|stom *auch:* **Zy|tos|tom** ⟨n.; -s, -e; Biol.⟩ = Zytostoma

Zy|to|sto|ma *auch:* **Zy|tos|to|ma** ⟨n.; -s, -ma|ta; Biol.⟩ Stelle, an der die Einzeller ihre Nahrung aufnehmen; *oV* Zytostom [<neulat. *cytus* »Zelle« + *Stoma*]

Zy|to|to|xin ⟨n.; -s, -e; Biol.; Med.⟩ Zellgift

zy|to|to|xisch ⟨Adj.; Biol.; Med.⟩ giftig, schädlich für die Zellen

zy|to|zid ⟨Adj.; Med.⟩ zelltötend [<*zyto…* + lat. *cidere* »schlagen, töten«]